MICHAELIS

ILLUSTRATED DICTIONARY

VOLUME I

ENGLISH-PORTUGUESE

MICHAELIS

DICIONÁRIO ILUSTRADO

VOLUME I

INGLÊS-PORTUGUÊS

MICHÆLIS

ILLUSTRATED DICTIONARY

Volume I
ENGLISH-PORTUGUESE

Comprehensive modern vocabulary
Idiomatic phrases • Pronunciation key
Numerous plates with more than
4,000 conceptions

The Lexicographic Staff
of Edições Melhoramentos

Direction of
FRITZ PIETZSCHKE
and
FRANZ WIMMER

Renewed drawings by
WILSON MARIOTTI

MELHORAMENTOS

MICHAELIS

DICIONÁRIO ILUSTRADO

Volume I
INGLÊS-PORTUGUÊS

Amplo vocabulário moderno
Frases idiomáticas • Chave de pronúncia
Grande número de pranchas com mais
de 4.000 referências

Seção Lexicográfica
das Edições Melhoramentos

Orientação de
FRITZ PIETZSCHKE
e
FRANZ WIMMER

Ilustrações redesenhadas por
WILSON MARIOTTI

É proibida a venda
desta edição
em Portugal

MELHORAMENTOS

©1961 by Comp. Melhoramentos de São Paulo,
Indústrias de Papel
Caixa Postal 8120, São Paulo
Edição: 63 62 61 60 59 58
Ano: 2000 99 98 97 96 95
ISBN 85-06-01599-5
Impresso em Portugal
Ex-II
Depósito Legal 85631/95

DO PINHEIRO AO LIVRO, UMA REALIZAÇÃO MELHORAMENTOS

TABLE OF CONTENTS

ÍNDICE

PREFACE

Melhoramentos is proud of its success with the MICHAELIS dictionaries. For many years this line of dictionaries, leaders on the market, have constantly been actualized and increased by new items.

When launching this further edition of the MICHAELIS — Illustrated Dictionary English/Portuguese, a short retrospect is interesting.

Thus the Michaelis dictionary English Portuguese by the German Lexicographer Henriette Michaelis was first published in 1893 a few years after the author had published the important German Portuguese dictionary. On occasion of the 1st edition the author had the assistance of her sister Carolina Michaelis de Vasconcelos, a notable figure of Portuguese letters, who thanks to her thorough knowledge of the language spoken in her adoptive country had greatly contributed to make said dictionary a sure guide for scientific and literary work.

Evidently a dictionary must be kept up-to-date to maintain its efficiency, it must always be in contact with the living language. However, after a few revisions during the first years of its existence, the dictionary did not take up the changes that had happened in the Portuguese and English languages, becoming obsolete at several points. A complete revision became necessary, demanding much time and the cooperation of specialists. In order to reach its purpose it was necessary to change completely the structure of the dictionary and to include a word by word confrontation with the actualized terminology of the present life.

About 1950 Melhoramentos boldly started the enterprise; Prof. Fritz Pietzschke was entrusted with giving the dictionary a new structure, assisted by Messrs. Franz Wimmer, Gustavo Lohnefink, José Curado, Lothar Fritsch and Hans Rzeppa. After several years the volume English Portuguese was published during December 1957. The volume Portuguese English followed 4 years later. The work commenced under Prof. Fritz Pietzschke, was continued and finished under Mr. Franz Wimmer with the assistance of Messrs. Franz Schmidt, José Curado, Lothar Fritsch, Oswaldo A. Virgílio, Germano Discher, Hans Mitteldorf, Misses Milly Herting, Anita Mangels, Vilma Klusemann Plaas and Heinke Mitteldorf.

In 1983 the two volumes English Portuguese and Portuguese English are submitted to a thorough revision and actualization by Mr. Franz Wimmer with the assistance of Mr. Ottokar Hanns Hoeldtke. In this way the volume English Portuguese reaches about 68.000 entries and the volume Portuguese English attains 78.000 entries.

This work offers a number of formal innovations, both graphically as well as in view of the efficient and most helpful illustrations. The excellent pictures with about 4,000 illustrations explain countless details otherwise difficult to show. Aside from the informative purpose, the pictures are highly didactic as they help to remember and retain groups of words belonging together and pertaining to the same subject.

In order to make the MICHAELIS Illustrated Dictionary an efficient tool for the student the volume English-Portuguese includes the phonetics of the International Phonetic Association.

Besides, to increase the practical and universal value of the MICHAELIS — Illustrated Dictionary, the following useful indications were included:

1. irregular English verbs
2. irregular Portuguese verbs (conjugated)
3. list of English proper names (with pronunciation)
4. list of English weights and measures with their equivalents in the metric system
5. list of the most used abbreviations

So the editors are sure that in the MICHAELIS — Illustrated Dictionary both common reader and the students of the various fields of human activities will find a useful and up-to-date instrument.

However any further suggestions will always be welcome.

EDIÇÕES MELHORAMENTOS

PREFÁCIO

O sucesso dos dicionários MICHAELIS tem sido motivo de orgulho da Melhoramentos. Há décadas esta linha de dicionários, líderes no mercado, tem sido constantemente atualizada e acrescida de novos volumes.

Ao ser lançada mais esta edição do MICHAELIS — Dicionário Ilustrado Inglês/Português, cabe aqui fazer breve retrospecto desta obra.

Assim, o dicionário Michaelis Inglês-Português, de autoria da lexicógrafa alemã Henriette Michaelis, foi publicado pela primeira vez em 1893, alguns anos após a autora ter publicado o importante dicionário Alemão-Português. Na ocasião da 1.ª edição a autora contou com a valiosa colaboração de sua irmã Carolina Michaelis de Vasconcelos, figura de destaque nas letras portuguesas, a qual, com seus profundos conhecimentos da língua de sua pátria adotiva, muito contribuíra para fazer do referido dicionário uma obra na qual filólogos e estudantes pudessem encontrar um guia seguro para seus trabalhos científicos e literários.

É evidente que um dicionário, para manter todo o seu valor e eficiência, precisa sempre estar em contato com a língua viva. Entretanto, após algumas revisões durante as primeiras décadas da sua existência, o Dicionário Michaelis deixou de registrar as modificações ocorridas nas línguas portuguesa e inglesa. Nestas circunstâncias é natural que a obra se tornasse cada vez mais desatualizada e, em muitos pontos, anacrônica. Impunha-se sua revisão, trabalho de enorme vulto, demandando longo tempo e a colaboração de especialistas. O trabalho deveria, para alcançar sua finalidade, estender-se à estrutura da obra e ao confronto, palavra por palavra, com a terminologia viva e atual.

Na década de 1950 a Melhoramentos lançou-se com arrojo a esse empreendimento. A reestruturação da obra ficou a cargo do Prof. Fritz Pietzschke que, entre seus colaboradores, contou com a participação dos Srs. Franz Wimmer, Gustavo Lohnefink, José Curado, Lothar Fritsch e Hans Rzeppa. Após vários anos de trabalho foi publicado, em dezembro de 1957, o volume Inglês-Português, seguido quatro anos depois pelo volume Português-Inglês. Neste segundo volume os trabalhos iniciados sob a orientação do Prof. Fritz Pietzschke tiveram prosseguimento e ficaram a cargo de Franz Wimmer, que contou com a valiosa participação de Franz Schmidt, José Curado, Lothar Fritsch, Milly Herting, Oswaldo A. Virgílio, Germano Discher, Anita Mangels, Vilma Klusemann Plaas, Heinke e Hans Mitteldorf.

Em 1983 os dois volumes — o Inglês/Português e o Português/Inglês — passaram por extensa revisão e atualização efetuada pelo Sr. Franz Wimmer, com a colaboração do Sr. Ottokar Hanns Hoeldtke. Assim, o volume Inglês-Português passou a conter cerca de 68.000 verbetes e o volume Português-Inglês mais de 78.000 verbetes.

Oferece esta obra uma série de inovações de caráter formal, umas quanto ao aspecto gráfico, outras quanto à nova e eficiente concepção da tarefa funcional da parte ilustrativa.

As magníficas pranchas apresentadas, que reúnem cerca de 4.000 ilustrações, possuem excelente função prática na elucidação de inúmeros pormenores, os quais, de outra forma, seria quase impossível esclarecer.

Além do objetivo propriamente informativo, as pranchas possuem alta finalidade didática, pois facilitam a fixação e ampliação do vocabulário, estabelecendo, ainda, um grupo de palavras organicamente relacionadas entre si, por força do assunto de que tratam.

A fim de fazer do MICHAELIS — Dicionário Ilustrado um instrumento eficiente de trabalho para o estudioso, no volume Inglês-Português foi incluída a transcrição fonética para o inglês, optando-se pelo sistema da Associação Fonética Internacional.

Procurando-se, ainda, dar aos MICHAELIS — Dicionários Ilustrados alto valor universal e prático, fizeram-se os seguintes acréscimos de informações úteis:

1. conjugação dos verbos irregulares em inglês.
2. conjugação dos verbos regulares e irregulares em português.
3. relação dos nomes próprios em inglês com pronúncia figurada.
4. tabela de conversão de pesos e medidas anglo-americanas para o sistema decimal.
5. siglas e abreviaturas mais usadas.

Assim, os editores têm certeza de que no MICHAELIS — Dicionário Ilustrado tanto o leitor comum quanto o estudioso, dos mais variados campos da atividade humana, encontrarão um instrumento eficiente e atualizado.

Contudo, quaisquer sugestões serão sempre bem-vindas.

EDIÇÕES MELHORAMENTOS

ARRANGEMENT OF THE DICTIONARY

1. The entry

a) the entry, phrases and locutions are printed in boldface, the Portuguese text appears in common type;

b) proper names, with rare exceptions, appear only when they are employed as common nouns, e.g.:
mackintosh;

c) ortographic variants appearing in one entry are separated by commas, e.g.:
obstructer, obstructor;

d) the entry of a less used word refers to the more used one, e.g.:
affectedness s. = **affectation;**

e) some compound words constitute an independent entry, in alphabetical order, e.g.:
baby and **baby-sitter** are separated by **Babylonian;**

f) the English spelling precedes the American, e.g.:
harbour, harbor.

2. The phonetic transcription

a) the phonetic transcription of the English word is indicated in brackets. The International Phonetic Alphabet has been used;

b) the English pronunciation precedes the American, e.g.:
garage [g'æra: ʒ , gær'a: ʒ];

c) in compound words the phonetic transcription has been omitted as it appears with each part of the components;

d) the stress of the word is indicated by sign (') placed before the vowel of the stressed syllable, e.g.:
capital [k'æpit ə l];

e) the tilde (~) in the phonetic part substitutes the previous pronunciation or indicates the pronunciation of a derived word, e.g.:
affection [ə f'ek ʃ ə n],
affectional [~ ə l];

f) the dash (—) in phonetics indicates the partial repetition of the previous transcription when the substituted part is easily recognizable, e.g.:
landward [l'ændw ə d],
land-wind [-wind].

3. The grammatical classification
a) when more than one grammatical class appears these are separated by two vertical bars || in the following order: substantive (noun), verb, adjective, adverb, and are indicated by: s., v., adj., adv. etc.;

b) after the verbs the indications transitive direct and indirect, intransitive, pronominal or reflexive, are omitted as there generally are examples explaining the proper use of the verbs.

4. The translation
a) the Portuguese translation, whenever possible shows the English equivalent or is substituted by a definition, e.g.: **afford** [ə f' ɔ :d] v. dispor de economias, poder gastar, ter recursos;

b) the different basic meanings of a word are separated by numbers. The synonims within each group are separated by commas. Sometimes after a series of definitions the semicolon is used;

c) generally the numbers indicate the frequency of the meaning, so that the word more often used, comes before the less used;

d) the gender of the substantive is indicated by: m. = masculine, f. = feminine, m.+f. = both masculine and feminine, e.g.:
dentista;

e) entries with a very similar Portuguese translation including the same meanings of the English word are indicated in this way:
able [eibl] adj. 1. capaz, apto. 2. hábil, ágil, destro. 3. competente, talentoso. 4. autorizado, qualificado;

f) entries with further meanings than those of the Portuguese translation, are indicated as follows:
absorb [ə bs' ɔ :b] v. 1. absorver: a) sorver. b) engolir. c) consumir. 2. sugar, beber. 3. embeber, haurir. 4. apreender o interesse, entusiasmar. 5. assimilar. 6. (téc.) amortecer;

g) the tilde (~) in compound or derived words, in phrases and locutions, substitutes the entry, e.g.:
acetic adj. ~ **acid** (= **acetic acid**)
acidulous adj. ~ **ly** adv. (= **acidulously**)
ad [æd] s. to put up ~s in a paper (= to put up ads in a paper), ~ **man** (= **adman**);

h) the dash (—) only substitutes the main part of the entry, e.g.:
easy adj. **-ily** adv. (= **easily**);

i) the compound words may form a subentry, under the main word, eg.:
above [ə b' ʌ v) s. ~-**stairs'** (= **above-stairs**)

j) in some cases the compound is included in the entry of the second element, when this is the basic element of the expression, e.g.:
brown-coal is under the main entry **coal.**

5. Illustrations
The illustrative plate is indicated in parenthesis, when there is an illustration of the object or detail in question, e.g.:
angle (1) [æ ηgl] s. 1. (Geom.) ângulo m. (quadro A3).

6. Phrases and locutions
In the phraseology first appear the examples beginning with entry, then those preceded by other words, e.g.:
accuracy: ~**of words'** (= **accuracy of words**), **working**~ (= **working accuracy**).

ORGANIZAÇÃO DO DICIONÁRIO

1. A entrada

a) a entrada, as frases e as locuções são impressas em negrito, o texto em português aparece em letras comuns;

b) os nomes próprios, com raras exceções, aparecem apenas quando assumem sentido de nomes comuns, p. ex.:
mackintosh;

c) as variantes ortográficas, que formam uma só entrada, são separadas por vírgula, p. ex.:
obstructer, obstructor;

d) as palavras menos usadas aparecem como entrada e remetem às mais usadas, p. ex.:
affectedness s. = **affectation;**

e) algumas palavras compostas constituem entrada própria, em ordem alfabética, p. ex.:
baby e **baby-sitter** são separadas por **Babylonian;**

f) a ortografia inglesa antecede a americana, p. ex.:
harbour, harbor.

2. A transcrição fonética

a) a pronúncia figurada do inglês é representada entre colchetes, usando-se a transcrição fonética do Alfabeto Fonético Internacional (International Phonetic Alphabet);

b) a pronúncia inglesa antecede a americana, p. ex.:
garage [g'æra: ʒ, gær'a: ʒ];

c) nas palavras compostas omite-se a transcrição fonética por esta já constar em cada um de seus componentes;

d) o acento tônico é indicado pelo sinal ('), que precede a vogal da sílaba tônica, p. ex.:
capital [k'æpit ə l];

e) o til (~) na fonética substitui a pronúncia anterior ou indica a pronúncia de uma palavra derivada, p. ex.:
affection [ə f'ek ʃ ə n],
affectional [~ ə l];

f) o hífen (-) na fonética indica a repetição parcial da transcrição anterior, quando a parte substituída é facilmente reconhecível, p. ex.:
landward [l'ændw ə d]
land-wind [-wind].

3. A categoria gramatical

a) quando houver mais de uma categoria gramatical, estas são separadas por duplo traço vertical | |, na seguinte ordem: substantivo, verbo, adjetivo, advérbio, etc., usando-se as abreviaturas: s., v., adj., adv., etc.;

b) nos verbos, em vez das indicações de transitivo direto e indireto, intransitivo, pronominal ou reflexivo, geralmente são dados exemplos que esclarecem a regência do verbo.

4. A tradução

a) a tradução portuguesa, na medida do possível, fornece o equivalente ao inglês e quando não existir é substituída por uma definição, p. ex.:
afford [ə f'ɔ :d] v. dispor de economias, poder gastar, ter recursos;

b) as diversas acepções de uma entrada são separadas umas das outras por algarismos. Os sinônimos, reunidos sob um algarismo, são separados por vírgulas. Às vezes, para maior clareza numa série de definições, usa-se o ponto-e-vírgula;

c) em geral os algarismos indicam a freqüência das acepções, de modo que a palavra mais usada precede a menos usada;

d) nos substantivos há a indicação do gênero, m. = masculino, f. = feminino, m. + f. = palavra com dois gêneros, p. ex.:
dentista;

e) entradas com versão portuguesa de grande semelhança lingüística, que englobam as mesmas acepções do inglês, são anotadas assim:
able [eibl] adj. 1. capaz, apto. 2. hábil, ágil, destro. 3. competente, talentoso. 4. autorizado, qualificado;

f) entradas que incluem outras acepções além da versão portuguesa, são anotadas como segue:
absorb [ə bs'ɔ :b] v. 1. absorver: a) sorver. b) engolir. c) consumir. 2. sugar, beber. 3. embeber, haurir. 4. apreender o interesse, entusiasmar. 5. assimilar. 6. (téc.) amortecer;

g) o til (~) nas palavras compostas ou derivadas, nas frases e nas locuções, substitui por inteiro a entrada, p. ex.:
acetic adj. ~**acid** (= **acetic acid**)
acidulous adj. ~**ly** adv. (= **acidulously**)
ad [æd] s. to put up ~**s in a paper** (= **to put up ads in the paper**), ~**man** (= **adman**);

h) o hífen (-) substitui a parte básica da entrada, p. ex.:
easy adj. **-ily** adv. (= **easily**)

i) as palavras compostas podem constituir uma subentrada, na entrada da palavra principal, p. ex.:
acetic [ə s'i:tik] adj. acético
~**acid ácido** acético;

j) em alguns casos o composto está incluído na entrada do segundo elemento, quando este for o elemento básico da expressão, p. ex.:
brown-coal está na entrada **coal**.

5. Ilustrações
A indicação da prancha ilustrativa é feita entre parênteses quando houver uma ilustração do objeto ou pormenor em questão, p. ex.:
angle (1) [æ ŋgl] s. 1. (Geom.) ângulo m. (quadro A 3).

6. Frases e locuções
Na fraseologia os exemplos aparecem com as entradas em primeiro lugar, depois aqueles precedidos por outras palavras, p. ex.:
above: ~**-stairs** (= **above-stairs**), **as** ~ (= **as above**).

Alphabetical list of the illustrations (English titles)

Índice, em inglês, das pranchas ilustrativas

Alphabetical list of the illustrations (Portuguese titles)

Índice, em português, das pranchas ilustrativas

Pronunciation key according to the International Phonetic Association

Valor dos símbolos fonéticos da Associação Fonética Internacional

Símbolo fonético	Vogais	Exemplo inglês
ɑ:	como o **a** da palavra portuguesa **caro,** mas um pouco mais demorado.	father, star
æ	tem um som intermediário' entre o **á** da palavra **já** e o **é** em **fé.**	bad, flat
ʌ	aproximadamente o som do primeiro **a** de **cama** (na pronúncia brasileira).	bud, love
ə	semelhante ao **a** da palavra **mesa.**	dinner, about
ə:	como **eu** na palavra francesa **malheur**	her, bird, burn
e	tem o som aberto do **é** da palavra **fé.**	net, pet
i	semelhante ao **i** em **fácil.**	cottage, bit
i:	como o **i** em **aqui,** mas mais prolongado.	meet, beat
ɔ	semelhante ao **ó** na palavra **nó.**	not, hot
ɔ:	tem o mesmo som do símbolo anterior, mas mais prolongado.	nor, saw
o	semelhante ao som **o** da palavra **novo.**	obey
u	semelhante ao som do **o** da palavra **porque.**	put, look, foot
u:	como o som **u** na palavra **uva.**	goose, food
	Ditongos	
ai	como em **vai.**	five, lie
au	como em **mau.**	how, about
ei	como em **leite.**	late, ray, play
ou	como em **vou.**	note, cold, so
ɔi	como o **ói** da palavra **bóia.**	boy, boil
iə	semelhante ao som **ia** da palavra **tia.**	ear, here
ɛə	como o **é** da palavra **fé,** seguido do som **a** da palavra **rua.**	care, fair
	Consoantes (As consoantes **b, d, f, l, m, n, p, t, v** têm o mesmo som das consoantes portuguesas).	
g	tem sempre o valor de **gue,** como símbolo fonético.	give, gate
h	tem, com raras exceções, o som aspirado.	hand, hold
j	tem, como símbolo fonético, o som do **i** na palavra **fria.**	yet
k	tem o valor do **c** da palavra **capa.**	cat, cold
r	tem o som áspero no princípio da palavra e seguido de vogal; no fim de uma sílaba, ou antes de consoante, tem um som quase imperceptível.	red, run far, arm
s	tem sempre o som aproximado do **s** da palavra **silva.**	sail, sea
w	tem um som equivalente ao **u** da palavra **tu.**	wait, we

Símbolo fonético	Consoantes	Exemplo inglês
z	é igual ao som do **z** da palavra **zuavo**.	his, used, is
ʒ	tem o som de **j** da palavra **rijo**.	pleasure, measure
dʒ	tem um som semelhante ao **dj** da palavra **adjetivo**.	age
ʃ	tem um som semelhante ao **ch** da palavra **chá**.	ship, shine
ŋ	semelhante ao som **ng** em **ângulo** mas o **g** é quase imperceptível.	king, sing, long
ð	tem o som do **d** português pronunciado com a língua colocada de encontro aos dentes superiores (sonoros).	that, there, though
θ	não tem correspondente em português. É um som que se aproxima do **ce** da palavra **foice** pronunciado com a língua entre os dentes, (surdo).	thick, bath, thin
x	gutural entre **k** e **h** (só em palavras escocesas).	loch

O sinal ' indica que a sílaba seguinte é acentuada.
O sinal : depois duma vogal significa sua prolongação.

Irregular Verbs (*)

Verbos irregulares (*)

Present tense	Preterite	Past participle	Present tense	Preterite	Past participle
abide	abode (R)	abode (R)	drink	drank	{ drunk / drunken
arise	arose	arisen	drive	drove	driven
awake	awoke	{ awoke / awaked	dwell	dwelt (R)	dwelt (R)
			eat	ate	eaten
be	was	been			
bear	bore	{ borne / born	fall	fell	fallen
			feed	fed	fed
beat	beat	{ beaten / beat	feel	felt	felt
become	became	become	fight	fought	fought
beget	begot	begotten	find	found	found
begin	began	begun	flee	fled	fled
behold	beheld	beheld	fling	flung	flung
bend	bent	bent	fly	flew	flown
bereave	bereft (R)	bereft (R)	forbear	forbore	forborne
beseech	besought	besought	forbid	forbade	forbidden
bet	bet (R)	bet (R)	forget	forgot	forgotten
bespeak	bespoke	bespoken	forgive	forgave	forgiven
bid	bade	bidden	forsake	forsook	forsaken
bind	bound	bound	freeze	froze	frozen
bite	bit	bitten			
bleed	bled	bled	get	got	got
blow	blew	blown	gild	gilt (R)	gilt (R)
break	broke	broken	gird	girt (R)	girt (R)
breed	bred	bred	give	gave	given
bring	brought	brought	go	went	gone
build	built	built	grind	ground	ground
burn	burnt (R)	burnt (R)	grow	grew	grown
burst	burst	burst			
buy	bought	bought	hang	hung (R)	hung (R)
			have	had	had
cast	cast	cast	hear	heard	heard
catch	caught	caught	heave	hove (R)	hove (R)
chide	chid (R)	chidden (R)	hew	hewed	hewn (R)
choose	chose	chosen	hide	hid	{ hidden / hid
cleave	cleft (R)	cleft (R)			
cling	clung	clung	hit	hit	hit
clothe	clad (R)	clad (R)	hold	held	held
come	came	come	hurt	hurt	hurt
cost	cost	cost			
creep	crept	crept	keep	kept	kept
crow	crew (R)	crowed	kneel	knelt (R)	knelt (R)
cut	cut	cut	knit	knit (R)	knit (R)
			know	knew	known
deal	dealt	dealt			
dig	dug	dug	lade	laded	laden
do	did	done	lay	laid	laid
draw	drew	drawn	lead	led	led
dream	dreamt (R)	dreamt (R)			

(*) The letter (R) behind the verbal form means that there is also a regular form ending in -ed.
(*) A letra (R) indica que há também a forma regular em -ed.

Present tense	Preterite	Past participle	Present tense	Preterite	Past participle
lean	leant (R)	leant (R)	slide	slid	slid
leap	leapt (R)	leapt (R)	sling	slung	slung
learn	learnt (R)	learnt (R)	slink	slunk	slunk
leave	left	left	slit	slit	slit
lend	lent	lent	smell	smelt (R)	smelt (R)
let	let	let	smite	smote	smitten
lie	lay	lain	sow	sowed	sown (R)
light	lit (R)	lit (R)	speak	spoke	spoken
lose	lost	lost	speed	sped	sped
			spell	spelt (R)	spelt (R)
make	made	made	spend	spent	spent
mean	meant	meant	spill	spilt (R)	spilt (R)
meet	met	met	spin	{ span / spun	{ spun
melt	melted	molten (R)	spit	{ spat / spit	spat
mow	mowed	mown (R)			spit
			split	split	split
pay	paid	paid	spread	spread	spread
pen	pent (R)	pent (R)	spring	sprang	sprung
put	put	put	stand	stood	stood
			steal	stole	stolen
			stick	stuck	stuck
read	read	read	sting	stung	stung
rend	rent	rent	stink	stank	stunk
rid	rid (R)	rid (R)	strew	strewed	strewn (R)
ride	rode	ridden	stride	strode	stridden
ring	rang	rung	strike	struck	struck
rise	rose	risen	string	strung	strung
rive	rived	riven (R)	strive	strove	striven
rot	rotted	rotten (R)	swear	swore	sworn
run	ran	run	sweat	sweat (R)	sweat (R)
			sweep	swept	swept
saw	sawed	sawn (R)	swell	swelled	{ swelled / swollen
say	said	said	swim	swam	swum
see	saw	seen	swing	swung	swung
seek	sought	sought			
seethe	seethed	sodden (R)			
sell	sold	sold	take	took	taken
send	sent	sent	teach	taught	taught
set	set	set	tear	tore	torn
sew	sewed	sewn (R)	tell	told	told
shake	shook	shaken	think	thought	thought
shear	shore (R)	shorn (R)	thrive	throve (R)	thriven (R)
shed	shed	shed	throw	threw	thrown
shine	shone	shone	thrust	thrust	thrust
shoe	shod	shod	tread	trod	trodden
shoot	shot	shot			
show	showed	shown			
shred	shred (R)	shred (R)	wake	woke	waked
shrink	shrank	shrunk	wear	wore	worn
shrive	shrove (R)	shriven (R)	weave	wove	woven
shut	shut	shut	weep	wept	wept
sing	sang	sung	wet	wet (R)	wet (R)
sink	{ sank / sunk	{ sunk / sunken	win	won	won
			wind	wound	wound
sit	sat	sat	work	wrought (R)	wrought (R)
slay	slew	slain	wring	wrung	wrung
sleep	slept	slept	write	wrote	written

English and American Measures

Medidas Inglesas e Americanas

Linear Measure / Medidas de comprimento

Equivalente métrico

1 inch		2,54 cm
1 foot	12 inches	30,48 cm
1 yard	3 feet	91,44 cm
1 pole, rod, perch	5 ½ yards	5,03 m
1 chain (ingl.)	4 poles, etc.	20,12 m
1 furlong (200 yards)	10 chains (40 rods)	201,17 m
1 statute mile (1,760 yards)	8 furlongs (5,280 feet)	1,609 km
1 nautical mile	6,080.2 feet	1,853 km
1 league	3 statute miles	4,828 km

Mariners' Measure / Medidas náuticas (ou marítimas)

1 fathom	6 feet	1,83 m
1 nautical	1,000 fathoms (approx.)	1,853 km
1 league	3 nautical miles	5,559 km

Surveyors' Measure / Medidas de agrimensor

1 link	7.92 inches	20,12 cm
1 chain	100 links	20,12 m
1 mile	80 chains	1.609,34 m
1 acre	10 square chains	0,4047 ha

Square Measure / Medidas de superfície

1 square inch		6,45 cm^2
1 square foot		9,29 dm^2
1 square yard		0,84 m^2
1 square pole (Am.: rod)		25,29 m^2
1 perch (Brit.)	10 square poles	252,93 m^2
1 rood (Brit.)	40 square poles	1.011,71 m^2
1 acre (USA)	160 square rods	0,4047 ha
1 acre (Brit.)	4 roods	0,4047 ha
1 square mile	640 acres	259,00 ha
		2,590 km^2

Cubic Measure / Medidas de volume

1 cubic inch		16,39 cm^3
1 cubic foot	1,728 cubic inches	28,32 dm^3
1 cubic yard	27 cubic feet	764,53 dm^3
	5 cubic	
	40 cubic	

Liquid Measure / Medidas de capacidade para líquidos

1 minim (Brit.)	0.0592 milliliter	0,0000592 l
1 minim (USA)		0,0000616 l
1 fluid dram (Brit.)	60 minims	3,552 ml
1 fluid dram (USA)	60 minims	3,697 ml

Equivalente métrico

1 fluid ounce (Brit.)	8 fluid drams	28,47	ml
1 fluid ounce (USA)	8 fluid drams	29,57	ml
1 pint (Brit.)	20 fluid ounces	569,4	ml
1 pint (USA)	16 fluid ounces	473,12	ml
1 pint (Brit.)	4 gills	0,5682	l
1 quart (Brit.)	2 pints	1,1364	l
1 gallon (Brit.)	4 quarts	4,5459	l
1 gallon (USA)		3,785	l
1 peck (Brit.)	2 gallons	9,092	l
1 bushel (Brit.)	4 pecks	36,368	l
1 quarter (Brit.)	8 bushels	2,909	hl
1 barrel (USA)	31 ½ gallons	1,43198	hl
1 hogshead (USA)	2 barrels	2,86396	hl

Dry Measure / Medidas de capacidade para secos

1 pint (Brit.; abbr. pt.)	4 gills	568,3	ml
1 pint (USA)		473,2	ml
1 quart (USA; abbr. qt.)	2 pints	0,9464	l
1 gallon (Brit.; abbr. gal.)	4 quarts	4,546	l
1 gallon (USA)		4,41	l
1 peck (Brit.; abbr. pk.)	2 gallons	9,092	l
1 peck (USA)		8,810	l
1 bushel (Brit.; abbr. bu.)	4 pecks	36,37	l
1 bushel (USA)		35,24	l
1 barrel (Brit.)	36 gallons	1,637	hl
1 barrel (USA)		1,192	hl
1 quarter (Brit.)	8 bushels	2,909	hl
1 quarter (USA)		2,421	hl

Apothecaries' Weight / Pesos de farmácia

1 grain (Brit.; abbr. gr.)	20 mites	64,80	mg
1 scruple (USA)	20 gr.	1,296	g
1 dram (Brit.; abbr. dm.)	$1/_{256}$ lb	1,772	g
1 drachm	3 scruples	3,888	g
1 ounce (Brit.; abbr. oz.)	16 dm.	28,35	g
1 ounce (USA)	8 drachms	31,10	g
1 pound avoirdupois (lb.)	16 oz.	453,6	g
1 pound avoirdupois (lb.)	12 oz.	372,4	g

Avoirdupois Weight / Pesos Avoirdupois

1 ounce (Brit.; abbr. oz.)	16 drams	28,35	g
	437 ½ grains Troy		
1 ounce (USA; abbr. oz.)		31,10	g
1 pound (Brit.; abbr. lb. av.)	16 ounces	453,6	g
1 stone (Brit.)	14 pounds	6,350	kg
1 quarter (Brit.)	28 pounds	12,70	kg
1 quarter (USA)	25 pounds	11,34	kg
1 hundredweight cental (Brit. & USA; abbr. cwt. sh.)	100 pounds	45,36	kg
1 hundredweight long (Brit.)	4 quarters		
	112 pounds	50,80	kg
1 short ton	2,000 pounds	907,2	kg
1 long ton	2,240 pounds	1.016,064	kg

Important equivalents / Equivalentes importantes

Em inglês usa-se o ponto para separar as decimais das unidades ao passo que em português se usa a vírgula; p. ex. 4.5 (four point five) = 4,5 (quatro vírgula cinco). A vírgula, em inglês, usa-se para separar os milhares das centenas, etc., onde, em português, usa-se o ponto; p. ex. (ingl.) 3,400 = (port.) 3.400 (três mil e quatrocentos).

Inglês	Português
.5 point five 43,861.36 forty-three thousand eight hundred and sixty-one point thirty-six.	0,5 zero vírgula cinco 43.861,36 quarenta e três mil oitocentos e sessenta e um vírgula trinta e seis.

	Ingl.	E. U. A.	Port.
1 000	thousand	thousand	mil
1 000 000	million	million	milhão
1 000 000 000	thousand millions = milliard	billion	bilhão
1 000 000 000 000	billion	trillion	trilhão

Assim o bilhão dos ingleses é mil vezes maior do que o dos americanos.

Abbreviations used in the entries

Abreviaturas explicativas usadas nos verbetes

abr. de	abreviatura de	(E. U. A.)	Estados Unidos
(Acúst.)	Acústica		da América
adj.	adjetivo	(Farmac.)	Farmacologia
adv.	advérbio	(fam.)	familiar
(Aer.)	Aeronáutica	f.	feminino
(Agric.)	Agricultura	f. pl.	feminino plural
(Agrim.)	Agrimensura	(fig.)	sentido figurado
(Agron.)	Agronomia	(Filat.)	Filatelia
(alem.)	alemão	(Filol.)	Filologia
(Alfaiat.)	Alfaiataria	(Filos.)	Filosofia
(álg.)	álgebra	(Fís.)	Física
(Anat.)	Anatomia	(Fisiol.)	Fisiologia
(Antrop.)	Antropologia	(Fís. Nucl.)	Física Nuclear
(arc.)	arcaico, arcaísmo	(Fitopat.)	Fitopatologia
(Arqueol.)	Arqueologia	(folcl.)	folclore
((Arquit.)	Arquitetura	(Fon.)	Fonética
(Astrol.)	Astrologia	(Fort.)	Fortificação
(Astron.)	Astronomia	(Fot.)	Fotografia
(atrib.)	atributivo	(fr.)	francês
(Autom.)	Automobilismo	(Futeb.)	Futebol
(Av.)	Aviação	(Gal.)	Galicismo
(Bact.)	Bacteriologia	(geof.)	geofísica
(Bal.)	Balística	(Geol.)	Geologia
(Biol.)	Biologia	(Geogr.)	Geografia
(Bioquím.)	Bioquímica	(Geom.)	Geometria
(Bot.)	Botânica	(geralm.)	geralmente
(Bras.)	Brasileirismo	((gráf.)	Artes gráficas
(bras.)	brasileiro	(Gram.)	Gramática
(brit.)	britânico	(Heráld.)	Heráldica
(Catol.)	Catolicismo	(Hist.)	História
(Cin.)	Cinema	(histol.)	histologia
(Cirurg.)	Cirurgia	(Hort.)	Horticultura
(coloq.)	coloquial	(Ict.)	Ictiologia
(Com.)	Comércio	(Igr.)	Igreja
(Constr.)	Construção	imp.	imperfeito
(Cristal.)	Cristalografia	(ind. pap.)	indústria de papel
(Culin.)	Culinária	interj.	interjeição
(depreciat.)	depreciativo	(Ingl.)	Inglaterra
(dial.)	dialetal	(irl.)	irlandês
(Dipl.)	Diplomacia	(ital.)	italiano
(docum.)	documentação	(joc.)	jocoso
(Ecles.)	Eclesiástico	(Jogo)	Jogo de cartas
(Eletr.)	Eletricidade	(Jornal.)	Jornalismo
(Eletrôn.)	Eletrônica	(Jur.)	Jurisprudência
em comp.	em palavras	(Ling.)	Lingüística
	compostas	(Lit.)	Liturgia
(Embriol.)	Embriologia	(Liter.)	Literatura
(Eng.)	Engenharia	(Lóg.)	Lógica
(eng. nucl.)	engenharia nuclear	(Lus.)	Lusitanismo
(Ent.)	entomologia	m.	masculino
(Equit.)	Equitação	m. pl.	masculino plural
(esc.)	escocês	(marít.)	marítimo
(Espirit.)	Espiritismo	(Marcen.)	Marcenaria
esp.	especialmente	(Mat.)	Matemática
(Esp.)	Esporte	(Mec.)	Mecânica
(estat.)	estatística	(Med.)	Medicina
Estr. de F.	Estrada de Ferro	(Metalúrg.)	Metalúrgica
(Etim.)	Etimologia	(Meteor.)	Meteorologia
(Etn.)	Etnologia		

(Métr.)	Métrica	(Rel.)	Religião
(micol.)	micologia	(restr.)	restritivo
(milit.)	militar	(Ret.)	Retórica
(Miner.)	Mineralogia	(Serol.)	Serologia
(Mit.)	Mitologia	s.	substantivo
(Mús.)	Música	s. pl.	substativo plural
(Náut.)	Náutica	sg.	singular
n. p.	nome próprio	sup.	superlativo
(Odont.)	Odontologia	(Teat.)	Teatro
(Ópt.)	Óptica	(Tecel.)	Tecelagem
(Orn.)	Ornitologia	(Téc.)	Técnica
(Pal.)	Paleontologia	(telec.)	telecomunicação
(paleob.)	paleobotânica	(Telegr.)	Telegrafia
(Parl.)	Parlamentar	(Telev.)	Televisão
(Pat.)	Patologia	(Teol.)	Teologia
(pej.)	pejorativo	(terap.)	terapêutica
(pess.)	pessoal	(ter.)	teratologia
(Petr.)	Petrografia	(Tipogr.)	Tipografia
p. ex.	por exemplo	(Topogr.)	Topografia
(Pint.)	Pintura	(Trigon.)	Trigonometria
pl.	plural	(Univ.)	Universidade
(poét.)	poético	v.	verbo
(Pol.)	Política	var.	variante de
(pop.)	popular	(Veter.)	Veterinária
p. p.	particípio passado	(vulg.)	vulgarismo
pref.	prefixo	(Zool.)	Zoologia
prep.	preposição		
(proc. dados)	processamento de dados		
pron.	pronome		
(prov.)	provérbio		
(psican.)	psicanálise		
(Psicol.)	Psicologia		
(Psiq.)	Psiquiatria		
(Quím.)	Química		
(†)	raro		
(refl.)	reflexivo		

Abbreviations used in the English text
Abreviaturas usadas dentro do texto inglês

p.	person
o. s.	oneself
s. o.	someone
s. th.	something
y. s.	yourself

A

A, a [ei] s., pl. **A's, a's** [eiz] 1. a m.: primeira letra do alfabeto, vogal. 2. (Mús.) lá m.: sexta nota da escala musical.
~ **flat** lá bemol. ~ **major** lá maior. ~ **minor** lá menor. ~ **sharp** lá sustenido.
A. abr. de América.
A. 1. (Fís.) símbolo do **ampère**. 2. abr. de **angstrom unit.** 3. (Quím.) símbolo do elemento argônio.
a [ei, ə] art. indef. (usa-se **an** [æn, ən] antes de vogal, "**h**" mudo e, às vezes, antes de "eu" e "u" = [ju:]). 1. um, uma. 2. um certo, específico. 3. cada, por. 4. único, um só.
what ~ nice girl! que menina delicada! **how sad ~ fate!** que destino triste! ~ **Mr. Smith called for you** um certo Sr. Smith procurou-o. **five pence ~ dozen** cinco pence a dúzia. **eight hours ~ day** oito horas por dia. **twice ~ week** duas vezes por semana. ~**n hour** uma hora. **he died ~ father of three children** ele morreu como pai de três filhos. **half ~n hour** uma meia hora. **many ~ long year** muitos anos a fio. **quite ~ nice house** uma casa bem bonita, uma casa bem simpática. **rather ~ queer** vem camarada um tanto esquisito. **too doubtful ~ matter** uma coisa bastante duvidosa.
a. abr. de 1. **about** 2. **acre, acres.** 3. **adjective.**
a— pref. indica: 1. posição ou movimento: **aboard, afoot.** 2. estado ou condição: **alive, asleep.** 3. tempo: **nowadays.** 4. maneira: **aloud** 5. processo ou ação: **a-building, a-hunting.** 6. negação: **atonal, amoral.**
A l, A one ['ei'wʌn] (fam.) de primeira ordem, excelente.
a. a. r. [ei ei a:] abr. de **against all risks.**
aardvark ['a:dva:k] s. (Zool.) oricterope m., porco-da-terra m.: mamífero sul-africano (Orycteropus capensis) que devora formigas.
aardwolf ['a:dwulf] s. (Zool.) protelo m. (Proteles lalandi): mamífero semelhante à hiena.
Aaron's beard ['εərənzbiəd] s. (Bot.) várias plantas do gênero Verbascum, barbasco, verbasco m.
ab— pref. denota: afastamento, proveniência, distância, separação: **abnormal, abrogate, abduct, abuse, abstract.**
A. B. (também **B. A.**) abr. de **Bachelor of Arts.**
abacá [æbək'æ] s. abacá m.: 1. bananeira f. das Filipinas (Musa textilis). 2. fibra f. desta planta usada na indústria têxtil.
aback [əb'æk] adv. 1. para trás, atrás. 2. (Náut.) diz-se de velas apertadas contra o mastro por um vento ponteiro.
taken ~ surpreso, perplexo, espantado.
abacus ['æbəkəs] s. pl. **abacuses** [-əs] ou **abaci** [-sai] ábaco m.: 1. aparelho de calcular. 2. (Arquit.) parte superior do capitel das colunas clássicas.
abaft [əb'a:ft] adv. (Náut.) à popa, à ré. ‖ prep. 1. atrás. 2. ante a ré de.
abalone [æbəl'ouni:] s. (Zool.) haliote m.: molusco gasterópode da família dos Haliotídeos.
abandon (I) [əb'ændən] v. 1. abandonar, deixar por completo, ceder. 2. desertar, desamparar. 3. entregar, conceder, renunciar.
he ~ed him to his fate ele o deixou à mercê de seu destino. **he must ~ the plan** ele precisa abandonar o seu plano. **don't ~ yourself to despair** não se entregue ao desespero.
abandon (II) [əb'ændən] s. desembaraço m., liberalidade, despreocupação, sem constrangimento m.
abandoned [~d] adj. 1. abandonado, desertado,

desamparado. 2. vicioso, dissoluto, perdido, perverso. ‖ ~**ly** adv. 1. abandonadamente. 2. viciosamente.
abandonment [~mənt] s. 1. abandono m., desistência, renúncia f. 2. deserção f. 3. desamparo m. 4. paixão f., vício m.
abase [əb'eis] v. rebaixar, degradar, humilhar.
he ~d himself ele degradou-se, ele aviltou-se.
abased [~t] adj. humilhado, degradado.
abasement [~mənt] s. degradação, humilhação f., abatimento, rebaixamento m.
abash [əb'æʃ] v. embaraçar, envergonhar, confundir, descompor, inferiorizar.
abashment [~mənt] s. 1. ação f. de inferiorizar ou envergonhar. 2. descompostura, humilhação f. 3. embaraço m., consternação f.
abask [əb'a:sk] adv. ao sol, ao fogo.
abatable [əb'eitəbl] adj. 1. mitigável. 2. minorável.
abate [əb'eit] v. 1. abater. 2. diminuir, minorar. 3. enfraquecer, mitigar. 4. moderar. 5. (Jur.) anular, invalidar. 6. abaixar (preço). 7. derrubar, destruir, demolir. 8. deduzir, descontar.
the flood ~s a enchente está em declínio.
abated [~id] adj. humilhado, abatido.
abatement [~mənt] s. 1. abatimento m. 2. diminuição, redução f. 3. desconto m. 4. (Jur.) anulação, suspensão f. 5. declínio, enfraquecimento m.
abater [~ə] s. o que abate, diminui ou reduz.
abatis, abattis ['æbətis] s. (milit.) abatis m.
A battery s. (Eletrôn.) bateria A f.
abattoir ['æbətwa:] s. matadouro m.
abaxial [əb'æksiəl] adj. abaxial.
abbacy ['æbəsi] s. 1. abadia f. 2. posição, circunscrição f. de um abade. 3. dignidade f. abacial.
abbatial [əb'eiʃəl] adj. abacial.
abbess ['æbis] s. abadessa f.: prioresa de um convento de freiras.
abbey ['æbi] s. abadia f., mosteiro m.
abbot ['æbət] s. abade m.: prior de um mosteiro.
abbrev., abbr. = **abbreviation.**
abbreviate [əbr'i:vieit] v. 1. abreviar, condensar. 2. resumir, sumariar.
abbreviation [əbri:vi'eiʃən] s. 1. abreviação, abreviatura f., 2. resumo, sumário m.
abbreviator [əbr'i:vieitə] s. abreviador m.: o que abrevia.
abbreviatory [əbr'i:viətəri] adj. abreviativo.
A. B. C. ['ei'i:s'i:] s. 1. abecedário, alfabeto m. 2. (fig.) princípios, rudimentos m. pl. 3. guia f. das estradas de ferro.
~ **of science** rudimentos das ciências naturais.
abdicable ['æbdikəbl] adj. abdicável.
abdicate ['æbdikeit] v. 1. abdicar, resignar, exonerar-se. 2. renunciar, desistir, abandonar.
the king ~d his throne o rei renunciou ao trono.
abdication [æbdik'eiʃən] s. 1. abdicação, renúncia, demissão f. 2. desistência f.
abdicator ['æbdikeitə] s. abdicador m., renunciante m. + f.
abdomen [æbd'oumən] s. 1. (Anat.) abdome, ventre m. 2. (Zool.) parte posterior do corpo dos artrópodes e de certos poliquetas.
abdominal [æbd'ominəl] adj. abdominal. ‖ ~**ly** abdominalmente.
abdominal regions s. pl. regiões abdominais f. pl.
abdominous [æbd'ominəs] adj. barrigudo, obeso.
abducent [æbdj'u:sənt] adj. (Med.) abducente, abdutor.
abduct [æbd'ʌkt] v. 1. raptar, levar à força. 2.

(Fisiol.) abduzir.

abduction [æbd'ʌkʃən] s. 1. rapto m. 2. (Med.) abdução f.

abductor [æbd'ʌktə] s. pl. **abductores** [æbdʌkt'ouri:z] 1. raptor m. 2. (Med.) abdutor m.: músculo que produz a abdução.

abeam [əb'i:m] adv. (Náut.) pelo través, atravessadamente.

abear [əb'ɛə] v. 1. suportar, agüentar. 2. comportar(-se).

abecedarian [eibi:si:d'ɛəriən] s. 1. estudante do alfabeto, primeiranista m. + f. 2. principiante m. + f. ‖ adj. abecedário, alfabético, rudimentar.

abecedary [eibis'i:dəri] s. abecedário, alfabeto m. ‖ adj. abecedário.

abed [əb'ed] adv. deitado, acamado.

abele [əb'i:l] s. (Bot.) álamo m. branco, choupo m. branco, faia f. branca (Populus alba).

abelmosk ['eibəlmɔsk] s. (Bot.) abelmosco m. (Hibiscus abelmoschus).

aberdevine ['æbədəvain] s. (Orn.) pintassilgo verde m., lugre m. (Crysomitris spinus).

aberrance [æb'erəns], **aberrancy** [~i] s. aberração, anomalia f., desvio m.

aberrant [æb'erənt] adj. 1. aberrante, anômalo. 2. (fig.) extravagante.

aberration [æbər'eiʃən] s. 1. (Astron., Biol. e Med.) aberração f., desvio m. 2. anomalia, irregularidade f. 3. (Ópt.) refração f.
~ **of intellect** aberração intelectual, alienação mental.

aberrational [~əl] adj. aberrativo.

abet [əb'et] v. 1. encorajar, auxiliar. 2. incitar, estimular. 3. instigar (para fins criminosos).

abetment [~mənt] s. 1. assistência f., auxílio m. 2. encorajamento m. 3. instigação, cumplicidade f.

abetter, abettor [~ə] s. instigador, favorecedor, cúmplice m.

abeyance [əb'eiəns] s. inatividade temporária, pendência, suspensão f., estado jacente m.
in ~ pendente, suspenso, (Jur.) jacente, vacante.
to keep in ~ manter em estado jacente, manter em suspenso.

abeyant [əb'eiənt] adj. pendente, jacente.

abhor [əbh'ɔ:] v. odiar, detestar, abominar, sentir nojo, aversão ou terror.

abhorrence [əbh'ɔrəns], **abhorrency** [-si] s. aversão, repugnância f., desdém, ódio m.
untruthfulness is my ~ falsidade me causa nojo.

abhorrent [əbh'ɔrənt] adj. 1. horroroso, detestável. 2. odioso, repugnante. 3. incompatível, contrário. ‖ ~ly adv. abominavelmente, detestavelmente, contrariamente.

abidance [əb'aidəns] s. 1. continuidade, permanência, concordância f. 2. fidelidade, conformidade f.

abide [əb'aid] v. 1. continuar, permanecer, subsistir. 2. morar, residir. 3. agüentar. 4. conformar-se. 5. esperar, aguardar. 6. suportar, tolerar, aturar. 7. fazer questão de. 8. manter, sustentar (palavra). ~ **by** a) aceitar e executar (uma tarefa). b) ficar fiel a, persistir em. I cannot ~ mice não gosto de ratos. I cannot ~ contradiction não aturo contradição. ~ with me for some time venha morar comigo por algum tempo.

abider [~ə] s. o que continua, espera, suporta, etc.

abiding [~iŋ] s. 1. permanência f. 2. tolerância f. ‖ adj. duradouro, permanente. ‖ ~ly adv. permanentemente.

abidingness [~iŋnis] s. continuidade f.

abiding place s. residência f.

abigail ['æbigeil] s. criada f. de senhora, dama f. de honra.

ability [əb'iliti] s. 1. capacidade, habilidade, compe-

tência f. 2. agilidade, destreza f. 3. talento m., aptidão, faculdade f. 4. -ies pl. dons intelectuais m. pl.
~ **to pay** solvência. **to do all one's** ~ fazer o mais possível. **to the best of one's** ~ da melhor forma possível.

abiogenesis [eibaioudʒ'enisis] s. (Biol.) abiogênese f.

abiogenetic [eibaioudʒin'etik], **abiogenetical** [~əl] adj. abiogenético. ‖ ~ally adv. abiogeneticamente.

abiogenist [eibai'ɔdʒənist] s. abiogenista m. + f.: adepto da teoria da abiogênese.

abiosis [eibai'ousis] s. (Biol., Med.) abiose f.

abiotic [eibai'ɔtik] adj. abiótico.

abject ['æbdʒekt] adj. 1. abjeto, miserável, desgraçado. 2. odioso, vil, desprezível.
in ~ **distress** na mais profunda miséria. ~ **fear** medo horroroso. **an** ~ **coward** um covarde desprezível.

abjection [æbdʒ'ekʃən], **abjectness** [æbdʒ'ektnis] s. 1. infâmia, baixeza, abjeção f., aviltamento m. 2. humilhação, degradação f.

abjudicate [æbdʒ'u:dikeit] v. (Jur.) abjudicar, desapossar judicialmente.

abjudication [æbdʒu:dik'eiʃən] s. abjudicação f.

abjuration [æbdʒuar'eiʃən] s. abjuração, renúncia f.

abjuratory [æbdʒ'uaratəri] adj. abjuratório.

abjure [æbdʒ'uə] v. 1. abjurar, renunciar, repudiar. 2. (E. U. A.) prestar o juramento de renúncia à sua pátria (no processo de naturalização).
to ~ **one's claim** renunciar sob juramento.

abjurer [~rə] s. abjurador m., abjurante m. + f.

ablactate ['æblækteit] v. ablactar, desmamar.

ablactation [æblækt'eiʃən] s. (Med.) ablactação f. desmama dos lactentes.

ablation [æbl'eiʃən] s. ablação, remoção, separação f.

ablative ['æblativ] s. (Gram.) ablativo m. ‖ adj. ablativo.

ablaut ['æblaut] s. (alem.) apofonia f.: alteração da vogal no radical de verbos.

ablaze [əbl'eiz] adj. 1. inflamado, chamejante, flamejante. 2. brilhante. 3. entusiasmado, empolgado. (**with**, com). ‖ adv. 1. inflamadamente. 2. entusiasmadamente.

able [eibl] adj. 1. capaz, apto. 2. hábil, ágil, destro. 3. competente, talentoso. 4. autorizado, qualificado. ‖ -bly adv. competentemente, habilmente.
to be ~ estar apto, ser capaz, poder. ~ **to compete** apto para competir.

able-bodied ['eiblb'ɔdid] adj. são, robusto.

ablegate ['æbligeit] s. legado m. papal ("ablegado", já em desuso).

able seaman (também **able-bodied seaman**) s. (Náut.) marinheiro de primeira classe m.

abloom [əbl'u:m] adj. florido, florescente. ‖ adv. floridamente.

ablush [əbl'ʌʃ] adj. enrubescido, corado. ‖ adv. coradamente.

ablution [əbl'u:ʃən] s. 1. lavagem, ablução f. 2. purificação religiosa f. 3. líquido m. usado para a ablução.
the Arabs perform their daily ~s os árabes fazem as suas abluções diárias.

abnegate ['æbnigeit] v. 1. abnegar, renegar, negar ou renunciar. 2. abjurar, recusar. 3. sacrificar(-se).

abnegation [æbnig'eiʃən] s. abnegação, renúncia f., sacrifício m.

abnegator ['æbnigeitə] s. abnegador m.

abnormal [æbn'ɔ:məl] adj. anormal, irregular, incomum, anômalo. ‖ ~ly adv. anormalmente.

abnormality [æbnɔ:m'æliti] s. anormalidade, irregularidade, anomalia f.

abnormal psychology s. psicologia f. do anormal.

abnormity [æbn'ɔ:miti] s. 1. deformidade, monstruosidade f. 2. irregularidade f

aboard [əb'ɔ:d] adv. 1. a bordo. 2. por extensão: dentro do trem, avião, etc. 3. ao longo ou ao lado do bordo.
to go ~ embarcar. **to go ~ a ship** embarcar num navio. **to fall ~ a ship** abalroar um navio. **all ~!** 1. todos a bordo! 2. embarcar! **to lay a ship ~** abordar um navio inimigo.

abode [əb'oud] s. 1. permanência, estada f. 2. residência f., domicílio m. || v. imp. e p. p. de **abide**.
she moved her ~ at Campinas ela fixou sua residência em Campinas.

abolish [əb'ɔliʃ] v. abolir, anular, cancelar, revogar.

abolishable [~əbl] adj. anulável, cancelável.

abolishment [~mənt] s. abolimento m.

abolition [æbɔl'iʃən] s. 1. abolição, anulação f. 2. (Hist.) abolição f. da escravidão dos negros. 3. aniquilamento m., extinção, supressão f.

abolitionism [~izm] s. abolicionismo m.

abolitionist [~ist] s. abolicionista m. + f.

abomasum [æbom'eisəm] s. abomasco m.: quarto estômago dos animais ruminantes.

A-bomb ['eibɔm] s. abr. de **atomic bomb.**

abominable [əb'ɔminəbl] adj. 1. abominável, execrável, odioso. 2. desagradável, repugnante. || **–bly** adv. abominavelmente, odiosamente.
~ cruelty crueldade horrenda. **Abominable Snowman** abominável homem das neves. **~ weather** tempo péssimo.

abominableness [~nis] s. 1. adversidade, contrariedade f., infortúnio m. 2. repugnância, odiosidade f.

abominate [əb'ɔmineit] v. abominar, detestar, execrar.

abomination [əbɔmin'eiʃən] s. 1. abominação, repulsão f. 2. coisa, ação f. ou acontecimento m. horrendo. 3. sentimento m. de repugnância e desdém.
smoke is an ~ to me detesto a fumaça. **he is my pet ~** gosto de vê-lo longe.

aboriginal [æbər'idʒənəl] s. aborígine, nativo m., indígena m. + f. || adj. aborígine, indígena, primitivo. || **–ly** adv. primordialmente, originariamente.

aborigine [æbər'idʒini] s. 1. aborígine m., indígena m. + f. 2. **~s** [-ni:z] pl. habitantes primitivos m. pl. 3. animais m. pl. e plantas f. pl. nativas de uma região.

abort [əb'ɔ:t] v. 1. abortar, produzir defeituosamente, dar à luz prematuramente. 2. deixar de desenvolver. 3. restringir o desenvolvimento. 4. (fig.) malograr.

aborticide [əb'ɔ:tisaid] s. (Med.) aborticida m.

abortion [əb'ɔ:ʃən] s. 1. aborto, abortamento, móvito m. 2. (fig.) malogro, fracasso m. 3. monstro m., monstruosidade f.
forced ~ aborto provocado, aborto criminoso.

abortional [~əl] adj. relativo a aborto.

abortionist [~ist] s. aborcionista m. + f.

abortive [əb'ɔ:tiv] adj. 1. abortivo, que faz abortar, abortado. 2. imaturo, precoce. 3. malogrado, fracassado. || **~ly** adv. abortivamente.
to prove ~ malograr, fracassar.

abortiveness [~nis] s. aborto, malogro, insucesso m.

abound [əb'aund] v. 1. abundar, afluir, existir em abundância. 2. ser rico em, ser cheio de (**in, with** em, com).

abounding [~iŋ] adj. abundante, copioso. || **~ly** adv. abundantemente.

about [əb'aut] adv. 1. quase, por pouco, aproximadamente, pouco menos. 2. proximamente, a pouca distância, perto. 3. em redor, em volta, por todos os lados. 4. aqui e ali, para cá e para lá. 5. em direção contrária, em sentido oposto. 6. a par de,

à altura de. 7. um após o outro, pouco a pouco. || prep. 1. ocupado com, interessado em. 2. relativo a, a respeito de, acerca de, sobre. 3. perto de, nas imediações de, junto a. 4. cerca de, próximo de. 5. em redor de, em volta de. 6. munido de, na posse de, prestes a, disposto a. 7. de um lado para o outro, aqui e ali, em, em cima de.
all ~ em toda parte. **is he ~ again?** ele já se restabeleceu? **there is a dog ~** por aí há um cachorro. **to go ~** andar para lá e para cá, vaguear. **to hang ~** ficar à toa. **to lie ~** estar espalhado, estar em desordem. **he orders me ~** ele me manda para lá e para cá. **rumours are ~** boatos estão correndo por aí. **flue is ~** há um surto de gripe. **five miles ~** dentro de cinco milhas de circunferência. **a long way ~** um rodeio considerável. **he is ~ to go** ele está prestes a ir. **to be ~ to** estar a ponto de ou prestes a. **to bring it ~** consegui-lo, realizá-lo. **to come ~** acontecer, realizar-se. **to take turns ~** fazer alguma coisa por turno, alternativamente. **to put ~ a ship** mudar o rumo de um navio. **do you know what you are ~?** você sabe o que pretende fazer?, você conhece as dificuldades a enfrentar? **I am ~ sick of it** (coloq.) já estou farto disto! **~ right** não errado. **~ as high** quase tão alto. **a tree three feet ~** uma árvore com três pés de circunferência. **~ face!** meia-volta, volver! **left ~!** meia-volta à esquerda! **right ~!** meia-volta, à direita! **it is somewhere ~ the place** está (ou deve estar) por aí. **the fields ~ Cambridge** os campos ao redor de Cambridge. **she is ~ the garden** ela está em qualquer lugar do jardim. **all the children were ~ their sick father** todas as crianças ficaram em redor de seu pai doente. **she had no money ~ her** ela não tinha dinheiro consigo. **~ four hundred children** cerca de quatrocentas crianças. **~ your size** quase o seu tamanho. **she came at ~ six o'clock** ela veio perto das seis horas. **what is she talking ~?** sobre o que ela está falando? **what ~ your lessons?** o que há com seus exercícios? **his opinion ~ this topic is...** a opinião dele sobre este assunto é... **much noise ~ nothing** muita palha e pouco grão. **go ~ your own business** não se importe com coisa alheia. **to be ~ s. th.** tratar de alguma coisa, fazer alguma coisa. **to go ~ s. th.** ter a intenção de fazer alguma coisa.

about-face s. 1. (milit.) meia-volta f. 2. (fig.) reviravolta f. || v. fazer meia-volta, virar por 180°.

about-ship v. (Náut.) virar por davante.

above [əb'ʌv] s. 1. o alto, céu m. 2. o acima mencionado, o acima escrito ou dito m. || adj. acima ou anteriormente escrito ou dito. || adv. 1. acima, no alto, em cima. 2. por cima, na parte de cima, além. 3. mais graduado, mais eminente (posição, cargo). 4. em lugar mais alto, a montante (rio). 5. anteriormente (citado ou dito). 6. no céu. || prep. 1. sobre, acima, por cima (quadro P 9). 2. superior. 3. além.
~-stairs com os patrões, lá na casa dos patrões. **in the room ~** no quarto acima. **as ~** como acima. **as we stated ~** como supracitamos. **the ~ remarks** as observações anteriores. **~ mentioned, ~ named** acima ou anteriormente mencionado. **the powers ~** as forças celestes. **over and ~** além disto **the roof ~ me** o teto acima de mim. **the head ~ the water** a cabeça fora da água. **not to be found ~ first century** não encontrado antes do primeiro século. **~ all things** antes de tudo. **health is ~ wealth** saúde vale mais do que riqueza. **~ praise** acima de louvor. **he is ~ his**

brother ele é superior ao seu irmão. **it is ~ me** isto passa de minha compreensão. **I am ~ myself** eu estou fora de mim (de alegria, de raiva). **to be ~ nothing** considerar nada indigno demais.

aboveboard [əb'ʌvbɔːd] adj. 1. acima da mesa. 2. (fig.) claro, franco, honesto, correto. ‖ adv. francamente, honestamente, corretamente.

above-ground adj. 1. vivo, na terra. 2. acima do solo.

above-mentioned adj. supracitado, supradito.

above par adj. superior (de qualidade).

abracadabra [æbrəkəd'æbrə] s. 1. abracadabra m.: palavra cabalística à qual se atribui poder mágico. 2. (fig.) palavreado m.

abradant [əbr'eidənt] adj. abrasivo.

abrade [əbr'eid] v. abradar, raspar, esmerilhar, usar pelo atrito, friccionar, esfolar.

abrasion [əbr'eiʒən] s. 1. abrasão f. 2. erosão f. 3. desgaste m. 4. usura f. 5. (Med.) esfoladura, escoriação f.

abrasive [əbr'eisiv] s. abrasivo m. ‖ adj. abrasivo.

abrasive diamond s. diamante abrasivo m.

abrasive paper s. lixa f.

abrasive wheel s. rebolo m.

abreaction [æbri'ækʃən] s. (Psicol.) abreação, catarse f.

abreast [əbr'est] adv. 1. lado a lado. 2. em frente a. 3. na mesma altura.

~ of na altura de, diante de. **to keep ~ of** (ou **with**) manter o mesmo passo com; (fig.) ficar em condições de igualdade com, ficar a par, manter o padrão.

abridge [əbr'idʒ] v. 1. abreviar, resumir, condensar. 2. encurtar, diminuir, reduzir. 3. privar, desapossar.

abridgeable, abridgable [~əbl] adj. abreviável, que pode ser resumido.

abridged [~d] adj. abreviado, resumido.

abridgement, abridgment [~mənt] s. 1. abreviação f., resumo m. 2. diminuição, redução f. 3. privação f. 4. sinopse f. 5. sumário m.

abroach [əbr'outʃ] adj. perfurado, aberto (barril), pronto a ser tirado do barril.

abroad [əbr'ɔːd] adv. 1. em um (ou rumo a um) país estrangeiro. 2. fora, no exterior, fora de casa. 3. em circulação (boato). 4. amplamente, largamente. 5. erroneamente.

to live ~ viver no exterior, no estrangeiro. **from ~** do exterior. **to spread ~** espalhar, divulgar. **rumour is ~** circula o boato. **it is all ~** é de conhecimento público. **all ~** confuso, errado.

abrogable ['æbrogəbl] adj. ab-rogável, cancelável, anulável.

abrogate ['æbrogeit] v. 1. ab-rogar, anular, abolir, (lei, uso, praxe). 2. liquidar.

abrogation [æbrog'eiʃən] s. ab-rogação, anulação f.

abrupt [əbr'ʌpt] adj. 1. abrupto: a) repentino, brusco, inesperado. b) íngreme, escarpado. c) rude, áspero (linguagem, maneiras). 2. desconexo, confuso (estilo). 3. (Bot.) truncado. ‖ **~ly** adv. abruptamente, asperamente, bruscamente, repentinamente.

his ~ manner sua maneira brusca. **her ~ style** seu estilo desconexo.

abruption [əbr'ʌpʃən] s. 1. interrupção brusca f. 2. ruptura f. 3. arrancamento, desmembramento m.

abruptness [əbr'ʌptnis] s. rudeza, aspereza, indelicadeza, brusquidão f.

abs- pref. longe de, fora de, embora.

abscess ['æbsis] s. (Med.) abscesso, apostema m.

abscind (†) [æbs'ind] v. cortar, decepar.

abscissa [æbs'isə] s. (Mat.) abscissa f. (quadro A 6).

abscission [æbs'iʒən] s. abscisão, excisão, amputação f.

abscond [əbsk'ond] v. esconder(-se), evadir(-se), fugir à ação da justiça.

abscondence [~əns] s. evasão, fuga f.

absconder [~ə] s. fugitivo, foragido, desertor m.

absence ['æbsns] s. 1. ausência f., afastamento m., 2. tempo ou período m. da ausência ou do afastamento. 3. falta, carência f. 4. distração, inatenção f.

on leave of ~ em férias. **~ of mind** distração.

absent ['æbsnt] v. ausentar(-se), afastar(-se). ‖ adj. 1. ausente, não presente, fora de casa. 2. inexistente, desaparecido. 3. distraído. ‖ **~ly** adv. distraidamente.

long ~, soon forgotten longe da vista, longe do coração. **~ with leave** ausente com licença. **~ time** período de ausência. **the ~ party is always to blame.** os ausentes nunca têm razão.

absentee [æbsnt'i:] s. absentista m. + f.: pessoa ausente. ‖ adj. de ou relativo ao eleitor que pode votar por intermédio do correio.

absenteeism [~izm] s. absentismo m., ausência permanente f.

absent-minded adj. distraído, inatencioso.

absent voter (E. U. A.) s. eleitor autorizado a dar o seu voto pelo correio.

absinthe, absinth ['æbsinθ] s. absinto m.: 1. planta herbácea (Artemisia absinthium) 2. bebida alcoólica f.

abso-bloody-lutely [ˌæbsəbl'ʌdil'u:tili] adj. (joc.) absolutamente certo.

absolute ['æbsəlu:t] s. absoluto m. ‖ adj. 1. total, completo, inteiro. 2. absoluto, puro, isento de misturas. 3. perfeito, acabado, primoroso. 4. ilimitado, irrestrito, incondicional. 5. incomparável, exímio. 6. real, atual. 7. certo, infalível. 8. (Gram.) parte de uma frase não ligada a ela do ponto de vista gramatical. ‖ **~ly** adv. 1. absolutamente. 2. completamente, plenamente. 3. prontamente, irrestritamente. 4. realmente, positivamente. 5. (E. U. A.) sim, certamente.

~ humidity umidade absoluta. **~ temperature** temperatura absoluta. **~ zero** zero absoluto. **~ alcohol** álcool puro. **~ ignorance** plena ignorância. **an ~ fool** um tolo completo. **~ ruler** imperador absoluto. **in ~ possession** em posse irrestrita. **to become ~** entrar em vigor. **~ly dry** absolutamente seco.

absoluteness [~nis] s. 1. poder absoluto m., incondicionalidade f. 2. integridade, inteireza f. 3. independência f.

absolution [æbsəl'u:ʃən] s. 1. absolvição, remissão f. 2. perdão m., indulgência f.

absolutism ['æbsəlu:tizm] s. absolutismo, despotismo m.

absolutist ['æbsəlu:tist] s. absolutista m. + f. ‖ adj. absolutista.

absolutistic [æbsəlu:t'istik] adj. absolutista. ‖ **~ally** adv. de modo absoluto.

absolvable [əbz'ɔlvebl] adj. perdoável, remissível.

absolve [əbz'ɔlv] v. 1. absolver, isentar, perdoar. 2. desobrigar, eximir de promessas ou obrigações. 3. remitir.

absolvent [~ənt] adj. absolvente.

absolver [~ə] s. absolvedor m.

absonant ['æbsonənt] adj. discordante, desarmonioso, irracional, insensato.

absorb [əbs'ɔːb] v. 1. absorver: a) sorver. b) engolir. c) consumir. 2. sugar, beber. 3. embeber, haurir. 4. apreender o interesse, entusiasmar. 5. assimilar. 6. (Téc.) amortecer.

absorbability [əbsɔːbəb'iliti] s. capacidade f. de absorção.

absorbable [əbs'ɔːbəbl] adj. absorvível.

absorbed [əbs'ɔːbd] adj. absorvido, absorto, meditativo. ‖ **~ly** adv. de modo absorto ou meditativo.

~ **in thought** perdido em meditações.
absorbedness [~nis] s. absorção f.
absorbing [əbs'ɔːbiŋ] adj. absorvente, cativante.
absorbing power s. capacidade f. de absorção.
absorption [əbs'ɔːpʃən] s. 1. absorção f., absorvimento m. 2. interesse m., dedicação f. (a uma coisa). 3. engolição f., consumo m. 4. assimilação f.
absorption coefficient s. (Fís., ópt.) coeficiente de absorção m.
absorption of vibration s. absorção f. de vibrações.
absorptive [əbs'ɔːptiv] adj. absortivo.
absorptiveness [~nis], **absorptivity** [əbsɔːpt'iviti] s. absorvência f.
absquatulate [əbskw'ɔtjuleit] v. (gíria E. U. A.) sumir-se, fugir, raspar-se.
abstain [əbst'ein] v. abster(-se) de, privar-se, conter-se, refrear.
abstainer [~ə] s. pessoa f. abstinente, abstêmio m.
abstemious [əbst'iːmiəs] adj. abstêmio, moderado. ‖ ~ly adv. abstemiamente.
abstemiousness [~nis] s. temperança, sobriedade f.
abstention [æbst'enʃən] s. abstenção, abstinência f.
abstentious [æbst'enʃəs] adj. abstinente, abstêmio.
absterge [əbst'əːdʒ] v. limpar, purificar, purgar.
abstergent [~ənt], **abstersive** [əbst'əːsiv] s. abstersivo, detergente m., (Farmac.) purgante m.
abstersion [əbst'əːʃən] s. abstersão, purificação f.
abstinence ['æbstinəns] s. abstinência, temperança f.
day of ~ dia de jejum.
abstinency [~i] s. hábito m. de abstinência, temperança duradoura f.
abstinent ['æbstinənt] adj. abstinente, abstêmio. sóbrio, moderado. ‖ ~ly adv. abstinentemente, moderadamente.
abstract ['æbstrækt] s. 1. abstrato m., abstração f. 2. extrato, resumo, sumário m. 3. idéia teórica ou abstrata f. ‖ [æbstr'ækt] v. 1. abstrair, separar. 2. resumir, sumariar. 3. subtrair, surripiar, desviar. 4. desviar a atenção, distrair(-se). ‖ adj. 1. abstrato. 2. ideal, teórico. 3. difícil, complicado. 4. transcendental.
in the ~ por si só, na teoria. **it ~s somewhat from his credit** diminui um tanto o seu crédito. **to** ~ **the attention from** desviar a atenção de.
abstracted [æbstr'æktid] adj. 1. distraído, preocupado. 2. separado. 3. difícil. ‖ ~ly adv. 1. distraidamente. 2. dificilmente. 3. separadamente.
abstractedness [~nis] s. 1. abstração f. 2. distração f.
abstraction [æbstr'ækʃən] s. 1. abstração f. 2. subtração f., furto m. 3. separação f. 4. sublimação f., idéia abstrata f. 5. distração, preocupação f. 6. arte abstrata f.
abstractive [æbstr'æktiv] adj. 1. abstrativo. 2. separativo.
abstractness [æbstr'æktnis] s. abstração f.
abstruse [æbstr'uːs] adj. 1. abstruso, de sentido obscuro, confuso, difícil de compreender. 2. recôndito. ‖ ~ly adv. 1. abstrusamente, incompreensivelmente. 2. reconditamente.
abstruseness [~nis] s. abstrusidade f.
absurd [əbs'əːd] adj. absurdo, paradoxal, sem razão, ridículo. ‖ ~ly adv. absurdamente, ridiculamente.
absurdity [~iti] **absurdness** [~nis] s. absurdidade f.
abundance [əb'ʌndəns] s. abundância, fartura f.
out of the ~ **of the heart the mouth speaketh** quando o coração está cheio, transborda à boca. ~ **is welcome** antes muito do que pouco.
abundant [əb'ʌndənt] adj. abundante, copioso, opulento. ‖ ~ly adv. abundantemente, copiosamente.
abusable [əbj'uːzebl] adj. suscetível ao abuso.
abuse [əbj'uːs] s. 1. abuso, mau uso m., uso exces-

sivo m. 2. tratamento áspero ou brutal m. de uma pessoa. 3. injúria f., insulto m., linguagem ofensiva f. 4. corrupção, depravação f. 5. ~s pl. contrariedades f. pl. ‖ [əbj'uːz] v. 1. abusar, usar mal. 2. maltratar, prejudicar. 3. injuriar, insultar, ofender.
a crying ~ um abuso manifesto.
abuser [əbj'uːzə] s. o que abusa, maltrata ou insulta.
abusive [əbj'uːsiv] adj. abusivo, insultante, insultuoso. ‖ ~ly adv. de modo abusivo ou insultante.
abusiveness [~nis] s. 1. caráter abusivo m., 2. desaforo m., ofensa f. 3. insolência f.
abut [əb'ʌt] v. 1. tocar, confinar, lindar, estar contíguo, terminar (**upon** com, em). 2. estar em contato, ser limítrofe, limitar, encostar, apoiar(-se) (**against,** upon contra, com, em).
abutment [~mənt] s. 1. limite, confim, ponto m. de contato ou apoio. 2. contigüidade f. 3. (Arquit.) encontro m. (de ponte), imposta f. (de arco) (quadro A 5). 4. pilar m.
abuttal [~əl] s. limite m., estrema f.
abutter [~ə] s. 1. terreno limítrofe m., terra adjacente f. 2. vizinho m., proprietário m. do terreno adjacente.
abutting [~iŋ] adj. adjacente, contíguo.
abysm [əb'izm] s. (poét.) abismo m., garganta f.
abysmal [~əl] adj. (também fig.) abismal, insondável, inescrutável. ‖ ~ly adv. de modo abismal, insondavelmente.
abyss [əb'is] s. 1. abismo m., garganta f., precipício escancarado m. (quadro M 7). 2. profundidades f. pl. da terra ou do mar. 3. inferno, caos m.
abyssal [~əl] adj. abismal, de ou relativo a abismo.
Abyssinian [æbis'iːnjən] s. abissínio m. etíope m. + f.: nativo da Abissínia. ‖ adj. abissínio, etíope, etiópico.
Abyssinian gold s. liga f. de cobre e zinco, folheado a ouro.
Ac. símbolo químico do actínio.
A. C. ['eis'iː] abr. de **ante Christum.**
A. C., a. c. ['eis'iː] (Eletr.) abr. de **alternating current.**
A/C abr. de **account.**
acacia [ək'eifə] s. (Bot.) 1. acácia f.: gênero de árvores da família das Leguminosas. 2. (E. U. A.) acácia f. bastarda, robínia f. (Robinia pseudoacacia).
academic [ækəd'emik] s. acadêmico m.: estudante ou professor universitário.
academic [ækəd'emik], **academical** [~əl] adj. acadêmico: 1. universitário. 2. clássico, platônico, filosófico. 3. erudito, douto, sábio. 4. teórico, teorético. 5. convencional, formal. ‖ ~ally adv. academicamente.
academicals [~əlz] s. pl. indumentária acadêmica f., vestes acadêmicas f. pl.
academic award s. prêmio acadêmico m.
academic discussions s. discussões teóricas f. pl.
academic freedom s. liberdade f. do ensino universitário, liberdade acadêmica f.
academician [əkædəm'iʃn] s. 1. acadêmico m., docente m. + f., professor m. 2. membro m. ou mecenas m. de uma academia.
academicism [əkæd'emisizm], **academism** [ək'ædəmizm] 1. academicismo m.: doutrina pedagógica do ensino universitário. 2. academismo, formalismo inexpressivo m.
academic life s. vida acadêmica f.
academic year s. ano letivo m. das universidades.
academy [ək'ædəmi] s. academia f.: 1. universidade f., escola superior f. de artes ou ciências. 2. sociedade f. de cientistas, literatos ou artistas.
Acadian [ək'eidiən] s. acadiano m.: nativo da Nova Escócia.

acajou ['ækəʒu] s. 1. ,Bot.) cajueiro m. (Anacardium occidentale). 2. caju m., noz f. do caju.

acaleph ['ækəlef] s. (Zool.) acalefídeo m.

acanthaceous [ækænθ'eiʃəs] adj 1. espinhoso. 2. (Bot.) acantáceo.

acanthoid [ək'ænθɔid] adj. acantáceo, acantóforo.

acanthopterygian [ækænθɔptər'idjən] s. (Ict.) acantopterígio m.

acanthus [ək'ænθəs] s. pl. **acanthuses** [-θəsiz] ou **acanthi** [-θai] acanto m.: 1. (Bot.) planta espinhosa (Acanthus spinosus). 2. (Arquit.) ornamento arquitetônico.

a cappella adj. (Mús.) a-capela: canto orfeônico sem acompanhamento orquestral.

acariasis [ækər'aiəsis] s. (Pat.) sarna f.

acarid ['ækərid] s. (Zool.) acarídeo m.

acarpous [ək'a:pəs] adj. (Bot.) acarpo, estéril.

acatalectic [ækætəl'ektik] s. (Métr.) verso acatalético m. ‖ adj. acatalético.

acatalepsy [æk'ætəlepsi] s. acatalepsia f.: 1. incompreensibilidade f. 2. doutrina filosófica f. sobre a incompreensibilidade das coisas. 3. (Med.) neurose f.

acataleptic [ækætəl'eptik] adj. acataléptico, incompreensível, incerto.

acaulescence [ækɔl'esəns] s. (Bot.) acaulescência f.

acaulescent [ækɔl'esənt] adj. (Bot.) acaule, sem caule.

acauline [ək'ɔ:lin, -lain], **acaulose** [-lous], **acaulous** [-ləs] adj. (Bot.) acaulino, acaule.

acc. abr. de **account**.

accede [æks'i:d] v. 1. consentir, concordar, aquiescer. 2. aderir, unir-se, associar-se a, tomar parte em. 3. passar a (uma posição mais elevada), ter acesso, alcançar (um cargo ou dignidade). **his eldest son ~d to the throne** o seu filho primogênito subiu ao trono. **he ~s to his duties** ele cumpre os seus deveres.

accedence [~əns] s. 1. consentimento m., aquiescência f. 2. adesão, participação f. 3. acesso m.

acceder [~ə] s. o que consente ou adere.

accelerate [æks'eləreit] v. 1. acelerar, apressar. 2. adiantar, antecipar. 3. (Fís.) alterar a velocidade de um objeto em movimento.

accelerated [~id] adj. acelerado, antecipado. ‖ **~ly** adv. aceleradamente.

acceleration [ækselər'eiʃən] s. 1. aceleração f. 2. aumento gradual m. da velocidade. 3. proporção f. de alteração da velocidade.

accelerative [æks'elərətiv], **acceleratory** [æks'elərətəri] adj. acelerativo, aceleratório.

accelerator [æks'eləreitə] s. acelerador m. (quadro C 4).

accelerator nerve s. (Anat.) nervo acelerador m. (que influi no ritmo do coração).

accelerometer [ækselər'ɔmitə] s. acelerômetro m.

accent ['æksənt] s. 1. acento m., pronúncia silábica, tonicidade f. 2. acento gráfico m., marca f. ou símbolo m. da acentuação. 3. pronúncia característica f., sotaque, dialeto m. 4. ~ f. pl. tonalidade f., timbre m. da voz. 5. acento tônico m., sinal diacrítico m. 6. (Poesia). ênfase, cadência métrica f. 7. (Mús.) modulação rítmica, acentuação f. da melodia. ‖ adj. [æks'ent] v. 1. pronunciar, acentuar, modular, cadenciar. 2. pôr os sinais diacríticos. 3. dar ênfase, destacar, salientar.

to put the ~ on pôr acento em. **the Cockney ~** o sotaque do Cockney. **he has a French ~** ele tem um sotaque francês.

accentless ['æksəntlis] adj. sem sotaque.

accentual [æks'entjuəl] adj. 1. rítmico, acentuado (na poesia). 2. relativo ao acento. ‖ **~ly** adv. ritmicamente.

accentuate [æks'entjueit] v. 1. acentuar. 2. dar ênfase, destacar, salientar, frisar. 3. pôr acentos, pronunciar acentuadamente.

accentuation [æksentju'eiʃən] s. 1. acentuação f. 2. ênfase f. 3. modo m. de pronunciar.

accept [əks'ept] v. 1. aceitar, receber. 2. concordar, consentir. 3. reconhecer, acreditar. 4. aprovar, admitir. 5. assumir a responsabilidade. 6. acolher. **~ the assurance of my highest consideration** queira aceitar a expressão da minha mais alta consideração.

acceptability [əkseptəb'iliti], **acceptableness** [əks'eptəblnis] s. aceitabilidade f.

acceptable [əks'eptəbl] adj. 1. aceitável, admissível, satisfatório. 2. agradável, bem-vindo.

acceptance [əks'eptəns] s. 1. aceitação f. 2. boa acolhida f. 3. aprovação f., consentimento m. 4. acordo, contrato m.

acceptance of life s. concepção positiva f. da vida.

acceptance test s. ensaio m. de homologação ou recepção.

acceptation [æksept'eiʃən] s. 1. aceitamento m., aceitação f. 2. acepção f.: sentido essencial de uma palavra.

accepted [əks'eptid] adj. aceito, admitido.

acceptor [əks'eptə] s. aceitante m. + f.

access ['ækses] s. 1. acesso m., admissão f. 2. passagem f. 3. aproximação f. 4. acessibilidade f.: facilidade relativa de obtenção. 5. ataque m. de doença ou de raiva. 6. aumento, acréscimo m. **difficult of ~** de difícil acesso. **an ~ of emotion** um acesso de comoção.

access time s. (Téc., Comp.) período de acesso m.

accessibility [æksesib'iliti] s. acessibilidade t.

accessible [æks'esəbl] adj. 1. acessível, alcançável. 2. fácil de obter ou alcançar. 3. suscetível, influenciável, tratável. ‖ **—ly** adv. acessivelmente, alcançavelmente, suscetivelmente.

the summit is ~ for mules o pico é acessível aos mulos.

accession [æks'eʃən] s. 1. ato m. de tomar posse, ascensão f. (a um cargo ou trono). 2. consentimento, acordo m., aquiescência f. 3. adesão, acessão f. 4. aumento, acréscimo m., aquisição f. 5. acessório, complemento m. 6. acesso, ataque m. (de doença). **the ~ to the throne** a ascensão ao trono.

accessional [~əl] adj. acessional, adicional.

accessorial [ækses'ɔ:riəl] adj. de ou relativo a acessório, suplementar.

accessoriness [æks'esərinis] s. qualidade ou característica acessorial.

accessory [æks'esəri] s. 1. acessório, suplemento m. 2. (Jur.) encobridor, receptador, cúmplice m. ‖ adj. 1. acessório, suplementar. 2. subordinado. 3. acumpliciado. ‖ **—ily** adv. de forma acessória ou suplementar.

~ before the fact instigador do crime. **~ after the fact** encobridor do crime, cúmplice posterior. **he is ~ to the result** ele contribui para o resultado.

accidence ['æksidəns] s. (Gram.) 1. flexão f.: parte da gramática que trata das desinências nas palavras conjugáveis e declináveis. 2. gramática elementar.

accident ['æksidənt] s. 1. acidente, desastre, sinistro m. 2. casualidade, contingência f., acaso m. 3. bagatela, insignificância f.

by ~ por acaso. **in a railway ~** num desastre ferroviário. **~ death** morte por acidente. **~ insurance** seguro contra acidentes.

accidental [æksid'entl] s. 1. propriedade f. ou acontecimento m. acidental. 2. acidente m. (também Mús.). 3. insignificância f. ‖ adj. 1. acidental (também Mús.), inesperado. 2. incidental, não essencial. 3. casual, inopinado. ‖ **—ly** adv. acidentalmente.

accidentalism [æksid'entəlizm] s. acidentalismo m.

'accidentalness [æksid'entəlnis] s. acidência, acidentalidade f.

accident prone adj. propenso a acidentes.

accipiter [æks'ipitə] s. (Zool.) gênero de aves de rapina ao qual pertencem os gaviões.

accipitral [æks'ipitrəl] adj. relativo a gavião.

acclaim [əkl'eim] s. 1. aclamação f., aplauso m. 2. ovação f. ‖ v. 1. aplaudir, aclamar. 2. saudar, ovacionar . 3. proclamar, promulgar.
they ~ed him emperor eles o proclamaram imperador.

acclaimer [~ə] s. aclamador m.

acclamation [ækləm'eiʃən] s. aclamação, proclamação, ovação f., aplauso m.
elected by ~ eleito por aclamação.

acclamatory [əkl'æmətəri] adj. aclamatório.

acclimatable [ækl'aimitəbl], acclimatizable [-taizəbl] adj. aclimatável, adaptável ao clima.

acclimate [əkl'aimit, -meit], acclimatize [əkl'aimətaiz] v. aclimar, aclimatizar, adaptar.

acclivitous [əkl'ivitəs] adj. aclive, íngreme.

acclivity [əkl'iviti] s. ladeira, escarpa f., aclive, talude m.

accolade [ækol'eid] s. 1. acolada f., abraço, cerimonial m., elevação f. à dignidade de cavalheiro. 2. honra f., louvor, elogio m. 3. (Mús.) chave f. de união dos pentagramas.

accommodate [ək'ɔmədeit] v. 1. acomodar, hospedar. 2. obsequiar, fazer um favor. 3. prover, abrigar, aprovisionar. 4. fornecer, suprir. 5. emprestar (dinheiro). 6. adaptar, ajustar, tornar conveniente. 7. apaziguar, conciliar, harmonizar.
he did it to ~ you ele o fez para obsequiá-lo.

accommodating [~iŋ] adj. acomodatício, complacente, obsequioso, favorável (condições), afável. ‖ ~ly adv. obsequiosamente, afavelmente, de modo acomodatício.

accommodation [əkɔmədeiʃən] s. 1. acomodação, morada f., alojamento m. 2. auxílio, favor m., condescendência f. 3. empréstimo, adiantamento m. 4. prestimosidade, boa vontade, obsequiosidade f. 5. adaptação f., ajustamento m. 6. harmonização, conciliação f.
~ for people acomodação para gente. ~ for books espaço para livros.

accommodation bill s. letra f. de câmbio com aceite ou endosso gratuito.

accommodation ladder s. escada f. de portaló.

accommodation train s. trem m. de pequena velocidade, parando em todas as estações.

accommodative [ək'ɔmodeitiv] adj. = accommodating.

accommodativeness [~nis] s. obsequiosidade, complacência f.

accompaniment [ək'ʌmpanimənt] s. 1. acompanhamento m. (também Mús.). 2. efeito secundário m.

accompanist [ək'ʌmpanist] s. (Mús.) acompanhador m.

accompany [ək'ʌmpəni] v. 1. acompanhar, ir em companhia, escoltar. 2. participar, associar. 3. seguir, unir-se a. 4. (Mús.) tocar o acompanhamento, fazer-se acompanhar (por instrumentos).

accomplice [ək'ʌmplis] s. cúmplice m., partícipe m. + f. (numa transgressão ou num crime).

accompliceship [~ʃip], accomplicity [əkʌmpl'isiti] s. cumplicidade f.

accomplish [ək'ʌmpliʃ] v. 1. executar, realizar, efetuar. 2. concluir, completar, finalizar.

accomplishable [~əbl] adj. realizável, executável.

accomplished [~d] adj. 1. efetuado, concluído, finalizado, consumado. 2. aperfeiçoado, perfeito. 3. excelente, educado, talentoso.
~ scoundrel patife consumado.

accomplisher [~ə] s. aperfeiçoador, realizador m.

accomplishment [~mənt] s. 1. cumprimento m., realização, consumação f. 2. feito m., obra perfeita ou aperfeiçoada f. 3. ~s pl. habilidade f., dom, talento m. 4. cultura, educação f. 5. proeza f.
a girl of many ~s uma menina de talento, uma menina talentosa.

accord [ək'ɔ:d] s. 1. acordo m. 2. concordância f. 3. harmonia f. 4. tratado, pacto, convênio m. ‖ v. 1. concordar, estar de acordo. 2. conceder, dar, conferir, consentir. 3. harmonizar. 4. atender.
I do this of my own ~ faço isto por iniciativa própria, they agreed with one ~ eles concordaram unanimemente.

accordable [~əbl] adj. em concordância, conforme, correspondente, conciliável.

accordance [~əns], accordancy [~ənsi] s. acordo m., conformidade, harmonia f.
in ~ with de acordo com, conforme, to be in ~ with estar de acordo com.

accordant [~ənt] adj. concordante, conforme, correspondente, harmonioso (with, to com). ‖ ~ly adv. correspondentemente, harmoniosamente.

accorder [~ə] s. o que está de acordo, partidário m.

according [~iŋ] adj. 1. de acordo, em conformidade (to, com). 2. correspondente (to, a). ‖ adv. (também ~ly) 1. conformemente, adequadamente. 2. portanto, conseqüentemente.
that's ~ (coloq.) conforme.

accordion [ək'ɔ:diən] s. acordeão m., sanfona f. ‖ adj. dobrado (como o fole do acordeão).

accordionist [~ist] s. acordeonista m. + f.

accost [ək'ɔst] s. saudação f., cumprimento m. ‖ v. aproximar-se e falar a (estranhos), abordar, acostar, saudar.

accouchement [ək'u:ʃmã:ŋ, -ment] s. parto m.

accoucheur [æku:ʃ'ə:] s. médico m. obstetra, parteiro m.

accoucheuse [æku:ʃ'ə:z] s. parteira f.

account [ək'aunt] s. 1. conta f., cálculo, cômputo m. 2. razão, causa f. 3. consideração, estima f. 4. avaliação f. 5. valor m. 6. importância f. 7. lucro, proveito m., vantagem f. 8. conta-corrente f., extrato m. de conta ou balanço. 9. relatório m. de negócios, prestações, crédito, etc. 10. conto, relato m. 11. prestação f. de contas. ‖ v. 1. calcular, acertar contas. 2. considerar, ter em conta, julgar, ter por.
on ~ por conta, a prazo. on ~ of por causa de, a bem de, no interesse de. to take ~ of a) tomar em consideração, considerar. b) tomar nota. take into ~ permitir, considerar, the Great Account o último juízo. by all ~ de acordo com a opinião geral. of no ~ sem importância, insignificante. a man of great (ou good) ~ um homem respeitado. a person of no ~ uma pessoa sem importância ou insignificante. to call to ~ reclamar explicação. upon my ~ por minha causa. on my own ~ para mim, à minha conta, por iniciativa própria. on that ~ por causa disto, por esta razão. on (ou upon) no ~ em hipótese alguma. upon all ~s em todo caso, em qualquer respeito. to carry to a new ~ lançar a uma nova conta. to keep ~s escriturar, registrar. to leave out of ~ desconsiderar, negligenciar. to make no ~ of menosprezar, desprezar. to make a great ~ of considerar, estimar. to make out his ~ fazer (ou entregar) a sua conta. to open an ~ abrir uma conta. to place it to his ~ lançar ao débito de sua conta. to settle an ~ liquidar uma conta. to take into ~, to take ~ of lançar na ou pôr em conta, tomar em consideração. to turn a thing to ~ tirar proveito de uma coisa. to ~ for prestar contas, responder por, ter por con-

siderar. **can you ~ for it?** você pode prestar esclarecimentos a respeito? **that ~s for everything** isto esclarece tudo. **to be much (or little) ~ed of** ser muito (ou pouco) apreciado. **I ~ him a fool** eu acho que ele é um bobo.

accountability [əkauntəb'iliti] s. responsabilidade f.

accountable [ək'auntəbl] adj. 1. responsável. 2. explicável, justificável.

accountancy [ək'auntənsi] s. contabilidade f.

accountant [ək'auntənt] s. 1. contador m., guarda--livros m., contabilista m. + f. 2. fiscal m. + f. da contabilidade. 3. (Jur.) pessoa responsável f. ou réu m. de uma ação judicial para averiguação de bens.
certified ~ perito-contador. **chartered ~** revisor contábil, juramentado.

accountantship [~ʃip] s. cargo m. e responsabilidade f. do contador.

account book s. livro contábil m.

account-current s. conta-corrente.

account duty s. imposto m. sobre heranças.

account executive s. (Com.) correntista-chefe m. + f.

account for building costs s. orçamento m. para construções civis.

accounting [ək'auntiŋ] s. contabilidade f., princípios teóricos m. pl. (ou prática f.) de contabilidade.

account of charges s. conta f. de despesas.

account sales s. (Com.) relação f. de vendas efetuadas.

accoutre, accouter [ək'u:tə] v. vestir, (milit.) equipar.

accoutrement, accouterment [~mənt] s. 1. trajes m. pl., vestes f. pl. 2. (milit.) equipamento completo m. exceto armas e uniformes de um soldado, atavios m. pl.

accredit [əkr'edit] v. 1. acreditar, abonar. 2. atribuir, imputar. 3. confiar. 4. autorizar, conferir poderes. 5. apresentar credenciais. 6. reconhecer, aprovar.

accredited [~id] adj. acreditado, aprovado.

accrescence [ækr'esəns] s. crescimento contínuo m., acréscimo, aumento m.

accrescent [ækr'esənt] adj. crescente, acrescente.

accrete [əkr'i:t] v. crescer junto, entrecrescer, crescer ao redor de um núcleo. || adj. (Bot.) entrecrescido (partes normalmente separadas).

accretion [əkr'i:ʃən] s. 1. crescimento, acréscimo m. 2. entrecrescimento m., crescimento m. por justaposição. 3. acreção f. 4. adição f., aumento m. 5. concreção f. 6. (Jur.) acessão f. (p.ex., acréscimo de terras depositadas pelas enchentes de um rio).

accretive [əkr'i:tiv] adj. acretivo.

accrimination [ækrimin'eiʃən] s. incriminação, acusação, censura f.

accrual [əkr'u:əl] s. acréscimo, aumento m., renda f. (oriunda de juros, etc.)

accrue [əkr'u:] v. advir, provir, resultar, caber.

acct. abr. de 1. **account**. 2. **accountant**.

acculturate [æk'ʌltʃəreit] v. aculturar.

acculturation [ækʌltʃər'eiʃən] s. (Soc.) aculturação f.

accumulate [əkj'u:mjuleit] v. acumular(-se), ajuntar(-se), amontoar(-se), multiplicar-se, reunir.

accumulation [əkj'u:mjuleiʃən] s. 1. acumulação, amontoação f. 2. montão, acervo m. 3. amontoamento m.

accumulative [əkj'u:mjuleitiv] adj. acumulativo. || **~ly** adv. acumulativamente.

accumulativeness [~nls] s. acúmulo m., acumulação f.

accumulator [~ə] s. acumulador m.

accuracy [ækjurəsi] s. exatidão, pontualidade, precisão, retidão f.
~ of work exatidão do trabalho (de homem). **working ~** precisão do trabalho (de máquinas). **~**

to shape exatidão das medidas (do molde). **~ to size** exatidão das medidas.

accurate [ækjurit] adj. 1. exato, certo. 2. correto, sem defeito. 3. pontual, cuidadoso. || **~ly** adv. exatamente, corretamente, pontualmente.

accursed [ək'ə:sid], **accurst** [ək'ə:st] adj. 1. amaldiçoado, maldito. 2. detestável, execrável, malfadado. || **~ly** adv. 1. malditamente. 2. detestavelmente.

accursedness [ək'ə:sidnis] s. maldição f., condição f. de ser amaldiçoado, malfadado ou execrável.

accus. abr. de **accusative**.

accusable [əkj'u:zəbl] adj. acusável, punível (**of** de).

accusal [əkj'u:zəl] s. acusação f.

accusation [əkjuz'eiʃən] s. 1. acusação, denúncia f. 2. crime m. ou transgressão f., objeto m. de denúncia. 3. libelo m.
to be under an ~ estar sob acusação. **to bring an ~ against** levantar uma queixa contra, acusar alguém de.

accusatival [əkju:zət'aivəl] (Gram.) adj. pertencente ou relativo ao acusativo.

accusative [əkj'u:zətiv] s. (Gram.) 1. acusativo m. 2. palavra f. usada como complemento direto. || adj. acusativo, objetivo (**também** Gram.). || **~ly** adv. acusativamente.

accusatorial [əkju:zət'ɔriəl] adj. acusatório.

accusatory [əkj'u:zətəri] adj. acusatório, englobando uma acusação.

accuse [əkj'u:z] v. 1. acusar, denunciar (**of** por causa de, **before, to** junto a). 2. censurar, repreender.

accused [~d] s. acusado m. || adj. acusado.

accuser [~ə] s. acusador, procurador público m.

accusing [~iŋ] adj. acusador. || **~ly** adv. acusatoriamente.

accustom [ək'ʌstəm] v. acostumar, familiarizar, habituar(-se) (**to** em).

accustomed [~d] adj. 1. acostumado, habituado. 2. usual, habitual.
to be ~ to do estar acostumado a fazer. **his ~ walk** seu passeio costumeiro.

accustomedness [~dnis] s. familiaridade, praxe f., costume m.

ace [eis] s. 1. ás m. (carta do baralho, peça de dominó, dado) (quadro P 6). 2. ponto único m. 3. ponto m. ganho com um único golpe no tênis, golfe e outros jogos esportivos. 4. perito m. 5. (Av., Esp.) craque, campeão m. 6. ás m. da aviação. 7. ninharia f., coisa f. ou quantidade f. insignificante.
~ high (coloq.) muito elevado. **to have an ~ in the hole** manter ainda um trunfo na reserva. **not an ~** nem o mínimo. **within an ~ of** por um triz, quase. **he was within an ~ of being run over** por um triz ele teria sido atropelado.

acedia [əs'i:diə] s. (Med.) acídia, frouxidão, apatia f.

acentric [əs'entrik] adj. acêntrico, sem centro.

acephalous [əs'efələs] adj. 1. acéfalo (também Bot. e Zool.). 2. (fig.) sem chefe ou orientação, descabeçado.

acerb [əs'ə:b] adj. 1. acerbo, amargo, acre, azedo. 2. (fig.) severo, áspero.

acerbate ['æsə:beit] v. 1. acerbar, tornar amargo, exacerbar. 2. (fig.) magoar, exasperar.

acerbity [əs'ə:biti] s. 1. acerbidade, acridez, adstringência f. 2. aspereza f. (de trato), severidade, amargura f., rigor m.

acerose ['æsərous], **acerous** ['æsərəs] adj. (Bot.) aceroso, pontiagudo (como as agulhas do pinheiro).

acervate [əs'ə:vit] adj. acervoso, que cresce em cachos.

acescence [əs'esəns] s. acescência f.

acescent [əs'esənt] adj. acescente.

acetabulum [æsit'æbjuləm] s. acetábulo m.: 1. (Hist.) vaso m. dos antigos romanos para guardar vinagre. 2. (Anat. e Zool.) cavidade cotilóide f., cavidade torácica f. de certos insetos. 3. (Bot.) receptáculo m. de alguns fungos.

acetanilide [æsit'ænilid, -laid] s. (Farmac., Quím.) acetanilida, antifebrina f.

acetate ['æsitit] s. (Quím.) acetato m.: sais e ésteres do ácido acético. ‖ v. tratar com ácido acético.

acetic [əs'i:tik] adj. acético.

~ acid ácido acético.

acetification [əsetifik'eiʃən] s. (Quím.) acetificação f.

acetifier [əs'etifaiə] s. acetificador m.

acetify [əs'etifai] v. acetificar(-se), converter em vinagre.

acetimeter [æsit'imitə] s. acetímetro, acetômetro m.

acetone ['æsətoun] s. (Quím.) acetona f.

acetous ['æsitəs], acetose ['æsitous] adj. acetoso, azedo.

acetylene [əs'etili:n] s. (Quím.) acetileno m.

acetyl salicylic acid s. (Quím., Farmac.) ácido m. acetilsalicílico, aspirina f.

ache (I) [eik] s. dor f. (contínua). ‖ v. 1. sentir dores, sofrer, doer. 2. desejar ansiosamente.

head~ dor de cabeça. my heart ~s for meu coração tem saudades de.

ache (II), aitch [eitʃ] s. o h, nome da letra h, oitava letra do alfabeto inglês.

he drops his ~s ele não pronuncia bem os hh, ele não é bem educado.

achene [ək'i:n] s. (Bot.) aquênio m.

achievable [ətʃ'i:vəbl] adj. realizável, executável.

achieve [ətʃ'i:v] v. 1. concluir, terminar ou completar com êxito. 2. realizar, conseguir, alcançar, conquistar. 3. dar cabo, matar.

achievement [~mənt] s. 1. feito heróico m., façanha, realização, empresa f. 2. empreendimento m. 3. (Heráld.) escudo m. ou tabuleta f. com o brasão de um defunto.

achiever [~ə] s. empreendedor m.

Achilles' heel s. (fig.) calcanhar-de-aquiles m.

Achilles' tendon s. (Anat.) tendão de Aquiles m.

aching ['eikiŋ] s. dor f. ‖ adj. dolorido. ‖ ~ly adv. doloridamente.

I am ~ all over todo o meu corpo está dolorido. I am ~ to do it estou ansioso para fazê-lo.

achlamydeous [ækləm'idiəs] adj. (Bot.) aclamídeo, sem perianto.

achromatic [ækrom'ætik] adj. 1. (Ópt., Mús.) acromático. 2. (Biol.) insensível a corantes. ‖ ~ally adv. acromaticamente.

achromaticity [əkroumət'isiti], achromatism [əkr'oumətizm] s. acromatismo m.

achromatize [əkr'oumətaiz] v. acromatizar, tornar acromático.

achromatous [əkr'oumətəs], achromic [əkr'oumik], achromous [əkr'oumes] adj. acrômico, acromo, sem cor.

acicular [æs'ikjulə] adj. acicular, em forma de agulha. ‖ ~ly adv. acicularmente.

aciculate [æs'ikjuleit], aciculated [~id] adj. aciculado, acicular.

acid ['æsid] s. ácido m. ‖ adj. ácido, azedo, acre, ardente, mordente. ‖ ~ly adv. acidamente.

hydrochloric ~ ácido clorídrico ou muriático. acrinic ~ ácido acrínico.

acid head s. (E.U.A., coloq.) viciado m. em LSD.

acidic [əs'idik], acidiferous [æsid'ifərəs] adj. acidífero, que produz ou encerra ácidos.

acidifiable [əs'idfaiəbl] adj. acidificável.

acidification [əsidifik'eiʃən] s. acidificação f.

acidifier [əs'idifaiə] s. acidificador m.

acidify [əs'idifai] v. acidificar, acidular.

acidimeter [æsid'imitə] s. acidímetro m.

acidimetry [æsid'imitri] s. acidimetria f.

acidity [əs'iditi], acidness ['æsidnis] s. acidez f.

acidless ['æsidlis] adj. isento de ácido.

acidosis [æsid'ousis] s. (Med.) acidose f.

acidproof ['æsidpru:f] adj. resistente a ácidos.

acid test s. teste rigoroso m.

acidulate [əs'idjuleit] v. acidular, tornar levemente acídulo.

~d drops pastilhas azedas (com sabor de limão), balas de fruta.

acidulation [əsidjul'eiʃən] s. acidulação f.

acidulous [əs'idjuləs] adj. acídulo. ‖ ~ly adv. acidulamente.

acierate ['æsiəreit] v. acerar, converter em aço.

aciniform [əs'inifɔ:m] adj. (Bot.) aciniforme: que tem forma de bago.

acinus ['æsinəs] s. 1. ácino m.: a) (Bot.) bago (de frutas) b) (Anat.) glândula racemiforme f. 2. pequeno caroço m. (como da uva).

ack-ack ['æk-æk] s. (gíria militar) bateria f. ou fogo m. antiaéreo.

ack-emma ['æk'emə] abr. telegráfica (Morse) para ante meridiem.

acknowledge [əkn'ɔlidʒ] v. 1. admitir, confessar. 2. reconhecer, validar. 3. apreciar, agradecer. 4. acusar ou confirmar o recebimento de. 5. certificar, autorizar, aprovar.

I ~ it eu o admito. I ~ the truth of it, I ~ it to be true reconheço que é verdade. do you ~ this signature? reconhece você esta assinatura? he ~d my presence with a wink ele mostrou ter notado minha presença com um piscar de olhos.

acknowledgeable [~əbl] adj. 1. confessável. 2. reconhecível. 3. aprovável.

acknowledger [~ə] s. 1. reconhecedor, aprovador m., 2. o que admite ou confessa.

acknowledgment, acknowledgement [~mənt] s. (of de) 1. reconhecimento m., gratidão f. 2. declaração f. da verdade, confissão f. 3. confirmação, autorização f. 4. agradecimento m. 5. atestado m., certidão f. 6. validação f. 7. aviso m. de recepção, recibo m.

aclinic [əkl'inik] adj. aclínico, aclinal.

~ line curva aclínica, equador magnético.

acme ['ækmi] s. acme m.: 1. culminância f., auge, cimo, ápice m. 2. (Med.) crise f. 3. (Biol. e Bot.) florescência f.

acne ['ækni] s. (Med.) acne f.: erupção f. da pele.

acock [ək'ɔk] adj. 1. no estilo empavonado (ref. à maneira de pôr o chapéu). 2. (fig.) alerta, vigilante. ‖ adv. de maneira empavonada, de modo desafiador (ref. a chapéu).

acold [ək'ould] adj. frio, friorento.

acolyte ['ækolait] s. acólito m.: 1. ministrante, coroinha m. 2. ajudante, assistente m. + f. 3. (Igr. catól. rom.) pessoa que ocupa o quarto grau das ordens menores.

aconite ['ækonait] s. acônito m.: 1. (Bot.) napelo m. ou qualquer planta do gênero Aconitum. 2. (Farmac.) medicamento m. preparado com esta planta.

acorn ['eikɔ:n] s. (Bot.) bolota, glande f. (fruto do carvalho). ‖ v. comer bolotas, alimentar(-se) com bolotas.

tall oaks from little ~s grow o grande carvalho brota da pequenina bolota.

acorn barnacle, acorn shell s. (Zool.) craca f.: qualquer crustáceo da família dos Balanídeos.

acorned [~d] adj. (Heráld.) que traz bolotas como divisa.

acorn tube (Eletrôn.) tubo de vácuo m.

acotyledon [əkɔtil'aidən] s. (Bot.) acotilédone m., plantas f. pl. acotiledôneas. ‖ adj. que não tem cotilédones.

acotyledonous [~əs] adj. (Bot.) acotiledôneo.

acoustic [ək'austik], **acoustical** [~əl] adj. acústico, relativo à acústica. ‖ ~ally acusticamente.

acoustic duct s. canal auditivo m.

acoustician [əkaust'iʃən] s. perito m. em acústica.

acoustics [ək'austiks] s. pl. acústica f.: 1. ciência dos fenômenos sonoros. 2. propagação f. do som num auditório.

acoustic vibrations s. pl. ondas ou vibrações sonoras f. pl.

acquaint [əkw'eint] v. 1. informar, avisar, comunicar. 2. inteirar, dar a entender. 3. instruir, familiarizar.

to be ~ed with 1. conhecer pessoalmente. 2. entender. ~ **yourself with your duties** inteire-se de seus deveres. **she is ~ed with my brother** ela conhece o meu irmão.

acquaintance [~əns] s. 1. conhecido m. 2. entendimento, conhecimento m., habilidade f.

my ~ with this fact meu conhecimento deste fato.

acquaintanceship [~ənʃip] s. relações pessoais f. pl.

acquest [əkw'est] s. 1. aquisição f. 2. (Jur.) propriedade f. que não foi adquirida por herança.

acquiesce [ækwi'es] v. aquiescer, condescender, consentir, sujeitar-se, aceitar tacitamente, concordar.

acquiescence [~əns] s. aquiescência, condescendência, submissão f., consentimento m.

acquiescent [~ənt] adj. aquiescente, condescendente, complacente, submisso. ‖ ~ly adv. submissamente, complacentemente.

acquire [əkw'aiə] v. 1. adquirir, obter, ganhar, granjear. 2. alcançar, conquistar. 3. comprar. 4. contrair (hábito).

acquired character s. (Biol.) caráter adquirido m.

acquirement [~mənt] s. 1. aquisição f. 2. habilidade, aptidão f. 3. ~s pl. educação f., talento m., conhecimentos m. pl.

acquisition [ækwiz'iʃən] s. 1. aquisição f., ganho m. 2. obtenção f. 3. conquista f. 4. compra f.

she is a great ~ in our circle ela é um elemento de valor em nosso círculo.

acquisitive [ækw'izitiv] adj. 1. aquisitivo. 2. ávido, ganancioso. ‖ ~ly adv. 1. aquisitivamente. 2. avidamente, gananciosamente.

acquisitiveness [~nis] s. ganância, avidez, cobiça f.

acquit [əkw'it] v. 1. absolver, inocentar, desculpar. 2. isentar, dispensar, desobrigar. 3. desempenhar(-se), portar-se, cumprir (um dever). 4. pagar, liquidar, saldar. 5. justificar(-se).

I ~ him of responsibility declaro-o isento da responsabilidade. **he ~s himself well** ele desempenha-se bem de sua tarefa.

acquittal [~əl] s. 1. absolvição, libertação, soltura f. 2. desempenho, cumprimento m.

acquittance [~əns] s. 1. isenção, desobrigação f. 2. liquidação f., pagamento m. (de dívida). 3. quitação f., recibo m.

acquitter [~ə] s. quem absolve ou desobriga.

acre ['eikə] s. 1. acre m.: medida agrária equivalente a 4.046,84 m². 2. ~s pl. terras, propriedades f. pl. **God's Acre** cemitério. **broad ~s** terras extensas, grandes propriedades.

acreage [~ridʒ] s. 1. área f. medida em acres. 2. terras f. pl. vendidas por acres.

acrid ['ækrid] adj. 1. acre, picante, pungente, urticante. 2. (fig.) irritante, mordaz, sarcástico.

acridity [ækr'iditi], **acridness** ['ækridnis] s. 1. acridez, acrimônia f. 2. pungência, causticidade, mordacidade f., sarcasmo m.

acrimonious [ækrim'ounjəs] adj. acrimonioso, cáustico, pungente, amargo. ‖ ~ly adv. acrimoniosamente,

causticamente.

acrimoniousness [~nis] s. qualidade acrimoniosa f.

acrimony ['ækriməni] s. 1. acrimônia f., amargor, desabrimento m. 2. rudeza, aspereza f.

acritical [əkr'itikəl] adj. acrítico (também Med.).

acrobat ['ækrobæt] s. 1. acrobata m. + f. 2. saltimbanco m. 3. funâmbulo, volantim m.

acrobatic [ækrob'ætik], **acrobatical** [~əl] adj. acrobático. ‖ ~ally adv. acrobaticamente.

acrobatics [~s] s. 1. acrobacia f. 2. funambulismo m.

acrobatism ['ækrobætizm] s. acrobatismo m.

acrocarpous [ækrok'a:pəs] adj. (Bot.) acrocarpo.

acrogen ['ækrodʒen] s. (Bot.) acrogênia f.: crescimento das plantas só pelo ápice.

acrogenous [əkr'odʒinəs] adj. (Bot.) acrógeno. ‖ ~ly adv. acrogenamente.

acromegalic [ækromig'ælik] adj. (Med.) acromegálico.

acromegaly [ækrom'egəli] s. (Med.) acromegalia f.

acronical, acronychal [əkr'onikəl] adj. acrônico, vespertino. ‖ ~ly adv. vespertinamente, acronicamente.

acrophobia [ækrof'oubiə] s. (Med.) acrofobia f.

acropolis [əkr'opəlis] s. (Hist.) 1. acrópole f. 2. **Acropolis** Acrópole f. de Atenas.

across [əkr'os] adj. cruzado. ‖ adv. 1. transversalmente, obliquamente. 2. de lado, ao lado, atravessadamente. 3. do, no ou para o outro lado. ‖ prep. 1. através de, de lado a lado. 2. sobre. 3. em cruz. 4. além de, mais adiante de, no outro lado de.

to come ~ 1. (E. U. A., coloq.) a) pagar, entregar. b) admitir, confessar. 2. deparar com, entrar em contato com. **with arms ~** com os braços cruzados. **~ the road** no outro lado da rua. **the first person I came ~** a primeira pessoa que encontrei. **to tear ~** rasgar ao meio. **~ country** (Caça e Esp.) através dos campos.

acrostic [əkr'ostik] s. acróstico m. ‖ adj. acróstico.

acrostical [~əl] adj. acróstico. ‖ ~ly adv. acrosticamente.

acrylic [əkr'ilik] s. + adj. (Quím.) acrílico m.

act [ækt] s. 1. ato m., ação f. 2. feito, procedimento m., obra f. 3. divisão f. de uma peça teatral. 4. número m. de programa (circo, variedades). 5. decreto m., lei, decisão f. legislativa. 6. auto, documento m., escritura f. ‖ v. 1. agir, atuar, proceder. 2. funcionar. 3. portar-se, conduzir-se. 4. comportar-se, fingir-se, simular. 5. influir, influenciar, produzir efeito. 6. desempenhar (um papel), representar.

~ as, ~ for substituir, fazer o serviço de, desempenhar o papel de. **~ of God** força maior. **in the ~** em flagrante. **~ and deed** documento legal. **~ of Parliament** ata de parlamento. **to ~ on, upon** ter efeito sobre, influenciar. **to ~ up to** agir de acordo com. **to ~ by** agir para com (uma pessoa). **the medicine did not ~** o remédio não fez efeito. **the play ~s well** a peça agrada, a peça desenvolve-se bem no palco. **this lock won't ~** esta fechadura não funciona.

actable ['æktəbl] adj. representável, apresentável (peça de teatro).

acting ['æktiŋ] s. 1. interinado m., substituição f. 2. ação, realização f., funcionamento m. 3. representação, encenação f. (teatro). 4. arte dramática f. ‖ adj. 1. ativo, efetivo. 2. interino, em exercício. 3. representável, encenável.

acting version s. versão dramatizada f.

actinian [ækt'iniən] adj. actiniano.

actinic [ækt'inik] adj. actínico. ‖ ~ally adv. actinicamente.

actinic ray s. raio actínico m.

actinism ['æktinizm] s. actinismo m.

actinium [ækt'iniəm] s. (Quím.) actínio m.
actinium series s. (Quím.) série radioativa f.
actinograph [ækt'inogra:f] s. actinógrafo m.
actinometer [æktin'ɔmitə] s. actinômetro m.
actinotherapy [æktinoθ'erəpi] s. actinoterapia f.
action ['ækʃən] s. 1. ação f., funcionamento m. 2.
atividade, energia f. 3. ato, efeito, empreendimento
m. 4. força, influência f., poder m. 5. movimento,
acionamento m. 6. mecanismo, maquinismo m. 7.
batalha f., combate m. 8. encontro armado m., choque m. de tropas. 9. entrecho, enredo m., seqüência
f. de cenas (teatro). 10. processo m., ação f.
judicial. 11. ~s pl. conduta f., comportamento m.
to take ~ 1) agir, proceder. 2) iniciar o trabalho.
3) processar, iniciar uma ação judicial. **in** ~ em
atividade, em movimento. **suit the** ~ **to the word**
(Shakespeare, Hamlet) adapte à ação as suas palavras. **the soldier died in** ~ o soldado morreu em
combate. **to carry** (ou **put**) **into** ~ realizar, executar.
full of ~ ativo, enérgico, vivo. **to put out of** ~ pôr
fora do combate. **to bring** (ou **lay**) **an** ~ **against**
intentar uma ação em juízo. **to take** ~ processar,
apresentar queixa. **the** ~ **of radium** o efeito do
radium. ~ **for damages** (Jur.) queixa de indenização por perdas e danos. ~ **in tort** ação ilícita. ~
of assumpsit (Jur.) ação judicial de restituição. ~
of ejectment (Jur.) ação judicial de reintegração de
posse. ~ **on a bill** protesto de uma letra de câmbio
(por falta de aceitação, pagamento. etc. ~ **to set
aside** (Jur.) ação judicial de contestação ou anulação. ~ **upon appeal** apelação, recurso. **personal** ~
queixa obrigatória. **previous** ~ (Jur.) ação preliminar. **real** ~ (Jur.) ação real.
actionable [~əbl] adj. litigável, contestável. ‖ –bly
adv. litigavelmente.
activate ['æktiveit] v. 1. ativar. 2. (Fís.) tornar radioativo. 3. (Quím.) tornar suscetível a reações, catalisar. 4. purificar.
activation [æktiv'eiʃən] s. 1. ativação f. 2. catalisa-
são f. 3. purificação f.
activator [æktiv'eitə] s. ativador m.
active ['æktiv] adj. 1. ativo, expedito, diligente. 2.
vivo, rápido, ágil. 3. movimentado, atarefado, animado. 4. efetivo, vigoroso, laborioso, assíduo. 5.
progressivo, produtivo. 6. (Gram.) ativo, transitivo.
‖ ~ly adv. 1. ativamente. 2. vivamente. 3. rapidamente. 4. efetivamente. 5. assiduamente.
active debt s. dívida ativa f., conta f. a receber.
active duty (ou **service**) s. 1. serviço ativo militar ou
naval m. 2. serviço militar m. em tempo de guerra.
active immunity s. (Med.) imunidade ativa f.
active voice s. voz ativa f.
activism ['æktivizm] s. ativismo m.: 1. sistema filosófico. 2. estilo literário.
activity [ækt'iviti], **activeness** ['æktivnis] s. 1. atividade, diligência, presteza f. 2. ação f., feito m. 3.
vivacidade f., movimento m. 4. afazeres m. pl.,
campo m. de ação. 5. força, energia f.
actor ['æktə] s. 1. ator m., protagonista, figurante
m. + f. 2. autor, agente principal m. (de um acontecimento), instituidor, fautor m. 3. advogado m.
actress ['æktris] s. atriz f.
actual ['æktjuəl] adj. 1. atual, presente, vigente. 2.
verdadeiro, real, efetivo. ‖ ~ly adv. 1. atualmente.
2. verdadeiramente.
actual efficiency s. (Téc.) rendimento real m.
actual horse power s. (Téc.) cavalos efetivos m. pl.
actuality [æktju'æliti], **actualness** ['æktjuəlnis] s. 1.
realidade f. 2. fato m.
actualization [æktjuəlaiz'eiʃən] s. realização, efetuação f.
actualize ['æktjuəlaiz] v. 1. realizar, efetivar, pôr em

prática. 2. contar ou descrever realisticamente.
actuarial [æktju'ɛəriəl] adj. atuarial. ‖ ~ly adv.
atuarialmente.
actuary ['æktjuəri] s. atuário, estatístico m.
actuate ['æktjueit] v. 1. acionar, pôr em movimento,
impulsionar. 2. influenciar, estimular, incitar.
actuating lever s. (Téc.) alavanca atuadora f.
actuation [æktju'eiʃən] s. 1. acionamento, funcionamento racional m., transmissão f. de força motriz.
2. estímulo m., instigação f.
actuator [æktju'eitə] s. o que aciona ou movimenta.
acuity [əkj'u:iti] s. acuidade: 1. agudeza f. 2. intensidade, perspicácia f. 3. sutileza, argúcia f.
aculeate [əkj'u:lieit], **aculeated** [~id] adj. 1. (Bot.)
espinhoso. 2. (Zool.) aculeado. 3. (fig.) acentuado,
incisivo, sarcástico.
aculeus [əkj'u:liəs] s. acúleo m.: 1. (Bot.) espinho m.
2. (Zool.) aguilhão ou ferrão dos himenópteros e
escorpiões.
acumen [əkj'u:mən] s. acume m., perspicácia, sagacidade, argúcia f.
acuminate [əkj'u:mineit] v. adelgaçar, acuminar. ‖
[əkj'u:minit] adj. agudado, afilado, pontiagudo.
acuminated [əkj'u:mineitid] adj. acuminado, pontiagudo, agudo.
acumination [əkju:min'eiʃən] s. afiação f., aguça-
mento m., ação f. de tornar pontiagudo.
acupuncture [əkju:p'ʌŋktʃə] s. (Med.) acupuntura f.
acute [əkj'u:t] adj. agudo: 1. pontiagudo, aguçado,
afiado. 2. severo, crítico. 3. repentino. 4. vívido,
penetrante, arguto, sensitivo. 5. intenso, forte, pungente (dor). 6. alto (som), estridente. 7. acentuado:
assinalado com acento agudo. ‖ ~ly adv. agudamente, severamente, intensamente, acentuadamente.
acute accent s. acento agudo m.
acute angle s. ângulo agudo m. (quadro A 3).
acuteness [~nis] s. agudez, intensidade f.
acyclic [əs'aiklik] adj. acíclico.
A. D. ['eid'i:] abr. de **Anno Domini** (latim).
ad [æd] s. (forma abreviada de **advertisement**) anúncio m.
to put up ~s **in a paper** pôr ou publicar anúncios
no jornal. ~**man** agente de publicidade.
ad– pref. denotando: movimento em direção a, acréscimo como em **adherence, administration, addition.**
adage ['ædidʒ] s. adágio m., provérbio, ditado m.
adagio [əd'a:dʒiou, -dʒou] s. pl. ~**gios** (Mús.) adágio
m. ‖ adj. vagaroso. ‖ adv. vagarosamente.
Adam ['ædəm] n. p. Adão m.
as old as ~ muito velho. **I don't know him from**
~ nunca vi a cara dele.
adamant ['ædəmənt] s. 1. pedra f. ou qualquer coisa
de extrema dureza. 2. magnetita f., diamante m.
‖ adj. adamantino, duro, inflexível.
adamantine [ædəm'æntain] adj. adamantino, inquebrável, inflexível, impenetrável.
adamic [əd'æmik], **adamical** [~əl] adj. adâmico, primitivo. ‖ ~**ally** adv. primitivamente.
Adamite ['ædəmait] s. 1. adamita m. + f., descendente
m. de Adão. 2. membro m. da seita dos adamitas.
Adam's apple s. pomo-de-adão m. (quadro H 10).
adapt [əd'æpt] v. adaptar, ajustar, acomodar. 2. apropriar, alterar.
~**ed from Andersen** adaptado de um conto de
Andersen. **she** ~**ed herself to circumstances** ela
adaptou-se às circunstâncias.
adaptability [ədæptəb'iliti] s. adaptabilidade f.
adaptable [əd'æptəbl] adj. adaptável, aplicável, ajustável.
adaptation [ædæpt'eiʃən] s. adaptação, acomodação
f., ajustamento m.

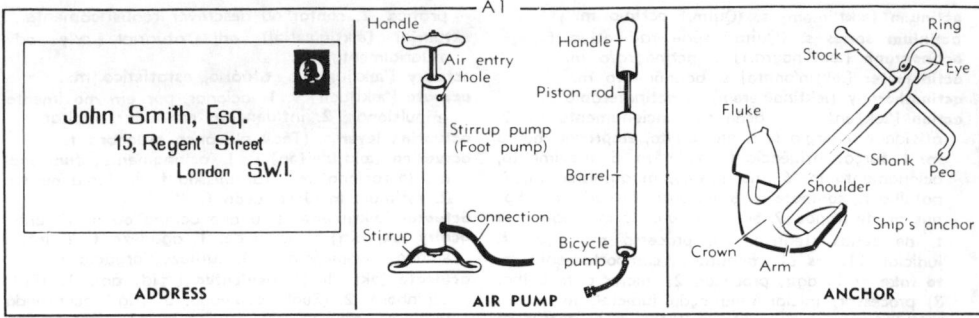

A 1

John Smith, Esq.
15, Regent Street
London S.W.1.

ADDRESS

Handle
Air entry hole
Piston rod
Stirrup pump (Foot pump)
Barrel
Connection
Stirrup
Bicycle pump

AIR PUMP

Ring
Stock
Eye
Fluke
Shank
Pea
Shoulder
Crown
Arm
Ship's anchor

ANCHOR

adapter [əd'æptə] s. adaptador m., (Téc.) ligador m.
adaptive [əd'æptiv] adj. adaptável, adaptativo. ‖ ~**ly** adv. adaptativamente.
add [æd] v. 1. adicionar, somar. 2. juntar, ajuntar, anexar. 3. aumentar, acrescentar. 4. continuar a falar ou escrever.
to ~ in incluir. **to ~ to** contribuir. **to ~ up** ou **together** somar, fazer adição. ~**ed to this that** consta ainda que. **he** ~**ed** ele acrescentou, ele mencionou ainda. **this** ~**s to our difficulties** isto aumenta ainda as nossas dificuldades. **he** ~**s insult to injury** ele ainda agrava o prejuízo pela injúria.
addable ['ædəbl], **addible** ['ædibl] adj. adicionável, ajuntável, acrescentável.
addax ['ædəks] s. (Zool.) ádax m.: antílope africano (Oryx nasomaculata).
addendum [əd'endəm] s. pl. **addenda** 1. adenda f., suplemento m. 2. anexo, apêndice m.
adder (I) ['ædə] s. adicionador m., máquina f. de somar.
adder (II) ['ædə] s. 1. cobra, víbora f. 2. (E. U. A.) várias cobras não venenosas.
flying ~ libelinha (Zool.)
adder's grass s. (Bot.) 1. salepo m. 2. satirião m.
adders's tongue s. (Bot.) língua-de-serpente f.
adderwort [~wə:t] s. (Bot.) bistorta f.
addict ['ædikt] s. viciado m. ‖ [əd'ikt] v. 1. dedicar(-se), devotar-se. 2. habituar(-se), viciar(-se).
to ~ o. s. 1. dedicar-se. 2. entregar-se (a um vício).
drug ~ viciado em entorpecentes.
addicted [əd'iktid] adj. 1. devotado, dedicado, afeito. 2. dado a um vício, viciado.
addiction [əd'ikʃən] s. 1. devoção, inclinação, predileção f., apego m. 2. hábito, vício m.
additament [əd'itəmənt] s. aditamento m.
addition [əd'iʃən] s. 1. adição f., adicionamento m. 2. soma f., resultado m. 3. aumento, acréscimo m. 4. anexo m. de um edifício, construção adicional f. 5. terras f. pl. englobadas a uma propriedade. 6. construção f. de novo bairro residencial (numa cidade). **in** ~ **to, in** ~ além do que, além do mais, em aditamento.
additional [~əl] adj. adicional suplementar ‖ ~**ly** adicionalmente.
additional charge s. sobretaxa f.
additional charges s. despesas adicionais f. pl.
additional payment s. pagamento suplementar m.
additive ['æditiv] s. palavra f. ou elemento m. aditivo. ‖ adj. 1. aditivo, cumulativo. 2. (Gram.) conjuntivo, que liga. ‖ ~**ly** adv. de modo aditivo.
addle [ædl] s. água servida ou putrefata f. ‖ v. 1. confundir, aturdir. 2. estragar(-se), deteriorar(-se). ‖ adj. 1. confuso, atrapalhado. 2. estragado, podre (ovos). 1. estéril, infecundo, oco.
addle-brained, addle-headed s. estúpido, tolo m.
addle egg s. ovo podre m.

address [ədr'es] s. 1. discurso m., alocução, palestra, conferência f. 2. comunicação, carta, petição f., ofício m. 3. sede (de uma firma), residência f., local m. 4. endereço m. (quadro A 1). 5. trato m., atitude f., maneiras f. pl. 6. habilidade f., tino, jeito m. 7. ~**es** pl. corte f., atenções f. pl. ‖ v. 1. discursar, dirigir-se a (oralmente ou por escrito). 2. tratar, intitular. 3. chamar a atenção. 4. falar ou recorrer a. 5. endereçar, consignar, indicar o destinatário. 6. devotar(-se), dedicar(-se).
to ~ a meeting fazer uso da palavra numa reunião. **to ~ o. s. to** dirigir-se a, interessar-se por. **to give an** ~ fazer um discurso. **Charles paid his** ~**es to Evelyn** Carlos cortejou Evelina.
addressee [ædres'i:] s. destinatário m.
addresser, addressor [ədr'esə] s. 1. remetente m. 2. orador m. 3. suplicante m.
addressograph [ədr'esogra:f] s. adereçógrafo m.
adduce [ədj'u:s] v. aduzir, apresentar provas ou razões, citar, exemplificar.
adduceable [~əbl], **adducible** [~ibl] adj. aduzível.
adducent [~ənt] adj. (Fisiol.) adutor.
adducer [~ə] s. adutor m.
adduct [əd'ʌkt] v. (Fisiol.) aduzir.
adduction [əd'ʌkʃən] s. 1. citação, comprovação f. 2. (Fisiol.) adução f.
adductive [əd'ʌktiv] adj. adutivo.
adductor [əd'ʌktə] s. (Anat.) adutor m.
adeem [əd'i:m] v. (Jur.) revogar uma doação, cancelar um legado.
adelphous [əd'elfəs] adj. (Bot.) adelfo.
ademption [əd'empʃən] s. (Jur.) adenção f.: revogação de doação ou legado.
adenitis [ædin'aitis] s. (Med.) adenite f.
adenocarcinoma [ædinouka:sin'oumə] s. (Pat.) adenocarcinoma m.
adenoid ['ædinoid] adj. (Med.) adenóide, glandular.
adenoids [~z] s. pl. (Med.) tecido adenóide m.
adenoma [ædin'oumə] s. (Med.) adenoma m.
adenovirus [ædinouv'airəs] s. (Pat.) adenovírus m.
adept [əd'ept, 'ædept] s. perito, prático, entendido, conhecedor, iniciado m. ‖ adj. habilitado, competente, experiente, prático. ‖ ~**ly** adv. habilmente.
he is an ~ **at weaving** ele é um perito em tecelagem.
adeptness [~nis] s. proficiência, competência f.
adequacy ['ædikwəsi], **adequateness** ['ædikwitnis] s. suficiência, adequação, proporcionalidade f.
adequate ['ædikwit] adj. 1. adequado, suficiente. 2. apropriado, conveniente, próprio. ‖ ~**ly** adv. 1. apropriadamente. 2. adequadamente, suficientemente.
adequate measures s. pl. medidas f. pl. correspondentes ou adequadas.
adhere [ədh'iə] v. aderir: 1. grudar, colar-se, prender-se. 2. ficar fiel a, seguir, apoiar. 3. devotar-se, dedicar-se. 4. (arc.) concordar, consentir, anuir.

~ **to your vow!** fique fiel aos seus juramentos!
adherence [~rəns], **adherancy** [~rənsi] s. 1. aderência, adesão, lealdade, fidelidade f. 2. devoção, participação f., apego m.
adherent [~rənt] s. aderente, partidário m. ‖ adj. 1. aderente, ligado, apegado. 2. partidário, adepto. ~**ly** adv. aderentemente, partidariamente.
adhesion [ədh'i:ʒən] s. 1. adesão, aderência f. 2. fidelidade, apego m., lealdade f. 3. concordância f., consentimento m. 4. (Bot.) concrescência f. 5. (Med.) coalescência f.
adhesive [ədh'i:siv] s. adesivo m., cola f. ‖ adj. adesivo, aderente, viscoso, pegajoso, aglutinante. ‖ ~**ly** adesivamente, viscosamente.
adhesiveness [~nis] s. adesividade f.
adhesive tape s. 1. esparadrapo m. 2. (Eletr.) fita isolante f.
adhibit [ədh'ibit] v. 1. introduzir. 2. aplicar, usar, empregar. 3. juntar, anexar.
adhibition [ædhib'iʃən] s. aplicação f., emprego, uso m.
adiabatic [eidaiəb'ætik] adj. (Fís.) adiabático.‖ ~**ally** adv. adiabaticamente.
adiantum [ædi'æntəm] s. (Bot.) adianto m.
adiaphorism [ædi'æforizm] s. adiaforismo m.
adiaphorist [ædi'æforist] s. adiaforista m. + f. ‖ adj. adiaforista.
adieu [ədj'u:] s. despedida f., fim m. ‖ interj. adeus! Deus te acompanhe!
to make one's ~**s** despedir-se.
ad infinitum adv. (latim) até o infinito, ilimitado, sempre, eternamente.
ad interim adv. (latim) 1. entrementes, nesse ínterim. 2. temporariamente.
adipocere ['ædiposiə] s. adipocera f.
adipose ['ædipous] s. gordura, adiposidade f. ‖ adj. adiposo, gorduroso.
adiposity [ædip'ɔsiti] s. adiposidade, obesidade f.
adit ['ædit] s. ádito, acesso m., entrada f.: (esp. para as galerias de minas).
adj. abr. de **adjective.**
adjacency [ədʒ'eisənsi] s. 1. adjacência, proximidade, vizinhança f. 2. arredores, arrabaldes m. pl., cercanias f. pl., circunvizinhança f.
adjacent [ədʒ'eisənt] adj. adjacente, próximo, limítrofe, confinante, vizinho. ‖ ~**ly** adv. adjacentemente, proximamente.
adjacent angles s. (Geom.) ângulos adjacentes m. pl.
adjectival [ædʒekt'aivəl] adj. adjetival. ‖ ~**ly** adv. de modo adjetival.
adjective ['ædʒektiv] s. adjetivo m. ‖ adj. adjetivo, adjetival. ‖ ~**ly** adv. adjetivamente.
adjoin [ədʒ'ɔin] v. 1. juntar, adicionar, unir. 2. estar contíguo, estar em contato. 3. confinar ou formar divisa com, limitar.
adjoining [~iŋ] adj. contíguo, adjacente, confinante, vizinho.
adjourn [ədʒ'ə:n] v. 1. adiar, diferir. 2. suspender, pospor. 3. interromper, transferir. 4. (coloq.) transferir-se, ir para outro lugar.
adjournment [~mənt] s. 1. adiamento m. 2. suspensão, interrupção f. 3. transferência f. 4. intervalo m. entre sessões (tribunal, conferência).
Adjt. abr. de **Adjutant.**
adjudge [ədʒ'ʌdʒ] v. 1. julgar, pronunciar culposo. 2. ordenar, decretar. 3. condenar, sentenciar. 4. decidir judicialmente. 5. adjudicar.
to ~ **s. o. guilty** declarar alguém culpado. **to** ~ **s. o. bankrupt** decretar a falência de alguém.
adjudgeable [~əbl] adj. adjudicável.
adjudgement [~mənt] s. adjudicação, decisão, sentença f., veredicto m.
adjudicate [ədʒ'u:dikeit] v. adjudicar: 1. julgar, sen-

tenciar. 2. presidir e deliberar como magistrado ou juiz de direito.
he was ~**d a murderer** ele foi sentenciado como assassino. **to** ~ **at** servir de árbitro.
adjudication [ədʒu:dik'eiʃən] s. adjudicação, sentença f., julgamento m.
adjudicative [ədʒ'u:dikeitiv] adj. adjudicativo, judicativo, judicatório.
adjudicator [ədʒ'u:dikeitə] s. juiz, árbitro m.
adjunct ['ædʒʌŋkt] s. 1. suplemento, acessório, anexo m. 2. subordinado, adjunto, auxiliar, ajudante m. 3. (Gram.) adjunto m. adverbial ou circunstancial. 4. (Lóg.) atributo m. que não é essencial.
adjunction [ædʒ'ʌŋkʃən] s. adjunção f.
adjunctive [ædʒ'ʌŋktiv] adj. adjuntivo. ‖ ~**ly** adv. adjuntivamente.
adjuration [ædʒuər'eiʃən] s. adjuração f.: 1. rogo m., súplica f. 2. evocação f., juramento m. 3. exorcismo m.
adjuratory [ædʒ'uərətəri] adj. 1. caracterizado por adjuração. 2. suplicatório, categórico, intimativo.
adjure [ədʒ'uə] v. adjurar: 1. implorar, intimar. 2. conjurar, exorcismar.
adjurer, adjuror [~rə] s. adjurador m.
adjust [ədʒ'ʌst] v. 1. ajustar, adaptar, arranjar. 2. regular, acertar, consertar, retificar, pôr em ordem. 3. liquidar (contas), saldar, encerrar (negócios). 4. acostumar(-se), acomodar(-se). 5. harmonizar, conciliar. 6. superar dificuldades.
adjustable [~əbl] adj. 1. ajustável, regulável. 2. liquidável. 3. acomodável, conciliável. ‖ —**bly** adv. ajustavelmente.
adjustable spanner s. chave inglesa f.
adjuster, adjustor [~ə] s. ajustador m. (quadro B 12).
average ~ avaliador de perdas marítimas.
adjusting rod s. tensor m., esticadeira f.
adjusting screw s. parafuso m. de ajustamento.
adjustment [~mənt] s. 1. ajustamento, ajuste m., ajustagem f. 2. regulação, montagem, retificação f. 3. normalização, sistematização, regulamentação f. 4. acordo, convênio m., liquidação f. (de contas).
adjustment of average s. cálculo m. de perdas e danos (nos contratos de seguro).
adjutage ['ædʒutidʒ] s. bocal m., gárgula, bica f (de fonte).
adjutancy ['ædʒutənsi] s. (milit.) ajudância f.
adjutant ['ædʒutənt] s. 1. (milit.) ajudante m. + f. 2. auxiliar, assistente m. + f. 3. (Zool.) marabu m. (também ~ **bird** ou ~ **crane**).
adjutant general s. (milit.) ajudante-general m.
adjuvant ['ædʒuvənt] s. 1. ajudante, assistente, auxiliar m. + f. 2. (Farmac.) ajudante m.: ingrediente auxiliar de uma prescrição médica. ‖ adj. adjuvante, auxiliar.
ad-lib ['ædl'ib] v. falar de improviso, interpolar (num discurso ou peça teatral).
Adm. abr. de **Admiral** e **Admiralty.**
adman ['ædmən] s. publicitário m.
admeasure [ædm'eʒə] v. repartir, partilhar, dividir eqüitativamente, apropriar.
admeasurement [~mənt] s. 1. medição f. 2. aferição f. 3. medida f., dimensões f. pl. 4. partilha, repartição f., aquinhoamento m.
adminicle [ædm'inikl] s. 1. adminículo, apoio, auxílio m. 2. (Jur.) prova f. auxiliar, corroboração f.
adminicular [ædmin'ikjulə] adj. adminicular, auxiliar.
administer [ædm'inistə] v. 1. administrar: a) dirigir, governar, gerir. b) aplicar, dispensar, conferir, ministrar. c) dar, fornecer, prover. d) tomar conta (de fazenda, prédios, etc.), reger, superintender. e) exercer o cargo de administrador. f) socorrer, concorrer, ajudar, contribuir. 2. prestar ou oferecer juramento.

I **~ed'** an oath to him eu fi-lo jurar.

administrable [ədm'inistrəbl] adj. administrável.

administrant [ədm'inistrənt] s. administrante, administrador m. ‖ adj. administrante.

administration [administr'eiʃən] s. 1. administração, gerência, direção f. 2. governo m. 3. ministério, ministro m., funcionários administrativos m. pl. 4. (E. U. A.) o presidente m. e seu gabinete de ministros. 5. termo m. de gestão de um governo. 6. ministração, aplicação, distribuição f. 7. (Med.) tratamento m., ato m. de dar ou tomar medicamentos. 8. (Jur.) curadoria f.

administrative [ədm'inistrətiv] adj. administrativo, executivo. ‖ **~ly** adv. administrativamente.

administrator [ədm'inistreitə] s. 1. administrador m. 2. (Jur.) curador m.

administratorship [~ʃip] s. cargo m. e funções f. pl. de administração.

administratrix [ədm'inistreitriks] s. administradora f., (Jur.) curadora f.

admirable ['ædmərəbl] adj. 1. admirável, maravilhoso. 2. excelente, ótimo.

admiral ['ædmərəl] s. 1. almirante m. 2. comandante m. de uma esquadra da armada ou frota mercante. 3. (também **~ship**) capitânia f.: nau do comandante da esquadra.
port-**~** comandante do porto.

admiralty [~ti] s. 1. almirantado m.: a) posto ou cargo de almirante. b) corporação de oficiais superiores da marinha. 2. tribunal m. superior da marinha. 3. ministério m. da marinha. 4. **Admiralty** (também **Admiralty Court**) edifício m. do tribunal da marinha em Londres.
Board of Admiralty ministério da marinha.

admiration [ædmər'eiʃən] s. 1. admiração, afeição, simpatia, apreciação, reverência f. 2. prazer, encanto m. 3. objeto m. de admiração. 4. (arc.) maravilha f.

admire [ədm'aiə] v. 1. admirar, apreciar, prezar. 2. falar ou contemplar com admiração, reverenciar, adorar. 3. (E. U. A.) gostar de alguém. 4. (arc.) ficar maravilhado.

admirer [~rə] s. 1. admirador m. 2. namorado m., pretendente m. (à mão de uma moça).

admiring [~riŋ] adj. admirador, afeiçoado, encantado, encantador. ‖ **~ly** adv. admiradoramente.

admissibility [ədmisab'iliti], **admissibleness** [ədm'isiblnis] s. admissibilidade f.

admissible [ədm'isibl] adj. 1. admissível, permissível. 2. (Jur.) lícito, aceitável (como prova). ‖ **-bly** adv. 1. admissivelmente. 2. licitamente.

admission [ədm'iʃən] s. 1. admissão, aceitação f. 2. acesso, ingresso m., entrada f. 3. preço m. de ingresso. 4. acolhimento m. 5. consentimento m. 6. nomeação f. para um cargo. 7. confissão, revelação f. 8. reconhecimento m. 9. (E. U. A.) admissão f. de um Estado na federaçãc dos E. U. A.

admission chamber s. (Téc.) câmara f. de acesso (máquina a vapor).

admission free s. entrada gratuita f.

admission ticket, ticket of admission s. bilhete m. de ingresso.

admission to the bar licença f. de praticar a advocacia.

admit [ədm'it] v. 1. admitir: a) aceitar, permitir, consentir, acolher. b) reconhecer (a verdade), confessar, revelar. c) deixar entrar ou usar. 2. conceder o direito (de passagem, entrada, uso). 3. tolerar. 4. comportar, necessitar. 5. dar ou ter lugar. 6. (E. U. A.) admitir para cargos eletivos ou gozo de privilégios. 7. (E. U. A.) receber um Estado na Federação.

to **~** to bar autorizar a prática da advocacia. to **~** into one's confidence fazer alguém seu confidente. this ticket **~s** two este bilhete vale para duas pessoas. to be **~ted** to be kindhearted ser considerado bondoso. to **~** of a doubt dar margem a dúvidas.

admittance [~əns] s. 1. admissão, recepção, aceitação, permissão f. 2. direito m. de ingresso. 3. entrada f., acesso, ingresso m. 4. ato m. de entrar. 5. (Eletr.) admitância f.
no **~!** entrada proibida!

admittedly [~idli] adv. admitidamente, reconhecidamente, de comum acordo.

admix [ədm'iks] v. misturar(-se), mesclar(-se), juntar(-se).

admixture [~tʃə] s. 1. mistura, mescla, admistão f. 2. matéria ajuntada f.

admonish [ədm'oniʃ] v. 1. advertir, prevenir, desaconselhar. 2. admoestar, repreender, exortar, censurar, reprovar. 3. lembrar, avisar.

admonisher [~ə] s. admoestador m.

admonishing [~iŋ] adj. admoestador. ‖ **~ly** adv. admoestadoramente.

admonishment [~mənt], **admonition** [ædmon'iʃən] s. admoestação, admonição, repreensão, censura f., conselho m.

admonitory [ədm'onitəri] adj. admonitório, exprobratório, repreensivo.

adnate ['ædneit] adj. (Bot. e Fisiol.) adnato.

adnation [ædn'eiʃən] s. (Bot.) adnexão f.

adnexa [ædn'eksə] s. pl. (Anat.) partes acessórias f. pl. de um órgão.

ado [əd'u:] s. 1. pressa, bulha f., alvoroço m., afã, lufa-lufa f. 2. barulho m. 3. trabalho m., atividade, dificuldade f.
I had much **~** eu tinha muita dificuldade. much **~** about nothing muita palha e pouco pão. pay without more **~!** pague sem fazer reclamações!

adobe [æd'oubi] s. 1. barro m. ou lodo m. seco pelo sol. 2. adobe, tijolo cru m. ‖ adj. construido com adobes.

adolescence [ædol'esns], **adolescency** [~i] s. 1. adolescência f. 2. juventude f.

adolescent [ædol'esnt] s. adolescente m. ‖ adj. adolescente, juvenil.

Adonis [əd'ounis] n. p. 1. (Mit.) Adônis m. 2. moço simpático m., elegante, dândi m. 3. (Bot.) adônis m.: planta da família das Ranunculáceas.

adopt [əd'opt] v. adotar: 1. aceitar, admitir, abraçar (princípios). 2. aprovar, reconhecer. 3. perfilhar, admitir no seio da família.

adoptable [~əbl] adj. adotável.

adopter [~ə] s. adotante m.

adoption [əd'opʃən] s. adoção f.: 1. perfilhamento m. 2. reconhecimento m., aprovação f.

adoptive [əd'optiv] adj. adotivo. ‖ **~ly** adv. adotivamente.

adorability [ədo:rəb'iliti] s. qualidade do que é adorável.

adorable [əd'o:rəbl] adj. 1. adorável, admirável. 2. (coloq.) lindo, belo, gracioso, encantador. ‖ **-bly** adv. adoravelmente, encantadoramente.

adoration [ædor'eiʃən] s. 1. adoração, veneração f. culto m. 2. reverência, estimação, devoção f., respeito m. (of, for para, a).

adore [əd'o:] v. 1. adorar, respeitar, amar afeiçoadamente. 2. (coloq.) gostar, amar, estimar. 3. cultuar, venerar, idolatrar.
I **~** fruit eu gosto muito de frutas.

adorer [~rə] s. adorador m.

adoringly [~riŋli] adv. adoravelmente, veneravelmente, encantadoramente.

adorn [əd'ɔːn] v. 1. adornar, ornar, embelezar. 2 decorar, enfeitar.

adorner [~ə] s. adornador, decorador m.

adorning [~iŋ] adj. adornador, enfeitador. ‖ ~ly adv. adornadoramente.

adornment [~mənt] s. 1. adorno, enfeite, ornato, ornamento m. 2. decoração, ornamentação f.

adown [əd'aun] adv. para baixo, de cima para baixo. ‖ prep. ao longo de ou sobre (em movimento descendente).

adrenal [ædr'iːnəl] s. glândula supra-renal f. ‖ adj. ad-renal, em redor do rim.

adrenal gland (Anat. Zool.) s. uma das glândulas endócrinas, ou supra-renais.

adrenalin, adrenaline [ədr'ænəlin] s. (Farmac.) adrenalina, supra-renina f.

adrift [ədr'ift] adj. desgovernado, desorientado, sem rumo. ‖ adv. à mercê das ondas ou do vento, à toa, a esmo.

to cut s. o. ~ deixar alguém desprotegido.

adroit [ədr'ɔit] adj. hábil, ágil, destro, ativo, inteligente, astuto, sagaz. ‖ ~ly adv. habilmente, destramente, engenhosamente, astutamente.

adroitness [~nis] s. habilidade, desteridade, sagacidade, inteligência f.

adry [ədr'ai] adj. seco, sedento, sequioso. ‖ adv. secamente, sequiosamente.

adscititious [ædsit'iʃəs] adj. 1. suplementar, adicional. 2. adventício. ‖ ~ly adv. suplementarmente, adicionalmente.

adscript ['ædskript] s. adscrito, servo, cotono m. ‖ adj. adscrito, aditado, arrolado.

adsorb [æds'ɔːb] v. (Quím.) adsorver.

adsorbent [~ənt] s. (Quím.) adsorvente m.

adsorption [æds'ɔːpʃən] s. (Quím.) adsorção f.

adsorptive [æds'ɔːptiv] adj. (Quím.) adsorvível.

adulate ['ædjuleit] v. adular, lisonjear, bajular, sabujar, elogiar servilmente.

adulation [ædjul'eiʃən] s. adulação, lisonja f.

adulator ['ædjul'eitə] s. adulador, bajulador m.

adulatory [~ri] adj. adulatório.

adult ['ædʌlt] s. 1. adulto m.: pessoa que chegou à adolescência. 2. planta f. ou animal m. completamente desenvolvido. ‖ adj. adulto.

school for ~s escola para adultos, escolas de aperfeiçoamento.

adulterant [əd'ʌltərənt] s. agente adulterante m. ‖ adj. adulterante.

adulterate [əd'ʌltəreit] v. adulterar, falsificar, corromper. ‖ adj. adulterado, falsificado. ‖ ~ly adv. falsificadamente.

adulteration [ædʌltər'eiʃən] s. adulteração, falsificação f.

adulterer [əd'ʌltərə] s. adúltero m.

adulteress [əd'ʌltəris] s. mulher infiel f.

adulterine [əd'ʌltərain] adj. adulterino, espúrio, falso, ilícito, ilegal.

adulterous [əd'ʌltərəs] adj. adúltero. ‖ ~ly adv. adulteramente.

adultery [əd'ʌltəri] s. adultério m.

adulthood [əd'ʌlthud], **adultness** [əd'ʌltnis] s. idade f. da razão, maioridade f.

adumbrate ['ædʌmbreit, æd'ʌmbreit] v. adumbrar: 1. pressagiar, prefigurar, prenunciar. 2. sombrear, ensombrar, anuviar, obscurecer, eclipsar. 3. esboçar.

adumbration [ædʌmbr'eiʃən] adumbração f.: 1. sombreação f., obscurecimento. 2. prenúncio m. 3. esboço, delineamento m.

adumbrative [æd'ʌmbrətiv] adj. adumbrativo: 1. prenunciativo, insinuativo. 2. indiciativo, sugestivo. ‖ ~ly adv. adumbrativamente, indiciativamente.

adust [əd'ʌst] adj. 1. adusto, queimado. 2. abrasado, ardente. 3. queimado pelo sol. 4. sombrio (de aspecto ou temperamento).

adv. abr. de 1. **adverb.** 2. **adverbial.** 3. **advertisement.** 4. **advisory.** 5. **advocate.**

ad valorem adv. (latim) (Com.) ad valorem, de acordo com o valor (taxas alfandegárias).

advance [ədv'aːns] s. 1. avanço m., avançada f. 2. progresso, melhoramento m., melhoria, melhora f. 3. aumento, acréscimo m., elevação f. 4. adiantamento m., antecipação f., pagamento antecipado m. 5. mercadoria f. recebida com antecipação. 6. empréstimo m. 7. ~s pl. primeiros passos m. pl. para entabular entendimentos ou entrar em contato com alguém. 8. oferta f. 9. promoção, ascensão, elevação f. (no cargo). ‖ v. 1. avançar, investir. 2. marchar para a frente, levar para diante. 3. progredir, melhorar, desenvolver. 4. auxiliar, ajudar, favorecer, animar, fomentar. 5. promover, subir (no cargo ou posição), fazer progredir. 6. aumentar, encarecer. 7. apressar, acelerar, antecipar. 8. adiantar, pagar ou suprir antecipadamente. 9. emprestar, ceder. 10. sugerir, aventar. 11. explicar, expor. ‖ adj. 1. avançado. 2. adiantado, antecipado.

in ~ na frente, adiantado. **payment in** ~ pagamento adiantado. **to be in** ~ **of s. o.** estar à frente de alguém.

advance copy s. prova f. de impresso.

advanced [~t] adj. 1. avançado, adiantado, desenvolvido. 2. (E. U. A.) superior (à maioria). 3. idoso.

advance guard s. vanguarda f.

advance ignition s. avanço m. da ignição.

advancement [~mənt] s. 1. avanço, adiantamento m. 2. progresso, melhoramento m., melhoria f. 3. promoção, elevação f. (de categoria), subida f. de posto.

advance money s. adiantamento m.

advance notice s. aviso prévio m.

advantage [ədv'aːntidʒ] s. 1. vantagem, primazia, superioridade f. 2. imposição f. 3. predominância, preponderância f. 4. benefício, lucro m. prerrogativa f. 5. proveito, aproveitamento m. 6. (Esp.) primeiro ponto ganho m. no jogo de tênis após o empate (de 40 pontos). ‖ v. favorecer, oferecer vantagens, ajudar.

seen to ~ na melhor hipótese. **to your** ~ no seu interesse. **to take** ~ **of** 1. aproveitar, tirar partido ou vantagem. 2. impor. **to the best** ~ com o maior proveito ou lucro.

advantageous [ædvaːnt'eidʒəs] adj. vantajoso, proveitoso, favorável, lucrativo. ‖ ~ly adv. vantajosamente, favoravelmente.

advantageousness [~nis] s. vantagem f.

advection [ədv'ekʃən] s. (Meteor.) advecção f.

advent ['ædvənt] s. 1. advento m., chegada f. 2. **Advent** nascimento m. de Cristo, período m. de quatro semanas antes do Natal.

Second Advent a vinda de Cristo no dia do juízo.

Adventism [~izm] s. (E. U. A.) adventismo m.: doutrina dos adventistas.

Adventist [~ist] s. adventista m. +f.

adventitious [ædvent'iʃəs] adj. adventício: 1. estranho, que vem de fora. 2. casual, acidental. 3. (Bot. e Zool.) que surge em posição anormal. ‖ ~ly adv. adventiciamente.

adventitious aid s. auxílio fortuito m.

adventitious causes s. causas secundárias f. pl.

adventitiousness [~nis] s. casualidade f.

adventive [ædv'entiv] adj. (Bot. e Zool.) adventivo, adventício: 1. introduzido (num novo ambiente). 2. forasteiro (embora cultivado pelo homem).

adventure [ədv'entʃə] s. 1. aventura, peripécia f. 2.

façanha, proeza, f. 3. coragem, ousadia f., arrojo m. 4. espírito aventureiro m. 5. empreendimento m. 6. negócio arriscado m., especulação f. ‖ v. aventurar(-se), arriscar(-se), atrever(-se), ousar. **a life of** ~ uma vida de façanhas.

adventurer [~rə] s. 1. aventureiro m. 2. soldado mercenário m. 3. empreendedor, ambicioso m. 4. especulador, negocista m.

adventuresome [~sʌm] adj. audaz, intrépido, aventuroso, temerário, arriscado.

adventuress [~ris] s. aventureira f.

adventure story s. conto m. de aventuras.

adventurous [~rəs] adj. 1. aventuroso, ousado, audaz, intrépido, temerário. 2. perigoso, arriscado. ‖ ~ly adv. aventurosamente, perigosamente, arriscadamente.

adventurousness [~:əsnis] s. audácia, ousadia f.

adverb ['ædvə:b] s. (Gram.) advérbio m.

adverbial [ədv'ə:biəl] adj. (Gram.) adverbial. ‖ ~ly adv. adverbialmente.

ad verbum adv. (latim) palavra por palavra.

adversary ['ædvəsəri] s. 1. adversário, inimigo m. 2. oponente m. + f. 3. (Esp.) competidor m., concorrente, antagonista m.+ f. ‖ adj. (Jur.) contestante, antagônico, hostil.

adversative [ədv'ə:sətiv] adj. adversativo, que indica contrariedade ou oposição (também Gram.) ‖ ~ly adv. adversativamente.

"but" is an ~ conjunction "mas" é uma conjunção adversativa.

adverse ['ædvə:s, ədv'ə:s] adj. 1. adverso, inamistoso, hostil. 2. desfavorável, prejudicial. 3. oposto, contrário. ‖ ~ly adv. adversamente, desfavoravelmente, contrariamente.

adverse balance s. deficit m.

adverse witness s. testemunha agravante f.

adversity [ədv'ə:siti], **adverseness** [ədv'ə:snis] s. 1. adversidade, dificuldade f. 2. infortúnio m., infelicidade f. 3. aflição, angústia, tribulação f.

advert [ædv'ə:t] v. 1. advertir, chamar a atenção a (alguma coisa), fazer ver a, atentar a. 2. referir(-se) a, aludir a.

advertence [~əns], **advertency** [~ənsi] s. 1. advertência, atenção, consideração f. 2. vigilância f., reparo m.

advertent [~ənt] adj. atencioso, cuidadoso, atento, vigilante. ‖ ~ly adv. atenciosamente, cautelosamente.

advertise, advertize ['ædvətaiz, ædvət'aiz] v. 1. noticiar, publicar. 2. avisar, informar. 3. fazer propaganda, apregoar, anunciar. 4. chamar a atenção para si mesmo.

she does it to ~ herself ela o faz para tornar-se conhecida. **to ~ for** procurar por meio de anúncio.

advertisement, advertizement [ədv'ə:tismənt, E. U. A. ædvət'aizmənt] s. anúncio, reclamo m., propaganda f.

advertiser, advertizer ['ædvətaizə] s. anunciante m. + f.

advertising, advertizing ['ædvətaiziŋ] s. 1. publicidade, propaganda f. 2. anúncio, cartaz m.

advertising agency s. agência f. de publicidade.

advertising matter s. folhetos m. pl. de propaganda.

advice [ədv'ais] s. 1. conselho, parecer m., recomendação, opinião f. 2. informação, comunicação f., notícia, novidade f.

a piece of ~ um (bom) conselho. **by the ~ of** a conselho de. **my ~ to you is** eu o aconselho a. **as per** ~ conforme notícias.

advisability [ədvaizəb'iliti], **advisableness** [ədv'aizəbl-nis] s. prudência, conveniência, ponderação f.

advisable [ədv'aizəbl] adj. 1. aconselhável, recomendável. 2. apropriado, oportuno. 3. conveniente.

advise [ədv'aiz] v. 1. aconselhar, recomendar, advertir. 2. avisar, informar, cientificar. 3. consultar, receber ou tomar conselhos. 4. deliberar, refletir. **(on, about** sobre).

advised [~d] adj. 1. avisado, advertido. 2. prudente, ponderado, refletido. 3. planejado, deliberado. ‖ ~ly adv. 1. avisadamente. 2. ponderadamente, sabiamente. 3. deliberadamente.

be ~ seja prevenido. **ill** ~ mal informado, desorientado. **his** ~ **opinion** sua opinião bem ponderada.

advisedness [~idnis] s. (arc.) prudência, deliberação, premeditação f.

advisement [~mənt] s. deliberação, consideração, ponderação f.

adviser, advisor [~ə] s. 1. aconselhador, conselheiro, consultor m. 2. preceptor, mentor, educador m.

advisory [ədv'aizəri] adj. consultivo, aconselhador. ‖ —rily adv. consultativamente.

advocacy ['ædvəkəsi] s. 1. advocacia, advocatura f. 2. proteção, defesa f., amparo m.

in ~ **of** em defesa de.

advocate ['ædvəkit] s. advogado, patrono, defensor (perante a justiça), protetor m. ‖ ['ædvəkeit] v. advogar, defender, pleitear, patrocinar.

advocation [ædvok'eiʃən] s. defesa, proteção f.

advocatory [ædv'ɔkətəri] adj. advocatório, pertencente à advocacia.

advowee [ædvau'i:] s. (Ecles.) patrono m. ou possuidor m. de um benefício eclesiástico.

advowson [ədv'auzən] s. padroado m.

adynamia [ædin'eimiə] s. (Med.) adinamia f.: debilidade geral.

adynamic [ædain'æmik] adj. (Med.) adinâmico, fraco.

adytum ['æditəm] s. 1. ádito, santuário m. 2. câmara secreta f. dos templos antigos.

adz, adze [ædz] s. enxó m. ‖ v. trabalhar com enxó.

aedile, edile ['i:dail] s. (Hist.) edil m.

Aegean [idʒ'i:ən] adj. egeu.

aegis, egis ['i:dʒis] s. égide f.: 1. defesa, proteção f. 2. amparo, patrocínio m.

aeolian [i'ouliən] adj. eólio, eólico.

aeolian harp s. harpa eólica f.

Aeolic [i'ɔlik] s. eólio m.: habitante ou língua da Eólia (Grécia). ‖ adj. eólico.

aeolipyle, aeolipile [i'ɔlipail] s. eolípila f.: aparelho para medir a força de vapor.

aeolotropy [iolotr'ɔpi] s. (Fís.) anisotropia f.

aeon, eon ['i:ən] s. eternidade f., eões m. pl.

aeonian [i'ouniən] adj. eterno, indefinido.

aerate ['eiəreit] v. 1. expor ao ar, ventilar, arejar. 2. misturar com ar. 3. gaseificar com gás carbônico. 4. oxidar, oxigenar.

aerated [~id] adj. 1. exposto ao ar. 2. impregnado com ar. 3. carregado de gás carbônico.

aerated water s. água acídula, água gasosa f.

aeration [eiər'eiʃən] s. aeração, aeragem, ventilação f., arejamento m.

aerator ['eiəreitə] s. aerador, ventilador m.

aerial ['eəriəl, e'i:riəl] s. (Rádio) antena f. (quadro M 5). ‖ adj. 1. aéreo, atmosférico. 2. leve, fino, gasoso, etéreo. 3. ideal. 4. imaginário, imaterial. 5. que vive e cresce no ar. 6. alto, elevado. 7. aviatório. ‖ ~ly aereamente, **frame** ~ (Rádio) antena de quadro.

aerialist [~ist] s. artista m. + f. do trapézio, acrobata m. + f. aéreo(a).

aerial ladder s. escada f. de bombeiro (Magirus).

aerial navigation s. aeronáutica f.

aerial railway s. funicular aéreo m.

aerial survey s. levantamento topográfico m.

aerial view s. vista aérea f.

aerial voyage s. viagem aérea f.

aerie, aery ['eəri, 'eiəri] (também **eyrie, eyry**) s. 1.

aeriferous — affect 17

—— A 2 ——

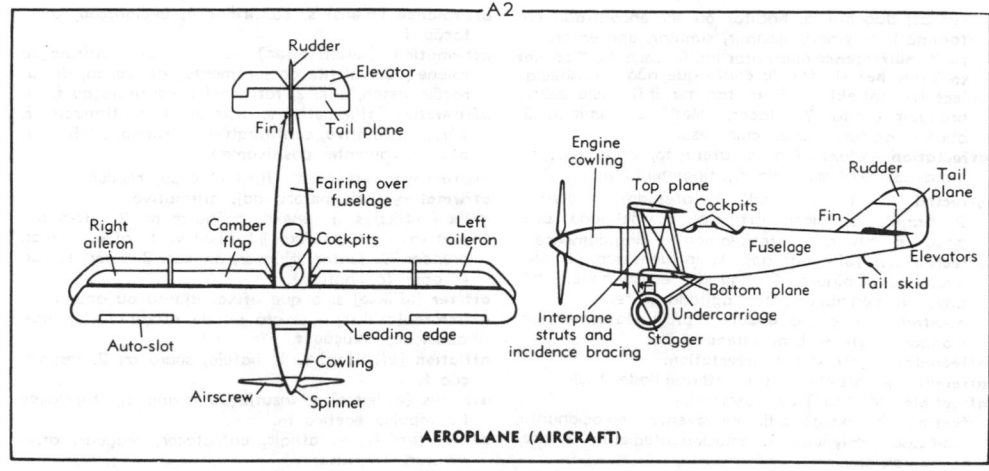

AEROPLANE (AIRCRAFT)

ninho m. de águia ou outra ave de rapina. 2.
aguietas f. pl. ou filhotes de aves de rapina. 3.
habitação f. ou castelo m. (construído a grande
altura).
aeriferous [ɛərˈifərəs] adj. aerífero.
aerification [ɛərifikˈeiʃən] s. 1. vaporização. 2. aerifi-
cação, aerização f.
aeriform [ˈɛərifɔːm] adj. gasoso, aeriforme.
aerify [ˈɛərifai] v. 1. vaporizar. 2. aerificar, aerizar.
aero— [ˈɛərou] elemento de composição: denota referência ao ar, gás ou à aviação.
aeroballistics [ɛəroubəlˈistiks] s. pl. aerobalística f.
aerobatics [ɛərəbˈætiks] s. pl. acrobacia aérea, acrobacia f., vôo acrobático m.
aerobe [ˈɛəroub] s. aeróbio m.
aerobic [ɛərˈoubik], **aerobical** [~əl] adj. aeróbio.
‖ **~ally** aerobiamente.
aerocamera [ɛəroukˈæmərə] s. câmara fotográfica f.
especialmente construída para tirar fotografias
aéreas.
aerodrome [ˈɛərədroum] s. aeródromo, aeroporto m.
aerodynamic [ɛərodainˈæmik], **aerodynamical** [~əl]
adj. aerodinâmico.
aerodynamics [~s] s. pl. aerodinâmica f.
aeroembolism [ɛərouˈembəlizm] s. (Med.) aeroembo-
lia f.: doença de descompressão.
aerogram [ˈɛərogræm] s. radiograma, aerograma m.
aerograph [ˈɛərogrɑːf] s. aerógrafo, meteorógrafo m.
aerolite [ˈɛərolait] s. aerólito, meteorito m.
aerolitic [ɛərolˈitik] adj. aerolítico.
aerology [ɛərˈɒlədʒi] s. (Fís.) aerologia f.
aeromechanic [ɛərəmikˈænik], **aeromechanical** [~el]
adj. aeromecânico.
aeromechanics [~s] s. pl. aeromecânica f.
aeromedicine [ɛəroumˈedsin] s. medicina f. do espaço.
aerometer [ɛərˈɒmitə] s. aerômetro m.
aeronaut [ˈɛərənɔːt] s. aeronauta, aviador m.
aeronautic [ɛərənˈɔːtik], **aeronautical** [~əl] adj.
aeronáutico. ‖ **~ally** adv. aeronauticamente.
aeronautics [~s] s. aeronáutica f.
aerophoto [ˈɛərofoutou] s. fotografia aérea f.
aerophyte [ˈɛərofait] s. (Bot.) aerófita f.
aeroplane [ˈɛərəplein] s. aeroplano m. (quadro A 2).
aerosol [ˈɛərəsɒl] s. aerossol m. (recipiente).
aerospace [ˈɛərəspeis] adj. aerospacial.
aerosphere [ˈɛərousfiə] s. (Aer.) aerosfera f.
aerostat [ˈɛərostæt] s. aeróstato m.

aerostatics [ɛərəstˈætiks] s. (Fís.) aerostática f.
aerotherapy [ɛərəθˈerəpi] s. (Med.) aeroterapia f.
aeruginous [iərˈuːdʒinəs] adj. azinhavrado.
aery [ˈɛəri] s. = **aerie**. ‖ adj. (poét.) aéreo, etéreo.
Aesculapian [iːskjulˈeipiən] adj. esculapino, medicinal.
aesthete, esthete [ˈiːsθiːt, ˈesθiːt] esteta m.
aesthetic [iːsθˈetik], **aesthetical** [~əl] (também **esthe-
tic, esthetical**) adj. estético, harmonioso, artístico.
‖ **~ally** adv. esteticamente.
aestheticism [iːsθˈetisizm], **estheticism** [esθˈetisizm] s.
estetismo m.
aesthetics [iːsθˈetiks], **esthetics** [esθˈetiks] s. pl. estética f.: filosofia da beleza, teoria da concepção
artística.
aestival [iːstˈaivəl] adj. = **estival.**
aestivate [ˈiːstiveit] v. = **estivate.**
aestivation [iːstivˈeiʃən] s. = **estivation.**
aether [ˈiːθə] s. = **ether** I e II.
aetherial [iːθˈiːriəl] adj. = **etherial.**
aetiological, etiological [iːtiəlˈɒdʒikəl] adj. etiológico.
aetiology, etiology [iːtiˈɒlədʒi] s. etiologia f.: 1.
ciência que estuda a origem das coisas. 2. (Med.)
estudo da origem ' ˙ ˙ ˙ças.
afar [əfˈɑː] adv. longe, à distância.
from ~ de longe.
afeard, afeared [əfˈiəd] adj. (arc.) com medo.
afebrile [əfˈiːbrail] adj. sem febre.
affable [ˈæfbl] adj. 1. afável, cortês, amável. 2
benévolo, bondoso. ‖ **–bly** adv. afavelmente, bondosamente.
affableness [~nis], **affability** [æfəbˈiliti] s. afabilidade, amabilidade bondade f.
affair [əfˈɛə] s. 1. afazeres m. pl. de qualquer
natureza, ocupação, obrigação f. 2. **~s** pl. negócios
m. pl. (de Estado, ou de finanças). 3. acontecimento, incidente m., ocorrência f. 4. questão f.,
caso particular m., assunto reservado m. 5. (coloq.)
coisa f. 6. romance, namoro m.
that is my ~! isto é comigo! **that is not my ~!**
isto não me importa! **a splendid ~** uma coisa
espetacular. **~ of honour** questão de honra, duelo.
Minister of Foreign Affairs ministro de negócios
estrangeiros. **he has an ~** ele está namorando
a. **to make an ~ of s. th.** exagerar, promover uma
tempestade num copo d'água. **as ~s stand** como
as coisas estão atualmente.
affect (I) [əfˈekt] s. sentimento m., inclinação, paixão
f., (Psicol.) afeto m. ‖ v. 1. ansiar, almejar. 2.
gostar, ter predileção, amar. 3. usar. 4. freqüentar,

ser assíduo em. 5. habitar ou ser encontrado em (animal). 6. fingir, assumir, simular, aparentar. **to ~ indifference** aparentar indiferença. **he ~ed not to know her** ele fez de conta que não a conhecia.
affect (II) [əf'ekt] v. 1. afetar, ter influência sobre, produzir efeito. 2. atacar, (Med.) contaminar. 3. abalar, agitar, causar emoções.
affectation [æfekt'eiʃən] s. afetação, presunção, simulação, artificialidade f., fingimento m.
affected (I) [əf'ektid] adj. 1. afetado, exagerado. 2. fingido, simulado, artificial. 3. inclinado, apegado. || ~ly adv. afetadamente, fingidamente.
affected (II) [əf'ektid] adj. 1. influenciado. 2. atacado, contaminado. 3. agitado, emocionado. || ~ly adv. influenciadamente, agitadamente.
mentally ~ alienado. **deeply ~** profundamente emocionado. **well ~** bem intencionado.
affectedness [~nis] s. = **affectation.**
affectibility [əfektib'iliti] s. afetibilidade f.
affectible [əf'ektibl] adj. afetível.
affecting [əf'ektiŋ] adj. comovente, emocionante, afetuoso. || ~ly adv. 1. emocionantemente. 2. afetuosamente.
affection [əf'ekʃən] s. 1. afeição, simpatia, amizade f., amor m. 2. sentimento, pendor m., emoção, paixão, tendência, inclinação f. 3. doença, enfermidade, moléstia f., estado m. doentio ou mórbido. 4. (arc.) disposição f.
to have an ~ for sentir simpatia (amor) por.
affectional [~əl] adj. emocional, afetivo.
affectionate [əf'ekʃnit] adj. afetuoso, carinhoso, afável, delicado, cortês. || ~ly adv. afetuosamente, delicadamente.
I remain ~ly yours (em cartas) com um abraço carinhoso, subscrevo-me.
affectionateness [~nis] s. afetividade f., carinho m.
affective [əf'ektiv] adj. afetivo: 1. afeiçoado, delicado. 2. emocional. || ~ly adv. afetivamente.
afferent ['æfərənt] adj. (Med.) aferente.
affiance [əf'aiəns] s. 1. juramento, compromisso m., promessa f. 2. contrato m. de casamento. 3. confiança, fé, fidelidade f. || v. prometer, jurar fidelidade (esp. em casamento).
affianced [~t] adj. com noivado ou casamento ajustado.
affidavit [æfid'eivit] s. atestação ou declaração jurada f., depoimento juramentado m.
he swears (makes) an ~ (Jur.) ele faz uma declaração sob juramento. **the judge takes an ~** o magistrado manda fazer um depoimento juramentado.
affiliable [əf'iliəbl] adj. afiliável.
affiliate [əf'ilieit] s. pessoa f. ou organização f. associada ou filiada. || v. 1. afiliar, filiar, ligar, aliar, fundir, incorporar, agregar. 2. associar-se, unir-se, aliar-se a, dar entrada em. 3. adotar, perfilhar, receber como filho. 4. atribuir (um filho) a, determinar a paternidade.
affiliation [əfili'eiʃən] s. 1. associação, incorporação f. 2. adoção, perfilhação f. 3. atribuição f. da paternidade (de um filho ilegítimo).
affined [əf'aind] adj. 1. afim, ligado por afinidade, relacionado, ligado. 2. (arc.) obrigado.
affinitive [əf'initiv] adj. afim, afínico.
affinity [əf'initi] s. 1. afinidade, atração, simpatia f. 2. relação f. 3. parentesco m. por casamento. 4. semelhança, parecença f. 5. (Biol., Geom., e Quím.) afinidade f.
elective ~ afinidade eletiva.
affirm [əf'ə:m] v. 1. afirmar, asseverar, assegurar. 2. firmar, confirmar, certificar, ratificar. 3. (Jur.) declarar solenemente (sem prestar juramento).
affirmable [~əbl] adj. afirmável. || **–bly** adv. afirmavelmente.

affirmance [~əns] s. confirmação, declaração, atestação f.
affirmation [æfə:m'eiʃən] s. 1. (Jur.) afirmação solene (equivalente ao juramento), atestação, declaração, asserção f. 2. ratificação, confirmação f.
affirmative [əf'ə:mətiv] s. afirmativa, confirmação f. || adj. afirmativo, confirmatório, positivo. || ~ly adv. afirmativamente, positivamente.
affirmative defence s. (Jur.) objeção, réplica f.
affirmatory [əf'ə:mətəri] adj. afirmativo.
affix ['æfiks] s. 1. anexo, apêndice m. 2. afixo m.: prefixo, infixo, sufixo. || [əf'iks] v. 1. afixar, fixar, prender. 2. juntar, ajuntar, anexar. 3. selar, lacrar. 4. apor (assinatura).
affixer [əf'iksə] s. o que afixa, ajunta ou anexa.
affixture [əf'ikstʃə] s. ato m. de afixar ou ajuntar, aposição, fixação f.
afflation [əfl'eiʃən] s. 1. bafejo, sopro m. 2. inspiração f.
afflatus [əfl'eitəs] s. insuflação divina f., inspiração f., impulso poético m.
afflict [əfl'ikt] v. afligir, entristecer, magoar, atormentar, angustiar.
afflicted [~id] adj. aflito, magoado, angustiado.
afflicter [~ə] s. o que aflige.
afflictingly [~iŋli] adv. aflitivamente.
affliction [əfl'ikʃən] s. 1. aflição, angústia, miséria f. 2. desgraça, atribulação, calamidade f.
afflictive [əfl'iktiv] adj. aflitivo, penoso, angustioso, consternativo. || ~ly adv. aflitivamente, angustiosamente.
affluence ['æfluəns] s. 1. afluência f., afluxo m., 2. riqueza, abundância, profusão, fartura f.
affluent ['æfluənt] s. afluente m. || adj. 1. afluente. 2. muito rico, abundante, copioso, opulento. || ~ly adv. abundantemente, copiosamente.
afflux ['æflʌks] s. 1. afluxo m. 2. afluência ou grande concorrência f. de pessoas.
afford [əf'ɔ:d] v. 1. dispor de economias, poder gastar, ter recursos. 2. permitir-se, dar-se o luxo de, arranjar (tempo, dinheiro). 3. proporcionar, propiciar, causar. 4. fornecer, dar, produzir.
I can ~ to take a taxi bem posso arcar com as despesas de um táxi. **the land ~s minerals** o país fornece minerais. **it ~s me great satisfaction** isto me proporciona grande satisfação.
affordable [~əbl] adj. disponível.
afforest [æf'ɔrist] v. reflorestar.
afforestation [æforist'eiʃən] s. reflorestamento m.
affranchise [æfr'æntʃaiz] v. libertar, isentar, conferir privilégios ou direitos, emancipar.
affranchisement [æfr'æntʃizmənt] s. libertação, isenção, emancipação f.
affray [əfr'ei] s. 1. desordem, rixa, briga f. 2. tumulto, motim m. || v. assustar, amedrontar, alarmar.
affreightment [əfr'eitmənt] s. 1. afretamento m. de um navio. 2. contrato m. de transporte contra pagamento do frete.
affricate ['æfrikit] s. (Fon.) africada f.
affricative [æfr'ikətiv] adj. (Fon.) fricativo.
affright [əfr'ait] s. (arc.) susto, terror m. || v. assustar, amedrontar, terrorizar.
affront [əfr'ʌnt] s. 1. afronta, injúria f., insulto m. 2. ofensa, provocação f., desrespeito m. || v. 1. ofender, insultar, injuriar. 2. enfrentar, defrontar, fazer face.
affronter [~ə] s. o que afronta.
affrontingly [~iŋli] adv. injuriosamente, insultantemente, insultuosamente.
affusion [əfj'u:ʒən] s. infusão, rega f. (Med.) afusão f.
Afghan ['æfgæn] s. 1. afegã, afegane m.: nativo do Afeganistão. 2. xale m. de lã. || adj. afegânico.

afield [əf'i:ld] adv. 1. em, no ou para o campo. 2. longe do lar, fora. 3. fora do caminho, desencaminhado, desviado.
far ~ 1. muito longe. 2. (coloq.) divagante. 3. no caminho errado (também fig.).
afire [əf'aiə] adj. incendiado. ‖ adv. em chamas.
aflame [əfl'eim] adj. 1. chamejante. 2. (coloq.) radiante, brilhante. ‖ adv. em chamas.
afloat [əfl'out] adj. 1. flutuante. 2. embarcado. 3. desgovernado. 4. inundado 5. solvente, desimpedido, livre, salvo. 6. corrente. ‖ adv. 1. a boiar, à tona. 2. a bordo de um navio. 3. ao sabor das ondas, sem rumo. 4. sem dívidas. 5. em circulação.
aflutter [əfl'ʌtə] adj. adejante, irrequieto, agitado. ‖ adv. agitadamente.
afoot [əf'ut] adj. andando. ‖ adv. 1. em ação, em progresso. 2. a pé.
afore [əf'ɔ:] (arc.) = before.
aforementioned [~menʃnd] adj. acima mencionado.
aforesaid [~sed] adj. supracitado.
aforethought [~θɔ:t] adj. planejado, premeditado.
with malice ~ (Jur.) premeditado com intenção criminosa.
aforetime [~taim] adj. anterior, antigo. ‖ adv. anteriormente, antes, outrora, antigamente.
a fortiori ['eifo:ʃi'ɔ:rai] adv. (latim) por mais forte razão, ainda mais conclusivo.
afoul [əf'aul] adj. (E. U. A.) embaraçado, emaranhado, confuso. ‖ adv. em colisão, confusamente.
to run ~ meter-se em dificuldades com.
afraid [əf'reid] adj. amedrontado, medroso, receoso, apreensivo.
he is ~ of his teacher ele tem medo do seu professor. she is ~ to jump ela tem medo de pular. I am ~ that... receio que... I am ~ we shall be late receio ou lamento que estejamos atrasados. who's ~? quem é que está com medo?, quem é medroso? she is ~ of ghosts ela tem medo de fantasmas. you need not be ~ of being late você não precisa ter medo de atrasar-se. I am ~ to call him tenho medo de chamá-lo. is this your work? — I am ~ it is! é esse o seu serviço? — Sim, infelizmente é mesmo!
afreet, afrit ['æfri:t] s. demônio m. ou monstro m. da mitologia maometana.
afresh [əfr'eʃ] adv. mais uma vez, de novo, novamente.
African ['æfrikən] s. 1. africano m. 2. negro m. ‖ adj. africano, negro, de raça negra.
Afrikaans [æfrik'a:ns] s. holandês sul-africano m. (língua).
Afrikander [æfrik'ændə] s. africânder m.: branco natural da África (geralmente descendente de branco).
Afro-American s. afro-americano m. ‖ adj. afro--americano.
aft [a:ft] adv. de ou à popa, de ou à ré, em direção à popa.
after ['a:ftə] adj. 1. subseqüente, ulterior, posterior. 2. (Náut.) de popa ou ré. ‖ adv. 1. atrás, detrás, em seguida. 2. depois, após, posteriormente. ‖ conj. depois que, logo que. ‖ prep. 1. atrás de, após de, depois de. 2. em seguimento a, em seqüência a. 3. em perseguição de, ao encalço de. 4. acerca de, a respeito de, sobre. 5. por causa de, em conseqüência de. 6. apesar de. 7. à maneira de, à moda de. 8. abaixo de, inferior a. 9. segundo, de acordo com, conforme. 10. em atenção a, em consideração a, em homenagem a.
the ~ sail (Náut.) a vela de popa. in ~ years em anos vindouros. to follow ~ seguir imediatamente. this was ~ I had married isto foi após o meu casamento. day ~ day dia após dia. ~ hours após

o expediente, alta noite. the morning ~ the night before (Thackeray) a indisposição na manhã após a noitada, ressaca. the month ~ next o mês após o próximo. the week ~ a semana depois. six months ~ seis meses depois. ~ death the doctor trancar a porta depois que o ladrão entrou. to ask ~ perguntar por. to aspire (ou long) ~ pretender, desejar alguma coisa, ter saudade de. what are you ~ atrás de que você anda? ~ this fashion deste modo. the day ~ tomorrow depois de amanhã. to look ~, to see ~ tomar conta de, cuidar de. the dog trots ~ him o cão corre atrás dele.
after-account s. recálculo m.
after-ages s. tempo m. ou período m. subseqüente.
after all adv. afinal, no fim de tudo, apesar de tudo.
after-birth s. (Med. Veter.) secundinas, páreas f. pl.
after-body s. (Téc. naval) ré, popa f.
after-brain s. (Anat.) mielencéfalo m.
after-cabin s. cabina f. de popa.
after-clap s. acontecimento, golpe inesperado m.
after-conviction s. convicção ulterior f.
after-crop s. segunda colheita f. no mesmo ano.
after-damp s. mofeta f.: gás dióxido de carbônio que fica nas minas após explosões de grisu.
after-days s. pl. futuro m.
after-deck s. (Náut.) convés m. de ré.
after-effect s. efeito subseqüente m., efeito posterior m., efeito secundário m.
after-event s. acontecimento subseqüente m.
after-flavour s. ressaibo m.
after-glow s. arrebol m. da tarde.
after-grass s. feno serôdio m.
aftergrowth ['a:ftəgrouθ] s. renovo m., vergôntea f.
after-image s. (Psicol.) imagem consecutiva f., pós--imagem f.
after-life s. vida f. após a morte.
aftermath ['a:ftəmæθ] s. 1. feno serôdio m. 2. segunda colheita f. anual. 3. resultado m., conseqüências f. pl.
aftermost ['a:ftəmoust] adj. superl. 1. o mais traseiro, o último, o derradeiro. 2. (Náut.) o mais perto da popa.
afternoon ['a:ftən'u:n] s. tarde f. ‖ adj. vesperal, na tarde, de ou relativo à tarde.
this ~ hoje à tarde. late ~ à noitinha. every Wednesday ~ cada quarta-feira à tarde. good ~ boa-tarde.
after-pains s. (Med.) cólicas uterinas f. pl. (posteriores ao parto).
after-payment s. pagamento posterior ou suplementar m.
after-piece s. (Teat.) pequena peça f. apresentada após a peça principal, epílogo m.
after-sail s. vela f. de popa.
after-season s. pós-temporada f.
after-sensation s. (Psicol.) pós-sensação f.
aftertaste ['a:ftəteist] s. sabor restante m.
after-thought s. 1. reflexão tardia f., meditação f. ou explicação f. posterior. 2. malícia f.
after-times s. pl. os tempos vindouros m. pl.
afterwards ['a:ftəwədz], afterward ['a:ftəwəd] adv. posteriormente, subseqüentemente, mais tarde.
after-wit s. reflexão tardia f.
~ is everybody's wit previsão depois do acontecimento não requer inteligência.
after-world s. além-mundo m.
Ag s. Ag m.: símbolo químico da prata.
A. G. abrev. de 1. Adjutant General. 2. Attorney General.
aga, agha ['a:gə] s. agá m.: alto dignitário maometano.
again [əg'ein] adv. 1. mais uma vez, de novo, nova-

mente, outra vez. 2. em resposta, em retribuição. 3. de volta ao mesmo lugar ou à mesma pessoa. 4. além disso, demais, porém. 5. por outro lado. **~ and** ~ freqüentemente, muitas vezes. **as much ~** duas vezes mais, o dobro. **time and ~** sempre de novo, repetidas vezes. **ever and ~, now and ~** de vez em quando. **over ~** mais uma vez. **to try ~** tentar novamente. **a child must not answer ~** uma criança não deve dar respostas. **the mountains rang ~** as montanhas ressoaram. **to come ~** voltar de novo. **I shall call ~** voltarei, chamarei de novo (pelo telefone).

against [əg'einst] prep. 1. contra, contrário. 2. em oposição a, oposto a. 3. defronte, diante. 4. em contraste com, em comparação com. 5. em contato com, junto a. 6. em preparação para, em previsão de. 7. em defesa de. **to fight ~** lutar contra. **I am ~ war** sou contra a guerra. **to knock ~** colidir com. **to dry ~ the fire** secar ao fogo. **that is ~ him** isto fala contra ele. **~ the stream** contra a correnteza. **~ your arrival** na expectativa da sua chegada. **I ran up ~ my friend** encontrei por acaso meu amigo. **~ morals** contra os bons costumes. **~ the grain** contra a própria convicção, com aversão.

agamic [əg'æmik] adj. (Biol.) agâmico: 1. partenogenético. 2. assexuado.

agamogenesis [ægəmodʒ'enisis] s. (Biol.) agamogênese f.: reprodução sem fecundação.

agamogenetic [ægəmodʒən'etik] adj. (Biol.) agamogenético. ‖ **~ally** adv. agamogeneticamente.

agamous ['ægəməs] adj. 1. (Biol.) ágamo, assexual. 2. (Bot.) criptógamo.

agape (I) [əg'eip] adj. boquiaberto, embasbacado. ‖ adv. numa atitude de espanto e admiração.

agape (II) ['ægəpi] s. ágape m.: refeição comum dos primitivos cristãos.

agar-agar ['ægə:'ægə:, 'eigə:'eigə:] s. (Bact. Biol.) ágar-ágar m.: substância gelatinosa, usada para a cultura artifical de bactérias.

agaric ['ægərik] s. (Bot.) agárico m. ‖ [æg'ærik] adj. fungóide, fungoso.

agate ['ægət] s. 1. (Miner.) ágata f. 2. (E. U. A.) bolinha f. de gude imitando a coloração da ágata. 3. (E. U. A. Tipogr.) tipos m. de corpo 5½.

agave [əg'eivi] s. (Bot.) agave, piteira f.

agaze (†) [əg'eiz] adv. contemplativamente, numa atitude observadora.

agazed [~d] adj. variação de **agast, aghast** assustado, embatucado.

age [eidʒ] s. 1. idade f. 2. período m. de vida alcançado. 3. velhice f., idade avançada f. 4. duração f. provável da vida, probabilidade f. de vida. 5. (Psicol.) desenvolvimento intelectual m. (em comparação com a norma). 6. século m., período histórico m., era, época f. 7. geração f. 8. (coloq.) período extenso m. 9. **of ~** maioridade f. ‖ v. 1. envelhecer, ficar velho. 2. sazonar, amadurecer. **the Middle ~s** a Idade Média. **~ of manhood** idade viril. **~ of minority** menoridade f. **at an early ~** bem cedo na vida. **at a great ~** numa idade avançada. **to a great ~** até à extrema velhice. **in old ~** na idade grave. **in tender ~** na infância. **in our ~** em nossa época. **down the ~s** através dos séculos. **to be over ~** ter passado o limite de idade. **he is under ~** ele é menor. **be your ~** não seja tolo. **he is her ~** ele tem a idade dela. **to come of ~** atingir a maioridade. **what ~ do you give him?** qual é a idade que você lhe dá? **he does not look his ~**

ele parece mais moço do que é. **I have been waiting ~s** esperei uma eternidade.

aged ['eidʒid] adj. 1. idoso, velho. 2. sazonado, amadurecido. 3. da idade de... ‖ **~ly** adv. idosamente. **the ~** s. pl. os velhos m. + f. pl.

agedness [~nis] s. 1. velhice, senectude f. 2. sazonação f.

age-harden v. (Téc.) revenir (metais).

ageless ['eidʒlis] adj. imutável, perene, eterno.

age-limit s. limite m. de idade.

agelong ['eidʒloŋ] adj. duradouro, perene.

agency ['eidʒənsi] s. 1. ação, atividade, função f. 2. agência f.: a) representação, mediação, intervenção f. b) escritório m. de representações, filial f. de repartição pública, bancária ou comercial. **by this ~** por este meio, devido à intervenção de.

agency-business s. negócio m. à base de comissão.

agenda [ədʒ'endə] s. 1. programa m. de trabalhos, ordem f. do dia. 2. agenda f., livro m. de apontamentos.

agent ['eidʒənt] s. 1. agente m.: a) representante m. + f. corretor, comissário m. b) procurador, promotor, delegado, administrador m. c) causa, força f., agente m. natural. 2. (coloq.) vendedor m. 3. bilheteiro m. 4. (Quím.) reagente m. 5. meio, instrumento m. 6. expediente m. **physical ~s** forças naturais. **free ~** pessoa f. que age independentemente.

agential [ədʒ'enʃəl] adj. representativo, intermediário.

Age of Reason s. (Hist.) a Idade da Razão f.: Iluminismo m. (séc. XVIII).

age-old adj. antiqüíssimo.

ageratum [ædʒ'erətəm] s. (Bot.) agérato m.

age-worn adj. senil, decrépito, caduco.

agglomerate [əgl'ɔmərit] s. aglomerado m. ‖ [əgl'ɔməreit] v. aglomerar, acumular, amontoar, ‖ adj. [-rit] aglomerado.

agglomeration [əglɔmər'eiʃən] s. aglomeração, acumulação f., ajuntamento m.

agglomerative [əgl'ɔmərətiv] adj. aglomerativo, aglomerante.

agglutinant [əgl'u:tinənt] s. aglutinante m. ‖ adj. aglutinante.

agglutinate [əgl'u:tineit] v. aglutinar, colar, unir, justapor (também Filol.). ‖ [-nit] adj. aglutinado (também Bot.), reunido, colado.

agglutinated [əgl'u:tineitid] adj. aglutinado, aglutinante.

agglutination [əglu:tin'eiʃən] s. aglutinação f. (também Bact., Fon. e Med.).

agglutinative [əgl'u:tinətiv] adj. aglutinativo, aglutinante.

aggrandize ['ægrəndaiz] v. 1. engrandecer, enaltecer, exaltar. 2. ampliar, elevar, aumentar. 3. exagerar.

aggrandizement, [əgr'ændizmənt] s. 1. engrandecimento, enaltecimento m., glorificação f. 2. ampliação f., alargamento m. 3. desenvolvimento m.

aggrandizer ['ægrəndaizə] s. engrandecedor m.

aggravate ['ægrəveit] v. 1. agravar, piorar, exacerbar. 2. (coloq.) importunar, irritar, provocar.

aggravating [~iŋ] adj. 1. agravante. 2. provocatório. 3. (coloq.) desagradável, aborrecido. ‖ **~ly** adv. de modo agravante, provocatoriamente.

aggravating circumstances s. pl. circunstâncias agravantes f. pl.

aggravation [ægrəv'eiʃən] s. 1. agravação, piora f., pioramento m. 2. exagero m. 3. aborrecimento m., irritação, exacerbação f.

aggravator [ægrəv'eitə] s. o que agrava.

aggregate ['ægrigit] s. 1. agregado m., massa f. formada de partículas individuais. 2. (Eng.) material m. para fazer concreto. ‖ ['ægrigeit] v. 1. agregar, unir, agrupar. 2. (coloq.) importar em, montar a, perfazer o total de. ‖ ['ægrigit] adj. 1. agregado: a) reunido, anexo. b) com flores ou frutos densamente concentrados. 2. total.

in the ~ junto, no total, coletivamente.

aggregation [ægrig'eiʃən] s. agregação, coleção, combinação f., acúmulo m.

aggregative ['ægrigeitiv] adj. 1. agregativo, acumulativo, coletivo. 2. gregário, social. ‖ **~ly** adv. 1. agregativamente, coletivamente. 2. gregariamente.

aggress [əgr'es] v. agredir, atacar, importunar.

aggression [əgr'eʃən] s. 1. agressão, injúria f., ataque m. 2. agressividade f.

aggressive [əgr'esiv] adj. 1. agressivo, ofensivo, pugnaz, belicoso. 2. (E. U. A.) ativo, enérgico. ‖ **~ly** adv. 1. agressivamente, ofensivamente. 2. energicamente.

aggressiveness [~nis] s. agressividade f., caráter agressivo m.

aggressor [əgr'esə] s. agressor m.

aggrieve [əgr'i:v] v. 1. afligir, entristecer, magoar, molestar, atormentar. 2. lesar, prejudicar.

aggrieved [~d] adj. 1. aflito, magoado. 2. lesado, prejudicado. 3. ofendido.

aghast [əg'a:st] adj. consternado, horrorizado, terrorizado, espantado (**at** com).

agile ['ædʒail] adj. ágil, expedito, destro, ativo, vivo, esperto. ‖ **~ly** adv. agilmente, com vivacidade.

agility [ədʒ'iliti] s. agilidade, celeridade, presteza, vivacidade f.

aging, ageing ['eidʒiŋ] s. envelhecimento m., maduração f. (também relativamente ao vinho, metais, etc.).

agio ['ædʒou, 'eidʒou] s. ágio m.

agiotage ['ædʒətidʒ] s. agiotagem f.: negócio ou especulação sobre mercadorias, câmbio ou valores.

agist [ædʒ'ist] v. invernar, alimentar gado alheio mediante pagamento.

agistment [~mənt] s. prática f. de abrigar e alimentar gado alheio nas próprias pastagens mediante pagamento.

agitate ['ædʒiteit] v. 1. agitar, sacudir, chocalhar. 2. perturbar, inquietar. 3. discutir, debater. 4. suscitar, ventilar. 5. excitar, sublevar, emocionar, comover.

agitatedly [~ədli] adv. agitadamente.

agitation [ædʒit'eiʃən] s. 1. agitação, sacudidura f., sacudimento m. 2. perturbação f., alvoroço m. 3. comoção, excitação, sublevação f. 4. debate m., discussão f.

agitator ['ædʒiteitə] s. 1. agitador m. 2. misturador mecânico m.

aglet ['æglit] s. 1. agulheta f. 2. adorno metálico m. nos uniformes.

aglitter [əgl'itə] adj. brilhante.

aglow [əgl'ou] adj. incandescente, avermelhado, excitado. ‖ adv. de modo incandescente.

agnail ['ægneil] s. espigão, espigo m.: ferida na raiz das unhas, nos dedos ou pés.

agnate ['ægneit] s. agnado, agnato m., parentesco paterno m. ‖ adj. agnado, aparentado.

agnatic [ægn'eitik] adj. agnatício.

agnation [ægn'eiʃən] s. agnação f., parentesco paterno m.

agnomen [ægn'oumən] s. 1. agnome m. 2. alcunha f.

agnominate [ægn'oumineit] v. denominar.

agnomination [ægnoumin'eiʃən] s. (arc.) 1. ato de conferir um agnome. 2. aliteração, agnominação f. 3. alcunha f.

agnostic [ægn'ɔstik] s. agnóstico m. ‖ adj. agnóstico.

‖ **~ally** adv. agnosticamente m.

agnosticism [ægn'ɔstisizm] s. agnosticismo m.

agnus castus ['ægnəsk'a:stəs] s. (Bot.) agnocasto m.: arbusto aromático do gênero Vitex.

Agnus Dei ['ægnəsd'i:ai] s. (lat.) **Agnus Dei** m.

ago [əg'ou] adj. passado. ‖ adv. anteriormente, há tempo, atrás (num sentido temporal), desde.

long ~ há muito tempo. **long, long ~** há muito, muito tempo. **some time ~** algum tempo atrás.

agog [əg'ɔg] adj. (**for, about** por) impaciente, ansioso, curioso, irrequieto, esperançoso. ‖ adv. de modo expectativo, impacientemente, ansiosamente.

to set ~ on incitar o interesse (ou o apetite) para.

agoing [əg'ouiŋ] adv. em movimento, em andamento, no intuito de.

agonic [əg'ɔnik] adj. ágono, que não tem ou não forma ângulo.

agonic line s. linha agônica f.

agonistic [ægon'istik], **agonistical** [~əl] adj. agonístico, combativo, relativo às lutas atléticas. ‖ **~ally** adv. agonisticamente.

agonize ['ægənaiz] v. 1. agonizar, estar na agonia. 2. sofrer dores ou torturas intensas. 3. agoniar, torturar. 4. esforçar-se dolorosamente, batalhar ou lutar desesperadamente.

agonizing [~iŋ] adj. agonizante, doloroso, atormentador, angustioso. ‖ **~ly** adv. dolorosamente, angustiosamente, em agonia, de modo agonizante.

agony ['ægəni] s. agonia f.: 1. os últimos momentos m. pl. antes da morte. 2. dor intensa f., sofrimento m. 3. aflição, angústia f.

agony column (fam.) s. coluna f. de óbitos (jornal).

to pile up the ~ (coloq.) exagerar, descrever um acontecimento em termos sensacionais.

agora ['ægərə] s. (Hist.) ágora f.: praça pública em cidades da Grécia antiga.

agoraphobia [ægərəf'oubiə] s. (Pat.) agorafobia f.: medo patológico de atravessar praças, largos ou qualquer lugar espaçoso.

agouti, agouty [əg'u:ti] s. (Zool.) cutia f.: roedor da família dos Cavídeos (Dasyprocta agouti).

agraffe, agrafe [əgr'æf] s. agrafo. m.

agraphia [əgr'æfiə] s. (Med.) agrafia f.

agrarian [əgr'ɛəriən] s. agrariano m.: partidário da redistribuição das propriedades rurais. ‖ adj. agrário, relativo aos campos e à agricultura, campestre.

agrarianism [əgr'ɛəriənizm] s. agrarianismo m.

agree [əgr'i:] v. 1. concordar, estar de acordo, ser da mesma opinião. 2. harmonizar, corresponder (**with** com). 3. viver em harmonia, dar-se bem. 4. consentir, anuir, aquiescer, assentir. 5. chegar a um entendimento ou acordo, fazer ajuste, combinar, pactuar. 6. convir a, fazer bem a, ser conveniente, condizer. 7. (Gram.) concordar (em número, caso, pessoa ou gênero).

let us ~ to differ! são pontos de vista diferentes, mas não vamos discutir por isso. **to ~ to s. th.** estar de acordo com alguma coisa. **as ~d upon!** como combinado! **it's ~d upon!** de acordo, está combinado! **unripe fruit does not ~ with me** frutas verdes me fazem mal.

agreeability [əgriəb'iliti], **agreeableness** [əgr'iəblnis] s. 1. agradabilidade, amabilidade f. 2. amenidade f. 3. consentimento m., concordância f.

agreeable [əgr'iəbl] adj. 1. agradável, encantador, aprazível. 2. de boa vontade, favorável, disposto. 3. de acordo. 4. propício, adequado, apropriado. 5. em conformidade com. ‖ **~bly** adv. 1. agradavelmente, favoravelmente. 2. conformemente, segundo.

agreed [əgr'i:d] adj. 1. de acordo, combinado. 2. concordante.

agreement [əgr'i:mənt] s. 1. consentimento m., autorização f. 2. entendimento m., concordância f. de

opinião, concórdia f. 3. harmonia, conformidade f. 4. acordo, contrato, pacto m., convenção f. 5. (Gram.) concordância f. (em número, caso, pessoa ou gênero).
forced ~ (Com.) concordata judicial. **gentleman's** ~ acordo baseado na boa fé e cavalheirismo recíprocos. **to come to an** ~ chegar a um entendimento. **by** ~ conforme combinação. **by general** ~ por unanimidade. **by mutual** ~ de mútuo acordo. **to make an** ~ celebrar um contrato. **to enter into an** ~ entrar em acordo.

agrestic [əgr'estik], **agrestical** [~əl] adj. rural, rústico, canhestro, agreste.

agricultural [ægrik'∧ltʃərəl] adj. agrícola, agrário. ‖ ~ly adv. de modo agrícola, agrariamente.

agriculture [ægrik'∧ltʃə] s. agricultura f. (quadros F 1, H 5, 6, 7).

agriculturist [~rist], **agriculturalist** [~rəlist] s. 1. agricultor, fazendeiro m. 2. agrônomo m.

agrimony ['ægriməni] s. (Bot.) agrimônia f.: planta da família das Rosáceas (Agrimonia eupatoria).

agrobiology [ægrobai'olədʒi] s. agrobiologia f.

agrochemical [ægrok'emikəl] s. agente agroquímico m.

agronomic [ægron'omik], **agronomical** [~əl] adj. agronômico. ‖ ~ally adv. agronomicamente.

agronomics [~s] s. agronomia f.

agronomist [ægr'onəmist] s. agrônomo m.

agronomy [ægr'onəmi] s. agronomia, agricultura f.

aground [əgr'aund] adj. encalhado, imobilizado. ‖ adv. de modo encalhado, imobilizadamente.
to be ~ estar encalhado, estar imobilizado (também fig.) **to run** ~ encalhar, dar à costa.

ague ['eigju:] s. paludismo m., malária, sezão f., febre intermitente f.
~**-fit**, ~**-struck** atacado pela febre.

agued [~d] adj. febril.

aguish ['eigju:lʃ] adj. 1. malarífero, sezonático. 2. intermitente. 3. febril, com calafrio. ‖ ~ly adv. febrilmente.

ah [a:] interj. ai!, ai-ai! exclamação de dor, surpresa, compaixão, alegria, triunfo ou satisfação.

aha! [ah'a:] interj. logo vi!

ahead [əh'ed] adv. 1. à frente, adiante, na dianteira. 2. (coloq., E. U. A.) para diante, em posição vantajosa ou avançada. 3. antes, na frente, primeiro. 4 (E. U. A.) antecipadamente.
to be ~ estar à frente. **to get** ~ avançar, prosperar. **to get** ~ **of** tomar a dianteira de, ultrapassar. **right** ~! siga diretamente! **his ideas are** ~ **of our time** as suas idéias ultrapassam a nossa época. **look** ~! 1. cuidado, atenção! 2. pense no futuro! **to go on** ~ ir à frente, avançar, progredir. **to run** ~ **of** correr na dianteira de (também fig.). **go** ~! avante! **I can't go** ~ não consigo progredir.

aheap [əh'i:p] adv. amontoadamente, empilhadamente, num monte.

ahem! [əh'em] interj. som imitativo de uma tossidela para chamar a atenção, exprimir dúvidas ou ganhar tempo.

ahoy [əh'ɔi] interj. (Náut.) olá! (expressão usada para chamar navios, e também empregada como saudação).

ai ['ai] s. (Zool.) preguiça f. da América do Sul (Bradypus tridactylus).

aid ['eid] s. 1. ajuda f., auxílio, apoio, socorro, amparo m. 2. ajudante, auxiliar m. + f. 3. (milit.) abr. de **aid-de-camp**. ‖ v. ajudar, auxiliar, socorrer.
to come to somebody's ~ prestar auxílio a alguém. **to give** ~ **to** socorrer a alguém. **to** ~ **s. o. in a thing** apoiar alguém num empreendimento.

aid-de-camp, aide-de-camp s. pl. **aids-de-camp** (milit.) ajudante de campo m. + f.

aide ['eid] s. (milit. E. U. A.) ajudante m. + f.

aider [~ə] s. o que socorre, dá apoio ou ajuda.

aider and abettor s. cúmplice m. + f.

aiding and abetting (expressão idiomática) favorecimento m.

aidless [~lis] adj. sem auxílio, sem ajuda.

aid station s. (milit.) posto médico m. de campanha.

aigrette ['eigret] s. 1. tufo m. de penas ou de cabelos usado como adorno, penacho m. 2. qualquer adorno semelhante m. 3. o mesmo que **egret** garça real f.

aiguille [eigw'i:l] s. 1. agulha f.: pico de montanha em forma de agulha. 2. aguilhão m.: ferrão usado pelos mineiros para furar a pedra.

aiguillette [eigwil'et] s. = **aglet, aiglet.**

ail ['eil] v. 1. afligir, doer, incomodar. 2. estar doente, sentir-se indisposto.
what ~**s you?** o que é que você tem?, onde é que dói?

ailanthus [eil'∧nθəs] s. (Bot.) alianto m.: árvore dᵢ família das Simarubáceas.

aileron ['eilərɔ:] s. (Téc. e Av.) aileron m., leme m. de inclinação lateral (quadro A 2), orelhão m.

ailing ['eiliŋ] adj. doente, adoentado, indisposto.

ailment ['eilmənt] s. doença, indisposição f.

aim ['eim] s. 1. pontaria, mira f., ato m. de visar (arma). 2. linha f. de mira, campo m. de visão. 3. alvo, objetivo m. 4. intenção f. propósito, desígnio m. ‖ v. 1. apontar, visar, fazer pontaria. 2. concentrar os esforços para, almejar, ansiar. 3. (E. U. A.) intencionar, planejar, objetivar. 4. (E. U. A.) intentar.
the man ~**ed at his enemy** o homem visou o seu inimigo. **he** ~**ed at a rich marriage** ele almejava um casamento rico. **to take** ~ **at** visar alguém ou alguma coisa (também fig.)

aimer [~ə] s. o que almeja, visa, intenciona, tem por mira.

aimless [~lis] adj. sem pontaria, sem desígnio, sem propósito, a esmo, incerto. ‖ ~ly adv. incertamente, vagamente.

aimlessness [~lisnis] s. ausência f. de programa, finalidade ou desígnio.

ain't ['eint] (gíria) contração das frases: **am not, are not, is not, have not, has not.**

Ainu ['ainu:] s. aino m.: raça asiática no Norte do Japão e sua língua. ‖ adj. aino.

air ['ɛə] s. 1. ar m., atmosfera f. 2. firmamento, céu, espaço m. 3. brisa, viração f., bafejo m. 4. ar livre m. 5. caráter, aspecto m., aparência f. 6. jeito, porte, comportamento m., atitude f. 7. éter m. 8. melodia, cantiga, modinha, toada f. 9. transmissão f. (radiofônica). 10. ~s pl. afetação, presunção, vaidade f. ‖ v. 1. arejar, ventilar, expor ao ar. 2. publicar, divulgar, propalar. ‖ adj. 1. que conduz ou fornece ar. 2. que comprime ou retém ar. 3. utilizado ou acionado com ar comprimido, pneumático. 4. que se refere à aviação, aviatório, que se faz ou desenrola no ar, aéreo.
in the ~ incerto, sem apoio, no ar. **on the** ~ (Rádio) irradiando. **up in the** ~ 1. incerto. 2. (coloq.) irritado, zangado. **fresh** ~ ar fresco. **in the open** ~ ao ar livre, no campo. **war in the** ~ guerra aérea. **there is something in the** ~ (fig.) está para acontecer alguma coisa. **castles in the** ~ castelos no ar, fantasias. **he is on the** ~ ele fala no rádio. **what's on the** ~? qual é o programa de rádio? **we are on the** ~ **at 5** voltaremos ao ar às 5 horas. **to beat the** ~ esforçar-se inutilmente. **to take the** ~ 1. tomar ar, dar um passeio. 2. sair, subir, partir (em avião). **to take** ~ tornar-se conhecido. **she gives him the** ~ ela lhe dá uma tábua. **to travel by** ~ viajar por via aérea. ~**s and graces**

comportamento afetado. **don't give y. s.** ~s! deixe de bancar o grã-fino. **he has an** ~ **of being ashamed** ele dá a impressão de estar envergonhado. **he** ~s **his disappointment everywhere** ele manifesta por toda parte a sua decepção. **my cupboard is** ~**ing** meu armário está sendo arejado.
air— elemento de composição que dá o sentido de: ar, aéreo, aviatório, pneumático, etc.
air-alarm, air-alert s. alarma aéreo m.
air-balloon s. aeróstato, balão m.
air-balloonist s. aeróstata m. + f.
air-base s. base aérea f.
air-bath s. banho de ar m.
air-bladder s. bexiga f., vesícula natatória f. dos peixes.
airblast [~bla:st] s. (Téc.) ar soprado m.
air-bomb s. (Milit.) bomba aérea f.
air-borne adj. transportado pelo ar (p. ex. tropas pára-quedistas).
air-brake s. freio m. a ar comprimido, freio pneumático m.
air-brick s. tijolo furado m.
airbrush [~brʌʃ] s. (Artes gráficas) aerógrafo m.
air-built adj. (fig.) construído no ar, sem base.
airbus ['ɛabʌs] s. ônibus aéreo m.
air-case s. (Téc.) camisa f. de ar.
air-compressor s. compressor m. de ar.
air-condition v. prover de instalações para acondicionar o ar.
air-conditioning s. acondicionamento m. de ar.
air-cooling s. refrigeração f. ou acondicionamento m. de temperatura por meio de ar.
air corridor s. (Av.) corredor aéreo m.
air cover s. (milit.) cobertura aérea f.
aircraft [~kra:ft] s. aeronave f. (quadro A 2).
aircraft carrier s. (Náut.) porta-aviões m.
aircraft construction s. construção aeronáutica f.
aircraft display s. exibição aviatória f.
aircrew ['ɛakru:] s. tripulação f. de avião.
air cushion s. almofada pneumática f.
air-distributing valve s. (Téc.) válvula f. distribuidora de ar.
air-drain s. respiradouro m.
airdrop ['ɛadrop] s. lançamento m. de víveres, medicamentos, etc. de um avião em socorro de pessoas isoladas.
airduct [~dʌkt] s. canal m. de ar.
Airedale ['ɛadeil] s. cão m. da raça dos "terrier".
air-engine s. motor m. a gás pobre, máquina f. a ar quente ou comprimido.
air-field s. aeródromo m., campo m. de aviação.
air fighting s. combate aéreo m.
air flue s. canal m. de ventilação.
airfoil ['ɛafoil] s. (Av.) plano m. ou superfície f. de sustentação, plano aerodinâmico m.
air force s. força aérea f.
Royal Air Force (abr. = R. A. F.) Real Força Aérea.
United States Air Force (abr. = USAF) Força Aérea dos E. U. A.
air freight s. (Com.) frete aéreo m.
air-furnace s. (Téc.) forno m. de revérbero.
air-gun s. 1. espingarda f. a ar comprimido. 2. (Téc.) pistola f. para pintura, pulverizador m.
airhole ['ɛahoul] s. 1. (Téc.) respiradouro m. 2. (aeronáutica) poço m. ou bolsa f. de ar.
airily ['ɛarili] adv. aereamente, alegremente.
airiness ['ɛarinis] s. 1. qualidade do que é aéreo ou etéreo. 2. volubilidade, vivacidade f. 3. desembaraço m. 4. leviandade f.
airing ['ɛariŋ] s. 1. ventilação f., arejamento m. 2. secagem f. 3. passeio m. ou excursão f. ao ar livre. **to take an** ~ ir ao ar fresco, respirar ar fresco. **to give an** ~ **to** 1. levar (crianças) a passeio. 2. fazer andar cavalos.

air-intake silencer s. silenciador m. do sistema de ventilação (p. ex.: em minas).
air-jacket s. colete m. salva-vida.
air-lane s. rota regular f. dos aviões de carreira.
airless ['ɛalis] adj. 1. sem ar fresco, mal ventilado, abafado. 2. sem brisa, sem vento, calmoso.
airlift ['ɛalift] s. transporte aéreo m. de pessoas e carga para praças sitiadas ou lugares isolados. ‖ v. transportar por via aérea.
airline ['ɛalain] s. 1. linha aérea f. 2. companhia f. de transportes aéreos. ‖ adj. reto, direto.
airliner [~ə] s. avião m. ou dirigível m. para transporte de passageiros.
airlock ['ɛalɔk] s. 1. câmara f. de vácuo ou compressão. 2. sino m. de mergulhador.
air mail s. 1. correio aéreo m., mala aérea f. 2. ~s pl. sistema m. de transporte aéreo postal.
airman ['ɛamən] s. pl. **airmen** 1. piloto, aviador m. 2. membro m. da tripulação de um avião.
air-mechanic s. (Av.) mecânico m. de bordo.
air-minded adj. 1. interessado na aviação, entusiasta dela. 2. que dá preferência a viagens aéreas.
air-mindedness s. interesse m. por ou preferência f. pela aviação.
air-navigation s. navegação aérea f., aeronáutica f.
air-passenger s. passageiro m. de avião.
air-photograph s. fotografia aérea f.
air-picture s. imagem telefotográfica f.
airplane ['ɛaplein] s. aeroplano, avião m. (quadro A 2). **training** ~ avião de treino.
air pocket s. bolsa f. de ar.
airport ['ɛapɔ:t] s. aeroporto m.
air-proot adj. hermético, à prova de ar.
air protection s. 1. defesa f. contra ataques aéreos. 2. proteção aérea f. de tropas avançando em terra inimiga.
air pressure s. pressão atmosférica f.
air-pump s. bomba f. (de ar) (quadro F 2).
air-raid s. (Milit.) incursão aérea f.
air-relief valve s. válvula f. de segurança contra excesso de pressão atmosférica.
air rifle s. = **air gun.**
air sac s. (Zool.) sacobrônquio m.: brônquio das aves que termina num saco aéreo.
airscrew ['ɛaskru:] s. (Av.) hélice f. (quadro B 16).
air-service s. 1. serviço ou transporte aéreo m. 2. (milit.) força aérea f.
air shelter s. abrigo antiaéreo m.
airship ['ɛaʃip] s. aeróstato, dirigível m.
airsick ['ɛasik] adj. nauseado devido a viagem aérea.
airsickness [~nis] s. enjôo m. causado pelo vôo.
air space s. espaço aéreo m.
air speed s. velocidade f. em relação ao ar, velocidade f. relativa do avião.
air strip s. (Av.) pista f. de partida e aterrissagem (improvisada).
air supply s. suprimento m. de ar.
air-suspended adj. suspenso no ar.
air threads s. pl. fios m. pl. de teia de aranha flutuantes no ar.
air-tight adj. 1. hermético, impermeável ao ar, à prova de ar. 2. (fig.) invulnerável, incontestável.
air-to-air adj. (Aer., milit.) de avião a avião.
air-trap s. sifão m. (em pias, esgotos, etc.).
air-valve s. válvula f. de escape (de ar).
air-vessel s. 1. (Bot.) vaso aéreo m. 2. (Téc.) reservatório, recipiente m. ou câmara f. de ar.
airway ['ɛawei] s. 1. rota f. ou linha aérea f. 2. canal m. de ventilação.
~ **bill** (Com.) conhecimento aéreo.
airworthiness ['ɛawə:ðinis] s. (Av.) navegabilidade aérea f.
airworthy ['ɛawə:ði] adj. em condições perfeitas de serviço (aviões), aeronavegáveis.

airy ['εəri] adj. 1. aéreo, atmosférico. 2. etéreo, rarefeito. 3. leve, tênue, vaporoso. 4. gracioso, delicado. 5. alegre, airoso, animado. 6. ligeiro, vivo. 7. batido pela brisa, ventoso, arejado. 8. elevado, alto, altivo. 9. como ar, no ar. 10. irreal, imaginário. 11. afetado. 12. leviano, volúvel.

aisle ['ail] s. 1. coxia, passagem f. entre bancos numa igreja, platéia de teatro, escola, etc. (quadro T 3). 2. corredor m., galeria f. 3. nave lateral f. de igreja. 4. nave f. de igreja.

aitch ['eitʃ] s. a letra h.

aitchbone [~boun] 1. osso m. da rabadela, osso m. de anca (gado vacum). 2. carne de alcatra.

ajar (I) [ədʒ'a:] adj. entreaberto (porta).

ajar (II) [ədʒ'a:] adv. em desarmonia, em contradição, em desacordo.

ajutage ['ædjutidʒ] s. = adjutage.

akimbo [ək'imbou] adv. with arms ~ com as mãos nos quadris, cotovelos para fora.

akin [ək'in] adj. 1. consangüíneo, aparentado. 2. semelhante, parecido, similar.
~ **to a thing** semelhante a uma coisa. **they are** ~ **to her** eles são parentes dela.

Al símbolo do elemento químico **Aluminum**.

alabamine [æləbæm'i:n] s. (Quím.) alabâmio m.: elemento 85.

alabaster ['æləba:stə] s. (Miner.) alabastro m.: 1. variedade de gipsita. 2. variedade de calcita. ‖ adj. de alabastro, alabastrino.

alabastrine [æləb'a:strin] adj. alabastrino, semelhante a alabastro.

alack [əl'æk], **alack-a-day** [əl'ækədei] interj. (arc.) exclamação de pesar, tristeza, que pena! meu Deus!

alacritous [əl'ækritəs] adj. álacre, alegre, vivo, entusiasmado.

alacrity [əl'ækriti] s. 1. vivacidade, atividade, diligência f. 2. espontaneidade, boa vontade f., entusiasmo m.

à la king adj. (E. U. A.) diz-se de pratos preparados em molho de nata com pimentão ou pimenta verde.

à la mode, a la mode, alamode (francês) 1. de acordo com os preceitos da moda, à moda de, modernamente. 2. a) (falando da sobremesa) servido com sorvete. b) (pratos de carne) preparado com verdura ou legumes.

alar ['eilə] adj. alar, de ou relativo a asas, semelhante a asas, alado.

alarm [əl'a:m] s. 1. alarma, alarme m. 2. susto, sobressalto, temor m. 3. alerta, rebate m., sinal m. de perigo. 4. o que alarma. 5. aparelho m. de alarma, despertador m. ‖ v. 1. alarmar, prevenir, alertar. 2. amedrontar, assustar, inquietar. 3. chamar às armas.
he sounded an ~ ele deu alarma. **the false** ~ o alarma falso. **to take** ~ **at** inquietar-se, pressentir um perigo. **to be** ~**ed at** (by) ficar inquieto por causa de.

alarm bell s. sino m. ou campainha f. de alarma.

alarm clock s. despertador m. (quadro C 11).

alarming [~iŋ] adj. alarmante, inquietante, aterrador. ‖ ~**ly** adv. inquietantemente, assustadoramente.

alarmism [~izm] s. alarmismo m.

alarmist [~ist] s. alarmista m. + f., boateiro m., pessimista m. + f.

alarm post s. 1. posto m. de alarma. 2. ponto m. de reunião em caso de alarma.

alarm-watch s. = **alarm clock**.

alarum [əl'εərəm] s. (arc.) = **alarm**.

alas [əl'a:s] interj. que exprime: exclamação de pesar, tristeza, preocupação como: ai de mim! meu Deus! ~ **the day!** que dia infeliz!

Alaskan [əl'æskən] s. nativo m. do Alasca. ‖ adj. do Alasca, relativo ao Alasca.

alate ['eileit] adj. alado.

alb [ælb] s. (Ecles.) alva f.: talar de linho branco (quadro C 18).

albacore ['ælbəko:] s. (Ict.) albacora, alalonga f., germão m. (Germo alalunga).

Albanian [ælb'einjən] s. albanês, m. ‖ adj. albanês, albano.

albatross ['ælbətrɔs] s. (Zool.) albatroz m.

albeit [ɔ:lb'i:it] conj. embora, ainda que, apesar de, não obstante, se bem que.

albescence [ælb'esns] s. albescência f.

albescent [ælb'esnt] adj. albescente, esbranquiçado.

albinic [ælb'inik] adj. albínico, albino.

albinism ['ælbinizm] s. albinismo m.

albino [ælb'i:nou] s. albino m. (também Bot. e Zool.)

Albion ['ælbjən] s. Álbion m.: designação poética da Inglaterra.

albite ['ælbait] s. (Miner.) albita f.

albugineous [ælbju:dj'iniəs] adj. albugíneo, albuminoso.

album ['ælbəm] s. álbum m.

albumen ['ælbjumen, -min] s. 1. albume m., clara f.: de ovo. 2. (Quím.) albumina f. 3. (Bot.) endosperma m.

albumenization [ælbju:mənaiz'eiʃən] s. tratamento m. ou saturação f. com albumina.

albumenize [æbj'u:mənaiz] v. albuminar.

albumin ['ælbju:min] s. (Bioquím.) albumina f.

albuminoid [ælbj'u:minɔid] s. albuminóide m. ‖ adj. albuminóide.

albuminous [ælbj'u:minəs], **albuminose** [-nous] adj. albuminoso.

albuminuria [ælbju:minj'u:riə] s. (Med.) albuminúria f.: presença de albumina no sangue.

albuminuric [ælbju:minj'u:rik] adj. (Med.) albuminúrico.

alburnum [ælb'ə:nəm] s. (Bot.) alburno m.

Alcaic [ælk'eiik] s. (Métr.) verso alcaico m. ‖ adj. alcaico.

alcazar [ælk'æzə] s. alcácer, castelo m., fortaleza f.

alchemic [ælk'emik], **alchemical** [~əl] adj. alquímico. ‖ ~**ally** adv. alquimicamente.

alchemist ['ælkimist] s. alquimista m. + f.

alchemistic [ælkim'istik], **alchemistical** [~əl] adj. alquímico.

alchemy ['ælkimi] s. alquimia f.

alcohol ['ælkəhɔl] s. 1. álcool m. 2. bebida alcoólica f., intoxicante m. 3. (Quím.) composto orgânico m. que contém álcool.

alcoholic [ælkəh'ɔlik] s. alcoólico m., alcoólatra m. + f. ‖ (também ~**al**) adj. alcoólico. ‖ ~**ally** adv. alcoolicamente.

alcoholism ['ælkəhɔlizm] s. alcoolismo m., vício m. do álcool.

alcoholization [ælkəhɔliz'eiʃən] s. alcoolização f.

alcoholize ['ælkəhɔlaiz] v. 1. purificar, retificar álcool. 2. alcoolizar: a) misturar ou saturar com álcool. b) embriagar.

alcoholometer [ælkəhɔl'ɔmitə] s. (Quím.) alcoômetro, pesa-álcool m.

alcoholometry [ælkəhɔl'ɔmətri] s. alcoometria f.

Alcoran [ælkor'a:n] s. Alcorão m.

alcove ['ælkouv] s. 1. nicho m., recâmara f. 2. alcova (quadro B 6), sacada f. 3. caramanchão m., pavilhão m. ou cabana f. de jardim.

Ald., Aldm. abr. de **alderman**.

aldehyde ['ældihaid] s. (Quím.) 1. aldeído m. 2. qualquer composto orgânico m. de qualidades semelhantes.

aldehydic [~ik] adj. (Quím.) deídico.

alder ['ɔ:ldə] s. (Bot.) amieiro m. e outros representantes do gênero Alnus.

alderman ['ɔ:ldəmən] s. 1. (E. U. A.) vereador m., conselheiro municipal m. 2. membros m. pl. do secretariado do prefeito, assistente m. administrativo do prefeito.

aldermanic [ɔ:ldəm'ænik] adj. que diz respeito às obrigações de um vereador.

aldermanship ['ɔ:ldəmənʃip], aldermanry [-ri] s. vereança f.

ale ['eil] s. 1. cerveja inglesa f. de sabor amargo e cor clara. 2. festa rústica f. na qual se bebe ale.

aleatory ['eiliətəri] adj. 1. (Jur.) aleatório, casual, fortuito. 2. sujeito ao acaso.

ale-bench s. banco m. (muito grande) de uma taverna.

ale-berry s. cerveja quente f.

alee [əl'i:] adj. (Náut.) sotaventado. ‖ adv. a sotavento.

ale-hoof s. (Bot.) hera terrestre f.

alehouse ['eilhaus] s. cervejaria, taberna f., bar m.

Alemannic [æləm'ænik] adj. alemânico.

alembic [əl'embik] s. alambique m.

alert [əl'ə:t] s. 1. (Milit.) alerta, alarma m. 2. sinal m. de prontidão. ‖ v. alertar, alarmar, prevenir. ‖ adj. 1. atento, vigilante, alerta, cauteloso. 2. vivo, ativo, ágil, ligeiro. ‖ ~ly adv. alertadamente.

to be on (ou upon) the ~ estar de prontidão ou sobreaviso, precaver-se.

alertness [~nis] s. 1. precaução, vigilância f. 2. agilidade, ligeireza f.

aleurone [ælju'u:roun] s. (Bot., Bioquím.) eleurona f.

aleuronic [ælju:r'ɔnik] adi. (Bot., Bioquím.) aleurônico.

Aleut ['æliu:t] s. aleúte m.: esquimó nativo das Ilhas Aleútes.

ale-wife s. 1. cantineira f., proprietária f. de um botequim ou bar. 2. (Ict.) peixe m. semelhante à savelha, da família dos arenques (Pomolobus pseudoharengus).

Alexandrian [æligz'ændriən], Alexandrine [æligz'ændrain] s. (Métr.) verso alexandrino m. ‖ adj. alexandrino.

alexandrite [æligz'ændrait] s. (Miner.) alexandrita f.

alexia [əl'eksiə] s. (Pat., Psicol.) alexia f., impossibilidade de ler em pessoas que o saibam e que não tenham perdido a visão.

alexin [əl'eksin] s. alexina f.: proteína defensiva no soro sanguíneo.

alexipharmic [əleksif'a:mik] s. alexifármaco, antídoto m. ‖ adj. alexifármaco, antidotal.

alfalfa [ælf'æfə] s. alfafa, luzerna, melga-dos-prados f.

alfilaria, alfileria [ælfilər'i:ə] s. (Bot.) bico-de-cegonha m. (Erodium cicutarium).

alfresco [ælfr'eskou] adj. ao fresco, ao ar livre. ‖ adv. ao ar livre.

alg. abr. de algebra.

alga ['ælgə] s. pl. algae ['ældʒi:] (Bot.) alga f.

algal [~l] adj. algáceo.

algebra ['ældʒibrə] s. álgebra f.

algebraic [ældʒibr'eiik], algebraical [~əl] adj. algébrico. ‖ ~ally adv. algebricamente.

algebraist [ældʒibr'eiist] s. algebrista m. + f.

algid ['ældʒid] adj. álgido, frio, glacial, gelado.

algidity [ældʒ'iditi], algidness ['ældʒidnis] s. algidez, frialdade f.

algoid ['ælgoid] adj. algóide.

algometer [ælg'ɔmitə] s. (Med.) algômetro m.

algometric [ælgom'etrik], algometrical [~əl] adj. (Med.) algométrico.

algometry [ælg'ɔmətri] s. (Med.) algometria f.

Algonkian [ælg'ɔŋkiən] s. 1. = Algonquian. 2. (Geol.) era proterozóica f.

Algonquian [ælg'ɔŋkiən] s. algonquiano m.: 1. língua falada por numerosas tribos indianas da América do Norte. 2. índio de uma tribo algonquiana. ‖ adj. algonquiano.

Algonquin, Algonkin [ælg'ɔŋkin] s. 1. índio que fala uma das línguas algonquinas. 2. algonquino m. 3. algonquino, algonquiano m. (idioma).

algophobia [ælgof'oubiə] s. (Psiq.) algofobia f.

algorithm ['ælgəriθm] s. algoritmo m.

algorithmic [~ik] adj. algorítmico.

algous ['ælgəs] adj. algoso, rico em algas.

alias ['eiliæs] s. pl. aliases [-æsiz] nome suposto, pseudônimo, cognome m. ‖ adv. 1. aliás, de outro modo. 2. outrora, anteriormente.

under an ~ incógnito, sob um pseudônimo.

alibi ['ælibai] s. 1. (Jur.) álibi m., contraprova f. 2. (fam., E. U. A.) desculpa, escusa f. ‖ v. (fam.) E. U. A.) apresentar desculpas.

to establish one's ~ apresentar o seu álibi.

alible ['ælibl] adj. nutritivo, alimentício.

alidade ['ælideid], alidad ['ælidæd] s. alidade f.: régua móvel para medir ângulos.

alien ['eiliən] s. alienígena m. + f., estrangeiro, forasteiro m. ‖ adj. 1. alienígeno, estranho, estrangeiro, forasteiro. 2. oposto, contrário, hostil. 3. divergente, discrepante, de natureza diferente.

alienability [eiliənəb'iliti] s. alienabilidade f.

alienable ['eiliənəbl] adj. alienável, transferível.

alienage ['eiliənidʒ] s. situação f. legal e social de estrangeiro.

alienate ['eiliəneit] v. 1. alienar, indispor, apartar, malquistar. 2. alhear, transferir a propriedade.

alienation [eiliən'eiʃən] s. 1. alienação, cessão f. (from de), transferência f. de direitos ou bens. 2. ato m. de desafeiçoar, causar antipatia ou inimizade. 3. demência, loucura f.

alienator ['eiliəneitə], alienee [eiliən'i:] s. (Jur.) alienatário m.

alienism ['eiliənizm] s. 1. alienismo m. 2. psiquiatria f.: estudo e tratamento das doenças mentais.

alienist ['eiliənist] s. (Med.) alienista m. + f., médico psiquiatra m.

alienor ['eiliənə] s. (Med.) alienador m.

aliform ['ælifɔ:m] adj. aliforme, ansiforme, que tem forma de asa.

alight (I) [əl'ait] v. 1. apear(-se), desmontar, descer. 2. pousar (on sobre). 3. encontrar por acaso, deparar (upon, on com).

alight (II) [əl'ait] adj. 1. ardente, aceso. 2. iluminado. ‖ adv. em chamas.

the house was ~ with flames a casa estava toda envolta em chamas. her face was ~ with joy seu rosto estava iluminado de alegria.

align, aline [əl'ain] v. 1. alinhar, enfileirar. 2. formar-se em linha reta (tropas). 3. aliar-se, aderir, associar-se a, tomar posição.

aligner, aliner [~ə] s. alinhador m.

alignment, alinement [~mənt] s. alinhamento m.: 1. enfileiramento m. 2. (Eng.) alinhação f., endireitamento m., icnografia f.

alike [əl'aik] adj. semelhante, parecido, igual, similar, indistinguível. ‖ adv. 1. da mesma maneira, do mesmo modo, do mesmo grau. 2. igualmente, da mesma natureza.

we feel ~ in this matter nutrimos opiniões idênticas a esse respeito. they are ~-minded eles têm as mesmas convicções.

aliment ['ælimənt] s. alimento, mantimento, sustento m., nutrição, comida f.

alimental [ælim'entl] adj. nutritivo. ‖ ~ly adv. nutritivamente.

alimentary [ælim'entəri] adj. 1. alimentar. 2. nutritivo, alimentício. 3. que proporciona sustento.

alimentary canal s. (Med.) tubo digestivo m.

alimentation [æliment'eiʃən] s. 1. alimentação, nutrição f. 2. sustento m., substância f.

alimentative [ælim'entativ] adj. alimentício, nutritivo.

alimony ['ælimani] s. 1. manutenção f., meios m. pl. de vida. 2. (Jur.) pensão f., alimentos m. pl.: contribuição para o sustento da esposa e filhos (após um divórcio).

to pay ~ pagar pensão (à esposa separada).

aline [əl'ain], **alinement** [~mənt] = **align, alignment.**

aliphatic [ælif'ætik] adj. (Quím.) alifático.

aliquant ['ælikwənt] adj. (Mat.) aliquanta.

three is an ~ part of ten três é uma parte.alíquanta de dez.

aliquot ['ælikwɔt] s. (Mat.) parte alíquota f. ‖ adj. alíquota.

five is an ~ part of fifteen cinco é uma parte alíquota de quinze.

alit [əl'it] (poét.) imp. + p. p. de **alight.**

alive [əl'aiv] adj. 1. vivo, com vida, animado. 2. ativo, vigoroso, intenso, em vigor, em função. 3. existente. 4. enérgico, vivaz, alegre. 5. ~ **to** sensível a, suscetível de, cônscio de, interessado em 6. aglomerado, abundante, cheio, inçado (**with** de). **look ~!** depressa!, avante!, atenção! **is your father still ~?** o seu pai ainda vive? **she is the best woman ~** ela é a melhor das mulheres. **he keeps ~ the traditions** ele mantém vivas as tradições. **the girl is all ~** a menina é muito vivaz ou muito dedicada. **she is very much ~ to political news** ela é muito interessada em novidades políticas. **this brook is ~ with trout** este córrego abunda em trutas. **man ~!** (coloq.) homem de Deus!

alizarin, alizarine [əl'izarin] s. (Quím.) alizarina f., vermelho-de-ruiva m.

alkalescence [ælkəl'esns], **alkalescency** [~i] s. (Quím.) alcalescência f.

alkalescent [ælkəl'esnt] adj. (Quím.) alcalescente.

alkali ['ælkəli] s. (Quím.) 1. álcali m. 2. sal alcalino m. ‖ adj. alcalino.

alkalify ['ælkəlifai] v. alcalinizar.

alkalimeter [ælkəl'imitə] s. alcalímetro m.

alkalimetry [ælkəl'imitri] s. (Quím.) alcalimetria f.

alkaline ['ælkəlain] adj. (Quím.) alcalino, impregnado com álcali.

alkaline earths s. pl. (Quím.) terras alcalinas f. pl.

alkalinity [ælkəl'initi] s. (Quím.) alcalinidade f.

alkalization [ælkəliz'eiʃən] s. (Quím.) alcalização f.

alkalize ['ælkəlaiz] v. (Quím.) alcalinizar, saturar de álcali.

alkaloid ['ælkəlɔid] s. (Quím.) alcalóide m. ‖ adj. alcalóide.

alkalosis [ælkəl'ousis] s. (Med.) alcalose f.

alkanet ['ælkənit] s. 1. (Bot.) alcana f. (Alkanna tinctoria), ancusa f. (Anchusa officinalis). 2. alcanina, ancusina f.: extrato corante da alcana e ancusa.

all [ɔ:l] s. 1. tudo m., totalidade f. 2. todos os bens (de uma pessoa). 3. universo m. ‖ adj. 1. todo(s), toda(s), inteiro. 2. cada, todos indistintamente. 3. o maior possível, máximo. 4. qualquer, algum, tudo quanto. 5. somente, só, apenas. 6. completo, inteiro. ‖ adv. 1. completamente, inteiramente, totalmente, positivamente. 2. unicamente, exclusivamente. 3. excessivamente, muito, extremamente. ‖ pron. tudo, todos, todas.

~ **the day** o dia todo. **at ~ events** em qualquer caso, de todo jeito. **with ~ my heart** com todo o meu coração, com toda a sinceridade. ~ **kind(s) (ou manner) of things** muitas coisas (objetos) diferentes. **he lost ~ respect for her** ele perdeu todo

o respeito para com ela. **what is ~ this about?** qual é a causa da comoção? o que é que há? ~ **the town** toda a cidade. **for ~ the world!** (coloq.) isso mesmo, exatamente! **not for ~ the world!** nem por nada! ~ **the world and his wife!** (coloq.) Deus e todo o mundo! ~ **of a heap** (coloq.) espantado, perplexo. **and ~ that** e tudo mais. **good-bye to ~ that!** vamos dar um fim a isto! ~ **of us** todos nós. ~ **change!** todos a baldear! **one and ~** todos juntos (sem exceção), todo e qualquer. **each and ~** cada um, cada qual. **she is his ~** ela é o seu todo. ~ **has been done** tudo foi feito. **that is ~!** isto é tudo! basta! **that is ~ very well, but...** tudo isto está muito bem, mas... **it's ~ one** (ou **the same**) **to me** tudo isto não me importa, é a mesma coisa para mim. **I have ~ but forgotten** quase esqueci. **he was ~ but drowned** por pouco ele pereceu afogado. **he is ~ but engaged** praticamente ele já está noivo. **today I am ~ in** (coloq., E. U. A.) hoje estou esgotado, ou cansado. **the trip costs ~ in ~ five dollars** tudo por tudo, a excursão custa cinco dólares. ~'**s well that ends well** o resultado coroa a obra, bem está o que bem acaba. **above ~, before ~** acima de tudo, antes de tudo. **after ~** 1. afinal de tudo, afinal de contas. 2. apesar de tudo. **at ~** 1. sob qualquer condição. 2. de qualquer modo. **not at ~** de nenhum jeito. **nothing at ~** absolutamente nada. **for ~ that** apesar de tudo. **for ~ I know** ao que eu saiba. **once for ~** de uma vez para sempre, definitivamente. **first of ~** primeiramente, antes de tudo. ~ **of** tanto quanto, não menos do que. ~ **the go** useiro e vezeiro. **in ~** em soma, no total. **dressed ~ in green** todo vestida de verde. ~ **wet** 1. completamente molhado. 2. (gíria, E. U. A.) totalmente errado. ~ **about** em redor. ~ **along** sempre, durante todo o tempo. ~ **at once** de repente, imprevisto. ~ **the better** tanto melhor. ~ **the same** apesar de tudo. **he shivered ~ over** ele tremeu da cabeça aos pés. ~ **over the country** em todo o país. **the news is ~ over the place** (coloq.) a novidade é conhecida aqui em todo lugar. ~ **right!** está bem! muito bem! **I am quite ~ right!** estou passando bem! ~ **too soon** cedo demais, **it is ~ up with him** (coloq.) ele está nas últimas. ~—**in** tudo incluído. ~—**in cost** custo total. ~—**in insurance** seguro contra todos os riscos. ~—**out** inteiramente, completamente. ~—**round** versátil. ~—**round price** preço global. ~—**time record** recorde mundial. ~—**weather** utilizável sob qualquer condição de tempo.

Allah ['ælə] s. Alá m.: deus dos maometanos.

all-American s. equipe f. ou esportista m. + f. escolhido dos melhores elementos dos E. U. A. ‖ adj. 1. que representa toda a federação dos E. U. A. 2. que é formado exclusivamente de cidadãos dos E. U. A. 3. escolhido como melhor elemento dos E. U. A.

allay [əl'ei] v. 1. acalmar, tranqüilizar, aquietar. 2. aliviar, suavizar, debelar, conter. 3. diminuir, atenuar, moderar.

allayer [~ə] s. o que acalma, alivia ou diminui.

allayment [~mənt] s. apaziguamento, alívio m., aquietação, moderação f.

all clear s. sinal m. de fim de alarma (esp. ataques aéreos).

allegation [æleg'eiʃən] s. 1. alegação, declaração, afirmação f. 2. asserção, asseveração f. 3. desculpa f., pretexto m.

allegeable [əl'edʒəbl] adj. que se pode alegar.

alleged [əl'edʒd] adj. alegado, suposto. ‖ ~**ly** adv. alegadamente, supostamente.

an ~ **theft** um furto suposto.

allegiance [əl'i:dʒəns] s. 1. submissão, obediência, sujeição f. 2. fidelidade, lealdade, dedicação f., devotamento m.
oath of ~ juramento de fidelidade (ao soberano, etc.).
allegiant [əl'i:dʒənt] adj. fiel, obediente, leal.
allegoric [æləg'orik], allegorical [~əl] adj. alegórico. || ~ally alegoricamente.
allegorist ['æligərist] s. alegorista m. + f.
allegoristic [æligor'istik] adj. alegórico.
allegorize ['æligəraiz] v. alegorizar.
allegory ['æligəri] s. 1. alegoria, parábola f. 2. emblema m.
allegretto [æligr'etou] s. (Mús.) alegreto m. || adv. alegreto.
allegro [əl'eigrou] s. (Mús.) alegro m. || adv. alegro.
allelomorph [əl'i:lomo:f] s. (Biol.) alelomorfo. m.
alleluia [æli'u:jə] s. aleluia f. || interj. aleluia!
allergen ['ælədʒən] s. (Med.) alérgeno m.
allergic [əl'ə:dʒik] adj. alérgico.
allergy ['ælədʒi] s. alergia f.
alleviate [əl'i:vieit] v. aliviar, suavizar, minorar.
alleviation [əli:vi'eiʃən] s. alívio m., mitigação f.
alleviative [əl'ivieitiv] adj. paliativo, aliviador.
alley (I) ['æli] s. 1. (E. U. A.) aléia, ruela, viela f., beco m. 2. passagem f. entre árvores e arbustos num jardim, alameda f. 3. cancha f. ou campo m. para jogo de bola.
blind ~ 1. beco sem saída. 2. (gíria) sarjeta f.
that's right my ~! aí estou no meu elemento!
that's not my ~! isto não me toca!
alley (II) ['æli] bolinha f. no jogo de gude.
alleyway [~wei] s. passagem estreita f. entre edifícios, betesga f.
All Fools' Day s. Dia dos Bobos (1.º de abril).
all fours s. 1. as quatro pernas f. pl. de um animal. 2. braços m. pl. e pernas f. pl., ou mãos f. pl. e joelhos m. pl. de uma pessoa.
Allhallows [o:lh'ælouz] s. dia m. de Todos os Santos (1.º de novembro).
allheal ['o:lhi:l] s. nome m. de várias plantas consideradas "panacéias", como p. ex.: prunela, erva-férrea (Prunella vulgaris), valeriana, sanícula f.
alliaceous [æli'eiʃəs] adj. aliáceo: diz respeito às plantas da família das aliáceas (alho, cebola, etc.) e seu cheiro típico.
alliance [əl'aiəns] s. 1. aliança, coalizão, liga, união f., pacto m. 2. matrimônio, casamento m. 3. parentesco m., afinidade f. 4. nações, entidades ou pessoas f. pl. que fazem parte numa aliança. 5. associação, coligação, federação f. 6. similaridade f.
to make (ou form) an ~ with. aliar-se a. there is a close ~ between these two sciences há uma relação íntima entre estas duas ciências.
allied [əl'aid] adj. 1. aliado, unido. 2. associado, coligado. 3. parente, aparentado, afim. 4. Allied relativo aos Aliados das duas guerras mundiais.
Allies [əl'aiz] s. pl. Aliados m. pl. das duas guerras mundiais.
alligator ['æligeitə] s. 1. (Zool.) aligátor m. (Alligator mississipiensis). 2. couro m. de aligátor. 3. (milit.) veículo m. anfíbio, usado para desembarcar tropas.
alligator pear s. (Bot.) abacate f. (Persea drymifolia).
alligator shears s. (Téc.) tesoura f. de alavanca.
all-important adj. importantíssimo.
alliterate [əl'itəreit] v. 1. aliterar. 2. empregar aliteração.
alliteration [əlitər'eiʃən] s. aliteração f.
alliterative [əl'itəreitiv] adj. aliterativo. || ~ly adv. aliterativamente.
alliterativeness [~nis] s. qualidade f. de ser apresentado em forma aliterativa.
all-night adj. (E. U. A.) de varar a noite.

an ~-~ game of cards um jogo de baralho de varar a noite.
allocable ['ælokəbl] adj. aquinhoável, designável, atribuível.
allocate ['ælokeit] v. 1. aquinhoar, repartir, partilhar, distribuir. 2. localizar, fixar, demarcar.
allocation [ælok'eiʃən] s. 1. distribuição, partilha, divisão proporcional f. 2. localização, designação ou demarcação f. de um lugar.
allocator ['ælokeitə] s. distribuidor m., o que partilha.
allocatur [ælok'eitə] s. (Jur.) confirmação f. de mandado.
allocution [ælokj'u:ʃən] s. alocução f., discurso m. autoritário ou exortatório.
allodial [əl'oudiəl] adj. (Jur.) alodial. || ~ly adv. alodialmente.
allodium [əl'oudiəm] s. (Jur.) alódio m.
allogamous [əl'ogəməs] adj. (Bot.) alógamo.
allogamy [əl'ogəmi] s. (Biol., Bot.) alogamia f.
allomorph ['ælomo:f] adj. (Miner.) alomorfo.
allomorphic [ælom'o:fik] adj. (Miner.) alomórfico.
allomorphism [ælom'o:fizm] s. (Miner.) alomorfismo m.
allopath ['ælopæθ], allopathist [əl'opəθist] s. alopata m. + f.
allopathic [ælop'æθik], allopathical [~əl] adj. alopático. || ~ally adv. alopaticamente.
allopathy [əl'opəθi] s. alopatia f.: sistema de tratamento médico com meios contrários à doença.
allophane [ælofein] s. (Miner.) alofana f. (variedade de argila).
allophylian [ælof'iliən] s. alofilo m.: denominação das raças européias ou asiáticas que não pertencem ao grupo indo-europeu ou semítico. || adj. alofilo.
allot [əl'ot] v. 1. aquinhoar, dividir, repartir. 2. distribuir proporcionalmente, lotear. 3. apropriar para fins especiais, outorgar, conceder, destinar. 4. indicar, designar, atribuir.
allotable [~əbl] adj. distribuível, que se pode repartir.
alloter [~ə] s. distribuidor m., quem aquinhoa ou reparte.
allotment [~mənt] s. 1. divisão f. em partes, partilha, distribuição f. 2. parcela, porção, cota f., lote m. 3. ação f. 4. sorte f., destino m.
on ~ na distribuição das ações.
allotrope ['ælotroup] s. alótropo m.
allotropic [ælotr'opik], allotropical [~əl] adj. alotrópico. || ~ally adv. alotropicamente.
allotropy [æl'otrəpi], allotropism [æl'otropizm] s. (Quím.) alotropia f., alotropismo m.
allottee [əl'oti:] s. o que recebe uma parte ou quinhão, sócio, parceiro, cessionário m.
all-out adj. o maior possível.
allow [əl'au] v. 1. permitir, consentir, tolerar, possibilitar. 2. dar, conceder, conferir. 3. admitir, reconhecer. 4. aprovar, autorizar. 5. descontar. 6. tomar em consideração, levar em conta. 7. deduzir, conceder abatimento. 8. pôr em conta, acrescentar. 9. deixar acontecer, causar sofrimentos ou prejuízos por descuido ou negligência. 10. (gíria E. U. A.) dizer, opinar.
an ~ed fool um bobo reconhecido. smoking not ~ed here é proibido fumar neste recinto. ~ me permite-me!, licença! I ~ that you are right in that admito sua razão quanto a isto. his father ~s him 200 £ a year seu pai lhe concede 200 libras por ano. he ~s him time for payment ele lhe concede um prazo para o pagamento. you must ~ for the short memory of human beings você precisa fazer concessões em consideração à má memória dos seres humanos. the corridor was so low that it did not ~ of standing upright o corredor era tão baixo que não permitia ficar de pé.
allowable [~əbl] adj. permissível, admissível, lícito.

‖ **–bly** adv. permissivelmente.
allowance [~əns] s. 1. mesada, pensão f., subsídio, estipêndio, auxílio m. 2. compensação f.: a) abatimento m., redução f. b) acréscimo m. 3. aprovação f., reconhecimento m. 4. permissão, autorização f. 5. tolerância f. 6. indulgência, condescendência f. 7. margem f. ‖ v. 1. conceder uma mesada ou pensão. 2. racionar, distribuir em parcelas.
to make ~s for tomar em consideração, não levar a mal. **~ on quoted price** abatimento sobre o preço orçado. **to put upon ~** racionar.
allowedly [~dli] adv. reconhecidamente, autorizadamente.
alloy [əl'oi] s. 1. liga f.: a) fusão de um metal inferior com um superior. b) fusão de dois ou mais metais ou metal com metalóide. 2. imperfeição f. ou qualquer inclusão maléfica ou prejudicial. ‖ v. 1. ligar, misturar (metais). 2. diminuir o valor de um metal (juntando metal inferior). 3. adulterar, viciar, piorar.
this was a joy without ~ isto foi um prazer sem amargura.
alloying [~iŋ] s. fusão f. de metais.
alloying additions s. elementos adicionais m. pl. da liga.
alloy steel s. aço m. com liga.
all purpose adj. que serve ao mesmo tempo para muitas finalidades.
all right loc. adv. 1. certo, correto. 2. sim, está bem. 3. certamente. 4. de boa saúde. 5. satisfatoriamente.
I am quite ~ eu estou bem (de saúde).
all-round adj. (coloq.) 1. em redor. 2. estendendo para todos os lados.
All Saints' Day s. dia m. de Todos os Santos (1.º de novembro).
allseed ['o:lsi:d] s. (Bot.) nome de várias plantas polispermas.
All Souls' Day s. dia m. de Finados (2 de novembro).
allspice ['o:lspais] s. (Bot.) pimenta-da-jamaica f.
all-star ['o:lst'a:] adj. (E. U. A., Esp. e Teat.) composto dos melhores elementos.
all-time adj. constante.
all told adv. afinal de tudo, ao todo.
allude [əl'u:d] v. aludir, fazer referência (indiretamente), insinuar.
allure [əlj'uə] s. fascinação f., encantamento m. ‖ v. 1. fascinar, cativar, encantar. 2. persuadir, convencer. 3. atrair, tentar, seduzir, engodar. 4. dissuadir.
allurement [~mənt] s. 1. fascinação f., encantamento m. 2. tentação, sedução f. 3. atração f., engodo m.
allurer [~rə] s. tentador, sedutor m.
alluring [~riŋ] adj. 1. atraente, fascinante. 2. tentador, sedutor. ‖ **~ly** adv. atraentemente.
alluringness [~riŋnis] s. fascinação, sedução f.
allusion [əl'u:ʒən] s. alusão, insinuação f.
allusive [əl'u:siv] adj. alusivo. ‖ **~ly** adv. alusivamente.
allusiveness [~nis] s. alusividade f.
alluvial [əl'u:viəl] s. (Geol.) sedimento aluviano m. ‖ adj. aluvial, aluviano.
alluvion [əl'u:viən] s. aluvião, inundação, cheia f.
alluvium [əl'u:viəm] s. (Geol.) aluvião f.: depósito de sedimentos aluvianos.
ally [əl'ai] s. 1. aliado, confederado, co-combatente m. 2. afim, parente m. 3. auxiliar, assistente m. + f. ‖ v. 1. aliar(-se), associar(-se), unir(-se), confederar(-se). 2. ligar, prender, enlaçar por simpatia, amizade ou vínculos matrimoniais e familiares. 3. formar ou entrar numa liga, aliança, etc.
the allied forces as forças aliadas.
allyl ['ælil] s. (Quím.) alilo, propenil-2 m.
allylic [əl'ilik] adj. (Quím.) alílico.

alma, almah ['ælmə] s. = **alme, almeh.**
Alma Mater ['ælməm'eitə] s. universidade f., colégio m. que se cursou.
almanac ['o:lmənæk] s. almanaque, calendário m.
to make ~s for last year perder tempo falando, viver no passado.
almandine ['ælməndain, -din] **almandite** ['ælməndait] s. (Miner.) almandina f.
alme, almeh ['ælme] s. almeia f.: dançarina egípcia.
almightiness [o:lm'aitinis] s. onipotência f.
almighty [o:lm'aiti] adj. 1. todo-poderoso, onipotente. 2. (E. U. A., coloq.) grande, poderoso. ‖ **–ily** adv. 1. poderosamente. 2. (E. U. A., coloq.) extremamente, extraordinariamente.
almighty dollar s. (E. U. A., coloq.) dinheiro todo-poderoso m.
Almighty God s. Deus m., Deus Todo-Poderoso m.
almond ['a:mənd] s. 1. (Bot.) amendoeira f.: (Prunus amygdalus). 2. amêndoa f.
almond-eye s. olho m. de amêndoa.
almond powder s. farelo m. de amêndoa.
almoner ['ælmənə, 'a:mənə] s. esmoler m. + f.
almonry ['ælmənri, 'a:mənri] s. esmolaria f.
almost ['o:lmoust] adv. quase, perto de, aproximadamente, pouco menos, por pouco.
almost never adv. quase nunca.
alms [a:mz] s. pl. (às vezes usado com o verbo no singular) esmola, dádiva f., donativo m.
he asked an ~ ele pediu uma esmola. **your ~ are requested** pede-se o favor de conceder um donativo.
almsgiver [~givə] s. esmoler m. + f.
almsgiving [~giviŋ] s. ato m. de caridade, assistência f. aos mendigos.
almshouse [~haus] s. asilo m. de pobres, albergue noturno m., hospício m. de indigentes.
almsman, [~mən] s. mendigo m.
almswoman [~wumən] s. mendiga f.
alnico ['ælnikou] s. alnico m.: liga de alumínio, níquel e cobalto, preferida no fabrico de ímãs.
alod, allod ['æləd] s. (Jur.) alódio m.: propriedades ou bens, isentos de encargos senhoriais.
alodial, allodial [əl'oudiəl] adj. (Jur.) alodial. ‖ **~ly** adv. alodialmente.
alodium, allodium [əl'oudiəm] s. (Jur.) = **alod.**
aloe ['ælou] s. 1. (Bot.) aloés m.: planta da família das Liliaceas. 2. **~s** pl. (singular no uso) suco amargo m. das folhas dessa planta. 3. (E. U. A.) (Bot.) piteira f.
aloetic [ælo'etik] adj. aloético.
aloft [əl'o:ft] adv. 1. no alto, nas alturas, em cima, para cima. 2. (Náut.) no topo dos mastros.
aloin ['æloin] s. (Farmac., Quím.) aloína f.
alone [əl'oun] adj. 1. sozinho, solitário, desacompanhado. 2. só, exclusivo, isolado. 3. abandonado, desolado. 4. sem mais nada. 5. único, sem igual, sem par. ‖ adv. só, apenas, exclusivamente.
she was all ~ in this world ela estava completamente só neste mundo. **you are not ~ in your admiration** você não é o único que (o) admira. **leave (let) me ~!** não me amole, deixe-me em paz! **let ~ the costs** sem falar das despesas. **he takes not ~ his wife but also his sister** ele leva não só a sua esposa mas também sua irmã.
along [əl'oŋ] adv. 1. longitudinalmente, ao comprido, ao longo. 2. para a frente, para diante, avante. 3. em companhia, juntamente. 4. acompanhadamente. 5. (E. U. A., coloq.) por algum tempo. ‖ prep. ao longo de, paralelo a, ao lado de, junto a.
all ~ por todo o tempo, sempre, continuamente. **to be ~** (E. U. A., coloq.) alcançar competidores, estar entre os primeiros. **to get ~** (E. U. A., coloq.) a) arranjar-se com sucesso relativo. b) concordar. c) ir embora. d) avançar. e) ter sucesso, prosperar. **~ of** (coloq.)

por causa de, em conseqüência de. ~ **with** a) junto com. b) à parte de. ~ **with you!** vá embora, saia daqui! **we can pick flowers as we go** ~ podemos colher flores, enquanto andamos. **I feared it all** ~ sempre o recêava. **I have brought my coat** ~ levei comigo o meu paletó. **come** ~**!** venha comigo! **run** ~**!** corra, não perca tempo! ~ **the coast** ao longo da costa.

alongshore [~ʃɔ:] adv. junto à costa, ao longo da costa.

alongside [~said] adv. ao lado, ao longo, lado a lado. ‖ prep. ao lado de, ao longo de.
/ free ~ **ship** abrev. F. A. S. (Com.) com todas as despesas pagas até o cais (ao lado do navio).

aloof [əl'u:f] adj. indiferente, desinteressado, reservado, afastado. ‖ adv. a distância, na distância, de longe. ‖ ~**ly** adv. afastadamente, reservadamente.
to hold ou **to stand** ~ manter-se a distância, manter-se neutro. **keep** ~**!** deixa-me em paz!

aloofness [~nis] s. indiferença f., desinteresse m.

alopecia [ælop'i:ʃiə, -siə] s. alopecia, calvície f.

aloud [əl'aud] adv. alto, em voz alta.
the reading ~ a leitura em voz alta, preleção.
to read ~ ler em alta voz.

alp [ælp] s. 1. montanha alta f. 2. cume m. 3. pastagem f. no alto das montanhas.
the Alps os Alpes.

alpaca [ælp'ækə] s. alpaca f.: 1. (Zool.) espécie de lhama, ruminante da família dos Camelídeos. 2. lã f. desse animal. 3. tecido m. feito de lã.

alpenglow [ælpənglou] s. arrebol m. das montanhas.

alpenhorn ['ælpənhɔ:n], **alphorn** ['ælpɔ:n] s. corneta f. dos pastores nos Alpes.

alpenstock ['ælpənstɔk] s. bordão m. de alpinista.

alpha ['ælfə] s. 1. alfa m.: primeira letra do alfabeto grego. 2. começo, início m.

alpha and omega s. o começo e o fim m.

alphabet [~bit] s. 1. alfabeto m. 2. abecedário m. 3. princípios rudimentares m. pl.

alphabetic [ælfəb'etik], **alphabetical** [~əl] adj. alfabético. ‖ ~**ally** adv. alfabeticamente.

alphabetize ['ælfəbitaiz] v. alfabetizar.

alpha particle s. (Fís.) partícula alfa f.

alpha rays s. pl. (Fís.) raios alfa m. pl.

Alpine ['ælpain] adj. alpino: 1. alpense. 2. relativo aos Alpes. 3. muito alto, montanhoso.

Alpinism ['ælpinizm] s. alpinismo m.

Alpinist ['ælpinist] s. alpinista m. + f.

already [ɔ:lr'edi] adv. já.
I have ~ **done it** já o terminei (há tempo).

Alsatian [æls'eiʃiən] s. alsaciano m. ‖ adj. alsaciano.

Alsatian dog s. cão pastor alsaciano m.

alsike ['ælsik], **alsike clover** s. (Bot.) trevo híbrido m., trevo bastardo m. (Trifolium hybridum).

also [ɔ:lsou] adv. também, além disso, igualmente.

also-ran s. (Esp.) cavalo ou competidor m. que não obteve colocação numa corrida.

alt [ælt] s. (Mús.)
in ~ (fig.) exaltado.

alt. abr. de 1. **alternate.** 2. **altitude.**

altar [ɔ:ltə] s. 1. altar m. 2. mesa f. de sacrifício, mesa f. onde se celebra a missa.
high ~ altar-mor. **to lead to the** ~ levar ao altar.

altar boy s. acólito, ministrante m.

altar piece s. retábulo m. de altar.

altazimuth [ælt'æziməθ] s. altazimute m.: instrumento para observar a altura e azimute de um corpo celeste.

alter ['ɔ:ltə] v. 1. alterar(-se), variar, modificar(-se), tornar-se diferente, mudar(-se). 2. (E. U. A., gíria) capar, castrar (animais).

alterability [ɔ:ltərəb'iliti], **alterableness** ['ɔ:ltərəblnis]

s. variabilidade f., possibilidade f. de alteração.

alterable ['ɔ:ltərəbl] adj. alterável, modificável, mudável. ‖ —**bly** adv. de modo alterável.

alteration [ɔ:ltər'eiʃən] s. 1. alteração, modificação, mudança f. 2. processo m. da alteração.

alterative ['ɔ:ltəreitiv] s. (Med.) alterante m. ‖ adj. alterativo, alternante.

altercate ['ɔltə:keit] v. altercar, contender, brigar.

altercation [ɔ:ltək'eiʃən] s. altercação, contenda, briga f.

alter ego s. 1. segundo "eu" m., outro aspecto m. de nossa própria natureza. 2. amigo íntimo m.

alternant [ɔ:lt'ə:nənt] adj. alternante.

alternate ['ɔ:ltə:neit] s. substituto m. ‖ v. 1. alternar(-se), revezar(-se). 2. suceder alternadamente, dispor em ordem alternada. 3. substituir regularmente. 4. intercambiar, permutar. 5. (Eletr.) alternar (corrente). 6. produzir ou acionar por corrente alternada. ‖ [ɔlt'ə:nit] adj. 1. alterno (também Bot.). 2. alternado, revezado. 2. recíproco. ‖ ~**ly** adv. alternadamente, reciprocamente.
on each ~ **day** de dois em dois dias, um dia sim, um dia não.

alternating current s. corrente alternada f.

alternation [ɔ:ltən'eiʃən] s. alternação, alternância f., revezamento m.

alternative [ɔ:lt'ə:nətiv] s. 1. alternativa f. 2. preferência f. para uma entre várias possibilidades. ‖ adj. alternativo. ‖ ~**ly** adv. alternativamente.
he has no other ~, **there is only shame or death** ele não tem outra alternativa, ou a vergonha ou a morte.

alternativeness [~nis] s. qualidade de ser ou estar alternado.

alternator ['ɔ:ltə:neitə] s. (Eletr.) alternador m., gerador m. de corrente alternada.

althea, althaea [ælθ'i:ə] s. (Bot.) altéia f., malvaísco m.

althorn ['ælthɔ:n] s. (Mús.) saxotrompa f.

although [ɔ:lð'ou] conj. apesar de (que), embora (que), conquanto, posto (que), contudo.

altimeter [ælt'imitə] s. altímetro m.

altimetry [ælt'imitri] s. altimetria f.

altitude ['æltitju:d] s. 1. altitude f. 2. eminência f.: a) altura, elevação f. b) posição social, superioridade, altivez f. 3. profundidade f. 4. (Astron., Geom.) altura f.

altitudinal [æltitju'u:dinəl] adj. altitudinal.

alto ['æltou] s. pl. **altos** (Mús.) 1. contralto m. 2. alto m. 3. viola, saxotrompa f.

alto-cumulus s. (Meteor.) alto-cúmulo m. (quadro C 14).

altogether [ɔ:ltəg'eðə] s. (**the** ~) o conjunto, o todo m. ‖ adv. 1. completamente, inteiramente. 2. de modo geral, tudo incluído, ao todo.
in the ~ (gíria) em trajes de Adão. **it was** ~ **delightful** foi mesmo encantador. ~ **I was pleased** ao todo (ou de um modo geral) fiquei satisfeito.

alto horn s. = **althorn.**

alto-rilievo ['æltouril'i:vou] s. (Arte) alto-relevo m.

alto-stratus s. (Meteor.) alto-estrato m.

altruism ['æltruizm] s. altruísmo m.

altruist ['æltruist] s. altruísta m. + f.

altruistic [æltru'istik], **altruistical** [~əl] adj. altruístico. ‖ ~**ally** adv. altruisticamente.

alum ['æləm] s. (Quím.) 1. alume m.: a) pedra-ume f. b) qualquer sal m. da série dos alumes. 2. sulfato m. de alumínio.

alumina [əlj'u:minə] s. (Quím.) alumina f.

aluminiferous [əlju:min'ifərəs] adj. aluminífero.

aluminium [æljum'injəm] s. = **aluminum.**

aluminize [ælj'u:minaiz] v. aluminar: tratar ou revestir com alumínio.

aluminothermy [ælj'u:minɔθə:mi] s. (Metalurg.) aluminotermia f.

aluminous [əlj'u:minəs] adj. 1. aluminoso, que contém alume. 2. aluminioso, que contém alumínio.

aluminum [əlj'u:minəm] s. alumínio m. ‖ adj. aluminioso, aluminífero.

alumnus [əl'ʌmnəs] s. pl. **alumni** [-nai] bacharel, bacharelado m.

alunite ['æljənait] s. (Miner.) alunita f.

alveolar ['ælviolə, ælv'iələ] adj. (Anat., Zool., Fon.) alveolar.

alveolate [ælv'iəlit], **alveolated** [ælv'iəleitid] adj. alveolado.

alveolation [ælviol'eiʃən] s. formação f. em alvéolos.

alveolus [ælv'ioləs] s. pl. **alveoli** [-lai] (Anat., Zool.) 1. alvéolo m. 2. pl. (Fon.) arco alveolar m.

alvine ['ælvin, 'ælvain] adj. (Med.) alvino, intestinal.

always ['ɔ:lwəz] adv. sempre, constantemente, continuamente, invariavelmente, uniformemente, perpetuamente.

am [æm, əm] 1.ª pessoa do singular do presente do indicativo do verbo auxiliar: **to be**.

a. m., A. M. ['ei'æm] abr. de **ante meridiem**.

Am. 1. abr. de **America, American, Americanism**. 2. (Eletrôn.) abr. de **amplitude modulation**. 3. (Quím.) símbolo do elemento químico amerício.

amah ['a:mə] s. (na Índia e China) ama, pajem f.

amain [əm'ein] adv. 1. a toda a velocidade, rapidamente. 2. com toda a força, violentamente.

amalgam [əm'ælgəm] s. 1. amálgama m. + f. 2. (fig.) mistura f., composto m. 3. fusão f.

amalgamable [~əbl] adj. amalgamável.

amalgamate [~eit] v. 1. fazer amálgama. 2. unir, ligar, combinar, misturar, amalgamar.

amalgamation [əmælgəm'eiʃən] s. amalgamação f.

amalgamative [əm'ælgəmeitiv] adj. amalgâmico.

amalgamator [əm'ælgəmeitə] s. amalgamador m., elemento amalgâmico m.

amanuensis [əmænju'ensis] s. pl. **amanuenses** amanuense, copista m. + f., secretário m.

amaranth ['æmərænθ] s. 1. (Poét.) planta hipotética f. que nunca murcha. 2. (Bot.) amaranto m. 3. a cor roxa, púrpura f.

amaranthine [æmər'ænθain] adj. 1. amarantino. 2. imperecível, que nunca murcha. 3. roxo, púrpuro.

amaryllis [æmər'ilis] s. (Bot.) amarílis, açucena f.

amass [əm'æs] v. 1. acumular, aglomerar, amontoar. 2. ajuntar, reunir.

amassable [~əbl] adj. acumulável, amontoável.

amasser [~ə] s. pessoa f. que acumula ou amontoa alguma coisa.

amassment [~mənt] s. aglomeração f., amontoamento, amontoado, montão m.

amateur ['æmətə; , æmətjuə] s. 1. amador, apreciador, aficionado m. 2. diletante m. + f., artífice medíocre m. 3. (Esp.) atleta ou desportista m. + f. que não é profissional. ‖ adj. amador.

amateurish [æmət'ə:riʃ] adj. 1. de amador, no estilo e à maneira de amador. 2. superficial, que não é feito com tino profissional. ‖ ~ly adv. 1. ao modo de diletante. 2. superficialmente, leigamente.

amateurishness [~nis], **amateurship** ['æmətə:ʃip], **amateurism** [æmət'ə:rizm] s. amadorismo, diletantismo m.

amative ['æmətiv] adj. amativo, amoroso, sensual, erótico. ‖ ~ly adv. amativamente, eroticamente, sensualmente.

amatol [æm'ætoul] s. (Quím.) amatol m.

amatory ['æmətəri], **amatorial** [æmət'ɔ:riəl] adj. amatório, amoroso, erótico. ‖ —ially adv. amatoriamente, amorosamente, eroticamente.

amaurosis [æmɔr'ousis] s. (Med.) amaurose, gota-serena, catarata negra f.

amaurotic [æmɔr'outik] adj. (Med.) amaurótico.

amaze [əm'eiz] s. (Poét.) estupefação f., pasmo,
assombro m. ‖ v. 1. pasmar, assombrar, maravilhar, surpreender, estupeficar. 2. tornar perplexo, confundir, aturdir.

amazed [~d] adj. assombrado, pasmado, muito surpreso, maravilhado. ‖ ~ly adv. assombradamente, pasmadamente.

amazedness [əm'eizidnis], **amazement** [əm'eizmənt] s. estupefação, consternação, perplexidade, maravilha f., pasmo m.

amazing [əm'eizɪŋ] adj. surpreendente, espantoso, estupendo, assombroso, maravilhoso. ‖ ~ly adv. surpreendentemente, estupendamente, assombrosamente, maravilhosamente.

Amazon ['æməzən] s. 1. (Mit. grega) Amazona f. 2. Amazonas (rio). 3. **amazon** mulher aguerrida f.

Amazonian [æməz'ounjən] adj. amazônio, amazônico, amazonense.

amazonite ['æməzənait] s. (Miner.) amazonita f., pedra-das-amazonas f.

ambages [æmb'eidʒi:z] s. pl. 1. ambigüidade f., f., circunlóquios m. pl. 2. ambages m. pl., subterfúgio m., evasiva, perífrase f.

ambagious [æmb'eidʒəs] adj. ambagioso, indireto, perifrástico, ambíguo, por rodeios. ‖ ~ly adv. ambagiosamente, indiretamente, perifrasticamente.

ambary, ambari [æmb'a:ri] s. (Bot.) cânhamo-brasileiro m., umbaru m. (Hibiscus çannabinus).

ambassador [æmb'æsədə] s. 1. embaixador, representante diplomático m. 2. emissário, portador oficial m.

ambassadorial [æmbæsəd'ɔ:riəl] adj. diplomático, representativo, relativo aos embaixadores, seu cargo e obrigações.

ambassadorship [æmb'æsədəʃip] s. embaixada f.: cargo e missão de embaixador.

ambassadress [æmb'æsədris] s. embaixatriz f.

amber ['æmbə] s. 1. (Miner.) âmbar m.: resina fóssil, semitransparente. 2. cor f. de âmbar, amarelo ambarino m. ‖ adj. ambárico, ambarino, amarelo--âmbar.

ambergris ['æmbəgri:s] s. âmbar gris, âmbar cinzento, âmbar pardo m.

amber seed s. semente f. de abelmosco.

amber tree s. (Bot.) ambaró, ambreiro m.

ambidexterity ['æmbidekst'eriti] s. 1. ambidestria f. 2. ambidestrismo m. 3. destreza f. ou habilidade extraordinária f. 4. logro, embuste m., maroteira f.

ambidextrous ['æmbid'ekstrəs] adj. 1. ambidestro. 2. muito ágil, destro. 3. ardiloso, embusteiro. ‖ ~ly adv. 1. ambidestramente. 2. agilmente. 3. ardilosamente.

ambience, ambiance ['æmbiəns] s. ambiente m.

ambient [æmbiənt] adj. ambiente, circunvizinho.

ambiguity [æmbig'u:iti], **ambiguousness** [æmb'igjuəsnis] s. 1. ambigüidade, anfibologia f. 2. palavra f. ou idiotismo ambíguo m.

ambiguous [æmb'igjuəs] adj. 1. ambíguo, equívoco. 2. vago, incerto, dúbio. 3. indefinido, obscuro. ‖ ~ly adv. ambiguamente, vagamente, de modo indefinido.

ambit ['æmbit] s. 1. âmbito, circuito, perímetro m. 2. divisa, raia, fronteira f., confim, limite m.

ambitendency [æmbit'endensi] s. (Psicol.) ambitendência f.

ambition [æmb'iʃən] s. 1. ambição, aspiração impetuosa, pretensão f. 2. objeto (ou objetivo) almejado m. ‖ v. ambicionar, cobiçar, desejar ardentemente.

ambitionless [~lis] adj. sem ambição, desinteressado.

ambitious [æmb'iʃəs] adj. 1. ambicioso, desejoso, cobiçoso. 2. de ou relativo à ambição. 3. ansioso, anelante. 4. pretensioso, presunçoso. ‖ ~ly adv. ambiciosamente, ansiosamente, pretensiosamente.

ambitiousness [~nis] s. caráter ambicioso m.

ambivalence [æmb'ivəlens] s. (Psicol.) ambivalência f.

ambivalent [æmb'ivələnt] adj. (Psicol.) ambivalente.

ambiversion [æmbiv'e:ʃən] s. (Psicol.) ambiversão f.: intro + extroversão.

amble [æmbl] s. 1. esquipação f. (passo de cavalo), furta-passo m. 2. passo lento ou cômodo m. (de cavalo). ‖ v. andar de esquipado, andar a passo lento (cavalo).

ambler ['æmblə] s. esquipador m.; cavalo que anda a passo de esquipado.

amblygonite [æmbl'igonait] s. (Miner.) ambligonite f.

amblyopia [æmbli'oupiə] s. (Med.) ambliopia f.

ambo ['æmbou] s. ambão, púlpito m.

ambrosia [æmbr'ouziə] s. 1. ambrosia f.: a) (Mit.) alimento dos deuses. b) (fig.) alimento delicioso, (no Brasil) doce de ovo e leite. 2. (Bot.) ambrósia americana f. 3. pólen m. armazenado na colmeia.

ambrosial [~l], **ambrosian** [~n] adj. ambrósio, ambrosíaco, delicioso. ‖ ~ly adv. ambrosiacamente.

Ambrosian [~n] adj. ambrosiano, relativo a Santo Ambrósio.

Ambrosian chant s. hino ambrosiano m.

ambry ['æmbri] s. 1. (Ecles.) armário para recipientes, paramentos. 2. armário, guarda-louça m.

ambsace ['eimzeis] s. 1. (Jogo) lance m. de dois pontos nos dados, o menor lance possível. 2. má sorte f., azar m. 3. bagatela, ninharia f.

ambulance ['æmbjuləns] s. 1. ambulância f. 2. (milit.) hospital ambulante m.

ambulance car s. ambulância f.

ambulance chaser s. (E. U. A., coloq.) pessoa f. empregada por um advogado para angariar processos de indenização em favor de vítimas de acidentes do tráfego.

ambulance station s. pronto-socorro m.

ambulant ['æmbjulənt] adj. ambulante, móvel, ambulatório.

ambulate ['æmbjuleit] v. andar, mover-se, ambular.

ambulatory ['æmbjulətəri] s. arcada f., corredor m., galeria coberta f. ‖ adj. 1. ambulatório, ambulante. 2. que vai de lugar a lugar, ambulativo. 3. (Jur.) alterável. 4. (Med.) capaz de andar, não preso à cama. 5. instável, variável, modificável.

ambuscade [æmbəsk'eid] s. emboscada f. ‖ v. pôr(-se) de emboscada, esconder-se para assaltar.

to lie in ~ ficar de emboscada.

ambuscader [~ə] s. quem fica de emboscada.

ambush ['æmbuʃ] s. 1. emboscada, tocaia, espreita f. 2. soldados m. pl. ou inimigos m. pl. escondidos para um ataque de surpresa. 3. local m. da emboscada. ‖ v. 1. atacar de tocaia, assaltar. 2. espreitar o inimigo. 3. esconder soldados para um ataque de surpresa, armar emboscada.

ambusher [~ə] s. aquele que ataca traiçoeiramente ou que arma uma emboscada.

ambushlike [~laik] adj. semelhante a emboscada.

ambushment [~mənt] s. cilada f., ataque m. de surpresa.

ameba [əm'i:bə], **amebic** [əm'i:bik], **ameboid** [əm'i:-boid] = amoeba, amoebic, amoeboid.

ameer [əm'iə] = amir.

ameliorable [əm'i:liərəbl] adj. melhorável, melhorador, aperfeiçoável.

ameliorate [əm'i:liəreit] v. melhorar, aperfeiçoar.

amelioration [əmi:liər'eiʃən] s. melhoria, melhora f., melhoramento, aperfeiçoamento m.

ameliorative [əm'i:liəreitiv] adj. melhorativo.

ameliorator [əm'i:liəreitə] s. benfeitor, beneficiador m.

amen ['a:m'en, 'eim'en] s. amém m. ‖ adv. certamente, ‖ interj. 1. amém! que assim seja! 2. (coloq.) muito bem! de acordo!

amenability [əmi:nəb'iliti], **amenableness** [əm'i:nəbl-nis] s. 1. responsabilidade f. 2. acessibilidade, afabilidade f. 3. subserviência f.

amenable [əm'i:nəbl] adj. 1. responsável. 2. acessível, sensível, afável. 3. submisso, obediente. ‖ -bly adv. 1. responsavelmente. 2. acessivelmente. 3. de maneira submissa.

~ **to reason** acessível à razão.

amen corner s. 1. cantinho m. da igreja muito procurado pelos devotos. 2. quarto m. ou canto m. reservado para conversações confidenciais.

amend [əm'end] v. 1. emendar, reformar. 2. aperfeiçoar, apurar. 3. corrigir, retificar. 4. melhorar.

amendable [~əbl] adj. emendável, aperfeiçoável, melhorável.

amendatory [~ətəri] adj. corretivo.

amender [~ə] s. emendador, benfeitor m.

amendment [~mənt] s. 1. emenda f. (de lei). 2. aperfeiçoamento, melhoramento m., melhora f. 3. correção f. 4. reforma, melhoria, regeneração, convalescença f. 5. (E. U. A.) artigo m. adicional da Constituição.

amends [~z] s. pl. indenização, reparação, compensação f. (por perdas e danos).

to make ~ indenizar por prejuízos, dar satisfação.

amenity [əm'i:niti] s. 1. afabilidade, gentileza, cortesia, graça f., donaire m. 2. amenidade, brandura, suavidade f. 3. encanto, deleite, prazer m.

the —ies of the place os encantos do lugar.

amenorrhea, amenorrhoea [əmenor'i:ə] s. (Med.) amenorréia f.

ament ['æment, 'eiment], **amentum** [əm'entəm] (Bot.) amentilho m.

amentaceous [æment'eiʃəs] adj. (Bot.) amentáceo.

amentia [əm'enʃiə] s. 1. amência, demência f. 2. deficiência mental f. congênita.

amentiferous [æment'ifərəs] adj. (Bot.) amentífero.

Amer. abr. de **America, American.**

amerce [əm'ə:s] v. 1. multar, punir, castigar.

amerceable [~əbl] adj. sujeito a multa ou punição.

amercement [~mənt] s. multa, pena f.

amercer [~ə] s. quem impõe uma multa.

America [əm'erikə] s. 1. (E. U. A.) Estados Unidos m. pl. da América do Norte. 2. América do Norte f. 3. continente americano, hemisfério ocidental m. 4. **The Americas** As Américas (do Norte, Central e Sul).

American [əm'erikən] s. americano m.: 1. cidadão m. dos E. U. A. 2. indígena, nativo m. da América. 3. (E. U. A.) língua americana f. ‖ adj. americano: 1. que se refere ao hemisfério ocidental. 2. (Biol.) que ocorre nos E. U. A.

Americana [əmerik'a:nə] s. coleção f. de objetos e documentos literários, históricos e etnográficos que se referem à esfera cultural norte-americana.

American cloth, American leather s. oleado m.

American eagle s. (Heráld.) águia f. americana.

Americanism [əm'erikanizm] s. americanismo m.: 1. devoção e lealdade f. aos E. U. A. 2. palavras, frases e peculiaridades idiomáticas f. pl. dos E. U. A. 3. costumes m. pl. e modas f. pl. dos E. U. A. 4. características americanas f. pl.

Americanize [əm'erikənaiz] v. americanizar, assimilar(-se) aos costumes americanos.

Americanized [~d] adj. americanizado.

Americanizing [~iŋ] s. americanização f.: assimilação f. aos costumes americanos.

American language s. (E. U. A.) língua americana f.: o inglês como é usado nos E. U. A.

American screw gauge s. calibrador m. de parafuso.

americium [æmər'iʃiəm] s. (Quím.) amerício m.

Amerind ['æmərind] abr. de **American Indian:** s. ameríndio m.: índio nativo da América ou esquimó.

Amerindian [æmər'indiən], **Amerindic** [æmər'indik] adj. ameríndio.

amethyst ['æmiθist] s. (Miner.) ametista f.: pedra semipreciosa.

amethystine [æmiθ'istain] adj. ametístico.

ametropia [æmitr'oupiə] s. (Med.) ametropia f.

Amharic [æmh'ærik] s. amárico m.: língua oficial da Abissínia ou Etiópia. ‖ adj. amárico.

amiability [eimjəb'iliti], **amiableness** ['eimjəblnis] s. 1. amabilidade, afabilidade f. 2. bondade.

amiable ['eimjəbl] adj. amável, afável, agradável, cordial, bondoso. ‖ —bly adv. amavelmente, cordialmente, bondosamente.

amianthus [æmi'ænθəs] s. amianto m.

amicability [æmikəb'iliti], **amicableness** ['æmikəblnis] s. amizade, cordialidade, benevolência, sinceridade f.

amicable ['æmikəbl] adj. amigável, cordial, sincero. ‖ —bly adv. amigavelmente, cordialmente.

amice ['æmis] s. (Ecles.) amicto m. (quadro C 18).

amicus curiae [əm'aikəskj'u:rii:] s. jurisconsulto, jurisperito voluntário m.

amid [əm'id], **amidst** [əm'idst] prep. no meio de, entre.

amide ['æmid, 'æmaid], **amid** ['æmid] s. (Quím.) amida f.

amidic [æm'idik] adj. (Quím.) amídico.

amidin ['æmidin] s. (Quím.) amidina f.

amidogen [æm'idodʒen] s. Quím.) amidogênio m.

amidol [æmidoul] s. (Quím.) amidol m.

amidships [əm'idʃips], **amidship** [əm'idʃip] adv. (Náut.) a meia-nau.

amine [əm'i:n, 'æmin], **amin** ['æmin] s. (Quím.) amina f.

amino acids s. (Quím.) ácidos aminados, aminoácidos m. pl.

amir, ameer [əm'iə] s. emir m.

amiss [əm'is] adj. 1. defeituoso, impróprio, errado, inoportuno. 2. extraviado. ‖ adv. 1. defeituosamente, 2. erroneamente, inoportunamente.

he took my remark ~ ele levou a mal minha observação. **his son turned out ~** seu filho se desenvolveu mal.

amitosis [æmət'ousis] s. (Biol.) amitose f.

amitotic [æmət'outik] adj. amitósico. ‖ **~ally** adv. amitosicamente.

amity ['æmiti] s. 1. amizade f., relações amistosas f. pl. 2. benevolência, harmonia f.

ammeter ['æmitə] s. (Eletr.) amperômetro m. (quadro T 5).

ammonia [əm'ounjə] s. (Quím.) amônia f., amoníaco m. **liquid ~** álcali volátil, solução de amoníaco.

ammoniac [əm'ounjæk] s. (Quím.) amoníaco m. ‖ adj. (também **ammoniacal** [æmon'aiəkəl] amoníaco, amoniacal. **gum ~** goma amoníaca.

ammoniate [əm'ounjeit] v. (Quím.) combinar com amônia.

ammonification [əmonifik'eiʃən] s. (Quím.) amonificação f.: 1. impregnação com amônia ou combinações de amônio. 2. decomposição de matéria orgânica com produção de amônia.

ammonify [əm'onifai] v. amonificar.

ammonite ['æmonait] s. (Pal.) s. amonite f.

ammonium [əm'ounjəm] s. (Quím.) amônio m.

ammonium chloride s. (Quím.) cloreto m. de amônio, sal amoníaco m.

ammonium hydroxide s. (Quím.) hidrato ou hidróxido m. de amônio, (Com.) álcali volátil m.

ammunition [æmjun'iʃən] 1. (Milit.) munição f. 2. meios m. pl. de ataque ou defesa.

ammunition chest s. caixa f. de munição.

ammunition clip s. pente carregador m.

amnesia [æmn'i:ʒiə] s. (Med., Psicol.) amnésia f.: perda de memória.

amnesiac [æmn'i:ʒiæk] adj. (Med.) amnésico.

amnesic [æmn'i:sik], **amnestic** [æmn'estik] adj. (Med.) amnéstico, que faz perder a memória.

amnesty ['æmnesti] s. anistia f., perdão geral m. ‖ v. anistiar, conceder uma anistia.

amnion ['æmniən] s. (Med.) âmnio m.

amniotic [æmni'otik] adj. (Med.) amniótico.

amoeba, ameba [əm'i:bə] s. (Zool.) ameba f.

amoeban [~n] adj. amebiano.

amoebic, amebic [əm'i:bik] adj. amébico.

amoebiform, amebiform [əm'i:bəfɔ:m] adj. amebiforme.

amoeboid, ameboid [əm'i:boid] adj. amebóide.

among [əm'ʌŋ], **amongst** [~st] prep. 1. entre, no meio de, dentre. 2. em contato com, misturado com, juntamente com, associado a. 3. cercado de, por entre. 4. em confronto com, comparado a.

we are ~ friends estamos entre amigos. **we have a pound ~ us** todos juntos temos uma libra esterlina. **we divided it ~ us** distribuímo-lo entre nós. **let's do it ~ us** vamos fazê-lo conjuntamente. **they quarrelled ~ themselves** eles brigaram entre si. **~ other things** entre outras coisas.

amoral [æm'ɔrəl] adj. amoral. ‖ **~ly** adv. amoralmente.

amorality [æmor'æliti] s. amoralidade f.

amorist ['æmərist] s. namorador, galanteador m.

amorous ['æmərəs] adj. 1. amoroso, sensual. 2. enamorado, apaixonado. 3. carinhoso, terno, afetuoso. 4. que se refere ao amor e galanteio. ‖ **~ly** adv. amorosamente, carinhosamente.

amorousness [~nis] s. amorosidade f.

amorphism [əm'ɔ:fizm] s. amorfismo m., amorfia f.

amorphous [əm'ɔ:fəs] adj. 1. (Quím.) amorfo, não cristalino. 2. não especificado quanto à classe ou ao tipo. 3. com forma indeterminada. ‖ **~ly** adv. de forma amorfa.

amorphousness [~nis] s. amorfia, deformidade f.

amort [əm'ɔ:t] adj. desfalecido, sem vida.

amortizable, amortisable [əm'ɔ:tizəbl] adj. amortizável.

amortization, amortisation [əmo:tiz'eiʃən] s. 1. amortização f. 2. importâncias f. pl. empregadas na amortização.

amortize, amortise [əm'ɔ:taiz, 'æmətaiz] v. amortizar: 1. (Jur.) transferir bens ou valores a entidades de "mão-morta". 2. liquidar dívidas em prestações. 3. formar um fundo equivalente à importância de futuras obrigações.

amount [əm'aunt] s. 1. soma, quantia f., total m. 2. importância f., valor, montante m. 3. resultado m., significação f. 4. substância, essência f. 5. quantidade, porção f. 6. capital m. acrescido de juros. ‖ v. 1. importar, elevar-se a, atingir. 2. equivaler, corresponder a, significar.

what does it ~ to? quanto custa isto? **that ~s to the same thing** isto dá na mesma. **it does not ~ to much** isto não é grande coisa, isto não significa muito.

amour [əm'uə] s. 1. namoro, galanteio m. 2. aventura ou intriga amorosa f.

amour propre s. amor-próprio m.

amp. abr. de **amperage** e **ampere**.

amperage ['æmpəridʒ, æmp'iridʒ] s. (Eletr.) amperagem f.

ampere ['æmpiə, æmp'ɛə] s. (Eletr.) ampère m.

ampere-hour s. (Eletr.) ampère-hora m.

ampere turn s. (Eletr.) ampère-volta m.: força eletromotora produzida pela corrente de 1 ampère numa volta de fio de uma bobina helicoidal.

ampersand ['æmpəsænd] s. nome m. do sinal gráfico "&" (quadro B 17).

amphetamine [æmf'etəmi:n] s. (Farmac.) benzedrina f.

amphi— prefixo que denota: ambos, perto de, em redor de.
amphiarthrosis [æmfia:θr'ousis] s. (Med.) anfiartrose f.
Amphibia [æmf'ibiə] s. pl. (Zool.) anfíbios, batráquios m. pl.
amphibian [~n] s. 1. animal anfíbio m. 2. (Zool.) anfíbio, batráquio m. 3. planta anfíbia f. 4. (Av. milit.) avião ou tanque anfíbio m. ‖ adj. anfíbio.
amphibiotic [æmfibai'ɔtik] adj. (Ent.) anfibiótico.
amphibious [æmf'ibiəs] adj. anfíbio. ‖ ~ly adv. anfibiamente.
amphibiousness [~nis] s. qualidade ou caráter anfíbio.
amphibole ['æmfiboul] s. (Miner.) anfibólio m.
amphibolic [æmfib'ɔlik] adj. 1. anfibólico, ambíguo, dúbio. 2. (Med.) incerto, instável, flutuante.
amphibolite [æmf'ibolait] s. (Miner.) anfibolito m.
amphibological [æmfibol'ɔdʒikəl] adj. anfibológico, ambíguo.
amphibology [æmfib'ɔlədʒi] s. (Gram.) anfibologia, ambigüidade f.
amphibrach ['æmfibræk] s. (Métr.) anfíbraco m.
amphictyon [æmf'iktiɔn] s. (Hist.) anfictião, anfictíone m.
amphictyonic [æmfikti'ɔnik] adj. (Hist.) anfictiônico.
amphictyony [æmf'iktioni] s. (Hist.) anfictionia f.
amphigoric [æmfig'ɔrik] adj. anfigúrico.
amphigory ['æmfigouri] s. anfiguri m.
amphimacer [æmf'iməsə] s. (milit.) anfímacro m.
amphimixis [æmfim'iksis] s. (Biol.) anfimixia f.
amphioxus [æmfi'ɔksəs] s. (Zool.) anfioxo m.
amphipod ['æmfipɔd] s. (Zool.) anfípode m. ‖ adj. anfípode.
amphiprostyle [æmf'iprostail] s. (Arquit.) anfipróstilo m.
amphisbaena [æmfisb'i:nə] s. (Mit. e Zool.) anfisbena f.
amphiscians [æmf'iʃəns], **amphiscii** [-ʃiai] s. pl. anfíscios m. pl.
amphistylar [æmfist'ailə] adj. (Arquit.) que tem peristilo somente em dois lados.
amphitheatre, amphitheater ['æmfiθiətə] s. anfiteatro m.
amphitheatric [æmfiθi'ætrik], **amphitheatrical** [~əl] adj. anfiteátrico, anfiteatral. ‖ ~ally adv. anfiteatricamente.
amphitryon [æmf'itriɔn] s. anfitrião m.
amphora ['æmforə] s. ânfora f.: vaso grego de gargalo estreito e duas asas laterais.
ample [æmpl] adj. 1. amplo, pleno, vasto. 2. profuso, abundante, copioso. 3. grande, volumoso, espaçoso, largo, extenso. 4. mais do que suficiente, generoso, magnânimo. ‖ -ly adv. amplamente, plenamente, espaçosamente, copiosamente.
ampleness ['æmplnis] s. 1. amplitude, largura, grandeza f. 2. vastidão, amplidão f., tamanho m. 3. abundância, generosidade f.
amplexicaul [æmpl'eksikɔl] adj. (Bot.) amplexicaule (quadro L 2).
ampliation [æmpli'eiʃən] s. 1. ampliação f. 2. = amplification.
amplidyne ['æmplədain] s. (Eletrôn.) amplidina f.
amplification [æmplifik'eiʃən] s. 1. amplificação, extensão f., aumento m. 2. declaração ampliativa f.
amplificative ['æmplifikeitiv] adj. amplificativo.
amplificatory ['æmplifikeitəri, æmpl'ifəkətouri] adj. amplificável.
amplifier ['æmplifaiə] s. 1. ampliador m. 2. (Téc.) amplificador m.
amplify ['æmplifai] v. 1. ampliar, alargar, dilatar. 2. amplificar: a) explicar com mais pormenores, exemplificar. b) (Téc.) reforçar, aumentar, intensificar. 3. discorrer longamente, divagar.

amplitude ['æmplitju:d] s. 1. amplidão, vastidão, largura, extensão f., tamanho m. 2. abundância, plenitude, riqueza f. 3. (Astron., Eletr., Fís. e Téc.) amplitude f.
amplitude modulation s. (Electrôn.) modulação f. da amplitude.
ampoule ['æmpu:l], **ampule**, ['æmpju:l] s. ampola f.
ampulla [æmp'ulə] pl. —llae [-li] s. 1. (Hist. romana) âmbula, ânfora f. 2. (Biol.) vesícula, bexiga, bolha f. 3. galheta f. 4. empola f.
ampullaceous [æmpəl'eiʃəs] adj. ampuláceo, ampulóide.
ampullar [æmp'ulə] adj. ampular, ampulado.
amputate ['æmpjuteit] v. amputar, cortar.
amputation [æmpjut'eiʃən] s. amputação f.
amputator ['æmpjuteitə] s. amputador m.
amputee [æmpjut'i:] s. amputado, mutilado m.
amt. abr. de **amount.**
amuck [əm'ʌk], **amok** [əm'ɔk] s. (como substantivo, dá-se preferência a **amok**) amoque m. ‖ adj. possesso de fúria homicida. ‖ adv. de maneira possessa, furiosamente.
to run ~ correr cegamente, possuído de fúria homicida.
amulet ['æmjulit] s. amuleto, talismã m.
amusable [əmj'u:zəbl] adj. que pode ser distraído, ou divertido.
amuse [əmj'u:z] v. 1. divertir, deleitar, fazer rir. 2. entreter, distrair.
you ~ **me** você me faz rir. **he** ~**d himself with reading** ele se entreteve com a leitura. **he is not easy to** ~ não é fácil diverti-lo.
amused [~d] adj. divertido, entretido, distraído. ‖ ~ly divertidamente.
amusement [~mənt] s. divertimento, deleite m., distração, diversão f.
amuser [~ə] s. aquele que diverte.
amusing [~iŋ] adj. divertido, recreativo, que causa alegria. ‖ ~ly adv. divertidamente.
amusingness [~iŋnis] s. qualidade engraçada ou divertida.
amusive [əmj'u:ziv, -siv] adj. divertido, engraçado.
amygdala [əm'igdələ] s. 1. amêndoa f. 2. (Anat.) amígdala f.
amygdalaceous [əmigdəl'eiʃəs] adj. amigdaláceo.
amygdalin [əm'igdəlin] s. (Quím.) amigdalina f.
amygdaline [əm'igdəlin, -lain] adj. amigdalino.
amygdaloid (I) [əm'igdələid] s. (Miner.) rocha amigdalóide f.
amygdaloid (II) [əm'igdələid] **amygdaloidal** [əmigdəl'ɔidəl] adj. amigdalóide, amigdaliforme.
amyl ['æmil] s. (Quím.) amilo m.
amylaceous [æmil'eiʃəs] adj. amiláceo.
amylase ['æmileis] s. (Bioquím.) amílase f.
amylene ['æmili:n] s. (Quím.) amileno m.
amylic [əm'ilik] adj. (Quím.) amílico.
amylogen [əm'ilɔdʒen] s. (Quím.) amilogênio m.
amyloid (I) ['æmilɔid] s. alimento amiláceo m.
amyloid (II) ['æmilɔid], **amyloidal** [æmil'ɔidəl] adj. amilóide.
amylolysis [æmilɔl'isis] s. (Bioquím.) amilólise f.
amylolytic [æmilɔl'itik] adj. (Bioquím.) amilolítico.
amylopsin [æmil'ɔpsin] s. (Bioquím.) amilopsina f.
amylose ['æmilous] s. (Quím.) amilose f.
amylum ['æmiləm] s. (Quím.) amido m., amido m. de trigo.
an (I) [æn, ən] art. indef. vide **a.**
an (II) [æn], **an'** conj. 1. (Coloq., gíria) = **and.** 2. (arc.) = **if.**
an— pref. que denota: sem.
ana (I) ['einə, 'a:nə] s. 1. coleção f. de ditos memoráveis de pessoas afamadas. 2. informações f. pl. sobre um assunto de interesse geral.

ana (II) ['einə, 'aːnə] adv. (Farmac.) aná: em partes iguais.

anabaena [ænəb'iːnə] s. (Bot.) anabena f.

Anabaptism [ænəb'æptizm] s. (Ecles.) anabatismo m.

Anabaptist [ænəb'æptist] s. (Ecles.) anabatista m. + f.

anabas ['ænəbæs] s. anabás m.: gênero de peixes naturais dos rios da África e Ásia setentrional.

anabasis [ən'æbəsis] pl. –ses [-siːz] s. incursão militar f.

anabatic [ænəb'ætik] adj. (Meteor.) anabático.

anabolic [ænəb'ɔlik] adj. (Biol.) anabólico.

anabolism [ən'æbəlizm] s. (Biol.) anabolismo m.

anabranch ['ænəbrantʃ] s. 1. braço m. de rio que volta ao leito principal. 2. braço m. de rio que desaparece em terras arenosas.

anacardiaceous [ænəkaːdi'eiʃəs] adj. (Bot.) anacardiáceo.

anachronism [ən'ækrənizm] s. anacronismo m.: 1. erro m. de data ou de ordem cronológica. 2. fato anacrônico m.

anachronistic [ənækron'istik], **anachronistical** [~əl] adj. anacrônico.

anachronous [ən'ækrənəs] adj. anacrônico. || ~ly adv. anacronicamente.

anaclastic [ænəkl'æstik] adj. (Ópt.) anaclástico.

anaclinal [ænəkl'ainəl] adj. (Geol.) anaclinal.

anacoluthic [ænəkəl'uːθik] adj. anacolútico.

anacoluthon [ænəkəl'uːθɔn] s. pl. **anacolutha** [-θə] (Gram.) anacoluto m., anacolutia f.: mudança abrupta da construção gramatical no meio de uma frase.

anaconda [ænæk'ɔndə] s. (Zool.) 1. pitão m., jibóia f. (Python molurus). 2. anaconda, sucuri f. (Eunectes murinus). 3. serpente f. de qualquer espécie que esmaga a sua presa.

Anacreontic [ænækri'ɔntik] s. poema anacreôntico m., anacreôntica f. || adj. anacreôntico, festivo.

anacrusis [ænəkr'uːsis] s. (Metr.) anacruse f.

anaculture s. (Bact.) cultura f. mista de bactérias usada para vacinas.

anadem ['ænədem] s. (poét.) grinalda, coroa, capela f., festão m.

anadiplosis [ænədipl'ousis] s. (Ret.) anadiplose f.

anadromous [ən'ædrəməs] adj. (Zool.) anádromo.

anaemia [ən'iːmiə], **anaemic** [ən'iːmik] = **anemia, anemic**.

anaerobe, anaërobe [æn'eiəroub] s. (Biol.) anaeróbio m.

anaerobic, anaërobic [æneiər'obik] adj. (Biol.) anaeróbico.

anaerobium [æneiər'oubiəm] s. pl. **anaerobia** [-biə] (Biol.) anaeróbio m.

anaesthesia [æniːsθ'iːziə], **anaesthetic** [ænisθ'etik] = **anesthesia, anesthetic**.

anaglyph ['ænəglif] s. (Arte) anáglifo m.

anaglyphic [ænəgl'ifik], **anaglyptic** [ænəgl'iptik] adj. anaglífico.

anagoge, anagogy ['ænəgoudʒi] s. anagogia f.

anagogic [ænəg'ɔdʒik], **anagogical** [~əl] adj. anagógico: 1. que se refere a anagogia. 2. (Psicol.) relativo aos esforços psíquicos em prol de ideais progressivos. || ~ally adv. anagogicamente.

anagram ['ænəgræm] s. anagrama m.

anagrammatic [ænəgrəm'ætik], **anagrammatical** [~əl] adj. anagramático. || ~ally adv. anagramaticamente.

anagrammatize [ænəgr'æmətaiz] v. anagramatizar.

anal ['einəl] adj. anal (quadro F 3).

analcime [æn'ælsim, -saim], **analcite** [æn'ælsait] s. (Miner.) analcima, analcita m.

analects [ænəlekts], **analecta** [ænəl'ektə] s. pl. analecto m., antologia f.

analeptic [ænəl'eptik] s. (Med.) analéptico m. || adj. analéptico, restaurativo.

analgesia [ænəldʒ'iːziə] s. (Med.) analgesia f.

analgesic [ænəldʒ'iːsik] s. analgésico, anódino m || adj. analgésico.

analog computer s. computador analógico m.

analogic [ænəl'ɔdʒik], **analogical** [~əl] adj. analógico. || ~ally adv. analogicamente.

analogist [ən'ælodʒist] s. analogista m. + f.

analogize [ən'ælədʒaiz] v. 1. explicar ou raciocinar por analogia. 2. empregar ou demonstrar analogia.

analogous [ən'æləgəs] adj. análogo: 1. semelhante, conforme, comparável. 2. (Biol.) que exerce a mesma função sendo de origem e estrutura diferentes. || ~ly adv. analogamente.

analogousness [~nis] s. qualidade analógica f.

analogue ['ænəlɔg] s. 1. análogo m. 2. (Biol.) semelhança funcional f. de órgãos cuja origem e estrutura são diferentes.

analogy [ən'ælədʒi] s. analogia f.

analphabetic [ənælfəb'etik] adj. analfabético.

analysable, analyzable ['ænəlaizəbl] adj. analisável.

analysation, analyzation [ænəlaiz'eiʃən] s. ato ou processo m. de análise, análise f.

analyse, analyze ['ænəlaiz] v. 1. analisar, decompor, separar. 2. examinar, estudar minuciosamente. 3. submeter a uma análise gramatical ou científica.

analyser, analyzer ['ænəlaizə] s. analista m. + f.

analysis [ən'æləsis] 1. análise f. (também Quím.) 2. decomposição f. 3. exame m. 4. (Psicol.) diagnose f. e tratamento subseqüente m. 5. resultado, sumário m., sinopse f.

analyst ['ænəlist] s. 1. analista m. + f. 2. psicanalista m. + f.

public ~ analista legal.

analytic [ænəl'itik], **analytical** [~əl] adj. analítico. || ~ally adv. analiticamente.

analytics [ænəl'itiks] s. (singular) analítica f.: 1. ciência de análise, especialmente como subdivisão da lógica. 2. geometria analítica f.

anamnesis [ænemn'isis] s. anamnese, anamnésia f.: 1. (Ret.) reminiscência. 2. (Med.) dados sobre uma doença até a primeira observação clínica.

anamorphic [ænəm'ɔːfik] adj. (Ópt.) anamórfico.

anandrous [æn'ændrəs] adj. (Bot.) anandro: sem estames, mas com perianto e gineceu.

anapaest ['ænəpiːst], **anapest** ['ænəpest] s. (Métr.) anapesto m., verso anapéstico m.

anapaestic, anapestic [~ik] adj. (Métr.) anapéstico.

anaphase ['ænəfeiz] s. (Biol.) anáfase f.

anaphora [ən'æfərə] s. (Ret.) anáfora f.

anaphoric [ænəf'ɔrik] adj. (Ret.) anafórico.

anaphrodisiac [ænæfrəd'iziæk] s. agente anafrodisíaco m. || adj. (Med.) anafrodisíaco.

anaphylactic [ænəfil'æktik] adj. (Med.) anafiláctico.

anaphylaxis [ænəfil'æksis] s. (Med.) anafilaxia f.

anaplastic [ænəpl'æstik] s. (Cir., Med.) anaplástico m.

anaplasty ['ænəplæsti] s. (Cir., Med.) anaplastia f.

anarch ['ænaːk] s. anarca m.: partidário do anarquismo.

anarchic [æn'aːkik], **anarchical** [~əl] adj. anárquico, desordenado, caótico. || ~ally adv. anarquicamente.

anarchism ['ænəkizm] s. anarquismo m.: 1. a respectiva doutrina política. 2. aquiescência ou favorecimento dessa doutrina. 3. terrorismo m., indisciplina, licenciosidade f.

anarchist ['ænəkist] s. anarquista m. + f.

anarchistic [ænək'istik] adj. anárquico, anarquizador.

anarchy ['ænəki] s. anarquia f.: 1. ausência f. de um governo legal. 2. confusão, indisciplina f.

anarthria [æn'aːθriə] s. (Med.) anartria f.

anastigmatic [ənæstigm'ætik] adj. (Ópt.) anastigmático.

anastomose [ən'æstomouz] v. anastomosar, intercomunicar(-se), juntar(-se).
anastomosis [ənæstom'ousis] s. 1. (Anat.) anastomose f.: junção de dois vasos ou canais. 2. união f. ou intercomunicação f. em qualquer rede ou sistema.
anastomotic [ənæstom'ɔtik] adj. anastomótico.
anastrophe [ən'æstrofi] s. (Ret.) anástrofe f.
anat. abr. de 1. **anatomical.** 2. **anatomy.**
anathema [ən'æθimə] s. anátema m.: 1. excomunhão, proscrição, condenação, maldição f. 2. imprecação, execração f. 3. excomungado m., pessoa f. ou objeto m. amaldiçoado. 4. objeto detestado m.
anathematization [ənæθimætiz'eiʃən] s. anatematização f.
anathematize [ən'æθimətaiz] v. anatematizar, amaldiçoar, excomungar, execrar.
anathemized [~d] adj. anatemizado.
anathemizing [~iŋ] adj. anatemizador, anatemizável.
anatomic [ænət'ɔmik], **anatomical** [~əl] adj. anatômico. ‖ **~ally** adv. anatomicamente.
anatomist [ən'ætəmist] s. 1. anatomista m. + f. 2. analista m. + f.
anatomization [ənætomiz'eiʃən] s. anatomização, dissecção f.
anatomize [ən'ætəmaiz] v. 1. anatomizar, dissecar. 2. analisar, examinar as partes elementares.
anatomy [ən'ætəmi] s. 1. anatomia f.: a) estrutura anatômica f. b) ciência f. da estrutura e constituição dos seres. c) dissecação de qualquer parte. d) análise f., exame m. cuidadoso de partes elementares. 2. esqueleto m.
anatropous [ən'ætrəpəs] adj. (Bot.) anátropo, invertido.
anatto [an'a:tou] s. = **annatto.**
ancestor ['ænsistə] s. 1. antepassado, predecessor, avoengo m. 2. (Biol.) progenitor m., ascendente m. + f.
ancestral ['ænsistrəl] adj. 1. ancestral, avito, avoengueiro. 2. herdado, hereditário. ‖ **~ly** adv. ancestralmente, hereditariamente.
ancestress ['ænsistris] s. avoenga f.
ancestry ['ænsistri] s. 1. linhagem, descendência, extração f. 2. estirpe nobre m., ascendência ilustre f. 3. pais, avós, antepassados m. pl.
anchor ['æŋkə] s. 1. (Náut.) âncora f. (quadro A 1), ferro m. 2. (Téc.) tirante, apoio, esteio m., estaca f. 3. (fig.) proteção f., abrigo, refúgio m. ‖ v. 1. ancorar, fundear, lançar ferro, atracar. 2. fixar, segurar, prender.
to cast ~ lançar ferro, fundear. **to be at ~, to ride at ~** estar fundeado. **to weigh ~** levantar ferro, zarpar. **pin ~** (Téc.) pivô.
anchorage [~ridʒ] s. 1. ancoradouro, fundeadouro, surgidouro m. 2. ancoragem f.: a) direitos m. pl. que se pagam para ancorar. b) ancoração f. 3. (fig.) apoio, amparo, arrimo m.
anchoress ['æŋkəris] s. forma feminina de **anchorite.**
anchorite ['æŋkərait], **anchoret** ['æŋkəret] s. 1. anacoreta m. 2. eremita m. + f., ermitão m.
anchoritic [æŋkər'itik], **anchoretic** [æŋkər'etik] adj. anacorético.
anchorlike ['æŋkəlaik] adj. semelhante à âncora.
anchovy [æntʃ'ouvi] s. (Ict.) enchova, anchova f.
anchusa [æŋkj'u:sə] s. (Bot.) qualquer planta do gênero Ancusa como, por ex.: língua-de-vaca f.
anchusin [æŋkj'u:sin] s. (Quím.) ancusina, alcanina f.
anchylose, anchylosis = **ankylose, ankylosis.**
ancient ['einʃənt] s. 1. ancião, patriarca m. 2. povos m. pl. da Antiguidade. 3. autores clássicos m. pl. da Antiguidade. ‖ adj. 1. antigo, velho, remoto, relativo à Antiguidade. 2. venerável, vetusto. 3.

antiquado, fora da moda. ‖ **~ly** adv. 1. antigamente, em tempos antigos. 2. antiquadamente. 3. veneravelmente.
ancient history s. 1. história f. da Antiguidade. 2. (fig.) história velha (que já saiu da moda).
ancientness [~nis] s. qualidade antiga f.
ancientry [~ri] s. Antiguidade f.
ancillary [æns'iləri] adj. 1. ancilar, subordinado, subserviente. 2. auxiliar, assistente.
ancipital [æns'ipitl] adj. (Bot.) ancipitado.
ancon ['æŋkən] s. pl. **ancones** [ænkoun'i:z] 1. cotovelo m. 2. (Arquit.) consolo, suporte m.
ancylostomiasis [ænsiləstom'aiəsis] s. (Med.) ancilostomíase f.
and [ænd, ənd] conj. 1. e, assim como, também como. 2. e ainda, e além disso. 3. assim que, de modo que. 4. mas, contudo.
mountains **~** plains montanhas e planícies. **for hours ~ hours** por horas a fio. **nice ~ warm** bonito e quente (tempo). **I shall try ~ get a car** vou ver se arranjo um táxi. **you must write ~ ask for it** você tem de pedi-lo por escrito. **he drove a coach ~ four** ele guiava uma carruagem a quatro cavalos. **try ~ you will see** experimente e você verá. **the Oxford ~ Cambridge colleges** os colégios de Oxford e Cambridge. **the first ~ the second chapter** o primeiro e o segundo capítulo. **the 19th ~ 20th centuries** os séculos 19 e 20. **the Paris ~ Lille railway** a linha ferroviária Paris—Lille.
Andalusian [ændəl'u:ziən] s. andaluz m.: 1. nativo da Andalusia. 2. raça de galinhas semelhante à legorne. ‖ adj. andaluz.
andalusite [ændəl'u:sait] s. (Miner.) andaluzita f.
andante [ænd'ænti] s. (Mús.) andante m. ‖ adj. (Mús.) lento, vagaroso. ‖ adv. andante.
Andean [ænd'i:ən] adj. andino.
andesite ['ændizait] s. (Geol., Miner.) andesito m.
andiron [ænd'aiən] s. cão m. da chaminé (quadro F 2).
and/or conj. e/ou.
fire **~/~ water** fogo e/ou água. **Paul ~/~ Peter** Paulo e/ou Pedro.
andradite ['ændrədait] s. (Miner.) andradita f.
androecial [ændr'i:ʃəl] adj. de ou relativo ao androceu.
androecium [ændr'i:siəm] s. (Bot.) androceu m.
androgen ['ændrodʒen] s. (Bioquím.) andrógeno.
androginous [ændr'odʒinəs] adj. 1. (Bot.) andrógino. 2. hermafrodito.
androgyny [ændr'odʒini] s. androginia f.
androsterone [ændr'ostəroun] s. (Bioquím.) androsterona f.: hormônio masculino.
anear [ən'iə] adv. + prep. (gíria, poét.) = **near.**
anecdotage ['ænekdoutidʒ] s. anedotário m., anedotas f. pl. 2. velhice loquaz f. 3. trocadilho m.
anecdotal ['ænekdoutəl] adj. anedótico.
anecdote ['ænekdout] s. anedota f.
anecdotic [ænekd'ɔtik], **anecdotical** [~əl] adj. 1. anedótico, que encerra uma anedota. 2. dado à narração de anedotas. ‖ **~ally** adv. anedoticamente.
anecdotist ['ænekdoutist] s. anedotista m. + f.
anelectric ['ænilektrik] adj. (Fís.) anelétrico, que não se eletriza.
anemia, anaemia [ən'i:miə] s. (Med.) anemia f.
anemic, anaemic [ən'i:mik] adj. 1. anêmico. 2. fraco, débil.
anemograph [ən'eməgra:f] s. anemógrafo m.
anemographic [ənæməgr'æfik] adj. anemográfico.
anemological [æniməl'ɔdʒikəl] adj. anemológico.
anemology [ænim'ɔlədʒi] s. anemologia f.
anemometer [ænim'ɔmitə] s. anemômetro m.
anemometric [ænimom'etrik], **anemometrical** [~əl] adj. anemométrico.
anemometry [ænim'ɔmətri] s. anemometria f.

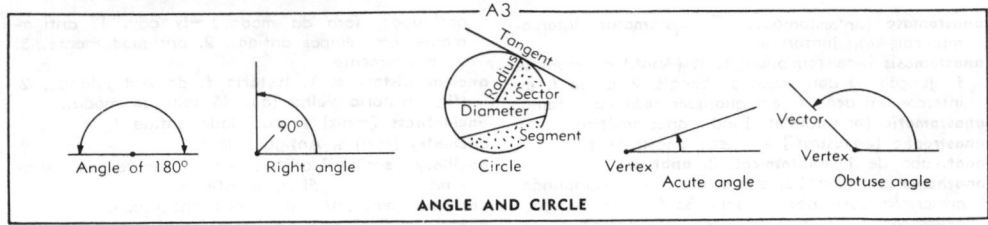

Angle of 180°   Right angle   Circle   Vertex   Acute angle   Vertex   Obtuse angle

A3   Tangent   Radius   Sector   Diameter   Segment   Vector

ANGLE AND CIRCLE

anemone [ən'emən i] s. 1. (Bot.) anêmona f.: nome de qualquer planta do gênero Anêmona, da família das Ranunculáceas. 2. (Zool.) anêmona-do-mar, actínia f.

anemophilous [ænim'ɔfiləs] adj. (Bot.) anemófilo, polinizado pelo vento.

anemophily [ænim'ɔfili] s. (Bot.) anemofilia f.

anemoscope [æn'eməskoup] s. anemoscópio m.

anent [ən'ent], **anenst** [ən'enst] prep. 1. (gíria) ao lado de, junto a. 2. acerca de, a respeito de.

anergy ['ænədʒi] s. (Med.) anergia f.: 1. falta f. de energia. 2. inatividade f. 3. redução f. ou perda de imunidade.

aneroid ['ænərɔid] s. (Fís.) aneróide m.: barômetro metálico (quadro B 2). ‖ adj. aneróide, que não usa líquido.

aneroid barometer s. barômetro aneróide m.

anesthesia, anaesthesia [æni:sθ'i:ziə] s. (Med.) anestesia f.: perda f. ou inibição f. da sensibilidade.

anesthetic, anaesthetic [ænisθ'etik] s. (Med.) anestético m.: agente que produz anestesia, anestesiante m. ‖ adj. (também **anesthetical, anaesthetical** [~əl]), anestésico, anestético, anestesiante. ‖ **~ally** adv. anestesicamente, anesteticamente.

anesthetist [ən'esθətist], **anaesthetist** [æn'i:sθətist] s. (Med.) anestesista m. + f.

anesthetization [ənesθətəz'eiʃən], **anaesthetization** [æni:sθitaiz'eiʃən] s. 1. ato m. ou processo m. de anestesiar. 2. estado m. de anestesia.

anesthetize [ən'esθətaiz] **anaesthetize** [æn'i:sθətaiz] v. anestesiar.

aneurin ['ænjurin] s. (Farmac.) aneurina f., vitamina B 1.

aneurysm, aneurism ['ænjuərizm] s. (Med.) aneurisma m.

aneurysmal, aneurismal [ænjuər'izməl] adj. aneurismal, aneurismático.

anew [ənj'u:] adv. 1. mais uma vez, de novo. 2. sob nova forma, de nova maneira.

anfractuosity ['ænfræktju'ɔziti] s. anfractuosidade, sinuosidade f.

anfractuous [ænfr'æktjuəs], **anfractuose** [-ous] adj. enfractuoso, sinuoso, tortuoso.

angary ['æŋɡəri] s. (Direito internacional) angaria f.: direito de uma nação beligerante de requisitar propriedades de neutros, contra indenização.

angel ['eindʒəl] s. 1. (Teol.) anjo m. 2. imagem f., figura ou representação f. de um anjo. 3. pessoa f. bondosa ou bela como um anjo. 4. ente m. espiritual bom ou mau. 5. (gíria) mecenas m., pessoa que paga as despesas da apresentação de uma peça teatral. 6. antiga moeda de ouro inglesa. **guardian ~** anjo protetor. **be an ~ and help me!** seja um anjo e ajude-me! **talking of ~s...** quando se fala do diabo (ele aparece).

angel cake, angel food cake s. (E. U. A.) bolo-de-claras m., papo-de-anjo m.

angelface! [~feis] s. anjo! (gíria) cara de anjo.

angelfish [~fiʃ] s. (Ict.) 1. peixe-anjo, cação-anjo m., esquatina f. (Squatina squatina). 2. acará-bandeira m. (Pterophyllum scalare).

angelic [ændʒ'elik], **angelical** [~əl] adj. angélico,

puro, inocente, bom e belo. ‖ **~ally** adv. angelicamente.

angelica [~ə] s. (Bot.) angélica f., erva-do-espírito-santo f. (A. archangelica).

angelica oil s. essência f. de angélica.

Angelus ['ændʒiləs] s. (Rel. Catól. Rom.) ângelus m.: 1. oração que se reza três vezes ao dia (de manhã, ao meio-dia e à noite) em honra do mistério católico da encarnação (compõe-se de três versículos seguidos cada um de uma ave-maria). 2. toque das trindades ao anoitecer, lembrando a hora da ave-maria (18 horas).

Angelus bell s. toque m. de ângelus.

anger ['æŋɡə] s. raiva, ira, fúria, cólera f., ódio m. ‖ v. zangar(-se), irritar(-se), encolerizar(-se) enfurecer(-se).

fit of ~ acesso de cólera.

Angevin ['ændʒivin], **Angevine** [-vin, -vain] s. (Geogr., Hist.) angevino m. ‖ adj. angevino, relativo à Casa de Anjou.

angina [ænd'ʒ'ainə] s. (Med.) 1. angina f. 2. angina f. do peito (também **angina pectoris**).

angiocarpous [ændʒiək'a:pəs] adj. (Bot.) angiocárpico.

angiology [ændʒi'olədʒi] s. (Anat.) angiologia f.

angioma [ændʒi'oumə] s. (Med.) angioma m.

angiomatous [ændʒi'omətəs] adj. angiomatoso.

angiosperm ['ændʒiospə:m] s. (Bot.) angiosperma m.

angiospermous [ændʒiosp'ə:məs] adj. angiospermo.

angle (I) [æŋgl] s. 1. (Geom.) ângulo m. (quadro A 3). 2. canto m., esquina f. 3. ponto m. de vista, modo m. de ver uma questão. 4. fase f., aspecto transitório m. ‖ v. (E. U. A.) 1. mover ou dispor em ângulo. 2. curvar ou dobrar num ângulo. 3. apresentar de modo ambíguo ou com preconceito. **adjacent ~** ângulo adjacente. **exterior ~** ângulo exterior. **vertical ~s** ângulos verticalmente opostos. **visual ~** ângulo visual. **at right ~** em ângulo reto, em esquadro. **from a new ~** de um novo ângulo, de um novo ponto de vista. **~ between cranks** (Téc.) afastamento angular das manivelas. **~ of displacement** ângulo de deslocamento. **~ of joint** ângulo de divergência. **~ of taper** ângulo de cone.

angle (II) [æŋgl] s. (†) anzol m. de pesca. ‖ v. 1. pescar (com linha e anzol) 2. (fig.) tentar obter ardilosamente.

angle crank drive s. (Téc.) acionamento m. por engrenagens angulares.

angle-cutting s. (Téc.) corte m. angular, corte m. diagonal.

angled [~d] adj. angular, anguloso. **right ~** retangular. **three ~** triangular.

angle hinge s. ferragem f. de esquadria.

angle iron s. cantoneira f. de ferro.

angle joint s. junta f. de ângulo.

angle of attack, angle of incidence s. (Téc., Av.) ângulo m. de ataque ou incidência.

angle of reflection s. (Acústica, Ópt.) ângulo m. de reflexão.

anglepod ['æŋglpɔd] s. (Bot.) várias plantas f. pl. do gênero Vicetoxicum cujas vagens apresentam forma angular.

angler ['æŋglə] s. 1. pescador m. (a linha e anzol). 2. (Zool.) xarroco-maior m., diabo-marinho m. (Lophis piscatorius).

Angles [æŋglz] s (Hist.) anglos m. pl.: tribo germânica.

anglesite ['æŋglisait] s. (Miner.) anglesita f., vitríolo m. de chumbo.

angle steel s. cantoneira f. de aço.

angleworm ['æŋglwə:m] s. minhoca f.

Anglian ['æŋgliən] s. anglo m. ‖ adj. ânglico.

Anglican ['æŋglikən] s. (Rel.) anglicano m.

Anglicanism [~izm] s. anglicanismo m.

anglice ['æŋglisi:] adv. (latim) em inglês.

Anglicism ['æŋglisizm] s. 1. anglicismo m.: palavra ou locução inglesa introduzida em outra língua. 2. costumes m. pl. e características f. pl. tipicamente britânicos.

Anglicist ['æŋglisist] s. 1. = **Anglist**. 2. estudante m. + f. da língua inglesa.

Anglicization [æŋglisaiz'eiʃən] s. processo m. de anglizar(-se) ou de tornar-se anglizado.

Anglicize ['æŋglisaiz] v. anglicizar(-se), anglizar(-se).

anglify ['æŋglifai] v. = **anglicize**.

angling ['æŋgliŋ] s. (Esp.) pesca f. (com linha e anzol).

Anglist ['æŋglist] s. anglicista m. + f., erudito m. da língua, costumes e instituições inglesas.

Anglistics [æŋgl'istiks] s. estudo m. da língua inglesa.

Anglo— ['æŋglou] elemento de composição.

Anglo-American s. anglo-americano m. ‖ adj. anglo--americano.

Anglo-Indian s. anglo-indiano m. ‖ adj. anglo-indiano.

Anglomania [æŋgloum'einiə] s. anglomania f.

Anglomaniac [æŋgloum'einiæk] s. anglomaníaco m.

Anglophile ['æŋgloufail], **Anglophil** [-fil] s. anglófilo m.

Anglophobe ['æŋgloufoub] s. anglófobo m.

Anglophobia [æŋglouf'oubiə] s. anglofobia f.

Anglo-Saxon s. anglo-saxão, anglo-saxônio m.

Angora [æŋg'ɔrə] s. 1. tecido m. feito de lã de Angorá ou sua imitação. 2. fio m. ou tecido m. feito de pêlo da cabra ou nas imitações do coelho Angorá. 3. abr. de **Angora cat, Angora rabbit**. 4. Ancara (capital da Turquia).

Angora goat s. (Zool.) cabra f. de Angorá.

Angora rabbit s. coelho doméstico m. com pêlos longos.

Angora wool s. lã f. de Angorá.

angostura [æŋgɔstʃu'ərə] s. (Farmac.) casca f. de angustura (Cusparia angostura).

angriness ['æŋgrinis] s. raiva, fúria, irritação, cólera t.

angry ['æŋgri] adj. 1. irado, zangado, furioso. 2. (do tempo) ameaçador. 3. indignado, irritado. 4. inflamado, dolorido (ferida, úlcera). ‖ **—ily** adv. furiosamente, irritadamente.

an ~ word uma palavra irada. **~ young men** jovens irados (grupo de escritores britânicos).

angstrom ['æŋgstrəm], **angstrom unit** s. (Fís.) angström, decimilímicron m.

anguish ['æŋgwiʃ] s. 1. agonia, tortura f. 2. angústia, ansiedade f., sofrimento m.

~ of mind aflição espiritual.

anguished [~d] adj. angustiado, aflito, agoniado, torturado.

angular ['æŋgjulə] adj. 1. angular, anguloso, que tem cantos agudos. 2. medido pelo ângulo. 3. (fig.) magro, ossudo, descarnado. 4. (fig.) rígido, inflexível, desajeitado, embaraçado. ‖ **—ly** adv. 1. angularmente, angulosamente. 2. desajeitadamente.

angular acceleration s. (Fís.) aceleração angular f.

angularity [æŋgjul'æriti], **angularness** ['æŋgjulənis] s. 1. angularidade, angulosidade f. 2. magreza f. 3.

(fig.) rigidez, aspereza, rudeza f.

angulate ['æŋgjulit], **angulated** [-leitid] adj. angulado, anguloso. ‖ **angulatedly** adv. anguladamente.

angulation [æŋgjul'eiʃən] s. formação f. angular.

anhydrate [ænh'aidreit] v. desidratar.

anhydration [ænhaidr'eiʃən] s. desidratação f.

anhydride [ænh'aidraid] s. (Quím.) anidrido m.

anhydrite [ænh'aidrait] s. (Miner.) anidrita f.

anhydrous [ænh'aidrəs] adj. anidro, anídrico.

ani ['a:ni] s. (Orn.) anu m. (Crotophaga ani).

anil ['ænil] s. 1. (Bot.) anileira (Indigofer anil). 2. anil, índigo m.

anile ['einail] adj. 1. anil, peculiar à mulher idosa. 2. débil, fraco.

aniline ['ænilain, -lin], **anilin** ['ænilin] s. (Quím.) anilina f.

anility [æn'iliti] s. senilidade f.

animadversion [ænimædv'ə:ʃən] s. 1. animadversão, censura f. 2. crítica, reprovação f.

animadvert [ænimædv'ə:t] v. 1. censurar, criticar, reprovar. 2. observar a título de advertência.

animal ['æniməl] s. 1. animal, bicho m. 2. bruto m., besta f. 3. (fig.) pessoa brutal f., brutamontes m. ‖ adj. 1. animal, semelhante ou relativo à vida física dos seres humanos. 2. sensual, carnal. ‖ **~ly** adv. materialmente, fisicamente, sensualmente.

animalcule [ænim'ælkju:l] s. animálculo m.

animal husbandry s. criação f. de animais domésticos, gado, cavalos, ovelhas, etc.

animalism ['æniməlizm] s. animalismo m.: 1. natureza animal f. 2. (Filos.) doutrina f. que nega a existência da alma. 3. sensualidade f.

animalist ['æniməlist] s. (Filos. e Arte) animalista m. + f.

animalistic [æniməl':stik] adj. 1. de ou relativo ao animalismo. 2. animal, animalesco.

animality [ænim'æliti] s. animalidade f., natureza f. ou caráter m. animal.

animalization [æniməlaiz'eiʃən, -li-] s. animalização f.

animalize ['æniməlaiz] v. animalizar: 1. converter em substância animal. 2. embrutecer(-se). 3. sensualizar.

animal kingdom s. reino animal m.

animal magnetism s. magnetismo animal m.

animal spirits s. vivacidade natural f. devido à saúde e energia.

animate ['ænimeit] v. 1. animar, avivar. 2. tonificar, vitalizar. 3. tornar alegre. 4. inspirar, incentivar, estimular, encorajar. 5. pôr em ação, fazer funcionar, impulsionar, acionar. ‖ adj. 1. animado, vivo. 2. alegre, vivaz, vigoroso. ‖ **~ly** adv. animadamente, alegremente, vigorosamente.

animated [~id] adj. 1. animado, vivaz. 2. alegre. 3. vigoroso. 4. vivo, vivente. ‖ **~ly** adv. animadamente, vivamente, vigorosamente.

animated cartoon (ou **drawing**) s. desenho animado m.

animater, animator [~ə] s. animador, estimulador m.

animating [~iŋ] adj. 1. animador, encorajador, estimulante. 2. inspirador. 3. tonificante. ‖ **~ly** adv. animadoramente, de modo estimulante, encorajadoramente.

animation [ænim'eiʃən] s. 1. animação, vivacidade f., entusiasmo m. 2. preparo e arranjo m. de desenhos animados.

animé ['ænimei] s. (Quím.) resinas aromáticas f. pl. como p. ex.: 1. copal m., goma copal f. 2. elemi m.

animism ['ænimizəm] s. (Filos.) animismo m.: teoria filosófica que atribui a todos os seres e também aos objetos inanimados uma alma.

animist ['ænimist] s. animista m. + f.

animistic [ænim'istik] adj. animista.

animosity [ænim'ɔsiti] s. 1. animosidade f. 2. hostilidade f., ressentimento, ódio m., inimizade f.

animus ['æniməs] s. 1. ódio violento m., malquerença, animosidade, inimizade, hostilidade f. 2. ânimo m., disposição ativa, intenção f.

anion ['ænaiən] s. (Fís., Quím.) anionte m.: 1. íon negativo. 2. átomo ou grupo de átomos com carga negativa.

anise ['ænis] s. (Bot.) 1. anis verde m., erva-doce f. (Pimpinella anisum). 2. semente f. dessa planta.

aniseed ['ænisi:d] s. semente f. de anis.

anisette [æniz'ət] s. aniseta f., anisete m.: licor de anis.

anisomerous [ænais'omərəs] adj. (Bot.) anisômero.

anisometric [ænaisom'etrik] adj. anisométrico.

anisotropic [ænaisotr'opik] adj. anisótropo, anisotrópico: 1. (Fís.) que apresenta propriedades diferentes. 2. (Fisiol. de plantas) que toma posições diferentes em reação a estimulantes externos.

anisotropy [ænais'otrəpi] s. (Fís.) anisotropia f.

ankle, ancle [æŋkl] s. 1. tornozelo, artelho m. (quadro H 10). 2. tarso m., região f. do tornozelo.

anklebone ['æŋklboun] s. (Anat.) astrágalo m., osso m. do tarso.

ankle-bracelet s. adorno usado (esp. por índios) no tornozelo.

anklet ['æŋklit] s. 1. peúga, meia curta f. (quadro C 13). 2. presilha f. ou argola f. usada no tornozelo.

ankylose ['æŋkilous] v. anquilosar(-se), ancilosar(-se), enrijecer(-se), endurecer.

ankylosis [æŋkiɬ'ousis] s. (Med.) ancilose f.: 1. junção mórbida de ossos. 2. endurecimento das articulações devido à ancilose.

ankylostomiasis [æŋkilostom'aiəsis] s. (Med.) ancilostomíase f.

ankylotic [æŋkil'otik] adj. ancilosado, ancilosante.

anlace ['ænleis] s. anelácio m.: adaga ou punhal comprido, medieval.

anna ['ænə] s. (Índia) aná m.: antiga moeda indiana.

annalist ['ænəlist] s. analista, cronista m. + f.

annals ['ænəlz] s. pl. 1. anais m. pl., crônica f. 2. história f., publicações históricas f. pl.

annates ['æneits] s. pl. (Ecles.) anata f.

annatto [ən'ætou] s. anato, urucu, urucuri m.: substância corante extraída dos frutos do urucueiro. (Baixa orellana).

anneal [ən'i:l] v. 1. recozer (vidro, metais, etc.) 2. temperar. 3. (fig.) enrijar, fortalecer.

annealer [~ə] s. recozedor, fortalecedor m.

annelid ['ænilid], **annelidan** [ən'ælidən] s. (Zool.) anelado, anelídeo m.: espécime dos anelídeos. ‖ adj. anelídeo.

annex [ən'eks] s. 1. anexo, apenso, acessório m. 2. dependência ou edifício suplementar m. ‖ v. 1. anexar, juntar, apensar. 2. tomar posse, incorporar. 3. acrescentar, adicionar. 4. (coloq.) apropriar-se, apossar-se.

annexable [~əbl] adj. anexável, que pode ser incorporado.

annexation [æneks'eiʃən] s. 1. anexação, incorporação f. 2. objeto m. ou objetivo m. da anexação.

annexationist [~ist] s. anexionista m. + f.

annexment [ən'æksmənt] s. suplemento, apêndice, aditamento m.

annihilability [ənaiələb'iliti] s. capacidade f. de aniquilar, suscetibilidade f. de ser destruído.

annihilable [ən'aiələbl] adj. aniquilável, exterminável, destrutível.

annihilate [ən'aiəleit] v. 1. aniquilar, exterminar, destruir completamente. 2. anular, invalidar, tornar írrito. 3. causar destruição ou confusão.

annihilation [ənaiəl'eiʃən] s. aniquilação, destruição f., aniquilamento, extermínio m.

annihilative [ər'aiəleitiv] adj. aniquilador, destrutivo.

annihilator [ən'aiəleitə] s. aniquilador, destruidor m.

anniversary [æniv'ə:səri] s. 1. aniversário m. 2. festa f. de aniversário. ‖ adj. aniversário

anno Domini ['ænoud'ominai] (abr. A. D.) no ano do Senhor m., qualquer ano da Era Cristã.

annotate ['ænouteit] v. 1. anotar, prover de notas explicativas ou críticas, comentar. 2. tomar nota.

annotation [ænout'eiʃən] s. 1. anotação f., apontamento m. 2. comentário m., observação, explicação f.

annotator [ænout'eitə] s. comentarista m. + f.

announce [ən'auns] v. 1. anunciar, proclamar, declarar. 2. noticiar, participar, comunicar, publicar. 3. apresentar, introduzir (p. ex.: um orador, hóspede, etc.)

announcement [~mənt] s. 1. proclamação, notificação f. 2. publicação f., anúncio m.

announcer [~ə] s. 1. anunciador m., anunciante , m. + f. 2. (Rádio, Teat.) introdutor, locutor m.

annoy [ən'oi] v. 1. aborrecer, molestar, irritar, incomodar. 2. ofender, ferir, prejudicar.

he is ~ed ele está aborrecido.

annoyance [~əns] s. 1. aborrecimento m., amolação, importunação f. 2. mágoa, tristeza f., desgosto m. 3. contrariedade, dificuldade f., contratempo m. 4. importuno m. 5. (gíria bras.) peste m.

annoyer [~ə] s. 1. importuno m., indivíduo aborrecedor m. 2. (gíria bras.) peste m.

annoying [~iŋ] adj. aborrecido, aborrecedor, irritante, desgostoso. ‖ ~ly adv. aborrecedoramente, irritantemente, desgostosamente.

annoyingness [~iŋnis] s. qualidade f. de ser aborrecedor ou irritante.

annual ['ænjuəl] s. 1. anuário m., publicação anual f. 2. planta f. anual ou sazonal. ‖ adj. anual: 1. que se refere a um ano. 2. que ocorre cada ano. 3. que dura um único ano. 4. que foi levado a cabo num ano. ‖ ~ly adv. anualmente.

annual balance s. balanço anual m.

annual ring s. (Bot.) anel anual m., círculo anual m.: crescimento anual dos caules.

annuitant [ənj'uitənt] s. beneficiário m. de uma anuidade.

annuity [ənj'uiti] s. 1. anuidade, anualidade f. 2. direito m. de receber ou obrigação f. de pagar anuidades. 3. renda anual f.

annuity bond s. título m. de anuidades.

annul [ən'ʌl] v. 1. aniquilar, exterminar. 2. anular, nulificar, invalidar, rescindir, abolir.

annular ['ænjulə] adj. anular, anelar. ‖ ~ly adv. anularmente, anelarmente.

annularity [ænjul'æriti] s. forma anular f.

annular ligament s. (Anat.) ligamento anular m.

annulate ['ænjuleit], **annulated** [~id] adj. anelado.

annulation [ænjul'eiʃən] s. 1. formação f. de anéis. 2. anel m.

annulet ['ænjulit] s. 1. anelzinho m. 2. (Arquit.) armila f.: pequena saliência ou moldura em forma anelar.

annullable [ən'ʌləbl] adj. anulável, rescindível.

annuller [ən'ʌlə] s. o que anula.

annulment [ən'ʌlmənt] s. 1. anulação, abolição f., anulamento m. 2. invalidação, amortização f.

annulus ['ænjuləs] s. pl. **annuluses** [-ləsiz] anel m., qualquer objeto de forma circular.

annunciate [ən'ʌnʃieit] v. anunciar, proclamar, publicar, declarar.

annunciation [ənʌnsi'eiʃən] s. 1. proclamação f., aviso m. 2. (Rel.) **Annunciation** Anunciação f. ou festa f. da Anunciação (25 de março).

annunciator [ənʌnʃi'eitə] s. 1. anunciador m. 2. sinal m. luminoso ou auditivo.

anociassociation [ənousiəsousi'eiʃən], anociation [ənousi'eiʃən] s. (Cirurg.) anociassociação f.: isolamento fisiológico do campo de operação.

anode ['ænoud] s. (Eletr.) ânodo, anódio, eléctrodo positivo m.

anodic [æn'ɔdik] adj. (Eletr.) anódico.

anodize ['ænodaiz] v. (Metalurg.) anodizar.

anodyne ['ænodain] s. anódino, analgésico m. ‖ adj. anódino, analgésico.

anoint [ən'ɔint] v. 1. untar, esfregar, friccionar (com óleo ou untura). 2. ungir, aplicar óleos sagrados. consagrar, sagrar.

anointer [~ə] s. pessoa que unta ou unge.

anointing [~iŋ] s. unção, consagração f.

anointment [~mənt] s. aplicação f. de untura ou ungüento, unção, sagração f.

anomalism [ən'ɔmɔlizm] s. anomalia, anormalidade f. anomalismo m.

anomalistic [ənɔmɔl'istik] adj. anomalístico (também Astron.)

anomalous [ən'ɔmɔlɔs] adj. anômalo, irregular, anormal, fora da norma. ‖ ~ly adv. anormalmente, irregularmente.

anomalousness [~nis] s. anormalidade f.

anomaly [ən'ɔmɔli] s. 1. irregularidade, anormalidade f. 2. anomalia f. (também Astron.)

anon [ən'ɔn] adv. 1. (arc.) já, sem demora. 2. presentemente. 3. logo, logo mais, dentro em pouco. 4. oportunamente, em outra hora.
ever and ~ de vez em quando.

anonym ['ænəhim] s. 1. anônimo, desconhecido m. 2. pseudônimo m.

anonymity [ænən'imiti] s. anonimia f., anonimato m.

anonymous [æn'ɔniməs] adj. anônimo, desconhecido. ‖ ~ly adv. anonimamente.

anonymousness [~nis] s. = anonymity.

anopheles [ən'ɔfeli:z] s. (Ent.) anófele m.

anorexia [ænər'eksiə] s. (Med.) anorexia f.

anorthite [æn'ɔ:θait] s. (Miner.) anortita f.

anorthitic [ænɔ:θ'itik] adj. anórtico.

anorthosite [æn'ɔ:θəsait] s. (Miner.) anortosita f.

anosmia [æn'ɔzmiə] s. (Med.) anosmia f.

anosmic [æn'ɔzmik] adj. anósmico, sem olfato.

another [ən'ʌðə] adj. 1. adicional, mais um, mais outro. 2. diferente, não o mesmo, outro. 3. qualquer. ‖ pron. um adicional, um outro, uma outra, qualquer um(a).
one after ~ um após o outro. this is ~ thing isto é outra coisa. ~ cup of tea? mais uma xícara de chá? ~ Daniel um outro, um segundo Daniel. ~ five years mais cinco anos. one ~ mútuo, recíproco. bear ye one ~'s burden! assisti-vos mutuamente!

anoxemia, anoxeamia [ænɔks'i:miə] s. (Med.) anoxèmia f.

anoxemic, anoxeamic [ænɔks'i:mik, -s'emik] adj. (Med.) anoxêmico, anoxièmico.

anoxia [æn'ɔksiə] s. (Med.) anóxia f.: deficiência de oxigênio nos tecidos.

anoxic [æn'ɔksik] adj. anóxico.

ans. abr. de answer, answered.

ansate ['ænseit] adj. alado, asado, que tem asa(s).

anserine ['ænsərain], anserous ['ænsərəs] adj. 1. de ou relativo a gansos, semelhante ao ganso. 2. (fig.) estúpido.

answer ['a:nsə] s. 1. resposta, réplica f. 2. redargüição, retribuição f. 3. contestação. 4. solução f., resultado m. ‖ v. 1. responder, replicar. 2. redargüir, retrucar, contestar. 3. atender, acatar, obedecer, reagir. 4. apresentar solução, dar o resultado

(de problemas), resolver. 5. servir, satisfazer. 6. retribuir. 7. responsabilizar(-se), estar ou tornar(-se) responsável. 8. corresponder a, condizer, estar conforme. 9. pagar, expiar.
in ~ to your letter em resposta à sua carta. she knows all the ~s ela tem uma língua solta. ~ a fool according to his folly! responde ao louco segundo sua loucura! this will ~ my purpose isto servirá aos meus propósitos, isto há de corresponder às minhas finalidades. the maid must ~ the bell a empregada tem de atender à campainha. this ~s to your description isto corresponde à sua descrição. this ~s very well isto serve bem, isto é muito bom. this will never ~ isto é irrealizável. he ~s to the name of... ele se chama... he ~s back ele responde com insolência.

answerable [~rəbl] adj. 1. responsável. 2. respondível, responsivo, refutável. 3. (arc.) adequado, correspondente. ‖ – bly adv. responsavelmente, refutavelmente.
to be ~ ser responsável por, garantir, ser fiador.

answerableness [~rəblnis] s. responsabilidade f., qualidade refutável ou respondível.

ant [ænt] s. (Zool.) formiga f., qualquer inseto himenóptero da família dos Formicídeos.

ant. abr. de 1. antiquary. 2. antonym.

an't [a:nt] v. = are not.

anta ['æntə] s. pl. antae ['ænti] (Arquit.) anta m.

antacid [ænt'æsid] s. (Med.) antiácido, antácido m. ‖ adj. antácido.

antagonism [ænt'ægənizm] s. antagonismo m., hostilidade, oposição, rivalidade f.

antagonist [ænt'ægənist] s. antagonista m. + f. adversário m., oponente m. + f.

antagonistic [æntægən'istik] adj. antagônico, contrário, oposto, hostil, antagonístico. ‖ ~ally adv. antagonicamente, hostilmente, antagonisticamente.

antagonize [ænt'ægənaiz] v. 1. contrariar, opor-se a, hostilizar, combater, antagonizar. 2. provocar, causar a inimizade de, despertar o ódio.

antagonizer [~ə] s. antagonista m. + f., quem hostiliza.

antalkali [ænt'ælkəlai, -li] s. pl. antalkalies ou –lis [-laiz, -liz] antialcalino m. ‖ adj. antialcalino.

antalkaline [ænt'ælkəlain] s. e adj. = antalkali.

antarctic [ænt'a:ktik] s. região antártica f. ‖ adj. antártico.

Antarctica [~ə], Antarctic Continent s. continente antártico m.

Antarctic Ocean s. oceano antártico m.

ant-bear s. (Zool.) 1. tamanduá-bandeira m. (Myrmecophaga jubata). 2. porco-da-terra m.

ante– prefixo que significa: antes, precedente.

ante [ænti] s. 1. (Jogo) parada f. feita por um jogador de pôquer após ter recebido a primeira mão. 2. contribuição f. de cada jogador para um "bolo". ‖ v. 1. (E. U. A., coloq.) apostar ou contribuir com sua parcela num jogo. 2. pagar.

ant-eater ['ænt-i:tə] s. (Zool.) nome de vários mamíferos que se alimentam de formigas, como p. ex.: o tamanduá, papa-formigas, oricterope.

ante-bellum loc. adv. (latim) 1. antes da guerra. 2. (E. U. A.) antes da Guerra Civil.

antecede [æntis'i:d] v. anteceder, preceder.

antecedence [æntis'i:dəns] s. antecedência, procedência, prioridade f. 2. (Astron.) retrogradação f.

antecedent [æntis'i:dənt] s. 1. antecedente m. (também Gram., Lóg., Mat., Mús.). 2. ~s pl. a) antecedentes m. pl., "curriculum vitae". b) antepassados m. pl. ‖ adj. anterior, precedente, antecedente. ‖ ~ly adv. anteriormente, precedentemente, antecedentemente.

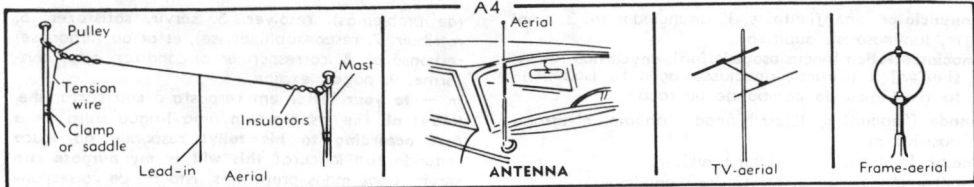

antecessor [æntis'esə] s. antecessor, predecessor m.
antechamber [æntitʃeimbə] s. antecâmara f.
antechoir ['æntikuaiə] s. (Arquit.) antecoro m.
Ante Christum, abr. A.C. adj. (latim) antes de Cristo, abr. a.C.
antedate ['æntid'eit] s. antedata f. ‖ v. 1. antedatar. 2. antecipar, preceder.
antediluvian ['æntidil'u:viən] s. 1. ser m. que viveu na época antes do dilúvio. 2. (Fig.) ancião m., anciã f. 3. pessoa f. de modos e opiniões antiquadas. ‖ antediluviano, antiquado.
antefix ['æntifiks] s. (Arquit.) antefixa f.
antefixal [~ əl] adj. que serve como antefixa, de ou relativo à antefixa.
antelope ['æntiloup] s. (Zool.) 1. antílope m. 2. couro m. de antílope. 3. (E. U. A.) antilocabra m.
antemeridian [æntimər'idiən] adj. antemeridiano.
ante meridiem adv. antes do meio-dia, na manhã (abr. A. M. ou a. m.)
antenatal ['æntin'eitl] adj. pré-natal.
antenna [ænt'enə] s. pl. antennae [-ni:] ou (Rádio) —nnas (Zool. e Rádio) antena f. (quadro A 4).
antennule [ænt'enju:l] s. (Zool.) antênula f.
antenuptial ['æntin'ʌpʃəl] adj. antenupcial.
antepast ['æntipa:st] s. antepasto m.
antependium [æntip'endiəm] s. pl. antependia [-diə] (Ecles.) frontal m.: tela ou ornato que reveste o altar.
antepenult ['æntipin'ʌlt] s. antepenúltima sílaba f. de uma palavra. ‖ adj. antepenúltimo.
antepenultimate [~ imit] s. e adj. = antepenult
anterior [ænt'iəriə] adj. 1. anterior, dianteiro. 2. antecedente, precedente, mais cedo, prévio. ‖ ~ly adv. anteriormente, previamente.
anteriority [æntiri'oriti] s. 1. anterioridade, precedência f. 2. prioridade.
anteroom ['æntirum] s. ante-sala f., sala f. de espera.
antetype ['æntitaip] s. tipo m. primitivo ou anterior, protótipo m.
anteversion [æntiv'e:ʃən] s. (Med.) anteversão f.
anthelion [ænθ'i:liən] s. pl. anthelia [-liə] (Meteor.) antélio m.
anthelmintic [ænθelm'intik] s. (Med.) vermífugo m. ‖ adj. antelmíntico, vermífugo.
anthem ['ænθem] s. 1. canção f. religiosa ou patriótica, hino m. 2. antífona f., salmo, coro litúrgico m. national ~ hino nacional.
anthemion [ænθ'i:miən] s. pl. anthemia [-miə] (Arquit.) antêmio m.
anther ['ænθə] s. (Bot.) antera f.
antheridial [ænθər'idiəl] adj. relativo ao anterídio.
antheridium [ænθər'idiəm] s. pl. antheridia (Bot.) anterídio m.
anthesis ['ænθisis] s. (Bot.) antese f.
anthill ['ænthil] s. formigueiro m.
anthocyanin [ænθəs'aiənin], anthocyan [ænθəs'aiən] s. (Bioquím.) ancianina f.
anthodium [ænθ'oudiəm] s. pl. anthodia [-diə] (Bot.) antódio m.: 1. capítulo das flores compostas. 2. envoltório m.
anthological [ænθəl'odʒikəl] adj. antológico.
anthologist [ænθ'olədʒist] s. antologista m. + f.

anthologize [ænθ'olədʒaiz] v. compilar ou incluir numa antologia.
anthology [ænθ'olədʒi] s. antologia f.: 1. coleção de trechos da literatura, poesias, biografias, etc. 2. crestomatia f.
anthophore ['ænθəfo:] s. (Bot.) antóforo m.
anthotaxy ['ænθətæksi] s. (Bot.) antotaxia f.
anthozoan [ænθəz'ouən] s. antozoário m. ‖ adj. antozoário.
anthracene ['ænθrəsi:n] s. (Quím.) antraceno m.
anthracite ['ænθrəsait] s. (Miner.) antracite f.
anthracitic [ænθrəs'itik] adj. antracitoso.
anthracnose [ænθr'æknous] s. (Fitopat.) antracnose f.
anthracoid ['ænθrəkoid] adj. (Med.) antracóide.
anthraquinone [ænθrəkwin'oun] s. (Quím.) antraquinona f., diidrodicetoantraceno m.
anthrax ['ænθræks] s. (Med., Veter.) 1. antraz, carbúnculo, carbúnculo hemático m. 2. pústula maligna f. 3. bacilo m. do carbúnculo.
anthrop. abr. de anthropological, anthropology.
anthropo—, anthrop— elemento de composição que significa: ser humano, homem.
anthropocentric [ænθropos'entrik] adj. antropocêntrico.
anthropogenesis [ænθropodʒ'enisis], anthropogeny [ænθrop'odʒini] s. antropogenia, antropogênese f.
anthropogenetic [ænθropodʒən'etik] adj. antropogênico.
anthropographic [ænθropogr'æfik] adj. antropogeográfico.
anthropography [ænθrop'ogrəfi] s. antropogeografia f.
anthropoid ['ænθropoid] s. antropóide m., símio antropóide m. ‖ adj. antropóide.
anthropoidal [ænθrop'oidəl] adj. antropóide.
anthropoid ape s. macaco ou símio antropóide m.
anthropologic [ænθropol'odʒik], anthropological [~ əl] adj. antropológico. ‖ ~ally adv. antropologicamente.
anthropologist [ænθrop'olədʒist] s. antropólogo m., antropologista m. + f.
anthropology [ænθrop'olədʒi] s. antropologia f.
anthropometric [ænθropom'etrik], anthropometrical [~ əl] adj. antropométrico. ‖ ~ally adv. antropometricamente.
anthropometry ['ænθropometri] s. antropometria f.
anthropomorphic [ænθropom'o:fik], anthropomorphical [~ əl] adj. antropomorfo, semelhante ao homem. ‖ ~ally adv. antropomorfamente.
anthropomorphism [ænθropom'o:fizm] s. antropomorfismo m.
anthropomorphist [ænθropom'o:fist] s. antropomorfista m. + f.
anthropomorphize [ænθropom'o:faiz] v. antropomorfizar, atribuir forma humana f.
anthropomorphosis [ænθropom'o:fəsis] s. antropomorfose, antropomorfização f.
anthropomorphous [ænθropom'o:fəs] adj. antropomórfico, antropomorfo.
anthroponomical [ænθropon'omikəl] adj. antroponômico.
anthroponomy [ænθrop'onəmi], anthroponomics [ænθropon'omiks] s. antroponomia f.
anthropopathy [ænθroup'opəθi] s. antropopatia f.

anthropophagi [ænθroup'ɔfədʒai] s. pl. antropófagos, andrófagos, canibais m. pl.

anthropophagous [ænθroup'ɔfəgəs] adj. antropófago.

anthropophagy [ænθroup'ɔfedʒai] s. antropofagia f., canibalismo m.

anthroposophy [ænθroup'ɔsəfi] s. antropossofia f.

anti ['ænti] s. oponente m.: pessoa que é do contra (coloq.)

antiaircraft ['ænti'ɛəkra:ft] adj. (milit.) antiaéreo.

antiaircraft defence s. defesa antiaérea f.

antiaircraft gun s. canhão antiaéreo m.

antiar ['æntia:] s. antiar m.: resina venenosa extraída do látex.

antibiosis [æntibai'ousis] s. antibiose f.

antibiotic [æntibai'ɔtik] s. antibiótico m. ‖ adj. antibiótico.

antibiotics [~s] s. antibiótica f.

antibody ['æntibɔdi] s. (Biol.) anticorpo, antitropo, corpo imune m.

antic ['æntik] s. 1. ação f. ou gesto m. grotesco, excentricidade, artimanha f. 2. máscara, careta, momice f. ‖ v. agir de modo extravagante ou bizarro. ‖ adj. 1. bizarro, esquisito, fantástico. 2. (†) grotesco. ‖ ~ly adv. estranhamente, grotescamente.

anticatalyst [æntik'ætəlist] s. (Quím.) anticatalisador m.

anticathode [æntik'æθoud] s. (Eletr.) anticátodo m.

antichlor ['æntiklɔ:] s. (Quím.) anticloro m.

antichloristic [æntiklor'istik] adj. anticlórico.

antichrist ['æntikraist] s. anticristo m.

antichristian ['æntikr'istjən, -ʃən] adj. anticristão.

anticipant [ænt'isipənt] s. aquele que antecipa, prevê. ‖ adj. antecipador, expectante.

anticipate [ænt'isipeit] v. antecipar: 1. esperar, prever, antever. 2. usar, introduzir ou realizar antecipadamente. 3. tomar em consideração ou contemplar antes do tempo. 4. fazer de antemão, cuidar prematuramente, premeditar, prevenir, baldar. 5. anteceder, preceder, adiantar (também dinheiro). 6. acelerar, precipitar, apressar.
I ~ a good result espero um bom resultado. **anticipating an early reply** na expectativa de uma breve resposta.

anticipation [æntisip'eiʃən] s. 1. antecipação, esperança f., adiantamento m. 2. intuição, previsão, preconcepção f., pressentimento m. 3. conhecimento antecipado m. 4. prevenção f. 5. expectativa, prelibação f., antegozo m.

anticipative [ænt'isipeitiv] adj. 1. antecipado, antecipador. 2. previdente. 3. preventivo. 4. auspicioso, esperançoso. ‖ ~ly adv. antecipadamente, previdentemente, preventivamente, esperançosamente.

anticipator [ænt'isipeitə] s. quem antecipa ou prevê.

anticipatory [ænt'isipeitəri] adj. = anticipative. ‖ -ily adv. = anticipatively.

anticlerical [æntikl'erikəl] s. anticlericalista m. + f. ‖ adj. anticlerical.

anticlericalism ['æntikl'erikəlizm] s. anticlericalismo m.

anticlimax ['æntikl'aimæks] s. 1. (Ret.) anticlímax, decaimento m. 2. qualquer acontecimento em pleno desacordo com os fatos precedentes.

anticlinal [æntikl'ainəl] adj. (Geol.) anticlinal.

anticline ['æntiklain] s. (Geol.) anticlinal f.

anti-clockwise adj. que é inverso ao movimento dos ponteiros de um relógio. ‖ adv. de maneira inversa à rotação dos ponteiros de um relógio.

anti-clockwise rotation s. rotação f. à esquerda.

anticyclone ['æntis'aikloun] s. (Meteor.) anticiclone m., região f. ou regime m. de alta pressão.

anticyclonic ['æntisaikl'ɔnik] adj. anticiclônico.

antidepressant [æntidipr'esənt] adj. (Psiq.) antidepressor.

antidotal ['æntidoutəl] adj. (Med.) antidotal.

antidote ['æntidout] s. (Med.) antídoto m.

antifebrile ['æntif'i:brail] s. antipirético, febrífugo, antifebril m. ‖ adj. antipirético, febrífugo, antifebril.

antifreeze ['æntifri:z] s. antigelante m. ‖ adj. antigelante, anticongelante.

antifreezing agent s. agente m. ou substância antigelante.

antifriction [æntifr'ikʃən] s. antifricção f. ‖ adj. que reduz o atrito ou fricção.

antifriction metal s. liga f., metal antifricção, metal-patente m.

antigen ['æntidʒen] s. (Fisiol.) antígeno m.

antigenic [æntidʒ'enik] adj. antigênico.

antigovernment [æntig'ʌvənmənt] adj. antigovernamental.

anti-G suit s. (Aer.) traje m. de astronauta.

antihelix [æntih'i:liks] s. pl. antihelices [-h'elisi:z] (Anat.) antélix m., antélice m. + f.

antiknock [æntin'ɔk] s. (Téc.) antidetonante m. ‖ adj. antidetonante.

antilogarithm [æntil'ɔgəriðm] s. (Mat.) antilogaritmo m.

antilogy [ænt'ilədʒi] s. antilogia f.

antimacassar [æntimək'æsə] s. coberta f. ou capa f. protetora (para móveis estofados).

antimatter [æntim'ætə] s. (Fís.) antimatéria f.

antimere ['æntimiə] s. (Zool.) antímero m.

antimeric [æntim'erik] adj. antimérico.

antimonial [æntim'ouniəl] s. (Quím.) liga antimonial m. ‖ adj. antimonial.

antimonic [æntim'ɔnik] adj. (Quím.) antimônico.

antimonious [æntim'ounjəs] adj. (Quím.) antimonioso.

antimonsoon [æntimɔns'u:n] s. (Meteor.) antimonção f.

antimony ['æntiməni] s. (Quím.) antimônio m.

antimonyl ['æntimənil] s. (Quím.) antimonilo m.

antinode [æntinoud] s. (Fís.) antinodo m., ponto antinodal m.

antinomian [æntin'oumiən] s. (Hist. Ecles.) antinomiano m.: seita protestante. ‖ adj. antinomiano.

antinomianism [~ izm] s. antinomianismo m.

antinomy [ænt'inəmi] s. antinomia f.: contradição real ou aparente entre dois princípios ou leis.

antipathetic [æntipəθ'etik], antipathetical [~əl] adj. 1. antipático, repulsivo, averso. 2. que provoca aversão. ‖ ~ ally adv. de modo antipático, aversamente.

antipathy [ænt'ipəθi] s. 1. antipatia, repugnância, aversão f., desagrado, nojo m. 2. objeto m. da aversão.

antiperiodic [æntipiəri'ɔdik] s. (Med.) antiperiódico m., remédio antiperiódico m. ‖ adj. antiperiódico.

antipersonnel [æntipə:sən'əl] adj. (milit.) que combate as pessoas.

antiphlogistic [æntiflɔdʒ'istik] s. (Med.) antiflogístico m. ‖ adj. antiflogístico, antiinflamatório.

antiphon ['æntifən] s. antífona f., responso m.

antiphonal [ænt'ifənəl] s. antifonário m. ‖ adj. antifônico. ‖ ~ly adv. antifonicamente.

antiphonary [ænt'ifənəri] s. antifonário m.

antiphonic [æntif'ɔnik] adj. antifônico.

antiphony [ænt'ifəni] s. antífona f., responso m.

antipodal [ænt'ipədl], antipodean [æntipəd':iən] adj. antipódico, antipodal, antipodiano.

antipode ['æntipoud] s. pl. antipodes [ænt'ipədi:z] 1. antípoda m. 2. partes f. pl. do globo terrestre diametralmente opostas. 3. (fig.) coisas f. pl. ou princípios m. pl. opostos. 4. oposto m.

antipope ['æntipoup] s. antipapa m.

antipyretic ['æntipair'etik] s. (Med.) antipirético, febrífugo m. ‖ adj. antipirético, antifebril.

antiquarian [æntikw'ɛəriən] s. arqueólogo, antiquário m. ‖ arqueológico, antiquário.

antiquarianism [~ izm] s. estudo ou gosto m. por antiguidades, arqueologia m.

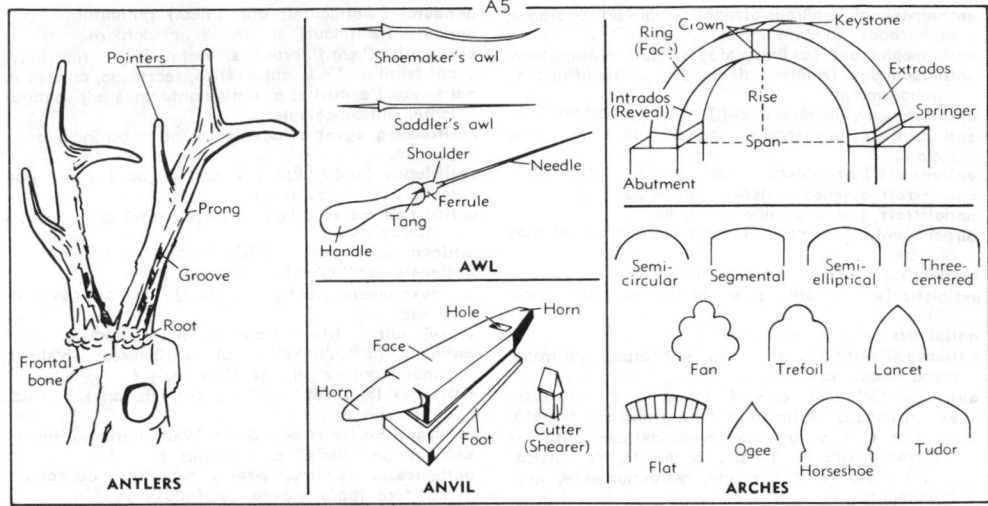

A5

ANTLERS: Pointers, Prong, Groove, Root, Frontal bone

AWL: Shoemaker's awl, Saddler's awl, Shoulder, Needle, Ferrule, Tang, Handle

ANVIL: Hole, Horn, Face, Horn, Foot, Cutter (Shearer)

ARCHES: Ring (Face), Crown, Keystone, Extrados, Intrados (Reveal), Rise, Springer, Span, Abutment, Semi-circular, Segmental, Semi-elliptical, Three-centered, Fan, Trefoil, Lancet, Flat, Ogee, Horseshoe, Tudor

antiquary ['æntikweri] s. arqueólogo, antiquário m.

antiquate ['æntikweit] v. 1. antiquar, tornar velho ou obsoleto. 2. adaptar à antiguidade.

antiquated [~id] adj. 1. antiquado, desusado, fora da moda, obsoleto. 2. velho.

antiquatedness [~idnis] s. qualidade f. do que é antiquado, obsoleto ou velho.

antiquation [æntikw'eiʃən] s. 1. ação f. de tornar ou estado m. de ser antiquado. 2. envelhecimento m.

antique [ænt'i:k] s. 1. antiguidade f. 2. objeto m. de arte grega ou romana. 3. (Tipogr.) tipos bodoni. ‖ adj. 1. antigo, fora de moda, desusado, arcaico, obsoleto. 2. velho, vetusto, antiquado. 3. clássico, que se refere à Grécia e Roma antigas. 4. venerável. ‖ ~ly adv. à moda antiga, antiquadamente, arcaicamente.

antiqueness [~nis] s. antiguidade, velharia f.

antiquity [ænt'ikwiti] s. 1. antiguidade f.: a) primórdio m., origem f. da história humana. b) povos m. pl. da antiguidade (coletivamente). 2. velhice, idade avançada f. 3. −ies pl. a) objetos, relíquias, moedas, manuscritos, etc. dos tempos antigos. b) costumes e vida na antiguidade.

antirachitic [æntirak'itik] s. remédio m. anti-raquítico. ‖ adj. anti-raquítico.

antiscorbutic ['æntiskɔ:bj'utik] s. antiescorbuto m., remédio m. contra o escorbuto. ‖ adj. contra o escorbuto.

anti-Semite ['æntis'i:mait] s. anti-semita m.

anti-Semitic ['æntisim'itik] adj. anti-semítico.

anti-Semitism ['æntis'i:mitizm] s. anti-semitismo m.

antisepsis [æntis'epsis] s. (Med.) anti-sepsia f.: 1. prevenção contra infecção. 2. método m. ou agente m. da prevenção.

antiseptic ['æntis'eptik], **antiseptical** [~əl] adj. anti-séptico. ‖ ~ally adv. anti-septicamente.

antisepticize [æntis'eptisaiz] v. desinfetar, tratar com substâncias anti-sépticas.

antiserum [æntis'i:rəm] s. (Serol.) anti-soro m., soro imunizante m.

antislavery [æntisl'eivəri] adj. antiescravista, contrário à escravidão.

antisocial [æntis'ouʃəl] adj. anti-social.

antispasmodic [æntispæsm'ɔdik] adj. antiespasmódico.

antistrophe [ænt'istrəfi] s. antístrofe f.: segunda parte das odes antigas.

antistrophic [æntistr'ɔfik] adj. que encerra antístrofes.

antitank [æntit'æŋk] adj. (milit.) antitanque.

antithesis [ænt'iθisis] s. pl. **antitheses** [-si:z] 1. antítese, oposto m. 2. contraste m. de idéias. 3. contraposição f., antagonismo m.

antithetic [æntiθ'etik], **antithetical** [~əl] adj. antitético. ‖ ~ally adv. antiteticamente.

antitoxic ['æntit'ɔksik] adj. 1. antitóxico. 2. relativo às antitoxinas.

antitoxin, antitoxine ['æntit'ɔksin] s. (Serol.) antitoxina f.: 1. substância f. que neutraliza uma toxina. 2. soro m. que contém antitoxina.

antitrades ['æntitr'eidz] s. pl. (Meteor.) contra-alísios m. pl.

antitragus [ænt'itrəgəs] s. (Anat.) antítrago m.

antitrust [æntitr'ʌst] adj. antitruste.

antitype [æntitaip] s. antítipo m.

antitypic [æntit'ipik], **antitypical** [~əl] adj. antitípico.

antivenin [æntiv'enin] s. (Serol.) antitoxina f., soro m. que contém antitoxina.

antiworld ['æntiwə:ld] s. (Fís.) mundo m. hipotético de antimatéria.

antler ['æntlə] s. 1. armação f. de veado e outros cervídeos, armas f. pl., cornos m. pl. (quadro A 5). 2. esgalho m., pontas f. pl. da armação.

antlered [~d] adj. que tem armação ou cornos.

antlike ['æntlaik] adj. semelhante a formiga.

ant-lion ['æntlaiən] s. (Zool.) formiga-leão f.

antonym ['æntənim] s. antônimo m.

antonymous [ænt'ɔniməs] adj. antônimo.

antonymy [ænt'ɔnimi] s. antonímia f.

antre ['æntə] s. caverna f., antro m.

antrorse [æntr'ɔ:s] adj. (Biol.) antrorso. ‖ adv. antrorsamente.

antrum ['æntrəm] s. pl. **antra** [-trə] (Anat.) antro m.

anuran [ənj'u:rən] s. (Zool.) anuro m.: batráquio sem cauda. ‖ adj. anuro.

anuria [ənj'u:riə], **anuresis** [ænjur'i:sis] s. (Med.) anúria, anurese f., supressão f. da urina.

anus ['einəs] s. (Anat.) ânus m.

anvil ['ænvil] s. 1. bigorna f. (quadros A 5, M 3) 2. (Anat.) incude f. 3. (Téc.) parte fixa f. da boca de qualquer instrumento de medição. 4. contato inferior m. de uma chave telegráfica.

anxiety [æŋz'aiəti] s. 1. ansiedade, ânsia, inquietação, preocupação f. 2. anseio m., desejo veemente m. 3. angústia f.

anxious ['æŋkʃəs] adj. 1. ansioso, inquieto, preocupado, aflito. 2. desejoso, anelante. 3. que justifica ou causa receios, ansiedade ou preocupações. 4. receoso. ‖ **~ly** adv. 1. ansiosamente, preocupadamente. 2. desejosamente. 3. cuidadosamente. **an ~ time** uma época inquietante, que causa preocupações. **I am ~ to do right** estou ansioso de agir corretamente. **to be on the ~ bench** esperar aflitamente pelas coisas a acontecer.

anxiousness [~nis] s. ânsia, ansiedade, preocupação, aflição f.

any ['eni] adj. 1. qualquer, quaisquer. 2. algum, alguma. 3. cada, todo, toda, todo e qualquer. 4. nenhum, nenhuma, nenhum, sequer. ‖ adv. de qualquer medida, modo ou grau. ‖ pron. 1. qualquer um ou uma, qualquer parte ou quantidade 2. algum, alguma. **are there ~ rooms to let?** há quartos para alugar? **not having ~ time...** não dispondo de tempo algum... **~ one can tell you that** qualquer um lhe pode dizer isso **she never has ~ rest** ela nunca acha tempo para qualquer descanso. **don't wait ~ longer** não espere mais tempo algum. **don't do it ~ more** não faça mais isto. **she is not ~ better for it** com isto, de modo algum ela está melhor. **is he ~ good?** ele vale ou sabe alguma coisa? **she has little money, if ~** ela tem pouco dinheiro, talvez nenhum. **~ one has to pay** cada um tem de pagar.

anybody [~bɔdi] s. 1. pessoa f. de certa importância e consideração. 2. indivíduo qualquer m., insignificante. ‖ pron. qualquer pessoa, qualquer um, alguém. **is he ~?** ele é alguém?

anyhow [~hau] adv. 1. de qualquer maneira ou modo. 2. casualmente, fortuitamente. 3. em qualquer caso, de todo jeito. 4. negligentemente, descuidadosamente. **she did her bed ~** ela fez sua cama de qualquer jeito. **I was going ~** eu estava mesmo para ir embora.

anyone [~wʌn] pron. qualquer pessoa indiscriminadamente, qualquer um, alguém. (Distingue-se de **any one** que significa: qualquer pessoa ou coisa por si só, isoladamente). **~ can see that** qualquer um pode ver isto, isto é claro.

anyplace [~pleis] adv. (coloq.) em qualquer lugar.

anything [~θiŋ] s. coisa f. de qualquer espécie, qualquer coisa. ‖ adv. 1. de qualquer medida ou modo, de todo jeito, de qualquer forma. 2. absolutamente. ‖ pron. algo, um objeto, ato, estado, acontecimento ou fato qualquer. **never ~ but sorrows** jamais outra coisa a não ser preocupações. **for ~ I know** pelo que ou por quanto eu sei. **not for ~** nem por nada. **if ~ se** é que. **like ~** sabe-se lá como. **~ up to 5 shillings** qualquer coisa até 5 xelins.

anything but adv. tudo menos.

anyway [~wei] adv. 1. de qualquer maneira. 2. de todo jeito, em qualquer caso. 3. negligentemente, descuidadosamente. **I was going ~** eu estava mesmo para sair.

anyways [~weiz] forma coloq. de **anyway.**

anywhere [~wɛə] adv. em ou para qualquer lugar, em todo lugar.

anywise [~waiz] adv. de qualquer modo ou maneira.

Anzac ['ænzæk] s. soldado m. da força expedicionária da Austrália e Nova Zelândia. ‖ adj. relativo à força expedicionária da Austrália e Nova Zelândia.

A one, [ei'wʌn] **A I, A N.º 1, A number 1** (E. U. A. coloq.) esplêndido, excelente, de primeira ordem ou classe.

aorist ['ɛərist] s. (Gram.) aoristo m. ‖ adj. aorístico.

aoristic [ɛər'istik] adj. 1. indefinido, indeterminado.

2. aorístico.

aorta [ei'ɔ:tə] s. (Anat.) aorta f.

aortal [~l], **aortic** [ei'ɔ:tik] adj. (Med.) aórtico.

aoudad ['a:udəd] s. (Zool.) carneiro silvestre m. da África do Norte (Ammotragus lervia).

A. P., AP. abr. de **Associated Press.**

ap— prefixo = **apo—.**

apace [əp'eis] adv. de passo acelerado, rapidamente, velozmente, apressadamente.

Apache [əp'ætʃi] s. pl. **Apache** ou **Apaches** apache m.: 1. (E. U. A.) membro de uma tribo de índios guerreiros. 2. membro da ralé parisiense.

apache [əp'a:ʃ] s. bandido m.

apanage ['æpənidʒ] s. = **appanage.**

aparejo [a:pa:r'eiʒou] s. (E. U. A.) albarda f. de couro e estofada, de origem mexicana.

apart [əp'a:t] adj. (empregado só predicativamente) separado, decomposto, desassociado. ‖ adv. 1. em fragmentos, em pedaços. desmontadamente. 2. separadamente, à parte. 3. distanciadamente, isoladamente. 4. ao lado. 5. independentemente, individualmente. **joking ~** falando seriamente. **to set ~ for** reservar para, pôr de lado. **~ from** à parte de, não considerando que. **he knows them ~** ele sabe distingui-los.

apartheid [əp'a:thait] s. separação f.: regime de segregação racial na África do Sul.

apartment [~mənt] s. (E. U. A.) 1. apartamento m.

apartment house s. prédio m. de apartamentos.

apartness [~nis] s. estado m. ou condição f. de ser fragmentado, separado, isolado.

apathetic [æpəθ'etik], **apathetical** [~əl] adj. 1. apático, desinteressado, indiferente. 2. fleumático, impassível. ‖ **~ally** apaticamente, fleumaticamente.

apathy ['æpəθi] s. 1. apatia, indiferença f., desinteresse m. 2. fleuma m. + f., insensibilidade f.

apatite ['æpətait] s. (Miner.) apatita f.

ape [eip] s. 1. macaco, bugio, mono m. 2. qualquer símio m. 3. macaqueador, mímico m., pessoa f. que imita outras. ‖ v. macaquear, imitar.

apeak [əp'i:k] adj. perpendicular. ‖ adv. a pique.

apelike ['eiplaik] adj. semelhante a macaco.

ape-man s. homem-macaco m.: qualquer primata extinto, situado entre o homem e o macaco.

aperient [əp'i:riənt] s. (Med.) laxante, purgante m ‖ adj. laxativo.

aperiodic [əpi:ri'ɔdik] adj. aperiódico.

aperiodicity [əpi:riəd'isiti] s. aperiodicidade f.

aperitif [əpərət'i:f] s. 1. aperitivo m. 2. antepasto m.

aperture ['æpətjuə] s. 1. abertura, fenda, greta f., orifício m. 2. (Ópt.) diafragma m.

apertured [~d] adj. que tem fenda, greta ou orifício.

apery ['eipəri] s. macaquice f., arremedo m.

apetalous [eip'etələs] adj. (Bot.) apétalo, sem pétalas.

apex ['eipeks] s. pl. **apexes** [-səs], **apices** ['eipisi:z] 1. ápice, vértice, cume, pico m., ponto mais alto m. (quadros L 2, M 7). 2. (fig.) apogeu, auge m.

aphaeresis, apheresis [æf'iərisis] s. (Gram.) aférese f.

aphaeretic, apheretic [æfər'etik] adj. aferético.

aphanite ['æfənait] s. (Petr.) afanite f.

aphanitic [æfən'itik] adj. (Petr.) afanítico.

aphasia [əf'eiziə] s. (Med.) afasia f.

aphasiac [əf'eiziæk], **aphasic** [əf'eizik] adj. afásico.

aphelion [æf'i:liən] s. pl. **aphelia** [-liə] (Astron.) afélio m.

apheliotropic [æfi:liotr'ɔpik] adj. (Biol.) afeliotrópico.

apheliotropism [æfi:li'ɔtropizm] s. (Biol.) afeliotropismo m.

aphesis ['æfisis] s. (Gram.) aférese f.

aphetic [əf'etik] adj. aferésico, aferético.

aphid ['eifid] s. (Zool.) afídio, pulgão m.

aphidian [eif'idiən] s. (Zool.) afídio m. ‖ adj. relativo aos afídios.
aphis ['eifis] s. pl. **aphides** [-idi:z] (Zool.) afídio m.
aphonia [æf'ounjə] s. (Med.) afonia f., perda f. da voz.
aphonic [æf'ɔnik] adj. 1. afônico, áfono, mudo. 2. (Med.) pertencente à ou caracterizado pela afonia.
aphorism ['æfərizm] s. aforismo, provérbio m., máxima f.
aphorist ['æfərist] s. aforista m. + f.
aphoristic [æfər'istik] adj. aforístico. ‖ ~ally adv. aforisticamente.
aphorize ['æfəraiz] v. fazer ou publicar aforismos.
aphotic [eif'outik] adj. afótico.
aphrodisiac [æfrod'iziæk] s. afrodisíaco m. ‖ adj. afrodisíaco.
aphyllous [eif'iləs] adj. (Bot.) afilo.
aphylly [eif'ili] s. afilia f.
apiaceous [eipi'eiʃəs] adj. apiáceo.
apian ['eipiən] adj. de ou relativo a abelhas.
apiarian [eipi'ɛəriən] adj. apiário, apícola.
apiarist ['eipiərist] s. apicultor m., apícola m. + f.
apiary ['eipiəri] s. colmeia f., apiário m.
apical ['æpikəl, 'eipikəl] adj. apical, que termina em ápice. ‖ ~ly adv. apicalmente.
apices ['eipisi:z] plural de **apex**.
apiculate [æp'ikjuleit] adj. (Bot.) apiculado.
apicultural [eipik'ʌltʃərəl] adj. apicultural, apícola.
apiculture ['eipikʌltʃə] s. apicultura f.
apiculturist [eipik'ʌltʃərist] s. apicultor m.
apiece [əp'i:s] adv. 1. por ou para cada, cada, por peça. 2. como parcela de cada um.
apish ['eipiʃ] adj. 1. macaqueiro, simiesco, macacal. 2. imitante, que arremeda. 3. ridículo, insensato, estúpido. ‖ ~ly adv. simiescamente, imitantemente.
apishness [~nis] s. 1. qualidade ou natureza simiesca f. 2. macaquice f.
apivorous [eip'ivərəs] adj. apivoro, que devora abelhas.
aplacental [eiplas'entəl] adj. (Biol., Zool.) aplacental, sem placenta.
aplanatic [æplən'etik] adj. (Ópt.) aplanético.
aplasia [əpl'eiʒiə] s. (Med.) aplasia f.
aplenty [æpl'enti] adj. + adv. suficiente, bastante.
he had troubles ~ ele teve bastantes dificuldades.
aplite ['æplait] s. (Petr.) aplito m.
aplitic [æpl'itik] adj. (Petr.) aplítico.
aplomb [əpl'ɔm] s. calma, serenidade, firmeza f.
apnea, apnoea [æpn'i:ə] s. (Med.) apnéia, asfixia f.
apneal, apnoeal [æpn'i:əl], **apneic, apnoeic** [æpn'i:ik] adj. apnéico.
apo–, ap–, aph– pref. que significa: de, para longe de, à distância, embora, e que forma palavras como: **apocarp, aphasia, apposable.**
apocalypse [əp'ɔkəlips] s. 1. Apocalipse m.: último livro do Novo Testamento. 2. profecia, revelação f.
apocalyptic [əpɔkəl'iptik], **apocalyptical** [~əl] adj. 1. apocalíptico. 2. profético. ‖ ~ally adv. apocalipticamente, profeticamente.
apocarp ['æpoka:p] s. (Bot.) gineceu m.: apocárpico.
apocarpous [æpok'a:pəs] adj. (Bot.) apocárpico.
apocarpy ['æpoka:pi] s. (Bot.) apocarpia f.
apochromatic [æpokrom'ætik] adj. (Ópt.) apocromático.
apocopate [əp'ɔkəpeit] v. (Gram.) apocopar.
apocopation [əpɔkəp'eiʃən] s. (Gram.) ato m. de apocopar.
apocope [əp'ɔkəpi] s. (Gram.) apócope f.
apocrypha [əp'ɔkrifə] s. pl. 1. obra f. ou máxima f. de autenticidade duvidosa. 2. **Apocrypha** escrituras apócrifas f. pl. do Velho e Novo Testamento.
apocryphal [~l] adj. 1. apócrifo, de autenticidade duvidosa. 2. suposto, falso, forjado, espúrio. ‖ ~ly adv. apocrifamente.

apocryphalness [~lnis] s. apografia f.
apocynaceous [əpɔsin'eiʃəs] adj. apocináceo.
apodal ['æpədəl], **apod** ['æpɔd] adj. 1. ápode, sem pés. 2. (Zool.) desprovido de barbatanas ventrais (como por exemplo: angüílula).
apodictic [æpod'iktik], **apodictical** [~əl], **apodeictic** [æpod'aiktik], **apodeictical** [~əl] adj. (Lóg.) apodíctico, irrefutável. ‖ ~ally adv. apodicticamente, irrefutavelmente.
apodosis [əp'ɔdəsis] s. (Gram.) apódose f.: conclusão expressa numa frase condicional.
apogamic [æpog'æmik], **apogamous** [əp'ɔgəməs] adj. que diz respeito à apogamia.
apogamy [əp'ɔgəmi] s. (Bot.) apogamia f.
apogeal [æpodʒ'i:əl], **apogean** [æpodʒ'i:ən] adj. apogístico, apogético.
apogee ['æpodʒi:] s. apogeu m.: 1. (Astron.) ponto mais distante da Terra na órbita de um astro. 2. (também fig.) ponto m. mais alto ou mais distante, culminância f., ápice m.
apogeotropic [æpodʒi:otr'ɔpik] adj. (Bot.) apogeotrópico.
apogeotropism [æpodʒi:'ɔtrəpizm] s. (Bot.) apogeotropismo m., geotropismo negativo m.
apolitical [æpol'itikəl] adj. apolítico.
apologetic [əpolədʒ'etik], **apologetical** [~əl] adj. 1. apologético, apologal, que contém apologia, desculpa ou a expressão de pena ou pesar. 2. que defende uma causa por escrito ou verbalmente. ‖ ~ally adv. apologeticamente, apologicamente.
apologetics [~s] s. apologética f.
apologist [əp'ɔlədʒist] s. apologista m. + f., defensor m. da fé.
apologize [əp'ɔlədʒaiz] v. 1. apologizar, apresentar desculpas, exprimir pena ou pesar. 2. defender uma causa verbalmente ou por escrito, justificar.
apologizer [~ə] s. quem apresenta desculpas.
apologue [ʹæpəlɔg] s. fábula, alegoria f., apólogo m.
apology [əp'ɔlədʒi] s. 1. apologia f., defesa f. de um princípio. 2. desculpa f., pretexto, rogo m., palavras f. pl. de escusa ou pesar. 3. sucedâneo deficiente m., arremedo m.
he offered his apologies ele apresentou as suas desculpas. **this ~ for a bouquet** este ramalhete insignificante.
apomictic [æpom'iktik], **apomictical** [~əl] adj. (Biol.) apomítico, partenogenético.
apomixis [æpom'iksis] s. (Biol.) apomixia, partenogênese, apogamia f.
apomorphine [æpom'ɔ:fi:n], **apomorphia** [æpom'ɔ:fiə] **apomorphin** [-m'ɔ:fin] s. (Farmac.) apomorfina f.
aponeurosis [æpənjuər'ousis] s. pl. **aponeuroses** [-r'ousi:z] (Anat.) aponeurose f.
aponeurotic [æpənjuər'ɔtik] adj. (Anat.) aponeurótico.
apopemptic [æpəp'əmptik] s. canto m. ou discurso m. de despedida. ‖ adj. de despedida, de adeus.
apophthegm ['æpoθem], **apophthegmatic** [æpoθəm'ætik] = **apothegm, apothegmatic.**
apophyge [əp'ɔfidʒi] s. (Arquit.) apófige f.
apophylite [əp'ɔfilait] s. (Miner.) apofilita f.
apophysis [əp'ɔfisis] s. (Anat.) apófise f.
apoplectic [æpopl'ektik] s. (Med.) pessoa f. que tem disposição para apoplexia. ‖ adj. (também **apoplectical** [~əl]) 1. que causa apoplexia. 2. que é sujeito à apoplexia. 3. apopléctico. ‖ ~ally adv. apoplecticamente.
apoplexy [æpopl'eksi] s. (Med.) apoplexia f.
aport [əp'ɔ:t] adv. (Náut.) a bombordo, para a esquerda, para o lado do porto.
aposiopesis [æposaiop'i:sis] s. (Ret.) aposiopese f.
aposiopetic [æposaiop'etik] adj. que se refere à aposiopese.
aposta y [əp'ɔstəsi] s. apostasia, abjuração f.

apostate [ǝp'ɔstit] s. apóstata m. + f., renegado m. ‖ adj. apóstata, infiel.

apostatize [ǝp'ɔstǝtaiz] v. apostatar, abjurar, cometer apostasia.

a posteriori ['ei pɔsteri'ɔ:rai] loc. adv. (Lóg.) a posteriori, pelo que segue: 1. que procede de fatos para princípios ou leis. 2. que se baseia no método experimental.

apostil, apostille [ǝp'ɔstil] s. apostila, anotação, apostilha f.

apostle [ǝp'ɔsl] s. apóstolo m.: 1. qualquer missionário no início da era cristã. 2. o primeiro missionário que cristianiza uma região. 3. líder de qualquer movimento reformatório. 4. (E. U. A.) um do conselho de doze regentes da Igreja mormônica. 5. **Apostle** um dos doze Apóstolos de Cristo. **Apostles' Creed** s. (Ecles.) Credo apostólico m.

apostolate [ǝp'ɔstolit] s. apostolado m.

apostolic [æpǝst'ɔlik], **apostolical** [~ǝl] adj. apostólico: 1. que se refere aos doze Apóstolos. 2. que está de acordo com os ensinamentos dos Apóstolos. 3. relativo ao Papa, papal. ‖ ~ally adv. apostolicamente.

apostolic delegate s. delegado apostólico m.

apostolicism [æpǝst'ɔlisizm] s. apostolicismo m.

apostolicity [ǝpɔstol'isiti] s. apostolicidade f.

Apostolic See s. Santa Sé f., sede f. do Papa.

apostrophe (I) [ǝp'ɔstrǝfi] s. (Gram.) apóstrofo m.: sinal que serve para: 1. indicar a supressão de letra ou letras. 2. formar o genitivo de substantivos.

apostrophe (II) [ǝp'ɔstrǝfi] s. (Ret.) apóstrofe f.: figura de retórica em que o orador se interrompe, dirigindo a palavra a alguma coisa ou pessoa real ou fictícia.

apostrophic [æpǝstr'ɔfik] adj. com apóstrofe.

apostrophize [ǝp'ɔstrǝfaiz] v. apostrofar: 1. pôr apóstrofos em. 2. dirigir apóstrofes a.

apothecaries' measure s. sistema de medidas usadas pelos farmacêuticos.

apothecaries' weight s. sistema de pesos usados pelos farmacêuticos no preparo das receitas.

apothecary [ǝp'ɔθikǝri] s. 1. farmacêutico m., droguista m. + f. 2. prático m. da medicina que também vende remédios.

apothegm, apophthegm ['æpoθem] s. apotegma, aforismo m., máxima f.

apothegmatic [æpoθǝm'ætik], **apothegmatical, apophthegmatic(al)** [~ǝl] adj. apotegmático, aforístico.

apothem ['æpoθem] s. (Mat.) apótema m.

apotheosis [ǝpoθi'ousis] s. 1. apoteose, deificação, divinização f. 2. glorificação, exaltação f. 3. ideal deificado m.

apotheosize [ǝp'ɔθiosaiz] v. 1. apoteosar, deificar. 2. glorificar, exaltar.

app. abr. de 1. **apparent, apparently.** 2. **appendix.**

appall, appal [ǝp'ɔ:l] v. intimidar, assustar, amedrontar, terrorizar.

I am ~ed at estou horrorizado com.

appalling [~iŋ] adj. apavorante, horroroso, pavoroso, temível, espantoso. ‖ ~ly adv. pavorosamente, espantosamente.

appanage, apanage ['æpǝnidʒ] s. apanágio m.: 1. bens, rendas ou pensão reservadas para o sustento dos filhos de príncipes ou reis. 2. bem m. de família, propriedade legítima f. 3. complemento natural m. de uma propriedade, dotação f.

apparatus [æpǝr'eitǝs] s. pl. **apparatus, apparatuses** 1. aparelho, aparelhamento m. 2. instrumento, utensílio, dispositivo m. 3. mecanismo, maquinismo m. 4. (Fisiol.) sistema m.

apparel [ǝp'ærǝl] s. 1. vestuário, traje m., roupa, roupagem f., vestes f. pl. (quadro C 18). 2. (arc.) equi-

pamento. ‖ v. vestir, trajar, adornar, enfeitar.

apparent [ǝp'ærǝnt] adj. 1. evidente, claro, natural, muito compreensível, óbvio. 2. aparente, não real. 3. legítimo, autêntico, manifesto. 4. visível, perceptível. ‖ ~ly adv. 1. aparentemente, evidentemente. 2. claramente, compreensivelmente. 3. visivelmente. **heir ~** herdeiro legítimo.

apparentness [~nis] s. qualidade do que é aparente, legítimo, visível ou evidente.

apparition [æpǝr'iʃǝn] s. 1. fantasma, espectro m. 2. aparição, visão, manifestação f. 3. aparecimento m., imagem f.

apparitional [~ǝl] adj. que se refere a fantasmas, aparições ou visões, espectral, fantasmático.

apparitor [ǝp'æritǝ] s. (Hist.) oficial m. da justiça romana ou de diligências, meirinho m.

appeal [ǝp'i:l] s. 1. atração, simpatia f., atrativo, enlevo, encanto m. 2. apelo, rogo m., súplica f. 3. (Jur.) apelação f, recurso m., direito m. de apelação. 4. petição, solicitação f. ‖ v. 1. atrair, agradar, interessar, causar simpatia. 2. pedir, suplicar, invocar, rogar. 3. apelar à instância superior, impor recurso. 4. solicitar, requerer, fazer petição. **sex ~** atração sexual. **~ for clemency** pedido de graça ou indulto. **Court of Appeal** Corte de Apelação. **to give notice of ~** interpor o recurso de apelação. **he made an ~ to** ele fez uma petição para. **he has no ~ for** s. o. ele não goza de simpatia com alguém. **they ~ed to the country** eles recorreram ao povo, eles dissolveram o parlamento. **to ~ to s. o. for a thing** suplicar, implorar alguma coisa a alguém. **to ~ for** solicitar por, angariar.

appealability [ǝpi:lǝb'iliti] s. apelabilidade f.

appealable [ǝp'i:lǝbl] adj. apelável.

appealer [ǝp'i:lǝ] s. apelante m. + f.

appealing [ǝp'i:liŋ] adj. 1. atraente, simpático. 2. apelante. 3. suplicante, implorativo.

appear [ǝp'iǝ] v. 1. aparecer, surgir, tornar-se visível, mostrar-se. 2. parecer, dar a impressão, afigurar(-se). 3. publicar, lançar no mercado, pôr à venda. 4. apresentar(-se), introduzir(-se) (ao público). 5. tornar-se aparente, óbvio ou oportuno. 6. estar presente ou comparecer em juízo ou perante qualquer autoridade.

you ~ not to know me parece que você não me conhece.

appearance [ǝp'iǝrǝns] s. 1. aparecimento m. 2. comparecimento m. (perante autoridades), comparência f. 3. aspecto m., forma exterior, apresentação externa f. 4. aparência f. 5. aparição, manifestação f., fenômeno m. 6. publicação f., lançamento m. (de uma obra de arte ou literatura).

do you put in an ~ at last? finalmente você torna a aparecer? **he always has an ~ of being ill at ease** ele sempre dá a impressão de sentir-se infeliz. **they try to keep up ~s** eles tentam salvar as aparências.

appeasable [ǝp'i:zǝbl] adj. apaziguável, acalmável, conciliável.

appease [ǝp'i:z] v. 1. satisfazer, saciar. 2. apaziguar, acalmar, tranqüilizar. 3. curvar-se, sujeitar-se, conciliar. 4. mitigar, abrandar.

appeasement [~mǝnt] s. apaziguamento m., mitigação, acalmação, conciliação f.

appeaser [~ǝ] s. apaziguador, conciliador m.

appeasing [~iŋ] adj. apaziguante, acalmador, conciliante, mitigador. ‖ ~ly adv. apaziguantemente, acalmadoramente, conciliantemente.

appellant [ǝp'elǝnt] s. apelante, recorrente m. ‖ adj. apelante, suplicante, implorativo.

appellate [ǝp'elit] adj. 1. apelatório. 2. relativo a Corte de Apelação.

appellation [æpel'eiʃən] s. 1. nome, título m., denominação f. 2. ato m. ou modo m. de denominar, intitular ou designar.

appellative [əp'elətiv] s. 1. nome, título m., designação f. 2. substantivo comum, apelativo m. ‖ adj. apelativo, designativo. ‖ ~ly adv. apelativamente.

appellee [æpel'i:] s. (Jur.) apelado, recorrido m.

append [əp'end] v. 1. juntar, anexar, apensar, ajuntar, pôr suplemento. 2. fixar, atar, prender (um acessório, pendente, selo ou chancela).

appendage [~id3] s. 1. anexo, suplemento, aditamento m. 2. (Biol.) apêndice, membro m. (quadro L 2).

appendaged [~id3d] adj. complementar, anexado.

appendant, appendent [~ənt] s. 1. anexo, suplemento, apêndice, acessório m. 2. dependência f. ‖ adj. apenso, anexo, associado, dependente, acessório.

appendectomy [æpend'æktomi] s. (Cir.) apendicectomia, ecfiadectomia f.

appendices [əp'endisi:z] s. plural de appendix.

appendicitis [əpendis'aitis] s. (Med.) apendicite f.

appendicle [əp'endikl] s. apendículo m.

appendicular [æpend'ikjulə] adj. (Anat., Zool.) apendicular.

appendix [əp'endiks] s., pl. appendixes, appendices [-disi:z] apêndice m.: 1. anexo, suplemento, acessório m. 2. (Anat., Zool.) parte acessória de um órgão.

apperceive [æpəs'i:v] v. 1. (arc.) perceber, observar. 2. (Psicol.) interpretar, reconhecer, assimilar (mentalmente novos conhecimentos ou idéias).

apperception [æpəs'epʃən] s. 1. (Psicol.) apercepção f. 2. percepção clara f., plena compreensão f.

apperceptive [æpəs'eptiv] adj. aperceptível. ‖ ~ly adv. aperceptivelmente.

appertain [æpət'ein] v. 1. pertencer a. 2. formar parte ou propriedade. 3. caber a, competir a 4. concernir, referir-se a.

appetence ['æpitəns], appetency [~i] s. 1. apetite m., desejo m. fixo e ardente, vontade f. 2. afinidade f. de substâncias químicas. 3. propensão instintiva f. (de animais), inclinação natural f.

appetite ['æpitait] s. 1. apetite m., apetência f. 2. desejo, anelo m., ânsia, concupiscência f.

appetitive [əp'etitiv] adj. apetitivo.

appetize ['æpətaiz] v. causar ou abrir apetite.

appetizer [~ə] s. aperitivo, antepasto m.

appetizing [~iŋ] adj. apetitoso. ‖ ~ly adv. apetitosamente.

applaud [əpl'ɔ:d] v. 1. aplaudir, bater palmas, aclamar, ovacionar. 2. aprovar, elogiar, louvar.

he was very much ~ed ele foi muito aplaudido.

applause [əpl'ɔ:z] s. 1. aplauso m., aclamação, ovação f. 2. aprovação f. 3. louvor, elogio m.

applausive [əpl'ɔ:siv] adj. aplausível, digno de aplauso.

apple [æpl] s. 1. maçã f. 2. macieira f. 3. vários frutos m. pl. cuja forma se assemelha à maçã.

~ of discord pomo de discórdia. the ~ of the eye 1. globo ocular. 2. pessoa ou coisa muito querida, menina dos olhos. she upset his ~-cart (fig.) ela transtornou os seus planos.

apple-cheeked adj. bochechudo.

apple-fritters s. fatias f. pl. de maçã frita.

apple-green s. cor verde-maçã, clara f.

applejack ['æpld3æk] s. (E. U. A.) aguardente m. de maçã.

apple-pie s. torta f. de maçãs.

in ~ order em perfeita ordem.

apple-sauce s. 1. molho m. de maçã. 2. (gíria, E. U. A.) bobagem, tolice f.

appliance [əpl'aiəns] s. 1. aplicação, utilização f. 2. dispositivo, utensílio, instrumento, mecanismo m.

applicability [æplikəb'iliti], applicableness ['æplikəblnis] aplicabilidade f.

applicable ['æplikəbl] adj. 1. aplicável, utilizável. 2. apropriado. ‖ —bly adv. aplicavelmente, apropriadamente.

applicant ['æplikənt] s. candidato, peticionário m., pretendente, requerente, suplicante m. + f.

application [æplik'eiʃən] s. 1. aplicação, utilização f., emprego, uso m. 2. tratamento, curativo m., administração f. 3. alusão, pertinência f. 4. instrumento, dispositivo, mecanismo m. 5. aplicabilidade f. 6. pedido m., solicitação f. 7. requerimento m., petição f. 8. atenção, dedicação, diligência f.

to make an ~ to s. o. 1. dirigir uma petição a alguém. 2. candidatar-se. for outward ~ para uso externo.

applicative ['æplikeitiv] adj. aplicativo, aplicável, prático.

applicator ['æplikeitə] s. 1. aplicador m., pessoa f. que faz aplicações, quem aplica. 2. (Med., Téc.) aparelho m. ou dispositivo m. aplicador.

applicatory ['æplikeitəri] adj. aplicador, aplicante, aplicativo.

applied [əpl'aid] adj. aplicado, empregado, usado.

applier [əpl'aiə] s. aplicador m., quem aplica, que está sendo aplicado.

appliqué [æpl'i:kei] s. (Trabalho manual) aplicação f. ‖ v. adornar, guarnecer, ornamentar por trabalhos de aplicação. ‖ adj. aplicado, adornado, guarnecido.

apply [əpl'ai] v. 1. aplicar: a) apor, justapor, sobrepor, pôr em contato. b) adaptar, ajustar, acomodar. c) usar, empregar, utilizar, pôr em prática. d) dedicar, consagrar, destinar. 2. pedir, solicitar, requerer. 3. recorrer. 4. gastar, despender (dinheiro). 5. usar apropriadamente. 6. referir(-se) a, concernir. 7. dedicar(-se), concentrar-se, demonstrar assiduidade, diligência ou atenção.

~ to Mr... queira dirigir-se ao Sr.... this does not ~ to you isto não se refere a você.

appoint [əp'ɔint] v. 1. designar, apontar, nomear, conferir um cargo. 2. decidir, estabelecer, fixar, marcar. 3. ordenar, decretar, estipular. 4. (geralmente usado como particípio passado) equipar, aparelhar, mobiliar, instalar. 5. (Jur.) autorizar, dispor de autorização.

to ~ a master nomear um professor. a well ~ed apartment um apartamento bem montado.

appointable [~əbl] adj. designável.

appointee [əpɔint'i:] s. pessoa nomeada f. para um cargo ou dignidade.

appointer [əp'ɔintə] s. nomeador m.

appointive [əp'ɔintiv] adj. designativo, que se refere ou está sujeito a nomeação.

appointment [əp'ɔintmənt] s. 1. nomeação, designação, escolha f. (de candidato). 2. mandato m., colocação f., concessão f. de título ou dignidade. 3. cargo, emprego m., posição f. 4. ordem, ordenação f. 5. encontro marcado, compromisso m., entrevista f. 6. ~s pl. mobília f., equipamento m.

by ~ to the Royal Family fornecedor da casa real.

appointment book s. livro m. de apontamentos.

apportion [əp'ɔ:ʃən] v. 1. dividir em partes proporcionais, aquinhoar, repartir. 2. distribuir em parcelas eqüitativas.

apportioner [~ə] s. aquinhoador m.: quem distribui em partes iguais.

apportionment [~mənt] s. partilha f., aquinhoamento m., distribuição f. em partes iguais.

apposable [əp'ouzəbl] adj. que se pode apor, aplicável.

appose [əp'ouz] v. 1. apor, justapor, colocar lado a lado. 2. pôr, aplicar, juntar, acrescentar.

apposite ['æpozit] adj. 1. apropriado, adequado, conveniente, próprio. 2. apto. ‖ ~ly adv. apropriadamente, convenientemente, aptamente.

appositeness [~nis] s. propriedade, conveniência, adequabilidade f.

apposition [æpoz'iʃən] s. 1. justaposição f. 2. (Gram.) a) aposição f. b) atributo m. 3. ação f. de pôr lado a lado. 4. (Bot.) aposição f.

appositional [~əl] adj. apositivo. ‖ ~ly adv. apositivamente.

appositive [əp'ozitiv] s. (Gram.) aposto m. ‖ adj apositivo, aposto. ‖ ~ly adv. apositivamente.

appraisal [əpr'eizəl] s. 1. avaliação f. 2. estima f., cálculo m. de valor.

appraise [əpr'eiz] v. 1. avaliar, estimar, apreciar, calcular o valor. 2. fixar o preço ou valor.

appraisement [~mənt] s. 1. avaliação, taxação f. 2. apreço m. 3. valor taxativo m.

appraiser [~ə] s. avaliador, taxador m.

appreciable [əpr'i:ʃəbl] adj. apreciável, apreciativo. ‖ –bly adv. apreciavelmente, apreciativamente.

appreciate [əpr'i:ʃieit] v. 1. apreciar, estimar, prezar, ter em apreço. 2. ficar grato por, estar agradecido, sentir gratidão. 3. ser sensível a, perceber. 4. avaliar com precisão, calcular ou orçar corretamente. 5. (E. U. A.) aumentar o preço, valorizar.

appreciation [əpri:ʃi'eiʃən] s. 1. avaliação, estimativa f., cômputo m. 2. estima, estimação, consideração, apreciação, simpatia f. 3. reconhecimento m.: a) crítica favorável, aprovação f. b) gratidão f. 4. valorização f.

appreciative [əpr'i:ʃiətiv] adj. apreciativo, compreensivo, reconhecedor. ‖ ~ly adv. com apreciamento m., com disposição apreciativa f.

appreciator [~ə] s. apreciador, taxador m.

appreciatory [əpr'i:ʃiətəri] adj. apreciador.

apprehend [æprih'end] v. 1. sentir apreensão, temer, recear. 2. prender, arrestar, deter. 3. compreender, perceber, entender.

a fact not easily ~ed um fato que não se compreende facilmente. I ~ a difficulty receio uma dificuldade.

apprehensibility [æprihensəb'iliti] s. perceptibilidade f.

apprehensible [æprih'ensibl] adj. compreensível, perceptível, inteligível. ‖ –bly adv. compreensivelmente, inteligivelmente.

apprehension [æprih'enʃən] s. 1. apreensão, preocupação f., receio, medo, temor m. 2. detenção, prisão f., arresto m. 3. compreensão, percepção f., entendimento m. 4. opinião, noção f., juízo, conceito m.

to be in ~ of ter medo de... he is rather slow of ~ ele é um tanto vagaroso em compreender.

apprehensive [æprih'ensiv] adj. 1. apreensivo, preocupado, amedrontado, receoso. 2. perspicaz, inteligente, sagaz. ‖ ~ly adv. 1. apreensivamente, receosamente. 2. inteligentemente, sagazmente.

apprehensiveness [~nis] s. 1. capacidade intelectual f., sagacidade, inteligência f. 2. apreensão, preocupação f., medo, receio m.

apprentice [əpr'entis] s. 1. aprendiz, praticante m. + f. 2. principiante m. + f., novato m.

to bind s. o. ~ to colocar alguém como aprendiz de.

apprenticement [~mənt], apprenticeship [~ʃip] s. aprendizagem f., aprendizado m.

appressed [əpr'est] adj. (Bot., Zool.) apresso.

apprise, apprize [əpr'aiz] v. notificar, informar, avisar.

approach [əpr'outʃ] s. 1. aproximação, avizinhação f. 2. caminho, acesso m., passagem f. 3. similitude, parecença, semelhança f. 4. ~ ou ~es pl. a) tentativas f. pl. de aproximação, introdução f. b) (E. U. A.) propostas impróprias f. pl. 5. (Golfe)

lance m. em direção ao alvo. ‖ v. 1. aproximar-se, avizinhar-se. 2. chegar, vir. 3. aproximar-se em qualidade, caráter ou estado, assemelhar-se. 4. abordar, tentar travar conhecimento, seduzir, corromper. 5. introduzir, conduzir a, juntar.

this is his nearest ~ to friendliness isto é a sua maior amabilidade.

approachability [əproutʃəb'iliti], approachableness [əpr'outʃəblnis] s. acessibilidade f., facilidade f. na aproximação, comunicabilidade f.

approachable [əpr'outʃəbl] adj. acessível, abordável, afável, comunicativo.

approbate ['æprobeit] v. aprovar, sancionar, autorizar, autenticar.

approbation [æprob'eiʃən] s. 1. aprovação f., beneplácito, consentimento m. 2. sanção, ratificação f.

on ~ para exame, a título de experiência.

approbatory ['æprobeitəri] adj. aprovativo, aprobatório, digno de louvor, aplausível.

appropriable [əpr'oupriəbl] adj. apropriável, utilizável.

appropriate (I) [əpr'ouprieit] v. 1. reservar para um fim determinado, destinar, atribuir a. 2. apropriar (se), tomar posse, apoderar-se.

appropriate (II) [əpr'oupriit] adj. apropriado, adequado, próprio, conveniente. ‖ ~ly adv. apropriadamente, convenientemente.

appropriateness [~nis] s. apropriabilidade, conveniência f., decoro m.

appropriation [əproupri'eiʃən] s. 1. apropriação, posse f. 2. verba f., fundos m. pl., valores m. pl. reservados para um fim determinado, abertura f. de crédito. 3. ato m. ou processo m. de apropriar.

appropriation committee s. comissão f. de apropriação.

appropriative [əpr'oupriətiv] adj. 1. relativo à apropriação, apropriador. 2. ávido.

appropriativeness [~nis] s. qualidade apropriadora f.

appropriator [əpr'ouprieitə] s. apropriador m.

approvable [əpr'u:vəbl] adj. aprovável.

approval [əpr'u:vəl] s. 1. aprovação f., consentimento m. 2. aplauso, louvor m.

he bought it on ~ ele o comprou sob condição (de devolver). does it meet with your ~? V. S.ª aprova isso? o Sr. está de acordo?

approve [əpr'u:v] v. 1. aprovar. 2. apoiar, favorecer. 3. louvar. 4. sancionar, aceitar, confirmar, consentir, autorizar. 5. mostrar, demonstrar, provar.

to ~ oneself mostrar-se à altura. he is an ~d friend é um amigo comprovado.

approver [~ə] s. 1. aprovador m. 2. (Jur.) réu m. que depõe contra os cúmplices de um crime.

approving [~iŋ] adj. aprovador, aprobativo, aprobatório. ‖ ~ly adv. aprobativamente, aprobatoriamente.

approx. abr. de approximately.

approximal [əpr'ɔksiməl] adj. (Anat.) proximal.

approximate [əpr'ɔksimeit] v. 1. aproximar(-se), avizinhar(-se), acercar(-se). 2. vir, chegar. 3. igualar, atingir por pouco, assemelhar(-se). 4. levar para perto, fazer chegar, tornar acessível ou mais próximo. ‖ [əpr'ɔksimit] adj. 1. aproximado, quase correto. 2. semelhante, similar, quase idêntico. 3. próximo, perto, vizinho. ‖ ~ly adv. aproximadamente, semelhantemente, proximamente.

approximation [əprɔksim'eiʃən] s. 1. aproximação, avizinhação, chegada f. 2. estimativa, avaliação f., cômputo ou cálculo m. quase perfeito.

approximative [əpr'ɔksimətiv] adj. aproximativo.

appulse [əp'ʌls] s. (Astron.) apulso m.

appurtenance [əp'ə:tinəns] s. 1. pertence, acessório completo m., guarnição f. 2. direito m. ou privilégio m. subordinado.

appurtenant [əp'ə:tinənt] adj. pertencente, pertinente,

anexo, incidente (**to**, para, a).

Apr. abr. de **April.**

apraxia [eipr'æksiə] s. (Med.) apraxia f.

apricot ['eiprikɔt] s. 1. albricoque, damasco m. 2. (Bot.) damasqueiro, albricoqueiro m. 3. cor amare-lo-alaranjada f.

April ['eipril] s. abril m.

April fool s. alvo m. de uma brincadeira de primeiro de abril.

April fool's day s. dia m. dos bobos, primeiro de abril.

a priori [ei prai'ɔ:rai] loc. adv. (latim.) 1. a priori, segundo um princípio anteriormente aceito como hipótese, dedutivamente. 2. por teoria, presuntivo.

apriority [eiprai'ɔriti] s. qualidade aprioristica f.

apron ['eiprən] s. 1. avental m. (quadro C 13). 2. qualquer coisa semelhante a um avental em forma ou uso: avental de cocheiro, fraldinha, mandil, anteparo, pano da chaminé. 3. prega grossa f. de pele no pescoço e peito dos carneiros. 4. (Téc.) correia sem-fim f. (de uma transportadora). 5. escudo protetor m. (de máquinas). 6. pranchada f. (para peça de artilharia). 7. (Av.) praça f. de manobra (em frente do hangar). 8. (Teat.) boca f. do palco. ‖ v. prover com avental ou coisa equivalente.

he is tied to the ~ 1. ele está amarrado ao avental de sua mãe. 2. ele é dominado pela mulher.

apron strings s. fitas f. pl. do avental.

apropos ['æprepou, æprəp'ou] adj. pertinente, concernente, apropriado. ‖ adv. 1. oportunamente, apropriadamente, convenientemente, a propósito. 2. **~ of** a propósito de, relativamente.

apse [æps] s. 1. (Arquit.) abside f. 2. (Astron., Geom.) apside f.

apsidal ['æpsidl] adj. absidal.

apsis ['æpsis] s. 1. (Astron.) apside, abside f. 2. (Arquit.) abside f.

apt. abr. de **apartment.**

apt [æpt] adj. 1. apto, competente, hábil. 2. opropriado, adequado, próprio, conveniente. 3. disposto, inclinado, tendente. 4. inteligente, perspicaz, sagaz, esperto. ‖ **~ly** adv. 1. competentemente, habilmente. 2. convenientemente. 3. sagazmente. 4. com disposição para.

this is ~ to be forgotten isto tende a ser esquecido.

apteral ['æptərəl] adj. (Zool.) = **apterous 1.**

apterous ['æptərəs] adj. 1. (Zool.) áptero, sem asas. 2. (Bot.) sem elementos aliformes.

apteryx ['æptəriks] s. (Zool.) qualquer ave do gênero Apteryx, aptérix, quívi m.

aptitude ['æptitju:d] s. 1. aptidão, capacidade, habilidade f., jeito m. 2. inteligência, perspicácia, agudeza intelectual f. 3. destreza, agilidade, competência, idoneidade moral f. 4. tendência, queda f.

aptness ['æptnis] s. competência, capacidade, inteligência f., jeito m.

AQ abr. de **achievement quotient** s. (Psicol.) quociente m. de realização.

Aq., aq. abr. de **aqua, water.**

aqua ['ækwə] s. (Farmac.) água f. (usado no sentido de veículo para substâncias voláteis).

aqua ammoniae ['ækwə əm'ouniə] s. (Farmac.) água amoniacal f.

aquacade ['ækwəkeid] s. festa esportiva f. aquática.

aqua fortis, aquafortis [ækwəf'ɔ:tis] s. (Quím.) água-forte f., ácido nítrico m.

aqualung ['ækwəlʌŋ] s. (Marca registrada) aparelho m. para respiração debaixo d'água.

aquamarine [ækwəmər'i:n] s. 1. (Miner.) água-marinha f. 2. cor f. de água-marinha, verde-mar m.

aquaplane ['ækwəplein] s. (Esp.) aquaplano m. ‖ v. deslizar(-se) na água num aquaplano.

aqua-regia [ækwər'i:dʒiə] s. (Quím.) água-régia f.

aquarelle [ækwər'el] s. aquarela f.

aquarellist [~ist] s. aquarelista m. + f.

aquarium [əkw'ɛəriəm] s. pl. **aquariums, aquaria** 1. aquário m. 2. exibição f. de peixes e plantas aquáticas.

Aquarius [əkw'ɛəriəs] s. (Astron.) aquário m.: 1. constelação boreal f. 2. o 11.º símbolo do zodíaco.

aquatic [əkw'ætik] s. 1. planta f. ou animal m. que vive na água. 2. **~s** pl. (Esp.) esportes aquáticos m. pl. ‖ adj. aquático, aquátil. ‖ **~ally** adv. aquaticamente.

aquatint ['ækwətint] s. aquatinta f.: 1. processo de gravação. 2. obra f. de aquatinta. ‖ v. gravar pelo processo de aquatinta.

aquavit [ækwəv'i:t] s. aguardente escandinava f., com sabor de alcaravia.

aqua vitae s. 1. álcool m. 2. conhaque, uísque m., aguardente f.

aqueduct ['ækwidʌkt] s. 1. aqueduto m., galeria f. 2. ponte-aqueduto f. 3. (Anat.) aqueduto, tubo m.

aqueous ['eikwiəs] adj. 1. aquoso, áqüeo. 2. que contém água. ‖ **~ly** adv. aquosamente.

aqueous humour s. (Anat.) humor aquoso m.

aqueousness ['eikwiəsnis] s. aquosidade f.

aquilegia [ækwil'i:dʒiə] s. aqüilégia f.

aquiline ['ækwilain] adj. 1. aquilino. 2. adunco, como o bico da águia, recurvo.

Ar (Quím.) símbolo do elemento químico de argônio.

ar [a:] s. = **are** (II).

Arab ['ærəb] s. 1. árabe m. + f., nativo m. da Arábia. 2. cavalo árabe m. ‖ adj. árabe.

street arab moleque.

arabesque [ærəb'esk] s. arabesco m. ‖ adj. 1. arabesco, cinzelado ou pintado em estilo arabesco. 2. minucioso, meticuloso. 3. fantástico, excêntrico.

Arabian [ər'eibjən] s. 1. árabe m. + f. 2. cavalo árabe m. ‖ adj. árabe, arábico, arábio.

Arabian Bird s. (Mit.) fênix f.

Arabian Nights s. Mil e uma Noites f. pl.

Arabic ['ærəbik] s. arábico m., língua árabe f. ‖ adj. arábico, árabe.

Arabic numerals ou **figures** s. números arábicos m. pl.

arability [ærəb'iliti] s. estado m. ou condição f. de ser arável ou cultivável.

arabin ['ærəbin] s. (Quím.) arabina f.: essência solúvel da goma-arábica.

Arabist ['ærəbist] s. arabista m. + f.

arable ['ærəbl] s. terra arável f. ‖ adj. arável, lavrável, cultivável.

araceous [ər'eifəs] adj. (Bot.) aráceo.

arachnid [ər'æknid], **arachnidan** [~ən] s. aracnídeo m. ‖ adj. aracnídeo, aracnóideo.

arachnoid [ər'æknɔid] s. 1. (Anat.) aracnóide f. 2. aracnídeo m. ‖ adj. aracnóideo, aracnídeo.

aragonite [ər'ægənait] s. (Miner.) aragonita f.

araliaceous [əreili'eifəs] adj. (Bot.) araliáceo.

Aramaean, Aramean [ærəm'i:ən] s. 1. aramaico, arameano m. 2. arameu m., língua aramaica f. ‖ adj. aramaico, arameano.

Aramaic [ærəm'eiik] s. aramaico, arâmico, arameu m. ‖ adj. aramaico.

Arapaho, Arapahoe [ər'æpəhou] s. pl. **Arapaho, Arapahoe** ou **Arapahoes** índio m. de uma tribo guerreira que habitava a zona central dos E. U. A.

arapaima [ærəp'aimə] s. (Ict.) arapaima, pirarucu m. (Arapaima gigas).

araroba [ær'oubə] s. 1. (Bot.) araroba f. (Andira araroba). 2. pó m. de Goa.

Araucan [ər'ɔ:kən] s. araucano m.: língua dos habitantes primitivos do Chile.

Araucanian [ærɔ:k'einiən] s. araucano m. ‖ adj. araucano, araucânio.

araucaria [ærɔ:k'ɛəriə] s. (Bot.) araucária f.

Arawak ['a:ra:wa:k] s. arauá m. + f.: tribo de indíge-

nas da América Central e do Sul. ‖ adj. aruaque.
Arawakan [a:ra:w'a:kən] adj. aruaque.
arbalest ['a:bəlest], **arbalist** ['a:bəlist] s. besta, arcobalista f.
arbalester ['a:bəlestə], **arbalister** [-listə] s. besteiro m.: soldado m. armado de besta.
arbiter ['a:bitə] s. 1. árbitro m. 2. juiz m.
arbitrable ['a:bitrəbl] adj. que pode ser decidido por arbitragem, sujeito à arbitragem, arbitrativo.
arbitrage ['a:bitridʒ] s. 1. arbitragem f. 2. (Com.) arbitragem f. de câmbio.
arbitral ['a:bitrəl] adj. arbitral.
arbitrament [a:b'itrəmənt] s. 1. arbitramento m., arbitração, arbitragem f. 2. direito m. e poder m. arbitrativo. 3. arbítrio, julgamento m., decisão f.
arbitrariness ['a:bitrərinis] s. arbitrariedade f.
arbitrary ['a:bitrəri] adj. 1. arbitral, baseado em decisão de árbitros, arbitrativo. 2. arbitrário. 3. à vontade, caprichoso. 4. despótico, tirânico. ‖ **–rily** adv. arbitralmente, arbitrativamente, arbitrariamente.
arbitrate ['a:bitreit] v. 1. arbitrar, decidir como árbitro. 2. servir como árbitro. 3. submeter ao julgamento por árbitros.
arbitration [a:bitr'eiʃən] s. 1. arbitramento m., arbitragem f. 2. decisão f., julgamento m. dos árbitros. **Court of Arbitration** tribunal arbitral. ~ **of exchange** arbitragem de títulos.
arbitrational [~əl] adj. arbitral, arbitrativo.
arbitration award s. laudo arbitral m.
arbitrative ['a:bitreitiv] adj. arbitrativo.
arbitrator ['a:bitreitə] s. arbitrador, árbitro m.
arbitress ['a:bitris] s. arbitradora f.
arbor (I), **arbour** ['a:bə] s. latada, pérgula f., parreiral, caramanchão m.
arbor (II) ['a:bɔ:] s. 1. (Bot.) árvore f. 2. (Téc.) eixo, veio, fuso m., árvore, vara f. 3. (Téc.) mandril m., placa f. (de torno).
Arbor Day s. Dia m. da árvore.
arboreal [a:b'ɔ:riəl] adj. 1. arbóreo, arborizado. 2. arborícola.
arbored ['a:bərd] adj. 1. arborizado, orlado de árvores. 2. coberto por latada.
arboreous [a:b'ouriəs] adj. 1. coberto de árvores, arborizado. 2. arborescente. 3. arbóreo.
arborescence [a:bor'esns] s. arborescência, arvorecência f.
arborescent [a:bor'esnt] adj. arborescente. ‖ **–ly** adv. arborescentemente.
arboretum [a:bor'i:təm] s. arboreto m., viveiro m. de plantas.
arboricultural [a:borik'ʌltʃərəl] adj. arboricultural.
arboriculture [a:borikʌltʃə] s. arboricultura f.
arboriculturist [a:borik'ʌltʃərist] s. arboricultor m.
arborization [a:boraiz'eiʃən] s. 1. arborização f. 2. ramificação f. (de veios minerais, nervos, etc.) que apresenta semelhança com árvores
arborous ['a:bərəs] adj. arbóreo.
arborvitae, arbor vitae [a:bəv'aiti] s. 1. (Bot.) árvore-da-vida, tuia f. (Thuja orientalis ou occidentalis). 2. (Anat.) árvore-da-vida f.
arbutus [a:bj'u:təs] s. (Bot.) 1. arbuto m.: gênero de plantas ericáceas. 2. medronheiro m.
A. R. C. abr. de **American Red Cross.**
arc [a:k] s. 1. arco m. (também Astron., Geom.) linha curva f. 2. (Eletr.) arco voltaico m. ‖ v. (Eletr.) formar um arco voltaico.
arcade [a:k'eid] s. (Arquit.) 1. arcada, arcaria f. 2. colunata f., (passeio) coberto m. ‖ v. formar ou construir arcadas.
arcaded [~id] adj. com arcadas, arcado.
Arcadia [a:k'eidiə], (também poét.) **Arcady** s. Arcádia f.: província da Grécia antiga.

Arcadian [~n] s. árcade m. + f.: natural da Arcádia. ‖ adj. árcade, bucólico, idílico.
arcane [a:k'ein] adj. (Liter.) arcano, enigmático.
arcanum [a:k'einəm] s. pl. **arcana** 1. segredo, mistério, arcano m. 2. remédio secreto m., elixir m.
arc cosine s. (Trigon.) co-seno m. de um arco.
arc cotangent s. (Trigon.) co-tangente f. de um arco.
arc furnace s. forno m. a arco voltaico.
arch, abr. de **archaic, archipelago, architect, archive.**
arch. abr. de **archaic, archaism.**
Arch. abr. de **Archbishop.**
arch (I) [a:tʃ] s. 1. (Arquit.) arco, arcobotante m., abóbada f. (quadros A 5, B 23). 2. (Arquit.) arcaria, colunata f. 3. monumento m. em forma de arco. 4. (Anat.) peito m. do pé, céu m. da boca, arcos branquiais m. pl. ‖ v. arquear, formar arcos, cobrir de arcos.
triumphal ~ arco triunfal, arco do triunfo.
arch (II) [a:tʃ] adj. (empregado usualmente como elemento de composição, seguido de hífen). 1. principal, mor, arquieminente. 2. astuto, engenhoso. 3. (fam.) traquinas, travesso, brejeiro, malicioso, velhaco. ‖ **–ly** adv. principalmente, travessamente, brejeiramente, engenhosamente,,maliciosamente.
archaeologic [a:kiəl'ɔdʒik], **archaeological** [~əl] adj. arqueológico. ‖ **~ally** adv. arqueologicamente.
archaeologist [a:ki'ɔlədʒist] s. arqueólogo m.
archaeology [a:ki'ɔlədʒi] s. arqueologia f.
archaeopteryx [a:ki'ɔptəriks] s. (Pal.) arqueoptérix m.
archaic [a:k'eiik] adj. 1. arcaico, antigo. 2. fora da moda, antiquado. 3. velho, vetusto, secular. ‖ **~ally** adv. arcaicamente.
archaism ['a:keiizm] s. arcaísmo m.: 1. idiotismo arcaico. 2. costumes e modas antiquadas. 3. qualquer coisa arcaica em artes ou ciências.
archaist ['a:keiist] s. arcaísta m. + f., antiquário m.
archaistic [a:kei'istik] adj. arcaísta.
archaize [a:'keiaiz] v. arcaizar: 1. tornar(-se) arcaico. 2. usar arcaísmos.
archangel ['a:keindʒəl] s. 1. arcanjo m. 2. (Bot.) angélica f. (Angelica atropurpurea).
archangelic [a:kændʒ'elik], **archangelical** [~əl] adj. arcangélico. ‖ **~ally** adv. arcangelicamente.
archbishop ['a:tʃb'iʃəp] s. arcebispo m.
archbishopric [~rik] s. arcebispado m.
archdeacon ['a:tʃd'i:kən] s. arquidiácono, arcediago m.
archdeaconate [~it], **archdeaconship** [~ʃip] s. arcediagado, arquidiaconato m.
archdeaconry [~ri] s. dignidade f. ou residência f. do arcediago.
archdiocesan ['a:tʃdai'ɔsisən] adj. arquidiocesano.
archdiocese ['a:tʃd'aiəsis] s. arquidiocese f., arcebispado m.
archducal ['a:tʃd'u:kəl] adj. arquiducal.
archduchess ['a:tʃd'ʌtʃis] s. arquiduquesa f.
archduchy ['a:tʃd'ʌtʃi] s. arquiducado m.
archduke ['a:tʃdj'u:k] s. arquiduque m.
Archean, Archaean [a:k'i:ən] adj. (Geol.) arqueano m.
arched [a:tʃd] adj. arcado, arqueado, curvado.
archegonial [a:kig'ouniəl] adj. de ou relativo a arquegônio.
archegoniate [a:kig'ouniit] adj. (Bot.) arquegoniado.
archegonium [a:kig'ouniəm] s. pl. **archegonia** (Bot.) arquegônio m.
archenemy [a:tʃ'enimi] s. inimigo mortal m.
archenteric [a:kent'erik] adj. relativo a arquêntero.
archenteron [a:k'entərən] s. (Embriol.) arquêntero, arquênteron m.
archeology, archeological, archeologist = **archaeology, archaeological, archaeologist.**
Archeozoic [a:kioz'ouik] s. (Geol.) arqueozóico m. ‖ adj. arqueozóico, arqueozoítico.
archer ['a:tʃə] s. 1. arqueiro m., soldado m. armado

de arco e flechas. 2. **Archer** Sagitário m.
archery [~ri] s. 1. arte f. de manobrar arco e flecha.
2. equipamento m. de arqueiro. 3. corpo m. de
arqueiros.
archespore ['a:kispɔ:] s. (Bot.) arquesporo m.
archetypal ['a:kitaipəl], **archtypical** [a:kit'ipikəl] adj.
arquetípico, prototípico.
archetype ['a:kitaip] s. arquétipo, protótipo, original m.
archfiend ['a:tʃf'i:nd] s. 1. inimigo principal m. 2
(fig.) Satanás m.
archi– prefixo que denota: 1. principal, superior. 2.
(Anat., Biol.) primitivo, original.
archiblast ['a:kibla:st] s. (Biol.) 1. arquiblasto m. 2
epiblasto m.
archicarp ['a:kika:p] s. (Bot.) arquicarpo m.
archidiaconal [a:kidai'ækənəl] adj. de ou relativo
a arcediagado ou a arcediago.
archidiaconate [a:kidai'ækənit] s. arcediago m.
archiepiscopal [a:kiip'iskəpəl] adj. arquiepiscopal, ar-
cebispal.
archiepiscopate [a:kiip'iskəpit] s. arcebispado m.
archil ['a:kil] s. urzela f.: 1. (Bot.) espécie de líquen
(Rocella tinctoria). 2. substância corante extraída
dessa planta.
archimage ['a:kimeidʒ] s. arquimago, grande mágico
m., feiticeiro m.
archimandrite [a:kim'ændrait] s. arquimandrita m.,
superior m. de mosteiro da Igreja Grega.
Archimedean [a:kim'i:diən] adj. relativo a Arquimedes.
archipelagic [a:kipil'ædʒik] adj. arquipelágico.
archipelago [a:kip'eləgou] s. pl. **archipelagos** ou
archipelagoes 1. arquipélago m. 2. grupo m. de
ilhas.
archiplasm ['a:kiplæzm] s. (Biol.) arquiplasma f.
architect ['a:kitekt] s. 1. arquiteto m., engenheiro
civil m. 2. construtor m. 3. criador ou autor m.
(de planos de ação). 4. (coloq.) engenhador.
the ~ of his own fortune o arquiteto do seu próprio
destino.
architectonic [a:kitekt'ɔnik] adj. 1. arquitetônico. 2.
construtivo, hábil na execução de planos arquite-
tônicos. 3. diretivo, orientador.
architectonics [~s] s. = **architecture.**
architectural [a:kit'ektʃərəl] adj. arquitetural, arquitetônico. ‖ ~**ly** adv. arquiteturalmente, arquiteto-
nicamente.
architecture [a:kit'ektʃə] s. arquitetura f.: 1. ciência
f. e arte f. de idealizar e executar construções
arquitetônicas. 2. arte decorativa f. 3. técnica f.
de construção. 4. edifício m., estrutura f.
architrave ['a:kitreiv] s. (Arquit.) 1. arquitrave f.,
epistílio m., viga mestra f. (quadro D 2). 2. arquivolta f., caixilho m.
archival [a:k'aivəl] adj. de arquivos, relativo à arqui-
vística.
archive ['a:kaiv] s. arquivo m.: 1. depósito m. de
documentos. 2. armazenagem f.
archivist ['a:kivist] s. arquivista m. + f.
archivolt ['a:kivɔlt] s. (Arquit.) arquivolta f.
archly ['a:tʃli] adv. vide **arch** (II).
archness ['a:tʃnis] s. 1. importância, superioridade f.
2. travessura, brejeirice f., disposição f. para brincadeiras e zombarias.
archon ['a:kən] s. (Hist. grega) arconte m.
archonship [~ʃip] s. arcontado m.
archoplasm ['a:koplæzm] s. (Biol.) arquiplasma m.
archoplasmic [a:kopl'æzmik] adj. arquiplasmático.
archpriest ['a:tʃpr'i:st] s. 1. arcipreste, arquipresbí-
tero m. 2. decano, vigário m., assistente principal
m. de um bispo.
archpriesthood [~hud], **archpriestship** [~ʃip] s. arci-
prestado m.

arch-stone s. (Arquit.) fecho m. da abóbada, chave f.
da abóbada.
archway ['a:tʃwei] s. arcada f .
arc lamp s. lâmpada f. de eléctrodos de carvão,
lâmpada f. de arco voltaico.
arc light s. luz f. de arco voltaico.
arctic ['a:ktik] s. 1. regiões árticas f. pl., zona f.
do pólo norte. 2. ~**s** pl. galochas f. pl. de inverno.
‖ adj. ártico.
Arctic Circle s. círculo ártico m.
Arctic fox s. raposa ártica f.
Arctic Ocean s. Oceano Ártico m.
Arctic Zone s. zona ártica f.
Arcturus [a:ktj'uərəs] s. (Astron.) Arcturo m.: estrela
da constelação de Boieiro.
arcuate ['a:kjuit], **arcuated** ['a:kjueitid] adj. arqueado,
curvado como um arco.
arc welding s. solda elétrica f.
ardency ['a:dənsi] s. ardência, veemência f., ardor m.
ardent ['a:dənt] adj. 1. zeloso, entusiástico, ansioso.
2. ardente, candente, em brasa. 3. intenso, fogoso,
veemente. ‖ ~**ly** adv. ardentemente, zelosamente.
ardentness [~nis] s. ardor, entusiasmo m., ardência,
veemência f.
ardent spirits s. bebidas alcoólicas f. pl.
ardour, ardor ['a:də] s. 1. ardor, fervor m., veemência
f., calor emotivo, grande entusiasmo m. 2. calor
intenso m.
arduous ['a:djuəs] adj. 1. árduo, espinhoso, difícil. 2.
trabalhoso, custoso, laborioso, penoso, fatigante.
3. íngreme, elevado, de difícil acesso. ‖ ~**ly** adv.
arduamente, penosamente, escarpadamente.
arduousness [~nis] s. arduidade, dificuldade f.
are (I) [a:] segunda pessoa do singular e primeira,
segunda e terceira pessoa do plural do indicativo
presente do verbo **to be.**
are (II) [a:] s. are m.: medida de superfície correspondente a 100 m².
area ['ɛəriə] s. área f.: 1. superfície plana f., espaço
m. 2. extensão, esfera f., âmbito m., raio m. de
ação. 3. região, zona f., território m. 4. recinto,
terreno cercado m. 5. rebaixe m. na entrada para
o porão.
area-bell s. campainha f. (para fornecedores em casa).
areal [~l] adj. pertencente ou relativo a uma área.
areaway [~wei] s. rebaixo, rebaixamento m. ou
passagem f. entre edifícios.
areca ['ærikə] s. (também **areca palm**) (Bot.) areca f.
arena [ər'i:nə] s. pl. **arenas, arenae** 1. arena f. 2.
(fig.) qualquer lugar de disputa, contenda ou
julgamento.
arenaceous [ærin'eiʃəs] adj. arenoso.
arenicolous [ærin'ikələs] adj. (Zool.) arenícola.
aren't [a:nt] (coloq.) contração de **are not.**
areola [ær'iolə] s. pl. **areolae** [—li:] 1. aréola f. 2.
(Anat.) aréola mamilar f. 3. (Bot., Zool.) auréola f.
areolar [ær'iolə] adj. areolar, areolado.
areolate [ær'iolit] adj. areolado, que tem aréolas.
areolation [æriol'eiʃən] s. areolação f.
areole ['ærioul] s. = **areola.**
areometer [æri'omitə] s. areômetro, densímetro.
areometry [æri'omitri] s. areometria f.
Areopagite [æri'opəgait] s. (Hist. grega) areopagita m.
Areopagitic [æriopədʒ'itik] adj. areopagítico.
Areopagus [æri'opəgəs] s. (Hist. grega) areópago m.
arête [ær'eit] s. aresta f. de montanhas.
argal ['a:gəl] s. = **argol.**
argali [a:g'a:li] s. (Zool.) argali m. (Ovis ammon).
argent ['a:dʒənt] s. (arc. ou poét.) prata f. ‖ adj.
argênteo, de prata, prateado, branco, brilhante.
argenteous [a:dʒ'entiəs] adj. argênteo, argentífero,
prateado.

argentic [a:dʒ'entik] adj. (Quím.) argêntico.
argentiferous [a:dʒent'ifərəs] adj. argentífero.
argentine ['a:dʒəntain] s. argentão m. e ligas f. pl.
semelhantes. ‖ adj. argênteo, argentado, argentino.
Argentine ['a:dʒəntain] s. argentino m.: natural da
Argentina. ‖ adj. argentino.
Argentinean [a:dʒent'injən] s. argentino m.: cidadão
da Argentina. ‖ adj. argentino.
argentite ['a:dʒentait] s. (Miner.) argentita f.
argentol ['a:dʒentoul] s. (Farmac.) argentol m.
argentous [a:dʒ'entəs] adj. (Quím.) argentoso.
argil ['a:dʒil] s. (Min.) argila f., barro m. de oleiro.
argillaceous [a:dʒil'eiʃəs] adj. argiláceo, argiloso.
argilliferous [a:dʒil'ifərəs] adj. argilífero.
argillite ['a:dʒilait] s. (Miner.) argilita., argila xis-
tosa f.
Argive ['a:gaiv] s. grego, argivo m. ‖ adj. argivo,
grego, relativo a Argos.
argon ['a:gɔn] s. (Quím.) argônio m.
Argonaut ['a:gənɔ:t] s. 1. (Mitol. grega) argonauta
m. 2. (E. U. A.) aventureiro m. que procurava ouro
na Califórnia no ano de 1849. 3. (Zool.) argonauta,
náutilo m.: espécie de moluscos.
Argonautic [a:gən'ɔ:tik] adj. argonáutico.
argosy ['a:gəsi] s. 1. grande navio mercante m. 2.
frota f. de navios deste tipo. 3. suprimento m.
abundante.
argot ['a:gou] s. gíria f., jargão, calão m.
arguable ['a:gjuəbl] adj. 1. discutível, disputável, controvertível. 2. defensável, sustentável.
argue ['a:gju:] v. 1. discutir, argumentar, discorrer,
debater. 2. raciocinar, arrazoar, deduzir. 3. persuadir, convencer, dissuadir. 4. afirmar, manter,
sustentar, defender. 5. manifestar, revelar. 6.
indicar, demonstrar, provar. 7. fazer objeções, disputar, contestar, questionar.
he ~s with his friend ele tenta convencer o seu
amigo. don't ~! não discute! he ~s her into spending money ele procura persuadi-la a gastar dinheiro.
arguer [~ə] s. argumentador m.
argufy [~ fai] v. argumentar insistentemente, discutir
calorosamente.
argument ['a:gjumənt] s. 1. argumento, debate m.,
discussão, altercação f. 2. argumentação f., raciocínio m. 3. razão, alegação persuasiva f., convencimento m. 4. dedução f., sumário m. de uma
obra.
he had an ~ on ele tinha uma discussão sobre...
argumentation [a:gjument'eiʃən] s. 1. argumentação,
argüição, demonstração f. 2. discussão, controvérsia f., debate m.
argumentative [a:gjum'entətiv] adj. 1. argumentativo,
lógico. 2. inclinado a discussões, controversial.
‖ ~ly adv. argumentativamente.
argumentativeness [~ nis] s. disposição briguenta f.,
pendor m. para debates ou discussões.
Argus ['a:gəs] s. 1. (Mit.) argos m. 2. (fig.) guardião
atento m.
Argus-eyed adj. vigilante, atento.
argy-bargy s. (Ingl.) bate-boca m., discussão f. (barulhenta mas não muito séria).
argy'rodite [a:dʒ'irodait] s. (Miner.) argirodita f.
aria ['a:riə] s. (Mús.) ária, melodia f.
Arian (I) ['εəriən] ariano m., sectário m. do arianismo.
‖ adj. ariano.
Arian (II) ['εəriən] s. e adj. = Aryan.
arid ['ærid] adj. 1. árido, seco, deserto. 2. enfadonho,
monótono, desinteressante, insípido.
aridity [ær'iditi] aridness ['æridnis] s. 1. aridez, seca,
secura f. 2. insipidez f.

Aries ['εərii:z] s. Áries m.: constelação zodiacal, o
carneiro signo do Zodíaco.
arietta, [æri'etə] s. (Mús.) arieta, modinha f.
aright [ər'ait] adv. corretamente, certamente.
aril ['æril] s. (Bot.) arilo m.
arillate ['ærilit] adj. (Bot.) arilado.
arillode ['æriloud] s. (Bot.) arilódio m.
arioso [a:ri'ouzou] s. (Mús.) arioso m. ‖ adj. no estilo
de uma ária, melodioso. ‖ adv. de modo arioso,
melodiosamente.
arise [ər'aiz] v. imp. arose p. p. arisen 1. levantar(-se),
erguer(-se). 2. subir, elevar(-se). 3. surgir, aparecer.
4. nascer, originar(-se), começar. 5. ressuscitar. 6.
provir, proceder, resultar (from de). 7. rebelar(-se),
sublevar(-se). 8. opor(-se) (against contra).
the morning mist ~s from the meadows a névoa
matinal levanta-se dos prados. they arose against
their oppressors eles se rebelaram contra os seus
opressores.
arista [ər'istə] s. pl. aristae [-ti] (Bot.) aresta, pragana, barba f. de espiga.
aristate [ər'isteit] adj. (Bot.) aristado.
aristocracy [ærist'ɔkrəsi] s. 1. aristocracia, nobreza
f. 2. classe privilegiada f. em linhagem, cultura ou
riqueza. 3. governo oligárquico m. 4. país m. sob
governo oligárquico. 5. governo m. da elite.
aristocrat ['æristəkræt] s. 1. aristocrata m. + f.,
nobre m. 2. patriciado, fidalgo, magnata m. 3.
partidário m. de um governo aristocrático.
aristocratic [æristəkr'ætik] aristocratical [~ əl] adj.
aristocrático. ‖ ~ally adv. aristocraticamente.
aristolochiaceous [əristolouki'eiʃəs] adj. (Bot.) aristolo-
quiáceo.
Aristotelian [æristot'i:ljən] s. aristotélico m., adepto
m. da doutrina de Aristóteles. ‖ adj. aristotélico.
Aristotelianism [~ izm] s. aristotelismo m.
aristotype [ər'istotaip] s. (Fot.) aristótipo m.
arith. abr. de arithmetic, arithmetical.
arithmetic [ər'iθmətik] s. 1. aritmética f.: a) arte de
computar núm₍eros positivos reais. b) ciência que
estuda as operações possíveis e as propriedades de
números positivos reais. 2. livro m. de aritmética.
arithmetical [æriθm'etikəl] adj. aritmético. ‖ ~ly adv.
aritmeticamente.
arithmetical progression s. progressão aritmética f.
arithmetician [əriθmət'iʃən] s. aritmético m.
arithmetic mean s. (Mat.) média aritmética f.
Arius ['eiriəs] s. Ário m.
Ariz. abr. de Arizona.
Arizona [æriz'ounə] s. Arizona m.: Estado da federação dos E. U. A.
Arizonan, Arizonian [æriz'ounjən] s. natural do Arizona, arizonano m. + f. ‖ adj. arizonense.
ark [a:k] s. 1. (Bíblia) arca f. 2. (coloq.) barco grande
m. 3. (Bíblia) repositório m. (onde se guardavam
as tábuas da lei).
~ of the Covenant (Bíblia) Arca do Aliança. Noah's
~ Arca de Noé.
Ark. abr. de Arkansas.
Arkansan [a:k'ænzən] s. natural m. de Arkansas,
arkansiano m. ‖ adj. arkansiano.
Arkansas ['a:kənsɔ:] s. Arkansas m.: 1. Estado da
federação dos E. U. A. 2. rio (afluente do Mississípi).
arm (I) [a:m] s. 1. braço m. 2. qualquer um dos
membros dianteiros dos animais, tentáculo m. (do
polvo ou outros pólipos). 3. galho, ramo m. (de
uma árvore). 4. braço m. do mar ou de um rio. 5.
(Téc.) braço m. de qualquer instrumento ou máquina, alavanca f., suporte m. 6. (Náut.) braço m.
da âncora, lais m. da verga. 7. ramal m., ramificação f. 8. manga f. (de roupa). 9. braço m. de

cadeira. 10. força, autoridade f.
at ~'s length à distância de um braço. **child in
~s** criança de colo. **within ~'s reach** ao alcance do
braço ou da mão. **they go ~ in ~** eles andam de
braços dados. **he was received with open ~s** ele foi
acolhido de braços abertos. **fore—~** antebraço.
arm (II) [a:m] s. 1. arma f., armamento m., instrumento m. de ataque ou defesa. 2. unidade f. de
exército (infantaria, cavalaria, etc.) tropa f. 3.
(Heráld.) escudo, brasão m. ‖ v. 1. armar(-se), prover de armas. 2. preparar(-se) para a guerra. 3.
fortalecer, fortificar, guarnecer, proteger.
in ~s armado. **up in ~s** 1. em revolta, amotinado.
2. (fig.) exaltado, furioso. **by force of ~s** com mão
armada. **ground ~!** descansar armas! **King of Arms**
arauto mor. **master of ~s** mestre ou treinador
de esgrima. **to beat to ~s** chamar às armas.
present ~s! apresentar armas!
armada [a:m'eidə] s. 1. armada f., frota f. de belonaves. 2. esquadra f. de aviões. 3. **the Armada**
Armada f.: designação da frota espanhola que
tentou o ataque contra a Inglaterra em 1588.
armadillo [a:məd'ilou] s. (Zool.) tatu m.
Armageddon [a:məg'edn] s. 1. (Bíblia) armagedon m.:
batalha final entre forças do bem e do mal. 2.
(fig.) qualquer grande conflito final.
armament ['a:məmənt] s. 1. armamento m., equipamento bélico m. 2. força f. ou potencial m. militar
de uma nação. 3. métodos e processos m. pl. de
armamento.
armature ['a:mətjuə] s. 1. armadura, armação f. 2.
couraça, blindagem f. 3. (Téc.) armadura, armação, guarnição f. 4. (Eletr.) induzido, rotor, contato móvel m. (de relé) (quadro E 1). 5. (Biol.)
armas, garras f. pl., espinhos m. pl.
armchair ['a:mtʃeə] s. poltrona f., cadeira f. de braços (quadro C 9.).
armchair critic s. critiqueiro m.
armed [a:md] adj. armado, munido de armas, garras
ou espinhos.
armed forces s. forças armadas f. pl. em terra, mar
e ar.
armed neutrality neutralidade armada f.
armed services pl. forças armadas f. pl. (esp. em
tempos de paz).
Armenia [a:m'i:njə] s. Armênia f.
Armenian [~n] s. armênio m. ‖ adj. armênio.
armet ['a:met] s. elmo, capacete m. da Idade Média.
armful ['a:mful] s. pl. **armfuls** braçada f., braçado
m., o máximo que se pode segurar com os braços.
armhole [a:mhoul] s. 1. axila f., sovaco m. 2. cava f.
armiferous [a:m'ifərəs] adj. armífero.
armiger ['a:midʒə] s. 1. escudeiro, armígero m.,
pajem de armas. 2. fidalgo, cavaleiro m.
armigeral [a:m'idʒərəl] adj. armígero.
armigerous [a:m'idʒərəs] adj. armífero, armígero.
armillary [a:'mileri] adj. armilar.
armillary-sphere (Astron.) esfera armilar f.
arming ['a:miŋ] . 1. armamento m., equipamento
militar m.˙ 2. (Heráld.) armas f. pl.
Arminian [a:m'iniən] s. Arminiano m., adepto m. do
Arminianismo. ‖ adj. arminiano.
Arminianism [~izm] s. arminianismo m.
armipotent [a:m'ipotənt] adj. armipotente.
armistice ['a:mistis] s. armistício m., trégua f.
Armistice Day s. Dia do Armistício m., 11 de novembro; desde 1954 comemorado como Dia do
Veterano.
armless ['a:mlis] adj. 1. sem braço. 2. sem arma.
armlet ['a:mlit] s. 1. pequeno braço (de mar, rio,
etc.), esteiro m. 2. bracelete m., armila, manilha f.
armorial [a:m'o:riəl] s. armorial m. ‖ adj. armorial.
armorial bearings s. escudo m de armas, brasão m.

Armoric, [a:m'ɔrik] **Armorican** [~ən] s. Armórico,
Armoricano m. ‖ adj. armoricano.
armour, armor ['a:mə] s. 1. armadura, couraça, panóplia f. 2. blindagem f. 3. (E. U. A.) couraças f. pl.
de aço (para belonaves, fortificações ou veículos
militares). 4. escafandro m. ‖ v. couraçar, blindar,
proteger com armadura.
chain ~ cota de malha.
armourbearer, armorbearer [~beərə] s. pajem m. de
armas, escudeiro m.
armour-clad adj. couraçado, blindado.
armoured, armored ['a:məd] adj. blindado, encouraçado, protegido com armadura.
armoured car s. (milit.) carro blindado m.
armourer, armorer ['a:mərə] s. armeiro, alfageme m.
armourist, armorist ['a:mərist] s. armista, heraldista
m. + f., heráldico m.
armour piercing bomb s. bomba f. de alta potência.
armour plate s. couraça, chapa f. de ferro ou aço
(usada para blindar).
armour plated adj. encouraçado, blindado.
armoury, armory ['a:məri] s. 1. armaria f.: a) arsenal
m., depósito m. de armas. b) (Heráld.) parassemo-
fotografia f., arte f. de compor brasões. 2. (E. U. A.)
fábrica f. de armas. 3. centro m. de educação
física da milícia.
armpit ['a:mpit] s. axila f., sovaco m.
armrest ['a:mrest] s. braço m. (de poltrona, etc.).
arms [a:mz] s. pl. 1. armas f. pl., instrumentos m.
pl. de defesa ou ataque. 2. guerra f. ou façanha
f. de guerra. 3. ciência f. ou serviço m. militar.
4. brasões m. pl., símbolos e desenhos m. pl.
heráldicos.
to bear ~ servir como soldado.
army ['a:mi] s. 1. exército m., tropas regulares f.
pl. 2. (freqüentemente com maiúscula) organização militar completa f. de uma nação (exceto
marinha). 3. sociedade f. esportiva ou humanitária
organizada à maneira do exército. 4. (fig.) multidão
f., grande massa humana.
he goes into the ~ ele segue a carreira militar. **he
joins the ~** ele se torna soldado.
army ant s. (Zool.) denominação de algumas espécies
de correição.
army cloth s. tecido m. para fardas militares.
army contractor s. fornecedor m. do exército.
army corps s. corpo m. de exército.
army of occupation s. exército m. de ocupação.
army worm s. (Zool.) lagarta f. de cereais (Pseu-
daletia unipuncta).
arnica ['a:nikə] s. (Bot.) arnica f.
ar'n't, aren't [a:nt] contração de **are not.**
aroid ['æroid] s. (Bot.) planta f. da família das
Aráceas ou Aróideas. ‖ adj. também **aroideous**
aráceo.
aroma [ər'oumə] s. 1. aroma, perfume m., fragrância
f. 2. qualidade específica f., odor, sabor m.
aromatic [ærom'ætik] s. planta f. ou substância
aromática f. ‖ adj. também **aromatical** aromático,
fragrante, odorífero. ‖ **~ally** adv. aromaticamente.
aromatize [ər'oumətaiz] v. aromatizar, perfumar.
arose [ər'ouz] v. imp. de **arise.**
around [ər'aund] adv. 1. ao redor, em volta, em torno,
em cerco. 2. em círculo, em circunferência, circularmente. 3. de todos os lados, por toda parte, em
todas as direções. 4. (E. U. A.) aqui e ali, para. lá
e para cá. 5. (coloq. E. U. A.) perto, por aí, nas
proximidades, aqui. 6. em direção oposta, para
trás. ‖ prep. 1. em redor de, em torno de. 2. em
volta de, junto de, em cerco de. 3. por todos os
lados de. 4. aqui e ali, por toda parte. 5. (coloq.,
E. U. A.) algures, perto de. 6. (coloq., E. U. A.) bem
próximo de (em importância ou quantidade) cerca

de. 7. além de, depois de, no lado mais distante de. **all** ~ numa volta fechada, num círculo completo. **he has been** ~ ele andou pelo mundo.

arouse [ər'auz] v. 1. acordar, tirar do sono, despertar. 2. incitar, provocar, estimular, atiçar.

arpeggio [a:p'edʒiou] s. pl. **arpeggios** (Mús.) arpejo m.

arpent ['a:pənt] s. arpente m., jeira f.: antiga medida francesa de superfície.

arquebus ['a:kwibəs], **arquebusier** [a:kwibəs'iə] s. = **harquebus**.

arrack ['ærək] s. araca f.: aguardente oriental.

arraign [ər'ein] s. = **arraignment**. ‖ v. 1. (Jur.) chamar a juízo. 2. acusar, denunciar, processar. 3. pôr em dúvida, considerar incorreto ou improcedente, censurar, impugnar.

arraigner [~ə] s. acusador m., denunciante m + f.

arraignment [~mənt] s. acusação, denúncia, citação f.

arrange [ər'eindʒ] v. 1. arranjar, arrumar, pôr em ordem, organizar. 2. harmonizar, concertar, conciliar, combinar. 3. chegar a um acordo, concordar, convencionar. 4. planejar, providenciar, preparar. 5. (Mús.) fazer um arranjo, adaptar (música). **she** ~**s everything** ela arranja ou arruma tudo.

arrangeable [~əbl] adj. arranjável, organizável, planejável.

arrangement [~mənt] s. 1. arranjo m., arrumação f. 2. organização, harmonia f., sistema m. 3. conciliação f. 4. ajuste, acordo m. 5. combinação f. 6. (usualmente no plural) plano, programa de ação m., providência f. 7. (Mús.) arranjo musical m. **all** ~**s have been made** foram tomadas todas as providências.

arranger [~ə] s. o que arranja, acerta, arruma, etc., coordenador m., disponente m. + f.

arrant ['ærənt] adj. 1. errante, ambulante. 2. completo, reconhecido, notório. **arrant dunce** s. bobo completo m.

arras ['ærəs] s. arrás m., tapeçaria, gobelina f.

array [ər'ei] s. 1. ordem f. de batalha, formação militar f., esquadrão m. de tropas. 2. ostentação, pompa, exibição f. 3. força militar f., tropas f. pl., soldados m. pl. 4. vestuário m., vestimenta f., traje m. 5. (Jur.) alistamento m. ou lista f. de jurados. ‖ v. 1. pôr em ordem, arrumar. 2. enfeitar, vestir, adornar. **she went to** ~ **herself** ela foi para vestir-se. **what an** ~ **of beautiful girls!** que cortejo de belas moças!

arrayal [~əl] s. ato m. ou processo m. de pôr em ordem, arrumação f., arranjo, o mesmo que **array**.

arrayer [~ə] s. arrumador m., arranjador m., o que arranja ou dispõe.

arrear [ər'iə] s. atraso m., conta atrasada f.

arrearage [ər'iəridʒ] s. 1. dívidas f. pl. em atraso. 2. saldo m. a pagar, resto m. 3. reserva f.

arrears [ər'iəz] s. pl. 1. dívidas, obrigações f. pl. 2. trabalho inacabado m. **interest on** ~ juros de mora. **he is in** ~ **with** ele está em atraso com.

arrears in rent s. aluguel atrasado m.

arrest [ər'est] s. 1. apreensão f., embargo m. 2. detenção, captura, prisão f. 3. impedimento m., suspensão, parada f. 4. (Téc.) batente m., dispositivo limitador m. (do movimento de máquinas). ‖ v. 1. apreender, prender, embargar. 2. deter, capturar, aprisionar. 3. parar, controlar, reprimir, impedir. **the judgment was** ~**ed** o procedimento foi interrompido. **close** ~ retenção particular.

arrester, **arrestor** [~ə] s. 1. arrestante m. + f. 2. (Téc.) parada f., batente m. 3. (Eletr.) interruptor automático m. **lightning** ~ pára-raios.

arresting [~iŋ] adj. interessante, impressionante.

arrestive [~iv] adj. 1. cativante, absorvente, que prende a atenção. 2. (Gram.) adversativa (conjunção).

arrestment [~mənt] s. 1. arresto m., prisão, detenção f. 2. parada f., controle, impedimento m. 3. (Téc.) batente m., dispositivo m. de parada.

arride [ər'aid] v. agradar, aprazer, satisfazer.

arris ['æris] s. (Arquit.) aresta f., canto m.

arris gutter s. goteira f. em forma de "V".

arrival [ər'aivəl] s. 1. chegada, vinda f., advento m. 2. obtenção, consecução f. (de um objetivo, alvo ou resultado). 3. visita f., pessoa ou coisa f. que chegou ou está em vias de chegar. 4. (coloq.) recémnascido.

arrival board s. quadro m. das chegadas de trens, navios, aviões, ônibus.

arrive [ər'aiv] v. 1. chegar, vir. 2. alcançar, atingir (uma resolução, o resultado ou fim de uma jornada). 3. ter sucesso, tornar-se célebre. 4. ocorrer, suceder.

arriver [~ə] s. visitante m. + f., quem chega.

arriviste [æriv'i:st] s. (Fr.) arrivista m. + f.

arroba [a:r'ouba:] s. arroba f.

arrogance ['ærəgəns], **arrogancy** [~i] s. arrogância, altivez, presunção f., orgulho exagerado m.

arrogant ['ærəgənt] adj. 1. arrogante, presunçoso, altivo, orgulhoso. 2. insolente, insólito, impertinente. ‖ ~**ly** arrogantemente, presunçosamente, orgulhosamente, insolentemente.

arrogate ['ærogeit] v. 1. arrogar(-se), apropriar-se, usurpar, reclamar ou tomar sem direito. 2. atribuir(-se) ou transferir indevidamente a. **he** ~**d the estate to himself** ele se apropriava indevidamente dos bens.

arrogation [ærog'eiʃən] s. 1. pretensão, presunção f. 2. arrogância, apropriação, usurpação f.

arrogator ['ærogeitə] s. arrogador, usurpador m.

arrow ['ærou] s. 1. flecha, seta f. 2. qualquer coisa que se assemelha a flecha (em forma ou velocidade). 3. flecha ou seta f. indicadora.

arrow-grass s. (Bot.) erva-do-brejo f. (Triglochin maritima).

arrow-head s. 1. cabeça f. ou ponta f. da flecha. 2. (Bot.) seta f.: qualquer planta do gênero Sagitaria. 3. qualquer marca ou sinal cuneiforme.

arrowroot [~ru:t] s. 1. (Bot.) araruta, maranta f. 2. amido m. de maranta.

arrow-shaped adj. 1. que tem forma de flecha ou seta. 2. (Bot.) sagitado (quadro L 2).

arrowwood [~wud] s. (E. U. A.) designação do viburno e outros arbustos cujas hastes duras foram usadas como flecha.

arrowy [~i] adj. 1. que consiste ou está cheio de flechas, semelhante a flechas. 2. rápido, veloz.

arroyo [ər'ɔiou] s. pl. **arroyos** (espanhol) 1. arroio m., leito seco m. de um rio. 2. riacho m. 3. barranco m., ravina f.

arrythmia, arythmia [ər'iθmiə] s. (Med.) arritmia f.

arsenal ['a:sinəl] s. 1. arsenal m., depósito m. de armas e munições. 2. fábrica f. de armas.

arsenate ['a:sinit] s. (Quím.) arseniato m.

arseniasis [a:sin'aiəsis] s. (Med.) arseníase f., intoxicação arsenical f.

arsenic ['a:snik] s. (Quím.) arsênico, arsênio m.: 1. elemento químico m. 2. veneno violento m. ‖ [a:s'enik] adj. arsênico, arseníaco.

arsenical [a:s'enikəl] s. preparado arsenical m. ‖ adj. arsenical. ‖ ~**ly** adv. arsenicalmente.

arsenide ['a:sinaid] s. (Quím.) arseniêto.

arsenious [a:s'i:niəs] adj. (Quím.) arsenioso.

arsenism ['a:sinizm] s. (Med.) arseníase f.

arsenite ['a:sinait] s. (Quím.) arsenito m.

arsenopyrite [a:si:nopair'ait] s. (Min.) arsenopirita f.

arsine ['a:sain, -sin] s. (Quím.) arsenamina f., arsenieto m. de hidrogênio, hidreto m. de arsênio.

arsis ['a:sis] s. (Métr., Mús.) ársis f.

arson ['a:sən] s. (Jur.) incêndio culposo m.

arsonist [~ist], **arsonite** [~ait] s. incendiário m.

arsphenamine [a:sf'enəmin, -main] s. (Farmac.) arsenobenzol, salvarsan m.

art [a:t] v. (arc.) és: segunda pessoa do singular do indicativo presente do verbo **to be**. **thou ~ tu** és.

art [a:t] s. 1. habilidade, destreza, perícia f. 2. jeito m., inteligência, capacidade f. 3. ciência, sabedoria, cultura f., saber m. 4. estudo, trabalho m. (literário ou científico), maestria f. 5. ofício m., arte f., belas artes f. pl.: letras, pintura, escultura, dança, música, etc. 6. aplicação, dedicação f. 7. artifício m., esperteza, astúcia f. 8. (arc.) estudos m. pl. em geral. 9. método, sistema m., princípios artísticos m. pl. 10. artificialidade, esquisitice f. 11. ardil, truque m., tramóia f. **the ~ of living** a arte de viver. **~s and crafts** arte aplicada, arte industrial. **industrial ~s, useful arts** artes mecânicas, artesanato. **the ~ of printing** a arte gráfica. **he attained his end by ~** ele conseguiu seus objetivos com astúcia. **he has ~ and part in it** ele participa tanto na elaboração dos planos como na sua execução. **work of ~** a obra de arte.

art. abr. de **article, artificial, artillery, artist.**

art cardboard s. cartão couché m.

art director s. (Cin., Telev.) diretor artístico m.

art editor s. (Gráf.) editor m. de arte.

artel [a:t'el] s. (Hist. econômica) cooperativa operária f., especialmente na U.R.S.S.

arterial [a:t'iəriəl] adj. 1. (Anat.) arterial. 2. (fig.) principal. 3. (Fisiol.) que diz respeito ao sangue arterial. ‖ **~ly** adv. arterialmente.

arterial highway s. artéria f. de tráfego.

arterialization [a:ti:riəlaiz'eiʃən] s. (Fisiol.) arterialização, hematose f.

arterialize [a:t'i:riəlaiz] v. arterializar, tornar arterial.

arteriosclerosis [a:ti:riosklir'ousis] s. (Med.) arteriosclerose f.

arteriosclerotic [a:tiəriouskliər'ɔtik] adj. (Med.) arteriosclerótico.

arteriotomy [a:tiəri'ɔtəmi] s. (Cirurg.) arteriotomia f.

arteritis [a:tər'aitis] s. (Med.) arterite f., inflamação arterial f.

artery ['a:təri] s. 1. (Anat.) artéria f., vaso m. de sangue arterial. 2. (fig.) via principal f., canal ou rio navegável m., estrada f. de rodagem.

artesian [a:t'i:zjən] adj. artesiano.

artesian well s. poço artesiano m.

artful ['a:tful] adj. 1. astuto, ladino, ardiloso, manhoso. 2. hábil, destro, engenhoso, experimentado. 3. artificial, simulado, falso. ‖ **~ly** adv. 1. ardilosamente. 2. habilmente, engenhosamente. 3. simuladamente, falsamente.

artfulness [~nis] s. destreza, astúcia, experiência, artificialidade f.

arthritic [a:θr'itik] s. (Med.) artrítico m.: pessoa que padece de artrite. ‖ adj. também **arthritical** [~əl] artrítico. ‖ **~ally** adv. artriticamente.

arthritis [a:θr'aitis] s. (Med.) artrite, gota f.

arthrology [a:θr'ɔlədʒi] s. (Anat.) artrologia f.

arthropod ['a:θrɔpɔd] s. (Zool.) artrópode m. ‖ adj. (também **arthropodal** [a:θr'ɔpədəl], **arthropodous** [-pədəs] artropódio.

artichoke ['a:tiʃouk] s. (Bot.) 1. alcachofra f. 2. capítulo m. da planta. 3. tupinambo m. (Helianthus tuberosus).

article ['a:tikl] s. 1. artigo m. de jornal ou composição literária f. 2. cláusula, estipulação f., parágrafo m.

3. item m., artigo m. de mercadoria, gênero m., peça, coisa, parte f. 4. (Gram.) artigo m. definido ou indefinido. 5. subdivisão f. de lei ou contrato, condição f. ‖ v. 1. articular, estipular. 2. contratar. 3. obrigar-se (pelos termos de um contrato). 4. formular um libelo, acusar. **~ of war** artigo de guerra. **to serve one's ~s** servir como aprendiz. **ship's ~s** contrato de trabalho naval. **he reads the leading ~** ele lê o artigo de fundo. **in the ~ of death** no momento da morte.

articular [a:t'ikjulə] adj. (Anat.) articular, que pertence à articulação.

articulate [a:t'ikjulit] v. 1. articular, pronunciar nitidamente, enunciar, proferir sons articulados. 2. unir por articulações, rejuntar. 3. ensamblar, encaixar. 4. articular-se, enunciar-se. ‖ adj. 1. articulado, bem pronunciado, enunciado. 2. capaz de falar. 3. distinto, nítido, feito de partes isoladas, composto 4. encaixado, rejuntado, segmentado, secionado. ‖ **~ly** adv. 1. articuladamente, nitidamente. 2. encaixadamente. 3. distintamente.

articulateness [~nis] s. expressividade, nitidez f.

articulation [a:tikjul'eiʃən] s. 1. articulação, enunciação f., pronunciação distinta f. 2. som articulado m. 3. junta, juntura f. 4. processo m. ou maneira f. de encaixar. 5. (Anat., Biol., Bot. e Zool.) articulação, junta f., artículo, nó m.

articulative [a:t'ikjulətiv] adj. que tem articulações.

articulator [a:t'ikjuleitə] s. quem articula, pessoa que pronuncia palavras distintamente

artifact ['a:tifækt] s. 1. artefato (também Biol.), produto manufaturado m. 2. produto artificial m.

artifactitious [a:tifækt'iʃəs] adj. artificioso.

artifice ['a:tifis] s. 1. estratagema, ardil, truque m. 2. astúcia, esperteza, velhacaria, impostura, trapaça f. 3. (arc.) arte profissional f.

artificer [a:t'ifisə] s. 1. artífice m. + f., artesão, oficial, mestre m. (num ofício). 2. artista m + f., inventor, realizador m.

artificial [a:tif'iʃəl] adj. 1. artificial, dissimulado, desnatural. 2. irreal, substituto, sucedâneo, imitante. 3. falso, fictício, suposto, fingido. ‖ **~ly** adv. artificialmente, irrealmente, falsamente.

artificial horizon s. horizonte artificial m. (Astron., Av.).

artificial insemination s. inseminação artificial f.

artificialness [~nis], **artificiality** [a:tifiʃi'æliti] s. 1. artificialidade f., artificialismo m. 2. irrealidade f

artificial respiration s. respiração artificial f.

artillerist [a:t'ilərist] artilheiro m.

artillery [a:t'iləri] s. artilharia f.: 1. canhões m. pl., armas de fogo f. pl. pesadas. 2. fogo m. de canhões. 3. ciência f. de balística e técnica do tiro. **coast ~** artilharia costal. **field ~** artilharia de campo. **heavy ~** artilharia pesada. **horse ~** artilharia montada.

artillery man, artillerist s. artilheiro m.: soldado da artilharia.

artiness ['a:tinis] s. imitação f. de arte, arte medíocre f.

artiodactyl [a:tiod'æktil] s. (Zool.) mamífero artiodáctilo m. ‖ adj. artiodáctilo.

artisan [a:tiz'æn, 'a:tizən] s. artesão m., artífice m. + f., oficial m.

artist ['a:tist] s. artista m. + f.: 1. pintor artístico m., escultor, literato, músico m. 2. quem faz um trabalho artisticamente e com bom gosto.

artiste [a:t'i:st] s. artista m. + f.: 1. cantor, ator dançarino m. 2. profissional m.: que executa os serviços de sua especialidade com arte e maestria.

artistic [a:t'istik], **artistical** [~əl] adj. artístico. ‖ **~ally** adv. **artisticamente**.

artist paper s. papel m. de aquarelas.
artistry ['a:tistri] s. 1. obra f. ou trabalho m. artístico. 2. capacidade, vocação f. ou talento m. artístico.
artless ['a:tlis] adj. 1. simples, sincero. 2. natural. 3. ignorante, inábil, inexperiente, não adestrado. ‖ ~ly adv. simplesmente, naturalmente, ignorantemente.
artlessness [~nis] s. 1. simplicidade, naturalidade f. 2. falta f. de experiência. 3. falta f. de arte.
art master s. professor m. de desenho.
art nouveau s. (fr.) "art. nouveau" m.: estilo de arte e decoração comum no fim do século XIX na Europa e América.
art-paper s. papel couché m.
arts and crafts s. artes f. pl. e ofícios m. pl.
artwork ['a:twə:k] s. trabalho m. ilustrativo e decorativo.
arty ['a:ti] adj. que imita arte ou tende a imitá-la.
arum ['ɛərəm] s. (Bot.) 1. arão, jarro m. 2. copo-de--leite m. 3. qualquer planta do gênero Arum (da família das Aráceas).
arundinaceous [ərʌndin'eiʃəs] adj. arundináceo.
arvo ['a:vou] s. (gíria, Austrália) tarde f.
Aryan ['ɛəriən] s. 1. língua f. dos ários. 2. ária m.. membro da família indo-européia. 3. descendente m. + f. desse povo pré-histórico. 4. (coloq.) pessoa que não pertence à raça semítica. ‖ adj. 1. ária, ariano, árico. 2. indo-europeu.
aryanize [~aiz] v. arianizar.
arytenoid [ærit'ainɔid], arytenoidal [æritin'ɔidəl] adj. aritenóideo.
as (I) [æz, əz] adv. 1. tão, igualmente, tanto quanto, do mesmo grau ou modo, equivalente. 2. como por exemplo. ‖ conj. 1. como, quão, quanto, assim como, tal como, conforme. 2. enquanto, ao passo que, no momento em que, quando. 3. porque, visto que, já que, porquanto. 4. se bem que, ainda que, embora, contanto que, conquanto que. 5. em resultado do que, em conseqüência do que. ‖ prep. como, na qualidade de. ‖ pron. 1. que, quem, qual. 2. como ~ well tão bem, ainda mais, além disso. he ~ well ~ she ele como ela, tanto ele quanto ela, ambos. we may ~ well tell her podemos contá-la do mesmo jeito, não há razão para não dizer a ela. twice ~ large duas vezes maior. I thought ~ much foi isto que já pensei. classical books ~ the plays of Racine livros clássicos como os dramas de Racine. busy ~ a bee diligente como uma abelha. ~...~ tão...como, tanto quanto. I am ~ clever ~ he sou tão inteligente quanto ele. (~) heavy ~ lead pesado como chumbo. I am ~ hungry ~ a hunter tenho uma fome canina. ~ sure ~ I live tão certo como eu estou vivo. his position ~ a banker a sua posição como banqueiro. ~ yet até agora. not ~ yet ainda não. ~ far ~ I know quanto eu sei. ~ far ~ I am concerned quanto a mim, no que me concerne. ~ it rained visto que chovia. she smiled ~ she did it ela sorriu ao fazê-lo. old ~ he is he should know it better! velho como é, devia sabê-lo melhor! let me tell you ~ a friend deixe-me dizer-lhe como amigo. ~ you love me, be quiet! se você me ama, fique quieto! ~ good luck would have it felizmente. ~ you were! (milit.) última forma! be so kind ~ to do it queira fazê-lo, por favor. ~ it is ou was nestas circunstâncias, de todo jeito, de qualquer forma. ~ it were por assim dizer, de certo modo. do ~ you wish faça como quiser. he went so far ~ to say... ele chegou a ponto de afirmar... that is ~ it should be! assim está certo! ~ follows como segue. ~ for me quanto a mim. ~ from... válido desde... ~ if, ~ though como se (após os verbos com o sentido de "parecer"). it looked ~ if they

were really ʊghting parecia como se eles lutassem de fato. ~ per advice conforme aviso. ~ regards no que diz respeito. ~ a rule na regra, usualmente, por via de regra. ~ requested conforme pediao. she was English ~ I saw ela era inglesa como logo percebi. such ~ are rich aqueles que são ricos... the same type ~ o mesmo tipo como.
as (II) [æs] s., pl. asses ['æsiz] asse m., antiga moeda de cobre dos romanos.
asafetida, asafoetida [æsəf'etidə] s. (Bot., Farm.) assa-fétida f.
asbestic [æzb'estik], asbestine [æzb'estin] adj. asbestino.
asbestos [æzb'estɔs] asbestus [æzb'estəs] s. 1. (Miner.) asbesto, amianto m. 2. tecido m. (feito de asbesto) resistente ao fogo.
ascariasis [æskər'aiəsis] s. (Patol.) ascaríase f.
ascarid ['æskərid] s. (Zool.) ascarídeo m., lombriga f.
ascend [əs'end] v. 1. ascender, ir para cima, passar para mais alto. 2. trepar, escalar, subir, elevar-se, alar(-se). 3. remontar, voltar para a nascente.
ascendable [~əbl], ascendible [~ibl] adj. acessível, que pode ser escalado.
ascendance, ascendence [~əns], ascendancy, ascendency [~ənsi] s. domínio, predomínio, poder m., supremacia, ascendência, preponderância f.
ascendant, ascendent [~ənt] s. ascendência f. (também Astron.): posição f. de poder, predomínio m., supremacia, predominância f. ‖ adj. 1. ascendente. 2. superior, dominante, preponderante.
ascending [~iŋ] adj. 1. ascendente, que sobe. 2. (Bot.) ascendente, racemoso.
ascension [əs'enʃən] s. 1. ascensão, subida, elevação f. 2. (Ecles.) Ascensão f.
ascensional [əs'enʃənəl] adj. ascensional.
Ascension Day s. dia m. da Ascensão de Jesus Cristo.
ascensive [əs'ensiv] adj. ascendente, progressivo.
ascent [əs'ent] s. 1. ascensão, subida f. 2. escalada f. 3. retrogressão no tempo ou na linha dos ancestres. 4. (quadro M 7) vertente, encosta, rampa f.
ascertain [æsət'ein] v. apurar, determinar, averiguar.
ascertainment [~mənt] s. averiguação, determinação f.
ascetic [əs'etik] s. 1. asceta m. + f. 2. devoto, beato m. ‖ adj. também ascetical [~əl] ascético. ‖ ~ally adv. asceticamente.
asceticism [əs'etisizm] s. asceticismo, ascetismo m.
ascidian [əs'idjən] s. (Zool.) ascídio m.
ascidium [əs'idjəm] s. pl. ascidia [-diə] (Bot.) ascídia f.
ascites [əs'aiti:z] s. (Med.) ascite, barriga-d'água f.
asclepiadaceous [æskli:piəd'eiʃəs] adj. (Bot.) asclepiadáceo.
Asclepiadean [æskli:piəd'i:ən] adj. (Métr.) asclepiadeu.
ascocarp ['æskouka:p] s. (Bot.) ascocarpo m.
ascocarpous [æskok'a:pəs] adj. de ou relativo ao ascocarpo.
ascogonial [æskog'ouniəl] adj. ascógeno.
ascogonium [æskog'ouniəm] s. (Bot.) ascogônio m.
ascomycete [æskomais'i:t] s. (Bot.) ascomicete m.
ascomycetous [~əs] adj. de ou relativo aos ascomicetes.
ascorbic [æsk'ɔ:bik] s. (Quím.) ascórbico m.
ascorbic acid s. ácido ascórbico m., vitamina C f.
ascospore ['æskospɔ:] s. (Bot.) ascóspore m.
ascot ['æskət] s. plastrão m.
Ascot ['æskət] s. cidade inglesa, local de famosas corridas de cavalos.
ascribable [əskr'aibəbl] adj. designável, atribuível.
ascribe [əskr'aib] v. 1. designar, referir a. 2. atribuir, imputar.
ascription [əskr'ipʃən] s. 1. atribuição, imputação f. 2. relato m., declaração f.

ascus ['æskəs] s. (Bot.) asco m.
aseismic [eis'aizmik] adj. (Geol.) assísmico.
Aselidae [æs'elədi:] s. (Zool.) Aselídeos m. pl.
asepsis [eis'epsis, əs'epsis] s. (Med.) 1. assepsia, esterilização f. 2. processos m. pl. de desinfecção.
aseptic [eis'eptik, əs'eptik] s. substância f. ou preparado m. asséptico. ‖ adj. asséptico. ‖ ~ally adv. assepticamente.
asexual [eis'eksjuəl] adj. (Biol.) assexual: 1. sem caracteres sexuais. 2. assexo, assexuado, cuja reprodução não depende de processos sexuais. ‖ ~ly adv. assexualmente.
asexuality [eiseksju'æliti] s. assexualidade f.
asexualization [eiseksjuəlaiz'eiʃən] s. assexualização f.
asexualize [eis'eksjuəlaiz] v. assexualizar.
asexual reproduction s. (Biol.) reprodução assexual f.
a. s. f. [eiesef] abr. de and so forth.
ash (I) [æʃ] s. 1. cinza f., resíduos m. pl. de combustão. 2. pó vulcânico m. 3. cor f. da cinza.
ash (II) [æʃ] s. 1. (Bot.) freixo m. (gênero Fraxinus). 2. madeira f. do freixo.
ashamed [əʃ'eimd] adj. 1. envergonhado, humilhado. 2. desconcertado, confuso, irritado. ‖ ~ly adv. envergonhadamente.
to be ~ of envergonhar-se, ter vergonha de. he ought to be ~ of himself ele devia ficar envergonhado. she is ~ of him ela se envergonha dele. I am ~ to say lamento dizer.
ashamedness [~nis] s. vergonha f.
ash-bin s. cinzeiro m. de fornalha (quadro C 8).
ash blond adj. loiro-prateado, acinzentado (cor de cabelo).
ash-can s. 1. recipiente m. de cinzas. 2. (Cin.) conjunto de diversas lâmpadas de arco, colocadas acima da cena.
ashen (I) ['æʃən] adj. 1. cinza, semelhante a cinza. 2. cinério, cinzento, pálido.
ashen (II) ['æʃən] adj. 1. (Bot.) fraxíneo, semelhante u freixo. 2. da madeira do freixo.
ashes ['æʃiz] s. pl. 1. cinza f., resíduos m. pl. de combustão. 2. cinzas f. pl., restos mortais m. pl. 3. pó vulcânico m.
to lay in ~ incendiar, (fig.) destruir.
ash gray s. cor f. de cinza. ‖ adj. cinzento.
ashlar, ashler ['æʃlə] s. (Arquit.) 1. pedra f. de cantaria, silhar m. 2. obra f. de cantaria.
ashore [əʃ'ɔ:] adj. + adv. 1. na praia, em terra firme. 2. à praia, em direção à terra.
to get ~ desembarcar. to run ~ encalhar.
ashpan ['æʃpæn] s. cinzeiro m. de fornalha.
ash-tray s. cinzeiro m. (quadro S 8).
Ash Wednesday s. Quarta-feira f. de Cinzas.
ashy ['æʃi] adj. 1. semelhante à cinza, pálida como a cinza. 2. de cinza, cinéreo. 3. coberto de cinza.
Asian ['eiʒən, 'eiʃən] s. asiático m. ‖ adj. asiático.
Asiatic [eiʃi'ætik] s. asiático m., povo asiático m. ‖ adj. asiático. ‖ ~ally asiaticamente.
Asiatic ou Asian flu s. gripe asiática f.
aside [əs'aid] s. aparte m ‖ adv. 1. de lado, ao lado, para um lado. 2. longe, à distância, para longe, fora da mão, fora do caminho. 3. à parte, salvo, exceto. 4. confidencialmente, em voz baixa.
to turn ~ from desviar de, virar para.
asinine ['æsinain] adj. asinino, asnal, asnático, estúpido. ‖ ~ly adv. estupidez, asininamente.
asininity [æsin'initi] s. estupidez, asneira, asnice f.
ask [a:sk] v. 1. perguntar, inquirir, indagar. 2. requerer, solicitar, pedir. 3. reclamar, demandar, exigir. 4. convidar. 5. necessitar, precisar. 6. publicar proclamas (na igreja), apregoar.
to ~ a question fazer ou formular uma pergunta. I ~ you o que eu queria saber é, diga-me. to ~ the time indagar as horas. to ~ one's way of

someone perguntar pelo caminho. I ~ed his advice, permission pedi o seu conselho, sua permissão. to ~ too much exigir demais. I ~ed him to lunch convidei-o para o almoço. ~ him upstairs convide-o para subir, peça-lhe que suba. this work ~s great care este serviço exige cuidado especial. may I ~ you to pass me the salt queira dar-me o sal, por favor. may I ~? posso perguntar? ~, and it shall be given you pedi e dar-se-vos-á (Mateus, VII. 7.) to ~ for trouble causar ou provocar dificuldades. you ~ed for it! você é que criou esta situação. it is too much to ~ of anyone! isto não se pode exigir de ninguém, é demais!
askance [əsk'æns], askant [əsk'ænt] adv. 1. desconfiadamente, com inveja ou desprezo. 2. de viés, de esguelha, de soslaio.
to look ~ at s. o. fitar alguém desconfiadamente.
asker ['a:skə] s. peticionário m., suplicante, requerente m. + f.
askew [əskj'u:] adj. torto, oblíquo, retorcido, virado para o lado errado.
to look ~ olhar desconfiadamente.
asking ['a:skiŋ] s. 1. pergunta, solicitação f. 2. ~s pl. proclamas m. pl. de casamento.
for the ~ gratuitamente.
askingly [~li] adv. interrogativamente, insistentemente.
aslant [əsl'a:nt] adj. oblíquo, enviesado. ‖ adv. obliquamente, de través, diagonalmente. ‖ prep. por viés de, de través em, transversalmente sobre.
asleep [əsl'i:p] adj. 1. adormecido, adormido. 2. dormente. 3. apático, inerte, inativo. 4. lânguido, tórpido, teso (de frio ou umidade). 5. morto. ‖ adv. adormecidamente, apaticamente, inativamente.
~ in the Lord descansa em Deus. to be ~ estar adormecido. to fall ~ adormecer. to rock ~ ninar (uma criança).
aslope [əsl'oup] adj. inclinado, oblíquo, aclivoso, ladeirento. ‖ adv. inclinadamente, obliquamente.
asocial [əs'ouʃəl] adj. associal, não social.
asp [æsp] s. 1. áspide, víbora f. 2. forma poética de aspen.
asparagus [əsp'ærəgəs] s. (Bot.) espargo m. (Asparagus officinalis).
aspect ['æspekt] s. aspecto m.: 1. aparência, feição f. 2. atitude, expressão (do rosto), catadura f., semblante, ar m. 3. ponto m. de vista, vista f. 4. face f. 5. frente f., lado m. 6. (Astron.) fase f.
from a higher ~ de um ponto de vista superior (também fig.). western ~ com vista para o oeste. the house has a western ~ a casa dá para o oeste. in all ~s a todos os respeitos.
aspectable [æsp'ektəbl] adj. visível.
aspen ['æspən] s. (Bot.) álamo tremedor m., choupo tremedor m., faia preta f. (Populus tremula). ‖ adj. 1. de álamo ou faia. 2. (fig.) tremulante, trêmulo.
asper ['æspə] s. aspre m.: antiga moeda turca e egípcia.
asperges [æsp'ə:dʒi:z] s. (Ecles.) asperges m.: aspersão com água benta.
aspergillum [æspə:dʒ'iləm] s., pl. aspergilla, aspergillums hissope, aspersório m.
aspergillus [æspə:dʒ'iləs] s. pl. aspergilli [-lai] (Bot.) aspergilo m., gênero m. de fungo.
asperity [æsp'eriti] s. 1. aspereza, rudeza, escabrosidade f. 2. severidade, rispidez, inclemência f.
asperse [əsp'ə:s] v. 1. (raro) aspergir, respingar, borrifar. 2. caluniar, difamar.
asperser [~ə] s. caluniador, difamador m.
aspersion [əsp'ə:ʃən] s. 1. aspersão f., borrifo, respingo m. 2. calúnia, difamação f.
aspersorium [æspə:s'ɔ:riəm] s. (Ecles.) aspersório, his-

sope m.

asphalt ['æsfælt], **asphaltum** [æsf'æltəm] s. 1. (Miner.) asfalto, betume m. 2. mistura f. de asfalto com pedregulho e areia usada para a pavimentação. ‖ v. asfaltar. ‖ adj. asfáltico, betuminoso, de **asfalto**.

asphaltic [æsf'æltik] adj. asfáltico.

asphalt jungle s. selva f. de asfalto m.

asphodel ['æsfədel] s. (Bot.) 1. asfódelo m., abrótea f. 2. qualquer planta do gênero Asphodelus.

asphyxia [æsf'iksiə], **asphyxy** [-si] s. asfixia f.

asphyxiant [æsf'iksiənt] s. agente asfixiante m. ‖ adj. asfixiante.

asphyxiate [æsf'iksieit] v. asfixiar, sufocar.

asphyxiation [æsfiksi'eiʃən] s. ato m. ou processo m. de asfixiar, sufocamento m.

asphyxiator [æsf'iksieitə] s. asfixiador m.

aspic ['æspik] s. 1. (Bot.) alfazema f. (Lavandula spica). 2. geléia f. de carne. 3. (poét.) áspide, víbora f.

aspidistra [æspid'istrə] s. aspidistra f.: gênero de plantas Liliáceas.

aspirant [əsp'aiərənt] s. aspirante, cadete pretendente m. ‖ adj. aspirante.

aspirate ['æspərit] s. (Fon.) som aspirado m., aspirado. ‖ v. 1. aspirar, sorver, chupar. 2. pronunciar com som aspirado. 3. (Med.) tratar pelo método de aspiração. ‖ adj. aspirado, pronunciado com aspiração.

aspiration (I) [æspər'eiʃən] s. aspiração f.: 1. respiração f., ação de aspirar. 2. desejo veemente m., ambição f., anseio m.

aspiration (II) [æspər'eiʃən] s. 1. som m. aspirado ou seu símbolo. 2. absorção, sucção f. 3. (Med.) aspiração f.: remoção de fluidos nocivos pelo aspirador.

aspirator ['æspəreitə] s. aspirador m.: 1. (Med.) bomba ou aparelho aspirador. 2. (Med.) bomba para remoção de fluidos nocivos do corpo.

aspiratory [əsp'aiərətəri] adj. aspirador, aspirativo, aspiratório.

aspire [əsp'aiə] v. 1. aspirar, ansiar, almejar. 2. subir muito, elevar-se, levantar-se, sublimar-se.

aspirer [~rə] s. aspirante, m. + f., quem aspira.

aspirin ['æspirin] s. (Farmac.) aspirina f.

aspiring [əsp'aiəriŋ] adj. aspirador, aspirante, ambicioso. ‖ ~ly adv. aspiradoramente, ambiciosamente.

asquint [əskw'int] adj. lateral, oblíquo. ‖ adv. lateralmente, obliquamente, de viés.

ass [æs, a:s] s. 1. (Zool.) asno, burro. 2. (coloq.) ignorante, imbecil m. + f.

to make an ~ of o. s. expor-se ao ridículo.

assagai, assegai ['æsəgai] s. 1. azagaia, zagaia f. 2. árvore f. sul-africana (Curtisia faginea) de cuja madeira são feitas azagaias.

assail [əs'eil] v. 1. assaltar, atacar, investir violentamente contra. 2. atacar verbalmente, criticar, vituperar, injuriar.

assailable [~əbl] adj. que pode ser atacado.

assailant [~ənt], **assailer** [~ə] s. 1. assaltante m. + f., assaltador m. 2. crítico m. ‖ adj. 1. assaltante. 2. que ataca ou critica.

assassin [əs'æsin] s. 1. assassino, sicário m. 2. **Assassin** fanático assassino m. de uma ordem secreta maometana (na época das Cruzadas).

assassinate [~eit] v. 1. assassinar, matar traiçoeiramente. 2. injuriar gravemente, destruir (reputação, etc.).

assassination [əsæsin'eiʃən] s. assassínio, assassinato, homicídio m.

assassinator [əs'æsineitə] s. assassino m., homicida m. + f.

assassin bug s. (Zool.) redúvio m.: inseto da ordem dos Hemípteros.

assault [əs'ɔ:lt] s. 1. assalto, ataque m., investida f. 2. violação f., estupro m. 3. (Jur.) tentativa f. de agressão, agressão real f. 4. (milit.) fase final f. de um ataque, luta f. de corpo-a-corpo. ‖ v. assaltar, atacar, investir, agredir, violar.

~ and battery (Jur.) agressão. **indecent ~** violação, estupro. **~ of (at) arms** exercício de esgrima. **to carry** ou **take by ~** tomar de assalto. **to make an ~ upon** atacar.

assaultable [~əbl] adj. assaltável, violável.

assaulter [~ə] s. assaltante m.

assay [əs'ei] s. 1. ensaio m., análise f. 2. exame, teste m., prova f. 3. material examinado m. 4. especificação f. da análise. 5. (arc.) experiência, tentativa f. ‖ v. 1. analisar, ensaiar. 2. examinar, provar. 3. contrastear. 4. (arc.) tentar, experimentar.

assayable [~əbl] adj. avaliável.

assay balance s. balança f. de ensaio.

assayer [~ə] s. contrasteador, ensaiador m. (de minérios).

assay office s. contrastaria f.

assegai ['æsəgai] s. = **assagai**.

assemblage [əs'emblidʒ] s. 1. assembléia, reunião f. 2. coleção f., conjunto, grupo m. 3. conferência, sessão f. 4. (Téc.) montagem, armação, construção f. (de máquinas).

assemble [əs'embl] v. 1. ajuntar, agregar, acumular. 2. reunir(-se), encontrar-se, congregar(-se), convocar. 3. montar, construir, armar (**máquinas**, etc.).

assembler [~ə] s. montador, mecânico m.

assembly [~i] s. 1. assembléia, reunião, sessão f. 2. comício m. 3. congresso m. 4. recepção f. 5. baile m. 6. junta f. ou corpo m. legislativo. 7. montagem, construção f. 8. (**milit.**) toque m. de reunião. 9. **Assembly** câmara legislativa f. do congresso.

place of ~ ponto de reunião.

assembly line s. (Téc.) linha f. de montagem.

assemblyman [əs'emblimən] s. vereador, deputado m.

assembly room s. sala f. de sessões, salão m. de festas.

assent [əs'ent] s. 1. consentimento, assentimento m., aprovação, aceitação f. (de uma proposta), sanção f. ‖ v. 1. concordar, consentir, aquiescer, outorgar, anuir, aceder. 2. admitir, reconhecer, aderir.

with one ~ unanimemente. **without my knowledge and ~** sem o meu conhecimento e aprovação.

assentation [æsənt'eiʃən] s. complacência f., consentimento m., aquiescência f. (por lisonja ou servilidade).

assenter [əs'entə] s. consentidor m.

assentingly [əs'entiŋli] adv. com aquiescência, complacentemente, afirmativamente.

assentor [əs'entə] s. 1. consentidor m. 2. (Jur.) endossante m. + f. de uma candidatura ao parlamento inglês.

assert [əs'ə:t] v. 1. afirmar, declarar, asseverar. 2. insistir (num ponto de vista), defender, vindicar, reivindicar, pugnar por.

to ~ o. s. perseverar(-se), reivindicar os seus direitos e exigir o seu reconhecimento, vencer.

assertable [~əbl] adj. afirmável.

asserter, assertor [~ə] s. defensor, assertor m.

assertion [əs'ə:ʃən] s. 1. afirmação, declaração, asseveração f. 2. ação f. de afirmar ou declarar.

assertive [əs'ə:tiv] adj. 1. assertivo, afirmativo. 2. positivo. 3. agressivo. ‖ ~ly adv. 1. assertivamente, afirmativamente. 2. positivamente. 3. agressivamente.

assertiveness [~nis] s. positividade f., condição f. de ser assertivo.

assertory [əs'ə:təri] adj. assertório, assertivo, afirmativo.

assess [ə'ses] v. 1. avaliar, estimar, calcular (o valor de propriedades, rendas, etc. para o cômputo das taxas). 2. fixar, determinar (taxas, tributos, direitos, etc.) 3. tributar, taxar, lançar contribuição sobre. 4. ratear, aquinhoar, distribuir quotas de contribuições.

assessable [~əbl] adj. sujeito a taxas ou contribuições, taxável.

assessment [~mənt] s. 1. determinação f. de taxas, multas e outras contribuições. 2. taxação, tributação f. 3. taxa, cota, multa f. 4. importância f. da taxa ou contribuição.

assessor [~ə] s. 1. assessor, adjunto m., assistente m. + f. 2. exator, lançador m. de impostos.

assessorial [æsəs'ouriəl] adj. 1. assessorial, assessório. 2. fiscal.

assessorship [ə'esəʃip] s. assessorado m.

asset ['æset] s. 1. cada item m. da propriedade pessoal, posse f., haver m., ativos m. pl. 2. habilidade f., recurso, tino m.

assets [~s] s. pl. 1. (Jur.) espólio m. 2. massa falida f. 3. cada item do ativo no balanço ou balancete de uma firma.
~ and liabilities ativo e passivo.

asseverate [æs'evəreit] v. asseverar, assegurar, declarar solenemente.

asseveration [əsevər'eiʃən] s. asseveração, afirmação f., declaração solene f.

assiduity [æsidj'uiti] s. assiduidade, aplicação, freqüência sem faltas, continuação, perseverança f.

assiduous [əs'idjuəs] adj. assíduo, aplicado, diligente, atencioso, zeloso, infatigável, perseverante. || **~ly** adv. assiduamente, atenciosamente, infatigavelmente, zelosamente.

assiduousness [~nis] assiduidade, perseverança f.

assign [ə'ain] s. (Jur.) cessionário m. || v. 1. apontar, designar, nomear, ordenar, prescrever, marcar. 2. fixar, determinar, especificar. 3. lotear, dar em quinhão, ratear, aquinhoar, partilhar. 4. atribuir, referir a, imputar, alegar. 5. (Jur.) transferir propriedades, ceder direitos (esp. em benefício de credores).
he was ~ed a function foi-lhe atribuída uma função.

assignability [əsainəb'iliti] s. qualidade designável, determinável ou transferível.

assignable [əs'ainəbl] adj. 1. assinável, designável, determinável. 2. transmissível. || **–bly** adv. designavelmente, assinavelmente, transmissivelmente.

assignat [æsinj'a:] s. assinado m.: papel-moeda emitido pelo governo da Revolução Francesa.

assignation [æsign'eiʃən] s. 1. partilha, divisão proporcional f., aquinhoamento, rateamento m. 2. designação f. 3. coisa aquinhoada f. 4. coisa designada f. 5. encontro marcado m., encontro amoroso m. (em sentido pejorativo). 6. adjudicação f., transferência legal f. de propriedades.

assignee [æsin'i:] s. (Jur.) procurador, administrador, delegado cessionário m.
~ in bankruptcy síndico de massa falida.

assigner [əs'ainə], **assignor** [æsin'ɔ:] s. cedente, endossante, transmitente m. + f.

assignment [əs'ainmənt] s. 1. designação, indicação, atribuição f. 2. alegação f. 3. (E. U. A.) tarefa, obrigação f., serviço, exercício m. 4. ação f. de designar ou atribuir. 5. (Jur.) transmissão legal f. (de propriedades, direitos, etc.), sessão, adjudicação f. 6. título m. de transmissão.

assimilability [əsimiləb'iliti] s. assimilabilidade f.

assimilable [əs'imiləbl] adj. assimilável.

assimilate [əs'imileit] v. coisa f. ou produto m. assimilado. || v. 1. absorver, digerir, incorporar, assimilar. 2. ser assimilado ou absorvido. 3. fazer

semelhante ou igual, assemelhar, igualar. 4. comparar, equiparar. 5. ser igual ou semelhante.

assimilation [əsimil'eiʃən] s. 1. ação f. ou processo m. de assimilar. 2. assimilação f. (também Biol., Fon., Soc.).

assimilationism [~izm] s. (Soc.) assimilacionismo m.

assimilationist [~ist] s. (Soc.) assimilacionista m. + f.

assimilative [əs'imileitiv] adj. assimilativo.

assimilativeness [~nis] s. assimilabilidade f.

assimilator [əs'imileitə] s. assimilador m.

assimilatory [~ri] adj. assimilador, assimilativo.

assist [əs'ist] s. (E. U. A., Esp.) lance m. (que ajuda a eliminar um oponente no beisebol).
1. assistir, auxiliar, ajudar, socorrer. 2. participar, comparecer, estar presente. 3. associar-se como assistente.

assistance [~əns] s. 1. assistência, ajuda f., socorro, auxílio m. 2. participantes, espectadores, m. pl.
to afford ~ prestar auxílio. **to lend ~** ajudar, auxiliar. **he came to her ~** ele a socorreu.

assistant [~ənt] s. assistente, auxiliar, ajudante m. + f. || adj. assistente, auxiliar.
shop ~ balconista, vendedor.

assistant professor s. professor assistente m.

assize [əs'aiz] s. 1. sessão f. de um tribunal de direito. 2. julgamento, veredicto m. 3. **~s** pl. sessões periódicas f. pl. de um tribunal superior em cada condado da Inglaterra. 4. (Hist.) padrão m. de pesos, medidas ou ingredientes de produtos vendidos no mercado. 5. inquérito judicial m.

associability [əsouʃiəb'iliti] s. sociabilidade, compatibilidade f.

associable [əs'ouʃiəbl] adj. 1. associável, associativo. 2. sociável, compatível.

associate [əs'ouʃieit] s. 1. associação f. de idéias, argumentação mental f. 2. sócio, companheiro, camarada, amigo m. 3. associado m.: membro de uma sociedade que não goza de todos os direitos e privilégios. || v. 1. raciocinar, argumentar mentalmente, associar idéias. 2. associar(-se), unir(-se), ligar(-se), participar. 3. combinar, juntar. 4. emparceirar(-se), confederar-se. 5. andar em companhia, cercar-se de, fazer companhia, freqüentar. || adj. 1. associado, confederado, aliado. 2. concomitante, que acompanha. 3. admitido (para uma sociedade sem gozar os plenos direitos de sócio).
to ~ o. s. with a thing associar-se a uma coisa.
what do you ~ with Bond Street? qual é a idéia que você associa com a noção "Bond Street"?

associateship [~ʃip] s. direitos m. pl. e obrigações f. pl. de sócio.

association [əsousi'eiʃən] s. 1. associação f. de idéias, argumentação mental f. 2. ação ou processo m. de associar-se. 3. associação, sociedade, agremiação, cooperativa f., clube m. 4. parceria, participação, cooperação f. 5. amizade f.

associational [~əl] adj. associativo.

association football s. futebol m. (de acordo com as regras da liga internacional).

associative [əs'ouʃieitiv] adj. associativo. || **~ly** adv. associativamente.

assoil [əs'ɔil] v. (arc.) 1. absolver, perdoar. 2. expiar, reparar, resgatar. 3. manchar, sujar.

assonance ['æsənəns] s. 1. assonância f., semelhança fonética f. de palavras diferentes. 2. rima toante f.

assonant ['æsənənt] s. palavra f. ou sílaba f. assonante. || adj. também **assonantal** [~əl] assonante.

assort [əs'ɔ:t] v. 1. agrupar, sortir, classificar, ordenar. 2. fornecer várias espécies de mercadoria. 3. concordar, harmonizar, combinar, corresponder. 4. adaptar-se, ajustar-se. 5. associar, unir, ligar. 6. acompanhar.

assorted [~id] adj. sortido, variado, classificado, miscelâneo.

assorter [~ə] s. classificador m.: que ou quem determina categorias.

assortment [~mənt] s. 1. sortimento, agrupamento m., classificação f. 2. escolha, seleção, coleção f.

asst., Asst. abr. de **assistant.**

assuage [əsw'eidʒ] v. 1. suavizar, amenizar, abrandar. 2. aliviar, mitigar, acalmar. 3. diminuir, minorar. 4. facilitar. 5. satisfazer, saciar.

assuagement [~mənt] s. 1. alívio, abrandamento m., minoração f. 2. satisfação f.

assuager [~ə] s. mitigador m.

assuasive [əsw'eisiv] adj. mitigativo, calmante, sedativo.

assumable [əsj'u:məbl] adj. que pode ser suposto ou assumido, admissível. ‖ **–bly** adv. assumidamente, admissìvelmente, supostamente.

assume [əsj'u:m] v. 1. empreender. 2. aceitar, admitir. 3. assumir. 4. apropriar(-se), usurpar. 5. tomar conta de 6. pretender, pretextar, simular, fingir. 7. supor, tomar por certo. **she ~d innocence** ela simulou inocência. **he must not ~ the authority** ele não deve usurpar a autoridade. **he gave an ~d name** ele deu um nome fictício.

assumed [~d] adj. 1. adotado. 2. usurpado. 3. suposto, assumido. 4. simulado, fingido, pretenso. 5. hipotético, fictício. ‖ **~ly** adv. provavelmente, supostamente.

assuming [~iŋ] adj. 1. pretensioso, presunçoso, ostentoso. 2. arrogante, orgulhoso. **~ that...** na hipótese de...

assumpsit [əs'ʌmpsit] s. 1. ação judicial f. por quebra de contrato. 2. contrato m. ou promessa f. verbal cuja quebra está sujeita a ação de perdas e danos.

assumption [əs'ʌmpʃən] s. 1. suposição, presunção, pretensão f. 2. hipótese, conjetura f. 3. arrogância f., orgulho m. 4. **Assumption** (Ecles.) Assunção f.: festa da Assunção de Nossa Senhora, 15 de agosto. 5. adoção, apropriação, usurpação f. **Christ's ~ of our flesh** a encarnação de Jesus Cristo. **the ~ of his rank** a aceitação de seu cargo.

assumptive [əs'ʌmptiv] adj. 1. assuntivo, suposto, assumido, presumido. 2. pretensioso, insolente.

assurable [əʃ'uərəbl] adj. que pode ser garantido, segurável.

assurance [əʃ'uərəns] s. 1. garantia, fiança, afirmação f., penhor m. 2. promessa, declaração, asseveração f., compromisso m. 3. segurança, certeza, confiança f. 4. autoconfiança, convicção, firmeza f. 5. impertinência, ousadia, impudência f. 6. seguro m. de vida.

assure [əʃ'uə] v. 1. assegurar(-se). 2. garantir, afiançar. 3. inspirar confiança, animar, encorajar. 4. declarar, afirmar, asseverar. 5. pôr fora de perigo, proteger. 6. firmar contrato de seguro. **they ~d me that** eles me asseveraram que.

assured [~d] adj. 1. seguro, certo, indubitável, garantido. 2. segurado, assegurado, no seguro. 3. confiante, convicto. 4. audaz, intrépido. ‖ **~ly** adv. 1. seguramente, indubitavelmente, confiantemente. 2. de modo segurado, asseguradamente. 3. intrepidamente. **I am ~ of his good faith** estou convencido da sinceridade dele.

assuredness [əʃ'uədnis] s. 1. confiança, certeza, segurança f. 2. intrepidez, ousadia f.

assurer [əʃ'uərə] s. segurador m., companhia f. de seguros.

assurgent [əs'ə:dʒənt] adj. 1. ascendente. 2. (Bot.) assurgente.

Assyrian [əs'iriən] s. assírio m.: 1. nativo ou habitante da Assíria. 2. língua f. dos assírios.

Assyriologist [əsiri'olədʒist] s. assiriologista m. + f.

Assyriology [əsiri'olədʒi] s. assiriologia f.

astatic [eist'ætik] adj. 1. instável, inconstante. 2. (Fís.) astático. ‖ **~ally** adv. instavelmente, inconstantemente, astaticamente.

astaticism [eist'ætisizm] s. (Fís.) astaticidade f.

astatine ['æstəti:n] s. (Quím.) astatino m.

aster ['æstə] s. áster m.: 1. quaIquer planta da família numerosa das Carduáceas (Compostas). 2. (Biol.) formações radiantes (estrelares) nas fases da divisão celular.

asteraceous [æstər'eiʃəs] adj. (Bot.) de ou relativo à família das Compostas.

asteriated [æst'iərieitid] adj. (Cristal.) que apresenta asterismo.

asterisk ['æstərisk] s. asterisco m., sinal m. em forma de estrela. ‖ v. marcar com asterisco.

asterism ['æstərizm] s. 1. asterismo m.: a) (Astron.) constelação f., pequeno grupo m. de estrelas. b) (Cristal.) reflexo m. em forma estrelar apresentado por certos cristais. 2. (Tipogr.) três asteriscos m. pl. (formando triângulo, com a base para cima ou para baixo).

astern [əst'ə:n] adv. 1. à popa, à ré. 2. em direção à popa ou à ré. 3. atrás.

asternal [~əl] adj. (Anat.) asternal.

asteroid ['æstərɔid] s. asteróide m.: 1. (Astron.) planetóide m. 2. (Zool.) estrela-do-mar f. ‖ adj. asteróide, asteriforme.

asteroidal [æstər'oidəl] adj. relativo aos asteróides.

asteroidean [æstər'oidiən] s. (Zool.) asterídeos m. pl. ‖ adj. asterídeo.

asthenia [æsθ'i:niə] s. (Med.) astenia, debilidade, fraqueza orgânica f.

asthenic [æsθ'enik] s. (Med.) pessoa astênica f. ‖ adj. (Antrop., Med.) astênico.

asthma ['æsmə] s. (Med.) asma f.

asthmatic [æsm'ætik], **asthmatical** [~əl] adj. asmático. ‖ **~ally** adv. asmaticamente.

astigmatic [æstigm'ætik] adj. 1. astigmático. 2. que corrige ou cura astigmatismo. ‖ **~ally** adv. astigmaticamente.

astigmatism [æst'igmətizəm] s. (Med., Ópt.) astigmatismo m.

astir [əst'ə:] adj. 1. ativo, agitado, em movimento. 2. fora da cama, de pé. ‖ adv. 1. ativamente, movimentadamente. 2. fora da cama.

astomatous [eist'omətəs] adj. (Biol.) astomático.

astonish [əst'oniʃ] v. surpreender grandemente, pasmar, abismar, maravilhar, deixar atônito, causar espanto (**at** com). **to be ~ed** ficar surpreso (**at** com).

astonisher [~ə] s. que ou o que surpreende.

astonishing [~iŋ] adj. surpreendente, espantoso, extraordinário, maravilhoso, assombroso. ‖ **~ly** adv. surpreendentemente, espantosamente, extraordinariamente, maravilhosamente.

astonishingness [~iŋnis] estado ou qualidade surpreendente.

astonishment [~mənt] s. 1. grande surpresa f., admiração f. 2. perplexidade f., assombro, espanto, pasmo m. 3. qualquer coisa ou acontecimento que causa surpresa.

astound [əst'aund] v. 1. surpreender, pasmar, maravilhar 2. embaraçar, deixar perplexo, estupeficar, assustar ‖ adj. (arc.) estupefaciente.

astounding [~iŋ] adj. espantoso, assombroso, assustador, consternador. ‖ **~ly** adv. espantosamente, assombrosamente, consternadamente.

astrachan ['æstrəkən] s. = **astrakhan.**

astraddle [əstr'ædl] adj. montado a cavalo, com as

pernas abertas (uma em cada lado), escarranchado. ‖ adv. a cavalo, escarranchadamente.

astragal ['æstrəgəl] s. astrágalo m.: 1. (Anat.) osso do tarso m. 2. (Arquit.) ornato no fuste da coluna.

astragalar [æstr'ægələ] adj. astragálico.

astragalus [~s] s. (Anat., Arquit.) astrágalo m.

astrakhan, astrachan ['æstrəkən] s. astracã m.: 1. pele de cordeiro da raça Καρακul. 2. tecido grosso imitando a pele desse cordeiro.

astral ['æstrəl] adj. astral, sideral.

astral body s. (teosofia) fluido m. da alma.

astral lamp s. lâmpada astral f.

astray [əstr'ei] adj. 1. desviado, fora do caminho, perdido. 2. errado. ‖ adv. desencaminhadamente.

to go ~ extraviar-se, perder-se, desencaminhar-se (também fig.).

astrict [əstr'ikt] v. 1. restringir, confinar, constranger, limitar. 2. obrigar moral ou legalmente.

astriction [əstr'ikʃən] s. 1. restrição, obrigação f., constrangimento m. 2. adstrição, constipação f.

astrictive [əstr'iktiv] s. adstringente, adstringivo m. ‖ adj. adstritivo, adstringivo, adstringente. ‖ ~ly adv. adstritivamente, adstringivamente.

astrictiveness [~nis] s. adstringência f.

astride [əstr'aid] adj. 1. montado, com uma perna em cada lado, a cavalo. 2. escarranchado. ‖ adv. escarranchadamente. ‖ ~ of prep. montado em, a cavalo em.

~ **of the road** transversalmente sobre a estrada.

astringe [əstr'indʒ] v. 1. adstringir, comprimir, constringir. 2. atar, ligar.

astringency [əstr'indʒənsi] s. adstringência f.

astringent [əstr'indʒənt] s. adstringente, estíptico m., substância adstringente f. ‖ adj. 1. adstringente, estíptico. 2. severo, austero. ‖ ~ly adv. adstringentemente, severamente.

astrobiology [ˈæstrobai'olədʒi] s. astrobiologia f.

astrodome ['æstrodoum] s. (Av.) torrinha f. de observação num avião.

astrodynamics [æstrodain'æmiks] s. astrodinâmica f.

astrogate ['æstrogeit] v. navegar no espaço exterior.

astrogeology [æstrodʒi'olədʒi] s. astrogeologia f.

astrolabe ['æstroleib] s. (Astron.) astrolábio m.

astrologer [əstr'olədʒə] s. astrólogo m.

astrologic [æstrəl'odʒik], **astrological** [~əl] adj. astrológico. ‖ ~ally adv. astrologicamente.

astrology [əstr'olədʒi] s. astrologia f.

astrometry [æstr'omətri] s. astrometria f.

astronaut ['æstronɔ:t] s. astronauta m. + f.

astronautics [æstron'ɔ:tiks] s. astronáutica f.

astronavigation [æstronævig'eiʃən] s. astronavegação f.

astronomer [əstr'onəmə] s. astrônomo m.

astronomic [æstrən'omik], **astronomical** [~əl] adj. 1. astronômico. 2. enorme, extraordinário.

astronomical unit s. (Astron.) unidade astronômica f.

astronomical year s. ano solar m.

astronomy [əstr'onəmi] s. astronomia f.

astrophotographic [æstrofoutogr'æfik] adj. astrofotográfico.

astrophotography [æstrofot'ogrəfi] s. astrofotografia f., fotografia f. dos corpos celestes.

astrophysical [æstrof'izikəl] adj. astrofísico.

astrophysicist [æstrof'izisist] s. astrofísico m.

astrophysics [æstrof'iziks] s. astrofísica f.

astrosphere ['æstrosfiə] s. (Biol.) 1. centrosfera f. 2. astrosfera f.

astute [əstj'u:t] adj. astuto, astucioso, perspicaz, esperto, ardiloso. ‖ ~ly adv. astuciosamente.

astuteness [~nis] s. astúcia, perspicácia, esperteza f.

asunder [əs'ʌndə] adj. separado, distante, (fig.) remoto. ‖ adv. à parte, em pedaços, separadamente, **they are worlds** ~! mundos os separam!

asylum [əs'ailəm] s. asilo m.: 1. hospício, manicômio m. 2. orfanato m. 3. albergue noturno m. 4. santuário, abrigo, refúgio m.

lunatic ~ manicômio.

asymmetric [æsim'etrik], **asymmetrical** [~əl] adj. assimétrico. ‖ ~ally adv. assimetricamente.

asymmetry [æs'imitri] s. assimetria f.

asymptote ['æsimptout] s. (Mat.) assíntota f.

asymptotic [æsimpt'ɔtik] **asymptotical** [~əl] adj. assintótico. ~ally adv. assintoticamente.

asynchronism [əs'iŋkrənizm] s. assincronismo m.

asynchronous [əs'iŋkrənəs] adj. assíncrono.

asyndetic [æsind'etik] adj. (Gram.) assindético. ‖ ~ally adv. assindeticamente.

asyndeton [əs'inditon] s. (Gram.) assíndeto, assíndeton m.: ausência de conjunções coordenativas.

at. abr. de, **airtight, atmosphere, atomic, attorney.**

at [æt, ət] prep. 1. em, no(s), na(s), perto de, sobre, junto a (quadro P 9). 2. na direção de, para, a, até. 3. no lugar de, na condição de, na situação de. 4. em tempo determinado (agora, então). 5. através de, por meio de, por intermédio de. 6. ocupado com, em vias de, com vistas para. 7. por causa de, pela razão de, a fim de. 8. por, cada. 9. de acordo com, à vontade de, segundo, conforme. 10. de, por parte de, oriundo de.

~ **a ball** num baile. ~ **a battle** numa batalha, durante uma batalha. ~ **Bath** na cidade de Bath. ~ **church** na igreja. ~ **school** na escola. ~ **war** na guerra. ~ **work** no trabalho. ~ **dinner** no jantar. ~ **play** no jogo. he was ~ **Cambridge** ele estudou em Cambridge. she lives ~ **Mrs. Smith's** ela mora na casa da Srª. Smith. ~ **the South** no sul do país. ~ **home** 1. no lar, em sua pátria. 2. versado, bem experimentado. he is ~ **sea** 1. ele está em alto-mar. 2. (fig.) ele não está informado, ele nada. **she is** ~ **home every Thursday** ela recebe visitas cada quinta-feira. ~ **Christmas** no Natal. ~ **a low price** a preço baixo. ~ **half the price** pela metade do preço. ~ **your cost** por sua conta. **to rush** ~ lançar-se sobre. **arrive** ~ chegar a. **to shoot, aim, hit** ~ atirar contra, apontar para, acertar em. **sick** ~ **heart** aflito. **alarmed** ~ inquieto, preocupado por causa de. **they are** ~ **variance** eles estão em desacordo, eles se desentenderam. **the water is** ~ **boiling point** a água alcançou o ponto de ebulição. ~ **ease!** (milit.) descansar armas! **not** ~ **liberty** ocupado. ~ **pleasure** à vontade. ~ **any price** a qualquer preço. **I shall talk to one** ~ **a time** vou falar com um por vez. **what are you** ~? o que você está fazendo agora? **to be good** ~ **learning languages** ter aptidão para estudo de línguas.

atabal ['ætəbæl] s. atabale, timbale m.

at all adv. de todo jeito, de qualquer modo.

not at all em absoluto, em nenhuma hipótese.

at all events loc. adv. em qualquer caso.

ataractic [ætər'æktik] adj. ataráxico.

ataraxia [ætər'æksiə] s. ataraxia, apatia estóica f.

atavism ['ætəvizm] s. atavismo m.

atavist ['ætəvist] s. quem apresenta sinais de atavismo.

atavistic [ætəv'istik] adj. atávico.

ataxic [ət'æksik] s. pessoa f. que sofre de ataxia. ‖ adj. atáxico.

ataxy [ət'æksi] s. (Med.) ataxia f.

ate [et, eit] v. pret. de **eat.**

atelier ['ætəliei] s. oficina f., estúdio m.

a tempo adv. (Mús.) a tempo, volta ao tempo regular.

athanasia [ætən'eiʒiə], **athanasy** [əθ'ænəsi] s. imortalidade f.

Athanasian [æθən'eiʃən] adj. atanasiano.

atheism ['eiθiizm] s. ateísmo m.: 1. falta de crença em Deus. 2. vida f. irreligiosa ou dissoluta.

atheist ['eiθiist] s. 1. ateísta m. + f., ateu m. 2. descrente m. + f., pessoa ímpia f.

atheistic [eiθi'istik], atheistical [~əl] adj. ateístico, ateu. ‖ ~ally adv. ateisticamente.

atheling ['æθiliŋ] s. (Hist.) príncipe m. ou nobre m. anglo-saxão, príncipe herdeiro m.

athenaeum, atheneum [æθin'i:əm] s. ateneu m.: 1. (Hist. romana) academia de oratória, direito e poesia fundado por Adriano. 2. sociedade literária. 3. biblioteca f.

Athenian [əθ'i:niən] s. ateniense m. + f. ‖ adj. ateniense.

athermancy [əθ'ə:mənsi] s. atermaneidade f.

athermanous [əθ'ə:mənəs], athermous [əθ'ə:məs] adj. atérmano, atérmico, impermeável aos raios caloríficos.

athirst [əθ'ə:st] adj. 1. sedento, sequioso. 2. ávido, ansioso, anelante.

athlete ['æθli:t] s. atleta, desportista m. + f.

athlete's foot s. (Med., E. U. A.) tricofitia, tricofitose f., tinha f. dos pés, pé-de-atleta m.

athletic [æθl'etik] adj. atlético: 1. vigoroso, forte, ativo. 2. relativo a atletas ou a esportes. 3. desportivo. ‖ ~ally atleticamente, vigorosamente.

athleticism [æθl'etisizm] s. 1. atletismo m., prática f. de esportes atléticos. 2. devoção f. (excessiva) pelo atletismo.

athletics [æθl'etiks] s. 1. (usado no plural) jogos desportivos m. pl., força f. e destreza f. física. 2. (usado no singular) normas f. pl. do treino atlético, princípios m. pl. da educação física, atletismo m.

at-home s. recepção amigável f., sem cerimônias (usualmente nas horas da tarde).

athwart [æθw'ɔ:t] adv. transversalmente, de través, em cruz, ao través, de lado a lado. ‖ prep. 1. através de, em cruz com, em diagonal com. 2. através de uma linha ou do percurso de. 3. em oposição a, contra, de fronte de.

a hare ran ~ his path uma lebre cruzou seu caminho. ~-hawse através da proa. ~-ships ao través da nave.

atilt [ət'ilt] adj. inclinado, enristado. ‖ adv. inclinadamente, enristadamente.

Atlantean [ætlænt'i:ən] adj. relativo à figura de Atlante, forte.

atlantes [ətl'ænti:z] s. pl. (Arquit.) atlante, télamon m.

Atlantic [ətl'æntik] s. Oceano Atlântico m. ‖ adj. atlântico: 1. relativo ao Oceano Atlântico. 2. (E. U. A.) relativo à costa atlântica dos E. U. A. 3. relativo às montanhas Atlas.

Atlantic Charter s. Carta f. do Atlântico, de 14. 8.1941.

Atlantis [ətl'æntis] s. Atlântida f.

atlas ['ætləs] s. atlas m.: 1. coleção de mapas encadernados. 2. (Anat.) primeira vértebra f. que sustenta a cabeça. 3. Atlas (Mit. grega) Atlas m., filho de Júpiter. 4. (Arquit.) atlante, télamon m. 5. livro em que a matéria se apresenta em forma de tabelas.

Atlas mountains s. cadeia f. de montanhas Atlas (no noroeste da África).

at last adv. afinal, enfim.

at least adv. pelo menos.

atmo— elemento de composição que significa: gás, vapor.

atmosphere ['ætməsfiə] s. atmosfera f.: 1. camada f. de ar que envolve a terra, ar m. 2. ar m. em lugar determinado. 3. envoltório gasoso m. dos corpos celestes. 4. (Fís.) unidade f. de pressão pneumática. 5. ambiente m., esfera social f.

atmospheric [ætməsf'erik], atmospherical [~l] adj.

atmosférico. ‖ ~ally adv. atmosfericamente.

atmospheric pressure s. pressão atmosférica f.

atmospherics [~s] s. pl. (Rádio) estática f., perturbações atmosféricas f. pl. das irradiações radiofônicas.

atmospheric valve s. válvula f. de escape.

atoll [ət'ɔl] s. atol m., recife circular m. de coral.

atom ['ætəm] s. 1. (Fís., Quím.) átomo m. 2. partícula diminuta f., coisa minúscula f.

the ~ smashing desintegração do átomo.

atomic [ət'ɔmik], atomical [~əl] adj. 1. atômico, relativo ao átomo. 2. minúsculo, diminuto. ‖ ~ally adv. atomicamente, diminutamente.

atomic age s. era atômica f.

atomic bomb, atom bomb s. bomba atômica f.

atomic bombing, atom bombing s. bombardeio atômico m.

atomic energy s. energia atômica f.

atomic fission s. desintegração f. do núcleo atômico.

atomic mass unit s. (Fís.) unidade f. de massa atômica f.

atomic pile s. pilha atômica f.

atomic theory, atomic hypothesis s. (Fís., Quím.) teoria f. ou hipótese f. atômica.

atomic warfare s. guerra atômica f.

atomic weight s. (Fís., Quím.) peso atômico m.

atomism ['ætəmizm] s. (Fís.) atomismo m.

atomist ['ætəmist] s. (Filos.) atomista m. + f.

atomistic [ætəm'istik] adj. atomístico, atômico.

atomization [ætəmaiz'eiʃən] s. atomização f.

atomize ['ætəmaiz] v. atomizar, borrifar, pulverizar.

atomizer [~ə] s. atomizador, pulverizador m.

atom smasher s. (Fís.) acelerador m.

atomy ['ætomi] s. 1. átomo, corpúsculo m., partícula f. 2. pessoa f. ou coisa f. diminuta. 3. (joc.) esqueleto m.

atonal [eit'ounəl] adj. (Mús.) relativo à atonalidade, atonal. ‖ ~ly adv. atonalmente.

atonalism [~izm] s. (Mús.) atonalismo m.

atonalistic [ætounəl'istik] adj. (Mús.) atonalístico.

atonality [eitoun'æliti] s. (Mús.) atonalidade f.

at once adv. imediatamente.

atone [ət'oun] v. 1. reconciliar, congraçar, harmonizar. 2. expiar, reparar, resgatar.

to ~ for a thing expiar uma falta, reparar algo.

atonement [~mənt] s. 1. indenização, compensação, reparação, satisfação f. 2. expiação, redenção f. 3. (arc.) reconciliação, concórdia f.

Day of Atonement (Rel.) dia de reconciliação.

at one with adj. da mesma opinião.

atonic [æt'ɔnik] s. atônico m.: 1. (Gram.) palavra ou sílaba sem acento. 2. (Fon.) consoante muda. ‖ adj. atônico: 1. (Med.) fraco, débil. 2. (Gram.) não acentuado, sem acento tônico. 3. (Fon.) átono, surdo, mudo (p. ex.: consoante).

atony ['ætəni] s. 1. (Med.) atonia, fraqueza, debilidade f. 2. (Fon.) atonicidade f.: falta de acento ou acentuação.

atop [ət'ɔp] adj. alto, de cima, superior. ‖ adv. em cima, no alto. ‖ prep. sobre, em cima de, além de.

he was sitting ~ the roof ele estava sentado em cima do telhado.

atrabilious [ætrəb'iliəs], atrabiliar [-b'iliə] adj. 1. melancólico, hipocondríaco, triste. 2. atrabiliário, atrabilioso, colérico, rabujento.

atrabiliousness [~nis] s. melancolia, hipocondria f.

atremble [ətr'embl] adj. (poét.) tremente.

atrip [ətr'ip] adj. (Náut.) içado, apenas arrancado do fundo (diz-se da âncora).

atrium ['a:triəm] s. pl. atria 1. (Hist. romana) átrio m. 2. vestíbulo, pátio, saguão m. 3. (Anat.) aurícula f. do coração.

atrocious [ətr'ouʃəs] adj. 1. atroz, cruel, desumano.

2. (coloq.) ruim, abominável, detestável. ‖ ~ly adv. cruelmente, abominavelmente.

the weather is ~ today o tempo está péssimo hoje.

atrociousness [~nis] s. atrocidade, barbaria, crueldade f.

atrocity [ətr'ɔsiti] s. 1. atrocidade, crueldade, perversidade f. 2. brutalidade f., ação f. atroz ou desumana, bestialidade f. 3. (coloq.) erro grande m., disparate m., sandice f.

atrophic [ætr'ɔfik] adj. atrofiado, relativo à atrofia.

atrophied ['ætrəfid] adj. débil, enfraquecido, emaciado, definhado.

atrophy ['ætrəfi] s. 1. atrofia f., definhamento, enfraquecimento m. 2. (Biol.) desenvolvimento retardado m.

atropine ['ætropi:n], **atropin** [-pin] s. atropina f.: alcalóide extraído da beladona.

atropism ['ætropizm] s. atropismo m., intoxicação f. pela atropina.

att. abr. de **attorney, attention.**

attabal s. = **atabal.**

attaboy ['ætəbɔi] interj. (coloq.) muito bem! ótimo! ~! that's the stuff! bravo! assim está certo!

attach [ət'ætʃ] v. 1. atar, amarrar, prender, juntar, segurar. 2. fixar, ligar, vincular, unir. 3. designar, nomear, referir. 4. afixar, colar, anexar, apor (uma assinatura). 5. atribuir, dar. 6. recair sobre. 7. atrair, afeiçoar, apegar, conquistar, granjear. 8 embargar, seqüestrar, apreender, arrestar. 9. incorporar(-se), agregar(-se).

I ~ no importance to his complaints não dou importância às suas queixas.

attachable [~əbl] adj. afixável, ajuntável, anexável, seqüestrável, embargável.

attaché [ət'æʃei] s. (francês) adido, diplomata m.

attaché case s. pasta f. para documentos.

attached [ət'ætʃt] adj. 1. afeiçoado. 2. (Med.) imóvel.

to be ~ to ser dedicado a.

attachéship [ət'æʃeiʃip] s. dignidade f. e deveres m. pl. de um adido diplomático.

attachment [ət'ætʃmənt] s. 1. ação f. de fixar, juntar ou embargar. 2. estado m. de se achar fixado, juntado, afeiçoado ou embargado. 3. anexo, acessório, pertence m. 4. conexão, ligação, fixação f. (quadro L 2). 5. atração, simpatia, dedicação f., afeto, afeiçoamento, amor m. 6. arresto, seqüestro m.

foreign ~ embargo (de bens estrangeiros). writ of ~ ordem de prisão.

attack [ət'æk] s. ataque m.: 1. doença repentina f., mal-estar m., acesso súbito m. 2. investida, agressão f., acometimento m. 3. injúria, acusação, discussão f. 4. ação f. de atacar. ‖ v. 1. atacar, assaltar, tomar a ofensiva, agredir, ferir. 2. formar libelo, criticar, ofender, injuriar, combater (por escrito ou verbalmente). 3. iniciar vigorosamente um serviço, dedicar-se inteiramente ao trabalho. 4. prejudicar, lesar. 5. acometer.

~ed by rust atacado pela ferrugem.

attackable [~əbl] adj. atacável, que pode ser atacado.

attacker [~ə] s. atacante, agressor f.

attain [ət'ein] v. 1. chegar a, alcançar, atingir (to a). 2. obter, ganhar, igualar. 3. conseguir, realizar.

he ~ed his aim ele conseguiu seu objetivo.

attainability [əteinəb'iliti] s. qualidade do que pode ser alcançado, conseguido ou realizado.

attainable [ət'einəbl] adj. atingível, alcançável, conseguível.

attainder [ət'eində] s. 1. perda f. dos direitos civis. 2. confiscação f. dos bens de condenados à morte. 3. (fig.) desonra, mancha, tacha f.

attainment [ət'einmənt] s. 1. conseguimento m., obten-

ção, consecução f. 2. realização f., feito, resultado m. 3. dote, talento, conhecimento m., capacidade f.

this is above our ~s isto ultrapassa nossas capacidades.

attaint [ət'eint] s. degradação, desonra f., descrédito m. ‖ v. 1. condenar à morte e privar dos direitos civis. 2. desacreditar, infamar, degradar, desonrar. 3. contaminar, infetar. 4. corromper, viciar.

attar ['ætə] s. essência aromática f.: produto da destilação de flores.

attar of roses s. essência f. de rosas.

attemper [ət'empə] v. temperar: 1. reduzir, moderar ou regular a temperatura. 2. abrandar, mitigar, suavizar, remediar. 3. acomodar, conciliar, harmonizar (to com).

attemperment [~mənt] s. têmpera f.: moderação, mitigação, conciliação, harmonização f.

attempt [ət'empt] s. 1. tentativa, experiência f., esforço, intento, empreendimento m. 2. assalto, ataque, atentado m. ‖ v. 1. tentar, experimentar, empreender, procurar, obter. 2. esforçar-se, aventurar-se. 3. atacar, acometer, assaltar, atentar contra a vida de alguém.

the ~ upon his life o atentado contra a sua vida. ~ at murder tentativa de assassínio. he ~ed a disguise ele tentou um disfarce. his life was ~ed foi feito um atentado contra a sua vida.

attemptability [ətemptəb'iliti] s. qualidade f. do que pode ser tentado, empreendido, atacado, etc.

attemptable [ət'emptəbl] adj. que se pode tentar empreender ou atacar.

attempter [ət'emptə] s. empreendedor, agressor m., aquele ou aquilo que tenta.

attend [ət'end] v. 1. prestar atenção, escutar, observar, atender. 2. cuidar ou tomar conta de, assistir a. 3. desempenhar uma função ou serviço, encarregar(-se) de servir. 4. ir ou estar a serviço de, visitar (como o faz p. ex.: o médico, enfermeiro, etc.), tratar. 5. estar presente, comparecer, freqüentar (colégio), assistir (a aulas). 6. escoltar, acompanhar. 7. assistir, tomar parte. 8. dedicar-se, aplicar-se.

to be ~ed with estar ligado a. please ~ to what I am saying queiram prestar atenção ao que lhe(s) digo. ~ to this veja isto, cuide disto.

attendance [~əns] s. 1. atenção f. 2. freqüência f., comparecimento m. 3. presença, assistência f., auditório m. 4. comitiva f., séquito m. 5. serviço, tratamento m.

in ~ em serviço. to dance ~ upon s. o. estropiar-se a serviço de alguém. he died for lack of ~ ele morreu por falta de assistência. medical ~ tratamento médico. ~ at church freqüência de fiéis na igreja. late ~ hábito de chegar ao serviço com atraso.

attendant [~ənt] s. 1. criado m., servente m. + f., contínuo m. (quadro B 4). 2. (fig.) coisa f. ou acontecimento m. que acompanha outro. 3. presente, ouvinte m. + f., espectador, séquito m., comitiva f. ‖ adj. 1. servente, servidor, auxiliar. 2. acompanhante, concomitante, anexo, apenso. 3. resultante, conseqüente. 4. presente, assistente.

attender [~ə] s. servidor m., assistente, auxiliar m. + f., quem atende.

attent [ət'ent] adj. atencioso, atento, cuidadoso. ‖ ~ly adv. atenciosamente, atentamente, cuidadosamente.

attention [ət'enʃən] s. 1. atenção f. 2. aplicação, diligência, observação f. 3. ponderação, apreciação, contemplação f. 4. cuidado, desvelo m., preocupação, dedicação f. 5. cortesia, fineza, consideração f., obséquio m. 6. ~s pl. fineza amorosa, devoção, corte f., galanteio m. 7. (Psicol.) concentração f.

em determinado objeto ou pensamento; estado m. de tal concentração. 8. (milit.) sentido m., posição f. de sentido. ‖ interj. (Comando Militar) sentido! **to come to** ~ tomar a posição de sentido. **to stand at** ~ ficar de pé em posição de sentido. **pay** ~! preste atenção! **his book attracted** ~ o seu livro atraiu atenção. **I thank you for your delicate** ~ agradeço a sua delicadeza, grato pela sua atenção. **for the** ~ **of Mr. Smith** (na correspondência) à atenção do Sr. Smith. **to receive immediate** ~ (Com.) ser executado imediatamente.

attentive [ət'entiv] adj. 1. atencioso, atento, cuidadoso, solícito. 2. cortês, civil, delicado, polido. ‖ ~**ly** adv. atenciosamente, cuidadosamente.

attentiveness [~nis] s. atenção, fineza f., cuidado m.

attenuable [ət'enjuəbl] adj. atenuável, diluível, debilitável.

attenuant [ət'enjuənt] s. diluente m. ‖ adj. 1. diluente, 2. (Med.) atenuante.

attenuate [ət'enjuit] v. atenuar: 1. fazer ou tornar-se mais magro, emagrecer, emaciar. 2. enfraquecer, debilitar, enervar, diminuir. 3. diluir, rarefazer. 4. adelgaçar, tornar-se mais delgado.

attenuation [ətenju'eiʃən] s. atenuação f.: 1. emagrecimento, emaciamento m. 2. enfraquecimento m., debilitação f. 3. diluição, rarefação f. 4. adelgamento m.

attest [ət'est] s. 1. atestação f., certificado, atestado m. 2. testemunho, depoimento m. ‖ v. 1. atestar, afirmar, autenticar. 2. certificar, testificar, provar. 3. ajuramentar (**to a thing** alguma coisa).

attestant [~ənt] s. atestante, m. + f., testemunha f. ‖ adj. atestador, atestatório.

attestation [ætest'eiʃən] s. atestação, certidão f., testemunho m.

attestor, attester [ət'estə] s. atestante m. + f., testemunha f.

attic ['ætik] s. 1. sótão, desvão, esvão m. (quadro W 4). 2. (Arquit.) ático m. 3. (fam.) cachola f. 4. ~**s** pl. andar superior. **in the** ~ na cachola.

Attic ['ætik] s. 1. ateniense m. + f., nativo m. da Ática. 2. língua f. falada na Ática. ‖ adj. 1. ático, ateniense. 2. clássico, puro, requintado.

Attic faith s. fé inabalável f.

Atticism, atticism ['ætisizm] s. aticismo m.

atticize ['ætisaiz] v. adaptar-se aos costumes e à língua da Ática.

Attic order s. (Hist., Arquit.) ordem ática f. (das colunas).

Attic salt s. 1. sal ático m. 2. (fig.) perspicácia ou graça dos atenienses.

attire [ət'aiə] s. 1. traje, vestuário m., roupa f., vestes f. pl. 2. ornato, adorno m. 3. armação f. do veado. ‖ v. vestir, adornar, ornar.

attirement [~mənt] s. traje, vestuário m., roupagem f.

attitude ['ætitju:d] s. 1. atitude, postura, posição f., jeito m. 2. intento, propósito m. 3. (Aer.) inclinação f. da nave relativa ao vento, ao solo ou a outra nave. ~ **of mind** disposição do temperamento. **to strike an** ~ tomar uma atitude.

attitudinize [ætitju'u:dinaiz] v. assumir uma atitude.

attitudinizer [~ə] s. o que toma atitude.

attorn [ət'o:n] v. 1. (Direito feudal) transferir vassalagem e servidão para outro senhor feudal. 2. (Direito moderno) alugar ou arrendar de sublocador.

attorney [~i] s. 1. **representante** m. + f., **encarregado, procurador** m. 2. **advogado, jurisconsulto** m. **by** ~ em representação de, em procura de, por ordem de. **letter, warrant, power of** ~ procuração geral, procuração judicial.

attorney at law s. advogado m., jurista m. + f.

attorney general s. 1. procurador público m. 2. (E. U. A). procurador-geral m. dos E. U. A.

attorneyship [~iʃip] s. procuradoria f.: ofício ou cargo de procurador.

attornment [~mənt] s. (Jur.) reconhecimento m. do senhorio pelo vassalo ou arrendatário.

attract [ətr'ækt] v. atrair: 1. puxar para si, forçar a aproximação. 2. enlevar, encantar, prender, induzir, conquistar. **his poems** ~**ed attention** os seus poemas atraíram a atenção. **your way of living does not** ~ **me** o seu modo de viver não me atrai. **to be** ~**ed to** estar encantado por.

attractability [ətræktəb'iliti] s. capacidade f. de atrair, enlevar ou encantar.

attractable [ətr'æktəbl] adj. atraidor, atraente.

attraction [ətr'ækʃən] s. atração f.: 1. ação f. e capacidade f. de atrair. 2. encanto, enlevo m., fascinação f. 3. objeto m. de atração: beleza, bondade ~ **of gravity** gravitação dos corpos. **a woman of many** ~**s** uma mulher muito atraente. **to exert an** ~ exercer uma atração.

attraction sphere s. (Biol.) esfera de atração f.

attractive [ətr'æktiv] adj. atrativo, atraente, encantador, cativante. ‖ ~**ly** adv. atrativamente.

attractiveness [~nis] s. atratividade f.

attractor [ətr'æktə] s. quem ou o que atrai.

attrahent ['ætrəhent] adj. atraente, atrativo.

attributable [ətr'ibjutəbl] adj. atribuível, imputável.

attribute [ətr'ibju:t] s. atributo m.: 1. qualidade, característica f. 2. símbolo, distintivo m. 3. (Gram.) qualidade f. atribuída ao sujeito. ‖ v. atribuir.

attribution [ætribj'u:ʃən] s. atribuição f.: 1. ato m. de atribuir, imputação f. 2. prerrogativa, regalia f., privilégio m.

attributive [ətr'ibjutiv] s. palavra f. ou frase f. atributiva. ‖ adj. atributivo: 1. concernente a, relativo a, atinente a, da natureza de um atributo. 2. (Gram.) que atribui. ‖ ~**ly** adv. atributivamente.

attributor [ətr'ibjutə] s. atribuidor m.

attrited [ətr'aitid] adj. gasto pelo atrito.

attrition [ətr'iʃən] s. 1. atrito, desgaste m. abrasão, fricção f. 2. (fig.) exaustação, depauperação f. 3. (Teol.) contrição f., arrependimento m.

attune [ətj'u:n] v. 1. afinar, harmonizar (com outros instrumentos). 2. concordar, corresponder. 3. (Rádio) sintonizar. (**to** para).

at. wt. abr. de **atomic weight**.

atypic [ət'ipik], **atypical** [~əl] adj. atípico, irregular. ‖ ~**ally** adv. atipicamente, irregularmente.

auburn ['o:bən] s. cor ruiva f. ‖ adj. ruivo, castanho--avermelhado.

auction ['o:kʃən] s. 1. hasta pública f., citação f., leilão m. 2. (Jogo) bridge m. de licitação. ‖ v. vender em hasta pública, oferecer em leilão, leiloar. **to sell by** ~, (E. U. A.) **to sell at** ~ vender em leilão. **to put up to** ou **for** ~, (E. U. A.) **to put up at** ~ oferecer em leilão, pôr em leilão.

auction bridge s. (Jogo) bridge m. de licitação.

auctioneer [o:kʃən'iə] s. leiloeiro m. ‖ v. vender em leilão.

auctioneering [o:kʃən'iəriŋ] s. leilão m.

auction mart s. local m. de leilão.

audacious [o:d'eiʃəs] adj. 1. audacioso, audaz, intrépido, corajoso, ousado, arrojado. 2. atrevido, insolente, impudente. ‖ ~**ly** adv. 1. audaciosamente, corajosamente. 2. insolentemente, atrevidamente.

audacity [o:d'æsiti] s. 1. audácia, intrepidez, coragem f., arrojo. 2. arrogância, insolência, impudência f.

audibility [o:dib'iliti] s., **audibleness** ['o:diblnis] s. 1. audibilidade f. 2. (Rádio) volume m. de som, intensidade acústica f.

audible ['ɔ:dibl] adj. audível. ‖ **–bly** adv. audivelmente.

audience ['ɔ:diəns] 1. audiência, recepção, entrevista f. 2. audição f., ato m. de ouvir. 3. auditório m., assistência f., ouvintes m. + f. pl., espectadores m. pl. 4. público m., circunstantes m. + f. pl. 5. oportunidade f. ou possibilidade f. de ser ouvido. 6. (E. U. A.) leitores m. pl.

audient ['ɔ:diənt] adj. ouvinte.

audile ['ɔ:dil, 'ɔ:dail] s. (Psicol.) pessoa f. do tipo auditivo. ‖ adj. auditivo.

audio ['ɔ:dio] pref. ou adj. 1. auditivo, audio- (usado para dar idéia de audição como por ex.: audiograma). 2. (Radiotéc.) de freqüências que correspondem às das ondas sonoras. 3. (Telev.) de ou relativo aos elementos auditivos.

audio frequency s. (Radiotéc.) audiofreqüência f.

audiometer [ɔ:di'ɔmitə] s. audiômetro m.

audiovisual [ɔ:diov'iʃjuəl] adj. audiovisual.

audiphone ['ɔ:difoun] s. (Med.) audiofônio m.

audit ['ɔ:dit] a. 1. exame m. oficial dos livros. 2. (fam.) o último juízo. ‖ v. 1. revisar, examinar (livros contábeis). 2. (E. U. A.) freqüentar um curso (colégio) como ouvinte.

audit office s. tribunal m. de contas.

audition [ɔ:d'iʃən] s. 1. audição f. 2. capacidade f. de ouvir, ouvido m. 3. teste m. de audição (de cantores e outros artistas), ensaio. ‖ v. (E. U. A.) conceder um teste de audição, demonstrar a sua capacidade num teste de audição.

auditive ['ɔ:ditiv] adj. auditivo.

auditor ['ɔ:ditə] s. 1. auditor, magistrado m. 2. ouvinte m.+f. 3. auditor m.: revisor contábil m., perito-contador m. 4. (E. U. A.) assistente m. + f.: freqüentador de cursos de ensino, sem prestar exames.

auditorium [ɔ:dit'ɔriəm] s. auditório m., sala f. de sessões, salão m. de concertos, lugar m. reservado para ouvintes e espectadores (quadro S 10).

auditorship ['ɔ:ditəʃip] s. auditoria f.: cargo de auditor.

auditory ['ɔ:ditəri] s. 1. público ouvinte m., espectadores m. pl. 2. auditório m., salão m. de reuniões. ‖ adj. auditivo.

auditory nerve s. (Anat.) nervo acústico ou auditivo m.

Aug. abr de **August.**

auger ['ɔ:gə] s. trado, verrumão m. (quadro B 19).

auger bit f. ponta f. do trado (quadro B 19).

Auger effect s. (Eletrôn.) efeito m. de Auger.

aught [ɔ:t] s. 1. coisa qualquer t., partícula f. (por diminuta que seja). 2. cifra f. (em aritmética), zero m. ‖ adv. de qualquer modo, em qualquer grau. **for ~ I know** que eu saiba... **if ~ there be** se fosse ou houvesse algo...

augite ['ɔ:dʒait] s. (Miner.) augite f.

augitic [ɔ:dʒ'itik] adj. (Miner.) de ou relativo à augite.

augment [ɔ:gm'ent] s. 1. aumento, acréscimo m. 2. (Gram. grega) acréscimo silábico m. (para indicar o passado). ‖ v. aumentar, acrescentar, avolumar.

augmentable [~əbl] adj. aumentável.

augmentation [ɔ:gmənt'eiʃən] s. 1. aumento, acréscimo m. 2. ato m. de aumentar.

augmentative [ɔ:gm'entətiv] s. (Gram.) aumentativo m., palavra f. ou afixo m. aumentativo. ‖ adj. aumentativo, aumentador.

augmenter [ɔ:gm'entə] s. aumentador m.

augur ['ɔ:gə] s. 1. (Hist., Mitol. romana) áugure m., sacerdote agoureiro m. 2. profeta, adivinho m. ‖ v. 1. augurar, prognosticar, predizer, pressagiar, profetizar. 2. tomar como presságio ou agouro. **people ~ed success** a gente pressagiou sucesso. **this ~s ill** isto prognostica adversidade.

augural ['ɔ:gjurəl] adj. augural, profético.

augury ['ɔ:gjuri] s. 1. arte f. e prática f. de augurar.

2. presságio, pressentimento, augúrio m.

August ['ɔ:gəst] s. agosto m.: oitavo mês do ano.

august [ɔ:g'ʌst] adj. augusto, venerável, respeitável, eminente, altivo, ilustre, majestoso. ‖ **~ly** adv. augustamente, veneravelmente, respeitavelmente, majestosamente.

Augustan [ɔ:g'ʌstən] s. autor, escritor m. da era augustana. ‖ adj. augustano: 1. clássico. 2. relativo ao imperador romano Augusto e sua época. 3. relativo à cidade de Augsburgo (p. ex. **Augustan Confession**).

Augustan age s. 1. período m. da literatura latina de 27 A. C. até 14 A. D. 2. ponto culminante m. da literatura de um país.

Augustinian [ɔ:gəst'iniən] s. agostiniano m.: frade da ordem de Sto. Agostinho. ‖ adj. agostiniano.

Augustinianism [~izm], **Augustinism** [ɔ:g'ʌstinizm] s. augustinismo m.: doutrinas inspiradas na teologia de Sto. Agostinho.

augustness [ɔ:g'ʌstnis] s. majestade, dignidade, imponência f.

auk [ɔ:k] s. (Ornit.) ave f. da família dos Alcídeos, alca f., torda mergulheira f., mergulhão m.

auklet ['ɔ:klit] s. (Ornit.) ave f. da família dos Alcídeos de porte menor.

auld [ɔ:ld] adj. (dialeto) = **old.**

auld lang syne ['ɔ:ldlæŋs'ain] (dialeto escocês) há muito tempo, no bom tempo passado.

aulic ['ɔ:lik] adj. áulico, palaciano.

aunt [a:nt] s. tia f. **great ~** irmã do avô. **Aunt Sally** pavilhão de quebra-pires (num parque de diversões).

aunty ['a:nti] s. tiazinha f.

aura ['ɔ:rə] s. 1. aura, essência f. da individualidade. 2. aragem, brisa f. 3. emanação f., fluido m. 4. (Pat.) sensação f. prenunciadora de ataque neurológico.

aural ['ɔ:rəl] adj. auricular. ‖ **~ly** adv. auricularmente.

aureate ['ɔ:riit] adj. 1. áureo, dourado, da cor de ouro. 2. brilhante.

aureole ['ɔ:rioul], **aureola** [ɔ:r'iələ] s. 1. auréola f., radiância circular f., nimbo m., (fig.) glória f. 2. (Meteor.) coroa f., halo m.

aureomycin [ɔ:riom'aisin] s. (Bioquím.) aureomicina f.

auric ['ɔ:rik] adj. (Quím.) áurico.

auricle ['ɔ:rikl] s. aurícula f.: 1. (Anat.) cada uma das cavidades superiores do coração. 2. (Anat.) ouvido externo m., pavilhão m. da orelha. 3. (Bot., Zool.) qualquer apêndice m. auricular.

auricula [or'ikjulə] s. aurícula f.: 1. (Bot.) orelha-de-urso f. (Primula auricula). 2. (Zool.) gênero de moluscos. 3. (Anat.) cavidade superior do coração. 4. (Anat.) pavilhão m. da orelha.

auricular [or'ikjulə] adj. auricular: 1. de ou relativo a ouvido. 2. dito particularmente, dito em segredo. 3. auditivo. 4. auriforme. 5. relativo às aurículas do coração.

auricular confession s. confissão auricular f.

auriculate [or'ikjulit] adj. auriculado, auriculiforme.

auriferous [ɔ:r'ifərəs] adj. aurífero, que contém ouro. ‖ **~ly** adv. de forma aurífera.

aurochs ['ɔ:rɔks] s. (Zool.) 1. bisão europeu m. 2. auroque m., boi selvagem m.

aurora [ɔ:r'ɔ:rə] s. 1. aurora, alvorada f., amanhecer m. 2. Aurora (Mitol. grega) deusa da manhã f. 3. (fig.) início m.

aurora australis, aurora borealis s. aurora austral, aurora boreal f.

auroral [ɔ:r'ɔ:rəl] adj. 1. auroral, auroreal. 2. (fig.) róseo, rosado, radiante, luminoso.

aurous ['ɔ:rəs] adj. 1. áureo, aurífero. 2. (Quím.) auroso (composto de ouro monovalente).

aurum ['ɔ:rəm] s. (latim) ouro m.

auscultate ['ɔːskəlteit] v. auscultar.
auscultation [ɔːskəlt'eiʃən] s. auscultação f.
auscultative ['ɔːskəlteitiv], **auscultatory** [ɔːsk'ʌltətəri] auscultador, relativo à auscultação.
auscultator ['ɔːskəlteitə] s. auscultador, estetoscópio m.
auspex ['ɔːspeks] s. pl. **auspices** ['ɔːspisiz] (Hist. romana, Rel.) áuspice, arúspice, áugure, adivinho m.
auspicate ['ɔːspikeit] v. 1. iniciar, inaugurar (auspiciosamente). 2. augurar, pressagiar, prognosticar.
auspice ['ɔːspis] s. 1. auspício, augúrio m., profecia f. 2. presságio, agouro, prognóstico m. 3. circunstâncias favoráveis f. pl., prenúncio m. de sucesso. 4. **~s** pl. patrocínio, amparo m., proteção f.
under the ~s of sob o patrocínio de.
auspicial [ɔːsp'iʃəl] adj. 1. augural, auguratório. 2. auspicioso.
auspicious [ɔːsp'iʃəs] adj. 1. auspicioso, de bom augúrio, prometedor. 2. venturoso, afortunado. ‖ **~ly** adv. auspiciosamente, prometedoramente, venturosamente.
auspiciousness [~nis] s. situação f. auspiciosa ou prometedora, prosperidade f., perspectiva favorável f.
austenite ['ɔːstənait] s. (Metalurg.) austenita, hartelita f.
Auster ['ɔːstə] s. vento m. do sul, austro, sul m.
austere [ɔːst'iə] adj. 1. austero, severo, rigoroso, rígido. 2. abnegado, ascético. 3. desafetado, despretensioso, rigidamente simples. 4. sóbrio, sombrio, sério, grave. 5. ácido, acre. ‖ **~ly** adv. 1. austeramente. 2. despretensiosamente.
austerity [ɔːst'eriti], **austereness** [ɔːst'iənis] s. 1. austeridade, severidade f., rigor m. 2. abnegação f., asceticismo m. 3. (usualmente no plural) práticas f. ou princípios m. pl. rigorosos. 4. parcimônia, economia extrema f.
austral ['ɔːstrəl] adj. 1. austral, meridional. 2. australiano. 3. australásio.
Australasian [ɔːstrəl'eiʒiən] s. australasiático m. ‖ adj. australasiático.
Australian [ɔːstr'eiljən] s. australiano, australês m. ‖ adj. australiano, australês.
Australian ballot s. escrutínio secreto m. (à maneira australiana).
Australian crawl s. (Esp.) "crawl" australiano m.
Australic [ɔːstr'ælik] adj. (Etn.) relativo aos aborígines australianos.
Australoid [ɔːstrəlɔid] s. (Etn.) australóide m. ‖ adj. (Etn.) australóide.
Australopithecine [ɔːstreiloup'iθəsain] s. primata m. do extinto gênero Australopithecus, do plistoceno.
Austrian ['ɔːstriən] s. austríaco m. ‖ adj. austríaco.
Austronesian [ɔːstroun'iːʒiən] s. família de línguas malaio-polinésias.
autacoid ['ɔːtəkɔid] s. (Fisiol.) autacóide f.
autacoidal [ɔːtək'ɔidəl] adj. autacóide.
autarchic [ɔːt'aːkik], **autarchical** [~əl] adj. autárquico, absoluto.
autarchy ['ɔːtaːki] s. 1. autarquia, autocracia f., governo m. ou poder m. absoluto. 2. = **autarky**.
autarkic [ɔːt'aːkik], **autarkical** [~əl] adj. autarca.
autarkist [ɔːt'aːkist] s. autarquista m. + f.
autarky ['ɔːtaːki] s. autarcia f., independência econômica f., esp. de importações.
autecious [ɔːt'iːʃəs], **autecism** [ɔːt'iːsizm] = **autoecious, autoecism.**
authentic [ɔːθ'entik], **authentical** [~əl] adj. 1. autêntico, legítimo, genuíno. 2. exato, certo, fidedigno. 3. autorizado, competente. ‖ **~ally** adv. autenticamente, genuinamente, exatamente, autorizadamente.
~ news novidade fidedigna. **an ~ drawing by Raffael** um desenho original de Rafael.

authenticate [ɔːθ'entikeit] v. 1. autenticar, legalizar, validar, certificar. 2. estabelecer a autoria.
authentication [ɔːθentik'eiʃən] s. autenticação f.
authenticity [ɔːθent'isiti] s. autenticidade, validade f.
author ['ɔːθə] s. 1. autor: a) escritor, literato m. b) criador, inventor m.
authoress [~ris] s. autora, escritora f.
authorial [ɔːθ'ouriəl] adj. autoral, autorial.
authoritarian [ɔːθɔrit'ɛəriən] s. autoritário m.: partidário do autoritarismo. ‖ adj. autoritário.
authoritarianism [~izm] s. autoritarismo m.
authoritative [ɔːθ'ɔriteitiv] adj. 1. autorizado, competente, oficial. 2. autoritário, ditatorial, dominante. 3. impositivo, peremptório. ‖ **~ly** adv. 1. autorizadamente, oficialmente. 2. autoritariamente. 3. de modo didatorial. 4. peremptoriamente.
authoritativeness [~nis] s. autoridade, imponência, imperiosidade f., poder oficial m.
authority [ɔːθ'ɔriti] s. 1. autoridade f. 2. poder m., jurisdição f. 3. alto funcionário m. do governo. 4. chefe, gerente m. + f., diretor m. 5. reputação, fama f. 6. fonte autorizada f. 7. perito, entendido m. 8. autorização f., direito m.
we must apply to the authorities precisamos dirigir-nos às autoridades. **I state this on the ~ of Mr. Fleming** baseio minha alegação na autoridade do Sr. Fleming. **on good ~** de boa fonte. **to be in ~** ter o poder nas mãos. **by ~ of** por ordem de, com permissão de. **to have ~ to** estar autorizado a, ter o direito de. **corporate ~** direitos de pessoa jurídica.
authorizable ['ɔːθəraizəbl] adj. autorizável.
authorization [ɔːθəraiz'eiʃən] s. autorização f.
authorize ['ɔːθəraiz] v. 1. autorizar, dar autoridade ou autorização. 2. consentir, permitir. 3. legalizar, sancionar, confirmar. 4. justificar, legitimar.
authorized [~d] adj. autorizado, legitimado.
Authorized Version s. versão autorizada f. da Bíblia para o inglês, publicada em 1611.
authorizer [~ə] s. autorizador m.
authorship ['ɔːθəʃip] s. 1. profissão f. de escritor, autoria f. literária ou artística. 2. origem, fonte, proveniência f. (de uma obra). 3. instigação f. (de um crime).
autism ['ɔːtizm] s. (Psicol.) autismo m.
autist ['ɔːtist] s. autista m. + f.
autistic [ɔːt'istik] adj. autista.
auto ['ɔːtou] s. pl. **autos** (colq.) abr. de **automobile.**
autobiographer [ɔːtobai'ɔgrəfə] s. autobiógrafo m.
autobiographic [ɔːtobaiogr'æfik], **autobiographical** [~əl] adj. autobiográfico. ‖ **~ally** adv. autobiograficamente.
autobiography [ɔːtobai'ɔgrəfi] s. autobiografia f.
autobus ['ɔːtobʌs] s. auto-ônibus m.
autocatalysis [ɔːtokət'ælisis] s. (Quím.) autocatálise f.
autocephalous [ɔːtos'efələs] adj. (Rel.) autocéfalo, independente (certas Igrejas ortodoxas).
autochrome ['ɔːtokroum] s. (Fot.) autocromo m.
autochromy [~i] s. (Fot.) autocromia f.
autochthon [ɔːt'ɔkθən] s. pl. **autochthons, —thones.** 1. autóctone, aborígine, indígena m. + f.
autochthonal [~əl] adj. autóctone.
autochthonous [~əs] adj. autóctone, aborígine, nativo. ‖ **~ly** adv. autoctonamente.
autochthony [~i] s. autoctonia f.
autoclave ['ɔːtokleiv] s. autoclave f., aparelho m. de desinfecção. ‖ v. esterilizar, desinfetar.
auto court s. (E. U. A.) hospedaria f. para motoristas.
autocracy [ɔːt'ɔkrəsi] s. autocracia f.
autocrat ['ɔːtəkræt] s. 1. autócrata m. + f., soberano absoluto m. 2. pessoa autocrática f.
autocratic [ɔːtəkr'ætik], **autocratical** [~əl] adj. auto-

crático, absoluto, despótico. ‖ ~ally adv. autocraticamente, absolutamente, despoticamente.

auto-da-fé ['ɔ:toudə:f'ei] s. pl. **autos-da-fé** (Hist.) auto-de-fé m.

autodidact [ɔ:tod'aidəkt] s. autodidata m. + f.

autodyne ['ɔ:todain] s. (Rádio) autodino, auto-heteródino m. ‖ adj. autodino, auto-heteródino.

autoecious [ɔ:t'i:ʃəs] adj. (Biol.) autóico.

autoecism [ɔ:t'i:sizm] s. autoicismo m.

autogamous [ɔ:t'ɔgəməs] adj. (Biol.) autógamu.

autogamy [ɔ:t'ɔgəmi] s. (Biol., Bot.) autogamia, autofecundação f.

autogenesis [ɔ:todʒ'enlsis] s. autogênese f.

autogenetic [ɔ:todʒin'etik] adj. autogenético. ‖ ~ally adv. autogeneticamente.

autogenous [ɔ:t'ɔdʒinəs] adj. 1. autógeno, endógeno. 2. produzido pelo próprio indivíduo, derivado do paciente.

autogeny [ɔ:t'ɔdʒini] s. autogenia f.

autograph ['ɔ:təgræf] s. 1. autógrafo m.: assinatura e escrita própria. 2. original, manuscrito m. ‖ v. 1. autografar, escrever de próprio punho. 2. assinar.

autographic [ɔ:təgr'æfik], **autographical** [~əl] adj. autográfico, manuscrito. ‖ ~ally adv. autograficamente, manuscritamente.

autography [ɔ:t'ɔgrəfi] s. autógrafo, original m.

autogyro, autogiro ['ɔ:todʒ'aiərou] s. helicóptero, autogiro m.

autoinfection [ɔ:toinf'ekʃən] s. auto-infecção f.

autoinoculation [ɔ:toinɔkjul'eiʃən] s. (Med.) auto--inoculação f.

autointoxication [ɔ:tointɔksik'eiʃən] s. auto-intoxicação f.

autokinetic [ɔ:tokin'etik] adj. autocinético.

autoloading ['ɔ:toudiŋ] adj. de carregamento semi--automático (armas de fogo).

autolysis [ɔ.l'ɔlisis] s. (Biol.) autólise f.

autolytic [ɔ:tol'itik] adj. autolítico.

automat ['ɔ:tomæt] s. restaurante automático m.

automata [ɔ:t'ɔmətə] s. plural de **automaton**.

automatic [ɔ:təm'ætik] s. 1. arma f. de fogo automática. 2. (E. U. A.) pistola f. ou carabina f. automática. 3. máquina f. ou dispositivo m. automático. ‖ adj. automático: 1. que tem capacidade de ação inerente. 2. que age ou se regula sem ou quase sem a interferência humana. 3. (Psicol.) inconsciente, inconsciente, maquinal, involuntário. 4. (de armas de fogo) que se recarrega (utilizando o coice da arma). ‖ ~ally automaticamente.

automatic advance s. (Téc.) avanço automático m.

automatic control s. comando m. ou controle m. automático.

automatic cut-out, automatic breaker s. disjuntor automático m.

automatic data processing s. (Téc., Comp.) processamento m. de dados m. pl.

automatic feed s. alimentação automática f.

automatic gun s. arma automática f.

automatic pilot, autopilot ['ɔ:topailət] s. (Aer.) piloto automático m.

automatic volume control s. (Rádio) controle automático m. de volume.

automation [ɔ:təm'eiʃən] s. automação, automatização f.

automatism [ɔ:t'ɔmətizm] s. automatismo m.

automaton [ɔ:t'ɔmətən] s. pl. **automatons, -ta** 1. pessoa f. ou animal m. cujas ações são automáticas. 2. autômato m., máquina f. de funções automáticas. 3. boneco m. que imita movimentos humanos ou de animais, robô m. 4. títere m. + f., rotineiro m.

automobile ['ɔ:tomobi:l] s. automóvel, auto m. (qua-

dros C 4, M 5). ‖ adj. automóvel.

automobilist [ɔ:tomob'i:list] s. automobilista m. + f.

automotive [ɔ:tom'outiv] adj. automóvel, automotriz.

automotive industry s. indústria f. de automóveis.

autonomic [ɔ:ton'ɔmik], **autonomical** [~əl] adj. autônomo, independente, livre. ‖ ~ally adv. autonomamente, independentemente, livremente.

autonomic nervous system s. (Med.) sistema m. neurovegetativo autônomo.

autonomist [ɔ:t'ɔnomist] s. autonomista m. + f.

autonomous [ɔ:t'ɔnəməs] adj. 1. autônomo, independente. 2. autárquico. 3. (Biol.) vegetativo, simpático. 4. (Bot.) espontâneo. ‖ ~ly adv. autonomamente.

autonomy [ɔ:t'ɔnomi] s. 1. autonomia.

autonym ['ɔ:tənim] s. obra autônoma f.

autoplastic [ɔ:təpl'æstik] adj. autoplástico.

autoplasty ['ɔ:toplæsti] s. (Cirurg.) autoplastia f.

autopsy ['ɔ:təpsi] s. autópsia, necropsia f.

autosome ['ɔ:təsoum] s. (Biol.) autossomo m.: qualquer cromossomo (exceto os do sexo).

autostability [ɔ:tostab'iliti] s. (Av.) estabilidade inerente f. (devido a fatores mecânicos ou estáticos).

autosuggestion ['ɔ:tosədʒ'estʃən] s. (Psicol.) auto--sugestão f.

autosuggestive [ɔ:tosədʒ'cstiv] adj. auto-sugestivo.

autotoxemia, autotoxaemia [ɔ:totɔks'i:miə] s. (Med.) auto-intoxicação f.

autotoxin [ɔ:tot'ɔksin] s. (Med.) autotoxina f.

autotransformer [ɔ:totrænsf'ɔ:mə] s. (Eletr.) autotransformador m.

autotrophic [ɔ:totr'ɔfik] adj. (Biol., Bot.) autotrófico.

autotruck ['ɔ:totrʌk] s. caminhão m.

autotype ['ɔ:totaip] s. 1. fac-símile m. 2. (Fot., Tipogr.) autotipia, fotogravura f. ‖ v. reproduzir pelo método de autotipia.

autotypic [ɔ:tot'ipik] adj. autotípico.

autotypy ['ɔ:totaipi] s. (Fot., Tipogr.) processo m. de autotipia.

autumn ['ɔ:təm] s. 1. outono m. 2. estação f. da madureza e colheita. 3. (fig.) madureza f., declínio m. ‖ adj. de outono, outonal.

autumnal [ɔ:t'ʌmnəl] adj. outonal, de outono, outoniço, que já passou os meados da vida. ‖ ~ly adv. outonalmente.

autumnal equinox s. equinócio m. do outono.

autunite ['ɔ:tənait] s. (Miner.) autunita f., uranita f.: fosfato duplo de cálcio e uranila.

auxiliary [ɔ:gz'iljəri] s. 1. auxiliar, ajudante m. + f. 2. verbo auxiliar m. 3. embarcação auxiliar f. 4. **-ies** pl. (milit.) tropas auxiliares f. pl. ‖ adj. auxiliar.

auxiliary verb s. (Gram.) verbo auxiliar m.

auximone ['ɔ:ksimoun] s. (Biol.) auximônio m.

auxin ['ɔ:ksin] s. (Biol.) auxina f.

A. V. abr. de **Authorized Version (of the Bible).**

avail [əv'eil] s. 1. proveito, lucro, benefício m. 2. utilidade, vantagem f. 3. (Com.) empréstimo líquido m. (com os juros descontados adiantadamente). ‖ v. 1. ajudar, auxiliar, beneficiar. 2. aproveitar, valer-se, utilizar-se. 3. ser útil, servir, ter eficácia. **his work is of no ~** o seu trabalho é inútil. **without ~** sem proveito, sem sucesso, em vão. **to ~ o. s. of a thing** aproveitar-se de alguma coisa, fazer uso de... **no remedies ~ to save him** nenhum remédio é capaz de salvá-lo.

availability [əveiləb'iliti], **availableness** [əv'eiləblnis] s. disponibilidade, viabilidade, eficácia, utilidade, praticabilidade f.

available [əv'eiləbl] adj. 1. disponível, acessível, obtenível. 2. (Jur.) válido, em vigor. 3. utilizável, praticável, útil. ‖ **-bly** adv. disponivelmente, validamente, utilmente.

available light s. (Fot.) luz f. natural no objeto.

avalanche ['ævəla:nʃ] s. 1. avalancha, f. avalanche,

alude m. 2. queda estrondosa f., qualquer coisa semelhante (a uma queda). ‖ v. deslizar ou cair como avalancha.
~ of words avalancha de palavras.
avant-garde s. (fr.) vanguarda f.
avarice ['ævəris] s. avareza, mesquinhez, cobiça f.
avaricious [ævər'iʃəs] adj. avarento, avaro, mesquinho, cobiçoso, ávido. ‖ **~ly** adv. avarentamente, cobiçosamente, avidamente.
avariciousness [~nis] s. avareza, cobiça, avidez f.
avast [əv'a:st] interj. (Náut.) pare! basta!
avatar [ævət'a:] s. (Rel.) 1. encarnação, manifestação f. 2. exaltação f.
avaunt [əv'ɔ:nt] adv. (arc.) fora!, vá embora!
ave ['a:vi, 'eivi] s. **Ave** a prece f. da ave-maria. ‖ interj. 1. salve!, ave! 2. adeus!
Ave Maria [a:vimər'iə], **Ave Mary** ['eivi m'ɛəri] s. (Catol.) 1. as primeiras palavras da prece latina "ave-maria". 2. a prece. 3. cada conta f. do rosário.
avenaceous [ævin'eiʃəs] adj. avenáceo, relativo à aveia.
avenge [əv'endʒ] v. 1. vingar(-se), desagravar, desafrontar. 2. causar a punição de, punir, castigar. 3. tirar desforra, desforrar-se, desforçar(-se).
to be ~d ser vingado. **to ~ o. s.** tirar desforra **(on,** de).
avengement [~mənt] s. 1. vingança, desforra f. 2. castigo m.
avenger [~ə] s. vingador m.
avenging [~iŋ] adj. vingador. ‖ **~ly** adv. vingadoramente.
avens ['ævenz] s. (Bot.) cravoila, sanamunda, erva--benta f. (Geum urbanum).
aventurine [əv'entjuri:n], **aventurin** [əv'entjurin] s. (Miner.) aventurina, venturina f.
avenue ['ævinju] s. 1. avenida, alameda, aléia, via preferencial, rua principal f. (quadro R 4). 2. passagem f., via f. de acesso ou saída.
he explored every ~ ele tentou todas as possibilidades.
aver [əv'ə] v. 1. asseverar, afirmar, declarar. 2. (Jur.) provocar, comprovar, justificar.
averable [~ribl] adj. comprovável, justificável, que se pode asseverar ou afirmar.
average ['ævəridʒ] s. 1. **média**, proporção f., termo médio m. 2. quantidade, qualidade f. ou valores m. pl. médios ou regulares. 3. prejuízo m. por avaria do navio ou da carga em alto-mar. 4. (Náut.) rateio m., taxa, primagem, f. ‖ v. 1. calcular a média, dividir proporcionalmente, ratear. 2. dar, conseguir, produzir ou importar em média. 3. comprar ou vender por atacado (para obter um melhor preço médio). ‖ adj. 1. médio, proporcional. 2. **dar, conseguir,** habitual. 3. mediocre, mediano. ‖ **~ly** adv. proporcionalmente, usualmente, mediocremente.
~ statement protesto marítimo. **general ~** avaria grossa. **petty ~** avaria leve. **rough ~** média aproximativa. **to strike an ~** calcular a média. **at an ~ of four miles an hour** com a velocidade média de quatro milhas por hora.
average deviation s. desvio médio m.
averager [~ə] s. aferidor ou avaliador m. de avarias.
averment [əv'ə:mənt] s. asseveração, afirmação f.
Avernal [əv'ə:nəl] adj. (Mitol. romana) avernal, infernal.
Avernus [əv'ə:nəs] s. averno, inferno m.
averse [əv'ə:s] adj. 1. oposto, adverso, avesso, contrário, inimigo, relutante. 2. (Bot.) averso. ‖ **~ly** contrariamente, adversamente, opostamente.
aversion [əv'ə:ʃən] s. 1. aversão, antipatia, repugnância f. 2. objeto m. da aversão ou antipatia. 3. má vontade, relutância f.

he is my pet ~ eu o detesto.
avert [əv'ə:t] v. 1. evitar, prevenir, impedir. 2. desviar, afastar.
he ~ed his eyes ele desviou os seus olhos.
avertediy [~idli] adv. 1. adversamente, opostamente. 2. de maneira ofendida. 3. de modo impropício.
averter [~ə] s. aquele que evita, previne ou impede.
avertible [~əbl] adj. evitável, prevenível, desviável.
Aves ['eivi:z] s. pl. (Zool.) aves f. pl. (classe de animais vertebrados).
Avesta [əv'estə] s. (também **Zend-Avesta**) Avesta m : escrituras sagradas do masdeísmo.
Avestan [~n] s. avéstico m. (idioma). ‖ adj. relativo ao Avesta ou à língua avéstica.
avian ['eiviən] adj. aviário, relativo às aves.
aviary ['eiviəri] s. viveiro m. de aves, aviário m.
aviate ['eivieit] v. voar, navegar no ar, pilotar aviões.
aviation [eivi'eiʃən] s. aviação, aeronáutica f., sistema m. de navegação aérea.
aviation ground s. campo m. de aviação.
aviation medicine s. aeromedicina, astromedicina f.
aviator ['eivieitə] s. aviador, piloto m.
aviatress ['eivieitris], **aviatrix** [eivi'eitriks] s. aviadora f.
aviculture ['eivikʌltʃə] s. avicultura f.
aviculturist [eivik'ʌltʃərist] s. avicultor m.
avid ['ævid] adj. ávido, sequioso, ansioso, anelante. ‖ **~ly** adv. avidamente sequiosamente.
avidity [əv'iditi] s. avidez, ansiosidade, cobiça, avareza f.
avifauna [eivif'ɔ:nə] s. avifauna f.
avifaunal [~l] adj. avifauniano, relativo à avifauna.
avigation [ævig'eiʃən] s. aeronavegação f.
avirulent [æv'irulənt] adj. avirulento, que deixou de ser virulento (certas bactérias).
aviso [əv'aizou] s. aviso m.: 1. informação, notificação f. 2. embarcação f. ligeira e veloz da marinha de guerra.
avitaminosis [eivaitəmin'ousis] s. (Med.) avitaminose f.
avocado [ævok'a:dou] s. 1. abacate m. 2. abacateiro m.
avocation [ævok'eiʃən] s. 1. ocupação f. regular, vocacional. 2. ocupação f. ou serviço m. secundário, (gíria, Bras.) bico m. 3. passatempo m., trabalho m. de divertimento. 4. (uso não recomendado) ocupação, profissão f., ofício m.
avocatory [əv'ɔkətəri] adj. avocatório, que avoca ou chama a atenção.
avocet, avoset ['ævoset] s. (Zool.) avoceta f.: ave palmípede, qualquer ave do gênero Recurvirostra.
avoid [əv'ɔid] v. 1. evitar, escapar, fugir a. 2. esquivar-se, eximir-se de, furtar-se a. 3. (Jur.) invalidar.
avoidable [~əbl] adj. 1. evitável. 2. anulável. ‖ **—bly** adv. 1. evitavelmente. 2. anulavelmente.
avoidance [~əns] s. 1. vacância, vagação, vagatura f. 2. anulação f. 3. evitação, fuga f., escape m.
avoider [~ə] s. aquele que evita ou se esquiva (de obrigações, perigos, etc.).
avoirdupois [ævədəp'ɔiz] s. 1. = **avoirdupois weight.** 2. (coloq.) peso m.
avoirdupois pound s. libra inglesa f. (450 gramas).
avoirdupois weight s. sistema m. de pesos usado em todos os países da língua inglesa para qualquer material, exceto pedras e metais preciosos e drogas.
avouch [əv'autʃ] v. 1. afirmar, asseverar, sustentar. 2. sancionar, reconhecer, responder por.
avouchment [~mənt] s. declaração, asseveração, afirmação f., testemunho m.
avow [əv'au] v. 1. declarar francamente, admitir, confessar. 2. reconhecer, aprovar. 3. (Jur.) justificar(-se).
he ~ed himself the perpetrator of the blunder ele

se confessou o causador do erro.

avowal [~əl] s. confissão, declaração f., reconhecimento m.

avowed [~d] adj. 1. declarado, admitido, reconhecido. 2. irrestrito. ‖ **~ly** adv. 1. admitidamente, declaradamente, reconhecidamente. 2. **irrestritamente.**

avowedness [~idnis] s. caráter confesso ou declarado m.

avower [~ə] s. declarante, confessor m.

avulsion [əv'ʌlʃən] s. avulsão f. (também Jur.), separação, extração f.

avuncular [əv'ʌŋkjulə] adj. avuncular, relativo ou semelhante a tio ou tios.

await [əw'eit] v. 1. esperar, estar à espera de, aguardar. 2. estar reservado a, estar pronto para, estar na expectativa de.

awaiter [~ə] s. aquele ou o que espera.

awaiting [~iŋ] adj. na expectativa.

awake (I) [əw'eik] v. (imp. e p. p. **awoke** ou **awaked**) 1. acordar, despertar, tirar do sono. 2. animar, reavivar, incitar, estimular, alertar.

he must be **~d to a sense of his position** ele precisa ser despertado para a realidade de sua situação.

awake (II) [əw'eik] adj. 1. acordado, despertado. 2. vigilante, alertado.

to be **~ to a danger** estar alertado contra um perigo. **wide ~** completamente acordado.

awaken [~ən] v. 1. despertar, acordar, tirar do sono. 2. animar, avisar, estimular, excitar.

to **~ to** dar-se conta acerca de.

awakener [~ənə] s. aquele que acorda alguém, despertador m.

awakening [~əniŋ] s. o despertar m. do sono. ‖ adj. que desperta ou acorda.

award [əw'ɔ:d] s. 1. prêmio m., recompensa, distinção, concessão f. 2. arbítrio, juízo, laudo m., sentença f. 3. (Jur.) adjudicação f. ‖ v. 1. premiar, recompensar, conceder, conferir. 2. (Jur.) adjudicar, outorgar.

arbitrator's ~ decisão de árbitro.

awardable [~əbl] adj. 1. premiável, recompensável. 2. arbitrável, adjudicável.

awarder [~ə] s. árbitro, juiz, arbitrador m.

aware [əw'ɛə] adj. 1. atento, acautelado, advertido. 2. cônscio, ciente, a par, informado.

I am well **~ that** estou bem informado que.

awareness [~nis] s. qualidade ou estado de ser cônscio, ciente, atento, advertido.

awash [əw'ɔʃ] adj. 1. levado pelas ondas ou pela maré. 2. flutuante. 3. inundado. ‖ adv. à flor d'água, à superfície, a boiar.

a rock ~ at low water rochedo que está à flor d'água na maré baixa.

away [əw'ei] adj. 1. ausente, fora. 2. distante, longe, remoto. ‖ adv. 1. para longe, à distância, fora, embora. 2. longe de, abaixo de. 3. em direção oposta, contrariamente. 4. para a posse de outrem, fora, embora. 5. até o fim, até a morte. 6. para diante, continuadamente, constantemente, sempre. 7. (coloq.) logo, sem demora, imediatamente. 8. com elipse do verbo, imperativamente: vá embora! **~ back** (E. U. A., coloq.) afastadamente, remotamente. **to make ~ with s. o.** matar alguém. **to make ~ with a thing** subtrair, furtar alguma coisa. **he is ~ from home** ele está longe de seu lar. **laugh ~!** ria à vontade! **fire ~!** (fam.) conte já, deixe ouvir a sua história. **~ down** longínquo. **far and ~, out and ~** inteiramente, absolutamente, de longe. **he is far and ~ the best man of the team** ele é absolutamente o melhor homem da equipe. **right ~!** 1. pronto!, imediatamente. 2. (Estr. de F.) toque! ou siga **I cannot ~ with him**

não posso suportá-lo. **you won't get ~ with it** com isto você vai enganar-se. **~ with you!** fora!, vai-te embora! **to do ~** anular, abolir.

awe [ɔ:] s. 1. grande medo, terror, pavor m. 2. respeito m., reverência, admiração f. ‖ v. 1. causar ou sentir medo, aterrorizar, amedrontar. 2. influenciar ou restringir pelo medo, intimidar.

to **hold s. o. in ~** respeitar alguém profundamente.

to **stand in ~ of** 1. ficar amedrontado por, ter muito medo de. 2. reverenciar ou ter respeito por.

aweary [əw'iəri] adj. cansado, extenuado, fatigado, deprimido.

aweather [əw'eðə] adj. + adv. (Náut.) a barlavento, para barlavento.

awe-commanding, awe-inspiring adj. que impõe respeito.

aweigh [əw'ei] adj. suspenso, içado (diz-se da âncora). ‖ adv. em suspenso.

aweless, awless ['ɔ:lis] adj. 1. destemido, intrépido. 2. irreverente.

awesome ['ɔ:səm] adj. 1. temeroso, terrível, pavoroso. 2. atemorizado, apavorado, intimidado. ‖ **~ly** adv. temerosamente, pavorosamente, atemorizadamente.

awestricken ['ɔ:strikən], **awestruck** ['ɔ:strʌk] adj. atemorizado, intimidado, cheio de pavor.

awful ['ɔ:ful] adj. 1. terrível, tremendo, horrível, horroroso, medonho. 2. (coloq.) muito ruim, excessivamente grande ou feio. 3. reverendo, respeitável, merecedor de respeito ou veneração, sublime. 4. impressionante. ‖ **~ly** adv. 1. terrivelmente, tremendamente. 2. (coloq.) muito, excessivamente.

I am **~ly sorry** sinto imensamente.

awfulness [~nis] s. 1. venerabilidade, solenidade, sublimidade f. 2. terribilidade, enormidade, atrocidade f., horror m.

awhile [əw'ail] adv. pouco tempo, por algum tempo.

awkward ['ɔ:kwəd] adj. 1. desajeitado, inábil, inepto. 2. desairoso, deselegante. 3. impraticável, inadequado, ineficaz. 4. difícil de manejar, complicado. 5. embaraçoso, desagradável, desairoso. ‖ **~ly** adv. desajeitadamente, desairosamente, ineficazmente, dificilmente, complicadamente, embaraçosamente.

awkward age s. início m. da adolescência.

awkwardness [~nis] s. 1. inaptidão, inabilidade f., desajeitamento, desalinho m. 2. embaraço m.

awl [ɔ:l] s. sovela f., furador m. (quadro A 5).

awn [ɔ:n] s. (Bot.) aresta, pragana f.: barba da espiga de cereais (quadro E 1).

awned [ɔ:nd] adj. (Bot.) aristado, que tem praganas.

awning ['ɔniŋ] s. 1. toldo m. 2. tenda, barraca f. 3. abrigo m.

awning drill s. tecido forte m. de lona ou brim para toldos.

awnless ['ɔ:nlis] adj. sem praganas.

awoke [əw'ouk], **awoken** [~ən] imp. e p. p. de **awake.**

awry [ər'ai] adj. 1. torto, oblíquo, desviado para um lado. 2. errado. ‖ adv. obliquamente, de esguelha, de viés, erradamente, (fig.) mal.

to **look ~** olhar vesgo, **everything was ~** tudo estava em desordem. **to go ~** errar, estragar, (gíria) ir para o embrulho.

ax, axe [æks] s. pl. **axes** 1. machado, machadinho m. (quadros C 5, M 1). 2. acha-de-armas, acha f. ‖ v. cortar a machadadas, falquear, machadar.

he has an **~ to grind** ele trata dos seus interesses particulares, ele está pessoalmente interessado.

axes (I) ['æksi:z] pl. de **axis.**

axes (II) ['æksiz] pl. de **ax, axe.**

axial ['æksiəl] adj. axial: de ou relativo a eixo, que forma eixo. ‖ **~ly** adv. axialmente.

axial force s. força axial f.

axial load s. (Téc.) empuxo axial m., carga f. do eixo.

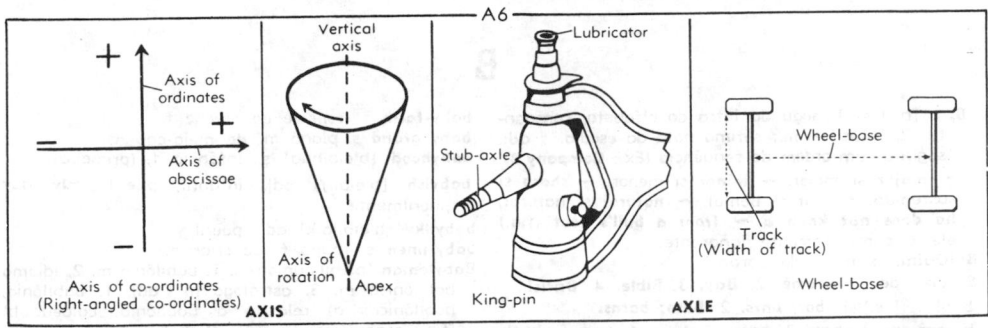

Axis of ordinates
Axis of abscissae
Axis of co-ordinates (Right-angled co-ordinates) **AXIS**
Vertical axis
Axis of rotation
Apex
A6
Lubricator
Stub-axle
King-pin
Wheel-base
Track (Width of track)
Wheel-base
AXLE

axial skeleton s. esqueleto m. da cabeça e do tronco.

axil ['æksil] s. 1. (Anat., Bot., Biol.) axila f. 2. (Bot.) ângulo m. formado pela folha com o ramo.

axile ['æksil, 'æksail] adj. (Bot.) áxil, axial.

axilla [æks'ilə] s. (Bot., Anat.) axila f., (Anat.) sovaco m.

axillar ['æksilə] s. (Orn.) penas auxiliares f. pl. na parte inferior das asas. || adj. = **axillary.**

axillary [~ri] adj. axilar: 1. (Anat.) relativo ao sovaco ou axila. 2. (Bot.) relativo à axila.

axiology [æksi'ɔlədʒil] s. (Filos.) axiologia f.

axiom ['æksiəm] s. axioma m.: 1. máxima, norma f. 2. (Lóg., Mat.) verdade f. ou regra f. indiscutível. 3. doutrina f., ensinamento m., ou princípio m. estabelecido.

axiomatic [æksiom'ætik], **axiomatical** [~əl] adj. axiomático, evidente, manifesto. || **~ally** adv. axiomaticamente, manifestamente.

axis (I) ['æksis] s. pl. **axes** [-si:z] eixo m. (quadros A 6, B 2, E 1): 1. linha imaginária ou real que marca o centro rotativo de um corpo. 2. linha f. central ou principal, linha coordenadora f. 3. cadeia f. de montes. 4. estrutura f. central ou principal de um conjunto de edifícios. 5. (fig.) coligação f. de nações.

axis (II) ['æksis] s. (Zool.) áxis m.: ruminante asiático, espécie de veado, também denominado **axis deer.**

axis of incidence s. eixo m. de incidência.

axis of rotation s. eixo m. de rotação.

axle [æksl] s. 1. eixo m. de rodas (quadro A 6). 2. árvore f., veio m.

axle bed s. caixa f. de mancal.

axle of a hinge s. eixo m. da dobradiça.

axle stub s. munhão m. do eixo.

axle tree s. (Téc.) árvore f. do eixo (quadro C 15).

Axminster ['æksminstə] s. tapete m. de veludo ou material semelhante, imitação de tapete oriental.

axolotl ['æksolotl] s. (Zool.) axolotle m.

axon ['æksɔn], **axone** ['æks'oun] s. (Fisiol.) áxone m., axônio, cilindro-eixo m.

axseed ['æksi:d] s. (Bot.) coronilha f.

ay [ei] interj. ah!, oh!, ai!
~ **me!** ai de mim!

ayah ['aiə] s. (Índia) aia indiana f., criada f. de companhia.

aye (I) [ei] adv. (esc.) sempre, indefinidamente.
for ~ para sempre.

aye (II) [ai] s. voto afirmativo m. || adv. sim.
the ~s and noes os votos pró e contra. **the ~s have it** a moção foi aprovada pela maioria.

aye-aye ['aiai] s. (Zool.) aiai m.: lemure de Madagáscar semelhante ao esquilo.

azalea [əz'eiljə] s. (Bot.) azálea f.: 1. arbusto m. da família das Ericáceas. 2. flor f. de azálea.

azeotrope [eiz'i:ətroup] s. (Quím.) azeotropo m.

azimuth ['æziməθ] s. (Astron.) azimute nı.

azimuthal [~əl] adj. azimutal. || **~ly** adv. azimutalmente.

azine ['æzi:n], **azin** ['æzin] s. (Quím.) azina, piridina f.

azoic [əz'ouik] adj. azóico, sem vida.

azoic age s. (Geol.) sistema azóico m.

azole ['æzoul, əz'oul] s. (Quím.) azol m., pirrol m.

azonal [eiz'ounəl] adj. azonal: relativo a zonas ou camadas indistintas, por serem inclusive de formação recente.

azote [əz'out] s. (Quím.) azoto, nitrogênio m

azotemia [æzət'i:mɪə] s. (Med.) azotemia f.

azotic [əz'ɔtik] adj. azótico.

Aztec ['æztek] s. asteca m. + f.

azure ['æʒə] s. 1. a cor f. azul-celeste. 2. firmamento, céu azul m. 3. índigo, anil m. ou qualquer outro pigmento azul. || v. azular, anilar. || adj. 1. azul-celeste, cerúleo, cérulo. 2. (fig.) sem nuvens, claro, límpido.

azurite [~rait] s. (Miner.) azurita, lazulita f., azul mineral m.

azygous ['æʒigəs] adj. (Anat.) ázigo, ímpar, que não tem par.

B

B, b [bi:] s. 1. segunda letra do alfabeto, consoante. 2. (Mús.) si m.: sétima nota da escala. ‖ adj. segundo em ordem de seqüência (Ex.: **Company B**). **~ major** si maior. **~ minor** si menor. **~ sharp** si sustenido. **~ flat** si bemol. **~ natural** si natural. **he does not know a ~ from a bull's foot** (fig.) ele é completamente ignorante.

B (Quím.) símbolo do boro.

B. abr. de 1. **Baumé.** 2. **Bay.** 3. **Bible.** 4. **British.**

b abr. (Fís.) 1. **bar; bars.** 2. **barn; barns.**

b. abr. de 1. **born** 2. **base.** 3. **bass.** 4. **bay.** 5. **book.**

Ba (Quím.) símbolo de **barium.**

B. A. [bi:ei] abr. de **Bachelor of Arts** (também **A. B.**)

baa [ba:] s. balido m. de carneiro. ‖ v. balar, balir.

Baal [b'eiəl] s. pl. **Baalim** Baal m.: deus supremo dos cananeus e fenícios, (fig.) falso deus, ídolo m. **~-worship** adoração de Baal (ou de deuses falsos).

baalist [b'eiəlist], **baalite** [b'eiəlait] s. 1. baalita m. + f. 2. idólatra m. + f.

baas [ba:s] s. título m. sul-africano correspondente a senhor.

babassu oil s. óleo m. de babaçu.

Babbit [b'æbit] s. 1. (E. U. A.) acomodatício m., comodista m. + f. 2. **~ metal** liga de estanho, antimônio e cobre usada em mancais para reduzir a fricção, metal branco m. ‖ v. revestir de metal branco. ‖ adj. de metal branco.

babble [bæbl] s. 1. fala ininteligível f. 2. conversa tola f. 3. murmúrio m. ‖ v. 1. balbuciar. 2. exprimir-se confusamente. 3. falar demasiadamente.

babblement [b'æblmənt], **babbling** [b'æbliŋ] s. palrice, balbuciação, conversa tola f., murmúrio m,

babbler [b'æblə] s. palrador m., tagarela m. + f.

babe [beib] s. 1. bebê m., criancinha f. 2. pessoa inocente ou inexperiente f. 3. (†) boneca f. **~s and sucklings** pessoas completamente inexperientes.

babel [b'eibəl] s. 1. **Babel** (Geogr.) Babilônia f. 2. (fig.) utopia f., projeto visionário m. 3. babilônia f., confusão f. de sons ou vozes, algazarra f.

babies'-breath, baby's-breath s. (Bot.) gipsófila f.

babies' wear s. roupa f. de bebê (quadro C 13).

babirusa, babiroussa [bæbir'u:sə] s. (Zool.) babirussa f., porco-veado m. do Sudeste asiático. (Babirussa babyrussa).

babism [b'a:bizm], **babiism** [b'a biizm] s. babismo m.

babist [b'a:bist] s. babista m. + f. ‖ adj. babista.

baboo, babu [b'a:bu:] s. 1. título hindu m. correspondente a senhor. 2. hindu m. + f. com rudimentos de educação inglesa. 3. empregado indiano m. que conhece um pouco de inglês.

baboon [bəb'u:n] s. (Zool.) babuíno m.

babouche, baboosh [bæb'u:ʃ] s. babucha f.

babul [ba:b'u:l] s. (Bot.) babul m.

baby [b'eibi] s. 1. bebê m., criancinha f. 2. o mais novo de uma família ou grupo, caçula m. + f. 3. pessoa com modos infantis. 4. coisa excepcionalmente pequena f. em relação à sua espécie. 5. expressão f. de louvor ou aprovação aplicada a pessoa ou coisa, animal muito novo. 6. boneca f. ‖ v. tratar como criança, amimar. ‖ adj. 1. de ou para o bebê. 2. jovem, infantil. 3. diminuto. **~ boy** menino pequeno. **~ lion** filhote de leão.

baby-blue-eyes s. (Bot.) flor-de-amor f.

baby carriage s. carrinho m. de bebê.

baby-farm s. espécie de creche f.

baby grand s. piano m. de meia-cauda.

babyhood [b'eibihud] s. infância f. (primeira).

babyish [b'eibiiʃ] adj. infantil, pueril. ‖ **~ly** adv. puerilmente.

babylike [b'eibilaik] adj. pueril.

baby-linen s. roupa f. de criança.

Babylonian [bæbil'ounjən] s. 1. babilônio m. 2. idioma babilônico m. 3. astrólogo m. ‖ adj. 1. babilônio, babilônico: a) relativo a Babilônia, caldeu. b) (fig.) magnífico, luxuoso. 2. babélico, tumultuoso, confuso.

baby nursery s. creche f.

baby-sit v. pajear.

baby-sitter s. pessoa que cuida do bebê durante a ausência dos pais (esp. de noite).

baby talk s. fala f. de bebê.

baby tooth s. dente de leite m.

baccalaureate [bækəl'o:riit] s. bacharelado m., grau m. de bacharel.

baccalaureate sermon s. (E. U. A.) discurso especial m. de despedida pronunciado perante a classe no ato da formatura.

baccara, baccarat [b'ækəra:, bækər'a:] s. bacará m.: jogo de azar.

baccate [b'ækeit] adj. 1. baciforme, polposo, carnudo. 2. bacífero, que produz bagas. 3. diz-se da fruta carnuda, polpuda.

bacchanal [b'ækənl] s. 1 adepto m. de Baco. 2. beberrão, pândego m. 3. **~s** pl. orgia f., festa de bêbados, bacanal f. 4. baquílica f. ‖ adj. bacanal, orgíaco.

bacchanalia [bækən'eiljə] s. pl. 1. bacanais f. pl.: ruidosas e animadas festas em honra de Baco. 2. orgia, bebedeira f.

bacchanalian [~n] adj. bacanal, orgíaco.

bacchant [b'ækənt] s. 1. bacante m.: sacerdote de Baco. 2. beberrão m

bacchante [bək'ænt] s. bacante f.: sacerdotisa de Baco.

Bacchic [b'ækik] adj. báquico, (fig.) bêbado, orgíaco, turbulento.

bacciferous [bæks'ifərəs] adj. bacífero, que produz bagas.

bacciform [b'æksifɔ:m] adj. (Bot.) baciforme.

baccivorous [bæks'ivərəs] adj. bacívoro.

bachelor [b'ætʃələ] s. 1. solteiro m. 2. bacharel m. 3. cavaleiro novel m. que servia sob a bandeira de outrem. 4. espécie de perca. **knight ~** cavaleiro de cargo inferior.

bachelor-at-arms s. cavaleiro armado m.

bachelor-girl s. (moça) solteira f.

bachelorhood [b'ætʃələhud], **bachelorship** [b'ætʃələʃip] s. 1. celibato, solteirismo m. 2. bacharelado m.

Bachelor of Arts s. (abr. **B. A.** ou **A. B.**) bacharel m. em humanidades.

bachelor's-button, bachelor-button s. (Bot.) 1. centáurea-azul, escovinha f. 2. espécie de centáurea (Centaurea nigra). 3. bonina, margarida-rasteira f. 4. amarela f.

bacillary [b'æsiləri, bəs'iləri] adj. bacilar: 1. relativo a ou causado por bacilos. 2. baciliforme.

bacilliform [bəs'ilifɔ:m] adj. 1. baciliforme. 2. bacilar.

bacillosis [bæsil'ousis] s. (Med.) bacilose f.

bacillus [bəs'iləs] s.: pl. **bacilli** [-lai] 1. bacilo m. em forma de bastonete. 2. bactéria f., micróbio m.

back (I) [bæk] s. 1. dorso m., costas f. pl. 2. qualquer parte de vestuário que cubra as costas. 3. lombo, dorso m. (de animais). 4. espinha dorsal f. 5. parte traseira f., lado m. ou face f. posterior, verso m. 6. espaldar m., encosto m. de cadeira ou poltrona. 7. parte menos usada, costas f. pl. da mão. 8. (Futeb.) zagueiro m. (quadro F 5). 9. quilha f. de navio. 10. suporte, apoio m. 11. lombada f. (de livro). 12. avesso m. (de tecido). ‖ v. 1. (geralm. ~ up) suportar, ajudar, auxiliar, emprestar apoio moral. 2. mover(-se) para trás. 3. endossar, apoiar. 4. apostar em. 5. montar, subir às costas. 6. prover de encosto, servir de dorso. 7. impelir ou forçar para trás. 8. prosseguir escrevendo no verso. 9. mover-se à esquerda (em relação à bússola). 10. formar um fundo para. 11. servir de fundo a. 12. (coloq.) carregar às costas. ‖ adj. 1. posterior, de trás, traseiro. 2. remoto, retirado. 3. passado, atrasado. 4. vencido. 5. (E. U. A.) em região distante ou fronteiriça. 6. (Fon.) gutural, velar. ‖ adv. 1. para trás, atrás. 2. no passado. 3. de volta. 4. em retorno ou devolução. 5. para o lugar de origem. 6. em reserva. 7. ~ of (E. U. A., coloq.) atrás de, em auxílio de, em suporte de. 8. anteriormente. **at the ~ of the house,** (E. U. A.) ~ **of the house** atrás da casa. ~ **and belly** (coloq.) vestuário e alimentação. ~ **of a knife** costas de uma faca. ~ **of the hand** costas da mão. **behind my ~** nas minhas costas. **half—~** (Futeb.) médio, (gíria) alfo. **he lay on his ~ for three years** ele ficou de cama durante três anos. **he was at my ~** ele estava atrás de mim, ele me defendeu, ele me apoiou. **I broke the ~ of my work** passei pelo pior do meu trabalho. **I have the care for his children on my ~** tenho em meus ombros a preocupação de cuidar de suas crianças. **on one's ~** (gíria) sem dinheiro, pronto. **on the ~ of that** além disso. **she turned her ~ on him** ela virou as costas para ele. **the Backs** (Cambridge) fundos, lugar de estacionamento na universidade. **I got, put his ~ up** provoquei-o. ~ **her!** (Náut.) para trás! **to ~ a cheque** endossar um cheque. **to ~ away** (E. U. A.) ceder. **to ~ down** abandonar, desistir, retirar-se. **to ~ on** to dar para (quartos, janelas). **to ~ out** retirar-se, desistir de um empreendimento, quebrar uma promessa. **to be cast on one's ~** (fig.) sofrer derrota. **to ~ sails** pôr sobre (as velas). **to ~ up** mover-se para trás, dar marcha-à-ré, suportar, auxiliar. **the wind is ~ing** o vento rondou para o sul. **come ~!** volte!, (E. U. A.) venha para trás! **do not answer ~!** não responda! **for years ~** (E. U. A.) desde anos, há anos. **go there and come ~** vá até lá e volte. **he sat ~ in his chair** ele reclinou-se na sua cadeira. **he went ~ from his promise** ele fugiu à sua promessa. **I can look ~ fifty years** posso olhar para trás cinqüenta anos. **I shall be ~ soon** estarei de volta logo. **to pay ~** devolver, repor, pagar de volta.

back (II) [bæk] s. cuba, tina f.
back-ache s. dor lombar f.
back-band s. cilha f.: correia que segura o varal.
back-basket s. cesto m. para levar às costas.
back bench s. banco de trás m. (sala de aulas).
back-bencher s. legislador m., esp. da Câmara dos Comuns (Ingl.), excetuando líderes partidários.
backbite [b'ækbait] s. calúnia f. ‖ v. (imp. **backbit**, p. p. **backbitten**) caluniar, fazer má ausência.
backbiter [~ə] s. caluniador m., caluniadora f.
backboard [b'ækbɔːd] s. 1. tábua traseira f., encosto m. 2. tábua f. de que se amarra nas costas de crianças para manter-lhes o corpo ereto. 3. tabela f. (de quadra de bola-ao-cesto). 4. (Náut.) guarda-patrão m.

backbone [b'ækboun] s. 1. espinha dorsal, coluna vertebral f. 2. suporte principal m. 3. determinação f. **English to the ~** um inglês até a medula.
backbreaking [b'ækbreikiŋ] adj. árduo (trabalho).
back-carriage s. carreto m. de retorno.
back center s. (Mec.) contraponta f.
back-chat s. (gíria) respostas malcriadas f. pl.
back-cloth s. (Teat.) fundo de cenário m. (quadro S 10).
backdate [bækd'eit] v. antedatar.
back dive s. mergulho m. de costas.
back-door s. porta f. dos fundos. ‖ adj. clandestino, sub-reptício.
backdrop [b'ækdrɔp] s. (Teat.) cortina f. de fundo de cenário.
backer [b'ækə] s. 1. arrimo m.: o que apóia ou auxilia, partidário, amigo m. 2. apostador m.
backfall [b'ækfɔːl] s. queda f. para trás.
backfield [b'ækfiːld] s. (E. U. A., futebol) defesa f.: jogadores m. pl. atrás da linha de ataque (quadro F 5).
backfire [b'ækfaiə] s. 1. (Autom.) contra-explosão f. 2. (E. U. A.) fogo m. de encontro. ‖ v. 1. dar contra-explosão. 2. (E. U. A.) acender fogo de encontro.
backgammon [b'ækgæmən] s. gamão m.
back gear s. (Mec.) engrenagem redutora f.
background [b'ækgraund] s. 1. fundo, segundo plano m. 2. motivo, acontecimento m. que explica fatos posteriores. 3. prática, experiência f., conhecimento m. 4. fundo m. ou acompanhamento musical m. **in the ~** na obscuridade.
background music s. música ambiental f. ou de fundo.
backhand [b'ækhænd] s. 1. golpe m. dado com as costas da mão viradas para a frente. 2. (tênis) "back". 3. caligrafia f. inclinada para a esquerda. ‖ adj. = backhanded..
backhanded [~id] adj. 1. com as costas da mão viradas para a frente. 2. desajeitado. 3. insincero.
backhander [~ə] s. (também **backhand drive**). 1. golpe m., pancada f. com as costas da mão. 2. ataque indireto m.
backing [b'ækiŋ] s. 1. apoio, auxílio, suporte m. 2. auxiliares m. pl.: os que apóiam. 3. camada traseira f., forro m. 4. (Arquit.) reforço traseiro m. 5. endosso m. 6. colocação f. de lombada em livros. 7. (Mec.) retrocesso, recuo m. 8. alvenaria f. de enchimento.
back-kitchen s. parte f. da cozinha para a lavagem de pratos.
backlash [b'æklæʃ] s. 1. jogo morto m. 2. jogo m., folga f. entre engrenagens.
backless [b'æklis] adj. sem encosto.
backlight [b'æklait] s. (Cin. e Fot.) iluminação f. por detrás.
backlog [b'æklɔg] s. 1. (E. U. A.) pedaço grosso m. de lenha que arde no fundo da lareira. 2. reserva f., acúmulo m. 3. (Com.) reserva f. de pedidos em carteira.
backlying [b'æklaiiŋ] adj. situado nos fundos.
back number s. (coloq.) 1. número atrasado m. (de revista ou jornal). 2. coisa ou pessoa antiquada f.
back order s. (Com.) pedido m. em carteira.
back-pedalling brake s. freio de pedalagem em contrário, freio m. de pedal.
backpiece [b'ækpiːs] s. lombo m., pedaço m. do dorso (de caça).
back-pressure s. contrapressão f.
back rest s. 1. espaldar m.: as costas da cadeira (quadros C 6, 9, D 1). 2. (Mec.) luneta f. (de torno) 3. porta-fio oscilante m. (de tear).

back-room s. quarto m. dos fundos.
backsaw s. serrote m. de dorso reforçado.
back-scene s. (Teat.) fundo m. de cenário.
back-seam s. costura traseira f.
back seat s. 1. assento traseiro m. (quadro M 5). 2. (E. U. A., coloq.) posição f. de inferioridade.
backset [b'ækset] s. 1. revés, retrocesso, contratempo m. 2. contracorrente f
back-settler s. (E. U. A.) caipira m. + f.
backside [b'æksaid] s. traseiro m., nádegas f. pl.
backsight [b'æksait] s. 1. alça f. de mira. 2. retrospecto m.
backslap [b'ækslæp] v. bater familiarmente nas costas de.
backslapper [~ə] s. (E. U. A., coloq.) pessoa jovial f., folgazão m.
backslide [b'ækslaid] s. apostasia f. ‖ v. 1. apostatar.
backslider [~ə] s. apóstata m. + f.
backspacer [b'ækspeisə] s. retrocesso m. de máquina de escrever (quadro T 6).
backstage [b'æksteidʒ] adj. atrás do palco, nos bastidores. ‖ adv. no fundo do palco, nos bastidores.
backstairs [b'ækstɛəz] s. pl. escada f. de serviço. ‖ adj. 1. relativo a escada de serviço. 2. clandestino, secreto.
backstay [b'ækstei] s. (Náut.) brandal m.
backstitch [b'ækstitʃ] s. pesponto m. ‖ v. pespontar.
backstop [b'ækstɔp] s. (Mec.) batente m., parador m. de retorno, espera, escora f.
backstroke [b'ækstrouk] s. 1. braçada f. (em nado de costas). 2. golpe m. com as costas da mão. 3. contragolpe m. 4. recuo, retrocesso m. 5. (Téc.) curso m. em vazio.
back-sweep s. (Náut.) ressaca f.
back swimmer s. 1. nadador m. de costas. 2. (Zool.) noteiro m.: inseto aquático da família dos Notonectídeos.
backswing [b'ækswiŋ] s. (Esp.) movimento m. para trás (da raqueta, para receber a bola).
back-talk s. (E. U. A., coloq.) resposta malcriada f.
backtrack [b'æktræk] v. 1. regressar. 2. retroceder.
backward [b'ækwəd] adj. 1. para trás. 2. de costas. 3. inverso, oposto. 4. em ordem inversa, de trás para diante, em sentido contrário. 5. de mal a pior, retrógrado. 6. para o passado. 7. de desenvolvimento retardado, apalermado, obtuso. 8. atrasado, moroso. 9. tímido, acanhado, relutante. ‖ adv. (também ~s) 1. para trás. 2. de costas para a frente. 3. para o começo, ao início. 4. de modo inverso, de trás para diante. 5. para pior. 6. para o passado. 7. de regresso. ‖ ~ly adv. 1 em sentido retrógrado. 2. negligentemente.
~s and forwards para lá e para cá. **~ travel** recuo, retrocesso. **a ~ child** uma criança retardada.
backwardation [bækwəd'eiʃən] s. (Com.) porcentagem f. por atraso em fornecimento.
backwardness [b'ækwədnis] s. 1. relutância, hesitação f. 2. atraso, retardamento m.
backwash [b'ækwɔʃ] s. 1. água f. atirada para trás por remo, roda d'água f. ou navio m. em movimento. 2. corrente, contracorrenteza f., remanso m.
backwater [b'ækwɔːtə] s. 1. água represada f. 2. água parada ou estagnada f. 3. contracorrenteza f., remanso m. 4. (fig.) lugar atrasado m.
in the ~ afastado, longe.
backwoods [b'ækwudz] s. pl. mato m., regiões f. pl. recobertas de matas e afastadas dos centros populosos. ‖ adj. do interior, do mato.
backwoodsman [~mən] s. (E. U. A.) caipira m. + f., pessoa rústica f.
back yard s. quintal m.: pequeno terreno nos fundos da casa.

bacon [b'eikən] s. 1. toicinho defumado m. (quadro B 25). 2. (coloq.) prêmio, resultado auspicioso m.
he saved his ~ (coloq.) ele defendeu-se, ele arranjou sua vida. **he brought home the ~** ele tirou a sorte grande.
Baconian [beik'ouniən] s. baconiano m.: adepto do filósofo inglês Bacon. ‖ adj. baconiano.
Baconianism [~izm] s. baconismo m.
bacteremia [bæktər'iːmiə] s. (Med.) bacteriemia f.
bacteria [bækt'iəriə] s. plural de **bacterium**.
bacterial (~l) adj. bacteriano.
bactericide [bækt'iərisaid] s. bactericida m.
bacterin [b'æktərin] s. (Med.) bacterina f.
bacteriological [bæktiəriəl'ɔdʒikəl] adj. bacteriológico.
bacteriologist [bæktiəri'ɔlədʒist] s. bacteriologista m. + f., bacteriólogo m.
bacteriology [bæktiəri'ɔlədʒi] s. bacterioiogia f.
bacteriolysis [bæktiəri'ɔlisis] s. bacteriólise f.
bacteriophage [bækt'iːriofeidʒ] s. bacteriófago m.
bacterioscopy [bæktiri'ɔskəpi] s. bacterioscopia f.
bacterium [bækt'iəriəm] s. pl. **bacteria** bactéria f., microrganismo unicelular m.
bacteroid [b'æktərɔid] adj. bacteróide, em forma de bactéria.
Bactrian [b'æktriən] s. (Hist.) bactriano m. ‖ adj. (Hist.) bactriano.
Bactrian camel s. (Zool.) camelo m. de duas gibas.
bacury [b'aːkuːri] s. (Bot.) bacuri, bacurizeiro m.
bad [bæd] s. o que é ruim, qualidade má f. quer física ou moral. ‖ adj. (compar. **worse**, superl. **worst**) 1. ruim, mau, inferior. 2. malvado, perverso, iníquo. 3. desagradável, incômodo, dolorido, pungente. 4. desfavorável, inoportuno. 5. ofensivo, injurioso. 6. sem valor, imprestável. 7. defeituoso, imperfeito, falho. 8. falso, não válido. 9. estragado, podre. 10. (E. U. A.) hostil, perigoso, assassino. 11. nocivo, prejudicial. 12. enfermo, adoentado. 13. triste, pesaroso. 14. severo, intenso. ‖ ~ly adv. 1. mal, não bem. 2. (coloq.) muitíssimo, urgentemente. 3. de maneira ruim, com maldade, perversamente. 4. (coloq.) muito, ardentemente.
a ~ cold um forte resfriado. **~ bargain** (coloq.) mau negócio. **~ coin** moeda falsa. **~ debts** dívidas duvidosas. **~ finger** dedo ferido ou doente. **~ form** falta de educação. **~ language** linguagem de baixo calão, palavrões. **~ luck** falta de sorte. **~ shot** (gír.) suposição errônea. **he went to the ~** (coloq.) ele perdeu-se. **from ~ to worse** de mal a pior. **he feels ~ about** (gír.) ele fica zangado ou sentido por. **he had a ~ time of it** ele passou mal. **I am in his ~ books** não sou cotado com ele. **I take the ~ with the good** tomo as coisas como são. **not a ~ joke** uma boa piada. **not ~** (coloq.) não é mau, serve. **she is very ~** ela está muito doente, ela está passando mal. **that is too ~** é pena. **that is very ~** isto é muito mau. **he ~ly wants his tea** ele deseja muito o seu chá. **3 £ to the ~** (side of the account) 3 libras esterlinas de prejuízo. **with a ~ grace** de má vontade. **he is ~ly off** ele está em má situação (financeira).
bad blood s. inimizade f.
badderlocks [b'ædələks] s. (Bot.) alária f.
bade [bæd] v. p. de **bid.**
badge [bædʒ] s. 1. distintivo, emblema m., insígnia, chapa f. (de empregado). 2. símbolo, sinal m. ‖ v. marcar com distintivo ou sinal característico.
badger [b'ædʒə] s. 1. (Zool.) texugo m. 2. pele f. deste animal. 3. pincel m. de pêlo de texugo. 4. **Badger** (E. U. A.) habitante m. + f. ou natural do Estado de Wisconsin.
badger-baiting s. caça f. ao texugo.

badger game (coloq.) s. chantagem f. contra um homem, fazendo-o comprometer-se com uma mulher.
badinage [bædin'a:ʒ] s. 1. pilhéria f., gracejo m.
badman [b'ædmæn] s. bandido, fora-da-lei m.
badminton [b'ædmintən] s. 1. refresco m. preparado com vinho tinto, água mineral e açúcar. 2. jogo m. parecido com o tênis, jogado com peteca.
badness [b'ædnis] s. 1. maldade, ruindade f. 2. mau estado m. 3. má qualidade f. 4. incorreção f. 5. mau funcionamento m. 6. deficiência f.
bad-tempered adj. de mau gênio.
baffle [bæfl] s. 1. confusão, perplexidade f. 2. (Mec.) defletor, septo m., chicana f. ‖ v. 1. confundir, aturdir, desconcertar. 2. iludir, enganar. 3. frustrar, baldar, fazer gorar. 4. dispensar, desviar do rumo. 5. lutar em vão. 6. mudar de direção (vento). her assurance ~s me seu atrevimento me confunde.
baffle-plate s. chicana f.
baffler [b'æflə] s. 1. bruxo m., bruxaria f. 2. (Téc.) chicana f.
baffling [b'æfliŋ] adj. 1. instável (vento, tempo). 2. desconcertante, desnorteante.
bag [bæg] s. 1. saco m., saca f. (de papel, pano, couro, etc.). 2. conteúdo m. de um saco ou de uma saca. 3. sacola, maleta f. (quadros C 13, P 2). 4. bolsa f. de caçador. 5. caça abatida f. 6. bolsa f. de dinheiro. 7. mala postal f. 8. (Anat.) bolsa f. 9. úbere m. (de vaca). 10. ~s. pl. (coloq.) calças f. pl. 11. ~s pl. (gíria) porção f., montão m. ‖ v. 1. inchar, inflar, intumescer. 2. distender-se, dilatar-se. 3. ensacar, embolsar. 4. pôr a caça na bolsa. 5. (fig.) matar, capturar, apanhar. 6. prender em armadilha (esp. mediante astúcia). 7. (gíria) roubar, furtar. 8. pender livremente.
a ~ of coffee uma saca de café. a pair of ~s um par de calças. ~ and baggage com armas e bagagens. ~ clasp alça de bolsa de viagem. ~ filter filtro de algodão ou feltro. ~-of-bones feixe de ossos. Gladstone ~ bolsa de viagem para homens. he let the cat out of the ~ ele revelou o segredo. I made a good ~ fiz uma boa caçada. in the ~ (gíria) no papo, garantido. she left him holding the ~ ela o deixou na mão. the whole ~ of tricks tudo, todos os meios. to bear the ~ ter o controle do dinheiro.
bagasse [bəg'a:s] s. bagaço m. (de cana-de-açúcar ou beterraba).
bagatelle [bægət'el] s. bagatela f.: 1. insignificância, nonada f. 2. (Mús.) composição f. pequena, simples e fácil. 3. espécie de jogo de bilhar.
bagful [b'ægful] s. 1. conteúdo m. de um saco. 2. quantidade f. considerável.
baggage [b'ægidʒ] s. 1. bagagem f., malas f. pl. 2. impedimenta f. 3. moça espevitada f. 4. mulher f. de reputação duvidosa.
baggage-check s. guia f. de bagagem.
baggage-man s. (E. U. A.) carregador m.
baggage-room s. (E. U. A.) guarda-bagagem f.
bagged [bægd] adj. 1. distendido, que pende, solto. 2. ensacado. 3. munido de bolsa ou saco.
bagging [b'ægiŋ] s. estopa f., pano m. para sacos. ‖ adj. largo, bojudo.
baggy [b'ægi] adj. 1. bojudo, ensacado. 2. largo, que cai livremente (vestido), folgado.
bagman [b'ægmən] s. caixeiro viajante m.
bagnio [b'ænjou] s. 1. † casa f. de banhos. 2. cadeia f. 3. bordel m.
bagpipe [b'ægpaip] s. gaita f. de foles.
bagpiper [~ə] s. tocador m. de gaita de foles.
bags! [bægz] bags 1! (coloq.) interj. é meu!, fui o primeiro!
baguette, baguet [bæg'et] s. jóia f., esp. diamante

m. de corte retangular, estreito, comprido.
bagworm [b'ægwə:m] s. (Ent.) bicho-de-cesto m.
bah! [ba:] interj. (expressão de desprezo). 1. ora! 2. bobagem!
bail [beil] s. 1. fiança, garantia f. 2. (Jur.) caução f. 3. fiador m. 4. alça f. 5. cabo m. em forma de arco, geralmente móvel. 6. concha f. ou balde m. para tirar água de um barco. 7. (criquete) travessa f. de madeira. 8. baia f.: divisão em estábulo. 9. muralha f. externa (de castelo feudal). ‖ v. 1. obter liberdade (de uma pessoa presa) por meio de fiança, fiançar. 2. tirar água de um barco com concha ou balde. 3. baldear água. 4. entregar sob garantia ou contrato (bens ou mercadorias). 5. pôr em bala.
I'll go ~ estou convencido. out on ~ livre sob fiança. to allow ~ permitir fiança. to save one's ~ (Jur.) comparecer de acordo com a intimação. to give ~ dar fiança, pagar caução. to go ~ for dar fiança para. to ~ out 1. tirar da cadeia sob fiança. 2. tirar água de um barco. 3. (gíria) saltar de pára-quedas. 4. (coloq.) descer de um veículo.
bailable [b'eiləbl] adj. afiançável.
bailee [beil'i:] s. (Jur.) depositário m.
bailer [b'eilə] s. 1. balde, colherão m. (para tirar água). 2. baldeador m.: aquele que baldeia água.
bailey [b'eili] s. muralha externa f. de castelo feudal, pátio m. de castelo.
Old Bailey prédio do tribunal criminal em Londres (Central Criminal Court).
Bailey bridge s. (Eng. milit.) ponte f. móvel, denominada segundo seu inventor.
bailie [b'eili] s. conselheiro m. da Escócia.
bailiff [b'eilif] s. 1. beleguim, meirinho m. 2. oficial que toma conta dos prisioneiros dentro do tribunal. 3. administrador m. de propriedades. 4. bailio m: magistrado principal em certas cidades.
bailiwick [b'eiliwik] s. 1. bailiado m.: distrito administrado por bailio. 2. (fig.) campo m. de atividade ou de trabalho.
bailment [b'eilmənt] s. (Jur.) libertação f., libertação f. sob fiança. 2. entrega f. de bens ou mercadorias, sob contrato.
bailor [b'eilə] s. (Jur.) depositante m. + f.
bailout [b'eilaut], bail-out s. ato m. de saltar de pára-quedas de um avião que está na iminência de cair ou de explodir.
bailsman [b'eilzmən] s. (Jur.) fiador m.
bairn [bɛən] s. (Esc.) criança f. (de qualquer sexo).
bait [beit] s. 1. isca f. (quadro F 4). 2. tentação f., engodo m. 3. alimento, lanche m. (tomado durante viagem). 4. pausa, parada f., descanso m. para lanche. ‖ v. 1. iscar, (anzol ou armadilhas). 2. tentar, atrair, seduzir. 3. açular cães (esporte). 4. atormentar, molestar com palavras cruéis. 5. deter-se para tomar alimento. 6. dar ração a animais (em viagem).
~ing place 1. lugar onde se açulam cães contra grandes animais como: touros, ursos, etc. 2. hospedaria, estalagem.
baize [beiz] s. tecido grosso m. de lã para cortinas, panos de mesa, etc., baeta f.
bake [beik] s. 1. cozedura f. 1. ato m. de cozer. 2. endurecimento m. ‖ v. 1. assar, cozer (no forno). 2. endurecer, secar pelo calor. 3. ficar assado.
bakehouse [b'eikhaus] s. = bakery.
Bakelite [b'eikəlait] s. baquelita f. ‖ adj. de baquelita.
baker [b'eikə] s. 1. padeiro m. (quadro B 1). 2. (E. U. A.) pequeno fogão portátil m. 3. isca artificial f. para a pesca de salmão. 4. (Orn.) joão-de-barro, amassa-barro, forneiro m.
~'s dozen dúzia de frade, treze. to give one a ~'s dozen dar uma boa surra em alguém. ~'s foot

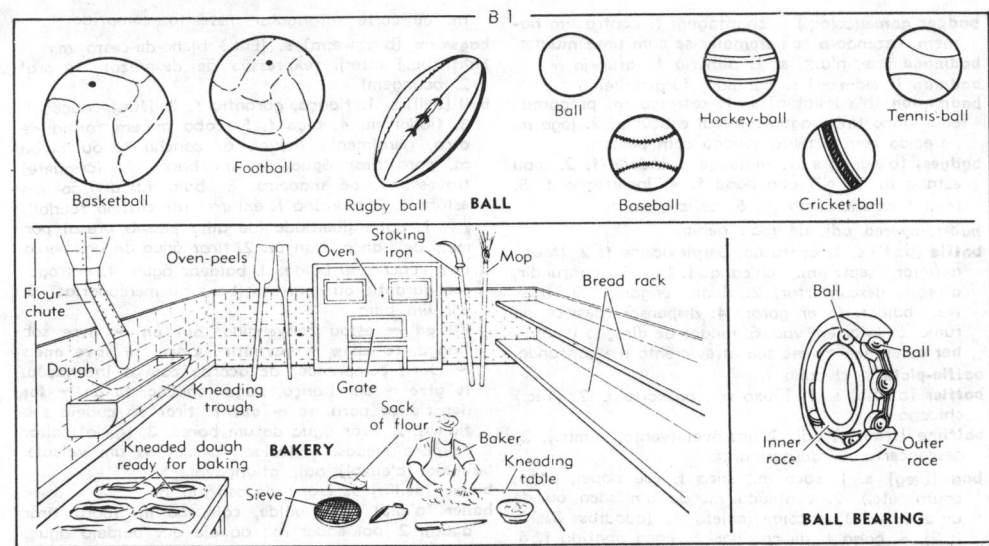

B 1

Basketball / Football / Rugby ball / **BALL** / Ball / Hockey-ball / Baseball / Cricket-ball / Tennis-ball

Flour-chute / Oven-peels / Oven / Stoking iron / Mop / Bread rack / Ball / Ball / Dough / Kneading trough / Grate / Sack of flour / Baker / Inner race / Outer race / Kneaded dough ready for baking / **BAKERY** / Kneading table / Sieve / **BALL BEARING**

perna torta. **~–kneed, ~–legged** cambaio, com as pernas tortas.
bakery [~ri] s. padaria f. (quadro B 1).
baking [b'eikiŋ] s. 1. cozedura, assadura f.: ato ou processo de assar ou cozer, cozimento m. 2. fornada f. ‖ adj. quente, escaldante.
baking-powder s. fermento m. em pó.
baking soda (E. U. A.) s. bicarbonato m. de sódio.
baksheesh, bakshish [b'ækʃiːʃ] s. gorjeta f. (Egito, Turquia, Índia). ‖ adj. 1. gratuito, de graça. 2. (gíria) no câmbio negro.
  I gave him ~ dei-lhe gorjeta. **~ cigarette** cigarro "filado".
Balaam [b'eiləm] s. Balaão m.: profeta fracassado m
balaclava [bælək'aːvə] s. balaclava f. (gorro de malha).
balalaika [bæləl'aikə] s. balalaica f.
balance [b'æləns] s. 1. balança f. 2. igualdade f. de peso. 3. comparação, estimativa f., balanço m. 4. harmonia, proporção f. 5. continuidade, estabilidade f. 6. contrapeso m., coisa f. que anula ou contrabalança. 7. (Com.) saldo, balanço m. 8. resto m., sobra f. 9. balancim m. (de relógio) (quadro C 11). 10. peso m., quantidade f. ou força f. preponderante. 11. movimento balançante m. da cabeça. ‖ v. 1. pesar em balança. 2. equilibrar, contrabalançar. 3. comparar (valor, importância). 4. fazer proporcional, ser proporcional. 5. firmar, estabilizar. 6. anular (efeito). 7. (Com.) fazer balanço, equilibrar contas. 8. estar em equilíbrio, estar balançado. 9. hesitar, estar indeciso. 10. ponderar, avaliar, estimar.
  adverse ~ prejuízo. **~ at the bank** saldo credor no banco. **~ beam** braço de balança. **~ carried forward** saldo a conta nova. **~ due** saldo devedor. **~ in hand** dinheiro à mão. **~ of mind** sossego de espírito. **~ of power** equilíbrio de forças.
  he lost his ~ ele perdeu o domínio sobre si. **he struck a ~** 1. ele fez o balanço. 2. (fig.) ele tirou as conclusões. **his sudden riches threw him off his ~** sua riqueza inesperada deixou-o desnorteado. **in the ~** pendente. **this turned the ~** isto foi decisivo. **to ~ accounts with** acertar as contas com.
balance-book s. livro m. de balanço.

balanced [b'ælənst] adj. balanceado, equilibrado.
balanced diet s. dieta balanceada f.
balance-level s. nível m.: instrumento de medição.
balance-lever s. alavanca f. de contrapeso.
balance of payments s. balança f. de pagamento.
balance of power s. equilíbrio m. de forças.
balance of trade s. balança f. comercial. ,
balance piston s. (Mec.) pistão m. de equilíbrio.
balancer [b'ælənsə] s. 1. equilibrista, acrobata m. + f. 2. (Eletr.) dínamo compensador m. 3.
balance-sheet s. (Com.) balancete m.
balance-valve s. válvula f. de equilíbrio.
balance-weight s. contrapeso m.
balance-wheel s. volante m. de relógio.
balata [b'ælətə] s. 1. (Bot.) balata f. 2. látex m. de balata.
balaustre [baːlaːu'strə] s. (Bot.) 1. araribá-amarelo m., araraúva f. 2. pau-rainha m.
balconied [b'ælkənid] adj. equipado com balcão.
balcony [b'ælkəni] s. balcão m., sacada, galeria f.
bald [bɔːld] adj. 1. calvo, careca. 2. pelado, sem a coberta natural. 3. nu. 4. descoberto. 5. pobre, sem enfeite, trivial. 6. implume. 7. sem folhas (plantas). 8. insignificante. 9. indisfarçado, manifesto. 10. (Bot.) desprovido de pragana.
baldachin, baldaquin [b'ɔːldəkən] s. baldaquim m.
bald coot s. (Orn.) galeirão m.
bald cypress s. (Bot.) cipreste-calvo, cipreste-da-luísiana, cipreste-do-brejo m.
bald eagle s. (Orn.) espécie de águia americana (Haliaeetus leucocephalus).
balderdash [b'ɔːldədæʃ] s. palavrório m., lengalenga f.
baldhead [b'ɔːldhed] s. 1. careca m. + f. 2. (Orn.) = **baldpate.**
bald-headed [~id] adj. careca.
baldness [b'ɔːldnis] s. 1 calvície f. 2. nudez f.: ausência de folhas, etc. 3. aridez f.
baldpate [b'ɔːldpeit] s. 1 careca m. + f. 2. (Orn.) espécie de marreca (Mareca americana). ‖ adj. careca.
baldric [b'ɔːldrik] s. boldrié, cinturão m.
bale [beil] s. 1. fardo m. (quadro H 5). 2. (Poét.) desgraça, miséria, calamidade f. 3. (Poét.) dor f., sofrimento m. ‖ v. 1. enfardar. 2. = **bail.**
  bales, ~–goods mercadorias em fardos.

Balearian [bælə'ɛəriən], **Balearic** [bælə'ærik] adj. baleárico.
baleen [bəl'i:n] s. osso m. de baleia, barbatana f. ‖ adj. de osso de baleia.
balefire [b'eilfaiə] s. fogueira f. (de festa).
baleful [b'eilful] adj. maligno, pernicioso, fatal, terrível. ‖ ~ly adv. malignamente.
balefulness [~nis] s. malignidade f.
baler [b'eilə] s. 1. enfardador m. 2. enfardadeira f.
balete [ba:l'eitə] s. (Bot.) gondão m.
Balinese [ba:lin'i:z] s. balinês m. ‖ adj. balinês.
balk, baulk [bɔ:k] s. 1. obstáculo, impedimento m. 2. tropeço m. 3. erro m. 4. margem f., faixa f. de terra não lavrada. 5. viga f. 6. decepção f. ‖ v. 1. empacar, recusar-se a andar. 2. impedir. 3. falhar, deixar escapar. 4. evitar. 5. enjeitar.
Balkan [b'ɔ:lkən] adj. balcânico, referente aos Bálcãs. **the ~s** os Bálcãs. **in the ~s** nos Bálcãs.
balkanize [b'ɔ:lkənaiz] v. balcanizar: dividir território em pequenas unidades antagônicas e improdutivas.
balking [b'ɔ:kiŋ] adj. contrário, obstinado.
balky [b'ɔ:ki] adj. teimoso, obstinado (cavalo).
ball (I) [bɔ:l] s. 1. bola, esfera f. (quadro B 1). 2. jogo m. de bola. 3. tiro m., arremesso m. da bola. 4. beisebol m. (jogo de bola americano) 5. bala f., projetil m. 6. coisa parecida com bola, novelo m., palma f. da mão. 7. globo terrestre m., terra f. ‖ v. 1. formar bola, dar forma de bola. 2. aglomerar-se. 3. enovelar. 4. (gíria) embaralhar (seguido de **up**). **~ and socket joint** (quadro J 1). junta articulada. **~-cartridge** cartucho carregado. **~ of the eye** globo ocular. **he has the ~ at his feet** ele está com a faca e o queijo na mão. **he pocketed a ~** (sinuca) ele embocou uma bola. **no ~!** (criquete) o lance não vale! **to keep the ~ rolling** manter a conversa (ou o assunto) acesa. **to ~ things up** (E. U. A., coloq.) embaraçar as coisas, estragar tudo.
ball (II) [bɔ:l] s. baile m., reunião dançante f. **fancy dress ~** baile à fantasia. **masked ~** baile de máscaras. **she gave a ~** ela deu um baile. **they opened the ~** eles abriram o baile.
ballad [b'æləd] s. balada f. ‖ v. 1. compor baladas. 2. cantar baladas.
balladic [bəl'ædik] adj. baladesco.
balladist [b'ælədist] s. bardo m.
ballad-monger s. 1. vendedor m. ou cantor m. ambulante de baladas populares. 2. poetastro m.
ballad-writer s. baladista m. + f.
ballast [b'æləst] s. 1. lastro m. (de navio, balão ou dirigível). 2. o que dá estabilidade a uma pessoa ou coisa. 3. cascalho m., pedra f. (para fazer leito de estrada de ferro ou de rodagem) (quadro R 1). ‖ v. 1. lastrar, colocar lastro. 2. dar estabilidade a. 3. segurar com peso. **to be in ~** (Náut.) navegar com lastro.
ballast-engine s. escavadeira f.
ballasting [b'æləstiŋ] s. 1. lastreamento m. 2. cascalho, lastro m.
ballast-road s. estrada f. pedregulhada.
ball bearing s. mancal m. de esferas (quadro B 1).
ball-cock s. válvula f. de bóia.
ballerina [bælər'i:nə] s. bailarina f. (esp. de balé).
ballet [b'ælei] s. 1. bailado m. 2. corpo m. de bailado.
ballet-dancer s. bailarino m., bailarina, dançarina f.
ballet slipper s. sapatilha f.
ball-flower s. (Arquit.) ornamento gótico m. em forma de botão no centro de uma flor.
ballista [bəl'istə] s. balista f.
ballistic [bəl'istik] adj. balístico.
ballistic missile s. míssil balístico m.
ballistics [~s] s. balística f.
ballistic trajectory s. trajetória f. balística.

ballonet, ballonette [bælən'et] s. (Av.) balonete m., câmara f. de compensação.
balloon [bəl'u:n] s. balão m.: 1. esfera grande f., globo m. de papel, etc. 2. aeróstato m. 3. recipiente m., balão m. de vidro. ‖ v. 1. viajar em balão. 2. inchar, encher-se como balão. ‖ adj. em forma de balão. **captive ~** balão cativo. **when the ~ goes up** quando começa o barulho.
ballooner [~ə], **balloonist** [~ist] s. aeróstata m. + f.
balloon skirt s. saia-balão f.
balloon tire s. pneu-balão m.
balloon vine s. (Bot.) coração-da-índia m.
ballot [b'ælət] s. 1. cédula f. ou outro objeto usado em votação. 2. número total m. de votos. 3. votação secreta f. ‖ v. votar (secretamente).
ballot-box s. urna eleitoral f.
ballot-box stuffing (E. U. A.) s. fraude f. na votação.
ballot-paper s. cédula f.
ball-peen hammer s. martelo m. de pena hemisférica.
ball-pin s. pino esférico m.
ballplayer [b'ɔ:lpleiə] s. 1. jogador m. de beisebol. 2. jogador m. de bola.
ballpoint pen s. caneta esferográfica f.
ballroom [b'ɔ:lru:m] s. salão m. de baile.
ball valve s. válvula f. de esfera.
ballyhoo [bælih'u:] s. (E. U. A.) 1. propaganda barulhenta f. 2. sensacionalismo, exibicionismo m. ‖ v. propagar com muito barulho, trombetear.
balm [ba:m] s. 1. bálsamo m.: a) pomada f., ungüento m. b) conforto, alívio, lenitivo m. c) perfume m., fragrância f., resina aromática f. 2. (Bot.) erva-cidreira, melissa f.
balm of Gilead, balm of Mecca s. 1. (Bot.) opobalsameira m. 2. (Farmac.) bálsamo-de-meca m.
balminess [b'a:minis] s. fragrância f., olor m.
Balmoral [bælm'ɔrəl] s. 1. boné escocês m. 2. **~s** pl. sapatos m. pl. ou botinas f. pl. amarradas na frente. 3. saiote m. de lã.
balmy [b'a:mi] adj. 1. resinoso. 2. balsâmico, leniente. 3. perfumado, fragrante, aromático. 4. (gíria) adoidado, gira. ‖ -ily adv. balsamicamente.
balneal [b'ælniəl] adj. balnear, relativo a banhos.
balneary [b'ælnieri] s. balneário m.
balneology [bælni'ɔlədʒi] s. balneologia f.
balneotherapy [bælniaθ'erəpi] s. balneoterapia f.
baloney [b'æləni] s. (E. U. A., gíria) bobagem f.
balsa [b'ɔ:lsə] s. 1. (Bot.) pau-de-balsa, pau-de-jangada m. 2. (Náut.) balsa, jangada f.
balsam [b'ɔ:lsəm] s. 1. bálsamo m.: a) pomada f. curativa ou aliviadora. b) resina aromática f. c) alívio, conforto, lenitivo m. 2. (Bot.) conífera resinosa f. (Abies balsamea). 3. (Bot.) balsâmina f., beijo-de-frade m. 4. (Bot.) ésula-pequena f. **~ of Peru** bálsamo-do-peru. **~ of Tolu** bálsamo-de-tolu.
balsam apple s. (Bot.) 1. balsamina-de-purga f. 2. melão-de-são-caetano m.
balsam fig s. (Bot.) cupaí, cipó-mata-pau m.
balsam fir s. (Bot.) pinheiro m. dos E. U. A. do qual se extrai bálsamo-do-canadá (Abies balsamea).
balsamic [bɔ:ls'æmik] adj. 1. balsâmico. 2. aromático. 3. aliviador, mitigante. ‖ ~ally adv. balsamicamente, aromaticamente.
balsamiferous [bɔ:lsəm'ifərəs] adj. balsamífero.
balsaminaceae [bɔ:lsəmin'eisiə] s. pl. (Bot.) balsamináceas f. pl.
balsaminaceous [bɔ:lsəmin'eiʃəs] adj. (Bot.) balsamináceo.
balsamine [b'ɔ:lsəmin] s. (Bot.) balsâmina f.
balsam pear s. (Bot.) melão-de-são-caetano m.
Baltic [b'ɔ:ltik] adj. 1. báltico, do Mar Báltico. 2. relativo aos idiomas bálticos.

B 2

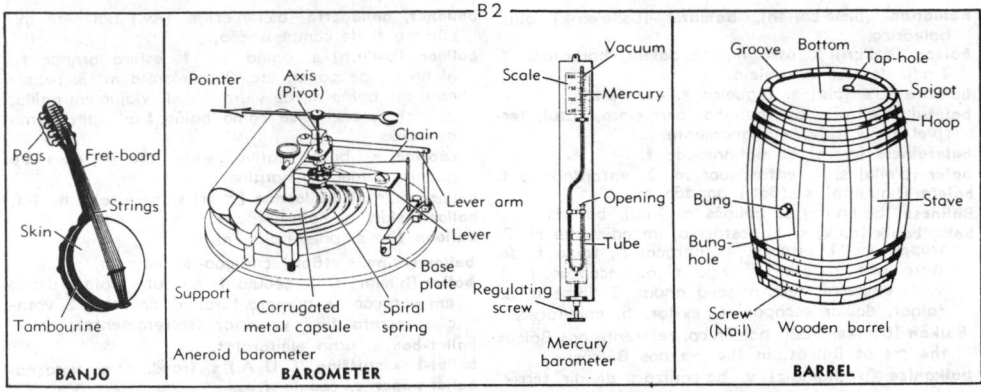

BANJO — Pegs, Fret-board, Strings, Skin, Tambourine

BAROMETER — Pointer, Axis (Pivot), Chain, Lever arm, Lever, Base plate, Support, Corrugated metal capsule, Spiral spring, Regulating screw, Aneroid barometer

Scale, Vacuum, Mercury, Opening, Tube, Mercury barometer

BARREL — Groove, Bottom, Tap-hole, Spigot, Hoop, Bung, Stave, Bung-hole, Screw (Nail), Wooden barrel

the ~ (Sea) o Mar Báltico.
Balto-Slavic s. balto-eslávico m. ‖ adj. balto-eslávico.
baluster [b'æləstə] s. 1. (arc.) balaústre m. (quadro S 11). 2. ~s balaustrada f.
balustrade [bæləstr'eid] s. 1. corrimão m. 2. balaustrada f. (quadro S 11).
bamboo [bæmb'u:] s. bambu m. ‖ adj. de bambu.
Bamboo curtain s. (Pol.) cortina f. de bambu.
bamboozle [bæmb'u:zl] v. (coloq.) enganar, iludir.
to ~ o. s. embaraçar-se.
bamboozlement [~mənt] s. (coloq.) engano, logro, embaraço m., confusão f.
ban (I) [bæn] s. 1. édito m., proclamação f. 2. proibição, interdição f. 3. excomunhão f. 4. expulsão f., banimento m. 5. maldição, imprecação f. ‖ v. 1. interdizer. 2. maldizer, excomungar. 3. suspender a publicação ou representação de.
~ (on traffic) interdição (de tráfego). **he was laid under a ~** ele foi excomungado. **under the ~** excomungado.
ban (II) [bæn] s. (Hist.) governador m. de um banato na Hungria, Croácia e Eslovênia.
banal [bən'a:l] adj. banal, vulgar, trivial. ‖ ~ly adv. de modo banal.
banality [bən'æliti] s. banalidade, trivialidade f.
banana [bən'a:nə] s. 1. banana f. 2. (Bot.) bananeira f.
banana plug s. (Eletr.) pino banana m.
banana split s. sobremesa f. de banana em fatias (com sorvete, melado, frutas e creme batido).
banat, banate [b'ænət] s. banato m.
banc [bæŋk], **banco** [b'æŋkou] s. banca f.: reunião f. de um tribunal superior.
court in ~ corte de justiça.
band [bænd] s. 1. fita, tira f., atilho, laço m. 2. aro m., cinta, braçadeira f. 3. anel, elo m., laçada f. 4. faixa, atadura, venda f. 5. (fig.) vínculo m., ligação f. 6. estria, lista, raia f. 7. faixa f. de ondas. 8. equipe, turma, companhia f. grupo m. 9. bando m., quadrilha f. 10. (E. U. A.) rebanho m. 11. banda f. de música, charanga f. 12. orquestra f. de jazz. 13. fio m. de costura de livro (na lombada). 14. ~s pl. bacalhaus m. pl. (de padre, juiz, etc.). ‖ v. 1. ligar, atar. 2. enfaixar, vendar. 3. marcar com faixas ou listras. 4. cintar. 5. unir, reunir, ajuntar, coligar. 6. coligar-se, confederar-se.
elastic ~ elástico. **brass ~** banda de corneteiros.
to ~ together unir-se, coligar-se.
bandage [b'ændidʒ] s. bandagem f. ‖ v. enfaixar.
band aid s. (marca registrada) pequena atadura f.
bandanna, bandana [bænd'ænə, bænd'a:nə] s. bandana f.: lenço grande e colorido.

bandbox [b'ændbɔks] s. chapeleira f.
she looks as if she had come out of a ~ ela está muito bem-arrumada.
band-brake s. freio m. de cinta.
band-chain s. = **hook-chain** corrente f. de ganchos (quadro C 8).
bandeau [b'ændou] s. fita f. usada na cabeça.
banderol, banderole [b'ændəroul] s. bandeirola f.
bandicoot [b'ændiku:t] s. (Zool.) 1. rato gigante m. da Índia (Nesokia bandicota). 2. marsupial m. do gênero Perameles.
bandit [b'ændit] s. bandido, bandoleiro m.
banditry [b'ænditri] s. 1. banditismo m. 2. bandidos m. pl. 3. vida f. de bandido.
bandmaster [b'ændma:stə] s. maestro m. ou dirigente m. de banda de música.
bandog [b'ɔndog] s. mastim, cão bravo m.
bandoleer, bandolier [bændəl'iə] s. 1. bandoleira f.
bandonion [bænd'ouniən] s. (Mús.) bandônion, bandônio m.
bandore [b'ændɔ:] s. (Mús.) bandurra f.
band saw s. serra f. de fita (quadro S 1).
bandsman [b'ændzmən] s. (pl. **bandsmen**) músico m. (de banda).
bandstand [b'ændstænd] s. coreto m.
band-wagon s. (E. U. A.) 1. carro m. para propaganda política. 2. (fig.) popularidade f.
bandy [b'ændi] s. 1. jogo m. semelhante ao hóquei. 2. bastão m. usado nesse jogo. ‖ v. 1. atirar para lá e para cá. 2. trocar, alternar. 3. espalhar boatos. ‖ adj. curvado, arqueado.
bandy-legged adj. cambado, com pernas tortas, em forma de O (quadro H 9).
bane [bein] s. 1. (somente em palavras compostas) veneno m., o que causa a morte. 2. destruição, ruína, perdição f. ‖ v. 1. envenenar. 2. causar dano a, prejudicar.
ratsbane veneno para ratos.
baneful [b'einful] adj. 1. venenoso. 2. pernicioso, nocivo. ‖ ~ly adv. perniciosamente, nocivamente.
banefulness [~nis] s. toxicidade f.: qualidade de ser mortal ou venenoso.
bang [bæŋ] s. 1. pancada f., estrondo, estrépito m. 2. golpe m. violento e barulhento. 3. ímpeto, vigor m. 4. (coloq.) pontapé m. 5. franja f. de cabelo. 6. ~s cabelo m. cortado para cair como franja sobre a testa (quadro H 1). ‖ v. 1. fazer estrondo, bater, martelar. 2. golpear, bater com violência e ruído. 3. bater a porta, fechar ruidosamente. 4. manejar rudemente. 5. cortar reto. 6. sovar, esmurrar. 7. sobrepujar, vencer. 8. aparar (cabelos da testa de animal). 9. estrondear, es-

tridular. ‖ interj. bumba!

he ~**ed the door** ele bateu a porta. **it went off with a** ~ explodiu com um estrondo. **to** ~ **off** pipocar. **to** ~ **out** sair às carreiras. **to get a** ~ **out of movies** divertir-se muito com cinema.

bangle [bæŋgl] s. bracelete m., pulseira f. (quadro J 1).

bangled [~d] adj. enfeitado com bracelete.

bang-off (coloq.) interj. bumba!, zás!, zás-trás!

banish [b'æniʃ] v. 1. banir, expulsar, exilar. 2. expelir, afugentar.

he was ~**ed (from) the court** ele foi expulso da corte.

banishment [~mənt] s. banimento, desterro m.

banister [b'ænistə] s. 1. corrimão m. (quadro S 11). 2. balaústre m. 3. ~s balaustrada f.

banjo [b'ændʒou] s. banjo m. (quadro B 2). ‖ adj. em forma de banjo.

banjoist [~ist] s. banjoísta m. + f.: tocador de banjo.

bank (I) [bæŋk] s. 1. aterro, dique m., barragem, barreira f. 2. ladeira, escarpa f., declive m. 3. margem, ribanceira f. (de rio ou lago). 4. banco, baixio, escolho, recife m. 5. rampa f. de terra. 6. (Av.) inclinação lateral f. de um aeroplano. 7. tabela f. (de mesa de bilhar). 8. boca f. (de mina). 9. formigueiro m. 10. banco m. de remadores. 11. carreira f. de remos. 12. (Tipogr.) estante f. de tipógrafo. 13. carreira f. de teclas ou de registros (de órgão). ‖ v. 1. aterrar, cercar com dique ou barreira. 2. amontoar, empilhar. 3. abafar o fogo (de lareira, fornalha, etc.) 4. (Av.) inclinar o avião lateralmente. 5. jogar por tabela (bola de bilhar). 6. (Hort.) proteger plantações com anteparos de terra. 7. formar-se em barreira, dique, etc. 8. agrupar, dispor em grupos ou séries.

to be in ~ estar inclinado lateralmente (avião).

bank (II) [bæŋk] s. 1. banco m.: a) estabelecimento m. de crédito, casa bancária f. b) sede f. de um estabelecimento bancário. 2. banco m. de plasma ou de sangue. 3. banca f.: reserva monetária do banqueiro em jogos de azar. ‖ v. 1. manter um banco, ser banqueiro. 2. depositar em banco. 3. transacionar com bancos. 4. fazer banca (em jogos de azar). 5. contar com, fiar-se em (seguido de **on** ou **upon**). 6. trocar por moeda corrente.

branch ~ filial de banco. **country** ~ banco da província. **joint-stock** ~ banco constituído em sociedade anônima. **savings** ~ caixa econômica. **the Bank of England, the Bank** o Banco da Inglaterra. **he broke the** ~ ele quebrou a banca. **he kept the** ~ ele bancou o jogo.

bankable [b'æŋkəbl] adj. negociável em banco.

bank acceptance s. aceite bancário m.

bank account s. conta bancária f.

bankbook [b'æŋkbuk] s. caderneta bancária f.

bank check s. cheque bancário m.

bank clerk s. bancário m.

bank credit s. crédito bancário m.

bank discount s. desconto bancário m.

banker [b'æŋkə] s. 1. banqueiro m. 2. companhia f. de banqueiros. 3. banqueiro m. em jogo de azar. 4. pescador de bacalhau (nos bancos da Terra Nova). 5. navio bacalhoeiro m. 6. banco m. de escultor ou de pedreiro.

banker's counter s. mesa f. ou balcão m. de banco.

banker's order s. ordem f. de pagamento.

bank-holiday s. feriado bancário m.

banking (I) [b'æŋkiŋ] s. negócio bancário m.

banking (II) [b'æŋkiŋ] s. 1. construção f. de aterros. 2. material empregado m. para esses fins. 3. pesca f. de bacalhau nos bancos da Terra Nova.

banking-file s. lima triangular f.

bank loan s. empréstimo bancário m.

bank-note s. cédula, nota f.

bank of deposit s. banco m. de depósitos.

bank of issue s. banco emissor, banco central m.

bank paper s. papel-moeda m.

bank rate s. taxa f. de desconto bancário.

bank roll s. (E. U. A.) rolo m. de notas bancárias.

bankrupt [b'æŋkrʌpt] s. falido m.: pessoa física ou jurídica falida. ‖ v. 1. levar à falência. 2. tornar destituído de. 3. arruinar, empobrecer. ‖ adj. 1. falido, quebrado. 2. desprovido, destituído. 3. com necessidade. 4. relativo a falência.

~**'s estate** massa falida. ~**'s division** distribuição de massa falida. ~ **in hopes** falido em esperanças. **to adjudge s. o. a** ~ declarar alguém falido. **to become** ou **go** ~ abrir falência.

bankruptcy [~si] s. bancarrota, falência f.

fraudulent ~ falência fraudulenta. ~ **notice** pedido de falência. **he filed** (ou **presented**) **a petition in** ~ ele requereu falência.

bank statement s. extrato bancário m.

bank stock s. capital m. de um banco.

banner [b'ænə] s. 1. bandeira f. 2. estandarte, pendão m. 3. (Bot.) vexilo m. ‖ adj. (E. U. A.) principal, dominante, vanguardeiro.

~ **headline** manchete de jornal.

banneret (I) [b'ænəret] s. senhor, cavaleiro, barão m.

banneret (II), **bannerette** [bænər'et] s. bandeirola, flâmula f.

bannerol [b'ænəroul] s. bandeirola f. (esp. usada para cobrir túmulo).

bannock [b'ænək] s. (escoc.) pão chato m. de aveia ou de cevada.

banns [bænz] s. pl. (**of marriage**) proclama, pregão m. de casamento.

the ~ **were published** os proclamas foram apregoados. **to forbid the** ~ objetar contra o casamento.

banquet [b'æŋkwit] s. festim, banquete m. ‖ v. 1. dar um banquete. 2. banquetear-se.

banqueter [~ə] s. conviva m. de banquete.

banqueting [~iŋ] s. ato m. de banquetear.

banqueting-room s. salão m. de festas.

banquette [bæŋk'et] s. 1. (Fort.) banqueta f. 2. banquinho estofado m. 3. (E. U. A.) passeio lateral m.

banshe, banshie [bænʃ'i:] s. (escoc. e irland.) fada f. que prediz a morte de algum membro da família.

bant [bænt] v. tratar de obesidade pelo método dietético de William Banting.

bantam [b'æntəm] s. 1. (também **Bantam**) raça pequena f. de galinha. 2. pessoa pequena, que gosta de brigar. ‖ adj. 1. diminuto, pequeno. 2. brigão, belicoso.

bantam-weight s. (boxe) peso m. leve ou galo, lutador com menos de 118 libras.

banter [b'æntə] s. 1. gracejo m., brincadeira f. 2. (E. U. A.) desafio m. para disputa. ‖ v. 1. bulir com, provocar. 2. gracejar, caçoar, troçar.

banterer [~rə] s. brincalhão, gracejador m.

banteringly [~riŋli] adv. por troça, por brincadeira.

bantling [b'æntliŋ] s. criança pequena f., pirralho m.

Bantu [b'ænt'u:] s. banto m., língua f. dos bantos. ‖ adj. banto.

banty [b'ænti] adj. (E. U. A.) fraco, mirrado.

banyan [b'æniən] s. (também **banian**) 1. baniano m.: comerciante hindu. 2. baniana f.: veste larga usada pelos hindus. 3. (Bot.) figueira-de-bengala f.

banzai [bænz'ai] 1. saudação f. japonesa. 2. grito m. de guerra.

baobab [b'eiobæb] s. (Bot.) baobá m.

baptism [b'æptizm] s. batismo m.

~ of fire batismo de fogo.
baptismal [bæpt'izməl] adj. batismal. ‖ ~ly adv. por meio de batismo.
baptismal font s. pia batismal f.
baptismal name s. nome de batismo m.
Baptist [b'æptist] s. batista m. + f.: a) o que batiza. b) membro da seita dos batistas.
baptistery [~əri], **baptistry** [~ri] s. batistério m.
baptistic [bæpt'istik] adj. 1. relativo ao batismo. 2. relativo aos batistas.
baptize [bæpt'aiz] v. 1. batizar, dar nome, denominar. 2. (fig.) purificar, iniciar. 3. administrar o batismo.
bar [ba:] s. 1. barra f., vergalhão m. 2. trave, tranca f. 3. barreira f., obstáculo m. 4. faixa, listra f. 5. compasso, ritmo m. 6. traço m. na pauta musical que indica o compasso. 7. bar, balcão m. de bar. 8. cancelo m.: grade f. de tribunal ou corte. 9. profissão f. ou cargo m. de advogado. 10. advogados m. pl., advocacia f. 11. corte f. de justiça. 12. tribunal m. 13. bocado m., parte f. do freio. 14. (Jur.) exceção f. 15. barra f., banco m. de areia. 16. (Heráld.) barra f.: listão horizontal de brasão. 17. (Veter.) barra f.: espaço nos maxilares entre os dentes caninos e os molares. ‖ v. 1. colocar trave ou tranca, barrar, trancar, fechar. 2. bloquear, obstruir. 3. excluir, excetuar. 4. cercar, gradear. 5. impedir, obstar. 6. confinar, **listrar:** marcar com faixas ou listras. 7. (Mús.) marcar com traços de compasso. 8. proibir, vedar. 9. pôr de lado. 10. objetar a. 11. opor exceção a. (Jur.). ‖ prep. exceto, fora, salvo.
a ~ of soap uma barra de sabão. **~ sinister** (Heráld.) sinal de ilegitimidade. **double ~** (Mús.) traço final. **~ of rest** (Mús.) sinal de pausa. **(horizontal) ~** barra fixa (para ginástica). **parallel ~s** barras paralelas. **the ~ of God** o juízo final. **to be at the ~** 1. advogar no foro. 2. estudar Direito. **he was called to the ~** ele foi admitido como advogado no foro. **to ~ out** impedir de entrar, excluir. **to ~ up** fechar com grade, cercar. **~ one!** fora um; menos um!
barb [ba:b] s. 1. farpa, espinha, ponta f. (quadro H 4). 2. (Bot. e Zool.) barba f., filamentos m. pl. de pena. 3. cavalo m. da Berberia. 4. barbilhão m., barbilho m. de peixe.
barbarian [ba:b'eəriən] s. 1. bárbaro m. 2. pessoa inculta f. ‖ adj. 1. bárbaro, inculto. 2. rude, grosseiro.
barbaric [ba:b'ærik] adj. 1. incivilizado, selvagem. 2. bárbaro, rude. 3. estranho. 4. primitivo, rudimentar. ‖ ~ally adv. barbaramente.
barbarism [b'a:bərizm] s. 1. barbarismo m., barbárie f.: estado de bárbaro. 2. ato m. ou costume m. bárbaro. 3. (Gram.) estrangeirismo, barbarismo m.
barbarity [ba:b'æriti] s. 1. brutalidade, crueldade f. 2. barbaridade f., ato m. de crueldade. 3. barbarismo m. 4. falta f. de gosto.
barbarize [b'a:bəraiz] v. 1. barbarizar: a) tornar bárbaro. b) cometer barbarismo. 2. barbarizar-se.
barbarous [b'a:bərəs] adj. 1. bárbaro, incivilizado. 2. rude, grosseiro. 3. cruel, brutal. 4. incorreto, impuro (estilo ou linguagem). ‖ ~ly adv. barbaramente.
barbarousness [~nis] s. barbaridade f., barbarismo m.
barbate [b'a:beit] adj. barbado (também Bot.)
barbecue [b'a:bikju:] s. 1. grelha f. 2. rês f. assada por inteiro. 3. churrasco m. 4. churrascada f. ‖ v. 1. grelhar. 2. assar por inteiro (rês). 3. assar no espeto. 4. cozinhar carne ou peixe em fatias pequenas (em molho picante).
barbed [ba:bd] adj. farpado, barbado.
barbed wire s. arame farpado m.

barbel [b'a:bəl] s. 1. barbilho, barbilhão m.: filamento m. que existe na boca de certos peixes. 2. (Ict.) barbo m.
bar-bell s. (Esp.) haltere m.
barber [b'a:bə] s. barbeiro m. ‖ (E. U. A.) v. barbear.
barber bug s. (Ent.) barbeiro, fincão m.
barber bug fever s. (Med.) doença f. de Chagas.
barberry [b'a:bəri] s. (Bot.) 1. bérberis f., uva-espim f. 2. fruto m. desta planta.
barber-shop [b'a:bəʃɔp] = **barber's shop** s. barbearia f., salão m. de barbeiro.
barbet [b'a:bit] s. (Orn.) qualquer ave da família dos Buconídeos ou dos Capitonídeos (Ex.: capitão-do--mato).
barbette [ba:b'et] s. (Fort.) barbete m.
barbican [b'a:bikən] s. (Fort.) barbacã f.
barbital [b'a:bətɔ:l] s. (Quím.) barbital: derivado do ácido barbitúrico, usado como sedativo ou hipnótico.
barbiturate [ba:b'itjureit] s. (Quím.) barbiturato m.
barbituric [ba:bitj'uərik] adj. (Quím.) barbitúrico.
barbule [b'a:bjul] s. (Zool.) bárbula f.
barbwire [b'a:bwaiə] s. = **barbed wire.**
barcarole [b'a:kəroul] s. (Mús.) barcarola f.
bard (I) [ba:d] s. 1. bardo m. 2. poeta, trovador m.
bard (II), barde [ba:d] s. 1. barda f.: armadura para cavalos. 2. fatia f. de toicinho para cobrir carne. ‖ v. 1. equipar com barda. 2. cobrir carne com toicinho.
bardic [b'a:dik] adj. bárdico.
bare [bɛə] v. 1. descobrir, despir, desnudar. 2. expor, revelar. ‖ adj. 1. nu, despido, sem coberta. 2. com a cabeça descoberta. 3. aberto, exposto, à vista. 4. vazio, sem mobília, desguarnecido. 5. simples, sem adorno. 6. gasto, puído. 7. (Arc.) calvo, sem cabelo. 8. desfolhado. 9. suficiente, só. 10. mero, desacompanhado. ‖ ~ly adv. 1. abertamente. 2. apenas, somente. 3. escassamente, mal e mal.
he ~d his soul to me ele se abriu comigo. **I shudder at the ~ idea** só em pensar fico com arrepios. **under ~ poles** (Náut.) sem velas.
bare-back adj. desselado, sem sela. ‖ adv. sem sela, em pêlo.
barebone [b'ɛəboun] s. (fig.) esqueleto m., monte m. de ossos.
barefaced [b'ɛəfeist] adj. 1. com o rosto à vista, sem máscara. 2. descarado, impudente, audacioso. ‖ ~ly adv. descaradamente.
barefacedness [~nis] s. descaramento m., impudência f.
bare-footed adj. descalço.
bare-handed adj. de mãos f. pl. vazias, desprovidas.
bare-headed adj. sem chapéu.
bare-legged adj. com as pernas descobertas.
bare-necked adj. decotado.
bareness [b'ɛənis] s. 1. nudez f. 2. pobreza f.
bargain [b'a:gin] s. 1. acordo comercial, contrato m., ajuste m. 2. compra f. ou oferta f. de ocasião. 3. comércio m. ou intercâmbio m. vantajoso. ‖ v. 1. pechinchar, regatear. 2. fazer bom negócio, chegar a um acordo. 3. negociar.
a (chance) ~ uma compra de ocasião. **into the ~** além disso, de quebra, ainda por cima. **is that a ~?** está combinado? **we struck a ~** chegamos a um acordo. **I got more than I ~ed for** recebi mais do que esperava.
bargain basement s. subsolo m. de loja (para venda de liquidação).
bargainee [ba:gin'i:] s. (Jur.) comprador m., compradora f., adquirente m. + f.
bargainer [b'a:ginə] s. pechincheiro, regateador m.
bargainor [b'a:ginə] s. (Jur.) vendedor m., vendedora f.

bargain-sale s. queima f.: venda especial a preços reduzidos (liquidação).

barge [ba:dʒ] s. 1. chata, barcaça f., batelão m. 2. barco grande m. usado para excursões. 3. alvarenga f., saveiro m. 4. casa flutuante f. ‖ v. 1. transportar em batelão. 2. cambalear.

to ~ about (coloq.) andar com barulho. **to ~ into** (coloq.) cair em, dar com.

bargeboard [b'a:dʒbɔ:d] s. (Arquit.) tábua f. de empena.

bargee [ba:dʒ'i:] s. (também **bargeman**) 1. barqueiro m. 2. pessoa grosseira f.

he swears like a ~ ele fala muitos palavrões.

barge-pole s. varejão m.

I won't touch him with a ~ não quero qualquer contato com ele.

baric (I) [b'ærik] adj. (Quím.) bárico.

baric (II) [b'ærik] adj. (Fís.) barométrico.

barilla [bər'ilə] s. 1. (Bot.) barrilheira f. 2. (Bot.) soda f. 3. (Com.) barrilha f., carbonato m. de sódio.

bar-iron s. ferro m. em barras.

barite [b'ɛərait, b'eirait] s. (Miner.) baritina, baritita f., espato-pesado m.

baritone [b'æritoun] s. 1. voz m. de barítono. 2. parte musical f. cantada por barítono. 3. barítono m. ‖ adj. barítono.

barium [b'ɛəriəm] s. (Quím.) bário m.: elemento metálico.

bark (I) [ba:k] s. 1. casca f. de árvore. 2. córtex, córtice m. 3. casca f. de curtume. 4. casca f. de quina. 5. (coloq.) pele f. ‖ v. 1. curtir. 2. descascar, descorticar. 3. cortar um anel em volta de uma árvore. 4. esfolar, escoriar. 5. cobrir com casca.

bark (II) [ba:k] s. 1. latido, ladrido m. 2. som m. agudo e curto. ‖ v. 1. ladrar, latir. 2. troar (canhão). 3. clamar, vociferar. 4. emitir som agudo. 5. (gíria) apregoar em voz alta (camelô, mascate). 6. (coloq.) tossir espalhafatosamente.

to ~ at the moon ladrar à lua, clamar em vão. **to ~ up the wrong tree** (E. U. A.) malbaratar seus esforços ou energias. **his ~ is worse than his bite** cão que ladra não morde.

bark (III), **barque** [ba:k] s. 1. (poét.) navio, barco m. 2. (Náut.) barca f.: embarcação de três mastros.

bark-bared adj. descascado, descorticado.

barkeeper [b'a:ki:pə], (E. U. A.) **barkeep** [b'a:ki:p] s. botequineiro m.

barkentine, barquentine [b'a:kənti:n] s. (Náut.) goleta f.: navio de três mastros.

barker [b'a:kə] s. 1. máquina f. de descascar. 2. o que late, cachorro m. 3. camelô m.: o que grita, o que chama em voz alta a freguesia ou o público. 4. gritalhão m. 5. (gíria) pistola f.

barking axe s. machado m. para descascar árvores.

barky [b'a:ki] adj. 1. cortiçoso. 2. com casca grossa.

barley [b'a:li] s. cevada f. (grão e planta).

pot ~ cevada pilada. **pearl ~** cevadinha.

barley corn s. grão m. de cevada.

barley-meal s. farinha f. de cevada.

barley-sugar s. maltose f.: açúcar de malte.

barley-water s. bebida f. à base de cevada.

barm [ba:m] s. lêvedo m. de cerveja.

barmaid [b'a:meid] s. garçonete f.

barman [b'a:mən] s. = **barkeeper**.

barm-brack s. bolo m. de levedura.

barmy [b'a:mi] adj. 1. que fermenta, cheio de fermento ou levedura. 2. excêntrico, maluco, bobo.

barn [ba:n] s. 1. celeiro m. 2. (E. U. A.) celeiro m. com estábulo anexo (quadros F 1, V 3).

to ~ up guardar em celeiro, armazenar.

barnacle [b'a:nəkl] s. (Zool.) 1. craca f., percevejo m.

2. (também ~ **goose**) bernaca f., barnacle m.

barnacles [~z] s. pl. 1. (Veter.) aziar m. 2. (coloq.) luneta f.

barn dance s. (E. U. A.) 1. dança f. realizada em celeiro. 2. dança rápida f. semelhante à polca.

barney [b'a:ni] s. (gíria) 1. disputa, altercação f. 2. bafafá, rolo, arranca-rabo m. 3. tolice, bobagem, besteira f.

barn grass s. (Bot.) capim-pé-de-galinha m., milhã--maior f.

barnstorm [b'a:nstɔ:m] s. (E. U. A.) campanha eleitoral f. com discursos, festas, espetáculos, nas áreas rurais.

barnstormer [~ə] s. (E. U. A.) político m. em campanha na zona rural.

barnyard [b'a:nja:d] s. (E. U. A.) curral m. pegado ao celeiro.

barograph [b'ærogræf] s. (Meteor.) barógrafo, barometógrafo m.

barometer [bər'omitə] s. barômetro m. (quadro B 2).

barometric [bærom'etrik], **barometrical** [~əl] adj. barométrico. ‖ **~ally** adv. de barômetro.

baron [b'ærən] s. 1. barão m. 2. nobre m. 3. (coloq.) magnata, capitalista m. + f.

oil ~ magnata do petróleo. **coffee ~** barão do café.

baronage [~idʒ] s. 1. os barões m. pl. 2. nobreza f. 3. baronato m.: dignidade f. ou título m. de barão.

baroness [~is] s. baronesa f.

baronet [~it] s. baronete m. ‖ v. conferir o título de baronete a.

baronetage [~itidʒ] s. 1. dignidade f. de baronete. 2. conjunto m. de baronetes.

baronetcy [~itsi] s. título m. e dignidade f. de baronete.

baronial [bər'ouniəl] adj. baronial.

~ hall castelo de barão.

barony [b'ærəni] s. 1. baronia f., terras f. pl. de barão. 2. baronato m.: título de barão. 3. (irland.) distrito m.

baroque [bər'ouk] s. barroco m., estilo barroco m. ‖ adj. 1. barroco, irregular, extravagante, fantástico, grotesco. 2. em estilo barroco.

baroscope [b'ærəskoup] s. baroscópio m.

barouche [bər'u:ʃ] s. carruagem f. de quatro rodas para duas pessoas, caleche m.

barque [ba:k] s. = **bark** (III).

barquentine [b'a:kəntı:n] s. = **barkentine**.

barrack [b'ærək] s. 1. barraca f., barracão m. 2. celeiro m. 3. **~s** pl. caserna f., quartel m. ‖ v. 1. alojar em quartel. 2. morar em barraca.

barrack-master s. inspetor m. de quartel.

barracuda [bærək'u:də] s. (Ict.) bicuda, esfirena f.

barrage [bər'a:ʒ] s. 1. (milit.) fogo m. de barragem. 2. [b'a:ridʒ] barragem f., dique m.

the creeping (ou **rolling**) **~** fogo de barragem (de artilharia) que avança aos poucos.

barrage balloon s. balão m. de barragem (contra aviões inimigos).

barramunda [bærəm'ʌndə] s. (Ict.) ceratodo m.

barrator, barrater [b'ærətə] s. 1. o que comete barataria. 2. simoníaco m.

barratry [b'ærətri] s. 1. fraude, negligência, barataria f. (cometida por marinheiro). 2. simonia f.

barred [ba:d] adj. 1. que tem barras, trancado, barrado. 2. marcado com listras ou faixas transversalmente.

barrel [b'ærəl] s. 1. barril m., barrica f. 2. capacidade f. de um barril. 3. tambor, tonel m. 4. cilindro, tubo m. 5. cano m. de espingarda ou de canhão 6. corpo, tronco m., caixa f. de animal (quadro C 7). 7. (E. U. A., gíria) dinheiro m. usado para

comprar eleitores. 8. (Náut.) saia f. do cabrestante
9. cilindro m. de realejo. ‖ v. embarrilar.
well ~led bem formado.
barrel-bellied adj. barrigudo, pançudo.
barrel boiler s. caldeira cilíndrica f.
barrel house s. (E. U. A., gíria) boteco m., tasca f.
barrelled [b'ærəld] adj. 1. embarrilado. 2. em forma
de barril.
double—~ gun espingarda de dois canos.
barrelmaker [b'ærəlmeikə] s. tanoeiro m.
barrel organ s. realejo m.
barrel vault s. (Arquit.) abóbada semicilíndrica f.
(quadro V 1).
barren [b'ærən] s. (também ~s pl.) maninho m.:
trato m. de terra estéril. ‖ adj. 1. estéril, infecundo.
2. infrutífero, improdutivo. 3. inaproveitável. 4.
sem interesse, pobre, sem graça, enfadonho. 5.
estúpido, bronco. ‖ ~ly adv. esterilmente.
barrenness [~nis] s. esterilidade, secura, aridez f.
barret [b'æret] s. barrete m. de clérigo.
barrette [ba:r'et] s. grampo ou pente m. usado para
segurar os cabelos.
barricade [bærik'eid] s. 1. (Milit.) barricada f., entrincheiramento m. 2. barreira, obstrução f. ‖ v. 1.
barricar. 2. bloquear, obstruir, colocar obstáculo.
barrier [b'æriə] s. 1. barreira f., obstáculo m. 2.
grade, separação f. 3. paliçada, estacada f. 4.
limite, confim m. 5. linha divisória f. 6. (Eletr.)
separador m. 7. (Hist.) liça f.: arena de torneio.
‖ v. ~ **off** excluir. ~ **in** cercar, fechar.
barring [b'a:riŋ] prep. excetuando, não incluindo.
barrister [b'æristə] s. advogado m.
inner ~ causídico. **outer ~** advogado substituto.
barristership [~ ʃip] s. advocacia, advocatura f.
bar-room [b'a:ru:m] s. bar m. (quadro R 2).
barrow (I) [b'ærou] s. (Pré-hist.) anta, túmulo m.
barrow (II) [b'ærou] s. capadete m,
barrow (III) [b'ærou] s. 1. padiola, maca f. 2. carrinho
m. de mão. 3. carga f. de um carrinho de mão.
‖ v. transportar em carrinho de mão.
barrow (IV) [b'ærou], **barrowcoat** [b'æroukout] s. vestimenta f. de flanela sem mangas, para bebês.
bar stool s. assento m. de bar.
bartender [b'a:tendə] s. 1. = **barkeeper.** 2. (E.U.A.)
garçom m. de bar.
barter [b'a:tə] s. 1. comércio m. de troca. 2. intercâmbio m., troca f. 3. objeto trocado m. ‖ v. 1.
negociar por troca ou permuta. 2. trocar, fazer
intercâmbio, permutar.
barterer [~rə] s. negociante m. + f. que troca mercadorias.
bartizan [ba:tiz'æn] s. torreão m. de defesa em fortificação.
baryta [bær'aitə] s. (Quím.) barita f.: monóxido de
bário.
barytone [b'æritoun] = **baritone.**
basal [beisl] adj. 1. basal, de base, que forma a base.
2. fundamental, básico. ‖ ~ **ly** adv. de base.
basal metabolism s. (Fisiol.) metabolismo basal m.
basalt [bəs'ɔ:lt] s. basalto m.
basaltic [~ik] adj. basáltico.
basaltware [bəs'ɔ:ltwɛə] s. cerâmica f. preta, não
esmaltada.
basan, bazan [b'æzən] s. couro curtido m. de carneiro.
bascule [b'æskjul] s. báscula f., balancim m.
base (I) [beis] s. 1. base f., pé, fundamento, fundo
m. 2. princípio fundamental m. 3. elemento principal m., parte essencial f. 4. pedestal m. 5. (Bot.
e Zool.) extremidade f. ligada ao tronco. 6.
(Quím.) base f. 7. tento m em certos jogos.
8. lugar m. de partida. 9 (milit.) base f. de
operações ou de reaprovisionamento. 10. (Arit. e
Geom.) base f. 11. matéria-prima f. 12. (Arquit.)

fundamento, alicerce m. 13. (Gram.) raiz f. ‖ v.
1. fazer ou formar base, fundar. 2. estabelecer,
basear. 3. servir de base a. ‖ adj. básico, de base.
~ **fee** (Jur.) fideicomisso parcialmente anulado. **to**
~ **o. s. on** basear-se em.
base (II) [beis] adj. 1. vil, abjeto, baixo, egoísta,
ignóbil. 2. ordinário, comum, desprezível. 3. (†)
de nascença ou origem baixa ou modesta. 4.
inferior, de pouco valor. 5. falsificado, ilegítimo.
6. baixo, grave (som). 7. degradante, aviltante. 8.
servil, subserviente. ‖ ~**ly** adv. baixamente.
baseball [b'eisbɔ:l] s. 1. beisebol m. 2. bola f. usada
neste jogo (quadro B 1).
baseboard [b'eisbɔ:d] s. 1. (E. U. A.) rodapé m. 2.
tábua f. que serve de base.
baseborn [b'eisbɔ:n] adj. I. nascido de pais pobres.
2. ilegítimo, bastardo. 3. vil, mesquinho.
base burner s. fogão m. aquecido por baixo.
base-court s. pátio m. externo ou dos fundos.
baseless [b'eislis] adj. 1. sem base, sem razão, infundado. 2. desprovido de base, suporte, etc.
base level s. (Geol.) nível m. mais baixo no solo
atingido pela erosão.
base line s. base f.: 1. linha f. que serve de base.
2. (beisebol) linha f. entre duas bases.
basement [b'eismənt] s. 1. porão m. 2. fundamento,
embasamento m.
base-metal s. metal comum m.
base-minded adj. ordinário, traiçoeiro, de pensamento
baixo.
baseness [b'eisnis] s. 1. baixeza, vileza, infâmia, torpeza f. 2. baixa extração f. 3. ato m. baixo, vil.
base pay s. pagamento m. base.
base-plate s. placa f. de base (quadros B 2, S 3).
base-speed s. rotação básica f.
base-table s. laje f. de fundamento.
bash [bæʃ] s. (gíria) golpe esmagador m. ‖ v. (gíria)
bater, esmagar, surrar.
to ~ in quebrar (com pedrada).
bashaw [bəʃ'ɔ:] s. 1. = **pasha.** 2. pessoa f. que se
julga importante.
bashful [b'æʃful] adj. acanhado, tímido, modesto.
‖ ~**ly** adv. timidamente.
bashfulness [~nis] s. timidez f., acanhamento m.
basic [b'eisik] adj. 1. de base, fundamental. 2. (Quím.)
básico. ‖ ~**ally** adv. basicamente, de modo essencial
ou fundamental.
basic bore s. furo padronizado m.
Basic English s. inglês básico m.
basicity [beis'isiti] s. (Quím.) basicidade f.
basic law s. lei fundamental f.
basic material s. material básico m., matéria-prima f.
basic product s. produto básico m.
basic slag s. escória básica f., escória f. de Tomás.
basic training s. (milit.) treino básico m.
basidium [bəs'idiəm] s. (Bot.) basídio m.
basil [b'æzil] s. (Bot.) manjericão m.
basilar [b'æsilə] adj. 1. (Biol.) basilar. 2. básico.
basilica [bəz'ilikə] s. basílica f.
basilisk [b'æzilisk] s. 1. basilisco m. 2. (Zool.) qualquer reptil do gênero Basiliscus, da família dos
Iguanídeos.
basin [b'eisin] s. bacia f.: 1. vaso m. redondo e
largo (quadro V 2). 2. conteúdo m. de uma bacia.
3. prato m. de balança. 4. dique m., doca f. (quadro
H 3). 5. enseada f. 6. poça d'água f. 7. (Geogr.)
depressão f. de terreno circundada por elevações.
8. (Geogr.) conjunto m. de vertentes de uma região.
9. (Geogr.) região geográfica f. banhada por um
rio e seus afluentes. 10. depressão f. na superfície
da litosfera ocupada por um oceano. 11. (Geol.)
área f. cujos estratos convergem de todos os lados

para um só centro. 12. (Anat.) pelve f.
basinet [b'æsinet] s. (Hist.) bacinete m.
basion [b'eisiən] s. (Anat.) básio m.
basis [b'eisis] s. pl. **bases** [-si:z] 1. base, parte principal f. 2. princípio fundamental, fundamento m. 3. ingrediente principal m. 4. ponto m. de partida.
bask [ba:sk] v. 1. aquecer-se, expor-se ao sol. 2. (fig.) gozar fortuna, carinho, etc.
basket [b'a:skit] s. 1. cesto m., cesta f. 2. cestada f.: capacidade de cesto. 3. coisa f. parecida com cesta. 4. (Av.) barquinha, nacele f. 5. (milit.) gabião m. ‖ v. 1. encestar, pôr em cesto. 2. cobrir com vime, etc.
a ~ of apples um cesto cheio de maçãs. the pick of the ~ o melhor. you must not put all your eggs in one ~ não deve arriscar tudo de uma vez. what is left in the ~ (coloq.) o resto, o refugo.
basketball s. basquetebol m.: 1. bola f. ao cesto. 2. bola usada neste jogo (quadro B 1).
basketful [b'a:skitful] s. cestada f.
basket-hilt s. guarda-mão m. (de sabre).
basket osier s. (Bot.) vimeiro m.
basketry [b'a:skitri] s. 1. cestaria f.: fabricação f. de cestos. 2. artigos m. pl. de vime.
basketwork [b'a:skitwə:k] s. 1. artigos m. pl. de vime, cestos m. pl. 2. cestaria f.: trabalho m. em vime ou cestos.
basophilic [beisəf'ilik], **basophilous** [bəs'ɔfiləs] adj. (Biol.) basófilo.
Basque [bæsk] s. 1. basco, vasconço m. 2. língua f. dos bascos. ‖ adj. basco.
bas-relief [b'a:rili:f, b'æs-] s. baixo-relevo m.
bass (I) [beis] s. 1. som m. ou tom m. baixo ou profundo. 2. (Mús.) baixo m.: a) voz f. ou instrumento m. que ocupa a parte mais baixa do diapasão. b) cantor m. com voz de baixo. 3. (Mús.) contrabaixo m. 4. (Mús.) bombardão m. ‖ adj. baixo, grave, profundo.
~-clef (Mús.) s. clave de fá (quadro N 2).
bass (II) [bæs] s. (Ict.) 1. perca f. 2. labro, lobo-do--mar m. . carne f. destes peixes.
bass (III) [bæs] s. 1. fibra liberiana f. 2. fibra f. de ráfia. 3. esteira f., cesto, etc. fabricado com esses materiais.
bass drum s. bombo, zabumba m.
basset (I) [b'æsit] s. basset m.: raça f. de cachorro de pernas curtas e corpo comprido, ''dachshund'' (quadro D 3).
basset (II) [b'æsit] s. (Geol. e Miner.) afloramento m. ‖ v. (Geol. e Miner.) aflorar.
basset-horn s. (Mús.) clarineta-tenor f. com boca recurvada.
bass horn s. tuba f.
bassinet [bæsin'et] s. 1. berço m. de vime em forma de cesta. 2. carrinho-berço m. de vime.
basso [b'æsou] s. baixo m.: cantor baixo m. ‖ adj. baixo.
bassoon [bəs'u:n] s. (Mús.) fagote m.
double ~ contrafagote.
bassoonist [~ ist] s. fagotista m. + f.
bass-viol s. viola f. de gamba.
basswood s. [b'æswud] s. 1. (Bot.) tília americana f. (Tilia glabra). 2. madeira f. desta árvore.
bast [bæst] s. 1. (Bot.) entrecasca, floema f., líber m. 2. fibra liberiana f.
bastard [b'æstəd] s. 1. bastardo m., filho ilegítimo m. 2. pessoa ou coisa inferior f. ‖ adj. 1. bastardo, ilegítimo, adulterino. 2. espúrio, falso, adulterado. 3. degenerado, inferior. 4. anormal, desproporcionado.
bastardize [~ aiz] v. 1. declarar como bastardo ou ilegítimo. 2. abastardar, degenerar, degradar.
bastard title s. título abreviado m. de um livro colo-

cado antes da página do título (quadro B 17).
bastardy [b'æstədi] s. bastardia, ilegitimidade f.
baste (I) [beist] v. alinhavar.
baste (II) [beist] v. 1. regar (carne) com molho ou gordura durante a assadura. 2. derramar cera derretida sobre o pavio das velas (durante a fabricação).
baste (III) [beist] v. 1. bater, surrar, espancar. 2. (fig.) verberar, profligar.
baster [b'eistə] s. colher f. para gordura.
bastille [bæst'i:l] s. 1. cadeia, prisão f. 2. (Hist.) bastilha, fortaleza f.
bastinado [bæstin'eidou] s. 1. bastonada f. (nas solas dos pés). 2. bastão, cacete m. ‖ v. dar bastonada em, bater, castigar.
basting (I) [b'eistiŋ] s. 1. alinhavo m. 2. linha f. para alinhavar.
basting (II) [b'eistiŋ] s. unto m. que se despeja sobre a carne durante a assadura.
basting (III) [b'eistiŋ] s. surra, sova f.
bastion [b'æstiən] s. bastião m.: baluarte m., fortificação, fortaleza f.
bat (I) [bæt] s. 1. (beisebol) bastão m. 2. (criquete) pá f. 3. (vários jogos) raqueta f. 4. (beisebol e criquete) batedor m. 5. (beisebol e criquete) turno defensivo m. 6. torrão, pedaço, chumaço m. 7. tijoleira f., fragmento m. de tijolo (quadro B 22). 8. (~s pl.) algodão inferior m. para estofar colchões. 9. (coloq.) pancada f., golpe m. 10. (coloq.) velocidade f. 11. (gíria) bebedeira, beberronia f. 12. (gíria) prostituta, meretriz f. ‖ v. 1. (esp.) rebater. 2. bater, surrar, espancar. 3. (beisebol e criquete) estar na defesa.
off his own ~ por si, sem auxílio. right off the ~ na primeira tentativa, de cara. to ~ for s. o. quebrar lanças por alguém.
bat (II) [bæt] s. (Zool.) morcego m.
(as) blind as a ~ completamente cego.
bat (III) [bæt] v. piscar (o olho).
Batavian [bət'eiviən] s. batavo, holandês m. ‖ adj. batavo, holandês.
batch [bætʃ] s. 1. fornada f. 2. partida, porção f., lote m., quantidade f. de alguma coisa feita de uma vez. 3. grupo m., série, turma f.
a ~ of letters uma pilha de cartas. a ~ of trippers um grupo de excursionistas.
bate (I) [beit] v. 1. reduzir, diminuir, abater. 2. mitigar, moderar. 3. conter (a respiração). 4. descontar, deduzir. 5. excetuar, excluir.
bate (II) [beit] s. banho m. para macerar couro. ‖ v. macerar couro.
bateau [bæt'ou] s. pl. **bateaux** [-touz] (E. U. A.) chata f., batelão m.
bateau-bridge s. ponte sobre pontões.
bated [b'eitid] adj. diminuído, reduzido.
batfish [b'ætfiʃ] s. (Ict.) 1. morcego-do-mar, peixe--morcego m. 2. coió, peixe-voador m. 3. espécie de raia-sapo (Aetobatus californicus).
bath [ba:θ] s. 1. banho m., ato m. de tomar banho. 2. água f. de banho. 3. banheira f. 4. (coloq.) banheiro m. (quadro B 3). 5. banho medicinal m. 6. líquido m., solução f. para tratar alguma coisa. 7. recipiente m., banheira f. para esta solução. 8. ~s pl. banhos m. pl., casa f. de banhos. ‖ v. banhar, lavar (crianças).
air—~ banho de ar. sun—~ banho de sol. he had (ou took) a ~ ele tomou um banho.
Bath brick s. preparado m. de terra calcária em forma de tijolo para limpar metais.
Bath-chair s. cadeira f. de rodas.
bathe [beið] s. banho de mar, banho m. ao ar livre. ‖ v. 1. tomar banho, banhar-se. 2. dar um banho em, banhar. 3. lavar, aplicar água, umedecer ou molhar com qualquer líquido. 4. nadar. 5.

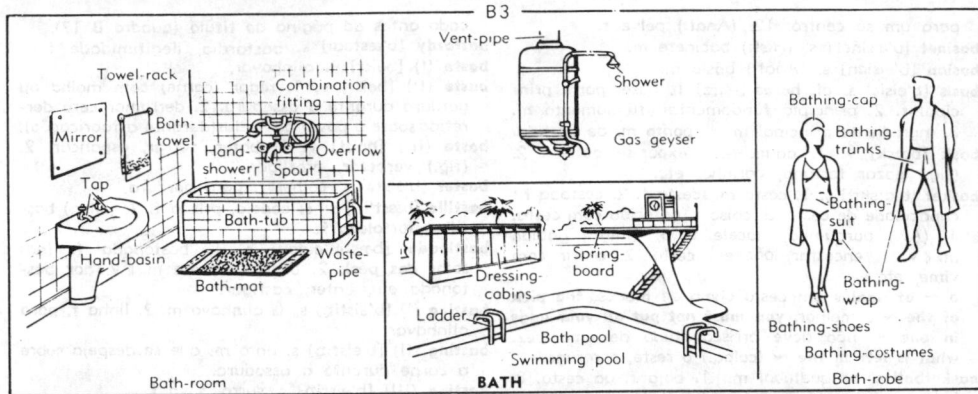

B 3

Bath-room   BATH   Bath-robe

cobrir, envolver.
a ~ in the sea um banho de mar.
bather [b'eiðə] s. banhista m. + f.
bathhouse [b'a:θhaus] s. 1. balneário m., casa f. de banhos. 2. (E. U. A.) prédio m. com vestuários para banhistas.
bathing [b'eiðiŋ] s. banho m. ‖ adj. de banho, relativo a banho.
bathing-box, bathing-hut s. cabina f. para banhistas (quadro B 4).
bathing cap s. touca f. de banho.
bathing-costume s. roupa f. de banho, maiô m.
bathing-drawers, bathing-trunks s. calção f. de banho.
bathing-fatality s. acidente m. de banho.
bathing-machine s. cabina f. sobre rodas para trocar de roupa e tomar banho.
bathing-suit s. maiô m.
bathing-wrap s. roupão m. de banho.
bath mat s. capacho m. (de banheiro) (quadro B 3).
bath-metal s. tambaque m.
batholith [b'æθəliθ], **batholite** [b'æθəlait] s. (Geol.) batólito m.
bathometer [bəθ'omətə] s. batômetro, batímetro m.
bathos [b'eiθos] s. 1. passagem f. do elevado ao banal, anticlímax m. 2. efeito patético forçado m.
bathrobe [b'a:θroub] s. (E. U. A.) roupão m. de banho.
bathroom [b'a:θrum] s. 1. banheiro m. 2. privada f.
bath salts s. sais m. pl. de banho.
bath towel s. toalha f. de banho (quadro B 3).
bathtub [b'a:θtʌb] s. banheira f. (quadro B 3).
bathymetry [bæθ'imətri] s. batometria, batimetria f.
bathysphere [b'æθisfiə] s. batisfera f.: esfera à prova de pressão para explorar as profundidades do mar.
bating [b'eitiŋ] prep. excetuando, à exceção de.
batiste [bæt'i:st] s. 1. batista f. 2. cambraia f.
batman [b'ætmən] s. bagageiro m.: soldado que serve de ordenança no exército britânico.
baton [b'ætən] s. 1. bastão m.: insígnia f. de comando. 2. batuta f. 3. (Heráld.) faixa f. que indica ilegitimidade (também ~ **sinister**).
Field-Marshal's ~ bastão de marechal.
Batrachia [bətr'eikiə] s. pl. (Zool.) batráquios, anfíbios m. pl.
Batrachian [~n] s. (Zool.) batráquio, anfíbio m. ‖ adj. batracóide.
batsman [b'ætsmən] s. (beisebol e criquete) batedor m.
battalion [bət'æliən] s. batalhão m.: grande parte de um exército, organizada para agir como unidade tática.
batten (I) [bætn] s. 1. tábua f. de soalho. 2. ripa f., batente, sarrafo m. (quadros C 8, R 5). ‖ v. fixar com sarrafos, etc.
batten (II) [bætn] v. 1. engordar, tornar-se gordo. 2.

medrar, vicejar. 3. engordar, cevar. 4. devorar avidamente (seguido de **on** ou **upon**). 5. refestelar-se em (seguido de **on** ou **upon**).
batter [b'ætə] s. 1. massa f. de farinha com ovos. 2. (Esporte) batedor m.: o que bate ou lança a bola no jogo de beisebol. 3. talude m., inclinação f. ‖ v. 1. bater, martelar, quebrar. 2. gastar, danificar pelo uso. 3. bombardear. 4. inclinar-se, formar talude.
to ~ in quebrar, demolir, abater.
battered [~d] adj. 1. quebrado, danificado, gasto. 2. esgotado, exaurido.
battering [~riŋ] adj. de sítio, de cerco.
battering battery s. bateria f. de sítio.
battering-charge s. (arc.) carga f. de pólvora especialmente pesada.
battering-ram s. aríete m.
battery [b'ætəri] s. 1. bateria f. de cozinha. 2. (Eletr.) bateria f. 3. jogo m. de coisas similares. 4. (milit.) bateria f.: a) posição f. de tiro. b) agrupamento m. de peças de artilharia. 5. (Jur.) ofensa física, agressão f.
~-operated acionado por bateria.
battery-charger s. aparelho m. carregador de baterias.
battery-eliminator s. eliminador m. de bateria, anódio m. para ligação à rede.
battery-ignition s. ignição f. por bateria.
batting [b'ætiŋ] s. 1. batedura f. (de algodão, linho, etc.). 2. algodão m. ou lã f. em lençóis para fazer acolchoados, etc. 3. (criquete) manejo m. da pá.
battle [bætl] s. 1. batalha f., combate m. 2. duelo m. 3. guerra, luta f. 4. conflito m., briga, contenda f. ‖ v. 1. tomar parte em batalha, combater, batalhar. 2. lutar, brigar.
drawn ~ batalha empatada. **field of** ~ campo de batalha. **that's half the** ~ isto é meio caminho andado. **they gave** ~, **joined** ~ eles entraram em combate. **to give the** ~ prometer a vitória. **to have the** ~ ganhar a batalha. **youth is half the** ~ a juventude é a melhor arma. **to** ~ **it (out)** lutar por, lutar pela decisão.
battle-array s. formação f. de batalha.
battle-axe, battle-ax s. (Milit.) 1. acha-de-armas, alabarda f. 2. (E. U. A., coloq.) mulher briguenta f.
battle-club s. clava, maça f.
battle-cruiser s. (Náut.) cruzador pesado m. (de batalha).
battle cry s. grito m., brado m. de guerra.
battledore [b'ætldɔ:] s. 1. raqueta pequena f. para bater volante. 2. pau m. de bater roupa.
battle fatigue s. (Psiq.) fadiga f. de combate: condição psiconeurótica.
battlefield [b'ætlfi:ld], **battleground** [b'ætlgraund] s.

campo m. de batalha.
battlement [b'ætlmənt] s. (geralmente ~s pl.) ameia, muralha f., parapeito m.
battle-piece s. pintura f. de motivos de batalha.
battleplane [b'ætlplein] s. avião m. de combate.
battle-royal s. 1. briga f. de galo, com mais de dois galos. 2. luta generalizada f.
battleship [b'ætlʃip] s. (Náut.) couraçado m. de batalha.
battue [bæt'u:] s. 1. (caça) batida f. 2. captura f. de caça reunida durante a batida. 3. matança, carnificina f.
batty [b'æti] adj. 1. relativo ou semelhante a morcego. 2. (gíria) doido, maluco.
he is ~ (in the bean) (gíria) ele **não regula**.
bauble [bɔ:bl] s. 1. bugiganga f. 2. ninharia f.
bauxite [b'ɔ:ksait] s. (Miner.) bauxita f.
Bavarian [bəv'eəriən] s. bávaro m. ‖ adj. bávaro.
bavin [b'ævin] s. feixe m. de garavetos.
bawbee [bɔ:b'i:] s. 1. antiga moeda escocesa f. de cobre correspondente a um **halfpenny**. 2. ~s (coloq.) dinheiro, cobre m.
bawd [bɔ:d] s. alcoviteira, caftina f.
bawdiness [b'ɔ:dinis] s. obscenidade, indecência f.
bawdry [b'ɔ:dri] s. 1. (arc.) alcoviteirice f. 2. (arc.) sujeira, indecência f. 3. obscenidade, pornografia f.
bawdy [b'ɔ:di] adj. 1. obsceno, indecente. 2. impudico, libidinoso. ‖ –ily adv. obscenamente.
bawdy house s. alcouce, bordel m.
bawl [bɔ:l] s. grito, berro m. ‖ v. 1. gritar, berrar, vociferar. 2. repreender em voz alta. 3. uivar, ulular. 4. apregoar em voz alta.
he ~ed at me ele gritou comigo.
bawler [b'ɔ:lə] s. gritador m., gritadora f.
bay (I) [bei] s. 1. (Geogr.) baía, enseada f. (quadro C 17). 2. reentrância f.
bay (II) [bei] s. 1. (Arquit.) seção f. de um muro ou telhado entre dois pilares, dois arcobotantes, etc. 2. (Arquit.) intercolúnio m. 3. baía f. 4. (Arquit.) vão m., luz f. (de ponte). 5. (Av.) vão, compartimento m. 6. (Fort.) seção f. de trincheira entre duas transversais.
bay (III) [bei] s. 1. (Bot.) loureiro, louro m. 2. (~s pl.) (fig.) louros m. pl., triunfo m.
bay (IV) [bei] s. 1. latido grave m. (dos cães acuando a caça). 2. posição f. de quem está cercado ou de quem não tem escapatória. ‖ v. 1. latir de modo grave (como o cão quando acua a caça). 2. ladrar a. 3. receber com latidos. 4. acuar latindo. 5. amarrar (caça).
at ~ cercado, em apuros. he ~ed at me ele gritou comigo. I kept him at ~ mantive-o em xeque.
bay (V) [bei] s. 1. baio m.: cavalo baio m. 2. matiz castanho-avermelhado m. ‖ adj. baio.
bayadere [ba:iəd'iə] s. 1. bailadeira f.: dançarina hindu f. 2. tecido listrado transversalmente m. de cores contrastantes.
bay-bay s. (Bot.) murici-vermelho, pau-de-curtume m.
bay bean s. (Bot.) feijão-da-praia, feijão-bravo m.
bayberry [b'eibəri] s. 1. bago m. de loureiro. 2. (E. U.A.) (Bot.) árvore f. da família das Mirtáceas (Pimenta acris). 3. (Bot.) árvore-da-cera f.
bayonet [b'eiənit] s. (milit. e Mec.) baioneta f. ‖ v. 1. baionetar, ferir, furar com baioneta. 2. impelir sob ameaça de baioneta. 3. manejar a baioneta.
1000 ~s mil soldados. to fix ~s calar baionetas. at the point of the ~ a ponta de baioneta.
bayou [b'aiu:] s. (E. U.A.) rio, sangradouro m. ou baía f. pantanosa.
bay salt s. sal marinho m.
bay window s. (Arquit.) janela f. de sacada.
bazaar, bazar [bəz'a:] s. 1. lugar m. cheio de lojas. 2. bazar m., loja f. 3. venda f. em benefício.

bazooka [bəz'u:kə] s. (E. U. A., milit.) bazuca f.
B battery s. (Eletrôn.) bateria f. de placa.
B. B. C. [bi:bi:si:] abr. de **British Broadcasting Corporation**.
bbl., pl. bbls. abr. de **barrel, barrels**.
B. C. [bi:si:] abr. de **Before Christ**.
BCG vaccine s. (Med.) vacina f. antituberculose de Calmette e Guérin.
bd. abr. de: 1. **board**. 2. **bond**. 3. **bound**.
bdellium [d'eliəm] s. bdélio m.
B/E, b. e. abr. de **bill of exchange**.
be [bi:] v. (imp. **was**, pl. **were**; p. p. **been**). 1. ser, existir, viver, ser realidade. 2. ter lugar, acontecer, realizar-se. 3. permanecer, ficar, continuar. 4. igualar, representar, significar. 5. estar, encontrar-se. 6. ir, visitar. ‖ ~! interj. seja!
what is, is good o que é, é bom. what is it? o que houve?, o que há com você? we must take things as they are temos de aceitar as coisas como são. as it is de qualquer maneira. as it were por assim dizer. let me ~ deixe-me em paz! here you are (coloq.) aqui, por favor. there you are! aí que está! how is this? que é isto?, o que significa isto? how are you? como vai? how was it that he did not come? por que ele não veio? when it was time quando o tempo havia chegado. it is mine, his é meu, seu. it is my father's pertence a meu pai. she is everything to me ela é tudo para mim. how much is this dress? quanto custa este vestido? ~ that as it may seja como for. are you the man? I am é você o homem? Sim, sou. I am not não (sou). she lived to ~ 90 ela viveu 90 anos. what is he to ~? o que será ele? when is it to ~? quando será.....? Mrs. Jones that is to ~ a futura Senhora Jones. that's him all over isto é típico dele. has anyone been? (coloq.) alguém esteve aqui? you have been (and gone) and done it (coloq.) você o fez realmente. the book is about Napoleon o livro é sobre Napoleão. what are you about? o que está fazendo? it is above me isto foge à minha compreensão. the cat is after the mouse o gato está atrás do ratinho. he is at table ele está sentado à mesa. I am for leaving sou de opinião que devemos partir. the parcel is for Santos o pacote é destinado a Santos. it is for him to excuse himself ele é quem deve pedir desculpas. it is for you to decide a decisão cabe a você. it will ~ for him to say ele terá de decidir. it is from the purpose é fora de propósito. to ~ in 1. estar em casa. 2. estar no poder, to ~ out 1. não estar em casa. 2. estar errado. he is of the advanced group ele pertence ao grupo dos adiantados. I must ~ off tenho de ir. the invitation is to everyone o convite é para todos. to ~ up estar no fim. in a moment the dog was upon him em um instante o cachorro caiu em cima dele. he was a long time about it ele levou muito tempo para isto. how long have you been in England? quanto tempo faz que está na Inglaterra? you were not late, were you? você chegou atrasado ou não? I was rewarded fui recompensado. the book is being printed, is printing o livro está sendo impresso. we shall ~ being examined tomorrow teremos exame amanhã. she is singing ela está cantando. what was he to do? o que ele havia de fazer? he was to have written ele devia ter escrito. five years were to pass cinco anos teriam de passar. how are we to go on? como vamos continuar, que será de nós? you are not to do that você não deve fazer isto. am I to understand that...? significa isto que...? if I were to do it se o fizesse. that is to say quer dizer. the house is to let a casa está para alugar. the to-~ o futuro. the might-have-beens as

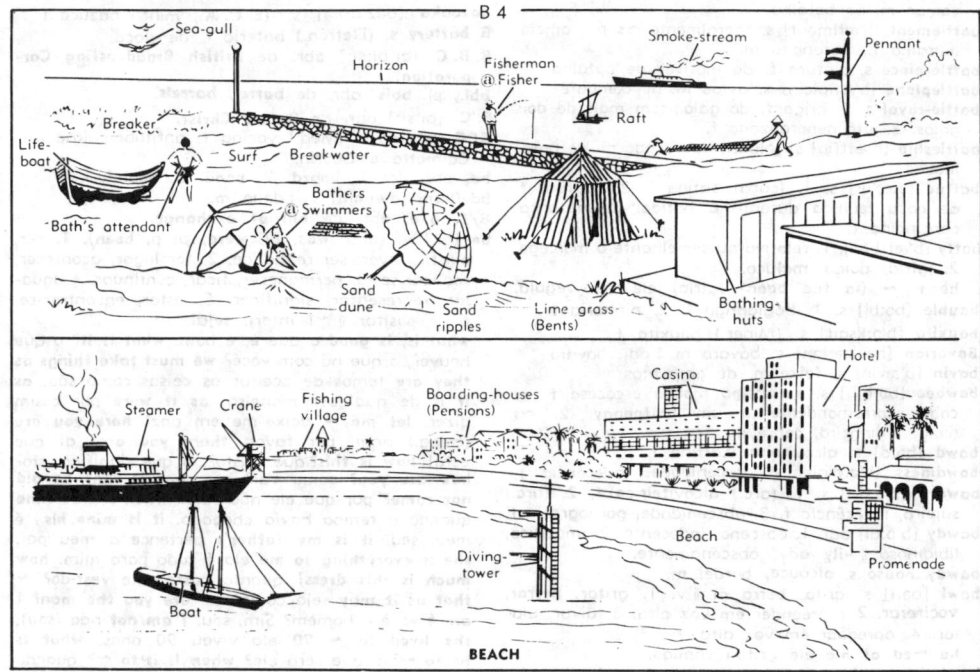

B 4

Sea-gull · Horizon · Fisherman ⓐ Fisher · Smoke-stream · Pennant · Breaker · Raft · Life-boat · Surf · Breakwater · Bath's attendant · Bathers ⓐ Swimmers · Sand dune · Sand ripples · Lime grass (Bents) · Bathing-huts · Steamer · Crane · Fishing village · Boarding-houses (Pensions) · Casino · Hotel · Beach · Diving-tower · Promenade · Boat

BEACH

oportunidades perdidas. **a would-be painter** um pintor medíocre, um troca-tintas.

be— pref. que significa: 1. completamente, de baixo até em cima (como **besmear**). 2. a, em, para, sobre, contra (como **bewail**). 3. fazer (como **belittle**). 4. provar, munir de (como **bewig**). 5. privar de (como **bereave**).

beach [biːtʃ] s. 1. praia, margem f. (quadro B 4). 2. seixos, calhaus m. pl. (coletivo). ‖ v. 1. puxar (barco) para a praia. 2. (Náut.) abicar, pôr na praia. 3. encalhar, dar à praia.
on the ~ 1. na praia. 2. (gíria) naufragado, fracassado, na rua da amargura.

beach-comber s. 1. vagabundo m. que percorre as praias. 2. (E. U. A.) vagalhão m.: onda larga f. que rebenta na praia.

beach flea s. (Zool.) pulga-do-mar f.

beach grass s. (Bot.) gavieiro m.

beachhead [bˈiːtʃhed] s. (milit.) cabeça f. de ponte (na praia).

beach master s. (milit.) chefe m. de desembarque.

beach-suit s. roupa f. para praia.

beach umbrella s. guarda-sol m. de praia.

beachy [bˈiːtʃi] adj. seixoso, cheio de seixos.

beacon [bˈiːkən] s. 1. bóia luminosa, baliza f. 2. farol m. 3. sinal de rádio para orientar aviadores. 4. sinal m. de advertência (esp. fogueira em ponto elevado). 5. (fig.) guia, orientação f. ‖ v. 1. iluminar, dar luz, guiar, avisar por meio de luz. 2. brilhar, luzir, resplandecer. 3. colocar bóias de luz. 4. servir como sinal de alarma ou advertência.

bead [biːd] s. 1. conta f. (de rosário). 2. pérola f. (de vidro, metal, etc.). 3. gota, bolha, lágrima f. 4. (E. U. A.) massa f. de mira. 5. (Arquit.) astrágalo m. 6. **~s** pl. fieira f. de pérolas, rosário, terço m. ‖ v. 1. ornar com pérolas, ensartar pérolas. 2. formar pérolas ou gotas. 3. virar as bordas de.
he drew a ~ upon (E. U. A.) ele fez mira sobre.
she was telling her ~s ela estava rezando seu terço.

beaded [bˈiːdid] adj. enfeitado com pérola ou contas.

beading [bˈiːdiŋ] s. 1. ornato m. de pérolas ou contas. 2. filete m., régua, listra f. 3. desenho m. ou enfeite m. em madeira ou prata feito de pérolas. 4. (Téc.) reviramento m. de bordas.

beadle [biːdl] s. 1. bedel m., porta-maça m. 2. sacristão m.

beadledom [bˈiːdldəm] s. espírito burocrático m.

beadleship [bˈiːdlʃip] s. cargo m. de bedel ou porta-maça.

beadsman [bˈiːdzmən] s. 1. o que reza para outro. 2. pobre, indigente, mendigo asilado m.

beadwork [bˈiːdwəːk] s. 1. bordado m. de pérolas ou contas. 2. (Téc.) reviramento m. de bordas.

beady [bˈiːdi] adj. 1. pequeno, redondo e lustroso, como pérola. 2. enfeitado com pérolas. 3. coberto com gotas ou bolhas.
~ eyes olhos grandes e redondos.

beagle [biːgl] s. bigle m.: 1. cachorro pequeno m. de caça, com pernas curtas e orelhas compridas. 2. (fig.) detetive, espião m.

beak (I) [biːk] s. 1. bico m. (de ave). 2. parte similar f. em outros animais (como a tartaruga). 3. esporão m., proa f. dos navios antigos. 4. bico m., ponta, boca f. de qualquer vasilhame. 5. promontório m. 6. (gíria) nariz adunco m. 7. chifre m. (de bigorna). 8. colher f. (de fórceps). 9. (Mús.) bocal m. (de instrumento de sopro). ‖ v. bicar: a) dar bicadas em. b) picar com o bico.

beak (II) [biːk] s. (gíria) magistrado m. (esp. quando remunerado).

beaked [biːkt] adj. 1. com bico, bicudo. 2. rostriforme, em forma de bico. 3. (Bot.) rostrado.

beaker [bˈiːkə] s. 1. copo grande m. (de boca larga). caneca f. (quadros G 2, V 2). 2. conteúdo m. de um copo grande ou de uma caneca. 3. proveta m. (de laboratório).

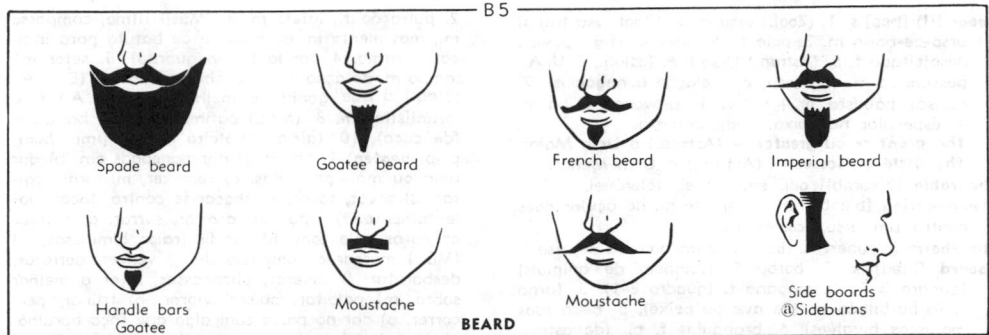

B 5

Spade beard Goatee beard French beard Imperial beard

Handle bars Goatee Moustache Moustache Side boards ⓐ Sideburns

BEARD

beam [bi:m] s. 1. viga, trave f. (quadro B 22). 2. suporte m., travessa f., viga f. de metal ou de pedra. 3. suporte m. ou viga mestra f. 4. lança f. de carro. 5. travessão m. de balança. 6. balança f. 7. raio m. ou feixe m. de luz. 8. sorriso, olhar alegre m. 9. feixe direcional m. 10. (Náut.) vau, barrote m., banda f. 11. (Náut.) lado m. de navio em relação ao vento. 12. (Náut.) boca f.: largura máxima f. de um navio. 13. timão m. do arado. 14. cilindro m. de tear. 15. tronco m. de galhada. 16. (Mec.) alavanca oscilante f., balanceiro m. 17. (Mec.) haste f. do êmbolo (máquina a vapor). 18. (Rádio) amplitude efetiva máxima f. de microfone, alto-falante m. ou amplificador m. 19. (Rádio) ângulo m. em que um microfone ou alto-falante funciona com a máxima clareza. ‖ v. 1. emitir raios de luz, irradiar. 2. sorrir, estar radiante. 3. (Rádio) transmitir por meio de antena direcional. 4. (Rádio) encontrar por meio de radiolocalização. 5. enrolar em cilindro de tear.
to ride the ~ voar (em vôo cego) orientado por feixe direcional. **the ship was on her ~-ends** o navio estava muito inclinado. **on the starboard ~** a estibordo. **I am on my ~-ends** estou sem dinheiro. **she ~ed upon me** ela sorriu para mim.
beam aerial s. (Rádio) antena direcional f.
beaming [b'i:miŋ] adj. 1. radiante. 2. sorridente. ‖ **~ly** adv. 1. radiantemente. 2. sorridentemente.
beam-tie s. (Arquit.) âncora f. de viga.
beamy [b'i:mi] adj. 1. brilhante, reluzente, radiante. 2. largo (navio). 3. maciço, vasto, amplo. 4. galhudo.
bean [bi:n] s. 1. feijão m. 2. vagem, fava f. que contém feijão. 3. (Bot.) feijoeiro m. 4. semente f. em forma de feijão. 5. (gíria) cabeça f., crânio m. 6. bagatela, nonada f. 7. (gíria) sujeito, fulano m. 8. **~s** pl. (gíria) surra, sova f. 9. **~s** pl. (gíria) reprimenda, admoestação f. 10. **~s** pl. (E. U. A., gíria) cobre, dinheiro m.
broad ~ feijão-fava. **my ~** (gíria) meu caro amigo. **full of ~s** cheio de vida. **I gave him ~s** (gíria) 1. eu o xinguei. 2. (Esp.) dei-lhe uma lavada.
bean caper s. (Bot.) fabagela f., falso alcaparreiro m.
beanery [b'i:nəri] s. (coloq.) restaurante m. barato.
bean-feast s. 1. festa animada f. 2. festa f. de confraternização de uma firma.
beanpole [b'i:npoul] s. 1. suporte m. de feijoeiro. 2. (coloq.) varapau m. + f.: pessoa alta e magra.
beanstalk [b'i:nstɔ:k] s. caule m. de feijoeiro.
bean tree s. (Bot.) castanha-da-austrália f.
bean trefoil s. (Bot.) 1. anagiro m. 2. fava-dos-pântanos f., trevo-dos-charcos m. 3. mulungu m., flor--de-coral f. 4. laburno, codesso-bastardo m.
bear (I) [bɛə] v. (imp. **bore**. p. p. **borne, born**). 1. carregar, conduzir, levar, trazer. 2. ostentar, portar, ter, possuir, exibir, ter como característica ou atributo. 3. produzir, dar, render. 4. dar à luz, parir. 5. sustentar, suportar, manter. 6. tolerar, agüentar, sofrer. 7. acossar, tocar, empurrar, impelir. 8. disseminar, espalhar, difundir. 9. prestar, dar testemunho, auxílio, etc. 10. escoltar, comboiar. 11. portar-se, conduzir-se. 12. exercer, desempenhar. 13. nutrir, alimentar, guardar (sentimento). 14. arcar com (ônus, despesas, etc.). 15. ter relação ou conexão com. 16. permitir, admitir, oferecer. 17. ser paciente ou tolerante. 18. ir, rumar para, dirigir-se para. 19. carregar, transportar. 20. estar situado, encontrar-se. 21. estar dirigido ou apontado para. 22. sofrer, experimentar. 23. ser produtivo ou rendoso. 24. agüentar, resistir a.
to ~ a part in desempenhar um papél em. **to ~ against** agredir, atacar. **he bore against me** ele me agrediu. **to ~ arms** prestar serviço militar. **to ~ away** (Náut.) 1. fazer-se ao mar, velejar, partir. 2. arribar, virar a sota-vento. **the ship bore away** o navio partiu. **to ~ company** fazer companhia a. **he bore me company** ele me fez companhia. **to ~ comparison with** suportar confronto com. **to ~ down** 1. forçar para baixo. 2. vencer, derrotar, sobrepujar. **to ~ down on** ou **upon** 1. cair sobre. 2. (Náut.) aproximar-se por barlavento. **to ~ in hand** (arc.) ter em mãos, controlar. **to ~ in mind** guardar na memória, conservar na lembrança. **I ~ it in mind** tenho-o em mente. **to ~ low sail** 1. portar-se humildemente. 2. viver modestamente. **to ~ off** 1. ganhar, conquistar (prêmio). 2. (Náut.) desatracar, fazer-se ao largo. **to ~ oneself** portar-se, conduzir-se. **to ~ out.** 1. suportar, apoiar, defender. 2. corroborar, confirmar. 3. tornar suportável. **to ~ sail** 1. arvorar todo o pano. 2. (fig.) progredir, prosperar, medrar. **to ~ the blame** arcar com a culpa. **to ~ up** 1. suportar, manter, sustentar. 2. manter-se firme, agüentar. 3. manter passo com, acompanhar. 4. (Náut.) fazer-se ao mar. **to ~ up for** (Náut.) demandar. **to ~ up to** mover-se ou dirigir-se para. **to ~ with** suportar, tolerar. **to ~ witness** to testemunhar. **they bore false witness against him** levantaram falso testemunho contra ele. **~ a hand!** dê uma mão! **~ with me!** seja indulgente comigo! **born in** nascido em. **does the ice ~?** o gelo agüenta (o peso)? **he bore me out** ele me auxiliou. **he bore up** ele não desanimou. **he was borne away by the current** ele foi arrastado pela correnteza. **his impudence is not to be borne** sua impudência é insuportável. **his patience bore fruit** sua paciência deu resultado. **I ~ him a grudge** nutro rancor contra ele. **I cannot ~ her** não a suporto. **it ~s upon the question** relaciona-se com a questão. **the cold ~s hard on us** o frio castiga (ou oprime). **they bore up for...** eles viajaram para... **you must ~ to the right** você deve dobrar à direita.

bear (II) [bɛə] s. 1. (Zool.) urso m. 2. (Zool., Austrália) urso-de-bolso m. 3. pele f. de urso. 4. (fig.) pessoa desajeitada f. 5. (Astron.) Ursa f. 6. (coloq., E. U. A.) pessimista m. + f. (esp. em relação a negócios). 7. (bolsa) baixista m. + f. ‖ v. 1. provocar a baixa. 2. especular na baixa. ‖ adj. baixista.
the great ~ ou **greater ~** (Astron.) a Ursa Maior.
the little ou **lesser ~** (Astron.) a Ursa Menor.
bearable [b'ɛərəbl] adj. suportável, tolerável.
bear-baiting [b'ɛəbeitiŋ] s. esporte m. de açular cães contra um urso acorrentado.
bearberry [b'ɛəberi] s. (Bot.) uva ursina, uva-de-urso f.
beard [biəd] s. 1. barba f. (também de animais) (quadro B 5). 2. pragana f. (quadro E 1). 3. farpa f. 4. barbilhão m. (de ave ou peixe). 5. bisso (dos moluscos bivalves). 6. brânquias f. pl. (de ostras, etc.). 7. (Tipogr.) relevo, talude m. ‖ v. 1. enfrentar, desafiar. 2. puxar pela barba. 3. prover de barba. 4. barbar, adquirir barba.
bearded [b'iədid] adj. 1. barbudo, barbado. 2. com praganas. 3. farpado.
bearded tortoise s. (Zool.) matamatá m.
beardless [b'iədlis] adj. 1. desbarbado, imberbe, sem barba. 2. (fig.) impúbere, jovem.
bearer [b'ɛərə] s. 1. carregador, transportador, condutor m. 2. árvore f. ou planta f. frutífera. 3. (Mec.) berço, suporte m. 4. (Arquit.) viga mestra f., viga f. de sustentação. 5. (Com.) portador m. (de títulos). 6. criado particular m. 7. ocupante m. + f. de um cargo ou possuidor m. de grau, nomeação, etc. ‖ adj. 1. que serve de suporte, para transportar, etc. 2. (Com.) pagável ao portador.
a good ~ uma árvore que dá muitas frutas.
litter ~, stretcher ~ padioleiro.
bearing [b'ɛəriŋ] s. 1. ato m. de carregar ou suportar. 2. capacidade f. para suportar. 3. capacidade f. ou estação f. de dar frutas ou cria. 4. safra, cria f. 5. comportamento m., conduta, maneira f. de andar ou de se portar. 6. relação f. 7. direção, posição f. (em relação a um ponto determinado). 8. mancal, coxinete m., chumbeira f. 9. suporte, esteio m. 10. figura f. de escudo (também **~s**). 11. propósito, significado m. 12. (Náut.) posição, direção f., rumo m. 13. **~s** pl. superfície f., ponto m. de apoio.
beyond ~ insuportável. **she lost her ~s** ela perdeu-se, desorientou-se.
bearing bronze s. liga f. de bronze para mancal.
bearing compass s. bússola f. de observação.
bearing line s. linha f. de mira.
bearing spring s. mola f. de sustentação ou suspensão.
bearish [b'ɛəriʃ] adj. 1. como urso, rude, grosseiro. 2. (fig.) fraca (bolsa), com tendências para a baixa. ‖ **~ly** adv. rudemente.
bear's-breech s. (Bot.) acanto m., branca-ursina f.
bear's-ear s. (Bot.) orelha-de-urso, aurícula f.
bearsfoot s. (Bot.) heléboro fétido m., erva-besteira f.
bearskin [b'ɛəskin] s. 1. pele f. de urso. 2. barretina f. de pele usada pelos guardas ingleses.
beast [bi:st] s. 1. besta f., animal m. (esp. quadrúpede). 2. pessoa cruel f., bruto m. 3. natureza f. ou instinto m. animal no homem. 4. gado m. 5. (coloq.) coisa f. abominável ou desagradável.
beastliness [b'i:stlinis] s. 1. brutalidade f. 2. sensualidade, lascívia f. 3. (coloq.) caráter abominável m.
beastly [b'i:stli] adj. 1. bestial, brutal, rude. 2. (coloq.) incômodo, desagradável, abominável. 3. sensual, lascivo. ‖ adv. (coloq.) incomodamente.
it is ~ cold faz um frio medonho.
beast of burden s. animal m. de carga.
beast of prey s. fera f.
beat [bi:t] s. 1. batida, pancada f., golpe, toque m.

2. pulsação f., latejo m. 3. (Mús.) ritmo, compasso m., movimento m. de mão ou de batuta para indicar o ritmo. 4. ronda f. (de guarda). 5. setor m., campo m. de ação ou de conhecimentos. 6. (E. U. A., coloq.) o que ganha, o melhor. 7. (E. U. A.) furo jornalístico m. 8. (Mec.) batimento m. 9. batida f. (de caça). 10. (gíria) caloteiro m. ‖ v. (imp. **beat**, p. p. **beaten**) 1. bater: a) dar pancadas em. b) dar uma ou mais pancadas. c) remexer, misturar, agitar. d) sovar, socar. e) chocar-se contra, tocar violentamente. f) espancar, açoitar, surrar. g) marcar as horas pelo som. h) incidir (raios luminosos). i) (Mús.) marcar o compasso de. j) vencer, derrotar, desbaratar. l) superar, ultrapassar, levar a melhor sobre. m) palpitar, pulsar, vibrar. n) trilhar, percorrer. o) dar na porta com algo que faça barulho. p) levantar (caça). q) agitar (as asas). r) tocar, fazer soar. s) rufar, soar, emitir som. t) afinar batendo, achatar. u) martelar (piano, etc.). 2. (coloq.) aturdir, desconcertar. 3. (coloq.) iludir, lograr, enganar. 4. (coloq.) preceder, antecipar-se a. 5. (coloq.) conquistar a vitória. 6. ser batido (ovos, etc.). 7. (Náut.) bordejar, barlaventear. 8. (fig.) quebrar a cabeça, dar tratos à bola. 9. (Mús. e Acúst.) alternar em volume. ‖ adj. 1. (gíria) exausto, esbaforido. 2. (coloq.) pasmo, desconcertado, atônito.
to ~ a retreat 1. bater em retirada. 2. tocar retirada. **to ~ about the bush** andar com rodeios. **do not ~ about the bush** deixe de rodeios. **to ~ down** 1. deprimir, abater. 2. (coloq.) regatear, pechinchar. 3. (coloq.) fazer baixar o preço. **to ~ one's way** viajar ou entrar de carona. **to ~ out** entender ou solver mediante pesquisa laboriosa. **to ~ over the sea** cruzar os mares. **to ~ the air, to ~ the wind** errar o golpe, lidar em vão. **to ~ time** (Mús.) marcar o compasso. **to ~ through** romper, passar através de (multidões, etc.). **to ~ to leeward** (Náut.) bordejar, barlaventear. **to ~ up** 1. atacar subitamente. 2. alarmar, perturbar. 3. (gíria) malhar, surrar a valer. **can you ~ it?** (E. U. A., gíria) será possível? **he ~ his brains (about)** ele quebrou a cabeça, ele deu tratos à bola (sobre). **he is on his ~** ele está fazendo a sua ronda. **I ~ up the country for** bati todo o país à procura de. **I ~ up the egg** bati o ovo. **my heart ~s** meu coração palpita. **that ~s all!** isto é o cúmulo! **that ~s me** isso me escapa ao meu conhecimento. **the attack was ~en off** o ataque foi repelido. **the prices were ~en down** os preços foram reduzidos. **the ship ~ up against the wind** o navio bordejou contra o vento. **the sun ~ upon the roof** o sol bateu sobre o telhado. **the windows were ~en in** as janelas foram quebradas (a pedradas, etc.). **they ~ a retreat** eles bateram em retirada. **they ~ him hollow** desancaram-no a valer. **dead ~** inteiramente exausto.
beaten [b'i:tən] v. p. p. de **beat**. ‖ adj. 1. açoitado, espancado. 2. malhado, forjado, laminado (por batidas). 3. batido, pisado, muito usado (caminho). 4. vencido, derrotado. 5. exausto.
free (wet) ~ moído em estado seco (molhado).
beater [b'i:tə] s. 1. agitador, batedor, misturador m. 2. (fabricação de papel) maço, pilão m. 3. mão f. de almofariz. 4. maço m. de calceteiro.
Beat Generation s. (Soc.) adolescentes m. + f. pl. (de fins da década de 1950).
beatific [biət'ifik], **beatifical** [~əl] adj. beatífico. ‖ **~ally** adv. beatificamente.
beatification [biætifik'eiʃən] s. beatificação f.
beatify [bi'ætifai] v. 1. beatificar, declarar santo. 2. tornar feliz, abençoar.
beating [b'i:tiŋ] s. 1. ato m. de bater ou mover as

B 6

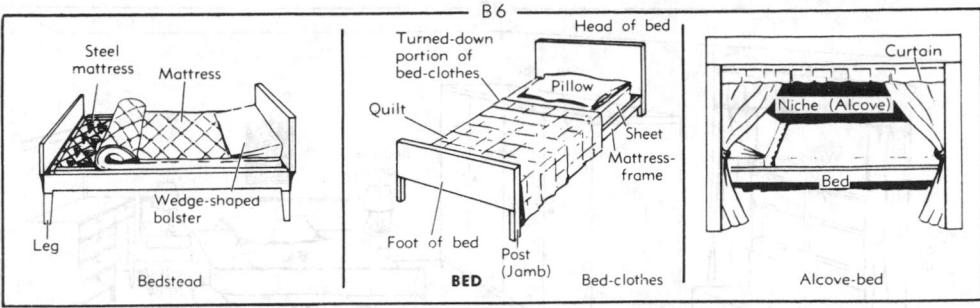

Steel mattress — Mattress — Wedge-shaped bolster — Leg — Bedstead

Turned-down portion of bed-clothes — Quilt — Pillow — Sheet — Mattress-frame — Foot of bed — Post (Jamb) — Bed-clothes — Head of bed — **BED**

Curtain — Niche (Alcove) — Bed — Alcove-bed

asas. 2. surra f., açoitamento m. 3. derrota f. 4. palpitação, pulsação f.
I gave him a good ~ dei-lhe uma boa surra. **no ~ about the bush!** nada de subterfúgios!
beat it! interj. (E. U. A., gíria) pinica!
beatitude [bi:'ætitju:d] s. beatitude f.: 1. bem-aventurança, felicidade suprema f. 2. bênção, graça f. 3. **~s** bem-aventuranças bíblicas.
beau [bou] s. pl. **beaus, beaux** 1. galanteador, namorado m. 2. grã-fino, janota m.
beauish [b'ouiʃ] adj. 1. elegante, janota. 2. afetado.
beauteous [bj'u:tiəs] adj. (poét.) bonito, belo.
beautician [bju:t'iʃən] s. esteticista m. + f. em salão de beleza.
beautifier [bj'u:tifaiə] s. embelezador m.
beautiful [bj'u:tiful] adj. bonito, formoso, gracioso, belo. ‖ **~ly** adv. belamente.
the ~ o belo. **~ and warm** (coloq.) bem quente. **~ly made** muito bem feito. **~ly clean** maravilhosamente limpo.
beautifulness [~nis] s. beleza, formosura f.
beautify [bj'u:tifai] v. 1. embelezar. 2. ornamentar.
beauty [bj'u:ti] s. 1. beleza, formosura f. 2. graça f., encanto m. 3. beldade, beleza f., exemplar maravilhoso m. 4. primor m., perfeição f.
~ is but skin-deep a beleza é apenas superficial. **isn't it a ~?** não é uma maravilha? **isn't he a ~** (freqüentemente irôn.) que palhaço! **my —ies** minhas queridas. **that's the ~ of it** isto é o melhor de tudo. **the Sleeping Beauty** a Bela Adormecida.
beauty culture s. cosmetologia f.
beauty parlor s. (E. U. A.) salão m. de beleza.
beauty queen s. rainha da beleza f. (vencedora de concurso).
beauty-sleep s. sono m. antes da meia-noite.
beauty-spot s. 1. pinta f. 2. paisagem linda f. 3. no pl. belezas f. pl.
beaver [b'i:və] s. 1. (Zool.) castor m. 2. pele f. deste animal. 3. chapéu alto m. de pele de castor.
bebeeru [bəb'i:ru:] s. (Bot.) bebeeru, bibiru m., itaúba-branca f.
bebop [b'i:bɔp] s. (E. U. A.) variedade de jazz cheia de dissonâncias.
becalm [bik'a:m] v. 1. acalmar, tranqüilizar, serenar. 2. abonançar; paralisar (navio) por calmaria.
to be ~ed (Náut.) panejar, pairar.
became [bik'eim] v. imp. de **become**.
because [bik'ɔ:z] conj. pela razão de, desde que.
because of prep. pelo motivo de, por, por causa de.
béchamel [b'eiʃəmel] (f.) (Culin.) molho bechamel m.
bechance [bitʃ'a:ns] v. acontecer, coincidir, sobrevir.
becharm [bitʃ'a:m] v. encantar, fascinar.
beck [bek] s. 1. aceno, sinal m. (de cabeça ou de mão). 2. inclinação f. da cabeça. 3. ordem f. 4. riacho, córrego, arroio m. ‖ v. acenar, fazer sinal.

at ~ and call à disposição de, às ordens de.
becket [b'ekit] s. (Náut.) moitão m., estralheira f.
beckon [b'ekən] s. gesto, aceno m. ‖ v. 1. acenar, fazer sinal (com a mão ou a cabeça). 2. chamar (com gesto).
beckoning [~iŋ] adj. que acena ou faz sinais.
becloud [bikl'aud] v. cobrir (com nuvens), anuviar.
become [bik'ʌm] v. (imp. **became**, p. p. **become**) 1. tornar-se, vir a ser. 2. convir, ficar bem, assentar bem. 3. **~ of** acontecer a.
everything she did, became her tudo o que ela fez lhe ficou bem. **he became a poet** ele tornou-se poeta. **it ill ~s you** não lhe fica bem. **we became friends** ficamos amigos. **what has ~ of it?** que aconteceu com isto?
becoming [~iŋ] s. 1. ato m. de tornar-se, formação f. 2. decoro m. ‖ adj. 1. que serve, apropriado, próprio, conveniente, adequado. 2. que assenta bem, vistoso, bonito. ‖ **~ly** adv. 1. convenientemente. 2. de modo vistoso.
it is ~ to me fica bem para mim. **that hat is very ~ to you** esse chapéu lhe fica muito bem.
becomingness [~iŋnis] s. 1. conveniência f. 2. decência f. 3. aspecto vistoso m.
bed [bed] s. 1. colchão m. 2. cama f., leito m. (quadro B 6). 3. direito à cama, uso da cama m. 4. divã, berço m., qualquer coisa para dormir ou descansar. 5. pousada f. 6. base f., alicerce, fundamento m. 7. leito ou fundo m de um rio. 8. canteiro m. 9. camada f., estrato, manto m. 10. tálamo, leito nupcial m. 11. (fig.) relações conjugais f. pl. 12. leito m. de estrada de ferro. 13. (Téc.) superestrutura f. 14. (Téc.) placa f. de base, sapata f. 15. (Av.) berço m. ou carlinga f. do motor. ‖ v. 1. prover de cama. 2. acamar, pôr na cama. 3. ir para a cama, deitar-se. 4. passar a noite. 5. coabitar com. 6. assentar, colocar, fixar em posição permanente, enterrar. 7. plantar em canteiro. 8. formar camada compacta. 9. arrumar, pôr em ordem. 10. arrumar leito (para animal).
as a man makes his ~ so he must lie cada um sofre as conseqüências dos seus atos. **~ and board** (Jur.) cama e mesa (vida conjugal). **~—rest cure** tratamento por repouso. **he kept his ~** ele ficou de cama. **he took to his ~** ele foi obrigado a deitar-se (a recolher-se à cama). **I got into ~** fui para a cama. **I put the children to ~** pus as crianças na cama. **in a ~ of roses** (fig.) em um mar de rosas. **she got out of ~ on the wrong side** ela levantou com o pé esquerdo. **she turned down the ~** ela descobriu a cama. **she was brought to ~ of a boy** ela deu à luz um menino. **to go to ~** ir dormir. **you must lie in the ~ you have made** você é o autor da sua fortuna.
bedabble [bid'æbl] v. 1. borrifar, salpicar. 2. manchar com salpicos.
bedarken [bid'a:kən] v. obumbrar, toldar, envolver

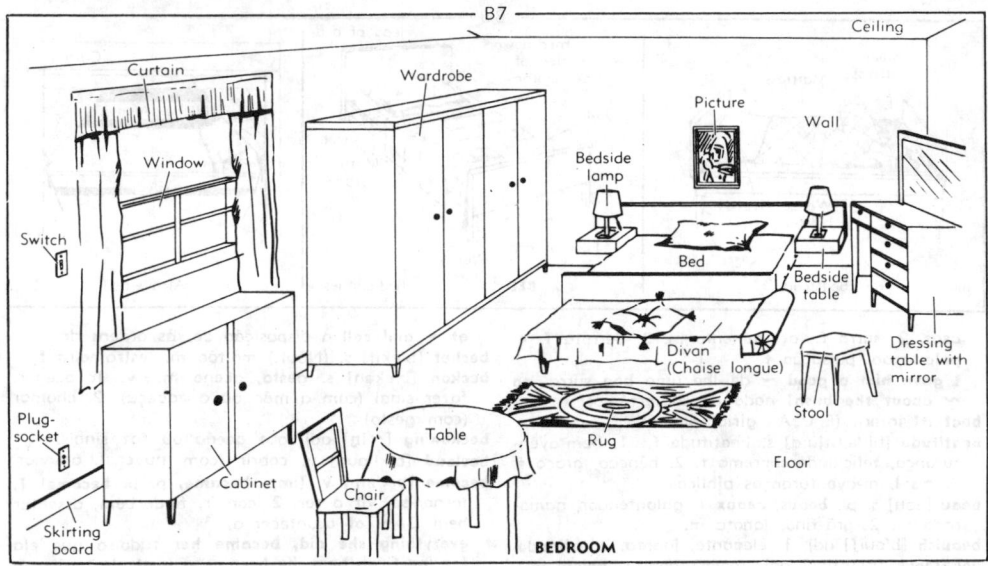

B7

Ceiling

Curtain

Wardrobe

Picture

Wall

Bedside lamp

Window

Bedside table

Switch

Bed

Divan (Chaise longue)

Dressing table with mirror

Stool

Plug-socket

Table

Rug

Floor

Cabinet

Chair

Skirting board

BEDROOM

em penumbra.

bedaub [bid'ɔ:b] v. 1. sujar, manchar, enlamear. 2. arrebicar, enfeitar com exagero.

bedaze [bid'eiz] v. estupefazer, estupeficar.

bedazzle [bid'æzl] v. confundir, ofuscar, deslumbrar.

bedbug [b'edbʌg] s. (Ent.) percevejo m.

bed-carpet s. tapete m. ao lado da cama.

bedchamber [b'edtʃeimbə] s. dormitório m.
Lady of the Bedchamber dama da corte real.

bedclothes [b'edkloußz] s. roupa f. de cama (quadro B 6).

bedding [b'ediŋ] s. 1. roupa f. de cama. 2. material m. para leito, fundamento, alicerce m., forragem f. (quadro S 9). ‖ adj. próprio para canteiros.

bedding-out s. 1. transplante m. de mudas. 2. (Geol.) estratificação f.

bedding plane s. (Geol.) plano m. divisório de duas camadas de rocha estratificada.

bedeck [bid'ek] v. ornar, enfeitar, decorar.

bedel, bedell [bed'el] s. bedel m. (de universidade).

bedevil [bid'evl] v., 1. atormentar, maltratar. 2. confundir, torturar. 3. fascinar, enfeitiçar.

bedevilment [~mənt] s. feitiçaria f., possessão f. por um demônio.

bedew [bidj'u:] v. orvalhar, rociar.

bedfast [b'edfa:st] adj. confinado à cama.

bedfellow [b'edfelou] s. companheiro m. de cama.

bedgown [b'edgaun] s. camisola f.

bed-head s. cabeceira f. da cama.

bedight [bid'ait] (†) v. adornar, enfeitar, vestir esplendidamente. ‖ adj. adornado, enfeitado.

bedim [bid'im] v. obscurecer, toldar.

bedimmed [bid'imd] adj. turvado (olhos).

bedizen [bid'aizn] v. adornar, enfeitar, arrebicar.

bed jacket s. casaquinho m. para usar na cama.

Bedlam [b'edləm] s. 1. confusão f., tumulto m. 2. asilo m. para doentes mentais.

bedlamite [~ait] s. louco, lunático m.

bed-linen s. roupa f. de cama.

bedmaker [b'edmeika] s. arrumadeira f.

Bedouin [b'eduin] s. 1. beduíno m. 2. nômade m. ‖ adj. beduíno, nômade.

bedpan [b'edpæn] comadre f.: tipo de urinol.

bedplate [b'edpleit] s. placa f. de apoio.

bed-quilt s. acolchoado m.

bedraggle [bidr'ægl] v. molhar, sujar (roupa).

bed rest s. 1. período de repouso m. na cama 2. suporte m. para o paciente sentar na cama.

bedrid [b'edrid], **bedridden** [~n], adj. acamado.

bed roll s. rolo m. dos apetrechos de cama, para usar em acampamento.

bedroom [b'edrum] s. dormitório, quarto de dormir m. (quadro B 7).

bedside [b'edsaid] s. lado m. ou beira f. da cama. **I sat by his ~** sentei-me ao lado da sua cama. **good ~ manner (of doctor)** comportamento delicado (de médico).

bedside lamp s. lâmpada f. de cabeceira (quadro B 7).

bedside rug s. passadeira f. (quadro B 7).

bedside table s. criado-mudo m. (quadro B 7).

bedsore [b'edsɔ:] s. ferida f., assadura f. provocada pela permanência prolongada na cama.

bedspread [b'edspred] s. 1. (E. U. A.) coberta f. (decorativa) para cama. 2. colcha f., acolchoado m.

bedstead [b'edsted] s. armação f. de cama.

bedstraw [b'edstrɔ:] s. 1. palha f. para encher colchões. 2. (Bot.) gálio m.

bed-table s. mesa-de-cabeceira f., criado-mudo m.

bedtime [b'edtaim] s. hora f. de dormir.

bedtime story s. estória f. para a hora de dormir.

bedward [b'edwəd] adv. em direção à cama.

bee [bi:] s. 1. (Ent.) abelha f. (quadro B 8). 2. trabalhador diligente m. 3. (E. U. A.) reunião f. para fins de trabalho ou de divertimento. 4. idéia fixa, noção absurda f.
queen ~ rainha f. (das abelhas). **swarm of ~s** enxame m. de abelhas. **he has a ~ in his bonnet** ele não regula.

bee balm s. (Bot.) erva-cidreira, melissa f.

bee-bird s. (Orn.) papa-moscas, taralhão m.

beebread [b'i:bred] s. alimento m. das abelhas, consistente de pólen e mel.

beech [bi:tʃ] s. (Bot.) faia f.

beechen [b'i:tʃən] adj. de faia, feito de faia.

beech-nut s. fruto m. da faia.

bee-eater s. (Orn.) abelharuco, abelhuco, abelheiro m.

beef [bi:f] s. pl. **beeves** 1. carne f. de boi ou de vaca (quadro B 25). 2. boi m. ou vaca f. gorda.

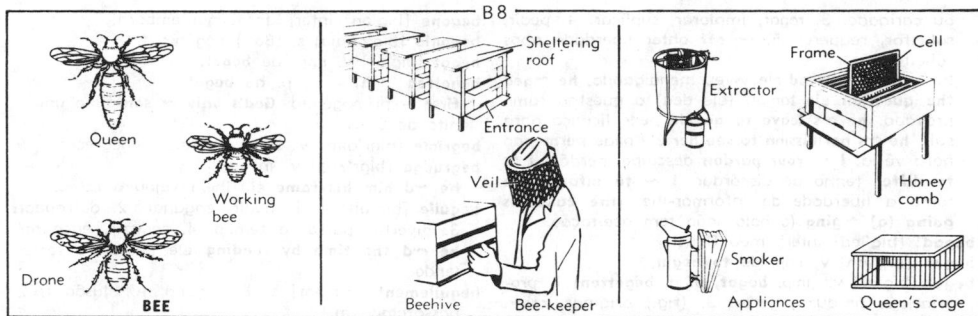

B 8

Queen

Working bee

Drone

BEE

Sheltering roof

Entrance

Veil

Beehive   Bee-keeper

Extractor

Frame   Cell

Smoker

Honey comb

Appliances   Queen's cage

3. (coloq.) força f., músculo m. **4.** (coloq.) peso m. **corned** ~ carne salgada em latas. **salt**—~ carne salgada. **to** ~ **one's way through** abrir caminho à força.
beef cattle s. gado m. de corte.
beefeater [b'i:fi:tə] s. guarda m. da torre de Londres.
beefsteak [b'ifsteik] s. bife m., posta f. de carne bovina.
beef-tea s. caldo m. de carne.
beef up! interj. força!
beef-witted adj. estúpido, bronco.
beefwood [b'i:fwud] s. (Bot.) 1. casuarina f. 2. balata f.
beefy [b'i:fi] adj. 1. carnudo, musculoso. 2. forte, vigoroso.
beehive [b'i:haiv] s. colmeia f. (quadro B 8). ‖ adj. em forma de colmeia.
beekeeper [b'i:ki:pə] s. apicultor m. (quadro B 8).
beekeeping [b'i:ki:piŋ] s. apicultura f.
beeline [b'i:lain] s. linha reta f., caminho mais curto m. **he made a** ~ **for** ele foi direto para.
Beelzebub [bi'elzibʌb] s. 1. belzebu m. 2. diabo m.
been [bi:n] v. p. p. de **be.**
beep [bi:p] bip: 1. som de buzina de automóvel. 2. sinal eletrônico de alarme ou orientação.
beer [biə] s. 1. cerveja f. 2. bebida fermentada f. **small** ~ 1. cerveja leve. 2. (fig.) ninharia. **he chronicles small** ~ ele registra coisas sem importância. **life is not all** ~ **and skittles** a vida não são só prazeres.
beerglass s. copo m. de cerveja (quadro G 2).
beer-house s. cervejaria f.
beer-jug s. caneca f. (de cerveja).
beer-mat s. bandeja f. para copo de cerveja (quadro R 2).
beer money s. (Ingl.) trocados m. pl. para tomar cerveja.
beer-mug s. caneca f. de cerveja (quadro G 2).
beer-pump s. bomba f. de chope.
beery [b'iəri] adj. 1. de cerveja, como cerveja. 2. cheio de cerveja, sob a influência da cerveja, embriagado.
beestings [b'i:stiŋz] s. pl. colostro m. (de vaca.): primeiro leite tirado depois da cria.
beeswax [b'i:zwæks] s. 1. cera f. de abelha. 2. (Farm.) cera virgem f. ‖ v. tratar, polir com cera de abelha.
beeswing [b'i:zwiŋ] s. depósito fino m. que se forma em vinho do Porto.
beet [bi:t] s. 1. (Bot.) beterraba f. 2. raiz f. de beterraba. **she turned red as a** ~ ela ficou vermelha como um pimentão.
beetle (I) [bi:tl] s. 1. (Ent.) besouro m. 2. (coloq.) carro m. Volkswagen. 3. (Pop.) qualquer inseto semelhante ao besouro (esp. barata). **black** ~ barata.
beetle (II) [bi:tl] s. 1. malho m. 2. macete, maço

m. ‖ v. 1. malhar, macetear. 2. ressaltar, sobressair, projetar-se. 3. pender ameaçadoramente. ‖ adj. saliente, projetado para fora.
beetle-browed adj. 1. com as sobrancelhas salientes. 2. carrancudo.
beetlehead [b'i:tlhed] s. cabeça-dura, estúpido m.
beetroot [b'i:tru:t] s. raiz f. de beterraba.
beet-sugar s. açúcar m. de beterraba.
beeves [bi:vz] s. plural de **beef.**
bef. abr. de **before.**
befall [bif'ɔ:l] v. 1. acontecer a, sobrevir a. 2. acontecer, ocorrer, suceder.
befit [bif'it] v. ser próprio para, servir, **convir.**
befitting [~ iŋ] adj. 1. próprio, conveniente, adequado. 2. decente, decoroso. ‖ ~**ly** adv. convenientemente.
befog [bif'ɔg] v. 1. envolver em neblina. 2. (fig.) confundir, mistificar.
befool [bif'u:l] v. 1. fazer de bobo. 2. enganar, lograr, iludir.
before [bif'ɔ:] prep. 1. na frente de, diante de, perante (quadro P 9). 2. anterior a. 3. antes que, de preferência a. 4. à frente de. 5. antes de, anteriormente a. 6. adiantado em relação a. 7. sob a jurisdição de. 8. aberto a, acessível a. ‖ conj. 1. antes do tempo que, antes que. 2. de preferência a. ‖ adv. 1. na frente de, antes de, adiante. 2. anteriormente, mais cedo. 3. até então, dantes, no, passado.
~ **dinner** antes do almoço. ~ **long** em breve. ~ **the fire** perto do fogo. ~ **the house** em frente à casa. ~ **the mast** como simples marinheiro. **he knew it** ~ **she did** ele o sabia antes dela. **I declare** ~ **God** juro perante Deus. **I never saw such a thing** ~ nunca tinha visto uma coisa destas. **I would die** ~ **I told him** prefiro morrer a contar-lhe. **I would do anything** ~ **that** preferia tudo a isto. **run on** ~**!** corra na frente! **the day** ~ **yesterday** anteontem. **the question** ~ **us** a questão que se nos apresenta, a questão a ser decidida.
Before Christ (abr. **B. C.**) Antes de Cristo.
before-cited adj. acima citado.
beforehand [bif'ɔ:hænd] adv. anteriormente, antecipadamente, em primeiro lugar, de antemão.
I thanked ~ agradeci de antemão.
before-mentioned adj. acima mencionado.
beforetime [bif'ɔ:taim] adv. antigamente, anteriormente, em tempos passados.
befoul [bif'aul] v. 1. sujar, cobrir com imundície. 2. embaraçar, emaranhar.
befriend [bifr'end] v. ajudar, favorecer, agir como amigo, fazer amigos.
~**ed by** favorecido por.
befringe [bifr'indʒ] v. decorar com franjas.
befuddle [bif'ʌdl] v. entontecer, estontear (esp. com bebida alcoólica).
beg [beg] v. 1. mendigar, esmolar. 2. pedir auxílio

ou caridade. 3. rogar, implorar, suplicar. 4. pedir, solicitar, requerer. 5. ~ **off** obter liberdade após solicitação.

he ~ged his bread ele viveu mendigando. **he ~ged the question** ele tomou (ele deu) a questão como provada. **he ~s leave to go** ele pede licença para sair. **he ~s permission to see her** ele pede permissão para vê-la. **I ~ your pardon** desculpe, perdão. **I ~ to differ** tenho de discordar. **I ~ to inform you** tomo a liberdade de informar-lhe. **(the cake) is going (a) ~ging** (o bolo) não tem aceitação.

begad! [big'æd] interj. meu Deus!

began [big'æn] v. imp. de **to begin.**

beget [big'et] v. (imp. **begot,** p. p. **begotten**) 1. procriar. 2. produzir, gerar. 3. (fig.) originar, criar.

begetter [~ə] s. 1. progenitor, procriador m. 2. causador, motivador m.

beggar [b'egə] s. 1. mendigo m. 2. indigente m. + f.: pessoa muito pobre. 3. sujeito m. ‖ v. 1. empobrecer: levar à miséria ou pobreza. 2. (fig.) despir, roubar. 3. superar, fazer parecer pobre.

~s can't be choosers quem recebe esmola não tem direito de reclamar. **lucky ~** felizardo. **poor little ~** pobre coitado. **it ~s all descriptions** supera todas as descrições.

beggarliness [~linis] s. pobreza extrema, miséria f.

beggarly [~li] adj. 1. pobre, miserável, mendigo. 2. desprezível, abjeto.

beggar-my-neighbour s. jogo de cartas m. em que o objetivo é ganhar todas as cartas do adversário.

beggar's-lice, beggar-lice s. carrapicho m. (também **beggar's-ticks**).

beggary [b'egari] s. 1. pobreza, miséria, penúria f. 2. mendigação, mendicidade f. 3. classe f. dos mendigos. 4. morada f. de mendigos.

he was reduced to ~ ele foi levado à miséria.

begging [b'egiŋ] s. ato m. de pedir ou implorar, mendicância f.

begging letter s. carta f. de solicitação de auxílio.

begin [big'in] v. (imp. **began,** p. p. **begun**) 1. começar, iniciar, fazer a primeira parte. 2. originar, dar origem, aparecer. 3. aproximar-se, estar próximo, chegar a. 4. dar início a. 5. instituir, produzir, inaugurar, principiar.

~ at the beginning! comece pelo princípio. **he began by saying** ele começou por dizer. **he began on (upon) his novel** ele iniciou seu romance. **he began talking, to talk** ele começou a falar. **he began the world** ele começou a vida. **he began work** ele começou a trabalhar. **I shall ~ with bread and butter** começarei com pão e manteiga. **the King of England does not ~ to have the power of the President** (E. U. A.) o Rei da Inglaterra está longe de ter o poder do presidente. **this ~s ou is ~ning to be tiresome** isto está começando a ficar enfadonho. **to ~ with** em primeiro lugar, antes de tudo. **well begun is half done** obra começada, meio acabada. **who began (this)?** quem começou (isto)? **you don't ~ to play football** (E. U. A.) você joga bem mal o futebol.

beginner [~ə] s. 1. amador, novato m., pessoa inexperiente f. 2. iniciador m.: pessoa que começa alguma coisa.

beginning [~iŋ] s. 1. começo, início m. 2. hora f. do começo. 3. primeira parte f. 4. causa, origem, fonte f. ‖ adj. que começa.

from the ~ do princípio. **in the ~** no começo. **the ~ of the end** o princípio do fim.

beginnings [~iŋz] s. pl. primórdios, princípios m. pl., bases f. pl.

the ~ are always hard todo o começo é difícil. **the ~ of history** os primórdios da história.

begird [big'ə:d] v. 1. cingir. 2. cercar. 3. sitiar.

begone [big'ɔn] interj. fora!, vá embora!

begonia [big'ounjə] s. (Bot.) begônia f.

begot [big'ɔt] v. imp. de **beget.**

begotten [~n] v. p. p. de **beget.**

first ~ primogênito. **God's only ~ son** filho unigênito de Deus.

begrime [bigr'aim] v. sujar, pretejar, enegrecer.

begrudge [bigr'ʌdʒ] v. invejar.

he ~d him his fame ele lhe invejou a fama.

beguile [big'ail] v. 1. iludir, enganar. 2. defraudar. 3. divertir, passar o tempo. 4. seduzir, encantar.

he ~d the time by reading ele passou o tempo lendo.

beguilement [~mənt] s. 1. engano m., ilusão f. 2. passatempo m.

beguiler [~ə] s. enganador, trapaceiro m.

Beguine [b'egi:n] s. (Rel.) beguina f.

begum [b'i:gəm] s. begume f.: princesa, rainha ou dama de alta posição muçulmana hindu.

begun [big'ʌn] v. p. p. de **begin.**

behalf [bih'a:f] s. lado, interesse, favor m.

in ~ of no interesse de. **on ~ of** como representante, em nome de. **in my ~** em meu favor.

behave [bih'eiv] v. 1. agir. 2. conduzir-se, proceder. 3. comportar-se, portar-se.

~ yourselves, children! crianças, comportem-se! **he has ~d well to** (ou **towards**) ele se comportou bem para com. **I do not know how to ~** não sei como agir. **the machine ~s well** a máquina funciona bem.

behaviour [~jə] (E. U. A. **behavior**) s. 1. modo m. de ação, procedimento m., conduta, ação f., atos m. pl. 2. maneiras f. pl., comportamento m. 3. funcionamento m. (de máquinas).

to put a person on his good ~ fazer uma pessoa comportar-se bem.

behavioural science s. ciência f. do comportamento humano e animal (sociologia, antropologia, pedagogia, zoologia, etc.).

behaviourism [~jərizm] s. (Psicol.) behaviorismo m.: doutrina f. segundo a qual o comportamento é a base da psicologia.

behead [bih'ed] v. cortar a cabeça, decapitar.

beheading [~iŋ] s. decapitação f.

beheld [bih'eld] v. imp. e p. p. de **behold.**

behest [bih'est] s. (poét.) comando m., ordem f.

behind [bih'aind] prep. 1. atrás de (quadro P 9). 2. do lado afastado ou oposto de. 3. escondido, oculto sob. 4. inferior a, atrasado em comparação com. 5. mais tarde que, após, depois de. 6. que remanesce. 7. em apoio de. ‖ adv. 1. atrás, detrás. 2. anteriormente. 3. de reserva, por vir. 4. atrasado.

~ the front na retaguarda. **~ the scenes** (Teat.) atrás dos bastidores. **he did it ~ my back** (fig.) ele o fez sem eu saber. **he fell ~** ele ficou para trás. **he is ~ the times** ele é antiquado, atrasado. **he is ~ time** ele está atrasado, ele chega atrasado. **he is ~ with his work** ele está atrasado com seu trabalho. **he leaves three children ~** ele deixa três crianças. **he looked ~ him** ele olhou atrás de si. **he was ~ the front** ele estava na retaguarda. **she hid ~ the door** ela escondeu-se atrás da porta.

behindhand [~hænd] adj. tardio. ‖ adv. em atraso.

~ in the world em decadência.

behold [bih'ould] v. (imp. e p. p. **beheld**) 1. ver, olhar para. 2. observar, notar. ‖ interj. olhe!

the funniest thing you ever beheld a coisa mais engraçada que você já viu.

beholden [~ən] adj. (to a person for s. th.) obrigado, devedor.

beholder [~ə] s. observador, espectador m.

behoof [bih'u:f] s. uso, benefício, interesse m.

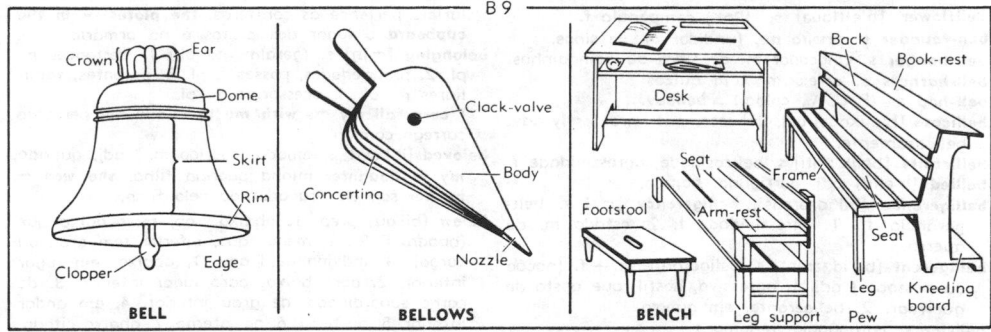

B 9

BELL — Crown, Ear, Dome, Skirt, Rim, Clopper, Edge

BELLOWS — Clack-valve, Body, Concertina, Nozzle

BENCH — Back, Book-rest, Desk, Seat, Frame, Footstool, Arm-rest, Seat, Leg, Kneeling board, Leg support, Pew, Leg

on his ~ em seu benefício.

behoove [bih'u:v], **behove** [bih'ouv] v. 1. convir, ser conveniente. 2. caber a, tocar a.
it ~s me cabe a mim.

beige [bei3] s. 1. bege m. 2. tecido m. feito de lã crua, não tingida. ‖ adj. bege.

being [b'i:iŋ] s. 1. existência, vida f. 2. natureza, constituição, essência f. 3. ser, ente m., criatura f. 4. pessoa f., ser vivo m. ‖ adj. existente, presente.
it came into ~ formou-se. **human ~** ser humano. **his whole ~** toda sua natureza.

bejewel [bidj'uil] v. adereçar: adornar com jóias.

belabour, belabor [bil'eibə] v. 1. espancar, desancar 2. abusar de, ridicularizar. 3. insistir em assunto já discutido.
he ~s it ele o repisa.

belated [bil'eitid] adj. 1. atrasado, retardado. 2. surpreendido pelo cair da noite.
a ~ traveller um viajante tardio

belatedness [~nis] s. atraso m.

belaud [bil'ɔ:d] v. elogiar excessivamente.

belay [bil'ei] v. 1. (Náut.) amarrar, dar volta ao cabo. 2. (coloq.) parar.
~ there! pare!, basta!

belaying pin s. (Náut.) malagueta f.

belch [beltʃ] s. arroto m., eructação f. ‖ v. 1. arrotar, eructar. 2. vomitar, ejacular.

belcher (I) [b'eltʃə] s. arrotador m.

belcher (II) [b'eltʃə] s. lenço m. ou cachecol m. de pintas azuis e brancas.

beldam, beldame [b'eldəm] s. 1. mulher velha f. 2. megera f.: mulher velha e feia. 3. avó f.

beleaguer [bil'i:gə] v. 1. sitiar. 2. cercar.

beleaguerment [~mənt] s. sítio, cerco m.

belemnite [b'eləmnait] s. (Pal.) belemnite f.

belfry [b'elfri] s. campanário m., torre f. dos sinos (quadro V 3).

Belgian [b'eldʒən] s. belga m. + f.: habitante da Bélgica. ‖ adj. belga.

Belgravian [belgr'eiviən] s. aristocrata m. + f. ‖ adj. pertencente a Belgrávia, distrito aristocrático de Londres, grã-fino.

Belial [b'i:liəl] s. Belial, diabo m.

belie [bil'ai] v. 1. dar idéia falsa de, interpretar mal, desfigurar. 2. desmentir, provar ser falso. 3. mentir. 4. caluniar, difamar.

belief [bil'i:f] s. 1. convicção, opinião f., ponto m. de vista. 2. crença f. 3. fé, confiança f. 4. fé religiosa f., credo m.
The Belief o Credo Apostólico. **easy of ~** crédulo, ingênuo. **my ~ is that** creio que... **past all ~** inacreditável. **to the best my ~** de acordo com a minha opinião sincera. **worthy of ~** digno de fé.

believable [bil'i:vəbl] adj. acreditável, possível.

believe [bil'i:v] v. 1. acreditar, crer. 2. ter fé em, confiar. 3. aceitar como certo ou verdadeiro. 4.

ter fé religiosa, ser crente. 5. pensar, suportar, julgar.
he ~s me ele acreditou em mim. **he is ~d to be ill** acredita-se que ele esteja doente. **I ~ him to be clever** julgo-o inteligente. **I ~ I have met him** penso tê-lo encontrado. **I ~ in air and water** dou muito valor a ar e água. **I ~ in God** eu creio em Deus. **I ~ so** creio que sim. **I cannot ~ what you say** não posso acreditar nas suas palavras. **seeing is believing** (prov.) ver para crer.

believer [~ə] s. crente m. + f.
he is a great ~ èle é muito religioso.

believing [~iŋ] adj. 1. crente, crédulo. 2. confiante. ‖ **~ly** adv. com fé.

belike [bil'aik] adv. talvez, provavelmente.

belittle [bil'itl] v. 1. (E. U. A.) depreciar, fazer parecer pequeno ou pouco importante. 2. reduzir, fazer pequeno, diminuir.

bell (I) [bel] s. 1. sino m. (quadro B 9). 2. campainha f. (quadros B 11, E 1). 3. som m. de sino ou de campainha. 4. batida f. de sino. 5. campânula f. (Bot. e Fís.). 6. (Arquit.) campana f.: corpo de capitel. ‖ v. 1. pôr sino em. 2. alargar-se em diâmetro como sino. 3. tomar a forma de sino. 4. criar corola. ‖ adj. 1. de ou relativo a sino ou campainha. 2. em forma de sino ou campainha. **~s** pl. (Náut.) batida de sino que marca as meias horas. **clear as a ~** muito claro ou nítido. **he bore away the ~,** (coloq.) **rang the ~** ele tirou a sorte grande. **he cursed him by ~, book and candle** ele o mandou para os quintos do inferno. **sound as a ~** muito sadio. **the ~ has rung** tocou (sino ou campainha). **the servant answers the ~** a empregada atende, abre a porta. **they rang, tolled the ~** tocaram (sino ou companhia). **to ~ the cat** amarrar um guizo em um gato, tomar iniciativa arrojada.

bell (II) [bel] s. bramido (do veado no cio). ‖ v. bramir (como o veado).

belladonna [beləd'ɔnə] s. (Bot.) beladona f.

belladonna lily s. (Bot.) cebola-cecém f.

bell-beacon s. (Náut.) bóia f. de sino.

bellbird [b'elba:d] s. (Orn.) araponga f., ferreiro m.

bellboy [b'elbɔi] s. mensageiro m. de hotel (quadro R 2).

bell-buoy s. (Náut.) bóia f. de sino.

bell-button s. botão m. de campainha.

bell-casting s. fundição f. de sinos.

bell-clapper s. badalo m. de sino.

belle [bel] s. mulher ou moça bonita f., beleza, beldade f.

belle époque s. (fr.) época f. de fins do século XIX, inícios do século XX.

belles-lettres s. pl. belas-letras f. pl.

belletristic [belətr'istik] adj. beletrístico.

bellflower [b'elflauə] s. (Bot.) campânula f.
bell-founder s. sineiro m., fundidor m. de sinos.
bell-hanger s. colocador m. de sinos ou campainhas.
bell-harness s. arreio m. com guizos.
bell-hop s. (E. U. A., coloq.) = **bellboy.**
bellicose [b'elikous] adj. belicoso, guerreiro. ‖ **~ly** adv. belicosamente.
bellicosity [belik'ɔsiti] s. belicosidade, agressividade f.
bellied [b'elid] adj. barrigudo, bojudo.
belligerence [bil'idʒərəns], **belligerency** [~i] s. beligerância f.: 1. agressividade f. 2. estado m. de guerra.
belligerent [bil'idʒərənt] s. beligerante m. + f. (nação ou pessoa). ‖ adj. 1. agressivo, hostil, que gosta de guerrear. 2. beligerante, em guerra.
bell-jar s. campânula, redoma f.
bellman [b'elmən] s. sineiro m.
bell metal s. liga f. de cobre e estanho, usada na fundição de sinos.
bell-mouth s. megafone m.
bell-mouthed adj. afunilado, em forma de sino.
Bellona [bel'ounə] s. (Mit. romana) Belona f.: deusa da guerra.
bellow [b'elou] s. 1. berro, urro m. 2. grito m. ‖ v. 1 berrar, urrar. 2. vociferar, gritar alto.
bellows [b'elouz] s. pl. 1. fole m. (também Fotogr. e Mús.) (quadros B 9, C 3). 2. pulmões m. pl.
　a pair of ~ um fole. **he blew** (ou **worked**) **the ~** ele puxou (ou acionou) o fole.
bell-pull s. cordão m. de campainha.
bell-punch s. (Ingl.) picotador m. de bilhetes (com campainha).
bell push s. (Eletr.) botão m. de campainha.
bell-ringer s. sineiro m.: tocador de sinos.
bell-rope s. 1. corda f. de sino. 2. cordão m. de campainha.
bell-shaped adj. campanular, campaniforme.
bell-tower s. campanário m.
bellwether [b'əlweðə] s. 1. carneiro m. de guia. 2. (depreciat.) guia m.
bell-wire s. fio m. para campainha.
bellwort [b'elwə:t] s. (Bot.) = **bellflower.**
belly [b'eli] s. 1. barriga f., ventre, abdome m. 2. parte inferior f. do corpo de um animal (quadros C 7, H 9). 3. estômago m. 4. saliência f., bojo m. 5. (Náut.) bolso (de vela). ‖ v. inchar, fazer bojo.
　to serve one's ~ servir seu estômago. **a hungry ~ has no ears** palavras não enchem barriga.
bellyache [b'elieik] s. (vulg.) dor f. de barriga, cólica f.
belly-band s. barrigueira f. (quadro H 2).
belly-button s. (coloq.) umbigo m.
belly dance s. dança f. (egípcia) do ventre.
belly flop s. (Esp.) mergulho m. de barriga.
bellyful [b'eliful] s. (vulg.) 1. barrigada, fartadela f. 2. fartura f.
belly-landing s. (Av.) aterrissagem f. de barriga, aterrissagem f. sem uso das rodas.
belly laugh s. risada f. forte, sonora.
belly out v. (Náut.) enfunar (velas).
belly-pinched adj. faminto, com o estômago vazio.
belly-wash s. lavagem f., lavadura f.
belly-worship s. tendência f. à gulodice.
belong [bil'ɔŋ] v. 1. ter seu lugar próprio. 2. **~ to** pertencer a, ser propriedade de. 3. ser parte de, ser membro de. 4. caber a, competir a.
　he ~s here 1. ele é daqui, ele mora aqui. 2. (E. U. A.) ele nasceu aqui. **he ~s to the clever people** ele faz parte das pessoas inteligentes. **~s under this heading** isto deve constar sob este título. **that ~s to a doctor** isto compete ao médico. **the larch ~s under** (ou **in**) **the needletrees** o

larício pertence às coníferas. **the plates ~ in the cupboard** o lugar dos pratos é no armário.
belonging [~iŋ] s. (geralm. no pl.) 1. pertences m. pl. 2. propriedades, posses f. pl. 3. parentes, familiares m. pl. 4. acessórios m. pl.
　I carry all my ~s with me tudo que me pertence carrego comigo.
beloved [bil'ʌvd] s. amado, querido m. ‖ adj. querido.
　my ~ daughter minha querida filha. **she was ~ by her son** ela era adorada pelo filho.
below [bil'ou] prep. 1. abaixo, sob, mais baixo que (quadro P 9). 2. menos que, inferior (em grau ou cargo). 3. indigno de. ‖ adv. 1. abaixo, em lugar inferior. 2. para baixo, para lugar inferior. 3. de cargo subordinado, de grau inferior. 4. em andar inferior. 5. na terra. 6. no inferno. 7. abaixo citado.
　~ ground debaixo da terra, na sepultura, na mina subterrânea. **~ stairs** em baixo, ao rés do chão. **~ the bridge** rio abaixo, a partir da ponte. **~ the mark** de qualidade inferior, medíocre. **~ zero** abaixo de zero. **here ~** aqui na terra. **it is ~ me** não me fica bem. **the realms ~** o inferno.
belt [belt] s. 1. cinto, cinturão m. (de couro) (quadros C 12, 13). 2. correia, tira f. 3. região f. que tem certas características, zona, faixa f. 4. (Geogr.) estreito m. de pouca largura. 5. (Mec.) correia f. de transmissão (quadro S 5). 6. (Constr. Naval) cinta couraçada f. 7. (milit.) fita f. de metralhadora. ‖ v. 1. cintar, cingir, colocar cinto. 2. segurar com tira ou correia. 3. bater com correia. 4. cercar, rodear, circundar. 5. colocar balas na cartucheira.
　~ drive transmissão por correia. **~ed coupling** acoplamento por correias. **~ed gear** transmissão por correia. **shoulder-~** boldrié. **sword-~** talim de espada. **to hit below the ~** lutar com meios desonestos.
belting [b'eltiŋ] s. 1. material m. para fazer cintos ou correias. 2. correame m., cintos m. pl., correias f. pl.
beltline [b'eltlain] s. cintura f.
belt-punch s. vazador m. para correias.
beluga [bəl'u:gə] s. 1. (Ict.) espécie de esturjão (Acipenser huso). 2. (Zool.) beluca f., golfinho-branco m.
belvedere [b'elvidiə] s. 1. belvedere, mirante m. 2. casa f. de verão em lugar elevado.
bemean [bim'i:n] v. 1. rebaixar, humilhar. 2. aviltar-se.
bemire [bim'aiə] v. 1. enlamear. 2. atolar no lodo.
bemoan [bim'oun] v. lamentar, deplorar, chorar sobre.
bemock [bim'ɔk] v. zombar, escarnecer.
bemuddle [bim'ʌdl] v. confundir, atordoar.
bemuse [bimj'u:z] v. 1. estupeficar, confundir, tontear. 2. perder-se em conjeturas. 3. preocupar-se.
bemused [~d] adj. 1. perturbado, confuso. 2. mergulhado em conjeturas. 3. preocupado.
ben [ben] s. (esc.) quarto interno m.
Ben [ben] abr. de **Benjamin.**
　Big ~ sino grande no prédio do parlamento inglês.
bench [bentʃ] s. 1. banco m. (de madeira ou de pedra) (quadro B 9). 2. bancada f. de carpinteiro. 3. assento m. dos juízes na corte. 4. juízes m. pl., tribunal m. 5. juizado m., cargo m. de juiz. 6. corte f. de justiça. 7. (E. U. A.) margem f. dum rio, terreno m. plano e elevado. 8. banco m. de remador. ‖ v. 1. colocar bancos. 2. assinalar lugar no banco. 3. tirar (jogador) do jogo.
　~ drill stand suporte para furadeira de bancada. **carpenter's ~** bancada de carpinteiro. **he was raised to the ~** ele foi nomeado juiz. **the whole ~ were of the opinion** todo o colégio de juízes foi de opinião.

bencher [b'entʃə] s. 1. (Jur.) um dos membros mais velhos do colégio de advogados. 2. remador m. 3. freqüentador m. de tavernas.
bench lathe s. torno m. de bancada.
bench-made adj. feito de encomenda.
bench-mark s. (Agrim.) marca f. de nível.
bench-plane s. plaina f. de bancada.
bench-screw s. barrilete, sargento m.
bench-vice s. torninho m., morsa f.
bench warrant s. (Jur.) ordem f. de prisão emitida por juiz ou corte.
bend [bend] s. 1. curva, volta, dobra f., ângulo m. 2. dobramento, arqueamento m., curvatura f. 3. (Náut.) nó m. para corda. 4. inflexão, flexão f. 5. (Heráld.) banda f. 6. (Mec.) cotovelo, joelho m.: cano curvado (quadros P 3, 8). 7. couro m. para sola 8. **~s** pl. (Náut.) curvas f. pl. (no costado dos navios). ‖ v. (imp. **bent**, p. p. **bent**). 1. curvar, torcer, virar, dobrar. 2. inclinar-se, curvar-se, dobrar-se. 3. submeter, subjugar. 4. dirigir (em certa direção), desviar. 5. aplicar (espírito ou esforço). 6. (Náut.) amarrar, talingar, envergar (vela, corda). 7. arcar, arquear. 8. submeter-se. 9. pender para. 10. forcejar, empenhar-se em. 11. retesar (corda de arco).
round the ~ dobrando a esquina. **to go on the ~** (gíria) andar na pândega, (Bras.) fazer uma farra. **he was bent on mischief** ele estava com más intenções. **I am bent on** estou inclinado a.
bendable [b'endəbl] adj. flexível, que se pode curvar.
bended [b'endid] adj. on **~ knees** de joelhos.
bender [b'endə] s. 1. o que curva ou dobra, flexor, curvador m. 2. (E. U. A., gíria) festa f. com muita bebida, farra f.
bending [b'endiŋ] s. 1. dobra, curva f. 2. flexão, curvatura f.
beneath [bin'i:θ] prep. 1. abaixo, sob, mais baixo que (quadro P 9). 2. ao pé de. 3. inferior a. 4. indigno. ‖ adv. em posição inferior, abaixo.
~ contempt abaixo da crítica, péssimo. **he is ~ you** ele é inferior a você. **he married ~ him** ele casou abaixo de sua posição social.
benedicite [benid'aısiti] s. invocação f. de bênção à mesa. ‖ interj. bendito seja!
benedick [b'enidik] s. homem recém-casado m. que ficou muito tempo solteiro (personagem de uma comédia de Shakespeare).
benedict [~t] s. 1. = **benedick**. 2. homem casado m.
Benedictine [benid'iktain] s. 1 membro m. da Ordem de São Bento. 2. licor beneditino. ‖ adj. beneditino.
benediction [benid'ikʃən] s. bênção f.: a) ação f. de abençoar. b) graça divina f. c) ação f. de graças.
benedictory [benid'iktəri] adj. abençoador, abençoante.
benefaction [benif'ækʃən] s. 1. beneficiação f.: ato m. de caridade, favor m., obra beneficente f. 2. benefício m.
benefactor [b'enifæktə] s. benfeitor m.
benefactress [b'enifæktris] s. benfeitora f.
benefic [ben'efik] adj. 1. benéfico, benigno, salutar. 2. (Astrol.) favorável.
benefice [b'enifis] s. 1. benefício eclesiástico m., prebenda f. 2. domínio feudal m. ‖ v. prover (em benefício eclesiástico).
beneficence [bin'efisns] s. 1. beneficência, caridade f. 2. benefício m., doação f.
beneficent [bin'efisnt] adj. 1. beneficente, benéfico. 2. caritativo. ‖ **~ly** adv. com beneficência.
beneficial [benif'iʃəl] adj. 1. benéfico, útil, proveitoso. 2. (Jur.) usufrutuário. ‖ **~ly** adv. vantajosamente.
beneficialness [~nis] s. utilidade f., proveito m.
beneficiary [benif'iʃəri] s. 1. beneficiário m. 2. beneficiado m. ‖ adj. 1. beneficiário. 2. feudatário.

benefit [b'enifit] s. benefício m.: 1. auxílio m., vantagem f. 2. favor m., ato m. de caridade. 3. dinheiro m. pago aos doentes ou inválidos. 4. espetáculo m. em benefício de alguma coisa. ‖ v. 1. beneficiar, favorecer. 2. beneficiar-se.
for the ~ of em benefício de. **I derive great ~ from** tiro grande proveito de. **let us give him the ~ of the doubt** em caso de dúvida consideremo-lo inocente, "in dubio pro reo". **to take the ~ of an act** ser beneficiado por lei. **I ~ed him** beneficiei-o.
benefit-match s. jogo m. em benefício.
benefit-night s. sarau beneficente m.
benefit-society s. sociedade beneficente f.
Benelux [b'enəlʌks] s. 1. união aduaneira f. entre: Bélgica, Holanda e Luxemburgo. 2. esses três países.
benevolence [bin'evələns] s. **benevolência f.**
benevolent [bin'evələnt] adj. benevolente, bondoso, caridoso. ‖ **~ly** adv. com benevolência.
Bengali [beŋg'ɔ:li], **Bengalee** [beŋga:l'i:z] s. 1. bengali m. + f.: habitante de Bengala. 2. língua f. de Bengala. ‖ adj. bengali.
Bengal light s. fogo-de-bengala m.
benighted [bin'aitid] adj. 1. ignorante, incivilizado. 2. surpreendido pela noite.
benign [bin'ain] adj. 1. gentil, bondoso, gracioso, afável. 2. favorável, saudável, propício. 3. benigno. ‖ **~ly** adv. 1. favoravelmente. 2. benignamente.
benignant [bin'ignant] adj. 1. bondoso, gracioso. 2. favorável, benéfico. ‖ **~ly** adv. bondosamente, beneficamente.
benignity [bin'igniti] s. 1. benignidade, bondade f. 2. favor m., ato m. de caridade.
benison [b'enizn] s. (poét.) bênção f.
benjamin [b'endʒəmin] s. benjoim m.
bennet [b'enit] s. (Bot.) erva-benta, cariofilada, sanamunda f. (Geum urbanum).
bent (I) [bent] s. 1. curva, curvatura, volta f. 2. inclinação, tendência f. 3. disposição, propensão f. 4. tensão, extensão, capacidade f. ‖ v. (imp. e p. p. de **bend**). ‖ adj. 1. curvado, dobrado, torto (quadro Q). 2. inclinado, determinado, resolvido.
bent (II) [bent] s. (Bot.) 1. gavieiro m. (quadro B 4). 2. capim-panasco m. (também **bent grass**).
Benthamism [b'enθəmizm] s. doutrina f. utilitária, do filósofo, economista, jurista inglês, J. Bentham.
benthos [benθ'ɔs] s. (Biol.) bentos m. pl.: fauna do fundo do mar.
benumb [bin'ʌm] v. entorpecer, amortecer, paralisar. **~ed with cold** imóvel de frio.
benzaldehyde [benz'ældəhaid] s. (Quím.) benzaldeído m.
benzene [benz'i:n] s. (Quím.) benzeno m.
benzidine [b'enzidi:n] s. (Quím.) benzidina f.
benzine [benz'i:n] s. (Quím.) benzina f.
benzoate [b'enzəeit] s. (Quím.) benzoato m.: sal m. ou éster m. do ácido benzóico.
benzoic [benz'ouik] adj. benzóico.
benzoin [b'enzouin] s. 1. benjoim m.: resina f. obtida de certas árvores de Java e Sumatra. 2. (Quím.) benzoína f.
benzol [b'enzol] s. (Quím.) benzol, benzeno m.
bequeath [bikw'i:ð] v. 1. dar, deixar, legar em testamento. 2. deixar para a posteridade. 3. transmitir.
bequeathal [~əl] s. legação f.: ato m. de legar.
bequeather [~ə] s. testador m.
bequest [bikw'est] s. 1. legado m., herança f. 2. legação f.
berate [bir'eit] v. (E. U. A.) repreender severamente.
Berber [b'ə:bə] s. berbere m. + f.: 1. membro da raça dos berberes. 2. idioma dos berberes. ‖ adj. berbere.

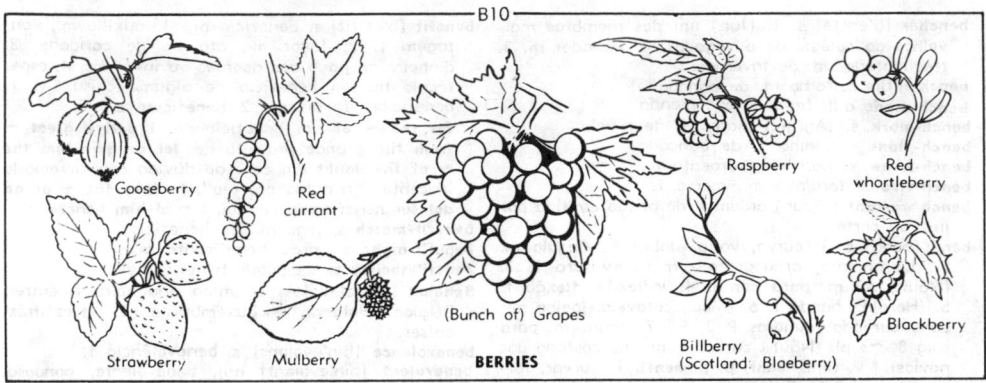

Gooseberry | Red currant | (Bunch of) Grapes | Raspberry | Red whortleberry
Strawberry | Mulberry | BERRIES | Billberry (Scotland: Blaeberry) | Blackberry

B10

berberine [~ri:n], **berberin** s. (Quím.) berberina f.
bereave [bir'i:v] v. 1. privar de, roubar. 2. deixar desolado (geralmente em p. p. **~d** desolado pela perda de parente, etc.)
bereaved [~d] adj. 1. despojado. 2. (fig.) abandonado, desolado.
the ~ a família e os amigos do defunto.
bereavement [~mənt] s. 1. perda, privação f. 2. despojamento m.
bereft [bir'eft] v. p. p. de **bereave.**
beret, berret [b'erit, b'erei] s. boina f. (quadro C 13).
berg [bə:g] s. veja **iceberg.**
bergamot [b'ə:gəmɔt] s. 1. (Bot.) bergamota f. 2. óleo m. obtido desta fruta. 3. variedade de pêra.
beriberi [b'eriberi] s. (Med.) beribéri m.
Berlin [bə:l'i:n] s. berlinda f.: carruagem f. de quatro rodas.
Berlin black s. verniz preto m. para pintar.
Berlin glove s. luva f. de crochê.
Berlin wool s. lã f. para bordar.
berm [bə:m] s. 1. berma f. 2. margem f. de um canal. 3. (Fort.) releixo m., sapata f.
Bermuda grass s. (Bot.) capim-de-burro, capim-da--cidade m., grama-rasteira f.
Bermuda shorts s. calças f. pl. curtas, até acima do joelho.
Bermudian [bəmj'u:diən] s. habitante m. + f. das Bermudas. ‖ adj. das Bermudas.
Bernardine [b'ə:nədin] s. bernardino m.: monge da ordem de São Bernardo. ‖ adj. bernardino.
berried [b'erid] adj. 1. bacífero: que produz bagas. 2. provido de bagas.
berry [b'eri] s. 1. baga f. (quadro B 10). 2. semente f. ou grão seco m. 3. (Bot.) fruto, bago m. 4. ovo m. de peixe ou lagosta. ‖ v. 1. colher ou catar bagas. 2. produzir bagas. 3. estar carregado de bagas.
berserk [b'ə:sə:k], **berserker** [~ə] s. guerreiro nórdico m. que luta com furor frenético. ‖ adj. frenético, furioso.
~ rage raiva frenética.
berth [bə:θ] s. 1. (E. U. A.) beliche, leito m., cabina f. 2. (Náut.) espaço m. para atracar. 3. (Náut.) ancoradouro m. 4. posição f., emprego, cargo m. 5. folga f., espaço m. ‖ v. 1. pôr em leito ou beliche. 2. equipar com beliche. 3. atracar, ancorar. 4. ter ou ocupar ancoradouro ou leito. 5. acomodar, prover de acomodação.
I gave him a wide ~ evitei-o.
berthage [b'ə:θidʒ] s. (Náut.) ancoradouro, fundeadouro m.
berth-deck s. convés m. da terceira classe no navio.
Bertillon system s. sistema m. de identificação de pessoas (criminosas).

beryl [b'eril] s. (Miner.) berilo m.: pedra semipreciosa f.
berylline [~ain] adj. 1. berilino: semelhante ao berilo. 2. verde-claro.
beryllium [ber'iljəm] s. (Quím.) berílio m.: elemento metálico m.
bescreen [biskr'i:n] v. cobrir, encobrir, esconder, ocultar.
bescribble [biskr'ibl] v. escrever (sobre), escrevinhar.
beseech [bisi:tʃ] v. pedir, implorar, suplicar.
beseeching [bisi:tʃiŋ] adj. implorador, suplicante. ‖ **~ly** adv. de modo suplicante, humildemente.
beseem [bisi:m] v. 1. convir, quadrar. 2. ser conveniente, ser adequado.
it ill ~s you não lhe fica bem.
beseeming [~iŋ] adj. conveniente, adequado, próprio. ‖ **~ly** adv. convenientemente.
beset [bis'et] v. 1. atacar, acossar, assaltar. 2. cercar, sitiar, envolver. 3. cobrir de (adornos).
I am ~ with difficulties estou em situação difícil.
besetting [~iŋ] adj. constante, que aflige constantemente, insistente, habitual.
besetting sin s. pecado costumeiro m.
beshrew [biʃr'u:] v. (†) maldizer, praguejar.
~ him! diabos o levem!
beside [bis'aid] prep. 1. ao lado de, perto de, junto a. 2. em adição a, além de, fora de. 3. comparado com. 4. afastado de, longe de. ‖ adv. além de, também.
~ the mark 1. longe do alvo. 2. (fig.) sem importância. **she was ~ herself with fear** ela estava fora de si de tanto medo.
besides [bis'aidz] prep. 1. além de, fora de, em adição a, acima de. 2. exceto, salvo. ‖ adv. 1. além de, também. 2. em adição, adicionalmente. 3. de outra maneira, outrossim.
besiege [bisi:dʒ] v. 1. sitiar, cercar. 2. assediar, afligir (com perguntas).
besieger [~ə] s. sitiador m. sitiante m. + f.
besieging [~iŋ] adj. sitiador, que cerca.
beslaver [bisl'ævə] v. 1. babar, sujar com baba. 2. (fig.) bajular, adular de modo repugnante.
beslubber [bisl'ʌbə] v. enlamear.
besmear [bism'iə] v. lambuzar, sujar, emporcalhar.
besmirch [bism'ə:tʃ] v. 1. manchar, sujar. 2. deslustrar, empanar.
besmoke [bism'ouk] v. sujar com fumaça, fumegar, denegrir com fumo.
besom [b'i:zəm] s. vassoura f. feita de ramos de árvore (quadro B 24). ‖ v. varrer.
besot [bis'ɔt] v. estupefazer, deixar bobo, apatetar. 2. embriagar, intoxicar.
besotted [~id] adj. 1. estupefato. 2. embriagado.

‖ ~ly adv. tontamente.
besought [bis'ɔ:t] v. imp. e p. p. de **beseech.**
bespangle [bisp'æŋgl] v. enfeitar com lentejoulas.
bespatter [bisp'ætə] v. 1. salpicar, sujar com salpicos de lama 2. caluniar, difamar.
bespeak [bisp'i:k] v. (imp. **bespoke, p. p. bespoken**) 1. reservar, tratar, encomendar com antecedência. 2. indicar, evidenciar. 3. (poét.) falar com. 4 anunciar, pressagiar.
he **bespoke a place** ele reservou um lugar. **bespoke bootmaker** sapateiro que faz sapatos sob medida. **bespoke tailor** alfaiate que trabalha sob medida.
bespectacled [bisp'ektikld] adj. com óculos.
bespoke [bisp'ouk], **bespoken** [bisp'oukən] imp. e p. p. de **bespeak.**
bespread [bisp'ed] v. espalhar sobre.
besprinkle [bispr'iŋkl] v. salpicar, aspergir, borrifar.
Bessemer converter s. (Sid.) conversor m. Bessemer.
Bessemer process s. (Sid.) processo m. de Bessemer.
Bessemer steel s. (Sid.) aço m. Bessemer.
best [best] s. 1. o melhor m., a melhor parte f. 2. o que é superior a tudo o mais. 3. o máximo m. de empenho, tudo quanto está ao alcance de alguém. 4. as melhores pessoas f. pl., os mais capazes m. pl. ‖ v. levar a melhor sobre, superar, vencer. ‖ adj. (superl. de **good**) 1. o melhor, o mais desejável, que tem mais valor, superior. 2. que é mais vantajoso ou mais útil. 3. maior. 4. principal. ‖ adv. (superl. de **well**) 1. do modo mais excelente ou eficiente. 2. no mais alto grau.
~ **man** padrinho de casamento (do noivo). **at (the)** ~ no melhor dos casos. **he did his** ~ ele fez o possível. **he got the** ~ **of** ele levou a maior vantagem. **he made the** ~ **of his way** ele andou o mais rápido possível. **he made the** ~ **of his position** ele aproveitou-se (ou valeu-se) do seu cargo. **he was at his** ~ ele se mostrou do seu melhor lado. **I made the** ~ **of a bad bargain** tirei o melhor de um mau negócio. **in the** ~ **of humours** de ótimo humor. **it was all for the** ~ foi tudo com as melhores intenções. **make the** ~ **of it!** 1. tome as coisas como são. 2. não deixe perceber seu desagrado. **my Sunday** ~ meu terno domingueiro. **the very** ~ o melhor de todos, o bom o melhor. **the** ~ **of it is that** o melhor de tudo é que... **to the** ~ **of my knowledge** ao que eu saiba... **to the** ~ **of one's power** com todas as forças. **~-hated** mais odiado. **he put his** ~ **foot forward** ele acelerou seus passos. **his** ~ **girl** (gíria) sua namorada. **the** ~ **part** a maior parte. **I had** ~ **not ask** melhor seria nem perguntar.
bestead [bist'ed] v. assistir, ajudar, auxiliar, servir. ‖ adj. situado, colocado.
well (ill) ~ em boa (ou má) situação. **hard** ~ em grandes apuros.
bestial [b'estiəl] adj. 1. brutal, baixo, vil, depravado. 2. bestial, sensual, lascivo. ‖ ~ly adv. 1. brutalmente. 2. bestialmente.
bestiality [besti'æliti] s. 1. bestialidade, brutalidade f. 2. ação bestial f.
bestialize [b'estiəlaiz] v. bestializar, embrutecer.
bestiary [b'estiəri] s. bestiário m.: coleção de fábulas moralistas ou religiosas sobre animais mitológicos e reais.
bestick [bist'ik] v. 1. ferir com agulha. 2. fixar com agulha.
bestir [bist'ə:] v. fazer mover, pôr em movimento.
~ **yourself** apressa-te!. **to** ~ **o. s.** movimentar-se, esforçar-se.
bestow [bist'ou] v. 1. dar, entregar, conferir. 2. fazer uso de, aplicar. 3. (†) guardar, colocar. 4. (†) achar quarto para, alojar.

to ~ **on (upon)** s. o. prestar ou conferir a alguém.
bestowal [~əl], **bestowment** [~mənt] s. favor m., doação, concessão f.
bestraddle [bistr'ædl] v. cavalgar.
bestrew [bistr'u:] v. 1. espalhar. 2. estar espalhado.
bestride [bistr'aid] v. (imp. **bestrode, p. p. bestridden**) 1. cavalgar, montar. 2. andar a cavalo, estar montado. 3. estar com as pernas escanchadas sobre. 4. abarcar, transpor, atravessar com passo largo. 5. proteger, defender.
best seller s. (E. U. A.) 1 coisa f. (especialmente livro) que tem muita procura. 2. autor m. de um livro de grande aceitação.
bet [bet] s. 1. aposta f. 2. quantia f. ou coisa apostada. 3. coisa f. em que se aposta, objeto m. de aposta. ‖ v. apostar, jogar dinheiro em aposta.
even ~ aposta equilibrada. **he laid,** (ou **made**) **a** ~ ele fez uma aposta. **he took (up),** (ou **held**) **a** ~ ele aceitou uma aposta. **heavy** ~ aposta vultosa. **your best** ~ o melhor palpite. **I** ~ **you half a crown she is not coming** aposto meia coroa como ela não vem. **I** ~ **you two to one** aposto com você dois contra um. **you** ~**!** (gír.) garantido.
beta decay s. (Fís.) desintegração f. radioativa do núcleo com emissão de partícula beta.
betaine [b'i:təi:n, bit'eii:n] s. (Quím.) betaína f.
betake [bit'eik] v. (imp. **betook, p. p. betaken**) **(oneself to)** recorrer a, valer-se de, lançar mão de.
beta particle s. (Fís.) partícula beta f., eléctron m.
beta rays s. (Fís.) raios beta m. pl. (de carga negativa).
betatron [b'i:tətrɔn] s. (Fís.) bétatron m.: aparelho para acelerar eléctrons.
betel [b'i:təl] s. (Bot.) bétele, bétel m.
betel-nut s. noz-de-areca f.
betel palm s. (Bot.) arequeira f.
Bethel [b'eθəl] s. 1. santuário m.: lugar sagrado. 2. capela f. (de dissidentes). 3. igreja f. ou capela f. para marinheiros.
bethink [biθ'iŋk] v. (imp. e p. p. **bethought**) 1. refletir, considerar. 2. lembrar. 3. ~ **o. s.** a) pensar sobre, tomar em consideração. b) deliberar, resolver.
betide [bit'aid] v. 1. acontecer a, suceder a. 2. ocorrer. 3. pressagiar, augurar.
whate'er ~ aconteça o que acontecer. **whatever ills** ~ qualquer que seja o mal. **woe** ~ **you!** ai de ti. **woe** ~ **him who** ai do que...
betimes [bit'aimz] adv. 1. cedo, a tempo. 2. em breve, logo.
betoken [bit'ouken] v. 1. ser sinal de, indicar, mostrar, predizer. 2. exprimir.
betony [b'etəni] s. (Bot.) betônica f.
betook [bit'uk] v. imp. de **betake.**
betray [bitr'ei] v. 1. trair, atraiçoar. 2. abandonar, ser desleal com. 3. induzir a erro. 4. seduzir. 5. denunciar, revelar (segredo). 6. mostrar, descobrir, evidenciar. 7. trair-se.
betrayal [~əl] s. 1. traição, deslealdade f. 2. revelação f. (de segredo).
~ **of confidence** abuso de confiança.
betrayer [~ə] s. 1. traidor m. 2. sedutor m.
betroth [bitr'ouð] v. contratar casamento.
betrothal [~əl] s. noivado m., contrato m. de casamento.
betrothed [~d] s. noivo m., noiva f. ‖ adj. noivo.
better (I) [b'etə] s. 1. pessoa ou coisa melhor, estado melhor m. 2. vantagem, superioridade f. 3. ~**s** pl. superiores, chefes m. pl. ‖ v. 1. melhorar, progredir, aperfeiçoar, avançar. 2. fazer melhor que, sobrepujar, exceder. ‖ adj. (compar. de **good**) 1. melhor, superior. 2. preferível. 3. menos doente, melhorado. 4. maior. ‖ adv. (compar. de **well**) 1. melhor, de maneira superior. 2. em grau mais alto. ~ **and**

~ cada vez melhor. **for ~ for worse** em todas as situações. **he is my ~** ele me supera. **the ~** o melhor. **to have the ~ of it** vencer, impor-se. **your ~s** gente melhor que você, seus superiores. **all the ~, so much the ~** tanto melhor. **~ angel** anjo da guarda. **~ off** em melhor situação. **~ than a dig in the eye, ~ than a kick in the pants** (coloq.) melhor do que nada. **for the ~ part of the day** quase o dia inteiro. **he is** (ou **got**) **~** ele está melhor, ele se refez. **he thought ~ of it** ele pensou melhor sobre o assunto. **he was ~ than his word** ele fez mais do que tinha prometido. **I ~ go** (E. U. A.) prefiro ir. **I know ~** não acredito. **I'll teach you ~** ensinar-te-ei melhor. **my ~ half** minha cara metade (mulher). **the ~ land** o outro mundo. **the ~ part of valour is discretion** inteligência é melhor que valentia (Shakespeare). **upon ~ acquaintance** após conhecimento mais íntimo. **you had ~ not** seria melhor deixar, melhor não... **I ~ed myself** melhorei minha situação.
better (II), **bettor** [b'etə] s. apostador m.
betterment [b'etəmənt] s. 1. melhoria, benfeitoria f. 2. melhoramento, aperfeiçoamento m.
betting [b'etiŋ] s. aposta f., ato m. de apostar.
betting-book s. livro m. de apostas
betting-man s. apostador inveterado m. (de corridas).
betting-post s. (Turfe) marco m. da chegada.
betting-ring s. turma f. de apostadores.
betulaceae [betjul'eisiə] s. pl. (Bot.) betuláceas f. pl.
betulaceous [betjul'eiʃəs] adj. (Bot.) betuláceo.
between [bitw'i:n] prep. entre: 1. no espaço que separa. 2. de um a outro. 3. em comum, em conjunto. 4. no meio de. 5. no intervalo de. 6. envolvido em. ‖ adv. 1. no meio, em posição intermediária. 2. no intervalo. 3. a intervalos.
~ cares and fears entre cuidados e preocupações. **~ night and morning** na aurora. **~ ourselves, ~ you and me** (**and the bedpost** ou **gate-post**) entre nós dois, em segredo. **~ the devil and the deep sea** entre a cruz e a espada. **~ the lights** à meia-luz. **~ two and three hours** de duas a três horas. **~ whiles** 1. a intervalos. 2. durante intervalos. **few and far ~** raras vezes. **in ~** no meio. **something ~** uma coisa intermediária. **something ~ bread and cake** alguma coisa entre o pão e o bolo.
between-decks s. pl. (Náut.) entrecobertas f. pl.
between-maid s. empregada auxiliar f. para cozinheira e arrumadeira.
betweentimes [bitw'i:ntaimz] s. entretempo m.
betwixt [bitw'ikst] (†) veja **between**.
~ and between nem um nem outro, por partes iguais.
bevel [b'evəl] s. 1. chanfro, bisel m., chanfradura f. (quadro B 22). 2. suta f.: esquadro móvel m. para medir ou marcar ângulos (quadro C 5). ‖ v. 1. chanfrar, esguelhar, cortar em ângulo. 2. ter direção oblíqua. ‖ adj. chanfrado, inclinado, oblíquo.
~-cut corte oblíquo. **~-edge** bordo chanfrado. **~-gear** engrenagem cônica, roda dentada cônica. **~-gear cutting machine** máquina para cortar rodas dentadas cônicas. **~ pinion** pinhão cônico. **~ protractor** transferidor de ângulos. **~ square** suta, esquadro móvel.
beverage [b'evəridʒ] s. bebida f.
bevy [b'evi] s. 1. bando m. de pássaros. 2. pequeno grupo m. (esp. de moças).
bewail [biw'eil] v. 1. lamentar, chorar, deplorar.
beware [biw'ɛə] v. tomar cuidado, guardar-se.
let him ~! que tome cuidado! **~ lest you lose it** cuidado para não perdê-lo. **~ of pick-pockets, of imitations** cuidado com os batedores de carteira, com as imitações. **~ of traffic!** cuidado!, automóveis!

beweep [biw'i:p] v. chorar sobre, lamentar.
bewigged [biw'igd] adj. com peruca.
bewilder [biw'ildə] v. 1. confundir completamente, desnortear, desconcertar 2. fazer perder o rumo.
bewildered [~d] adj. 1. confuso, desnorteado. 2. espantado. 3. emaranhado.
bewildering [~riŋ] adj. desconcertante, desorientador.
bewilderment [~mənt] s. 1. confusão f. 2. espanto m.
bewitch [biw'itʃ] v. 1. encantar, enfeitiçar. 2. fascinar, cativar.
bewitching [~iŋ] adj. encantador, fascinador, cativante.
bewitchment [~mənt] s. 1. feitiçaria f. 2. encanto m., fascinação f.
bewray [bir'ei] v. (†) 1. trair. 2. revelar.
bey [bei] s. bei m.: governador turco.
beyond [bij'ɔnd] s. **the ~, the great ~** o outro mundo, a vida futura. ‖ prep. 1. além de, do outro lado de. 2. mais longe que. 3. mais tarde que, depois de. 4. fora de (alcance, compreensão, limite). 5. mais do que, superior a, excedente a. 6. em adição a, além de. ‖ adv. além, mais longe, acolá.
the back of the ~ (fig.) o confim do mundo. **~ dispute** fora de dúvida. **~ measure** além dos limites. **he passed ~** ele morreu. **it is getting ~ my control** está escapando ao meu controle. **that is ~ me** isto está além das minhas forças, além da minha compreensão.
bezant [b'ezant] s. besante m.
bezel [bezl] s. 1. bisel, canto agudo, cortante, corte m. 2. borda chanfrada, chanfradura f. 3. engaste m. (de vidro ou de jóia).
bezique [bəz'i:k] s. besigue m.: jogo de cartas
bezoar [biz'ɔ:] s. bezoar m.
bezoar goat s. (Zool.) cabra-selvagem-da-pérsia f.
bhang, bang [bæŋ] s. (hindu) 1. cânhamo-da-índia m. 2. narcótico m. extraído dessa planta.
bi- [bai-] pref. que indica 1. bi-, duas vezes, duplo. 2. duplamente. 3. dois, duas, como p. ex.: **~millionaire** bimilionário.
biangular [bai'æŋgjulə] adj. biangular.
biannual [bai'ænjuəl] adj. semestral, duas vezes por ano. ‖ **~ly** semestralmente.
bias [b'aiəs] s. 1. linha f. inclinada ou oblíqua. 2. movimento oblíquo m. 3. inclinação, tendência f. 4. preconceito m. 5. propensão f. ‖ v. influenciar (de modo desfavorável), predispor. ‖ adj. oblíquo, diagonal, enviesado (corte de tecido). ‖ adv. obliquamente, diagonalmente.
without ~ sem preconceitos. **cut (on the) ~** cortado de viés.
bias(s)ed [~t] adj. 1. inclinado. 2. com preconceitos.
biaxial [bai'æksiəl] adj. biaxial: que tem dois eixos. ‖ **~ly** adv. com dois eixos.
bib [bib] s. 1. babador m. (quadro C 13). 2. parte superior f., peitilho m. do avental. 3. (Ict.) faneca f., frangão-do-mar m. ‖ v. beberricar, sorver.
best ~ and tucker (coloq. joc.) terno domingueiro.
bibasic [baib'eisik] adj. (Quím.) bibásico.
bibber [b'ibə] s. bebedor m.
bibcock [b'ibkɔk] s. torneira f. de bico curvo.
bibelot [bi:bl'ou] s. bibelô m.
Bible [baibl] s. 1. Bíblia f. 2. Velho Testamento m. dos judeus. 3. livro sagrado m. de outras religiões. 4. (fig.) tratado valioso m., obra f. de grande valor.
~-clerk estudante que lê trechos da Bíblia no serviço religioso universitário. **~-oath** juramento sobre a Bíblia.
biblical [b'iblikəl] adj. bíblico, relativo à Bíblia, de acordo com a Bíblia. ‖ **~ly** adv. biblicamente.
biblicism [b'iblisizm] s. biblicismo m.
biblicist [b'iblisist] s. biblicista m. + f.

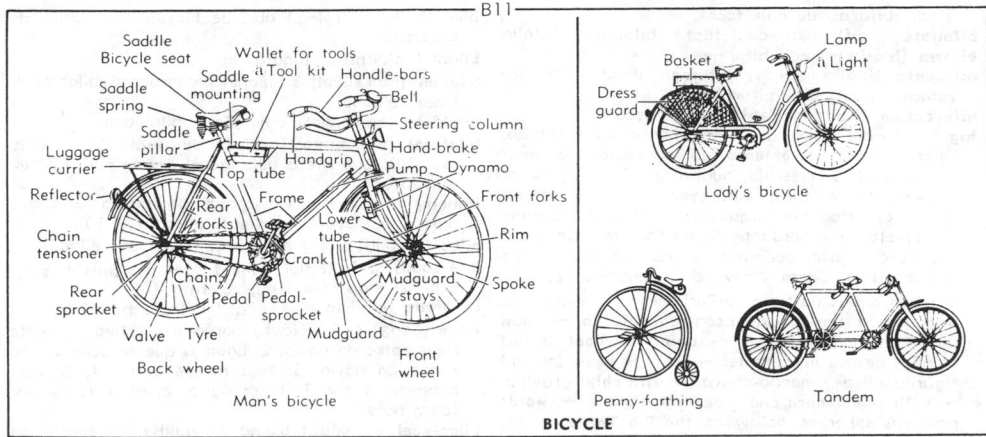

B11

Man's bicycle

Lady's bicycle

Penny-farthing   Tandem

BICYCLE

bibliofilm [b'ibliəfilm] s. microfilme m., para reproduzir páginas de livros.
bibliographer [bibli'ɔgrəfə], **bibliograph** [b'ibliougrəf] s. bibliógrafo m.
bibliographic [bibliogr'æfik], **bibliographical** [~əl] adj. bibliográfico. ‖ ~**ally** adv. bibliograficamente.
bibliography [bibli'ɔgrəfi] s. bibliografia f.
bibliolater [bibli'ɔlətə] s. 1. bibliólatra m. + f. 2. bibliófilo m.
bibliolatry [bibli'ɔlətri] s. bibliolatria f.
bibliomania [bibliom'einjə] s. bibliomania f.
bibliomaniac [bibliom'einjek] s. bibliômano m. ‖ adj. bibliomaníaco.
bibliophile [b'ibliofil, -fail] s. bibliófilo m.
bibliophilism [bibli'ɔfilizm] s. bibliofilia f.
bibulous [b'ibjuləs] adj. 1. bíbulo, que gosta de beber. 2. absorvente, passento.
   he's ~ ele é um beberrão.
bicameral [baik'æmərəl] adj. bicameral: que tem duas câmaras ou assembléias.
bicarbonate [baik'a:bənit] s. (Quím.) bicarbonato m.
bicarbonate of soda s. bicarbonato m. de sódio.
bicentenary [baisent'i:nəri] s. bicentenário m. ‖ adj. bicentenário.
bicentennial [baisent'enjəl] s. 1. bicentenário m. 2. festa f. de bicentenário. ‖ adj. bicentenário: 1. de duzentos anos. 2. que ocorre cada duzentos anos.
bicephalous [bais'efələs] adj. bicéfalo.
biceps [b'aiseps] s. (Anat.) bíceps m.
bichloride [baikl'ɔ:raid, baikl'ɔ:rid] s. (Quím.) 1. bicloreto m. 2. bicloreto m. de mercúrio.
bichromate [baikr'oumit] s. (Quím.) bicromato m. ‖ v. tratar ou combinar com bicromato.
bicipital [bais'ipitəl] adj. (Anat.) bicipital.
bicker [b'ikə] s. briga, contenda f. petulante. ‖ v. 1. brigar, disputar. 2. mover-se rapidamente. 3. cintilar, bruxulear, tremular. 4. tamborilar.
bicolour [baik'ʌlə], **bicoloured** [~d] adj. bicolor.
biconcave [baik'ɔnkeiv] adj. bicôncavo.
biconvex [baik'ɔnweks] adj. biconvexo.
bicorn [b'aikɔ:n] adj. 1. bicorne. 2. em forma de meia-lua.
bicron [b'aikrən] s. (Fís.) bícron m.: bilionésima parte de um metro (0,000000001 m), representada pelas letras gregas μμ.
bicuspid [baik'ʌspid] s. (Anat.) dente pré-molar m. ‖ adj. (também **bicuspidate**) bicúspide.
bicycle [b'aisikl] s. bicicleta f. (quadro B 11). f. ‖ v. andar de bicicleta.
bicycle race s. corrida f. de bicicletas.

bicyclist [~ist] s. ciclista m. + f.
bid [bid] s. 1. oferta, proposta f. 2. lanço m., quantia oferecida f. 3. (E. U. A., coloq.) convite m. 4. declaração f. (em jogo de cartas). 5. tentativa f. para obter ou alcançar. 6. apelo m. ‖ v. (imp. **bade, bid,** (arc.) **bad,** p. p. **bidden, bid**) 1. mandar, ordenar. 2. dizer, dar cumprimentos. 3. (†) convidar. 4. proclamar, declarar. 5. oferecer. 6. fazer um lanço, oferecer um preço. 7. declarar (em jogo de cartas).
   ~ **him come in** faça-o entrar. **he bade defiance** ele ofereceu resistência. **he bade me farewell** ele despediu-se de mim. **he** ~ **up** ele fez subir o preço pelos seus lanços (leilão). **I bade him shut the door** mandei-o fechar a porta. **it bade fair to succeed** estava começando bem, estava promissor. **they** ~ **for safety** eles agem com cuidado.
biddable [b'idəbl] adj. 1. obediente, dócil. 2. declarável (jogo de cartas).
bidder [b'idə] s. licitante m. + f.
   the highest, (ou **best**) ~ o arrematador.
bidding [b'idiŋ] s. 1. comando m., ordem f. 2. convite m. 3. licitação f., lanço m. 4. lanços m. pl. em jogo de cartas.
   she does all my ~ ela faz tudo que lhe digo. **at his** ~ à sua ordem.
biddy [b'idi] s. galinha f.
bide [baid] v. (imp. **bode, bided,** p. p. **bided**) 1. (arc.) viver, residir, morar. 2. (arc.) suportar, tolerar.
   he ~**s his opportunity** ele aguarda sua oportunidade.
bidentate [baid'enteit] adj. bidentado, com dois dentes. (quadro L 2).
bidet [bid'ei] s. 1. cavalo pequeno m. 2. bidê m.
biennial [bai'enjəl] s. o que ocorre cada dois anos. ‖ adj. bienal. ‖ ~**ly** adv. bienalmente.
bier [biə] s. 1. ataúde, esquife m. 2. (fig.) morte f.
bifacial [baif'eiʃəl] adj. 1. bifronte. 2. (Bot.) dorsiventral.
bifarious [baif'ɛariəs] adj. (Bot.) bifário.
biff [bif] (E. U. A., gíria) s. pancada f., golpe m. ‖ v. bater, golpear.
biffin [b'ifin] s. maçã vermelha f. própria para cozinhar.
bifid [b'aifid] adj. bífido, bifendido.
bifilar [baif'ailə] adj. bifilar, de dois fios.
biflagellate [baifl'ædʒəleit] adj. biflagelado.
biflex [b'aifleks] adj. biflexo.
bifocal [baif'oukəl] s. 1. (geralmente ~**s** pl.) óculos m. pl. com lentes bifocais. 2. lentes f. pl. bifocais.

‖ adj. bifocal, de dois focos.
bifoliate [baif'ouliət] adj. (Bot.) bifoliado, bifólio.
biform [b'aifɔ:m] adj. biforme.
bifurcate [b'aifə:keit] v. bifurcar, dividir em dois ramos. ‖ [-kit] adj. bifurcado.
bifurcation [baifə:k'eiʃən] s. bifurcação f.
big [big] adj. 1. grande (em tamanho ou extensão), imenso, enorme, extenso, largo, vasto, volumoso (quadro Q). 2. crescido, adulto. 3. (E. U. A., coloq.) importante. 4. cheio, alto (voz). 5. gordo, corpulento. 6. arrogante, orgulhoso. 7. grávida, prenhe. 8. repleto, transbordante. 9. magnânimo, generoso. 10. (arc.) forte, poderoso. ‖ adv. de modo arrogante ou orgulhoso. ‖ ~ly adv. grandemente.
Big Ben o sino da torre do Parlamento, em Londres. **a ~ event** um grande acontecimento. **a ~ man** um homem importante. **~ bug, ~ wheel** (gíria) bichão, pessoa importante. **~ shot, ~ bean** (coloq.) figurão, (Bras.) manda-chuva. **~ with child** grávida. **~ with importance** cheio de importância. **~ words** palavras soberbas, palavrões. **the Big Three** as três grandes potências (E. U. A., Ingl. e Rúss.). **to talk ~** contar vantagem, exagerar. **to look ~** 1. ter aspecto arrogante ou perigoso. 2. exagerar.
bigamist [b'igəmist] s. bígamo m.
bigamous [b'igəməs] adj. bígamo. ‖ ~ly adv. em bigamia.
bigamy [b'igəmi] s. bigamia f.
big-bang theory s. (Astron.) teoria f. segundo a qual o universo se originou de uma enorme explosão de massa de hidrogênio.
big-boned adj. 1. de ossos grandes. 2. desajeitado.
big business s. altos negócios m. pl.
bigener [b'aidʒi:nə] s. (Biol.) híbrido, bigênero m.
bigeneric [baidʒən'erik] adj. (Biol.) bigênero.
big-game s. caça grossa f.
biggin [b'igin] s. 1. barrete m.
big-hearted adj. generoso, bondoso.
bighorn [b'ighɔ:n] s. (E. U. A., Zool.) carneiro silvestre m. das Montanhas Rochosas. (Ovis canadensis).
bight [bait] s. 1. angra, baía, enseada f. 2. curva f. de rio. 3. curva, dobra f., ângulo m. 4. esquina f. 5. laçada f. (de corda). 6. catenária f., seio m. da corda.
big mouth s. pessoa indiscreta, faladeira m. + f.
bigness [b'ignis] s. 1. grandeza f., tamanho m. 2. grossura, espessura f. 3. arrogância f. 4. importância f.
bignonia [bign'ouniə] s. (Bot.) bignônia f.
bignoniaceae [bignouni'eisii:] s. pl. (Bot.) bignoniáceas f. pl.
bignoniaceous [bignouni'eiʃəs] adj. (Bot.) bignoniáceo.
bigot [b'igət] s. 1. fanático, intolerante m. 2. beato, beatão m.
bigoted [~id] adj. 1. intolerante, fanático. 2. beato. ‖ ~ly adv. 1. fanaticamente. 2. beatamente.
bigotry [~ri] s. 1. fanatismo m., intolerância f. 2. beatice f.
big-shot s. (E. U.A., coloq.) pessoa f. importante, influente.
big time s. (E. U. A. coloq.) 1. (Soc.) posto m. supremo. 2. (Teat.) produção f. de revista de luxo. 3. grande divertimento. m.
having a ~ divertir-se para valer, estar por cima.
big toe s. dedão m. do pé.
big-tree s. (E. U. A.) sequóia f.
bigwig [b'igwig] s. (coloq., fig.) (Bras.) manda-chuva, figurão m., homem importante m.
bihourly [bai'auəli] adj. de duas em duas horas.
bijou [b'i:ʒu:] s. pl. **bijoux** [-ʒuz:] 1. jóia f. 2. objeto m. fino e pequeno.
bijugate [b'aidʒugeit] adj. (Bot.) bijugado.

bike [baik] s. (coloq.) abr. de **bicycle.** ‖ v. andar de bicicleta.
bikini [bək'i:ni] s. biquíni m.
bilabial [bail'eibiəl] s. (Fonét.) consoante bilabial f. ‖ adj. bilabial.
bilabiate [bail'eibiət] adj. (Bot.) bilabiado.
bilateral [bail'ætərəl] adj. 1. bilateral. 2. de dois lados. 3. que afeta dois lados. ‖ ~ly adv. bilateralmente.
bilberry [b'ilbəri] s. 1. baga f. de mirtilo. 2. (Bot.) mirtilo m., uva-do-monte f. (quadro B 10).
bilbo [b'ilbou] s. (†) espada f. (feita em Bilbao).
bile [bail] s. 1. (Fisiol.) bile f., fel m., bílis f. sing. e pl. 2. mau humor m., cólera f.
bilestone [b'ailstoun] s. (Pat.) cálculo biliar m.
bilge [bildʒ] s. 1. (Náut.) porão m., estiva f., parte mais baixa do navio. 2. água f. que se acumula no fundo do navio. 3. bojo m. de barril. 4. (coloq.) bobagem f. ‖ v. 1. fazer água. 2. abrir rombo. 3. fazer bojo.
bilge-keel s. (Náut.) bolina f.: quilha sobreposta ao fundo do navio.
bilge-pump s. (Náut.) bomba f. de esgotamento do porão.
bilge-water s. 1. água f. que se acumula no fundo do navio. 2. (fig.) lavagem, água suja f., bebida f. que não vale nada.
bilharziasis [bilha:z'aiəsis] s. (Med. e Veter.) bilharzíase f.
biliary [b'iljəri] adj. 1. (Fisiol.) biliar, biliário. 2. bilioso.
bilinear [bail'iniə] adj. (Mat.) bilinear.
bilingual [bail'iŋgwəl] adj. bilíngüe: 1. que fala duas línguas. 2. que está escrito em duas línguas.
bilious [b'iljəs] adj. 1. bilioso, biliário. 2. que sofre do fígado ou da glândula biliar. 3. de mau humor, irritável. ‖ ~ly adv. biliosamente.
~ complaint doença biliar.
biliousness [b'iljəsnis] s. 1. biliosidade f. 2. temperamento irritável m.
bilirubin [bilir'u:bin] s. (Bioquím.) bilirrubina f.
bilk [bilk] s. 1. fraude f., engano m. 2. pessoa fraudulenta f., trapaceiro m. ‖ v. 1. calotear, deixar de pagar. 2. enganar, ludibriar, lograr.
bilker [b'ilkə] s. trapaceiro m., vigarista m. + f.
bilking [b'ilkiŋ] s. trapaça, fraude f.
bill (I) [bil] s. 1. bico m. (de ave). 2. bico m. de outros animais (tartaruga, etc.) 3. objeto em forma de bico. ‖ v. 1. bicar, tocar-se com os bicos. 2. acariciar-se. 3. tomar ou carregar no bico.
to ~ and coo beijar-se, acariciar-se.
bill (II) [bil] s. 1. (Hist.) espécie de espada de lâmina larga. 2. espécie de alabarda. 3. (†) alabardeiro m. 4. = **billhook.** 5. (Náut.) unha da âncora f.
bill (III) [bil] s. 1. conta, fatura f. 2. nota, cédula f. (de dinheiro). 3. notícia f., aviso, boletim, anúncio, cartaz, folheto m., circular f. 4. lista, relação f., documento m. 5. programa m. (de teatro). 6. projeto m. de lei. 7. letra f. de câmbio. 8. nota promissória f. 9. denúncia, queixa f. ‖ v. 1. mandar conta, faturar. 2. relacionar. 3. (E. U. A.) consignar, despachar (frete por estrada de ferro). 4. anunciar, publicar, notificar (com cartazes). 5. fixar, colar (aviso). 6. programar, pôr em lista ou programa.
~ of lading conhecimento (de transporte marítimo). **accommodation ~** letra de câmbio de favor. **~s and money** carta e dinheiro. **~ of carriage** conhecimento. **~ of exchange** letra de câmbio. **~ of fare** 1. cardápio. 2. (fig.) programa. **~ of health** atestado de saúde. **clean ~ of health** atestado de saúde em ordem. **~ of indictment** libelo acusatório. **~s of mortality** lista de óbitos. **~ of sale** instrumento

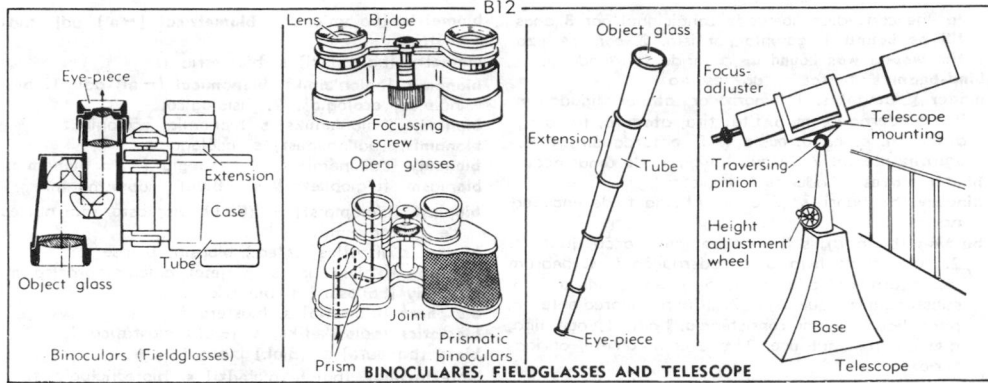

— B12 —

Binoculars (Fieldglasses)

Lens — Bridge
Eye-piece
Focussing screw
Opera glasses
Extension
Case
Tube
Object glass
Joint
Prismatic binoculars
Prism

Object glass
Focus-adjuster
Extension
Tube
Telescope mounting
Traversing pinion
Height adjustment wheel
Eye-piece
Base
Telescope

BINOCULARES, FIELDGLASSES AND TELESCOPE

de venda. **~ of sufferance** permissão alfandegária para exportação sem pagamento de direitos. **clean ~** letra de câmbio não acompanhada de comprovantes. **long ~, short ~** letra a prazo longo, a prazo curto. **he drew a ~ on** ele emitiu uma letra contra. **he gave a ~** ele emitiu uma letra. **he took up a ~** ele pagou uma letra. **I accepted a ~** aceitei uma letra. **I have a ~ against him** ele tem dívidas comigo. **stick no ~s** é proibido colar cartazes. **the Grand Jury finds a true ~ (against)** os jurados reconhecem a procedência da acusação. **they brought in a ~** apresentaram um projeto de lei. **they passed (threw out) a ~** aceitaram (vetaram) um projeto de lei. **to post ~s** colar cartazes. **to settle one's ~s** liquidar suas contas.
billboard [b'ilbɔ:d] s. 1. quadro m. para afixar avisos ou cartazes. 2. (Náut.) mesa f. de raposa.
bill-book s. registro m. de títulos.
bill-broker s. corretor m. de câmbio.
billet [b'ilit] s. 1. boleto m.: ordem escrita para aquartelar soldados. 2. aquartelamento, quartel m. 3. emprego m., posição f. 4. acha f. de lenha, pedaço m. de madeira. 5. bilete m., barra bruta f. (de ferro ou de aço). ‖ v. aquartelar, aboletar.
every bullet has its ~ cada qual tem seu destino. **to be ~ed off** ser desaquartelado, ser desalojado.
billet-doux [b'i:leid'u:] s. (fr.) carta f. de amor.
billfold [b'ilfould] s. (E. U. A.) carteira f. para notas.
billhead [b'ilhed] s. 1. cabeçalho m., timbre m. em papel de carta. 2. impresso m. para faturas.
billholder [b'ilhouldə] s. sacador m. de letra de câmbio.
billhook [b'ilhuk] s. podadeira f., podão m.
billiard [b'iljəd] s. (coloq.) carambola f. (no jogo de bilhar). ‖ adj. de bilhar, para bilhar.
billiard-ball s. bola f. de bilhar.
billiard-cue s. taco m. de bilhar.
billiard-marker s. marcador m. de bilhar.
billiards [b'iljədz] s. jogo m. de bilhar, bilhar m.
billiard-table s. mesa f. de bilhar.
Billingsgate [b'iliŋzgit] s. (esp. Brit.) linguagem vulgar f. usada no mercado de peixes de ~.
billion [b'iljən] s. 1. (E. U. A.) bilhão m. 2. (Ingl.) trilhão m.
billionaire [biljən'εə] s. (E. U. A.) bilionário m.
billman [b'ilmən] s. alabardeiro m.
Bill of Rights s. (Pol.) Declaração f. de Direitos.
billon [b'ilən] s. liga f. de prata e cobre usada para moedas.
billow [b'ilou] s. 1. vagalhão m., onda grande f. 2. (fig.) onda f. de guerreiros, etc. ‖ v. 1. formar vagalhões. 2. crescer, elevar-se, aumentar.
billowy [~i] adj. 1. encapelado, encrespado, revolto.

billposter [b'ilpoustə] s. afixador m. de cartazes.
billy [b'ili] s. 1. (E. U. A.) cassetete, bastão m. 2. torcedeira f. (Mec.) 3. caneca f. ou bule m. rústico.
billycock [b'ilikɔk] s. (coloq.) chapéu-coco m.
billy goat s. (coloq.) bode m.
bilobate [bail'oubeit], **bilobated** [~id] adj. bilobado.
bilocation [bailouk'eiʃən] s. bilocação f.: presença simultânea em dois lugares.
bilocular [bail'ɔkjulə], **biloculate** [bail'ɔkjuleit] adj. bilocular.
bilsted [b'ilsted] s. (E. U. A.) copalmo m.
biltong [b'iltɔŋ] s. (Áfr. Sul) carne-seca f., charque, jabá m.
bimanual [baim'ænjuəl] adj. 1. feito com as duas mãos. 2. que requer o emprego de ambas as mãos.
bimensal [baim'ensəl] adj. bimensal.
bimester [baim'estə] s. bimestre m.
bimetallic [baimət'ælik] adj. bimetálico.
bimetallism [baim'ətælizm] s. bimetalismo m.: uso de dois metais (ouro e prata) como base do sistema monetário.
bimillenium [baimil'eniəm] s. bimilênio m.
bimonthly [baim'ʌnθli] s. revista f. bimensal. ‖ adj. bimestral. ‖ adv. bimestralmente.
bimotored [baim'outəd] adj. (Aer.) bimotor.
bin [bin] s. caixa f., caixão, receptáculo m. ‖ v. guardar, depositar, armazenar em caixa, etc.
dust—~ lata de lixo.
binary [b'ainəri] s. unidade f. composta de duas partes. ‖ adj. binário, que consiste de duas partes.
~ compound composto binário. **~ star** estrela dupla. **~ cell** cédula binária, apta a armazenar um dígito binário.
binate [b'aineit] adj. (Bot.) binado.
binaural [bin'ɔ:rəl] adj. biauricular.
bind [baind] s. 1. coisa que liga, fita, liga, ligadura f., laço m. 2. broto, talo m., haste f. (de lúpulo). 3. (Mús.) traço m. de ligação. 4. argila f. misturada com óxido de ferro. ‖ v. (imp. e p. p. **bound**) 1. ligar, juntar, atar, amarrar, segurar. 2. ligar, aglutinar, grudar, colar. 3. obrigar, reter, refrear. 4. vincular, segurar (por promessa, etc.), constranger, obrigar. 5. comprometer. 6. colocar atadura ou bandagem. 7. encadernar. 8. (Jur.) contratar como aprendiz. 9. constipar, causar prisão de ventre a. 10. debruar, orlar. 11. fechar, firmar (negócio, mediante sinal). 12. proteger ou decorar com laços, fitas, etc. 13. obrigar-se, comprometer-se. 14. aglutinar-se, aglomerar-se. 15. comprometer-se por contrato ou escrita.
bound hand and feet amarrado de pés e mãos (também fig.). **he was bound over** (Jur.) ele foi obrigado sob fiança. **he was bound over for 3 years**

foi-lhe concedida liberdade condicional por 3 anos.
I'll be bound 1. garanto por isto. 2. com certeza.
the wound was bound up a ferida foi vendada.
bind-beam s. tensor m. da tesoura.
binder [b'aində] s. 1. amarrador, atador, ligador m.
2. encadernador m. 3. fita, tira, atadura, faixa f.,
atilho m. 4. capa, pasta f. 5. enfardadeira f. 6.
aglutinante m. 7. (Arquit.) viga f. de amarração.
binder staves s. aduelas f. de barril.
bindery [b'aindəri] s. (E. U. A.) oficina f. de encadernação.
binding [b'aindiŋ] s. 1. ligação, amarração, junta f.
2. capa f. de livro. 3. encadernação f. 4. debrum
m., guarnição, orladura f. 5. faixa, atadura f. 6.
substância f. que liga. 7. (Culin.) ingrediente m.
para ligar ou dar consistência. || adj. 1. que liga,
que amarra, que une. 2. que compromete, obrigatório.
~ **in calf** encadernação em couro.
binding beam s. viga inferior f., de sustentação.
binding-cloth s. linho m. para encadernação.
binding energy s. (Fís.) energia f. requerida para: 1.
separar o átomo em seus constituintes; 2. remover uma partícula do núcleo.
bindingness [b'aindiŋnis] s. obrigatoriedade f.
binding-piece s. (Arquit.) travessa f. de aperto.
binding-screw s. parafuso m. de aperto, borne m.
binding-wire s. arame m. de amarração.
bindweed [b'aindwi:d] s. (Bot.) trepadeira, corriola
f., bons-dias m. pl.
bine [bain] s. 1. haste f., talo flexível m (de lúpulo)
2. (Bot.) trepadeira, corriola f. 3. (Bot.) madressilva-
-dos-bosques f.
binge [bindʒ] s. (gíria) farra, bebedeira f.
binnacle [b'inəkl] s. bitácula, caixo f. de bússola.
binocle [b'inəkl] s. binóculo m.
binocular [bain'ɔkjulə, bin-] s. (também ~s pl.) 1.
binóculo m. (quadro B 12) 2. microscópio m. ou
telescópio binocular m. || adj. binocular.
binomial [bain'oumiəl] s. 1. (Mat.) binômio m. 2.
(Biol.) designação científica f. formada por dois
termos (ex.: **Coffea arabica**). || adj. binomial.
binomial distribution s. (Estat.) distribuição binomial f.
binominal [bain'ɔminəl] adj. binômino.
binucleate [bainj'uklieit], **binucleated** [~ id], **binuclear**
[-kliə] adj. binucleado.
bioastronautics [baioəstron'ɔ:tiks] s. bioastronáuti-
ca f.
biochemic [baiok'emik], **biochemical** [~əl] adj. bio-
químico.
biochemistry [baiok'emistri] s. bioquímica f.
biodegradable [baioudigr'eidəbəl] adj. biodegradável
biodynamic [baiodain'æmik], **biodynamical** [~əl] adj.
biodinâmico.
biodynamics [baiodain'æmiks] s. biodinâmica f.
bioecology [baioik'ɔlədʒi] s. bioecologia f.
biogenesis [baiodʒ'enisis], **biogeny** [bai'ɔdʒini] s. biogênese, biogenia f.
biogenetic [baiodʒin'etik], **biogenetical** [~əl] adj. bio-
genético.
biographer [bai'ɔgrəfə] s. biógrafo m.
biographic [baiogr'æfik], **biographical** [~əl] adj. bio-
gráfico. || ~**ally** adv. biograficamente.
biography [bai'ɔgrəfi] s. biografia f.
biologic [baiol'ɔdʒik], **biological** [~əl] adj. biológico,
relativo à biologia. || ~**ally** adv. biologicamente.
biological warfare s. guerra biológica f.
biologist [bai'ɔlədʒist] s. biologista m. + f., biólogo m.
biology [bai'ɔlədʒi] s. biologia f.

biometric [baiom'etrik], **biometrical** [~əl] adj. bio-
métrico.
biometry [bai'ɔmitri] s. biometria f.
bionomic [baion'ɔmik], **bionomical** [~əl] adj. 1. bio-
nômico, ecológico. 2. fisiológico.
bionomics [baion'ɔmiks] s. bionomia, ecologia f.
bionomist [bai'ɔnomist] s. ecólogo m.
bionomy [bai'ɔnomi] s. 1. fisiologia f. 2 = **bionomics**.
bioplasm [b'aioplæzm] s. (Biol.) bioplasma m.
bioplast [b'aioplɑ:st] s. (Biol.) bioplasto m.: núcleo
de protoplasma.
biopsy [b'aiopsi] s. (Med.) biopsia, biopse f.
bioscope [b'aioskoup] s. projetor cinematográfico m.
biosophy [bai'ɔsəfi] s. biosofia f.
biosphere [b'aiosfiə] s. biosfera f.
biostatics [baiost'ætiks] s. (Biol.) biostática f.
biota [bai'outə] s. (Biol.) biota f.
biotechnology [baiotekn'ɔlədʒi] s. biotecnologia f.
biotic [bai'ɔtik], **biotical** [~əl] adj. (Biol.) biótico.
biotic potential s. potencial m. biótico.
biotin [b'aiotin] s. (Bioquím.) biotina f.
biotite [b'aiotait] s. (Miner.) biotita f.
biotype [b'aiotaip] s. (Biol.) biótipo m.
biparous [b'ipərəs] adj. (Zool. e Bot.) bíparo.
bipartite [baip'a:tait] adj. bipartido: dividido em
duas partes. || ~**ly** adv. de modo bipartido.
bipartition [baipa:t'iʃən] s. bipartição f.
biparty [b'aipa:ti] adj. que combina dois grupos políticos diferentes.
biped [b'aiped] s. bípede m.: animal que tem dois
pés. || adj. (também **bipedal**) bípede.
bipetalous [baip'etələs] adj. (Bot.) bipétalo.
bipinnate [baip'ineit] adj. (Bot.) bipinulado.
biplane [b'aiplein] s. avião biplano m
bipolar [baip'oulə] adj. bipolar, com dois pólos.
bipolarity [baipol'æriti] s. bipolaridade f.
biquadrate [bɑikw'ɔdreit] s. (Mat.) quarta potência f.
biquadratic [baikwɔdr'ætik] adj. (Mat.) biquadrado,
duas vezes ao quadrado, na quarta potência.
biquarterly [baikw'ɔ:təli] adj. bitrimestral.
birch [bə:tʃ] s. 1. (Bot.) vidoeiro m., bétula f. 2.
madeira f. desta árvore. 3. (também ~**-rod**) vara
f. de vidoeiro. || v. bater com vara de vidoeiro.
birchbark [b'ə:tʃba:k] s. 1. casca f. de vidoeiro. 2.
(E. U. A.) (também ~**canoe**) barco m. feito de casca
de vidoeiro. || adj. feito com casca de vidoeiro.
birchen [b'ə:tʃən] adj. feito de bétula (móveis).
birching [b'ə:tʃiŋ] s. castigo m., sova f.
bird [bə:d] s. 1. pássaro m., ave f. 2. caça f. (de
pena). 3. (E. U. A., gíria) fulano, tipo, sujeito m.
a queer ~ um sujeito esquisito. **a** ~ **in hand is
worth two in the bush** mais vale um pássaro na
mão que dois voando. ~**s of a feather** (fig.) irmãos
iguais. ~**s of a feather flock together** cada qual
com o seu igual. **fine feathers make fine** ~**s** (fig.)
o hábito faz o monge. **the early** ~ **catches the
worm** quem cedo madruga Deus ajuda. **they gave
him the** ~ (gíria) vaiaram-no. **to kill two** ~**s with
one stone** matar dois pássaros com um só tiro.
bird-cage s. gaiola f.
birdcall [b'ə:dkɔ:l] s. 1. pio m. de ave. 2. pio, assobio
m. para atrair pássaros na caça.
birdcatcher [b'ə:dkætʃə] s. passarinheiro m.
bird catching spider s. (Zool.) aranha-caranguejeira f.
bird cherry s. (Bot.) cereja galega f., cereja-dos-passa-
rinhos f.
bird dog s. (E. U. A.) perdigueiro m.: cachorro treinado
para caçar aves.
bird-fancier s. ornitófilo m.: amador de pássaros.
bird grass s. (Bot.) sanguinária, sempre-noiva f.

birdie [b'ə:di] s. 1. passarinho m. 2. (fig.) namorada f.

birding [b'ə:diŋ] s. passarinhagem f., ação f. de passarinhar.

birdlime [b'ə:dlaim] s. 1. visco m. para apanhar pássaros. 2. chamariz, engodo m.

birdman [b'ə:dmən] s. 1. caçador m. de aves. 2. ornitólogo m. 3. taxidermista m. + f. de aves. 4. (coloq.) aviador m.

bird of paradise s. (Orn.) ave-do-paraíso f.

bird of passage s. ave migratória f.

bird of prey s. ave de rapina f.

bird pepper s. (Bot.) cumari m., pimenta-cumarim f.

bird-seed s. alimento m. (sementes) para passarinhos, alpiste m.

bird's-eye s. (Bot.) 1. espécie de primavera (Primula farinosa). 2. espécie de verônica (Veronica chamaedrys). 3. olho-de-perdiz m. 4. cornichão m. 5. erva-roberta f. ‖ adj. 1. visto de cima. 2. rápido, de relance. 3. sarapintado com pintas semelhantes a olhos de pássaros.

bird's eye view s. vista aérea f.

bird's-foot trefoil s. (Bot.) cornichão m.

bird's-nest s. 1. ninho m. de pássaro. 2. (Náut.) cesto m. e vigia m. no alto do mastro. 3. (Culin.) ninho m. de salangana (utilizado como comestível). ‖ v. tirar ovos de ninho de pássaro.

they went ~ing eles foram procurar ninhos de pássaros.

bird watch s. observações ornitológicas f. pl.

birdwatcher [b'ə:dwɔtʃə] s. ornitólogo m. (esp. amador).

bird-witted adj. desadvertido, sem juízo, superficial.

bireme [b'airi:m] s. birreme f.

biretta [bir'etə], **berretta** [ber'etə] s. barrete m. de padre (quadro C 18).

birkie [b'ə:ki] s. (esc.) moço m. esperto e vivo. ‖ adj. esperto, vivo.

birl [b'ə:l] v. virar, rodar, revolver.

birr [bə:] s. (esc.) 1. força, violência f. (do vento). 2. energia f., vigor m. ‖ v. zunir.

birth [bə:θ] s. 1. nascimento m. 2. começo m., origem 3. parto m. 4. dom m. 5. descendência, família f., parentesco m. 6. o que nasce m., produto, fruto m.

by ~ de nascença. **monstrous ~** monstro. **new ~** renascimento. **to give ~ to** 1. dar à luz, gerar. 2. ser a origem ou a causa de. **Births, Marriages and Deaths** "Sociais" (notícias familiares em jornal).

birth certificate s. certidão f. de nascimento.

birth-control s. controle m. da natalidade.

birth-control pill s. pílula f. anticoncepcional.

birthday [b'ə:θdei] s. 1. data f. de nascimento. 2. aniversário m. 3. (fig.) ano m. de vida.

in his ~ suit (joc.) como nasceu, nu.

birthday-present s. presente m. de aniversário.

birthmark [b'ə:θma:k] s. nevo m.: marca f. de nascença.

birthplace [b'ə:θpleis] s. 1. lugar m. de nascimento. 2. (fig.) lugar m. de origem.

birth-rate s. coeficiente m. de natalidade.

falling ~ diminuição do número de nascimentos.

birthright [b'ə:θrait] s. 1. direito m. de primogenitura. 2. direito inato m. 3. patrimônio hereditário m.

birthroot [b'ə:θru:t] s. (Bot.) trílio (Trillium erectum).

birth stone s. pedra f. preciosa ou semipreciosa, símbolo m. do mês e zodíaco.

birth-wort s. (Bot.) erva-bicha f., estrelamim m.

bis [bis] adv. bis, outra vez, duas vezes.

biscuit [b'iskit] 1. (E.U.A.) pãozinho m. feito com fermento em pó. 2. (Ingl.) biscoito m. (quadro C 1). 3. cor marrom-clara f. 4. biscoito m. (de porcelana).

ship's ~ biscoito para marinheiros.

bisect [bais'ekt] v. 1. dividir em duas partes. 2. (Mat. e Geom.) dividir em duas partes iguais. 3. bifurcar-se.

bisection [bais'ekʃən] s. bisseção f.

bisectional [~əl] adj. dividido em duas partes.

bisector [bais ektə], **bisectrix** [bais'ektriks] s. bissetor m., linha divisora f.

biserrate [bais'erət] adj. 1. (Bot.) bisserrilhado. 2. (Zool.) serreado de ambos os lados.

bisexual [bais'eksjuəl] adj. bissexual, hermafrodita, (Psiq.) de reação bissexual.

bishop [b'iʃəp] s. bispo m.: 1. dignitário eclesiástico. (quadro C 18). 2. peça f. do jogo de xadrez (quadro C 10). 3. ponche, feito com vinho, açúcar, e laranjas.

bishopric [~rik] s. 1. posição f. ou dignidade f. de bispo. 2. bispado m., diocese f.

bishop's-weed s. (Bot.) 1. podagrária f. 2. bisnaga-das-searas, paliteira f.

bisk [bisk] s. caldo substancioso m. feito de lagosta, aves ou coelho.

bismuth [b'izməθ] s. (Quím.) bismuto m.

bismuthal [~əl] adj. bismutal.

bismuthic [~ik] adj. (Quím.) bismútico.

bismuthous [~əs] adj. (Quím.) bismutoso.

bison [baisn] s. (Zool.) 1. bisão m. 2. auroque m.

bisque (I) [bisk] s. 1. = **bisk**. 2. (Esport.) lambujem, vantagem f.

bisque (II) [bisk] abr. de **biscuit** 4. s. 1. porcelana f. não esmaltada. 2. cor vermelho-amarelada f.

bissextile [bis'ekstail] s. ano bissexto m. ‖ adj. bissexto.

bistort [b'isto:t] s. (Bot.) bistorta f.

bistoury [b'isturi] s. (Med.) bisturi m.

bistre, bister [b'istə] s. bistre m.: 1. corante m. feito de fuligem. 2. cor marrom-escura f. ‖ adj. de cor bistre.

bistro [b'istrou] s. (fr.) bistrô m.: pequeno café ou restaurante.

bisulcate [bais'ʌlkeit] adj. 1. bissulcado. 2. (Zool.) fendido, fechado.

bisulfate, bisulphate [bais'ʌlfeit] s. (Quím.) bissulfato, sulfato ácido m.

bisulfide, bisulphide [bais'ʌlfaid] s. (Quím.) bissulfeto m.

bisulfite, bisulphite [bais'ʌlfait] s. (Quím.) bissulfito m.

bit (I) [bit] s. 1. bocado m. de freio (quadro H 9). 2. o que reprime ou refreia. 3. ponta cortante f. de ferramenta. 4. verruma, broca f. (quadro B 19). 5. palhetão m. de chave (quadro K 1). 6. ferro m. de plaina. ‖ v. 1. colocar o freio na boca do cavalo. 2. refrear, reprimir.

he drew ~ (fig.) ele apertou os freios. **the horse took the ~ between his teeth** o cavalo disparou.

bit (II) [bit] s. 1. bocado, pedaço pequeno m., partícula f. 2. pouquinho m. 3. (coloq.) momentinho m. 4. ponta f. (em filme cinematográfico). 5. (E.U.A., coloq.) 12 ½ cents m. pl. ‖ v. (imp. e p. p. de **bite**).

a ~ of a child (fig.) criançola. **a ~ of a poet** meio poeta. **a ~ of bread** um pedacinho de pão. **~ by ~** aos poucos. **~ of fat** (fig.) achado inesperado. **~ of jam** (gíria) moça acessível. **every ~ as nice as** exatamente tão bonito como. **he did his ~** (coloq.) cumpriu seu dever. **he is a ~ of a coward** ele é covarde mesmo. **I gave him a ~ of my mind** disse-lhe o que penso a seu respeito. **I waited for a ~** esperei um pouquinho. **it took a ~ of doing** custou para fazer, deu trabalho. **not a ~ (of it)** de forma alguma, em absoluto. **that's a ~ of blood!** este cavalo é de puro sangue!

bit (III) [bit] s. (Téc. Comp.) abr. de **b**(inary dig)**it** um só dígito m. em sistema de números binários.
bitartrate [bait'a:treit] s. (Quím.) bitartarato m.
bit-bridle s. rédea f. (quadro H 9).
bitch [bitʃ] s. 1. cadela f.: fêmea de cão, lobo ou raposa. 2. (vulg.) meretriz f., (gíria) puta f.
bite [bait] s. 1. bocado m.: pedaço m. cortado com os dentes. 2. refeição ligeira f. 3. mordedura, mordida, dentada f. 4. ferida, ferroada, picada f. 5. dor aguda f. 6. aperto m., ato m. de agarrar. 7. ação mordente f. de um ácido sobre metal. ‖ v. (imp. **bit**, p. p. **bit, bitten**) 1. morder, cortar com os dentes. 2. roer. 3. cortar, perfurar. 4. ferir com os dentes, picar, ferroar. 5. abocar, abocanhar, morder repentinamente. 6. causar dor aguda a. 7. agarrar-se a, pegar em. 8. morder a isca, ser pego. 9. trapacear, iludir. 10. corroer, atacar (ácido). 11. impressionar profundamente.
give me a ~ deixe dar uma dentada, dê-me algo para comer. **without** ~ **and sup** sem comida e sem bebida. ~ **off!** dê uma mordida! **he bit at s. th.** ele abocanhou alguma coisa. **he bit his lips** ele mordeu os lábios. **he bit his pencil** ele roeu seu lápis. **he bit on granite** (fig.) ele encontrou resistência insuperável. **it bit in** corroeu. **it bit into** cortou em. **the dog bit me in the arm, he bit my arm** o cachorro mordeu-me no braço, ele mordeu meu braço. **to be bitten** 1. ser mordido. 2. ser enganado. **to** ~ **off more than one can chew** (coloq.) assumir encargos superiores às suas forças. **to** ~ **one off** (coloq.) tomar um trago. **to** ~ **the dust** morder o pó, ser vencido, cair morto. **to** ~ **the tongue** morder a língua, refrear-se.
biter [b'aitə] s. mordedor m.
the ~ **bit** o trapaceiro logrado. **the** ~ **will be bitten** quem com ferro fere, com ferro será ferido.
biting [b'aitiŋ] adj. 1. mordente, cortante, agudo. 2. sarcástico, mordaz. 3. cáustico, corrosivo. ‖ ~**ly** adv. 1. de modo cortante. 2. sarcasticamente.
bitstock [b'itstɔk] s. arco-de-pua, berbequim m., verruma f.
bitt [bit] s. (Náut.) abita f. ‖ v. abitar.
to ~ **the cable** abitar a amarra.
bitten [bitn] v. p. p. de **bite.**
~ **with** 1. contagiado de (ou por). 2. (fig.) louco por.
bitter (I) [b'itə] s. 1. sabor amargo m., amargura f., amargor m. 2. medicamento amargo m., pílula amarga f. 3. (fig.) contrariedade f. desgosto m. 4. (Ingl.) cerveja amarga f. ‖ v. amargar, tornar amargo, ficar amargo. ‖ adj. 1. amargo, acre. 2. doloroso, triste, penoso. 3. cáustico, áspero, mordaz. 4. severo, agudo, dolorido. 5. pungente, penetrante (tempo). 6. cruel, implacável. ‖ ~**ly** adv. amargamente, asperamente, cruelmente.
we must take the ~ **with the sweet** temos de tomar as coisas como são. ~ **almond** amêndoa amarga. ~ **beer** cerveja de barril. ~ **enemy** inimigo implacável. **he is** ~ ele está triste. **to the** ~ **end** até o amargo fim, até a morte.
bitter (II) [b'itə] s. (Náut.) volta f. de abita.
the ~ **end** ponta do cabo depois da abita.
bitterblain [~blein] s. (Bot.) purga-de-joão-pais f.
bitter cassava s. (Bot.) mandioca f.
bitter cress s. (Bot.) agrião-bravo m.
bittern (I) [b'itən] s. (Orn.) alcaravão, abetouro m., galinhola-real f.
bittern (II) [b'itən] s. água-mãe f. das salinas.
bitterness [b'itənis] s. 1. amargura f., amargor m. 2. mágoa f., desespero m. 3. crueldade, severidade, violência f. 4. pungência f.

bitter principle s. (Quím.) qualquer composto m. de sabor amargo, encontrado nas plantas.
bittersweet [b'itəswi:t] s. 1. (Bot.) dulcamara, doce-amarga, uva-de-cão f. 2. algoz-das-árvores m. ‖ adj. agridoce.
bitterweed [b'itəwi:d] s. (Bot.) 1. ambrósia-americana f. 2. cauda-de-raposa f. (Leptilon canadense).
bitterwort [b'itəwə:t] s. (Bot.) genciana amarela f.
bitumen [bitj'u:men] s. betume, asfalto m.
bituminize [bitj'u:minaiz] v. betumar.
bituminoid [bitj'u:minɔid] adj. semelhante a betume.
bituminous [bitj'u:minəs] adj. betuminoso.
bivalence [baiv'eiləns], **bivalency** [~i] s. bivalência f.
bivalent [baiv'eilənt] s. (Biol.) cromossomo bivalente m. ‖ adj. (Quím.) bivalente.
bivalve [b'aivælv] s. (Zool.) molusco bivalve m. (como p. ex.: a ostra). ‖ adj. bivalve.
bivouac [b'ivuæk] s. bivaque m. ‖ v. acampar.
biweekly [baiw'i:kli] s. quinzenário m.: revista f. ou jornal m. quinzenal. ‖ adj. 1. que acontece uma vez cada quinze dias, quinzenal. 2. bissemanal: que acontece duas vezes por semana. ‖ adv. 1. quinzenalmente. 2. duas vezes por semana.
biyearly [baij'iəli] adj. semestral.
bizarre [biz'a:] adj. grotesco, esquisito, estranho, fantástico. ‖ ~**ly** adv. grotescamente, extravagantemente.
bk. abr. de 1. **bank.** 2. **bork.** 3. **block.** 4. **book.**
bl. abr. de 1. **bale.** 2. **barrel.**
b. l. [b'i:'el] abr. de **bill of lading.**
blab [blæb] s. 1. tagarelice f. 2. palrador m., palradora f., tagarela m. + f. ‖ v. 1. tagarelar, falar muito. 2. trair segredos.
blabber [bl'æbə] s. palrador(a), tagarela m. + f.
black [blæk] s. 1. preto m. 2. corante m. ou pigmento preto m. 3. luto m., roupa preta f. 4. negro m., negra f.: pessoa preta f. 5. fuligem f. 6. mancha, sujeira f. 7. (damas e xadrez) as peças pretas. ‖ v. 1. pretejar, tornar preto. 2. pintar de preto, enegrecer (sapatos). 3. ficar preto. 4. ficar temporariamente cego ou inconsciente. ‖ adj. 1. preto. 2. sem luz, muito escuro. 3. de luto, vestido de preto. 4. negro, de pele escura. 5. sujo, imundo. 6. sombrio, escuro, tenebroso. 7. hostil, ameaçador. 8. mau, malvado, perverso. 9. desastroso, calamitoso. 10. (E. U. A.) inveterado. 11. (Tipog.) negrito. ‖ ~**ly** adv. de preto, sem luz, sombriamente, etc.
~ **and white** coisa impressa ou escrita, desenho, arte de desenhar a nanquim. **I want to have it in** ~ **and white** quero-o em preto no branco (por escrito). ~ **and tan terrier** pequeno cachorro malhado. **Black and Tans** tropas britânicas na Irlanda (1921). **he became** ~ **in the face** ele ficou vermelho de raiva. **he got a** ~ **mark** ele ficou com má fama. **he looked** ~**ly** ele olhou sombriamente. **I am in his** ~ **books** estou na sua lista negra. **the devil is less** ~ **than he is painted** o diabo não é tão feio como o pintam. **to beat** ~ **and blue** moer de pancada. **to** ~ **out** 1. escurecer. 2. (Av.) perder a visão. 3. perder a consciência momentaneamente. 4. (Rádio) interferir.
blackamoor [bl'ækəmuə] s. negro, preto m. (esp. africano).
black art s. magia negra f.
blackball [bl'ækbɔ:l] s. voto contrário m. ‖ v. 1. votar contra. 2. banir excluir.
they ~**ed him** votaram contra ele.
black bear s. (Zool.) urso-negro m. (Ursus americanus).
black-beetle s. barata f.
blackberry [bl'ækbəri] s. 1. amora-preta f. (quadro B 10). 2. (Bot.) silva, sarça f. ‖ v. colher amoras.

to go ~ing colher amoras.
blackbird [bl'ækbɔ:d] s. 1. (Orn.) melro m. 2. (E. U. A., coloq.) escravo preto m.
blackbirding [~iŋ] s. (E. U. A.) comércio m. de escravos.
blackboard [bl'ækbɔ:d] s. quadro-negro m., lousa f.
black book s. lista negra f.
black-bordered adj. com margem preta.
black-boy s. (Austrál.) empregado nativo m.
black-browed adj. que tem sobrancelhas pretas.
blackcap [bl'ækkæp] s. 1. (Orn.) toutinegra f. 2. (Bot.) amora-preta, sarça-amoreira f.
black-coal s. corvão m. de pedra, hulha f.
blackcoat s. (coloq.) 1. padre m. 2. intelectual m.
blackcock [bl'ækkɔk] s. (Orn.) galo silvestre m., macho m. da galinha-brava.
black currant s. 1. (Bot.) groselheira-preta f. 2. groselha preta f.
Black Death s. peste f., epidemia f. de peste.
black diamond s. (Quím.) 1. carbonato m. 2. ~ **diamonds** pl. carvão m. betuminoso ou antracito m.
black dog s. (fig.) mau humor m., melancolia f.
black draught s. purgante m.: infusão de sena com sulfato de magnésio.
blacken [bl'ækən] v. 1. enegrecer, pretejar, tornar(-se) preto. 2. falar mal de, difamar. 3. ficar preto.
black eye s. 1. olho preto, machucado m. 2. (coloq., E. U. A.) causa f. de desgraça ou descrédito.
blackface [bl'ækfeis] s. 1. (E. U. A.) cantor m. ou ator m. negro ou caracterizado como negro. 2. (E.,U. A.) representação teatral f. dada por negros ou atores caracterizados como tais. 3. arranjo m., maquilagem f. para esta representação. 4. (Tipogr.) tipo grosso, negrito m. || adj. que tem rosto preto.
black-faced adj. 1. que tem o rosto escuro. 2. melancólico, triste. 3. negrito.
blackfellow [bl'ækfəlou] s. negro . australiano m.
blackfish [bl'æktiʃ] s. 1. (Zool.) globiocéfalo m. 2. (Ict.) pescada-preta f.
blackfisher [~ə] s. ladrão m. de peixes.
black flag s. bandeira f. de corsários.
black fly s. (Ent.) 1. borrachudo, pium m. 2. pulgão--do-algodoeiro m.
Blackfoot [bl'ækfut] s. 1. confederação f. de índios algonquinos dos E. U. A. 2. algonquino m. 3. seu idioma m. || adj. algonquiano.
Black Friar s. 1. monge dominicano m. 2. ~s pl. bairro de Londres, ao norte do Tâmisa.
black game, black grouse s. (Orn.) galinha brava f., tetraz-pequeno-das-serras m.
blackguard [bl'ækgɑ:d] s. vilão, salafrário f. m. || v. injuriar. || adj. torpe. vil.
blackguardism [~izm] s. patifaria, vileza f.
blackguardly [~li] adj. baixo, vil, ordinário. || adv. de modo vil ou ordinário.
Black Hand s. Mão Negra f.: grupo de criminosos.
black haw s. (Bot.) viburno, espinheiro-preto m.
blackhead [bl'ækhed] s. 1. (Med.) comedão m. 2. pústula f. 3. (Veter.) enteropatite infecciosa f.
black-hearted adj. malicioso, mau, malvado.
black hole s. 1. (Astron.) buraco negro m. 2. cárcere m.
blacking [bl'ækiŋ] s. 1. graxa preta f. para sapatos. 2. engraxadela f.: ato de engraxar m.
blacking brush s. escova f. para engraxar sapatos.
blackish [bl'ækiʃ] adj. um pouco escuro, enegrecido.
blackjack [bl'ækjæk] s. 1. (E. U. A.) porrete m. com cabo flexível. 2. copo grande m., caneção m. 3. bandeira preta f. de piratas. 4. caramelo, açúcar queimado m. 5. (Bot.) espécie de carvalho (Quercus marilandica). 6. (jogo) vinte-e-um m. 7. (Miner.)

esfalerite, blenda f. || v. 1. bater com porrete. 2. constranger mediante ameaças.
black-lead s. grafita f.
blackleg [bl'ækleg] s. 1. (coloq.) trapaceiro m. 2. fura-greve m. + f. 3. (Veter.) carbúnculo m.: doença infecciosa do gado vacum e de carneiros.
black letter s. letra gótica f., tipo gótico m. (quadro B 17).
black-letter adj. impresso em letra gótica.
black-list s. lista negra f. || v. colocar na lista negra.
black magic s. bruxaria f., sortilégio m.
blackmail [bl'ækmeil] s. 1. dinheiro m. obtido por extorsão. 2. extorsão f. || v. fazer chantagem.
to levy ~ extorquir dinheiro.
blackmailer [~ə] s. chantagista m. + f.
Black Maria s. (E. U. A., coloq.) tintureiro m.: carro de presos.
black mark s. marca negra, pejorativa f.
black market(ing) s. mercado negro m.
black marketeer s. o que negocia no mercado negro.
Black Mass s. 1. réquiem m. 2. **black mass** missa negra f.
Black Monday s. 1. (fig.) dia m. de azar. 2. (gír.) primeiro dia m. de escola após as férias.
Black Monk s. monge beneditino m.
blackmouth [bl'ækmauθ] s. difamador, detrator m.
Black Muslim s. (Pol.) membro m. de uma seita militante islâmica de negros norte-americanos.
blackness [bl'æknis] s. negridão, negrura f.
black nightshade s. (Bot.) aguaraquiá, erva-moura f., araxixu m
black-out s. 1. escurecimento m. (como defesa anti-aérea). 2. apagamento m. das luzes no palco. 3. cegueira temporária f. dos aviadores. || v. escurecer.
black pepper s. pimenta-do-reino f.
Black Power s. (Pol.) Poder Negro m. (E. U. A.)
black pudding s. morcela, morcilha f.
Black Rod s. primeiro zelador m. da casa dos Lordes.
black sheep s. (coloq.) ovelha negra f.: membro (sem valor) de uma família.
Black Shirt s. camisa-negra, fascista m. + f.
blacksmith [bl'æksmiθ] s. ferreiro m.
blacksnake [bl'æksneik] s. 1. (Zool.) cobra não venenosa f. e escura dos E. U. A. 2. chicote m. de couro.
blackthorn [bl'ækθɔ:n] s. (Bot.) abrunheiro m.
black vomit s. (Med.) 1. vômito-negro m. 2. febre amarela f.
blackwater fever s. (Med.) forma f. de malária com hematúria.
black widow s. (Zool.) viúva-negra f.: aranha venenosa do continente americano.
blackwork [bl'ækwə:k] s. trabalho m. de ferreiro.
blacky [bl'æki] s. (coloq.) negro m., negra f.
bladder [bl'ædə] s. 1. (Anat. e Zool.) bexiga f. 2. balão m., vesícula f., coisa parecida com bexiga.
bladder campion s. (Bot.) erva-traqueira f.
bladder worm s. cisticerco, hidatígero, hidátulo m.
bladderwort [bl'ædəwə:t] s. (Bot.) utriculária f.
bladdery [bl'ædəri] adj. vesicular, como bexiga.
blade [bleid] s. 1. lâmina, folha cortante f. (quadros S 1, 3, 5). 2. espada f. 3. espadachim m. 4. rapaz esperto m. 5. folha f. de grama. 6. parte larga, pá f. (de remo, etc.) (quadro B 14). 7. (Bot.) limbo m. (quadro L 2). 8. palheta f. de hélice (quadro B 16). 9. (Náut.) pá f. de roda, palheta f. de turbina (quadro T 4).
blade-bone s. (Anat.) escápula f., omoplata f.
bladed [bleidid] adj. com folha, com lâmina.
two-bladed com duas lâminas (canivete).
blah [bla:] s. (gíria) linguagem empolada f.

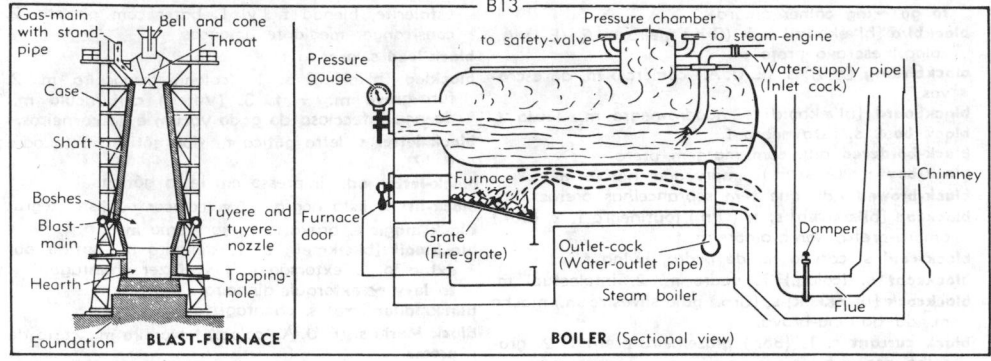

BLAST-FURNACE: Gas-main with stand-pipe, Bell and cone, Throat, Case, Shaft, Boshes, Blast-main, Hearth, Foundation, Tuyere and tuyere-nozzle, Tapping-hole.

BOILER (Sectional view): B13, Pressure chamber, to safety-valve, to steam-engine, Pressure gauge, Water-supply pipe (Inlet cock), Furnace, Furnace door, Grate (Fire-grate), Outlet-cock (Water-outlet pipe), Steam boiler, Chimney, Damper, Flue.

blain [blein] s. (Pat.) pústula, bolha f.
blamable [bl'eiməbl] adj. culpável, faltoso. ‖ –ly adv. de modo culpável ou censurável.
blamableness [~nis] s. culpabilidade f.
blame [bleim] s. 1. responsabilidade f., culpa f. 2. falta, falha f. 3. censura, repreensão f. ‖ v. 1. acusar, considerar responsável, responsabilizar. 2. censurar, repreender.
he bore the ~ ele assumiu a culpa. small ~ pequena culpa. the ~ was charged (put) on me fui considerado culpado. ~ it! ao inferno!, ao diabo!. ~ me, if (gíria) seria o diabo, se...; she has only herself to ~ a culpa é dela mesmo. who is to ~? quem é o culpado?
blameful [bl'eimful] adj. 1. censurável, culpável. 2. condenatório. ‖ ~ly adv. digno de censura.
blamefulness [~nis] s. culpabilidade, culpa f.
blameless [bl'eimlis] adj. sem culpa, sem falta, inocente, irrepreensível. ‖ ~ly adv. irrepreensivelmente.
blamelessness [~nis] s. irrepreensibilidade f.
blameworthy [bl'eimwə:ði] adj. censurável, culpável.
blanch [bla:ntʃ] v. 1. branquear, alvejar. 2. curar, deslustrar. 3. pelar (amêndoas). 4. escaldar (carne). 5. empalidecer, ficar pálido.
to ~ over 1. encobrir, fazer parecer bonito. 2. embranquecer, tornar-se branco.
blancher [bl'a:ntʃə] s. 1. branqueador m. 2. curtidor m. de couros pequenos.
blancmange [bləm'ɔnʒ] s. manjar branco m.
bland [blænd] adj. 1. suave, brando. 2. gentil, meigo, ameno, agradável. ‖ ~ly adv. 1. brandamente, suavemente. 2. agradavelmente.
blandiloquence [blænd'ilokwens] s. bajulação f.
blandish [bl'ændiʃ] v. 1. agradar, acariciar. 2. lisonjear, adular.
blandishment [~mənt] s. 1. agrado, carinho m. 2. ~s pl. palavras lisonjeiras f. pl.
blandness [bl'ændnis] s. suavidade, meiguice, brandura f.
blank [blæŋk] s. 1. espaço vazio m., espaço m. em branco. 2. folha f., formulário m. com papel em branco. 3. espaço m. a ser preenchido. 4. lugar vazio m. 5. pedaço m. de metal a ser estampado ou cunhado. 6. bilhete m. em branco (de loteria). 7. alvo m., centro m. do alvo. 8. vácuo m., espaço m. de tempo sem acontecimentos. 9. travessão (—) para indicar a omissão de uma palavra. ‖ adj. 1. em branco, sem nada escrito. 2. com espaço a ser preenchido. 3. vazio, vago. 4. monótono, enfadonho. 5. completo, absoluto. 6. inútil, infrutífero. 7. estupefato, pasmado. 8. pálido, incolor. 9. inexpressivo. 10. em bruto, incompleto. ‖ ~ly adv. 1. inexpressivamente, vagamente. 2. francamente, abertamente, sem rebuços. 3. completamente, totalmente.

~ verse verso branco (sem rima). a poem in ~ verse um poema em versos brancos (ou soltos). ~ cartridge cartucho de festim. ~ cheque cheque em branco. ~ door porta falsa. drawn in ~ não preenchido. he looked ~ ele parecia estupefato. I left the page ~ deixei a página em branco. in ~ em branco. he said, staring ~ly ele disse com expressão de surpresa.
blankbook [bl'æŋkbuk] s. livro m. em branco.
blank cheque s. cheque m. em branco.
blank credit s. crédito m. aberto a favor de alguém.
blank endorsement (indorsement) s. endosso m. em branco.
blanket [bl'æŋkit] s. 1. cobertor m. 2. coberta, colcha, manta f. ‖ v. 1. cobrir com cobertor. 2. cobrir, obscurecer, impedir. 3. aplicar-se, estender-se uniformemente a todos. 4. tirar o vento das velas de um barco. 5. (Rádio) interromper recepção por interferência. ‖ adj. geral, coletivo, que se aplica a todos.
born on the wrong side of the ~ (coloq.) de nascença ilegítima. wet ~ estraga-prazeres. he came among us like a wet ~ ele se meteu no meio e estragou tudo. he threw a wet blanket on my enthusiasm ele abafou meu entusiasmo.
blanketflower [~flauə] s. (Bot.) gailárdia f.
blanketing [~iŋ] s. 1. ato m. de jogar ao ar com cobertor esticado. 2. tecido m. de lã para cobertor.
blanket stitch s. caseado m.
blankness [bl'æŋknis] s. 1. brancura, claridade f. 2. desolação, monotonia f. 3. pasmo m., estupefação f.
blare [blɛə] s. 1. clangor m.: som alto como de clarim. 2. brilho m., intensidade f. de cores. ‖ v. 1. clangorar, clangorejar. 2. proclamar em voz alta.
blarney [bl'a:ni] s. lisonja, bajulação f. ‖ v. bajular, agradar, lisonjear.
blasé [bl'a:zei] adj. saturado, cansado de prazeres.
blaspheme [blæsf'i:m] v. 1. blasfemar. 2. falar mal de, caluniar. 3. pronunciar blasfêmias.
blasphemer [~ə] s. blasfemador m.
blasphemous [bl'æsfiməs] adj. blasfemo, profano. ‖ ~ly adv. com blasfêmia.
blasphemy [bl'æsfimi] s. 1. blasfêmia f. 2. irreverência f. 3. sacrilégio m.
blast [bla:st] s. 1. rajada f. forte e repentina de vento. 2. som m. de corneta ou de clarim. 3. toque m., ato m. de soprar corneta. 4. corrente f. de ar (para maçarico, etc.). 5. carga f. de dinamite ou de pólvora. 6. explosão, detonação f. 7. ar pestilencial m. 8. doença f. de plantas, ferrugem f. 9. influência maléfica f. 10. alento, fôlego m. 11. assopro, sopro m. 12. ruído m. de sopro. ‖ v. 1.

dinamitar, fazer explodir, fazer voar aos ares. 2. destruir, estragar. 3. ·murchar, secar.
at (full) ~ a todo o vapor, com toda a força. **out of** ~ sem funcionar. **the trumpet gave a loud** ~ a trombeta tocou alto.
blasted [bl'a:stid] adj. 1. arruinado, estragado. 2. maldito. 3. detestável.
blastema [blæst'i:mǝ] s. (Embriol.) blastema m.
blaster [bl'a:stǝ] s, dinamitador m.
blast-furnace s. alto-forno´ m. (quadro B 13).
blast-hole s. câmara f. de carga, câmara f. de mina.
blasting [bl'a:stiŋ] s. ato m. de dinamitar.
blasting-fuse s. estopim m.
blasting-powder s. dinamite, pólvora f.
blast nozzle s. bocal m. de injeção de ar.
blastocele [bl'æstosi:l] s. (Embriol.) blastocele m.
blastoderm [bl'æstodɑ:m] s. (Embriol.) blastoderme m.
blastodermic [blæstod'ǝ:mik] adj. blastodérmico.
blastogenesis [blæstodʒ'enǝsis] s. (Biol.) blastogênese f.
blastomere [bl'æstomiǝ] s. (Embriol.) blastômero m.
blastopore [bl'æstopɔ:] s. (Embriol.) blastóporo m.
blast-pipe s. tubo porta-vento m. (quadro H 5).
blast-pressure s. pressão f. da corrente de ar.
blastula [bl'æstʃǝlǝ] s. pl. **blastulae** [-li:] (Embriol.) blástula f.
blat [blæt] v. 1. balir. 2. (coloq.) falar intempestiva ou impensadamente.
blatancy [bl'eitǝnsi] s. barulho m., fanfarronice f.
blatant [bl'eitǝnt] adj. 1. barulhento, ruidoso. 2. espalhafatoso. ‖ ~**ly** adv. 1. barulhentamente, ruidosamente. 2. espalhafatosamente.
blather [bl'æðǝ] = **blether.**
blatherskite [~skait] s. (E. U. A., coloq.) fanfarrão, bazófio m.
blaze (I) [bleiz] s. 1. chama, labareda f. 2. fogo m., fogueira f. 3. luz intensa f., brilho m. 4. esplendor, fulgor m. 5. arroubo m. (de temperamento). 6. ~**s** pl. (gíria) inferno m.
~ **of anger** acesso de raiva. **drunk as** ~**s** (coloq.) completamente bêbedo. **go to** ~**s!** vá para o inferno! **it is hot as** ~**s** faz um calor infernal. **like** ~**s** como louco. **he** ~**d out** ele exaltou-se. **to** ~ **away** (coloq.) atirar continuadamente (com canhões, etc.)
blaze (II) [bleiz] s. 1. marca f. em árvore. 2. mancha branca f. na cabeça de um animal. ‖ v. marcar´ árvores, marcar o caminho (lascando a casca das árvores).
blaze (III) [bleiz] v. tornar conhecido, proclamar.
to ~ **forth, abroad** espalhar, anunciar.
blazer [bl'eizǝ] s. jaqueta (esporte) f. em cores vivas.
blazing [bl'eiziŋ] adj. 1. em chamas, ardente. 2. resplandecente, fulgurante.
~ **scent** rasto nítido (de caça)
blazon [bleizn] s. 1. brasão m. 2. arte heráldica f. 3. demonstração, ostentação, exibição f. ‖ v. 1. tornar conhecido, proclamar. 2. decorar, adornar. 3. (Heráld.) blasonar, descrever heraldicamente. 4. ostentar, exibir.
to ~ **out** espalhar aos quatro ventos.
blazonment [bl'eiznmǝnt], **blazonry** [bl'eiznri] s. 1. arte heráldica f. 2. brasão m. 3. exibição brilhante f.
bleach [bli:tʃ] s. 1. substância f. usada para branquear ou alvejar. 2. ato m. de alvejar. 3. branqueamento m. ‖ v. 1. alvejar. 2. branquear, descorar.
bleacher [bl'i:tʃǝ] s. 1. branqueador, alvejador m. 2. descorante m. 3. ~**s** pl. (E. U. A.) lugares baratos, descobertos m. pl. de arquibancada.
bleachery [~ri] s. branquearia f.
bleaching (I) [bl'i:tʃiŋ] s. descoramento m.
bleaching (II) [bl'i:tʃiŋ], **bleaching-powder** s. hipoclorito m. de cal.

bleak (I) [bli:k] s. (ict.) alburnete m.: peixe fluvial da Europa.
bleak (II) [bli:k] adj. 1. deserto, desolado. 2. açoitado pelos ventos. 3. frio, gélido. 4. triste, desanimador. ‖ ~**ly** adv. 1. desoladamente. 2. friamente.
bleakness [bl'i:knis] s. 1. desabrigo m. 2. frio m. 3. desolação f.
blear [bliǝ] v. 1. ofuscar, escurecer, turvar. 2. (fig.) iludir, lograr. ‖ adj. turvo (vista), escuro, ofuscado.
blear-eyed adj. 1. rameloso, de olhos turvos. 2. (fig.) estúpido.
bleary [bl'iǝri] adj. turvo, escuro, rameloso.
bleat [bl'i:t] s. 1. berro, balido m. 2. lamúria, choradeira f. ‖ v. 1. berrar, balir. 2. lamuriar, choramingar.
bleb [bleb] s. bolha, pústula, vesícula f.
blebby [bl'ebi] adj. cheio de bolhas (vidro).
bled [bled] v. imp. e p. p. de **bleed.**
bleed [bli:d] s. sangria f. ‖ v. (imp. e p. p. **bled**) 1. perder sangue, sangrar. 2. derramar seu sangue, sofrer ferimento, morrer. 3. tirar sangue, sangrar. 4. perder suco ou seiva. 5. tirar suco ou seiva. 6. sofrer, ter pena ou dó. 7. (coloq.) esfolar, extorquir dinheiro de 8. gotejar (sangue). 9. esgotar, esvaziar, drenar.
he bled for it ele o pagou caro. **they bled him white** exploraram-no completamente.
bleeder [bl'i:dǝ] s. 1. (Med.) pessoa f. que sofre de hemofilia. 2. sangrador m. 3. (coloq.) sanguessuga, parasita m.
bleeding [bl'i:diŋ] s. 1. hemorragia f. 2. sangria f. ‖ adj. 1. sangrando. 2. (gíria) maldito.
~ **from** (ou **at) the nose** (Med.) epistaxe f.
bleeding heart s. (Bot.) coração-de-maria m.
blemish [bl'emiʃ] s. marca, mancha f., defeito m. ‖ v. 1. manchar, marcar, desfigurar. 2. macular, sujar, difamar.
blench (I) [blentʃ] v. 1. recuar, ir para trás. 2. esquivar-se de.
blench (II) [blentʃ] v. 1. empalidecer. 2. fazer empalidecer.
blend [blend] s. 1. mistura f. 2. combinação f., mistura f. de diversas coisas. 3. palavra criada f. por fusão de duas outras. ‖ v. 1. misturar, combinar. 2. fazer mistura. 3. matizar, graduar. 4. combinar bem, harmonizar.
blende [blend] s. (Miner.) blenda, esfalerita f.
blended whiskey s. mistura f. de duas ou mais qualidades de uísque ou de uísque com espíritos neutros.
blennorrhoea, blennorrhea [blenǝr'i:ǝ] s. (Med.) blenorréia, blenorragia f.
blenny [bl'eni] s. (Ict.) blênio m., lebre-marinha f.
blent [blent] v. p. p. de **blend.** ‖ adj. misturado.
bless [bles] v. (imp. e p. p. **blessed** ou **blest**) 1. abençoar, benzer. 2. consagrar, santificar. 3. pedir a bênção de Deus. 4. desejar felicidade. 5. fazer feliz, afortunar. 6. glorificar, louvar. 7. guardar, proteger 8. fazer o sinal da cruz sobre.
~ **my soul** valha-me Deus! ~ **you!** 1. vá com Deus! 2. saúde! 3. (uso eufêmico) vá para o inferno! **I'm** ~**ed (if)** o diabo me carregue se... **to** ~ **one's stars** (coloq.) agradecer à sua boa estrela. **with not a penny to** ~ **o. s.** sem nenhum tostão.
blessed [bl'esid], **blest** [blest] adj. 1. santo, sagrado, santificado. 2. abençoado, bem-aventurado. 3. feliz, bem sucedido. 4. maldito, amaldiçoado (uso eufêmico ou irônico). ‖ ~**ly** adv. 1. de modo sagrado ou bem-aventurado. 2. felizmente.
he is blest with good health ele está de boa saúde. **the** ~ os bem-aventurados. **the** ~ **land** o paraíso, o céu. **the Blessed Virgin** a Santa Virgem. **the whole** ~ **day** todo o santo dia.

blessed event s. 1. acontecimento feliz m. 2. (coloq.) nascimento m. de uma criança.

blessedness [bl'esidnis] s. ventura, bem-aventurança f. **in single** ~ (joc.) solteiro.

blessing [bl'esiŋ] s. 1. oração, invocação f., pedido m., a graça f. de Deus. 2. bênção, graça divina f. 3. favor, benefício m. 4. (uso eufêmico ou irônico) imprecação, praga f.
a ~ **in disguise** sorte na desgraça. **a** ~ **that...** é sorte que... **he asked a** ~ **(on the meal)** ele rezou a oração à mesa. **he gave the** ~ ele deu a bênção.

blether [bl'eðə], **blather** [bl'æðə] s. tagarelice, conversa fútil f. ‖ v. tagarelar, falar bobagem.

blew [blu:] v. imp. de **blow**.

blight [blait] s. 1. ferrugem, mangra f., qualquer doença f. que faz secar as plantas. 2. inseto ou pulgão m. que causa tal doença. 3. influência maligna f. ‖ v. 1. fazer secar (planta). 2. arruinar.

blighter [bl'aitə] s. (gíria) sujeito, indivíduo m.

blighty [bl'aiti] s. (gíria milit.) 1. Inglaterra, terra natal f. 2. ferimento m. devido ao qual o soldado é enviado de volta à pátria (na I Grande Guerra).

blim(e)y [bl'aimi] interj. (abr. de **God blind me**) expressão de surpresa: caramba!

blimp [blimp] s. 1. pequeno dirigível m. 2. cobertura f. à prova de som que se coloca sobre a máquina cinematográfica.

blind [blaind] s. 1. cortina, veneziana f., anteparo m. 2. biombo m., o que esconde alguma coisa. 3. cego m. 4. pretexto, subterfúgio m. 5. (E. U. A.) esconderijo m., tocaia f. 6. antolho m. de cavalo (quadro H 2). ‖ v. 1. encobrir, esconder. 2. escurecer, obscurecer. 3. cegar. 4. confundir, desconcertar. 5. ofuscar, deslumbrar. 6. eclipsar, sobrepujar, exceder. ‖ adj. 1. encoberto, escondido. 2. inconsciente. 3. cego. 4. feito às cegas, irracional. 5. insensível, apático. 6. sem abertura. 7. com uma só abertura, sem saída. 8. (†) secreto. 9. para cegos, de cegos. 10. (Bot.) sem flor. 11. ininteligível, ilegível. 12. opaco, sem brilho. ‖ **~ly** adv. cegamente.
~ **alley** beco sem saída. ~ **alley work** trabalho infrutífero. ~ **shell** granada que não explode. ~ **side** o ponto fraco de uma pessoa. **Venetian** ~ veneziana. **among the** ~ **a one-eyed man is king** na terra de cegos quem tem um olho é rei. ~ **drunk** completamente embriagado. **when the devil is** ~ (fig.) nunca. **in a** ~ **fury** alucinado de raiva. **stone—~** totalmente cego. **to turn a** ~ **eye to s. th.** ignorar alguma coisa, fechar os olhos diante de.

blind-coal s. antracito m.

blind date s. encontro m. com desconhecido do sexo oposto.

blinded [bl'aindid] adj. cego.

blinder [bl'aində] s. 1. o que cega. 2. anteolhos m. pl. de animal.

blind-flying s. vôo cego m.

blindfold [bl'aindfould] s. venda f., o que tapa **os olhos**. ‖ v. vendar ou tapar os olhos a. ‖ adj. 1. com os olhos tapados. 2. irrefletido, descuidado.

blind-gallery s. galeria secreta f.

blinding [bl'aindiŋ] adj. 1. cegante. 2. ofuscante.

blindman's buff s. cabra-cega f.

blindness [bl'aindnis] s. 1. cegueira f. 2. ignorância f.

blind sheet s. (Artes gráf.) folha f. em branco.

blind spot s. ponto morto m., insensitivo, obscuro.

blindworm [bl'aindwə:m] s. (Zool.) cobra-de-vidro f.

blink [bliŋk] s. 1. cintilação f., piscadela f., piscado m. de luz. 2. piscadela f., vista f. de olhos, pestanejo m. ‖ v. 1. pestanejar, piscar os olhos. 2. olhar rapidamente. 3 piscar, reluzir de modo inconstante. 4. **to** ~ **at** olhar com indiferença, ignorar.
he ~**ed the fact** ele evitou o fato, não quis ver a realidade.

blinker [bl'iŋkə] s. 1. anteolhos m. pl. (quadro H 9). 2. sinal luminoso m., farol pisca-pisca m. 3. óculos m. de proteção. 4. (gíria) olho m.

blinking [bl'iŋkiŋ] adj. (coloq.) maldito.

bliss [blis] s. 1. felicidade, alegria f., êxtase m. 2. beatitude, bem-aventurança f. 3. causa f. de alegria ou felicidade.

blissful [bl'isful] adj. feliz, bem-aventurado. ‖ **~ly** adv. com felicidade.

blissfulness [~nis] s. felicidade suprema, bem-aventurança f., deleite m.

blister [bl'istə] s. 1. bolha, pústula, vesícula f., empola f. 2. falha f., defeito m. 3. (Téc.) bolha f. de ar. 4. (Av. milit.) torre transparente f. 5. vesicante, vesicatório m. ‖ v. 1. empolar, formar bolhas. 2. cobrir-se de bolhas. 3. repreender, atacar com palavras rudes. 4. aplicar um vesicatório.
to raise ~**s** formar bolhas.

blister beetle s. (Ent.) cantárida f.

blister copper s. cobre vesiculado m.

blister steel s. aço cementado m.

blistery [bl'istəri] adj. empolado, cheio de bolhas.

blithe [blaið] adj. alegre, contente, jovial. ‖ **~ly** adv. alegremente.

blithesome [bl'aiðsəm] adj. alegre, contente. ‖ **~ly** alegremente.

blithesomeness [~nis], **blitheness** [bl'aiðnis] s. alegria, jovialidade f.

blitz [blits], **blitzkrieg** [bl'itskri:g] s. (alem.) s. guerra relâmpago f., ataque repentino m. ‖ v. (coloq.) submeter a ou por guerra relâmpago.

blizzard [bl'izəd] s. nevasca f., temporal m. com neve seca e frio intenso.

bloat (I) [blout] v. defumar (arenque).
~**ed herring** arenque defumado.

bloat (II) [blout] s. (gíria) bêbedo m. ‖ v. 1. inchar, fazer inchar. 2. empolar, envaidecer. 3. intumescer-se, inflar-se.
to ~ **up with** fazer inchar de.

bloated [bl'outid] adj. inchado.

bloater [bl'outə] s. arenque salgado e defumado m.

blob [blɔb] s. gota, bolha f.

blobber-lipped adj. beiçudo, de lábios grossos.

bloc [blɔk] s. coligação política ou partidária f.

block [blɔk] s. 1. bloco m. (de madeira, de metal, de pedra, etc.) 2. obstrução f., impedimento m. 3. (Esp.) bloqueio m. do jogo do adversário. 4. (E. U. A.) quadra f., quarteirão m. 5. grupo de prédios, bloco m. de casas. 6. jogo m., série f. 7. secionamento m. de via férrea. 8. cepo m. 9. roldana f., moitão, cadernal m. (quadro C 19). 10. molde m., forma f. de chapéu. 11. bloco m. de papel. 12. cabeça-dura, pessoa estúpida f. 13. (Tipogr.) clichê m. 14. (Med.) obstrução f. ‖ v. 1. impedir passagem, encher, entupir. 2. bloquear, obstruir. 3. parar, paralisar. 4. montar, moldar ou prensar sobre um bloco, formar um bloco. 5. esboçar, delinear. 6. segurar ou firmar com blocos. 7. bloquear (crédito, moeda). 8. (Esp.) fazer obstrução. 9. (Parlamento) impedir, adiar, opor-se a projeto de lei.
a chip of the old ~ (fig.) muito parecido com o pai. **off one's** ~ (coloq.) maluco. **to** ~ **out** esboçar, planejar. **to** ~ **the line** bloquear a linha (de estr. de ferro).

blockade [blɔk'eid] s. 1. bloqueio m. 2. forças militares f. pl. que executam um bloqueio. 3. obstrução f.
to raise the ~ levantar o bloqueio. **to run the** ~ romper o bloqueio.

blockader [~ə] s. navio m. de bloqueio.
blockade-runner s. navio m. que fura o bloqueio.
block and tackle s. talha f. (quadros B 22, S 3).
blockbuster [bl'ɔkbʌstə] s. (gíria) bomba arrasa-quarteirão f.
block-calendar s. 1. bloco-calendário m. 2. folhinha f. em bloco.
block-chain s. corrente plana articulada f.
block front s. frente f. de um quarteirão.
blockhead [bl'ɔkhed] s. cabeça-dura m., pessoa estúpida f.
blockhouse [bl'ɔkhaus] s. (E. U. A.) blocausse m.: casa f. construída de troncos de madeira, adequada para defesa contra ataques, fortim m.
blockish [bl'ɔkiʃ] adj. estúpido. ‖ ~ly adv. estupidamente.
blockishness [~nis] s. estupidez, ignorância f.
block-letter s. (Tipogr.) letra f. de forma.
block-printing s. impressão manual f.
block system s. secionamento m. da linha férrea para controle por sinalização automática.
block-wood pavement s. calçamento m. de madeira.
blocky [bl'ɔki] adj. 1. como um bloco, maciço. 2. atarracado. 3. que tem manchas de luz e sombra.
bloke [blouk] s. (gíria) homem, sujeito m.
blond, blonde [blɔnd] s. loiro m., loira f. ‖ adj. 1. claro. 2. loiro.
blonde(lace) s. renda f. de seda.
blondness, blondeness [bl'ɔndnis] s. qualidade f. de ser loiro.
blood [blʌd] s. 1. sangue m. 2. (fig.) vida f. 3. suco m., seiva f. 4. temperamento m., natureza animal f. 5. matança f., derramamento m. de sangue. 6. consangüinidade f., parentesco m. 7. linhagem (real), estirpe, nobreza f. 8. ira, sanha, raiva f. 9. raça, nacionalidade f. 10. homem valente e espirituoso m. ‖ v. 1. sangrar. 2. acostumar com sangue (cão) (também fig.).
full~ (cavalo) puro-sangue. **half-~** mestiço. **young ~** sangue novo. **flesh and ~ cannot stand it** isto é insuportável. **fullness of ~** qualidade de ser de sangue puro. **in cold ~** a sangue-frio. **in hot ~** em momento de raiva. **it makes my ~ run cold** dá-me arrepios. **it runs in the ~** está no sangue. **my ~ is up** estou louco de raiva. **next in ~** de parentesco íntimo. **of the ~ royal** de sangue real. **the gift of language is in her ~** o talento para línguas está no seu sangue. **to let ~** sangrar. **to make bad ~** exasperar os ânimos.
blood bank s. banco m. de sangue.
blood bath s. banho de sangue m.
blood-bought adj. pago com a morte.
blood brother s. 1. irmão consangüíneo m. 2. irmão m. de sangue: pessoa que misturou seu sangue com o de outra.
blood count s. contagem f. de glóbulos.
bloodcurdling [bl'ʌdkə:dliŋ] adj. horripilante, terrível.
blood donor s. doador m. de sangue.
blooded [bl'ʌdid] adj. 1. de boa raça. 2. de sangue (de determinado tipo).
blood feud s. vendeta f.: luta de extermínio entre famílias.
blood flower s. (Bot.) capitão-de-sala, camará-bravo m., paina-de-seda f.
blood group s. (Fisiol.) grupo sanguíneo m.
blood-guilty [bl'ʌdgilti] adj. homicida.
blood heat s. (Fisiol.) temperatura f. do corpo.
blood-horse s. cavalo puro-sangue m.
blood-hot adj. (fig.) assassino, sanguinário.
bloodhound [bl'ʌdhaund] s. 1. sabujo m. (quadro D 3). 2. (fig.) perseguidor, detective m.

bloodily [bl'ʌdili] adv. sangrentamente.
bloodless [bl'ʌdlis] adj. 1. descorado, sem sangue, pálido. 2. inanimado, morto. 3. incruento, sem derramamento de sangue. 4. sem energia, sem espírito. 5. sem coração, cruel, desumano. ‖ ~ly adv. 1. palidamente. 2. sem energia. 3. cruelmente.
bloodletting [bl'ʌdletiŋ] s. sangria, flebotomia f.
blood-money s. dinheiro m. para pagar um assassino.
blood orange s. laranja f. de polpa vermelha.
blood plasma s. (Anat.) plasma m. de sangue.
blood poisoning s. (Med.) septicemia, piemia, toxemia f.
blood pressure s. pressão sanguínea, pressão arterial f.
blood pudding s. chouriço m., morcela f.
blood-red adj. da cor de sangue, vermelho vivo.
blood-relation, blood-relative s. parente consangüíneo m.
bloodroot [bl'ʌdru:t] s. (E. U. A.) (Bot.) erva-impigem, sanguinária-do-canadá f.
bloodshed [bl'ʌdʃed], **bloodshedding** [~iŋ] s. derramamento m. de sangue, matança f., carnificina f.
bloodshot [bl'ʌdʃɔt] adj. injetado (olhos), vermelho.
blood sport s. esporte sangrento m.: caça, tourada, briga de galo e outros.
bloodstain [bl'ʌdstein] s. mancha f. de sangue.
bloodstained [~d] adj. manchado de sangue.
bloodstock [bl'ʌdstɔk] s. cavalos m. pl. puro-sangue.
bloodstone [bl'ʌdstoun] s. 1. heliotrópio, jaspe sangüíneo m.: pedra semipreciosa. 2. hematita f.
bloodstream [bl'ʌdstri:m] s. circulação sangüínea f.
bloodsucker [bl'ʌdsʌkə] s. 1. sanguessuga f. 2. parasita m. 3. agiota, extorsionário m.
bloodtest [bl'ʌdtest] s. exame m. de sangue.
bloodthirstiness [bl'ʌdθə:stinis] s. sede f. de sangue, crueldade f.
bloodthirsty [bl'ʌdθə:sti] adj. sanguinolento, **cruel**.
blood transfusion s. transfusão f. de sangue.
blood type s. tipo sanguíneo m.
blood vessel s. vaso sangüíneo m., veia, artéria f.
bloody [bl'ʌdi] v. 1. sangrar, fazer sangrar. 2. ensangüentar, manchar com sangue. ‖ adj. 1. sangrento, que sangra. 2. ensangüentado, manchado de sangue. 3. sanguinário, cruel. 4. (gíria) maldito, infame. **a ~ blunder** um erro grave. **~ fool!** burro! estúpido! **my ~ boots** minhas malditas botas. **not a ~ penny** nem um vintém.
bloody-man's finger s. (Bot.) dedaleira f., digital m.
bloody-minded adj. cruel, sanguinário.
bloom (I) [blu:m] s. 1. flor f. 2. florescência f., tempo m. de florescência. 3. vigor m., beleza, exuberância f. 4. juventude, força f. da juventude. 5. (Bot.) camada fina aveludada f. que cobre certas frutas e folhas. 6. rubor m. das faces. ‖ v. 1. ter flores, produzir flores, florir. 2. vicejar, estar forte e vigoroso. 3. estar na flor da idade, ser belo. 4. fazer florir ou vicejar.
in full ~ em plena floração. **it took the ~ off** tirou-lhe o brilho.
bloom (II) [blu:m] s. (Metalúrg.) lupa f.
bloomer (I) [bl'u:mə] s. 1. planta f. em flor. 2. (gíria) erro, engano m. 3. (gíria) fracasso m.
bloomer (II) [bl'u:məɹ] s. (geralmente ~s pl.) 1. calça esporte f. para moças. 2. costume m. de calça comprida e saia curta usado pelas mulheres em 1850.
bloomery [~ri] s. forja f. para tiar terro.
blooming [~iŋ] adj. 1. florido, florescente, cheio de flores. 2. viçoso, exuberante. 3. (gíria) maldito (em lugar de **bloody**). ‖ ~ly adv. em florescência, viçosamente.
blossom [bl'ɔsəm] s. 1. flor f. (esp. de planta frutífera). 2. florescência f. ‖ v. 1. florir, ter flores,

abrir flores. 2. florescer, desenvolver-se.
in full ~ em plena floração. **she had** ~**ed out to
a beautiful woman** a beleza dela desabrochara.
blossomy [~i] adj. florido, cheio de flores.
blot [blɔt] s. 1. borrão m. (de tinta de escrever),
mancha f. 2. rasura, emenda. f. 3. mácula, nódoa
f., deslustre m. ‖ v. 1. manchar, borrar (com tinta),
sujar. 2. empanar, tirar o brilho a. 3. obliterar, apagar, raspar. 4. eclipsar, obscurecer. 5. enxugar com
mata-borrão. 6. macular, difamar, desgraçar.
a ~ **on his escutcheon** uma mácula em seu nome.
to ~ **out** 1. apagar, destruir. 2. esconder, encobrir.
a blizzard ~**ted out the landscape** uma nevasca
obscureceu a paisagem.
blotch [blɔtʃ] s. 1. mancha grande, irregular f.
2. pústula, bolha f. ‖ v. cobrir com manchas, sujar,
manchar.
blotched [blɔtʃt], **blotchy** [bl'ɔtʃi] adj. 1. manchado.
2. coberto de pustulas.
blotter [bl'ɔtə] s. 1. mata-borrão m. (quadro D 1). 2.
buvar m.: berço de mata-borrão. 3. (E. U. A.)
registro policial m.
blottesque [blɔt'esk] adj. manchado, aplicado em
camada grossa (tintas).
blotting pad s. pasta mata-borrão f. (quadro D 1).
blottingpaper [bl'ɔtiŋpeipə] s. mata-borrão m.
blotto [bl'ɔtou] adj. (gíria) embriagado.
blouse [blauz] s. 1. blusa f. (quadro C 13). 2. blusão
m. 3. espécie f. de capa.
blow (I) [blou] s. 1. soco, golpe m., pancada f. 2.
calamidade súbita, desgraça repentina f., desastre
m. 3. ataque repentino, assalto m., golpe m. de
mão.
at one ~, **at a single** ~ com um só golpe, de uma
só vez. **he struck a** ~ **for me** ele me auxiliou. **they
came to** ~**s** eles chegaram às vias de fato. **without
striking a** ~ sem luta.
blow (II) [blou] s. 1. sopro m., assopradela f. 2. rajada
f. de vento, ventania f. 3. bazófia, fanfarronada
f. 4. (gíria) fanfarrão, gabola m. ‖ v. (imp. **blew**,
p. p. **blown**) 1. soprar, assoprar. 2. ventar, mover
em corrente, mover rapidamente. 3. ser impelido
pelo vento. 4. forçar corrente de ar em ou através
de, ventilar. 5. soprar, fazer soar (instrumento de
sopro). 6. inchar, enfatuar-se. 7. encher de ar. 8.
dinamitar, rebentar mediante explosão. 9. (gíria)
amaldiçoar. 10. bufar, ofegar, exalar com força.
11. (coloq.) contar vantagem, gabar-se. 12. (E. U. A.)
esbanjar dinheiro. 13. fundir, queimar (fusível).
14. difundir, espalhar, revelar. 15. (gíria) sair,
partir.
he blew on (ou **with**) **his trumpet** ele tocou sua
trombeta. **he blew upon me** ele falou mal de mim.
to ~ **in** 1. soprar dentro, abanar (fogo). 2. (E. U. A.,
gíria) aparecer de repente. **it blew in** aconteceu. **to**
~ **off** sair, escapar, soltar (vapor, etc.) **it blew off**
começou. **to** ~ **off** (ou **out**) (E. U. A.) estourar
(pneu). **the storm blew over** o temporal passou. **the
powder magazine blew up** o depósito de pólvora
explodiu. **to** ~ **up** 1. (E. U. A.) ficar irritado. 2
encher-se de ar 3. explodir, dinamitar. 4. (coloq.)
ralhar. 5. despedaçar-se. **it is** ~**ing up for a storm**
o vento está aumentando. ~ **me!** diabo! ~ **it!**
caramba! **he be** ~**ed!** o diabo o carregue! **he** ~**s
the bellows** ele toca o fole. **to** ~ **a cloud** fumar,
fazer fumaça. **he blew her a kiss** ele lhe atirou um
beijo. **I blew my nose** assoei meu nariz. **he** ~**s his
own trumpet** (fig.) ele mesmo se elogia. **the storm
blew down the house** o vento derrubou a casa.
he blew in his money ele esbanjou seu dinheiro.
the wind blew off my hat o vento levou meu
chapéu. **to** ~ **out** apagar (luz, fogo, caldeira). **he
blew out his brains** ele estourou os miolos. **the**

house was ~**n up** a casa foi dinamitada. **he blew
me up** (fig.) ele falou mal de mim.
blow (III) [blou] s. florescência f. ‖ v. florir, florescer.
blowball [bl'oubɔ:l] s. corola f. do dente-de-leão.
blow-by-blow adj. ponto por ponto, minuciosamente.
blower [bl'ouə] s. 1. soprador m. 2. vidreiro m. 3.
ventoinha f. 4. fundidor m. de estanho. 5. porta
f. de fornalha. 6. (gíria) fanfarrão, garganta m. 7.
blower-cooled engine s. motor m. esfriado a ar.
blowfish [bl'oufiʃ] s. (Ict.) baiacu m.
blowfly [bl'ouflai] s. varejeira f.
blowgun [bl'ougʌn] s. zarabatana f.
blow-hard s. (coloq.) fanfarrão m.: pessoa faladeira.
blowhole [bl'ouhoul] s. 1. orifício m. de escape (para
ar, gases, etc.). 2. narina f., respiradouro m. 3.
bolha f., falha f. em metal fundido.
blowing [bl'ouiŋ] s. assopro, sopro m.
blowlamp [bl'oulæmp] s. maçarico m.
blown (I) [bloun] v. p. p. de **blow**. ‖ adj. 1. esbaforido,
sem fôlego, exausto. 2. bichado, infestado por
varejas, estragado. 3. soprado, moldeado por sopro
(vidro). 4. distendido, inchado.
blown (II) [bloun] adj. desabrochado, em plena flor.
blow-off [bl'ouɔf] s. 1. saída f., escape m. 2. purgação f. (de caldeira). 3. (gíria) fanfarrão, bazófio m.
blow-off cock s. torneira f. de purga.
blowout [bl'ouaut] s. (E. U. A.) 1. ruptura f. de pneumático. 2. escape repentino de ar ou vapor. 3.
fusão f. de fusível elétrico. 4. arroubo temperamental m. 5. (gíria) banquete, rega-bofe m. 6.
(gíria) festança f.
blow-pipe s. 1. tubo soldador m. 2. zarabatana f.
blowtorch [bl'outɔ:tʃ] s. (E. U. A.) maçarico m. de
mão, lamparina f. de soldar.
blow-up [bl'ouʌp] s. 1. explosão f. 2. (coloq.) explosão
f. de raiva. 3. (E. U. A.) falência f.
blowy [bl'oui] adj. ventoso, tempestuoso.
blowzy [bl'auzi], **blowzed** [blauzd] adj. 1. relaxado,
desalinhado. 2. corado, de rosto vermelho.
blubber [bl'ʌbə] s. 1. gordura f. de baleia e outros
animais marinhos. 2. chacadeira f., berreiro m. ‖ v.
1. chorar, berrar. 2. desfigurar de pranto (o rosto).
3. debulhar-se em lágrimas. 4. ~ **out** proferir entre
lágrimas. ‖ adj. inchado (lábios).
blubbery [~ri] adj. 1. inchado, protuberante. 2. gelatinoso, mole. 3. oleoso, gorduroso.
bluchers [bl'u:tʃəz] s. pl. (†) botas f. de couro de cano
curto.
bludgeon [bl'ʌdʒən] s. cacete m., clava f. ‖ v. 1. bater
com cacete. 2. ameaçar.
blue [blu:] s. 1. azul m., cor azul f. 2. tinta f. ou
pigmento m. azul. 3. anil m., corante azul m. 4.
o céu m. 5. o mar m. 6. pessoa f. fardada de azul.
‖ v. 1. azular, tingir de azul. 2. usar anil. ‖ adj. 1.
azul, da cor do céu. 2. que usa roupa azul, vestido
de azul. 3. lívido. 4. triste, deprimido, melancólico.
5. (coloq.) desanimador, sombrio. 6. letrado, literato (só se emprega em relação a mulheres). 7.
severo, exigente (lei). 8. (gíria) completo, total. 9.
(coloq.) obsceno. ‖ ~**ly** adv. de tom azul.
a bolt from the ~ (fig.) desgraça inesperada. **out
of the** ~ inesperadamente. **Cambridge** ~ azul-claro.
dark ~**s, light** ~**s** (Esporte) times de estudantes de
Oxford e Cambridge. **he got his** ~ ele foi admitido
como sócio. **Navy** ~ azul-marinho. **Oxford** ~ azul-
-escuro. **the** ~**s** (coloq.) tristeza. **she has the** ~**s**
(coloq.) ela está triste. **the Blues** a quarda real
montada de Oxford. ~ **fear**, ~ **funk** (joc.) pavor.
once in a ~ **moon** uma vez na vida. **they drink
till all's** ~ eles bebem até ficar embriagados.
things look ~ as coisas estão pretas. **to make the
air** ~ praguejar. **true** ~ leal, fiel, conservador.

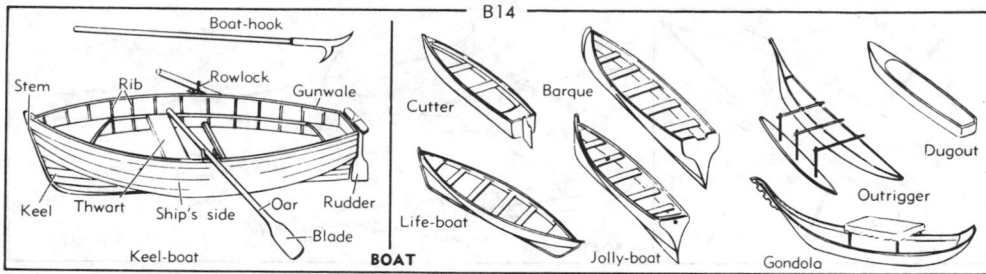

Boat-hook · Stem · Rib · Rowlock · Gunwale · Cutter · Barque · Dugout · Outrigger · Keel · Thwart · Ship's side · Oar · Rudder · Blade · Life-boat · Keel-boat · **BOAT** · Jolly-boat · Gondola · B14

blue baby s. (Patol.) bebê cianótico m.

blueback salmon s. (Ict.) salmão-rei m.

Bluebeard [bl'u:biəd] s. barba-azul m. (folclore).

bluebell [bl'u:bel] s. (Bot.) 1. campainha f. 2. espécie de jacinto da Inglaterra.

blueberry [bl'u:bəri] s. espécie de mirtilo, que produz bagas azuis.

bluebird [bl'u:bə:d] s. (Orn.) azulão m. (Sialia sialis).

blue blood s. sangue azul m., descendência aristocrática f.

blue-blooded adj. de sangue azul.

bluebonnet [bl'u:bɔnit] s. 1. boné m. de lã azul usado pelos escoceses. 2. (fig.) escocês m. 3. (Bot.) centáurea-azul, escovinha f. 4. (Bot.) tremoço-azul m. 5. (Orn.) chapim m.

blue book s. livro azul m.: 1. relatório m. do parlamento ou do conselho. 2. (E. U. A.) registro m. das pessoas importantes.

bluebottle [bl'u:bɔtl] s. 1. (Bot.) centáurea-azul, escovinha f. 2. varejeira-azul f.

bluebreast [bl'u:brest] s. (Orn.) veja **bluethroat**.

bluecap [bl'u:kæp] s. (Orn.) chapim m.

bluecoat [bl'u:kout] s. policial ou soldado m. de uniforme azul.

Blue Cross s. Cruz Azul, f. seguro m. (sem lucros) de assistência médica.

blue-curls s. (Bot.) erva-férrea, prunela f.

bluefish [bl'u:fiʃ] s. (Ict.) pomátomo m.

blue fox s. (Zool.) raposa-azul f.

bluegrass [bl'u:gra:s] s. (Bot.) (E. U. A.) nome popular m. de várias gramíneas com hastes azuladas, especialmente o capim-do-campo ou erva-de-febra.

blue gum (tree) s. (Bot.) variedade de eucalipto m. (Eucalyptus globulus).

bluejack [bl'u:dʒæk] s. 1. pedra-lipes f., vitríolo azul m. 2. (Bot.) variedade de carvalho (Quercus cinerea).

bluejacket [~it] s. marinheiro m. (da marinha de guerra).

blue jeans pl. s. calça comprida f. azul, de sarja, reforçada.

blueness [bl'u:nis] s. cor azul, tonalidade azul f.

bluenose [bl'u:nouz] s. 1. habitante m. + f. da Nova Escócia. 2. puritano m.

blue-pencil v. 1. corrigir com lápis azul. 2. assinalar (trecho) para ser editado.

Blue Peter s. (Náut.) sinal m. (bandeira) de partida.

blue pill s. (Farmac.) pílula mercurial f.

blueprint [bl'u:print] s. 1. fotocópia azul f. 2. (fig.) projeto, plano m. ‖ v. fazer fotocópia azul de. ⟨ a government ~ um projeto do governo.

blue ribbon s. 1. fita azul, alta decoração f. 2. primeiro prêmio m., galardão m. 3. distintivo dos abstêmios.

blue-ribbonist s. abstêmio m.

blue rock s. (Orn.) pombo-da-rocha m.

blue ruin s. 1. ruína total f. 2. aguardente f. (de zimbro) de péssima qualidade.

blues [blu:z] pl. s. (E. U. A., Mús.) "blues" m.: canção melancólica dos negros.

bluestocking [bl'u:stokiŋ] s. (coloq.) literata, sabichona f.: mulher que demonstra grande interesse em literatura.

bluestone [bl'u:stoun] s. sulfato m. de cobre.

bluethroat [bl'u:θrout] s. (Orn.) espécie de rouxinol, de peito azul (Luscinia suecica).

blue water s. mar aberto m.

blue whale s. baleia-azul f. (Balaenoptera musculus).

bluff (I) [blʌf] s. 1. (E.U.A.) blefe, logro m. 2. ameaça f. que não pôde ser realizada. 3. blefista m. + f., pessoa que blefa. ‖ v. iludir, blefar, enganar pela aparência, ameaçar.

to ~ off espantar.

bluff (II) [blʌf] s. (E. U. A.) costa íngreme f., costão, alcantil m. ‖ adj. 1. íngreme, escarpado. 2. abrupto, áspero, franco, sem cerimônias. 3. largo (proa de navio). ‖ ~ly adv. francamente, asperamente.

bluffer [bl'ʌfə] s. 1. blefista m. + f. 2. fanfarrão m.

bluffness [bl'ʌfnis] s. franqueza, rudeza f.

bluffy [bl'ʌfi] adj. áspero, rude.

bluing [bl'u:iŋ] s. (E. U. A.) anil m., solução f. de anil.

bluish [bl'u:iʃ] adj. (também **blueish**) azulado, tirante azul m.

bluishness [~nis] s. qualidade f. de ser azul, tom azul m.

blunder [bl'ʌndə] s. asneira f., erro m. grave ou estúpido. ‖ v. 1. errar, cometer um erro (grave), fazer uma asneira. 2. estragar, deitar a perder, fazer errado. 3. mover-se de modo desajeitado, tropeçar, cambalear. 4. cometer rata, falar irrefletidamente.

he committed a ~ ele cometeu um erro grave. **I ~ed upon** encontrei, achei por acaso. **he ~ed out** ele soltou (bobagem).

blunderbuss [~bʌs] s. 1. bacamarte m. 2. estúpido, tolo m.

blunderer [~rə] s. pessoa estúpida ou desajeitada f.

blundering [~riŋ] adj. 1. desajeitado, descuidado. 2. precipitado. ‖ ~ly adv. de modo desajeitado, descuidadamente.

blunt [blʌnt] s. 1. agulha grossa f. 2. (gíria) dinheiro m. ‖ v. 1. ficar cego ou sem corte. 2. tornar cego. 3. moderar, abrandar. ‖ adj. 1. embotado, sem corte, cego. 2. brusco, abrupto, áspero. 3. obtuso, néscio. ‖ ~ly adv. 1. sem corte. 2. asperamente, abruptamente.

~ cutting edge gume cego.

bluntness [bl'ʌntnis] s. 1. embotamento m. 2. aspereza, rudeza f.

blunt-witted adj. simplório, retardado mentalmente.

blur [blə:] s. 1. falta de clareza, obscuridade f. 2. coisa obscura f. 3. mancha, nódoa f., borrão m. 4. (fig.) mácula f., labéu m. 5. som m. indistinto ou confuso. ‖ v. 1. obscurecer, perturbar a visão.

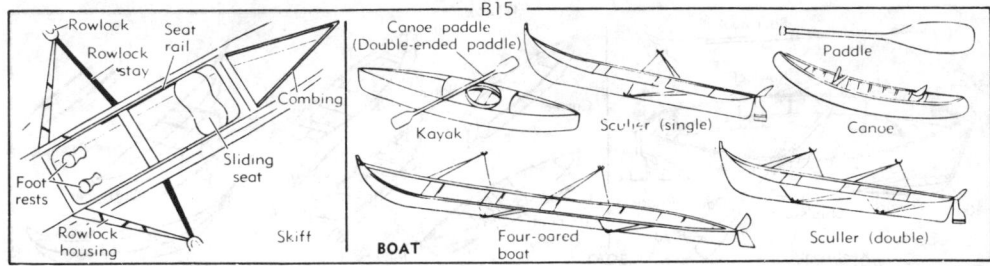

B 15

Rowlock, Seat rail, Rowlock stay, Combing, Kayak, Canoe paddle (Double-ended paddle), Sculler (single), Paddle, Canoe, Sliding seat, Foot rests, Rowlock housing, Skiff, BOAT, Four-oared boat, Sculler (double)

2. embaraçar, toldar. 3. ficar obscuro ou indistinto. 4. manchar, borrar, enodoar. 5. (fig.) macular.

blurb [blə:b] s. 1. (E. U. A.) sinopse f., resumo, sumário m. de um livro (geralmente impresso na sobrecapa (quadro B 17). 2. anúncio bombástico m.

blurredness [bl'ə:dnis] s. estado m. de obscuro, indistinto, mal contornado.

blurry [bl'ə:ri] adj. 1. manchado, borrado. 2. indistinto, vago, obscuro.

blurt [blə:t] v. 1. falar sem pensar. 2. deixar escapar (palavra).

blush [blʌʃ] s. 1. rubor m. (provocado por vergonha, etc.). 2. vermelhidão, cor rosada f. 3. olhar, relance m. ‖ v. 1. corar, enrubescer. 2. envergonhar-se. 3. ser ou ficar vermelho ou rosado. ‖ adj. corado, rubro.
it brought a ~ to his cheeks deixou-o envergonhado. **at the first ~** à primeira vista.

blushing [bl'ʌʃiŋ] adj. 1. que fica vermelho, que enrubesce. 2. modesto, envergonhado. 3. corado. **~ed up** foi fechado com tábuas.

blushless [bl'ʌʃlis] adj. sem-vergonha, impudente, descarado.

blush rose s. (Bot.) rosa branca f. com leve tom rosado.

bluster [bl'ʌstə] s. 1. ruído m., violência f. de tempestade. 2. tumulto m., turbulência, gritaria f. 3. bazófia, fanfarrice f. 4. ameaça vã f. ‖ v. 1. ventar, zunir, rugir. 2. vociferar, gritar. 3. bazofiar, blasonar. 4. fazer ou conseguir mediante turbulências ou bazófias.

blusterer [~rə]·s. bazófio, fanfarrão m.

blustering [~riŋ] adj. 1. estrondoso, tempestuoso, barulhento. 2. violento, tumultuoso. 3. bazófio, gabola m. ‖ **~ly** adv. 1. estrondosamente. 2. tumultuosamente.
a ~ fellow um fanfarrão.

blvd. abr. de **boulevard.**

B. M. [bi:'em] abr. de 1. **Brigade-Major.** 2. **British Museum** (em Londres). 3. **Bachelor of Medicine.**

bo [bou] interj. usada com a intenção: 1. de espantar ou de assustar. 2. (gíria E. U. A.) de chamar uma pessoa. = psiu!
he can't say ~ to a goose ele não é capaz de abrir a boca.

boa [b'ouə] s. 1. (Zool.) boa f. 2. boá m.: agasalho comprido de peles, usado no pescoço.

boa constrictor s. (Zool.) jibóia f.

boanerges [bouən'ə:dʒi:z] s. orador m. ou pregador m. entusiasta.

boar [bɔ:] s. 1. varrão m.: porco não castrado. 2. (Zool.) javali m., porco-do-mato m.
wild ~ javali. **~ bristle** cerda de javali. **~-spear** lança para matar javali.

board (I) [bɔ:d] s. 1. tábua, prancha f. 2. papelão, cartão m. 3. mesa f. (para servir comida). 4. comida servida à mesa f. 5. pensão f., refeições pagas f. pl. 6. **~s** pl. palco m. 7. mesa f. de reuniões. 8. conselho m., junta f. 9. quadro-negro m. 10. (E. U. A.) bolsa f. de câmbio. 11. tabuleiro m.

(para jogos). ‖ v. 1. assoalhar, cobrir com tábuas. 2. dar pensão a, dar comida contra pagamento. 3. alojar em pensão. 4. comer em pensão, ser pensionista. ‖ adj. feito de tábuas.
bed and ~, ~ and lodging cama e mesa, pensão completa. **~-meeting** reunião do conselho ~ **mill** fábrica de papelão. **Board of Trade** câmara de comércio. **~-wages** pensão alimentícia. **he is on the ~s** ele trabalha em construção. **in ~s** cartonado. **the Board of Customs** a repartição alfandegária. **the ~ of directors** o conselho dos diretores **the Board of Education** o Ministério da Educação. **the Board of Treasury** o Tesouro. **they sat at the groaning ~** sentaram-se a mesa repleta. **to put in ~s** 1. revestir com papelão. 2. encadernar em cartão. **he ~ed with her** ele estava alojado na pensão dela. **I ~ed out** comi fora de casa. **it was ~ed up** foi fechado com tábuas.

board (II) [bɔ:d] s. 1. borda, beira f. 2. (Náut.) bordo m., bordada, amurada f. ‖ v. 1. abordar, subir a bordo de. 2. (E. U. A.) subir em veículo. 3. acostar, dirigir-se a. 4. (Náut.) bordejar.
he went on ~ the train ele embarcou no trem. **It went by the ~** 1. (Náut.) caiu ao mar. 2. (fig.) perdeu-se. **on ~, on ~ a ship** a bordo. **on ~ the "Invincible"** a bordo do "Invincible". **they made ~s** (Náut.) eles bordejaram. **to receive on ~** tomar a bordo. **he ~ed the ship** ele foi a bordo do navio. **they ~ed the ship** eles abordaram o navio.

boarder [b'ɔ:də] s. 1. pensionista m. + f., aluno interno m. 2. homem m. designado para abordar um navio inimigo.

board-fence s. tapume m., parede f. de tábuas.

board foot s. (E. U. A.) unidade de medida, correspondente a uma tábua de um pé quadrado e uma polegada de grossura.

boarding [b'ɔ:diŋ] s. 1. tábuas f. pl., revestimento m. de tábuas. 2. madeiramento, andaime, assoalhamento m., estrutura f. feita de tábuas. 3. tapume m. 4. pensão f. 5. (Náut.) abordagem f.
~-out ato de comer fora de casa.

boarding house s. pensão f.

boarding school s. internato m. (escola).

boardroom [b'ɔ:drum] s. sala f. de reunião de diretoria.

board rule s. régua f. para medir madeira.

boardwalk [b'ɔ:dwɔ:k] s. (E. U. A.) passeio m. de tábuas (esp. ao longo de uma praia).

boar hound s. cachorro m. empregado na caça aos javalis.

boarish [b'ɔ:riʃ] adj. 1. porco, sujo. 2. cruel. 3. sensual. ‖ **~ly** adv. 1. porcamente. 2. cruelmente.

boarishness [~nis] s. 1. sujeira, imundície f. 2. crueldade f. 3. sensualidade f.

boast (I) [boust] s. 1. jactância, ostentação f., elogio m. de si próprio. 2. motivo m. de orgulho. 3. ensejo m. para orgulhar-se ou exultar. ‖ v. 1. (geralm. com **of**) jactar-se de, gabar-se de, vangloriar-se de. 2. ser orgulhoso. 3. alardear, ostentar.

he made (a) ~ **of** ele jactou-se de. **it is not much to** ~ **of** não é grande coisa. **to** ~ **s. th.** jactar-se de alguma coisa.
boast (II) [boust] v. trabalhar, lavrar pedras, esculpir de modo grosseiro.
boaster [b'oustə] s. alardeador, ostentador m.
boastful [b'oustful] adj. jactancioso, presumido, orgulhoso. ‖ ~**ly** adv. jactanciosamente.
boastfulness [~nis] s. jactância, ostentação f.
boasting-chisel s. cinzel largo m.
boat [bout] s. 1. bote, barco m., canoa f. (quadros B 14, 15). 2. navio m. 3. molheira f. ‖ v. 1. andar de barco. 2. colocar ou transportar em barco.
to be in the same ~ estar na mesma situação (difícil). **to push out the** ~ (coloq.) pagar uma rodada. **to sail in the same** ~ estar na mesma situação. **they took** ~ eles foram a bordo. **they went** ~**ing** eles foram remar.
boatbill [b'outbill] s. (Orn.) arapapá, arataiaçu m.
boatbuilding [b'outbildiŋ] s. construção naval f.
boat deck s. (Náut.) convés m.
boat drill s. exercício m. de barcos.
boater [b'outə] s. 1. barqueiro m. 2. chapéu duro m. de palha.
boat-hook s. (Náut.) croque, bicheiro m. (quadro B 14).
boating [b'outiŋ] s. esporte m. de remar, esporte m. de velejar.
boating-trip s. viagem f. de barco.
boatload [b'outloud] s. carregamento m. de navio.
boatman [b'outman] s. 1. barqueiro, remador m. 2. homem m. que aluga barcos.
boat race s. regata f.
boat-rope s. corda f. de amarração de barco.
boat shell s. (Zool.) címbrio m.: molusco naviforme.
boatswain [bousn] s. (Náut.) contramestre m. de barco ou navio.
boat timbers s. pl. (Náut.) cavername m. de navio.
boat train s. trem m. de ida e volta para o navio.
bob (I) [bɔb] s. 1. feixe m. 2. pêndulo, prumo m. 3. sacudidela f., safanão m. ou aceno ligeiro m. 4. reverência, mesura f. 5. estribilho, refrão m. 6. golpe m., pancada, batida f. 7. rabo aparado m. (de cavalo). 8. cabelo curto m. (de mulher ou criança). 9. (coloq.) xelim m. 10. (E. U. A.) = **bobsled.** 11. = **bobskate.** 12. feixe m. de minhocas, etc. usado como isca. 13. flutuador m. de linha de pesca. ‖ v. 1. bater ou golpear de leve. 2. sacudir, agitar ou acenar ligeiramente. 3. fazer mesuras, curvar-se. 4. cortar o cabelo curto. 5. balouçar-se, bambolear-se. 6. pescar com feixes de minhocas.
give me two ~**s** (coloq.) dê-me dois xelins ~**bed hair** cabelo curto (de mulher). **he** ~**bed his head** ele bateu com a cabeça. **he** ~**bed up (like a cork)** ele surgiu de repente, ele voltou à tona. **she** ~**bed a curtsy at me** ela me fez uma mesura.
bob (II) [bɔb] s. burla f., logro, truque m. ‖ v. 1. burlar, lograr, tapear. 2. fazer pouco de, troçar de.
bob (III) [bɔb] s. 1. pessoa f., rapaz, aluno, estudante m. 2. **Bob** abr. de **Robert.**
dry ~**, wet** ~ aluno que pratica esporte terrestre, aquático, etc.
bobbed [bɔbd] adj. 1. formado em feixe. 2. cortado curto (quadro H 1).
bobber [b'ɔbə] s. flutuador m. para linha de pesca.
bobbin [b'ɔbin] s. 1. carretel m., bobina f. (quadro S. 4). 2. bilro m. 3. cordel m. ou trancelim fino m.
that's the end of the ~ (coloq.) este é o fim.
bobbin-frame s. caixilho m. de bobina.
bobbinet [b'ɔbinit] s. filó, bobinete m.
bobbin lace s. renda f. de bilros.
bobbish [b'ɔbiʃ] adj (coloq.) esperto, vivo, em forma.

bobby [b'ɔbi] s. 1. (gíria) policial, grilo m. 2. **Bobby** abr. de **Robert.** 3. ~**'s job** emprego folgado, trabalho fácil.
bobby pin s. grampo m. para cabelo.
bobbysocks [b'ɔbisɔks] s. pl. (coloq.) meias curtas f. pl. usadas por moças.
bobby-soxer [~ə] s. (E. U. A., coloq.) brotinho m., moça adolescente, garota-soquete f.
bobcat [b'ɔbkæt] s. (E. U. A.) (Zool.) lince m.
bobolink [b'ɔboliŋk] s. (Orn.) triste-pia, papa-arroz m. (Dolichonyx oryzivorus).
bobskate [b'ɔbskeit] s. patim m. de duas lâminas.
bobsleigh [b'ɔbslei], **bobsled** [b'ɔbsled] s. trenó duplo m., trenó m. de corrida. ‖ v. andar de trenó.
bobstay [b'ɔbstei] s. (Náut.) cabresto m.
bobtail [b'ɔbteil] s. 1. rabo curto, rabo aparado m. 2. animal m. com rabo cortado. ‖ v. derrabar, cortar o rabo de. ‖ adj. derrabado, rabão.
tagrag and ~ o povo, a plebe, o populacho.
bobwhite [b'ɔbwait] s. (Orn.) colim m.: codorniz f. dos E. U. A. com manchas castanhas e brancas.
bob wig s. peruca f. de cabelos curtos.
boccie, bocce [b'ɔ:tʃə] s. bocha m.
bock [bɔk], **bock beer** s. (alem.) cerveja forte, escura f.
bode (I) [boud] v. pressagiar, augurar, prognosticar.
this ~**s me no good** isto não é de bom agouro para mim. **this** ~**s well, ill** isto é bom, mau presságio.
bode (II) [boud] v. p. de **bide.**
bodeful [b'oudful] adj. de mau agouro, ominoso.
bodement [b'oudmənt] s. presságio, agouro m.
bodice [b'ɔdis] s. 1. justilho, corpinho m. 2. cintura f. (de vestido).
bust ~ soutien, porta-seios. **cross over** ~, **fitted** ~ corpinho justo.
bodied [b'ɔdid] adj. corporificado, corpóreo.
big ~ corpulento, **full** ~ encorpado, cheio.
bodiless [b'ɔdilis] adj. 1. incorpóreo, sem corpo. 2. imaterial.
bodily [b'ɔdili] adj. 1. corpóreo, material. 2. físico. ‖ adv. 1. em pessoa. 2. todos juntos, completamente, em grupo, em conjunto.
~ **injury** ferimento corpóreo. **to drive** ~ **upon the coast** (Náut.) dar em cheio na costa.
boding [b'oudiŋ] s. presságio, agouro m. ‖ adj. pressago, agourento, ominoso.
bodkin [b'ɔdkin] s. 1. estilete, punhal m. 2. agulha grossa f. 3. grampo comprido m. 4. passador, furador m. (quadro J 2). 5. (coloq.) pessoa f. muito apertada entre duas outras.
she travelled ~ ela viajou apertada (entre outros passageiros).
body [b'ɔdi] s. 1. corpo m. 2. tronco m. 3. parte principal f., grosso m., maioria f. 4. grupo m. de pessoas, exército m., formação militar f. 5. pessoa f. 6. cadáver m. 7. massa f. 8. substância, qualidade substancial f. 9. consistência, densidade f. 10. corpinho m. 11. carroçaria f., chassi m. 12. corporação, sociedade f. 13. matéria f. (em oposição a espírito). 14. (Geom.) sólido m. 15. (Náut.) casco m. 16. (Av.) fuselagem f. 17. contexto m. de documento ou jornal. ‖ v. corporificar, dar substância a, dar corpo a.
~ **corporate** (Jur.) pessoa jurídica, corporação. ~ **of type** (Tipogr.) corpo de tipo. **diplomatic** ~ corpo diplomático. **examining** ~ junta examinadora. **heavenly** ~ corpo celeste. **in a** ~ em conjunto, de uma vez. **in the** ~ **of the hall** no meio da sala. **main** ~ (milit.) força principal, grosso da tropa. **solid** ~ substância sólida, corpo sólido. **the** ~ **politic** o Estado. **the festival of the Holy Body** a festa de Corpus Christi. **the heirs of my** ~ os meus herdeiros diretos. **to keep** ~ **and soul together**

manter-se, sustentar-se. **to ~ forth** 1. representar, dar forma real a. 2. ser sinal de.
body-belt s. cinto, cinturão m.
body cavity s. (Anat., Zool.) cavidade abdominal f.
body-cloth s. manta f. para cobrir cavalos.
body-clothes s. roupa f., peças f. pl. de vestuário.
body coat s. 1. paletó justo, apertado m. 2. primeira mão f. de tinta opaca.
body-color s. tinta opaca f.
bodyguard [b'ɔdigɑ:d] s. 1. guarda-costas m.
body-linen s. roupa branca f., roupa f. de baixo.
body-snatcher s. ladrão m. de cadáveres.
body-snatching s. (Jur.) remoção ilegal f. de cadáveres.
Boeotian [bi'ouʃən] s. beócio m.: 1. natural da Beócia (província grega). 2. beócio, estúpido, ignorante m. ‖ adj. beócio, estúpido, ignorante.
Boer [b'ouə, b'uə] s. bôer m. + f.: habitante da África do Sul, descendente de holandeses. ‖ adj. bôer.
bog [bɔg] s. 1. pântano, brejo, lamaçal m. 2. (vulg.) privada f. ‖ v. atolar, afundar no lodo.
bog asphodel s. (Bot.) nartécia, abama f.
bogberry [b'ɔgberi] s. 1. (Bot.) planta f. da família das vaciniáceas (Oxycoccus palustris). 2. o seu fruto m.
bogey [b'ougi] s. número regular m. de lances no jogo de golfe (também **bogie**).
boggle [bɔgl] s. 1. hesitação f. 2. escrúpulo m. ‖ v. 1. errar, fazer malfeito. 2. recuar, hesitar. 3. assustar-se. 4. sofismar, procurar subterfúgios.
boggy [b'ɔgi] adj. pantanoso, alagadiço.
bogie [b'ougi] s. vagão m. de plataforma (de estrada de ferro), truque m. (quadro C 6).
bogieland [~lænd], **bogland** [b'ɔglænd] s. terra pantanosa f., pantanal m.
bogle [bougl, bɔgl], **boggle** [bɔgl] s. (esc.) fantasma, duende, espectro m.
bog-oak, bog-pine s. madeira f. fóssil de carvalho ou pinho.
bog rush s. (Bot.) junco m. dos pântanos.
bog spavin s. (Veter.) alifafe m.: doença de cavalos.
bogtrotter [b'ɔgtrɔtə] s. 1. habitante m. + f. das regiões pantanosas. 2. (depreciat.) irlandês m.
bogus [b'ougəs] s. falsificação, tapeação f. ‖ adj. falso, adulterado, espúrio.
bogy, bogey [b'ougi] (veja também **bogey, bogie**) s. 1. duende, mau espírito m. 2. diabo, demônio m. **black ~ man** fantasma, diabo.
Bohemian [bouh'i:mjən] s. 1. boêmio m.: natural da Boêmia. 2. (geralmente **bohemian**) indivíduo estúrdio m., artista m. + f., pessoa leviana f. 3. cigano m. ‖ adj. 1. boêmio, da Boêmia. 2. livre, estúrdio, leviano. 3. cigano.
Bohemianism [~izm] s. boêmia f.: vida de boêmio.
Bohr theory s. (Fís.) teoria f. da estrutura atômica de Bohr.
boil (I) [bɔil] s. furúnculo, tumor m.
boil (II) [bɔil] s. 1. fervura f. 2. ebulição f., ato m. de ferver. 3. ponto m. de ebulição. 4. agitação f. ‖ v. 1. ferver, estar em ebulição. 2. fazer ferver, aquecer até ferver. 3. cozinhar, cozer. 4. esterilizar por fervura. 5. ficar excitado ou nervoso. 6. mover-se violentamente, espumar, estar revolto (mar). 7. separar ou evaporar mediante ebulição. **on the ~** 1. em ebulição. 2. (fig.) agitado, excitado. **to give a ~-up** requentar. **to keep at the ~** manter em ebulição. **to ~ gently** cozer a fogo brando. **to ~ down** 1. concentrar, engrossar por fervura. 2. (fig.) condensar, resumir. **his feelings ~ed over with rage** ele ferveu de raiva. **the kettle is ~ing** a água (na chaleira) está fervendo. **the water ~ed away** a

água evaporou-se. **we keep the pot ~ing** (fig.) nós nos defendemos.
boiler [b'ɔilə] s. 1. caldeira f. para aquecer líquidos (quadro B 13). 2. caldeira f. de vapor. 3. depósito m. de água quente. 4. pessoa f. que ferve ou aquece.
plunging ~ fervedor de imersão.
boiler-maker s. caldeireiro m.
boiler-plate s. chapa f. para caldeiras.
boilery [b'ɔiləri] s. 1. destilaria f. 2. salina f.
boiling [b'ɔiliŋ] s. fervura, ebulição f. ‖ adj. fervente. **the whole ~** (gíria) todo o mundo, tudo. **~ hot** 1. muito quente, fervente. 2. (gíria) excitado.
boiling-point s. ponto m. de ebulição.
boiling-springs s. pl. termas f. pl.
boisterous [b'ɔistərəs] adj. 1. tumultuoso, impetuoso, tempestuoso, tormentoso. 2. violento, rude, turbulento. ‖ **~ly** adv. 1. tumultuosamente. 2. violentamente.
boisterousness [~nis] s. turbulência, impetuosidade, violência f.
bokker [b'ɔkə] s. (coloq.) chapéu-coco m.
bola [b'oulə], **bolas** [~s] s. (espanhol) s. boleadeiras f. pl.
bold [bould] adj. 1. corajoso, bravo, valente. 2. arrojado, audaz, audacioso. 3. impudente, impertinente, descarado, atrevido. 4. evidente, nítido, claro. 5. abrupto, íngreme, escarpado. 6. (Tipogr.) negrito. ‖ **~ly** adv. 1. corajosamente. 2. audazmente. 3. atrevidamente. 4. evidentemente. **as ~ as brass** 1. de modo imperturbável. 2. (coloq.) descaradamente. **he drew the face in ~ lines** ele esboçou o rosto com traços arrojados. **I make so ~ as to say** tomo a liberdade de dizer.
boldface [b'ouldfeis] s. 1. pessoa atrevida f. 2. (Tipogr.) tipo negrito m.
bold-faced adj. 1. atrevido, impudente. 2. (Tipogr.) negrito. ‖ **~ly** adv. audaciosamente, atrevidamente.
boldness [b'ouldnis] s. 1. coragem, audácia, ousadia f. 2. atrevimento m., sem-vergonhice f.
bold-spirited adj. corajoso, audacioso.
bole (I) [boul] s. tronco m. de árvore.
bole (II) [boul] s. argila f. friável, bolo armênio m.
bolero [bol'ɛarou] s. bolero m.: 1. dança espanhola. 2. música que a acompanha. 3. blusa curta e justa de mulher.
boletus [bol'i:təs] s. (Bot.) boleto m.
bolide [b'oulaid] s. bólide, meteoro m.
Bolivian [bol'iviən] s. boliviano m.: habitante da Bolívia. ‖ adj. boliviano.
boll [boul] s. (Bot.) casulo m., cápsula f.
bollard [b'ɔləd] s. (Náut.) poste m. de amarração (de navio).
bollix [b'ɔ:liks] v. confundir, atrapalhar. **to ~ up** confundir as coisas.
boll weevil s. (Ent.) gorgulho do algodão m.
bollworm [b'oulwə:m] s. (Ent.) lagarta f. de uma mariposa da família dos Noctuídeos que ataca o algodoeiro (Heliothis armigera). **pink ~** (Ent.) lagarta-rosada.
bolometer [boul'ɔmitə] s. (Fís.) bolômetro m.: instrumento para medir calor radiante.
boloney [bəl'ouni] s. (E. U. A.) 1. linguíça-de-bolonha f. 2. bobagem, tolice f.
Bolschevik [b'oulʃəvik] s. comunista, bolchevista m. + f. ‖ adj. bolchevista, radical.
Bolshevism [b'oulʃəvizm] s. bolchevismo, comunismo m.
Bolshevist [b'oulʃəvist] s. bolchevista, bolchevique, comunista m. + f. ‖ adj. bolchevista.
Bolshevize, bolshevize [b'oulʃəvaiz] v. bolchevizar, tornar bolchevista.

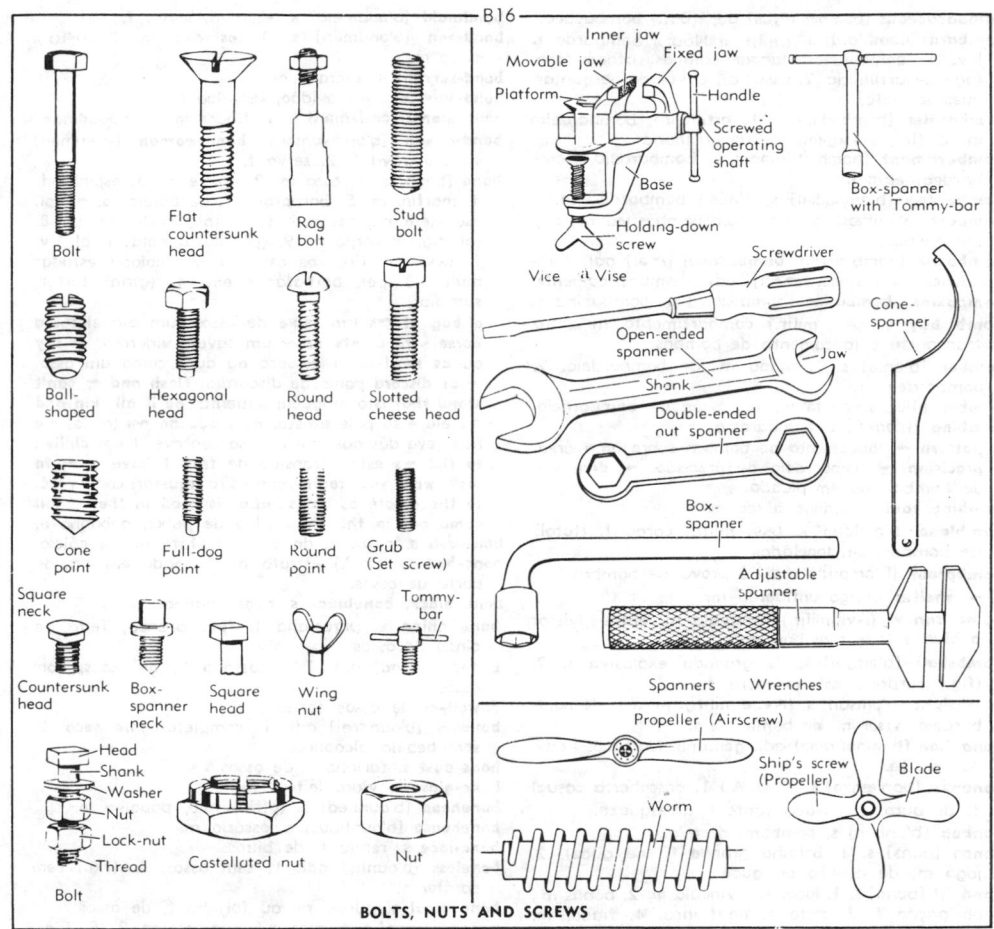

Flat countersunk head · Bolt · Rag bolt · Stud bolt · Ball-shaped · Hexagonal head · Round head · Slotted cheese head · Cone point · Full-dog point · Round point · Grub (Set screw) · Square neck · Tommy-bar · Countersunk head · Box-spanner neck · Square head · Wing nut · Head · Shank · Washer · Nut · Lock-nut · Thread · Castellated nut · Nut · Bolt

Inner jaw · Movable jaw · Fixed jaw · Platform · Handle · Screwed operating shaft · Base · Box-spanner with Tommy-bar · Holding-down screw · Vice à Vise · Screwdriver · Cone-spanner · Open-ended spanner · Jaw · Shank · Double-ended nut spanner · Box-spanner · Adjustable spanner · Spanners · Wrenches · Propeller (Airscrew) · Ship's screw (Propeller) · Blade · Worm

BOLTS, NUTS AND SCREWS

bolshy, bolshie [b'oulſi] abr. de **Bolshevik**.
bolster [b'oulstə] s. 1. travesseiro comprido m. (quadro B 6). 2. almofada f., coxim, amortecedor m. 3. (Constr.) sapata f. 4. (Náut.) cunha, raposa f. ‖ v. 1. suportar, apoiar (com almofada, etc. 2. escorar, amparar.
to ~ up apoiar, alimentar, nutrir (fig.).
bolstering [~riŋ] s. 1. suporte, apoio, esteio m. 2. estofamento m. almofada f. 3. (Med.) compressa f.
bolt (I) [boult] s. 1. pino, perno m., cavilha f. 2. parafuso m. com cabeça e porca (quadro B 16). 3. tranqueta f. (quadro L 5), ferrolho m. (quadro C 20). 4. seta, flecha curta f., dardo m. 5. raio m. 6. partida repentina, fuga f. 7. (E. U. A.) deserção f. de um partido político. 8. rolo m. de tecido (36,50 m) ou de papel fantasia (15 m). ‖ v. 1. disparar, sair às pressas. 2. correr, fugir. 3. assustar-se, disparar (cavalo). 4. ferir como um raio. 5. mastigar às pressas. 6. abandonar seu partido ou candidato. 7. trancar, fechar com ferrolho. 8. segurar com parafuso, aparafusar. 9. atirar, arremessar. 10. desalojar, expelir. 11. fazer impulsivamente. 12. engolir sem mastigar. 13. dar formato de parafuso a. 14. (E. U. A.) recusar apoio político a. ‖ adv. 1. subitamente, repentinamente. 2. diretamente.
a ~ from the blue um raio do céu azul (inespe-

rado). **he has shot his ~** (fig.) ele queimou seus cartuchos. **he made a ~ for the door** ele pulou em direção à porta.
bolt (II) [boult] v. 1. peneirar. 2. examinar cuidadosamente, separar (também **to ~ out**).
bolt-auger s. verruma f., trado m.
bolter (I) [b'oultə] s. 1. cavalo m. dado a disparar. 2. (E. U. A.) trânsfuga m.: o que abandona seu partido.
bolter (II) [b'oultə] s. (Téc.) aventadora, peneira f.
bolt-head s. 1. cabeça f. de parafuso. 2. (milit.) cabeça f. de culatra.
bolting (I) [b'oultiŋ] s. (Mec.) travamento, bloqueio m.
bolting (II) [b'oultiŋ] s. peneiração f.
bolting-cloth s. estamenha f.
bolt-rope s. (Náut.) tralha f.: corda à qual estão costuradas as velas.
bolus [b'ouləs] s. 1. (Farm., Veter., Med.) massa redonda f., macia, como de comida mastigada. 2. pílula grande f.
bomb [bom] s. 1. bomba f., projetil m. 2. acontecimento inesperado m. ‖ v. atacar com bombas, bombardear, lançar bombas.
Bombacaceae [bombak'eisii:] s. pl. (Bot.) Bombacáceas f. pl.

bombacaceous [bɔmbək'eiʃəs] adj. (Bot.) bombacáceo.
bombard [bɔmb'a:d] s. (milit. e Náut.) bombarda f.
‖ v. 1. bombardear: lançar bombas, atacar com fogo de artilharia. 2. assediar, crivar de perguntas, questões, etc.
bombardier [bɔmbəd'iə] s. 1. artilheiro, bombardeiro m. 2. (Ingl.) sargento m. de artilharia.
bombardment [bɔmb'a:dmənt] s. bombardeio, bombardeamento m.
bombardon [b'ɔmbədən] s. (Mús.) bombardão m.
bombast [b'ɔmbæst] s. linguagem bombástica f. ‖ adj. bombástico.
bombastic [bɔmb'æstik], **bombastical** [~əl] adj. bombástico, empolado. ‖ ~ally adv. bombasticamente.
bombazine, bombasine [bɔmbəz'i:n] s. bombazina f.
bomb bay s. (Av. milit.) compartimento m. para transporte e lançamento de bombas.
bomber [b'ɔmə] s. 1. avião m. de bombardeio. 2. bombardeiro m.
bomber pilot s. piloto m. de avião de bombardeio.
bombing [b'ɔmiŋ] s. bombardeio m.
  pattern ~ lançamento de bombas sobre uma área.
  precision ~ bombardeio de precisão. ~ **dive** vôo de bombardeio em picada.
bombing raid s. ataque aéreo m.
bombload [b'ɔmloud] s. (Av. milit.) carga f. (total) de bombas, em toneladas.
bombproof [b'ɔmpru:f] adj. à prova de bombas.
  ~ **shelter** abrigo antiaéreo m.
bomb run s. (Av. milit.) intervalo m. entre avistar o alvo e lançar as bombas.
bombshell [b'ɔmʃel] s. 1. granada explosiva f. 2. (fig.) surpresa estarrecedora f.
bombsight [b'ɔmsait] s. (Av. e milit.) mira f. de bombardeio, visor m. de bombardeio.
bona fide [b'ounəf'aidə] adj. genuíno, legítimo. ‖ adv. de boa fé.
bonanza [bon'ænzə] s. (E. U. A.) 1. descoberta casual f. de ouro. 2. (coloq.) fonte f. de riqueza.
bonbon [b'ɔnbɔn] s. bombom, doce m.
bonce [bɔns] s. 1. bolinha grande f. (de gude). 2. jogo m. de bolinha de gude.
bond (I) [bɔnd] s. 1. laço, elo, vínculo m. 2. bônus m., obrigação f. 3. carta f. de fiança. 4. fiador m. 5. acordo, contrato, compromisso 6. (Com.) retenção f. de mercadorias até o pagamento das taxas. 7. (Const.) juntura, ligação f. de tijolos (quadro B 22). 8. tala f. de junção. 9. argamassa f., aglutinante m. 10. espécie de papel firme, não calandrado. 11. ~s pl. grilhões m. pl., algemas f. pl. 12. cativeiro m. ‖ v. 1. (E. U. A.) hipotecar. 2. penhorar. 3. segurar, obter fiança. 4. reter (mercadoria) sob guarda, até o pagamento das taxas. 5. ligar, unir. 6. aglutinar-se.
  ~s **of friendship** laços de amizade. **in** ~ sob retenção alfandegária. **in** ~s algemado. ~**ed debt** dívida constituída por obrigações. ~**ed goods** mercadorias sob guarda alfandegária. **to take out of** ~ retirar da alfândega, tornar isento de obrigações.
bond (II) [bɔnd] adj. cativo, escravo, não livre.
bondage [b'ɔndidʒ] s. 1. escravidão, servidão f. 2. dependência, sujeição f. 3. cativeiro m.
bond-creditor s. credor hipotecário m.
bond-debt s. dívida f. assegurada por títulos.
bonded [b'ɔndid] adj. 1. hipotecado, caucionado. 2. depositado na alfândega (até o pagamento das taxas).
  ~ **warehouse** (ou **store**) armazém de depósito na alfândega (quadro H 3).
bonder [b'ɔndə] s. juntoura f., perpianho m.
bondholder [b'ɔndhouldə] s. obrigacionista m. + f.

bondmaid [b'ɔndmeid] s. escrava, serva f.
bondman [b'ɔndmən] s. 1. escravo m. 2. (Hist.) servo m.
bond-servant s. escravo m.
bond-service s. escravidão, servidão f.
bondsman [b'ɔndzmən] s. 1. fiador m. 2. = **bondman**.
bondwoman [b'ɔndwumən], **bondswoman** [-zwumən] s. 1. escrava f. 2. serva f.
bone [boun] s. 1. osso m. 2. chifre m. 3. espinha f. 4. marfim m. 5. barbatana f. de baleia. 6. ~s pl. esqueleto m. 7. (pl.) dados m. pl. 8. (pl. fig.) o corpo m. 9. (pl.) castanholas f. pl. ‖ v. 1. desossar, tirar os ossos a. 2. (coloq.) estudar muito. 3. pôr barbatanas em. 4. (gíria) furtar, surripiar.
  a **bag of** ~s um feixe de ossos, um esqueleto. a **horse with plenty of** ~ um cavalo vigoroso. **as dry** ou **as hard as a** ~ seco ou duro como um osso. ~ **of discord** pomo de discórdia. **flesh and** ~ **can't stand that** isto ninguém agüenta. **he is all skin and** ~s ele é só pele e osso. **he made no** ~s (gíria) ele não teve dúvidas, ele não se conteve. **I am chilled to the** ~s estou transido de frio. **I have a** ~ **to pick with you** tenho contas a ajustar com você. **to the** ~ até os ossos. **what is bred in the** ~ **will come out in the flesh** filho de peixe, peixinho é.
bone-ash s. cinza f. de ossos, fosfato m. de cálcio.
bone-bed s. (Geol.) estrato m. formado em grande parte de ossos.
bone black, boneblack s. negro animal m.
bone china s. porcelana f. fina branca, feita de cinza de ossos.
boned [bound] adj. 1. desossado 2. de ossos, com ossos.
  well-~ de ossos fortes.
bonedry [b'oundrai] adj. 1. completamente seco. 2. sem bebida alcoólica.
bone-dust s. farinha f. de ossos.
bone-glass s. vidro leitoso m.
bonehead [b'ounhed] s. (gíria) tolo, papalvo m.
bonehouse [b'ounhaus] s. ossário m.
bone-lace s. renda f. de bilros.
boneless [b'ounlis] adj. 1. sem ossos. 2. (fig.) sem caráter.
bone meal s. adubo m. ou farinha f. de ossos.
boner [b'ounə] s. 1. pessoa f. que desossa. 2. (E. U. A., gíria) erro estúpido m.
  to pull a ~ fazer uma tolice.
boneset [b'ounset] s. (Bot.) espécie de eupatório (Eupatorium perfoliatum).
bone-setter s. 1. ortopedista m.+f. 2. (joc.) médico m.
bone-spavin s. (Veter.) esparavão ósseo m.
bone-turner s. o que torneia ou trabalha em marfim m.
bonfire [b'ɔnfaiə] s. fogueira f. ao ar livre, acesa para fins de festa, sinalização e outros.
bonhomie, bonhommie [b'ɔnɔmi:] s. bonomia, bondade f.
boniness [b'ouninis] s. natureza óssea f.
bonito [bon'i:tou] s. (espanhol, Ict.) bonito, peixe-serra m., sarda f.
bonner [b'ɔnə] s. (Oxford) fogueira f. em sinal de alegria.
bonnet [b'ɔnit] s. 1. gorro m. usado por mulheres e crianças, amarrado por baixo do queixo. 2. boné m. 3. penacho m. usado pelos índios dos E. U. A. 4. capota, tampa f. (de máquina ou motor). 5. capota f. de automóvel. 6. saco m. de chaminé. 7. chapeleta f. de válvula. 8. (Náut.) saia f. da vela. ‖ v. cobrir com gorro ou boné.
bonnet pepper s. (Bot.) pimentão-doce m.
bonny, bonnie [b'ɔni] adj. (esc.) 1. bonito, bem-pare-

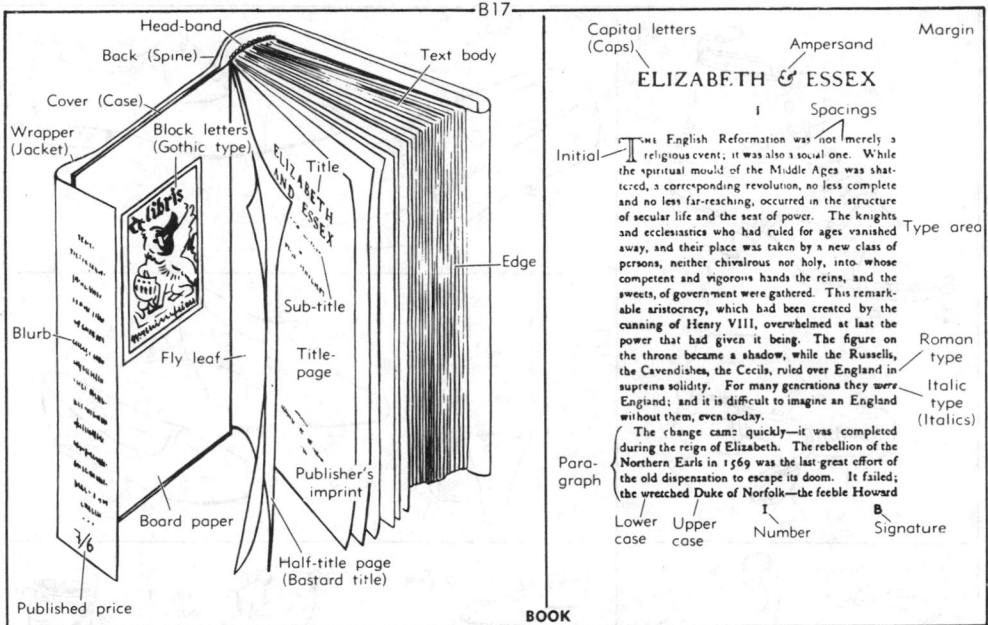

Head-band
Back (Spine)
Text body
Cover (Case)
Wrapper (Jacket)
Block letters (Gothic type)
Title
Sub-title
Edge
Blurb
Fly leaf
Title-page
Board paper
Publisher's imprint
Half-title page (Bastard title)
Published price

Capital letters (Caps)
Ampersand
Margin

ELIZABETH & ESSEX

Spacings

Initial

Tᴴᴱ English Reformation was not merely a religious event; it was also a social one. While the spiritual mould of the Middle Ages was shattered, a corresponding revolution, no less complete and no less far-reaching, occurred in the structure of secular life and the seat of power. The knights and ecclesiastics who had ruled for ages vanished away, and their place was taken by a new class of persons, neither chivalrous nor holy, into whose competent and vigorous hands the reins, and the sweets, of government were gathered. This remarkable aristocracy, which had been created by the cunning of Henry VIII, overwhelmed at last the power that had given it being. The figure on the throne became a shadow, while the Russells, the Cavendishes, the Cecils, ruled over England in supreme solidity. For many generations they were England; and it is difficult to imagine an England without them, even to-day.

The change came quickly—it was completed during the reign of Elizabeth. The rebellion of the Northern Earls in 1569 was the last great effort of the old dispensation to escape its doom. It failed; the wretched Duke of Norfolk—the feeble Howard

Type area
Roman type
Italic type (Italics)
Paragraph

Lower case
Upper case
Number
Signature

BOOK

cido. 2. sadio, saudável. 3. fino, excelente.
bonny-clabber s. coalhada f.
bonus [b'ounəs] s. 1. bonificação f., prêmio extra m. 2. dividendo m.
~ share ação grátis.
bony [b'ouni] adj. 1. ósseo, como osso. 2. cheio de ossos. 3. ossudo, com ossos grandes. 4. magro, esquelético.
bonze [bɔnz] s. bonzo m.: monge budista m.
boo [bu:] interj. exclamação de desgosto ou com a finalidade de assustar. ‖ v. 1. gritar. 2. vaiar.
boob [bu:b] s. (E. U. A., gíria) simplório, estúpido m.
booboisie [bu:bwa:z'i:] s. os tolos m. pl. coletivamente.
booby [b'u:bi] s. 1. bobo, simplório m., pessoa estúpida f. 2. (Orn.) mergulhão m. 3. o último, o pior m. (em jogo ou competição).
booby-hatch s. (Náut.) 1. escotilha f. da ré. 2. (E.U.A.) (coloq.) hospício m.
boobyish [b'u:biiʃ] adj. estúpido, bobo.
booby-prize s. (Esp.) prêmio m. de consolação, para o competidor mais fraco.
booby-trap s. 1. armadilha f. para pregar uma peça em alguém. 2. petardo camuflado m.
boodle [bu:dl] s. (E. U. A., gír.) 1. cambada f. 2. bola f., dinheiro m. para suborno. ‖ v. subornar, peitar.
boogiewoogie [b'ugiw'ugi] s. (Mús.) espécie de "blues" instrumental, caracterizada por notas baixas contrastando com as variações melódicas.
boo-hoo s. choro, berreiro m. ‖ v. gritar, berrar, chorar.
book [buk] s. 1. livro m. (quadro B 17). 2. caderno m. 3. divisão f. de uma obra literária, tomo m. 4. letra f. de ópera ou opereta, libreto m. 5. texto m. de peça teatral. 6. registro m. de apostas. 7. bloco, talão m., 8. vazas f. pl. feitas em jogo de cartas. 9. **the Book** a Bíblia f. 10. livro contábil m. ‖ v. 1. registrar, marcar em livro. 2. reservar, inscrever-se. 3. tirar bilhete, comprar passagem. 4. despachar (bagagem ou mercadorias).
a ~ of stamps um caderno de selos. **~ of reference**

livro de consultas. **by (the) ~** (coloq.) corretamente. **devil's ~s** baralho. **he is at his ~s** ele está estudando. **he is on the ~s of the society** ele é membro registrado da sociedade. **he keeps ~s** ele é guarda-livros. **he kissed the Book** ele beijou a Bíblia (no ato do juramento). **he took a leaf out of my ~** ele aprendeu de mim. **he took his name off the ~** ele mandou riscar seu nome da lista de sócios. **I am deep in his ~s** tenho muitas dívidas com ele. **I am in his good (bad) ~s** sou benquisto (malquisto) por ele. **I brought him to ~** chamei-o à atenção, pedi satisfações a ele. **it doesn't suit my ~s** (fig.) não me agrada. **the first ~ of Vergil** o primeiro livro da Eneida. **the number of students on her (the University's) ~s** o número de estudantes matriculados. **to bring to ~** lançar em livro contábil. **to close ~s** fechar, encerrar livros. **to get into one's good ~s** cair nas boas graças de alguém. **to know like a ~** saber exatamente. **to know off ~** saber de cor **without the ~** de cor, de memória. **I am ~ed** (coloq.) sou forçado (**to do** a fazer). **I ~ed two seats for** reservei duas entradas para... **to be ~ed** (coloq.) estar perdido. **to be ~ed up** estar repleto (hotel, etc.)
bookbinder [b'ukbaində] s. encadernador m.
bookbindery [~ri] s. (E. U. A.) oficina f. de encadernação.
bookbinding [b'ukbaindiŋ] s. encadernação f.
bookcase [b'ukkeis] s. estante f. ou armário m. para livros (quadro C 20).
book club s. clube do livro m.
book end s. suporte m. para livros.
bookhunter [b'ukhʌntə] s. bibliófilo m.: colecionador de livros.
bookie [b'uki] s. (gíria Turfe) = **bookmaker**.
booking [b'ukiŋ] s. registro m., reserva f. (de passagens, de bilhetes, etc.).
advance ~ venda com antecedência.
booking-clerk [~kla:k] s. 1. bilheteiro m. 2. funcionário m. que despacha carga ou bagagem.

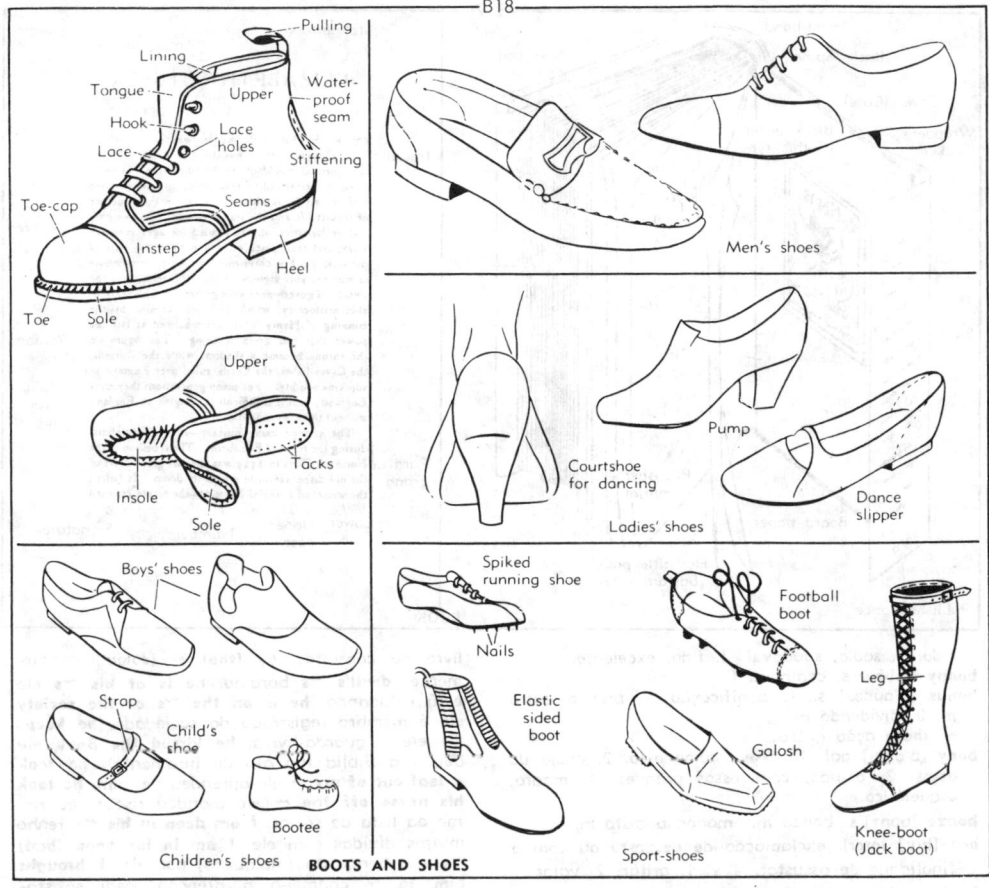

—B18—

BOOTS AND SHOES

booking-office s. bilheteria f.
bookish [b'ukiʃ] adj. 1. que gosta de ler ou de estudar, estudioso. 2. livresco. 3. pedante, formal. ‖ ~ly adv. 1. estudiosamente. 2. teoricamente. 3. pedantemente.
bookishness [~nis] s. 1. gosto m. pelos livros. 2. inclinação f. pelo estudo. 3. cultura livresca f. 4. conhecimento teórico m.
book jacket s. capa f. de livro.
bookkeeper [b'ukki:pə] s. guarda-livros m.
book-learned adj. 1. erudito. 2. teórico.
book-learning, book-lore [b'uklɔ:] s. cultura livresca f., conhecimento teórico m.
booklet [b'uklit] s. livrinho m., brochura f.
bookmaker [b'ukmeikə] s. 1. autor m. ou editor m. de livros. 2. (Túrfe) agenciador m. de apostas.
bookman [b'ukmən] s. 1. estudioso m. 2. livreiro m.
bookmark [b'ukma:k] s. marcador m. de páginas.
bookmobile [b'ukmoubil] s. (E. U. A.) biblioteca f. ambulante.
book of accounts s. livro caixa m.
Book of Books s. Livro m. dos Livros: a Bíblia.
book of commissions s. registro m. de compras.
bookplate [b'ukpleit] s. ex-libris m.
book post s. impresso m. (enviado por correio).
  by ~ como impresso
book printing paper s. papel m. para livros.
bookrack [b'ukræk] s. 1. suporte m. para apoiar um livro aberto. 2. estante f. para livros.
book rest s. descanso m. para livros (quadro B 9).
book review s. crítica literária f.
book reviewer s. crítico literário m.
bookseller [b'ukselə] s. livreiro m.
bookselling [b'ukseliŋ] s. (também ~ **trade**) comércio m,. venda f. de livros.
bookshelf [b'ukʃelf] s. prateleira f. para livros (quadro F 8).
bookshop [b'ukʃɔp] s. livraria f.
bookstall [b'ukstɔ:l] s. banca f., quiosque m. para venda de livros.
bookstand [b'ukstænd] s. estante f. ou prateleira f. para livros.
bookstore [b'ukstɔ:] s. (E. U. A.) livraria f.
book-trade s. comércio m. de livros.
book value s. valor m. escriturado nos livros.
bookworm [b'ukwə:m] s. 1. traça f. (que destrói livros). 2. pessoa f. muito afeiçoada aos livros.
boom (I) [bu:m] s. 1. estrondo m. (como tiro de canhão). 2. (E. U. A.) incremento, aumento m. (de atividade, de negócios), crescimento m. 3. propaganda f. (política), publicidade f. ‖ v. 1. (E. U. A.) lançar-se, arrojar-se. 2. estrondear, ribombar. 3. (E. U. A.) expandir-se, aumentar em atividade, crescer rapidamente. 4. fazer propaganda intensiva. ‖ adj. (E. U. A.) produzido por alta.
boom (II) [bu:m] s. 1. pau-de-carga m. (quadro D 5).

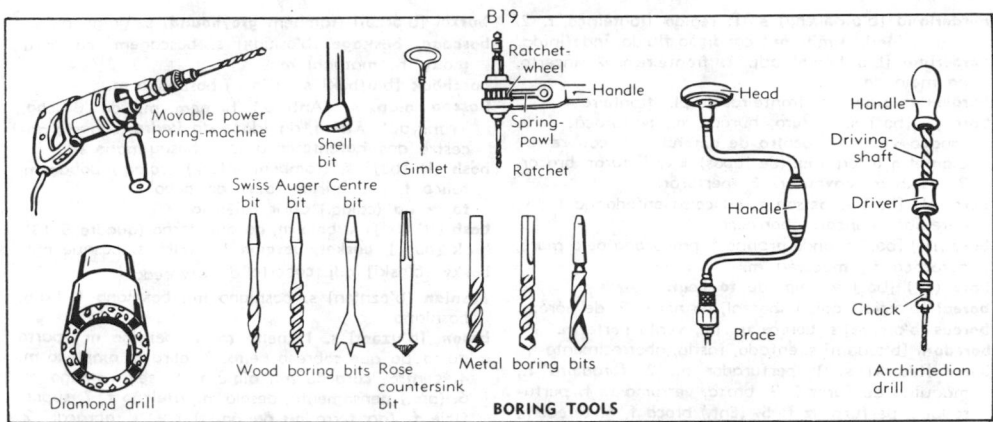

B19

Movable power boring-machine

Swiss bit
Auger bit
Centre bit

Shell bit

Gimlet

Ratchet-wheel
Handle
Spring-pawl
Ratchet

Head
Handle
Brace

Handle
Driving-shaft
Driver
Chuck

Diamond drill

Wood boring bits
Rose countersink bit

Metal boring bits

Archimedian drill

BORING TOOLS

2. (Náut.) botaló m. (quadro S 2). 3. (E. U. A.) linha f. ou corrente f. de estacas para fechar um porto.
boomerang [b'u:məræŋ] s. bumerangue m.
boom town s. cidade f. de rápido crescimento.
boon (I) [bu:n] s. 1. bênção f., benefício m. 2. (†) obséquio, favor m.
boon (II) [bu:n] adj. 1. alegre, feliz. 2. (poét.) bondoso.
boon-companion s. colega m. de farra.
boor [buə] s. 1. pessoa f. apalhaçada, rude ou grosseira. 2. camponês, rústico m.
boorish [b'uəriʃ] adj. apalhaçado, rude, grosseiro. ‖ ~ly adv. 1. rusticamente. 2. grosseiramente.
boorishness [~nis] s. rusticidade, grosseria f.
boost [bu:st] s. (E. U. A.) auxílio m. (para progredir), impulso m. ‖ v. 1. propugnar, empurrar, impulsionar. 2. (gíria) recomendar calorosamente. 3. levantar, aumentar. 4. animar, encorajar. 5. elevar a tensão de (circuito elétrico).
booster [b'u:stə] s. 1. propugnador m.: o que dá auxílio ou apoio. 2. (Eletr.) dínamo m. de reforço.
boot (I) [bu:t] s. 1. bota f. (de couro ou de borracha) (quadro B 18). 2. botina f. 3. avental m. de boléia. 4. pontapé, chute m. 5. (gíria) despedida, demissão f. 6. porta-malas m. (de automóvel). 7. (E. U. A.) recruta m. da marinha. ‖ v. 1. calçar botas ou botinas. 2. chutar, dar pontapé em. 3. demitir.
elastic ~s botas elásticas. **half-~** botinas baixas. **ogre's ~s** botas de sete léguas. **top-~s** botas de cano alto. **he died in his ~s** ele trabalhou até morrer. **he got the ~** (gíria) ele foi demitido. **like old ~s** (gíria) como o diabo, enorme. **Puss in Boots** o gato de botas. **the ~ is on the other leg** de outro modo está certo. **to make one ~ serve for either leg** falar de modo dúbio. **to sound ~ and saddle** soar o toque de montar (cavalaria). **to ~ out** pôr para fora. **~ed and spurred** de botas e esporas.
boot (II) [bu:t] s. vantagem f., proveito m. ‖ v. beneficiar, ser útil.
to ~ além disso. **what ~s it?** o que adianta?
bootblack [b'u:tblæk] s. engraxate m.
boot camp s. (E. U. A., milit.) campo m. de treino de recrutas.
bootee [b'u:ti:] s. (E. U. A.) sapato macio m. para criança ou mulher (quadro B 18).
booth [bu:ð] s. 1. barraca f., lugar onde se vendem ou expõem objetos em feira, etc. 2. cabina f. (telefônica). 3. cabina indevassável f. para votar.
boothose [b'u:thouz] s. polaina f.

bootjack [b'u:tdʒæk] s. descalçadeira f.
bootlace [b'u:tleis] s. cordão m. de sapato.
boot-last s. encóspias f. pl.: formas para sapatos.
bootleg (I) [b'u:tleg] s. cano m. de bota.
bootleg (II) [b'u:tleg] s. (E. U. A.) bebida alcoólica f. feita ou vendida clandestinamente. ‖ v. 1. (E. U. A.) negociar ilegalmente. 2. fazer contrabando. ‖ adj. ilícito, feito ou transportado ilegalmente.
bootlegger [~ə] s. (E. U. A.) 1. fabricante clandestino m. de bebidas alcoólicas. 2. contrabandista m.
bootless [b'u:tlis] adj. 1. descalço. 2. inútil, sem proveito. ‖ ~ly adv. inutilmente.
bootlick [b'u:tlik] s. (E. U. A., gíria) bajulador, lambe-esporas m. ‖ v. adular, bajular.
bootmaker [b'u:tmeikə] s. sapateiro m.
boots [bu:ts] s. (coloq.) engraxate m., servente m. + f. (em hotel).
lazy-~! preguiçoso! **sly-~!** sabidão!
boot sole s. palmilha f.
bootstrap [b'u:tstræp] s. alça f. na borda do cano da bota.
to pull o.s. up by one's own ~ vencer com esforço próprio.
boot-trees s. pl. encóspias f. pl.
booty [b'u:ti] s. 1. saque m., presa f. de guerra. 2. roubo m., pilhagem f. 3. prêmio m., recompensa f.
booze [bu:z] s. (coloq.) 1. bebida alcoólica f. 2. bebedeira f. ‖ v. beber em excesso, embriagar-se.
boozy [b'u:zi] adj. embriagado, intoxicado.
bo-peep [boup'i:p] s. esconde-esconde m.
to play at ~ 1. brincar de esconder. 2. (fig.) tergiversar.
boracic [bor'æsik] adj. (Quím.) bórico.
borage [b'oridʒ] s. (Bot.) borragem f.
borate [b'ɔ:reit] s. (Quím.) borato m.: sal ou éster do ácido bórico. ‖ v. misturar ou impregnar com bórax.
borax [b'ɔ:ræks] s. (Quím.) bórax, borato de sódio m.
Bordeaux mixture s. calda bordalesa f., inseticida m.
border [b'ɔ:də] s. 1. margem, borda, beira f. 2. fronteira f., limite m. 3. orla, extremidade, bainha f., remate, debrum m. 4. bordadura f. (de jardim). ‖ v. 1. limitar, formar fronteira. 2. confinar, limitar com. 3. debruar, bordar, orlar. 4. (fig.) tocar, atingir, chegar a.
the Border fronteira entre a Inglaterra e a Escócia.
bordereau [b'ɔ:dərou] s. relação f. de documentos.
borderer [b'ɔ:dərə] s. fronteiriço m.: habitante das regiões fronteiriças.
borderers [~z] s. pl. regimento m. que guarnece a fronteira.

borderland [b'ɔ:dəlænd] s. 1. região fronteiriça f. 2. (fig. e Med.) limite m.: condição fluida, indefinida.
borderline [b'ɔ:dəlain] adj. 1. fronteiriço. 2. incerto, no meio de.
borders [b'ɔ:dəz] s. fronteiras f. pl., fronteira f.
bore (I) [bɔ:] s. 1. furo, buraco m., perfuração f. 2. espaço vazio m. dentro de um tubo. 3. calibre m., diâmetro interno m. (de tubos). ‖ v. 1. furar, brocar. 2. escavar, cavoucar. 3. perfurar.
bore (II) [bɔ:] s. pessoa f. ou coisa enfadonha f. ‖ v. entediar, cansar, aborrecer.
bore (III) [bɔ:] s. onda grande f. provocada pela maré, pororoca f., macaréu m.
bore (IV) [bɔ:] v. imp. de **to bear**.
boreal [b'ɔ:riəl] adj. 1. boreal, do norte. 2. de bóreas.
boreas [b'ɔ:riæs] s. bóreas m. pl., vento norte m.
boredom [b'ɔ:dəm] s. enfado, fastio, aborrecimento m.
borer [b'ɔ:rə] s. 1. perfurador m. 2. furadeira f., máquina de furar f. 3. broca, verruma f. 4. perfuradora, perfuratriz f. 5. (Ent.) broca f. 6. teredem, gusano m.: molusco que fura o casco dos navios.
boresome [b'ɔ:səm] adj. cansativo, enfadonho.
boric [b'ɔ:rik] adj. bórico.
boric acid s. ácido bórico m.
boring (I) [b'ɔ:riŋ] s. 1. perfuração, furagem f. 2. furo, orifício, buraco m. 3. brocagem f., broqueamento m. 4. sondagem f. 5. ~s pl. aparas f. pl. de furagem.
boring (II) [b'ɔ:riŋ] adj. maçador, enfadonho.
boring-bar s. suporte m. ou barra f. para ferramenta de furar.
boring-clamp s. sargento m.
boring machine s. máquina f. de brocar (quadro B 19).
born [bɔ:n] v. p. p. de **bear**. ‖ adj. 1. nascido. 2. nato, inato.
~ **again** nascido outra vez. ~ **deaf and dumb** surdo-mudo de nascença. ~ **of Virgin Mary** nascido da Virgem Maria. **first**-~ primogênito. **he was** ~ **to be hanged** ele tem uma cara patibular. **he was** ~ **an Englishman** ele é inglês nato. **he was** ~ **and bred in London** ele nasceu e foi criado em Londres. **he was** ~ **lazy** ele já nasceu preguiçoso. **he is a** ~ **poet** ele é um poeta nato. **he was** ~ **to success, to be successful** ele estava predestinado a vencer. **I was not** ~ **yesterday** não nasci ontem. **in all my** ~ **days** (coloq.) toda minha vida.
borne [bɔ:n] v. p. p. de **bear**.
borneol [b'ɔ:nioul] s. (Quím.) borneol m.
bornite [b'ɔ:nait] s. (Miner.) bornita f.
boron [b'ɔ:rɔn] s. (Quím.) boro m.: elemento metalóide.
boron carbide s. (Quím.) carbureto m. de boro.
borough [b'ʌrə] s. 1. (E. U. A.) vila f. com plenos direitos políticos. 2. (E. U. A.) uma das cinco divisões da cidade de Nova York. 3. cidade sede f. de município. 4. circunscrição eleitoral f. 5. (Hist.) burgo m. 6. (Hist.) cidadela f.
borough English (Jur.) s. legado m. ao filho ou herdeiro mais jovem.
borrow [b'ɔrou] s. 1. empréstimo m. 2. objeto m. de empréstimo. ‖ v. 1. emprestar, obter emprestado. 2. tomar, apropriar-se de. 3. (Mat.) tirar do algarismo anterior (na subtração).
~**ed plumes** (fig.) méritos alheios que se procura impingir como próprios. **to** ~ **trouble** preocupar-se à toa.
borrowed light s. clarabóia f.
borrower [b'ɔrouə] s. o que pede ou toma emprestado m.
borscht [bɔ:ʃt] s. sopa f. de beterraba e repolho.
Borstal [bɔ:stl] s. instituto correcional m. para jovens, na Inglaterra.

borzoi [b'ɔ:zɔi] (também **greyhound**) s. galgo m.
boscage, boskage ι b'ɔskidʒ] s. boscagem, capoeira moita f., matagal m.
boschbok [b'ɔʃbɔk] s. (Zool.) bosboque m.
Boscop man s. (Antrop.) homem m. de Boscop, Transvaal, África, da Idade da Pedra, suposto ancestre dos hotentotes atuais, bosquímano m.
bosh (I) [bɔʃ] s. (também interj.) (coloq.) bobagem, tolice f. ‖ v. (gíria) fazer de bobo.
to ~ **up** (coloq.) abrir falência.
bosh (II) [bɔʃ] s. bojo m. do alto forno (quadro B 13)
bosk [bɔsk], **bosket, bosquet** [b'ɔskit] s. bosque m.
bosky [b'ɔski] adj. coberto de arvoredo.
Bosnian [b'ɔzniən] s. bosniano m., bosniana f. ‖ adj. bosniano.
bosom [b'uzəm] s. 1. peito m. 2. peitilho m., parte da roupa que cobre o peito. 3. abraço, amplexo m. 4. centro, coração m., alma f. 5. seio, âmago m. 6. (arc.) pensamento, desejo m., afeição f. 7. superfície f. (da terra ou da água). ‖ v. 1. abraçar. 2. alimentar, nutrir. 3. esconder, encerrar no seio. ‖ adj. do peito, de confiança, íntimo.
~**-friend** amigo do peito. ~**-secret** segredo íntimo, segredo de amor. **he kept it in his** ~ ele o manteve em segredo. **in the** ~ **of the church** no seio da Igreja. **she put the letter in her** ~ ela guardou a carta no seio. **the wife of his** ~ sua querida esposa.
bosomed [~d] adj. 1. de peito, de seio. 2. (poét.) situado, colocado no seio de.
bosomy [b'uzəmi] adj. de seios grandes.
boss (I) [bɔs] s. (E. U. A., coloq.) 1. chefe, mestre, patrão, empregador m. 2. manda-chuva, chefe político m. ‖ v. 1. ser chefe de, dirigir, controlar. 2. ser ditador, mandar. ‖ adj. chefe, principal, mestre.
he ~**es the show** ele é o mandão.
boss (II) [bɔs] s. 1. (Bot. e Zool.) protuberância, bossa f. 2. ornamento, enfeite m (em relevo). 3. botão m., saliência, elevação f. 4. (Arquit.) almofada, bossagem f. 5. (Mec.) bossa f., cubo, meão m. 6. (Náut.) bojo, anel, olhal m. ‖ v. 1. enfeitar com ornamento em relevo. 2. colocar botão ou bossa.
bossage [b'ɔsidʒ] s. (Arquit.) bossagem f.
bossa nova s. bossa-nova f.: música popular brasileira.
bossism [b'ɔsizm] s. regime de controle m. esp. político.
bossy (I) [b'ɔsi] s. (E. U. A., coloq.) vaca f., bezerro m.
bossy (II)- [b'ɔsi] adj. com bossa.
bossy (III) [b'ɔsi] adj. mandão, dominante.
boston [b'ɔsti] s. bóston m.: 1. jogo de cartas. 2. espécie de valsa.
bosun [b'ousən] s. veja **boatswain**.
Boswell [b'ɔzwəl] s. biógrafo m. do Dr. Johnson. (fig.) biógrafo amigo m.
bot, bott [bɔt] s. (Ent.) berne m.
the ~**s** doença parasitária de cavalos e gado.
bot. abr. de **botanical, botany**.
botanic [bot'ænik], **botanical** [~əl] adj. botânico, relativo à botânica, relativo às plantas. ‖ ~**ally** adv. de modo botânico.
botanic garden s. jardim botânico m.
botanist [b'ɔtənist] s. botânico m.
botanize [b'ɔtənaiz] v. 1. estudar plantas. 2. herborizar, colecionar plantas.
botany [b'ɔtəni] s. 1. botânica f. 2. vida vegetal f. (de uma região). 3. propriedades ou característicos botânicos. 4. livro m. de botânica.
botch [bɔtʃ] s. remendo grosseiro m., serviço m. mal feito. ‖ v. 1. estragar, fazer mal feito. 2. remendar grosseiramente.

she made a ~ of it ela o remendou, ela o estragou.
botcher (I) [b'otʃə] s. 1. remendão m. 2. mau trabalhador m.
botcher (II) [b'otʃə] s. salmão novo m.
botchery [~ri] s. trabalho malfeito m.
botchy [b'otʃi] adj. remendado, malfeito.
botfly [b'otflai] s. (Ent.) gastrófilo m.
both [bouθ] adj. ambos, os dois, as duas. ‖ pron.
ambos, ambas. ‖ adv. juntamente, igualmente, tanto, bem como. ‖ conj. não só, tanto que.
~ are untrue ambos são falsos. **~ (the) boys** ambos os meninos. **~ he and she** tanto ele como ela.
~ his children suas duas crianças. **in ~ London
and Berlin** em Londres e em Berlim. **~ (of them)
were lost** ambos se perderam. **she is ~ good and
clever** ela é bondosa e inteligente.
bother [b'oðə] s. 1. preocupação f., incômodo m. 2
contrariedade f., aborrecimento m. 3. barulho m.,
bulha f. ‖ v. 1. aborrecer, incomodar. 2. preocupar-se, incomodar-se. 3. dar-se ao trabalho de.
to ~ about preocupar-se com. **~!** diabo! **~ it!** ao
diabo! **~ him!** o bobo! **I'll be ~ed!** é o cúmulo!
botheration [boðər'eiʃən] s. aborrecimento m
bothersome [b'oðəsəm] adj. 1. aborrecido, amolante.
2. incômodo.
bothy, bothie [b'oθi] s. (esc.) cabana f., rancho m.
bo tree s. pipal m., figueira-dos-pagodes f.
botryoid [b'otriɔid], **botryoidal** [botri'oidəl] adj. botri-
óide.
bott [bot] s. = **bot**.
bottle (I) [botl] s. 1. garrafa f., frasco, vidro m. 2.
capacidade f. de um frasco. 3. bebida alcoólica f.
4. mamadeira f. ‖ v. 1. engarrafar, pôr em frasco.
2. (seguido de **up**) conter, reter, refrear.
hot water ~ bolsa de água quente. **we chatted over
a ~** conversamos bebendo um bom trago. **stone~**
frasco de barro. **the child was brought up on the
~** a criança foi criada com a mamadeira. **they
cracked a ~** tomaram uma garrafa. **he ~d up his
rage** ele controlou-se.
bottle (II) [botl] s. feixe m.
a ~ of hay um feixe de feno. **a needle in a ~
of hay** uma agulha num palheiro.
bottle baby s. bebê m. alimentado com mamadeira.
bottle-brush s. 1. escova f. para limpar garrafas. 2
(Bot.) eqüisseto m., cavalinha f.
bottle-feeding s. alimentação f. com mamadeira.
bottle-flower s. (Bot.) escovinha, centáurea-azul t.
bottle green adj. cor verde-garrafa.
bottle-holder s. (Esp.) 1. segundo ajudante m. de
boxador. 2. (coloq.) defensor, apoiador m.
bottleneck [b'otlnek] s. 1. gargalo m. de garrafa. 2.
(fig.) passagem estreita f. 3. (fig.) condições f.
pl. que retardam o progresso.
bottle nose s. 1. nariz vermelho m. 2. (Zool.) mata-
-baleia m.
bottler [b'otlə] s. 1. engarrafador m. 2. engarrafa-
deira f., máquina f. de engarrafar.
bottle-rack s. prateleira f. para garrafas.
bottom [b'otəm] s. 1. fundo m., parte mais baixa f.,
grau mais baixo m. 2. superfície inferior f. 3. leito
m., fundo m. de rio, mar, etc. 4. **~s** pl. baixada,
margem baixa f. que acompanha um rio. 5.
(coloq.) nádegas f. pl., traseiro m. 6. assento m.
(de cadeira). 7. força, capacidade f. de resistência.
8. base f., fundamento, alicerce m. 9. (Náut.)
quilha f., casco m. de navio. 10. parte mais importante, essência f., âmago m. 11. origem, causa f.
12. borra f., sedimento m. ‖ v. 1. pôr assento em.
2. compreender plenamente. 3. assentar sobre base
ou fundamento, basear. 4. basear-se em (com **on**
ou **upon**). 5. alcançar o fundo de, tocar no fundo

de. ‖ adj. 1. do fundo, relativo ao fundo. 2. mais
baixo, inferior. 3. fundamental, básico.
at ~ (fig.) na realidade, no fundo. **at the ~ of it**
pensando bem. **~ up(-wards)** (Náut.) com a quilha
para cima. **~s up!!** vamos virar os copos! **every tub
must stand on its own ~** cada um por si. **from the
~ of my heart** do fundo do meu coração. **he was
wet from top to ~** ele estava completamente
molhado. **like a baby's ~** (liso) como a nádega de
uma criança. **the ship went, sank to the ~** o
navio foi ao fundo. **to search to the ~ of a thing**
investigar as origens de uma coisa. **we touched ~**
1. tocamos no fundo. 2. (fig.) chegamos ao nível
mais baixo. **double ~ed** com fundo duplo.
bottom gear s. (Autom.) primeira marcha f.
bottom glade s. (E. U. A.) desfiladeiro m.
bottom heat s. (Hort.) calor de baixo m.
bottom-lands s. pl. terras f. pl. de aluvião ao longo
das margens de um rio.
bottomless [b'otəmlis] adj. 1. sem fundo. 2. insondável, incompreensível.
bottom-line s. 1. linha final f. 2. linha f. de fundo.
bottommost [b'otəmmoust] adj. que está no nível mais
baixo, abaixo de tudo.
bottom-piece s. fundo m. de barril.
bottomry [b'otəmri] s. (Direito Marítimo) bondemeria
f.: dinheiro emprestado sobre o valor de navio.
botulism [b'otjulizm] s. (Med.) botulismo m.: intoxicação alimentar.
bouclé [bu:kl'ei] s. (fr.) tecido m. com a superfície
encaracolada. ‖ adj. encaracolado (tecido).
boudoir [b'u:dwa:] s. (fr.) vestiário m. de senhoras.
bougainvillea, [bu:gənv'iliə] s. (Bot.) primavera f.
bough [bau] s. ramo, galho m. de árvore.
boughs [bauz] s. pl. ramagem f.
bought [bo:t] v. imp. e p. p. de **buy.**
bougie [b'u:ʒi:] s. 1. vela f. de cera. 2. (Med.) vela
f. 3. (Med.) supositório m.
bouillon [bu:j'oŋ] s. (fr.) caldo m. de carne.
boulder, bowlder [b'ouldə] s. 1. seixo rolado m. 2.
matacão m. (errático). 3. pedra grande arredondada f. (transportada pela água ou pelo gelo).
erratic ~ bloco errático.
boulder-clay s. argila f. do período glacial.
boulder-formation s. dilúvio m.
boulder-period s. período glacial m.
boule [b'ouli:] s. rubi sintético m.
boulevard [b'u:ləva:] s. (fr.) bulevar m.: avenida larga
e arborizada f.
boulter [b'oultə] s. espinhel m.
bounce [bauns] s. 1. pulo, salto m. 2. elasticidade f.,
ressalto m. 3. (coloq.) vivacidade f., verve f. 4.
orgulho m., jactância f. 5. (E. U. A.) demissão f.
‖ v. 1. saltar, pular (como bola). 2. fazer saltar.
3. vir ou sair sem cerimônia. 4. bater violentamente
(porta, etc.) 5. ir de encontro a. 6. repreender,
censurar. 7. jactar-se, contar vantagem. 8. (coloq.)
mandar embora, demitir.
he ~d in at the door ele irrompeu portas a dentro.
he came ~ against a wall ele bateu violentamente
contra uma parede. **she ~d about** ela debateu-se.
bouncer [b'aunsə] s. 1. saltador m. 2. bola que salta
muito f. 3. (coloq.) fanfarrão, bazófio m. 4. mentira grossa f. 5. (gíria, E. U. A.) homem m. empregado para expulsar fregueses turbulentos de bares,
hotéis, etc.
bouncing [b'aunsiŋ] adj. 1. que pula, elástico. 2.
forte, grande. 3. vigoroso, cheio de saúde.
bouncy [b'aunsi] adj. 1. resiliente, animado. 2. (bola)
prestes a saltar.
bound (I) [baund] s. 1. pulo, salto m. 2. ressalto,

ricochete m. ‖ v. 1. pular, saltar. 2. ressaltar, ricochetear.
at a ~ de um pulo. to take a thing at a ~ aproveitar a oportunidade.
bound (II) [baund] v. imp. e p. p. de **bind**. ‖ adj. 1. encadernado. 2. obrigado, compelido, constrangido. 3. amarrado. 4. certo, seguro. 5. (coloq.) determinado, resolvido.
he is ~ to discover it ele com certeza o descobrirá, ele tem que descobri-lo. **I'm ~ to do it** fá-lo-ei com certeza. **to be ~ up in** (ou **with**) estar em ligação estreita com, ser muito dedicado a.
bound (III) [baund] s. 1. (geralmente ~s pl.) limite m., fronteira f. 2. ~s pl. região fronteiriça f. ‖ v. 1. limitar, confinar. 2. formar o limite ou a fronteira de. 3. citar as fronteiras de.
beyond all ~s além dos limites. **in ~s to British troops** entrada permitida para tropas britânicas. **out of ~s** 1. imoderado, descomedido. 2. (milit.) entrada proibida. **within ~s** moderado, comedido.
bound (IV) [baund] adj. com destino para, prestes a ir, em viagem para.
homeward ~ em viagem de volta. **where are you ~ for?** para onde você vai?
boundary [b'aundəri] s. 1. limite m., fronteira f. 2. divisa f.: marco m. de delimitação.
boundary line s. linha divisória, fronteira f.
bounden [b'aundən] adj. (†) obrigatório, sagrado.
it is my ~ duty é meu dever sagrado.
bounder [b'aundə] s. 1. demarcador m. de fronteiras. 2. (coloq.) salafrário m.
boundless [b'aundlis] adj. 1. ilimitado, sem limites, infinito. 2. enorme, vasto. ‖ ~ly adv. ilimitadamente.
boundlessness [~nis] s. infinidade, imensidão f.
bounteous [b'auntiəs] adj. 1. generoso, liberal. 2. abundante, copioso, farto. ‖ ~ly adv. 1. generosamente. 2. abundantemente.
that is really a too ~ helping serviram-me demais (à mesa).
bounteousness [~nis] s. bondade, liberalidade, generosidade f.
bountiful [b'auntiful] adj. = **bounteous**. ‖ ~ly adv. = = **bounteously**.
bounty [b'aunti] s. 1. generosidade, liberalidade f. 2. doação f. ou presente generoso m. 3. recompensa f., prêmio m. 4. subvenção f., subsídio m.
bounty-fed adj. subvencionado pelo governo.
bouquet [b'ukei] s. (fr.) 1. buquê, ramalhete m. 2. aroma m. do vinho. 3. aroma m., fragrância f.
Bourbon [b'uəbən] s. 1. membro m. da família real da França e Espanha. 2. (E. U. A.) conservador ferrenho m. 3. espécie de uísque.
bourdon [b'uədn] s. (Mús.) bordão m.: som baixo.
bourg [b'uəg] s. burgo m., vila, povoação f.
bourgeois (I) [b'uəʒwa:] (fr.) 1. pessoa da classe média f. 2. burguês, proprietário m. ‖ adj. 1. da classe média. 2. burguês.
bourgeois (II) [bə:dʒ'ɔis] s. (Tipogr.) tipo m. de corpo 9.
bourgeoisie [buəʒwa:z'i:] (fr.) s. 1. classe média f. 2. burguesia f. 3. proprietários, industriais m. pl.
bourn (I), **bourne** [buən] s. riacho, córrego m.
bourn (II), **bourne** [buən] s. 1. (†) limite m., fronteira f. 2. marco m., meta, mira f.
bourse [b'uəs] s. bolsa f. (de Paris).
bour tree [b'uətri:] s. (Bot.) sabugueiro m.
bouse (I) [bu:z] = **booze**.
bouse (II), **bowse** [baus, bu:s] v. (Náut.) içar, guindar.
bout [baut] s. 1. peleja, contenda, luta f. 2. turno m., vez f. 3. acometimento, ataque m. (doença).
drinking ~ rodada de bebida. **this ~** esta vez.

when it comes to my ~ quando chegar o meu turno.
bovine [b'ouvain, b'ouvin] s. bovino m. ‖ adj. 1 bovino. 2. lento, paciente, apático.
~ eyes olhos grandes e tristes.
bow (I) [bou] s. 1. arco m.: arma para atirar flechas. 2. arqueiro m.: pessoa que atira com arco. 3. curva, curvatura f. 4. nó m. (quadro C 13, H 4), laçada f. 5. (Mús.) arco m. 6. qualquer objeto ou coisa curvada. 7.ª arco-íris m. 8. aro m. ‖ v. 1. curvar, dobrar. 2. tocar (violino, etc.) com arco. ‖ adj. curvado, dobrado.
~ and ends laço com pontas compridas. **he bent** (ou **drew**) **the ~** ele armou o arco. **I have two strings to my ~** (fig.) tenho mais de uma possibilidade. **to draw the ~ up to the ear** esforçar-se, meter os peitos. **to draw the long ~** (coloq.) mentir, contar histórias, contar vantagem.
bow (II) [bau] s. 1. reverência, saudação f. 2. mesura f.: inclinação f. de cabeça. ‖ v. 1. reverenciar, curvar o corpo ou a cabeça em sinal de reverência, de respeito. 2. demonstrar reverência, inclinando o corpo ou a cabeça. 3. curvar, dobrar. 4. submeter-se. 5. oprimir, subjugar.
he ~ed and scraped ele desfez-se em mesuras. **he ~ed back to me** ele respondeu a minha saudação. **he ~ed himself out of the room** ele saiu do quarto sob mesuras. **he ~ed his thanks** ele curvou-se em agradecimento. **he ~ed to fate** ele submeteu-se ao destino. **he ~ed to me** ele me cumprimentou. **he made his ~** ele retirou-se (do palco).
bow (III) [bau] s. proa f. (de navio, de avião).
at her ~ na proa. **(to row) ~** (ser o) primeiro remador.
bow-bent [b'ou-] adj. curvado.
bow-compasses [b'ou-] s. compasso m. de mola (quadro D 5.)
bowdlerization [baudləraiz'eiʃən] s. expurgo m. de livros (segundo Th. Bowdler, editor inglês).
bowdlerize [b'audləraiz] v. expurgar livros.
bow-drill s. trado m. de rabeca.
bowel [b'auəl] s. 1. intestino m. 2. ~s pl. intestinos m. pl., entranhas f. pl. 3. vísceras f. pl. 4. ~s pl. parte interna f., centro m. ‖ v. estripar.
bowel movement s. evacuação intestinal f.
bower (I) [b'auə] s. 1. caramanchão m., abrigo m. de folhagem. 2. casa f. de jardim, casa f. de verão. 3. (†) quarto m. de dormir, quarto privado m.
bower (II) [b'auə] s. valete m. (baralho).
bower (III) [b'auə] s. (Náut.) ferro m. de leva.
bowery [~ri] adj. 1. sombreado. 2. coberto de folhagem.
the ~ distrito e rua na cidade de Nova York.
bowfin [b'oufin] s. (Ict.) âmia f.
bowhand [b'ouhænd] s. a mão f. que segura o arco.
bowhead [b'ouhed] s. (Zool.) baleia-branca f.
bowie-knife [b'ouin'aif] s. facão m. de caça.
bowing (I) [b'ouiŋ] s. (Mús.) movimento m. do arco.
bowing (II) [b'auiŋ] s. reverência, mesura f.
a ~ acquaintance pessoa que se conhece de vista.
bowknot [b'ounɔt] s. laço corrediço m.
bowl (I) [boul] s. 1. bacia, tigela f., vaso m. (quadro V 2). 2. capacidade f. de bacia ou tigela. 3. parte arredondada f., bojo m., cavidade f. 4. cabeça f. de cachimbo. 5. copo grande m. para beber. 6. bebida f., ato m. de beber. 7. concavidade f., estrutura f. em forma de bacia.
bowl (II) [boul] s. 1. boliche m.: bola de madeira usada em certos jogos. 2. ~s pl. partida f. de boliche. 3. lance m. de bola no boliche. ‖ v. 1. jogar boliche ou outro jogo com bola de madeira. 2. atirar a bola (no jogo de críquete). 3. fazer rolar.

to play at ~s jogar boliche. I ~ed him over (coloq.) deixei-o perplexo. **he is** ~ed out (fig.) ele é um homem liquidado.

bowleg [b'ouleg] s. perna torta f.

bowlegged [~d] adj. de pernas tortas, cambaio.

bowler (I) [b'oulə] s. 1. jogador m. de boliche. 2. lançador m. no jogo de criquete.

bowler (II) [b'oulə] s. (veja também **billycock**) chapéu-coco m. (quadro C 12).

bowlful [b'oulful] s. baciada, tigelada f.

bowline [b'oulin] s. (Náut.) 1. bolina f. 2. (também ~ knot) malha f.: nó de laço. **on a** ~ à bolina.

bowling [b'oulin] s. 1. jogo m. de boliche. 2. jogo m. com bolas de madeira. 3. criquete m.

bowling alley s. cancha f. (de madeira) para o jogo de boliche.

bowling-crease s. (criquete) linha f. da qual se lança a bola.

bowling-green s. gramado m. para jogo de boliche.

bowls [boulz] s. 1. jogo m. de boliche. 2. jogo m. em que se lançam bolas de madeira contra um marco ou outra bola. 3. jogo m. de bolas proticado na grama.

bowman (I) [b'oumən] s. arqueiro m.

bowman (II) [b'aumən] s. proeiro m.: remador de proa.

bow-net s. covo m.

bow-pen s. tira-linha m.

bow-saw s. serra de arco (quadros C 5, S 1).

bowshot [b'ouʃot] s. alcance m. de um tiro de arco.

bowsprit [b'ousprit] s. (Náut.) gurupés m.

Bow street [b'ou stri:t] s. rua em Londres onde se encontra a polícia central.

Bow street runners, Bow street officers s. (†) polícia m., detective m. de polícia.

bowstring [b'oustrin] s. corda f. de arco. || v. estrangular.

bowstring hemp s. 1. (Bot.) cânhamo-da-áfrica m. 2. espada-de-ogum f., rabo-de-camaleão m.

bow-tie s. borboleta f. (gravata) (quadro C 12).

bow-window s. janela f. de sacada em forma curvada.

bow-wow [b'auw'au] s. 1. imitação f. do latido de cão. 2. (infantil) cachorro m. 3. clamor m. ou protesto m. ruidoso. 4. fanfarronada, jactância f. || v. 1. ladrar, latir. 2. (fig.) rosnar. || interj. au, au!

bowyer [b'oujə] s. fabricante m. de arcos, arqueiro m.

box (I) [boks] s. 1, caixa (de madeira, de papelão, etc.) (quadro V 2), lata f., caixote m. 2. (Teat.) camarote m. (quadros S 10, J 3). 3. cabina f., cubículo, reservado m. 4. abrigo pequeno, compartimento m. 5. cocheira f. 6. estande m. 7. (Mec.) caixa f. que cobre ou protege um mecanismo, caixa f. de câmbio. 8. boléia f. 9. (E. U. A., Esp.) lugar m. do lançador no jogo de beisebol. 10. cofre m., caixa forte f. 11. espaço m. em jornal ou revista, separado por linhas. 12. presente m. de Natal, presente m., dádiva f. 13. estojo m. 14. situação embaraçosa f. 15. (E. U. A.) escavação f. em árvore (pinheiro) para colher seiva ou terebintina. 16. caixa postal f. 17. guarita f. de sentinela. 18. pequena casa f. de campo. 19. pavilhão m. de caça. 20. (Tipogr.) caixotim m. || v. 1. encaixotar, embalar em caixa, colocar em caixa. 2. prover de caixas. 3. (E. U. A.) fazer escavação em árvore para colher seiva ou terebintina. 4. fechar, enlatar. 5. (Náut.) = **boxhaul**.

ballot ~ urna (para votar). **Christmas**-~ presente de Natal. **hunting**-~ cabana de caça. **jury**-~ espaço reservado para os jurados. **musical** ~ caixa de música. **paint**-~ caixa de tintas para pintura. **letter**-~ caixa do correio. **prisoner's** ~ banco dos réus. **stage**-~ (teatro) camarote do proscênio. **strong** ~ caixa forte, cofre. **witness**-~ lugar das

testemunhas (em corte). **he is in the wrong** ~ ele está enganado. **he** ~ed the compass 1. (Náut.) ele carteou rumos. 2. ele terminou na ponta onde tinha começado.

box (II) [boks] tabefe m., bofetada f. || v. 1. esbofetear. 2. boxear, lutar com os punhos. ~ **on the ear** bofetada. I ~ed his ears esbofeteei-o.

box (III) [boks] s. 1. (Bot.) buxo m. 2. madeira f. de buxo.

box bed s. cama f. que se pode recolher em vão destinado especialmente para tal fim.

boxberry [b'oksberi] s. (Bot.) gualtéria f.

box-border s. moldura f. de vinhetas.

box calf s. couro m. de bezerro curtido com sais de cromo.

boxcar [b'okska:] s. (E. U. A.) vagão fechado m. de estrada de ferro para transporte de carga.

box card s. papelão m. para caixas.

box coat s. capote pesado m. para cocheiros.

boxed up adj. apertado, espremido.

box-elder s. (Bot.) negundo m.

boxer [b'oksə] s. 1. boxador m., pugilista m. + f. 2. raça de cachorro f., boxer m. 3. membro m. de uma sociedade de fanáticos chineses. **the** ~ **rising** levante dos fanáticos chineses (em 1900).

boxful [b'oksful] s. caixa cheia f.

box girder s. viga f. retangular, viga f. tipo caixa.

boxhaul [b'okshɔ:l] v. (Náut.) virar em roda.

boxing (I) [b'oksin] s. pugilismo m., luta f. de boxe.

boxing (II) [b'oksin] s. 1. encaixotamento m. 2. estojo m., caixa f. 3. material m. para fazer caixas.

Boxing-day s. dia m. dos presentes (para empregados, etc., a 26 e 27 de dezembro, na Inglaterra).

boxing-gloves s. luvas f. pl. de boxe.

boxing-time s. festas f. pl. de Natal.

box iron s. ferro m. de passar roupa.

box-jacket s. paletó liso m.

boxkeeper s. camaroteiro m., camaroteira f.

box-kite s. papagaio m. em forma de caixa.

box-lobby s. corredor m. do teatro, atrás dos camarotes.

box-number s. cifra f. de anúncio de jornal.

box-office s. bilheteria f. de teatro.

box pleat s. prega f. macha.

box-seat s. 1. assento m. na boléia, assento m. ao lado do cocheiro. 2. lugar m. de camarote.

boxthorn [b'oksθə:n] s. (Bot.) espinheiro alvar m.

boxwood [b'okswud] s. madeira f. de buxo.

boxy-lined adj. (Moda) de linhas retas.

boy [boi] s. 1. menino, moço, rapaz, moleque, garoto m. 2. empregado m. nativo (da China ou da Índia). **be** (ou **there's) a good** ~! seja bonzinho. ~ **child** menino. **day** ~ aluno externo. **my** ~ meu filho. **old** ~ 1. velho amigo. 2. o velho (pai). **the** ~ (gíria) champanha. **the** ~s 1. os filhos. 2. nossos soldados.

boyar [bouj'a:] s. (Hist.) boiardo m.

boycott [b'oikət] s. boicote m. || v. boicotar.

boy friend s. (coloq.) amigo, namorado m.

boyhood [b'oihud] s. 1. meninice, juventude f. 2. grupo m. de meninos, garotada f.

boyish [b'oiiʃ] adj. 1. de menino. 2. como menino. 3. pueril, infantil. 4. apropriado para meninos. || ~**ly** como menino, puerilmente.

boyishness [~nis] s. criancice, infantilidade f.

boy scout s. escoteiro m.

Bp. abr. de **bishop**.

Br. abr. de **British, Britain**.

bra [bra:] abr. de **brassière** (E. U. A., coloq.)

brabble [bræbl] s. disputa, querela f. || v. disputar ruidosamente, querelar.

brace (I) [breis] s. 1. tira, cinta, atadura, braçadeira, junção f., grampo (quadro S 3). 2. reforço (quadro F 1), suporte, esteio m. 3. par, casal m. (de caça pequena). 4. (Arquit.) escora f., pontalete, espeque m. 5. (Tipogr. e Mús.) chave f., colchete m. 6. (Náut.) braço m. 7. cordas f. pl. do tambor (para esticar o couro). 8. ~s pl. suspensórios m. pl. ‖ v. 1. dar força ou firmeza a, suportar, apoiar, reforçar. 2. fixar, segurar, manter no lugar. 3. estimular. 4. colocar braçadeiras, cintas, tiras, grampos, etc. 5. atar, amarrar, ligar. 6. esticar, retesar. 7. (Náut.) bracear.
two ~ of ducks dois pares ou quatro patos. **a pair of ~s** suspensórios. **he ~d himself up** ele despertou, concentrou-se.
brace (II) [breis] s. arco-de-pua, berbequim m. (quadro B 19).
bracelet [br'eislit] s. 1. bracelete m., pulseira f. (quadro J 1). 2. ~s (brit.) suspensórios m. pl. (quadro C 12). 3. (joc.) algemas f. pl.
bracer [br'eisə] s. 1. braçal m., proteção f. para o braço (de arqueiros). 2. (E. U. A., coloq.) bebida alcoólica f.
brach [brætʃ] s. cadela f. usada para caça.
brachial [br'eikiəl] adj. (Anat. e Zool.) braquial, relativo ao braço.
brachial artery s. artéria braquial f.
brachiate [br'eikiət] adj. (Bot.) braquiado, que tem ramos em pares.
brachiopod [br'ækʃopəd] s. (Zool.) braquiópode m. ‖ adj. braquiópode.
brachium [br'eikiəm] s. (Anat. e Zool.) bráquio m.
brachycephalic [brækisef'ælik], **brachycephalous** [brækis'efələs] adj. braquicéfalo.
brachylogy [bræk'ilədʒi] s. concisão, brevidade f.
bracing [br'eisiŋ] s. 1. amarração f., suporte, esteio m. (quadro A 2). ‖ adj. estimulante, fortificante.
bracken [br'ækən] s. (Bot.) feto grande m., samambaia f.
bracket [br'ækit] s. 1. consolo m. (de pedra, de madeira, etc.) 2. suporte m. em forma triangular (quadro D 5). 3. parêntese m., (Mús.) colchetes m. pl. (quadro N 2). 4. arandela f., braço m. de lâmpada. 5. grupo m. (considerado ou mencionado como conjunto). 6. prateleira f. ou jogo m. de prateleiras fixo por consolo. 7. (milit.) enquadramento m. ‖ v. 1. apoiar com consolo ou suporte. 2. colocar entre parênteses. 3. agrupar, considerar como conjunto.
gas ~ braço m. para lâmpada de gás. **higher ~s!** (E. U. A.) salários mais altos. **in ~s** entre parênteses. **their names were ~ed together** 1. foram colocados no mesmo plano. 2. foram considerados noivos.
brackish [br'ækiʃ] adj. 1. salobro, salgado. 2. repugnante, desagradável, intragável.
brackishness [~nis] s. salinidade f.
bract [brækt] s. (Bot.) bráctea f.
bracteal [br'æktiəl] adj. (Bot.) bracteal.
bracteate [br'æktiət], **bracted** [br'æktid] adj. (Bot.) bracteado.
bracteolate [br'æktioleit] adj. bracteolado.
bracteole [br'æktioul], **bractlet** [br'æktlit] s. (Bot.) bractéola f.
brad [bræd] s. prego m. sem cabeça (quadro N 1).
bradawl [br'ædɔ:l] s. bradal, furador m., sovela f.
Bradbury [br'ædbəri] s. (gíria brit.) nota f. de uma libra ou de dez xelins.
bradshaw [br'ædʃɔ:] s. (nome) guia ferroviário, itinerário m.
bradycardia [brædik'a:diə] s. (Med.) bradicardia f.
bradykinetic [brædikin'etik] adj. de movimento lento.

brae [brei] s. (esc.) declive m., escarpa, ribanceira f.
brag [bræg] s. 1. jactância, fanfarronice f. 2. objeto de jactância. 3. fanfarrão, bazófio m. ‖ v. jactar-se, blasonar, fazer alarde.
braggadocio [brægəd'outʃiou] s. 1. jactância, fanfarrice f. 2. fanfarrão m.
braggart [br'ægət], **bragger** [br'ægə] s. fanfarrão, bazófio m.
Brahma [br'a:mə] s. 1. Brama: deus hindu m. 2. raça f. de galinhas.
Brahman [br'a:mən] s. brâmane, brâmine m. + f.
Brahmin [br'a:min] s. brâmane, brâmine m. + f.
Brahminee [bra:min'i:] s. mulher brâmane f.
Brahminic [bra:m'inik], **Brahminical** [~əl] adj. brâmane.
Brahminism [br'a:minizm] s. bramanismo m.
braid [breid] s. 1. trança f. (quadro H 1). 2. fita f., cadarço m. ‖ v. 1. guarnecer com fitas, cadarço, etc. 2. trançar, entrelaçar. 3. amarrar com fita.
braided rope s. cabo trançado m.
braided tresses s. tranças f. pl. de cabelo.
braided wire s. fio trançado m.
braiding [br'eidiŋ] s. 1. debrum, enfeite m. 2. bordado m.
brail [breil] s. (Náut.) carregadeira f.
to ~ up (Náut.) carregar as velas.
Braille [breil] s. braille m.: alfabeto em relevo para cegos.
brain [brein] s. 1. cérebro, miolo m. 2. (geralmente ~s pl.) inteligência, compreensão f., intelecto m. ‖ v. quebrar a cabeça de alguém.
he blew out his ~s ele deu um tiro na cabeça. **he has his music on the ~** ele só pensa na sua música. **he knocked out his enemy's ~s** ele esmagou a cabeça do seu inimigo. **he sucks, picks my ~s** ele aproveita, rouba as minhas idéias.
brain child s. (coloq.) idéia, obra f., plano m.
brained [breind] adj. (em comp.) de cérebro. **crack~** maluco. **scatter~** distraído. **shallow~** desmiolado, sem cabeça.
brain-fag [br'einfæg] s. cansaço cerebral m.
brain-fever [br'einfi:və] s. (Med.) meningite f.
brainless [br'einlis] adj. 1. sem cérebro. 2. (fig.) desmiolado, descuidado. ‖ ~ly adv. desmioladamente.
brain-pan [br'einpæn] s. crânio m.
brain power s. poder intelectual m.
brain-sick [br'einsik] adj. doente mental, louco.
brain-sickness [~nis] s. loucura, alienação mental f.
brain-storm s. (coloq.) distúrbio mental repentino m.
brain trust s. grupo m. de especialistas, assessores de empresas ou governos em assuntos específicos.
brainwashing [br'einwɔʃiŋ] s. lavagem f. cerebral: método de doutrinação controlada.
brain wave s. (coloq.) idéia brilhante, inspiração súbita f.
brainwork [br'einwɔ:k] s. trabalho intelectual m.
brainy [br'eini] adj. (coloq.) inteligente, esperto.
braise [breiz] v. refogar, guisar.
brake (I) [breik] s. 1. freio, breque m. (quadros B 11, J 5). 2. carro m. com freio, vagão m. de guarda (de estrada de ferro). 3. (Mec.) freio m. de cabo. ‖ v. 1. frear, brecar. 2. retardar, refrear.
he put on the ~ ele apertou o freio.
brake (II) [breik] s. 1. espadela f. (para desfibrar linho). 2. grade pesada f. (para cultivar terra). ‖ v. 1. espadelar (linho). 2. passar grade (na terra).
brake (III) [breik] s. matagal m., moita f.
brake (IV) [breik] s. (Bot.) samambaia f., feto m.
brakeage [br'eikidʒ] s. frenação f.: ato de frear.
brake-block s. cepo m. de freio.
brake-cross s. (Autom.) equilíbrio m. dos freios.
brake-drum s. cilindro m. de freio (quadro M 6).

brake-horsepower s. cavalos m. pl. ao freio.
brake-lever s. (Autom.) alavanca f. de freio (quadro C 15).
brakeman [br'eikmən], **brakesman** [br'eiksmən] s. guarda-freio m.
brake-pedal s. pedal m. do freio (quadro C 4).
brake-shoe s. patim m. de freio (quadro C 15).
brake-van s. vagão m. de freio.
brake-wheel s. disco m. de frenagem.
braky [br'eiki] adj. cheio de mato.
bramble [bræmbl] s. 1. (Bot.) amoreira-preta, silva, sarça f. 2. arbusto espinhoso m.
brambled [bræmbld] adj. espinhoso, sarçoso.
brambling [br'æmbliŋ] s. (Orn.) tentilhão-montês m.
brambly [br'æmbli] adj. sarçoso, espinhoso.
bran [bræn] s. farelo m.
brancard [br'æŋkəd] s. liteira f. conduzida por cavalos.
branch [bra:ntʃ] s. 1. ramo m. de árvore (quadro J 4). 2. (Geogr.) braço m. (de rio). 3. ramal m. 4. parte, seção f., ramo m. 5. filial, sucursal f. 6. descendência, linha f. de família. 7. linha secundária f., ramal m. de estrada de ferro. 8. esgalho m. de chifre de veado. ‖ v. estender galhos. 2. ramificar. 3. separar-se, destacar-se. 4. dividir em seções, ramos, etc.
root and ~ até as raízes, completamente. **to ~ forth, off, out** 1. dividir-se, ramificar-se, espalhar-se. 2. (fig.) perder-se, fugir ao assunto.
branch-bank s. filial f. de banco.
branch-coach s. carro m. em ligação com ramal de estrada de ferro.
branched chain s. (Quím.) cadeia f. não-linear de átomos com ramificações.
branch-establishment, branch-office s. sucursal, filial f.
branchia [br'æŋkiə] s. (Zool.) brânquia, guelra f.
branchial [~l] adj. branquial.
branchiate [br'æŋkiit] adj. branquiado, com brânquias.
branchiopod [br'æŋkiəpɔd] s. (Zool.) branquiópode m.
branchless [br'a:ntʃlis] adj. sem galhos, sem ramos.
branchlet [br'a:ntʃlit] s. galho pequeno, raminho m.
branch-light s. castiçal m.
branch-line s. ramal m. de estrada de ferro.
branch-road s. estrada secundária f.
branchy [br'a:ntʃi] adj. ramoso, ramificado.
brand [brænd] s. 1. tição m.: pedaço de madeira queimada total ou parcialmente. 2. marca f. de fogo (em gado). 3. (E. U. A.) gado m. com certa marca de fogo. 4. ferrete m. 5. marca, qualidade f. 6. marca f. de fábrica, marca registrada f. 7. mácula, desonra f., estigma m. 8. ferrugem f.: doença de cereais. 9. († e poét.) espada f. ‖ v. 1. marcar com fogo ou com ferro quente. 2. marcar, macular, estigmatizar.
all of the best ~s todos da melhor qualidade. **~ of Cain** mácula de Caim. **that day is ~ed on my memory** este dia está gravado na minha memória.
brandied [br'ændid] adj. misturado com conhaque.
branding [br'ændiŋ] s. ato m. de marcar a fogo.
brand-iron s. ferrete m.
brandish [br'ændiʃ] s. brandimento m. ‖ v. brandir, florear (arma).
brandling [br'ændliŋ] s. 1. verme avermelhado m., usado como isca. 2. salmão novo m.
brand-new, bran-new adj. novo em folha.
brandy [br'ændi] s. 1. conhaque m. 2. aguardente f. de frutas. ‖ v. misturar, conservar ou aromatizar com conhaque.
brandy-ball s. confeito m. cheio de licor
brandy-smack s. (gíria) conhaque m. com água gelada.

brandy-snap s. pão m. de gengibre (pequeno).
brangle [bræŋgl] s. disputa, briga, contenda f. ‖ v. disputar, contender.
brank-ursine [bræŋk'ə:sin] s. (Bot.) branca-ursina f erva-gigante f., acanto m.
branny [br'æni:] adj. farelento.
brant-goose, brent-goose s. (Orn.) bernaca f., ganso silvestre m.
brash (I) [bræʃ] s. (Geol.) montão f. de destroços, fragmentos m. pl. de gelo. ‖ adj. frágil, quebradiço.
brash (II) [bræʃ] s. indisposição f., mal-estar m. ‖ adj. 1. apressado, impetuoso. 2. impudente.
brass [bra:s] s. 1. latão, metal m. 2. objeto m. ou ornamento m. de latão. 3. (também ~es) instrumentos m. pl. de sopro, feitos de latão. 4. (coloq.) impudência f. 5. (E. U. A., gíria) oficiais superiores m. pl., altas patentes militares f. pl. 6. placa f. de bronze. 7. (gíria) cobre m., gaita f. 8. (Mec.) bronze, casquilho m. ‖ adj. de ou relativo a latão.
the age of ~ a Idade do Bronze. **the ~** (Mús.) os instrumentos de sopro (de metal). **I don't care a ~ farthing** não me importa. **we got down to ~-tacks** chegamos ao assunto, chegamos aos fatos.
brassard [bræs'a:d] s. 1. fita f., distintivo, emblema m. que se usa no braço. 2. braçal m.
brass band s. orquestra f. de instrumentos de metal, charanga f.
brass farthing s. moeda f. de latão.
brass foundry s. fundição f. de latão.
brass hat s. (gíria milit.) alta patente t.
brassicaceae [bræsik'eisii:] s. pl. (Bot.) brassicáceas f. pl.
brassicaceous [bræsik'eiʃəs] adj. (Bot.) brassicáceo.
brassie, brassy [br'a:si] s. taco m. de madeira folhado com latão para jogar golfe.
brassiere [bræz'i:ə] s. sutiã, porta-seios m.
brass-ore s. (Miner.) calamina f.
brass-plate s. placa f. de latão.
brass tacks s. (coloq.) fatos essenciais m. pl.
brass-ware s. utensílios m. pl. de cobre.
brass winds s. pl. instrumentos m. pl. de sopro (de metal).
brassy [br'a:si] adj. 1. de latão. 2. como latão ou metal. 3. agudo e alto. 4. (coloq.) impudente, sem vergonha. ‖ **-ily** adv. 1. de modo agudo. 2 impudentemente.
brat [bræt] s. (depreciat.) pirralho, fedelho m.
brattice [br'ætis] s. separação, divisão f. para a ventilação de mina.
brattle [brætl] s. (esc.) som m. de chocalho. ‖ v. bater, retinir, ressoar, chocalhar.
bravado [brəv'a:dou] s. desafio m., bravata f.
brave [breiv] s. 1. bravo m.: pessoa valente ou corajosa. 2. (E. U. A.) guerreiro índio m. ‖ v. 1. enfrentar corajosamente, arrostar. 2. desafiar, afrontar. 3. encorajar, animar. 4. jactar-se, gabar-se. ‖ adj. 1. corajoso, bravo, valente. 2. magnífico, bonito, vistoso. 3. (†) excelente, fino. ‖ **~ly** adv. corajosamente, valentemente.
braveness [br'eivnis] s. coragem, intrepidez f.
bravery [br'eivəri] s. 1. coragem, valentia, bravura f. 2. pompa, beleza f., esplendor m.
bravo (I) [br'a:vou] s. pl. **bravoes** capanga, bandido, assassino m. (esp. sicário).
bravo (II) [br'a:vou] s. grito m. de aprovação, aplauso m. ‖ interj. bravo!, muito bem!
bravura [brəv/uərə] s. 1. (Mús.) peça musical f. que exige prática e espírito. 2. execução f. brilhante, técnica f. 3. bravata f.

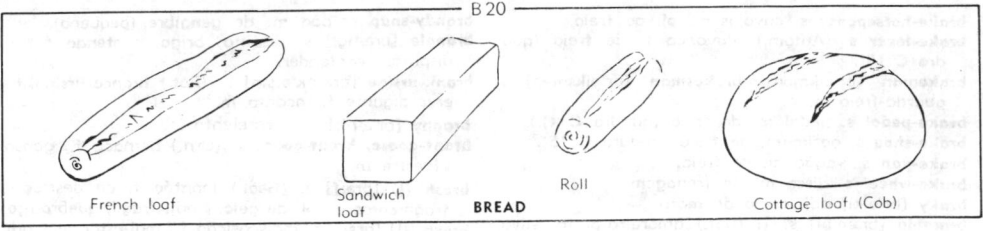

B 20

French loaf | Sandwich loaf | BREAD Roll | Cottage loaf (Cob)

braw [brɔ:] adj. (esc.) 1. fino, bonito. 2. elegante, bem vestido.

brawl [brɔ:l] s. briga barulhenta, rixa f. ‖ v. 1. brigar, disputar, gritar. 2. murmurar.

brawler [br'ɔ:lə] s. gritador, homem barulhento m., homem m. de briga.

brawn [brɔ:n] s. 1. carne f. de músculo. 2. carne f. de porco-do-mato. 3. cabeça f. de porco em geléia. 4. (fig.) força muscular f., vigor m.

brawniness [br'ɔ:ninis] s. força f., vigor m.

brawny [br'ɔ:ni] adj. forte, musculoso, poderoso, vigoroso.

braws [brɔ:z] s. (esc.) roupa fina e elegante f.

bray (I) [brei] s. zurro, ornejo m. ‖ v. ornejar, zurrar.
to ~ out espalhar em altas vozes.

bray (II) [brei] v. 1. triturar, moer. 2. espalhar tinta com rolo.

braze (I) [breiz] v. 1. revestir ou decorar com metal. 2. dar cor metálica a.

braze (II) [breiz] v. soldar com latão ou solda forte.

brazen [breizn] v. tornar impudente ou atrevido. ‖ adj. 1. de latão. 2. brônzeo, de bronze. 3. alto, agudo. 4. impudente, descarado. ‖ **~ly** adv. impudentemente, descaradamente.
to ~ out (ou **through**) enfrentar descaradamente.

brazen-faced adj. descarado, impudente.

brazenness [br'eiznnis] s. impudência f., desaforo m.

brazier (I) [br'eiziə] s. (também **brasier**) braseiro m.: vaso de metal para brasas.

brazier (II) [br'eiziə] s. caldeireiro m., o que trabalha com metal ou bronze.

Brazil [brəz'il] s. 1. Brasil m. 2. (Bot.) pau-brasil m. 3. brasilina f.

brazilein [brəz'iliin] s. (Quím.) brasileína f.

Brazilian [brəz'iljən] s. brasileiro m., brasileira f. ‖ adj. brasileiro.

Brazilian box-wood s. (Bot.) pau-amarelo m.

Brazilian cotton s. (Bot.) algodoeiro-de-pernambuco, rim-de-boi m.

Brazilian guava s. (Bot.) araçá-verdadeiro, araçaí m.

Brazilian mahogany s. (Bot.) 1. vinhático, pau-de-candeia m., oiteira f. 2. jequitibá m.

Brazilian morning-glory s. (Bot.) campainha-vermelha, batatarana f.

Brazilian nutmeg s. (Bot.) noz-moscada-do-brasil f.

Brazilian pine s. (Bot.) pinho-do-paraná m.

Brazilian rosewood s. (Bot.) cabiúna f., jacarandá-cabiúna m.

Brazilian sassafras s. (Bot.) puxuri, pixurim m.

Brazilian snakeroot s. (Bot.) cipó-cruz-verdadeiro m.

Brazilian spiderflower s. (Bot.) flor-de-quaresma, quaresmeira f.

Brazilian walnut s. (Bot.) 1. imbuia f. 2. freijó m.

brazilin [br'æzilin] s. (Quím.) brasilina f.

Brazil-nut s. castanha-do-pará f.

brazilite [brəz'ilait] s. (Miner.) brasilita f.

Brazil wax s. cera-de-carnaúba f.

brazilwood [braz'ilwud] s. pau-brasil, ibirapitanga, pau-rosado m.

breach [bri:tʃ] s. 1. brecha, abertura, fenda f. 2. ruptura, quebra, fratura f. 3. infração, violação, contravenção f. 4. rompimento m. de relações amistosas, ofensa, discórdia f. 5. hérnia f. 6. rebentação f. de ondas. 7. salto m. de baleia para fora da água. ‖ v. 1. romper, quebrar, abrir brecha ou abertura em. 2. saltar para fora da água (baleia).
~ of manners falta de tato, infração contra a moral. **~ of peace** violação da paz, perturbação. **~ of promise case** processo por quebra de compromisso matrimonial. **he stepped into the ~** (fig.) ele preencheu a lacuna.

bread [bred] s. 1. pão m. (quadro B 20). 2. alimento m. 3. ganha-pão, cargo, emprego m. 4. (Ecles.) hóstia f. ‖ v. panar: cobrir de pão ralado.
a loaf of ~ um filão, um pão. **as I live by ~!** (fig.) por tudo que me é sagrado! **brown ~** pão de centeio, pão integral. **consecrated ~** pão consagrado, hóstia. **he earned, made, got his ~** ele ganhou seu pão de cada dia (seu sustento). **he eats the ~ of idleness** ele leva uma vida folgada. **he has his ~ buttered on both sides** (fig.) ele está em situação garantida. **he knows (on) which side his ~ is buttered** (fig.) ele sabe de que lado está a vantagem. **he quarreled with his ~-and-butter** ele brigou com Deus e todo o mundo. **he was put on ~ and water** ele foi posto a pão e água. **I broke ~ with him** comi com ele.

bread-and-butter s. 1. pão m. com manteiga. 2. (fig.) sustento m. ‖ adj. 1. juvenil, pueril. 2. prosaico, trivial.
~ miss aluna de colégio, colegial.

bread-basket s. 1. cesto m. de pão. 2. (gíria) estômago m. 3. região f. que produz cereais em grande escala. 4. (gíria milit.) cesto m. de bombas.

bread-bin s. (Náut.) depósito m. de pão.

bread-box s. recipiente m. para guardar pão.

bread-crumb s. migalha f. de pão.

bread-cutter s. máquina f. de cortar pão.

breadfruit [br'edfru:t] s. fruta-pão f.

breadless [br'edlis] adj. sem pão, sem trabalho, desempregado.

breadstuff [br'edstʌf] s. 1. grão, cereal, trigo m. 2. farinha f. 3. pão m.

breadth [bredθ] s. 1. largura f. 2. peça f. de tecido de certa largura. 3. largueza, liberalidade, tolerância f. 4. amplitude, extensão f. 5. efeito impressionante m. da composição (em pintura).

breadthways [br'edθweiz], **breadthwise** [br'edθwaiz] adv. transversalmente, em largura.

breadwinner [br'edwinə] s. 1. o que provê o sustento da família. 2. ganha-pão m., subsistência f.

break (I) [breik] s. (também **brake**) breque m.: carruagem leve f.

break (II) [breik] s. 1. ruptura, quebra, fratura f. 2. brecha f., racho m. 3. fenda, abertura f. 4. interrupção, cessação f. 5. pausa f., intervalo m. 6. fuga, saída f. por meios violentos. 7. mudança repentina ou acentuada f. (de tempo). 8. (E. U. A.) baixa súbita f. (dos preços na bolsa). 9. desvio m. de direção (de uma bola). 10. (fig.) ruína,

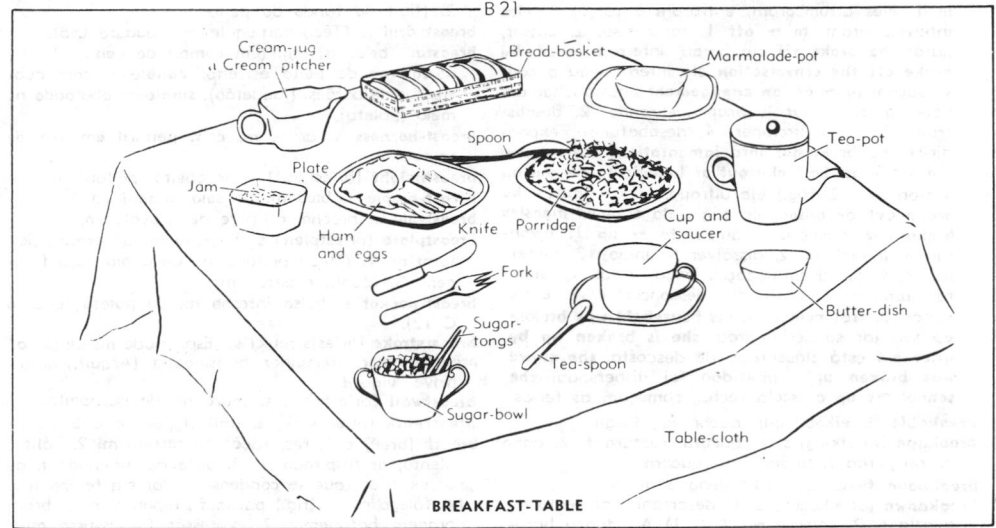

B 21

Cream-jug
ч Cream pitcher

Bread-basket

Marmalade-pot

Spoon

Tea-pot

Plate

Jam

Knife

Porridge

Cup and
saucer

Ham
and eggs

Fork

Butter-dish

Sugar-
tongs

Tea-spoon

Sugar-bowl

Table-cloth

BREAKFAST-TABLE

quebra f. 11. irrupção f., romper, raiar m. 12. (E. U. A., gíria) falha, rata f., erro m. 13. chance, oportunidade f. 14. interrupção f. de corrente. 15. clareira, picada f. 16. nicho, vão m. 17. (Tipogr.) última linha f. de parágrafo. 18. freio, breque m. 19. (bilhar) seqüência f. de tacadas. 20. (Mús.) ponto m. de passagem de um registro a outro. 21. (Métr.) cesura f. 22. reticência f. 23. (Tipogr.) reticências f. pl. 24. (milit.) brecha f. ‖ v. (imp. **broke,** p. p. **broken**). 1. quebrar, romper, dividir em pedaços, fraturar, esmagar, despedaçar. 2. rachar, romper-se, lascar, estourar. 3. triturar, moer, desbastar. 4. romper, perturbar, interromper (também Eletr.) 5. (Eletr.) desligar. 6. separar, dividir, desunir. 7. ferir, danificar. 8. arruinar, destruir. 9. fazer invalidar (testamento). 10. levar à falência, arruinar financeiramente. 11. violar, transgredir, infringir. 12. forçar caminho, penetrar, romper, arrombar. 13. chegar repentinamente, irromper. 14. mudar repentinamente. 15. (E. U. A.) baixar subitamente (os preços na bolsa). 16. amortecer, moderar, abrandar. 17. (Mús.) mudar de som ou de registro. 18. mudar de direção (bolq). 19. definhar, enfraquecer, quebrantar, depauperar. 20. ceder, amolecer, afrouxar. 21. ser dominado pela tristeza, quebrar (coração). 22. parar, pôr fim a. 23. degradar, rebaixar. 24. domesticar, domar, subjugar. 25. disciplinar, corrigir. 26. exceder, ultrapassar, superar, quebrar (recorde). 27. arar, cavoucar, roçar. 28. revelar, divulgar, tornar conhecido. 29. (E. U. A.) correr para, atirar-se. 30. desmanchar (noivado). 31. desfazer, desmanchar (coleção, etc.) 32. dispensar, dissolver (seguido de **up**). 33. rebentar (ondas, flores, antraz). 34. quebrar relações com. 35. raiar, surgir. 36. saltar da água (peixe). 37. mudar de partido. 38. quebrar-se, fragmentar-se, partir-se. 39. desintegrar-se, dissolver-se. 40. desencadear-se (tempestade). 41. levantar (acampamento). 42. falir, ir à falência.

~ of the day aurora, amanhecer. **at (the) ~ of day** ao amanhecer. **lucky ~s** (coloq.) boas oportunidades. **a cry broke from her lips** um grito escapou de seus lábios. **~step!** sem cadência! **he broke a lance for Byron** ele quebrou uma lança por Byron, ele defendeu Byron. **he broke company** ele

saiu à francesa. **he broke her heart** ele partiu-lhe o coração. **he broke his fast** ele quebrou o jejum. **he broke into a laugh** ele rompeu em gargalhadas. **he broke the bank** ele quebrou a banca. **he broke the silence** ele rompeu o silêncio. **her health broke** sua saúde piorou. **her heart broke** seu coração se partiu. **I broke with him** cortei relações com ele. **she broke her arm** ela quebrou o braço. **she broke in health** ela adoeceu. **some bushes broke his fall** alguns arbustos amorteceram sua queda. **the buoy broke adrift** a bóia soltou-se. **the day broke** o dia raiou. **the business broke** o negócio faliu. **the ball broke** a bola desviou-se. **the dog broke loose** o cachorro soltou-se. **the horse broke** o cavalo mudou de andamento. **the plaything is broken to pieces** o brinquedo está em pedaços. **the sun broke** o sol irrompeu (pelas nuvens). **the weather broke** o tempo mudou. **their resistance was broken** sua resistência foi subjugada. **they broke camp** (milit.) levantaram acampamento. **they ~ company** eles dissolvem a sociedade. **they broke (new) ground** (fig.) desbravaram novas terras. **to ~ asunder** quebrar em pedaços. **to ~ the ice** superar as dificuldades iniciais, dar os primeiros passos. **to ~ water** emergir da água. **to ~ one of a habit** tirar o vício ou o costume a alguém. **you must ~ with this bad habit** você deve deixar este mau costume. **to ~ away** 1. fugir, escapar. 2. dissolver-se, desaparecer. **he broke away** ele saiu correndo, ele se soltou. **to ~ down** 1. demolir, derrubar. 2. sucumbir. 3. falhar, não obter êxito. **he broke down all restraint** ele abandonou todo constrangimento. **his power was broken down** seu poder foi quebrado. **his voice broke down** sua voz falhou. **the boy broke down** o menino falhou, não passou (no exame). **the horse broke down** o cavalo caiu. **the machine broke down** a máquina encrencou, parou. **the supplies broke down** os estoques acabaram. **to ~ forth** 1. irromper. 2. exclamar subitamente. 3. brotar, jorrar. **to ~ in** 1. domar, ensinar, domesticar. 2. arrombar, forçar. 3. (Impressão) colocar ilustrações no espaço deixado. 4. interromper, perturbar. **our house was broken into** nossa casa foi arrombada. **the war broke in upon our peace** a guerra interrompeu nossa paz. **they broke** in 1. eles arrombaram, entraram à força. 2. eles interromperam. **to ~ off** 1. romper-se. 2. cessar, parar. **he broke off** ele parou, interrompeu-se. **he broke off the conversation** ele interrompeu a conversação. **to ~ off an engagement** desmanchar um noivado. **to ~ out** 1. tirar quebrando. 2. desobstruir, livrar. 3. irromper. 4. desabafar-se, expandir-se. **he broke out into lamentations** ele rompeu em lamúrias. **he broke out of bounds** 1. ele passou a fronteira. 2. (fig.) ele ultrapassou os limites. **he broke out of prison** ele fugiu da cadeia. **measles broke out** irrompeu sarampo. **to ~ up** 1. levantar-se, ir embora. 2. dissolver (reunião). 3. dispersar-se. 4. cortar em pedaços (caça). 5. abrir, rebentar, romper. 6. confundir, desconcertar. 7. curar, sanar. 8. fragmentar-se. **his household was broken up** seu lar se desintegrou. **she is broken up by grief** ela está alquebrada de desgosto. **the crowd was broken up ~ a** multidão foi dispersada. **the school ~s up** a escola fecha, começam as férias.

breakable [br'eikəbl] adj. quebrável, frágil.
breakage [br'eikidʒ] s. 1. quebra, ruptura f. 2. dano m. ou perda f. causada por quebra.
breakbone fever s. (Med.) dengue m.
breakdown [br'eikdaun] s. 1. desarranjo, acidente m., avaria f. 2. colapso m. 3. (E. U. A.) dança barulhenta f. 4. análise f. 5. decomposição química f. **nervous ~** colapso nervoso.
breaker (I) [br'eikə] s. 1. britador, quebrador m. 2. violador m. 3. onda f. de arrebentação, que se quebra nos rochedos (quadros B 4, C 17). 4. **~ strip** capa f. de tela do pneu. 5. cilindro holandês m.
breaker (II) [br'eikə] s. (Náut.) barril m. para água.
breakers [~z] s. pl. ressaca, arrebentação f.
break-even adj. equilibrando a receita com a despesa, sem lucro, nem perda.
breakfast [br'ekfəst] s. 1. café m. da manhã (quadro B 21). 2. almoço m. 3. merenda f., lanche m. ‖ v. 1. tomar café. 2. almoçar. 3. merendar. **to think about ~** olhar para o ar.
breakfront [br'eikfrʌnt] s. parte saliente da frente f. (de um móvel), entre duas laterais recuadas.
breaking [br'eikiŋ] s. 1. ruptura f. 2. bancarrota f.
breaking-in s. 1. rombo m. 2. domação f.
breaking point s. ponto m. de ruptura f.
breaking strain, breaking strength s. (Téc.) resistência f. à ruptura.
breakneck [br'eiknek] adj. arriscado, temerário.
breakout [br'eikaut] s. 1. fuga f. (de prisão ou hospital). 2. (Med.) surto m., erupção f.
breakthrough [br'eikθru:] s. (milit.) ruptura f. das linhas inimigas.
break-up [br'eikʌp] s. 1. colapso m., decaída f. 2. separação f. 3. fim m. 4. dissolução, dispersão f.
breakwater [br'eikwɔ:tə] s. quebra-mar m. (quadro B 4).
bream (I) [bri:m] s. 1. (Ict.) brema f. 2. (Ict.) goraz m.
bream (II) [bri:m] v. (Náut.) limpar o casco de navio com fogo.
breast [brest] s. 1. peito, tórax m. (quadros H 9, 10). 2. peitilho m. 3. parte dianteira f., parte superior f. 4. seio m., mama, teta f. 5. coração m., sentimentos m. pl. ‖ v. enfrentar, opor-se a. **a child at ~** uma criança ao seio. **she gives her child the ~** ela amamenta seu filho. **he made a clean ~ of it** ele confessou tudo. **he ~ed the waves** ele atirou-se contra as ondas.
breastbone [br'estboun] s. (Anat.) esterno m.
breast-deep, breast-high adj. 1. até a altura do peito.

2. (fig.) do fundo do peito.
breast drill s. (Téc.) berbequim m. (quadro L 5).
breasted [br'estid] adj. (em comp.) de peito. **narrow ~** de peito estreito. **double—~** com duas fileiras de botões, (jaquetão). **single—~** abotoado no meio (paleto).
breast-harness s. arnês m. com peitoril em vez de coleira.
breastheight [br'esthait] s. parapeito, peitoril m.
breast-nipple s. bico m. do seio, mamilo m.
breast-pin s. broche, alfinete de gravata m.
breastplate [br'estpleit] s. 1. peito m. de armas, peitoral m. 2. (Mec.) peitoral m. de apoio para furagem. 3. (Zool.) plastrão m.
breast-pocket s. bolso interno m. de paletó (quadro C 12).
breaststroke [br'eststrouk] s. (Esp.) nado m. de peito.
breastsummer, bressumer [br'esəmə] s. (Arquit.) arquitrave, viga f.
breastwall [br'estwɔ:l] s. muro m. de parapeito.
breastwork [br'estwə:k] s. (milit.) parapeito baixo m.
breath [breθ] s. 1. respiração f., respiro m. 2. hálito, alento, ar respirado m. 3. bafo m., umidade f. do ar expelido, que se condensa no ar em tempo frio. 4. fôlego m. 5. (fig.) pausa f., repouso m. 6. brisa, aragem, bafagem f. 7. expressão f., sussurro, murmúrio m. 8. vida f. 9. emissão f. de som mudo, sopro m. 10. fragrância f., cheiro, aroma m. 11. instante m. **a ~ of fresh air** um sopro de ar fresco. **a mere ~** apenas um traço, um sopro. **above his ~** quase inaudível. **at his last ~** no seu último alento. **he drew a deep ~** ele respirou (profundamente). **he gasped for ~** ele ofegou, respirou com dificuldade. **in a ~** (fig.) no mesmo instante. **out of ~** sem fôlego, esbaforido. **she held her ~** ela reteve a respiração. **shortness of ~** falta de ar. **spare your ~ to cool your porridge (with).** está falando à toa, poupe suas palavras. **take ~** tome fôlego, descanse primeiro. **to spend one's ~ in vain** falar à toa. **to take one's ~ away** deixar alguém estupefato. **under, below his ~** em voz baixa. **with bated ~** com a respiração contida.
breathable [br'i:ðəbl] adj. respirável.
breathableness [~nis] s. respirabilidade f.
breathalyse [br'eθəlaiz] v. (coloq.) testar (motorista) com o bafômetro.
breathalyser [—ə] s. (coloq.) bafômetro m.
breathe [bri:ð] v. 1. respirar. 2. tomar fôlego. 3. parar, descansar, recuperar o fôlego. 4. esbaforir, esfalfar, deixar sem fôlego. 5. soprar levemente, ventar um pouco. 6. dizer em voz baixa, murmurar, sussurrar. 7. viver, estar vivo. 8. (Fon.) emitir som mudo. 9. inalar, aspirar. 10. exalar. 11. infundir, inspirar. 12. cheirar, exalar fragrância. **he ~d his last** ele deu seu último suspiro. **he ~d innocence** ele demonstrou inocência. **he ~d of happiness** ele irradiou felicidade. **to ~ again** (ou freely) estar aliviado, sentir-se à vontade. **to ~ upon** falar mal de, criticar. **you never ~d that to me** você nunca me falou sobre isto. **she ~d life into the party** ela animou a festa.
breathed [bri:ðd] adj. (Fon.) mudo.
he is ~ (fig.) ele está restabelecido.
breather [br'i:ðə] s. 1. descanso m., pausa f. para tomar fôlego. 2. o que respira, vivente m. 3. respiro, respiradouro m. 4. soprador, insinuador m.
I took a ~ tomei fôlego, descansei.
breathful [br'eθful] adj. 1. vivo, animado. 2. odoroso.
breathing [br'i:ðiŋ] s. 1. respiração f., ato m. de respirar. 2. (fig.) desejo (secreto) m. 3. aspiração f. 4. tempo necessário m. para um respiro. 5. vento

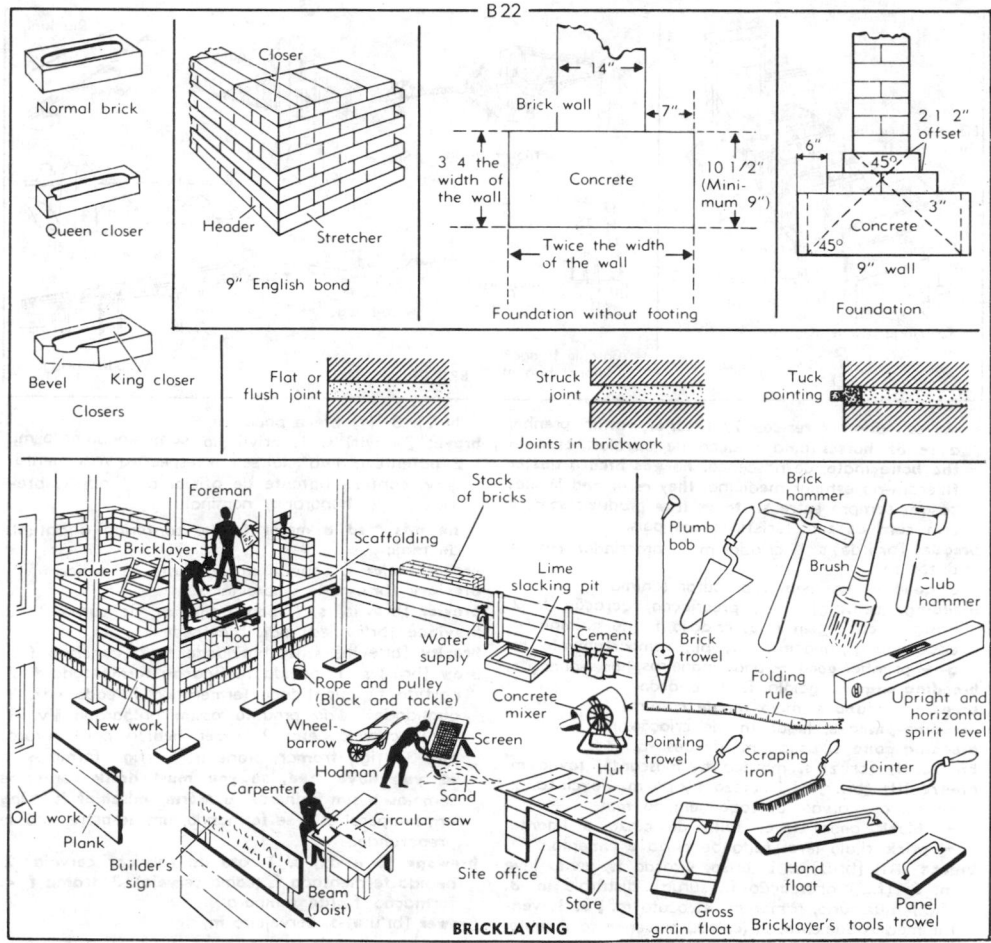

B 22

Normal brick

Queen closer

Bevel   King closer

Closers

9" English bond

Closer

Header   Stretcher

14"

Brick wall   7"

3 4 the width of the wall

Concrete

Twice the width of the wall

10 1/2" (Minimum 9")

Foundation without footing

6"   45°   2 1 2" offset

Concrete   3"

45°

9" wall

Foundation

Flat or flush joint

Struck joint

Tuck pointing

Joints in brickwork

Foreman   Stack of bricks

Scaffolding

Bricklayer

Ladder

Lime slacking pit

Hod

Water supply   Cement

Rope and pulley (Block and tackle)

New work

Wheel-barrow   Screen

Concrete mixer

Hodman   Sand

Carpenter   Circular saw

Old work

Plank   Hut

Builder's sign

Beam (Joist)   Site office   Store

BRICKLAYING

Plumb bob

Brick hammer

Brush

Club hammer

Brick trowel

Folding rule

Upright and horizontal spirit level

Pointing trowel   Scraping iron   Jointer

Hand float

Gross grain float   Panel trowel

Bricklayer's tools

leve m., brisa, aragem f. 6. som mudo m. (como da letra **h**). 7. exercício m. de respiração. 8. pausa f. para respirar. ‖ adj. vivente, semelhante à criatura viva, vivo, verdadeiro, natural.

breathing-space s. pausa f. para tomar fôlego.

breathing tube s. (Náut.) tubo m. para aspirar ar.

breathless [br'əθlis] adj. 1. sem fôlego, esbaforido, esbofado. 2. aflito, ansioso, excitado. 3. sem respiração, morto. 4. bochornal, sem vento, abafado. ‖ **~ly** adv. 1. sem fôlego, de modo esbaforido. 2. ansiosamente.

they were ~ with joy estavam fora de si de alegria.

breathlessness [~nis] s. falta f. de respiração, esfalfamento, bochorno m.

breathtaking [br'eθteikiŋ] adj. excitante, empolgante.

breccia [br'etʃə] s. (Petr.) brecha f.: rochedo heterogêneo m.

bred [bred] v. imp. e p. p. de **breed**.

high-~ bem-educado, nobre, de boa família. **low-~** de família pobre, mal-educado. **thorough-~** 1. de puro sangue (animais). 2. fino, bem-educado, metódico (pessoas). **well-~** bem-educado.

breech [bri:tʃ] s. 1. parte traseira f., parte f. de baixo. 2. culatra f. 3. nádegas f. pl., traseiro m. 4. (gíria) bunda f. ‖ v. 1. vestir as primeiras

calças (ao menino). 2. chibatar nas nádegas.

breechblock [br'i:tʃblɔk] s. (milit.) bloco m. de culatra.

breechcloth [br'i:tʃklɔθ], **breechclout** [br'i:tʃklaut] s. (E. U. A.) tanga f.

breech delivery s. (Med.) parto m. no qual os pés ou as nádegas do nascituro aparecem primeiro.

breeches [br'itʃiz] s. pl. 1. calções m. pl. (quadro C 12). 2. (coloq.) calças f. pl.

a pair of ~ uma calça. **she wears the ~** (fig.) ela é que manda.

breeches-buoy s. (Náut.) dispositivo salva-vidas m. que desliza por intermédio de um cabo, do navio naufragante a outro.

breeching [br'i:tʃiŋ] s. 1. rabicho m., retranca f. (quadro H 2). 2. (Náut.) cabo m. para amarrar canhões.

breech-loader [br'i:tʃloudə] s. (milit.) arma f. de retrocarga.

breech-loading adj. (milit.) de retrocarga.

breed [bri:d] s. 1. raça, criação f. 2. classe, espécie f., gênero m. ‖ v. (imp. e p. p. **bred**) 1. produzir, dar cria. 2. chocar, criar. 3. produzir, provocar, causar, ocasionar. 4. ser fonte de, ser lugar de nascença. 5. educar, instruir. 6. formar-se, origi-

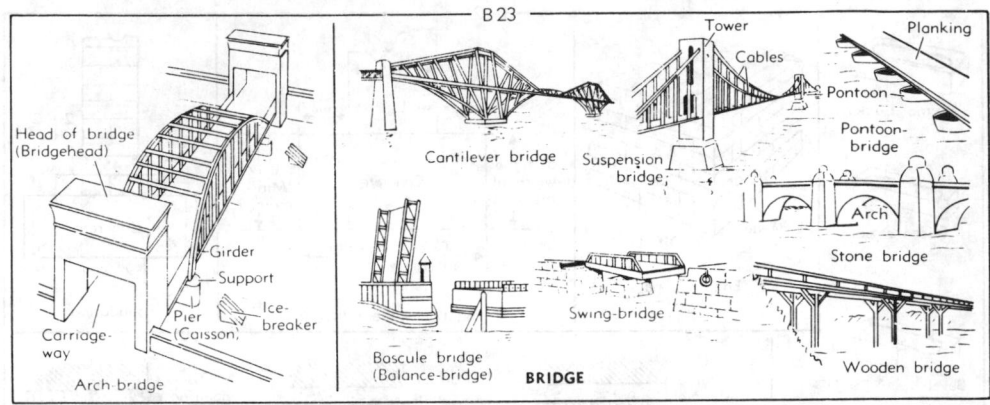

B 23

Head of bridge (Bridgehead) · Girder · Support · Pier · Ice-breaker · (Caisson) · Carriage-way · Arch-bridge · Cantilever bridge · Suspension bridge · Tower · Cables · Planking · Pontoon · Pontoon-bridge · Arch · Stone bridge · Swing-bridge · Bascule bridge (Balance-bridge) · **BRIDGE** · Wooden bridge

nar-se, desenvolver-se. 7. procriar, estar prenhe. a ~ of horses uma criação de cavalos. bred in the bone inato, de nascença. he was bred a doctor fizeram-no estudar medicina. they ~ in and in eles casam sempre entre si. to ~ true produzir sempre cria com as características dos pais.

breeder [br'i:də] s. 1. criador m. 2. procriador, reprodutor m.
a good ~ um bom reprodutor (animal).

breeding [br'i:diŋ] s. 1. procriação, geração f. 2. parição, chocagem f. 3. criação f. (de animal). 4. educação f., maneiras f. pl., comportamento m. a—~ prenhe. good ~ boas maneiras, boa educação.

breeding-cage s. gaiola f. de criação.

breeding-ground s. meio m. de cultura.

breeding-place s. lugar m. de criação.

breeding-pond s. açude m. de desova.

breeze (I) [bri:z] s. motuca f., moscardo, tavão m.

breeze (II) [bri:z] s. 1. cinza f., pó m. de cinza. 2. pó m. de carvão. 3. coque em pó m.
~ block pedra leve, feita de cinza e ligante. ~ brick tijolo leve, feito de cinza e cimento.

breeze (III) [bri:z] s. 1. brisa, viração f., vento leve m. 2. (fig.) altercação f., sururu, distúrbio m. 3. (fig.) murmúrio, rumor m. 4. boato m. ‖ v. 1. ventar moderadamente. 2. (coloq.) mover-se facilmente. 3. (milit., coloq.) alardear, blasonar.
to ~ along (coloq.) passar com velocidade. to ~ in chegar inesperadamente.

breezeless [br'i:zlis] adj. calmo, sem vento, bonançoso.

breezer [br'i:zə] s. (coloq.) pausa f., descanso m.

breezy [br'i:zi] adj. 1. com brisa, com vento. 2. vivaz, alegre, jovial.

bregma [br'egmə] s. (Anat.) bregma m.

bregmatic [bregm'ætik] adj. (Anat.) bregmático.

Brehon [br'i:hɔn] s. (†) juiz antigo m. da Irlanda.

brekker [br'ekə] s. (coloq.) = **breakfast**.

Bren gun s. (milit.) metralhadora leve f.: a gás, fabricada em (Br)no, Tchecoslováquia, e em (En)field, Inglaterra.

brent [brent] adj. (esc.) liso, sem rugas.

brent-goose s. (Orn.) (também **brant-goose**) bernaca f.: ganso silvestre m.

brethren [br'eðrin] s. pl. (†) 1. irmãos m. pl. 2. confrades m. pl.
dearly beloved ~! (Ecles.) caros irmãos!

Breton [br'etən] s. 1. bretão m. 2. língua f. dos bretões. ‖ adj. bretão, bretã.

brettice [br'etis] s. madeiramento m. usado em minas.

breve [bri:v] s. 1. bráquia f.: sinal que indica que uma vogal é breve. 2. (Mús.) breve f. (quadro

N 2). 3. (†) breve papal m.

brevet [br'evit] s. 1. privilégio, comissionamento m. 2. patente f. de oficial sem o respectivo vencimento. ‖ v. conferir patente de oficial a. ‖ adj 1. brevetado. 2. honorário, nominal.
he was ~ed a major foi-lhe conferida a patente de major.

brevet major s. capitão m. no posto de major.

breviary [br'i:viəri] s. breviário m.

brevier [brəv'iə] s. (Tipogr.) tipo m. de corpo 8.

breviped [br'eviped] adj. brevípede.

brevity [br'eviti] s. 1. brevidade f. 2. concisão f.

brew [bru:] s. 1. bebida fervida ou fermentada f. 2. partida f., quantidade fermentada f. cada vez. 3. qualidade f. do produto assim preparado. ‖ v. 1. fazer cerveja, etc. 2. fazer bebida por fervura, etc. 3. (fig.) tramar, planejar. 4. (fig.) formar-se.
as you have ~ed, so you must drink conforme semeias assim colherás. a storm, mischief is ~ing um temporal está se formando, um desastre está se preparando.

brewage [br'u:idʒ] s. 1. ato de fabricar cerveja. 2. bebida fermentada f. (como cerveja). 3. trama f. 4. formação f. (de temporal).

brewer [br'u:ə] s. cervejeiro m.

brewer's yeast s. 1. levedura de cerveja f. 2. resíduo m. da cerveja, usado no preparo de remédios e alimentos.

brewery [~ri] s. cervejaria f.

brewing [br'u:iŋ] s. 1. preparação f., fabrico m. de bebida fermentada (como cerveja). 2. partida ou quantidade fermentada f. por vez.

brewing house s. cervejaria f. (lugar onde se fabrica cerveja).

briar [br'aiə] s. = **brier**.

bribability [braibəb'iliti] s. venalidade f., qualidade f. de quem é subornável.

bribable [br'aibəbl] adj. subornável.

bribe [braib] s. 1. suborno m. 2. (fig.) sedução f. ‖ v. 1. subornar. 2. influenciar por meio de suborno, seduzir.
he took a ~ ele se deixou subornar.

bribee [braib'i:] s. o que é subornado.

bribeless [br'aiblis] adj. insubornável.

briber [br'aibə] s. subornador m.

bribery [br'aibəri] s. suborno m.
open to ~ subornável.

bric-a-brac s. 1. bricabraque m., curiosidades, antiguidades f. pl. 2. quinquilharias f. pl.

brick [brik] s. 1. tijolo m. (quadro B 22). 2. coisa f. da forma de tijolo. 3. bloco m. para brinquedo de construção. 4. pedaço m. (de sabão). 5. (gíria) bom rapaz m. ‖ v. amurar, construir, revestir com tijolos. ‖ adj. 1. de tijolo. 2. da cor de tijolo.

he dropped a ~ ele deu um passo em falso, ele disse uma tolice. he is a regular ~ (gíria) ele é um rapaz formidável. like ~s ... que é uma maravilha. to make ~s without straw fazer o impossível. to swim like a ~ não saber nadar.

brickbat [br'ikbæt] s. pedaço m. ou fragmento m. de tijolo.

brick-built adj. construído de tijolos.

brick-clay, brick-earth s. argila f., barro m. para fazer tijolos.

brick-dust s. pó m. de tijolo.

bricken [br'ikən] adj. feito de tijolos.

brick-facing s. (Arquit.) paramento m. de tijolos.

brick-field, brick-yard s. olaria f.

brickkiln [br'ikkiln] s. forno m. para fazer tijolos.

bricklayer [br'ikleiə] s. pedreiro m. (quadro B 22).

bricklaying [br'ikleiiŋ] s. colocação f., assentamento m. de tijolos (quadro B 22).

brickmaker [br'ikmeikə] s. oleiro m.

brick red adj. cor-de-tijolo.

brick sugar s. açúcar m. em cubos.

brickwall [br'ikwɔ:l] s. muro m. de tijolos.

to talk to a ~ falar à toa.

brickwork [br'ikwə:k] s. 1. obra de alvenaria. 2. trabalho m. de pedreiro (quadro B 22).

bridal [braidl] s. casamento m. ‖ adj. nupcial, de noiva, de casamento.

bridal gown, bridal dress s. vestido m. de noiva.

bridal veil s. véu m. de noiva.

bridal wreath s. (Bot.) grinalda-de-noiva f.

bride (I) [braid] s. 1. noiva f. no dia do casamento. 2. mulher recém-casada f., mulher f. na lua-de-mel.

to give away the ~ ser o pai da noiva, ser o padrinho da noiva.

bride (II) [braid] s. 1. filó m. de fundo em trabalho de renda. 2. cordão m. de touca.

bride-cake s. bolo m. de casamento.

bridegroom s. 1. noivo m. 2. marido recém-casado m.

bridesmaid [br'aidzmeid] s. dama f. de honra.

bridesman [br'aidzmən] s. padrinho m. da noiva.

bridewell [br'aidwel] s. casa f. de correção, chamada segundo a prisão em St. Bride's Well, Londres.

bridge (I) [bridʒ] s. 1. ponte f. (quadro B 23). 2. (Náut.) ponte f. de comando. 3. canal f. do nariz. 4. ponte (dentária). 5. cavalete m. de instrumento de cordas. 6. coisa m. parecida com ponte (quadro B 12). ‖ v. 1. construir ponte sobre. 2. atravessar, estender-se sobre. 3. resolver.

foot-~ ponte estreita, passagem. pontoon-~ ponte flutuante, montada sobre pontões. to build a golden ~ to the enemy (fig.) favorecer o inimigo.

bridge (II) [bridʒ] s. jogo m. de cartas.

bridgeable [br'idʒəbl] adj. que pode ser vencido ou superado.

bridge-building s. construção f. de pontes.

bridgehead [br'idʒhed] s. cabeça f. de ponte (quadro B 23).

bridge-ties s. pl. vigas f. pl. ou suportes m. pl. de ponte.

bridge-train s. (milit.) companhia f. de engenharia militar aparelhada para construções de pontes.

bridgework [br'idʒwə:k] s. ponte f. (prótese dentária).

bridle [braidl] s. 1. freio m., rédea f., cabeçada f. de cavalo (quadro M 3). 2. (fig.) restrição f., estorvo, freio m. 3. (Náut.) cabo m. de amarração. 4. (Anat.) freio m. ‖ v. 1. colocar freio ou rédea. 2. (fig.) controlar, reprimir, refrear, restringir.

he gave his horse the ~ ele soltou as rédeas do seu cavalo. he is going well up to his ~ o cavalo anda bem, obedece bem ao freio. to ~ up erguer a cabeça, empertigar-se.

bridle-bit s. freio m. (da cabeçada de cavalo).

bridle-hand s. mão f. que segura as rédeas, mão esquerda f.

bridle-path s. senda f. para cavaleiros (quadro W 3).

bridle-rein s. rédea f.

bridlewise [br'aidlwaiz] adj. obediente às rédeas (cavalo).

bridoon [brid'u:n] s. bridão, freio m.

Brie [bri:] s. queijo branco, macio, da região de Brie, França.

brief [bri:f] s. 1. sumário m., síntese, declaração resumida f. 2. (Jur.) depoimento, resumo m. dos fatos. 3. breve pontifício m. 4. (coloq.) cliente m., causa f. ‖ v. 1. fazer resumo de. 2. instruir com resumo. 3. dar conhecimento. ‖ adj. 1. breve, curto, transitório. 2. resumido, conciso. ‖ ~ly adv. resumidamente, brevemente, sumariamente.

to take a ~ encarregar-se de uma causa perante a corte. to hold a ~ advogar, representar uma causa perante a justiça. he was ~ ele foi breve. to be ~, in ~, para ser breve, em poucas palavras.

briefcase s. pasta f. ou carteira f. para guardar papéis, desenhos, etc.

briefing [br'i:fiŋ] s. instruções resumidas f. pl. para tripulações de aviões de combate.

briefless [br'i:flis] adj. 1. sem informações. 2. sem clientes (advogado).

briefness [br'i:fnis] s. brevidade, concisão f.

brier, briar (I) [br'aiə] s. (Bot.) arbusto espinhoso m., roseira brava, sarça f.

sweet ~ (Bot.) rosa-amarela.

brier, briar (II) [br'aiə] s. 1. (Bot.) urze branca, torga f.: (Erica arborea) árvore cujas raízes são usadas na fabricação de cachimbos. 2. cachimbo m. feito dessa raiz.

brier-pipe s. cachimbo bruyère m.

brierwood, briarwood [br'aiəwud] s. 1. raízes f. pl. de urze branca, usadas na fabricação de cachimbos. 2. cachimbo m. desse material.

briery, briary [br'aiəri] adj. cheio de rosas silvestres, espinhoso.

brig [brig] s. (Náut.) brigue m.: navio de dois mastros.

Brig. abr. 1. brigade. 2. brigadier.

brigade [brig'eid] s. 1. (milit.) brigada f. 2. corpo, grupo m., organização f. ‖ v. formar em brigada, organizar.

fire ~ corpo de bombeiros.

brigade-major s. oficial m. ajudante do brigadeiro.

brigadier [brigəd'iə] s. brigadeiro m.

brigadier general s. general m. de brigada.

brigand [br'igənd] s. bandido, salteador, bandoleiro m.

brigandage [~idʒ], brigandism [~izm] s. banditismo m., esp. nas montanhas e florestas.

brigandine [br'igəndi:n] s. brigandina f.

brigantine [br'igənti:n, br'igəntain] s. (Náut.) bergantim m.

Brigham tea [br'igəm ti:] s. (Bot.) éfedra f.

bright [brait] s. (poét.) esplendor, fulgor m. ‖ adj. 1. claro, luminoso, radiante, brilhante, luzente. 2. claro, vivo. 3. esperto, vivaz. 4. inteligente. 5. animado, alegre. 6. favorável, prometedor. 7. famoso. ‖ ~ly adv. brilhantemente, lustrosamente, claramente, inteligentemente, alegremente, gloriosamente.

~ and early bem cedo. ~ in the eye (coloq.) embriagado. it was ~ with spangles estava reluzente de lentejoulas. things are looking ~er as coisas estão melhorando, as perspectivas são melhores.

brighten [braitn] v. 1. tornar-se claro ou mais claro,

clarear, ficar brilhante. 2. tornar claro, iluminar, avivar, animar. 3. polir, lustrar. 4. esclarecer. **to ~ up** 1. tornar agradável. 2. clarear (tempo).

brightness [br'aitnis] s. 1. brilho, lustro m., claridade f. 2. esplendor m. 3. alegria, vivacidade f.

Bright's disease s. (Med.) mal m. de Bright, nefrite f.

brightwork [br'aitwǝːk] s. partes metálicas, polidas f. pl. (automóveis, navios, etc.).

brill [bril] s. (Ict.) peixe m. parecido com o rodovalho, porém inferior em tamanho e qualidade.

brilliance [br'iljǝns], **brilliancy** [~i] s. 1. brilho m., luminosidade, claridade f. 2. esplendor m., magnificência f. 3. (fig.) habilidade, inteligência f.

brilliant [br'iljǝnt] s. 1. diamante, brilhante m. (quadra J 1). 2. (Tipogr.) menor tipo m.: (corpo 3,½ ou 4). ‖ adj. 1. brilhante, luminoso, radiante, resplandecente, lustroso. 2. esplêndido, magnífico. 3. (fig.) inteligente, ilustre, genial. ‖ ~ly adv. brilhantemente.
~ white branco de alabastro.

brilliantine [briljǝnt'iːn] s. 1. brilhantina f.: cosmético oleoso para o cabelo. 2. tecido m. semelhante à alpaca.

brim [brim] s. 1. borda, orla f. 2. aba f. (quadro H 4). 3. margem, beira f. ‖ v. 1. encher até a borda. 2. estar cheio até a borda. 3. estar cheio de. **to the ~** até a borda. **to ~ over** transbordar borbulhando, jorrar.

brimful [br'imful] adj. completamente cheio.
she is ~ of happiness ela está mais do que feliz.

brimless [br'imlis] adj. 1. sem borda. 2. sem aba.

brimmed [brimd] adj. 1. com aba. 2. cheio até a borda.
a broad—~ hat um chapéu de aba larga.

brimmer [br'imǝ] s. 1. copo cheio m. até a borda. 2. chapéu m. (de palha).

brimstone [br'imstoun] s. 1. enxofre m. 2. pessoa irascível m. + f. (de mau gênio).

brindle [brindl] s. 1. cor malhada f. 2. animal malhado m. ‖ adj. malhado.

brindled [brindld] adj. malhado, de cores malhadas ou manchadas, listrado.

brine [brain] s. 1. salmoura f.: água muito salgada. 2. (fig.) mar, oceano m. 3. (fig.) lágrimas f. pl. ‖ v tratar com salmoura, salgar.

brine-copper s. tacho m. de evaporação.

brine-gutter s. canaleta f. para salmoura.

Brinell test s. (Metalurg.) ensaio m. de Brinell.

brine-pan s. caldeira f. na salina ou marinha f. vasilha rasa para evaporar água salgada.

brine-spring s. fonte salina f.

bring [briŋ] v. (imp. e p. p. **brought**) 1. trazer, vir com alguém ou com alguma coisa; levar, conduzir. 2. fazer vir. 3. influenciar, persuadir, guiar. 4. (Jur.) apresentar perante a corte. 5. aduzir, alegar. 6. vender por. 7. provocar, causar. 8. produzir.
~ me my shoes traga meus sapatos. **~ your friend with you** traga o seu amigo. **my deed brought me no gratitude from him.** ele não me agradeceu o que fiz. **I could not ~ him to confess** não consegui levá-lo a confessar. **I must ~ myself to talk to him** tenho de forçar-me a falar com ele **it was brought about** foi realizado, foi efetuado **he was brought about to** ele foi persuadido a, ele foi levado a. **I brought the child away with me** trouxe a criança comigo. **he brought back the book** ele devolveu-me o livro. **that brings it all back to me** isso me faz lembrar de tudo. **to ~ down** abaixar, trazer para baixo, arrancar, puxar para baixo, baixar, reduzir (preço). **he brought his book down to the world war** ele continuou seu livro

até a grande guerra. **the roof was brought down** o telhado foi demolido (desmontado). **he brought down the aeroplane** ele derrubou o avião. **I must ~ him down a peg or two** (gíria) tenho de reprimi-lo, tenho de pregar-lhe uma peça. **he brought down the house** (teatro) ele provocou aplausos entusiásticos. **to ~ forth** produzir, criar, gerar, dar cria. **to ~ forward** fazer progredir, apresentar, trazer, alegar. **the bill was brought forward** o projeto foi apresentado. **the sum was brought forward** a quantia foi transferida. **to ~ home** levar para casa. **it was brought home to him** ele foi posto a par, foi-lhe dito seriamente. **he brought home the bacon** (gíria) ele teve sucesso. **to ~ in** 1. trazer para dentro. 2. importar (mercadorias). 3. produzir. 4. sondar. **the bill was brought in** o projeto de lei foi apresentado. **he was brought in (not) guilty** (Jur.) ele foi declarado (não) culpado. **to ~ into account** levar em conta, calcular. **to ~ into question** pôr em dúvida, duvidar. **to ~ into play** pôr em jogo, fazer agir. **to ~ the heart into one's mouth** abrir-se, dar demonstração dos seus sentimentos. **to ~ into the world** dar à luz. **he was brought low** ele foi derrubado, ele ficou doente. **I brought him off** 1. ajudei-o a escapar. 2. desaconselhei-o. **I brought it off** (coloq.) eu o consegui, eu o resolvi. **to ~ on** provocar, ocasionar, causar, pôr em movimento, começar, pôr em discussão. **the heat brought on a fever** o calor produziu uma febre. **to ~ out** levar para fora, pôr para fora, apresentar, fazer sair, publicar, lançar, exibir, pôr em cena (peça teatral). **the young girl was brought out** a moça foi introduzida (na sociedade). **to ~ over** converter. **to ~ round** levar ao fim. **he was brought round** ele foi curado, foi persuadido. **to ~ through** restaurar, curar, fazer sobreviver (doentes). **she was brought to** 1. fizeram-na voltar a si. 2. (Náut.) o navio foi virado. **I brought them together** reconciliei-os, levei-os a fazer as pazes. **I ~ my body under** domino meu corpo. **to ~ to pass** causar, originar. **to ~ up** criar, educar, construir, erigir, inventar (moda). (Náut.) ancorar. **the subject was brought up** o assunto foi trazido à baila. **to ~ up the rear** (milit.) formar a retaguarda, comandar a retaguarda, cobrir a retirada. (fig.) ser os últimos. **to ~ up-to-date** modernizar, pôr em dia. **the ship brought to** o navio meteu de capa, pôs-se em capa, virou, parou. **the ship brought up** (Náut.) o navio ancorou.

bringer [br'iŋǝ] s. portador, entregador m.

bringing-up s. 1. criação f. 2. educação f., treinamento m.

brink [briŋk] s. 1. beira f. (de precipício), canto m., margem f. 2. (fig.) véspera f. 3. (fig.) iminência f.
she is on the ~ of getting engaged ela está prestes a ficar noiva.

brinkmanship [br'iŋkmænʃip] s. atitude temerária f., suscetível a desastre.

briny [br'aini] s. (coloq.) mar m. ‖ adj. salgado.

brio [br'iːou] s. (ital.) vivacidade, coragem f., brio m.

brioche [br'iouʃ] s. brioche m.

briolette [br'iǝlet] s. diamante m. em forma de lágrima, cortado em facetas triangulares.

briquette, briquet [brik'et] s. briquete m.

brisance [briz'aːns] s. alta explosividade f.

brisk [brisk] v. 1. (também **to ~ up**) estimular, animar, refrescar, animar-se. ‖ adj. 1. vivo, alegre, rápido. 2. forte, fresco (vento). 3. de ação rápida (medicamento), ativo. ‖ ~ly adv. vivamente.
to ~ about mexer-se, trabalhar depressa. **to ~ up** correr, acorrer.

brisket [br'iskit] s. 1. carne f. do peito. 2. peito m.

de um animal (quadro C 7).
briskness [br'isknis] s. vivacidade, esperteza, alegria f.
bristle [brisl] s. 1. cerda f. (quadro B 24). 2. sedas f. pl. 3. ~s pl. barba curta f. 4. (Bot.) seda (pêlo áspero). ‖ v. 1. estar em pé, estar eriçado. 2. fazer (pêlo) ficar em pé, eriçar, arrepiar. 3. ter o pêlo eriçado. 4. (fig.) mostrar indignação ou disposição para brigar. 5. estar cheio de, ou obstruído por.
he set up my ~s ele me irritou, me deixou zangado.
he ~s with prejudices ele está cheio de preconceitos.
bristliness [br'islinis] s. qualidade f. do que é ouriçado.
bristling, brisling [br'isliŋ] s. espécie de sardinha f. para conservas em óleo. ‖ adj. eriçado, áspero.
bristly [br'isli] adj. cheio de cerdas, eriçado, ouriçado, hirsuto.
Bristol-board s. cartolina f. para desenhos.
Brit. abr. de **Britain, British.**
brit s. (Ict.) filhote m. de arenque.
Britain [br'itən] s. Inglaterra, Grã-Bretanha f., ilhas britânicas f. pl. (também **Great ~**).
Britannia [brit'æniə] s. 1. Inglaterra, Grã-Bretanha f. (personificada). 2. império britânico m.
Britannia-metal s. metal bretanha, liga de estanho, antimônio e cobre.
Britannic [brit'ænik] adj. britânico (somente em: **His (Her) ~ Majesty** sua majestade o rei (a rainha) da Grã-Bretanha.
Briticism [br'itisizm] s. (E.U.A.) anglicismo m.
British [br'itiʃ] s. 1. ingleses m. pl., povo inglês m. 2. língua inglesa f. conforme é falada na Ingl. ‖ adj. 1. inglês, britânico. 2. relativo aos bretões.
~ America Canadá. **~ Columbia** província do Canadá. **~ nationality** nacionalidade britânica.
the ~ Isles as ilhas britânicas. **the ~ Empire** o Império Britânico. **~ Thermal Unit** unidade térmica inglesa (B. T. U.).
British Commonwealth of Nations s. Comunidade Britânica de Nações f.
Britisher [br'itiʃə] s. (E.U.A.) inglês m.
Briton [br'itən] s. 1. nativo m. ou habitante m. da Grã-Bretanha. 2. bretão m.
brittle [britl] adj. 1. frágil. 2. quebradiço. 3. inseguro, instável. 4. irritadiço.
brittleness [br'itlnis] s. fragilidade f.
bro., Bro. pl. **bros., Bros.** abr. de **brother,** pl. **brothers**.
broach (I) [broutʃ] s. 1. sovela f., furador m. 2. (Mec.) alargador, mandril m. 3. espeto m. 4. agulha f. de torre. 5. primeiro esgalho m. do veado. ‖ v. 1. perfurar, espetar. 2. espichar pipa ou barril. 3. (fig.) puxar assunto. 4. derramar.
she ~ed the subject of dress ela falou em vestidos.
broach (II) [broutʃ] v. (Náut.) tomar de luva.
broad [brɔːd] s. 1. parte larga f. de alguma coisa. 2. (gíria) mulher f. (da vida). ‖ adj. 1. largo (quadra Q). 2. amplo, vasto, extenso. 3. generoso, liberal, tolerante. 4. geral, principal. 5. claro, cheio, pleno. 6. (fig.) franco, direto, aberto. 7. grosseiro, indelicado. 8. (Fonética) aberto. 9. óbvio, claro, manifesto. ‖ ~ly adv. 1. largamente, amplamente. 2. geralmente. 3. claramente. 4. francamente, abertamente. 5. plenamente, completamente. 6. pela largura, de largura.
~ day dia claro. **a ~ hint** alusão direta. **~ Irish** dialeto legítimo da Irlanda. **it is as ~ as it is long** é a mesma coisa. **~ly speaking** falando em termos gerais, falando abertamente. **~ awake** plenamente acordado. **to speak ~** falar dialeto.
broad arrow s. ponta de flecha larga f., marca dos bens do patrimônio público inglês.
broad-axe [br'ɔːdæks] s. machado m. de carpinteiro, machado m. de lâmina larga.
broad band s. (Eletrôn.) faixa larga f.

broad bean s. fava f., feijão-fava m.
broad-blown adj. em plena flor.
broadbrim [br'ɔːdbrim] s. chapéu m. de aba larga.
broad-brimmed adj. de aba larga.
broadcast [br'ɔːdkɑːst] s. 1. radiodifusão f. 2. programa m. de rádio. 3. dispersão f., ato m. de espalhar. 4. semeadura f. a mão. ‖ v. 1. radiodifundir: transmitir pelo rádio. 2. difundir, espalhar. 3. semear à mão. ‖ adj. 1. transmitido pelo rádio, de rádio. 2. espalhado, difundido, disseminado. 3. semeado à mão. ‖ adv. sobre um setor extenso.
he sowed ~ ele semeou com a mão.
broadcaster [~ə] s. 1. locutor m. de rádio. 2. radiodifusor m.
broadcasting [~iŋ] s. radiodifusão, irradiação f. ‖ adj. de rádio, de irradiação.
facsimile ~ radiofoto. **television ~** transmissão de programa de televisão.
broadcasting station s. estação f. de rádio.
broadcasting studio s. estúdio m. de estação de rádio.
Broad Church s. facção liberal f. da **Igreja Anglicana.**
broadcloth [br'ɔːdklɔθ] s. 1. tecido fino m., largo de lã, casimira fina f. 2. (E.U.A.) tecido fino para camisas.
broaden [brɔːdn] v. 1. alargar, estender. 2. estender-se.
broad-gauge, broad-gauged adj. 1. de bitola larga (de mais de 56,5 polegadas). 2. (E.U.A.) liberal.
broad jump s. (Esp.) salto m. em distância.
broadleaf [br'ɔːdliːf] s. variedade f. de fumo de folhas largas.
broadloom [br'ɔːdluːm] adj. largo, feito em tear largo.
broadminded [br'ɔːdmaindid] adj. liberal, tolerante, indulgente. ‖ ~ly adv. liberalmente.
broadmindedness [~nis] s. liberalidade, tolerância f.
broadness [br'ɔːdnis] s. grosseria, indelicadeza f.
broad seal s. selo oficial m. de uma nação.
broad-set adj. atarracado, achaparrado.
broadsheet [br'ɔːdʃiːt] s. folha grande f. de papel, cartaz m. impresso só de um lado.
broadside [br'ɔːdsaid] s. 1. costado, lado, bordo m. de um navio, acima da linha da água. 2. (Náut.) canhões m. pl. de um bordo do navio. 3. (Náut.) banda f. de artilharia, bordada f. 4. (coloq.) ataque violento m. a pessoa ou política. 5. = **broadsheet.**
they gave a ~ deram uma bordada, dispararam uma banda de artilharia.
broad-spectrum adj. (Farm.) de efeito antibiótico contra numerosos microrganismos.
broadsword [br'ɔːdsɔːd] s. espada f. de folha larga.
Broadway [br'ɔːdwei] s. 1. principal artéria comercial f. de Nova York.
on ~ na Broadway.
broad-ways, broad-wise adv. transversalmente, em direção da largura.
Brobdingnag [br'ɔbdiŋnæg] s. país m. dos gigantes (no livro de Swift: Viagens de Gulliver).
Brobdingnagian [brɔbdiŋn'ægiən] adj. gigantesco.
brocade [brok'eid] s. brocado m. ‖ v. tecer com desenhos em relevo, decorar com brocado.
brocard [br'oukəd] s. 1. brocardo m. 2. (fig.) chiste sarcástico m.
brocatel, brocatelle [brɔkət'el] s. brocatel m.
broccoli [br'ɔkəli] s. (Hort.) brócolos m. pl.
brochure [brɔʃ'uə] s. brochura f., folheto, panfleto m.
brock [brɔk] s. 1. (Zool.) texugo m. 2. (fig.) sujeito sujo, velhaco m.
brocket [br'ɔkit] s. veado m. no segundo ano.
brogan [br'ougən] s. = **brogue** (I).
brogue (I) [broug] s. (Irlanda e Escócia) sapato m. rústico e pesado.

brogue (II) [broug] s. dialeto m., pronúncia f. do inglês na Irlanda.
brogue (III) [broug] s. (esc.) fraude, logro m.
broil (I) [broil] s. 1. ato m. de grelhar. 2. carne f. grelhada. ‖ v. 1. grelhar. 2. aquecer muito, torrar. 3. estar muito quente, estar inflamado.
broil (II) [broil] s. briga, contenda f., tumulto m. ‖ v. brigar, lutar, fazer bulha.
broiler [br'oilə] s. 1. (E. U. A.) grelha f. 2. frango m. para assar na grelha. 3. (E. U. A., gíria) garota f., brotinho m. 4. dia m. de calor.
broke (I) [brouk] s. 1. (Mec.) refugo m., quebra f. 2. lã f. curta ou quebrada do velo do carneiro.
broke (II) [brouk] v. imp. de **break.** ‖ adj. (gíria) quebrado, sem dinheiro, pronto.
he is flat ~ (gíria) ele está pronto.
broken [br'oukən] v. p. p. de **break.** ‖ adj. 1. quebrado, em pedaços. 2. destruído. 3. arruinado, falido. 4. enfraquecido, fraco, débil. 5. domesticado, domado. 6. subjugado, humilhado, submisso, desanimado. 7. violado, infringido. 8. falado ou pronunciado de modo imperfeito. 9. interrompido, cortado, incorrente. 10. que muda de direção abruptamente. ‖ **~ly** adv. com interrupção, aos pedaços.
a ~ heart um coração ferido.
broken-backed adj. 1. de costas quebradas. 2. (Náut.) alquebrado.
broken-down adj. 1. desmoronado, decaído, desabado. 2. deprimido, quebrado, desanimado. 3. esgotado, gasto. 4. arruinado.
broken English s. inglês mal falado m., como pelos estrangeiros.
broken health s. saúde abalada f.
broken-hearted adj. de coração sangrando, triste.
broken-kneed adj. paralisado.
broken meat s. restos m. pl. de comida.
broken money s. troco miúdo m.
brokenness [br'oukənnis] s. qualidade f. do que está quebrado.
broken-spirited adj. abatido, desanimado.
broken stones s. avalancha f. de pedras.
broken wind s. pulmoeira f. (dos cavalos).
broken-winded adj. sem fôlego, abafado.
broken words s. palavras f. pl. sem nexo.
broker [br'oukə] s. 1. corretor, agente, intermediário m. 2. avaliador m. e vendedor m. de bens penhorados. 3. mercador m. de móveis velhos.
brokerage [br'oukəridʒ] s. corretagem f.: 1. negócio m. de agente ou corretor. 2. comissão f.
broking [br'oukiŋ] s. corretagem f.: negócio ou profissão f. de corretor.
brolly [br'oli] s. 1. (gíria) guarda-chuva m. (veja **umbrella**). 2. (milit.) pára-quedas m.
bromate [br'oumeit] s. (Quím.) bromato m. ‖ v. (Farmac.) tratar ou combinar com bromo.
brome [broum], **bromegrass** [br'oumgra:s] s. (Bot.) capim-cevadinha m.
bromeliaceae [bromili'eisii:] s. pl. (Bot.) bromeliáceas f. pl.
bromeliaceous [bromili'eiʃəs] adj. (Bot.) bromeliáceo.
bromide [br'oumaid] s. 1. (Quím.) brometo m. (também **potassium ~**) brometo de potássio m. 2. (E. U. A., gíria) lugar-comum m., banalidade f. 3 (gíria) pessoa enfadonha f.
bromidic [brom'idik] adj. (E. U. A., coloq.) trivial, banal.
brominate [br'oumineit] v. (Quím.) tratar ou combinar com bromo.
bromine [br'oumi:n] s. (Quím.) bromo m.: elemento químico (também **bromin**).
bromism [br'oumizm] s. (Med.) bromismo m.
bromize [br'oumaiz] v. tratar com bromo.
bronchi [br'oŋkai], **bronchia** [br'oŋkiə] s. pl. (Anat.)

brônquios m. pl.
bronchial [br'oŋkiəl] adj. bronquial.
bronchial pneumonia s. (Pat.) broncopneumonia f.
bronchial tubes s. pl. brônquios m. pl.
bronchitic [broŋk'itik] adj. bronquítico.
bronchitis [broŋk'aitis] s. (Med.) bronquite f.
bronchocele [br'oŋkosi:l] s. (Med.) broncocele f.
bronchoscope [br'oŋkoskoup] s. (Med.) broncoscópio m.
bronchoscopy [broŋk'oskopi] s. (Med.) broncoscopia f.
bronchotomy [broŋk'otomi] s. (Med.) broncotomia, traqueotomia f.
bronco, broncho [br'oŋkou] (espanhol) cavalo m. não domado do Oeste dos E. U. A.
broncobuster [br'oŋkoubʌstə] s. (E. U. A.) domador m. de cavalos selvagens.
brontosaur [br'ontəso:] s. (Paleont.) brontossauro m.
bronze [br'onz] s. 1. bronze m.: liga f. de cobre com estanho ou outros metais. 2. estátua, placa f., etc. de bronze. 3. cor f. de bronze, marrom-avermelhado m. ‖ v. 1. ficar bronzeado, ficar cor de bronze. 2. bronzear, dar cor de bronze a. 3. endurecer. ‖ adj. bronzeado, da cor de bronze.
the Bronze Age a Idade do Bronze.
bronzed [bronzd] adj. bronzeado.
bronze-powder s. purpurina f.
bronzite [br'onzait] s. (Miner.) bronzita f.
bronzy [br'onzi] adj. brônzeo, como bronze, da cor do bronze.
brooch [broutʃ] s. broche m. (quadro J 1).
brood [bru:d] s. 1. ninhada f., filhotes m. pl. 2. parentesco m., linhagem (pej.), laia, raça f. 3. (fig.) descendência, prole, progênie f. ‖ v. 1. chocar. 2. meditar, pensar. 3. afagar, amimar. 4. preocupar-se com alguma coisa, planejar. 5. formar-se (tempestade), pairar sobre.
brooder [br'u:də] s. 1. animal que choca m. 2. (E. U. A.) chocadeira f., criadeira f. para pintos. 3. pessoa f. que medita ou pensa muito.
brood-hen s. galinha-choca f.
broodingly [br'u:diŋli] adv. meditativamente, sorumbaticamente.
brood-mare s. égua f. para criação.
broody [br'u:di] adj. 1. choca, que está chocando. 2. macambúzio, meditabundo, sorumbático.
brook (I) [bruk] s. riacho, córrego, ribeiro m.
brook (II) [bruk] v. tolerar, sofrer, agüentar, suportar.
he can't ~ injustice ele não tolera injustiça.
brookite [br'ukait] s. (Miner.) bruquita f.
brooklet [br'uklit] s. regato, pequeno córrego m.
brooklime [br'uklaim] s. (Bot.) 1. becabunga f. 2. agrião m.
brook-mint s. (Bot.) hortelã-dos-rios f., hortelã-da-água f.
brook-weed s. (Bot.) sâmolo m., alface-dos-rios f.
broom [bru:m] s. 1. (Bot.) giesta, giesteira f. 2. vassoura f. (quadro B 24). ‖ v. varrer.
new ~s sweep clean vassouras novas varrem bem.
broom-corn s. (Bot.) sorgo m., milho zaburro m.
broom-maker s. vassoureiro m., fabricante m. + f. de vassouras.
broomrape [br'u:mreip] s. (Bot.) erva-toura f.
broomstick [br'u:mstik] s. cabo m. de vassoura.
they hopped over the ~ eles vivem amigados (em concubinato).
Bros., bros. abr. de **brothers.**
brose [brouz] s. (esc.) sopa f. ou mingau m. de aveia.
broth [broθ] s. caldo m., sopa f.
a ~ of a boy (Irlanda) um sujeito formidável.
brothel [broθl] s. bordel, prostíbulo, lupanar m.
brother [br'ʌðə] s. 1. irmão m. 2. amigo íntimo, companheiro, patrício, próximo m. 3. frade m., membro m. de confraria. ‖ v. chamar ou tratar de irmão.
~s and sisters os irmãos. **~ blade** irmão de armas.

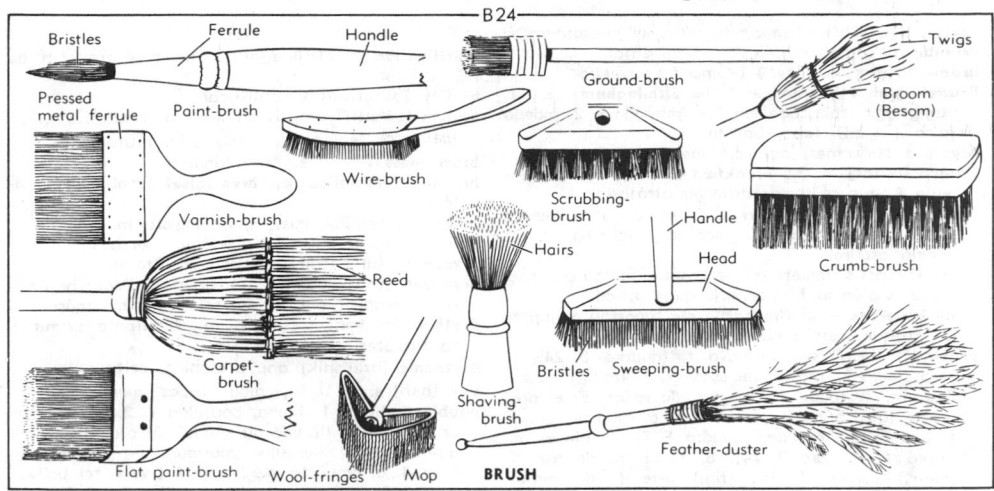

B 24

Bristles | Ferrule | Handle | Ground-brush | Twigs
Pressed metal ferrule | Paint-brush | | Broom (Besom)
Wire-brush
Varnish-brush | Scrubbing-brush | Handle
Reed | Hairs | Head | Crumb-brush
Carpet-brush | Bristles | Sweeping-brush
Shaving-brush | Feather-duster
Flat paint-brush | Wool-fringes | Mop | **BRUSH**

Brother Jonathan irmão Jonathan, (Hist.) personificação dos E. U. A. e seus cidadãos. ~ **of the
brush** (coloq.) borra-tintas, pintor (medíocre). **his ~
Manxmen** seus patrícios da Ilha de Man. **I have
five ~s and sisters** tenho cinco irmãos. **my ~
officers** meus camaradas (do mesmo regimento).
Smith Bros. (Com.) e irmão(s). **the ~s Brueghel**
os irmãos B. **half-~** meio-irmão.
brother-german s. irmão germano m.
brotherhood [br'ʌðəhud] s. 1. fraternidade f.: a) parentesco m. de irmãos. b) ligação f. entre irmãos. c)
sentimento m. de irmão para irmão. 2. espírito m.
de corporação. 3. irmandade, confraria f.
brother-in-arms s. irmão m. de armas.
brother-in-law s. pl. **brothers-in-law** cunhado m.
brotherlike [br'ʌðəlaik] adj fraternal, fraterno, como
irmãos.
brotherliness s. fraternidade f., afeto fraternal m.
brotherly [br'ʌðəli] adj. 1. irmão, fraterno. 2. como
irmão, fraternal. 3. amigável, bondoso, afeiçoado.
‖ adv. fraternalmente.
brother-uterine s. irmão uterino m.
brougham [bru:m] s. carro fechado m. puxado por um
cavalo.
brought [brɔ:t] v. imp. e p. p. de **bring**.
brouhaha [br'uhʌhʌ] s. excitação, discussão barulhenta, comoção f.
brow [brau] s. 1. testa, fronte f. (quadro H 9). 2.
sobrancelha f., supercílio m. 3. (fig.) expressão,
fisionomia f. 4. borda f., canto, cume m. ‖ v. estar
na borda de, formar a ponta de.
eye-~s sobrancelhas. **he bent, knit, wrinkled his
~s** ele fez carranca, ele enrugou a testa. **his ~
cleared** seu rosto desanuviou-se.
brow-antler s. primeiro esgalho m. da armadura do
cervo.
browbeat [br'aubi:t] v. intimidar, amedrontar.
brown [braun] s. 1. cor castanha, cor parda f. 2.
corante, pigmento m. ou tinta f. castanha. ‖ v. 1.
·pintar de castanho, tornar castanho, bronzear,
brunir. 2. ficar marrom ou castanho. 3. ·assar até
ficar marrom. ‖ adj. 1. castanho, marrom. 2.
bronzeado, de pele escura. 3. trigueiro, moreno.
he fired into the ~ ele atirou a esmo contra a
multidão. **he did me ~** (gíria) ele me embrulhou.
~ spar variedade de dolomite. **in a ~ study** pensativo, absorto em devaneios.
brown bear s. (Zool.) urso pardo m.

brown belt s. faixa f. marrom, distintivo em trajes
de judô.
brown bread s. pão m. de centeio, pão integral m.
brown coal s. lignita f.
brownie [br'auni] s. 1. duende benfazejo m. 2. fadi-
nha f.: menina escoteira.
browning (I) [br'auniŋ] s. corante m. para molho.
browning (II) [br'auniŋ] s. 1. cor f. de caramelo.
Browning (III) [br'auniŋ] s. (também ~ **pistol**) tipo
m. de pistola automática.
brownish [br'auniʃ] adj. acastanhado, pardacento.
brownness [br'aunnis] s. cor castanha f.
brownout [br'aunaut] s. escurecimento parcial m.,
como medida preventiva em caso de guerra.
brown paper s. papel pardo m. (de embrulho).
brown pink s. esmalte marrom m.
brown rice s. arroz integral m.
brownstone [br'aunstoun] s. (Miner. E. U. A.) arenito
castanho-avermelhado m. usado para construções.
brown sugar ·s. açúcar mascavo m.
brown ware s. louça f. de barro.
brownwort [br'aunwə:t] s. (Bot.) escrofulária f.
browse [brauz] s. 1. brotos tenros m. pl. (para pasto).
2. ato m. de pastar. ‖ v. 1. pastar, comer brotos.
2. folhar, ler algumas páginas de livro.
brucellosis [bru:sil'ousis] s. (Med.) brucelose f.
brucine [br'u:si:n], **brucin** [br'u:sin] s. (Farmac.) bru-
cina f.: alcalóide tóxico.
Bruin, bruin [br'u:in] s. urso m. (na fábula).
bruise [bru:z] s. 1. contusão, pisadura f. 2. machucadura f., esmagamento m. (em fruta). 3. injúria
f. (aos sentimentos de alguém). ‖ v. 1. contundir,
machucar. 2. ferir, incapacitar. 3. (fig.) ofender. 4.
ficar contundido ou machucado. 5. esmagar, triturar, moer, pilar. 6. socar, esmurrar.
I ~d my nose bati meu nariz (contra alguma
coisa). **they ~d along** (Esp.) eles correram a
cavalo a toda brida.
bruised corn s. quirera f.
bruiser [br'u:zə] s. 1. (pej.) pugilista m. + f., esmur-
rador, brigão m. 2. (Téc.) prensa f., espremedor m.
bruising [br'u:ziŋ] s. 1. pugilismo m. 2. esmagamento m.
bruising mail s. socador, pilão m.
bruit [bru:t] s. 1. (†) barulho, tumulto m. 2. boato m.
3. (Med.) ruído anormal m. ouvido na ausculação.
‖ v. 1. espalhar um boato. 2. afamar.
it is ~(ed) (abroad, about) ouve-se o boato.

brulyie [br'u:lji:] s. (esc.) tumulto m., desordem f.

brumal [br'u:məl] adj. invernal, hibernal.

brume [bru:m] s. (poét.) bruma f., nevoeiro m.

Brummagem [br'ʌmədʒəm] (= Birmingham) s. 1. bugiganga (fabricada em B.), imitação f. 2. moeda falsa f. ‖ adj. falso, barato.

brumous [br'u:məs] adj. brumoso, nevoento.

brunch [brʌntʃ] s. (de breakfast e lunch) (gíria) desjejua f. que se toma tarde ou atrasada.

brunette [bru:n'et] s. morena f.: moça ou mulher de cabelo escuro. ‖ adj. 1. morena, trigueira. 2. de cabelo escuro.

brunt [brʌnt] s. ímpeto m. de ataque, perigo ou crise, força, violência f., parte f. mais difícil.
he bore the ~ of the battle ele suportou o ímpeto do ataque, estava no foco da batalha.

brush (I) [brʌʃ] s. 1. escova f. (quadro B 24). 2. escovadela f., ato m. de escovar. 3. (milit.) escovilhão m. 4. toque m., ato m. de roçar. 5. escaramuça, luta, briga f., combate m. 6. rabo m., cauda f. de raposa, esquilo, (quadro F 7). 7. pincel m., broxa f. (quadro B 24). 8. feixe m. de luz. 9. (Eletr.) escova f. 10. (fig.) arte f. de pintar, m. ‖ v. 1. escovar, limpar, esfregar (com escova). 2. tirar, remover. 3. tocar, esbarrar, roçar levemente de passagem. 4. correr, mover-se rapidamente.
at a ~ ao primeiro assalto, à primeira tentativa. to give one a ~ atacar alguém. by the same ~ do mesmo artista ou pintor. he ~ed against me ele esbarrou em mim. he ~ed by me ele passou correndo por mim. he ~ed his teeth ele escovou os dentes. he ~ed off ele fugiu, ele não reagiu. I must ~ up preciso refrescar-me. I must ~ up my skirt tenho de escovar (limpar) minha saia. I must ~ up my Latin preciso recapitular meu latim.

brush (II) [brʌʃ] s. (E. U. A.) 1. galhos cortados ou quebrados m. pl. 2. mato m., capoeira, moita f. 3. interior m., região f. de pouca população.

brush discharge s. (Eletr.) descarga luminosa f. de um condutor com carga muito elevada.

brush fire s. 1. incêndio m. em capoeira. 2. (milit.) ataque m. de surpresa.

brush-light s. luz polarizada f. em forma de feixe.

brush-making s. fabricação f. de escovas.

brush-off s. objeção f., contra m.

brush-proof s. (Tipogr.) primeira prova f.

brush-up s. escovadela, limpeza f.

brush-wheel s. escova rotativa f.

brushwood [br'ʌʃwud] s. 1. mato, matagal m., capoeira f. 2. galhos, gravetos m. pl.

brushwork [br'ʌʃwə:k] s. trabalho m. de pintor.

brushy (I) [br'ʌʃi] adj. 1. duro, áspero. 2. cerdoso.

brushy (II) [br'ʌʃi] adj. coberto de capoeira.

brusque [brusk] adj. brusco, abrupto, áspero, rude. ‖ ~ly adv. bruscamente, rudemente.

brusqueness [br'usknis] s. brusquidão, aspereza f.

Brussels lace s. renda f. de Bruxelas.

Brussels sprouts s. couve-de-bruxelas f.

brut [bru:t] adj. muito seco (vinho, champanha).

brutal [bru:tl] adj. brutal, cruel, selvagem, animalesco, desumano. ‖ ~ly adv. brutalmente.

brutality [bru:t'æliti] s. 1. brutalidade, violência f. 2. crueldade, desumanidade, barbaridade f.

brutalization [bru:tələiz'eiʃən] s. brutalização f.

brutalize [br'u:tələiz] v. 1. brutalizar. 2. embrutecer, tornar-se bruto. 3. tratar brutalmente.

brute [bru:t] s. 1. animal irracional m. 2. bruto m.: pessoa bruta ou cruel, bárbaro m. 3. animalidade f.: instintos animais m. pl. ‖ adj. 1. irracional, animalesco. 2. estúpido, cruel, sensual, rude, bruto.

3. inconsciente, insensível.

brutification [bru:tifik'eiʃən] s. ato m. e efeito m. de brutificar.

brutify [br'u:tifai] v. brutificar.

brutish [br'u:tiʃ] adj. 1. animalesco, bestial. 2. (fig.) estúpido, seivagem. ‖ ~ly adv. brutalmente.

brutishness [~nis] s. brutalidade f.

bryologic [braiol'ɔdʒik], bryological [~əl] adj. briológico.

bryologist [brai'ɔlodʒist] s. briologista m. + f.

bryony [br'aiəni] s. (Bot.) briônia, norça f.

bryophyte [br'aiəfait] s. (Bot.) briófito m.

bryozoan [braioz'ouən] s. pl. bryosoa (Zool.) briozoário m. ‖ adj. (Zool.) de ou relativo a briozoário.

Brython [br'iθən] s. bretão m.: habitante primitivo da Inglaterra, celta m. + f.

Brythonic [briθ'ɔnik] adj. bretônico, celta.

bub [bʌb] s. (E. U. A., coloq.) rapaz, menino m.

bubble [bʌbl] s. 1. bolha, borbulha f. 2. bolha f. de ar (dentro de líquido ou sólido). 3. ato m. de formar bolhas. 4. borbulho, murmúrio m. 5. aparência falsa f. 6. embuste m., fraude f. ‖ v. 1. ter bolhas, fazer bolhas, bolhar, borbulhar, efervescer. 2. espumar. 3. murmurar, emitir som de água em movimento ou ebulição, gargarejar. 4. (†) enganar, iludir.
the children blew ~s as crianças fizeram bolhas de sabão. I pricked the ~ 1. fiz estourar a bolha 2. (fig.) descobri a fraude. he ~d over with fun ele estava radiante de alegria.

bubble bath s. banho m. de espuma f.

bubble gum s. chiclete m. de bola, goma f. de mascar que se pode soprar para formar bolha.

bubbler [b'ʌblə] s. bebedouro automático m.

bubbly [b'ʌbli] s. (gíria) champanha f. ‖ adj. bolhante, borbulhento, cheio de bolhas, espumante.

bubbly-jock s. 1. (coloq.) peru m. 2. (fig.) fanfarrão, faroleiro m.

bubby [b'ʌbi] s. (geralmente bubbies pl.) (vulgar) seios m. pl. (de mulher).

bubo [bj'u:bou] s. (Med.) bubão m.

bubonic [bjub'ɔnik] adj. bubônico.

bubonic plague s. peste bubônica f.

bubonocele [bjub'ɔnəsi:l] s. (Med.) bubonocele f.

buccal [b'ʌkəl] adj. (Anat.) 1. relativo à face. 2 bucal, relativo à boca.

buccaneer [bʌkən'iə] s. pirata, bucaneiro, m. ‖ v. piratear.

buccinator [b'ʌksineitə] s. (Anat.) bucinador m.

bucentaur [bjus'entɔ:] s. bucentauro m.: barco de gala dos doges de Veneza.

bucephalus [bjus'efələs] s. (joc.) cavalo, bucéfalo m.

buck (I) [bʌk] s. 1. corço, bode, gamo, carneiro m. e machos de outros animais. 2. janota m. 3. (coloq.) índio ou negro m. ‖ adj. de homem, macho. old ~! velho amigo! to pass the ~ passar a responsabilidade para outro. ~ lunch (gíria) almoço só para homens.

buck (II) [bʌk] s. 1. pulo, pinote m., marrada f. 2. (futebol americano) arremetida contra as linhas adversárias. ‖ v. 1. (E. U. A.) lutar contra, resistir, avançar contra. 2. (Futeb.) furar as linhas inimigas com a bola. 3. dar marradas, pular (cavalo) para derrubar o cavaleiro. 4. (fig.) vangloriar-se.
to ~ the machine (E. U. A., gíria) fazer oposição. to ~ off the rider atirar o cavaleiro ao chão. to ~ up (coloq.) ser alegre.

buck (III) [bʌk] v. 1. vestir-se bem, enfeitar-se. 2. (gíria) esforçar-se. 3. (gíria) apressar-se.
he ~ed him up ele o animou.

buck (IV) [bʌk] s. (E. U. A., gíria) dólar m.

buckaroo [b'ʌkəru:] s. 1. domador m. de potros bravos. 2. (E. U. A.) boiadeiro m.
buckbean [b'ʌkbi:n] s. (Bot.) fava-dos-pântanos f.
buck-beer s. cerveja f. de inverno, cerveja "Bock".
buckboard [b'ʌkbɔːd] s. (E. U. A.) carruagem aberta f. de quatro rodas.
buck-coney s. coelho macho m.
bucket [b'ʌkit] s. 1. balde m., tina f. 2. baldada f., capacidade f. de um balde. 3. caçamba f. de draga. 4. (Mec.) êmbolo m. da chapeleta de válvula. ‖ v. 1. baldear, tirar ou carregar com balde. 2. (fig.) exaustar um cavalo. 3. remar aos arrancos.
that is a drop in the ~ (fig.) isto é apenas uma gota no oceano. to kick the ~ (gíria) morrer.
bucket brigade s. fila f. de pessoas, que passam baldes de água de mão em mão, para extinguir incêndio.
bucketful [b'ʌkitful] s. baldada f.
bucket-rod s. vareta f. de bomba.
bucketshop [b'ʌkitʃɔp] s. (Com.) agência de corretagem pouco idônea f.
buckeye [b'ʌkai] s. 1. (Bot.) espécie de castanheiro dos E. U. A. (Aesculus glabra). 2. (coloq.) nativo m. do Estado de Ohio.
buck fever s. (coloq.) nervosismo m. durante a caça.
buckhorn [b'ʌkhɔːn] s. chifre m. de veado.
buckhound [b'ʌkhaund] s. cão m. de caça, veadeiro m.
buckish [b'ʌkiʃ] adj. 1. janota, casquilho. 2. impetuoso. ‖ ~ly adv. 1. como janota. 2. impetuosamente.
buck-jumper s. cavalo obstinado m.
buckle [bʌkl] s. 1. fivela f. (quadro S 7). 2. enfeite metálico m. de sapato. 3. curva, dobra, saliência f., bojo m., prega f. 4. anel m. de cabelo. ‖ v. 1. afivelar. 2. dobrar, curvar. 3. dobrar-se, curvar-se. 4. contender, lutar. 5. (fig.) casar. 6. (fig.) empregar-se resolutamente. 7. (Tec.) flambar.
shoe~ fivela de sapato. to ~ to (E. U. A.) pôr-se a trabalhar duramente em. to ~ on afivelar.
buckled [bʌkld] adj. amassado, deformado.
buckler [b'ʌklə] s. 1. broquel, escudo pequeno e redondo m. 2. (fig.) proteção, defesa f., protetor m. 3. (Biol.) casca, carapaça f. ‖ v. proteger, defender.
buckling [b'ʌkliŋ] s. (Téc.) empeno, cambamento m.
bucko [b'ʌkou] s. (gíria) fanfarrão, faroleiro m.
buckpasser [b'ʌkpɑːsə] s. pessoa m. + f. que passa a responsabilidade para outrem.
buck private s. (E. U. A., gíria) soldado raso m.
buckram [b'ʌkrəm] s. 1. bocaxim m., tela engomada f. 2. (fig.) rigidez f., rigorismo m. ‖ v. 1. enrijar com bocaxim. 2. tornar afetado. ‖ adj. 1. de tela engomada. 2. (fig.) afetado, cerimonioso.
buck saw s. serrote m., serra f. de mão (quadro J 2).
buckshee [b'ʌkʃi:] s. (gíria milit.) gratificação, ração extra f. ‖ adj. (gíria milit.) grátis.
buck-shoe s. sapato m. com fivela.
buckshot [b'ʌkʃɔt] s. chumbo grosso m. para caça de pêlo.
buckskin [b'ʌkskin] s. 1. pele f., couro m. de gamo 2. camurça f. 3. ~s. calças f. pl. feitas de couro 4. (E. U. A.) cavalo m. de cor amarela.
buckthorn [b'ʌkθɔːn] s. (Bot.) espinheiro cerval m.
buck-tooth s. pl. buck-teeth dente saliente m.
buck-up! interj. vamos!, depressa!
buckwheat [b'ʌkwi:t] s. (Bot.) fagópiro, trigo-mouro, trigo-sarraceno m.
bucolic [bjuk'ɔlik] s. 1. bucólica, écloga f.: poesia campestre ou pastoril. 2. (joc.) rústico, camponês m. ‖ adj. 1. pastoral, bucólico. 2. rústico, rural, campestre. ‖ ~ally adv. bucolicamente.
bud [bʌd] s. 1. (Bot.) botão m. de planta, gomo m. 2. botão m. de flor. 3. (fig.) origem f., começo,

embrião m. 4. (Zool.) germe m., estado inicial m. 5. (fig.) adolescente m. + f. ‖ v. 1. brotar, germinar, florescer, criar botões. 2. (Hort.) enxertar. 3. crescer, desenvolver-se. 4. fazer germinar.
in ~ em botão. it was nipped in the ~ (fig.) foi abafado logo no início. ~ cell célula germinal. to ~ off 1. enxertar. 2. derivar-se.
budder [b'ʌdə] s. enxertador m.
Buddhism [b'udizm] s. budismo m.
Buddhist [b'udist] s. budista m. + f. adj. (também Buddhistic, Buddhistical) budista.
budding-knife s. enxertadeira f. (quadro G 1).
buddle [bʌdl] s. (Miner.) pia f. de lavar metais. ‖ v lavar minério nessa pia.
buddleia [bʌdl'i:ə] s. (Bot.) budléia f.
buddy [b'ʌdi] s. (coloq.) 1. amigo, companheiro m 2. (milit.) camarada m. + f.
buddy system s. regime m. de dois a dois, para mútua proteção e ajuda (em combate, acampamento).
budge (I) [bʌdʒ] v. 1. mover-se, sair do lugar, mexer-se. 2. fazer mover, fazer-se mexer.
I shall not ~ não vou mexer-me do lugar.
budge (II) [bʌdʒ] s. pele f. de cordeiro (com os pêlos) ‖ adj. 1. forrado com pele de cordeiro. 2 austero, pomposo, solene.
budget [b'ʌdʒit] s. 1. orçamento m. 2. receita, verba f. (dinheiro). 3. provisão f. 4. bolsa f. de couro, sacola, mochila f., taleigo m. ‖ v. fazer orçamento.
to open the ~ apresentar o orçamento. this was ~ed for isto estava orçado.
budgetary [b'ʌdʒətəri] adj. orçamentário.
buff (I) [bʌf] s. 1. couro m. de búfalo. 2. casaco militar m. de couro de búfalo. 3. cor amarela f. cor de couro. 4. disco m. de couro para polir. 5. (coloq.) pele nua f. ‖ v. polir com couro. ‖ adj. 1. de couro de búfalo. 2. amarelo, da cor de couro
all in ~ nu, em pêlo. in (one's) ~ em pêlo, nu.
the Buffs regimento de East Kent. to ~ it (cóloq.) despir-se completamente.
buff (II) [bʌf] s. 1. (†) tapa m., bofetada f.
blindman's ~ cabra-cega (jogo).
buffalo [b'ʌfəlou] s. 1. (Zool.) búfalo m. 2. (Zool.) bisão americano m. 3. manta f. de couro de búfalo. ‖ v. (E. U. A., gíria) 1. intimidar. 2. vexar.
~–chips (E. U. A.) fezes secas de búfalo, usadas para fazer fogueiras. ~–hide couro de búfalo.
~–robe manta (para viajar) feita de couro de búfalo.
buffer (I) [b'ʌfə] s. pára-choque (quadro C 6). m.
~ state (Pol.) Estado-tampão.
buffer (II) [b'ʌfə] s. 1. (gíria) pessoa f., sujeito, rapaz m. 2. polidor m. 3. disco m. de couro para polir
old ~ (gíria) velhinho.
buffer-block, buffer-stop s. (estrada de ferro) pára-choque m. (quadro S 13).
buffet (I) [b'ʌfit] s. 1. pancada, bofetada f., tapa m. 2. (fig.) contratempo m., desgraça f. ‖ v. 1. bater, golpear, ferir. 2. dar tapa ou bofetada em. 3. lutar, brigar.
buffet (II) [b'ʌfit] s. 1. guarda-louça m. 2. balcão m. de bar ou restaurante, bufete m. 3. restaurante m. com bufete, bar m.
buffoon [bʌf'u:n] s. bufão, palhaço, farsista m.
buffoonery [~əri] s. bufonaria, chocarrice f.
buff-wheel s. (Téc.) disco polidor m. de couro.
buffy [b'ʌfi] adj. 1. da cor do couro. 2. (gíria) bêbado.
bug [bʌg] s. 1. (E. U. A.) bicho, besouro, escaravelho m. 2. percevejo m. 3. (gíria) micróbio, bacilo m. 4. (E. U. A., gíria) defeito m., falha f.
big ~ bichão, pessoa importante.

bugaboo [b'ʌgəbu:], **bugbear** [b'ʌgbɛə] s. bicho papão, fantasma m., coisa imaginária f. que mete medo.

bugbane [b'ʌgbein] s. (Bot.) cimicífuga f.

bugger [b'ʌgə] s. 1. pederasta m., sodomita m. + f. 2. biltre, velhaco m. 3. (E. U. A.) fulano, sujeito m. ‖ v. entregar-se à pederastia.

buggery [~ri] s. sodomia, pederastia f.

buggy (I) [b'ʌgi] s. carro leve m. de duas rodas.

buggy (II) [b'ʌgi] adj. 1. infestado. 2. (E. U. A.) carcomido por bichos.

bughouse [b'ʌghaus] s. (gíria) manicômio, hospício m. ‖ adj. louco, maluco.

bugle (I) [bju:gl] (também ~ **horn**) s. 1. trompa f. de caça. 2. corneta f., clarim m. (quadro H 8). ‖ v. 1. tocar corneta ou clarim. 2. chamar ou dar ordens por toque de clarim.

~—call toque de corneta, trombeta ou clarim.

bugle (II) [bju:gl] s. conta f. comprida, de vidro, para enfeite de vestidos.

bugle (III) [bju:gl] s. (Bot.) búgula, erva-corocha, língua-de-boi f.

bugler [bj'u:glə] s. corneteiro m.

bugloss [bj'uglos] s. (Bot.) buglossa, língua-de-vaca f.

viper's ~ (Bot.) viperina.

buhl [bu:l] s. (também ~-**work**) madeira f. ou móvel m. embutido com metal, carapaça de tartaruga, marfim, etc. em desenhos ornamentais.

build [bild] s. 1. construção, forma f., estilo m. 2. corte m. (de vestido). 3. compleição f., talhe m. ‖ v. (imp. e p. p. **built**) 1. construir, erigir, edificar. 2. 2. formar, desenvolver. 3. estabelecer, fundar, basear 4. depender, basear-se, confiar. 5. trabalhar como construtor.

of slender ~ de estatura esbelta. **his constitution is ~ing up** sua saúde está melhorando. **it was built up in the course of years** foi erigido no decurso dos anos. **that is s. th. to ~ upon** isto é algo em que se pode confiar. **the house is building** a casa está em construção. **to ~ up a warp** formar urdidura. **to ~ up stocks** armazenar.

builder [b'ildə] s. construtor, edificador, empreiteiro m. **master ~** 1. empreiteiro, chefe de construção. 2. criador.

builder's merchant s. negociante m. + f. em materiais de construção.

building [b'ildiŋ] s. 1. edifício m., construção, casa, estrutura, fábrica f. 2. arte f., processo, negócio m. (de construção).

building control s. fiscalização f. de construção.

building documents s. plantas f. de construção.

building line s. alinhamento m. de construção.

building-site s. lugar m. de construção, terreno m.

building test s. aprovação f. da construção.

building trades pl. s. comércio m. de construção.

building-up s. formação f., desenvolvimento m.

built [bilt] v. imp. e p. p. de **build**. ‖ adj. construído, feito, desenvolvido.

well-~ bem desenvolvido.

built-in adj. (Arquit.) embutido.

built-up adj. composto, montado, **consistente** de, construído.

bulb [bʌlb] s. 1. (Bot.) bolbo, bulbo m., cebola f. 2. (Eletr.) lâmpada elétrica f. (quadro E 1). 3. tubo eletrônico m. 4. (Anat.) bulbo raquidiano m. 5. objeto m. ou parte f. bulbiforme. ‖ v. formar bulbo.

bulbar [b'ʌlbə] adj. bulbar, relativo a bulbo.

bulbed [bʌlbd], **bulbiform** [b'ʌlbifɔ:m] adj. bulbiforme, redondo.

bulbiferous [bʌlb'ifərəs] adj. bulbífero.

bulbil [b'ʌlbil] s. (Bot.) bulbilho m.

bulb of a hair s. raiz f. de cabelo.

bulb of the eye s. globo ocular m.

bulbous [b'ʌlbəs], **bulbose** [bʌlb'ous], **bulbaceous** [bʌlb'eiʃəs] adj. bulboso, bolboso, bulbiforme: em forma de bulbo, inchado.

bulbul [b'ulbul] s. (Orn.) bulbul m.: rouxinol oriental m.

Bulgar [b'ulgɑ:], **Bulgarian** [bʌlg'ɛəriən] s. búlgaro m. ‖ adj. búlgaro.

bulge [bʌldʒ] s. 1. protuberância, inchação, saliência f., bojo m. 2. abaulamento, arqueamento m. 3. (gíria) vantagem f. 4. (Náut.) = **bilge**. ‖ v. 1. bojar, fazer bojo, ser saliente, inchar. 2. (Téc.) burilar, recalcar.

bulged [bʌldʒd] adj. abaulado.

bulginess [b'ʌldʒinis] s. qualidade f. de ser bojudo ou protuberante.

bulging [b'ʌldʒiŋ] adj. protuberante.

bulgy [b'ʌldʒi] adj. saliente, bojudo, inchado.

bulimia [bju:l'aimiə] s. (Med.) bulimia, fome canina f.

bulk [bʌlk] s. 1. tamanho, volume m., massa, magnitude f. 2. parte principal, parte maior f. 3. (†) monte m., pilha f. 4. carga f. 5. corpo, tronco, tórax m. 6. estatura f. 7. (Náut.) porão m. do navio, carga f. ‖ v. 1 ter tamanho, ser volumoso. 2. ter importância. 3. crescer, aumentar, inchar. 4. fazer aumentar, fazer inchar. 5. empilhar, amontoar. 6. avaliar o volume de uma mercadoria.

~ cargo carga a granel. **by the ~** no total. **in ~** solto, a granel, em grande quantidade. **in the ~** por atacado. **they broke ~** (Náut.) começaram a descarregar.

bulker [b'ʌlkə] s. 1. (Náut.) medidor m. de mercadorias para determinar o frete, taxas, etc. 2. instrumento m. para medir a espessura de papéis.

bulkhead [b'ʌlkhed] s. 1. (Náut.) antepara f., tabique m. 2. (Arquit.) sacada f., telhado m.

bulkiness [b'ʌlkinis] s. tamanho, volume m., grossura f.

bulking [b'ʌlkiŋ] adj. grosso, volumoso (papelão).

bulky [b'ʌlki] adj. 1. grande, volumoso, massudo. 2. desajeitado, incômodo. ‖ **-ily** adv. desajeitadamente.

bull (I) [bul] s. 1. touro m. 2. macho m. de elefante, baleia e de outros grandes animais. 3. especulador, altista m. da bolsa. 4. (E. U. A., gíria) policial, detective m. 5. (E. U. A.) bobagem, conversa tola f. 6. (E. U. A.) cachorro policial m. 7. (Astron.) constelação f. do Touro. 8. (gíria) = **bull's-eye**. ‖ v. 1. especular na bolsa 2. produzir alta na bolsa. 3. mugir (a vaca no cio). ‖ adj. 1. macho m. 2. como touro, forte, grande, bravo. 3. relativo à alta de preços na bolsa.

he took the ~ by the horns (fig.) ele enfrentou a dificuldade. **like a ~ in a china shop** (fig.) como um elefante na loja de porcelanas.

bull (II) [bul] s. 1. bula papal f. 2. édito imperial m.

bull (III) [bul] s. disparate, despautério, absurdo m.

Bull, **John Bull** s. personificação f.: 1. do inglês típico. 2. da nação inglesa.

bulla [b'ulə] s. 1. bula 2. bolha, empola f.

bullace [b'ulis] s. (Bot.) espécie de ameixa de qualidade inferior (Prunus insitia).

bullate [b'ulit] adj. 1. que tem empolas ou bolhas. 2. (Bot.) rugoso, crespo, vesiculoso, vesicular.

bull-baiting s. esporte m. de açular cães contra touros.

bull-calf s. bezerro macho m.

bulldog [b'uldɒg] s. 1. buldogue m.: cachorro musculoso m. de focinho curto (quadro D 3). 2. (fig.) pessoa cabeçuda f. 3. revólver m. de grande calibre e cano curto. ‖ adj. tenaz.

the ~ breed (joc.) os ingleses.

bulldog edition s. (E.U.A., Jornal.) primeira edição f. matutina de diário.

bulldoze [b'uldouz] v. 1. terraplenar. 2. (E. U. A., coloq.) intimidar, coagir.

bulldozer [~ə] s. 1. escavadora f. para terraplenagem. 2. (coloq.) pessoa ou arma f. que intimida.
bullet [b'ulit] s. 1. ba!a f. (de arma de fogo), projetil m. 2. bola pequena f.
bullet-head s. 1. cabeça redonda f. 2. (E. U. A., coloq.) pessoa obstinada ou cabeçuda f.
bullet-headed adj. 1. de cabeça redonda. 2. (E. U. A., coloq.) cabeçudo, obstinado.
bullet-hole s. furo m. feito por bala.
bulletin [b'ulitin] s. 1. boletim, comunicado m. 2. publicação f. que aparece regularmente.
bulletin board s. quadro m. de avisos.
bullet-proof adj. à prova de bala.
bullfight [b'ulfait], **bullfighting** [~iŋ] s. tourada f.
bullfighter [~ə] s. toureiro m.
bullfinch (I) [b'ulfintʃ] s. (Orn.) pisco-chilreiro, dom-fafe m.
bullfinch (II) [b'ulfintʃ] s. obstáculo m. de cerca viva com água de um lado para corridas de cavalo.
bullfrog [b'ulfrɔg] s. rã grande f. dos E. U. A. que emite um som de grunhido.
bullhead [b'ulhed] s. 1. (Ict.) nome de vários peixes de cabeça grande. 2. (fig.) pessoa teimosa f.
bullheaded [~id] adj. 1. macrocéfalo: de cabeça volumosa. 2. teimoso, obstinado, cabeçudo.
bulheadedness [~idnis] s. 1. macrocefalia f. 2. obstinação, teimosia f.
bullhorn [b'ulhɔ:n] s. (Eletrôn.) alto-falante m. portátil.
bullion [b'uljən] s. 1. ouro m. ou prata f. em barras ou lingotes, prata f. ou ouro m. maciço. 2. franja, borla f., fiador m. de ouro ou prata.
bullish [b'uliʃ] adj. 1. taurino. 2. obstinado. 3. altista (bolsa). ‖ **~ly** adv. 1. como touro. 2. obstinadamente.
bullishness [~nis] s. 1. qualidade taurina f. 2. obstinação f.
bullnecked [b'ulnekt] adj. taurino, de pescoço forte (quadro H 9).
bullock [b'ulək] s. boi, bovino m.
bull pen s. 1. curral, cercado m. para bois. 2. (coloq.) barracas f. pl. de acampamento de madeireiros. 3. (E. U. A., coloq.) cadeia f. 4. (beisebol) lugar m. para jogadores de reserva.
bull ring s. praça f. de touros, arena f. para touradas.
bull session s. (coloq.) debate informal m.
bull's eye s. 1. (Náut.) olho-de-boi m., clarabóia f. 2. (Náut.) sapatilho m. 3. lanterna f. 4. lente f. de lanterna. 5. centro m., mosca f. de alvo. 6. tiro m. no centro do alvo. 7. bossa f. em vidraça.
bullshit [b'ulʃit] interj. (gíria) merda!
bull terrier s. cruza f. entre buldogue e cão rasteiro.
bull trout s. (Ict.) truta-salmoneja f.
bullwhip [b'ulwip] s. açoite m. de tiras de couro cru.
bully (I) [b'uli] s. 1. brigão m. 2. fanfarrão, valentão, ferrabrás m. 3. tirano m. 4. cáften, rufião m. ‖ v. 1. tiranizar, oprimir. 2. ameaçar, amedrontar, intimidar. 3. maltratar. ‖ adj. (E. U. A., coloq.) 1. bom, excelente. 2. jovial, alegre. ‖ interj. (E. U. A., coloq.) bravo! muito bem!
bully (II) [b'uli] s. carne salgada f. (de boi), carne enlatada f. (também **bully beef**).
bully (III) [b'uli] s. (geralmente **bully-off**) início m. de jogo de hóquei.
to bully-off começar o jogo.
bully boy s. capanga m.
bully for you! interj. bravo!, muito bem!
bullyrag [~ræg] v. (coloq.) 1. ameaçar, amedrontar. 2. maltratar, tiranizar.
bully tree s. (Bot.) balata f.
bulrush [b'ulrɐʃ] s. (Bot.) 1. junco m. 2. bunho m. 3. taboa, partazana f.

bulrushy [~i] adj. juncoso.
bulwark [b'ulwək] s. 1. bastião, baluarte m. 2. (fig.) defesa, proteção f. 3. molhe, quebra-mar m. 4 (geralmente **~s**) (Náut.) amurada f., costado m. ‖ v 1. defender, proteger. 2. colocar baluarte ou amurada.
bum (I) [bʌm] s. 1. (E. U. A., coloq.) vagabundo, sujeito imprestável m. 2. farra, bebedeira f. 3 beberrão m. 4. (vulg.) nádegas f. pl., bunda f. traseiro m. 5. = **bum-bailiff**. ‖ v. 1. ficar à toa. 2 beber muito. 3. viver à custa de outros, filar. ‖ adj de má qualidade, ordinário.
bum (II) [bʌm] v. 1. zunir, zumbir. 2. soar forte
bum-bailiff s. (depreciat.) beleguim, esbirro, meirinho m.
bumble [bʌmbl] s. 1. bedel, beleguim m. 2. presumido, blasonador m.
bumble-bee [b'ʌmblbi:] s. (Ent.) abelhão m., mamangaba f.
bumbledom [b'ʌmbldəm] s. 1. burocracia f. 2. presunção, ostentação f.
bumbo [b'ʌmbou] s. ponche m. feito com rum ou gim, água, açúcar e noz-moscada.
bumboat [b'ʌmbout] s. breu m.: barco m. que abastece navios.
bumf [bʌmf] s. (gíria) 1. papel higiênico m. 2. papelada f., papéis, documentos m. pl. 3. (jogo campestre) caçada aos papelinhos.
bumkin [b'ʌmkin] s. (Náut.) pau m. de amura.
bummer [b'ʌmə] s. (E. U. A.) vagabundo, sujeito à-toa, salafrário m.
bump (I) [bʌmp] s. 1. impacto, baque m. 2. (Av.) solavanco m. do avião causado por corrente de ar. 3. batida, pancada, colisão f. 4. galo, inchaço m., bossa f. 5. choque m. ‖ v. 1. bater contra alguma coisa. 2. colidir, bater, chocar-se. 3. mover-se aos trancos.
they made a ~ (Esp. Oxford) alcançaram e tocaram o barco da frente. **~-supper** banquete de vitória esportiva. **I ~ed my nose against the wall** bati o nariz contra a parede. **to ~ s. o. off** (E. U. A., gíria) matar alguém. **he came ~ on the ground** ele caiu com um baque no chão.
bump (II) [bʌmp] s. pio m. do alcaravão.
bumper (I) [b'ʌmpə] s. pára-choque m. (quadro M 5).
bumper (II) [b'ʌmpə] s. 1. copo m. cheio até as bordas. 2. (gíria) coisa f. excepcionalmente grande. 3. (Teatro) lotação completa f. ‖ v. 1. encher até as bordas. 2. brindar com o copo cheio. ‖ adj. (gíria) muito grande, enorme.
bumpiness [b'ʌmpinis] s. 1. irregularidade, aspereza f. (de estrada, solo). 2. instabilidade f. do ar.
bumpkin [b'ʌmpkin] s. labrego, grosseiro m.
bumptious [b'ʌmpʃəs] adj. arrogante, convencido. ‖ **~ly** adv. presunçosamente.
bumpy [b'ʌmpi] adj. 1. acidentado, esburacado, áspero, que provoca solavancos. 2. ventoso, instável (ar).
bun [bʌn] s. 1. bolo, doce m. de passas (quadro C 1). 2. (coloq.) coque, cocó, birote m. (quadro H 1)
he takes the ~ (gíria) ele (sempre) leva vantagem.
hot cross ~ biscoito marcado com cruz, que se come na Sexta-Feira da Paixão.
buna [bj'unə] s. (Quím.) marca registrada de borracha sintética f. feita de butadieno.
bunch [bʌntʃ] s. 1. cacho, fardo, feixe, maço m., penca f. (quadro B 10). 2. grupo, rebanho, bando m. 3. (fig.) turma f., grupo m. de gente. ‖ v. E. U. A.) juntar-se, agrupar-se. 2. juntar, enfeixar, enfardar, juntar para formar maço.
a ~ of flowers um ramalhete de flores. **~ of grapes** um cacho de uvas. **~ of keys** molho de chaves. **he is the best of the ~** ele é o melhor da turma.

bunchiness [b'ʌntʃinis] s. qualidade f. do que tem ou cresce em cachos ou pencas.
bunchy [b'ʌntʃi] adj. 1. que tem cachos ou fardos. 2. que cresce em cachos ou pencas.
buncombe [b'ʌŋkəm] s. (também **bunkum**) 1. promessas políticas f. pl. 2. conversa, (gír. bras.) farol m.: conversa destinada a iludir e impressionar.
bundle [bʌndl] s. 1. pacote, fardo, feixe m. 2. trouxa f., embrulho, rolo m. 3. lote, grupo, monte m. 4. fascículo, feixe m. ‖ v. 1. embrulhar, empacotar, entrouxar, enfeixar. 2. mandar ou ir às pressas, correr. 3. preparar-se para partir, arrumar as malas. 4. deitarem-se na cama completamente vestidos (costume antigo, entre namorados, no País de Gales e na Nova Inglaterra). **as dry as a ~ of sticks** completamente seco. **I ~d off** fui embora. **they ~d her away, off** mandaram-na embora, puseram-na para fora.
bundle press s. prensa f. de enfardar.
bundler [b'ʌndlə] s. enfardador m.
bung [bʌŋ] s. batoque m.: a) tampão m. de barril (quadro B 2). b) boca f. de barril. ‖ v. 1. abatocar, tampar, arrolhar (a boca do barril). 2. fechar, guardar em barril. 3. (gíria) machucar, pôr fora de ação. **to ~ up** ou **down** abatocar. **~ed up** entupido (nariz). **to go ~** estourar, explodir. **~ in love** loucamente enamorado.
bungalow [b'ʌŋgəlou] s. bangalô m.
bung-hole s. batoque m., boca f. de barril (quadro B 2).
bungle [bʌŋgl] s. 1. trabalho m. malfeito, sarrafaçadura f. 2. erro m., cincada f. ‖ v. 1. fazer malfeito, estragar, sarrafaçar. 2. errar, deitar a perder.
bungler [b'ʌŋglə] s. sarrafaçador m.: o que faz serviço malfeito.
bungling [b'ʌŋgliŋ] s. sarrafaçadura f.: ato m. de (gíria bras.) malar ou executar mal o trabalho. ‖ adj. (gíria bras.) matado, malfeito, sarrafaçador, grosseiro, inábil. ‖ **~ly** adv. grosseiramente, inabilmente.
bunion [b'ʌnjən] s. joanete m., inchação f. na junta do dedão do pé.
bunk (I) [bʌŋk] s. 1. beliche m., cama f. em forma de prateleira, na parede. 2. suporte m. em trenó para segurar toros de madeira. ‖ v. 1. (E. U. A.) dormir em beliche. 2. compartilhar de uma cama. **they ~ed** eles se deitaram, eles foram dormir.
bunk (II) [bʌŋk] s. (E. U. A., gíria) bobagem, besteira f.
bunk (III) [bʌŋk] s. (gíria) fuga, fugida f. ‖ v. fugir, correr.
he did a ~ ele fugiu.
bunker (I) [b'ʌŋkə] s. 1. carvoeira f.: depósito de carvão do navio. 2. buraco m. cheio de areia ou outro obstáculo no jogo de golfe. ‖ v. 1. abastecer-se de carvão. 2. atirar a bola (de golfe) em um obstáculo.
he was ~ed (golfe) 1. ele estava com a bola encalhada na areia. 2. (fig.) ele estava em apuros.
bunker (II) [b'ʌŋkə] s. (milit.) casamata f.
bunkhouse [b'ʌŋkhaus] s. (E. U. A.) construção rústica f. (alojamento de operários).
bunkmate [b'ʌŋkmeit] s. companheiro de alojamento m.
bunko [b'ʌŋkou] s. (também **bunco**) (E. U. A., gíria) 1. jogo m. de azar (de dados). 2. trapaça f. ‖ v. 1. enganar, roubar no jogo. 2. trapacear.
bunkum [b'ʌŋkəm] s. = **buncombe**.
bunny [b'ʌni] s. coelho m. (expressão infantil).
bunny-hug, bunny-hugging s. dança americana f.
Bunsen burner s. bico m. de Bunsen: bico m. de gás usado em laboratório.

bunt (I) [bʌnt] s. 1. (Náut.) camisa f. de vela. 2. saco m. da rede de pesca.
to ~ out (Náut.) enfunar-se (vela).
bunt (II) [bʌnt] s. alforra f., fungo m. que ataca o trigo.
bunt (III) [bʌnt] v. 1. dar chifrada ou cabeçada. 2. empurrar, impelir. 3. (E. U. A.) bater a bola (no jogo de beisebol) com pouca força.
bunting (I) [b'ʌntiŋ] s. 1. estamenha f., pano m. de lã para bandeiras. 2. tiras f. pl. de pano em cores para enfeitar prédios. 3. bandeiras f. pl.
bunting (II) [b'ʌntiŋ] s. (Orn.) nome comum m. aos pássaros do gênero Emberiza.
corn ~ trigueirão.
buntline [b'ʌntlain] s. (Náut.) briol m.
buoy [bɔi] s. 1. (Náut.) bóia f. (quadro B 25). 2. salva-vidas m. 3. (fig.) tábua f. de salvação. ‖ v. 1. (Náut.) colocar bóias. 2. marcar com bóias.
to ~ up manter boiando, fazer flutuar, (fig.) sustentar, encorajar. **life—~** salva-vidas m.
buoyage [b'ɔiidʒ] s. 1. bóias f. pl. 2. marcação f. com bóias.
buoyance [b'ɔiəns] s. balizamento m., balizagem f.
buoyancy [~i] s. 1. poder m. de flutuação. 2. flutuabilidade f. 3. força ascensional f. 4. (fig.) alegria f. de viver, esperança f., ânimo m.
buoyant [b'ɔiənt] adj. 1. flutuante. 2. capaz de manter flutuante. 3. leve, com tendência de levantar-se ou de boiar. 4. (fig.) animado, esperançoso, alegre. ‖ **~ly** adv. 1. de modo flutuante. 2. ligeiramente. 3. alegremente.
buprestid [bjupr'estid] s. (Ent.) buprestídeo m.
bur, burr [bə:] s. 1. (Bot.) carrapicho m., bardana f. 2. ouriço m. (de fruto). 3. pessoa ou coisa f. que se agarra como carrapicho. ‖ v. remover carrapichos.
Burberry [b'ə:beri] s. (marca registrada) pano m. ou capa f. impermeável.
burble [bə:bl] s. bolha, borbulha f. ‖ v. 1. (coloq.) efervescer, borbulhar. 2. balbuciar.
burbot [b'ə:bət] s. (Ict.) nome de dois peixes da família do bacalhau (Lota lota e Lota maculosa).
burden (I) [bə:dn] s. (poét. **burthen**) 1. carga f., peso m. 2. encargo, dever m., obrigação, responsabilidade f. 3. gravame, ônus m. 4. capacidade f. de carga de navio, tonelagem f. ‖ v. 1. carregar, pôr carga em. 2. (fig.) sobrecarregar, oprimir.
beast of ~ burro de carga. **~ of proof** ônus da prova. **he is a ~ to me** ele é um peso morto para mim. **a ship of 1.000 tons ~** um navio de 1.000 toneladas. **the ~ of proof lies with** (Jur.) a obrigação de trazer provas está com...
burden (II) [bə:dn] s. 1. idéia f. ou tema m. principal. 2. (Mús.) bordão, acompanhamento m. 3. refrão m.
burdensome [b'ə:dnsəm] adj. 1. duro de carregar ou de suportar, muito pesado, opressivo, penoso. 2. oneroso. ‖ **~ly** adv. 1. incomodamente, pesadamente. 2. onerosamente.
burdensomeness [~nis] s. qualidade f. do que é muito pesado, opressivo ou penoso.
burdock [b'ə:dɔk] s. (Bot.) bardana f.
bureau [bjuər'ou] s. (pl. **bureaux, bureaus**) 1. (E. U. A.) cômoda f. 2. (Ingl.) escrivaninha f. 3. escritório m., agência f. 4. (E. U. A.) departamento m., divisão f. de repartição pública.
bureaucracy [bjuər'ɔkrəsi] s. burocracia f.
bureaucrat [bj'uərokræt] s. burocrata m. + f.: empregado(a) público(a).
bureaucratic [bjuərokr'ætik] adj. burocrático. ‖ **~ally** burocraticamente.
bureaucratism [bjuər'okrətizm] s. burocracismo m.

burette, buret [bjuər'et] s. (Quím.) bureta f.
burg [bə:g] s. 1. fortaleza f. 2. burgo m., cidade f.
burgage [b'ə:gidʒ] s. feudo burguês m.
burgee [bə:dʒ'i:] s. 1. carvão miúdo m., próprio para fornos. 2. flâmula, bandeira triangular f. (dos navios).
burgeois [b'uəʒwa:] = **bourgeois.**
burgeon [b'ə:dʒən] s. broto, botão, rebento m. ‖ v. brotar, germinar.
burgess [b'ə:dʒis] s. 1. burguês, cidadão, eleitor m. 2. deputado m.
burgh [b'ʌrə] s. (esc.) burgo m., cidade f. (veja também **borough**).
burgher [b'ə:gə] s. burguês, cidadão m.
burghership [~ʃip] s. burguesia, cidadania, posição f. ou privilégios m. pl. de cidadão.
burglar [b'ə:glə] s. assaltante, arrombador m.
burglarious [bə:gl'eəriəs] adj. relativo a arrombador, de ladrão. ‖ ~ly adv. como ladrão.
burglarize [b'ə:gləraiz] v. (E. U. A., coloq.) roubar, assaltar.
burglarproof [b'ə:gləpru:f] adj. à prova de arrombamento.
burglary [b'ə:gləri] s. (Jur.) arrombamento m. com a finalidade de roubar, roubo m.
  insurance against ~ and theft seguro contra roubo.
burgle [bə:gl] v. (fam.) arrombar, roubar.
burgomaster [b'ə:goma:stə] s. burgomestre m.: prefeito na Alemanha, Holanda e Flandres.
burgonet [b'ə:gənet] s. (†) borguinhota f., elmo m.
burgoo [bə:g'u:] s. 1. mingau m. de aveia. 2. (E. U. A.) sopa grossa f. de carne e legumes.
burgrave [b'ə:greiv] s. burgrave m.: senhor de castelo ou cidade.
Burgundy [b'ə:gəndi] s. 1. Borgonha f.: província francesa. 2. vinho dessa região.
burial [b'eriəl] s. enterro, sepultamento m. ‖ adj. de ou relativo a enterro.
burial-ground, burial-place s. cemitério m.
burial service s. funerais m. pl., serviço fúnebre m.
burier [b'eriə] s. coveiro m.
burin [bj'uərin] s. 1. buril m. 2. modo ou estilo de gravar.
burke [bə:k] v. 1. matar (por asfixia) sem deixar marcas de violência. 2. (fig.) esconder, abafar. 3. livrar-se. 4. suprimir, sustar.
burl [bə:l] s. 1. nó m. (de lã, fio, madeira). 2. saliência, excrescência f., nó m. em tronco de árvore. ‖ v. esbarbotar, tirar nós (de madeira).
burlap [b'ə:læp], **burlaps** [~s] s. aniagem, serapilheira f.
burled [bə:ld] adj. nodoso.
burlesque [bə:l'esk] s. 1. farsa, representação burlesca, paródia f. 2. (E. U. A.) representação teatral barata e ordinária f. ‖ v. burlesquear, bufonear, ridicularizar, parodiar. ‖ adj. burlesco, ridículo, cômico. ‖ ~ly adv. burlescamente, ridiculamente.
burletta [bəl'etə] s. burleta f.: ópera cômica.
burley, Burley [b'ə:li] s. (E. U. A.) fumo m. de folhas finas cultivado especialmente em Kentucky.
burliness [~nis] s. 1. corpulência f. 2. rispidez f.
burling iron s. espinçadeira f.
burly [b'ə:li] adj. 1. forte, robusto, corpulento, troncudo. 2. rude, áspero. ‖ -ily adv. 1. fortemente robustamente. 2. rudemente, asperamente.
Burman [b'ə:mən] s. = **Burmese.**
bur marigold s. (Bot.) carrapicho, cuambu m., erva-picão f.
Burmese [bə:m'i:z] s. 1. habitante m. + f. da Birmânia, birmanês m. 2. língua birmanesa f. ‖ adj. birmanês.

burn (I) [bə:n] s. 1. queimadura f. 2. local queimado m. 3. queima, queimação f. 4. queimada f. ‖ v. (imp. e p. p. **burnt**, também **burned**) 1. queimar: a) estar muito quente, estar em chamas, estar incandescente, arder. b) acender, pôr fogo, fazer queimar. c) destruir pelo fogo. d) ferir, cauterizar, corroer, queimar com fogo, calor ou ácido. e) fazer com fogo ou instrumento quente. f) dar sensação de calor a. g) iluminar, clarear (lâmpada). h) bronzear, queimar ao sol. i) incinerar. j) ustular, calcinar. k) cozer, fazer por meio de calor (tijolos). l) marcar a fogo. m) produzir queimaduras. n) crestar (plantas). o) (gíria) desperdiçar, dissipar, esbanjar. p) consumir-se no fogo ou na fogueira. 2. estar inflamado por paixão. 3. estar excitado ou ansioso. **he burnt up** ele ardeu de cólera. **burnt claret** ponche de vinho quente. **he ~s the midnight oil** ele trabalha até altas horas da noite. **he burnt his boats** ele rompeu com o passado. **he has money to ~** (gíria) ele tem dinheiro à bessa. **he was burnt to death** ou **he was burnt alive** ele foi queimado vivo. **I burnt a hole in my apron** queimei um buraco em meu avental. **it was burnt into my mind** foi gravado na minha memória. **my ears ~** minhas orelhas estão zunindo. **the building burnt out** o interior do prédio foi destruído no incêndio. **the house was burnt down** a casa 'queimou (até os fundamentos). **the money ~s a hole in his pocket** ele não sabe guardar dinheiro. **you are ~ing daylight** (fig.) você está deitando água no mar. **to ~ one's fingers** 1. queimar os dedos. 2. (fig.) receber o castigo por meter-se em coisas alheias. **you must not ~ the candle at both ends** (fig.) não deve esforçar-se demasiadamente ou desperdiçar as forças. **to ~ away** destruir, consumir pelo fogo. **to ~ in** cauterizar, ferretear, tornar indelével pela ação do fogo ou de ácidos. **to ~ off** remover tinta por meio de chama de maçarico ou ferro quente. **to ~ up** destruir, desfazer-se de algum coisa pelo fogo. **he burnt up the refuse** ele queimou o lixo.
burn (II) [bə:n] s. (escocês) córrego, ribeiro m.
burnable [b'ə:nəbl] adj. combustível.
burner [b'ə:nə] s. 1. bico m. de gás, maçarico m. 2. queimador m.
  Bunsen ~ bico de Bunsen.
burnet [b'ə:nit] s. (Bot.) pimpinela, sanguissorba f.
burning [b'ə:niŋ] s. 1. combustão f., incêndio m. 2. queimadura, queima f. ‖ adj. 1. candente, abrasador. 2. ardente, desejoso, ansioso. 3. importante, urgente. 4. fogoso, apaixonado, veemente, sensual. 5. excitante.
  smell of ~ cheiro de coisa queimada, cheiro de chamusco.
burning bush s. (Bot.) evônimo-da-américa m.
burning gases s. gases m. pl. de combustão.
burning-glass s. vidro ustório m.
burning-house s. forno m. de ustulação.
burning-mirror s. espelho ustório, espelho ardente m.
burning-point s. ponto m. de inflamabilidade.
burning scent s. (caça) rasto novo m.
burnish [b'ə:niʃ] s. brilho, lustro, polimento m. ‖ v. 1. polir, lustrar. 2. brunir. 3. ficar lustroso.
burnisher [~ə] s. 1. polidor, lustrador m. 2. brunidor, avivador m., ferramenta f. para brunir.
burnoose, burnous [bə:n'u:s] s. albornoz, burnus m.
burnsides [b'ə:nsaidz] s. pl. costeletas f. pl.: barba.
burnt [bə:nt] adj. queimado.
  a ~ child fears the fire criança queimada teme o fogo. **it tastes ~** tem gosto de queimado.
burnt-ear s. doença f. do trigo causada por fungo.
burnt-offering s. animal ou alimento m. incinerado

no altar como oferenda aos deuses.

burnout [b'ə:naut] s. 1. destruição total f. pelo fogo. 2. cauterização f. 3. defeito m. em circuito elétrico por excesso de calor.

burnt sienna s. siena queimada, siena calcinada f.

burnt umber s. 1. pigmento m. marrom-escuro de umbra queimada. 2. cor f. marrom-escura.

burp [bə:p] s. arroto m., eructação f. ‖ v. 1. arrotar, eructar. 2. fazer (criança) eructar, batendo-lhe nas costas.

burr (I) [bə:] s. 1. rebarba f. (em peça fundida ou trabalhada). 2. broca f. (de dentista). 3. saliência, excrescência f., crescimento arredondado m. 4. arruela f., disco m. de rebite. 5. halo m. em volta da lua. 6. buril triangular m. 7. clínquer m., massa vitrificada f. de tijolo. 8. saleiro m. (de veado). 9. rebolo, esmeril m.

burr (II) [bə:] s. 1. (Fon.) som m. sibilante ou estridente. 2. (Fon.) pronúncia áspera f. do "r". ‖ v. 1. pronunciar asperamente. 2. pronunciar o "r" de modo áspero. 3. produzir som estrídulo.

burr (III) [bə:] = **bur**.

burr-chisel s. buril triangular m.

burr-drill s. broca f. de dentista.

bur reed s. (Bot.) espargânio m.

burro [b'ʌrou, b'urou] s. (E. U. A.) burro m.

burrow [b'ʌrou] s. 1. toca, cova f. 2. refúgio m. semelhante a toca. ‖ v. 1. fazer cova. 2. viver em toca. 3. entocar-se, esconder-se. 4. escavar, cavoucar, cavar. 5. procurar, vasculhar.

burrow owl s. (Orn.) coruja-do-campo f., corujinha-uraqueira f. (Speotyto cunicularia).

burr-stone s. rocha silicosa f. usada para pedras de moinho.

bursa [b'ə:sə] s. (Anat. e Zool.) bolsa, cavidade f.

bursar [~] s. 1. tesoureiro m. (de universidade ou colégio). 2. (esc.) bolsista m. + f

bursarial [bə:s'ɛəriəl] adj. relativo a tesouraria ou a bolsa de estudos.

bursary [b'ə:səri] s. 1. tesouraria f. 2. (esc.) bolsa f. de estudos.

burse [bə:s] s. 1. (†) bolsa, tesouraria f. 2. bolsa f. de estudos.

burseraceae [bə:sər'eisii:] s. pl. (Bot.) burseráceas f. pl.

burseraceous [bə:sər'eiʃəs] adj. (Bot.) burseráceo.

bursiform [b'ə:sifɔ:m] adj. em forma de bolsa.

bursitis [bə:s'aitis] s. (Med.) bursite f., higroma m.

burst [bə:st] s. 1. estouro, rompimento m., ruptura, explosão f. 2. erupção, eclosão f. 3. (milit.) rajada f. (de arma automática). 4. manifestação repentina f. de atividade ou energia. 5. fratura, fenda, brecha f., racho m. ‖ v. (imp. e p. p. **burst**). 1. estourar, rebentar, explodir. 2. quebrar, romper. 3. estar repleto. 4. irromper. 5. abrir, abrir-se violentamente. 6. romper-se, mudar, agir repentinamente. 7. arrombar, arrebentar.

he ~ **open the door** ele arrombou a porta. **he** ~ **out into the words** ele exclamou as palavras. **he** ~ **out laughing** ele caiu na gargalhada. **he made a** ~ (gíria) ele mudou de atitude. **she** ~ **into the room** ela irrompeu no quarto. **the balloon** ~ **asunder** o balão estourou. **the door** ~ **open** a porta abriu-se repentinamente. **the water** ~ **forth** a água jorrou. **they** ~ **their sides with laughing** eles explodiam em risadas. **to be** ~**ing with** estar cheio de, estar repleto de. **to** ~ **up** sofrer colapso, falir. **to** ~ **upon** encontrar repentinamente, dar com.

bursting-charge s. carga explosiva f.

bursting-tester s. aparelho m. para medir a pressão de ruptura.

burst-up s. colapso m.

burthen [b'ə:ðən] s. = **burden** (I).

burton [bə:tn] s. (Náut.) talha, candeliça f.

burweed [b'ə:wi:d] s. (Bot.) bardana, pegamassa f

bury [b'eri] v. 1. enterrar, sepultar, inumar. 2. realizar funeral. 3. encobrir. 4. afundar, mergulhar. 5. retirar-se, isolar-se. 6. esquecer, abandonar.

to be buried under estar sepultado sob. **he buried himself in the country** ele escondeu-se no interior. **they buried the hatchet** eles enterraram a machadinha, fizeram as pazes.

burying [b'eriiŋ] s. enterro, sepultamento m.

burying ground, burying place s. cemitério m.

bus [bʌs] s. (pl. **buses, busses**) 1. abr. de **omnibus** ônibus m. (quadro M 5). 2. (gíria) avião m. ‖ v. (coloq.) andar ou viajar de ônibus.

they ~**ed it** viajaram de ônibus. **they missed the** ~ eles perderam a oportunidade.

busbar [b'ʌsba:] s. (Eletr.) barra coletiva f.

bus-boy [b'ʌsbɔi] s. ajudante m. de garçom.

busby [b'ʌzbi] colbaque m. dos hussardos ingleses.

bus girl s. ajudante f. de garçom.

bush (I) [buʃ] s. 1. arbusto m. 2. ramo m. (que se põe na porta de taverna). 3. mato, bosque m., noita f. 4. selva f., sertão m. 5. tufo m. de penas. 6. cauda f. de raposa. ‖ v. 1. espalhar-se como mato, crescer em moitas fechadas. 2. plantar arbustos, cobrir com arbustos.

good wine needs no ~ um bom vinho não precisa de recomendação. **he took to the** ~ ele virou bandoleiro. **to beat about the** ~ usar de rodeios, plantar verde para colher maduro. (= sondar).

bush (II) [buʃ] s. bucha f. ou forro m. de mancal (quadro L 5). ‖ v. embuchar, buchar.

bush cranberry s. (Bot.) sabugueiro-d'água m.

bushed [buʃt] adj. 1. desnorteado, perdido no sertão. 2. (coloq.) exausto, esgotado.

bushel (I) [buʃl] s. 1. alqueire m., medida f. de cereais, etc. correspondente a 36,37 l. 2. recipiente m. dessa capacidade.

don't hide your light under a ~ (fig.) não esconda seus talentos.

bushel (II) [buʃl] v. modificar (roupas), remendar.

bushfighter [b'uʃfaitə] s. guerrilheiro, franco-atirador m.

bush-fighting s. guerra f. de guerrilheiros (no mato).

bushiness [b'uʃinis] s. qualidade f. do que é semelhante a, ou está cheio de arbustos.

bushing [b'uʃiŋ] s. (Mec.) mancal m., revestimento metálico m

bush lot s. lote m. de terra, coberto por bosque.

bushman [b'uʃmən] s. pl. **bushmen** 1. colono m. no mato australiano. 2. mateiro m.; o que conhece bem o mato. 3. **Bushman** bosquímano m.: membro de tribo africana.

bushmaster [b'uʃma:stə] s. (Zool.) surucucu m.: cobra venenosa (Lachesis mutus).

bush-pilot s. piloto m. que voa com avião pequeno sobre território pouco populoso (como o Alasca)

bush-ranger s. 1. pessoa f. que vive no mato. 2. bandoleiro m.

bush whacker s. 1. sertanejo, matuto m. 2. facão m. 3. guerrilheiro m.

bushy [b'uʃi] adj. 1. fechado, cerrado. 2. basto, cheio de arbustos. 3 espesso, estufado.

busily [b'izili] adv. de **busy** diligentemente.

business [b'iznis] s. 1. serviço, trabalho m., profissão, vocação, ocupação f. 2. assunto, negócio, caso m. 3. negócio m., atividade comercial f., comércio m. 4. empresa, firma f., estabelecimento m. industrial ou comercial. 5. loja f. 6. direito m. de agir, interesse m. 7. ação f. em representação teatral. 8. dever m., tarefa f.

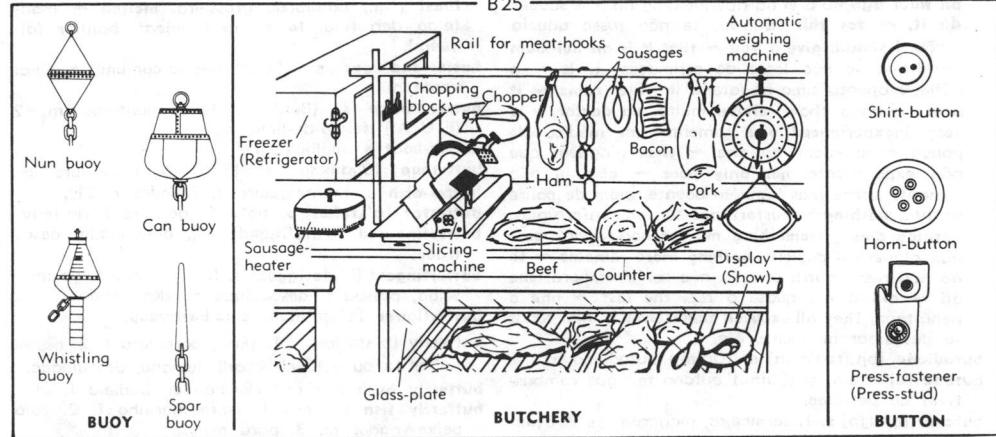

B 25

Nun buoy

Can buoy

Whistling buoy

Spar buoy

BUOY

Freezer (Refrigerator)

Sausage-heater

Rail for meat-hooks

Chopping block

Chopper

Sausages

Bacon

Ham

Slicing-machine

Beef

Pork

Counter

Glass-plate

BUTCHERY

Automatic weighing machine

Display (Show)

Shirt-button

Horn-button

Press-fastener (Press-stud)

BUTTON

a good stroke of ~ um bom negócio. **he asked (for) my** ~ ele perguntou o que eu desejava. **he had no** ~ **to say that** ele não devia dizer isso. **he has no** ~ **to do that** ele não tem direito de fazer isso. **he transacts** ~ **with** ele mantém relações comerciais com. **he went into** ~ ele ingressou no comércio. **I mean** ~ estou falando sério. **I sent him about his** ~ fui de poucas palavras com ele. **I went about my** ~ tratei da minha vida, cuidei dos meus negócios. **I'll do his** ~ **for him** despachá-lo-ei sem cerimônia. **important** ~ negócios importantes. **it is not his** ~ **to do that** não lhe compete fazer isso. **mind your own** ~! não é da sua conta! **no** ~ **done** sem movimento comercial. **on** ~ a negócios, em assuntos comerciais. **quite a** ~ não é tão fácil. **that did his** ~ isto o liquidou. **that is no** ~ **of yours** isto não é da sua conta. **we settled down to** ~ fizemo-nos ao trabalho. **what** ~ **have you to be here?** o que está procurando aqui?
business card s. cartão m. de visita (comercial).
business college, business school s. (E. U. A.) escola f. de comércio, escola comercial.
business cycle s. flutuação cíclica f. nas atividades comerciais.
business-hand s. caligrafia f. de comerciante.
business hours s. horas f. pl. do expediente.
businesslike [b'iznislaik] adj. metódico, bem organizado, prático, eficiente.
businessman [b'iznismən] s. homem m. de negócios, comerciante, negociante m.
business office s. escritório comercial m.
business-outlook s. situação comercial f.
businesswoman [b'izniswumən] s. 1. mulher de negócios, comerciante, negociante f.
busk (I) [bʌsk] s. barbatana f. do espartilho.
busk (II) [bʌsk] v. 1. preparar-se, vestir-se. 2. apressar-se, aviar-se. 3. pôr isca em anzol.
buskin [b'ʌskin] s. 1. borzeguim m. 2. (Hist.) coturno m., sapato m. de sola alta. 3. tragédia f.
buskined [~d] adj. 1. coturnado. 2. calçado com coturnos. 3. trágico, elevado, sublime.
busman [b'ʌsmən] s. chofer m. de ônibus.
~'s holiday feriado em que se faz o trabalho costumeiro.
buss [bʌs] s. (†) beijo m. ‖ v. beijar.
bust (I) [bʌst] s. busto m.: 1. estátua ou escultura f. do busto de uma pessoa. 2. peito m. 3. peito m. de mulher, seios m. pl.

bust (II) [bʌst] s. 1. explosão, erupção f. 2. (E. U. A., gíria) fracasso m., falência f. 3. (E. U. A., gíria) farra, bebedeira f. ‖ v. 1. estourar, explodir. 2. (gíria) falir, fracassar. 3. (coloq.) degradar, rebaixar. 4. (coloq.) bater, golpear. 5. domar, domesticar.
to go ~ abrir falência.
bustard [b'ʌstəd] s. (Orn.) abetarda f.
bust-bodice, bust-improver s. sutiã, corpete m.
buster [b'ʌstə] s. 1. (gíria) coisa grande, coisa surpreendente f. 2. bebedeira f. 3. vento intenso m.
bustle (I) [bʌsl] s. azáfama, bulha, pressa f., alvoroço m. ‖ v. 1. estar azafamado ou atarefado, apressar-se, alvoroçar-se. 2. apressar, fazer trabalhar depressa
bustle (II) [bʌsl] s. (moda) anquinhas, ancas postiças f. pl.
bustler [b'ʌslə] s. pessoa azafamada ou atarefada f.
busy [b'izi] s. (gíria) dectetive m.‖ v. 1. ocupar, manter ocupado, pôr a trabalhar. 2. estar ocupado. ‖ adj. 1. ocupado, atarefado. 2. ocupado (telefone). 3. ativo, diligente. 4. metido, intrometido.
a ~ **day** um dia de muito trabalho. **as** ~ **as a bee** ativo como abelha. ~ **idleness** ocupação fútil. ~ **signal** sinal de ocupado (telefone). ~ **streets** ruas movimentadas. **he busied himself** ele ocupou-se (**about, in, with** com). **he is** ~ ele está ocupado. **the children are** ~ **at work (with their lessons)** as crianças estão trabalhando diligentemente nas suas lições. **the line is** ~ **at the moment** a linha (telefônica) está ocupada no momento.
busybody [b'izib'ɔdi] s. pessoa metida f.
busyness [b'izinis] s. 1. ocupação, atividade f. 2. caráter metediço m.
busywork [b'iziwəːk] s. atividade improdutiva f.
but [bʌt] s. objeção f., obstáculo m. ‖ conj. 1. mas, porém. 2. não obstante, embora. 3. exceto, salvo, a não ser. 4. de que. 5. que. 6. mesmo que. 7. que não. 8. todavia, entretanto. 9. senão. ‖ prep. com exceção de, exceto, menos. ‖ adv. 1. somente, meramente, apenas. 2. **all** ~ aproximadamente, quase. ‖ v. só na próxima expressão:
~ **me no** ~**s!** nada de objeções! **all** ~ **fast** quase rápido. ~ **for all that** apesar disso. ~ **for my good health I should have died** não fosse minha boa saúde teria morrido. ~ **then** entretanto, de outro lado. **he is not such a fool** ~ **that he can see that** ele não é tão estúpido para não compreender isso. **I do not deny** ~ **that** não nego que... **I saw him** ~

an hour ago eu o vi há apenas uma hora. **I should do it, ~ for this** fá-lo-ia, se não fosse aquela razão. **I should give it you ~ that it is an heirloom** dar-lhe-ia se não fosse de estimação. **it is ~ a trifle** é apenas uma bagatela. **it never rains ~ it pours** quando chove, chove muito. **no doctor ~ a very inexperienced one** somente um médico de pouca experiência. **no one ~ tries** ninguém que não experimente. **not only poor ~ also ill** não somente pobre mas também doente, além de pobre doente. **nothing ~ misfortunes** somente infortúnios. **nothing dies ~ something mourns** nada morre sem que alguém o deplore. **nothing more remains ~ to go** não resta outra coisa a não ser ir embora. **she all ~ did it** ela quase o fez. **the last ~ one** o penúltimo. **they all excused themselves ~ him** todos se desculparam, menos ele.

butadiene [bju:təd'aii:n] s. (Quím.) butadieno m.

butane [bj'u:tein] s. (Quím.) butano m.: gás combustível de petróleo.

butcher [b'utʃə] s. 1. carniceiro, magarefe m. 2. açougueiro m. 3. (fig.) assassino, matador m., pessoa sanguinária f. 4. (E. U. A.) vendedor m. de revistas ou de doces no trem. 5. remendão, sarrafaçal m. ‖ v. 1. matar, abater animais para alimentação. 2. massacrar, matar cruelmente, sem necessidade. 3. assassinar. 4. sarrafaçar, fazer malfeito.

butcher bird s. (Orn.) nome comum aos pássaros do gênero Lanius.

butcherly [b'utʃəli] adj. selvagem, sanguinário. ‖ adv. cruelmente, sanguinariamente.

butcher's-broom s. (Bot.) gilbarbeira, erva-de-basculho f.

butchery [b'utʃəri] s. 1. matadouro m. (quadro B 25). 2. ofício m. de açougueiro. 3. carnificina f.

butler [b'ʌtlə] s. mordomo m.

butler's pantry s. copa f.

butment [b'ʌtmənt] s. (também **abutment**) 1. (último) pilar m. de ponte. 2. arcobotante m.

buts [bʌts] pl. s. restrições e objeções f. pl.
do as I tell you, no ~ about it faça conforme lhe digo, sem objeções a respeito.

butt (I) [bʌt] s. 1. extremidade mais grossa f. (de ferramenta, de arma, etc.) 2. (milit.) coronha f. 3. toco m. de árvore. 4. topo m. de viga. 5. junta f. a topo de vigas. 6. toco m. de cigarro. ‖ v. fazer junta das extremidades de tábuas.

butt (II) [bʌt] s. 1. alvo m. 2. alvo ou objeto m. de zombaria. 3. aterro m., rampa f. para colocar alvos. 4. (milit.) barragem f. de proteção.
the ~s distância ou alcance de tiro, lugar para tiro ao alvo.

butt (III) [bʌt] s. cabeçada, marrada, topetada f. ‖ v. 1. dar cabeçada, marrada ou chifrada. 2. marrar, topetar. 3. bater a cabeça. 4. encostar extremidades (de tábuas, vigas, etc.)
to ~ in intrometer-se em.

butt (IV) [bʌt] s. 1. pipa grande f. para vinho ou cerveja. 2. medida f. para líquidos correspondente a 129,7 galões.

butt (V) [bʌt] peixe chato m. como solha e outros.

butte [bju:t] s. (E. U. A.) monte m. isolado e íngreme.

butt-end s. 1. extremidade f. grossa. 2. toco m.

butter [b'ʌtə] s. 1. manteiga f. 2. coisa f. parecida com manteiga. 3. (coloq.) lisonja, adulação f. ‖ v. 1. passar manteiga. 2. (coloq.) lisonjear, bajular. **bread and ~** pão com manteiga. **fine words ~ no parsnips** palavras bonitas não resolvem. **he laid on the ~ thick** ele lisonjeou descaradamente. **he looks as if ~ would not melt in his mouth** (fig.) ele parece incapaz de praticar qualquer mal. **hot ~ed toast** (fig.) bajulação grosseira. **melted ~** manteiga derretida. **to ~ up** lisonjear, bajular (alguém).

butter-and-eggs s. (Bot.) linária-comum f., valverde m.

butter bean s. (Bot.) 1. feijão-manteiga m. 2. (E. U. A.) feijão-de-lima m.

butter-boat s. molheira f.

buttercup [b'ʌtəkʌp] s. (Bot.) botão-de-ouro m.

butter-dish s. manteigueira f. (quadro B 21).

butterfat [b'ʌtəfæt] s. nata f., gordura f. do leite.

butterfingered [b'ʌtəfiŋgəd] adj. descuidado, desastrado.

butterfingers [b'ʌtəfiŋgəz] s. (coloq.) mão f. de manteiga, pessoa f. descuidada ou desastrada.

butterflower [b'ʌtəflauə] s. = **buttercup**.

butterfly [b'ʌtəflai] s. 1. (Ent.) borboleta f. 2. pessoa f. bonita ou volúvel. ‖ adj. leviano, descuidado.

butterfly bush s. (Bot.) flor-de-mel, budléia f.

butterfly fish s. (Ict.) 1. lebre marinha f. 2. coió, peixe-voador m. 3. paru m.

butterfly net s. rede f. para apanhar borboletas.

butterfly nut s. (Téc.) porca alada, porca borboleta f.

butterfly-screw s. parafuso m. com porca alada.

butterfly stroke s. (Esp.) nado borboleta m.

butterfly valve s. (Mec.) válvula borboleta f.

butterine [bʌtər'i:n] s. margarina f.

butteriness [b'ʌtərinis] s. qualidade f. do que é manteigoso.

butteris [b'ʌtəris] s. puxavante m.

butter knife s. faca para manteiga f.

buttermilk [b'ʌtəmilk] s. leitelho m.

butternut [b'ʌtənʌt] s. (Bot.) 1. nogueira branca f. (Juglans cinerea). 2. noz f. dessa planta. 3. suári, pequi m. (Caryocar brasiliensis).

butterscotch [b'ʌtəskotʃ] s. bala f. feita de manteiga e caramelo. ‖ adj. temperado com manteiga e caramelo.

buttery (I) [b'ʌtəri] s. 1. despensa f. 2. adega f. 3 cantina f. (de colégio).

buttery (II) [b'ʌtəri] adj. 1. como manteiga, butiroso, manteigoso. 2. com manteiga. 3. (coloq.) lisonjeador.

butt hinge s. gonzo m. de porta, colocado canto com canto, para as duas partes ficarem juntas, quando a porta fechar.

butt-joint s. junta a topo f.

buttock [b'ʌtək] s. 1. nádega f. (quadros H 9, 10). 2. (geralmente pl.) traseiro m. 3. (Náut.) alheta f.

button [bʌtn] s. 1. botão m. 2. coisa f. parecida com botão. 3. gomo, olho m., gema f. ‖ v. 1. abotoar. 2. prover de botões. 3. abotoar-se.
boy in ~s mensageiro de hotel. **~ of corozo** botão de jarina. **I don't care a ~** não me importa. **I must press a ~** (fig.) tenho de tomar providências. **to ~ up** abotoar. **it isn't worth a ~** não vale um caracol. **~ your lip!** (E. U. A., gíria) cale a boca!

buttonball [b'ʌtnbɔ:l], **buttonwood** [b'ʌtnwud] s. (Bot.) plátano m.

button-boot s. bota f. de abotoar.

button-boy s. mensageiro m. de hotel.

buttonbush [b'ʌtnbuʃ] s. (Bot.) cefalanto m.

buttoned [bʌtnd] adj. abotoado.

buttoner [b'ʌtənə] s. abotoador m., abotoadeira f.

buttonhole [b'ʌtnhoul] s. 1. casa f. de botão, botoeiro f. (quadro C 12). 2. pequeno buquê m. para a botoeira da lapela. ‖ v. 1. casear, fazer casas de botão. 2. (fig.) manter em conversação, fazer ouvir.

buttonhole stitch s. ponto m. de caseado (quadro S 15).

buttonhook [b'ʌtnhuk] s. gancho m. para abotoar.
buttonmould [b'ʌtnmould] s. botão de madeira, metal, etc. para ser coberto de pano.
buttons [bʌtnz] s. (fam.) mensageiro m. de hotel.
buttony [b'ʌtni] adj. semelhante a botão, cheio de botões.
buttress [b'ʌtris] s. 1. botaréu, arcobotante, contra- forte m. 2. suporte, esteio m. 3. (Top.) contraforte, espigão m. ‖ v. 1. fortalecer com contraforte. 2. suportar, apoiar.
butt-weld s. soldagem f. a topo.
butt-welded adj. soldado canto com canto, soldado a topo.
butty [b'ʌti] s. 1. capataz m. de mina. 2. compa- nheiro, sócio m.
butyl [bj'u:til] s. (Quím.) butilo m.
butylene [bj'u:tili:n] s. (Quím.) butileno m.
butyraceous [bju:tir'eiʃəs] adj. butiráceo.
butyrate [bj'u:tireit] s. (Quím.) butirato m.
butyric [bju:t'irik] adj. butírico, relativo à manteiga.
butyrin [bj'u:tirin] s. butirina f.
buxom [b'ʌksəm] adj. 1. de seios grandes. 2. de corpo cheio, curvilíneo. 3. jovial. ‖ **~ly** adv. jovial- mente.
buy [bai] s. 1. compra, aquisição f. 2. (coloq.) pechin- cha f. ‖ v. (imp. e p. p. **bought**) 1. comprar, adqui- rir. 2. fazer compras. 3. obter com sacrifício. 4. dar propina a, subornar. 5. remir, resgatar, pechinchar. **a good ~** uma pechincha, uma compra útil. **to ~ at** comprar em. **to ~ for** comprar por, para. **to ~ of, from** comprar de. **he bought in wares** ele com- prou mercadorias. **he bought up the books** ele comprou todos os livros, o saldo de livros. **he is to be bought over** ele se deixa subornar. **I bought him off** paguei-o para me livrar de suas importu- nações, resgatei-o, (E. U. A.) subornei-o. **I bought myself out** resgatei-me. **that would be ~ing a pig in a poke** isto seria comprar nabos em sacos. **to ~ out** resgatar, pagar os sócios para ficar sozi- nho com o negócio. **to ~ in** 1. comprar de volta para o proprietário (em leilão). 2. comprar ações de uma companhia.
buyable [b'aiəbl] adj. comprável, adquirível.
buyer [b'aiə] s. comprador m.: aquele que compra. **~s over** (bolsa) mais compradores do que oferta. **~'s strike** greve dos consumidores.
buyers' market s. 1. mercado do comprador m. 2. oferta abundante f.
buying [b'aiiŋ] s. compra f.: ação de comprar. **~ permit** permissão para comprar, espécie de talão de racionamento. **~-in** compra para fazer estoque. **~ power** poder aquisitivo.
buzz (I) [bʌz] s. 1. zumbido, zunido m. 2. murmúrio, sussurro m. 3. cochicho, rumor m. ‖ v. 1. zumbir, zunir. 2. murmurar, sussurrar. 3. falar de modo excitado. 4. cochichar, rumorejar. 5. voar (avião) em vôo rasteiro e rápido. 6. (Eletr.) tocar a cigarra. **~!** quieto! **~-nagger** (coloq.) sujeito papudo. **to ~ about** mexer-se, mover-se para lá e para cá com muita azáfama. **to ~ off** (gíria) 1. desaparecer, escapar-se furtivamente. 2. desligar (telefone).
buzz (II) [bʌz] s. 1. ouriço m. de fruto. 2. tipo m. de isca artificial.
buzz (III) [bʌz] v. esvaziar até à última gota.
buzzard [b'ʌzəd] s. 1. (Orn.) bútio m. 2. (gíria) pes- soa desprezível f.
buzz bomb s. bomba f. ou projetil m. que pode ser dirigido ao alvo, bomba voadora f.
buzzer [b'ʌzə] s. 1. (Eletr.) cigarra f. 2. (coloq.) te- lefone m.
works ~ sereia de fábrica.

buzzing [b'ʌziŋ] adj. zunidor, zumbidor.
buzz saw s. (E. U. A.) serra circular f.
by [bai] prep. 1. perto de, ao lado, próximo de (quadro P 9). 2. através de, por, via, pelo, pela. 3. por meio de, com, pela ação de. 4. (indicando dimensão) por, multiplicado por. 5. na medida de, ao, à, às, aos. 6. na extensão de, em extensão, por. 7. de acordo com, conforme, segundo. 8. em relação com. 9. separado por, dividido por. 10. durante, dentro de. 11. até, antes de, não mais tarde de. 12. em direção a. 13. de, da autoria de, da origem de. ‖ adj. 1. perto, próximo, à mão. 2. passado (relativo ao espaço). 3. passado (relativo ao tempo). 4. ao lado, de lado. 5. (E. U. A., coloq.) na casa, para a casa (quando de passagem).
a play ~ Oscar Wilde uma peça da autoria de O. W. **book ~ book** livro por livro, um livro após outro. **~ all means** de qualquer maneira, por todos os meios. **~ birth** de nascença. **~ chance** por acaso. **~ degrees** aos poucos, passo por passo. **~ far** de longe. **~ heart** de cor. **~ leave** com permissão. **~ nature** de natureza. **~ next year** no próximo ano ao mais tardar. **~ night** de noite, durante a noite. **~ no means** de modo algum. **~ now** entrementes, neste meio tempo. **~ rights** de direito, por direito, **~ telephone** por telefone. **~ the hour** por hora. **~ the job** por tarefa. **~ the six o'clock train** pelo (com o) trem das seis horas. **~ the yard** por jardas, em jardas. **~ thousands** aos milhares. **~ train** por trem, por estrada de ferro · **he held the cat ~ the tail** ele pegou (segurou) o gato pelo rabo. **he went ~ Paris** ele viajou via Paris. **I did it ~ myself** eu mesmo o fiz. **it was sent ~ post** foi enviado pelo correio. **little ~ little** aos poucos. **side ~ side** lado a lado. **Smith ~ name** com o nome de Smith. **they got up ~ candlelight** eles se levantaram à luz de vela. **too long ~ an inch** comprido demais por uma polegada. **too prudent ~ half** prudente demais, por demais. **two feet broad ~ three feet long** 2 pés de largura por 3 de comprimento. **you must not judge ~ appearances** não deve julgar pelas aparências. **your being told that ~ him is queer** é esquisito que isso lhe tenha sido dito por ele. **~ and ~** depois, logo, mais tarde. **~ and large** (E. U. A., coloq.) em geral, de modo geral. **~ oneself** sozinho, sem ajuda, por iniciativa pró- pria. **~ the ~, ~ the way** de passagem, a pro- pósito, incidentalmente. **close ~, hard ~** próximo, junto, perto. **full and ~** (Náut.) a favor do vento. **they passed me ~** deixaram-me de lado, passaram por mim. **to march ~** passar em desfile. **to put by, set by** 1. pôr de lado, colocar de lado. 2. (fig.) economizar. **to stand ~** assistir inativamente.
by- [bai] pref. 1. secundário, de menos importância, menor. 2. próximo.
by-blow s. 1. golpe indireto m. 2. bastardo, filho ile- gítimo m.
bye [bai] s. 1. pessoa f. que fica sobrando em jogos onde os jogadores são agrupados em pares. 2. objeto subsidiário ou secundário. ‖ adj. 1. ao lado, além do ponto principal. 2. secundário. 3. aciden- tal, casual.
by the ~ a propósito, de passagem.
bye-bye (I) s. (infantil) cama f.
you must go to ~ você deve ir dormir.
bye-bye (II) interj. = **good-bye**.
by-effects s. pl. efeitos secundários m. pl.
by-election s. eleição suplementar f.
bygone [b'aigɔn] s. 1. coisa f. do passado. 2. passado m. ‖ adj. passado, antigo.
let ~s be ~s esqueça o passado.

by-interest s. interesse especial ou particular m.
by-lane s. travessa pequena f., beco m.
bylaw, byelaw [b'ailɔ:] s. 1. lei f. ou regimento interno m. de cidade, companhia, ou clube. 2. lei secundária f.
by-line s. (E. U. A.) linha f. no começo de um artigo (de revista ou jornal) que indica o nome do autor.
byname [b'aineim] s. 1. nome secundário, cognome m. 2. apelido m., alcunha f.
by-part s. (Teat.) papel secundário m.
by-pass s. 1. passagem secundária f. (de rua, canal, tubo, etc.) 2. (Eletr.) circuito secundário m., circuito de passagem. ‖ v. 1. estabelecer passagem secundária. 2. dar a volta. 3. passar por cima de (superior) para autoridade mais alta. 4. ignorar, deixar de lado (regulamentos, etc.) para alcançar o objetivo desejado. 5. evitar, fugir, escapar. 6. (milit.) flanquear.
~ **valve** válvula de desvio.
by-path s. caminho estreito m., vereda f.
by-play s. (Teat.) mímica f.: ação f. no palco que não faz parte da ação principal.
by-plot s. (Teat.) episódio m.
by-product s. produto secundário m., subproduto m.

byre [b'aiə] s. (esc.) estábulo m. de vacas.
by-road s. ramal m., estrada secundária f. (quadro V 3).
Byronic [bair'ɔnik] adj. 1. byroniano, byrônico, de Byron. 2. teatral, apaixonado, sombrio. ‖ ~ally adv. a modo de Byron.
byssus [b'isəs] s. bisso m.: 1. fazenda de linho da Antiguidade. 2. (Zool.) secreção filamentosa f. pela qual os mexilhões se fixam.
bystander [b'aistændə] s. pessoa que se encontra perto, espectador m., ~s pl. espectadores, curiosos m. pl.
bystreet [b'aistri:t] s. 1. rua lateral f., travessa f. 2. rua f. pouco movimentada.
by-talk s. 1. conversa informal f. 2. cavaqueira f.
byway [b'aiwei] s. 1. caminho secundário m. 2. (fig.) caminho secreto m.
byword [b'aiwə:d] s. 1. provérbio m., máxima f. 2. exemplo m., pessoa ou coisa proverbial. 3. objeto m. de desprezo geral. 4. alcunha f.
Byzantine [biz'æntin, baiz'æntain] s. bizantino m.. natural ou habitante de Bizâncio. ‖ adj. bizantino.
Byzantine Church s. Igreja Grega, Igreja do Oriente f.
Byzantinism [baiz'æntınizm] s. bizantinismo m.

C

C, c [si:] s. terceira letra do alfabeto inglês, consoante.

C [si:] s. 1. (Mús.) dó m. 2. 100 (algarismo romano). ~ **flat** dó bemol. ~ **major** dó maior. ~ **minor** dó menor. ~ **sharp** dó sustenido.

C. abr. de **Calorie, Catholic, Celsius, Centigrade, Church, Congress, Consul, Corps, Court.**

c. abr. de 1. **carton.** 2. **case.** 3. **cent, cents.** 4. **center.** 5. **centimeter.** 6. **chapter.** 7. © **copyright.** 8. **cycle.**

caaba [k'a:bə] s. caaba f.

cab (I) [kæb] s. 1. cabriolé, cupê, tílburi m. 2. táxi m. (também **taxicab**). 3. (E. U. A.) cabina f. de maquinista da locomotiva ou do motorista de caminhão (quadro M 5). 4. boléia f. 5. (gíria) tradução literal f. ‖ v. andar de carro, carruagem ou táxi, carruajar.
  to call a ~ chamar um táxi. **we** ~**bed the distance** percorremos o trecho de carro.

cab (II) [kæb] s. medida hebraica f. equivalente a 1,7 de litro.

cabal [kəb'æl] s. 1. grupo m. de conspiradores. 2. cabala, conspiração f., conluio m., maquinação, trama, intriga f. ‖ v. cabalar, tramar, intrigar.

cabala [k'æbələ] s. cabala f.: 1. interpretação misteriosa f. da Bíblia (entre os judeus). 2. ciência oculta ou mística f.

cabalism [k'æbəlizm] s. cabalismo m.

cabalist [k'æbəlist] s. cabalista m. + f.

cabalistic [kæbəl'istik], **cabalistical** [~ əl] adj. 1. cabalístico: a) relativo à cabala ou à magia. b) secreto, misterioso. 2. que tem sentido místico. ‖ ~**ally** adv. 1. cabalisticamente. 2. misticamente.

caballer [kəb'ælə] s. cabalista (Bras.), intrigante m. + f.

cabaña [kəb'a:njə] s. (E. U. A.) 1. cabana f. 2. cabina f. de banhistas.

cabaret [k'æbəret, -rei] s. 1. cabaré m. 2. taberna f.

cabbage (I) [k'æbidʒ] s. 1. repolho m., couve f. 2. (também **palm**—~) palmito m. ‖ v. repolhar, assumir feitio de repolho.

cabbage (II) [k'æbidʒ] s. retalhos m. pl. de que se apropria o alfaiate quando corta roupa. ‖ v. surripiar, furtar, subtrair (objetos de pouco valor).

cabbage-butterfly s. borboleta-da-couve f.

cabbage-lettuce s. alface repolhuda f.

cabbage-rose s. (Bot.) rosa-de-cem-folhas f. (Rosa centifolia).

cabbage-tree s. palmito m.

cabbage-worm s. lagarta f. da couve.

cabby [k'æbi] s. (coloq.) = **cab-driver.**

cab-driver s. 1. cocheiro m. 2. chofer m. (de táxi).

cabin [k'æbin] s. 1. cabana, choupana f. 2. abrigo provisório m. 3. cubículo, quarto pequeno m. 4. (Náut.) camarote, beliche m., cabina f. 5. (Av.) cabina f. de passageiros. ‖ v. 1. .viver, residir ou morar numa cabana. 2. limitar, restringir. 3. apertar, comprimir em lugar estreito.
  we were all ~**ed there** estávamos todos apertados ali.

cabin-boy s. camaroteiro (de navio), taifeiro m.

cabin class s. (Náut.) classe cabina f.: entre primeira classe e classe turística.

cabinet [k'æbinit] s. 1. gabinete, escritório m. 2. sala privada m. f. 3. gabinete governamental, ministério,

governo m. 4. armário m. com prateleiras ou gavetas (quadros B 7, K 2). ‖ adj. 1. relativo a ou próprio de um gabinete. 2. particular, secreto, privado. 3. muito valioso ou bonito.

cabinet council s. conselho m. de ministros.

cabinet-maker s. marceneiro m., ebanista m. + f.

cabinet-making s. marcenaria f.

cabinet-size s. (Fot.) formato 10 × 14 cm de fotografia.

cabinet-work s. trabalho m. de marcenaria, obra f. de embutidos.

cabin-passenger s. passageiro m. de primeira classe.

cable [keibl] s. 1. cabo m., corda f. 2. (Náut.) amarra f., calabre m. 3. cabo submarino, elétrico ou telefônico m. 4. (Téc.) condutor m. de fios múltiplos. 5. (E. U. A.) cabograma m. 6. amarra f.: medida ou espaço de 231 m. (também **cable's length**). ‖ v. 1. ligar por um cabo, amarrar, segurar com amarra ou cabo. 2. cabografar, expedir cabograma.

cable box s. (Téc.) caixa f. de junção ou de distribuição de cabos.

cable car s. cabina f. de teleférico.

cable drum s. (Téc.) tambor m. de cabo.

cablegram [k'eiblgræm] s. (E. U. A.) cabograma m.

cable-laid adj. (Náut.) torcido em cabo, calabroteado.

cable line s. linha f. de cabos.

cable railway s. (Estr. de F.) funicular m. (Bras.).

cablet [k'eiblit] s. (Téc.) virador, calabrote m., sirga f.

cabman [k'æbmən] s. = **cab-driver.**

cabochon [kæbɔʃ'ɔŋ] s. cabochão m.

caboodle [kəb'u:dl] s. (coloq., E. U. A.) cambada, turma f.
  the whole ~ 1. a turma toda. 2. toda a tralha.

caboose [kəb'u:s] s. 1. cozinha f. de navio. 2. (Estr. de F., E. U. A.) carro breque m. ou vagão m. para operários e pessoal do trem de carga.

cabotage [k'æbətidʒ] s. cabotagem, navegação costeira f.

cabriole [k'æbrioul] s. cabriola f.

cabriolet [kæbriəl'ei] s. 1. cabriolé m. 2. automóvel m. tipo cupê com capota conversível.

cab-stand s. ponto m. de táxis.

ca'canny [kɔ:k'æni, ka:-] s. (esc.) resistência passiva, greve branca f.

cacao [kək'a:ou] s. 1. cacau m. 2. cacaueiro m.

cacao-butter s. manteiga f. de cacau.

cacao-tree s. cacaueiro ou cacauzeiro m.

cachalot [k'æʃələt] s. (Zool.) cachalote m.

cache [kæʃ] s. 1. esconderijo m. (para provisões ou alimentos). 2. provisões f. pl. ou alimentos m. pl. escondidos. ‖ v. 1. pôr em esconderijo (provisões, alimentos). 2. esconder, ocultar.

cachectic [kək'æktik] adj. caquético.

cachet [k'æʃei, kæʃ'ei] s. 1. sinete, selo m. 2. marca característica f., distintivo, cunho, caráter m. 3. (Med.) cápsula f.

cachexia [kək'eksiə], **cachexy** [kək'eksi] s. caquexia f.

cachinnate [k'ækineit] v. cachinar, gargalhar, rir às gargalhadas, rir alto.

cachinnation [kækin'eiʃən] s. cachinada, gargalhada, risada estrondosa f.

cachou [kəʃ'u:] s. 1. cachu, catechu m. 2. pastilha f. para perfumar o hálito.

cacique [kæs'i:k] s. 1. cacique m. 2. (E. U. A.) chefe político m. de um lugar, manda-chuva m.

cackle [kækl] s. 1. cacarejo m. 2. grasnada f. 3. garrulice, tagarelice f., falatório m. 4. conversa tola f. 5. gargalhada, casquinada f. ‖ v. 1. cacarejar. 2. grasnar. 3. tagarelar, palrar, garrular. 4. gargalhar, rir às gargalhadas.
cut the ~! cale a boca! **~ berry** (joc.) ovo.
cackler [kæklə] s. 1. ave cacarejadora ou grasnadora f. 2. tagarela m. + f., gárrulo, falador m.
caco— em comp. (grego): mau.
cacodemon [kækəd'i:mən] s. demônio, espírito maligno, íncubo m.
cacodyl [k'ækodil] s. (Quím.) cacodilo m.
cacoepy [k'ækouepi] s. cacoépia f.
cacoethes [kækə'i:θi:z] s. 1. cacoete, mau hábito m., mania f. 2. propensão mórbida f.
cacographic [kækogr'æfik], **cacographical** [~əl] adj. cacográfico.
cacography [kæk'ɔgrəfi] s. cacografia f.
cacology [kæk'ɔlədʒi] s. cacologia f.
cacophonous [kæk'ɔfənəs] adj. 1. cacofônico. 2. dissonante, desafinado, que tem som desagradável. ‖ **~ly** adv. de modo cacofônico, dissonantemente.
cacophony [kæk'ɔfəni] s. 1. cacofonia f., cacófato m. 2. som desagradável m., dissonância, desafinação, desarmonia f.
cactoid [k'æktoid] adj. cactóide, cactiforme.
cactus [k'æktəs] s. pl. **cacti** [k'æktai] (Bot.) cacto m.
cad [kæd] s. grosseirão, malcriado m.
cadastral [kəd'æstrəl] adj. cadastral.
cadastre, cadaster [kəd'æstə] s. cadastro m.
cadaver [kəd'eivə] s. cadáver (esp. para dissecação), defunto m.
cadaveric [~rik] adj. cadavérico.
cadaverous [~rəs] adj. 1. cadavérico, cadaveroso. 2. macilento, magro e pálido. ‖ **~ly** adv. cadavericamente, macilentamente.
caddie [k'ædi] s. "caddie" m.: rapaz que leva os tacos e outros objetos no jogo de golfe. ‖ v. servir de "caddie".
caddisfly [k'ædisflai] s. (Ent.) mosca-d'água f.
caddish [k'ædiʃ] adj. 1. grosseiro, mal-educado, malcriado. 2. vil. ‖ **~ly** adv. grosseiramente, vilmente.
caddishness [~nis] s. 1. grosseria f. 2. baixeza, vileza f.
caddy (I) [k'ædi] s. caixa, lata f., ou cofre m. pequeno (para lápis, chá, etc.).
caddy (II) [k'ædi] s. = **caddie**.
caddy-spoon s. colher f. de chá.
cade [keid] adj. criado à mão (potro, cabrito, etc.).
cadence [k'eidəns], **cadency** [~i] s. 1. cadência f.: a) modulação da voz. b) ritmo poético. c) diminuição da voz (sobretudo no fim da frase). d) regularidade de movimento, ritmo. e) (Mús.) pausa de um movimento ou de uma frase musical. 2. entonação f. 3. (Mús.) = **cadenza**. ‖ v. 1. cadenciar: a) dar cadência. b) ritmar. c) dar regularidade de pausas. 2. entoar.
cadenced [~t] adj. cadenciado: 1. harmonioso. 2. rítmico.
cadent [k'eidənt] adj. 1. (também Astron.) cadente. 2. cadenciado, rítmico.
cadenza [kəd'enzə] s. (Mús.) cadência f.: suspensão da orquestra ou acompanhamento para que o solista execute frase de fantasia.
cadet [kəd'et] s. 1. cadete m. 2. irmão ou filho m. mais moço.
cadet-corps s. corpo m. de cadetes.
cadetcy [~si], **cadetship** [~ʃip] s. posição f. de cadete.
cadge [kædʒ] v. 1. vender (mercadorias) pelas ruas, mascatear. 2. mendigar, esmolar. 3. (Bras.) filar.
cadger [k'ædʒə] s. 1. mercador ambulante, mascate m. 2. mendigo m., mendicante, indigente m. + f. 3. vagabundo, vadio m. 4. filante m. + f.

cadi [k'a:di] s. cádi m.: juiz muçulmano.
Cadmean victory s. vitória f. de Pirro.
cadmic [k'ædmik] adj. relativo a cádmio.
cadmium [k'ædmiəm] s. (Quím.) cádmio m.
cadre [k'a:də] s. 1. estrutura, armação f. 2. (milit.) quadro m. 3. unidade operacional f. 4. célula f.
caducean [kədj'u:siən] adj. relativo a caduceu.
caduceus [kədj'u:siəs] s. (Mitol.) caduceu m.
caducity [kədj'u:siti] s. caducidade, senilidade f.
caducous [kədj'u:kəs] adj. 1. caduco. 2. transitório, efêmero.
caecal [s'i:kəl] adj. (Anat.) cecal.
caecum [s'i:kəm] s. pl. **—ca** (Anat.) ceco m.
Caesar [s'i:zə] s. 1. César m. 2. imperador m. 3. (fig.) déspota, tirano, ditador m.
Caesarean [siz'ɛəriən] s. (também **Caesarian**) cesariana f. (operação). ‖ adj. 1 cesáreo. 2. imperial.
Caesarean operation s. (Cir.) operação cesariana f.
Caesarism [s'i:zərizm] s. 1. cesarismo, governo absoluto m., autarquia f. 2. imperialismo m.
caesious [s'i:ziəs] adj. verde-azulado ou cinza-azulado.
caesium [s'i:ziəm] s. (também **cesium**) (Quím.) césio m.
caesura [sizj'uərə] s. 1. (Mús. e Poét.) cesura f. 2. interrupção, pausa f.
café [k'æfei] s. 1. café, restaurante m. 2. [kæf'ei] = **coffee** café m. (bebida). 3. (E. U. A.) bar m.
café au lait [kæfeol'ei] s. café com leite m.
café noir [kæfeno'a:] s. café preto, café sem leite m.
café society s. roda mundana f.
cafeteria [kæfit'iəriə] s. bar ou restaurante m. onde os fregueses servem a si próprios.
caffein, caffeine [k'æfii:n] s. cafeína f.
caftan [k'æftən] s. cafetã f.
cage [keidʒ] s. 1. gaiola f. 2. viveiro m. (de aves) 3. jaula f. 4. cabina f. de elevador (quadro L 3). 5. prisão, cadeia f. ‖ v. 1. engaiolar. 2. enjaular. 3. (fig.) prender, pôr na cadeia.
cageling [k'eidʒliŋ] s. pássaro engaiolado m.
cagey [k'eidʒi] adj. (gíria, E. U. A.) 1. cuidadoso, cauteloso. 2. esperto, vivo, perspicaz, sabido.
cahoot [kəh'u:t], **cahoots** [~s] s. (gíria, E. U. A.) sociedade, companhia, liga, coligação, parceria f.
to go ~s ter em sociedade, agir em sociedade, em parceria.
caiman [k'eimən] s. pl. **—mans** = **cayman**.
Cain [kein] s. (Bíbl.) Caim m. 2. (fig.) assassino m.
to raise ~ (gíria) causar grande distúrbio ou perturbação.
Caingang [k'aingəng] Caingangue s. m. (Etn.): 1. tribo de índios nativos do Sul do Brasil. 2. idioma desses índios.
caique [ka:'i:k] s. 1. caíque m.: pequeno barco, muito usado no Bósforo. 2. pequeno veleiro levantino m.
caird [kɛəd] s. (esc.) caldeireiro ou funileiro ambulante m.
cairn [kɛən] s. monte m. de pedras erigido sobre um túmulo ou como marco.
cairngorm [k'ɛəngɔ:m] s. variedade f. de quartzo amarelo ou pardo.
caisson [k'eisən] s. 1. (Milit.) caixa ou carreta f. de munições. 2. ensecadeira f. 3. caixão flutuante m. 4. (Téc.) caixão pneumático m.
caisson-disease s. (Med.) mal-dos-mergulhadores m.
caitiff [k'eitif] s. († pset.) velhaco, patife m., covarde m. + f. ‖ adj. 1. covarde. 2. vil, baixo, desprezível.
cajole [kədʒ'oul] v. 1. persuadir, induzir, atrair ou conseguir com lisonjas ou falsas promessas. 2. bajular, lisonjear, adular.
to ~ somebody out of s. th. induzir alguém a desistir de alguma coisa.
cajolement [~mənt] s. engodo m., bajulação, adula-

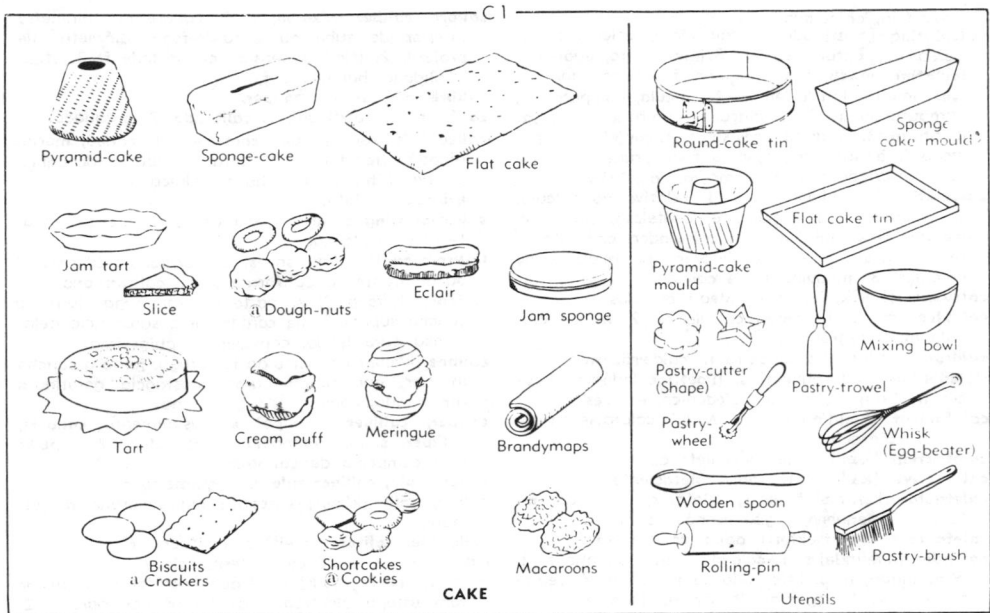

C 1

Pyramid-cake   Sponge-cake   Flat cake   Round-cake tin   Sponge cake mould

Jam tart   Slice   à Dough-nuts   Eclair   Jam sponge   Flat cake tin   Pyramid-cake mould   Mixing bowl

Tart   Cream puff   Meringue   Brandymaps   Pastry-cutter (Shape)   Pastry-trowel   Pastry-wheel   Whisk (Egg-beater)

Wooden spoon

Biscuits à Crackers   Shortcakes à Cookies   Macaroons   Rolling-pin   Pastry-brush

CAKE   Utensils

ção, lisonja f.

cajoler [~ə] s. lisonjeador, bajulador, **adulador** m.

cajolingly [~iŋli] adv. lisonjeiramente, de modo enganador, velhacamente, com engodo.

cake [keik] s. (quadro C 1) 1. bolo, queque m. 2. torta f. 3. pastel m. 4. pastilha f., tablete m. 5. biscoito m. 6. qualquer bolinho frito ou cozido ao forno. 7. torrão m., massa f. 8 pedaço m. ‖ v. endurecer(-se), solidificar(-se). ~ **of chocolate** tablete de chocolate. ~ **of soap** pedaço de sabão. ~**s and ale** l. os prazeres da vida. 2. boa vida. **to take the** ~ (gíria) levar ou ganhar a palma. **to sell like hot** ~**s** (gíria) ter saída (como pão quente). **you can't eat your** ~ **and have it** aqui ou é pau ou é pedra.

cake-eater s. molenga m. + f., molengo m.

cake-walk s. (E. U. A.) dança grotesca f. de negros norte-americanos. ‖ v. dançar o **cake-walk.**

caky [k'eiki] adj. compacto, grumoso.

calabash [k'æləbæʃ] s. 1. cabaço m.: a) cabaça (vaso). b) fruto. 2. (Bot.) cabaceiro m. (Crescentia cajute).

calabash-tree s. (Bot.) cabaceiro m.

calaboose [kæləb'u:z] s. calabouço, cárcere m., prisão, cadeia f.

caladium [kəl'eidiəm] s. (Bot.) caládio m.

calamine [k'æləmain] s. (Miner.) calamina f., espato m. de zinco.

calamint [k'æləmint] s. (Bot.) calaminta f.

calamitous [kəl'æmitəs] adj. 1. calamitoso. 2. infausto, funesto. 3. desastroso. ‖ ~**ly** adv. 1. calamitosamente. 2. infaustamente, funestamente. 3. desastrosamente.

calamitousness [~nis] s. calamidade f.: estado calamitoso.

calamity [kəl'æmiti] s. 1. calamidade, catástrofe f., grande desgraça f., flagelo m. 2. miséria, adversidade, desventura f.

calamus [k'æləməs] s. cálamo m.: 1. (Bot.) planta (Acorus calamus)). 2. (Hist.) cana com que se escrevia antigamente.

calash [kəl'æʃ] s. 1. caleche, caleça f. 2. capota f.

(de caleche). 3. toucado, capuz armado (antigamente usado pelas mulheres).

calcaneum [kælk'einiəm] s. (Anat.) calcâneo m.

calcar (I) [k'ælka:] s. (Bot. e Zool.) esporão m.

calcar (II) [k'ælka:] s. (vidraria) forno m. **de calcinar.**

calcareous [kælk'əariəs] adj. calcário.

calces [k'ælsi:z] s. pl. de **calx.**

calcic [k'ælsik] adj. cálcico.

calciferous [kæls'ifərəs] adj. (Quím.) calcífero.

calcification [kælsifik'eiʃən] s. calcificação f.

calciform [k'ælsifɔ:m] adj. calciforme.

calcify [k'ælsifai] v. 1. calcificar(-se). 2. calcinar(-se).

calcimine [k'ælsimain] s. calcimina f. ‖ v. calciminar, aplicar calcimina.

calcination [kælsin'eiʃən] s. calcinação f.

calcinatory [k'ælsinətəri] adj. calcinatório.

calcine [k'ælsain] v. 1. calcinar: a) aquecer carbonato de cálcio, até transformá-lo em cal viva. b) reduzir a cinzas. c) escandescer, recozer. 2. oxidar.

calcite [k'ælsait] s. (Quím.) calcita f.

calcium [k'ælsiəm] s. cálcio m. ‖ adj. cálcio.

calcium carbide s. carbureto m. de cálcio.

calcium chloride s. cloreto m. de cálcio.

calcium light s. luz f. de Drummond: luz oxídrica.

calcium oxide s. óxido m. de cálcio.

calcium phosphate s. fosfato m. de cálcio.

calc-sinter s. concreção calcária f.

calcspar [k'ælkspa:] s. (Miner.) calcita f.

calc-tuff s. (Geol.) tufo (calcário) m.

calculable [k'ælkjuləbl] adj. 1. calculável, computável. 2. em que se pode confiar, seguro. ‖ —**bly** adv. 1. de modo previsível. 2. seguramente.

calculate [k'ælkjuleit] v. calcular: 1. computar, contar, fazer cálculos. 2. avaliar, orçar, esmar, estimar. 3. conjeturar, prever. 4. planejar, projetar. 5. (coloq.) contar, fiar-se, confiar, acreditar. 6. (E. U. A.) conjeturar, supor, presumir.

something we have not ~**d upon** algo que não esperávamos. **to** ~ **the charge** ou **mixture** (Téc.) dosar ~**d to deceive the public** intencionado a iludir o público. ~**d risk** risco calculado. ~**d cruelty** cruel-

148 **calculating — call**

dade fria, calculada.
calculating [~iŋ] adj. 1. calculante, calculador. 2 perspicaz, astuto, sagaz. 3. interesseiro, egoísta.
calculating machine s. máquina f. de calcular.
calculation [kælkjul'eiʃən] s. 1. cálculo, cômputo m., computação f. 2. avaliação, estimação f., orçamento m. 3. predição, previsão f. 4. conjetura, suposição f. 5. juízo m., opinião f. 6. prudência, cautela, discrição f. 7. egoísmo m. calculista.
calculative [k'ælkjulətiv] adj. 1. relativo ao cálculo. 2. calculador. 3. previdente, cauteloso, prudente.
calculator [k'ælkjuleitə] s. 1. calculador, computador m., calculista m. + f. 2. livro m. ou tabela f. de cálculos. 3. máquina f. de calcular.
calculous [k'ælkjuləs] adj. (Med.) calculoso.
calculus [~] s. 1. (Med.) cálculo m. 2. (Mat.) cálculo m. (integral, etc.).
caldron [k'ɔ:ldrən] s. caldeira f., caldeirão m.
Caledonian [kælid'ouniən] s. (Poét.) caledônio, escocês m. ‖ adj. caledônio, caledônico, escocês.
calefacient [kælif'eiʃənt] s. (Med.) calefaciente m. ‖ adj. calefaciente.
calefaction [kælif'ækʃən] s. calefação f.
calefactive [kælif'æktiv] adj. calefaciente.
calefactor [kælif'æktə] s. 1. calefator, aquecedor m. 2. fogão pequeno, fogão econômico m.
calefactory [kælif'æktəri] adj. = **calefactive.**
calendar [k'ælində] s. 1. calendário m., folhinha f. 2. almanaque m. 3. lista, relação f., rol m. 4. registro m. ‖ v. 1. registrar. 2 pôr na lista.
calendar day s. espaço m. de 24 horas contadas de meia-noite a meia-noite.
calendar month s. mês civil m.: cada uma das doze divisões do ano.
calendar year s. ano civil m.: o que vai de 1.º de janeiro a 31 de dezembro.
calender (I) [k'ælində] s. calandra f.: máquina para lustrar papel, tecidos, etc. ‖ v. calandrar, lustrar, acetinar (passando pela calandra).
calender (II) [k'ælində] s. calender m.: monge maometano da ordem dos Calênderes.
calenderer [~rə] s. calandreiro m.
calends [k'ælindz] s. pl. calendas f. pl.
at the Greek ~ para as calendas gregas, nunca, jamais.
calendula [kæl'endjulə] s. (Bot.) calêndula f. (Calendula officinalis).
calenture [k'æləntjuə] s. (Med.) calentura, insolação f.
calescent [kəl'esənt] adj. esquentando, ficando quente.
calf (I) [ka:f] s. pl. **calves** 1. bezerro m.: a) vitelo, novilho. b) a pele curtida deste animal. 2. filhote m. de vários animais, como: elefante, baleia, alce, hipopótamo, rinoceronte, etc. 3. (coloq.) tolo, bobo m., pateta m. + f. 4. massa f. de gelo flutuante que se desprendeu da costa ou de um icebergue.
in ~, with ~ prenhe (animais).
calf (II) [ka:f] s. pl. **calves** panturrilha, sura f.: barriga da perna.
calf-bound adj. encadernado em couro de bezerro.
calf-dozer s. trator m. para remover a terra.
calfish [k'a:fiʃ] adj. 1. como novilho. 2. inexperiente, bisonho.
calf-love s. namorico, namorilho m., namorice f.
calf's foot jelly s. geléia f. de mocotó.
calfskin [k'a:fskin] s. 1. bezerro m.: pele curtida do vitelo. 2. pele f. do bezerro.
calibrate [k'ælibreit] v. 1. calibrar. 2. regular, graduar, ajustar, verificar a escala (do termômetro ou de qualquer instrumento de medição).
calibration [kælibr'eiʃən] s. calibração, calibragem f.
calibrator [k'ælibreitə] s. 1. calibrador m. 2. graduador m.

calibre, caliber [k'ælibə] s. 1. calibre m.: diâmetro interior de tubo ou boca-de-fogo, diâmetro de projetil. 2. (fig.) dimensão, capacidade f. 3. (fig.) qualidade, habilidade f.
calibre-compass s. = **caliper.**
calibred [k'ælibəd] adj. 1. calibrado. 2. graduado.
calico [k'ælikou] s. (pl. **—coes, —os**) 1. calicô, morim, algodão (tecido) m. 2. chita f. ‖ adj. 1. de calicô ou de chita. 2. pontilhado, salpicado.
printed—~ chita.
calico-printing s. arte f. ou ofício m. de estampar tecidos de algodão.
Californian [kælif'ɔ:njən] s. californiano m.: natural ou habitante da Califórnia. ‖ adj. californiano.
calipash [k'ælipæʃ] s. parte da tartaruga, junto à concha superior, que contém uma substância gelatinosa esverdeada, considerada guloseima.
calipee [k'ælipi:] s. parte da tartaruga, junto à concha inferior, que contém uma substância gelatinosa amarelada, considerada guloseima.
caliper, calliper [k'ælipə] s. (usualmente **calipers, callipers** s. pl.) compasso m. de calibre. ‖ v. medir com compasso de calibre.
caliper rule, calliper rule s. paquímetro m.
caliph, calif [k'ælif] s. califa m.: soberano muçulmano.
caliphate, califate [~eit] s. califado m.
calix [k'eiliks] s. cálice m. (esp. Ecles.)
calk (I), **caulk** [kɔ:k] v. (Náut.) calafetar: 1. vedar com estopa alcatroada as juntas dos barcos. 2. estancar, tornar estanque, tapar fendas ou buracos.
calk (II) [kɔ:k] v. decalcar.
calk (III) [kælk] s. (também **calkin**) 1. rompão m. de ferradura. 2. ferradura f. para calçados. ‖ v. 1. prover de rompões. 2. ferrar: pôr ferraduras (nos calçados). 3. ferir (perna de cavalo) com o rompão.
calker, caulker [k'ɔ:kə] s. 1. calafate m.: pessoa que se ocupa em calafetar. 2. calafetador m.: instrumento para calafetar.
calkin [k'ælkin] s. = **calk** (III).
call [kɔ:l] s. 1. grito, clamor, brado, berro m. 2. grito m. ou voz f. (de animais), pio, latido m. 3. chamariz, reclamo m., chama f. (para atrair aves). 4. convite m., solicitação, intimação f. 5. pedido m., solicitação f. 6. chamado, chamamento, apelo m., convocação f. 7. vocação f. (também religiosa). 8. (Ecles.) convite para tornar-se pastor. 9. obrigação, necessidade f., requisito m. 10. ocasião f., ensejo m. 11. motivo m., razão f. 12. visita breve f., visita f. de cerimônia, comparecimento m. 13. parada f. (de barco, navio). 14. procura f. 15. telefonema m. 16. (Jur., brit.) admissão f. ao foro como advogado. 17. sinal m. telefônico, de corneta, buzina, etc. 18. (E. U. A.) reclamação f. de pagamento. ‖ v. 1. chamar(-se). 2. denominar, intitular, apelidar, dar o nome de. 3. qualificar, classificar. 4. citar, mencionar. 5. nomear, escolher, designar. 6. estimar, calcular, avaliar. 7. acordar, despertar. 8. pedir para vir, mandar vir. 9. reclamar o pagamento de. 10. invocar, apelar para, recorrer a. 11. fazer a chamada de. 12. atrair (aves, com o chamariz). 13. mandar, ordenar. 14. reclamar, exigir a presença de. 15. proclamar. 16. convocar. 17. gritar, bradar. 18. fazer entrar em discussão (caso no foro). 19. visitar, entrar de passagem. 20. retribuir uma visita (breve ou de cerimônia). 21. telefonar, chamar ao telefone. 22. (jogo de pôquer) pagar para ver (as cartas do parceiro). 23. (jogo de bridge) fazer um lance. 24. (jogo de beisebol) terminar o jogo (por causas acidentais). 25. soar para a chamada (corneta, etc.). 26. apregoar (mercadorias). 27. (Jur.) admitir no foro como advogado. 28. (Ecles.) convidar para pastor.

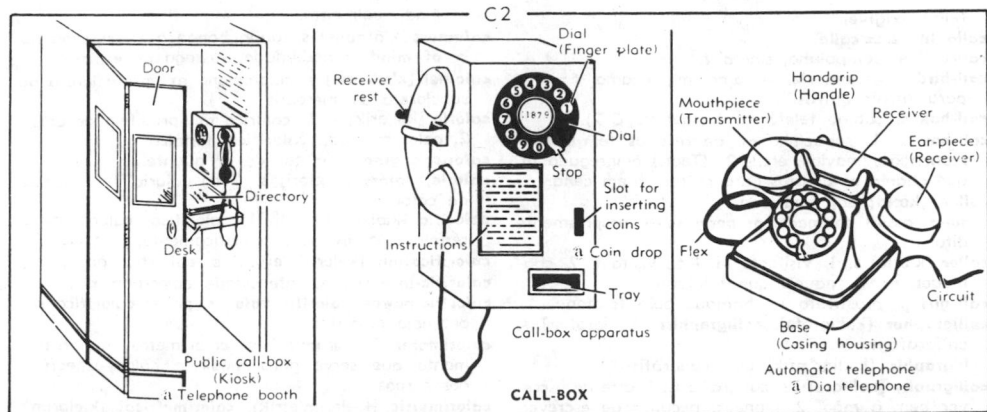

C 2

Door
Receiver rest
Dial (Finger plate)
Handgrip (Handle)
Mouthpiece (Transmitter)
Receiver
Ear-piece (Receiver)
Directory
Dial
Stop
Slot for inserting coins
Desk
Instructions
à Coin drop
Flex
Tray
Circuit
Call-box apparatus
Base (Casing housing)
Public call-box (Kiosk) à Telephone booth
CALL-BOX
Automatic telephone à Dial telephone

to answer the ~ **of duty** cumprir o seu dever. **at** ~ **às ordens,** à disposição. **to be ready at** ~ estar pronto para atender. **to be within** ~ 1. estar perto de alguém, estar ao alcance da voz. 2. estar às ordens de alguém, estar à disposição. ~ **to arms** convocação às armas. ~ **to the Bar** admissão a advogado no foro. **a** ~ **for trumps** (jogo de cartas) solicitação do trunfo. ~—**money, money at** ~ empréstimo exigível a qualquer momento. **first** ~ primeiro lance. **to give someone a** ~ chamar, telefonar a alguém. **telephone** ~ telefonema. **there was a** ~ **for you** telefonaram-lhe. **you have no** ~ **to say anything** você aqui não tem nada a dizer. **to have many** ~**s on one's time** estar ocupadíssimo. **house of** ~ hospedaria, estalagem. **long-distance** ~ chamada interurbana. **to pay a** ~ pagar uma visita. **port of** ~ porto de escala. **postman's** ~ vinda do carteiro. **roll** ~ chamada de alunos, recrutas, etc. **to take a** ~ (Teat.) receber aplauso. **there is no** ~ **for (this article)** não há procura para. **to** ~ **again** tornar a chamar. **tell him to** ~ **again** diga-lhe que torne a vir. **to** ~ **at** 1. visitar, entrar ou visitar de passagem, vir ou comparecer. 2. passar, fazer paragem em. 3. (Náut.) tocar em, fazer escala por. **may I** ~ **at your house?** permite-me visitá-lo? **the ship** ~**ed at Liverpool** o navio aportou em Liverpool. **to** ~ **aside** chamar à parte. **to** ~ **away** 1. afastar, chamar de volta para. 2. desviar, distrair (a atenção). **to** ~ **back** 1. mandar voltar, chamar de volta, pedir que volte. 2. revogar, retratar, retirar (o que se disse). 3. retribuir um chamado telefônico. **to** ~ **down** 1. mandar descer, pedir que desça. 2. invocar. 3. (coloq., E. U. A.) ralhar, repreender. **he** ~**ed down curses upon me** ele invocou a ira do céu contra mim. **to** ~ **for** 1. pedir os serviços de. 2. chamar à cena (atores). 3. pedir, requerer, demandar, exigir. 4. perguntar por. 5. ir buscar alguém, mandar chamar alguém. **I** ~**ed for the book** encomendei o livro, fui buscá-lo. **to be (left till)** ~**ed for** estar confiado à posta-restante. **this article is much** ~**ed for** este artigo é muito procurado. **your criticism was not** ~**ed for** ninguém pediu sua opinião. **to** ~ **forth** 1. extrair, fazer surgir, trazer à tona. 2. concentrar (força, coragem). **to** ~ **in** 1. mandar entrar, pedir que entre. 2. convocar, consultar, pedir conselho, auxílio a. 3. retirar, recolher (dinheiro da circulação). 4. sacar uma quantia, cobrar (dívidas). 5. pagar uma visita, visitar de passagem. **to** ~ **in question** 1. pôr em dúvida, duvidar. 2. chamar para exame, para argüição. **what do you** ~ **pencil in Portuguese?**

que quer dizer **pencil** em português? **to** ~ **into being** criar, dar existência a. **to** ~ **into play** efetuar, fazer operar, realizar. **to** ~ **someone names** descompor, xingar ou injuriar alguém, dizer palavras injuriosas a alguém. **to** ~ **off** 1. revocar, mandar voltar. 2. desviar, distrair. 3. dissuadir. 4. (E. U. A.) enumerar. 5. fazer a chamada de. **to** ~ **on** 1. invocar, apelar, recorrer. 2. pagar uma visita, visitar de passagem. 3. pedir explicações. 4. reclamar, exigir pagamento. **I** ~**ed on her at her house** visitei-a. **to** ~ **one's own** possuir, considerar como de sua propriedade. **I have nothing to** ~ **my own** não possuo nada que possa chamar meu. **to** ~ **out** 1. gritar, berrar, vociferar. 2. desafiar, provocar (para um duelo). 3. chamar, fazer a chamada de, citar (para fazer algum serviço). 4. evocar. 5. (E. U. A., coloq.) convidar para dançar. **to** ~ **over** ler (uma lista) em voz alta, fazer a chamada de. **to** ~ **over the coals** 1. repreender, ralhar com. 2. pedir explicações de. **to** ~ **the roll** fazer a chamada (de alunos, soldados, etc.). **to** ~ **up** 1. mandar subir. 2. evocar, trazer à lembrança, lembrar, recordar. 3. telefonar. 4. citar, intimar. 5. instigar, fazer falar. 6. fazer entrar em ação ou discussão. **to** ~ **upon** 1. recorrer a, apelar para, rogar a. 2. pagar uma visita, ir ver alguém. **to be** ~**ed upon to** ser obrigado a (fazer alguma coisa). **I** ~**ed upon him for advice** fui ter com ele para pedir-lhe um conselho. **I was** ~**ed upon to help** pediram-me que ajudasse. **I felt** ~**ed upon to say something** pensei que devia dizer alguma coisa. **to** ~ **to account** pedir explicações, pedir contas. **to** ~ **to mind** trazer à lembrança, recordar-se. **he** ~**ed to her from the house** ele chamou-a de casa. **the month is** ~**ed July after Julius Caesar** o mês chama-se julho em homenagem a Júlio César. **what do you** ~ **that?** como o senhor chama isso? **what age do you** ~ **him?** que idade lhe dá? **I** ~ **that truly kind** acho isso realmente amável. ~ **it a day!** chega por hoje! **I** ~**ed the whole street** (coloq.) percorri toda a rua de porta em porta. **to** ~ **one's hand** ou **trump** declarar o jogo. **may I** ~ **your attention** to permita-me chamar-lhe a atenção para. **the banns were** ~**ed** foi feito o proclama, o casamento foi anunciado. **to** ~ **a halt** fazer parar, opor-se a. **he** ~**s a spade a spade** ele dá nomes aos bois. **please** ~ **me to-morrow at six o'clock** faça o favor de acordar-me amanhã às 6 horas. **the postman has** ~**ed** o carteiro esteve aqui. **on** ~ (E. U. A.) sujeito a pagamento imediato. 2. pronto.

calla [k'ælə] s. (Bot.) cala f., copo-de-leite m.
callable [k'ɔ:ləbl] adj. 1. que pode ser chamado. 2.

(Fin.) exigível.
calla lily s. = **calla.**
call-bell s. campainha, sineta f.
call-bird s. chamariz, reclamo m., chama f.: ave para atrair outras.
call-box s. cabina telefônica f. (quadro C 2).
call-boy s. 1. rapazinho m. de recados (em hotéis, repartições, navios, etc.). 2. (Teat.) empregado m. que chama os artistas para entrarem em cena.
called [kɔ:ld] adj. chamado.
so—~ assim chamado. **properly so**—~ propriamente dito.
caller [k'ɔ:lə] s. 1. visitante m. + f., visita f. 2. chamador m. 3. aquele que telefona.
call-girl s. prostituta f. chamada pelo telefone.
calligrapher [kəl'igrəfə], **calligraphist** [kəl'igrəfist] s. calígrafo m.
calligraphic [kæligr'æfik] adj. caligráfico.
calligraphy [kəl'igrəfi] s. caligrafia f.: 1. arte de escrever bem à mão. 2. maneira peculiar de escrever. 3. boa letra.
calling [k'ɔ:liŋ] s. 1. chamada f. 2. vocação, tendência f. 3. convite m., solicitação f. 4. convocação f. 5. (gíria) mendicância f. 6. ordem f., mando m. 7. ocupação habitual f., ofício m., profissão f. 8. negócio, ramo m. de negócio. 9. nomeação f.
calling card s. (E. U. A.) cartão m. de visita.
calliope [kəl'aiəpi] s. (E. U. A.) órgão m. a vapor (instrumento musical).
Calliope [~] s. (Mitol.) Calíope f.: musa da poesia heróica e da eloqüência.
callisthenic, calisthenic [kælisθ'enik], **callisthenical calisthenical** [~əl] adj. calistênico.
callisthenics, calisthenics [~s] s. pl. calistenia f.: exercícios de ginástica que visam saúde, força e beleza.
call letters pl s. (Rádio, Telev.) prefixos m. pl. de estação transmissora.
call loan, call money s. empréstimo m. sem prazo.
call number s. (Bibl.) número classificador de livro m.
callosity [kæl'ɔsiti], **callousness** [k'æləsnis] s. 1. calosidade f. 2. calo m. 3. insensibilidade, desumanidade f.
callous [k'æləs] adj. 1. calejado, caloso. 2. endurecido. 3. insensível, empedernido. ‖ ~**ly** adv. com calosidade. 2. insensivelmente.
callow [k'ælou] adj. 1. inexperiente, bisonho, imaturo, verde. 2. implume (ave).
callowness [k'ælounis] s. 1. estado de implume. 2. imaturidade f.
call rate s. juros m. pl. cobrados em empréstimo sem prazo.
call slip s. (Bibl.) papeleta f. para marcar o número classificador do livro solicitado.
call-up s. (milit.) 1. convocação f. 2. número m. de convocados dentro de certo período.
callus [k'æləs] s. 1. (Fisiol.) calo m. 2. (Med.) calo ósseo m.: formação celular nova nas bordas de uma fratura e que une as duas extremidades ósseas.
calm [ka:m] s. calma: 1. serenidade, tranqüilidade f. 2. quietude f., sossego, silêncio m. 3. (Náut.) calmaria f. ‖ v. acalmar(-se), tranqüilizar, sossegar, serenar, aquietar, abonançar, abrandar, apaziguar. ‖ adj. calmo: 1. tranqüilo, quieto, sossegado. 2. bonançoso, sereno. 3. em calmaria, calmoso. ‖ ~**ly** adv. calmamente, tranqüilamente, sossegadamente.
dead ~ (Náut.) calmaria (absoluta). **to** ~ **down** acalmar-se, tranqüilizar-se, sossegar-se, abrandar-se. **it fell** ~ cessou de ventar. **it was pretty** ~ **of him** foi bastante atrevido de sua parte.
calmative [k'ælmətiv] s. (Med.) calmante, sedativo

m. ‖ adj. calmante.
calmness [k'a:mnis] s. calma, bonança f., sossego m. ~ **of mind** tranqüilidade, sossego de espírito.
calomel [k'æləmel] s. calomelano m.: protocloreto ou subcloreto de mercúrio.
caloric [kəl'ɔrik] s. 1. calórico m.: princípio de calor. 2. calor m. ‖ adj. calorífico, térmico.
caloric engine s. motor de ar quente.
calorie, calory [k'æləri] s. (Fís.) caloria f.: unidade de calor.
calorific [kælər'ifik] adj. 1. calorífico, calorífero. 2. térmico. ‖ ~**ally** adv. calorificamente.
calorification [kələrifik'eiʃən] s. calorificação f.
calorific-intensity s. intensidade calorífica f.
calorific-power, calorific value s. poder calorífico m., potência calorífica f.
calorimeter [kælər'imitə] s. calorímetro m.: instrumento que serve para medir o calor específico dos corpos.
calorimetric [kælərim'etrik], **calorimetrical** [kælərim'etrikəl] adj. calorimétrico.
calorimetry [kælər'imitri] s. calorimetria f.
calotte [kəl'ɔt] s. calota, calote f.: solidéu, barrete pequeno.
caltrop, caltrap [k'æltrəp] s. (milit.) estrepe m.
calumet [k'æljumet] s. (E. U. A.) cachimbo m. da paz.
calumniate [kəl'ʌmnieit] v. caluniar, difamar.
calumniation [kəlʌmni'eiʃən] s. calúnia, imputação falsa, difamação f.
calumniator [kel'ʌmnieitə] s. caluniador, difamador m.
calumniatory [kəl'ʌmnieitəri] adj. caluniador, difamador.
calumnious [kəl'ʌmniəs] adj. calunioso, difamante, difamatório. ‖ ~**ly** adv. caluniosamente.
calumny [k'æləmni] s. calúnia, difamação, imputação falsa, maledicência f.
Calvary [k'ælvəri] s. Calvário m.
calve [ka:v] v. 1. parir, dar cria (vaca). 2. ruir, separar-se (parte de uma geleira polar, banquisa ou icebergue).
calves [ka:vz] s. pl. de **calf** (quadro H 10).
Calvinism [k'ælvinizm] s. calvinismo m.
Calvinist [k'ælvinist] s. calvinista m. + f.
Calvinistic [kælvin'istik], **Calvinistical** [~əl] adj. calvinístico.
calx [kælks] s. pl. ~**es, –ces** cal f.: resíduos de minerais ou metais após a calcinação.
calyx [k'eiliks] s. pl. –**lixes** [~es] –**lices** [-isi:z] cálice m.: 1. (Bot.) conjunto das sépalas. 2. (Anat. e Zool.) órgão ou peça em forma de cálice.
cam [kæm] s. came f., excêntrico, ressalto m. (quadro S 5).
~ **gear,** ~ **motion** mecanismo a excêntrico ou de came. ~ **rod** tirante ou biela da alavanca do excêntrico.
camaraderie [kæmər'a:dəri] s. camaradagem f., coleguismo m.
camarilla [kæmər'ilə] s. 1. camarilha f. 2. cabala f. 3. gabinete m.
camass, camas [k'æmæs] s. (Bot.) camásia f.: gênero de plantas Liliáceas.
camber [k'æmbə] s. 1. curvatura f., abaulamento, boleamento, arqueamento m. 2. camba f.: peça curva de madeira. 3. (Autom.) inclinação f. ou câmber da roda. 4. (Av.) curva f. do aerofólio. ‖ v. cambar, curvar(-se), abaular(-se), arquear(-se).
cambered [~d] adj. curvo, abaulado, arqueado.
cambist [k'æmbist] s. 1. cambista m. + f. 2. livro m. ou tabela f. de conversão de moedas, pesos e medidas.
cambium [k'æmbiəm] s. (Bot.) câmbio m.: camada de tecido do vegetal, entre o lenho e o líber.

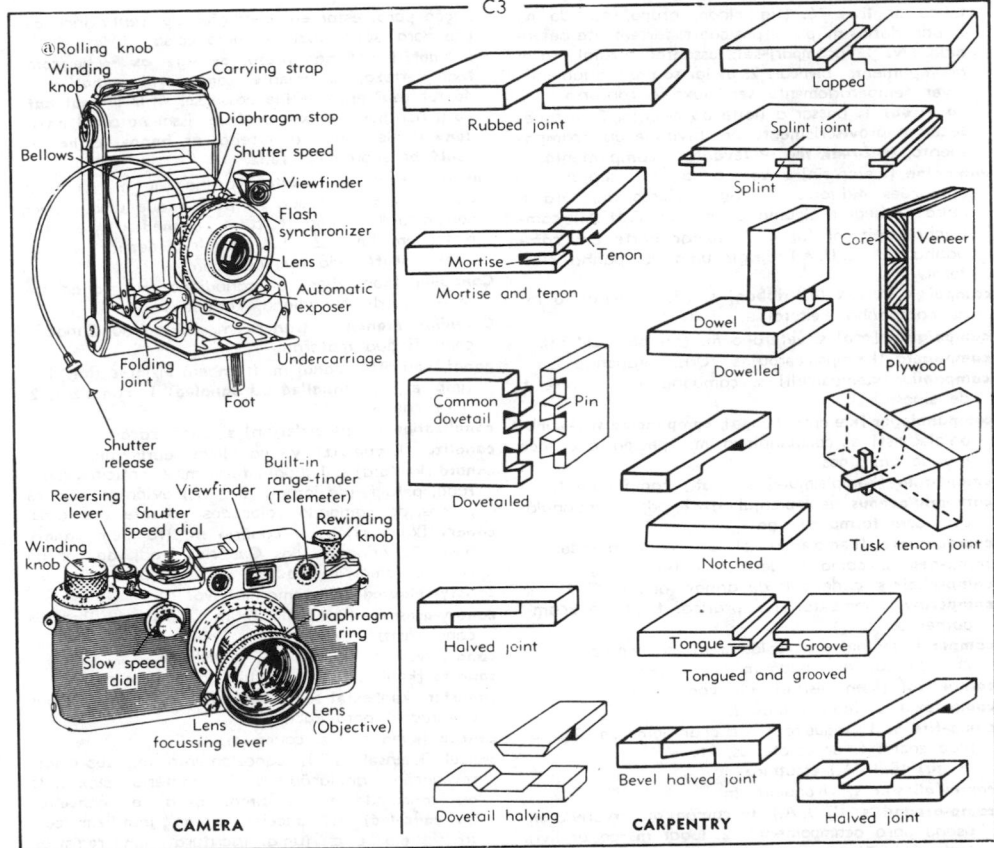

C3

CAMERA   CARPENTRY

(Camera illustration labels)
①Rolling knob
Winding knob
Carrying strap
Diaphragm stop
Bellows
Shutter speed
Viewfinder
Flash synchronizer
Lens
Automatic exposer
Folding joint
Undercarriage
Foot
Shutter release
Built-in range-finder (Telemeter)
Reversing lever
Viewfinder
Shutter speed dial
Rewinding knob
Winding knob
Diaphragm ring
Slow speed dial
Lens focussing lever
Lens (Objective)

(Carpentry illustration labels)
Rubbed joint
Lapped
Splint joint
Splint
Mortise
Tenon
Mortise and tenon
Core — Veneer
Dowel
Dowelled
Plywood
Common dovetail
Pin
Dovetailed
Notched
Tusk tenon joint
Halved joint
Tongue — Groove
Tongued and grooved
Dovetail halving
Bevel halved joint
Halved joint

Cambodian [kæmb'oudiən] s. natural m. + f. do Camboja. ‖ adj. cambojano.
cambogia [kəmb'oudʒiə] s. guta f.
Cambria [k'æmbriə] s. Câmbria f.: País de Gales.
Cambrian [~n] s. cambriano, galês m. ‖ adj. cambriano: 1. câmbrico, galês. 2. (Geol.) espécie de terreno paleozóico.
cambric [k'eimbrik] s. cambraia f.: tecido de linho ou de algodão muito fino.
cambric paper s. papel m. de seda.
cambric tea s. (E. U. A.) água quente com leite e açúcar e, às vezes, chá.
came (I) [keim] s. chumbo m. de vidreiro.
came (II) [keim] v. imp. de **come**.
camel [k'æməl] s. 1. (Zool.) camelo m., camelo da Bactriana (Camelus bactrianus). 2. (Zool.) dromedário m., (camelo da Arábia, Camelus dromedarius). 3. (Náut.) aparelho flutuador m.
to swallow a ~ aceitar o intolerável.
cameleer [kæmil'iə] s. cameleiro m.
camellia [kəm'i:liə] s. (Bot.) camélia f.
camelopard [k'æmiləpa:d] s. (Zool.) girafa f. (Camelu pardalis).
camelry [k'æməlri] s. (milit.) tropas f. pl. montadas em camelos.
camel's-hair s. 1. pêlo m. de camelo. 2. camelão m.: tecido de pêlo de camelo. ‖ adj. de pêlo de camelo.
cameo [k'æmiou] s. camafeu m. (quadro G 1.).
camera [k'æmərə] s. 1. câmara f.: máquina f. fotográfica ou cinematográfica (quadro C 3). 2. câmara

escura f. 3. gabinete particular m. de um juiz.
in ~ 1. (Jur.) não em tribunal público, no gabinete privado do juiz. 2. em particular, particularmente.
camera case s. mala f. ou bolsa f. para máquina fotográfica (quadro P 2).
cameral [k'æmərəl] adj. (Pol.) relativo à câmara legislativa ou sindical.
cameralist [~ist] s. (Hist.) teórico ou funcionário m. do mercantilismo, nos séculos XVII e XVIII.
camera lucida s. câmara lúcida f.
cameraman [~mən] s. pl. —men operador cinematográfico m.
camera obscura s. câmara escura f.
cami-knickers s. pl. calção e corpinho em uma só peça (quadro C 13).
camion [k'æmjən] s. 1. caminhão m. 2. carro raso m. de carga.
camisole [k'æmisoul] s. 1. corpete, corpinho m. 2. penteador curto m., espécie de roupão.
camlet [k'æmlet] s. chamalote m.
camomile [k'æməmail] s. (Bot.) camomila f.
camouflage [k'æmufla:ʒ] s. camuflagem f.: 1. (milit.) dissimulação de soldados, material bélico, etc. 2. (fig.) disfarce, fingimento m., simulação f. ‖ v. camuflar: 1. (milit.) dissimular soldados, material bélico, etc. 2. (fig.) disfarçar, fingir, simular.
camouflager [~ə] s. dissimulador, simulador m.
camp [kæmp] s. 1. acampamento, arraial, bivaque, campo m. 2. acampamento militar m. 3. vida militar f. 4. pessoas acampadas f. pl. 5. vida simples

f. ao ar livre. 6. (fig.) lado, grupo, partido m.
7. partidários m. pl.. 8. posição f. fortemente defendida. ‖ v. 1. acampar(-se), assentar arraial, fazer acampamento, bivacar. 2. alojar-se provisoriamente, viver temporariamente sem luxo e conforto. **to ~ out** 1. passar a noite ao relento. 2. estabelecer-se provisoriamente em bivaque ou acampamento. **to break the ~** levantar acampamento.

campaign [kæmp'ein] s. campanha f.: 1. conjunto de operações militares. 2. (fig.) esforço m., luta f. (para conseguir alguma coisa). 3. (E. U. A.) campanha eleitoral f. ‖ v. 1. tomar parte em campanha. 2. (E. U. A.) dirigir uma campanha eleitoral.

campaign button (ou **ribbon**) s. (Pol.) distintivo m. de campanha eleitoral.

campaigner [~ə] s. veterano m. (também **old ~**).

campanero [kæmpən'ɛərou] s. (Orn.) araponga f.

campanile [kæmpən'i:li] s. campanário m., torre f. de sinos.

campanologer [kæmpən'ɔlədʒə], **campanologist** [kæmpən'ɔlədʒist] s. campanólogo m.: pessoa que toca música em sinos.

campanula [kəmp'ænjulə] s. (Bot.) campânula f.

campanulaceous [kəmpænjul'eiʃəs] adj. campanuláceo: com forma de sino.

campanulate [kəmp'ænjuleit] adj. campanulado.

camp-bed s. cama f. de campanha.

camp-chair s. cadeira f. de armar (quadro C 9).

campcraft [k'æmpkra:ft] s. práticas f. pl. de acampamento.

camper [k'æmpə] s. 1. soldado m. de acampamento. 2. indivíduo acampado m.

campestral [kæmp'estrəl] adj. campestre.

camp-fever s. febre tifóide f.

camp-fire s. 1. fogueira f. de acampamento. 2. reunião social f. de escoteiros, etc.
~ girl (E. U. A.) escoteira.

camp-follower s. vivandeiro m.

camp-ground s. (E. U. A.) 1. campo ou arvoredo m. usado para acampamento. 2. lugar m. ao ar livre onde é realizada uma reunião religiosa.

camphor [k'æmfə] s. 1. cânfora, alcânfora f. 2. álcool canforado m.

camphorate [~rət] s. canforato m. ‖ [k'æmfəreit] v. canforar: tratar com ou embeber de cânfora.

camphor ball s. bola f. de naftalina (contra traças).

camphoric [kæmf'ɔrik] adj. canfórico.

camphor-laurel, camphor-tree s. (Bot.) alcânfora, cânfora, canforeira f. (Camphora officinarum).

camphor oil s. óleo m. de cânfora, essência f. de cânfora.

camping [k'æmpiŋ] s. acampamento m.

campion [k'æmpjən] s. (Bot.) 1. candelária-dos-jardins f., beijo-de-freira m. 2. erva-traqueira f.

camp-meeting s. (E. U. A.) reunião religiosa f. ao ar livre.

camporee [kæmpər'i:] s. reunião f. de escoteiros em nível regional.

camp-shed [k'æmpʃəd] v. estaquear e entabuar a beira de um rio, lago etc.

campshot [k'æmpʃɔt] s. estaqueação f. e entabulamento m. da beira de um rio, lago etc.

campsite [k'æmpsait] s. área f. de acampamento.

camp-stool s. assento dobradiço m. (quadro C 9).

campus [k'æmpəs] s. (E. U. A.) terreno todo ou campo m. de esporte em uma universidade ou colégio.

camshaft [k'æmʃa:ft] s. (Téc.) eixo m. de comando (quadros C 4, S 5).

can (I) [kæn] v. (imp. **could**) poder, ser capaz de, ter a faculdade de, ter a possibilidade de, ter a autorização para, estar em condições de, sentir inclinação para, saber fazer alguma coisa
I ~not, I ~'t não posso. **as sure as ~ be** com toda certeza, certamente, sem dúvida. **what ~ I do for you?** em que lhe posso ser útil? **I ~not but do it** não posso deixar de fazer isso. **he could have done it** ele podia tê-lo feito. **as happy as happy could be** sobremodo feliz.

can (II) [kæn] s. 1. lata, vasilha (de metal) f. 2. caneca f. 3. canecada f.: porção que uma caneca comporta. ‖ v. (imp. e p. p. **canned**). 1. enlatar, meter em lata. 2. (E. U. A., gíria) demitir.
~ that stuff! não fale bobagem!

Canadian [kən'eidjən] s. canadiano m., canadense m. + f. ‖ adj. canadiano, canadense.

Canadian French s. francês m. falado no Canadá, como língua materna.

canal [kən'æl] s. canal m. (também Fisiol. e Bot.) ‖ v. (imp. e p. p. **canalled** ou **canaled**) 1. canalizar. 2. abrir canais.

canalization [kænəlaiz'eiʃən] s. canalização f.

canalize [k'ænəlaiz] v. canalizar, abrir canais.

canard [kən'a:d] s. 1. boato falso m. 2. notícia exagerada, peta f. (de jornal). 3. (Av.) avião m. com os planos de comando colocados adiante das asas.

canary [kən'ɛəri] s. 1. canário m. (também **canary bird**). 2. vinho m. das Canárias. ‖ adj. da cor do canário, amarelo-vivo.

canary-coloured adj. amarelo-vivo.

canary-grass s. (Bot.) alpiste m., alpista f. (Phalaris canariensis).

canary-seed s. alpiste m., alpista f.

canasta [kən'æstə] s. canastra f.: jogo de cartas.

canaster [kən'æstə] s. tabaco ordinário m. (de folhas quebradas) para cachimbo.

cancan [k'ænkæn] s. cancã m.

cancel [k'ænsəl] s. 1. cancelamento m., supressão, revogação, anulação f. 2. matéria suprimida ou cancelada f. ‖ v. (imp. e p. p. **cancelled** ou **canceled**) 1. cancelar, riscar, inutilizar com traços em cruz (uma escritura, um registro). 2. obliterar, suprimir. 3. anular, revogar. 4. (Mat.) cancelar, eliminar (os fatores comuns).
pair of ~s picotador (para furar bilhetes de passagem). **to ~ a debt** liquidar uma dívida. **to ~ out** cancelar-se reciprocamente. **the items ~led out** os itens compensaram-se. **until ~led** até segunda ordem.

cancellable [k'ænsələbl] adj. anulável, revogável, que se pode cancelar.

cancellate [k'ænsəlit], **cancellated** [k'ænsəleitid] adj. 1. (Bot. e Zool.) reticulado: que tem linhas e nervuras cruzadas como rede. 2. (Bot.) rotulado.

cancellation [kænsel'eiʃən] s. 1. cancelamento m., anulação, supressão, invalidação, abolição f.

canceller [k'ænsələ] s. anulador, revogador m.

Cancer [k'ænsə] s. (Astron.) Câncer, Caranguejo m.

cancer [~] s. cancro m.: 1. (Med.) câncer m. 2. (fig.) vício ou mal m. que vai arruinando.

canceration [kænsər'eiʃən] s. cancerização f.

cancered [k'ænsəd], **cancerous** [k'ænsərəs] adj. canceroso.

cancriform [k'æŋkrifɔ:m] adj. (Med.) 1. cancriforme, cancróide. 2. semelhante ao caranguejo.

cancroid [k'æŋkrɔid] s. (Med.) doença cancróide f. ‖ adj. 1. semelhante ao caranguejo. 2. (Med.) cancróide, canceriforme.

candelabra [kændil'a:brə] s. candelabro m. (ou candelabros m. pl.)

candelabrum [kændil'a:brəm] s. (pl. **—bra, —s**) candelabro m.

candent [k'ændənt] adj. candente, em brasa.

candescence [kænd'esəns] s. incandescência, candescência f.

candescent [kænd'esənt] adj. incandescente, candescente.

candid [k'ændid] adj. 1. cândido, sincero, franco, ingênuo. 2. imparcial, justo. ‖ ~ly adv. 1. candidamente, francamente. 2. imparcialmente.
I want your ~ advice necessito de seu conselho sincero.

candidacy [k'ændidəsi] s. = **candidature.**

candidate [k'ændideit, -dit] s. candidato m.

candidateship [~ ʃip] **candidature** [~ ʃə] s. candidatura f.

candied [k'ændid] adj. 1. encandilado, cristalizado, confeitado. 2. (fig.) lisonjeiro, doce, melífluo.

candle [kændl] s. 1. vela f. 2. luz f. de vela. 3. vela f.: medida padrão da intensidade da luz.
to burn the ~s at both ends esbanjar, gastar com excesso, dissipar rapidamente. **he cannot hold a ~ to** ele não chega a se ombrear com. **it is not worth the ~** não vale a pena. **standard ~** vela padrão: vela espermacete usada como padrão de energia de iluminação. **tallow ~** vela de sebo. **wax ~** vela de cera.

candle-berry, s. (Bot.) árvore-de-cera f. (Myrica cerifera).

candle-end s. 1. toco m. de vela. 2. ~s pl. (fig.) sobejos, retalhos, farrapos m. pl.

candle-extinguisher s. apagador m. de vela.

candle-holder s. castiçal m.

candle-light s. 1. luz f. da vela. 2. anoitecer m.

Candlemas [k'ændlməs] s. Candelária f.: Festa da Purificação da Virgem Maria (2 de fevereiro).

candlepower [k'ændlpauə] s. 1. intensidade f. em velas, potência f. em velas. 2. vela f.: medida padrão da intensidade da luz.

candlestick [k'ændlstik] s. castiçal m.

candlewick [k'ændlwik] s. pavio m. de vela.

candour, candor [k'ændə] s. 1. sinceridade, franqueza, lhaneza f. 2. imparcialidade, integridade, lisura f.

candy [k'ændi] s. (E. U. A.) 1. açúcar-cande m. 2. bala confeitada f., bombom m. ‖ v. 1. candilar, encandilar(-se), cristalizar(-se), confeitar. 2. adoçar. 3. tornar agradável.

candy-shop s. confeitaria f.

candy-striped adj. de listras coloridas, diagonais.

candy-sugar s. açúcar-cande, açúcar cristalizado m.

candytuft [k'ændit∧ft] s. (Bot.) ibérida, assembléia f.

cane [kein] s. 1. (Bot.) cana, taquara f., caniço, junco m. 2. bengala f., bastão m. 3. rotim m., rota f. (para empalheirar). 4. chibata f. 5. vara, vareta f. ‖ v. 1. vergastar, chibatar, chibatear. 2. empalheirar (móveis). 3. (fig.) inculcar, fazer penetrar à força de repetir (uma lição, etc.) (**in, into** em).
sugar—~ cana-de-açúcar. **walking—~** bengala. **to give the ~** dar uma surra em.

canebrake [k'einbreik] s. bambuzal, caniçal, taquaral m.

cane-chair s. cadeira f. de vime ou palhinha (quadro C 9).

cane-holder s. bengaleiro m.: móvel onde se guardam bengalas.

canella [kæn'elə] s. (Bot.) canela, caneleira f.

canephorus [kæn'ifərəs] s. (pl. —ri) (Arquit.) canéfora f.: estátua decorativa com uma cesta à cabeça.

canescence [kæn'esəns] s. cor esbranquiçada, alvura f.

canescent [kæn'esnt] adj. 1. branquejante, alvejante tendendo para branco. 2. (Bot.) coberto de fina penugem branco-acinzentada.

cane-sugar s. açúcar m. de cana.

cane-thrash s. bagaço m. da cana-de-açúcar.

cane-worker s. empalhador m.

cangue, cang [kæŋg] s. canga f.: instrumento de suplício na China.

Canicula [kən'ikjulə] s. (Astron.) Canícula f., Sírio m.

canicular [kən'ikjulə] adj. canicular: 1. (Astron.) relativo a Canícula ou Sírio. 2. relativo ao tempo da canícula, calmoso ou extremamente quente. 3. (joc.) canino, que diz respeito ao cão.

canicular days s. pl. dias caniculares, extremamente quentes m. pl.

canine [k'ænain] s. 1. canino, dente canino, colmilho m. 2. animal canino, cão m. ‖ adj. canino: 1. que diz respeito ao cão ou animais caninos. 2. relativo aos dentes caninos.

canine appetite s. fome canina f.

canine teeth s. pl. dentes caninos m. pl.

caning [k'æniŋ] s. surra, sova f.

Canis Major s. (Astron.) Grande Cão m.

Canis Minor s. (Astron.) Pequeno Cão m.

canister [k'ænistə] s. 1. lata, vasilha f., caixa f. de lata (para chá, café, etc.). 2. (milit.) = **canistershot.**

canister-shot s. (também **canister**) 1. metralha f. 2. caixa f. de metralha.

canker [k'æŋkə] s. cancro m.: 1. úlcera, gangrena f., câncer m., esp. na boca. 2. lesão f. da casca de árvores e arbustos. 3. (fig.) qualquer mal ou vício m. que corrói ou corrompe. 4. (fig.) preocupação aflitiva f. 5. = **cankerworm.** ‖ v. 1. cancerar, gangrenar(-se). 2. infeccionar, apodrecer, decair, tornar-se maligno.

cankered [~d] adj. 1. canceroso, corroído, gangrenado, ulcerado. 2. (fig.) rabugento, impertinente, mal-humorado, irritadiço.

cankerous [k'æŋkərəs] adj. 1. canceroso. 2. corrosivo.

canker sore s. (Pat.) úlcera na membrana bucal f.

cankerweed [k'æŋkəwi:d] s. (Bot.) tasneira f. (Senecio jacobaea).

cankerworm [k'æŋkəwə:m] s. (E. U. A.) nome de várias lagartas prejudiciais às plantas e às árvores.

canna (I) [k'ænə] s. (Bot.) cana, bananeirinha f., caité m.

canna (II) [k'ænə] s. (esc.) corrução de **cannot.**

cannabis [k'ænəbis] s. maconha f.

canned [kænd] adj. 1. enlatado, em conserva. 2. (gíria) gravado (música). 3. (gíria) embriagado.

canned-goods s. pl. conservas f. pl.

canned meat s. carne enlatada, carne f. em conserva.

canned music s. gravação, música gravada f.

cannel, cannel coal [k'ænəl, ~ koul] (também **candle-coal**) s. hulha gorda f., carvão m. de chama comprida.

cannelure [k'ænəljuə] s. 1. (Arquit.) canelura f.: sulco vertical nas colunas. 2. (milit.) estria f.: sulco na superfície interior de uma arma de fogo.

canner [k'ænə] s. 1. enlatador m. 2. fabricante m. + f. de conservas.

cannery [~ri] s. fábrica f. de conservas.

cannibal [k'ænibəl] s. 1. canibal m. + f., antropófago m. 2. animal que devora outro da mesma espécie. ‖ adj. canibalesco.

cannibalic [kænib'ælik] adj. canibalesco.

cannibalism [k'ænibəlizm] s. 1. canibalismo m., antropofagia f. 2. ato de um animal devorar outro da mesma espécie. 3. (fig.) ferocidade, barbaridade, atrocidade f.

cannibalistic [kænibəl'istik] adj. canibalesco: relativo a ou próprio de canibal. ‖ ~ally adv. de modo canibalesco.

cannibalize [k'ænibəlaiz] v. (Téc.) desmantelar uma máquina para aproveitar as suas peças no reparo de outras.

cannikin [k'ænikin] s. canequinha, latinha f.

canniness [k'æninis] s. 1. astúcia, sagacidade f. 2. cautela f., prudência f. 3. parcimônia, frugalidade f. 4. gentileza, delicadeza f. 5. serenidade t.

canning [k'æniŋ] s. enlatamento m. de conservas.

cannon (I) [k'ænən] s. 1. canhão m.: peça de artilharia. 2. artilharia f. 3. (também **cannon-bone**) (Zool.) osso m. metatarsiano ou metatársico (de um cavalo, boi, etc.), canela f. (quadro H 9). 4. bocado m.: parte do freio que fica dentro da boça da cavalgadura. 5. (Téc.) cilindro m. girando livremente ao redor dum eixo. ‖ v. canhonear, bombardear.

cannon (II) [k'ænən] s. carambola f. (de bilhar). ‖ v. 1. carambolar (no bilhar). 2. colidir violentamente, chocar-se (**against** contra).

cannonade [kænən'eid] s. canhonada f., canhoneio, bombardeio m. ‖ v. canhonear, atacar com tiros de canhão, bombardear.

cannon-ball s. (Hist.) bala f. de canhão.

cannon-bit s. bocado m.: parte do freio que fica dentro da boca da cavalgadura (o mesmo que **cannon**).

cannon-bone s. (Anat.) osso metacárpico ou metatársico m. (de um cavalo, boi, etc.), canela f. (também **cannon**).

cannoneer [kænən'iə] s. artilheiro m.

cannon-fodder s. carne f. de canhão (os soldados).

cannonproof adj. à prova de bala (de canhão).

cannonry [k'ænənri] s. 1. canhonada f.: descarga contínua de canhões. 2. artilharia f.

cannon-shot s. 1. tiro m. de canhão, canhonaço m. 2. alcance m. de tiro (de canhão).
   to be within ~ achar-se ao alcance de tiro do canhão.

cannot [k'ænot. ka:nt] contração de **can not**.

cannula [k'ænjulə] s. (Cirurg.) cânula f.

cannular [k'ænjulə] adj. canulado, acanulado: em forma de cânula.

canny [k'æni] adj. 1. sagaz, engenhoso, arguto, perspicaz. 2. prudente, cauteloso, refletido, precavido. 3. poupado, frugal, sóbrio, econômico, parcimonioso. 4. gracioso, bom, gentil, delicado. 5. sereno, calmo, manso, moderado. 6. inofensivo. 7. de bom agouro. ‖ **~ily** adv. 1. engenhosamente, astuciosamente. 2. cautelosamente. 3. sobriamente. 4. gentilmente.

canoe [kən'u:] s. canoa, igara, ubá, piroga f. (quadro B 15). ‖ v. 1. navegar em canoa. 2. (E. U. A.) remar em canoa.
   to paddle one's own ~ ser independente.

canoeing [kən'u:iŋ] s. canoagem f.: esporte da canoa, navegação em canoa.

canoeist [kən'u:ist] s. canoeiro m.: remador de canoa.

canon (I) [k'ænən] s. 1. cânon, cânone m.: a) regra, lei, princípio fundamental. b) critério, estatuto, praxe. c) lista, catálogo. d) (Ecles.) decreto, decisão de um concílio ou outra autoridade competente. e) (Ecles.) catálogo dos santos canonizados. f) (Ecles.) parte da missa que começa depois do Ofertório. g) catálogo dos livros da Bíblia reconhecidos pela Igreja. h) os livros da Sagrada Escritura. i) (Mús.) composição em que há repetição e entrosagem regulares de trechos da melodia. 2. (Tipogr.) tipo grande m., tipo corpo 48.

canon (II) [k'ænən] s. (Ecles.) cônego m.: dignitário da Igreja.

canoness [k'ænənis] s. (Ecles.) cônega, canonisa f.

canonic [kən'ɔnik], **canonical** [~əl] adj. canônico: 1. conforme aos cânones, regular, legal. 2. aprovado, aceito. 3. eclesiástico. 4. canonical, relativo aos cânones. ‖ **~ally** adv. canonicamente.

canonical hours s. pl. (Ecles.) horas canônicas f. pl.: os 7 períodos do dia reservados à prece.

canonicalness [kən'ɔnikəlnis], **canonicity** [kənon'isiti]

s. canonicidade f.

canonicals [kən'ɔnikəlz] s. pl. paramentos sacerdotais m. pl.

canonist [k'ænənist] s. canonista m.: indivíduo versado em direito canônico.

canonistic [kænen'istik], **canonistical** [~əl] adj. de ou relativo a direito canônico.

canonization [kænənaiz'eiʃən] s. canonização f.

canonize [k'ænənaiz] v. 1. canonizar: declarar santo, inscrever no rol dos santos. 2. tornar ou reconhecer como canônico. 3. sancionar conforme os cânones da Igreja. 4. glorificar, exaltar.

canon law s. direito canônico m.

canonry [k'ænənri] s. 1. canonicato m., conezia f.

canoodle [kən'u:dl] v. (gíria E. U. A.) acariciar, afagar.

canopic jar s. canopo m.: vaso em que os egípcios guardavam as entranhas das múmias.

canopied [k'ænəpid] adj. coberto com pálio ou dossel.

Canopus [kən'oupəs] s. (Astron.) Canopo m.

canopy [k'ænəpi] s. 1. pálio, dossel, sobrecéu, baldaquino, pavilhão m. 2. (fig.) abrigo, resguardo m., cobertura f. 3. (fig.) abóbada celeste f., o céu m. 4. (Av.) capota, coberta f. 5. (Av.) velame m. do pára-quedas. 6. (Arquit.) abóbada f., zimbório m. ‖ v. cobrir com dossel ou pálio.

canorous [kən'ɔ:rəs] adj. canoro, harmonioso, melodioso. ‖ **~ly** adv. melodiosamente.

canst [kænst] v. 2.ª pessoa singular do pres. de **can** (obsoleto ou poét., usado com **thou**).

cant (I) [kænt] s. 1. gíria f., calão, jargão m. 2. linguagem técnica f. ou profissional. 3. conversa hipócrita ou fingida f. 4. beatice, hipocrisia f., fingimento m. ‖ v. 1. falar em ou usar gíria ou calão. 2. choramingar. 3. (†) mendigar. 4. ser fingido. ‖ adj. 1. relativo à ou pertencente à gíria. 2. hipócrita.

cant (II) [kænt] s. 1. chanfradura, inclinação f., declive, plano inclinado m. 2. canto, ângulo externo m., esquina f. 3. posição oblíqua f. 4. balouço, meneio m., oscilação, agitação f. 5. lance, empurrão m. ‖ v. 1. chanfrar. 2. inclinar(-se), virar, pender. 3. empurrar, lançar. 4. balouçar. ‖ adj. 1. chanfrado. 2. inclinado.

cant (III) [kænt] adj. (dial.) 1. forte, robusto, vigoroso. 2. vivaz, jovial.

can't [ka:nt] v. contr. de **cannot** ou **can not**.

Cantab [k'æntæb] abr. de **Cantabrigian** [kæntəbr'idʒiən] s. estudante m. + f. da universidade de Cambridge. ‖ adj. de ou relativo à universidade de Cambridge.

cantabile [kænt'a:bili] adj. (Mús.) cantábile, cantável.

cantaloup [k'æntəlu:p] s. (Bot.) cantalupo m.: espécie de melão.

cantankerous [kænt'æŋkərəs] adj. 1. intratável, irritadiço, desagradável, impertinente, caprichoso, mal-humorado. 2. rixento, disputador, briguento. 3. perverso, maldoso. ‖ **~ly** adv. 1. de mau humor. 2. perversamente.

cantankerousness [~ nis] s. 1. rabugice, impertinência f., mau humor m. 2. perversidade f.

cantata [kænt'a:tə] s. (Mús.) cantata f.

canted [k'æntid] adj. oblíquo, inclinado.

canteen [kænt'i:n] s. 1. (milit.) cantina f.: taberna em acampamento, quartel, arraial, etc. 2. cantil m.: pequeno vaso para transporte de líquidos em viagem. 3. bufete m.

canter [k'æntə] s. meio-galope, trote largo m. ‖ v. cavalgar ou guiar (cavalo) a meio-galope ou trote largo.
   in a ~ facilmente. **he struck a ~** ele saiu a galope.

canterbury [k'æntəbəri] s. estante f. para papéis de música, etc.

Canterbury bell s. (Bot.) xícara-e-pires, campainha-

-dos-jardins f. (Campanula medium).

cantfile [k'æntfail] s. lima chata f. de dois gumes.

cantharis [kænθ'æris] s. (Zool.) cantárida f. (Lytta vesicatoria): inseto que, reduzido a pó, tem numerosas aplicações medicinais.

cant-hook s. (E. U. A.) gancho m. para virar toros de madeira (quadro H 8).

canthus [k'ænθəs] s. (Anat.) canto m. do olho.

canticle [k'æntikl] s. cântico m.: hino ou canto nas igrejas ou cerimônias religiosas.

The Canticles O Cântico dos Cânticos: o cântico de Salomão.

cantilever [k'æntili:və] s. (Téc.) 1. cantiléver, modilhão, consolo m. 2. viga f. em balanço. ‖ adj. 1. cantiléver. 2. em balanço.

cantilever bridge s. ponte f . formada de dois cantiléveres (quadro B 23).

canting [k'æntiŋ] adj. 1. hipócrita, falso. 2. lamuriante. ‖ ~**ly** adv. 1. hipocritamente. 2. de modo lamuriante.

cantle [kæntl] s. 1. pedaço, segmento, naco, fragmento m., fatia f. 2. patilha f. de sela (quadro S 1).

canto [k'æntou] s. (pl. —os) canto m.: uma das partes principais de um longo poema.

canton [k'ænton] s. cantão m.: 1. pequeno distrito. 2. [k'æntən] (Heráld.) cada um dos quatro espaços ou cantos do escudo separados pelos braços da cruz firmada. ‖ [kənt'u:n] v. 1. (milit.) aquartelar, aboletar. 2. [kænt'ɔn] dividir em distritos ou cantões.

cantonal [k'æntənəl] adj. cantonal: relativo a cantão ou distrito.

cantoned [kænt'ɔnd] adj. 1. (Heráld.) cantonado. 2. [kənt'u:nd] (milit.) acantonado, aquartelado.

Cantonese [kæntən'i:z] s. cantonês m. ‖ adj. cantonês.

cantonment [kænt'u:nmənt] s. (milit.) 1. acantonamento, aquartelamento m. 2. posto militar m. (na Índia).

cantor [k'æntɔ:] s. 1. precentor m.: solista de sinagoga hebraica. 2. chantre m.: eclesiástico que dirige o coro.

Cantuarian [kæntju'ɛəriən] adj. de ou pertencente a Cantuária ou sua sede arquiepiscopal.

canty [k'ænti] adj. folgazão, jovial, alegre, vivo.

Canuck [kæn'ʌk] s. 1. (gíria, E. U. A.) canadense m. + f. 2. (gíria, Canadá) franco-canadense m. + f.

canvas [k'ænvəs] s. 1. lona, aniagem f., canhamaço m. (usado para velas de navio, barracas, etc.). 2. tenda, barraca f. (de lona). 3. vela f. ou velame m. (de um navio). 4. circo m., vida circense f. 5. tela f. (de pintor). 6. quadro m. ou pintura f. a óleo. ‖ adj. feito de lona, de canhamaço, etc.

under ~ 1. em barracas. 2. à vela, com as velas desfraldadas.

canvas-back s. (E. U. A., Orn.) espécie de pato marinho.

canvas-chair s. (E. U. A.) cadeira dobradiça f. (quadro C 9).

canvass [k'ænvəs] s. 1. exame, debate m., discussão f. 2. escrutínio m.: a) exame minucioso. b) apuramento de votos. 3. investigação, indagação f. da opinião pública. 4. visita pessoal f. para promoção de vendas. 5. angariação f. de votos..‖ v. 1. examinar, considerar, investigar. 2. escrutinar: a) examinar minuciosamente. b) verificar os votos. 3. discutir. 4. cabalar (eleitores), solicitar votos, angariar pedidos. 5. visitar a clientela.

canvasser [~ə] s. 1. angariador m. de votos, pedidos, etc. 2. propagandista m. + f., galopim m. eleitoral.

canyon, cañon [k'ænjən] s. (E. U. A.) canhão m.: garganta sinuosa e profunda, cavada por curso d'água.

canzonet [kænzən'et] s. (Mús.) cançoneta f.

caoutchouc [k'autʃuk] s. cautchu, caucho m., borracha f.

hardened ~ ebonite: material isolante de eletricidade.

caoutchouc tube s. tubo m. de borracha.

cap [kæp] s. 1. quepe, gorro, casquete, boné m., touca (de mulher ou de criança), boina f. 2. borla f.: barrete doutoral. 3. capuz, solidéu, capelo m. (de religiosos). 4. capa ou coberta f. (de proteção), tampa f., tampão m. 5. (Bot.) píleo m.: chapéu dos cogumelos. 6. (milit.) coifa f. (de projetil). 7. (milit.) cápsula f. de percussão. 8. (Náut.) pega f. 9. topo, tope, cimo m. (de alguma coisa). 10. papel no formato de 14 × 17" ‖ v. 1. cobrir a cabeça ou a parte mais alta ou a extremidade de. 2. tampar. 3. tirar o chapéu (ou solidéu, etc.) em sinal de cortesia. 4. conferir grau a. 5. igualar, superar, exceder. 6. completar, coroar, rematar.

~ **and bells, fool's** ~ barrete de bobo. **forage**-~ quepe. **knee**—~ rótula (de joelho). **night**-~ 1 barrete de dormir, touca. 2. bebida alcoólica tomada à hora de dormir. **she sets her** ~ **at him** ela está de olho nele (querendo conquistá-lo). ~ **and gown** traje acadêmico. **the** ~ **fits you** a carapuça lhe assenta. ~ **in hand** humildemente, servilmente. **I must put on my thinking** ~ tenho de concentrar minhas idéias. **to** ~ **verses** declamar versos ao desafio. **he** ~**ped his master** ele tirou o boné diante do professor. **he was** ~**ped** (Esp.) ele foi designado jogador representativo da equipe.

cap. abr. de: 1. **capacity.** 2. **capital.** 3. **capitalize.** 4. **capital letter** (pl. **caps.**). 5. **chapter.**

capable [k'eipəbl] adj. 1. capaz, apto. 2. competente, hábil. 3. suscetível (**of** de). ‖ —**bly** adv. 1. competentemente. 2 habilmente. 3. de modo suscetível. ~ **of being weighed** ponderável.

capableness, [~ nis] **capability** [keipəb'iliti] s. 1. capacidade, aptidão f. 2. competência, habilidade f. 3. suscetibilidade f.

capacious [kəp'eiʃəs] adj. 1. que tem grande capacidade (de volume). 2. espaçoso, vasto, amplo. ‖ ~**ly** adv. amplamente, extensamente, espaçosamente.

capaciousness [~ nis] s. amplidão f., largueza f.

capacitance [kəp'æsitəns] s. (Eletr.) capacidade f.

capacitate [kəp'æsiteit] v. 1. capacitar. 2. qualificar.

capacitive reactance s. (Eletr.) reatância capacitiva f.

capacitor [kəp'æsitə] s. (Téc.) condensador m.

capacity [kəp'æsiti] s. 1. capacidade f.: a) faculdade, competência, aptidão. b) volume, espaço, âmbito. c) lotação. d) poder. 2. qualidade f. 3. habilidade f. 4. capacidade (elétrica) f. 5. produção (máxima) f. 6. ofício, cargo m.,

in the ~ **of** na qualidade de. **full to** ~ (Teat.) lotado. ~ **houses** teatros ou cinemas repletos.

caparison [kəp'ærisn] s. 1. caparazão m.: chairel ou jaez de cavalo. 2. (fig.) aparelhamento, equipamento m., aprestos m. pl. 3. (fig.) roupagem rica e vistosa f., enfeite, atavio m. ‖ v. 1. ajaezar. 2. ataviar, enfeitar.

cape (I) [keip] s. capa f., manto m., sem mangas.

cape (II) [keip] s. cabo, promontório m.

The Cape Cabo da Boa Esperança (também **Cape of Good Hope**).

caper (I) [k'eipə] s. 1. salto m., cabriola, cambalhota f. 2. travessura, brincadeira f. ‖ v. saltar, cabriolar, cambalhotar.

to cut ~s 1. cambalhotar, cabriolar. 2. (fig.) fazer travessuras, tolices.

caper (II) [k'eipə] s. (Bot.) 1. alcaparreira f. 2. ~s pl. alcaparras f. pl. (condimento).

capercailie [kæpək'eilji], **capercailzie** [kæpək'eilzi] s. 1. galo silvestre europeu m. 2. tetraz-grande-das--serras m.

caperer [k'eipərə] s. saltador m., quem dá cabriolas ou cambalhotas.

Capernaite [kəp'ə:nəait] s. 1. habitante m. + f. de Cafarnaum. 2. quem crê na transubstanciação.

capeskin [k'eipskin] s. couro fino m. de pele de carneiro, para luvas.

capful [k'æpful] s. chapelada f. **~ of wind** (Náut.) leve rajada de vento.

capias [k'eipiəs] s. (Jur.) ordem f. de prisão.

capillarity [kæpil'æriti] s. capilaridade f.

capillary [kəp'iləri] s. vaso ou tubo capilar m. **(capillary tube** ou **capillary vessel).** ‖ adj. capilar

capital (I) [k'æpitəl] s. 1. capital f.: a) sede de governo, metrópole, cidade principal. b) letra maiúscula. c) (Com.) patrimônio, em valores móveis e imóveis. d) o ativo após dedução do passivo, valor líquido da firma. 2. capitalistas m. pl. coletivamente. 3. (fig.) vantagem f., lucro m. ‖ adj. 1. relativo ao capital. 2. capital: a) importante. b) essencial, principal. c) fundamental. d) primário. e) ótimo. f) (Jur.) máximo, que se refere à pena de morte, mortal. g) maiúsculo, capitular. ‖ **~ly** adv. 1. excelentemente, otimamente. 2. principalmente.
~ at hand (Com.) fundos disponíveis. **Capital and Labour** Capital e Trabalho. **block ~s** (Tipogr.) egípcias: tipos grossos para títulos. **floating, circulating ~** capital circulante. **invested ~** cabedal, fundo. **to make ~ out of** aproveitar(-se), tirar proveito de. **a ~ joke** uma piada estrondante.

capital (II) [k'æpitəl] s. (Arquit.) capitel, remate m. (de coluna).

capital assets s. ativos m. pl. para investimento a longo prazo.

capital expenditure s. gastos m. pl. com reposição e expansão, exceto despesas operacionais.

capital gain s. lucros m. pl. obtidos com a venda de ações, imóveis.

capital goods s. bens de capital m. pl.: máquinas, etc.

capitalism [~izm] s. capitalismo m.

capitalist [~ist] s. capitalista m. + f.

capitalistic [kæpitəl'istik] adj. capitalista. ‖ **~ally** adv. à maneira de capitalista.

capitalization [kæpitələaiz'eiʃən] s. capitalização f.

capitalize [kəp'itəlaiz] v. 1. capitalizar: converter em capital, acumular capital. 2. escrever (palavra, nome, etc.) com letra maiúscula. 3. (E. U. A.) aproveitar, tirar proveito de.

capital letter s. letra maiúscula, capitular f.

capital levy s. imposto m. sobre capital.

capital punishment s. pena capital, pena de morte f.

capital sentence s. condenação f. à morte.

capital ship s. (Náut.) couraçado m.

capital-stock s. 1. capital por ações. 2. ações f. pl. de primeira emissão.

capitate [k'æpitit] adj. (Bot.) capitato: 1. em forma de cabeça. 2. terminado em cabeça.

capitation [kæpit'eiʃən] s. capitação f.: imposto pago por cabeça.

Capitol [k'æpitl] s. Capitólio m.: 1. templo dedicado a Júpiter e cidadela da antiga Roma. 2. (E. U. A.) edifício do Congresso norte-americano, em Washington.

Capitoline [kəp'itəlain] adj. capitolino: do ou relativo ao Capitólio.

capitular [kəp'itjulə] s. (Ecles.) cônego m., membro m. de um cabido ou capítulo. ‖ adj. capitular: relativo a capítulo ou a cabido. ‖ **~ly** adv. capitularmente.

capitulary [~ri] s. capitular f.: 1. decreto dos reis da França medieval. 2. (Ecles.) membro de um capítulo. ‖ adj. capitular.

capitulate [kəp'itjuleit] v. capitular: render-se.

capitulation [kəpitjul'eiʃən] s. capitulação f.

capitulum [kəp'itjuləm] s. (Bot.) capítulo m.

capon [k'eipən] s. capão m.: frango castrado para engorda.

caponize [~aiz] v. castrar, capar (galo).

caporal [k'æpərəl] s. (fumo) caporal m.

capot [kəp'ɔt] s. capote m. (no jogo). ‖ v. dar capote a.

capote [kəp'out] s. 1. capote m.: capa comprida com cabeção ou capuz. 2. capota f.: toucado de crianças e senhoras.

capparidaceous [kæpərəd'eiʃəs] adj. (Bot.) caparidáceo.

capper [k'æpə] s. 1. indivíduo m. ou instrumento m. que coloca tampas. 2. (pop.) chamariz m. (em sala de jogo).

capriccio [kəpr'itʃiou] s. (pl. **~s**) 1. (Mús.) capricho m. 2. extravagância, travessura, burla, cabriola f.

caprice [kəpr'i:s] s. 1. capricho m. 2. fantasia, noção fantástica, excentricidade, inconstância f.

capricious [kəpr'iʃəs] adj. caprichoso, excêntrico, inconstante. ‖ **~ly** adv. caprichosamente.

capriciousness [~nis] s. caráter caprichoso m.

Capricorn [k'æprikɔ:n] s. Capricórnio m.: 1. (Astron.) constelação e signo do Zodíaco 2. trópico de Capricórnio.

caprine [k'æprin] adj. caprino.

capriole [k'æprioul] s. cabriola f. (dança e equitação), pulo m., cambalhota f. ‖ v. cabriolar: 1. saltar (cavalo). 2. pular, cambalhotar.

cap rock s. camada de rocha f. sobre depósito de óleo, gás, sal, etc.

caproic [kəpr'ouik] adj (Quím.) capróico.

caps., abr. de **capital letters** (letras maiúsculas).

capsicum [k'æpsikəm] s. 1. (Bot.) cápsico m. 2. pimenta-da-guiné f. (ou de· Caiena).

capsize [kæps'aiz] v. emborque, soçobro m., capotagem f. ‖ v. emborcar, soçobrar, capotar.

capstan [k'æpstən] s. (Náut.) cabrestante m.

cap-stone s. (Arquit.) capeamento, espigão m., cimalha f.

capsular [k'æpsjulə] adj. 1. capsular: semelhante a cápsulas. 2. capsulado: encerrado numa cápsula.

capsule [k'æpsju:l] s. 1. cápsula f.: 1. (Bot.) folhelho, válvula. 2. (Med.) pequeno invólucro gelatinoso para remédios. 3. (Quím.) recipiente raso com tampa (cápsula de Petri). 4. (Anat.) membrana que envolve um órgão. 5. (Anat.) saco ou bolsa membranosa.

Capt., abr. de **Captain.**

captain [k'æptin] s. 1. capitão m.: a) (milit.) chefe de uma companhia regimental. b) capitão--de-mar-e-guerra. c) comandante de navio mercante. d) (Esp.) chefe de uma equipe. 2. comandante m. + f., chefe, cabeça m. 3. capataz (de mina), contramestre, feitor m. 4. primeiro aluno m. da classe. 5. pioneiro, veterano m. ‖ v. capitanear, chefiar, comandar.
~ of foot capitão de infantaria. **~ of horse** capitão de cavalaria.

captaincy [k'æptinsi] s. capitania f.

captaincy-general s. (milit.) estado-maior m.

captainship [k'æptinʃip] s. capitania f.

captation [kæpt'eiʃən] s. captação f.

caption [k'æpʃən] s. 1. captura, prisão f., aprisionamento m. 2. apreensão f., confisco m. 3. (Tipogr.) título, cabeçalho m. 4. legenda f. (de desenho, ilustração ou filme). 5. (Jur.) rubrica f.

captious [k'æpʃəs] adj. 1.· capcioso, caviloso, ardiloso. 2. criticador, censurador, implicante. ‖ **~ly** adv.

capciosamente, cavilosamente, implicantemente.

captiousness [~nis] s. caráter capcioso m., cavilação f.

captivate [k'æptiveit] v. cativar, fascinar, atrair.

captivating [~iŋ] adj. cativante, fascinante, encantador, atraente. ‖ ~ly adv. atraentemente.

captivation [kæptiv'eiʃən] s. fascinação f., encanto, deslumbramento, enlevo m.

captivator [k'æptiveitə] s. fascinador, encantador m.

captive [k'æptiv] s. cativo, prisioneiro m. ‖ adj. 1. cativo, preso. 2. cativado, fascinado, encantado. ~ **balloon** (Av.) balão cativo.

captive audience s. audição forçada f. (propaganda audiovisual em público).

captivity [kæpt'iviti] s. 1. cativeiro m., escravidão, servidão f. 2. prisão f.

captor [k'æptə] s. 1. captor, capturador m. 2. apreensor m.

capture [k'æptʃə] s. 1. captura f., aprisionamento m. 2. apreensão f., apresamento m. 3. presa f. ‖ v. 1. capturar, aprisionar, apresar, prender. 2. apreender, apanhar, agarrar.

capturer [~rə] s. 1. capturador, captor m. 2. apreensor m.

Capuchin [k'æpjuʃin] s. capuchinho, capucho m.: frade franciscano.

capuchin [~] s. 1. (Zool.) caiarara m. (Cebus capucinus): macaco da América do Sul (também chamado **capuchin monkey**). 2. qualquer macaco do gênero Cebus. 3. capucha f.: capa com capuz para mulheres do campo.

caput [k'æpət] s. pl. **capita** 1. (Anat.) cabeça, extremidade f. 2. (Bot.) perídio m.

capybara [kæpib'a:rə] s. (Zool.) cabiai, capivara m.

car [ka:] s. 1. carro, m., viatura f. 2. automóvel m. 3. bonde m., tranvia f. 4. vagão, vagonete m., vagoneta f. 5. carruagem f. 6. cabina f. (de elevador). 7. carro m. (de máquina de escrever). 8. (E. U. A.) barquinha f. (de aeróstato). **I came by ~** vim de automóvel. **dining—~** vagão-restaurante. **dump—~** vagonete basculante. **freight—~** vagão de carga. **jaunting—~** carro leve de dois assentos ombro a ombro (muito comum na Irlanda). **motor—~** automóvel. **sleeping—~** vagão-dormitório. **street—~, tram—~** (Bras.) bonde. **triumphal ~** carro triunfal.

carabine [k'ærəbain] s. carabina f.

carabineer, carabinier [kærəbin'iə] s. carabineiro m.: soldado armado de carabina.

caracal [k'ærəkæl] s. (Zool.) caracal m.: espécie de lince.

caracara [kærək'ærə] s. (Orn.) caracará m.: ave de rapina.

carack s. = **carrack.**

caracole [k'ærəkoul] s. 1. (Equit.) caracol m.: meia-volta à direita ou à esquerda (estando a cavalo). 2. (Arquit.) escada f. em espiral, escada caracolada f. ‖ v. 1. (Equit.) caracolar, caracolear. 2. cabriolar, cambalhotar.

caracul [k'ærəkəl] s. pele f. de carneiro, raça Karakul, U. R. S. S.

carafe [kər'a:f] s. garrafa f. para água.

caramel [k'ærəməl] s. caramelo m.

carapace [k'ærəpeis] s. carapaça f.: cobertura córnea dos crustáceos (tartaruga, caranguejo, etc.).

carat, karat [k'ærət] s. quilate m. **an eighteen-~-gold watch** um relógio de ouro de 18 quilates.

caravan [kærəv'æn, k'ærəvæn] s. 1. caravana, cáfila f. 2. habitação f. sobre rodas (como usam os artistas circenses). 3. (Ingl.) casa f. sobre rodas.

caravansary [~səri] s., **caravanserai** [~sərai] s. 1. cara-

vançará, caravançarai m.: hospedaria para caravanas. 2. (fig., E. U. A.) hotel m. muito grande.

caravel [k'ærəvel] s. caravela f.

caraway [k'ærəwei] s. (Bot.) 1. alcaravia f., caminho-armênio m. 2. semente f. da alcaravia usada como condimento.

carbide [k'a:baid] s. (Quím.) carboneto, carbureto m.

carbine [k'a:bain] s. carabina f., rifle m.

carbineer [ka:bən'iə] s. carabineiro m.

carbo-hydrate [k'a:bouh'aidreit] s. (Quím.) carboidrato m., hidrato m. de carbônio.

carbolate [k'a:boleit] s. (Quím.) fenato m.

carbolated [~id] adj. fenicado, fênico, carbólico.

carbolic [ka:b'ɔlik] adj. carbólico, fenicado, fênico.

carbolic acid s. (Quím.) ácido carbólico, fenol m.

carbon [k'a:bən] s. 1. (Quím.) carbono, carbônio m. 2. carbônio, papel-carbono m. 3. cópia f. em papel carbono. 4. (Eletr.) carvão de arco m.

carbonaceous [ka:bən'eiʃəs] adj. 1. (Quím.) carbonado: que contém carbônio. 2. (Geol.) carbonífero, carbonoso: que contém carvão.

carbonate [k'a:bənit] s. (Quím.) carbonato m. ‖ [k'a:bəneit] v. carbonatar: saturar de ácido carbônico.

carbonation [ka:bə'eiʃən] s. (Quím.) carbonação f.

carbon brush s. (Téc.) escova f. de carvão (para motor).

carbon brush holder s. (Téc.) porta-escovas f. (de carvão).

carbon copy s. cópia f. em papel-carbono.

carbon cycle s. (Astrofísica) s. série f. de transformações nucleares, no interior de estrelas.

carbon dioxide s. gás carbônico m.

carbonic [ka:b'ɔnik] adj. (Quím.) carbônico.

carbonic acid s. ácido carbônico m.

carbonic oxide s. óxido m. de carbônio.

carboniferous [ka:bən'ifərəs] adj. 1. carbonífero: que contém ou produz carvão. 2. da ou relativo à Era Carbonífera.

carboniferous age ou **period** s. Era Carbonífera f.

carbonization [ka:bənaiz'eiʃən] s. carbonização f. ~ **of pit coal** coqueificação.

carbonize [k'a:bənaiz] v. 1. carbonizar: reduzir a carvão. 2. carbonar: combinar com carvão.

carbon-paper s. 1. papel-carbono m. 2. papel-químico m.

carbon steel s. aço-carbono m.

carborundum [ka:bər'∧ndəm] s. carborundo m.

carboy [k'a:bɔi] s. garrafão (empalhado) m.

carbuncle [k'a:b∧ŋkl] s. carbúnculo m.: 1. (Med.) antraz maligno, edema maligno m., pústula maligna f. 2. (Med.) espinha, borbulha f. (de pele). 3. granada oriental, toque m.: pedra preciosa de cor vermelho-escura.

carbuncled [~d], **carbuncular** [ka:b'∧ŋkjulə] adj. carbunculoso, carbuncular.

carburet [k'a:bjuret] s. (Quím.) carbureto, carboneto m. ‖ v. (imp. e p. p. ~ed ou —etted) 1. carbonar: misturar com carvão. 2. carburar: misturar um carburante com ar ou líquido.

carburetant [~ənt] s. carburante m.

carburetion [ka:bjur'eʃən] s. carburação f.

carburetted, carbureted [k'a:bjuretid] adj. carburado, carburetado.

carburettor, carburetor [k'a:bjuretə] s. carburador m. (quadro C 4).

carburization [ka:bjuraiz'eiʃən] s. carburação f.

carburize [k'a:bjuraiz] v. (Quím.) carburar.

carcajou [k'a:kəʒu:] s. (Zool.) 1. carcaju m.: texugo norte-americano. 2. glutão m.: carnívoro norte-americano.

carcase, carcass [k'a:kəs] s. carcaça f.: 1. esqueleto, arcabouço (de animal). 2. casco velho (de navio).

3. estrutura, armação (de edifício). 4. (depreciat.) pessoa ou animal esquálido.
to save his ~ para salvar-lhe a vida.
carcinogen [ka:s'inədʒən] s. (Med.) carcinógeno, carcinogênio m.
carcinological [ka:sinəl'ɔdʒikəl] adj. carcinológico.
carcinologist [ka:sin'ɔlədʒist] s. carcinologista m. + f.
carcinology [ka:sin'ɔlədʒi] s. carcinologia f.: tratado dos crustáceos.
carcinoma [ka:sin'oumə] s. pl. **~s, —mata** (Med.) carcinoma, câncer m.
carcinomatous [~təs] adj. (Med.) carcinomatoso, canceroso.
carcinosis [ka:sin'ousis] s. (Med.) carsinose f.: doença causada pelo carcinoma, especialmente pela generalização deste.
card (I) [ka:d] s. 1. carta f. de baralho. 2. cartão m., bilhete m. de visita. 3. bilhete m. de ingresso. 4. cardápio m. 5. programa m. (de jogos, diversões, etc.). 6. ficha f. 7. cartaz m. (de exposição ou vitrina). 8. papeleta f. 9. papelão m. 10. verbete m. 11. (gíria) original m., pessoa excêntrica f. 12. (gíria) folgazão m. 13. **~s** pl. jogo m. de cartas. ‖ v. 1. cartear, dar cartas. 2. prover de cartão ou ficha. 3. fichar, registrar em fichas.
to deal the ~s cartear, dar as cartas. **a doubtful ~** carta, coisa ou pessoa duvidosa. **drawing ~** ator ou artista afamado, que atrai o público. **game of ~s** jogo de cartas. **house of ~s** castelo de cartas. **knowing ~** (gíria) espertalhão. **in, on the ~s** possível, provável. **a pack of ~s** baralho. **to play at ~s** jogar cartas, jogar baralho. **to play one's ~s well** (fig.) ter muita estratégia. **post—~, postal ~** cartão postal. **to put one's ~s on the table** (fig.) jogar com as cartas na mesa, dar a conhecer os meios de que dispõe. **to show one's ~s** revelar os planos ou as intenções. **a queer ~** um esquisitão. **to shuffle the ~s** baralhar as cartas. **to speak by the ~s** (fig.) falar com clareza. **to throw up one's ~s** 1. desistir do jogo. 2. (fig.) desistir. **trump ~** trunfo. **visiting ~** cartão, bilhete de visita. **he left his ~ on me** ele deixou seu cartão de visita em minha casa. **he has a ~ up his sleeve** ele tem em vista um plano secreto.
card (II) [ka:d] s. carda f.: máquina de cardar. ‖ v. cardar: pentear com carda.
cardamom [k'a:dəməm], **cardamon** [-ən], **cardamum** [-əm] s. (Bot.) 1. cardamomo m. 2. os frutos dessa planta usados como condimento.
cardanic [ka:d'ænik] adj. cardânico.
cardanic suspension s. suspensão cardânica f.
cardan joint s. (Téc.) articulação f. (ou junta) de Cardan.
cardan shaft s. eixo Cardan, eixo m. de transmissão (automóvel).
cardboard [k'a:dbɔ:d] s. 1. papelão, cartão m. 2. cartolina f.
cardboard-box s. caixa f. de papelão.
card-carrying adj. 1. ser sócio de certa agremiação. 2. (coloq.) genuíno, legítimo.
card-case s. estojo m. de cartões de visita.
card catalogue s. fichário m.
carder [k'a:də] s. cardador m.
cardiac [k'a:diæk] s. cordial m., estimulante m. do coração. ‖ adj. 1. cardíaco, cardial. 2. fortalecente, revigorador.
cardialgia [ka:di'ældʒie] s. = **cardialgy**.
cardialgic [ka:di'ældʒik] adj. cardiálgico.
cardialgy [k'a:diældʒi] s. (Med.) cardialgia f.
cardigan [k'a:digən] s. jaqueta f. ou casaco m. de malha de lã (quadro C 13).
cardinal [k'a:dinəl] s. 1. cardeal m.: a) prelado do

Sacro Colégio pontifício. b) (também, **cardinal-bird**) (Orn.) cardeal m. 2. capa curta f. usada pelas mulheres. 3. cor escarlate intensa f. 4. número cardinal m. ‖ adj. 1. cardeal, cardinal, principal, primordial. 2. escarlate, vermelho muito vivo. ‖ **~ly** adv. fundamentalmente, principalmente.
cardinalate [~eit] s. cardinalato, cardinalado m.
cardinal flower s. (Bot.) cardeal m. (Lobelia cardinalis).
cardinal number, cardinal numeral s. número (ou numeral) cardinal m.
cardinal point s. 1. essencial, ponto principal m. 2. **cardinal points** pl. pontos cardeais m. pl.: Norte, Sul, Leste e Oeste.
cardinal's hat s. chapéu cardinalício m.
cardinalship [~ʃip] s. = **cardinalate**.
cardinal signs s. pl. (Astron.) signos cardeais m. pl.: Áries, Libra, Câncer e Capricórnio.
cardinal virtues s. pl. virtudes cardeais f. pl.: justiça, prudência, temperança, fortaleza.
card index s. fichário m.
carding [k'a:diŋ] s. cardagem, cardação f. ‖ adj. que carda.
carding-engine, —machine s. máquina f. de cardar.
cardiogram [k'a:diougræm] s. (Med.) cardiograma m.
cardiograph [k'a:diougra:f] s. cardiógrafo m.
cardiography [ka:di'ɔgrəfi] s. cardiografia f.
cardioid [k'a:diɔid] s. (Geom.) cardióide f.
cardiology [ka:di'ɔlədʒi] cardiologia f.
cardiovascular [ka:diouv'æskjulə] adj. cardiovascular (sistema).
carditis [ka:d'aitis] s. (Med.) cardite f.
cardoon [ka:d'u:n] s. (Bot.) alcachofra brava f., cardo-do-coalho m.
card-party s. reunião f. para jogar cartas.
card player s. jogador m. de cartas.
card playing s. ato, hábito m. de jogar cartas.
card-room s. sala f. de jogo.
cardsharp [k'a:dʃa:p], **cardsharper** [~ə] s. batoteiro, trapaceiro m. (em jogo de cartas).
cardsharping [k'a:dʃa:piŋ] s. trapaça, batota f. (em jogo de cartas).
card-table s. mesa f. de jogo (quadro F 8).
care [kɛə] s. cuidado m.: 1. atenção, prudência, precaução. 2. diligência, guarda, proteção. 3. esmero. 4. inquietação, ansiedade, preocupação. ‖ v. **to ~ about** ou **for** 1. cuidar de, inquietar-se por, preocupar-se com, afligir-se por. 2. interessar-se por, importar-se com 3. gostar de, desejar, apreciar.
~ of (c/o) Messrs. G. & R. ao cuidado (a/c) dos Srs. G. & R. **free from ~** despreocupado. **full of ~** preocupado. **let that be my ~s** deixe isto a meu cuidado. **in, under my ~** sob meus cuidados. **with ~!** cuidado! não virar! (caixas). **to take ~ of** cuidar de, precaver-se de. **take ~ not to break it** cuidado para não quebrá-lo. **have a ~!** cuidado! atenção! **who takes ~ of the children?** quem cuida das crianças? **take ~ to lock the door** tenha o cuidado de fechar a porta. **I do not ~ about playing cards** eu não faço caso de cartas. **I do not ~ if I stay here** estou disposto a ficar aqui. **I do not ~ a pin** eu não me incomodo com coisa alguma. **I do not ~ por mim!** para mim é indiferente. **who ~s?** ninguém se incomoda? **what do I ~?** que tenho eu com isso? **I do not ~ whether he comes or not** para mim tanto faz se ele vem ou não. **why should I ~ what he does?** a mim pode ser indiferente o que ele faz! **to ~ for** cuidar de, preocupar-se com. **I ~ for her** eu a tenho em consideração.
careen [kər'i:n] s. querenagem f. ‖ v. 1. (Náut.) que-

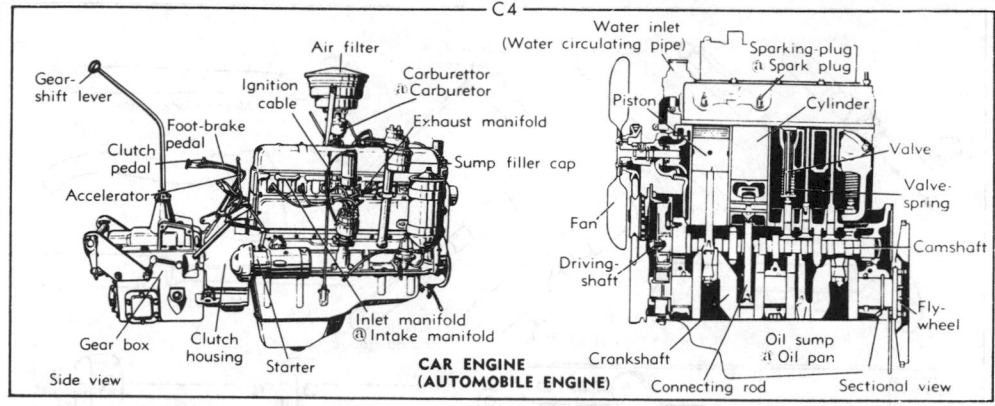

C 4

Gear-shift lever — Air filter — Ignition cable — Carburettor ⓐ Carburetor — Foot-brake pedal — Clutch pedal — Exhaust manifold — Sump filler cap — Accelerator — Inlet manifold ⓐ Intake manifold — Gear box — Clutch housing — Starter — Side view

Water inlet (Water circulating pipe) — Sparking-plug ⓐ Spark plug — Piston — Cylinder — Valve — Valve-spring — Fan — Camshaft — Driving-shaft — Fly-wheel — Crankshaft — Oil sump ⓐ Oil pan — Connecting rod — Sectional view

CAR ENGINE (AUTOMOBILE ENGINE)

renar. 2. adernar, virar de querena, inclinar-se. **on the ~** de lado, virado.
careenage [~idʒ] s. 1. despesas f. pl. de querenagem. 2. ato ou lugar m. de querenar.
careening [~iŋ] s. querenagem f.
career [kər'iə] s. 1. carreira f.: a) profissão, ocupação, ofício. b) corrida. 2. modo m. de vida. ‖ v. 1. mover-se rapidamente. 2. galopar a toda a brida. ‖ adj. (E. U. A.) de carreira, relativo a profissão. **in full ~** às pressas, a toda a brida. **a ~ diplomat** diplomata de carreira.
careerist [kər'iərist] s. pessoa f.+ m. de acentuadas ambições profissionais.
career woman (ou **girl**) s. mulher seguindo carreira f.
care-free adj. despreocupado, alegre, feliz.
careful [k'ɛəful] adj. cuidadoso, atento, cauteloso, meticuloso, exato. ‖ **~ly** adv. cuidadosamente, atentamente, cautelosamente, develadamente, exatamente.
be ~ of your books tenha cuidado com os seus livros. **be ~!** cuidado! **be ~ to post the letter** não deixe de enviar a carta. **a ~ examination** um exame meticuloso.
carefulness [~nis] s. 1. cuidado m., atenção, cautela circunspeção f. 2. esmero, desvelo m.
careless [k'ɛəlis] adj. 1. descuidado, negligente, desatento, desleixado. 2. indiferente. 3. despreocupado. ‖ **~ly** adv. descuidadosamente, negligentemente, desatentamente, despreocupadamente.
he is ~ of his clothes ele descuida de sua roupa.
carelessness [~nis] s. 1. descuido m., negligência, incúria, desatenção f. 2. indiferença, inconsideração f.
car engine s. motor m. de automóvel (quadro C 4).
caress [kər'es] s. carícia f., afago, carinho, mimo m. ‖ v. acariciar, afagar, acarinhar, amimar.
caresser [~ə] s. acariciador, acarinhador m.
caressing [~iŋ] adj. acariciador, amoroso, carinhoso. ‖ **~ly** adv. carinhosamente, amorosamente.
caret [k'ærət] s. (Tipogr.) sinal m. de intercalação.
caretaker [k'ɛəteikə] s. guarda, zelador, vigia m.
caretaking [k'ɛəteikiŋ] s. cuidado m.
careworn [k'ɛəwə:n] adj. aflito, ansioso, preocupado.
carfare [k'a:fɛə] s. passagem f. (quantia paga para viagem).
cargo [k'a:gou] s. pl. **—goes** ou **~s** carga f., frete, carregamento m. (de navio, trem, etc.).
cargo boat, cargo ship, cargo vessel s. cargueiro, navio m. (ou vapor, barco, etc.) de carga (quadro H 3).
carhop [k'a:hɔp] s. garção m. ou garçonete f. de restaurante "drive-in".
Carib [k'ærib] s. caraíba ou cariba m.+f.: 1. indí-

gena caraíba. 2. língua dos índios caraíbas.
Cariban [~ən] adj. caraíba, cariba, caribe.
Caribbean [kærib'i:ən] s. (também **Caribbean Sea**) Mar m. dos Caraíbas. ‖ adj. relativo aos caraíbas, às ilhas ou ao Mar dos Caraíbas.
caribe [ka:r'i:bə] s. (Ict.) piranha f. (Serrasalmo piraya).
caribou, cariboo [k'æribu:] s. (Zool.) caribu m.
caricatural [kærikətj'uərəl] adj. caricato, burlesco.
caricature [k'ærikətjuə] s. 1. caricatura f. 2. paródia f. ‖ v. 1. caricaturar. 2. parodiar, ridicularizar.
caricaturist [kærikətj'uərist] s. caricaturista m. + f.
caries [k'ɛərii:z] s. (Med.) cárie f.
carillon [kər'iljən] s. carrilhão m.: 1. conjunto de sinos com que se tocam peças de música. 2. as respectivas peças de música. ‖ v. carrilhonar.
carillonneur [kəriljən'ə:] s. carrilhador m., (pop.) carrilhonista m. + f.: pessoa que toca o carrilhão.
carina [kər'ainə] s. (Bot. e Zool.) carina, carena, quilha f.
carinate [k'ærineit], **carinated** [~id] adj. (Bot.) carinado: que tem forma de carena.
carioca [kæri'oukə] s. 1. (Mús.) espécie f. de samba. 2. natural m.+f. do Rio de Janeiro.
cariole [k'ærioul] s. 1. carriola f. 2. espécie de trenó canadense.
carious [k'æriəs] adj. carioso, cariado, corroído.
cariousness [~nis] s. **cariosity** [kari'ositi] s. cariose f.
carl [ka:l] s. 1. (arc.) homem do povo m. 2. (arc.) vilão m. 3. (esc.) camponês, rústico m.
carline [k'a:lin] s. 1. (Bot.) carlina f. 2. (esc.) velhota, bruxa, virago f.
carling [k'a:liŋ] s. (Náut.) carlinga f.
carload [k'a:loud] s. 1. carrada f.: quantidade que um carro ou vagão comporta. 2. vagão carregado m. ‖ adj. em ou por carradas.
carload lot s. lote m. de carga de vagão.
carload rate s. taxa de frete f. por vagão.
Carlovingian [ka:lov'indʒiən] adj. = **Carolingian.**
carmagnole [ka:mənj'oul] s. 1. carmanhola f.: a) casaco dos revolucionários franceses de 1793. b) canção desses revolucionários. 2. soldado revolucionário francês m.
carman [k'a:mən] s. 1. carreteiro, carroceiro, carreiro m. 2. maquinista m. de trem elétrico.
Carmelite [k'a:məlait] s. carmelita m. + f. ‖ adj. carmelita.
carminative [ka:m'inətiv] s. (Med.) carminativo m. remédio contra gases intestinais. ‖ adj. carminativo antiflatulento.
carmine [k'a:main] s. carmim, carmesim m., cor f. vermelha vivíssima. ‖ adj. carmesim, carminado.

C5

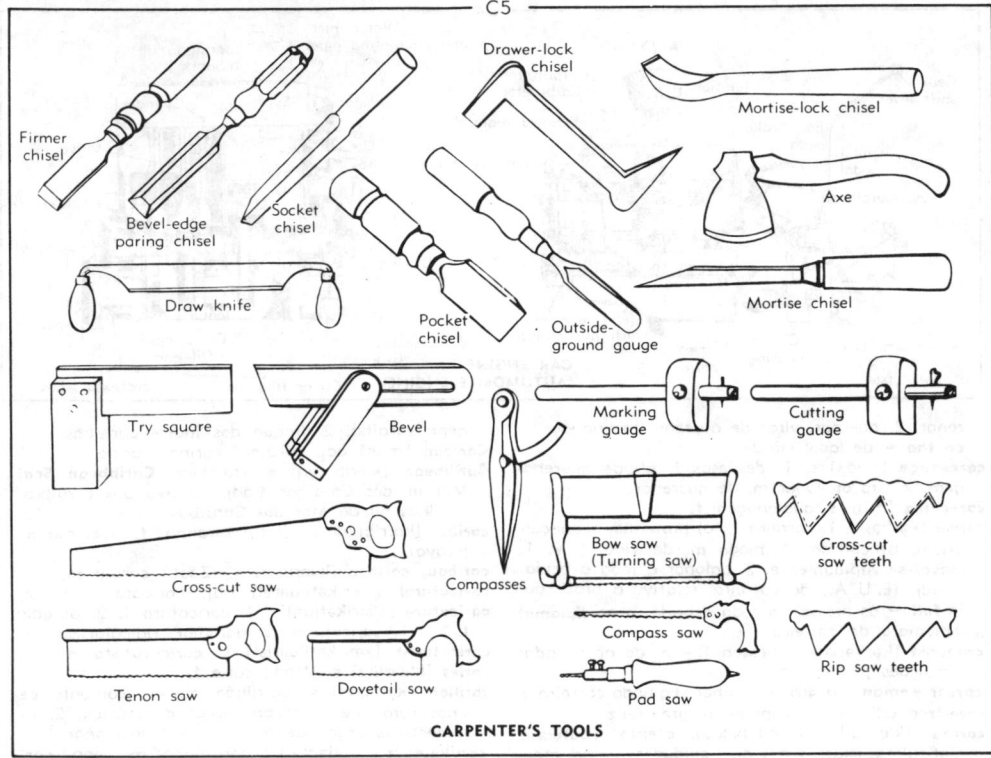

Firmer chisel

Drawer-lock chisel

Mortise-lock chisel

Bevel-edge paring chisel

Socket chisel

Axe

Draw knife

Pocket chisel

Mortise chisel

Outside-ground gauge

Try square

Bevel

Marking gauge

Cutting gauge

Cross-cut saw

Compasses

Bow saw (Turning saw)

Cross-cut saw teeth

Compass saw

Tenon saw

Dovetail saw

Pad saw

Rip saw teeth

CARPENTER'S TOOLS

carnage [k'a:nidʒ] s. 1. carnagem, mortandade f. massacre m. (esp. de homens). 2. amontoado m. de cadáveres.

carnal [k'a:nəl] adj. 1. carnal, corporal, lascivo. 2. mundano, temporário, não espiritual. ‖ ~ly adv. 1. carnalmente, sensualmente. 2. mundanamente. **to have ~ intercourse with** ter relações sexuais com. (Jur.) ~ **knowledge** relações sexuais.

carnality [ka:n'æliti] s. carnalidade, sensualidade, lascívia f.

carnation [ka:n'eiʃən] s. 1. cor de carne, carnação f., rosa-pálido m. 2. encarnação f. (pintura). 3. (Bot.) cravo, craveiro m. ‖ adj. de cor de carne.

carnauba [ka:nə'u:pə] s. carnaúba f.

carnelian [kən'i:ljən] s. = **cornelian**.

carneous [k'a:niəs] adj. 1. carnoso, carnudo. 2. cor de carne.

carnification [ka:nəfik'eiʃən] s. carnificação f.

carnify [k'a:nifai] v. encarnar, carnificar-se.

carnival [k'a:nivəl] s. 1. carnaval, entrudo m. 2. folia, festança f. **to hold ~** festejar o carnaval. ~ **ball** baile carnavalesco. ~ **parade** corso carnavalesco.

carnivore [k'a:nivɔ:] s. 1. (Zool.) carnívoro m. 2. (Bot.) planta insetívora f.

carnivorous [ka:n'ivərəs] adj. carnívoro, que se alimenta de carne. ‖ ~ly adv. de modo carnívoro.

carnivorousness [ka:n'ivərəsnis] s. carnivoridade f., carnivorismo m.

carob [k'ærəb] s. (Bot.) 1. alfarrobeira f. 2. alfarroba f.: fruto da alfarrobeira.

caroche [kər'ouʃ] s. carruagem f. de luxo (séc. XVII).

carol [k'ærəl] s. 1. cântico alegre, hino m. em louvor de divindade, hino de Natal. 2. gorjeio m. dos passarinhos. ‖ v. 1. louvar, celebrar, cantar hinos, exultar. 2. gorjear (passarinhos), trilar. **Christmas ~** Cântico de Natal.

Carolean [kærol'i:ən], **Caroline** [k'ærəlain] adj. carolino, relativo à dinastia de Carlos I ou II da Inglaterra.

Carolingian [kærəl'indʒiən] s. carolíngio, carlovíngio m. ‖ adj. carlovíngio, carolíngio.

caroller, caroler [k'ærələ] s. cantor, gorjeador m.

carom [k'ærəm] s. 1. (bilhar) carambola f. 2. tiro semelhante m. em outros jogos. ‖ v. carambolar.

carotid [kər'ɔtid] s. (Anat.) carótida ou carótide f. ‖ adj. carotídeo, relativo às carótidas.

carousal [kər'auzəl] s. beberronia, farra f.

carouse [kər'auz] s. beberronia f. ‖ v. farrear.

carousel, carrousel [kærəs'el] s. carrossel m.

carp (I) [ka:p] s. (Ict.) carpa f.

carp (II) [ka:p] v. censurar, criticar (**at**) sem razão.

carpal [k'a:pəl] s. (Anat.) osso do carpo m. ‖ adj. carpal, relativo ao carpo.

carpel [k'a:pəl] s. (Bot.) carpelo m.

carpenter [k'a:pintə] s. carpinteiro m. (quadro B 22). ‖ v. carpintejar.

carpentry [k'a:pintri] s. carpintaria f.: 1. trabalho, obra de carpinteiro. 2. ofício de carpinteiro (quadros C 3, 5).

carper [k'a:pə] s. censurador, crítico, criticastro m.

carpet [k'a:pit] s. 1. tapete m., alcatifa f. 2. (fig.) relva f., campo florido m. ‖ v. 1. atapetar, alcatifar. 2. (coloq.) repreender. **to bring upon the ~** trazer à baila, alegar ou citar a propósito. **to be on the ~** 1. tomar em consideração. 2. levar um pito, ser repreendido.

carpet-bag s. bolsa f. de viagem.

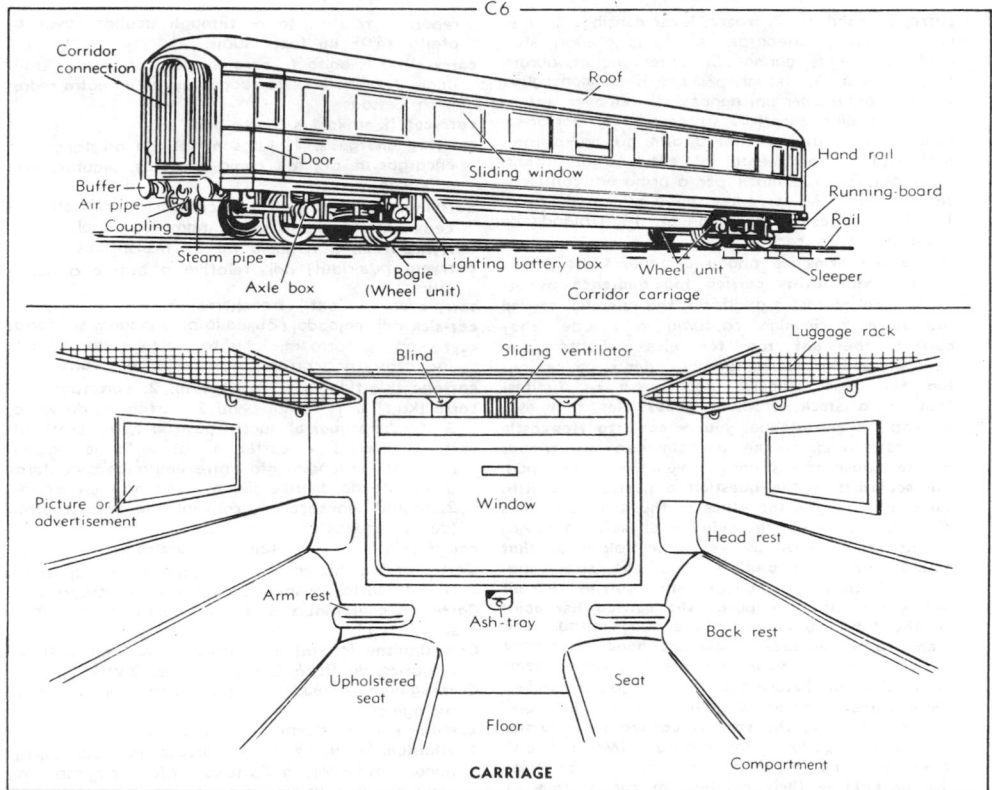

C6

Corridor connection — Roof — Door — Sliding window — Hand rail — Buffer — Air pipe — Coupling — Running-board — Rail — Steam pipe — Lighting battery box — Wheel unit — Sleeper — Axle box — Bogie (Wheel unit) — Corridor carriage

Luggage rack — Blind — Sliding ventilator — Picture or advertisement — Window — Head rest — Arm rest — Ash-tray — Back rest — Upholstered seat — Seat — Floor — Compartment

CARRIAGE

carpet-bagger s. (E. U. A.) aventureiro político m.

carpet-beater s. batedor m. de tapete.

carpet-bed s. 1. (fig.) tapeçaria f., tapete florido m. 2. peça f. de terreno ajardinado.

carpet-dance s. baile improvisado m.

carpeting [k'a:pitiŋ] s. tecido m. para tapetes.

carpet-knight s. herói m. de salão.

carpet-rod s. vara f. de passadeira.

carpet-slippers s. pl. chinelos m. pl. de feltro.

carpet-sweeper s. máquina varredora f. de tapetes.

carphology [ka:f'ɔlədʒi] s. (Med.) carfologia f.

carping [k'apiŋ] adj. censurador, crítico, maligno.

carpology [ka:p'ɔlədʒi] s. carpologia f.: tratado de frutos e sementes.

carpophagous [ka:p'ɔfəgəs] adj. (Zool.) carpófago, que se alimenta de frutos.

carport [k'a:pɔ:t] s. (Autom.) abrigo m.

carpus [k'a:pəs] s. (Anat.) carpo m.

carrack [k'ærək] s. carraca f., galeão m.

carrefour [k'ɛəfuə] s. (fr.) 1. cruzamento m. 2. praça pública f.

carriage [k'æridʒ] s. 1. carruagem f., carro, vagão ferroviário m. (quadro C 6). 2. carreto, porte m. carretagem paga f., frete m. 3. (milit.) carreta f. da peça de artilharia. 4. porte m., presença f., comportamento m., maneiras f. pl., procedimento m. 5. (Pol.) aprovação f. de moção. 6. (Tipogr.) berço m., parte de prensa que volta sobre o berço. 7. carro m. de máquina de escrever.
~ **and four** carruagem a quatro cavalos. ~ **and pair** carruagem a dois cavalos. ~**—forward** frete por reembolso. ~**— free** livre porte.

carriageable [~əbl] adj. carroçável.

carriage-box s. boléia f.

carriage-drive s. entrada f. para carros.

carriage road s. (Bras.) carreteira f.

carriage trade s. comércio de luxo m., cuja clientela antigamente vinha de carruagem.

carrier [k'æriə] s. 1. portador, carreteiro, carregador, m. 2. mensageiro m. 3. suporte m. de bicicleta. 4. portador m. de doença: pessoa ou coisa que transmite doença. 5. (**aircraft-**~) porta-aviões m.

carrier-pigeon s. pombo-correio m.

carrier-wave s. (Eletr.) onda portadora f.

carriole [k'ærioul] s. carriola f.

carrion [k'æriən] s. 1. cadáver m. em decomposição, carne putrefata f. 2. (fig.) podridão, sujeira f., lixo m. ‖ adj. 1. corruto, putrefato. 2. (fig.) repugnante, imundo. 3. que se alimenta de corpos corrutos.

carrion-beetle s. (Ent.) escaravelho m. de estercos.

carrion-pit s. esterqueiro m., esterqueira f.

carronade [kærən'eid] s. caronada f.: peça de artilharia (naval).

carron oil s. linimento m. de óleo e calcário.

carrot [k'ærət] s. 1. cenoura f. 2. ~s pl. (verbo no sing.) ruivo m.: indivíduo de cabelo ruivo.

carroty [~i] adj. 1. de cor de cenoura, amarelo-avermelhado. 2. ruivo (cabelos).

carry [k'æri] s. 1. alcance m. de arma ou projetil. 2. (golfe) distância atingida f. por um tiro de bola. 3. posição vertical f. da espingarda em continência. 4. (E. U. A.) transporte m., passagem f. (a seco entre dois rios navegáveis). ‖ v. 1. levar, transportar, carregar, conduzir. 2. trazer, levar consigo. 3. enlevar, arrastar, arrebatar. 4. tomar, conquistar capturar, vencer, ganhar. 5. conter, incluir, abranger, implicar. 6. efetuar, pôr em efeito, conseguir. 7. manejar, manter um negócio. 8. remover, estender. 9. apoiar, suportar, sustentar. 10. portar-se, conduzir-se, trazer a cabeça alta ou baixa (animais). 11. ter em mente. 12. entusiasmar, influir, levar alguém. 13. (milit.) pôr a arma em continência. 14. (E. U. A.) ter em estoque ou em depósito. 15. (E. U. A., coloq.) acompanhar. 16. (falando de cães) buscar a caça abatida.

he carried arms ele andou armado, tinha armas consigo. **the artists carried the audience** os artistas arrebataram o auditório. **the enemies carried the town** o inimigo capturou a cidade. **they carried the jest too far** eles adiantaram-se demasiado em dizer graças. **don't ~ things too far!** não exagere! não passe os limites! **they ~ a stock of these goods** eles têm esta mercadoria em estoque. **you ~ coals to Newcastle** você está vendendo mel ao colmeeiro. **our friends ~ the cause** nossos amigos vencem a demanda. **the socialists ~ the question** o partido socialista sai com a moção. **the allies ~ the day** os aliados alcançam a vitória. **the ships ~ all sails** os navios andam com todas as velas desfraldadas. **that hound can fetch and ~** esse cão sabe apanhar e trazer (a caça). **she carries herself well** ela mostra bom porte. **she carries her point all the time** ela impôs sempre sua vontade. **she seems to ~ two faces under one hood** ela parece ser simulante. **~ your cup even!** porte-se bem! **he carried all before him** ele conquistou todos. **these coins ~ a lot of gold** estas moedas contêm muito ouro. **the roof is carried by columns** o teto é suportado por colunas. (Mat.) **I put down six and ~ three** são seis e vão três. **the parents ~ their children to the station** os pais acompanham seus filhos à estação. **his judgement carries great weight** seu critério, seu parecer pesa muito. **his voice carries well to the other end of the hall** ouve-se facilmente sua voz no outro lado do salão. **he carries it with him** ele guarda isso na memória. **to ~ it fair** mostrar boa cara. **to ~ it high** portar-se com orgulho. **to ~ about s. th. with one** levar, trazer alguma coisa consigo. **to ~ along** arrastar, continuar. **to ~ away.** 1. levar, arrebatar. 2. desaparelhar. 3. (Náut.) desmastrar. **I let myself be carried away into scolding her** deixo-me levar a censurá-la. **to ~ back** restituir, pôr no mesmo lugar. **to ~ forth** mostrar, expor à vista. (Com.) **to ~ forward** transportar (uma soma para outra página). (Com.) **amount carried forward** transporte. **to ~ in** levar para dentro. **to ~ off.** 1. levar. 2. arrebatar. 3. ganhar (prêmios). 4. levar deste mundo, causar a morte. **he carried off the bride** ele conduziu a noiva para sua casa, (fig.) fugiu com a noiva. **they carried him off** eles deram cabo dele. **all prisoners were carried off by famine** todos os prisioneiros morreram de fome. **to ~ on** continuar, exercer (p. ex. um trabalho ou um cargo). **we must try to ~ on** precisamos tentar vencer (as dificuldades). **he carries on with her daughter** ele namora a filha dela. **how she does ~ on with him!** (gíria) que afetação ela para agradar-lhe! **they ~ on business** eles comerciam e negociam. **we ~ on the cause under all circumstances** levamos a causa adiante em todo caso. **to ~ out** 1. levar a cabo, executar, efetuar. 2. conduzir para fora. **she carried out her opinion** ela defendeu sua opinião. **to ~ over** 1. transportar (uma conta). 2.

reportar, relatar. **to ~ through** acabar, levar a efeito. **to ~ up** fazer subir.

carry-all s. 1. bolsa f., saco m. para objetos de utilidade. 2. carriola f.: carruagem leve de quatro rodas, para pessoas.

carrycot [k'ærikɔt] s. porta-bebê m.

carrying charge s. 1. juros m. pl. de prestação. 2. encargos m. pl., tais como impostos, seguros, manutenção.

carryings-on s. pl. (fam.) 1. comportamento ou procedimento duvidoso m. 2. namoros m. pl.

carrying-trade s. negócio m. de transportes.

carryout [k'æriaut] adj. relativo a bufete a domicílio.

carry-over s. (Cont.) transporte m.

car-sick adj. enjoado, nauseado pela viagem em carro.

cart [ka:t] s. carro m., carreta, carroça, caçamba f. ‖ v. acarretar, carrear, transportar em carro.

cartage [k'a:tidʒ] s. 1. carreto m. 2. carretagem f.

carte [ka:t] s. 1. cardápio m. 2. cartão m. de visita. 3. (também **quarte**) quarta posição f. (na esgrima).

cartel [k'a:tel] s. 1. cartel m.: a) carta de desafio. b) (Com.) entendimento entre empresas produtoras a respeito de distribuição e preço de mercadorias. 2. (milit.) convenção f., convênio m. de extradição (de prisioneiros).

carter [k'a:tə] s. carreteiro, carroceiro m.

Cartesian [ka:t'i:ziən] s. cartesiano m. ‖ adj. relativo ao cartesianismo, à doutrina de Descartes.

Cartesian coordinates s. (Mat.) coordenadas cartesianas f. pl.

Cartesianism [~izm] s. cartesianismo m.: sistema filosófico de René Descartes (séc. XVII).

Carthaginian [ka:θədʒ'iniən] s. cartaginês m. ‖ adj. cartaginês.

cart-horse s. cavalo m. tiro, de carro.

Carthusian [ka:θj'u:ziən] s. cartuxo m. ‖ adj. cartusiano, pertencente à Cartuxa (ordem religiosa fundada por São Bruno).

cartilage [k'a:tilidʒ] s. (Anat.) cartilagem f.

cartilaginoid [ka:til'ædʒinɔid] adj. cartilagíneo.

cartilaginous [ka:til'ædʒinəs] adj. cartilaginoso.

cart-load s. carroçada, carrada f.

cartographer [ka:t'ɔgrəfə] s. cartógrafo m.

cartographic [ka:togr'æfik], **cartographical** [~əl] adj. cartográfico. ‖ **~ally** adv. de modo cartográfico.

cartography [ka:t'ɔgrefi] s. cartografia f.

cartomancy [k'a:təmænsi] s. cartomancia f.: pretensa adivinhação por meio de cartas de jogar.

carton [k'a:tən] s. 1. caixa f. de papelão. 2. disco branco m. no centro de um alvo. 3. tiro m. que acerta nesse disco.

cartoon [ka:t'u:n] s. 1. cartão m.: a) papelão encorpado. b) desenho executado sobre papel forte para servir de modelo a diversas obras, tais como tapeçaria, mosaico, pintura a fresco. 2. caricatura f. 3. desenho animado m. ‖ v. desenhar caricaturas.

cartooning [~iŋ] s. arte f. de desenhar caricaturas para jornais, revistas, cinema, etc.

cartoonist [~ist] s. 1. caricaturista m. + f. 2. desenhador m. de cartazes e desenhos animados.

cartouche [ka:t'u:ʃ] s. 1. (milit.) cartucho m., cartucheira f. 2. (Arquit.) cártula f., cartão m. de ornamentação, representação f. de um papel enrolado nos extremos com espaço para um dístico ou desenho, voluta f., ornato m. de um capitel de coluna (em forma de espiral com inscrição ou emblema).

cartridge [k'a:tridʒ] s. 1. (milit.) cartucho m. 2. (Fot.) rolo m. de filmes.

blank ~ cartucho de festim.

cartridge-belt s. cinturão m. de cartucheira.

cartridge-box s. cartucheira f.

cartridge-case s. cápsula f. de cartucho.
cartridge clip s. (milit.) pente m. para balas.
cart-road s. carreteira, estrada carroçável f.
cartulary [k'a:tjuləri] s. cartulário m.
cart-wheel s. 1. roda f. de carro. 2. moeda grande f. 3 cambalhota f.
cart-wright s. carpinteiro m. de carroças.
caruncle [k'ærəŋkl] s. 1. (Anat.) carúncula, excrescência carnuda f. 2. (Bot.) excrescência mamilar f.
caruncular [kər'ʌŋkjulə] adj. carunculoso.
carve [ka:v] v. 1. trinchar ou cortar (carne). 2. esculpir, entalhar, cinzelar, gravar, burilar.
to ~ out a career in business cavar carreira no comércio.
carvel-built adj. (Náut.) construído com o costado liso.
carven [k'a:vən] adj. esculpido, entalhado.
carver [k'a:və] s. 1. escultor, abridor, burilador, entalhador m. 2. trinchante m.: a) pessoa que corta a carne na mesa. b) grande faca para trinchar.
to be one's own ~ ser autor da sua fortuna. **~s** garfo e faca para trinchar
carving [k'a:viŋ] s. 1. escultura f.: a) ato ou arte de esculpir. b) obra feita pelo escultor, entalhe, gravura, recorte. 2. ato de trinchar.
~ knife faca de trinchar, trinchante (quadro D 2) **wood ~** entalho: gravura ou escultura em madeiras
carwash [k'a:wɔʃ] s. posto m. de lavagem de carros.
caryatid [kæri'ætid] s. pl. **–tids** ou **–tides** [-tidi:z cariátide f.: figura de mulher sobre a qual assenta uma cornija ou arquitrave.
caryopsis [kæri'ɔpsis] s. pl. **–sides** [-sidi:z] (Bot.) cariopse f.
cascabel [k'æskəbel] s. (milit.) conteira f.
cascade [kæsk'eid] s. 1. pequena cascata ou cachoeira f. 2. qualquer coisa que cai em forma de cascata (p. ex. cascata de rendas). || v. cascatear.
~ converter (Mec.) convertedor em cascata.
cascara [kæsk'a:rə] s. (Med.) cáscara-sagrada f.
case [keis] (I) s. 1. estojo m. 2. caixa f. 3. cápsula f. 4. bainha f. 5. coldre m. 6. escrínio. m. 7. fronha f. 8. cobertura f. 9. capa protetora f. para livros. 10. mala f. 11. qualquer objeto que resguarda ou contém outro. 12. (Téc.) invólucro, revestimento m. || v. encaixar, cobrir.
cigarette–~ cigarreira. **crank–~** cárter. **cylinder–~** camisa de cilindro. **dressing–~** estojo de toucador. **gear–~** caixa de engrenagem. **jewel–~** porta--jóias. **lower–~** (Tipogr.) caixa de minúsculas. **pillow–~** fronha. **show–~** vitrina, montra. **suit–~** mala de roupa. **upper–~** (Tipogr.) caixa de maiúsculas.
case [keis] (II) s. 1. (Gram.) caso m., desinência f. de nomes e pronomes. 2. caso m. 3. circunstância f. 4. acidente m. 5. conjetura f. 6. exemplo m. 7. causa judicial f. 8. caso m., manifestação individual f. de doença, 9. paciente, doente m. + f.
~ in point exemplo característico. **in ~ he comes** caso que vier. **in no ~** de forma alguma. **in ~ of need** em caso de necessidade. **in such a ~** nesse caso, se assim for. **in any ~** em todo o caso, seja como for. **just in ~** a título de prevenção. **a lost ~** uma causa perdida. **leading ~** (Jur.) caso de precedência. **his ~ is that** seu argumento principal é que. **as the ~ may be** conforme for. **to make out one's ~** saber se defender.
casease [k'eisieis] s. (Bioquím.) casease f.
caseation [keisi'eiʃən] s. (Pat., Bioquím.) caseação f.
casebook [k'eisbuk] s. livro de registro m: 1. (Med.) folha clínica f. 2. (Assist. Soc.) antecedentes m. pl.

casebound [k'eisbaund] adj. (encadernação) de capa dura.
case-harden v. 1. cementar (ferro, aço). 2. (fig.) calejar, insensibilizar.
case history s. 1. (Med.) folha clínica f. 2. (Assist. Soc.) antecedentes m. pl.
caseic [k'eisiik] adj. caseico, caseínico.
casein [k'eisiin] s. (Quím.) caseína f.
caseknife [k'eisnaif] s. faca f. de bainha.
case-law s. (Jur.) lei criada f. por caso de precedência.
casemate [k'eismeit] s. casamata f.
casemated [~id] adj. casamatado.
casement [k'eismənt] s. 1. caixilho m. (quadro W 4). 2. batente m. de janela, folha f. de janela. 3. coberta, armação f.
caseous [k'eisiəs] adj. caseoso.
casern, caserne [kaz'ə:n] s. (milit.) caserna f.
case-shot s. metralha f.
case study s. estudo de determinado caso m.
casework [k'eiswə:k] estudo m. de assistência social.
caseworker [~ə] s. assistente social m. + f.
case-worm s. larva f. de inseto encasulado.
cash [kæʃ] s. 1. dinheiro m. (esp. disponível, em caixa). 2. pagamento m. à vista. || v. 1. pagar ou receber à vista. 2. cobrar (cheque, letra, etc.), converter em dinheiro.
out ou **short of ~** sem dinheiro, desprevenido. **ready ~** dinheiro em caixa, disponível. **running ~** numerário circulante. **small ~** troco, moedas miúdas. **to put a person in ~** remeter provisão a alguém. **to sell for ~** vender à vista. **~ on delivery C.O.D)** 1. (entrega) contra reembolso. 2. pagamento contra entrega. **to ~ in** 1. cobrar. 2. (gíria) morrer.
cash-account s. conta de caixa f.
cash-and-carry adj. em base de pague-e-pegue.
cash business s. negócio m. à vista.
cash-down s. pagamento m. à vista.
cashew [kæʃ'u:] s. 1. (Bot.) cajueiro m. 2. caju m..
cashew-nut s. noz f. de caju.
cashier [kæʃ'iə] s. caixa m. + f., caixeiro m.: encarregado da caixa. || v. [kəʃ'iə] (milit.) despedir, cassar, despachar, demitir.
cash-keeper s. caixeiro m., caixa m. + f.
cashless [k'æʃlis] adj. sem dinheiro disponível.
cashmere [k'æʃm'iə] s. casimira f.
cash register s. caixa registradora f.
cash-reserve s. reserva monetária f.
casing [k'eisiŋ] s. 1. cobertura, coberta, caixa f. (quadro E 1). 2. invólucro m., embalagem f. 3. estojo m. 4. bainha f. 5. revestimento m. 6. esquadria f. 7. (E. U. A.) parte externa do pneu.
casino [kəs'i:nou] s. cassino m.: 1. clube ou lugar de reunião para jogar, dançar, beber, etc. 2. = **cassino**.
cask [ka:sk] s. 1. barril, tonel m., pipa, barrica f. 2. barrilada, tonelada f.: conteúdo de um barril ou tonel.
casket [k'a:skit] s. 1. (E. U. A.) esquife m. 2. porta--jóias, cofrezinho m.
casque [kæsk] s. elmo, capacete m.
cassation [kæs'eiʃən] s. cassação, ab-rogação, anulação f., cancelamento m.
cassava [kəs'a:və] s. 1. (Bot.) mandioca f. 2. farinha f. de mandioca. 3. pão feito de farinha de mandioca.
casserole [k'æseroul] s. caçarola, caçoula f.
cassia [k'æsiə] s. 1. (Bot.) cássia f. 2. (Culin.) canela f.
cassimere [k'æsəmiə] s. casimira f.: tecido fino de lã.
cassino, casino [kəs'i:nou] s. cassino m.: jogo de cartas para quatro parceiros.

cassiterite [kæs'itərait] s. (Miner.) cassiterita f.
cassock [k'æsək] s. 1. sotaina f. 2. sacerdócio m.
cassowary [k'æsəwɛəri] s. (Orn.) casuar m.: ave corredora da Austrália.
cast [ka:st] s. 1. lance, lanço, arremesso m. 2. trajeto m., distância f. do arremesso. 3. jogada f. (dados) ou número jogado. 4. lance m. ou jogada f. (de rede, anzol). 5. molde f. 6. fundição f.: a) ato de fundir. b) quantidade de metal fundida de uma só vez. 7. matiz f. 8. cálculo m., computação f. 9. aparência f., aspecto m. 10. arranjo m., disposição f. 11. olhar m. ligeiramente estrábico. 12. pregueado m. 13. ejeção, dejeção f. (casca de inseto, vômito de ave de rapina). 14. isca f. (pesca). 15. (Teat.) distribuição f. dos papéis, elenco m. ‖ v. 1. lançar, atirar, arremessar. 2. emitir, expelir, deixar cair, perder. 3. parir, dar cria (prematuramente). 4. derrotar, derrubar. 5. computar, calcular, somar. 6. arranjar, dispor, distribuir. 7. modelar, moldar, fundir. 8. (Teat.) escalar artistas, distribuir os papéis. 9. projetar, delinear, esboçar, traçar. 10. empenar-se, torcer-se (madeira). 11. lançar a linha para pescar. ‖ adj. 1. fundido. 2. (fig.) inflexível, rígido. 3. abandonado, rejeitado.
he has a ~ in his eye ele é vesgo. his ~ of mind seu gênio, sua mentalidade. he ~ his accounts ele fez seu apuramento de contas, seu balanço. the play is well ~ (Teat.) o elenco da peça é bom. to ~ anchor (Náut.) lançar ferro. they ~ dice eles jogam (ou lançam) os dados. the die is ~ os dados foram lançados. to ~ lots for sortear. she ~ a spell on me ela me enfeitiçou. to ~ a vote (a ballot) dar o voto, votar. you ~ that in my teeth! você diz isto em minha cara! to ~ about 1. jogar ou lançar em redor. 2. pensar, meditar, planejar. 3. procurar. to ~ aside pôr de lado. to ~ away jogar fora, desperdiçar. to be ~ away (Náut.) soçobrar, naufragar (também fig.). to ~ down 1. subjugar, humilhar. 2. abaixar (os olhos). to be ~ down estar abatido, perturbado. to ~ in one's lot with participar da mesma sorte com. to ~ off 1. deixar cair, perder. 2. expulsar, rejeitar. to ~ up 1. levantar (olhos). 2. calcular, somar. to ~ out expulsar, banir.
castanets [kæstən'ets] s. castanhetas f. pl.
castaway [k'a:stəwei] s. 1. pária, pariá, réprobo, indivíduo abjeto m. 2. náufrago m. ‖ adj. 1. rejeitado, inútil, réprobo, proscrito. 2. náufrago.
caste [ka:st] s. 1. casta (Índia) f. 2. classe social f. to lose ~ perder posição social.
caste-feeling s. espírito m. de classe.
castellan [k'æstələn] s. castelão m.
castellanship [~ ʃip] s. castelania f.
castellated [k'æstəleitid] adj. 1. acastelado, ameado. 2. que tem muitos castelos.
caster [k'a:stə] s. 1. lançador, arremessador m. 2. calculador m. 3. escalador m.: quem designa os papéis no teatro. 4. fundidor m., máquina f. para fundir. 5. (também castor) galheta f., galheteiro m. 6. (quadro P 3) rodízio m. (de mesa, de piano, etc.).
castigate [k'æstigeit] v. castigar, punir, corrigir.
castigation [kæstig'eiʃən] s. castigo, punição f.
castigator [k'æstigeitə] s. castigador m.
castigatory [~ri] adj. castigável.
Castile soap [kæst'i:lsoup] s. sabão fino m. feito com azeite de oliva.
Castilian [kæst'iljən] s. castelhano m.: 1. habitante de Castela. 2. língua espanhola. ‖ adj. castelhano.
casting [k'a:stiŋ] s. 1. arremesso, lanço m. 2. fundição f. 3. peça fundida f. 4. (Teat.) distribuição f. dos papéis.
casting-net s. rede de pesca, tarrafa, chumbeira f.

casting-voice, –vote s. voto decisivo m. em caso de empate m.
cast-iron s. ferro fundido m. ‖ adj. 1. de ferro fundido. 2. (fig.) rígido, inflexível. 3. robusto, vigoroso.
castle [ka:sl] s. 1. castelo m.: residência senhorial, mansão, fortaleza f. 2. (Xadrez) torre f. (quadro C 10). ‖ v. (Xadrez) enrocar, rocar.
~s in the air ou in Spain castelos no ar.
castle-builder s. visionário, devaneador, sonhador m.
castled [ka:sld] adj. encastelado, acastelado.
~ elephant (milit.) elefante acastelado (carregado com castelo de madeira).
cast-nail s. prego fundido m.
cast-off s. rebotalho, refugo, lixo m. ‖ adj. rejeitado, posto de lado, refugado.
castor (I) [k'a:stə] s. 1. (Zool.) castor m. 2. chapéu m. de pêlo de castor (ou de seda). 3. (Med. e Perfumaria) castóreo m. (também castoreum).
castor (II) [k'a:stə] s. = caster 5.
Castor (III) [k'a:stə] s. (Astron.) Castor m.
castor beans s. 1. (Bot.) carrapateira, mamona f. (Ricinus communis). 2. carrapato m.
castor oil s. óleo m. de rícino ou de mamona.
castor sugar s. açúcar refinado m.
castrametation [kæstrəmit'eiʃən] s. castrametação f.
castrate [kæstr'eit] v. castrar, capar.
castration [kæstr'eiʃən] s. castração f.
castration complex s. (Psiq.) complexo m. de emasculação.
cast-steel s. aço m. de cadinho.
casual [k'æʒjuəl] s. 1. visitante ocasional m. 2. trabalhador m. ocasional, avulso. 3. soldado m. temporariamente afastado do seu regimento, em transferência para outra unidade. ‖ adj. 1. casual, acidental, fortuito, eventual. 2. ocasional, irregular, sem método ou sistema. 3. descuidadoso. 4. incerto, vago. ‖ ~ly adv. casualmente, eventualmente, acidentalmente.
casualness [k'æʒjuəlnis] s. 1. casualidade f., acidente, acaso m. 2. negligência f.
casualty [k'æʒjuəlti] s. 1. acidente, desastre, sinistro m. 2. infortúnio m., desventura f. 3. ferimento m. ou morte f. por acidente. 4. (geralm. –ties) perdas f. pl., feridos ou desaparecidos numa guerra, mortos e feridos m. pl. num acidente.
casualty insurance s. seguro m. contra acidente.
casual ward s. asilo m. que oferece abrigo temporário para indigentes.
casuist [k'æʒjuist] s. casuísta, sofista m. + f.
casuistic [kæzju'istik], casuistical [~əl] adj. casuístico, sofístico. ‖ ~ally adv. casuisticamente, sofisticamente.
casuistry [k'æzjuistri] s. casuística f.: 1. sistema dos casuístas. 2. raciocínio sofístico m.
cat [kæt] s. 1. gato m., gata f. 2. qualquer outro animal da família dos Felídeos (o tigre, o leopardo, o leão, etc.). 3. (E. U. A.) lince m. 4. (E. U. A.) peixe-gato m. (também chamado ~–fish). 5. (Náut.) aparelho m. de ferro (do turco). 6. açoite ou chicote m. de nove tiras, também chamado cat-o'-nine-tails. 7. (gíria) mulher rancorosa, malévola f. 8. (gíria, E. U. A.) aficionado m. de swing. ‖ v. 1. içar e prender a âncora à serviola (ou turco). 2. (coloq.) vomitar. 3. (coloq.) açoitar.
to live like ~ and dog viver como cão e gato, viver brigando. care killed the ~! desânimo não melhora a situação! to let the ~ out of the bag revelar o segredo! to rain ~s and dogs chover a cântaros. at night all ~s are grey de noite todos os gatos são pardos. when the ~ is away, the mice are at play quando o gato está longe, os ratos brincam. an old ~ gata velha, pessoa falsa. tom-~ gato (macho). to shoot the ~ (coloq.) vomitar,

estar nauseado. **to turn the ~ in pan** desertar, virar a casaca. **every ~ to her kind** cada ovelha com a sua parelha.

catabolic [kætəb'ɔlik] adj. catabólico. ‖ **~ally** adv. catabolicamente.

catabolism [kət'æbəlizm] s. (Biol.) catabolismo m.

catachresis [kætəkr'i:sis] s. (Ret.) catacrese f., aplicação de um termo figurado por falta de termo próprio (p. ex. os "braços" da cadeira).

cataclysm [k'ætəklizm] s. cataclismo m.: 1. inundação f., terremoto m., ou qualquer transformação geológica. 2. desastre social m. 3. derrocada f.

cataclysmal [kætəkl'izməl], **cataclysmic** [kætəkl'izmik] adj. cataclísmico, sísmico.

catacomb [k'ætəkoum] s. catacumba f.

catadioptrics [kætədi'ɔptriks] s. pl. catadióptrica f.: parte da óptica que se ocupa da reflexão e refração da luz.

catafalque [k'ætəfælk] s. 1. catafalco m. 2. carro fúnebre m.

Catalan [k'ætələn] s. catalão m. ‖ adj. catalão.

catalectia [kætəl'ektik] adj. cataléptico.

catalepsy [k'ætəlepsi] s. (Med.) catalepsia. f.

catalogue, catalog [k'ætəlɔg] s. catálogo m. ‖ v. catalogar, classificar.

cataloguer, cataloger [k'ætələgə], **catalogist** [k'ætəlɔgist] s. catalogador m.

catalpa [kət'ælpə] s. (Bot.) catalpa f.: árvore ornamental (Bignonia catalpa).

catalyse [k'ætəlaiz] v. (Quím.) catalisar, agir por catálise.

catalyser [k'ætəlaizə] s. catalisador m.

catalysis [kət'ælisis] s. (Quím.) catálise f.

catalyst [k'ætəlist] s. (Quím.) catalisador m.: substância própria para catalisar.

catalytic [kætəl'itik] s. adj. catalítico. ‖ **~ally** adv. cataliticamente.

catamaran [kætəmər'æn] s. 1. catamarã m.: espécie de jangada. 2. bote m. de quilha dupla. 3. (coloq.) mulher rabugenta f.

catamenia [kætəm'i:niə] s. (Med.) catamênio m., menstruação f.

catamite [k'ætəmait] s. catamito m.

catamount [k'ætəmaunt], **catamountain, cat-o'-mountain** [kætəm'auntən] s. gato selvagem, gato-bravo, maracajá, puma, lince m., pantera f.

cat-and-mouse adj. como gato e rato.

cataphoresis [kætəfər'i:sis] s. (Fís.) cataforese f.

cataplasm [k'ætəplæzm] s. (Med.) cataplasma f.

catapult [k'ætəpʌlt] s. 1. catapulta f.: a) (Hist., milit.) máquina para arremessar projetis. b) mecanismo para arremessar aviões. 2. funda f., estilingue m. ‖ v. (Av.) catapultar.

cataract [k'ætərækt] s. 1. catarata f.: a) salto, cachoeira. b) dilúvio, aguaceiro, torrente. c) (Med.) opacidade do cristalino. 2. (Téc.) amortecedor a êmbolo m.

cataractous [kætər'æktəs] adj. (Med.) que sofre de catarata.

catarrh [kət'a:] s. (Med.) 1. catarro m. 2. resfriado m.

catarrhal [kət'a:rəl], **catarrhous** [kət'a:rəs] adj. catarral, catarroso, catarrento.

catarrhine [k'ætərain] s. (Zool.) catarríneo m. ‖ adj. relativo aos catarríneos.

catastasis [kət'æstəsis] s. catástase f.: parte culminante da ação (de uma peça de teatro).

catastrophe [kət'æstrəfi] s. 1. catástrofe f.: a) desfecho m. de uma tragédia. b) calamidade, grande desgraça. c) fim lastimoso. 2. cataclismo m.

catastrophic [kætəstr'ɔfik] adj. catastrófico.

catastrophism [kət'æstrəfizm] s. catastrofismo m.

cat-bird s. (Zool.) tordo americano m. (Dumetella carolinensis).

catboat [k'ætbout] s. pequeno veleiro m. de um mastro.

cat-burglar s. arrombador escala-muros m.

catcall [k'ætkɔ:l] s. assobio ou grito estridente m. que imita o miado dos gatos, para vaiar. ‖ v. assobiar, vaiar, apupar a assobios.

catch [kætʃ] s. 1. ato m. de apanhar ou prender, pega f. 2. presa boa f. 3. captura, tomadia f. 4. pesca, pescaria, safra f. de peixe. 5. jogador m. que apanha a bola. 6. jogo m. de apanhar a bola. 7. vantagem f., proveito m. 8. coisa f. destinada a chamar a atenção. 9. chamariz, engodo m. 10. armadilha, cilada f., enredo m. 11. (coloq.) bom partido m. 12. (Hist. Mús.) canção f. em forma de cânon. 13. lingüeta (quadro S 4), taramela f. 14. (Téc.) detentor m. 15. fragmento, pedacinho m. 16. dificuldade f., embaraço m. ‖ v. (imp. e p. p. **caught**) 1. deitar a mão a, apanhar, pegar, agarrar, tomar. 2. captar, capturar. 3. alcançar (trem.). 4. conter, prender (respiração). 5. apreender. 6. superar, bater. 7. compreender, perceber. 8. pegar de surpresa, surpreender. 9. contrair, ser contagioso, pegar (doença). 10. enredar-se, prender-se, enganchar-se. 11. cativar, fascinar. 12. atrair (atenção). 13. iludir, enganar. ‖ adj. 1. atraente, cativante. 2. enganoso.

a great ~ um bom partido. **there is a ~ to it** há um problema, entrave. **to ~ at** esforçar-se por agarrar. **to ~ fire** pegar fogo. **to ~ hold of** apoderar-se de, agarrar-se a. **to ~ in** enroscar-se, enredar-se. **to ~ it** levar um pito, ser ralhado, apanhar. **to ~ on** 1. (E. U. A., coloq.) compreender. 2. (E. U. A.) tornar-se popular, ser largamente usado ou aprovado. **to ~ one in a lie** apanhar alguém numa mentira. **to ~ up** 1. apanhar, levantar (rápida ou avidamente). 2. alcançar, superar. 3. (E. U. A.) criticar, apartear. **to ~ the truth** descobrir a verdade. **~ me doing this!** nunca farei isso! **he caught him one** (gíria) ele lhe pregou uma. **I caught my finger in the door** prendi o dedo na porta. **we were caught in the rain** fomos surpreendidos pela chuva. **I did not quite ~ what you said** não compreendi bem o que você disse. **I have caught his accent** adquiri a sua pronúncia. **I have caught a cold** apanhei resfriado. **he caught his breath** ele prendeu a respiração. **you will ~ your death of cold** você vai acabar mal de resfriado.

catchable [k'ætʃəbl] adj. que se pode apanhar, colher.

catch-all s. (E. U. A., coloq.) caixa f., cesto ou saco m. de bugigangas.

catch-as-catch-can s. luta-livre f.

catch crop s. cultura f. de rápido crescimento, substituindo outra que se perdeu.

catcher [k'ætʃə] s. 1. apanhador, agarrador m., pessoa ou coisa que pega ou apanha. 2. (basebol) quem pega as bolas que escapam ao **batsman**.

catch-fly s. (Bot.) 1. alfinete m. (Silene armeria). 2. silena f. 3. apanha-moscas (Silene muscipula) m.

catching [k'ætʃiŋ] adj. 1. pegador. 2. contagioso, infeccioso. 3. cativante, atraente, fascinante.

catchment [k'ætʃmənt] s. ato m. de represar água.

catchment basin (~ area) s. (Fís. e Geogr.) área de drenagem f. de represa ou rio.

catch-penny s. artigo m. sem valor, porém de boa aparência. ‖ adj. 1. de aparência vistosa, porém de pouco valor.

catch phrase s. frase de propaganda f.

catchpole, catchpoll [k'ætʃpoul] s. esbirro m.

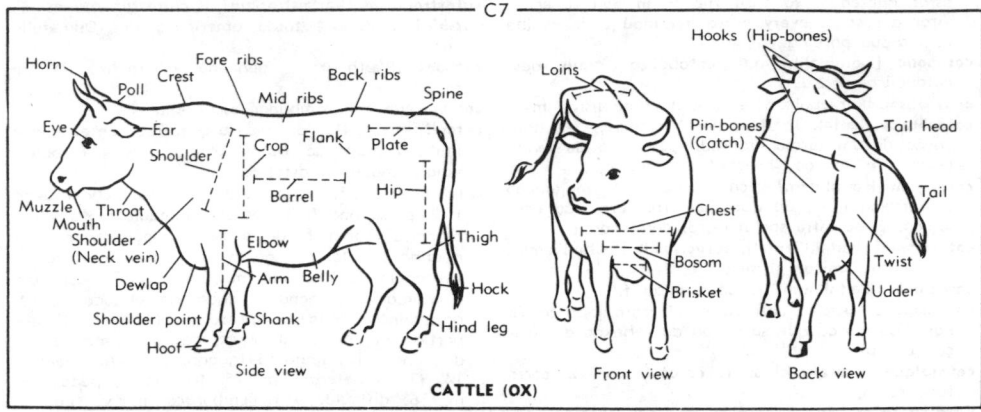

C7

Side view

Horn
Poll
Crest
Fore ribs
Mid ribs
Back ribs
Spine
Eye
Ear
Shoulder
Crop
Flank
Plate
Muzzle
Throat
Mouth
Barrel
Hip
Shoulder
(Neck vein)
Elbow
Thigh
Dewlap
Arm Belly
Hock
Shoulder point
Shank
Hind leg
Hoof

Loins
Hooks (Hip-bones)
Pin-bones
(Catch)
Tail head
Chest
Tail
Bosom
Brisket
Twist
Udder

Front view

Back view

CATTLE (OX)

catchup [k'etʃʌp], também **catsup, ketchup** s. molho m. de tomates com várias especiarias.

catch weight s. (Esp.) peso opcional de um contestante m.

catchword [k'ætʃwə:d] s. 1. (Tipogr.) chamada f. 2. (Teat.) deixa f. 3. divisa f., lema m.

catchy [k'ætʃi] adj. 1. cativante, atrativo. 2. enganoso ilusório, capcioso. 3. intermitente, irregular.

cate [keit] s. geralmente ~s pl. iguaria fina f.

catechesis [kætik'i:sis] s. catequese, doutrinação f.

catechetic [kætik'etik], **catechetical** [~əl] adj. catequético. ‖ ~ally adv. de maneira catequética.

catechetics [kætik'etiks] s. pl. (constr. no sing. p. ex. ~ is...) catequese f.

catechism [k'ætikizm] s. catecismo m.

catechist [k'ætikɪst]· s. catequista m. + f.

catechistic [kætik'istik], **catechistical** [~əl] adj. catequístico. ‖ ~ally adv. de maneira catequística.

catechization, catechisation [kætikaiz'eiʃən] s. catequização f.

catechize, catechise [k'ætikaiz] v. catequizar.

catechizer, catechiser [k'ætikaizə] s. catequizador m., catequista m. + f.

catechumen [kætikj'u:men] s. 1. catecúmeno m. 2. (fig.) noviço m.

catechumenal [kætikj'u:mənəl] adj. relativo aos catecúmenos.

categorical [kætig'ɔrikəl] adj. categórico: 1. respeitante a categoria. 2. claro, explícito. 3. positivo. 4. terminante. ‖ ~ly adv. categoricamente.

categorical imperative s. (Filos.) imperativo categórico m. de Kant.

category [k'ætigəri] s. categoria f.: 1. classe, série f., grupo m. 2. (Filos.) cada um dos gêneros mais gerais segundo os quais se distribuem os objetos da pensamento (o espaço e o tempo são categorias). **he comes in this** ~ ele pertence a esta categoria.

catena [kət'i:nə] s. corrente, cadeia, série f.

catenarian [kətin'ɛəriən] adj. em forma de corrente, cadeia ou série.

catenary [kət'i:nəri] s. catenária f.

catenate [k'ætineit] v. concatenar, encadear.

catenated [k'ætineitid] adj. concatenado.

catenation [kætin'eiʃən] s. concatenação f., encadeamento m.

cater [k'eitə] v. 1. aprovisionar, suprir, prover, fornecer. 2. cuidar de ou por. 3. arranjar divertimento para. 4. lisonjear o gosto de.

he likes to be ~**ed to** ele sempre quer alguma coisa extra.

cater-cornered adj. diagonal, oblíquo. ‖ adv. diagonalmente, obliquamente.

cater-cousin s. 1. (†) primo m., prima f. em quarto grau, parente remoto m. 2. amigo íntimo m.

caterer [k'eitərə] s. fornecedor m. de mantimentos para um clube, hotel, etc., aprovisionador m.

cateress [k'eitəris] s. fem. de **caterer.**

caterpillar [k'ætəpilə] s. 1. lagarta f.: a) larva de inseto. b) corrente sem fim (quadro D 5). 2. (Téc.) trator m. de lagarta (também **caterpillar-tractor).**

caterwaul [k'ætəwɔ:l] s. 1. miado m. 2. guincho, grito estridente m., gritaria f. como a de gatos em briga. ‖ v. 1. miar, gritar como gato no cio. 2. guinchar, gritar estridentemente.

cat-eyed adj. que tem olhos de gato, que vê no escuro.

catfish [k'ætfiʃ] s. 1. peixe-gato m., lampreia f. 2. nome de vários outros peixes nematognatos (sem escamas).

catgut [k'ætgʌt] s. 1. categute m. 2. (Mús.) corda f. de tripa para instrumentos. 3. (joc.) violino m.

Cath. cath., abr. de 1. **Cathedral.** 2. **Catholic.**

catharsis [kəθ'a:sis] s. catarse f.: 1. purgação f. 2. limpeza, purificação f. 3. purificação f. das emoções por meio da tragédia.

cathartic [kəθ'a:tik] s. (Med.) catártico m. ‖ adj. (também ~al) 1. catártico, purgativo. 2. purificador. ‖ ~ally adv. de maneira catártica.

Cathay [kəθ'ei] s. (arc. e poét.) China.

cathead [k'æthed] s. (Náut.) turco m., serviola f.

cathedra [kəθ'i:drə] s. cátedra f.: 1. cadeira episcopal f. 2. cadeira professoral f.

ex ~ oficialmente, com autoridade, imperiosamente.

cathedral [kəθ'i:drəl] s. catedral f. ‖ adj. catedral.

catherine-wheel s. 1. (Heráld.) roda-de-santa-catarina f. 2. (Pirotecnia) girândola f. 3. rosácea f.: a) ornamento arquitetônico em forma de rosa. b) janela circular. 4. cambalhota lateral f.

catheter [k'æθitə] s. (Cirurg.) cateter m., sonda f.

cathetometer [kæθit'ɔmitə] s. catetômetro m.

cathode [k'æθoud] s. (Eletr.) catódio, cátodo m.

cathode rays s. pl. (Fís.) raios catódicos m. pl.

cathode-ray tube s. (Eletrôn.) válvula f. de raios catódicos.

Catholic (I) [k'æθəlik] esp. **Roman** ~ s. católico m. ‖ adj. católico, que pertence à religião católica, relativo ao catolicismo.

catholic (II) [k'æθəlik] adj. 1. universal. 2. liberal, tolerante. ‖ ~ally adv. 1. catolicamente. 2. universalmente, liberalmente.

Catholic Church s. Igreja Católica f.
Catholicism [kəθ'ɔlisizm] s. catolicismo m., a religião católica f.
catholicity [kæθol'isiti] s. 1. catolicidade f. 2. universalidade f. 3. magnanimidade, liberalidade, tolerância, generosidade f.
catholicize [kəθ'ɔlisaiz] v. catolizar.
catkin [k'ætkin] s. (Bot.) amentilho, amento m.
catlike [k'ætlaik] adj. felino.
catling [k'ætliŋ] s. 1. gatinho m. 2. (Mús.) corda f de categute. 3. (Cirurg.) bisturi, escalpelo m.
catmint [k'ætmint], **catnip** [k'ætnip] s. (Bot.) gatária, erva-dos-gatos f.
catnap [k'ætnæp] s. soneca f., sono m. leve.
cat-o'-nine-tails s. pl. açoite ou chicote m. de nove tiras.
catoptric [kət'ɔptrik] adj. catóptrico.
catoptrics [kət'ɔptriks] s. pl. catóptrica f.
cat's-eye s. (Miner.) olho-de-gato m.
cat's-paw, catspaw [k'ætspɔ:] s. 1. (Náut.) brisa, aragem f., vento brando m. 2. pessoa que serve de instrumento a outrem. 3. (Náut.) nó m. de boca-de-lobo.
cat suit s. "collant" m.
cat-tail s. (Bot.) 1. planta f. da família das Tifáceas (Typha latifolia). 2. tabua f. 3. amentilho m.
cattish [k'ætiʃ], **catty** [k'æti] adj. 1. felino. 2. fingido, traiçoeiro. 3. malévolo, maldoso.
cattle [kætl] s. (constr. no plur. p. ex. ~ **are grazing**) 1. gado m. (esp. bovino) domesticado (quadro C 7). 2. rebanho m. 3. (gíria) cavalos m. pl. 4. (gíria) ralé, gente vil, gente baixa f.
cattle-breeding s. pecuária f.
cattle-dealer s. marchante m.
cattle-lifter s. ladrão m. de gado.
cattleman [k'ætlmən] s. (E. U. A.) pecuário m., criador ou tratador m. de gado.
cattle-plague s. peste bovina f.
cattle-raising s. pecuária f.
cattle-run s. pasto m.
cattle-show s. exposição f. de gado.
cattle-truck s. vagão m. para gado.
Caucasian [kɔ:k'eiziən] s. caucásio m. ‖ adj. do Cáucaso, caucasiano, caucásio, caucásico.
caucus [k'ɔ:kəs] s. 1. convenção f. de um partido político. 2. panelinha f. de políticos. 3. política f. de um partido. ‖ v. realizar convenção ou reunião política.
caudal [k'ɔ:dəl] adj. (Zool.) 1. caudal, relativo a cauda. 2. como cauda. ‖ ~ly adv. em forma de cauda.
caudate [k'ɔ:deit], **caudated** [k'ɔ:deitid] adj. caudado, caudato, que tem cauda.
caudex [k'ɔ:deks] s. (Bot.) cáudex, tronco, caule m.
caudle [kɔ:dl] s. gemada f. de vinho quente, com aveia, açúcar etc. para doentes.
caught [kɔ:t] v. imp. e p. p. de **catch**.
caul [kɔ:l] s. 1. coifa, rede f. 2. parte f. do âmnio que às vezes envolve a cabeça de um recém-nascido.
cauldron, caldron [k'ɔ:ldrən] s. caldeirão m.
caulescent [kɔ:l'esənt] adj. (Bot.) caulescente.
caulicle [k'ɔ:likl] s. (Bot.) caulículo m.
cauliferous [kɔ:l'ifərəs] adj. (Bot.) caulescente, caulífero.
cauliflower [k'ɔliflauə] s. couve-flor f.
cauliflower ear s. (E. U. A.) orelha deformada f. por ferimento em boxe.
caulk, calk [kɔ:k] v. (Náut.) calafetar.
caulker [k'ɔ:kə] s. (Náut.) calafate m.
caulking [k'ɔ:kiŋ] s. (Náut.) calafetagem f.

causal [k'ɔ:zəl] s. palavra ou forma causativa f. ‖ adj. causal, causativo.
causality [kɔ:z'æliti] s. 1. causalidade, relação f. que une a causa a seu efeito. 2. ação ou agência causal f.
causation [kɔ:z'eiʃən] s. 1. causação f., ato m. de causar. 2. causa f., princípio m. da causalidade.
causative [k'ɔ:zətiv] adj. causativo, causador, causal. ‖ ~ly adv. causativamente.
cause [kɔ:z] s. 1. causa f.: a) aquilo ou aquele que faz com que uma coisa exista. b) aquilo que determina um acontecimento. c) origem, princípio. d) motivo, razão. e) processo, demanda, pleito ou ação judicial. f) interesse, partido. 2. ocasião (para agir) f. ‖ v. 1. causar, ser causa de, ser motivo de, motivar, ocasionar. 2. originar, efetuar, produzir. 3. induzir, compelir, mandar fazer.
to give ~ for dar lugar a, dar ensejo a. **to stand for a just ~** defender uma coisa justa. **to gain one's ~** ganhar a demanda ou o processo. **to plead a ~** advogar, defender uma causa. **to make common ~ with** tomar o partido de, conjugar esforços com. **first ~** causa prima. **final ~** causa final, finalidade (esp. do universo).
cause-and-effect adj. relativo a causa e efeito.
causeless [k'ɔ:zlis] adj. 1. sem causa. 2. injusto, que não tem razão ou motivo. 3. infundado. ‖ ~ly adv. injustamente, infundadamente, sem causa.
causelessness [k'ɔ:zlisnis] s. falta de motivos ou de causas.
causer [k'ɔ:zə] ·s. causador, motivador m.
causerie [kouzar'i:] s. 1. ensaio, artigo m. de jornal. 2. conversa, palestra f.
causeway [k'ɔ:zwei] s. 1. calçada f., passadiço m. 2 estrada f. ou caminho m. elevado em lugares pantanosos. ‖ v. 1. prover de passadiço, caminho elevado, etc. 2. calçar, pavimentar.
caustic [k'ɔ:stik] s. cáustico m.: substância corrosiva (também Med.). ‖ adj. cáustico: 1. corrosivo, que queima, que cauteriza. 2. (fig.) mordaz, sarcástico, satírico. ‖ ~ally adv. causticamente.
causticity [kɔ:st'isiti] s. causticidade f.
caustic soda s. soda cáustica f.
cauter [k'ɔ:tə] (Med.) s. cautério m. (instrumento).
cauterization [kɔ:təraiz'eiʃən] s. (Med.) cauterização †
cauterize [k'ɔ:təraiz] v. 1. cauterizar: aplicar caufério ou cáustico a. 2. (fig.) extirpar.
cautery [k'ɔ:təri] s. 1. cauterização f. 2. cáustico m. 3. cautério m.
caution [k'ɔ:ʃən] s. 1. prudência, cautela, precaução f. 2. aviso m., advertência, prevenção f. 3. admoestação, injunção f. 4. (gíria) pessoa ou coisa extraordinária f. ‖ v. 1. acautelar. 2. avisar, prevenir de, advertir.
cautionary [k'ɔ:ʃənəri] adj. 1. dado por penhor. 2. acautelado. 3. preventivo, que avisa ou adverte.
cautious [k'ɔ:ʃəs] adj. acautelado, cauteloso, precavido, prudente, circunspeto. ‖ ~ly adv. cautelosamente, prudentemente, com precaução.
cautiousness [k'ɔ:ʃəsnis] s. cautela, **precaução** f.
cavalcade [kævəlk'eid] s. cavalgada, cavalhada f.
cavalier [kævəl'i:ə] s. 1. cavaleiro m.: a) soldado de cavalaria. b) paladino, nobre, fidalgo. 2. cavalheiro m. 3. galanteador m. 4. **Cavalier** (Hist.) partidário de Carlos I da Ingl. ‖ v. 1. tomar ares de cavalheiro ou cavaleiro. 2. apresentar-se com soberbia, desdém ou arrogância. ‖ adj. 1. cavalheiro, cavalheiresco, brioso, nobre, distinto. 2. soberbo, arrogante, altivo. ‖ ~ly adv. 1. de maneira cavalheiresca. 2. arrogantemente, soberbamente.
cavalierness [kævəl'i:ənis] s. cavaiheirismo m.
cavalry [k'ævəlri] s. 1. (milit.) cavalaria f. 2. cava-

los, cavaleiros (considerados coletivamente) **m. pl.**
cavalryman [k'æ əlrimən] s. (milit.) cavalariano m.
cavatina [kævət'i:nə] s. (Mús.) cavatina f.
cave [keiv] s. 1. caverna, furna, gruta, toca f., antro m. 2. (Pol.) dissidência, cisão f. ‖ v. (1, 2, 3 e 4 seguidos de **in**) 1. escavar, cavar furna. 2. desmoronar, causar desmoronamento, desabar. 3. ceder, submeter(-sê). 4. quebrar, amassar (chapéu, etc.) 5. (Pol.) ocasionar uma cisão. ‖ ~! interj. (gíria) cuidado!
caveat [k'eiviæt] s. 1. admoestação, **advertência f.** 2. (Jur.) embargo m. 3. (E. U. A.) requerimento m. de privilégio de invenção.
to enter a ~ embargar.
cave-in s. (coloq.) desmoronamento m.
cave-man, cave-dweller s. 1. troglodita m. + f. 2 homem primitivo, rude, inculto m.
cavendish [k'ævndiʃ] s. tabaco m. prensado em tabletes.
cavern [k'ævən] s. caverna, gruta, furna f. ‖ v. 1 escavar. 2. encavernar.
cavernous [k'ævənəs] adj. 1. cavernoso: a) que tem cavernas. b) semelhante a caverna. 2. oco (também fig.). 3. poroso. ‖ ~ly adv. 1. ocamente. 2. cavernosamente.
cavesson, caveson [k'ævisən] s. cabeção m., espécie de cabresto (quadro H 9).
caviar, caviare [k'ævia:] s. caviar m.
~ **to the general** (fig.) algo que agrada somente ao gosto mais apurado.
cavil [k'ævil] s. cavilação f., sofisma m., objeção capciosa, chicana f. ‖ v. (imp. e p. p. **caviled, cavilled**) cavilar, sofismar, chicanar, contestar capciosamente, criticar.
caviler, caviller [k'ævilə] s. cavilador m., chicanista m. + f.
caviling, cavilling [k'æviliŋ] adj. caviloso, capcioso, chicaneiro. ‖ ~ly adv. cavilosamente, capciosamente.
cavitation [kævit'eiʃən] s. cavitação f.
cavity [k'æviti] s. cavidade f., buraco m., concavidade, depressão f.
mouth—~ cavidade bucal.
cavort [kəv'ɔ:t] v. (E. U. A., coloq.) cabriolar, pular.
cavy [k'eivi] s. (Zool.) 1. cobaia f. 2. capivara f.
caw [kɔ:] s. crocito m.: a voz do corvo, do condor, da gralha e de outras aves. ‖ v. crocitar, gralhar.
cay [kei] s. 1. recife m. 2. baixio m. 3. ilhota f.
cayenne [kei'en], **cayenne pepper** s. pimenta de Caiena f.
cayman, caiman [k'eimən] s. (Zool.) caimão m.
C battery s. (Eletrôn.) bateria C f.
cc. abr. de 1. **carbon copy.** 2. **cubic centimeter.**
c.d. abr. de **cash discount.**
cease [si:s] v. 1. cessar, descontinuar, parar, interromper. 2. fazer parar, fazer cessar, suspender.
without ~ ininterruptamente, continuamente.
cease-fire s. (milit.) cessar-fogo m.
ceaseless [s'i:slis] adj. incessante, contínuo, ininterrupto, constante. ‖ ~ly adv. incessantemente.
ceaselessness [s'i:slisnis] s. ininterrupção f.
ceasing [s'i:siŋ] s. cessação, interrupção, suspensão f.
cecity [s'i:siti] s. (fig.) cegueira f.
cedar [s'i:də] s. 1. (Bot.) cedro m. 2. madeira f. desta árvore. ‖ adj. (E. U. A.) de cedro.
cedarn [s'i:dən] adj. 1. cedrino, feito de cedro, de cedro. 2. coberto de cedros.
cede [si:d] v. 1. ceder, abandonar, renunciar. 2. transferir. 3. outorgar, conceder.
cedilla [sid'ilə] s. cedilha f.
cedula [s'idjulə] s. cédula f.

cee-spring s. mola f. em C.
ceil [si:l] v. forrar o teto de uma casa, pôr forro em.
ceiling [s'i:liŋ] s. 1. teto m. 2. forro m. do teto. 3. máximo m. 4. (Av.) teto absoluto m. 5. (Av.) teto m. de serviço, teto m. prático. 6. (Náut.) conjunto m. das escovas, forro m. interior.
ceilinged [s'i:liŋd] adj. que tem teto.
ceiling-price s. preço máximo, preço-teto m.
celadon [s'elədon] s. verde-acinzentado m.
celandine [s'elandain] s. (Bot.) 1. quelidônia, celidônia f.
celebrant [s'elibrənt] s. celebrante, oficiante m. + f.
celebrate [s'elibreit] v. 1. celebrar, realizar solenemente. 2. comemorar. 3. louvar. 4. festejar, fazer festa. 5. proclamar. 6. observar. 7. (coloq.) divertir-se.
celebrated [s'elibreitid] adj. 1. célebre, famoso, afamado. 2. notório.
celebration [selibr'eiʃən] s. celebração, comemoração f., festejo m.
celebrator [s'elibreitə] s. celebrador m.
celebrity [sil'ebriti] s. 1. celebridade, fama f., renome m. 2. notoriedade f. 3. pessoa célebre f.
celeriac [səl'eriæk] s. (Bot.) aipo-rábano m. (**Apium graveolens rapaceum**).
celerity [sil'eriti] s. celeridade, rapidez, presteza f.
celery [s'eləri] s. (Bot.) aipo m.
celestial [sil'estjəl] s. espírito celeste m. 2. **Celestial** chinês m. ‖ adj. 1. celestial, celeste, divino, angélico, do céu. 2. **Celestial** chinês. ‖ ~ly adv. celestialmente, divinamente.
the Celestial City a Cidade Santa (Jerusalém). **the Celestial Empire** o antigo Império chinês.
celestial equator s. (Astron.) equador celeste m.
celiac [s'i:liæk] adj. (Anat.) celíaco, relativo ao abdome.
celibacy [s'elibəsi] s. celibato, (Bras.) solteirismo m.
celibate [s'elibit] s. celibatário m. ‖ adj. celibatário.
cell [sel] s. 1. cela f., cubículo m.: pequeno aposento em conventos, prisões, etc. 2. (Ecles.) eremitério m. 3. alvéolo m., cada uma das cavidades dos favos. 4. pilha elétrica f. 5. (Biol.) célula f., unidade f. fundamental dos seres vivos. 6. pequena cavidade f. 7. unidade subsidiária f. de uma organização política, religiosa, etc.
dry ~ (Eletr.) pilha seca.
cellar [s'elə] s. 1. celeiro, porão m. 2. adega f. 3. provisão f. de vinho. ‖ v. 1. armazenar em celeiro. 2. adegar, guardar ou recolher em adega.
cellarage [s'eləridʒ] s. 1. lugar m. para armazenagem em adega. 2. taxa f. de armazenagem em adega.
cellarer [s'elərə] s. adegueiro m.
cellaret [selər'et] s. frasqueira, garrafeira f.
cellist, 'cellist [tʃ'elist] s. violoncelista m. + f.
cello', 'cello [tʃ'elou] s. violoncelo m.
cell membrane s. (Biol.) membrana celular f.
cellophane [s'eloufein] s. celofane m. ‖ adj. de celofane.
cellular [s'elju:lə] adj. celular, celuloso.
cellular kite s. (Téc.) papagaio celular, papagaio m. tipo caixa.
cellule [s'elju:l] s. célula pequena f.
cellulitis [selju:l'aitis] s. (Pat.) celulite f.
celluloid [s'eluloid] s. celulóide m.
cellulose [s'eluloʊs] s. (Quím.) celulose f.
cellulosity [selju:l'ositi] s. celulosidade f.
cellulous [s'eljuləs] adj. celuloso, celulífero.
cell wall s. (Biol.) divisão celular f.
Celsius [s'elsjəs] s. termômetro centígrado m.
Celt (I) [kelt, selt] s. celta m. + f.: membro do povo celta.

celt (II) [selt] s. instrumento pré-histórico m. de bronze ou pedra, que se assemelha a um machado.

Celtic [k'əltik, s'eltik] s. celta m. + f., idioma m. dos celtas. ‖ adj. céltico, celta, dos celtas.

Celtic cross s. cruz celta f., com um aro em volta do cruzamento dos braços.

cembalo [tʃ'embəlou] s. címbalo, cêmbalo m.

cement [sim'ent] s. 1. cimento m.: a) argamassa. b) (fig.) elemento de união, vínculo de amizade. 2 (Metalurg. e Anat.) cemento m. ‖ v. 1. cimentar a) argamassar, ligar com cimento. b) firmar(-se), consolidar(-se), unir(-se). 2. (Metalurg.) **cementar.**

cementation [siment'eiʃən] s. 1. cimentação f. 2 (Metalurg.) cementação f.

cementation furnace s. forno m. para cementar

cementation steel s. aço cementado m.

cementer [sim'entə] s. 1. cimentador m. 2. vínculo m.

cemetery [s'emitri] s. cemitério m., necrópole f.

cenobite [s'i:noubait] s. cenobita m. + f.

cenobitic [si:noub'itik], **cenobitical** [~əl] adj. cenobítico, relativo a cenobitas.

cenotaph [s'enətɑ:f] s. cenotáfio m.: monumento fúnebre erigido à memória de alguém, mas que não lhe contém o corpo.

cenotaphic [senət'æfik] adj. relativo a cenotáfio.

cense [sens] v. incensar, perfumar com incenso.

censer [s'ensə] s. turíbulo, incensório m.: 1. vaso em que se queima incenso nos templos. 2. **perfumador,** vaso em que se queimam perfumes.

censor [s'ensə] s. 1. censor, crítico, censurador m. 2 (Hist.) magistrado romano m. que recenseava a população. 3. criticador m. ‖ v. 1. censurar, aplicar a censura a livros, peças teatrais, jornais, correspondência, filmes cinematográficos, etc., antes da publicação, exercer censura sobre. 2. criticar.

censorial [sens'ɔ:riəl] adj. censório, relativo a censor ou a censura.

censorious [sens'ɔ:riəs] adj. censurador, inclinado à severidade no julgamento, à crítica rigorosa. ‖ ~ly adv. rigorosamente, severamente, rispidamente.

censoriousness [sens'ɔ:riəsnis] s. mania f. de censurar.

censorship [s'ensəʃip] s. censura f.: a) cargo ou dignidade de censor. b) atividade de censor.

censurable [s'enʃərəbl] adj. censurável, repreensível, criticável. ‖ **-bly** adv. repreensivelmente.

censurableness [s'enʃərəblnis] s. qualidade daquilo que é repreensível.

censure [s'enʃə] s. censura, repreensão, crítica, desaprovação, condenação, reprovação f. ‖ v. censurar, repreender, condenar, desaprovar, reprovar, criticar.

censurer [~rə] s. censurador m.

census [s'ensəs] s. censo, recenseamento m.

cent [sent] s. 1. um cento (na expressão **per** ~) m. 2. centésima parte f. de um dólar (americano, canadense, chinês, etc.) **per** ~ por cento.

cent. abr. de 1. **centigrade.** 2. **central.** 3. **century.**

centage [s'entidʒ] s. (†) porcentagem f. (o mesmo que **percentage**).

cental [sentl] s. peso m. de 100 libras "avoirdupois".

centaur (I) [s'entɔ:] s. (Mit.) centauro m., monstro fabuloso, metade homem, metade cavalo.

Centaur (II) [s'entɔ:] s. (Astron.) Centauro m., constelação austral f.

centaury [s'entɔ:ri] s. (Bot.) centáurea-menor f., também chamada quebra-febre.

centenarian [səntin'ɛəriən] s. centenário m., pessoa que atingiu cem anos ou mais. ‖ adj. centenário.

centenary [sent'i:nəri] s. centenário m. 1. século. 2. comemoração secular. 3. centésimo aniversário.

‖ adj. centenário: 1. relativo a cem. 2. secular. 3. que acontece de cem em cem anos.

centennial [sent'enjəl] s. centenário m., centésimo aniversário. ‖ adj. centenário, secular.

center [s'entə] v. = **centre.**

centering [s'entəriŋ] s. 1. (Arquit.) cambota f., cimbre m. de centragem. 2. (Mec.) centragem f.

centesimal [sent'esiməl] s. centésimo m., centésima parte f. ‖ adj. centesimal, centésimo. ‖ ~ly adv. em centésimos.

centigrade [s'entigreid] adj. centígrado, que tem cem graus, dividido em cem graus.

centigram, centigramme [s'entigræm] s. centigrama m., a centésima parte do grama.

centilitre, centiliter [s'entili:tə] s. centilitro m., centésima parte do litro.

centimetre, centimeter [s'entimi:tə] s. centímetro m.

centipede [s'entipi:d] s. (Zool.) centopeia, escolopendra, lacraia f., (Bras.) rabo-de-tesoura m.

centner [s'entnə] s. 1. peso m. equivalente a 50 quilos. 2. = **cental.**

metric ~ 100 kg.

cento [s'entou] s. centão m.: composição poética formada de diferentes versos de diferentes autores.

central [s'entrəl] s. (E. U. A.) central telefônica f. ‖ adj. 1. central, situado no centro, relativo ao centro. 2. (fig.) principal, básico, fundamental. ‖ ~ly adv. centralmente.

central heating s. aquecimento central m.

centralism [s'entrəlizm] s. centralismo m., sistema de centralização política.

centralist [s'entrəlist] s. centralista m. + f. ‖ adj. centralista.

centrality [sentr'æliti] s. centralidade f.

centralization [sentrəlaiz'eiʃən] s. centralização f.: 1. ato de centralizar. 2. acumulação de atribuições no poder central.

centralize [s'entrəlaiz] v. 1. centralizar. 2. reunir num centro. 3. tornar central. 4. fazer convergir a um centro. 5. concentrar.

centralizer [s'entrəlaizə] s. centralizador m.

central load s. carga central f.

central nervous system s. sistema nervoso central m.

centralness [s'entrəlnis] s. centralidade f.

centre, center [s'entə] s. centro m.: 1. meio m. 2. núcleo, ponto essencial m., sede principal f. 3. ponto m. de atração ou convergência, ponto m. de emanação ou radiação. 4. partido político m. do centro ou moderado. 5. (E. U. A.) jogador m. que no bola-ao-cesto inicia o jogo. ‖ v. 1. centrar, localizar no centro. 2. concentrar, centralizar, reunir num centro. 3. determinar o centro de. 4. atrair. 5. estar posto no centro. 6. fazer convergir a um centro. 7. fazer centro.

~ **of a rope** alma do cabo. ~ **of motion** centro de rotação. (Mec.) ~ **of the poppet** contra-ponto. **lower dead** ~ ponto morto inferior. **upper dead** ~ ponto morto superior. ~ **of gravity** centro de gravidade.

centre-bit s. broca f. de três pontas (quadro J 2).

centre-board s. (Náut.) bolina, orça de desvio, quilha corrediça f. (barco veleiro).

centre-crank s. manivela f. de eixo.

centre-forward s. (Futeb.) centro-avante m. (quadro F 5).

centre-gauge s. calibre m. de centragem, calibre m. de rosca.

centre-half s. (Futeb.) centro-médio m. (quadro F 5)

centre-line s. eixo m.

centre of gravity s. (Mec.) centro m. de gravidade f.
centre of mass s. (Mec.) centro m. de massa f.
centrepiece [s'entəpi:s] s. peça decorativa f. no centro de mesa.
centre-punch s. punção f. (de marcar).
centre-square s. esquadro m. de centros.
centre-web s. alma f. de um ferro perfilado.
centric [s'entrik], **centrical** [~əl] adj. central. ‖ **~ally** adv. centralmente.
centricity [sentr'isiti] s. centralidade f.
centrifugal [sentr'ifjugəl] adj. 1. centrífugo. 2. (Fisiol.) eferente. ‖ **~ly** adv. centrifugamente.
 ~ force força centrífuga. **~ machine** centrifuga
centrifuge [s'entrifjudʒ] s. 1. centrifugador m. 2. desnatadeira f. ‖ v. centrifugar.
centring [s'entriŋ] s. centragem f.
centriole [s'entrioul] s. (Biol.) centríolo m.
centripetal [sentr'ipitl] adj. 1. centrípeto. 2. (Fisiol.) aferente. ‖ **~ly** adv. centripetamente.
 ~ acceleration aceleração centrípeta. **~ force** força centrípeta.
centrobaric [sentrob'ærik] adj. centrobárico, que depende do centro de gravidade.
centrosphere [s'entrosfiə] s. (Biol., Geol.) centrosfera f.
centumvir [sent'ʌmvə] s. (Hist.) centúnviro m.
centumviral [~rəl] adj. centunviral.
centumvirate [sent'ʌmvirit] s. centunvirato m.
centuple [s'entjupl] v. centuplicar. ‖ adj. cêntuplo.
centuplicate [sentj'u:plikeit] s. cêntuplo m. ‖ adj. cêntuplo. ‖ **in ~** adv. centuplicadamente.
centurial [sentj'uəriəl] adj. 1. centurial, relativo a centúria. 2. secular.
centurion [sentj'uəriən] s. (Hist.) centurião m.: chefe de uma centúria na milícia romana.
century [s'entʃərɪ] s. centúria f.: 1. espaço de cem anos, século. 2. centena, grupo de cem objetos. 3. divisão política dos romanos, companhia de cem soldados na milícia romana.
century plant s. (Bot.) agave, piteira f.
cephalalgia [sefəl'ældʒiə] s. (Med.) cefalalgia f.: dor de cabeça.
cephalalgic [sefəl'ældʒik] adj. (Med.) cefalálgico.
cephalic index s. índice craniano m.
cephalitis [sefəl'aitis] s. cefalite f.: inflamação do cérebro.
cephaloid [s'efəloid] adj. cefalóide.
cephalopod [s'efəlopod] s. (Zool.) cefalópode m.: molusco que tem os tentáculos na cabeça.
cephalopodan [sefəl'opədən] s. cefalópode m. ‖ adj. cefalópode.
ceramic [sir'æmik] adj. cerâmico, relativo a cerâmica.
ceramics [sir'æmiks] s. pl. 1. (constr. no sing. **~ is**) cerâmica f.: arte da fabricação de louça. 2. (constr. no plur. **~ are**) louça f. de barro cozido.
ceramist [sir'æmist] s. ceramista m. + f., cerâmico m.
cerasin [s'erisin] s. (Quím.) cerasina f.: resina da cerejeira e de outras árvores.
cerate [s'iərit] s. ceroto m.: ungüento de cera com vários ingredientes.
cerated [s'iəreitid] adj. encerado, coberto de cera.
Cerberus [s'ə:bərəs] s. 1. Cérbero m.: cão mitológico que guarda a porta do inferno. 2. (fig.) cérbero m.: guarda ou porteiro intratável, brutal.
 to give a sop to ~ apaziguar alguém para o momento.
cere [siə] s. (Orn.) cera f.: membrana mole que cobre a base da parte superior do bico de certas aves. ‖ v. encerar, cobrir de cera.
cereal [s'iəriəl] s. cereal m.: 1. planta f. que produz

grãos comestíveis. 2. grão m. 3. alimentício m. feito de flocos ou papas. ‖ adj. cereal.
cerealin [~in] s. (Quím.) cerealina f.
cerebellar [serib'elə] adj. cerebelar.
cerebellum [serib'eləm] s. (Anat.) cerebelo m.: parte posterior do encéfalo.
cerebral [s'eribrəl] adj. cerebral, relativo ao cérebro.
cerebral accident s. (Pat.) distúrbio cerebral m.
cerebrate [s'eribreit] v. pensar, refletir.
cerebration [səribr'eiʃən] s. cerebração f.: atividade (consciente ou inconsciente) cerebral.
cerebric [s'eribrik] adj. cerebral.
cerebrospinal [seribrəsp'ainəl] adj. cerebrospinal.
cerebrum [s'eribrəm] s. cérebro m.
cerecloth [s'iəkloθ] s. 1. oleado m. 2. mortalha f.
cerement [s'iəment] s. 1. encerado m. 2. **~s** pl. sudário m., mortalha f.
ceremonial [serim'ounjəl] s. cerimonial m. ‖ adj. cerimonial, cerimonioso. ‖ **~ly** adv. cerimoniosamente, com cerimônia, conforme ao cerimonial.
ceremonialism [serim'ounjəlizm] s. ritualismo m., apego m. a cerimônias.
ceremonialist [serim'ounjəlist] s. ritualista m. + f.: pessoa que tem grande apego a cerimônias.
ceremonious [serim'ounjəs] adj. cerimonioso, cerimoniático, cheio de cerimônias, formalidades ou cortesias. ‖ **~ly** adv. cerimoniosamente, cerimoniaticamente.
ceremoniousness [~nis] s. caráter cerimonial, apego m. a cerimônias.
ceremony [s'eriməni] s. 1. cerimônia, etiqueta, formalidade f. 2. rito m., solenidade f. 3. cortesia f., trato m. de gente não familiar.
 Master of Ceremonies mestre de cerimônias. **don't stand on ceremonies!** não faça cerimônias! **no ~!** nada de cerimônias!
cereous [s'iəriəs] adj. céreo, de cera, semelhante a cera.
cerise [sər'i:z] s. cor f. de cereja. ‖ adj. da cor de cereja.
cerium [s'iəriəm] s. cério m.: elemento químico, metal (Ce).
ceroplastics [sirəpl'æstiks] s. ceroplastia f.
cert (I) [sə:t] abr. de **certificate, certified, certify.**
cert (II) [sə:t] s. (coloq.) 1. certeza f., coisa f. certa ou inevitável. 2. cavalo m. cuja vitória (nas corridas) se tem como certa.
 dead ~ coisa absolutamente certa, certeza absoluta.
certain [sə:tn] s. número m. ou quantidade indeterminada f. ‖ adj. 1. certo, seguro. 2. claro, evidente, positivo, indubitável, incontestável, verdadeiro. 3. exato. 4. convencido. 5. infalível. 6. determinado. 7. um, algum, qualquer. ‖ **~ly** adv. certamente, seguramente, indubitavelmente, sem falta. ‖ **~ly!** interj. pois não!
 a ~ help um certo auxílio. **the fact is ~** o fato é certo. **a lady of a ~ age** uma senhora de idade não definida. **I know for ~** tenho certeza absoluta. **I feel ~** estou certo, não tenho dúvida. **for ~** por certo, com certeza, sem dúvida.
certainty [s'ə:tnti] s. 1. certeza, segurança f., certo m. 2. infalibilidade f. 3. convicção, exatidão f.
 I knew that for a ~ sabia disso com toda a certeza. **a dead ~** 1. certeza absoluta. 2. (corridas) cavalo que sairá vencedor sem dúvida alguma.
certes [s'ə:tiz] (†) adv. certamente, por certo.
certifiable [s'ə:tifaiəbl] adj. 1. certificativo. 2. que deve ser certificado ou atestado. 3. (Med., Jur.) que deve ser registrado (doença mental).
certificate [sət'ifikit] s. certidão f., certificado, atestado m. ‖ [sət'ifikeit] v. certificar, atestar, dar

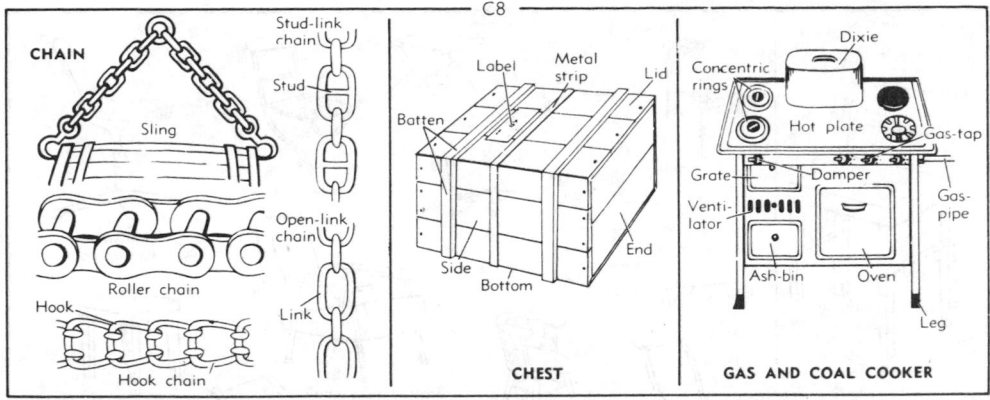

CHAIN

Stud-link chain

Stud

Sling

Open-link chain

Roller chain

Hook

Link

Hook chain

Label   Metal strip   Lid

Batten

Side   End

Bottom

CHEST

Dixie

Concentric rings

Hot plate   Gas-tap

Grate   Damper

Ventilator

Gas-pipe

Ash-bin   Oven

Leg

GAS AND COAL COOKER

atestado, autorizar por certificado.
birth ~ certidão de nascimento. **marriage** ~ certidão de casamento. **insurance** ~ certificado de seguro.
certificate of origin s. certificado m. de origem.
certificated [-keitid] adj. certificado, asseverado.
certification [sə:tifik'eiʃn] s. certificação, atestação f., testemunho m.
certified mail s. (E. U.A., correio) entrega certificada f.
certifier [s'ə:tifaiə] s. certificador, atestador m.
certify [s'ə:tifai] v. 1. certificar, atestar, passar certidão de. 2. asseverar, assegurar, testificar.
   to ~ under one's hand testificar por escrito. **to ~ a cheque** certificar um cheque. **he certified to his being ill** ele atestou seu estado de doença. **this is to ~ that...** atesta-se pela presente que...
certiorari [sə:tiɔ:r'ɛərai] s. (Jur.) rogatória f. de um tribunal superior, chamando a si os autos de qualquer causa.
certitude [s'ə:titju:d] s. certeza, segurança f.
cerulean [sir'u:liən] s. cor f. do céu. ‖ adj. da cor do céu.
cerulin [s'iəru:lin] s. (Quím.) cerulina f. (anil solúvel).
cerumen [sir'u:mən] (também **earwax** ['iəwæks]) s. cerume, cerúmen m.: cera dos ouvidos.
ceruminous [sir'u:mənəs] adj. ceruminoso, relativo ao cerume.
ceruse [s'iəru:s] s. 1. cerusa f., alvaiade m. 2. cosmético m. feito com o mesmo.
cerusite, cerussite [s'iərusait] s. (Miner.) cerusita f.
cervical [s'ə:vikəl] adj. cervical, da cerviz, relativo ao pescoço.
cervine [s'ə:vain] adj. cervino, de cervo, semelhante ao cervo.
cervix [s'ə:viks] s. pl. **cervixes** [~əz], **cervices** [sə:v'aisi:z] cerviz f., cachaço m., nuca f.
Cesarean, Cesarian s. e adj. = **Caesarean**.
cess [ses] s. taxa, contribuição municipal f.
   bad ~ to you! que o diabo o leve!
cessation [ses'eiʃən] s. cessação, descontinuação, suspensão, interrupção, pausa f.
cesser [s'esə] s. (Jur.) cessação, suspensão f.
cession [s'eʃən] s. cessão f.: 1. ação de ceder, cedimento, transferência de direitos ou bens. 2. renúncia, rendição.
cessionary [~əri] s. (Jur.) cessionário m.
cesspit [s'espit], **cesspool** [s'espu:l] s. 1. cloaca, fossa f., poço negro, escoadouro m. 2. monturo m. 3. (fig.) cloaca f.: lugar de imoralidades.

cestoid [s'estɔid] s. (Zool.) cestóide m.
cestus [s'estəs] s. manopla f. de atleta.
cetacean [sit'eiʃən] s. cetáceo m. ‖ adj. (também **cetaceous** [sit'eiʃəs]) cetáceo.
C. G., c. g. abr. de **centre of gravity, consul general**.
chafe [tʃeif] s. 1. esfoladura, arranhadura f. 2. fricção f., aquecimento m. 3. (fig.) raiva, cólera, irritação f. 4. (Téc.) calefator m. ‖ v. 1. aquentar esfregando, aquecer pelo atrito. 2. esfolar. 3. desgastar, puir. 4. (fig.) encolerizar, irritar-se, exacerbar.
chafer [tʃ'eifə] s. (Zool.) escaravelho m.
chaff (I) [tʃæf] s. 1. debulho m., moinha f., palhiço m. 2. alimpadura f., resíduos m. pl. dos cereais. 3. (fig.) droga f., traste m.
chaff (II) [tʃæf] s. picuinha f., remoque, chiste m., zombaria f. ‖ v. pilheriar, motejar, mofar, troçar.
chaff-cutter s. corta-palha m.
chaffer [tʃ'æfə] s. regateio m., questão e disputa f. sobre o preço. ‖ v. 1. regatear (também fig.), pechinchar, questionar sobre o preço. 2. tagarelar.
chafferer [~rə] s. 1. regateador, pechincheiro m. 2. tagarela m. + f.
chaffinch [tʃ'æfintʃ] s. (Orn.) tentilhão m., abadavina f.
chaffless [tʃ'æflis] adj. 1. sem palha, crivado, limpo. 2. perfeito.
chaffy [tʃ'æf:] adj. 1. palhento, cheio de alimpadura. 2. sem valor, fútil.
chafing [tʃ'eifiŋ] s. 1. fricção f. 2. aquecimento m. 3. irritação f. (causada por fricção).
chafing-dish s. rescaldeiro, rescaldo m.
chafing-gear s. (Náut.) envoltório protetor m. de cabo.
Chagas disease s. (Pat.) doença f. de Chagas.
chagrin [ʃ'ægrin] s. mortificação f., pesar m., vexação, humilhação f., desapontamento m. ‖ v. mortificar, vexar, enfadar, afligir.
   to feel ~ed at ter desgosto de, com.
chain [tʃein] s. 1. cadeia, corrente f. (quadro C 8). 2. grilheta, algema f. 3. cordilheira, cadeia f. de montanhas (quadro M 7). 4. urdume m., urdidura f., cadilhos m. pl. 5. trena, cadeia f. de agrimensura de 20,11 m. 6. (fig.) cadeia, série, enfiada f., encadeamento m., série encadeada ou sucessiva f. 7. (Náut.) ~s pl. mesa f. da enxárcia. 8. (fig.) ~s pl. algemas f. pl., escravidão, servidão, prisão f., cativeiro m., laços m. pl. ‖ v. encadear, prender com cadeia, acorrentar, agrilhoar, escravizar, constranger.

C9

Back rest

Seat frame

Seat

Stay

Leg

Chair

Cane-chair

Upholstered chair

Couch

Camp stool

Garden chair

Tip-up seat
Flap-up seat

Adjustable typing stool

Piano stool

Rocking chair

Baby chair

Armrest

Stuffed easy chair

Stool

Three-legged stool

Armchair
(chair with armrests)

Deck-chair
Camp-chair
ⓐ Canvas chair

High back easy chair
ⓐ Wing chair

Invalid chair
ⓐ Wheel chair

Settee

Chaise longue

CHAIRS AND UPHOLSTERED FURNITURE

to bind in ~s encadear, sujeitar. ~ **of operations** série de operações. **to shake off one's** ~s livrar-se de seus vínculos.

chain-belt s. correia de elos, correia articulada f.

chain-brake s. freio m. de cadeia.

chain-bridge s. ponte pênsil f.

chain-connecting link s. elo terminal m. da corrente.

chain-dredger s. draga f. à nora, draga a rosário.

chain-drive s. acionamento m. por cadeia, transmissão f. por cadeia.

chain gang s. (E. U. A.) turma f. de detentos, destacada para trabalho forçado fora do presídio.

chainlet [tʃˈeinlit] s. correntezinha, pequena corrente f.

chain lift s. assentos avulsos m. pl. suspensos, em teleférico.

chain-mail s. (Hist.) cota f. de malhas de ferro.

chain-pump s. bomba à nora, bomba f. a rosário.

chain reaction s. reação em cadeia f.

chain-saw s. serra f. de cadeia.

chain-smoking s. hábito m. de fumar cigarros incessantemente.

chain-stitch s. ponto m. de cadeia (crochê, tricô, bordado) (quadro S 15).

chain store s. sucursal, filial f.

chair [tʃɛə] s. 1. cadeira f.: a) assento com costas (quadro C 9). b) cátedra, magistério, disciplina professada. 2. presidência, cadeira presidencial f. 3. (E. U. A.) presidente m. (de assembléia, comissão, organização, etc.). 4. (Estr. de F.) coxim m. de trilho (quadro R 1). ‖ v. 1. instalar na presidência, empossar em cátedra ou cargo de autoridade.

2. entronizar. 3. carregar em triunfo.
the ~ **is taken** abriu-se a sessão. **to be in the** ~ ocupar a presidência. **they addressed the** ~ eles dirigiram-se ao presidente. **the president left the** ~ o presidente dissolveu a reunião. **the** ~ **of Greek** a cadeira de Grego. **arm—**~ cadeira de braços. **easy—**~ preguiceira. **electric** ~ cadeira elétrica. **folding—**~ cadeira dobradiça. **rocking—**~ cadeira de balanço. **swivel—**~ cadeira giratória.

chair-back s. costas f. pl. de cadeira.

chair-bed s. poltrona-cama f.

chair-bottom s. assento m. de cadeira.

chair-bottomer s. operário m. que empalha ou tece os assentos de cadeiras, empalhador m. de cadeiras.

chair-car s. (E. U. A.) carro-salão, carro Pullman m.

chairman [tʃˈɛəmən] s. presidente m. + f. de uma assembléia, reunião ou organização.

chairmanship [~ʃip] s. presidência f.

chairwoman [tʃˈɛəwumən] s. presidenta f.

chaise [ʃeiz] s. carruagem f. leve de duas ou quatro rodas.

chaise longue [ʃeizlˈɔŋ] s. espreguiçadeira f. (quadro C 9).

chalcedonic [kælsidˈɔnik] adj. calcedônio.

chalcedony [kælsˈedəni] s. calcedônia f.: variedade fibrosa de sílica cristalina.

chalcographer [kælkˈɔgrəfə] s. artista m. + f. que grava em cobre ou em qualquer outro metal, gravador m.

chalcographic [kælkogrˈæfik] adj. calcográfico.

chalcographist [kælkˈɔgrəfist] s. = **chalcographer**

chalcography [kælkˈɔgrəfi] s. calcografia f.: arte de

gravar em cobre ou em qualquer metal.
Chaldaic [kæld'eiik], **Chaldean** [kæld'iən], **Chaldee** [kæld'i:] s. 1. caldeu m. 2. língua caldaica f. ‖ adj. caldaico, caldeu, da Caldéia.
chaldron [tʃ'ɔ:ldrən] s. medida f. de carvão (= 36 **bushels** ou 1.163 l).
chalet [ʃ'ælei] s. chalé m.
chalice [tʃ'ælis] s. 1. taça, copa f. 2. cálice m.: vaso empregado em cerimônias litúrgicas. 3. (Bot.) cálice m. de flor.
chaliced [~t] adj. caliciado, caliciforme.
chalk [tʃɔ:k] s. 1. giz m., greda f., cré m., 2. (fig.) marcação f. (num jogo). 3. vale, débito m. ‖ v. 1. esfregar, marcar, escrever ou desenhar com giz. 2. debitar por conta. 3. adubar com greda ou marga. **to ~ out** esboçar, gizar. **to ~ up** 1. anotar, pôr em conta, debitar. 2. (E. U. A.) aumentar os preços. **French ~** esteatita, pedra-sabão. **red ~** giz vermelho, ocra, almagre, rubrica. **they are as like as ~ and cheese** eles não têm parecença nenhuma **he seems still able to walk a ~** parece que está ainda dentro da linha (de sobriedade). **not by a long ~** 1. muito longe disso. 2. nem de longe.
chalk-bed s. (Geol.) estrato calcário m.
chalk-cutter s. quem cava ou tira a greda.
chalk-drawing s. pastel m.
chalkiness [tʃ'ɔ:kinis] s. qualidade gredosa f.
chalk-marl s. marga calcária f.
chalk-pit s. mina de giz, mina f. calcária.
chalk-stone s. (Med.) cálculo gotoso m. nas articulações.
chalk talk s. aula teórica f. com desenhos em giz no quadro-negro.
chalky [tʃ'ɔ:ki] adj. 1. gredoso, calcário. 2. cretáceo.
challenge [tʃ'ælindʒ] s. 1. desafio, cartel m., provocação f., repto m., porfia f. 2. (Jur.) recusação, objeção, exceção f. 3. (Caça) ladrado m. de cães (quando tomam o vento). 4. grito de alerta e pedido m. de senha de uma sentinela. ‖ v. 1. desafiar, provocar, reptar. 2. porfiar, contender, disputar, competir. 3. duvidar. 4. recusar, opor-se a, objetar, reclamar 5. exigir. 6. (milit.) gritar alerta. 7. (Caça) ladrar (do cão tomando vento). **he ~d his rival pretty closely** ele aproximou-se muito ao seu competidor. **his works ~ our admiration** suas obras merecem a nossa admiração.
challengeable [~əbl] adj. contestável, discutível.
challenger [~ə] s. desafiador, provocador, recusador, porfiador, acusador m.
challis, challie [ʃ'æli] s. tecido fino m. de lã.
chalybeate [kəl'ibiit] s. medicamento m. ou água f. calibeada. ‖ adj. calibeado, ferruginoso.
chamade [ʃam'a:d] s. toque m. de tambor para dar o sinal de rendição.
chamber [tʃ'eimbə] s. 1. câmara f., quarto (esp. de dormir), aposento, gabinete m. 2. compartimento m. 3. sala f. de assembléia. 4. câmara legislativa, assembléia legislativa f. 5. tribunal m. superior de justiça. 6. (Anat.) cavidade, câmara f. de coração. 7. (milit.) câmara f. (em arma de fogo). 8. **~s** pl. a) escritório m. de um advogado. b) aposentos m. pl. (esp. para solteiros). ‖ v. 1. residir, hospedar-se. 2. encerrar, pôr em uma câmara. **Chamber of Commerce** Câmara de Comércio. **~ of valve** caixa de válvula.
chamber concert s. concerto m. de música de câmara.
chamber-council s. 1. conselho privado ou secreto m. 2. conferência secreta f.
chamber-counsel s. advogado consultante m.
chambered [tʃ'eimbəd] adj. 1. dividido em comparti-

mentos ou seções. 2. cerrado.
chamber-fellow s. companheiro m. de quarto.
chamber furnace s. (Téc.) forno m. de mufla.
chamberlain [tʃ'eimbəlin] s. 1. camarista, mordomo, camareiro m. 2. tesoureiro municipal m.
Lord Chamberlain of the Household camareiro-mor.
chamberlainship [~ʃip] s. cargo m. de camareiro-mor.
chambermaid [tʃ'eimbəmeid] s. camareira f.
chamber-music s. música f. de câmara.
chamber-pot s. urinol, bispote, vaso de noite, bacio m.
chamber-practice s. prática f. de advogado consultante.
chambray [ʃ'æmbrei] s. cambraia f. de linho.
chameleon [kəm'i:ljən] s. 1. (Zool.) camaleão m. 2. (fig.) veleta f., vira-casaca m. + f.
chameleonic [kəmi:li'ɔnik] adj. camaleônico.
chamfer [tʃ'æmfə] s. chanfradura, estria f., cano m. de coluna. ‖ v. chanfrar, encanar uma coluna.
~ed edge aresta chanfrada, chanfro. **~ed set hammer** assentador de chanfro.
chamfron [tʃ'æmfrən], **chamfrain** [tʃ'æmfrən] s. (Hist.) testeira f. de cavalo de guerra.
chamois [ʃ'æmwa:] s. camurça f.: 1. espécie de cabra montês. 2. [ʃ'æmi] pele desse animal, pele acamurçada.
champ (I) [tʃæmp] s. mastigação, trituração f. ‖ v. ranger (os dentes), mastigar, morder, triturar com os dentes.
champ (II) [tʃæmp] s. (gíria, E. U. A.) campeão m.
champagne [ʃæmp'ein] s. 1. champanha m. 2. cor f. de champanha.
champaign [tʃ'æmpein] s. campanha f., campo extenso aberto m., planície f. ‖ adj. raso, plano.
champignon [tʃæmp'injən] s. (Bot.) champignon m.
champion [tʃ'æmpjən] s. 1. campeão, vencedor m. 2. paladino, defensor m. 3. herói m. ‖ v. patrocinar, advogar. ‖ adj. 1. campeão, vitorioso. 2. excelente, ótimo.
~ apples maçãs premiadas. **~ swimmer** campeão de natação. **~ bungler** ignorantão.
championess [~is] s. campeã, vencedora f.
championless [~lis] adj. sem campeão.
championship [~ʃip] s. campeonato m., dignidade de campeão.
~ contest prélio de campeonato.
chance [tʃa:ns] s. 1. oportunidade f. 2. possibilidade, perspectiva f. 3. probabilidade, eventualidade f. 4. sorte, fortuna f. 5. risco m., ventura f. 6. ocorrência f., acaso m. ‖ v. 1. ocorrer, acontecer acidental ou eventualmente. 2. tomar a oportunidade, arriscar, pôr em contingência. 3. encontrar por acaso, topar (**upon** com). ‖ adj. acidental, casual, provável, fortuito.
by ~ por acaso. **to stand a ~ of** ter probabilidade de. **they spoke of ~ of arms** falaram em sorte da guerra. **but this time there is not a ~** mas desta vez não há esperança. **he advanced on the ~** ele avançou na hipótese de. **he gave orders on the ~ of advancing** ele deu ordens na possibilidade de um avanço. **the main ~** o ponto principal. **the ~s are against him** a sorte está contra ele. **it has a ~** isto é provável. **let us give him a ~!** Vamor dar a ele uma chance! **when I get a ~,** I'll help you logo que puder, ajudá-lo-ei. **she had the ~ to meet him** ela teve oportunidade de encontrá-lo. **take your ~!** arrisque a sorte! **I shall take no ~s!** eu não me arriscarei! **don't take ~s!** não se arrisque! **I ~d to be there** por acaso eu estive lá.
chanceable [tʃ'a:nsəbl] adj. casual, fortuito.
chance-comer s. 1. visita inesperada f. 2. acontecimento imprevisto m.

chanceful [tʃ'a:nsful] adj. acidental, fortuito, (poét.) momentoso, incidentado, cheio de incidentes.

chance-game s. jogo m. de azar, de sorte.

chance-guest s. hóspede m. inesperado.

chancel [tʃ'a:nsəl] s. capela-mor f., santuário, presbitério m. de uma igreja.

chancellery [tʃ'a:nsələri] s. chancelaria f.: 1. posição ou dignidade de chanceler. 2. repartição ou edifício de chancelaria.

chancellor [tʃ'a:nsələ] s. chanceler m.
Chancellor of the Exchequer Ministro da Fazenda. Lord High Chancellor Ministro da Justiça. ~ of a university chanceler de uma universidade.

chancellorship [~ʃip] s. chancelaria f.: dignidade ou cargo de chanceler.

chance-medley s. 1. (Jur.) homicídio casual ou involuntário m. esp. em autodefesa. 2. ação acidental, inadvertida.

chancery [tʃ'a:nsəri] s. 1. corte f. de justiça. 2. tribunal supremo m. 3. (Hist.) tribunal m. presidido pelo chanceler-mor. 4. chancelaria f. 5. arquivo m. de documentos públicos.
in ~ no tribunal, em apuros. he got into ~ 1. ele está em apuros, em situação embaraçosa. 2. (Boxe) entrou na gravata.

chancre [ʃ'æŋkə] s. cancro venéreo m., úlcera venérea, ferida sifilítica f., cavalo m.

chancrous [ʃ'æŋkrəs] adj. cancroso, que tem a qualidade e propriedade de cancro venéreo.

chancy [tʃ'a:nsi] adj. 1. incerto, arriscado. 2. (esc.) venturoso.

chandelier [ʃændil'iə] s. lustre, candelabro, candeeiro m.

chandelle [ʃa:nd'el] s. (Aer.) manobra de acrobacia aérea f.: subida vertical e desvio brusco.

chandler [tʃ'a:ndlə] s. 1. mercador m. ou fabricante m. + f. de velas, de sebo ou de outras mercadorias. 2. merceeiro, tendeiro m.
corn-~ mercador de trigo. ship-~ abastecedor de navios.

chandlery [~ri] s. 1. mercearia f. de velas e miudezas. 2. depósito m. de velas.

change [tʃeindʒ] s. 1. mudança, alteração, variação f. 2. (Mús.) mudança de clave, modulação f. 3. revolução (dos tempos), vicissitude f. 4. variedade, novidade f. 5. troco (de dinheiro), câmbio m., conversão f. 6. Bolsa f. (de comércio) (geralmente Change = Exchange). 7. troca, substituição f. 8. mudança f. (de roupa ou vestido). 9. nova fase f. (da lua). ‖ v. 1. fazer ou tornar-se diferente, trocar (with com, for por), alterar, variar, permutar, converter (from de, into para), mudar, substituir. 2. fazer baldeação. 3. comutar, inverter.
~ of voice mudança da voz. ~ of the moon mudança de lua. for a ~ para variar. on Change (Com.) na Bolsa. ~ for the better emenda, melhora. ~ for the worse piora. a sudden ~ in the weather mudança rápida de tempo. give him ~ for ten shillings troque-lhe dez xelins. I take my ~ out of him pago-lhe com a mesma moeda. there has been a ~ tem havido mudança. they ring the ~s eles experimentam as mais diversas possibilidades. he got no ~ out of it disso não tirou o lucro desejado. she ~d the linen ela mudou a roupa de cama. she ~d colour ela empalideceu. the house ~d hands a casa passou para outras mãos. we must ~ trains temos de baldear. she ~d her condition ela mudou sua situação, casou-se. they will ~ their tune eles tornar-se-ão humildes, sujeitar-se-ão. he ~d his mind ele mudou de opinião, de idéia. all ~! (Estr. de F.) baldeação! the

prince ~d into a frog o príncipe transformou-se em rã.

changeability [tʃeindʒəb'iliti] s. mutabilidade, alterabilidade, volubilidade, inconstância, instabilidade f.

changeable [tʃ'eindʒəbl] adj. 1. mutável, sujeito à mudança. 2. variável, alterável, instável, inconstante. 3. cambiante, furta-cor. ‖ —bly adv. variavelmente, inconstantemente.

changeful [tʃ'eindʒful] adj. mutável, inconstante, variável. ‖ ~ly adv. variavelmente.

changefulness [~nis] s. volubilidade, inconstância, variação f.

change gear s. (Téc.) caixa f. de câmbio, mecanismo m. de mudança da velocidade. ‖ v. mudar velocidade.

changeless [tʃ'eindʒlis] adj. invariável, imutável, constante. ‖ ~ly adv. invariavelmente, constantemente.

changelessness [~nis] s. invariabilidade, constância, estabilidade f.

changeling [tʃ'eindʒəliŋ] s. 1. criança substituída f. por outra logo ao nascer. 2. criança defeituosa f. que se supunha trazida pelas fadas em lugar de outra.

change of life s. (Med.) menopausa f.

change of venue s. (Jur.) transferência f. de um processo para outra jurisdição.

change-over s. (Eletr.) comutação f.

change-over switch s. (Eletr.) chave comutadora f.

changing [tʃ'eindʒiŋ] s. 1. troca, mudança, f. 2. baldeação f. ‖ adj. 1. variável. 2. (fig.) inconstante.

channel [tʃ'ænəl] s. canal m.: 1. leito ou parte navegável de um rio. 2. estreito de mar. 3. tubo, conduto, passagem para líquidos. 4. valeta, rego, calha. 5. (fig.) meio, intermédio, via. 6. (Rádio e Telev.) faixa de freqüência. 7. (Arquit.) acanaladura f. ‖ v. 1. formar sulcos ou canais, encanar, sulcar, arregoar. 2. transportar em ou por canais. official ~s canais competentes. through what ~ did the news reach you? como ficaste sabendo? the Channel o Canal da Mancha.

channel-iron s. ferro m. em U, viga U f.

channelize [tʃ'ænəlaiz] v. canalizar.

channel-stone s. 1. meio-fio m., guia f. 2. valeta, sarjeta f.

chanson [ʃ'ænsən] s. (fr.) canção f.

chansonette [ʃænsən'et] s. cançoneta f.

chant [tʃa:nt] s. 1. canção f., canto m. 2. cantochão m. 3. cântico, salmo m. 4. modo cantado m. de falar, salmodia f. ‖ v. 1. cantar. 2. entonar como um salmo. 3. celebrar cantando, louvar em hinos. 4. salmodiar. 5. falar ou cantar de modo monótono.
to ~ the praises of elogiar, louvar alguém.

chantage [ʃa:nt'a:ʒ] s. (Jur.) chantagem f.

chanter [tʃ'a:ntə] s. chantre, cantor m. de igreja.

chantey, chanty [tʃ'a:nti] s. (Náut.) contiga f. de marujos acompanhando o ritmo do trabalho.

chanticleer [tʃæntikl'iə] s. galo m.

chantilly lace s. renda f. chantilly (francesa).

chantress [tʃ'a:ntris] s. cantora f.

chantry [tʃ'a:ntri] s. (E. U. A.) 1. dotação f. para celebração de missas das almas. 2. capela f. ou altar m. onde se celebram missas.

chaos [k'eios] s. 1. caos m. 2. (fig.) confusão, desordem, anarquia, desorganização f.

chaotic [kei'ɔtik], chaotical [-əl] adj. caótico, confuso, em desordem. ‖ —ally adv. de maneira caótica, confusamente.

chap (I) [tʃæp] s. (geralm. ~s pl.) rachadura, fenda, racha, greta f. ‖ v. rachar(-se), ficar áspero, fender(-se).
~ped lips lábios rachados.

chap (II) [tʃæp] s. 1. (dial.) comprador, freguês m. 2. (coloq.) sujeito, rapaz, homem m. old ~! velho amigo!

chap (III) [tʃæp] s. (também chop) 1. queixada, maxila f. 2. chaps pl. mandíbulas, maxilas f. pl., boca f. de animal, goela f.

chap. abr. de 1. chapel. 2. chaplain. 3. chapter.

chaparral [ʃæpər'æl] s. chaparral m.: mata de chaparros.

chaparral bird, ~ cock, roadrunner [r'oudrʌnə] s. (Orn.) cuco terrícola m. norte-americano (Geococcyx californianius).

chap-book s. 1. livro m. de contos populares (antigamente vendido nas ruas). 2. folheto m., brochura f.

chape [tʃeip] s. ponteira f. da bainha de espada.

chapel [tʃ'æpəl] s. 1. capela f. 2. santuário (particular) m. 3. serviço religioso m. em capela. 4. (arc.) oficinas f. de impressor. 5. assembléia f. de gráficos. 6. (Ingl.) casa f. de culto dos cristãos não pertencentes à Igreja Anglicana. ~ of ease igreja auxiliar. he kept his ~s ele freqüentou regularmente a igreja.

chapelry [~ri] s. distrito m. ou jurisdição f. de igreja ou capela, paróquia f.

chaperon, chaperone [ʃ'æpəroun] s. dama de companhia, companheira, aia f. ‖ v. servir como aia, acompanhar (uma jovem em público).

chaperonage [~idʒ] s. tutela f. de aia ou dama de companhia.

chapfallen [tʃ'æpfɔ:lən] adj. (também chopfallen) 1. com queixo caído. 2. (fig.) desanimado, abatido, humilhado.

chapiter [tʃ'æpitə] s. (Arquit.) capitel, remate m. de coluna.

chaplain [tʃ'æplin] s. capelão m.

chaplaincy [~si], chaplainship [~ʃip] s. capelania f., cargo ou prestimônio m. de capelão.

chaplet [tʃ'æplit] s. 1. coroa, grinalda f. de flores. 2. colar m. de pérolas. 3. terço m. rosário, contas f. pl. de rezar. 4. orações f. pl. feitas com o rosário. 5. (Arquit.) estrágalo m., grinalda f. 6. (Téc.) nora f. de rosário.

chapman [tʃ'æpmən] s. vendedor ambulante, mascate m.

chappie, chappy [tʃ'æpi] s. 1. rapazinho baixinho m. 2. estróina m. + f.

chaps [tʃæps] s. pl. abr. de chaparejos (E. U. A., coloq.) calções m. pl. de couro, sem traseira, usados pelos vaqueiros.

chapter [tʃ'æptə] s. 1. capítulo m., parte f. de um livro, artigo m. 2. parte, seção, divisão f. 3. lei f., parágrafo m. de ato legislativo. 4. (E. U. A.) divisão local f. de uma organização ou sociedade. 5. cabido m. de cônegos. 6. reunião f. de cônegos. 7. episódio m. ‖ v. dispor em capítulos, dividir em seções. to the end of the ~ (fig.) até o amargo fim, eternamente. ~ and verse (capítulo e versículo) citação por extenso em defesa de uma afirmação.

chapter house s. (Ecles.) 1. casa f. de reunião do cabido. 2. (E. U. A.) lugar de reunião ou sede de fraternidade universitária.

char (I) [tʃa:] s. carvão animal m. ‖ v. 1. carbonizar, reduzir a carvão. 2. torrar, crestar, chamuscar, sapecar.

char (II) [tʃa:], chare [tʃɛə] s. 1. serviço doméstico m. 2. biscate m., serviço ocasional, bico m. ‖ v. 1. fazer serviço doméstico avulso. 2. biscatear.

char (III) [tʃa:] s. (Ict.) qualquer truta do gênero Salvelinus.

char-à-banc [ʃ'ærəbæŋ] s. charabã m.: veículo m. com bancos transversais para excursionistas.

character [k'æriktə] s. 1. caráter, cunho m., qualidade f. 2. personalidade, individualidade, natureza f., gênio, temperamento m. 3. firmeza f. moral. 4. nome, renome m., reputação f. 5. bom caráter, boa reputação, fama f., bom nome m. 6. propriedade f., atributo m. 7. posição, condição f. 8. personagem, figura, pessoa f. que figura em narração ou peça, papel m. de artista. 9. (coloq.) original m., pessoa excêntrica f. 10. atestado m. de conduta (dado pelo patrão ao empregado). 11. marca f., sinal m. 12. feitio, traço m. 13. cargo, título m. 14. característico m. de espécie ou material. 15. letra f. (também Tipogr.) 16. estilo m. de escrever. 17. símbolo de código em computador m. ‖ v. 1. gravar, inscrever, escrever. 2. descrever, caracterizar, pintar o caráter de alguém.

he is quite a ~ ele é um original. in ~ de acordo com seu caráter ou seu papel. he is out of his ~ ele perde a compostura. in Greek ~s em letras gregas. in his ~ as master na sua qualidade de professor. he has a ~ for conscientiousness ele tem a fama de ser conscencioso. I gave her a ~ dei-lhe um atestado de conduta.

character-actor s. característico m.: ator que representa personalidades típicas.

character-building s. formação f. de caráter. ‖ adj. que forma o caráter.

characteristic [kæriktər'istik] s. característico m., característica f., caráter ou ponto distintivo m. to be ~ of ser característico de.

characteristical [~əl] adj. distintivo, característico. ‖ ~ly adv. caracteristicamente, distintivamente.

characterization [kæriktəraiz'eiʃən] s. caracterização f.

characterize [k'æriktəraiz] v. 1. pintar as qualidades especiais de. 2. ser característico para. 3. dar caráter a.

characterless [k'æriktəlis] adj. 1. sem caráter. 2. sem interesse, ordinário, banal. 3. sem marca ou distintivo. 4. sem atestado de conduta.

characterological [kæriktərɔl'ɔdʒikəl] adj. caracterológico.

character sketch s. (Teat.) peça curta f. caracterizando personalidade típica.

charade [ʃər'a:d] s. charada f.

charcoal [tʃ'a:koul] s. 1. carvão vegetal m. 2. lápis m. de carvão. 3. carvão m.: desenho a carvão. ‖ v. marcar, escrever ou desenhar com carvão. animal ~ carvão animal.

chard [tʃa:d] s. (Bot.) acelga f.

charge [tʃa:dʒ] s. 1. carga f. de pólvora, carga explosiva f. 2. cargo, ofício, dever m., responsabilidade, obrigação f. 3. cuidado, encargo m., custódia f. 4. pessoa f. ou coisa sob cuidados de alguém, protegido, afilhado m. 5. ordem, incumbência, direção f., comando m. 6. carga f., fardo m. 7. instrução, exortação f. 8. (Jur.) acusação formal f. 9. preço m. de venda, custo m. 10. encargo financeiro m., despesa f., ônus m. 11. ataque, assalto m., carga, investida f. 12. (milit.) sinal m. de ataque. 13. carga elétrica f., carga f. de bateria, de acumulador, etc. 14. (Heráld.) divisa f. 15. (Esp.) falta f. no jogo de futebol. 16. rebanho m. espiritual de um sacerdote. 17. (Com.) lançamento m. de débito. ‖ v. 1. carregar, encher, pôr carga em. 2. carregar arma de fogo, carregar bateria. 3. ordenar, encarregar, confiar, incumbir, dar comissão ou encargo. 4. dirigir, dar ordem ou comando. 5. acusar, incriminar. 6. cobrar. 7. pôr preço a. 8. debitar, levar à conta de. 9. assaltar, arremeter, efetuar o assalto final. 10. abastecer. 11. instruir, recomendar, exortar. 12. (Esp.) cometer faltas no jogo de futebol. 13. (fig.) sobrecarregar a memória de.

~s to be deducted despesas a deduzir. extra ~ despesas extras. no ~, free of ~ grátis, gratuito. petty ~s pequenas despesas. at high ~s a preços elevados. at his own ~ por conta própria. to the ~ of him a seu débito. I shall make a small ~ cobrarei um preço baixo. we are at the ~s é por nossa conta, às nossas custas. I lay that to your ~ eu o acuso disto. I shall take ~ of the girl tomarei conta da moça. I have her in my ~ estou cuidando dela. I am in ~ of this house estou encarregado ou tomando conta desta casa. he gave his daughter into my ~ ele me confiou sua filha. give him in ~! entregue-o à polícia. he will be taken in ~ ele será preso. the ~s brought against him as acusações apresentadas contra ele. ~ by anticipation queixa antecipada. he had to answer a ~ of housebreaking ele teve de responder a uma acusação de roubo, com arrombamento. he sounds the ~ ele dá o sinal de ataque. ~d with cheio de, contendo. I ~d him with the solemn trust confiei-lhe o assunto sério, recomendei-lhe muito este assunto. to ~ for cobrar por, pôr na conta. ~ it to my account! ponha isto na minha conta, debite isto a mim. he· ~d me 5s for it ele me cobrou 5 xelins por isto. he ~d the crime on her ele a acusou do crime. he was ~d with stealing ele foi acusado de furto.
chargeability [tʃɑːdʒəbˈiliti] s. 1. possibilidade f. ou direito m. de impor despesas ou taxas. 2. onerosidade, responsabilidade f. 3. taxação, imputação f.
chargeable [tʃˈɑːdʒəbl] adj. 1. taxável, cobrável. 2. oneroso, custoso, pesado, incômodo. 3. acusável, imputável, responsável, atribuível. ‖ –bly adv. dispendiosamente, onerosamente.
charge account s. conta-corrente f.
chargé d'affaires s. (fr.) agente diplomático m.
chargeless [tʃˈɑːdʒlis] adj. 1. de graça, sem despesas ou ônus. 2. sem cargo.
charger (I) [tʃˈɑːdʒə] s. 1. cavalo m. de batalha ou de guerra. 2. (Eletr.) carregador m. (de baterias).
charger (II) [tʃˈɑːdʒə] s. (arc.) travessa f., grande prato raso m.
charging [tʃˈadʒiŋ] s. 1. (Téc.) alimentação, carga f., carregamento m. 2. (Eletr.) carga f.
charging current s. corrente f. de carga.
charily [tʃˈærili] adv. 1. cuidadosamente, cautelosamente. 2. frugalmente, parcimoniosamente.
chariness [tʃˈærinis] s. 1. cautela, prudência f., cuidado m. 2. frugalidade, parcimônia f.
chariot [tʃˈæriət] s. 1. carro romano m. de batalha ou de corridas, biga f. 2. carruagem f., coche m. de quatro rodas. ‖ v. 1. conduzir em biga, conduzir em coche. 2. guiar biga ou coche.
charioteer [tʃæriətˈiə] s. 1. cocheiro m. de biga ou de coche. 2. Auriga f.: constelação boreal.
charisma [kərˈismə] s. carisma m.
charitable [tʃˈæritəbl] adj. 1. caridoso, caritativo. 2. bondoso, generoso, liberal. 3. tolerante, indulgente. ‖ –bly adv. caridosamente, benevolamente. ~ institution instituição de caridade. ~ society sociedade beneficente.
charitableness [~nis] s. caridade, benevolência, bondade f.
charity [tʃˈæriti] s. 1. caridade, misericórdia f. 2. auxílio m., esmola f., óbolo m. 3. ato m. de caridade, obra pia f. 4. casa, instituição f. ou fundo m. de caridade. 5. tolerância, indulgência f. 6. **charities** pl. instituições beneficentes f. pl.
for ~'s sake pelo amor de Deus. ~ **begins at home** caridade bem ordenada começa por nós mesmos. **sister of ~** irmã de caridade. ~ **party** festa de caridade.

charivari [ʃɑːrivˈɑːri] s. música desafinada f., charivari m.
charlatan [ʃˈɑːlətən] s. charlatão, curandeiro, impostor m.
charlatanic [ʃɑːlətˈænik], **charlatanical** [~əl] adj. charlatanesco, charlatânico. ‖ –ally adv. de maneira charlatanesca.
charlatanism [ʃˈɑːlətənizm] s. charlatanice, charlatanaria, f., charlatanismo m.
charlatanry [ʃˈɑːlətənri] s. = **charlatanism.**
Charles's Wain s. (Astron.) Ursa Maior f.
charleston [tʃˈɑːlstən] s. dança americana f.
Charley horse s. (E. U. A., coloq.) dor f. muscular, causada por excesso de exercícios.
charlock [tʃˈɑːlək] s. (Bot.) mostardeira-dos-campos f.
charlotte (fr.) [ʃˈɑːlət] s. (Culin.) charlota f.: pudim m. feito de frutas, gelatina e miolo de pão.
charlotte russe (fr.) s. (Culin.) doce m. feito de pão--de-ló e creme.
charm [tʃɑːm] s. 1. fascinação f., encanto, atrativo m. 2. graça, beleza f. 3. talismã, amuleto, fetiche m. 4. feitiço, encantamento m. 5. berloque m. ‖ v. 1. cativar, encantar, fascinar, atrair, agradar. 2. enfeitiçar, encantar. 3. dar forças mágicas a, proteger por amuleto ou talismã. 4. dar prazer a. **she flashes her ~s** ela ostenta seus encantos. **to ~ along** produzir como por magia. **to ~ away** fazer desaparecer, tornar invisível. **I shall be ~ed to come** terei prazer em vir.
charmer [tʃˈɑːmə] s. 1. encantador, mágico, feiticeiro m., fascinador m. 2. (fig.) encantadora, feiticeira f.
charmeuse [ʃɑːmˈuːz̄, fr. ʃɑːmˈəːz] s. cetim m. flexível e leve.
charmful [tʃˈɑːmful] adj. encantador, cheio de encantos.
charming [tʃˈɑːmiŋ] adj. atrativo, gracioso, encantador, fascinante, agradável. ‖ ~ly adv. encantadoramente.
charmingness [~nis] s. encanto m., graça, fascinação, atração f.
charmless [tʃˈɑːmlis] adj. sem graça, sem encanto, sem atrativos.
charmlessness [~nis] s. falta f. de graça.
charnel [tʃˈɑːnl] s. 1. cemitério m. 2. = **charnel-house.** ‖ adj. sepulcral.
charnel-house s. carneiro, ossuário m.
Charon [kˈeirən] s. 1. (Mitol.) Caronte m. 2. (joc.) barqueiro m.
charpie [ʃˈɑːpi] s. filaça f., fios m. pl. de linho para curativos.
chart [tʃɑːt] s. 1. mapa m., esp. hidrográfico ou marítimo. 2. mapa esquemático m. para fins especiais. 3. mapa m. ou carta f. de tabelas ou gráficos. 4. lista, tabela f., gráfico, quadro m. ‖ v. fazer mapa, tabela ou gráfico, demonstrar em mapa, demonstrar graficamente, desenhar, projetar, traçar.
Charta [kˈɑːtə] s. documento m., carta f. **the Magna ~** a Magna Carta (1215).
chartaceous [kɑːtˈeiʃəs] adj. cartáceo, papiráceo, semelhante ao papel.
charter [tʃˈɑːtə] s. 1. carta patente, provisão patente, escritura f. 2. privilégio, título m., isenção f. 3. alvará m., licença f. 4. (Náut.) fretamento m. de navio, carta f. de fretamento. ‖ v. 1. dar carta patente ou título, privilegiar, garantir, estabelecer por alvará. 2. fretar, alugar, contratar.
~ed accountant perito contador juramentado.
charter colony s. (E. U. A., Hist.) colônia arrendada f. a terceiros pela coroa britânica.
Charterhouse [tʃˈɑːtəhaus] s. 1. convento m. de cartuxos. 2. asilo m. de pobres e velhos.

~ **School** a Escola Pública de Godalming, Surrey.
charter member s. sócio fundador m.
charter party s. 1. contrato de arrendamento m. de meio de locomoção para viagens em grupo. 2. arrendamento de meio de locomoção m. para viagem em grupo.
Chartism [tʃʻaːtizm] s. (Hist.) cartismo m.: movimento político dos cartistas (século XIX).
Chartist [tʃʻaːtist] s. cartista m.
chartreuse [ʃaːtrʻəːz] s. 1. convento m. de cartuxos. 2. marca f. de licor feito originalmente pelos cartuxos em Chartreuse (França). 3. cor verde-amarelada f.
charwoman [tʃʻaːwumən] s. arrumadeira f.
chary [tʃʻɛəri] adj. 1. cauteloso, cuidadoso. 2. tímido, relutante. 3. frugal, econômico, parcimonioso.
she is ~ of organizing meetings ela está pouco inclinada a organizar reuniões.
chasable [tʃʻeisəbl] adj. que pode ser caçado.
chase (I) [tʃeis] s. 1. caça, caçada f., ato de caçar. 2. esporte m. da caça. 3. animal caçado m., caça f. 4. navio perseguido m. 5. perseguição f. 6. (Ingl.) reservado m. para caça. ‖ v. 1. perseguir, dar caça a. 2. afugentar, tocar, acossar. 3. caçar, ir à caça. 4. (coloq.) correr velozmente.
~–gun (†) (Náut.) peça da proa ou da popa. **they gave him ~** perseguiram-no. **to be in ~ of, to have in ~** perseguir. **to ~ away** afugentar. **go ~ yourself!** (E. U. A., coloq.) vá plantar batatas!
chase (II) [tʃeis] s. 1. ranhura, fenda, chanfradura f. 2. (Tipogr.) rama f. 3. bolada f. de canhão. ‖ v. gravar, cinzelar, esculpir, entalhar.
to ~ a screw thread aprofundar filete de rosca.
chaser (I) [tʃʻeisə] s. 1. caçador, perseguidor m. 2. (E. U. A., coloq.) gole m. d'água após uma bebida forte. 3. (Náut.) peça f. de artilharia. 4. avião m. de caça. 5. (Esp.) corredor m. que toma parte em corrida de obstáculos.
bow–~ peça da proa. **stern–~** peça da popa.
chaser (II) [tʃʻeisə] s. 1. gravador, entalhador, chanfrador m. 2. pente m. de abrir roscas.
chasing (I) [tʃʻeisiŋ] s. caça, perseguição f.
chasing (II) [tʃʻeisiŋ] s. 1. trabalho m. em relevo. 2. arte f. de gravar em relevo.
chasm [kæzm] s. 1. brecha, racha, fenda f. na terra: abismo, precipício m. 2. divergência f. acentuada de opiniões ou de interesses. 3. hiato, vácuo m.
chasmal [kʻæzməl] adj. abissal, relativo a abismo.
chasmy [kʻæzmi] adj. com rachas ou fendas, cheio de abismos.
chasse [ʃæs] s. (fr.) licor m. (servido após o café).
chassé [ʃʻæsei] s. passo m. de dança. ‖ v. executar esse passo de dança.
~ croisé 1. passo duplo de dança. 2. (fig.) manobra inútil.
chassis [ʃʻæsis] s. 1. chassi m. de viatura (quadros M 5, T 5). 2. chassi m. de aparelho de rádio. 3. (Av.) trem m. de aterrissagem. 4. base f. de canhão.
chaste [tʃeist] adj. 1. puro, inocente, casto, virtuoso. 2. decente, reservado, modesto. 3. simples, sem ornato, natural, singelo. ‖ **~ly** adv. castamente, simplesmente, naturalmente.
chasten [tʃeisn] v. 1. punir, castigar, disciplinar. 2. moderar, refinar, apurar, purificar.
chastener [tʃʻeisnə] s. 1. castigador, disciplinador m. 2. refinador m.
chasteness [tʃʻeistnis] s. 1. castidade, pureza f. 2. simplicidade f.
chastise [tʃæstʻaiz] v. punir, castigar, açoitar.
chastisement [tʃʻæstizmənt] s. castigo m., punição,

correção f.
chastiser [tʃæstʻaizə] s. castigador, punidor m.
chastity [tʃʻæstiti] s. 1. castidade, pureza, virtude f. 2. decência, modéstia f. 3. simplicidade, desafetação, singeleza f. 4. continência, abstenção f.
chasuble [tʃʻæzjubl] s. (Ecles.) casula f.: vestimenta sacerdotal (quadro C 18).
chat (I) [tʃæt] s. palestra, tagarelice f., bate-papo m. ‖ v. conversar, tagarelar, prosear, cavaquear.
we had a ~ conversamos, batemos um papo.
chat (II) [tʃæt] s. (Orn.) nome m. de vários pássaros das famílias dos Turdídeos e dos Parulídeos.
chateau [ʃætʻou] s. 1. castelo m. 2. mansão f.
chatelaine [ʃʻætəlein] s. 1. castelã f. 2. corrente f. usada por senhoras, para prender chaves e outros pequenos objetos.
chattel [tʃætl] s. (Jur.) (geralmente **~s** pl.) bens móveis, pessoais m. pl.
goods and ~s posses, haveres.
chattel mortgage s. hipoteca f. de bens pessoais. ‖ v. hipotecar bens móveis, pessoais.
chatter [tʃʻætə] s. 1. conversa rápida e fiada f., palavrório, palavreado oco m. 2. sons m. pl. rápidos e inarticulados. 3. chilrada f., murmúrio m. ‖ v. 1. palrar, parolar, tagarelar. 2. emitir sons inarticulados, chilrar. 3. bater os dentes. 4. trepidar.
his teeth ~ed ele bateu os dentes, ele tremeu. **to ~ at** falar sobre.
chatterbox s. palrador m., tagarela m. + f.
chatterer [tʃʻætərə] s. 1. tagarela m. + f., palrador m. 2. (Orn.) nome m. de várias aves do gênero Bombycilla.
chatter marks s. marcas f. pl. na superfície de rochas, deixadas pela passagem de geleira.
chattiness [tʃʻætinis] s. tagarelice, palrice f.
chatty [tʃʻæti] adj. falador, conversador, loquaz, palrador. ‖ **–tily** adv. loquazmente.
Chaucerian [tʃɔːsʻiəriən] adj. relativo ou pertencente a Chaucer (poeta ingl. do séc. XIV).
chauffer [tʃʻɔːfə] s. fornilho m.: aquecedor ou fogão portátil m.
chauffeur [ʃoufʻəː] s. chofer, motorista m. ‖ v. trabalhar como chofer, guiar automóvel.
chauvinism [ʃʻouvinizm] s. chauvinismo m.
chauvinist [ʃʻouvinist] s. chauvinista m. + f.
chauvinistic [ʃouvinʻistik] adj. chauvinista. ‖ **~ally** adv. de maneira chauvinista.
chaw [tʃɔː] v. (Vulg.) mascar, ruminar.
to ~ up (E. U. A.) esmagar, achatar, derrotar.
cheap [tʃiːp] adj. 1. barato, de preço baixo. 2. a preço reduzido (passagem, etc.). 3. oferecendo preços baixos (mercado ou casa). 4. fácil de adquirir, fazer, etc. 5. de pouco valor, comum, inferior, desprezível. 6. desconcertado, atônito. ‖ adv. (também **~ly**) por preço baixo.
to make o. s. ~ rebaixar-se, aviltar-se. **to get off ~(ly)** sair-se bem, safar-se sem prejuízo. **dirt-~** a preço de banana, de preço vil. **on the ~** (coloq.) barato, por uma ninharia. **I feel ~** (gíria) 1. sinto-me mal. 2. sinto-me desconcertado. **I hold him ~** desprezo-o ou menosprezo-o.
cheapen [tʃʻiːpən] v. 1. baratear, pechinchar, regatear. 2. dar pouco valor a, depreciar. 3. rebaixar, humilhar. 4. tornar-se barato.
cheapener [~ə] s. regateador, pechincheiro m.
cheapish [tʃʻiːpiʃ] adj. barato, de preço razoável.
Cheap Jack s. barateiro, bufarinheiro m.
cheapness [tʃʻiːpnis] s. barateza f.
cheapskate [tʃʻiːpskeit] s. (gíria) muquirana m. + f.
cheat [tʃiːt] s. 1. impostor, trapaceiro, embusteiro, enganador m. 2. fraude f., logro, engano m. 3. imitação f. ‖ v. 1. enganar, iludir, trapacear,

defraudar. 2. burlar. 3. matar o tempo. 4. frustrar, baldar.
he puts a ~ upon you ele está enganando-o ou iludindo-o.
cheater [tʃ'i:tə] s. enganador, trapaceiro m.
cheating [tʃ'i:tiŋ] adj. fraudulento. ‖ **~ly** adv. fraudulentamente.
check (I) [tʃek] s. 1. parada repentina, pausa f. 2. repressão, coibição f. 3. controle m., supervisão f. 4. obstáculo, empecilho, contratempo, estorvo, freio m., restrição f. 5. recuo m., retrogressão f. 6. comparação f. 7. chancela, rubrica, marca f., sinal m. de exame ou de controle. 8. talão m., senha f. 9. (E. U. A.) nota, conta f. de refeição. 10. cheque m. 11. exame, teste m., verificação f. 12. (milit.) revés m. 13. racha, fenda f., pequeno defeito m. 14. xeque m. (jogo de xadrez) (quadro C 10). 15. controlador, fiscal m. 16. (Jogo) ficha f. ‖ v. 1. parar repentinamente, estacar. 2. reprimir, controlar, deter, impedir, frear, conter. 3. controlar, fiscalizar, inspecionar, conferir, verificar. 4. rubricar, marcar, pôr sinal de visto em. 5. (E. U. A.) conferir, corresponder, estar de acordo. 6. (E. U. A.) receber talão ou senha. 7. (E. U. A.) escrever cheque, sacar cheque. 8. rachar, fender-se. 9. (E. U. A.) enviar bagagem (identificada por talão) a um destino determinado. 10. dar xeque a. 11. sentir-se chocado. 12. espantar-se (cavalo). 13. (Téc.) estrangular, frenar, travar.
in ~ em xeque. **~!** xeque! **I give ~** dou xeque. **I must keep them in ~** tenho de refreá-los. **to give a ~ upon** reprimir, atalhar, mandar parar. **they suffered a ~** 1. sofreram um revés. 2. foram impedidos. **in ~** sob controle. **system of ~s and balances** (E. U. A.) sistema de controle mútuo pelas diversas repartições governamentais. **to ~ in** (E. U. A.) hospedar-se em hotel. **to ~ out** deixar o hotel. **to ~ over** controlar, conferir. **to ~ up on** examinar. **to ~ with** conferir com, estar de acordo com. **to ~ up** conferir (cálculo). **I'll make a ~-up of it** farei um exame detalhado disto. **to ~ off** 1. contar, marcar, rubricar. 2. (E. U. A.) guardar ou despachar bagagem. **~ing copy** prova, exemplar para conferir.
check (II) [tʃek] s. 1. padrão enxadrezado m. 2. quadradinho m. de xadrez. 3. tecido ou pano axadrezado m.
~ shirt camisa xadrez.
checkable [tʃ'ekəbl] adj. 1. averiguável, verificável. 2. (E. U. A.) que se pode despachar.
check-account s. registro m., verificação f. de contas.
check-bolt s. parafuso m. de travação.
checkbook [tʃ'ekbuk] s. talão m. de cheques.
checked [tʃekt] adj. 1. axadrezado, xadrezado. 2. (fig.) variegado.
checker, chequer [tʃ'ekə] s. 1. padrão m. em xadrez. 2. quadrado m. de xadrez. 3. pedra f. de jogo de damas ou de gamão. ‖ v. 1. enxadrezar, xadrezar. 2. marcar, matizar em quadros de cores diferentes. 3. variar, alterar, diversificar.
checkerboard [tʃ'ekəbɔ:d] s. tabuleiro m. de damas.
checkered [tʃ'ekəd] adj 1. axadrezado, quadriculado. 2. variado, diversificado.
checkers [tʃ'ekəz] s. jogo m. de damas.
checker work s. trabalho m. em xadrez.
checking account s. (E. U. A.) conta bancária f. movimentada por cheques.
checking copy s. comprovante m.: documento de prova.
checkless [tʃ'eklis] adj. desenfreado, irreprimível.
check mark s. sinal m. de conferido:
checkmate [tʃ'ekmeit] s. 1. xeque-mate m. (quadro C 10). 2. derrota completa, ruína f. ‖ v. 1. dar

xeque-mate. 2. derrotar completamente, aniquilar.
to give ~ dar xeque-mate.
check-nut s. contraporca f.
checkoff [tʃ'ekɔf] s. (E. U. A.) sistema m. de descontar do ordenado as contribuições para os sindicatos.
check point s. posto de controle m. na fronteira.
check-rail s. trilho m. de guia.
checkrein [tʃ'ekrein] s. rédea-freio f., bridão m.
check-rope s. espia f. de popa.
check row s. (Agric.) fileira f. com as plantas igualmente espaçadas.
check-up s. 1. (E. U. A.) exame minucioso m. 2. exame médico completo m.
check-valve s. válvula f. de repercussão.
checky [tʃ'eki] adj. enxadrezado, xadrezado, variado.
cheek [tʃi:k] s. 1. face, bochecha, maçã f. de rosto (quadro H 9, 10). 2. qualquer coisa semelhante à bochecha. 3. lado m. 4. (Téc.) mordente m. 5. (coloq.) descaramento, dito grosseiro m., impudência f. 6. (coloq.) audácia f. ‖ v. (coloq.) ser impudente ou descarado, falar descaradamente.
~ by jowl cara a cara. **he had the ~ to say** (coloq.) ele teve o descaramento de dizer. **to ~ it** (coloq.) ter a desfaçatez.
cheekbone [tʃ'i:kboun] s. zigoma, osso malar m.
cheeked [tʃi:kt] adj. de rosto, de face.
hollow—~ de rosto macilento. **red—~** de faces coradas.
cheekiness [tʃ'i:kinis] s. descaramento m., insolência f.
cheek pouch s. bolsa f. nas bochechas de roedores, macacos, para guardar comida.
cheek-tooth s. dente molar m.
cheeky [tʃ'i:ki] adj. 1. bochechudo. 2. impudente, insolente, descarado. ‖ **—ily** adv. descaradamente.
cheep [tʃi:p] s. pio (de passarinhos), pipilo m. ‖ v. piar, pipilar.
cheeper [tʃ'i:pə] s. filhote de passarinho m.
cheer [tʃiə] s. 1. alegria, satisfação f., regozijo m. 2. ânimo m. 3. grito de aplauso, de aprovação, viva m., aclamação f. 4. conforto m., consolação f. 5. (†) expressão facial, cara, aparência f. 6. comida, mesa, iguaria f. ‖ v. 1. encher de alegria, alegrar, encorajar, animar, divertir. 2. aplaudir, levantar vivas. 3. confortar, consolar, criar ânimo, alegrar-se. 4. saudar com vivas. 5. açular.
they gave three ~s deram três vivas (**for** para, a). **be of good ~!** ânimo! **he is of heavy ~** está triste. **to make good ~** comer bem. **to ~ up** alegrar-se. **to ~ on** animar (**to** para). **presently he ~ed up** ele logo ficou alegre. **~ up!** coragem!
cheerer [tʃ'iərə] s. animador, alegrador, aclamador m.
cheerful [tʃ'iəful] adj. 1. alegre, contente, satisfeito. 2. animador, agradável, que alegra. 3. animado, disposto. ‖ **~ly** adv. alegremente, agradavelmente.
cheerfulness [~'nis] s. 1. alegria, satisfação f., contentamento, bom humor m. 2. disposição, animação f.
cheeriness [tʃ'iərinis] s. alegria, jovialidade f.
cheering [tʃ'iəriŋ] s. ação f. de dar vivas, aplauso m. ‖ adj. consolador, animador. ‖ **~ly** adv. consoladoramente, animadoramente.
cheerio [tʃ'iəri'ou] interj. 1. alô! viva! 2. até logo! 3. hurra!, coragem! 4. saúde! à nossa!
cheerleader [tʃ'iəli:də] s. (Esp.) chefe, líder m. da torcida.
cheerless [tʃ'iəlis] adj. triste, desanimado, melancólico, desconsolado. ‖ **~ly** adv. tristemente, desanimadamente.
cheerlessness [~'nis] s. tristeza, melancolia f., desânimo m.
cheerly [tʃ'iəli] adv. = **cheerily**.

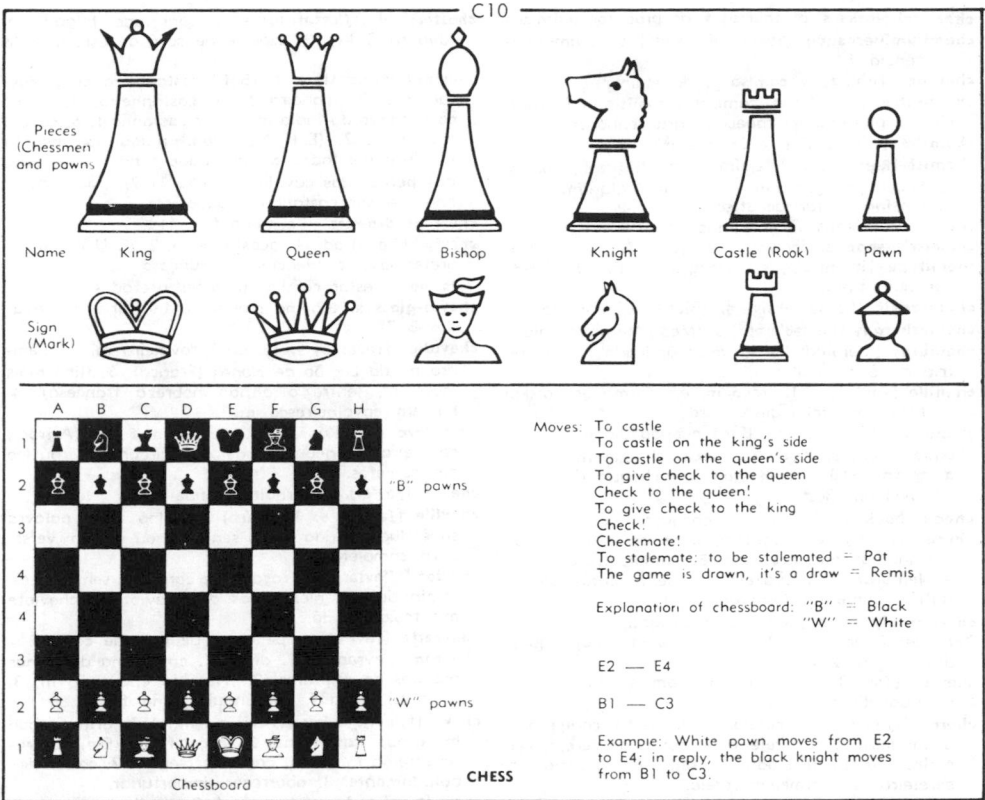

C 10

| Pieces (Chessmen and pawns) | | | | | | |

| Name | King | Queen | Bishop | Knight | Castle (Rook) | Pawn |

Sign (Mark)

Moves: To castle
To castle on the king's side
To castle on the queen's side
To give check to the queen
Check to the queen!
To give check to the king
Check!
Checkmate!
To stalemate; to be stalemated = Pat
The game is drawn, it's a draw = Remis

Explanation of chessboard: "B" = Black
"W" = White

"B" pawns

"W" pawns

E2 — E4

B1 — C3

Example: White pawn moves from E2 to E4; in reply, the black knight moves from B1 to C3.

Chessboard   CHESS

---

cheery [tʃ'iəri] adj. alegre, animado, contente, jovial, vivo. ‖ **–ily** adv. alegremente, jovialmente.

cheese (I) [tʃi:z] s. queijo m., massa f. de queijo.
the big ~ (E. U. A.) a personalidade, o figurão.
a big ~ (E. U. A.) um bobo, um tolo. **hard ~** (gíria) azar.

cheese (II) [tʃi:z] s. (gíria) coisa f. que convém.

cheese (III) [tʃi:z] v. (gíria) calar-se, parar, cessar.
~ it (E. U. A., gíria) cuidado! corra! fuja!

cheeseburger [tʃ'i:zbə:gə] s. sanduíche m. de carne com fatia de queijo derretido.

cheese cake s. 1. bolo m. de queijo, queijada f. 2. (gíria) representação fotográfica f. de beldades femininas.

cheesecloth [tʃ'i:zklɔθ] s. tecido m. grosseiro de algodão.

cheese-curds s. pl. leite coalhado, queijo mole, requeijão m.

cheese-cutter s. faca f. de lâmina larga para cortar queijo.

cheese-fly s. bicho do queijo: mosca f. cujas larvas vivem dentro do queijo.

cheese-hopper s. larva f. de bicho do queijo.

cheese-knife s. faca f. para cortar queijo.

cheese-mite s. oução m.: pequeno ácaro que se encontra nos queijos.

cheese-monger s. queijeiro m.: vendedor de queijos.

cheese-paring s. 1. (fig.) sovinice, avareza f. 2. **~s** pl. restos m. pl., aparas f. pl. de queijo. 3. (fig.) bugigangas f. pl. ‖ adj. miserável, mesquinho, pão-duro.

cheese-plate s. 1. travessa f. para queijo. 2. (joc.) botão m. de tamanho exagerado.

cheese-rennet s. (Bot.) gálio m., erva-coalheira f.

cheese-straws s. pl. salgadinhos m. pl. de queijo.

cheese-vat s. cincho m.: aro em que se aperta o queijo.

cheese-wring s. prensa f. de queijo.

cheesiness [tʃ'i:zinis] s. natureza f. ou aspecto m. de queijo.

cheesy [tʃ'i:zi] adj. 1. caseoso, queijoso, como queijo. 2. (gíria) catita, chique. 3. (E. U. A., gíria) malfeito, inferior, estragado.

cheetah [tʃ'i:tə] s. (Zool.) chita f.: leopardo de caça da Índia.

chef [ʃef] s. cozinheiro-chefe m. (quadro R 2).

cheiroptera [kair'ɔptərə] s. pl. (Zool.) quirópteros m. pl.

chela (I) [k'i:lə] s. (Zool.) quela f.

chela (II) [tʃ'eilə] s. (Índia) chela m.: noviço budista.

chelate [k'i:leit] adj. 1. quelífero. 2. queliforme.

cheliferous [kil'ifərəs] adj. quelífero.

cheliform [k'i:lifo:m] adj. queliforme.

chelonia [kəl'ouniə] s. (Zool.) quelônios m. pl.: ordem de reptis à qual pertence a tartaruga.

chelonian [**~n**] s. quelônio m. ‖ adj. relativo aos quelônios.

chem. abr. de **chemical, chemist, chemistry.**

chemic [k'emik] adj. 1. alquímico: relativo à alquimia. 2. químico: relativo à química.

chemical [k'emikəl] s. substância química f. ‖ adj. químico. ‖ **~ly** adv. quimicamente.
~ paper papel isento de madeira. **~ warfare** guerra química. **~ wood pulp, ~ pulp** celulose.

chemical engineering s. engenharia química f.

chemicals [**~z**] s. pl. produtos químicos m. pl.

chemical works s. pl. fábrica f. de produtos químicos.

chemiluminescence [kemilumin'esəns] s. quimiluminescência f.

chemise [ʃim'i:z] s. camisa f. de mulher.

chemisette [ʃemiz'et] s. camiseta, camisinha f., espécie de peitinho ou cabeção para senhoras.

chemism [k'emizm] s. quimismo m.

chemist [k'emist] s. 1. químico m. 2. (Ingl.) farmacêutico m., droguista m. + f. 3. (arc.) alquimista m. **dispensing ~** farmacêutico.

chemistry [k'emistri] s. química f.

chemist's shop s. farmácia, drogaria f.

chemitype [k'emitaip] s. (Tipogr.) lâmina f. obtida por quimitipia.

chemotaxis [kemət'æksis] s. (Biol.) quimiotaxia f.

chemotherapy [kemәθ'erәpi] s. (Med.) quimioterapia f.

chemurgy [k'emә:dʒi] s. química aplicada f. à indústria ou à agricultura.

chenille [ʃən'i:l] s. 1. froco m. em forma de cordão. 2. tecido m. feito deste cordão.

chenopod [k'i:nəpɔd] s. (Bot.) quenopódio m.

cheque [tʃek] s. (E. U. A., **check**) cheque m. **a ~ for $10... on Boston** um cheque de $10... pagável em Boston.

cheque-book s. talão m. de cheques.

cherish [tʃ'eriʃ] v. 1. estimar, apreciar. 2. tratar com carinho, afagar, acariciar. 3. cuidar, tratar, criar. 4. lembrar (com prazer), ter sentimentos por. 5. nutrir, alimentar (esperança, etc.).

cherishingly [~iŋli] adv. com afagos.

Cherokee [tʃerok'i:] s. 1. índio de uma tribo iroquesa dos E. U. A. 2. o seu idioma m.

cheroot [ʃər'u:t] s. charuto m. com as duas pontas cortadas (quadro S 8).

cherry [tʃ'eri] s. 1. cereja f. 2. (Bot.) cerejeira f. 3. madeira f. de cerejeira. 4. cor f. de cereja, vermelho cereja m. ‖ adj. 1. feito de madeira de cerejeira. 2. vermelho cereja. **he makes two bites at a ~** (fig.) ele é acanhado ou indeciso.

cherry-brandy s. licor m. de cerejas, aguardente f. de cerejas.

cherry-cheeked adj. de faces vermelhas.

cherry-laurel s. (Bot.) loureiro-cereja m

cherry-stone s. caroço m. de cereja.

cherry-tree s. (Bot.) cerejeira f.

cherry-wood s. madeira f. de cerejeira.

chersonese [k'ə:səni:s] s. quersoneso m., península f.

chert [tʃə:t] s. (Petr.) sílex córneo m.

cherty [tʃ'ə:ti] adj. semelhante a ou contendo sílex córneo.

cherub [tʃ'erəb] s. (pl. **~s, ~im**) 1. querubim, anjo m. 2. (fig.) criança bela e inocente f. 3. pessoa f. com cara de anjo.

cherubic [tʃer'u:bik] adj. querúbico, querubínico, angélico. ‖ **~ally** adv. como querubim ou anjo.

chervil [tʃ'ə:vil] s. (Bot.) cerefólio m.

chess [tʃes] s. xadrez, jogo de xadrez m. (quadro C 10). **to play at ~** jogar xadrez.

chess-board s. tabuleiro m. de xadrez.

chessel [tʃ'esəl] s. cincho m.: molde de queijo.

chess-man s. peça f. do jogo de xadrez.

chest [tʃest] s. 1. tórax m., caixa torácica f. (quadro H 9). 2. caixa, arca f., caixão, baú m. (quadro C 8). 3. (Téc.) caixa f. de válvula. 4. cofre, tesouro m. 5. fundos m. pl., dinheiro m. em cofre. ‖ v. 1 pôr em caixão. 2. amealhar, guardar. **I must get it off my ~** tenho de desafogar-me (ou abrir-me), preciso desabafar.

chested [tʃ'estid] (em composições) de peito. **broad—~** de peito largo.

chesterfield [tʃ'estəfi:ld] s. 1. sobretudo folgado m. (quadro C 12). 2. espécie de sofá de estofamento fofo.

chestnut [tʃ'esnʌt] s. 1. (Bot.) castanheiro m. 2. castanha f. 3. madeira f. de castanheiro. 4. (Bot.) castanheiro-da-índia m. 5. cor castanha f. 6. cavalo alazão m. 7. (E. U. A., coloq.) piada ou anedota f. sabida por todos. 8. calosidade f. na face interna das pernas dos cavalos (quadro H 9). ‖ adj. castanho, de cor castanha, alazão.

chest of drawers s. cômoda f.

chesty [tʃ'esti] adj. 1. acastanhado. 2. (E. U. A., gíria) pretensioso, convencido, presunçoso. **to be ~** estar com os pulmões afetados.

cheval-glass s. espelho móvel ou giratório m. (quadro B 7).

chevalier [ʃevəl'iə] s. 1. (arc.) cavaleiro m. 2. membro m. da Legião de Honra (França). 3. filho mais moço m. (entre a antiga nobreza francesa). 4. homem cavalheiresco m.

chevelure [ʃevəl'uə] s. 1. cabeleira f. 2. (Astron.) cabeleira f.: nebulosidade que circunda o núcleo dos cometas.

chevet [ʃəv'ei] s. (Arquit.) abside f.

cheville [ʃəv'i:l] s. 1. (Mús.) cravelha f. 2. palavra supérflua inserida numa sentença ou em um verso, para completá-lo.

cheviot [tʃ'eviət] s. 1. raça f. de carneiros sem chifres, originária das montanhas de Cheviot. 2. cheviote m.: tecido de lã.

chevrette [ʃevr'et] s. pelica f. de pele de cabrito.

chevron [ʃ'evrən] s. 1. divisa f. em forma de V nas mangas de militares. 2. (Heráld.) chaveirão m. 3. (Arquit.) barra f. em ângulo, asna f.

chevy [tʃ'evi], **chivy** [tʃ'ivi] s. (Ingl.) 1. grito, brado m. usado nas caças. 2. caça f. 3. (Esp.) barra-manteiga f. ‖ v. 1. caçar, perseguir. 2. correr debuladamente. 3. aborrecer, importunar.

chew [tʃu:] s. 1. mastigação f. 2. aquilo que se mastiga. 3. tabaco m. de mascar. 4. bocado m. ‖ v. 1. mastigar, mascar. 2. (fig.) ruminar, remoer, ponderar, refletir bem, pensar muito. 3. (fig.) palrar, tagarelar. **to ~ the cud** (fig.) ruminar, (joc.) pensar na vida. **to ~ the fat** (E. U. A., gíria) fazer coisa inútil.

chewer [tʃ'u:ə] s. mastigador, mascador m.

chewing [tʃ'u:iŋ] s. mastigação f.

chewing-gum s. goma f. de mascar, chicle.

chewink [tʃiw'iŋk] s. (Orn., E. U. A.) variedade de tentilhão.

chiaroscurist [kia:rəsk'u:rist] s. claro-escurista m.

chiaroscuro [kia:rəsk'u:rou] s. claro-escuro m.: 1. distribuição de luz e sombra em uma pintura. 2. esboço em branco e preto. ‖ adj. obscuro, velado.

chiasm [k'aiæzm] s. (Anat.) quiasma m.

chiasmus [kai'æzməs] s. (Gram.) quiasma, quiasmo m.

chibouk, chibouque [tʃib'u:k] s. chibuque m.: cachimbo turco.

chic [ʃik] s. elegância f., bom gosto m. ‖ adj. 1. chique, elegante, de bom gosto. 2. (E. U. A., coloq.) esperto, inteligente.

chicane [ʃik'ein] s. 1. chicana, tramóia f., enredo, sofisma m. 2. (jogo de bridge) uma mão sem trunfos. ‖ v. chicanar, fazer chicana ou enredos.

chicanery [~əri] s. chicana, cavilação f., sofisma, enredo m.

chick [tʃik] s. 1. pintinho m. 2. passarinho m. recém-saído do ovo. 3. criança f.

chichi [ʃ'i:ʃi:] adj. 1. de elegância ostensiva. 2. demonstrando exibicionismo, afeição exagerada.

chicken [tʃ'ikin] s. 1. pinto m. 2. (E. U. A.) frango, franguinho m., galinha f. 3. filhote m. de ave doméstica e de algumas outras aves. 4. (E. U. A.) qualquer ave doméstica. 5. carne f. de ave doméstica. 6. (E. U. A., gíria) rapariga f., brotinho m. 7. rapazola, rapaz m. ‖ adj. pequeno, novo, jovem. **I am no ~** não sou mais criança. **she is no ~** não é muito moça. **don't count your ~s before they are hatched** (fig.) não conte com coisas que não possui. **that's your ~!** isto é com você.

chicken-breasted adj. (coloq.) que tem o peito estreito, que tem peito de galinha.

chicken-broth s. canja f., caldo m. de galinha.

chicken-butcher s. vendedor m. de aves e de carne delas.

chicken feed s. (E. U. A., gíria) 1. pouco dinheiro m. 2. coisa à toa f.

chicken-hearted adj. 1. medroso, covarde. 2. tímido.

chicken-livered adj. covarde.

chicken-pox s. (Med.) varicela f., cataporas f. pl

chickpea [tʃ'ikpi:] s. (Bot.) grão-de-bico m.

chickweed [tʃ'ikwi:d] s. (Bot.) morrião-dos-passarinhos m. (Stellaria media).

chicle [tʃ'ikl], **chicle gum** s. chicle m.: suco de Achras sapota, usado na fabricação de goma de mascar.

chicory [tʃ'ikəri] s. (Bot.) 1. chicória f. (Cichorium intybus). 2. sua raiz f. torrada e usada como substituto do café.

chide [tʃaid] s. repreensão f. ‖ v. (imp. **chid** p. p. **chid, chidden**) 1. ralhar, admoestar. 2. gritar.

chiding [tʃ'aidiŋ] s. repreensão, descompostura, gritaria f. ‖ adj. 1. repreensivo. 2. gritante, barulhento. ‖ **~ly** adv. repreensivamente.

chief [tʃi:f] s. 1. chefe, comandante, dirigente, superior m., pessoa principal, cabeça f. 2. chefe de tribo, cacique m. 3. (†) parte mais importante, parte melhor f. ‖ adj. 1. principal, superior, chefe. 2. primeiro, mais importante, cardinal, essencial. ‖ **~ly** adv. principalmente, sobretudo. **~-of-staff** chefe do estado-maior. **in ~** supremo, em chefe. **Lord Chief Justice** Lorde Juiz Supremo.

chief command s. comando supremo m.

chiefdom [tʃ'i:fdəm] s. supremacia f.

Chief Executive s. presidente m. dos E. U. A.

chiefless [tʃ'i:flis] adj. sem chefe, sem comandante.

Chief of Staff s. (E. U. A., milit.) chefe do estado-maior.

chieftain [tʃ'i:ftən] s. 1. chefe ou cacique m. de tribo. 2. capitão, comandante, cabeça m.

chieftaincy [~si], **chieftainship** [~ʃip] s. chefia, chefatura, dignidade f. de chefe (esp. de tribo).

chieftainess [~nis] s. mulher f. de cacique.

chiff-chaff s. (Orn.) espécie de pintassilgo (Phylloscopus rufus).

chiffon [ʃ'ifən] s. 1. chiffon m. 2. (também **~s** pl.) fita f. ou enfeite m. de vestuário feminino.

chiffonier, chiffonnier [ʃifən'iə] s. cômoda alta f. com gavetas e freqüentemente com espelho.

chignon [ʃ'i:niən] s. chinó (quadro H 1).

chigoe, chigo [tʃ'igou] s. (também **jigger**) bicho-de-pé m. (Tunga penetrans).

chilblain [tʃ'ilblein] s. (geralm. **~s** pl.) frieira f.

chilblained [~d], **chilblainy** [~i] adj. que tem frieira.

child [tʃaild] s. pl. **children** 1. criança f. 2. menino m. ou menina f. 3. filho m. ou filha f. 4. descendente m. + f. 5. discípulo, adepto m. 6. (fig.) criançola, pessoa infantil f. 7. (fig.) produto, resultado m. **natural ~** filho natural. **from a ~** desde criança. **with ~** grávida, prenhe. **this ~** (E. U. A., gíria) eu, me. **a ~ of our time** produto da nossa época. **this is a ~'s play** isto é fácil, (gíria) isto é canja.

child-bearing s. 1. gravidez f. 2. parto m.

child-bed s. parto, puerpério m.

child-birth s. parto m.

Childermas-day [tʃ'ildəmæs-] s. dia m. dos inocentes (28 de dezembro).

childhood [tʃ'aildhud] s. infância, meninice f.

childish [tʃ'aildiʃ] adj. 1. infantil, pueril. 2. ingênuo, acriançado, imaturo. ‖ **~ly** adv. infantilmente, puerilmente.

childishness [~nis] s. infantilidade, puerilidade, criancice f.

childless [tʃ'aildlis] adj. sem filhos.

childlessness [~nis] s. falta f. de filhos.

childlike [tʃ'aildlaik] adj. pueril, infantil, inocente.

children [tʃ'ildrən] s. pl. de **child**.

children's allowance s. subsídio m. para crianças.

children's books s. livros infantis m. pl.

child's play s. (fig.) coisa f. muito fácil.

Chilean [tʃ'iliən] s. chileno m. ‖ adj. chileno.

Chile saltpetre s. salitre do Chile m.

chili [tʃ'ili] **chile, chilli** s. (E. U. A.) pimenta malagueta f. (planta e produto).

chiliad [k'iliæd] s. 1. quilíade f. 2. milênio m.

chiliarch [k'ilia:k] s. quiliarco m.

chili sauce s. (E. U. A.) molho apimentado m.

chill [tʃil] s. 1. frio m. 2. sensação f. de frio, arrepio m. 3. frieza, insensibilidade f. 4. depressão f., abatimento, desânimo m. 5. resfriamento, calafrio m. ‖ v. 1. esfriar-se, resfriar-se, refrigerar. 2. sentir frio. 3. endurecer, temperar (metal). 4. deprimir, desanimar. ‖ adj. 1. frio, gélido. 2. com frieza, indiferente. 3. deprimente, desanimador. **I must take the ~ off the water** tenho de amornar, aquecer levemente a água. **he caught, took a ~** resfriou-se.

chilled meat s. carne congelada f.

chilling [tʃ'iliŋ] s. dureza vítrea f. do aço. ‖ adj. 1. que esfria, refrigerante, resfriador. 2. deprimente, indiferente. ‖ **~ly** adv. 1. de maneira resfriadora. 2. reservadamente, indiferentemente.

chillness [tʃ'ilnis] s. 1. frio m. 2. frieza, insensibilidade f.

chilly [tʃ'ili] adj. 1. frio, friorento, um tanto frio. 2. frígido, reservado, indiferente. ‖ **–ily** adv. com frialdade, com frieza. **I feel ~** sinto frio, sinto calafrios.

chime (I) chimb [tʃaim] s. borda f. de barril.

chime (II) [tʃaim] s. 1. carrilhão m. 2. toque, repique m. de carrilhão. 3. (fig.) harmonia, concordância f. ‖ v. 1. tocar carrilhão, repicar sinos. 2. soar, bater (hora). 3. concordar, estar em harmonia, harmonizar. 4. dizer em versos ou cantar. **in ~** harmônico. **he always ~s in with her** ele sempre concorda com ela. **to ~ in** 1. entrar (na conversa), interromper. 2. concordar.

chimer (I) [tʃ'aimə] s. carrilhador m.

chimer (II) [tʃ'imə], **chimere** [tʃim'iə] s. chamarra f.: batina de seda.

chimera, chimaera [kaim'iərə] s. quimera f.: 1. monstro fabuloso. 2. produto horrível da imaginação. 3. idéia absurda, fantasia.

chimeric [kaim'erik], **chimerical** [~əl] adj. quimérico: imaginário, irreal, fantástico, utópico. ‖ **–ally** adv. quimericamente, fantasticamente.

chimney [tʃ'imni] s. 1. chaminé f., fumeiro m. (quadro B 13). 2. manga f. de candeeiro. 3. racha, abertura f. na terra ou em vulcão.

chimney-board s. guarda-lume, guarda-fogo m.

chimney-cap, chimney-hood s. capelo m. de chaminé.

chimney-corner s. canto m. da chaminé, lugar m. perto da lareira.

chimney-flue s. fumeiro m., chaminé f.

chimney-jack s. capelo rotativo m. de chaminé.

chimney-piece s. cornija f. da lareira.
chimney-pot s. 1. tubo ou cano m. da chaminé (quadro V 3). 2. (coloq.) cartola f.
chimney-stack s. jogo de tubos ou canos m. pl. de chaminé (quadro V 3).
chimney-stalk s. 1. tubo ou cano de chaminé. 2. chaminé f. de fábrica.
chimney-sweep s. limpa-chaminés m. (também chimney-sweeper).
chimp [tʃimp] (Zool., coloq.) chimpanzé m.
chimpanzee [tʃimpænz'i:] s. (Zool.) chimpanzé m.
chin [tʃin] s. 1. queixo m. (quadros H 9, 10). 2. (E. U. A., gíria) conversa, lábia, prosa f. ‖ v. (E. U. A., gíria) palrar, prosear.
to thrust the ~ into the neck empertigar-se, entonar-se. up to the ~ (fig.) até às orelhas. a man behind a ~ (fig.) homem enérgico. keep your ~ up não desanime!
china [tʃ'ainə] s. 1. porcelana f. 2. louça f. ‖ adj. de porcelana, de louça.
china-bark s. quina f.
china-clay s. caulim m.
china-goods s. pl. louça f., artigos m. pl. de porcelana.
China-ink s. nanquim m., tinta nanquim f.
Chinaman [tʃ'ainəmən] s. 1. chinês m. 2. descendente m. + f. de chineses.
a ~'s chance (E. U. A., coloq.) perspectivas más. ~'s cow (coloq.) feijão soja.
china-man s. 1. vendedor m. de porcelana. 2. navio m. da rota para a China.
china-porcelain s. 1. porcelana f. 2. qualquer louça f.
china-root s. (Bot.) esmílace, raiz-da-china f.
china-shop s. louçaria f.: loja onde se vende louça.
like a bull in a ~ (fig.) como um elefante em loja de porcelana.
Chinatown [tʃ'ainətaun] s. bairro chinês m.
china ware s. 1. porcelana f. 2. louça f.
chinch [tʃintʃ] s. (E. U. A.) percevejo comum m.
chinch bug s. percevejo m. que destrói os trigais.
chinchilla [tʃintʃ'ilə] s. 1. chinchila f.: mamífero roedor dos Andes. 2. pele f. do mesmo. 3. tecido grosso m. de lã.
chin-chin s. (gíria.) 1. à saúde. 2. até logo!
chin-cough s. coqueluche, tosse comprida f.
chine [tʃain] s. 1. espinha dorsal, espinhaço m., coluna vertebral f. (de animais). 2. lombo m., carne f. do lombo. 3. crista f., cume m. (quadro M 7). ‖ v. (†) cortar o lombo, cortar a espinha, retalhar (animal de corte).
Chinese [tʃain'i:z] s. chinês m.: 1. habitante ou natural da China. 2. língua chinesa. ‖ adj. chinês.
Chinese calendar s. antigo calendário chinês m.: ano de 12 meses lunares.
Chinese lantern s. lampião m., lanterna f. de papel.
Chinese puzzle s. (fig.) algo m. muito complexo e de difícil solução.
chink (I) [tʃiŋk] s. fenda, racha, abertura estreita f. ‖ v. 1. encher ou tapar fendas. 2. rachar-se.
chink (II) [tʃiŋk] s. 1. tinido, som vibrante m. de vidro ou moedas. 2. (gíria) arame m., gaita f. (dinheiro). ‖ v. 1. tinir, tilintar. 2. tocar (os copos).
Chink (III) [tʃiŋk] s. (gíria, pej.) chinês, chim m.
chinkers [tʃ'inkəz] s. pl. 1. dinheiro m., gaita f. 2. algemas f. pl.
chinned [tʃind] adj. (elemento de composição) de queixo.
double-~ de queixo duplo, que tem papada.
Chinook [ʃin'u:k, tʃin'uk] s. 1. Chinuque m. + f.: tribo de índios norte-americanos. 2. dialeto chinuque m. misturado com inglês e francês. 3. (minús-

culo) vento quente e úmido m., soprando do mar à terra no inverno e primavera, nos E. U. A. 4. (minúsculo) vento quente e seco m., que sopra dos Montes Rochosos, nos E. U. A.
chinquapin, chinkapin, chincapin [tʃ'iŋkəpin] s. (E. U. A.) 1. castanheiro anão m. 2. castanheiro m. da Califórnia. 3. noz f. destas árvores.
chintz [tʃints] s. chita f.
chip (I) [tʃip] s. 1. lasca f., cavaco, fragmento m., limalha, apara f. 2. lugar lascado, lugar m. onde se cortou um pedaço. 3. fatia f., pedaço m. de comida ou doce. 4. ~s pl. batatinhas fritas f. pl. 5. ficha f. para o jogo. 6. tira f. de madeira, fibra, palha f. etc. (para chapéus e cestas). 7. estrume, pedaço m. de esterco seco. 8. ~s pl. refugo m. ‖ v. 1. lascar, fazer cavacos. 2. cinzelar, cortar, escavar. 3. lavrar, desbastar.
the plate has got a ~, is ~ped o prato está lascado. to have a ~ on one's shoulder (E. U. A., coloq.) estar amuado. a ~ of the old block como o pai, tal é o pai como o filho. as dry as ~s muito seco (discurso), enfadonho. to ~ off lascar, descascar. to ~ in 1. (gíria) intrometer-se na conversa. 2. (E. U. A., coloq.) contribuir, pagar.
chip-axe s. enxó f.
chip-basket s. cesta f. de tiras de madeira.
chipboard [tʃ'ipbɔ:d] s. papelão m. inferior, barato.
chip-bonnet, chip-hat s. chapéu m. de ráfia.
chipmunk [tʃ'ipmaŋk], chipmuck [tʃ'ipmʌk] s. (E. U. A.) tâmia f.: espécie de esquilo com o dorso listrado.
chipped beef s. carne seca ou defumada f. cortada em fatias.
Chippendale [tʃ'ipəndeil] s. estilo m. de marcenaria do século 18. ‖ adj. leve, gracioso.
chipper (I) [tʃ'ipə] v. (E. U. A.) tagarelar, palrar. ‖ adj. (coloq.) 1. palrador. 2. vivo, alegre.
chipper (II) [tʃ'ipə] s. pessoa m. + f., instrumento m. que lasca.
chipping [tʃ'ipiŋ] s. 1. corte m. 2. raspagem f. 3. ato m. de lascar(-se) ou de quebrar(-se). 4. cavaco m., lasca f. 5. canto quebrado m. 6. ~s pl. cavacos m. pl., aparas f. pl., serragem f.
chipping-knife s. cutelo, talha-frio m.
chipping sparrow s. (Orn.) pequeno pardal m. dos E. U. A.
chippy [tʃ'ipi] adj. 1. cheio de cavacos ou lascas. 2. (gíria) enfadonho, seco. ‖ s. (gíria) prostituta f.
chiragra [kair'ægrə] s. (Med.) quiragra f.
chirk [tʃə:k] v. 1. (esc.) ranger, chiar, guinchar. 2. (E. U. A., coloq.) animar-se, alegrar-se. ‖ adj. folgazão, alegre.
chirognomy [kair'ɔgnoumi] s. quirognomonia, quiromancia f.
chirograph [k'airograf] s. (Jur.) quirógrafo m.
chirographer [kair'ografə] s. 1. (Jur.) escrevente, oficial m. da corte de justiça. 2. calígrafo m.
chirographic [kairogr'æfik], chirographical [~əl] adj. quirográfico, autográfico, manuscrito.
chirography [kair'ografi] s. quirografia f.: arte de escrever à mão.
chiromancer [k'airomænsə] s. quiromante m. + f.
chiromancy [k'airomænsi] s. quiromancia f.
chiromantic [kairom'æntik] adj. quiromântico.
chiropodist [kair'opodist] s. quiropodista, pedicuro m., calista m. + f.
chiropody [kair'opodi] s. quiropodia f.
chiropractic [kairopr'æktik] s. 1. (E. U. A.) quiroprática f.: tratamento de moléstias por meio de reajustamento da espinha dorsal. 2. = chiropractor. ‖ adj. quiroprático.
chiropractor [k'airopræktə] s. (E. U. A.) quiroprático m.

chirp [tʃə:p] s. 1. chilro, gorjeio, trinado m. 2. cricri, cricrido m. ‖ v. 1. chilrar, gorjear, trinar. 3. cricrilar. 4. estridular, dizer com estrídulo.

chirper [tʃ'ə:pə] s. 1. pássaro m. que chilra. 2. inseto m. que estridula. 3. aperitivo m.

chirpiness [tʃ'ə:pinis] s. (coloq.) alegria, jovialidade, vivacidade f.

chirping [tʃ'ə:piŋ] s. chilreio, chilro m. ‖ adj. 1. chilreador, chilreante. 2. alegre. 3. animador. ‖ ~ly adv. de maneira chilreante.

chirpy [tʃ'ə:pi] adj. (coloq.) alegre, jovial, vivo.

chirr [tʃə:] s. som m. emitido pelos gafanhotos, estridulação f. ‖ v. estridular (como cigarra).

chirrup [tʃ'irəp] s. 1. estridulação f. 2. chilreio, gorjeio m. 3. palmas f. pl., aplausos m. pl. ‖ v. 1. chilrar, trinar repetidas vezes. 2. (gíria) aplaudir. ~! (coloq.) anime-se!

chirruper [~ə] s. (gíria) claquista m.

chirrupy [~i] adj. 1. alegre, animado. 2. tagarela.

chisel [tʃizl] s. 1. formão, buril, cinzel m. (quadros C 5, M 1). 2. (fig.) escultura f. ‖ v. 1. cinzelar, esculpir. 2. (gíria) tapear, lograr, enganar. 3. (gíria) obter por meios ilícitos.
to ~ out of (gíria) lesar em.

chiseled, chiselled [tʃizld] adj. 1. cinzelado. 2. bem formado ou delineado.
~ features traços ou feição bem delineados.

chiseler, chiseller [tʃizələ] s. 1. cinzelador m. 2. (fig.) trapaceiro, logrador m.

chit (I) [tʃit] s. 1. criança f. 2. moça atrevida f. 3. germe, rebento m. ‖ v. germinar, brotar.
a ~ of a girl uma mocinha levada, uma sirigaita.

chit (II) [tʃit] s. 1. penhor, vale m., garantia f. (de pequena despesa). 2. referência f. 3. nota f., bilhete, memorando m.

chit-chat s. 1. bate-papo m., palestra f., cavaco m. 2. mexerico m., tagarelice f.

chitin [k'aitin] s. (Bioquím.) quitina f.

chitinous [~əs] adj. (Bioquím.) quitinoso.

chiton [k'aitən] s. 1. quitão m., túnica f. 2. (Zool.) gênero de moluscos de casca imbricada.

chitter [tʃ'itə] v. 1. (esc. e dial.) tremer, arrepiar-se, bater os dentes. 2. chilrear.

chitterlings [~liŋz] s. pl. tripas f. pl. (preparadas como comida).

chivalric [ʃ'ivəlrik] adj. cavalheiresco.

chivalrous [ʃ'ivəlrəs] adj. cavalheiroso, cavalheiresco, nobre. ‖ ~ly adv. cavalheiramente, nobremente.

chivalrousness [~nis] s. cavalheirismo m., cortesia f.

chivalry [ʃ'ivəlri] s. 1. cavalheirismo m., cortesia, bravura, honra f. 2. ordem f., regras f. pl. de cavalaria. 3. cavalaria, nobreza f., sistema m. cavalheiresco. 4. guerreiros, gentis-homens m. pl.

chive [tʃaiv], **cive** [saiv] também **chive garlic** s. (Bot.) cebolinha-capim f., cebolinho m. (Allium schoenoprasum).

chlamys [kl'eimis] s. pl. **chlamydes** [-midi:z] clâmide f.

chloral [kl'ourəl] s. (Quím.) 1. cloral m. 2. hidrato m. de cloral.

chloral-hydrate s. (Quím.) hidrato m. de cloral.

chloralism [kl'ourəlizm] s. (Med.) cloralismo m.

chloralize [kl'ourəlaiz] v. tratar com cloral.

chlorate [kl'ourət] s. (Quím.) clorato m.

chloric [kl'ourik] adj. (Quím.) clórico.

chloric acid s. (Quím.) ácido clórico m.

chloride, chlorid [kl'ourid] s. (Quím.) cloreto m.

chlorinate [kl'ourineit] v. 1. clorar. 2. desinfetar com cloro.

chlorination [klourin'eiʃən] s. cloração f.

chlorine [kl'ouri:n], **chlorin** [-rin] s. (Quím.) cloro m.: elemento químico gasoso.

chlorite [kl'ourait] s. 1. (Quím.) clorito m. 2. (Miner.) clorita f.

chloritic [klour'itik] adj. (Quím.) clorítico.

chloroform [kl'ourofɔ:m] s. (Quím.) clorofórmio m. ‖ v. 1. cloroformizar, anestesiar com clorofórmio. 2. matar com clorofórmio.

chloromycetin [klourom'aisətin] s. (Farmac.) cloromicetina f.: antibiótico.

chlorophyll, chlorophyl [kl'ourofil] s. clorofila f.

chloroplast [kl'ouroplæst] s. (Bot.) cloroplasto m.

chlorosis [klor'ousis] s. (Bot. e Med.) clorose f.

chlorotic [klour'ɔtik] adj. 1. (Med. e Bot.) clorótico. 2. destituído de clorofila.

chlorous [kl'ourəs] adj. (Quím.) cloroso.

chock [tʃɔk] s. 1. cunha, escora f., calço m. 2. chaveta f. 3. (Náut.) peão m. de ferro para amarrar os cabos de navios. 4. (Náut.) picadeiro m. ‖ v 3. (Náut.) amarrar um navio. 4. (Náut.) colocar (barco) sobre picadeiros. ‖ adv. seguramente, apertadamente.
~ up acunhar, atravancar.

chock-block s. 1. calço, calço m. da roda, cepo m. do freio, cunha f. 2. situação embaraçosa f.

chock-full, choke-full adj. completamente cheio, abarrotado, repleto.

chocolate [tʃ'ɔkəlit] s. 1. chocolate m. 2. cor f. de chocolate. ‖ adj. 1. de chocolate, feito de chocolate. 2. marrom-escuro.
cake of ~ barra de chocolate.

chocolate-creams s. pl. bombons m. pl. de chocolate, pralinés m. pl.

chocolate(-drop) s. (E. U. A.) negro m.

chocolate-liqueur s. bombom m. de licor.

chocolate-nut s. fruto m. do cacaueiro.

choice [tʃɔis] s. 1. escolha f.: a) seleção. b) gosto ou cuidado na seleção. c) preferência. d) coisa escolhida. e) opção. f) sortimento, variedade para escolher. 2. escol m., fina flor, a melhor parte f. ‖ adj. 1. escolhido, selecionado, seleto. 2. fino, excelente, superior. ‖ ~ly adv. escolhidamente, com escolha, de preferência.
the ~ of everything o melhor de tudo. the ~ of his troops suas tropas de elite. at ~ à vontade. for ~ para escolher. to have Hobson's ~ não ter alternativa, não ter remédio. take your ~ escolha à sua vontade. you have no ~ but to go não tem outra alternativa a não ser retirar-se. you have your ~ pode escolher. he made ~ of another profession ele escolheu outra profissão. in the ~ of a book na escolha de um livro. a great ~ of books um grande sortimento de livros. I walk on foot by ~ gosto de andar a pé. the woman of my ~ a mulher que escolhi.

choiceness [tʃ'ɔisnis] s. excelência, superioridade f.

choir [kw'aiə] s. coro m.: 1. grupo de cantores. 2. balcão da igreja onde se canta e toca. 3. recinto do altar-mor. ‖ v. cantar em coro, cantar em conjunto.

choir-boy s. menino m. de coro.

choir loft s. galeria f. do coro, na igreja.

choir-man s. corista m.

choirmaster [kw'aiamɑ:stə] s. maestro de coro m.

choke [tʃouk] s. 1. sufocação, asfixia, abafação, estrangulação f. 2. ruído m. de sufocação. 3. (Autom.) afogador m., regulador m. de ar do carburador. 4. (Téc.) estrangulação, obstrução f., entupimento m. ‖ v. 1. silenciar, abafar, asfixiar, sufocar, estrangular. 2. sufocar-se, afogar-se, ter falta de ar. 3. controlar, segurar, reprimir. 4. (Téc.) estrangular, obstruir, entupir, tapar, impedir.
I ~d down my disappointment reprimi meu desapontamento. I ~d him off fi-lo calar a boca, fi-lo desistir. the waterpipe is ~d up o encanamento de água está entupido. a garden ~d up with weeds

um jardim dominado pelo mato.

choke-bore s. estrangulamento m. do cano de espingarda.

choke-control s. (Autom.) controle m. de ar do carburador.

choke-damp s. mofeta f.: gás sufocante, gás carbônico (minas, poços, etc.).

choke-full adj. = **chock-full.**

choker [tʃ'oukə] s. 1. sufocador, abafador, estrangulador m. 2. (coloq.) afogador, colarinho alto m., gravata muito apertada f., colar justo m. em volta do pescoço. 3. (fig.) pergunta estupefaciente f.

choking [tʃ'oukiŋ] s. abafamento m., sufocação, estrangulação, asfixia f. ‖ adj. asfixiante, sufocante.

choky [tʃ'ouki] adj. sufocante, abafador.

cholaemia [kəl'i:miə] s. (Med.) colemia f.

choler [k'olə] s. 1. (arc.) bílis f. 2. (fig.) mau humor m., irascibilidade, cólera, ira f.

cholera [k'olərə] s. (Med.) cólera f.

summer ~ forma benigna de cólera. **Asiatic** ~ cólera asiática.

cholera morbus s. cólera-morbo f.

choleric [k'olərik] adj. colérico, irascível, irado.

cholerine [k'oləri:n, -rain] s. colerina f.

cholesterol [kəl'estəroul] s. (Bioquím.) colesterol m.

chondritis [kondr'aitis] s. (Med.) condrite f.: inflamação da cartilagem.

chondroid [k'ondroid] adj. condróide, semelhante à cartilagem.

chondrology [kondr'olədʒi] s. (Med.) condrologia f.

chondroma [kəndr'oumə] s. (Pat.) condroma m.

chondrotomy [kondr'otəmi] s. (Med.) condrotomia f.

choop [tʃu:p] interj. (coloq.) cale a boca!

choose [tʃu:z] v. (imp. **chose,** p. p. **chosen**) 1. escolher. 2. eleger, preferir, selecionar. 3. optar, decidir-se, achar melhor. 4. joeirar.

to ~ between escolher entre. **I ~ him as** (ou **for**) **my friend** escolho-o como amigo. **he was chosen king** ele foi eleito rei. **I cannot ~ but do it** não posso deixar de fazê-lo. **I shall do as I ~** farei o que me convier. **he chose to go** ele preferiu ir. **to ~ pick and ~** escolher cuidadosamente, ser minucioso demais.

chooser [tʃ'u:zə] s. escolhedor m.

beggars must be no ~s (fig.) a cavalo dado não se olha a idade.

choosey, choosy [tʃ'u:zi] adj. difícil de contentar.

chop (I) [tʃop] s. 1. golpe cortante, talho, corte m. 2. talhada, posta, fatia f., pedaço m. 3. costeleta, posta f. de carne. 4. (geralmente ~s pl.) ondas encrespadas f. pl., mar encapelado m. ‖ v. 1. cortar, talhar. 2. picar, cortar em pedaços pequenos, retalhar. 3. sacudir. 4. desbastar.

to ~ at cortar, talhar, desbastar. **~ down** derrubar, cortar. **~ off** cortar (parte de um todo). **~ up** cortar em pedaços, picar. **to ~ in** intrometer-se em conversa.

chop (II) [tʃop] s. (India e China). 1. selo, carimbo oficial m. 2. passaporte, passe m., senha f. 3. (India, coloq.) marca, qualidade, categoria f.

first ~ (gíria) de primeira.

chop (III) [tʃop] s. mudança, oscilação f. ‖ v. 1. mudar, saltar (rumo do vento). 2. trocar (palavras).

~ and change mudar sempre de (idéia, plano, etc.).

chop (IV) [tʃop] s. (geralmente ~s) 1. queixo m. 2. face, bochecha f.

to lick one's ~s lamber os beiços, saborear antecipadamente.

chop-house s. restaurante m. especializado em costeletas, etc.

chop-logic s. sabe-tudo, disputador pedantesco m.

chopper [tʃ'opə] s. 1. cortador m. 2. cutelo, talhador m., machada f. de açougueiro (quadro B 25). 3. (gíria) bofetada f.

choppiness [tʃ'opinis] s. agitação f. do mar.

chopping (I) [tʃ'opiŋ] s. 1. corte m., rachadura f. 2. agitação f. do mar, ondas encapeladas f. pl. ‖ adj. cortante.

~ sea mar agitado.

chopping (II) [tʃ'opiŋ] s. mudança, alteração f. ‖ adj. variável, que muda, (mar) encapelado.

~s and changings mudança contínua, flutuação.

~ and changing variável, flutuante. **~ about** que muda repentinamente de direção (vento).

chopping-block s. cepo, talho m., sobre o qual se corta carne (quadro B 25).

chopping-knife s. cutelo m., faca f. de cozinha (quadro K 2).

choppy [tʃ'opi] adj. 1. que faz movimentos rápidos. 2. agitado, encapelado, encrespado (ondas). 3. gretado, rachado, fendido, cortado. 4. variável.

chopsticks [tʃ'opstiks] s. pl. pauzinhos m. pl. que os chineses usam para comer.

chop-suey [-ʃ'u:i] s. guisado m. à moda chinesa.

choral, chorale [kor'a:l] s. coral, hino, canto coral m.

choral [k'o:rəl] adj. 1. coral, relativo a coro. 2. cantado por um coro. ‖ **~ly** adv. em coro.

choralist [~ ist] s. cantor m. que canta em coro.

chord (I) Lko:d] s. (Mús.) acorde m.

to break a ~ decompor um acorde.

chord (II) [ko:d] s. corda f.: 1. (Geom.) linha que forma o segmento de um círculo. 2. (Anat.) prega membranosa da glote. 3. (Mús.) fio ou tripa que produz o som. 4. sentimento, emoção, corda sensível. ‖ v. prover de cordas.

vocal ~ corda vocal. **spinal ~** corda dorsal, medula espinhal.

chordal [k'o:dəl] adj. 1. (também Geom.) relativo a corda. 2. (Anat.) cordal.

chore [tʃo:r] s. 1. (E. U. A.) pequena tarefa f., trabalho de ocasião, biscate m. 2. desincumbência f. difícil ou desagradável. 3. trabalho doméstico m.

~ girl (E. U. A.) empregada doméstica.

chorea [kor'i:ə] s. (Med.) coréia f.

choree [kor'i:] s. (Métr.) coreu m.

choreograph [k'oriəgra:t], **choreographer** [kori'ogrəfə] s. coreógrafo m.

choreographic [kouriogr'æfik] adj. coreográfico.

choreography [kouri'ogrəfi], **choregraphy** [kour'ægrəfi] s. coregrafia ou coreografia f.: 1. arte de compor bailados. 2. arte de dançar, bailado.

choriamb [k'ouriæmb], **choriambus** [kouri'æmbʌs] s. coriambo m.

choric [k'ourik] adj. coral, relativo a coro.

chorion [k'ourion] s. (Anat.) córion m.

chorist [k'o:rist] s. corista m. + f. de teatro.

chorister [k'oristə] s. 1. corista m. + f., quem canta em coro de igreja. 2. menino m. de coro. 3. (E. U. A.) dirigente, maestro m. de coro.

C horizon s. (Geol.) terceiro estrato m. do solo.

chorographer [kor'ogrəfə] s. corógrafo m.

chorographic [kourogr'æfik], **chorographical** [~ əl] adj. corográfico. ‖ **~ally** adv. corograficamente.

chorography [kor'ogrəfi] s. corografia f.

choroid [k'ouroid] s. (Anat.) coróide f. ‖ adj. corióide, relativo ao cório.

chorology [kor'olədʒi] s. (†) corologia f.

chortle [tʃo:tl] s. riso m. à socapa, casquinada f. ‖ v. cachinar, casquinar, rir à socapa.

chorus [k'o:rəs] s. 1. coro m.: a) conjunto de cantores. b) composição musical para coro. c) trecho de hino que se repete. 2. (Grécia ant.) grupo m. de atores e cantores. ‖ v. cantar ou falar em coro.

in ~ em coro, todos juntos.

chorus-girl s. corista, bailarina f.
chose [tʃouz] imp. de choose.
chosen [tʃouzn] p. p. de choose.
the ~ os eleitos, os escolhidos.
chough [tʃʌf] s. (Orn.) espécie de gralha f.
chouse [tʃaus] s. engano m., trapaça, fraude f. || v. enganar, lograr.
chow [tʃau] s. 1. chinês m. 2. (gíria., E. U. A.) comida f. || adj. chinês.
chow chow [l] s. raça f. de cachorro chinês (quadro D 3).
chow-chow [ll] s. picles mistos m. pl.
chowder [tʃ'audə] s. (E. U. A.) sopa grossa f. ou ensopado m. de mariscos ou peixe com legumes e batatas.
chowry [tʃ'auri] s. ˉmoscadeiro m.
chrematistic [kri:mət'istik] adj. crematístico.
chrematistics [~s] s. crematística f.
chrestomathic [krestəm'æθik] adj. relativo à crestomatia.
chrestomathy [krest'oməθi] s. crestomatia f.
Chris [kris] s. abr. de Christopher.
chrism [krizm] s. (Rel.) crisma f.
chrismal [kr'izməl] adj. de crisma, relativo à crisma.
chrismation [krizm'eiʃən] s. ministração f. da crisma.
chrismatory [kr'izmətouri] s. crismeira f.
chrisom [kr'izəm] s. 1. roupa m. de batizado, camisa batismal f. 2. = chrisom child criança que morreu antes de ser batizada.
Christ [kraist] s. Cristo, Jesus Cristo m.
christen [krisn] v. 1. batizar. 2. dar nome, chamar, apelidar. 3. (coloq.) usar pela primeira vez, estrear.
he is ~ed (by the name of) Edward ele foi batizado com o nome de Eduardo.
Christendom [kr'isndəm] s. cristandade f.
christening [kr'isniŋ] s. batismo m.
Christhood [kr'aisthud] s. qualidade messiânica, própria de Cristo.
Christian [kr'istjən] s. 1. cristão m., cristã f. 2. (coloq.) pessoa decente, correta, ou humana f. 3. nome próprio: Cristiano. || adj. 1. cristão. 2. humano, decente, responsável. || ~ly adv. cristàmente.
Christian burial s. enterro cristão m.
Christian Era s. era cristã f.
Christianism [kr'istjənizm] s. cristianismo m.
Christianity [kristi'æniti] s. 1. cristandade f. 2. cristianismo m.
Christianization [kristjənaiz'eiʃən] s. cristianização f.
Christianize [kr'istjənaiz] v. cristianizar, converter ao cristianismo.
Christianizer [~ə] s. cristianizador m.
Christianlike [kr'istjənlaik] adj. semelhante a um cristão.
Christian name s. nome m. de batismo, prenome m.
Christian Science s. ciência cristã f.: sistema de tratamento de doenças pela fé religiosa.
christie, christy [kr'isti] s. (Esp.) volta de alta velocidade f. no percurso de esqui.
Christless [kr'aistlis] adj. quem não crê em Cristo.
Christlessness [~nis] s. falta de crença em Jesus Cristo.
Christlike [kr'aistlaik] adj. semelhante a Cristo, com espírito de Cristo.
Christlikeness [~nis] s. semelhança com Cristo.
Christly [kr'aistli] adj. de ou como Cristo.
Christmas [kr'isməs] s. (abr. Xmas) Natal m. || adj. de Natal.
Father ~ Papai Noel.
Christmas-box s. presente m. de Natal, consoada f.
Christmas card s. cartão m. de felicitações para Natal.
Christmas carol s. cântico m. de Natal.
Christmas Day s. dia m. de Natal.

Christmas Eve s. véspera f. de Natal.
Christmas-rose s. (Bot.) heléboro branco m.
Christmastide s. época f. de Natal.
Christmas-tree s. árvore f. de Natal.
Christmasy [kr'isməsi] adj. (fam.) que lembra o Natal.
Christological [kristəl'odʒikəl] adj. cristológico.
Christology [krist'olədʒi] s. cristologia f.
Christ's-thorn s. (Bot.) espinho-de-cristo m.
chromate [kr'oumeit] s. (Quím.) cromato m.
chromatic [krom'ætik] adj. cromático: 1. (Fís.) relacionado com cores. 2. (Mús.) composto de uma série de semitons. || ~ally adv. cromaticamente.
chromatic aberration s. (ópt.) aberração cromática f.
chromatic scale s. (Mús.) croma, escala cromática f.
chromatin [kr'oumatin] s. (Biol.) cromatina f.
chromatophore [kr'oumatofɔ:] s. cromatóforo m.
chrome [kroum] s. (Quím.) cromo m.
chrome green s. verde m. de cromo.
chrome red s. vermelho m. de cromo.
chrome steel s. aço cromo m.
chrome-yellow s. cromato m. de chumbo, amarelo m. de cromo.
chromic [kr'oumik] adj. crômico.
chromite [kr'oumait] s. cromita f.
chromium [kr'oumiəm] s. (Quím.) cromo m.
chromium plated adj. cromado.
chromo [kr'oumo] s. abr. de chromolithograph.
chromo- elemento de composição indicando cor.
chromogen [~dʒen] s. (Quím. e Biol.) cromogênio m.
chromogenic [kroumodʒ'enik] adj. (Quím. e Biol.) cromogêneo.
chromograph [kr'oumogræf] s. cromógrafo m.
chromolithograph [kroumol'iθogra:f] s. cromolitografia f., cromo m.
chromolithographer [kroumoliθ'ogrəfə] s. cromolitógrafo m.
chromolithographic [kroumoliθogr'æfik] adj. cromolitográfico.
chromolithography [kroumoliθ'ogrəfi] s. cromolitografia f.: impressão litográfica a cores.
chromomere [kr'oumomiə] s. (Gen.) cromômero m.
chromophotography [kroumofot'ogrəfi] s. cromofotografia, fotografia f. em cores.
chromoplasm [kr'oumoplæzm] s. (Gen.) cromatina f.
chromosome [kr'ouməsoum] s. (Biol.) cromossomo m.
chromosome number s. (Gen.) número m. de cromossomos em cada espécie vegetal ou animal.
chromosphere [kr'ouməsfiə] s. (Astron.) cromosfera f.
chromotypography [kroumotip'ogrəfi] s. cromotipografia f.: impressão a cores.
chromous [kr'ouməs] adj. (Quím.) cromoso.
chronic [kr'onik], chronical [~əl] adj. 1. (Med.) crônico. 2. constante. 3. habitual, inveterado. 4. (gíria) muito mau. || ~ally adv. cronicamente.
chronicle [kr'onikl] s. crônica, narração cronológica f. || v. cronicar, registrar, escrever crônicas.
chronicler [~ə] s. cronista m. + f., historiador m.
Chronicles [~z] s. pl. livros m. pl. de Crônicas (da Bíblia).
chronogram [kr'onogræm] s. cronograma m.
chronograph [kr'onogra:f] s. cronógrafo m.
chronographer [kron'ogrəfə] s. 1. cronista, cronologista m. + f. 2. cronometrista m. + f.
chronographic [kronogr'æfik] adj. cronográfico.
chronography [kron'ogrəfi] s. cronografia f.
chronologic [kronəl'odʒik], chronological [~əl] adj. cronológico. || ~ally adv. cronologicamente.
chronologist [kron'olədʒist], chronologer [kron'olədʒə] s. cronologista m. + f.
chronology [kron'olədʒi] s. 1. cronologia, cronografia f. 2. lista cronológica f.

chronometer [kron'ɔmitə] s. cronômetro m.
chronometric [krɔnom'etrik], chronometrical [~əl] adj. cronométrico. || ~ally adv. cronometricamente.
chronometry [kron'ɔmətri] s. cronometria f.
chronoscope [kr'ɔnəskoup] s. cronoscópio m.
chrysalid [kr'isəlid] s. (Zool.) crisálida, crisálide f. || adj. relativo à crisálida.
chrysalis [kr'isəlis] s. pl. —lises [krisəl'isiz] ou —alides [krɪs'ælidiːz] (Zool.) crisálida, crisálide f.
chrysanthemum [kris'ənθəməm] s. (Bot.) crisântemo m.
chryselephantine [kriselif'æntin] adj. criselefantino: de ouro e marfim.
chrysoberyl [kr'isob'eril] s. (Miner.) crisoberilo m.
chrysolite [kr'isolait] s. (Miner.) crisólita f.
chrysoprase [kr'isopreiz] s. (Miner.) carisópraso m.
chthonian [θ'ouniən], chthonic [θ'ɔnik] adj. ctônico, ctoniano.
chub [tʃʌb] s. (Ict.) 1. caboz m. (Leuciscus cephalus), espécie de carpa. 2. (E. U. A.) nome de vários peixes americanos p. ex. fallfish, tautog.
chubb [tʃʌb], chubb-lock s. fechadura f. de segurança
chubbiness [tʃ'ʌbinis] s. gordura, redondez f.
chubby [tʃ'ʌbi] adj. gordo, bochechudo, redondo.
~—faced bochechudo, de rosto cheio.
chuck (I) [tʃʌk] s. 1. pancada f. que se dá debaixo do queixo, carícia f. 2. lanço, arremesso m. 3. (gíria) demissão, despedida f. || v. 1. dar pancadinha debaixo do queixo. 2. (coloq.) arremessar, atirar, lançar.
I gave him the ~ despedi-o, rompi com ele. to ~ under the chin acariciar debaixo do queixo. her lover ~ed her over seu namorado rompeu com ela. he ~ed up his job ele pediu demissão, deixou seu emprego. he ~ed it ele desistiu. he ~ed it away ele o desperdiçou. to ~ out expulsar de uma reunião pública, recinto de clube, etc. to ~ seven (gíria) morrer, bater o trinta-e-um.
chuck (II) [tʃʌk] s. (Téc.) 1. placa f. de torno, mandril m. (quadro B 19). 2. pedaço m. de carne de cernelha. 3. (gíria) comida, bóia f. || v. prender, segurar com mandril.
chuck (III) [tʃʌk] s. cacarejo, cacarejar m. de galinha. || v. 1. cacarejar, chamar os pintos com cacarejo. 2. dar estalos com a língua.
~!, ~! imitação do cacarejo da galinha.
chuck hole s. buraco no pavimento m. da rua.
chuckle [tʃʌkl] s. 1. risada f. à socapa. 2. cacarejo m. || v. 1. rir à socapa, casquinar. 2. cacarejar.
chuckle-head s. 1. cabeçudo m. 2. estúpido m.
chuck wagon s. (E. U. A.) carro m. para transportar provisões e utensílios de cozinha para vaqueiros.
chuffy [tʃ'ʌfi] adj. gorducho.
chug [tʃʌg] s. (E. U. A.) som explosivo m. como o produzido pelo escape de um motor. || v. 1. produzir esse ruído. 2. (coloq.) mover-se produzindo esse ruído (também ~ along).
chukker, chukkar [tʃ'ʌkə] s. período m. no jogo de pólo.
chum [tʃʌm] s. 1. amigo íntimo m. 2. companheiro m. de quarto. || v. 1. ser amigo íntimo, acamaradar-se. 2. compartilhar do mesmo quarto.
they are ~s eles são amigos íntimos. to ~ together morar junto, alojar no mesmo quarto.
chummy [tʃ'ʌmi] adj. (coloq.) íntimo, muito amigo. || —ily adv. intimamente.
chump [tʃʌmp] s. 1. (coloq.) pessoa estúpida f., cabeçudo m. 2. cepo, toro, madeiro m. 3. parte grossa f. da coxa do carneiro. 4. (gíria) cabeça f.
off his ~ maluco, doido.
chunk [tʃʌŋk] s. (coloq.) 1. pedaço grosso m. 2. naco m. 3. pessoa f. ou animal m. troncudo ou corpulento. || v. pilar, pisar.

chunky [tʃ'ʌŋki] adj. corpulento, entroncado, grosso.
church [tʃ'əːtʃ] s. 1. igreja f., templo cristão m. 2. serviço religioso m. na igreja. 3. cristandade, comunidade cristã f. 4. seita religiosa ou cristã f., grupo m. de cristãos, ligados pela mesma fé e sujeitos à mesma autoridade. 5. organização f. da Igreja, clero m., autoridade eclesiástica f. 6. profissão f. de clérigo. || v. levar à igreja. || adj. ou relativo à igreja.
at, in ~ na igreja. after ~ depois do serviço religioso. ~ is over a missa, o serviço religioso terminou. he went to ~ ele foi à igreja. to be ~ed ir à igreja pela primeira vez. to go into the ~ receber as ordens sacras, tornar-se clérigo.
Church [tʃ'əːtʃ] s. 1. Igreja Católica Romana f. 2. Igreja Nacional Inglesa f.
the Established ~ Igreja Anglicana. the ~ of England Igreja Nacional Inglesa, Igreja Anglicana. the Broad ~ Igreja Liberal e Moderada. the High ~ parte conservadora da Igreja Anglicana. the Low ~ direção puritana da Igreja Anglicana.
church-attire s. paramentos sacerdotais m. pl.
church-burial s. enterro m. celebrado com os ritos da Igreja.
church-goer s. devoto, igrejeiro, fiel m.
church-going s. 1. freqüência f. à igreja. 2. ida f. à igreja.
churching [tʃ'əːtʃiŋ] s. ida à igreja, em ação de graças depois do parto.
churchless [tʃ'əːtʃlis] adj. que não freqüenta ou não pertence à Igreja.
churchly [tʃ'əːtʃli] adj. 1. igrejeiro, de igreja. 2. condizente à Igreja.
churchman [tʃ'əːtʃmən] s. 1. clérigo, eclesiástico, padre m. 2. membro m. da Igreja. || ~ly adv. clericalmente, eclesiasticamente.
churchmanship [~ʃip] s. 1. dignidade f. de clérigo. 2. qualidade de membro da Igreja.
church mouse s. (fig.) pobretão m.
poor as a ~ pobríssimo.
church music s. música sacra f.
Church of Rome s. Igreja Católica f.
church-rate s. imposto m. ou contribuição f. para a manutenção da Igreja.
church-robber s. ladrão sacrílego m.
church-robbing s. roubo sacrílego m.
church-service s. serviço religioso, ofício divino m.
Church Slavic s. eslavo litúrgico m.: idioma da Igreja Ortodoxa em países eslávicos, desde o século XI.
church-warden s. 1. fabriqueiro, mordomo ou curador m. de igreja. 2. (coloq.) cachimbo m. de barro de haste longa.
churchwoman [tʃ'əːtʃwumən] s. membro feminino m. da Igreja, esp. da Anglicana.
churchyard [tʃ'əːtʃjaːd] s. 1. terreno m. em volta da igreja. 2. cemitério m.
churl [tʃəːl] s. 1. camponês m. 2. (fig.) pessoa rude ou grosseira f., labrego m. 3. pessoa f. de baixo nascimento. 4. avarento, sovina m.
churlish [tʃ'əːliʃ] adj. 1. camponês. 2. rude, grosseiro, tosco. 3. avarento, sovina. || ~ly adv. rudemente, grosseiramente, avarentamente.
churlishness [~nis] s. 1. grosseria, rudeza f. 2. sovinice f.
churly [tʃ'əːli] adj. = churlish.
churn [tʃəːn] s. 1. batedeira f., recipiente m. para fazer manteiga. 2. mexedura, batida, agitação forte f. 3. latão m. de leite. || v. 1. fazer manteiga, bater nata. 2. agitar, mexer, bater violentamente. 3. encrespar-se, encarneirar (mar). 4. escumar.
churning [tʃ'əːniŋ] s. 1. batedura f. de manteiga.

2. porção f. de manteiga batida de uma vez.
chute [ʃuːt] s. 1. (E. U. A.) tubo inclinado, deslizador m., calha f. de transporte (quadro B 1). 2. (E. U. A.) corredeira, cachoeira f. 3. rampa, ladeira íngreme f. 4. (coloq.) pára-quedas m. 5. correio pneumático m.
chutney, chutnee [tʃʌtni] s. molho picante m. (de pimenta, frutas e ervas).
chutzpa [xutspə] s. (iídiche, gíria) afronta completa, impudência perfeita f.
chyle [kail] s. (Med.) quilo m.: produto líquido da digestão.
chylification [kailifikˈeiʃən] s. quilificação f.
chylify [kˈailifai] v. quilificar.
chylous [kˈailəs] adj. quiloso.
chyme [kaim] s. (Med.) quimo m.: pasta a que se reduzem os alimentos pela digestão estomacal.
chymification [kaimifikˈeiʃən] s. quimificação f.
chymify [kˈaimifai] v. quimificar.
chymous [kˈaiməs] adj. quimoso.
ciborium [sibˈɔːriəm] s. 1. cibório m., píxide f. 2. baldaquino ou dossel m. sobre um altar.
C. I. C. [siːaiːsiː] abr. de **Counter Intelligence Corps** serviço de contra-espionagem.
cicada [sikˈeidə] s. pl. **cicadas, cicadae** [-di] (Ent.) cigarra f.
cicala [sikˈɑːlə] s. = **cicada.**
cicatrice [sˈikətris], **cicatrix** [sˈikətriks] s. cicatriz f.
cicatricial [sikətrˈiʃəl] adj. cicatricial.
cicatricle [sˈikətrikl], **cicatricule** [sikˈætrikjul] s. (Biol.) cicatrícula f.
cicatrization [sikətrizˈeiʃən] s. cicatrização f.
cicatrize [sˈikətraiz] v. cicatrizar(-se).
cicely [sˈisili] s. (Bot.) mirra f. (Myrrhis odorata) e outras plantas das Umbelíferas.
cicero [sˈisərou] s. (Tipogr.) cícero m.
cicerone [tʃitʃərˈouni] s. pl. **ciceroni** [-niː], **cicerones** [-niz] cicerone, guia m.
Ciceronian [sisərˈounjən] s. admirador m. de Cícero. ‖ adj. ciceroniano, eloqüente.
cichlid [sˈiklid] s. (Ict.) peixe ciclídeo m. de água doce da América do Sul e da África, acará m. ‖ adj. ciclídeo.
cicuta [sikjˈuːtə] s. (Bot.) cicuta f.
cider [sˈaidə] s. 1. cidra f., vinho m. de maçã. 2. suco m. de frutas.
cider-brandy s. aguardente f. de maçãs.
cider-press s. prensa f. para fazer cidra.
c. i. f. abr. de **cost, insurance, freight.**
cigar [sigˈɑː] s. charuto m. (quadro S 8).
cigar-box s. caixa f. de charutos.
cigar-case s. charuteira f.
cigar-cutter s. corta-charutos m. (quadro S 8).
cigarette, cigaret [sigərˈet] s. cigarro m. (quadro S 8).
cigarette-holder s. piteira f.
cigarillo [sigaːrˈilou] s. cigarrilha f.
cigar-tip s. ponta, apara f. de charuto.
cilia [sˈiliə] s. pl. (sing. **cilium**) 1. pestanas f. pl. 2. (Bot. e Zool.) cílios m. pl.
ciliary [~ri] adj. ciliar.
ciliate [sˈiliət], **ciliated** [sˈilieitid] adj. ciliado (quadro L 2).
cilice [sˈilis] s. cilício m.
Cimbric [sˈimbrik] s. língua f. dos cimbros. ‖ adj címbrico.
Cimmerian [simˈiəriən] adj. (Mit.) relativo aos cimérios: lúgubre, infernal.
cinch [sintʃ] s. (E. U. A.) 1. cilha, cincha f. 2. (coloq.) coisa certa f. 3. (gíria) coisa fácil, canja f., café pequeno m. ‖ v. 1. cilhar, apertar com cilha. 2. apertar, segurar firmemente.
cinchona [siŋkˈounə] s. cinchona, quina f., casca f. desta planta.

cinchonic [siŋkˈɔnik] adj. cinchônico, relativo a cinchona.
cinchonine [sˈiŋkoniːn] s. (Quím.) cinchonina f.
cinchonise, -ize [sˈinkənaiz] v. (Med.) cinchonizar, tratar com cinchona ou quinino.
cinchonism [sˈiŋkonizm] s. (Med.) cinchonismo m.
cincture [sˈiŋktʃə] s. 1. cinta f., cinturão, cinto m. 2. limite m., divisa f. 3. cercado m., cerca f. 4. (Arquit.) cinta f., filete m. de coluna ou pedestal. ‖ v. cercar, circundar, cingir.
cinder [sˈində] s. 1. ~s pl. escória f. de carvão ou hulha betuminosa, cinza f. 2. brasa f., carvão parcialmente queimado m.
cinder block s. laje f. de concreto, feita de agregado de escória de hulha.
Cinderella [sindərˈelə] s. 1. Cinderela f. 2. (fig.) pessoa f. cujo valor não é reconhecido.
Cinderella dance s. baile m. que dura só até meia-noite.
cinder path, cinder track s. pista f. de corrida (coberta de escória de hulha).
cindery [sˈindəri] adj. cheio ou coberto de cinza.
cine [sˈini] s. (coloq.) 1. cinema m. 2. filme cinematográfico m.
cine-camera s. câmara cinematográfica f
cinema [sˈinimə] s. 1. filme cinematográfico m. 2. cinema m.
cinemactor [sˈinimæktə] s. artista m. + f. de cinema.
cinemactress [sˈinimæktris] s. artista f. de cinema.
CinemaScope [sˈiniməskoup] s. (Cin., marca registrada) processo m. de projeção em tela panorâmica.
cinematic [sinimˈætik] adj. cinemático. ‖ ~ally adv. de maneira cinemática.
cinematograph [sinimˈætəgra:f], **kinematograph** [kinimˈætəgra:f] s. 1. (brit.) projetor m. de cinema, cinematógrafo m. 2. câmara cinematográfica f.
cinematographer [sinimətˈɔgrəfə] s. operador cinematográfico m., cineasta m. + f.
cinematographic [sinimætogrˈæfik], **cinematographical** [~əl] adj. cinematográfico. ‖ ~ally adv. cinematograficamente.
cinematography [sinimətˈɔgrəfi] s. cinematografia m.
cineraria [sinərˈɛəriə] s. (Bot.) cinerária f.
cinerarium [~ m] s. pl. **cineraria** cinerário m.: lugar onde se guardam as cinzas dos mortos cremados.
cinerary [sˈinərəri] adj. cinerário.
cinerary-urn s. cinerário m., urna cinerária f.
cineration [sinərˈeiʃən] s. incineração, cremação f.
cinerator [sˈinəreitə] s. 1. crematório m. 2. incinerador m.
cinereous [sinˈiəriəs] adj. cinéreo, cinzento.
Cingalese [siŋgəlˈiːz] s. cingalês m.: habitante ou natural do Ceilão (atual Sri Lanka). ‖ adj. cingalês, de ou relativo ao Ceilão.
cingulum [sˈiŋgjuləm] s. 1. (Anat. e Zool.) faixa f., cinto m. 2. cíngulo m.: cordão de alva de sacerdote.
cinnabar [sˈinəbaː] s. 1. (Miner.) cinábrio, cinabre m. 2. sulfeto m. de mercúrio: pigmento vermelho. 3. vermelho m. ‖ adj. da cor do vermelhão.
cinnamic [sinˈæmik] adj. cinâmico, relativo a canela.
cinnamon [sˈinəmən] s. 1. canela f. 2. casca f. de caneleira. 3. caneleira f., cinamomo m. 4. cor-de-canela, marrom-claro m. ‖ adj. 1. aromatizado com canela. 2. da cor da canela.
cinnamon-stone s. (Miner.) essonita f.: variedade de granada cor-de-canela.
cinque, cinq [siŋk] s. cinco m. (de cartas ou dados).
cinquefoil [sˈiŋkfɔil] s. 1. (Bot.) cinco-folhas, potentilha f. (quadro L 2). 2. (Arquit.) rosácea f. de cinco cúspides.
Cinque Ports s. os cinco portos m. pl. (**Dover, Has-**

tings, Hythe, Romney e Sandwich, constituídos em 1278 para defesa naval da Ingl.).

cipher, cypher [sʼaifə] s. 1. cifra f.: a) zero. b) algarismo arábico. c) criptograma, escrita enigmática ou secreta. d) chave de escrita secreta. e) monograma. 2. (fig.) pessoa ou coisa f. sem importância, nulidade f., zero m. ‖ v. 1. calcular, fazer cálculos. 2. cifrar, escrever em cifra.
to ~ out calcular, computar.

cipher-code, cipher-key s. cifra f.: chave de escrita secreta.

ciphering [sʼaifəriŋ] s. cálculo m., computação f. ‖ adj. que calcula.

cipolin [sʼipəlin], cipollino [tʃipəlʼiːnou] s. cipolino m.

circa [sʼəːkə] adv. cerca, perto, aproximadamente.

Circassian [səːkʼæsiən] s. circassiano m. ‖ adj. circassiano.

Circe [sʼəːsi] s. 1. (Mit.) Circe 2. feiticeira f.

Circean [səːsʼiːən] adj. encantadora, sedutora, feiticeira.

circensian [səːsʼenʃən] adj. circense, relativo ao circo romano.

circinate [sʼəːsinit] adj. (Bot.) circinado, enrolado, em espiral.

circle [sʼəːkl] s. 1. (Geom.) círculo m. (quadro A 3). 2. superfície f. de círculo. 3. circuito m. 4. circunferência f. 5. auréola f., halo m. 6. coroa f., diadema m. 7. anel m. 8. assentos m. pl. no balcão do teatro. 9. período, ciclo m. 10. órbita f. de um corpo celeste. 11. período m. de revolução de um corpo celeste. 12. grupo m. de pessoas, círculo m., roda f., grêmio m. 13. esfera f. de influência ou de ação. ‖ v. 1. circular. 2. revolver, girar, rodar, circungirar. 3. formar círculo, circundar, rodear.
great ~ (Geom.) círculo máximo. lesser ou small ~ (Geom.) círculo menor. we have come full ~ demos uma volta completa. describe a ~! descreva um círculo, um arco. that means squaring the ~ isto significa a quadratura do círculo. dress ~ (teatro) primeiro balcão. upper ~ (teatro) segundo balcão. vicious ~ círculo vicioso. you argue in a ~ você argumenta dentro de um círculo vicioso. ~ of friends círculo de amizade. the upper ~s as altas esferas. to ~ in cercar.

circled [sʼəːkld] adj. circular.

circlet [sʼəːklit] s. 1. círculo pequeno m. 2. anel m., 3. ornamento circular m. (para a cabeça) 4. diadema m.

circlewise [sʼəːklwaiz] adv. circularmente.

circling [sʼəːkliŋ] adj. circulante.

circuit [sʼəːkit] s. 1. circuito, giro m., volta f. 2. rota f., percurso m. de viagens repetidas. 3. zona f. percorrida periodicamente. 4. âmbito, perímetro m. 5. circunferência, periferia f. 6. rotação f. 7. superfície f. circunscrita. 8. (Eletr.) circuito, condutor m. (quadro C 2). ‖ v. circuitar, girar, circundar.
short ~ curto-circuito. he flies a ~ ele faz um vôo circular. they fit a ~ eles colocam um condutor (linha ou fio elétrico).

circuit breaker s. (Eletr.) interruptor m.

circuit-court s. tribunal itinerante m.

circuit judge s. juiz m. de tribunal itinerante.

circuitous [səːkjʼuitəs] adj. 1. que se movimenta em círculo, que dá voltas. 2. (fig.) indireto, que emprega rodeios. ‖ ~ly adv. indiretamente, por voltas.
by ~ roads por meios indiretos, indiretamente.

circuitous road s. estrada indireta f.

circuit rider s. (E. U. A.) pregador ambulante m.

circuity [səːkjʼuiti] s. 1. circuição f. 2. rodeio m.

circular [sʼəːkjulə] s. circular m. ‖ adj. 1. circular: a) redondo. b) que se move em círculo. c) rela-

tivo ao círculo. d) que foi enviado a muitas pessoas. 2. com rodeios. ‖ ~ly adv. circularmente.

circular function s. (Mat.) função trigonométrica f.

circularity [səːkjulʼæriti] s. forma circular f.

circularize [sʼəːkjuləraiz] v. 1. enviar circulares a. 2. fazer circular, arredondar.

circular letter s. carta circular f.

circular measure s. (Mat.) sistema m. de medir círculos e ângulos.

circular note s. carta f. de crédito (para viagens).

circular route s. rota, viagem f. em circuito.

circular saw s. serra circular f. (quadro S 1).

circular ticket s. bilhete m. para viagem circular, caderneta f. de passagens.

circular tour s. viagem circular f.

circulate [sʼəːkjuleit] v. 1. circular, mover(-se) em círculo. 2. pôr em circulação. 3. mandar de pessoa em pessoa ou de lugar para lugar. 4. difundir-se.

circulating [sʼəːkjuleitiŋ] adj. circulante, corrente.

circulating decimal, circulating fraction s. dízima periódica f.

circulating library s. biblioteca circulante f.

circulating medium s. moeda circulante f.

circulation [səːkjulʼeiʃən] s. 1. circulação f., (também Med.) 2. distribuição f. de livros ou de revistas. 3. edição, tiragem f. 4. dinheiro m., moeda f. em circulação. 5. corrente, ventilação f.
out of ~ recolhido, fora de circulação (dinheiro).

circulation area s. área f. de influência ou de circulação (de jornal).

circulative [sʼəːkjulətiv] adj. circulatório.

circulator [sʼəːkjuleitə] s. 1. quem faz circular, distribuidor m. 2. quem ou o que circula. 3. (Mat.) dízima periódica f.

circulatory [sʼəːkjulətouri] adj. circulatório, circular.

circulatory system s. (Anat., Zool.) sistema circulatório m.

circum— [sʼəːkəm] elemento de composição. 1. em volta, em todos os lados. 2. indiretamente.

circumambience [səːkəmʼæmbiəns], circumambiency [~i] s. 1. circundação f., circundamento m. 2. ambiência f., ambiente m.

circumambient [səːkəmʼæmbiənt] adj. circum-ambiente, que está em volta, circundante.

circumambulate [səːkəmʼæmbjuleit] v. andar em torno ou à roda de alguma coisa, circumpercorrer.

circumambulation [səːkəmæmbjulʼeiʃən] s. 1. o andar m. à roda. 2. (fig.) circunlóquio, rodeio m. de palavras.

circumbendibus [səːkəmbʼendibəs] s. (joc.) rodeio m.

circumcise [sʼəːkəmsaiz] v. 1. circuncidar. 2. (fig.) purificar.

circumcision [səːkəmsʼiʒən] s. 1. circuncisão f. 2. celebração f. do dia da circuncisão de Jesus Cristo. 3. (fig.) purificação espiritual f.

circumduct [sʼəːkəmdʌkt] v. 1. conduzir em ou ao redor. 2. (Jur.) circundutar, anular.

circumduction [səːkəmdʼʌkʃən] s. 1. circundação f. 2. (Jur.) anulação, cancelação f.

circumference [səkʼʌmfərəns] s. 1. circunferência, periferia f. 2. circuito m.

circumferential [səkʌmfərʼenʃəl] adj. circunferencial.

circumflex [sʼəːkəmfleks] s. acento circunflexo m. ‖ v. marcar com acento circunflexo. ‖ adj. 1. marcado com acento circunflexo. 2. (Anat.) circunflexo, de forma curva.

circumflexion [səːkəmflʼekʃən] s. circunflexão f.

circumfluence [səkʼʌmfluəns] s. circunfluência f.

circumfluent [səkʼʌmfluənt], circumfluous [səkʼʌmfluəs] adj. circunfluente, que corre em volta.

circumfuse [səːkəmfjʼuːz] v. 1. circunfundir, espa-

lhar em volta. 2. (fig.) cercar, envolver, banhar.
circumfusion [sə:kəmfj'u:ʒn] s. circunfusão f.
circumgyrate [sə:kəmdʒ'aiəreit] v. circungirar.
circumgyration [sə:kəmdʒaiər'eiʃən] s. ação ou efeito de circungirar.
circumjacent [sə:kəmdʒ'eisənt] adj. circunjacente.
circumlocution [sə:kəmləkj'u:ʃən] s. circunlocução f., circunlóquio m., perífrase f.
circumlocutory [sə:kəml'ɔkjutouri] adj. perifrástico, cheio de rodeios.
circumlunar [sə:kəml'u:nə] adj. circunlunar (orbitando a Lua).
circum-meridian adj. (Astron.) circumeridiano.
circumnavigate [sə:kəmn'ævigeit] v. circunavegar, rodear navegando.
circumnavigation [ʃə:kəmnævig'eiʃən] s. circunavegação f.
circumnavigator [sə:kəmn'ævigeitə] s. circunavegador m.
circumpolar [sə:kəmp'oulə] adj. circumpolar.
circumrotate [sə:kəmrout'eit] v. andar à roda.
circumrotation [sə:kəmrout'eiʃən] s. circunrotação f.
circumscribe [s'ə:kəmskraib] v. 1. circunscrever, traçar uma linha em volta, traçar em redor. 2. cercar, envolver. 3. limitar, confinar, restringir. 4. (Geom.) circunscrever (uma figura em volta de outra). 5. definir.
circumscription [sə:kəmskr'ipʃən] s. 1. circunscrição f.: a) ação de circunscrever. b) linha, traço que circunscreve. c) limite, contorno. d) distrito, território. 2. inscrição f. em redor de moeda ou medalha. 3. limitação, restrição f. 4. definição f.
circumscriptive [sə:kəmskr'iptiv] adj. circunscritivo. ‖ ~ly adv. de modo circunscritivo.
circumspect [s'ə:kəmspekt] adj. circunspeto, prudente, cauteloso. ‖ ~ly adv. circunspetamente.
circumspection [sə:kəmsp'ekʃən], **circumspectness** [s'ə: kəmspektnis] s. circunspeção, prudência f.
circumspective [sə:kəmsp'ektiv] adj. circunspeto.
circumstance [s'ə:kəmstæns] s. 1. circunstância, condição f. 2. particularidade f., detalhe m. 3. incidente m., ocorrência f., acontecimento m. 4. formalidade, cerimônia f. 5. ~s pl. circunstâncias f. pl., estado m. das coisas, pormenores m. pl., situação f. ‖ v. colocar em determinada situação. **without** ~ (coloq.) sem cerimônias. **the** ~ **that** o fato de. **in these** ~s nessas circunstâncias. **in straightened** ~s em situação difícil ou apertada. **in existing** ~s na situação atual. **under present** ~s diante das condições atuais. **under no** ~s de modo algum, nunca.
circumstanced [~t] adj. circunstanciado, situado, em situação. **poorly** ~ em condições de penúria. ~ **as I was** na situação em que me encontrava.
circumstantial [sə:kəmst'ænʃəl] adj. 1. circunstancial, que depende das circunstâncias. 2. acidental, não essencial, incidental. 3. completo, pormenorizado, minucioso, detalhado. ‖ ~ly adv. 1. circunstanciadamente. 2. minuciosamente. 3. acidentalmente.
circumstantial evidence s. (Jur.) indiciação f.
circumstantialness [sə:kəmst'ænʃəlnis], **circumstantiality** [sə:kəmstænʃi'æliti] s. 1. qualidade do que é circunstancial, casualidade f. 2. minuciosidade f.
circumstantiate [sə:kəmst'ænʃieit] v. circunstanciar, expor as circunstâncias, provar com detalhes.
circumstantiation [sə:kəmstænʃi'eiʃən] s. pormenorização f.
circumvallation [sə:kəmvəl'eiʃən] s. circunvalação f.
circumvent [sə:kəmv'ent] v. 1. lograr, enganar, tirar vantagem de. 2. evitar, frustrar. 3. rodear. 4. pegar em armadilha.

circumventer, circumventor [~ə] s. impostor, enganador m.
circumvention [sə:kəmv'enʃən] s. embaimento, logro m., impostura, burla f.
circumventive [sə:kəmv'entiv] adj. enganoso, embaidor.
circumvolution [sə:kəmvolj'u:ʃən] s. 1. circunvolução, revolução, rotação f. 2. sinuosidade f. 3. circunlóquio, rodeio m. 4. contorção f.
circumvolve [sə:kəmv'ɔlv] v. circunvolver, revolver, rotar.
circus [s'ə:kəs] s. 1. circo m. 2. espetáculo circense m. 3. circo romano, anfiteatro m. 4. (Ingl.) praça f. com cruzamentos.
cirque [sə:k] s. 1. circo, espaço circular m. 2. (Geol.) recesso circular, circo m. entre montanhas. 3. (arc.) circo m., arena f.
cirrate [s'ireit] adj. (Zool.) = **cirrous**.
cirrhosis [sir'ousis] s. (Med.) cirrose f.
cirrhotic [sir'ɔtik] adj. cirrótico.
cirriferous [sir'ifərəs] adj. (Bot. e Zool.) cirrífero.
cirriform [s'irifɔ:m] adj. cirriforme.
cirriped [s'iriped], **cirripede** [s'iripi:d] s. (Zool.) cirrípede m. ‖ adj. relativo ou pertencente aos cirrípedes.
cirro-cumulus [siroukj'u:mjuləs] s. (Meteor.) cirro--cúmulo m. (quadro C 14).
cirrose [sir'ous] adj. (Bot. e Zool.) 1. cirroso, que tem gavinhas. 2. cirriforme (quadro C 14).
cirro-stratus [siroustr'eitəs] s. (Meteor.) cirro-estrato m.
cirrous [s'irəs] adj. cirroso (Bot. e Meteor.).
cirrus [s'irəs] s. pl. **cirri** [-rai] 1. cirro m. (quadro C 14). 2. (Bot. e Zool.) cirro m.
cirsoid [s'ə:sɔid] adj. (Pat.) semelhante a variz.
cis— [sis] elemento de composição. 1. aquém, do lado de cá. 2. desde, subseqüente a.
cisalpine [sis'ælpain] adj. cisalpino.
cisatlantic [sisætl'æntik] adj. cisatlântico.
cisco [s'iskou] s. (E. U. A., Ict.) nome de vários peixes do gênero Leucichthys.
cislunar [sisl'u:nə] adj. (Astron.) entre a Terra e a órbita lunar.
cismontane [sism'ontein] adj. cismontano.
cispadane [s'ispədein] adj. cispadano.
cispontine [sisp'ontin] adj. situado ao norte do Rio Tâmisa.
cissoid [s'isɔid] s. (Geom.) cissóide f.
cist [sist] s. (Arqueol.) 1. cista f. 2. sepultura pré-histórica f.
Cistercian [sist'ə:ʃiən] s. monge cisterciense m. ‖ adj. cisterciense.
cistern [s'istən] s. cisterna f.: 1. reservatório m. de água (quadro W 2). 2. (Anat.) vaso m. ou cavidade f. linfática.
cistus [s'istəs] s. (Bot.) cisto m.
cit. abr. de **citation, cited, citizen, citrate**.
citable [s'aitəbl] adj. citável.
citadel [s'itədel] s. 1. fortaleza, cidadela f. 2. praça forte f. 3. (fig.) refúgio m.
citation [sait'eiʃən] s. 1. citação, menção f. 2. referência f., trecho m. 3. (E. U. A.) condecoração pública f. 4. (Jur.) intimação f.
citatory [s'aitətouri] adj. citatório, que contém citação.
cite [sait] v. 1. citar. 2. mencionar (como exemplo). 3. (milit.) mencionar (por atos de bravura na guerra). 4. (Jur.) intimar para comparecer em juízo.
cithara [s'iθərə] s. (Mús.) cítara f.: instrumento de cordas.
citharist [s'iθərist] s. citarista m. + f.
cither [s'iθə] s. 1. cítara f. 2. = **cithern**.
cithern [s'iθən], **cittern** [s'itə:n] s. (Mús.) cistro m.:

instrumento de cordas, semelhante ao alaúde.
citify [s'itifai] v. urbanizar.
citizen [s'itizn] s. 1. cidadão m. 2. paisano, civil m. 3. citadino m. ‖ adj. citadino.
fellow—~ concidadão. **~ of the world** cidadão do mundo.
citizenry [~ri] s. cidadãos m. pl. coletivamente.
citizenship [~ʃip], **citizenhood** [~hud] s. 1. cidadania f. 2. direitos e deveres m. pl. de cidadão.
citizenship paper s. (E.U.A.) certidão de naturalização f.
citrate [s'itrit, s'aitreit] s. (Quím.) citrato m.
citric [s'itrik] adj. (Quím.) cítrico.
citriculture [s'itrik'ʌltʃə] s. citricultura f.
citriculturist [~rist] s. citricultor m.
citrine [s'itrin] s. (Miner.) citrina f.: variedade amarela de quartzo. ‖ adj. amarelo cor-de-limão.
citrinous [~əs] adj. citrino.
citron [s'itrən] s. 1. cidra f. 2. cidrada, cidra cristalizada f. 3. (Bot.) cidreira f.
citronella [sitrən'elə] s. 1. (Bot.) citronela f. 2. óleo m. tirado desta planta, usado na fabricação de perfumes, sabão etc.
citron-peel s. doce m. de casca de cidra.
citrous, citrus [s'itrəs] adj. cítrico, relativo às plantas do gênero Citrus.
city [s'iti] s. 1. cidade grande e importante, metrópole f. 2. (E. U. A.) divisão f. do governo local. 3. população f. de uma cidade. ‖ adj. citadino, de cidade, municipal.
the **City** o centro de Londres, o bairro comercial de Londres. **the ~ of New York** a cidade de N. Y **Mr. B. of this ~** o Sr. B. daqui. **Eternal City** Cidade Eterna, Roma. **Holy City** Cidade Santa, Jerusalém.
city article s. boletim financeiro m. (de jornal).
city authorities s. pl. autoridades municipais f. pl.
city buster s. (coloq.) bomba atômica f. ou de hidrogênio.
city desk s. (Jornal.) redação f. das notícias locais.
city editor s. editor, redator m. da parte financeira.
city father s. vereador m.
city hall s. (E. U. A.) prefeitura f.
city man s. comerciante m.
city manager s. (E. U. A.) prefeito m. designado por um conselho.
city news s. notícias f. pl. ou boletim comercial m.
city prices s. pl. preços acessíveis m. pi.
cityscape [s'itiskeip] s. vista da cidade f.
city-state s. cidade soberana f.
cityward [s'itiwəd], **citywards** [~z] adv. em direção à cidade.
cive [saiv], **chive** [tʃaiv] s. cebolinho m.
civet [s'ivit] s. 1. algália f.: secreção de certas glândulas do gato-de-algália. 2. (Zool.) (também **~ cat**) gato-de-algália m. 3. pele f. do gato-de-algália. ‖ v. perfumar com algália.
civic guard s. guarda cívica f.
civic [s'ivik] adj. 1. citadino. 2. cívico. 3. urbano, municipal. ‖ **~ally** adv. de maneira cívica.
civicism [s'ivisizm] s. civismo m.
civic-minded adj. cônscio dos deveres cívicos.
civics [s'iviks] s. (E. U. A.) ciência f. dos deveres e direitos dos cidadãos.
civies [s'iviz] s. pl. = **civvies**.
civil [s'ivil] adj. 1. cívico, relativo aos cidadãos. 2. governamental, administrativo, público. 3. civil, paisano, não militar. 4. polido, cortês. 5. (Jur.) civil. 6. civilizado. 7. (Jur.) legal. ‖ **~ly** adv. 1. civilmente. 2. por direito civil. 3. cortesmente.
civil architecture s. construções civis f. pl.

civil aviation s. aviação civil f.
civil case s. demanda civil f.
civil commotion s. guerra civil f., revolução f.
civil death s. (Jur.) perda f. dos direitos civis.
civil disobedience s. desobediência f. à lei (esp. por não pagar taxas).
civil engineer s. engenheiro civil m.
civilian [siv'iljən] s. 1. civil, paisano, indivíduo m. que não é militar. 2. civilista m. + f., pessoa versada em direito civil. ‖ adj. civil, paisano.
civility [siv'iliti] s. 1. cortesia, polidez f. 2. ato m. de cortesia. 3. (†) civilidade f.
civilizable [s'ivilaizəbl] adj. civilizável.
civilization [sivilaiz'eiʃən] s. civilização f.: a) ato de civilizar. b) estado avançado de desenvolvimento social. c) povos e nações civilizadas. d) cultura, modo de viver de uma nação.
civilize [s'ivilaiz] v. 1. civilizar. 2. refinar, educar.
civilized [~d] adj. 1. civilizado. 2. educado, culto.
civilizer [~ə] s. civilizador m.
civil law s. (Jur.) direito civil m.
civil-liberty s. liberdade civil f.
civil list s. (Ingl.) verba f. designada à família real.
civil marriage s. casamento civil m.
civil rights s. pl. direitos civis m. pl.
civil-servant s. (Ingl.) funcionário público m.
civil-service s. administração civil f., funcionalismo público m.
civil suit s. (Jur.) processo civil m., ação civil f.
civil war s. guerra civil f.
civil year s. ano civil m.
civism [s'ivizm] s. civismo m.
civvies, civies [s'iviz] s. pl. (gíria milit.) trajes civis m. pl.
clabber [kl'æbə] s. coalhada f. ‖ v. coalhar, talhar, coagular-se (leite).
clack [klæk] s. 1. estrépito, estalido, som m. de batida ou pancada. 2. conversa fiada, tagarelice f. 3. (arc.) tagarela m. + f. 4. taramela, tramela f. de moinho. 5. (também **~-valve**) válvula f. de charneira (quadro B 9). ‖ v. 1. estalar, estrepitar. 2. tagarelar, palrar. 3. cacarejar.
clad [klæd] imp. e p. p. de **clothe**.
~ in green vestido(a) de verde. **ivy ~** coberto de hera.
claim [kleim] s. 1. reivindicação, pretensão f. 2. direito, título m. 3. objeto m. de reclamação ou de reivindicação. 4. (E. U. A.) terra f. demarcada para exploração (por garimpeiro). 5. asserção, alegação f. ‖ v. 1. reivindicar, ter pretensão sobre, requerer seu direito. 2. alegar, pretextar, afirmar. 3. declarar como fato, sustentar. 4. clamar.
~ as per accounts débito escriturado. **~ for compensation** pedido de indenização. **~ department** seção de reclamações. **she has a ~ to my care** ela tem direito ao meu amparo. **I have many ~s on my time** meu tempo é muito escasso. **he laid ~ to an indemnity** ele apresentou um pedido de indenização. **to give up all ~s** renunciar a todas as pretensões. **he ~s to have told the truth** ele afirma ter dito a verdade. **to ~ against** proceder contra, apresentar queixa contra.
claimable [kl'eiməbl] adj. 1. reclamável, reivindicável. 2. alegável.
claimant [kl'eimənt] s. 1. pretendente, requerente m. + f. 2. reivindicador m.
I am a ~ for tenho pretensões sobre.
claim-jumper s. (E. U. A., Miner.) o que não respeita o terreno já ocupado por terceiros.
clair-obscure s. claro-escuro m.
clairvoyance [klɛəv'ɔiəns] s. 1. clarividência f. 2. discernimento m., perspicácia f.

clairvoyant [klɛəv'ɔiənt] s. (**clairvoyante**) vidente m. + f. ‖ adj. clarividente, vidente, perscrutador.
clam (I) [klæm] s. 1. (Zool.) molusco, marisco m., espécie de mexilhão. 2. (E. U. A., coloq.) pessoa calada ou taciturna f. ‖ v. (E. U. A.) catar ou procurar mariscos.
clam (II) [klæm] s. (geralm. no plural) torno, sargento, grampo m.
clamant [kl'æmənt] adj. clamante, clamador.
a ~ need uma necessidade clamorosa.
clambake [kl'æmbeik] s. piquenique m. à base de peixe e moluscos assados sobre pedras quentes.
clamber [kl'æmbə] s. escalada, subida difícil f. ‖ v. 1. escalar valendo-se de pés e mãos, trepar, subir com dificuldade. 2. (fig.) subir, tornar-se proeminente.
clamberer [~rə] s. escalador, trepador m.
clambering [~riɳ] s. escalada, subida f.
clamminess [kl'æminis] s. viscosidade f.
clammy [kl'æmi] adj. 1. frio e úmido. 2. pegajoso, adesivo, viscoso. ‖ –ily adv. 1. umidamente. 2. viscosamente.
clamorous [~rəs] adj. clamoroso, barulhento, vociferante. ‖ ~ly adv. clamorosamente, aos gritos.
clamorousness [~rəsnis] s. clamor m., vozeria f.
clamour, clamor [kl'æmə] s. 1. clamor, brado, grito m. 2. tumulto, alarido m. 3. queixa, reclamação barulhenta f. ‖ v. 1. gritar, berrar, clamar. 2. reclamar, protestar, queixar-se, vociferar.
to ~ against queixar-se em altas vozes contra.
clamourer, clamorer [~rə] s. clamador, reclamador m.
clamp (I) [klæmp] s. 1. braçadeira, fita, cinta f. para apertar qualquer coisa. 2. sargento, torno, grampo, parafuso m. de aperto (quadro A 4). 3. (Náut.) dormente m. ‖ v. segurar, apertar, firmar com grampo ou sargento.
clamp (II) [klæmp] s. 1. montão, monte m., pilha f. 2. pilha f. de tijolos para queimar. 3. montão m. de batatas, etc. ‖ v. empilhar, amontoar.
clamp (III) [klæmp] s. passo pesado, andar pesado m. ‖ v. andar ou pisar pesadamente.
clamping [kl'æmpiɳ] s. aperto, travamento m., ação de segurar com grampo.
clamping screw s. parafuso de aperto m.
clamshell s. concha f. de marisco.
clan [klæn] s. 1. clã m., tribo f., descendentes m. pl. de um mesmo antepassado. 2. (fig.) panelinha, pandilha f.
to ~ together agrupar-se, formar um bando.
clandestine [klænd'estin] adj. clandestino, escondido, furtivo, secreto. ‖ ~ly adv. clandestinamente, furtivamente.
clandestineness [~nis] s. clandestinidade f.
clandestine trade s. mercado negro, comércio clandestino m.
clang [klæɳ] s. 1. clangor, tinido, retintim m. 2. grasnido m. ‖ v. 1. clangorar, tinir, ressoar, soar. 2. fazer tinir ou ressoar. 3. grasnar (ganso), gruir (grou).
to ~ the bell tocar a campainha, o sino.
clangorous [kl'æɳgərəs] adj. clangoroso, ressoante, estridente. ‖ ~ly adv. clangorosamente, estridentemente.
clangour, clangor [kl'æɳgə] s. 1. clangor, som rijo m. 2. repique, toque f. de sinos. ‖ v. clangorar, clangorejar, retinir.
clank [klæɳk] s. estrépito, retintim m. (de correntes). ‖ v. 1. tinir, retinir. 2. fazer retinir.
clannish [kl'æniʃ] adj. 1. pertencente a um clã. 2. unido, intimamente ligado. ‖ ~ly adv. facciosamente, unidamente.
clannishness [~nis] s. espírito de união, espírito m. de casta.

clanship [kl'ænʃip] s. união f. em um clã, ligação f. entre membros de tribo, coesão tribal f.
clansman [kl'ænzmən] s. membro m. de clã ou de tribo.
clap (I) [klæp] s. 1. palmada f. 2. estrondo, estrépito m. 3. ribombo, estampido m. do trovão. 4. aplauso m., palmas f. pl. 5. (dial.) golpe m. de azar. ‖ v. 1. bater uma coisa contra a outra com estrondo. 2. aplaudir, bater palmas. 3. golpear, bater com um golpe rápido. 4. colocar, pôr rapidamente. 5. (coloq.) fazer, arranjar às pressas.
~ of thunder ribombo de trovão, trovão. **at a ~** de uma vez, de um só golpe. **to ~ spurs to the horse** esporear o cavalo. **they ~ped hands** confirmaram com aperto de mãos. **they ~ped their hands** bateram palmas, aplaudiram. **we ~ped on our hats** pusemos nossos chapéus. **the door ~ped to** a porta fechou-se batendo. **to ~ into** 1. fechar repentinamente, encarcerar. 2. entrar em. **to ~ to** fazer às pressas. **to ~ down** escrever, anotar apressadamente.
clap (II) [klæp] s. (gíria) gonorréia f. (também **the ~s.**)
clapboard [kl'æpbo:d] s. 1. tábua, ripa f. de madeira. 2. aduela f. 3. (E. U. A.) tábua f. para o revestimento exterior da casa. ‖ v. cobrir, revestir com tábuas.
clapnet [kl'æpnet] s. rede f. para pegar pássaros.
clapper [kl'æpə] s. 1. o que bate palmas, aplaudidor m. 2. badalo m. de sino (quadros B 9, E 1). 3. chocalho m. 4. (coloq.) língua, boca f.
clapperboard [—bo:d] s. (Cin.) indicador m. de cenas.
clapperclaw [~klo:] v. 1. (†) agredir violentamente, surrar, arranhar. 2. insultar, xingar. 3. criticar.
claptrap [kl'æptræp] s. 1. (coloq.) conversa oca f., farol m. 2. artifício m. 3. (fig.) reclame m. ‖ adj. que visa efeito vistoso, enganador, faroleiro.
claque [klæk] s. 1. claque f.: a) pessoas pagas para aplaudir. b) chapéu alto, de molas. 2. pessoas f. pl. que aplaudem por razões egoístas.
claquer [kl'ækə], **claqueur** [klək'ə:] s. claquista m.
clarabella [klærəb'elə] s. (Mús.) clarabela f., tom m. de flauta (no órgão).
clarence [kl'ærəns] s. carruagem fechada f. de quatro lugares.
clarendon [kl'ærəndən] s. (Tipogr.) tipo m. meio negrito.
claret [kl'ærət] s. 1. clarete, vinho tinto m. 2. cor vermelho-clara f. 3. (pesca) isca artificial f. cor-de-vinho. 4. (gíria, fig.) sangue m. ‖ adj. vermelho, da cor do vinho.
claret-cup s. ponche m. de vinho tinto.
clarification [klærifik'eiʃən] s. 1. clarificação f. 2. (fig.) esclarecimento m.
clarifier [kl'ærifaiə] s. 1. clarificador m. 2. recipiente m. para clarificar açúcar.
clarify [kl'ærifai] v. 1. clarificar, purificar, limpar. 2. (fig.) esclarecer(-se), explicar(-se), elucidar(-se), aclarar(-se).
clarinet [klærin'et] s. clarineta f., clarinete m.
clarinetist, clarinettist [~ist] s. clarinetista m. + f.
clarion [kl'æriən] s. 1. trombeta f. medieval de som estridente. 2. (poét.) som agudo e estridente m. ‖ v. clarinar, tocar trombeta. ‖ adj. clarinante.
clarionet [klærion'et] s. = **clarinet**.
clarity [kl'æriti] s. 1. claridade, limpidez f. 2. (Mús.) pureza f. de som. 3. clareza f. de estilo.
clarkia [kl'a:kiə] s. (Bot.) clárkia f.
clary [kl'ɛəri] s. (Bot.) 1. escaléia f. 2. hormino m.
clash [klæʃ] s. 1. estrondo, estrépito, som m. de choque, som metálico m. 2. choque m., colisão f. 3. conflito, desacordo m., discordância, oposição f. ‖ v. 1. estrepitar, estrondear. 2. bater, colidir,

chocar-se com estrondo. 3. bater, fechar com estrondo. 4. discordar, colidir, entrar em conflito. 5. não combinar, estar em desarmonia (de cores). 6. ir de encontro a, impedir, opor-se a.
clasp [kla:sp] s. 1. gancho, grampo, fecho, colchete m., fivela f., broche m. 2. abraço, amplexo m. 3. aperto m. de mão. ‖ v. 1. enganchar, acolchetar, afivelar. 2. apertar, abraçar. 3. agarrar, segurar na mão.
he ~ed my hand ele apertou-me a mão. **he ~ed his hands (together)** ele fechou as mãos (para rezar).
clasper [kl'a:spə] s. quem ou o que engancha.
clasp-knife s. canivete m., navalha f. de mola.
clasp-nail s. prego m. de gancho.
class [kla:s] s. 1. classe, categoria, espécie f. 2. aula, classe f. de alunos. 3. curso m., aula f. 4. (E. U. A.) colegas m. + f. pl. de turma ou de classe. 5. camada social f. 6. casta f. 7. (milit.) classe f. do mesmo ano. 8. alta categoria f. na sociedade. 9. grau m., qualidade f. 10. (E. U. A., gíria) excelência f. 11. (Bot. e Zool.) classe f. ‖ v. 1. classificar, agrupar, dispor em classe. 2. estar classificado, figurar em certa classe. ‖ adj. 1. relativo a classe, de classe. 2. (gíria) relativo a qualidade.
no ~ (gíria) miserável, muito ruim. **first ~** de primeira qualidade, excelente. **a first—~ performance** um feito (ou espetáculo) excelente. **to take a ~** (Univ.) prestar um exame. **middle—~(es)** classe média. **he is ~ed as classic** ele é considerado clássico. **to ~ with** pôr na mesma classe com, equiparar.
classable [kl'a:səbl] adj. classificável.
class-conflict s. luta f. de classes.
class-conscious adj. que tem espírito de classe
class-consciousness s. espírito m. de classe.
class day s. (E.U.A.) dia m. de comemorações, antes da formatura.
class-fellow s. colega m. + f. de classe.
classic [kl'æsik] s. 1. obra clássica, arte clássica f. 2. clássico, autor ou artista clássico m. 3. filólogo m. de línguas antigas. 4. ~s pl. clássicos m. pl., literatura f. dos gregos ou romanos, línguas antigas f. pl., filologia clássica f. ‖ adj. 1. de primeira qualidade. 2. clássico, relativo à arte ou literatura clássica. 3. perfeito, sóbrio, bem proporcionado. 4. famoso em literatura ou história.
the ~s os escritores clássicos. **he is a student of the ~s** ele estuda filologia clássica.
classical [~əl] adj. (também **classic**) 1. clássico. 2. versado nos clássicos. 3. devotado aos clássicos. 4. baseado nos clássicos. 5. ortodoxo. 6. (Mús.) fino, clássico. ‖ ~ly adv. classicamente.
classical economics s. sistema m. de economia clássica.
classical education s. educação humanística f.
classicality [klæsik'æliti], **classicalness** [kl'æsikəlnis] s. 1. caráter ou estilo clássico m. 2. cultura clássica f.
classical mechanics s. (Fís.) mecânica clássica f., baseada nas leis de movimento de Newton.
classicism [kl'æsisizm], **classicalism** [kl'æsikəlizm] s. 1. classicismo m. 2. aderência f. aos princípios clássicos. 3. educação f. clássica. 4. estilo clássico m., forma clássica f.
classicist [kl'æsisist], **classicalist** [kl'æsikəlist] s. 1. adepto m. dos princípios clássicos em literatura e arte. 2. conhecedor m. da literatura grega e romana. 3. partidário m. da educação clássica.
classicize [kl'æsisaiz] v. 1. tornar clássico. 2. imitar o estilo clássico.
classifiable [kl'æsifaiəbl] adj. classificável.
classification [klæsifik'eiʃən] s. classificação f.

classificatory [kl'æsifikeitori] adj. 1. classificador. 2. taxionômico.
classified [kl'æsifaid] adj. (E. U. A.) secreto, confidencial, restrito (documentos públicos).
~ ads anúncios classificados.
classifier [kl'æsifaiə] s. classificador m.
classify [kl'æsifai] v. classificar, agrupar.
classless [kl'æslis] adj. relativo à sociedade sem classes.
class-list s. lista f. para exames universitários (organizada de acordo com os méritos).
classmate [kl'a:smeit] s. (E. U. A.) condiscípulo, companheiro m. de classe, colega m. + f.
class-room s. sala de aula.
class struggle s. (Soc.) luta f. de classes (Marxismo).
classy [kl'a:si, kl'æsi] adj. (gíria) de primeira.
that thing is ~ (coloq.) isto é formidável.
clastic [kl'æstik] adj. (Geol.) clástico, fragmentário.
clat [klæt] s. tagarela m. + f. ‖ v. tagarelar.
clatter [kl'ætə] s. 1. ruído, tinido m. como o de pratos chocados entre si. 2. tropel, estrépito, fragor m. 3. algazarra f. ‖ v. 1. mover, cair com estrépito, retinir, fazer som retumbante. 2. patear, tropeliar. 3. palrar, tagarelar. 4. fazer tinir ou ressoar.
clatterer [~rə] s. palrador m., tagarela m. + f.
clattering [~riŋ] s. 1. ruído, fragor m. 2. tagarelice f. ‖ ~ly adv. ruidosamente.
a continual ~ um alarido contínuo.
claudication [klɔdək'eiʃən] s. coxeadura, claudicação f.
clausal [kl'ɔ:zəl] adj. clausular.
clause [klɔ:z] s. 1. (Gram.) parte f. de frase, oração f. 2. cláusula, condição f., artigo m. de contrato.
principal ~ (Gram.) oração principal. **subordinate ~** (Gram.) oração subordinada.
claustral [kl'ɔ:strəl] adj. claustral.
claustration [klɔ:str'eiʃən] s. enclaustramento m.
claustrophobia [klɔ:strof'oubiə] s. (Med.) claustrofobia f.
clavate [kl'eiveit] adj. claviforme.
clave [kleiv] (†) imp. de **cleave**.
clavecin [kl'ævisin] s. (Mús.) clavecino m.
clavichord [kl'æviko:d] s. (Mús.) clavicórdio m.
clavicle [kl'ævikl] s. (Anat.) clavícula f.
clavicorn [kl'æviko:n] s. (Ent.) clavicórneo m. ‖ adj. clavicórneo.
clavicular [kləv'ikjulə] adj. clavicular.
clavier [kl'æviə] s. (Mús.) 1. teclado m. 2. instrumento m. com teclado.
claviform [kl'ævifo:m] adj. claviforme.
clavigerous [kləv'idʒərəs] adj. clavigero.
claw [klɔ:] s. 1. unha afiada, garra f. 2. pata f. com unhas afiadas. 3. pinças, tesouras f. pl. de caranguejo, etc. 4. (coloq.) mão f. 5. (Téc.) garra, unha f. de martelo (quadro H 2). 6. arranhão m. ‖ v. arranhar, ferir, rasgar, prender com garras.
~ me and I'll ~ you (fig.) olho por olho. **to ~ off** 1. livrar-se de. 2. (Náut.) afastar-se da costa.
clawbelt fastener s. (Téc.) garra f. de correia.
claw-clutch s. (Téc.) embreagem f. de dentes, acoplamento m. de garras.
clawed [klɔ:d] adj. 1. armado com garras ou unhas. 2. ferido por garras ou unhas.
claw-hammer s. (Téc.) martelo m. com unha.
clay [klei] s. 1. barro m., argila f. (quadro C 16). 2. terra (argilosa) f. 3. lama f. 4. (fig.) corpo humano m. ‖ v. barrar, cobrir com barro.
he moistens his ~ ele bebe.
claybank [kl'eibæŋk] s. cavalo m. de cor amarelada. ‖ adj. barrento (cor).
clay-bottom s. barreira, terra argilosa f.
clayey [kl'eii] adj. argiloso, de barro.
clay hut s. cabana, choça f. de barro.

clayish [kl'eiiʃ] adj. barrento, argiloso.
clay-marl s. marga f.
claymore [kl'eimɔ:] s. espadão escocês m., medieval.
clay pan s. camada f. de solo barrento que impede a penetração de água e matéria vegetal.
clay pigeon s. (Esp.) pombo m. de barro.
clay pipe s. cachimbo m. de barro.
clay-pit s. barreiro m., barreira f.
clay-slate s. xisto argiloso m., ardósia f.
clay-stone s. pedra argilosa f.
claytonia [kleit'ouniə] s. (Bot.) Claitônia f. (gênero de ervas).
clean [kli:n] v. limpar, assear. ‖ adj. 1. limpo, asseado. 2. puro, inocente, imaculado, casto. 3. honesto, escrupuloso. 4. adequado para a alimentação. 5. claro, sem manchas. 6. sem nós (madeira). 7. liso, regular. 8. bem formado, bem proporcionado. 9. hábil, destro. 10. completo, inteiro, total. 11. desobstruído, desimpedido. ‖ adv. 1. completamente, inteiramente, totalmente. 2. de maneira absoluta. 3. habilmente, inteligentemente.
to ~ down limpar bem. to ~ out 1. esvaziar, despejar. 2. pôr (alguém) para fora. to ~ out a harbour limpar um porto com draga. to ~ up 1. pôr em ordem. 2. (E.U.A., gíria) arrumar sua vida. ~ as a button-stick (coloq.) que brilha de limpo. he has a ~ bill of health ele não tem doença. he made a ~ breast of it ele abriu-se, confessou tudo. he made a ~ sweep of it ele fez uma limpeza geral, ele acabou com isto. he showed a ~ pair of heels ele deu às de vila-diogo, fugiu. my handkerchief has ~ gone meu lenço sumiu simplesmente. you have ~ gone mad você ficou completamente maluco. ~ timber madeira sem nó.
cleanable [kl'i:nəbl] adj. que se pode limpar.
clean-bred adj. de puro sangue, de raça.
clean-cut adj. 1. que tem contorno nítido ou claro. 2. bem proporcionado ou formado, regular. 3. claro, definido, distinto. 4. que tem caráter ou personalidade distintos.
clean-cut features s. pl. feições regulares f. pl.
cleaner [kl'i:nə] s. 1. limpador, faxineiro m. 2. máquina f. de limpar ou de lavar. 3. qualquer coisa que limpa (tira-manchas, etc.).
vacuum ~ aspirador de pó.
cleaners [kl'i:nəz] s. pl. 1. tinturaria f. 2. tintureiros m. pl.
clean-fingered adj. insubornável, incorrutível.
clean-handed adj. honesto, de mãos limpas.
cleaning [kl'i:niŋ] s. limpeza f. ‖ adj. de limpeza, limpador.
dry ~ lavagem a seco.
clean-limbed adj. bem proporcionado, bem formado.
cleanliness [kl'enlinis] s. asseio m., limpeza f.
cleanly [kl'enli] adj. (habitualmente) limpo, asseado. ‖ adv. (também –ily) limpamente, asseadamente.
cleanness [kl'i:nnis] s. limpeza f., asseio m., (fig.) pureza, inocência f.
cleansable [kl'enzəbl] adj. que se pode limpar.
cleanse [klenz] v. 1. limpar. 2. purificar.
to ~ from sin purificar dos pecados.
cleanser [kl'enzə] s. limpador, purificador m.
clean-shaped adj. bem proporcionado.
clean-shaven adj. sem barba, de barba feita.
cleansing [kl'enziŋ] s. 1. limpeza f. 2. purificação f.
clean-up [kl'i:nʌp] s. 1. limpeza total f. 2. (gíria) dinheiro ganho, lucro m.
clear [kliə] s. claro, espaço m. ‖ v. 1. aclarar, clarear, iluminar. 2. retirar, remover, afastar. 3. tirar (a mesa). 4. limpar, roçar (terreno), desbravar. 5. desobstruir, desimpedir. 6. saltar ou passar por

(sem tocar), transpor. 7. absolver, inocentar, justificar, reabilitar. 8. esclarecer, elucidar, explicar. 9. ganhar, tirar como lucro líquido. 10. desembaraçar (carga), pagar direitos aduaneiros. 11. descarregar navio. 12. (Náut.) zarpar depois de desembaraçado. 13. esvaziar, despejar. 14. saldar, solver, liquidar contas. 15. compensar (um cheque). 16. exonerar, desobrigar. 17. desanuviar(-se), clarear. 18. (Náut.) afastar-se. 19. (gíria) sumir, fugir. ‖ adj. 1. claro, sem nuvens, brilhante, luminoso, lúcido. 2. transparente, translúcido. 3. puro, límpido. 4. limpo, sem mancha. 5. perspicaz, inteligente. 6. distinto. 7. evidente, aparente, manifesto. 8. inteligível. 9. seguro, certo. 10. livre, aberto, desimpedido. 11. desembaraçado. 12. sem tocar. 13. sem ser pego. 14. inocente, sem culpa. 15. líquido, livre de dívidas ou taxas. 16. ilimitado, completo. 17. despreocupado, sem preconceito. ‖ adv. (também ~ly) 1. claramente. 2. completamente, inteiramente.
to ~ out of the way tirar do caminho. to ~ decks aprontar o navio (para combate). he ~ed his throat ele tossiu, pigarreou. to ~ from blame declarar inocente. he ~s 6 ft. ele salta 6 pés em altura (sem tocar). to ~ the land (Náut.) fazer-se ao largo. to ~ an estate livrar uma propriedade de hipotecas. to ~ away 1. vencer, superar (a difficulty uma dificuldade). 2. afastar-se. to ~ off 1. retirar(-se). 2. liquidar (estoque). to ~ out 1. evacuar, desocupar. 2. (gíria) saquear, despojar. 3. destripar. 4. partir. to ~ up 1. aclarar, desanuviar-se. 2. decifrar. 3. arrumar, pôr em ordem. the weather is ~ing up o tempo está melhorando. as ~ as crystal ou as ~ as (noon) day bem claro, evidente. all (is) ~! tudo pronto, tudo em ordem. as ~ as mud ou as ~ as a boot-jack (joc.) claro como tinta. the coast is ~ (fig.) não está ninguém por perto. ~ amount quantia líquida, lucro líquido. a ~ case! sem dúvida! ~ contrary justamente o contrário. ~ felling derrubada total do mato. ~ of debt livre de dívidas. ~ water (Náut.) água aberta para a navegação. he spoke loud and ~ ele falou em voz alta e clara. we got ~ of him ficamos livres dele. he came off ~ ele escapou ileso, ele salvou-se. we kept ~ (of) ficamos afastados de, não nos intrometemos (em). stand ~! saia do caminho!, afaste-se!
clearage [kl'iəridʒ] s. 1. retirada f. 2. limpeza f.
clearance [kl'iərəns] s. 1. liberação, desobstrução f. 2. espaço livre m., folga, luz f. 3. (Marit. e Aer.) autorização f. de partida. 4. acerto m. de contas entre bancos. 5. pagamento m. de direitos alfandegários. 6. derruba, derrubada, roça f.
~ of the piston folga do pistão.
clearance angle s. ângulo m. de incidência (de ferramenta).
clearance sale s. liquidação total f.
clearance space s. (Téc.) espaço perdido ou nocivo m.
clear-cut adj. 1. que tem contorno nítido. 2. claro, definido, distinto.
clearer [kl'iərə] s. 1. limpador m. 2. esclarecedor m.
clear-eyed adj. 1. de olhos claros, perspicazes. 2. de visão aguda, realista.
clear-headed adj. lúcido, inteligente, perspicaz. ‖ ~ly adv. lucidamente, sutilmente.
clear-headedness s. lucidez, inteligência, sutileza f.
clearing [kl'iəriŋ] s. 1. justificação f. 2. roça, clareira f. (quadro F 6). 3. ajuste, acerto m. de contas, compensação f. de cheques entre bancos. 4. liquidação f.
clearing house, clearing-office s. carteira f. de compensação.
clearing-sale s. liquidação total f.

clearing-station s. (Milit.) posto provisório m. para recolhimento de feridos.

clearness [kl'iənis] s. 1. clareza, claridade, nitidez f. 2. pureza, inocência f. 3. agudeza, sutileza f.

clear-shining adj. brilhante, lustroso.

clear-sighted adj. perspicaz, agudo, clarividente. ‖ ~ly adv. perspicazmente, com clarividência.

clear-sightedness s. perspicácia, agudeza, clarividência f.

clear-starch v. engomar.

clear-starcher s. engomadeira f.

clear-voiced adj. que tem voz clara, com voz clara.

clearway [kl'iəwei] s. (Autom., Ingl.) acostamento m.

cleat [kli:t] s. 1. chapuz m. 2. trava, cunha f., calço, espeque m. 3. ripa f. ou ferro m. com função de suporte ou para evitar escorregamento. 4. (Náut.) cunho m., castanha f. 5. chapinha f. de ferro para sapato. ‖ v. 1. prover com chapuz, cunha ou suporte, calçar. 2. (Náut.) amarrar em cunho.

cleavable [kl'i:vəbl] adj. que se pode rachar ou fender.

cleavage [kl'i:vidʒ] s. 1. rachadura, fendidura f. 2. modo m. de rachar, clivagem f. 3. suscetibilidade f. de rachar. 4. (fig.) divisão f. 5. (Biol.) segmentação f. do ovo.

cleave (I) [kli:v] v. (imp. cleft, cleaved ou clove, p. p. cleft, cleaved, cloven). 1. rachar(-se), fender(-se), partir(-se), dividir(-se). 2. transpassar, perfurar, penetrar. 3. abrir caminho.
to ~ asunder rachar(-se).

cleave (II) [kli:v] v. (imp. e p. p. cleaved) 1. aderir, apegar-se, colar-se. 2. ser fiel.
the man will ~ unto his right ele vai insistir em seu direito.

cleaver [kl'i:və] s. 1. rachador, talhador m. 2. cutelo m. de açougueiro.

cleavers [kl'i:vəz] s. (Bot.) aparinas f. pl., amor-de-hortelão m.

cleek [kli:k] s. 1. gancho m. 2. taco m. de golfe com castão de ferro.

clef [klef] s. (Mús.) clave f.

cleft [kleft] s. racha, fenda, fissura f. ‖ v. imp. e p. p. de cleave. ‖ adj. 1. fendido, rachado. 2. dividido.
in a ~ stick em situação difícil, em apuros.

cleft-palate s. (Med.) fenda palatina f.

cleg [kleg] s. moscardo, tavão m.

cleistogamous [klaist'əgəməs] adj. (Bot.) clistógamo: relativo a flor hermafrodita.

clematis [kl'emətis] s. (Bot.) clematite f.

clemency [kl'emənsi] s clemência, brandura f.

clement [kl'emənt] adj. 1. clemente, indulgente. 2. bondoso. ‖ ~ly adv. clementemente.

clench [klentʃ] s. aperto m., ato de agarrar firmemente. ‖ v. 1. juntar firmemente, entreligar, fixar, prender. 2. apertar, agarrar. 3. cerrar (punho).
with ~ed energy còm energia concentrada. ~ed fist punho cerrado.

clepsydra [kl'epsidrə] s. clepsidra f.: relógio de água.

cleptomania [kleptom'einiə] s. (Psicol.) cleptomania f.

clerestory [kl'iəstəri] s. (também clearstory) (Arquit.) clerestório m.: galeria superior de igreja ogival.

clergy [kl'ɑ:dʒi] s. clero m.
many ~ were present muitos clérigos estiveram presentes.

clergyman [~mən] s. 1. clérigo, padre, pastor, sacerdote, ministro m. 2. roupa usada por clérigos católicos.

cleric [kl'erik] s. clérigo m. ‖ adj. clerical, eclesiástico.

clerical [~əl] s. 1. clérigo, padre m. 2. partidário m. do clericalismo. ‖ adj. 1. relativo a escrevente ou empregado de escritório. 2. clerical, eclesiástico.

‖ ~ly adv. clericalmente.

clerical error s. erro m. de escrita.

clericalism [kl'erikəlizm] s. clericalismo m.

clericalist [kl'erikəlist] s. clericalista m. + f.

clericality [klerik'ælíti] s. clericato m.

clericalize [kl'erikəlaiz] v. clericalizar, tornar clerical.

clerical work s. trabalho m. de escritório.

clerisy [kl'erəsi] s. classe f. dos intelectuais.

clerk [klɑ:k] s. 1. (E. U. A.) caixeiro m. 2. escriturário m., escrevente, copista m. + f. 3. oficial m. de cartório ou de justiça. 4. sacristão m. 5. clérigo m. ‖ v. trabalhar como escrevente, etc.
parish ~ sacristão. bank-~ funcionário de banco. confidential ~, signing ~ gerente, administrador. chief ~, head ~ chefe de escritório. town ~ secretário da câmara municipal. ~ to the board of works fiscal de obras. ~ of the weather (E. U. A., joc.) São Pedro.

clerkdom [kl'ɑ:kdəm] s. escrivania f., cargo m. de escrivão ou de escrevente.

clerkly [kl'ɑ:kli] adj. 1. clerical. 2. letrado, estudado. 3. caligráfico. 4. relativo a escrevente.

clerkship [kl'ɑ:kʃip] s. 1. clericato m. 2. amanuensado, cargo m. ou função f. de escrevente, cargo m. de secretário.

clever [kl'evə] adj. 1. inteligente, esperto, engenhoso, talentoso. 2. hábil, destro. ‖ ~ly adv. inteligentemente, engenhosamente, habilmente.
she is ~ at sewing ela costura bem.

cleverness [~nis] s. 1. inteligência f. 2. habilidade f.

clevis [kl'evis] s. manilha f.: peça de ligação em forma de U.

clevis bolt s. perno m. de manilha.

clew [klu:] s. 1. (também clue) indício, vestígio m. chave, pista f. ou rastro m. (para solução de um mistério). 2. novelo m. 3. (Náut.) punho m. de vela (quadro S 2). ‖ v. 1. enovelar. 2. (Náut.) bolinar.
hammock ~s aranhas de maca.

clew-garnet, ~-line s. (Náut.) estingue m. de vela.

cliché [kl'i:ʃei] s. 1. (Tipogr.) clichê m. 2. negativo fotográfico m. 3. (fig.) lugar-comum, chavão m.

click [klik] s. 1. tique-taque, estalido m., pancadinha f. 2. trinco m., tranqueta, aldrava f. 3. (Téc.) lingüeta, trava f. (quadro C 11). 4. clique m.: estalido feito com a língua. ‖ v. 1. fazer tique-taque, dar estalidos. 2. estalar, tinir. 3. bater, fechar-se (fechadura). 4. (gíria) ter sucesso.
he ~ed the door to ele fechou a porta (com o trinco). they ~ed (the) glasses levantaram os copos, brindaram. he ~ed his heels ele bateu os calcanhares, ele fez continência. he ~ed his tongue ele deu estalos com a língua.

client [kl'aiənt] s. 1. cliente m. + f. 2. freguês m.

clientage [~idʒ], clientele [klaiənt'el, kli:-] s. freguesia, clientela f.

clientless [kl'aiəntlis] adj. sem clientes ou fregueses.

cliff [klif] s. rochedo íngreme m. (quadro M 7).

cliff dweller s. 1. (Hist., E. U. A.) índio pré-histórico m.: habitava cavernas nos penhascos do Litoral Sudoeste. 2. morador m. de apartamento.

cliff hanger s. (coloq.) estória ou situação de suspense f.

cliffy [kl'ifi] adj. penhascoso.

climacteric [klaim'æktərik] s. 1. (Med.) climatério m., menopausa f. 2. época crítica f. ‖ adj. (também ~al) climatérico, crítico.
~ years (Med.) menopausa.

climactic [klaim'æktik], climactical [~əl] adj. relativo a clímax.

climate [kl'aimit] s. 1. clima m., condições meteorológicas f. pl. 2. atmosfera f., ambiente m. 3. região climática, zona f.

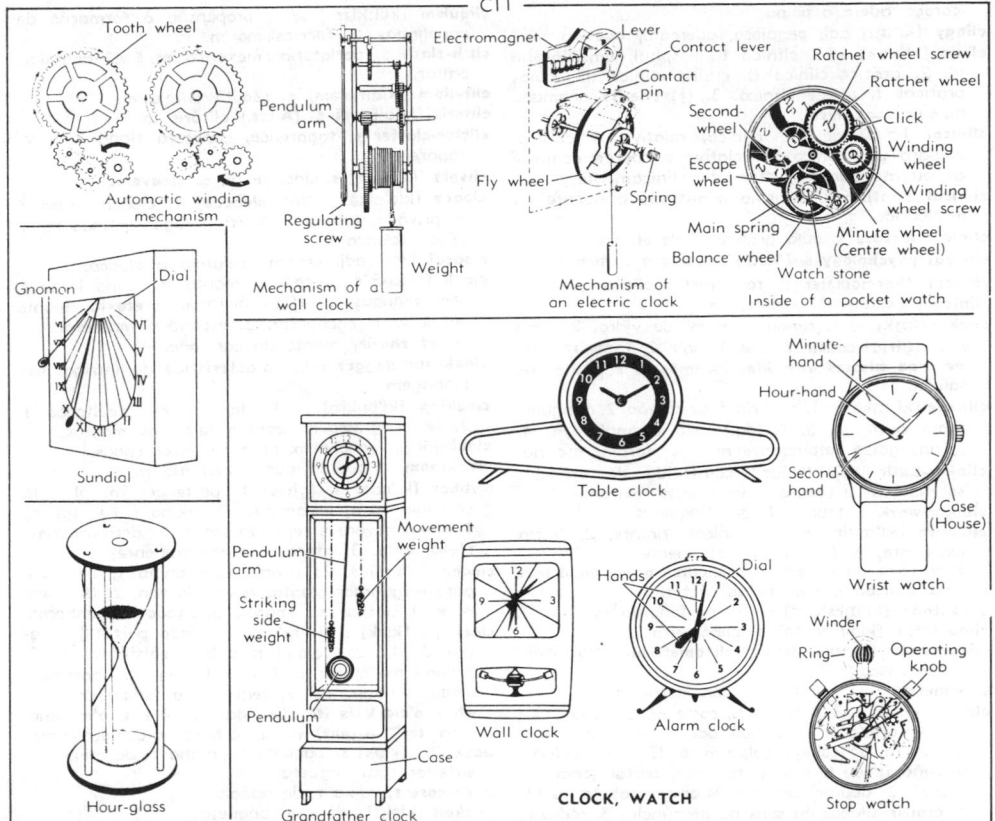

C11

Tooth wheel

Pendulum arm

Automatic winding mechanism

Regulating screw

Weight

Mechanism of a wall clock

Electromagnet — Lever
Contact lever
Contact pin

Second-wheel

Fly wheel

Escape wheel

Spring

Main spring

Balance wheel

Mechanism of an electric clock

Ratchet wheel screw
Ratchet wheel
Click
Winding wheel
Winding wheel screw
Minute wheel (Centre wheel)
Watch stone

Inside of a pocket watch

Gnomon

Dial

Sundial

Hour-glass

Pendulum arm

Striking side weight

Pendulum

Case

Grandfather clock

Movement weight

Hands

Wall clock

Table clock

Dial

Alarm clock

Minute-hand
Hour-hand
Second-hand
Case (House)

Wrist watch

Winder
Ring
Operating knob

Stop watch

CLOCK, WATCH

climatic [klaim'ætik] adj. climático, relativo a clima. ‖ ~ally adv. climaticamente.
climatic resort s. estação climatérica f.
climatize [kl'aimətaiz] v. aclimatizar, climatizar, aclimar.
climatologist [klaimət'ɔlədʒist] s. climatologista m.+f. adj. climatológico.
climatologist [klaimət'ɔlədʒist] s. climatologista m.
climatology [klaimət'ɔlədʒi] s. climatologia f.
climax [kl'aimæks] s. 1. clímax, ápice m., culminância f. 2. (Ret.) gradação f., clímax m. ‖ v. culminar, levar ou chegar ao ponto culminante.
to find its ~ in culminar em.
climb [klaim] s. 1. ascensão, subida, escalada f. 2. lugar m. a ser escalado. ‖ v. 1. ascender, escalar, trepar. 2. elevar-se. 3. crescer, trepar (planta).
the boy ~ed a tree o menino trepou numa árvore.
he ~ed the scale ele subiu na sociedade. **to ~ down** 1. descer (uma árvore, um penhasco, etc.). 2. ceder, reduzir suas ambições.
climbable [kl'aiməbl] adj. escalável.
climber [kl'aimə] s. 1. escalador, trepador m., alpinista m.+f. 2. (Bot.) trepadeira f. 3. (Orn.) ave trepadora f.
social ~ (fig.) arrivista m.+f.
climbers [kl'aiməz] s. pl. 1. ganchos trepadores m. pl. para subir em postes. 2. (Zool.) trepadoras f. pl.: ordem de aves que trepam.
climbing [kl'aimiŋ] s. escalamento, alpinismo m., ascensão f. às montanhas. ‖ adj. trepadeira, trepador.

climbing irons s. ganchos trepadores m. pl.
climbing perch s. (Ict.) anabás m.: peixe da Índia que sobe nas margens (e, dizem, também em arbustos à margem).
clime [klaim] s. (poét.) ↑. região f. 2. clima m.
clinanthium [klin'ænθiəm] s. (Bot.) clinanto m.
clinch [klintʃ] s. 1. rebitamento m., curvação f. de um pino para segurá-lo. 2. rebite, cravo. m. 3. (Esp.) agarramento, corpo-a-corpo m. 4. (Náut.) talingadura, talinga f. 5. (†) trocadilho, jogo m. de palavras. ‖ v. 1. rebitar, revirar, segurar (pino, curvando sua ponta). 2. apertar, fixar. 3. (fig.) assentar, decidir, encerrar (assunto). 4. (E. U. A., Esp.) agarrar, pegar corpo-a-corpo.
that ~es matters isto decide o assunto.
clinch-bolt s. cavilha f. de rebitar.
clincher [kl'intʃə] s. 1. prego ou pino recurvado, grampo m. 2. (fig.) prova concludente f., argumento decisivo m.
cling [kliŋ] s. (†) agarração f., ato de pegar. ‖ v (imp. e p. p. clung) 1. agarrar, pegar, segurar, grudar. 2. apegar-se a, ser fiel a. 3. abraçar.
of a ~ing disposition ligado, fiel, apegado. **of the ~ing sort** (fig.) sem iniciativa própria, dependente de outrem. **she ~s to her girl-friends** ela gosta das suas amigas. **they ~ together** eles são muito ligados, são amigos, são unidos.
clinging [kl'iŋiŋ] adj. 1. adesivo, pegajoso. 2. justo, apertado (vestido). ‖ ~ly adv. de maneira pegajosa.
clingstone [kl'iŋstoun] s. (E. U. A.) pêssego m. cujo

caroço adere à polpa.

clingy [kl'iɳi] adj. pegajoso, aderente, adesivo.

clinic [kl'iniek] s. 1. clínica f., hospital, ambulatório m. 2. prática clínica f., ensino clínico m., aulas práticas f. pl. de clínica. 3. (†) doente acamado m. ‖ adj. = **clinical.**

clinical [~əl] adj. 1. clínico, relativo à clínica. 2. para uso clínico. 3. relativo a doente acamado ou moribundo. ‖ ~**ly** adv. clinicamente.

clinical baptism s. batismo ministrado a doente ou moribundo.

clinical lecture s. aula prática f. de clínica.

clinical psychology s. (Med.) psicologia clínica f.

clinical thermometer s. termômetro clínico m.

clinician [klin'iʃən] s. clínico m.

clink [kliɳk] s. 1. tinido, som m. de vidro. 2. rimo f. 3. (gíria) cadeia f. ‖ v. 1. tinir. 2. fazer retinir. **we ~ed glasses with him** tocamos os copos à sua saúde.

clinker [kl'iɳkə] s. 1. escória f. de carvão. 2. clínquer, tijolo duro, m. 3. (coloq.) belo exemplar m. 4. (gíria) golpe retumbante m. ‖ v. formar escória.

clinker-built adj. (Náut.) construído de pranchas sobrepostas e seguras com pregos revirados.

clinker-work s. fábrica f. de clínqueres.

clinking [kl'iɳkiɳ] adj. 1. tinidor, tininte. 2. (gíria excelente, perfeito. ‖ adv. altamente. **a ~ race** uma corrida excelente. **a ~ good race** uma corrida altamente satisfatória.

clinkstone [kl'iɳkstoun] s. (Petr.) fonólito m.

clinometer [klain'ɔmitə] s. clinômetro m.

clinometric [klainom'etrik], **clinometrical** [~əl] adj. clinométrico.

clinometry [klain'ɔmitri] s. clinometria f.

clip (I) [klip] s. 1. tosquia f., corte m. 2. tosão, velo m. 3. qualquer coisa cortada f. 4. movimento rápido m. 5. (coloq.) golpe m. 6. (E. U. A., coloq.) ocasião única f. ‖ v. 1. tosquiar, cortar (com tesoura). 2. aparar, cercear. 3. cortar cabelo ou lã. 4. omitir sílabas ou sons na pronúncia. 5. reduzir, cortar, encurtar. 6. (coloq.) mover-se rapidamente. 7. (coloq.) golpear rapidamente. 8. recortar (notícias de jornal). 9. (Téc.) desbarbar. **he ~s his g's** ele não pronuncia os gês. **to ~ the wings of** cortar as asas de (também fig.). **~ped word** abreviatura.

clip (II) [klip] s. 1. clipe, grampo m. (quadros F 7, F 1). 2. pente m. para balas. ‖ v. segurar (com clipe), grampear, apertar.

clip-fed adj. (arma de fogo) automaticamente carregado.

clip joint s. (gíria) bar m., boate f. com preços exagerados.

clip-on adj. clipado.

clipper [kl'ipə] s. 1. tosquiador, cortador m. 2. (geralmente ~s pl.) tesoura, máquina f. de cortar ou de tosquiar. 3. (E. U. A.) clíper, veleiro rápido m. 4. avião grande e rápido m. 5. (gíria) pessoa ou coisa f. excelente.

clipper-built adj. (Náut.) construído como um clíper.

clipping [kl'ipiɳ] s. 1. tosquia, tosquiadela f. 2. (E. U. A.) recorte m. de jornal. 3. (geralmente ~s pl.) aparas f. pl. ‖ adj. 1. cortante. 2. rápido, veloz. 3. (gíria) excelente, de primeira, vistoso. ‖ ~**ly** adv. (gíria) vistosamente, otimamente.

clique [kli:k] s. grupo exclusivo m., panelinha, roda f. ‖ v. formar panelinhas.

cliquish [kl'i:kiʃ] adj. 1. exclusivo. 2. faccioso. ‖ ~**ly** adv. 1. exclusivamente. 2. faccíosamente.

cliquishness [~nis] s. 1. exclusivismo m. 2. facciosidade f.

cliquism [kl'i:kizm] s. 1. propensão à formação de panelinhas. 2. facciosismo m.

clish-clash s. parlatório, mexerico m. ‖ v. tagarelar, palrar.

clitellum [klait'eləm] s. (Zool.) clitelo m.

clitoris [kl'aitoris] s. (Anat.) clitóris m.

clitter-clatter s. tagarelice, conversa fiada f. ‖ v. tagarelar.

clivers [kl'ivə:z] s. sing. + pl. = **cleavers.**

cloaca [klo'eikə] s. (pl. **cloacae**) 1. cloaca, fossa f. 2. privada, latrina f. 3. (fig.) lugar imundo m. 4. (Zool.) cloaca f.

cloacal [~l] adj. cloacal, relativo a cloaca.

cloak [klouk] s. 1. capote, manto m., capa larga f. sem mangas. 2. (fig.) disfarce, pretexto, manto m. ‖ v. 1. encapotar. 2. esconder, mascarar. **~ of charity** manto da caridade.

cloak-and-dagger adj. característico de intriga, espionagem.

cloaking [kl'oukiɳ] s. 1. disfarce m., ocultação † 2. tecido grosso m. para o feitio de mantos.

cloak-pin s. gancho m. para pendurar capas.

cloakroom s. guarda-rouna, vestiário m.

clobber [kl'ɔbə] s. (gíria) 1. pertences m. pl. que se usam costumeiramente. 2. roupa f. ‖ v. (gíria) 1. bater severa e repetidamente. 2. derrotar completamente. 3. atacar continuadamente.

cloche [klouʃ] s. 1. (Hort.) campânula f. de vidro para resguardar plantas novas do frio. 2. (também **~ hat**) cloche m.: chapéu apertado de senhoras.

clock (I) [klɔk] s. 1. relógio m. (não portátil) (quadro C 11). 2. (coloq.) medidor, registrador m. 3. (coloq.) taxímetro m. ‖ v. 1. (coloq.) cronometrar, medir o tempo de. 2. registrar o tempo de. **what o'clock is it?** que horas são? **one o'~** uma hora. **to ~ in (out)** marcar a hora no começo (fim).

clock (II) [klɔk] s. bagueta f., pinha f. de meia. ‖ v enfeitar com bagueta.

clock-case s. caixa f. de relógio.

clocked [klɔkt] adj. com bagueta.

clock-face s. mostrador m. de relógio.

clock-hand s. ponteiro m. de relógio.

clock-maker s. relojoeiro m.

clock-tower s. torre f. de relógio.

clockwise [kl'ɔkwaiz] adj. + adv. no sentido do movimento dos ponteiros do relógio. **counter ~** no sentido contrário ao dos ponteiros do relógio.

clockwork [kl'ɔkwə:k] s. mecanismo m. de relógio ou mecanismo semelhante. ‖ adj. automático, regular. **~ engine** locomotiva de corda (brinquedo). **like ~** com grande regularidade, como um relógio.

clod [klɔd] s. 1. torrão m. de terra. 2. terra f., solo m. 3. coisa terrosa f. 4. (fig.) pessoa estúpida f., cabeça-dura m. + f. ‖ v. 1. coagular, coalhar-se. 2. formar torrões f. de. 3. arremessar torrões de terra.

clod-crusher s. rastelo m. para quebrar torrões.

cloddish [kl'ɔdiʃ] adj. rude, grosseiro, rústico, tosco. ‖ ~**ly** adv. rudemente, grosseiramente.

cloddishness [~nis] s. rusticidade, grosseria f.

cloddy [kl'ɔdi] adj. 1. cheio de torrões. 2. (fig.) terrestre, baixo, sem valor. 3. atarracado (cão).

clodhopper [kl'ɔdhɔpə] s. 1. lavrador m. 2. rústico, labrego m. 3. sapatão m.

clodpate, clodpoll s. estúpido, tolo, ignorante m.

clog [klɔg] s. 1. obstáculo, impedimento, embaraço m. 2. bloco m., trava, peia f. 3. entupimento m., obstrução f. 4. tamanco, sapatão m. com sola de madeira (quadro S 7). 5. dança f. ou sapateado m. com tamancos. ‖ v. 1. encher(-se), entupir(-se), obstruir. 2. parar, frear, interferir, pear, impedir, embaraçar. 3. dançar com tamancos, sapatear.

C12

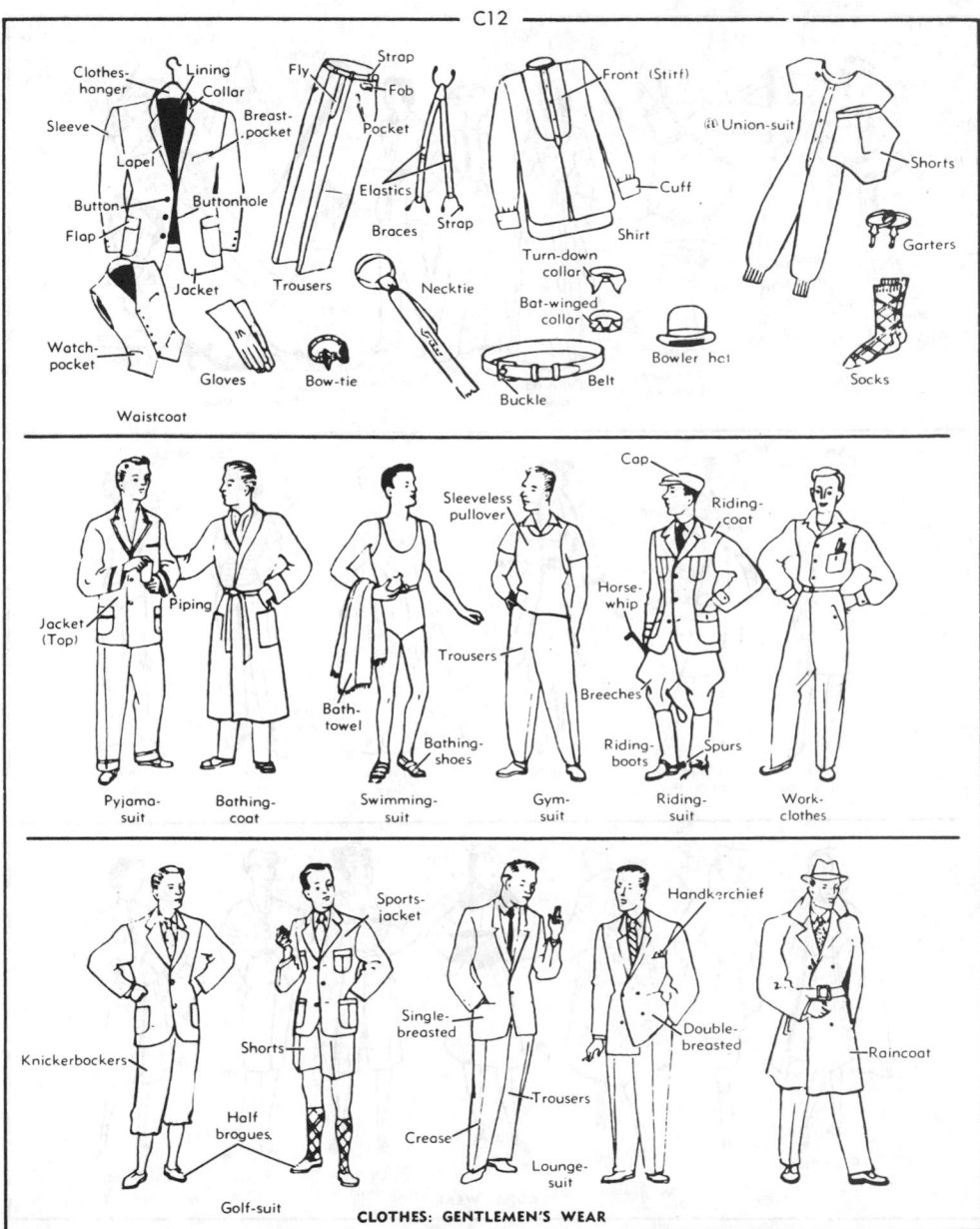

CLOTHES: GENTLEMEN'S WEAR

clog-dance s. dança f. ou sapateado m. com tamancos.

clogginess [kl'ɔginis] s. 1. estorvo, embaraço m. 2. viscosidade f.

clogging [kl'ɔgiŋ] s. entupimento, depósito m. de sujeira.

cloggy [kl'ɔgi] adj. 1. embaraçoso, empachoso. 2. adesivo, pegajoso.

cloisonné [klɔizən'ei] s. esmalte cloasonado m. ‖ adj. cloasonado.

cloister [kl'ɔistə] s. 1. abóbada f. de claustro. 2. con-vento, mosteiro m. 3. retiro, claustro m. ‖ v. clau-surar, enclausurar, enclaustrar.

cloistered [~d] adj. 1. clausurado, enclausurado, recluso. 2. provido de abóbada de claustro.

cloistral [kl'ɔistrəl] adj. 1. claustral: relativo a con-vento ou mosteiro. 2. ermo, isolado, retirado, soli-tário.

cloistress [kl'ɔistris] s. freira f.

clomb [kloum] v. (†) imp. e p. p. de **climb.**

clomp [klɔmp] v. andar pesada e ruidosamente.

clone [kloun] s. (Biol.) clone m.

— C13 —

Upper part | Bow | Strap | Skirt | Pleats | Lace | Dress | Slip | Straps | Apron | Frill | Combination (Cami-knickers) | Dressing-gown | Nightdress | Pyjamas à Pajamas | Umbrella | Top | Belt | Glove | Trousers | Bag | Gloves | Stockings | Court shoe | Barred shoe | Hat | Beret | Scarf | Slipper

Blouse | Cap | Collar | Lapel | Belt | Sleeve | Jacket | Skirt | Veil | Coat à Topper | Dress | Train | Pullover | Sun-goggles | Slacks | Sport shoe | Anklet | Skirt and blouse | Tailor-made lady's skirt | Ensemble | Evening dress | Sport-dress | Bathing-suit

Cap | Fur jacket | Fur collar | Muff | Boots | Rain cape | Furcoat | Winter coat | **LADIES' WEAR** | Divided skirt | House dress | Smock frock

clonic [kl'ɔnik] adj. (Med.) clônico, espasmódico.
clonus [kl'ounas] s. (Med.) espasmo clônico m.
close (I) [klouz] s. 1. fim, término m., conclusão f. 2. briga, peleja, luta corpo-a-corpo f. ‖ v. 1. fechar, encerrar, confinar. 2. tapar, encher. 3. barrar, bloquear, obstruir. 4. cerrar (fileiras). 5. juntar(-se). 6. envolver, cercar. 7. concordar, chegar a um acordo. 8. terminar, completar, concluir, encerrar. 9. cicatrizar, fechar (ferida). 10. trancar, aferrolhar. 11. engalfinhar-se. 12. (Náut.) encostar(-se), perlongar. **at the ~ of day** no fim do dia, ao crepúsculo. **at the ~ of the year** no fim do ano. **to draw to a ~** chegar ao fim. **to ~ an account** encerrar uma conta. **to ~ an affair** encerrar um assunto. **to ~ a bargain** fechar um negócio. **he ~d his days** ele morreu. **he ~d the door upon her** 1. ele fechou a porta atrás dela. 2. (fig.) expulsou-a. **he ~d the door upon every attempt at reconciliation** ele tornou impossível qualquer tentativa de reconciliação. **he ~d his eyes to it** ele fechou um olho, deixou-o passar. **they ~d the ranks** cerraram fileiras. **to ~ a seam** rematar uma costura. **the ship ~s the wind** o navio vira para o vento. **to ~ down** fechar, encerrar as atividades. **the shops ~d down** as lojas

C14

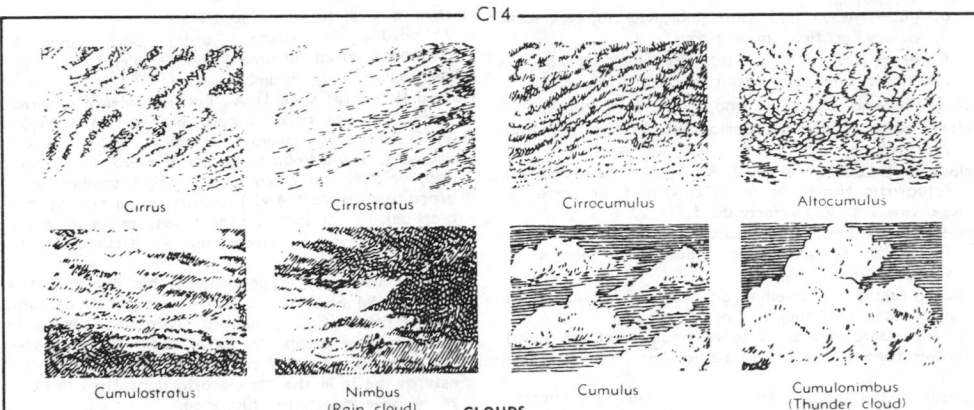

Cirrus — Cirrostratus — Cirrocumulus — Altocumulus — Cumulostratus — Nimbus (Rain cloud) — Cumulus — Cumulonimbus (Thunder cloud)

CLOUDS

fecharam suas portas. **to ~ in** 1. fechar, cercar. 2. encerrar, irromper, aproximar-se, chegar. **the night ~d in** chegou a noite. **to ~ up** fechar, trancar, cerrar. **they ~d up** cerraram fileiras. **they ~d upon him** 1. chegaram a um acordo a seu respeito. 2. caíram em cima dele. **to ~ with** 1. aceder. 2. unir-se a. 3. entrar em luta corporal.
close (II) [klous] s. 1. espaço fechado, terreno cercado, cercado m. 2. cerca, sebe, tapada f. 3. beco estreito m. 4. **the Close** recinto m. de mosteiro ou abadia. ‖ adj. 1. junto, próximo, perto, pegado, contíguo, estreito. 2. justo, apertado. 3. compacto, denso, condensado. 4. íntimo, caro, familiar. 5. cuidadoso, exato, conciso, preciso. 6. estrito, perfeito. 7. fechado, cerrado. 8. rigoroso, severo. 9. abafado, opressivo, pesado, sufocante. 10. fechado, reservado. 11. secreto, oculto. 12. restrito, limitado. 13. parcimonioso, econômico, frugal. 14. raro, difícil de obter. 15. quase igual, quase no mesmo nível. 16. confinado, estritamente guardado, segregado. 17. pronunciado com os lábios parcialmente fechados. 18. grosso, fechado (tecido). 19. viscoso, tenax. 20. quase certeiro. 21. atento, observador. ‖ adv. (também **~ly**) 1. rente, cerce, cérceo. 2. de perto, junto ao pé. 3. severamente, rigorosamente, estritamente. 4. estreitamente, hermeticamente, firmemente, compactamente. 5. exatamente, cautelosamente. 6. economicamente.
he keeps himself ~ ele se esconde. **~ air** ar viciado ou abafado. **~ argument** argumento incontestável. **a ~ carriage** uma carruagem fechada. **~ combat** luta corpo-a-corpo. **a ~ customer** (coloq.) um tipo taciturno. **~ election, ~ vote** eleição disputadíssima. **a ~ hand** 1. uma mão fechada. 2. (fig.) pessoa sovina. **~ proximity** proximidade imediata. **the end is ~** o fim está próximo. **at ~ quarters** nas imediações. **~ season, ~ time** (caça) defeso. **~ shave** ou **thing** escape por pouco, por um triz. **~ style** estilo breve ou conciso. **~ writing** letra apertada. **~ by** bem junto, perto. **~ to** nas proximidades. **~ to the ground** rente ao chão. **~ to the wind** com vento pela popa. **~ at hand** iminente, próximo. **to follow ~ upon** seguir ao pé. **keep ~!** 1. fique perto de mim! 2. cale a boca! 3. esconda-se! **to sit ~** assentar justo (vestido). **to sit ~ around the fire** estar sentado junto ou perto do fogo. **to draw the curtains ~** fechar bem as cortinas. **to stick ~ to** ficar perto ou próximo de.

to live ~ viver economicamente, poupar. **to come ~** chegar perto. **to cut ~** cortar rente. **~ly allied** intimamente ligado. **he must be watched ~ly** ele tem de ser observado ou vigiado rigorosamente.
close-banded adj. intimamente ligado.
close-bodied adj. 1. apertado (vestido). 2. compacto.
close-by adj. perto, adjacente, vizinho.
close call s. (E. U. A., coloq.) escape m. por pouco.
close-cropped adj. cortado à escovinha, tosquiado.
closed circuit television s. televisão f. em circuito fechado.
closed corporation s. (Com.) firma f. de capital não aberto.
closed shop s. (E. U. A.) estabelecimento m. que só admite empregados sindicalizados.
close-fisted adj. avarento, mesquinho, seguro. ‖ **~ly** adv. de modo mesquinho.
close-fitting adj. que é justo, apertado (roupa).
close-grained adj. de granulação fina, compacta.
close-hauled adj. (Náut.) cochado: muito chegado ao vento, com bolina cochada.
close-knit adj. estreitamente ligado ou organizado.
close-lipped adj. caladão.
close-meshed adj. de malhas finas.
close-mouthed adj. retraído, fechado, reticente.
closeness [kl'ousnis] s. 1. estreiteza f., aperto m. 2. estagnação f. 3. compacidade, densidade, solidez f. 4. falta f. de ar ou de ventilação. 5. retraimento m., reserva f. 6. retiro m., solidão f. 7. falta, escassez f 8. proximidade f. 9. violência f. (de discussão). 10. severidade f. (de castigo). 11. relação, conexão, intimidade f.
~ to life realidade.
close out v. (vendas) queimar, liquidar.
close-out s. (vendas) queima, liquidação f.
close-peopled adj. densamente povoado.
close quarters s. pl. 1. (Náut.) anteparas fortes f. pl. 2. contato direto m., proximidade, vizinhança f. **to come to ~** 1. entrar em contato direto (com o inimigo). 2. (Náut.) aproximar-se muito.
closer [kl'ouzə] s. 1. quem ou o que termina, acabador, concluidor m. 2. (Arquit.) fecho, remate m., chave f. (quadro B 22).
close-range s. queima-roupa f.
close-ranked adj. em fileiras cerradas.
close-stool s. cadeira f. de doente (com assento furado, embaixo do qual se coloca o urinol).
closet [kl'ozit] s. 1. quartinho, cubículo, despejo m., despensa f. 2. gabinete, aposento particular m 3. banheiro m., privada f. ‖ v. fechar em aposento

ou gabinete. ‖ adj. 1. particular, secreto, reservado. 2. pouco prático, impraticável.

water ~ abr. **W. C.** privada. **he was ~ed with her** ele tinha uma conversa particular com ela.

close-tongued adj. taciturno, calado, reticente.

closet play s. peça f. própria para ler mas não para representar.

close-up [kl'ous'ʌp] s. (E. U. A.) 1. (Cin.) close-up m.: fotografia tirada de perto. 2. vista f. de perto.

close vowel s. vogal fechada f.

closing [kl'ouziŋ] s. 1. conclusão f., encerramento, ftm m. 2. fechamento m. ‖ adj. final, relativo ao fechamento.

closing clasp s. ferrolho, gancho m. de fechadura.

closing date s. (Com.) fim m. de prazo.

closing quotations s. cotações finais f. pl. na bolsa.

closing time s. hora f. de fechamento, fim do expediente.

closure [kl'ouʒə] s. 1. fechamento m. 2. fim, encerramento m., conclusão f. 3. fecho m., o que fecha ‖ v. encerrar (debate).

to apply the ~ encerrar o debate.

clot [klɔt] s. coágulo, grumo m. ‖ v. coagular, formar grumos.

~ **of blood** coágulo de sangue. **~ted milk** coalhada. **~ted cream** nata azeda. **~ted nonsense** pura besteira.

cloth [klɔ:θ] s. 1. pano, tecido m. 2. pedaço m. de pano ou tecido. 3. toalha f. de mesa. 4. traje, hábito m., roupa profissional f. 5. **the** ~ o clero m., os clérigos m. pl. 6. (Teat.) pano m. de boca. ‖ adj. feito de pano.

American ~ encerado, pano oleado. **bolting—** pano para coar. **fancy—** tecido com desenhos, estampado. ~ **of gold** brocado de ouro. **sail—** lona. **she laid the** ~ ela pôs a mesa. **we remove the** ~ tiramos a mesa. **the respect due to his** ~ o respeito devido à sua posição clerical.

cloth-beam s. cilindro m. de tear.

cloth-binding s. encadernação f. em pano ou linho.

clothe [klouð] v. (imp. e p. p. **~ed, clad**) 1. vestir, pôr roupa. 2. dar roupas, prover de roupas. 3. cobrir. 4. equipar, prover, fornecer.

she ~s herself ela se veste. **she was ~d with humility** ela estava toda humilde.

clothes [klouðz] s. pl. 1. roupa f., (também de corpo), traje, vestuário m., vestes f. pl. (quadros C 12, 13). 2. roupa f. de cama.

he changed his ~ ele trocou de roupa. **he put on his** ~ ele vestiu-se. **he took off his** ~ ele tirou a roupa, despiu-se.

clothes-basket s. cesta f. de roupa suja.

clothes-beater s. batedor m. de roupa ou de tapetes.

clothes-brush s. escova f. de roupa.

clothes-hanger s. cabide m.

clothes-horse s. 1. armação f. para secar roupa. 2. (gíria) pessoa f. que exagera com roupas.

clothes-line s. varal m.

clothes-moth s. traça f.

clothes-peg, clothes-pin s. prendedor m. de roupa.

clothes-press s. armário m. para roupa.

clothes tree s. mancebo m. (cabide para chapéus etc.).

clothes-wringer s. máquina f. de torcer roupa.

clothier [kl'ouðiə] s. 1. fabricante ou vendedor m. de roupa. 2. mercador m. de tecidos.

clothing [kl'ouðiŋ] s. 1. roupa f. 2. coberta f. **article of** ~ peça de roupa. **under—** ~ roupa íntima.

cloth-manufacture s. fabricação f. de tecidos, indústria têxtil f.

cloth-printing s. fabricação f. de estampados.

cloth-worker s. tecelão, tecedor m.

cloth yard s. 1. medida f. antiga para panos. 2. medida f. atual de uma jarda (91,4 cm).

clotty [kl'ɔti] adj. grumoso.

cloture [kl'outʃə] s. (E. U. A., Parl.) = **closure** encerramento m. dos debates para proceder à votação.

cloud [klaud] s. 1. nuvem f. (quadro C 14). 2. névoa, bruma f. 3. multidão f., grande número m. 4. mancha, veia f. (no mármore). 5. (fig.) sombra, desgraça, asa negra f. ‖ v. 1. cobrir(-se) de nuvens, nublar(-se). 2. ondear, imitar veias, marmorear. 3. (fig.) anuviar, entristecer(-se). 4. escurecer, obscurecer.

~ **of smoke** nuvem de fumaça. **his death cast a** ~ **over the festival** sua morte entristeceu a festa. **the** ~ **lifted** (fig.) a sombra levantou-se. **he is in a** ~ ele vive escondido. **he is under a** ~ ele vive em miséria, ele tem má fama. **the ~s** as altas esferas. **he is in the ~s** ele está pensativo, absorto. **to** ~ **over** nublar-se, turvar-se.

cloudbank [kl'audbæŋk] s. massa espessa f. de nuvens baixas.

cloud-burst s. aguaceiro m., carga d'água f.

cloud-capped adj. coberto com nuvens (montanhas).

cloud chamber s. (Fís.) câmara de névoa, câmara de expansão f.

cloud-cuckoo-land s. utopia, quimera f.

cloud-drift s. nuvens f. pl. em movimento.

clouded [kl'audid] adj. 1. nublado, nebuloso. 2. (fig.) obscuro, sombrio, triste.

cloud forest s. mata tropical f. coberta com nuvens.

cloudiness [kl'audinis] s. 1. nebulosidade f., tempo coberto m. 2. obscuridade, escuridão f. 3. turvação f. 4. perturbação mental f.

clouding [kl'audiŋ] s. turvação f., empanamento m

cloudland [kl'audlənd] s. mundo imaginário m.

cloudless [kl'audlis] adj. claro, sem nuvens, desnublado. ‖ **-ly** adv. claramente, de modo desanuviado.

cloudlessness [~nis] s. 1. serenidade f. 2. céu limpo, sem nuvens m.

cloudlet [kl'audlit] s. pequena nuvem f.

cloud nine s. (coloq.) estado eufórico m.

cloudscape [kl'audskeip] s. paisagem f. formada pelas nuvens.

cloudy [kl'audi] adj. 1. nublado. 2. nebuloso, como nuvens. 3. turvo. 4. manchado, com veias, ondeado (mármore). 5. confuso, indistinto, obscuro. 6. sombrio, triste, melancólico. ‖ **-ily** adv. 1. nebulosamente, de modo nublado. 2. com turvação. 3. confusamente. 4. sombriamente.

~ **brow** rosto sombrio ou carregado. ~ **notions** noções vagas.

clough [klʌf] s. desfiladeiro m., ravina f.

clout [klaut] s. (coloq.) 1. remendo m. 2. pedaço m de pano, trapo m. 3. golpe m. ‖ v. 1. remendar. 2. revestir com lata. 3. cravejar. 4. bater.

~ **on the ear** bofetada. ~ **on the head** pancada na cabeça.

clout-nail s. cravo m. de sapato, tachão m. (quadro N 1).

clove (I) [klouv] s. 1. cravo-da-índia, cravo m. 2 craveiro m.

oil of ~s óleo de cravo.

clove (II) [klouv] s. (Bot.) 1. bulbo m. 2. dente m. de alho.

clove (iII) [klouv] v. imp. de **cleave.**

clove-hitch s. (Náut.) volta de fiel, volta redonda f. (espécie de nó).

cloven [kl'ouvən] v. p. p. de **cleave.** ‖ adj. fendido, dividido, rachado.

the ~ **hoof** (fig.) 1. o diabo. 2. safadeza, ladinice.

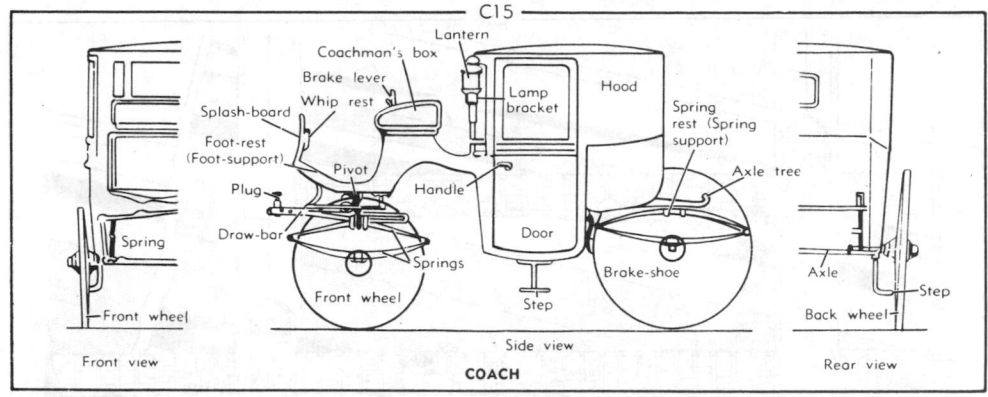

C15

Lantern
Coachman's box
Brake lever
Whip rest
Splash-board
Foot-rest
(Foot-support)
Plug
Draw-bar
Spring
Pivot
Handle
Springs
Front wheel
Front wheel
Front view
Lamp bracket
Hood
Spring rest (Spring support)
Axle tree
Door
Step
Brake-shoe
Axle
Back wheel
Step
Side view
Rear view

COACH

he showed the ~ hoof ele mostrou seu verdadeiro caráter, ele mostrou ser satânico.

cloven-footed, cloven-hoofed adj. 1. fissípide, que tem os cascos ou pés fendidos. 2. (fig.) diabólico.

clove-pink s. (Bot.) cravo m. de Jardim.

clover [kl'ouvə] s. (Bot.) trevo, trifólio m. **he is (lives) in ~** ele vive bem.

clove-tree s. (Bot.) cravoária f., craveiro m.

clown [klaun] s. 1. palhaço m. 2. rústico, grosseirão m. ‖ v. fazer palhaçadas ou bobagens.

clownery [kl'auhəri] s. palhaçada, brincadeira f. de palhaço

clownish [kl'auniʃ] adj. 1. apalhaçado. 2. rude, grosseiro, desajeitado. ‖ **~ly** adv. grosseiramente, incivilmente.

clownishness [~nis] s. 1. palhaçaria f. 2. grosseria, rusticidade f.

cloy [klɔi] v. 1. fartar, saciar, saturar, empachar, empanturrar. 2. (fig.) enjoar, causar nojo.

cloyingly [kl'ɔiiɳli] adv. fartamente, empachadamente, nauseosamente.

cloyingness [kl'ɔiiɳnis] s. fartura, saciedade f., empachamento m., saturação f.

club [klʌb] s. 1. cacete, porrete m., clava, maça f. 2. (Esp.) taco m. 3. clube, grêmio m., sociedade f. 4. (jogo) naipe m. de paus, paus m. pl. (quadro P 6). ‖ v. 1. bater, abater, golpear com porrete, esbordoar, cacetear, maçar. 2. unir(-se), reunir(-se), associar-se. 3. voltar o fuzil com a coronha para cima. ‖ adj. de ou relativo a clube.

at the ~ no clube. **Indian ~s** (quadro G 3) maças de madeira usadas em ginástica. **Indian ~ exercise** ginástica com clavas de madeira. **~s pl.** (baralho) paus. **~s are trump** naipe de paus é trunfo. **king of ~s** (quadro P 6) rei de paus. **to ~ the musket** dar coronhada. **to ~ up** 1. reunir-se, juntar-se. 2. subscrever dinheiro.

clubbable [kl'ʌbəbl] adj. apto a ser membro de clube.

club bag s. sacola f. de couro, com duas alças.

clubbed [klʌbd] adj. claviforme, maciço, pesado.

clubber [kl'ʌbə] s. clubista·m. + f.

clubbing [kl'ʌbiɳ] s. surra f. a bordoadas ou porretadas.

club chair s. poltrona f. de braços.

club-foot s. pé torto, disforme m.

club-footed adj. coxo, de pé torto.

club-headed adj. cabeçudo.

club-house s. sede, casa f. de um clube.

club-law s. direito m. do mais forte.

club-man s. 1. portador m. de clava, o que luta com

clava. 2. sócio m. de clube.

club-mate s. consócio m. de um clube.

club-moss s. (Bot.) licopódio m.

club-rush s. (Bot.) escirpo, junco m.

club-shaped adj. claviforme.

clubwoman [kl'ʌbwumən] s. 1. sócia f. de clube. 2. mulher f. empenhada em atividades sociais.

cluck [klʌk] s. cacarejo m. ‖ v. cacarejar. **~ing hen** galinha choca.

clue [klu:] s. (também **clew**) fio m. ou chave f. de um mistério, indício, vestígio m.

clueless [kl'u:lis] adj. sem indício ou vestígio.

clumber [kl'ʌmbə], **clumber-spaniel** s. raça de cachorro (sabujo), variedade de **spaniel.**

clump [klʌmp] s. 1. moita f., arvoredo, grupo m. de árvores. 2. torrão, pedaço m. 3. cepo m. 4. pisada forte f., som m. de pisada ou de pancada. 5. sola dupla f. de calçado. ‖ v. 1. andar ruidosamente. 2. acumular(-se). 3. pôr sola dupla.

~ of trees grupo de árvores.

clump-boot s. sapatão m., bota pesada f.

clumpfoot [kl'ʌmpfut] s. pé torto m.

clumpish [kl'ʌmpiʃ], **clumpy** [kl'ʌmpi] adj. pesado, maciço.

clumsiness [kl'ʌmzinis] s. desajeitamento m., falta f. de jeito ou de graça.

clumsy [kl'ʌmzi] adj. 1. desgracioso, desajeitado, canhestro. 2. malfeito, informe, grosseiro, rude. 3. indelicado, mal-educado. ‖ **-ily** adv. desajeitadamente, grosseiramente, toscamente.

~ style estilo pesado.

clunch [klʌntʃ] s. torrão, pedaço m.

clung [klʌɳ] v. imp. e p. p. de **cling.**

Cluniac [kl'u:niæk] s. monge cluniacense m. ‖ adj. cluniacense, da Abadia Beneditina de Cluny, França (910-1790).

clupeoid [kl'u:piɔid] s. clúpeo m.: família de peixe a que pertencem o arenque e a sardinha. ‖ adj. clupeóide.

cluster [kl'ʌstə] s. 1. cacho, ramalhete m. 2. enxame, bando, cardume m. 3. multidão, quantidade f. ‖ v. 1. crescer em cachos, produzir cachos ou ramalhetes. 2. aglomerar-se, agrupar-se, apinhar(-se).

~ of crystals (Miner.) drusa (de cristais). **~ of trees** moita, grupo de árvores. **~ of islands** arquipélago, grupo de ilhas. **~ed column** feixe de colunas.

clustered [kl'ʌstəd] adj. em forma de cacho, aglomerado.

clustery [kl'ʌsteri] adj. cheio de cachos ou ramalhetes, que cresce em ramalhetes.

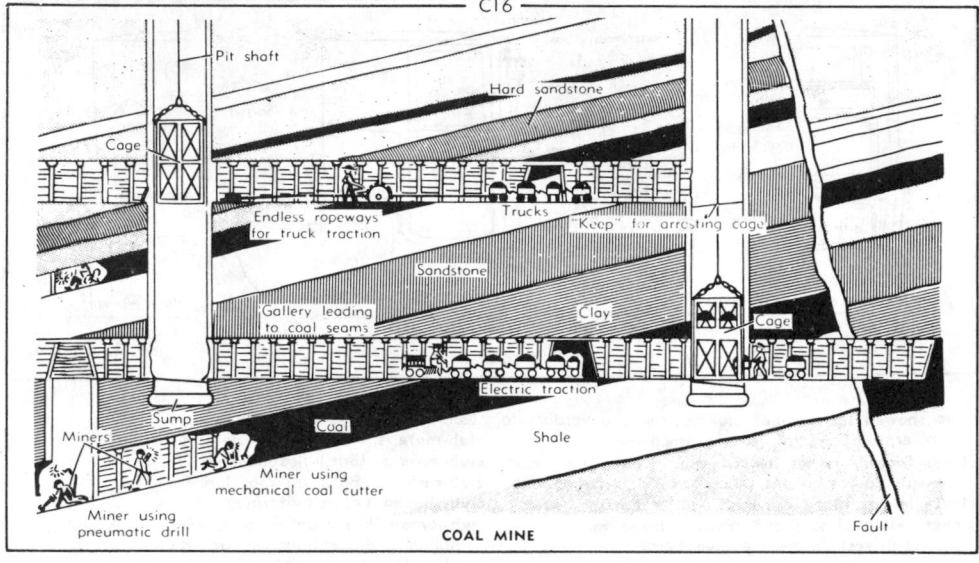

C16

Pit shaft

Hard sandstone

Cage

Endless ropeways
for truck traction

Trucks

"Keep" for arresting cage

Sandstone

Gallery leading
to coal seams

Clay

Cage

Electric traction

Sump

Coal

Shale

Miners

Miner using
mechanical coal cutter

Miner using
pneumatic drill

Fault

COAL MINE

clutch (I) [klʌtʃ] s. 1. aperto m., agarração f., arrebatamento m. 2. garra, presa, mão f. que pega ou aperta. 3. (fig.) geralm. ~es pl. poder, controle m. 4. embreagem f., acoplamento m. (quadro C 4, M 5). 5. alavanca f. ou pedal m. que aciona a embreagem. ‖ v. 1. apertar, agarrar, apanhar. 2. arrebatar. 3. embrear, acionar a embreagem.
he made a ~ at ele pegou, ele estendeu a mão para. she kept out of his ~es ela ficou longe de seu alcance.
clutch (II) [klʌtʃ] s. 1. ninho m. com ovos. 2. ninhada f. ‖ v. chocar.
clutch disc s. (Téc.) prato, disco m. de embreagem.
clutch fork s. (Autom.) garfo m. de embreagem.
clutch housing s. (Téc.) cárter m., caixa f. da embreagem (quadro C 4)
clutch latch s. (Téc.) engatador m. da embreagem.
clutch pedal s. (Autom.) pedal m. de embreagem.
clutch release s. (Téc.) livrador m. da embreagem.
clutch-shaft s. (Téc.) eixo m. da embreagem.
clutch sleeve s. (Téc.) luva móvel, luva f. de embreagem.
clutter [klʌtə] s. 1. confusão, desordem f. 2. tumulto, barulho m. ‖ v. 1. fazer barulho ou algazarra. 2. atravancar, amontoar desordenadamente.
~ed up with atravancado de.
clypeate [klʼipieit], **clypeiform** [klʼipifɔːm] adj. 1. (Biol.) clipeiforme, escutiforme. 2. (Zool.) provido de clípeo.
clypeus [klʼipiəs] s. (Zool.) clípeo m.
clyster [klʼistə] s. (Med.) clister, enema m.
co— elemento de composição indicando: com, em colaboração com, em conjunto, mútuo.
coacervate [kouʼæsəveit] v. (Fís., Quím.) produzir em fase líquida; coacervar.
coach [koutʃ] s. 1. coche m., carruagem f. (quadro C 15). 2. (E. U. A.) vagão, carro m. de passageiros de estrada de ferro. 3. automóvel fechado m. 4. (E. U. A.) ônibus m. 5. (Esp.) treinador, técnico m. 6. professor particular m. ‖ v. 1. ensinar, treinar. 2. preparar (para exame ou certames). 3. viajar em carruagem ou carro. 4. orientar jogador.

~ and four, ~ and six carruagem a quatro, a seis cavalos. hackney—~ carro de aluguel. mail—~ mala-posta, (Estr. de F.) carro-correio. stage—~ diligência. he is a slow ~ ele é tapadão, ele tarda a compreender. we ~ed it percorremos (o trecho) em coche, fomos de coche. he ~es with me ele tem aulas particulares comigo. the old ~ing days os bons, velhos tempos (da diligência). ~ing fee honorário para aulas particulares.
coach-box s. boléia f.
coach dog (também **Dalmatian**) s. cão dálmata m. (Quadro D 3).
coachee [kʼoutʃiː] s. (coloq.) cocheiro m.
coacher [kʼoutʃə] s. 1. cavalo m. de carruagem. 2. (Esp.) treinador m.
coach-fellow s. 1. cavalo m. atrelado junto com outro. 2. (fig.) colega, camarada, companheiro m.
coaching [kʼoutʃiŋ] s. 1. treinamento, treino m. 2. repetição, instrução f.
coachman [kʼoutʃmən] s. 1. cocheiro, boleeiro m. 2. espécie de isca artificial de pesca.
coach-whip s. chicote m. de cocheiro.
coachwork [kʼoutʃwəːk] s. produção f. de carroçarias.
coach-wrench s. chave f. de boca.
coact [kouʼækt] v. cooperar, agir em conjunto.
coaction [kouʼækʃən] s. 1. cooperação f. 2. coação, coerção f.
coactive [kouʼæktiv] adj. 1. cooperador. 2. coercitivo, compulsório. ‖ ~ly adv. compulsoriamente.
coadjacent [kouədjʼeisənt] adj. contíguo, mutuamente adjacente.
coadjutor [kouədjʼuːtə] s. coadjutor, assistente m.
coadjutorship [~ ʃip] s. coadjutoria f.
coadjutress [kouədjʼuːtris] s. = **coadjutrix.**
coadjutrix [kouədjʼuːtriks] s. pl. **coadjutrices** [-trʼaisiːz] coadjutora f.
coadunate [kouʼædjuneit] adj. coadunado, ajuntado.
coadunation [kouædjunʼeiʃən] s. coadunação f.
coagulable [kouʼægjuləbl] adj. coagulável.
coagulant [kouʼægjulənt] s. coágulo m., substância f. que provoca coagulação.
coagulase [kouʼægjəleis] s. (Bioquím.) coagulase f.

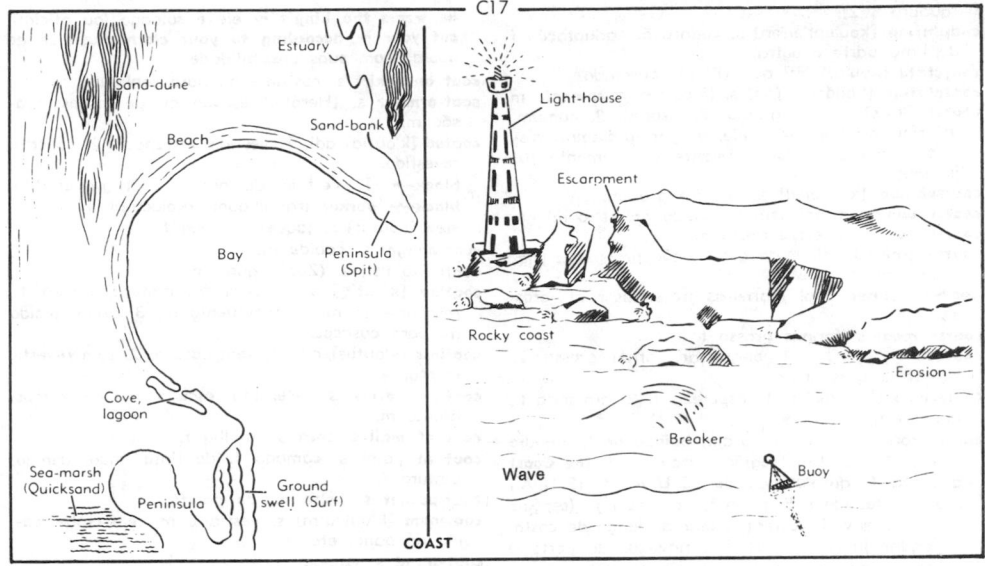

C17

Estuary

Sand-dune

Beach

Sand-bank

Light-house

Escarpment

Bay

Peninsula
(Spit)

Rocky coast

Erosion

Cove,
lagoon

Breaker

Sea-marsh
(Quicksand)

Peninsula

Ground
swell (Surf)

Wave

Buoy

COAST

coagulate [kou'ægjuleit] v. 1. coagular, coalhar. 2. fazer coalhar ou coagular. 3. solidificar.

coagulation [kouægjul'eiʃən] s. coagulação f.

coagulative [kou'ægjuleitiv] adj. coagulante, coagulador.

coagulator [kou'ægjuleitə] s. coágulo, coalho m.

coagulin [kou'ægjulin] s. (Bioq.) precipitina f.

coagulum [kou'ægjuləm] s. pl. **coagula** coágulo m.

coaita [kou'aitə] s. (Zool.) cuatá m.

coal [koul] s. 1. hulha f., carvão m. 2. pedaço m. de carvão. 3. carvão vegetal m. 4. brasa f., tição m. ‖ v. 1. abastecer, suprir com carvão. 2. receber carvão, fazer provisão de carvão. 3. carbonizar, reduzir a carvão.

brown—~ lignita, linhita. **hard ~** antracito. **rich ~** carvão de pedra gordo, hulha gorda. **small ~** carvão miúdo. **bed of ~** jazida de carvão. **we laid in ~s** abastecemo-nos de carvão. **he blew the ~s** 1. ele abanou a brasa. 2. (fig.) ele deitou lenha no fogo, reacendeu os ódios. **you are carrying ~s to Newcastle** (fig.) você está deitando água no mar. **he was called (hauled) over the ~s** ele foi repreendido. **to stir the ~s** (fig.) atiçar o fogo.

coal-backer s. carregador m. de carvão.

coal-bed s. (Miner.) jazida f. de carvão.

coal-black adj. preto como carvão.

coal-box s. carvoeira f.: recipiente m. para carvão.

·coal-brand s. mangra, ferrugem f. do trigo.

coal-bunker s. (Náut.) carvoeira f.

coal-car s. (Estr. de F.) tênder m.

coal-carrier s. navio carvoeiro m.

coal-cellar s. carvoeira f., depósito m. de carvão.

coal-district s. região carbonífera f.

coal-dust s. carvão m. em pó.

coaler [k'oulə] s. 1. navio carvoeiro m. 2. trem carvoeiro m.

coalesce [kouəl'es] v. 1. crescer junto. 2. coalescer, unir-se, amalgamar-se, misturar-se, aglutinar-se.

coalescence [kouəl'esns] s. 1. coalescência, união, junção f. 2. mistura, fusão, aglutinação f.

coalescent [kouəl'esnt] adj. coalescente, aderente, aglutinante.

coal-factor s. carvoeiro, negociante ou intermediário m. de carvão.

coal-field s. região carbonífera f.

coal-fish s. (Ict.) pescada-carvoeira f.

coal-formation s. (Geol.) formação carbonífera f.

coal furnace s. fornalha f. para carvão.

coal-gas s. gás m. de iluminação.

coal-heaver s. carregador m. de carvão.

coal-hole s. depósito pequeno m. para guardar carvão.

coalification [koulifik'eiʃən] s. carbonização f.

coaling [k'ouliŋ] s. abastecimento m. com carvão.

coaling-station s. porto m. para o abastecimento de navios com carvão.

coalition [kouəl'iʃən] s. 1. coalizão, união, aliança, liga f. 2. coalescência f.

coal-master, coal-owner s. mineiro, proprietário m. de mina de carvão.

coal-measures pl. s. (Geol.) 1. depósitos ou estratos carboníferos m. pl. 2. rocha sedimentária carbonífera f., com depósitos carboníferos.

coal mine s. mina f. de carvão (quadro C 16).

coalmouse [k'oulmaus] s. (Orn.) espécie de chapim (Parus ater).

coal oil s. (E. U. A.) 1. querosene m. 2. petróleo m.

coal-pit s. 1. mina f. de carvão. 2. (E. U. A.) carvoaria f. onde se fabrica carvão vegetal.

coal-screen s. peneira f. para carvão.

coal-scuttle s. balde m. para carvão.

coal-seam s. veio m. de carvão (quadro C 16).

coal-ship s. navio carvoeiro m.

coal-shovel s. pá f. para carvão.

coal-slack s. carvão miúdo m., carvão em pó.

coal-sludge s. lama f. de carvão.

coal-tar s. alcatrão m. de hulha.

coal-tar dyes s. pl. anilinas f. pl.

coal-trolley s. carrinho m. para transporte de carvão na mina.

coaly [k'ouli] adj. 1. como carvão. 2. contendo carvão.

coamings [k'oumiŋz] s. pl. (Náut.) braçolas f. pl.

(quadro S 2).

coaptation [kouæpt'eiʃən] s. coaptação, adaptação f. de uma parte a outra.

coarctate [kou'a:kteit] adj. (Biol.) coarctado.

coarctation [koua:kt'eiʃən] s. (Med.) estreitamento m.

coarse [kɔ:s] adj. 1. grosso. 2. áspero. 3. comum, inferior, ordinário. 4. rude, vulgar, grosseiro, rústico. ‖ ~ly adv. grosseiramente, asperamente, rudemente.

coarsebread [k'ɔ:sbred] s. pão integral m.

coarse canvas s. aniagem f., tecido grosseiro m.

coarse copper s. cobre bruto m.

coarse-grained adj. 1. de granulação grossa. 2. (fig.) rude, grosseiro.

coarse manners s. pl. maneiras grosseiras f. pl., grosseria f.

coarse meal s. farinha grossa f.

coarsen [k'ɔ:sən] v. 1. engrossar, tornar grosso. 2. tornar-se grosseiro.

coarseness [k'ɔ:snis] s. 1. aspereza f. 2. grosseria f., impolidez, rudeza f.

coast [koust] s. 1. costa, praia, beira-mar f. (quadro C 17). 2. litoral m., região costeira f. 3. **the Coast** a costa f. do Pacífico dos E. U. A. 4. (E. U. A.) ladeira, descida f. 5. pista f. para tobogã (espécie de trenó). ‖ v. 1. costear, viajar ao longo da costa. 2. andar junto da costa. 3. navegar de porto a porto. 4. descer uma ladeira, de bicicleta a roda livre ou de automóvel em ponto morto. 5. (E. U. A.) descer ladeira abaixo (de trenó). 6. locomover-se sem esforço.
on the ~ na costa. **the ~ is clear** (fig.) o caminho está livre, passou o perigo. **foul ~** costa perigosa.

coastal [k'oustəl] adj. litoral, relativo à costa, costeiro.

coast-battery s. (milit.) bateria costeira f.

coast-defence s. defesa f. da costa.

coaster [k'oustə] s. 1. (Náut.) navio costeiro m. 2. (E. U. A.) trenó m. para descer ladeiras. 3. descansador m. de garrafas ou copos (quadro R 2).

coaster brake s. (E. U. A.) freio m. de contrapedal na bicicleta.

coaster-hub s. cubo m. da roda livre.

coast-guard s. 1. polícia marítima f. 2. força naval f. destinada a proteger as costas do país. 3. organização f. encarregada dos postos de salvamento ao longo das costas.

coasting [k'oustiŋ] s. 1. navegação costeira, cabotagem f. 2. descida f. de trenó.

coasting pilot s. (Náut.) prático m. da costa.

coasting trade s. comércio m. de cabotagem.

coasting vessel s. navio costeiro, navio m. de cabotagem.

coastland [k'oustlənd] s. litoral m., região costeira f.

coastline [k'oustlain] s. contorno m. da costa, litoral m.

coastward [k'oustwəd] adj. costeiro, do lado da costa. ‖ adv. (também ~s pl.) em direção à costa.

coastways [k'oustweiz] adv. = **coastwise**.

coastwise [k'oustwaiz] adj. de costa, costeiro. ‖ adv. ao longo da costa.
~ shipping cabotagem, navegação costeira.

coat [kout] s. 1. paletó, sobretudo, casaco m., capa f. (quadros C 12, 13). 2. pele f., pêlo m., plumagem f. 3. camada, cobertura, mão, demão f. (de tinta), revestimento m. 4. (Bot.) casca, cortiça f., tegumento m. ‖ v. 1. prover, equipar com capa ou casaco. 2. cobrir com camada, pintar, revestir.
frock—~ casacão, sobrecasaca. **fur—~** casaco de pele. **great—~** sobretudo. **dress—~** casaca. **turn—~** vira-casaca. **he turned his ~** ele virou a casaca.

he wears the king's ~ ele é soldado (ou oficial). **cut your ~ according to your cloth** ajuste-se de acordo com suas possibilidades.

coat and skirt s. costume m. para senhoras.

coat-armour s. (Heráld.) escudo m. de armas, brasão m.

coated [k'outid] adj. 1. vestido, encapado. 2. coberto, revestido.
black—~ 1. vestido de preto. 2. (fig.) erudito. **black—~ worker** trabalhador intelectual.

coatee [kout'i:] s. jaqueta, jaleca f.

coat-hanger s. cabide m.

coati [ko'a:ti] s. (Zool.) quati m.

coating [k'outiŋ] s. 1. camada, pintura, massa f., revestimento m. 2. tegumento m. 3. pano, tecido m. para casacos.

coatless [k'outlis] adj. 1. sem casaco. 2. sem revestimento.

coat of arms s. (Heráld.) escudo m. de armas, brasão m.

coat of mail s. cota de malha f.

coat of paint s. camada f. de tinta, mão, demão, pintura f.

coat-pocket s. bolso m. do paletó.

coatroom [k'outru:m] s. vestiário m. (em clube, salão de baile, etc.

coat-stand s. cabide m.

coattail [k'outteil] s. aba f. de casaco, fraque, etc.
he hung to my ~s ele ficou agarrado no rabo de minha saia. **he trailed his ~s (for s. o. to tread on)** (fig.) ele procurou briga.

coauthor [kou'ɔ:θə] s. co-autor, colaborador m.

coax [kouks] v. 1. persuadir, influenciar com palavras lisonjeiras, adular. 2. obter mediante lisonja.
he ~ed it out of me (gíria) ele me levou no bico **he ~ed her out of her money** ele tirou-lhe o dinheiro com sua lábia.

coaxal [kou'æksəl] adj. (Mat.) co-axial.

coaxer [k'ouksə] s. lisonjeador, bajulador, adulador m.

coaxial [kou'æksiəl] adj. = **coaxal**.

coaxial cable s. (Eletr.) cabo co-axial m.

coaxing [k'ouksiŋ] adj. bajulador, lisonjeador. ‖ ~ly adv. lisonjeiramente.
he needs little ~ ele não se faz rogar.

cob (I) [kɔb] s. 1. (E. U. A.) sabugo m., espiga f de milho. 2. cavalo robusto m. de pernas curtas. 3. torrão m., bola, massa f. de qualquer coisa. 4 cisne m. (macho). 5. = **cobnut**. ‖ v. castigar com chicotadas ou palmadas nas nádegas.

cob (II) [kɔb] s. mistura f. de argila e palha para parede de pau-a-pique.

cobalt [k'oubɔ:lt] s. 1. (Quím.) cobalto m. 2. corante azul m. 3. cor azul-escura f. ‖ adj. azul-escuro.

cobalt-bloom s. (Miner.) eritrite f.

cobalt-blue s. azul m. de cobalto.

cobalt-green s. verde m. de cobalto.

cobaltic [kob'ɔ:ltik] adj. (Quím.) cobáltico.

cobaltiferous [koubɔ:lt'ifərəs] adj. cobaltífero.

cobaltite [koub'ɔltait, k'oubɔltait] s. (Miner.) cobaltita, cobaltina f.

cobaltous [koub'ɔ:ltəs] adj. cobaltoso, de cobalto.

cobble (I) [kɔbl] s. remendagem f. ‖ v. 1. remendar (sapatos, etc.). 2. fazer grosseira ou toscamente, sarrafaçar.

cobble (II) [kɔbl] s. 1. (cobblestone) pedra arredondada f. para pavimentação. 2. carvão em pedra m. ‖ v. pavimentar com pedras arredondadas.

cobbler [k'ɔblə] s. 1. sapateiro, remendão m. 2. (fig.) sarrafaçal m. 3. (E. U. A.) bolo m. de frutas, assado em forma funda. 4. ponche m., bebida refrescante f. feita de vinho (ou outra bebida alcoólica), limão, açúcar e gelo.

cobblestone [k'ɔblstoun] s. = **cobble.**

cob coal s. carvão m. em pedra.

co-belligerent s. co-beligerante m.

coble [koubl] s. barquinho m. de pesca.

cob-loaf s. pão redondo m.

cobnut [k'ɔbnʌt] s. avelã grande cultivada t.

cobra [k'oubrə] s. naja, cobra f. de capelo (Naja tripudians).

cob-swan s. cisne macho m.

cob-wall s. parede f. de pau-a-pique.

cobweb [k'ɔbweb] s. 1. teia, urdidura f. de aranha. 2. tecido muito fino m., coisa fina e leve como teia de aranha. 3. (fig.) argumento sutil m. 4. ~s pl. (fig.) neblina f. ‖ adj. leve, tênue, delicado.

cobwebbed [~d], **cobwebby** [~i] adj. 1. coberto de teia de aranha. 2. muito fino, frágil, sutil.

coca [k'oukə] s. (Bot.) coca f.: 1. arbusto da família das Eritroxiláceas. 2. folhas f. pl. de coca.

cocaine, cocain [kouk'ein] s. cocaína f

cocainism [kok'einizm] s. cocainismo m

cacainization [kokeiniz'eiʃən] s. cocainização t.

cocainize [kok'einaiz] v. cocainizar.

cocainomania [kokeinom'einiə] s. cocainomania f.

cocciferous [koks'ifərəs] adj. (Bot.) bacífero.

coccus [k'ɔkəs] s. pl. **cocci** [k'ɔksai] 1. (Bact.) coco m. 2. (Bot.) coca f.: célula oca do pericárpio.

coccyx [k'ɔksiks] s. pl. **coccyges** [-saidʒɪːz] (Anat.) cóccix m.

cochinchina [k'ɔtʃintʃ'ainə] s. cochinchina f.: raça de galinha da Cochinchina.

cochineal [kɔtʃin'iːl] s. cochonilha f., corante m. da cochonilha.

cochlea [k'ɔkliə] s. (Anat.) cóclea f., caracol m. da orelha interna.

cochlean [~n], **cochlear** [k'ɔkliə] adj. relativo a cóclea, coclear.

cochlearia [kɔkli'eəriə] s. (Bot.) cocleária f.

cochleate [k'ɔklieit], **cochleated** [~id] adj circular, em espiral, cocleado, cocleiforme.

cock (I) [kɔk] s. 1. galo, frango m. 2. canto m. do galo. 3. macho m. de qualquer ave ou pássaro. 4. torneira, bica, válvula f. (quadro B 13). 5. cão m. de espingarda. 6. cão m. (de espingarda) armado. 7. catavento m., grimpa f. 8. volante m. de relógio. 9. fiel m. de balança. 10. bico m. de chapéu. 11. (gíria) pênis m. 12. chefe, líder m. ‖ v. armar o cão de espingarda.

fighting ~ galo de briga. **old** ~! velho amigo! ~ **and hen** (gíria) ele e ela. **that** ~ **won't fight** (fig.) isto (este plano) não dará certo, não poderá ser realizado. **they live like fighting** ~**s** eles vivem com todo luxo (à regalada, à grande). ~ **of the walk,** ~ **of the roost** manda-chuva. ~**-a-doodle-doo** cocorocó, canto do galo. **to be** ~**-a-hoop** triunfar, vangloriar-se, ser orgulhoso, inchar-se, empavonar-se. ~**-and-bull story** conto da carochinha. **the anchor is a-**~**-bill** a âncora está pronta para fundear.

cock (II) [kɔk] s. levantamento m. (os olhos, a aba do chapéu, a cabeça por soberbia), torção f., movimento m. para cima. ‖ v. 1. levantar, erguer (os olhos, a vista). 2. armar (cão de espingarda). 3. estar com a cabeça levantada, empertigar-se, emproar-se, apavonar-se. 4. estar alerta (animais). 5. piscar os olhos.

he ~**ed his eyes at her** ele piscou para ela. **the dog** ~**ed his ears** o cachorro fitou as orelhas. **to** ~ **a snook** (gíria) fazer sinal de desprezo (pôr o polegar com os dedos abertos na ponta do nariz em sinal de troça). **he** ~**ed his hat** ele usou seu chapéu com petulância, posto de lado, em cima da orelha.

cock (III) [kɔk] s. meda f., monte m. de feno ou palha. ‖ v. dispor em medas, amontoar feno.

Cockaigne, Cockayne [kɔk'ein] s. País m. de Cocanha, paraíso da preguiça e fartura.

cockalorum [kɔkəl'ɔːrəm] s. 1. galo pequeno, garnisé m. 2. homem pequeno m., mas presumido.

cockatoo [kɔket'uː] s. (Orn.) cacatua f.

cockatrice [k'ɔkətrais] s. basilisco m.: serpente fabulosa.

cock-bill v. (Náut.) suspender a âncora sobre a serviola, pronta para largar.

cock-boat s. escaler m.

cock-brained adj. irrefletido, desbolado.

cockchafer [k'ɔktʃeifə] s. besouro m., melolonta f.

cock-crow, cock-crowing s. 1. canto m. do galo. 2 (fig.) madrugada f.

at ~ de madrugada, ao cantar do galo.

cocked [kɔkt] adj. levantado, erguido.

to knock into a ~ **hat** (gíria) 1. surrar, espancar. 2. espatifar.

cocked brim s. aba levantada f. (de chapéu).

cocked hat s. tricórnio m.

cocker (I) [k'ɔkə] s. galista m., adepto m. de briga de galos.

cocker (II) [k'ɔkə] s. (também ~ **spaniel**) cão pequeno m. de pêlo comprido e orelhas caídas.

cocker (III) [k'ɔkə] v. afagar, mimar, mimosear.

cockerel [~rəl] s. 1. frango, galo novo m. 2. (fig.) janota, franganote m.

cocket [k'ɔkit] s. (†) selo m. da alfândega.

cock-eye s. (gíria) olho vesgo m.

cock-eyed adj. (gíria) 1. vesgo, estrábico. 2. torto, de esguelha. 3. ligeiramente tocado. 4. bobo, tolo.

cock-feather s. pena f. da haste da flecha.

cock-fight, cock-fighting s. rinha f.: briga de galos. **this beats** ~ isto é formidável!

cockhorse [k'ɔkhɔːs] s. cavalinho m. de pau.

cockiness [k'ɔkinis] s. impudência, petulância, insolência f.

cockish [k'ɔkiʃ] adj. = **cocky.**

cockle (I) [kɔkl] s. 1. qualquer de certos moluscos bivalves como o berbigão e a amêijoa. 2. concha f. desses moluscos. 3. = **cockle-boat.**

it warms the ~ **of my heart** (fig.) aquece-me o coração, faz sentir-me bem.

cockle (II) [kɔkl] s. (Bot.) 1. nigela f. dos trigos. 2. (Bot.) joio m. 3. (fig.) erva daninha f.

cockle (III) [kɔkl] s. prega, ruga, elevação f. na superfície. ‖ v. enrugar(-se), franzir(-se), bojar.

cockle (IV) [kɔkl] s. (também ~**-stove**) fogão ou fogareiro m. revestido de azulejos.

cockle-boat s. barquinho pequeno m.

cockle-bur, cockle-burr s. (Bot.) cardo m.

cockle-shell s. 1. concha f. de berbigão. 2. (fig.) barquinha f.

cock-loft s. água-furtada f., sótão m.

cockney [k'ɔkni] s. 1. habitante m. + f. dos bairros pobres de Londres. 2. dialeto m. desses londrinos. ‖ adj. de ou relativo aos londrinos dos bairros pobres ou ao seu dialeto.

the Cockney dialeto da classe baixa de Londres.

cockney-bred adj. criado em Londres.

cockneyish [k'ɔkniiʃ] adj. de ou relativo a **cockney.**

cockneyism [k'ɔkniizm] s. dialeto m. ou maneiras f. pl. do proletariado londrino.

cock of the walk s. arrogante chefe de grupo m.

cockpit [k'ɔkpit] s. 1. (Av.) cabina f. ou lugar m. do piloto (quadro A 2). 2. lugar, banco, assento m. (em barco). 3. rinha f.: lugar para brigas de

galos. 4. hospital m. a bordo de navio de guerra.
cockroach [k'ɔkroutʃ] s. barata f.
cockscomb [k'ɔkskoum] s. (também **coxcomb**) 1
crista f. de galo. 2. (Bot.) galacrista, galocrista,
crista-de-galo f.
cock-shot s. alvo tosco m. contra o qual se lançam
pedras, dardos, etc.
cock-shut s. crepúsculo m.
cock-sparrow s. 1. pardal macho m. 2. (fig.) homem
presumido m.
cockspur [k'ɔkspə:] s. 1. espora f. de galo. 2. (Bot.)
espora f., esporão-de-galo m.
cock-sure adj. 1. (coloq.) absolutamente seguro. 2.
convencido. ‖ adv. (também ~ly) na certa.
cocksureness [k'ɔkʃuənis] s. certeza absoluta f.
cockswain [kɔksn, k'ɔkswein] s. = **coxwain**.
cocktail [k'ɔkteil] s. 1. coquetel m.: mistura de bebidas alcoólicas. 2. aperitivo m. alcoólico ou não.
3. salada f. de frutas. 4. (Ent.) besouro m. 5.
cavalo m. meio-sangue com a cauda cortada. 6.
mestiço m. 7. presumido m., pelintra m. + f.
cock-tread s. gala f. (no ovo).
cock-up s. 1. ponta f. virada ou rebitada. 2. chapéu
m. com a aba virada para cima na frente.
cocky [k'ɔki] **cocksy, coxy** [k'ɔksi] adj. convencido.
arrogante. ‖ ~ly adv. impudentemente.
cocky-leeky, cocky-leekie, cock-a-leekie s. canja f.
com alho-porro.
cockyolly bird [kɔki'ɔlibə:d] s. (joc.) passarinho m.
coco [k'oukou] s. 1. (Bot.) coqueiro m. 2. coco m.
cocoa (I) [k'oukou] s. 1. cacau m. 2. chocolate m.:
bebida feita de cacau. 3. cor f. de chocolate. ‖ adj.
de ou relativo ao cacau.
cocoa (II) [k'oukou] s. = **coco**.
cocoa bean s. semente f. de cacau.
cocoa butter s. gordura f. de cacau.
cocoa nibs s. pl. cotilédones triturados m. pl. do
cacau.
coconsciousness [kouk'ɔnʃəsnis] s. (Psicol.) estado de
subsciente m.
coco-nut, cocoa-nut s. 1. (Bot.) coco m. 2. (coloq.)
cabeça f., coco m.
to have no milk in the ~ não ter miolo na cabeça.
coco-nut matting s. capacho m. de fibra de coco.
coco-nut milk s. leite m. de coco.
coco-nut oil s. óleo m. de coco.
cocoon [kɔk'u:n] s. casulo m. (de inseto). ‖ v. fazer
o casulo.
cocoonery [~əri] s. lugar m. onde se criam bichos-
-da-seda.
coco-palm s. coqueiro m.
cod (I) [kɔd] s. (também ~**fish**) (Ict.) bacalhau m.
dried ~ bacalhau seco.
cod (II) [kɔd] s. 1. folhelho m. 2. bolsa f.
cod (III) [kɔd] s. (gíria) sujeito, homem, tipo m. ‖v.
(gíria) burlar, lograr.
coda [k'oudə] s. (Mús.) coda f.
coddle [kɔdl] s. molengão m. (também **molly** ~). ‖ v.
1. amimar, afagar. 2. cozer a fogo lento.
code [koud] s. código m.: 1. coleção de regras ou leis.
2. sistema de sinais ou palavras. 3. cifra. ‖ v. 1.
codificar. 2. cifrar.
~ **of honour** código de honra. **civil** ~ código civil.
commercial ~ código comercial. **penal** ou **criminal**
~ código penal ou criminal.
codeclination [koudeklin'eiʃən] s. (Astron.) distância
polar f.
codefendant [koudif'endənt] s. co-acusado, co-réu m.
codeine, codein [k'oudii:n] s. (Quím.) codeína f.
Code Napoléon s. (Jur.) código civil francês m., in-

troduzido em 1804.
codex [k'oudeks] s. pl. **codices** 1. códex, códice m. 2.
código m.
codfish [k'ɔdfiʃ] s. = **cod**.
codger [k'ɔdʒə] s. (coloq.) 1. esquisitão m. 2. avaro m.
codicil [k'ɔdisil] s. 1. codicilo m. 2. alteração, explicação, cláusula adicional f.
codicillary [kɔdis'iləri] adj. codicilar.
codification [kɔdifik'eiʃən] s. codificação f.
codify [k'ɔdifai] v. 1. codificar, coligir. 2. sistematizar.
codling (I) [k'ɔdliŋ] s. bacálhau novo m.
codling (II) [k'ɔdliŋ] s. (também **codlin**) maçã verde,
maçã f. para cozinhar.
hot ~ maçã assada.
codling moth, codlin moth s. traça pequena f. cujas
larvas destroem maçãs, pêras, etc. (Carpocapsa
pomonella).
codliver oil s. óleo m. de fígado de bacalhau.
coed, co-ed [k'ou'ed] s. (E. U. A., coloq.) aluna f. de
colégio co-educacional.
coeducation [kouedjuk'eiʃən] s. co-educação f.
coeducational [~əl] adj. co-educacional, co-educativo.
‖ ~ly adv. de modo co-educacional.
coefficient [kouif'iʃənt] s. 1. (Mat.) coeficiente m. 2.
(Fís.) fator m., condição f.
coelenterate [sil'entəreit] s. (Zool.) celenterado m.
‖ adj. pertencente aos celenterados.
coeliac [s'i:liæk] adj. (Anat.) celíaco, relativo ao
abdome.
coeliac artery s. artéria celíaca f.
coenobite [s'i:nobait] s. cenobita m. + f.
coenobitic [si:nob'itik] adj. cenobítico.
coequal [kou'i:kwəl] s. igual m. + f., pessoa da
mesma condição ou categoria. ‖ adj. co-igual, igual.
‖ ~ly adv. de modo co-igual, igualmente.
coequality [koui:kw'ɔliti] s. igualdade f.
coerce [kou'ə:s] v. 1. coagir, compelir, forçar. 2.
reprimir, refrear. 3. usar medidas coercitivas.
coercer [~ə] s. 1. o que obriga ou coage. 2. refrea-
dor, repressor m.
coercible [~ibl] adj. coercível, reprimível.
coercibleness [~iblnis] s. coercibilidade f.
coercion [kou'ə:ʃən] s. 1. coerção, compulsão f. 2.
repressão f.
coercionist [~ist] s. partidário m. do regime de
coerção.
coercive [kou'ə:siv] adj. coercivo, coercitivo. ‖ ~ly adv.
de modo coercivo.
coerciveness [~nis] s. coercitividade, coercibilidade f.
coessential [kouis'enʃəl] adj. coessencial. ‖ ~ly adv.
coessencialmente.
coessentiality [kouisenʃi'æliti] s. coessência f.
coetaneous [kouit'einiəs] adj. coetâneo, coevo, contemporâneo.
coeternal [kouit'ə:nəl] adj. coeterno. ‖ ~ly adv. de
maneira coeterna.
coeternity [kouit'ə:niti] s. coeternidade f.
coeval [kou'i:vəl] s. contemporâneo, coevo m. ‖ adj.
coevo, contemporâneo. ‖ ~ly adv. contemporaneamente.
coexecutor [k'ouigz'ekjutə] s. testamenteiro conjunto m.
coexist [kouigz'ist] v. coexistir.
coexistence [kouigz'istəns] s. coexistência f.
coexistent [kouigz'istənt] adj. coexistente.
coextend [kouigst'end] v. coestender, estender-se no
mesmo espaço ou tempo que outro ou outros.
coextension [kouisgst'enʃən] s. duração igual, extensão igual f.
coextensive [kouigst'ensiv] adj. de extensão igual,
de duração igual. ‖ ~ly adv. de modo a coestender.

coffee [k'ɔfi] s. 1. café m.: ɑ) a bebida. b) grão de café, fruto do cafeeiro. c) (Bot.) cafeeiro, cafezeiro m. 2. cor f. de café.
raw ~ café cru ou verde. roasted ~ café torrado.
coffee-bean, coffee-berry s. grão m. de café.
coffee break s. hora f. do cafezinho durante o expediente.
coffee-coloured adj. da cor do café.
coffee-cup s. xícara f. para café.
coffee-grinder s. moinho m. de café.
coffee-grounds s. pl. borra f. de café.
coffee-house s. café m.: estabelecimento onde se toma café e outras bebidas.
coffee-mill s. moinho m. de café.
coffee-plantation s. cafezal m., plantação f. de café, fazenda f. de café.
coffee-pot s. cafeteira f. (quadro V 2).
coffee-roaster s. torrador m. de café, máquina f. de torrar café.
coffee-room s. sala f. de café (em um hotel).
coffee-set s. serviço m. de café, jogo m. de café.
coffee-shop s. = coffee-room.
coffee-stall s. balcão m. onde se toma café e outras bebidas.
coffee-substitute s. sucedâneo m. do café.
coffee-tree s. (Bot.) cafeeiro, cafezeiro m.
coffer [k'ɔfə] s. 1. cofre m., caixa (para guardar dinheiro ou jóias), burra f. 2. ~s pl. cofres m. pl., tesouro m., fundos m. pl. 3. (Arquit.) artesão m. 4. câmara f. de açude. ‖ v. 1. pôr em cofre, guardar, acumular. 2. (Arquit.) decorar com artesãos.
coffer-dam s. 1. ensecadeira f.: parede ou caixa que permite fazer fundações debaixo (do nível) da água. 2. (Náut.) compartimento m. estanque.
coffin [k'ɔfin] s. 1. caixão m. de defunto, ataúde, esquife m. 2. (coloq.) navio inavegável m. 3. (Veter.) casco m. de cavalo. ‖ v. 1. pôr em caixão ou esquife. 2. (fig.) encerrar, fechar, guardar.
as close as a ~ absolutamente discreto ou reservado. a nail in (ou driven into) his ~ (fig.) o que contribuiu para a sua morte.
coffin-bone s. osso m. do casco.
coffin corner s. (gíria) canto m. do campo de futebol.
coffin-nail s. 1. prego m. do caixão. 2. (gíria) mata--ratos m., cigarro barato m.
cofunction [kouf'ʌŋkʃən] s. (Trigon.) função f. do complemento de dado ângulo ou arco.
cog (I) [kɔg] s. 1. (Mec.) dente de roda dentada, dente m. de engrenagem. 2. roda dentada f. ‖ v. dentear.
cog (II) [kɔg] v. 1. lisonjear, persuadir, seduzir mediante lisonja. 2. trapacear (com dados viciados).
he ~ged the dice ele jogou com dados viciados.
cog (III) [kɔg] s. barco m. de pesca.
cogency [k'oudʒənsi] s. força f. ou poder m. de convicção, irrefutabilidade, irresistibilidade f.
cogent [k'oudʒənt] adj. forçoso, convincente, irresistível, irrefutável, concludente. ‖ ~ly adv. forçosamente, convincentemente, irresistivelmente.
cogged (I) [kɔgd] adj. dentado, denteado.
cogged (II) [kɔgd] adj. falso, contrafeito.
cogitable [k'ɔdʒitəbl] adj. concebível, imaginável.
cogitate [k'ɔdʒiteit] v. 1. cogitar, imaginar, ponderar, meditar, considerar, pensar. 2. planejar.
cogitation [kɔdʒit'eiʃən] s. 1. cogitação, meditação, consideração, reflexão f. 2. pensamento m., idéia f.
cogitative [k'ɔdʒiteitiv] adj. cogitativo, meditativo. ‖ ~ly adv. cogitativamente, pensativamente.

cogitativeness [~nis] s. disposição ou qualidade cogitativa f.
cogitator [k'ɔdʒiteitə] s. pensador, meditador m.
cognac [k'ounjæk] s. conhaque m.
cognate [k'ɔgneit] s. 1. cognato, cognado m., parente m. + f. por parte de mãe. 2. língua ou palavra cognata f. ‖ adj. 1. cognado, cognato, aparentado por parte de mãe. 2. (Gram.) cognato, que possui idêntica raiz.
cognateness [~nis], cognation [kɔgn'eiʃən] s. cognação f., parentesco m. pelo lado materno.
cognition [kɔgn'iʃən] s. 1. cognição, aquisição f. de um conhecimento. 2. percepção, noção f. 3. conhecimento m.
cognitional [~əl], cognitive [k'ɔgnitiv] adj. cognitivo.
cognizable [k'ɔgnizəbl] adj. 1. cognoscível, reconhecível, perceptível, conhecível. 2. (Jur.) que compete à justiça, próprio para julgamento.
cognizance [k'ɔgnizəns] s. 1. conhecimento, reconhecimento m., percepção, noção f. 2. alcance m. do conhecimento. 3. (Jur.) conhecimento m., admissão f. de argumentação. 4. (Jur.) direito m. de tratar judicialmente, jurisdição f. 5. (Heráld.) insígnia f., emblema, escudo, brasão m.
it falls within his ~ é de sua alçada. it falls beyond his ~ não é de sua alçada. I take ~ of tomo conhecimento de, examino.
cognizant [k'ɔgnizənt] adj. 1. cônscio, ciente, notificado. 2. (Jur.) competente.
he is ~ of it ele está ciente disto, está a par disto.
cognize [k'ɔgnaiz] v. 1. conhecer, perceber. 2. reconhecer.
cognomen [kɔgn'oumən] s. 1. cognome, sobrenome m. 2. nome m. 3. apelido m., alcunha f.
cognominal [kɔgn'ɔminəl] adj. relativo a cognome.
cograil [k'ɔgreil] s. trilho dentado m.
cogwheel [k'ɔgwi:l] s. 1. roda dentada f. 2. roda f. com dentes de madeira.
cohabit [kouh'æbit] v. coabitar: 1. (arc.) viver em comum ou juntamente. 2. conviver (como marido e mulher).
cohabitant [kouh'æbitənt] s. coabitante, coabitador m.
cohabitation [kouhæbit'eiʃən] s. coabitação f.
coheir [k'ou'ɛə] s. co-herdeiro m.
coheiress [k'ou'ɛəris] s. co-herdeira f.
cohere [kouh'iə] v. 1. aderir, coerir, estar apegado. 2. concordar, estar ligado por lógica, combinar, ter coerência.
coherence [~rəns], coherency [~rənsi] s. 1. coerência, conexão, congruência f. 2. coesão, adesão, ligação f.
coherent [~rənt] adj. coerente: 1. ligado, conexo, aderente. 2. logicamente consistente ou ligado. ‖ ~ly adv. coerentemente.
coherer [~rə] s. (Rádio) coesor m.: detector antigo de ondas electromagnéticas.
cohesion [kouh'i:ʒən] s. coesão: 1. coerência, ligação f. 2. (Fís.) atração molecular f.
cohesive [kouh'i:siv] adj. 1. coesivo, aderente. 2. coerente, ligado. ‖ ~ly adv. coesivamente.
cohesiveness [~nis] s. natureza coesiva f.
cohort [k'ouhɔ:t] s. 1. coorte f.: 10.ª parte de uma legião romana. 2. magote, grupo m. de soldados. 3. bando, grupo m.
coif [kɔif] s. 1. coifa, touca f. 2. (Hist.) barrete usado pelos soldados por baixo do elmo. 3. barrete branco m. usado pelos "Sergeants-at-law". ‖ v. cobrir com coifa ou touca.
coiffeur [kwa:f'ə:] s. (fr.) cabeleireiro m.
coiffure [kwa:fj'uə] s. (fr.) toucado, penteado m.
coign [kɔin] s. (também quoin) esquina f., canto m.
~ of vantage posto vantajoso (para observação),

posição favorável.

coil (I) [kɔil] s. 1. rolo, espiral m. 2. espira f. 3. serpentina f. de tubos, etc. 4. bobina f. (também Eletr.). 5. caracol, anel m. de cabelo enrolado. 6. Náut.) ducha f.: cabo ou corda enrolada. ‖ v. 1. enrolar, bobinar. 2. formar espiral. 3. serpear, mover-se em espiral.
induction ~ bobina de indução. **moving** ~ (Rádio) bobina móvel. **the serpent** ~**ed up** a cobra enrolou-se.

coil (II) [kɔil] s. (arc.) 1. tumulto m. 2. algazarra †.

coil ignition s. ignição f. de bateria.

coil spring s. mola espiral f.

coin [kɔin] s. 1. moeda f. 2. dinheiro amoedado m 3. esquina f. 4. (Mec.) chaveta, cunha f. ‖ v. 1. cunhar moeda, amoedar. 2. (fig.) cunhar, inventar, forjar.
base ou **false** ~ moeda falsa. **current** ~ moeda corrente. **small** ~ moeda divisionária. **I paid him back in his own** ~ paguei-lhe na mesma moeda. **he is** ~**ing money** (coloq.) ele ganha muito dinheiro.

coinable [k'ɔinəbl] adj. que se pode cunhar.

coinage [k'ɔinidʒ] s. 1. cunhagem, moedagem, amoedação f. 2. moedas f. pl., dinheiro amoedado m. 3. sistema monetário m. 4. braceagem f., direito m. de moedagem. 5. invenção, cunhagem f. (de palavras). 6. palavra, frase f. inventada.
decimal ~ sistema monetário decimal.

coincide [kouins'aid] v. coincidir: 1. ser idêntico em forma e dimensão. 2. acontecer ao mesmo tempo, ser concomitante. 3. corresponder, concordar, harmonizar, combinar.
there I ~ **with you** nisto concordo com você.

coincidence [kou'insidəns] s. 1. coincidência, concordância, correspondência f. 2. simultaneidade f. de acontecimentos.
a mere ~ mera coincidência.

coincident [kou'insidənt] adj. 1. coincidente, concomitante, simultâneo. 2. concordante, análogo. ‖ ~**ly** adv. coincidentemente.

coincidental [kouinsid'entəl] adj. coincidente, simultâneo. ‖ ~**ly** adv. coincidentemente.

coin drop s. (E. U. A.) fenda para moeda em autômatos (quadro C 2).

coiner [k'ɔinə] s. 1. moedeiro, cunhador m. de moedas. 2. moedeiro falso m.
~ **of words** criador de palavras novas.

coinheritance [kouinh'eritəns] s. herança f. em comum.

coinheritor [k'ouinh'eritə] s. co-herdeiro m.

coining [k'ɔiniŋ] s. cunhagem, moedagem f.

coinstantaneous [kouinstənt'einjəs] adj. simultâneo.

coinsurance [kouinʃ'uərəns] s. seguro m. em grupo.

coir [k'ɔiə] s. fibra f. de coco.

coir rope s. corda f. de fibra de coco.

coition [kou'iʃən], **coitus** [k'ouitəs] s. coito m., cópula carnal f.

coke (I) [kouk] s. coque m. ‖ v. coqueificar, transformar em coque.
small ~ coque miúdo. ~ **dust** coque em pó.

coke (II) [kouk] s. (E. U. A., coloq.) 1. (gíria) cocaína f. 2. abr. de Coca-Cola.

coker-nut s. = coco-nut.

col [kɔl] s. 1. desfiladeiro m., colada, passagem f. (entre montanhas) 2. (Meteor.) depressão atmosférica f.

cola, kola [k'oulə] s. (Bot.) cola f.

colander [k'ʌləndə] s. (também **cullender** [k'ʌlində]) coador m., peneira f. (quadro K 2).

cola-nut s. noz f. de cola.

colatitude [koul'ætidju:d] s. (Astron.) co-latitude f.

colchicum [k'ɔlkikəm] s. (Bot.) ¸cólquico m.

colcothar [k'ɔlkoθɑ:] s. (Quím.) colcotar m.: óxido de ferro vermelho.

cold [kould] s. 1. frio m., temperatura baixa f. 2. tempo frio m. 3. sensação f. de frio, calafrio m. 4. resfriado, catarro, resfriamento m. ‖ adj. 1. frio, de temperatura baixa. 2. frígido, gélido. 3. (gíria) morto. 4. inconsciente, inerte. 5. impassível, indiferente, insensível. 6. reservado, sério. 7. inexpressivo, desinteressante. 8. fraco, imperceptível. 9. azul, verde, cinzento (não de cor viva). 10. desanimador. 11. desapaixonado, imparcial. 12. nu, cru (fatos). ‖ ~**ly** adv. friamente, com indiferença.
a bad, severe, violent ~ um resfriado violento, sério **I caught, took a** ~ peguei um resfriado, resfriei-me. **he has a** ~ ele está resfriado. **he was left out in the** ~ (fig.) ele foi resfriado, foi deixado de lado. **it makes my blood run** ~ dá-me arrepios. ~ **scent** (caça) rasto velho ou fraco. **that leaves me** ~ isto me é indiferente. **in** ~ **blood** a sangue-frio. ~ **comfort** consolo pouco satisfatório. **a** ~ **look** um olhar indiferente. **she gave him the** ~ **shoulder** ela tratou-o com desprezo. **to get** ~ **feet** perder a coragem. **to put on** ~ **storage** (fig.) deixar ficar.

cold bend test s. (Téc.) ensaio m. de flexão a frio.

cold-blooded adj. 1. de sangue-frio. 2. insensível, apático. 3. cruel. 4. friorento. ‖ ~**ly** adv. friamente.

cold-bloodedness s. 1. sangue-frio m. 2. crueldade f.

cold-chisel s. (Téc.) talha-frio m.

cold cuts pl. s. prato m. de frios.

cold drawing s. (Téc.) estiramento m. a frio.

cold-drawn adj. (Téc.) estirado a frio.

cold feet s. (coloq.) falta f. de coragem.

cold front s. (Meteor.) frente fria f.

cold-hearted adj. frio, insensível, cruel. ‖ ~**ly** adv. friamente, insensivelmente, cruelmente.

cold-heartedness s. insensibilidade, crueldade f.

coldish [k'ouldiʃ] adj. friacho, um tanto frio.

cold-livered adj. impassível, desapaixonado.

coldness [k'ouldnis] s. 1. frio m., frialdade f. 2. frieza, indiferença, frigidez f., desinteresse m.

cold pack s. bolsa f. de gelo.

cold-roll v. laminar a frio.

cold-short adj. (Téc.) quebradiço a frio (metal).

cold shoulder s. (fig.) indiferença f.

cold-shoulder v. mostrar indiferença ou desinteresse, acolher com pouca amabilidade, ignorar.

cold snap (também ~ **spell**) s. repentina onda f. de frio.

cold sore s. bolhas, aftas f. pl. na boca, decorrentes de febre, etc.

cold-steel s. armas brancas f. pl.

cold-storage s. armazenagem f. em frigorífico.

cold-store s. câmara frigorífica f.

cold sweat s. suor frio m.

cold war s. guerra fria f.

cold wave s. 1. (Meteor.) onda f. de frio. 2. permanente, ondulação f. do cabelo feita a frio.

cole [koul] s. 1. couve f. (plantas do gênero Brassica) 2. nabo m.

coleopter [kɔli'ɔptə] s. (Zool.) coleóptero m.: besouro.

coleoptera [~rə] s. pl. (Zool.) coleópteros m. pl.

coleopterous [~rəs] adj. (Zool.) coleóptero.

cole-seed s. semente f. de couve ou nabo.

coleslaw [k'oulslɔ:] s. (E. U. A.) salada f. de repolho cru.

cole-wort s. qualquer espécie de couve que não forme cabeça compacta.

colibri [k'ɔlibri:] s. (Orn.) colibri, beija-flor m.

colic [k'ɔlik] s. (Med.) cólica f. ‖ adj. cólico, relativo ao cólon.

colicky [~i] adj. 1. que produz cólica. 2. cólico.
coliseum [kɔlis'i:əm] s. (também colosseum) coliseu, estádio, anfiteatro m.
colitis [koul'aitis] s. (Med.) colite f.: inflamação do cólon.
collaborate [kəl'æbəreit] v. 1. colaborar, cooperar, trabalhar em conjunto. 2. colaborar com o inimigo, cometer traição.
collaboration [kəlæbər'eiʃən] s. colaboração f.
collaborative [kəl'æbəreitiv] adj. colaborativo, colaborador.
collaborator [kəl'æbəreitə] s. colaborador m.
collage [kəl'a:ʒ] s. colagem f.
collapse [kəl'æps] s. 1. colapso, desmaio m., prostração repentina f. 2. ruína, queda, falência f., malogro m. ‖ v. 1. cair, ruir, desmoronar. 2. desfalecer, cair em colapso, desmaiar. 3. (E. U. A.) dobrar, fechar. 4. desanimar, perder a força, ceder.
~ of a bank falência de um banco. ~ of prices queda de preços.
collapsible [kəl'æpsibl], collapsable [kəl'æpsəbl] adj. 1. que pode desmoronar ou cair. 2. desmontável, dobradiço, articulado.
collapsible chair s. cadeira dobradiça f.
collar [k'ɔlə] s. 1. colarinho m., gola f. (quadro C 12). 2. colar, laço m., fita f. enrolada no pescoço, gargantilha f. 3. coleira f. (de cães). 4. corrente f. ou colar m. como insígnia. 5. (Téc.) anel, colar m. 6. (Náut.) alça f. do estai. 7. (Arquit.) colarinho, astrágalo m. 8. coelheira f. (parte dos arreios). 9. faixa f. ‖ v. 1. pôr colar, coleira, ou colarinho. 2. pegar pelo colarinho, capturar. 3. (coloq.) agarrar, pegar, segurar, apoderar-se de alguma coisa.
stand-up ~ colarinho engomado. turn-down ~ colarinho com pontas viradas. against the ~ para a frente. to slip the ~ (fig.) escapar pela malha rota. to be out of ~ (gíria) estar desempregado.
collar-bone s. clavícula f.
collar button s. botão do colarinho m.
collar-day s. dia de gala, dia m. das ordens.
collaret, collarette [kɔlər'et] s. colarinho m. ou pequena gola f. de senhoras.
collar-harness s. coelheira f. de cavalo.
collar-stud s. botão m. de colarinho.
collar-work s. trabalho penoso ou exaustivo m., maçada f.
collate [kɔl'eit] v. 1. colecionar, confrontar, examinar, verificar, conferir. 2. pôr em ordem, arranjar.
to ~ a clergyman to a living conferir benefício eclesiástico a um clérigo.
collateral [kɔl'ætərəl] s. 1. parente colateral m. 2. (E. U. A.) garantia f. em valores ou títulos. ‖ adj. 1. colateral. 2. paralelo. 3. concomitante. 4. coordenado. 5. secundário, indireto. 6. parente, mas não em linha reta. 7. adicional, suplementar. 8. acessório, subsidiário. 9. garantido por valores. ‖ ~ly adv. 1. colateralmente. 2. concomitantemente. 3. paralelamente. 4. de modo secundário, indiretamente.
collateral acceptance s. (Com.) aceite m. garantido por valores.
collateral circumstances s. pl. circunstâncias acessórias f. pl.
collateral security s. garantia colateral f.
collation [kɔl'eiʃən] s. colação: 1. refeição leve f. 2. comparação, conferência, confrontação f. 3. nomeação f. para benefício eclesiástico.
cold ~ refeição rápida f.
collator [kɔl'eitə] s. 1. colador, verificador m. 2. o que confere benefícios eclesiásticos.
colleague [k'ɔli:g] s. colega m. + f. ‖ v. [kəl'i:g] 1.

coligar, juntar-se, aliar-se. 2. conspirar.
colleagueship [k'ɔli:gʃip] s. coleguismo m.
collect [k'ɔlekt] s. coleta f.: oração que na missa precede a epístola. ‖ v. [kəl'ekt] 1. colecionar, juntar, coletar, coligir. 2. reunir(-se). 3. cobrar, receber contas. 4. recobrar, recuperar(-se), restabelecer(-se). 5. arrecadar, recolher, angariar. 6. catar. 7. buscar. 8. inferir, deduzir, concluir. ‖ adj. [kəl'ekt] pagável pelo recebedor.
the ~ for Easter Sunday a coleta para domingo de Páscoa. the postman ~s the letters o carteiro faz a coleta das cartas. I ~ myself estou me concentrando, recobrando o alento.
collectable [kəl'ektəbl] adj. 1. cobrável, recebível. 2. acumulável. 3. coligível. 4. que se pode inferir, deduzível.
collected [kəl'ektid] adj. 1. reunido, colecionado, ajuntado. 2. calmo, sereno, de sangue-frio. ‖ ~ly adv. 1. coletivamente, juntamente. 2. calmamente.
~ works obras colecionadas.
collectedness [~nis] s. calma, serenidade f.
collectible [kəl'ektibl] adj. = collectable.
collecting [kəl'ektiŋ] s. colecionação f.
collection [kəl'ekʃən] s. 1. coleção, compilação f. 2. coleta f. 3. cobrança, arrecadação f. 4. porção f. 5. ~s pl. (Univ.) exame final m. 6. (Tipogr.) colecionamento m.
collective [kəl'ektiv] s. 1. (Gram.) nome coletivo m. 2. cooperativa, organização coletivista f. ‖ adj. 1. coletivo (também Gram.), de ou em grupo. 2. reunido, coligido, que forma coleção. ‖ ~ly adv. coletivamente.
collective bargaining s. acordo tarifário m.
collective farm s. granja coletiva f. (na U. R. S. S.).
collective security s. (Pol.) segurança f. coletiva internacional.
collectivism [kəl'ektivizm] s. coletivismo m.
collectivist [kəl'ektivist] s. coletivista m. + f.
collectivity [kɔlekt'iviti] s. coletividade f.
collector [kəl'ektə] s. 1. coletor, colecionador m. 2. cobrador m. 3. (Eletr.) coletor m.
tax—~ cobrador de taxas ou impostos. ticket—~ fiscal, cobrador (de transporte coletivo).
collectorship [kəl'ektəʃip] s. jurisdição f. ou ofício m. de coletor ou cobrador.
college [k'ɔlidʒ] s. 1. colégio m.: a) estabelecimento de ensino superior: universidade, faculdade, academia f. b) agremiação, sociedade, corporação f. 2. (E. U. A.) parte f. da universidade para ensino geral. 3. curso m. 4. prédio ou estabelecimento m. onde funciona o colégio.
commercial ~ escola superior de comércio. training—~ escola preparatória, escola normal. Sacred College, College of Cardinals colégio dos cardeais, sacro colégio.
colleger [~ə] s. colegial interno m.
college-window s. (E. U. A., gíria) moça estudante f.
collegial [kəl'i:dʒəl] adj. colegial, relativo a colégio.
collegian [kəl'i:dʒən] s. 1. colegial, estudante m. + f. 2. membro m. de um colégio.
collegiate [kəl'i:dʒiit] adj. 1. colegial, acadêmico, relativo a colégio. 2. colegiado, que pertence a um colégio.
collegiate church s. igreja colegiada f.
collet [k'ɔlet] s. 1. (Téc.) pinça f. de torno. 2. aro de metal, anel, m. 3. flange m. 4. engaste m. de anel.
collide [kəl'aid] v. colidir: 1. ir de encontro, abalroar. 2. entrar em conflito, discordar.
collie [k'ɔli] s. collie m.: cão pastor escocês de pêlo comprido (quadro D 3).
collier [k'ɔliə] s. 1. navio carvoeiro m. 2. mineiro m. (carvão). 3. carvoeiro m.

colliery [~ri] s. mina f. de carvão com os prédios e pertences.
colligate [k'ɔligeit] v. coligar, unir, associar.
colligation [kɔlig'eiʃən] s. coligação, liga, aliança f.
collimate [k'ɔlimeit] v. colimar: pôr em alinhamento, visar, ajustar, pôr mira em, colocar em sentido paralelo.
collimation [kɔlim'eiʃən] s. colimação f.
line of ~ (Astron.) linha de colimação, eixo óptico.
collinear [kɔl'injə] adj. colinear. ‖ ~ly adv. colinearmente.
collision [kəl'iʒən] s. colisão f.: 1. abalroamento, choque m. 2. antagonismo, conflito m., contrariedade f.
I came into ~ with him entrei em choque com ele.
collocate [k'ɔlokeit] v. 1. colocar (junto). 2. arranjar, dispor.
collocation [kɔlok'eiʃənʃ] s. colocação, disposição, ordem, divisão f., arranjo m.
collocution [kɔlokj'u:ʃən] s. conversa, conferência f.
collocutor [kɔl'ɔkjutə] s. colocutor m.
collodion [kəl'oudiən] s. colódio m.: solução de nitrocelulose.
collogue [kəl'oug] v. palestrar, conversar.
colloid [k'ɔlɔid] s. colóide m. ‖ adj. colóide, coloidal.
colloidal [kəl'ɔidəl] adj. coloidal.
colloidal system s. (Fís., Quím.) sistema coloidal m.
collop [k'ɔləp] s. 1. fatia pequena f. (esp. de carne). 2. dobra f. de carne ou de pele no corpo.
colloquial [kəl'oukwiəl] adj. coloquial, familiar, não formal. ‖ ~ly adv. de modo coloquial, familiarmente.
~ powers habilidade ou dom para entreter ou conversar.
colloquialism [~izm] s. expressão familiar, linguagem cotidiana f.
colloquist [k'ɔləkwist] s. colocutor, interlocutor m.
colloquy [k'ɔləkwi] ε. 1. colóquio m., conversação, palestra f. 2. conferência f.
collossal [kəl'ɔsəl] adj. 1. colossal, enorme, vasto. 2. (coloq.) incrível, espantoso, gigantesco. ‖ ~ly adv. colossalmente, agigantadamente.
collotype [k'ɔlotaip] s. colotipia f.: sistema de impressão pelo filme negativo. ‖ v. reproduzir por este sistema.
collude [kəlj'u:d] v. conspirar, conluiar(-se), ser conivente.
collusion [kəl'u:ʒən] s. conluio m., conspiração, maquinação, fraude f.
collusive [kəl'u:siv] adj. conluiado, combinado, conspiratório. ‖ ~ly adv. conluiadamente, por conluio.
collusiveness [~nis] s. conluio m., conivência, combinação fraudulenta f.
collyrium [kəl'iriəm] s. (Med.) colírio m.
collywobbles [k'ɔliwɔblz] s. (gíria) roncar m. do estômago, fome f.
cologarithm [k'oul'ɔgəriðm] s. (Mat.) cologaritmo m.
cologne [kəl'oun] s. (E. U. A.) (forma abreviada de cologne water ou Eau de Cologne) água-de-colônia f.
Colombian [kəl'ɔmbiən] s. colombiano m., habitante m. + f. da Colômbia. ‖ adj. colombiano.
colon (I) [k'oulən] s. (Gram.) dois pontos m. pl. (:).
colon (II) [k'oulən] s. (Anat.) cólon m.
colon (III) [kəl'oun] s. colón m.: unidade monetária f. da Costa Rica e de El Salvador.
colon (IV) [kəl'oun] s. colono, possuidor m. de plantação.
colonel [ka:nl] s. coronel m.
the Colonel ou Colonel Bogey bom resultado no jogo de golfe. lieutenant~ tenente-coronel.
Colonel Blimp, Blimp [blimp] s. (pej.) homem idoso

m. com idéias políticas ultrapassadas e que se julga importante sem sê-lo.
colonelcy [k'ə:nlsi], colonelship [k'ə:nlʃip] s. coronelato, cargo m. de coronel.
colonial [kəl'ounjəl] s. 1. colonial, habitante m. + f. de colônia. 2. estilo de arquitetura, móveis, decorações das Colônias Britânicas na América, nos séculos XVII e XVIII. ‖ adj. colonial, de ou relativo a colônia. ‖ ~ly adv. colonialmente.
colonialism [kəl'ouniəlizm] s. 1. colonialismo, sistema colonial m. 2. linguagem, peculiaridade f. das colônias.
colonist [k'ɔlənist] s. 1. colono m., colonial m. + f. 2. colonizador m.
colonization [kɔlənaiz'eiʃən] s. colonização f.
colonize [k'ɔlənaiz] v. 1. colonizar, formar ou estabelecer colônias. 2. estabelecer-se em colônia, habitar como colono.
colonizer [~ə] s. colonizador m.
colonnade [kɔlən'eid] s. (Arquit.) colunata f.
colony [k'ɔləni] s. colônia f.: 1. colonizadores, emigrantes m. pl. 2. povoação f. ou estabelecimento m. de colonos ou colonizadores. 3. possessão f. (geralmente além-mar). 4. agregação f., agrupamento, grupo m. (também de animais).
colophon [k'ɔləfən] s. colofão m.
from title-page to ~ do começo ao fim.
colophony [kɔl'ɔfəni] s. colofônia f., breu m.
color [k'ʌlə] s. = colour.
Colorado beetle s. (Zool.) dorífora f.: pequeno coleóptero que causa grandes estragos nos batatais.
colorant [k'ʌlərənt] s. substância corante f.
coloration, colouration [kʌlər'eiʃən] s. 1. coloração f., ato de colorir. 2. colorido m.
coloratura [kɔlərət'uərə] s. (Ital., Mús.) 1. coloratura f. 2. soprano m. que canta coloratura. ‖ adj. 1. apto a cantar coloratura. 2. com trinados.
coloritic [kɔlər'ifik] adj. 1. colorífico, corante. 2. relativo a cores.
colorimeter [kɔlər'imitə] s. colorímetro m.
colorimetric [kɔlorim'etrik] adj. colorimétrico.
colossal [kəl'ɔsəl] adj. 1. colossal, enorme, vasto. 2. (coloq.) incrível, espantoso, gigantesco. ‖ ~ly adv. colossalmente, agigantadamente.
colosseum [kɔləs'i:əm] s. (também coliseu) coliseu, anfiteatro m.
colossus [kəl'ɔsəs] s. pl. colossi [-sai] 1. colosso m., estátua colossal f. 2. pessoa ou coisa enorme f.
colostrum [kəl'ɔstrəm] s. colostro m.
colour, color [k'ʌlə] s. 1. cor f., colorido m. 2. tinta f., corante, pigmento m. 3. qualquer cor f., menos branco ou preto. 4. vermelhão, rubor m. do rosto. 5. tez f. 6. cor f. da pele das raças que não são brancas. 7. aparência f., visos m. pl. 8. detalhe realístico m., vida f. 9. caráter m., feição f. 10. vivacidade f., brilho, ânimo m. 11. matiz m., tonalidade f. 12. (Mús.) timbre, som m. 13. ~s pl. cores f. pl., emblema, estandarte m., bandeira f. 14. (milit.) insígnia militar f. 15. ~s pl. cor política f., partido m. 16. ~s pl. roupas f. pl. de cor (jóquei). ‖ v. 1. pintar, tingir, corar, colorir, dar cor a. 2. corar, mudar de cor, enrubescer. 3. (fig.) corar, disfarçar, alterar, paliar, desculpar. 4. dar determinado aspecto a.
body ~ tinta opaca. complementary ~ cor complementar. filling ~ massa colorida para preparar a superfície a ser pintada. local ~ colorido ou aspecto local. play of ~s variação de cores. composite ~s cores mistas. fast ~s cores firmes. fundamental ~s cores básicas. glaring ~s cores berrantes. he changed ~s ele mudou de cor, ficou pálido (ou

vermelho). **his ~ came and went** ele tornou-se pálido e corado, alternadamente. **to have a ~** ter aspecto sadio, ter boa cor. **gentleman of ~** negro, homem de cor. **off ~** (coloq.) exausto, esgotado, indisposto. **his sincerity gives ~ to all he does** sua sinceridade caracteriza todos os seus atos. **~ of truth** aspecto de verdade. **~ of charity** pretexto de caridade. **service with the ~s** serviço militar. **to join the ~s** alistar-se. **trooping the ~s** desfile de bandeiras. **he got his ~s** ele recebeu seu emblema social. **they lowered their ~s** 1. baixaram a bandeira. 2. (fig.) cederam, dobraram-se. **they showed their ~s** revelaram suas intenções, mostraram quem realmente eram. **to stick to one's ~s** ser fiel à causa. **with flying ~s** com bandeiras desfraldadas. **he came out in his true ~s** (fig.) ele mostrou seu verdadeiro caráter. **to be in ~s** usar vestido de cor. **painted in his true ~s** mostrado em seu verdadeiro aspecto. **he sailed under false ~s** (fig.) ele agiu sob disfarce. **under ~ of** sob o pretexto de. **to come off with flying ~s** sair vitorioso. **his prejudices ~ed his facts** seus preconceitos manifestaram-se em seu relato.
colourable [k'ʌlərəbl] adj. 1. que se pode colorir, tingível. 2. aceitável, plausível, acreditável. 3. aparente, simulado, ilusório, falso. ‖ **—bly** adv. plausivelmente.
colourableness [~nis] s. 1. especiosidade f. 2. plausibilidade f.
colour bar s. barreira racial f.
colour-blind adj. daltônico.
colour-blindness s. daltonismo m.
colour-box s. estojo m. de pintura.
colour-brush s. pincel m., broxa f.
coloured [k'ʌləd] adj. 1. colorido, de cores. 2. corado. 3. de cor, de raça negra ou outra que não seja branca. 4. parcial, apaixonado, tendencioso. **~ throughout** tingido na fibra. **fancy-~** em cores vivas. **~ people** (E. U. A.) negros. **~ pencil** lápis de cor.
colourer [k'ʌlərə] s. colorista m. + f.
colour fast adj. de cor firme, que não desbota.
colour fastness s. (Tipogr.) firmeza f. de cores.
colourful [k'ʌləful] adj. 1. colorido, abundante em cores, variegado. 2. (Liter.) pitoresco, vivo. ‖ **~ly** adv. com brilho, pitorescamente.
colourfulness [~nis] s. colorido, brilho m., vivacidade f.
colouring [k'ʌləriŋ] s. 1. coloração f. 2. corante, pigmento m. 3. disfarce, desvirtuamento m. 4. ornamentação f. a cores. 5. colorido m., tonalidade f.
colouring matter s. matéria corante f., pigmento m.
colourist [k'ʌlərist] s. colorista m. + f.
colouristic [kʌlər'istik] adj. relativo a colorista ou a coloração.
colourless [k'ʌləlis] adj. 1. sem cor, incolor, descolorido, apagado. 2. pálido, descorado. 3. desinteressante, insípido, insosso. ‖ **~ly** adv. 1. de modo incolor. 2. insipidamente.
colourlessness [~nis] s. 1. incoloração f. 2. acromatia f., palidez f. 3. insipidez f.
colour line s. (E. U. A.) barreira racial f.
colourman [k'ʌləmən] s. vendedor m. de tintas.
colour-photography s. fotografia f. em cores.
colour-printing s. impressão f. a cores.
colour sergeant s. (Milit.) sargento porta-bandeira m.
colour television s. televisão f. em cores.
colt (I) [koult] s. 1. potro, poldro m. 2. franganote m., pessoa f. inexperiente ou sem juízo, novato m. 3. (Náut.) corda f. com nó na ponta com que se açoitavam os marinheiros.

Colt (II) [koult] s. marca f. de revólver americano.
colter [k'oultə] s. (também **coulter**) sega f. (quadro P 7).
coltish [k'oultiʃ] adj. vivo, folgazão, alegre.
colt's-foot s. (Bot.) tussilagem, unha-de-cavalo f. (Tussilago farfara).
colubrine [k'ɔlju:brain] adj. colubrino, relativo ou semelhante a cobra.
columbarium [kɔləmb'ɛəriəm] s. columbário m.
Columbian [kəl'ʌmbiən] s. columbino m.: habitante da Colúmbia. ‖ adj. 1. relativo à Colúmbia ou (poét.) aos E. U. A. 2. columbiano, relativo a Colombo.
Columbine [k'ɔləmbain] s. (Teat.) Colombina f.
columbine (I) [k'ɔləmbain] s. (Bot.) aquilégia f.
columbine (II) [k'ɔləmbain] adj. 1. columbino: relativo a pombos. 2. da cor de pombos.
columbium [kəl'ʌmbiəm] s. (Quím.) colômbio, nióbio m.: elemento metálico.
Columbus Day s. (E. U. A.) dia m. do descobrimento da América: 12 de outubro.
column [k'ɔləm] s. 1. coluna f.: a) (Arquit.) pilar (quadro H 4). b) qualquer coisa semelhante a coluna. c) (Milit.) fileira de soldados. d) (Tipogr.) meia lauda, divisão de página. e) parte, seção de jornal. f) (Mat.) linha vertical de algarismos. 2. linha f. de navios. **~ of mercury** coluna de mercúrio. **in ~s** em colunas.
columnar [kəl'ʌmnə] adj. 1. em forma de coluna, colunar, semelhante a coluna. 2. composto de colunas, escrito em colunas.
columned [k'ɔləmd] adj. colunário, guarnecido de colunas.
columniation [kəlʌmni'eiʃən] s. (Arquit.) colunização f., emprego ou disposição de colunas.
columnist [k'ɔləmnist] s. (E. U. A.) colunista, comentarista m. + f. de jornal.
colure [kɔlj'uə] s. (Astron.) coluro m.
colza [k'ɔlzə] s. (Bot.) colza f.
colza-oil s. óleo m. de colza.
coma (I) [k'oumə] s. pl. **comas** (Med.) coma, estupor m., inconsciência f.
coma (II) [k'oumə] s. pl. **comae** [-mi:] 1. (Astron.) coma, cabeleira f. de cometa. 2. (Bot.) coma f., tufo m.
comate (I) [koum'eit] s. companheiro m.
comate (II) [k'oumeit] adj. (Bot.) comado, cabeludo.
comatose [k'ɔmətous] adj. (Med.) 1. comatoso, em coma. 2. letárgico.
comb [koum] s. 1. pente m. 2. carda f., rastelo, sedeiro m. 3. almofaça f. 4. crista f. (de ave, de onda ou de monte). 5. favo m. de mel. ‖ v. 1. pentear. 2. cardar. 3. almofaçar. 4. rastelar. 5. pesquisar, buscar, procurar, esquadrinhar, vasculhar. 6. (E. U. A.) quebrar(-se) (onda). **horse-~** almofaça. **flax—~** carda. **small-tooth ~** pente fino. **wool ~** pente de cardador. **to ~ one's hair** pentear seus cabelos. **to ~ off** (fig.) eliminar, remover. **to ~ out** 1. pesquisar, buscar. 2. (milit.) recrutar.
combat [k'ɔmbət] s. 1. combate, peleja, luta f. 2. (milit.) batalha f. 3. duelo m. ‖ v. 1. lutar, combater, contender, batalhar (**with** com, **against** contra). 2. opor-se, resistir, bater-se contra. **close ~** luta corpo a corpo. **single ~** duelo m.
combatable [kɔmb'ætəbl] adj. combatível.
combatant [k'ɔmbətənt] s. combatente, guerreiro m. ‖ adj. 1. combatente. 2. (Heráld.) rampante.
combat car s. carro m. de combate, tanque m.
combative [k'ɔmbətiv] adj. combativo, pugnaz. ‖ **~ly** adv. combativamente.
combativeness [kɔmb'ætivnis] s. combatividade f.

comb-brush s. escova f. para limpar pentes.
combe [ku:m] s. vale m., baixada f.
comber [k'oumǝ] s. 1. carda f., sedeiro m. 2. penteador, cardador m. 3. vagalhão m.
combinable [kǝmb'ainǝbl] adj. combinável.
combination [kǝmbin'eiʃǝn] s. 1. combinação f., atc m. de combinar. 2. acordo m. 3. reunião, união, associação f., agrupamento m. 4. cartel m. 5. jogo combinado m. 6. (Mat.) combinação f. de números. 7. (E. U. A.) segredo m., combinação f. de letras ou números para abrir fechaduras de segredo. 8. combinação f.: roupa (quadro C 13).
   chemical ~ composto químico. **pair of** ~s combinação (de calcinha e camisa de mulher).
combination lock s. fecho m. de segredo.
combination safe s. cofre m. de segredo.
combination square s. (Mec.) esquadro ajustável m.
combinative [k'ombineitiv] adj. combinativo.
combinatorial analysis s. (Mat.) análise combinatória f.
combine [k'ombain] s. 1. (E. U. A.) reunião, associação, união, liga f., monopólio m. 2. conluio, conchavo m. 3. (E. U. A.) máquina combinada f. para ceifar e debulhar. || [kǝmb'ain] v. 1. combinar unir(-se), associar(-se), juntar(-se), ligar(-se). 2 misturar, formar composto. 3. (Quím.) combinar.
combiner [kǝmb'ainǝ] s. 1. combinador m. 2. membro de um conchavo.
combing [k'oumiŋ] s. 1. cardadura, cardação f. 2. penteação, penteadura f. 3. ~s pl. cabelos m. pl. que caem ao pentear. 4. ~s pl. borras f. pl., resíduos m. pl. de seda.
combing (II) [k'oumiŋ] s. (Náut.) braçolas f. pl. (quadro B 15).
combing-wool s. lã cardada f., estambre m.
combining form s. elemento m. de composição.
combining weight s. (Quím.) peso atômico m. de um átomo ou radical, dividido por sua valência.
combustibility [kǝmbʌstǝb'iliti] s. 1. combustibilidade, inflamabilidade. 2. excitabilidade, irascibilidade f.
combustible [kǝmb'ʌstibl] s. combustível, material m. que queima. || adj. 1. combustível, inflamável. 2. irritável, irascível. || **-bly** adv. 1. de maneira combustível. 2. de modo excitável.
combustion [kǝmb'ʌstʃǝn] s. 1. combustão, queima, ignição f. 2. oxidação lenta f. 3. tumulto m., conflagração, agitação, excitação f.
   spontaneous ~ ignição espontânea.
combustion chamber s. câmara f. de combustão.
combustion engine s. motor m. de combustão.
combustion stroke s. tempo m. de explosão.
combustive [kǝmb'ʌstiv] adj. combustivo, combustível.
combustor [kǝmb'ʌstǝ] s. câmara f. de combustão de motor a jacto-propulsão.
come [kʌm] v. (imp. **came**, p. p. **come**) 1. vir, aproximar(-se). 2. chegar. 3. surgir. 4. alcançar, atingir. 5. acontecer, ocorrer. 6. resultar, redundar, advir. 7. nascer, proceder, emanar. 8. ficar, tornar-se, vir a ser. 9. passar, entrar. 10. andar, percorrer. 11. ocorrer, ser lembrado. 12. ser obtenível, estar disponível. 13. importar em, custar, perfazer. 14. chegar a. 15. formar-se, tomar forma ou feitio. || (interj.) aqui!, veja!, olhe!, pare!, cuidado!
   how ~? (E. U. A., coloq.) por quê? ~ **what may!** aconteça o que acontecer. **are you coming my way?** você vem comigo? **what** ~s **next?** o que vem agora? **first** ~, **first served** quem primeiro chega, primeiro é servido. **it came to light** veio à luz. **he came into the world** ele nasceu. **it** ~s **in bottles** é fornecido em garrafas. **what does it** ~ **to?** quanto custa? **the photograph has not** ~ a fotografia não saiu. **the book has** ~ **apart** o livro descolou. **the**

string came untied o nó da corda abriu-se. **it** ~s **easy to her** ela o faz com facilidade. **he has** ~ **short of his duty** ele não cumpriu seus deveres. **it has** ~ **true** mostrou ser verdadeiro. **I have** ~ **to believe** convenci-me, acredito. **when he came to die** quando ele estava à morte. **it has** ~ **to be the fashion** tornou-se moda. **how** ~ **you to know that?** como você veio a saber isto? **I shall** ~ **and see you soon** logo irei fazer-lhe uma visita. **the sufferings of the poor have** ~ **home to me** o sofrimento dos pobres me comoveu. **it has** ~ **home to him** ele ficou comovido. **it has** ~ **to stay** é assim mesmo, não se pode fazer nada. **he came it strong** ele evidenciou energia neste assunto. **he** ~s **it too strong** ele exagera. **(now)** ~**!** vamos, por favor!, anime-se! **(I am) coming** já vou, estou indo. **for the year to** ~ para o ano próximo. **for years to** ~ para anos, por anos. ~ **life,** ~ **death** para a vida ou a morte. **the time to** ~ o futuro. **the life to** ~ a outra vida. **to** ~ **about** 1. acontecer, suceder. 2. mudar de direção. **the wind came about** o vento virou. **to** ~ **across** 1. encontrar, deparar com. 2. (E. U. A., coloq.) pagar. **where did you** ~ **across him?** onde você o encontrou. **to** ~ **after** 1. seguir. 2. procurar. **to** ~ **again** voltar, repetir-se. **I came along the beach** vim pela praia. ~ **along!** venha comigo!, vamos! **to** ~ **asunder** quebrar-se em pedaços. **to** ~ **at** chegar a, conseguir. **I came away early** saí cedo, fui embora cedo. **to** ~ **back** 1. voltar. 2. reanimar-se. 3. (gíria) retrucar. **it came back to me** voltou-me à memória, lembrei-me novamente. **to** ~ **behind** 1. vir atrás. 2. ficar atrás de. **to** ~ **by** 1. passar por, passar perto de. 2. ganhar. 3. herdar (características, etc.). **how did you** ~ **by it?** de onde obteve isto? **to** ~ **clean** (E. U. A., gíria) confessar tudo. **to** ~ **clean from** (E. U. A., coloq.) vir diretamente de. **to** ~ **down** 1. descer, baixar, abaixar. 2. desmoronar-se. 3. (fig.) ceder. **she came down a peg or two** (coloq.) ela ficou mais moderada. **she came down upon him** ela caiu sobre ele, repreendeu-o severamente. **the ship came down before the wind** (Náut.) o navio virou a favor do vento. **he had to** ~ **down with it** ele teve de confessar. **to** ~ **down handsomely** não ser mesquinho. **it has** ~ **down to us** foi-nos transmitido au legado. **I** ~ **for the books** venho buscar os livros. **may I** ~ **for you?** posso vir buscá-lo (-la)? **these figs** ~ **from Africa** estes figos são da África. **this stone** ~s **from Norway** esta pedra vem da Noruega. **where do you** ~ **from?** 1. onde você nasceu? 2. de onde você vem? **he came in** ele entrou. ~ **in!** entre! **the train came in** o trem chegou. **and where do I** ~ **in?** e eu? que vantagem levo? **they came in for a share** levaram (ganharam) sua parte. **when did that** ~ **in?** quando isto ficou moda? desde quando está em moda? **to** ~ **in for an inheritance** receber uma herança. **he came in first** ele alcançou o primeiro lugar. **that** ~s **is useful** isto chega em boa hora. **where does the joke** ~ **in?** onde está a piada nisto? **the conservatives** ~ **in?** os conservadores chegam ao poder. **to** ~ **into** entrar em, tomar posse de, adquirir. **to** ~ **into property** chegar a fazer fortuna. **to** ~ **into a fortune** herdar uma fortuna. **to** ~ **into one's own** conseguir seu direito. **to** ~ **into play** entrar em jogo. **to** ~ **into sight** chegar à vista. **to** ~ **into the world** nascer. **it has** ~ **into my head** veio-me à mente, lembrei-me de. **don't** ~ **near me!** não se aproxime de mim. **I came near losing my courage** quase perdi a coragem. **he** ~s **of an old family** ele vem de família antiga. **this** ~s **of listening to tales** isto vem de acreditar em conversa.. ~ **of it what will** venha o que vier. **to** ~ **off** 1. escapar, escapar ileso, fugir. 2. (gíria) acabar(-se). **he came off duty** ele foi revezado, ele veio do serviço. **the cork won't ~ off** a rolha não quer sair. **when does it ~ off?** quando começa? **to ~ on** 1. ir junto, vir. 2. aproximar-se (hora), nascer, irromper (dia). 3. ser levado ao palco, aparecer, apresentar-se. 4. progredir, fazer progresso, crescer. 5. chegar a vez de. 6. avançar. **~ on!** venha!, vamos!, avante!. **it came on to rain** começou a chover. **to ~ out** 1. sair. 2. aparecer, ser publicado, ser editado. 3. (fig.) ficar ou tornar-se conhecido. 4. dar certo, resultar. 5. cair (dente, cabelo). **it all ~s out in the wash** (E. U. A., coloq.) a verdade ficará conhecida. **she came out last year** ela foi debutante o ano passado. **the likeness has ~ out well** saiu bem parecido ou semelhante. **the stains won't ~ out** as manchas não querem sair. **to ~ out (on strike)** entrar em greve. **he came out top** (Univ.) ele foi primeiro. **~ out of that!** (gíria) deixa disto! **a misfortune has ~ over us** uma desgraça caiu sobre nós. **to ~ round** 1. passar, chegar, aparecer. 2. recuperar-se, restabelecer-se. 3. mudar de idéia, pensar melhor. 4. virar. **he will ~ round** ele pensará melhor. **he came round soon** ele logo voltou a si. **he ~s round him** ele o convence, impressiona-o. **to ~ short** ter defeitos, ser insuficiente. **to ~ short of** não alcançar o nível, ser inferior. **to ~ to** 1. chegar a, alcançar. 2. obter, conseguir. 3. importar em, montar. 4. recuperar os sentidos. **what did it ~ to?** quanto custou? **the war came to an end** a guerra chegou ao fim. **they came to blows** houve briga, pancadas. **when it ~s to costs** quanto ao preço. **it came to me** veio-me a idéia. **he has it coming to him** (E. U. A., coloq.) ele bem o merece. **to ~ to grief** não ter sucesso. **to ~ to a bad end** acabar mal. **it came to my knowledge** chegou ao meu conhecimento. **to ~ to a head** amadurecer, desenvolver-se. **to ~ to nought** ou **nothing** fracassar. **she came to herself** ela voltou a si, recuperou os sentidos. **to ~ to pass** acontecer. **to ~ to a point** terminar em ponta. **let's ~ to the point!** vamos ao assunto (principal). **to ~ to the same thing** dar na mesma, ser indiferente. **to ~ to terms** chegar a um acordo. **when you come to think** pensando bem. **to ~ to think of it** (E.ᵇ U. A., coloq.) o que queria dizer... **so it's ~ to this** (E. U. A., coloq.) é o cúmulo! **to ~ under** estar em tais condições, cair sob, estar sujeito a. **to ~ up** 1. subir, vir. 2. aproximar-se. 3. nascer, brotar, crescer. 4. chegar a ser moda. **he came up to London** ele veio para Londres. **he came up** ele ingressou na universidade, estudou. **the question came up for discussion** a questão surgiu para ser discutida. **to ~ up smiling** aparentar satisfação. **he did not ~ up to my expectations** ele não correspondeu às minhas expectativas. **to ~ up to the mark** corresponder às necessidades. **to ~ upon** 1. descobrir, dar sobre, ocorrer. 2. surpreender, cair sobre, atacar. **to ~ up with** igualar, alcançar, aproximar-se. **to ~ it strong** (gíria) mentir, exagerar, contar vantagem. **~ it!** devagar!, quieto!, calma! **to ~ the heavy** (gíria) contar papo.

come-at-able [kʌm'ætəbl] adj. 1. acessível. 2. obtenível.

comeback [k'ʌmbæk] s. 1. (coloq.) volta f. à condição ou posição anterior. 2. (E. U. A., gíria) resposta, réplica mordaz f.

comedian [kəm'i:diən] s. 1. comediante m. + f. 2. comediógrafo m. 3. pessoa engraçada f., cômico m.

comedienne [kəmedi'en] s. comediante f.

comedo [k'ɔmi:dou] s. (Med.) comedão m.

come-down s. (coloq.) perda f. de posição ou de dinheiro, ruína, queda f.

that's quite a ~ for you (E. U. A., coloq.) isto é uma grande queda para você.

comedy [k'ɔmidi] s. 1. comédia f. 2. acontecimento cômico m.

light ou **farcial ~** farsa f.

comedy of manners s. comédia f. de crítica social.

comeliness [k'ʌmlinis] s. 1. graça, beleza f. 2. decência f., comportamento m.

comely [k'ʌmli] adj. 1. gracioso, atrativo, agradável. 2. decente, próprio, adequado. ‖ **–lily** adv. graciosamente.

come-off s. 1. fim, final, resultado m., conclusão f. 2. escapatória f., pretexto m.

come-on s. (E. U. A., gíria) trapaceiro, enganador m.

comer [k'ʌmə] s. chegador m., quem vem ou chega. **new–~** recém-chegado, novato. **all ~s** todos. **first ~** 1. quem vem primeiro. 2. qualquer um(a).

comestible [kɔm'estibl] s. (geralmente **~s** pl.) comestíveis m. pl. ‖ adj. comestível.

comet [k'ɔmit] s. cometa m.

cometary [k'ɔmətəri], **cometic** [kəm'etik] adj. cometário.

comether [kəm'eθə] s. (contração vulgar de **come hither.**) 1. assunto m. 2. relação amigável f.

to put the ~ on atrair ou cativar por persuasão.

comeuppance [kʌm'ʌpəns] s. (E. U. A., coloq.) reprimenda merecida, retribuição f.

comfit [k'ʌmfit] s. confeito, doce m., fruta f. cristalizada.

comfort [k'ʌmfət] s 1. conforto, consolo, alívio m. 2. bem-estar, agrado m. 3. ajuda f., auxílio m. ‖ v. 1. confortar, consolar, aliviar. 2. animar, auxiliar, encorajar.

I took ~ fiquei confortado, fiquei encorajado. **cold ~** mau consolo. **creature ~s** o que promove o bem-estar físico (comida e bebida). **soldier's ~s** presentes para soldados. **what a ~!** que alívio!, que sorte!

comfortable [~əbl] adj. 1. confortável. 2. cômodo. 3. confortador. 4. à vontade. 5. satisfeito, contente. 6. (coloq.) com meios suficientes, sem necessidades. ‖ **–bly** adv. confortavelmente.

to make o. s. ~ procurar o próprio conforto, pôr-se à vontade. **to feel more ~** sentir alívio, estar melhorando. **to be –bly off** ter uma renda suficiente.

comfortableness [~əblnis] s. conforto, bem-estar m., confortabilidade f.

comforter [~ə] s. 1. consolador, confortador m. 2. manta f. de lã, cachecol m. 3. (E. U. A.) acolchoado, cobertor pespontado m. de cama. 4. (Ingl., coloq.) chupeta f.

Job's ~ mau confortador.

Comforter [~ə] s. Espírito Santo m.

comforting [~iŋ] adj. confortante, consolador.

comfortless [~lis] adj. 1. sem conforto. 2. triste, desconsolado.

comfortress [~ris] s. consoladora, confortadora f.

comfrey [k'ʌmfri] s. (Bot.) consolda-maior f. (Symphytum officinale).

comfy [k'ʌmfi] adj. (coloq.) à vontade, confortável. **do you feel ~?** está à vontade?

comic [k'ɔmik] s. 1. comicidade f. 2. (coloq.) livro cômico m. 3. cômico, comediante m. + f. 4. **~s** pl. também **~ strip** (E. U. A.) estorieta f. em quadrinhos. ‖ adj. 1. cômico, relativo a comédia. 2. engraçado, ridículo.

comical [~əl] adj. cômico, engraçado, divertido. ‖ **~ly** adv. comicamente.

comicalness [~əlnis], **comicality** [kɔmik'æliti] s. comicidade f.

comic book s. revista f. de estorietas em quadrinhos.

comic opera s. ópera cômica f.
comico-tragic adj. tragicômico.
coming [k'ʌmiŋ] s. 1. vinda, chegada f. 2. advento m. ‖ adj. próximo, vindouro, futuro.
~ **of age** idade madura. ~ **to town** (Av. gíria milit.) aterrissagem. ~**, Sir!** imediatamente, senhor!
coming-in s. 1. entrada f., início m. 2. renda f., rendimento m.
coming-on s. aproximação f.
comitia [kəm'iʃiə] s. pl. comício m.: assembléia entre os antigos romanos.
comitial [~l] adj. comicial.
comity [k'ɔmiti] s. cortesia, civilidade f.
the ~ **of nations** a política de boa vizinhança.
comma [k'ɔmə] s. 1. (Gram.) vírgula f. 2. (Mús.) coma f.
inverted ~**s** aspas.
comma bacillus s. (Bact.) combacilo m.
command [kəm'a:nd] s. 1. comando, mando m., ordem f. 2. autoridade, força f., controle m. 3. mandato, governo m. 4. chefia f., domínio m. 5. soldados, navios m. pl., distrito m. sob o comando de um oficial. 6. vigilância, dominação f. 7. perspectiva, vista f. 8. aptidão, capacidade, mestria f., conhecimento, tirocínio m. ‖ v. 1. comandar, ser comandante. 2. dirigir, chefiar. 3. mandar, ordenar. 4. dominar: a) governar. b) controlar. c) conhecer a fundo. d) estar sobranceiro. 5. impor, merecer, fazer jus. 6. exigir. 7. dispor sobre. 8. render, lucrar.
~ **performance** representação teatral particular. **he has his passions well under** ~ ele domina bem suas paixões. **I am at your** ~ estou às suas ordens, à sua disposição. **his** ~ **of English** seus conhecimentos da língua inglesa. **he has great** ~ **over himself** ele e muito controlado. **at** ~ 1. a pedido. 2. às ordens. **the higher** ~ o alto comando. **supreme** ~ comando supremo. **word of** ~ 1. comando. 2. senha. **by** ~ por ordem. **in** ~ no comando. **in** ~ **of** que está no comando. **under the** ~ **of** sob as ordens de. ~**-in-chief** comando supremo. **I** ~ **that he should be told** ordeno que lhe seja dito. **to** ~ **s. th. to be done** ordenar que seja feita alguma coisa. **he** ~**s admiration** ele merece admiração. **he cannot** ~ **himself** ele não consegue dominar-se. **the room** ~**s a fine view** o quarto oferece uma vista bonita. ~ **me, madam!** às suas ordens, madame. **to** ~ **a ready sale** ser facilmente vendável.
commandable [~əbl] adj. governável.
commandant [kɔmənd'ænt] s. comandante m.
commandeer [kɔmənd'iə] v. 1. recrutar. 2. requisitar para fins militares. 3. (coloq.) tomar, tirar à força.
commander [kəm'a:ndə] s. 1. chefe, comandante m. 2. comandante, oficial m. de exército. 3. (Náut.) capitão m. (de fragata). 4. maço m. de calceteiro.
commander-in-chief s. comandante supremo m.
commandership [~ʃip] s. comandância f., cargo m. de comandante, comando m.
commandery [~ri] s. 1. (Hist.) comenda f. 2. jurisdição f. de um comandante.
commanding [kəm'a:ndiŋ] adj. 1. comandante, que manda. 2. dominante: a) dominador. b) que controla. c) poderoso. d) que se eleva acima, que está sobranceiro. 3. imponente, imperioso, autoritário. 4. em comando. ‖ ~**ly** adv. imperiosamente, autoritariamente.
a ~ **view** uma vista ampla, dominante.
commanding officer s. (E. U. A., milit.) oficial m. do exército, em posto de comando.
commandment [kəm'a:ndmənt] s. 1. ordem, direção f., comando m. 2. mandamento m., lei f., preceito m.

The Ten Commandments os dez mandamentos.
command module s. (Astronáutica) módulo m. de comando.
commando [kəm'a:ndou] s. 1. comando, destacamento m. de soldados encarregados de surpreender o inimigo. 2. soldado escolhido m. para este fim. 3. incursão militar f. (contra nativos).
to be on ~ estar com a tropa (em campo de batalha).
command post s. (E. U. A., milit.) quartel-general m. do comandante de uma unidade militar.
commandress [kəm'a:ndris] s. comandanta, chefe f.
commeasure [kəm'eʒə] v. igualar em medida ou extensão. ‖ adj. ser coextensivo.
commemorable [kəm'emərəbl] adj. comemorável.
commemorate [kəm'eməreit] v. 1. comemorar, recordar. 2. honrar a memória de, celebrar.
commemoration [kəmemər'eiʃən] s. comemoração f.
in ~ **of his father** em memória a seu pai.
commemorative [kəm'emərətiv] adj. comemorativo. ‖ ~**ly** adv. comemorativamente, memoravelmente.
commemorator [kəm'eməreitə] s. comemorador m.
commemoratory [kəm'emərətəri] adj. comemorativo.
commence [kəm'ens] v. 1. começar, iniciar, principiar. 2. (Univ.) graduar.
he ~**d M. A.** ele colou o grau de M. A.
commencement [~mənt] s. 1. começo, início, princípio m. 2. dia m. de formatura ou de colação de grau. 3. cerimônia f. de formatura.
commencer [~ə] s. 1. principiante m. + f. 2. graduando m.
commend [kəm'end] v. 1. louvar, elogiar, encomiar. 2. recomendar, aprovar. 3. confiar, dar para guardar.
this place ~**s itself to me by its good air** este lugar se recomenda pelo ar puro.
commendable [~əbl] adj. recomendável, louvável, meritório, elogiável. ‖ –**bly** adv. louvavelmente.
commendableness [~əblnis] s. mérito m.
commendation [kɔmend'eiʃən] s. 1. encômio, louvor, elogio m., aprovação f. 2. recomendação, menção favorável f. 3. incumbência f., encargo m.
commendatory [kɔm'endətəri] adj. comendatório, laudatório, que aprova, que recomenda.
commendatory letter s. carta f. de recomendação.
commensal [kɔm'ensəl] s. 1. comensal m. + f., companheiro m. de mesa. 2. animal m. que vive no organismo ou à custa de outros (não sendo propriamente parasita). ‖ adj. comensal.
commensality [kɔmens'æliti] s. comensalidade f.
commensurability [kəmensərəb'iliti] s. comensurabilidade f.
commensurable [kəm'ensərəbl] adj. 1. comensurável (também Mat.). 2. proporcional, proporcionado. ‖ –**bly** adv. comensuravelmente.
commensurableness [~nis] s. comensurabilidade f.
commensurate [kəm'enʃərit] adj. 1. proporcionado, proporcional. 2. igual (em tamanho ou extensão). 3. comensurado, comensurável. ‖ ~**ly** adv. 1. proporcionalmente. 2. comensuravelmente.
commensurateness [~nis] s. 1. proporção f. 2. comensurabilidade f.
comment [k'ɔment] s. comentário m.: 1. nota, explicação, crítica. 2. observação, anotação. 3. conversa, crítica maliciosa, censura. ‖ [kɔm'ent] v. comentar: 1. fazer comentário, anotar, criticar. 2. observar. 3. criticar maliciosamente, censurar.
commentary [k'ɔməntəri] s. 1. comentário m., explicação f. 2. tratado m., exposição f., anotações f. pl.
commentator [k'ɔmənteitə] s. comentador m., comentarista m. + f.
commerce [k'ɔmə:s] s. 1. comércio, negócio, tráfico m. 2. intercâmbio (comercial ou cultural) m. 3.

relações pessoais f. pl. 4. (fig.) relações sexuais f. pl. ‖ v. 1. manter relações. 2. comungar.
I have no ~ with him não tenho relações com ele. **Chamber of Commerce** Câmara de Comércio.
commercial [kəm'ə:ʃəl] s. 1. comercial m.: anúncio de um produto em rádio ou televisão. 2. (brit.) viajante comercial m. + f. ‖ adj. 1. comercial, de ou relativo ao comércio, mercantil. 2. para vender. 3. produzido em grande escala. 4. de propaganda, financiado por comerciantes (programa de rádio). 5. mercantilista. ‖ **~ly** adv. comercialmente.
~ friend amigo de relações comerciais.
commercial academy s. escola superior f. de comércio (ou de ciências econômicas).
commercial affairs s. assuntos comerciais m. pl.
commercial agreement s. tratado comercial m.
commercial art s. arte gráfica f. para fins comerciais.
commercial directory s. índice m. ou lista f. de endereços comerciais.
commercialism [kəm'ə:ʃəlizm] s. 1. comercialismo, espírito comercial, mercantilismo m. 2. prática comercial f. 3. termo m., expressão, palavra comercial f.
commercialist [kəm'ə:ʃəlist] s. comercialista m. + f.
commercialization [kəmə:ʃəlaiz'eiʃən] s. comercialização f.
commercialize [kəm'ə:ʃəlaiz] v. comercializar: 1. aplicar métodos comerciais a. 2. tornar comercial, tornar rendoso.
commercial school s. escola f. de comércio.
commercial traveller s. caixeiro-viajante m.
commie, commy [k'ɔmi] s. (E. U.A., coloq.) comunista m. + f. ‖ adj. (E. U. A., coloq.) comunista.
commination [kɔmin'eiʃən] s. 1. cominação, ameaça f. 2. denúncia f.
comminatory [k'ɔminətəri] adj. cominatório, ameaçador.
commingle [kɔm'iŋgl] v. misturar(-se), juntar.
comminute [k'ɔminju:t] v. 1. cominuir, fragmentar. 2. pulverizar, triturar, reduzir a pó.
comminuted fracture s. fratura f. com fragmentação dos ossos fraturados.
comminution [kɔminj'u:ʃən] s. 1. pulverização, trituração f. 2. (fig.) diminuição f.
commiserate [kəm'izəreit] v. comiserar, compadecer-se, simpatizar com, ter compaixão de.
commiseration [kəmizər'eiʃən] s. comiseração, compaixão, piedade f.
commiserative [kəm'izəreitiv] adj. condoído, compassivo. ‖ **~ly** adv. compassivamente, piedosamente.
commiserator [kəm'izəreitə] s. pessoa compadecida f.
commissar [kɔmis'a:] s. comissário, chefe m. de departamento governamental (na Rússia soviética).
commissarial [kɔmis'eəriəl] adj. de comissário, relativo a comissário.
commissariat [kɔmis'eəriət] s. 1. intendência militar f. 2. comissariado m.: departamento governamental da Rússia soviética. 3. abastecimento de gêneros.
commissary [k'ɔmisəri] s. 1. comissário m. 2. delegado, deputado, representante m. 3. (E. U. A.) armazém fornecedor m. de alimentos em acampamento militar, mina, etc. 4. (milit.) oficial m. do serviço de intendência. 5. comissário m. de polícia (na França).
~ of stores intendente encarregado das provisões.
~ general chefe do serviço de intendência.
commissaryship [~ʃip] s. comissariado m.
commission [kəm'iʃən] s. 1. comissão f.: a) autorização, licença, procuração. b) delegação de autoridade. c) autoridade, poder ou direito concedido, encargo, incumbência, ordem. d) delegação (pessoas autorizadas ou encarregadas). e) pagamento propor-

cional ou retribuição 'no comércio). 2. (milit.) patente f. de oficial do exército ou da marinha. 3. cargo, posto m. 4. ato, cometimento m., execução, perpetração f. ‖ v. 1. comissionar, encarregar, incumbir. 2. licenciar, autorizar, outorgar poderes a. 3. pôr em serviço, pôr em uso, aprontar para uso. 4. (Náut.) armar.
on the ~ 1. participante da comissão ou delegação. 2. autorizado, com poderes. **on ~** comissionado. **to give a ~ for** encomendar. **to receive one's ~** receber patente de oficial. **to resign one's ~** demitir-se do serviço militar. **he discharged a ~** ele executou uma ordem. **the ship was put into (out of) ~** o navio foi posto em (fora de) serviço. **sin of ~** pecado de cometimento.
commission agent, commission merchant s. agente, intermediário m.
commissionaire [kɔmiʃən'ɛə] s. (Ingl.) porteiro uniformizado m. (hotel, cinema, etc.).
commission-business s. comércio intermediário m.
commissioned [kəm'iʃənd] adj. comissionado, encarregado, autorizado.
~ officer oficial comissionado. **non—~ officer** sargento.
commissioner [kəm'iʃənə] s. 1. comissário, membro m. de comissão, delegado. 2. funcionário chefe m. de departamento, encarregado m.
~ for oaths tabelião.
commissionership [~ʃip] s. comissariado m., dignidade f. de comissário.
commission house s. agência f. de corretagem.
commission merchant s. corretor m.
commissural [kəm'isjurəl] adj. comissural.
commissure [k'ɔmisjuə] s. (Arquit. e Bot.) comissura, sutura, junta, linha f. de junção f.
commit [kəm'it] v. 1. confiar, entregar, consignar, depositar. 2. confinar, encerrar. 3. submeter (à consideração de um comitê). 4. cometer, perpetrar. 5. empenhar(-se), comprometer-se 6. comprometer.
he was ~ted for trial ele foi entregue a um júri para ser julgado. **to ~ to memory** decorar. **to ~ to paper** anotar 'por escrito. **to ~ an act of bankruptcy** abrir falência. **I ~ted myself to** comprometi-me a. **to ~ to prison** encarcerar.
committable [kəm'itəbl] adj. 1. que pode ser cometido. 2. compromissivo.
committal [kəm'ital], **commitment** [kəm'itmənt] s. 1. cometimento m. 2. ato de confiar alguma coisa a alguém. 3. perpetração f., desempenho m. 4. ordem f. de prisão. 5. confinação f. em cadeia ou asilo. 6. compromisso m., promessa f.
whithout any ~ sem compromisso.
committed [kəm'itəd] adj. 1. completamente leal. 2. tendo prometido.
committee [kəm'iti:] s. 1. comitê m., comissão, delegação f. 2. [kɔmit'i:] (brit.) curador m.
joint ~ comissão mista. **standing ~** comissão permanente. **he is on the ~** ele pertence ao comitê.
~ for lunatics (brit.) curador para alienados.
committee-man s. membro m. de um comitê.
committee-woman s. mulher f. participante de um comitê.
committer [kəm'itə] s. cometedor, autor m.
commix [kɔm'iks] v. misturar(-se), fundir(-se).
commixture [~tʃə], **commixtion** [~tʃən] s. mistura, mescla f.
commode [kəm'oud] s. 1. cômoda f. 2. cadeira-retrete f. 3. pia f. que pode ser recolhida, com armário por baixo. 4. toucado alto m. de senhoras.
commodious [~ias] adj. 1. espaçoso, amplo. 2. cômodo, confortável. ‖ **~ly** adv. amplamente.
commodiousness [~iasnis] s. comodidade f.

commodity [kəm'oditi] s. 1. artigo ou objeto m. de utilidade. 2. mercadoria f., artigo m. 3. (Jur.) conveniência f.

commodore [k'ɔmədɔ:] s. 1. comodoro m.: oficial da marinha. 2. (brit.) comandante temporário m. de uma divisão da esquadra. 3. título honorífico m. do presidente ou diretor de um iate clube. 4. navio capitânia m. de uma frota mercante.

common [k'ɔmən] s. 1. terra comum, terra f. para uso de uma comunidade. 2. o que é geral ou usual, o comum. 3. (Jur.) servidão f. 4. **the ~s** pl. veja **commons** ‖ adj. 1. comum, de todos ou de muitos. 2. popular, geral, universal. 3. público, que pertence à comunidade. 4. usual, familiar, habitual. 5. notório. 6. raso, sem graduação ou posto. 7. vulgar, trivial. 8. ordinário, medíocre, inferior, baixo, barato. ‖ **~ly** adv. comumente: 1. geralmente, ordinariamente. 2. banalmente. 3. freqüentemente. **~ of pasture** servidão de pastagem. **in ~ with** em conjunto com, de acordo com. **above** ou **beyond the ~, out of the ~** extraordinário, fora do comum. **~ to all** comum a todos, geral. **they made ~ cause with** fizeram causa comum com. **by ~ consent** com o consentimento de todos. **the ~ people** o povo. **the ~ soldier** o soldado raso. **the ~** (ou **garden**) **pink** o cravo de jardim. **a ~ word** uma palavra de baixo calão. **~ manners** maneiras ordinárias, comportamento baixo.

commonable [~əbl] adj. 1. comum, que se tem em comum. 2. com direito de utilizar os pastos comuns. **~ cattle** gado no pasto comum.

commonage [~idʒ] s. 1. direito comum m. de usufruto ou às pastagens. 2. terra comum f. 3. posse conjunta f.

commonality [kɔmən'æliti] s. 1. povo comum m., plebe f. 2. conjunto m. dos membros de uma corporação.

common carrier s. 1. empresa f. de transportes coletivos. 2. concessionário m. desse serviço.

common chord s. (Mús.) tríade f., acorde m. de três sons.

common council s. câmara ou junta municipal f.

common denominator s. (Mat.) denominador comum m.

common divisor s. (Mat.) divisor comum m., fator comum m.

commoner [k'ɔmənə] s. 1. cidadão, homem do povo m. 2. membro m. de Câmara dos Comuns (da Inglaterra). 3. quem tem direito de usar terras comuns. 4. (Ingl.) estudante m. + f. que não recebe subvenção. 5. membro m. do Conselho Municipal de Londres. 6. plebeu m. **the First Commoner** (também **the Speaker**) o presidente da Câmara dos Comuns.

common fraction s. (Mat.) fração ordinária f.

common gender s. (Gram.) gênero comum m.

common ground s. propriedade coletiva f. (pastos, campos, etc.) de uma comunidade. **to be on ~** (fig.) basear-se nos mesmos princípios.

common hall s. casa da câmara municipal f.

common law s. direito comum m.

common looking adj. de aspecto vulgar.

Common Market s. Mercado Comum (Europeu) m.

common minded adj. de inteligência comum.

commonness [k'ɔmənnis] s. 1. freqüência, generalidade f. 2. comunidade f. 3. vulgaridade f.

common noun s. (Gram.) 1. substantivo comum m. 2. substantivo coletivo m.

common people s. povo m., massas f. pl.

commonplace [k'ɔmənpleis] s. 1. trivialidade, generalidade, banalidade f. 2. lugar-comum m., frase batida f. 3. citação ou coletânea f. de citações. ‖ v. 1. tomar nota em livro de notas. 2. tornar banal. ‖ adj. comum, corriqueiro, trivial, banal.

commonplace-book s. livro m. de notas, agenda f.

commonplaceness [k'ɔmənpleisnis] s. trivialidade, banalidade f.

common plea s. (Jur.) caso m. de direito civil. **Court of Common Pleas** corte de direito civil.

Common Prayer s. ritual m. da Igreja Anglicana. **Book of ~** livro de rezas da Igreja Anglicana.

common property s. propriedade pública f.

common rights s. pl. direitos m. pl. do homem.

common-room s. 1. quarto m. de hóspede. 2. salão m. num colégio para estudantes ou para reuniões **the masters' ~** sala dos professores.

commons [k'ɔmənz] s. pl. 1. povo comum m., burguesia f. 2. refeitório comum m. (de escola). 3. refeição f. servida para muita gente. 4. alimento m. **the Commons, the House of Commons** a Câmara dos Comuns (da Grã-Bretanha). **to be kept on short ~** ter a comida racionada.

common school s. escola pública primária f.

common sense s. bom senso, juízo m.

common stock s. ações ordinárias f. pl.

common usage s. prática f. ou uso geral m.

common voice s. voz f. do povo.

common weal s. bem-estar público m.

commonwealth [k'ɔmənwelθ] s. 1. comunidade f., povo m., cidadãos m. pl. 2. estado democrático m., nação f. 3. (E. U. A.) título oficial m. de quatro estados da federação (**Kentucky, Massachusetts, Pennsylvania, Virginia**). 4. grupo m. de pessoas, nações, etc. ligadas por interesses comuns. **the Commonwealth of Nations** União das Nações Britânicas.

commotion [kəm'ouʃən] s. 1. comoção excitação, agitação f. 2. distúrbio, tumulto m.

commove [kəm'u:v] v. comover, perturbar, excitar.

communal [k'ɔmjunəl] adj. 1. comum, público. 2. popular. 3. comunal. ‖ **~ly** adv. comunalmente.

communalism [kəmj'u:nəlizm] s. (Pol.) comunalismo.: 1. doutrina f. ou sistema m. dos comunalistas. 2. municipalismo m.

communal marriage s. casamento em grupo m.

commune (I) [kəmj'u:n] s. 1. conversa f. ou trato m. íntimo. 2. (Ecles.) comunhão f. ‖ v. 1. conversar intimamente. 2. comungar, receber a comunhão.

commune (II) [k'ɔmju:n] s. 1. comuna f.: subdivisão territorial da França, Bélgica e vários outros países europeus. 2. comunidade f., povo m.

communicable [kəmj'u:nikəbl] adj. 1. comunicável. 2. contagioso. 3. (arc.) comunicativo.

communicableness [~nis], **communicability** [kəmju:nikəb'iliti] s. 1. comunicabilidade f. 2. contagiosidade f.

communicant [kəmj'u:nikənt] s. 1. comunicante, comungante m. + f. 2. comunicador m., informante m. + f. ‖ adj. 1. comunicante. 2. comungante.

communicate [kəmj'u:nikeit] v. 1. transferir, transmitir. 2. comunicar(-se), dar ou receber informações, telefonar, escrever, falar, participar. 3. ter comunicação. 4. travar relações. 5. comungar.

communication [kəmju:nik'eiʃən] s. comunicação f. 1. transmissão f. 2. informação, notificação, participação f. 3. mensagem, carta informativa f., comunicado, aviso m. 4. passagem, ligação, relação f. 5. intercâmbio, intercurso m., relações f. pl. 6. **~s** pl. sistema m. de comunicações. **I am in ~ with** estou em comunicação com. **I have no ~ with** não tenho relações com. **he broke off all ~ with me** ele rompeu todas as relações comigo.

evil ~s corrupt good manners mas relações estragam boas maneiras. **line of ~** linha de tráfego.
communication-cord s. (Estr. de F.) freio m. de emergência.
communicative [kəmj'u:nikeitiv] adj. 1. comunicativo expansivo, falador. 2. relativo a comunicação. ‖ **~ly** adv. comunicativamente.
communicativeness [~nis] s. 1. caráter comunicativo m. 2. sociabilidade, expansibilidade f.
communicator [kəmj'u:nikeitə] s. 1. comunicador m. 2. (Estr. de F.) freio m. de emergência.
communion [kəmj'u:njən] s. comunhão f.: 1. participação, co-participação f. 2. intercâmbio espiritual m., companheirismo m. 3. relações espirituais f. pl. participação f. em comum em crenças ou idéias. 4. comunidade religiosa f. 5. **Communion** comunhão f.: sacramento da eucaristia.
Holy Communion Santa Comunhão. **this Church is in ~ with Rome** este templo pertence à Igreja Católica Romana.
communion-cup s. cálice f. (usado em comunhão)
communion-service s. ofício m. da Santa Comunhão.
communion-table s. mesa f. da comunhão.
communiqué [kəmj'u:nikei] s. comunicado oficial m.
communism [k'ɔmjunizm] s. comunismo m.
communist [k'ɔmjunist] s. comunista m. + f.
communistic [kɔmjun'istik], **communistical** [~əl] adj. comunista.
communitarian [kəmju:nit'ɛəriən] s. + adj. comunitário m.
community [kəmj'u:niti] s. 1. comunidade f., grupo m. de pessoas ou habitantes. 2. público, povo m. 3. sociedade, associação, participação, comunhão f 4. grêmio m. 5. grupo m. de animais ou plantas, colônia f. 6. semelhança, identidade f. **~ of goods** comunhão de bens.
community center s. (E. U. A.) sede m. de um grêmio.
community property s. (E. U. A., Jur.) patrimônio conjugal m.
community singing s. canto orfeônico m.
communize [k'ɔmjunaiz] v. transformar em propriedade do povo ou do estado, coletivizar socializar.
commutability [kəmju:təb'iliti] s. comutabilidade f.
commutable [kəmj'u:təbl] adj. comutável, permutável.
commutate [k'ɔmjuteit] v. (Eletr.) comutar, inverter.
commutation [kɔmjut'eiʃən] s. 1. comutação f. a) substituição, permutação. b) atenuação. 2. troca, conversão f., câmbio, pagamento m. por meio de troca. 3. viagem f. ou percurso m. regular e diário ao trabalho. 4. (Eletr.) inversão f.
commutation-ticket s. (E. U. A.) bilhete m. de assinatura de estrada de ferro, a taxas reduzidas.
commutative [kəmj'u:tətiv] adj. comutativo, trocável. ‖ **~ly** adv. por comutação.
commutator [k'ɔmjuteitə] s. comutador m.
commute [kəmj'u:t] v. 1. comutar: a) trocar, intercambiar, substituir, permutar. b) atenuar, reduzir. 2. (E. U. A.) viajar com bilhete mensal. 3. (Eletr.) comutar, inverter (a direção de uma corrente). **the death sentence was ~d to penal servitude for life** a sentença de morte foi comutada para prisão perpétua.
commuter [~ə] s. (E. U. A.) quem viaja com bilhete de assinatura mensal.
compact (I) [k'ɔmpækt] s. caixa f. ou estojo m. de pó-de-arroz ou "rouge". ‖ [kəmp'ækt] v. 1. comprimir, juntar, apertar. 2. condensar, resumir. 3. unir, ligar firmemente. ‖ [kəmp'ækt] adj. 1. compacto, firme, apertado. 2. composto de, feito de. 3. conciso, breve, resumido. 4. maciço, sólido. ‖ **~ly** adv. 1. compactamente, solidamente. 2. concisamente.
compact (II) [k'ɔmpækt] s. pacto, acordo, tratado m.

by ~ por tratado.
compactness [kəmp'æktnis] s. compacidade, densidade, solidez f.
compacture [kəmp'æktʃə] s. 1. estrutura compacta f. 2. união ou junção estreita f.
compages [kɔmp'eidʒi:z] s. 1. estrutura f. 2. conglomeração f. 3. (fig.) sistema m.
compaginate [kɔmp'ædʒineit] v. compaginar, ligar, unir em estrutura ou sistema.
compagination [kɔmpædʒin'eiʃən] s. compaginação f.
companion (I) [kəmp'ænjən] s. 1. companheiro, parceiro m., camarada, colega m. + f. 2. associado, sócio m. 3. o que combina em tamanho, cor, etc. 4. acompanhante m. + f., companheiro m. de viagem. ‖ v. 1. acompanhar. 2. ser o companheiro, parceiro, etc. de.
~ of the Bath Cavalheiro do Banho. **~ set** utensílios para lareira: tiçoeiro, etc.
companion (II) [kəmp'ænjən] s. (Náut.) gaiúta, escotilha de descida f.
companionable [~əbl] adj. sociável, amigável, camarada. ‖ **~bly** adv. sociavelmente, amistosamente.
companionableness [~əblnis], **companionability** [kəmpænjənəb'iliti] s. 1. amizade, camaradagem f. 2. sociabilidade f.
companionate marriage s. coabitação f.: união de homem e mulher sem as formalidades legais e religiosas.
companion-hatch s. (Náut.) quartel m. de escotilha.
companion-ladder, companion-stairs, companion-way s. (Náut.) escada f. de escotilha.
companionship [kəmp'ænjənʃip] s. companhia f.: 1. associação f. 2. camaradagem f., coleguismo, companheirismo m.
company [k'ʌmpəni] s. 1. companhia f.: a) convivência. b) aquilo ou aquele que acompanha. c) ato de acompanhar. d) sociedade, empresa. e) associação, corporação. f) companheiro(s). g) grupo teatral. h) (milit.) subdivisão de um regimento. i) comitiva, séqüito. 2. grupo m. de pessoas. 3. reunião social f. 4. vida social f. 5. hóspede m., visitante m. + f. 6. (Náut.) tripulação f. ‖ v. 1. ter relações com. 2. associar-se com. 3. fazer companhia a.
in ~ em companhia. **I kept him ~** lhe fiz companhia. **I kept ~ with him** eu mantinha relações com ele. **she keeps ~ with him** ela está de namoro com ele. **I wept for ~** chorei de simpatia. **they parted ~** eles separaram-se. **I am fond of ~** gosto de companhia. **he sees much ~** ele é muito sociável, ele freqüentemente tem hóspedes. **to receive ~** receber visitas. **the Company of the Drapers** a corporação dos tecelões. **the East India Company** Companhia (mercantil) das Índias Orientais. **~'s hall** sede de corporação. **~'s water** água encanada.
company union s. (E. U. A.) sindicato operário m. sob controle empresarial.
comparable [k'ɔmpərəbl] adj. comparável (**to, with** a, com).
comparableness [~nis], **comparability** [kɔmpərəb'iliti] s. comparabilidade f.
comparative [kəmp'ærətiv] s. (Gram.) grau comparativo m. ‖ adj. comparativo.
comparative literature s. estudo comparativo m. das literaturas nacionais.
compare [kəmp'ɛə] s. comparação f. ‖ v. 1. comparar(-se), confrontar. 2. igualar(-se), assimilar(-se). 3. (Gram.) formar o grau comparativo.
it is not to be ~d with não é comparável com. **beyond ~** sem comparação.
comparer [kəmp'ɛərə] s. comparador m.
comparison [kəmp'ærisn] s. comparação f.: 1. (também **comparing** [kəmp'ɛəriŋ]) confronto, cotejo m.

2. semelhança, similaridade, parecença f. 3. (Gram.) inflexão f. dos adjetivos e advérbios. **by** ~ em comparação. **beyond all** ~ sem comparação. **in** ~ **with** em comparação com, comparado com. **he drew a** ~ ele fez uma comparação. **it bears, sustains (a)** ~ **with** é comparável com. **degrees of** ~ graus de comparação.

compart [kəmp'aːt] v. 1. compartir, compartilhar. 2 dividir em compartimentos.

compartment [~mənt] s. 1. compartimento m. (quadro C 6). 2. seção f. 3. divisão f. **smoking** ~ compartimento para fumantes (no trem).

compass [k'ʌmpəs] s. 1. bússola f. 2. ~**es, pair of** ~**es** pl. compasso m. (quadro D 5). 3. limite m. 4. periferia, circunferência f. 5. extensão f., espaço m. 6. alcance m. 7. perímetro m. 8. compasso m.: (Mús.) medida dos tempos. ‖ v. 1. circundar, rodear. 2. formar círculo, cercar. 3. planejar, almejar, maquinar. 4. empreender. 5. atingir. 6. entender. ~ **of the voice** volume da voz. **he kept within** ~ ele se manteve dentro dos limites. **they spoke within** ~ falaram sem exagero. **within the** ~ **of his powers** dentro de sua capacidade. **we must reduce it in** ~ precisamos reduzi-lo. ~ **variation** desvio da bússola. **beam—**~**es** cintel. **crooked** ~**es** compasso curvo. **proportional** ~**es** compasso de redução. **to** ~ **someone's death** conspirar contra a vida de alguém.

compassable [~əbl] adj. alcançável, atingível.

compass-card s. rosa-dos-ventos f.

compassing [k'ʌmpəsiŋ] s. cercamento, contornamento, circundamento m. ‖ adj. que cerca.

compassion [kəmp'æʃən] s. compaixão, piedade f.

compassionate [kəmp'æʃəneit] v. compadecer-se de. ‖ adj. compassivo. ‖ ~**ly** adv. compassivamente.

compassionateness [~nis] s. compassividade f.

compass-needle s. agulha f. de bússola.

compass-plane s. plaina f. de volta.

compass-saw s. serrote de ponta (quadro S 1).

compass-timber s. (Náut.) madeira arqueada f. para construção de navios, curvas f. pl.

compatibility [kəmpætəb'iliti], **compatibleness** [kəmp'ætəblnis] s. compatibilidade f.

compatible [kəmp'ætbl] adj. compatível, conciliável. ‖ **-bly** adv. compatívelmente.

compatriot [kəmp'ætriət] s. compatriota m. + f.

compatriotic [kəmpætri'ɔtik] adj. compatriota.

compatriotism [kəmp'ætriətizm] s. compatriotismo m.

compeer [kɔmp'iə] s. 1. par, igual m. 2. companheiro m. camarada, colega m. + f. ‖ v. (†) igualar. **with his** ~**s** com seus iguais.

compel [kəmp'el] v. 1. compelir, forçar, obrigar, constranger. 2. obter por força, extorquir. 3. submeter **(to somebody's will** à vontade de alguém).

compellable [~əbl] adj. compelível, constrangível. ‖ **-bly** adv. constrangimente, forçadamente.

compeller [~ə] s. compelidor m.

compelling [~iŋ] adj. compelativo, constrangedor. ‖ ~**ly** adv. de modo constrangedor.

compend [k'ɔmpend] s. = **compendium.**

compendious [kəmp'endiəs] adj. compendioso, resumido, conciso. ‖ ~**ly** adv. concisamente, compendiosamente.

compendiousness [~nis] s. concisão, brevidade f.

compendium [kəmp'endiəm] s. pl. ~**s, compendia** compêndio, tratado resumido, epítome m., súmula f.

compensable [kəmp'ensəbl] adj. 1. compensável. 2. substituível.

compensate [k'ɔmpenseit] v. 1. compensar, recompensar, retribuir correspondentemente. 2. contraba-

lançar, equilibrar. 3. substituir. 4. estabilizar (moeda). 5. remunerar, pagar. 6. indenizar.

compensation [kɔmpens'eiʃən] s. 1. compensação, recompensa, retribuição f. 2. contrabalanço, equilíbrio m. 3. (E. U. A.) pagamento m. 4. reparação, indenização f.

compensational [~əl] adj. compensador, compensativo.

compensation pendulum s. pêndulo m. compensador.

compensative [k'ɔmpenseitiv] s. equivalente m., compensação f. ‖ adj. compensador, compensativo.

compensator [k'ɔmpenseitə] s. compensador m.

compensatory [kəmp'ensətəri] adj. compensativo, compensador.

compete [kəmp'iːt] v. 1. competir, concorrer. 2. ser rival, rivalizar. 3. contender, lutar **(for,** por).

competence [k'ɔmpitəns], **competency** [~i] s. 1. competência, habilidade, aptidão, capacidade f. 2. meios suficientes m. pl. para subsistência.

competent [k'ɔmpitənt] adj. 1. competente, apto, capacitado. 2. qualificado, legalmente autorizado. 3. idôneo. 4. suficiente. 5. apropriado, adequado. 6. permitido, admissível. ‖ ~**ly** adv. 1. competentemente. 2. suficientemente.

competition [kɔmpit'iʃən] s. 1. competição f. 1. concorrência, rivalidade f. 2. luta esportiva f. ~ **in armaments** corrida armamentícia. **notice of** ~ concurso. **unfair** ~ concorrência desleal. **he entered a** ~ ele tomou parte num concurso.

competitioner [~ə] s. 1. competidor m., concorrente m. + f. 2. rival m. + f.

competitive [kəmp'etitiv] adj. 1. competidor, concorrente. 2. rival. ‖ ~**ly** adv. que pode competir ou concorrer, de modo competidor.

competitiveness [~nis] s. concorrência, competição f.

competitor [kəmp'etitə] s. 1. competidor m., concorrente m. + f. 2. rival m. + f. ~**'s agreement, arrangement, understanding** regulamento para concurso ou competição.

competitress [kəmp'etitris] s. competidora f.

compilation [kɔmpil'eiʃən] s. compilação, coleção f.

compile [kəmp'ail] v. compilar, coligir, colecionar, ajuntar.

compiler [~ə] s. compilador, colecionador m.

complacence [kəmpl'eisns], **complacency** [~i] s. 1. desvanecimento m., satisfação f. consigo mesmo. 2. complacência f., contentamento, prazer m. **self-**~ satisfação própria.

complacent [kəmpl'eisnt] adj. complacente, satisfeito de si, enfatuado. ‖ ~**ly** adv. complacentemente.

complain [kəmpl'ein] v. 1. queixar-se, lamentar-se. 2. acusar, criticar, censurar. **she** ~**s to me of him** ela queixa-se dele comigo. **it was** ~**ed** foi feita queixa.

complainant [~ənt] s. 1. queixoso m., querelante m. + f. 2. (Jur.) pleiteante m. + f.

complainer [~ə] s. queixoso m.

complaining [~iŋ] s. queixa f. ‖ adj. queixoso, quereloso, lamentoso. ‖ ~**ly** adv. queixosamente, lamentosamente.

complaint [~t] s. 1. queixa, reclamação, denúncia f. 2. motivo m. ou razão f. da queixa ou denúncia. 3. acusação f. 4. doença, enfermidade f. ~ **book** livro de queixas. **I made** ~ **about** queixei-me sobre.

complaisance [kəmpl'eizəns] s. complacência, afabilidade, obsequiosidade f.

complaisant [kəmpl'eizənt] adj. 1. complacente, afável, cortês. 2. obsequioso. ‖ ~**ly** adv. complacentemente, obsequiosamente.

complect [kəmpl'ekt] v. entrelaçar.

complected [~id] adj. (E. U. A.). = **complexioned.**

complement [k'ɔmplimənt] s. 1. complemento, suplemento m. 2. completação f., remate, acabamento m. 3. perfeição f., aperfeiçoamento m. 4. quantidade total, totalidade f. 5. (Gram.) complemento m. 6. (Geom.) complemento m. de um ângulo. ‖ v. completar, complementar, integralizar.

complemental [kɔmplim'entəl] adj. complementar. ‖ ~ly adv. de modo complementar.

complementary [kɔmplim'entəri] adj. complementar. **they are** ~ eles se completam. ~ **angles** ângulos complementares. ~ **colours** cores complementares.

complete [kəmpl'i:t] v. completar: 1. complementar, integralizar, inteirar. 2. aperfeiçoar. 3. acabar, terminar, concluir. ‖ adj. 1. completo, íntegro, inteiro, total; intato, pleno. 2. perfeito. 3. terminado, concluído, acabado. ‖ ~ly adv. 1. completamente, inteiramente. 2. perfeitamente.

completeness [~nis] s. 1. perfeição f. 2. inteireza, integralidade f.

completer [~ə] s. completador, acabador, aperfeiçoador m.

completion [kəmpl'i:ʃən] s. 1. completamento, acabamento m., conclusão f. 2. inteireza f.

completive [kəmpl'i:tiv], **completory** [kəmpl'i:təri] adj. completivo.

complex [k'ɔmpleks] s. complexo m.: 1. conjunto de coisas, fatos ou circunstâncias com qualquer conexão. 2. (Psicol.) idéia fixa, conjunto de imagens recalcadas. 3. (coloq.) aversão. ‖ adj. 1. complexo. 2. complicado, intrincado. ‖ ~ly adv. complexamente.

inferiority ~ complexo de inferioridade. ~ **sentence** (Gram.) frase composta.

complexion [kəmpl'ekʃən] s. 1. cor, aparência, tez f., aspecto m. da epiderme (do rosto). 2. compleição f., caráter, aspecto geral m., natureza f.

that puts another ~ **on the matter** isto dá outro aspecto ao assunto.

complexional [~əl] adj. compleicional.

complexioned [~d] adj. compleiçoado: que tem determinada tez ou pele (p. ex. **dark-complexioned**).

complexity [kəmpl'eksiti], **complexness** [kəmpl'eksnis] s. 1. complexidade, estrutura complexa f. 2. complicação, dificuldade f.

compliable [kəmpl'aiəbl] adj. = **compliant.**

compliableness [~nis] s. = **compliance.**

compliance [kəmpl'aiəns] s. [~ i] s. 1. complacência, submissão, condescendência f. 2. tendência f. para ceder diante de outros. 3. consentimento m., aquiescência f.

in ~ **with** conforme, em conformidade com.

compliant [kəmpl'aiənt] adj. complacente, concordante, condescendente, submisso. ‖ ~ly adv. complacentemente.

he was ~ **with my wishes** ele concordou com meus desejos.

complicacy [k'ɔmplikəsi] s. 1. complicação, confusão, dificuldade f. 2. coisa complicada f.

complicate [k'ɔmplikeit] v. 1. complicar(-se), dificultar. 2. piorar. 3. tornar confuso. ‖ adj. 1. (arc.) complicado, intrincado, complexo, confuso. 2. (Bot.) conduplicado. 3. (Zool.) dobrado longitudinalmente.

complicated [~ id] adj. complicado, complexo, intrincado. ‖ ~ly adv. complicadamente, intrincadamente.

complicatedness [~idnis] s. complicação, complexidade f.

complication [kɔmplik'eiʃən] s. 1. complicação, confusão f. 2. embaraço m., dificuldade f. 3. (Med.) complicação, doença secundária f. 4. enredamento m.

complice [k'ɔmplis] s. (arc.) cúmplice m. + f.

complicity [kəmpl'isiti] s. 1. cumplicidade f. 2. complexidade f.

complier [kəmpl'aiə] s. comprazedor, obsequiador m.

compliment [k'ɔmplimənt] s. 1. cumprimento, elogio m., expressão f. de cortesia. 2. ~s pl. cumprimentos m. pl., saudações, recomendações f. pl. 3. ~s pl. homenagens f. pl. ‖ v. 1. cumprimentar, saudar. 2. felicitar, congratular. 3. lisonjear, elogiar.

with my ~**s** com minhas saudações. **with the** ~**s of the season** com os melhores votos para as festas (de Natal, de Páscoa). **with Mr. N's** ~**s** com recomendações do Sr. N. **give my** ~**s to Mrs. N.** recomendações à Sra. N. **in** ~ **to him** em sua honra. **he did me the** ~ **of coming to me** ele deu-me a honra de sua visita. **he paid me a** ~ ele fez-me um elogio.

complimentary [kɔmplim'entəri] adj. 1. cortês, lisonjeiro, elogioso, lisonjeador. 2. (E. U. A.) gratuito. ‖ –ily adv. 1. cortesmente, elogiosamente. 2. gratuitamente.

~ **address** discurso de saudação. ~ **copy** exemplar gratuito. ~ **dinner** banquete.

complimenter [k'ɔmplimentə] s. 1. lisonjeador m. 2. elogiador m.

complin [k'ɔmplin] s. (Ecles.) completas f. pl.: últimas horas canônicas dos ofícios divinos.

complot [k'ɔmplɔt] s. conspiração, trama, conjuração f. ‖ v. [kəmpl'ɔt] conspirar, tramar, urdir.

complotter [kəmpl'ɔtə] s. conspirador, conjurador m.

comply [kəmpl'ai] v. condescender, aquiescer, aceder, concordar, consentir, ceder.

to ~ **with** aquiescer, aceder ou sujeitar-se a.

compo [k'ɔmpou] s. (abr. de **composition**) argamassa f., mástique m.

component [kəmp'ounənt] s. componente, constituinte m. + f., ingrediente m. ‖ adj. componente, constituinte.

comport [kəmp'ɔ:t] v. 1. comportar-se, conduzir-se, portar-se. 2. concordar, convir a, servir, ser compatível.

comportment [~mənt] s. comportamento m., conduta f.

compose [kəmp'ouz] v. 1. compor: a) formar. b) constituir, integrar, fazer parte de. c) dispor os caracteres tipográficos para imprimir. d) escrever (obra literária, artística ou musical), redigir. e) apaziguar, reconciliar, acomodar. 2. resolver, decidir-se, aprontar-se. 3. acalmar, tranqüilizar.

it is ~**d of** é composto de. **to** ~ **o. s.** 1. acalmar-se. 2. dispor-se a. **he** ~**d himself to sleep** ele acomodou-se para dormir.

composed [~d] adj. calmo, tranqüilo, sereno. ‖ ~ly adv. serenamente, calmamente.

composedness [~idnis] s. compostura, serenidade f.

composer [~ə] s. 1. (Mús.) compositor m. 2. escritor m.

composing [~ iŋ] s. composição f: 1. redação, produção literária. 2. arte de escrever música original. 3. trabalho de compositor tipográfico. ‖ adj. 1. de ou relativo a composição. 2. calmante.

composing draught s. sedativo m., bebida calmante f.

composing-frame s. (Tipogr.) cavalete m.

composing-machine s. (Tipogr.) máquina f. de compor.

composing-rule s. (Tipogr.) régua f. de compositor.

composing-stick s. (Tipogr.) componedor m.

composite [kəmp'ɔzit] s. 1. (Bot.) composta f. 2. composto m., combinação f. 3. (Mat.) número múltiplo m. ‖ adj. 1. composto, complexo. 2. (Bot.) que pertence às Compostas. 3. (Náut.) construído de ferro e madeira. 4. (Arquit.) compósito. 5. (Mat.) múltiplo. ‖ ~ly adv. de forma composta.

composite-candle s. vela f. de estearina.

compositeness [kəmp'ɔzitnis] s. natureza composta f.

composite number s. número múltiplo m.

composite picture s. fotomontagem f.

composite school s. (Canadá) escola secundária f. com cursos comercial, industrial e superior.

composite strength s. (Téc.) resistência composta f.
composition [kɔmpəz'iʃən] s. 1. composição f.: a) montagem, combinação, ato de compor. b) redação. c) composição musical. d) produção ou obra literária. e) disposição, arranjo artístico. f) acordo, ajuste. g) (Tipogr.) trabalho de compositor tipográfico. 2. composto m., mistura f. de substâncias. **he has not an atom of guile in his** ~ ele não tem um só traço de falsidade em seu caráter.
compositive [kəmp'ozitiv] adj. 1. compositivo. 2 sintético. ‖ ~ly adv. de modo compositivo.
compositor [kəmp'ozitə] s. (Tipogr.) tipógrafo m.
compost [k'ɔmpɔst] s. 1. composto m. 2. adubo composto m. ‖ v. 1. adubar com composto. 2. formar composto.
composure [kəmp'ouʒə] s. calma, compostura, tranqüilidade, serenidade f.
compotation [kɔmpət'eiʃən] s. beberronia f.
compotator [k'ɔmpəteitə] s. companheiro m. de beber ronia.
compote [k'ɔmpout] s. 1. compota f. 2. (E.U.A.) compoteira f.
compound (I) [k'ɔmpaund] s. 1. composto, complexo m., combinação, mistura f. 2. (Gram.) palavra composta f. ‖ [kəmp'aund] v. 1. compor, misturar. 2. formar. 3. fazer um acordo, ajustar. ‖ [k'ɔmpaund] adj. constituído por dois ou mais elementos.
to ~ a felony (Jur.) deixar de denunciar um crime.
to ~ with one's creditors chegar a um acordo com seus credores.
compound (II) [k'ɔmpaund] s. 1. (Oriente) recinto m. de estrangeiros. 2. área cercada f., semelhante a campo para prisioneiros de guerra.
compoundable [kɔmp'aundəbl] adj. componível, combinável.
Compound E s. (Med.) cortisona f.
compound eye s. (Biol.) olho facetado m.
compound force s. força componente f.
compound fracture s. (Med.) fratura composta f.
compound interest s. (Com.) juros compostos m. pl.
compound pillar s. (Arquit.) coluna composta f.
compound steam engine s. (Téc.) máquina f. de vapor "compound" ou composta.
comprehend [kɔmprih'end] v. compreender: a) entender, perceber. b) incluir, conter, abranger.
comprehensibility [k'ɔmprihensəb'iliti], **comprehensibleness** [kɔmprih'ensəblnis] s. compreensibilidade, inteligibilidade f.
comprehensible [kɔmprih'ensəbl] adj. 1. compreensível. 2. abrangível. ‖ **−bly** adv. compreensivelmente.
comprehension [kɔmprih'enʃən] s. 1. compreensão f. 2. inclusão f. 3. extensão, amplitude f.
comprehensive [kɔmprih'ensiv] adj. 1. inclusivo. 2. que inclui ou abrange muito, amplo. 3. compreensivo. ‖ ~ly adv. 1. compreensivamente. 2. inclusivamente.
comprehensiveness [~nis] s. 1. extensão f., alcance m. 2. inclusão f. 3. compreensão f. 4. precisão f., laconismo m.
compress [k'ɔmpres] s. (Med.) compressa f. ‖ [kəmpr'es] v. 1. comprimir, apertar. 2. condensar, reduzir. 3. resumir.
compressed [~t] adj. 1. comprimido. 2. (Bot.) achatado.
compressed air s. ar comprimido m.
compressibility [kəmpresib'iliti] s. compressibilidade f.
compressible [kəmpr'esəbl] adj. compressível, comprimível, reduzível.
compression [kəmpr'eʃən] s. 1. compressão f. 2. condensação f.

compression ignition engine s. motor Diesel m.
compression load s. carga f. de compressão.
compression valve s. (Autom.) válvula f. de compressão.
compressive [kəmpr'esiv] adj. compressivo. ‖ ~ly adv. de modo compressivo.
compressor [kəmpr'esə] s. 1. compressor m. (também Téc.). 2. (Anat.) músculo compressor m.
comprisable [kəmpr'aizəbl] adj. inclusivo, compreensivo.
comprisal [kəmpr'aizəl] s. 1. inclusão f. 2. compêndio, epítome m.
comprise [kəmpr'aiz] v. 1. incluir, compreender, encerrar, conter, abranger. 2. consistir de.
compromise [k'ɔmprəmaiz] s. 1. compromisso, acordo, ajuste m. 2. concessão, acomodação, transigência f. ‖ v. 1. ajustar, entrar num acordo fazendo concessões. 2. comprometer(-se): a) assumir compromisso. b) expor(-se) a perigo ou situação difícil.
to make a ~ chegar a um compromisso.
compromiser [~ə] s. 1. pessoa acomodatícia f. 2. comprometente m. + f.
comptmeter [kɔmt'ɔmitə] s. espécie de máquina f. de calcular.
comptroller [kəntr'oulə] s. = **controller.**
Comptroller General chefe do departamento de patentes da Grã-Bretanha.
compulsion [kəmp'ʌlʃən] s. compulsão, coerção, coação, obrigação f.
under ~, upon ~ sob coação, à força.
compulsive [kəmp'ʌlsiv] adj. compulsório, obrigatório, coercivo. ‖ ~ly adv. compulsoriamente, obrigatoriamente.
compulsiveness [~nis], **compulsoriness** [kəmp'ʌlsərinis] s. coercitividade, obrigatoriedade f.
compulsory [kəmp'ʌlsəri] adj. compulsório, obrigatório, coercivo. ‖ **−ily** adv. compulsoriamente.
compulsory education s. educação obrigatória f.
compulsory military service s. serviço militar obrigatório m.
compunction [kəmp'ʌŋkʃən] s. 1. compunção f., remorso, arrependimento m. 2. escrúpulo m.
compunctionless [~lis] adj. sem escrúpulos.
compunctious [kəmp'ʌŋkʃəs] adj. compungido, arrependido, contrito. ‖ ~ly adv. compungidamente, com remorsos.
compurgation [kɔmpə:g'eiʃən] s. (Jur.) compurgação f.
compurgator [k'ɔmpə:geitə] s. compurgador m., quem afirma a inocência de alguém mediante juramento.
computable [kəmpj'u:təbl] adj. computável, calculável.
computation [kɔmpju:t'eiʃən] s. 1. computação f., cômputo, cálculo m. 2. resultado m. da computação.
compute [kəmpj'u:t] v. 1. computar, calcular. 2. orçar.
computer [~ə] s. 1. computador m., calculista m. + f. 2. máquina f. de calcular.
computer-assisted instruction s. instrução f. por computador.
computerization [kəmpju:təraiz'eiʃən] s. computarização f.
computerize [kəmpj'u:təraiz] v. computarizar: processar dados mediante cérebro eletrônico.
computerized [~d] adj. relativo ao processamento eletrônico de dados.
a ~ office escritório que trabalha com cérebro eletrônico.
comrade [k'ɔmrid] s. 1. camarada m. + f., companheiro m., colega m. + f. 2. membro, sócio m.
comrade in arms s. camarada m. + f. de farda.
comradeship [~ʃip] s. camaradagem f.
Comtism [k'ɔ:mtizm] s. (Filos.) comtismo m., segundo Auguste Comte, fundador do positivismo.

Comtist [k'ɔ:mtist] s. (Filos.) comtista m. + f.
con (I) [kɔn] s. contra m.: 1. objeção f. 2. pessoa contrária f. || adv, contra.
the pros and ~s os prós e os contras. **pro and ~** pró e contra.
con (II) [kɔn] v. estudar, decorar, ler repetidamente, aprender (também **to ~ over**).
con (III) [kɔn] v. (Náut.) dirigir, pilotar (navio).
~ning-tower torre f. de comando.
con (IV) [kɔn] (E. U. A., gíria) abr. de **confidence**.
~ man vigarista.
conation [kən'eiʃən] s. (Psicol.) conação f.
conative [k'ounətiv] adj. (Psicol.) relativo a conação.
concatenate [kɔnk'ætineⁱt] v. concatenar, encadear, ligar. || adj. concatenado, ligado, encadeado.
concatenation [kɔnkætin'eiʃən] s. 1. concatenação f. encadeamento m. 2. série f.
concave [k'ɔnkeiv] s. côncavo m., concavidade f. || [kɔnk'eiv, atributivo: k'ɔnkeiv] adj. 1. côncavo (quadro L 3). 2. escavado, cavado. || **~ly** adv. de forma côncava.
bi-~ bicôncavo. **~ lens** lente côncava.
concave mirror s. espelho côncavo m.
concaveness [k'ɔnkeivnis], **concavity** [kɔnk'æviti] s. concavidade, superfície côncava f.
concavo-convex adj. côncavo-convexo.
concavous [kɔnk'eivəs] adj. côncavo. || **~ly** adv. de forma côncava.
conceal [kəns'i:l] v. 1. esconder, ocultar. 2. guardar segredo, calar. 3. dissimular.
concealable [~əbl] adj. que se pode ocultar.
concealment [~mənt] s. 1. encobrimento, ato m. de esconder. 2. segredo m.
place of ~ esconderijo.
concede [kəns'i:d] v. 1. admitir, reconhecer. 2. conceder, ceder, dar, permitir, consentir. 3. (Esp.) dar vantagem. 4. (Esp.) perder.
conceit [kəns'i:t] s. 1. vaidade, presunção f. 2. chiste, dito chistoso m. 3. conceito m. 4. opinião pessoal f. 5. opinião favorável, estima f. 6. imaginação f. modo (esquisito) m. de pensar. 7. idéia f., pensamento m. || v. 1. lisonjear. 2. imaginar, presumir.
be not wise in your own ~s! não se considere um sábio! **in my own ~** na minha opinião. **out of ~ with** descontente com, cansado de. **he put her out of ~ with the day** ele lhe estragou o dia. **well-~ed** bem planejado.
conceited [~id] adj. convencido, presunçoso, vaidoso, orgulhoso, afetado. || **~ly** adv. afetadamente, vaidosamente, orgulhosamente.
conceitedness [~idnis] s. vaidade, presunção f.
conceivability [kənsi:vəb'iliti] s. conceptibilidade f., concebimento m.
conceivable [kəns'i:vəbl] adj. concebível, conceptível. || **-bly** adv. de modo conceptível ou concebível.
conceive [kəns'i:v] v. 1. conceber: a) imaginar, idear. b) pensar, ter em mente. c) ficar grávida ou prenhe, engravidar, conceber. d) compreender, entender, fazer idéia de, formar noção. e) julgar, crer. 2. exprimir, pôr em palavras.
~d in plain terms formulado claramente. **I cannot ~ how it came to that** não posso compreender como chegou a isto.
conceiver [~ə] s. quem concebe.
conceiving [~iŋ] s. concepção f.
concelebration [kənselibr'eiʃən] s. 1. concelebração f. 2. celebração f. da liturgia eucarística.
concentrate [k'ɔnsentreit] s. concentrado, produto concentrado m. || v. 1. concentrar: a) juntar, centralizar, reunir. b) condensar, intensificar (também Quím.). 2. concentrar-se (**upon, on** em) prestar atenção. || adj. concentrado.

concentrated [~id] adj. concentrado.
~ fire (Milit.) fogo concentrado. **~ hate** ódio geral.
concentration [kɔnsentr'eiʃən] s. 1. concentração f. 2. atenção f. 3. produto de concentração, concentrado m. (também Quím.).
concentration camp s. campo m. de concentração.
concentrative [k'ɔnsentreitiv] adj. concentrativo, concentrador.
concentrativeness [~nis] s. faculdade f. de concentração.
concentrator [k'ɔnsəntreitə] s. concentrador m.
concentre [kɔns'entə] v. 1. concentrar(-se). 2. convergir. 3. fazer convergir.
concentric [kɔns'entrik], **concentrical** [~əl] adj. concêntrico, homocêntrico. || **~ally** adv. concentricamente.
concentricity [kɔnsəntr'isiti] s. concentricidade f.
concept [k'ɔnsept] s. conceito m., noção, concepção, idéia f.
conceptacle [kəns'eptəkl] s. (Bot.) conceptáculo, receptáculo m.
conception [kəns'epʃən] s. 1. concepção f.: a) compreensão, faculdade de perceber. b) conceito, noção, idéia. c) impressão. d) ato de ser concebido ou gerado. e) geração. f) (Rel.) Conceição. 2. projeto, plano m.
Immaculate Conception Imaculada Conceição.
conceptional [~əl] adj. conceptivo.
conceptive [kəns'eptiv] adj. conceptivo, fecundo.
conceptual [kəns'eptjuəl] adj. conceptual. || **~ly** adv. de forma conceptual.
conceptualism [~izm] s. (Filos.) conceptualismo m.
conceptualist [~ist] s. (Filos.) conceptualista m. + f.
conceptualize [kəns'eptʃuəlaiz] v. conceituar, formar um conceito acerca de.
concern [kəns'ə:n] s. 1. concernência f. 2. interesse m. 3. (também pl.) assunto importante, negócio m. 4. inquietação, preocupação f. 5. companhia, empresa comercial, firma f. 6. relação, referência f. || v. 1. concernir, afetar, dizer respeito a. 2. interessar. 3. afligir, preocupar, inquietar.
I have no ~ with nada tenho a ver com, não é da minha conta. **that is no ~ of yours** isto não é da sua conta. **mind your own ~s** trate de seus próprios assuntos. **I have no ~ for such things** não me interesso por estas coisas. **that's your own ~!** isto é da sua conta. **a matter of great ~** um assunto de grande importância. **with deep ~** com grande preocupação. **a practical ~** um interesse imediato. **a big ~** uma empresa ou companhia grande. **a flourishing ~** um negócio próspero. **to whom it may ~** a quem possa interessar. **to be ~ed about a thing** ou **for a person** estar preocupado com uma coisa ou por causa de uma pessoa. **to ~ o. s.** 1. preocupar-se (**about** com). 2. tomar parte em, ocupar-se (**with** com).
concerned [~d] adj. 1. preocupado, aflito (**for** com, por). 2. interessado, participante. 3. embaraçado, confundido. || **~ly** adv. 1. preocupadamente. 2. interessadamente.
I am ~ to do it gostaria de fazê-lo. **I am ~ in writing** estou ocupado em escrever. **I am ~ to hear** sinto ter de ouvir. **the persons ~** as pessoas interessadas. **the things ~** as coisas em questão. **the book is ~ with** o livro trata de.
concerning [~iŋ] prep. concernente, relativo a, acerca de, a respeito de, respectivo.
~ myself no que me diz respeito. **~ it** relativo a isto, no que diz respeito a isto, quanto a isto.
concernment .~mənt] s. 1. concernência f. 2. importância f. 3. preocupação f. 4. assunto m. 5. interesse m. 6. relação f. 7. participação f.

a man of some ~ um homem de influência. a thing of vital ~ um assunto de importância vital.
concert [k'ɔnsət] s. 1. (Mús.) concerto m. 2. acordo m., combinação, união f. ‖ [kəns'ə:t] v. 1. concertar: ajustar, combinar. 2. planejar. 3. imaginar. at a ~ (Mús.) num concerto. to act in ~ agir de comum acordo. the European ~ a união das potências européias.
concerted [kəns'ə:tid] adj. 1. em conjunto, combinado, de comum acordo. 2. (Mús.) em coro. ~ action ação conjunta.
concertgoer [k'ɔnsə:tgouə] s. freqüentador (assíduo) m. de concertos.
concertina [kɔnsət'i:nə] s. concertina, (Bras.) sanfona, harmônica f.
concertize, concertise [k'ɔnsətaiz] v. dar concertos, esp. em "tournées" artísticas.
concertmaster [k'ɔnsətma:stə], concertmeister [k'ɔnsətmaistə] s. primeiro violino m. de uma orquestra.
concerto [kɔntʃ'ə:tou] s. concerto m., composição musical f. para solista e orquestra.
concert-pitch s. (Mús.) diapasão m. up to ~ (fig.) em ótima forma.
concession [kəns'eʃən] s. 1. concessão f.: a) ato de conceder. b) permissão. c) privilégio. d) condescendência. 2. admissão f., reconhecimento, assentimento m. 3. (E. U. A.) pequeno espaço m. alugado para algum negócio (p. ex. banca de jornais).
concessionaire [kans'eʃənɛə] s. concessionário m.
concessionary [~ əri] adj. concessionário.
concessionist [~ ist] s. concessionário m., quem é o favor de concessões.
concessive [kəns'esiv] adj. concessivo, concessório, concedente. ‖ ~ly adv. por concessão. ~ clause (Gram.) cláusula concessiva.
conch [kɔŋk] s. pl. ~s, ~es. s. (Zool.) 1. concha f. (de molusco). 2. molusco m. (esp. o gênero Tritão).
concha [k'ɔŋkə] s. (Anat.) concha f., pavilhão auricular m.
conchiferous [kɔŋk'ifərəs] adj. conchífero.
conchoid [k'ɔŋkɔid] s. (Geom.) concóide f.
conchoidal [kɔŋk'ɔidəl] adj. concoidal, concóide.
conchology [kɔŋk'ɔlədʒi] s. concologia f.
conchy [k'ɔntʃi] s. (gíria) = conscientious objector.
conciliable [kəns'iliəbl] adj. conciliável.
conciliar [kəns'iliə] adj. conciliário.
conciliate [kəns'ilieit] v. 1. conciliar, reconciliar, harmonizar, pacificar, aplacar, vencer a hostilidade. 2. ganhar, cativar, atrair, granjear.
conciliation [kənsili'eiʃən] s. conciliação f. ~ board junta conciliadora. ~ hearing audiência para reconciliação. ~proceedings processo ou acordo amigável.
conciliative [kəns'ilieitiv] adj. conciliativo, conciliador.
conciliator [kəns'ilieitə] s. conciliador m.
conciliatoriness [kəns'iliətərinis] s. natureza conciliatória f.
conciliatory [kəns'iliətəri] adj. conciliatório.
conciliatory proposal s. proposta amigável f.
concinnity [kəns'initi] s. (Ret.) elegância, fineza, concisão f. (no estilo literário).
concise [kəns'ais] adj. conciso, breve, sucinto, resumido. ‖ ~ly adv. concisamente, brevemente, resumidamente.
conciseness [~nis] s. concisão, exatidão, brevidade f., laconismo m.
conclamation [kɔnkləm'eiʃən] s. conclamação f.
conclave [k'ɔnkleiv] s. conclave m.: reunião, assembléia (reservada). 2. assembléia dos cardeais. 3. sala de reunião dos cardeais.

they sat in ~ reuniram-se secretamente.
conclude [kənkl'u:d] v. 1. concluir: a) terminar, acabar, finalizar. b) ajustar, fechar, firmar (acordo). c) chegar a, deduzir, inferir. 2. decidir, resolver. to ~ em conclusão. to be ~d a concluir.
concluding [~ iŋ] adj. final, finalizante, concludente, terminante, derradeiro. ‖ ~ly adv. em conclusão, de modo concludente.
conclusion [kənkl'u:ʒən] s. 1. conclusão f.: a) término, fim. b) parte final. c) resultado final. d) dedução, inferência. 2. decisão, resolução f. 3. acordo, ajuste m. in ~ finalmente, em conclusão. It was brought to a ~ foi concluído. I draw the ~ tiro a conclusão. I come to the ~ that chego à conclusão que... he tried ~s with him mediram as forças entre si. ~ of peace conclusão de paz.
conclusive [kənkl'u:siv] adj. 1. conclusivo, final. 2. convincente, concludente. 3. definitivo, decisivo. ‖ ~ly adv. finalmente, conclusivamente, decisivamente.
conclusiveness [~ nis] s. caráter conclusivo, ou dedutivo m.
concoct [kənk'ɔkt] v. 1. preparar. 2. (fig.) forjar, planejar, tramar.
concocter [~ ə] 1. preparador m. 2. (fig.) forjador, planejador m.
concoction [kənk'ɔkʃən] s. 1. (também Med.) mistura, preparação f. 2. (fig.) trama f., plano, planejamento m.
concoctive [kənk'ɔktiv] adj. preparativo.
concolorous [kɔnk'ʌlərəs] adj. de cor uniforme.
concomitance [kənk'ɔmitəns], concomitancy [~i] s. concomitância f.
concomitant [kənk'ɔmitənt] s. acompanhador, acompanhamento m. ‖ adj. concomitante, simultâneo. ‖ ~ly adv. concomitantemente, simultaneamente.
concord [k'ɔnkɔ:d] s. 1. acordo m.: a) concórdia, harmonia, paz. b) tratado, convênio. 2. (Mús.) acorde harmonioso m., consonância f. 3. (Gram.) concordância f. ‖ [kənk'ɔ:d] v. concordar, harmonizar.
concordable [kənk'ɔ:dəbl] adj. 1. concordável. 2. concordante. ‖ ~bly adv. harmoniosamente, de acordo.
concordance [kənk'ɔ:dəns] s. concordância f.: 1. harmonia, acordo. 2. relação de palavras e tópicos (da Bíblia), mencionando o local onde se acham. 3. (Geol.) conformidade.
concordant [kənk'ɔ:dənt] adj. concordante, harmonioso, correspondente. ‖ ~ly adv. concordemente, harmoniosamente.
concordat [kɔnk'ɔ:dæt] s. 1. acordo, tratado, pacto m. 2. concordata f., convênio m. (entre a Igreja e o Estado).
concourse [k'ɔŋkɔ:s] s. 1. afluência f., concurso m. 2. E. U. A.) multidão f. 3. (E. U. A.) saguão m., ala f. 4. praça f. de esportes. 5. (E.U.A.) pátio aberto m. em estação de estrada de ferro. 6. junção, confluência f. 7. interseção (ruas) f. 8. avenida, estrada f. 9. assembléia f., ajuntamento m. a ~ of events simultaneidade de acontecimentos.
concrete [k'ɔnkri:t] s. 1. concreto m., massa f. de cimento. 2. coisa concreta f. 3. (Filos.) concreto m. ‖ [kənkr'i:t] v. 1. concretar, concrecionar(-se), concretizar. 2. formar em massa sólida. 3. solidificar(-se). 4. endurecer como cimento. ‖ [k'ɔnkri:t] adj. 1. concreto, real, material. 2. específico, particular. 3. objetivo, determinado. 4. feito de concreto ou cimento. 5. sólido, endurecido. ‖ ~ly adv. 1. concretamente. 2. solidamente. reinforced ~ concreto armado. in the ~ na realidade, concretamente. ~ noun (Gram.) substantivo concreto.

concrete mixer s. betoneira f. (quadro B 22).
concreteness [k'ankri:tnis] s. concreção, solidez f.
concrete number s. (Mat.) número concreto m.
concretion [kɔnkr'i:ʃən] s. concreção f.: 1. concretização. 2. solidificação. 3. corpo resultante da concreção, massa agregada. 4. (Geol.) agregação. 5.
(Med.) cálculo.
concretionary [~əri] adj. concrescível.
concretize [k'ɔnkritaiz] v. concretizar.
concubinage [kɔnkj'u:binidʒ] s. concubinato m.
concubinary [kɔnkj'u:binəri] s. concubinário m. ‖ adj.
concubinário.
concubine [k'ɔŋkjubain] s. concubina, amante f.
concupiscence [kənkj'u:pisns] s. concupiscência f.
concupiscent [kənkj'u:pisnt] adj. concupiscente, sensual, libidinoso.
concur [kənk'ə:] v. 1. concordar. 2. coincidir, ocorrer
ao mesmo tempo. 3. cooperar, contribuir.
I ~ with you in thinking that concordo com você
que...
concurrence [kənk'ʌrəns], concurrency [~i] s. 1. conformidade f. de opiniões, acordo m. 2. cooperação,
colaboração f. 3. coincidência, concomitância f. 4.
confluência, afluência, interseção f.
in ~ with em colaboração com.
concurrent [kənk'ʌrənt] s. 1. rival m. + f., competidor m. 2. circunstância ou causa concorrente f.
‖ adj. 1. simultâneo, concomitante, conjunto. 2.
colaborador, cooperador. 3. coordenado. 4. concordante, harmonioso. 5. concorrente, convergente,
afluente, confluente. ‖ ~ly adv. concorrentemente,
simultaneamente, harmoniosamente.
~ly with em colaboração com.
concuss [kənk'ʌs] v. 1. sacudir, concutir, abalar. 2.
coagir, forçar, constranger.
concussion [kənk'ʌʃəri] s. concussão f., choque,
abalo m.
~ of the brain concussão cerebral.
concussional [~əl], concussive [kənk'ʌsiv] adj. concussionário.
condemn [kənd'em] v. condenar: 1. censurar, desaprovar. 2. sentenciar, declarar culpado. 3. reprovar,
rejeitar, refutar. 4. (Jur.) desapropriar. 5. declarar
impróprio para uso. 6. desiludir, dar por perdido
(doente).
his own words ~ him suas próprias palavras o
condenam.
condemnable [~nəbl] adj. condenável, reprovável,
culpável.
condemnation [kɔndemn'eiʃən] s. 1. condenação,
reprovação, censura f. 2. sentença judicial f. 3.
motivo m. de condenação. 4. estado m. de condenado.
I incurred his ~ incorri na sua reprovação.
condemnatory [kənd'emnətəri] adj. condenatório, condenador.
condemner [kənd'emnə] s. condenador m.
condensability [kɔndənsəb'iliti], condensibility [-sib'iliti]
s. condensabilidade f.
condensable [kənd'ensəbl], condensible [-sibl] adj.
condensável.
condensation [kɔndens'eiʃən] s. 1. condensação f. 2.
produto de condensação. 3. resumo m.
condense [kənd'ens] v. 1. condensar(-se), comprimir,
tornar denso, tornar-se denso. 2. concentrar(-se).
3. liquefazer(-se). 4. resumir, reduzir, abreviar.
condensed milk s. leite condensado m.
condenser [~ə] s. 1. (Eletr., Refrigeração e Ópt.)
condensador m. 2. (Tecel.) compressor m.
condensible adj. = condensable.
condescend [kɔndis'end] v. condescender, dignar-se.
condescendence [~əns], condescension [kɔndis'enʃən]
s. condescendência, afabilidade f.

condescending [~iŋ] adj. condescendente, transi-
gente. ‖ ~ly adv. por condescendência.
condign [kənd'ain] adj. condigno, merecido, devido.
‖ ~ly adv. condignamente, merecidamente.
~ punishment castigo merecido.
condiment [k'ɔndimənt] s. condimento, tempero m.
condimental [kɔndim'entəl] adj. condimentoso, condi-
mentício.
condisciple [kɔndis'aipl] s. condiscípulo m., colega
m. + f. de escola.
condition [kənd'iʃən] s. 1. condição f.: a) situação,
estado. b) posição social. c) circunstância. d) cláusula, estipulação. e) restrição, limitação. 2. boa
condição f. 3. (Gram.) cláusula condicional f. ‖ v.
1. condicionar: 1. acondicionar, pôr em condições. 2.
ser ou estar condicionado. 3. impor condições, estipular. 4. restringir, limitar.
implied ~s condições implícitas. on, upon (the)
~ that sob ou com a condição de. he made it a ~
ele o estipulou como condição. in (good) ~ em
(boas) condições. out of ~ 1. em mau estado. 2.
magro, doente (animais). in a miserable ~ em
estado lamentável. people of every ~ pessoas de
todas as camadas sociais. it is ~ed by depende de.
conditional [~əl] s. (Gram.) tempo condicional m.
‖ adj. condicional. ‖ ~ly adv. condicionalmente,
sob certas condições.
~ acceptance aceitação condicional. ~ clause
(Gram.) cláusula condicional.
conditionality [kəndiʃən'æliti] s. condicionalidade f.,
estado condicional m.
conditioned [kənd'iʃənd] adj. 1. condicionado, limitado. 2. que tem certa disposição ou gênio.
air-~ com ar condicionado. ill-~ maldisposto.
well-~ 1. de bom gênio. 2. (Esp.) bem treinado,
em boas condições físicas.
conditioned reflex (também ~ response) s. (Psicol.)
reflexo condicionado m.
conditioner [kənd'iʃənə] s. condicionador m.
condolatory [kənd'oulətəri] adj. condolente, compassivo, de condolência.
condole [kənd'oul] v. 1. condoer-se, compadecer-se,
simpatizar com. 2. dar pêsames.
he ~s with her (him) on her (his) father's death
ele lhe dá os pêsames pela morte de seu pai.
condolence [~əns], condolement [~mənt] s. condolência f., pêsames m. pl., pesar m.
I expressed my ~ with her (him) on the death of
her (his) father dei-lhe os pêsames pela morte
de seu pai. letter of ~ carta de pêsames. visit
of ~ visita de condolência.
condoler [~ə] s. quem dá pêsames.
condoling [~iŋ] adj. condolente, pesaroso. ‖ ~ly adv.
pesarosamente.
condominium [kɔndəm'iniəm] s. condomínio m.
condonation [kɔndoun'eiʃən] s. perdão tácito m.
condone [kənd'oun] v. perdoar, desculpar.
condor [k'ɔndɔ:] s. 1. (Orn.) condor m. 2. moeda f. de
ouro do Chile, Equador e Colômbia.
conduce [kəndj'u:s] v. conduzir, levar, tender, contribuir para.
conducive [~iv], conducible [~ibl] adj. conducente,
contribuinte, tendente, útil.
conduciveness [kəndj'u:sivnis] s. contribuição, tendência f.
conduct [k'ɔndʌkt] s. 1. conduta f., procedimento,
comportamento m. 2. direção, administração, gestão f. 3. governo, comando m., liderança f. 4.
(arc.) escolta f., comboio m. ‖ v. [kənd'ʌkt] 1.
dirigir, administrar. 2. reger (uma orquestra). 3.
liderar, guiar. 4. escoltar. 5. transmitir, conduzir
(eletricidade, calor, etc.). 6. (refl.) omportar-se,
portar-se, haver-se.

~ed tour viagem em grupo, excursão organizada.
he ~ed himself well ele comportou-se bem.
conductance [kənd'ʌktəns] s. (Eletr.) condutância f.
conductibility [kəndʌktib'iliti] s. condutibilidade f.
conductible [kənd'ʌktibl] adj. condutível.
conducting [kənd'ʌktiŋ] adj. condutor, que conduz.
conducting wire s. fio condutor m. .
conduction [kənd'ʌkʃən] s. 1. condução, transmissão f. (água, Eletr., etc.). 2. transporte m. 3. (Fís.) condutividade f.
~ **of heat** transmissão de calor.
conductive [kənd'ʌktiv] adj. condutivo.
conductivity [kəndʌkt'iviti] s. condutibilidade f.
conductor [kənd'ʌktə] s. 1. condutor m.: a) corpo que conduz calor, eletricidade (quadro T 5), etc. b) condutor, motorista. 2. diretor m., chefe, gerente m. + f. 3. guia m. + f. 4. regente m. + f. de orquestra ou coro, maestro m. 5. (E. U. A.) chefe m. de trem. 6. (E. U. A.) pára-raios m. (quadro J 5).
lightning ~ pára-raios. **~'s baton** batuta de regente.
conductress [kənd'ʌktris] s. condutora, diretora f., etc.
conduit [k'ondwit] s. 1. canal, tubo, cano, conduto m. 2. (Eletr.) eletroduto m.
conduplicate [kɔndj'u:plikit] adj. (Bot.) conduplicado.
condylar [k'ondilə] adj. (Anat.) condiliano.
condyle [k'ondil] s. (Anat.) côndilo m.
condyloid [~ oid] adj. (Anat.) condilóide.
condyloma [kɔndəl'oumə] s. (Med.) condiloma m.
cone [koun] s. 1. (Geom.) cone m. 2. objeto m. ou peça f. em forma de cone. 3. (E. U. A.) copinho comestível m. para sorvete. 4. (Bot.) pinha f., estróbilo, fruto m. das coníferas. 5. (Mec.) polia múltipla f. ‖ v. dar forma de cone a.
~ **of rays** cone luminoso. ~ **of shade** cone de sombra.
conenose [k'ounnouz] s. (Entom.) barbeiro m., chupança f.
cone-shaped adj. cônico, coniforme (quadro R 5).
coney, cony [k'ouni] s. 1. coelho m. 2. pele f de coelho. 3. (Ictiol.) garoupinha f. (Cephalopholis fulvus).
coney-burrow s. toca, cova f. de coelho.
coney-skin s. pele. f. de coelho.
confab [kənf'æb] abr. (E. U. A., coloq.) de 1. **confabulate**. 2. **confabulation**.
confabulate [~ juleit] v. contabular, conversar.
confabulation [kənfæbjul'eiʃən] s. confabulação, conversa f.
confect [kənf'ekt] v. 1. preparar, fazer (doce, conserva). 2. pôr em conserva.
confection [kənf'ekʃən] s. 1. confecção, preparação, feitura f. 2. confeito, doce m. 3. roupa feita f. 4. (Farmac.) confeito m. ‖ v. 1. confeitar, preparar (doces). 2. confeccionar.
confectionary [~ əri] s. confeitos, doces m. pl. ‖ adj. relativo a confecção ou a confeitos.
confectioner [~ ə] s. confeiteiro m.
confectioner's shop s. confeitaria f.
confectionery [kənf'ekʃənəri] s. 1. confeitos, doces, artigos m. pl. de confeitaria. 2. confeitaria f.
confederacy [kənf'edərəsi] s. 1. confederação f.: a) ato de confederar. b) união, liga, aliança. 2. conspiração f., conluio m.
the Confederacy os 11 Estados confederados do Sul (guerra civil norte-americana).
confederate [kənf'edərit] s. 1. confederado, aliado m. 2. partidário m. da confederação. 3. cúmplice m. ‖ v. 1. confederar(-se), aliar(-se), unir(-se), ligar(-se). 2. conluiar-se. ‖ adj. 1. confederado, aliado. 2. par-

tidário da confederação. 3. relativo a confederação.
the Confederate States of America os Estados confederados do Sul (guerra civil norte-americana).
confederation [kənfedər'eiʃən] s. 1. confederação, federação f. 2. liga, união, aliança f. 3. **the Confederation** "Confederação das Colônias Americanas" (1781-1789).
confederative [kənf'edəreitiv] adj. confederativo.
confer [kənf'ə:] v. 1. conferenciar, consultar, deliberar, trocar idéias. 2. conferir, conceder, dar. 3. comparar.
conferee [kɔnfər'i:] s. (E. U. A.) conferente m. + f., delegado ou membro m. de conferência.
conference [k'onfərəns] s. 1. conferência f.: a) ato de conferir. b) reunião. c) entrevista, consulta, deliberação. 2. associação f. de escolas, igrejas, etc. 3. reunião conjunta f. de comissões da câmara e do senado. 4. outorga, concessão f. 5. colação f. de grau.
at the ~ na conferência.
conferential [kɔnfər'enʃəl] adj. conferencial.
conferment [kənf'ə:mənt] s. outorga, concessão f.
conferrable [kənf'ə:rəbl] adj. conferível, concedível, outorgável.
conferrer [kənf'ə:rə] s. outorgante m. + f.
conferva [kɔnf'ə:və] s. (Bot.) conferva f., nome dado às algas do gênero Tribonema.
conferval [~ l], **confervoid** [kɔnf'ə:vɔid] adj. (Bot.) conferváceo.
confess [kənf'es] v. 1. confessar, admitir, reconhecer. 2. (Ecles.) confessar-se, revelar os seus pecados em confissão. 3. (Ecles.) ouvir em confissão. 4. professar (doutrina, ideologia). 5. (poét.) evidenciar, manifestar.
it is ~ed that é admitido que. **I ~ myself to be under his influence** reconheço estar sob a influência dele.
confessedly [~ idli] adv. reconhecidamente, evidentemente.
confession [kənf'eʃən] s. 1. confissão f.: a) ato de confessar. b) coisa confessada. c) reconhecimento, admissão. d) declaração da própria culpabilidade. e) cada uma das seitas cristãs. f) credo, fé. 2. profissão f. de fé.
he goes to ~ ele vai confessar-se. **auricular** ~ confissão auricular.
confessional [~ əl] s. confessionário m. ‖ adj. confessional.
confessionary [~ əri] adj. confessório.
confessor (também **confesser**) [kənf'esə] s. 1. confessor m. 2. confidente m. + f. 3. indivíduo m. que confessa a fé cristã. 4. mártir m. + f.
confetti [kənf'eti] s. pl. 1. confete m. 2. confeitos, bombons m. pl.
confidant [kɔnfid'ænt] s. confidente m., amigo íntimo m.
confidante [kɔnfid'ænt] s. confidente f.
confide [kənf'aid] v. 1. confiar: a) entregar em confiança. b) fiar(-se) em, ter confiança em. 2. contar como segredo, segredar.
you may ~ in him pode confiar nele.
confidence [k'onfidəns] s. 1. confiança f.: a) fé, convicção. b) fé na probidade de outrem. c) segurança, certeza, confiança em si próprio. 2. audácia, ousadia f. 3. segredo m., confidência f. ‖ adj. (E. U. A.) relativo ao conto do vigário.
he made ~s to me about ele falou confidencialmente contigo sobre. **in strict** ~ estritamente confidencial. **he showed, had, reposed, placed** ~ **in** ele depositou confiança em. **he advanced with** ~ ele procedeu confiantemente. **he lacked** ~ faltou-lhe confiança em si mesmo. **he is in my** ~ confio nele. **he had the** ~ **to say** ele teve a audá-

cia de dizer.
confidence game, confidence trick s. conto m. do vigário.
confidence man, confidence trickster s. vigarista m.
confident [k'ɔnfidənt] s. confidente m. + f., amigo íntimo m. ‖ adj. 1. confiante, confiado, certo, seguro. 2. confiante em si mesmo. 3. presunçoso, audacioso. ‖ ~ly adv. 1. confiantemente, confiadamente, com segurança. 2. presunçosamente.
I feel ~ that estou convencido que. **~ of his own strength** confiante em sua força.
confidential [kɔnfid'enʃəl] adj. 1. confidencial, reservado. 2. secreto, particular. 3. de confiança. 4. íntimo. ‖ ~ly adv. confidencialmente.
~ clerk procurador. **~ friend** amigo íntimo. **speaking ~ly** falando entre nós.
confidentiality [kɔnfidenʃi'æliti], **confidentialness** [kɔnfid'enʃəlnis] s. confidência f.
configuration [kənfigjur'eiʃən] s. configuração f.: 1. aspecto m. 2. contorno m. 3. forma f.
configurationism [kənfigjur'eiʃənizm] s. (Psicol.) configuracionismo m.
configurative [kənf'igjureitiv] adj. configurativo.
configure [kənf'igə] v. configurar.
confinable, confineable [kənf'ainəbl] adj. confinável.
confine [kənf'ain] s. (geralmente ~s pl.) confim, limite m., fronteira, margem, raia f. ‖ v. 1. limitar: a) confinar. b) restringir. 2. prender, encerrar, manter dentro de casa. 3. encarcerar, pôr na cadeia.
on the ~s of madness às raias da loucura. **he ~d himself to generalities** ele limitou-se a generalidades. **he ~d himself to his room** ele retirou-se ao seu quarto. **she was ~d** ela teve um parto. **she was ~d of a son** ela deu à luz um filho. **she was ~d to bed** ela teve de ficar acamada.
confined [~d] adj. 1. apertado, restringido. 2. (fig.) preso.
confinement [~mənt] s. 1. confinidade f. 2. limitação, restrição f. 3. prisão, reclusão f., encarceramento m. 4. parto, puerpério m.
he was placed under ~ ele foi encarcerado.
confiner [~ə] s. aquele que confina.
confirm [kənf'ə:m] v. confirmar: 1. verificar, certificar-se. 2. aprovar, ratificar, sancionar. 3. corroborar. 4. fortalecer, firmar. 5. conferir o sacramento da confirmação, crismar.
~ by oath confirmar por juramento.
confirmable [~əbl] adj. confirmável, ratificável.
confirmand [kənf'ə:mənd] s. (Rel.) confirmando m.: candidato à confirmação.
confirmation [kɔnfəm'eiʃən] s. confirmação f.: 1. ratificação. 2. prova. 3. (Rel.) confirmação, crisma.
~ of transaction ratificação (duma transação).
confirmative [kənf'ə:mətiv] adj. confirmativo, confirmante. ‖ ~ly adv. confirmativamente.
confirmatory [kənf'ə:mətəri] adj. confirmatório, corroborante.
confirmed [kənf'ə:md] adj. 1. confirmado, comprovado. 2. inveterado, incorrigível. 3. (Med.) crônico. ‖ ~ly adv. 1. comprovadamente. 2. incorrigivelmente.
~ liar mentiroso inveterado.
confirmer [kənf'ə:mə] s. confirmador m.
confiscable [kənf'iskəbl] adj. confiscável.
confiscate [k'ɔnfiskeit] v. 1. confiscar, apreender. 2. apropriar(-se). ‖ adj. confiscado.
confiscation [kɔnfisk'eiʃən] s. confiscação, apreensão f.
confiscator [k'ɔnfiskeitə] s. confiscador m.
confiscatory [~ri] adj. confiscatório, confiscador.
conflagration [kɔnfləgr'eiʃən] s. conflagração f. (também fig.), incêndio destrutivo m.
conflation [kənfl'eiʃən] s. fusão, mistura f.
conflict [k'ɔnflikt] s. 1. conflito, combate m., luta f. 2. oposição, discordância f., desacordo, antagonismo

m. 3. colisão f., entrechoque m. ‖ [kənfl'ikt] v. 1. lutar, combater. 2. discordar, diferir. 3. colidir.
mental ~ conflito de alma. **he came into ~ with** entrou em conflito com.
conflict of interest s. interesses conflitantes m. pl.: entre as obrigações com o bem público e os interesses pessoais.
conflicting [kənfl'iktiŋ] adj. contraditório, irreconciliável.
~ opinions opiniões opostas.
conflictive [kənfl'iktiv] adj. oposto, antagônico.
confluence [k'ɔnfluəns] s. 1. confluência f. 2. afluência de gente, multidão f.
confluent [k'ɔnfluənt] s. confluente, tributário m. ‖ adj. 1. confluente. 2. (Bot.) aderente. 3. (Med.) confluente (diz-se de pústulas que se reúnem).
conflux [k'ɔnflʌks] s. = **confluence**.
conform [kənf'ɔ:m] v. 1. conformar-se, obedecer, estar de acordo, agir de acordo com as leis, sujeitar-se. 2. corresponder, ser igual, igualar. 3. amoldar, fazer similar. 4. adaptar(-se), ajustar(-se), acomodar(-se). ‖ adj. conforme.
to ~ to adaptar a. **you must ~ to custom** você precisa adaptar-se aos costumes.
conformability [kənfɔ:məb'iliti] s. 1. semelhança f. 2. concordância, harmonia f. 3. obediência f.
conformable [kənf'ɔ:məbl] adj. 1. conforme, semelhante, similar. 2. correspondente, ajustado, acertado. 3. de acordo, concordante, harmonioso. 4. obediente, submisso. 5. compatível. ‖ ~bly adv. 1. conformemente, concordantemente. 2. obedientemente.
conformableness [~nis] s. = **conformability**.
conformal [kənf'ɔ:məl] adj. (Mat., Cartografia) conforme.
conformance [kənf'ɔ:məns] s. conformidade f.
in ~ with his promise de acordo com sua promessa.
conformation [kɔnfɔ:m'eiʃən] s. 1. conformação, configuração f., arranjo m. 2. estrutura, forma, formação f. 3. adaptação f. 4. conformidade, correspondência f.
conformer [kənf'ɔ:mə] s. 1. quem (se) conforma. 2. conformista m. + f.
conformism [kənf'ɔ:mizm] s. conformismo m.
conformist [kənf'ɔ:mist] s. conformista m. + f.
conformity [kənf'ɔ:miti] s. 1. conformidade, semelhança f. 2. concordância, correspondência f. 3. submissão f.
in ~ to de acordo ou em conformidade com.
confound [kənf'aund] v. 1. confundir, misturar. 2. estar confuso, não distinguir. 3. desconcertar, causar perplexidade, consternar. 4. amaldiçoar. 5. envergonhar. 6. destruir, estragar. 7. baldar, frustrar.
~ it! com a breca! caramba! **~ me!** ao diabo!
confounded [~id] adj. 1. (coloq.) maldito. 2. abominável. 3. confuso. ‖ ~ly adv. abominavelmente.
~ly difficult difícil para o diabo.
confounder [~ə] s. confundidor m.
confraternity [kɔnfrət'ə:niti] s. 1. confraternidade, irmandade, confraria f. 2. bando m., turma f.
confrere [k'ɔnfrɛə] s. confrade m., colega m. + f.
confront [kənfr'ʌnt] v. 1. confrontar: a) enfrentar. b) defrontar. c) acarear. d) cotejar. 2. afrontar.
he was ~ed with difficulty ele enfrentou dificuldades.
confrontation [kɔnfrʌnt'eiʃən] s. 1. confrontação f. 2. acareação f. 3. comparação f.
confrontment [kənfr'ʌntmənt] s. = **confrontation**.
Confucian [kənfj'u:ʃən] s. confucionista m. + f. ‖ adj. confuciano.
Confucionism [~izm] s. confucionismo m.
Confucianist [~ist] s. confucionista m. + f.
confuse [kənfj'u:z] v. 1. confundir, misturar, embaraçar, pôr em desordem. 2. aturdir, desconcertar. 3.

errar, confundir-se. 4. envergonhar, embaraçar.
confused [~d] adj. 1. confuso, misturado, desordenado. 2. perplexo, embaraçado. ‖ **~ly** adv. confusamente.
confusedness [~dnis] s. 1. confusão, desordem f. 2. perplexidade f.
confusingly [~iŋli] adv. desconcertantemente, estonteantemente.
confusion [kənfjuˈʒən] s. 1. confusão f. 2. desordem, balbúrdia f. 3. bulha f. 4. perturbação f. da vista. 5. perplexidade f. 6. embaraço m., vergonha f. 7 destruição, ruína f.
they were put to ~ eles ficaram confusos.
confutable [kənfjuˈuːtəbl] adj. confutável.
confutation [kɔnfjuːtˈeiʃən] s. confutação, refutação f.
confute [kənfjuˈuːt] v. 1. confutar, refutar, rebater. 2. impugnar. 3. frustrar. 4. confundir.
conga [kˈɔŋɡə] s. conga f.: dança cubana.
congé [kˈɔŋʒei] s. (fr.) despedida, partida f.
congeal [kəndʒˈiːl] v. 1. congelar(-se), gelar. 2. solidificar(-se), engrossar, endurecer. 3. coagular.
the lake is ~ed o lago está congelado.
congealable [~əbl] adj. 1. congelável. 2. coagulável.
congealment [~mənt] s. 1. congelação f. 2. coagulação f.
congelation [kɔndʒilˈeiʃən] s. 1. congelação f. 2. solidificação f. 3. coagulação f. 4. massa congelada f.
point of ~ ponto de congelação. **rapid ~** solidificação rápida.
congener [kˈɔndʒinə] s. congênere m. ‖ adj. congênere.
congeneric [kɔndʒinˈerik] **congenerical** [~əl] adj. congênere.
congenerous [kəndʒˈenərəs] adj. congênere, semelhante, parente.
congenial [kəndʒˈiːniəl] adj. 1. congenial. 2. apropriado, adequado. ‖ **~ly** adv. de maneira congenial.
this climate is ~ to me este clima é apropriado para mim.
congeniality [kəndʒiːniˈæliti] s. congenialidade f.
congenital [kəndʒˈenitəl] adj. congênito, congenial, inato. ‖ **~ly** adv. congenitalmente.
~ blindness cegueira congênita. **~ly blind** cego de nascença.
conger [kˈɔŋɡə], **conger-eel** s. congro m.: enguia marinha.
congeries [kɔndʒˈiəriːz] s. sing. + pl. congérie, acumulação, agregação f. de coisas.
congest [kəndʒˈest] v. congestionar(-se) (também Med.), encher demais, acumular(-se).
congested [~id] adj. congestionado: a) repleto. b) (Med.) pletórico.
congestion [~ʃən] s. 1. (Med.) congestão f. 2. congestionamento, acúmulo m.
~ of population excesso de população. **~ of the brain** congestão cerebral.
congestive [~iv] adj. congestivo.
conglobate [kˈɔŋɡlobeit] v. conglobar, assumir forma globular, unir. ‖ adj. 1. conglobado, globular. 2. concentrado.
conglobation [kɔŋɡlobˈeiʃən] s. conglobação f.
conglomerate [kɔŋɡlˈɔməreit] s. conglomerado m. (também Geol.). ‖ v. conglomerar, amontoar. ‖ adj conglomerado, composto de fragmentos heterogêneos.
conglomeration [kɔŋɡlɔmərˈeiʃən] s. 1. conglomeração f. 2. mistura heterogênea f.
conglutinate [kəŋɡlˈuːtineit] v. conglutinar, ligar, juntar, unir-se, colar. ‖ adj. conglutinado.
conglutination [kɔŋɡluːtinˈeiʃən] s. conglutinação f.
congo snake, congo eel s. (E. U. A.) anfíbio m. semelhante à enguia.
congou [kˈɔŋɡuː] s. tipo de chá preto m. da China.

congratulant [kəŋɡrˈætjulənt] adj. congratulante.
congratulate [kəŋɡrˈætjuleit] v. congratular(-se), felicitar, dar parabéns (**on, upon s. th.** pelo, por).
I ~ myself dou-me por feliz.
congratulation [kəŋɡrætjulˈeiʃən] s. 1. congratulação, felicitação f. 2. geralm. **~s** pl. parabéns m. pl.
congratulator [kəŋɡrˈætjuleitə] s. congratulador m.
congratulatory [kəŋɡrˈætjulətəri] adj. congratulatório.
~ address telegrama, cartão, etc. de felicitações.
congregant [kˈɔŋɡrigənt] s. congregante m. + f., congregado m.
congregate [kˈɔŋɡrigeit] v. congregar(-se), reunir(-se). ‖ adj. congregado, reunido.
congregation [kɔŋɡrigˈeiʃən] s. congregação f.: 1. assembléia. 2. assembléia de fiéis, paróquia. 3. reunião ou ajuntamento de pessoas ou coisas. 4. associação religiosa.
the Congregation reunião do senado acadêmico.
congregational [~əl] adj. 1. congregacional. 2. independente.
Congregationalism [~əlizm] s. congregacionalismo m.: sistema de autonomia de cada Igreja por si só.
Congregationalist [~əlist] s. congregacionalista m. + f. adepto do congregacionalismo. ‖ adj. relativo ao congregacionalismo.
congregative [kˈɔŋɡrigeitiv] adj. congregante.
congregativeness [kˈɔŋɡrigeitivnis] s. qualidade de congregante f.
congress [kˈɔŋɡres] s. 1. congresso m., assembléia legislativa f. 2. **Congress** (E. U. A.) congresso, parlamento m. dos E. U. A. que consiste do Senado e da câmara dos delegados. 3. reunião, conferência f. (dos parlamentares).
at Congress no congresso.
congressional [kɔŋɡrˈeʃənəl] adj. congressional.
~ debate discussão parlamentar.
Congressman [kˈɔŋɡrəsmən] s. congressista, membro m. do congresso.
Congresswoman [kˈɔŋɡrəswumən] s. congressista, deputada f.
congruence [kˈɔŋɡruəns], **congruency** [~i] s. 1. congruência, harmonia f. 2. coerência f.
congruent [kˈɔŋɡruənt] adj. 1. congruente. 2. correspondente. 3. harmonioso. ‖ **~iy** adv. congruentemente, harmoniosamente.
congruism [kˈɔŋɡruizm] s. congruísmo m.
congruist [kˈɔŋɡruist] s. congruísta m. + f.
congruity [kɔŋɡrˈuiti] s. 1. congruidade, congruência f. (também Geom.) 2. harmonia f. 3. coerência f.
congruous [kˈɔŋɡruəs] adj. 1. congruente, côngruo, coerente, conforme. 2. apropriado, conveniente. ‖ **~ly** adv. congruentemente, harmoniosamente.
congruousness [~nis] s. congruidade, congruência f.
conic [kˈɔnik], **conical** [~əl] adj. cônico, coniforme. ‖ **~ally** adv. conicamente.
conicalness [~əlnis] s. conicidade f.
conic frustrum s. tronco m. de cone.
conic projection s. (Cart.) projeção cônica f.
conics [~s] s. pl. (Mat.) teoria f. das seções cônicas.
conic section s. (Mat.) seção cônica f.
conidiophore [konˈidiafɔː] s. conidióforo m.
conidium [kənˈidiəm] s. pl. **—dia** (Bot.) conídio m.: espório assexual de conidióforo.
conifer [kˈounifə] s. (Bot.) 1. conífera f. 2. **~s** pl. plantas coníferas f. pl.
coniferous [kənˈifərəs] adj. conífero.
coniform [kˈounifɔːm] adj. coniforme.
conjecturable [kəndʒˈektʃərəbl] adj. conjeturável, imaginável, presumível. ‖ **—bly** adv. conjeturavelmente.
conjectural [kəndʒˈektʃərəl] adj. conjetural. ‖ **~ly** adv. conjeturalmente.
conjecture [kəndʒˈektʃə] s. 1. conjetura, suposição f.

2. hipótese f. ‖ v. conjeturar, supor, presumir.

conjecturer [~rə] s. conjeturador m.

conjoin [kəndʒ'ɔin] v. conjuntar, ligar(-se), unir(-se), associar-se.

conjoint [kəndʒ'ɔint] adj. conjunto, ligado, unido. ‖ ~ly adv. conjuntamente.

conjugal [k'ɔndʒugəl] adj. conjugal, matrimonial. ‖ ~ly adv. conjugalmente, maritalmente.

conjugality [kɔndʒug'æliti] s. estado conjugal ou matrimonial m.

conjugate [k'ɔndʒugit] s. 1. (Gram.) cognato m.: palavra da mesma derivação. 2. (Geom.) eixo conjugado m. ‖ [k'ɔndʒugeit] v. 1. conjugar. 2. (Biol.) unir, ligar, combinar. ‖ [k'ɔndʒugit] adj. 1. (Gram.) cognato. 2. conjugado: a) ligado, unido. b) emparelhado. 3. (Mat. e Bot.) conjugado.

conjugation [kɔndʒug'eiʃən] s. conjugação f.: 1. (Gram.) inflexão de um verbo. 2. (Gram.) conjunto ordenado das flexões dos verbos. 3. ato de conjugar. 4. união, junção, combinação.

conjugational [~əl] adj. relativo à conjugação. ‖ ~ly adv. de acordo com a conjugação.

conjugative [k'ɔndʒugeitiv] adj. conjugativo.

conjunct [kəndʒ'ʌŋkt] s. parceiro, par m. ‖ adj. conjunto, unido, ligado, associado. ‖ ~ly adv. conjuntamente.

conjunction [kəndʒ'ʌŋkʃən] s. conjunção f.: 1. união, associação, combinação. 2. (Gram.) partícula de ligação. 3. (Astron.) encontro aparente de astros. **in** ~ **with** em combinação com.

conjunctional [~əl] adj. conjuncional. ‖ ~ly adv. conjuncionalmente.

conjunctiva [kəndʒʌŋkt'aivə] s. (Anat.) conjuntiva f.

conjunctive [kəndʒ'ʌŋktiv] s. conjunção, palavra conjuntiva f. ‖ adj. 1. conjuntivo: a) conectivo, que liga que junta. b) (Gram.) relativo à conjunção. 2. ligado, unido. ‖ ~ly adv. conjuntamente. ~ **mood** (Gram.) modo conjuntivo.

conjunctivitis [kəndʒʌŋktiv'aitis] s. (Med.) conjuntivite f.

conjuncture [kəndʒ'ʌŋktʃə] s. 1. conjuntura f., encontro m. de acontecimentos. 2. crise f.

conjuration [kɔndʒuər'eiʃən] s. 1. conjuração, adjuração f. 2. exorcismo m. 3. invocação mágica f., encantamento m.

conjure (I) [k'ʌndʒə] v. 1. adjurar, conjurar. 2. invocar espíritos. 3. encantar, praticar a mágica. ~ **up** citar ou conjurar espíritos, fazer aparecer por mágica. **a name to** ~ **with** (fig.) um nome de máxima influência. **conjuring trick** um truque mágico.

conjure (II) [kəndʒ'uə] v. 1. implorar, conjurar (uma pessoa). 2. apelar solenemente.

conjurer (I), **conjuror** [k'ʌndʒərə] s. 1. conjurador, encantador m. 2. prestidigitador m. 3. mágico m. **he is no** ~ ele não faz milagres.

conjurer (II) [kəndʒ'uərə] s. implorante m. + f.

conjuring [k'ʌndʒəriŋ] s. 1. magia, mágica f. 2. prestidigitação f.

conk [kɔŋk] s. (gíria) nariz grande m. ‖ v. ~ **out** (gíria, Av.) falhar, entrar em pane.

conky [k'ɔŋki] adj. (gíria) narigudo.

connate [k'ɔneit], **connatural** [kən'ætʃrəl] adj. 1. conato (quadro L 2), inato, inerente. 2. congênito, afim, nascido juntamente com outro (quadro S 8). ‖ ~ly adv. congenitamente, naturalmente.

connect [kən'ekt] v. 1. juntar(-se), ligar(-se), unir(-se). 2. aliar(-se), associar(-se) (em firma com.) 3. relacionar, associar mentalmente. 4. encadear. 5. (E. U. A.) combinar (horários de trens, etc., para possibilitar a baldeação). 6. ligar pelo telefone.

connected [~id] adj. 1. ligado, unido. 2. relacionado.

3. associado. 4. aparentado. ‖ ~ly adv. unidamente, conexamente, coerentemente. ~ **by marriage** parente por casamento. **he is well** ~ (coloq.) ele tem boas relações. **he thinks** ~ly ele pensa com lógica. **I'm** ~ **with New York** estou em ligação telefônica com Nova York.

connectedness [~idnis] s. seqüência f., encadeamento lógico m.

connecter, connector [~ə] s. ligador, dispositivo m. de ligação ou de conexão.

connectible [~ibl] adj. conetivo.

connecting line s. desvio m. de estrada de ferro.

connecting link s. elo, elemento m. de ligação.

connecting rod s. biela f. (quadro C 4.)

connection, connexion [kən'ekʃən] s. 1. conexão, ligação f. 2. união, junção f. 3. elo m., liga, cadeia f. 4. relação f. 5. associação, sociedade, união f. 6. conexidade, conexão ou seqüência lógica f. 7. (E. U. A.) ligação, baldeação f. (trens). 8. parente m. + f. 9. parentesco m. 10. amizade(s) f. 11. relações sexuais f. pl. 12. (Eletr.) conexão f. **in this** ~ em relação a isto. **in** ~ **with** relativo a. **I cut** ~ **with him** cortei as relações com ele. ~**s** 1. relações. 2. freguesia, clientela. **she is a** ~ **of mine** ela é minha parente. **the train achieves** ~ **with, runs in** ~ **with** o horário do trem combina para baldeação com... **hot water** ~**s** instalação de água quente. **lighting** ~ linha de luz. ~ **diagram** esquema de ligações.

connectional, connexional [~əl] adj. conetivo.

connective [kən'ektiv] s. conetivo m.: 1. (Gram.) palavra que liga proposições. 2. (Bot.) membrana que liga os sacos polínicos da antera. ‖ adj. conetivo, conexivo. ‖ ~ly adv. em conexão.

connective tissue s. (Anat.) tecido conjuntivo m.

connectivity [kɔnekt'iviti] s. conexidade f.

connexion [kən'ekʃən] s. = **connection**.

conning tower s. (Náut.) 1. torre blindada f. de comando ou de observação de um vaso de guerra. 2. torre f. de submarino.

conniption [kən'ipʃən] s. (E. U. A., coloq.) acesso m. de raiva, histeria f., etc.

connivance [kən'aivəns], **connivancy** [~i] s. conivência f. (também Jur.)

connivant [kən'aivənt] adj. conivente.

connive [kən'aiv] v. 1. ser conivente, tolerar faltas, fazer de conta que não vê, fingir ignorância. 2. cooperar secretamente, conspirar.

connivent [~ənt] adj. conivente. (também Bot. e Zool.)

conniver [~ə] s. cúmplice m. + f.

connoisseur [kɔnis'ə:] s. (fr.) conhecedor, perito, crítico competente m.

connotation [kɔnout'elʃən] s. conotação, significação secundária, implicação f.

connotative [kən'outətiv] adj. conotativo, implicativo. ‖ ~ly adv. conotativamente, implicativamente.

connote [kən'out] v. 1. conotar, implicar. 2. significar, envolver, denotar.

connubial [kənj'u:biəl] adj. conubial, nupcial, conjugal, matrimonial. ‖ ~ly adv. matrimonialmente.

connubiality [kənju:bi'æliti] s. conúbio, matrimônio m. **–ties** afeição conjugal.

conoid [k'ounɔid] s. (Mat.) conóide m. ‖ adj. conoidal, conóide, coniforme.

conoidal [kən'ɔidəl] adj. conoidal, conóide.

conquer [k'ɔŋkə] v. 1. conquistar, tomar, ganhar em guerra. 2. vencer por força, subjugar, dominar. 3. ser vitorioso. 4. refrear.

conquerable [~rəbl] adj. conquistável, vencível, expugnável.

conquering [~riŋ] adj. conquistador. ‖ ~ly adv.

mediante conquista.

conqueror [~rə] s. 1. conquistador, vencedor m. 2 (gíria Esp.) jogo final m.

conquest [k'ɔŋkwest] s. 1. conquista f. (também fig.) 2. vitória f., triunfo m. 3. objeto m. da conquista. 4. subjugação f.
he made a ~ of me ele me conquistou.

conquistador [kɔnkw'istədɔ:] s. 1. conquistador m. (ref. aos espanhóis que dominaram a América). 2. vencedor m.

consanguine [kɔns'æŋgwin], **consanguineous** [kɔnsæŋ-gw'iniəs] adj. consangüíneo. ‖ ~ly adv de modo consangüíneo.

consanguinity [kɔnsæŋgw'initi] s. consangüinidade f.

conscience [k'ɔnʃəns] s. 1. consciência f., escrúpulo, senso moral m. 2. conhecimento m.
I have s. th. on my ~ há uma coisa que me pesa na consciência. out of all ~ acima de tudo, sobremodo. he has the ~ to do that (coloq.) ele tem o atrevimento de fazer isso. she makes it a matter of ~ ela leva isto muito a sério. in all ~, upon my ~ seguramente, realmente. upon my ~! palavra!, realmente! for ~'s sake por descargo de consciência. matter of ~ questão de consciência. ~—money dinheiro pago (por impostos sonegados) para acalmar a consciência. ~—proof renitente. ~—smitten, ~—stricken, ~—struck com remorsos, penitente, arrependido.

conscience clause s. (Jur.) cláusula isentiva f., por motivos morais ou religiosos.

conscienceless [~ lis] adj. sem consciência, inescrupuloso.

conscientious [kɔnʃi'enʃəs] adj. 1. consciencioso, escrupuloso. 2. cuidadoso. ‖ ~ly adv. 1. conscienciosamente. 2. cuidadosamente.
~ objector pessoa que por consciência recusa tomar parte ativa na guerra.

conscientiousness [~ nis] s. consciência, escrupulosidade f.

conscionable [k'ɔnʃənəbl] adj. 1. consciencioso. 2. justo.

conscious [k'ɔnʃəs] adj. 1. cônscio, consciente. 2. ciente, sabedor, a par. 3. deliberado, intencional, de propósito 4. embaraçado, acanhado. 5. convencido. ‖ ~ly adv. 1. conscientemente. 2. intencionalmente.
I am ~ of it estou ciente disso. self—~ 1. acanhado, constrangido, tímido. 2. sofisticado. 3. convencido. he is ~ of his powers ele tem perfeito conhecimento de suas aptidões. he spoke with a ~ air ele falou com determinação.

consciousness [~nis] s. 1. consciência f. 2. percepção f. 3. sentimento m.
he lost ~ ele perdeu a consciência.

conscribe [kənskr'aib] v. recrutar.

conscript [k'ɔnskript] s. conscrito, recruta m. ‖ [kənskr'ipt] v. 1. (E. U. A.) recrutar, alistar, sortear. 2. apreender para uso governamental. ‖ [k'ɔnskript] adj. conscrito, recrutado, alistado, sorteado.
~ fathers padres conscritos, senadores (da antiga Roma).

conscription [kənskr'ipʃən] s. conscrição f., recrutamento m.: 1. para serviço militar obrigatório. 2. para trabalhos forçados.

consecrate [k'ɔnsikreit] v. 1. sagrar, consagrar. 2. dedicar, destinar. ‖ adj. consagrado, sagrado.

consecration [kɔnsiˈeiʃən] s. 1. consagração f. 2. dedicação, devoção f.

consecrator [k'ɔnsikreitə] s. consagrador m., consagrante m. + f.

consecratory [~ri] adj. consagrador.

consectary [kɔns'ektəri] s. consequência, dedução lógica f.

consecution [kɔnsikj'u:ʃən] s. 1. conseqüência f. 2. seqüência f. 3. consecução f.

consecutive [kəns'ekjutiv] adj. 1. consecutivo, sucessivo. 2. conseqüente (to a). ‖ ~ly adv. consecutivamente, sucessivamente.
~ clause (Gram.) frase consecutiva. ~ intervals (Mús.) seqüência.

consecutiveness [kəns'ekjutivnis] s. seqüência, seqüência lógica f.

consenescence [kɔnsin'esəns] s. 1. envelhecimento m. em conjunto. 2. caducidade, decrepitude f.

consensual [kəns'enʃuəl] adj. consensual.

consensus [kəns'ensəs] s. 1. consenso m.: acordo, unanimidade. 2. (Med.) simpatia f.
~ of opinion unanimidade.

consent [kəns'ent] s. 1. permissão f., consentimento m. 2. harmonia f., acordo m. 3. anuência, aquiescência f. ‖ v. consentir, permitir, aprovar, concordar com.
age of ~ (Jur.) maioridade. with one ~ unânime. silence gives ~ quem cala consente. I ~ to your leaving concordo com a sua saída. were you a ~ing party? você estava entre os que consentiram?

consentaneous [kɔnsent'einiəs] adj. 1. consentâneo. 2. unânime. 3. simultâneo. 4. conforme, de acordo. ‖ ~ly adv. de maneira consentânea.

consentaneousness [~ nis], **consentaneity** [kənsentin'i:iti] s. conformidade f.

consenter [kəns'entə] s. quem consente, aprovador m.

consentient [kəns'enʃənt] adj. 1. consenciente. 2. unânime, mutuamente concordante.

consequence [k'ɔnsikwəns] s. 1. conseqüência f. 2. resultado, efeito m. 3. dedução, conclusão, inferência f. 4. importância f., relevo m. 5. influência f.
that's of no ~ isso não faz mal, não tem importância. I take the ~s arco com as conseqüências. a man of ~ um homem notável. a question of ~ uma questão de importância. of no ~ sem importância. people of ~ gente influente, pessoas importantes. in ~ conseqüentemente, portanto. in ~ of por isso, por. in ~ of which motivo pelo qual.

consequent [k'ɔnsikwənt] s. 1. resultado, efeito m., conseqüência f. 2. inferência f. 3. (Mat.) conseqüente m. ‖ adj. 1. conseqüente, resultante. 2. lógico, coerente. ‖ ~ly adv. por conseguinte.

consequential [kɔnsikw'enʃəl] adj. 1. conseqüente. 2. resultante. 3. coerente. 4. importante. 5. pomposo. 6. pretensioso, presunçoso. ‖ ~ly adv. conseqüentemente, portanto, por isso.
to be ~ on, upon resultar de, ser a conseqüência de.

consequentialness [~ nis], **consequentiality** [kɔnsikwen-ʃi'æliti] s. encadeamento m. de conseqüências.

conservable [kəns'ə:vəbl] adj. conservável.

conservancy [kəns'ə:vənsi] s. conservação, preservação (das matas), proteção f. (animais de caça e pesca).

conservant [kəns'ə:vənt] adj. conservador.

conservation [kɔnsə:v'eiʃən] s. 1. conservação f. 2. proteção f. 3. manutenção f. 4. região conservada f.
~ of energy conservação da energia.

conservationist [~ist] s. propugnador m. da conservação das matas e riquezas naturais do país.

conservation of matter (também **mass**) s. (Fís.) conservação da matéria f.

conservatism [kɔns'ə:vətizm] s. conservantismo m.

conservative [kəns'ə:vətiv] s. 1. (também Pol.) conservador m. 2. (também **Conservative**) membro m. do partido conservador. 3. preservador, preservativo m. ‖ adj. 1. conservador, conservativo. 2. (também **Conservative**) relativo ao partido conservador. 3. cauteloso, moderado. ‖ ~ly adv. de modo conservador.

conservativeness [~nis] s. conservadorismo m.
conservator [kəns'ə:vətə] s. 1. conservador, preservador m. 2. diretor m. de museu. 3. guarda, zelador m. 4. curador m. de menores, alienados, presidiários, etc.
conservatory [kəns'ə:vətri] s. 1. estufa f. para conservar plantas, jardim m. de inverno. 2. (E. U. A.) conservatório m. de música. 3. preservatório m. ‖ adj. conservador, preservador.
conserve [kəns'ə:v] s. 1. conserva f. 2. ~s pl. frutas cristalizadas f. pl. ‖ v. 1. conservar, preservar, proteger. 2. fazer conservas. 3. cristalizar (frutas).
conserver [~ə] s. 1. conservador, preservador m. 2. fabricante m. + f. de conservas..
consider [kəns'idə] v. 1. considerar, refletir, ponderar. 2. estudar, contemplar. 3. julgar, pensar. 4. tomar em consideração, ter em conta. 5. respeitar, estimar. 6. deliberar.
I ~ him (to be) my friend considero-o meu amigo. he is ~ed lucky ele é considerado feliz. he may ~ himself lucky ele pode considerar-se feliz. ~ yourself at home faça como se estivesse em casa. he is ~ed to have acted with prudence julga-se que ele agiu com prudência. all things ~ed considerando todos os fatos.
considerable [~rəbl] s. (E. U. A., fam.) grande quantidade f. ‖ adj. considerável: 1. notável, importante. 2. muito, grande. ‖ -bly adv. consideravelmente, notavelmente, muito.
considerate [~rit] adj. 1. considerado. 2. atencioso. 3. circunspeto, ponderado. ‖ ~ly adv. 1. consideradamente. 2. atenciosamente.
considerateness [~ritnis] s. 1. consideração f., respeito m. 2. circunspeção, ponderação f.
consideration [kənsidər'eiʃən] s. 1. consideração f., exame m., deliberação f. 2. razão, causa f., motivo m. 3. pagamento m., recompensa, compensação, remuneração f. 4. respeito m., estima, consideração f. 5. importância f., valor m. 6. reflexão, ponderação f. 7. atenção f.
in ~ of em consideração de, em vista de. under no ~ de forma alguma. out of ~ for em consideração a. on further ~ pensando bem. want of ~ falta de consideração. the matter is under ~ o assunto está em estudos. time is no ~ o tempo não importa. we must take into ~ temos de tomar em consideração. I shall give your proposal my careful ~ estudarei sua proposta com carinho. in ~ of the sum of pela soma de.
considered [kəns'idəd] adj. 1. considerado. 2. estimado.
considering [kəns'idəriŋ] prep. tomando em consideração, considerando que, em vista de. ‖ adv. (coloq). pensando bem, considerando todos os aspectos.
that is very well done ~ (coloq.) isto até que está muito bem-feito.
consign [kəns'ain] v. 1. consignar, enviar, despachar. 2. traspassar, entregar, confiar. 3. destinar, reservar. 4. (Com.) consignar, entregar em depósito.
consignable [~əbl] adj. consignável, transferível.
consignation [kɔnsign'eiʃən] s. consignação f.
to the ~ of ao endereço de, para.
consignee [kɔnsain'i:] s. consignatário m.
consigner, consignor [kəns'ainə] s. 1. consignador m., remetente m. + f. 2. depositante m. + f.
consignment [kəns'ainmənt] s. 1. consignação f.: a) remessa, despacho. b) depósito. 2. mercadorias f. pl. em consignação.
on ~ em consignação.
consignment note s. conhecimento m. (nota de despacho ou de consignação).
consilience [kəns'iliəns] s. consonância, compatibilidade f.

consilient [kəns'iliənt] adj. consonante, conforme.
consist [kəns'ist] v. 1. consistir, compreender, constar ou compor-se. 2. concordar, estar em harmonia com.
to ~ in constituir-se de, consistir de. to ~ with condizer com, ser compatível ou harmonizar-se com.
consistence [~əns], consistency [~ənsi] s. 1. consistência, firmeza, solidez, estabilidade f. 2. grau m. de densidade ou viscosidade. 3. persistência, perseverança f. 4. harmonia, congruência, coerência f. 5. conformidade, compatibilidade f. 6. uniformidade f.
consistent [~ənt] adj. 1. consistente, sólido, firme. 2. conforme, compatível. 3. espesso, denso. 4. coerente, congruente. 5. harmonioso. ‖ ~ly adv. conseqüentemente.
he is at least ~ pelo menos ele é conseqüente. ~ly antagonistic sempre antagônico.
consistorial [kɔnsist'ɔ:riəl] adj. consistorial, relativo a consistório.
consistory [kəns'istəri] s. 1. consistório m. 2. reunião, assembléia f.
consociate [kəns'ouʃiət] s. consócio, associado, sócio m. ‖ v. [kəns'ouʃieit] consociar, associar-se, unir-se ou formar uma sociedade. ‖ [kəns'ouʃiət] adj. associado, unido em sociedade.
consociation [kənsouʃi'eiʃən] s. 1. consociação, associação f. 2. (E. U. A.) congregação eclesiástica f.
consolable [kəns'ouləbl] adj. consolável.
consolation [kɔnsəl'eiʃən] s. 1. consolação f., consolo, conforto m. 2. pessoa f. que consola.
consolation prize s. prêmio m. de consolação.
consolatory [kəns'olətəri] adj. consolatório, consolador, consolante. ‖ -ily adv. consoladoramente.
console (I) [kəns'oul] v. consolar, confortar.
console (II) [k'ɔnsoul] s. 1. (Arquit.) consolo m., consola f. 2. (Mús.) estrutura f. com os teclados do órgão. 3. móvel m. de rádio tipo console.
consoler [kəns'oulə] s. consolador m.
console table s. consola f.: mesa de parede
consolidate [kəns'olideit] v. 1. consolidar: a) firmar, fortalecer, robustecer. b) solidificar(-se) c) (milit.) fortificar uma posição recentemente capturada. 2. unir, combinar. 3. fundir, incorporar (empresas). ‖ adj. 1. solidificado, compacto. 2. combinado, unido. 3. incorporado.
consolidated [~id] adj. 1. consolidado, permanente. 2. fortalecido. 3. solidificado. 4. unido, combinado. Consolidated Fund consolidado (título). ~ annuities títulos consolidados de dívida pública.
consolidation [kənsolid'eiʃən] s. consolidação f.: a) solidificação. b) fusão de empresas industriais.
consolidator [kəns'olideitə] s. consolidador m.
consoling [kəns'ouliŋ] adj. consolador, consolante, confortador. ‖ ~ly adv. consoladoramente.
consols [k'ɔnsolz] s. pl. consolidados m. pl.: títulos de dívida pública.
consommé [kɔnsəm'ei] s. (fr.) caldo m. de carne.
consonance [k'ɔnsənəns] s. 1. consonância f., acorde m., harmonia f. 2. assonância f. 3. congruência, conformidade f. 4. (Fis.) ressonância f.
consonant [k'ɔnsənənt] s. (Gram.) consoante f. ‖ adj. 1. consoante, harmonioso. 2. congruente. 3. consonantal. 4. (Mús.) assonante. 5. (Fís.) ressonante.
back ~ consoante gutural ou velar. dental ~ consoante linguodental. stopped ~ consoante muda.
consonantal [kɔnsən'æntl] adj. consonantal, relativo a consoantes.
consonant-shift s. (Fon.) alteração f. de consoantes.
consonous [k'ɔnsənəs] adj. cônsono, consonante.
consort [k'ɔnso:t] s. 1. cônjuge m., consorte m. + f. 2. companheiro, sócio, associado m. 3. (Náut.)

conserva f.: navio que navega junto com outro. ‖ [kəns'ɔːt] v. 1. consorciar-se associar-se.
2. concordar, harmonizar. 3. ter relações. 4. (arc.)
acompanhar. 5. unir, ligar.
the Prince Consort o príncipe consorte.
consortium [kəns'ɔːʃiəm, -s'ɔːtiəm] s. pl. **consortia**
consórcio m.: 1. casamento. 2. associação, sociedade.
consound [k'ɔnsaund] s. (Bot.) consolda, consólida f.
conspecific [k'ɔnspisifik] adj. (Zool.) da mesma espécie.
conspectus [kənsp'ektəs] s. 1. conspecto, aspecto geral
m. 2. sinopse f.
conspicuity [kɔnspikj'uːiti] s. conspicuidade f.
conspicuous [kənsp'ikjuəs] adj. 1. conspícuo, distinto.
manifesto. 2. proeminente, notável. ‖ **~ly** adv. cons-
picuamente, visivelmente.
she was ~ by her absence ela brilhou pela ausência.
conspicuous consumption s. (Econ.) consumo conspícuo m., segundo Thorstein Veblen.
conspicuousness [~ nis] s. conspicuidade, evidência,
notabilidade f.
conspiracy [kənsp'irəsi] s. conspiração, intriga, trama,
maquinação f.
conspirator [kənsp'irətə] s. conspirador m.
conspiratorial [kənspirət'ouriəl] adj. conspirativo, conspirador.
conspiratress [kənsp'irətres] s. conspiradora f.
conspire [kənsp'aiə] v. 1. conspirar, tramar, urdir. 2.
agir em conjunto, cooperar.
conspirer [kənsp'airə] s. conspirador m.
conspiring [kənsp'airiŋ] adj. conspirador. ‖ **~ly** adv.
mediante conspiração.
conspue [kənspj'uː] v. 1. cuspir sobre. 2 desprezar,
menoscabar.
constable [k'ʌnstəbl] s. 1. condestável m. 2. guarda
m. + f., mordomo m. 3. policial m. + f. ou oficial
m. de polícia.
Lord High Constable of England grande condestável da Inglaterra. **Chief ~** chefe de polícia.
constableship [~ ʃip] s. cargo m. ou função f. de
condestável ou de policial.
constabulary [kənst'æbjuləri] s. 1. coletividade f. de
policiais. 2. força policial f. ‖ adj. relativo a polícia.
constancy [k'ɔnstənsi] s. 1. constância, estabilidade
f. 2. persistência f. 3. lealdade, fidelidade f.
constant [k'ɔnstənt] s. (Mat. e Fís.) número ou fator
constante m. ‖ adj. 1. constante, inalterável, permanente. 2. contínuo, ininterrupto. 3. freqüente,
incessante. 4. fiel, leal. 5. imutável, firme, resoluto,
inabalável. ‖ **~ly** adv. constantemente, incessantemente, regularmente, invariavelmente, sempre.
~ current corrente estacionária **~ reader** leitor
constante (de um jornal).
constellate [k'ɔnstəleit] v. constelar.
constellation [kɔnstəl'eiʃən] s. 1. (Astron.) constelação f. 2. reunião f. ou grupo m. brilhante.
consternate [k'ɔnstəneit] v. consternar, atemorizar.
consternation [kɔnstən'eiʃən] s. consternação f., temor,
pavor m.
constipate [k'ɔnstipeit] v. constipar, causar obstrução
intestinal.
constipated [~ id] adj. constipado, com prisão de
ventre.
constipation [kɔnstip'eiʃən] s. constipação, prisão de
ventre f.
constituency [kənst'itjuənsi] s. 1. eleitorado m. de
um distrito. 2. distrito eleitoral m. 3. círculo m. de
leitores. 4. (coloq.) clientela, freguesia f.
constituent [kənst'itjuənt] s. 1. componente, constituinte, elemento m. 2. eleitor m. 3. pessoa que
nomeia seu procurador ou representante. ‖ adj. 1.
constituinte, componente. 2. que constitui, eleitoral,

que elege. 3. que tem a força de mudar uma
constituição política.
to be ~ of fazer parte de.
constituent body s. eleitorado m.
constituent part s. parte integrante f.
constitute [k'ɔnstitjuːt] v. 1. constituir, fazer parte
de, compreender, formar, compor. 2. eleger, nomear.
3. estabelecer, instituir. 4. promulgar, ordenar. 5.
arvorar-se.
to be ~d ser constituído de. **he ~d himself a judge
in this affair** ele se arvorou juiz neste assunto.
this ~s a precedent isto constitui um precedente.
constitution [kɔnstitj'uːʃən] s. f.: constituição f.: a)
ato de constituir. b) temperamento m., compleição
corporal, natureza f. c) carta constitucional, ordenação f., estatuto m. d) formação, organização f. e)
determinação f. f) estabelecimento m., instituição
f. g) estrutura, conformação, configuração f.
by ~ de natureza. **strong ~** constituição forte.
worn-out ~ saúde abalada.
constitutional [~əl] s. (coloq.) passeio ou exercício
m. para fortalecer a saúde ou para fazer regime.
‖ adj. 1. constitucional, relativo ao temperamento.
2. conforme a constituição ou legislação, legal. 3.
natural, inerente, ingênito. 4. essencial, primordial.
5. saudável. ‖ **~ly** adv. 1. constitucionalmente. 2.
naturalmente, inerentemente.
constitutionalism [~ əlizm] s. 1. constitucionalismo m.
2. governo constitucional m.
constitutionalist [~ əlist] s. constitucionalista m. + f.
constitutionality [kɔnstitjuːʃən'æliti] s. constitucionali-
dade f.
constitutive [k'ɔnstitjuːtiv] adj. 1. constitutivo, legislativo. 2. essencial, fundamental, componente. 3.
construtivo, formativo. ‖ **~ly** adv. de maneira cons-
titutiva.
it is ~of é importante para.
constrain [kənstr'ein] v. 1. constranger, compelir, obrigar. 2. confinar, encarcerar. 3. reprimir, retrear.
constrainable [~ əbl] adj. que pode ser constrangido
ou coagido.
constraint [kənstr'eint] s. 1. constrangimento m. coação, compulsão f. 2. prisão, detenção f., confina-
mento m. 3. repressão f., refreamento m. 4. enca-
bulação f., embaraço, acanhamento m.
in, under ~ 1. obrigado, coagido. 2. preso.
constrict [kənstr'ikt] v. constringir, contrair, comprimir, apertar.
constriction [kənstr'ikʃən] s. constrição, compressão,
contração f., aperto m.
constrictive [kənstr'iktiv] adj. constritivo, constritor.
constrictor [kənstr'iktə] s. 1. constritor m., que ou
o que constringe. 2. (Anat.) músculo constritor m.
3. (Zool.) serpente constritora f.
boa ~ jibóia.
constringe [kənstr'indʒ] v. 1. contrair, constringir.
adstringir.
constringency [~ ənsi] s. 1. contração, constrição f. 2.
adstringência f.
constringent [~ ənt] adj. 1. constringente, constritor.
2. adstringente.
construable [kənstr'uːəbl] adj. interpretável, explicável, traduzível.
construct [kənstr'ʌkt] v. 1. construir, edificar, erigir. 2.
(Geom.) traçar. 3. formar, planejar. 4. (Gram.) combinar (palavras em frases). 5. arquitetar, elaborar.
construction [kənstr'ʌkʃən] s. construção f.: a) edificação, ato de construir. b) modo ou forma de construir. c) (Gram.) construção de frases. d) prédio,
edifício. e) (Geom.) traçado geométrico. f) interpretação. g) estrutura.
under ~ em construção. **he put a false ~ on my
words** ele interpretou mal minhas palavras. **let us**

put the best ~ on his deed interpretemos da melhor forma seu ato. **what ~ is to be put upon such a thing?** como é que se deve compreender uma coisa dessas? **~ unit** turma para construções.
constructional [~əl] adj. de ou relativo a construção, estrutural.
~ engineering engenharia de obras e construções.
constructionist [~ist] s. intérprete m. de leis.
constructive [kənstr'ʌktiv] adj. 1. construtivo, útil. 2. formador, criador. 3. engenhoso. 4. estrutural. 5. inferido, implícito, virtual. ‖ **~ly** adv. 1. construtivamente. 2. implicitamente.
constructiveness [~nis] s. construtividade f.
constructor, constructer [kənstr'ʌktə] s. construtor m.
construe [k'ɔnstru:, kənstr'u:] v. 1. explicar, interpretar. 2. traduzir (textualmente). 3. (Gram.) construir, formar ou analisar (frases, sentenças).
"to think" is ~d with "of" "to think" é construído com "of". **I ~d his words to mean a refusal** interpretei suas palavras como recusa.
construer [kənstr'u:] s. 1. intérprete m. + f. 2. tradutor m. 3. explicador m.
consubstantial [kɔnsəbst'ænʃəl] adj. consubstancial. ‖ **~ly** adv. consubstancialmente.
consubstantiality [kɔnsəbstænʃi'æliti] s. consubstancialidade f.
consubstantiate [kɔnsəbst'ænʃieit] v. consubstanciar.
consubstantiation [kɔnsəbstænʃi'eiʃən] s. (Ecles.) consubstanciação f.
consuetude [k'ɔnswitju:d] s. costume, uso, hábito m.
consuetudinary [kɔnswitj'u:dinəri] s. ritual m. de costumes e cerimônias eclesiásticas. ‖ adj. consuetudinário, costumeiro, usual.
consul [k'ɔnsəl] s. cônsul m.
~ general cônsul geral.
consular [k'ɔnsjulə] adj. consular.
~ agent representante consular.
~ fees emolumentos consulares. **~ invoice** fatura consular.
consulate [k'ɔnsjulit] s. consulado m.: 1. sede, cargo ou autoridade de cônsul. 2. tempo de exercício de um cônsul.
~ general consulado geral.
consulship [k'ɔnsəlʃip] s. consulado m.: dignidade cargo ou função de cônsul.
consult [kəns'ʌlt] v. 1. consultar, procurar conselho ou informação. 2. trocar idéias, conversar. 3. tomar em consideração. 4. deliberar, estudar.
I must ~ a book tenho de consultar um livro. **we must ~ his feelings** precisamos considerar seus sentimentos. **he ~ed his watch** ele olhou para o seu relógio. **to ~ one's own advantage** pensar em vantagem própria. **to ~ one's pillow** (coloq.) consultar o travesseiro.
consultable [~əbl] adj. consultivo.
consultant [~ənt] s. 1. consultor m. 2. consultante, consulente m. + f., consultador m.
consultation [kɔnsʌlt'eiʃən] s. 1. consulta f. 2. conversa, troca f. de idéias. 3. conferência f.
on ~ with após prévia consulta.
consultative [kəns'ʌltətiv], **consultatory** [kəns'ʌltətəri], **consultive** [kəns'ʌltiv] adj. consultivo, consultador.
consultee [kɔnsəlt'i:] s. consultor m.
consulter [kəns'ʌltə] = **consultant** (2).
consulting [kəns'ʌltiŋ] adj. consultor.
~ engineer engenheiro consultor.
~ room sala de consultas.
consumable [kənsj'u:məbl] s. artigo m. de consumo. ‖ adj. 1. consumível. 2. extinguível.
consume [kənsj'u:m] v. 1. consumir: 1. esgotar-(se). 2. comer, beber. 3. destruir, queimar, devorar (fogo). 4. gastar, dissipar. 5. esbanjar. 6. desgastar.

consuming hate ódio consumidor. **he is ~d with envy** ele se consome de inveja.
consumedly [~idli] adv. excessivamente.
consumer [~ə] s. consumidor m.
smoke-~ (Téc.) aparelho fumívoro.
consumer goods pl. s. (Econ.) bens m. pl. de consumo.
consummate [k'ɔnsəmeit] v. 1. consumar, completar. 2. realizar. ‖ adj. [kəns'ʌmit] completo, perfeito, consumado. ‖ **~ly** adv. consumadamente.
he ~d marriage ele consumou o casamento. **~ beauty** beleza perfeita. **~ fool** bobo completo.
consummation [kɔnsəm'eiʃən] s. 1. consumação f. 2. completação f., acabamento m. 3. realização f. 4. fim, objetivo m., meta f.
~ of marriage realização do casamento
consummative [k'ɔnsəmətiv] adj. consumador.
consummator [k'ɔnsəmeitə] s. consumador m.
consumption [kəns'ʌmpʃən] s. 1. consunção, consumação f. 2. consumo, dispêndio, gasto m. 3. destruição, devastação f., estrago m. 4. (Med.) consunção f., definhamento m., doença devastadora f. (como a tuberculose pulmonar ou tísica).
galloping ~ tuberculose galopante.
consumptive [kəns'ʌmptiv] s. tísico, tuberculoso m. ‖ adj. 1. tísico. 2. consuntivo, destrutivo. ‖ **~ly** adv. consuntivamente.
consumptiveness [~nis] s. (Med.) consunção f., definhamento m.
cont. abrev. de 1. contendo. 2. conteúdo. 3. continente. 4. continua.
contabescence [kɔntəb'esəns] s. (Bot.) contabescência f.
contabescent [kɔntəb'esənt] adj. contabescente.
contact [k'ɔntækt] s. 1. contato (também Mat. e Eletr.) toque m. 2. ligação, conexão f. 3. influência f. 4. relação f. ‖ v. 1. entrar ou pôr em contato com. 2. comunicar-se com. 3. tocar(-se). ‖ adj. (E. U. A.) em contato (com o solo).
in ~ em contato. **he makes ~ with** ele estabelece contato com. **he broke ~** ele rompeu o contato. **we came in ~ with** entramos em contato com. **angle of ~** (Geom.) ângulo de contato. **point of ~** (Mat.) ponto de contato.
contact-box s. (Eletr.) tomada f.
contact-breaker s. (Eletr.) interruptor m
contact-button s. (Eletr.) chave f.
contact flying s. (Aer.) vôo m. em contato com o solo.
contact lens s. lente f. de contato.
contactor [k'ɔntæktə] s. (Eletr.) contator m.
contact-panel s. (Tec.) quadro m. de comando.
contact-print s. (Fot.) cópia f. de contato.
contagion [kənt'eidʒən] s. 1. contágio m. 2. agente contagiante m. 3. vírus m. 4. doença infecciosa ou contagiosa f. 5. infecção f. 6. epidemia f. 7. miasma m. 8. influência f. 9. propagação f.
contagious [kənt'eidʒəs] adj. contagioso, contagiante. infeccioso. ‖ **~ly** adv. de maneira contagiosa.
~ gaiety alegria contagiante.
contagiousness [~nis] s. contagiosidade f.
contagium [kənt'eidʒiəm] s. pl. **–ia** agente contagiante, vírus m.
contain [kənt'ein] v. conter: 1. incluir, encerrar, compreender. 2. acomodar, caber. 3. medir, ser igual a. 4. reter, reprimir, refrear, controlar. 5. (milit.) deter, imobilizar (forças inimigas). 6. (Mat.) ser divisível (geralmente sem resto).
he ~ed himself ele se conteve. **he ~ed his passion** ele controlou suas paixões. **she could not ~ herself for laughing (for joy)** ela não podia dominar o riso (sua alegria). **a yard ~s 36 inches** uma jarda mede ou é igual a 36 polegadas. **3 is ~ed in 9**

nove é divisível por 3.
containable [~əbl] adj. que pode conter ou ser contido.
container [~ə] s. recipiente, receptáculo m. (quadro V 2).
containment [kənt'einmənt] s. (Pol.) retenção, restrição f.
contaminate [kənt'æmineit] v. 1. contaminar, contagiar. 2. manchar, sujar, poluir. 3. corromper.
contamination [kəntæmin'eiʃən] s. 1. contaminação, infecção f. 2. corrupção f.
contaminative [kənt'æmineitiv] adj. contaminador, infeccioso.
contaminator [kənt'æmineitə] s. contaminador m.
contemn [kənt'em] v. desprezar, desdenhar, menosprezar.
contemner, contemnor [~nə] s. desprezador m.
contemplate [k'ɔntəmpleit] v. 1. contemplar, olhar, considerar. 2. estudar, pensar, ponderar. 3. meditar. 4. tencionar, pretender, esperar, contar.
contemplation [kɔntəmpl'eiʃən] s. 1. contemplação f. 2. pensamento m., meditação f. 3. expectativa f. 4. intenção f., plano m.
I **have this step in** ~ tenciono fazer (dar) este passo. **this step is in** ~ este passo está sendo planejado.
contemplative (I) [k'ɔntempleitiv] adj. contemplativo, pensativo, meditativo. ‖ **~ly** adv. contemplativamente.
~ **faculty** faculdade de pensar.
contemplative (II) [kənt'emplətiv] adj. (Rel.) contemplativo.
contemplativeness [~nis] s. contemplatividade, meditação f.
contemplator [k'ɔntəmpleitə] s. contemplador m.
contemporaneity [kəntempərən'i:iti] s. = **contemporaneousness.**
contemporaneous [kəntempər'einjəs] adj. contemporâneo. ‖ **~ly** adv. contemporaneamente.
contemporaneousness [~nis], **contemporariness** [kənt'empərərinis] s. contemporaneidade f.
contemporary [kənt'ernpəreri] s. contemporâneo, coetâneo, coevo m. ‖ adj. 1. contemporâneo. 2. coetâneo.
contemporize [kənt'empəraiz] v. 1. tornar contemporâneo. 2. tornar simultâneo. 3. coincidir.
contempt [kənt'empt] s. 1. contempto, desprezo, desdém m. 2. desonra, desgraça f. 3. (Jur.) desrespeito m., desobediência f.
~ **of court** contumácia. **in** ~ **of** apesar de. **it deserves** ~ merece desprezo. I **feel** ~ **for** desprezo. **beneath** ~ abaixo de qualquer crítica. **he brings me into** ~ ele me despreza. I **hold him in** ~ menosprezo-o.
contemptibility [kəntemptəb'iliti], **contemptibleness** [kənt'emptiblnis] s. menosprezo, desprezo m.
contemptible [kənt'emptibl] adj. contemptível, desprezível, vil. ‖ **—bly** adv. desprezivelmente, contemptivelmente.
contemptuous [kənt'emptjuəs] adj. desprezativo, desprezador, desdenhoso. ‖ **~ly** adv. desdenhosamente.
contemptuousness [~nis] s. contempto, desprezo, desdém m.
contend [kənt'end] v. 1. contender, lutar, combater. 2. competir, disputar (em luta ou competição). 3. discutir, argumentar. 4. afirmar, sustentar, pretender.
it was ~ed that... foi posto em evidência que...
contender [~ə] s. contendor, competidor, disputador m.
contending [~iŋ] adj. contendente, oposto.
content (I) [k'ɔntənt] s. 1. (geralmente **~s** [kənt'ents]) conteúdo m. 2. matéria f. 3. teor m. 4. capacidade f. 5. volume m. 6. sumário m. 7. essência f.

cubic ~s volume, conteúdo, capacidade. **table of ~s** índice.
content (II) [kənt'ent] s. contentamento, contento m., satisfação f. ‖ v. contentar, satisfazer, agradar, tornar contente. ‖ adj. 1. contente, satisfeito. 2. alegre. 3. disposto, com boa vontade.
to your heart's ~ à vontade. **to** ~ **o. s.** contentar-se, estar satisfeito. **not** ~ **(House of Lords)** contra. **well** ~ satisfeito.
contented [~id] adj. satisfeito, contente. ‖ **~ly** adv. contentemente.
I **must be** ~ **with little** tenho de contentar-me com pouco. **you must be** ~ **with our society** tem de conformar-se com nossa presença.
contentedness [~idnis] s. contentamento m., satisfação f.
contention [kənt'enʃən] s. 1. contenção, disputa, briga, contenda f., combate m. 2. argumentação, discussão, altercação f. 3. objeto m. de controvérsia. 4. afirmação, alegação f., argumento m. 5. controvérsia, discórdia f. 6. emulação f.
bone of ~ (fig.) objeto da contenda, pomo da discórdia.
contentious [kənt'enʃəs] adj. 1. contencioso, controverso, litigioso. 2. disputador. ‖ **~ly** adv. contenciosamente.
contentiousness [~nis] s. espírito contencioso ou litigioso m.
contentless [k'ɔntəntlis] adj. sem conteúdo ou valor, sem significado.
contentment [kənt'entment] s. contentamento m., satisfação f.
conterminal [kənt'ə:minəl], **conterminous** [kənt'ə:minəs] adj. contérmino, vizinho, limítrofe, adjacente, contíguo. ‖ **~ly** adv. adjacentemente.
contest [k'ɔntest] s. 1. competição f., torneio, certame m. 2. luta, contenda f. 3. disputa, peleja, discussão, controvérsia f., debate m. ‖ [kənt'est] v. 1. contestar, impugnar, contradizer, contrariar. 2. debater, discutir, disputar. 3. competir, concorrer, lutar por, tentar ganhar. 4. tomar parte em certame ou torneio. 5. pelejar.
he ~s a seat (ou a borough) ele é candidato de um distrito eleitoral.
contestable [kənt'estəbl] adj. contestável, disputável.
contestant [kənt'estənt] s. contendor, competidor, concorrente m.
contestation [kɔntest'eiʃən] s. 1. contestação f. 2. litígio m. 3. controvérsia, disputa, discussão f., debate, argumento, assunto discutido m. 4. (esc.) concurso m.
in ~ em questão.
contested [kənt'estid] adj. discutido, duvidoso.
contester [kənt'estə] s. = **contestant.**
context [k'ɔntekst] s. contexto m., contextura f.
contextual [kənt'ekstjuəl] adj. relativo a contexto. ‖ **~ly** adv. conforme o contexto.
contexture [kənt'ekstʃə] s. 1. contextura, estrutura, composição f., encadeamento m. 2. tecido, pano m.
contiguity [kɔntigj'u:iti] s. contigüidade, vizinhança, adjacência, proximidade, continuidade f., contato m.
contiguous [kənt'igjuəs] adj. 1. contíguo, vizinho, em contato, adjacente. 2. próximo, imediato. ‖ **~ly** adv. contiguamente.
~ **angle** ângulo adjacente.
contiguousness [kənt'igjuəsnis] s. contigüidade, vizinhança, adjacência f.
continence [k'ɔntinəns], **continency** [~i] s. 1. continência, reserva, moderação f. 2. abstinência f.
continent (I) [k'ɔntinənt] s. 1. continente m. 2. terra firme f.
on the ~ no continente. **the** ~ **of Africa** o continente africano. **the Continent** o continente europeu.

continent (II) [k'ɔntinənt] adj. 1. continente, moderado. 2. casto, abstinente. ‖ ~ly adv. de maneira continente, com continência, castamente.

continental [kɔntin'entəl] s. 1. pessoa f. que vive no continente (e não na Inglaterra), estrangeiro m. 2. (E. U. A.) **Continental** soldado m. do exército americano durante a revolução. ‖ adj. 1. continental, do continente. 2. (geralmente **Continental**) europeu, estrangeiro. 3. (E. U. A.) **Continental** relativo às colônias americanas durante a revolução.
~ **usages** hábitos continentais.

continental divide s. (E. U. A.) linha divisória f. das águas.

continental shelf s. -(Fís., Geogr.) plataforma continental f.

contingence [kənt'indʒəns] s. 1. contato m. 2. = contingency.

contingency [~ i] s. 1. incerteza, contingência, eventualidade f. 2. acontecimento acidental ou inesperado m., chance, casualidade f. 3. possibilidade f. 4. despesas eventuais f. pl. 5. verba f. num orçamento destinada a despesas imprevistas.
lucky ~ contingência afortunada. **contingencies of war** sorte das armas.

contingent [kənt'indʒənt] s. 1. contingente m. (de soldados). 2. quota, parte f. (de um grupo). 3. acontecimento inesperado m., eventualidade, contingência f. ‖ adj. 1. eventual, contingente. 2. possível, incerto, duvidoso. 3. acidental, inesperado. 4. condicional, dependente. ‖ ~ly adv. de maneira contingente, eventualmente, casualmente.
~ **on, upon** dependente de. ~ **services** serviços ocasionais. **risks** ~ **to my work** riscos ligados ao meu trabalho. **fee** ~ **on master's success** honorário dependente do sucesso do professor.

continuable [kənt'injuəbl] adj. que se pode continuar.

continual [kənt'injuəl] adj. 1. continuado, contínuo, ininterrupto, incessante. 2. sucessivo, freqüente. ‖ ~ly adv. continuamente, freqüentemente, ininterruptamente.

continuance [kənt'injuəns] s. 1. continuação f., prosseguimento m. 2. (Jur.) adiamento m., prorrogação f. 3. duração, estada, permanência, persistência f. 4. continuidade f. 5. seqüência f.

continuant [kənt'injuənt] s. 1. (Fon.) consoante f. cujo som pode ser prolongado, consoante fricativa f. 2. o que continua ou tem existência contínua.

continuation [kənt'inju'eiʃən] s. 1. continuação f., prosseguimento m. 2. prolongamento m., extensão f. 3. sucessão, seqüência f. 4. reinício m.
~ **school** escola de aperfeiçoamento.

continuative [kənt'injuətiv] adj. continuativo.

continuator [kənt'injueitə] s. continuador m.: quem continua (uma obra literária).

continue [kənt'inju] v. 1. continuar, prosseguir. 2. prolongar(-se), estender(-se). 3. recomeçar. 4. durar, perdurar. 5. ficar, permanecer. 6. fazer permanecer, reter. 7. (Jur.) adiar, prorrogar. 8. persistir.
to ~ **in sin** continuar pecando. **to** ~ **to be** continuar a ser. **he** ~**s to be admired** ele continua a ser admirado. **she** ~**s delicate** ela continua delicada.

continued [~d] adj. 1. contínuo, ininterrupto, incessante, constante. 2. reiniciado, recomeçado. 3. seguido, a fio. ‖ ~ly adv. continuadamente.
~ **from page 5** continuação da página 5. **to be** ~ **a** ser continuado. ~ **fraction** (Mat.) fração contínua.

continuer [kənt'injuə] s. = **continuator.**

continuity [kɔntinj'uiti] s. 1. continuidade f. 2. coesão, conexão f. 3. continuação, persistência f. 4. relação, integridade f. 5. (E. U. A.) plano detalhado m. de um filme. 6. comentários m. pl. entre as

partes de um programa de rádio. 7. seqüência f.

continuous [kənt'injuəs] adj. contínuo, ininterrupto, constante, incessante. ‖ ~ly adv. continuamente.
~ **forms** formulários contínuos, sem-fim.

continuous current s. (Eletr., abr. **C. C.**) corrente contínua f.

continuousness [kənt'injuəsnis] s. continuidade f.

continuum [kənt'injuəm] s. pl. **continua** quantidade ou série contínua f.

contorniate [kənt'ɔːniət] s. moeda f. com face contorneada por profundo sulco. ‖ adj. contorneado por sulco (face de moeda).

contort [kənt'ɔːt] v. contorcer, torcer, distorcer.

contorted [~ id] adj. contorcido.

contortion [kənt'ɔːʃən] s. contorção f.

contortionist [~ ist] s. 1. contorcionista, contorcista m. + f. 2. (fig.) pessoa f. que torce o sentido das palavras.

contortive [kənt'ɔːtiv] adj. que causa contorções.

contour [k'ɔntuə] s. 1. contorno m., linha f. que limita uma figura ou um corpo. 2. curva f. de nível. ‖ v. 1. contornar, contornear, desenhar um contorno. 2. construir (estrada) de conformidade com a topografia do terreno. 3. que segue a topografia natural para evitar a erosão. ‖ adj. 1. de contorno, de relevo (mapa). 2. que segue a topografia natural para evitar a erosão.
~ **feather** (Orn.) tectriz, pena de cobertura. ~ **flying** (Av.) vôo rasante. ~**-line** curva de nível. ~**-map** carta topográfica. ~ **sheet** lençol que se fixa ao colchão com elástico.

contra— prefixo que indica oposição, antagonismo.

contra [k'ɔntrə] s. ‖ adv. (abr. **con**) contra, ao contrário.
per ~ por outro lado, de outra parte. **pro and con** a favor e contra. **the pros and cons** os prós e os contras.

contraband [~bænd] s. 1. contrabando m. 2. mercadoria contrabandeada f. 3. (também ~ **of war**) comércio, contrabando m. de guerra. ‖ v. contrabandear. ‖ adj. de contrabando, proibido, ilícito.

contrabandist [~bændist] s. contrabandista m. + f.

contrabass [k'ɔntrəb'eis] s. (Mús.) contrabaixo m.

contrabassoon [k'ɔntrəbæs'uːn] s. (Mús.) contrafagote m.

contraception [k'ɔntrəs'epʃən] 1. contracepção f. 2. controle m. da natalidade.

contraceptive [k'ɔntrəs'eptiv] s. preservativo, meio anticoncepcional m. ‖ adj. anticoncepcional.

contraclockwise [k'ɔntrəklɔkwaiz] adj., adv. em direção contrária à dos pônteiros do relógio.

contract [k'ɔntrækt] s. 1. contrato m., instrumento m. de contrato, escritura f. 2. acordo, pacto m. 3. compromisso m. de matrimônio. 4. encomenda f. 5. bridge m.: número de vazas anunciado. ‖ [kəntr'ækt] v. 1. contrair(-se), encurtar, encolher. 2. abreviar, reduzir. 3. obter, pegar, adquirir (doença). 4. fazer contratos, contratar, ajustar. 5. restringir, limitar. 6. franzir (as sobrancelhas). 7. assumir compromisso, fazer dívidas. 8. (raro) prometer ou contrair matrimônio. 9. ser contratado, ficar ajustado. 10. (Gram.) contrair, fazer contração de.
by ~ por acordo, por empreitada. **by private** ~ segundo combinação particular. ~ **work, work done by** ~ trabalho por empreitada. **I entered into a** ~, **made a** ~ fiz um contrato. **marriage** ~ contrato de casamento. **simple** ~ contrato simples (sem selo). **special** ~, ~ **under seal** contrato selado. ~ **ticket** bilhete de assinatura. **I** ~**ed with him for work** firmei um contrato de trabalho com ele. **I have** ~**ed a friendship with him** fiz amizade com ele. **I have** ~**ed the habit of seeing you every day** acostumei-me a vê-los todos os dias. **she** ~**ed a cold**

ela contraiu um resfriado. **to ~ out of s. th.** livrar-se por contrato de algum assunto.
contract bridge s. (jogo) bridge m. com declarações de vazas.
contracted [kəntr'æktid] adj. 1. contraído, encolhido, encurtado, apertado. 2. contratado. 3. (fig.) tacanho, mesquinho, egoísta. 4. (Med.) contraído. || **~ly** por contração.
contractedness [~nis] s. 1. estreiteza f., tacanhice f. 2. concisão, brevidade f.
contractibility [kəntræktəb'iliti] s. contratilidade f.
contractible [kəntr'æktəbl], **contractile** [kəntr'æktil] adj. contrátil, contraível.
contractility [kəntrækt'iliti] s. contratilidade f.
contracting [kəntr'æktiŋ] adj. contratante, contratador, contraente.
~ parties partes contratantes, os contraentes.
contraction [kəntr'ækʃən] s. 1. contração f. 2. retraimento, encolhimento, encurtamento m. 3. (Gram.) contração, abreviação f. 4. redução, limitação f. 5. ato de fechar ou de assumir contrato ou compromisso.
contractive [kəntr'æktiv] adj. 1. contrativo. 2. contrátil.
contractor [kəntr'æktə] s. 1. contratante, contraente m. + f. 2. fornecedor m. 3. empreiteiro m. 4. (Anat.) músculo contrator m.
army ~ fornecedor do exército. **~ for provisions** fornecedor de provisões. **builder and ~** arquiteto e empreiteiro.
contractual [kəntr'æktjuəl] adj. contratual, relativo a contrato, de contrato.
contra-dance s. contradança f.
contradict [kɔntrəd'ikt] v. 1. contradizer, contestar. 2. negar, desmentir. 3. discordar, opor-se, ser contrário.
don't ~! não responda! **he ~ed my statement** ele contradisse minha declaração. **these statements ~ each other** estas afirmativas se contradizem.
contradictable [~əbl] adj. contraditável.
contradicter [~ə] s. contraditor m.
contradiction [kɔntrəd'ikʃən] s. 1. contradição, contestação f. 2. oposição, objeção f. 3. inconsistência f. 4. incongruência, incoerência f.
spirit of ~ espírito de contradição. **without ~** sem oposição. **~ in terms** asserção contraditória a si mesma.
contradictious [kɔntrəd'ikʃəs] adj. contraditor, contraditório, com espírito de contradição.
contradictiousness [~nis] s. espírito m. de contradição
contradictive [kɔntrəd'iktiv] adj. contraditório. || **~ly** adv. contraditoriamente.
contradictor [kɔntrəd'iktə] s. contraditor m.
contradictoriness [~rinis] s. 1. contradição, oposição f. 2. espírito m. de contradição.
contradictory [~ri] s. (Lóg.) contraditória f. || adj 1. contraditório, contraditor. 2. incoerente, incongruente, incompatível. 3. inclinado a contradizer. || **~ily** adv. contraditoriamente.
contradistinction [kɔntrədist'iŋkʃən] s. distinção f. por meio de contrastes ou qualidades opostas.
in ~ to em contraste com.
contradistinctive [kɔntrədist'iŋktiv] adj. contrastante.
contradistinguish [kɔntrədist'iŋgwiʃ] v. contradistinguir.
contrail [k'ɔntreil] s. (Aer.) esteira f. de fumaça.
contraindicate [kɔntrə'indikeit] v. (Med.) contra-indicar.
contraindication [kɔntrəindik'eiʃən] s. (Med.) contra-indicação f.
contralto [kəntr'æltou] s. contralto m.: 1. voz femi-

nina mais baixa. 2. composição ou parte musical para contralto. 3. cantora com voz de contralto. || adj. de contralto.
~ singer contralto.
contraoctave [kɔntrəokt'eiv] s. (Mús.) contra-oitava f.
contrapose [k'ɔntrəpouz] v. pôr em contraposição.
contraposition [kɔntrəpəz'iʃən] s. contraposição, oposição, antítese f.
contraption [kəntr'æpʃən] s. (coloq.) 1. aparelho, dispositivo m. 2. (gíria) geringonça f.
contrapuntal [kɔntrəp'ʌntl] adj. (Mús.) 1. contrapontístico, relativo ao contraponto. 2. polifônico.
contrapuntist [kɔntrəp'ʌntist] s. contrapontista m. + f.
contrariant [kəntr'ɛəriənt] adj. contrariante, contrário, oposto.
contrariety [kɔntrər'aiəti] s. 1. contrariedade, oposição f. 2. desacordo m. 3. inconsistência f.
contrariness [k'ɔntrərinis] s. 1. contrariedade, oposição f., antagonismo m. 2. obstinação, contrariedade f.
contrarious [kəntr'ɛəriəs] adj. (†) mau, perverso.
contrariwise [k'ɔntrəriwaiz] adv. 1. ao contrário. 2. em sentido oposto. 3. vice-versa. 4. perversamente.
contrary [k'ɔntrəri] s. 1. contrário, oposto m. 2. contradição f. || adj. 1. contrário, oposto, completamente diferente. 2. desfavorável, adverso. 3. obstinado, perverso, antagônico. 4. em desacordo com. || **—ily** adv. 1. contrariamente, de modo diverso ou oposto. 2. antagonicamente.
on the ~ pelo contrário. **he is neither clever nor the ~** ele não é nem inteligente nem bobo. **there has been no evidence to the ~** não foi provado nada em contrário. **the child is quite ~ to-day** a criança está bem obstinada hoje. **~ to nature** contra a natureza, ilógico.
contrast [k'ɔntra:st] s. 1. contraste m., diferença f. 2. pessoa ou coisa diferente. || [kəntr'a:st] v. 1. contrastar, diferenciar(-se). 2. comparar. 3. formar contraste, destacar-se. 4. realçar.
he is a great ~ to his father ele e seu pai formam um grande contraste. **she pleased me by ~** ela me agradou como contraste. **I liked him in ~ to his brother** ele me agradou, ao contrário do seu irmão. **that is in ~ to all I have believed** isto é contrário a tudo que tenho acreditado.
contrastive [kəntr'a:stiv] adj. contrastante.
contrasty [kəntr'æsti:, k'ɔntræsti:] adj. (Fot.) muito contrastante.
contrate [k'ɔntreit] adj. que tem dentes em ângulo reto com o plano da roda.
~ wheel roda de encontro.
contravallation [kɔntrəvəl'eiʃən] s. (Fort.) contravalação f.
contravene [kɔntrəv'i:n] v. 1. estar em conflito com, opor(-se) a. 2. infringir, transgredir, violar.
contravener [~ə] s. contraventor, transgressor, violador m., contraveniente m. + f.
contravention [kɔntrəv'enʃən] s. contravenção, transgressão, infração, violação f.
contretemps [k'ɔ:trətã:] s. contratempo, acidente imprevisto, embaraço m.
contributable [kəntr'ibjutəbl] adj. capaz de ser contribuído, que pode ser contribuído.
contribute [kəntr'ibjut] v. 1. contribuir, subscrever, subvencionar, dar dinheiro ou auxílio. 2. colaborar (em jornal).
he ~s to a newspaper ele escreve para um jornal.
contribution [kɔntribj'u:ʃən] s. 1. contribuição f., ato m. de contribuir ou de auxiliar, colaboração f. 2. dádiva, subscrição f., donativo, auxílio m. 3. artigo m. escrito para jornal ou revista. 4. taxa f., tributo m.
he laid all his friends under ~ to compile his book

ele valeu-se de todos os seus amigos para compilar seu livro.

contributive [kəntr'ibjutiv] adj. contributivo, contribuinte. ‖ **~ly** adv. de modo contributivo.

contributiveness [~nis] s. espírito m. de cooperação.

contributor [kəntr'ibjutə] s. 1. contribuidor, contribuinte m. 2. colaborador m. de jornal ou de revista.

contributory [~ri] s. 1. contributário m. 2. (Com.) sócio responsável m. ‖ adj. 1. contributário. 2. (†) contributivo, contribuinte.

contrite [k'ɔntrait] adj. 1. contrito, arrependido. 2. penitente. ‖ **~ly** adv. contritamente, penitentemente.

contriteness [~nis], **contrition** [kəntr'iʃən] s. contrição f., arrependimento m., penitência f.

contrivable [kəntr'aivəbl] adj. 1. imaginável, factível. 2. arranjável, combinável.

contrivance [kəntr'aivəns] s. 1. aparelho, dispositivo, instrumento m. 2. idéia, habilidade de invenção, sagacidade, perspicácia f. 3. plano, artifício m.

full of ~s cheio de idéias ou de invenções.

contrive [kəntr'aiv] v. 1. inventar, excogitar. 2. planejar, projetar, tramar. 3. efetuar, conseguir. 4. produzir, realizar.

he ~d means for her liberation ele achou meios para sua libertação. **he ~d to escape** ele conseguiu escapar. **he ~d to see her every day** ele achou meios para vê-la todos os dias. **he ~d to lose all his money** (ironia) ele conseguiu perder todo o dinheiro.

contriver [~ə] s. inventor, planejador m.

control [kəntr'oul] s. 1. controle m., supervisão f. 2. força, autoridade, direção f., poder m. 3. restrição f. 4. verificação, fiscalização f. 5. instalação f. de controle. 6. comando m., chave, alavanca, direção f. (de uma máquina). 7. padronização f. 8. direção f. da economia pelo governo. ‖ v. 1. dirigir, comandar, governar. 2. restringir, reprimir, frear, controlar. 3. regular.

the boy has got beyond his master's ~ o menino já não obedece ao seu professor. **under ~** sob controle. **without ~** descontrolado.

control board s. painel m. de comando ou de controle.

control cable s. (Av.) cabo para acionar o leme, cabo de controle m.

control car s. (Av.) cabina f. de comando.

control column s. (Av.) alavanca f. de comando.

control element s. (Eletr.) elemento m. de comando.

control experiment s. ensaio m. de prova.

control gear s. engrenagem f. de controle.

control knob s. (Rádio) botão m. de controle.

controllable [~əbl] adj. 1. controlável, dirigível. 2. verificável, sujeito a fiscalização.

controller [~ə] s. (também **comptroller**) 1. controlador, verificador, fiscal, inspetor m. 2. superintendente m. + f., revisor m. 3. (Eletr.) regulador m. de corrente, chave f. de controle.

controllership [~əʃip] s. cargo m. de inspetor, verificador ou superintendente.

control lever s. 1. chave f. de comando ou de controle (quadro T 5). 2. (Av.) alavanca f. de comando.

controlling cylinder s. cilindro m. de comando.

controlling mechanism s. mecanismo m. de controle.

controlling peculiarity s. peculiaridade determinante f.

controlment [kəntr'oulmənt] s. 1. controle m., regulação f. 2. verificação, inspeção f., comando m.

control panel s. painel m. de controle.

control platform s. (Miner.) plataforma f. de comando.

control room s. (Rádio) sala f. de controle.

control tower s. (Aer.) torre f. de controle.

control valve s. (Rádio) válvula f. de controle.

controversial [kɔntrəv'ə:ʃəl] adj. 1. controverso. 2. sujeito a controvérsia, discutível, duvidoso. 3. que gosta de polêmica. ‖ **~ly** adv. litigiosamente.

controversialist [~ist] s. controversista m. + f.

controversy [k'ɔntrəvə:si] s. 1. controvérsia, discussão, disputa, polêmica f., debate m. 2. contenda f.

controvert [k'ɔntrəvə:t] v. 1. controverter, pôr em dúvida, negar. 2. discutir, disputar, contestar.

controvertible [kɔntrəv'ə:tibl] adj. contestável, controvertível, discutível.

controvertist [kɔntrəv'ə:tist] s. controversista, polemista m. + f.

contumacious [kɔntjum'eiʃəs] adj. 1. contumaz, obstinado, rebelde, teimoso, cabeçudo. 2. (Jur.) desobediente perante a corte. ‖ **~ly** adv. de modo contumaz, obstinadamente, teimosamente.

contumaciousness [~nis], **contumacy** [k'ɔntjuməsi] s. 1. contumácia, teimosia, obstinação f. 2. desobediência f. 3. (Jur.) contumácia f.

contumelious [kɔntjum'i:liəs] adj. contumelioso, desdenhoso, insultante, insolente, injurioso. ‖ **~ly** adv. insolentemente, injuriosamente.

contumely [k'ɔntjumli] s., **contumeliousness** [kɔntjum'i:liəsnis] s. 1. contumélia, injúria, ofensa f. 2. insolência f., desprezo m. 3. infâmia, ignomínia f.

contuse [kəntj'u:z] v. contundir, pisar, machucar.

contusion [kəntj'u:ʒən] s. contusão, pisadura f.

conundrum [kən'ʌndrəm] s. enigma, charada f.

conurbation [kənə:b'eiʃən] s. conurbação f.: complexo de subúrbios e cidades satélites, com uma cidade grande no centro.

convalesce [kɔnvəl'es] v. convalescer, restabelecer-se de uma doença.

convalescence [~əns] s. convalescença f., tempo m. de convalescença.

convalescent [~ənt] s. convalescente m. + f. ‖ adj. convalescente.

convalescent home s. sanatório m.

convallaria [kɔnvəl'eiriə] s. (Bot.) convalária f.

convection [kənv'ekʃən] s. 1. transmissão, propagação f. 2. (Fís.) convecção f.

convectional [~əl] adj. relativo a convecção.

convenable [kənv'i:nəbl] adj. passível de convocação.

convenance [k'ɔnvənɑ:ns] s. (geralmente **~s** pl.) usos m. pl. da sociedade, conveniências f. pl.

convene [kənv'i:n] v. 1. reunir-se, encontrar-se, formar um convênio. 2. convir, concordar. 3. convocar, intimar. 4. (Jur.) citar.

convener, convenor [~ə] s. convocador m.

convenience [~jəns], **conveniency** [~jənsi] s. 1. conveniência, propriedade f., decoro m. 2. condição f. ou tempo m. conveniente. 3. comodidade, utilidade f., conforto m. 4. vantagem, oportunidade f. 5. (gíria) privada f.

public ~ mictório público. **every ~** todo conforto. **at your ~** à vontade, como quiser. **at your earliest ~** na primeira oportunidade. **any time that suits your ~** qualquer tempo que lhe convier. **suit your own ~** faça como quiser. **it is great ~ to me** é muito conveniente para mim. **she made a ~ of me** ela se aproveitou de mim. **marriage of ~** casamento por razões práticas.

convenient [~jənt] adj. 1. conveniente, cômodo, adequado, prático, útil. 2. fácil, simples. 3. próximo, oportuno. ‖ **~ly** adv. convenientemente, comodamente, facilmente.

~ to perto, junto. **~ for the purpose** prático, conveniente para a finalidade. **it will not be ~ for me to-day** hoje não é conveniente para mim. **if you can make it ~** se você pode, se for conveniente para você.

convening [~iŋ] s. chamada, convocação f.

convenor [~ə] s. = **convener**.

convent [k'ɔnvənt] s. 1. convento m., comunidade f. de freiras. 2. claustro, prédio m. de convento.
she went into a ~ ela tornou-se freira.
conventicle [kənv'entikl] s. 1. conventículo m., reunião secreta f. (religiosa). 2. lugar m. em que se realizam tais reuniões.
convention [kənv'enʃən] s. 1. conferência, reunião, assembléia f. 2. delegados ou membros m. pl. de uma assembléia. 3. convenção, combinação f. acordo, convênio m. 4. comum acordo m., regra f. 5. convenção f., uso m. 6. ~s pl. convenção, etiqueta, forma social f., uso consagrado m.
conventional [~ əl] adj. 1. de costume, convencional. 2. convencionado, combinado. 3. não natural, não original. ‖ ~ly adv. convencionalmente.
conventionalism [~ əlizm] s. convencionalismo m.
conventionalist [~ əlist] s. convencionalista m. + f.
conventionality [kənvenʃən'æliti] s. convencionalidade, formalidade f., costume m. ou regra f. convencional.
conventionalize [kənv'enʃənəlaiz] v. tornar convencional, desenhar de maneira convencional.
conventioneer [kənv'enʃəniə] s. delegado ou membro m. de convenção.
conventual [kənv'entjuəl] s. conventual m. + f.: membro de um convento. ‖ adj. conventual.
converge [kənv'ə:dʒ] v. 1. convergir, tender para o mesmo ponto. 2. fazer convergir.
convergence [~ əns], convergency [~ ənsi] s. convergência f., ponto m. de encontro.
convergent [~ ənt] adj. convergente.
convergent evolution s. (Biol.) evolução f. convergente.
conversable [kənv'ə:səbl] adj. 1. disposto a conversar ou a palestrar, conversável, conversador. 2. de boa palestra, sociável, agradável. ‖ –bly adv. de modo sociável.
conversableness [~'nis] s. sociabilidade, conversa, palestra ou prosa fácil f.
conversant [k'ɔnvəsnt] adj. 1. familiarizado, conhecido, proficiente. 2. ligado, relacionado. ‖ ~ly adv. de modo familiarizado ou ligado.
conversation [kɔnvəs'eiʃən] s. 1. conversação, conversa, palestra, troca f. de idéias. 2. relações f. pl. intercâmbio social m. 3. relações sexuais f. pl.
criminal ~ adultério.
conversational [~ əl] adj. conversador, conversante, sociável. ‖ ~ly adv. sociavelmente.
~ powers facilidade de conversar.
conversationalist [~ əlist] s. conversador m., pessoa sociável f.
conversation piece s. 1. (Pint.) gênero m. do século XVIII. 2. objeto m. de arte, bastante comentado.
conversazione [kɔnvəsætsi'ouni] s. (ital.) reunião social ou artística f.
converse (I) [k'ɔnvə:s] s. 1. conversação, conversa t. 2. familiaridade, convivência f., trato m. ‖ [kənv'ə:s] v. conversar, palestrar.
converse (II) [k'ɔnvə:s] s. 1. coisa oposta ou contrária f. 2. conversão, inversão f. 3. proposição inversa f. ‖ adj. 1. oposto, contrário. 2. convertido, invertido, reverso. 3. recíproco, complementar. ‖ ~ly adv. de modo inverso ou oposto, reciprocamente.
converser [kənv'ə:sə] s. conversador, palestrador m., palestrante m. + f.
conversion [kənv'ə:ʃən] s. 1. conversão, troca f. 2. (Mat.) transposição f. 3. câmbio m. (de moeda). 4. (Jur.) apropriação indevida f., uso indevido m.
conversional [~ əl], conversionary [~ əri] adj. relativo a conversão.
conversion heat s. calor m. de reação.
conversive [kənv'ə:siv] adj. conversivo, convertedor.
convert [kənv'ə:t] s. 1. convertido, converso m. 2.

prosélito, neófito m. ‖ v. 1. converter, transformar, transmudar. 2. mudar de religião ou de partido. 3. inverter, transpor. 4. confiscar, tomar e usar ilegalmente. 5. (Com.) cambiar, trocar, converter.
~ed flat apartamento parcial. he ~ed it into money ele transformou-o em dinheiro, vendeu-o.
converter, convertor [~ ə] s. 1. convertedor m. 2. (Eletr.) conversor m. de corrente. 3. (Sid.) conversor ou convertedor Bessemer m.
convertibility [kənvə:tib'iliti] s. convertibilidade f.
convertible [kənv'ə:tibl] s. carro conversível m. (quadro M 5). ‖ adj. convertível, conversível, permutável, mutável. ‖ –bly adv. de modo conversível.
~ bonds letras conversíveis. ~ husbandry (Agric.) afolhamento.
converting process s. processo m. de transformação (esp. em fábrica de papel).
convertiplane [kɔnv'ə:tiplein] s. (Aer.) convertiplano m.
convertite [k'ɔnvətait] s. = convert.
convex [k'ɔnveks] s. corpo m. de superfície convexa. ‖ adj. convexo, curvado, abaulado (quadro L 3). ‖ ~ly adv. de maneira convexa.
~ lens lente convexa.
convexity [kɔnv'eksiti] s. convexidade f.
convexo-concave adj. convexo-côncavo.
convexo-convex adj. biconvexo, convexo de ambos os lados.
convexo-plane adj. plano-convexo.
convey [kənv'ei] v. 1. carregar, transportar, levar, conduzir. 2. transmitir. 3. comunicar, tornar conhecido. 4. (Jur.) transferir. 5. propagar. 6. enviar.
it ~s an idea isto dá uma idéia. he ~ed to me that I was to go ele me fez saber que devia ir.
conveyable [~ əbl] adj. 1. transmissível, transportável. 2. cedível, transferível.
conveyance [~ əns] s. 1. transporte m., condução f. 2. meio de transporte, veículo m. 3. (Jur.) transferência, alienação, cessão f., título m. ou escritura f. de transferência de propriedade. 4. (Eletr.) condutor m., linha f. de transmissão. 5. comunicação f.
~ by land, ~ by water transporte terrestre, transporte fluvial ou marítimo. charges of ~ despesas de transporte. bill of ~ conta de transporte. means of ~ meios de transporte.
conveyancer [~ ənsə] s. tabelião, notário m. para registro de transferências.
conveyancing [~ ənsiŋ] s. 1. tabelionato, notariado m. 2. ato m. de tabeliar.
conveyer, conveyor [~ ə] s. 1. transportador, entregador, portador m. 2. (Téc.) meio m. de transporte.
band ~, ~ belt fita ou correia de transporte.
conveyor belt s. correia f. de transporte.
conveyor screw, conveyour worm s. rosca transportadora f.
convict [k'ɔnvikt] s. 1. condenado, convicto m. 2. sentenciado m. ‖ [kənv'ikt] v. 1. provar a culpa de um réu. 2. declarar culpado, condenar, sentenciar.
~ colony ou settlement colônia correcional. I ~ed him of his error convenci-o do seu erro.
conviction [kənv'ikʃən] s. 1. condenação, prova f. de culpabilidade. 2. convicção, certeza f. 3. persuasão f.
strong ~ convicção firme. she carried ~ to me ela me convenceu.
convictional [~ əl] adj. condenatório.
convictive [kənv'iktiv] adj. convincente.
convince [kənv'ins] v. convencer, persuadir por meio de argumentos.
he ~d me of his honesty ele convenceu-me da sua

honestidade.
convincement [~mənt] s. convencimento m., persuasão f.
convincible [~ibl] adj. convencível.
convincing [~iŋ] adj. convincente. ‖ ~**ly** adv. de maneira convincente.
~ **proof** prova convincente.
convincingness [~iŋnis] s. evidência, força f. ou poder m. de convencer.
convivial [kənv'iviəl] adj. 1. convival. 2. jovial, festivo, social. ‖ ~**ly** adv. festivamente, jovialmente.
~ **gathering** convívio.
conviviality [kənvivi'æliti] s. 1. alegria, jovialidade f. (à mesa). 2. sốciabilidade, hospitalidade f.
convocation [kɔnvok'eiʃən] s. 1. convocação, chamada f. 2. assembléia, reunião f.
convocational [~əl] adj. convocatório.
convoke [kənv'ouk] v. convocar, chamar, convidar para uma reunião.
convoker [~ə] s. convocador m.
convolute [k'ɔnvəlu:t] v. enrolar, torcer. ‖ adj. convoluto, enrolado. ‖ ~**ly** adv. convolutamente.
convoluted [~id] adj. enrolado, torcido.
convolution [kɔnvəl'u:ʃən] s. 1. convolução f., enrolamento m. 2. torção f. 3. dobra f. 4. circunvolução cerebral f.
convolve [kənv'ɔlv] v. 1. enrolar. 2. envolver.
convolvulus [kənv'ɔlvjuləs] s. (Bot.) convólvulo m.: gênero de trepadeira.
convoy [k'ɔnvɔi] s. 1. ação de comboiar ou escoltar. 2. escolta, proteção f. 3. (Náut.) comboio m. ‖ [kɔnv'ɔi] v. comboiar, proteger, escoltar.
~ **ship** comboieiro.
convulse [kənv'ʌls] v. 1. convulsionar, agitar. 2. fazer agitar-se de rir.
he was ~d ele estava agitado ou excitado. **he was ~d with pain, with laughter** ele se contorceu de dores, de rir.
convulsion [kənv'ʌlʃən] s. 1. convulsão, contração muscular violenta f., espasmo m. 2. acesso m. de riso. 3. distúrbio violento m. 4. ~**s** pl. convulsões nervosas f. pl.
they went into ~s of laughter tiveram ataques de riso. **she was seized with ~s** ela foi atacada de convulsões.
convulsionary [~əri] adj. convulsionário.
convulsive [kənv'ʌlsiv] adj. convulsivo. ‖ ~**ly** adv. convulsivamente.
convulsiveness [~nis] s. convulsibilidade f.
cony, coney [k'ouni] s. 1. coelho m. 2. pele f. de coelho.
coo [ku:] s. arrulho m. ‖ v. 1. arrulhar. 2. murmurar, falar em voz baixa e macia. 3. namorar.
to bill and ~ beijocar, namorar.
cooch [ku:tʃ] s. dança f. rebolada.
coocher [k'u:tʃə] s. dançarina f. que rebola.
cooee, cooey [k'u:i] interj. grito alto e agudo (dos australianos). ‖ v. gritar, bradar desta maneira.
cook [kuk] s. cozinheiro m., cozinheira f. ‖ v. 1. cozinhar, fazer comida. 2. ser cozido, sofrer cozimento. 3. trabalhar como cozinheiro. 4. ferver, tratar pelo calor. 5. falsificar, contrafazer, forjar.
too many ~s spoil the broth muitos cozinheiros estragam a comida. **the vegetables are ~ing** a verdura está cozinhando. **these apples ~ well** estas maçãs são próprias para cozinhar. **I ~ed his goose** (fig.) eu o liquidei. **he ~ed accounts** ele alterou o balanço. **what's ~ing?** (E. U. A., coloq.) que há de novo? **to ~ up** (fig.) imaginar, inventar, maquinar.
cook-book s. livro m. de receitas culinárias.
cooker [k'ukə] s. 1. fogareiro, fogão, aparelho m. para cozinhar (quadro C 8). 2. maçã ou pêra f.

próprias para cozinhar. 3. (fig.) contador m. de lendas.
these apples are good ~s estas maçãs são próprias para cozinhar.
cookery [~ri] s. 1. arte culinária f. 2. cozinha f. 3. cozimento m.: ação de cozinhar.
cook-house s. cozinha f. de navio ou de campanha.
~ **official** (gíria milit.) boato.
cookie, cooky [k'uki] s. (E. U. A.) bolinho, doce m. (quadro C 1).
cooking [k'ukiŋ] s. cozinha, arte culinária f. ‖ adj. de cozinha, para cozinhar.
~ **apple** maçã para cozinhar ~**range** fogão. **gas ~stove** fogão a gás (quadro C 8).
Cook's tour s. viagem turística f. em grupo, segundo Thomas Cook (1808-1892).
cool [ku:l] s. 1. frescura, fresca f., frescor m. 2. lugar fresco m. ‖ v. 1. esfriar, resfriar, refrigerar. 2. resfriar-se, ficar frio. 3. acalmar(-se), moderar(-se). ‖ adj. 1. frio, fresco. 2. calmo, tranqüilo, impassível, moderado, ponderado. 3. indiferente, apático. 4. arrojado, corajoso, impudente, descarado. 5. (gíria) sem tirar nem pôr, exatamente. ‖ ~**ly** adv. 1. friamente. 2. calmamente, a sangue-frio.
let's sit in the ~! vamos 'sentar-nos num lugar fresco! **to ~ down** acalmar-se. **keep your breath to ~ your porridge!** não fale tanto, economize o fôlego para coisa útil! **they ~ed their heels** (fig.) ficaram esperando. **he ~s his coppers** (fig.) ele bebe. **put it outside the window to get ~** ponha-o fora da janela para esfriar. **keep in a ~ place!** guarde em lugar fresco. ~ **as a cucumber** (fig.) frio, de sangue-frio, calmo. **a ~ customer** ou **fish** ou **hand** um sujeito descarado. **I lost a ~ thousand** perdi mil libras esterlinas, sem tirar nem pôr.
coolant [k'u:lənt] s. (Téc.) líquido refrigerante m.
cool chamber s. câmara frigorífica f.
cool cheek s. atrevimento m.
cooler [k'u:lə] s. 1. geladeira f., refrigerador m. 2. refrigerante m. 3. esfriadouro m., dorna f. de cervejaria. 4. (gíria) prisão f., cárcere m.
wine~ esfriadouro para vinho.
cool-headed adj. de sangue-frio.
coolie, cooly [k'u:li] s. cule m.: trabalhador hindu ou chinês.
cooling [k'u:liŋ] adj. refrigerante, refrescante.
~**off period** período de resfriamento.
coolish [k'u:liʃ] adj. ameno, tépido, fresquinho.
coolness [k'u:lnis] s. 1. frialdade f. 2. frieza f.
cooloo [k'u:lu:] s. (gíria) **the whole ~** a bugiganga toda.
coom [ku:m] s. 1. refugo, rebotalho, pó m. de carvão. 2. excesso m. de graxa de mancais e rodas. 3. serragem f.
coomb, combe [ku:m] s. 1. vale m., baixada f. 2. medida f. de cereais, equivalente a 4 **bushels** (145 l).
coon [ku:n] s. (coloq.) = **raccoon.**
coon's age (coloq.) s. tempo m. muito longo.
coop [ku:p] s. 1. gaiola f., viveiro pequeno m. para galinhas ou coelhos. 2. gaiola, cesta f. 3. nassa f. 4. (gíria) cadeia f. ‖ v. 1. engaiolar, manter em viveiro. 2. prender, cercar, confinar.
co-op [kou'ɔp] s. (coloq.) abr. de **co-operation, cooperative store** cooperativa, mercearia f. de cooperativa.
cooper [k'u:pə] s. 1. tanoeiro m. 2. cerveja mista f. ‖ v. trabalhar como tanoeiro, conservar barris.
cooperage [~ridʒ] s. 1. trabalho m. de tanoeiro. 2. tanoaria, tonelaria f.
co-operate [kou'ɔpəreit] v. cooperar, colaborar.

co-operation [kouɔpər'eiʃən] s. 1. cooperação, colaboração f. 2. cooperativa f.
co-operative [kou'ɔpərətiv] s. cooperativa f. ‖ adj. 1. cooperativo, cooperante. 2. de ou relativo a cooperativa. ‖ ~ly adv. cooperativamente.
co-operative society s. cooperativa f.
co-operative store s. (abr. co-op) mercearia f. de cooperativa.
co-operator [kou'ɔpəreitə] s. cooperador, colaborador m.
coopery [k'u:pəri] s. 1. tanoa f.: ofício de tanoeiro. 2. tanoaria f.
co-opt v. cooptar.
co-optation s. cooptação f.
coordinate [kou'ɔ:dineit] s. 1. pessoa ou coisa coordenada f., o que pertence à mesma classe, ordem ou potência. 2. (Mat.) coordenadas f. pl. (quadro A 6). ‖ v. 1. coordenar, igualar. 2. ajustar, arranjar, harmonizar. ‖ adj. 1. igual em importância, da mesma classe ou ordem. 2. coordenado, ajustado, em harmonia. 3. (Gram.) coordenado, que liga palavras ou frases. ‖ ~ly adv. coordenadamente.
coordinated conjunction s. (Gram.) conjunção coordenada f.
coordinateness [~ nis], coordination [kouɔ:din'eiʃən] s. igualdade f. de condições,· coordenação f.
coordination complex (também coordinate valence) s. (Fís.) valência coordenada f.
coordinative [kou'ɔ:dineitiv] adj. coordenativo.
coordinator [kou'ɔ:dineitə] s. coordenador m.
coot [ku:t] s. 1. (Orn.) galeirão m. (ave pernalta, Fulica atra). 2. (coloq.) tolo, simplório m.
as bald as a ~ completamente careca.
cootie [k'u:ti] s. (gíria) piolho m.
co-owner s. co-proprietário m.
cop (I) [kɔp] s. 1. (gíria) cume, cimo m. 2. (gíria) crista f. 3. (Tecel.) canilha, maçaroca f., (rolo cônico de fio formado no fuso de um tear).
cop (II) [kɔp] s. (coloq.) guarda policial m. + f. ‖ v. (gíria) 1. prender. 2. roubar sem premeditação.
a fair ~ ato de ser surpreendido em flagrante.
to ~ it (gíria) apanhar.
copacetic [koupəs'etik] adj. (E. U. A., gíria) animado, vigoroso, excelente.
copaiba [kəp'eibə] s. bálsamo m. ou resina f. de copaíba.
copaiba-plant s. copaibeira f.
copal [k'oupəl] s. 1. copal m., resina f. de copal. 2 verniz copal m.
coparcenary [koup'a:sinəri] s. (Jur.) co-propriedade, posse conjunta f. de imóvel ou imóveis legados a vários herdeiros. ‖ adj. relativo aos co-herdeiros.
coparcener [koup'a:sənə] s. co-herdeiro m.
copartner [koup'a:tnə] s. sócio, associado, parceiro m.
copartnership [~ʃip] s. sociedade, participação f.
labour ~ participação dos operários nos lucros da empresa.
cope (I) [koup] v. contender, lutar, competir (with com) (com sucesso ou em condições de igualdade).
he cannot ~ with the difficulties ele não está à altura das dificuldades.
cope (II) [koup] s. 1. veste sacerdotal f. (quadro C 18). 2. pluvial m., capa f. de asperges. 3. abóbada, cúpula, abóbada celeste f. ‖ v. cobrir, abobadar, cobrir com cúpula.
~ of night manto da noite. ~ of heaven abóbada celeste.
copeck, kopeck [k'oupek] s. copeque m.: moeda russa.
copepod [k'oupipɔd] s. (Zool.) copépode m.
coper [k'oupə] s. negociante m. de cavalos.
Copernican [kop'ə:nikən] adj. (Astron.) relativo a ou pertencente ao sistema de Copérnico.

copestone [k'ouspstoun] s. 1. pedra final, pedra f. de cobertura. 2. (fig.) retoque final m.
copier [k'ɔpiə] s. 1. copiador m. 2. copista m. + f.
copilot [k'oupailət] s. co-piloto m. (de avião).
coping [k'oupiŋ] s. cimalha, coroa mural f.
~–stone pedra de cobertura.
copious [k'oupjəs] adj. 1. copioso, abundante, amplo. 2. cheio, rico. 3. prolixo, que contém muitas palavras. ‖ ~ly adv. copiosamente, abundantemente.
copiousness [~ nis] s. 1. abundância, cópia f. 2. prolixidade f., palavrório m.
copper (I) [k'ɔpə] s. 1. cobre m. 2. utensílio m. de cobre. 3. caldeira f. de cobre (quadros K 1, W 1). 4. (E. U. A.) moeda f. de cobre. 5. vermelho m. de cobre. ‖ v. cobrear, revestir de cobre. ‖ adj. 1. de cobre. 2. vermelho, da cor-de-cobre.
~s níqueis, moedas de cobre. hot ~s garganta seca, ressaca. to cool one's ~s (coloq.) tomar um trago.
copper (II) [k'ɔpə] s. (gíria) policial m. + f.
Copper Age s. Idade f. do Cobre.
copperas [k'ɔpərəs] s. caparrosa verde f.: sulfato ferroso.
blue ~ caparrosa azul, sulfato de cobre. green ~ sulfato ferroso. white ~ sulfato de zinco.
copper-azure s. esmalte m. de cobre.
copper-beech s. (Bot.) faia comum f. (Fagus silvaticus).
copper-bit s. ferro de soldar m. com ponta de cobre.
copper-bloom s. (Miner.) cuprite f., óxido cuproso natural m.
copper-bottom s. (Náut.) revestimento m. de cobre do casco de um navio.
copper-bottomed adj. que tem o casco revestido de cobre (navio).
copper-cap s. espoleta f.
copper-coloured adj. vermelho, que tem a cor do cobre.
copper-engraving s. gravura f. em cobre.
copper-facing s. cobreamento m.
copper-glance s. (Miner.) calcosita f., sulfeto de cobre natural m.
copperhead [k'ɔpəhed] s. 1. (Zool.) trigonocéfalo m.: cobra venenosa dos E. U. A. 2. nortista m. simpatizante do Sul (na Guerra Civil dos E. U. A.).
copperish [k'ɔpəriʃ] adj. semelhante ao cobre.
copper-nose s. nariz vermelho m. (pelo álcool).
cooper-ore s. minério de cobre piritoso m., calcopirita f.
copper-plate s. 1. gravura f. em chapa de cobre. 2. reprodução f. de gravura em chapa de cobre.
his writing is like ~ ele escreve muito nitidamente.
copper-plate printing s. impressão em talha doce, gravura, estampa f.
coppersmith [k'ɔpəsmiθ] s. caldeireiro, trabalhador em cobre m.
copper-works s. pl. forja ou indústria f. de cobre.
coppery [k'ɔpəri] adj. de cobre, semelhante ao cobre, feito de cobre, cuprífero.
coppice [k'ɔpis] s. matagal, capão m., capoeira f. (também copse).
copra [k'ɔprə] s. (Bot.) copra f.
co-production s. co-produção f.
coprolite [k'ɔprəlait] s. (Pal.) coprólito m.
coprology [kɔpr'ɔlədʒi] s. coprologia f.: literatura ou arte torpe.
copse [kɔps], coppice [k'ɔpis] s. matagal, capoeira f., souto m. (quadro F 6).
~wood mata, matagal.
copsy [k'ɔpsi] adj. matagoso.
Copt [kɔpt] s. 1. copta m. + f. 2. sacerdote copta m.
Coptic [k'ɔptik] s. copta m.: idioma dos coptas. ‖ adj. cóptico, copta.
Coptic Church s. (Egito, Etiópia) Igreja Copta f.

copula [k'ɔpjulə] s. cópula f.: 1. (Gram.) verbo copulativo. 2. copulação. 3. elo, ligação. 4. (Mús.) registro de órgão que une um teclado com outro.
copular [k'ɔpjulə] adj. copulativo.
copulate [k'ɔpjuleit] v. 1. (†) copular, juntar, unir. 2. ter relações sexuais. ‖ [-lit] adj. unido, ligado.
copulation [kɔpjul'eiʃən] s. 1. copulação, ligação f. 2. união, junção f. 3. cópula f., coito m.
copulative [k'ɔpjulətiv] s. conjunção ou outra palavra copulativa f. ‖ adj. 1. (Gram.) copulativo. 2. que liga, que serve para unir. ‖ ~ly adv. copulativamente.
copulatory [k'ɔpjulətouri] adj. que tende a unir, copulativo.
copy [k'ɔpi] s. 1. cópia, duplicata f. 2. transcrição f., translado m. 3. reprodução, imitação f. 4. modelo, exemplo m. 5. exemplar m. (de livro ou revista ou jornal). 6. manuscrito pronto m. para ser composto. 7. matéria f. 8. (Jur.) documento m. ‖ v. 1. copiar, transcrever (**from** de) 2. reproduzir. 3. (fig.) tomar como modelo. 4. servir para reprodução. **he took a ~ from it** ele tirou uma cópia. **that makes good ~** isto fornece um bem assunto para publicação. **sold copies (of an issue)** exemplares vendidos (de uma edição). **~ in use** exemplar de serviço. **fair ~** cópia a limpo. **to make a fair ~ of** passar a limpo. **rough ~** borrão, rascunho, croqui. **it is copied** é imitado. **to ~ out** escrever ou passar a limpo.
copy-book s. 1. caderno m. 2. (Com.) copiador m. ‖ adj. convencional, banal, comum.
~ maxims máximas triviais.
copyboy [k'ɔpibɔi] s. (Jornal.) menino m. de recados.
copy cat s. pessoa f. que imita os outros.
copy dead-line s. hora f. de encerramento do expediente na redação de um jornal.
copy-desk s. seção f. de revisão e redação final de um jornal.
copyhold [k'ɔpihould] s. enfiteuse f., aforamento m.
copyholder [~ ə] s. 1. enfiteuta m. + f., foreiro m. 2. (Tipogr.) revisor, corretor m.
copying [k'ɔpiiŋ] s. ação de copiar f. ‖ adj. de cópia. **~-book** livro de cópias, copiador. **~-paper** papel para cópias. **~-ink** tinta de copiar. **~-pencil** lápis-cópia. **~-press** prensa de copiar, copiador.
copyist [k'ɔpiist] s. 1. copista m. + f., copiador m. 2. imitador m. 3. plagiário, plagiador m.
copyreader [k'ɔpiri:də] s. (tipogr.) revisor m. (de originais e provas).
copyright [k'ɔpirait] s. direitos autorais m. pl., propriedade literária ou artística f. ‖ v. obter reserva de direitos autorais. ‖ adj. protegido pelo registro de propriedade autoral.
~ edition edição com os direitos reservados.
copyrightable [~ əbl] adj. suscetível do registro de direitos autorais.
copyrighter [~ ə] s. possuidor de direitos autorais.
copywriter [k'ɔpiraitə] s. (Prop.) copiador m. de anúncios e matéria a publicar.
coquet [kɔk'et] s. (†) galanteador, galã m. ‖ v. coquetear, namorar (**with** com). ‖ adj. coquete.
coquetry [k'oukitri] s. 1. coquetaria f., coquetismo, namoro m. 2. modos afetados m. pl.
coquette [kɔk'et] s. coquete, moça namoradeira f.
coquettish [~ iʃ] adj. coquete, faceiro, vaidoso, galanteador. ‖ ~ly adv. faceiramente, galantemente.
coquettishness [~ iʃnis] s. coquetismo m., coquetice f.
coquilla [kək'i:ljə] s. coco m. de piaçaba.
coracle [k'ɔ:rəkl] s. barco de pesca leve m. com armação de vime, coberta de oleado ou peles.
coracoid [k'ɔrəkɔid] s. (Anat.) coracóide m.: saliência da borda superior da omoplata. ‖ adj. (Anat.) 1.

coracóide, recurvo. 2. em forma de bico de corvo.
co-radicate adj. (Filol.) co-radical: que tem o mesmo radical.
coral [k'ɔrəl] s. coral m.: 1. espécie f. de pólipo. 2. rochedos m. pl. formados pelos esqueletos desse pólipo. 3. cor vermelho-coral f. ‖ adj. 1. feito de coral. 2. coralino, vermelho-escuro, rubro. **~-island** atol, ilha formada por corais. **~-rag** calcário depositado por corais. **~-tree** coraleira.
coralline [k'ɔrəlain] s. coralina, alga marinha f. ‖ adj. 1. coralíneo. 2. coralino.
corallite [k'ɔrəlait] s. 1. esqueleto m. de um pólipo coralíneo. 2. coral m. fóssil.
coralloid [k'ɔrəlɔid], **coraloidal** [kɔrəl'ɔidəl] adj. coralíneo, coralóide.
coral-reef s. recife m. de coral.
coral snake s. (Zool.) coral, cobra-coral f.
corban [k'ɔ:gən] s. (Rel.) oferenda, oblata f.
corbeil [k'ɔ:bəl] s. (Arquit.) ornamento arquitetônico m. representando uma cesta com flores ou frutas.
corbel [k'ɔ:bəl] s. 1. (Arquit.) consolo, modilhão m., mísula f. 2. cavalete m. de suspensão. ‖ v. guarnecer de consolo, sustentar sobre modilhão.
corbel-table s. (Arquit.) balcão m. ou varanda f. suportada por modilhão.
corbie [k'ɔ:bi] s. (esc.) corvo m.
~ steps (Arquit.) empena em forma de degraus.
cord [kɔ:d] s. 1. corda f., cordão, cordel m. 2. **~s** pl. (fig.) laços m. pl. 3. (Eletr.) cordão elétrico m. 4. (Anat.) (também **chord**) estrutura anatômica f. em forma de corda ou cordão (ex.: tendão, medula espinhal). 5. lista saliente f. em tecido. 6. belbutina f., tecido aveludado m. com listras salientes (também **corduroy**). 7. medida f. de madeira cortada (igual a 128 pés cúbicos). ‖ v. 1. encordoar, amarrar, ligar com corda. 2. empilhar madeira em pilhas de 128 pés cúbicos.
spinal ~ medula espinhal. **vocal ~s** cordas vocais.
cordage [k'ɔ:didʒ] s. 1. cordame m., cordoalha f. 2. quantidade f. de madeira medida em **cords.**
cordate [k'ɔ:deit] adj. 1. cordiforme, em forma de coração. 2. (Bot.) cordifoliado.
corded [k'ɔ:did] adj. 1. atado com corda, amarrado. 2. com listas salientes. 3. empilhado em **cords.**
Cordelier [kɔ:dəl'iə] s. 1. membro m. de um clube político radical, na Revolução Francesa. 2. membro m. da Ordem Terceira dos Franciscanos.
corder [k'ɔ:də] s. cordoeiro m.
cordial [k'ɔ:diəl] s. 1. cordial m.: alimento, bebida ou medicamento estimulante. 2. licor cordial m. ‖ adj. 1. sincero, cordial, afetuoso, amigável. 2. estimulante. ‖ ~ly adv. cordialmente.
cordiality [kɔ:di'æliti], **cordialness** [k'ɔ:diəlnis] s. cordialidade, afetuosidade, sinceridade f.
cordiform [k'ɔ:difɔ:m] adj. cordiforme.
cordillera [kɔ:dilj'eərə] s. cordilheira, serra f.
cordilleran [~ n] adj. relativo a cordilheira.
cordite [k'ɔ:dait] s. cordite m.: pólvora sem fumaça.
cord-maker s. cordoeiro m.
cordon [k'ɔ:dən] s. 1. cordão m. de isolamento ou de guarda. 2. cordão, galão m., fita f. 3. (Arquit.) cornija linear f. ‖ v. cercar, formar cordão em torno de.
to ~ off isolar com cordão, impedir o avanço. **they formed a ~** formaram um cordão.
Cordon bleu s. 1. (Hist.) condecoração francesa f. 2. distinção f.
cordovan [k'ɔ:dəvən] s. (também (†) **cordwain**) cordovão m.: 1. couro fino de cabra. 2. sapatos feitos desse couro. ‖ adj. de cordovão.
corduroy [k'ɔ:djurɔi] s. 1. belbutina f.: veludo com listras salientes. 2. **~s** pl. calças f. pl. feitas desse

tecido. ‖ adj. 1. de belbutina. 2. (E. U. A.) relativo a estrada feita de toras de madeira.
a pair of ~ uma calça de belbutina.
corduroy road s. caminho m. feito de toras de madeira (quadros W 3).
cordwain [k'ɔ:dwein] s. (†) couro cordovão m.
cordwainer [~ə] s. sapateiro m.
cordwood [k'ɔ:dwud] s. 1. lenha f. empilhada por cords. 2. lenha f. cortada em pedaços de 1,20 m.
core [kɔ:] s. 1. caroço, miolo m. de frutas. 2. centro, núcleo m. 3. âmago m., essência, porte mais importante f. 4. cerne, durame m. (de madeira) (quadro C 3). 5. (Eletr.) núcleo m. 6. (Fundição) macho m. 7. (Téc.) alma f. (de um cabo). ‖ v. descaroçar, retirar a parte central.
rotten to the ~ completamente estragado. **the heart's** ~ o âmago do coração.
Corean [kɔr'iən] s. coreano m., habitante m. + f. da Coréia. ‖ adj. coreano, da Coréia.
co-regency s. co-regência f.
co-regent s. co-regente m. + f.
co-relation s. = correlation.
coreless [k'ɔ:lis] adj. sem caroço, sem núcleo.
co-religionist s. correligionário m.
coreopsis [kouri'ɔpsis] s. (Bot.) coreópsis m.: gênero de plantas ornamentais.
corer [k'ɔ:rə] s. descaroçador m. de frutas.
co-respondent s. (Jur.) co-responsável m. num processo (de divórcio por adultério).
corf [kɔ:f] s. pl. **corves** 1. carro m. (antigamente, cesto grande) para o transporte de minérios ou carvão em uma mina. 2. cesto flutuante, viveiro m. para peixes ou lagostas.
coriaceous [kouri'eiʃəs] adj. coriáceo, feito de ou semelhante a couro.
coriander [kouri'ændə] s. (Bot.) coriandro, coentro m.
Corinthian [kər'inθiən] s. coríntio m.: natural ou habitante de Corinto. ‖ adj. 1. coríntio: a) de Corinto. b) relativo aos capitéis coríntios. 2. luxuoso, licencioso. 3. amador do iatismo.
corium [k'ɔ:riəm] s. (Anat.) córion, cório m.
cork [kɔ:k] s. 1. cortiça f. 2. (também ~ **oak**) (Bot.) sobreiro m. 3. rolha f. de cortiça. 4. batoque m., tampa f. 5. (Bot.) súber m. ‖ v. 1. arrolhar, tampar com rolha. 2. reter, refrear, reprimir. 3. enegrecer com cortiça queimada. ‖ adj. cortíceo, de cortiça.
like a ~ elástico, adaptável. ~**!** (gíria) cale-se!
to ~ **up** 1. arrolhar. 2. (fig.) reprimir sentimentos.
corkage [k'ɔ:kidʒ] s. 1. arrolhamento ou desarrolhamento m. 2. taxa cobrada f. em hotéis por garrafa de vinho consumida.
corked [kɔ:kt] adj. 1. arrolhado, rolhado, tapado com rolha. 2. enegrecido com cortiça queimada. 3. com gosto de rolha.
the wine is ~ o vinho tem gosto de rolha.
corker [k'ɔ:kə] s. 1. arrolhador m., máquina f. de arrolhar. 2. (gíria) argumento decisivo m. 3. sujeito formidável m. 4. coisa fantástica f. 5. mentira deslavada f.
corking [k'ɔ:kiŋ] adj. (E. U. A., gíria) formidável, brilhante, excelente.
cork-jacket s. salva-vidas m. que se veste como um colete.
cork-oak s. (Bot.) sobreiro, sobro m.
corkscrew [k'ɔ:kskru:] s. saca-rolhas m. ‖ v. contorcer-se, serpentear. ‖ adj. espiralado.
~ **curl** cacho de cabelo espiralado. ~ **staircase** escada em caracol.
cork-sock, cork-sole s. palmilha f. de cortiça.
cork-tree s. (Bot.) sobreiro, sovereiro m.
cork-tumbler s. joão-teimoso m.
corky [k'ɔ:ki] adj. 1. corticento, corticiforme, semelhante a cortiça. 2. (coloq.) vivaz, vivo, animado.

corm [kɔ:m] s. (Bot.) cormo m.: caule subterrâneo.
cormorant [k'ɔ:mərənt] s. 1. (Orn.) cormorão m. 2. comilão, glutão m. ‖ adj. guloso, voraz.
corn (I) [kɔ:n] s. 1. cereal m. 2. (E. U. A.) milho m. 3. (Ingl.) trigo m. 4. (esc. e irl.) aveia f. 5. (também ~ **whiskey**) (E. U. A., coloq.) uísque m. feito de milho. 6. grão, grânulo m., semente f. ‖ v. 1. plantar milho ou outros cereais. 2. alimentar com milho ou cereais. 3. granular. 4. (coloq.) embriagar.
Indian ~ (E. U. A.) milho. **to give a horse a feed of** ~ dar milho ou aveia a um cavalo.
corn (II) [kɔ:n] s. calo m., calosidade f.
he trod on my ~ ele pisou nos meus calos (também fig.).
corn (III) [kɔ:n] v. salgar, conservar carne em salmoura ou sal.
Corn Belt s. (E. U. A.) região milheira f. no Centro Oeste.
corn-bind s. (Bot.) corriola, verdezelha f.
corn-blade s. (E. U. A.) folha f. de milho.
corn-brandy s. aguardente f. de cereais.
cornbrash [k'ɔ:nbræʃ] s. (Geol.) calcário oolítico, oolito m.
corn-bread s. broa f.
corn-bunting s. (Orn.) trigueirão m.
corn cake s. bolo m. de fubá.
corn-campion, corn-cockle s. (Bot.) nigela-dos-trigos f.
corn-chandler s. vendedor m. de cereais ou sementes.
corn-cob s. (E. U. A.) espiga f. de milho.
~ **pipe** cachimbo, cujo fornilho é feito da espiga de milho.
corn-crake s. (Orn.) codornizão, rei-das-codornizes m.
corn-cutter s. ceifeira, gadanheira f.
cornea [k'ɔ:niə] s. (Anat.) córnea f. (quadro E 3).
corneal [~l] adj. (Anat.) córneo, corneal.
corned [kɔ:nd] adj. conservado em salmoura ou sal.
~ **beef** carne enlatada.
cornel [k'ɔ:nəl] s. (Bot.) corniso m.
cornelian [kɔ:n'i:ljən] s. (Miner.) cornalina f.
corneous [k'ɔ:niəs] adj. córneo, duro como corno.
corner [k'ɔ:nə] s. 1. canto m. (quadro J 1). 2. ângulo m. 3. esquina f. 4. cantoneira f., objeto m. para proteger ou decorar um canto. 5. lugar retirado, esconderijo, nicho m. 6. região remota f., lugar afastado m. 7. extremidade f. 8. beco sem saída, embaraço, apuro m., situação difícil f. 9. (E. U. A.) açambarcamento m. do mercado para forçar a alta dos preços. ‖ v. 1. (E. U. A.) colocar num canto. 2. apertar, acossar, levar à parede. 3. (E. U.A., coloq.) embaraçar, colocar em posição difícil. 4. (E. U. A.) monopolizar, açambarcar. 5. (E. U. A.) encontrar-se numa esquina. ‖ adj. 1. de canto, de esquina. 2. angular, próprio para cantos.
every ~ **of the earth** todos os cantos do mundo. **at the** ~ na esquina. **he took a** ~ ele fez uma curva. **he came round the** ~ ele dobrou a esquina. **he turned the** ~ 1. ele virou a esquina. 2. (fig.) ele venceu as dificuldades. **the child was stood in the** ~ a criança foi colocada no canto (de castigo). **in a tight** ~ em apuros. **they drove me into a** ~ levaram-me à parede. **he** ~**ed the market** ele monopolizou o mercado. ~ **bracket,** ~ **shelf** prateleira de canto. ~ **house** casa da esquina.
corner-kick s. (Futeb.) escanteio m.
corner-man s. vagabundo, vadio m.
corner-stone s. 1. pedra angular f. 2. pedra fundamental f. 3. base f., alicerce, fundamento m.
cornerwise [k'ɔ:nəwaiz], **cornerways** [k'ɔ:nəweiz] adj. 1. angular. 2. diagonal.
cornet (I) [k'ɔ:nit] s. 1. (Mús.) cornetim m. 2. cartucho cônico m. de papel (para sorvete).
~**-à-piston(s), cornopean** corneta de chaves.
cornet (II) [k'ɔ:nit] s. 1. (†) alferes m. de cavalaria.

2. **touca**, toalhinha f. das Irmãs de Caridade.
cornetist [k'ɔ:netist], **cornettist** [kɔ:n'etist] s. cornetim m. (músico).
corn-exchange s. bolsa f. de cereais.
corn-factor s. corretor, negociador m. de cereais.
cornfed [k'ɔ:nfed] adj. 1. alimentado com cereal. 2. (gíria) de aparência saudável, rústica, sem sofismas.
corn-field s. 1. trigal m. (quadro H 5). 2. milharal m.
corn-flag s. (Bot.) espadana f., gladíolo m.
corn-floor s. celeiro m., tulha f.
corn-flour s. amido m. de milho, maisena f.
corn-flower s. (Bot.) 1. = **corn-cockle**. 2. lóio m., escovinha, centáurea-azul f.
cornhusk [k'ɔ:nhʌsk] s. palha f. de milho.
cornice [k'ɔ:nis] s. 1. (Arquit.) cornija f. 2. amontoamento m. de neve ou gelo pendente dos cumes de montanhas (quadro M 7). 3. sanefa f. de cortina. ‖ v. guarnecer com cornija.
corniform [k'ɔ:nifɔ:m] adj. corniforme (quadro M 7).
cornigerous [kɔ:n'idʒərəs] adj. cornífero, cornígero.
Cornish [k'ɔ:niʃ] s. córnico m.: dialeto dos cornualeses. ‖ adj. córnico: da Cornualha.
corn-land s. campo m., terra cultivável f.
corn-laws s. pl. (Hist. Ingl.) leis f. pl. que regulavam o comércio do trigo.
corn-loft s. celeiro m.
corn-marigold s. (Bot.) estrela-de-ouro f., pampilho-das-searas m.
corn meal s. (E. U. A.) fubá m.
corn-mill s. moinho m. de farinha.
corn oil (também **maize oil**) s. óleo de milho m.
corn picker s. máquina colhedora e debulhadora f. de milho.
corn-plaster s. emplastro m. para calos.
corn-poppy, **corn-rose** s. (Bot.) papoula-rubra f.
corn-rent s. arrendamento m. pagável em cereais.
corn-salad s. (Bot.) alface-de-cordeiro f.
corn-stalk s. talo m. de trigo ou (E. U. A.) de milho.
cornstarch [k'ɔ:nsta:tʃ] s. amido m. de milho.
corn sugar s. dextrose f.
corn-trade s. comércio m. de cereais.
cornucopia [kɔ:njuk'oupjə] s. cornucópia f.: 1. vaso em forma de corno. 2. (fig.) abundância, riqueza.
cornute [kɔ:nj'u:t], **cornuted** [~ id] adj. cornudo.
corny [k'ɔ:ni] adj. 1. granuloso, em grão. 2. caloso. 3. abundante em cereais. 4. (gíria) inferior, banal, antiquado, batido. 5. (gíria) sentimental (Música).
corolla [kər'ɔlə] s. (Bot.) corola f.
corollaceous [kɔrəl'eiʃəs] adj. coroláceo.
corollary [kər'ɔləri] s. corolário m.: 1. proposição adicional f. 2. conclusão, inferência f. 3. conseqüência natural f., resultado m.
corollate [k'ɔrəleit], **corollated** [~ id] adj. (Bot.) corolado.
corona [kər'ounə] s. 1. coroa f.: a) halo, círculo luminoso em volta do sol ou da lua. b) (Anat.) parte superior da cabeça. c) (Bot.) apêndice na parte interna da corola de algumas plantas. d) coroa (de dente). e) (Astron.) nome de duas contelações. 2. (Eletr.) descarga f. na superfície de um condutor 3. (Arquit.) cornija f. 4. lustre m. de igreja.
coronal [k'ɔrənəl] s. 1. coroa, grinalda f. 2. diadema, ornato m. da cabeça. ‖ [kər'ounəl] adj. 1. coronal: a) relativo a coroa. b) (Anat.) relativo ao osso frontal. 2. (Bot.) relativo à corola de certas flores.
~ **bone** osso frontal, coronal. ~ **suture** (Anat.) sutura entre o osso frontal e os dois parietais do crânio (quadro S 6).
coronary [k'ɔrənəri] adj. coronário, coronal.
~ **arteries** artérias coronárias. ~ **trombosis** trombose coronária.
coronate [k'ɔrəneit], **coronated** [~ id] adj. (Bot., Zool.)

1. que tem coroa. 2. em forma de coroa.
coronation [kɔrən'eiʃən] s. coroação f. de soberano.
coroner [k'ɔrənə] s. 1. juiz investigador m. de casos de morte suspeita. 2. médico legista m.
~'**s inquest** autopsia, autópsia.
coronet [k'ɔrənet] s. 1. pequena coroa f. 2. diadema, ornato m. 3. coroa f. de nobre ou de titular. 4. (fig.) nobreza f. 5. (Zool.) coroa f. do casco do cavalo (quadros H 8, 9).
coroneted, **coronetted** [~ id] adj. 1. que pode usar coroa, nobre. 2. coroado.
~ **note-paper** papel de cartas com coroa.
coronoid [k'ɔrənɔid] adj. (Anat.) coronóide.
coronule [k'ɔrənju:l] s. (Bot.) corônula f.
corporal (I) [k'ɔ:pərəl] s. corporal m.: pano de altar. ‖ adj. 1. corporal, corpóreo, material. 2. pessoal. ‖ ~**ly** adv. corporalmente.
~ **punishment** castigo corporal. **the** ~ **works of mercy, e. g. to feed the hungry** as obras materiais da caridade, p. e. alimentar os que têm fome.
corporal (II) [k'ɔ:pərəl] s. (milit.) cabo m. (na Ingl. também **lance** ~).
corporal's guard s. 1. (milit.) pelotão m. comandado por um cabo. 2. pequeno grupo m. de pessoas.
corporality [kɔ:pər'æliti] s. 1. corporalidade, materialidade f. 2. coisas materiais f. pl. 3. o corpo m.
corporate [k'ɔ:pərit] adj. 1. incorporado, que forma corporação. 2. combinado, associado, unido. ‖ ~**ly** adv. em corporação.
~ **body** pessoa jurídica.
corporation [kɔ:pər'eiʃən] s. 1. corporação f. 2. sociedade f. 3. pessoa jurídica f. 4. (E. U. A.) sociedade f. por ações. 5. (coloq.) barrigão m.
~ **acts** (E. U. A.) lei das sociedades por ações. ~**-tax** imposto sobre corporações. **municipal** ~ câmara municipal. **mayor and** ~ prefeito e câmara municipal.
corporative [k'ɔ:pərətiv] adj. corporativo.
corporator [k'ɔ:pəreitə] s. membro m. de uma corporação.
corporeal [kɔ:p'ouriəl] adj. 1. corpóreo, corporal. 2. material, físico. 3. tangível. ‖ ~**ly** adv. corporalmente.
corporeality [kɔ:pouri'æliti], **corporealness** [kɔ:p'ouriəlnis] s. corporalidade f.
corporeity [kɔ:pər'i:iti] s. 1. corporeidade, substância corpórea, coisa material f. 2. corporalidade f.
corporification [kɔ:pɔ:rifik'eiʃən] s. corporificação f.
corposant [k'ɔ:pəzænt] s. corpo-santo m.
corps [kɔ:] s. pl. ~ [kɔ:z] 1. corpo m. de exército, unidade militar f. 2. corporação f.
the diplomatic ~ o corpo diplomático.
corps de ballet s. corpo m. de balé, de bailado.
corpse [kɔ:ps] s. cadáver, defunto m.
~**-candle** fogo-fátuo. ~**-reviver** (gíria) bebida estimulante, aguardente, mata-bicho.
corpulence [k'ɔ:pjuləns], **corpulency** [~ i] s. 1. corpulência f. 2. obesidade f.
corpulent [k'ɔ:pjulənt] adj. 1. corpulento. 2. obeso, gordo. ‖ ~**ly** adv. obesamente.
corpus [k'ɔ:pəs] s. pl. **corpora** 1. corpo m. 2. coleção completa f. de obras, leis, etc. 3. (Tipogr.) tipo m. corpo 10.
Corpus Christi s. Corpo de Deus m.
corpuscle [k'ɔ:pʌsl], **corpuscule** [kɔ:p'ʌskju:l] s. 1. corpúsculo m., molécula f., átomo m. 2. célula f. 3. glóbulo m.
blood ~ glóbulo vermelho.
corpuscular [kɔ:p'ʌskjulə] adj. corpuscular.
corpuscular theory s. (Fís.) teoria da transmissão da luz f.

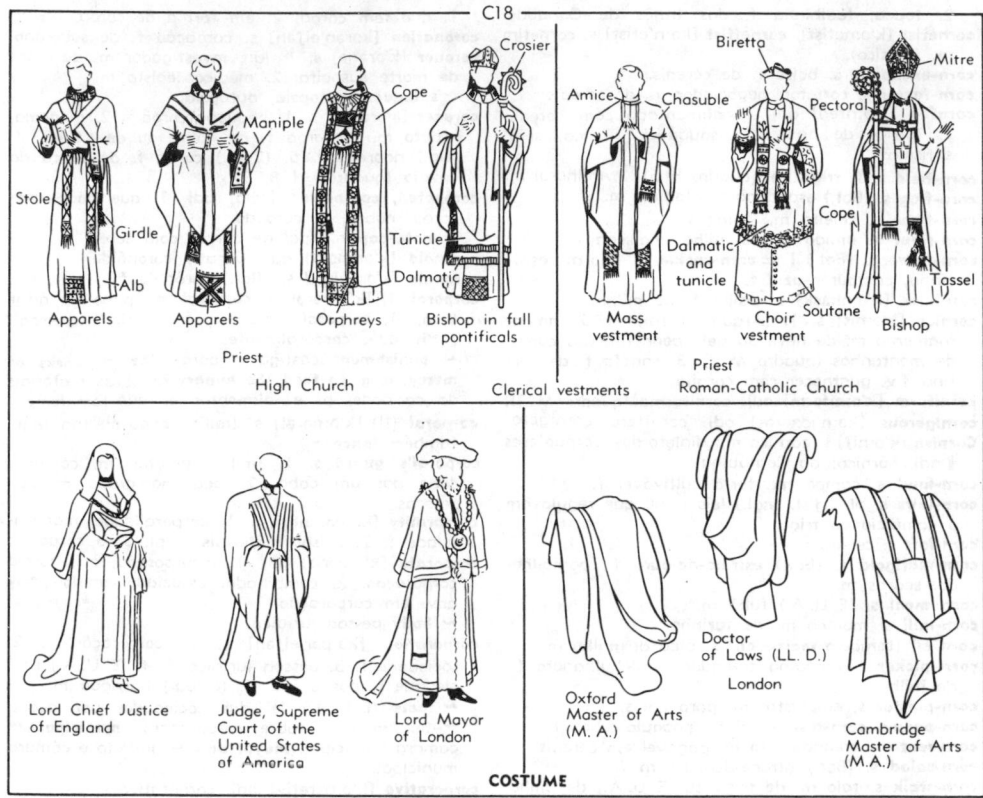

C18

Crosier
Cope
Maniple
Stole
Girdle
Alb
Apparels
Apparels
Orphreys
Bishop in full pontificals
Priest
High Church

Biretta
Mitre
Amice
Chasuble
Pectoral
Dalmatic and tunicle
Tunicle
Dalmatic
Cope
Mass vestment
Dalmatic and tunicle
Choir vestment
Soutane
Tassel
Bishop
Priest
Roman-Catholic Church

Clerical vestments

Lord Chief Justice of England
Judge, Supreme Court of the United States of America
Lord Mayor of London
Oxford Master of Arts (M. A.)
Doctor of Laws (LL. D.)
London
Cambridge Master of Arts (M.A.)

COSTUME

corpus delicti [k'ɔ:pəs dil'iktai] s. (latim, Jur.) corpo m. de delito.

corrade [kər'eid] v. (Geol.) desgastar por erosão.

corral [kɔr'a:l] s. 1. curral m., mangueira f. 2. tapada f. 3. (Hist., E. U. A.) acampamento protegido m. por barreira de carros, dispostos num círculo. ‖ v. 1. pôr ou fechar num curral, encurralar. 2. cercar. 3. capturar, cativar. 4. dispor carros num círculo para defesa de um acampamento.

corrasion [kɔr'eiʒən] s. corrasão f.

correct [kər'ekt] v. 1. corrigir, retificar. 2. regular. 3. emendar. 4. rever, revisar (provas). 5. admoestar, repreender. 6. castigar. 7. curar, remediar. ‖ adj. 1. correto, direito, certo, exato, preciso. 2. próprio, justo, apropriado. ‖ ~ly adv. corretamente.

he ~s proofs ele corrige, (ou revisa) provas tipográficas. I stand ~ed admito meu erro. ~ manners bom comportamento. ~ translation tradução certa. the ~ card (gíria) o bom negócio. to be ~ 1. comportar-se bem. 2. ter razão, estar certo. you are ~ in that você tem razão neste ponto. it is the ~ thing to do é o que se deve fazer.

correction [kər'ekʃən] s. 1. correção, retificação f. 2. emenda f. 3. moderação f. 4. compensação f. 5. reprimenda, censura f. 6. castigo m., punição f. I say this under ~ isto é minha opinião, salvo juízo melhor. subject to ~ salvo erro ou omissão. house of ~ instituto correcional, penitenciária.

correctional [~əl] adj. correcional.

correctitude [kər'ektitju:d] s. retidão, correção f., decoro m.

corrective [kər'ektiv] s. 1. corretivo m. 2. antídoto m. ‖ adj. corretivo, corretório. ‖ ~ly adv. corretivamente.

correctness [kər'ektnis] s. 1. justeza, correção f. 2. precisão f.

corrector [kər'ektə] s. 1. corretor, revisor m. 2. crítico, censor m. 3. castigador, punidor m. 4. meio para melhorar ou corrigir, corretivo m. ~ of press revisor de provas.

corregidor [kər'edʒidɔ:] s. corregedor m.

correlate [k'ɔrileit] s. correlativo m., palavra ou coisa f. correlata. ‖ v. 1. ter relações mútuas, estar em correlação. 2. correlacionar, correlatar. ‖ adj. correlato, correlativo.

correlation [kɔril'eiʃən] s. correlação, relação mútua f.

correlation coefficient s. (Estat.) coeficiente m. de correlação.

correlative [kɔr'elətiv] s. correlativo m., palavra ou coisa correlata f. ‖ adj. 1. correlativo, que tem relação mútua. 2. mutuamente dependente. ‖ ~ly adv. correlativamente.

correlativity [kɔrelət'iviti] s. correlatividade, correlação f.

correspond [kɔrisp'ɔnd] v. 1. corresponder, estar em harmonia, concordar, combinar. 2. trocar cartas.

correspondence [kɔrisp'ɔndəns] s. correspondência f.: 1. harmonia, concordância f., acordo m. 2. semelhança, similaridade f. 3. troca f. de cartas. 4. cartas f. pl. I am in ~ with, I carry on a ~ with estou em correspondência com. ~ school escola de ensino por correspondência.

correspondent [kɔrisp'ɔndənt] s. 1. correspondente m. + f. (também de jornal). 2. correlativo m. ‖ adj. correspondente, concordante, conforme. ‖ ~ly adv. de maneira correspondente, conforme.
corresponding [kɔrisp'ɔndiŋ] adj. 1. correspondente, conforme. 2. que se comunica por correspondência. ‖ ~ly adv. conformemente, correspondentemente.
corresponsive [kɔrisp'ɔnsiv] adj. mutuamente responsivo.
corridor [k'ɔridɔ:] s. corredor m., passagem f.
~ train trem com carros que permitem passagem de um vagão para outro (quadro C 6).
corrie [k'ɔri] s. cavidade circular f. no flanco de uma montanha.
corrigendum [kɔridʒ'endəm] s. pl. corrigenda, corrigenda, errata f.
corrigibility [kɔridʒib'iliti] s. corrigibilidade f.
corrigible [k'ɔridʒibl] adj. 1. corrigível. 2. dirigível, dócil, flexível. ‖ –bly adv. corrigivelmente.
corrival [kər'aivəl] s. rival, concorrente m. + f., competidor m.
corroborant [kər'ɔbərənt] s. 1. (Med.) tônico, fortificante m. 2. elemento confirmatório m. ‖ adj. 1. corroborante, fortificante. 2. confirmante, confirmador.
corroborate [kər'ɔbəreit] v. 1. corroborar, certificar, confirmar. 2. fortificar.
corroboration [kərɔbər'eiʃən] s. corroboração, confirmação f.
corroborative [kər'ɔbərətiv] s. (Med.) tônico, fortificante m. ‖ adj. corroborativo, corroborante, confirmativo. ‖ ~ly adv. corroborativamente, confirmativamente.
corroborator [kər'ɔbəreitə] s. 1. fortalecedor m. 2. confirmador m.
corroboratory [kər'ɔbərətouri] adj. confirmatório, corroborativo.
corroboree [kər'ɔbəri:] s. (Austrália) 1. festival m. de dança indígena. 2. a) festa grande, barulhenta f. b) tumulto m., rebelião f.
corrode [kər'oud] v. 1. corroer, carcomer, roer lentamente 2. consumir-se aos poucos, desgastar-se.
corrodent [~ənt] s. corrosivo. ‖ adj. corrosivo.
corrodible [~ibl] adj. corrosível.
corrosibility [kərousib'iliti], corrosibleness [kər'ousiblnis] s. corrosibilidade f.
corrosion [kər'ouʒən] s. 1. corrosão f. 2. produto m. da corrosão.
corrosive [kər'ousiv] s. corrosivo, agente corrosivo m. ‖ adj. 1. corrosivo, cáustico. 2. irritante, exasperante. 3. cruciante. ‖ ~ly adv. corrosivamente.
~ care preocupação cruciante. ~ liquor líquido corrosivo. ~ sublimate sublimado corrosivo.
corrosiveness [~nis] s. 1. corrosividade f. 2. mordacidade f.
corrugate [k'ɔrugeit] v. corrugar(-se), enrugar(-se), ondular(-se). ‖ adj. corrugado, enrugado. ondulado.
corrugated cardboard s. papelão ondulado m.
corrugated iron s. chapa f. de ferro, corrugada.
corrugation [kɔrug'eiʃən] s. 1. corrugação f., enrugamento m. 2. dobra, ruga f.
corrugator [k'ɔrugeitə] s. (Anat.) músculo superciliar m.
corrupt [kər'ʌpt] v. 1. corromper, perverter, depravar. 2. subornar, peitar. 3. adulterar, alterar, deturpar. 4. estragar-se, apodrecer. 5. corromper-se, perverter-se. ‖ adj. 1. corrupto, mau, depravado, pervertido. 2. desonesto, venal. 3. alterado, adulterado, deturpado. 4. estragado, podre, pútrido. ‖ ~ly adv. 1. corrutamente, 2. de modo venal.
~ in blood (Jur., Hist.) privado dos direitos civis.
~ practices suborno, corrupção.

corrupter, corruptor [~ə] s. corrutor, subornador m.
corruptibility [kərʌptəb'iliti] s. corrutibilidade f.
corruptible [kər'ʌptibl] adj. 1. corrutível, que pode ser subornado, venal. 2. perecível, mortal. ‖ –bly adv. de modo corrutível.
corruption [kər'ʌpʃən], corruptness [kər'ʌptnis] s. 1. corrução f. 2. depravação, perversão f. 3. desonestidade f. 4. suborno m. 5. adulteração, alteração, deturpação f. 6. putrefação, decomposição f.
corruption of blood s. (Jur.) perda f. de direitos civis, de alguém condenado à morte.
corruptive [kər'ʌptiv] adj. corrutor.
corruptless [kər'ʌptlis] adj. incorrutível, íntegro.
corsage [kɔ:s'a:ʒ] s. 1. (E. U. A.) buquê m. colocado no vestido. 2. corpinho, justilho, corpete m.
corsair [k'ɔ:sɛə] s. 1. pirata, corsário, flibusteiro m. 2. navio de pirata, corsário m.
corse [kɔ:s] s. (arc., poét.) = corpse.
corselet, corslet [k'ɔ:slit] s. 1. corselete m.: antiga armadura para o peito. 2. corpete, justilho, corpinho m. 3. (Zool.) tórax m. de artrópode.
corset [k'ɔ:sit] s. (também ~s) espartilho, colete m., cinta f. ‖ v. espartilhar.
Corsican [k'ɔsikən] s. corso, córsico, habitante m. da Córsega. ‖ adj. córsico, da Córsega.
cortège, cortege [kɔ:t'eiʒ] s. 1. cortejo m., procissão f. 2. séquito m., comitiva f.
cortex [k'ɔ:teks] s. pl. cortices [-isi:z] 1. (Bot.) casca f. de árvore, córtex, córtice m. 2. (Anat., Zool.) córtex m., camada externa f. de diversos órgãos.
cortical [k'ɔ:tikəl] adj. cortical, relativo ao córtex.
corticate [k'ɔ:tikət], corticated [k'ɔ:tikeitid] adj. corticoso, coberto de casca ou córtex.
corticiferous [kɔ:tis'ifərəs] adj. corticífero.
corticiform [kɔ:t'isifɔ:m] adj. corticiforme.
corticose [k'ɔ:tikous], corticous [k'ɔ:tikəs] adj. (Bot.) corticoso.
cortisone [k'ɔ:tisoun] s. (Med.) cortisona f.: hormônio derivado do córtex das glândulas supra--renais.
corundum [kər'ʌndəm] s. (Miner.) coríndon m.
coruscant [kər'ʌskənt] adj. coruscante, cintilante.
coruscate [k'ɔrəskeit] v. coruscar, cintilar, reluzir.
coruscation [kɔrəsk'eiʃən] s. 1. coruscação f. 2. fulgor, brilho m. 3. corisco m.
~s of light relampejo, clarão de relâmpago. ~ of wit lampejo de inteligência.
corvée [kɔ:v'ei] s. (Hist.) corvéia f.: trabalho obrigatório por um dia, para um senhor feudal.
corvette [kɔ:v'et], corvet [k'ɔ:vet] s. 1. corveta f. 2. navio m. de escolta, contra submarinos.
corvine [kɔ:v'vain] adj. (Zool.) corvino, relativo ou semelhante ao corvo.
Corybant [k'ɔribænt] s. coribante m.: sacerdote da deusa Cibele.
Corybantian [kɔrib'æntiən], Corybantic [kɔrib'æntik], Corybantine [kɔrib'æntain] adj. coribântico.
corymb [k'ɔrim] s. (Bot.) corimbo m.
corymbiate [kər'imbiət] adj. (Bot.) corimboso.
corymbiferous [kɔrimb'ifərəs] adj. (Bot.) corimbífero.
corymbiform [kɔr'imbifɔ:m] adj. (Bot.) corimbiforme.
corymbose [kər'imbous], corymbous [kər'imbəs] adj. (Bot.) corimboso.
coryphaeus [kɔrif'i:əs] s. pl. –phaei [-f'i:ai] corifeu m.: 1. regente m. de coro, esp. nas tragédias gregas. 2. mestre m., capacidade, notabilidade f.
coryphée [kourəf'ei] s. primeiro(a) bailarino(a) de um corpo de balé.
coryza [kər'aizə] s. (Med.) coriza f., defluxo m.
cos [kɔs] (também ~–lettuce) s. (Hort.) variedade de alface f.
cos [kɔs] abr. de cosine.

cosecant [k'ous'i:kənt] s. (Trigon.) co-secante f.

cosher (I) [k'ɔʃə] v. 1. mimar, amimalhar, acarinhar. 2. palestrar, bater papo.

cosher (II) [k'ouʃə] = **kosher**.

cosignatory [k'ous'ignətəri] s. co-signatário m. ‖ adj. co-signatário.

cosine [k'ousain] s. (abr. **cos**) (Trigon.) co-seno m.

cosiness [k'ouzinis] s. conforto m., comodidade f.

cosmetic [kɔzm'etik] s. cosmético m. ‖ adj. (também ~al) cosmético.

use of ~s cosmética, tratamento da beleza.

cosmetician [kɔzmət'iʃən] s. maquilador m.

cosmetology [kɔzmet'ɔlədʒi] s. cosmetologia f.: arte de aplicar cosméticos.

cosmetologist [kɔzmet'ɔlədʒist] s. cosmetologista m. + f.

cosmic [k'ɔzmik], **cosmical** [~əl] adj. 1. cósmico. 2. vasto, grandioso. 3. harmonioso. 4. universal. ‖ ~ally adv. cosmicamente.

cosmic dust s. (Astron.) poeira interestelar f.

cosmic rays s. (Astron.) pl. raios cósmicos m. pl.

cosmism [k'ɔzmizm] s. doutrina f. da evolução cósmica.

cosmogonal [kɔzm'ɔgənəl], **cosmogonic** [kɔzmog'ɔnik] adj. cosmogônico.

cosmogonist [kɔzm'ɔgənist] s. cosmogonista m. + f.

cosmogony [kɔzm'ɔgəni] s. cosmogonia f.

cosmographer [kɔzm'ɔgrəfə] s. cosmógrafo m.

cosmographic [kɔzməgr'æfik], **cosmographical** [~əl] adj. cosmográfico.

cosmography [kɔzm'ɔgrəfi] s. cosmografia f.

cosmologic [kɔzməl'ɔdʒik], **cosmological** [~əl] adj. cosmológico.

cosmologist [kɔzm'ɔlədʒist] s. cosmólogo m.

cosmology [kɔzm'ɔlədʒi] s. cosmologia f.

cosmonaut [k'ɔzmənɔ:t] s. (U.R.S.S.) cosmonauta m. + f.

cosmopolis [kɔzm'ɔpəlis] s. cosmópole f.

cosmopolitan [kɔzməp'ɔlitən], **cosmopolite** [kɔzm'ɔpəlait] s. 1. cosmopolita m. + f. 2. (Bot., Zool.) planta f. ou animal m. que sejam espontâneos em várias partes do mundo. ‖ adj. cosmopolita.

cosmopolitanism [kɔzməp'ɔlitənizm] s. cosmopolitismo m.

cosmopolitical [kɔzmɔpəl'itikəl] adj. cosmopolita.

cosmorama [kɔzm'ɔrɑ:mə] s. cosmorama m.

cosmos [k'ɔzmɔs] s. 1. cosmo, cosmos, universo m. 2. sistema harmonioso m. 3. ordem, harmonia f. 4. (Bot.) cosmos, amor-de-moça, beijo-de-moça m.

cosmosphere [k'ɔzməsfiə] s. cosmosfera f.: aparelho para demonstrar a posição da Terra em relação às estrelas fixas.

cosmotron [k'ɔzmətrɔn] s. (Fís.) cósmotron m.

Cossack [k'ɔsæk] s. cossaco m.

cosset [k'ɔsit] s. 1. cordeiro m. criado em casa. 2. animalzinho m. de estimação. ‖ v. mimar, afagar. **to ~ up** criar com mamadeira.

cost [kɔ:st] s. 1. preço, custo, gasto m., despesa f. 2. perda f., sacrifício m. 3. valor m. 4. (Jur.) custas f. pl. ‖ v. [kɔst] 1. custar, ter o preço de. 2. causar ou trazer prejuízo. 3. orçar, determinar o custo de.

~s despesas, tarifa. ~s of advertising despesas de propaganda. prime-~ preço de custo. with ~s (Jur.) sujeito ao pagamento das despesas. free of ~ gratuito. at my ~, por minha conta, às minhas custas. at any ~, at all ~s a qualquer preço. at the ~ of his life ao preço da sua vida. I found out to my ~ tive de pagar caro. I found my ~s repaid tive lucro. you must count the ~ deve pensar nas conseqüências. it ~ me one pound custou-me uma libra. it ~ them their lives custou-

-lhes a vida. it ~s him much trouble isto lhe dá muito trabalho.

costa [k'ɔstə] s. 1. (Anat.) costela f. 2. (Bot.) nervura central f. de folha.

cost-accountant s. calculista m. + f. de custos de produção.

costal [~l] adj. 1. costal, relativo a costelas. 2. que tem nervuras.

co-star s. (Cin., Telev.) coadjuvante m. + f.

costard [k'ɔstəd] s. 1. variedade de maçã grande f cultivada na Inglaterra. 2. (joc.) cachola f.

costean [kɔst'i:n] v. (Miner.) perfurar a rocha para procurar veios de minério.

coster [k'ɔstə] s. abr. de **costermonger**.

costermonger [~mʌŋgə] s. vendedor(a) ambulante m. (f.) de frutas, hortaliças, etc.

cost-free adj. gratuito, grátis.

costing [k'ɔstiŋ] s. determinação f. ou cálculo m. do preço de custo, preço m. de custo.

costive [k'ɔstiv] adj. 1. constipado. 2. (fig.) sovina. ‖ ~ly adv. 1. de modo constipado. 2. sovinamente.

costiveness [~nis] s. constipação, prisão f. de ventre.

costless [k'ɔstlis] adj. gratuito, grátis, franco.

costliness [k'ɔstlinis] s. 1. dispendiosidade f., preço elevado m. 2. preciosidade f.

costly [k'ɔstli] adj. 1. de grande valor, precioso, rico, suntuoso, valioso. 2. caro, custoso, dispendioso.

costmary [k'ɔstmɛəri] s. (Bot.) hortelã-francesa f.

cost of living s. custo m. de vida.

cost-price, s. preço m. de custo, preço m. de compra.

costume [k'ɔstju:m] s. 1. traje m. nacional ou regional. 2. traje m. a fantasia. 3. vestuário m. feminino, composto de casaco e saia, ("tailleur") m. 4. roupa f., traje m. ‖ [kɔstj'u:m] v. 1. trajar, vestir costume. 2. prover de costume.

tailor-made ~ costume feito sob medida.

costume jewelry s. bijuteria f.

costumer [k'ɔstju:mə], **costumier** [kɔstj'u:miə] s. costureiro m. de teatro ou de costumes.

co-surety [kou'ʃ'uəti] s. co-fiador m.

cosy [k'ouzi] s. (também **tea-cosy**) abafador m. para bule de chá. ‖ adj. confortável, cômodo, aconchegado. ‖ -ily adv. confortavelmente.

cot (I) [kɔt] s. 1. cama estreita e portátil f. (feita de lona). 2. berço m. 3. (Náut.) tarimba f., catre m.

cot (II) [kɔt] s. 1. choupana, cabana f., chalé m. 2. abrigo m. 3. aprisco, redil m. ‖ v. fechar (no redil) **dove—~** pombal.

cotangent [k'out'ændʒənt] s. (Trigon.) co-tangente f.

cote [kout] s. 1. redil, estábulo m. 2. cabana f. **dove—~** pombal.

cotenant [kout'enənt] s. (Jur.) co-arrendatário m.

coterie [k'outəri] s. círculo social m., roda familiar. f. ou de amigos.

cot-house s. cabana, choupana f.

cothurnus [kouθ'ə:nəs] s. 1. coturno m. 2. (fig.) arte dramática f. 3. estilo elevado, trágico m.

cotidal [kout'aidəl] adj. cotidal: que indica simultaneidade de marés.

cotillion, cotillon [kət'iljən] s. cotilhão m.: 1. espécie de dança. 2. a respectiva música.

cotta [k'ɔtə] s. 1. (Ecles.) sobrepeliz m. 2. cobertor m. grosseiro de lã.

cottage [k'ɔtidʒ] s. 1. cabana, casa pequena f. (quadro V 3), chalé m. 2. casa f. de campo ou de verão. ~ **oven** fogão portátil. ~**-piano** pianino m.

cottage cheese s. (E.U.A.) requeijão m.

cottager [k'ɔtidʒə] s. 1. aldeão, camponês m. 2. pessoa f. que mora em casa de campo.

cottar, cotter [k'ɔtə] s. aldeão, colono escocês m.

cotter [k'ɔtə] s. (Téc.) contrapino m., chaveta, cunha, cavilha f.

cotter pin s. chaveta dobrada f., contrapino m.
cotton [kↄtn] s. 1. algodão m., fibra f. de algodão.
2. (Bot.) algodoeiro m.: nome de várias plantas
do gênero Gossypium. 3. fio m. de algodão. 4. tecido
m. de algodão. 5. ~s pl. roupas f. pl. de algodão.
‖ v. (coloq.) simpatizar com, afagar, começar a
gostar, fraternizar. ‖ adj. de algodão, algodoeiro.
gun-~ algodão-pólvora, piroxilina. **~ in the seed**
algodão em rama. **to ~ to** s. o. apegar-se a, afeiçoar-se de.
cotton-bale s. fardo m. de algodão.
cotton batting s. batedura f. de algodão.
Cotton Belt s. região rural f. no Sul dos Estados Unidos, dedicada principalmente à cultura de algodão.
cotton-cake s. torta f. de algodão.
cotton-gin s. descaroçador m. de algodão.
cotton-grower s. cotonicultor m.: plantador de algodão.
cotton-lord s. algodoeiro, fabricante rico m. de tecidos
de algodão.
cottonmouth [k'ↄtnmauθ] s. (Zool.) trigonocéfalo
d'água m.
cottonocracy [kↄtn'ↄkrəsi] s. (coloq.) classe dos mag-
natas de algodão.
cotton picker s. 1. pessoa ou máquina f. que colhe
algodão. 2. pessoa f. sem valor.
cotton-print s. tecido estampado m. de algodão.
cotton-reel s. (Tecel.) carretel m., bobina f.
cotton-seed s. caroço m. de algodão.
~ oil óleo de caroço de algodão.
cottontail [k'ↄtnteil] s. (Zool.) lebre f. do gênero
Sylvilagus (da América do Norte).
cotton-waste s. estopa f. de algodão.
cotton-wood [k'ↄtnwud] s. (Bot.) choupo-do-canadá m.
(Populus deltoides).
cotton-wool s. algodão m. em bruto ou em rama.
cotton worm s. (Zool.) curuquerê m.
cottony [k'ↄtni] adj. 1. macio, fofo. 2. felpudo, lanuginoso, cotonígero, cotonoso.
cotton-yarn s. fio m. de algodão.
cotyledon [kↄtil'i:dən] s. (Bot.) cotilédone m.
cotyledonal [~əl] adj. cotiledonário.
cotyledonous [~əs] adj. cotiledôneo.
couch [kautʃ] s. 1. divã, canapé, sofá m. (quadro
C 9). 2. cama f., leito m. 3. lugar m. de repouso.
4. primeira camada ou demão f. (de tinta). ‖ v.
1. estar deitado num divã, descansar. 2. deitar
num divã. 3. expressar em palavras, exprimir. 4.
abaixar. 5. passamanar, ornar com passamanes. 6.
estar escondido, emboscar-se, esconder-se. 7. (arc.)
agachar-se, dobrar-se, curvar-se. 8. espalhar cevada
para germinar. 9. (Med., arc.) operar uma catarata.
to be ~ed estar deitado.
couchant [k'autʃənt] adj. (Heráld.) deitado, com a
cabeça levantada, agachado.
couch-grass s. (também **couch**) (Bot.) grama-de-ponta,
grama-das-farmácias f., trigo selvagem m. (Agropyrum repens).
cougar [k'u:ga:] s. (Zool.) puma, suçuarana, onça
parda ou vermelha f.
cough [kↄf] s. 1. tossidela f. 2. tosse f. ‖ v. tossir.
to give a ~ tossir. **churchyard ~** (coloq.) tosse de
tuberculoso. **whooping ~** coqueluche. **to ~ out**
expectorar. **to ~ up** (gíria) soltar (dinheiro), pagar.
to ~ down fazer calar mediante tosse simulada.
cough-drop s. bala f. contra a tosse.
cougher [k'ↄ:fə] s. pessoa f. que tosse ou sofre de
tosse.
coughing [k'ↄ:fiŋ] s. (coloq.) tossidela f., tossido m.
‖ adj. tossindo, que tosse.

cough-lozenge s. pastilha f. contra tosse.
cough-mixture s. remédio, xarope contra a tosse m.
could [kud] v. imp. de **can**.
coulee [k'u:li], **coulée** [ku:l'ei] s. 1. (Geol.) corrente
f. de lava solidificada. 2. (E. U. A.) ravina profunda
f., barranco m.
coulisse [ku:l'i:s] s. 1. corrediça f. 2. bastidor m. de
teatro. 3. espaço m. entre os bastidores de teatro.
couloir [k'u:lwa:] s. 1. desfiladeiro m., ravina f. nas
montanhas. 2. draga f.
coulomb [k'u:lɔm] s. (Eletr.) coulomb m.: unidade de
eletricidade igual a 1 ampère por segundo.
coulter, colter [k'oultə] s. sega f. do arado.
council [k'aunsil] s. 1. conselho m., assembléia, reunião, conferência f. 2. conselho m. ou junta administrativa f. de uma cidade. 3. concílio m., assembléia eclesiástica f.
cabinet ~ conselho de ministros. **common ~** conselho municipal. **the Privy Council** conselho privado.
County ~ conselho de condado. **~ of education**
conselho escolar. **Council of War** conselho de guerra.
council-board s. conselho deliberativo m.
council-chamber s. câmara f. do conselho.
councillor [k'aunsilə] s. conselheiro, membro m. de
um conselho.
councillorship [~ ʃip] s. ofício m. ou função f. de
conselheiro.
council-man s. conselheiro, vereador, membro m. de
um conselho.
council school s. escola primária f.
counsel [k'aunsəl] s. 1. troca f. de idéias, deliberação,
consulta f. 2. conselho m., recomendação f. 3. opinião f., parecer m. 4. conselheiro m. 5. jurisconsulto,
advogado m. 6. desígnio, plano m. ‖ v. 1. aconselhar. 2. recomendar. 3. trocar idéias, deliberar,
consultar.
I took ~ with him troquei idéias com ele. **I took
~ of my pillow** dormi sobre o assunto, consultei o
travesseiro. **he asked ~ of me** ele pediu meu
conselho. **to keep one's ~** não denunciar suas
intenções. **to be the ~ in a case** defender uma
causa. **King's Counsel** (abr. **K. C.**) jurisconsulto
ou advogado da coroa. **he was ~led** deixou-se orientar, aceitou conselho.
counsellor, counselor [~ə] s. 1. conselheiro, consultor
m. 2. advogado m.
counsellorship [~əʃip] s. função f. de conselheiro.
count (I) [kaunt] s. 1. contagem, conta f. 2. soma,
conta total f. 3. resultado m. 4. escrita comercial
f. 5. (Esp.) dez segundos m. pl. de contagem em
pugilismo. 6. (Jur.) acusação, carga f. ‖ v. 1. contar, enumerar. 2. somar, adicionar. 3. computar,
tomar ou entrar em conta, ser incluído, ser tomado
em consideração. 4. confiar em, contar com. 5.
calcular, estimar. 6. ter influência, ter valor. 7.
valer por. 8. considerar, julgar, reputar.
I lost ~ perdi a conta. **I took ~ of** contei. **I leave
out of ~** não tomo em consideração. **out of all ~**
incontável. **~ing the old ones** contando os velhos
junto. **without ~ing the old ones** sem os contar os
velhos. **to ~ before** s. o. fazer as contas na presença de alguém. **to ~ in** incluir na conta. **~ me
in!** conte comigo! **to ~ for** valer, ser tomado por.
to ~ off (milit.) fazer a chamada. **to ~ on** contar
com, fiar-se em. **to ~ out** 1. adiar (por falta de
número). 2. (boxe) declarar vencido por nocaute.
3. (E. U. A.) não somar em consideração. **to ~
over** conferir, contar de novo. **to ~ to** pôr na
conta. **to ~ up** somar, adicionar. **I ~ myself happy**
considero-me feliz. **I ~ like a blessing** tomo a
vida como um presente. **he was ~ed a genius** ele
foi considerado um gênio. **that does not ~** isto não

conta. **it ~s for much, little** vale muito, pouco, é de grande, é sem importância.
count (II) [kaunt] s. conde m.
countable [k'auntəbl] adj. contável, calculável.
countdown [kauntd'aun] s. contagem regressiva f.
countenance [k'auntinəns] s. 1. rosto, semblante m., face f. 2. feições f. pl., fisionomia f. 3. apoio, auxílio m. 4. graça f., favor m. 5. aprovação f. 6. calma, tranqüilidade, compostura f. ‖ v. 1. aprovar, encorajar, apoiar, favorecer. 2. permitir, tolerar.
he kept his ~ ele manteve a compostura. **his ~ fell** ele fez uma cara comprida. **they lent (their) ~ to him, they kept him in ~** eles o favoreceram, apoiaram ou encorajaram. **they put him out of ~** eles o desanimaram, confundiram ou desconcertaram.
countenancer [~ə] s. fautor, protetor m.
counter (I) [k'auntə] s. 1. calculador, contador m. 2. máquina f. para calcular.
counter (II) [k'auntə] s. 1. ficha f. (de jogo de cartas). 2. imitação f. de moeda. 3. balcão m. (de banco, restaurante ou loja) (quadro B 25). 4. guichê m. **~—jumper** (coloq.) aprendiz de balconista. **under the ~** por baixo do balcão, ilegalmente.
counter (III) [k'auntə] s. 1. oposto, contrário m. 2. (boxe) contragolpe m. 3. (esgrima) parada f. 4. (calçado) contraforte m. 5. (Náut.) almeida f.: parte côncava da popa de um navio. ‖ v. 1. opor, contrariar, agir contra. 2. (boxe) dar contragolpe. ‖ adj. oposto, contrário.
it ran, went ~ to my plans foi contrário aos meus planos.
counter— [k'auntə] elemento de composição, indicando contra-, de volta.
counteract [kauntər'ækt] v. 1. agir contra, contrariar. 2. neutralizar, frustrar, contrabalançar.
counteraction [kauntər'ækʃən] s. oposição, ação contrária f., impedimento m.
counteractive [kauntər'æktiv] s. meio m. ou medida f. neutralizante. ‖ adj. que age em sentido contrário. ‖ **~ly** adv. contrariamente, em oposição.
counter-agent s. força f. ou elemento m. oposto.
counter-approaches s. pl. (Fort.) contra-reparos m. pl.
counter-attack s. contra-ataque m. ‖ v. contra-atacar.
counter-attraction s. força f. de atração, que age em sentido contrário.
counterbalance [k'auntəbæləns] s. (também fia.) contrapeso m. ‖ [kauntəb'æləns] v. contrabalançar.
counterbass [k'auntəbeis] s. contrabaixo m.
counter-blast s. vento contrário m.
counterblow [k'auntəblou] s. (boxe) contragolpe m.
counterbrace [k'auntəbreis] s. (Náut.) contrabraço m. ‖ [kauntəbr'eis] v. contrabracear, bracear (as velas) em sentido contrário.
countercharge [k'auntətʃa:dʒ] s. contra-acusação f. ‖ v. fazer ou formular uma contra-acusação.
countercheck [k'auntətʃek] s. 1 contragolpe m 2 açao contrária t. 3. obstáculo, in. ‖ [kauntətʃ'ek] v. 1. agir em contrário. 2. impedir.
counterclaim [k'auntəkleim] s. reivindicação, alegação contrária; pretensão oposta f.
counterclockwise [k'auntəklɔkwaiz] adj. em sentido inverso ao movimento dos ponteiros do relógio, à esquerda.
counter-current s. contracorrente f. ‖ adj. que corre em sentido oposto.
counter demonstration s. contrademonstração f.
counter-effect s. efeito contrário m.
counter-espionage s. contra-espionagem f.
counter-evidence s. contraprova f.

counterfeit [k'auntəfit] s. 1. imitação, simulação, contrafação, falsificação f. 2. impostor, falsificador m. ‖ v. 1. falsificar, contrafazer. 2. imitar, simular, aparentar. 3. fingir, pretender. ‖ adj. 1. contrafeito, falsificado, forjado, falso.
counterfeiter [~ə] s. 1. contrafator, falsificador, adulterador m. 2. moedeiro falso m.
counterfoil [k'auntəfɔil] s. canhoto, talão m.
counterfort [k'auntəfɔ:t] s. contraforte m.
counter-insurance s. resseguro m.
counterintelligence [kauntaint'elidʒəns] s. (Milit.) contra-informação, contra-espionagem f.
counter-irritant s. (Med.) revulsivo, contra-irritante m.
countermand [k'auntəm'a:nd] s. contra-ordem, disposição em contrário, revogação f., contramandado m. ‖ [kauntəm'a:nd] v. contra-ordenar, contramandar.
counter-march s. contramarcha, retirada f. ‖ v. contramarchar.
countermark [k'auntəma:k] s. contramarca f. ‖ [kauntəm'a:k] v. contramarcar.
counter measure s. medida defensiva f.
countermine [k'auntəmain] s. 1. contramina f. 2. (fig.) artifício m. para anular uma intriga ou um ardil. ‖ [kauntəm'ain] v. 1. contraminar, colocar contraminas. 2. frustrar.
counter-motion s. moção contrária f.
counter-natural adj. contrário à natureza.
counter-negotiation s. contraproposta f.
counter-offensive s. contra-ofensiva f.
counteroffer [k'auntəɔfə] s. contra-oferta f.
counter-opening s. abertura oposta f.
counter-order s. contra-ordem f. ‖ v. dar contra-ordem.
counterpane [k'auntəpein] s. colcha f., acolchoado m.
counterpart [k'auntəpa:t] s. 1. contraparte f. (também Mús.), correlativo m. 2. duplicata, cópia f., fac-símile m. 3. parelha f. 4. sósia m.
counter-petition s. petição contrária f.
counterplot [k'auntəplɔt] s. 1. contra-intriga f. 2. (Liter., Teat.) enredo secundário m. ‖ [kauntəpl'ɔt] v. frustrar uma conspiração.
counterpoint [k'auntəpɔint] s. (Mús.) contraponto m.
counterpoise [k'auntəpɔiz] s. 1. contrapeso m. 2. compensação f. ‖ v. contrapesar, equilibrar.
counterpoison [k'auntəpɔizn] s. contraveneno, antídoto m.
counterpressure [k'auntəpreʃə] s. contrapressão f.
counterproject [k'auntəprɔdʒekt] s. plano ou projeto contrário m.
counter-proof s. contraprova f.
counterproposal [k'auntəprəpouzəl] s. contraproposta f.
counter-revolution s. contra-revolução f.
Counter-Reformation s. (Rel.) Contra-Reforma f., da Igreja Católica contra a Reforma Protestante, no século XVI.
counterscarp [k'auntəska:p] s. (Fort.) contra-escarpa f.
counter-secure v. ressegurar.
counter-shaft s. (Téc.) árvore f. ou veio m. de transmissão intermediária.
countersign [k'auntəsain] s. 1. (Milit.) senha, contra-senha f. 2. rubrica ou assinatura adicional f. (também **counter-signature**). ‖ v. assinar, rubricar.
countersink [k'auntəsiŋk] s. 1. escareador m. 2. furo escareado m. ‖ v. (imp. **countersank**, p. p. **counter-sunk**) 1. escarear. 2. embutir (a cabeça de um parafuso) (quadros B 16, R 3).
~ bit (Tec.) escariador (quadro J 2).
counterstroke [k'auntəstrouk] s. contragolpe m.
counter-tenor s. contratenor m.
countervail [k'auntəveil] v. compensar, equilibrar.
countervailing [~ iŋ] adj. de compensação.
~ duties taxas alfandegárias de compensação.

counterweigh [k'auntəwei] v. contrabalançar.
counterweight [k'auntəweit] s. contrapeso m. ‖ v. 1. prover de contrapeso. 2. contrapesar, contrabalançar.
counter word s. palavra f. usado em acepções mais variadas do que seu sentido original justifica (p. ex.: **awfully, heavenly**).
counterwork [k'auntəwə:k] s. 1. trabalho m. em contrário, resistência f. 2. (milit.) fortificações f. pl. ‖ v. 1. frustrar, impedir. 2. trabalhar contra.
countess [k'auntis] s. condessa f.
counting [k'auntiŋ] s. contagem f., cálculo m. ‖ adj. relativo a cálculo ou a contagem.
counting-house, counting-room s. 1. escritório m. 2. contabilidade f. (repartição).
countless [k'auntlis] adj. inúmero, incontável.
countrified, countryfied [k'ʌntrifaid] adj. rústico, rural.
country [k'ʌntri] s. 1. país m. 2. zona, região f., território m. 3. pátria, terra f. de um povo, país m. de origem. 4. povo m., nação f. 5. interior, campo m., região rural f. ‖ adj. 1. rural. 2. rústico. **my (native)** ~, **mother** ~ minha pátria. **all over the** ~ em todo o país. **they appealed to the** ~ chamaram o povo às urnas. **a** ~**'s own trade** comércio ativo de um país. **in this** ~ neste país, por aqui. **in the** ~ no campo, no interior, nas zonas rurais, na roça. **we live in the** ~ moramos no interior. **he went (down) into the** ~ ele foi para o interior. **native** ~ pátria. **God's own** ~ (E. U. A.) os Estados Unidos.
country and western s. música popular f. no estilo do Sul e Oeste dos E. U. A.
country-bred adj. criado no campo.
country-bumpkin s. caipira m. + f.
country-club s. (E. U. A.) clube campestre m.
country-dance s. 1. dança rústica f. 2. quadrilha f.
countryfolk [k'ʌntrifouk] s. gente f. do campo.
country-gentleman s. nobre, senhorio m. que vive no campo.
country-house s. casa f. de campo.
country-lass s. moça f. de campo.
country-life s. vida rústica f.
countryman [k'ʌntrimən] s. 1. compatriota m. + f. patrício m. 2. homem m. do campo, camponês m.
country mile s. (coloq., E.U.A.) caminho m. muito comprido, (Bras.) légua f. de beiço.
country nobility s. nobreza f. da província.
country party s. (Pol.) partido agrário m.
country seat s. mansão f. em zona rural.
countryside [k'ʌntris'aid] s. 1. zona rural, região campestre f., interior m. 2. distrito, território m. de um país. 3. habitantes m. + f. pl. da região rural.
country-wide adj. extenso, no país inteiro.
countrywoman [k'ʌntriwumən] s. 1. compatriota, patrícia f. 2. mulher f. do campo, camponesa f.
county [k'aunti] s. 1. (E. U. A.) município m. 2. comarca f. 3. população f. de um município.
county agent s. (E. U. A.) agrônomo municipal m.
county borough, county corporate s. cidade f. com privilégios de município.
County Council s. conselho m. de um condado.
county court s. tribunal m. de condado ou município.
county school s. escola superior f. de município.
county seat s. (E. U. A.) sede f. de governo municipal.
county town s. (Ingl.) sede f. de município.
coup [ku:] s. 1. golpe súbito m. 2. ação bem-sucedida f. 3. estratagema m.
coup de grâce s. (fr.) golpe m. de misericórdia.
coup d'état s. (fr.) golpe m. de estado.
coupé [ku:p'ei] s. 1. cupê m.: a) automóvel fechado com duas portas. b) carruagem fechada. 2. compartimento m. de trem.

couple [kʌpl] s. 1. par, casal m. 2. dupla, parelha f. 3. trela f. 4. (Eletr.) binário m. 5. (Téc.) binário m. de forças. ‖ v. 1. juntar, unir, ligar. 2. (coloq.) casar. 3. copular. 4. (Eletr.) acoplar.
a happy ~ um casal feliz. **a** ~ **of days** alguns dias.
coupler [k'ʌplə] s. 1. (Rádio) acoplador m. 2. (Téc.) engate m. 3. (Mús.) acoplamento m. de órgão.
couplet [k'ʌplit] s. 1. parelha f. de versos. 2. (†) dupla f., par, casal m.
coupling [k'ʌpliŋ] s. 1. junção, ligação, união f. 2. acoplamento m. 3. engate m. entre vagões. (quadro C 6). 4. (Eletr.) acoplador. m. 5. cópula f., coito m.
absorbing ~ acoplamento elástico.
coupling-box s. casquilho m., manga ou luva f. de acoplamento.
coupling-chain s. cadeia ou corrente f. de engate.
coupling-coil s. (Rádio) bobina f. de acoplamento ou conjugação.
coupling-gear s. (Téc.) engate, mecanismo m. de engate.
coupling pin s. (Téc.) passador m. de engate, cavilha f. de engate.
coupling-rod s. (Téc.) barra f. de acoplamento, biela f., ou tirante m. de ligação.
coupon [k'u:pɔn] s. 1. (Com.) cupom m. 2. bilhete, talão m.
courage [k'ʌridʒ] s. coragem, bravura, intrepidez f. **take** ~! coragem! **to take** ~ criar coragem. **it cools my** ~ isto abate minha coragem. **he had the** ~ **of his opinions** ele tinha a coragem de responder pelas suas opiniões. **Dutch** ~ (coloq.) coragem de bêbado.
courageous [kər'eidʒəs] adj. corajoso, bravo, valente, audaz. ‖ ~**ly** adv. corajosamente, intrepidamente.
courageousness [~nis] s. coragem, intrepidez f.
courant, courante [ku:r'a:nt] s. 1. corrente f.: dança antiga. 2. música f. dessa dança. 3. correio m.
courier [k'uriə] s. 1. mensageiro, correio m.: a) membro do corpo diplomático. b) espião, encarregado de levar documentos secretos. 2. guia profissional m. + f. de viajantes.
course [kɔ:s] s. 1. curso, andamento, progresso, movimento m. para a frente. 2. direção f., rumo m. 3. processo, costume, método, modo m. de ação. 4. percurso m., trajetória, derrota, rota f. 5. conduta f., comportamento, procedimento m. 6. decurso, transcurso m., passagem f. 7. ordem regular, seqüência f. 8. curso escolar ou universitário m. 9. prato m. de um cardápio. 10. pista f., lugar m. de corrida. 11. fileira, camada f. de tijolos. 12. curso m. de um rio. 13. ~**s** pl. menstruação f. 14. ~**s** pl. (Náut.) velas mestras f. pl. 15. caça f. à lebre com cães. ‖ v. 1. correr, percorrer. 2. acossar, perseguir. 3. caçar com cães. 4. rumar, seguir. 5. colocar em fileiras. 6. circular. 7. açular (cães).
~ **corrected for leeway** (Náut.) rumo corrigido para compensar o abatimento. **to take, hold, change one's** ou **ship's** ~ tomar, manter ou mudar seu rumo ou o rumo do navio. ~ **of life** transcurso da vida. ~ **of nature** andamento natural das coisas. **of** ~, (coloq.) ~ naturalmente. **a matter of** ~ uma coisa natural, lógica. **words of** ~ palavras ocas. **in** ~ **of post** por volta do correio. **in** ~ **of time** no decorrer do tempo. **in due** ~ na ocasião oportuna, no devido tempo. **in the** ~ **of** no decurso de. **in the** ~ **of three months** no decorrer de três meses. **in the** ~ **of a year** em (ou dentro de) um ano. **the house is in** ~ **of construction** a casa está em construção. **the child is in** ~ **of growing** a criança está na fase de crescimento. **the illness took its** ~ a doença seguiu o seu

curso. **I shall adopt** (ou **take**) **a new** ~ tomarei outro caminho, adotarei outro processo. **he fell on evil** ~**s** ele tomou o caminho do mal. **I take my own** ~ sigo os meus próprios caminhos, procedo de acordo com meu juízo. ~ **of action** modo de ação. **to give a** ~ **of lectures** dar uma série de conferências. **to take a** ~ **of treatment** (Med.) fazer um tratamento. ~ **of dishes** prato (cada uma das iguarias que entram numa refeição). ~ **of exchange** cotação do câmbio. **race** ~ hipódromo, pista de corridas. **golf**—~ campo de golfe.
courser [kɔːsə] s. 1. (poét.) corcel, cavalo veloz m. 2. caçador m. 3. galgo m. 4. (Orn.) qualquer ave do gênero Cursorius.
coursing [kɔːsiŋ] s. corrida f. 2. caça f. com galgos.
court [kɔːt] s. 1. pátio, quintal m. 2. viela, quelha f. 3. área, quadra f. para jogos, campo m. 4. mansão senhorial f. 5. corte f. 6. a família f. e as pessoas f. pl. da corte real. 7. paço m., residência real t. 8. reunião formal f. organizada por um soberano. 9. corte f. de justiça, tribunal m. 10. juízes m. pl. de um tribunal. 11. galanteio m., corte f., namoro m. 12. cortejo m., homenagem f. ‖ v. 1. cortejar, galantear, agradar. 2. namorar. 3. solicitar, procurar, requestar. 4. provocar, atrair.
the Court of St. James's o governo da Grã-Bretanha. **she was presented at** ~ ela foi introduzida na corte. **he paid her his** ~ ele lhe fez a corte. **the High Court of Parliament** reunião plenária do parlamento. **General Court** (E. U. A.) assembléia legislativa. ~ **of justice,** ~ **of judicature,** ~ **of law, law**—~ tribunal de justiça. **the Court of Chancery** corte de chancelaria. **the High Court of Justice** o supremo tribunal (da Inglaterra e Gales em Londres). **the Court of Appeal** tribunal de apelação. **Court of King's Bench** suprema corte real. **Courts of Probate** tribunal de espólios e heranças. **the Court of Session** tribunal supremo da Escócia. **tennis**—~ quadra de tênis. **at** ~ na corte. **in** ~ no tribunal, perante um tribunal. **in open** ~ em julgamento público. **to bring into** ~ processar, levar perante o juiz. **to come to** ~ ser julgado (processo). **to go into** ~ processar. **to put into** ~ levar perante um tribunal. **he brought the case into** ~ ele levou o caso perante um tribunal. **to put out of** ~ excluir do julgamento. **to settle out of** ~ resolver amigavelmente. **that would be** ~**ing disaster** isto iria provocar um desastre. **to** ~ **sleep** procurar o sono.
court-bred adj. criado na corte, cortês.
court-card s. figura f. de baralho.
court-chaplain s. capelão m. da corte.
court-day s. dia f. de audiência de tribunal.
court-dress s. traje m. de corte.
courteous [kɜːʃtɪəs] adj. cortês, atencioso, amável, afável, delicado. ‖ ~**ly** adv. cortesmente.
courteousness [~nis] s. cortesia, polidez, urbanidade f.
courtesan, courtezan [kɔːtiˈzæn] s. cortesã, prostituta, meretriz f.
courtesy [kɜːtisi] s. 1. cortesia, polidez, atenção f. 2. favor, obséquio m. 3. reverência, mesura f. 4. consentimento m., anuência f.
by ~ por obséquio. ~—**title** título dado por cortesia.
courtesy card s. cartão m. de privilégios para portador (em bancos, hotéis, restaurantes).
court-house s. palácio m. de justiça.
courtier [kɔːtjə] s. 1. cortesão m. 2. bajulador m.
courtlike [kɔːtlaik] adj. elegante, polido.
courtliness [kɔːtlinis] s. 1. cortesania f. 2. urbanidade f. 3. bajulação f.
courtly [kɔːtli] adj. 1. elegante, palaciano. 2. bajulador. 3. polido, cortês. 4. obsequioso.
courtly love s. código m. medieval de conduta para

namorados; advogava o amor idealizado, embora ilícito.
court-martial s. corte marcial f., conselho m. de guerra. ‖ v. submeter a julgamento perante a corte marcial.
court-mourning s. luto m. da corte.
court-plaster s. emplastro inglês m. ou de seda.
court-room s. sala f. de tribunal.
courtship [kɔːtʃip] s. namoro m., requesta f.
court-shoe s. escarpim m. (quadro B 18).
courtyard [kɔːtjɑːd] s. pátio, quintal m.
in the ~ no pátio.
cousin [kʌzn] s. 1. primo m., prima f. 2. tratamento m. que um soberano dá a um nobre ou a um soberano de outro país.
I called ~**s with him** lembrei-lhe nossas relações de parentesco. **first** ~, ~**s german** primos irmãos. **second** ~**s** primos em segundo grau. (**first**) ~**s once removed** filhos ou filhas de primo irmão.
cousinhood [kʌznhud], **cousinship** [kʌznʃip] s. parentesco m. entre primos.
cousinly [kʌznli] adj. de primos. ‖ adv. como primos.
couturier [kutiriˈei] s. (fr.) costureiro m.
couvade [kuːˈvɑːd] s. (Etn.) recolhimento m.
covalence [kouˈveiləns] s. (Quím.) co-valência f.
covariance [kouˈvɛariəns] s. (Estat.) co-variância f.
cove (I) [kouv] s. 1. angra f. (quadro C 17). 2. abrigo m. 3. (Arquit.) moldura côncava f. ‖ v. arquear.
cove (II) [kouv] s. (gíria) sujeito, camarada, rapaz m.
covenant [kʌvinənt] s. 1. convenção f., pacto, convênio m. 2. promessa divina f. (da Bíblia). 3. (Jur.) contrato, acordo m. 4. cláusula f. de contrato. ‖ v 1. concordar solenemente. 2. pactuar. 3. comprometer-se sob contrato. 4. estipular.
breach of ~ rompimento de contrato. ~ **of marriage** contrato de casamento.
covenanted [~id] adj. garantido por contrato.
covenantee [kʌvlnəntˈiː] s. compromissário m.
covenanter [kʌvinəntə] s. contratante m. + f.
Covenanter [kʌvinəntə] s. (esc.) partidário m. da reforma protestante na Escócia.
Coventry [kɔvəntri] s. cidade na Inglaterra central.
he was sent to ~ ele foi excluído da sociedade.
cover [kʌvə] s. 1. coberta, cobertura f. 2. tampa f. 3. cobertor m. 4. invólucro, envoltório, embrulho m. 5. envelope m., sobrecarta f. 6. proteção f. abrigo, amparo m. 7. capa f. de livro (quadro B 17). 8. talher completo m. 9. véu, disfarce m. 10. pretexto m. 11. (Com.) cobertura, segurança f. ‖ v. 1. cobrir, tampar. 2. cobrir a superfície de. 3. envolver, vestir, revestir. 4. esconder, ocultar. 5. abrigar, proteger, resguardar. 6. vencer espaço, percorrer, viajar. 7. incluir, compreender, abranger. 8. bastar. 9. compensar, contrabalançar. 10. ter dentro do alcance (de arma de fogo). 11. pôr o chapéu. 12. (E. U. A.) trabalhar como repórter ou fotógrafo (p. ex. **to** ~ **a fire for a newspaper**). 13. depositar, casar dinheiro em aposta. 14. (E. U. A.) comprar ações ou títulos para fornecimento futuro como garantia contra desvalorizações. 15. chocar. 16. cobrir (animais), padrear.
in paper ~**s** brochado. **two** ~**s were laid** puseram dois talheres. **they took** ~ (milit.) procuraram abrigo. **the game broke** ~ a caça saiu do mato. **they broke** ~ levantaram a caça. **from** ~ **to** ~ do começo ao fim. **under** ~ 1. embrulhado. 2. apenso (a uma carta). **under** ~ **of** 1. sob o endereço de 2. (milit.) sob a cobertura de. **under** ~ **of darkness** sob o manto da noite. **they** ~**ed their heads** cobriram suas cabeças. **be** ~**ed, Sir!** por favor, fique com o chapéu na cabeça! **to** ~ **with leather** revestir com couro. **to** ~ **with lime** caiar,

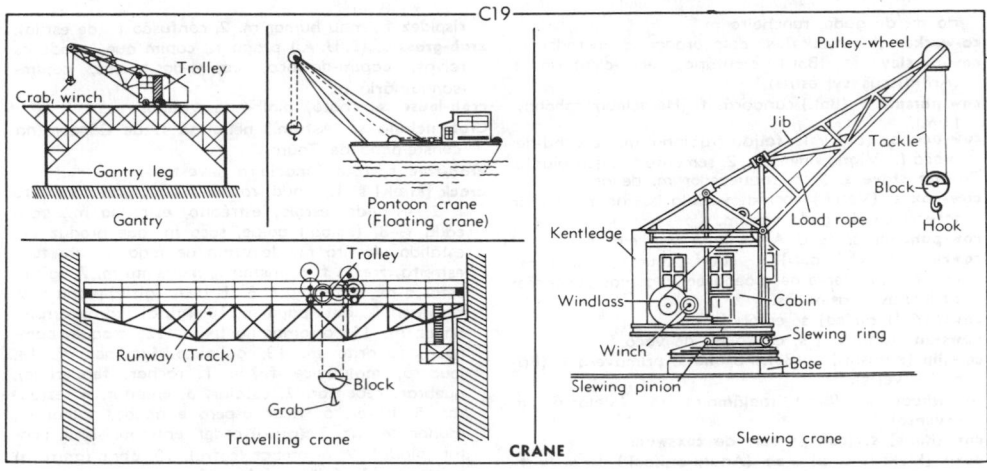

C19

Travelling crane

Pontoon crane (Floating crane)

CRANE

Slewing crane

rebocar. **the price does not ~ the cost** o preço não cobre as despesas. **the book ~s the whole ground** o livro abrange toda a matéria. **we ~ed five miles** percorremos cinco milhas. **to ~ in** cobrir (uma casa). **to ~ over** subscrever em excesso (empréstimo). **to ~ up** encobrir, ocultar.
coverage [~ridʒ] s. 1. cobertura, segurança, caução f. 2. riscos m. pl. cobertos por um contrato de seguro. 3.· lastro-ouro m.
coverall [k'ʌvərɔ:l] s. macacão m.
cover charge s. (E. U. A.) serviço m., cobrado em certos restaurantes.
cover crop s. (Agric.) plantio m. para conservação do solo na entressafra.
covered [k'ʌvəd] adj. 1. coberto. 2. abrigado. 3. oculto, encoberto. 4. de chapéu na cabeça.
~ waggon carro coberto com lona.
cover girl s. moça de capa de revista f.
covering [k'ʌvəriŋ] s. 1. coberta, cobertura f. 2. vestuário m., capa f. 3. (fig.) pretexto m. 4. (milit.) guarda f. ‖ adj. que cobre, que protege.
~ of roofs telhado, coberta. **~ letter** carta que explica documento anexo.
coverless [k'ʌvəlis] adj. descoberto, desabrigado.
coverlet [k'ʌvəlit], **coverlid** [k'ʌvəlid] s. colcha, coberta f., cobertor m.
cover note s. recibo de quitação de seguro m.
covert [k'ʌvət] s. 1. abrigo m. 2. cova f. que serve de esconderijo para animais silvestres. 3. ~s pl. (Zool.) tectriz f. 4. pano, tecido m. para capas. ‖ adj. 1. coberto, obrigado. 2. escondido, oculto. 3. secreto, dissimulado. ‖ **~ly** adv. secretamente.
feme ~ (Jur.) mulher casada.
covert cloth s. tecido m. de lã (ou lã e seda), para casacos.
covert-coat s. casaco curto m.
coverture [k'ʌvətjuə] s. 1. abrigo, esconderijo m., proteção f. 2. (Jur.) estado matrimonial m. (da mulher), posição jurídica f. da mulher no matrimônio.
cover-up s. encobrimento m., frente f.
covet [k'ʌvit] v. desejar, ansiar, cobiçar.
covetable [~əbl] adj. cobiçável, desejável.
covetous [~əs] adj. 1. cobiçoso, ávido. 2. avarento, .sovina. ‖ **~ly** adv. cobiçosamente, avidamente, avaramente.
covetousness [~əsnis] s. cobiça, avidez, avareza f.
covey [k'ʌvi] s. 1. bando m., ninhada f. de pássaros. 2. pequeno grupo, rancho m.

covin [k'ʌvin] s. 1. (Jur.) conluio m., conspiração f. 2. fraude f.
coving [k'ouviŋ] s. (Arquit.) 1. abóbada f. 2. ~s pl. face interna recurvada f. da chaminé.
cow (I) [kau] s. 1. vaca f. 2. fêmea f. de outros grandes mamíferos (como do elefante, rinoceronte, baleia, etc.).
cow (II) [kau] v. amedrontar, intimar, assustar.
they ~ed him into submitting intimidaram-no até ceder.
coward [k'auəd] s. cobarde m. + f., poltrão m. ‖ adj. cobarde, medroso. ‖ **~ly** adv. cobardemente.
cowardice [~is], **cowardliness** [~linis] s. cobardia, cobardice f.
cowardly [~li] adj. covarde. ‖ adv. covardemente.
cow-bane s. (Bot.) cicuta comum, oficinalis ou virosa f.
cow-berry s. (Bot.) mirtilo vermelho m. (Vaccinium vitis-idaea).
cow-bird s. (também **cow-bunting**) (Orn.) molotro, pequeno pássaro preto americano m. que freqüentemente acompanha o gado (Molothrus ater).
cowboy [k'aubɔi] s. (E. U. A.) vaqueiro, boiadeiro m.
cow-catcher s. limpa-trilhos m. de locomotiva.
cow college s. (E. U. A., gíria) 1. faculdade de agricultura f. 2. escola rural f.
cow-dung s. esterco m. de vaca.
cower [k'auə] v. 1. agachar-se. 2. esconder-se.
cow-fish s. (Zool.) 1. golfinho m. 2. manatim, peixe-boi m.
cowgirl [k'augə:l] s. vaqueira f.
cow-grass s. (Bot.) espécie de trevo silvestre.
cow hand s. (E. U. A.) pessoa f. que trabalha em fazenda de gado, peão m.
cow-herd s. vaqueiro m.
cow-hide s. 1. pele f. ou couro bovino m. 2. relho, chicote m. de couro. ‖ v. vergastar, açoitar, bater com chicote.
cow-house s. estábulo m., vacaria f.
cow-keeper s. vaqueiro, criador m. de gado.
cowl [kaul] s. 1. capelo, capuz m. de frade ou de monge. 2. capa f. ou capote m. de monge. 3. (Autom.) parte frontal f. da carroçaria que encerra o' pára-brisa e painel de instrumentos. 4. (Av.) capota ou coberta f. de motor de avião. 5. capelo m. de chaminé.
cowlick [k'aulik] s. topete, cabelo levantado m.
cowling [k'auliŋ] s. (Av.) capota ou coberta f. de motor (quadro A 2).
cowman [k'aumən] s. (E. U. A.) criador ou proprietá-

rio m. de gado, rancheiro m.

co-worker [k'ouwə:kə] s. colaborador, cooperador m.

cow-parsley s. (Bot.) cicutária, erva-cicutária f. (Anthriscus sylvestris).

cow-parsnip s. (Bot.) canabrás f. (Heracleum sphondylium).

cow-pea s. (Bot.) 1. feijão-fradinho m., ervilha-de--vaca f. (Vigna sinensis). 2. semente f. dessa planta.

Cowper stove s. (Téc.) aquecedor m. de ar.

cow-pox s. (Veter.) vacina, varíola bovina f.: doença infecciosa do gado vacum.

cow-puncher s. (E. U. A., coloq.) vaqueiro m.

cowrie, cowry [k'auri] s. cauri, caurim, cauril m.: concha que serve de moeda em algumas povoações africanas e asiáticas.

cowshed [k'auʃed] s. estábulo m.

cowskin [k'auskin] s. couro m. de vaca.

cowslip [k'auslip] s. (Bot.) prímula, primavera f. (Primula veris).

cow-wheat s. (Bot.) melâmpiro m. (Melampyrum arvense).

cox [kɔks] s. (coloq.) abr. de **coxswain**.

coxa [k'ɔksə] s. pl. —ae (Anat. e Zool.) 1. anca f., quadril m. 2. articulação coxofemoral f.

coxal [~l] adj. coxal, relativo à coxa.

coxcomb [k'ɔkskoum] s. 1. peralta m. + f., janota m. 2. (Bot.) (também **cockscomb**) crista-de-galo f. (Celosa cristata). 3. barrete m. de bobo ou de bufão.

coxcombical [kɔksk'ɔmbikəl] adj. fátuo, fútil, afetado, vaidoso. ‖ **~ly** adv. afetadamente.

coxcombry [k'ɔkskoumri] s. presunção, afetação, peralvilhice f.

coxswain [k'ɔkswein], **cockswain** [kɔksn] s. (Náut.) 1. patrão m.: mestre de barco. 2. timoneiro m. **~ed four** barco de corrida com quatro remadores e patrão.

coxy [k'ɔksi] adj. afetado, presunçoso, arrogante.

coy [kɔi] adj. 1. modesto, reservado. 2. tímido. 3. que se faz de tímido 4. pudico, recatado. ‖ **~ly** adv. modestamente, recatadamente.

coyness [k'ɔinis] s. 1. modéstia, reserva f. 2. acanhamento m., timidez f.

coyote [k'ɔiout] s. (Zool., E. U. A.) coiote m. (Canis latrans).

coypu [k'ɔipu:] s. (Zool.) ratão-do-banhado m. (Myocastor coypus).

coz [kʌz] s. (coloq.) abr. de **cousin**.

cozen [kʌzn] v. 1. enganar, lograr (**of, out of** em) 2. persuadir por logro (**into doing** a fazer).

cozenage [k'ʌznidʒ] s. engano, logro m., fraude f.

cozener [k'ʌznə] s. enganador, trapaceiro m.

cozy [k'ouzi] s. = **cosy**.

crab (I) [kræb] s. 1. caranguejo, siri m. 2. guincho, guindaste m. (quadro C 19). 3. (Astron.) **Crab** Câncer, Cancro m. ‖ v. caçar caranguejos.

to catch a ~ (Esp.) esbarrar com o remo na água.

to turn out ~s 1. levar desvantagem no jogo de dados. 2. (coloq.) ir mal.

crab (II) [kræb] v. 1. criticar severamente, menosprezar, rebaixar. 2. arranhar, ferir com as garras (falcão).

crab (III) [kræb] s. 1. (também **~ apple**) maçã azeda, maçã silvestre f. 2. (fig.) pessoa rabugenta, mal humorada, intratável f.

crab apple s. 1. maçã silvestre, maçã azeda f. 2. macieira silvestre f.

crabbed [kr'æbid], **crabby** [kr'æbi] adj. 1. de mau humor, rabugento, ranzinza, intratável. 2. acre, azedo. 3. difícil de entender, obscuro, intricado, confuso. ‖ **~ly** adv. 1. asperamente. 2. confusamente, obscuramente.

crabbedness [kr'æbidnis] s. 1. rabugice, aspereza,

rispidez f., mau humor m. 2. confusão f. (de estilo).

crab-grass s. (E. U. A.) praga f., capim que invade as ·relvas, capim-da-roça, capim-das-hortas, capim--sanguinário m.

crab-louse s. chato, piolho-das-virilhas m.

Crab nebula s. (Astron.) nebulosa f. de Câncer (na constelação de Touro).

crab-tree s. (Bot.) macieira silvestre f.

crack [kræk] s. 1. fenda, racha, fresta, greta, ruptura f. 2. estalido, estalo, estrépito, estrondo m., pancada f. 3. (coloq.) golpe, soco m. que produz um estalido. 4. tiro m. de arma de fogo. 5. abertura estreita, fresta f. 6. instante, momento m. 7. (gíria) esforço m., tentativa f. 8. (E. U. A., gíria) piada f. 9. conversa f., bate-papo m. 10. (gíria) ladrão arrombador m. 11. arrombamento m. 12. craque, campeão, favorito m. 13. gabolice, jactância f. 14. loucura, maluquice f. ‖ v. 1. rachar, fender(-se), quebrar, rebentar. 2. estalar. 3. crepitar. 4. estourar. 5. bater. 6. ficar áspero e agudo, falhar ou mudar de voz. 7. (gíria) ceder, entregar-se. 8. contar (piada). 9. arrombar (cofre). 10. abrir (garrafa) e beber. 11. falhar, falir. 12. gabar-se, jactar-se. 13. conversar, tagarelar. 14. transloucar, desvairar. ‖ adj. excelente, brilhante. ‖ interj. zás!

in a ~ num instante. **the ~ of doom** o dia do juízo final. **the plate is ~ed** o prato está trincado. **he ~ed his fingers** ele estalou com os dedos. **they ~ed a bottle** eles tomaram uma garrafa. **to ~ a crust** viver modestamente. **to ~ a tidy crust** viver bem. **they ~ed a crib** (gíria) eles arrombaram uma casa. **to ~ a joke** contar uma piada. **to ~ town** 1. (E. U. A.) fazer ou dar uma batida policial. 2. tomar medidas severas. **to ~ up** 1. exaltar, elogiar. 2. sofrer um colapso mental. 3. despedaçar-se. **~ regiment** regimento de elite. **~ shot** campeão de tiro. **~, went the egg!** zás, quebrou-se o ovo!

crackajack [kr'ækədʒæk] s. = **crackerjack**.

crack-brained adj. doido, louco.

crackdown [kr'ækdaun] s. (E. U. A., coloq.) sanção severa f.

cracked [krækt] adj. 1. quebrado, fendido, rachado. 2. agudo, estridente. 3. (coloq.) louco, doido.

he is a little ~ (coloq.) ele não regula bem.

cracker [kr'ækə] s. 1. biscoito fino, bem torrado m. (quadro C 1). 2. busca-pé m., bombinha, bicha f. de estalo. 3. bala f. de estalo. 4. (E. U. A., Sul) branco pobre m. que vive no mato. 5. quebrador m. 6. colapso m. 7. (gíria) mentira grossa f.

crackerjack [~dʒæk] s. (E. U. A.) 1. (coloq.) bamba m., pessoa ou coisa formidável. 2. conhecedor, entendido m. ‖ adj. superior, excelente.

cracking [kr'ækiŋ] s. (Téc.) processo m. de transformação de petróleo em derivados por meio de calor e pressão.

crack-jaw adj. (gíria) de difícil pronúncia (palavra).

crackle [kr'ækl] s. 1. estalido m., crepitação f. 2. fendas ou fissuras pequenas f. pl. que cobrem a superfície de certo tipo de louça. ‖ v. crepitar.

crackle-china, crackle-glass s. louça f. ou vidro m. coberto com uma rede de fissuras finas.

crackling [kr'æklin] s. 1. pele torrada f. de porco. 2. torresmo m. 3. crepitação f. ‖ adj. estalante.

cracknel [kr'æknəl] s. 1. biscoito duro m. 2. torresmo m.

crack of doom s. prenúncio do juízo final m.

crackpot [kr'ækpɔt] s. excêntrico m. + f. ‖ adj. maluco, impraticável.

~ ideas idéias loucas.

cracksman [kr'æksmən] s. (gíria) ladrão arrombador m.

crack-up s. 1. trombada f. 2. queda f. (avião). 3. colapso mental ou físico m.

cracky [kr'æki] adj. 1. rachado. 2. maluco.
cradle [kreidl] s. 1. berço m. 2. lugar m. de origem, terra natal f. 3. (fig.) início m., origem f. 4. (Náut.) picadeiro m. 5. armação f. para sustentar avião, etc. durante a construção. 6. (E. U. A.) bateria oscilante f. para lavar ouro. 7. ancinho m. de gadanha. 8. (Med.) tala f. para imobilizar um membro fraturado. 9. gancho m. de telefone. 10. cutelo, talhador m. ‖ v. 1. pôr ou balançar no berço, embalar. 2. criar, cuidar de, educar. 3. pôr ou segurar em picadeiro, armação, tala, etc. 4. (E. U. A.) lavar (ouro) em bateria oscilante. 5. ceifar com gadanha provida de ancinho.
from the ~ desde a infância. in the ~ (fig.) na infância.
cradle song s. canção f. de ninar.
cradle-scythe s. gadanha f. ou alfanje m. provido de ancinho (quadro H 5).
cradle tip waggon s. (Téc.) vagoneta basculante f.
craft [kra:ft, kræft] s. 1. arte, habilidade, destreza, perícia f. 2. ofício m., profissão f. 3. oficial, profissional, artífice m. + f. 4. astúcia, manha f., artifício m. 5. (também pl.) embarcação f. embarcações pl., navio m., navios pl., avião m., aviões pl.
two ~ dois navios. small ~ embarcações pequenas.
arts and ~s artes e ofícios. the ~ maçonaria. the gentle ~ a pescaria. air—~ aviões.
craftiness [kr'a:ftinis] s. artifício m., astúcia f.
craftsman [kr'a:ftsmən] s. 1. artífice, artesão m. 2. oficial, profissional m.
craftsmanship [~ʃip] s. habilidade, perícia profissional, arte f.
craftswoman [kr'a:ftswumən] s. artífice, perita f.
craft union s. sindicato m. (de determinada classe operária).
crafty [kr'a:fti] adj. astucioso, velhaco, ladino. ‖ –ily adv. astuciosamente.
crag [kræg] s. rochedo, penhasco m. (quadro M 7).
cragged [kr'ægid] adj. escarpado, penhascoso, íngreme.
craggedness [~nis], cragginess [kr'æginis] s. ingremidade, escabrosidade f.
craggy [kr'ægi] adj. penhascoso, escarpado, íngreme.
cragsman [kr'ægzmən] s. alpinista m.
crake [kreik] s. 1. (Orn.) codornizão, rei-das-codornizes m. (Crex crex). 2. grito m. do mesmo. ‖ v. gritar (piar) como o codornizão.
cram [kræm] s. 1. abarrotamento, congestionamento m. 2. (coloq.) lições, sabatinas f. pl. estudadas às vésperas de exames. 3. (gíria) mentira f. ‖ v. 1. abarrotar, encher. 2. forçar, meter à força. 3. saciar(-se), fartar(-se), empanturrar(-se). 4. (coloq.) estudar sofregamente, preparar(-se) apressadamente para um exame. 5. (gíria) mentir, exagerar.
~med with repleto de, abarrotado com.
crambo [kr'æmbou] s. jogo m. de rimas.
dumb-~ charada.
cram-full adj. abarrotado, lotado completamente.
crammer [kr'æmə] s. 1. preparador m. de estudante para o exame. 2. (gíria) mentira f.
cramp (I) [kræmp] s. 1. grampo, gancho m. (quadro N 1). 2. (também ~-iron). sargento m.: ferramenta de carpinteiro. 3. limitação, restrição f., impedimento, obstáculo m. ‖ v. 1. grampear, segurar com grampo. 2. prender com sargento. 3. confinar, limitar, restringir. ‖ adj. 1. confinado, limitado, restrito. 2. difícil para ler ou compreender, obscuro, intricado.
cramp (II) [kræmp] s. 1. cãibra, breca f. 2. paralisia f. de certos músculos. 3. ~s pl. cólicas f. pl. ‖ v. provocar cãibras ou espasmos.
scrivener's ~ cãibra provocada pelo ato de escrever.
he was seized with a ~ ele foi atacado de cãibra.

cramped [kræmpt] adj. 1. espasmódico, com cãibras. 2. apertado, restrito. 3. duro, rígido.
a ~ hand uma caligrafia dura, forçada.
crampfish [kr'æmpfiʃ] s. (Ict.) torpedo m., tremelga, raia elétrica f.
cramp-iron s. sargento, grampo m.
crampon [kr'æmpən] s. 1. grampo, gancho m. de ferro. 2. ponteira, ponta f. 3. (Alpinismo) guarnição f. de ferros pontiagudos que se adaptam aos sapatos, facilitando a subida das encostas de gelo.
cranage [kr'einidʒ] s. 1. taxa f. para uso de guindastes nos cais. 2. direito m. de usar guindaste.
cranberry [kr'ænberi] s. (Bot.) oxicoco m. (Oxycoccus palustris).
crane [krein] s. 1. guindaste m., grua f. (quadro C 19). 2. suporte móvel m. em lareira para caldeirões ou chaleiras. 3. (Orn.) grou m. 4. (Orn.) a grande garça-azul f. 5. sifão m. (para esvaziar barris). ‖ v. 1. içar, guindar, levantar com guindaste. 2. estender o pescoço. 3. vacilar.
hoisting ~ grua. travelling ~ guindaste móvel. slewing ~ guindaste giratório.
crane-fly s. inseto m. da família dos Tipulidae.
crane-man s. operador m. de guindaste.
crane's bill s. (Bot.) gerânio, bico-de-grou, bico-de-cegonha m. (Geranium maculatum).
cranial [kr'einiəl] adj. craniano, do crânio.
cranial index s. índice craniano m.
craniological [kreiniəl'ɔdʒikəl] adj. craniológico.
craniologist [kreini'ɔlədʒist] s. craniologista m. + f.
craniology [kreini'ɔlədʒi] s. craniologia f.
craniometric [kreiniom'etrik] adj. craniométrico.
craniometry [kreini'ɔmitri] s. craniometria f.
cranioscopy [kreini'ɔskəpi] s. cranioscopia f.
craniotomy [kreini'ɔtəmi] s. (Cirurg.) craniotomia f.
cranium [kr'einiəm] s., pl. ~s, crania, (Anat.) crânio m.
crank [kræŋk] s. 1. manivela f. (quadro B 11). 2. trocadilho, jogo de palavras, rodeio, sentido forçado m. 3. capricho m., mania f. 4. (E. U. A., coloq.) pessoa excêntrica f. 5. (coloq.) ranzinza m. + f., pessoa rabugenta f. 6. (Mec.) cotovelo m., curva f. ‖ v. 1. acionar por meio de manivela, dar partida com manivela. 2. curvar em forma de manivela. 3. prover de manivela. ‖ adj. 1. (dial.) fraco, debilitado, doentio. 2. abalado, oscilante, aluído. 3. (Náut.) sujeito a virar, doce de borda.
to ~ up acionar com manivela. he ~s the engine ele põe o motor em funcionamento.
crank-axle s. (Téc.) moente m. de manivela.
crank-boss s. (Téc.) cubo m. de manivela.
crank-box s. (Téc.) cárter m. da manivela.
crank-case s. (Téc.) cárter m. ou caixa f. de manivela.
crank handle s. (Téc.) cabo m. de manivela.
crankiness [kr'æŋkinis] s. excentricidade, extravagância, esquisitice f.
crankle [kræŋkl] s. curva, volta, dobra, curvatura f. ‖ v. serpentear, ziguezaguear.
crank-pin s. (Téc.) pino m. da manivela (quadro S 5).
crank-shaft s. (Téc.) eixo m. de manivela (quadros C 4, S 5).
cranky [kr'æŋki] adj. 1. torcido, curvado, cheio de voltas. 2. irritável, mal-humorado. 3. esquisito, excêntrico. 4. (Náut.) doce de borda, sujeito a virar (navio). 5. doentio, debilitado. ‖ –ily adv. 1. de maneira irritável. 2. excentricamente. 3. desequilibradamente.
crannied [kr'ænid] adj. fendido, rachado.
cranny [kr'æni] s. fenda, racha, greta, fissura f.
crape [kreip] s. 1. crepe m. 2. faixa f. de crepe para luto. ‖ v. 1. colocar crepe. 2. encrespar, frisar.
crappie [kr'æpi] s. (E. U. A., Ict.) peixe pequeno m. de água doce (Pomoxis annularis).

crappy [kr'æpi] adj. de ínfima qualidade.

craps [kræps] s. (E. U. A.) jogo m. de dados.
to shoot ~ jogar dados.

crapulence [kr'æpjuləns] s. 1. crápula, intemperança, embriaguez f. 2. ressaca f. de bebedeira.

crapulent [kr'æpjulənt], **crapulous** [kr'æpjuləs] adj. 1. crapuloso, ébrio, embriagado. 2. com ressaca.

crash (I) [kræʃ] s. 1. estampido, estrondo, estrépito m. 2. impacto m., colisão, queda estrepitosa f. 3. colapso m., falência, ruína f. 4. acidente m. de avião. ‖ v. 1. estalar, estrondear. 2. ir de encontro a, cair com estrépito. 3. despedaçar-se, estatelar-se. 4. espatifar-se no solo, aterrissar de maneira que o avião sofra danos (**into**). 5. falir, arruinar-se. 6. (E. U. A., gíria) penetrar, furar uma festa.

crash (II) [kræʃ] s. tecido m. de linho ou algodão grosseiro, usado para tapeçaria, toalhas, etc.

crash barrier s. (Autom.) cerca, barreira f. para evitar acidentes.

crash dive s. mergulho súbito, vertical m. (submarino).

crash-helmet s. (Milit. e Av.) capacete protetor m.

crasis [kr'eisis] s. pl. **crases** [-si:z] 1 (Gram.) crase f. 2. (†) (Med.) crase f.: constituição dos líquidos orgânicos. 3. constituição f. temperamento m.

crass [kræs] adj. 1. grosseiro, estúpido. 2. crasso, espesso, grosso, denso. ‖ ~ly adv. crassamente, grosseiramente.

crassness [kr'æsnis] s. grosseria, crassidão f.

crate [kreit] s. engradado m. ‖ v. (E. U. A.) 1. engradar, encaixotar. 2. transportar em engradados.

crater (I) [kr'eitə] s. 1. cratera f.: a) boca de vulcão (quadro M 7). b) buraco produzido pela explosão de bomba, etc. c) vaso antigo de boca larga. 2. depressão f., buraco m. em forma de cratera.

crater (II) [kr'eitə] s. engradador m.

crateriform [~rifɔ:m] adj. crateriforme.

cravat [krəv'æt] s. (†) 1. plastrão m., gravata larga f. 2. cachecol m.

crave [kreiv] v. 1. almejar, anelar, desejar, suspirar por. 2. pedir, suplicar, rogar. 3. necessitar, precisar.

craven [kreivn] s. covarde, poltrão m. ‖ v. acovardar, tornar covarde. ‖ adj. covarde, medroso. ‖ ~ly adv. covardemente.
to cry ~ render-se, capitular.

cravenness [kr'eivnnis] s. covardïa f.

craving [kr'eiviŋ] s. 1. desejo ardénte, anelo m., ânsia f. 2. rogo m., súplica f.

craw [krɔ:] s. 1. inglúvio, papo m. das aves. 2. estômago m. de qualquer animal.

crawfish, [kr'ɔ:fiʃ] s. = **crayfish.** ‖ v. (coloq.) tirar o corpo, recuar.

crawk [krɔ:k] v. cantar como rã.

crawl (I) [krɔ:l] s. 1. rastejo, rastejamento m. 2. estilo m. de natação. ‖ v. 1. rastejar, arrastar-se pelo chão. 2. andar de gatinhas. 3. mover-se lentamente. 4. fervilhar, abundar em animais rastejantes. 5. arrepiar, formigar. 6. nadar pelo sistema **crawl**. 7. trepar (plantas). 8. ser subserviente.
they walked at a ~ andaram muito devagar. **they went for a** ~ fizeram um passeio vagaroso. **~ing sensation** formigamento. **to be ~ing with** fervilhdr de.

crawl (II) [krɔ:l] s. viveiro m. para peixes ou tartarugas.

crawler [kr'ɔ:lə] s. 1. quem ou o que se arrasta pelo chão, reptil m. 2. nadador m. pelo estilo **crawl**.

crawler tractor s. trator m. de esteiras ou lagartas.

crawly [kr'ɔ:li] adj. (coloq.) formigante, pruriginoso.

crayfish [kr'eifiʃ] s. 1. (Zool.) camarão-de-água-doce,

ástaco m. 2. (também **sea** ~) qualquer lagosta f. do gênero Palinurus.

crayon [kr'eiən, kr'eiɔn] s. 1. pastel, çreiom m. para desenho. 2. desenho m. a pastel. ‖ v. desenhar com pastel ou creiom, esboçar.
red ~ lápis vermelho. **black** ~ lápis. **~-drawing** desenho a pastel. **in** ~ a pastel.

craze [kreiz] s. 1. paixão, mania f., capricho m. 2. moda, afeição f. ou interesse passageiro m. 3. loucura, demência f. 4. fenda, fissura fina f. em louça, etc. ‖ v. 1. enlouquecer. 2. produzir fissuras finas em louça.
dancing is the ~ dançar está na moda. **~d with fear** louco de medo.

craziness [kr'eizinis] s. loucura, demência, mania f.

crazy [kr'eizi] adj. 1. louco, demente, desequilibrado, lunático. 2. maníaco, tonto. 3. (coloq.) ansioso, louco (**about** por). 4. rachado, fendido, decrépito, imprestável. ‖ ~ily adv. loucamente, ansiosamente.

crazy quilt s. (E. U. A.) colcha f. feita de retalhos.

creak [kri:k] s. rangido, chio m., chiada f. ‖ v. ranger, chiar.

creaky [kr'i:ki] adj. rangedor, rarιgente. ‖ ~ily adv. com rangidos, com chiados.

cream [kri:m] s. 1. nata f., creme m. de leite. 2. creme m. 3. doce m. feito de nata. 4. pomada f., cosmético, creme m. para a pele. 5. cor f. de creme. 6. (fig.) escol m., melhor parte, nata, flor f. 7. licor m. espesso. ‖ v. 1. pôr creme, cobrir de creme. 2. desnatar. 3. espumar, formar uma camada semelhante ao creme. 4. preparar, cozinhar com nata. 5. bater, misturar para formar creme. ‖ adj. 1. de creme. 2. amarelo-claro, da cor do creme.
the ~ **of society** a flor da sociedade. **clotted** ~ nata azeda. **cold** ~ creme para amaciar a pele. **shaving** ~ creme para a barba. **whipped** ~ creme chantilly, nata batida.

cream cheese s. queijo m. feito de nata.

cream coloured adj. creme, branco-amarelado.

creamer [kr'i:mə] s. 1. pote m. para nata. 2. desnatadeira f.

creamery [~ri] s. 1. (E. U. A.) fábrica f. de manteiga e queijo. 2. estabelecimento m. de lacticínios.

cream-faced adj. pálido, descorado, lívido.

cream horn s. (Culin.) canudinho m. com creme.

creaminess [kr'i:minis] s. estado cremoso m.

cream-jug s. canequinha f. para nata (quadro B 21).

cream-laid, cream-paper s. papel m. de carta, cor-de--creme.

cream of tartar s. (Quím.) cremor m. de tártaro.

cream puff s. 1. doce m. com recheio de creme. 2. (gíria) automóvel m. de segunda mão em perfeito estado. 3. homem m. molenga.

creamy [kr'i:mi] adj. 1. cremoso, rico em nata. 2. semelhante à nata. 3. (coloq.) forte (piada).

crease (I) [kri:s] s. ruga, prega, dobra f. (quadro C 12). ‖ v. 1. dobrar, vincar. 2. enrugar-se.

crease (II) s. = **cre**

crease-proof adj. que não enruga.

creasy [kr'i:si] adj. rugoso, enrugado.

create [kri:'eit] v. 1. criar, produzir, originar, gerar. 2. provocar, ocasionar. 3. formar, realizar. 4. nomear, investir. 5. inventar.
he was ~d a duke ele foi elevado a duque.

creation [kri:'eiʃən] s. 1. criação f., ato m. de criar. 2. universo, conjunto m. de seres criados. 3. instituição, ereção, invenção f. 4. criação artística f. 5. investidura, nomeação f.

creational [~ əl] adj. criador. ‖ ~ly adv. mediante criação.

creationism [~ izm] s. (Filos. e Teol.) criacionismo m.

creative [kri'eitiv] adj. 1. criador. 2. produtivo, inventivo. ‖ ~ly adv. produtivamente.
creativeness [~nis] s. 1. faculdade criadora f. 2. produtividade f.
creator [kri'eitə] s. 1. criador, autor, produtor m. 2. Creator s. Criador, Deus m.
creatorship [~ʃip] s. condição ou dignidade f. de criador ou autor.
creatress [kri'eitris] s. 1. criadora f. 2. produtora, inventora f.
creature [kr'i:tʃə] s. 1. criatura f., ser humano m. 2. animal doméstico m. 3. pessoa f. dominada por outra, servo, instrumento m. 4. produto m.
a sweet ~ uma bela criatura. not a ~ ninguém. dumb ~s animais irracionais. fellow ~ o próximo. living ~ vivente, ser vivo. a horrid ~ um monstro.
creature comfort s. o conforto m. pessoal: alimento, habitação, vestuário.
creaturely [~li] adj. 1. de ou pertencente a criatura. 2. humano.
crèche [kreiʃ] s. 1. creche f., asilo m. de crianças. 2. roda f., asilo m. de expostos. 3. presépio m. (de Natal).
credence [kr'i:dəns] s. 1. crédito m., crença f. 2. credencial f. 3. (Ecles.) credência f.
letter of ~ carta de recomendação. I gave no ~ to it não acreditei nisto.
credence-table s. (Ecles.) credência f.
credential [krid'enʃəl] s. 1. credencial f. 2. ~s pl. credenciais diplomáticas f. pl. 3. ~s pl. referências, cartas f. pl. de apresentação. ‖ adj. credencial.
credibility [kredib'iliti] s. credibilidade f.
credible [kr'edibl] adj. 1. crível, acreditável. 2. de confiança, digno de crédito. ‖ —bly adv. crivelmente, de modo verossímil.
credit [kr'edit] s. 1. crédito m., crença, fé f. 2. confiança f. 3. crédito, saldo, haver m. de uma conta 4. dinheiro m. pago por conta. 5. prazo m. para pagamento. 6. (E. U. A.) trabalho acadêmico m. que conta para o exame. 7. reputação f., prestígio financeiro m. 8. bom conceito, caráter m. 9. honra, glória f., mérito m. 10. fidedignidade f. ‖ v. 1. crer, acreditar, ter fé em, confiar. 2. dar crédito bancário ou comercial. 3. creditar em conta. 4. contar como ponto no exame universitário. 5. (seguido de with) atribuir a.
on ~ a crédito. transaction on ~ transação a prazo. with ~ com méritos. to somebody's ~ a favor de alguém. at three months' ~ com prazo de três meses. he is a ~ to me ele é uma honra para mim. he will do you ~ ele o honrará. to enter, put to his ~ creditar na sua conta. to give ~ 1. dar crédito (for até). 2. acreditar. I give him ~ for that (for being) 1. creio que ele é capaz disto. 2. tenho o em apreço por isto. he had tne ~ of it ele recebeu as honras, colheu os louvores por isto. I had a ~ opened with him abri um crédito com ele. he took ~ for it ele o considerou como mérito seu. blank ~ crédito ilimitado. letter of ~ carta de crédito. ~-balance saldo credor. ~ on goods crédito em mercadorias. ~ opened crédito em aberto. we have ~ed your account with creditamos a sua conta com. to ~ s. o. with julgar alguém capaz de.
creditability [kreditəb'iliti], creditableness [kr'editəblnis] s. crédito m., honra, reputação f.
creditable [kr'editəbl] adj. 1. honroso, digno, respeitável. 2. (arc.) crível. 3. (arc.) digno de crédito.
to be (very) ~ to s. o. ser muito honroso para.
credit account s. (Com.) conta-corrente f.
credit card s. cartão de crédito m.
credit line (também ~ limit) s. limite de crédito m.

credit note s. (Com.) nota f. de crédito.
creditor [kr'editə] s. 1. credor m. 2. (escrituração mercantil) haver m.
credit side s. coluna f. de haver (escrituração mercantil).
credit squeeze s. restrições f. pl. creditícias do governo.
credit titles pl. s. listagem f. dos componentes e participantes (Cin. e Telev.).
credit union s. cooperativa f. de crédito.
credo [kr'i:dou] s. 1. crença f. 2. credo m., oração cristã f. 3. composição musical f. para o credo.
credulity [krid'u:liti] s. credulidade, ingenuidade f.
credulous [kr'edjuləs] adj. crédulo, ingênuo. ‖ ~ly adv. credulamente, ingenuamente.
credulousness [~nis] s. credulidade f.
creed [kri:d] s. 1. credo m., profissão f. de fé cristã. 2. doutrina, crença f.
the Apostles' Creed credo dos apóstolos.
creek [kri:k] s. 1. (E. U. A., Canadá, Austral.) ribeiro, córrego, riacho m. 2. enseada, angra f.
creel [kri:l] s. 1. cesto m. para peixes (quadro F 4). 2. (Téc.) casal m. de urdideira, grade, esquinadeira f.
creep [kri:p] s. 1. rastejo, rastejamento, arrastamento m. 2. ~s pl. arrepio, prurido m., sensação f. de formigamento. 3. sensação f. de apreensão ou de horror. ‖ v. (imp. e p. p. crept) 1. arrastar-se, rastejar. 2. engatinhar. 3. mover-se lentamente. 4. trepar (planta). 5. ter formigamento ou comichão. 6. humilhar-se, bajular, rebaixar-se. 7. mover-se, sair um pouco do lugar. 8. insinuar-se.
mountain ~ desmoronamento de montanha. it gives me the ~s, it makes my flesh ~ causa-me arrepios. my flesh ~s sinto calafrios. to ~ up aproximar-se arrastando.
creeper [kr'i:pə] s. 1. pessoa f. ou animal m. que engatinha. 2. rastejador. m. 3. (Bot.) planta rasteira ou trepadeira f. 4. (Zool.) inseto, réptil m. 5. (Orn.) ave trepadeira f. 6. ~s pl. espécie de macacão para crianças. 7. bajulador, adulador m.
Virginia ~ videira silvestre dos E. U. A.
creep-hole s. 1. buraco m., cova, toca f. de qualquer animal. 2. (fig.) subterfúgio m., escapatória f.
creep in v. começar a acontecer.
creeping [kr'i:piŋ] adj. 1. rasteiro, serpejante. 2. trepador. ‖ ~ly adv. de modo rastejante.
creep-mouse s. jogo infantil m. ‖ adj. tímido, acanhado, furtivo.
creepy [kr'i:pi] adj. 1. arrepiado, medroso. 2. formigante, pruriginoso. 3. arrepiador. 4. rasteiro.
I feel ~ estou com arrepios.
creese [kri:s] s. cris m.: punhal malaio de lâmina ondeada.
cremate [krim'eit] v. cremar, incinerar, queimar.
cremation [krim'eiʃən] s. cremação, incineração f.
cremator [krim'eitə] s. 1. cremador m. 2. forno crematório m. 3. forno m. para incineração de lixo.
crematorium [kremət'ɔ:riəm] s. crematório m.
crematory [kr'emətəri] s. crematório m. ‖ adj. crematório.
crenate [kr'i:neit], crenated [~id] adj. 1. (Bot.) crenado (quadro L 2). 2. crenulado, recortado.
crenation [krin'eiʃən], crenature [kr'enətʃə] s. crena, crenadura f.
crenel [kr'enəl], crenelle [krən'el] s. 1. seteira f. 2. ameia f. 3. (Bot.) crena f.
crenelate, crenellate [kr'enəleit] v. fortificar, amear. ‖ adj. ameado.
crenellation [krenəl'eiʃən] s. 1. formação f. de crenas. 2. guarnição f. de ameias.

crenulate [kr'enjuleit] adj. crenulado, crenado (quadro L 2).

Creole [kr'i:oul] s. crioulo m.: 1. (E. U. A.) branco descendente dos colonizadores franceses em Louisiana. 2. (E. U. A.) dialeto francês falado em Louisiana. 3. descendente de espanhol ou francês nascido na América Latina. 4. creole mulato, mestiço. ‖ adj. crioulo.

creophagous [kri'ɔfəgəs] adj. carnívoro, creófago.

creophagy [kri'ɔfədʒi], creophagia [kri:əf'eidʒiə] s. creofagia f.

creosol [kr'i:əsoul] s. (Quím.) creosol m.

creosote [kr'i:əsout] s. creosoto m. ‖ v. creosotar, tratar com creosoto.

crepe, crêpe [kreip] s. 1. crepe m. 2. papel crepom m. (também ~ paper).
~ de Chine crepe-da-china.

crepitant [kr'epitənt] adj. crepitante, estalidante.

crepitate [kr'epiteit] v. crepitar, estalar.

crepitation [krepit'eiʃən] s. crepitação f.

crept [krept] v. imp. e p. p. de creep.

crepuscular [krip'ʌskjulə] adj. 1. crepuscular. 2. indistinto, vago. 3. (Zool.) que surge ao crepúsculo.

crepuscule [kr'epəskju:l] s. crepúsculo m.

crescendo [kriʃ'endou] (Mús.) s. crescendo m. ‖ adj. em crescendo. ‖ adv. de forma crescente.

crescent [kr'esənt] s. 1. quarto crescente m. da lua. 2. qualquer objeto em forma de meia-lua. 3. emblema m. do antigo império turco ou do Islamismo. 4. (Mús., milit.) carrilhão m. ‖ adj. 1. semilunar, em forma de meia-lua. 2. crescente, em aumento.

crescentade [kresənt'eid] s. guerra religiosa f. maometana.

cresol [kr'i:sɔl] s. (Quím.) cresol m.

cress [kres] s. (Bot.) agrião m.
bitter ~ agrião bravo. Indian ~ capuchinha-grande, chagas. marsh ~ agrião-do-pântano. Virginia ~ mastruço-da-américa, winter ~ agrião-da-terra.

cresset [kr'esit] s. fogaréu m.: tigela em que se acendem combustíveis.

crest [krest] s. 1. crista f. 2. poupa f., topete, penacho m. na cabeça de certas aves. 3. penacho, cocar m., pluma f. de elmo ou capacete. 4. cimeira f., topo, cume m. 5. elmo m. ou cimeira f. de elmo. 6. crina f. de cavalo (quadro H 9). 7. o melhor ou mais alto da sua espécie. 8. crista f. de onda, montanha (quadro M 7), etc. 9. (Heráld.) timbre m. ‖ v. 1. pôr cimeira, pluma, penacho, escudo, ᵗetc. em. 2. coroar. 3. superar, alcançar o cume de. 4. formar cristas, encapelar-se (onda).

crested [kr'estid] adj. 1. cristado, provido de crista, cimeira, penacho, etc. 2. coroado. 3. emplumado. 4. encrespado.

crested-lark s. (Orn.) cotovia-de-poupa. f.

crestfallen [kr'estfɔ:lən] adj. desanimado, abatido, triste, pesaroso. ‖ ~ly adv. desanimadamente, tristemente.

crestfallenness [~nis] s. desânimo, desalento m., tristeza f.

crestless [kr'estlis] adj. 1. sem crista ou penacho. 2. que não é nobre.

cresylic [kris'ilik] adj. (Quím.) cresílico.

cretaceous [krit'eiʃəs] adj. 1. (Geol.) cretáceo. 2. gredoso.
~ formation formação cretácea.

Cretan [kr'i:tən] s. cretense m. + f. ‖ adj. cretense.

cretify [kr'eitifai] v. impregnar de sais de cálcio.

cretin [kr'etin, kr'i:tin] s. cretino, idiota m.

cretinism [~izm] s. cretinismo m.

cretinize [~aiz] v. cretinizar, imbecilizar.

cretinous [~əs] adj. cretinoso.

cretonne [krit'ɔn] s. cretone m.

crevasse [kriv'æs] s. 1. fenda f. de geleira. 2. (E. U. A.) brecha f. num dique. ‖ v. rachar, formar brechas.

crevice [kr'evis] s. fenda, racha, fresta, greta f (quadro M 7).

creviced [~t] adj. fendido, rachado, gretado.

crew (I) [kru:] s. 1. tripulação f.: a) de navio, b) de avião, c) (Esp.) de barco. 2. turma f. de trabalhadores. 3. bando m..
air ~ pessoal de bordo de avião. ground ~ pessoal de terra. merry ~ turma alegre. road ~ turma de construção (manutenção) rodoviária.

crew (II) [kru:] v. p. p. de crow.

crew cut s. escovinha f.: corte de cabelo masculino (quadro H 1).

crewel [kr'u:il] s. lã f. para bordar.

crewelwork [~wə:k] s. bordado m. de lã.

crib [krib] s. 1. berço m. com grades altas. 2. manjedoura f. 3. estábulo m. 4. silo m. 5. entivação, armação f., entabuamento m. de vigas e caibros para construção. 6. (coloq.) burro m.: versão de autor clássico usada clandestinamente nos exames. 7. casa pequena, choupana f. 8. cubículo m. 9. cesto m. de vime. 10. pequeno furto m. 11. cartas descartadas f. pl. no jogo de cribbage. ‖ v. 1. colocar manjedoura ou berço. 2. (coloq.) plagiar. 3. colar (nos exames). 4. confinar, engaiolar, fechar ou encerrar em pequeno espaço. 5. restringir, cercear. 6. colocar armação de madeira. 7. surripiar. 8. usar burro (estudante). 9. ter birra (cavalo).

cribbage [kr'ibidʒ] s. jogo m. de cartas.

cribbing [kr'ibiŋ] s. (coloq.) ação f. de plagiar.

crib-bite v. ter birra (cavalo).

crib biting, cribbing s. birra f. (de cavalo).

crick [krik] s. cãibra muscular, repentina f. ‖ v. provocar cãibra.
~ in the neck pescoço duro. ~ in the back ciática.

cricket (I) [kr'ikit] s. 1. criquete m. (quadro B 1). 2. (coloq.) jogo leal m. ‖ v. jogar criquete.
to play ~ (fig.) jogar com espírito esportivo. ~-bat taco para criquete. ~-field, ~-ground campo para criquete. ~-match partida de criquete. not ~ (gíria) desonesto.

cricket (II) [kr'ikit] s. (Ent.) grilo m.
(as) merry as a ~ muito alegre. the ~ chirps, creaks o grilo canta.

cricket (III) [kr'ikit] s. banquinho baixo m., de madeira.

cricketer [~ə] s. jogador m. de criquete.

cricoid [kr'aikɔid] s. (Anat.) (também ~ cartilage) cartilagem cricóide f. ‖ adj. (Anat.) cricóide.

crier [kr'aiə] s. 1. pregoeiro, leiloeiro m. 2. reclamista m. + f. 3. gritador, clamador m.
town ~ pregoeiro público.

crikey [kr'aiki] interj. (gíria) exclamação de espanto: caramba!

crime [kraim] s. 1. crime, delito m. 2. pecado m.
capital ~ crime capital. he committed a ~ ele cometeu um crime.

Crimean [kraim'iən] adj. da Criméia.
~ war guerra da Criméia.

crimeless [kr'aimlis] adj. inocente, sem culpa.

criminal [kr'iminəl] s. criminoso m. ‖ adj. 1. criminoso. 2. criminal. ‖ ~ly adv. criminalmente.
~ code código penal. ~ conversation adultério. ~ laws direito penal.

criminality [krimin'æliti] s. 1. criminalidade f. 2. culpa f.

criminal law s. (Jur.) código penal m.

criminal lawyer s. (Jur.) criminalista m. + f.

criminate [kr'imineit] v. 1. criminar, incriminar, culpar, acusar. 2. censurar abertamente.

crimination [krimin'eiʃən] s. 1. criminação, incriminação f. 2. censura aberta f.
criminative [kr'imineitiv] adj. criminável.
criminator [kr'imineitə] s. criminador, acusador m.
crimine!, criminy! [kr'aimini] interj. (gíria) caramba!
criminologic [kriminəl'odʒik], criminological [~əl] adj. criminológico.
criminologist [krimin'ɔlədʒist] s. criminologista m + f.
criminology [krimin'ɔlədʒi] s. criminologia f.
crimp (I) [krimp] s. 1. encrespamento m., ondulação f. 2. dobra, prega f. 3. plissagem f. 4. cacho m. de cabelo. ‖ v. 1. encrespar, ondear. 2. dobrar, plissar. 3. enrugar. 4. talhar, fazer incisão em. 5. revirar as bordas de cartucho. 6. enformar (couro).
crimp (II) [krimp] s. embaucador m. de soldados ou marujos. ‖ v. embaucar, recrutar à força soldados ou marujos.
crimpy [kr'impi] adj. crespo, encrespado, ondeado.
crimson [kr'imzn] s. carmesim, vermelho m. ‖ v. 1. tingir de carmesim. 2. tornar-se carmesim. 3. enrubescer. ‖ adj. 1. carmesim, vermelho. 2. sanguinário.
crinal [kr'ainəl] adj. crinal, de crina.
cringe [krindʒ] s. lisonja servil, bajulação, adulação f. ‖ v. 1. encolher-se de medo. 2. bajular, adular, lisonjear servilmente.
cringer [kr'indʒə] s. adulador, bajulador m.
cringing [kr'indʒiŋ] s. servilismo m., bajulação f.
cringle [kr'iŋgl] s. (Náut.) garruncho m.
crinite [kr'ainait] adj. crinito, peludo.
crinkle [kr'iŋkl] s. 1. ruga, dobra f. 2. amassadura f. (de papel). 3. ondulação f. ‖ v. 1. ondular, fazer dobras, serpejar. 2. enrugar(-se). 3. encrespar(-se). 4. amarrotar.
crinkly [kr'iŋkli] adj. ondulado, enrugado.
crinkum-crankum [kr'iŋkəm-kr'æŋkəm] s. (coloq.) 1. emaranhado m. 2. veneta f., capricho m. ‖ adj. emaranhado, intrincado.
crinoid [kr'ainɔid] s. crinóide m. ‖ adj. crinóide.
crinoline [kr'inəli:n] s. 1. crinolina f., tecido forte m. 2. armação f. para vestido. 3. saia-balão f. 4. (Náut.) rede f. de proteção contra torpedos.
cripple [kripl] s. 1. aleijado, estropiado, coxo, paralítico m. 2. (E. U. A.) pântano, paul m. ‖ v. 1. mutilar, aleijar, estropiar. 2. incapacitar, enfraquecer.
crippled [kripld] adj. estropiado, mutilado, aleijado.
crisis [kr'aisis] s. pl. crises [-si:z] crise f.: 1. (Med.) alteração sobrevinda no curso de uma doença. 2. conjuntura perigosa. 3. momento decisivo.
crisp [krisp] v. 1. anelàr-se, encaracolar-se. 2. encrespar(-se), enrugar(-se). 3. torrar f. 4. tornar quebradiço. ‖ adj. 1. anelado, encaracolado. 2. encrespado, crespo. 3. ondulado, enrugado. 4. friável, quebradiço. 5. torrado. 6. fresco, viçoso. 7. nítido, claro, conciso. 8. resoluto, decisivo, incisivo. 9. refrescante, revigorante. ‖ ~ly adv. de modo encrespado, decisivamente, etc.
crispate [kr'ispeit] adj. (Bot., Zool.) crispado.
crisper [kr'ispə] s. encrespador m.
crispness [kr'ispnis] s. 1. crespidão f. 2. friabilidade f. 3. viço m. 4. resolução f. 5. vivacidade f.
crispy [kr'ispi] adj. 1. quebradiço, friável. 2. anelado, ondulado. 3. encrespado.
crisscross [kr'iskrɔs] s. 1. desenho m. de linhas cruzadas. 2. palavras cruzadas f. pl. ‖ v. marcar, riscar, cobrir com linhas cruzadas. ‖ adj. 1. cruzado, riscado com linhas cruzadas. 2. rabugento. ‖ adv. em forma de cruz.
everything goes ~ tudo vai mal.
cristate [kr'isteit], cristated [~ id] adj. cristado, com topete.
criterion [krait'iəriən] s. critério m., norma f.

that is no ~ for me isto não serve de critério para mim. he is no ~ ele não é competente.
critic [kr'itik] s. 1. crítico m. 2. examinador, julgador m. 3. critiqueiro, criticastro m.
critical [~əl] adj. 1. crítico: a) relativo a crítica. b) criticador. c) relativo a crise, perigoso. 2. criterioso, ajuizado. 3. difícil. 4. decisivo, crucial. ‖ ~ly adv. 1. criticamente. 2. criteriosamente. 3. perigosamente. 4. decisivamente.
~ angle 1. (Ópt.) ângulo limite. 2. (Av.) ângulo crítico. ~ mass (Fís.) quantidade crítica. ~ point (Fís.) ponto crítico. ~ temperature (Quím., Fís.) temperatura crítica.
criticalness [~əlnis] s. caráter crítico m.
criticaster [kr'itikæstə] s. criticastro, critiqueiro m.
criticism [kr'itisizm] s. 1. desaprovação, censura, apreciação desfavorável f. 2. apreciação f., julgamento m., análise f. 3. criticismo m .
open to ~ sujeito a críticas. textual ~ crítica de texto.
criticizable [kr'itisaizəbl] adj. criticável, censurável.
criticize, criticise [kr'itisaiz] v. 1. desaprovar, criticar, censurar. 2. julgar, fazer crítica.
criticizer, criticiser [~ə] s. crítico, criticador m.
critique [krit'i:k] s. 1. crítica, arte f. do criticismo. 2. apreciação f. ou comentário m. crítico.
croak [krouk] s. crocito, coaxo, grasnado m. ‖ v. 1. crocitar, coaxar, grasnar. 2. falar em voz baixa e áspera. 3. pressagiar o mal. 4. resmungar. 5. (gíria) morrer. 6. (gíria) matar.
croaker [kr'oukə] s. 1. grasnador m. 2. resmungão m. 3. pressagiador, agoureiro m. 4. (E. U. A.) (Ict.) corvina-de-linha, corvina-de-corso f.
croaky [kr'ouki] adj. rouco, coaxante.
Croat [kr'ouət] s. croata m. + f.
Croatian [krou'eiʃən] s. 1. croata m. + f. 2. idioma croata m. ‖ adj. croata.
crochet [kr'ouʃei] s. 1. crochê m. 2. trabalho m. de crochê. ‖ v. (imp. e p. p. ~ed [kr'ouʃeid]) fazer crochê.
crocidolite [krəs'idolait] s. (Miner.) crocidólito m.
crock (I) [krɔk] s. 1. pote, jarro, cântaro m. de barro. 2. caco m. de louça.
crock (II) [krɔk] s. 1. matungo, pilungo, cavalo velho ou exausto m. 2. ovelha velha f. 3. (coloq.) pessoa doente ou alquebrada f. ‖ v. alquebrar(-se), debilitar(-se).
crock (III) [krɔk] s. fuligem f. ‖ v. 1. enegrecer com fuligem. 2. desprender fuligem.
crockery [kr'ɔkəri] s. louça f. de barro (também ~-ware).
crocket [kr'ɔkit] s. (Arquit.) ornamento m. em forma de folhas recurvadas.
crocky [kr'ɔki] adj. 1. fraco, exausto, esgotado. 2. (coloq.) liquidado. 3. fuliginoso.
crocodile [kr'ɔkədail] s. 1. (Zool.) crocodilo m. 2. (coloq.) fileira f. de crianças escolares em passeio. ~ tears lágrimas de crocodilo, lágrimas falsas ou hipócritas.
crocodilian [krɔkəd'iliən] s. crocodiliano m. ‖ adj. crocodiliano, relativo ou semelhante ao crocodilo.
crocoite [kr'oukoait], crocoisite [krok'ouisait] s. (Miner.) crocoíta f.
crocus [kr'oukəs] s., pl. ~es, croci [kr'ousai] 1. (Bot.) croco, açafrão m. 2. cor f. de açafrão.
croft [krɔft] s. 1. (Ingl.) terreno, campo cercado m. 2. sítio m., chácara arrendada f.
crofter [kr'ɔftə] s. rendeiro m. que cultiva um sítio.
Cro-Magnon [kroum'æɡnən] s. homem paleolítico m., considerado protótipo do europeu, cujos vestígios foram encontrados na caverna de Cro-Magnon, França.

cromlech [kr'ɔmlek] s. 1. (Arqueol.) dólmen m.: monumento druídico, formado de uma grande pedra achatada, posta sobre outras verticais. 2. círculo m. de monólitos ao redor de um dólmen.

crone [kroun] s. velha, mulher idosa e encarquilhada f.

crony [kr'ouni] s. amigo íntimo, camarada m.

crook [kruk] s. 1. gancho m. 2. curva, curvatura f. 3. dobramento, arqueamento m. 4. peça curvada f. 5. cajado, bordão m. de pastor. 6. croça f., bastão episcopal m. 7. (E. U. A., coloq.) pessoa desonesta f., trapaceiro, escroque m. 8. genuflexão f. ‖ v. 1. curvar, entortar. 2. curvar-se.

by hook or by ~ de qualquer modo. **he has a ~ in his nature** ele tem maneiras esquisitas.

crookback [kr'ukbæk] s. corcunda m. + f.

crookbacked [~t] adj. corcunda.

crooked [kr'ukid] adj. 1. curvo, torto, tortuoso. 2. dobrado, arqueado. 3. desonesto, fraudulento, falso. ‖ ~ly adv. 1. de modo curvo. 2. desonestamente.

crookedness [kr'ukidnis] s. 1. curva f. 2. deformidade física f. 3. maldade f. 4. desonestidade f.

crooked stick s. 1. cajado, bordão m. 2. (coloq.) pessoa f., trapaceiro, escroque m. 8. genuflexão f. ‖ v. 1. curvar, entortar. 2. curvar-se.

crookneck [kr'uknek] s. abóbora f. de pescoço recurvado.

croon [kru:n] s. 1. canção f. ou som monótono, murmúrio m. 2. sussurro m. ‖ v. 1. murmurar, sussurrar. 2. cantar em voz baixa ou sentimental.

crooner [kr'u:nə] s. (coloq.) cantor m. de rádio.

crop [krɔp] s. 1. colheita f. 2. safra f. 3. resultado m. 4. grupo m., coleção f. 5 cabelo cortado m. 6. marca f. de orelha cortada. 7. papo m. de aves. 8. chicote curto m. de montaria. 9. cabo m. de chicote. ‖ v. 1. semear. 2. colher. 3. aparar, cortar a ponta a. 4. aparar (cabelo), cortar curto. 5. produzir, dar safra. 6. fazer marca na orelha de animais. 7. ceifar, segar. 8. tosquiar.

she has an Eton ~ ela tem o cabelo cortado curto como homem. **under ~** em cultivo. **to ~ up** brotar, aparecer, surgir.

crop-dusting s. (Agric.) pulverização f. de culturas.

crop-eared adj. 1. de orelhas cortadas. 2. com o cabelo cortado curto.

cropper (I) [kr'ɔpə] s. 1. cultivador, plantador m. 2. meeiro m. 3. cortador, aparador m. 4. máquina f. para cortar ou aparar.

a good ~ uma planta que produz muito.

cropper (II) [kr'ɔpə] s. variedade de pombo m. de papo grande.

cropper (III) [kr'ɔpə] s. 1. (coloq.) queda violenta f., tombo m. 2. fracasso, malogro m.

to come a ~ 1. cair, tombar. 2. fracassar, falhar.

croppy [kr'ɔpi] s. pessoa f. de cabelos raspados.

crop rotation s. (Agric.) rotação f. de culturas.

croquet [kr'oukei] s. croque m.: jogo de campo. ‖ v. impelir a bola do adversário com a própria.

croqueting [~iŋ] s. (croque) ação f. de impelir a bola do adversário com a própria.

croquette [krouk'et] s. croquete m.

croquis [krouk'i:] s. desenho m. de moda.

crosier [kr'ouʒə] s. (também **crozier**) 1. croça f., bastão episcopal m. (quadro C 18). 2. (Bot.) extremidade f. circinada (de samambaia, etc.).

Crosier [kr'ouʒə] s. (Astron.) Cruzeiro do Sul m.

cross [krɔs] s. 1. cruz f. 2. (**Cross**) cruz f. de Cristo. 3. Redenção f. de Cristo. 4. religião cristã. f. 5. crucifixo m. 6. símbolo m. da religião cristã. 7. símbolo m. das cruzadas. 8. cruz f. que se põe em lugar do nome. 9. desenho m., marca f. ou objeto m. em forma de cruz. 10. (Astron.) cruzeiro m. 11. sofrimento m., aflição f., atribulação f.

12. cruzamento m. de raças ou castas, hibridação f. 13. híbrido m., resultado m. de cruzamento. 14. encruzilhada f., cruzamento m. 15. (gíria) fraude, trapaça f. 16. interseção f. de duas linhas. 17. cruzeiro m. (monumento). 18. (Eletr.) contato m. entre fios. ‖ v. 1. marcar com cruz. 2. riscar em cruz, cruzar, cancelar. 3. pôr ou colocar através. 4. estar colocado em forma de cruz, estar deitado através. 5. cruzar, atravessar, transpor, passar sobre. 6. cruzar-se, passar por. 7. fazer o sinal da cruz sobre. 8. opor, impedir, frustrar. 9. fazer cruzamento (entre raças). 10. dispor em cruz. 11. cortar (letras). 12. formar cruzamento (ruas). 13. montar, cavalgar. 14. atravessar o oceano. 15. fazer atravessar. 16. estender-se sobre. 17. (gíria) fazer fraude em competições esportivas. 18. (gíria) trair, enganar. ‖ adj. 1. atravessado, transversal, oblíquo. 2. oposto, contrário. 3. rabugento, de mau humor, zangado, irritadiço. 4. recíproco. 5. cruzado, híbrido. ‖ adv. 1. de lado a lado, através. 2. em cruz. 3. transversalmente. 4. contrariamente. 5. desfavoravelmente. ‖ ~ly adv. rabugentamente.

Maltese Cross Cruz de Malta. **no ~, no crown** (fig.) não há recompensa sem esforço. **on the ~** (coloq.) por meios desonestos. **The Southern Cross** o Cruzeiro do Sul. **to take up one's ~** carregar sua cruz. **to make the sign of the ~** fazer o sinal da cruz. **Victoria Cross** condecoração inglesa. **~ed cheque** cheque cruzado. **to ~ over** atravessar. **he ~ed himself** ele fez o sinal-da-cruz. **he ~ed his arms** ele cruzou os braços. **he ~ed the threshold** ele transpôs a soleira. **his letter ~ed mine** sua carta cruzou com a minha. **keep your fingers ~ed!** (fig.) torça para mim. **let us ~ over to the other side** vamos atravessar (a rua). **our letters ~ed** nossas cartas se cruzaram. **the idea ~ed my mind** veio-me a idéia de... **the two roads ~ each other** as duas estradas se cruzam. **they ~ed the frontier** cruzaram a fronteira. **they had their plans ~ed** seus planos fracassaram. **they were ~ed in love** seu amor acabou mal. **to ~ off, out** riscar, apagar, cortar. **to ~ the floor** (Parl. fig.) bandear-se para a oposição, abandonar seu partido. **with ~ed arms** de braços cruzados. **as ~ as two sticks** muito mal-humorado. **~ currents** correntes contrárias. **he went ~** ele errou. **we are talking at ~ purposes** estamos falando sem nos entendermos.

cross-action s. (Jur.) processo m. de reconvenção.

cross-arm [kr'ɔsa:m] s. 1. braço m. de cruz. 2. (Téc.) cruzeta, travessa f., travessão m.

cross-armed adj. de braços cruzados.

crossbar [kr'ɔsba:] s. 1. linha ou lista f. transversal. 2. (Téc.) travessa, trave f. (também futebol). ‖ v. marcar com linhas ou listas transversais.

crossbeam [kr'ɔsbi:m] s. (Téc.) trave mestra, viga mestra f. (quadro P 5).

cross-bearer s. cruciferário m.

crossbedded [kr'ɔsbedid] adj. (Geol.) de estratificação irregular.

cross-bench s. bancada f. no parlamento para os membros que não pertencem a nenhum partido. ‖ adj. imparcial, neutro.

crossbill [kr'ɔsbil] s. (Orn.) cruza-bico, bico-cruzado, trinca-nozes m.

crossbones [kr'ɔsbounz] s. pl. ossos cruzados m. pl. debaixo de uma caveira.

crossbow [kr'ɔsbou] s. besta f. (arma medieval)

crossbowman [~mən] s. besteiro m.

crossbred [kr'ɔsbred] s. híbrido m. (também **crossbreed**). ‖ adj. híbrido, mestiço, produzido por cruzamento.

crossbreed [kr'ɔsbriːd] s. híbrido m., cruza f. ‖ v. acasalar animais ou plantas de raças diferentes.

crossbreeding [~iŋ] s. cruza f., cruzamento m.

crossbun [kr'ɔsb'ʌn] s. pãozinho m. de sexta-feira santa, marcado com cruz.

cross-buttock s. 1. golpe m. de luta livre. 2. (fig.) revés inesperado m.

crosscheck [krɔstʃ'ek] v. rechecar.

cross-connection s. (Eletr.) ligação cruzada f.

cross-country adj. através dos campos.
~ race corrida através dos campos.

crosscurrent [kr'ɔskəːrənt] s. corrente secundária f. (esp. marítima) que cruza a corrente principal.

crosscut [kr'ɔskʌt] s. 1. corte oblíquo m. 2. picada f., atalho m. 3. galeria transversal f. de mina. ‖ v. cortar transversalmente. ‖ adj. 1. que corta de través. 2. cortado transversalmente ou obliquamente.

crosscut end s. parte f. (da madeira) cortada transversalmente.

crosscut saw s. traçador m. (quadros C 5, S 1).

cross-entry s. (Com.) registro m. de partida dobrada, registro m. de controle (nos livros).

cross-examination s. (Jur.) interrogatório cruzado m., inquirição f.

cross-examine v. interrogar, inquirir, examinar novamente.

cross-eye s. estrabismo m., vesguice f.

cross-eyed adj. vesgo, estrábico.

cross-fertilization s. (Bot. e Zool.) fecundação cruzada f.

crossfertilize [krɔsf'əːtilaiz] v. 1. (Bot.) hibridar. 2. influenciar com idéias de diferentes áreas de estudo.

cross-fibre s. fibra transversal f.

crossfire [kr'ɔsf'aiə] s. 1. (milit.) fogo cruzado m. 2. (Telegr.) indução f. telegráfica. ‖ v. (milit.) fazer fogo cruzado.

cross grain s. fibra transversal f. (de madeira).
~ timber madeira de testa.

cross-grained adj. 1. de fibras transversais ou irregulares. 2. (fig.) rabugento, mal-humorado, intratável.

cross hair s. (Ópt.) fio m. de retículo.

crosshatch [kr'ɔshætʃ] v. sombrear desenhos ou gravuras com linhas cruzadas.

crosshead [kr'ɔshed] s. (Mec.) cruzeta f.

cross heading s. título m. de página ou de coluna.

crossing [kr'ɔsiŋ] s. 1. cruzamento m. 2. viagem f. através de. 3. passagem f. de nível. 4. encruzilhada f. 5. cruzamento m. de raças. 6. interseção f. 7. intercepção f. 8. vau m. 9. cancelamento m. the ~ of the river a travessia sobre o rio. ~ the bar passagem pela barra. level ~ passagem de nível.

crossing over s. recombinação f. de material genético equivalente.

crossing place s. lugar m. de passagem para pedestres.

crossing sweeper s. varredor m. de rua.

crossjack [kr'ɔsdjæk] s. (Náut.) verga seca, vela f. de verga inferior do mastro de mezena.

cross keys s. pl. (Heráld.) chaves cruzadas f. pl. do brasão papal.

cross-legged adj. de pernas cruzadas.

crosslet [kr'ɔslit] s. cruzeta f.

crosslight [kr'ɔslait] s. luzes f. pl. que se cruzam ou incidem sob um ângulo.

crosslink [kr'ɔsliŋk] s. 1. elemento m. de ligação transversal (esp. átomo ligando moléculas). ‖ v. ligar transversalmente.

crossness [kr'ɔsnis] s. mau humor m.

cross-over s. 1. passagem f., passadouro m. 2. interseção, encruzilhada f.

crosspatch [kr'ɔspætʃ] s. (coloq.) ranzinza m. + f.

crosspiece [kr'ɔspiːs] s. 1. travessa f., travessão m. 2. (Náut.) retorno, travessão m. das abitas.

cross-pollinate v. (Bot.) praticar a polinização cruzada.

cross-pollination s. (Bot.) polinização cruzada f.

cross-purpose s. 1. propósito oposto ou contrário m. 2. contradição, inconsistência f., mal-entendido m. they are at ~s eles não se entendem.

cross-question s. questão formulada f. em interrogatório cruzado. ‖ v. interrogar ou inquirir novamente.

cross-refer v. 1. reportar-se de um trecho a outro. 2. fazer referência a outra parte.

cross-reference s. referência, citação f. de uma parte (de um livro, etc.) em outro local.

crossroad [kr'ɔsroud] s. 1. desvio m., estrada transversal f. 2. ~s pl. encruzilhada f., cruzamento m. at a ~ numa encruzilhada. at the ~s na encruzilhada.

crossruff [kr'ɔsrʌf] s. certa modalidade do jogo de whist.

cross section s. 1. ação f. de cortar em sentido transversal. 2. corte transversal m., seção transversal f 3. grupo m. representativo.

cross-stitch s. 1. ponto m. de cruz (quadro S 15). 2. bordado m. feito em ponto de cruz (quadro E 2). ‖ v. bordar com ponto de cruz.

cross-talk s. (Telefone, Rádio) 1. diafonia f. 2. conversação cruzada f.

cross-town adj. que atravessa a cidade. ‖ adv. através da cidade.

crosstrees [kr'ɔstriːz] s. pl. (Náut.) vaus m. pl. dos joanetes, pernadas f. pl.

crosswalk [kr'ɔswɔːk] s. faixa f. para pedestres.

cross wind s. (Av.) vento m. lateral, vento de través.

cross-wires s. pl. (Ópt.) retículo m., fios cruzados m. pl.

crosswise [kr'ɔswaiz], crossways [kr'ɔsweiz] adv. 1. transversalmente, de través. 2. em cruz. 3. contrariamente, ao contrário.

crossword puzzle s. problema m. de palavras cruzadas.

crotch [krɔtʃ] s. 1. forquilha, forqueta f. 2. gancho m. 3. bifurcação f. 4. (Anat.) local m. em que as pernas se destacam do tronco.

crotched [krɔtʃt] adj. 1. bifurcado, em forma de forquilha. 2. (dial.) rabugento, mal-humorado.

crotchet [kr'ɔtʃit] s. 1. mania, idéia esquisita, extravagância f., capricho m. 2. pequeno gancho m ou peça f. em forma de gancho. 3. (Mús.) semínima f. 4. (Tipogr.) (arc.) colchete m.

crotcheteer [krɔtʃət'iə] s. pessoa excêntrica f.

crotchetiness [kr'ɔtʃitinis] s. excentricidade f.

crotchety [kr'ɔtʃiti] adj. excêntrico, extravagante.

croton [kroutn] s. 1. (Bot.) cróton, crotão m. 2. (Hort.) folha-de-papagaio f.

croton bug s. (E. U. A.) (Ent.) pequena barata f (Blatella germanica).

croton oil s. óleo m. de cróton.

crouch [krautʃ] s. 1. agachamento m. 2. aviltamento m., humilhação f. ‖ v. 1. agachar-se, rastejar, curvar-se. 2. abaixar-se, humilhar-se, bajular.

croup (I) [kruːp] s. (Med.) crupe, garrotilho m.

croup (II) [kruːp] s. garupa, anca f. de cavalo (quadro H 9).

croupade [krup'eid] s. espécie de exercício m. de equitação.

croupier [kr'uːpiə] s. crupiê m.: recebedor e pagador em casas de jogo.

croupous [kr'uːpəs], croupy [kr'uːpi] adj. (Med.) crupal.

crouton [kru:t'ɔ̃] s. pedacinho m. de pão torrado servido na sopa.

crow (I) [krou] s. 1. canto m. do galo. 2. grito m. de satisfação, de bebê. ‖ v. 1. gritar de alegria (bebê). 2. cantar (galo). 3. exultar, manifestar alegria. 4. tripudiar, folgar.

crow (II) [krou] s. 1. (Orn.) corvo m., gralha f. 2. nome de vários pássaros semelhantes. 3. alavanca f., pé-de-cabra m. **a white ~** (fig.) uma raridade. **as the ~ flies** em linha reta. **hoarse as a ~** rouco como corvo. **I have a ~ to pick with you** (fig.) tenho de tirar satisfação, tenho contas a ajustar com você.

crowbar [kr'ouba:] s. (E. U. A.) alavanca f., pé-de--cabra m.

crowberry [kr'ouberi] s. (Bot.) empetro m.

crowd [kraud] s. 1. multidão f.: a) grande número ou ajuntamento de pessoas ou coisas. b) povo, massa, populacho. 2. (E. U. A., coloq.) grupo m., turma, clique f. ou ajuntamento m. ‖ v. 1. aglomerar(-se), abarrotar(-se), afluir em multidão, amontoar(-se), apinhar(-se), encher(-se). 2. apertar(-se). 3. empurrar, atropelar. 4. (E. U. A., coloq.) apressar, apertar, urgir, insistir. 5. abrir caminho, romper. **~s of people** multidões, massas populares. **he might pass in a ~** ele não é pior que os outros. **the ~s** o povo, a massa. **they came in ~s** acorreram em massa. **to ~ in** abrir caminho, infiltrar-se. **to ~ in upon s. o.** insistir com ou assediar alguém. **to ~ forth** jorrar, sair em quantidade. **to ~ out** impedir a entrada por falta de lugar. **to ~ (all) sail** (Náut.) colocar todas as velas.

crowded [kr'audid] adj. 1. abarrotado, cheio, repleto. 2. compacto, comprimido. **~ hours** horas de maior movimento, de maior trânsito. **the street is ~ with people** a rua está cheia de gente.

crowfoot [kr'oufut] s. 1. (Bot.) botão-de-ouro, ranúnculo m. 2. (milit.) estrepe m. 3. (Náut.) aranha f.

crowkeeper [kr'ouki:pə] s. espantalho m.

crown [kraun] s. 1. coroa f.: a) ornato para a cabeça. b) realeza, poder ou autoridade real ou imperial. c) rei, monarca, soberano. d) grinalda, diadema. e) prêmio, galardão, recompensa. f) cabeça. g) crista, cume, topo, cimo. h) (Anat., Zool.) parte superior do dente. i) (Odont.) coroa para dente. j) (Ingl.) moeda de cinco xelins. k) (†) tonsura. l) topo da cabeça (quadro H 10). 2. desenho ou objeto m. em forma de coroa. 3. auge, clímax m., culminância f. 4. (Náut.) cruz f. da âncora. 5. copa f. de árvore. 6. (Arquit.) vértice m., parte superior f. de uma cornija. 7. formato m. de papel 15' × 20'. 8. copa f. de chapéu (quadro H 4). 9. (Bot.) coroa f. ‖ v. 1. coroar. 2. entronizar, entronar. 3. honrar, premiar, recompensar. 4. encimar, estar no cume de. 5. completar, terminar, tornar perfeito, rematar. 6. pôr diadema em, engrinaldar. 7. fazer dama (no jogo). 8. ornar, adornar. 9. (Odont.) colocar uma coroa. ‖ adj. pertencente ou relativo a coroa. **the Crown** o poder real. **~ed heads** cabeças coroadas. **he ~ed a man** ele fez uma dama (no jogo de damas). **he was ~ed king** ele foi coroado rei. **the evening ~s the day** (fig.) não se deve dar por terminado o dia antes da noite. **the tooth was ~ed** foi colocada uma coroa no dente. **to ~ all** superar tudo.

crown-antler s. ramificação superior f. de chifre de veado.

Crown Colony s. colônia f. pertencente à Coroa (britânica).

crowned [kraund] adj. 1. coroado, que tem coroa, real. 2. provido de copa, crista, etc.

crown glass s. vidro óptico m.

crown imperial s. (Bot.) coroa-imperial f.

Crown jewels s. pl. jóias f. pl. da coroa.

Crown land s. território m. pertencente à coroa.

crown law s. (Ingl.) direito penal m.

crown lease s. arrendamento m. de feudos.

crown lens s. (ópt.) parte convexa f. de uma lente acromática.

crownpiece [kr'aunpi:s] s. parte superior f. de qualquer objeto (p. ex. quadro H 2).

Crown prince s. príncipe herdeiro m.

Crown princess s. 1. herdeira f. do trono. 2. esposa f. do príncipe herdeiro.

crown-saw s. serra cilíndrica f.

Crown-solicitor s. promotor público m.

crown wheel s. 1. roda dentada, roda f. de coroa. 2. (Autom.) engrenagem f. de coroa.

crownwork [kr'aunwə:k] s. (Odont.) 1. colocação f. de coroas. 2. coroa f.

crow-quill s. pena fina f. (de escrever).

crow's foot s. 1. (geralmente **crow's feet** pl.) pé-degalinha m.: rugas no canto externo dos olhos. 2. (Av.) pé-de-gənso m.

crow's-nest s. (Náut.) cesto m. de vigia abrigado nos mastros.

crowstone [kr'oustoun] s. cimeira f.

crowtoe [kr'outou] s. (Bot.) cornichão m.

croze [krouz] s. javre, entalhe m. de aduelas. ‖ v. fazer o javre.

crozier [kr'ouʒə] s. = **crosier.**

crucial [kr'u:ʃial] adj. 1. crucial, crítico, decisivo. 2. severo. 3. cruciforme. ‖ **~ly** adv. crucialmente. **~ situation** situação crítica. **put to a ~ test** submeter à prova de fogo.

crucian [kr'u:ʃiən] s. (Ict.) carássio m.

cruciate [kr'u:ʃieit] adj. 1. cruciforme. 2. (Bot.) crucífero.

crucible [kr'u:sibl] s. 1. cadinho, crisol m. 2. prova severa f.

crucible steel s. aço m. de cadinho, para ferramentas.

crucifer [kr'u:sifə] s. 1. cruciferário m. 2. (Bot.) crucífera, brassicácea f.

cruciferous [kru:s'ifərəs] adj. 1. (Bot.) crucífero, brassicáceo, pertencente às Crucíferas. 2. crucígero. **~ plant** planta crucífera.

crucified [kr'u:sifaid] adj. 1. crucificado. 2. atormentado, torturado.

crucifier [kr'u:sifaiə] s. crucificador m.

crucifix [kr'u:sifiks] s. 1. crucifixo m. 2. cruz f.

crucifixion [kru:sif'ikʃən] s. 1. crucificação f. 2. escultura ou estátua f. que representa a crucificação de Cristo. 3. sofrimento intenso m., provação f.

cruciform [kr'u:sifɔ:m] adj. cruciforme.

crucify [kr'u:sifai] v. 1. crucificar. 2. torturar, atormentar, maltratar. 3. mortificar.

crud [krʌd] s. 1. coágulo m. 2. sujeira f. 3. (gíria, milit.) doença f. imaginária ou pouco definida. 4. pessoa ou coisa nojenta f.

crude [kru:d] adj. 1. cru, bruto, não refinado, em estado natural. 2. não cozido. 3. verde, imaturo (também fig.). 4. não desenvolvido, incipiente. 5. bruto, áspero. 6. rude, grosseiro, sem gosto. 7. não estudado, imperfeito. 8. sem rebuço, sem disfarce. ‖ **~ly** adv. cruamente, asperamente, grosseiramente.

crudeness [kr'u:dnis], **crudity** [kr'u:diti] s. 1. crueza f. 2. rudeza f. 3. imperfeição f. 4. grosseria f.

crude oil s. óleo cru m.

cruel [kr'u:əl] adj. 1. cruel, brutal, selvagem, bárbaro. 2. desumano, desapiedado. 3. pungente, aflitivo, doloroso. ‖ **~ly** adv. cruelmente, brutalmente. **~ly sudden** muito repentinamente.

cruelness [~nis], **cruelty** [~ti] s. crueldade, crueza,

maldade, desumanidade, barbaridade f.
~ to animals mau trato de animais. **society for the prevention of ~ to animals** sociedade protetora dos animais.
cruet [kr'u:it] s. galheta f.
cruet-stand s. galheteiro m.
cruise [kru:z] s. cruzeiro m., viagem f. ‖ v. 1. viajar, cruzar, percorrer os mares. 2. corsear. 3. voar em avião à velocidade de cruzeiro.
cruiser [kr'u:zə] s. 1. (Náut.) cruzador m. 2. avião, automóvel m. que faz viagem de cruzeiro. 3. (E. U. A.) carro m. de rádio-patrulha.
armoured ~ cruzador couraçado. **battle ~** cruzador de batalha.
cruiserweight [~weit] s. (Esp.) peso meio-pesado m.
cruising radius s. raio m. de ação.
cruller [kr'ʌlə] s. (E. U. A.) rosca torcida f., cozida em gordura.
crumb [krʌm] s. 1. migalha f. de pão. 2. miolo m. do pão. 3. pedacinho, bocado, pouco m. ‖ v. 1. esmigalhar(-se). 2. (Culin.) panar, cobrir com migalhas de pão. 3. (coloq.) tirar as migalhas com escova (da toalha).
~-brush escova de mesa (quadro B 24). **~ of happiness** um pouco de felicidade. **to a ~** minuciosamente, completamente.
crumble [krʌmbl] s. substância f. em desagregação. ‖ v. 1. esmigalhar(-se). 2. desintegrar-se, cair em pedaços, desagregar-se.
the house had ~d into dust a casa ficou reduzida a pó.
crumbliness [kr'ʌmblinis] s. friabilidade f.
crumbly [kr'ʌmbli] adj. friável, que se esfarela com facilidade.
crumby [kr'ʌmbi] adj. 1. mole. 2. cheio de migalhas. 3. (gíria) piolhento.
crummie [kr'ʌmi, kr'umi] s. (esc.) vaca f. de chifres tortos.
crummy [kr'ʌmi] adj. (gíria) 1. em mau estado. 2. sem valor. 3. mísero, mesquinho.
a ~ hotel hotel de terceira. **~ furniture** móveis sem valor. **~ salaries** míseros ordenados.
crump (I) [krʌmp] s. 1. (gíria milit.) estouro m. de bomba ou granada pesada. 2. (gíria milit.) granada f. de grosso calibre.
crump (II) [krʌmp] v. mastigar ruidosamente.
crump (III) [krʌmp] adj. friável, quebradiço.
crumpet [kr'ʌmpit] s. 1. bolo fino m. assado em grelha. 2. (gíria) cabeça f., coco m.
crumple [krʌmpl] s. ruga, prega, dobra f. ‖ v. 1. amarrotar, amassar, enrugar. 2. (coloq.) cair.
to ~ up enrugar-se.
crumpled [krʌmpld] adj. 1. amassado, enrugado, amarrotado. 2. espiralado.
crunch [krʌntʃ] s. 1. mastigação ruidosa, trituração audível f. 2. o respectivo ruído m. ‖ v. 1. mastigar ruidosamente. 2. moer, triturar ruidosamente.
cruor [kr'u:o:] s. (Med.) cruor, sangue coagulado m.
crupper [kr'ʌpə] s. 1. rabicho m. de arreios. (quadro H 2). 2. garupa f. de cavalo. 3. (joc.) nádegas f. pl.
crural [kr'urəl] adj. (Anat.) 1. crural, da ou relativo à perna ou coxa. 2. femoral.
crusade [kru:s'eid] s. 1. (também **Crusade**) cruzada f. 2. guerra religiosa f. 3. campanha vigorosa f. ‖ v. empenhar-se numa campanha ou cruzada.
crusader [~ə] s. cruzado m.: expedicionário das cruzadas.
crusado, cruzado [kru:z'eidou] s. cruzado m., antiga moeda portuguesa, com uma cruz.
cruse [kru:z] s. vaso, frasco, jarro m. de cerâmica.
crush [krʌʃ] s. 1. esmagamento m., compressão violenta f. 2. (E. U. A.) multidão de gente, aglo-

meração f., aperto m. 3. (gíria) paixão súbita f. 4. objeto m. dessa paixão, namoro m. 5. (coloq.) recepção f. muito concorrida. ‖ v. 1. esmagar. 2. enrugar, amarrotar pelo uso ou gasto. 3. triturar, britar, moer. 4. espremer, prensar. 5. subjugar, submeter, reprimir. 6. beber, esvaziar. 7. oprimir, tiranizar. 8. suprimir, aniquilar. 9. quebrar(-se), despedaçar(-se). 10. acotovelar-se, comprimir-se.
to have a ~ on estar apaixonado por. **he ~ed a bottle** ele esvaziou uma garrafa. **to ~ down** esmagar, pulverizar. **to ~ out** prensar, espremer. **to ~ up** britar, triturar.
crushed [krʌʃt] adj. 1. moído, pulverizado. 2. oprimido, subjugado.
~ sugar açúcar pilé (ou cristalizado).
crusher [kr'ʌʃə] s. 1. britador m. (também **crushing machine**). 2. (gíria) policial m.
crush-hat s. 1. claque m.: espécie de chapéu. 2. cartola f.
crushing [kr'ʌʃiŋ] adj. esmagador.
a ~ retort uma resposta esmagadora.
crust [krʌst] s. 1. crosta f. do pão, côdea f. 2. canto, pedaço m. de pão. 3. casca, crosta torrada f. de pastel, etc. 4. incrustação, crosta, camada externa e dura f. (da terra). 5. borra f. do vinho. 6. (Med.) escara f. 7. (fig.) ousadia f., atrevimento m. ‖ v. 1. encodear, cobrir ou cobrir-se de côdea. 2. formar ou criar crosta, encrostar. 3. incrustar-se.
to have the ~ to do ter a ousadia de fazer.
crustacea [krʌst'eiʃiə] s. pl. (Zool.) crustáceos m. pl.
crustacean [~n] s. (Zool.) crustáceo m. ‖ adj. crustáceo.
crustaceology [krʌsteiʃi'ɔlədʒi] s. crustaceologia f.
crustaceous [krʌst'eiʃiəs] adj. crustáceo: 1. coberto de crosta. 2. relativo aos crustáceos.
crustal [kr'ʌstəl] adj. relativo à crosta (da Terra).
crustation [krʌst'eiʃən] s. incrustação f.
crusted [kr'ʌstid] adj. 1. encrustado, encodeado, que tem crosta. 2. velho: a) antiquado. b) maduro (vinho).
~ snow neve coberta com uma crosta de gelo. **~ up** (E. U. A.) zangado, ríspido.
crustiness [kr'ʌstinis] s. 1. qualidade do que tem crosta ou casca. 2. rispidez, rabugice f.
crusty [kr'ʌsti] adj. 1. que tem crosta ou casca, crustáceo. 2. ríspido, rabugento, irritável. ‖ **—ily** adv. 1. de forma encrostada. 2. rispidamente.
crutch [krʌtʃ] s. 1. muleta f. 2. forquilha f., suporte m. em forma de forquilha. 3. (também fig.) apoio, suporte, descanso m. 4. (Náut.) escora, base f. ‖ v. 1. suportar com muleta ou forquilha. 2. sustentar, apoiar.
~es um par de muletas. **he went on ~es** ele andava de muletas.
crux [krʌks] s. 1. ponto crucial, ponto mais importante m. 2. problema m., dificuldade, coisa enigmática f. 3. (Heráld.) cruz f. 4. (Astron.) Cruzeiro do Sul m.
cruzeiro [kru:z'ɛərou] s. cruzeiro m., moeda brasileira.
cry [krai] s. 1. grito, brado m., exclamação f. 2. pranto, choro m., lamentação f. 3. voz f. de certos animais. 4. latido m. (de cães na caça). 5. apelo, rogo m. 6. voz corrente, opinião pública f. 7. divisa, senha f. 8. pregão m., proclamação f. 9. matilha f. ‖ v. 1. gritar, clamar, bradar. 2. chorar, lamentar(-se). 3. berrar, emitir gritos ou sons característicos (animais). 4. implorar, pedir. 5. exclamar. 6. proclamar, apregoar. 7. latir (à vista da caça).
a far ~ uma grande distância. **~-baby** criança chorona. **have a good ~!** chore à vontade! **in full ~** com muitos latidos, em plena caça. **much ~ and little wool** (fig.) muita galinha e poucos ovos. **the cries of London** os pregões (dos vendedores) de

———C20———

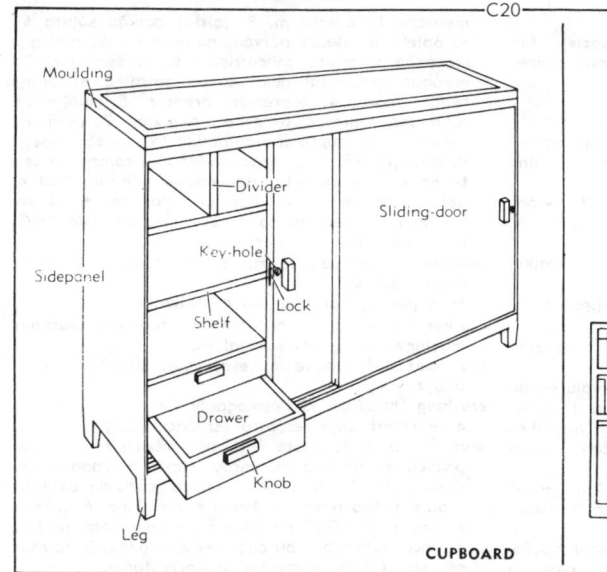

CUPBOARD

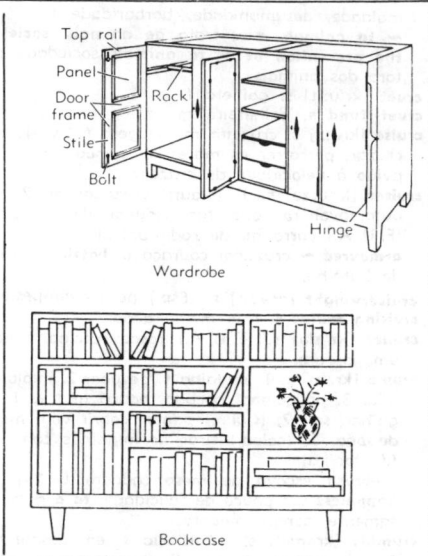

Wardrobe

Bookcase

Londres. **the popular** ~ a voz do povo. **within** ~ ao alcance da voz. **he cried his heart out** ele chorou muito. **he cried mercy** ele implorou perdão. **he cried shame upon** ele estava revoltado com. **he cried to me** 1. ele me chamou, ele chamou por mim. 2. ele me implorou. **the child cried itself to sleep** a criança chorou até pegar no sono. **to ~ against** resmungar contra, queixar-se contra. **to ~ down** depreciar, desacreditar, censurar. **to ~ for the moon** pedir coisas impossíveis. **to ~ off** desistir de, cancelar repentinamente. **to ~ out against** criticar em público. **to ~ quarter** pedir quartel. **to ~ quits** declarar-se quite com. **to ~ up** elogiar, exaltar, louvar. **to ~ wolf** alarmar sem motivo.

crying [kr'aiiŋ] s. 1. grito m., gritaria f. 2. choro, pranto m., choradeira f. ‖ adj. 1. gritador, chorão, choramingão. 2. que clama ou reclama vingança, que clama ao céu. 3. notório, evidente, flagrante. **a ~ need** uma necessidade premente. **~ wrong** injustiça clamorosa.

crymotherapy [kraiməθ'erəpi] s. crimoterapia f.

cryogen [kr'aiədʒen] s. substância criogênica f.

cryogenic [kraiəd'enik] adj. criogênico.

cryogeny [krai'odʒini] s. criogenia f.

cryolite [kr'aiəlait] s. (Miner.) criolita f., criolito m.

cryotherapy [kraiəθ'erəpi] s. (Med.) crioterapia f.: tratamento mediante temperaturas muito baixas.

crypt [kript] s. cripta f.: 1. caverna, catacumba. 2. (Anat.) glândula simples, folículo.

cryptanalysis [kriptən'ælisis] s. decifração f. de criptogramas.

cryptanalyst [kript'ænəlist] s. decifrador m. de criptogramas.

criptic [kr'iptik], **cryptical** [~əl] adj. 1. escondido, secreto, oculto. 2. enigmático, misterioso, obscuro. ‖ **~ally** adv. às escondidas, ocultamente, secretamente.

cryptogam [kr'iptəgæm] s. (Bot.) criptógamo m.

cryptogamic [kriptəg'æmik], **cryptogamous** [kript'ogəməs] adj. (Bot.) criptogâmico, criptógamo.

cryptogenic [kriptədʒ'enik] adj. de origem obscura, desconhecida (como doença).

cryptogram [kr'iptəgræm] s. criptograma m.

cryptogrammic [kriptəgr'æmik] adj. criptográfico.

cryptograph [kr'iptəgra:f] s. 1. criptograma m. 2. criptografia f.

cryptographer [kript'ogrəfə], **cryptographist** [kript'ogrəfist] s. criptógrafo m.

cryptographic [kriptəgr'æfik], **cryptographical** [~əl] adj. criptográfico. ‖ **~ally** adv. criptograficamente.

cryptography [kript'ogrəfi] s. criptografia f.

cryptomeria [kriptəm'i:riə] s. (Bot.) criptoméria f.

cryptophyte [kr'iptəfait] s. (Bot.) criptófito m.

crystal [kr'istəl] s. 1. cristal m. de rocha. 2. pedaço m. de cristal cortado para formar um ornamento. 3. vidro cristal m. 4. vidro m. de relógio. 5. (Quím. e Fís.) detector de cristal, cristal m. 6. substância cristalina f. 7. objeto m. de cristal. ‖ adj. 1. de cristal ou de quartzo. 2. cristalino.

rock ~ cristal de rocha.

crystal detector s. (Rádio) detector m. de cristal.

crystal-gazer s. cristalomante m. + f.

crystal gazing s. cristalomancia f.

crystalliferous [kristəl'ifərəs] adj. cristalífero.

crystalline [kr'istəlain] adj. cristalino: 1. consistente de cristais. 2. de cristal. 3. claro, transparente.

crystalline lens s. (Anat.) cristalino m.

crystallite [kr'istəlait] s. (Miner.) cristalite m.

crystallization [kristəlaiz'eiʃən] s. cristalização f.

crystallize [kr'istəlaiz] v. 1. cristalizar(-se) (também fig.). 2. cobrir com açúcar.

crystallogeny [kristəl'odʒini] s. cristalogenia f.

crystallographer [kristəl'ogrəfə] s. cristalógrafo m.

crystallographic [kristələgr'æfik], **crystallographical** [~əl] adj. cristalográfico.

crystallography [kristəl'ogrəfi] s. cristolografia f.

crystalloid [kr'istələid] s. (Quím.) cristalóide m. ‖ adj. (também **~al** [kristəl'əidəl]) cristalóide.

crystallometry [kristəl'ɔmitri] s. cristalometria f.

crystal set s. (Rádio) galena f., aparelho m. de rádio que emprega o cristal de galena em lugar de válvulas.

C-spring s. mola f. em C.

ctenoid [t'i:nɔid] adj. (Zool.) ctenóide.

ctenophoran [tin'ofərən] s. (Zool.) ctenóforo m. ‖ adj relativo a ctenóforo.

ctenophore [t'enəfɔ:] s. (Zool.) 1. ctenóforo m. 2. pente m. de ctenóforo.

cub [kʌb] s. 1. filhote m. de urso, raposa, leão, etc. 2. (joc. e depreciat.) menino desajeitado, inexperiente m. 3. lobinho m.: escoteiro principiante m. 4. (coloq.) foca f.: repórter novato. ‖ v. dar cria.

cubage [kj'u:bidʒ], cubature [kj'u:bətjuə] s. 1. cubagem f. 2. volume m.

Cuban [kj'u:bən] s. cubano, habitante m. de Cuba. ‖ adj. cubano.

cubbing [k'ʌbiŋ], cub hunting s. caçada f. às raposinhas.

cubbish [k'ʌbiʃ] adj. desajeitado, como filhote.

cubby [k'ʌbi], cubbyhole [~houl] s. 1. cubículo, lugar pequeno e fechado m. 2. cantinho confortável m.

cube [kju:b] s. 1. (Geom.) cubo m. 2. (Mat.) terceira potência f. 3. produto m. de fatores iguais. ‖ v. 1. dar a forma de cubo a. 2. cubar, cubicar.
~ number terceira potência. three ~d três à terceira potência (3⁸). ~ root (Mat.) raiz cúbica. ~ sugar açúcar em tabletes.

cubeb [kj'u:beb] s. (Farmac.) cubeba f.

cubhood [k'ʌbhud] s. infância, juventude, criancice f.

cubic [kj'u:bik] adj. 1. cúbico: a) cubiforme, cubóide. b) tridimensional. c) (Mat.) na terceira potência ou do terceiro grau. 2. (cristalografia) isométrico. ‖ ~ally adv. cubicamente.
~ content volume m. ~ equation (Mat.) equação de terceiro grau. ~ foot pé cúbico (abr. cub. ft.). ~ measure medida de volume. ~ metre metro cúbico. ~ number número cúbico.

cubical [~əl] adj. cúbico, cubiforme.

cubicalness [~əlnis] s. formato cúbico m.

cubicle [kj'u:bikl] s. cubículo, pequeno compartimento m.

cubiform [kj'u:bifɔ:m] adj. cubiforme, cubóide.

cubism [kj'u:bizm] s. (Arte) cubismo m.

cubist [kj'u:bist] s. (Arte) cubista m. + f.

cubistic [kjub'istik] adj. (Arte) cubista.

cubit [kj'u:bit] s. cúbito m.: antiga medida de comprimento igual a cerca de 50 cm.

cubital [kj'u:bitəl] s. 1. (Zool.) nervo m. ou veia cubital f. 2. cúbito m. ‖ adj. (Anat. e Zool.) cubital.

cuboid [kj'u:bɔid] s. 1. (Geom.) corpo cubóide m. 2. (Anat.) cubóide m. ‖ adj. (também ~al [kjub'ɔidəl]) cubóide.

cub reporter s. = cub 4.

cuckold [k'ʌkəld] s. marido de adúltera, cuco, corno m. ‖ v. cornear, enganar o marido.

cuckoo [k'uku:] s. 1. (Orn.) cuco m. 2. (Orn.) qualquer ave da família dos Cuculídeos. 3. canto m. do cuco. 4. (E. U. A., gíria) maluco, tonto m. ‖ v. cucular, cucar. ‖ adj. (E. U. A., gíria) maluco, tonto.
the ~ calls o cuco está cantando. he's ~ (E. U. A., gíria) ele é maluco. ~ call, ~ note canto do cuco.

cuckoo-clock s. cuco, relógio cuco m.

cuckooflower [k'uku:flauə] s. (Bot.) 1. cardamina f. 2. flor-de-cuco f.

cuckoo-pint [k'uku:pint] s. (Bot.) pé-de-bezerro m.

cuculiform [kjukj'u:lifɔ:m] adj. (Zool.) pertencente à ordem dos cuculiformes.

cucullate [kj'u:kəleit], cuculated [~id] adj. (Bot. e Zool.) cucular.

cucumber [kj'u:kəmbə] s. 1. pepino m. 2. (Bot.) pepineiro m.
pickled ~ pepino em vinagre ou em conserva.

cucumber tree s. (Bot.) magnólia f. dos E. U. A. (Magnolia acuminata).

cucumiform [kjukj'u:mifɔ:m] adj. em forma de pepino.

cucurbit [kju:k'ə:bit] s. cucúrbita f.: 1. (Bot.) abóbora. 2. peça do alambique.

cucurbitaceous [kju:kə:bit'eiʃəs] adj. (Bot.) cucurbitáceo.

cud [kʌd] s. alimento m. que os ruminantes trazem do estômago para a boca a fim de tornar a mastigá-lo.
to chew the ~ 1. ruminar. 2. (fig.) pensar, meditar.

cudbear [k'ʌdbɛə] s. 1. corante vermelho m. obtido de certos liquens. 2. (Bot.) urzela f.

cuddle [k'ʌdl] s. abraço m. ‖ v. 1. abraçar, acariciar, afagar. 2. aninhar-se.
to ~ up enrolar-se (na cama).

cuddlesome [k'ʌdlsəm] adj. caricioso, cariciável.

cuddy (I) [k'ʌdi] s. 1. (Náut.) cozinha f. de navio. 2. (Náut.) cabina pequena f., camarote pequeno m. 3. gabinete, armário m.

cuddy (II) [k'ʌdi] s. (esc.) 1. burro, asno m. 2. cabeça-dura, estúpido m.

cudgel [k'ʌdʒəl] s. porrete, cacete, bordão m. ‖ v. esbordoar, bater com cacete.
to take up the ~s for quebrar lanças por. to ~ one's brains (fig.) quebrar a cabeça.

cudgel play s. luta f. com paus.

cudweed [k'ʌdwi:d] s. (Bot.) gnafálio m.

cue (I) [kju:] s. 1. sugestão, insinuação f., palpite m. 2. (Teat.) deixa f. 3. papel m. a desempenhar, curso m. de ação. 4. gênio, humor m., disposição mental f.
he gave me my ~ ele me deu uma sugestão. I took my ~ from him tomei-o como exemplo.

cue (II) [kju:] s. 1. taco m. de bilhar. 2. trança f. de cabelo. ‖ v. entrançar.

cueist [kj'u:ist] s. jogador m. de bilhar.

cuff (I) [kʌf] s 1. punho m. de manga (quadro C 12). 2. bainha f. de calça. 3. algema f.
put it on the ~ (E. U. A., coloq.) ponha na conta.

cuff (II) [kʌf] s. palmada, bofetada, tapa f., soco m. ‖ v. dar palmadas em, esbofetear, dar socos.

cuff link s. abotoadura f.

cuirass [kwir'æs] s. 1. couraça f. 2. peito d'armas m. 3. (Zool.) carapaça f. ‖ v. couraçar.

cuirassier [kwirəs'iə] s. (Milit.) couraceiro m.

cuisine [kwiz'i:n] s. cozinha f.: 1. arte f. ou modo m. de preparar a comida. 2. comida f., alimento m. 3. local m. onde se preparam as refeições.

cuisse [kwis] s. coxote m., armadura f. para a coxa.

cul-de-sac s. (fr.) beco sem saída m.

culinary [kj'u:linəri] adj. culinário.

cull [kʌl] s. 1. animal m. ou coisa f. separada por ser inútil ou de pouco valor. 2. refugo m. ‖ v. 1. separar, selecionar, escolher. 2. apartar, separar.

cullender [k'ʌləndə] s. = colander.

culler [k'ʌlə] s. escolhedor, selecionador m.

cullet [k'ʌlit] s. vidro quebrado m., cacos m. pl. de vidro para refundição.

culling [k'ʌliŋ] s. 1. escolha, separação, seleção f. 2. (geralmente pl.) refugo m. 3. ostra pequena f.

cully [k'ʌli] s. 1. (gíria) bobo, trouxa f. 2. (gíria) camarada m. + f., amigo m.

culm (I) [kʌlm] s. 1. pó m. de carvão. 2. carvão m. de pedra de qualidade inferior.

culm (II) [kʌlm] s. colmo, caule m. das gramíneas.

culmiferous [kʌlm'ifərəs] adj. (Bot.) que produz colmo.

culminant [k'ʌlminənt] adj. 1. culminante. 2. (fig.) supremo.

culminate [k'ʌlmineit] v. 1. culminar, atingir o ponto culminante. 2. (Astron.) passar pelo meridiano.

culminating point s. ponto culminante, cúmulo m.

culmination [kʌlmən'eiʃən] s. 1. (Astron.) culminação f. 2. auge, clímax m. 3. elevação máxima f.

the movement reached its ~ o movimento alcançou seu auge.
culpability [kʌlpəb'iliti] s. culpabilidade, culpa f.
culpable [k'ʌlpəbl] adj. culpável, censurável.
culpableness [~nis] s. = **culpability**.
culprit [k'ʌlprit] s. 1. culpado, criminoso, ofensor m. 2. acusado, réu m.
cult [kʌlt] s. 1. culto m., veneração f. 2. ritual religioso m. 3. admiração, adoração, devoção f. 4. seita f., grupo m. de admiradores.
the ~ of beauty o culto da beleza.
cultch, culch [kʌltʃ] s. refugo, entulho m.
cultic [k'ʌltik], **cultual** [k'ʌltjuəl] adj. de culto.
cultigen [k'ʌltidʒən] s. 1. planta f. da qual se conhecem somente formas cultivadas (ex. couve). 2. variedade cultivada f.
cultism [k'ʌltizm] s. 1. devoção f. a um culto. 2. prática f. de um culto. 3. culteranismo m.
cultist [k'ʌltist] s. praticante m. + f. de um culto.
cultivability [kʌltivəb'iliti] s. qualidade f. do que é cultivável.
cultivable [k'ʌltivəbl], **cultivatable** [k'ʌltiveitəbl] adj. cultivável.
cultivate [k'ʌltiveit] v. cultivar: 1. lavrar, amanhar. 2. remexer a terra em volta das plantas. 3. melhorar, desenvolver, educar. 4. dedicar tempo e esforço a. 5. procurar a amizade de. 6. preparar uma cultura de bactérias.
I ~ his friendship cultivo sua amizade.
cultivated [~id] adj. culto, refinado, civilizado.
a ~ woman uma mulher culta.
cultivation [kʌltiv'eiʃən] s. 1. cultivação f., cultivo, amanho m. 2. melhoria f., desenvolvimento m. 3. cultura f., refinamento m.
cultivator [k'ʌltiveitə] s. cultivador m.: 1. agricultor m. 2. capinadeira, máquina agrícola f. para limpar o terreno e remexer a terra (quadro H 7).
cultrate [k'ʌltreit] adj. cultriforme que tem forma de faca.
cultriform [k'ʌltrifɔ:m] adj. (Bot. e Zool.) cultriforme.
cultrirostral [kʌltrir'ostrəl] adj. (Zool.) cultrirrostro: que tem o bico em forma de faca.
cultural [k'ʌltʃərəl] adj. 1. cultural, relativo a cultura. 2. cultivado. ‖ ~ly adv. de maneira civilizada, cultamente.
cultural lag s. (Soc.) evolução retardada f. (aspecto cultural em relação a outro).
culture [k'ʌltʃə] s. 1. cultura f.: a) refinamento, ilustração. b) civilização de uma raça em certa época. c) desenvolvimento, treino, educação. 2. cultivo, amanho m., cultivação f. 3. tratamento, cuidado m. na criação de plantas ou animais, trato m. 4. (Biol.) cultura f. de germes. ‖ v. 1. cultivar, amanhar. 2. criar, desenvolver. 3. preparar culturas bacterianas. 4. inocular culturas bacterianas.
physical ~ cultura física.
cultured [~d] adj. 1. culto, civilizado, refinado. 2. cultivado. 3. (Biol.) propagado artificialmente.
cultured pearl s. pérola cultivada f.
culture hero s. (Etn.) herói civilizador m.
cultureless [k'ʌltʃəlis] adj. sem cultura.
culture medium s. (Bact.) meio nutriente m.
culturist [~rist] s. cultivador, criador m.
culver [k'ʌlvə] s. (Orn.) 1. pombo m., pomba f. 2. pombo-torquaz m.
culverin [k'ʌlvərin] s. colubrina f.: antiga peça de artilharia.
culvert [k'ʌlvət] s. 1. bueiro m., galeria f. de escoamento. 2. aqueduto m., galeria f.
cumber [k'ʌmbə] s. embaraço, empecilho, estorvo m. ‖ v. 1. embaraçar, incomodar, estorvar. 2. impedir, obstruir. 3. sobrecarregar.

cumberless [~lis] adj. despreocupado.
cumbersome [~səm] adj. 1. embaraçoso, incômodo, enfadonho. 2. desajeitado, sem desembaraço. ‖ ~ly adv. 1. embaraçosamente. 2. incomodamente.
cumbersomeness [~səmnis] s. 1. incomodidade, importunidade f. 2. falta f. de jeito.
cumbrance [k'ʌmbrəns] s. estorvo, embaraço m.
Cumbrian [k'ʌmbriən] s. habitante m. + f. de Cumberland. ‖ adj. de Cumberland.
cumbrous [k'ʌmbrəs] adj. = **cumbersome**.
cumin, cummin [k'ʌmin] s. 1. (Bot.) cominho m. 2. as respectivas sementes f. pl., usadas como condimento.
cumin oil s. essência f. de cominho.
cummer [k'ʌmə] s. (esc.) 1. madrinha f. 2. amiga, colega f. 3. mulher, moça f.
cummerbund [k'ʌməbʌnd] s. faixa f., cinto m. usado primeiro pelos nativos da Índia, depois no Ocidente.
cumshaw [k'ʌmʃɔ:] s. gorjeta, gratificação f.
cumulate [kj'u:mjuleit] v. acumular, amontoar, cumular. ‖ [kj'u:mjulit] adj. acumulado, amontoado.
cumulation [kju:mjul'eiʃən] s. 1. cumulação, acumulação f., amontoamento m. 2. pilha f., monte m.
cumulative [kj'u:mjuleitiv] adj. 1. cumulativo, que aumenta ou cresce. 2. crescente. ‖ ~ly adv. de modo cumulativo, crescentemente.
cumulo-cirrus [kj'u:mjulou-] s. (Meteor.) cirro-cúmulo m.
cumulo-nimbus s. (Meteor.) cúmulo-nimbo m.
cumulo-stratus s. (Meteor.) estrato-cúmulo m.
cumulus [kj'u:mjuləs] s. 1. (Meteor.) cúmulo m. (quadro C 14). 2. monte m., pilha f.
cunctation [kʌŋkt'eiʃən] s. delonga, demora f.
cunctative [k'ʌŋktətiv] adj. (†) cuntatório, procrastinador.
cunctator [kʌŋkt'eitə] s. procrastinador, contemporizador m.
cuneate [kj'u:niit], **cuneated** [-nieitid] adj. cuneiforme, cuneano.
cuneiform [kj'u:niifɔ:m], **cuniform** [kj'u:nifɔ:m] s. cuneiformes, caracteres cuneiformes m. pl. ‖ adj. cuneiforme.
~ characters caracteres cuneiformes. ~ inscription inscrição cuneiforme.
cunner [k'ʌnə] s. (Ict.) melope m.
cunning [k'ʌniŋ] s. 1. astúcia, esperteza, manha f. 2. (arc.) habilidade, destreza f. ‖ adj. 1. esperto, astuto, ladino, manhoso. 2. (arc.) habilidoso, destro. 3. arguto, atilado. 4. (E. U. A., coloq.) atraente, bonito. ‖ ~ly adv. 1. astuciosamente. 2. destramente.
cunningness [~nis] s. esperteza, astúcia, manha f.
cup [kʌp] s. 1. xícara, chávena f. (quadro B 21). 2. xicarada f.: o que cabe numa xícara. 3. xícara f. com seu conteúdo. 4. (Culin.) meia pinta f. (medida de cozinha). 5. copo (quadro V 2), cálice m. (também de flor), taça f. 6. copa, taça f. (prêmio esportivo). 7. (Med. e Cirurg.) ventosa f. 8. bebida, mistura f. 9. cálice m. usado na comunhão. 10. vinho m. usado na comunhão. 11. fado, destino m., sina f. 12. buraco m. no jogo de golfe. ‖ v. 1. dar forma de cálice ou xícara a. 2. tomar ou colocar em xícara. 3. aplicar ventosas a.
a bitter ~ (fig.) uma taça da amargura, um sofrimento amargo. a ~ of tea uma xícara de chá. challenge ~ (Esp.) taça. Cup final (Futeb.) jogo final em disputa da taça. claret ~ ponche de vinho tinto. ~ and saucer xícara e pires. half a ~ of milk meia xícara de leite. he is in his ~s ele está bêbedo. he is fond of the ~ ele bebe. loving ~ taça que faz a roda à mesa. my ~ runneth over (bíblico) estou feliz. parting ~ trago de despedida. a ~ too low indisposto.

cup barometer s. barômetro m. de tina, barômetro de Torricelli.

cup-bearer s. copeiro, despenseiro m.

cupboard [k'ʌbəd] s. 1. guarda-louça m. 2. armário m. (quadro C 20).

cupboard-love s. amor interesseiro m.

cupel [kj'u:pəl] s. (Metalúrg.) copeia f. ‖ v. copelar, refinar metais.

cupellation [kju:pel'eiʃən] s. copelação, refinação f. de metais.

cup final s. (Esp., Futeb.) jogo decisivo m. pela copa.

cupful [k'ʌpful] s. 1. xicarada f.: o que cabe numa xícara. 2. (Culin.) meia pinta f.

cupidity [kjup'iditi] s. cupidez, cobiça, avareza f.

cup-moss s. (Bot.) cladônia f.: espécie de líquen.

cupola [kj'u:pələ] s. 1. (Arquit.) cúpula f., domo, zimbório m. 2. pequena torre f. num telhado. 3. (Téc.) forno m. de cúpula. 4. (Náut.) ɔrre blindada, giratória f. de vaso de guerra.

cupped [kʌpt] adj. em forma de xícara.

cupper [k'ʌpə] s. sangrador m., o que .lica ventosas.

cupping [k'ʌpiŋ] s. (Med.) sangria f. por meio de ventosas.

cupping-glass s. ventosa f.

cupreous [kj'u:priəs] adj. 1. de cobre, cúprico, que contém cobre. 2. da cor do cobre.

cupric [kj'u:prik] adj. (Quím.) cúprico, que contém cobre bivalente.

~ sulphate sulfato de cobre, sulfato cúprico.

cupriferous [kju:pr'ifərəs] adj. cuprífero.

cuprite [kj'u:prait] s. (Miner.) cuprita f.

cupronickel [kju:prən'ikl] s. (Metalurg. cuproníquel m.

cuprous [kj'u:prəs] adj. (Quím.) cuproso, que contém cobre monovalente.

cuprum [kj'u:prəm] s. cobre m.

cupular [kj'u:pjulə], **cupulate** [kj'u:pjuleit] adj. 1. cupulado. 2. cupuliforme.

cupule [kj'u:pjul] s. 1. (Bot.) cúpula f. 2. (Zool.) órgão m. em forma de cúpula.

cur [kə] s. 1. vira-lata m. + f., cão m. de rua. 2. (depreciat.) malandro, patife m.

curability [kjuərəb'iliti] s. curabilidade f.

curable [kj'uərəbl] adj. curável. ‖ **-bly** adv. de modo curável.

curaçao, curaçoa [kjuərəs'ou] s. curaçau m.: licor à base de casca de laranja amarga.

curacy [kj'uərəsi] s. curato, cargo m. de cura (coadjutor).

curare, curari [kjuər'a:ri] s. curare m.

curarize [kj'uərəraiz] v. curarizar, submeter à ação de curare ou medicamento curarizante.

curassow [kju:r'æsou] s. (Orn.) mutum m.

curate [kj'uərit] s. cura, pároco auxiliar m.

curative [kj'uərətiv] s. remédio m. ‖ adj. curativo.

curator [kjuər'eitə] s. 1. (Jur.) curador, tutor m. 2. administrador, conservador m. (de museu).

curatorial [kjuərət'ouriəl] adj. relativo a curadoria.

curatorship [kjuər'eitəʃip] s. (Jur.) curadoria f.

curb [kə:b] s. 1. barbela f. (de barbada de cavalo) (quadro H 9). 2. freio, estorvo m., restrição f. 3. guia f., meio-fio m. 4. (E. U. A.) casa f. de câmbio, não registrada na bolsa. 5. (Veter.) alifafe m.: afecção da articulação da perna dos cavalos. ‖ v. 1. restringir, refrear, moderar, controlar. 2. colocar barbela em, pôr freio em. 3. colocar meio-fio, colocar guia.

curb-bit s. freio m. de cavalo (quadro H 9).

curbing [k'ə:biŋ] s. 1. material m. para fazer guia ou meio-fio. 2. guia f., meio-fio m. de concreto.

curb-market s. mercado livre m. de valores.

curb-roof s. telhado m. de mansarda.

curb service s. serviço m. a clientes dentro do carro, como em restaurante "drive-in".

curbstone s. meio-fio m. de calçada, guia f. de pedra.

curculio [kə:kj'u:liou] s. (Ent.) gorgulho, curculionídeo m.

curcuma [k'ə:kjumə] s. 1. (Bot.) cúrcuma f. 2. corante m. obtido das plantas do gênero Curcuma.

curd [kə:d] s. (também **~s**) coalho, coágulo m. ‖ v. coalhar, coagular.

~s and whey coalhada e soro de leite. **to turn to ~s** coalhar, coagular.

curdle [kə:dl] v. 1. coagular, coalhar. 2. engrossar, solidificar. 3. (fig.) gelar.

his story ~d my blood sua história me gelou o sangue. **my blood ~d with fear** meu sangue gelou de pavor.

curdling [k'ə:dliŋ] adj. (fig.) horrível, horroroso, pavoroso.

curd-soap s. sabão branco m.

curdy [k'ə:di] adj. grosso, coalhado, coagulado.

cure (I) [kjuə] s. 1. cura f.: ato ou efeito de curar. 2. tratamento curativo m. 3. remédio, medicamento m. 4. processo m. de conservar ou curar carne, peixe, etc. 5. cura f. das almas, cuidado espiritual m. 6. curato m. ‖ v. 1. curar. 2. tratar, remediar, medicar. 3. aliviar, livrar-se de. 4. curar, defumar, salgar, conservar carne, etc. 5. curar-se, sarar. 6. tornar-se curado, defumado, etc. 7. vulcanizar.

~ of souls cura das almas. **he effected a ~** ele realizou uma cura. **past ~** incurável. **she took a ~** ela fez um tratamento. **to undergo a ~** submeter-se a um tratamento. **under ~** sob tratamento. **what can't be ~d must be endured** o que não se pode remediar tem-se de tolerar.

cure (II) [kj'uə] s. (gíria) pessoa excêntrica f.

curé [kjur'ei] s. cura m. de paróquia francesa, vigário m.

cure-all s. panacéia f., remédio m. para todos os males.

cureless [kj'uəlis] adj. incurável.

curer [kj'uərə] s. 1. curador, curandeiro m., o que cura. 2. salgador, defumador m., o que cura carne, etc.

curettage [kjuər'etidʒ] s. (Cirurg.) curetagem f.

curette [kjuər'et] s. (Cirurg.) cureta f. ‖ v. curetar.

curfew [k'ə:fju:] s. 1. toque m. de recolher, toque m. de sino em hora certa à noite. 2. sino m. que dá este sinal. 3. hora f. de recolher.

curia [kj'uəriə] s. pl. **curiae** [-rii:] cúria f.

curial [~ l] adj. curial, relativo a cúria.

curie [kj'u:ri:] s. (Fís. e Quím.) curie m.: unidade de radioatividade.

curing [kj'u:riŋ] s. ato ou processo m. de salgar, curar ou defumar carne, etc., defumação, salga, secagem f.

curio [kj'uəriou] s. curiosidade, raridade f. (abr. de **curiosity**).

curiosity [kjuəri'ɔsiti] s. curiosidade f.: 1. desejo m. de saber. 2. raridade f., objeto m. raro ou estranho 3. qualidade interessante ou estranha f.

old ~ shop loja de antiguidades.

curious [kj'uəriəs] adj. curioso: 1. desejoso de saber ou de ver. 2. indiscreto. 3. interessante, raro, estranho, singular. 4. muito cuidadoso, exato. 5. (coloq.) excêntrico, esquisito. ‖ **~ly** adv. 1. muito, altamente. 2. curiosamente.

~ly enough bastante esquisito.

curiousness [~ nis] s. 1. curiosidade f. 2. cuidado m.

curium [kj'uəriəm] s. (Quím.) cúrio m.: elemento radioativo.

curl [kə:l] s. 1. cacho, anel, caracol m. de cabelo. 2. qualquer coisa em forma de caracol ou espiral.

3. ondulação f., encrespamento m. 4. doença f. de batatas, tomates, etc. causada por fungos do gênero Tafrina. ‖ v. 1. enrolar, torcer, espiralar. 2. agitar, encarneirar (mar). 3. jogar **curling.**
her hair went out of ~ seu cabelo perdeu a ondulação. **in** ~ encaracolado, ondulado. **he** ~**ed his lip** ele fez beiço. **to** ~ **up** 1. enrolar (cabelo). 2. (Esp.) sofrer um colapso.
curl cloud s. cirro m.
curled [kə:ld] adj. 1. crespo, encrespado, ondulado. 2. torcido.
curler [k'ə:lə] s. 1. o que encrespa ou enrola. 2. encrespador m.: instrumento para enrolar ou encrespar o cabelo. 3. jogador m. de **curling.**
curlew [k'ə:lju:] s. (Orn.) maçarico m.
curlicue, curlycue [k'ə:likju:] s. arabesco, rabisco m.
curliness [k'ə:linis] s. ondulação, crespidão f.
curling [k'ə:liŋ] s. 1. ondulação f., encrespamento m. 2. jogo m. sobre o gelo no qual os participantes fazem deslizar discos ou pedras lisas contra um alvo.
curling irons, curling tongs s. pl. = **curler** 2.
curling paper, curlpaper s. papelotes m. pl.
curling stone s. disco m. ou pedra f. usada no jogo de **curling.**
curly [k'ə:li] adj. 1. ondulado, encrespado, anelado, encaracolado. 2. que tem cachos (de cabelos). 3. que tem fibras onduladas.
curly-haired, curly-headed adj. com cachos, com o cabelo encaracolado.
curly-pate s. (coloq.) pessoa que tem o cabelo encaracolado.
curmudgeon [kə:m'ʌdʒən] s. 1. mesquinho, pão-duro m., miserável m. + f. 2. ranheta m. + f.
curmudgeonly [~li] adj. 1. mesquinho, avarento. 2. rabugento.
curr [kə:] v. arrulhar (pomba).
currant [k'ʌrənt] s. 1. (também **dried** ~) passa f. de Corinto. 2. groselha f. (quadro B 10). 3 (Bot.) groselheira f.
black ~ groselha-preta.
currency [k'ə:rənsi] s. 1. (E. U. A.) dinheiro m. em circulação, moeda f. corrente. 2. circulação f., giro m. 3. uso geral m., aceitação f., curso m.
to give ~ **to a thing** pôr alguma coisa em circulação.
currency note s. cédula f., papel-moeda m.
current [k'ə:rənt] s. 1. corrente f., fluxo m. 2. corrente elétrica f. 3. andamento, curso, movimento m. 4. direção geral, tendência f. 5. correnteza f. ‖ adj. 1. circulante, corrente. 2. prevalecente, de uso comum, em voga, generalizado. 3. presente, em vigor. 4. (Com.) em aberto. ‖ ~**ly** adv. 1. correntemente. 2. geralmente. 3. presentemente.
alternating ~ corrente alternada. **continuous** ~, **direct** ~ (Eletr.) corrente contínua. ~ (**rate of**) **exchange** cotação do dia (bolsa). ~ **of modern opinion** tendência da opinião moderna. ~ **opinion** opinião geral. ~ **price** preço do dia. ~ **rate** cotação do dia. **three-phase** ~ (Eletr.) corrente trifásica. **to pass** ~ 1. ser aceito como válido. 2. ser de praxe. **it passes for** ~ **that...** supõe-se geralmente que... **to sell for** ~ **payment** vender à vista.
current account s. (Com.) conta-corrente f.
current assets pl. s. (Com.) ativo corrente m.
current liabilities pl. s. (Com.) passivo real m.
curricle [k'ʌrikl] s. coche m. de duas rodas, puxado por dois cavalos.
curricular [kər'ikjulə] adj. relativo a um curso.
curriculum [kər'ikjuləm] s. currículo, curso, estudo m.
~ **vitae** descrição do desenrolar da vida.
currier [k'ə:riə] s. 1. surrador, curtidor m. de couros.

2. limpador m. de cavalos.
curriery [~ri] s. 1. ofício m. de curtidor. 2. curtume m.
currish [k'ə:riʃ] adj. 1. ordinário, como um cão. 2. rabugento, agressivo, impertinente. ‖ ~**ly** adv. de mau humor.
currishness [~nis] s. rabugice, impertinência f.
curry (I) [k'ə:ri] v. 1. almofaçar, esfregar, limpar um cavalo. 2. surrar, curtir couros. 3. sovar, dar surra em.
he curried favour with me ele procurou lisonjear-me, ele procurou captar minha amizade. **to** ~ **s. o.'s hide** (fig.) dar uma boa surra em alguém.
curry (II) [k'ə:ri] s. 1. caril m.: condimento apimentado, originário da Índia. 2. prato m., preparado com caril.
~-**powder** caril, condimento indiano em pó.
currycomb [k'ə:rikoum] s. almofaça f. (quadro H 9) ‖ v. almofaçar.
curse [kə:s] s. 1. maldição, praga, imprecação f. 2. o que é maldito. 3. desgraça, calamidade f. 4. causa f. de praga, de calamidade ou de malefício 5. (Ecl.) excomunhão f., anátema m. ‖ v. 1. maldizer, amaldiçoar, imprecar, rogar praga contra. 2. afligir, assolar, atormentar. 3. blasfemar. 4. excomungar.
~**s come home to roost** as maldições se voltam contra o amaldiçoador. **he is the** ~ **of his family** ele é a desgraça da família. **the** ~ **of Scotland** o nove de ouros (baralho). ~ **him!** o diabo o carregue. **he is** ~**d with** ele é castigado com.
cursed [k'ə:sid] adj. 1. maldito, amaldiçoado. 2. detestável, abominável, mau, malvado. ‖ ~**ly** adv. 1. de modo maldito. 2. detestavelmente, abominavelmente.
cursedness [~nis] s. maldição f.
curser [k'ə:sə] s. 1. amaldiçoador, praguejador m. 2 blasfemador m.
cursing [k'ə:siŋ] s. 1. praguejamento m. 2. blasfêmia f.
cursive [k'ə:siv] s. 1. cursivo m., letra f. que se junta com outra. 2. (Tipogr.) tipo m. em grifo ou itálico. ‖ adj. cursivo, com as letras ligadas.
cursor [k'ə:sə] s. cursor m. (de régua de cálculo) (quadro S 7).
cursoriness [k'ə:sərinis] s. 1. negligência f. 2. superficialidade f.
cursory [k'ə:səri] adj. superficial, sem atenção, apressado. ‖ ~**ily** adv. superficialmente, descuidadamente, apressadamente.
~ **view** vista superficial.
curt [kə:t] adj. 1. curto. 2. breve, resumido, conciso. 3. rude, abrupto, áspero, brusco. ‖ ~**ly** adv. 1. curtamente, resumidamente. 2. rudemente, bruscamente.
curtail [kə:t'eil] v. 1. reduzir, encurtar, diminuir, cortar. 2. privar de.
curtailment [~mənt] s. redução, restrição, diminuição f.
curtain [kə:tn] s. 1. cortina f., cortinado m. 2. abrigo resguardo m., defesa, proteção f. 3. pano m. de boca de teatro. 4. (Fort.) muro m. que liga dois baluartes. 5. (Arquit.) seção f. de muro entre dois pavilhões, torres, etc. 6. (Teat.) o descer do pano no final de cenas, atos, etc. 7. (Teat.) situação final f. de cena, ato ou peça. ‖ v. 1. colocar cortina, fechar ou decorar com cortina. 2. cobrir, esconder, encobrir.
a clever ~ um efeito final muito imponente. **behind the** ~ atrás dos bastidores. ~ **of rain** cortina de chuva. **fireproof** ~ (Teat.) cortina de ferro. **he took his last** ~ (Teat.) ele apareceu

pela última vez em cena. **the ~ comes down (drops, falls)** o pano cai. **the ~ is drawn** a cortina é cerrada, descerrada. **the ~ rises** o pano, a cortina se levanta. **to draw the ~ over a thing** passar a esponja sobre alguma coisa, olvidá-la. **to lift the ~** levantar o véu. **under the ~ of night** sob o véu da noite.

curtain call s. chamada f. dos atores à cena para receber aplausos.

curtain fall s. (Teat.) queda f. do pano.

curtain fire, curtain of fire s. (milit.) cortina f. de fogo, fogo m. de barragem.

curtain lecture s. repreensão conjugal f.

curtain raiser s. (Teat.) peça curta f., geralmente de um ato, representada antes do espetáculo principal.

curtain rod s. varão m. de cortina.

curtain speech s. (Teat.) breve fala f. diante da cortina descida.

curtana [kə:t'a:nə] s. espada f. sem ponta, que se conduz diante dos monarcas da Inglaterra na sua coroação.

curtilage [k'ə:tilidʒ] s. terra f. contigua e pertencente a uma moradia, pátio m.

curtness [k'ətnis] s. 1. brevidade, concisão f. laconismo m. 2. aspereza, rudeza f.

curtsy, curtsey [k'ə:tsi] s. mesura, reverência f. (feita somente por mulheres). ‖ v. **fazer reverência. to drop a ~** fazer uma reverência.

curule [kj'u:ru:l] adj. 1. curul. 2. (fig.) de alta dignidade cívica.

curule chair s. curul m.: cadeira de honra dos dignitários romanos.

curvate [k'ə:veit] adj. curvado, curvo, arqueado.

curvature [k'ə:vetʃə] s. 1. curvatura f., dobramento, arqueamento m. 2. peça ou parte curvada f. **~ of the spine** curvatura da espinha dorsal.

curve [kə:v] s. curva f.: 1. linha curva. 2. curvatura. 3. flexão. 4. volta de caminho. ‖ v. 1. curvar(-se), dobrar, arquear. 2. mover-se em curva, fazer curva. ‖ adj. curvado, curvo.

curvet [k'ə:vet] s. curveta f. de cavalo. ‖ v. 1. curvetear, fazer curvetas. 2. saltar, pular (de alegria).

curvilinear [kə:vil'iniə], **curvilineal** [~l] adj. curvilíneo.

cusec, cu.-sec. [kj'u:sek] abr. de **cubic feet per second** unidade de fluxo igual a um pé cúbico por segundo.

cushat [k'ʌʃət] s. (Orn.) pomba-trocaz européia f.

cushaw, cashaw [kəʃ'ɔ:] s. (Bot.) abóbora-cheirosa, abóbora-almíscar f.

cushion [k'ʌʃən] s. 1. almofada f., coxim, travesseiro m. (quadro B 7). 2. tabela, tablilha f. de bilhar. 3. amortecedor, pára-choque m. ‖ v. 1. almofadar. 2. colocar, assentar sobre almofada, escorar com almofada. 3. amortecer, proteger contra choques. **pin-~** almofada para alfinetes.

cushion capital s. (Arquit.) capitel, remate m. de coluna em forma de almofada.

cushioned [k'ʌʃənd] adj. almofadado, acolchoado.

cushion tire s. pneu·balão m.

cushiony [k'ʌʃəni] adj. macio, almofadado.

Cushitic [kʌʃ'itik] s. antigo idioma hamítico m. (da cidade de Cush).

cushy [k'uʃi] adj. 1. (gíria) confortável, agradável, macio. 2. bem pago e com pouco trabalho.

cusp [kʌsp] s. 1. cúspide,, ponta, extremidade aguda f. 2. protuberância ou ponta f. da coroa de um dente. 3. ponta f. ou corno do crescente. 4. vértice m. de uma curva.

cuspid [k'ʌspid] s. 1. corno m. da lua. 2. (Anat.) dente canino, dente cúspide m.

cuspidal [k'ʌspidəl], **cuspidate** [k'ʌspideit], **cuspidated**

[k'ʌspideitid] adj. cuspidato, que termina em cúspide, pontiagudo.

cuspidor [k'ʌspidɔ:] s. (E. U. A.) cuspideira, escarradeira f.

cuss [kʌs] s. 1. (coloq.) maldição f. 2. (E. U. A.) pessoa ou animal insignificante ou incômodo. ‖ v. (coloq.) maldizer, amaldiçoar. **a comical ~** um sujeito esquisito. **I don't care a ~** isto para mim é indiferente.

cussed [k'ʌsid] adj. 1. (coloq.) amaldiçoado, maldito. 2. mau, renitente, obstinado.

cussedness [~nis] s. 1. perversidade, maldade f. 2. obstinação, renitência f.

custard [k'ʌstəd] s. manjar, pudim m., iguaria f. feita de leite e ovos.

custard-apple s. 1. creme m. para doces. 2. ata, fruta-do-conde, pinha f. 3. asimina f.

custodial (I) [kʌst'oudiəl] s. custódia f.: receptáculo para objetos sagrados.

custodial (II) [kʌst'oudiəl] adj. custódio.

custodian [kʌst'oudiən] s. guarda, zelador, administrador, curador m.

custody [k'ʌstədi] s. 1. custódia f., cuidado m. 2. detenção, prisão f. 3. proteção, guarda, tutela f **he is in the ~ of** ele está sob a tutela de. **I have the ~ of** tenho a supervisão sobre. **in ~** preso **to take into ~** prender, encarcerar.

custom [k'ʌstəm] s. 1. costume, hábito, uso m., prática, praxe f. 2. costumes m. pl., comportamento m. 3. freguesia, clientela f. 4. (Jur.) direito consuetudinário m. 5. **~s** pl. taxas f. pl., direitos alfandegários m. pl. ‖ adj. 1. feito sob encomenda. 2. que trabalha em artigos sob encomenda. **a habit rooted in ~** um costume consagrado pelo hábito. **as was his ~** como era de seu hábito. **~s clearance** desembaraço alfandegário. **~s declaration** declaração de mercadorias sujeitas a taxas alfandegárias. **~s examination** vistoria aduaneira. **~s seal** selo aduaneiro. **His Majesty's Customs** a alfândega real.

customable [~əbl] adj. sujeito a taxas aduaneiras.

customariness [~ərinis] s. habitualidade f., habitualismo m.

customary [~əri] s. (também **customaries** pl.) registro m. de costumes e direitos consuetudinários. ‖ adj. 1. habitual, costumário, costumeiro, usual. 2. (Jur.) consuetudinário. ‖ **—ily** adv. habitualmente de costume.

custom-built adj. fabricado ou feito sob encomenda.

custom duties s. pl. direitos aduaneiros m. pl.

customer [k'ʌstəmə] s. 1. freguês, comprador m. cliente m. + f. 2. (coloq.) indivíduo m., pessoa f. **queer ~** indivíduo esquisito. **regular ~** freguês habitual. **rough ~** sujeito bruto. **she's a tough ~** ela não é sopa.

custom-free adj. isento de direitos aduaneiros.

customhouse [k'ʌstəmhaus] s. alfândega, aduana f. **~ charges** direitos aduaneiros. **~ clearance** desembaraço alfandegário. **~ entry** declaração de objetos sujeitos a taxas aduaneiras. **~ officer** oficial alfandegário.

custom-made adj. (E. U. A.) feito sob encomenda.

customs agent s. (Com.) fiscal aduaneiro m.

custos [k'ʌstɔs] s. pl. **-odes** [kʌst'oudi:z] 1. guarda, administrador, curador m. 2. (Ecles.) custódio m.

cut [kʌt] s. 1. corte m., abertura, ferida f. 2. talho m., incisão f. 3. passagem, escavação f. (na terra), canal m. 4. peça talhada f., parte f. ou pedaço m. cortado. 5. estilo, talhe, feitio m., moda f. 6. (E. U. A.). diminuição, redução f. 7. atalho, carreiro m., picada f. 8. cutilada f., golpe m. com instrumento cortante. 9. chicotada, chibatada f. 10. ofensa, injúria, desconsideração f. 11. recusa f. de reconhecer alguém socialmente. 12. (E. U. A.) cábula, falta f. de comparecimento às aulas. 13. gravura f., clichê m., xilogravura f. 14. corte m. em peça teatral. 15. peça f.: medida de tecido ou fio. 16. corte m. de cartas. 17. (E. U. A., gíria) parte f. de pilhagem. 18. (Esp.) bola f. cortada ou com efeito. 19. grupo m. de animais separado da manada. 20. emenda f. de filme de cinema. 21. (coloq.) grau[k]social m. 22. talho m.: corte de carne. ‖ v. 1. (imp. e p. p. cut) 1. cortar, talhar. 2. secionar, dividir, partir. 3. aparar, desbastar. 4. rachar, fender. 5. ferir, fazer talhe em. 6. lancetar, mutilar, incisar amputar. 7. reduzir, diminuir. 8. atalhar, atravessar abrir ou cortar caminho. 9. dividir penetrar, passar através de. 10. açoitar, chicotear. 11. (Esp.) cortar, dar efeito (bola). 12. ofender, desconsiderar, ferir os sentimentos de. 13. (coloq.) evitar, ignorar, não reconhecer socialmente. 14. (coloq.) cabular, faltar às aulas. 15. diluir, dissolver. 16. castrar (animal). 17. cruzar (linhas). 18. picar, retalhar. 19. ceifar, segar. 20. gravar, entalhar, cinzelar. 21. lapidar. 22. escavar, abrir canal ou túnel. 23. romper relações com. 24. cortar o baralho. 25. (coloq.) executar, fazer. 26. derrubar (árvores). 27. talhar, cortar molde (de vestidos). 28. trinchar. 29. abreviar, resumir. 30. interromper (conversa). 31. romper as gengivas (dente). 32. fazer corte em (manuscrito, peça). 33. (E. U. A., gíria) dividir, repartir. 34. usar instrumento cortante. 35. poder ser cortado. 36. ter corte ou gume. 37. ferir-se. ‖ adj. 1. cortado, talhado. 2. gravado, entalhado, lapidado. 3. castrado. 4. ferido. 5. reduzido, remarcado (preço). 6. (gíria) embriagado. 7. (Bot.) inciso.

~ and thrust modalidade de esgrima. ~ in pay redução de salário. he gave me the direct ~ ele me evitou ostensivamente. he is a ~ above him ele está um furo acima dele. he made a ~ in the story ele resumiu a história. short—~ picada, caminho mais curto. I took a short—~ cortei o caminho. it is his ~ é sua vez de cortar as cartas. to draw ~s jogar com palitos, apostar. ~! vá embora! ~ and come again sirva-se à vontade. ~ the cackle! (gíria) deixe de conversa! ~ your coat according to your cloth (fig.) arranje-se de acordo com suas possibilidades. he ~ a caper ele deu uma cambalhota. he ~ a sorry figure ele fez um triste papel. he ~ himself loose from ele separou-se de. he ~ his fingers ele feriu os dedos. he ~ his nails ele cortou suas unhas. he ~ his own throat (fig.) ele mesmo se prejudicou. he ~ his stick (vulg.) ele fugiu, ele deu o fora. he ~ his way 1. ele abriu caminho para si. 2. (fig.) ele se defendeu. he ~ it fine (gíria) ele calculou justo, chegou na hora, acertou por pouco. he ~ loose ele cortou, separou. he ~ me short ele me interrompeu. he ~s no ice with me (gíria) ele não leva vantagem comigo. he ~ open the letter ele abriu a carta. he ~ the knot (fig.) ele resolveu o caso. he ~ the record ele quebrou o recorde. he ~ up rough ele ficou zangado. he ~ up well ele morreu rico, ele deixou uma fortuna. his unkindness ~ me to the heart sua grosseria me feriu o coração. I ~ him dead tratei-o como se fosse ar, não tomei conhecimento de sua presença. I ~ the leaves of the book abri, cortei as páginas do livro. it ~s both ways é justo para ambas as partes. the child has ~ a tooth a criança teve um dente. the wind ~ his face o vento lhe açoitou o rosto. to be ~ off morrer. to ~ a long story short para resumir, em poucas palavras. to ~ and contrive viver, satisfazer-se com pouco. to ~ and run (coloq.) correr, fugir. to ~ in pieces picar, cortar em pedaços. to ~ in stone escul-

pir em pedra. to ~ to pieces fazer em pedaços. to ~ to the quick ferir até a medula. to ~ true and square cortar no esquadro. who ~s the cards? quem corta as cartas? to ~ across encurtar o caminho. to ~ away 1. cortar, serrar, decepar. 2. desviar-se. ~ away! fora! to ~ back. repetir um quadro (de filme). to ~ down 1. roçar, derrubar (mato). 2. reduzir (despesas). 3. abreviar, resumir (manuscrito). to ~ in 1. entalhar, fazer entalhe. 2. interromper. to ~ off 1. cortar, destacar, remover. 2. romper (relações). 3. interromper (fornecimento ou comunicações). 4. acabar, terminar. 5. separar, excluir. 6. pôr fim a, matar, liquidar. 7. deserdar. to ~ off with a shilling deserdar. to ~ out 1. cortar, recortar. 2. talhar. 3. planejar, tramar, idear. 4. desligar (máquina, chave elétrica, etc.). 5. desistir de, abandonar. 6. separar (do rebanho). 7 suplantar, superar. 8. pegar como presa. 9. excluir, afastar. ~ it out! (coloq.) deixa disto! his work is ~ out for him ele está cheio de serviço. to be ~ out for a thing ser talhado para uma coisa. to ~ under vender mais barato que. to ~ up 1 cortar, retalhar. 2. criticar, desfazer. 3. entristecer. ~ sizes medidas padrão, medidas já cortadas. it's all ~ and dried (coloq.) está tudo pronto.

cutaneous [kju:t′einiəs] adj. cutâneo.

cutaway (I) [k′ʌtəwei] adj. 1. que tem uma parte cortada fora. 2. cortante, que corta.

cutaway (II) [k′ʌtəwei] s. fraque m.

cutback [k′ʌtbæk] s. 1. (Cin.) cena em retrospecto m. 2. redução, interrupção f.

cutch [kʌtʃ] s. cachu m.

cutdown [k′ʌtdaun] s. diminuição f., decréscimo m.

cute [kju:t] adj. 1. (E. U. A.) atraente, bonito, gracioso, agradável. 2. (coloq.) inteligente, esperto, sagaz. ‖ ~ly adv. de modo atraente, inteligente.

cuteness [kj′u:tnis] s. 1. graça, beleza f. 2. esperteza, sagacidade f.

cutey, cutie [kj′u:ti] s. (E. U. A., gíria) uva f.: moça bonita ou atraente.

cut glass s. vidro lapidado m.

cuticle [kj′u:tikl] s. 1. cutícula, epiderme f. 2. cutícula f. das unhas. 3. (Bot.) película f.

cuticular [kjut′ikjulə] adj. cuticular.

cutikin [kj′u:tikin] s. (esc.) polainas f. pl.

cutin [kj′u:tin] s. (Bioquím.) cutina f.

cut-in s. (Cin.) inserção (na seqüência) f.

cutis, cutis vera s. (Anat.) córion, derma m.

cutlass, cutlas [k′ʌtləs] s. alfanje, cutelo m.

cutler [k′ʌtlə] s. cuteleiro m.

cutlery [~ri] s. 1. facas, tesouras, espadas f. pl. instrumentos cortantes m. pl. 2. talheres m. pl. (quadro F 5). 3. cutelaria f., ofício m. de cuteleiro.

cutlet [k′ʌtlit] s. 1. costeleta f. 2. fatia de carne ou de peixe, posta f.

cutoff [k′ʌtɔf] s. 1. atalho m., picada f. 2. (Mec.) fechamento da admissão, corte m. do vapor. 3. (Mec.) grau m. de admissão. 4. (Eletrôn.) freqüência f. de corte.

cutoff valve s. (Mec.) válvula f. de expansão.

cutout [k′ʌtaut] s. 1. (E. U. A.) desenho m. para recortar. 2. (Téc.) comutador de carga, disjuntor automático m. 3. (Eletr.) interruptor, comutador m.

cutpurse [k′ʌtpə:s] s. batedor m. de carteiras.

cut-rate adj. (E. U. A.) que vende a preços reduzidos.

cutter [k′ʌtə] s. 1. cortador m. 2. talhador m. de trenó m. 5. (Náut.) cúter m.: veleiro de um mastro. 6. escaler m. de um vaso de guerra. 7. navio armado, guarda-costas m. 8. ferramenta f. de corte. 9. (Cin.) redator m. de filme.

hair ~ cabeleireiro. **stone** ~ lapidário de pedras

preciosas. **tailor's** ~ talhador de ternos. **revenue—~** navio da guarda aduaneira.

cutthroat [k'ʌtθrout] s. assassino, degolador m. ‖ adj. 1. bárbaro, cruel. 2. severo, implacável. 3. ruinoso. 4. para três parceiros (jogo de cartas). ~ **competition** competição encarniçada.

cutting [k'ʌtiŋ] s. 1. coisa cortada f. 2. incisão, talhada f., talho m. 3. (Hort.) muda f., renovo m. 4. recorte m. de jornal ou de revista. 5. ação f. de cortar, corte m. 6. corte m. (por onde passa estrada de ferro). 7. redução f. (de gastos). 8. abreviação f. 9. derrubada, roçada f. 10. ~s pl. retalhos, aparas, cavacos, refugo. ‖ adj. 1. cortante, afiado. 2. picante, mordaz, sarcástico. 3. penetrante, pungente. ‖ ~ly adv. 1. de modo cortante. 2. sarcasticamente, mordazmente.
a ~ **remark** uma observação sarcástica.

cutting alloy s. liga f. para ferramentas de corte.
cutting angle s. ângulo m. de corte.
cutting edge s. corte, gume, fio m. de um instrumento cortante.
cutting-machine s. 1. máquina f. para tosar tecidos. 2. cortador automático m. 3. guilhotina f. (máquina).
cutting nippers s. torquês m.
cutting off s. trabalho m. de corte.
cutting oil s. óleo m. para corte.
cutting-out s. corte m. de vestuário.
cutting-up shop s. oficina f. de corte (de roupa).
cuttle [kʌtl], **cuttlefish** [k'ʌtlfiʃ] s. (Zool.) choco m.
cuttlebone [k'ʌtlboun] s. casca f. ou osso calcário m. de siba.
cutty [k'ʌti] s. (esc.) cachimbo curto m. de barro. ‖ adj. curto, baixo.
cutup [kʌt'ʌp] s. (coloq.) exibicionista m. + f.
cutwater [k'ʌtwo:tə] s. (Náut.) talha-mar m.
cutworm [k'ʌtwə:m] s. (Ent.) bicha-amarela, gramiola, travela f.
cuvette [kjuv'et] s. 1. cadinho m. para o transporte de vidro liquefeito. 2. (Fot.) cubeta f.
cyanamide, cyanamid [saiæn'æmid] s. (Quím.) cianamida f.
cyanate [s'aiəneit] s. (Quím.) cianato m.
cyanic [sai'ænik] adj. 1. ciânico. 2. azul.
cyanide [s'aiənaid] s. 1. (Quím.) cianeto, cianureto m. 2. cianeto de potássio m. ‖ v. tratar por meio de um cianeto.
cyanite [s'aiənait] s. (Miner.) cianita f.
cyanogen [sai'ænədʒin] s. (Quím.) cianogênio m.
cyanosis [saiən'ousis], **cyanopathy** [saiən'ɔpəθi] s. (Med.) cianose f.
cyanotic [saiən'ɔtik] adj. cianótico.
cyanotype [sai'ænətaip] s. cianotipo m., cópia heliográfica f.
cyanuric [saiənj'u:rik] adj. (Quím.) cianúrico.
cybernetics [saibə:n'etiks] s. cibernética f.
cycad [s'aikæd] s. (Bot.) cicadácea f.
cycadaceous [sikəd'eiʃəs] adj. (Bot.) cicadáceo.
cyclamen [s'ikləmən] s. (Bot.) cíclame, ciclâmen m.
cycle [saikl] s. 1. ciclo m. 2. circuito m., revolução f. 3. período m. que se repete. 4. coleção f., conjunto m. de histórias ou poemas sobre um certo assunto. 5. época f., longo período m. de tempo. 6. bicicleta f., triciclo m. 7. (Eletr.) alternação f., ciclo, período m. de corrente. 8. processo ou círculo vicioso m. 9. órbita celeste f. 10. (Bot.) verticilo m. ‖ v. 1. passar por um ciclo, ocorrer em ciclos. 2. andar de bicicleta ou de triciclo.
bi~ [b'aisikl] bicicleta. **in ~s** em ciclos, periodicamente. **lunar ~** ciclo lunar. ~ **of the sun** ciclo solar.
cyclecar [s'aiklka:] s. automóvel m. de três rodas.

cycle track s. caminho m. para ciclistas (quadro W 3).
cyclic [s'aiklik], **cyclical** [~əl] adj. 1. cíclico relativo a ciclo. 2. que ocorre em ciclos ou períodos. 3. circular, em anel. 4. (Quím.) cíclico.
cycling [s'aikliŋ] s. ciclismo m.
~ **path** caminho para ciclistas. ~ **track** pista para corridas de bicicletas.
cyclist [s'aiklist] s. ciclista m. + f.
cycloid [s'aikloid] s. (Geom.) ciclóide f. ‖ adj. 1. circular. 2. cicloidal. 3. (Psiq.) ciclotímico.
cycloidal [saikl'oidəl] adj. 1. cicloidal, como um círculo. 2. (Zool.) que pertence aos ciclóides.
cyclometer [saikl'omitə] s. ciclômetro m.
cyclometry [saikl'omitri] s. ciclometria f
cyclone [s'aikloun] s. ciclone m.
cyclonic [saikl'onik], **cyclonical** [~əl] adj. ciclônico ‖ ~ally adv. ciclonicamente.
cyclopaedia, cyclopedia [saikləp'i:diə] s. abr. de encyclopaedia enciclopédia f.
cyclopaedic [saikləp'i:dik], **cyclopedic** [saikləp'edik] adj. enciclopédico. ‖ ~ally adv. enciclopedicamente.
cyclopaedist, cyclopedist [saikləp'i:dist] s. enciclopedista m. + f.
Cyclopean [saikləp'i:ən, saikl'oupiən] adj. ciclópeo, ciclópico, gigantesco, imenso.
Cyclops [s'aiklops] s. pl. **Cyclopes** [saikl'oupi:z] ciclope m.
cyclorama [saiklər'a:mə] s. ciclorama f.
cyclostomate [saikl'ostəmit] adj. (Zool.) ciclóstomo.
cyclothymia [saikləθ'aimiə] s. (Psiq.) ciclotimia f.
cyclothymic [saikləθ'aimik] adj. (Psiq.) ciclotímico.
cyclotron [s'aiklətrɔn] s. (Fís.) cíclotron m.
cyder [s'aidə] s. = cider.
cygnet [s'ignit] s. cisne novo m.
cylinder [s'ilində] s. 1. (Geom.) cilindro, corpo roliço m. 2. volume m. de um cilindro. 3. rolo, tambor, qualquer corpo cilíndrico m. 4. (E. U. A.) tambor m. de revólver. 5. cilindro m. de motor ou outra máquina (quadro C 4). 6. alisador m.
~ **worn out of truth** (Téc.) cilindro gasto. **six—~ car** carro com motor de seis cilindros.
cylinder head s. (Mec.) cabeça f. de cilindro.
cylinder-jacket s. (Téc.) camisa f. de cilindro.
cylinder press s. (Tipogr.) prensa f. a cilindro.
cylinder-printing s. impressão f. com cilindro.
cylindrical [sil'indrikəl], **cylindric** [sil'indrik] adj. cilíndrico. ‖ ~ally adv. em forma de cilindro.
cylindroid [s'ilindroid] s. (Geom.) cilindróide m. ‖ adj cilindróide.
cyma [s'aimə] s. (Arquit.) cimalha de cornija f.
cymatium [sim'eiʃiəm] s. (Arquit.) 1. cimácio m. 2. cimalha f. de cornija.
cymbaler [s'imbələ], **cymbalist** [s'imbəlist] s. (Mús.) pratilheiro m.: tocador de pratos.
cymbals [s'imbəls] s. pl. (Mús.) pratos m. pl.
cyme [saim] s. (Bot.) cimeira f.
cymene [s'aimi:n] s. (Quím.) cimeno m.
cymograph [s'aiməgra:f] s. 1. cimógrafo m. 2. quimógrafo m.
cymophane [s'aiməfein] s. (Miner.) cimofânio, crisoberilo m.
cymose [s'aimous] adj. (Bot.) cimoso.
Cymric [k'imrik] s língua f. do País de Gales. ‖ adj. galês, de Gales.
cynic [s'inik] s. 1. cínico m. 2. misantropo, cêptico m. 3. **Cynic** filósofo m. da antiga Grécia, que negava a sinceridade e abnegação do ser humano. ‖ adj 1. = cynical. 2. **Cynic** relativo aos filósofos cínicos.

cynical [~əl] adj. 1. cínico, 2. céptico. ‖ ~ly adv. cinicamente.

cynicism [s'inisizm] s. 1. cinismo m. (também Filos.) 2. cepticismo m. 3. observação cínica ou céptica f.

cynosure [s'inəzjuə] s. 1. centro m. de atração ou de interesse. 2. (Astron.) cinosura, ursa-menor f. 3. (Astron.) estrela polar f.

cyperaceous [saipər'eiʃəs] adj. (Bot.) ciperáceo.

cypher [s'aifə] s. = cipher.

cypress [s'aipris] s. 1. (Bot.) cipreste m. 2. madeira f. de cipreste. 3. (fig.) ramo m. de cipreste como emblema de luto. 4. (†) crepe m.: tecido negro que se usa em sinal de luto.

cypress vine s. (Bot.) flor-do-cardeal, primavera f.

Cyprian [s'ipriən] s. 1. cíprio m., cipriota m. + f.: habitante ou natural da Ilha de Chipre. 2. prostituta f. ‖ adj. 1. cíprio, cipriota. 2. licencioso, devasso.

cyprinid [s'iprinid], cyprinoid [s'iprinɔid] s. (Ict.) ciprinóide, ciprinídeo m. ‖ adj. ciprinóide, ciprinídeo.

Cypriot [s'ipriət], Cypriote [s'ipriout] s. cipriota m. + f.: habitante de Chipre. ‖ adj. cipriota

cypripedium [siprip'i:diəm] s. (Bot.) cipripédio m.

cypsela [s'ipsələ] s. (Bot.) cípsela f.

Cyrenaic [sairin'eiik] s. 1. cirenaico m. 2. (Filos.) doutrina f. pela qual o prazer é o único escopo racional da vida. 3. filósofo da doutrina cirenaica. ‖ adj. cirenaico.

Cyrillic [sir'ilik] adj. cirílico.

cyst [sist] s. 1. (Med.) cisto, quisto m. 2. (Biol.) vesícula, bolsa f.

cystic [s'istik] adj. 1. cístico. 2. (Zool.) enquistado.

cysticercus [sistis'ə:kəs] s. (Ent.) cisticerco, hidátulo m.

cystine, cystin [s'isti:n] s. (Bioquím.) cistina f.

cystitis [sist'aitis] s. (Med.) cistite f.

cystocele [s'istosi:l] s. (Med.) cistocele f.

cystoid [s'istɔid] s. formação cistóide f. ‖ adj. cistóide.

cystotome [s'istətoum] s. (Cirurg.) cistótomo m.

cystotomy [sist'ɔtəmi] s. (Cirurg.) cistotomia f.

cytogenetic [saitədʒin'etik], cytogenetical [~əl] adj. citogenético, citogênico.

cytogenetics [saitədʒin'etiks] s. citogênese, citogenia f.

cytokinesis [saitəkin'i:sis] s. (Biol.) citocinese f.

cytological [saitəl'odʒikəl] adj. (Biol.) citológico.

cytologist [sait'ɔlədʒist] s. citologista m. + f., citólogo m.

cytology [sait'ɔlədʒi] s. (Biol.) citologia f.

cytolysin [sait'ɔlisin] s. (Bioquím.) citolisina f.

cytolysis [sait'ɔlisis] s. (Fisiol.) citólise f.

cytophagy [sait'ɔfədʒi] s. (Biol.) fagocitose f.

cytoplasm [s'aitəplæzm] s. (Biol.) citoplasma m.

cytoplasmic [saitəpl'æzmik] adj. (Biol.) citoplasmático, citoplásmico.

cytoplast [s'aitəplæst] s. (Biol.) citoplasto m.

czar [za:] s. 1. (Hist.) (também tsar, tzar) czar m. imperador m. da Rússia. 2. autocrata m.

czardas [tʃa:daʃ] s. xarda f.: dança típica húngara.

czarevitch [z'a:rivitʃ] s. (Hist.) (também tsarevitch, tzarevitch) czaréviche m.: filho herdeiro do czar.

czarina [za:r'i:nə] s. (Hist.) (também tsarina, tzarina) czarina f.: imperatriz da Rússia.

czarism [z'a:rizm] s. 1. (Hist.) czarismo m. 2. (Pol.) ditadura f., despotismo m.

Czech, Czekh [tʃek] s. 1. tcheco, tcheque m. 2. idioma tcheco m. ‖ adj. tcheco.

Czechic [tʃ'ekik], Czechish [tʃ'ekiʃ] adj. tcheco.

Czechoslovak, Czecho-Slovak [tʃ'ekousl'ouvæk] s. 1. tcheco-eslovaco m. 2. língua tcheco-eslovaca f. ‖ adj. tcheco-eslovaco.

Czechoslovakian, Czecho-Slovakian [tʃ'ekouslouv'ækiən] s. e adj. = Czechoslovak.

D

D, d [di:] 1. quarta letra do alfabeto, consoante. 2. ré: segunda nota musical. 3. algarismo romano, vale 500.

D. (I) (Quím.) abrev. de **deuterium.**

D. (II) abrev. de **December, Democrat, Democratic, Dutch.**

d. abrev. de **day, days, dead, degree, delete,** (Fís.) **density, diameter, died, dollar, penny, pence.**

D. A. [di:ei] abrev. de **District Attorney, documents for acceptance, don't answer.**

dab [dæb] (I) s. 1. pancadinha f., golpe leve com a mão m., palmadinha f. 2. pedacinho de pano ou de qualquer coisa úmida e macia m. 3. um pouquinho. ‖ v. 1. tocar levemente. 2. esfregar, bater ligeiramente com alguma coisa úmida ou macia, esponjar. 3. dar uma pancadinha.

dab [dæb] (II) s. (fig.) perito, experto m.

dab [dæb] (III) s. (Ict.) peixe chato de diversas espécies do gênero Pleuronectes, ao qual pertence a solha.

dabber [d'æbə] s. 1. aquele que dá pancadinhas, alisa, esfrega, etc. 2. escova macia, broxa para salpicar f. 3. almofada de tinta de gravador f.

dabble [d'æbl] v. 1 salpicar, borrifar, umedecer com pequenas gotas, molhar com borrifos. 2. chapinhar, estar molhado com as mãos ou com os pés na água. 3. (fig.) intrometer-se em, entremear-se em, meter o nariz em toda parte. 4. (fig.) fazer alguma coisa ou praticar uma arte com desmazelo ou superficialmente, atabalhoar.

dabbler [d'æblə] s. 1. pessoa que chapinha f. 2. o que empreende qualquer obra ou pratica uma arte sem primor, trapalhão m., diletante m. + f.

dabblingly [d'æbliŋli] adv. sem esmero.

dabchick [d'æbtʃik] s. (Orn.) mergulhão m.

dabster [d'æbstə] s. 1. (coloq.) perito, experto m. 2. diletante m. + f., amador m.

dace [d'eis] s. (Ict.) pequeno peixe d'água doce m.

dachshund [d'ækshund] s. bassê m.: raça de cachorro de pernas curtas e orelhas pendentes (quadro D 3).

dacker [d'ækə] v. (Escócia) 1. saracotear, cambalear, perambular. 2. vacilar.

dactyl [d'æktil] s. dáctilo m.: pé de verso de uma sílaba longa e duas breves.

dactylic [dækt'ilik] adj. dactílico, relativo ao dáctilo.

dactyliography [dæktili'ɔgrəfi] s. arte de gravar pedras preciosas f.

dactylitis [dækt'ilitis] s. dactilite f.: inflamação de um dedo.

dactylogram [d'æktilogræm] s. dactilograma m.: impressão digital.

dactylology [dæktil'ɔlədʒi] s. dactilologia f.: a arte de conversar com os surdos-mudos por meio de sinais feitos com os dedos.

dactyloscopy [dæktil'ɔskopi] s. dactiloscopia f.

dad, daddy [dæd, d'ædi] s. 1. papai, papá m. 2. (coloq.) velho, velhinho m.

dadaism [d'a:daizm] s. dadaísmo m.

daddle [dædl] s. 1. mão f. 2. punho m. ‖ v. cambalear, titubear, andar de modo titubeante.

daddy-long-legs [d'ædi-lɔŋ-legz] s. pernilongo m.: espécie de mosquito.

dado [d'eidou] s. 1. rodapé, soco, dado m., parte lisa do pedestal das colunas f. 2. revestimento, estuque, emadeiramento na parte inferior das paredes de uma sala m.

daedal [d'i:dəl] adj. 1. dedáleo. 2 intricado, complicado. 3. engenhoso.

daemon [d'i:mən] s. = **demon.**

daff [dæf] v. 1. rejeitar, repelir, atirar fora. 2. atoleimar-se, fazer-se de tolo.

daffodil [d'æfədil] s. (Bot.) abrótea f., narciso silvestre, asfódelo m.: planta liliácea.

daffy, daft [d'æfi] [da:ft] adj. (coloq.) tolo, insensato, maluco.

daftly [d'a:ftli] adv. loucamente, amalucadamente.

daftness [d'a:ftnis] s. tolice, parvoíce, asneira f.

dagger [d'ægə] s. 1. punhal m., adaga f. 2. (Tipogr.) sinal de referência em forma de cruz m.

at **~s** draw 1. de punhal na mão. 2. pronto para brigar. **to look ~s** olhar com animosidade e fúria.

dagger-plant s. (Bot.) baioneta-espanhola f.

daggle [dægl] v. 1. enlamear(-se), enlodar, lambuzar, salpicar com lama ou lodo. 2. andar no lodo.

daggle-tailed adj. desalinhado, desleixado, relaxado.

dago [d'eigou] s. 1. designação depreciativa dada o italianos, espanhóis ou portugueses f. 2. gringo m.

dagoba [d'ægəba] s. dágoba f.: santuário budista em forma de cúpula.

daguerreotype [dəg'erotaip] s. daguerreótipo m. ‖ v. daguerreotipar.

dahlia [d'eiljə] s. (Bot.) dália f.

daily [d'eili] s. 1. diário, jornal diário m. 2. jornaleira, empregada por tarefa, arrumadeira a quem se paga jornal (diária) f. ‖ adj. 1. diário, cotidiano. 2. ordinário, habitual. ‖ adv. 1. dia a dia, todos os dias. diariamente. 2. freqüentemente. 3. sempre.

daily dozen s. (coloq.) exercício físico de todos os dias m.

daily rate s. diária f. (hotel).

daily wages s. pl. jornal (Bras.) m., diária f.

daintiness [d'eintinis] s. 1. delicadeza, finura, fragilidade f. 2. iguaria, guloseima f 3. afetação f., amaneiramento, melindre m.

dainty [d'einti] s. iguaria fina, gulodice f., regalo m. ‖ adj. 1. delicado, delicioso, deleitável, saboroso. 2. elegante, gracioso, belo. 3. fastidioso, afetado, caprichoso, particular, extremamente delicado.

dairy [d'ɛari] s. 1. leiteria, fábrica de laticínios f. 2. estabelecimento de lacticínios m.

dairy cattle s. gado leiteiro m.

dairy farm s. fazenda pastoril f.

dairying [d'ɛariiŋ] s. indústria de lacticínios f.

dairy-maid [d'ɛari-meid] s. 1. leiteira, vendedora de leite f. 2. moça que trabalha numa fazenda pastoril f.

dairy-man s. 1. leiteiro, vendedor de leite m. 2. fabricante de lacticínios m. 3. homem que trabalha numa leiteria ou numa fazenda de criação m.

dairy-woman s. leiteira, vendedora de leite f.

dais [d'eiis] s. 1. estrado m., plataforma f. 2. trono, assento sobre um estrado m.

daisied [d'eizid] adj. enfeitado ou coberto de margaridas, de boninas.

daisy [d'eizi] s. 1. (Bot.) margarida, bonina f. 2. (gíria) pessoa ou coisa de primeira ordem f. ‖ adj. (gíria) de primeira ordem, excelente, ótimo.

as fresh as a **~** bem disposto, vigoroso, animado

dale [d'eil] s. vale m.

dalesman [d'eilzmən] s. (Ingl.) habitante de um vale m.

dalliance [d'ælians] s. 1. namoro insincero, galanteio, requebro m. 2. brincadeira f. gracejo m., folgança f. 3. bate-papo m.

dallier [d'ælia] s. galhofeiro, brincalhão, folgazão m.

dally [d'æli] v. 1. brincar, galhofar, gracejar. 2. perder tempo, demorar-se 3 vadiar, levar vida ociosa. 4. namorar por divertimento, flertar. 5. definhar-se, consumir-se pouco a pouco.

Dalmatian [dælm'eiʃian] s. 1. dálmata m. + f.: natural da Dalmácia. 2. cão dálmata m. (quadro D 3). I adj. dálmata.

dalmatic [dælm'ætik] s. (Ecles.) dalmática f.: paramento que os diáconos e subdiáconos vestem sobre a alva. (quadro C 18).

daltonism [d'ɔ:ltanizm] s. daltonismo m.: incapacidade para diferençar cores.

dam [dæm] (I) s. fêmea de quadrúpedes com cria f. 2. (pej.) mãe f.

dam [dæm] (II) s. 1. represa f., dique, açude m.: barragem para represar água. 2. qualquer coisa semelhante. 3. represa f.: acumulação de água. || v. 1. represar, deter o curso das águas por meio de represas. 2. impedir, estorvar, obstruir, tapar.

damage [d'æmidʒ] s. 1. dano, prejuízo m., perda f., detrimento m., avaria f., estrago m. 2. injúria f., o mal que se faz a alguém. 3. (gíria) despesa f., preço m. 4. (pl.) reparação que se dá a alguém por ofensas ou injúrias f. 5. (pl.) indenização f. || v. 1. prejudicar, causar dano, (prejuízo). 2. estragar-se, deteriorar-se. 3. receber indenização ou reparação.

damageable [~abl] adj. 1. danoso, danífico, danificador, que causa dano. 2. sujeito a estragar-se, a avariar-se.

damaged [~d] adj. avariado, defeituoso.

damagingly [d'æmidʒiŋli] adv. prejudicialmente.

damascene [dæməs'i:n] s. 1. damasquinagem, tauxia damascena f.: obra de embutidos de ouro, prata, etc., em ferro ou aço. 2. (Bot.) espécie de pequena ameixa roxa, o mesmo que damson. || v. damasquinar, tauxiar metais com lavores de outro metal. || adj. damasceno, damasquino.

Damascus blade s. lâmina de espada damasquina, tauxiada f.

damask [d'æmask] s. 1. damasco m.: tecido de seda com desenhos lavrados, que se fabricava em Damasco. 2. tecido de linho adamascado m. 3. cor-de-rosa, cor-de-rosa de Damasco f. 4. aço damasquino m. || v. 1. fazer lavores adamascados. 2. adamascar. 3. (fig.) variegar. || adj. 1. adamascado. 2. (Tecido) parecido com o damasco na cor ou no lavor. 2. de ou parecido com o aço damasquino. 4. rosado, cor-de-rosa.

dame [deim] s. 1. senhora f. 2. matrona f. 3. dona da casa f. 4. (gíria) mulher f. 5. dama, mulher nobre f. 6. título de um membro feminino da Ordem do Império Britânico, título honorífico dado às viúvas de cavaleiros e baronetes m.

damfool [dæmf'u:l] s. bobo m. || adj. maldito, estúpido.

damfoolishness [~iʃnis] s. burrice consumada, asneira rematada f.

damn [dæm] s. 1. maldição, praga f. 2. importância insignificante f. || v. 1. condenar, censurar, rejeitar, desaprovar. 2. amaldiçoar, blasfemar. 3. condenar às penas eternas, ao inferno. 4. causar ruína, desaprovar mediante julgamento desfavorável.

I don't care a ~ não me importo absolutamente.

damnable [d'æmnabl] adj. condenável, abominável, detestável, execrável. || —ably adv. execravelmente, abominavelmente.

damnableness [~nis] s. execração, reprovação, daninheza f.

damnation [dæmn'eiʃan] s. 1. danação, condenação f.

2. condenação às penas eternas f. 3. reprovação, censura ruinosa de peças teatrais f. 4. maldição f.

damnatory [d'æmnatari] adj. condenatório.

damned [dæmd] s. , pl. condenados ao inferno m. pl. || adj. 1. danado, condenado. 2. condenado ao inferno. 3. maldito, execrável, infernal, abominável, detestável. 4. danificado, reprovado. || adv. 1. execravelmente, infernalmente. 2. muito.

damnedest [d'æmdast] adj. ·1. sup. de damned. 2. extraordinário. 3. (coloq.) melhor, supremo.

he did his ~ best ele fez o melhor possível.

damnification [dæmnifik'eiʃan] s. danificação f.

damnify [d'æmnifai] v. (Jur.) danificar, causar dano.

damning [d'æmniŋ] adj. condenatório.

Damoclean [dæməkl'i:an] adj. relativo a Dâmocles.

damp [dæmp] s. 1. umidade, lentura f. 2. gases venenosos ou inflamáveis nas minas m. pl., ar viciado m. 3. desânimo m., depressão física ou moral f. || v. 1. umedecer levemente, lentar. 2. desanimar, abater, descoroçoar. 3. abafar, sufocar, amortecer, apagar, extinguir. 4. refrear, estorvar, impedir. || adj. 1. lento, levemente úmido. 2. desanimado, abatido. || ~ly adv. de modo úmido ou abafado.

damp-course s. isolante para paredes contra a umidade m.

damp down v. cobrir uma fornalha de coque de modo a mantê-la fumegante.

damp-dry adj. úmido (como roupa para passar).

dampen [d'æmpan] v. 1. umedecer(-se), tornar úmido, molhar levemente. 2. descoroçoar, desanimar, deprimir. 3. refrear, estorvar. 4. amortecer, abafar, pôr um abafador(rádio), suspender vibrações ou ecos no estúdio mediante um abafador.

dampener [d'æmpana] s. 1. aquele ou aquilo que umedece. 2. apagador, abafador m.

damper [d'æmpa] s. 1. abafador, amortecedor m. 2. surdina f. 3. registro de tiragem (de chaminé) m. (quadros B 13, C 8). 4. pessoa ou coisa que deprime ou desanima, desmancha-prazeres m.

damping [d'æmpiŋ] s. (Téc.) amortecimento m.

~ of oscillations amortecimento de vibrações.

damping wave s. onda amortecedora f.

dampish [d'æmpiʃ] adj. um tanto úmido, aquoso.

dampness [d'æmpnis] s. umidade f.

damp off v. apodrecer pela umidade (plantas).

damp-proof adj. à prova de umidade, impermeável.

damsel [d'æmzəl] s. rapariga, donzela f.

damson [d'æmzən] s. (Bot.) espécie de ameixa pequena e roxa f.

Dan. abrev. de Danish.

dance [da:ns, dæns] s. 1. dança f. 2. baile m. 3. música de dança f. || v. 1. dançar, bailar, participar de uma dança. 2. fazer dançar, executar dançando. 3. saltar, pular, girar, oscilar, dar solavancos, dar passos e saltos.

St. Vitus ~ (doença) dança de São Vito, coréia, tremedeira. to lead one a ~ 1. causar embaraço a alguém. 2. usar de delongas ou de adiamentos. to ~ attendance on 1. fazer assiduamente a corte a. 2. ser sujeito a esperar por alguém.

dance hall (E. U. A.) s. salão de baile m.

dance of death s. (Hist., Pint.) dança macabra f. com a morte levando os dançantes ao túmulo.

dancer [d'a:nsa, d'ænsa] s. dançarino m., dançarina f., bailarino m., bailarina f.

dancing [d'a:nsiŋ, d'ænsiŋ] s. dança, ação e arte de dançar f. || adj. dançante, em que há dança.

dancing-girl s. dançarina (de boate) f.

dancing-master, dancing-teacher s. professor de dança m.

dancing-school s. escola de dança f.

dandelion [d'ændil'aiən] s. (Bot.) dente-de-leão m.

dander [d'ændə] s. 1. (E. U. A., coloq.) cólera, ira, raiva f. 2. escória vulcânica f. ‖ v. divagar, caminhar, andar, perambular ociosamente.

to get one's ~ up, to have one's ~ raised enraivar-se, ficar enraivado, encolerizar-se, zangar-se.

dandification [dændifik'eiʃən] s. transformação em janota, em dândi f.

dandified [d'ændifaid] adj. janota.

dandify [d'ændifai] v. trajar com excessivo apuro.

dandle [d'ændl] v. 1. embalar, balançar uma criança sobre o joelho. 2. amimar, acariciar. 3. retardar por ninharias.

dandler [~ ə] s. embalador, animador m.

dandruff [d'ændrəf] s. caspa f.

dandruffy [~ i] adj. caspento, casposo.

dandy [d'ændi] s. 1. dândi, almofadinha, janota, pelintra, casquilho m. 2. (gíria) algo de primeira ordem. 3. (Náut.) cúter m. ‖ adj. 1. janota, pelintra, casquilho, elegante, afetado, fátuo. 2. (gíria) excelente, de primeira ordem.

dandyish [d'ændiiʃ] adj. fátuo, elegante como um almofadinha.

dandyism [d'ændiizm] s. almofadismo, dandismo, janotismo m., casquilharia f.

dandy roll s. (Tipogr.) cilindro m. para impressão da marca d'água.

Dane [d'ein] s. dinamarquês m., dinamarquesa f.: natural ou habitante da Dinamarca.

Great ~ cão dinamarquês (quadro D 3).

danger [d'eindʒə] s. perigo, risco m.

out of ~ livre de perigo, a salvo.

danger money s. taxa adicional f. de periculosidade.

dangerous [d'eindʒrəs] adj. perigoso, arriscado. ‖ ~ly adv. perigosamente, arriscadamente.

dangerousness [~ nis] s. perigo, risco m., ameaça f.

danger-signal s. sinal de perigo m.

dangle [d'æŋgl] s. 1. bamboleamento m. 2. o que bamboleia, dependura. ‖ v. 1. bambolear(-se), balançar(-se), estar pendente, estar dependurado, oscilar. 2. estar apegado, ficar em volta de alguém (para obter um favor). 3. fazer a corte a, seguir uma pessoa. 4. tentar. 5. (fig.) hesitar, estar indeciso.

dangler [d'æŋglə] s. 1. importunador m., mulherengo, galanteador m. 2. aquele que procura obter alguma coisa com insistência.

Danish [d'einiʃ] s. 1. dinamarquês m. 2. a língua dinamarquesa f. ‖ adj. dinamarquês.

dank [dæŋk] adj. 1. úmido. 2. abafado. 3. desagradável. ‖ ~ly adv. umidamente.

dankish [d'æŋkiʃ] adj. úmido.

dankishness [~ nis] s. umidade f.

dankness [d'æŋknis] s. umidade f.

danseuse s. dançarina de **ballet,** dançarina profissional f.

Dantean [d'æntiən] s. o que estuda Dante Alighieri. ‖ adj. 1. dantesco, relativo a Dante Alighieri. 2. que lembra as cenas descritas no "Inferno" da "Divina Comédia". 3. sublime, grandioso.

Danube [d'ænju:b] s. Danúbio m.: rio europeu.

dap [dæp] s. salto (de uma bola de borracha, etc.) m. ‖ v. 1. pescar, deixando cair a isca na água. 2. pescar com o anzol, mexendo a isca no fundo levemente.

daphne [d'æfni] s. 1. (Bot.) dafne f: gênero de arbusto da família das Timeleáceas, lauréola f., mezereão m. 2. (Mitol.) Dafne f.: ninfa que se transformou em loureiro para escapar a Apolo.

dapper [d'æpə] adj. 1. asseado, garboso, esmerado, guapo. 2. vivo, esperto. 3. pequeno, ativo. ‖ ~ly adv. 1. asseadamente, garbosamente. 2. viva e inteligentemente.

dapperness [d'æpənis] s. asseio m., esperteza, atividade f.

dapple [dæpl] s. 1. salpico m., mancha, pinta f., no pêlo de um animal. 2. aspecto ou qualidade de manchado, mosqueado, malhado, salpicado ou variegado m. 3. cavalo ou outro animal rajado, mesclado, mosqueado m. ‖ v. salpicar com pintas, sarapintar, mosquear. ‖ adj. mosqueado, rajado, mesclado, salpicado, manchado, variegado.

~ bay horse cavalo baio rodado. **~ black horse** cavalo atavanado. **~ grey horse** cavalo de cor cinza, mesclado.

darbies [d'a:biz] s. pl. (gíria) algemas f. pl.

dare [d'ɛə] s. desafio m. ‖ v. 1. ousar, atrever-se, ter a ousadia, o atrevimento. 2. ter coragem para, ser temerário ou arrojado. 3. desafiar, afrontar, encarar sem medo, não recear. 4. aventurar-se.

I ~ say suponho, atrevo-me a dizer, certamente, sim.

daredevil [d'ɛədevl] s. 1. indivíduo temerário. 2. intrépido, valente m. ‖ adj. temerário, intrépido, valentão.

darer [d'ærə] s. intrépido, temerário, valente, desafiador m.

daresay [dɛəs'ei] (usado somente na 1.ª pes. do sing. do indicativo) 1. (eu) suponho (que); talvez. 2. sem dúvida, naturalmente.

I ~ you are right talvez você esteja certo.

daring [d'æriŋ] s. 1. audácia, ousadia, coragem f., arrojo, atrevimento m., intrepidez f. 2. presunção f. ‖ adj. 1. atrevido, temerário, intrépido, destemido, audaz, arrojado, arriscado, corajoso. 2. presunçoso. ‖ ~ly adv. intrepidamente, temerariamente, ousadamente, corajosamente, audaciosamente.

daring-glass s. espelho para apanhar cotovias m.

daringness [d'ɛəriŋnis] s. atrevimento m., audácia, ousadia, intrepidez f., destemor, arrojo m.

dark [da:k] s. 1. escuridade, escuridão f. 2. obscuridade, falta de clareza f. 3. sombra f. 4. noite f., trevas f. pl., anoitecer m., o cair da noite. 5. cor escura f., matiz escuro m. 6. ignorância f. 7. segredo, mistério m. 8. dúvida, incerteza f. ‖ v. veja **darken.** ‖ adj. 1. escuro, tenebroso, sombrio, falto de luz. 2. quase negro. 3. de cor sombria, carregada. 4. moreno, bronzeado, trigueiro. 5. (fig.) ignorado, cego, difícil de entender, misterioso. 6. opaco. 7. secreto, oculto. 8. ambíguo, obscuro. 9. triste, lúgubre, aborrecido, abatido. 10. malvado, perverso. 11. desconhecido, não experimentado (especialmente de um cavalo de corrida cujas probabilidades são desconhecidas). 12. (radiodifusão) não transmitindo. ‖ ~ly adv. escuramente, obscuramente, sombriamente; ocultamente, misteriosamente, secretamente.

in the ~ no escuro, sem informação ou conhecimento. **a leap in the ~** um pulo no escuro, obscuro. **after ~** depois do anoitecer. **to keep ~** ficar quieto, não divulgar o que se sabe.

Dark Ages s. Idade Média f.

Dark Blues s. desportistas m. + f. pl. da Universidade de Oxford.

dark-browed adj. carrancudo, de aspecto severo.

Dark Continent s. continente negro m., a África f.

dark days s. dias de azar m. pl.

darken [d'a:kən] v. 1. escurecer, fazer mais escuro, assombrear. 2. obscurecer. 3. tisnar, bronzear. 4. (fig.) obscurecer, turvar, tornar pouco compreensível. 5. privar de visão. 6. entristecer, tornar melancólico, sentir mágoa, pesar.

to ~ one's door aparecer como visita.

darkener [d'a:kənə] s. escurecedor m.

dark-field microscope s. ultramicroscópio m.

dark horse s. (Esp. e Pol.) (fig.) candidato ou vencedor desconhecido m.

dark house s. casa de orates, de doidos f.

darkish [dɑ:kiʃ] adj. um pouco escuro, fusco, turvo.

dark lantern s. lanterna furta-fogo f.

darkle [dɑ:kl] v. 1. estar às escondidas, estar no escuro. 2. escurecer. 3. entristecer, zangar-se. 4. obscurecer.

darkling [dɑ:kliŋ] adj. obscuro, sombrio, triste, indistinto, vago, enigmático, oculto. ‖ adv. às escuras, no escuro.

darkness [dɑ:knis] s. 1. escuridão, escuridade f. 2. obscuridade f., trevas f. pl. 3. (fig.) escuridão, ignorância, segueira f. 4. maldade, perversidade f. 5. os poderes infernais m. pl.
Prince of Darkness o gênio das trevas, Satã.

dark room s. (fot.) câmara escura f.

darksome [dɑ:ksəm] adj. (poét.) escuro, obscuro, fosco, sombrio.

darky [dɑ:ki] s. (coloq.) negro, preto m.

darling [dɑ:liŋ] s. 1. querido m., querida f. pessoa bem amada f. 2. animal de estimação m. ‖ adj. 1. bem amado, predileto, querido com predileção. 2. (coloq.) encantador, gracioso.

darn (I) [dɑ:n] s. 1. remendo m., cerzidura f. 2. a ação f. de remendar, conserto m. ‖ v. 1. remendar, cerzir, dar pontos, consertar, palmilhar. 2. (gíria) imprecar, amaldiçoar.
I don't give a ~ não dou valor algum.

darn (II) [dɑ:n] s. praga, imprecação leve f.

darned [dɑ:nd] adj. maldito. ‖ adv. terrivelmente.

darnel [dɑ:nl] s. (Bot.) joio, loio m.

darner [dɑ:nə] s. 1. remendão m., remendeira f. 2. cerzidor m., cerzideira f.

darning [dɑ:niŋ] s. cerzidura, remendagem f., remendo m.

darning-needle s. agulha de cerzir f. (quadro N 1).

dart [dɑ:t] s. 1. dardo m., flecha, seta, azagaia f., chuço m. 2. pulo ou movimento súbito e brusco m. 3. arremesso, lanço m. 4. ferrão dos insetos m. 5. picada f. 6. sutura ou costura para fazer assentar melhor uma roupa f. ‖ v. 1. arremessar, dardejar, lançar com ímpeto. 2. correr ou mover-se rápida e bruscamente 3. voar como a seta.
to make a ~ for arremessar-se sobre.

dart-board s. alvo para flechas ou dardos m.

darter [dɑ:tə] s. 1. arremessador, lançador m. 2. pessoa f. ou animal m. que se movimenta rapidamente como uma flecha. 3. (Orn.) anhinga, biguatinga f., larará m. 4. (Ict.) pequeno peixe de água doce semelhante à perca m.

dartre [dɑ:tə] s. impigem f.

darts [dɑ:ts] s. pl. arremesso de flechas pequenas contra um alvo m.

Darwinian [dɑ:wɪnɪən] s. darwiniano m. ‖ adj. darwiniano, relativo a Darwin.

Darwinianism [~izm], **Darwinism** [dɑ:winizm] s. darwinismo m.

Darwinian theory s. teoria da evolução f. de Darwin.

Darwinist [dɑ:winist] s. darwinista m. + f. ‖ adj. referente ao darwinismo.

dash [dæʃ] s. 1. arremetida, colisão f., encontro violento, choque m. 2. estrondo m. 3. pancada f., golpe inesperado m. 4. ruído da água agitada ou caindo m. 5. movimento rápido e brusco m., precipitação f., ímpeto m. 6. mistura f. 7. incursão f. 8. esplendor m., ostentação, exibição f. 9. controle, freio súbito m. 10. hífen m., linha de suspensão f. 11. traço m., risca f., risco de pena m. 12, sinal musical m. para aumentar o intervalo ou para indicar staccato. 13. causa f. ou objeto m. de desânimo ou depressão. 14. pequena porção f., um pouco. 15. atividade, bravura, vivacidade f. 16. (coloq., E. U. A.) corrida breve f. 17. (Telegr. e Radiotelegr.) som longo m. 18. guarda-

lama, pára-lama m. (o mesmo que **dash-board**). ‖ v. 1. quebrar com estrépito. 2. bater, golpear (seguido de **out, down, away**). 3. causar colisão. 4. colidir, chocar-se e quebrar. 5. arremessar, lançar com força e ímpeto. 6. projetar, arremessar-se violentamente. 7. lançar fora subitamente. 8. salpicar, manchar, molhar, borrifar. 9. adulterar, diluir, misturar, alterar, pingar. 10. esboçar, compor rapidamente. 11. obliterar, riscar, apagar com traços. 12. destruir, malograr, baldar. 13. descoroçoar, desapontar, desconcertar, desanimar, intimidar, confundir. 14. (gíria) rogar uma praga contra. 15. correr, pedalar ou guiar, cavalgar. 16. movimentar-se ou comportar-se vistosamente, com ostentação.
a ~ of folly veia de folia. **at one ~** de uma vez, de um golpe. **~es of wit** labaredas de engenho. **to cut a ~** fazer figura, causar impressão. **I ~ it all** com a breca! **to ~ against** 1. açoitar (falando das ondas que batem com força contra os rochedos) 2. espedaçar-se (o navio num escolho). **to ~ after** bater em ou correr atrás de. **to ~ down** precipitar-se (para baixo), tombar. **to ~ into** chocar-se contra, entrar precipitadamente. **to ~ off** 1. partir depressa. 2. escrever ou fazer às pressas. **to ~ over** 1. cancelar riscando. 2. transbordar repentinamente. **to ~ out** dar coice, quebrar, despedaçar. **to ~ to pieces** 1. despedaçar, partir em pedaços. 2. (fig.) frustrar, anular. **to ~ with** misturar.

dash-board s. 1. guarda-lama, pára-lama m. 2. painel m.: quadro de instrumentos de automóvel, avião, etc. = **instrument panel.** (quadro M 5).

dasher [dæʃə] s. 1. aquele ou aquilo que se arremete, arroja-se contra (veja o verbo **dash**). 2. guarda-lama, pára-lama m. 3. flutuador m. 4. batedeira f.; aparelho que bate o leite ou qualquer outro líquido. 5. (fig.) valentão, grã-fino m.

dashing [dæʃiŋ] adj. 1. enérgico, espirituoso, vivo. 2. vistoso, elegante. 3. ‖ **~ly** adv. vistosamente.

dashy [dæʃi] adj. ostentoso, vistoso, esperto.

dastard [dæstəd] s. covarde, poltrão, vilão, gatuno m. ‖ adj. covarde, pusilânime, vil, ignóbil, medroso, mesquinho. ‖ **~ly** adj. covarde, vil, pusilânime.

dastardize [~aiz] (†) v. atemorizar, amedrontar acovardar, intimidar.

dastardliness [dæstədlinis] s. covardia f.

dasymeter [dəsimətə] s. (Fís.) dasímetro m.

dasymetry [dəsimətri] s. (Fís.) dasimetria f.

data [deitə] s. 1. pl. de **datum.** 2. dados, detalhes m. pl., condições ou exigências estabelecidas f. pl.

data bank s. (Téc. Comp.) banca m. de dados.

datable [deitəbl] adj. datal, relativo a data.

datamation [deitəmeiʃən] (Téc. Comp.) abrev. de **automatic data processing** s. processamento automático m. de dados.

date [deit] (I) s. 1. data f. 2. época, era f. 3 tempo assinalado m. 4. período, prazo m., duração f. 5. (coloq.) encontro m., entrevista f. 6. respectiva pessoa, geralmente do sexo oposto. 7. conclusão f. ‖ v. 1. datar, pôr data em. 2. achar a data de. 3. ser datado. 4. marcar ou fixar uma data para. 5. pertencer a determinado período 6. (E. U. A.) marcar um encontro com pessoa do outro sexo. 7. começar. 8. contar.
at an early ~ logo, brevemente. **at long ~** a longo prazo. **bearing ~** datado. **out of ~** obsoleto, fora da moda, antiquado. **to ~ back to** datar de (tal e tal tempo atrás). **to make, to have a ~** marcar encontro, ter uma entrevista. **under ~ of** em ou sob data de. **up to ~** 1. em dia. 2. até ao presente, até o momento. 3. moderno, recente, atual.

date [deit] (II) s. (Bot.) 1. tâmara f., datil m. 2.

tamareira, datileira f.
dated [d'eitid] adj. 1. datado, provido de data. 2 obsoleto, antiquado.
dateless [d'eitlis] adj. 1. sem data, que não é datado. 2. indefinido, ilimitado. 3. velho, mas ainda interessante. 4 tão velho que não mais pode ser datado.
dateline [d'eitlain] s. (Jornal.) menção f. de lugar e data da notícia.
Date Line, International s. (Geogr.) s. linha internacional da data f.
date palm s. tamareira, datileira f.
dater [d'eitə] s. 1. aquele que põe a data. 2. carimbo m., instrumento para datar m.
date-tree s. tamareira, datileira f.
datival [dət'aivəl] adj. dativo.
dative [d'eitiv] s. (Gram.) 1. dativo m., o caso dativo (**dative case**). 2. uma palavra no dativo. || adj. 1 dativo, relativo ao caso dativo. 2. (Jur.) dativo, nomeado por magistrado e não por lei. || ~**ly** adv. em forma de dativo.
datum s. veja **data.**
datura [dətʃ'urə] s. (Bot.) estramônio m.: figueira-do-inferno.
daub [dɔ:b] s. 1. argamassa f., barro m., crosta f., qualquer substância untuosa. 2. mancha, sujeira, garatuja, borradura f., borrão m. 3. pintura grosseira f. 4. ação de borrar, manchar, emplastrar. || v. 1. cobrir ou revestir com argamassa, barro ou qualquer substância untuosa. 2. emplastrar, pintar grosseiramente. 3. sujar, borrar, enodoar, manchar. 4. (fig.) disfarçar, encobrir as faltas, branquear. 5. (fig.) lisonjear grosseiramente. 6. ser hipócrita, querer passar por.
dauber [d'ɔ:bə] s. 1. pintor grosseiro, pinta-monos, borrador, troca-tintas m. 2. lisonjeiro m. (†).
daubing [d'ɔ:biŋ] s. 1. pintura grosseira f. 2. lisonja grosseira f.
daughter [d'ɔ:tə] s. 1. filha f. 2. membro feminino de uma família, raça, cidade, etc. m. 3. confessada ou penitente de qualquer padre espiritual f. || ~**ly** adj. 1. filial, próprio de filha. 2. infantil, obediente. **grand**~ neta. **great-grand**~ bisneta.
daughterhood [d'ɔ:təhud] s. situação de filha f.
daughter-in-law [d'ɔtə-in-l'ɔ:] s. nora f.
daunt [dɔ:nt] v. atemorizar, amedrontar, intimidar, assustar, descoroçoar, desanimar.
dauntless [d'ɔ:ntlis] adj. intrépido, destemido, corajoso. || ~**ly** adv. intrepidamente, corajosamente, destemidamente.
dauntlessness [d'ɔ:ntlisnis] s. intrepidez, coragem, ousadia f., destemor m.
dauphin [d'ɔ:fin] s. delfim m.: título dos antigos príncipes herdeiros da França.
dauphiness [d'ɔ:finis] s. delfina f.: esposa do delfim de França.
daut, dawt [dɔ:t] v. acariciar, afagar.
dautie, dawtie [d'ɔ:ti] s. 1. queridinho m., queridinha f. 2. animal de estimação m.
davenport [d'ævnpɔ:t] s. 1. escrivaninha pequena com gavetas em ambos os lados f. 2. sofá, sofá-cama m.
davit [d'ævit] s. (Náut.) turco m.: serviola para içar escaleres, botes salva-vidas ou âncoras.
davy [d'eivi] abrev. de **affidavit.**
to take one's solemn ~ jurar, prometer sob juramento.
Davy Jones [d'eivi dʒ'ounz] s. (Náut.) espírito maligno do mar m.
Davy Jone's locker s. fundo do mar m., sepultura dos marinheiros f.
Davy lamp [d'eivi læmp] s. lâmpada de segurança

usada pelos mineiros f.
daw [dɔ:] s. 1. (Orn.) gralha f.: mesmo que **jackdaw.** 2. (fig.) simplório, tolo, bobo m.
dawdle [dɔ:dl] s. 1. vadio, ocioso m. 2. vadiagem, vagabundagem, ociosidade f. || v. vadiar, roncear, levar vida ociosa, perder tempo.
dawdler [d'ɔ:dlə] s. vadio, ocioso, apanha-moscas m.
dawn [dɔ:n] s. 1. alvorada f., alvor m., madrugada f., amanhecer, crepúsculo da manhã, alvorecer m. 2. (fig.) começo, início, despertar m., origem f. || v. 1. amanhecer, romper o dia, raiar o dia, alvorecer, alvorar. 2. aparecer, começar a manifestar-se, expandir-se, clarear, aclarar-se, elucidar.
to ~ **upon** clarear, elucidar, tornar claro, evidente, inteligível, patentear.
dawning [d'ɔ:niŋ] s. 1. amanhecer m., aurora f., romper do dia m. 2. nascimento m., origem f., início m., revelação, manifestação f.
day [dei] s. 1. dia m., luz ou claridade do dia f., luz, alvorada f., o dia (da manhã à noite). 2. tempo, espaço de vinte e quatro horas (dia e noite) m.: também chamado **a mean solar day.** 3. dia marcado para recepção m. 4. época, era f. 5. vida, existência f., período de atividade, vitalidade ou prosperidade m. 6. dia comemorativo m. 7. luta, batalha, vitória f. 8. qualquer tempo especificado m. 9. dia de trabalho m. 10. tempo, período m.
all ~, **all the** ~ todo o dia. **all the** ~ **long** durante todo o dia. **All Soul's Day** Dia de Finados. **an every-**~ **man** homem comum. **better** ~s período de prosperidade, dias melhores. **by** ~ de dia, durante o dia. **by the** ~ ao dia, por dia. **Christmas Day** Dia de Natal. ~ **after** ~ dia a dia, dia por dia, diariamente. ~ **and night** dia e noite. ~ **by** ~ dia a dia, dia por dia, diariamente. ~ **in** ~ **out** dia a dia, dia por dia, diariamente. **dooms**~ dia do juízo. **every** ~ todos os dias, diariamente. **every other** ~ dia sim, dia não. **every third** ~ de três em três dias. **evil** ~s período de desgraça. **for ever and a** ~ para sempre. **from this** ~ **on** de hoje em diante. **holi**~ dia feriado, dia santo. **in bygone** ~s antigamente, em tempos idos. **in his younger** ~s em sua infância, sua juventude. **in my** ~s nos meus dias, no tempo da minha vida. **in the** ~ de dia, durante o dia. **in the** ~s **of old** antigamente, em tempos idos. **in the** ~-**time** de dia, durante o dia. **in these** ~s hoje em dia. **let's call it a** ~ chega por hoje! **New Year's Day** Dia de Ano--Novo. **nowa**~s hoje em dia. **one** ~, **one of these** ~s um dia, um desses dias. **pay**~ dia de pagamento. **per** ~, **a** ~ ao dia, por dia. **she was a beauty in her** ~ ela foi uma beleza antigamente. **some** ~ qualquer dia futuro. **the** ~ **after tomorrow** depois de amanhã. **the** ~ **before yester**~ anteontem. **the next** ~ o dia seguinte. **the other** ~ há dias. **this** ~ hoje. **this** ~ **week** 1. de hoje a oito dias. 2. há uma semana. **this very** ~ ainda hoje. **to a** ~ no mesmo dia. **to**~ hoje. **to have a** ~ **of** it passar um dia agradável, festejar. **to know the time of the** ~ saber o que se passa, não ser bobo. **to lose the** ~ perder a batalha. **to win, to gain the** ~ vencer; conseguir a vitória. **up to this** ~ até o dia de hoje.
day bed, day-bed s. sofá, sofá-cama m
day blindness s. (Med.) hemeralopia f.
day-boarder s. aluno semi-interno m.
day-book s. (Com.) diário m.
daybreak [d'eibreik] s. romper do dia m., aurora, alva, alvorada f.
day-care adj. relativo a cuidado diurno de crianças.

day-care center s. asilo diurno m. para crianças.

day coach s. vagão comum para passageiros m.

day-dream s. devaneio m., quimera f., sonho m. ‖ v fazer castelos no ar, sonhar

day-dreamer s. sonhador m., utopista m. + f.

day-dreaming s. devaneio m., utopia f.

day-labour, day-labor s. trabalho por dia m.

day-labourer, day-laborer s. diarista m. + f.

day letter (E. U. A.) s. telegrama mandado de dia a preço reduzido e mais moroso m.

daylight [d'eilait] s. 1. luz do dia f. 2. espaço de tempo entre o nascer e o pôr do sol, crespúsculo da manhã m. 3. luz visível por abertura f., espaço m. 4. intervalo m. 5. (fig.) publicidade, franqueza f. in broad ~ à luz do dia.

daylight-saving time s. horário de verão m.

day-lily s. (Bot.) hemerocale m.

day-long adj. que dura o dia inteiro.

day-nursery s. 1. quarto das crianças para brincar m 2. creche f., berçário m.

Day of Judgment s. Dia do Juízo m.

day-peep (†) s romper do dia m.

day-room s. 1. sala de estar f. em colégio ou internato. 2. sala f. usada durante o dia. 3. divisão f. duma penitenciária onde os presos passam o dia. 4. sala de estar f. em base militar ou aérea.

day-school s. externato m.

day-shift s turma de dia f.

dayside [d'eisaid] s. (Astron.) lado exposto (ao Sol) do planeta m.

days of grace s. (Com.) dias m. pl. de carência.

day-spring s. (poét.) alvorada, romper do dia m.

day-star s. estrela d'alva f.

day-ticket s bilhete de ida e volta válido por um dia m.

day-time s. dia, espaço de tempo entre o nascer e o pôr do sol m.

day-times adv. de dia.

day-to-day adj. cotidiano.

day-work s. trabalho por dia m.

day's work s. 1. trabalho de um dia m. 2. tarefa f. 3. jornada f. que se faz em 24 horas.

daze [d'eiz] s. 1. ofuscação f., ato ou efeito de ofuscar m. 2. torpor, entorpecimento, estado de pasmo m., confusão f. 3. (Min.) mica f. ‖ v. 1. ofuscar. 2. entorpecer, pasmar, estupidificar.

dazedly [~dli] adv. 1. de modo ofuscante. 2. de modo estupefato, pasmado. 3. confusamente.

dazzle [d'æzl] s. 1. deslumbramento, deslumbrador m., ofuscação da vista por muita luz f. 2. (fig.) fascinação f. 3. modo de camuflar navios m. ‖ v. 1. deslumbrar, encandear, turvar a vista momentaneamente pela ação de muita luz. 2. fascinar, encantar, maravilhar-se, ficar deslumbrado.

dazzlement [d'æzlmənt] s. deslumbramento m.

dazzler [d'æzlə] s. deslumbrador, que ou aquele que deslumbra, que fascina

dazzling [d'æzliŋ] adj. 1. deslumbrante, deslumbrador, ofuscante. 2. brilhante, esplêndido, encantador, fascinante. ‖ ~ly adv. de modo deslumbrante.

D. C. [d'i:s'i:] abrev. de District of Columbia (E. U. A.).

D. C. motor s. abrev. de direct current motor motor de corrente contínua.

D-day [d'i:dei] s. (milit.) dia D m. (dia marcado para determinada ação).

DDT [didit'i:] s. inseticida DDT m.

de— prefixo, 1. o oposto de, como em decentralize. 2. para baixo, como em depress. 3. fora, embora, como em deport. 4. inteiramente, como em despoil.

deacon [d'i:kən] s. 1. diácono m. 2. esmoler m. 3.

(Esc.) chefe de uma corporação de artífices m.

deaconess [d'i:kənis] s. 1. diaconisa f. 2. religiosa duma congregação luterana f.

deaconry [~ri], deaconship [~ʃip] s. diaconato m.

deactivate [di'æktiveit] v. (Quím., Fís.) desativar.

dead [ded] s. 1. morto m. ou mortos m. pl. 2. silêncio m. 3. período de maior frio, escuridão, etc. m. ‖ adj. 1. morto, defunto, falecido. 2. inanimado. 3. cadavérico, muito pálido, descorado. 4. inerte, inativo, sem atividade, apático, morto. 5. silencioso, tranqüilo. 6. desanimado, sem força, amortecido, dormente (falando de pé ou de mão). 7. deslustroso, sem brilho (os olhos). 8. sem movimento, estagnado, paralisado. 9. improdutivo, que não dá lucro. 10. obsoleto, antiquado. 11. (coloq.) muito cansado, cansadíssimo, exaurido, exausto, alquebrado. 12. certo, seguro, positivo, infalível. 13. insípido, monótono, chato. ‖ adv. 1. absolutamente, completamente, inteiramente. 2. profundamente. ‖ ~ly adj. 1. mortal, fatal, com perigo de vida. 2. até a morte, implacável, irreconciliável. 3. (coloq.) extremo, intenso. ‖ ~ly adv. 1. mortalmente. 2. como morto. 3. implacavelmente. 4. extremamente, excessivamente, muitíssimo.

in the ~ of winter no rigor do inverno. the ~ of night horas mortas, altas horas da noite em que tudo está em silêncio. to rise from the ~ ressuscitar dos mortos. a ~ bee makes no honey do nada, nada se faz. all but ~ quase morto. as ~ as a doornail totalmente morto. ~ against, ~ on end diretamente contra, absolutamente contrário. ~ on the mark absolutamente direito. ~ly enemy inimigo mortal.

dead-alive adj. 1. abatido, alquebrado, exaurido. 2. extremamente abatido.

dead bargain s. preço de pechincha m.

dead-beat s. 1 (gíria, E. U. A.) vadio, ocioso m. 2 malandro m., parasita m. + f. ‖ adj. aperiódico, exaurido, esgotado, abatido.

dead-born adj. 1. nascido morto: o mesmo que stillborn. 2. (fig.) enfadonho, sem espírito, sem vida.

dead capital s. capital empatado, sem lucro m.

dead centre s. ponto morto, centro fixo m.

dead certainty, dead cert (gíria) s. certeza absoluta f.

dead-colouring s. (Pint.) morte-cor, primeira mão de pintura f.

dead duck s. (gíria) pessoa ou coisa arruinada f.

dead-drunk adj. completamente bêbedo.

dead easy adj. facílimo.

deaden [dedn] v. 1. enfraquecer. 2. amortecer, abafar. 3. deslustrar. 4. insensibilizar, endurecer.

dead-end s. beco sem saída m.

dead-kid s. moleque de rua m.

deadener [d'ednə] s. amortecedor, abafador m.

dead-eye s. (Náut.) bigota f

deadfall [d'edfɔ:l] s. armadilha mortal f.

dead-fire s. fogo-de-santelmo, agouro da morte m.

dead-freight s. peso morto m.

dead hand s. (Jur.) bens m. pl. de mão morta, inalienáveis.

deadhead [d'edhed] s. 1. (coloq., E. U. A.) filante, penetra, carona m. + f. 2. viajante que não pagou a passagem nos bondes e demais viaturas m.

dead heat s. corrida indecisa f., empate m.

dead-house s. necrotério m., morgue f.

dead language s. língua morta f.

dead letter s. 1 carta não entregue, não reclamada por qualquer motivo f. 2. preceito m., lei ou doutrina que não se cumpriu f.

dead-letter office s. seção no correio onde ficam as cartas não entregues ou não reclamadas f.

dead level s. 1. nível perfeito m. 2. terreno plano próprio para a construção de estrada de ferro ou estrada de rodagem m.
dead lift s. 1. levantamento de um objeto, sem auxílio m. 2. (fig.) esforço inútil m.
dead-lights s. pl. (Náut.) postigos m. pl.
dead-line s. 1. linha que não deve ser ultrapassada f. 2. último prazo para fazer algo m.
deadliness [d'edlinis] s. mortalidade, qualidade de mortal, capacidade de causar a morte f.
dead load s. peso morto m.
dead-lock s. fechadura que se abre de um lado com chave e de outro com maçaneta f.
deadlock [d'edlɔk] s. 1. paralisação completa f. 2 (fig.) beco sem saída m. ‖ v. chegar ou fazer chegar a um ponto morto.
to come to a ~ encalhar, chegar a um ponto morto.
dead loss s. prejuízo total m.
deadly sins s. (os sete) pecados mortais m. pl.
dead man s. (gíria) garrafa de vinho vazia f.
dead march s. marcha fúnebre f.
dead men's shoes s. pl. heranças f. pl., legados m. pl
deadness [d'ednis] s. 1 morte f. 2. desalento m., falta de ação, de força f., entorpecimento m., insensibilidade, indiferença, apatia f.
dead-nettle s. (Bot.) urtiga-morta f.
deadpan [d'edpæn] s. (gíria) rosto inexpressivo m. ‖ adj., adv. inexpressivo, sem emoção.
dead reckoning s. (Náut.) cálculo da posição do navio mediante bússola e barquilha m
dead ropes s. pl. cabos fixos m. pl.
Dead Sea s. Mar Morto, na Palestina m.
Dead Sea Scrolls s. (Arqueol.) rolos m. pl. de escrita do Mar Morto.
dead season s. 1. tempo morto em que se faz pouco negócio m. 2. temporada morta f.
dead set s. ataque determinado m.
dead shot s. atirador infalível, que nunca falha m.
dead silence s. silêncio sepulcral, silêncio de morte m.
dead sound s. som m. ou voz surda f.
dead spot s. (Rádio) área de intensidade de ondas diminuídas f.
dead stand s. 1. oposição determinada f. 2. estagnação, paralisação f.
dead stock s. mercadorias invendáveis f. pl., encalhe, alcaide m
dead wall s. parede nua, sem janelas ou portas f.
dead water s. 1. águas mortas f. pl. 2. (Náut.) esteira f., sulco que a embarcação deixa na água m.
dead weight s. 1. peso morto, peso próprio m. 2. ônus pesado m., carga onerosa f.
dead window s. janela simulada f.
dead wire s. (Elet.) fio sem corrente m.
dead wood s. 1. galhos secos e mortos m. pl. 2. (coloq., E. U.A.) pessoas ou coisas inúteis f. pl. 3. palavras ou frases convencionais e vagas f. pl.
deaf [def] v. ensurdecer. ‖ adj. 1. surdo, mouco, que não ouve ou ouve pouco. 2. que não quer ouvir, desatento. 3. ~ **to** insensível a, surdo a. ‖ ~**ly** adv. surdamente.
~ **and dumb** surdo-mudo. ~ **and dumb alphabet** alfabeto dos surdos-mudos. ~ **with** surdo com, aturdido, atordoado. **stone**—~ surdo como uma porta. **to turn a** ~ **ear** 1. surdear, fingir-se surdo, fazer ouvidos de mercador. 2. não conceder. **to turn a** ~ **ear to** ser surdo a.
deafen [defn] v. 1. ensurdecer, tornar surdo. 2. atordoar, atroar, aturdir. 3. amortecer o som.
deafening [d'efniŋ] s. 1. amortecimento do som m. 2. matéria amortecedora do som f. ‖ adj. ensurde-

cedor, atroador. ‖ ~**ly** adv. ensurdecedoramente.
deaf-mute [d'efmj'u:t] s. surdo-mudo m.
deaf-mutism s. surdimutismo m., surdo-mudez f.
deafness [d'efnis] s. surdez f.
deal [di:l] (I) s. 1. parte, quantidade, porção f., número, grau m. 2. dada de cartas f. 3. mão m.: em jogo de cartas. 4. (gíria) negociação, transação, pechincha, ocasião f., acordo m. 5. (E. U. A.) plano de administração econômica, acordo administrativo m. ‖ v. 1. negociar, traficar, comerciar. 2. distribuir, repartir. 3. tratar, ter relações. 4. ocupar-se de. 5. conduzir-se, comportar-se, proceder, haver-se bem ou mal em algum negócio. 6. dar as cartas, ter mão. 7. lidar com. 8. desferir, vibrar.
a good ~**, a great** ~ muito, grande quantidade, consideravelmente. **New Deal** (E. U. A.) plano do governo para o restabelecimento econômico e a segurança social. **New Dealer** partidário do **New Deal. raw** ~ tratamento severo e injusto. **to make a great** ~ **of a person** ter alguém em grande consideração. **to think a great** ~ **of oneself** ser muito presumido. **to** ~ **fairly or ill with a person** tratar alguém bem ou mal. **to** ~ **in** negociar com. **to** ~ **with a person** tratar, lidar com alguém. **to** ~ **with a subject** tratar de um assunto.
deal [di:l] (II) s. prancha f. ou pranchão m. de pinho ou de abeto.
dealer [d'i:lə] s. 1. negociante m. + f., mercador, revendedor m. 2. jogador que dá as cartas m.
dealing [d'i:liŋ] s. (usualmente no pl.) 1. procedimento, comportamento m., conduta f. 2. comércio, negócio m., transação f., relações comerciais f. pl., intercâmbio, intercurso m.
honest, plain, square ~ modo honesto de proceder, probidade, boa fé.
dealt [delt] v. pret. e p. p. de **deal.**
kindly ~ **with** bem tratado.
dean [di:n] (I) s. 1. deão, dignitário eclesiástico que preside ao cabido m. 2. reitor de uma faculdade m. 3. decano, membro mais velho de uma classe na universidade m. ‖ v. ocupar cargo de deão.
deanery [d'i:nəri] s. 1. deado, cargo m., função, dignidade f. ou distrito m. de deão. 2. moradia de um deão m.
deanship [d'i:nʃip] s. deado m.
dear [diə] s. querido m., querida f., bem-amado m., bem-amada f. ‖ adj. 1. amado, querido, caro, precioso, estimado. 2. custoso, caro, dispendioso. 3. prezado (tratamento). ‖ adv. 1. a preço elevado. 2. afetuosamente, com ternura. ‖ ~**ly** adv. 1. caro, a preço elevado. 2. afetuosamente, carinhosamente, ternamente. ‖ ~**!** interj. meu Deus!
~ **me!** caramba, puxa! **to hold** ~ amar, gostar muito de, ter amizade ou estimação por alguém.
dear-bought adj. caro, que custa muito dinheiro ou trabalho.
Dear John (letter) s. (coloq.) carta f. que rompe noivado ou outro relacionamento íntimo.
dearth [də:θ] s. 1. carência, escassez f. 2. carestia, alta de preço f. 3. privação, falta do necessário à vida f.
deary [d'iəri] s. queridinho m., queridinha f.
death [deθ] s. 1. morte f., falecimento, óbito m. 2. causa de morte f. 3. decadência, destruição f. 4. homicídio m. 5. caveira f. ou esqueleto m: o símbolo da morte. ‖ ~**ly** adj. 1. mortal, fatal. 2. semelhante à morte, sujeito à morte, cadavérico. ‖ ~**ly** adv. 1. mortalmente, como morte. 2. extremamente.
civil ~ morte civil. **tired to** ~ extenuado, prostrado. **this will be the** ~ **of me!** isto me mata! **to be wounded to** ~ estar ferido mortalmente. **to laugh o. s. to** ~ morrer de riso. **to put to** ~ exe-

cutar, supliciar, fazer sofrer a pena de morte. **unto** ~ até a morte, eternamente, sempre.
death-adder s. (Zool.) víbora f: gênero de reptis ofídios venenosos.
death-bed s. 1. leito de morte m., câmara ardente f. 2. agonia, última doença f., derradeiros momentos da vida m. pl. ‖ adj. relativo ao leito de morte.
death-bell s. 1. dobre, toque a finados m. 2. (coloq.) zumbido nos ouvidos m.: diz-se predição da morte.
death benefit s. seguro m. a pagar em caso de morte.
death-blow s. golpe mortal m.
death-boding adj. que pressagia a morte.
death certificate s. certidão f. de óbito.
death-cup s. agárico m.: espécie de cogumelo venenoso.
death-duties s. pl. imposto sobre herança m.
deathful adj. mortal, mortífero, moribundo. ‖ ~ly adv. mortalmente.
death-hour s. hora da morte, última hora f.
death house s. (E. U. A.) cela dos condenados à morte f.
death instinct s. (Psicol.) instinto mórbido m. de autodestruição.
deathless [d'eθlis] adj. imortal, imorredouro, que não morre, que dura sempre, infindo, eterno. ‖ ~ly adv. eternamente, infinitamente, perpetuamente.
deathlessness d'eθlisnis] s. imortalidade, eternidade f.
deathlike [d'eθlaik] adj. 1. cadavérico. 2. semelhante à morte.
death-mask s. máscara fúnebre, máscara mortuária f.
death rate s. mortalidade f., índice de mortalidade m.
death-rattle s. estertor dos moribundos m.
death roll s. lista f. de pessoas falecidas em idênticas situações (época, lugar ou modo).
death row s. corredor m. da morte: fila de celas dos condenados.
death's door s. as portas da morte f. pl., agonia f.
death sentence s. (Jur.) pena capital, pena de morte f.
death's-head s. caveira f.: o símbolo da morte.
death's man s. carrasco, algoz, verdugo m.
death-stroke s. golpe de morte m.
death-struggle, death-throe s. agonia f.
death-token s. sinal de morte próxima m.
death toll s. número m. de pessoas mortas (acidente, guerra, etc.).
death-trap s. lugar m. que põe em perigo a vida.
deathwards [d'eθwə:dz] adv. para a morte.
death-warrant s. ordem oficial f. para a execução do condenado.
death-watch s. 1. velório de um defunto m. 2. guarda de um condenado à morte nas suas últimas horas de vida m. 3. (Ent.) besouro que, segundo crença antiga, pressagiava a morte m.
débâcle [deib'a:kl] s. 1. debacle m., queda, derrota militar, decadência f., desastre m. 2. degelo, descoalho súbito de um rio m. 3. corrente d'água carregando escombros e entulhos f.
debar [dib'a:] v. excluir, privar de, proibir, impedir.
debark [dib'a:k] s. desembarcar, sair do navio ou avião, pôr em terra.
debarkation [di:ba:k'eiʃən] s. desembarque m.
debarment [dib'a:mənt] s. exclusão, proibição, privação f., impedimento m.
debase [dib'eis] v. 1. aviltar, humilhar, rebaixar. 2. degradar, depreciar. 3. falsificar, corromper.
debasement [dib'eismənt] s. aviltamento m., humilhação, adulteração, corrupção, depravação f.

debatable [dib'eitəbl] adj. contestável, debatível.
debate [dib'eit] s. 1. debate m., discussão, disputa, contestação, argumentação, controvérsia, altercação f. 2. (pl.) debates m. pl.
debatement [dib'eitmənt] s. debate m., discussão, altercação f.
debater [dib'eitə] s. discutidor, orador, argumentador m.
debauch [dib'ɔ:tʃ] s. deboche m., devassidão, orgia f., excesso m., bacanal, intemperança, corrução f. ‖ v. debochar, devassar, corromper, depravar, perverter, viciar.
debauchable [dib'ɔ:tʃəbl] adj. debochativo, debochador.
debauched adj. debochado, devasso, depravado, libertino, tarado, corruto. ‖ ~ly adv. depravadamente, corrutamente, libertinamente.
debauchee [dibɔ:tʃ'i:] s. libertino, devasso, tarado m.
debaucher [dib'ɔtʃə] s. depravador, corrutor, sedutor m.
debauchery [dib'ɔ:tʃəri] s. debocheira f., grande deboche m., devassidão, libertinagem, corrução f.
debauchment [dib'ɔ:tʃmənt] s. sedução f.
debenture [dib'entʃə] s. 1. debênture f., título de dívida amortizável m. 2. certidão de alfândega f. 3. obrigação f.
debenture bond s. (Com.) bônus m. garantido pelo emitente.
debentured [~d] adj. debenturado.
~ **goods** mercadorias pelas quais se pode pretender o retorno dos direitos.
debilitate [dib'iliteit] v. debilitar, enfraquecer.
debilitated [~id] adj. debilitado, enfraquecido.
debilitation [dibilit'eiʃən] s. debilitação f.
debilitative [dib'iliteitiv] adj. debilitante, debilitável.
debility [dib'iliti] s. debilidade, fraqueza f.
debit [d'ebit] s. 1. débito m., dívida f. 2. conta de débito f. ‖ v. debitar, lançar ao débito.
debonair [debən'ɛə] adj. afável, cortês, benévolo, donairoso, gentil, jovial, alegre. ‖ ~ly adv. afavelmente, cortesmente, gentilmente, alegremente.
debonairness [~nis] s. jovialidade, cortesia, afabilidade f., donaire, garbo m.
debone [di:b'oun] v. desossar (esp. aves).
debouch [dib'autʃ] v. 1. desembocar. 2. sair, emergir. 3. sair de um desfiladeiro.
debouchment [~mənt] s. desembocadura, saída f.
debrief [dibr'i:f] v. interrogar (soldado, astronauta, etc., e às vezes instruí-lo sobre restrições quanto à publicação dos resultados) ao retorno de uma missão.
debris [d'ebri:] s. 1. escombros m. pl., entulho m. 2. caliça, f., ruínas f. pl., fragmentos m. pl.
debt [det] s. 1. dívida f. 2. obrigação f., dever, compromisso m. 3. pecado m.
action of ~ (Jur.) demanda para conseguir o pagamento de uma dívida. **bad** ~ dívida irrecuperável. ~ **of nature** a morte. **in** ~ endividado. **to answer one's** ~s pagar as suas dívidas. **to be head over ears in** ~ estar cheio de dívidas. **to clear all** ~s pagar as suas dívidas. **to gather in** ~s cobrar dívidas. **to make, to contract, to run or get into** ~ endividar-se, contrair dívidas. **to pay the** ~ **of nature** morrer. **to be over head and ears in** ~ estar crivado de dívidas.
debtless [d'etlis] adj. sem dívidas, livre de dívidas.
debt of honour s. dívida de honra f., sem efeito legal.
debtor [d'etə] s. 1. devedor m. 2. débito m., coluna de débito de uma conta f.
debunk [dib'ʌŋk] v. pôr fim a pieguices, desiludir

debus [di:b'ʌs] v. (gíria mil.) descer ou fazer descer de uma viatura a motor.
debut [d'eibu:] s. 1. debute m. 2. primeira tentativa f.
debutant [deibu:t'ã] s. debutante, estreante m.
debutante [deibu:t'ãt] s. debutante, estreante f.
Dec. abrev. de December.
dec. abrev. de 1. deceased 2. decimeter.
decadal [d'ekədl] adj. de décadas, em décadas.
decade [d'ekəd] s. década f.: série de dez.
decadence, decadency [d'ekədəns(i)] s. decadência f., declínio m., queda, deterioração f.
decadent [d'ekədənt] s. decadente, decadista m. + f. ‖ adj. decadente. ‖ ~ly adv. de maneira decadente.
decaffeinate [dik'æfəneit] v. descafeinar.
decagon [d'ekəgən] s. (Geom.) decágono m.
decagram [d'ekəgræm] s. decagrama m.: peso de dez gramas.
decahedral [dekəh'i:drəl] adj. (Geom.) decaedro.
decahedron [dekəh'i:drən] s. (Geom.) decaedro m.
decalcify [dik'ælsifai] v. descalcificar, privar de cálcio.
decalcomania [dikʌlkəm'einiə] s. 1. decalcomania † 2. decalque m.
decalescence [di:kəl'esəns] s. (Metalúrg.) decalescência f.
decalitre, [d'ekəli:tə] decaliter s. decalitro m.: unidade de capacidade equivalente a dez litros.
decalog, [d'ekələg], decalogue [d'ekəloug] s. decálogo m.: os dez mandamentos da lei de Deus.
decametre, [d'ekəmi:tə] decameter s. decâmetro m.: unidade de comprimento equivalente a dez metros.
decamp [dik'æmp] v. 1. decampar, levantar o acampamento. 2. escapar, fugir na surdina.
decampment [~ment] s. decampamento m.
decanal [dik'einəl] adj. relativo a deão.
decant [dik'ænt] v. decantar, transvasar, despejar, passar um líquido de uma vasilha para outra.
decantation [dikænt'eifən] s. decantação, trasfega †.
decanter [dik'æntə] s. 1. vaso para decantar licores m. 2. garrafa f. para servir vinho, licores, etc.
decapitate [dik'æpiteit] v. decapitar, degolar.
decapitation [dikæpit'eifən] s. decapitação, degolação f.
decapod [d'ekəpɔd] s. decápode m. ‖ adj. decápode.
decarbonization [di:ka:bənaiz'eifən] s. descarbonização f.
decarbonize [di:k'a:bənaiz] v. descarbonizar.
decarburize [di:k'a:bjuəraiz] v. descarbonizar.
decastyle [d'ekəstail] s. (Arquit.) pórtico com dez colunas na frente m. ‖ adj. que tem dez colunas.
decasyllabic [d'ekəsil'æbik] adj. decassílabo.
decasyllable [d'ekəsiləbl] s. decassílabo m.: verso de dez sílabas.
decathlon [dek'æθlən] s. decatlo m.: competição atlética que consiste em dez provas diferentes.
decay [dik'ei] s. 1. decadência f., decaimento, declínio m., declinação, baixa, queda f. 2. deterioração, decomposição, dissolução, ruína f. 3. caducidade, prostração f., definhamento m. 4. substância ou matéria deteriorada f. ‖ v. 1. decair, abaixar, declinar, deteriorar, arruinar. 2. consumir-se, enfraquecer-se, esvair-se. 3. decompor-se, cariar.
decayed [dik'eid] adj. deteriorado, cariado.
~ with age decrépito.
decayedness [~nis] s. decaimento m., deterioração, decomposição f., cárie f.
decease [dis'i:s] s. morte f., falecimento, óbito m. ‖ v. morrer, falecer, expirar.
deceased s. falecido m., pessoa falecida f. ‖ adj. falecido.
decedent [dis'i:dənt] s. (Jur.) pessoa falecida f.

deceit [dis'i:t] s. 1. engano m., fraude f., dolo m., velhacaria f. 2. falsidade, decepção f., artifício, truque, engodo m. 3. aparência enganosa f.
deceitful [~ful] adj. enganoso, doloso, fraudulento. ‖ ~ly adv. enganosamente, fraudulentamente.
deceitfulness [~fulnis] s. 1. falsidade f. 2. inclinação ou propensão para enganar ou defraudar f. 3. aparência enganosa f.
deceivable [dis'i:vəbl] adj. falível, enganoso, sujeito a engano.
deceive [dis'i:v] v. 1. enganar, iludir, lograr, ludibriar, embair. 2. falhar, desapontar, faltar à palavra.
deceiver [~ə] s. enganador, impostor, sedutor m.
deceivingly [~iŋli] adv. enganosamente, fraudulentamente.
decelerate [di:s'eləreit] v. diminuir a velocidade, andar, marchar, funcionar mais lentamente.
deceleration [di:selər'eifən] s. diminuição da velocidade f.
December [dis'embə] s. dezembro m.
decemvir [dis'emvə] s. (Hist. Rom.) decênviro m.
decemvirate [dis'emvirit] s. (Hist. Rom.) decenvirado, decenvirato m.
decency [d'i:snsi] s. decência f., decoro m., modéstia, honestidade, propriedade f., asseio m.
decennary [dis'enəri] s. decênio m.: espaço de dez anos. ‖ adj. decenário, que se realiza de dez em dez anos.
decennial [dis'enjəl] s. (E. U. A.) décimo aniversário m. ‖ adj. decenal, que dura dez anos, que se realiza de dez em dez anos. ‖ ~ly adv. decenalmente.
decennium [dis'eniəm] s. espaço de dez anos m.
decent [d'i:snt] adj. 1. decente, decoroso, respeitável, conveniente, apropriado, modesto, asseado, honesto. 2. suficiente, passável, tolerável, sofrível, razoável. 3. brando, bondoso. ‖ ~ly adv. decentemente, apropriadamente, toleravelmente, razoavelmente.
decentish [~if] adv. (gíria) passável.
decentness [~nis] s. decência f., decoro, asseio m.
decentralization [dis'entrəlaiz'eifn] s. descentralização f.
decentralize [dis'entrəlaiz] v. 1. descentralizar. 2. distribuir (autoridade, poderes).
deceptible [dis'eptibl] adj. iludível.
deception [dis'epfən] s. decepção, desilusão, fraude f., logro, engano m.
deceptive [dis'eptiv] adj. enganoso, enganador, falaz, ilusório. ‖ ~ly adv. enganosamente, ilusoriamente.
deceptiveness [~nis] s. decepção f., engano m., desilusão f.
decerebrate [dis'eribreit] v. (Cirurg.) descerebrar.
deci [d'esi] prefixo, indica a décima parte de.
decibel [d'esəbel] s. (Acúst.) decibel m.: unidade de medida de intensidade do som.
decidable [dis'aidəbl] adj. que se pode decidir.
decide [dis'aid] v. 1. decidir, resolver, determinar, solucionar. 2. sentenciar, julgar, arbitrar, decidir sobre. 3. terminar, pôr fim a.
decided [~id] adj. 1. decidido, determinado, resolvido. 2. evidente. 3. resoluto, firme, categórico. ‖ ~ly adv. decididamente, resolutamente.
decidedness [~idnis] s. determinação, resolução, decisão, firmeza f.
decider [~ə] s. 1. juiz, árbitro m., o que decide. 2. jogo m., disputa, corrida final f.
deciduous [dis'idjuəs] adj. 1. decíduo, caduco, cadivo, que cai. 2. que muda de folhas anualmente, definhável, passageiro, efêmero f. ‖ ~ly adv. deciduamente.
deciduousness [~nis] s. caducidade f.
deciduous tooth s. dente-de-leite m.
decigram, [d'esigræm] deci-gramme s. decigrama m.
decilitre, [d'esili:tə] deciliter s. decilitro m.
decimal [d'esiməl] s. fração decimal f. ‖ adj. deci-

mal. ‖ ~**ly** adv. por decimais, por dezenas.
decimal fraction s. fração decimal f.
decimalize [d'esiməlaiz] v. **decimalizar.**
decimal point s. ponto de fração decimal m.
decimal system s. sistema decimal m.
decimate [d'esimeit] v. dizimar, decimar, tirar a décima parte de, destruir o décimo ou grande parte de, matar um em cada grupo de dez.
decimation [desim'eiʃən] s. dizimação f
decimetre, decimeter [d'esimi:tə] s. decímetro m.: décima parte do metro.
decipher [dis'aifə] s. decifração f. ‖ v. 1. decifrar 2. interpretar.
decipherable [~rəbl] adj. decifrável.
decipherer [~rə] s. decifrador m.
decipherment [~mənt] s. decifração f.
decision [dis'iʒən] s. 1. decisão, resolução f. 2. sentença f., arbítrio m. 3. determinação, firmeza f.
decisive [dis'aisiv] adj. 1. decisivo, que decide ou termina. 2. (Jur.) decisório. 3. resoluto. 4. claro, terminante, conclusivo. ‖ ~**ly** adv. decisivamente, positivamente, decididamente, terminantemente.
decisiveness [~nis] s. determinação, resolução f. caráter decisivo, poder de decidir m.
deck [dek] s. 1. (Náut.) coberta f., convés, tombadilho m. 2. assoalho de um ônibus, bonde ou avião m. 3. baralho de cartas m. ‖ v. 1. ornar, enfeitar, embelezar. 2. cobrir.
after ~ coberta da popa. **double–**~**er** ônibus, bonde, etc, de dois andares. **main** ~ coberta principal. **middle** ~**, lower** ~ segunda coberta, convés inferior. **on** ~ (E. U. A., gíria) presente, à mão. **orlop** ~ coberta postiça (abaixo do convés inferior). **to clear the** ~ 1. preparar o navio para o combate. 2. (fig.) pôr em ordem. **upper** ~**, spar** ~ convés superior.
deck-chair s. preguiçosa, espreguiçadeira f. (quadro C 9).
decked [dekt] adj. 1. adornado, enfeitado. 2 (Náut.) que tem convés.
deck-hand s. (Náut.) taifeiro de convés m.
decking [d'ekiŋ] s. ornato, adorno, enfeite m.
deckle [d'ekil] s. molde para fabricar papel m.
deckle-edge s. 1. borda tosca de papel não cortado f. 2. imitação desta borda f.
deckle-edged adj. não cortado, diz-se do papel e de livros.
deck officer s. (Náut.) oficial de convés m.
deck-passenger s. passageiro de convés m.
declaim [dikl'eim] v. 1. declamar, recitar, orar em público, falar em tom oratório, falar alto e com violência. 2. arengar, disparatar.
declaimer [dikl'eimə] s. declamador m.
declamation [dekləm'eiʃən] s. declamação f.
declamatory [dikl'æmətəri] adj. declamatório, retórico, bombástico. ‖ —**rily** adv. declamatoriamente, bombasticamente.
declarant [dikl'ɛərənt] s. (Jur.) declarante m. + f. que declara ou depõe.
declaration [deklər'eiʃən] s. 1. declaração, asserção, proclamação f., manifesto m., exposição f. 2. o respectivo documento. 3. depoimento m.
declarative [dikl'ærətiv] adj. declarativo, declaratório. ‖ ~**ly** adv. declarativamente.
declaratory [dikl'ærətə:ri] adj. declaratório, afirmativo.
declare [dikl'ɛə] v. 1. declarar, proclamar, manifestar, anunciar solenemente, revelar, tornar público. 2. afirmar, assegurar, asseverar. 3. depor. 4. declarar o naipe.
have you anything to ~? tem algo a declarar? (na alfândega), tem algo sujeito a direitos alfandegários. **to** ~ **against** declarar-se contra. **to** ~ **for**

declarar-se em favor. **to** ~ **off** desistir de, renunciar a, não prosseguir num intento. **to** ~ **o. s.** declarar-se, mostrar as intenções ou cores.
declared [~d] adj. declarado, manifestado, confessado. 2. claro, evidente. ‖ ~**ly** adv. declaradamente, francamente, manifestamente, claramente.
declarer [~rə] s. declarante, declarador m.
declass [dikl'a:s] v. degradar, rebaixar de classe.
declassify [di:kl'æsifai] v. (Pol., milit.) dessegredar (informação).
declension [dikl'enʃən] s. 1. declinação, flexão de nomes e pronomes, cada uma das classes de palavras que se declinam da mesma forma f. 2. inclinação f., pendor, declive m., declividade, ladeira f. 3. decaída para um estado de inferioridade, decadência f. 4. desvio do normal m. 5. recusa cortês f. 6. descaimento m., deterioração f.
declinable [dikl'ainəbl] adj. declinável.
declination [deklin'eiʃən] s. 1. declinação f. 2. inclinação, declividade f. declive m., descida f. 3. declínio m., decadência f., decaimento m., deterioração f. 4. desvio m. 5. recusa polida f. 6. (Astron.) distância de um astro ao equador celeste, medida do ângulo formado pela direção de um meridiano pela agulha magnética f., arco de um círculo máximo da esfera entre o equador e determinado astro m.
~ **of the needle** declinação magnética.
declinational [~əl] adj. declinante.
declinator [d'eklineitə] s. declinador m.: instrumento que serve para determinar a declinação do plano de um quadrante.
declinature [dikl'ainətjuə] s. (Jur.) declinatória f.: ato de declinar ou recusar a jurisdição de um juiz ou tribunal.
decline [dikl'ain] s. 1. declínio m., decadência f., decaimento, definhamento m. 2. deterioração f. 3. decrescimento m., diminuição, baixa (de preços) f. 4. tísica f. 5. declive m., inclinação de terreno, ladeira f. ‖ v. 1. declinar, recusar, rejeitar delicadamente, desviar. 2. abaixar(-se), inclinar. 3. desviar-se, afastar-se. 4. deteriorar. 5. baixar, ir baixando (os preços), diminuir. 6. decair, entrar em decadência, definhar, ir acabando. 7. (Gram.) declinar, enunciar as flexões de nomes, pronomes e adjetivos.
, **to go into** ~ sofrer de tísica.
decliner [~ə] s. o que declina.
declining [~iŋ] adj. decadente, declinante.
declining age s. idade avançada f.
declivitous [dikl'ivitəs] adj. inclinado, declivoso, ladeirento, com pendor.
declivity [dikl'iviti] s. declive m., declividade, ladeira, descida f., pendor m. ou inclinação f. de terreno.
declivous [dikl'aivəs] adj. = **declivitous.**
declutch [dikl'ʌtʃ] v. 1. (Autom.) desembrear. 2. desligar o contato.
decoct [dik'ɔkt] v. 1. cozer, fazer cozimento, macerar num líquido. 2. extrair os princípios ativos de uma substância vegetal mediante decocção.
decoction [dik'ɔkʃən] s. 1. decocção f. 2. decocto m.
decode [dik'oud] v. decifrar telegramas, etc. pelo código.
decoder [~ə] s. decifrador m.
decohere [dikəh'iə] v. desligar o receptor.
decoherer [~rə] s. descoesor electromecânico m.
decollate [dik'ɔleit] v. degolar, decapitar.
decollated [~id] adj. degolado, decapitado.
decollation [dikɔl'eiʃən] s. degolação, decapitação f.
décolleté [dək'ɔlətei] adj. decotado.
decolonization [dikɔlənaiz'eiʃən] s. descolonização f.
decolonize [dik'ɔlənaiz] v. descolonizar.

decolorant [di:k'ʌlərənt] s. descorante m. ‖ adj. que tira a cor.

decolorate [di:k'ʌləreit] v. descolorar, desbotar.

decoloration [di:kʌlər'eiʃən] s. descoloração f.

decolorization [di:kʌləraiz'eiʃən] s. descoloração f.

decolorize [di:k'ʌləraiz] v. descolorir, desbotar.

decolorizer [~ə] s. descorante m., substância que tira a cor f.

decommission [dikəm'iʃən] v. retirar (navio, avião) do serviço ativo.

decomposable [di:kemp'ouzəbl] adj. decomponível, que se pode decompor.

decompose [di:kəmp'ouz] v. 1. decompor, separar os elementos componentes. 2. analisar. 3 decompor-se, desintegrar-se. 4. apodrecer.

decomposer [~ə] s. o que decompõe.

decomposite [di:kəmp'ozit] s. substância ou palavra constituída de compostos f. ‖ adj. duplamente composto, constituído de compostos.

decomposition [di:kəmpəz'iʃən] s. 1. decomposição, desintegração f. 2. análise f.

decompound [di:kəmp'aund] adj. (Bot.) constituído de compostas (quadro L 2).

decompress [di:kəmpr'es] v. descompressar.

decompression [dikəmpr'eʃən] s. descompressão f.

decompression sickness s. males m. pl. de descompressão (em aeronautas e escafandristas).

decongestant [dikənd3'estənt] s. (Farmac., Med.) descongestionante m.

decontaminate [di:kənt'æmineit] v. descontaminar, livrar de agentes tóxicos ou radioativos.

decontamination [di:kəntæmin'eiʃən] s. descontaminação, desinfecção f.

decontrol [di:kəntr'oul] v. pôr termo ao controle governamental da economia.

decor [dik'ɔ:] s. cenário m., decoração f.

decorate [d'ekəreit] v. 1. decorar, adornar, enfeitar ornamentar. 2. pintar a casa. 3. revestir paredes com papel. 4. condecorar.

decorated [~ id] adj. 1. decorado, adornado, ornamentado. 2. condecorado.

decoration [dekər'eiʃən] s. 1. decoração f., ato de decorar m., ornamentação f. 2. adorno, ornamento, enfeite m. 3. condecoração f.

Decoration Day s. (E. U. A.) 30 de maio, dedicado à memória dos heróis da guerra civil.

decorative [d'ekərətiv] adj. decorativo, ornamental ‖ ~ly adv. decorativamente.

decorator [d'ekəreitə] s. 1. decorador m. 2. pintor de casas m.

decorous [d'ekərəs] adj. decoroso, decente, apropriado, asseado. ‖ ~ly adv. decorosamente, decentemente, apropriadamente, que tem decoro.

decorousness [~ nis] s. decoro m., decência f.

decorticate [di:k'ɔ:tikeit] v. descascar, debulhar.

decortication [di:kɔ:tik'eiʃən] s. descascamento m., descorticação, debulha f.

decorticator [di:k'ɔ:tikeitə] s. descascador, debulhador m., máquina para debulhar cereais f.

decorum [dik'ɔ:rəm] s. decoro m., decência f.

decoy [dik'ɔi] s. 1. chamariz m.: ave utilizada para atrair outras. 2. ceva f.: lugar onde se deita engodo. 3. engodo m., isca, negaça f. 4. instigador, sedutor, atiçador m. 5. atrativo, chamariz m. ‖ v. 1. apanhar pássaros, aves, animais por meio de chamariz. 2. enganar, atrair com engano, engodar, engabelar, tentar, seduzir.

decoy-bird s. chamariz m.: ave para atrair outras ou artifícios usados como chamariz.

decoy-duck s. pato amansado ou artifício para atrair aves m.

decoy-man s. passarinheiro m.: caçador de pássaros.

decrease [d'i:kri:s] s. 1. decrescimento, decréscimo m., diminuição, redução f., declínio m. 2. minguante da lua m. ‖ v. [di:kr'i:s] decrescer, diminuir, reduzir, baixar, minguar, declinar, decair.

decreasing [~ iŋ] adj. decrescente, minguante. ‖ ~ly adv. decrescentemente.

decree [dikr'i:] s. 1. decreto, mandado m., ordenação, lei f. 2. édito, edital m. 3. (Teol.) lei de Deus, lei eterna f. 4. vontade superior f. 5. sentença f. ‖ v. decretar, ordenar por decreto, determinar, decidir por lei ou autoridade.

decrement [d'ekrimənt] s. 1. decremento, decréscimo m., diminuição f. 2. perda por diminuição f. 3. (Her.) minguante da lua m.

decrepit [dikr'epit] adj. decrépito, caduco, gasto, muito velho.

decrepitate [dikr'epiteit] v. decrepitar, calcinar.

decrepitation [dikrepit'eiʃən] s. (Quím). decrepitação f.

decrepitude [dikr'epitju:d] s. decrepitude f.

decrescendo [di:krəʃ'endou, dei-] s. (Mús.) decrescendo m. ‖ adj. decrescente.

decrescent [dikr'esənt] adj. decrescente, minguante.

decretal [dikr'i:təl] s. decretal f.: antiga carta ou constituição pontifícia. ‖ adj. concernente a um decreto.

decretalist [~ ist], **decretist** [dikr'i:tist] s. decretalista m. + f.: pessoa versada em decretais.

decretive [dikr'i:tiv] adj. que tem o poder de um decreto, relativo a um decreto.

decretory [dikr'i:təri] adj. decretório, decisivo, que resolve, judicial, definitivo, peremptório.

decrial [dikr'aiəl] s. 1. censura, crítica clamorosa f. 2. denegração f. 3. proibição por censura f.

decrier [dikr'aie] s. depreciador, denegridor m.

decrown [dikr'aun] v. descoroar, destronar, derribar do trono.

decry [dikr'ai] v. 1. depreciar, censurar publicamente, aviltar. 2. invectivar, vituperar, exclamar contra. 3. vedar com pregão.

decrypt [dikr'ipt] v. decifrar, interpretar.

decuman [d'ekjumən] adj. 1. decúmano, décimo de uma série. 2. (fig.) enorme.

decumbence [dik'ʌmbəns], **decumbency** [~ i] s. decúbito m., posição de quem está deitado.

decumbent [dik'ʌmbənt] adj. decumbente, prostrado.

decuple [d'ekjupl] s. décuplo m.: quantidade dez vezes maior que outra. ‖ adj. décuplo.

decurion [dikj'u:riən] s. (Hist. Rom.) 1. decurião, chefe de decúria m. 2. oficial romano que comandava dez soldados m.

decurionate [~ ət] s. decuriado, cargo de decurião m.

decurrent [dik'ʌrənt] adj. (Bot.) decorrente, diz-se da folha soldada ao entrenó em certa extensão.

decursive [dik'ə:siv] adj. (Bot.) decursivo, decorrente.

decury [dikj'uri] s. (Hist. Rom.) decúria f.: grupo comandado por decurião.

decussate [dik'ʌseit] v. (Bot.) interceptar, cortar na direção de um ângulo agudo, cruzar em X. ‖ adj. [dik'ʌsit] 1. discussado, que tem forma de cruz ou de X. 2. (Bot.) disposto em cruz.

decussation [dikʌs'eiʃən] s. interseção f., encruzamento m.

dedicate [d'edikeit] v. dedicar(-se), oferecer com afetuosidade, consagrar(-se), votar, dar-se, aplicar-se. ‖ adj. dedicado, consagrado.

dedicated [~ id] adj. dedicado (pessoa).

dedicatee [dedikət'i:] s. aquele a quem se dedica algo.

dedication [dedik'eiʃən] s. 1. dedicação f. 2. dedicatória, consagração f.

dedicative, [d'edikətiv] **dedicatory** [d'edikətəri] adj. dedicador, que dedica.

dedicator [d'edikeitə] s. dedicador m., aquele que

dedica, que faz uma dedicatória.

dedicatory adj. = **dedicative.**

dedifferentiation [didifərenʃi'eiʃən] s. (Biol., Bot.) desdiferenciação f.

deduce [didj'u:s] v. deduzir, tirar uma conclusão.

deducible [~ibl] adj. que se pode deduzir, inferir.

deduct [did'ʌkt] v. subtrair, diminuir, tirar de.

deduction [did'ʌkʃən] s. 1. dedução, subtração f. 2. abatimento m., redução f., desconto m. 3. conclusão, inferência, conseqüência f.

deductive [did'ʌktiv] adj. 1. dedutivo. 2. deducional. ‖ ~ly adv. por dedução, a priori.

deed (I) [di:d] s. 1. ação f., feito m., obra, façanha proeza f. 2. fato m., realidade f. 3. instrumento, documento m., escritura f., título, escrito comprovativo de algum direito, contrato m. ‖ v. (E. U. A.) transferir por escritura. ~ **of sale** contrato de venda. ~ **of trust** poder, procuração. **in the** ~ em flagrante.

deed (II) [di:d] adv. abrev. de **indeed** de fato, deveras, efetivamente.

deedful [d'i:dful] adj. ativo, enérgico, vivo.

deedless adj. inativo, inerte, fraco.

deedy [d'i:di] adj. (gíria) ativo, diligente, industrioso.

deem [di:m] v. 1. julgar, crer. 2. resolver.

deep [di:p] s. 1. profundidade, profundez f. 2. mar, fundo do mar m. 3. abismo m. 4. (fig.) recesso do coração m. ‖ adj. 1. profundo, fundo. 2. oculto, escondido, secreto. 3. sagaz, astuto, penetrante. 4. sincero, íntimo, vivo. 5. intenso, extremo. 6. dificultoso de entender, profundo. 7. escuro, carregado (falando de cores). 8. (Mús.) sonoro, baixo, grave. 9. absorto, concentrado em seus pensamentos. ‖ adv. 1. há muito, remotamente. 2. profundamente. ‖ ~ly adv. 1. profundamente. 2. intimamente, vivamente, fortemente, gravemente. **the** ~ **of winter** o rigor do inverno. ~ **drawing** de grande calado (navio). ~**-laid** profundo, secreto.

deep-dyed adj. completo, inveterado.

deepen [d'i:pən] v. 1. profundar, aprofundar, afundar. 2. escavar. 3. realçar, intensificar. 4. escurecer, fazer mais escuro (falando de cores). 5. tornar-se mais profundo. 6. agravar. 7. pesquisar.

deep freeze s. "freezer" m.: refrigerador de muito baixa temperatura.

deep-freeze v. congelar.

deep-laid adj. planejado em segredo.

deepmost [d'i:pmoust] adj. muitíssimo profundo.

deep mourning s. luto fechado m.

deep-mouthed adj. que tem voz sonora, baixa.

deep-musing adj. meditabundo, meditativo.

deepness [d'i:pnis] s. 1. profundidade, profundeza f. 2. sagacidade, penetração, astúcia f. 3. gravidade f.

deep read adj. erudito, letrado.

deep-rooted adj. enraizado, inveterado, estável.

deep scattered layer s. área f. nas profundezas oceânicas, de composição ignorada.

deep-sea s. mar profundo m.

deep-sea line s. linha de prumo grande.

deep-seated adj. profundo, inveterado, entranhado.

Deep South (E. U. A.) s. os Estados sulinos em torno do Golfo do México.

deer [d'iə] s. (Zool.) nome genérico dos cervídeos compreendendo veados, cervos, gamos, corços, etc. **fallow** ~ gamo. **red** ~ veado.

deer-hound s. veadeiro m.

deer-lick s. depósito de sal m. freqüentado por veados, etc., que o lambem.

deer-neck s. pescoço deformado de um cavalo m.

deer-skin s. camurça f. ‖ adj. feito de camurça.

deer-stalker s. 1. caçador de espera m. 2. chapéu de feltro, de copa baixa m.

deer tiger s. = **cougar.**

de-escalate [di:'eskəleit] v. diminuir a escalada bélica.

deface [dif'eis] v. 1. desfigurar, deformar, alterar o aspecto de. 2. borrar, apagar, obliterar.

defaceable [dif'eisəbl] adj. desfigurável.

defacement [dif'eismənt] s. desfiguração, deformação, obliteração, mutilação f.

defacer [dif'eisə] s. desfigurador, deformador m..

de facto [di:f'æktou] adv. de fato, deveras.

defalcate [dif'ælkeit] v. desfalcar, cometer um desfalque, apropriar-se fraudulentamente, defraudar, subtrair.

defalcation [di:fælk'eiʃən] s. desfalque m., apropriação fraudulenta, subtração f., desvio m.

defalcator [d'i:tælkeitə] s. autor de um desfalque m.

defamation [defəm'eiʃən] s. difamação, calúnia f., descrédito m.

defamatory [dif'æmətəri] adj. difamatório, calunioso, infamante.

defame [dif'eim] v. difamar, infamar, caluniar.

defamer [~ə] s. difamador, caluniador m.

defamingly [dif'eimiŋli] adv. de modo difamatório.

defang [dif'æŋ] v. remover as presas (de uma serpente venenosa).

de-fat v. tirar a gordura de.

ted milk powder leite em pó desnatado.

default [dif'ɔ:lt] s. 1. falta f., descuido m., negligência, omissão f. 2. (Jur.) revelia, ausência, falta de comparecimento em juízo f. 3. falta de pagamento f. ‖ v. 1. faltar ao júri, a algum ajuste ou a alguma obrigação. 2. declarar em falta, sentenciar à revelia de alguém, citar com intimação de pena em caso de revelia. 3. deixar de comparecer. 4. negligenciar, omitir, 5. desviar-se do dever. **In** ~ **of** por falta de. **in** ~ **of evidence** por falta de provas. **judgment by** ~ julgamento à revelia, sem conhecimento ou audiência da parte do réu.

defaulter [~ə] s. 1. (Jur.) revel m.: indivíduo que não cumpre a citação que se lhe fez para comparecer em juízo. 2. pessoa que falta a seu dever, a seus compromissos f., delinqüente m. + f., infrator, autor de um desfalque, defraudador m.

defeasance [dif'i:zəns] s. (Jur.) anulação, revogação ou ab-rogação de um contrato f.

defeasibility [difi:zəb'iliti] s. (Jur.) anulabilidade, revogabilidade f.

defeasible [dif'i:zəbl] adj. (Jur.) anulável, ab-rogável, revogável.

defeat [dif'i:t] s. 1. derrota f., desbarato, revés m. 2. frustração f., malogro m. ‖ v. 1. derrotar, destroçar, desbaratar. 2. vencer em discussão, competição ou jogo. 3. frustrar, anular, baldar, malograr.

defeater [~ə] s. desbaratador, derrotador, vencedor m.

defeatism [~izm] s. derrotismo m.

defeatist [~ist] s. derrotista m. + f.

defeature [di:f'i:tʃə] v. desfigurar, disfarçar, dissimular.

defecate [d'efikeit] v. 1. defecar, expelir os excrementos. 2. purificar, refinar, clarificar, depurar, separar as impurezas de um líquido.

defecation [defik'eiʃən] s. defecação, expulsão das fezes pelo ânus, evacuação f.

defecator [d'efikeitə] s. 1. defecador m.: que ou aquele que defeca. 2. aparelho das usinas de açúcar, destinado a eliminar as substâncias albuminóides que o caldo da cana contém m.

defect [dif'ekt] s. 1. defeito m., imperfeição, deficiência f. 2. erro m., falha, tendência habitual para certo mal f., vício m., mancha, mácula f.

defection [dif'ekʃən] s. defecção, deserção, apostasia f.
defective [dif'ektiv] adj. 1. defectivo, defeituoso, imperfeito, incompleto. 2. vicioso. ‖ ~ly adv. defeituosamente.
defectiveness [~nis] s. imperfeição, falha f.
defence [dif'ens], **defense** (E. U. A.) s. 1. defesa, defensa f., amparo m., proteção f., 2. apologia, justificação, desculpa f. 3. (Milit. pl.) fortificações f. pl., defesa f., reparo m. 4. contestação de uma acusação f. 5. pessoas que em juízo cuidam da defesa f. pl. 6. grupo de jogadores que em vários jogos atuam na defensiva m.
in self-~ em defesa própria. **the lawyer for the ~** o advogado de defesa.
defenceless [~ lis] adj, indefenso, indefeso, desamparado, desarmado, inerme, desprotegido. ‖ ~ly adv. indefensavelmente, sem poder defender-se.
defencelessnes [~lisnis] s. desamparo, abandono m.
defend [dif'end] v. (**against, from**) 1. defender, proteger, preservar, amparar. 2. patrocinar, justificar, opor defesa, fazer defesa.
defendable [~əbl] adj. defensável.
defendant [~ənt] s. réu, acusado m. ‖ adj. de defesa.
defender [~ə] s. 1. defensor m. 2. advogado de defesa m.
defenestration [difenistr'eiʃən] s. defenestração f.
defense [dif'ens] s. = **defence.**
defense mechanism s. (Fisiol., Psiq.) mecanismo m. de autodefesa.
defensibility [difensib'iliti] s. possibilidade de defesa f.
defensible [dif'ensibl] adj. 1. defensável. 2. sustentável, justificável. ‖ —bly adv. defensivamente, defensivelmente.
defensibleness [~ nis] s. possibilidade de defesa f.
defensive [dif'ensiv] s. 1. defensiva, posição em que se coloca quem se defende f. 2. meio de defesa m. ‖ adj. defensivo. ‖ ~ly adv. defensivamente.
to be, to act ou **to stand on the ~** estar em posição de defesa.
defensiveness [~ nis] s. capacidade para a defesa, defensiva, aptidão f.
defer (I) [dif'ə:] v. adiar, protelar, procrastinar, pospor, transferir, retardar.
defer (II) [dif'ə:] v. submeter-se, condescender.
deferable, deferrable [dif'ə:rəbl] adi. adiável.
deference [d'efərəns] s. 1. deferência, condescendência respeitosa f., acatamento m. 2. consideração f., respeito m., complacência f.
deferent [d'efərənt] s. 1. aquilo que leva ou traz alguma coisa, ou serve de meio para isso, canal, tubo m. 2. (Fisiol.) vaso condutor de fluidos m. ‖ adj. 1. condutor. 2. deferente, respeitoso.
deferential [defər'enʃəl] adj. deferente, respeitosa. ‖ ~ly adv. respeitosamente.
deferment [dif'ə:mənt], **deferral** [dif'ə:rəl] s. diferimento, adiamento m.
deferred payment s. pagamento suspenso m.
defiance [dif'aiəns] s. 1. desafio m., provocação f. 2. rebeldia, oposição f., desprezo, desdém m.
defiant [dif'aiənt] adj. 1. desafiador, desafiante, provocador. 2. hostil, desconfiado. ‖ ~ly adv. desafiadoramente, provocadoramente, de propósito.
deficiency [dif'iʃənsi] s. 1. deficiência, falta f., defeito m., imperfeição, insuficiência f. 2. dèficit m.
deficiency disease s. doença causada por nutrição deficiente f.
deficient [dif'iʃənt] adj. 1. deficiente, falho, imperfeito, defeituoso. 2. incompleto, insuficiente, ineficiente. ‖ ~ly adv. deficientemente, imperfeita-

mente, defeituosamente.
mentally ~ idiota, mentecapto, tolo. **to be ~ in** ter falta de.
deficit [d'efisit] s. déficit m., deficiência f.
deficit financing s. (Econ.) financiamento público m., mediante empréstimos externos.
deficit spending s. (Econ.) despesa pública f. em excesso à receita pública.
defier [dif'aiə] s. desafiador, provocador m., desafiante m. + f.
defilade [d'efileid] s. (Fort.) desenfiamento m. ‖ v. (Fort.) desenfiar.
defile [d'i:fail] s. desfiladeiro m., garganta ou passagem estreita entre montanhas f. ‖ [dif'ail] v. 1. sujar, corromper, poluir, aviltar, macular, manchar, perverter, violar, desonrar, deflorar. 2. desfilar, marchar em filas.
defilement [dif'ailmənt]·s. poluição, corrução, profanação; violação f., aviltamento m.
defiler [dif'ailə] s. corrutor, depravador, aviltador, profanador, sedutor m.
definable [dif'ainəbl] adj. 1. definível, explicável, interpretável. 2. delimitador, delimitável, que se pode limitar.
definably [~ i] adv. de modo definível, explicável, determinável.
define [dif'ain] v. 1. limitar, pôr limites, circunscrever. 2. definir, explicar, dar a definição de, expor com precisão, descrever. 3. decidir, fixar, marcar.
to ~ oneself against destacar-se de.
definement [~ mənt] s. definição, descrição f.
definer [~ ə] s. definidor m., que ou aquele que define.
definite [d'efinit] adj. definido: 1. preciso, exato, positivo. 2. definitivo, decisivo, final, limitado, delimitado, peremptório. ‖ ~ly adv. definitivamente, determinadamente, peremptoriamente.
~ly controlled motion (Téc.) movimento comandado.
definite article s. (Gram.) artigo definido m.
definite integral s. (Mat.) integral definido m. (cálculo).
definiteness [~ nis] s. limitação, determinação, exatidão, precisão, certeza f.
definition [defin'iʃən] s. 1. definição, explicação, interpretação f. 2. enumeração, exposição f. 3. (Óptica) potência de uma lente f.
definitive [dif'inətiv] s. definido m.: palavra determinativa que se junta aos substantivos para indicar que se tomam em sentido determinado. ‖ adj. definitivo, positivo, decisivo, final, determinado, conclusivo, certo. ‖ ~ly adv. definitivamente.
definitive host s. (Zool.) hospedeiro definitivo m.: organismo no qual o parasita vive em estado adulto.
definitiveness [~nis] s. definitividade f.
definitude [def'initju:d] s. estado definido m.
deflagrability [deflagrəb'iliti] s. combustibilidade, adustibilidade f.
deflagrable [d'eflagrəbl] adj. combustível, adustível.
deflagrate [d'eflagreit] v. deflagrar, arder, fazendo explodir ou lançando chama.
deflagration [deflagr'eiʃən] s. deflagração f.
deflagrator [d'eflagreitə] s. deflagrador m.
deflate [difl'eit] v. 1. esvaziar, causar esvaziamento de um pneu, bola de futebol, balão, etc. 2. diminuir o excesso de papel-moeda em circulação.
deflation [difl'eiʃən] s. 1. esvaziamento, desenchimento (de gases, ar) m. 2. deflação f.: ação de diminuir o excesso de papel-moeda em circulação.
deflationary [~ əri] adj. deflacionista.
deflect [difl'ekt] v. desviar(-se), inclinar, curvar-se, flexionar, causar o desvio de, derivar.

deflecting factor s. fator de desvio m.
deflecting field s. campo de desvio m.
deflecting force s. força de desvio f.
deflection [difl'ekʃən] s. deflexão f., desvio m.
deflection of the needle s. desvio da agulha magnética m.
deflective [dɪfl'ektiv] adj. 1. flexível, que se pode curvar, dobrar. 2. refrativo
deflector [difl'ektə] s. (Téc.) chicana f. ou septo m. de desvio.
deflexed [difl'ekst] adj. (Bot.) curvado, inclinado.
deflexion = deflection.
defloration [diflər'eiʃən] s. defloramento m.
deflower [di:fl'auə] v. 1. desflorar, deflorar. 2. violar a vingindade de, raptar. 3. estragar.
defluent [d'efluənt] s. deflúvio m. ‖ adj. defluente.
defluxion [difl'akʃən] s. 1. defluxão f., deflúvio m 2. defluxo, catarro nasal m.
defoliant [di:f'ouliənt] s. desfolhante m.
defoliate [di:f'oulieit] v. usar desfolhante em.
defoliation [di:fouli'eiʃən] s. desfolha m., desfolhação f., desfolhamento m.
deforest [dif'ɔrist] v. desflorestar, derrubar em larga escala as árvores, desmatar.
deforestation [difɔrist'eiʃən] s. desflorestamento, desmatamento m.
deforester [dif'ɔristə] s. desflorestador m., o que desfloresta.
deform [dif'ɔ:m] v. 1. deformar, desfigurar, alterar a forma de. 2. afear, tornar feio. 3. estragar, deturpar.
deformation [di:fɔ:m'eiʃən] s. 1. deformação, modificação de forma f. 2. distorção, má interpretação, perversão f.
deformed [dif'ɔ:md] adj. deforme, deformado, disforme, desfigurado, feio. ‖ ~ly adv. disformemente, deformemente.
deformer [dif'ɔ:mə] s. deformador, desfigurador m.
deformity [dɪf'ɔ:mɪtɪ] s. deformidade, fealdade, desfiguração, deformação f.
defraud [difr'ɔ:d] v. defraudar, espoliar com fraude, privar com dolo, trapacear, adulterar.
defraudation [di:frɔ:d'eiʃən], defraudment [di:fr'ɔ:dmənt] s. defraudação f., defraudamento m., fraude f., logro m., sonegação f.
defray [difr'ei] v. custear, pagar os gastos de, correr com as despesas de.
defrayable [~əbl] adj. pagável, que se deve pagar, remunerativo.
defrayal [~əl] s. pagamento de despesas, custeio, custeamento m.
defrayer [~ə] s. despendedor, pagador das despesas m.
defrayment [~mənt] s. = defrayal.
defreezer [difr'i:zə] s. anticongelante para o pára-brisa (automóveis) m.
defrock [di:fr'ɔk] v. privar de hábito, depor, exonerar de ordens, excomungar.
defrost [di:fr'ɔst] v. degelar, descongelar.
defroster [~ə] s. degelador m.
deft [deft] adj. esperto, destro, ágil, hábil, perito ‖ ~ly adv. destramente, primorosamente, com primor.
deftness [~nis] s. primor m., destreza f.
defunct [dif'ʌŋkt] s. defunto, extinto m. ‖ adj. defunto, extinto.
defunctness [~nis] s. defunção f., falecimento, óbito m.
defy [dif'ai] v. desafiar, provocar, desprezar, afrontar, resistir abertamente, impugnar, contestar.
degasify [dig'æsifai] v. desgasificar, desgaseificar.
degauss [di:g'aus] v. desmagnetizar (navio).
degeneracy [didʒ'enərəsi] s. degeneração f.

degenerate [didʒ'enəreit] s. degenerado m. ‖ v. degenerar, declinar, ir em decadência, abastardar-se, depravar-se, perder as qualidades primitivas, ir para o pior. ‖ [didʒ'enərit] adj. degenerado, corrompido, abastardado. ‖ ~ly adv. de modo degenerado, depravado, perversamente.
degenerateness [~nis], degeneration [didʒenər'eiʃən] s. degeneração f.
degenerative [didʒ'enəreitiv] adj. degenerativo, que revela degeneração.
degerm [di:dʒə:m] v. desgerminar o trigo.
deglutinate [digl'u:tineit] v. desgrudar, descolar.
deglutition [di:glu:t'iʃən] s. deglutição f., ato de engolir, de deglutir m.
degradation [degrəd'eiʃən] s. 1. degradação, destituição ignominiosa de um grau ou dignidade f. 2. indignidade, baixeza f., aviltamento m., degeneração f., rebaixamento m., diminuição f. 3. (Geol.) erosão f.
degrade [digr'eid] v. 1. degradar, privar de graus, dignidades ou empregos. 2. rebaixar, aviltar. 3. (Geol.) desintegrar, desagregar-se. 4. (Biol.) reduzir a um tipo inferior. 5. (Pint.) afrouxar a luz, as cores, degradar cores. 6. degenerar-se, piorar.
degraded [~id] adj. 1. degradado. 2. vil, infame.
degrader [digr'eidə] s. degradador, aviltador, infamador m.
degrading [digr'eidiŋ] adj. degradante, aviltante, infamante, degradador. ‖ ~ly adv. degradantemente.
degrease [digr'i:s] v. desengraxar.
degree [digr'i:] s. 1. degrau, passo m. 2. meio para se elevar ou conseguir certo fim m. 3. grau m., qualidade, proporção, medida, ordem f., estágio m., categoria, classe, hierarquia f. 4. intensidade, força f. 5. posição, condição f. 6. título obtido em escola superior ao completar-se o curso m., carta f., diploma m. 7. divisão de escala f. 8. distância de uma geração ao tronco comum f. 9. (Mat.) unidade de medida de ângulo, equivalente a 1/360 da circunferência expoente de uma potência f. 10. índice de uma raiz m. 11. unidade de diferença de temperatura f. 12. (Gram.) graus de comparação m. pl. 13. (Mus.) intervalo na escala entre uma e outra nota m. 14 (Geogr.) grau de latitude e longitude m.
by ~s gradualmente, por graus, pouco a pouco.
first ~ murder assassínio de primeiro grau. honorary ~ título honoris causa; título universitário conferido sem exame, como homenagem. to a ~ 1. em alto grau, enormemente. 2. até certo ponto, um tanto, algo, em algum modo. to the highest ~ ao mais alto grau.

degrees of freedom s. (Estat.) número m. de deviações independentes que entram em dispersão.
degression [digr'eʃən] s. regressão f.
degust [dig'ʌst] v. degustar, provar, avaliar pelo paladar o sabor de.
degustation [digʌst'eiʃən] s. degustação f.: ato de degustar.
dehisce [dih'is] v. (Bot.) abrir-se espontaneamente (fruto) para deixar cair as sementes.
dehiscence [dih'isəns] s. deiscência f.: abertura espontânea das válvulas de um fruto para deixar cair as sementes.
dehiscent [dih'isənt] adj. deiscente: que se abre espontaneamente (fruto) para deixar cair as sementes.
dehumanize [di:hj'umənaiz] v. desumanizar.
dehydrate [di:h'aidreit] v. desidratar.
dehydration [di:haidr'eiʃən] s. desidratação f.
dehypnotize [di:h'ipnətaiz] v. despertar do sono hipnótico.
de-ice [di:'ais] v. remover o gelo (das asas e lemes de um avião).

de-icer [~ə] s. dispositivo para remover gelo ou impedir sua formação m.
deicide [d'i:isaid] s. 1. deicídio m.: a morte dada a Cristo. 2. deicida m. + f.: pessoa implicada na morte de Cristo.
deictic [d'aiktik] adj. (Gram.) 1. direto. 2. demonstrativo.
delfic [di:'ifik] adj. deífico, que deifica, divino.
deification [di:ifik'eiʃən] s. deificação, divinização f.
deified [d'i:ifaid] adj. deificado.
deifier [d'i:ifaiə] s. deificador m.
deiform [d'i:ifɔ:m] adj. deiforme, conforme Deus, divino, de forma divina.
deify [d'i:ifai] v. deificar, divinizar, fazer a apoteose de, adorar como um deus, idolatrar.
deign [dein] v. 1. condescender, dignar-se, haver por bem. 2. conceder, permitir por condescendência.
deism [d'i:izm] s. deísmo m.
deist [d'i:ist] s. deísta m. + f.
deistic(al) [di:'istik(əl)] adj. deístico. ǁ **~ally** adv. deisticamente.
deity [d'i:iti] s. 1. deidade, divindade f. 2. deus m., deusa †
deject [didʒ'ekt] v. abater, desanimar, descoroçoar.
dejecta [~ə] s. pl. dejeto m. excrementos humanos ou animais.
dejected [~ id] adj. abatido, triste, descoroçoado, desanimado. ǁ **~ly** adv. desanimadamente.
dejectedness [~ idnis] s. abatimento, desânimo m., depressão, tristeza, melancolia f.
dejection [didʒ'ekʃən] s. 1. abatimento m. depressão, tristeza f., desânimo m., melancolia f. 2. dejeção, evacuação de excrementos f.
de jure [di:ʒ'uri:] (Lat.) adj. de jure, de direito.
delaine [dəl'ein] s. 1. musselina de lã f. 2. fazenda de meia-lã f.
delaminate [dil'æmineit] v. separar em lâminas.
delamination [dilæmin'eiʃən] s. separação f. em lâminas.
delapse [dil'æps] v. descer, cair, abaixar-se.
delate [dil'eit] v. delatar, denunciar como culpado.
delation [dil'eiʃən] s. delação, denúncia, acusação f.
delator [dil'eitə] s. delator, denunciador m.
delay [dil'ei] s. 1. demora, paragem, detença f., retardamento, atraso, adiamento m., protelação f. 2. dilação f., prazo m. ǁ v. demorar(-se), dilatar, adiar, retardar, atrasar procrastinar, deter(-se).
delayed-action bomb s. bomba de ação retardada f.
delayed firing s. inflamação atrasada f.
delayed neutron s. (Fís.) nêutron m. emitido por produtos de fissão nuclear.
delayer [~ə] s. 1. temporizador m. 2. tardinheiro, tardador m.
delayingly [~iŋli] adv. retardadamente, demoradamente
delay relay s. relé de retardamento m.
dele [d'i:li:] v. (Tipogr.) delir, suprimir, omitir, riscar, apagar.
delectable [dil'ektəbl] adj. deleitável, delicioso, que deleita, que é muito agradável, que dá prazer. ǁ **—bly** adv. deliciosamente, agradavelmente, com deleite, encantadoramente.
delectableness [~nis] s. deleitação f., regalo m., delícia f., deleite m.
delectation [di:lekt'eiʃən] s. deleitação f., deleite, prazer m., delícia f., encanto m.
delegacy [d'eligæsi] s. delegação f.
delegate [d'eligit] s. delegado, deputado, representante m. ǁ [d'eligeit] v. 1. delegar, investir na faculdade de executar. 2. transmitir poderes por delegação. 3. incumbir. 4. encarregar. 5 enviar

alguém com poderes de julgar, resolver, obrar.
delegation [delig'eiʃən] s. 1. delegação, deputação f.
delenda [dil'endə] s. pl. matéria a ser suprimida ou cancelada f.
delete [dil'i:t] v. delir, apagar, riscar, desvanecer, anular, cancelar.
deleterious [delit'iəriəs] adj. deletério, nocivo à saúde, danoso, pernicioso, corrutor, desmoralizador. ǁ **~ly** adv. nocivamente, perniciosamente, corrutamente, desmoralizadoramente.
deletion [dil'i:ʃən] s. apagamento m., anulação f.
delft [delft], **delf** [delf], **delftware** [d'elftwɛə] s. louça de barro lustrada feita em Delft, na Holanda f.
deliberate [dil'ibəreit] v. deliberar, ponderar, considerar, meditar no que se há de fazer, discutir, consultar alguém. ǁ [dil'ibərit] adj. 1. acautelado, circunspeto, ponderado. 2. deliberado, feito com deliberação. 3. intencional, propositado, calculado. 4. vagaroso, hesitante. ǁ **~ly** adv. deliberadamente, intencionalmente, ponderadamente, refletidamente.
deliberateness [~nis] s. circunspeção, prudência, cautela f., propósito m., intenção f.
deliberation [dilibər'eiʃən] s. 1. deliberação, consideração, ponderação, consulta f. 2. discussão f., debate m. 3. cautela, precaução f.
deliberative [dil'ibəreitiv] adj. deliberativo, deliberante. ǁ **~ly** adv. deliberantemente, por deliberação.
deliberativeness [~nis] s. deliberação f.
delicacy [d'elikəsi] s. 1. delicadeza, cortesia, gentileza, fragilidade, finura, sutileza f., melindre m., sensibilidade, suscetibilidade, indulgência f. 2. gulosseima, gulodice f., acepipe, regalo m.
delicate [d'elikit] adj. delicado, atencioso, cortês, gentil, fraco, mole, frágil, fino, melindroso, mimoso, sensível, suave, esquisito, delicioso, sutil, puro, casto, indulgente, arriscado. ǁ **~ly** adv. delicadamente.
in a ~ condition em estado interessante.
delicateness [~nis] s. delicadeza, sensibilidade, fragilidade f.
delicatessen [delikət'esən] s. pl. gulosseimas f. pl., acepipes, manjares finos m. pl., casa de mercearias finas f.
delicious [dil'iʃəs] adj. delicioso, deleitável, gostoso, saboroso. ǁ **~ly** adv. deliciosamente, gostosamente.
deliciousness [~nis] s. deleite m., delícia f.
delict [d'i:likt] s. delito m., ofensa, delinqüência f., crime m.
delight [dil'ait] s. delícia f., deleite, encanto, prazer m. ǁ v. deleitar(-se), encantar, deliciar(-se), sentir ou ter grande prazer, alegrar-se, regozijar.
delighted [~ id] adj. encantado, contentíssimo, muito satisfeito. ǁ **~ly** adv. encantadoramente, alegremente, agradavelmente.
delightedness [~ idnis] s. encanto m., delícia f., deleite m.
delighter [~ə] s. encantador m., aquele que encanta, que se deleita em ou com alguma coisa.
delightful [~ful] adj. deleitável, encantador, aprazível, agradável, delicioso. ǁ **~ly** adv. deliciosamente, encantadoramente, com prazer.
delightfulness [~fulnis] s. delícia f., deleite, gosto, prazer, encanto m.
Delilah [dəl'ailə] s. 1. Dalila, que entregou Sansão aos filisteus f. 2. mulher tentadora, sedutora, falsa e intrigante f.
delimit [dil'imit], **~ate** [~eit] v. delimitar, demarcar.
delimitation [dilimit'eiʃən] s. delimitação f.
delimitative [dil'imiteitiv] adj. delimitador.
delineate [dil'inieit] v. 1. delinear, esboçar, bosquejar, traçar. 2. pintar, retratar, representar, descrever.
delineation [dilini'eiʃən] s. 1. delineação f., delineamento, bosquejo, primeiro esboço ou projeto de

qualquer obra m. 2. descrição, pintura f.

delineative [dil'iniǝtiv] adj. delineador, delineativo.

delineator [dil'inieitǝ] s. delineador m., aquele que delincia.

delinquency [dil'iŋkwǝnsi] s. delinqüência f., delito m., culpa, ofensa f., crime m.

delinquent [dil'iŋkwǝnt] s. delinqüente m. + f., culpado, criminoso, réu, faltoso m. || adj. delinqüente, culpado, criminoso, faltoso. || ~ly adv. delinqüentemente, criminosamente.

deliquesce [delikw'es] v. deliqüescer, liquefazer-se sob a ação da umidade do ar, dissolver-se.

deliquescence [~ǝns] s. deliqüescência f., liquefação sob a ação da umidade do ar f., delíquio m.

deliquescent [~ǝnt] adj. deliqüescente, sujeito a deliqüescência.

deliquium [dil'ikwiǝm] s. 1. (Med.) deliquio m. 2. sincope f. 3. (fig.) choramingueiro m.

deliration [dilir'eiʃǝn] s. delírio m., aberração mental f.

delirious [dil'iriǝs] adj. delirante, delirioso; que deliro, que está fora de si, louco, excessivo || ~ly adv delirantemente.

deliriousness [~nis] s. 1. delírio, excesso de sentimento m., exaltação f., entusiasmo m. 2. (Med.) desvio mórbido da razão m.

delirium tremens s. (Med.) delírio dos alcoólatras m.

deliver [dil'ivǝ] v. 1. libertar, resgatar, salvar, soltar, livrar (~ from). 2. partejar, servir de parteira, delivrar. 3. entregar, passar, dar, passar às mãos. 4. distribuir (cartas, jornais, etc.). 5. desferir (um golpe). 6. pronunciar, proferir (uma sentença, um discurso), recitar. 7. render, fornecer (de uma bomba-d'água, sifão, etc.). 8. disparar (arma de fogo).

to ~ oneself of an opinion dizer sua opinião. **to ~ the goods** 1. entregar a mercadoria. 2. (fig.) cumprir uma promessa. **to ~ up** entregar, abandonar. **to be delivered of** (Med.) dar à luz (um filho).

deliverable [~rǝbl] adj. entregável.

deliverance [~rǝns] s. 1. libertação f., livramento, resgate m., exoneração, desobrigação f. 2. redenção f. 3. absolvição f. 4. ação de entregar, de pronunciar f., discurso m., sentença, opinião f. 5. parto m.

deliverer [~rǝ] s. 1. entregador, m. 2. libertador, salvador m. 3. narrador, discursador m.

delivery [~ri] s. 1. libertação f., livramento, resgate m., soltura f. 2. modo de recitar, falar, pronunciar m., elocução, dição f. 3. entrega f. 4. distribuição (de cartas, etc.), expedição f. 5. transferência, remessa f. 6. rendição f. 7. delivramento, parto m. 8. ato de desferir (um golpe), de atirar. 9. (Téc.) volume de descarga m.

delivery cone s. (Téc.) bocal de recalque m.

delivery man s. entregador m.

delivery note s. nota f. de entrega.

delivery of heat s. (Téc.) cessão de calor f.

delivery room s. sala f. de parto.

delivery terms s. pl. condições de fornecimento f. pl

delivery tube s. (Téc.) tubeira de recalque f.

delivery valve s. válvula de entrada, válvula de recalque f.

delivery waggon s. carro de entrega m. (quadro M 5).

dell [del] s. pequeno vale estreito m.

delocalize [dil'oukǝlaiz] v. 1. desambientar, deslocar. 2. tirar o aspecto local.

delouse [di:l'auz] v. despiolhar.

Delphi [d'elfi] s. Delfos m: cidade da Grécia antiga.

Delphian [~ǝn], **Delphic** [~k] adj. 1. délfico, de Delfos. 2. (fig.) ambíguo.

delphin [d'elfin] s. (Quím.) gordura neutra contida no

óleo de certos golfinhos f.

delphinine [~ain] s. (Quím.) delfinina f.

delphinium [delf'iniǝm] s. (Bot.) espora dos jardins f.: planta da família das Ranunculáceas, gênero Delphinium.

delphinus [delf'ainǝs] s. delfim m. (Astron.): constelação Boreal.

delta [d'eltǝ] s. 1. delta m. 2. aluvião triangular na embocadura de um rio f. 3. quarta letra do alfabeto grego, correspondente ao nosso D.

delta connection s. (Téc.) conexão em triângulo f

deltaic [delt'eiik] adj. deltóide, triangular.

delta metal s. (Téc.) metal delta m.

delta ray s. (Fís.) raio delta m.

delta wing s. face triangular f. (asa e estabilizador horizontal em aviões supersônicos).

deltoid [d'eltɔid] s. (Anat.) deltóide m.: músculo de três pontas do braço. || adj. deltóide, triangular.

delude [dilj'u:d] v. deludir, iludir, enganar.

deluder [~ǝ] s. enganador, ilusor m.

deluge [d'elju:dʒ] s. 1. dilúvio m., inundação universal f. 2. cataclismo m. 3. grande chuva f. 4. grande abundância f., avalancha f. || v. inundar, trasbordar, alagar, submergir.

delusion [dilj'u:ʒǝn] s. ilusão, desilusão, decepção f.

delusive [dilj'u:siv] adj. deluso, ilusivo, delusório, enganador, ilusório. || ~ly adv. ilusoriamente.

delusivengss [~nis] s. delusão, ilusão f., engano m.

delusory [dilj'u:sǝri] adj. delusório, ilusório, enganoso.

de luxe [dǝ l'uks, dǝ l'ʌks] adj. de luxo, esplêndido.

delve [delv] s. caverna, cova f. || v. 1. cavar, cavoucar. 2. pesquisar, sondar, investigar.

delver [d'elvǝ] s. cavador, pesquisador, sondador m.

demagnetization [di:mægnitaiʒ'eiʃǝn] s. desmagnetização f.

demagnetize [di:m'ægnitaiz] v. desmagnetizar, desimanizar.

demagnetizer [~ǝ] s. desmagnetizador, desimanizador m.

demagogic(al) [demǝg'ɔdʒik(ǝl)] adj. demagógico. || ~ally adv. demagogicamente.

demagogue [d'emǝgɔg] s. demagogo m.

demagoguery [~ǝri], **demagogy** [~i] s. demagogia f.

demand [dim'a:nd] s. 1. demanda, pretensão, exigência, reclamação f. 2. investigação f. 3. requerimento m. 4. informação f. 5. (Com.) grande saída, necessidade f. || v. 1. pedir, exigir, requerer, reclamar, ter necessidade de, ir à procura de. 2. interpelar, perguntar. 3. intentar ação judicial contra, litigar, pleitear. 4. insistir em. **~ and supply** oferta e procura. **~ for** procura de, saída de. **~ on my time** requisição do meu tempo. **~ upon** direito a. **in ~** muito procurado. **on ~** contra apresentação.

demandable [~ǝbl] adj. exigível, reclamável.

demandant [~ǝnt] s. (Jur.) demandador m., demandista m. + f., pleiteador m.

demand bill s. (Com.) nota pagável contra apresentação f.

demand deposit s. (Com.) conta-corrente f.

demander [~ǝ] s. demandador, requerente, pretendente, suplicante m.

demanding [dim'a:nding] adj. exigente || ~ly adv. exigentemente.

demand loan s. empréstimo m. sem prazo.

demarcate [d'i:ma:keit] v. demarcar.

demarcation [di:ma:k'eiʃǝn] s. demarcação f.

démarche [deim'a:ʃ] s. (Pol.) démarche, diligência f.

dematerialize [di:mǝt'iǝriǝlaiz] v. desmaterializar, tornar imaterial.

demean [dim'i:n] v. 1. aviltar, rebaixar, humilhar.

2. comportar-se, portar-se, haver-se.
demeanour [~ə], **demeanor** s. conduta f., comportamento m.
dement [dim'ent] v. dementar, tornar demente, enlouquecer, fazer perder o razão.
dementation [diment'eiʃən] s. dementação, demência f., enlouquecimento m.
demented [dim'entid] adj. dementado, demente, louco, insensato. ‖ ~**ly** adv. loucamente, insensatamente.
dementedness [~nis] s. loucura, demência f.
dementi [dem'ā:ti] s. desmentido m.
dementia [dim'enʃiə] s. demência f.
dementia praecox s. (Psiq.) s. esquizofrenia f.
demerit [di:m'erit] s. 1. demérito, desmerecimento m. 2. nota baixa f. por mau comportamento.
demersal [dim'ə:səl] adj. (Zool.) encontrado no fundo do oceano.
demesne [dim'ein] s. 1. domínio, senhorio, direito de senhor m. 2. propriedade, terra senhorial f. 3. região f., território m.
demi [d'emi] pref. semi, meio.
demigod [~go:d] s. semideus m.
demigoddess [~go:dis] s. semideusa f.
demijohn [~dʒon] s. garrafão empalhado m.
demilitarization [di:militəraiz'eiʃən] s. desmilitarização f.
demilitarize [di:m'ilitəraiz] v. desmilitarizar.
demilune [d'emilu:n] s. 1. meia-lua f., crescente m. 2. (Fort.) forma primitiva do revelim f.
demimonde [d'emimond] s. classe de mulheres suspeitas f.
demi-rep s. mulher de reputação duvidosa f.
demisable [dim'aizəbl] adj. 1. arrendável. 2. transferível.
demise [dim'aiz] s. 1. morte f., falecimento (especialmente de um soberano ou nobre) m. 2. legado m., transferência, cessão f. 3. cessão f. de bens ou direitos mediante testamento, arrendamento m. ou abdicação f. ‖ v. 1. legar, ceder, deixar um legado. 2. arrendar. 3. transferir mediante testamento, arrendamento ou abdicação.
demi-semiquaver [d'emisemikweivə] s. (Mús.) fusa f. (quadro N 2).
demission [dim'iʃən] s. 1. demissão f. 2. abdicação f.
demist [di:m'ist] v. (Autom.) desembaçar o pára-brisa (interno).
demister [~ə] s. (Autom.) desembaçador m.
demit [dim'it] v. 1. demitir-se, exonerar-se. 2. destituir. 3. abdicar.
demitint [d'emitint] s. (Pint.) meia-tinta f.
demitone [d'emitoun] s. (Mús.) semitom, meio-tom m
demob [dim'ob] v. abrev. de **demobilize** desmobilizar
demobilization [di:moubilaiz'eiʃən] s. desmobilização f.
demobilize [di:m'oubilaiz] v. desmobilizar.
democracy [dim'okrəsi] s. democracia f., governo do povo, regime político m.
democrat [d'emokræt] s. democrata m. + f.
democratic(al) [demokr'ætik(əl)] adj. democrático. ‖ ~**ally** adv. democraticamente.
Democratic Party s. Partido Democrático m.
democratization [dimokrətaiz'eiʃən] s. democratização f.
democratize [dim'okrətaiz] v. democratizar.
demodulate [dim'odjuleit] v. (Eletr.) demodular, detectar.
demodulation [dimodjul'eiʃən] s. (Rádio) demodulação, detecção f.
demodulator [dim'odjuleitə] s. (Rádio) demodulador m., válvula eletrônica f.
demographer [di:m'ogrəfə] s. demógrafo m.
demographic [di:mogr'æfik] adj. demográfico. ‖ ~**ally**

adv. demograficamente.
demography [di:m'ogrəfi] s. demografia, estatística da população f.
demolish [dim'oliʃ] v. 1. demolir, destruir, deitar por terra, desfazer uma construção, arrasar. 2. arruinar.
demolisher [~ə] s. demolidor, destruidor m.
demolition [demol'iʃən] s. demolição, destruição f.
demolition squad s. brigada de demolição f.
demon [d'i:mən] s. 1. demônio, espírito maligno gênio do mal m. 2. pessoa má ou cruel f.
demoness [~is] s. diaba f.
demonetization [di:monitaiz'eiʃən] s. demonetização desvalorização de moeda f.
demonetize [di:m'onitaiz] v. demonetizar.
demoniac(al) [dim'ouniæk(əl)] adj. demoniaco, satânico, diabólico. ‖ ~**ally** adv. diabolicamente.
demonic [di:m'onik] adj. endemoninhado, possesso, endiabrado.
demonism [d'i:mənizm] s. demonismo m., crença em demônios f.
demonist [d'i:mənist] s. demonista m. + f.
demonize [d'imounaiz] v. endiabrar, endemoninhar.
demonolatry [di:mən'olətri] s. demonolatria f.: culto dos demônios.
demonologist [di:mən'olədʒist] s. demonógrafo, demonólogo m.
demonology [di:mən'olədʒi] s. demonologia, demonografia f., tratado da natureza m. ou influência dos demônios f.
demonstrability [dim'onstrəb'iliti] s. demonstrabilidade f.
demonstrable [d'emənstrəbl] adj. demonstrável. ‖ –**bly** adv. demonstravelmente, demonstrativamente.
demonstrant [dim'onstrənt] s. demonstrador m.
demonstrate [d'emənstreit] v. 1. demonstrar, demostrar, provar por meio de raciocínio concludente, mostrar, manifestar, revelar, ensinar praticamente. 2. participar de uma demonstração pública.
demonstration [demənstr'eiʃən] s. 1. demonstração, prova concludente f. 2. manifestação f., comício m.
demonstrational [~əl] adj. demonstrante.
demonstrative [dim'onstrətiv] s. adjetivo ou pronome demonstrativo m. ‖ adj. demonstrativo, concludente, convincente. ‖ ~**ly** adv. demonstrativamente.
demonstrativeness [~nis] s. demonstrabilidade f.
demonstrator [d'emənstreitə] s. demonstrador m.
demoralization [dimorəlaiz'eiʃən] s. desmoralização f.
demoralize [dim'orəlaiz] v. desmoralizar, perverter.
demoralizer [~ə] s. desmoralizador m.
demos [d'imos] s. 1. (Hist.) povo grego m. 2. povo comum m., massas f. pl.
demote [dim'out] v. degradar, rebaixar de graus.
demotic [di:m'otik] adj. 1. demótico. 2. comum.
demulcent [dim'ʌlsənt] s. (Med.) demulcente, calmante m. ‖ adj. demulcente, calmante.
demur [dim'ə:] s. 1. objeção f., escrúpulo m. 2. dúvida, irresolução f. 3. suspensão de processo, ação ou decisão f. ‖ v. 1. objetar, opor objeções. 2. duvidar, opor dúvidas. 3. ter escrúpulos. 4. alegar uma exceção. 5. demorar, retardar.
demure [dimj'uə] adj. sério, reservado, afetadamente modesto, grave, acanhado ou decente. ‖ ~**ly** adv. afetadamente, com modéstia e gravidade afetada.
demureness [~nis] s. modéstia afetada, afetação f.
demurrage [dim'ʌridʒ] s. 1. (Náut.) detença no porto, de um navio mercante, além do tempo especificado f. 2. compensação pela mesma f.
demurrer [dim'ə:rə] s. 1. pessoa que opõe exceção em juízo f. 2. objeção, exceção f.
demy [dim'ai] s. formato de papel para escrever, desenhar, ou para imprimir (E. U. A. 16" × 21") m.
demystify [di:m'istifai] v. tornar claro (inteligível).
demythologize [dimait'olədʒaiz] v. 1. desmitificar. 2.

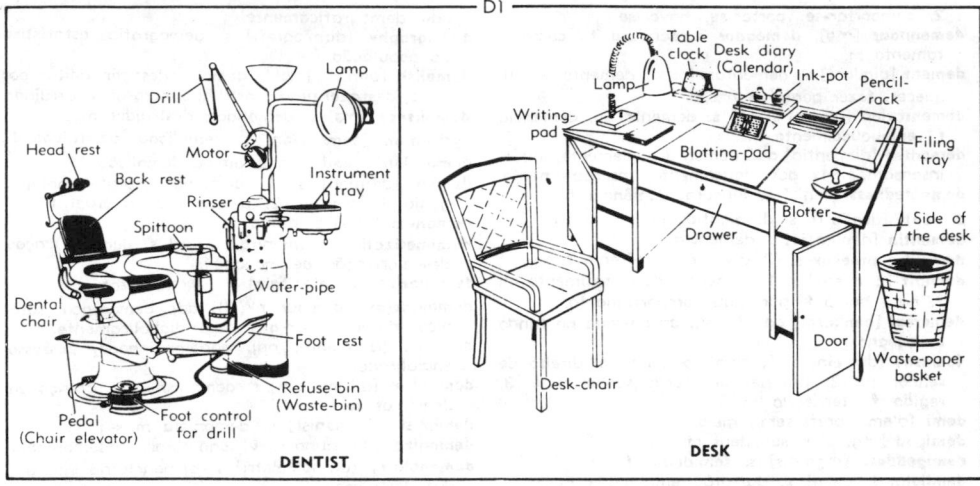

DENTIST

DESK

(Teol.) depurar (a Bíblia) de elementos mitológicos, para melhor compreensão.

den [den] s. 1. toca f., covil m. 2. espelunca f., antro m., caverna f. 3. (fam.) retiro, recanto, pequeno gabinete de trabalho m. ‖ v. viver, habitar em toca, cova ou caverna.

denarius [din'ɛəriəs] s. denário m.: antiga moeda romana que valia dez asses.

denary [d'i:nəri] adj. denário, que contém dez.

denationalization [di:næʃənəlaiz'eiʃən] s. desnacionalização f.

denationalize [di:n'æʃənəlaiz] v. desnacionalizar.

denaturalization [di:nætʃərəlaiz'eiʃən] s. desnaturalização f.

denaturalize [di'n'ætʃərəlaiz] v. desnaturalizar(-se), desnacionalizar.

denaturation [di:neitʃər'eiʃən] s. desnaturação f.

denature [di:n'eitʃə] v. desnaturar.

denatured alcohol s. álcool desnaturado m.

denazification [di:nætsifik'eiʃən] s. desnazificação f.

denazify [di:n'ætsifai] v. desnazificar.

dendriform [d'endrifɔ:m] adj. arborescente, que se torna árvore.

dendrite [d'endrait] s. 1. (Anat.) dendrite f.: prolongamento ramificado da célula nervosa. 2. dendrite f.: árvore fóssil.

dendritic(al) [dendr'itik(əl)], **dendroid** [d'endroid] adj. arborescente, dendróide.

dendrochronology [dendrəkrɔn'ɔlədʒi] s. dendrocronologia f.: contagem do tempo baseada nos anéis de crescimento da árvore.

dendrolite [d'endrolait] s. dendrolite m.: planta fóssil, árvore petrificada f., fóssil m.

dendrologist [dendr'ɔlədʒist] s. dendrólogo m.

dendrology [dendr'ɔlədʒi] s. dendrologia f.: tratado das árvores.

dendrometer [dendr'ɔmətə] s. dendrômetro m.: instrumento para medir árvores.

dene [di:n] s. morro ou trato de areia na praia m.

dengue [d'eŋgi] s. (Med.) dengue f.: doença infecciosa aguda, caracterizada por febre, dores musculares e ósseas e exantema.

deniable [din'aiəbl] adj. negável, que se pode negar

denial [din'aiəl] s. 1. negação, negativa, contradição f. 2. recusa, rejeição f.

denier [din'aiə] s. negador, contraditor, recusador m.

denigrate [d'i:nigreit] v. denegrir.

denigration [denigr'eiʃən] s. denegração f.

denigrator [d'i:nigreitə] s. denegridor m.

denim [den'im] s. sarja de Nimes t.: tecido forte de algodão ou de linho para macacão.

denitrate [din'aitreit] v. tornar isento de nitratos ou ácido nítrico.

denitration [di:naitr'eiʃən] s. ação de tornar isento de nitratos ou ácido nítrico f.

denizen [d'enizən] s. (Ingl.) 1. estrangeiro naturalizado m. 2. alienígena m. + f. 3. habitante, ocupante m. + f., freqüentador m. 4. palavra f., animal m. ou planta f. alienígena. ‖ v. naturalizar.

Denmark [d'enma:k] s. Dinamarca f.

denominable [din'ɔminəbl] adj. denominável.

denominate [din'ɔmineit] v. denominar, nomear, chamar, designar. ‖ adj. determinado, definido.

denomination [dinɔmin'eiʃən] s. 1. denominação f., ato de denominar. 2. designação f., apelido, nome, título, epíteto m. 3. classe f. 4. designação geral das congregações eclesiásticas, seitas, etc. f. 5. classe de unidades de uma espécie e nome f.

denominational [~ əl] adj. pertencente a uma congregação eclesiástica, sectário. ‖ ~ly adv. de modo inerente a uma congregação.

denominationalism [dinɔmin'eiʃənəlizm] s. 1. princípios denominativos m. pl. 2. sistema denominativo m.

denominative [din'ɔminətiv] s. palavra denominativa f. ‖ adj. denominativo, apelativo ‖ ~ly adv. denominativamente.

denominator [din'ɔmineitə] s. 1. denominador m., que ou aquele que denomina. 2. termo da fração que indica em quantas partes se dividiu a unidade m.

denotable [din'outəbl] adj. que se pode denotar.

denotation [di:nout'eiʃən] s. denotação f., ato de denotar, sinal, indício m., indicação, designação f.

denotative [din'outətiv] adj. significativo. ‖ adv. ~ly significativamente.

denote [din'out] v. denotar, significar, indicar, designar, mostrar, simbolizar.

denotement [din'outmənt] s. indício, sinal m.

denouement [dein'u:ma:ŋ] s. desenredo m., solução f.

denounce [din'auns] v. 1. denunciar, revelar à justiça, acusar abertamente, delatar. 2. declarar (a guerra), pronunciar, proclamar, fazer saber, participar a ruptura de tratados. 3. condenar, censurar.

denouncement [~ mənt] s. denúncia, denunciação, acusação f.

denouncer [~ ə] s. denunciador, denunciante, acusador, delator m.

dense [dens] adj. 1. denso, espesso, compacto, cerrado 2. (Fot.) opaco. 3. (fig.) estúpido, obtuso. || ~ly adv. densamente.
denseness [d'ensnis] s. 1. densidade, densidão, espessura f. 2. opacidade f. 3. concentração de população f. 4. relação entre a massa de um corpo e o seu volume f. 5. estupidez f.
densimeter [dens'imitə] s. densímetro m.
densimetry [dens'imətri] s. densimetria f.
density [d'ensiti] s. = denseness.
dent [dent] (I) s. mossa f.: vestígio de pancada ou pressão.
dent [dent] (II) s. 1. entalhe, rebaixo m. ou cavidade f. no fio de uma lâmina, etc. 2. dente (de engrenagem, de roda, de serra, de pente, etc.) m. 3 garra de acoplamento f. 4. cada uma das saliências ou pontas que guarnecem a engrenagem de certos objetos. 5. espaço entre dois arames do pente de um cardador m. || v. 1. adentar, dentear, dentar, formar dentes em, entalhar, chanfrar. 2. tornar-se denteado. 3. fazer uma mossa.
dental [d'entəl] s. (Gram.) som dental m., letra dental f. || adj. 1. dental, relativo aos dentes ou à odontologia. 2. diz-se do som ou das letras dentais.
dental floss s. fio dental m.
dentalize [~aiz] v. pronunciar como uma letra dental.
dentary [d'entəri] adj. dentário, relativo aos dentes.
dentate [d'enteit] adj. (Bot. e Zool.) denteado, dentado, denticulado. (quadro L 2). || ~ly adv. (Bot.) denticuladamente.
denticle [d'entikl] s. dentículo, primeiro pequeno dente m. 2. entalho em forma de dente nas obras de arquitetura m.
denticular [dent'ikjulə] adj. denticular, que tem dentículos ou entalhos em forma de dentes.
denticulate, [dent'ikjuleit] adj. denticulado, guarnecido de dentes, recortado. || ~ly adv. denticuladamente.
denticulation [dentikjul'eiʃən] s. disposição em dentículos f.
dentiform [d'entifɔ:m] adj. dentiforme.
dentifrice [d'entifris] s. dentifrício m.
dentil [d'entil] s. (Arquit.) dentículo, dentilhão m.: obra de arquitetura em forma de dente.
dentilabial [dentil'eibiəl] s. (Gram.) consoante dentilabial, labiodental f. || adj. dentilabial, labiodental.
dentilingual [dentil'iŋgwəl] s. consoante linguodental f. || adj. linguodental.
dentin [d'enti:n], ~ine s. dentina f.: o marfim dos dentes.
dentiroster [dentir'ɔstə] s. (Orn.) pássaro dentirrostro, que tem o bico denteado m.
dentirostral [dentir'ɔstrəl] adj. dentirrostro, que tem o bico denteado.
dentist [d'entist] s. dentista m. + f. (quadro D 1).
dentistry [~ri] s. odontologia f.
dentition [dent'iʃən] s. dentição f.
denture [d'entʃə] s. dentadura f.: conjunto de dentes, especialmente os dentes artificiais, devidamente montados.
denuclearize [dinj'u:kliəraiz] v. (Pol.) desnuclearizar: proscrição das armas atômicas.
denudate [dinj'u:deit] v. 1. denudar, desnudar, tornar nu. 2. despir-se, despojar, desprover, privar de, descobrir. || adj. denudado, desprovido de.
denudation [di:njud'eiʃən] s. desnudação f., desnudamento, despojamento m.
denude [dinj'u:d] v. = denudate.
denunciate [din'ʌnsieit] v. denunciar, delatar (veja denounce).
denunciation [dinʌnsi'eiʃən] s. 1. denúncia, acusação f. 2. repreensão pública f. 3. ameaça pública f.,

prenúncio m. de mal ou desgraça. 4. notificação formal de ruptura de tratados, etc. f.
denunciative [din'ʌnsiətiv] adj. denunciativo, denunciatório.
denunciator [din'ʌnsieitə] s. denunciador, delator m., denunciante m. + f.
denunciatory [~ri] adj. denunciatório.
deny [din'ai] v. 1. negar, dizer não, denegar, desmentir, contradizer, desdizer. 2. recusar, renegar, não conceder, rejeitar, não reconhecer. 3. dar uma negativa ou repulsa. 4. interdizer, proibir. 5. negar-se a, desdizer-se.
deobstruent [di'ɔbstruənt] s. remédio desobstruente, laxativo m. || adj. desobstruente, desobstrutivo.
deodand [d'ioudænd] s. (Hist. Ingl.) qualquer bem móvel que, tendo sido a causa imediata da morte de uma pessoa, era por isso confiscado e vendido para fins de caridade m.
deodar [d'iouda:] s. cedro do Himalaia m.
deodorant [di:'oudərənt] s. desodorizante, desinfetante m. || adj. desodorizante, desinfetante.
deodorization [di:oudəraiz'eiʃən] s. desinfecção f., ato de desodorizar, de desinfetar.
deodorize [di:'oudəraiz] v. desodorizar, desinfetar.
deodorizer [~ə] s. 1. desinfetante, desinfetador m., aquele que desinfeta. 2. aparelho para desinfetar m.
deontology [di:ɔnt'ɔlədʒi] s. (Filos.) deontologia f., estudo dos princípios e sistemas de moral, tratado de deveres m.
deoxidization [di:ɔksidiz'eiʃən], deoxidation [di:ɔksid'eiʃən] s. desoxidação f.
deoxidize [di:'ɔksidaiz] v. desoxidar.
deoxygenate [di:'ɔksidʒəneit] v. desoxigenar.
deoxygenation [di:ɔksidʒ'eiʃən] s. desoxigenação f.
depart [dip'a:t] v. 1. partir, deixar alguém, ir-se embora, sair. 2. afastar-se de, apartar-se de, divergir, desviar-se. 3. morrer, perecer. 4. desistir, renunciar.
departed [~id] adj. 1. morto, defunto. 2. ido, passado.
department [~mənt] s. 1. departamento m., seção f. 2. repartição administrativa f. 3. divisão territorial, divisão administrativa da França, província f. 4. (E. U. A.) ministério m.
departmental [di:pa:tm'entəl] adj. departamental, relativo a departamento, repartição, província, etc. || ~ly adv. secionalmente, divisionalmente.
departmentalize [di:pa:tm'entəlaiz] s. organizar em departamentos.
department store s. grande casa comercial, loja f.
departure [dip'a:tʃə] s. 1. partida, saída f. 2. retirada f., afastamento m. 3. passamento m., morte f. 4. (Náut.) distância este ou oeste de um navio ao meridiano de partida f. 5. desistência, renúncia f. a new ~ um novo começo, um novo processo. ~ from a method abandono de um método. ~ platform plataforma de embarque. new ~ (fig.) novas idéias ou pensamentos, nova atividade ou tentame. to give notice of ~ anunciar sua partida. to take one's ~ despedir-se, partir.
depend [dip'end] (on, upon) v. 1. depender de alguém ou de alguma coisa. 2. contar com, confiar em, fiar-se em. 3. estar na dependência de, estar subordinado a, estar sob domínio, autoridade ou influência de, ser dependente. 4. (from) pender, estar pendurado. a man to be ~ed on homem de confiança. that ~s isso depende, talvez, não absoluto. to have little to ~ on ter poucas rendas. you may ~ on it conte com isso.

dependability [dipendab'iliti] s. confiança, fé f.
dependable [dip'endəbl] adj. fidedigno, de confiança, seguro. ‖ **-bly** adv. dependentemente.
dependableness s. = **dependability**.
dependant [dip'endənt] s. dependente m. + f., subordinado, vassalo, servidor m., o que depende ou está às ordens de outrem.
dependence [dip'endəns] s. 1. dependência f.: estado de dependente. 2. concatenação, conexão f. 3. confiança, fé, segurança f. 4. (Jur.) pendência f.
dependency [~i] s. 1. dependência f.: território dependente ou tributário. 2. acessórios m. pl. 3. veja **dependence**.
dependent [dip'endənt] s. dependente m. + f., o que depende de outrem, subordinado, vassalo, servidor m. ‖ adj. 1. dependente (**on** de), subordinado, sujeito (**on** a). 2. contingente, conexo. 3. fiado em, que conta com a ajuda, o auxílio de. 4. pen., dente, suspenso. ‖ **~ly** adv. dependentemente.
depersonalization [di:pə:sənəlaiz'eiʃən] s. despersonalização f.
depersonalize [di:p'ə:sənəlaiz] v. despersonalizar, mudar a personalidade, o caráter a.
depict [dip'ikt] v. pintar, descrever, representar.
depicter [~ə] s. retratador, pintor m., aquele que retrata, descreve, expõe, etc.
depiction [dip'ikʃən] s. retrato m., pintura, descrição, representação f.
depicture [dip'iktʃə] v. = **depict**.
depilate [d'epileit] v. depilar, arrancar ou fazer cair o pêlo ou cabelo a, pelar.
depilation [depil'eiʃən] s. depilação f.
depilator [d'epileitə] s. depilatório m.
depilatory [dep'ilətəri] s. depilatório, epilatório m.: medicamento próprio para fazer cair o cabelo ou o pêlo. ‖ adj. depilatório, que faz cair o cabelo.
deplane [dipl'ein] v. desembarcar de avião.
deplenish [dipl'eniʃ] v. 1. desprover, desguarnecer. 2. esvaziar.
deplete [dipl'i:t] v. esvaziar, exaurir, esgotar, sangrar.
depletion [dipl'i:ʃən] s. depleção, diminuição da quantidade dos humores do organismo, sangria f.
depletive [dipl'i:tiv], **depletory** [dipl'i:təri] adj. depletivo, que produz depleção.
deplorability [diplo:rəb'iliti] s. = **deplorableness**.
deplorable [dipl'o:rəbl] adj. deplorável, lastimável, lamentável, detestável. ‖ **-bly** adv. deploravelmente, miseravelmente.
deplorableness [~nis] s. estado deplorável m., miséria, miserabilidade f.
deploration [diplo:r'eiʃən] s. canto fúnebre, carpimento m.
deplore [dipl'o:] v. deplorar, lamentar, lastimar-se, prantear.
deplorer [~rə] s. deplorador, lamentador m., o que lastima ou tem dó de alguém.
deploring [~riŋ] adj. deplorativo, lastimoso.
deploy [dipl'oi] v. (Milit.) desdobrar(-se), desenrolar-se, estender-se, desenvolver-se.
deployment [~mənt] s. desenvolvimento, desdobramento m.
deplumation [diplu:m'eiʃən] s. ato de deplumar, depenar.
deplume [dipl'u:m] v. 1. deplumar, depenar, tirar as penas a. 2. (fig.) depenar, extorquir dinheiro.
depolarization [di:pouləraiz'eiʃən] s. depolarização f.
depolarize [di:p'ouləraiz] v. depolarizar.
depolarizer [~ə] s. depolarizador m.
depoliticize [dipoul'itisaiz] v. despolitizar.
depone [dip'oun] v. (Jur.) depor, declarar em juízo, testificar, testemunhar.
deponent [~ənt] s. 1. depoente m. + f.: pessoa que

depõe em juízo como testemunha. 2. (Gram.) verbo depoente, verbo que tem forma passiva e significação ativa m. ‖ adj. depoente, diz-se do verbo depoente.
depopulate [di:p'ɔpjuleit] v. 1. despovoar(-se), privar de habitantes. 2. extinguir ou reduzir a população.
depopulation [di:pɔpjul'eiʃən] s. despovoamento m., despovoação f.
depopulator [di:p'ɔpjuleitə] s. despovoador m.
deport [dip'ɔ:t] v. 1. deportar, banir, exilar, desterrar, condenar a degredo. 2. comportar-se, portar-se, haver-se, conduzir-se.
deportation [dipɔ:t'eiʃən] s. deportação f., desterro, banimento m., condenação a degredo f.
deportee [dipɔ:t'i:] s. deportado, indivíduo que sofreu deportação, exilado m.
deportment [dip'ɔ:tmənt] s. comportamento m., conduta f., procedimento m.
deposable [dip'ouzəbl] adj. amovível, destituível, suscetível de remoção ou de transferência.
deposal [dip'ouzəl] s. deposição, demissão, remoção f., despojamento de cargo, ofício ou dignidade m.
depose [dip'ouz] v. 1. depor, destituir, despojar de cargo, ofício ou dignidade. 2. depor em juízo, declarar em juízo, testemunhar, testificar, fazer depoimento.
deposit [dip'ozit] s. 1. depósito m., coisa depositada f., dinheiro depositado num banco m. 2. penhor, adiantamento de dinheiro m., garantia de pagamento f., dinheiro de sinal m., fiança f. 3. sedimento m., substâncias que se depositam no fundo de um líquido f. pl., incrustação na caldeira f. 4. (Geol.) depósito m., reunião estratificada de matérias transportadas ou solidificadas, jazida f. ‖ v. 1. depositar, pôr em depósito, guardar em lugar seguro, dar a guardar temporariamente. 2. pôr (ovos). 3. precipitar, sedimentar, assentar, formar depósito.
on ~ confiado aos cuidados de.
depositary [dip'ozitəri] s. 1. depositário m., pessoa que recebe em depósito f. 2. curador, guarda m. 3. depósito, lugar onde algo é depositado m.
deposit-box s. caixa-forte f.
deposition [depəz'iʃən] s. 1. (Jur.) depoimento escrito, testemunho m. 2. deposição f., ato de depor m. 3. depósito, ato de depositar m. 4. depósito m., aquilo que se depositou. 5. (Geol.) depósito m., aluvião f. 6. sedimento m., precipitação f.
the Deposition a Deposição da Cruz.
depositor [dip'ozitə] s. depositante m. + f., depositador m.
depository [~ri] s. 1. depósito, lugar onde é depositado m. 2. armazém, depósito m. 3. depositário m., o que aceitou ou tem em depósito, curador m.
deposits [dip'osits] s. pl. incrustação na caldeira f.
depot [d'epou] s. 1. (E. U. A.) estação ferroviária f. 2. armazém, depósito m. 3. estação f. ou almoxarifado m. militar.
depravation [deprəv'eiʃən] s. depravação, perversão, corrução, degeneração mórbida f.
deprave [dipr'eiv] v. depravar, perverter, corromper, viciar, alterar, falsificar, tornar mau.
depraved [~d] adj. depravado, pervertido, corrompido. ‖ **~ly** adv. depravadamente.
depravity [dipr'æviti] s. depravação, corrução, corrutela f., vício m., perversidade, perversão f.
deprecate [d'eprikeit] v. deprecar, suplicar, implorar, pleitear contra, protestar contra, desaprovar, censurar vivamente.
deprecating [~iŋ] adj. 1. suplicante, deprecante 2. depreciador, que deprecia. ‖ **~ly** adv. deprecativamente, de um modo suplicante.

deprecation [deprik'eiʃən] s. deprecação, suplicação, súplica de perdão, rogativa f.
deprecative [d'eprikeitiv] adj. deprecativo, deprecatório.
deprecator [d'eprikeitə] s. deprecante m. + f.
deprecatoriness [~rinis] s. deprecação f.
deprecatory [~ri] adj. 1. deprecatório. 2. apologético. ‖ **–rily** adv. deprecatoriamente, apologeticamente.
depreciate [dipr'i:ʃieit] v. depreciar(-se), rebaixar, desvalorizar(-se), menosprezar, desprezar, baratear, diminuir o valor ou preço de alguma coisa.
depreciation [dipri:ʃi'eiʃən] s. 1. depreciação, desvalorização f. 2. menosprezo, desdém m.
depreciative [dipr'i:ʃieitiv] adj. depreciativo, depreciador. ‖ **~ly** adv. depreciativamente.
depreciator [dipr'i:ʃieitə] s. depreciador m.
depreciatory [dipr'i:ʃiətəri] adj. depreciativo.
depredation [deprid'eiʃən] s. depredação, pilhagem f., roubo, estrago, saque m., devastação f.
depredator [d'eprideitə] s. depredador, saqueador m.
depredatory [~ri] adj. saqueador, devastador.
depress [dipr'es] v. 1. deprimir, abater, humilhar, aviltar, entristecer, desalentar, desanimar. 2. debilitar, enfraquecer. 3. abaixar o preço, desvalorizar, diminuir a atividade, decrescer (**negócios, etc.**). 4. abaixar qualquer coisa empurrando-a para baixo, inclinar. 5. abaixar o tom, baixar o diapasão.
depressant [~ənt] s. (Med.) sedativo, calmante m. ‖ adj. (Med.) reducente (das atividades vitais).
depressed [~d] adj. 1. deprimido, abatido, desanimado, triste, 2. (Bot.) depresso, achatado, abaixado. 3. inclinado, depresso, em que há depressão.
depressed area s. (Soc.) área f. de baixo padrão de vida.
depressing [dipr'esiŋ] adj. depressivo, deprimente, desanimador. ‖ **~ly** adv. deprimentemente.
depression [dipr'eʃən] s. 1. depressão f., ato de deprimir, abaixamento devido a pressão m. 2. abatimento, desânimo m., tristeza f., enfraquecimento da vitalidade ou atividade m., frouxidão f. 3. crise econômica, baixa no mercado f. 4. baixa de terreno, pequena cavidade f., baixos m. pl.
depressive [dipr'esiv] adj. 1. depressivo, deprimente. 2. depressor. ‖ **~ly** adv. depressivamente.
depressomotor [dipresoum'outə] adj. (Fisiol., Med.) relativo à diminuição da atividade motora.
depressor [dipr'esə] s. 1. depressor m., que ou o que deprime 2. opressor. m. 3. (Anat.) músculo depressor m.
deprival [dipr'aivəl], **deprivation** [depriv'eiʃən] s. 1. privação f. 2. deposição, destituição f., ato de privar um clérigo do seu ofício m. 3. perda f.
deprive [dipr'aiv] v. 1. privar, despojar, desapossar (**of** de). 2. destituir, depor um clérigo da sua dignidade, do seu ofício. 3. impedir de ter ou fazer alguma coisa, negar-se a alguma coisa, tirar a si próprio do gozo de alguma coisa.
to ~ effect revogar.
deprivement [~mənt] s. privação, perda f.
dept. abrev. de 1. **department**. 2. **deputy**. 3. **deponent**.
depth [depθ] s. 1. profundidade, profundeza f. 2. fundo m. 3. lugar profundo, abismo m. 4. espessura, largura, altura f. 5. meio (da noite), vigor, coração (do inverno) m. 6. centro, lugar situado no interior de uma circunferência m. 7. (pl.) mar, oceano m. 8. penetração, agudeza f. 9. impenetrabilidade, abstrusidade f. 10. profundidade (da ciência, etc.) f. 11. intensidade, tonalidade de cor, obscuridade f. 12. (Náut.) pontal m., altura de embarcação entre a quilha e a primeira coberta f. 13. o mais íntimo,

recôndito, profundo.
in the ~s of misery em profunda miséria.
to get out of one's ~ 1. perder pé. 2. (fig.) ver-se diante de uma tarefa demasiadamente difícil.
depth-bomb, depth-charge s. bomba ou carga de profundidade f.
depth gauge s. calibre de profundidade m., sonda f.
depthless [d'əpθlis] adj. sem fundo.
depth of tooth s. (Téc.) altura do dente f.
depth perception s. (Psicol.) percepção em profundidade f.
depth psychology s. psicanálise f.
depth rudder s. (Náut.) leme de profundidade m.
depurate [d'epjuəreit] v. depurar, tornar puro.
depuration [depjuər'eiʃən] s. depuração, purificação f.
depurative [dipj'uərətiv] adj. depurativo, purgativo.
depurator [d'epjureitə] s. depurador m.
deputation [depjut'eiʃən] s. 1. deputação, delegação f. 2. ato de deputar m. 3. deputados m. pl.
depute [dipj'u:t] v. 1. deputar, delegar, mandar, enviar em comissão 2. confiar poderes, etc., nomear.
deputize [d'epjutaiz] v. deputar, delegar, agir como deputado, delegado, etc., designar para deputado.
deputy [d'epjuti] s. 1. deputado, delegado m. 2. representante, agente m. + f. 3. membro eleito de assembléia legislativa m.
Deputy Governor s. vice-governador m.
der. abrev. de 1. **derivation**. 2. **derivative**. 3. **derived**.
deracinate [dir'æsineit] v. 1. extinguir, erradicar. 2. desterrar.
deraign [dir'ein] v. (Jur.) provar, vindicar, mostrar.
derail [dir'eil] v. descarrilar.
derailment [~mənt] s. descarrilamento m.
derange [dir'eindʒ] v. 1. desarranjar, decompor, desordenar, perturbar, desconcertar. 2. enlouquecer, tornar louco. 3. embaraçar. 4. importunar.
deranged [~d] adj. desordenado, louco, demente.
derangement [dir'eindʒmənt] s. 1. desarranjo m., desordem f. 2. transtorno m., perturbação f. 3. loucura f., desarranjo mental m.
Derby [d'a:bi] s. 1. grande corrida anual de cavalos em Epsom, Inglaterra f., nome do criador dessa corrida m. 2. qualquer grande corrida de cavalos f. 3. **derby** (E. U. A.) chapéu-coco m.
derelict [d'erilikt] s. 1. navio desamparado, abandonado m. 2. qualquer pessoa ou coisa derrelita, abandonada f. 3. (Jur.) terra não atingida pela mudança do limite das águas f. ‖ adj. derrelito, desamparado, abandonado. 2. desleixado.
dereliction [deril'ikʃən] s. 1. desamparo, abandono m., deserção, negligência, falta de cumprimento do dever f. 2. terra não atingida pelo mar f.
deride [dir'aid] v. zombar, escarnecer, caçoar, mofar, motejar, ridicularizar.
derider [~ə] s. escarnecedor, mofador, zombador, motejador m.
deridingly adv. derrisoriamente, por escárnio, zombeteiramente.
derision [dir'iʒən] s. derrisão, irrisão f., riso motejador, escárnio m., mofa f., menosprezo, ridículo m.
in ~ por escárnio, feito objeto de riso, de escárnio.
derisive [dir'aisiv] adj. irrisório, derrisório, zombeteiro, ridículo, irônico. ‖ **~ly** adv. irrisoriamente, zombeteiramente.
derisiveness [~nis] s. zombaria, f. escárnio m.
derisory [dir'aisəri] adj. = **derisive**.
derivable [dir'aivəbl] adj. derivável, que se pode fazer derivar ou deduzir, deduzível,
derivation [deriv'eiʃən] s. 1. derivação f., ato ou efeito de derivar ou de deduzir m. 2. (Gram.) derivação, etimologia de uma palavra f. 3. origem,

proveniência, procedência, fonte f.
derivational [~əl] adj. derivatório, derivativo, derivante.
derivative [dir'ivətiv] s. 1. (Gram.) derivado m., palavra que deriva de outra f. 2. qualquer coisa que deriva de outra f. · 3. (Mat.) derivada f. ‖ adj. derivativo, derivado, derivante, não original, secundário. ‖ ~ly adv. derivativamente.
derive [dir'aiv] v. 1. derivar, deduzir, tirar como conseqüência, originar, provir, descobrir a origem de. 2. obter, receber. 3. investigar ou dar a derivação ou origem das palavras, derivar-se. 3.` originar-se, descender, proceder.
deriver [~ə] s. o que deriva.
derm [də:m], **derma** [d'ə:mə] s. 1. (Anat.) derma m.: a segunda camada da pele ou córion. 2. pele f.
dermabrasion [də:məbr'eiʒən] s. lixamento m. da pele.
dermal [d'ə:məl], **dermatic** [də:m'ætik] adj. de ou relativo ao derma ou à pele.
dermatitis [də:mət'aitis] s. (Med.) dermatite f.: inflamação da pele.
dermatoid [d'ə:mətoid] adj. dermatóide, semelhante à pele.
dermatological [də:mətol'ɔdʒikəl] adj. dermatológico.
dermatologist [də:mət'ɔlədʒist] s. dermatologista m. + f.
dermatology [də:mət'ɔlədʒi] s. dermatologia f.
dermatoplasty [d'ə:mətəplæsti] s. cirurgia plástica f.
dermatosis [də:mət'ousis] s. (Med.) dermatose f.
dermic [d'ə:mik] adj. dérmico, relativo ao derma.
dermis [d'ə:mis] s. = **derm.**
derogate [d'erogeit] v. 1. derrogar, remover em parte, separar. 2. detrair, desacreditar, degenerar, abaixar-se, rebaixar, depreciar. ⌐
derogation [derog'eiʃən] s. derrogação, detração, depreciação f., detrimento m., deterioração f.
derogative [dir'ɔgətiv] adj. derrogativo, derrogante, depreciador, aviltante, detrativo. ‖ ~ly adv. derrogativamente, detrativamente, aviltantemente.
derogatorily [dir'ɔgətərili] adv. = **derogatively.**
derogatory [dir'ɔgətəri] adj. = **derogative.**
derrick [d'erik] s. 1. guindaste **derrick** m.: guindaste para grandes pesos, mastro de carga. 2. vigamento em forma de torre sobre poço de petróleo, de gás, etc., m.
derring-do (†) s. bravura f., arrojo m.
derringer [d'erindʒə] s. (E. U. A.) pistola **derringer** f.: pequena arma de fogo de cano curto e grosso calibre.
dervish [d'ə:viʃ] s. dervixe, religioso muçulmano m.
desalinization [disælinaiz'eiʃən] s. dessalinização f.
desalinize [dis'ælinaiz], **desalt** [dis'ɔ:lt] v. dessalinizar: tirar a salinidade da água, para torná-la potável.
descale [di:sk'eil] v. tirar o sarro de (cachimbo).
descant [d'eskænt] s. 1. descante m., cantiga popular f., canto m., melodia f. 2. soprano **tiple** m. + f. ‖ v. 1. descantar, cantar ao som de instrumento. 2. dissertar, fazer um discurso prolixo, discorrer, estender-se, dilatar-se.
descend [dis'end] v. 1. descer, abaixar, mover-se de cima para baixo, aterrissar. 2. descender, provir, proceder, derivar, originar-se. 3. cair com força, sobrevir, desencadear-se. 4. (on, upon) invadir, assaltar, atacar. 5. (to) passar a alguém por direito de sucessão. 6. rebaixar-se, decair, aviltar-se, humilhar-se, condescender. 7. passar do estado geral para o particular. 8. baixar de nível.
descendable [~əbl] adj. 1. que se pode descer. 2

legável, hereditário, transmissível por direito de sucessão.
descendant [~ənt] s. descendente m. + f., filho m. ‖ adj. 1. descendente, que descende, proveniente 2. que desce, decrescente.
descendent adj. = **descendant.**
descendible [~ibl] adj. = **descendable.**
descension [dis'ənʃən] s. 1. (Astrol.) descensão f. 2. descenso m.
descent [dis'ent] s. 1. descida f., ato de descer m. ladeira encosta f., declive, pendor m. 2. queda, caída f. 3. descendência, linhagem, estirpe, origem, posteridade f. 4. declínio m., decadência f., decaimento m. 5. (Jur.) transmissão f. 6. assalto m., incursão f.
describable [diskr'aibəbl] adj. descritível, narrável que pode ser descrito, representado, narrado.
describe [diskr'aib] v. 1. descrever, narrar, fazer o descrição de, relação de, relatar, expor. 2. definir contar minuciosamente, dar os característicos de, pintar, representar, traçar.
describer [~ə] s. descritor, narrador m.
description [diskr'ipʃən] s. 1. descrição f., ato de descrever m., narração f. 2. representação f. 3. espécie, sorte f., gênero m., classe, condição f.
descriptive [diskr'iptiv] adj. descritivo. ‖ ~ly adv. de modo descritivo.
descry [diskr'ai] v. avistar, espreitar de longe, espiar, descobrir de longe, discernir, distinguir. ver claro.
desecrate [d'esikreit] v. profanar uma coisa sagrada, secularizar, violar a santidade de.
desecration [desikr'eiʃən] s. profanação f., sacrilégic m.
desecrator [d'esikreitə] s. profanador m.
desegregate [di:s'egrigeit]· v. dessegregar.
desegregation [disegrig'eiʃən] s. dessegregação f.
desensitization [disensitiz'eiʃən] s. dessensibilização 1
desensitize [dis'ensitaiz] v. dessensibilizar.
desert [d'ezət] (I) s. 1. deserto m., região despovoada deserta e árida f. 2. lugar solitário m., solidão monotonia f. ‖ adj. deserto, árido, desabitado, improdutivo, não lavrado, inculto, ermo, solitário
desert [diz'ə:t] (II) s. 1. merecimento, mérito, demérito, estado de merecer recompensa ou castigo m 2. merecido, jus m. ‖ v. desertar (do exército), transfugir, deixar, abandonar (seus deveres), largar, desistir de, ausentar-se sem licença.
desert-bird s. pelicano m.
deserted [diz'ə:təd] adj. abandonado, solitário.
deserter [diz'ə:tə] s. desertor m., trânsfuga m. + f. pessoa que desertou do serviço militar, pessoa que abandonou seus deveres f.
desertful [diz'ə:tful] adj. meritório.
desertion [diz'ə:ʃən] s. deserção f., ato ou efeito de desertar m.
desertless [diz'ə:tlis] adj. sem mérito.
deserve [diz'ə:v] v. merecer, ter merecimento, ser digno de, ter direito a. ‖ ~dly adv. merecidamente, com jus, com razão.
deserver [diz'ə:və] s. merecedor m., o que tem merecimento.
deserving [diz'ə:viŋ] s. mérito, merecimento m. ‖ adj. meritório, digno, benemérito. ‖ ~ly adv. merecidamente, com jus, com razão.
desex [dis'eks] v. castrar.
deshabille [dezəb'i:l] s. roupão de senhora, penhoar m.
desiccant [dəs'ikənt] s. dessecativo, medicamento que promove a cicatrização das úlceras m. ‖ adj. dessecante, dessecativo.
desiccate [d'esikeit] v. dessecar, secar, enxugar, tirar

a umidade de. ‖ adj. seco, enxuto.
desiccation [dəsik'eiʃən] s. dessecação f., dessecamento m.
desiccative [d'esikətiv] adj. dessecativo, dessecante.
desiccator [d'esikeitə] s. dessecador, aparelho para dessecar m.
desiderate [diz'idəreit] v. sentir a falta de, querer, desejar.
desiderative [diz'idəreitiv] s. (Gram.) verbo derivado exprimindo desejo. ‖ adj. desiderativo, que exprime desejo.
desideratum [dizidər'eitəm] s. desiderato, aquilo que se deseja, a que se aspira, aspiração f., escopo m.
design [diz'ain] s. 1. desígnio, projeto, intento m., esquema f., plano, escopo, fim, motivo, enredo m., tenção f. 2. desenho, bosquejo, esboço, debuxo m., delineação f., risco, modelo m. 3. invenção artística f., arranjamento m., arte de desenho f. ‖ v. 1. tencionar, projetar, planejar, ter em mira, propor-se, ter intenção. 2. designar, destinar, assinar. 3. desenhar, traçar, debuxar, esboçar, delinear, bosquejar.
designable [~əbl] adj. 1. que pode ser desenhado. 2. que pode ser designado. 3. distinguível.
designate [d'ezigneit] v. 1. designar, indicar, marcar, apontar, mostrar. 2. nomear, escolher, assinalar, destinar, eleger, dar a conhecer. ‖ adj. designado, nomeado.
designation [dezign'eiʃən] s. 1. designação f., ato de designar m., denotação, indicação f. 2. nomeação f. 3. denominação, acepção f., nome m.
designative [d'ezigneitiv] adj. designativo, designador, indicante m., que designa, indica.
designator [d'ezigneitə] s. designador m.
designatory [d'ezignətəri] adj. designativo, designador.
designed [diz'aind] adj. intencional, proposital. ‖ ~ly adv. intencionalmente, propositalmente.
designee [dezign'i:] s. pessoa designada f.
designer [diz'ainə] s. 1. desenhista m. + f. 2. planejador, maquinador m., intrigante m. + f.
fashion ~ desenhista de modas.
designing [diz'ainiŋ] s. desenho m., arte de desenhar f. ‖ adj. maquinador, artificioso, insidioso, astucioso, astuto. ‖ ~ly adv. artificiosamente, insidiosamente.
desilverize [di:s'ilvəraiz] v. despratear.
desirability [dizairəb'iliti], **desirableness** [diz'airəblnis] s. desejo m., vontade de possuir ou de gozar, qualidade de ser desejável f.
desirable [diz'airəbl] adj. desejável, apetecível, agradável, proveitoso. ‖ –bly adv. desejavelmente.
desire [diz'aiə] s. 1. desejo, apetite m., vontade, cobiça f., desejo violento m., avidez f., anelo, rogo m. 2. coisa desejada f. 3. coisa desejo sexual, luxúria, paixão f. ‖ v. 1. desejar, apetecer, querer, cobiçar. 2. pedir, rogar. 3. ter irrefreável desejo sexual.
he did it at my ~ ele fez isto a meu pedido.
I have a ~ **for food** eu gostaria de comer alguma coisa. ‖ **if** ~**d** se for pedido, desejado.
desireless adj. sem desejo.
desirous [diz'airəs] adj. desejoso de alguma coisa, cobiçoso. ‖ ~ly adv. veementemente, ardentemente, com desejo, cobiçosamente.
to be ~ **of** estar desejoso de.
desist [diz'ist] v. (from) desistir, renunciar, abster-se, ceder, abrir mão de alguma coisa.
desistance [diz'istəns] s. desistência, cessão, renúncia f.
desk [desk] s. 1. escrivaninha, (quadros C 2, D 1), carteira escolar, secretária f. 2. púlpito m. 3. estante do coro f. 4. mesa de leitura f.
writing-~ escrivaninha.
desk-work s. trabalho de escritório m.

desolate [d'esoleit] v. 1. desolar, assolar, despovoar, devastar. 2. tornar muito infeliz, triste e solitário. ‖ [d'esolit] adj. 1. desolado, triste, infeliz, solitário. 2. abandonado, desconsolado, aflito, desamparado. 3. assolado, deserto, desabitado, ermo, despovoado, devastado. ‖ ~ly adv. desoladamente, tristemente, infelizmente, desamparadamente.
desolateness [~nis] s. desolação f.
desolater s. = **desolator.**
desolating [d'esòleitiŋ] adj. desolador, devastador, desconsolador.
desolation [desol'eiʃən] s. 1. desolação, devastação, ruína f., estrago m. 2. deserto, lugar assolado, desolado m. 3. solidão f. 4. aflição, desconsolação, grande tristeza · f.
desolator [d'esoleitə] s. desolador, assolador, devastador, arruinador m.
despair [disp'ɛə] s. 1. desesperação f., desespero m., falta de esperança, desesperança f. 2. pessoa ou coisa que causa desespero f. ‖ v. desesperar, tirar a esperança a, causar desespero, desanimar, descoroçoar.
in ~ desesperado. **out of** ~ em desespero, desesperadamente. **to drive someone to** ~ levar alguém ao desespero. **I** ~ **of my son's return** perdi a esperança que meu filho retorne. **her life is** ~**ed of** os médicos dão-na por perdido.
despairer [~rə] s. desesperado m., aquele que desespera, que perdeu a esperança.
despairing [~riŋ] adj. desesperador, · desesperante. ‖ ~ly adv. desesperadamente, sem esperança.
despatch v = **dispatch.**
desperado [despər'eidou] s. bandido, malfeitor, facínora m.
desperate [d'esparit] adj. 1. desesperado, sem esperança. 2. renhido, encarniçado, arrebatado. 3. atrevido, precipitado, afoito. 4. muito perigoso ou mau. 5. irremediável, irrecuperável. ‖ ~ly adv. desesperadamente, encarniçadamente, excessivamente, perdidamente.
desperateness [~nis], **desperation** [despər'eiʃən] s. 1. desespero m., desesperança f. 2. destemor m., fúria f.
despicable [d'espikəbl] adj. vil, desprezível, baixo, mesquinho. ‖ –bly adv. desprezivelmente, vilmente, indignamente.
despicableness [~nis] s. baixeza, vileza f., desprezo m., indignidade f.
despisable [disp'aizəbl] adj. desprezível, desdenhoso.
despise [disp'aiz] v. desprezar, desdenhar, menosprezar, menoscabar.
despiser [~ə] s. desprezador, desdenhador m.
despisingly adv. desprezivelmente, desdenhosamente.
despite [disp'ait] s. despeito m., malícia f., acinte m., aversão f., desdém, menosprezo m., afronta f., insulto m., injúria f. ‖ v. vexar, despeitar, ofender, desgostar. ‖ prep. não obstante, apesar de.
in ~ **of** a despeito de, apesar de, não obstante. **in** ~ **of myself (etc.)** sem querer. **in one's own** ~ contra sua própria vontade.
despiteful [~ful] adj. malicioso, acintoso, insultoso. ‖ ~ly adv. maliciosamente, despeitosamente.
despoil [disp'ɔil] **(of)** v. despojar, roubar, espoliar, privar de.
despoiler [~ə] s. despojador, espoliador m.
despoilment [~mənt], **despoliation** [dispouli'eiʃən] s. despojamento, espoliação f., esbulho m.
despond [disp'ond] v. desesperar, desanimar.
despondency [disp'ondənsi] s. desânimo, desalento m.
despondent [~ənt] adj. desesperado, descoroçoado. ‖ ~ly adv. desesperadamente, desanimadamente.
desponding [~iŋ] adj. desesperante, desalentado, desanimado, triste. ‖ ~ly adv. desesperadamente.

despot [d'espɔt] s. 1. déspota m. + f., soberano absoluto e arbitrário m., autocrata m. + f. 2. opressor, tirano m.

despotic [desp'ɔtik] adj. despótico, tirânico, arbitrário. ‖ ~ally adv. despoticamente, tira icamente.

despotism [d'espətizm] s. despotismo m., tirania f.

despotist [d'espətist] s. adepto da autocracia, do despotismo m.

despotize [d'espətaiz] v. despotizar, tiranizar.

desquamate [d'eskwəmeit] v. (Cirurg.) escamar, esfolar.

desquamation [deskwəm'eiʃən] s. (Cirurg.) escamação f., esfolamento, ato ou efeito de escamar m.

dessert [diz'ə:t] s. sobremesa f.

dessert spoon s. colher de sobremesa f.

destabilize [dist'eibilaiz] v. desestabilizar.

destination [destin'eiʃən] s. 1. destino m., destinação f., fim m. 2. destino m., direção f., lugar a que se dirige alguma pessoa ou coisa m.

destination board s. indicador m. do ponto de destino dos trens (na plataforma) (quadro S 13).

destine [d'estin] (for, to) v. destinar, determinar com antecipação, designar, assinalar, fixar previamente.

~**d for** 1. destinado a. 2. que se destina a um lugar designado.

destiny [~i] s. destino, fado m., sorte f.

the Destinies as três Parcas: Cloto, Láquesis e Atropos.

destitute [d'estitju:t] adj. destituído, falto, necessitado, desamparado, privado de recursos.

destitution [destitj'u:ʃən] s. destituição, falta f., desamparo m., privação, pobreza, penúria, escassez f.

destroy [distr'ɔi] v. 1. destruir, desfazer, abater, aniquilar, despedaçar. 2. assolar, desolar. 3. arrasar, demolir, arruinar. 4. exterminar, extirpar. 5. matar. 6. anular, frustrar, provar ser falso.

destroyable [~əbl] adj. destrutível.

destroyer [~ə] s. 1. destruidor, desolador, assolador, exterminador m. 2. (Náut.) destróier, navio torpedeiro m.

destroyer escort s. (Náut.) navio de escolta m., menor que destróier.

destructibility [distrʌktib'iliti] s. destrutibilidade f.

destructible [distr'ʌktəbl] adj. destrutível, que se pode destruir.

destruction [distr'ʌkʃən] s. 1. destruição f., ato ou efeito de destruir m., demolição, ruína, devastação f. 2. extermínio m., carnificina f.

destructionist [distr'ʌkʃənist] s. niilista, anarquista m. + f.

destructive [distr'ʌktiv] adj. destrutivo, ruinoso, destruidor, demolidor. ‖ ~ly adv. destrutivamente.

it is ~ of health estraga a saúde.

destructive distillation s. destilação com decomposição f.

destructiveness [~nis] s. destrutibilidade, qualidade daquilo que é destrutível, propensão para destruir ou matar f.

destructor [distr'ʌktə] s. 1. destruidor m. 2. cremador m., fornalha para queimar refugos f.

desuetude [disj'uitju:d] s. desuso, descostume m.

desulphurization [di:sʌlfəraiz'eiʃən] s. desenxoframento, ato de desenxofrar m.

desulphurize [di:s'ʌlfəraiz] v. desenxofrar, limpar do enxofre, extrair o enxofre.

desultoriness [d'esəltərinis] s. inconstância, volubilidade, ligeireza, leviandade f.

desultory [d'esəltəri] adj. inconstante, volúvel, erradio, leviano, variável, desconexo, sem método, sem alvo, sem propósito, incoerente, fora de curso. ‖ —rily

adv. inconstantemente, voluvelmente, erradiamente, levianamente, sem método, sem nexo.

detach [dit'ætʃ] v. 1. separar, destacar, desligar, desunir. 2. (milit.) destacar, enviar tropas em destacamento. 3. desembaraçar-se de, livrar-se de.

detachable [~əbl] adj. destacável, desligável.

detached [~t] adj. 1. destacado, separado, 2. desinteressado, imparcial, não interesseiro, sem preconceito, sem prevenção. ‖ ~ly adv. separadamente, destacadamente, imparcialmente.

detachedness [~tnis], **detachment** [~mənt] s. 1. desinteresse m., imparcialidade f. 2. afastamento m., separação f., desmembramento m. 3. (milit.) destacamento m.

detail [d'i:teil] s. 1. detalhe m., particularidade, minúcia f., pormenor, item m., circunstância, narração minuciosa f. 2. (milit.) pequeno destacamento m. 3. rol de nomes de operários, etc., distribuídos para serviço especial, corpo de homens escolhido para serviço especial m. ‖ v. 1. detalhar, particularizar, pormenorizar, circunstanciar, narrar minuciosamente. 2. distribuir serviços militares, destacar.

~**s** tratar pormenorizadamente.

detail drawing s. desenho detalhado m.

detailed [~d] adj. circunstanciado, detalhado, minucioso, pormenorizado.

detail man s. (Com.) vendedor especializado m., promotor de novo produto (farmacêutico).

detain [dit'ein] v. 1. deter, demorar, reter, retardar. 2. impedir, embaraçar. 3. guardar em prisão provisória ou custódia.

detainee [ditein'i:] s. detento m. (esp. político).

detainer [dit'einə] s. 1. detentor, aquele que detém. 2. embargo m., ordem de prisão, retenção ilegítima, prisão ou detenção provisória, custódia f.

detainment [~mənt] s. detenção, retenção f.

detect [dit'ekt] v. 1. descobrir (o crime, o engano ou desígnio de alguém), denunciar, revelar, investigar crimes, etc. 2. (Téc.) demodular.

detectable [~əbl], **detectible** adj. que se pode descobrir.

detectaphone [dit'ektəfoun] s. detectafone m.: aparelho telefônico de escuta clandestina.

detection [dit'ekʃən] s. descoberta (de crimes) f., descobrimento m., revelação f.

detective [dit'ektiv] s. detective m. secreta, investigador m. ‖ adj. 1. incumbido de ou apropriado para descobrir, investigar crimes, etc. 2. pertencente ou relativo à polícia secreta.

detective force s. polícia secreta f.

detective stories s. pl. contos policiais m. pl.

detector [dit'ektə] s. 1. descobridor, denunciador m. 2. detector, aparelho que transforma onda hertziana em sinais perceptíveis, demodulador m.

lie-~ aparelho para revelar mentiras.

detent [dit'ent] s. alavanca f., pino m. ou mola f. de retenção.

détente [d'eitɔnt, deit'ɔnt] s. (fr., Pol.) "détente" f.

detention [dit'enʃən] s. 1. detenção f., ato de deter m., retenção, prisão, apreensão f. 2. demora, detença f. 3. embargo m.

house of ~ prisão provisória.

detention camp s. campo de concentração m.

detention home s. casa de correção f. de menores.

deter [dit'ə:] v. 1. descoroçoar, intimidar, atemorizar, dissuadir. 2. (from) deter, impedir, embaraçar.

detergent [dit'ə:dʒənt] s. (Med.) detergente, medicamento que deterge, purifica m. ‖ adj. detergente, detersivo, que deterge, purgativo.

deteriorate [dit'iəriəreit] v. deteriorar(-se), estragar, piorar, degenerar, depreciar.

deterioration [ditieriər'eiʃən] s. deterioração f., ato ou efeito de deteriorar, estrago m., ruína f.
deteriorative [dit'iəriəreitiv] adj. deteriorável, que se pode deteriorar, deteriorante, que deteriora.
determent [dit'ə:mənt] s. intimidação f., impedimento, estorvo m., coisa que intimida, desalenta f.
determinable [dit'ə:minəbl] adj. determinável, determinador, que pode ser determinado, decidido.
determinant [dit'ə:minənt] s. 1. determinante, coisa determinante f. 2. (Mat.) determinante f. ‖ adj. determinante, que determina.
determinate [dit'ə:minit] v. = determine. ‖ adj. 1. determinado, decidido, decisivo, resoluto. 2. definido, limitado, fixo. 3. específico, distinto. ‖ ~ly adv. determinadamente, resolutamente, decididamente.
determinate growth s. (Bot.) crescimento natural, até certo limite m.
determinateness [~nis] s. determinação, resolução, firmeza f.
determination [ditə:min'eiʃən] s. 1. determinação, resolução, decisão f. 2. firmeza f. 3. conclusão, tenção f. 4. (Jur.) decisão judicial f. 5. definição, delimitação, designação, fixação f. 6. fim m.
determinative [dit'ə:mineitiv] s. o que determina, decide ou define. ‖ adj. determinativo, determinante, definitivo, restritivo, decisivo, estabelecido. ‖ ~ly adv. determinativamente, decididamente.
determinator [dit'ə:mineitə] s. determinador m., que ou aquele que determina.
determine [dit'ə:min] v. 1. determinar, estabelecer, resolver, tomar uma resolução, decidir, fixar, delimitar, definir. 2. decretar. 3. concluir, acabar, terminar. 4. indicar com precisão. 5. induzir, ordenar. 6. averiguar. 7. revogar, cancelar.
~ to do, ~ doing decidir a fazer.
determined [~d] adj. determinado, resoluto, firme, decidido. ‖ ~ly adv. determinadamente, resolutamente, firmemente.
determinedness [~dnis] s. determinação, resolução, firmeza f.
determiner [~ə] s. determinador m.
determinism [~izm] s. determinismo m.
determinist [~ist] s. determinista m. + f.: pessoa sectária do determinismo.
deterministic [ditə:min'istik] adj. determinista, relativo ao determinismo.
deterrent [dit'erənt] s. meio de intimidação, impedimento, estorvo m. ‖ adj. impediente, restringente.
detersion [dit'ə:ʃən] s. (Med.) detersão, mundificação de chaga f., ato ou efeito de detergir m.
detersive [dit'ə:siv] s. medicamento detersivo m. ‖ adj. detersivo, detergente, que limpa, que purifica, que depura.
detest [dit'est] v. detestar, odiar, abominar.
detestability [ditestəb'iliti] s. detestação, abominação, o fato de ser detestável.
detestable [dit'estəbl] adj. detestável, abominável. ‖ –bly adv. detestavelmente, abominavelmente.
detestation [ditest'eiʃən] s. detestação, abominação f., ódio m.
to hold in ~ detestar.
detester [dit'estə] s. abominador m.
dethrone [diθr'oun] v. 1. destronar, destronizar, derribar do trono, destituir da soberania. 2. (fig.) despojar de cargo, dignidade, etc.
dethronement [~mənt] s. destronização f.
dethroner [~ə] s. o que destrona.
detinue [d'etinju:] s. (Jur.) detenção, possessão ilegítima f.
action of ~ demanda sobre restituição de propriedade f.
detonate [d'i:touneit] v. detonar, explodir.

detonating [d'i:touneitiŋ] adj. detonante.
detonation [di:toun'eiʃən] s. detonação, explosão f., estampido, estouro m.
detonator [d'i:touneitə] s. detonador m.
detour [dit'uə] s. volta f., rodeio, desvio m. ‖ v. voltear, rodear, fazer uma volta.
detoxicate [dit'ɔksikeit], detoxify [dit'ɔksifai] v. desintoxicar.
detract [ditr'ækt] v. 1. tirar parte de, diminuir. 2. detrair, difamar, caluniar, depreciar. 3. prejudicar.
to ~ from a thing depreciar, prejudicar uma coisa.
detractingly adv. caluniosamente.
detraction [ditr'ækʃən] s. 1. detração, depreciação, difamação, calúnia, maledicência f. 2. diminuição f., prejuízo m.
detractive [ditr'æktiv] adj. 1. detrativo, que detrai, calunioso, difamatório. 2. que tira, que diminui. ‖ ~ly adv. detrativamente, caluniosamente.
detractor [ditr'æktə] s. 1. detrator, caluniador, infamador m. 2. (Anat.) músculo abdutor m.
detrain [di:tr'ein] v. desembarcar (de trem).
detribalize [ditr'aibəlaiz] v. (Etn.) privar da organização tribal.
detriment [d'etrimənt] s. detrimento, dano, prejuízo m., perda f.
to the ~ of com prejuízo de.
detrimental [detrim'entəl] adj. prejudicial, danoso, pernicioso. ‖ ~ly adv. danosamente.
detrital [ditr'aitəl] adj. (Geol.) detrítico.
detrited [ditr'aitid] adj. (Geol.) desintegrado.
detrition [ditr'iʃən] s. (Geol.) detrição f., desgaste por atrito m.
detritus [ditr'aitəs] s. (Geol.) detrito m.
detrude [ditr'u:d] v. jogar fora.
detumescence [ditjum'esəns] s. (Pat.) desinchação f.
deuce [dju:s] s. 1. duque m: o número dois nas cartas ou nos dados. 2. (tênis) quando a contagem é 40 para ambos os adversários. 3. (interj.) diabo!
~ a bit absolutamente não. what the ~! que diabo. a ~ of a mess uma balbúrdia incrível. the ~ and all uma situação de todos os diabos.
deuce-ace s. lance de um e dois no jogo de dados m.
deuced [~t, dj'u:sid] adj. 1. diabólico, endiabrado, do diabo. 2. (coloq.) excessivo. ‖ ~ly adv. 1. diabolicamente. 2. excessivamente.
deuteragonist [dju:tər'ægənist] s. ator segundo em importância ao protagonista m.
deuterium [dju:t'i:riəm] s. (Quím.) deutério m.: o isótopo pesado do hidrogênio.
deutero [dj'u:təro], deuto [dj'u:to] prefixo que indica segundo, secundário.
deuterogamist [dju:tər'ɔgəmist] s. deuterógamo m.
deuterogamy [dju:tər'ɔgəmi] s. deuterogamia f.: segundo casamento.
deuteron [dj'u:tərɔn] s. (Quím.) núcleo atômico do deutério m.
Deuteronomy [dju:tər'ɔnəmi] s. (Bibl.) Deuteronômio m.: o último livro do Pentateuco.
deuteroscopy [dju:tər'ɔskəpi] s. segunda vista, faculdade de prever o futuro f.
deutoplasm [dj'u:toplæzm] s. (Biol.) deutoplasma m.: gema de ovo.
devaluate [div'æljueit] v. desvalorizar (a moeda).
devaluation [divælju'eiʃən] s. desvalorização (da moeda) f.
devalue [div'ælju:] v. desvalorizar.
devastate [d'evəsteit] v. devastar, assolar, arruinar, destruir, tornar deserto, saquear.
devastating [~iŋ] adj. devastador, assolador. ‖ ~ly adv. de modo devastador.
devastation [devəst'eiʃən] s. devastação, assolação,

ruína, desolação, destruição f.

devastator [d'evəsteitə] s. devastador, assolador, saqueador m.

develop [div'eləp] v. 1. desenvolver(-se), progredir, evoluir, desenrolar, desdobrar-se, explanar. 2. crescer, aumentar, alargar-se, tornar-se maior ou mais forte. 3. fomentar. 4. revelar-se, mostrar, vir à luz gradualmente. 5. (Fotogr.) revelar um filme, uma chapa (quadro P 2). 6. (Mús.) desenvolver um elemento temático nas suas possibilidades musicais.
to ~ a disease contrair uma doença.

developable [~əbl] adj. desenvolvível, revelável.

developer [~ə] s. 1. fomentador m., aquele que promove o desenvolvimento de, que desenvolve. 2. (Fotogr.) revelador m.

developing country s. (Pol.) país m. em desenvolvimento.

development [~mənt] s. 1. desenvolvimento, ato ou efeito de desenvolver m., evolução gradual f., crescimento, aumento, incremento, adiantamento, progresso m., explanação f. 2. manifestação f., desenlace, desfecho m. 3. (Fotogr.) revelação f.

developmental [diveləpm'entəl] adj. desenvolvente, relativo ao desenvolvimento ou crescimento.

devest [div'est] v. despir, desnudar, privar de, alienar (um título, uma propriedade).

deviant [d'i:viənt] adj. diferente ou afastado dos padrões.

deviate [d'i:vieit] v. desviar-se (da virtude etc.), apartar-se, afastar-se, divergir.

deviation [di:vi'eiʃən] s. 1. desvio, afastamento m., separação f., divergência f., desacordo m., variação f. 2. declinação da agulha magnética f. 3. (Náut.) derivação f.

deviationism [~izm] s. (Pol.) manobras de protelação e dispersão f. pl.

deviationist [~ist] s. (Pol.) deviacionista m. + f.

deviator [d'i:vieitə] s. o que desvia ou se afasta de.

device [div'ais] s. 1. invento artificioso m., invenção f., artifício, dispositivo, aparelho m. 2. projeto, plano, esquema m. 3. estratagema, truque, ardil m., astúcia f. 4. desenho, padrão, modelo m. 5. (Heráld.) divisa f., emblema m. 6. engenho m.
a man full of ~s homem engenhoso, inventivo. **circuit-breaking ~** dispositivo de interrupção. **circuit-closing ~** dispositivo de ligação. **damping ~** amortecedor. **releasing ~** dispositivo de desligação.

devil [devl] s. 1. Diabo, Demônio, Satã, Satanás, Gênio do mal, Belzebu, Anjo Decaído, Espírito das trevas m. 2. pessoa má, malvada, perversa, cruel f., espírito maligno m. 3. homem destemido, audaz, enérgico, intrépido, esperto m. 4 pessoa infeliz, desgraçada, pobre f. 5. galopim de impressor, aprendiz de tipógrafo m. 6. carne assada na grelha e bem apimentada. 7. palavra expletiva, interjeição (o diabo!). 8. (Téc.) abrideira, máquina usada na indústria de fiação. f. 9. espécie de fogos de artifícios. || v. 1. importunar, atormentar, mexer. 2. grelhar com muita pimenta. 3. cortar trapos com uma abrideira. 4. tornar diabólico, endiabrar. 5. fazer trabalho pesado.
a lazy ~ um preguiçoso. **a lucky ~** um felizardo **a poor ~** um pobre diabo. **the ~!** o diabo! **the ~ a bit** coisa nenhuma, nada. **the ~ a one** nem um único. **there is the ~ to pay** vai haver o diabo, haverá muitas preocupações no futuro. **to give the ~ his due** dar a cada um o que lhe toca. **to go to the ~** arruinar-se, levar o diabo. **what the ~!** que diabo! com o diabo!

deviled [~d] adj. muito apimentado.

devil-fish s. 1. diabo-marinho m. 2. octópode m.

devilish [d'evliʃ] adj. 1. diabólico, infernal, satânico, endiabrado. 2. malicioso, maligno, perverso. 3. audaz. 4. (coloq.) enorme, excessivo. || adv. (também ~ly) diabolicamente, infernalmente, terrivelmente, extremamente, endiabradamente.

devilishness [~nis] s. diabrura, malícia diabólica f., qualidade própria do diabo.

devilled adj. = **deviled**.

devil-may-care adj. temerário, negligente, indiferente.

devil-may-careness s. temeridade f., atrevimento m., negligência, indiferença f.

devilment [d'evlmənt] s. diabrura, velhacada, malícia f.

devilry [d'evlri] s. diabrura f.

Devil's advocate s. pessoa que impugna uma canonização f.

devil's bit s. (Bot.) escabiosa f.: Scabiosa pratensis.

devil's bones s. pl. dados m. pl.

devil's coach-horse s. (Ent.) espécie de escaravelho f.: Ocypus olens.

devil's playthings s. pl. cartas de jogo f. pl., baralho m.

deviltry [d'evltri] s. = **devilry**.

devil-worship s. demonolatria f.: culto dos demônios.

devious [d'i:viəs] adj. 1. divergente, desviado, apartado, afastado, desencaminhado. 2. vagante, errante. 3. tortuoso. 4. (fig.) desencaminhado, errôneo, não franco, não honesto. || ~ly adv. tortuosamente, erradamente, desencaminhadamente.

deviousness [~nis] s. desvio, rodeio, desencaminho m.

devisable [div'aizəbl] adj. 1. imaginável, projetável. 2. (Jur.) transmissível, que se pode deixar em legado.

devise [div'aiz] s. 1. legado m., deixa, coisa f. ou valor m. determinado que se deixa em testamento. 2. disposição testamentária f. || v. 1. imaginar, inventar, tramar, maquinar, planejar, delinear, projetar. 2. (Jur.) legar, transferir, transmitir, deixar em testamento.

devisee [deviz'i:] s. legatário m.

deviser [div'aizə] s. inventor, autor, maquinador m., projetista m. + f.

devisor [deviz'ɔ:] s. testador m., aquele que deixa algum legado.

devitalization [di:vaitəlaiz'eiʃən] s. desvitalização f.

devitalize [di:v'aitəlaiz] v. desvitalizar, privar da vitalidade.

devitrification [di'vitrifik'eiʃən] s. devitrificação f.

devitrify [di:v'itrifai] v. devitrificar.

devoid [div'ɔid] adj. (of) destituído, falto, privado de, isento, livre, baldo.

devolution [di:vəl'u:ʃən] s. 1. devolução, aquisição de propriedade por transferência, restituição ao primeiro possuidor, transmissão, entrega a um sucessor, incumbência f. 2. (Biol.) degeneração f.

devolve [div'ɔlv] v. 1. (to a p.) devolver, transferir (a outrem um direito ou propriedade), transmitir, entregar ou fazer passar a um sucessor, incumbir a. 2. (on a p.) recair sobre alguém como dever, ser incumbência de alguém.

devolvement [~mənt] s. transmissão, transferência, incumbência f.

Devonian [dəv'ouniən] s. 1. natural de Devonshire m. 2. (Geol.) devoniano, devônico. || adj. de ou pertencente a Devonshire.

devote [div'out] v. 1. devotar, dedicar, consagrar, sacrificar, empregar. 2. condenar, consignar. 3. **to ~ o. s.** dedicar-se, entregar-se, consagrar-se.

devoted [~id] adj. 1. dedicado, consagrado, destinado. 2. devoto, leal, fiel. 3. zeloso, ardente, afeiçoado. 4. condenado, fadado. || ~ly adv. dedicadamente, devotadamente.

devotedness [~idnis] s. 1. devoção, dedicação f. 2. zelo, afeto m.
devotee [devout'i:] s. devoto, beato m., carola m. + f., amigo dedicado m.
devotion [div'ouʃən] s. 1. devoção, dedicação, consagração f., sentimento religioso m. 2. oblação f., sacrifício m. 3. objeto de especial veneração m. 4. afeto, zelo m., lealdade f. 5. (pl.) orações, rezas, práticas religiosas f. pl., culto de Deus m.
devotional [~əl] adj. devoto, religioso, pio, beato. || ~ly adv. devotamente, religiosamente.
devotional book s. livro de edificação espiritual m.
devour [div'auə] v. 1. devorar, tragar, comer avidamente, engolir. 2. destruir, gastar, dissipar. 3. percorrer rapidamente, fitar, fixar a vista, a atenção ansiosamente em, ter os olhos pregados em. to ~ the way movimentar-se rapidamente.
devourer [~rə] s. 1. devorador, glutão, comilão m. 2. destruidor, dissipador, esperdiçador m.
devouring [~riŋ] adj. devorante, devorador, voraz, ávido, || ~ly adv. avidamente, vorazmente.
devout [div'aut] adj. 1. devoto, religioso, piedoso. 2. sincero, devotado, afeiçoado, dedicado. || ~ly adv. 1. devotamente, religiosamente. 2. ardentemente, sinceramente, seriamente, reverentemente.
devoutness [~nis] s. devoção, piedade f., fervor, ardor m.
dew [dj'u:] s. 1. orvalho, rocio, sereno m. 2. (fig.) qualquer coisa fresca ou refrescante como o orvalho f. 3. lágrimas f. pl. 4. suor m. || v. 1. orvalhar, rociar, molhar ou umedecer com orvalho. 2. borrifar com gotas de qualquer líquido, refrescar. mountain-~ uísque fabricado ilicitamente.
dewberry [d'ju:beri] s. 1. casta de amora preta (Rubus caesius) f. 2. a respectiva planta.
dew-claw s. dedo ou casco rudimentar dos cães ou do gado bovino m.
dewdrop [dj'u:drɔp] s. 1. gota de orvalho f. 2. (fam.) pingo no nariz m.
dew-dropping adj. chuviscando, garoando.
Dewey [dj'u:i] **decimal system** s. (Bibl.) sistema m. decimal de classificação, segundo Melvil Dewey (1851-1931).
dewfall [dj'u:fɔ:l] s. orvalhada, rociada f.
dewiness [dj'u:inis] s. orvalhada, umidade f.
dewlap [dj'u:læp] s. papada ou barbela de boi e de alguns outros animais f. (quadro C 7).
dewlapped [~t] adj. que tem papada ou barbela.
dewless adj. que não tem orvalho.
DEW [dju:] **Line** s. rede f. de radar, ao Norte do Círculo Ártico.
dew point s. 1. ponto de rocio m., temperatura a que se forma o orvalho f. 2. ponto de condensação m.
dewpoint spread s. diferença f. entre a temperatura do ar e o ponto de rocio.
dew pond s. reservatório onde a água se acumula pela condensação m.
dew-rake s. ancinho m.
dew-worm s. minhoca f., verme m.
dewy [dj'u:i] adj. 1. orvalhoso, rocioso. 2. semelhante ao orvalho. 3. refrescante, úmido.
dexter [d'ekstə] s. destra f., lado direito m. || adj. destro, direito, que fica ao lado direito.
dexterity [dekst'eriti] s. 1. destreza, agilidade, habilidade, perícia f. 2. sagacidade f., engenho m.
dexterous [d'ekstrəs] adj. 1. destro, ágil, hábil, perito, expedito. || ~ly adv. destramente.
dexterousness [~nis] s. destreza, habilidade f.
dextral [d'ekstrəl] adj. 1. direito, destro, da mão direita. 2. dextrogiro, que vira para a direita. || ~ly adv. destramente, à direita.

dextrality [dekstr'æliti] s. destreza f.
dextrin [d'ekstrin] s. (Quím.) dextrina f.
dextro [d'ekstro] prefixo, direito, à direita.
dextroglucose [deˌkstrogl'u:kous] s. dextrose, glicose f.
dextro-gyrate adj. dextrogiro.
dextrorotary [ˌdekstror'outəri] adj. dextrogiro.
dextrorse [dekstr'ɔ:rs] adj. que sobe em linha helicoidal à direita.
dextrose [d'ekstrous] s. (Quím.) dextrose, glicose f.
dextrous [d'ekstrəs] adj. = dexterous. || ~ly adv. = dexterously.
dextrousness s. = dexterousness.
dey [dei] s. dei: título dos antigos soberanos da Argélia, Tripolitânia e Tunísia m.
deyship [d'eiʃip] s. dignidade f. ou cargo de dei m.
dharma [d'a:mə] s. (Budismo) 1. ordem f. cósmica, material e moral 2. observação dessa ordem: perfeita conduta f.
dhow [dou] s. navio costeiro do Golfo Pérsico de um mastro e uma vela latina m.
diabase [d'aiəbeis] s. (Min.) diábase f., diabásio m.
diabetes [daiəb'i:ti:z] s. diabetes, diabete m. + f.
diabetic [daiəb'etik] s. diabético m., diabética f. || adj. diabético.
diablerie [di'a:bləri] s. 1. diabrura f., diabolismo m., bruxaria f. 2. patifaria, maroteira, travessura f.
diabolical [daiəb'olikəl] adj. diabólico, próprio do diabo, relativo ao diabo, maligno, intricado, perverso, satânico, infernal. || ~ly adv. diabolicamente.
diabolism [dai'æbəlizm] v. 1. diabolismo, culto do diabo m. 2. malvadez f. 3. bruxaria, magia f.
diabolize [dai'æbəlaiz] v. tornar diabólico, representar, pintar como diabo.
diabolo [dai'æbəlou] s. diabolô m.
diacaustic [daiək'ɔ:stik] adj. diacáustico.
diacaustic curve s. diacáustica f.
diachronic [d'aiəkrɔnik] adj. (Ling.) diacrônico.
diachylon [dai'ækilɔn] s. diaquilão, emplasto em que entra óxido de chumbo m.
diachyma [ðai'ækimə] s. (Bot.) parênquima m.
diaconal [dai'ækənəl] adj. diaconal, de diácono.
diaconate [dai'ækənit] s. diaconato m., dignidade de diácono f., diáconos coletivamente m. pl.
diacoustic [daiək'austik] adj. diacústico, relativo à diacústica.
diacoustics [~s] s. pl. diacústica f.
diacritic [daiəkr'itik] (I) adj. (também ~al) (Gram.) 1. diacrítico. 2. distinto, perspicaz. || ~ally adv. diacriticamente.
diacritic [daiəkr'itic] (II) adj. (Med.) diacrítico, relativo à diagnose.
diacritical mark s. (Gram.) sinal diacrítico m.
diactinic [daiækt'inik] adj. diactínico.
diadelph [d'aiədelf] s. (Bot.) diadelfia f.
diadelphous [daiəd'elfəs] adj. diadelfo.
diadem [d'aiədəm] s. 1. diadema m., faixa ornamental com que soberanos cingem a cabeça, coroa f. 2. soberania f., poder régio m. || v. diademar, ornar com diadema.
diaeresis [dai'iərəsis] s. (Gram.) diérese f., trema m.
diagnose [d'aiəgnouz] v. (Med.) diagnosticar.
diagnosis [daiəgn'ousis] s. (Med.) diagnose f.
diagnostic [daiəgn'ostik] s. diagnóstico, sintoma da moléstia m. || adj. diagnóstico, diagnosticável. || ~ally adv. diagnosticamente.
diagnostician [daiəgnost'iʃən] s. diagnosticador m., aquele que diagnostica.
diagonal [dai'ægənəl] s. 1. (Geom.) diagonal, linha diagonal, direção oblíqua f. 2. tecido cujos fios correm obliquamente. || adj. 1. diagonal, oblíquo. 2. diz-se de tecido cujos fios correm obliquamente. || ~ly adv. diagonalmente, obliquamente.

diagram [d'aiəgræm] s. 1. diagrama m., representação gráfica de determinado fenômeno f. 2. bosquejo m., delineação, figura f. ‖ v. fazer um diagrama.

diagrammatic [daiəgrəm'ætik], ~al [~əl] adj. diagramático. ‖ ~ally adv. diagramaticamente.

diagrammatic drawing s. esquema m.

diagraph [d'aiəgræf] s. diágrafo, instrumento para delinear mecanicamente figuras, alargamentos de mapas, etc. m.

dial [d'ajəl] s. 1. relógio de sol (também **sun-dial**) m. 2. mostrador m. ou face f. de relógio, de rádio, de bússola, etc. (quadro C 11). 3. indicador m. 4. disco m.: peça dos aparelhos telefônicos automáticos com os números (quadro C 2). ‖ v. 1. medir, indicar mediante mostrador, indicador. 2. discar, fazer girar o disco do aparelho telefônico automático para estabelecer a ligação.

dial. abrev. de 1. **dialect.** 2. **dialectal.**

dialect [d'aiəlekt] s. dialeto m.

dialectal [daiəl'ektəl] adj. dialetal, relativo a dialeto. ‖ ~ly adv. dialetalmente.

dialect geography s. geografia lingüística f.

dialectic [daiəl'ektik] adj. 1. dialético, relativo à dialética, lógico. 2. dialetal, relativo a dialeto. ‖ ~ally adv. 1. dialeticamente. 2. dialetalmente.

dialectician [daiəlekt'iʃən] s. dialético, bom argumentador, lógico m.

dialing code s. (telefonia) código m. de área.

dialog s. = **dialogue.**

dialogic [daiəl'ɔdʒik] adj. dialogal, dialógico, que tem forma de diálogo. ‖ ~ally adv. dialogalmente, em forma de diálogo.

dialogist [dai'æ+lədʒist] s. dialogista m. + f.

dialogue [d'aiəlɔg] s. diálogo m. ‖ v. dialogar.

dialoguer [~ə] s. dialogista m. + f.; dialogador m.

dial plate s. mostrador, quadrante m.

dial telefone s. telefone automático m.

dial tone s. (telefone) sinal m. de linha.

dial train s. mecanismo indicador m.

dialyse [d'aiəlaiz] v. (Quím.) dialisar, efetuar a diálise.

dialyser [daiəl'aizə] s. (Quím.) dialisador, instrumento que serve para dialisar m.

dialysis [dai'ælisis] s. 1. (Quím.) diálise f. 2. (Gram.) diérese f.

dialytic [daiəl'itik] adj. dialítico, relativo à diálise.

diam. abrev. de **diameter.**

diamagnetic [daiəmægn'etik] adj. diamagnético. ‖ ~ally adv. diamagneticamente.

diamagnetism [daiəm'ægnətizm] s. diamagnetismo m.

diamagnetize [daiəm'ægnətaiz] v. diamagnetizar.

diamantiferous [daiəmənt'ifərəs] adj. diamantífero, em que há diamantes.

diameter [dai'æmitə] s. diâmetro m. (quadro A 3).

diametral adj. = **diametric.** ‖ ~ly adv. = **diametrically.**

diametric [daiəm'etrik], ~al [~əl] adj. 1. diametral, que diz respeito a diâmetro. 2. exatamente oposto ‖ ~ally adv. diametralmente.

diametrically opposed adv. diametralmente oposto.

diamond [d'aiəmənd] s. 1. diamante m., pedra preciosa f. (quadro J 1). 2. losango, rombo m. 3. diamante m.: instrumento para cortar vidro. 4. ouros m. pl. (no jogo de cartas). (quadro P 6). 5. (Tipogr.) corpo 4 ½ m. 6. (E. U. A.) quadra de beisebol f. 7. vidraça em forma de losango f. ‖ v. adornar com diamantes. ‖ adj. de diamante, diamantino.
  black ~s 1. diamantes escuros. 2. carvão. ~ **cut** ~ (Prov.) tanto por tanto. **rough** ~ 1. diamante bruto. 2. pessoa grosseira porém honesta e boa.

diamond-back s. 1. tartaruga palustre f. 2. espécie de mariposa f. 3. espécie de cascavel f.

diamond-cut adj. lapidado, facetado.

diamond-cutter s. lapidário m.

diamond-cutting s. lapidação de diamantes f.

diamond-dust s. pó de diamante m.

diamond-field s. terreno diamantífero m.

diamond jubilee s. 60° aniversário de um acontecimento m.

diamond-mine s. mina de diamantes f.

diamond-point s. ferramenta com diamante na ponta para lapidar, gravar, etc. f.

diamond ring effect s. (Astron.) efeito m. de anel de diamantes (em volta da Lua, antes e depois de um eclipse total).

diamond-wedding s. 60° aniversário de casamento m.

Diana [dai'ænə] s. 1. (Mitol.) Diana f.: deusa da lua e da caça. 2. (Poet.) lua, f. 3. amazona f.: mulher que monta a cavalo. 4. caçadora f.

diandrous [dai'ændrəs] adj. diandro, que tem dois estames.

diapason [daiəp'eizən] s. (Mús.) 1. diapasão m., melodia, ária f., acorde m., extensão da escala de uma voz ou instrumento f. 2. pequeno instrumento que dá um tom determinado e serve para afinação dos instrumentos musicais m. 3. registro de fundação de órgão m.

diaper [d'aiəpə] s. 1. pano de linho ou de seda com figuras geométricas m. 2. guardanapos m. pl. ou toalhas f. pl. com figuras geométricas. 3. fralda f. (quadro C 13). 4. (Arquit.) ornamentos geométricos (esculpidos ou pintados) m. pl. ‖ v. 1. lavrar com figuras geométricas. 2. pôr cueiro em.

diaper work s. = **diaper** 4.

diaphanometer [daiəfan'ɔmitə] s. diafanômetro m.

diaphanous [dai'æfənəs] adj. diáfano, transparente, translúcido. ‖ ~ly adv. transparentemente.

diaphanousness [~nis] s. diafaneidade f.

diaphoretic [daiəfor'etik] s. medicamento que estimula a diaforese m. ‖ adj. diaforético, sudorífico.

diaphragm [d'aiəfræm] s. 1. (Anat.) diafragma m. 2. (Téc.) divisória, membrana f. 3. caixa acústica, caixa sonora f. 4. chapa perfurada usada em certos aparelhos ópticos f. 5. (Fotogr.) diafragma m. (quadro C 3). ‖ v. guarnecer com diafragma, agir sobre alguma coisa por um diafragma.

diaphragmatic [daiəfrəm'ætik] adj. diafragmático.

diapositive [daiəp'ozitiv] s. (Fotogr.) diapositivo m.

diarchy [d'aiərki] s. diarquia f.

diarist [d'aiərist] s. diarista m. + f.

diarrhea, diarrhoea [daiər'iə] s. diarréia f.

diarrhoeal [~l] adj. diarréico.

diary [d'aiəri] s. diário m.

Diaspora [dai'æspərə] s. (Hist.) diáspora f.

diastase [d'aiəsteis] s. (Quím.) diástase f.

diastasic [daiəst'æsik] adj. (Quím.) diastásico.

diastema [daiəst'i:mə] s. diastema m.

diastole [dai'æstəli:] s. 1. (Med.) diástole f.: movimento de dilatação do coração e das artérias m. 2. prolongação da sílaba breve na poesia f.

diastolic [daiəst'ɔlik] adj. diastólico.

diastrophism [dai'æstrəfizm] s. (Geol.) diastrofismo m.

diastyle [d'aiəstail] s. (Arquit.) diastilo, intercolúnio de três módulos m.

diatessaron [daiət'esərən] s. 1. (Mús.) quarto intervalo m. 2. (Teol.) harmonia dos quatro Evangelhos f.

diathermal [daiəθ'ə:məl] adj. diatérmano, diatérmico.

diathermancy [daiəθ'ə:mənsi], **diathermaneity** [daiəθə:mən'i:iti] s. diatermanismo m.: propriedade de transmitir facilmente o calor.

diathermanous, diathermic adj. = **diathermal.**

diathermy [d'aiəθə:mi] s. diatermia f.

diathesis [dai'æθisis] s. (Med.) diátese f.

diatom [d'aiətəm] s. (Bot.) diatomácea f.: alga microscópica.

diatomaceous [daiətəm'eiʃəs] adj. pertencente à família das diatomáceas.

diatomic [daiət'ɔmik] adj. (Quím.) biatômico, que contém dois átomos.

diatomite [dai'ætəmait] s. (Geol.) farinha fóssil f.

diatonic [daiət'ɔnik] adj. (Mús.) diatônico. ‖ ~ally adv. diatonicamente.

diatonic scale s. escala diatônica f.

diatribe [d'aiətraib] s. diatribe, crítica acerba f.

dib [dib] v. 1. = **dibble**. 2. bater levemente.

dibasic [daib'eisik] adj. (Quím.) bibásico, que contém dois átomos de hidrogênio.

dibble [dibl] s. 1. sacho m., sachola, enxada f., instrumento para plantar, para fazer covas na terra m. 2. ação de lançar a isca na água f. ‖ v plantar com sacho, cavar buracos na terra com enxada, fazer covas para plantar.

dibbler [d'iblə] s. 1. aquele que faz covas para plantar. 2. máquina para plantar f.

dibranchiate [daibr'æŋkiit] s. dibrânquio m.: molusco com duas brânquias.

dice [dais] s. pl. 1. dados m. pl. 2. jogo de dados m. 3. pequenos cubos m. pl. ‖ v. 1. jogar dados. 2. arruinar-se neste jogo. 3. ornamentar com, ou tecer em desenhos quadrados. 4. cortar em cubos.

dice-box s. copo (de couro) de dados m.

dicephalous [dais'efələs] adj. bicéfalo, que tem duas cabeças.

dicer [d'aisə] s. jogador de dados m.

dichogamy [daik'ɔgəmi] s. (Bot.) dicogamia f.

dichotomic [daikət'ɔmik] adj. dicotômico, dicótomo, bifurcado.

dichotomize [daik'ɔtəmaiz] v. partir em duas metades, bifurcar.

dichotomous [daik'ɔtəməs] adj. = **dichotomic.**

dichotomy [daik'ɔtəmi] s. (Bot.) dicotomia f., partimento em duas metades m., bifurcação f.

dichroism [d'aikrɔizm] s. (Min.) dicroísmo m.

dichromatic [daikrom'ætik] adj. dicromático, dicrômico, que pode apresentar duas cores.

dichromatism [daikr'oumətizm] s. dicromatismo m.

dichromic [daikr'oumik] adj. dicrômico: a) que pode apresentar duas cores. b) (Quím.) que contém dois átomos de cromo.

dick [dik] s. (E. U. A., gíria) detective m.

Dick s. abrev. de **Richard.**

dickens [d'ikinz] s. diabo, demônio m.

what the ~ que diabo!

dicker [d'ikə] s. 1. (E. U. A.) pequeno comércio m. 2. dezena (especialmente de couros) f. ‖ v. (E. U. A., gíria) pechinchar, regatear, negociar em pequena escala, permutar.

dickie [d'iki] s. 1. babadouro, peitilho m. 2. peito de camisa postiço m. 3. assento do cocheiro ou lacaio na parte traseira da carruagem m. 4. boléia f. 5. asno, burro m. 6. pássaro m.

dicky [d'iki] s. = **dickie.** ‖ adj. duvidoso, singular.

dicky-bird s. passarinho m.

diclinous [d'i:klinəs] adj. (Bot.) diclínico.

dicotyledon [daikɔtil'i:dən] s. (Bot.) dicotilédone m.

dicotyledonous [~əs] adj. dicotiledôneo.

dicrotic [daikr'ɔtik] adj. (Fisiol.) dícroto.

dict. abrev. de 1. **dictator.** 2. **dictionary.**

dicta s. pl. de **dictum.**

dictaphone [d'iktəfoun] s. ditafone m.

dictate [d'ikteit] s. ordem, injunção f., preceito m., doutrina f., ditame m. ‖ [dikt'eit] v. 1. ditar. 2. dar ordens, impor, prescrever, decretar, declarar.

to be ~d to ser mandado, receber ordens.

dictation [dikt'eiʃən] s. 1. ditado m., escrita feita f. 2. ordem f., preceito m.

dictator [dikt'eitə] s. ditador, indivíduo que concentra temporariamente os poderes do Estado m. 2. pessoa despótica, autoritária f. 3. aquele que dita.

dictatorial [diktət'ɔ:riəl] adj. 1. ditatorial, ditatório. 2. arrogante. ‖ ~ly adv. ditatorialmente.

dictatorialness [~nis], **dictatorship** [dikt'eitəʃip] s. 1. ditadura f. 2. (fig.) despotismo m.

diction [d'ikʃən] s. dicção f., estilo m. ou maneira f. de dizer, arte de dizer, expressão f.

dictionary [~əri] s. dicionário m.

Dictograph [d'iktəgræf] s. ditógrafo m.: (marca registrada) aparelho de escuta clandestina.

dictum [d'iktəm] s. 1. dito m., máxima f. 2. sentença, resolução, opinião, anotação f., comentário formal m.

did imperf. do verbo **to do.**

didactic [did'æktik] adj. didático, instrutivo. ‖ ~ally adv. didaticamente.

didapper [d'aidæpə] s. (Orn.) mergulhão m.: ave aquática, o mesmo que **dabchick.**

diddle [didl] v. 1. titubear, vacilar, cambalear, tropeçar, hesitar. 2. perder tempo. 3. enganar, lograr, trapacear, exceder em astúcia.

didn't abrev. de **did not.**

dido [d'aidou] s. burla, cambalhota f., truque m.

die [dai] (I) (pl. **dice, dies**) s. 1. dado m. 2. (pl. **dice**) azar m., sorte f., fado, destino m. 3. jogo de dados, (Arquit., pl. **dies**) soco, cubo m. 4. (Téc.) cunho, molde m., estampa, matriz, cassonete (quadro L 5), fieira f., qualquer ferramenta f. ou aparelho m. para cunhar, talhar, estampar ou moldar.

die [dai] (II) v. 1. morrer (**from, of** de), expirar, falecer, extinguir-se. 2. perder a força ou a vitalidade, definhar, consumir-se, apagar-se, findar. 3. acabar, interromper-se, parar. 4. desvanecer, desaparecer. 5. desmaiar(-se), esmorecer, desfalecer. 6. secar, murchar (falando de flores).

to be dying to do desejar ardentemente fazer algo. **to ~ a fair (a natural) death** morrer de morte natural. **to ~ a general** morrer como general. **to ~ away** 1. definhar, evaporar-se. 2. desmaiar. **to ~ by the sword** morrer à espada. **to ~ for** 1. languir, almejar. 2. sacrificar-se por, morrer por. **to ~ for love** morrer de amor. **to ~ in harness** morrer trabalhando. **to ~ in one's bed** ter morte natural. **to ~ of laughing** morrer de riso. **to ~ off** languir, morrer em massa. **to ~ out** extinguir-se, findar, cessar, apagar-se. **to ~ through homesickness** morrer de nostalgia. **to ~ with one's boots** morrer trabalhando.

die-away adj. desfalecido, enfraquecido, lânguido.

die block s. dado do setor m.

die-casting s. peça coada em matriz, fundição sob pressão f.

Diegueño [diəg'einjou] s. 1. tribo indígena f. do Sul da Califórnia (E. U. A.). 2. idioma m. falado por essa tribo.

die forging s. forjamento em estampa m.

Dieffenbachia [difənb'a:kiə] s. (Bot.) Dieffenbáquia f.: 1. gênero de plantas eretas da família das Aráceas. 2. planta desse gênero.

die-hard s. teimoso m., pessoa obstinada, corajosa f. ‖ adj. teimoso, obstinado, inflexível, persistente.

die head s. porta-tarraxa f.

dielectric [daiil'ektrik] adj. dielétrico.

~ heating aquecimento dielétrico.

die-plate s. tarraxa de palmatória f.

dieresis [dai'erəsis] (pl. **diereses**) s. diérese, f. trema m.

dieretic [daiər'etik] adj. dierético.

Diesel engine s. motor Diesel m.

Diesel oil, ~ **fuel** s. óleo Diesel m.

die-sinker s. gravador de matrizes ou cunhos m.

die-sinking s. gravação de matrizes ou cunhos f.

Dies irae [d'aii:z'airi:] s. 1. dia do julgamento. 2. hino latino referente ao dia do juízo m. universal e que se reza em missas de defunto.

diesis [d'aiəsis] s. 1. (Mús.) díese f., sustenido m. 2. (Tipogr.) cruz impressa f.: sinal de referência.

die stock s. tarraxa de cassonetes f.

diet [d'aiət] s. 1. dieta f., regime m. 2. alimento, sustento m., ração diária f. 3. dieta, assembléia legislativa de alguns países f. ‖ v. 1. fazer dieta, pôr em dieta, prescrever a dieta de, alimentar-se seguindo um regime. 2. sustentar, nutrir, alimentar-se.

dietary [~əri] s. regime m., dieta f., conjunto de alimentos prescrito pelo médico m. ‖ adj. dietético, relativo a dieta, de dieta.

dieter [~ə] s. aquele que prescreve a dieta ou aquele que está de dieta.

dietetic(al) [daiit'etik(əl)] adj. dietético. ‖ ~**ally** adv. dieteticamente.

dietetics [~s] s. pl. dietética f.

diethylstilbestrol [dieθəlstilb'estroul] s. (Quím.) dietilestilbestrol m.

dietician [daiit'iʃən], **dietitian** s. dietista m.+f.: pessoa especializada em preparar dietas.

differ [d'ifə] v. 1. (**from**) diferir. 2. (**with**) ser de opinião contrária, dissentir, divergir, discordar, diferenciar-se de. 3. variar. 4. altercar.

difference [d'ifrəns] s. 1. diferença, falta de semelhança, divergência, diversidade, distinção f. 2. desconformidade, controvérsia, disputa, querela, altercação f. 3. intervalo m., distância entre dois números, subtração indicada f. ‖ v. fazer diferença, distinguir, discriminar, diferenciar-se.

different [d'ifrənt] adj. diferente (**from** de), distinto, diverso, dessemelhante, desigual, variado. ‖ ~**ly** adv. diferentemente, diversamente.

differentia [difər'enʃiə] s. diferença f.

differentiable [difər'enʃəbəl] adj. diferenciável.

differential [~l] s. 1. diferencial f., diferença infinitamente pequena entre dois valores de uma quantidade f., produto da derivada de uma função pelo acréscimo da variável independente m. 2. diferencial m.: aparelho que conserva o automóvel em equilíbrio na passagem das curvas. ‖ ~**ly** adv. diferencialmente.

differential calculus s. (Mat.) cálculo diferencial m.

differential compaction s. (Geol.) sedimentação diferencial f.

differential gauge s. manômetro diferencial m.

differential gear s. diferencial m.

differential psychology s. psicologia diferencial f.: (Psicol.) estudo de diferenças características de grupos ou indivíduos.

differential screw s. rosca diferencial f.

differentiate [difər'enʃieit] v. 1. diferenciar, distinguir, discriminar, fazer diferença ou distinção entre, tornar diverso, diferenciar-se. 2. (Mat.) calcular ou achar a diferencial.

differentiation [difərenʃi'eiʃən] s. 1. diferenciação f. 2. (Mat.) cálculo para achar uma diferencial.

difficult [d'ifikəlt] adj. 1. difícil, dificultoso. 2. enfadonho, árduo, penoso, intricado, difícil de entender ou de contentar, caprichoso, rabugento. ‖ ~**ly** adv. dificilmente, dificultosamente.

difficulty [~i] s. 1. dificuldade, qualidade do que é difícil f. 2. obstáculo, impedimento m., objeção, situação crítica f., embaraço m. 3. disputa, querela f., desacordo m. 4. (pl.) embaraço financeiro m. 5. fadiga f., apuro m., relutância f.

diffidence [d'ifidəns] s. difidência, desconfiança, falta de confiança em si mesmo, timidez, modéstia f.

diffident [d'ifidənt] adj. difidente, desconfiado, tímido, acanhado, modesto. ‖ ~**ly** adv. desconfiadamente, timidamente.

diffract [difr'ækt] v. 1. difratar, fazer difração de. 2. apartar, separar. 3. (Ópt.) desviar os raios luminosos.

diffraction [difr'ækʃən] s. difração f., desvio dos raios luminosos, quando incidem num corpo opaco m.

diffractive [difr'æktiv] adj. (Ópt.) difrativo, que pode originar difração. ‖ ~**ly** adv. difrativamente.

diffractiveness [~nis] s. qualidade do que é difrativo.

diffuse [difj'u:z] v. 1. difundir, espalhar(-se), derramar, propagar, circular. 2. dispersar(-se), dissipar. 3. entremear, misturar. ‖ [difj'u:s] adj. 1. difuso, espalhado. 2. dilatado, extenso. 3. prolixo, redundante. ‖ ~**ly** adv. difusamente, prolixamente.

diffused [difj'u:zd] adj. 1. difuso, espalhado. 2. prolixo. 3. irregular. ‖ ~**ly** adv. difusamente, prolixamente.

diffused lighting s. luz difusa f.

diffuseness [difj'u:snis] s. difusão, propagação, prolixidade, extensão f.

diffuser [difj'u:zə] s. difusor m., que ou aquele que difunde, espalha.

diffusible [difj'u:zibl] adj. difusível, dispersável.

diffusibleness [~nis] s. difusibilidade f.

diffusion [difj'u:ʒən] s. 1. difusão f., derramamento, espargimento m. 2. dispersão f. 3. propagação, disseminação, divulgação f. 4. prolixidade f.

diffusive [difj'u:siv] adj. 1. difusivo, difuso, difusível. 2. extenso, prolixo, verboso. ‖ ~**ly** adv. 1. difusamente, extensamente. 2. prolixamente.

diffusiveness [~nis] s. 1. difusão, extensão f. 2. prolixidade f.

diffusor s. = **diffuser.**

dig [dig] s. 1. ação de cavar, escavação f. 2. empurrão m. 3. observação sarcástica f. ‖ v. 1. cavar, escavar, cavoucar, revolver a terra com enxada ou pá, trabalhar com enxada ou pá, tirar cavando, obter alguma coisa cavando. 2. abrir caminho cavando, furar, trespassar. 3. labutar, trabalhar ou estudar arduamente. 4. empurrar, impelir com força, fincar. 5. indagar à procura de informações.

to dig ~ **at** fazer uma observação sarcástica ou mordaz. **to** ~ **a hole** fazer um buraco (na terra). **to** ~ **for** cavar na terra buscando alguma coisa. **to** ~ **in** 1. entrincheirar-se, cavar trincheiras. 2. trabalhar com afinco. **to** ~ **into** trabalhar arduamente. **to** ~ **oneself in** 1. tomar aposentos, alojar-se. 2. recusar mexer-se ou ceder. 3. fazer-se indispensável. **to** ~ **out** 1. tirar, retirar cavando, desenterrar. 2. obter por indagação. **to** ~ **through** abrir caminho, trespassar, furar. **to** ~ **up** 1. escavar, tirar cavando, desenterrar, revolver a terra. 2. obter por indagação, trazer à luz.

digamma [daig'æmə] s. letra F do alfabeto grego primitivo f.

digamy [d'igəmi] s. segundas núpcias f. pl.

digastric [daig'æstrik] adj. (Anat.) digástrico.

digest [d'aidʒəst] s. digesto m., condensação f., sumário m., compilação, resenha f. ‖ [didʒ'est] v. 1. digerir, fazer digestão, ser digerido. 2. (Quím.) macerar, amolecer, preparar, cozer, dissolver. 3.

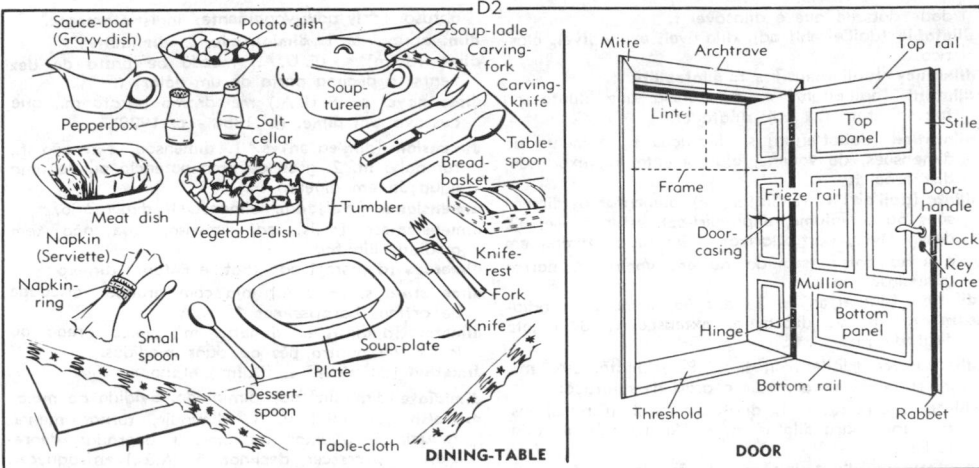

DINING-TABLE

DOOR

agrupar, classificar, compilar, sistematizar, suma-rizar. 4. meditar, assimilar mentalmente, considerar, ordenar as coisas no seu espírito. 5. suportar com resignação, levar com paciência.

digester [~ə] s. 1. digestor m.: aparelho para a cocção de certas substâncias. 2. aquele que faz digestão. 3. qualquer coisa que facilita a digestão.

digestibility [didʒestəb'iliti] s. digestibilidade, qualidade do que é digerível f.

digestible [~ibl] adj. digestível, que pode ser digerido, de fácil digestão.

digestion [didʒ'estʃən] s. digestão, assimilação dos alimentos no estômago f. 2. (Quím.) cozimento, amolecimento m., extração f. 3. ação f. de assimilar mentalmente, de ordenar, aé compilar,

digestive [didʒ'estiv] s. 1. medicamento que facilita a digestão m. 2. (Med.) supurativo m. || adj. digestivo, relativo à digestão, que facilita a digestão. ~ **system** sistema digestivo.

digger [d'igə] s. 1. cavador, cavouqueiro m. 2. qualquer máquina, parte de uma máquina ou ferramenta que cava, que revolve a terra f.

digging [d'igiŋ] s. ação de cavar a terra f.

diggings pl. [~s] s. 1. material escavado m. 2. local m. de escavação ou mineração, esp. mina de ouro. 3. (coloq.) acampamento garimpeiro m. 4. (coloq.) moradia f.

digit [d'idʒit] s. 1. dígito m. 2. dedo m. 3. medida equivalente a 3/4" f. 4. qualquer número abaixo de 10 m. 5. 12.ª parte dos diâmetros do sol ou da lua (para o cálculo dos eclipses) f. 6. (Anat. e Zool.) dedo m.

digital [~əl] s. tecla de piano ou órgão f. || adj. digital. || ~**ly** adv. digitalmente.

digital computer s. computador digital m.

digitalin [didʒit'eilin] s. (Quím.) digitalina f.: substância orgânica, glicosido extraído da Digitalis purpurea.

digitalis [didʒit'eilis] s. 1. (Bot.) digital (Digitalis purpurea) f., também chamada dedaleira f. (o mesmo que **foxglove**). 2. digitalina f.: medicamento usado como tônico do coração.

digitate [d'idʒitit] adj. ~**d** [d'idʒiteitid] adj. digitado, (Bot.) digitifoliado. || **-ately** adv. digitadamente.

digitation [didʒit'eiʃən] s. digitação f.

digitiform [didʒ'itifə:m] adj. digitiforme, digitado.

digitigrade [d'idʒitigreid] s. digitígrado m.: animal que anda nas pontas dos dedos. || adj. digitígrado.

diglot [d'aiglɔt] s. edição bilíngüe f. || adj. bilíngüe.

dignified [d'ignifaid] adj. 1. digno, cheio de dignidade. 2. honrado, nobre. || ~**ly** adv. dignamente.

dignify [d'ignifai] v. 1. dignificar, tornar digno, elevar a uma dignidade. 2. engrandecer, nobilitar(-se), ilustrar, exaltar.

dignitary [d'ignitəri] s. dignitário m.

dignity [d'igniti] s. 1. dignidade, decência, respeitabilidade, nobreza f., decoro m. 2. distinção f., alto cargo ou ofício honorífico m. 3. dignitário m.

digraph [d'aigræf] s. (Gram.) dígrafo, digrama m.: grupo de duas letras que representa um único som ou articulação.

digraphic [daigr'æfik] adj. relativo a dígrafo ou digrama.

digress [daigr'es] v. 1. digressionar, divagar, desviar, fazer uma digressão, desencaminhar. 2. apartar-se do assunto principal.

digression [daigr'eʃən] s. 1. digressão f., digresso m., divagação f., afastamento m. 2. desvio do rumo ou do assunto principal m.

digressional [~əl] adj. = **digressive**.

digressive [digr'esiv] adj. digressivo, em que há digressão, que se afasta. || ~**ly** adv. digressivamente, por digressão.

digressiveness [~nis] s. digresso m., digressão f., afastamento m.

dihedral [daih'i:drəl] adj. diedro. || ~**ly** adv. em diedro.

dihedron [daih'i:drɔn] s. (Geom.) ângulo diedro m.

dike [daik] s. 1. dique m., represa f., fosso, molhe, açude m. 2. canal m., vala f. 3. passadiço m. 4. (Geol.) solidificação de magma eruptivo nas fendas das das rochas f. 5. (Min.) veio mineral m. 6. (fig.) barreira f., obstáculo m. || v. 1. cercar de dique, represar, deter o curso de águas. 2. drenar por meio de valas, fossos ou canais.

diker [d'aikə] s. construtor de diques m.

dike-reeve s. superintendente m. + f. dos diques, represas, açudes, comportas, etc., nos distritos pantanosos.

dilacerate [dail'æsəreit] v. dilacerar.

dilapidate [dil'æpideit] v. 1. dilapidar. 2. demolir, destruir, decair. 3. estragar-se, arruinar(-se).

dilapidation [dilæpid'eiʃən] s. dilapidação f., estrago m., deterioração, ruína, decadência f.

dilapidator [dil'æpideitə] s. dilapidador, desbaratador, arruinador m.

dilatability [daileitəb'iliti] s. dilatabilidade, propriedade daquilo que è dilatável f.

dilatable [dail'eitəbl] adj. dilatável, expandível, elástico.

dilatancy [dail'eitənsi] s. = **dilatability.**

dilatant [dail'eitənt] s. substância que dilata ou faz dilatar f. ‖ adj. dilatador.

dilatation [dailət'eiʃən] s. dilatação f., aumento de dimensões, de volume, alargamento m., expansão, distensão f.

dilate [dail'eit] v. 1. dilatar(-se), aumentar as dimensões ou o volume, expandir(-se), estender(-se). 2. desenvolver, particularizar, falar muito tempo em alguma coisa (seguido de **on, upon**). 3. narrar minuciosamente.

dilation [dail'eiʃən] s. 1. dilação, demora f., adiamento m. 2. dilatação, extensão f. 3. objeto dilatado m.

dilatometer [dailət'ɔmitə] s. (Fís.) dilatômetro m.: instrumento para medir o grau de dilatação.

dilator [dail'eitə] s. 1. dilatador m. 2. (Cirurg.) instrumento para dilatar m. 3. (Anat.) músculo dilatador m.

dilatoriness [d'ilətərinis] s. dilação, demora f., retardamento m., lentidão f.

dilatory [d'ilətəri] adj. dilatório, lento, demorado, que causa demora, que retarda. ‖ **–rily** adv. dilatoriamente, lentamente.

dilemma [dil'emə] s. 1. dilema m. 2. embaraço m., situação embaraçosa f., aperto m.
on the horns of a ~ numa alternativa embaraçosa.

dilemmatic [dilem'ætic] adj. dilemático, que encerra dilema.

dilettante [dilit'ænti] s. 1. diletante, apreciador de música e belas-artes m. 2. amador m. 3. brincalhão frívolo m. ‖ adj. 1. diletante. 2. superficial.

dilettantish [~ ʃ] adj. 1. como diletante. 2. superficial.

dilettantism [~ zm] s. diletantismo m.

diligence [d'ilidʒəns] (I) s. diligência f.: carruagem usada antigamente.

diligence [d'ilidʒəns] (II) s. 1. diligência, aplicação, assiduidade f. 2. zelo m., atenção, atividade f.

diligent [d'ilidʒənt] adj. diligente, aplicado, estudioso, zeloso, atento, assíduo. ‖ **~ly** adv. diligentemente, atenciosamente.

dill [dil] s. 1. (Bot.) endro, aneto (Anethum graveolens) m. 2. as respectivas folhas ou grãos usados como tempero.

dill-pickle s. pepinos em conserva, temperados com endro m. pl.

dill-water s. remédio popular contra flatulência, para crianças m.

dilly [d'ili] adj. (gíria) bacana (pessoa ou coisa).

dilly-dally v. vadiar, desperdiçar o tempo, molengar.

dilly-dallying s. desperdício de tempo m.

diluent [d'iljuənt] s. diluente m. ‖ adj. diluente.

dilute [dilj'u:t] v. diluir, diminuir a concentração de um líquido, misturar com água, dissolver, enfraquecer, abrandar. ‖ adj. (também **~d**) diluído, diluto, fraco.

diluteness [~ nis] s. diluição f., diluimento m.

dilution [dailj'u:ʃən] s. diluição f., ato ou efeito de diluir m.

diluvial [dil'u:viəl], **diluvian** [dil'u:viən] adj. diluvial, diluviano, de ou relativo ao dilúvio.

diluvium [dil'u:viəm] s. (Geol.) diluvião m.

dim [dim] v. ofuscar, turvar, escurecer, obscurecer, tornar pouco visível ou compreensível, turvar a vista, deslustrar, embaraçar. ‖ adj. 1. escuro, ofuscado, turvo, sombrio, opaco, obscuro, baço, embaçado. 2. difícil de entender ou de compreender, indistinto, vago, fraco, mate, pouco claro. 3. (fig.)

obtuso. ‖ **~ly** adv. vagamente, indistintamente.

dim. abrev. de 1. **diminuendo.** 2. **diminutive.**

dime [daim] s. (E. U. A.) moeda de prata de dez cents (a décima parte de um dólar) f.

dime novel s. (E. U. A.) melodrama barato m., que custava um **dime.** (c. 1850 - c. 1920).

dimension [dim'enʃən] s. 1. dimensão, extensão f., tamanho m. 2. grau de uma potência ou de uma equação em álgebra m.

dimensional [~ əl] *adj. dimensível, dimensório.

dimensionless [~ lis] adj. imenso, que não tem medida, ilimitado.

dimerous [d'imərəs] adj. (Bot. e Entom.) dímero.

dime store s. (E. U. A.) loja com grande variedade de artigos baratíssimos f.

dimeter [d'imitə] s. dímetro m.: verso grego ou latino de quatro pés ou duas medidas.

dimethyl [daim'eθil] s. (Quím.) etano m.

dimidiate [dim'idiit] adj. dimidiado, dividido ao meio.

diminish [dim'iniʃ] v. 1. diminuir, tornar menor, reduzir. 2. abaixar, rebaixar. 3. degradar, depreciar. 4. decrescer, declinar. 5. (Mús.) enfraquecer. 6. subtrair. 7. afilar-se, adelgaçar.

diminishable [~ əbl] adj. que se pode diminuir, reduzível.

diminished [~ t] adj. diminuído, reduzido.

diminisher [~ ə] s. diminuidor m., que ou aquele que diminui.

diminishingly adv. desprezivelmente, de forma diminuente.

diminishing returns s. (Econ.) diminuição proporcional f. do crescimento da produtividade, após certa fase no aumento do capital, trabalho, etc.

diminuendo [diminju'endou] s. (Mús.) diminuendo m. ‖ adj. (Mús.) diminuendo. ‖ adv. (Mús.) diminuendo.

diminution [diminj'u:ʃən] s. 1. diminuição, redução f. 2. subtração f. 3. abatimento m., quantidade diminuída f. 4. (Arqut.) diminuição das colunas f.

diminutive [dim'injutiv] s. 1. qualquer coisa ou pessoa muito pequena f. 2. (Gram.) diminutivo m. ‖ adj. 1. diminuto, diminutivo. 2. (Gram.) diminutivo. ‖ **~ly** adv. diminutivamente.

diminutiveness [~ nis] s. pequenez f.

dimissory [dim'isəri] adj. demissório, de despedida.

dimissory letter s. demissórias f. pl.: as letras ou cartas pelas quais um prelado autoriza outro a conferir ordens sacras a um diocesano daquele.

dimity [d'imiti] s. fustão listrado m.: tecido de algodão para cortinas, colchas de cama, etc.

dimmer [d'imə] s. 1. (Elet.) regulador para iluminação m. 2. que ou aquele que ofusca, turva, deslumbra, embaça, etc.

dimmish [d'imiʃ] um tanto escuro ou turvo.

dimness [d'imnis] s. 1. obscuridade f. 2. falta de clareza f.

dim-out s. escurecimento parcial em tempo de guerra m.

dimple [dimpl] s. 1. covinha (nas faces ou no queixo) f. 2. qualquer covinha numa superfície plana f. 3. ondulação das águas f. ‖ v. 1. formar covinhas. 2. ondear, encarneirar.

dimpled [dimpld] adj. que tem covinhas.

dimply [d'impli] adj. cheio de covinhas.

dim-sighted adj. turvo, opaco, baço, obtuso.

dimwit [d'imwit] s. (gíria) pessoa estúpida, lerda f.

din [din] s. estrondo m., grande bulha f., ruído contínuo, rumor, estampido m. ‖ v. atordoar, estrondear, atroar, aturdir, fazer um grande estrondo.

dinar [di:n'a:] s. dinar m. a) (Hist.) moeda de ouro de países islâmicos. b) moeda de países árabes, do Irã, da Iugoslávia.

dine [dain] v. 1. jantar. 2. dar jantar a.
to ~ out jantar fora de casa. to ~ with Duke
Humphrey ficar sem jantar.
diner [d'ainə] s. 1. aquele que janta. 2. vagão restaurante (dining-car) m.
diner-out s. 1. o que janta fora de casa. 2. (fam.)
papa-jantares m.
dinette [dain'et] s. (E. U. A.) pequena sala de jantar f.
ding [diŋ] s. tinido de sino m. ‖ v. 1. tinir, soar,
ressoar, repercutir. 2. bater com violência, dar
pancadas, chorar, golpear, ferir. 3. arrojar, lançar alguma coisa com força. 4. imprecar, rogar
uma praga. 5. vencer, exceder. 6. (coloq.) reiterar,
repetir continuamente, insistir. 7. estar comovido
ou impressionado.
ding-dong s. 1. dobre, tinido ou toque de sino m.,
palavra inventada para imitar o som dos sinos f.
2. (Mús. e Poes.) quadrinha, correspondência de
som nas rimas f. ‖ v. 1. tinir, retinir, fazer soar.
2. rimar. 3. falar, recitar ou ler de modo soante
ou retininte. ‖ adj. soante, que soa como campainha, tininte. ‖ adv. soantemente, sonoramente.
ding-dong race s. corrida empatada f.
dingey s. = dinghy.
dinghy [d'iŋgi] s. (Náut.) escaler m.: qualquer pequeno barco ou bote (quadro S 2).
dinginess [d'indʒinis] s. 1. imundície, cor suja ou
sombria f. 2. sujeira f.
dingle [diŋgl] s. desfiladeiro, pequeno vale entre
outeiros arborizados m., garganta f.
dingle-dangle adj. bamboleante.
dingo [d'iŋgou] s. (Zool.) dingo m.: cão selvagem da
Austrália.
dingy [d'indʒi] s. = dinghy. ‖ adj. sujo, esquálido,
sombrio, desbotado. ‖ –gily adv. sombriamente.
dining [d'ainiŋ] s. jantar, ato de jantar m.
dining-car s. vagão restaurante m.
dining-hall s. refeitório m.
dining-out s. jantar fora de casa m.
dining-room s. sala de jantar f.
dining-table s. mesa de sala de jantar f. (quadro D 2).
dink [diŋk] v. ataviar, enfeitar(-se), vestir-se elegantemente. ‖ adj. elegante, garboso.
dinkey [d'iŋki] s. (E. U. A.) pequena locomotiva f.
dinky [d'iŋki] adj. (fam.) 1. encantador, gracioso,
gentil. 2. insignificante, pequeno.
dinner [d'inə] s. 1. jantar m. 2. banquete m.
dinner dance s. jantar dançante m.
dinner-hour s. hora de jantar f.
dinner-jacket s. smoking m.: paletó preto, com lapelas de seda, usado à noite.
dinnerless adj. sem jantar.
dinner party s. banquete m.
dinner service, dinner-set s. serviço de mesa m.
dinner table s. mesa da sala de jantar f.
dinner-time s. hora de jantar f.
dinner-waggon s. carrinho de servir à mesa m. (quadro F 8).
dinnerware [d'inəwɛə] s. louça f., copos e talheres
m. pl. para a mesa.
dinosaur [d'ainəsɔː] s. dinossauro m.
dinosaurian [dainəs'ɔːriən] s. dinossauro m. ‖ adj.
relativo a dinossauro.
dint [dint] s. 1. pancada f., golpe m. 2. mossa f.,
vestígio de pancada m. 3. (†) meio m., força
f. ‖ v. morsegar, mossegar, fazer mossa em.
by ~ of por meio de, à força de.
diocesan [dai'ɔsisən] s. 1. bispo diocesano m. 2.
diocesano m. ‖ adj. diocesano.
diocese [d'aiəsis] s. diocese f.
diode [d'aioud] s. (Eletrôn.) díodo m.
lioecious [dai'iːʃəs] adj. (Bot.) dióico. ‖ ~ly de modo
dióico.

Dionysian [daiən'iziən] adj. dionisíaco.
diopside [dai'ɔpsaid] s. (Miner.) diopsídio m.
dioptase [dai'ɔɔteis] s. (Min.) dioptásio m.
dioptometer [caiɔpt'ɔmitə] s. (Ópt.) dioptômetro m.
dioptre, dicpter [dai'ɔptə] s. (Ópt.) dioptria f.
dioptric [dai'ɔptrik] adj. (Ópt.) dióptrico, relativo à
dioptria, refrativo. ‖ ~ally adv. por meio da
dióptrica.
dioptrics [~s] s. pl. (Ópt.) dióptrica f.: parte da física que estuda a refração da luz.
diorama [daiər'aːmə] s. diorama m.
dioramic [daiər'æmik] adj. diorâmico, relativo a diorama.
diorite [d'aiərait] s. (Geol.) diorito m.
dioxide [dai'ɔksaid] s. (Quím.) bióxido m.
dip [dip] s. 1. mergulho m. 2. bunho (especialmente
de mar) m. 3. banho de imersão m. 4. qualquer
mistura para banho de imersão f. 5. vela de sebo
que se faz molhando a torcida em sebo derretido,
repetidas vezes f. 6. porção que se pega de uma
vez com a mão ou com uma colher grande f.
7. inclinação f., pendor m., depressão f. 8. (Geol.)
mergulho m., inclinação das camadas ou do veeiro,
dada pelo ângulo feito com a horizontal f. 9. grau
de submersão m. 10. preparado para lavar carneiros m. 11. reverência f., cumprimento m. 12.
(gíria) batedor de carteiras m. ‖ v. (imp. e p.p.
dipped ou dipt) 1. mergulhar, molhar, imergir,
meter em algum líquido e retirar rapidamente,
banhar, umedecer, empapar, ensopar. 2. levantar
com a mão ou colher e despejar. 3. saudar abaixando e levantando de novo uma bandeira. 4.
abaixar por um momento. 5. tingir num líquido.
6. batizar por imersão. 7. fazer uma reverência.
8. curvar-se, inclinar(-se). 9. baixar o vôo. 10.
(into) ocupar-se superficialmente de algum assunto
ou negócio, folhear um livro, olhar de relance.
11. baixar os faróis. 12 declinar, desaparecer,
pôr-se no horizonte.
the ~ of the horizon abatimento de horizonte. the
~ of the needle inclinação da agulha. to have
a ~ dar um mergulho. to ~ deep into investigar, penetrar, mergulhar.
dipetalous [daip'etələs] adj. (Bot.) dipétalo, que tem
duas pétalas.
diphase [d'aifeiz] adj. (Eletr.) bifásico.
diphtheria [difθ'iːriə] s. (Pat.) difteria f.
diphtherial [~l] adj. diftérico, relativo à difteria.
diphtheritic [difθer'itik] = diphtherial.
diphtheroid [d'ifθərɔid] adj. semelhante à difteria ou
ao bacilo que a causa.
diphthong [d'ifθɔŋ] s. (Gram.) ditongo m.
diphthongal [difθ'ɔŋgəl] adj. ditongal. ‖ ~ly adv.
como ditongo.
diphthongize [d'ifθɔŋgaiz] v. ditongar, fazer ditongo
de, converter em ditongo.
diplex [d'aipleks] adj. 1. duplex. 2. (Eletr.) em circuito duplo.
diploe [d'iploui:] s. (Anat.) díploe m.
diploid [d'iplɔid] adj. 1. duplo. 2. de duas partes.
diploma [dipl'oumə] s. diploma m.
diplomacy [dipl'ouməsi] s. 1. diplomacia f. 2. habilidade, astúcia f. 3. tato, tino m., prudência f.
diplomaed [dipl'ouməd] adj. diplomado.
diplomat [d'iplomæt] s. diplomata m. + f.
diplomatic [diplom'ætik] adj. 1. diplomático, relativo
à diplomacia ou ao corpo diplomático. 2. que tem
tato, hábil, sagaz. ‖ ~ally adv. diplomaticamente.
diplomatic corps s. corpo diplomático m.
diplomatic immunity s. imunidade diplomática f.
diplomatics [diplom'ætiks] s. diplomática f.: arte de
leitura e conhecimento dos diplomas antigos.

diplomatist [dipl'oumətist] s. 1. diplomatista m. + f., pessoa versada em diplomática f. 2. diplomata m. + f. 3. pessoa fina f., de porte distinto ou hábil nos negócios.

diplomatize [dipl'oumətaiz] v. 1. conferir diplomas. 2. tratar com diplomacia. 3. agir diplomaticamente.

diplopia [dipl'oupiə] s. (Med.) diplopia, visão dupla f.

dipnoi [d'ipnɔi] s. pl. (Zool.) dipneustas m. pl.

dipnoid [~d] adj. (Zool.) dipnóico.

dipody [d'ipədi] s. dímetro m.

dipolar [daip'oulə] adj. (Elet. e Ópt.) bipolar.

dipolarization [daipouləraiz'eiʃən] s. depolarização f.

dipolarize [~raiz] v. depolarizar.

dipper [d'ipə] s. 1. mergulhador m. 2. caneca, para tirar água f. 3. (fam.) anabatista m. + f. 4. (Orn.) mergulhão m.: nome de várias aves palmípedes. 5. (E. U. A.) grupo de sete estrelas da constelação da Ursa Maior m. 6. (Fot.) dispositivo para retirar os negativos do banho revelador m.

dipping [d'ipiŋ] s. 1. mergulho, ato de mergulhar ou molhar m. 2. inclinação da agulha f.

dipping compass, dipping-needle s. agulha de inclinação, bússola de inclinação f.

dipping process s. processo de mergulho m.

dipping-tube s. tubo para retirar objetos microscópicos de um líquido m.

dippy [d'ipi] adj. (gíria) insensato, amalucado.

dipsomania [dipsom'einiə] s. (Patol.) dipsomania f.

dipsomaniac [dipsom'einiæk], **~al** [~əl] adj. (Patol.) dipsomaníaco.

diptera [d'iptərə] s. pl. (Zool.) dípteros m. pl.

dipteral [~l] adj. (Arquit.) diz-se de um templo rodeado de duas fileiras de colunas.

dipteran [~n] s. díptero m. ‖ adj. (também **dipterous**) díptero, que tem duas asas, diptérico.

diptych [d'iptik] s. díptico.

dire [d'alə] adj. horrendo, medonho, terrível, lúgubre.

direct [dir'ekt] v. 1. dirigir, conduzir, guiar, encaminhar para, tornar. 2. administrar, gerir, controlar, servir de guia, chefe, etc. 3. apontar, mostrar, indicar, ensinar o caminho a. 4. endereçar. 5. instruir, ensinar. 6. governar, ordenar, mandar, comandar. 7. dirigir a palavra a. 8. prescrever, aconselhar. 9. enviar alguém a outrem. 10. visar, apontar, tender. ‖ adj. 1. direito, reto. 2. imediato, o mais próximo, o mais curto. 3. sem rodeios, sem intermediário. 4. sincero, franco, claro, verídico, exato. 5. em linha reta, relativo ao parentesco. 6. (Gram.) direto. 7. diametral. 8. decisivo, conclusivo. 9. (Astron.) na direção do movimento dos planetas, de oeste a leste. ‖ adv. 1. imediatamente. 2. diretamente. 3. absolutamente. 4. sem intervalo. ‖ **~ly** adv. 1. diretamente, em linha reta. 2. incontinenti. 3. imediatamente, logo que. 4. sem rodeios, claramente. 5. precisamente.

direct action s. ação direta f.

direct circuit s. circuito direto m.

direct current s. corrente contínua f.

direct examination s. (Jur.) interrogatório inicial, direto m.

direct interval s. (Mús.) intervalo direto m.

direction [dir'ekʃən] s. 1. direção f., ato de dirigir m. 2. corporação dirigente, administração f., controle m., superintendência, diretoria f. 3. objetivo, rumo, curso m. 4. ordem, instrução f., comando m., orientação f. 5. tendência f., procedimento, sentido m. 6. regra, norma f. 7. endereço m.

directional [~el] adj. direcional.

directional aerial s. antena direcional f.

direction finder s. radiogoniômetro m.

directions [dir'ekʃəns] s. pl. 1. sobrescrito de uma

carta m. 2. instruções (para uso de) f. pl. 3. diretoria f. 4. campo m. de ação ou de influência.

directive [dir'ektiv] adj. diretivo, que dirige, governa.

direct mail campaign s. campanha de promoção por correspondência f.

directness [dir'ektnis] s. 1. direitura, qualidade do que é direito ou reto f. 2. direção retilínea f. 3. retidão, integridade de caráter f.

direct object s. (Gram.) objeto direto m.

director [dir'ektə] s. 1. diretor m., aquele que dirige, administrador m., superintendente m. + f. 2. guia m. + f., confessor m. 3. aparelho que controla m. **board of ~s** diretoria.

directorate [~rit] s. 1. diretório m., junta, mesa f. 2. diretorado, cargo de diretor (= **directorship**) m.

directorial [direkt'ɔ:riəl] adj. diretorial.

directorship [dir'ektəʃip] s. diretorado, cargo de diretor m.

directory [dir'ektəri] s. 1. diretório m., comissão diretora f., corpo de diretores m. 2. lista telefônica f. 3. anuário, registro que contém nomes e endereços de negociantes e pessoas públicas, livro de endereços m.

direct primary s. (E. U. A., Pol.) eleição primária f. do candidato do partido.

directress [dir'ektris] s. diretora f.

directrix [dir'ektriks] s. 1. diretora f. 2. (Geom.) diretriz f.

direct tax s. impostos diretos m. pl.

direful [d'aiəful] adj. horrendo, medonho, lúgubre, triste, terrível. ‖ **~ly, direly** adv. terrivelmente, pavorosamente, espantosamente, horrivelmente.

direness [d'aiənis] s. pavor, horror m.

dirge [də:dʒ] s. 1. canto ou hino fúnebre m., canção triste f. 2. (Ecles.) ofício fúnebre m.

dirigibility [diridʒəb'iliti] s. qualidade f. ou estado m. de ser dirigível.

dirigible [d'iridʒəbl] s. dirigível, balão dirigível m. ‖ adj. dirigível, que se pode dirigir.

diriment [d'irimənt] adj. (Jur.) anulante, anulador.

dirk [də:k] s. punhal m., adaga f. ‖ v. apunhalar.

dirndl [də:ndl] s. vestido m. de carpete justo e saia folgada.

dirt [də:t] s. 1. lodo m., lama f., barro m., vasa, poeira f. 2. imundície, sujidade, porcaria f. 3. esterco m. 4. sordidez, vileza, baixeza, mesquinhez, sujeira, obscenidade f. 5. (Min.) cascalho m., areia, escória f., refugo m. ‖ v. sujar, emporcalhar ‖ **~ily** adv. sordidamente, sujamente, vilmente. **to do s. o. ~** prejudicar, maltratar. **to eat ~** sofrer injúrias e abusos. **to throw ~ upon a person** caluniar, denegrir.

dirt-cheap adj. baratíssimo.

dirt eating s. (Med.) geofagia f., hábito de comer terra m.

dirt-farmer s. (E. U. A.) pequeno lavrador m. que cultiva a sua terra

dirt inclusion s. inclusões de areia no ferro fundido f. pl.

dirtiness [d'ə:tinis] s. sujidade, porcaria, baixeza, vileza, sordidez, imundície f.

dirt poor adj. pobríssimo, paupérrimo.

dirt road s. estrada de terra batida f.

dirt-scraper s. vassoura mecânica f.

dirt-track s. pista de corrida para motocicletas, de superfície macia e leve f.

dirty [d'ə:ti] v. sujar, emporcalhar, manchar. ‖ adj. 1. sujo, porco. 2. vil, baixo, desprezível, sórdido, obsceno, avarento. 3. de cor suja ou turva. 4. borrascoso, tempestuoso, ventoso.
a ~ fellow trapaceiro, trapalhão. **a ~ trick** trapaça.

to do the ~ on someone prejudicar alguém. to get the ~ water off one's chest escarrar.

dirtyish [~iʃ] adj. um tanto sujo.

dirty work s. 1. porcaria, coisa mal feita f. 2 logro, engano m., trama, intriga f. 3. trabalho sujo, pesado, difícil m.

disability [disəb'iliti] s. inabilidade, incapacidade, impotência, inaptidão, (Jur.) inabilidade jurídica f.
to lie under a ~ estar sob inabilidade jurídica.

disable [dis'eibl] v. 1. inabilitar, incapacitar, tornar inapto, privar alguém de força ou de poder. 2. estropiar, aleijar, mutilar.
~ from doing incapacitar de fazer.

disabled [~d] adj. inválido, incapaz de servir.

disabled man s. mutilado de guerra m.

disablement [~mənt] s. inabilidade, incapacidade, inabilitação, incapacidade de servir f.

disabuse [disəbj'u:z] v. desabusar, tirar do erro.
to ~ oneself of a thing desfazer-se de, abandonar.

disaccord [disək'ɔ:d] s. desacordo m., desarmonia, discordância f. ‖ v. discordar, desacordar, não concordar, estar em desarmonia.

disaccredit [disəkr'edit] v. desautorizar, cassar as credenciais de, privar (alguém) de seus privilégios.

disaccustom [disək'ʌstəm] v. desacostumar, desabituar.
to ~ s. o. to a thing desacostumar alguém de alguma coisa.

disacknowledge [disəkn'ɔlidʒ] v. recusar a reconhecer ou admitir, negar, desaprovar.

disadvantage [disədv'a:ntidʒ] s. 1. desvantagem, falta de vantagem, perda f., prejuízo, detrimento m. 2. inferioridade, condição inferior f. ‖ v. tirar vantagem, prejudicar, causar prejuízo, colocar em situação desfavorável.
at a ~ em desvantagem, em condição inferior. to buy to ~ comprar desvantajosamente. to labour under a ~ estar em desvantagem. to sell to ~ vender com prejuízo. to take s. o. at a ~ prevalecer-se da situação desvantajosa de alguém.

disadvantageous [disædvɑ:nt'eidʒəs] adj. desvantajoso, prejudicial, desfavorável. ‖ ~ly adv. desvantajosamente.

disadvantageousness [~nis] s. desvantagem f.

disadventure [disədv'entʃə] s. acidente m.

disaffect [disəf'ekt] v. desafeiçoar, tirar a afeição a, descontentar, alienar, indispor.

disaffected [~id] adj. desafeiçoado, descontente, desleal, inamistoso. ‖ ~ly adv. desafeiçoadamente, sem afeição.
~ towards s. o. não mais afeiçoado o.

disaffection [disəf'ekʃən] s. desafeição f., desamor m., alienação, desavença, deslealdade, inimizade f.

disaffiliate [disəf'ilieit] v. desligar, desassociar.

disaffirm [disəf'ə:m] v. 1. desafirmar, negar, contradizer. 2. (Jur.) repudiar, revogar, anular.

disaffirmation [disəfɑ:m'eiʃən] s. denegação f., desmentido m., invalidação, revogação, anulação f.

disafforest [disəf'ɔrist] v. desflorestar, desmatar.

disaggregate [dis'ægrəgeit] v. desagregar, separar o que está agregado.

disaggregation [disægrəg'eiʃən] s. desagregação f.

disagree [disəgr'i:] v. 1. desacordar, discordar, não concordar. 2. diferir, divergir, ser diferente, ter opinião diferente, não convir. 3. disputar, desaver-se com alguém. 4. fazer mal ao estômago, ser de efeito desfavorável, ser nocivo. 5. desafinar.

disagreeable [~əbl] adj. desagradável, enfadonho. ‖ -bly adv. desagradavelmente.

disagreement [~mənt] s. 1. discordância f., desacordo m., discórdia, diferença de opinião, divergência, diversidade, dissemelhança f. 2. desavença, desafinação, disputa f. 3. (Téc.) descontinuidade f.

disalignment [disəl'ainmənt] s. mudança de posição, de um eixo, etc. f.

disallow [disel'au] v. desaprovar, proibir, rejeitar, não admitir, negar a autoridade a, não conceder licença.

disallowable [~əbl] adj. inadmissível, insofrível.

disallowance [~əns] s. denegação, desaprovação, proibição f.

disanchor [dis'æŋkə] v. desancorar, levantar a âncora, partir.

disannul [disən'ʌl] v. anular, ab-rogar.

disannulment [~mənt] s. anulação, ab-rogação f.

disappear [disəp'iə] v. desaparecer, sumir-se, perder-se de vista, cessar, extinguir-se, retirar-se.

disappearance [~rəns] s. 1. desaparecimento m., desaparição f. 2. falecimento m.

disappoint [disəp'ɔint] v. 1. desapontar, causar desapontamento. 2. frustrar as esperanças, etc., baldar, fazer malograr. 3. faltar à palavra, não cumprir o prometido. 4. (of) privar de.

disappointed [~id] adj. desapontado, frustrado, logrado, enganado. ‖ ~ly adv. desapontadamente.

disappointing [~iŋ] adj. que causa desapontamento, desconcertante. ‖ ~ly adv. desapontadamente.

disappointment [~mənt] s. desapontamento, mau sucesso, contratempo, revés m., pessoa ou coisa que causa desapontamento m., frustração f.

disapprobation [disæprɔb'eiʃən] s. desaprovação, censura, reprovação f.

disapproval [disəpr'u:vəl] s. desaprovação, censura, reprimenda f.

disapprove [disəpr'u:v] v. desaprovar, reprovar, condenar, censurar, rejeitar, recusar aprovação a, sentir desaprovação.

disapprovingly adv. com desaprovação.

disarm [dis'a:m] v. 1. desarmar, tirar o armamento, privar de armas, depor armas, desmantelar, desmilitarizar. 2. abrandar, aplacar, acalmar, mitigar, ceder. 3. baldar, frustrar.

disarmament [dis'a:məmənt] s. desarmamento m., deposição ou entrega de armas, redução f., licenciamento de tropas m.

disarrange [disər'eindʒ] v. desarranjar, desordenar, perturbar.

disarrangement [~mənt] s. desarranjo m., desordem f., perturbação f.

disarray [disər'ei] s. desordem, confusão f., desmazelo, desleixo no traje, desalinho m. ‖ v. 1. desordenar, desbaratar, transtornar, desarranjar, por em desordem ou confusão, destroçar, desalinhar. 2. confundir, perturbar. 3. despir, desnudar.

disarticulate [disa:t'ikjuleit] v. desarticular, cortar pela articulação, desunir.

disarticulation [disa:tikjul'eiʃən] s. desarticulação f.

disassemble [disəs'embəl] v. separar, desunir, desmontar, desarmar.

disassembly [disəs'embli] s. separação f., desmonte m., desmontagem f.

disassociate [disəs'ouʃieit] v. desassociar, desligar.

disassociation [disəsousi'eiʃən] s. desassociação, desintegração, decomposição f.

disaster [diz'a:stə] s. desastre m., desgraça f., revés, infortúnio m., calamidade f.

disaster area s. zona de calamidade pública f.

disastrous [diz'a:strəs] adj. desastroso, em que há desastre, que produz desastre, desastrado, desgraçado, infeliz, ruinoso, calamitoso. ‖ ~ly desastrosamente, desgraçadamente, desastradamente.

disavow [disəv'au] v. negar, não reconhecer como verdadeiro, desmentir, não admitir, desaprovar, repudiar, rejeitar.

disavowal [~əl] s. negação, desaprovação f., desmentido m., contradição f.

disavower [~ə] s. desmentidor, desaprovador m.

disband [disb'ænd] v. 1. licenciar (tropas), ser licenciado. 2. debandar, pôr em debandada, dispersar-se.

disbandment [~mənt] s. 1. licenciamento m. 2. debandada, dispersão f.

disbar [disb'a:] v. privar um advogado do estado legal de advocacia, excluir um advogado do foro.

disbelief [d'isbil'i:f] s. descrença, incredulidade, dúvida f.

disbelieve [disbil'i:v] s. descrer, não crer, não acreditar, não ter fé, não dar crédito, duvidar.

disbeliever [~ə] s. descrente m. + f., incrédulo, descrido m.

disbody [disb'ɔdi] v. = disembody.

disbowel [disb'auəl] v. = disembowel.

disbranch [disbr'a:ntʃ] v. desramar, podar, cortar os ramos de uma árvore.

disburden [disb'ə:dən] v. descarregar, aliviar, livrar-se, desembaraçar-se de.

disbursable [disb'ə:səbl] adj. desembolsável, que pode ser despendido.

disburse [disb'ə:s] v. desembolsar, despender, gastar, saldar.

disbursement [~mənt] s. desembolso m., despesa f., dispêndio, custeamento, adiantamento (de dinheiro) m., gastos m. pl.

disburser [~ə] s. o que desembolsa, gasta, despendedor, gastador m.

disc s. = disk

discard [disk'a:d] s. 1. descarte m.: ato de descartar-se. 2. descarte no jogo de cartas m: cartas rejeitadas. 3. qualquer coisa rejeitada como indesejável ou inútil f. ‖ v. 1. descartar, rejeitar as cartas no jogo. 2. pôr de lado certas cartas no jogo de cartas. 3. livrar-se de, desfazer-se de, rejeitar, descartar-se de. 4. despedir, excluir, suprimir, separar-se de.

discern [dis'ə:n, diz'a:n] v. 1. discernir, perceber, ver claro. 2. distinguir, discriminar, diferençar, fazer diferença ou distinção de, reconhecer a diferença ou distinção de, julgar.

discerner [~ə] s. o que discerne, julga, etc., julgador, observador, árbitro m.

discernible [~əbl] adj. discernível, perceptível, distinguível, visível. ‖ **-bly** adv. perceptivelmente, visivelmente, de modo distinguível.

discernibleness [~əblnis] s. discernibilidade, perceptibilidade f.

discerning [~iŋ] s. discernimento m., perspicácia f. ‖ adj. discernente, perspicaz, sagaz, penetrante, acertado.

discernment [~mən] s. 1. discernimento m., perspicácia, faculdade f. de discernir.

discharge [distʃ'a:dʒ] s. 1. descarga (do navio) f., descarregamento m. 2. descarga f., tiro de espingarda ou de canhão m. 3. tiros disparados simultaneamente m. pl., explosão f. 4. erupção f. 5. evacuação, supuração f. 6. desembocadura f. 7. despedida, demissão, exoneração f. 8. soltura, libertação f., resgate m 9. (seguido de **from**) absolvição, perdão, quitação f. 10. execução f., desempenho, desencargo, pagamento, recibo m. 11. efusão, saída f. 12. quantidade de água que se escoa por segundo f. 13. volume de descarga m. 14. descarga elétrica f. ‖ v. 1. descarregar, tirar a carga de. 2. desembarcar. 3. disparar, descarregar, detonar, dar tiro de canhão ou espingarda. 4. pagar uma dívida, cumprir, satisfazer. 5. despedir, demitir, mandar embora, depor alguém de um cargo, ofício, exonerar. 6. livrar-se de, desonerar, desabafar para aliviar. 7. libertar, soltar, perdoar, desencarcerar, desencarregar. 8. desem-

bocar, esvaziar, expelir, supurar, derramar. 9. alvejar. 10. (Eletr.) descarregar (um acumulador, etc.). 11. emitir, irradiar, fornecer. 12. revogar. **a ~ in full** quitação plena. **in ~ of** para pagamento de. **to ~ a man-of-war** desarmar um navio de guerra. **to ~ a volley** dar salva de artilharia. **to ~ one of his oath** exonerar, absolver alguém de um juramento. **to ~ s. o. on a charge of fraud** absolver alguém da acusação de fraude.

dischargeable [~əbl] adj. que se pode descarregar.

discharger [~ə] s. 1. descarregador m., o que descarrega, dispara, absolve, livra, solta, cumpre, etc. 2. (Eletr.) tubo de descarga, bocal de descarga m.

discharge valve s. válvula de recalque f.

discharging [~iŋ] s. 1. descarregamento. m. 2. descarga f. 3. descargo m. ‖ adj. de descarga.

discharging switch s. interruptor de dercarga m.

discharging tube s. (Téc.) 1. bocal de descarga m. 2. embocadura f.

disc harrow s. (Agr.) grade de discos f.

disciple [dis'aipl] s. discípulo m. ‖ v. 1. disciplinar, educar. 2. converter.

discipleship [~ʃip] s. discipulado m.

disciplinable [d'isiplinəbl] adj. disciplinável.

disciplinarian [disiplin'ɛəriən] s. disciplinador m. ‖ adj. disciplinador.

disciplinary [d'isiplinəri] adj. disciplinar.

discipline [d'iʃiplin] s. 1. disciplina, educação, instrução f. 2. regime de ordem imposta ou livremente consentida m. 3. relações de subordinação, sujeição f. pl. 4. observância de preceitos e normas f. 5. doutrina f. 6. matéria de ensino f. 7. disciplina eclesiástica f. 8. castigo disciplinar m., punição f. ‖ v. 1. disciplinar, ensinar, educar. 2. sujeitar à disciplina. 3. corrigir, fazer obedecer. 4. punir.

discipliner [~ə] s. disciplinador m.

disc jockey s. (Rádio, Telev.) locutor m., especialmente para anunciar programas de discos.

disclaim [diskl'eim] v. 1. negar, repudiar, desaprovar, desmentir, desconhecer. 2. renunciar, desistir.

disclaimer [~ə] s. 1. retratação, negação f., repúdio m., desaprovação, renúncia f. 2. repudiante m. + f., renunciador, desaprovador m.

disclaiming [~iŋ] s. ação de desaprovar, desmentir, etc., desaprovação, contradição f.

disclose [diskl'ouz] v. descobrir, revelar, expor, pôr à vista, divulgar, manifestar(-se), abrir-se, mostrar-se.

discloser [~ə] s. revelador, manifestador m.

disclosure [diskl'ouʒə] s. 1. revelação, descoberta, coisa descoberta ou manifestada f. 2. manifestação, participação, divulgação f. 3. desabrocho m.

discobolus [disk'ɔbələs] s. discóbolo m., atleta lançador(a) do disco m. + f.

discographer [disk'ɔgrəfə] s. discógrafo m.

discography [disk'ɔgrəfi] s. discografia f.: estudo e classificação de discos fonográficos.

discoid [disk'ɔid] adj. discóide, que tem forma de disco, chato e redondo.

discolour [disk'ʌlə] v. 1. descorar(-se), descolorar, desbotar(-se). 2. manchar.

discolouration [diskʌlər'eiʃən] s. 1. descoramento m., descoloração f., 2. mancha, nódoa (na pele) f.

discolourment [disk'ʌləmənt] s. descoramento, desbotamento m.

discomfit [disk'ʌmfit] v. 1. desbaratar, derrotar, derribar completamente, aniquilar. 2. frustrar, baldar. 3. embaraçar, confundir, desanimar.

discomfiture [~ʃə] s. 1. derrota f., desbarato, des-

troço m. 2. frustração f., contratempo m., confusão f., desapontamento m.
discomfort [disk'ʌmfət] s. 1. desconforto, incômodo m. 2. desconsolo, enfado m., mágoa f., pesar m., aflição, inquietação, preocupação f. ‖ v. desconsolar, entristecer, afligir, atormentar, desanimar.
discommend [diskəm'end] v. desaprovar, desacreditar.
discommode [diskəm'oud] v. incomodar, importunar, enfadar, molestar.
discompose [diskəmp'ouz] v. 1. descompor, desordenar, transtornar, desarranjar, alterar(-se). 2. inquietar, vexar, agitar, embaraçar.
to be ~d at s. th. estar embaraçado com alguma coisa, desconcertar-se.
discomposedly, -singly adv. desordenadamente, de modo inquieto, perturbativamente.
discomposure [diskəmp'ouʒə] s. desordem f., desalinho m., perturbação, confusão, agitação, inquietação f., embaraço .m.
disconcert [diskəns'ə:t] v. 1. desconcertar, descompor, desalinhar, inquietar, perturbar, confundir, embaraçar. 2. malograr, frustrar, baldar.
disconcerted [~ id] adj. desconcertado, descomposto, desacertado. ‖ ~ly adv. desconcertadamente.
disconcerting [~ iŋ] adj. desconcertante, embaraçoso. ‖ ~ly adv. desconcertantemente.
disconcertion [diskəns'ə:ʃn] s. = **disconcertment.**
disconcertment [~ mənt] s. desconcerto, embaraço, desarranjo m., confusão f.
disconformity [diskənf'ɔ:miti] s. desconformidade f.
disconnect [diskən'ekt] v. 1. **(from, with)** separar de, desunir, romper, entrecortar. 2. (Téc.) desligar, debrear, parar. ‖ adj. (também ~ed) 1. separado, desunido, desconexo. 2. incoerente, entrecortado. ‖ ~edly adv. separadamente, incoerentemente.
disconnectable [~ əbl] adj. (Téc.) desmontável.
disconnectedness [~ idnis] s. desconexão, separação, desligação, incoerência f.
disconnection [diskən'ekʃən] s. = **disconnectedness.**
disconnector [~ə] s. interruptor, desligador, disjuntor m.
disconnexion [diskən'ekʃən] s. = **disconnectedness.**
disconsolate [disk'ɔnsəlit] adj. 1. desconsolado, desamparado, consternado, sem esperança. 2. triste, melancólico, abatido. ‖ ~ly adv. desconsoladamente, inconsolavelmente.
disconsolateness [~ nis] s. desconsolação f., desconsolo m.
discontent [diskənt'ent] s. descontentamento, desgosto, desagrado, dissabor m., inquietação f. ‖ v. descontentar, desagradar. ‖ adj. descontente.
discontented [~ id] adj. 1. descontente, insatisfeito, desgostoso. 2. inquieto, preocupado. ‖ ~ly adv. com descontentamento.
discontinuance [diskənt'injuəns] s. 1. descontinuação, descontinuidade f. 2. (Jur.) sobrestância f., arquivamento m.
discontentedness [~ idnis] s. descontentamento m.
discontentment [~ mənt] s. = **discontentedness.**
discontiguous [diskənt'igjuəs] adj.
interrupção, suspensão, intermissão, descontinuidade f. 2. (Jur.) sobrestância f., arquivamento m.
discontinuation [diskəntinju'eiʃn] s. = **discontinuance.**
discontinue [diskənt'inju:] v. 1. descontinuar, interromper, suspender, cessar, parar, desistir. 2. (Jur.) sobrestar, arquivar.
discontinuer [~ə] s. descontinuador m.
discontinuity [diskəntinj'uiti] s. descontinuidade f.
discontinuous [diskənt'injuəs] adj. descontínuo, interrompido. ‖ ~ly adv. descontinuamente.
discontinuousness [~ nis] s. descontinuidade f.
discophile [d'iskəfail] s. discófilo m.: amador ou colecionador de discos.
discord [d'iskɔ:d] s. 1. discórdia, discordância f., desacordo m., disparidade, desarmonia, diferença de

opinião f. 2. (Mús.) dissonância, desafinação de sons f. ‖ v. discordar, não concordar, divergir, desavir, desconcordar, chocar-se, desafinar.
discordance [~əns], ~ɪ y [~ənsi] s. discordância, desconcordância, disparidade, discórdia, desarmonia, desavença, dissensão f.
discordant [~ ənt] adj. 1. discordante, desconcordante, discorde, contraditório, incompatível, destoante. 2. dissonoro, dissonante, díssono. ‖ ~ly adv. discordantemente, dissonantemente.
discotheque [diskɔt'ek] s. discoteca f.: clube noturno com radiola.
discount [d'iskaunt] s. desconto, abatimento m., diminuição da conta f., ágio m. ‖ [disk'aunt] v. 1. descontar, abater, deduzir, diminuir, rebaixar. 2. pagar, receber ou trocar uma letra antes do vencimento mediante desconto. 3. não levar em conta. 4. não fazer caso, não considerar.
~ off com o desconto de. **he must sell at a ~** ele tem de vender com prejuízo. **the bank has suspended ~s** o banco não desconta. **to be at a ~** estar sem cotação, desacreditado, malquisto. **to lodge a note in a bank for ~** fazer descontar um título num banco. **I ~ all he says** acredito só metade daquilo que ele diz.
discountable [~ əbl] adj. descontável.
discount-broker s. corretor de câmbio m.
discountenance [disk'auntinəns] v. descoroçoar, desanimar, desaprovar, desconcertar, envergonhar.
discounter [disk'auntə] s. o que desconta.
discount-rate s. taxa de desconto f.
discount store s. loja dos descontos f.
discourage [disk'ʌridʒ] v. 1. descoroçoar, desanimar, tirar o ânimo ou a coragem, desalentar. 2. dissuadir, intimidar, acanhar, impedir.
discouragement [~ mənt] s. 1. ação de descoroçoar, desanimar f. 2. desânimo, abatimento, acanhamento, desalento, esmorecimento m.
discourager [~ə] s. desalentador m.
discouraging [~ iŋ] adj. desanimador, desalentador. ‖ ~ly adv. de maneira desanimada.
discourse [disk'ɔ:s] s. 1. discurso m., dissertação f., raciocínio m., discussão formal f., tratado m. 2. conversação, conversa f. ‖ v. 1. discursar, pronunciar, discorrer, expor com método, tratar, discutir. 2. conversar, falar.
discourser [~ə] s. interlocutor m., discursista m. + f., dissertador m.
discoursive [~ iv] adj. discursivo.
discourteous [disk'ə:tiəs] adj. descortês, rude, indelicado, incivil. ‖ ~ly adv. descortesmente, rudemente.
discourteousness [~ nis] s. descortesia, indelicadeza, grosseria, incivilidade f.
discourtesy [disk'ə:tisi] s. = **discourteousness.**
discover [disk'ʌvə] v. 1. descobrir, perceber, revelar, inventar, achar, explorar. 2. **(oneself)** patentear(-se), manifestar(-se), constatar, dar a conhecer, publicar. 3. avistar.
he ~ed himself by this .action com este ato ele patenteou seu verdadeiro caráter.
discoverable [~ rəbl] adj. que se pode descobrir.
discoverer [~ rə] s. descobridor, explorador, inventor m.
discovery [~ ri] s. descoberta f., descobrimento m., revelação, manifestação f.
Discovery Day s. Dia do Descobrimento m. (da América).
discredit [diskr'edit] s. 1. descrédito m., desonra, depreciação, má reputação, infâmia f. 2. dúvida, descrença f. ‖ v. 1. desacreditar, desconsiderar, desabonar, desonrar. 2. duvidar, descrer.
this fact throws ~ on his information este fato torna duvidosa sua informação. **to bring s. o. into ~** causar má reputação a.

discreditable [~əbl] adj. desonroso, ignominioso, infame, vergonhoso. ‖ **-bly** adv. ignominiosamente.
discreet [diskr'i:t] adj. discreto, sisudo, prudente, circunspeto, judicioso. ‖ **~!y** adv. discretamente.
discreetness [~nis] s. discrição, prudência, circunspeção, reserva f.
discrepancy [diskr'epənsi] s. discrepância f.
discrepant [diskr'epənt] adj. discrepante, contrário, divergente, discordante.
discrete [diskr'i:t] adj. 1. discreto, separado, distinto, descontínuo, destacado, feito de partes distintas. 2. (Fil.) abstrato. ‖ **~ly** adv. distintamente.
discreteness [~nis] s. separação, distinção, disjunção, desagregação f.
discretion [diskr'eʃən] s. 1. discrição, prudência, circunspeção, reserva f. 2. juízo, entendimento m., discriminação f., critério, arbítrio m., liberdade de ação f.
at ~ à discrição, à vontade, sem restrições. **I must use my own ~ in this** neste caso tenho de agir segundo meu próprio critério. **it is within my ~ to do** está a meu critério. **to surrender at ~** render-se incondicionalmente. **years of ~** maioridade aos 14 anos (direito inglês).
discretionary [~əri] adj. discricionário, arbitrário.
discretionary powers s. pl. plenipotência f.
discretive [diskr'i:tiv] adj. separado, disjuntivo, distinto, discreto. ‖ **~ly** adv. separadamente, disjuntivamente.
discretive proposition s. proposição disjuntiva f.
discriminate [diskr'imineit] v. 1. (**between**) discriminar, distinguir, discernir, diferençar, fazer diferença ou distinção entre, diferenciar. 2. (**from**) separar, apartar. ‖ adj. distinto, diferenciado, separado. ‖ **~ly** adv. discriminadamente, distintamente.
to ~ against tomar partido contra, tratar injusta ou desfavoravelmente.
discriminating [~iŋ] adj. 1. distintivo, característico, discriminador. 2. perspicaz, judicioso, penetrante. ‖ **~ly** adv. discriminadamente, distintivamente, de forma distinta.
discriminating duty s. tarifa diferencial, que varia segundo a procedência das mercadorias f.
discrimination [diskrimin'eiʃən] s. 1. discriminação f., discernimento m., distinção, diferença f. 2. sinal para diferençar m. 3. perspicácia f., juízo m.
discriminative [diskr'imineitiv] adj. distintivo, característico, discriminador, judicioso.
discriminator [diskr'imineitə] s. discriminador m.
discriminatory [diskr'iminətə:ri] adj. = **discriminative**.
discrown [diskr'aun] v. descoroar, derribar, despojar.
disculpate [disk'ʌlpeit] v. absolver, exculpar.
discursion [disk'ə:ʃən] s. 1. discurso m. 2. digressão f., raciocínio discursivo m.
discursive [disk'ə:siv] adj. 1. discursivo, dedutivo, racional, raciocinativo. 2. digressivo, divagante, errante, argumentativo, superficial. ‖ **~ly** adv. 1 discursivamente, racionalmente. 2. erraticamente
discursiveness [~nis] s. 1. raciocínio m., racionabilidade f. 2. divagação, digressão, inconstância f.
discus [d'iskəs] s. disco m. (Esporte).
discuss [disk'ʌs] v. 1. discutir, debater, questionar, examinar, ventilar. 2. (fig.) provar um prato, um vinho, etc. 3. (Med.) examinar, tratar.
discussant [disk'ʌsənt] s. discutidor em debate ou simpósio m.
discussible [~ibl] adj. discutível, debatível, argüível.
discussion [disk'ʌʃən] s. 1. discussão, argumentação f., debate m. 2. (Med.) dispersão dos tumores f. 3. gozo (da comida) m.
disdain [disd'ein] s. desdém, desprezo, menoscabo m., altivez f. ‖ v. desdenhar, desprezar com altivez, menoscabar, escarnecer, não se dignar.

disdained [~d] adj. desdenhado.
disdainful [~ful] adj. 1. desdenhoso, desprezativo. 2. altivo, arrogante. ‖ **~ly** desdenhosamente.
disdainfulness [~fulnis] s. 1. desdém, desprezo, menoscabo m., altivez f. 2. desprezibilidade f.
disease [diz'i:z] s. 1. doença, enfermidade, moléstia f., mal m. 2. incômodo físico ou moral, dessossego m., desordem f. ‖ v. afligir com doença ou enfermidade, infectar, perturbar, desordenar.
Bright's disease nefrite. **Hansen's disease** mal de Hansen, lepra.
diseased [diz'i:zd] adj. doente, enfermo, mórbido.
disembark [disimb'a:k] v. desembarcar, tirar ou sair de uma embarcação, saltar em terra, descarregar.
disembarkation [disemba:k'eiʃən], **disembarkment** [disəmb'a:kmənt] s. desembarque, descarregamento m.
disembarrass [d'isimb'ærəs] v. (seguido de **from**) desembaraçar, livrar de embaraço, desembaralhar.
he ~ed himself of his coat ele tirou seu sobretudo.
disembarrassment [~mənt] s. desembaraço m.
disembellish [disimb'eliʃ] v. desenfeitar, desadornar.
disembodiment [d'isimb'odimənt] s. (Mil.) desincorporação f.
disembody [d'isimb'odi] v. 1. desincorporar, soltar ou separar do corpo. 2. debandar, despedir, dar baixa (aos soldados).
disembogue [disimb'oug] v. 1. desembocar, desaguar. 2. (fig.) exalar, esvaziar-se, desabafar.
disembosom [disimb'uzəm] v. revelar, confiar, desabafar. (= **unbosom**).
disembowel [disimb'auəl] v. desentranhar, estripar.
disembowelment [~mənt] s. estripação f., ato de estripar, desentranhar m.
disembroil [disimbr'oil] v. desembrulhar, desenredar.
disemployed [disimpl'oid] adj. desempregado (por incapacidade) v.
disenable [disin'eibl] v. = **disable.**
disenchant [d'isintʃ'a:nt] v. desencantar, desiludir.
disenchanter [~ə] s. desencantador m.
disenchantment [~mənt] s. desencantamento, desencanto m., desilusão f.
disencumber [d'isink'ʌmbə] v. desembaraçar, desimpedir, exonerar.
disendow [d'isind'au] v. anular, invalidar uma doação.
disenfranchise [d'isinfr'æntʃaiz] v. = **disfranchise.**
disengage [d'ising'eidʒ] v. 1. desembaraçar(-se), desimpedir, desobrigar(-se). 2. (**oneself**) livrar|(-se), desatar(-se), separar(-se). 3. soltar, desprender. 4. (Téc.) debrear, desengatar, desengrenar. 5. (Quím.) tornar livre.
disengaged [~d] adj. desembaraçado, desocupado, livre.
disengagement [~mənt] s. 1. desembaraço, desimpedimento, livramento, descargo m., exoneração f. 2. desmancho de noivado m. 3. ócio, vagar m.
disengaging action s. (milit.) retirada tática f.
disentail [d'isint'eil] v. desvincular, anular um vínculo, tornar alienáveis (bens que constituíam vínculo).
disentangle [d'isint'æŋgl] v. 1. desenredar, desembrulhar, desembaraçar, desemaranhar. 2. (**from**) livrar(-se) de, sair ileso.
disentanglement [~mənt] s. desembrulho, desenredo, livramento m.
disenthral [d'isinθr'o:l] v. 1. resgatar, livrar, descravizar. 2. emancipar.
disenthralment [~mənt] s. 1. resgate m., libertação, soltura f. 2. emancipação f.
disenthrone [d'isinθr'oun] v. desentronizar, destronar.
disentitle [disint'aitl] v. privar de direito ou título.
disentomb [disint'u:m] v. exumar, desenterrar.
disequilibrate [disikw'iləbreit] v. desequilibrar.
disequilibrium [disi:kwəl'ibriəm] s. desequilíbrio m.

disestablish [d'isist'æbliʃ] v. 1. separar a Igreja do Estado. 2. privar do caráter de estabelecimento público. 3. despojar de cargo estabelecido.

disestablishment [~mənt] s. separação da Igreja do Estado f.

disesteem [d'isist'i:m] s. desestima f., desprezo m. ‖ v. desestimar, depreciar, desprezar, desdenhar.

disfame [disf'eim] s. desonra f., descrédito m.

disfavour [d'isf'eivə] s. 1. desfavor, desgosto m., desestima f., desagrado m., desaprovação f., desdém m., malquerença f., ódio m. 2. desvantagem f. ‖ v. desfavorecer, desestimar, desaprovar.

disfeature [disf'i:tʃə] v. desafeiçoar, desfigurar.

disfigure [disf'igə] v. desfigurar, afear, deformar.

disfiguration [disfigjuər'eiʃən], disfigurement [disf'igəmənt] s. desfiguração, deformação f.

disforest [disf'ɔrist] v. desflorestar, desmatar.

disform [disf'ɔ:m] v. deformar, alterar a forma de.

disfranchise [d'isfr'æntʃaiz] v. privar de direitos civis ou de privilégios (de voto, imunidade, etc.).

disfranchisement [disfr'æntʃizmənt] s. privação de direitos ou privilégios f.

disfrock [disfr'ɔk] v. (Ecles.) desfradar, secularizar.

disfurnish [disf'ə:niʃ] v. desguarnecer, desprover, desmobilar, privar de.

disgarnish [disg'aniʃ] v. desguarnecer, desmobilar, desadornar, desprover.

disgorge [disg'ɔ:dʒ] v. 1. vomitar, expelir, lançar fora. 2. desembocar, desaguar. 3. (fig.) ceder relutantemente.

disgraçe [disgr'eis] s. 1. desgraça f., desfavor, desvalimento m., desestima f., descrédito m. 2. vergonha, desonra, ignomínia f. ‖ v. 1. desgraçar, causar desgraça a, desfavorecer, desestimar, despedir em desgraça. 2. desonrar, envergonhar, degradar. to be a ~ to ser a vergonha de. to bring ~ on causar vergonha a. to fall into ~ with cair no desagrado de.

disgraced [~d] adj. desonrado, desfavorecido, que não está na graça, que caiu em desvalimento. to be ~ cair em desagrado.

disgraceful [~ful] adj. ignominioso, infame, vergonhoso. ‖ ~ly adv. ignominiosamente, vergonhosamente.

disgracefulness [~fulnis] s. desonra f., descrédito m., ignomínia, infâmia, vergonha f., opróbrio m.

disgracer [~ə] s. desacreditador, desonrador m.

disgruntle [disgr'ʌntl] v. enfadar, descontentar, vexar.

disgruntled [~d] adj. enfadado, descontente, desapontado.

disguise [disg'aiz] s. 1. disfarce m., máscara f. 2. dissimulação f., fingimento m., simulação f., pretexto, engano, rebuço, véu m. ‖ v. 1. disfarçar, mascarar. 2. dissimular, fingir. 3. encobrir, tapar. 4. (from) ocultar, esconder. 5. (gíria) embriagar. a blessing in ~ sorte na desdita. in ~ mascarado.

disguised [~d] adj. 1. disfarçado, mascarado. 2. fingido. 3. (gíria) embriagado, bêbado. ‖ ~ly adv. disfarçadamente.

disguisement [~mənt] s. disfarce m., máscara f., fingimento m.

disguiser [~ə] s. dissimulador, disfarçador m.

disguising [~iŋ] s. disfarce m., dissimulação f., fingimento m.

disgust [disg'ʌst] s. (at, for) desgosto m., aversão f., fastio m., náusea f., repugnância f., asco, ódio m. ‖ v. desgostar-se, enfastiar-se, repugnar, causar fastio, aversão, asco, tédio.

disgusted [~id] adj. aborrecido, enfastiado. ‖ ~ly adv. desgostosamente, fastidiosamente, repulsivamente. to be ~ at, with ter aversão, ter tédio de, ofender-se com, estar zangado com.

disgustedness [~idnis] s. desgosto m., repugnância f.

disgustful [~ful] adj. fastidioso, nauseoso, nojoso, desgostoso.

disgusting [~iŋ] adj. desgostoso, nojoso, fastidioso, que causa fastio, aversão, odioso. ‖ ~ly adv. fastidiosamente, desgostosamente. ~ly rich tremendamente rico.

dish [diʃ] s. 1. prato m., iguaria f. 2. travessa, tigela f., qualquer recipiente em forma de prato, tigela, xícara, etc. 3. cavidade f. 4. (Miner.) recipiente para medir minério m. ‖ v. 1. pôr ou servir numa travessa ou prato. 2. fazer ou tornar côncavo. 3. (coloq.) frustrar, desapontar, lograr. made-~ prato composto de vários ingredientes. side-~ prato trivial, cotidiano. ‖ I am ~ed up estou perdido. to ~ up 1. servir, pôr na mesa. 2. apresentar de maneira atrativa. to ~ up an old story repisar uma velha história.

dish antenna s. (Rádio) antena receptora ou transmissora f. em forma de prato.

dishabille [disæb'i:l] s. = deshabille.

disharmonize [dish'a:mənaiz] v. desarmonizar, discordar.

disharmony [d'ish'a:məni] s. desarmonia, discordância f.

dish-cloth [d'iʃklɔθ] s. rodilha f., pano para lavar louça m.

dish-cover [d'iʃkʌvə] s. tampa de metal ou de louça para conservar quente a comida f.

dishearten [dish'a:tn] v. descoroçoar, desalentar, desanimar, abater.

disheartenment [~mənt] s. desânimo, desalento, abatimento m.

dished bottom s. fundo abaulado m.

dished wheel s. roda de disco abaulado f.

dishevel [diʃ'evəl] v. desgrenhar(-se), destoucar, desarranjar a touca de, desguedelhar, desalinhar, soltar o cabelo, pôr em desalinho.

dishevelled [~d] adj. desgrenhado, desguedelhado, desalinhado, desordenado.

dishevelment [~mənt] s. desgrenhamento, desalinho m.

dish-mat [d'iʃmæt] s. descansador para travessas, pratos, etc. m.

dish of gossip s. conversa, tagarelice f., mexerico m., bisbilhotice f.

dishonest [dis'ɔnist] adj. desonesto, infiel, desleal, ímprobo, fraudulento, corruto, impudico. ‖ ~ly adv. desonestamente, ignominiosamente, sem probidade.

dishonesty [dis'ɔnisti] s. desonestidade, improbidade, deslealdade, fraude f.

dishonorable discharge s. (E. U. A., milit.) expulsão por ofensa grave f.

dishonour, dishonor [dis'ɔnə] s. 1. desonra f., descrédito m., desgraça, vergonha, ignomínia, infâmia f., opróbrio m., afronta f. 2. mácula f. 3. reprensão, censura f. 4. ação de recusar aceite ou de não pagar uma letra f. ‖ v. 1. desonrar, ofender a honra, infamar, deslustrar, degradar, envergonhar. 2. deflorar, tirar a virgindade. 3. não aceitar, não pagar uma letra, não honrar uma assinatura.

dishonourable, dishonorable [~rəbl] adj. desonroso, desonrador, ignominioso, infame, vergonhoso, baixo, vil ‖ -bly adv. desonrosamente, vilmente, ignominiosamente.

dishonourableness, dishonorableness [~rəblnis] s. desonradez f.

dishonourer, dishonorer [~rə] s. desonrador, libertino, devasso m.

dish-pan [d'iʃpæn] s. bacia f. para lavar louça.

dish towel s. pano m. para enxugar louça.

dish-washer [~ə] s. (Orn.) motacilha f. (Motacilla lugubris).

dish-washing machine s. máquina para lavar pratos f.

dish-water [d'iʃw'ɔ:tə] s. lavadura, água em que se lavou a louça servida f.

disillusion [disil'u:ʒən] s. desilusão f., desengano m., decepção f. ‖ v. desiludir, causar decepção.

disillusive [disil'u:siv] adj. desilusivo, que desilude.

disincentive [disins'entiv] s. desincentivo m.

disinclination [disinklin'eiʃən] s. malquerença, indisposição, má vontade, aversão f.

disincline [d'isinkl'ain] v. malquerer, indispor.

disinclined [disinkl'aind] adj. desinclinado, não propenso.

disincorporate [disink'ɔpə:rit] v. desincorporar, privar dos privilégios de uma corporação.

disincorporation [disinkɔ:pər'eiʃən] s. desincorporação f.

disinfect [d'isinf'ekt] v. desinfetar, desinfeccionar, sanear, destruir os micróbios.

disinfectant [~ ənt] s. desinfetante m.

disinfection [disinf'ekʃən] s. desinfecção f.

disinfector [disinf'əktə] s. desinfetador m.

disinfest [disinf'est] v. desinfestar (pragas).

disinflation [disinfl'eiʃən] s. (Econ.) desinflação f.: redução de preços, para aumentar o poder aquisitivo e controlar a deflação.

disingenuous [d'isindʒ'enjuəs] adj. que não é ingênuo, em que há malícia, insincero, falso, velhaco, vil. ‖ ~ly adv. vilmente, falsamente, insinceramente.

disingenuousness [~ nis] s. doblez, falsidade.

disinherit [d'isinh'erit] v. deserdar, (fig.) desaprovar.

disinheritance [~ əns] s. deserdação f.

disinhume [disinhj'u:m] v. desenterrar, exumar.

disintegrable [dis'intigrəbl] adj. desagregável.

disintegrate [dis'intigreit] v. desintegrar(-se), separar as partes integrantes de um corpo, desagregar(-se), despedaçar, fragmentar, esmigalhar, desfazer-se.

disintegration [disintigr'eiʃən] s. desintegração f.

disintegrator [disintigr'eitə] s. desintegrador m.

disinter [d'isint'ə:] v. 1. desenterrar, exumar. 2. (fig.) descobrir, revelar.

disinterest [dis'intrist] s. 1. desinteresse m., indiferença f. 2. imparcialidade f. 3. desprendimento, altruísmo m.

disinterested [~əd] adj. 1. desinteressado, abnegado. 2. imparcial, sem preconceito. 3. desprendido, altruístico. ‖ ~ly adv. desinteressadamente.

disinterestedness [dis'intristidnis] s. desinteresse m.

disinterment [d'isint'ə:mənt] s. desenterramento m.

disject [disdʒ'ekt] v. dispersar.

disjoin [disdʒ'ɔin] v. separar, apartar, desunir.

disjoint [disdʒ'ɔint] v. 1. deslocar, desconjuntar, desarticular. 2. desligar, desjuntar, separar, apartar, desmembrar, desfazer, desmontar, desarmar. ‖ adj. separado, desligado, desmontado, desconjunto.

disjointed [~ əd] adj. deslocado, desarticulado, desconjunto, incoerente. ‖ ~ly adv. desconjuntadamente, desarticuladamente, incoerentemente.

disjointedness [~ idnis] s. desconjuntamento m., desconjuntura, deslocação, desarticulação, incoerência f.

disjunct [disdʒ'ʌŋkt] adj. disjunto, separado, apartado, desunido.

disjunction [disdʒ'ʌnkʃən] s. 1. disjunção, separação, desunião f. 2. (Lóg.) proposição disjuntiva f.

disjunctive [disdʒ'ʌnktiv] s. 1. (Gram.) partícula disjuntiva f. 2. (Lóg.) proposição disjuntiva f. ‖ adj. disjuntivo. ‖ ~ly adv. disjuntivamente, separadamente.

disjunctive conjunction s. conjunção disjuntiva f.

disjunctor [disdʒ'ʌŋktə] s. (Téc.) disjuntor m.

disk [disk] s. 1. disco m.: qualquer objeto plano e circular. 2. (Astron.) disco do sol, da lua m. 3. peça de ferro ou de pedra lançada pelos atletas, o mesmo que discus f. 4. (Bot.) receptáculo achatado acima do cálice m. 5. disco de vitrola m. 6. disco seletor de telefone m.

disk brake s. freio de disco m.

disk clutch s. embreagem de discos f.

disk crank s. disco de manivela m.

disk flower s. (Bot.) planta tubular f., formando o disco de certas plantas compostas.

disk flywheel s. volante de disco m.

disk harrow = disc harrow.

disk jockey = disc jockey.

disklike [d'isklaik] adj. em forma de disco.

disk valve s. válvula de borboleta, válvula de prato, válvula de disco f.

disk wheel s. (Mec.) roda de disco, roda maciça f.

dislikable [disl'aikəbl] adj. desagradável, antipático, repulsivo.

dislike [disl'aik] s. aversão, antipatia, repugnância, desinclinação, desafeição f., desagrado, desgosto m. ‖ v. não gostar de, ter aversão a, desagradar, antipatizar com, repugnar.

I take a ~ to tenho aversão a.

dislimb [disl'im] v. desmembrar.

dislocate [d'islokeit] v. 1. deslocar, desconjuntar. 2. mucar de um lugar para outro. 3. desarranjar, desordenar, perturbar.

commerce was ~d o comércio foi abalado.

dislocation [dislok'eiʃən] s. 1. deslocação, desarticulação f. 2. mudança de lugar f.

dislodge [disl'ɔdʒ] v. 1. desalojar(-se), fazer sair do alojamento. 2. despojar, fazer sair de um posto. 3. decampar. 4. expulsar, expelir.

dislodgement [~ mənt] s. desalojamento m.

disloyal [disl'ɔiəl] adj. desleal, infiel, falso, tredo, pérfido. ‖ ~ly adv. deslealmente, infielmente.

disloyalty [~ ti] s. deslealdade, infidelidade, perfídia f.

dismal [d'izməl] adj. 1. escuro, sombrio, carregado. 2. lúgubre, triste, sinistro, funesto. 3. abatido, desanimador. ‖ ~ly adv. sombriamente, lugubremente.

dismalness [~ nis] s. tristeza, melancolia, lugubridade f.

dismantle [dism'æntl] v. 1. (milit.) desmantelar, derribar, demolir, arrasar. 2. (Náut.) desarmar, desaparelhar. 3. desmontar, desguarnecer, despir, desmobilar.

dismantlement [~ mənt] s. desmantelamento m., demolição, desmontagem f.

dismast [dism'a:st] v. (Náut.) desmastrar, desaparelhar.

dismay [dism'ei] s. desânimo, desalento, desmaio, espanto, assombro, temor, pavor m., tristeza angustiosa f. ‖ v. assombrar, espantar, atemorizar, desanimar, consternar, descoroçoar.

dismember [dism'embə] v. desmembrar, mutilar, separar uma ou mais partes de um todo, dividir.

dismemberment [~ mənt] s. desmembramento m., separação da parte de um todo f.

dismiss [dism'is] v. 1. despedir, demitir, dar licença para partir. 2. repudiar, rejeitar, pôr de lado, descartar. 3. (Jur.) recusar, não admitir (uma ação judicial, etc.).

he ~ed the question from his thought ele não pensou mais nisso. he was ~ed the service ele foi demitido.

dismissal [dism'isəl] s. 1. demissão, exoneração, destituição, despedida, licença para partir, deposição f. 2. recusa de uma demanda f.

dismissible [dism'isibl] adj. demissível.
dismount [dism'aunt] v. 1. desmontar, desarrear. 2. desmontar, desarmar, desfazer, derribar. 3. apear. **he ~ed his horse** ele desmontou do cavalo.
dismounting [~iŋ] s. desmontagem f.
disnaturalize [disn'ætʃrəlaiz], disnature [disn'eitʃə] v. desnaturalizar, perverter, corromper a natureza de. = denaturalize.
disnatured [disn'eitʃəd] adj. desnaturado, desnatural.
disobedience [disob'i:djəns] s. desobediência, inobediência, rebelião, insurreição f.
disobedient [disob'i:djənt] adj. desobediente, refratário, rebelde. ‖ ~ly adv. de modo desobediente.
disobey [disob'ei] v. desobedecer, transgredir, infringir, violar, desafiar.
disobeyer [~ə] s. rebelde m. + f.
disoblige [disobl'aidʒ] v. desagradar, descontentar, desajudar, afrontar, incomodar, desconsiderar.
disobliging [~iŋ] adj. descortês, incivil, grosseiro, desagradável. ‖ ~ly adv. incivilmente, desagradavelmente, descortesmente.
disobligingness [~iŋnis] s. incivilidade, descortesia, grosseria f.
disorder [dis'ɔ:də] s. 1. desordem f., desarranjo, desalinho m. 2. confusão f., desconcerto m. 3. tumulto, motim m. 4. comoção, perturbação de ânimo, doença, enfermidade f. ‖ v. 1. desordenar, desarranjar. 2. desconcertar, perturbar o ânimo, transtornar, inquietar. 3. tornar doente, adoecer. **mental ~** alienação mental.
disordered [~d] adj. desordenado, desarranjado, desleixado, licencioso.
disorderliness [dis'ɔ:dəlinis] s. estado m. ou condição f. de desordem.
disorderly [dis'ɔ:dəli] adj. 1. desordenado, desarranjado, confuso. 2. tumultuoso, turbulento. 3. devasso, licencioso, desregrado. 4. irregular, ilegal. ‖ adv. desordenadamente, sem ordem, ilegitimamente, contra as leis.
disorderly conduct s. (Jur.) má conduta f.
disorderly doings s. pl. devassidões f. pl.
disorderly house s. (Jur.) bordel m., casa de tavolagem, de apostas f., e certas casas de diversão que não têm licença f. pl.
disordinate [dis'ɔ:dinit] adj. desordenado, desregrado, dissoluto, vicioso.
disorganization [disɔ:gənaiz'eiʃən] s. desorganização f.
disorganize [dis'ɔ:gənaiz] v. desorganizar.
disorganizer [~ə] s. desorganizador m.
disorient [dis'ɔ:riənt] v. desorientar, confundir.
disown [dis'oun] v. 1. desconhecer, recusar reconhecer por seu, não admitir, negar. 2. repudiar, rejeitar, renegar, renunciar.
disparage [disp'æridʒ] v. 1. desacreditar, depreciar, menoscabar, fazer pouco de. 2. afrontar, injuriar alguém comparando-o com outra pessoa.
disparagement [~mənt] s. 1. depreciação f., menoscabo, descrédito m., detração, calúnia f. 2. comparação injuriosa f. **no ~ intended, without ~** sem intenção de ofender.
disparager [~ə] s. desonrador, depreciador, menoscabador, caluniador m.
disparagingly adv. afrontosamente, injuriosamente, caluniosamente.
disparate [d'ispərit] (usualmente no pl.) s. coisas incompatíveis f. pl., disparates m. pl. ‖ adj. desigual, díspar, diferente, discrepante, dessemelhante, que não se pode comparar. ‖ adv. de maneira desigual, distintamente, de modo diferente.
disparateness [~nis], disparity [disp'æriti] s. disparidade, desigualdade, dessemelhança f.

dispart [disp'a:t] s. diferença entre o semidiâmetro de uma arma de fogo na boca e na culatra f., calibre da boca de uma peça, entalho da mira m. ‖ v. partir, dividir, separar(-se), distribuir, dispersar, dissolver.
dispassion [disp'æʃən] s. 1. imparcialidade f. 2. impassibilidade, indiferença f. 3. sossego m., calma f.
dispassionate [disp'æʃənit] adj. 1. imparcial. 2. impassível, calmo, sereno, controlado. 3. desapaixonado. ‖ ~ly adv. desapaixonadamente, calmamente, imparcialmente, sem preconceito.
dispassionateness [~nis] s. imparcialidade, serenidade f.
dispatch [disp'ætʃ] (também despatch) s. 1. despacho, ato de despachar m., expedição f. 2. nota de deferimento ou indeferimento, missiva, mensagem f. 3. rapidez, celeridade, presteza, prontidão f. 4. execução da pena de morte f., assassínio m. ‖ v. 1. despachar, expedir, enviar expeditamente. 2. aviar com presteza, aprontar, executar prontamente. 3. matar, despachar desta vida, liquidar. **by ~** por correio expresso. **happy ~** haraquiri. **mentioned in ~es** mencionado por bravura ou serviços valiosos. **with ~** urgentíssimo.
dispatch box s. caixa para transportar despachos ou outros documentos do Estado f.
dispatch case s. pasta de couro para conter papéis f.
dispatcher [disp'etʃə] s. despachante, expedidor, despachador m.
dispatch-rider s. estafeta m.
dispauper [disp'ɔ:pə] v. privar do privilégio dos pobres de pleitear grátis.
dispauperize [~raiz] v. livrar de pauperismo.
dispel [disp'el] v. 1. dispersar, dissipar, espalhar. 2. afastar, expelir, banir. 3. afastar cuidados ou medo.
dispeller [~ə] s. dispersador, desterrador, espalhador m.
dispensability [dispensəb'iliti] s. dispensabilidade f.
dispensable [disp'ensbl] adj. dispensável, prescindível, não essencial, sem importância.
dispensableness [~nis] s. = dispensability.
dispensary [disp'ensəri] s. dispensário, estabelecimento de beneficência onde se cuida gratuitamente dos doentes pobres m.
dispensation [dispens'eiʃən] s. 1. (from) dispensação f., ato de dispensar m. 2. distribuição, repartição f. 3. (fig.) desígnio, plano m. 4. administração f., regime m. 5. dispensa (do Papa), isenção de serviço, dever ou encargo, desobriga, licença f. 6. (Teol.) revelação f., decreto m. ou vontade divina f.: determinado período em que o homem é submetido a alguma revelação especial da vontade de Deus, como por ex.: a dispensação mosaica. 7. renúncia f. (with a, de)
dispensational [~əl] adj. dispensativo, que dispensa ou motiva tal condição.
dispensator [d'ispenseitə] s. 1. dispensador m. 2. dispensatário m.
dispensatory [disp'ensətəri] s. 1. dispensatório m., farmacopéia f., livro que ensina a compor medicamentos e a prepará-los, tratado sobre medicamentos m. 2. dispensário m. ‖ adj. dispensativo, dispensador.
dispense [disp'ens] v. 1. dispensar, distribuir, repartir, atribuir, conceder. 2. administrar, ministrar. 3. preparar ou compor medicamentos segundo o preceito, aviar uma receita. 4. (with) dispensar ou prescindir de, não precisar de. 5. (from) dar dispensa a, desobrigar, eximir, isentar, excusar.
dispenser [~ə] s. 1. dispensador m., aquele que dis-

pensa ou atribui. 2. distribuidor de medicamentos, boticário m.
dispensing chemist s. (Ingl.) farmacêutico m. que avia receitas.
dispeople [disp'i:pl] (**depopulate**) v. despovoar, assolar.
dispermatus [daisp'ə:mətəs], **dispermous** [daisp'ə:məs] adj. (Bot.) dispermo, dispermático m.
dispersal [disp'ə:səl] s. = **dispersion**.
disperse [disp'ə:s] v. 1. dispersar(-se), dissipar(-se), espalhar(-se), espargir. 2. distribuir, difundir, disseminar. 3. desaparecer, desvanecer, afastar, pôr(-se) em debandada, separar. 4. irradiar (raios luminosos).
dispersedly [~tli] adv. de maneira dispersa.
disperser [disp'ə:sə] s. dispersador, espalhador m.
dispersible [disp'ə:sibl] adj. que se pode dispersar.
dispersion [disp'ə:ʃən] s. 1. dispersão f., ato ou efeito de dispersar, espalhamento m., debandada, dissipação, separação de pessoas ou coisas em diferentes sentidos f. 2. (Fís.) separação da luz solar nas setes cores do arco-íris f.
dispersive [disp'ə:siv] adj. dispersivo. ‖ ~ly adv. dispersivamente.
dispersiveness [~nis] s. qualidade f. ou estado m. daquilo que é dispersivo.
dispersoid [disp'ə:sɔid] s. (Fís., Quím.) partículas f. pl. suspensas na dispersão.
dispirit [disp'irit] v. desanimar, descoroçoar, deprimir.
dispirited [~id] adj. desanimado, descoroçoado, deprimido, abatido. ‖ ~ly adv. desanimadamente.
dispiritedness [~idnis] s. abatimento, desânimo m.
displace [displ'eis] v. 1. deslocar, tirar do seu lugar. 2. substituir, colocar pessoa ou coisa em lugar de, tomar o lugar de. 3. demitir, depor, destituir, privar de autoridade, dignidade, cargo ou emprego. 4. desordenar, desarranjar.
displaceable [~əbl] adj. deslocável.
displaced person s. (Polít.) refugiado político que não pode ser repatriado m.
displacement [displ'eismənt] s. 1. deslocação, mudança de lugar ou de posição f. 2. deslocamento, volume deslocado m. 3. destituição f. 4. (Geol.) fratura de estratos ou camadas dos terrenos sedimentares ou de massas rochosas com deslocamento f. 5. (Náut.) calado m. 6. (Meteor.) alteração f., desvio do zero num termômetro m. 7. (Eletr.) corrente dielétrica (também **displacement current**) f.
displacement ton s. (Náut.) tonelada f. de deslocamento (do navio): igual a 1,016 t ou 10,66 m³ de água.
displane [displ'ein] v. desembarcar de avião.
displant [displ'a:nt] v. 1. desplantar. 2. despovoar.
displantation [displænt'eiʃən] s. transplantação f.
display [displ'ei] s. 1. exibição, exposição f. (quadro B 25) desenvolvimento m. 2. espetáculo m., pompa f,. aparato m., ostentação, manifestação f. 3. desfile m. 4. (Tipogr.) escolha f. e arranjo m. de tipos para fazer sobressair certas palavras. ‖ v. 1. exibir, desenvolver, mostrar, expor, manifestar, patentear. 2. revelar, desdobrar, descobrir. 3. ostentar, mostrar pompa.
displayer [~ə] s. 1. expositor, apresentador, exibidor m. 2. ostentador, alardeador m.
display-room s. mostruário, mostrador (sala) m.
display specimen s. exemplar de exposição m.
display type s. (Tipogr.) tipo grande m., de manchete.
display-window s. vitrina f., mostrador m. (quadros S 13, W 4).
displease [displ'i:z] v. desprazer, desagradar, descontentar, ofender, desgostar.
to be ~d with, at estar descontente com.

displeaser [~ə] s. aquele que causa desprazer, desgosto ou enfado.
displeasing [~iŋ] adj. desagradável, desgostoso. ‖ ~ly adv. desagradavelmente.
displeasure [displ'eʒə] s. desprazer, desgosto, desagrado, descontentamento, aborrecimento m.
displume [displ'u:m] v. 1. depenar, desplumar. 2. degradar, desonrar.
dispone [disp'oun] v. (Lei Escoc.) transferir ou ceder bens a outrem.
disponee [dispən'i:] s. alienatário m.
disponer [disp'ounə] s. outorgante, alienante m. + f., outorgador, alienador m.
disport [disp'ɔ:t] s. (†) passatempo, divertimento m., diversão f. ‖ v. (também ~ **oneself**) divertir(-se), recrear-se regozijar(-se), entreter, brincar.
disposable [dip'ouzəbl] adj. 1. disponível, de que se pode dispor, que pode ser vendido, alienado, etc. 2. à disposição de.
disposal [disp'ouzəl] s. 1. disposição f., poder de dispor de alguma pessoa ou coisa m. 2. venda, transmissão, alienação, cessão f. 3. distribuição f. 4. arranjamento, arranjo m., ordem, classificação f. 5. arbítrio, controle m.
at, in one's ~ às ordens, ao dispor, à disposição de alguém.
dispose [disp'ouz] v. 1. dispor, arranjar, ordenar. 2. colocar em posição. 3. fixar, ajustar, determinar, dirigir, pôr-se de acordo. 4. dispor-se a, propender para, fazer propender, inclinar-se, preparar, acomodar, arrumar. 5. (**of**) usar livremente, fazer o que quer de alguém ou de alguma coisa, ter a posse, utilizar, empregar. 6. alienar (bens), desembaraçar-se de, vender, dispor de. 7. matar, liquidar, gastar. 8. estar pronto ou resolvido. 9. demitir, despedir, exonerar, destituir.
to ~ of s. th. by will transmitir alguma coisa por testamento. **man proposes, God disposes** o homem põe e Deus dispõe.
disposed [~d] adj. 1. disposto. 2. (**for**) inclinado, preparado, intencionado.
ill ~ de mau humor, indisposto. **well ~** bem disposto, animado, vivo, bem disposto, que revela boa disposição de ânimo.
disposer [~ə] s. o que dispõe, dá, distribui, etc., disponente m. + f., árbitro, distribuidor, diretor m.
disposition [dispəz'iʃən] s. 1. disposição, ordem, distribuição f., arranjo m., colocação metódica f. 2. tendência, aptidão, inclinação, capacidade f., talento m. 3. temperamento m., compleição f. 4. estado de espírito ou de saúde m. 5. humor m., atitude, propensão, disposição de ânimo f. 6. (Jur.) prescrição legal f. 7. (Pint.) composição f. 8. (Arquit.) projeto m., planta de um edifício f.
dispossess [dispəz'es] v. 1. desapossar, desapropriar, desalojar, despojar, expropriar, despejar, esbulhar. 2. exorcismar. 3. privar de.
dispossessed [~d] adj. despojado, espoliado, alienado.
dispossession [dispəz'eʃən] s. expropriação, desapropriação, privação f., despojamento, esbulho m.
dispossessor [dispəz'esə] s. expropriador, esbulhador, espoliador m.
dispraise [dispr'eiz] s. repreensão, censura, reprovação, desaprovação f. ‖ v. censurar, repreender, desaprovar, reprovar.
dispread [dispr'ed] v. espalhar(-se), espargir.
disprize [dispr'aiz] v. 1. depreciar. 2. censurar, desaprovar, reprovar.
disproof [dispr'u:f] s. refutação, contestação f.
disproportion [disprəp'ɔ:ʃən] s. 1. desproporção f. 2. desigualdade, insuficiência, disparidade f. 3. assimetria f. ‖ v. desproporcionar, tornar despropor-

cional, tornar dessimétrico, desfigurar, deformar.

disproportional [~ əl], **~ate** [~ it], **~able** [~ əbl] adj. desproporcional, desigual, fora de proporção. ‖ **-ally, -ately** adv. desproporcionalmente, sem proporção, desigualmente, desmedidamente.

disproportionateness [disprəp'ɔ:ʃənitnis] s. desproporção, desigualdade f.

disprovable [dispr'u:vəbl] adj. refutável.

disproval [dispr'u:vəl] s. refutação f.

disprove [dispr'u:v] v. refutar, contraditar, contestar, desmentir.

disprover [~ ə] v. refutador m.

disputability [dispju:təb'iliti] s. estado m. ou qualidade f. de ser disputável ou discutível.

disputable [dispj'u:təbl] adj. disputável, discutível, contestável, controvertível. ‖ **-bly** adv. de modo disputável.

disputant [dispj'u:tənt] s. disputador, discutidor m., contestante m. + f. ‖ adj. disputante, disputador, discutidor, contestante.

disputation [dispjut'eiʃən] s. disputa, controvérsia, contestação, discussão f., debate m.

disputatious [dispjut'eiʃəs] adj. disputativo, argumentador. ‖ **~ly** adv. de modo disputável, de forma argumentativa.

disputatiousness [~ nis] s. irascibilidade f.

disputative [dispj'u:tətiv] adj. disputativo, que gosta de disputar, argumentar, caviloso, chicaneiro.

dispute [dispj'u:t] s. 1. disputa, contestação, controvérsia, discussão f., debate m. 2. contenda, rixa f. ‖ v. 1. disputar, contender. 2. discutir, altercar, argumentar, contestar, debater, controverter. 3. questionar, duvidar, opor-se a. 4. competir, rivalizar, pleitear.
beyond all ~ indisputável, incontestável sem dúvida.

disputer [~ ə] s. 1. disputador m., controversista m. + f. 2. rixador, brigão m.

disqualification [diskwɔlifik'eiʃən] s. 1. desqualificação f., ato de desqualificar m. 2. aquilo que desqualifica. 3. incapacidade, inabilitação f. 4. exclusão, interdição f.

disqualified [diskw'ɔlifaid] adj. desqualificado, desclassificado, inabilitado.

disqualify [diskw'ɔlifai] v. 1. desqualificar, excluir de um torneio ou certame. 2. inabilitar(-se), tornar(-se) inapto. 3. invalidar, interditar.

disquiet [diskw'aiət] s. inquietação, desinquietação f. desassossego m., ânsia, ansiedade, perturbação f. ‖ v. inquietar, desinquietar, desassossegar, perturbar, tornar preocupado, irritar-se. ‖ adj. inquieto, desinquieto, ansioso, irrequieto, perturbado. ‖ **~ly** adv. desassossegadamente, ansiosamente.

disquieter [~ ə] s. perturbador, desinquietador m.

disquieting [~ iŋ] adj. desinquietador, que desinquieta ou põe em desassossego.

disquietude [diskw'aiitju:d] s. ansiedade, angústia f., desassossego m., inquietude, desinquietação f.

disquisition [diskwiz'iʃən] s. 1. disquisição, pesquisa, investigação, indagação f. 2. exame, tratado m.

disrate [disr'eit] v. (Náut.) degradar.

disregard [d'isrig'a:d] s. 1. descuido m., negligência f., pouco-caso m. 2. desatenção, desconsideração f., desmazelo m., indelicadeza, descortesia f., desprezo, desdém m. ‖ v. desconsiderar, desatender, negligenciar, fazer pouco-caso de, tratar com desatenção, sem respeito, desdenhar, desprezar.

disregarder [~ ə] s. desdenhador, escarnecedor m., indiferente m. + f. mofador, zombador m., pessoa indelicada, grosseira f.

disregardful [~ ful] adj. desatencioso, desatento, negligente, descuidado, indiferente, descortês. ‖ **~ly** adv. desatenciosamente, negligentemente, desdenhosamente.

disrelish [disr'eliʃ] s. 1. dissabor, mau gosto, desgosto m. 2. aversão, repugnância, antipatia f., fastio m. ‖ v. desgostar, não gostar, nausear, causar náuseas ou antipatia, sentir aversão, antipatizar com, entediar.

disremember [disrim'embə] v. esquecer(-se), olvidar.

disrepair [disrip'ɛə] s. mau estado m., dilapidação f.

disreputability [disrepjutəb'iliti] s. má reputação f., descrédito m., má fama, infâmia, desonra, ignomínia f.

disreputable [disr'epjutəbl] adj. desacreditador, desonroso, não reputável, não respeitável, mal-afamado, infame, vergonhoso, desconceituado. ‖ **-bly** adv. ignominiosamente, infamemente, vergonhosamente.

disrepute [d'isripj'u:t] s. infâmia, má reputação, perda ou falta de reputação f.

disrespect [d'isrisp'ekt] s. desrespeito m., falta de respeito, desconsideração, incivilidade, descortesia, irreverência f., desacato m., rudeza f. ‖ v. desrespeitar, faltar ao respeito, desconsiderar, desacatar.

disrespectful [~ ful] adj. desrespeitoso, irreverente, incivil, indelicado, rude. ‖ adv. desrespeitosamente, incivilmente, irreverentemente.

disrespectfulness [~ fulnis] s. desrespeito m., irreverência f., desacato m.

disrobe [d'isr'oub] v. despir(-se), tirar o vestido, a roupa, despojar, privar de.

disroot [disr'u:t] v. desarraigar, desenraizar, erradicar.

disrupt [disr'ʌpt] v. romper, rebentar, partir, fender, rachar, separar. ‖ adj. roto.

disruption [disr'ʌpʃən] s. rompimento, fendimento m., rachadura, ruptura, fratura, quebra f.

disruptive [disr'ʌptiv] adj. rompedor, rompente, que rompe ou produz ruptura, disruptivo.

disruptive discharge s. descarga disruptiva f.

disruptive strength s. resistência dielétrica f.

dissatisfaction [d'issætisf'ækʃən] s. descontentamento, desprazer, desagrado, descontento m.

dissatisfactory [d'issætisf'æktəri] adj. descontente, insatisfeito, insuficiente, desagradável.

dissatisfied [d'iss'ætisfaid] adj. insatisfeito, descontente, desagradado, desgostoso.

dissatisfy [d'iss'ætisfai] v. descontentar, não satisfazer, desagradar, tornar descontente, desapontar.

disseat [dis'i:t] v. mudar de assento ou de lugar.

dissect [dis'ekt] v. 1. dissecar, fazer dissecação de, anatomizar, cortar. 2. analisar, examinar minuciosamente. 3. repartir, classificar proporcionalmente (faturas comerciais).

dissected [~ id] adj. 1. dissecado, cortado em postas. 2. (Bot.) profundamente dividido em segmentos. 3. (Geol.) dividido em vales irregulares.

dissected map s. mapa cortado em partes para armar m.

dissected picture s. quadro cortado, quadro de armar m.

dissecting-clerk s. faturista m. + f.

dissecting knife s. dissector, instrumento cirúrgico para dissecar m.

dissection [dis'ekʃen] s. 1. dissecação, dissecção, separação com instrumento cirúrgico das partes de um corpo ou órgão, retalhação anatômica f. 2. (fig.) exame rigoroso m., análise minuciosa f.

dissector [dis'ektə] s. 1. dissector m., anatomista m. + f., 2. dissector, instrumento para dissecar m.

disseise, disseize v. desapossar ilegalmente, esbulhar, despojar, (of s. th.) privar de (bens, etc.), usurpar.

disseisee, disseizee [dissi:z'i:] esbulhado, despojado m., aquele que está desapossado, esbulhado ou despojado.

disseisin [d'iss'i:zin], **disseizin** s. esbulho m., usurpação f., despojamento m., desapropriação f.

disseisor [diss'i:zə] s. espoliador, esbulhador, usurpador m.

dissemblance [dis'embləns] s. dissimulação f.

dissemble [dis'embl] v. 1. dissimular, disfarçar, ocultar, encobrir, mascarar. 2. dar falsa aparência, aparentar, simular. 3. desconhecer, ignorar.

dissembler [~ə] s. hipócrita m. + f., dissimulador m.

dissembling [~iŋ] s. dissimulação f., fingimento m., hipocrisia f., encobrimento, refolho m. ‖ adj. dissimulador, fingido, astuto, disfarçado. ‖ ~ly adv. dissimuladamente.

disseminate [dis'emineit] v. disseminar, espalhar, semear, propagar, difundir, vulgarizar.

dissemination [disemin'eiʃən] s. disseminação, propagação, difusão f., espalhamento m., vulgarização f.

disseminative [dis'emineitiv] adj. disseminador, disseminativo.

disseminator [dis'emineitə] s. disseminador, divulgador, propagador m.

dissension [dis'enʃən] s. dissensão, divergência, discórdia, desavença, contenda, briga f.

dissent [dis'ent] s. 1. dissensão, diferença de opinião, discordância f. 2. dissidência, heterodoxia f. ‖ v. (from) dissentir, divergir, discordar, desconcordar, diferir, desconformar.

dissentaneous [disent'einjəs] adj. dissentâneo, contrário, oposto.

Dissenter [dis'entə] s. dissidente, não-conformista, herege m. + f.

dissentient [dis'enʃiənt] s. dissidente m. + f. ‖ adj. dissidente, dissentâneo, oposto.

dissert [dis'ə:t] v. dissertar, discorrer, discursar.

dissertation [disət'eiʃən] s. dissertação, exposição desenvolvida escrita ou oral f., discurso, tratado m., disquisição f., ensaio m., tese f.

disserve [d'iss'ə:v] desservir, prejudicar, fazer mau serviço a.

disservice [d'iss'ə:vis] s. desserviço, mau serviço, prejuízo, detrimento m.

dissever [diss'evə] . v. separar, desunir, partir, secionar, dividir.

disseverance [~rəns], disseverment [~mənt] s. separação, divisão, desunião f.

dissidence [d'isidəns] s. dissidência, discordância, discórdia, desconformidade, divergência de opiniões f.

dissident [d'isidənt] s. dissidente m. + f. ‖ adj. dissidente.

dissight [dis'ait] s. coisa que ofende a vista f., objeto de aversão ou repugnância m.

dissilient [dis'iliənt] adj. (Bot.) que arrebenta ou se parte com violência.

dissilience [dis'iliəns] s. arrebentamento m.

dissimilar [d'is'imilə] adj. dissimilar, dissímil, dessemelhante, diferente, heterogêneo. ‖ ~ly adv. de modo diferente, desigualmente.

dissimilarity [disimil'æriti] s. dessemelhança, diversidade, diferença, desigualdade f.

dissimilate [dis'imileit] v. dissimilar, fazer a dissimilação de.

dissimilation [d'isimil'eiʃən] s. dissimilação f.

dissimilitude [disim'ilitju:d] s. dissimilitude, dessemelhança, desigualdade f.

dissimulate [dis'imjuleit] v. dissimular, fingir, encobrir, disfarçar, ocultar com astúcia.

dissimulation [disimjul'eiʃən] s. dissimulação f., encobrimento (dos próprios desígnios), disfarce, refolho, fingimento m., hipocrisia f.

dissimulator [dis'imjuleitə] s. dissimulador m., hipócrita m. + f.

dissipate [dis'ipeit] v. 1. dissipar, espalhar, dispersar. 2. desvanecer, desaparecer, dissipar-se, espalhar-se. 3. esbanjar, gastar em excesso, desperdiçar, mal-

baratar. 4. ser dissoluto, desregrado ou devasso.

dissipated [~əd] adj. 1. dissipado, dissoluto, esbanjador. 2. disperso, espalhado. ‖ ~ly adv. dissolutamente, prodigamente.

dissipation [disip'eiʃən] s. 1. dissipação f., desbarato de bens, desregramento, desperdício m., devassidão, libertinagem f. 2. dispersão, desaparição f. 3. distração, diversão, abstração f.

dissipative [d'isipeitiv] adj. dissipável, dissipador.

dissipator [d'isipeitə] s. dissipador, esbanjador m.

dissociate [dis'ouʃieit] v. 1. dissociar, separar(-se), desunir. 2. desagregar, dissolver. 3. (Quím.) decompor.

dissociation [disousi'eiʃən] s. 1. dissociação, separação, desagregação f. 2. (Quím.) decomposição f.

dissolubility [disɔljub'iliti] s. dissolubilidade f.

dissoluble [dis'ɔljubl] adj. dissolúvel, que pode ser dissolvido ou decomposto.

dissolute [d'isalu:t] adj. dissoluto, devasso, desregrado, libertino, vicioso, imoral. ‖ ~ly adv. dissolutamente, licenciosamente.

dissoluteness [~nis] s. dissolução, devassidão, licenciosidade, libertinagem, corrução, perversão de costumes f.

dissolution [disəl'u:ʃən] s. 1. dissolução, decomposição, desagregação, desintegração, liquefação f. 2. separação, desunião f. 3. extinção de contrato ou sociedade f., licenciamento de uma assembléia m. 4. morte f. 5. destruição, ruína f.

dissolvable [diz'ɔlvəbl] adj. dissolúvel.

dissolve [diz'ɔlv] s. (Cin.) mudança gradual de uma cena para outra. ‖ v. 1. dissolver, liquefazer, derreter, dispersar. 2. decompor(-se), separar, desfazer, desagregar, dissolver-se, evaporar(-se), fundir. 3. desunir, dissolver uma sociedade, licenciar uma assembléia. 4. rescindir, anular. 5. esvair, desvanecer, morrer. 6. desencantar, quebrar o encanto de. 7. remover, apartar.
to ~ a difficulty remover, apartar uma dificuldade.
to ~ a doubt dissolver uma dúvida. to ~ in tears debulhar-se em lágrimas.

dissolvent [diz'ɔlvənt] s. dissolvente m. ‖ adj. dissolvente, (Med.) resolutivo.

dissolver [diz'ɔlvə] s. 1. o que dissolve. 2. remédio dissolvente m.

dissonance [dis'ɔnəns], -cy [~i] s. dissonância, desafinação de sons, discordância f.

dissonant [d'isɔnənt] adj. dissonante, díssono, inarmônico, desafinado, discordante, incongruente. ‖ ~ly adv. dissonantemente, desarmoniosamente, incoerentemente.

dissuade [disw'eid] v. dissuadir, desaconselhar, (seguido de from) despersuadir.

dissuader [~ə] s. dissuasor m.

dissuasion [disw'eiʒən] s. dissuasão, despersuasão, razão f. ou argumento m. dissuasivo.

dissuasive [disw'eisiv] adj. dissuasivo, dissuasório. ‖ ~ly adv. dissuasivamente.

dissylable [dis'iləbl] s. dissílabo m., palavra de duas sílabas f. ‖ adj. dissílabo.

dissymetrical [disim'etrikəl] adj. dissimétrico, assimétrico. ‖ ~ly adv. dissimetricamente, assimetricamente.

dissymetry [dis'imitri] s. dissimetria, assimetria f.

dist. abrev. de 1. distance. 2. district.

distaff [d'ista:f] s. 1. fuso m. (para fiar). 2. (fig.) sexo feminino m., mulher f. ou mulheres f. pl. coletivamente, trabalho de mulher m.

distaff side s. linhagem feminina de uma família f.

distal [d'istəl] adj. longe do ponto de origem.

distance [d'istəns] s. 1. distância f., espaço que separa duas coisas ou pessoas, intervalo, trajeto, afastamento m. 2. período, espaço de tempo m. 3. (Mús.)

intervalo m. 4. reserva f., afastamento m., falta de benevolência, frigidez, indiferença f., respeito m., altivez, discrição f. 5. separação f., afastamento de uma pessoa ou grupo em suas relações de superioridade e de inferioridade m. 6. (Náut.) caminho m. ‖ v. distanciar, pôr distante, deixar para trás, passar adiante de alguém na carreira, espacear, exceder, passar além, ultrapassar. **at a ~** ao longe, de longe. **out of ~** a perder de vista. **the ~ due to** o respeito que se deve a. **to keep one at a ~** não familiarizar-se com. **to keep one's ~** observar o respeito que se deve a alguém, haver-se com reserva.

distant [d'istənt] adj. 1. distante, remoto, afastado. 2. separado, apartado. 3. reservado, discreto, comedido, esquivo, indiferente, frio, incompatível, que impede familiaridade. 4. indistinto, embaçado, fraco, leve, não evidente, aparente ou manifesto. ‖ **~ly** adv. 1. de longe, à distância. 2. friamente, reservadamente.

distaste [dist'eist] s. desagrado, desprazer, desgosto m., aversão, repugnância f.; fastio m.

distasteful [~ful] adj. desagradável, ofensivo, que causa asco, dessaboroso, de mau gosto, insípido. ‖ **~ly** adv. desagradavelmente, insipidamente.

distastefulness [~fulnis] s. 1. aversão, repugnância f., desagrado, desgosto, dissabor m.

distemper [dist'empə] s. 1. indisposição, enfermidade, doença, desordem mental, perturbação f. 2. sinomose f.: enfermidade de cães e outros animais. 3. destempero, mau humor m., intemperança f., desequilíbrio, desarranjo, incômodo m., inquietação f. 4. tumulto, distúrbio m. 5. pintura à têmpera, tinta feita com a mistura de cal e cola, maneira de pintar à têmpera. ‖ v. 1. destemperar, desordenar, desregrar, perturbar, adoecer, irritar, incomodar. 2. pintar à têmpera.

distemperature [dist'empritʃə] s. (Pat.) distúrbio físico ou mental m.

distempered [dist'empəd] adj. 1. desordenado, perturbado, desnorteado. 2. intemperado, imoderado.

distend [dist'end] v. estender(-se), expandir, alargar, distender, esticar, dilatar(-se), inchar, inflar.

distensibility [distensib'iliti] s. dilatabilidade, expansibilidade, ductilidade, elasticidade, maleabilidade, flexibilidade f.

distensible [dist'ensibl] adj. dilatável, que se pode estender, distender ou dilatar, dúctil, elástico.

distension [dist'enʃən] s. distensão, expansãор dilatação, inflação f.

distent [dist'ent] adj. dilatado, expandido, estendido, inchado.

distich [d'istik] s. 1. dístico m.: grupo de dois versos. 2. copla, estância f.

distichous [d'istikəs] adj. (Bot.) dístico, que tem duas séries ou renques (de folhas, etc.), disposto em duas séries ou renques.

distil [dist'il], distill v. 1. destilar, fazer destilação, deixar cair gota a gota, gotejar. 2. escorrer suavemente, transpirar. 3. purificar destilando, retificar, refinar, extrair pela vaporização e condensação.

distillable [~əbl] adj. destilável, que se pode destilar.

distillate [d'istilit] s. produto de destilação m.

distillation [distil'eiʃən] s. 1. destilação f., ato de destilar m. 2. produto de destilação, extrato m., essência f.

distillatory [dist'ilətəri] adj. destilatório.

distiller [dist'ilə] s. 1. destilador, alambiqueiro m., pessoa que destila f., fabricante de bebidas alcoólicas m. 2. destilador, alambique, aparelho de destilação m.

distillery [dist'iləri] s. destilaria, fábrica de destila-

ção, destilação f., estabelecimento onde se destila m.

distinct [dist'iŋkt] adj. 1. distinto, ilustre, eminente. 2. diferente, dessemelhante, diverso. 3. separado, apartado. 4. claro, evidente, aparente, preciso, inconfundível. 5. (coloq.) categórico, positivo, decidido. ‖ **~ly** adv. distintamente, claramente, inconfundivelmente, de maneira perspicaz, decididamente.

distinction [dist'iŋkʃən] s. 1. distinção f., ato ou efeito de distinguir m. 2. discriminação, preferência, qualidade que distingue f., sinal para diferençar m., diferença característica f., distintivo m. 3. diversidade, separação f. 4. clareza f. 5. honra, honraria, superioridade, eminência, excelência f.

distinctive [dist'iŋktiv] adj. distintivo, distinto, característico, diferente, inconfundível, evidente, particular, claro, nítido. ‖ **~ly** adv. distintamente.

distinctiveness [~nis] s. distinção, clareza, perceptibilidade, nitidez f.

distinctness [dist'iŋktnis] s. distinção, clareza, precisão, perspicuidade f., distintivo m.

distingué [dist'æŋgei] adj. que tem distinção de porte, distinto, ilustre, elegante.

distinguish [dist'iŋgwiʃ] v. 1. distinguir. 2. diferençar, separar. 3. discriminar, caracterizar. 4. mostrar diferença, discernir. 5. mostrar preferência por, consideração especial a. 6. honrar, fazer estimação. 7. perceber pelos sentidos, ouvir, reconhecer, avistar. 8. salientar-se, evidenciar-se, diferençar-se.

distinguishable [~əbl] adj. distinguível, perceptível, saliente. ‖ **-bly** adv. distinguivelmente.

distinguished [~t] adj. distinto, famoso, ilustre, afamado, eminente, egrégio.

Distinguished Service Medal s. (E. U. A., Ingl.) condecoração f. militar.

distinguisher [~ə] s. distinguidor m.

distinguishing [~iŋ] adj. distintivo, característico, peculiar. ‖ **~ly** adv. distintivamente, com distinção.

distort [dist'o:t] v. 1. torcer, contorcer. 2. perverter, corromper, torcer o sentido das palavras, falsear, dizer falsidades, mentir, deturpar.

distorted [~id] adj. 1. torcido, torto. 2. corrompido, tortuoso, oposto à verdade, falsídico, mentiroso. ‖ **~ly** adv. tortuosamente, falsamente, de maneira corruta, erradamente.

distorter [~ə] s. desfigurador, embusteiro, deturpador m.

distortion [dist'o:ʃən] s. 1. torcimento m., torcedura, contorção f. 2. deformidade f. 3. distorção f. 4. embuste m., representação falsa, perversão dos sentidos f.

distortional [~əl] adj. torcedor, tortuoso, falso, mentiroso.

distortionist [~ist] s. 1. caricaturista m. + f. 2. contorcionista, ginasta que faz contorções, contorcista m. + f.

distract [distr'ækt] v. 1. distrair, divertir, entreter, tornar desatento, desviar o espírito, a atenção de um assunto, chamar a atenção de alguém para outro ponto ou objeto. 2. confundir, perturbar o ânimo, enlouquecer.

distracted [~id] adj. 1. distraído, divertido, desatento, entretido, abstrato. 2. perturbado, confuso, doido, louco, insensato, demente. ‖ **~ly** adv. distraidamente, abstratamente, loucamente, insensatamente.

distractedness [~idnis] s. 1. distração, desatenção, abstração f. 2. loucura f.

distracter [~ə] s. 1. distração, coisa que distrai, confunde f., perturbador m.

distracting [~iŋ] adj. distrativo, que distrai. ‖ **~ly** adv. de modo distrativo.

distraction [distr'ækʃən] s. 1. distração, abstração, desatenção, diversão f. 2. distraimento m., aquilo que distrai. 3. divertimento m., Interrupção f., recreio m. 4. perturbação mental f., transtorno m., demência, loucura f. 5. agitação f. frenesi, delírio m.

distractive [distr'æktiv] adj. distrativo, que distrai. ‖ ~ly adv. de modo distrativo.

distrain [distr'ein] v. penhorar, embargar, seqüestrar.

distrainable [~əbl] adj. penhorável, embargável.

distrainee [distrein'i:] s. embargado m.

distrainer [distr'einə] s. penhorador, embargador m.

distrainment [distr'einmənt] s. embargo m., penhora, seqüestração f., seqüestro m.

distrainor s. = **distrainer.**

distraint [distr'eint] s. = **distrainment.**

distrait [distr'ei] adj. distraído, desatento, abstrato.

distraught [distr'ɔ:t] adj. distraído, perturbado, demente, louco = (**distracted**).

distress [distr'es] s. 1. aflição, angústia, mágoa f., pesar, embaraço m. 2. desgraça f., infortúnio m. 3. pobreza, miséria, necessidade f. 4. aperto, perigo m., situação difícil ou perigosa f. 5. (Jur.) embargo m., penhora, seqüestração f., seqüestro m., coisa penhorada f. ‖ v. 1. afligir, angustiar, desolar. 2. enfadar, perseguir, esgotar inteiramente, ser importuno. 3. penhorar, embargar, seqüestrar.

distressed [~t] adj. 1. aflito, angustiado. 2. desgraçado, em apuro, necessitado, desamparado.

~ **area** = **disaster area.**

distressful [~ful] adj. aflitivo, infeliz, miserável, desventurado, lamentável. ‖ ~ly adv. aflitivamente.

distressing [~iŋ] adj. aflitivo, penoso, desolador, infeliz, desventurado, lastimoso. ‖ ly adv. aflitivamente, lastimosamente, dolorosamente.

distress merchandise s. (Com.) mercadoria f. a preço reduzido.

distributable [distr'lbjutəbl], **distributary** [distr'ibjutəri] adj. distributivo, eqüitativo.

distribute [distr'ibju:t] v. 1. distribuir, repartir, partilhar, entregar, dar, dispensar. 2. espalhar, dispersar. 3. arranjar, classificar, dispor, pôr em ordem. 4. (Jur.) administrar. 5. (Tip.) distribuir os tipos. 6. (Lóg.) aplicar um termo em toda a sua extensão, a todos os membros de uma classe considerados individualmente.

distributed [~id] adj. 1. distribuído. 2. espalhado.

distributed load s. peso distribuído m.

distributee [distribjut'i:] s. (Jur.) herdeiro m. de parte do imóvel.

distributer s. = **distributor.**

distributing [distr'ibjutiŋ] adj. distribuidor.

distributing board s. (Téc.) painel de distribuição m.

distributing feeders s. pl. (Téc.) condutores de distribuição m. pl.

distributing network s. (Téc.) rede de distribuição elétrica f.

distribution [distribj'uʃən] s. 1. distribuição, repartição, divisão, partilha f. 2. disposição, classificação f. 3. o que é distribuído. 4. (Tip.) distribuição e reposição dos tipos nas caixas f. 5. (Jur.) sucessão abintestada f. 6. (Lóg.) aplicação de um termo a todos os membros de uma classe, individualmente f. 7. (Téc.) mecanismo de distribuição m.

distributional [distribi'uʃənəl] adj. distributivo.

distribution box s. (Téc.) caixa de distribuição f.

distribution curve s. (Estat.) curva de distribuição f.

distribution network s. (Téc.) rede de distribuição f.

distribution ratio s. (Quím.) taxa de distribuição f.

distributive [distr'ibjutiv] adj. 1. distributivo, que distribui. 2. (Gram.) distributivo, separativo. 3. (Lóg.) distributivo, não coletivo. ‖ ~ly adv. distributivamente, separadamente.

distributor [distr'ibjutə] s. distribuidor m.

distributors [distr'ibjutəz] s. pl. (Téc.) condutores de distribuição m. pl.

distributor valve s. (Téc.) válvula distribuidora f.

district [d'istrikt] s. 1. distrito m., região, divisão territorial f., bairro m. 2. comarca, jurisdição f. ‖ v. dividir em distritos.

district attorney s. procurador do tribunal de distrito, promotor de justiça m.

district-court s. tribunal do distrito, da comarca m.

district-judge s. juiz da comarca m.

district nurse s. enfermeira nomeada para um distrito ou comarca f.

distrust [distr'ʌst] s. desconfiança, suspeita f., receio m., dúvida f. ‖ v. desconfiar, suspeitar, recear.

distrustful [~ful] adj. desconfiado, suspeitoso, desconfiante, receoso. ‖ ~ly adv. de modo desconfiado, com desconfiança, de maneira receosa.

distrustfulness [~fulnis] s. desconfiança, suspeita f.

distrustless adj. sem desconfiança, sem suspeita.

disturb [dist'ə:b] v. 1. disturbar, perturbar, incomodar. 2. inquietar, tornar agitado, preocupado ou irrequieto, transtornar, agitar, toldar. 3. interromper, desarranjar, embaraçar.

disturbance [~əns] s. 1. perturbação, turbação, confusão, inquietação f. 2. desordem mental f., transtorno m., tontura f. 3. motim m., desordem f., tumulto, distúrbio m., sublevação f. 4. o que causa distúrbio.

disturber [~ə] s. 1. perturbador, turbador, desordeiro, agitador m. 2. maçador, importunador m.

disturbing [~iŋ] adj. perturbador, Importuno. ‖ ~ly adv. perturbativamente, incomodamente, importunamente.

disturbing field s. (Téc.) campo perturbador m.

disulfide, disulphide [dais'ʌlfaid] s. (Quím.) bissulfeto m.

disunion [disj'u:njən] s. 1. desunião, separação f. 2. discórdia f., desacordo m., desavença, ruptura f.

disunite [disju:n'ait] v. 1. desunir(-se), separar(-se), dividir, desligar(-se), desfazer a união de. 2. desavir, produzir discórdia, estabelecer desavenças entre.

disunity [disj'u:niti] s. desunião, falta de união, desconcórdia, separação f.

disuse [disj'u:s] s. desuso, descostume m., dessuetude f., desábito m. ‖ [disj'u:z] v. desusar, deixar de usar, desacostumar, descontinuar.

disused [~d] adj. desusado, que está fora de uso, obsoleto, arcaico, desacostumado.

disutility [disjut'iliti] s. (Econ. Pol.) desutilidade f.

disvalue [disv'ælju] v. desvalorizar.

disylable s. e adj. = **dissylable.**

ditch [ditʃ] s. fosso, rego m., vala f. (quadro W 3), (Fort.) fosso m., trincheira f. ‖ v. 1. abrir, cavar fosso, vala, rego, entrincheirar, cercar de fossos, circunvalar. 2. drenar por meio de valas ou fossos. 3. (gíria) livrar-se de.

dull as ~-water maçador, maçante, inerte. **to die in the ~** morrer na miséria. **to die in the last ~** resistir até o último momento.

ditcher [~ə] s. cavador de fossos, valas, regos, poceiro m.

ditch-water s. água estagnada f.

ditheism [d'aiθiizm] s. dualismo m., crença em dois deuses supremos.

dither [d'iðə] s. 1. tremor, estremecimento, arrepio m. 2. (coloq.) confusão, excitação f. ‖ v. 1. tremer, arrepiar, estremecer. 2. estar fora de si, estar perturbado ou incerto.

dithyramb [d'iθiræm] s. ditirambo m.

dithyrambic [diθir'æmbik] adj. 1. ditirâmbico. 2. entusiástico, ardente.

ditto [d'itou] s. 1. dito, idem m. 2. palavra, expressão ou sentença já dita f., o mesmo, similar m. 3. cópia f., duplicado m. ‖ v. copiar, duplicar. ‖ adv. como anteriormente, identicamente, do mesmo modo, da mesma forma.
suit of ~s coleção de ternos da mesma fazenda.
to say ~ concordar, apoiar uma opinião.

ditty [d'iti] cantiga, cançoneta, cantilena f., poema curto e singelo m. ‖ v. cantarolar.

ditty-bag s. sacola para agulhas, linhas e bugigangas de marujo f.

diuresis [daijur'i:sis] s. (Med.) diurese t.

diuretic [daijuər'etik] s. diurético, medicamento que promove a diurese m. ‖ adj. diurético.

diurnal [dai'ə:nəl] adj. diurno, cotidiano, diário, que se faz ou sucede num dia, que se faz ou sucede de dia, efêmero, que dura só um dia. ‖ ~ly adv diariamente, cotidianamente, ocorrente durante o dia.

div. abrev. de 1. divide, divided. 2. dividend. 3. division.

diva [d'i:və] s. diva f., epíteto de cantora notável, prima-dona f.

divagate [d'aivəgeit] v. divagar, desviar, afastar-se do assunto, vaguear, perambular.

divalent [d'aiveilənt] adj. (Quím.) bivalente.

divan [div'æn] s. 1. divã m.: espécie de sofá sem encosto (quadro B 7). 2. nome que tinha o conselho de Estado do sultão turco m. 3. sala de fumar, sala de recepção f.

divaricate [daiv'ærikeit] v. dividir-se em duas partes, bifurcar, separar-se em dois ramos, abrir em forquilha. ‖ adj. bifurcado, (Bot.) cujos ramos se afastam muito, divergente.

divarication [daiværik'eifən] s. 1. bifurcação, divisão em duas partes, ramificação, forqueta f. 2. desconformidade, divergência de opinião f., desacordo m.

dive [daiv] s. 1. mergulho, salto de cabeça para baixo m. 2. movimento súbito e rápido m. 3. (E. U. A.) espelunca f., antro m., casa de bebidas e de jogo de má reputação f. ‖ v. 1. mergulhar(-se), afundar, imergir, submergir, arrojar-se de cabeça na água. 2. penetrar, sondar, entranhar-se, (into) profundar. 3. arrojar-se, precipitar-se. 4. descer a pique, descer rapidamente e desaparecer, perder-se de vista. 5. bater a carteira, (into) furtar. 6. meter rapidamente a mão em.

dive-bomber s. bombardeiro de mergulho m.

diver [d'aivə] s. 1. mergulhador m. 2. escafandrista m. + f. 3. (Orn.) mergulhão m.: nome de várias aves aquáticas. 4. (gíria) batedor de carteiras m

diverge [daiv'ə:dʒ] v. divergir, desviar(-se), afastar-se, discordar, diferir, separar-se.

divergence [~ əns], —cy [~ensi] s. divergência, discordância f., desacordo m., divergência de interesses ou de opinião f.

divergent [~ənt] adj. divergente, diferente, que se afasta. ‖ ~ly adv. de modo divergente.

divergent series s. pl. (Álg.) séries divergentes f. pl.

diverging [~ iŋ] adj. divergente. ‖ ~ly adv. de modo divergente.

diverging lens s. lente divergente f.

divers [d'aivəs] adj. diversos, vários, variados.

divers-coloured adj. diversicolor, variegado.

diverse [daiv'ə:s] adj. diverso, diferente, distinto, dessemelhante, multiforme. ‖ ~ly adv. diversamente, diferentemente.

diverseness [~ nis] s. diversidade, variedade, diferença, dessemelhança f.

diversification [daivə:sifik'eifən] s. diversificação, variação, diferença, variedade f.

diversified [daiv'ə:sifaid] adj. variegado, diversificado, vário.

diversifier [daiv'ə:sifaiə] s. o que ou aquele que diversifica.

diversiform [daiv'ə:sifɔ:m] adj. diversiforme.

diversify [daiv'ə:sifai] v. diversificar, tornar diferente, fazer variar, variar, variegar.

diversion [daiv'ə:fən] s. 1. diversão f., desvio m., mudança de aplicação, de direção, digressão f. 2. distração f., recreio, divertimento, passatempo m. 3. (milit.) operação ou manobra que tem por fim desviar a atenção do inimigo do ponto que se pretende ocupar f.

diversionary [~ əri] adj. diversivo.

diversity [daiv'ə:siti] s. 1. diversidade, diferença, dessemelhança, variedade, variegação f. 2. multiplicidade f.

divert [daiv'ə:t] v. 1. divertir, distrair, desviar, fazer mudar de fim, de objeto, afastar(-se). 2. distrair(-se), recrear(-se), divertir(-se), entreter, folgar. 3. (milit.) promover uma diversão. 4. desviar-se, fazer uma digressão.

diverter [~ ə] s. conversador m.

diverter resistance s. (Téc.) resistência de desvio f.

diverting [~ iŋ] adj. divertido, folgazão, alegre. ‖ ~ly divertidamente, alegremente.

divertisement [~ izmənt] s. divertimento m., diversão f., passatempo, entretenimento m.

divertissement [divə:ti:sm'ã:] s. entremez m., curta representação jocosa f., bailado m. ou peças f. pl. nos intervalos das óperas.

divest [daiv'est] v. 1. despir, desnudar, tirar os vestidos, a roupa. 2. (of) privar-se, livrar de, desapossar, renunciar, despojar.

divestiture [daiv'estitʃə] s. 1. despimento, despojamento m. 2. (Jur.) alienação ou desapropriação de bens f.

divestment [daiv'estmənt] s. despimento, despojamento m.

dividable [div'aidəbl] adj. divisível.

divide [div'aid] s. 1. divisor hidrográfico m. 2. (coloq.) partilha f. ‖ v. 1. dividir-se, partir ou distinguir em diversas partes. 2. separar(-se), apartar(-se). 3. distribuir, repartir, partilhar. 4. distribuir dividendos. 5. limitar, demarcar, estabelecer limitação entre. 6. desunir, desavir, discordar, divergir. 7. (Mat.) fazer a operação de divisão. 8. votar, fazer votar por divisão.
the Great Divide o outro mundo, a morte.

divided [~ id] adj. dividido, separado, desunido. ‖ ~ly adv. de forma dividida, separadamente, desunidamente.

divided highway s. rodovia f. com canteiro central.

dividend [d'ividend] s. 1. dividendo m.: lucros de uma empresa, que se devem distribuir pelos sócios ou acionistas. 2. parte que toca numa liquidação a cada um dos interessados f. 3. (Mat.) número que se há de dividir m.

divider [div'aidə] s. 1. divisor, repartidor, dividor m., o que ou aquele que divide (quadro C 20). 2. aquele que causa desavença ou dissensão. 3. (pl.) compasso de pontas fixas m. (quadro D 5).

dividing [div'aidiŋ] adj. divisor, distribuidor.

dividing dial s. (Téc.) quadrante divisor m.

dividing engine s. (Téc.) máquina de dividir f.

dividing head s. (Téc.) cabeçote divisor m.

divination [divin'eifən] s. divinação, adivinhação f., palpite, pressentimento m., conjetura f., presságio m.

divinatory [div'inətouri] adj. divinatório, referente à adivinhação.

divine [div'ain] s. clérigo, eclesiástico, sacerdote, teólogo, padre m. ‖ v. adivinhar, pressagiar, predizer, conjeturar, vaticinar, pressentir. ‖ adj. divino:

1. que diz respeito a Deus. 2. sublime, sacro, celeste, sobrenatural. 3. perfeito, encantador. ‖ ~ly adv. divinamente, encantadoramente, egregiamente.

divineness [~nis] s. divindade, qualidade de divino, natureza divina f.

divine office s. ofício divino, ofício da missa m.

diviner [~ə] s. advinhador, adivinho, vaticinador m

divine right s. graça de Deus f., legitimismo m.

divine service s. culto divino m.

diving [d'aivin] s. mergulho (esporte aquático m., saltos ornamentais m. pl.) m.

diving bell s. sino de mergulhador, aparelho m.

diving board s. trampolim para mergulhadores m.

diving speed s. velocidade de picada f.

diving suit s. escafandro m.

diving-tower s. plataforma f. (para saltos ornamentais) (quadro B 4).

divinify [div'inifai] v. divinizar, deificar.

divining [div'ainin] s. adivinhação, vaticinação f.

divining rod s. vara ou varinha de condão f.

divinity [div'initi] s. divindade f. 1. qualidade de divino, natureza divina f. 2. Deus m. 3. qualquer deus m. ou deusa f. do paganismo. 4. deidade f. 5. teologia, doutrina das coisas divinas f. 6. qualquer coisa f., poder m. ou influência sobrenatural f. 7. pessoa ou coisa divinizada f. 8. (Univers.) faculdade de teologia f. 9. (E. U. A.) caramelo cremoso de manteiga, açúcar, chocolate, etc. m.

divinize [d'ivinaiz] v. deificar, divinizar.

divisibility [divizib'iliti] s. divisibilidade f.

divisible [div'izəbl] adj. divisível, que se pode dividir ou se pode dividir exatamente.

division [div'iʒən] s. divisão f. 1. operação de dividir f. 2. separação f., aquilo que separa ou divide. 3. partilha, repartição, distribuição f. 4. compartimento m. 5. linha divisória f. 6. classificação, distinção f., grupo m., subdivisão, seção f. 7. uma das partes em que se divide um discurso, uma oração, etc. 8. distrito m., área com jurisdição f. 9. desunião, discórdia, discordância f. 10. parte de um exército formado de brigadas f. 11. parte da esquadra, composta de diversos navios de guerra f. 12. voto de um corpo legislativo m.

to go into a ~ ir votar (no parlamento).

divisional [~əl] adj. divisional, relativo a divisão. ‖ ~ly adv. divisionalmente.

divisionary [~əri] adj. divisionário, divisional.

divisionism [~izm] s. (Pol.) divisionismo m.

division of a word s. divisão silábica f.

division of labour s. divisão do trabalho f., processo de organização específica do trabalho m.

division sign s. (Mat.) sinal de divisão m.

divisive [div'aisiv] adj. divisor, que causa ou exprime divisão, analítico, que exprime dissensão.

divisor [div'aizə] s. (Mat.) divisor m.: número pelo qual se divide outro chamado dividendo, número que divide exatamente dois ou mais números.

divorce [div'ɔ:s] s. 1. divórcio m., separação, dissolução judicial do matrimônio f. 2. (fig.) desunião, separação f. ‖ v. divorciar-se de, separar-se judicialmente, (fig.) separar, desunir.

to ~ one's bed não dormir. **to ~ oneself from** divorciar-se de. **to ~ one's wife** repudiar a esposa, separar-se, divorciar-se dela.

divorcee [divɔ:s'i:] s. divorciada f., divorciado m.

divorcer [div'ɔ:sə] s. 1. aquele que promove divórcio, divorciador m. 2. o que ou aquele que causa divórcio ou separação.

divot [d'ivət] s. 1. torrão, pedaço de terra endurecido usado para cobrir casas, etc. m. 2. (Golfe) torrão arrancado pelo bastão m.

divulgation [daivʌlg'eiʃən] s. divulgação, propagação f.

divulge [daiv'ʌldʒ] v. divulgar, propalar, revelar, publicar, tornar conhecido.

divulgement [~mənt], **divulgence** [~əns] s. divulgação, propagação f.

divulger [~ə] s. divulgador, revelador, propagador m.

divvy [d'ivi] s. (gíria, Com.) dividendo m.

dixie [d'iksi] s. caldeirão m. (quadro C 8).

Dixie, Dixie Land s. 1. os Estados sulinos nos E. U. A. 2. (Mús.) ritmo m. de jazz.

dizen [daizn, dizn] v. ornar, enfeitar, vestir(-se) garridamente.

dizzily [d'izili] adv. vertiginosamente, de modo a causar atordoamento.

dizziness [d'izinis] s. vertigem, tontura f.

dizzy [d'izi] v. 1. causar desmaios ou vertigens, atordoar. 2. confundir, desconcertar. ‖ adj. 1. vertiginoso, atordoado, tonto, sujeito a vágados ou vertigens, cambaleante, vacilante. 2. pasmado, confundido, perplexo, perturbado.

D. L. abrev. de **Deputy Lieutenant.**

do [dou] (I) s. (Mús.) dó m.

do [du:] (II) s. 1. logro m., velhacaria, peça f. 2. sarau m., reunião festiva, festança f.

do [du:] (III) v. (imp. **did**, p. pass. **done**, p. pres. **doing**) 1. fazer, executar, agir, atuar, efetuar, trabalhar. 2. acabar, pôr fim a, concluir, completar. 3. preparar, arranjar. 4. interpretar, representar, desempenhar o papel de. 5. criar, produzir. 6. causar, levar a efeito ou a termo. 7. render, prestar. 8. haver-se, portar-se, atuar, proceder. 9. estar ou passar bem ou mal de saúde. 10. tratar com, ocupar-se de, acabar com. 11. servir, bastar, ser suficiente ou satisfatório, convir. 12. cozer, assar. 13. percorrer, cobrir. 14. enganar, lograr, trapacear. 15. matar, liquidar, arruinar. 16. (coloq.) acolher, entreter, sustentar. 17. visitar lugares interessantes. 18. cumprir. 19. esgotar-se, gastar-se. 20. esforçar-se. 21. traduzir, meter em, modificar.

anything ~ing? há alguma novidade? há qualquer coisa? **a to-~** denguice, melindre. **did you see the garden?** você viu o jardim? **~ as you like** faça como quiser. **~ as you would be done by** não faça aos outros o que não queres que te façam. **~ better** sair-se melhor. **~ or die!** ou uma ou outra. **~ you know the author of this piece?** você conhece o autor desta peça? **~ you speak English?** você fala inglês? **how ~ you ~?** como está você? como vai? **I did my duty** fiz meu dever. **I ~ hate him** odeio-o (enfaticamente). **I ~ not (~n't) know him** não o conheço. **I have ~ne with him** não tenho mais nada que fazer com ele. **I have nothing to ~ with it** nada tenho a ver com isso. **it will ~** isto me bastará. **nothing ~ing** 1. (Com.) não é negócio. 2. nada feito. 3. não há oferta. **one must ~ at Rome as the Romans ~** por onde vás, como vires assim farás. **over~ne** cozido demais, recozido. **that will ~** esse serve, isto chega, basta. **that won't ~ with me** eu não posso admitir ou permitir isso. **this has nothing to ~ with it** isso não vem ao caso. **this will not ~** isso não vai, não chega. **to ~ a business** fazer um negócio. **to ~ a favour** fazer um favor. **to ~ a job** fazer um trabalho. **to ~ a kindness** fazer um favor. **to ~ a message** dar um recado. **to ~ a part** desempenhar um papel. **to ~ a picture** pintar, fazer uma pintura. **to ~ again** refazer, fazer outra vez. **to ~ as one is bid** obedecer, fazer o que lhe mandam. **to ~ away with 1.** pôr de lado. 2. abolir, suprimir. 3. matar, liquidar. **to ~ badly** fazer maus negócios. **to ~ business with** negociar com **to ~ for 1.** convir, ser suficiente, bastante ou

Pointer

Bloodhound

Bulldog

Pug

Rough-coated
fox terrier

Poodle

Dachshund

Greyhound

Rough-haired
Collie

Great Dane

Chow

Griffon

Foxhound

Alsatian dog

Mastiff

Newfoundland

Dalmatian

DOG

satisfatório. 2. pôr fim a. 3. arruinar, liquidar, matar. **to ~ good, well** fazer bem, ter sucesso, progredir. **to ~ harm, ill** causar dano, prejuízo, fazer mal. **to ~ in** l. lograr, trapacear. 2. matar. **to ~ into** traduzir, modificar. **to ~ justice** fazer justiça. **to ~ like for like** tratar do mesmo modo, pagar na mesma moeda. **to ~ mischief** causar dano. **to ~ nicely** prometer, ir bem, dar esperanças. **to ~ off** tirar, despir. **to ~ one's best** esforçar-se, fazer o possível. **to ~ one's bit** cumprir seu dever, fazer serviço militar. **to ~ one's hair** arranjar o cabelo. **to ~ one's head** (milit.) perder a cabeça. **to ~ over** l. refazer, repetir, executar, interpretar outra vez. 2. dar uma segunda mão de tinta, emboçar, untar. **to ~ s. o.** l. cansar, extenuar alguém. 2. lograr. **to ~ s. o. an ill turn** pregar uma peça a. **to ~ s. o. down** lograr alguém. **to ~ s. o. out of** privar alguém de, burlar. **to ~ the dishes** lavar a louça. **to ~ time** cumprir uma sentença de prisão. **to ~ to** tratar a alguém, agir, comportar-se com. **to ~ to death** matar, mandar matar, causar sua sentença de morte. **to ~ up** l. embrulhar, empacotar, dobrar. 2. reparar, acondicionar, pôr em condições. 3. pentear, compor ou alisar os cabelos. 4. esgotar-se, gastar-se. 5. arruinar. **to ~ well by** tratar bem alguma pessoa. **to ~ with** l. ter negócio ou relações com, tratar, ter que fazer com alguém ou com alguma coisa, começar. 2. encontrar um meio de, dar um jeito. 3. contentar-se com, passar com. **to ~ without** dispensar de. **to have to ~ with** ter negócio com. **underdone** mal cozido, cru, mal passado. **we must ~ or die!** temos de lutar ou perecer. **well ~ne** bem feito, muito bem. **well-to-~** próspero, abastado. **why didn't you ~ yours?** por que não fez o seu? **(do you see it?) Yes, I ~; No, I ~n't** sim eu vejo, não eu não vejo. **you ~ wisely (in ~ing)** você faz bem (em fazer).

do. [d'itou] abrev. de **ditto.**
doable [d'u:əbl] adj. factível, fazível.
do-all s. factótum m.
dobbin [d'ɔbin] s. cavalo lento e manso m.
dobby weave s. tecido m. com pequenos desenhos geométricos.
Doc [dɔk] s. (coloq.) doutor, médico m.
docent [d'ousənt] s. docente m. + f.
docile [d'ousail] adj. dócil, obediente, submisso, tratável, disciplinável, manso. ‖ **~ly** adv. docilmente.
docility [dous'iliti] s. docilidade, mansidão f.
docimasy [d'ɔsiməsi] s. (Quím. e Med.) **docimasia** f.
dock [dɔk] (I) s. (Bot.) labaça, azeda f.
dock [dɔk] (II) s. l. parte grossa da cauda dos animais f. 2. cauda cortada f., rabo cotó m. 3. rabicho m. ‖ v. l. derrabar ou cortar a cauda, o rabo a. 2. encurtar, abreviar, reduzir, diminuir. 3. despojar, desfalcar, privar de.
dock [dɔk] (III) s. l. doca f., dique, estaleiro, embarcadouro m. 2. (pl.) cais m. pl., instalações portuárias f. pl. 3. (Estr. de F.) hangar, galpão m. 4. banco dos réus m. ‖ v. pôr um navio no estaleiro, fazer um navio entrar em doca ou estaleiro. **dry ~, graving ~** dique ou doca de querena. **floating ~** dique ou doca flutuante. **wet ~** doca de carga e descarga. **in dry ~** (coloq.) desempregado. **to be in the ~** estar no banco dos réus.
dockage [d'ɔkidʒ] (I) s. l. direito de doca m. 2. lugar para acomodar o navio, embarcadouro m., acomodação do navio na doca f.
dockage [d'ɔkidʒ] (II) s. redução, dedução f. (do salário).
dock-charges, dock-dues s. pl. despesas ou taxas

ae doca m., taxa portuária f., direito m. que se paga para fazer uso do dique, estaleiro ou doca.
docker [d'ɔkə] (I) s. estivador m.
docker [d'ɔkɔ] (II) s. pessoa ou coisa f. que reduz, deduz.
docket [d'ɔkit] s. l. resumo, extrato, sumário m., súmula f. 2. (Jur.) lista das sentenças f., rol das causas m. 3. certificado, atestado m. 4. lista de mercadorias f. 5. rótulo m., etiqueta f. 6. recibo aduaneiro m. ‖ v. l. fazer um sumário, extratar, enumerar. 2. rotular, etiquetar. 3. certificar.
dock-master s. superintendente das docas, diques, cais ou estaleiros m. + f.
dockside [d'ɔksaid] s. zona portuária f.
dockyard [d'ɔkja:d] s. estaleiro, arsenal de marinha m.
doctor [d'ɔktə] s. l. doutor, médico, cirurgião m., dentista m. + f. 2. qualquer pessoa que recebeu o mais elevado grau de uma faculdade m. 3. (Téc.) nome de várias ferramentas m. 4. mosca artificial para pescar salmão f. 5. (gíria) dado falsificado, alterado m. 6. (gíria) xerez (vinho) adulterado m. 7. (gíria) cozinheiro m. de navio. ‖ v. medicar. 2. exercer clínica médica. 3. tratar com medicamentos. 4. doutorar. 5. consertar, remendar às pressas. 6. adulterar, alterar, falsificar.
he took his ~'s degree ele formou-se. **horse ~** veterinário, alveitar. **lady ~** doutora. **witch ~** curandeiro, charlatão, feiticeiro.
doctoral [~rəl] adj. doutoral.
doctorate [~rit] s. doutorado, grau de doutor m., dignidade f. ou cargo m. de doutor.
doctoring [~riŋ] s. l. tratamento medicinal m. 2. adulteração, falsificação f.
doctor of divinity s. doutor em teologia m.
doctor of law s. doutor em lei m.
doctor of physic s. doutor em medicina m.
Doctor of the Church s. Doutor da Igreja m.: designação de certos teólogos cujos escritos são tidos como fontes da verdadeira doutrina cristã.
doctor's degree s. grau acadêmico, de doutor m.
doctor's office s. consultório médico m.
doctor's stuff s. medicamento m., medicina f.
doctrinaire [dɔktrin'ɛə] s. l. doutrineiro m., aquele que prega ou defende doutrinas extravagantes. 2. teórico m., utopista m. + f., visionário m., idealista m. + f. 3. doutrinário m. ‖ adj. l. doutrineiro, teórico, visionário, impraticável. 2. doutrinário.
doctrinal [dɔktr'ainl] [d'ɔktrinl] adj. l. doutrinal, dogmático. 2. instrutivo, magistral. ‖ **~ly** adv. doutrinalmente, magistralmente.
doctrinarian [dɔktrin'ɛəriən] s. e adj. = **doctrinaire.**
doctrinarianism [~izm] s. rigorismo de princípios m.
doctrine [d'ɔktrin] s. doutrina f.
doctrinism [d'ɔktrinizm] s. doutrinarismo m.
doctrinist [d'ɔktrinist] s. doutrinarista m. + f.
doctrinize [d'ɔktrinaiz] v. doutrinar.
document [d'ɔkjumənt] s. l. documento, título, diploma que serve de prova m., declaração escrita para servir de prova, peça f., qualquer objeto ou fato que serve de prova m., confirmação f. ou testemunho m. 2. tecido estampado ou papel de forrar paredes m. ‖ v. documentar, juntar documentos a, provar com documentos.
documental [dɔkjum'entl] adj. documental, relativo a documento, fundado em documentos.
documentary [dɔkjum'entəri] adj. documentário, relativo a documento, que tem o valor de documento, provado com documentos, documentativo.
documentary film s. (Cin.) filme documentário m.
documentation [dɔkjumenf'eiʃən] s. l. documentação f. 2. (biblioteconomia) sistema m. de classifi-

cação para documentos.

document-file s. pasta f., classificador m.

dodder [d'odə] s. (Bot.) cuscuta f. ‖ v. tremer, titubear, cambalear, fraquejar.

doddered [d'odəd] adj. (Bot.) despencado.

doddering-grass s. (Bot.) treme-treme m.: planta da família das Gramíneas.

dodecagon [doud'ekəgən] s. (Mat.) dodecágono, polígono de doze lados m.

dodecahedral [d'oudikəh'edrəl] adj. dodecaédrico.

dodecahedron [d'oudikəh'edrən] s. (Geom.) dodecaedro, poliedro de doze faces m.

dodecaphonic [doudikəf'ɔnik] adj. (Mús.) dodecafônico (12 sons).

dodge [dodʒ] s. 1. movimento súbito para o lado m. 2. (coloq.) evasiva, astúcia f., ardil, logro m., peça, trapaça f., artifício, truque m. 3. toque especial de campainha m. ‖ v. 1. esquivar-se ao encontro, evitar, escapar, fugir de pessoa ou coisa que nos ameaça. 2. evadir, sofismar, usar de rodeios, prevaricar, fugir à verdade, trapacear, enganar, lograr com boas palavras dando esperanças. **I must think of a ~** tenho de inventar um expediente. **he ~d for the house** ele escapou em direção à casa.

dodgem [d'odʒəm] s. parque m. de diversões, com carrinhos elétricos (autorama).

dodger [d'odʒə] s. 1. trapaceiro, alicantinador, treteiro, enganador, chicaneiro m. 2. pessoa matreira, desonesta f. 3. (E. U. A.) boletim m., notícia pública, distribuída nas ruas f.

dodgery [~ri] s. subterfúgio m., evasiva f., ardil, sofisma m., chicana f.

dodgy [d'odʒi] adj. astucioso, manhoso, ladino.

dodo [d'oudou] s. dodó m.: grande ave, ora extinta, da ilha Maurícia, conhecida também pelo nome de "cisne de capelo" (Didus ineptus).

dead as a ~ antiquado, superado, obsoleto.

doe [dou] s. corça, gama, fêmea do antílope, do coelho e de alguns outros animais f.

doer [d'u:ə] s. fazedor, executor m., agente m. + f. **evil-~** malfeitor, facínora. **good ~** planta que se desenvolve bem.

does [dʌz, dəz] v. terceira pessoa do singular do presente do indicativo do verbo **to do.**

doeskin [d'ouskin] s. 1. pele f. ou couro m. de corça ou gama. 2. pano m. de lã, imitação da dita pele de couro.

doesn't [d'ʌznt] v. contração de **does not.**

doest [d'u:ist] v. (†) segunda pessoa do singular do presente do indicativo do verbo **to do (thou doest).**

doff [dɔf] v. 1. tirar o chapéu, a roupa, despir, cumprimentar, tirando o chapéu. 2. descartar, pôr de lado, livrar-se de importunos, desacostumar(-se).

doffer [d'ɔfə] s. 1. desfibrador m., máquina para desfibrar f. 2. pessoa que desfibra f.

dog [dɔg] s. 1. cão, m. (quadro D 3). 2. macho de outros animais (raposa, lobo, chacal, etc.) m. 3. cão de chaminé m. 4. (Téc.) grampo, gancho, gato, gato de ferro, coração de torno, arrasto m. 5. cachorro m.: pessoa vil, baixa, de má índole. 6. homem, rapaz alegre, galhofeiro m. 7. (Astron.) = **dog-star** Sírio f., grande estrela da constelação do Grande Cão, vulgarmente chamada Canícula. 8. (gíria E. U. A.) ostentação f., espetáculo m., presunção f. 9. (pl.) corrida de galgos f. 10. (gíria, E. U. A.) pés m. pl. 11. vagonete m. ‖ v. 1. perseguir alguém como um cão, seguir insistentemente, andar à espreita de, seguir as pegadas de. 2. seguir o rasto, a pista de, rastejar, caçar. 3. (Náut.) prender.

a dead ~ (gíria) coisa sem valor. **a ~ in the manger** um invejoso, um desmancha-prazeres. **eve-**

ry **~ has his day** uma pessoa bronca também tem às vezes lampejos de espírito. **he always helps a lame ~ over a stile** ele livra qualquer um de um aperto. **he has not a word to throw at a ~** ele não dirige uma palavra amável a ninguém. **he is an old ~ at it** é perro velho, é um marrão, é um finório. **hot ~** (coloq.) cachorro--quente. **jolly ~** (gíria) galhofeiro, homem divertido. **lap ~** cão de regaço. **let sleeping ~s lie** o que lá vai, lá vai. **lucky ~** felizardo. **pedigree ~** cão de raça. **sea-~** s. 1. lobo-do-mar, marinheiro ou marujo velho e experimentado. 2. fenômeno luminoso no horizonte que pressagia tempestade. **sheep-~** cão pastor. **sly ~** homem matreiro, astuto, velhaco. **street-~** vira-lata, cão de rua. **sun-~** parélio, imagem do sol refletida numa nuvem. **to die a ~'s death** perecer na miséria e desonra. **to go to the ~s** arruinar-se. **to lead a ~'s life** ter vida de cachorro. **to live together like cat and ~** viver como cão e gato, em contínua discórdia. **to rain cats and ~s** chover a cântaros. **to throw, to give to the ~s** atirar fora, desperdiçar, esbanjar. **under~** indivíduo subalterno, inferior, pessoa pobre, humilde. **watch-~** cão de guarda. **you can't teach an old ~ new tricks** o que não se aprende na mocidade, não se aprende jamais.

dog-bane [d'ogbein] s. (Bot.) apócino, matacão m.

dogberry [d'ogberi] s. (Bot.) cornisolo, fruto do corniso m.

dogberry-tree s. (Bot.) corniso, arbusto araliáceo m.: espécie de abrunheiro.

dog-biscuit s. biscoito de cachorro m.

dog-box s. compartimento para cães m.

dog-cart s. 1. cabriolé m., carruagem leve de duas rodas e com dois assentos lado a lado f. 2. carrinho puxado por cães m.

dogcatcher [d'ogkætʃə] s. apanhador m. de cachorros (carrocinha).

dog-cheap adj. baratíssimo.

dog-clutch s. (Téc.) embreagem de dentes f.

dog-collar s. coleira de cachorro f.

dog-days s. pl. dias de canícula m. pl.

doge [doudʒ] s. doge m.: magistrado supremo das antigas repúblicas de Veneza e Gênova.

dog-ear s. dobra em folha de livro f. ‖ v. marcar as folhas de um livro com dobras.

dog-eared adj. marcado com dobras.

dogface [d'ogfeis] s. (E. U. A., gíria) recruta m., esp. de infantaria.

dog-fancier s. amador de cães, criador de cães m.

dog-fight s. 1. briga de cães f. 2. combate aéreo m. a curta distância.

dog-fish s. (Ict.) esqualo, tubarão m., lixa f., cação m.

dogged [d'ogid] adj. obstinado, cabeçudo, tenaz, intratável, teimoso, pertinaz. ‖ **~ly** adv. obstinadamente.

doggedness [~nis] s. obstinação, teimosia, tenacidade, pertinacia f.

dogger [d'ogə] s. dogre m. barco holandês para a pesca de bacalhau e arenque.

doggerel [d'ogərəl] s. versos ruins, não artísticos m. pl. ‖ adj. malfeito, não artístico, de má rima.

doggie [d'ogi] s. cachorrinho. ‖ adj. 1. canino, como um cão, de cão. 2. vistoso, fiteiro, elegante.

doggish ld'ogiʃ] adj. 1. próprio de cães. 2. rosnador, vil, brutal, baixo ‖ **~ly** adv. como um cão, a modo de cães, vilmente.

doggishness [~nis] s. bestialidade, baixeza, vileza f.

doggo [d'ogou] v. ficar escondido e imóvel até o perigo passar.

dog-gone interj. (gíria) ora essa! ora bolas! maldito!

dog-grass s. grama-da-praia (Agropyrum repens) f.

doggy s. e adj. = **doggie.**

dog-head s. (Téc.) gatilho m.

dog-hearted adj. cruel, malicioso, desapiedado.

dog-hole s. masmorra f., cochicholo m., casinhola f., aposento ou lugar lúgubre, sórdido m.

dog-hook s. (Téc.) croque m.

dog-house, ~-hutch s. 1. casinha de cachorro f. (quadro F.1). 2. canil m. 3. masmorra f., calabouço, aposento sórdido, pobre m.
  to be in the ~ estar em maus lençóis.

dogie [d'ougi] s. (E. U. A.) vitela, novilha órfã num rebanho f.

dog-kennel s. canil m.

dog-Latin s. latim macarrônico, latinório, mau latim m.

dog-lead s. correia ou cadeia de atar cachorros f.

dogleg [d'ɔgleg] s. ângulo agudo m. como as patas traseiras do cachorro.

doglegged [~d] adj. em ângulo agudo.

dogless adj. sem cachorro.

dog-licence s. imposto sobre cães m.

doglike adj. canino, como um cão, de cão.

dogma [d'ɔgmə] s. dogma m. 1. ponto fundamental e indiscutível de uma doutrina religiosa e de qualquer doutrina ou sistema m. 2. doutrina f. 3. máxima f., axioma m., proposição apresentada como indiscutível e incontestável f., preceito m.

dog-mad adj. muito louco, doido, demente.

dogmatic [dɔgm'ætik], **~al** [~əl] adj. dogmático. 1. que diz respeito a dogma. 2. autoritário, arrogante, imperioso, arbitrário, axiomático, que afirma positivamente, porém destituído de provas, positivo. ‖ **~ally** adv. dogmaticamente.

dogmaticalness [~ əlnis] s. tom dogmático, decisivo m.

dogmatics [~s] s. pl. teologia dogmática f.

dogmatism [d'ɔgmətizəm] s. dogmatismo m.

dogmatist [d'ɔgmətist] s. dogmatista m. + f.

dogmatization [dɔgmətaiz'eiʃən,~tiz'eiʃən] s. dogmatização f.: a ação de dogmatizar.

dogmatize [d'ɔgmətaiz] v. dogmatizar.

dogmatizer [~ə] s. dogmatizador m.

dog-muzzle s. focinheira f., açaimo m.

do-gooder s. reformador social irrealista m.

dog-paddle s. (Natação) estilo cachorrinho m.

dog-race s. corrida de galgos f.

dog-rose s. rosa-de-cão, rosa brava f., silvão (Rosa canina) m.

dog's age muito tempo.

dogsbody [d'ɔgzbɔdi] s. (Ingl., coloq.) serviçal humilde m. + f.

dog's chance s. mínima probabilidade f.

dog's-ear s. e v. = **dog-ear.**

dog-shore s. (Náut.) pontaiete que serve para sustentar o picadeiro m.

dog-sick adj. muito doente, nauseado.

dog-skin s. pele f. ou couro m. de cão. ‖ adj. feito de couro de cão.

dog sled s. trenó m. puxado por cachorro(s).

dog-sleep s. sono leve, sono agitado m.

dog's letter s. a letra R (do som rosnador).

dog's-meat s. 1. carne de qualidade inferior para cães f. 2. (fig.) refugo m., droga f.

dog's-nose s. mistura de cerveja e gim f.

dog-spike s. (Téc.) escápula f., grampo m.

dog's-tail s. (Bot.) cinosuro, rabo-de-cão m.

dog-star s. (Astron.) Sírio m.

dog's-tongue s. (Bot.) língua-de-cão, cinoglossa f.

dog's-tooth s. 1. dente canino m. 2. (Arquit.) dentículo, ornamento em forma de dentes m.

dog tag s. (E. U. A., gíria) placa de identificação f. pessoal usada em corrente no pescoço.

dog-tired adj. exausto, esgotado.

dogtooth violet s. (Bot.) Eritrônio m.: nome de várias plantas liliáceas.

dog-trot s. trote brando m.

dog-violet s. (Bot.) violeta-canina f.

dog-watch s. (Náut.) quarto de duas horas, meioquarto m., guarda de 4 até 6 e de 6 até 8 horas da tarde.

dog-wheel s. (Téc.) roda de lingüeta f.

dog-wolf s. lobo m.

dogwood s. = **dogberry-tree.**

doily [d'ɔili] s. pequeno guardanapo que se põe debaixo dos copos, pratos, vasos, etc. m.

doing [d'u:iŋ] s. 1. ação de fazer alguma coisa f., fato m. 2. (pl.) ações f. pl., feitos m. pl., acontecimentos m. pl. 3. conduta f., procedimento, comportamento m. ‖ v. p. pr. do verbo **to do.**

doit [dɔit] s. 1. pequena moeda de cobre holandesa f. 2. qualquer pequena moeda de cobre, mealha f. 3. (fig.) migalha, bagatela, ninharia f.

doited [~ id] adj. doido, demente, caduco, decrépito.

do-it-yourself s. atividade f. de faça-o-você-mesmo.

doldrum [d'ɔldrəm], **~s** [~z] s. e s. pl. 1. calmaria equatorial f. 2. abatimento m., depressão f.
  in the ~s mal-humorado, enfadado.

dole [d'oul] s. 1. doação, dádiva f., donativo m., esmola, qualquer coisa f. ou dinheiro m. que se dá como mantimento. 2. porção f., quinhão m. 3. verba oficial em prol dos desempregados f. 4. pesar m., tristeza, pena, aflição f. 5. surra f. ‖ v. distribuir, repartir com os pobres.
  to be on the ~ receber a verba oficial em prol dos desempregados. **to make ~** queixar-se, lamentar. ‖ **~ out** aquinhoar, distribuir em quinhões.

dolebob [~bɔb] s. indenização f.

doleful [~ ful] adj. doloroso, triste, aflito, lúgubre, sombrio. ‖ **~ly** adv. tristemente, lugubremente.

dolefulness [~fulnis] s. tristeza f., pesar m., melancolia, mágoa f.

dolerite [d'ɔlərait] s. (Min.) dolerito m.

dolichocephalic, [d'ɔlikousef'ælik] adj. dolicocéfalo: diz-se do tipo humano cuja largura de crânio tem quatro quintos de comprimento.

doll [dɔl] s. 1. boneca f., brinquedo de criança m. 2. (fig.) mulher ou moça muito bem vestida, porém pouco inteligente f. ‖ **~ up** v. (gíria) embonecar(-se), enfeitar(-se), ataviar muito, como se faz a uma boneca, enfeitar(-se) pretensiosamente.

dollar [d'ɔlə] s. 1. dólar m.: moeda dos E. U. A., do Canadá, Austrália, Barbados, Singapura e da Libéria. 2. (gíria) moeda de 5 xelins f.

dollar diplomacy s. 1. (E. U. A., Pol.) promoção de interesses f. no Exterior, pelo poder econômico nacional.

dollar gap s. 2. (Econ.) déficit de dólares m., na balança comercial.

dollhouse [d'ɔlhaus] s. casa de bonecas f.

dollish [d'ɔliʃ] adj. afetado, melindroso. ‖ **~ly** adv. afetadamente, melindrosamente.

dollishness [~ nis] s. afetação f., melindre m.

dollop [d'ɔləp] s. torrão m., massa informe f., montão m., pilha f., bocado m.
  all the ~ (gíria) toda a droga.

Dolly [d'ɔli] abrev. de **Dorothy** (Dorotéia).

dolly [d'ɔli] s. 1. boneca f. 2. (fam.) aparelho de lavar minerais m. 3. (Téc.) encosto m. 4. pá de bater a roupa ao lavá-la f. 5. malho, maço de calceteiro m. 6. plataforma levadiça f. 7. tartaruga f., carrinho de carregar peso m.

dolly-tub s. tina de lavar roupa f.

dolman [d'ɔlmən] s. 1. dólmã m.: capa curta com

alamares, usada pelos hussardos, casaco curto e
justo usado pelos militares. 2. capinha de senhoras
f.
dolmen [d'ɔlmen] s. (Arqueol.) dólmen m.: monumento druídico, formado de uma grande pedra
plana colocada sobre duas outras verticais.
dolomite [d'ɔləmait] s. (Min.) dolomia, dolomita f.
dolomitic [dɔləm'itik] adj. dolomítico.
dolomitize [d'ɔləmitaiz] v. = **dolomize**.
dolomize [d'ɔləmaiz] v. dolomitizar, converter em
dolomia.
dolor [d'oulə] s. + (Poét.) dor f., pesar m., tristeza
f., lamento m., aflição f.
dolorous [d'ɔlərəs] adj. (Poét.) doloroso, lastimoso.
dolose - [dol'ous] adj. (Jur.) doloso, com intenção
criminosa.
dolphin [d'ɔlfin] s. 1. delfim, golfinho m. 2. (Ict.)
dourado (Coryphaena hippuris) m. 3. (Náut.)
bóia de amarração f., cabeço de amarração m.
dolt [doult] s. tolo m., pateta m. + f., pessoa estúpida f.
doltish [d'oultiʃ] adj. tolo, estúpido, abobado, apa-
tetado. ‖ ~**ly** adv. estupidamente.
doltishness [~nis] s. estupidez, tolice f.
domain [dom'ein] s. domínio m. 1. senhorio m.,
propriedade, grande extensão de território pertencente a um indivíduo ou ao Estado f., terras f. pl.,
bens m. pl., soberania f., império m. 2. âmbito de
uma arte ou ciência m., pertença, esfera de ação
f., ramo especial m.
domainal [~əl] adj. dominial, relativo a domínio.
dome [doum] s. 1. cúpula f., zimbório m., abóbada
f., domo m., parte superior côncava de alguns
edifícios f. 2. igreja, catedral, mansão f., qualquer edifício imponente m. 3. qualquer coisa que
tenha forma de cúpula f. (quadros E 1, B 9, M 7).
4. cimo cupuliforme de um outeiro m. 5. firmamento m. ‖ v. 1. abobadar, cobrir com abóbada
ou cúpula. 2. dar forma de abóbada ou cúpula a.
3. elevar-se ou engrossar-se como uma cúpula.
domed [~d] adj. cupulado, abobadado, que tem
cúpula, cupuliforme, que tem forma de cúpula.
domelike [d'oumlaik] adj. arqueado, cupuliforme,
abobadado, como uma cúpula.
Domesday Book [d'u:mzdei buk] s. livro cadastral
das terras da Inglaterra, mandado fazer (1085/86)
por Guilherme o Conquistador m.
domestic [dom'estik] s. 1. doméstico, criado, servidor
m. 2. (pl.) produtos nacionais m. pl. ‖ adj. 1.
doméstico, caseiro, familiar. 2. nacional, do país,
interno. 3. designativo do animal útil, que vive ou
é criado em casa. 4. manso. ‖ ~**ally** adv. de
maneira doméstica, familiarmente, internamente,
dentro da esfera nacional.
she has ~ taste ela é caseira.
domesticable [~əbl] adj. domesticável.
domesticate [~eit] v. 1. domesticar, domar, amansar.
2. civilizar. 3. tornar caseiro, familiarizar. 4. naturalizar um estrangeiro.
domestication [domestik'eiʃən] s. 1. domesticação,
familiarização f. 2. domesticidade, vida familiar f.
3. caráter doméstico, ambiente doméstico m. 4.
mansidão f.
domestic drudge s. gata borralheira f.
domestic duties s. pl. deveres domésticos m. pl.
domestic economy s. economia doméstica f.
domesticities [doumest'isitiz] s. pl. assuntos familiares, internos m. pl.
domesticity [doumest'isiti] s. = **domestication**.
domestic policy s. política administrativa interna f.
domestic science s. economia doméstica f.
domestic trade s. comércio nacional m.
domestic tutor s. professor particular m.

domical [d'oumikl] adj. abobadado, arqueado.
domicile [d'ɔmisail] s. 1. domicílio m., casa de residência, habitação fixa f., lugar de residência
permanente m. 2. domicílio legal. ‖ v. 1. domici-
liar(-se), residir, fixar residência, fazer fixar domicílio. 2. pagar a domicílio determinado.
domiciled [~d] adj. domiciliado.
domiciliary [dɔmis'iljəri] adj. domiciliário, domiciliar.
domiciliary visit s. visita domiciliária, busca que se
faz por autoridade de justiça no domicílio de
alguém f.
domiciliate [dɔmis'ilieit] v. domiciliar(-se).
dominance [d'ɔminəns] s. 1. dominância f., domínio,
controle, governo m. 2. predominância, ascendência f.
dominant [d'ɔminənt] s. (Mús.) dominante f.: nota
que domina o tom, a quinta nota acima da
tônica. ‖ adj. dominante, que domina, governa, que
tem autoridade, que sobressai, que mais se distingue. ‖ ~**ly** adv. de maneira dominante, de uma
forma dominadora.
dominate [d'ɔmineit] v. 1. dominar, controlar, governar. 2. predominar, prevalecer. 3. ter autoridade
ou poder sobre ou em.
domination [dɔmin'eiʃən] s. 1. dominação, soberania
f., império, controle, governo, domínio m., autoridade f., poder m. 2. ascendência, preponderância
f. 3. (pl.) quarta ordem na hierarquia dos anjos f.
domineer [dɔmin'iə] v. 1. (over) dominar, tiranizar,
governar tiranicamente, exercer autoridade com
arrogância. 2. blasonar, bazofiar. 3. conter-se,
refrear, vencer as próprias inclinações ou paixões.
domineering [~riŋ] adj. 1. dominante, imperioso
tirânico. 2. arrogante, insolente, soberbo. ‖ ~**ly**
adv. dominadoramente, imperiosamente, arrogantemente, insolentemente.
domineeringness [~riŋnis] s. imperiosidade, arrogância despótica, insolência f.
dominical [dom'inikəl] s. 1. domingo m. 2. letra
dominical f. ‖ adj. dominical, relativo ao Senhor
ou ao domingo.
dominical year s. Ano de Nosso Senhor (A. D.) m.
Dominican [dom'inikən] s. 1. dominicano m.: frade
da Ordem dos Dominicanos. 2. dominicano m.:
natural ou habitante da República Dominicana. ‖
adj. 1. dominicano, domínico, que pertence à Ordem
dos Dominicanos. 2. da República Dominicana.
dominie [d'ɔmini] s. 1. pedagogo, professor, mestre-
escola m. 2. clérigo m.
dominion [dom'injən] s. 1. domínio m., soberania,
autoridade f., controle, governo, poder absoluto m.
2. território extenso pertencente a um dono, senhorio ou ao Estado m. 3. possessões de um Estado
com governo próprio f. pl.
Dominion of Canada s. Domínio do Canadá m.
domino [d'ɔminou] s. dominó m.: 1. máscara, túnica
com capuz e mangas para disfarce de mascarados
f. 2. pessoa que se disfarça com este traje f. 3.
jogo de dominó m. 4. uma das 28 peças do jogo
de dominó.
dominoed [~d] adj. trajando um dominó.
dominoes [~z] s. pl. jogo de dominó m.
to play at ~ jogar dominó.
domy [d'oumi] adj. abobadado, arqueado, cupuliforme.
don [dɔn] s. 1. dom m.: título honorífico de origem
espanhola. 2. senhor, cavalheiro m. 3. dignitário,
membro ou instrutor de um colégio m. 4. pessoa
distinta f. 5. presumidor m., pessoa vaidosa, pre-
sunçosa f. 6. (gíria) sabedor, perito, experto
m. ‖ v. 1. vestir, pôr. 2. assumir.
dona [d'ounə] s. 1. dona, senhora, madame, f.
mulher. 2. pequena f.
donate [doun'eit] v. doar, dar, fazer presente, fazer

um donativo, contribuir.
donation [doun'eiʃən] s. doação f., donativo m., dádiva f., presente m., contribuição, subscrição f.
Donatism [d'ɔnətizm] s. donatismo m.: heresia de Donato (séc. IV).
Donatist [d'ɔnətist] s. donatista m. + f.: sectário do donatismo.
Donatistic [dɔnət'istik] ~al [~əl] adj. donatista, relativo ao donatismo.
donative [d'ounətiv] s. donativo m., doação f., presente m., dádiva, subscrição f. ‖ adj. instituído por doação.
donator [doun'eitə] s. doador m.
donatory [d'ounətəri] s. donatário m.: indivíduo que recebeu uma doação.
done [dʌn] v. p. p. de **to do.** ‖ adj. 1. acabado, completo, feito, executado, concluído. 2. cozido, assado, pronto. 3. enganado, atraiçoado, logrado. 4. (gíria) exausto, extenuado, esgotado, esfalfado. ‖ interj. está feito! topo! está feita a aposta, está valendo!
as good as ~ como se estivesse concluído. ~ **for** arruinado, liquidado, mortalmente ferido, exausto, esgotado, nas últimas. ~ **up** exausto, esfalfado, fatigado. ~ **with** acabado, terminado. **have** ~ **with this!** deixe-se disso! **it is not to be** ~ não se pode fazer. **no sooner said than** ~ dito e feito. **to be** ~ factível, praticável. **to get a thing** ~ mandar fazer alguma coisa. **to have** ~ **with** não interessar-se mais em ou por. **that** ~ depois disto. **well** ~! bravo! bem feito! **when all is** ~ no fim, finalmente.
donee [doun'i:] s. (Jur.) donatário, indivíduo que recebeu uma doação m.
donjom [d'ɔndʒən] s. torre principal ou vigia dos castelos medievais f., calabouço m.
donkey [d'ɔŋki] s. 1. burro, asno, jumento m. 2 pessoa estúpida f., imbecil, ignorante m. + f.
donkey-engine s. pequena máquina a vapor auxiliar f.
donkey pump s. burrinho m.: bomba alimentadora de caldeira.
donkey's years s. pl. longos anos m. pl. muito tempo.
donkey-work s. maçada f., trabalho enfadonho, trabalho de rotina m.
donna [d'ɔnə] s. 1. senhora, madame f. 2. prima-dona f.
donnard adj. = **donnered.**
donnered [d'ɔnəd] adj. estupefato, aturdido, espantado, estonteado.
donnish [d'ɔniʃ] adj. importante, fátuo, empavoado.
donor [d'ounɔ:] s. doador m.
do-nothing s. preguiçoso, ocioso, vadio, pega-moscas m. ‖ adj. preguiçoso, ocioso, vadio.
don't [dount] s. (jocosamente) proibição, interdição f. ‖ v. contração de **do not.**
doo-dad [d'u:dæd] s. enfeite simples, artigo de fantasia m.
doo-dah [d'u:da:] s. confusão, agitação, excitação f.
to be all of a ~ estar confuso, hesitante, excitado.
doodle [du:dl] (I) s. 1. desenho sem sentido m., rabiscos, garafunhos m. pl., garatuja f. 2. tolo m., pateta m. + f., simplório m. ‖ v. rabiscar, garatujar, fazer rabiscos, garatujas.
doodle [du:dl] (II) v. 1. gaitear, tocar a gaita de foles. 2. zumbir como a gaita de foles.
doodlebug [d'u:dlbʌg] s. (coloq.) 1. veículo m. para curta distância. 2. vara mágica f., para vasculhar o subsolo.
doom [du:m] s. 1. julgamento m., sentença f. 2. condenação f. 3. ruína, destruição, perdição, morte f. 4. sorte f., destino m. ‖ v. sentenciar, dar sentença, julgar, condenar, destinar, predestinar.

crack of ~ dissolução de todas as coisas no dia do juízo.
doomed [~d] adj. condenado.
doomsday [d'u:mzdei] s. (Rel.) dia do juízo universal m.
door [dɔ:] s. 1. porta (quadros C 20, D 2), entrada, saída f., acesso m. 2. (fig.) casa f., aposento, edifício m. 3. (fig.) começo m. 4. (fig.) pistolão, meio de obter algo m.
back-~ porta traseira. **entrance** ~ porta de frente. **folding** ~ porta de dois batentes. **front** ~ porta da frente. **he laid it at my** ~ ele deitou a culpa em mim. **in**~**s** em casa, dentro da casa, para dentro da casa. **next** ~ a casa ao lado, a porta ao lado. **next** ~ **to** perto de, adjacente, pertinho. **out of** ~**s, out-**~**s** 1. fora de casa, ao ar livre. 2. (fig.) abolido, suprimido, posto de lado. **sliding** ~ porta corrediça, porta de correr. **the blame lies at your** ~ a culpa é sua. **to show the** ~, **to turn a person out of** ~**s** pôr alguém na rua. **to turn from the** ~ não permitir a entrada, mandar embora um mendigo, um pedinte. **within** ~**s = in**~**s.**
door-bar s. tranca de porta f.
door-bell s. campainha da porta f.
door-bolt s. ferrolho m.
door-case s. alizares de uma porta m. pl., guarnição de madeira das ombreiras de portas f. (quadro D 2).
door-catch s. tranqueta f.
door check s. dispositivo m. para porta automática.
door-cheek s. ombreira de porta f.
do-or-die adj. com determinação extrema, desesperada.
doored [dɔ:d] adj. que tem portas.
door-frame s. = **door-case** (quadros C 20, D 2).
door-furniture s. guarnição de porta f.
door-handle s. maçaneta de porta f. (quadro D 2)
door-jamb s. ombreira da porta f., batente m.
door-keeper s. porteiro, guarda-portão m.
door-knob s. maçaneta em forma de botão f.
door-knocker s. aldrava de porta f.
door-latch s. trinco m., tranqueta f.
doorless adj. sem portas.
doorman [d'ɔ:mən] s. porteiro, guarda-portão m.
door-mat s. capacho m.
door-money s. entrada f., ingresso m.
door-nail s. tachão para ornamentar portas m.
as dead as a ~ bem morto.
door-panel s. painel de porta m., almofada de porta f.
door-plate s. placa f. na porta de entrada com o nome do morador.
door-post s. = **door-jamb.**
door-scraper s. limpa-pés m.
door-sill s. limiar m., soleira da porta f.
door-spring s. trinco automático m.
door-step s. degrau da porta m., entrada f.
they invited me from my ~ convidaram-me e pagaram-me a viagem.
door-stone s. 1. laje f. ou piso m. em frente da porta de entrada. 2. limiar m., soleira da porta f.
doorstopper [d'ɔ:stɔpə] s. encosto m. de porta.
door-to-door adj. de porta em porta.
doorway [d'ɔ:wei] s. vão m. ocupado pela porta, entrada f.
door-yard s. (E. U. A.) pátio perto da porta de entrada ou ao redor da casa, recinto m.
dope [doup] s. 1. narcótico, entorpecente m. 2. ópio m., cocaína, morfina, etc. f. 3. indivíduo dado ao vício de narcóticos m. 4. lubrificante, qualquer líquido ou semifluido usado como lubrificante m. 5. graxa para veículos f. 6. verniz para reforçar

ou impermeabilizar o tecido de aviões m. 7. tela indutada f.: material absorvente para conservar líquidos, nitroglicerina ou outros explosivos. 8. droga estimulante injetada no animal de corrida a fim de assegurar-lhe a vitória f. 9. (gíria) informações confidenciais, f. pl. particulares, pormenores m. pl. 10 (gíria) tolo m. 11. (gíria) bebida entorpecente f. 12. (gíria) narcótico m. 13. súmula de uma obra, fornecida pelo editor ao recenseador para a apreciação dessa obra f. ‖ v. 1. entregar-se ao uso de narcóticos ou entorpecentes. 2. aplicar narcóticos ou entorpecentes. 3. (gíria) dopar, injetar ilicitamente uma droga estimulante no animal de corrida a fim de assegurar-lhe a vitória. 4. planejar, prever. 5. entorpecer-se mediante bebidas alcoólicas. 6. envernizar, laquear.

doped fabric s. tela indutada f.

dope-fiend s. indivíduo viciado m. em narcóticos.

dopester [d'oupstə] s. conjeturador m. de eventos esportivos ou políticos.

dopey [d'oupi] adj. 1. (gíria) estúpido. 2. entorpecido, apático. 3. saturado por narcóticos. 4. tonto.

doping [d'oupiŋ] s. (Turfe) doping m.: injeção ilícita de uma droga estimulante no animal de corrida a fim de assegurar-lhe a vitória.

dor [dɔ:] s. 1. nome de vários insetos coleópteros m. 2. espécie de escaravelho (Geotrupes stercorarius), escaravelho dourado m.

dorado [dor'a:dou] s. 1. (Ict.) dourado (Coryphaenea hippuris) m. 2. constelação austral f.

DORAN [d'ouræn] s. (Eletrôn.) dispositivo que aplica o princípio do efeito de Doppler m.

dor-hawk s. (Orn.) notibo da Europa m.

Dorian [d'ɔ:riən] s. dórico m.: membro da raça dórica. ‖ adj. dórico, relativo aos dóricos.

Doric [d'ɔrik] s. 1. (Arquit.) ordem dórica f.: uma das cinco ordens de arquitetura que se distingue pela solidez e por não terem base as colunas. 2. dialeto dos dóricos m. 3. qualquer dialeto acentuado m.

Dorking [d'ɔ:kiŋ] s. nome de uma raça de galinha m.

dorm [dɔ:m] s. (E. U. A.) abrev. de **dormitory.**

dormancy [d'ɔ:mənsi] s. dormência, inação f., torpor m., letargia f., estado de sonolência m.

dormant [d'ɔ:mənt] adj. 1. dormente, que dorme, adormecido. 2. que parece estar dormindo. 3. entorpecido, inativo. 4. oculto, escondido. 5. quieto, calmo, estagnado. 6. obsoleto, desusado, morto. **lion** ~ (Heráld.) leão dormente.

dormant bolt s. parafuso embutido m.

dormant capital s. capital empatado m.

dormant partner s. sócio comanditário, sócio capitalista m.

dormer, ~-window s. trapeira, água-furtada f.

dormitive [d'ɔ:mitiv] s. remédio para dormir, soporífico m. ‖ adj. dormitivo, diz-se dos medicamentos que fazem dormir.

dormitory [d'ɔ:mitri] s. 1. dormitório (especialmente de escolas e colégios internos) m. 2. habitação para estudantes f.

dormouse [d'ɔ:maus] (pl. **dormice**) s. arganaz m.: espécie de rato silvestre, parecido com o esquilo.

dorsal [d'ɔ:səl] s. barbatana dorsal = (**dorsal fin**) f. ‖ adj. relativo às costas, ou que pertence ao dorso ou está situado no dorso. ‖ ~ly adv. situado no dorso.

dorsal column s. espinha dorsal f.

dorsal fin s. 1. = **dorsal.** 2. (Téc.) estabilizador dorsal m.

dorsum [d'ɔ:səm] s. (Anat.) dorso, reverso m., superfície dorsal de um órgão f.

dory [d'ɔ:ri] s. 1. pequeno barco a remos, de quilha

chata m. 2. (Ict.) alfaquim (Zeus faber), também chamado **John Dory** m.

dosage [d'ousidʒ] s. 1. dosagem, operação de dosar f. 2. dose, poção medicamentosa que se toma de uma vez f.

dose [dous] s. 1. dose f.: poção medicamentosa que se deve tomar de cada vez. 2. quantidade fixa que entra numa composição química, farmacêutica, etc. f. 3. porção, quantidade f. 4. quinhão m., partilha f. 5. (fig.) pílula, coisa desagradável ou custosa de suportar f. ‖ v. 1. dosar, medicamentar por dose, administrar em doses. 2. adulterar, falsificar, batizar (bebidas). 4. dar, comunicar alguma coisa desagradável a alguém.

dosimeter [dous'imətə] s. dosimetria f.

dosimetric [dousim'etrik] adj. dosimétrico.

doss [dɔs] s. (gíria) cama f. ou lugar m. para dormir num albergue. ‖ v. albergar-se, dormir num albergue.

dossal [d'ɔsəl] s. dossel m.: armação saliente, forrada e franjada que encima altar, trono, leito, etc.

dosser [d'ɔsə] s. 1. albergueiro m. 2. canastra, alcofa f.

doss-house s. albergue barato m.

dossier [d'ɔsiei] s. dossiê m.: coleção de documentos referentes a certo processo ou indivíduo.

dossil [d'ɔsil] s. 1. chumaço m.: compressa de algodão ou de fio de linho para aplicar em feridas. 2. pano para limpar a face de chapas de cobre m.

dost [dʌst] v. (†) segunda pessoa singular do pres do indicativo do verbo **to do** (**thou dost**).

dot (I) [dɔt] s. 1. ponto, pequeno sinal m. ou marca redonda f. que se faz com a ponta de pena, etc. 2. ponto sobre as letras i, j, etc. m. 3. pingo m., pinta f., salpico, borrão m., mancha f. 4. coisa minúscula, insignificante f. 5. sinal curto emitido pelo rádio ou telegrafia m. 6. (Mús.) ponto que se escreve à direita de uma figura musical para lhe aumentar metade de seu valor m. 7. (fig.) homenzinho, petiz, guri m. ‖ v 1. pontear, fazer ou pôr pontos, marcar com pontos, pontilhar. 2. salpicar, semear, mosquear. ~ **and carry on** 1. (Álgebra) escrever as unidades e transportar os décimos. 2. trabalhar metodicamente. ~ **and dash** o sistema dos sinais da telegrafia Morse. **to dot one's i's and cross one's t's** executar ou explicar pormenorizadamente. **on the** ~ (coloq.) em ponto. **polka** ~s salpicos, pontinhos de cores (em tecidos). **to** ~ **about, all over** espalhar, derramar em toda parte.

dot [dɔt] (II) s. dote m.: bens que leva a pessoa que se casa. ‖ v. dotar, dar dote.

dotage [d'outidʒ] s. 1. tontice, caducidade, decrepitude, senilidade f., estado de senil, desvario, enfraquecimento intelectual devido à velhice m. 2. amor louco, excessivo m., idolatria f. **he is in his** ~ ele está na segunda infância.

dotal [d'outəl] adj. dotal, concernente ao dote.

dotal gift s. dote m.

dotard [d'outəd] s. velho caduco, parvo, baboso m.

dote [dout] v. 1. caducar, estar caduco ou senil. 2. estar doido de amor (**upon, on** por). 3. disparatar.

doter [d'outə] s. apaixonado m., o que está doido de amor, o que ama em demasia.

doting [d'outiŋ] adj. apaixonado, doido de amor, idólatra, tonto. ‖ ~ly adv. 1. estonteadamente, estupidamente. 2. com amor excessivo, desvairadamente, idolatradamente.

doth [dʌθ] v. (†) terceira pessoa sing. do pres. do indicativo do verbo **to do.**

dotted [d'ɔtid] adj. salpicado, mosqueado, ponteado, semeado.

dotted line s. linha tracejada f. (quadro L 3).

dotted pen s. tira-linhas para pontilhar m.

dotted punch s. punção de pontilhar, punção de pontear m.

dotted swiss s. musselina suíça f., com bolinhas.

dotterel [d'ɔtərəl] s. 1. (Orn.) morinelo (Eudromias morinellus) m. 2. (fig.) velho caduco, simplório, pateta m.

dottle [dɔtl] s. resto de fumo num cachimbo, depois de ter sido este fumado m.

dotty [d'ɔti] adj. 1. salpicado, malhado, mosqueado. 2. (gíria) caduco, amalucado, meio maluco, imbecil. 3. fraco das pernas, pouco sólido.

double [dʌbl] s. 1. dobro, duplo m. 2. cópia f., duplicado m., duplicata f. 3. sósia, retrato m., imagem f., outro eu m. 4. dobra, prega f. 5. (Teat., Cin.) ator m. ou atriz f. substituta. 6. volta, curva f., meandro dos rios, rodeio m. 7. astúcia f., artifício m. 8. (milit.) marcha acelerada, quase a correr f. 9. (Tênis, etc.) partida de duplas f. (também pl. **doubles**). 10. (Tipogr.) a mesma palavra repetida por descuido f. ‖ v. 1. dobrar, duplicar, multiplicar por dois, acrescentar outro tanto a. 2. fazer dobras em. 3. repetir. 4. dobrar o papel, a roupa, o pano, etc. 5. curvar(-se), vergar-se, dobrar-se. 6. voltar atrás, fazer voltas súbitas. 7. (Náut.) dobrar um cabo, navegar ao redor. 8. (Teat., Cin.) desempenhar dois papéis na mesma peça, ser o substituto, substituir um ator ou atriz por outra. 9. (milit.) marchar a passo acelerado, dobrar o passo, quase correr. 10. dobrar a parada no jogo de cartas. 11. (fig.) enganar, fingir, embair, pregar uma peça a alguém. 12. trançar as pernas. 13. cerrar (o punho). ‖ adj. 1. dobre, dobrado, duplo, duplicado, de duas sortes, maneiras, aspectos ou sentidos. 2. ambíguo, equívoco. 3. (fig.) dobrado, fingido, falso, enganador, hipócrita, traiçoeiro. 4. para dois, em pares, de casal. 5. (Mús.) uma oitava abaixo. ‖ adv. dobradamente, duplicadamente, por dois modos, em pares, dois a dois.

~ or quits o dobro ou nada. **on the ~** 1. rapidamente. 2. (milit.) a passo dobrado. **to play ~** enganar, dobrar. ‖ **to ~ a part** representar, além do seu, o papel de outrem. **to ~ Cape Horn** estar sendo corneado. **to ~ back** voltar. **to ~ down** fazer uma dobra (na folha de um livro). **to ~ one's legs** cruzar as pernas. **to ~ the fist** cerrar o punho. **to ~ up** 1. dobrar-se, curvar-se. 2. cerrar (o punho). 3. tornar enrugado, amassado (falando de papel, etc.). 4. cair em colapso. 5. usar de truques. 6. enfileirar-se de dois em dois. 7. estourar de riso. **to ~ upon** 1. (milit.) dobrar (as fileiras de um batalhão, etc.). 2. fazer voltas súbitas ou curvas para escapar a uma perseguição. 3. usar de subterfúgios para com alguém.

double-acting adj. de duplo efeito.

double action s. duplo efeito m.

double action pump s. bomba aspirante-premente f.

double agent s. agente duplo (espião) m.

double ale s. cerveja forte f.

double-banked adj. (Náut.) com duas séries de remos, com dois homens para cada remo.

double bar s. (Mús.) dois compassos juntos indicando o fim da parte m. pl.

double-barrel s. espingarda ou pistola de dois canos f. ‖ adj. de dois canos, que tem dois canos.

double-barreled adj. 1. de dois canos. 2. (fig.) de duplo efeito.

double-barreled compliment s. elogio ambíguo m.

double-bass s. contrabaixo m.

double bed s. cama de casal f.

double-bedded adj. que tem duas camas ou uma cama de casal.

double-block s. (Téc.) cadernal m.

double bottom s. fundo duplo m.

double-breasted adj. que tem duas fileiras de botões (casacos, coletes, etc. quadro C 12).

double-check v. reexaminar.

double chin s. papada f.

double-coated film s. película duplamente emulsionada f.

double-concave lens s. lente bicôncava f.

double control (I) s. controle duplo m.

double control (II) s. duplo comando m.

double-cross v. (coloq.) enganar alguém, iludir as duas partes.

double cross-over s. (Téc.) cruzamento duplo m.

double dagger s. (Tipogr.) cruz impressa f.

double date s. (E. U. A., coloq.) compromisso social m. de dois casais. ‖ v. (coloq.) participar em compromisso social de dois casais.

double-dealer s. enganador m., hipócrita m. + f.

double-dealing s. dobrez, falsidade, traição, hipocrisia f. ‖ adj. dobre, fingido, falso, traiçoeiro.

double decker s. 1. veículo m. de duas cobertas. 2. sanduíche duplo m.

double-Dutch s. algaravia incoerente f., calão m.

double-dyed adj. manchado, infame, abjeto, torpe.

double-eagle s. (E. U. A.) moeda de ouro no valor de 20 dólares f.

double-edged adj. 1. de dois gumes ou fios.

double-entendre s. sentido duplo, equívoco m.

double entry s. (Com.) partida dobrada f., sistema de escrituração por partidas dobradas m.

double exposure s. (Fot.) exposição dupla f.

double-faced adj. 1. de duas caras, fingido, falso, insincero, hipócrita. 2. de duas faces.

double-faced hammer s. (Téc.) martelo de duas faces. m.

double feature s. (Cin.) dois filmes m. pl. de longa-metragem em um só programa.

double flat s. (Mús.) duplo bemol m.

double-ganger s. 1. outro eu, sósia m. 2. espectro m.

double gear s. engrenagem dupla f.

double-handed adj. 1. de duas mãos, para duas mãos. 2. traiçoeiro, falso, enganoso.

double-headed adj. que tem duas cabeças.

double-header s. (E. U. A.) no beisebol: dois jogos imediatos m. pl.

double-hearted adj. traiçoeiro, falso, fingido.

double-hung adj. de guilhotina (janela).

double-jointedness s. (Anat.) mobilidade anormal das articulações f.

double key s. chave falsa, gazua f.

double-lock v. dar duas voltas à chave.

double-meaning adj. ambíguo, equívoco.

double-minded adj. irresoluto, inconstante.

double-mounthed adj. que fala com fingimento.

double negation s. dupla negação (na mesma frase) f.

doubleness [d'ʌblnis] s. 1. dobro m. 2. dobrez, duplicidade, hipocrisia f.

double-octave s. (Mús.) intervalo de duas oitavas m.

double-park v. (Autom.) estacionar em fila dupla.

double-phase adj. bifásico.

double pneumonia s. (Med.) pneumonia dupla f.

double-quick s. (milit.) marcha acelerada, quase a correr f., passo dobrado (à razão de 165/180 passos por minuto) m. ‖ v. (milit.) marchar a passos dobrados, quase a correr, acelerar. ‖ adj. muito rápido, acelerado, marchando à razão de 165 passos por minuto. ‖ adv. rapidamente.

doubler [d'ʌblə] s. 1. (Téc.) duplicador de corrente m. 2. dobrador m., aquele que dobra alguma coisa.
double-refine v. refinar duas vezes.
double refraction s. (Ópt.) refração dupla f.
double room s. quarto para casal m.
double-shaft motor s. (Téc.) motor de eixo duplo m.
double socket s. (Téc.) luva de junta f.
double-space v. datilografar com espaço duplo.
double-stop v. (Mús.) produzir um acorde (instrumento de corda).
doublet [d'ʌblit] s. 1. par m., parelha f., (pl.) número igual de pontos no jogo de dados m., parelhas f. pl. 2. outro exemplar m. 3. doblete, pedaço de vidro que imita pedra preciosa m. 4. uma de duas palavras derivada da mesma raiz, porém de sentido diferente f. 5. (Tipogr.) mesma palavra repetida por descuido f. 6. gibão m.
double take s. segundo olhar m. para algo ou alguém, para confirmar ou não a primeira impressão.
double talk s. algaravia incoerente f., calão m.
double thread s. (Téc.) filete duplo m.
double throw switch s. (Téc.) chave de inversão f.
double time s. pagamento em dobro m. (feriados, etc.).
double-tongued adj. que fala com dobrez, que tem língua dobre, falso.
double track s. via dupla f.
doubling [d'ʌbliŋ] s. 1. duplicação f. 2. dobragem, ação de dobrar f. 3. dobra, prega f. 4. volta, f. rodeio m. 5. ação de dobrar um cabo f. 6. manha f., ardil, fingimento m. 7. revestimento, forro, reforço m.
doubloon [dʌbl'u:n] s. dobrão m., antiga moeda de ouro espanhola f.
doubly [d'ʌbli] adv. duplamente, no dobro, duplicadamente.
doubt [daut] s. 1. dúvida, questão duvidosa, incerteza, indecisão, hesitação, objeção f., problema m., dificuldade em crer f., cepticismo, embaraço m. 2. (†) apreensão f., receio m. ‖ v. duvidar, ter dúvida, não acreditar, não crer, ser céptico, hesitar, estar na dúvida, na incerteza, desconfiar, suspeitar. **beyond** ~ sem dúvida, certamente, por certo. **give him the benefit of the** ~ em caso de dúvida presuma dele o melhor. **I am in** ~ estou indeciso, em dúvida. **I** ~ **it** duvido disso. **I** ~ **that he will come** duvido que ele venha. **I make no** ~ não duvido disso. **no** ~ = **beyond** ~. **there is no** ~ **but** não há dúvida que. **without** ~ = **beyond** ~.
doubtable [d'autəbl] adj. dubitável, duvidoso, de que se pode duvidar.
doubter [d'autə] s. duvidador, céptico m., o que duvida ou desconfia.
doubtful [d'autful] adj. 1. duvidoso, que oferece dúvida. 2. incerto, indeciso, irresoluto. 3. obscuro, ambíguo, vago. 4. suspeito, hesitante, questionável. ‖ ~ly adv. duvidosamente, com dúvida, incertamente, ambiguamente. **to be** ~ **of** duvidar de.
doubtfulness [~nis] s. 1. dúvida, incerteza f. 2. irresolução, indeterminação f. 3. ambigüidade f.
doubtingly adv. duvidosamente.
doubting Thomas s. pessoa cética f., Tomé incrédulo m.
doubtless [d'autlis] adj. indubitável, sem dúvida, certo, seguro, infalível. ‖ adv. (também ~ly) indubitavelmente, certamente, inquestionavelmente.
doubtlessness [~nis] s. indubitabilidade f.
douce [du:s] adj. (Escoc.) sóbrio, sereno, calmo, sossegado, pacífico.
douceur [du:s'ə:] s. 1. pequeno presente m., pequena atenção f. 2. gorjeta f.

douche [du:ʃ] s. ducha f. ‖ v. duchar, aplicar duchas a, tomar duchas.
dough [dou] s. 1. massa de farinha, pasta f. (quadro B 1). 2. qualquer substância com aspecto pastoso f. 3. (gíria) dinheiro m.
my cake is ~ malogrou-se o meu desígnio.
dough-baked adj. pastoso, mal cozido.
dough-boy [d'ouboi] s. 1. (Náut.) pudim de farinha cozido dentro de um saco na água salgada m. 2. (gíria, E. U. A.) soldado de infantaria do Exército dos E. U. A. m.
dough-faced adj. covarde, pusilânime, mole, frouxo.
doughiness [d'ouinis] s. 1. qualidade do que é pastoso, mal cozido f. 2. moleza f.
dough-kneaded adj. mole como pasta.
dough-nut s. rosquinha de massa frita em banha de porco f. (quadro C 1).
dough trough [d'outrof] s. masseira f.
doughy [d'oui] adj. 1. pastoso, mal cozido, mole. 2. parecido com massa. 3. (fig.) mole, frouxo, sem energia.
doughy-nosed adj. (Náut., coloq.) enamorado.
doughtiness [d'autinis] s. valentia, bravura f., vigor m.
doughty [d'auti] adj. valente, valoroso, denodado, forte, vigoroso. ‖ -tily adv. valentemente, vigorosamente.
dour [d'uə] adj. 1. duro, teimoso. 2. sorumbático, macambúzio, sombrio. 3. severo, rígido, obstinado, casmurro, cabeçudo, pertinaz. ‖ ~ly duramente, rigidamente, sombriamente, sorumbaticamente.
dourness [~nis] s. dureza, teima, inflexibilidade, pertinácia f.
douse [daus] v. 1. mergulhar, imergir na água ou qualquer outro líquido, molhar, embeber, ensopar, jogar água por cima de. 2. (Náut.) arriar (a vela, etc.), largar a bolina de golpe, fechar a vigia, a portinhola. 3. (coloq.) apagar (a luz), extinguir. 4. (E. U. A., coloq.) descartar, tirar (o chapéu). **to** ~ **the glim** (gíria) apagar a luz.
douser s. = **dowser**.
dove (I) [dʌv] s. 1. pomba f., pombo, nome comum a todos os columbiformes m. 2. símbolo do Espírito Santo m. 3. símbolo de doçura, de inocência m. 4. mensageiro da paz m. 5. pomba f.: termo de carinho, pessoa inocente, carinhosa, ingênua f.
dove (II) [douv] v. (E. U. A., coloq.) imp. de **to dive**.
dove-coloured adj. cor-de-chumbo, cinza.
dove-cot [d'ʌvkɔt], **dove-cote** [d'ʌvkout] s. pombal m. **to flutter the** ~s 1. alarmar gente pacífica. 2. escandalizar a sociedade convencional.
dove-eyed adj. que tem olhos de pomba, de aspecto meigo, humilde.
dove-house s. = **dove-cote**.
dovelet [d'ʌvlit] s. pombinha, pomba nova f.
dovelike [d'ʌvlaik] adj. columbino, como uma pomba.
dove's foot s. (Bot.) bico-de-pomba-menor m.
dovetail [d'ʌvteil] s.: rabo-de-andorinha m.: entalhe em que o macho vai alargando do colo para a extremidade à semelhança do rabo da andorinha. (quadro C 3). ‖ v. 1. ensamblar, emalhetar, reunir (a madeira) mediante entalhes. 2. atarraxar. 3. caber exatamente. 4. encaixar, fazer embutidos na madeira.
dovetailed adj. em forma de rabo-de-andorinha (quadro C 3).
dovetailed joint s. emalhetamento m., ensamblagem f.
dovetailing machine s. máquina de ensamblar f.
dovetail saw s. serra de samblar f. (quadro C 5).
dowager [d'auədʒə] s. 1. viúva a quem o marido dei-

xou um dote, uma renda, viúva dotada f. 2. título que se dá a uma viúva da primeira nobreza para distingui-la da esposa do herdeiro de seu marido m. 3. senhora velha e nobre f.

dowdiness [d'audinis] s. desalinho m., falta de asseio, falta de cuidado no traje f., desleixo, desajeitamento m.

dowdy [d'audi] adj. desalinhado, desleixado, deselegante, desairoso, sem garbo, sem trato, desajeitado, fora da moda. ‖ **-dily** adv. desalinhadamente, desleixadamente, sem elegância, desajeitadamente.

dowel [d'auəl] s. 1. tarugo m., cavilha f., pino, prego de madeira m. (quadro C 3). 2. vara delgada para cortinas f. ‖ v. cavilhar, segurar com cavilhas.

dowel pin s. tarugo, pino de ajuste m.

dower [d'auə] s. 1. dote m.: bens que leva a mulher que se casa. 2. quinhão legado a uma viúva m., renda a uma viúva, pensão f. 3. dote m.: dom natural m., qualidade moral, física ou intelectual, prenda natural f., talento m. ‖ v. dotar, prover de dote, dar dote a.

dower house s. habitação de viúva numa propriedade, fazenda, etc. f.

dowerless [~lis] adj. sem dote, nem renda, pobre.

dowlas [d'aulas] s. espécie de linho grosso ou de morim.

down [daun] s. 1. duna f. 2. terreno elevado e colinoso, coberto de relva no sul da Inglaterra, usado como pastagem m., colinas perto do mar no norte e no sul da Inglaterra (**the Downs**) f. pl., enseada entre os promontórios no norte e no sul da Inglaterra f. 3. penugem f., penas f. pl., pêlos ou cabelos m. pl. que primeiro nascem, buço, cotão m., lanugem f., frouxel m. 4. qualquer substância fofa, macia ou felpuda f. 5. pêlo nas cascas de plantas ou frutos m. 6. movimento em declive m., descida f. 7. revés de fortuna (especialmente no pl.) m. 8. (gíria) desconfiança f. 9. (coloq.) rancor m., aversão, antipatia f., descontentamento m. ‖ v. (coloq.) abaixar, abater, sujeitar, derrubar, dominar, humilhar, descer, descender. ‖ adj. 1. abatido, desanimado, descoroçoado. 2. em estado ou condição inferior. 3. em declive. 4. doente, adoentado. ‖ adv. 1. abaixo, para baixo, em descida, em declive. 2. em decadência. 3. em posição abaixo no chão. 4. abaixo do horizonte. 5. no ponto inferior, ao mais baixo grau. 6. do norte ao sul. 7. de origem, propriedade ou época anterior. 8. a uma quantia inferior, a um preço reduzido. 9. em estado de sujeição, depressão, desgraça ou perigo. 10. efetivamente, realmente, com atenção, com aplicação. 11. por escrito, no papel. 12. à vista, contra entrega. 13. (Náut.) a sotavento. 14. seguindo a corrente. ‖ prep. abaixo, para baixo, em declive, ao longo de, em direção inferior. ‖ interj. abaixo! deita! senta!

the ups and ~s of life as vicissitudes da vida. ‖ **~ and out** totalmente desprovido, privado de recursos. **~ at heel** maltrapilho, descuidado no traje. **~ for Tuesday** anunciado para 3.ª feira. **~ from town** afastado da cidade. **~ in the coutry** no campo, no interior. **~ in the mouth** descoroçoado, desalentado, desanimado. **~ on one's luck** necessitado de dinheiro, pronto. **~ the centuries** no correr dos séculos. **~ the river** pelo rio abaixo, seguindo a corrente. **~ the wind** a sotavento. **~ to hell!** vá para o inferno! **~ with him!** derriba-o! deita-o abaixo! **he is ~ upon his luck** ele está sem sorte. **he is down with grippe** ele tem gripe. **he was tracked ~ at last** finalmente ele foi achado. **I may be ~ but not out** nem tudo está perdido. **the sun is ~** o sol se pôs. **the thermometer is ~ by five degrees** o termômetro desceu 5 graus. **the wind is ~** cessou o

vento. **to be ~ on** ser severo, rude com alguém, tratar mal, falar rudemente a alguém. **to bear ~, to beat ~** (Náut.) pôr-se a barlavento. **to bend ~** curvar-se. **to calm ~** acalmar. **to clean the house ~** limpar a casa toda. **to come ~** vir abaixo, descer, (fig.) baixar, abater-se, ceder, cair na miséria. **to ~ tools** fazer greve. **to fly ~** aterrissar, descer voando, voar para. **to get ~** 1. apear, descer. 2. engolir, tragar alguma coisa. **to go ~** 1. afundar, soçobrar. 2. deixar a universidade para as férias ou no fim do trimestre. 3. baixar (o preço). 4. acalmar-se (o vento). **to have a ~ on** (coloq.) guardar rancor a. **to hunt ~ = to ride ~**. **to kneel ~** ajoelhar-se. **to knock ~** atropelar. **to let s. o. ~** 1. humilhar. 2. deixar ao desamparo, abandonar alguém. **to lie ~** deitar-se. **to pay cash ~** pagar à vista. **to put a ~ on** (gíria) dar informações sobre, delatar, denunciar. **to put ~** 1. depor. 2. escrever, notar. 3. assentar por escrito, ‣notar, registrar. **to ride ~** 1. alcançar perseguindo. 2. forçar, escaramuçar, atropelar. **to send ~** expulsar ou suspender um estudante. **to set ~** 1. assentar por escrito, notar. 2. mencionar, citar. 3. resolver. 4. registrar. **to shout ~** fazer calar mediante gritos. **to take ~** 1. assentar por escrito, notar, registrar. 2. por abaixo, deitar abaixo. **to write ~** assentar por escrito, notar, registrar. **up and ~** aqui e acolá, de lá para cá, para baixo e para cima, por toda parte. **upside ~** de cabeça para baixo, ao revés, às avessas.

downbeat [d'aunbi:t] s. (Mús.) movimento m. com a batuta, que marca o início de um compasso. ‖ adj. pessimista, deprimido.

downcast [d'aunka:st] s. (Min.) eixo ventilador de mina m. ‖ adj. 1. abatido. 2. triste. 3. abaixado.

downcome [d'aunkʌm] s. 1. caída, queda f. 2. derrota, decadência f.

downcomer [~ə] s. (Téc.) tubo de descida, tubo vertical m.

downdraft carburettor s. (Téc.) carburador invertido m.

down-draught [d'aun-dra:ft] s. corrente de ar de cima para baixo f.

downfall [d'aunfo:l] s. 1. queda, caída f. 2. ruína, decadência, desgraça f. 3. armadilha f., mundéu m. 4. aguaceiro m. ou nevada forte f.

down-grade s. 1. declive m., vertente f. 2. (fig.) decadência f. ‖ v. (E. U. A.) ser degradado para uma posição inferior.

down-haul s. (Naut.) carregadeira f. ‖ v. (Náut.) carregar ou colher as velas.

downhearted [d'aunh'a:tid] adj. desanimado, abatido, desalentado. ‖ **~ly** adv. desanimadamente.

downheartedness [d'aunh'a:tidnis] s. desânimo, abatimento m., depressão f.

downhill [d'aunh'il] s. 1. declive m., vertente f., pendor m., declividade f. 2. declínio m., decadência f. ‖ adj. declive, íngreme. ‖ adv. 1. em declive, costa abaixo. 2. pior, em decadência.

Downing Street rua de Londres onde se localiza a residência oficial do primeiro-ministro.

downline [d'aunlain] adv. ao longo dos trilhos.

down-looked adj. cabisbaixo, que tem ar triste.

down-lying s. 1. deitada f., ato de deitar-se, ir dormir m. 2. parto m.

downmost [d'aunmoust] adj. mais baixo, inferior.

down payment s. pagamento inicial m.

down-pipe s. (Téc.) tubo de descida m.

downpour [d'aunpo:] s. aguaceiro m., chuvada f., chuvão m., chuvarada f.

down range adj. e adv. ao longo da trajetória da base de lançamento.

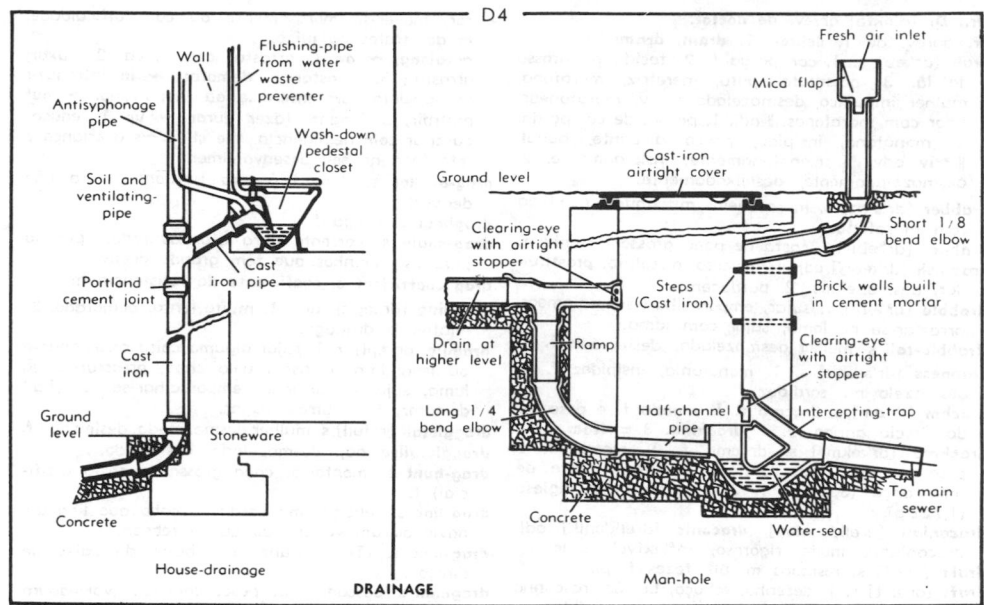

D 4

House-drainage

DRAINAGE

Man-hole

downright [d'aunrait] adj. 1. perpendicular, vertical. 2. claro, evidente, manifesto. 3. absoluto, positivo, inequívoco. 4. franco, direto, sincero, categórico, ingênuo, que não usa de rodeios. 5. rematado, perfeito. ‖ adv. 1. perpendicularmente, a prumo. 2. positivamente, francamente, completamente, totalmente. ‖ **~ly** adv. francamente, sem rodeios.

downrightness [~nis] s. franqueza, sinceridade f.

down-sitting s. ação de sentar-se ou apoiar-se para descanso f.

downspout [d'aunspaut] s. goteira f.

downstage [d'aunsteidʒ] s. parte dianteira do palco, ribalta f., proscênio m.

downstairs [d'aunst'εəz] s. térreo, andar-térreo, rés-do-chão m.‖ adj. de baixo, do andar inferior. ‖ adv. em baixo, para baixo, no térreo, no andar inferior.

downstream [d'aunstr'i:m] adj. a jusante, rio abaixo.

downstream works s. pl. obras a jusante f. pl.

down-stroke piston s. (Téc.) descida do êmbolo f.

down time s. (Econ.) tempo ocioso m. da máquina.

down town s. (E. U. A.) centro comercial da cidade m., parte central da cidade f.

downtown [d'aunt'aun] adj. e adv. 1. (E. U. A.) em direção do, perto do, no centro comercial da cidade. 2. em direção da, na parte baixa da cidade.

down train s. trem que parte da Estação Central m.

downtrodden [d'auntrodn] adj. 1. conculcado, calcado sob os pés. 2. oprimido, tiranizado por, atropelado.

downward [d'aunwad] adj. 1. declive, inclinado, ladeirento, que tem declividade. 2. em direção inferior, que vai de superior a inferior, decrescente. 3. descendente, de anterior a posterior, de época anterior. 4. que se move para um lugar ou condição inferior. ‖ adv. (também **downwards, downwardly**). 1. para baixo, abaixo, em declive. 2. rio abaixo, a jusante. 3. de superior a inferior, de anterior a posterior, sucessivamente (de pai para filho, de filho para neto, etc.)

downwind [d'aunwind] adv. a favor do vento.

downy [d'auni] adj. 1. penugento, cheio de penugem, felpudo. 2. fofo, macio, brando. 3. mole, meigo, plácido. 4. arteiro, sagaz. 5. colinoso.

dowry [d'auəri] s. 1. dote m.: bens que leva a mulher que se casa. 2. dom natural m., prenda f.

dowse [daus] v. procurar água ou minerais subterrâneos com varinha de condão.

dowser [d'ausə] s. rabdomante, indivíduo que usa varinha de condão m.

dowsing-rod [d'ausiŋrɔd] s. varinha mágica f.

Dowson gas s. gás pobre m.

doxological [dɔksɔl'ɔdʒikəl] adj. doxológico, relativo a doxologia. ‖ **~ly** adv. doxologicamente.

doxology [dɔks'ɔlədʒi] s. doxologia f.: prece e cântico cujo fim é glorificar a Deus.

doxy (I) [d'ɔksi] s. (coloq.) doutrina, crença f.

doxy (II) [d'ɔksi] s. (gíria) amante f. (de homem casado).

doyen [dw'aiε:ŋ, d'ɔiən] s. decano de corpo diplomático m.

doz. [dʌzn] abrev. de 1. **dozen.** 2. **dozens.**

doze [douz] s. soneca f., sono leve m., modorra f., cochilo m. ‖ v. 1. modorrar, cochilar, dormitar, dormir levemente, tirar uma soneca. 2. estar ou cair em modorra ou inércia, estar meio adormecido. 3. passar o tempo cochilando, inativo.

doze away v. toscanejar, cochilar, desperdiçar o tempo.

dozen [dʌzn] s. 1. dúzia f. (não tem pl. tomado quantitativamente). 2. (pl. **dozens**) número indeterminado m. **a baker's ~** dúzia de frade, treze em lugar de doze. **a round ~** uma dúzia completa. **by the ~** às dúzias. **devil's ~ = a baker's ~. ~s of times** inúmeras vezes. **enough for a ~** demasiado, sobrado. **for the ~th time** pela centésima vez. **in ~s = by the ~, per ~** por dúzia. **printer's ~ = a baker's ~. to talk nineteen to the ~** falar pelos cotovelos.

dozer [d'ouzə] s. dorminhoco, sonhador m.

doziness [d'ouzinis] s. sonolência, modorra f., torpor difícil de vencer m.

dozy [d'ouzi] adj. sonolento, amodorrado, entorpecido, que não tem atividade ou energia. ‖ **-zily** adv sonolentamente, com sonolência.

D. P. [d'i:p'i:] abrev. de **displaced persons.**

Dr., Dr [d'ɔktə] abrev. de **doctor.**
dr. abrev. de 1. **debtor.** 2. **dram, drams.**
drab [dr'æb] s. 1. cor parda f. 2. tecido m. grosso de lã. 3. prostituta, puta, meretriz, marafona, mulher impudica, desmazelada f. ‖ v. marafonear, lidar com marafonas. ‖ adj. 1. pardo, de cor parda. 2. monótono, insípido, pouco atraente, banal. ‖ **~ly** adv. 1. monotonamente, insipidamente. 2. desmazeladamente, desleixadamente.
drabber [dr'æbə] s. marafoneiro m.: aquele que lida com marafonas.
drabbet [dr'æbit] s. casta de pano grosso de linho f.
drabbish [dr'æbiʃ] adj. 1. devasso, dissoluto, prostituidor, desmazelado. 2. pardacento.
drabble [dr'æbl] v. sujar, emporcalhar(-se) enlamear, arrastar-se na lama, sujar com lama.
drabble-tail s. mulher desmazelada, desleixada f.
drabness [dr'æbnis] s. 1. monotonia, insipidez f. 2. desmazelo m., sordidez f.
drachm [dræm] s. dracma f. 1. moeda f. e peso m. da Grécia antiga. 2. = **drachma.** 3. = **dram.**
drachma [dr'ækmə] s. dracma f. 1. moeda f. e peso m. da Grécia antiga. 2. oitava parte de uma onça (3,586 g) f. 3. $^1/_{16}$ da onça inglesa (1,722 g).
draconian [dreik'ouniən], **draconic** [dreik'ɔnik] adj. draconiano, muito rigoroso, inflexível, cruel.
draff [dræf] s. resíduos m. pl., fezes f. pl.
draft [dra:ft] s. 1. desenho, esboço, borrão, rascunho m., minuta f. 2. plano, esquema, projeto m. 3. saque m., ordem de pagamento f., título m., letra de câmbio f. 4. (milit. e Náut.) destacamento, contingente, sorteio militar ou naval m. 5. pessoas a quem compete a obrigação de cumprir um certo dever f. pl. 6. (Téc.) tiragem de ar f. ‖ v. 1. traçar, delinear, bosquejar, esboçar, rascunhar. 2. minutar, fazer ou ditar a minuta de, redigir. 3. (milit.) destacar, sortear, recrutar. 4. valer-se de, lograr.
a **~ on, upon** um saque contra. **to have a quick ~** ter pronta saída. ‖ **to ~ a letter** rascunhar uma carta. **to ~ a message** redigir uma mensagem.
draft animal s. animal de tiro m.
draft dodger s. (E. U. A., milit.) rapaz m. que faz trapaça para evitar ser convocado.
dratted [dr'a:ftid] adj. sorteado, recrutado, destacado.
draftee [dra:ft'i:] s. (E. U. A., milit.) incorporado m.
drafter [dr'a:ftə] s. perito em esboços, riscos, etc., debuxador, desenhador m.
drafts [dra:fts] (= **draughts**) s. pl. jogo de damas.
draftsman [dr'a:ftsmən] s. 1. desenhista m. + f., desenhador de plantas ou projetos m. 2. escrevente m. + f. 3. (também **draughtsman**) peça de jogo de damas f.
drag [dræg] s. 1. carro de rojo, rastilho, arrasto, carro de transporte m. 2. rede varredoura f. 3. draga, fateixa de rocegar f. 4. croque, gancho, ancinho m., grade de arar, desterroar f. 5. máquina f. ou dispositivo m. para adubar a terra. 6. máquina f., aparelho m. que serve para arrastar ou puxar algo. 7. resistência ao avanço, sapata de roda de veículo f., travão m., qualquer coisa que retarda o progresso f., (upon) obstáculo, empecilho m. 8. espécie de carruagem aberta, a quatro cavalos f. 9. dragagem, ação de dragar, arrastar f. 10. (Caça) rasto de raposa, rasto artificial m., montaria, caça grossa f. 11. (E. U. A., gíria) influência, pressão f. ‖ v. 1. arrastar(-se), levar a rastos, tirar, puxar à força, arrancar. 2. dragar, rocegar, desentupir (um porto). 3. gradar, desterroar. 4. garrar, arrastar (a âncora). 5. arrastar (falando de vestidos compridos). 6. pescar com a rede varredoura. 7. deter-se, tardar, prolongar-se, não adian-

tar, mover-se morosamente ou com dificuldade. 8. dar tratos ao juízo.
~ along, ~ on 1. arrastar com força. 2. puxar, arrastar. 3. arrastar-se, demorar. **~ in** introduzir um assunto sem interesse ou inoportuno. **~ out** protrair, prolongar, fazer durar **~ up** 1. educar ou criar com negligência. **the child ~s** a criança é retardada no seu desenvolvimento.
drag-anchor s. (Náut.) âncora flutuante (para não derivar) f.
dragboat s. draga f.
drag-chain s. corrente para atar as rodas, própria para os caminhos que têm grande declive f.
drag coefficient s. coeficiente da resistência m.
dragging [dr'ægiŋ] adj. 1. muito lento, demorado. 2. relativo a dragagem.
draggle [dr'ægl] v. 1. sujar alguma coisa arrastando-a ou levando-a a rastos pelo chão, arrastar-se na lama, sujar-se de lodo, emporcalhar-se. 2. (fig.) demorar, ficar atrás, vagar.
draggletail [~teil] s. mulher desmazelada, desleixada f.
draggletailed adj. desmazelado, desleixado.
drag-hunt s. montaria, caça grossa (a rasto artificial) f.
drag-line s. reboque m.: corda ou cabo que liga um navio ou um veículo ao que o reboca.
drag-link s. (Téc.) tirante m.: barra da caixa de direção.
dragman s. pescador que pesca com rede varredoura m.
drag-net s. rede varredoura f.
dragoman [dr'ægomən] s. dragomano, drogomano, turgimão m.: intérprete, agente ou guia de turistas no Oriente.
dragon [dr'ægən] s. dragão m.: 1. monstro fabuloso que se representa com garras, asas e cauda de serpente m. 2. (fig.) pessoa de má índole e rancorosa f. 3. governante m. + f., preceptora muito vigilante e severa, aia f. 4. (Astron.) constelação boreal f. 5. (Bíbl.) vários monstros como a serpente, o crocodilo, etc. 6. (Zool.) lagarto-volante m.: lagarto do gênero Draco. 7. (Bot.) serpentária f.
the Old Dragon dragão infernal, o Satã.
dragon-fly s. (Ent.) libélula, donzelinha f.
dragonish [~iʃ], **dragonlike** [~laik] adj. semelhante a um dragão, como dragão, furioso, feroz.
dragonnade [drægən'eid] s. dragonada, perseguição f., especialmente contra os protestantes que Luís XIV mandou fazer por dragões ou cavalarianos.
dragon's blood s. sangue-de-drago m., resina de cor avermelhada f.
dragon's teeth s. pl. obstáculos em forma de dentes contra tanques, carros blindados m. pl.
dragon-tree s. (Bot.) dragoeiro m., árvore da família das Liliáceas f.
dragoon [drəg'uın] s. dragão m.: 1. soldado de cavalaria m. 2. variedade de pomba f. ‖ v. perseguir, subjugar, oprimir por meio de dragões, fustigar, vencer, **~ into** obrigar a.
drag race s. (Esp.) corrida de carros f. em pista pista reta, curta para testar a aceleração.
drag-rope [dr'ægroup] s. reboque, cabo pendente m.
drag-sail, drag-sheet s. = **drag-anchor.**
drag-strut s. barra de compressão f., montante de compressão m.
drag-wire s. cabo de reboque m.
drain [drein] s. 1. dreno, tubo m. ou vala f. para drenagem (quadro D 4). 2. rego, fosso m., vala f., escoadouro, cano de esgoto, desaguadouro m., sarjeta f. (quadros S 16, W 1). 3. esgotamento, escoamento contínuo m., goteira f. 4. pressão,

D5

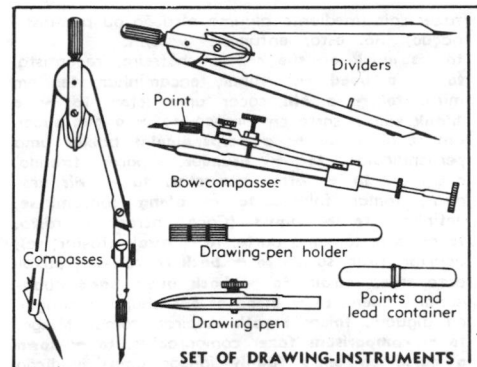

Dividers
Point
Bow-compasses
Compasses
Drawing-pen holder
Drawing-pen
Points and lead container

SET OF DRAWING-INSTRUMENTS

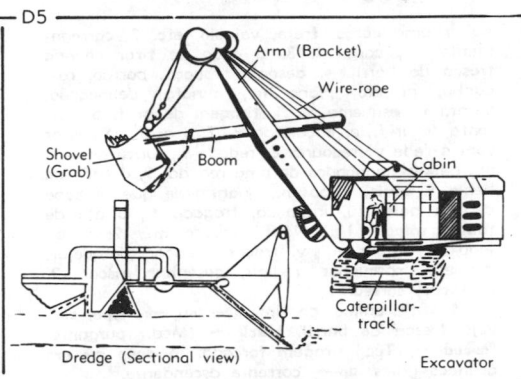

Arm (Bracket)
Wire-rope
Shovel (Grab)
Boom
Cabin
Caterpillar-track
Dredge (Sectional view)
Excavator

extenuação, exigência f. 5. drenagem f., ato de drenar m. 6. (gíria) gole de bebida alcoólica m. 7. (Cir.) tubo de drenagem para facilitar a evacuação do pus, etc., dreno m. (quadro D 1). ‖ v. 1. drenar, secar um terreno por meio de drenagem. 2. esgotar, escoar, tirar a água de qualquer lugar, deixar escorrer pouco a pouco, esvaziar gradualmente, desaguar, dessecar. 3. esgotar-se, exaurir-se, extenuar-se gradualmente, secar, vasar, privar de recursos. 4. fazer exigências de. 5. engolir de um trago. 6. prover com canos de descarga. **he is a great ~ on my means** ele pesa-me muito no bolso. **to go down the ~** perder a utilidade, o valor.

drainable [dr'einəbl] adj. esgotável, que se pode esgotar ou drenar.

drainage [dr'einidʒ] s. 1. drenagem, dessecação f., escoamento m. 2. área drenada, dessecada. 3. esgoto m. (quadro D 4). 4. porção de líquido drenado, dejetos m. pl.

drainage-area s. área drenada f.

drainage basin s. bacia drenada por um rio ou seus afluentes.

drainage-tube s. (Cir.) dreno m., tubo de drenagem para facilitar a evacuação do pus, etc.

drain-cock s. torneira de drenagem, de purgação f.

drainer [dr'einə] s. 1. escoador, escoadouro m. 2. caneca para tirar água f. 3. encanador f.

drain-gallery s. galeria de escoamento f.

draining [dr'einiŋ] s. drenagem f., **escoamento m.**

draining-board s. estante para secar a louça f.

draining-engine s. máquina para desaguar minas, campos, etc.

draining-plough s. charrua para fazer regos de água f.

drain-level s. nível de escoamento m.

drain-manifold s. tubulação de drenagem f.

drain-pipe s. tubo de descarga m., cano de esgoto m.

drain-plug s. bujão de purga m.

drains [dreinz] s. pl. encanamento m., canalização, drenagem f.

drain-valve s. válvula de drenagem, de purgação f.

drake [dreik] s. 1. pato, marreco, adem macho m. 2. (Ent.) mosca-de-maio f.: inseto da ordem dos Efemerópteros.

drake-fly s. mosca artificial para pescar f.

drake-stone s. pedra chata, que se usa no jogo de **"ducks and drakes"** (chapeletas).

dram [dræm] s. 1. dracma f.: a oitava parte de uma onça ou 60 gramas, peso de farmácia. 2. $^1/_{16}$ da onça em peso "avoirdupois". 3. trago de aguardente ou de outra bebida alcoólica m. 4. pouca quantidade f., um pouco. ‖ v. 1. beber aguardente ou outras bebidas alcoólicas. 2. importunar alguém

para que se embriague.

drama [dr'a:mə] s. 1. drama m., obra dramática· f. 2. série de episódios complicados ou patéticos. 3. acontecimento terrível m., catástrofe f. **the ~** a arte de escrever, representar ou produzir peças de teatro.

dramatic [drəm'ætik], **~al** [~əl] adj. 1. dramático, de drama. 2. comovente. ‖ **~ally** adv. dramaticamente.

dramatics [~s] s. sing. ou pl. 1. a arte de representar ou produzir peças teatrais. 2. (s. pl.) peças teatrais representadas por amadores.

dramatis personae [dr'æmətis pə:s'ouni:] s. pl. personagens de um drama f. pl.

dramatist [dr'æmətist] s. dramatista m. + f., dramaturgo, autor de dramas m.

dramatization [dræmətaiz'eiʃən] s. dramatização f.

dramatize [dr'æmətaiz] v. dramatizar: 1. dar a forma de drama 2. tornar dramático, interessante ou comovente, representar dramaticamente.

dramatizer [~ə] s. dramatizador m., aquele que dramatiza, exagera.

dramaturge [dr'æmətə:dʒ] s. dramaturgo m., dramatista m. + f.

dramaturgic [dræmət'ə:dʒik] adj. dramatúrgico, dramatológico. ‖ **~ally** adv. dramaturgicamente.

dramaturgy [dr'æmətə:dʒi] s. dramatologia, dramaturgia f.

dram-drinker [dr'æmdriŋkə] s. cachaceiro m.

dram-drinking s. abuso de bebidas alcoólicas m.

dram-shop s. bar, botequim m., casa de bebidas f.

drank [dræŋk] pret. do verbo **to drink**.

drape [dreip] s. (E. U.A.) cortina f. (quadro S 10), cortinado m. tapeçaria f., reposteiro m. ‖ v. 1. drapejar, dispor de certa maneira as dobras do pano ou vestuário de uma pessoa, de uma estátua etc. 2. vestir, cobrir de pano, decorar. 3. cortinar, colocar cortinas.

draper [dr'eipə] s. 1. vendedor de panos e de outros tecidos. 2. decorador m., pessoa que decora, drapeja, coloca cortinas. **linen-~** negociante de armarinho.

draperied [dr'eipərid] adj. drapejado, disposto de certa maneira (as dobras).

drapery [dr'eipəri] s. 1. drapejamento, m., roupagem f. 2. negócio de panos e outros tecidos m. 3. panos e outros tecidos em geral m. pl. 4. cortinas f. pl., tapeçaria f., ornatos de pano m. pl., reposteiro m. **linen-~** armarinho.

drastic [dr'æstik] adj. 1. drástico, enérgico, de ação violenta, eficaz, eficiente. 2. (Med.) muito purgativo. ‖ **~ally** adv. drasticamente, energicamente, eficazmente.

draught [dra:ft] (ou **draft**) s. 1. a ação de tirar ou

puxar uma carga, frete, veículo, etc. 2. carregamento m., carga f. 3. a ação de tirar cerveja fresca do barril. 4. desenho, esboço, borrão, rascunho, projeto, plano m., minuta, delineação, planta f., esquema m. 5. tiragem de ar f. 6. corrente de ar f., ar encanado m. 7. a ação de pescar com a rede vorredoura. 8. redada f., lanço de rede m., peixes apanhados de uma redada. 9. a ação de beber f., gole, trago m., quantidade que se bebe de um gole. 10. inalação, tragada f., o ato de tomar fôlego. 11. (Náut.) calado m. 12. s. pl. jogo de damas m. ‖ v. traçar, esboçar, bosquejar, delinear, rascunhar, redigir, desenhar, riscar. 2. destacar, sortear.
beast of ~ animal de tiro. **beer on** ~ chope, cerveja fresca de barril. **black** ~ (Med.) purgante. **forced** ~ (Téc.) tiragem forçada. **in deep ~s** em grandes goles. **up—~** corrente ascendente.
draught beer s. chope m., cerveja fresca de barril.
draught-board s. tabuleiro do jogo de damas m.
draught-chain s. corrente de tração f. (quadro P 7).
draught gauge [~ geidʒ] s. manômetro de tiragem m.
draught-hole s. respiradouro de chaminé m.
draught-horse s. cavalo de tiro m.
draughtiness [dr'a:ftinis] s. correnteza de ar f.
draught-marks s. pl. (Náut.) marcas para determinar o calado.
draught of a chimney s. tiragem da chaminé f.
draughts [dra:fts] s. pl. jogo de damas m.
draughtsman (ou draftsman) [dr'a:ftsmən] s. 1. desenhista m. + f., desenhador de plantas etc. m., debuxador m. perito em desenhos m., 2. [dr'a:ftsmæn] peça do jogo de damas.
draughtsmanship [dr'a:ftsmənʃip] s. arte de desenhar f.
draughty (ou drafty) [dr'a:fti] adj. 1. exposto a correntes de ar ou ao ar encanado. 2. (fig.) arteiro, manhoso.
draw [drɔ:] s. 1. a ação de puxar ou tirar. 2. a ação de tirar a sorte. 3. a sorte que se tirou. 4. atrativo m., coisa que atrai f., chamariz m., coisa de arromba f. (p. ex. uma peça teatral "a good draw"). 5. empate m. (no jogo); ato de interromper um jogo sem terminá-lo. 6. pressão, tensão f. 7. bacia f., vale m., por onde correm ou convergem as águas. 8. (E. U. A.) parte da ponte levadiça que se levanta. 9. tentativa para saber alguma coisa. 10. sorte f. destino m. ‖ v. imp. **drew**, p. p. **drawn**. 1. tirar, puxar, arrastar, arrancar. 2. sacar, retirar, desembainhar, extrair. 3. estripar, desentranhar. 4. puxar para cima, tirar para cima. 5. chupar, mamar. 6. atrair para si, atrair com afagos. 7. tirar qualquer líquido de um barril. 8. tirar a sorte. 9. respirar, inalar. 10. arrancar (suspiros, gemidos). 11. estender, alongar, estirar, correr (cortina). 12. receber, ganhar (dinheiro, prêmio), tirar (dinheiro do banco). 13. esvaziar. 14. ~ **to** chegar(-se) perto ou em frente de; reunir-se. 15. evocar, causar, deduzir, inferir. 16. retratar, desenhar, debuxar. 17. traçar, delinear, esboçar. 18. minutar. 19. representar-se alguma coisa na idéia, descobrir. 20. formular, fazer uma escritura, contrato, etc. 21. sacar uma letra de câmbio, tirar uma ordem de pagamento. 22. (Náut.) ter calado de, navegar a um calado determinado. 23. empatar um jogo sem terminá-lo. 24. (Caça) desencovar feras, bater a moita. 25. fazer exigências, ser exigente. 26. franzir (as sobrancelhas). 27. enxotar. 28. pôr de infusão, deixar em infusão (chá, etc.). 29. esgotar. 30. encolher-se, contrair-se. 31. (**back, away from**) retirar-se de. 32. espremer, expulsar. 33. exercer influência sobre. 34. ser atraente. 35. eliciar,

fazer sair (mediante alguma atração ou por instigação). 36. estar enfunado (vela).
to be quick on the ~ ser chofreiro, repentista. **to** ~ **a bead** encarrilhar, encaminhar, ter em mira. **to** ~ **a bill** sacar uma letra. **to** ~ **a blank** sair a sorte em branco. **to** ~ **a gun** sacar um revólver. **to** ~ **a perpendicular** baixar uma perpendicular. **to** ~ **asunder** separar tirando, dilacerar. **to** ~ **after** acarretar. **to** ~ **air** respirar, tomar folego. **to** ~ **along** consumir-se, definhar. **to** ~ **amiss** (Caça) perder o rasto. **to** ~ **aside** tomar à parte. **to** ~ **away** afastar(-se), apartar, tirar, sacar. **to** ~ **back** retirar(-se), puxar para trás, retrair. **to** ~ **back one's hand** abandonar alguém. **to** ~ **blood of one** chupar o sangue de alguém. **to** ~ **breath** respirar, tomar fôlego. **to** ~ **comparisons** fazer comparações. **to** ~ **down a curse on one's family** lançar uma· maldição sobre a família de. **to** ~ **from** desenhar conforme. **to** ~ **in** 1. contrair, encolher, recolher. 2. seduzir, engodar. 3. findar, diminuir (falando de dias). **to** ~ **in one's horns** tornar-se mais modesto. **to** ~ **it mild** (coloq.) manifestar, descrever ou perguntar sem exagerar, não exorbitar. **to** ~ **near (ou nigh)** aproximar-se. **to** ~ **off** 1. apartar, retirar(-se), retrair. 2. transvasar, esvaziar (vinho etc.) 3. urinar. **to** ~ **on** 1. atrair, seduzir, instigar, ocasionar. 2. aproximar(-se), ir-se chegando (falando do tempo). 3. sacar sobre alguém, valer-se de, contar com. **to** ~ **on one's coat** vestir seu casaco. **to** ~ **one dry** esgotar alguém, tirar-lhe todo o seu dinheiro. **to** ~ **out** 1. prolongar, retardar, alongar. 2. eliciar, fazer sair por instigação. 3. extrair, formular. 4. puxar fora, tirar. 5. (milit.) pôr em ordem de batalha. **to** ~ **over** induzir, persuadir alguém para que mude de partido. **to** ~ **s. o. forth** induzir alguém a expandir-se. **to** ~ **s. o. out** (fig.) puxar alguém pela língua. **to** ~ **some one into, to** persuadir alguém a. **to** ~ **the attention of** chamar a atenção de. **to** ~ **the attention to** chamar a atenção a. **to** ~ **the curtain** correr a cortina. **to** ~ **the line at** recusar, limitar, traçar os limites. **to** ~ **to an end** tender para o fim, estar acabando. **to** ~ **together** contrair. **to** ~ **to scale** (Téc.) desenhar em escala. **to** ~ **towards** tender para, inclinar-se. **to** ~ **up** 1. tirar, puxar para cima, içar. 2. esboçar, redigir, fazer, escrever (um documento, uma petição, etc.) 3. compor, formar. 4. (milit.) alinhar, pôr em ordem de batalha, formar-se. 5. chegar(-se) em frente de. 6. erguer-se, empertigar-se. **to** ~ **up to the curb** encostar o carro no meio-fio. **to** ~ **up with** alcançar. **to** ~ **upon (on)** sacar sobre alguém.
drawback [dr'ɔ:bæk] s. 1. (Com.) desconto, reembolso de direitos aduaneiros, abatimento m., redução f. 2. desvantagem f., prejuízo m. 3. obstáculo, empecilho, estorvo m. 4. reverso m. (da medalha).
draw-bar s. 1. barra de acoplamento que engata a locomotiva ao tênder f. 2. tirante m. 3. barra de engate ou tração (quadro C 15).
draw-beam s. guindaste, braço da bomba m.
draw-bench s. banco de estiramento m.
draw-bridge s. ponte levadiça ou giratória f.
drawee [drɔ:'i:] s. sacado m., a pessoa contra quem se saca uma letra de câmbio.
drawer [1. drɔ:, 2-6. dr'ɔ:ə] s. 1. gaveta f. (quadros C 20, S 5). 2. (Com.) sacador de uma letra de câmbio m. 3. tirador, puxador m. 4. desenhista m. + f., desenhador m. 5. moço de bar, **barman** m. 6. pessoa ou coisa que atrai, chamariz m., coisa de arromba f.
drawers [drɔ:z] (**a pair of drawers**) s. pl. ceroulas f. pl.
chest of ~ cômoda.

drawgate [dr'ɔ:geit] s. válvula ou porta de uma eclusa ou comporta.

draw-gear s. tirantes m. pl., correias que prendem o veículo às cavalgaduras que o puxam f. pl.

draw-hook s. gancho de engate, gancho de tração m.

drawing [dr'ɔ:iŋ] s. 1. ato de tirar m. 2. desenho, croqui m. delineação f., esboço, debuxo m., a arte f., o ato de desenhar m. 3. sorteio m., extração de loteria f. 4. saque de letra. 5. (pl.) recibos m. pl., entradas f. pl.
out of ~ desenhado incorretamente.

drawing-account s. conta corrente f.

drawing-block s. bloco de desenho m.

drawing-board s. prancheta para desenhar f.

drawing card s. (E. U. A.) chamariz, ponto alto m.

drawing-die s. molde para estirar m.

drawing-down s. estiramento m.

drawing-frame s. fieira f.

drawing-knife s. faca de tanoeiro f.

drawing-master s. professor de desenho m.

drawing-mill s. trefilaria f.

drawing-office s. sala de desenho f., escritório de construções m.

drawing-pad s. bloco para desenho m.

drawing-paper s. papel para desenho m.

drawing-pen s. tira-linhas m. (quadro D 5).

drawing-pin s. percevejo m.

drawing-room s. 1. sala de visitas f. 2. recepção formal no palácio do rei f. 3. as pessoas presentes na referida recepção f. pl.

drawing table s. mesa elástica f.

drawing to scale s. desenho em escala m.

drawing with dimensions s. desenho cotado m.

drawing-up s. redação f.

draw-knife s. (Carp.) corta-chefe m. (quadro C 5).

drawl [drɔ:l] s. 1. modo pachorrento de falar m. 2. pronunciação lenta f. ‖ v. 1. falar com pausa e descanso, arrastar as palavras. 2. demorar.

drawler [dr'ɔ:lə] s. o que fala com pachorra e preguiça.

drawn [drɔ:n] p. pass. do verbo to draw. ‖ adj. 1. tirado, puxado. 2. desembainhada (espada). 3. esboçado, traçado, delineado. 4. empatado, indeciso. 5. torcido (o rosto), cansado, eviscerado.

drawn battle s. batalha indecisa f.

drawn butter s. (Culin.) manteiga derretida f., temperada com ervas.

draw-net s. rede de malhas largas para apanhar aves grandes.

drawn game s. empate m.

drawn wire s. arame estirado m.

draw-plate s. fieira f.

draw string s. cordel m. de abrir ou fechar a bolsa, puxando uma ou as duas pontas.

draw-tube s. tubo telescópico variável m.

draw-vice toggle s. tensor à rã m.

draw-well s. poço m.

draw work s. trabalho ornamental m., de puxar fios do pano em desenho de renda.

dray [drei] s. carretão m., zorra f., veículo para cargas pesadas m.

drayage [dr'eiidʒ] s. 1. ato de transportar em zorra ou carretão. 2. frete, custo de transporte m.

dray-horse s. cavalo de tiro m.

drayman [dr'eimən] s. carreteiro m., condutor de carretão ou zorra.

dray-plough s. arado tipo zorra para arrastar pedras.

dread [dred] s. (of a th.) 1. medo (de), temor, horror, pavor, receio, espanto m., apreensão de dano ou perigo f. 2. respeito m., veneração f. 3. pessoa ou coisa de que se tem medo. ‖ v. 1. temer, ter muitíssimo medo, recear. 2. antecipar com receio, ter apreensão de dano ou perigo, tremer de medo.

‖ adj. 1. terrível, horrível, hórrido, medonho, pavoroso, temível.
a dreaded foe s. um inimigo temido.

dreadful [dr'edful] adj. 1. terrível, formidável, horrível, espantoso, temível. 2. que impõe respeito. 3. (coloq.) embaraçoso, desagradável. 4. (vulg.) muitíssimo, extremamente. ‖ **-ly** adv. terrivelmente, formidavelmente, pavorosamente.
a penny ~ revista ou magazine de contos horríveis ou sentimentais.

dreadfulness [~nis] s. terror, pavor, espanto m.

dreadless [dr'edlis] adj. intrépido, destemido, denodado, audaz. ‖ **~ly** adv. intrepidamente.

dreadlessness [~nis] s. intrepidez f., denodo m.

dreadnaught [dr'ednɔ:t] **dreadnought** s. 1. (Náut., milit.) grande navio de guerra, couraçado m. 2. pano de lã grosso e felpudo m. 3. sobretudo feito do mesmo m.

dream [dri:m] s. 1. sonho m. 2. quimera, utopia, fantasia, visão, coisa quimérica f. 3. (coloq.) coisa lindíssima, maravilhosa f. ‖ v. (imp. e p. p. **dreamt** ou **dreamed**). 1. sonhar, dormir sonhando. 2. entregar-se a fantasias e devaneios, imaginar, ter visões. 3. passar a vida sonhando, vadiar, passar vida ociosa.
a bad ~ um pesadelo. **day-**~ devaneio, cisma. **waking-**~ visão, alucinação. **I never dreamt of such a thing** nunca teria imaginado semelhante coisa.

dreamboat [dr'i:mbout] s. (gíria) pessoa ou coisa f. muito atraente e agradável.

dreamer [dr'i:mə] s. sonhador, devaneador, vadio m.

dreamful [dr'i:mful] adj. pleno de sonho, fantasia, ilusão.

dreaminess [dr'i:minis] s. devaneio m.

dreaming [dr'i:miŋ] adj. sonhador. ‖ **~ly** adv. em sonhos, como em sonhos, cismaticamente.

dreamland [dr'i:mlænd] s. região dos sonhos, utopias ou fantasias f., terra de meus sonhos f.

dreamlike [dr'i:mlaik] adj. como em sonho.

dream-reader s. onirócrita m. + f.

dreamt [dremt] v. imp. e p. p. de **dream**.

dreamworld [dr'i:mwə:ld] s. mundo de sonhos m.

dreamy [dr'i:mi] adj. pleno de sonhos, dado a sonhos, sonhador, cismador. ‖ **-ily** adv. em sonhos, cismaticamente.

drear [driə] adj. abrev. poét. de **dreary**.

dreariness [dr'iərinis] s. lugubridade, tristeza, melancolia, monotonia f.

drearisome [dr'iərisəm] adj. lúgubre, monótono, triste.

dreary [dr'iəri] adj. triste, lúgubre, sombrio, medonho, melancólico, monótono, fatigante. ‖ **-ily** adv. lugubremente, sombriamente, tristemente.

dredge (I) [dredʒ] s. 1. rede para pescar ostras f. 2. rede varredoura f. 3. draga f., croque para tirar qualquer coisa do fundo da água m. (quadro D 5). 4. caçamba de draga f., alcatruz m. ‖ v. 1. dragar, limpar ou desobstruir com a draga, rocegar. 2. pescar com rede varredoura, pescar ostras. 3. (~ up, ~ for) pescar com rede varredoura.

dredge (II) [dredʒ] v. polvilhar, empolvilhar, enfarinhar, polvilhar de farinha.

dredger (I) [dr'edʒə] s. 1. o que pesca com rede varredoura, pescador de ostras m. 2. draga f., máquina de dragar f. 3. chata para carregar lastro f.

dredger (II) [dr'edʒə] s. vasilha com tampa perfurada para polvilhar f. (o mesmo que **dredging-box**).

dredging [dr'edʒiŋ] s. dragagem f.

dredging-box s. frasco com tampa perfurada para polvilhar m.

dredging-machine s. draga f., máquina para dragar.

dreg [dreg] s. (usual. no pl.) 1. sedimento m., resíduos m. pl., refugos, detritos m. pl., rebotalhos

m. pl., borras f. pl. 2. (fig.) a ralé, a escória f., o populacho m.

not a ~ nem um pingo.

dreggish [dr'egiʃ] adj. 1. turvo 2. borrento.

dreggy [dr'egi] adj. borrento, detrítico.

D region s. região D f., zona atmosférica mais baixa na ionosfera, onde há formação da camada D.

drench [drentʃ] s. 1. remédio líquido, purgante para cavalos ou gado m. 2. molhadela f., banho m., enxurrada f., ensopamento m. 3. solução para curtir couros f. ‖ v. 1. ensopar, encharcar, embeber, ficar completamente molhado. 2. fazer beber, administrar um remédio líquido, purgar (animais).

drenched [~t] adj. ensopado, completamente molhado.
~ in tears debulhado em lágrimas.

drencher [dr'enʃə] s. 1. que ou o que ensopa ou molha completamente. 2. o que cura animais purgando-os. 3. (coloq.) chuvarada f., forte aguaceiro m.

dress [dres] s. 1. vestido, vestuário m., roupa f., fato, traje m. (quadros C 12, 13). 2. gala f., traje para solenidades. 3. adorno m., enfeites m. pl., atavio, toucado m. 4. garbo m., habilidade para ornar. 5. hábito m., vestimenta f. ‖ v. 1. vestir-se, pôr o vestido. 2. adornar, ataviar, enfeitar, ornar(-se), compor com alinho ou asseio. 3. arranjar, ajustar, pôr em ordem. 4. alinhar, formar-se em linha reta. 5. (Náut.) pavesar. 6. pensar, limpar uma ferida, fazer curativo. 7. cozinhar, guisar, preparar a comida, temperar alimentos. 8. toucar, pentear, escovar o cabelo. 9. cultivar, adubar a terra. 10. desempenar. 11. curtir, surrar peles. 12. podar (a vide). 13. cortar, desramar, tosquiar. 14. aparelhar, desbastar e polir (pedra e madeira). 15. tratar ou preparar os minérios. 16. sedar (o linho).

evening ~ casaca, gala, vestido de rigor. **full ~** traje de cerimônia, grande uniforme. **morning ~** vestido caseiro. **to ~ down** repreender, admoestar, castigar, sovar, dar uma surra. **to ~ to death** vestir demasiado, vestir-se com excesso. **to ~ up, out** 1. vestir(-se) a rigor, adornar, enfeitar. 2. disfarçar, vestir-se com traje de mascarado, dar falsa aparência a.

dressage [drəs'a:ʒ] s. adestramento m. (de cavalo).

dress-circle s. (Teat.) balcão m. (quadro T 3).

dress-clothes s. pl. roupa de gala f.

dress-coat s. casaca f. (quadro C 12).

dress-collar s. colarinho de camisa de peito duro m.

dresser [dr'esə] s. 1. o que veste, adorna, enfeita, prepara, arranja m. 2. preparador, arranjador, decorador (de vitrinás) m. 3. guarda-roupa m., camareira f. 4. assistente de cirurgia, pensador m., aquele que pensa ou faz curativos. 5. curtidor de peles m. 6. podador m. 7. (E. U. A.) toucador m., cômoda f. 8. aparador, bufete m., mesa em que se prepara a comida para mandá-la para a mesa, armário de cozinha m.

hair-~ cabeleireiro.

dress-form s. manequim m.

dress-improver s. anquinhas f. pl.

dressiness [dr'esinis] s. janotice, garridice f.

dressing [dr'esiŋ] s. 1. ação de vestir, ornar, enfeitar, preparar, decorar, arrumar-se, pensar ferimentos, curtir peles, temperar alimentos etc. 2. vestidura, roupa f., enfeite, atavio m. 3. tempero, condimento, preparo, recheio m. 4. estrume, adubo m. 5. curativo, penso, emplastro m., compressa f. 6. goma de polvilho f., amido m. 7. surra, correção, sova, ralhação f. 8. (s. pl.) molduras ou ornatos nas paredes ou no teto.

hair-~ penteado, toucado, corte de cabelo.

dressing-bag s. maleta com estojo de toucador f.

dressing-bell s. campainha que dá sinal para o jantar.

dressing-down s. surra, correção, repreensão f.
she gave him a ~ ela fez-lhe uma repreensão.

dressing-glass s. espelho de toucador m.

dressing-gown s. roupão, penteador, chambre m.

dressing-machine s. máquina de desbastar f.

dressing-room s. 1. (Teat.) camarim m. 2. toucador m., quarto para vestir-se.

dressing-station s. (milit.) posto de socorro m. perto da zona de combate.

dressing-table s. toucador m., (Bras.) penteadeira f.

dressing-tool s. (Téc.) retificador m.

dress-jacket s. paletó **de meia-cerimônia m.**

dressmaker [dr'esmeikə] s. costureira f.

dressmaking [dr'esmeikiŋ] s. costura f.

dress-parade s. (Milit. e Nav.) parada de gala.

dress-preserver s. sovaco m., peça de estofo de borracha que as senhoras colocam nas axilas.

dress-rehearsal s. (Teat.) ensaio geral com vestimenta m.

dress-shield s. sudário axilar m.

dress-shirt s. camisa de peito duro f.

dress-suit s. casaca f. (quadro C 12).

dress uniform s. (milit.) uniforme de gala m.

dress-up occasion s. sarau m., reunião festiva f.

dressy [dr'esi] adj. janota, garrido, vistoso.

drew [dru:] v. imp. de **to draw.**

drib [drib] = **driblet.**

dribble [dribl] s. 1. baba, saliva f. 2. pingo m., gota f., fio de água m., caída de água em gota. 3. chuvisco m., garoa f. 4. (gír. futebol) drible m. ‖ v. 1. gotejar, pingar, cair pouco a água. 2. deitar baba. 3. chuviscar, garoar. 4. (gír. futeb.) driblar.

dribbler [dr'iblə] s. 1. baboso, tolo m., idiota m. + f. 2. (gír. futebol) driblador m.

driblet, dribblet [dr'iblit] s. partezinha, parcela porção ínfima, pequena parte de dinheiro f.
by driblets em pequenas porções.

dribs and drabs pl. s. pequenas quantias f. pl., pagas irregularmente.

dried [draid] v. imp. e p. p. de **to dry.**

dried-up adj. 1. ressecado. 2. encolhido com a idade.

drier ou **dryer** [dr'aiə] s. enxugador m., que ou o que seca, desseca, sicativo, aparelho dessecador m.

drift [drift] s. 1. qualquer coisa flutuante ou que anda sobre as águas à discrição dos mares, ventos ou correntes. 2. vento m., correnteza f., curso m., direção f. 3. monte, acervo, montão (de neve, areia, folhas, etc.) formado pelo vento ou pela correnteza m. 4. nevasca, borrasca f. 5. tendência f., fim, alvo m., intenção, inclinação f. 6. impulso m., força, compulsão f. 7. desígnio, intento m. 8. (Náut.) deriva, desvio da derrota. 9. (Geol.) formação errática f., depósito de aluvião deixado pela água ou pela geleira. 10. (Min.) galeria de minas f. 11. (Téc.) mandril m., broca f., punção m. 12. agulha de espingarda m. 13. condução de gado em manadas para um lugar determinado para inspeção. 14. rede de arrasto f. 15. (Arquit.) força horizontal ou pressão lateral de um arco etc. 16. (África do Sul) vau m., lugar pouco profundo do rio onde se pode transitar a pé ou a cavalo. ‖ v. 1. amontoar(-se), acumular, juntar soprando. 2. andar, flutuar à discrição dos mares, ventos ou correntes, ser levado pela correnteza. 3. (Náut.) desgarrar, ir à deriva. 4. (fig.) flutuar, boiar, vegetar, viver despreocupadamente, vaguear, ser levado pelas circunstâncias.

I could not catch his ~ não consegui entender as suas intenções.
driftage [dr'iftidʒ] s. 1. (Náut.) deriva, a distância derivada f., a declinação da derrota. 2. tudo o que é levado pelo vento, mar ou correnteza.
drift-anchor s. âncora flutuante f.
drift-angle s. ângulo de derivação m.
drift-correction s. correção da deriva f.
drifter [dr'iftə] s. 1. (Náut.) barco de pesca que usa rede de arrasto. 2. caça-minas m. 3. molenga m.
drift-ice [dr'iftais] s. gelo flutuante, banco de gelo m.
driftless [dr'iftlis] adj. sem alvo, objetivo, fim, desígnio ou sentido.
drift-net s. grande rede de pescar.
drift of sand s. montão de areia formado pelo vento.
drift of snow, snow-drift s. montão de neve formado pelo vento.
drift-punch s. (Téc.) punção m.
drift-sand s. areia movediça f.
drift test s. (Téc.) ensaio de punção.
drift triangle s. (Téc.) triângulo de velocidade m.
drift-way s. 1. galeria de mina f. 2. caminho de gado m. 3. o rumo de um navio que se desgarrou.
drift-wind s. borrasca f.
drift-wood s. madeira flutuante f.
drifty [dr'ifti] adj. que forma monte de neve.
drill [dril] s. 1. broca, pua f., berbequim, trado m., verruma, perfuratriz, máquina que serve para perfurar, perfuração f. (quadros B 19, L 5) 2. sulco, rego para a sementeira m., sementeira f., terreno semeado. 3. semeadeira f., semeador m., máquina para semear cereais. 4. fileira de plantas num sulco. 5. exercício de recrutas m., manobra, ginástica f., treino ou disciplina severa em qualquer ramo de conhecimento, indústria ou ciência. 6. brim m. 7. (Zool.) caramujo, molusco marítimo que mata as ostras perfurando as suas conchas m. 8. (Zool.) bugio m., espécie de macaco da África Ocidental semelhante ao mandril. ‖ v. 1. furar, perfurar, brocar. 2. exercitar os soldados, fazê-los executar o exercício, manobrar, treinar, adestrar, instruir nos rudimentos de uma ciência. 3. semear ou plantar por sulcos ou em fileiras.
breast—~ berbequim. **hand—~** berbequim a engrenagem, broca, pua manual. **pneumatic ~** máquina pneumática de furar. **Swedish—~** ginástica sem aparelhos.
drill-barrow s. máquina manual para semear cereais ou grãos por sulcos ou em fileiras.
drill-bit s. pua, broca, ponta de furador f.
drill-bow s. (Téc.) arco de torneiro m.
drill-chuck s. mandril para broca m.
drill-hall s. sala para ginástica ou funções sociais.
drill-hammer s. broca a ar comprimido f.
drill-hole s. furo brocado, furo de sondagem m.
drill-husbandry s. a prática de semear por sulcos com semeadeira.
drilling [dr'iliŋ] s. 1. exercício militar m., ginástica f., treino m. 2. perfuração f.
drilling-camp s. campo de exercício m.
drilling-machine s. máquina de furar, perfuratriz f.
drilling-oil s. óleo para furar.
drill-jig s. calibre de perfuração m.
drill-master s. instrutor de exercício militar, ginástica ou de qualquer ciência.
drill-plough s. arado para semear por sulcos m.
drill-press s. máquina de furar de mesa, máquina de furar fixa f.
drill-sergeant s. 1. sargento instrutor m. 2. (fig.) rotineiro mesquinho, de cérebro estreito m.
drill-speeder s. dispositivo de furar rápido m.

drillstock [dr'ilstɔk] s. (Mec.) soquete m. de broca.
drill-test s. ensaio de perfuração m.
drink [driŋk] s. 1. bebida, bebida alcoólica f. 2. gole, trago m., poção f. 3. bebedeira, intemperança f. 4. (gír.) o mar. ‖ v. (drank, drunk ou drunken). 1. beber, matar a sede, absorver, sorver, embeber, saciar-se. 2. embebedar-se, embriagar-se. 3. beber em excesso, estar quase sempre bêbedo. 4. absorver pelos sentidos, aspirar, ver, ouvir. 5. (seg. de **to**) brindar a, beber à saúde de ou pelo bom êxito de. 6. tragar, engolir de um trago. 7. desperdiçar, esbanjar.
an intoxicating ~ bebida embriagante. **a mild** ~ bebida suave. **a stiff** ~ bebida forte. **have a** ~ tome alguma coisa. **he has taken to** ~ ele é dado à bebedeira. **let's have a** ~ matemos o bicho. **strong drinks** bebidas fortes. **to be in** ~ estar bêbedo. ‖ **to** ~ **a toast** fazer um brinde à mesa, erguer brindes. **to** ~ **hard, deep** beber muito ou em excesso. **to** ~ **down** embebedar alguém. **to** ~ **from, out of** (a glass, etc.) beber num copo, etc. **to** ~ **down sorrow** esquecer os cuidados bebendo. **to** ~ **in** absorver pelos sentidos. **to** ~ **off, up** beber tudo, engolir de um só trago, esvaziar. **to** ~ **round** beber em roda. **to** ~ **the health** ou **to** ~ **to** brindar a, beber à saúde de. **I am drinking the waters** estou tomando águas.
drinkable [dr'iŋkəbl] s. 1. bebida aceitável f. 2. (s. pl.) bebidas que acompanham as refeições. ‖ adj. potável, bebível, que se pode beber, que é bom para beber.
drinker [dr'iŋkə] s. 1. bebedor, o que bebe m. 2. beberrão m.
drinking [dr'iŋkiŋ] s. 1. a ação de beber. 2. bebedice, bebedeira f.
given to ~ dado à bebedeira.
drinking-bout s. beberronia, bacanal f.
drinking-companion s. o que bebe com outro, beberrão m.
drinking-cup, -glass s. taça, copo para beber.
drinking-fountain s. bebedouro m. (quadro S 13).
drinking-habit s. bebedice f., vício da bebida m.
drinking-horn s. vaso de beber feito da ponta do chifre do boi m. (quadro H 8).
drinking-house s. taberna, cervejaria f., botequim m.
drinking-party s. beberronia, bacanal f., ajuntamento de beberrões.
drinking-song s. canção báquica f.
drinking-straw s. palha f., canudinho de palha próprio para sorver refrescos.
drinking-water s. água potável f.
drinkless [dr'iŋklis] adj. sem bebida.
drink-money s. dinheiro para beber m., gorjeta, molhadura f., mata-bicho m.
drink-offering s. libação f.
drip [drip] s. 1. gotejamento m., ato de gotejar. 2. aquilo que goteja ou cai gota a gota. 3. (Arquit.) goteira, telha de beiral, biqueira, calha f. ‖ v. gotejar, pingar, cair gota a gota, estar ensopado.
drip-cock s. 1. torneira reguladora de lubrificação f. 2. torneira de purgação f.
drip-cup s. apanha-gotas m.
drip-drop s. gotejamento contínuo m. ‖ v. gotejar continuamente.
drip-dry adj. (tecido) impróprio para passar a ferro.
drip-feed lubrication s. lubrificação por conta-gotas f.
drip-feed lubricator s. lubrificador por conta-gotas m.
drip-moulding, -stone s. 1. (Arquit.) goteira, verga, padieira f. 2. filtro m., pedra porosa.
drip-pan s. aparador de óleo.
dripping [dr'ipiŋ] s. 1. gotejamento. 2. (também no pl.) pingue m., gordura que cai da carne ao assar, banha f. ‖ adj. ensopado, encharcado, completamente molhado.

dripping-pan s. pingadeira f., vaso em que se aparam os pingos da carne ao assar.
drip-plug s. bujão regulador de lubrificação m.
drippy [dr'ipi] adj. pingoso.
drive [draiv] s. 1. passeio de carro, auto, etc. 2. percurso m., distância a percorrer de carro, auto, etc. 3. estrada para carros. 4. entrada para carros em moradias. 5. ato de conduzir, dirigir, guiar. 6. condução de gado em manadas. 7. caçada, batida f. 8. pressão f., esforço m., atividade, energia f., impulso m. 9. (gír.) golpe m. ou pancada violenta f. 10. (milit.) ataque, assalto, avanço m. 11. força motriz `f., movimento m., rodagem f., mecanismo de engrenagem, acionamento m. 12. competições de jogos de cartas. ‖ v. (drove, driven) 1. impelir, empuxar, empurrar alguma coisa com força, empurrar para diante, impulsar, fazer caminhar para diante, forçar. 2. conduzir, guiar, dirigir (cavalos, carro, navio, etc.) levar. 3. ir de carro, auto, etc., passear de carro, etc., prosseguir. 4. constranger, compelir, forçar, coagir. 5. perseguir. 6. caçar. 7. afligir, desolar, levar ao desespero, fazer trabalhar demasiado. 8. lançar, propulsar, acionar, pôr em movimento. 9. perfurar, arrastar por atrito, encunhar, cravar um prego. 10. fincar, embeber, escavar (um túnel). 11. deter, adiar. 12. (Náut.) desgarrar. 13. instar, seduzir, apertar com razões, incitar, labutar. 14. visar, aspirar, ter em mira, tender a, propender. 15. tocar, acertar no alvo, desferir um golpe. 16. apressar-se, precipitar-se. 17. exercer. 18. correr ao capricho da torrente, do vento, desviar-se do rumo.
to ~ against correr, lançar-se, bater contra.
to ~ a coach and six through the statute deitar abaixo o estatuto. **to ~ a good (bad) bargain** fazer um bom (mau) negócio. **to ~ a hard bargain** fazer negócio com dificuldade. **to ~ all before one** levar tudo de eito. **to ~ a quill** ser escritor, escrevinhador. **to ~ ashore** arrojar à costa. **to ~ asunder** apartar, separar à força. **to ~ at** 1. tender a, aludir, insinuar. 2. trabalhar em. **to ~ at full speed** guiar a toda velocidade. **to ~ a thing into a person** inculcar alguma coisa em alguém. **to ~ away** expelir, expulsar, fazer sair, afugentar, afastar-se, partir em carro. **to ~ back** rechaçar, repulsar, reconduzir em carro, etc., voltar de carro, etc. **to ~ by friction** arrastar por atrito. **to ~ four in hand** conduzir a quatro cavalos. **to ~ from** apartar, desviar de, expelir. **to ~ home** realizar, executar. **to ~ home an argument** apresentar a prova **to ~ in, into** embeber, inserir à força, fincar, fazer entrar a marteladas. **to ~ in a carriage** ir de carro. **to ~ in a key** encunhar. **to ~ in a nail** cravar um prego. **to ~ it home to s. o.** repreender, censurar alguém. **to ~ off** 1. partir, ir-se embora em carro, etc. 2. expelir, rechaçar. **to ~ on** empurrar para diante, prosseguir, tocar os cavalos, andar para diante. **to ~ one mad** enlouquecer alguém, exasperar. **to ~ out** 1. expelir, expulsar, fazer sair. 2. sair ou passear em carro, etc. 3. (Tipogr.) deixar espaço demasiado entre as palavras. **to ~ out a key** desenchavetar. **to ~ over** passar por cima de. **to ~ pigs to market** roncar, ressonar. **to ~ s. o. hard** acossar alguém. **to ~ s. o. mad** irritar, exasperar alguém. **to ~ s. o. out of his senses** deixar alguém maluco. **to ~ to leeward** desgarrar, desviar de rumo. **to ~ up the prices** fazer subir os preços, elevar os preços. **to ~ up to** passar de carro em frente a algum lugar. **to ~ upon the coast** derivar para a costa.
drive by belts s. acionamento por correia m.
drive by ropes s. transmissão por cabo f.
drive chain s. corrente motriz f.

drive clutch s. embreagem motriz, embreagem acionadora f.
drive-gear s. engrenagem motriz, engrenagem acionadora f.
drive-in s. (E. U. A.) lugar onde se pode fazer compras, transações bancárias, comer, beber ou assistir a filmes sentado em um automóvel.
drivel [dr'ivl] s. 1. baba, saliva f. 2. disparate m., tagarelice f., palratório m., conversa fiada f. ‖ v. 1. babar(-se), deitar baba. 2. disparatar, dizer tolices, tagarelar, palrar. 3. desperdiçar.
driveller ou **driveler** [dr'ivlə] s. baboso, tolo m., idiota m. + f. simplório, basbaque m.
drive mechanism s. mecanismo acionador m.
driven [dr'ivn] p. p. de **drive**.
drive-punch s. toca-pinos m.
driver [dr'aivə] s. 1. quem ou aquele que leva, conduz, chofer m., motorista, condutor, motorneiro, cocheiro, carroceiro, maquinista de locomotiva m. 2. roda motriz f. 3. arrasto m. 4. taco (de tear ou lançadeira) m. 5. um dos tacos com que se joga golfe. 6. macaco, maço, bate-estacas m. 7. (Náut.) draiva, mezena f. 8. (fig.) esfolador, verdugo m. 9. talhadeira f. (quadro M 1).
ass-~ burriqueiro. **cattle-~** vaqueiro m. **screw-~** chave de fenda.
driver-ant s. espécie de formiga da África Ocidental.
driverless [~lis] adj. sem condutor, sem chofer, etc.
drive-rod s. haste, biela que aciona f., tirante acionador m.
driver's seat s. posição f. de mando.
drive-screw s. parafuso m. para martelar e apertar.
drive-shaft s. eixo acionador, eixo motor m.
drive-way s. 1. estrada para carros f. 2. entrada para carros em moradias f.
driving [dr'aiviŋ] s. 1. a ação de propulsionar. 2. condução f., transporte m. 3. tendência f., alvo, fim m. ‖ adj. motriz.
driving-anchor s. (Náut.) âncora flutuante f.
driving-axle s. eixo motor m.
driving-band, -belt s. correia de tansmissão f.
driving-box s. boléia f., assento do cocheiro, condutor ou chofer.
driving-chain `s. corrente motriz f.
driving-chisel s. talhadeira f.
driving-clutch `s. embreagem acionadora f.
driving-crank s. manivela propulsora f.
driving-force s. força motriz f.
driving-gear s. mecanismo motor, mecanismo de comando, mecanismo de engrenagem m.
driving-licence s. carteira de habilitação de motorista.
driving-mirror s. espelho lateral de automóveis.
driving-pin s. pino motor m.
driving-point s. ponto de acionamento m.
driving-power s. força motriz f.
driving-pressure s. pressão de recalque f.
driving-pulley s. polia motriz f.
driving-ratchet s. catraca propulsora f.
driving-shaft s. eixo de acionamento m.
driving-sleeve s. luva do eixo motor f.
driving-test s. exame de motorista m.
driving-wheel s. 1. roda motriz f. 2. volante m., roda de direção f.
drizzle [drizl] s. garoa f., chuvisco m., chuva fina, borriço m. ‖ v. garoar, chuviscar, borriçar.
drizzling [dr'izliŋ] adj. garoento, borraceiro.
drizzly [dr'izli] adj. chuvoso, garoento.
drogher [dr'ougə] s. pequeno navio cargueiro da Índia Ocidental m.
droit [drɔit] s. direito, imposto, tributo m.
droll [droul] s. chocarreiro, homem divertido, gracejador, brincalhão, bufão, palhaço m. ‖ v. chocarrear,

gracejar, chacotear, bancar o palhaço. ‖ adj. divertido, cômico, jocoso, engraçado, estranho, faceto, risível, peculiar.
drollery [dr'ouləri] s. chocarrice f., gracejo m., facécia, truanice, gaiatice f.
drollish [dr'ouliʃ] adj. um tanto cômico, jocoso, divertido, engraçado, etc.
drolly [dr'ouli] adv. jocosamente, zombeteiramente, caprichosamente, peculiarmente.
drome [droum] s. abr. de **aerodrome**.
dromedary [dr'ʌmədəri] s. (Zool.) dromedário m.
drone [droun] s. 1. (Ent.) zangão, abelhão m. (quadro B 8). 2. (fig.) zangão m., parasita m. + f., ocioso, vadio m. 3. zumbido, zunido, sussurro, ronco m. 4. som grave. 5. som grave produzido pelos tubos contrabaixos na gaita de foles. ‖ v. vadiar, mandriar, passar vida ociosa. 2. falar ou ler de modo monótono ou sonolento. 3. zumbir, zunir, sussurrar, roncar.
to ~ away the time matar o tempo.
droning [dr'ouniŋ] s. zumbido, sussurro, ronco m. ‖ adj. sussurrante, monótono, sonolento. ‖ **~ly** adv. sussurrantemente, monotonamente, sonolentamente.
dronish [dr'ouniʃ] adj. preguiçoso, ocioso, vadio.
drool [dru:l] v. (E. U. A.) = **to drivel**.
droop [dru:p] s. 1. inclinação f. 2. abatimento, desfalecimento m. ‖ v. 1. (over) inclinár(-se), curvar(-se), baixar, abaixar(-se), estar inclinado, pendente ou abaixado. 2. (with) desfalecer, definhar, enlanguescer, desalentar, enfraquecer, tornar-se descoroçoado, desanimado, estar desfalecido, triste, sombrio, oprimido de tristeza ou desgosto, estar cabisbaixo, murchar-se.
drooping [dr'u:piŋ] s. tristeza, languidez f., desfalecimento m. ‖ adj. 1. inclinado, pendente, curvado, abaixado. 2. lânguido, descoroçoado, desfalecido. ‖ **~ly** adv. languidamente, descoroçoadamente, com fraqueza, com frouxidão.
drooping-willow s. (Bot.) chorão m.
drop [drɔp] s. 1. gota f., pingo m. 2. qualquer coisa que tem forma de gota. 3. pendente, brinco, penduricalho, pingente, berloque m. 4. pano de teatro m. 5. (from) queda f., declive m., descida f. 6. colapso m. 7. alçapão m. 8. plataforma de patíbulo ou cadafalso f. 9. (Náut.) comprimento da vela m. 10. (Náut.) cabrestante para arriar objetos pesados. 11. (fam.) mata-bicho m., dose f., copo de bebida alcoólica m. 12. (fig.) parcela, partezinha, porção ínfima f. 13. (s. pl.) gotas medicinais f. 14. (s. pl.) várias espécies de balas confeitadas ou pastilhas. ‖ v. (imp. e p. p. **dropped** ou **dropt**) 1. pingar, gotejar, cair ou deixar cair gota a gota, destilar. 2. deixar cair alguma coisa, cair, pôr, colocar, deixar cair repentinamente. 3. desprender-se, soltar. 4. derribar, arriar. 5. descer, fazer descer ou apear dum carro, navio, etc. 6. renunciar a, desistir de, deixar, descontinuar, pôr fim a, largar, suspender, cessar, acalmar (o vento). 7. deixar escapar uma palavra, insinuar de passagem. 8. cair, chegar inesperadamente, entrar ou visitar casualmente. 9. escrever umas linhas. 10. (coloq.) perder. 11. perder terreno, recuar. 12. desmaiar, desfalecer, estatelar-se, prostrar-se, abater-se, cair morto, morrer de repente, (coloq.) matar. 13. ajoelhar-se, abaixar. 14. desaparecer. 15. adormecer. 16. salpicar, borrifar, aspergir, orvalhar. 17. (Náut.) lançar a âncora, navegar rio abaixo. 18. escaldar ovos. 19. dar cria.
a ~ in prices uma queda dos preços. **a ~ of ten feet** uma queda da altura de 10 pés. **but a ~ in a bucket** somente uma gota de água no oceano. **by ~s** gota a gota. **to have had a ~ too much** estar embriagado. **to ~ across** 1. encontrar por acaso. 2.

reprovar. **to ~ a curtsy** fazer uma mesura. **to ~ a hint** insinuar casualmente. **to ~ a line** escrever umas linhas. **to ~ an acquaintance** descontinuar o comércio com alguém. **to ~ asleep** adormecer. **to ~ astern** (Náut.) ir para trás, ficar para trás a fim de dar passagem a outro navio. **to ~ away** 1. afastar-se. 2. desistir. **to ~ a word** deixar escapar uma palavra. **to ~ behind** ficar atrás. **to ~ bombs** lançar bombas. **to ~ down** (Náut.) navegar rio abaixo. **to ~ everything** abandonar tudo. **to ~ in** cair, chegar inesperadamente, aparecer. **to ~ into gear** engrenar. **to ~ off** 1. escapulir-se, afastar-se, ir-se embora, despercebido. 2. adormecer docemente. **to ~ one's flag** arriar a bandeira. **to ~ one's h's** não pronunciar os hh, ser iletrado. **to ~ out** 1. adormecer docemente. 2. destacar-se, cair fora. **to ~ short** não conseguir o seu intento. **to ~ the curtain** descer o pano de teatro. **to ~ with sweat** escorrer em suor.
drop-bottle s. garrafa conta-gotas f.
drop-catcher s. apanha-gotas m.
drop cloth s. papel ou plástico m. para proteção contra pingos de tinta fresca.
drop-curtain s. pano de teatro, telão m.
drop-feed lubrication s. lubrificação por conta-gotas f.
drop-forge v. forjar com martinete de queda.
drop-forge die s. matriz de forjar f.
drop-forging s. 1. forjamento em estampa m. 2. peça prensada a quente, entre moldes f.
drop-hammer s. martinete de queda m.
drop-hanger bearing s. mancal de suspensão m.
drop-hanger frame s. cavalete de suspensão m.
drop in voltage s. queda de tensão f.
dropleaf table s. mesinha de dobrar f. (quadro F 8)
droplet [dr'ɔplit] s. gotinha, (fig.) lágrima f.
drop-letter s. carta a ser entregue pela mesma repartição postal em que foi transmitida f.
drop-off s. declive acentuado m. 2. decadência f.
drop of potential s. queda de potencial f.
dropout [dr'ɔpaut] s. estudante m.+f. que abandona os estudos.
dropper [dr'ɔpə] s. 1. conta-gotas m. 2. mosca artificial para pescar, isca f.
dropping [dr'ɔpiŋ] s. 1. escoamento m. 2. gotejamento m. ‖ adj. gotejante. ‖ **~ly** adv. gota a gota.
constant ~ wears away the stone água mole em pedra dura tanto dá até que fura. **the prices are ~** os preços estão baixando.
dropping-angle s. ângulo de lançamento m.
dropping-bottle s. garrafa conta-gotas f.
dropping-fire s. (milit.) descarga contínua e irregular f.
dropping-press s. martinete de queda m.
droppings s. pl. 1. o que cai ou caiu em gotas. 2 esterco de animais ou aves m.
dropping-scene s. pano de teatro, pano de boca m.
drop shipment s. (Com.) entrega direta f. do fornecedor ao comprador, faturada pelo intermediário.
dropsical [dr'ɔpsikəl] adj. hidrópico. ‖ **~ly** adv. em forma de hidropisia.
dropsied [dr'ɔpsid] adj. hidrópico.
drop-stone s. estalactite f.
dropsy [dr'ɔpsi] s. hidropisia f.
dropt [drɔpt] v. imp. e p. p. de **to drop**.
drop table s. mesa embutida f. (na parede).
drop-test s. (Téc.) ensaio de flexão ao choque m.
drop-wire s. (Téc.) fio de entrada m.
dropwort [dr'ɔpwə:t] s. (Bot.) 1. filipêndula f.
Drosera [dr'ɔsərə] s. (Bot.) drósera f.
droshky [dr'ɔʃki], **droski, drosky** [dr'ɔski] s. 1. carruagem leve, aberta, de quatro rodas, usada na

Rússia. 2. coche deste tipo m.

drosometer [drɔs'ɔmitə] s. drosômetro m.

dross [drɔs] s. 1. escória f., sedimento, cascão m., refugo ou impureza do metal fundido. 2. matéria inútil f. 3. (fig.) refugo, rebotalho m., coisa inútil f., entulho, traste, lixo m., ralé f.

drossiness [dr'ɔsinis] s. impureza f.

drossy [dr'ɔsi] adj. cheio de escória ou escumalho, ferrugento, impuro, ruim, que não presta.

drought, drouth [draut, drauθ] s. 1. seca, secura, aridez, falta de chuva f. 2. sede f.

droughty [dr'auti] adj. 1. seco, árido. 2. sedento, sequioso.

drove (I) [drouv] s. 1. rebanho m., manada, récua, boiada f. 2. caminho de gado m. 3. multidão em movimento, turba f. 4. talhadeira de pedreiro f. ‖ v. 1. conduzir em manadas. 2. desbastar pedra.

drove (II) [drouv] v. imp. de **drive**.

drover [dr'ouvə] s. boiadeiro, vaqueiro, condutor de gado m. esp. que o leva para a feira.

drown [draun] v. (imp. e p. p. **drowned**) 1. afogar em água ou outro líquido, perecer afogado, matar por afogamento, sufocar. 2. inundar, alagar, transbordar, submergir. 3. abafar ou amortecer a voz, o som. 4. suprimir, esmagar, debelar extinguir, pôr fim a.

to ~ out afugentar pela inundação. to be ~ed afogar-se. ~ed in debts carregado de dívidas. ~ed in pleasures engolfado em prazeres. ~ed in tears banhado em lágrimas.

drowner [dr'aunə] s. afogador m.

drowning [dr'auniŋ] s. afogamento m.

drowse [drauz] s. sonolência, soneca, modorra f., cochilo m. ‖ v. 1. cochilar, dormitar, tirar uma soneca, adormentar, produzir sonolência ou estar sonolento. 2. entorpecer. 3. cabecear com sono, ter um peso na cabeça. 4. vadiar, passar vida ociosa, desperdiçar o tempo, esbanjar.

to ~ away the time passar o tempo sonhando.

drowsiness [dr'auzinis] s. sonolência, modorra f., sopor m., preguiça, inércia f.

drowsy [dr'auzi] adj. 1. sonolento, modorrento, adormentado. 2. soporativo. 3. estúpido, modorrento, inerte. ‖ —ily adv. sonolentamente, com sonolência, com preguiça.

drowsy-head s. dorminhoco m., molenga m. + f., molengão m.

drowsy-headed adj. preguiçoso, inerte, modorrento, molengo.

drub [drʌb] s. pancada, surra, sova, cacetada, lambada, bordoada f. ‖ v. 1. espancar, surrar, sovar, esbordoar, lambar. 2. ensinar repisando. 3. vencer de longe, por grande margem. 4. bater o pé.

drubber [dr'ʌbə] s. espancador m.

drubbing [dr'ʌbiŋ] s. 1. sova, surra, tunda f., espancamento m. 2. derrota completa f. em competição ou jogo.

drudge [drʌdʒ] s. escravo do trabalho, burro de carga, servo, criado, doméstico, mouro m., gata borralheira f. ‖ v. labutar, escravizar-se, mourejar, lidar, trabalhar arduamente, atormentar-se, ocupar-se em ofícios inferiores e mal pagos.

drudger = **drudge**.

drudgery [dr'ʌdʒəri] s. maçada f., trabalho penoso, enfadonho m., lida f.

drudgingly [dr'ʌdʒiŋli] adv. penosamente.

drug [drʌg] s. 1. droga f., qualquer substância ou ingrediente que entra na composição de algum medicamento, medicamento m. 2. tóxico m., poção f. 3. entorpecente, narcótico m. 4. substância medicinal que vicia f. 5. droga f., mercadoria invendável, que não tem saída f. ‖ v. 1. ministrar drogas, especialmente drogas narcóticas ou entorpecentes, misturar drogas. 2. entorpecer, narcotizar, tornar insensível mediante narcóticos. 3. ingerir drogas. 4. amortecer, embotar, insensibilizar, embebedar-se, envenenar.

~ on (in) the market encalhe (Bras.), artigo demasiadamente comum para ter boa saída m.

drug-addict, ~-fiend s. viciado em entorpecentes, cocainômano, morfinômano m.

drugget [dr'ʌgit] s. droguete, estofo ordinário de lã usado para capa de móveis e tapetes m.

druggist [dr'ʌgist] s. droguista m. + f., farmacêutico m.

drug habit s. mania de entorpecentes m.

drugstore [dr'ʌgstɔ:] s. drogaria, farmácia f. (E. U. A.), drogaria que ao mesmo tempo vende também cosméticos, bebidas suaves e revistas.

drug traffic s. tráfico ilícito de entorpecentes m.

druid [dr'u:id] s. (Hist.) druida m.

druidess [~is] s. (Hist.) druidesa, sacerdotisa druida f.

druidic, ~al [dru:'idik, ~əl] adj. (Hist.) druídico.

druidism [dr'u:idizm] s. (Hist.) druidismo m.

drum [drʌm] s. 1. tambor m.: instrumento musical de percussão 2. (Anat.) tímpano do ouvido m., membrana do tímpano f., tambor m. 3. nome de vários objetos de forma cilíndrica, recipiente para óleo, gasolina, frutas, etc., 4. cilindro giratório m. polia f. 5. cilindro das fechaduras m. 6. (Arquit.) tambor m. 7. toque de tambor m., tamborilada f., rufo m. 8. som parecido ao do tambor m. 9. (Geol.) o mesmo que **drumlin**. ‖ v. 1. rufar, tocar tambor. 2. tamborilar, tocar com os dedos ou outro objeto imitando o rufar do tambor. 3. produzir sons parecidos aos do tambor, como fazem certos insetos, retumbar. 4. (fig.) ~ up martelar, insistir, aborrecer com ditos, tamborilar, fazer reclame, angariar, andar à cata de fregueses, (milit.) reunir recrutas a toque de tambor. 5. ~ into inculcar, fazer entrar na cabeça. 6. ~ out expulsar.

with ~s beating ao som da música.

drum-beat s. rufo, toque de tambor m.

drum-beater s. 1. tambor m. 2. (coloq.) propagandista m. + f., agente publicitário m.

drumbeating [dr'ʌmbi:tiŋ] s. (coloq.). propaganda espalhafatosa f.

drum-fire s. fogo contínuo de artilharia m.

drumfish [dr'ʌmfiʃ] s. (Ict.) miragaia, piraúna f.

drum-head s. 1. pele de tambor f. 2. membrana do tímpano f. 3. parte superior do cobrestante f.

drum-head court-martial s. corte marcial f. no teatro de guerra.

drum-head service s. missa campal f.

drumlin [dr'ʌmlin] s. 1. colina ou aresta de monte estreito f. 2. (Geol.) colina formada por aluvião f.

drum major s. tambor-mor m.

drum majorette s. baliza f.

drummer [dr'ʌmə] s. tambor m.

drum-stick s. 1. baqueta de tambor f. 2. qualquer coisa semelhante à baqueta de tambor, como a perna de galinha cozida f.

drunk [drʌŋk] s. bêbedo, beberrão, ébrio m. ‖ v. p. p. de **drink**. ‖ adj. 1. bêbedo, embriagado. 2. ~ with ébrio, enlevado, extático, saciado.

dead ~, blind ~, completamente bêbedo. ~ with blood ébrio de sangue. ~ with joy entusiasmado.

to get ~ embriagar-se, emborrachar-se.

drunkard [dr'ʌŋkəd] s. bêbedo, beberrão, ébrio m.

drunken [dr'ʌŋkən] v. p. p. de **drink**. ‖ adj. bêbedo, dado a bebedice, caracterizado pela embriaguez, resultante da bebedice. ‖ —ly adv. embriagadamente.

drunkenness [~nis] s. embriaguez, ebriedade f.
drunkometer [drʌŋk'ɔmitə] s. bafômetro m.: aparelho analisador do hálito para determinar o teor de álcool no sangue.
drupaceous [dru:p'eiʃəs] adj. (Bot.) drupáceo.
drupe [dru:p] s. (Bot.) drupa f.
drupelet [dr'u:plit] s. (Bot.) drupéola f.
dry [drai] s. 1. (E. U. A.) proibicionista, partidário da Lei Seca, do regime seco m. 2. secura, seca f., estado ou qualidade do que é seco. ‖ v. 1. secar(-se), enxugar(-se), dessecar, esgotar, desaguar, ficar seco, deixar em seco. 2. murchar, tornar murcho. 3. secar-se, definhar-se, sumir-se, extenuar-se. ~ up 1. secar, dessecar, deixar de fluir, manar. 2. secar-se, murchar, esgotar-se. 3. (gíria) cessar de falar ou, com o que vinha fazendo. ‖ adj. (comp. **drier**, sup. **driest**) 1. seco, enxuto, sem chuva, árido, estéril, sem vegetação, mirrado, magro. 2. sedento, sequioso. 3. murcho, ressequido. 4. seco, insensível, de poucas palavras, severo, áspero, duro, rude, sarcástico, satírico, mordaz, reservado, calado, enfadonho. 5. sem lágrimas. 6. nu, puro (fatos). 7. sem leite, que não produz leite (falando de vaca seca). 8. sem manteiga, seco (pão, vinho). 9. sem vida, insípido. 10. astuto, ladino. 11. favorável ou sujeito à Lei Seca. 12. que causa sede. ‖ ~ly, **drily** adv. secamente, asperamente, friamente, causticamente.
America went ~ os Estados Unidos introduziram a Lei Seca.
dryad, Dryad (pl. **dryades**) [dr'aiəd] s. dríada f.
dry air s. ar seco m.
dry-as-dust s. historiador ou antiquário prosaico, trivial, sem sublimidade m. ‖ adj. seco, desinteressante, insípido.
dry battery s. (Eletr.) bateria de pilhas secas f.
dry-beat v. apalear, bater rijamente.
dry canteen s. cantina onde não se vendem bebidas alcoólicas f.
dry cell s. (Eletr.) pilha seca f.
dry-clean v. lavar a seco.
dry cleaner's s. lavanderia f. a seco.
dry-cleaning s. lavagem a seco f.
dry coal s. carvão seco de chama comprida m.
dry condenser s. condensador a seco m.
dry cough s. tosse seca f.
dry crust s. pedaço de pão seco m.
dry-cure v. curar, secar ou salgar a carne.
dry distillation s. destilação seca f.
dry dock s. doca de querena f. ‖ v. fazer entrar em doca de querena.
dry-eyed adj. de olhos secos, sem lágrimas.
dryer = drier.
dry farming s. cultivo de terras em zonas secas.
dry-fly s. mosca artificial flutuante para pescar f.
dry-foot adv. a pé enxuto, de pés secos.
dry-footed adj. que tem pés enxutos ou secos.
dry gangrene s. (Med.) gangrena seca f.
dry gin s. genebra seca f., gim seco m.
dry-goods s. tecidos, estofos, panos, lenços, aviamentos e às vezes gêneros secos m. pl.
dry-goods shop s. 1. armarinho m. 2. loja de gêneros secos f.
dry grindings s. retificação seca f.
drying [dr'aiiŋ] s. secagem f., dessecamento, esgotamento m., dessecação f. ‖ adj. secante, sicativo.
drying agent s. secante m.
drying loft, -place s. enxugadouro m.
drying oil s. óleo sicativo m.
drying rack s. cavalete secador m. (quadro P 2).
drying stove s. estufa f.
dryish [dr'aiiʃ] adj. um tanto seco.

dry kiln s. estufa f. para secar madeira.
dry land s. terra firme f.
dry law s. Lei Seca f.
dry lodging s. hospedagem sem comida f.
dry-measure s. medida de capacidade para secos f.
dry milk s. leite em pó m.
dryness [dr'ainis] s. 1. seca, secura, qualidade do que é seco, falta de chuva, aridez, esterilidade f. 2. indiferença, aspereza, insensibilidade f. 3. qualidade do que é enfadonho.
dry-nurse s. 1. ama-seca, aia, pajem f. 2. (coloq.) pessoa encarregada de cuidar de alguém e de instruí-lo. 3. (gíria milit.) subalterno que instrui um superior m. ‖ v. 1. criar uma criança sem lhe dar de mamar. 2. (gíria milit.) agir como instrutor de um superior.
dry-paint s. tinta seca f.
dry-pile s. pilha seca f.
dry-plate s. (Fotogr.) chapa seca f.
dry-point s. (Artes plásticas) 1. agulha de abridor. 2. gravura feita com agulha de abridor. ‖ v. gravar com agulha de abridor.
dry-rot s. caruncho m., podridão da madeira f.
dry-rub v. limpar uma coisa esfregando-a sem molhar.
dry run s. exercício de tiro com pólvora seca m.
dry-salt v. curar, secar, salgar (a carne).
drysalter [dr'aisɔ:ltə] s. 1. negociante m. + f. de carne-seca e salgada, de picles, etc. 2. negociante m. + f. de drogas e de tintas para tinturarias.
drysaltery [~ri] s. 1. comestíveis salgados ou secos m. pl. 2. loja onde se vendem os mesmos f.
dry ship s. navio no qual são proibidas bebidas alcoólicas m.
dry-shod adj. que tem pés enxutos ou secos. ‖ adv. a pé seco, com pés enxutos.
dry wall s. parede construída sem argamassa f.
dry wash s. roupa lavada e seca f., a ser passada.
dry weight s. peso constante do motor m.
d. s. abr. de **daylight saving** e **days after sight.**
D. S. T. abr. de **Daylight Saving Time.**
D. Surg. abr. de **Dental Surgeon.**
d. t., d. t.'s, abr. de **delirium tremens** (coloq.)
dual [dj'u:əl] s. dual, número dual m. ‖ adj. dual, relativo a dois, composto de dois, duplo, binário, que tem duas unidades, (Mús.) que tem dois tempos (compasso). ‖ ~ly adv. duplamente.
dual alliance s. aliança entre dois países f.
dual carriage-way s. rodovia de duas pistas f.
dual control s. duplo comando m.
dualin [dj'u:əlin] s. dualina f., explosivo à base de nitroglicerina m.
dualism [dj'u:əlizm] s. dualismo m.
dualist [dj'u:əlist] s. dualista m. + f.
dualistic [dju:əl'istik] adj. dualístico, dualista. ‖ ~ally adv. dualisticamente.
duality [dju:'æliti] s. dualidade f.
dualize [dj'u:əlaiz] v. dualizar.
Dual Monarchy s. (Hist.) monarquia austro-húngara f. (1867-1918).
dual personality s. (Psicol.) personalidade dupla f., sendo uma dissociada da outra.
dual purpose s. finalidade dupla f.
dub (I) [dʌb] s. ato de conferir uma dignidade. ‖ v. 1. criar ou armar cavaleiro, titular, dar título a, conferir uma dignidade a. 2. alcunhar, apelidar, cognominar. 3. engraxar (couro). 4. alisar.
dub (II) [dʌb] v. tamborilar, fazer ruído parecido com o do tambor, dar uma pancada seca.
dub (III) [dʌb] v. (Cin.) dublar (trilha sonora).
dub (IV) [dʌb] s. 1. charco m. 2. poço profundo num rio m.

dub (V) [dʌb] s. 1. (gíria) jogador desajeitado, desastrado m. 2. pancada seca f.

dubbing [d'ʌbiŋ] s. graxa para conservar e amaciar o couro f.

dub-dub s. malogro m.

dubiety [dju:b'aiəti] s. dubiedade, dúvida, incerteza, desconfiança f.

dubious [dj'u:biəs] adj. 1. duvidoso, dúbio, incerto, escuro, vago, não claro, questionável, suspeito. 2. (~ **of, about**) irresoluto (em), indeciso (sobre) ‖ ~**ly** adv. duvidosamente, dubiamente, incertamente.

dubiousness [~nis] s. dubiedade, dúvida, incerteza f.

dubitable [dj'u:bitəbl] adj. dubitável.

dubitation [dju:bit'eiʃən] s. dubitação, dubiedade f.

dubitative [dj'u:biteitiv] adj. dubitativo. ‖ ~**ly** adv. dubitativamente.

ducal [dj'u:kəl] adj. ducal, de duque ou pertencente a um ducado.

ducat [d'ʌkət] s. ducado m.: nome de várias moedas de ouro ou de prata de diversos países europeus. 2. (gíria) moeda f. 3. (gíria) bilhete de teatro m.

duchess [d'ʌtʃis] s. 1. duquesa f. 2. (coloq.) senhora de aparência ostentosa f.

duchy [d'ʌtʃi] s. ducado, território que constitui o domínio de um duque m., dignidade de duque f.

duck (I) [dʌk] s. 1. pato m., pata, adem f., marreco, pato selvagem m. 2. pedrinha que se lança na superfície da água no jogo das chapeletas f. 3. (coloq.) querido, amor, termo de carinho m. 4. (Criquete) contagem de zero f. 5. (II Grande Guerra) veículo a motor anfíbio m. 6. (coloq. E.U.A.) colega, camarada m. + f.

lame ~ s. 1. estropiado, aleijado m. 2. azarado. 3. delinqüente na bolsa de fundos públicos m. + f. 4. membro do congresso não reeleito m.

In two shakes of a ~'s tail num abrir e fechar de olhos. **she is a ~** ela é um amor. **like a ~ in a thunderstorm** muito impressionado. **it's ~ soup** é facílimo, é canja. **wild ~** pato-selvagem.

duck (II) [dʌk] s. 1. mergulho m. 2. súbita inclinação da cabeça ou do corpo f., desvio da cabeça ou do corpo para não ser atingido ou visto m. 3. reverência f. ‖ v. 1. mergulhar, meter debaixo da água, retirar rapidamente. 2. abaixar, inclinar, desviar rapidamente a cabeça ou o corpo, esquivar-se, evitar. 3. fazer profunda reverência. 4. ensopar, encharcar, molhar completamente.

duck (III) [dʌk] s. 1. pano grosso de linho ou de algodão de que se fazem velas, toldos, tendas, etc. m. 2. (pl.) calças f. pl. feitas do mesmo tecido.

duckbill [d'ʌkbil] s. (Zool.) ornitorrinco m.

duck-billed adj. que tem bico semelhante ao do pato.

duck-board s. prancha para cobrir caminhos lamacentos f.

duck-cry s. isca f., engodo m.

duck-disease s. curteza de pernas (de pessoa baixinha) f.

ducker [d'ʌkə] s. 1. criador de patos m. 2. salto de cabeça para baixo m. 3. (Ornit.) mergulhador m.

duckfooted [d'ʌkfutid] com pé-de-pato.

ducking [d'ʌkiŋ] s. 1. mergulho m. 2. imersão f., molhadela f., banho m.

ducking-pond s. (Hist.) tanque no qual os delinqüentes eram antigamente mergulhados m.

ducking-stool s. (Hist.) espécie de banquinho m. ou cadeira f., no qual delinqüentes eram amarrados e mergulhados no rio.

duck-legged adj. de pernas curtas.

duckling [d'ʌkliŋ] s. patinho, pato novo m.

duck-meat, duck's meat, duckweed s. lentilha-d'água f.

duck out of v. esquivar-se de (responsabiliaades).

duck-pond s. lagoa ou tanque de patos.

ducks and drakes s. jogo das chapeletas m.

to make ~ of, to play ~ with dissipar, esbanjar, malbaratar, desperdiçar.

duck's breakfast s. um gole d'água m.

duck-shot s. escumilha f., chumbo miúdo para matar patos-selvagens m.

ducktail [d'ʌkteil] s. certo corte de cabelo (rabo-de- -pato) m.

ducky [d'ʌki] s. (fam.) meu coração, meu amor, meu benzinho m. (termo de carinho) ‖ adj. engraçadinho, amoroso.

duct [dʌkt] s. 1. tubo, canal, conduto m. 2. (Anat.) ducto m., via f.

ductile [d'ʌktail] adj. 1. dúctil, flexível, maleável, elástico, plástico. 2. (fig.) dócil, tratável, complacente, contemporizador.

ductility [dʌkt'iliti] s. ductilidade, maleabilidade f.

ductless [d'ʌktlis] adj. que não tem ducto evasivo.

ductless glands s. pl. glândulas endocrínicas, glândulas de secreção interna f. pl.

ductor roller s. (Tipogr.) cilindro de tinta m.

dud [dʌd] s. 1. (gíria) droga, coisa sem valor f., traste m. 2. moeda falsa f. 3. bomba falhada, que não explodiu f. 4. (gíria E. U. A.) malogro, insucesso m. 5. (pl.) roupa velha e esfarrapada f., farrapos, andrajos m. pl. ‖ adj. sem valor, inútil.

dude [dju:d] s. 1. janota, peralta, peralvilho, almofadinha, casquilho, grã-fino, presumido m. 2. (E. U. A.) pessoa criada na cidade e especialmente habitante da parte oeste dos E. U. A. m. + f.

dudeen [du:d'i:n] s. cachimbo de barro de cabo curto m.

dude ranch s. (E. U. A.) fazenda recreio administrada como hotel f.

dudette [dju:d'et], **dudine** [dju:d'i:n] s. peralta f.

dudgeon [d'ʌdʒən] (I) s. cólera, indignação f.

in high ~ muito zangado, enraivecido. **to take something in great ~** levar muito a mal alguma coisa.

dudgeon [d'ʌdʒən] (II) madeira f. usada para cabos de faca, punhal, etc.

dudish [dj'u:diʃ] adj. janota, casquilho.

due [dju:] s. 1. dívida, obrigação f., tudo que é devido, pertence ou toca a alguém por direito e justiça. 2. direito, tributo m. 3. (pl.) direitos, impostos m. pl., dívida f., emolumentos judiciais m. pl. 4. mensalidades (de clubes, etc.) ‖ adj. 1. que se deve, vencido, pagável. 2. devido, conveniente, próprio, oportuno, conforme, adequado. 3. justo, exato. 4. escalado, esperado (para chegar), previsto. 5. (E. U. A.) prestes a. 6. atribuível ‖ adv. exatamente, diretamente.

~ date s. data do vencimento f. **~ provision of notes** lastro de papel-moeda. **~ to** devido a. **~ bills** letras vencidas f. pl. **I am ~ at the office at 10 o'clock** tenho de estar no escritório às 10 horas. **in ~ course** a tempo, em seu devido tempo. **in ~ form** feito com todas as formalidades, como deve ser, válido. **in ~ time** no devido tempo, em tempo oportuno. **it is ~ to him** compete a ele. **long past ~** vencido há muito tempo. **the train is ~ at 8 o'clock** o trem deve chegar às 8 horas. **to become, to fall ~** vencer-se, ser pagável. **to be ~** ser devido, vencer (uma letra). **when ~** no seu vencimento. **custom-~s** s. pl. direitos aduaneiros m. pl. **dock-~s, harhour-~s** s. pl. taxa portuária f.

duel [dj'uəl] s. duelo m. ‖ v. duelar, bater-se em duelo.

to fight a ~ duelar, bater-se em duelo.

dueller, dueler [~ə], **duellist, duelist** [~ist] s. duelista m. + f.

duello [dju'elou] s. 1. duelo m. 2. código observado pelos duelistas m.

duenna [dju:'enə] s. duenha, velha governante de mocinhas (na Espanha), dama de companhia f.

duet [dju'et], **duetto** [~ou] s. duo, dueto m., composição musical para duas vozes ou dois instrumentos f., canto de duas vozes, trecho de piano a quatro mãos m., conversa entre duas pessoas f

duff (I) [dʌf] s. pudim de farinha cozido dentro de um saco m.

duff (II) [dʌf] v. 1. (gíria) disfarçar artigos sem valor para a venda. 2. (Austrália) roubar gado falsificando as marcas de ferrete. 3. (milit.) destruir.

duffel [dʌfl] s. 1. pano grosso apisoado com pêlo grosso m. 2. roupa f. ou equipamento m. de esporte, acampamento ou campanha.

duffel bag, duffle bag s. 1. saco de pano grosso m. 2. saco de equipamento m., mochila f.

duffer [d'ʌfə] s. 1. mascate m. 2. pateta m. + f., pessoa estúpida ou desajeitada f. 3. trapaceiro m. 4. coisa sem valor, imitação barata f.

dug (I) [dʌg] s. úbere m., mama, teta de fêmea de animal f.

dug (II) [dʌg] v. imp. e p. p. de **dig**.

dugong [d'u:gɔŋ] s. (Zool.) dugongo, dugão m.

dug-out s. 1. canoa de um só tronco f. (quadro B 14). 2. abrigo antiaéreo, abrigo subterrâneo contra bombas e granadas m. 3. abrigo na encosta de uma colina m. 4. (coloq.) oficial reformado revocado m. 5. (basebol) cabina, abrigo para jogadores.

duke [dju:k] s. 1. duque m. 2. **dukes** (pl.) (gíria) punhos m. pl., mãos f. pl.

dukedom [dj'u:kdəm] s. ducado, título, território, domínio, estado m. ou dignidade f. de um duque.

Dukeries [dj'u:kəriz] s. pl. (Inglat.) distrito no condado de Nottinghamshire onde ficam vários solares ducais m.

dukeship [dj'u:kʃip] s. dignidade de duque f.

dulcet [d'ʌlsit] adj. doce, suave, harmonioso, melodioso, agradável, gostoso.

dulcification [dʌlsifik'eiʃən] s. dulcificação f.

dulcify [d'ʌlsifai] v. dulcificar, adoçar, suavizar, abrandar.

dulcimer [d'ʌlsimə] s. saltério, instrumento de cordas que se toca com palheta m.

dull [dʌl] v. 1. tornar(-se) estúpido. 2. estupeficar, entorpecer, pôr em estado de inércia física e moral, tirar a energia, insensibilizar, mitigar, atenuar, ensurdecer, tornar menos esperto, sutil, efetivo. 3. embotar, tirar o fio de uma faca. 4. embaçar, tornar baço, embotar a vista, tirar o brilho de, deslustrar, empanar. 5. amainar (o vento, etc.). ‖ adj. 1. estúpido, fátuo, pesado, obtuso, grosseiro. 2. inerte, vagaroso, moroso, lerdo, frouxo, frouxo. 3. triste, melancólico, embotado, insípido, insensível, maçante, enfadonho. 4. baço, escuro, empanado, nublado, sombrio, desluzido, pouco transparente. 5. cego (diz-se de um gume), sem corte (quadro Q). 6. morto, surdo, mouco, tedioso, fastidioso, lânguido. 7. (Náut.) calmo. ‖ —ly adv. estupidamente, pesadamente.

time ~ed the edge of his pain o tempo atenuou a sua dor. **to ~ away the time** matar o tempo, estar ocioso. **to feel ~** aborrecer-se, enfastiar-se, enfadar-se. **~ of hearing** duro de ouvido, mouco.

dullard [d'ʌləd] s. estúpido, bronco, simplório m.

dull-brained adj. estúpido, obtuso, bronco.

dull colour s. cor apagada f.

dull-cutting edge s. gume cego m.

dull-disposed adj. melancólico, de mau humor.

dull-eyed adj. de olhos lânguidos.

dull-head s. estúpido, molangueirão m.

dull-headed adj. estúpido, bronco.

dullish [d'ʌliʃ] adj. um tanto estúpido, enfadonho, maçante, aborrecido.

dullmajor [d'ʌlmeidʒə] s. (Milit.) intérprete m. + f.

dullness, dulness [d'ʌlnis] s. 1. embotamento m., estupidez, imbecilidade, falta de viveza, de esperteza, lentidão, frouxidão f. 2. estagnação dos negócios f. 3. dureza de ouvido, surdez f. 4. empanamento, enfado, aborrecimento m., melancolia f.

dull-pated = **dull-headed**.

dull season s. estação morta, de pouco negócio, de pouca atividade f.

dull-sighted adj. curto de vista, de vista fraca, que tem a vista turva.

dull-witted adj. estúpido, estólido, parvo, disparatado.

dulse [dʌls] s. alga comestível f. (Rhodymenia palmata).

duly [dj'u:li] adv. propriamente, devidamente, exatamente, regularmente, convenientemente, a tempo, pontualmente.

dumb [dʌm] v. emudecer, silenciar, ficar mudo, fazer calar. ‖ adj. 1. mudo, calado, taciturno, silencioso, sem palavra. 2. surdo, sem som. 3. embaçado, pasmado. 4. (coloq. E. U. A.) estúpido, parvo, embotado. 5. que tem falta de uma qualidade característica. ‖ ~ly adv. mudamente, taciturnamente, silenciosamente, em silêncio.

to strike one ~ embaraçar, fazer perder a fala.

dumb animal s. animal irracional m.

dumb-barge s. (Náut.) draga, espécie de chata para tirar entulho, etc. do fundo dos rios ou do mar f.

dumb-bell s. haltere m. (quadro G 3). 2. (gíria E. U. A.) pateta, idiota m. + f.

dumb-born adj. mudo de nascimento.

dumbfound, dumfound [dʌmf'aund] v. confundir, embaçar, aturdir, estontear, emudecer, abalar.

dumbledore [d'ʌmbldɔ:] s. 1. zangão m. 2. escaravelho grande m.

dumbness [d'ʌmnis] s. 1. mudez f., mutismo m., 2. taciturnidade f., 3. (E. U. A.) estupidez f.

dumb-piano s. piano mudo para estudos m.

dumb-show s. pantomima f.

dumbstruck [d'ʌmstrʌk], **dumbstricken** [d'ʌmstrikən] adj. tartamudo.

dumb-waiter s. 1. criado-mudo, aparador m. 2. (E. U. A.) elevador para comida m.

dumb-well s. poço de escoamento m.

dum-dum [d'ʌmdʌm] s. bala dum-dum f.

dummy [d'ʌmi] s. 1. indivíduo mudo m. 2. testa de ferro, fantoche m. 3. no jogo de bridge ou de whist: **a)** o morto m. **b)** lanço a descoberto m. 4. manequim, boneco m. 5. (Teat.) comparsa m. + f. 6. simulacro, postiço m., imitação, efígie f. 7. (coloq., E. U. A.) pateta m. + f., estúpido, néscio m. 8. malho, maço, macete m. 9. chupeta f., mamilo de borracha para crianças m. 10. (E. U. A.) espécie de locomotiva com escape silencioso f. 11. (Tip.) espelho de composição m. ‖ adj. 1. simulado, postiço, contrafeito, falsificado. 2. que aparenta falar ou agir em nome próprio, mas na realidade defende interesses de terceiros.

double-~ jogo de whist ou de bridge com dois parceiros. **tailor's ~** manequim (quadro T 2).

dummy aerial, -antenna s. antena muda f.

dummy-cartridge s. cartucho de pólvora seca m.

dummy editor s. redator editorial m.

dummy plug s. tomada postiça f., bujão postiço m.

dump (I) [dʌmp] s. 1. montão de lixo, depósito de lixo ou de entulho m. 2. (Milit.) paiol, depósito de pólvora ou de outros petrechos de guerra m. 3. baiúca f., casa f. ou lugar sujo m., de má reputação.

dump (II) [dʌmp] s. 1. (Téc. Comp.) relação impressa de todos os dados contidos no computador, para detectar erros de programação. 2. ficha f. ou tento m. de chumbo com que os rapazes jogam "cinco pedras". 3. (gíria) pequena moeda f., qualquer objeto curto, maciço e pesado m. 4. batida seca, caída f. 5. espécie de prego ou pino m. 5. várias espécies de doces. ‖ v. 1. esvaziar, descarregar em massa, lançar por terra, descarregar lixo, etc., emborcar, virar o borco. 2. queimar, liquidar, vender ou exportar a preço baixo mercadorias supérfluas ou invendáveis. 3. livrar-se de sobras ou de pessoas indesejáveis (p. ex., imigrantes). 4. sentar-se de repente e pesadamente. 5. (milit.) acomodar.
city ~ depósito ou entulho municipal.
dumpage [d'ʌmpidʒ] s. 1. direito de descarregar lixo, entulho, etc. m. 2. o dinheiro que se paga por esse direito m.
dump-car, -cart, -wagon s. carroça f., carrinho ou caminhão basculante m
dumper [d'ʌmpə] s. 1. o que vira ou faz tombar (como carro basculante). 2. concorrente desleal m. + f.
dumper truck s. caminhão basculante m.
dumping [d'ʌmpiŋ] s. 1. emborcação f., descarregamento em massa m. 2. queima, exportação, liquidação ou venda de mercadorias supérfluas ou invendáveis f. 3. venda (no exterior) por preços até abaixo do custo para conquistar o mercado f.
dumping-ground s. depósito de lixo, entulho m.
dumpish [d'ʌmpiʃ] adj. um tanto triste, melancólico, sombrio, desanimado.
dumpishness [~ nis] s. tristeza, melancolia f.
dumpling [d'ʌmpliŋ] s. 1. bolinho de massa que se cozinha e se come com a carne m. 2. pudim com massa recheada de fruta m. 3. (gíria) tampinha m. (bras. pop.), pessoa gorda e baixa f.
dumps [dʌmps] s. pl. tristeza, melancolia, depressão f., pesar m.
in the ~ melancólico, muito triste, desanimado, sombrio.
dumpy [d'ʌmpi] s. (esc.) raça de galinhas espadaúdas f. ‖ adj. curto e grosso, baixo e reforçado, rechonchudo, espadaúdo.
dun (I) [dʌn] s. 1. credor importuno m. 2. insistência, exigência de pagamento de dívida f. 3. cobrador (de dívida) m. ‖ v. 1. exigir importunamente o pagamento de uma dívida, importunar um devedor. 2. insistir, atormentar, perseguir.
dun (II) [dʌn] s. outeiro m., eminência, colina f., baluarte m.
dun (III) [dʌn] s. 1. cor parda, cor entre castanho e cinzento f. 2. baio (cavalo) m., o mesmo que **dun-horse**. 3. mosca artificial para pescar f. 4. (Entom.) tavão m., o mesmo que **dun-fly**. ‖ v. curar ou defumar peixes (p. ex. bacalhau). ‖ adj. pardo, de cor entre castanho e cinzento.
dun-bird s. (Orn.) tarrantana fêmea f.
dunce [dʌns] s. 1. estúpido, bobo, bronco, asno m. 2. aluno relapso m.
dunce cap, dunce's cap s. orelhas de burro f. pl. antigamente usadas como castigo do aluno relapso.
duncish [d'ʌnsiʃ] adj. abobado, pateta, ignorante.
dunderhead [d'ʌndəhed], **dunderpate** [-peit] s. bobo, tolo, imbecil, néscio, parvo m.
dune [dju:n] s. duna f. (quadro B 4).
dun-fish s. bacalhau curado m.
dun-fly s. isca artificial f.
dung [dʌŋ] s. esterco, excremento animal, estrume, adubo orgânico m., bosta f. ‖ 1. estercar, estrumar, adubar. 2. defecar, excrementar, expelir os excrementos (falando de animais).

dungaree [dʌŋgər'i:] 1. s. espécie de pano de algodão usado para macacões, calças, velas, etc. m. 2. ~s s. pl. macacão m., calças feitas desse tecido f. pl.
dung-beetle s. (Entom.) estercoreiro m.
dung-cart s. carroça de esterco f., carro para levar o esterco ao campo m.
dungeon [d'ʌndʒən] s. 1. calabouço m., masmorra f. 2. torre de vigia f., o mesmo que **donjon**. ‖ v. encarcerar, prender em calabouço ou masmorra.
dung-fly s. (Estom.) Qualquer inseto escatófago.
dung-fork s. forcado m.
dunghill [d'ʌnhil] s. 1. esterqueira, estrumeira f., monturo m. 2. (fig.) esterqueira, estrumeira f., lugar imundo m., coisa ou estado vil, abjeto, estrumeira social f. ‖ adj. 1. vil, abjeto, sujo, imundo, baixo, pobre. 2. de nascimento vil e baixo.
dunghill cock s. galo doméstico m.
dungy [d'ʌŋi] adj. 1. estercoroso, cheio de esterco. 2. (fig.) vil, baixo, sujo, imundo.
dunk [dʌŋk] v. (coloq. E. U. A.) molhar, embeber alguma coisa comestível num líquido.
dunlin [d'ʌnlin] s. (Orn.) narceja do norte (Pelidna alpina) f.
dunnage [d'ʌnədʒ] s. 1. bagagem pessoal f. de marinheiro. 2. (Náut.) almofadas de estiva f. pl., amortecedores de choque para proteger a carga m. pl.
dunner [d'ʌnə] s. cobrador, credor importuno m.
dunning (I) [d'ʌniŋ] s. (Cin.) fotomontagem f., o processo de sobrepor num filme fotografias tiradas separadamente.
dunning (II) [d'ʌniŋ] s. salgadura do bacalhau f.
dunnish [d'ʌniʃ] adj. pardo, acastanhado, escuro.
dunno [dən'ou] (coloq.) abr. de **do not know**.
dunnock [d'ʌnək] s. (Orn.) espécie de acentor (Prunella modularis).
dunny [d'ʌni] adj. surdo, que ouve mal.
duo [dj'uou] s. duo m.
duodecagon [djuoud'ekægən] s. (Geom.) dodecágono m.
duodecimal [dj'uoud'esiməl] s. duodécimo m. ‖ adj. duodecimal.
~s s. pl. sistema duodecimal m.
duodecimo [dj'uoud'esimou] s. 1. duodécimo m. 2. página de 12,5 por 18,5 cm f. 3. livro contendo páginas dessa **dimensão**, livro em doze folhas ou vinte e quatro páginas.
duodenal [djuoud'i:nəl] adj. duodenal.
duodenal ulcer s. úlcera duodenal f.
duodenary [djuoud'i:nəri] adj. duodenário.
duodenary system s. sistema duodenário m.
duodenitis [djuodi:n'aitis] s. (Med.) duodenite f.
duodenum [djuoud'i:nəm] s. (pl. duodena) (Anat.) duodeno m., primeira parte do intestino delgado compreendida entre o estômago e o jejuno.
duologue [dj'uələg] s. diálogo m., fala entre duas pessoas, obra literária em forma de diálogo f.
duotone [dj'uoutoun] adj. 1. de duas tonalidades; bicolor. 2. (Gráf.) impresso em duas tonalidades da mesma cor.
dup [dʌp] abr. de **duplicate**.
dupability [dju:pəb'iliti] s. credulidade, ingenuidade f.
dupable [dj'u:pəbl] adj. crédulo, ingênuo.
dupe [dju:p] s. crédulo, crendeiro, ingênuo, incauto, simplório m. ‖ v. enganar, lograr, mangar.
to be the ~ **of s. o.** deixar-se enganar por alguém.
duper [dj'u:pə] s. enganador, logrador, mangador m.
duple [dju:pl] adj. 1. duplo, dobrado, de duas partes. 2. (Mús.) de dois compassos.
duple-ratio s. 1. a proporção de 2 a 1, 6 a 3, etc. 2. (Mús.) compasso de dois tempos m.
duplex [dj'u:pleks] s. 1. casa geminada f.: casa pa-

ra duas famílias. 2. apartamento geminado m. ‖ adj. duplex, dúplice, duplo, dobro, de duas partes, que opera de dois modos ou sistemas.

duplex apartment s. apartamento com salas em dois andares m., ligados por escada particular.

duplex burner s. queimador de dois bicos m.

duplex escapement s. escapamento, escape duplex m.

duplex house s. (E. U. A.) casa para duas famílias f.

duplex pump s. bomba dupla, duplex ou geminada f.

duplicate [dj'u:plikit] s. duplicado m., duplicata, cópia exata, segunda via f., traslado m., reprodução, réplica f., fac-símile m. ‖ v. 1. duplicar, fazer em duplicado, repetir exatamente. 2. copiar na máquina de escrever, fazer cópias, reproduzir exatamente, dobrar ‖ adj. 1. duplicado, reproduzido exatamente, que corresponde exatamente. 2. dobrado, duplo, em dobro.

in ~ em duplicado.

duplicating machine s. máquina copiadora f.

duplicating of order s. renovação de encomenda f.

duplicating paper s. papel para cópias m.

duplication [dju:plik'eiʃən] s. duplicação f., dobro m.

duplicative [dj'u:plikeitiv] adj. duplicativo, que duplica.

duplicator [dj'u:plikeitə] s. duplicador m.

duplicity [djupl'isiti] s. 1. duplicidade f. 2. (fig.) dobrez f., fingimento m., fraude f., logro m.

durability [djuərəb'iliti], **durableness** [dj'uərəblnis] s. durabilidade, duração, estabilidade, solidez f.

durable [dj'uərəbl] adj. durável, duradouro, permanente, sólido, estável, firme. ‖ **-bly** adv. duravelmente, firmemente, solidamente.

durable goods pl. s. bens duráveis m. pl. (equipamento, instalações).

duralumin [djuər'æljumin] s. duralumínio m.

dura mater s. (Anat.) dura-máter f., a externa e mais forte das três membranas que envolvem o aparelho cerebrospinal.

duramen [djuər'eimən] s. durame, cerne m.

durance [dj'uərəns] s. encarceramento m., prisão f.

duration [djuər'eiʃən] s. duração, continuação f., o tempo que uma coisa dura m.

for the ~ enquanto perdurar.

durative [dj'uərətiv] adj. que continua, incompleto.

durbar [d'ə:ba:] s. 1. audiência ou recepção oficial de um soberano da Índia, de um vice-rei ou governador na Índia f. 2. salão de audiência m.

dure [djuə] adj. de longa duração.

duress [djuər'es] s. 1. compulsão f., constrangimento m., ʼ2. prisão· f. 3. força, ameaça f.

durian [d'u:riən] s. durião m., fruto do durião m. (Durio zibethinus).

during [dj'uəriŋ] prep. durante, no tempo de, no espaço de, enquanto dura, no decurso de.

durra [d'urə] s. milhete da Índia m. (Sorghum vulgare).

durst [də:st] v. pret. de **dare**.

dusk [dʌsk] s. 1. crepúsculo, lusco-fusco, anoitecer m. 2. sombra, obscuridade, escuridão, cor parda, escura, trigueira f. ‖ v. obscurecer, escurecer empardecer. ‖ adj. obscuro, sombrio, fusco, trigueiro.

after ~ após o escurecer. in the ~ of the evening à boca da noite, ao lusco-fusco.

duskiness [d'ʌskinis] s. cor escura, obscuridade f.

duskish [d'ʌskiʃ] adj. um tanto fusco, escuro ou sombrio, pardacento.

dusky [d'ʌski] adj. 1. fusco, obscuro, sombrio, pardo. 2. (fig.) fusco, triste, sombrio. ‖ **-ily** adv. obscuramente, de maneira que parece fusco.

dust [dʌst] s. 1. pó m., poeira, varredura, alimpadura f. 2. poalha, poeira leve em suspensão no ar f. 3. limalha f. 4. cisco m. 5. pólen m. 6. cinzas f. pl., restos mortais m. pl. 7. o corpo humano m. 8. o túmulo m. 9. estado ou condição desprezível, 10. coisa de nenhum valor f. 11. confusão, algazarra f., bate-boca m. 12. (gíria) dinheiro m., gaita f. 13. ouro em pó m. ‖ v. 1. varrer o pó, espanar, sacudir o pó, limpar do pó. 2. empoar, empolvilhar, polvilhar. 3. pulverizar. 4. tomar banho de poeira (aves).

down with the ~ (gíria) passe cá a gaita. I have ~ in my eyes veio João-pestana (o sono). to bite the ~ (fig.) morrer, malograr. to raise, make, ou kick up a ~ (fig.) levantar poeira, fazer grande espalhafato, causar perturbação. to throw ~ in one's eyes, to ~ one's eyes deitar poeira nos olhos de alguém, iludi-lo com falsas promessas ou aparências, enganar alguém. to turn to ~ and ashes (fig.) reduzir a cinzas, desfazer em cinzas. to ~ one's jacket (fig.) sacudir o pó de alguém, espancá-lo, zurzi-lo com pancadas.

dust-basket s. cesto para lixo m.

dustbin [d'ʌstbin] s. caixote ou barril de lixo m.

dust bowl s. (E. U. A.) região f. sujeita a tempestades de areia.

dust-box s. areeiro m.

dustbrand [d'ʌstbrænd] s. mangra ou ferrugem do trigo f.

dust-cart s. carroça de lixo f.

dust-cloth s. 1. espanador m. 2. capa de móveis f.

dust-coat s. guarda-pó, casaco leve e comprido m.

dust-coke s. coque em pó m.

dust-colour s. cor-de-areia f.

dust-cover, -jacket s. sobrecapa de livro f.

dust devil s. vento m. que levanta o pó em coluna vertical.

duster [d'ʌstə] s. 1. espanador m. 2. pessoa que tira o pó m. + f. 3. (E. U. A.) guarda-pó, casaco leve e comprido m.

dust-guard s. guarda-pó m., proteção contra o pó f.

dust-heap s. monturo m.

dust-holder s. recipiente de pó m. (quadro V 1).

dust-hole s. 1. barril de lixo m. 2. cova de lixo f.

dustiness [d'ʌstinis] s. empoeiramento m.

dusting [d'ʌstiŋ] s. 1. a ação de desempoar, de espanar f. 2. (gíria) sova f.

dustless [d'ʌstlis] adj. sem pó, sem poeira.

dustman [d'ʌstmən] s. 1. lixeiro m. 2. João-pestana (sono) m.

dustpan [d'ʌstpæn] s. 1. pá de lixo f. 2. pára-lama m.

dust-proof adj. à prova de pó.

dust-sheet s. capa para móveis f.

dust-storm s. tempestade de areia, poeirada f.

dust-up (gíria) comoção, briga, luta f.

dusty [d'ʌsti] adj. empoeirado, empoado, coberto de pó. 2. como pó, seco, pulverulento. 3. (fig.) chato (gíria), desinteressante, aborrecido. ‖ **-ily** adv. de modo empoeirado.

not so ~ (gíria) regular, sofrível.

dusty miller s. 1. (Bot.) aurícula f. 2. mosca artificial para pescar f.

Dutch [dʌtʃ] s. 1. língua holandesa f. 2. (gíria) língua teuta f. **the Dutch** 1. o povo holandês m. 2. (gíria) o povo teuto m. ‖ adj. 1. holandês, da Holanda. 2. teuto.

double ~ s. geringonça f., calão m., gíria f. **let's go ~!** cada um paga por si. in ~ 1. em holandês. 2. (gíria) em desgraça, em apuros. **my old ~** (gíria) minha velha. **that beats the ~** isso é demais.

Dutch clinker s. espécie de tijolo muito duro, de cor amarela m.

Dutch clock s. relógio cuco da Floresta Negra m.

Dutch-clover s. (Bot.) trevo branco m. (Trifolium repens).

Dutch comfort s. mau consolo m.

Dutch courage s. coragem fictícia f.

Dutch door s. porta f. de duas partes horizontais, podendo a superior ficar aberta e a inferior fechada.

Dutch East Indies s. pl. Índias Orientais Holandesas f. pl.

Dutch foil, gold, leaf, metal s. liga de cobre muito maleável usada em lugar de ouro batido f.

Dutchman [d'ʌtʃmən] s. 1. holandês, natural da Holanda m. 2. (coloq. E. U. A.) um teuto m.

~'s breeches s. sing. e pl. (E. U. A.) planta do mato. (Dicentra cucullaria). **if not I am a ~** afirmação enfática que corresponde ao português "macacos me lambam se não for assim". **Flying ~** navio fantasma m.

Dutch oven s. assador m., assadeira f.

Dutch School s. escola de pintura holandesa f.

Dutch treat s. a prática de cada um pagar por si.

Dutch tile s. azulejo feito na Holanda m.

Dutch toys s. pl. brinquedos de Nuremberg m.

Dutch uncle s. (gíria) ralhador m., pessoa que usa muita crítica e franqueza f.

to talk to someone like a ~ admoestar alguém paternalmente.

Dutch West Indies s. pl. Índias Ocidentais Holandesas f. pl.

duteous [dj'u:tiəs] adj. obediente, obsequioso, respeitoso, submisso. ‖ **~ly** adv. obedientemente.

duteousness [~nis] s. obediência f., respeito m., submissão f.

dutiable [dj'u.tiəbl] adj. sujeito a imposto ou a direitos aduaneiros.

duties of entry s. pl. direitos de entrada m. pl.

dutiful [dj'u:tiful] adj. obediente, obsequioso, respeitoso, submisso. ‖ **~ly** adv. com submissão.

dutifulness [~nis] s. obediência, submissão f.

duty [dj'u:ti] s. (pl. **duties**) 1. dever m., obrigação f. 2. obediência, submissão, reverência f., respeito m. 3. direito aduaneiro, imposto m., taxa f., 4. rendimento efetivo de uma máquina m. 5. serviço, cargo, ofício, trabalho m., atribuição, função, ocupação f. 6. responsabilidade f.

breach of ~ falta ao dever, falta de palavra. **export ~** taxa de exportação. **heavy ~** serviço pesado. **import ~, customs ~** taxa de importação. **in ~ bound** obrigado, conforme à obrigação, fiel ao dever. **in ~ to** por respeito a. **to be off ~** estar de folga. **to be on ~** estar de guarda, estar de serviço. **to do ~ for** substituir, colocar alguém ou alguma coisa em lugar de, pôr ou ser posto em lugar de outra pessoa a título provisório. **to do one's ~ by s. o.** cumprir sua obrigação para com alguém. **to do ou perform one's ~** fazer o seu dever, cumprir a sua obrigação. **to send one's ~ to** mandar seus cumprimentos a.

duty call s. visita obrigatória f.

duty-free adj. isento de direitos aduaneiros.

duumvir [dju:'ʌmvə] s. (pl. **-viri** ou **-virs**) (Hist.) duúnviro m., cada um dos dois magistrados romanos que tinham o poder conjuntamente.

duumvirate [dju:'ʌmvirit] s. duunvirado m.: cargo de duúnviro, governo de dois homens.

duvet [duv'ei] s. edredão m., cobertura acolchoada, contendo penugem fina.

duvetyn [dj'u:vəti:n] s. fazenda de algodão, lã e seda ou fibra sintética f.

dwarf [dwɔ:f] s. 1. anão m., anã f., pigmeu m., pigméia f. 2. planta ou animal menor do que é usual. 3. personagem de contos de fadas de estatura muito baixa e de poder sobrenatural m. + f. ‖ v. 1. enfezar, impedir o crescimento ou desenvolvimento de, não deixar medrar, tolher. 2. fazer alguma coisa pequena, fazer aparecer menor em comparação de. ‖ adj. anão, enfezado, pequenino, acanhado, apoucado.

dwarfish [dw'ɔ:fiʃ] adj. como anão, pigmeu, pequeno, acanhado, enfezado, encolhido. ‖ **~ly** adv. de forma diminuta, enfezadamente.

dwarfishness [~nis] s. pequenez f.

dwarf star s. (Astron.) estrela anã f., de alta densidade.

dwarf tree s. árvore anã, pequena f.

dwarf wall s. muro de arrimo muito baixo m.

dwell [dwel] s. (Téc.) parada, interrupção f. ‖ v. (imp. e p. p. **dwelt** ou **dwelled**) 1. habitar, morar, viver, residir. 2. **~ on** ou **~ upon** estender-se, escrever ou discorrer longamente (sobre um assunto), demorar-se, pausar, ficar-se. 3. insistir, dar ênfase, apoiar-se em, dar importância a. 4. hesitar antes de saltar (cavalo).

dweller [dw'elə] s. morador m., habitante m. + f.

dwelling [dw'eliŋ] s. habitação, morada, moradia, residência f., domicílio m., vivenda t.

dwelling-house s. moradia, residência f., abrigo m.

dwelling-place s. residência f., domicílio m., vivenda f.

dwindle [dwindl] v. 1. encolher-se, diminuir, decrescer, minguar, tornar-se menor. 2. decair, definhar, declinar, desfalecer, degenerar. **to ~ away** definhar, desaparecer, murchar, consumir-se pouco a pouco.

dwt., abr. de **pennyweight** ou **pennyweights** (1,55 g).

Dy, (Quím.) abr. de **dysprosium** (também: **Ds.**).

dyad [d'aiæd] s. 1. díade, díada f. 2. um par, grupo de dois m. 3. (Quím.) duas unidades, elemento biatômico m.

dyadic system s. (Técn. Comp.) sistema binário m.

d'ye [dji] abr. de **do you.**

dye [dai] s. 1. tintura, cor, tinta f., corante m. 2. matiz m., nuança f., tom m. 3. (fig.) laivo m., noções superficiais f. pl., mancha, mácula f. ‖ v. 1. tingir(-se), corar, colorir. 2. seguir o ofício de tintureiro.

a traitor of the deepest ~ um traidor dos mais abjetos **fast ~** cor firme.

dyed in the grain tinto na lã, de cor firme.

dye-house, dye-works s. tinturaria f.

dyeing [d'aiiŋ] s. tintura f., ato ou operação de tingir, tinturaria f., ofício ou arte de tingir. ‖ adj. tingidor, que tinge.

dyeline paper s. papel heliográfico m.

dyer [d'aiə] s. tintureiro m.

dyer's broom s. (Bot.) giesta f. (Genista tinctoria).

dyer's weed s. (Bot.) 1. gauda f., planta tintorial (Reseda luteola). 2. isátis f. 3. giesta f.

dye-stuffs s. pl. drogas de tinturaria, tintas f. pl.

dye-wood s. madeira tintória ou colorante f.

dying [d'aiiŋ] s. morte f., ato de morrer. ‖ adj. 1. moribundo, expirante, agonizante. 2. mortal, perecível, extinguível. 3. lânguido.

to be in a ~ condition estar para morrer.

dying hour s. hora da morte, hora fatal f.

dying wish s. última vontade do moribundo f.

dying words s. pl. as últimas palavras de um moribundo f. pl.

dyke = dike.

dynameter [dain'æmitə] s. dinâmetro m., instrumento para medir a força do aumento de telescópios.

dynametric, ~**al** [dainæm'etrik, ~əl] adj. dinamétrico.

dynamic, ~**al** [dain'æmik, ~əl] adj. 1. dinâmico, relativo à dinâmica. 2. relativo ao movimento e às forças ou ao organismo em atividade. 3. enérgico, ativo, dinâmico, potente. 4. (Teol.) inspirador, que inspira, que influi espiritualmente. ‖ ~**ally** adv. dinamicamente, energicamente.

dynamic brake s. (Téc.) freio dinâmico m.

dynamic damper s. (Téc.) amortecedor dinâmico m.

dynamic load s. (Téc.) carga móvel f.

dynamics [dain'æmiks] s. dinâmica f., parte da mecânica que estuda o movimento das forças, parte de qualquer ciência que trata do movimento ou do estudo das forças f.

dynamic thrust s. (Téc.) empuxo dinâmico m., tração dinâmica f.

dynamism [d'ainəmizm] s. dinamismo m.

dynamist [d'ainəmist] s. dinamista m. + f.

dynamite [d'ainəmait] s. dinamite f. ‖ v. dinamitar, aplicar dinamite, fazer explodir por meio de dinamite, destruir com dinamite.

dynamite-gun s. canhão pneumático cujo projetil contém dinamite m.

dynamiter [d'ainəmaitə] s. dinamiteiro m.: o que comete atentados com dinamite.

dynamization [dainəmiz'eiʃən] s. dinamização f.

dynamize [d'ainəmaiz] v. dinamizar.

dynamo [d'ainəmou], **dynamo-electrical machine** s. dínamo m., máquina dínamo-elétrica f., que transforma a energia mecânica em energia elétrica, alternador m.

dynamoelectric [dainəmouəl'ektrik] adj. dínamo-elétrico.

dynamograph [dain'æməgræf] s. dinamômetro registrador m.

dynamometer [dainəm'ɔmətə] s. dinamômetro m., instrumento destinado à medição das forças.

dynamometric, ~**al** [dainəmom'etrik, ~əl] adj. dinamométrico, que se refere à dinamometria.

dynast [d'inəst] s. 1. dinasta m. + f., pessoa partidária de uma dinastia. 2. soberano, monarca m.

dynastic, ~**al** [din'æstik, ~əl] adj. dinástico. ‖ ~**ally** adv. dinasticamente.

dynasty [d'inəsti] s. dinastia f., série de soberanos pertencentes à mesma família.

dynatron [d'ainətroun] s. (Eletrôn.) dínatron m.

dvne [dain] s. (Fís.) dina f., unidade de força.

dynode [d'ainoud] s. (Eletrôn.) dínodo m.

dyscrasia [diskr'eiziə] s. (Med.) discrasia f., composição anormal do sangue ou dos líquidos orgânicos.

dysentery [d'isntri] s. (Med.) disenteria f.

dysenteric [disnt'erik] adj. (Med.) disentérico.

dysfunction [disf'ʌŋkʃən] s. (Med.) deficiência orgânica f.

dysgenic [disdʒ'enik] adj. (Gen.) disgenético.

dysgenics [disdʒ'eniks] s. (Gen.) disgênica f.: estudo das tendências deteriorantes na gênese de um povo.

dyslexia [disl'eksiə] s. (Med.) dislexia f.

dyslogistic [dislədʒ'istik] adj. depreciativo, menoscabante.

dyspepsia [disp'epsiə], **dyspepsy** [disp'epsi] s. (Med.) dispepsia f.

dyspeptic [disp'eptik] s. (Med.) dispéptico m., aquele que padece dispepsia. ‖ adj. (também ~**al**) 1. (Med.) dispéptico. 2. (fig.) melancólico, pessimista. ‖ ~**ally** adv. dispepticamente.

dysphagia [disf'eidʒiə] s. (Med.) disfagia f.

dysphonia [disf'ouniə] s. 1. (Med.) disfonia f., alteração da voz e da palavra. 2. disfasia f., qualquer dificuldade de falar.

dysphoria [disf'ouriə] s. (Med.) disforia f.

dysplasia [displ'eiʒiə] s. (Med.) displasia f.

dyspnoea [dispn'i:ə] s. dispnéia f., dificuldade na respiração.

dyspnoic [dispn'ouik] adj. dispnéico.

dysprosium [dispr'ouziəm] s. disprósio m., metal da série ítrica, de símb. Dy; é o mais magnético dos metais.

dysteleology [disteli'ɔlədʒi] s. (Filos.) disteleologia f.

dystrophy [d'istroufi] s. (Med., Pat.) distrofia f.

dysuria [disj'u:riə], **dysury** [disj'u:ri] s. (Med.) disúrio f., dificuldade em urinar.

dz., abr. de **dozen, dozens**.

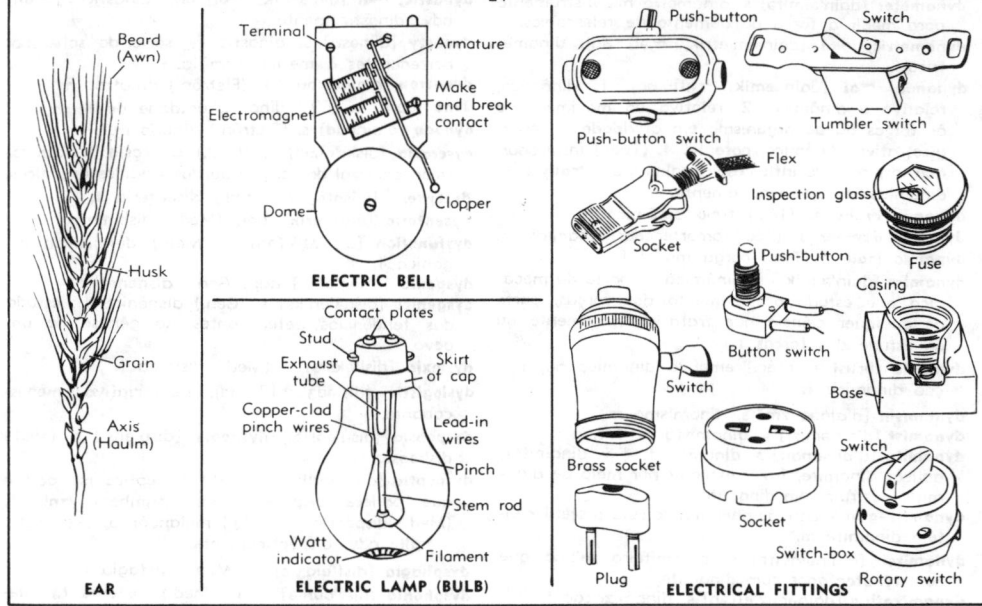

Beard (Awn), Terminal, Armature, Make and break contact, Electromagnet, Push-button, Switch, Push-button switch, Tumbler switch, Flex, Inspection glass, Husk, Dome, Clopper, Socket, Push-button, Fuse, Casing, **ELECTRIC BELL**, Button switch, Grain, Contact plates, Stud, Exhaust tube, Skirt of cap, Switch, Base, Copper-clad pinch wires, Lead-in wires, Pinch, Brass socket, Switch, Axis (Haulm), Stem rod, Socket, Watt indicator, Filament, Plug, Switch-box, Rotary switch, **EAR**, **ELECTRIC LAMP (BULB)**, **ELECTRICAL FITTINGS**

E

E, e [ɪ:] s. 1. quinta letra do alfabeto, vogal. 2. (Mus.) mi. 3. (Náut.) navio m. de segunda classe (no registro do Lloyd's).

E, E. abr. de 1. **East** este, leste m. 2. **Easter (time)** Páscoa f. (tempo pascal). 3. **English** inglês. 4. **Earl** conde.

e abr. de (Fís.) **energy.**

each [i:tʃ] adj. cada. ‖ pron. cada, cada qual. ~ **and every** todos. ~ **one** cada um por sua vez, isoladamente. ~ **other** mutuamente. **for** ~ **other** um para o outro.
~ **way** adv. (turfe) placê.

eager ['i:gə] **(after, for s. th. to do)** adj. 1. ansioso, ávido, ambicioso. 2. vivo, zeloso. 3. impulsivo, impetuoso, impaciente. ‖ ~**ly** adv. 1. ansiosamente. 2. zelosamente. 3. impacientemente.

eagerness [~nis] s. 1. ânsia, avidez, cobiça f. 2. vivacidade f., zelo m. 3. impetuosidade, impaciência f.

eagle [i:gl] s. 1. águia f. 2. insígnia f., emblema militar m. 3. (E. U. A.) antiga moeda de ouro do valor de 10 dólares. 4. (Astron.) constelação f. boreal. **the** ~ **screams to-day** (E. U. A., gíria) hoje receberemos dinheiro (pagamento).

eagle-eyed adj. 1. de olhar aquilino. 2. perspicaz.

eagle hawk s. (Orn.) gavião-real m.

eagle-owl s. (Orn.) bufo m.

Eagle Scout s. escoteiro m. da mais alta categoria.

eagle-stone s. aetita f.: pedra de águia.

eaglet ['i:glit] s. filhote m. de águia, aguieta f.

eagre ['eigə] s. macaréu m., (Amazonas) pororoca f.

ear (I) [iə] s. 1. ouvido m. 2. orelha f. 3. audição f. 4. percepção f. 5. atenção, consideração favorável f. 6. asa f. (de vaso). 7. alça, colcheta f. (quadro B 9). 8. olho m. de agulha.

to be all ~**s** prestar toda a atenção. **to turn a deaf** ~ **to** não dar ouvido a. **to fall on deaf** ~**s** não ser atendido. **in one** ~ **and out the other** entrar por um ouvido e sair pelo outro. **to lend an** ~ ouvir, atender, tomar em consideração. **up to the** ~ **in...**, **over head and** ~**s in...** profundamente em..., imerso em... **dog's** ~ dobra em folha de livro. **to have or keep an** ~ **to the ground** (E. U. A.) cuidar do que o pessoal pensa e fala para agir de acordo. **an** ~ **for music** um ouvido para música. **they burnt his house about his** ~**s** incendiaram-lhe a própria casa. **it came to his father's** ~**s** chegou ao conhecimento de seu pai. **lend me an** ~! ouça-me, escute-me! **he brought a storm about his** ~**s** ele levantou uma tempestade. **to sing or play by** ~ cantar ou tocar de ouvido.

ear (II) [iə] s. espiga f. (quadro E 1). ‖ v. espigar.

ear ache s. dor f. de ouvido.

ear-cap s. protetor m. de orelhas (contra o frio).

ear deafening adj. ensurdecedor.

ear-drops s. pl. brincos m. pl.

ear-drum s. (Anat.) tímpano m.

eared ['iəd] adj. espigado, com ou em forma de espiga.

earful ['iəful] s. (coloq.) 1. recomendação não solicitada f. 2. reprimenda f.

earing ['iariŋ] s. (Náut.) empunidouro m.

earl [ə:l] s. conde m.
Earl Marshal marechal-intendente das cerimônias.

ear lap s. lóbulo da orelha m.

earldom ['ə:ldəm] s. condado m.: título m., dignidade f., ou território m. de um conde.

earless ['iəlis] adj. 1. desorelhado, sem orelha. 2. sem espiga, asa ou alça.

earliness ['ə:linis] s. 1. madrugada f. 2. prematuri-

dade, preciosidade f. 3. antecipação f.
early ['ə:li] adj. 1. matinal, de manhã, matutino. 2.
precoce, prematuro, adiantado, antecipado. 3.
primitivo. 4. temporão. ‖ adv. 1. cedo, de madrugada. 2. antecipadamente, prematuramente. 3. há
muito tempo, antigo. 4. logo, em breve.
~ in the morning de manhã cedo. **in ~ life** na
infância. **~ in the evening** no começo da noite.
in ~ times nos tempos primitivos. **an ~ reply** uma
resposta rápida. **to Keep ~ hours** levantar, deitar-se
cedo. **at an ~ date** logo mais. **you are ~ today**
você está madrugando hoje. **at your earliest convenience** logo que possa. **~ in June** em princípios
de junho. **as ~ as 1200** já no ano 1200.
Early American s. (E.U.A.) estilo m. de construções,
móveis, utensílios, do período colonial.
early bird (= **early riser**) s. (fig.) madrugador m.,
homem m. de ação, pessoa f. que aproveita as
vantagens duma ação imediata.
early closing day s. meio-feriado m. (lojas).
Early English s. (Arquit.) primórdios m. pl. do estilo
gótico inglês (1175-1275).
early ignition s. (Téc.) ignição f. antecipada.
early warning system s. (milit.) sistema m. de radar
premonitório.
ear-mark s. 1. marca de identificação na orelha
dos animais f. 2. (fig.) lembrete m. ‖ v. 1. marcar na
orelha. 2. assinalar. 3. destinar.
earmuffs pl. ['iəmʌfs] s. capas protetoras para as
orelhas f. pl., contra o frio.
earn [ə:n] v. 1. ganhar 2. obter em troca de trabalho. 3. merecer. 4. tornar-se merecedor.
to ~ fame ganhar renome, fama. **you ~ it!** você
o merece! **you receive more than you ~ed** você
recebe mais do que merece.
earned income s. rendimento m. do trabalho assalariado.
earner ['ə:nə] s. ganhador, ganhão m.
earnest (I) ['ə:nist] s. 1. seriedade, determinação f.
2. realidade f. ‖ adj. 1. sério. 2. enérgico, severo,
determinado. 3. sincero. 4. zeloso. 5. intenso, fervoroso. 6. grave, importante. ‖ **~ly** adv. seriamente,
gravemente, severamente, sinceramente.
I am in bitter ~ estou bem sério. **are you in ~?**
você está sério? **in good ~** absolutamente sério.
earnest (II) ['ə:nist] s. 1. arras f. pl.:
penhor, garantia. 2. entrada f., sinal m. 3. antegozo, antegosto m.
earnestness ['ə:nistnis] s. 1. seriedade, gravidade,
severidade f. 2. ardor, zelo m., dedicação f.
earnings ['ə:niŋz] s. pl. salário, ordenado m., féria f.,
lucros m. pl.
gross ~ receita bruta. **net ~** lucros líquidos.
ear-phones s. fone m. de ouvido.
ear piece s. receptor m. do telefone (quadros C 2,
M 3).
ear-piercing adj. ensurdecedor, estridente.
earplug ['iəplʌg] s. obturador m. de ouvido.
ear-ring s. brinco m., pingente m. para as orelhas
(quadro J 1).
ear-shot s. alcance m. da voz.
he is out of ~ ele está fora do alcance da voz.
earth [ə:θ] s. 1. globo terrestre m., Terra f. 2. (fig.)
habitantes m. + f. pl. da Terra 3. mundo m. 4.
chão m., terra firme f. 5. terreno, solo, humo m.
6. toca f., covil m. 7. mundanalidade f. 8. (Quím.)
vários óxidos m. pl. metálicos. 9. (Eletr.) terra,
ligação à terra f. ‖ v. 1. enterrar. 2. procurar
refúgio numa toca. 3. afugentar para a cova. 4.
ligar à terra.

on ~ na Terra. **why on ~ do you want that?** mas,
diabo, para que você quer aquilo? **come back to ~!**
deixa de sonhar! **to run to ~** perseguir até o fim.
to sink into the ~ (fig.) querer esconder-se de
vergonha.
earth-board s. aiveca f.
earth-born adj. 1. terrestre. 2. mortal, humano.
earth-bound adj. 1. terrestre, mundano. 2. preso à
terra. 3. sem imaginação, não sofisticado.
earthen ['ə:θən] adj. térreo, feito de barro, terra ou
louça, terroso.
earthenware ['ə:θənwɛə] s. louça f., artefato m. de
barro, produto m. de cerâmica. ‖ adj. de louça.
earthiness ['ə:θinis] s. 1. mundanalidade, terrenali-
dade f. 2. profanidade, vulgaridade f.
earthing ['ə:θiŋ] s. ligação f. à terra.
earthlight ['ə:θlait] s. = **earth-shine**.
earthling ['ə:θliŋ] s. terráqueo m.
earthly ['ə:θli] adj. 1. terrestre, terreal, mundano. 2.
possível, concebível, realizável.
no ~ reason nenhuma razão imaginável. **not an ~**
(gíria) nenhuma chance.
earthly-minded adj. mundano.
Earth Mother s. Mãe Terra f., fonte da vida, princípio da fertilidade.
earth movement s. movimento de terras m.
earth mover s. máquina de escavar a terra f.
earth-nut s. (Bot.) 1. amendoim m. 2. junça f. 3.
castanha subterrânea maior f.
earth plate s. (rádio) chapa f. de terra (ligação à
terra).
earthquake ['ə:θkweik] s. terremoto, abalo sísmico m.
earth science s. ciência que trata da Terra f. (geologia, geografia, etc.).
earth-shaking adj. (fig.) sensacional.
earth-shine s. reflexo m. da luz terrestre visível na
lua nova.
earthward(s) ['ə:θwəd(z)] adj. em direção à terra.
earth-wire s. condutor m. à terra, (rádio) fio-terra m.
earthwork ['ə:θwə:k] s. 1. (milit.) fortificação f. 2.
aterro m., terraplanagem f.
earthworm ['ə:θwə:m] s. 1. minhoca f. 2. (fig.) pessoa
f. rasteira ou sórdida.
earthy ['ə:θi] adj. 1. térreo, terrestre. 2. mundano,
material. 3. vulgar, ordinário, grosseiro.
ear-trumpet s. corneta acústica f.
ear-wax s. cerume m.: secreção cérea do conduto
auditivo externo.
earwig ['iəwig] s. 1. forfícula, lacrainha, bicha-cadela
f. 2. mexeriqueiro m., intrigante m. + f. ‖ v. tagarelar, aborrecer com insinuações.
ear-witness s. testemunha auricular f.
ease [i:z] s. 1. bem-estar m. físico ou espiritual,
tranqüilidade f., sossego m., ócio m. 2. alívio,
conforto m., despreocupação, comodidade f. 3.
naturalidade, facilidade, franqueza f., desembaraço
m. ‖ v. 1. aliviar, livrar da dor ou preocupação,
consolar, reconfortar, atenuar. 2. diminuir, minorar.
3. tranqüilizar, acalmar. 4. mover (-se) vagarosa
e cuidadosamente. 5. soltar, relaxar, afrouxar. 6.
facilitar.
at ~ 1. confortável. 2. (milit.) descansar. **to live at
~** viver sem preocupações. **ill at ~** embaraçado,
irrequieto. **with ~** facilmente. **to put (set) a person at his ~** tranqüilizar, reconfortar alguém,
fazer sentir-se à vontade. **take your ~** esteja à
vontade. **I feel at my ~ here** aqui eu me sinto
à vontade, em casa. **to ~ off, ~ up** abrandar,
suavizar, desprender, soltar. **he ~d himself** ele
desabafou.
easeful ['i:zful] adj. tranqüilo, pacífico, quieto, calmo,
sossegado. ‖ **~ly** adv. tranqüilamente.

easefulness ['i:zfulnis] s. sossego m., tranqüilidade f.
easel [i:zl] s. cavalete m., armação f. (de pintor ou para quadro-negro, etc.) (quadro P 1).
easement ['i:zmənt] s. 1. (jur.) servidão f.: encargo imposto em qualquer imóvel a favor de terceiros. 2. alívio m., mitigação f.
easily ['i:zili] adv. facilmente.
easiness ['i:zinis] s. 1. facilidade f., desembaraço m., comodidade f. 2. tranqüilidade f. 3. negligência, indiferença f.
east [i:st] s. 1. este, leste, oriente, levante m. 2. **East** (E. U. A.) regiões situadas no Nordeste do E. U. A. ‖ adj. oriental, oriundo do ou em direção ao leste. ‖ adv. rumo a leste, no leste.
to the ~ of, in the ~ of no leste de. **~ wind** vento leste. **Far East** Extremo Oriente. **Middle East** os países do Levante (Mediterrâneo oriental). **East-End** distrito oriental de Londres. **the East** o Oriente.
eastbound ['i:stbaund] adj. rumo a leste.
Easter ['i:stə] s. Páscoa f.
Easter day s. dia m. de Páscoa.
Easter eggs s. pl. ovos m. pl. de Páscoa.
Easter eve s. véspera f. de Páscoa.
easterly ['i:stəli] adj. + adv. oriental, para leste, oriundo do ou em direção leste.
Easter Monday s. segunda-feira f. após o Domingo de Páscoa.
Eastern ['i:stən] s. 1. oriental m.: habitante de países orientais. 2. membro de uma igreja ortodoxa. ‖ adj. 1. levantino, oriental, relativo ao Oriente. 2. (E. U. A.) zona oriental dos E. U. A. 3. de ou para o lado este ou leste.
Eastern Church s. Igreja Ortodoxa f., grega.
Eastern daylight time s. hora de verão oriental f.
easterner ['i:stənə] s. 1. nativo m. ou habitante m. + f. do leste. 2. (E. U. A.) **Easterner** habitante m. + f. da zona oriental dos E. U. A.
Eastern Hemisphere s. hemisfério oriental m.
easternize ['i:stənaiz] v. orientalizar.
easternmost ['i:stənmoust] adj. o mais oriental.
Easter Sunday s. Domingo de Páscoa m.
Eastertide ['i:stətaid] s. época f. de Páscoa.
East Indies s. Índias Orientais f. pl.
easting ['i:stiŋ] s. 1. curso oriental m., rumo para o leste. 2. (Náut.) distância vencida, rumo ao leste. **~ of the wind** mudança do vento para o leste.
Eastside ['i:stsaid] s. zona leste de Nova York.
eastward ['i:stwəd] s. este, leste m. ‖ adj. que se move em direção ou voltado para o leste, oriental. ‖ (também **~ly.**) adv. em direção ao Oriente, para leste.
easy ['i:zi] s. pequeno descanso m., folga f. (na prática de esportes). ‖ adj. 1. fácil, leve, cômodo, confortável, natural. 2. indolor, tranqüilo. 3. confortante, tranqüilizador. 4. dado à preguiça, ocioso, vadio, licencioso (costume). 5. afável, tratável. 6. acessível, cooperativo, oficioso, serviçal. 7. (estilo) fluente, ligeiro, agradável. 8. solto, folgado, frouxo. 9. vagaroso. 10. corriqueiro, vulgar. ‖ adv. facilmente, suavemente. ‖ **-ily** adv. facilmente, comodamente, sossegadamente. ‖ interj. devagar! cuidado!
~ to do fácil de fazer. **an ~ task** tarefa fácil. **~ of access** facilmente acessível. **~ of belief** crédulo. **in ~ circumstances** em abastança, em suficiência de meios. **free and ~** desembaraçado, sem cerimônias. **on ~ street** (E. U. A.) bem abastado, em prosperidade. **~ style** estilo agradável, fluente. **on ~ terms** sob condições favoráveis. **a woman of ~ virtue** mulher pública. **take it ~** calma! não se afobe! não se incomode, descanse! **stand ~** (Milit.) à vontade. **easier said than done** mais fácil falar do que realizar. **~ to be spoken**

with acessível, afável. **to make ~** confortar. **~ all!** (Esp. de remo) parado!
easy chair s. poltrona, cadeira f. de preguiça (quadro C 9).
easy-going adj. 1. calmo. 2. à vontade, despreocupado. 3. natural, desembaraçado. 4. negligente.
easy mark s. (gíria, E. U. A.) crédulo m., pessoa ingênua f.
eat [i:t] v. (imp. **eat, ate,** p. p. **eaten**) 1. comer, mastigar, engolir. 2. tomar uma refeição. 3. corroer, destruir. 4. gastar, consumir, desmanchar. 5. devorar, exterminar.
to ~ away corroer, destruir pouco a pouco. **the horse ~s its head off** o cavalo não vale a sua ração. **to ~ one's heart out** definhar-se, consumir-se pouco a pouco, sofrer tacitamente. **to ~ humble pie** ficar humilhado, ceder a algo. **to ~ in** (ou **into**) penetrar, corroer. **don't ~ me** não fique furioso comigo. **to ~ out** comer fora de casa. **to ~ one out of house and home** explorar, arruinar alguém. **to be ~en up by (with)** sentir remorsos, ficar penalizado. **to ~ one's words** desmentir as próprias palavras, contradizer-se. **what's ~ing you?** o que está te preocupando? que é que te aflige?
eatable ['i:təbl] s. **eatables** s. pl. comestíveis, víveres, mantimentos, gêneros alimentícios m. pl. ‖ adj. comestível, comível, próprio para comer.
eatage ['i:tidʒ] s. (arc.) pastagem, ração f.
eater ['i:tə] s. comedor m.
a great ~ um bom garfo, comilão m. **a poor ~** pessoa que come pouco.
eating ['i:tiŋ] s. 1. comer, alimento m., comida f.
eating-house s. casa de pasto, pensão f., restaurante m.
eats [i:ts] s. pl. gêneros alimentícios, víveres, comestíveis, mantimentos m. pl.
Eau de Cologne ['oudəkəl'oun] s. água-de-colônia f.
eaves [i:vz] s. pl. beirado, beiral m., aba f. do telhado (quadro R 5).
eavesdrop ['i:vzdrop] s. água f. de chuva que cai em gotas de um telhado. ‖ v. espreitar, escutar às escondidas, espiar.
eavesdropper [~ə], **eavedropper** s. metediço, intrometido m., pessoa f. escutando às escondidas a conversa particular de outros.
eavesdropping [~iŋ] s. escuta f.: ação de escutar clandestinamente.
ebb [eb] s. 1. maré baixa, vazante f. da maré. 2. (fig.) diminuição, decadência f., declínio m. 3. ponto m. de declínio, reviravolta f. ‖ v. 1. vazar (da maré), **estar na vazante.** 2. diminuir, enfraquecer, decair, baixar, acalmar-se, esgotar-se.
~ and flow fluxo e refluxo. **to be at a low ~** estar numa situação embaraçosa, viver na miséria. **the beginning of the ~** o início da vazante.
ebb-tide ['ebtaid] s. maré vazia, vazante f.
ebon ['ebən] s. forma poética da palavra **ebony.** ‖ adj. 1. feito de ébano, ebâneo. 2. escuro, negro.
ebonite [~ait] s. ebonite, vulcanite f.
ebonize [~aiz] v. ebonizar, dar a cor-de-ébano a.
ebony [~i] s. 1. ébano m. 2. árvore da família das Ebenáceas (Diospyros ebenum). 3. madeira dessa árvore. ‖ adj. 1. escuro, negro, ebâneo. 2. feito de ébano.
ebriate ['i:briit] v. embriagar, embebedar, embriagar-se, inebriar-se, intoxicar-se.
ebriety [i:br'aiəti] s. embriaguez m., ebriedade, bebedeira f., (gíria) pifão m., intoxicação f.
ebriosity [i:bri'ositi] s. ebriedade habitual f. (fig.) êxtase m.
ebrious ['i:briəs] adj. embriagado, ébrio, alcoolizado, intoxicado.
ebullience [ib'ʌljens], **ebulliency** [~i] s. 1. fervura,

ebulição, efervescência f. 2. (fig.) exaltação, exuberância f., exagero emotivo, entusiasmo m.
ebullient [ib'Aljənt] adj. ebuliente, efervescente, fervente, (fig.) ardoroso, exaltado, entusiástico, agitado. ‖ ~**ly** adv. 1. de maneira efervescente. 2. ardorosamente.
ebullition [ebəl'iʃən] s. 1. fervura, ebulição, efervescência f. 2. exalação, agitação, excitação f.
eburnation [ebə:n'eiʃn] s. (Med.) osteosclerose f.: ossificação das cartilagens articulares.
eburnean [ebə:n'i:ən] adj. ebúrneo, feito de ou relativo ao marfim.
écarté [eik'a:tei] s. (fr.) jogo de cartas.
eccentric [iks'entrik], **eccentrical** [~əl] s. 1. excêntrico, indivíduo extravagante m., pessoa esquisita ou original f. 2. (Mec.) peça f. que transforma um movimento rotativo em linear ou irregular. ‖ adj. 1. esquisito, extravagante. 2. excêntrico, que não tem o mesmo centro. 3. que se desvia dum centro. 4. que não circula (Astron.). ‖ ~**ally** adv. excentricamente.
eccentricity [eksentr'isiti] s. 1. excentricidade, descentragem f. 2. (fig.) extravagância, esquisitice f. ~ **of the centre of gravity** (Téc.) deslocação do centro de gravidade.
eccentric shaft s. (Téc.) eixo m. excêntrico.
eccentric strap s. (Téc.) colar m. excêntrico.
ecchymosis [ekim'ousis] s. (Med.) equimose f.
ecclesia [ikl'i:ziə] s. 1. eclésia f.: (Hist. grega) reunião política dos cidadãos. 2. igreja f.
ecclesiast [ikl'i:ziæst] s. autor do Eclesiastes (Bíblia).
Ecclesiastes [ikli:zi'æsti:z] s. (latim) Eclesiastes: Livro do Velho Testamento (atribuído ao Rei Salomão).
ecclesiastic [ikli:zi'æstik] s. eclesiástico, sacerdote, padre, clérigo m. ‖ adj. (também ~**al**) eclesiástico, clerical, espiritual. ‖ ~**ally** adv. eclesiasticamente.
ecclesiasticism [ikli:zi'æstisizm] s. eclesiasticismo, zelo religioso m., devoção f.
ecclesiology [ikli:si'ɔlədʒi] s. eclesiologia f.
ecdysis ['ekdisis] s (Zool.) ecdise f.
ecesis [is'i:sis] s. (Ecol.) ecese f.: introdução de planta ou animal em ambiente novo.
echelon ['eʃəlɔn] s. 1. (milit., Náut.) escalão m., esquadrilha f. em escalão. 2. (fig.) posição f. na hierarquia militar. ‖ v. escalonar, graduar.
echidna [ek'idnə] s. (Zool.) équidna f.
echinate ['ekineit], **echinated** [~ id] adj. espinhoso.
echinite ['ekinait] s. (Geol.) ouriço-do-mar m. petrificado.
echino– [ik'aino] pref. eriçado, espinhoso.
echinoderm [~ də:m] s. (Zool.) equinodermo m.
echinus [ik'ainəs] s. 1. ouriço-cacheiro, ouriço-do-mar m. 2. (Arquit.) equino m.: forma ornamental nos capitéis de colunas gregas.
echo ['ekou] pl. **echoes** s. eco m.: 1. repetição de som, repercussão f. 2. (fig.) imitador m. 3. lugar m. de eco. 4. (Mús.) repetição f. de um som ou de uma frase. ‖ v. 1. ecoar: a) ressoar. b) repetir, repercutir. 2. (fig.) arremedar.
he is his living ~ ele o copia minuciosamente.
echo chamber (Rádio) s. câmara de ressonância f.
echoic [ek'ouik] adj. imitativo, ecóico, repetidor.
echoism ['ekouizm] s. onomatopéia f.: palavra cuja pronúncia imita o som natural da coisa significada.
echolalia [ekoul'eiliə] s. (Psiq.) ecolalia f.
echolocation [ekoulouk'eiʃən] s. ecolocalização f. (radar e sonar).
echoless ['ekoulis] adj. sem eco.
echo sounder s. sonda f. pelo eco.
eclair [eikl'ɛə] s. (Culin.) bomba f. (quadro C 1).

eclampsia [ikl'æmpsiə] s. (Med.) eclampsia f.: doença convulsiva.
éclat [eikl'a:] s. 1. notoridade, fama f. 2. aclamação f., aplauso m. 3. brilho, sucesso m.
eclectic [ekl'ektik] s. m., adepto m. do ecletismo. ‖ adj. (também ~**al**) selecionador, selecionado, eclético. ‖ ~**ally** adv. ecleticamente.
eclecticism [ekl'ektisizm] s. ecletismo m.: seleção de métodos e princípios ponderáveis oriundos de doutrinas diferentes.
eclipse [ikl'ips] s. 1. (Astron.) eclipse m. 2. escurecimento m., escuridão f. 3. (fig.) desaparecimento, desprestígio m., malogro passageiro. ‖ v. 1. eclipsar. 2. escurecer, ofuscar. 3. desprestigiar, malograr. **partial** ~ eclipse parcial. **total** ~ eclipse total. **to suffer an** ~ sofrer um revés.
ecliptic [ikl'iptik] s. (Astron.) eclíptica f. ‖ adj. (também ~**al**) eclíptico ‖ ~**ally** adv. eclipticamente.
eclogue ['eklɔg] s. écloga f.: poesia pastoril, bucólica.
ecologic [ekəl'ɔdʒik], **ecological** [~əl] adj. ecológico, relativo à ecologia. ‖ ~**ally** adv. ecologicamente.
ecologist [i:k'ɔlədʒist] s. ecologista m. + f.
ecology [ik'ɔlədʒi] s. (Biol.) ecologia f.: estudo biológico sobre as relações mútuas entre plantas, animais ou homens e ambiente.
economic [i:kən'ɔmik], **economical** [~əl] adj. 1. econômico, parcimonioso, parco, frugal. 2. moderado, previdente. 3. que se refere à ciência econômica. ‖ ~**ally** adv. economicamente, parcamente.
economic determinism s. doutrina f. do determinismo econômico.
economic geografy s. geografia econômica f.
economics [~s] s. ciência da economia f.
political ~ economia política. **social** ~ economia social.
economic sanctions pl. s. (Pol.) sanções econômicas f. pl.
economic value s. valor comercial, valor real m.
economist [ik'ɔnəmist] s. 1. economista m. + f., econômo, administrador m. 2. entendido m. ou estudante m. + f. de ciências econômicas.
political ~ economista político m. + f.
economize [ik'ɔnəmaiz] v. 1. economizar, poupar, gastar com moderação. 2. fazer economia.
economizer [~ə] s. 1. (Téc.) preaquecedor m. 2. economizador m.
economy [ik'ɔnəmi] s. 1. economia, parcimônia, poupança f. 2. administração, organização f.
~ **in operation** funcionamento econômico m. ~ **measures** medidas f. pl. de poupança. **planned** ~ economia dirigida. **political** ~ economia política.
economy class s. classe turista f.
ecospecies ['ikɔspi:ʃi:z] s. (Ecol.) ecospécie f.
ecosystem ['i:kəsistim] s. (Ecol.) ecossistema m.
ecotone ['i:kətoun] s. (Ecol.) ecotono m.: zona de transição entre tons ecológicos diversos.
ecru ['eikru:] s. linho cru m. ‖ adj. cor do linho cru, cru, não alvejado.
ecstasize ['ekstəsaiz] v. 1. extasiar, enlevar, encantar, entusiasmar. 2. cair em êxtase, sentir enlevo.
ecstasy ['ekstəsi] s. 1. êxtase, enlevo m. 2. arrebatamento íntimo m. 3. (Med.) doença nervosa f.
he is in ~ **over...** ele está entusiasmado por causa de... **to fall into** ~ extasiar-se.
ecstatic [ekst'ætik] s. doente m. + f., extático, que está atacado de êxtase. ‖ adj (também ~**al**) 1. extático, absorto. 2. enlevado, pasmado, posto em êxtase. ‖ ~**ally** adv. extaticamente, com êxtase.
ectoblast ['ektoubla:st] s. (Biol. e Zool.) ectoblasta m.: folha externa do blastoderme.
ectoderm ['ektoudə:m] s. (Biol. e Zool.) ectoderme m.

ectoplasm ['ektouplæzm] s. ectoplasma m.: 1. (Biol.) camada periférica do protoplasma de uma célula. 2. (Espirit.) plasma considerado como emanação mediúnica.

ecumenic [ekjum'enik], **ecumenical** [~əl] adj. ecumênico, geral, universal. ‖ **~ally** adv. universalmente.

ecumenicalism [~əlizm] s. (Rel.) ecumenismo m.

eczema ['eksimə, igz'i:mə] s. eczema m.

edacious [id'eiʃəs] adj edaz, devorador, voraz, comilão, glutão, ávido.

edacity [id'æsiti] s. edacidade, glutonaria, gulodice f.

Edda ['edə] s. (Liter.) Eda m.: obra antiga da literatura nórdica.

eddish ['ediʃ] s. 1. feno serôdio, restolho m. 2. restolhal, terreno m. em que há restolho.

eddy ['edi] s. 1. remoinho, turbilhão, redemoinho m. 2. contracorrente f. (de água, ar, fumaça, etc.) ‖ v. 1. redemoinhar. 2. mover-se em círculos.

edelweiss ['eidlvais] s. edelvais m.: planta da família das Compostas (Leontopodium alpinum).

edema [id'i:mə] pl. **edemata** [id'i:mətə] s. (Med.) edema m.

Eden ['i:dn] s. 1. éden, paraíso terrestre m. 2. (fig.) lugar aprazível, bem-estar perfeito m.

edentate [id'enteit] adj. (Zool.) desdentado, sem dente ou sem dentes incisivos.

edge [edʒ] s. 1. canto m., extremidade, margem, beira, borda f. (quadros B 9, B 17, H 4). 2. bainha, aresta, orla f. 3. (fig.) situação crítica f. 4. gume, fio, corte m. 5. perspicácia, sutileza f. 6. (coloq.) vantagem f. ‖ v. 1. afiar, amolar, aguçar. 2. introduzir-se despercebidamente, infiltrar-se. 3. mover-se lateralmente. 4. margear, delimitar, emoldurar, cercar, bordar.

on ~ 1. nervoso, agitado. 2. ansioso, impaciente. **to take the ~ off** privar de força, de vigor. **gilt ~s** orlas douradas (de livros). **to put an ~ on** afiar, dar tio. **to be on the very ~ of doing s. th.** estar para fazer alguma coisa. **they meet on ~s** eles ficam de canto a canto. **to put to the ~ of the sword** passar à espada, matar. **it sets my teeth on ~** isto me irrita. **to put s. o. on ~** irritar alguém. **to have an ~ on** ser atrevido (na escola). **to have the ~ on** (Canadá) ter pequena vantagem sobre... **to ~ away, to ~ off** (Náut.) aumentar gradualmente a distância entre o navio e o cais ou qualquer outro objeto. **to ~ o. s. into** penetrar.

edged [edʒd] adj. 1. afiado, agudo, aguçado, cortante. 2. pontiagudo. 3. guarnecido, orlado.

double ~ de dois gumes, fios ou cortes.

edgeless ['edʒlis] adj. desafiado, sem ponta, embotado, obtuso, sem fio.

edge out v. 1. fazer perder gradualmente a posição. 2. derrotar por pouco.

edge species s. espécie f. encontrada entre tons ecológicos diversos.

edgeways ['edʒweiz], **edgwise** ['edʒwaiz] adv. 1. lateralmente, de ou para o lado. 2. do lado do gume ou fio.

to get a word in ~ conseguir a custo, pronunciar-se.

edging ['edʒiŋ] s. 1. guarnição, orla, borda, fita, franja, barra f., debrum m. 2. galão m., sutache f.

edgy ['edʒi] adj. 1. anguloso, que tem cantos. 2. afiado, aguçado. 3. (fig.) irritável, impaciente. 4. irascível, mordaz, irritado.

edibility [edib'iliti] s. comestibilidade f.

edible ['edibl] s. pl. (geralm. ~s) comestíveis, víveres, mantimentos m. pl. ‖ adj. comestível, comível.

edibleness [~nis] s. comestibilidade f.

edict ['i:dikt] s. édito, edital, decreto m., lei, ordem f.

edictal [i:d'iktəl] adj. edital.

edification [edifik'eiʃən] s. 1. aperfeiçoamento moral, benefício espiritual m. 2. (fig.) edificação f. 3. instrução f.

edificatory ['edifikeitəri] adj. edificativo, edificante, instrutivo, que dá bons exemplos.

edifice ['edifis] s. edifício, prédio, palácio m.

edifier ['edifaiə] s. 1. edificador m. 2. moralista m. + f. 3. construtor m.

edify ['edifai] v. 1. edificar, erigir. 2. instruir, aperfeiçoar moralmente, fortificar em virtudes.

edifying [~iŋ] adj. edificante, edificativo. ‖ **~ly** adv. de maneira edificativa.

edile ['i:dail] s. edil m., magistrado na Roma antiga.

edit ['edit] v. 1. editar, publicar, editorar, revisar e selecionar para publicação. 2. (fig.) censurar, alterar, truncar. 3. dirigir um periódico.

edit. abrev. de l. **edited.** 2. **edition.** 3. **editor.**

edition [id'iʃən] s. 1. edição, publicação f., 2. tiragem, impressão f. 3. aspecto gráfico m., apresentação f. de uma obra literária.

the first ~ primeira edição. **morning ~** edição matinal. **the ~ is out of print** a edição esgotou-se. **a five-volume ~** uma edição de cinco volumes.

editor ['editə] s .1. editor, redator, m., jornalista m. + f., responsável m. + f. (do periódico). 2. comendador, autor m. de artigos de fundo. 3. compilador m., dicionarista m. + f., lexicógrafo m.

editorial [edit'ɔ:riəl] s. editorial m.: artigo de fundo ‖ adj. editorial. ‖ **~ly** adv. editorialmente.

editorialize [~aiz] v. 1. escrever um editorial, editorar. 2. divulgar, propalar (sua opinião) em artigo de jornal. 3. publicar e discutir atualidades em forma de um editorial.

editorial staff s. corpo m. de redatores e colaboradores de uma editora.

editor in chief s. redator-chefe m.

editorship ['editəʃip] s. cargo m., obrigações de um redator ou editor.

editress ['editris] s. redatora f.

E. D. T. abrev. de **Eastern daylight time.**

educability [edju:keb'iliti] educabilidade f.

educable ['edjukebl] adj. (E. U. A.) educável.

educate ['edjukeit] v. 1. educar, ensinar, instruir. 2. adestrar, amestrar (animais). 3. cultivar o espírito.

educated [~əd] adj. 1. educado, culto, instruído. 2. adestrado, ensinado (animal).

education [edjuk'eiʃən] s. 1. educação f., ensino m. 2. cultura f. 3. cultivo m. 4. pedagogia f.

elementary ~ ensino elementar. **primary ~** ensino primário. **secondary ~** ensino secundário. **Board of ~** Ministério da Educacão.

educational [edjuk'eiʃnl] adj. educacional, pedagógico. ‖ **~ly** adv. pedagogicamente, educacionalmente.

educational park s. área verde metropolitana f. para fins educacionais.

educationist [edjuk'eiʃənist] s. pedagogista, educacionista m. + f.

educative ['edjukeitiv] adj. educativo, instrutivo.

educator ['edjukeitə] s. 1. educador, pedagogo, mestre, professor m. 2. treinador m. (esporte). 3. adestrador m. (de animais).

educe [idj'u:s] v. 1. eduzir, deduzir, concluir **(from** de). 2. extrair **(from** de) 3. desenvolver, revelar.

educible [~əbl] adj. 1. deduzível. 2. extraível, educível.

educt [id'ʌkt] s. 1. extrato m. 2. dedução f.

eduction [i:d'ʌkʃən] s. 1. educação, dedução f. 2. extração f. 3. descarga f., escape m.

eduction pipe s. (Téc.) cano m. de descarga.

eduction valve s. (Téc.) válvula f. de escape ou descarga.

eductive [id'ʌktiv] adj. extrativo, relativo a extração.

edulcorate [id'ʌlkəreit] v. 1. edulcorar, adoçar. 2. (Quím.) lavar, purificar.

edulcoration [idʌlkər'eiʃən] s. edulcoração f.

edulcorative [id'ʌlkəreitiv] adj. edulcorativo.

Edwardian [edw'ɔ:diən] s. (Hist. brit.) eduardiano m.: pessoa do período do Rei Eduardo VII, 1901-1910. ‖ adj. eduardiano.

E. E. abr. de **Electrical Engineer** engenheiro eletricista.

eel [i:l] s. enguia f.
electrical ~ enguia-elétrica. as slippery as an ~ escorregadio como uma enguia.

eelbuck ['i:lbʌk] s. botirão m., nassa f.

eelfare ['i:lfɛə] s. 1. passagem f. de enguias novas rio acima. 2. cardume m. de enguias novas.

eelgrass ['i:lgræs] s. zostera f.: planta marinha.

eeling ['i:liŋ] s. pesca f. de enguia.

eel-pout s. (Ict.) !ota f., blênio m.

eel-spear s. arpão m., fisga f. de aferrar enguias.

eel-worm s. angüilula f. (verme da classe dos Nematóides).

eely ['i:li] adj. semelhante a enguia, coleante.

e'en [i:n] abr. poética de even adv. até mesmo, certamente, verdadeiramente.

e'er ['ɛə] abr. poética de ever adv. sempre, eternamente, para sempre.

eerie, eery ['iəri] adj. 1. misterioso, sinistro, lúgubre. 2. tímido, receoso (por superstição), medroso. 3. melancólico.

eerily [~ly] adv. sinistramente, misteriosamente.

eeriness [~nis] s. 1. lugubridade f., mal-assombramento, pavor m. 2. receio supersticioso m. 3. melancolia f.

effable ['efəbəl] adj. exprimível.

efface [if'eis] v. 1. apagar, obliterar, eliminar. 2. destruir, abolir, extinguir. 3. retrair-se, encolher-se, ofuscar. 4. anular, cancelar.
to efface o. s. perder em popularidade, ocultar-se, relegar-se ao segundo plano. she ~d herself ela retraiu-se.

effaceable [~ əbl] adj. 1. obliterável, extinguível. 2. destruível, anulável.

effacement [~ mənt] s. 1. obliteração f. 2. extinção f. 3. anulamento m.

effect [if'ekt] s. 1. efeito, resultado m., conseqüência f. 2. capacidade, eficiência, eficácia, força f., vigor m. 3. influência, repercussão f. 4. impressão (moral ou material) causada. 5. padrão m. artístico de uma obra. 6. finalidade f., propósito, desígnio m. 7. (Téc.) rendimento m. (de uma máquina, de processo). 8. fenômeno científico m. (com o nome do descobridor). ‖ v. 1. efetuar, executar, realizar, desempenhar, produzir. 2. causar. 3. cumprir. 4. influenciar.
for ~ para impressionar ou causar sensação. in ~ 1. realmente, verdadeiramente, de fato. 2. em funcionamento, ativo. carry into ~ pôr em ação, em funcionamento. to (ou of) no ~ em vão, inútil. to the (ou this) ~ com o propósito, com a finalidade. to take ~ entrar em vigor, realizar-se. without ~ sem efeito, inválido. to the following ~ do seguinte teor. to the same ~ no mesmo sentido. he ~ed assurance on ele firmou um seguro sobre.

effecter [if'ektə] s. quem ou o que efetua, etc.

effectible [if'ektibl] adj. efetível, que se pode efetuar ou realizar.

effective [if'ektiv] s. soldado ou marujo m. da ativa. ‖ adj. 1. efetivo, eficaz, eficiente, útil. 2. ativo, forte. 3. real, verdadeiro. 4. impressionante. 5. de fato, realmente. 6. (Téc.) aproveitável. 7. (milit.) apto para o serviço ativo. ‖ ~ly adv. efetivamente, eficazmente, com efeito.

effective horse power s. cavalo-força efetiva f.

effectiveness [~nis] s. eficácia, eficiência f.

effective power s. potência f. efetiva, rendimento m. efetivo.

effective pressure s. pressão efetiva f.

effective range s. campo m. de ação, alcance m., esfera f. de ação, raio m. de ação ou atividade.

effectives [if'ektivz] s. pl. o efetivo m. do exército, contingente m., tropas f. pl., força f. militar.

effectless [if'ektlis] adj. 1. inútil, ineficiente, em vão. 2. ineficaz, baldado.

effects [if'ekts] s. pl. 1. bens móveis, títulos, ativos bancários m. pl., ações f. pl. 2. imitação, aparência f.
sound ~ efeitos sonoros. silk ~ aparência de seda... light ~ efeitos de luz.

effectual [if'ektjuəl] adj. 1. eficaz, efetivo, eficiente. 2. válido, vigente. ‖ ~ly adv. eficazmente, eficientemente, efetivamente.

effectuality [ifektju'æliti] s. eficácia, validade f.

effectuate [if'ektjueit] v. efetuar, executar, fazer, causar, realizar, cumprir, levar a efeito.

effectuation [ifektju'eiʃən] s. efetuação, execução, realização f.

effeminacy [if'eminəsi] s. 1. afeminação, efeminação, degeneração f. 2. fraqueza, delicadeza excessiva f.

effeminate [if'eminit] adj. 1. afeminado, efeminado. 2. mulherengo, mulheril. 3. fraco, delicado, mole, amaricado. ‖ ~ly adv. efeminadamente.

effemination [ifemin'eiʃən] s. afeminação, efeminação f.

effeminize [if'eminaiz] v. efeminar, mimosear.

effendi [ef'endi] s. efêndi m.: título de respeito dos dignitários turcos, corresp. a senhor, mestre.

efferent ['efərənt] s. (Fisiol.) eferente. ‖ adj. eferente.: que conduz de dentro para fora.

effervesce [efəv'es] v. 1. efervescer, espumar, fervilhar. 2. manifestar vivacidade ou alegria, agitar-se, exaltar-se.

effervescence [~ns], effervescency [~nsi] s. efervescência, ebulição, fervura f. (fig.) exaltação, excitação, comoção f., alvoroço m.

effervescent [~nt] adj. 1. efervescente. 2. (fig.) buliçoso. 3. (fig.) agitado, convulsivo, tempestuoso.

effervescent powder s. pó efervescente, bicarbonato de sódio m.

effete [ef'i:t] adj. estéril gasto, acabado, exausto, fraco, esgotado.

effeteness [~nis] s. esterilidade, infecundidade f.

efficacious [efik'eiʃəs] adj. eficaz, eficiente. ‖ ~ly eficazmente, eficientemente.

efficaciousness [~nis], efficacity [efik'æsiti], efficacy ['efikəsi] s. 1. eficácia, eficiência f. 2. força f.

efficiency [if'iʃənsi] s. 1. eficiência, eficácia, ação f. 2. competência f. 3. (Téc.) energia, capacidade f., rendimento m.

efficiency apartment s. pequeno apartamento m. com kitchenette e banheiro diminutos.

efficiency expert s. perito m. de organização ou produção eficiente f.

efficiency test s. (Téc.) ensaio m., prova f. ou teste m. de rendimento.

efficient [if'iʃnt] adj. eficiente, ativo, competente, capaz, experimentado. ‖ ~ly adv. eficientemente, eficazmente, ativamente.

effigy ['efidʒi] s. efígie, imagem f., retrato m.
to burn (ou hang) in ~ queimar (ou enforcar) em efígie.

effloresce [eflɔ:r'es] v. 1. (Bot.) eflorescer, florescer, enflorar. 2. (Quím.) eflorescer. 3. (fig.) transbordar (de alegria).

efflorescence [~ns], efflorescency [~nsi] s. 1. efloruscência, florescência f. 2. desabrochamento m., floração f. 3. (Quím.) pulverização f. (por perda de água ou evaporação). 4. (Med.) erupção cutânea f., exantema m. 5. incrustação f., depósito m. de matéria sólida. 6. resíduo amorfo m.

efflorescent [~nt] adj. eflorescente, florescente.

effluence ['efluəns], **effluency** ['efluənsi] s. 1. efluência, emanação f. 2. desaguamento m. (de um lago).

effluent ['efluənt] s. efluência f., desaguamento m. ‖ adj. efluente, emanante.

effluvium [efl'u:viəm] (pl. **—via**) s. 1. eflúvio m., emanação, exalação f. 2. miasma m.

efflux ['eflʌks] s. efluxo, eflúvio m., emanação, exalação f.

effort ['efət] s. 1. esforço, empenho, zelo, afã m., tentativa f. 2. resultado m. de um esforço, realização, conquista, proeza f.

to make an ~ fazer um esforço, uma tentativa.

effortful [~ful] adj. penoso, trabalhoso.

effortless [~lis] adj. sem esforço, fácil. ‖ **~ly** adv. sem esforço, facilmente.

effrontery [efr'ʌntəri] s. 1. desaforo, descaramento m. 2. impudência, insolência f. 3. insulto m.

effulgence [ef'ʌldʒəns] s. brilho, esplendor, fulgor m. resplandecência f., resplendor m.

effulgent [ef'ʌldʒənt] adj. resplandecente, brilhante, fulgurante, radiante. ‖ **~ly** fulgurantemente.

effuse [efj'u:z] v. 1. efundir, derramar, verter, despejar. 2. espalhar. ‖ adj. [efj'u:s] 1. (Bot.) largamente espalhado. 2. profuso.

effusion [ifj'u:ʒən] s. efusão f.: 1. (Med.) derramamento de sangue (ou outros líquidos) de seus vasos. 2. escoamento m. 3. desabafo m.

effusive [ifj'u:siv] adj. 1. efusivo, expansivo, caloroso. 2. pródigo, generoso, exuberante. 3. excessivo, emocional, sentimental. ‖ **~ly** adv. efusivamente.

effusiveness [~nis] s. expansibilidade.

E-flat s. (Mús.) mi bemol.

eft (I) [eft] s. (Zool.) tritão m.: salamandra de água.

eft (II) [eft] adv. (arc.) novamente, outra vez.

eftsoon [efts'u:n], **eftsoons** [efts'u:nz] adv. (arc.) 1. logo depois. 2. novamente, outra vez.

e. g. abr. de exempli gratia por exemplo.

egad [ig'æd] interj. por Deus! por certo! deveras!

egalitarian [igælit'ɛəriən] igualitário m.: partidário da igualdade de condições para todos os membros da sociedade.

egest [idʒ'est] v. (arc.) expelir, evacuar, excretar.

egestion [~ʃən] s. (arc.) evacuação, secreção f.

egg [eg] s. 1. ovo m. (Biol.) óvulo, germe m. 2. (fig.) princípio m. ou origem f. de qualquer coisa. ‖ v. 1. preparar alimentos com ovos. 2. colecionar ovos. 3. (coloq.) jogar ovos em...

(gíria) **bad ~** sujeito mau. **to ~ and crumb** panar: cobrir de gema e migalhas. **fried ~s** ovos estrelados. **good ~** (gíria) born sujeito. **hard ~s** ovos cozidos. **in the ~** (gíria) na infância. **old ~** velho amigo. **poached ~s** ovos escalfados. **to put all ~s into one basket** arriscar tudo, jogar sua última cartada. **rotten ~** ovo choco ou podre. **scrambled ~s** ovos mexidos. **soft boiled ~s** ovos quentes, ovos moles. **as sure as ~s** (gíria) com toda a certeza. **the white of an ~** a clara do ovo. **the yolk of an ~** a gema do ovo. **to ~ on** instigar, provocar.

eggbeater ['egbi:tə] s. 1. batedeira f. de ovos. 2. (gíria) helicóptero m.

egg-bomb s. granada f. de mão.

egg cell s. célula-ovo f., óvulo m.

egg cup s. oveiro m.

egg-dance s. 1. dança f. de uma pessoa de olhos vendados num círculo de ovos. 2. (fig.) empreendimento extremamente difícil m.

egger ['egə] s. (Ent.) lasiocampo m. (gênero de mariposas).

egg flip s. gemada f.

egghead ['eghed] s. (coloq.) intelectual m. + f.

egging ['egiŋ] s. postura f. de ovos.

egg laying adj. ovíparo, que põe ovos.

egg plant s. (Bot.) berinjela f.

egg-shape s. ovado, oval (objetos) m.

egg-shaped adj. oviforme, oval (quadro L 2).

egg-shell s. casca f. de ovo. ‖ adj. semelhante à casca de ovo, fino, delgado.

egg whisk s. = **eggbeater**.

egg white s. 1. clara f. de ovo. 2. albumina f. do ovo.

eglantine ['eglantain] s. (Bot.) 1. rosa-amarela f. (Rosa eglanteria). 2. madressilva-dos-bosques f.

ego ['egou] s. ego, eu m.

egocentric [egos'entrik] adj. egocêntrico.

egocentricity [egosentr'isiti] s. egocentricidade f.

ego ideal s. (Psiq.) ego idealizado m., nem sempre integrado ao superego.

egoism ['egouizm] s. 1. egoísmo m. 2. presunção f.

egoist ['egouist] s. egoísta m. + f.

egoistic [egou'istik], **egoistical** [~əl] adj. egoístico. ‖ **~ally** adv. egoisticamente.

egomania [egoum'einiə] s. (Psicol.) egolatria f.

egopsycology [egousaik'ɔlədʒi] s. psicologia f. do ego.

egotism ['egoutizm] s. 1. egotismo m. 2. egoísmo m., vaidade f.

egotist ['egoutist] s. egotista m. + f.

egotistic [egout'istik], **egotistical** [~əl] adj. egotista. ‖ **~ally** adv. egotisticamente.

egotize ['egoutaiz] v. gabar-se, jactar-se, vangloriar-se.

egregious [igr'i:dʒəs] adj. 1. notório. 2. clamoroso. 3. extraordinário. ‖ **~ly** adv. 1. odiosamente. 2. (†) egregiamente.

~ly an ass um perfeito imbecil.

egregiousness [~nis] s. notoriedade f.

egress ['i:gres] s. 1. egresso m. 2. egressão, saída f. 3. (Astron.) emersão f. 4. direito m. de sair.

egression [igr'eʃən] s. egressão, saída f.

egret ['i:grət] s. 1. (Zool.) garçota f. 2. pena, pluma f. 3. penacho, airão m.

greater ~ (Zool.) garça real. **lesser ~** (Zool.) garçota.

Egypt ['i:dʒipt] s. Egito m.

Egyptian [idʒ'ipʃən] s. 1. egípcio, egipciano, egipcíaco m. 2. idioma m. dos antigos egípcios. 3. (arc.) cigano m. ‖ adj. egípcio, (arc.) cigano.

Egyptian calendar s. (Hist.) calendário egípcio m.

Egyptological [i:dʒiptəl'ɔdʒikəl] adj. egiptológico.

Egyptologist [i:dʒipt,ɔlədʒist] s. egiptólogo m.

Egyptology [i:dʒipt'ɔlədʒi] s. egiptologia f.

E. I. C. abr. de **East India Company** Companhia das Índias Orientais.

eider ['aidə] s. 1. (Orn.) êider.: espécie de pato do Norte. 2. penas f. pl. desse pato.

eider-down s. 1. edredão m. 2. penugem f. do ganso.

eider-duck s. (Orn.) = **eider**.

eidetic [aid'etik] adj. eidético.

eidolon [aid'oulɔn] s. espectro m. 1. imagem f.

eidos ['aidəs] s. (Filos.) conceito, ideal m., forma f.

eight [eit] s. 1. oito m. 2. algarismo m. representativo desse número. 3. barco m. de oito remos. ‖ adj. num. oito. ‖ **~ly** adv. oitavo.

to have one over the ~ (gíria) ter tomado um trago a mais, estar ligeiramente embriagado. **~ ball** bola oito no snooker. **to be behind the ~** estar em apuros, em situação difícil ou embaraçosa.

eighteen ['eiti:n] s. dezoito. ‖ num. dezoito.

eighteenmo [eit'i:nmou] s. (Tipogr.) octodécimo m.:

a) tamanho de página de livro. b) livro com páginas deste tamanho m.
eighteenth ['eiti:nθ] s. décimo oitavo. ‖ num. décimo oitavo.
eightfold ['eitfould] adj. óctuplo. ‖ adv. oito vezes.
eighth [eitθ] s. 1. oitavo m. 2. (Mús.) oitava f.‖num. oitavo. ‖ ~ly adv. em oitavo lugar.
eighth note [eitθ nout] s. (Mús.) 1. oitava f. 2. trinado m. 3. colcheia f.
eightieth ['eitiiθ] s. octogésimo m. ‖ num. octogésimo.
eight score [eit skɔ:] adj. oito vezes vinte: cento e sessenta.
eight-sided adj. octogonal, octangular, octaédrico.
eightsome ['eitsʌm] s. dança escocesa f. para oito pessoas. ‖ adj. + adv. agrupado em oito.
eighty ['eiti] s. oitenta. ‖ num. oitenta.
the eighties a nona década (esp. do século passado).
eightyfold [~fould] num. oitenta vezes (mais).
eikon ['aikɔn] s. ícone m.: imagem religiosa, ídolo.
Eire ['ɛərə] n. p. Desde 1937 o nome oficial da Irlanda f.
either ['aiðə, 'i:ðə] adj. 1. um ou outro (de dois). 2. cada, qualquer (de duas alternativas). ‖ adv. 1. igualmente não, tampouco. 2. também, de modo idêntico. 3. em vez de. ‖ conj. ou, senão, de outro modo. ‖ pron. um e outro (de dois), cada um. ~ or ou... ou. in ~ group em cada grupo. in ~ case em qualquer caso. on ~ side em ambos os lados. ~ one will do qualquer um (dentre dois) serve. I do not like ~ não gosto de nenhum (dos dois). ~ you or your brother is wrong ou você ou seu irmão está enganado. if she does not go he will not go ~ se ela não vai ele também não irá. I have not read the book, nor has he ~ eu não li o livro, nem ele tampouco. without ~ rhyme or reason sem pé nem cabeça.
ejaculate [idʒ'ækjuleit] v. 1. exclamar repentinamente, proferir. 2. ejacular, lançar, expelir (líquidos) em jacto.
ejaculation [idʒækjul'eiʃən] s. exclamação, ejaculação f., derramamento m. o jacto.
ejaculatory [idʒ'ækjulətəri] adj. 1. exclamatório. 2. ejaculatório.
ejaculatory prayer s. prece fervorosa, jaculatória f.
eject [idʒ'ekt] v. 1. lançar, jogar fora, expelir. 2. dispensar, destituir, deportar.
ejecta [idʒ'ektə] s. matéria ejetada f.
ejection [idʒ'ekʃən] s. 1. ejeção, expulsão f. 2. evacuação, dejeção f. 3. deposição f.
ejection pipe s. cano m. de descarga (de esgoto).
ejection seat s. (Aer.) assento ejetor m.
ejectment [idʒ'ektmənt] s. 1. exclusão, expulsão f. 2. (Jur.) desapropriação f. 3. (Jur.) ação f. de recuperação de bens.
ejector [idʒ'ektə] s. 1. despojador, expulsor, expropriador m. 2. (Téc.) ejetor m.
ejector nozzle s. bocal m. do ejetor.
eke (I) [i:k] v. (arc.) aumentar, alargar, acrescentar, alongar, adicionar.
to ~ out 1. suprir (with com), prorrogar, prolongar (o tempo). **to ~ out a miserable existence** levar uma vida miserável, manter-se a custo.
eke (II) [i:k] adv. (arc.) também.
el [el] s. 1. (E. U. A.) abr. de **elevated railway**. 2. algo em forma de L. 3. vara f.: antiga medida de comprimento.
elaborate [il'æbəreit] v. elaborar, trabalhar com esmêro, aperfeiçoar. ‖ adj. [il'æbərit] elaborado, bem trabalhado, esmerado. ‖ ~ly adv. laboriosamente, primorosamente, cuidadosamente.

elaborateness [~nis], **elaboration** [ilæbər'eiʃən] s. elaboração, perfeição f., artifício, esmero m.
elaborative [il'æbəreitiv] adj. elaborativo.
elaborator [il'æbəreitə] s. elaborador m.
élan [eil'a:ŋ] s. entusiasmo, ardor, ímpeto m.
eland ['i:lənd] s. (Zool.) elã, cefo m.: espécie de antílope africano.
elapse [il'æps] v. passar, decorrer, expirar (o tempo).
elasmobranch [il'æzmobræŋk] s. elasmobrânquio m.: classe de peixes à qual pertencem os tubarões e as raias.
elastic [il'æstik] s. elástico m., fita elástica f. (quadro C 12). ‖ adj. 1. elástico, flexível. 2. adaptável. 3. (fig.) fonte inquebrantável. 4. (fig.) vivo, ligeiro. ‖ ~ally adv. elasticamente.
elastic deformation s. (Fís.) deformação elástica f.
elastic force s. força f. elástica, elasticidade f.
elasticity [ilæst'isiti] s. elasticidade f.
elastic side boots s. botas f. pl. de cano (quadro B 18).
elate [il'eit] v. 1. elevar, exaltar. 2. estimular. 3. ensoberbecer. ‖ adj. 1. soberbo, inchado. 2. orgulhoso, presunçoso. 3. alegre, jubiloso (também ~d). ‖ ~ly adv. 1. exultantemente. 2. soberbamente.
elatement [~mənt] s. 1. elação, elevação f. 2. alegria, exaltação f., júbilo m. 3. soberba f., orgulho m.
elater ['elətə] s. 1. (Bot.) elátero m. 2. (Zool.) elaterídeo m.
elaterium [elət'iəriəm] s. elatério m.: purgativo enérgico extraído do fruto do pepino branco.
elation [il'eiʃn] s. = **elatement**.
elbow ['elbou] s. 1. cotovelo m. 2. qualquer coisa semelhante a um cotovelo. 3. (Téc.) canto, ângulo m., esquina f. ‖ v. acotovelar, empurrar, esbarrar. **at one's ~** à mão, ao alcance. **out at ~s** 1. gasto, usado ou rasgado (terno). 2. maltrapilho, (indivíduo) esfarrapado ou em situação precária. **up to the ~s** 1. ocupadíssimo, cheio de serviço. 2. muito envolvido. **to crook** (ou **lift**) **the ~** (gíria) beber, tomar um trago. **the ~s of a chair** os braços de uma cadeira. **to ~ one's way** (**in, out through**) abrir caminho às cotoveladas.
elbow-chair s. cadeira de braços, poltrona f.
elbow-grease s. fadiga f., excesso m. de trabalho.
elbow-room s. 1. campo m. livre de ação.
eld [eld] s. (arc.) 1. macróbia f. 2. velhos tempos m. pl. 3. antiguidade f.
elder (I) ['eldə] s. 1. pessoa f. idosa. 2. geração f. mais velha. 3. primogênito m. 4. ancião m. 5. antepassados m. pl. 6. chefe m. + f. de tribo, cacique m. 7. presbítero, deão m. ‖ adj. 1. mais velho. 2. mais antigo, anterior. 3. superior.
elder (II) ['eldə] s. (Bot.) sabugueiro m.
elderliness [~linis] s. idade avançada, velhice f.
elderly [~li] adj. de idade avançada.
eldership [~ʃip] s. 1. primogenitura f. 2. presbitério m.: corporação dos presbíteros numa das denominações protestantes.
elder statesman s. estadista aposentado m., mas ainda consultado.
eldest ['eldist] adj. sup. o mais velho, primogênito. **the ~ born** o primogênito.
elect [il'ekt] s. 1. os predestinados, os eleitos de Deus m. pl. 2. os privilegiados m. pl. ‖ v. 1. eleger. 2. escolher. ‖ adj. eleito, escolhido, predestinado. **they ~ed him their chief** eles escolheram-no seu chefe. **he was ~ed to Parliament** ele foi eleito para o parlamento.
elect., elec. abr. de **electric, electrical, electricity**.
election [il'ekʃən] s. 1. eleição, votação f. 2. prefe-

E2

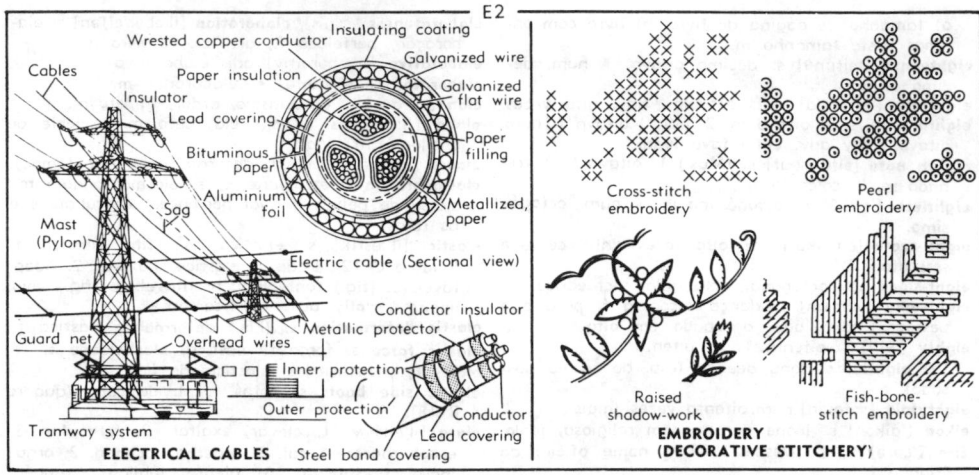

Wrested copper conductor — Insulating coating

Cables — Paper insulation — Galvanized wire

Insulator — Galvanized flat wire

Lead covering

Paper filling

Bituminous paper

Aluminium foil — Metallized, paper

Mast (Pylon) — Sag

Electric cable (Sectional view)

Conductor insulator

Guard net — Metallic protector

Overhead wires

Inner protection

Outer protection — Conductor

Tramway system — Lead covering

ELECTRICAL CÁBLES Steel band covering

Cross-stitch embroidery — Pearl embroidery

Raised shadow-work — Fish-bone-stitch embroidery

EMBROIDERY (DECORATIVE STITCHERY)

rência f. 3. predestinação, bem-aventurança f. **a general ~ was called** foi proclamada uma eleição geral.

Election Day s. (E. U. A.) dia de eleições nacionais m.

electioneer [ilekʃən'iə] s. (esp. brit.) galopim m., propagandista m. + f. eleitoral. ‖ v. fazer propaganda eleitoral, preparar para as eleições.

electioneering [~riŋ] s. propaganda eleitoral, campanha eleitoral, galopinagem f.

elective [il'ektiv] s. matéria opcional f. nas escolas dos E. U. A. ‖ adj. 1. eletivo, por eleição. 2. elegível, que se pode votar. 3. eleitoral. 4. relativo a eleições. 5. opcional. ‖ **~ly** adv. por eleição.

elective affinity s. afinidade f. eletiva.

electiveness [~nis] s. eletividade, elegibilidade f.

elective subject s. disciplina facultativa f.

elector [il'ektə] s. 1. eleitor m., votante m. + f. 2. (E. U. A.) membro m. do colégio eleitoral.

electoral [~rəl] adj. eleitoral.

electoral college s. (E. U. A.) colégio eleitoral m.

electoral roll (ou **~ register**) s. registro m. dos eleitores.

electoral vote s. (E. U. A.) voto do colégio eleitoral m., de cada Estado, em eleições presidenciais.

electorate [~rit] s. eleitorado m.

electorship [~ʃip] s. dignidade eleitoral f.

Electra complex s. (Psiq.) complexo de Electra m., da filha em relação ao pai.

electress [il'ektris] s. eleitora f.

electric [il'ektrik] s. 1. matéria elétrica f. (que produz eletricidade por fricção). 2. elétrico m., (Bras.) bonde m. ‖ adj. também **electrical** [~əl] 1. elétrico: que contém, produz ou transmite eletricidade (quadro E 1). 2. (fig.) vibrante, eletrizante. ‖ **~ally** adv. eletricamente, movido a eletricidade.

electrical arc welding s. (Téc.) solda f. ao arco voltaico.

electrical control panel s. quadro m. de distribuição.

electrical engineer s. engenheiro eletricista m.

electrical engineering s. eletrotécnica f.

electrical fitter s. montador m.

electrical industry s. indústria f. eletrotécnica.

electrical transcription s. transmissão f. radiofônica à base de discos.

eléctric arc s. (Téc.) arco m. elétrico ou voltaico.

electric battery s. (Téc.) bateria f. elétrica.

electric bell s. (Téc.) campainha f. elétrica (quadro E 1).

electric blanket s. (Téc.) cobertor m. elétrico.

electric blue s. azul m. ferrete.

electric brain s. = **eletronic brain** cérebro eletrônico m.

electric brake s. (Téc.) freio elétrico m.

electric cell s. (Téc.) pilha f. elétrica.

electric chair s. cadeira f. elétrica.

electric circuit s. (Téc.) circuito m. elétrico.

electric current s. corrente f. elétrica.

electric drill s. (Téc.) furadeira f. elétrica.

electric drive s. (Téc.) acionamento m. elétrico.

electric eel s. (Zool.) peixe m. elétrico, poraquê m.

electric eye s. célula f. fotoelétrica.

electric field s. (Téc.) campo m. elétrico.

electric furnace s. forno m. elétrico.

electric guitar s. (Mús.) guitarra elétrica f.

electric heater s. (Téc.) aquecedor m. elétrico.

electrician [ilektr'iʃən] s. eletricista m. + f., mecânico eletricista m.

electricity [ilektr'isiti] s. eletricidade f.

electricity works s. pl. usina f. elétrica.

electric ray s. (Zool.) raia f. elétrica.

electric shaver s. barbeador elétrico m.

electric shock s. eletrochoque m.

electric steel s. (Téc.) aço elétrico m.

electric tramway s. carro elétrico. (Bras.) bonde m.

electric welding s. (Téc.) soldagem elétrica f.

electrification [ilektrifik'eiʃən] s. eletrificação f.

electrify [il'ektrifai] v. 1. eletrificar. 2. excitar.

electrization [ilektriz'eiʃən] s. = **electrification**.

electrize [il'ektraiz] v. = **electrify**.

electro [il'ektrou] s. 1. elem. de combinação. 2. abr. de (Tipogr.) **electrotype**.

electroanalysis [~ən'æləsis] s. análise eletrolítica f.

electrocardiogram [~k'a:diogræm] s. eletrocardiograma m.

electrocardiograph [-k'a:diogra:f] s. eletrocardiógrafo m.

electrocardiography [~ka:di'ogrəfi] s. eletrocardiografia f.

electrochemistry [~k'emistri] s. eletroquímica f.

electrocute [il'ektrəkju:t] v. eletrocutar.

electrode [il'ektroud] s. elétrodo, eletródio m.

electro-dynamics s. pl. eletrodinâmica f.

electroencephalogram [ilektrouins'efələgræm] s. (Méd.) eletroencefalograma m.

electrograph [il'ektrougra:f] s. eletrógrafo m.

electrokinetics [il'ektroukain'etiks] s. eletrocinética f.

electrolier [ilektrəl'iə] s. candelabro elétrico, lustre m.

electrolysis [ilektr'ɔləsis] s. eletrólise f.
electrolyte [il'ektrolait] s. eletrólito m.
electrolytic [ilektrəl'itik], electrolytical [~əl] adj. eletrolítico.
electrolyze [il'ektrolaiz] v. eletrolizar.
electro-magnet s. eletroímã m. (quadro E 1).
electro-magnetic adj. eletromagnético.
electromagnetism [ilektroum'ægnətizm] s. eletromagnetismo.
electrometer [ilektr'ɔmitə] s. eletrômetro m.
electromotive [ilektrom'outiv] adj. eletromotor.
electromotive force s. força f. eletromotriz.
electro-motor s. motor elétrico m.
electron [il'ektrɔn] s. elétron m.
electro negative adj. eletronegativo.
electronic [ilektr'ɔnik] adj. eletrônico.
electronic brain s. cérebro eletrônico. m.
electronics [~s] s. pl. ciência f. eletrônica.
electron microscope s. microscópio m. eletrônico.
electron tube s. válvula f. eletrônica.
electrophone [il'ektrəfoun] s. eletrofone m.
electrophorus [ilektr'ɔfərəs] s. eletróforo m.
electroplate [il'ektroupleit] s 1. galvanostegia f. 2. (Tipogr.) clichê m. ‖ v. galvanizar, pratear.
electro-plating s. galvanostegia, galvanoplastia f.
electro-pneumatic brake s. freio m. eletropneumático.
electro-positive adj. eletropositivo.
electroscope [il'ektrəskoup] s. eletroscópio m.
electroscopic [ilektrəsk'ɔpik] adj. eletroscópico.
electrostatics [ilektrəst'ætiks] s. pl. ciência f. da eletrostática.
electrotechnics [ilektrout'ekniks]. s. pl. eletrotécnica f.
electrotherapeutic [ilektrouθerəpj'u:tik] adj. eletroterapêutico.
electrotherapeutics [~s], electrotherapy [ilektrouθ'erəpi] s. eletroterapia f.
electrothermal [ilektrouθ'ə:məl] adj. eletrotérmico.
electrotype [il'ektrətaip] s. 1. eletrotipia f. clichê m. 2. galvanotipia f. 3. galvanoplastia f. ‖ v. reproduzir por método eletrolítico. ‖ adj. galvanoplástico.
electrotyper [~ə] s. galvanógrafo m., eletrotipista m. + f.
electrotyping [~iŋ] s. galvanoplastia, eletrotipia f.
electrotypist [~ist] s. = electrotyper.
electrovalence [ilektrouv'eiləns] s. (Quím.) eletrovalência f.
electrum [il'ektrəm] s. eletro m.: liga f. de metal, composta de ouro e prata.
electuary [il'ektjuəri] s. (Farmac.) eletuário m.
eleemosynary [elii:m'ɔsinəri] adj. 1. caridoso, caritativo 2. de graça. 3. indigente, esmolador.
elegance ['eligəns], elegancy [~i] s. elegância, graça, distinção f., gosto m.
elegant ['eligənt] adj. 1. elegante, gracioso. 2. fino, polido, formoso. 3. gentil, distinto, gracioso. 4. (E. U. A., coloq.) fino, superior. ‖ ~ly adv. elegantemente.
elegiac [elidʒ'aiək] s. elegíaco. ‖ adj., também elegiacal [~əl] elegíaco, triste, lamentoso, melancólico.
elegiac couplet s. dístico m.: hexâmetro e pentâmetro.
elegit [il'i:dʒit] s. (Jur.) ordem f. de execução.
elegize ['elidʒaiz] v. compor uma elegia, lamentar.
elegy ['elidʒi] s. elegia, elegíada f.
elem. abr. de element.
element ['elimənt] s. 1. elemento, componente m. 2. fundamento, princípio m., base f. 3. (Quím.) corpo simples m., substância diminuta f. indivisível por análise química. 4. cada um dos quatro elementos fundamentais de Antiguidade: terra, água, ar e fogo. 5. ~s s. pl. fenômenos m. pl. atmosféricos. 6. ambiente, meio m. em que vivem os seres e plan-

tas. 7. ~s conhecimentos m. pl. básicos. 8. ~s as Santas Espécies da Eucaristia. 9. (milit. e Náut.) unidade f. de tropas ou de aviões da armada. he is in his ~ ele está no seu elemento, sente-se à vontade. the fury of the ~s a fúria dos elementos. an ~ of truth um pingo de verdade.
elemental [elim'entl] adj. 1. elementar. 2. natural. 3. fundamental. ‖ ~ly adv. elementarmente.
elementariness [elim'entərinis] s. elementaridade f.
elementary [elim'entəri] adj. elementar: 1. rudimentar, básico. 2. (Quím.) de um único ou vários elementos. ‖ –ily adv. basicamente, elementarmente.
elementary particle s. (Astron., Fís.) partícula elementar f.
elementary school s. escola f. primária ou elementar.
elemi ['elimi] s. (Farmac.) elemi m.: resina balsâmica da elemieira ou almecegueira.
elenchus [il'eŋkəs] s. pl. elenchi [–kai] (Jur.) contraprova f.: impugnação jurídica de um libelo.
elephant ['elifənt] s. 1. (Zool.) elefante m. 2. papel m. de tamanho 58 × 71 cm, papel águia m. to show the ~ mostrar os lugares de interesse de uma cidade. white ~ (coloq.) propriedade dispendiosa f., bens inúteis m. pl.
elephant driver s. cornaca m.: aquele que guia e cuida dos elefantes.
elephantiasis [elifænt'aiəsis] s. (Patol.) elefantíase f.
elephantine [elif'æntain] adj. 1. elefantino, elefantóide. 2. (fig.) desajeitada, pesado, enorme.
elephantoid [elif'æntɔid] adj. elefantóide.
elephant's ear s. (Bot.) begônia f.
Eleusinian [eljus'iniən] adj. 1. eleusino.
Eleusinian mysteries s. (Hist. Grega) mistérios eleusinos m. pl.
elevate ['eliveit] v. 1. levantar, elevar, alçar. 2. progredir, avançar. 3. melhorar, promover. 4. encher de júbilo ou orgulho, excitar, exaltar, enlevar.
elevated [~id] s. (E. U. A.) ferrovia elevada f. (abr. el.) ‖ adj. 1. elevado, alto. 2. digno, nobre, sublime. 3. alegre, jubiloso. 4. orgulhoso.
elevated railroad s. ferrovia elevada f.
elevation [eliv'eiʃən] s. 1. elevação, altura f. 2. altitude f. 3. ato m. ou efeito m. de elevar, ascensão f. 4. dignidade, sublimidade, magnanimidade, grandeza f. 5. (Astron.) altura f. dos astros acima do horizonte. 6. (Eng.) desenho técnico m. em projeção frontal (quadro C 4). 7. ângulo m. de tiro (balística).
elevator ['eliveitə] s. 1. elevador, ascensor m. (quadro L 3). 2. máquina elevatória f. 3. (E. U. A.) silo m. 4. (Av.) leme m. de profundidade, profundor m. (quadro A 2).
elevator-boy s. ascensorista m., (Bras.) cabineiro m.
elevator-runner s. (E. U. A.) ascensorista m. + f.
elevator shaft s. (E. U. A.) poço m. de elevador.
elevatory [~ri] adj. elevatório.
eleven [il'evn] s. 1. onze, número onze m. 2. (Esp.) equipe f. formada de onze jogadores. ‖ adj. onze.
eleventh [~θ] s. undécimo m., um onze avos. ‖ adj. undécimo.
at the ~ hour na undécima hora, no último momento.
elf [elf] s. pl. elves [elvz] 1. duende, trasgo, gnomo, anão m. 2. elfo, silfo m. 3. (fig.) traquinas m. + f. sing. + pl.
elfin ['elfin] s. = elf. ‖ adj. relativo aos duendes, às fadas.
elfish ['elfiʃ], elvish ['elviʃ] adj. 1. relativo ou semelhante às fadas, duendes. 2. travesso, traquina, malicioso. 3. lúgubre. ‖ ~ly adv. travessamente.
elfishness [~nis] s. 1. característica f. de duende, gnomo, etc. 2. traquinice f. 3. lugubridade f.

elflike ['elflaik] adj. = **elfish.**
elflock ['elflɔk] s. madeixa f. de cabelos emaranhados.
elf-struck adj. enfeitiçado.
elicit [il'isit] v. 1. eliciar, fazer sair. 2. extrair, trazer à tona (verdade). 3. deduzir, concluir.
elicitation [ilisit'eiʃən] s. eliciação f.
elicitor [il'isitə] s. aquele que elicia.
elide [il'aid] v. 1. elidir, eliminar, suprimir (vogais na pronúncia). 2. (Jur.) anular.
elidible [~ibl] adj. elidível, eliminável.
eligibility [elidʒəb'iliti] s. elegibilidade, aptidão, qualificação f.
eligible ['elidʒəbl] s. pessoa f. elegível, comodista m. + f. ‖ adj. 1. elegível, qualificado. 2. desejável, conveniente, vantajoso.
eligibleness [~nis] s. = **eligibility.**
eliminate [il'imineit] v. 1. eliminar, expulsar (from) de. 2. omitir, desconsiderar, livrar-se de. 3. (Mat.) eliminar incógnitas das equações. 4. (Jur.) anular. 5. executar, matar.
elimination [il'iminei ʃən] s. eliminação, omissão, exclusão, expulsão f.
eliminative [il'imineitiv] adj. eliminatório.
eliminator [il'imineitə] s. eliminador m. (também rádio).
elision [il'iʒən] s. (Gram.) elisão f.
elite [eil'i:t, il'i:t] s. elite, flor, nata f., escol m.
elitism [eil'i:tizm] s. (Pol.) elitismo m.
elixir [il'iksə] s. 1. elixir m. 2. quintessência f. 3. panacéia f.
Elizabethan [ilizəb'i:θən] s. (Hist. Ingl.) elisabetano m. ‖ adj. elisabetano, relativo ao tempo da Rainha Elizabeth I (1533-1603).
elk [elk] s. (Zool.) alce m., grã-besta f.
ell (I) [əl] s. vara f.: antiga medida de tecidos. **English** ~ aprox. 45 polegadas, 1.143 m. **give him an inch and he will take an** ~ dá-lhe a mão e ele tomará o braço.
ell (II) [el] 1. puxado m. de casa. 2. ala f. de um edifício.
ellipse [il'ips] s. (Geom.) elipse f.
ellipsis [il'epsis] s. pl. (Gram.) 1. elipse f.: omissão de uma ou mais palavras que se subentendem. 2. (Tipogr.) reticências f. pl.: para indicar omissões.
ellipsoid [il'ipsɔid], **ellipsoidal** [~əl] adj. elipsóide.
elliptic [il'iptik], **elliptical** [~əl] adj. elíptico, elítico (quadro L 2).‖ ~**ally** adv. elipticamente.
ellipticity [elipt'isiti] s. elipticidade f.
elm [elm] s. (Bot.) ulmeiro, olmo m.
elocution [eləkj'u:ʃən] s. 1. elocução, dição f. 2. expressão f., estilo m. 3. eloqüência, oratória f.
elocutionary [~eri] adj. retórico, elocutório.
elocutionist [eləkj'u:ʃənist] s. declamador, orador m.
eloign, eloin [il'ɔin] v. 1. afastar, levar para longe. 2. (Jur.) ocultar, sonegar bens sujeitos à penhora.
elongate ['i:lɔŋgeit] v. prolongar-se, alongar-se. ‖ adj. alongado, delgado.
elongated [~id] adj. comprido, alongado. (Bot. Zool.) cuspidato.
elongation [i:lɔŋg'eiʃən] s. alongamento, prolongamento m., prolongação f.
elope [il'oup] v. 1. fugir de casa com o namorado. 2. escapar, evadir-se.
elopement [~mənt] s. fuga (esp. com o namorado), evasão f.
eloquence ['elokwəns] s. eloqüência, retórica f.
a burst of ~ loquacidade, verbosidade.
eloquent ['elokwənt] adj. eloqüente, expressivo. ‖ ~**ly.** adv. eloqüentemente.
to be ~ **of a thing** explicar algo com clareza.
else [els] adj. (freqüentemente usado após um pronome indef. ou interrog.) 1. outro, diverso, dife-

rente. 2. além disso, ainda mais. ‖ adv. 1. em vez de. 2. do contrário, se não. ‖ conj. ou, senão.
any one ~ quem quiser que seja, outro, qualquer um outro. **anything** ~ qualquer outra coisa, mais alguma coisa. **no one** ~ ninguém mais, nenhuma outra pessoa. **nothing** ~ nada mais. **somewhere** ~ em qualquer outra parte. **nowhere** ~ em nenhuma outra parte. **elsewhere** em outra parte, alhures. **or else** ou então. **where** ~ **could it be?** onde mais podia estar? **who** ~ **if not he?** quem mais a não ser ele? **I must hurry or** ~ **I shall miss the train** preciso apressar-me se não eu perco o trem. **it is a mistake or** ~ **it is an impudence** é um erro ou então uma impudência.
elucidate [il'u:sideit] v. elucidar, explicar, ilustrar, esclarecer.
elucidation [ilu:sid'eiʃən] s. elucidação, explicação, ilustração f., esclarecimento m.
elucidative [il'u:sideitiv] adj. elucidativo, explicativo, ilustrativo.
elucidator [il'u:sideitə] s. elucidador, explicador, esclarecedor m.
elucidatory [il'u:sideitəri] adj. = **elucidative.**
elude [ilj'u:d] v. 1. iludir, esquivar(-se), evadir. 2. enganar, frustrar, zombar (de).
it ~**s observation** escapa à atenção. **it** ~**d me** não consegui fazê-lo.
eluder [~ə] s. quem ou o que ilude.
elusion [il'u:ʒən] s. evasiva f., ardil, artifício, estratagema, subterfúgio m.
elusive [il'u:siv] adj. 1. ardiloso, enganoso. 2. indefinível, ilusório, difícil de se compreender. ‖ ~**ly** adv. ardilosamente, indefinivelmente.
elusiveness [~nis] s. artifício, esquivamento, fingimento m., simulação f.
elusory [il'u:səri] adj. = **elusive.**
elutriate [il'u:trieit] v. (Quím.) decantar, purificar.
eluviation [ilu:vi'eiʃən] s. (Geol.) elùviaçao f.
eluvium [il'u:viəm] s. (Geol.) eluvião f.
elver ['elvə] s. enguia nova f.
elvish ['elviʃ] adj. 1. à maneira dos duendes, trasgo. 2. traquinas. ‖ ~**ly** adv. traquinamente, lugubremente.
Elysian [il'iziən] adj. 1. elísio, celeste. 2. sublime, agradável, deleitável.
Elysian Fields pl. s. Campos Elísios m. pl.
Elysium [il'iziəm] s. 1. Eliseu m. 2. paraíso m.
elzevir ['elziviə] adj. (Tipogr.) elzeviriano: semelhante aos tipos "Elzevir".
'em [em] (fam.) abr. de **them,** lhes, os, as.
em [em] s. 1. eme, a letra M. 2. medida tipográfica f.
emaciate [im'eiʃieit] v. emaciar, emagrecer, definhar, extenuar. ‖ adj. emaciado, macilento, emagrecido, enfraquecido.
emaciation [imeisi'eiʃən] s. emaciação, magreza f., emagrecimento, definhamento m.
emanate ['eməneit] v. emanar, proceder, provir, exalar.
emanation [emən'eiʃən] s. 1. emanação, exalação, revelação f. 2. (Fig.) origem, procedência f.
emanative ['eməneitiv] adj. emanante, exalante.
emancipate [im'ænsipeit] v. emancipar, livrar(-se), resgatar, libertar.
emancipated [~ed] adj. emancipado, libertado, livrado, sem preconceitos.
emancipation [imænsip'eiʃən] s. emancipação, libertação f.
emancipationist [imænsip'eiʃnist] s. emancipacionista, abolicionista m. + f.
emancipator [im'ænsipeitə] s. emancipador, libertador m.

emarginate [i:m'a:dʒineit] v. 1. margear. 2. cortar ou tirar a margem de alguma coisa. ‖ [i:m'a:dʒinit] adj. (Bot.) crenado, entalhado.

emasculate [im'æskjuleit] v. 1. emascular, capar, castrar, efeminar. 2. (fig.) enervar, degenerar. ‖ [im'æskjulit] adj. capado, castrado, efeminado.

emasculation [imæskjul'eiʃən] s. 1. emasculação, castração, efeminação f. 2. fraqueza, debilidade f.

emasculative [im'æskjuleitiv], emasculatory [im'æskjuleitəri] adj. enervante, extenuante.

embalm [imb'a:m] v. 1. embalsamar, conservar. 2. (fig.) manter na memória, lembrar. 3. perfumar.

embalmer [~ə] s. embalsamador m.

embalmment [~mənt] s. embalsamamento m.

embank [imb'æŋk] v. 1. proteger com diques, represar, deter. 2. aterrar, terraplenar.

embankment [~mənt] s. dique, aterro m., terraplenagem, barragem f.

embar [imb'a:] v. 1. fechar, encerrar. 2. deter. 3. (Jur.) embargar.

embargo [emb'a:gou] s. (pl. ~oes) 1. embargo m.: interdição da entrada ou saída de navios. 2. restrição legal f. imposta ao comércio. 3. seqüestro, impedimento m. ‖ v. embargar, interditar, seqüestrar, requisitar, confiscar.

to lay an ~ on obstar, impedir o uso de, pôr obstáculos à execução de uma sentença. it is under an ~ está sob embargo.

embark [imb'a:k] v. 1. embarcar. 2. levar a bordo de um navio. 3. iniciar (um empreendimento). 4. envolver(-se) em negócios, investigar, aplicar (capitais).

he ~ed in (upon) the enterprise ele participou (arriscou-se) no negócio, ele se envolveu no negócio.

embarkation [emba:k'eiʃən], embarkment [imb'a:kmənt] s. embarque, ambarcamento m.

embarrass [imb'æræs] v. 1. embaraçar, estorvar, atrapalhar. 2. complicar, dificultar. 3. envolver em dificuldades (financeiras), impedir. 4. enlear, desconcertar, perturbar.

to be ~ed at estar consternado por causa de. to be ~ed estar em apuros pecuniários.

embarrassing [~iŋ] adj. embaraçante, embaraçoso, desagradável, inoportuno. ‖ ~ly adv. embaraçadamente, embaraçosamente.

embarrassment [~mənt] s. 1. embaraço, embaraçamento, enleio m. 2. estorvo, obstáculo, impedimento, empecilho m. 3. perturbação f. 4. dificuldades financeiras f. pl.

embassador [emb'æsədə] = ambassador.

embassy ['embəsi] s. 1. embaixada f. 2. mensagem f. confiada à embaixada.

on an ~ em missão diplomática.

embattle (I) [imb'ætl] v. formar ou dispor em ordem de combate, preparar para o combate.

embattle (II) [imb'ætl] v. amear, prover de ameias.

embattled [imb'ætld] adj. 1. cercado por inimigos. 2. continuamente perturbado por más influências.

embay [imb'ei] v. (Náut.) 1. procurar abrigo numa baía. 2. forçar a entrada de um navio numa baía. 3. (fig.) encerrar, fechar, cercar.

embayment [~mənt] s. baia, enseada f.

embed [imb'ed] = imbed v. 1. enterrar. 2. encaixar. 3. embutir, engastar.

embellish [imb'eliʃ] v. 1. embelezar, aformosear. 2. adornar, enfeitar, decorar, ornamentar.

embellisher [~ə] s. embelezador, decorador, orramentador m.

embellishment [~mənt] s. embelezamento, aformoseamento, ornamento, adorno, enfeite m.

ember ['embə] s. 1. brasa f., tição m. 2. borralho m., cinzas quentes f. pl.

life's last ~s os últimos suspiros.

ember-days s. têmporas f. pl.

ember-goose = ember-diver s. (Orn.) colimbo, mergulhão m.

ember-week s. semana f. das têmporas.

embezzle [imb'ezl] v. desviar, defraudar, apropriar-se fraudulentamente.

embezzlement [~mənt] s. desfalque, extravio, peculato m., fraude f.

embezzler [~ə] s. defraudador, peculário m.

embitter [imb'itə] v. 1. amargar, amargurar, angustiar. 2. exasperar, afligir.

embitterment [~mənt] s. amargor m., amargura f., ato f. de amargurar, aflição f.

emblaze [imbl'eiz] v. 1. acender, incendiar. 2. resplandecer. 3. decorar, adornar.

emblazon [~ən] v. 1. brasonar, blasonar. 2. ornar, decorar. 3. exaltar, gabar, proclamar, enaltecer.

emblazoner [~ənə] s. 1. pintor m. de armas ou brasões. 2. quem enaltece, exalta, etc.

emblazonment [~ənmənt] s. arte f. de adornar brasões.

emblazonry [imbl'eizənri] s. 1. decoração heráldica f. 2. exibição brilhante f.

emblem ['embləm] s. 1. emblema, símbolo m., insígnia f. 2. divisa f., lema m. 3. personificação f.

emblematic [emblim'ætik], emblematical [~əl] adj. emblemático, simbólico. ‖ ~ally adv. emblematicamente, simbolicamente.

emblematize [embl'emətaiz] v. emblemar, simbolizar.

emblements ['emblmənts] s. pl. (Jur.) produto m. das terras cultivadas.

embodiment [imb'ɔdimənt] s. incorporação, personificação, encarnação, corporificação f.

embody [imb'ɔdi] v. 1. expressar, personificar, encarnar. 2. reunir, unir, agregar, incorporar, juntar. 3. conglomerar, conter, abranger. 4. organizar, incluir.

embog [imb'ɔg] v. 1. encharcar, cair num charco. 2. (fig.) atolar-se, enlear-se em dificuldades.

embolden [imb'ouldən] v. encorajar, animar, incentivar.

embolectomy [embəl'ektəmi] s. (Cirurg.) trombectomia f.: remoção de um trombo venoso.

embolism ['embəlizm] s. (Med.) embolia f., (Astron.) embolismo m.

embolismic [embəl'izmik] adj. embolísmico.

embolus ['embələs] s. (Med.) êmbolo m.

embosom [imb'uzəm] v. 1. abraçar, acariciar. 2. (fig.) ocultar, encerrar, abrigar. 3. envolver, cingir.

emboss [imb'ɔs] v. 1. modelar, ornar com relevos, realçar, trabalhar ou gravar em relevo (quadro Q).

embosser [~ə] s. aquele que trabalha em relevo.

embossing [~iŋ] s. relevo m.

embouchure [əmbuʃ'uə] s. embocadura f.: 1. foz de um rio. 2. (Mús.) parte de um instrumento que se introduz na boca.

embowel [imb'auəl] v. 1. estripar, desentranhar. 2. (fig.) esvaziar.

emboweller [~ə] s. estripador m.

embower [imb'auə] v. cobrir com folhagem, enramar, sombrear, copar, envolver.

embrace [imbr'eis] s. abraço, amplexo m. ‖ v. 1. abraçar(-se), cingir. 2. adotar, seguir, admitir, receber, aceitar. 3. incluir, abarcar, conter. 4. compreender. 5. circundar, envolver. 6. aproveitar (oportunidade).

embraceable [~əbl] adj. abraçável.

embracement [~mənt] s. abraço, amplexo m.

embracer [~ə] s. abraçador m.

embracery [~əri] s. (Jur.) corrupção f. de jurados.
embrangle [imbr'æŋgl] v. confundir, emaranhar.
embranglement [~mənt] s. emaranhamento m.
embrasure [imbr'eiʒə] s. 1. vão m. de janela ou porta, fresta f. 2. (milit.) seteira, canhoneira f.
embrocate ['embrokeit] v. (Med.) embrocar, fomentar, friccionar, esfregar.
embrocation [embrok'eiʃən] s. (Med.) embrocação, fomentação, emborcação, fricção f.
embroider [imbr'ɔidə] v. 1. bordar, ornar, adornar, enfeitar (panos, couros, etc.) 2. (coloq.) exagerar.
embroiderer [~rə] s. bordador m.
embroidery [~ri] s. 1. bordado (quadro E 2). 2. ornamento, ornato m., enfeite m. (em panos, couros, etc.) ou o material enfeitado. 3. exagero m.
embroidery-frame s. bastidor m.
embroil [imbr'ɔil] v. 1. envolver numa briga, enredar. 2. embaraçar, confundir.
embroilment [~mənt] s. confusão f., enredo m.
embrown [imbr'aun] v. empardecer, tornar pardo ou escuro, tostar.
embrue [imbr'u:] v. = **imbrue**.
embrute [imbr'u:t] v. = **imbrute**.
embryo ['embriou] s. 1. (Zool.) embrião m. 2. (Med.) feto m. 3. (Bot.) célula f., ovo m. fecundado. 4. (Bact.) germe m. 5. (fig.) estado embrionário. **in** ~ em estado embrionário.
embryogeny [embri'ɔdʒini] s. (Biol.) embriogenia f.
embryologic [embriol'ɔdʒik], **embryological** [~əl] adj. embriológico.
embryologist [erʌbri'ɔlədʒist] s. embriólogo m.
embryology [embri'ɔlədʒi] s. embriologia f.
embryonic [embri'ɔnik] s. embrionário f.
embryotomy [embri'ɔtəmi] s. embriotomia f.
embus [imb'ʌs] v. 1. embarcar tropas em caminhões. 2. subir em caminhão.
emcee ['ems'i:] (E. U. A.) abr. de **master of ceremonies** mestre m.-de-cerimônias.
emeer [em'iə] s. emir m.
emend [im'end] v. emendar, corrigir, retificar.
emendable [~əbl] adj. emendável, corrigível.
emendate ['i:mendeit] v. emendar ou corrigir (textos).
emendation [i:mend'eiʃən] s. emenda, correção, retificação f.
emendator ['i:mendeitə] s. emendador, retificador m.
emendatory [i:m'endətəri] adj. emendativo.
emerald ['emərəld] s. 1. esmeralda f. 2. (Tipogr.) tipo m. de corpo 6,½. ‖ adj. verde-esmeraldino. **the Emerald Isle** Irlanda f.
emerge [im'ə:dʒ] v. 1. emergir, sair, aparecer. 2 (fig.) desenvolver-se, formar-se, surgir.
emergence [~əns] s. emergência, emersão f., aparecimento m., (Astron.) reaparição f de um astro.
emergency [im'ə:dʒənsi] s. emergência, ocorrência perigosa, necessidade urgente, situação crítica. **in case of** ~ em caso de emergência ou urgência.
emergency brake s. freio m. de segurança.
emergency cable s. cabo m. de segurança.
emergency call s. chamado m. telefônico de urgência.
emergency decree s. decreto m. de emergência.
emergency door s. porta f. de emergência.
emergency exit s. saída f. de emergência.
emergency governor s. (Téc.) regulador m. de emergência.
emergency landing s. aterrissagem f. forçada.
emergency money s. dinheiro m. de emergência.
emergency ration s. ração f. de emergência.
emergency steps s. medidas f. pl. de urgência.
emergency valve s. válvula f. de segurança.
emergent [im'ə:dʒənt] adj. emergente.
emergent evolution s. (Biol., Filos.) evolução emergente f.

emeritus [i:m'eritəs] adj. emérito: 1. aposentado. 2. jubilado. 3. insigne.
emersion [im'ə:ʃən] s. emersão f., aparecimento m., (Astron.) reaparição f. de um astro.
emery ['eməri] s. esmeril m.
emery board s. lixa f. de unhas.
emery-cloth, emery-paper s. lixa f. de esmeril.
emery-wheel s. rebolo m. de esmeril.
emetic [im'etik] s. (Med.) emético, vomitório m. ‖ adj. emético, emetizante.
E. M. F., e. m. f., emf., abrev. de **electromotive force.** força eletromotriz f.
emigrant ['emigrənt] s. emigrante m. + f. ‖ adj. emigrante. **returning** ~ repatriado.
emigrate ['emigreit] v. emigrar.
emigration [emigr'eiʃən] s. emigração, migração f.
emigratory ['emigreitəri] adj. emigratório.
eminence ['eminəns], **eminency** [~i] s. 1. eminência, dignidade, superioridade f. 2. cume m., altura f. 3. **Eminence** título m. honorífico dos cardeais da Igreja Católica. 4. sublimidade, distinção f. **Your Eminency** Vossa Eminência.
eminent ['eminənt] adj. 1. eminente, alto, elevado. 2. (fig.) notável, famoso, célebre, conspícuo. ‖ ~ly adv. eminentemente, altamente, notavelmente, de modo famoso ou célebre.
eminent domain s. domínio eminente m.
emir [em'iə] s. = **emeer** 1. emir m.: título dos descendentes de Maomé. 2. príncipe, chefe ou líder militar dos árabes. 3. título de certos oficiais turcos.
emissary ['emisəri] s. 1. emissário, mensageiro m. 2. espião, agente secreto m. ‖ adj. 1. emissário. 2. de ou relativo a espião.
emission [im'iʃən] s. 1. emissão f., ato m. de pôr em circulação. 2. derramamento m. 3. irradiação f. 4. o que foi emitido, derramado, etc. **~ of bank-notes** emissão de papel-moeda.
emissive [im'isiv] adj. emissivo. ‖ adv. emissivamente.
emissivity [imis'iviti] s. 1. emissividade f., força f. emissora. 2. (Fís.) termodinâmica f. de uma superfície.
emit [im'it] v. 1. emitir, lançar fora. 2. pôr em circulação. 3. publicar. 4. manifestar-se, pronunciar-se, exprimir. 5. (Fís.) irradiar.
emitter [~ə] s. emissor, banco emissor m.
emmenagogue [em'enəgɔg] s. (Med.) emenagogo m.
emmer ['emə] s. espécie de trigo (Triticum dicoccum).
emmet ['emit] s. (arc.) formiga f.
emollient [im'ɔliənt] s. (Med.) emoliente m.: medicamento que abranda inflamações. ‖ adj. emoliente.
emolument [im'ɔljumənt] s. emolumento, lucro, proveito, salário m., rendas f. pl.
emote [im'out] v. (E. U. A.) agir de maneira exagerada, manifestar emoção ou irritação.
emotion [im'ouʃən] s. 1. emoção, comoção, agitação f. 2. (Psicol.) sentimento m.
emotional [~əl] adj. emocional, emotivo, sentimental. ‖ ~ly adv. emotivamente.
emotionalism [im'ouʃnəlizm] s. sentimentalismo m.
emotionalist [im'ouʃnəlist] s. pessoa emotiva f.
emotionality [imouʃn'æliti] s. emotividade f.
emotionless [im'ouʃnles] adj. insensível.
emotive [im'outiv] adj. emotivo, emocional ‖ ~ly adv. emotivamente.
emotiveness [~nis], **emotivity** [imout'iviti] s. emotividade f.
empanel [imp'ænl] v. = **impanel** formar a, ou constar na lista dos jurados.
empathic [emp'æθik] adj. (Psicol.) empático.
empathy ['empəθi] s. (Psicol.) empatia f.: capacidade

de compreender e interpretar as manifestações da vida psíquica alheia.

empennage [imp'enidʒ] s. (Av.) empenagem f.

emperor ['empərə] s. imperador m.

purple ~ lepidóptero m. ninfalídeo (Apatura iris).

emperorship [~ʃip] s. dignidade f. de imperador.

empery ['empəri] s. 1. soberania imperial f. 2. vasto domínio m., grande autoridade f.

emphasis ['emfəsis] s. 1. ênfase, força dialética f. 2. importância f. 3. acentuação f., relevo m.

she lays great ~ **on being told everything** ela faz questão de ouvir tudo.

emphasize ['emfəsaiz] v. dar ênfase, acentuar.

emphatic [imf'ætik], **emphatical** [~əl] adj. 1. enfático, expressivo. 2. enérgico, acentuado. 3. significativo, notável, vigoroso. || ~**ally** adv. enfaticamente.

emphysema [emfis'i:mə] s. (Med.) enfisema m.: tumefação causada pela infiltração de ar ou gases nos tecidos.

empire ['empaiə] s. 1. império, domínio m. 2. reino m., monarquia f. 3. poder supremo m.

Empire Day dia m. do Império Britânico (24 de maio).

Empire State (E. U. A.) Estado de Nova York.

empiric [emp'irik] s. empírico, curandeiro, charlatão m. || adj. (também ~**al**) empírico, baseado na experiência. || ~**ally** adv. empiricamente.

empiricism [emp'irisizm] s. 1. empirismo m. 2. charlatanice f.

empiricist [emp'irisist] s. empírico m.

empirism ['empirizm] s. empirismo m.

emplace [impl'eis] v. pôr em posição.

emplacement [~mənt] s. 1. posição, situação f. 2. (milit.) plataforma f. para os canhões. 3. colocação f.

emplane [empl'ein] v. tomar ou carregar um avião.

employ [impl'ɔi] s. 1. emprego, serviço m., ocupação f. 2. uso m., aplicação f. || v. 1. empregar, ocupar, dar serviço, servir-se de. 2. usar, aplicar, aproveitar. 3. dedicar-se a, distrair(-se), devotar(-se).

out of ~ sem emprego. **he is** ~**ed in** ele está empregado em, ou ocupado com. **he** ~**s himself with** (ou **in**) ele se dedica a.

employable [~əbl] adj. empregável.

employee, employe [emplɔi'i:], **employé** [ɔmpl'ɔiei] s. empregado, funcionário m.

employer [impl'ɔiə] s. 1. empregador, patrão m. 2. comitente m. + f. 3. quem faz uso de.

employment [impl'ɔimənt] s. 1. emprego, trabalho m., ocupação f. serviço m. 2. uso, emprego m., aplicação f.

in ~ empregado, que tem emprego. **he is out of** ~ ele está desempregado.

employment bureau s. agência de empregos.

empoison [imp'ɔizn] v. 1. envenenar. 2. (fig.) corromper.

empoisonment [~mənt] s. envenenamento m.

emporium [emp'ɔ:riəm] s. 1. empório, entreposto m., casa comercial, loja f. 2. mercado, centro comercial m.

empower [imp'auə] v. 1. autorizar, dar poderes ou procuração. 2. (fig.) capacitar, permitir, habilitar.

empowerment [~mənt] s. autorização f.

empress ['empris] s. imperatriz f.

the Empress Dowager a viúva do soberano.

empressment [əmpr'esmənt] s. cordialidade, atenção efusiva f., que impressiona.

emprise [impr'aiz] s. (poét.) façanha, empresa, proeza f.

emptiness ['emptinis] s. 1. vacuidade, inanidade f. vácuo, vazio m. 2. (fig.) nulidade, vaidade, ostentação, presunção, ignorância f.

empty ['empti] v. 1. esvaziar, evacuar, desocupar. 2. vazar. 3. despejar, descarregar. 4. desembocar num rio. 5. esgotar(-se). || adj. 1. vazio, vácuo (quadro Q). 2: vão, nulo, inútil. 3. desocupado, vago. 4 despovoado. 5. (fig.) fútil, vaidoso, presunçoso. || –**ily** adv. 1. vaziamente, vãmente, inutilmente.

on an ~ **stomach** em jejum. **his words are** ~ **of sense** não há senso em suas palavras.

empty-handed adj. de mãos vazias.

empty-headed adj. de cabeça oca.

empurple [imp'ə:pl] v. empurpurecer, purpurear, enrubescer.

empyema [empi'i:mə] s. (Med.) empiema m.

empyreal [empair'iəl] adj. empíreo, celeste, supremo.

empyrean [empair'iən] s. empíreo, céu, firmamento m. morada f. dos deuses. || adj. empíreo.

emu ['i:mju:] s. (Orn.) emu m.: ave pernalta f., espécie de avestruz do gênero Dromiceius.

emulate ['emjuleit] v. 1. emular, rivalizar, competir, disputar (com). 2. tentar igualar ou exceder.

emulation [emjul'eiʃən] s. emulação, rivalidade, concorrência f.

emulative ['emjuleitiv] adj. emulativo. || ~**ly** adv. de modo emulativo.

emulator ['emjuleitə] s. 1. êmulo, competidor m. 2. rival m. + f., imitador m.

emulous ['emjuləs] adj. 1. êmulo, emulador, emulativo. 2. ambicioso, rival, competidor. 3. (arc.) invejoso. || ~**ly** adv. com emulação, ambiciosamente.

he is ~ **of his friend** ele procura igualar-se ao amigo.

emulousness [~nis] s. 1. emulação f. 2. (arc.) inveja f.

emulsify [im'ʌlsifai] v. emulsionar.

emulsion [im'ʌlʃən] s. emulsão f.

emulsionize [~aiz] v. emulsionar.

emulsive [im'ʌlsiv] adj. emulsivo.

emunctory [im'ʌŋktəri] s. (Med.) emunctório m.: órgão e processo da excreção líquida. || adj. emunctório.

enable [in'eibl] v. habilitar, capacitar, tornar apto, possibilitar, permitir, autorizar.

this ~**s him** isto o habilita.

enact [in'ækt] v. 1. ordenar, decretar, dar força de lei. 2. legalizar, aprovar. 3. desempenhar um papel, interpretar, representar (em teatros).

to be ~**ed** desenvolver-se (acontecimentos).

enactive [~iv] adj. promulgador, que decreta.

enactment [~mənt] s. 1. decreto-lei m., ratificação, sanção f. 2. aprovação ou promulgação f. de lei.

enamel [in'æml] s. 1. esmalte m., esmalte m. dos dentes. 2. (fig.) lustre m. 3. adorno, realce m. || v. 1. laquear, esmaltar. 2. (fig.) adornar, ornar.

enamel board s. cartão acetinado m.

enamelled [~d] adj. esmaltado, laqueado.

enameller [in'æmlə], **enamellist** [in'æmlist] s. esmaltador m.

enamel painting s. pintura f. a esmalte.

enamels [in'æməls] s. papel acetinado m.

enamelware [in'æmlwɛə] s. bateria esmaltada f. de cozinha.

enamour, enamor [in'æmə] v. 1. enamorar(-se). 2. cativar, encantar, fascinar, apaixonar(-se).

enamoured, enamored [~d] adj. enamorado, cativo, apaixonado, encantado, fascinado.

to be ~ **of** estar apaixonado por.

en bloc [ã:bl'ɔk] adv. 1. todos juntos, de uma vez, unidos. 2. num único lote, por atacado.

encaenia [ens'i:niə] s. encênia f., aniversário m. de fundação.

encage [ink'eidʒ] v. engaiolar, enjaular, encerrar.

encamp [ink'æmp] v. acampar(-se).

encampment [~mənt] s. acampamento, bivaque m.

encarnalize [ink'a:nəlaiz] v. sensualizar, tornar carnal.

encase [ink'eis] v. 1. encaixar, encaixotar. 2. revestir, envolver. 3. encerrar.

encasement [~mənt] s. encaixotamento m.

encash [ink'æʃ] v. cobrar, receber.

encashment [~mənt] s. cobrança f.

encaustic [enk'ɔ:stik] s. 1. encáustica f. 2. pintura encáustica f. ‖ adj. encáustico.

encaustic tile s. ladrilho m. esmaltado e vitrificado.

encave [ink'eiv] v. esconder, ocultar numa caverna.

enceinte [ɔns'ænt] s. (milit.) circunvalação f. ‖ adj. grávida, prenhe.

encephalic [ensif'ælik] adj. encefálico.

encephalitis [ensifəl'aitis] s. (Med.) encefalite f.: inflamação do cérebro.

encephalogram [ens'efələgræm] s. (Med.) encefalograma m.

encephalon [ens'efələn] s. encéfalo m.

enchain [intʃ'ein] v. 1. acorrentar, encadear, algemar, prender, agrilhoar. 2. (fig.) atrair, cativar, segurar.

enchainment [~mənt] s. 1. encadeamento m. 2. ligação f.

enchant [intʃ'a:nt] v. encantar, maravilhar, enlevar.
to be ~ed (at) estar encantado (com).

enchanted land s. país m. das maravilhas.

enchanter [~ə] s. mágico, feiticeiro, encantador m.

enchanting [~iŋ] adj. encantador, maravilhoso, fascinante. ‖ ~ly encantadoramente, maravilhosamente.

enchantment [~mənt] s. encantamento, encanto, feitiço m., fascinação, magia f.

enchantress [~ris] s. mulher que encanta f.

encharge [intʃ'a:dʒ] v. encarregar, incumbir.

enchase [intʃ'eis] v. 1. engastar, encaixar. 2. gravar. 3. (fig.) adornar, ornar, enfeitar (with com).

enchiridion [enkair'idiən] s. enquirídio, manual, prontuário, ritual m.

enchorial [enk'ɔ:riəl] adj. 1. popular, próprio do povo, nativo. 2. demótico.

encircle [ins'ə:kl] v. 1. cercar, rodear, envolver, cingir, circundar (with com). 2. (fig.) abraçar.

encirclement [~mənt] s. cerco, envolvimento m.

enclasp [inkl'a:sp] v. abraçar, cingir, segurar ou reter nos braços.

enclave [ɔŋkl'a:v, inkl'eiv] s. enclave m.: território encravado em terras estrangeiras.

enclitic [inkl'itik] s. (Gram.) enclítica f. ‖ adj. enclítico.

enclose, inclose [inkl'ouz] v. 1. fechar, encerrar, circundar. 2. murar, cercar, circunvalar. 3. incluir, anexar, ajuntar. 4. contar, envolver.

enclosed [~d] adj. 1. incluso, anexo. 2. fechado.

enclosure [inkl'ouʒə] s. 1. cerco m., ação f. de cercar. 2. cêrca f., muro, tapume m. 3. recinto m. cercado, terreno m. cercado (quadro V 3). 4. documentos m. pl., etc. anexos à correspondência comercial.

encloud [inkl'aud] v. envolver em, cobrir com.

encode [ink'oud] v. codificar.
encoding and decoding chart manual de codificação e descodificação.

encomiast [enk'oumiæst] s. encomiasta, panegirista m. + f.

encomiastic [enkoumi'æstik] adj. encomiástico, laudatório.

encomium [enk'oumiəm] s. encômio, louvor, elogio, panegírico m., apologia f.

encompass [ink'ʌmpəs] v. 1. cercar, rodear, cingir. 2. fechar, encerrar, circundar, abarcar. 3. contar.

encore [ɔŋk'ɔ:] s. bis, número bisado m. ‖ v. bisar, pedir bis a. ‖ interj. bis!

encounter [ink'auntə] s. 1. encontro m. (casual). 2.

conflito, combate m. peleja, batalha f. 3. duelo m. ‖ v. 1. encontrar(-se) casualmente, deparar com alguém. 2. encontrar(-se) com o inimigo.

encounter group s. encontro grupal m.

encourage [ink'ʌridʒ] v. 1. encorajar, animar, alentar. 2. apoiar, favorecer, promover, ajudar. 3. incitar.

encouragement [~mənt] s. 1. encorajamento, alento m., 2. animação, incitação f., estímulo, fomento m.
by way of ~ como incentivo, para o fomento de.

encouraging [~iŋ] adj. encorajador, animador. ‖ ~ly adv. animadoramente.

encrimson [enkr'imzən] v. avermelhar, tingir de vermelho.

encroach [inkr'outʃ] v. 1. invadir, usurpar, prejudicar. 2. transgredir, abusar, ir além dos limites.
to ~ upon one's rights desrespeitar os direitos de.

encroacher [~ə] s. usurpador, intruso, transgressor m.

encroachment [~mənt] s. usurpação, invasão, transgressão, intromissão f.

encrust, incrust [inkr'ʌst] v. incrustar, embutir, cravar, cobrir.

enculturate [enk'ʌltʃəreit] adj. = acculturate.

enculturation [enkʌltʃər'eiʃən] s. = acculturation.

encumber [ink'ʌmbə] v. 1. embaraçar, impedir (a fuga de alguém), dificultar. 2. estorvar, obstruir, atravancar. 3. carregar, sobrecarregar.

encumbrance [enk'ʌmbrəns] s. estorvo m., dificuldade f.

encyclic [ens'aiklik] s. encíclica f. ‖ adj. também encyclical [~əl] encíclica, circular, encíclico.

encyclopaedia, encyclopedia [ensaiklip'i:diə] s. enciclopédia f.

encyclopaedic, encyclopedic [ensaiklop'i:dik] adj. enciclopédico.

encyclopaedist, encyclopedist [ensaiklop'i:dist] s. enciclopedista m. + f.

encyst [ens'ist] v. (Med.) enquistar.

encystation [ensist'eiʃən] s. (Med.) enquistamento m.

encystment [ens'istmənt] s. (Med.) enquistamento m.

end [end] s. 1. fim: a) termo m., conclusão f. b) parada f., terminal, ponto final m. c) objetivo m., finalidade f. d) resultado, efeito m., conseqüência f. e) morte, destruição f. f) resto, retalho, fragmento m., sobra f. g) (Téc.) ponta, parte frontal f. h) extremidade f. 2. (E. U. A. Futeb.) jogador m. de ponta ou extrema. ‖ v. 1. acabar, concluir, terminar. 2. finalizar, parar. 3. destruir, matar, morrer. 4. ser ou formar o fim.
at the ~ of May em fins de maio. to come to an ~ chegar ao fim, terminar, finalizar. to come to a bad ~ acabar mal. to go off the deep ~ (fig.) perder os estribos, perder o equilíbrio. the ~ justifies the means o fim justifica os meios (métodos). to the ~ of the earth até o fim do mundo. on ~ de ponta, com a parte traseira para a frente. to turn ~ over ~ soçobrar. to the ~ that a fim de que, para que. East End Zona Leste de Londres. this is the thin ~ of the wedge isto é apenas o começo. to be at an ~ estar no fim. at our ~ aqui conosco. at your ~ lá consigo. she has it all at her fingers' ~s ela mantém tudo perfeitamente em ordem. they fought to the bitter ~ lutaram até o último cartucho. from one ~ to the other do começo ao fim. he gained his ~ ele conseguiu o que almejava. in the ~ no fim, finalmente. to keep one's ~ up cumprir o seu dever. at a loose ~ sem trabalho, desempregado. to make an ~ of acabar com alguma coisa, matar alguém. to make both ~s meet viver de acordo com suas rendas. he is no ~ of a fool ele é um tolo incorrigível. to no ~

em vão, inútil. **no ~ of trouble** inúmeras preocupações. **three days on ~** três dias consecutivos. **his hair stands on ~** ele está de cabelos arrepiados. **to what ~?** para que fim? **I am at my wit's ~** não sei mais o que fazer. **all's well that ~s well** bom é o que bem acaba. **they were placed ~ to ~** foram colocados de modo a se tocarem com as pontas. **there is an ~ of it!** basta, chega com isso! **you will be the ~ of me** você será o meu fim. **he ~ed by eating the cake** ele acabou comendo o bolo. **it ~ed in marriage** acabou em casamento. **it ~ed in his deciding** acabou que ele se decidiu. **it ~ed in nothing** acabou em nada.

endamage [ind'æmidʒ] v. prejudicar, danificar.

endamoeba [endəm'i:bə] s. (bact.) s. endameba f.

endanger [ind'eindʒə] v. pôr em perigo, arriscar.

end bearing s. (Téc.) mancal extremo m.

endbrain ['endbrein] s. (Anat.) telencéfalo m.

endear [ind'iə] v. 1. encarecer, fazer subir o preço. 2. tornar-se agradável, fazer-se benquisto.

endearing [~riŋ] adj. amável, terno, afetuoso. ‖ **~ly** adv. afetuosamente, amavelmente, ternamente.

endearment [~mənt] s. 1. carícia, estima f., carinho m. 2. agrado, amor m. 3. aquele que mostra afeto.

endeavour [ind'evə] s. diligência f., esforço, empenho m. ‖ v. esforçar-se, diligenciar, empreender.

endemic [end'emik] s. (Med.) endemia f.: doença endêmica. ‖ adv. = **endemical**.

endemical [~əl] adj. endêmico, regional. ‖ **~ly** adv. endemicamente.

ender ['endə] s. o que põe fim a alguma coisa.

endermic [end'ə:mik] adj. (Med.) endérmico, que atua sobre a pele.

ending ['endiŋ] s. 1. fim, termo, término m., conclusão f. 2. morte f., desenlace m. 3. (Gram.) desinência, terminação f.

endive ['endiv] s. (Bot.) endívia, chicória f.

endless ['endlis] adj. 1. infinito, infindável, incessante, eterno. 2. contínuo, interminável, perpétuo. ‖ **~ly** adv. infinitamente, eternamente, continuamente, incessantemente.

endlessness [~nis] s. infinidade, eternidade, perpetuidade, continuidade f.

endline [endlain] s. (Futeb.) linha limite f. do campo.

endman ['endmæn] s. homem m. no fim da fila.

endmost ['endmoust] adj. o mais distante, o mais próximo à extremidade, o último.

endo– ['endo] pref. que denota: por dentro, interno, interior.

endocardial [endok'a:diəl], **endocardiac** [endok'a:diæk] adj. endocardíaco.

endocarditis [endoka:d'aitis] (Med.) endocardite.

endocarp ['endoka:p] s. (Bot.) endocárpio m.

endocrine ['endoukrain] s. glândula endócrina f., secreção f. dessas glândulas. ‖ adj. endócrino.

endocrinology [endoukrain'ɔlədʒi] s. (Med.) endocrinologia f.

endoderm ['endodə:m] s. 1. (Biol.) endoderma m. 2. (Bot.) endoblasto m.

endogamous [end'ɔgəməs] adj. endógamo.

endogamy [end'ɔgəmi] s. endogamia f.: casamento m. dentro de sua classe, de sua tribo.

endogenous [end'ɔdʒənəs] adj. endógeno. ‖ **~ly** adv. endogenamente.

endolymph ['endolimf] s. (Anat.) endolinfa f.

endometritis [endomitr'aitis] s. (Anat.) endometrite f.

endometrium [endom'i:triəm] s. (Med.) endométrio m.

endomorph ['endomɔ:f] s. (Miner.) endomorfo m.: cristal encerrado em outro.

endomorphic [endom'ɔ:fik] adj. endomórfico.

endomorphism [endom'ɔ:fizm] s. (Miner.) endomorfismo m.

endoplasm ['endoplæzm] s. (Biol.) endoplasma m.: parte central da célula.

endorse, indorse [ind'ɔ:s] v. 1. endossar. 2. (fig.) apoiar, defender.

endorsee [indɔ:s'i:] s. endossado m.

endorsement [ind'ɔ:smənt] s. endosso, endossamento m. **~ free from liability** endosso sem responsabilidade.

endorser [ind'ɔ:sə] s. endossante, endossador m.

endoscope ['endoskoup] s. (Med.) endoscópio m.

endoscopy [end'ɔskopi] s. (Med.) endoscopia f.

endoskeleton [endosk'elitn] s. (Anat.) estrutura f. do esqueleto.

endosmosis [endosm'ousis] s. (Fís.) endosmose f.

endosmotic [endosm'ɔtik] adj. endosmótico.

endosperm ['endospə:m] s. (Bot.) endosperma, endospermo, albume m.

endospore ['endospɔ:] s. (Bot.) endósporo m.

endothermic [endoθ'ə:mik] adj. endotérmico.

endow [ind'au] v. doar, dotar, prendar. **~ed with** dotado com. **~ed school** escola mantida por doações.

endower [~ə] s. doador, dotador m.

endowment [~mənt] s. doação f., dote, dom m.

endowment insurance s. seguro misto m.: modalidade de seguro de vida.

endpaper ['endpeipə] s. guardas f. pl. (de livro).

end point s. (Quím.) ponto m. de saturação.

end product s. 1. resto, resíduo m., sobra f. 2. produto acabado, produto manufaturado m.

end stop s. (Gram.) ponto final m.

endue, indue [indj'u:] v. 1. dotar. 2. vestir. 3. investir. 4. doar, fornecer.

end up v. acabar (como, em). **He ended up as a burglar** ele acabou como bandido.

endurable [indj'uərəbl] adj. sofrível, suportável, tolerável. ‖ **–bly** adv. sofrivelmente, suportavelmente.

endurance [indj'uərəns] s. paciência, duração, tolerância, persistência, resignação, resistência f., sofrimento. **beyond ~, past ~** insuportável.

endurance flight s. ensaio m. de resistência de um avião.

endurance test s. teste m. de resistência.

endure [indj'uə] v. 1. aturar, sofrer, suportar. 2. agüentar, resistir, tolerar. 3. durar, preservar. **not to be ~d** insuportável. **I can't ~ him** eu não o posso suportar, não o tolero.

endurer [~rə] s. 1. sofredor m. 2. pessoa persistente f.

enduring [~riŋ] adj. 1. duradouro, durável. 2. permanente, contínuo. 3. paciente, tolerante. ‖ **~ly** adv. 1. pacientemente. 2. permanentemente. 3. duradouramente.

enduringness [~riŋnis] s. 1. capacidade f. de suportar sofrimentos. 2. persistência, durabilidade f.

endways ['endweiz], **endwise** ['endwaiz] adv. 1. de pé, em pé. 2. ponta a ponta. 3. com a parte traseira na frente. 4. longitudinalmente.

E. N. E. abr. de **East-North-East.**

enema ['enimə] s. 1. clister m., lavagem intestinal f. 2. aparelho irrigador m.

enemy ['enimi] s. inimigo, adversário m., antagonista, oponente m. + f. ‖ adj. inimigo, adversário. **sworn ~** inimigo de morte. **he is his own ~** ele é o seu próprio inimigo. **do not make an ~ of him** não o queira como inimigo, não o faça um inimigo seu. **the Arch Enemy of Mankind** o principal inimigo da humanidade, o demônio, o diabo, o capeta.

enemy alien s. estrangeiro m. em país inimigo (guerra).

energetic [enədʒ'etik], **energetical** [~əl] adj. enérgico, ativo, eficaz, vigoroso. ‖ ~**ally** adv. energicamente, ativamente, eficazmente, vigorosamente.

energetics [~s] s. (Filos.) energética f.

energize ['enədʒaiz] v. energizar, agir energicamente.

energizer [~ə] (Téc.) amplificador, condensador, reforçador m.

energumen [enə:gj'u:mən] s. energúmeno, fanático, possesso m.

energy ['enədʒi] s. 1. energia, atividade f. 2. força, firmeza f., vigor m. 3. eficácia, eficiência f.
conservation of ~ (Téc.) conservação da energia.
~ **input,** ~ **put in** (Téc.) energia absorvida. **potential** ~ (Téc.) energia potencial.

energy level s. (Fís.) nível m. de energia.

enervate ['enə:veit] v. enervar, enfraquecer, debilitar. ‖ adj. enervado, enfraquecido, debilitado.

enervation [enəv'eiʃən] s. enervação, fraqueza f.

enervator ['enəveitə] s. o que enerva.

enface [inf'eis] v. escrever, imprimir ou carimbar no anverso de um documento.

enfeeble [inf'i:bl] v. enfraquecer, debilitar.

enfeeblement [~mənt] s. enfraquecimento m., debilitação f.

enfeebler [~ə] s. o que enfraquece.

enfeoff [inf'ef] v. (Jur.) enfeudar, investir na posse de, entregar, doar.

enfeoffment [~mənt] s. (Jur.) enfeudação, investidura f., feudo m.

enfetter [enf'etə] v. 1. acorrentar, agrilhoar, (fig.) constranger. 2. escravizar, (fig.) cativar.

enfilade [enfil'eid] s. (milit.) fogo m. de flanco. ‖ v. (milit.) submeter a fogo de flanco.

enfold, infold [inf'ould] v. 1. envolver, cobrir. 2. abraçar.

enforce [inf'o:s] v. 1. forçar, conseguir à força, obrigar. 2. impingir, compelir. 3. fazer cumprir ou executar uma lei. 4. reforçar. 5. inculcar, impor.

enforceable [~əbl] adj. 1. obrigatório. 2. executável, exeqüível. 3. inculcável.

enforcedly [~idli] adv. forçosamente, por força, violentamente.

enforcement [~mənt] s. 1. coação, violência f., constrangimento m. 2. sanção, execução f. de uma ordem ou lei. 3. reforço m.

enforcer [~ə] s. o que impõe, força ou compele à execução.

enframe [infr'eim] v. emoldurar, enquadrar.

enfranchise [infr'æntʃaiz] v. 1. conceder direitos civis ou políticos. 2. libertar, emancipar. 3. livrar do cativeiro, soltar da cadeia.

enfranchisement [infr'æntʃizmənt] s. libertação, emancipação f.

eng. abr. de: 1. **engineer.** 2. **engraving.**

Eng. abr. de: 1. **England.** 2. **English.**

engage [ing'eidʒ] v. 1. empenhar, apalavrar(-se), comprometer(-se) com, convidar (p. dançar). 2. combinar noivado, contratar casamento. 3. atarefar, encarregar, incumbir. 4. ocupar-se, entregar-se ao trabalho, dedicar-se a. 5. empregar, contratar, engajar, assalariar. 6. utilizar, aproveitar, alugar carro, reservar (lugares no teatro, na ferrovia, etc.) 7. prender, segurar, atrair, cativar. 8. (Téc.) encaixar, engatar, engrenar em. 9. (milit.) iniciar o ataque, empenhar em combate, manter contato com o inimigo.
she ~**d herself with** ou **she got** ~**d to** ela combinou noivado com. **he is** ~**d as secretary** ele está contratado como secretário. **I** ~**d him in a conversation** travei conversa com ele. **he was** ~**d in writing** ele estava ocupado na redação (de cartas, livros,

etc.). **I am** ~**d on Monday** eu tenho um convite (ou compromisso) para segunda-feira. **he** ~**d my sympathy** ele cativou minha simpatia. **to be** ~**d** estar comprometido para a próxima dança. **to** ~ **each other** 1. engrenar, entrosar. 2. entrelaçar-se.

engaged [~d] adj. 1. comprometido, prometido para o casamento. 2. ocupado, atarefado. 3. utilizado, usado, empregado. 4. contratado, ajustado. 5. ajuntado, (partes ou peças de madeira). 6. (Mec.) engrenado. 7. envolvido em combate.

engagement [ing'eidʒmənt] 1. compromisso m., obrigação, promessa f. 2. noivado m. 3. encontro marcado, convite m., entrevista f. 4. contrato m. para emprego, cargo m. 5. (milit.) luta, batalha, ação f. combate m. 6. engrenagem f., entrosamento m., 7. duração f. de um contrato ou ajuste. 8. tempo m. de uso.
I am under an ~ **to** eu estou contratado para. **I meet my** ~**s** eu honro meus compromissos. **she broke off her** ~ ela rompeu o seu noivado.

engagement ring s. anel m. de noivado.

engaging [ing'eidʒiŋ] adj. atrativo, atraente, sedutor, simpático, insinuante. ‖ ~**ly** adv. atraentemente, simpaticamente, insinuantemente.

engagingness [~nis] s. atração, aparência simpática f.

engarland [ing'a:lənd] v. engrinaldar, enfeitar.

engender [indʒ'endə] v. engendrar, gerar, produzir, procriar, causar.

engine ['endʒin] s. 1. máquina f., motor m. quadros H 5, M 5, M 6). 2. locomotiva f., máquina f. a vapor. 3. instrumento, engenho m. 4. (fig.) meio m. ‖ v. instalar máquinas.
~ **off** com motor parado. ~ **on** com motor ligado.

engine builder s. construtor m. de máquinas.

engine driver s. maquinista m. + f., mecânico m.

engineer [endʒin'iə] s. 1. engenheiro m. 2. técnico m. 3. mecânico m. 4. maquinista m. + f. de locomotiva. 5. (milit.) sapador m. ‖ v. 1. exercer a profissão de engenheiro. 2. construir, executar, projetar, montar. 3. (fig.) pôr em movimento, planejar, maquinar. 4. (gíria) dar um jeito, engendrar.
chief ~ engenheiro chefe. **civil** ~ engenheiro civil. **electrical** ~ engenheiro eletricista.

engineering [~riŋ] s. 1. engenharia f. 2. (fig. e gíria) manobra f., manejo m.
electrical ~ eletrotécnica.

engineering department s. departamento m. técnico.

engineering manager s. diretor m. técnico.

engine failure s. avaria f. no motor.

engine fitter s. montador, ajustador, mecânico m.

engine house s. casa f. de máquinas.

engineless ['endʒinlis] adv. sem motor.

engineman ['endʒinmæn] s. maquinista m.

engine operator s. maquinista m. + f.

enginery ['endʒinəri] s. 1. maquinaria f. 2. (fig.) maquinação f. 3. engenhos bélicos m. pl.

engine-wright s. construtor m. de máquinas.

engird [ing'ə:d] v. cercar, rodear, cingir.

englacial [engl'eiʃəl] adj. dentro de uma geleira.

England ['iŋglænd] Inglaterra f.

English ['iŋgliʃ] s. 1. inglês m.: a) a língua, o idioma inglês. b) natural da Inglaterra. 2. (Tipogr.) tipo de corpo 14. ‖ adj. inglês.
the king's ~ inglês padrão (idioma). **basic** ~ inglês básico. **in** ~ em inglês. **in plain** ~ em palavras simples. **are you** ~? você é inglês? **the** ~ o povo inglês.

English Channel s. Canal m. da Mancha.

English horn s. (Mús.) trompa inglesa f.: instrumento de sopro.

Englishman ['iŋgliʃmən] pl. **Englishmen** ['iŋgliʃmen] s. inglês, cidadão inglês m.

Englishry ['iŋgliʃri] s. 1. descendência inglesa f. 2. os descendentes dos ingleses na Irlanda.

Englishwoman ['iŋgliʃwumən] s. inglesa f.

englut [engl'ʌt] v. (arc.) devorar, engolir, saciar.

engorge [ing'ɔ:dʒ] v. 1. engolir, comer com sofreguidão, ingurgitar. 2. **(with)** entupir ou obstruir com.

engorgement [~mənt] s. 1. voracidade f. 2. obstrução f.

engraft, ingraft [ingr'a:ft] v. 1. enxertar. 2. (fig.) imprimir.

engrail [ingr'eil] v. (Heráld.) dentear, dentar, (poét.) adornar.

engrain [ingr'ein] v. 1. tingir na lã. 2. (fig.) gravar, inculcar.

engraïned [~d] adj. 1. enraizado. 2. incorrigível, inveterado.

engrave [ingr'eiv] v. 1. gravar, esculpir, burilar, 2. entalhar, lavrar, cavar (quadro Q). 3. estampar, imprimir. 4. (fig.) gravar na memória, inculcar.

engraver [~ə] s. gravador m.
~ on copper calcógrafo.

engraving [~iŋ] s. 1. estampa, gravura f. 2. arte de gravar, gravação f. 3. gravura f. em cobre.

engross [ingr'ous] v. 1. passar a limpo. 2. absorver (atenção) 3. ocupar totalmente (o tempo). 4. escrever com letra de forma. 5. apoderar-se, abarcar, atrair, açambarcar, tirar para si, monopolizar. 6. elaborar, lavrar, redigir (uma lei). 7. especular. **the book ~ed my attention** o livro prendeu toda a minha atenção. **to ~ the conversation** gargantear.

engrossed [~t] adj. absorto, profundamente interessado.

engrossing [~iŋ] adj. atraente, absorvente, açambarcador, que prende a atenção.
~ hand caligrafia forense f.

engrossment [~mənt] s. 1. cópia caligráfica f. 2. documento, registro m., lavratura f. 3. absorção f. 4. açambarcamento, abarcamento m.

engulf, ingulf [ing'ʌlf] v. 1. engolfar, tragar, afundar, engolir, mergulhar. 2. subjugar.

enhance [inh'a:ns, inh'æns] v. 1. aumentar, acrescentar, suspender, levantar. 2. acentuar, realçar. 3. intensificar. 4. encarecer, subir. 5. exagerar.

enhancement [~mənt] s. 1. encarecimento m., alta f. 2. realce m. 3. intensificação f. aumento m.

enhancer [~ə] s. encarecedor, realçador, lançador m., o que aumenta ou enaltece.

enhancive [~iv] adj. aumentador, enaltecedor, realçador.

enharmonik [enha:m'ɔnik] adj. (Mús.) enarmônico.

enigma [in'igmə] s. enigma, mistério m.

enigmatic [enigm'ætik], **enigmatical** [~əl] adj. enigmático, misterioso. ‖ **~ally** enigmaticamente, misteriosamente.

enigmatize [in'igmətaiz] v. enigmar.

enisle [in'ail] v. (poét.) 1. ilhar. 2. isolar.

enjambment [indʒ'æmmənt] s. (fr. poét. enjambement) quebra f. de verso, terminação falsa f., cavalgamento m.

enjoin [indʒ'ɔin] v. 1. mandar, ordenar, encarregar, impor. 2. prescrever, fazer injunções, proibir.

enjoiner [~ə] s. mandante m. + f.

enjoinment [~mənt] s. injunção, imposição f.

enjoy [indʒ'ɔi] v. 1. gozar, desfrutar, deleitar-se, gostar de, apreciar, divertir-se, ter prazer com. 2. possuir.
I ~ed your visit apreciei a sua visita. **he ~s good health** ele goza de boa saúde. **I ~ed myself** eu me diverti.

enjoyable [~əbl] adj. 1. agradável. 2. divertido. 3. que se pode gozar. 4. saboroso, delicioso. ‖ **–bly** adv. agradavelmente, divertidamente, saborosamente.

enjoyableness [~əblnis] s. caráter m., qualidade ou condição f. do que é gozável.

enjoyer [~ə] s. gozador, aproveitador m.

enjoyment [~mənt] s. gozo, prazer m., alegria, recreação f., divertimento m.

enkindle [ink'indl] v. 1. acender, incendiar(-se). 2. (fig.) inflamar(-se). 3. clarear.

enlace [inl'eis] v. 1. enlaçar, envolver. 2. entrelaçar. 3. cercar, rodear.

enlacement [~mənt] s. 1. enlaçadura f. 2. entrelaçamento m.

enlarge [inl'a:dʒ] v. 1. alargar(-se), estender(-se). 2. dilatar(-se). 3. engrandecer, aumentar. 4. ampliar. 5. amplificar. 6. prolongar (discurso), expandir(-se). **~d and revised edition** edição revista e ampliada. **traveling ~s the mind** viagens aumentam o horizonte mental. **to ~ upon** estender-se sobre.

enlarged [~d] adj. liberal, generoso.

enlargement [~mənt] s. 1. alargamento, aumento m. amplificação f. 2. dilatação, extensão, espansão, amplificação f. 3. (Med.) hipertrofia f.

enlarger [~ə] s. ampliador m., o que aumenta.

enlarging camera s. (Fotog.) ampliador m.

enlighten [inl'aitn] v. 1. alumiar, aclarar, iluminar, clarear. 2. (fig.) esclarecer, instruir, ilustrar.

enlightened [~d] adj. (fig.) culto, ilustrado, erudito.

enlightener [~ə] s. esclarecedor, informador m.

enlightenment [~mənt] s. 1. iluminação, ilustração, explicação f. 2. esclarecimento m. 3. (Hist.) iluminismo m., tendência filosófica e política do séc. XVIII.

enlink [inl'iŋk] v. encadear, prender, ligar, unir.

enlist [inl'ist] v. 1. (milit.) alistar(-se), recrutar, sentar praça, servir no exército. 2. inscrever(-se). 3. registrar. 4. atrair, interessar, angariar.

enlisted man s. (E. U. A.) soldado m. do exército.

enlistment [~mənt] s. alistamento, recrutamento m., inscrição f.

enliven [inl'aivn] v. avivar, animar, alentar, estimular.

enlivener [~ə] s. estimulador, animador m.

enlivenment [~mənt] s. avivamento m., animação f., vivificação f.

enmesh [inm'eʃ] v. 1. envolver, emaranhar, enredar. 2. (fig.) confundir, intricar.

enmity ['enmiti] s. inimizade, animosidade, aversão, **to be at ~ with** estar em inimizade com. **he bears no ~** ele não é vingativo.

ennea– ['eniæ] pref. (grego) nove.

ennead ['eniæd] conjunto de nove livros ou livros de nove capítulos.

enneagon ['eniəgon] s. (Geom.) eneágono m.: polígono de nove lados.

ennoble [in'oubl] v. 1. enobrecer, nobilitar. 2. honrar, dignificar, enaltecer.

ennoblement [~mənt] s. enobrecimento m., nobilitação, distinção, dignificação f.

ennobler [~ə] s. quem enobrece ou nobilita.

ennui [ã:nw'i:] s. (fr.) enfado, tédio, fastio m.

enology [in'ɔladʒi] s. enologia f.: estudo dos vinhos.

enormity [in'ɔ:miti] s. 1. enormidade, monstruosidade f. 2. maldade extrema f. 3. crime m., barbaridade, perversidade f.

enormous [in'ɔ:məs] adj. 1. enorme, colossal, imenso. 2. monstruoso. 3. perverso, atroz, infame, execrável. ‖ **~ly** adv. enormemente, consideravelmente, perversamente.

enormousness [~nis] s. enormidade, monstruosidade, grandeza f.

enough [in'ʌf] s. o bastante, o suficiente. ‖ adj. bastante, suficiente, assaz. ‖ adv. suficientemente, adequadamente. ‖ interj. basta! chega!
two is (are) ~! dois bastam! **it is ~ for me to**

know basta-me saber. ~ **of that!** basta! **I have had** ~ **of it** estou farto disto. ~ **is as good as a feast** o que é demais, faz mal. ~ **and to spare** mais do que o suficiente. **like** ~ muito provável. **man** ~ **to...** bastante (ou homem) para... **be kind** ~ **to help me** faça o favor de ajudar-me. **he works well** ~ ele trabalha satisfatoriamente. **you know well** ~ **what I mean!** você bem entende o que eu quero dizer! **oddly** ~ **he wrote that...** por estranho que pareça, ele escreveu, que...

enounce [in'auns] v. 1. enunciar, declarar, externar, manifestar. 2. formular, proferir.

enquire [inkw'aiə], **enquiry** [~ri] v. = **inquire, inquiry.**

enrage [inr'eidʒ] v. enfurecer, encolerizar, irritar, exasperar, enraivecer.

enraged [~d] adj. enraivecido, exasperado enfurecido.

enragement [~mənt] s. enfurecimento, exaspero m., irritação f.

enrapt [inr'æpt] adj. arrebatado, extasiado, encantado, enlevado.

enrapture [~ʃə] v. arrebatar, extasiar, encantar, enlevar, maravilhar.

enravish [inr'æviʃ] v. extasiar, encantar, enlevar.

enregiment [inr'edʒimənt] v. arregimentar, disciplinar, organizar.

enregister [inr'edʒistə] v. registrar, inscrever, anotar, assentar.

enrich [inr'itʃ] v. 1. enriquecer. 2. adubar, fertilizar. 3. (fig.) adornar, enfeitar, ornar. 4. (fig.) fecundar. 5. melhorar. 6. intensificar, aumentar.

enriched [~t] adj. enriquecido, odubado, etc.

enricher [~ə] s. o que enriquece, melhora, etc.

enrichment [~mənt] s. 1. enriquecimento m. 2. enfeite m. 3. adubação f. 4. melhoramento m.

enrobe [inr'oub] v. 1. vestir, investir. 2. (fig.) nomear, envergar a indumentária atinente a um cargo.

enrol, enroll [inr'oul] v. 1. registrar(-se), matricular-(-se). 2. inscrever(-se), associar(-se). 3. (milit.) alistar(-se) recrutar, sentar praça. 4. catalogar. 5. arrolar.

enrolment, enrollment [~mənt] s. 1. alistamento m. 2. matrícula f., 3. registro m. 4. protocolo m.

enroot [inr'u:t] v. enraizar, arraigar, implantar.

Ens. abr. de **Ensign.**

ensanguine [ins'æŋgwin] v. ensangüentar.

ensconce [insk'ons] v. 1. esconder, ocultar. 2. abrigar.

ensemble [ã:ns'ã:mbl] s. 1. conjunto m., totalidade f. 2. grupo m. completo de artistas necessários para a apresentação de uma peça (teatral, musical, etc.). 3. efeito artístico m. 4. vestuário m. feminino completo, harmoniosamente combinado (quadro C 13).

ensepulcher, ensepulchre [ins'epəlkə] v. sepultar.

ensheathe [inʃ'i:ð] v. embainhar, cobrir, revestir.

enshield [inʃ'i:ld] v. proteger, guardar, apoiar.

enshrine [inʃr'ain] v. colocar num relicário, conservar como relíquia, entesourar.

enshrinement [~mənt] s. ato m. ou ação f. de entesourar ou colocar num relicário.

enshroud [inʃr'aud] v. envolver, ocultar, cobrir.

ensiform [ensif'o:m] adj. (Bot.) ensiforme.

ensign [ens'ain] s. 1. insígnia, bandeira f., pavilhão, estandarte m. 2. distintivo, emblema m. 3. (E. U. A.) guarda-marinha m. + f. 4. porta-bandeira m. + f., alferes m.
White Ensign bandeira da marinha de guerra. **Red Ensign** bandeira da marinha mercantil.

ensigncy [~si], **ensignship** [~ʃip] s. 1. (E. U. A.) posto m. de guarda-marinha. 2. porta-bandeira m. + f.

ensilage [ensilidʒ] v. ensilagem f.: 1. armazenamento m. de cereais em silos. 2. forragem f. ‖ v. ensilar, armazenar (cereais) em silos.

enslave [insl'eiv] v. 1. escravizar, subjugar, tiranizar,

avassalar, dominar, oprimir, cativar. 2. (fig.) atrair.

enslavement [~mənt] s. escravização f.

enslaver [~ə] s. escravocrata m. + f., o que escraviza.

ensnare, insnare [insn'ɛə] v. 1. apanhar numa armadilha, enlaçar. 2. enlear, iludir. 3. (fig.) seduzir, fascinar, enganar.

ensnarement [~mənt] s. 1. armadilha f. 2. sedução f.

ensnarer [~rə] s. quem arma uma armadilha.

ensorcel, ensorcell [ins'ɔsəl] v. fascinar, encantar, enfeitiçar.

ensoul, insoul [ins'oul] v. 1. sensibilizar, dotar de alma. 2. inculcar na alma.

ensphere [insf'iə] v. 1. envolver, cercar, rodear, delimitar, circunvolver. 2. dar a forma de esfera.

enstamp [inst'æmp] v. carimbar, imprimir.

ensue [insj'u:] v. 1. seguir(-se). 2. resultar. 3. suceder.

ensuing [~iŋ] adj. seguinte, próximo, ulterior.

ensure [inʃ'uə] v. 1. assegurar. 2. segurar. 3. garantir, resguardar, proteger. (**against, for, from** contra, de).
the income was ~d to her a renda lhe foi garantida.

enswathe [insw'eið] v. enfeixar, atar, envolver.

enswathement [~mənt] s. envolvimento, invólucro m.

entablature [ent'æblətʃə], **entablement** [int'eiblmənt] s. (Arquit.) 1. entablamento m.: o conjunto da arquitrave, friso e cornija. 2. cimalha f. 3. plinto m.: base de coluna ou estátua.

entail [int'eil] s. 1. (Jur.) vínculo, morgadio, fideicomisso m. 2. herança inalienável f. 3. ordem f. de transmissão por herança. ‖ v. 1. impor (**on** a), requerer. 2. vincular, inalienar, legar.
to cut off the ~ abolir ou limitar os vínculos da sucessão hereditária.

entailment [~mənt] s. (Jur.) vínculo, fideicomisso m.

entangle [int'æŋgl] v. 1. emaranhar, enredar, embaraçar. 2. envolver, intrincar, complicar, confundir. 3. desconcertar, perplexar.
to be ~d in estar envolvido em. **to be ~d with** manter relações amorosas com.

entangled [~d] adj. emaranhado, intricado, embaraçado, envolvido.

entanglement [~mənt] s. 1. embaraço m., enredo m., complicação, confusão f. 2. obstáculo m. 3. (milit.) obstáculo de arame farpado. 4. (gíria) namoro m.

entangler [~ə] s. enredador m., intrigante m. + f.

entasis [~'entəsis] s. (Arquit.) êntase f.: engrossamento do primeiro terço das colunas.

entelechy [ent'eliki] s. (Filos.) enteléquia f.

entellus [ent'eləs] s. (Zool.) entelo m.: macaco da Índia, considerado sagrado.

entente [ənt'a:nt] s .(fr.) entendimento internacional m. sobre política externa. 2. aliança f. entre nações de interesses em comum.

enter ['entə] v. 1. entrar, passar para dentro. 2. dirigir-se, introduzir-se, penetrar, chegar. 3. filiar-se, associar-se, inscrever-se, matricular-se, alistar-se, ingressar. 4. admitir, acolher, introduzir. 5. começar, iniciar, encetar, vir ao pensamento. 6. prestar serviço militar, sentar praça. 7. internar(-se). 8. registrar, anotar, aduanar. 9. assumir compromissos. 10. entrar em cena. 11. iniciar um emprego. 12. dar entrada, apresentar (queixa). 13. participar em. 14. celebrar acordo.
he ~ed the navy ele alistou-se, entrou na marinha. **he ~ed the university** ele matriculou-se na universidade. **he ~ed a learned profession** ele abraçou uma profissão intelectual. **she ~ed an action** ela apresentou uma queixa. **to** ~ **the day-book** lançar no diário. **it ~ed my mind** surgiu-me à idéia. **to** ~ **a protest** levantar um protesto. **to** ~

the lists aceitar um desafio, iniciar o litígio. he ~ed my services ele entrou em meus serviços. he ~ed his name ele assinou. the sum was ~ed to his credit a importância foi lançada ao seu crédito. Enter Romeo (Teat.) Romeu entra em cena. to ~ into an arrangement entrar num acordo. I cannot ~ into details não posso entrar em detalhes. that does not ~ into my plans isto não se adapta às minhas intenções. I ~ed into obligations assumi novos compromissos, obrigações. to ~ a treaty associar-se a um tratado. I ~ed upon a conversation with him eu entrei em conversa com ele.
enterable [~rəbl] adj. (Com.) 1. importável. 2. registrável.
enter for v. matricular(-se).
enteric [ent'erik] adj. (Med.) entérico: relativo aos intestinos, intestinal.
entering ['entəriŋ] s. 1. entrada, admissão f. 2. assentamento, lançamento m.
entering-ladder s. cabo m. do portaló.
entering-port s. portaló m.
enteritis [entər'aitis] s. (Med.) enterite f., inflamação f. nos intestinos.
enterology [entər'ɔlodʒi] s. enterologia f.
enterprise ['entəpraiz] s. 1. empreendimento m., empresa, iniciativa, aventura f. 2. espírito empreendedor, arrojo m., coragem f. 3. (Com.) especulação, exploração f. ‖ v. empreender, arriscar, aventurar-se.
he is a man of ~ ele é um homem de iniciativa. private ~ economia livre, empresa particular.
enterprising [~iŋ] adj. 1. empreendedor, ativo. 2. ousado, corajoso, audaz, atrevido. ‖ ~ly adv. arrojadamente, corajosamente.
entertain [entət'ein] v. 1. entreter, divertir, distrair. 2. receber visita, hospedar, acolher. 3. oferecer festas, celebrar, regalar. 4. tomar em consideração, cogitar, nutrir (idéias, planos). 5. manter (corresp.)
we have ~ed correspondence for years nós mantivemos correspondência durante anos. she ~ed at dinner ela fez as honras no jantar. I ~ed doubts as to tinha dúvidas a respeito de. I cannot ~ the idea não posso admitir a idéia. they ~ a great deal eles dão muitas festas, eles recebem muitos amigos.
entertainer [~ə] s. 1. anfitrião, hospedeiro m. 2. artista m. + f. que introduz os atores de cada cena.
entertaining [~iŋ] adj. 1. interessante. 2. alegre, divertido, agradável. ‖ ~ly adv. agradavelmente, alegremente, divertidamente.
entertainingness [~iŋnis] s. caráter m. hospitaleiro ou divertido.
entertainment [~mənt] s. 1. hospitalidade f., entretenimento m. 2. hospedagem f., acolhimento m. 3. divertimento m. 4. festa f., espetáculo m. 5. passatempo m., diversão f.
musical ~ festa musical. the play afforded me endless ~ a peça proporcionou-me um enorme prazer.
entertainment tax s. imposto m. de diversões.
enthalpy ['enθəlpi] s. (Termodinâmica) entalpia f.
enthrall, enthral [inθr'ɔ:l] v. 1. escravizar, cativar, subjugar. 2. (fig.) atrair, encantar, enfeitiçar.
enthraller [~ə] s. o que escraviza ou (fig.) encanta.
enthralling [~iŋ] adj. 1. escravizador. 2. cativante, encantador. ‖ ~ly adv. 1. de modo escravizador. 2. de modo cativante.
enthrallment, enthralment [~mənt] s. 1. escravidão, servidão f., domínio m. 2. (fig.) encantamento m.
enthrone [inθr'oun] v. 1. subir ao trono, entronizar. 2. empossar, dar posse (esp. bispo).

to be ~d (fig.) reinar.
enthronement [~mənt] s. entronização f.
enthuse [inθj'u:z] v. (gíria) entusiasmar-se.
enthusiasm [~iæzm] s. 1. entusiasmo, arrebatamento m., vivacidade f. 2. exaltação f., êxtase, ardor m.
enthusiast [~iæst] s. entusiasta m. + f., apaixonado m.
enthusiastic [inθju:zi'æstik], **enthusiastical** [~əl] adj. entusiástico, muito interessado. ‖ ~ally adv. entusiasticamente, apaixonadamente.
enthymeme ['enθimi:m] s. (Filos.) entimema m.: silogismo de duas proposições.
entice [int'ais] v. 1. atrair, tentar, seduzir (into s. th.) 2. incitar, instigar (to do, into doing à, a fazer). 3. engodar. 4. induzir.
enticement [~mənt] s. 1. sedução, tentação f. 2. atração f., engodo m. 3. instigação, incitação f.
enticer [~ə] s. sedutor, instigador m.
enticing [~iŋ] adj. sedutor, atrativo, encantador, tentador. ‖ ~ly sedutoramente, tentadoramente, atrativamente.
entire [int'aiə] s. 1. o todo, conjunto m., totalidade f. 2. cavalo m. não castrado. 3. cerveja forte f. ‖ adj. 1. inteiro, completo, intato, ileso, incólume, íntegro, perfeito. 2. inteiriço, genuíno, puro, verdadeiro. 3. todo, total. 4. (de cavalo) não castrado. ‖ ~ly adv. 1. inteiramente, totalmente, plenamente. 2. sinceramente. 3. unicamente.
he had their ~ attention ele manteve toda a atenção deles.
entireness [~nis] s. inteireza, totalidade, integridade f.
entirety [~ti] s. conjunto, todo m., totalidade f., qualidade f. de ser completo.
possession by ~ties (Jur.) propriedade em conjunto, cujas parcelas não podem ser alienadas sem consentimento de todos os co-proprietários.
entitle [int'aitl] v. 1. intitular, chamar, denominar. 2. dar um direito, autorizar, habilitar.
I am ~d to tenho o direito de, estou autorizado a.
entity ['entiti] s. 1. entidade f. 2. ente m. 3. existência f.
entoblast ['entoblɑ:st] s. (Biol.) endoderma m.: núcleo da blastoderme.
entomb [int'u:m] v. enterrar, sepultar.
entombment [~mənt] s. enterro, enterramento, sepultamento m.
entomologic [entəməl'odʒik], **entomological** [~əl] adj. entomológico.
entomologist [entəm'olədʒist] s. entomologista m. + f.
entomology [entəm'olədʒi] s. entomologia f.
entomophilous [entəm'ofiləs] adj. entomófilo.
entourage [ontur'a:ʒ] s. 1. ambiente, meio m. 2. companhia f., séquito m.
entozoon [entoz'ouən] s. entozoário m.: verme intestinal.
entr'acte [ontr'ækt] s. 1. entreato m. 2. intervalo m. entre dois atos.
entrails ['entreilz] s. pl. 1. entranhas f. pl. 2. intestinos m. pl., vísceras, tripas f. pl. 3. (fig.) interior m., parte f. interna de qualquer coisa.
entrain (I) [intr'ein] v. (Fís. e Quím.) arrastar, levar consigo.
entrain (II) [intr'ein] v. 1. embarcar. 2. (milit.) embarcar tropas.
entrainment [~mənt] s. embarque m.
entrammel [intr'æməl] v. enredar, emaranhar, embaraçar, restringir.
entrance (I) ['entrəns] s. 1. entrada f., ingresso m., permissão f. para entrar. 2. ação de entrar. 3. porta, abertura f., portão m. 4. (Teat.) entrada f. em cena. 5. investidura, posse f. 6. declaração f.

na alfândega. **no** ~ entrada proibida. ~ **into office** posse de um cargo. **carriage** ~ portão, entrada para veículos.

entrance (II) [intr'a:ns] v. arrebatar, enlevar, extasiar.

entrance duty s. direitos m. pl. alfandegários.

entrance examination s. exame m. de admissão.

entrance fee s. 1. jóia f. 2. taxa de matrícula f.

entrance form s. ficha f., formulário m. para registro.

entrance hall s. vestíbulo m., entrada f. (quadro S 13).

entrancement [intr'a:nsmənt] s. 1. arrebatamento, enlevo m., 2. êxtase m.

entranceway ['entrənswei] s. via f. de acesso.

entrancing [intr a:nsing] adj. extasiante, fascinante, encantador. ‖ ~**ly** adv. arrebatadoramente, fascinantemente, encantadoramente.

entrant ['entrənt] s. 1. pessoa f. que entra. 2. estreante, principiante m. + f. 3. (Esp.) concorrente, participante m. + f. 4. sócio m. de uma agremiação.

entrap [intr'æp] v. 1. apanhar com laço, rede ou armadilha. 2. armar cilada, ludibriar, enganar, lograr. 3. atrair, induzir.

entrapment [~mənt] s. enredo, logro m., cilada f.

entreasure [intr'eʒə] v. entesourar, acumular.

entreat [intr'i:t] v. pedir, rogar, solicitar, suplicar, implorar.

I ~ed of him to hear me implorei-lhe que me ouvisse.

entreating [~iŋ] adj. suplicante, implorativo, encarecedor. ‖ ~**ly** adv. encarecidamente, insistentemente.

entreaty [~i] s. rogo, pedido m., súplica, solicitação f.

entrée ['ontrei] s. (fr.) 1. entrada f., acesso, ingresso m., direito m. de entrar. 2. antepasto m. 3. prato m. servido antes ou entre as iguarias principais.

entremets ['ontrəmei] s. prato de meio, prato secundário m.

entrench, intrench [intr'entʃ] v. 1. entrincheirar(-se), fortificar. 2. (fig.) defender-se, firmar-se.

entrenchment [~mənt] s. 1. entrincheiramento m., trincheira f. 2. (fig.) defesa f.

entrepôt ['ontrəpou] s. (fr.) entreposto, armazém m.

entrepreneur [ontrəprən'ə:] s. (fr.) empresário, diretor, organizador m.

entresol ['ontrəsol] s. 1. sobreloja f. 2. mezanino m.

entropy ['entrəpi] s. (Termodinâmica) entropia f.

entrust [intr'∧st] v. 1. confiar, depositar. 2. incumbir, encarregar. 3. entregar aos cuidados de.

entrusted [~əd] adj. incumbido de, encarregado de.

entry ['entri] s. 1. entrada f., ingresso m. 2. portal, pórtico, saguão, vestíbulo m., porta f. 3. (Com.) escrituração, anotação f., apontamento, lançamento, registro m. 4. (Esp.) inscrição f. na lista de competidores. 5. (Jur.) posse f. efetiva de bens imóveis. 6. declaração alfandegária f. 7. importação f. 8. verbete (dicionário) m.

~ into office posse de um cargo. **upon** ~ logo após o recebimento (correio, etc.). **to make the** ~ **of the sum** lançar a soma (ao crédito ou débito). **bookkeeping by single** ~**, by double** ~ escrituração por partida simples, por partidas dobradas. ~ **form** ficha de registro.

entry visa s. visto m. de entrada (passaporte).

entryway ['entriwei] s. passagem de entrada f.

entwine [intw'ain] v. 1. entrelaçar(-se), entretecer (-se), enlaçar. 2. cingir, rodear. 3. (fig.) abraçar.

entwinement [~mənt] s. 1. entrelaçamento, entretecimento m. 2. (fig.) abraço m.

entwist [intw'ist] v. 1. entrelaçar. 2. cingir, cercar. 3 torcer, enroscar.

enucleate [inj'u:klieit] v. 1. explicar, esclarecer. 2. (Med.) enuclear, extirpar um tumor.

enucleation [inju:kli'eiʃən] s. 1. explicação f., desenvolvimento m. 2. (Med.) enucleação f.

enumerate [inj'u:məreit] v. 1. enumerar, numerar, contar, relacionar. 2. especificar, recapitular.

enumeration [inju:mər'eiʃən] s. lista f., registro m.

enumerative [inj'u:məreitiv] adj. computável, que se pode enumerar ou especificar.

enumerator [inj'u:məreitə] s. enumerador m.

enunciable [in'∧nʃiəbl] adj. enunciável, pronunciável.

enunciate [in'∧nsieit, in'∧nʃieit] v. 1. enunciar, pronunciar, articular. 2. manifestar, anunciar, proclamar. 3. afirmar, asseverar. 4. explicar.

enunciation [in∧nsi'eiʃən] s. enunciação f., manifestação, declaração f., manifesto m.

enunciative [in'∧nsieitiv] adj. enunciativo. ‖ ~**ly** adv. enunciativamente.

enunciator [in'∧nsieitə] s. enunciador m.

enure, inure [inj'uə] v. (Jur.) entrar em vigor (uma lei).

enuresis [enjur'i:sis] s. (Med.) enurese, enuresia f.: incontinência da urina.

envelop [inv'eləp] v. 1. envolver, embrulhar, cobrir, encobrir. 2. circunvolver. 3. (milit.) envolver, cercar o inimigo. 4. (fig.) ocultar, encobrir.

envelope ['enviloup] s. 1. sobrecarta f., envelope m. (quadro L 4). 2. coberta, capa f., envoltório, invólucro m. 3. (Av.) a) balão m. de gás de um aeróstato. b) invólucro m. de um aeróstato. 4. (Biol. e Bot.) tegumento, cálice m. 5. (milit.) valo m. 6. (Geom.) envolvente f.

envelopment [inv'eləpmənt] s. 1. envolvimento m. 2. capa f., envoltório, embrulho m. 3. (milit.) cerco, assédio m.

envenom [inv'enəm] v. 1. envenenar, ervar. 2. amargurar.

enviable ['enviəbl] adj. invejável, cobiçável, desejável. ‖ —**bly** invejavelmente.

envier ['enviə] s. pessoa f. invejosa, invejoso m.

envious ['enviəs] adj. invejoso. ‖ ~**ly** adv. invejosamente.

enviousness [~nis] s. inveja, cobiça f.

environ [inv'aiərən] v. cercar, rodear.

environment [~mənt] s. 1. meio, ambiente m. 2. arredores m. pl.

environmental [~məntəl] adj. circundante, relativo ao ambiente.

environmentalist [—m'entəlist] s. ambientalista m.+f.

environs [~z] s. pl. arredores, arrabaldes m. pl. cercanias, imediações f. pl., subúrbio m., circunvizinhança f.

envisage [inv'izidʒ] v. 1. enfrentar, encarar, fitar. 2. considerar, imaginar, pensar, conjeturar. 3. tencionar fazer. 4. examinar.

envisagement [~mənt] s. defrontação, conjetura f.

envision [env'iʒən] v. visionar, prever, pressentir.

envoy (I) ['envoi] s. 1. enviado m. 2. embaixador, encarregado de negócios diplomáticos m.

envoy (II) ['envoi] s. (poét.) oferta, dedicatória f.

envy ['envi] s. inveja, cobiça f., ciúme m. ‖ v. invejar, cobiçar, desejar.

to be the ~ **of** ser objeto da inveja. **she envied her success** ela invejava o seu sucesso.

envyingly [~iŋli] adv. invejosamente.

enwind [inw'aind] v. enrolar, bobinar.

enwomb [inw'u:m] v. encerrar, inculcar (no ventre).

enwrap [inr'æp] v. 1. envolver, embrulhar. 2. revestir.

enwreathe [inr'i:ð] v. engrinaldar, coroar, adornar.

enzootic [enzou'otik] s. (Zool.) enzootia f. ‖ adj. enzoótico.

enzymatic [enzaim'etik] adj. enzímico.

enzyme ['enzaim] s. (Bioquím.) enzima, diástase f., fermento solúvel m.

eocene ['i:osi:n] s. (Geol.) eocênio m. ‖ adj. eoceno.
Eolian [i:'ouliən] adj. (= **Aeolian**) eólico.
eolipile [i:'ouləpail] s. eolípila f.
eolith ['i:ouliθ] s. (Arqueol.) eólito m.
eolithic [i:ol'iθik] adj. eolítico.
eon, aeon ['i:ən] s. era f.
eosine ['i:osin] s. (Quím.) eosina f.
eosinophile [i:əs'inəfail] s. (Biol. eosinófilo m. ‖ adj. eosinófilo.
eozoic [i:oz'ouik] adj. eozóico.
epact ['i:pækt] s. epacta f.
eparch ['epa:k] s. (Hist.) eparca, patriarca m.
eparchy [~i] s. eparquia f.: província, diocese f. ou município m. na Grécia moderna.
epaulet, epaulette ['epo:let] s. (milit.) dragona f.
epeirogeny [epair'ɔdʒini] s. (Geol.) epirogênese f.
epenthesis [ep'enθisis] s. (Gram.) epêntese f.
epenthetic [epenθ'etik] adj. (Gram.) epentético.
epergne [ip'ə:n] s. (fr.) adorno m. de centro de mesa.
epexegesis [epeksidʒ'i:sis] s. (Gram.) epexegese, aposição f.
epexegetical [epeksidʒ'etikəl] adj. epexegético.
ephebe [ef'i:b], **ephebus** [~əs] s. (Hist.) efebo m.
ephebic [~ik] adj. (Zool.) adulto, plenamente desenvolvido.
ephedrine ['efidri:n] s. (Quím.) efedrina f.
ephemera [if'emərə] s. (Ent.) efemeróptero m., inseto efemerídeo m., coisa efêmera f.
ephemeral [~l] adj. efêmero, passageiro, transitório.
ephemerality [ifemər'æliti] s. qualidade efêmera f.
ephemerid [if'emərid] s. (Ent.) efemérida f.
ephemeris [if'emaris] pl. **ephemerides** [efim'eridi:z] s. efemérides f. pl.: 1. diário, almanaque m. 2. tábuas f. pl. astronômicas que indicam a posição dos planetas.
Ephesian [if'i:ʒiən] s. (Hist.) efésio m.: cidadão de Éfeso. ‖ adj. pertencente ou relativo a Éfeso.
ephod ['i:fɔd] s. (Hist.) éfode m.: mantelete dos sacerdotes hebreus.
ephor ['efo:] s. (Hist.) éforo m.: cada um dos cinco magistrados supremos de Esparta.
epi– ['epi] pref. (origem grega) significa: sobre, junto, adicionalmente, ligado a.
epiblast ['epiblæst] s. (Biol., Bot.) epiblasto m.
epic (I) ['epik] s. epos m., epopéia f.
   classical ~ epopéia clássica.
   national ~ epopéia nacional. ~ **laughter** gargalhada homérica.
epic (II) ['epik], **epical** [~əl] adj. épico, epopéico, heróico. ‖ ~**ally** adv. heroicamente.
epicalyx [epik'eiliks] s. (Bot.) epicálice, calículo m.
epicanthus [epik'æntəs] s. (Med.) epicanto m.
epicarp ['epika:p] s. (Bot.) epicarpo m.: película externa de frutas, casca, tona.
epic deeds s. pl. façanhas heróicas f. pl.
epicedium [epis'i:diəm] s. epicédio m., nênia f.
epicene ['episi:n] s. 1. hermafrodita m. 2. (Gram.) substantivo que designa, com a mesma forma, ambos os sexos. ‖ adj. epiceno, hermafrodita, misto.
epicenter ['episentə] s. (Geol.) epicentro m.: ponto focal de um abalo sísmico.
epicentral ['episentrəl] adj. epicentral, epicêntrico.
epicentrum [epis'entrəm] s. = **epicenter**.
epicrisis [epikr'aisis] s. epícrise f.
epicritic [epikr'itik] adj. (Fisiol.) epicrítico.
epicure ['epikjuə] s. 1. epicurista m. + f. 2. epicúreo m. 3. sensualista m. + f. 4. gastrônomo m.
epicurean [epikjur'i:ən] adj. 1. sensual, voluptuoso. 2. gastronômico. 3. (maiúsc. Filos.) epicurista.
epicureanism [epikjur'i:ənizm], **epicurism** ['epikjurizm]

s. 1. (Filos.) epicurismo m. 2. prazer m., sensualidade f.
epicycle ['episaikl] s. (Astron., Geom.) epiciclo m.
epicyclic [epis'aiklik] adj. epicíclico.
epicycloid ['epis'aiklɔid] adj. epiciclóide.
epicycloidal [episaikl'ɔidəl] adj. epicicloidal.
epidemic [epid'emik] s. epidemia, peste, praga f. ‖ adj. também **epidemical** [~əl] epidêmico. ‖ ~**ally** adv. epidemicamente.
epidemiology [epidemi'ɔlədʒi] s. epidemiologia f.
epidermal [epid'ə:məl], **epidermic** [epid'ə:mik] adj. (Med.) epidérmico.
epidermis [epid'ə:mis] s. (Med.) 1. epiderme. 2. (Zool.) tegumento, cutículo m. 3. (Bot.) cutícula f.
epidermoid, [epid'ə:mɔid] adj. epidermóide, cuticular.
epidiascope [epid'aiəskoup] s. epidiascópio m. (quadro E 3).
epidote ['epidout] s. (Miner.) epídoto m.: mineral composto de dois ortossilicatos.
epifocal [epif'oukəl] adj. (Geol.) epicentral.
epigastric [epig'æstrik] adj. (Med.) epigástrico.
epigastrium [epig'æstriəm] s. (Med.) epigástrio m.: parte superior do abdome.
epigeal [epidʒ'i:əl] adj. (Bot., Zool.) epigeu.
epigene ['epidʒi:n] adj. (Geol. Miner.) epígeno: 1. proveniente da superfície da Terra. 2. (Miner.) com alteração da composição química, sem modificação da forma cristalina.
epigenesis [epidʒ'enəsis] s. epigenesia f.: teoria da formação dos seres por gerações graduais.
epigenetic, [epidʒin'etik] adj. epigenésico.
epiglottis [epigl'ɔtis] s. (Anat.) epiglote f.: válvula que tapa a glote no momento da deglutição.
epigone ['epəgoun] s. epígono m.
epigram ['epigræm] s. epigrama m., sátira f.
epigrammatic [epigrəm'ætik], **epigrammatical** [~əl] adj. epigramático. ‖ ~**ally** epigramaticamente.
epigrammatist [epigr'æmətist] s. epigramatista m. + f.
epigrammatize [epigr'æmətaiz] v. epigramatizar.
epigraph [epigr'a:f] s. 1. epígrafe, inscrição f. 2. moto, lema m., divisa f. 3. provérbio m.
epigraphic [epigr'æfik], **epigraphical** [~əl] adj. epigráfico. ‖ ~**ally** adv. epigraficamente.
epigraphist [ip'igrəfist] s. epigrafista m. + f.
epigraphy [ip'igrəfi] s. epigrafia f.: estudo das inscrições.
epigynous [ip'idʒinəs] adj. (Bot.) epígino m.: diz-se de qualquer órgão vegetal que nasce sobre ou acima do ovário.
epilepsy ['epilepsi] s. (Med.) epilepsia f.
epileptic [epil'eptik] s. epiléptico m. ‖ adj. epiléptico.
epileptoide [epil'eptɔid] adj. epileptiforme, epileptóide.
epilogist [ip'ilodʒist] s. epilogador m.
epilogize [ip'ilədʒaiz] v. epilogar.
epilogue ['epilɔg] s. epílogo m.
epinasty [epin'æsti] s. (Bot.) epinastia f.
Epiphany [ip'ifəni] s. 1. epifania f.: dia de Reis, 6 de janeiro (= **Twelfth Night**). 2. **epiphany** manifestação divina f.
epiphenomenon [epifin'ɔmənən] s. (Filos. e Med.) epifenômeno m.
epiphysis [ip'ifisis] pl. **epiphyses** [-si:z] s. (Anat.) epífise f.
epiphyte ['epifait] s. (Bot.) epífito m.
epiphytic [epif'itik] adj. epífito.
episcopacy [ip'iskəpəsi] s. episcopado, bispado m., diocese f.
episcopal [ip'iskəpəl] adj. episcopal, bispal.
Episcopalian [ipiskəp'eiliən] s. membro da Igreja Anglicana. ‖ adj. de ou relativo à Igreja Anglicana.

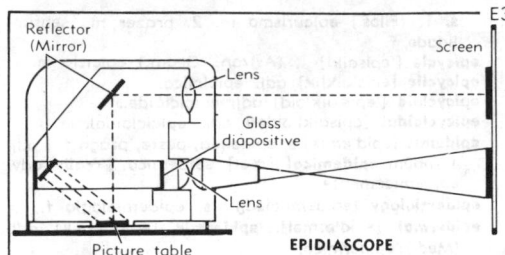

Reflector (Mirror) — Lens — Screen — Glass diapositive — Lens — Picture table — **EPIDIASCOPE**

Eyebrow — Eyelash — Eyelid — Iris — Pupil — Cornea — Retina — Sclerotic coat — Vitreous humor — Lens — Blind spot — Lachrymatory gland — Eyeball — Optic nerve — **EYE**

episcopate [ip'iskəpit] s. episcopado m.: 1. dignidade, jurisdição ou tempo de serviço de um bispo. 2. conjunto de bispos. 3. bispado.

episcope ['episkoup] s. episcópio m.: projetor de corpos opacos, etc.

episode ['episoud] s. 1. episódio m. 2. (Teat.) acessório m.: ação idêntica ligada à ação principal.

episodic [epis'ɔdik], **episodical** [~əl] adj. 1. episódico. 2. (Teat.) secundário: relativo à ação secundária. ‖ **~ally** adv. episodicamente.

epispastic [episp'æstik] s. (Med.) medicamento m. que provoca uma erupção dérmica. ‖ adj. epispástico: que irrita a pele.

epistasis [ip'istəsis] s. (Gen.) epistasia f.

epistaxis [ipist'æksis] s. (Med.) epistaxe f.

epistemological [ipisti:mol'ɔdʒikəl] adj. epistemológico. ‖ **~ly** adv. epistemologicamente.

epistemology [ipisti:m'ɔlədʒi] s. (Filos.) epistemologia f.: estudo sobre a origem, natureza e limites dos conhecimentos científicos.

episternum [epist'ə:nəm] s. pl. **episterna** (Anat.) episterno m.: parte superior ou adjacente ao esterno.

epistle [ip'isl] s. epístola, carta, missiva f.

epistler [ip'istlə] s. epistológrafo, epistolário m.: autor ou leitor de epístolas.

epistolary [ip'istələri] adj. epistolar, epistolário.

epistoler [ip'istələ], **epistolist** [ip'istəlist] s. = **epistler.**

epistolize [ip'istəlaiz] v. epistolar, epistolizar.

epistrophe [ep'istrofi] s. (Ret.) epístrofe f.: repetição de uma palavra no fim de frases seguidas.

epistyle ['epistail] s. (Arquit.) epistílio m., arquitrave f.

epitaph ['epita:f] s. epitáfio m., inscrição tumular f.

epitaphic [epit'æfik] adj. relativo a epitáfio.

epitasis [ip'itəsis] s. epítase f.: parte do poema dramático que desenvolve os incidentes principais da obra.

epithalamium [epiθəl'eimiəm] s. epitalâmio m.: poema m. nupcial.

epithelial [epiθ'i:ljəl] adj. (Biol.) epitelial.

epithelium [epiθ'i:ljəm] s. (Biol) epitélio m.

epithet ['epiθet] s. 1. epíteto, apelido, cognome m., alcunha f. 2. termo insultuoso m. ‖ v. epitetar.

epithetic [epiθ'etik], **epithetical** [~əl] adj. epitético. ‖ **~ally** adv. epiteticamente.

epitome [ip'itəmi:] s. epítome m.

epitomize [ip'itəmaiz] v. epitomar, compendiar.

epizoon [epiz'ouɔn] s. pl. **epizoa** [-z'ouə] epizoário m.: parasito que vive na pele.

epizootic [epizou'ɔtik] s. epizootia f. ‖ adj. epizoótico.

epizooty [epiz'ouoti] s. epizootia f.

epoch ['i:pɔk] s. época, era f., período m.
~-making que marca época, sensacional. **this marked an ~** isto assinalou uma nova época.

epochal ['epɔkəl] adj. notável, célebre, memorável. ‖ **~ly** adv. notavelmente, memoravelmente.

epode ['epoud] s. epodo m.: 1. pé de verso de poemas líricos. 2. parte de uma ode lírica assim versejada.

eponym ['eponim] s. epônimo m.: que dá o seu nome a uma nação, cidade, etc.

eponymic [epon'imik] adj. eponímico.

eponymous [ip'ɔniməs] adj. epônimo.
the church St. Louis and its ~ saint a Igreja de São Luís e o santo que lhe deu o nome.

eponymy [ip'ɔnimi] s. eponímia f.

epopee ['epopi:] s. epopéia f., poema épico m.

epos ['epɔs] s. epopéia f., poesia f. épica.

epsilon [eps'ailən, 'epsilɔn] s. epsilo m.: a quinta letra do alfabeto grego.

Epsom salt ['epsəm sɔ:lt] s. epsomita f., sal de Epsom, sal amargo m.

equability [ekwəb'iliti], **equableness** ['ekwəblnis] s. equabilidade, uniformidade, regularidade, equanimidade f.

equable ['ekwəbl] adj. uniforme, equável, igual, equânime, eqüitativo. ‖ **-bly** adv. igualmente, uniformemente, eqüitativamente, equanimemente.

equal ['i:kwəl] s. igual, semelhante m. + f. categoria, qualidade ou quantidade igual f. ‖ v. igualar(-se) compensar, equiparar, tornar igual. ‖ adj. 1. igual, idêntico, análogo, equivalente, o mesmo. 2. uniforme, constante, eqüitativo, justo, imparcial. 3. capaz, à altura de, a par. ‖ **~ly** adv. igualmente, uniformemente, de maneira idêntica.
his ~s in age os de sua idade. **he is without ~s** ele está sem par, ele não tem igual. **she is not his ~** ela não está à altura dele, ela não pode comparar-se com ele. **he is ~ to his task** ele está capacitado para cumprir a sua tarefa. **I should be ~ to a cup of tea** uma xícara de chá me faria bem agora. **he is ~ to committing such blunder** ele é bem capaz de cometer tal tolice. **they are ~ in strength and age** eles são iguais em força e idade. **with ~ ease** com a mesma facilidade. **she has an ~ temper** ela tem uma boa índole. **~ly wrong** igualmente errado.

equalitarian [ikwolit'ɛəriən] s. igualitário m.

equality [ikw'ɔliti] s. 1. igualdade f. 2. regularidade, uniformidade f.
sign of ~ (Mat.) sinal de igualdade (=). **~ of status** igualdade de direitos, eqüidade.

equalization [i:kwəlaiz'eiʃən] s. 1. igualação f. 2. aplanamento, nivelamento m. 3. equiparação f. 4. (Téc.) compensação f., equilíbrio m.

equalize ['i:kwəlaiz] v. 1. igualar. 2. nivelar. 3. equiparar. 4. (Esp.) empatar. 5. (Téc.) compensar.

equalizer [~ə] s. 1. igualador. 2. (Téc.) compensador.

equal sign s. (Mat.) sinal m. de igualdade (=).

equanimity [i:kwən'imiti] s. equanimidade, calma, tranqüilidade, serenidade f., sossego m.

equate [ikw'eit] v. 1. igualar. 2. comparar. 3. equiparar. 4. (Mat.) equivaler ou pôr em forma de equação.
it is ~d with equivale a.

equation [ikw'eiʃən] s. 1. igualdade, igualação f. 2.

(Astron., Mat., Quím.) equação f. 3. (Psicol.) velocidade f. da reação individual.

equational [~əl] adj. equável, eqüitativo. ‖ ~ly adv. eqüitativamente.

equator [ikw'eitə] s. equador m.

equatorial [ekwət'ɔ:riəl] adj. (Geogr., Astron.) equatorial, paraláctico. ‖ ~ly adv. equatorialmente.

equerry ['ekwəri, 'ikweri] s. 1. palafreneiro ou cavalariço m. 2. camarista m. + f. do rei ou de um nobre.

equestrian [ikw'estriən] s. 1. cavaleiro m. 2. equitador m. ‖ adj. eqüestre, a cavalo, montado.

equestrian statue s. estátua eqüestre f.

equestrienne [ikwestri'en] s. amazona, cavaleira f.

equiangular [i:kwi'æŋgjulə] adj. eqüiangular: que tem ângulos iguais.

equidifferent [i:kwid'ifrənt] adj. eqüidiferente: que tem diferenças iguais entre si.

equidistance [i:kwid'istəns] s. eqüidistância f.

equidistant [i:kwid'istənt] adj. eqüidistante: que tem distâncias iguais. ‖ ~ly adv. eqüidistantemente.

equilateral [i:kwil'ætərəl] adj., eqüilateral, eqüilátero. ‖ ~ly adv. eqüilateralmente.

equilibrant [ikw'ilibrənt] s. (Fís.) força f. capaz de contrabalançar outra.

equilibrate [i:kwil'aibreit] v. equilibrar, contrabalançar, igualar.

equilibration [i:kwilaibr'eiʃən] s. equilibração f.

equilibrist [i:kw'ilibrist] s. equilibrista m. + f.

equilibrium [i:kwil'ibriəm] s. equilíbrio m.

equimolecular [i:kwimol'ekjulə] adj. (Fís., Quím.) eqüimolecular.

equimultiple ['i:kwim'ʌltipl] adj. (Mat.) eqüimúltiplo: multiplicado com o mesmo fator.

equimultiples [~z] s. pl. (Mat.) 1. produtos m. pl. obtidos pela multiplicação com o mesmo fator. 2. números que têm o mesmo fator comum.

equine ['i:kwain] s. cavalo m. ‖ adj. eqüino, hípico.

equinoctial [i:kwin'ɔkʃəl] s. 1. círculo m. equinocial. 2. equinócio m., tempestade equinocial f., **equinoctials** s. pl. ventos equinociais m. pl. ‖ adj. equinocial ‖ –ally adv. equinocialmente, equatorialmente.

equinoctial line s. linha equinocial f.

equinoctial points s. pontos equinociais m. pl.

equinoctial storm s. tormenta equinocial f.

equinox ['i:kwinɔks] s. equinócio m.
   autumnal ~ equinócio do outono. **vernal** ~ equinócio da primavera.

equip [ikw'ip] v. 1. equipar, guarnecer, aprestar, prover. 2. vestir, aparelhar, ornar.

equipage ['ekwipidʒ] s. 1. equipagem, tripulação f. 2. comitiva f. 3. equipamento m. 4. (milit.) armamento, apresto m. 5. carruagem com todo o aparelhamento (incl. criados e cavalos).

equipment [ikw'ipmənt] s. 1. equipamento, aparelhamento m. 2. (milit. e Náut.) armamento, apresto m., equipação f. 3. (fig.) preparo mental m.

equipoise ['ikwipɔiz] s. equilíbrio, contrapeso m. ‖ v. equilibrar, contrabalançar, (fig.) angustiar.

equipollence [i:kwip'ɔləns] s. eqüipolência f.

equipollent [i:kwip'ɔlənt] s. equivalente m. ‖ adj. eqüipolente. ‖ ~ly adv. eqüipolentemente.

equipollent claim s. reivindicação eqüipolente f.

equiponderance [ikwip'ɔndərəns], **equiponderancy** [~i] s. eqüiponderância f.

equiponderant [ikwip'ɔndərənt] adj. eqüiponderante.

equiponderate [ikwip'ɔndəreit] v. eqüiponderar, equilibrar.

equipotential [i:kwipot'enʃəl] adj. (Fís.) eqüipotencial.

equisetum [ekwis'i:təm] s. (Bot.) eqüisseto m.: qualquer planta do gênero Equisetum.

equitable ['ekwitəbl] adj. eqüitativo, justo, reto, imparcial. ‖ –bly adv. eqüitativamente, retamente, imparcialmente.

equitableness [~nis] s. eqüidade, retidão, justiça, imparcialidade f.

equitant ['ekwitənt] adj. (Bot.) equitante.

equitation [ekwit'eiʃən] s. equitação f.

Equites ['ekwiti:z] s. pl. (Hist.) cavaleiros m. pl. da ordem eqüestre.

equities ['ekwitiz] pl. s. ações ordinárias f. pl.

equity ['ekwiti] s. 1. eqüidade, justiça, imparcialidade, igualdade f. 2. lucro m. ou participação f. de um acionista. 3. valor m. excedente a uma hipoteca.

equity capital s. (Com.) 1. fundos m. pl. subscritos pelos proprietários da firma. 2. ativo menos passivo: valor líquido m.

equivalence [ikw'ivələns], **equivalency** [~i] s. equivalência f.

equivalent [ikw'ivələnt] s. equivalência f., equivalente m., valor equivalente m., parte correspondente ou equivalente f. ‖ adj. equivalente. ‖ ~ly de modo equivalente.

equivocal [ikw'ivəkəl] adj. 1. equívoco, vago, ambíguo, duvidoso, incerto, questionável. 2. confuso. 3. suspeito. ‖ ~ly adv. 1. equivocamente, equivocadamente, vagamente, ambiguamente, incertamente, duvidosamente. 2. confusamente. 3. de modo suspeito.
   ~ **generation** geração espontânea, abiogênese.

equivocalness [~nis] s. 1. equivocação f., equívoco, engano, erro m. 2. ambigüidade, dúvida f.

equivocate [ikw'ivəkeit] v. 1. equivocar-se, usar expressões ambíguas, falsas, com sentido duplo. 2. pretextar.

equivocation [ikw'ivəkeiʃən] s. 1. equivocação, ambigüidade f. 2. evasiva, desculpa f., pretexto, subterfúgio m.

equivocator [ikw'ivəkeitə] s. equivocador m., equivoquista m. + f.

equivoke, equivoque ['ekwivouk] s. jogo m. de palavras, trocadilho m. ambigüidade f.

era ['iərə] s. 1. era, época f. 2. período notável m.
   before the Christian ~ antes do nascimento de Cristo. **of the Christian** ~ depois do nascimento de Cristo, da nossa época.

eradiate [ir'eidieit] v. irradiar.

eradiation [ireidi'eiʃən] s. irradiação f.

eradicable [ir'ædikəbl] adj. extirpável, exterminável.

eradicate [ir'ædikeit] v. desarraigar, extirpar, exterminar, erradicar.

eradication [irædik'eiʃən] s. erradicação, exterminação, extirpação f., desarraigamento m.

eradicative [ir'ædikeitiv] adj. erradicante, desarraigante.

eradicator [ir'ædikeitə] s. extirpador, erradicador m.

erasable [ir'eizəbl] adj. apagável, extinguível, exterminável, aniquilável, aplacável.

erase [ir'eiz] v. 1. raspar, rasurar, riscar, apagar. 2. extinguir. 3. obliterar, suprimir.
   to ~ **from the memory** riscar da memória.

eraser [~ə] s. 1. borracha f. 2. raspadeira f., raspador, apagador m.

erasion [ir'eiʒən] s. (Med.) raspagem f.

erasure [ir'eiʒə] s. 1. raspadura f. 2. rasura, emenda f.

erbium ['ə:biəm] s. (Quím.) érbio m.: elemento químico.

ere [ɛə] conj. antes que, antes de. ‖ prep. antes, antecipadamente.
   ~ **this** antes disto. ~ **long** em breve, brevemente, logo, proximamente. ~ **now** outrora, antes, antigamente, em outros tempos, em tempos passados.

erect [ir'ekt] v. 1. erigir, erguer, levantar, elevar. 2.

edificar, construir. 3. instalar, montar. 4. fundar. 5. estabelecer, instituir. ‖ adj. ereto, reto, direito, levantado, erguido, aprumado, em pé, perpendicular. ‖ ~ly adv. direito, a prumo, em pé.

erecter [~ə] s. 1. fundador, eretor, instituidor m. 2. construtor, edificador m. 3. montador m.

erectile [~ail] adj. erétil.

erectility [irekt'iliti] s. eretilidade f.

erecting [ir'ektiŋ] s. edificação, construção f.

erecting crane s. guindaste m. de montagem.

erection [ir'ekʃən] s. 1. ereção, fundação f. 2. construção, instalação, montagem f. 3. instituição, criação f., levantamento, estabelecimento m. 4. (Med.) ereção f., eretismo m.

erectness [ir'ektnis] s. 1. ereção, firmeza f. 2. (fig.) conduta ou atitude correta f.

erector [ir'ektə] s. = erecter.

eremite ['erimait] s. eremita m. + f., solitário m.

eremitic [erim'itik] adj. eremítico.

erenow [ɛən'au] adv. até hoje, até agora.

erethism ['eriθizm] s. (Med.) eretismo m.

erg [əːg] s. (Fís.) erg m.: unidade de trabalho.

ergo ['əːgou] adv., conj. logo, por conseguinte.

ergograph ['əːgougræf] s. ergógrafo m.

ergometer ['əːgoumiːtə] s. ergômetro m.

ergon ['əːgɔn] s. erg. m.: trabalho medido à base de calor equivalente.

ergonomics [əːgoun'ɔmiks] s. (Soc., Econ.) ergonomia f.: estudo visando adaptar o trabalho ao trabalhador.

ergot ['əːgət] s. 1. ferrugem f. das gramíneas, moléstia f. dos cereais, cravagem f. 2. (Med.) ergotina f., hemostático m.

ergotin [~in] s. ergotina f.: um dos alcalóides da cravagem do centeio.

ergotism [~izm] s. (Med.) ergotismo, envenenamento pela ergotina.

Erin ['erin] s. (Poét.) Irlanda f.

eristic [er'istik] s. 1. erística f. 2. polemista m. + f. ‖ adj. também **eristical** [~əl] controversial.

erlking ['əːlkiŋ] s. (Mitol. nórdica) rei m. dos elfos.

ermine ['əːmin] s. (Zool.) 1. arminho m. 2. pele f. do arminho. 3. toga, magistratura, judicatura f.

erne [əːn] s. (Zool.) pigargo m.: águia marítima. (Haliaeetus albicilla).

erode [ir'oud] v. corroer, roer, carcomer, desgastar(-se), sofrer erosão.

erodent [~ənt] adj. erodente, corrosivo, erosivo.

erogenous [ir'ɔdʒənəs] adj. erógeno.

erose [ir'ous] adj. 1. irregular, desigual. 2. em (folhas) de margem irregularmente dentada.

erosion [ir'ouʒən] s. 1. corrosão f., desgaste m. 2. erosão, desagregação f. (quadro C 17). 3. (Med.) câncer.

erosive [ir'ousiv] adj. = erodent.

erotic [ir'ɔtik] s. 1. erótica f., poesia f. do amor. 2. pessoa erótica f.

erotic [ir'ɔtik], **erotical** [~əl] adj. erótico, sensual, libidinoso, lascivo, amatório. ‖ ~ally adv. eroticamente, sensualmente.

erotica [~ə] s. pl. literatura f., ilustrações f. pl., etc. eróticas.

eroticism [er'ɔtisizəm], **erotism** ['erotizm] s. erotismo m., lubricidade, sensualidade f.

erotomania [iroutom'einiə] s. (Psiq.) erotomania f.

err [əː] v. errar: 1. enganar-se, falhar, 2. cair em culpa, pecar. 3. transviar-se, desviar-se, afastar-se. 4. andar errando, andar de um lado para o outro, vaguear.

errand ['erənd] s. mensagem, incumbência, missão f., recado m.

fool's ~ caminhada inútil. **to go on an** ~ ir a recados, encarregar-se de um serviço (recado, compra, etc).

errand boy s. menino m. de recados, mensageiro.

errant ['erənt] adj. 1. errante, erradio, ambulante. 2. errôneo, errado, incorreto. ‖ ~ly adv. 1. de modo errante. 2. erroneamente.

knight ~ cavaleiro errante.

errantry [~ri] s. vagueação, vida errante, peregrinação, odisséia f.

erratic [ir'ætik] s. 1. (Geol.) rocha errática f. 2. (arc.) vagabundo, vadio m. ‖ adj. 1. errático, irregular, tunante. 2. esquisito, excêntrico, estrambótico. 3. errante, vagabundo. ‖ ~ally adv. irregularmente, desordenadamente.

erratum [ir'eitəm] s. pl. **errata** [-tə] 1. erro tipográfico, engano de impressão m. 2. errata f.: lista e emenda de erros numa obra impressa.

erring ['əːriŋ] adj. 1. pecador. 2. desviado. 3. errante.

erroneous [ir'ounjəs] adj. errôneo, errado, falso, incorreto. ‖ ~ly adv. erroneamente, erradamente, falsamente.

erroneousness [~nis] s. erro, engano m., falsidade, erronia f.

error ['erə] s. 1. erro, engano, equívoco, desacerto m., inexatidão f. 2. pecado m., culpa, falta f. 3. aberração f., desvio m. 4. (em beisebol) falta f. que dá um ponto ao adversário.

~ **in calculation, measurement, reading** erro de cálculo, medição, leitura. **in** ~ errôneo, erroneamente. **writ of** ~ (Jur.) apelação à instância superior por erro processual.

ersatz [əz'æts] s. (alem.) sucedâneo m. ‖ adj. sucedâneo.

Erse [əːs] s. ersa m.: idioma gaélico cujos remanescentes persistem na Alta Escócia. ‖ adj. gaélico.

erst [əːst] (arc.) adv. 1. antigamente. 2. primeiramente.

erstwhile ['əːstwail] adj. 1. anterior, antigo. 2. passado, primitivo. ‖ adv. outrora, há tempos, antigamente.

erubescence [erub'esns], **erubescency** [~i] s. enrubescimento, rubor m., vermelhidão f.

erubescent [erub'esnt] adj. ruborizado, enrubescido.

eruct [ir'ʌkt], **eructate** [~eit] v. eructar, arrotar.

eructation [irʌkt'eiʃən] s. arroto m., eructação f.

eructative [ir'ʌktətiv] adj. que arrota.

erudite ['erudait] adj. erudito, sábio, culto, douto, letrado. ‖ ~ly adv. eruditamente, doutamente.

erudition [erud'iʃən], **eruditeness** ['eruditnis] s. erudição, ilustração, sabedoria, cultura f.

erupt [ir'ʌpt] v. sair com ímpeto, estourar.

eruption [ir'ʌpʃən] s. 1. erupção, explosão f., saída f. com ímpeto. 2. (Med.) erupção f. cutânea. 3. (fig.) comoção, ira f.

eruptive [ir'ʌptiv] adj. 1. eruptivo. 2. (fig.) violento.

erysipelas [eris'ipiləs] s. (Med.) erisipela f.

erysipelatous [eris'ipələtəs] adj. erisipelatoso.

erythema [eriθ'iːmə] s. (Med.) eritema m.: afecção cutânea, não contagiosa.

erythematic [eriθim'ætik] adj. eritemático.

erythrite ['iriθrait] s. eritrite f.: 1. (Miner.) arsenito hidratado de cobalto. 2. (Quím.) álcool tetratômico.

erythrocyte [ir'iθrosait] s. eritrócite m.

escadrille [eskədr'il] s. (Av. e Marinha) esquadrilha f. de aeroplanos ou belonaves.

escalade [eskəl'eid] s. (milit.) 1. escalada f., escalamento m. 2. ataque, assalto m. ‖ v. escalar, assaltar subindo por escadas.

escalate ['eskəleit] v. 1. escalar. 2. subir por escadas. 3. incrementar gradativamente.

escalator ['eskəleitə] s. escada rolante f.

escallonia [eskəl'ouniə] s. (Bot.) escalônia f.

escalop, escallop [isk'ɔləp] s. (Zool.) penteola f.: bivalve da família dos Pectinídeos. ‖ v. assar ostras em molho de creme ou com migalhas de pão.

escalope ['eskəloup] s. (Culin.) bife de vitela m. à milanesa.

escapade [eskəp'eid] s. 1. escapada, fuga, escapadela f. 2. travessura, traquinice, traquinada f.

escape [esk'eip] s. 1. fuga, evasão f. 2. libertação, salvação f., salvamento m. 3. (Psicol.) fuga f. dos fatos da realidade. 4. escape, escapamento m., saída f. (água, gás). ‖ v. 1. escapar, evadir(-se), fugir. 2. livrar(-se) de, libertar(-se), desvencilhar-se. 3. salvar-se, safar-se, sobreviver. 4. ficar de fora. **the sailor ~d the wrack** o marujo salvou-se do navio naufragado. **nothing ~s him** nada lhe escapa. **his purpose ~s me** não compreendo a sua intenção. **his name ~s me** não me recordo mais do seu nome. **an imprecation ~d him** escapou-lhe uma maldição. **I had a narrow ~ from being run over** por um triz eu teria sido atropelado. **fire ~** saída de emergência.

escapee [eskeip'i:] s. foragido m., esp. da prisão.

escape ladder s. escada f. de emergência.

escape mechanism s. = defense mechanism.

escapement [~mənt] s. 1. escapo m.: maquinismo para regular o movimento dos relógios. 2. fuga f.

escape pipe s. (Téc.) cano de escape, cano de descarga m.

escape valve s. válvula f. de escape.

escape velocity s. (Fís.) velocidade f. de escape: a mínima para o objeto deixar o campo de atração gravitacional.

escapism [esk'eipizm] s. (Psicol.) alívio m. ou distração f. mental de obrigações ou realidades desagradáveis recorrendo a devaneios e imaginações.

escapist [esk'eipist] s. (Psicol.) pessoa de tendências escapistas f. ‖ adj. relativo ao escapismo.

escarp [isk'a:p] s. (milit.) escarpa f., talude m. ‖ v. escarpar, recortar, taludar.

escarpment [~mənt] s. 1. escarpa, alcantilada f. (quadro C 17). 2. (milit.) escarpamento m.

eschar [esk'a:] s. (Med.) escara f., crosta f. de ferida.

escharotic [eskər'ɔtik] adj. escarótico.

eschatology [eskət'ɔlədʒi] s. (Teol.) escatologia f.: doutrina relativa aos acontecimentos no fim do mundo.

escheat [istʃ'i:t] s. 1. (Jur.) reversão f. de bens ao Estado, por falta de herdeiros. 2. arresto, embargo m. 3. bens m. pl. confiscados ou devolutos. ‖ v. confiscar, embargar.

escheatage [~idʒ] s. (Jur.) reversão f.

eschew [istʃ'u:] v. evitar, fugir de, abster-se de.

eschewal [~əl] s. abstenção, evitação f.

eschscholtzia [isk'ɔlʃə] s. (Bot.) eschscholtzia f.: gênero de plantas papaveráceas.

escort ['eskɔ:t] s. 1. escolta, cobertura f., comboio m. 2. acompanhamento, séquito m. ‖ v. escoltar, acompanhar.

escritoire [eskritw'a:] s. escrivaninha f.

escrow [eskr'ou, 'eskrou] s. (Jur.) título m., escritura f. ou qualquer outro documento m. confiado à terceira pessoa, até o cumprimento das condições (previstas no seu texto).

escudo [esk'u:dou] s. pl. escudos 1. unidade monetária f. de Portugal. 2. antiga moeda f. de ouro ou prata (Portugal e Espanha).

esculent [eskjulənt] s. alimento m. ‖ adj. esculento, alimentício, comestível.

escutcheon [isk'ʌtʃən] s. 1. (Heráld.) brasão m., armas f. pl., escudo de armas m. 2. espelho m. de fechaduras. 3. (Naut.) escudo m. no painel da popa. **a blot on his ~** uma mancha na sua reputação.

escutcheon plate s. rosácea f.: ornamento arquitetônico.

—ese [i:z] suf 1. proveniência, habitante ou idioma: **Viennese, Burmese, Chinese, Japanese.** 2. estilo literário típico para um autor ou publicação: **Byronese, Carlylese, journalese.**

eserine, eserin ['esərin] s. (Quím.) eserina f.

eskar ['eskə] s. (Geol.) morena f. da era glacial, sedimentação f.

Eskimo ['eskimou] s. pl. **Eskimos** [-mouz] esquimó m. + f.: indígenas das zonas árticas. ‖ adj. esquimó.

Eskimoan [eskim'ouən] adj. esquimó m. + f.

esophagus [i:s'ɔfəgəs] s. pl. **esophagi** [-dʒai] (Anat.) esôfago m.

esoteric [esout'erik], esoterical [~əl] adj. secreto, esotérico, oculto. ‖ ~ally adv. esotericamente.

esoterica [~ə] s. pl. fatos, assuntos esotéricos m. pl.

esp. abr. de **especially.**

espalier [isp'æljə] s. 1. latada f., grade f. de ripas. 2. renque m. + f. de árvores, espaldeira f. ‖ v. prover de latadas ou espaldeiras.

esparto [esp'a:tou] s. (Bot.) esparto m.: planta medicinal.

especial [isp'eʃəl] adj. especial: 1. particular, principal. 2. excelente. 3. excepcional. ‖ ~ly adv. especialmente, particularmente, principalmente. **my ~ friend** meu particular amigo. **this one ~ly** especialmente este.

Esperantist [espər'æntist] s. esperantista m. + f.

Esperanto [espər'æntou] s. esperanto m.

espial [isp'aiəl] s. 1. espionagem, espreita f. 2. descoberta f., descobrimento m.

espier [isp'aiə] s. espião m.

espionage [espiən'a:ʒ, esp'iənidʒ] s. espionagem f.

esplanade [esplən'eid] s. 1. esplanada f. 2. passeio m., avenida f.

espousal [isp'auzəl] s. 1. casamento m., núpcias f. pl., boda f. 2. adoção (of de), adesão f., apoio m.

espousals [~z] s. pl. bodas f. pl., noivado m.

espouse [isp'auz] v. 1. casar(-se), desposar. 2. dar em casamento. 3. aderir, esposar princípios.

espouser [~ə] s. 1. esposo m. 2. patrocinador m.

espressivo [espres'i:vou] adj. (Mús.) expressivo.

esprit [esp'ri:] s. espírito, humor m., graça f.

esprit de corps s. espírito m. de solidariedade.

espy [isp'ai] v. 1. divisar, ver ao longe. 2. avistar, perceber, discernir, descobrir. 3. espreitar.

Esq. abr. de **Esquire.**

—esque [esk] suf. à maneira de, no estilo de... **picturesque, burlesque, dantesque.**

Esquimau ['eskimou] s. = **Eskimo.**

Esquire [iskw'aiə] s. 1. (Hist.) escudeiro m. 2. ilustríssimo senhor m. **Frank Ross, Esq.** Ilmo. Sr. Frank Ross.

ess [es] s. pl. **esses** 19ª letra do alfabeto inglês.

—ess [es] suf. que forma substantivos femininos como: **lioness, hostess, baroness.**

essay ['esei] s. ensaio m.: 1. experiência, tentativa f. 2. composição f., esboço m., dissertação f. ‖ [es'ei] v. ensaiar, experimentar, tentar, provar.

essayist [~ist] s. ensaísta m., autor m. de ensaios.

essence [esns] s. 1. essência, essencialidade, alma f. 2. âmago m. 3. entidade espiritual f. 4. (Quím.) essência, concentração f. 5. perfume m. **the divine ~** a entidade divina. **rose ~** essência de rosas.

Essene ['esi:n] s. (Hist.) essênio m., membro de seita judia.

essential [is'enʃəl] s. 1. qualidade ou elemento indispensável. 2. coisa f. essencial ‖ adj. essencial, substancial. ‖ **~ly** adv. essencialmente.
essential hypertension s. (Pat.) tensão sangüínea excessiva f., sem causa aparente.
essentialism [~izm] s. (Educ.) doutrina essencialista f.
essentiality [isenʃi'æliti], **essentialness** [is'enʃəlnis] s. essencialidade f.
essential oil s. óleo volátil, óleo etéreo m.
essoin [is'ɔin] s. (Jur.) escusa f. apresentada a um tribunal por falta de comparecimento.
establish [ist'æbliʃ] v. estabelecer: 1. fundar, instituir. 2. fixar, assentar, firmar. 3. determinar, decretar. 4. organizar. 5. introduzir. 6. levantar (recorde). 7. provar, demonstrar. 8. verificar, constatar. 9. formar, constituir (governo).
he ~ed an account ele abriu uma conta corrente. **they ~ed order** eles restabeleceram a ordem.
established [~d] adj. estabelecido, fundado, existente.
Established Church s. Igreja nacional f.
establisher [~ə] s. instituidor, fundador m.
establishment [~mənt] s. 1. estabelecimento m., instituição, fundação f. 2. casa f. ou estabelecimento m. comercial, negócio m. 3. renda f., meio m. de vida. 4. lei f., estatuto m. 5. efetivo militar m. 6. casa, morada f.
the Establishment 1. as autoridades públicas e privadas, estabelecidas. 2. (Pol.) sistema governante.
military ~ exército ativo, permanente. **war ~** efetivo em pé de guerra. **they broke up their ~** eles dissolveram o seu lar. **they keep up a large ~** eles mantêm uma casa grande.
establishmentarian [istæbliʃmənt'ɛəriən] adj. relativo às autoridades estabelecidas.
estafette [estəf'et] s. estafeta f., mensageiro militar m.
estate [ist'eit] s. 1. fazenda, granja, quinta f. 2. propriedade, possessão f., conjunto m. de bens. 3. patrimônio, capital, pecúlio m., fortuna f. 4. massa falida f. 5. legado m., herança f. 6. posição, situação, classe f., nível m. 7. estamento m. (Hist. Pol.) **the ~s** os estamentos: clero, nobreza, burguesia. **man's ~** idade viril do homem. **personal ~** bens móveis. **real ~** bens imóveis, bens de raiz. **~ at sufferance** propriedade ou posse a título precário. **~ at will** posse de bens arrendados, terminável à vontade de parte a parte. **at marriage ~** em idade de casar. **~ agent** corretor de imóveis. **~ tax** imposto sobre heranças.
esteem [ist'i:m] s. 1. estima, estimação, consideração f., apreço m. 2. opinião f. 3. estimativa, avaliação f., cálculo, cômputo m. ‖ v. 1. estimar. 2. avaliar.
I ~ it an honour eu o considero uma honra. **he ~s her little** ele a estima (aprecia) pouco.
ester [e'stə] s. (Quím.) éster m.
esterify [est'erifai] v. (Quím.) converter em éster.
esthesia [est'i:ʒiə] s. estesia, sensibilidade f.
esthesis [est'i:sis] s. sensação, percepção f.
esthete, esthetical, esthetics veja: **aesthete, aesthetical, aesthetics.**
Esthonia, Estonia [est'ouniə] s. Estônia f.
Esthonian, Estonian [~n] s. estoniano m. ‖ adj. estônico, estônio.
estimable ['estiməbl] adj. 1. estimável, apreciável. 2. avaliável, calculável. ‖ **-bly** adv. consideravelmente.
estimableness [~nis] s. apreço m., consideração f.
estimate ['estimit, —meit] s. 1. estimativa, avaliação f. 2. cálculo, cômputo, orçamento m. ‖ v. ['estimeit] 1. estimar, avaliar, calcular, orçar. 2. julgar, considerar, opinar.

rough ~ orçamento aproximado.
estimation [estim'eiʃən] s. 1. estimação, estimativa, avaliação, apreciação f., cálculo, cômputo m. 2. orçamento m. 3. estima f. 4. opinião f., juízo m.
I hold him in high ~ eu o considero muito, tenho-o em alta estima. **in my ~** a meu ver, na minha opinião.
estimative ['estimeitiv] adj. estimativo.
estimator ['estimeitə] s. avaliador, orçador, computador m.
estipulate [i:st'ipjulit] adj. (Bot.) estipulado: privado de estípulas.
estival, aestival [ist'aivəl, 'estivəl] adj. estival, ativo.
estivate, aestivate ['estiveit] v. 1. estivar, veranear. 2. (Zool.) passar o verão num estado de torpor.
estivation, aestivation [estiv'eiʃən] s. estivação f.: 1. (Zool.) torpor estival m. 2. (Bot.) prefloração f.
estop [ist'ɔp] v. 1. (Jur.) impedir, obstruir. 2. parar.
estoppel [~əl] s. (Jur.) impedimento, embargo m., interdição f.
estovers [ist'ouvəz] s. pl. (Jur.) necessidades econômicas f. pl.: madeira para o conserto da casa, lenha, frutos, ao arrendatário; alimentos aos dependentes.
estrade [estr'a:d, estr'eid] s. estrado m., plataforma f.
estrange [istr'eindʒ] v. 1. alienar, alhear, desafeiçoar, indispor(-se). 2. distanciar(-se), afastar(-se), apartar(-se).
estrangement [~mənt] s. alienação, desavença, malquerença f.
estranger [~ə] s. quem se retrai ou desafeiçoa.
estray [estr'ei] s. animal m. doméstico encontrado sem dono.
estreat [istr'i:t] s. (Jur.) traslado, extrato, transunto m., cópia f. ‖ v. (Jur.) 1. tirar cópias de protocolos ou autos de um processo. 2. multar, arrecadar.
estrogen [estr'ɔdʒən] s. (Bioquím.) hormônio estrogênico m.
estrogenic [estrodʒ'enik] adj. (Bioquim.) estrogênico.
estrous cycle s. (Zool.) ciclo m. do estro.
estrus ['estrəs] s. (Zool.) estro, cio m.
estuary ['estjuəri] s. estuário, esteiro m. (quadro C 17).
esurience [isj'uəriəns], **esuriency** [~i] s. fome, avidez, voracidade f.
esurient [isj'uəriənt] adj. ávido, voraz, faminto.
-et suf. que forma diminutivos como: **beaflet, islet, turret** (em muitas palavras desaparece o sentido diminutivo: **pocket**).
eta ['i:tə, 'eitə] s. eta m.: sétima letra do alfabeto grego.
et al. [et 'æl] (latim: **et alii**) e os outros.
etc. abr. de **etcetera.**
etcetera, et cetera [its'etrə] (latim) e assim por diante, e o resto, e os demais.
etch [etʃ] v. 1. gravar com água-forte. 2. cauterizar.
etchant ['etʃənt] adj. cáustico, corrosivo, cautério.
etcher ['etʃə] s. gravador m. a água-forte, aquafortista m. + f.
etching ['etʃiŋ] s. 1. gravura f. ou estampa f. a água-forte. 2. arte f. de gravar a água-forte.
eternal [it'ə:nəl] adj. 1. eterno, perpétuo. 2. imortal. 3. perdurável, incessante, constante. 4. infinito. ‖ **~ly** adv. 1. eternamente. 2. perpetuamente. 3. incessantemente. 4. infinitamente.
The Eternal O Eterno, Deus. **The Eternal City** Roma, cidade eterna. **the ~ triangle** o eterno triângulo (amoroso).
eternalize [~aiz] v. eternizar, perpetuar, imortalizar.
eternity [it'ə:niti] s. eternidade, perpetuidade, perenidade, imortalidade f.
eternize [i:tə'naiz] v. = **eternalize.**
etesian [it'i:ʒiən] adj. 1. etésio. 2. periódico. 3. anual.

etesian winds s. pl. ventos etésios m. pl.: que sopram no Mediterrâneo.

—eth [-iθ] suf. usado na formação: 1. (arc., poét. e Bíblia) da terceira pessoa do singular do presente de verbos como: **he drinketh, he maketh.** 2. dos numerais ordinais correspondentes às ·dezenas: **twentieth, thirtieth.**

ethane ['eθein] s. (Quím.) etana f.

ether ['i:θə] s. éter m.: 1. espaço celeste, atmosfera rarefeita em que se movem os corpos celestes. 2. fluido sutil cuja existência é admitida em todos os vãos do universo. 3. (Quím.) líquido volátil, produto da destilação de álcool com um ácido. **the studio is no longer on the ~** a estação de rádio saiu do ar.

ethereal, aethereal [iθ'iəriəl] adj. 1. etéreo, celeste. 2. etérico. 3. (fig.) puro, elevado. 4. (fig.) delicado, tênue, sutil. ‖ **~ly** adv. etericamente, etereamente.

ethereality [iθiəri'æliti], **etherealness** [iθ'iəriəlnis] s. qualidade de ser etéreo ou etérico.

etherealization [iθiəriəlaiz'eiʃən] s. eterificação f.

etherealize [iθ'iəriəlaiz] v. eterificar. 2. sublimar.

etheric [iθ'erik] adj. etérico.

etherification [iθerifik'eiʃən] s. eterificação f., conversão f. em éter.

etherify [iθ'erifai] v. eterificar, transformar em éter.

etherism ['i:θərizm] s. (Med.) eterismo m.: estado de insensibilidade e efeito produzido pela eterização.

etherize ['i:θəraiz] v. 1. eterificar, converter em éter. 2. (Med.) sujeitar à influência de éter.

ether waves s. pl. (Rádio) ondas etéreas f. pl.

ethical ['eθikəl] adj. ético, moral, decente. ‖ **~ly** adv. eticamente, moralmente.

Ethical Culture s. (Filos.) cultura ética f.: doutrina que advoga a supremacia da ética.

ethicality [eθik'æliti], **ethicalness** ['eθikəlnis] s. qualidade do que é ético.

ethicize ['eθisaiz] v. moralizar, dar caráter ético a.

ethics ['eθiks] s. pl. 1. ética f., sistema moral m. 2. princípios m. pl. da ética.

Ethiopian [i:θi'oupjən] s. etíope, etiópio, abexim m. ‖ adj. etiópico, negro.

Ethiopic [i:θi'opik] adj. 1. etiópico. 2. negro.

ethmoid ['eθmoid] s. etmóide m. ‖ adj., também **ethmoidal** [eθm'oidəl] etimoidal (quadro S 6).

ethnic ['eθnik], **ethnical** [~ əl] adj. étnico: 1. relativo ao povo. 2. pagão, idólatra. ‖ **~ally** adv. etnicamente.

ethnic group s. grupo étnico m.

ethnicism ['eθnisizm] s. etnicismo, paganismo m.

ethnicity [eθn'isiti] s. classificação, afiliação étnica f.

ethno— ['eθnou] elemento de compos., indicando povo, raça.

ethnocentric [eθnos'entrik] adj. etnocêntrico.

ethnocentrism [eθnos'entrizm] s. etnocentrismo m.

ethnogeny [eθn'odʒəni] s. (Antrop.) etnogenia f.

ethnographer [eθn'ogrəfə] s. etnógrafo m.

ethnographic [eθnəgr'æfik], **ethnographical** [~ əl] adj. etnográfico. ‖ **~ally** adv. etnograficamente.

ethnography [eθn'ogrəfi] s. etnografia f.

ethnologic [eθnəl'odʒik], **ethnological** [~ əl] adj. etnológico. ‖ **~ally** etnologicamente.

ethnologist [eθn'olədʒist] s. etnologista m. + f.

ethnology [eθn'olədʒi] s. etnologia f.

ethnomusicology [eθnɔmju:zik'olədʒi] s. etnomusicologia f.

ethologic [iθol'odʒik] adj. etológico.

ethology [iθ'olədʒi] s. etologia f.

ethos ['i:θos] s. caráter m. distinto de um povo, sistema m. de uma instituição ou obra de arte.

ethyl ['eθil] s. (Quím.) etilo m.

ethyl alcohol s. álcool etílico m.

ethylene ['eθili:n] s. (Quím.) etileno m.

etiolate ['i:tioleit] v. 1. estiolar, perder a cor por falta de luz. 2. (fig.) debilitar-se, enfraquecer-se.

etiolation [i'tiol'eiʃən] s. 1. estiolamento, descoramento m. 2. (fig.) definhamento m., fraqueza f.

etiological [i:tiol'odʒikəl] adj. etiológico. ‖ **~ly** adv. etiologicamente.

etiology, aetiology [i:ti'olodʒi] s. etiologia f.: 1. ciência que estuda a origem das coisas. 2. (Med.) teoria sobre a origem das doenças.

etiquette [etik'et] s. 1. etiqueta f., cerimonial m. 2. regras f. pl. de comportamento na boa sociedade. 3. princípios m. pl. da ética profissional.

Etnean ['etniən] adj. etniano, relativo ao vulcão Etna.

Eton [i:tn] s. colégio m. e cidade f. em Buckinghamshire.

Eton collar s. colarinho largo e engomado m.

Eton crop s. cabelos curtos m. pl. "à la garçonne" (quadro H 1).

Etonian [it'ounjən] s. aluno m. ou ex-aluno m. de Eton. ‖ adj. relativo a Eton.

Eton jacket s. jaqueta f. curta, usada pelos estudantes de Eton.

Etrurian [itr'uəriən], **Etruscan** [itr'ʌskən] s. etrusco m. ‖ adj. etrusco.

et. seq. abr. de et sequentes (Latim) e os seguintes.

—ette suf. usado na formação de 1. diminutivos: **kitchenette, wagonette.** 2. substantivos femininos: **majorette, farmerette, suffragette.** 3. sucedâneos: **leatherette.**

étude [eit'u:d, eitj'u:d] s. (Mús.) estudo m.

etui [etw'i:] s. estojo, agulheiro m.

etymologic [etiməl'odʒik], **etymological** [~ əl] adj. etimológico. ‖ **~ally** adv. etimologicamente.

etymologist [etim'olədʒist] s. etimólogo m., etimologista m + f.

etymologize [etim'olədʒaiz] v. etimologizar.

etymology [etim'olədʒi] s. etimologia f.

etymon ['etimon] s. étimo m.: forma original de uma palavra.

eucaine [juk'ein] s. (Med., Quím.) eucaína f.

eucalyptus [ju:kəl'iptəs] s. pl. **eucalypti** [-tai] eucalipto m.

eucharis ['ju:kəris] s. (Bot.) lírio-eucarístico, lírio-do--amazonas m.

Eucharist [j'u:kərist] s. Eucaristia f., ceia f. do Senhor, comunhão f. **to give the ~** dar a comunhão. **to receive the ~** comungar.

Eucharistic [ju.kər'istik], **Eucharistical** [~ əl] adj. eucarístico.

Eucharistic Congress s. Congresso Eucarístico m.

euchology [juk'olodʒi] s. eucológio m.: 1. liturgia da Igreja grega. 2. coleção de orações.

euchre ['ju:kə] s. (E. U. A.) jogo m. de baralho. ‖ v. (coloq.) bater, superar, levar a melhor.

euchromosome [ju:kr'ouməsoum] s. (Gen.) eucromossomo, autossomo m.

euclase [j'u:kleis] s. (Miner.) euclásio m.

Euclid ['ju:klid] n. pr. 1. Euclides: matemático grego. 2. geometria euclidiana f.

Euclidean, Euclidian [ju:kl'idiən] adj. euclidiano.

eudeamonic, eudemonic [ju:dim'onik] adj. eudemônico.

eudemonics [~s] s. pl. (Ética) eudemonia f.

eudemonism [ju:d'i:mənizm] s. eudemonismo m.

eudemonist [ju:d'i:mənist] s. eudemonista m.

eudemonistic [ju:di:mən'istik] adj. eudemonístico.

eudiometer [ju:di'omitə] s. (Fís.) eudiômetro m.

eudiometric [ju:diom'etrik] adj. eudiométrico. ‖ **~ally** adv. eudiometricamente.

eudiometry [ju:di'omətri] s. (Fís.) eudiometria f.

eugenic [ju:dʒ'enik], **eugenical** [~ əl] adj. eugênico.

‖ ~ally adv. de modo eugênico.
eugenicist [ju:dʒ'enisist], eugenist [ju:dʒ'enist] s. eugenista m. + f.
eugenics [~s] s. pl. eugenia f.
eugenol [j'u:dʒinoul] s. (Quím.) eugenol m.
euharmonic [j'u:ha:m'ɔnik] adj. (Mús.) que produz a perfeita harmonia.
euhemerism [ju:h'i:mərizəm] s. evemerismo m.
euhemeristic [ju:hi:mər'istik] adj. evemerístico.
eulogia [ju:l'oudʒiə] s. (Igreja Ortodoxa) 1. hóstia benta f. 2. graça f. de Deus.
eulogic [ju:l'ɔdʒik], eulogical [~əl] adj. elogiável, louvável. ‖ ~ally adv. elogiosamente.
eulogist [j'u:lədʒist] s. elogiador m.
eulogistic [ju:lədʒ'istik], eulogistical [~əl] adj. laudatório. ‖ ~ally adv. de modo encomiástico.
eulogium [ju:l'oudʒiəm], eulogy [j'u:lədʒi] s. elogio, louvor, panegírico m.
eulogize [j'u:lədʒaiz] v. elogiar, louvar, encomiar.
eulogizer [~ə] s. elogiador, louvador m.
eulogy [j'u:lədʒi] s. elogio fúnebre, tributo m.
eunuch [j'u:nək] s. eunuco, castrado m. ‖ v. castrar.
eunuchism [~izəm] s. eunuquismo m.
euonymus [ju'ɔniməs] s. (Bot.) evônimo m.
eupatrid [ju:p'ætrid] s. (Hist.) eupátrida m. + f.: membro da nobreza ateniense.
eupepsia [ju:p'epsiə] s. (Med.) eupepsia, boa digestão.
eupeptic [ju:p'eptik] adj. (Med.) eupéptico.
euphemism [j'u:fimizm] s. eufemismo m.
euphemistic [ju:fim'istik] adj. eufemístico. ‖ ~ally eufemicamente, eufemisticamente.
euphemize [j'u:fimaiz] v. empregar eufemismo, expressar-se por eufemismo, suavizar a expressão.
euphonic [ju:f'ɔnik], euphonical [~əl] adj. eufônico, melodioso, suave. ‖ ~ally adv. eufonicamente.
euphonious [ju:f'ouniəs] adj. eufônico, suave agradável, melodioso.
euphonium [ju:f'ouniəm] s. (Mús.) êufono m.
euphonize [j'u:fənaiz] v. eufonizar.
euphony [j'u:fəni] s. eufonia f.
euphorbia [ju:f'ɔ:biə] s. (Bot.) euforbio m.
euphoria [ju:f'oriə] s. (Med.) euforia f.
euphoric [ju:f'ɔrik] adj. eufórico.
euphrasy [j'u:frəsi] s. 1. (Bot.) eufrásia f.: planta medicinal. 2. (fig.) algo que alegra.
euphuism [j'u:fjuizm] s. eufuísmo m., estilo afetado ou empolado m.
euphuist [j'u:fjuist] s. eufuísta m.
euphuistic [ju:fju'istik], euphuistical [~əl] adj. eufuístico, afetado, empolado, amaneirado.
Eurasia [juər'eiʒiə] s. Eurásia f.
Eurasian [~n] s. eurasiano m. ‖ adj. eurasiano.
eureka! [juər'i:kə] interj. heureca!, descobri!
eurhythmic [ju:r'iθmik] adj. eurrítmico.
eurhythmics [~s] s. pl. eurritmia f.
eurhythmy [ju:r'iθmi] s. eurritmia f.
Eurodollars [j'urədɔləz] s. pl. eurodólares m. pl.: dinheiro norte-americano que circula entre bancos europeus.
Europe [j'uərəp] s. Europa f.
European [juərəp'iən] s. europeu m. ‖ adj. europeu.
European Atomic Energy Community s. Comunidade Européia f. de Energia Atômica.
European Economic Community = Common Market.
europeanize [~aiz] v. europeizar.
europium [jur'oupiəm] s. (Quím.) európio m.
Eurus [j'uərəs] s. euro m.: 1. (Hist.) deus do vento oriental. 2. vento de leste.
Eustachian tube [ju:st'eikiən tj'u:b] s. (Med.) trompa f. de Eustáquio.

eustacy [j'ustæsi] s. (Geol.) eustasia f.
eutaxy [j'utæksi] s. (Anat., Zool.) eutaxia f.
eutectic [jut'ektik] s. liga eutética f. ‖ adj. eutético.
euthanasia [ju:θən'eiziə] s. eutanásia f.
euthenics [ju:θ'eniks] s. eutenia f.
evacuant [iv'ækjuənt] s. (Med.) purgativo, evacuativo m. ‖ adj. evacuatório.
evacuate [iv'ækjueit] v. 1. evacuar, desocupar, abandonar, retirar(-se). 2. despejar, esvaziar.
evacuation [ivækiu'eiʃən] s. 1. evacuação, retirada f. 2. despejo, esvaziamento m.
evacuee [ivækju'i:] s. evacuado m.: pessoa evacuada.
evadable [iv'eidəbl], evadible [iv'eidibl] adj. evasível, evadível.
evade [iv'eid] v. 1. evadir(-se), iludir, escapar, fugir, livrar-se, esquivar(-se), evitar. 2. (fig.) sofismar, usar subterfúgios, burlar, contornar uma lei.
evader [~ə] s. 1. fugitivo, evasor. 2. (fig.) burlador.
evaginate [iv'ædʒineit] v. (Biol.) evaginar.
evagination [ivædʒin'eiʃən] s. evaginação f.
evaluate [iv'æljueit] v. avaliar, estimar o valor.
evaluation [ivælju'eiʃən] s. avaliação, estimação f.
evanesce [i:vən'es] v. esvaecer, esvanecer, dissipar.
evanescence [~əns] s. esvanecimento m.
evanescent [~ənt] adj. evanescente, esvaecido, imperceptível. ‖ ~ly adv. evanescentemente.
evangel [iv'ændʒəl] s. 1. evangelho m. 2. boa-nova f.
evangelic [ivændʒ'elik] adj. evangélico.
evangelical [~əl] s. 1. evangelista m. + f. 2. protestante m. + f. ‖ adj. 1. evangélico. 2. protestante. ‖ ~ly adv. evangelicamente.
evangelicalism [~əlizəm] s. adesão f. aos princípios das igrejas evangélicas.
evangelism [iv'ændʒilizm] s. evangelismo m.: 1. propagação f. do evangelho. 2. crença f. nas doutrinas das Igrejas evangélicas.
evangelist [iv'ændʒilist] s. evangelista m. + f.
evangelistic [ivændʒil'istik] adj. relativo à evangelização ou aos quatro Evangelistas.
evangelization [ivændʒilaiz'eiʃən] s. evangelização f.
evangelize [iv'ændʒilaiz] v. evangelizar, pregar o evangelho.
evanish [iv'æniʃ] v. desaparecer, esvaecer, dissipar.
evanishment [~mənt] s. desaparecimento m.
evaporable [iv'æpərəbl] adj. evaporável.
evaporate [iv'æpəreit] v. 1. evaporar(-se), evaporizar. 2. secar. 3. dissipar(-se), desaparecer.
evaporation [ivæpər'eiʃən] s. evaporação f.
evaporative [iv'æpəreitiv] adj. evaporativo.
evaporator [iv'æpəreitə] s. evaporador m.
evaporimeter [ivæpor'imitə] s. evaporômetro m.
evasion [iv'eiʒən] s. evasão f.: 1. subterfúgio m., evasiva f. 2. fuga, escusa f.
evasive [iv'eisiv] adj. evasivo, ambíguo. ‖ ~ly evasivamente, ambiguamente.
evasiveness [~nis] s. atitude evasiva f.
eve [i:v] s. 1. (poét.) noite f., anoitecer m. 2. véspera vigília f.
on the ~ of na véspera de. on the ~ of the event na véspera do acontecimento. Christmas Eve véspera de Natal. New Year's Eve véspera de Ano-Novo, noite de São Silvestre.
Eve [i:v] s. Eva f.
daughter of ~ filha de Eva.
evection [iv'ekʃən] s. (Astron.) evecção f.
even ['i:vən] s. (poét.) cair da noite, entardecer m. ‖ v. 1. igualar, aplainar, nivelar. 2. emparelhar, equilibrar, compensar. 3. comparar-se com, equiparar. 4. tirar desforra. ‖ adj. 1. plano, chato, liso. 2. nivelado, alinhado, no mesmo nível ou plano. 3. inalterável, invariável, regular, uniforme. 4. igual, constante, equilibrado. 5. par, equiparado, emparelhado. 6. exato, certo, preciso. 7. quite, sem saldo,

sem compromisso. 8. (fig.) desforrado, vingado. 9. calmo, tranqüilo, sereno, impassível. 10. justo, eqüitativo, reto, imparcial. ‖ adv. 1. igualmente, inalteravelmente. 2. certamente. 3. até, mesmo, agora mesmo. ‖ ~ly adv. 1. exatamente. 2. uniformemente. 3. horizontalmente, planamente. 4. imparcialmente. 5. equilibradamente. 6. calmamente.
I am ~ with him ajustei a conta com ele. **I shall be ~ with him yet** ainda vou tirar desforra dele. **to make ~** 1. saldar, liquidar. 2. (Tipogr.) espaçar, ajustar as linhas. **on an ~ keel** (Náut.) com calado equilibrado, sem diferença de imersão. **of ~ date** da mesma data. **the houses were made ~ with the ground** as casas foram arrasadas. **odd and ~** par e ímpar. **to be ~ with** estar em paz com, não dever nada. **~ the rich** até os ricos. **~ in Brazil** mesmo no Brasil. **~ as if** exatamente como se. **~ so** ainda assim, todavia, mesmo que. **now I like it ~ more** agora estou gostando ainda mais. **~ though (~ if) I am absent** ainda que esteja ausente. **~ now I have never met him** até agora nunca o encontrei. **he never ~ listened to me** ele nem mesmo me ouviu com atenção. **she made no arrangements nor ~ told me she was going** ela não tomou providências nem mesmo me avisou que saía.
evener ['i:vnə] s. nivelador, regulador m.
evenfall ['i:vənfɔ:l] s. (poét.) o cair m. da noite.
even-handed adj. imparcial.
even-handedness s. imparcialidade f.
evening ['i:vniŋ] s. 1. noite f., anoitecer m. 2. (no Sul dos E. U. A.) tarde, véspera f. 3. (fig.) velhice f. ‖ adj. vespertino.
this ~ hoje à noite. **in the ~** à noite, ao anoitecer. **of an ~** (poét.) certa noite. **of an ~, she would read to me** à noite, ela costumava ler para mim. **on winter ~s** nas noites de inverno.
evening-dress s. 1. vestido m. de baile (quadro C 13). 2. traje m. de rigor.
evening-gown s. vestido longo m. de baile.
evening-party s. sarau m.
evening prayer s. oração vespertina f.
evening-shirt s. camisa engomada f., combinando com casaca.
evening star s. estrela vespertina f.
even-m'inded adj. sereno, calmo.
evenness ['i:vənnis] s. 1. igualdade, uniformidade f. 2. lisura, imparcialidade f. 3. regularidade f.
even number s. (Mat.) número par m.
evens ['i:vəns] (também **even odds**) s. (jogo) chances iguais f. pl.
evensong ['i:vnsɔŋ] s. (Liturg.) véspera, hora canônica f., oração f. da tarde.
event [iv'ent] s. 1. evento, acontecimento, incidente m., ocorrência f. 2. eventualidade f., caso m. 3. conseqüência f., resultado m. 4. número m. de um programa. 5. (Esp.) prova.
at all ~s em todo o caso, aconteça o que acontecer, suceda o que suceder. **in the ~ of** no caso de. **athletic ~s** competições de atletismo. **table of ~s** programa das festividades. **quite an ~!** (Esp.) grande coisa! (acontecimento artístico, esportivo, etc.). **to watch the ~** observar o resultado final.
even-tempered adj. calmo, tranqüilo.
eventful [iv'entful] adj. 1. acidentado, agitado, cheio de acontecimentos. 2. importante, significativo, memorável.
eventide ['i:vntaid] s. noitezinha f., anoitecer m.
eventual [iv'entjuəl] adj. 1. eventual, contingente, possível. 2. conseqüente, conclusivo, final. ‖ ~ly adv. eventualmente, conseqüentemente, finalmente.
eventuality [iventju'æliti] s. eventualidade, casuali-

dade, contingência f.
eventuate [iv'entjueit] v. 1. acontecer, suceder. 2. resultar, terminar, acabar.
the accident ~d strong reactions o acidente causou fortes reações.
even up v. igualar.
ever ['evə] adv. 1. sempre, constantemente, eternamente, continuamente. 2. jamais, nunca. 3. já, alguma vez.
~ after, ~ afterwards, ~ since desde então, depois que, desde, desde o tempo que. **~ and again** continuamente, sempre de novo. **for ~** para sempre. **liberty for ~!** viva a liberdade! **the ~ increasing poverty** a sempre crescente pobreza. **an ~ recurrent complaint** uma queixa que sempre se repete. **hardly ~** quase nunca. **be as quick as ~ you can** apresse-se o mais que puder. **who ~ can it be?** quem poderia ser? **did you ~ see anything like it?** (coloq.) já viu uma coisa dessas? **if I were ~ so rich** por mais rico que eu fosse. **for ~ so long** quem sabe, por quanto tempo. **thank you ~ so much** muito e muito obrigado. **not for ~ so much** nem por tudo deste mundo.
everglade ['evəgleid] s. (E. U. A.) pantanal, charco m.
evergreen ['evəgri:n] s. (Bot.) 1. sempre-viva f. 2. ramos m. pl. de sempre-viva. ‖ adj. (Bot.) perene.
everlasting [evəl'a:stiŋ] s. 1. (Bot.) perpétua f. 2. eternidade f. ‖ adj. perpétuo, eterno, durável, sólido. ‖ ~ly adv. eternamente, incessantemente.
The Everlasting Deus, o Eterno.
everlastingness [~nis] s. eternidade f.
evermore ['evəm'ɔ:] adv. eternamente, sempre.
eversible [iv'ə:sibl] adj. que pode ser posto ao avesso.
eversion [iv'ə:ʃən] s. eversão f., reviramento m.
evert [iv'ə:t] v. revirar, virar do avesso.
every ['evri] adj. cada (um), todo, todos.
I expect her ~ minute eu a espero a cada momento. **his ~ word** todas as suas palavras. **she has ~ bit as much as her sister** ela tem exatamente tanto quanto a sua irmã. **~ one** cada um isoladamente. **~ day** diariamente, todos os dias. **~ other day** um dia sim, um dia não. **~ two days** de dois em dois dias. **~ ten days** de dez em dez dias. **~ time** a cada momento, a qualquer oportunidade. **~ now and then** de vez em quando.
everybody ['evribɔdi] pron. todos, toda gente, todo o mundo, cada um, cada qual.
everyday ['evrid'ei] adj. 1. diário, cotidiano. 2. para uso diário. 3. comum, medíocre.
everyman ['evrimæn] s. 1. homem comum m. 2. qualquer pessoa f. ‖ pron. = **everybody**.
everyone ['evriwʌn] pron. = **everybody**.
everyplace ['evripleis] adj. em todo lugar.
everything ['evriθiŋ] s. tudo. 2. (fam.) algo muito importante. ‖ pron. tudo.
everyway ['evriwei] adv. de todos os modos, em todo respeito, em todas as direções.
everywhere ['evriwɛə] adv. em toda parte, em todo lugar.
every which way adv. desordenadamente.
evict [iv'ikt] v. 1. (Jur.) desapropriar judicialmente. 2. desapossar, despejar, expulsar.
eviction [iv'ikʃən] s. evicção, expulsão f., despejo m.
eviction order s. (Jur.) ordem f. de despejo.
evictor [iv'iktə] s. evictor m.
evidence ['evidəns] s. 1. evidência, prova f., indício m. 2. sinal m., indicação, mostra f. 3. testemunho, depoimento m. de testemunha. 4. testemunha f. ‖ v. 1. comprovar, evidenciar. 2. esclarecer. 3. atestar.
in ~ patente, óbvio, claro. **his letter gives ~ of good education** sua carta é prova de boa educação.

374   evident — example

internal ~ prova intrínseca ou inerente. **a striking piece of** ~ uma prova irrefutável. **he was called in** ~ ele foi intimado como testemunha. **to turn king's** ~ depor contra o cúmplice. **state's** ~ (E. U. A.) testemunha principal. **circumstantial** ~ provas indiciadoras, provas indiretas.

evident ['evidənt] adj. evidente, claro, manifesto, óbvio, patente. ‖ **~ly** adv. evidentemente, claramente.

evidential [evid'enʃəl] adj. evidencial, indicativo, comprobatório. ‖ **~ly** adv. evidentemente, claramente.

evidentiary [evid'enʃəri] adj. comprobatório.

evil [i:vl] s. 1. mal m., maldade f. 2. infortúnio, dano, pecado m., desgraça f. ‖ adj. 1. mau, malvado, miserável. 2. infeliz. 3. daninho, malfazejo, prejudicial, nocivo. ‖ **evil**, adj. **~ly** adv. malvadamente, miseravelmente, de maneira maliciosa.
he did ~ **in the sight of the Lord** ele pecou perante Deus. **wish no one any** ~ não deseje o mal a outrem. **of two ~s choose the least!** de dois males, o menor! **to speak** ~ **of** falar mal de (alguém). **The Evil one** demônio, diabo.

evil-doer s. malfeitor m.

evil-doing s. malfeitoria f.

evil eye s. mau-olhado m.

evil-favoured adj. feio.

evil-minded adj. malicioso, malvado.

evilness ['i:vlnis] s. maldade f.

evil speaking s. maledicência f. ‖ adj. falando mal.

evil-tempered adj. mal-humorado em extremo.

evince [iv'ins] v. 1. evidenciar, provar, demonstrar, justificar. 2. revelar, mostrar, indicar.

evincible [~ibl], **evincive** [~iv] adj. demonstrável, provável, convincente. ‖ **-bly** adv. demonstrativamente, manifestamente, evidentemente.

evirate ['i:vireit] v. 1. castrar, capar. 2. emascular, desvirilizar (também fig.).

eviscerate [iv'isəreit] v. 1. estripar, destripar, desentranhar, eviscerar. 2. (fig.) tornar insignificante.

evisceration [ivisər'eiʃən] s. estripação f.

evitable ['evitəbl] adj. evitável.

evocation [evok'eiʃən] s. evocação, necromancia f.

evocative [iv'oukətiv] adv. evocativo, evocatório.

evoke [iv'ouk] v. evocar, despertar, chamar.

evoker [~ə], **evocator** ['evokeitə] s. evocador, conjurador m.

evolute ['i:vəlu:t] s. (Geom.) evoluta f. ‖ v. desenvolver(-se).

evolution [i:vəl'u:ʃən] s. 1. evolução f., desenvolvimento, desdobramento m. 2. (Mat.) extração f. da raiz de um número. 3. (Geom.) evoluta f. **(milit.)** meia volta, manobra, evolução f.
Theory of Evolution (Biol.) teoria da evolução. ~ **of heat** emissão de calor.

evolutional [~əl] adj. evolucional.

evolutionary [i:vəl'u:ʃnəri] adj. evolutivo, evolucionário.

evolutionist [i:vəl'u:ʃənist] s. evolucionista m. + f.

evolutive [i:vəl'u:tiv] adj. evolutivo, suscetível de evolução.

evolve [iv'olv] v. 1. desenvolver(-se), evoluir, expandir. 2. (Quím.) segregar.

evulsion [iv'ʌlʃən] s. evulsão, extração f., arrancamento m.

ewe [ju:] s. ovelha f.

ewe lamb s. cordeira f.

ewe neck s. pescoço de cervo (cavalos) (quadro H 9).

ewer [j'uə] s. jarro m.

ex [eks] s. (pl. **exes**) nome da letra "X" do alfabeto.

ex [eks] prep. 1. de, oriundo de. 2. sem, fora de, exclusivo de.

ex. abr. de 1. **example**. 2. **exception**.

exacerbate [eksæsəb'eit] v. exacerbar, exasperar, irritar, piorar, agravar.

exacerbation [eksæsəb'eiʃən] s. 1. exacerbação, irritação f., exaspero m. 2. piora, agravação f. (também Med.) 3. amargura, exasperação f.

exact [igz'ækt] v. 1. extorquir, cobrar, arrecadar. 2. exigir, obrigar. 3. precisar, ter necessidade de. ‖ adj. 1. exato, preciso, correto, justo, certo, acertado. 2. pontual. 3. direito, escrupuloso, consciencioso, minucioso. 4. cuidadoso. 5. diligente. ‖ **~ly** adv. 1. exatamente, justamente, precisamente. 2. sim, certo, isso mesmo.
the ~ sciences as ciências exatas. **my ~ words** minhas próprias palavras. **~ly what I was looking for** exatamente o que eu estava procurando. **it was not ~ly pleasant** não era bem agradável.

exactable [~əbl] adj. 1. de urgente necessidade. 2. exigente.

exacting [~iŋ] adj. 1. exato, severo, minucioso, preciso. 2. exigente, difícil de agradar. ‖ **~ly** adv. 1. exatamente, precisamente. 2. exigentemente. **an ~ task** uma tarefa exigente.

exactingness [~iŋnis] s. 1. exigência f. 2. severidade f.

exaction [igz'ækʃən] s. 1. exação, cobrança, requisição, arrecadação f. 2. exigência f. 3. extorsão f.

exactitude [igz'æktitju:d], **exactness** [igz'æktnis] s. 1. exatidão, precisão f. 2. vigor m. 3. pontualidade f.

exactor, [igz'æktə] s. exator, arrecadador m.

exaggerate [igz'ædʒəreit] v. 1. exagerar. 2. encarecer. 3. agravar, piorar.

exaggeration [igzædʒər'eiʃən] s. 1. exageração f., exagero m. 2. encarecimento m. 3. excesso m.

exaggerative [igz'ædʒəreitiv] adj. exagerativo, exagerado. ‖ **~ly** exageradamente.

exaggerator [igz'ædʒəreitə] s. exagerador m.

exalt [igz'o:lt] v. 1. exaltar, engrandecer, enaltecer. 2. louvar, glorificar. 3. aumentar, intensificar, reforçar, elevar.

exaltation [egzo:lt'eiʃən] s. 1. exaltação, elevação f. 2. enlevo, regozijo, prazer m. 3. (Med.) hipertrofia f. 4. (Psicol.) complexo m. de superioridade. ~ **of mind** entusiasmo, êxtase.

exalted [igz'o:ltid] adj. 1. elevado, entusiasmado, sublime, nobre, augusto. 2. exaltado. ‖ **~ly** adv. exaltadamente, elevadamente.

exaltedness [~nis] s. 1. exaltação, elevação, glorificação f. 2. sublimidade f.

exalter [igz'o:ltə] s. exaltador m.

exam. [igz'æm] abr. de **examination**.

examinable [igz'æminəbl] adj. examinável, averiguável.

examination [igzæmin'eiʃən] s. 1. exame m., examinação f. 2. interrogatório m. 3. investigação f. 4. inquérito m. 5. visita aduaneira f. 6. inspeção f. 7. estudo m. pesquisa f.
written ~ provas escritas. **the case is under ~** o caso está sendo examinado. **he went in for ~,** **he sat for ~, he took an ~** ele submeteu-se a um exame. **he passed an ~** ele foi aprovado num exame. **he failed in an ~** ele foi reprovado num exame. (gíria) **he was plucked (ploughed) in an ~** ele foi reprovado num exame. **board of ~** banca examinadora. **post mortem ~** autópsia.

examination paper s. questões f. pl., questionário m. para o exame.

examine [igz'æmin] v. 1. examinar, averiguar, investigar. 2. considerar, ponderar. 3. interrogar, inquirir. 4. inspecionar.

examinee [igzæmin'i:] s. examinando m.

examiner [igz'æminə] s. examinador m.

example [igz'a:mpl] s. 1. exemplo m. 2. molde, modelo m. 3. exemplar, espécime m. 4. prova,

cópia f. 5. padrão m., amostra f.
beyond ~ inaudito, nunca visto, sem precedente. **for** ~ por exemplo. **by way of** ~ para citar um exemplo. **a bad** ~ **to** um mau exemplo para. **to set a good** ~ dar bom exemplo. **to take** ~ **by one** tomar exemplo de alguém. **let this be an** ~ **to you** que isto sirva de advertência para você, que isto lhe sirva de lição. **to make an** ~ **of** castigar para servir de exemplo.
exanimate [eks'ænimit] adj. 1. exânime, desmaiado. 2. desfalecido, morto. 3. (fig.) desalentado, abatido, desanimado.
exarch ['eksa:k] s. (Hist. e Rel.) exarca m.: 1. governador de província do império bizantino. 2. legado do patriarca da Igreja Grega.
exarchate [~eit] s. exarcado m.
exasperate [igz'a:spəreit] v. 1. exasperar, irritar(-se), excitar(-se). 2. provocar. 3. amargurar. 4. exacerbar, exaltar(-se). 5. (Med.) agravar, piorar.
exasperater [~ə] s. exasperador, provocador m.
exasperating [~iŋ] adj. 1. irritante, incômodo. 2. mal-disposto, zangado. 3. exaltante.
exasperation [igza:spər'eiʃən] s. 1. exasperação, irritação, provocação, agravação f. 2. ira, raiva f.
Exc. abr. de **Excellency**.
exc. abr. de **except, exception**.
excavate ['ekskəveit] v. 1. escavar. 2. cavar. 3. desenterrar, (também fig.) exumar. 4. tornar oco, ocar.
excavation [ekskəv'eiʃən] s. escavação, cavidade f., fosso m., buraco m.
excavator ['ekskəveitə] s. 1. escavador m. 2. draga f., máquina escavadora f. (quadro D 5).
exceed [iks'i:d] v. 1. exceder, sobrepujar, superar, ultrapassar, exceler. 2. distinguir-se, celebrizar-se.
exceeding [~iŋ] adj. excessivo, excelente. ‖ ~**ly** adv. excessivamente, extraordinariamente, muitíssimo.
excel [iks'el] v. exceler, avantajar-se, sobrepujar, distinguir-se, primar, sobressair, superar, vencer.
excellence, ['eksələns], **excellency** [~i] s. excelência, superioridade, qualidade superior f., mérito m.
Excellency ['eksələnsi] s. título honorífico: Excelência. **Your, His, Her Excellency** Vossa, Sua Excelência.
excellent ['eksələnt] adj. excelente, ótimo, esplêndido, primoroso. ‖ adv. excelentemente, otimamente, esplendidamente.
excelsior (I) [eks'elsiɔ:] s. (E.U.A., coloq.) maravalhas f. pl.: aparas de madeira.
excelsior (II) [eks'elsiɔ:] adj. mais alto, sempre mais alto.
Excelsior State s. Estado de Nova York (cujo brasão contém a palavra **Excelsior**).
except [iks'ept] v. excetuar, omitir, isentar, eximir, excluir. ‖ prep. exceto, fora, salvo, menos, com exclusão de, à exceção de. ‖ conj. a menos que, senão, a não ser que.
the present company ~**ed** excetuam-se os presentes. **all** ~ **you** todos, com exceção de você. ~ **he is willing** a não ser que ele esteja disposto. ~ **for your help** se não fosse o seu auxílio.
excepting [~iŋ] prep. com exceção de. **not** ~ **myself** não me excetuando.
exception [iks'epʃən] s. 1. exceção, exclusão f. 2. privilegiado m., pessoa ou coisa excluída f. 3. acontecimento m. fora do comum. 4. (Jur.) objeção f. **beyond** ~ incontestável, não admitindo exceção. **without** ~ sem exceção. **with the** ~ **of** com exceção de, exceto. **an** ~ **to the rule** uma exceção da regra. **by way of** ~ por exceção, excepcionalmente. **there is no rule without** ~ não há regra sem exceção. **she made an** ~ **of me** no meu caso ela fez uma

exceção. the ~ **proves the rule** a exceção comprova a regra. **to take** ~ **to** objetar, criticar, protestar.
exceptionable [~əbl] adj. 1. censurável, reprovável, repreensível. 2. contestável. ‖ –**bly** adv. 1. repreensivamente. 2. recusavelmente, contestavelmente.
exceptional [iks'epʃənl] adj. 1. excepcional, invulgar. 2. superior. ‖ ~**ly** adv. excepcionalmente, extraordinariamente.
exceptive [iks'eptiv] adj. exceptivo, que encerra exceção.
excerpt ['eksə:pt] s. excerto, extrato, resumo m. ‖ [eks'ə:pt] v. extrair, selecionar, extratar, resumir.
excerptible [~əbl] adj. que pode ser resumido.
excerption [eks'ə:pʃən] s. excerto, extrato m., seleção, escolha f.
excess [iks'es] s. excesso m.: 1. demasia f. 2. excedente, sobejo m., sobra f. 3. intemperança, imoderação f. 4. abuso m., violência f. 5. desmando, desregramento m.
~ **of kindness** excesso de bondade. **it is in** ~ **of his duty** isto ultrapassa os seus deveres. **she carries her eagerness to** ~ ela exagera a sua prestimosidade.
excess fare s. sobretaxa f.: acréscimo no preço da passagem.
excess freight, excess luggage s. excesso m. de peso, carga ou bagagem.
excessive [iks'esiv] adj. excessivo: 1. demasiado, exorbitante. 2. imoderado, desmesurado, exagerado. 3. descomunal, anormal. ‖ ~**ly** adv. excessivamente.
excessiveness [~nis] s. excessividade f., exagero m.
excess postage s. sobretaxa postal f.
excess profits duty s. imposto m. de lucros extraordinários.
excess voltage wave s. onda f. de sobretensão, onda de sobrevoltagem.
exchange [ikstʃ'eindʒ] s. 1. troca, permuta f. 2. títulos, valores m. pl., moedas f. pl. 3. Bolsa f., Central f. de corretagens ou valores. 4. câmbio, operações cambiais. ‖ v. trocar, cambiar, permutar. (milit.) transferir.
~ **of views** troca de idéias. **in** ~ **of** em troca de. **bill of** ~ letra de câmbio. **rate of** ~ taxa de câmbio. **telephone** ~ centro telefônico. **(Com.) a dollar** ~**s for four shillings** um dólar vale quatro xelins.
exchangeability [ikstʃeindʒəb'iliti] s. permutabilidade f.
exchangeable [ikstʃ'eindʒəbl] adj. trocável, permutável.
exchange advice s. boletim financeiro m. da Bolsa.
exchange broker s. corretor m. de câmbio.
exchange list s. boletim m. das cotações cambiais.
exchange office s. casa, agência, ou escritório m. de câmbio.
exchanger [ikstʃ'eindʒə] s. cambista, banqueiro, cambiador m.
exchequer [ikstʃ'ekə] s. 1. tesouro público m., erário m. 2. fisco m. 3. Ministério da Fazenda m. 4. (gíria) dinheiro m., fundos m. pl.
Chancellor of the Exchequer Ministro das Finanças.
exchequer bill s. título m. do tesouro.
exchequer bond s. bônus m. do tesouro.
excide [eks'aid] v. cortar fora, extirpar.
excipient [iks'ipiənt] s. 1. (Farm.) excipiente m. 2. (Jur.) pessoa f. que opõe exceção (em juízo).
excisable [eks'aizəbl] adj. taxável.
excise (I) [eks'aiz] s. imposto m., taxa f.
excise (II) [eks'aiz] v. 1. cortar. 2. (Med.) extirpar.
excise duty s. imposto m. de consumo, taxa f. de vendas, de profissões.
excise officer s. exator m.

excision [eks'iʒən] s. 1. excisão f. 2. (Med.) extirpação, amputação f.

excitability [iksaitəb'iliti], excitableness [iks'aitəblnis] s. excitabilidade, irritabilidade f.

excitable [iks'aitəbl] adj. excitável, irritável, nervoso.

excitant ['eksitənt] s. excitante, estimulante m. ‖ adj. excitante, excitador.

excitation [eksit'eiʃən] s. 1. excitação, agitação, emoção f. 2. estímulo, incitamento m.

excite [iks'ait] v. excitar: 1. despertar, estimular, incitar. 2. provocar, irritar. 3. emocionar, animar. do not ~ yourself, do not get ~d over the letters não se excite, não fique nervoso por causa das cartas.

excited [~ id] adj. excitado, agitado, nervoso. ‖ ~ly adv. excitadamente, irritadamente, nervosamente.

excitement [~mənt] s. 1. excitamento m., excitação f. 2. instigação f., incitamento m. 3. irritação, provocação, agitação f. 4. estímulo m., exaltação f.

exciter [~əl] s. 1. excitador, incitador m. 2. agitador, instigador, provocador m. 3. estimulante m.

exciting [~iŋ] adj. 1. excitante. 2. emocionante, empolgante. 3. estimulante. 4. (gíria) excelente, notável, sugestivo. ‖ ~ly adv. de modo excitante.

exciting current s. (Elet.) corrente f. de excitação.

exclaim [ikskl'eim] v. exclamar, chamar, gritar.

exclaimer [~ə] s. exclamador, gritador m.

exclamation [ekskləm'eiʃən] s. exclamação f.

exclamation mark s. ponto m. de exclamação (!).

exclamations [ekskləm'eiʃənz] s. pl. gritaria f.

exclamatory [ekskl'æmətəri] adj. exclamatório.

exclave ['ekskleiv] s. (Geogr.) exclave m.

exclosure [ikskl'ouʃə] s. área fechada, cercada f.

excludable [ikskl'u:dəbl] adj. excetuável.

exclude [ikskl'u:d] v. 1. excluir. 2. excetuar, rejeitar. 3. eliminar.

exclusion [ikskl'u:ʒən] s. 1. exclusão f. 2. rejeição f. 3. expulsão f.

exclusion principle s. (Fís.) princípio m. de exclusão, segundo Wolfgang Pauli.

exclusive [ikskl'u:siv] adj. 1. exclusivo. 2. único. 3. privativo. 4. restrito. 5. inacessível, orgulhoso. ‖ ~ly adv. 1. exclusivamente. 2. privativamente. 3. restritamente.
~ of sem, abstrativo de, exclusivo de. ~ sale venda exclusiva.

exclusiveness [~nis] s. exclusividade f.

excogitate [eksk'odʒiteit] v. excogitar, pensar, meditar, inventar, imaginar.

excogitation [ekskodʒit'eiʃən] s. excogitação, invenção, meditação f.

excommunicate [ekskəmj'u:nikeit] v. excomungar.

excommunication [ekskəmju:nik'eiʃən] s. excomunhão f., anátema m.

excommunicator [ekskəmj'u:nikeitə] s. excomungador, anatematizador m.

excoriate [eksk'orieit] v. 1. escoriar, esfolar. 2. acusar, denunciar violentamente.

excoriation [ekskɔ:ri'eiʃən] s. escoriação, esfoladura, arranhadura f.

excrement ['ekskrimənt] s. excremento m., fezes f. pl.

excremental [ekskrim'entl] adj. excrementoso, excrementício.

excrescence [ikskr'esns], excrescency [~i] s. excrescência f.

excrescent [ikskr'esnt] adj. excrescente, supérfluo.

excreta [ikskr'i:tə] s. pl. fezes f. pl.

excretal [~l] adj. excretado, evacuado.

excrete [ikskr'i:t] v. excretar, evacuar, expelir.

excretion [ikskr'i:ʃən] s. excreção, evacuação f.

excretive [ikskr'i:tiv], excretory [ikskr'i:təri] adj. excretório, excretor.

excruciate [ikskr'u:ʃieit] v. excruciar, atormentar, martirizar, torturar, afligir, maltratar.

excruciating [~iŋ] adj. excruciante, tormentoso, penoso, doloroso. ‖ ~ly adv. dolorosamente.

excruciation [ikskru:ʃi'eiʃən] s. tormento, martírio, suplício m., tortura f.

exculpate ['ekskʌlpeit] v. desculpar, justificar.

exculpation [ekskʌlp'eiʃən] s. escusa, desculpa, justificação f.

exculpatory [eksk'ʌlpətəri] adj. justificativo.

excurrent [iksk'ʌrənt] adj. 1. que escorre ou sai. 2. (Zool.) excurrente. 3. (Bot.) prolongado.

excurse [iksk'ə:s] v. (fig.) divagar, desviar-se (do assunto).

excursion [iksk'ə:ʃən] s. 1. excursão f., viagem f. de recreio, passeio m. 2. (fig.) digressão f. 3. passagem f. de excursão (a preço reduzido).

excursionist [iksk'ə:ʃənist] s. excursionista m. + f.

excursion train s. trem m. ou comboio m. para excursionistas.

excursive [eksk'ə:siv] adj. errante, digressivo. ‖ ~ly adv. de um modo errante, digressivamente.

excursiveness [~nis] s. digressão f.

excursus [eksk'ə:səs] s. 1. excurso m. 2. divagação, digressão f. 3. dissertação f. 4. apêndice m.

excusable [ikskj'u:zəbl] adj. desculpável, perdoável, escusável. ‖ –bly adv. desculpavelmente, justificavelmente.

excusableness [~nis] s. desculpabilidade f.

excusatory [ikskj'u:sətəri] adj. justificativo, apologético.

excuse [ikskj'u:s] s. 1. escusa, desculpa, apologia f., perdão m. 2. pretexto m., alegação f. 3. justificação f. 4. escapatório, subterfúgio m., evasiva f. ‖ [ikskj'u:z] v. 1. desculpar, escusar, perdoar. 2. justificar. 3. pretextar. 4. dispensar, isentar. he has an ~ for his mistake ele tem uma desculpa para o seu engano. he advanced an ~ ele apresentou sua escusa. he made, he offered an ~ ele pediu desculpa. he always makes ~s ele tem sempre desculpas, ele sempre inventa pretextos. ~ my haste desculpe minha pressa. ~ my saying so não leve a mal se eu lho digo. I can't ~ his behaviour eu não posso desculpar o seu comportamento. I was ~d from attendance fui dispensado de comparecer. I beg to be ~d peço desculpar-me. he can be ~d all his errors todos os seus erros lhe podem ser perdoados. he was ~d the tax perdoaram-lhe o imposto.

ex-directory adj. não constante da lista (telefônica).

exeat ['eksiæt] s. licença f. para ausentar-se temporariamente (da escola).

exec. abr. de 1. executive. 2. executor.

execrable ['eksikrəbl] adj. execrável, execrando, abominável, detestável. ‖ –bly adv. execravelmente, abominavelmente.

execrableness [~nis] s. abominação, execração f.

execrate ['eksikreit] v. 1. execrar, detestar, odiar, abominar. 2. amaldiçoar, maldizer.

execration [eksikr'eiʃən] s. execração, abominação, maldição f., ódio m.

execrative ['eksikreitiv], execratory ['eksikreitəri] adj. execratório.

execrator ['eksikreitə] s. execrador m.

executable ['eksikju:təbl] adj. executável.

executant [igz'ekjutənt] s. 1. executor m. 2. executante, concertista m. + f.

execute ['eksikju:t] v. executar: 1. efetuar, cumprir, desempenhar. 2. fazer, realizar, levar a efeito. 3. exercer, praticar. 4. declamar, recitar. 5. (Jur.) penhorar, seqüestrar. 6. justiçar.

executer [~ə] s. executor m.

execution [eksikj'u:ʃən] s. execução f.: 1. realização

f., 2. (Jur.) exação, penhora f., seqüestro, embargo m. 3. despacho m. 4. (Mús.) execução, peça f., recital m. 5. suplício m., pena f. de morte.
writ of ~ auto de execução. **to do** ~ fazer efeito. **to do great** ~ **upon the enemy** causar grandes estragos ao inimigo.
executioner [~ə] s. executor, carrasco, algoz m.
executive [igz'ekjutiv] s. 1. Executivo m., poder executivo m. 2. (Com.) gerente m. + f., diretor m. ‖ adj. executivo. ‖ ~**ly** adv. executivamente.
Executive Mansion s. residência f. do presidente dos E. U. A., a Casa Branca.
executive officer s. (milit.) oficial executivo m., de categoria logo abaixo da do comandante.
Executive Order s. (E. U. A.) ordem executiva f., com força de lei.
executive session s. sessão f. do poder legislativo.
executor [igz'ekjutəl] s. 1. testamenteiro m. 2. realizador m.
executorship [~ʃip] s. testamentaria f., cargo m. de testamenteiro.
executory [igz'ekjutəri] adj. executório.
executory interest s. juros executáveis m. pl.
executrix [igz'ekjutriks] s. pl. **executrixes** ou **–trices** [-trisi:z] testamenteira f.
exegesis [eksidʒ'i:sis] s. 1. exegese, explicação, exposição f. 2. interpretação, explanação f.
exegete ['eksidʒi:t] s. **exegeta, intérprete** m. + f.
exegetic [eksidʒ'etik], **exegetical** [~əl] adj. exegético, explicativo. ‖ ~**ally** adv. exegeticamente.
exegetics [eksidʒ'etiks] s. exegética f.: parte da teologia que trata da exegese bíblica.
exemplar [igz'emplə] s. 1. exemplar m. + f. 2. modelo m., original m. + f. 3. amostra f. 4. exemplo m.
exemplariness [~rinis] s. exemplaridade f.
exemplary [igz'empləri] adj. exemplar, modelar. ‖ –**rily** adv. exemplarmente, modelarmente.
exemplification [igzəmplifik'eiʃən] s. 1. exemplificação, demonstração f. 2. exemplo m. 3. traslado m. **in** ~ **of** para o esclarecimento de.
exemplify [igz'emplifai] v. 1. exemplificar, ilustrar, demonstrar. 2. servir de exemplo, trasladar.
exemplum [igz'empləm] s. (lat.) exemplo m.
exempt [igz'empt] s. pessoa privilegiada f., isenta de certo dever. ‖ v. isentar, libertar, dispensar, eximir. ‖ adj. isento, livre, liberto.
exemption [igz'empʃən] s. isenção, dispensa f. ~ **from taxation** isenção de taxação.
exenterate [eks'entəreit] v. 1. (fig.) estripar, eviscerar, 2. (Cirurg.) extrair.
exequatur [eksikw'eitə] s. exequatur m.
exequies ['eksikwiz] s. pl. exéquias f. pl., cerimônias f. pl. fúnebres, funeral m.
exercisable ['eksəsaizəbl] adj. aplicável, praticável.
exercise ['eksəsaiz] s. 1. exercício m.: a) treino, adestramento, ensaio m. b) prática, execução f. c) ginástica, educação física f. d) lição f., tema m. escolar. 2. uso, emprego m., aplicação f. 3. (E. U. A.) cerimônia f., culto m. religioso. ‖ v. 1. exercitar: a) praticar. b) adestrar, ensaiar, treinar. c) instruir recrutas. d) exercer. e) empregar, usar. f) executar, pôr em ação, ter como efeito, influir. 2. prender a atenção. 3. preocupar, atormentar. 4. aplicar.
religious ~ culto divino. **written** ~ lição, tarefa, composição, tema. **I take some** ~**s every day** faço diariamente alguns exercícios de ginástica. **he** ~**s himself in swimming** ele está treinando a natação. **I** ~ **my mind by learning languages** eu exercito minhas faculdades mentais, estudando línguas.
exerciser [~ə] s. exercitante m. + f.
exercising ground s. campo m. de exercícios ou de treinamento.

exercitation [egzə:sit'eiʃən] s. exercício, treino m., prática f.
exergue [ekz'ə:g] s. exergo m.
exert [igz'ə:t] v. 1. mostrar, externar, manifestar. 2. exercer. 3. empregar, aplicar. 4. esforçar-se, empenhar-se.
I ~ **myself** eu me empenho, eu me esforço.
exertion [igz'ə:ʃən] s. esforço, empenho m., aplicação f.
exertive [igz'ə:tiv] adj. esforçado, aplicado, diligente.
exes ['eksiz] (gíria) abr. **de expenses.**
exeunt ['eksiʌnt] v. (teatro) saem de cena.
exfoliate [eksf'oulieit] v. 1. esfoliar(-se), desfolhar(-se). 2. descascar, escamar-se.
exfoliation [eksfouli'eiʃən] s. 1. esfoliação f. 2. esfoladura, escamação f., descascamento m.
exhalant [eksh'eilənt] adj. exalante.
exhalation [ekshəl'eiʃən] s. 1. exalação f. 2. evaporação f. 3. emanação f., vapor m. 4. (Med.) flato m., flatulência, ventosidade f. 5. sopro, bafo m.
exhale [eksh'eil] v. 1. exalar(-se). 2. evaporar(-se). 3. dissipar(-se). 4. desabafar(-se).
exhaust [igz'o:st] s. 1. escape, escapamento m. (quadro C 4), descarga f. 2. vapor ou gás m. de escape. 3. (coloq.) tubo m. de descarga ou escape. 4. exaustor, aspirador m. ‖ v. 1. esvaziar, despejar. 2. gastar, consumir. 3. fatigar, esgotar. 4. exaurir, extenuar. 5. empobrecer. 6. dissipar, diluir.
he ~**ed the water in the well** ele consumiu ou tirou a água do poço. **she** ~**ed herself in excuses** ela não cansou de desculpar-se.
exhaust box s. caixa f. de escape.
exhauster [igz'o:stə] s. (Téc.) aspirador, exaustor m.
exhaust gas s. gás m. de escape.
exhaustible [igz'o:stəbl] adj. exaustível.
exhausting [igz'o:stiŋ] adj. exaustivo, fatigante.
exhaustion [igz'o:stʃən] s. 1. esgotamento, depauperamento m. 2. esvaziamento m. 3. (Geom.) operação geométrica f. que prova a igualdade de duas grandezas. 4. (Téc.) absorção f.
exhaustive [igz'o:stiv] adj. 1. exaustivo, fatigante. 2. completo. ‖ ~**ly** adv. exaustivamente.
exhaustiveness [~nis] s. exaustão f., esgotamento m.
exhaustless [igz'o:stlis] adj. inesgotável.
exhaust pipe s. tubo m. de escape.
exhaust steam s. vapor m. de escape.
exhaust system s. sistema m. de ventilação.
exhaust valve s. válvula f. de escape.
exhibit [igz'ibit] s. 1. exibição, apresentação, exposição f. 2. (Jur.) prova f. documento, testemunho m. 3. objetos expostos m. pl. ‖ v. 1. exibir, expor, apresentar. 2. mostrar, revelar. 3. (Jur.) apresentar provas. 4. (Med.) prescrever ou administrar.
exhibition [eksib'iʃən] s. 1. exposição, mostra f. 2. exibição pública f. 3. explicação, explanação f. 4. prova, declaração f. 5. (Univ.) bolsa f. de estudos. 6. (Med.) prescrição médica f. 7. (E. U. A.) competição f.
to make an ~ **of oneself** fazer figura ridícula. **on public** ~ exposto ao público. **don't make an** ~ **of yourself** não se torne ridículo em público.
exhibitioner [~ə] s. (Ingl.) estudante bolsista m. + f.
exhibitionism [~izəm] s. exibicionismo m.
exhibitionist [~ist] s. exibicionista m. + f.
exhibitive [egz'ibitiv] adj. representativo, exibitório.
exhibitor [igz'ibitə] s. expositor m.
exhibitory [~ri] adj. relativo à exposição.
exhilarant [igz'ilərənt] adj. alegre, jovial, divertido.
exhilarate [igz'iləreit] v. alegrar, recrear, divertir.
exhilarated [~id] adj. alegre, risonho, jovial, bem disposto, um pouco embriagado.

exhilarating [~iŋ] adj. divertido, hilariante. ‖ ~ly adv. divertidamente, alegremente.

exhilaration [igzilar'eiʃən] s. 1. alegria, liberdade, jovialidade f. 2. recreação f., divertimento m.

exhort [igz'ɔ:t] v. exortar: 1. incitar, alentar, animar, estimular. 2. aconselhar. 3. advertir. 4. admoestar.

exhortation [egzɔ:t'eiʃən] s. exortação f.: 1. conselho m. 2. advertência f. 3. admoestação f.

exhortative [igz'ɔ:tətiv], **exhortatory** [igz'ɔ:tətəri] adj. exortativo, exortatório.

exhorter [igz'ɔ:tə] s. exortador m.

exhumation [ekshju:m'eiʃən] s. exumação f., desenterramento m.

exhume [ekshi'u:m] v. 1. exumar. 2. revelar.

exigence ['eksidʒəns], **exigency** [~i] s. 1. exigência, urgência f. 2. necessidade, emergência f., aperto m., caso m. de necessidade.

exigent ['eksidʒənt] adj. 1. exigente, que requer muito. 2. urgente, necessário, premente, iminente.

exigible ['eksidʒəbl] adj. exigível.

exiguity [eksigj'uiti] s. exigüidade, pequenez, insignificância f.

exiguous [egz'igjuəs] adj. exíguo, pequeno.

exile ['eksail] s. 1. exílio, desterro, banimento, degredo m., expatriação f. 2. (fig.) retiro m., solidão f. 3. exilado, desterrado, degredado, expatriado m. ‖ v. (**from** de) exilar, desterrar, banir, expatriar.

exilic [egz'ilik] adj. de ou relativo ao exílio.

exility [egz'iliti] s. finura, delicadeza, sutileza, tenuidade f.

eximious [egz'imiəs] adj. exímio, excelente, ilustre.

exist [igz'ist] v. existir: 1. viver. 2. estar. 3. subsistir. 4. ocorrer, haver, ser.
  do such things ~? há tal coisa?, já viu tal coisa? **how can you ~ on so little?** como você consegue viver com tão pouco? **we have to ~ in this hole!** temos de viver nesta cova!

existence [~ens] s. existência, vida f., ser m., tudo que existe, ocorrência f.
  the struggle for ~ a luta pela vida. **a wretched ~** uma vida miserável. **in ~** vivo, existente. **to call into ~** criar, inventar, fundar.

existent [~ənt], **existing** [~iŋ] adj. existente, atual, presente.

existentialism [eksist'enʃəlizm] s. (Filos.) existencialismo m.

existentialist [eksist'enʃəlist] s. existencialista m. + f.

exit ['eksit] s. 1. saída f.: a) ato ou efeito de sair. b) lugar por onde se sai (quadros F 2, S 13). 2. (fig.) morte f. ‖ v. 1. sair. 2. (fig.) morrer.

exit visa s. visto m. de saída (passaporte).

ex libris [eksl'aibris] s. ex-libris m., vinheta f.

exo– ['ekso] pref. fora de, externo.

exobiology [eksəbai'ɔlədʒi] s. (Biol.) exobiologia f.: estudo que admite a existência de organismos vivos extraterrestres.

exocrine ['eksokrain] adj. (Anat., Fisiol.) exócrino, relativo à secreção externa.

exoderm [~də:m] s. exoderma f.

exodus ['eksədəs] s. 1. êxodo m., saída, emigração f. 2. **Exodus** segundo livro de Moisés.
  rural ~ êxodo rural.

ex officio ['eksof'iʃiou] adv. ex-ofício, em virtude do cargo.

exogamic [eksog'æmik], **exogamous** [eks'ɔgəməs] adj. exógamo, exogâmico.

exogamy [eks'ɔgəmi] s. (Etn.) exogamia f.: costume de casar só com membro de outra tribo.

exogen ['eksədəʒn] s. (Bot.) dicótilo, dicotiledôneo m.

exogenous [eks'ɔdʒinəs] adj. exógeno, que cresce exteriormente. ‖ ~ly adv. de modo exogenoso.

exon ['eksən] s. um dos quatro oficiais da guarda real (**Yeomen of the Guard**) que assume o comando na ausência de superiores.

exonerate [igz'ɔnəreit] v. 1. exonerar, desobrigar, dispensar. 2. livrar, isentar. 3. desculpar, perdoar.

exoneration [igzɔnə'reiʃən] s. 1. exoneração, desobrigação f. 2. isenção f. 3. perdão m., desculpa f.

exonerative [igz'ɔnəreitiv] adj. exoneratório.

exopathic [eksop'æθik] adj. (Med.) exopático.

exophthalmic [eksofθ'ælmik] adj. exoftálmico.

exophthalmos, exophthalmus [eksofθ'ælməs] s. (Med.) exoftalmia f.: saliência exagerada do globo ocular.

exorable [eks'ɔrəbl] adj. exorável, flexível.

exorbitance [igz'ɔ:bitəns], **exorbitancy** [~i] s. 1. exorbitância, demasia f., excesso m. 2. extravagância, imoderação f., descomedimento m.

exorbitant [igz'ɔ:bitənt] adj. 1. exorbitante, excessivo. 2. extravagante, imoderado, descomedido. ‖ ~ly adv. exorbitantemente, excessivamente, demasiadamente, descomedidamente.

exorcise, exorcize [ekso:saiz] v. exorcizar, exorcismar.

exorciser, exorcizer [~ə] s. exorcista m. + f., esconjurador m.

exorcism [eksə:sizm] s. exorcismo, esconjuro m.

exorcist [eksə:sist] s. = **exorciser.**

exordial [eks'ɔ:diəl] adj. exordial, introdutivo.

exordium [eks'ɔ:diəm] s. exórdio, preâmbulo m., princípio m. de um discurso.

exoskeleton [eksousk'elətən] s. exosqueleto, dermosqueleto m.

exosmosis [eksɔsm'ousis] s. (Fís.) exosmose f.

exosmotic [eksɔsm'ɔtik] adj. exosmótico.

exosphere ['eksɔsfiə] s. exosfera f.: parte externa da atmosfera.

exospore ['eksɔspɔ:] s. (Bot.) exospório, epispório m.

exostosis [eksɔst'ousis] s. exostose f.

exoteric [eksout'erikl], **exoterical** [~əl] adj. exotérico, vulgar, popular, comum. ‖ ~ally adv. exotericamente.

exoterics [~s] s. exoterismo m.

exothermal [eksouθ'ə:məl], **exothermic** [eksouθ'ə.mik] adj. (Quím.) exotérmico: que emite calor.

exotic [egz'ɔtik] s. 1. estrangeirismo m. 2. planta ou qualquer coisa exótica f. ‖ adj. 1. exótico, estranho, estrangeiro. 2. raro, invulgar. ‖ ~ally adv. exoticamente.

expand [iksp'ænd] v. 1. expandir(-se), dilatar(-se), ampliar. 2. desenvolver(-se). 3. espalhar(-se), estender(-se), alargar(-se), prolongar(-se).
  the flowers ~ their petals as flores desabrocham as suas pétalas.

expanded metal s. metal dilatado m.

expander [~ə] s. (Téc.) dilatador m.

expanding [~iŋ] adj. expansível.

expanse [iksp'æns] s. 1. expansão, extensão f. 2. espaço, extenso m., vastidão, amplitude f.

expansibility [ikspænsəb'iliti] s. expansibilidade f.

expansible [iksp'ænsəbl] adj. expansível, dilatável.

expansibleness [~nis] s. expansibilidade f.

expansile [iksp'ænsail] adj. expansível.

expansion [iksp'ænʃən] s. 1. expansão, dilatação, extensão f. 2. propagação, ampliação f., alongamento m. 3. volume, espaço m.

expansion engine s. máquina f. de expansão.

expansion gear s. aparelho m. de expansão variável.

expansionism [iksp'ænʃənizm] s. (Pol.) expansionismo m.

expansion joint s. junta f. de expansão.

espansion valve s. válvula f. de segurança.

expansive [iksp'ænsiv] adj. 1. expansivo (também fig.), extensivo. 2. dilatável. 3. extenso, vasto.

4. (fig.) comunicativo, franco. ‖ ~ly adv. expansivamente.

expansiveness [~nis] s. expansibilidade f.

expatiate [eksp'eiʃieit] v. falar pormenorizadamente, discorrer prolixamente, discursar desenvolvidamente.

expatiation [ekspeiʃi'eiʃən] s. desenvolvimento m. de um assunto.

expatiator [eksp'eiʃieitə] s. pessoa prolixa.

expatiatory [~ri] adj. difuso, prolixo.

expatriate [eksp'ætrieit] v. expatriar, desterrar, exilar, banir, degredar, deportar.

expatriation [ekspætri'eiʃən] s. expatriação, deportação f., desterro, exílio, banimento, degredo m.

expect [iksp'ekt] v. 1. esperar, aguardar, contar com. 2. exigir. 3. (coloq.) pensar, supor que, presumir. **I ~ him for dinner** conto com a presença dele no jantar. **I ~ to meet her in the restaurant** espero encontrá-la no restaurante. **I ~ (that) she will come, I expect her to come** espero que ela venha. **it was an answer I had not ~ed** era uma resposta que não tinha esperado. **I ~ it was stolen** suponho que foi furtado. **he ~s to leave tomorrow** ele pretende viajar amanhã. **she is ~ing** ela está esperando, ela está grávida.

expectance [~əns] s. espera f.

expectancy [~ənsi] s. 1. expectação, expectativa f. 2. esperança f. 3. probabilidade, perspectiva f. **life ~** (Estatística) probabilidade de vida.

expectant [iksp'ektənt] s. expectante m. + f. ‖ adj. 1. expectante, esperançoso, prometedor. 2. grávida. ‖ ~ly adv. esperançosamente. **heir ~** herdeiro presuntivo (da coroa).

expectation [ekspekt'eiʃən] s. 1. expectação, expectativa f. 2. perspectiva f. 3. esperança f. 4. suposição f. **contrary to ~** contra toda expectativa. **the play falls short of my ~s** a peça não corresponde às minhas expectativas.

expectative [eksp'ektətiv] adj. expectante.

expectorant [eksp'ektərənt] s. expectorante m. ‖ adj. expectorante.

expectorate [eksp'ektəreit] v. expectorar, escarrar.

expectoration [ekspektər'eiʃən] s. expectoração f., escarro m.

expedience [iksp'i:diəns], **expediency** [~i] s. 1. conveniência, utilidade, oportunidade f. 2. expediente m.

expedient [iksp'i:diənt] s. expediente, meio, recurso m. ‖ adj. expediente, conveniente, útil, oportuno, apropriado, propício, aconselhável. ‖ ~ly adv. convenientemente, oportunamente.

expedite ['ekspidait] v. 1. expedir, despachar, desembaraçar. 2. apressar, acelerar. 3. remeter com presteza. 4. decretar.

expedition [ekspid'iʃən] s. expedição f.: 1. viagem f. (especialmente para exploração). 2. (milit.) campanha militar f. 3. empresa f., empreendimento m. 4. pressa, urgência, rapidez, velocidade f. 5. presteza f. **on an ~** numa expedição. **with utmost ~** com extrema urgência.

expeditionary [~əri] adj. expedicionário.

expeditious [ekspid'iʃəs] adj. expedito, ativo, diligente. ‖ ~ly adv. expeditamente, prontamente, diligentemente.

expeditiousness [~nis] s. prontidão, presteza, diligência f.

expel [iksp'el] v. expelir, expulsar, excluir, banir, (Téc.) expelir, arremessar. **he was ~led from school** ele foi expulso da escola.

expellable [~əbl] adj. expelível, expulsável.

expellent [~ənt] adj. expelente, expulsivo.

expend [iksp'end] v. expender, despender, gastar, empregar.

expendable [~əbl] s. (milit.) material m. ou tropas f. pl. que podem ser sacrificados por motivos estratégicos.

expender [~ə] s. o que gasta, emprega, despende, etc.

expenditure [~itʃə] s. despesa f., gasto, custo m.

expense [iksp'ens] s. 1. despesa f., gasto m. 2. custo, dispêndio m. 3. perda f., sacrifício m. **at the ~ of** à custa de. **at any ~** a qualquer preço. **at an ~ of** pelo preço de. **that was a laugh at my ~** vocês estavam rindo à minha custa. **he went to great ~** ele não poupava despesas. **I bore the ~s** eu arquei com as despesas. **we must not consider (not spare) the ~s** não devemos medir (poupar) despesas. **~s covered** franco ou isento de despesas. **~s of production** custos de produção. **incidental ~s** despesas eventuais, acessórias ou imprevistas. **petty ~** despesas miúdas. **travelling ~s** despesas de viagem. **working ~** despesas de produção.

expense account s. (Com.) conta f. de despesas.

expensive [~iv] adj. 1. dispendioso, caro, custoso. 2. gastador, extravagante, esbanjador. ‖ ~ly adv. dispendiosamente.

expensiveness [~ivnis] s. dispêndio m., gasto extravagante m.

experience [iksp'iəriəns] s. 1. experiência, prática f., tirocínio m. 2. peripécia, aventura f. 3. ensaio, treinamento m. 4. conhecimento m., perícia f. ‖ v. 1. experimentar, conhecer, saber por experiência. 2. sofrer, sentir, padecer, suportar. **a man of ~** um homem de experiência **by my own ~** pela própria experiência. **~ in teaching** prática no magistério. **~-table** (Seguro) tabela de mortalidade. **to ~ a difficulty** deparar com uma dificuldade.

experienced [~t] adj. experimentado, experiente, versado, perito. **~in business** versado em negócios.

experiential [ikspiəri'enʃəl] adj. experimental.

experiment [iksp'erimənt] s. experiência, experimentação, tentativa, prova f., experimento, ensaio, m. ‖ v. experimentar, tentar, ensaiar, fazer experiências.

experimental [eksperim'entl] adj. experimental. ‖ ~ly adv. experimentalmente.

experimentalism [eksperim'entəlizm] s. experimentalismo m.

experimentalist [eksperim'əntəlist] s. experimentalista m. + f., experimentador m.

experimentalize [eksperim'entəlaiz] v. experimentar.

experimental psychology s. psicologia experimental f.

experimentation [eksperimənt'eiʃən] s. experimentação, experiência f., experimento, ensaio m.

expert ['eksdə:t] s. perito, técnico m., especialista m. + f. ‖ [também eksp'ə:t] adj. perito, experimentado, versado, hábil, prático, conhecedor, experto, destro. ‖ ~ly adv. destramente, habilmente. **an art ~** um perito de arte. **an ~ at swimming** um nadador excelente.

expert evidence s. (Jur.) decisão ou prova pericial f

expertise [ekspə:t'i:z], **expertness** [eksp'ə:tnis] s. perícia, habilidade f.

expert's report s. parecer m. (de perito).

expiable ['ekspiəbl] adj. expiável.

expiate ['ekspieit] v. expiar, sofrer pena ou castigo, sofrer as conseqüências de, reparar.

expiation [ekspi'eiʃən] s. 1. expiação, reparação, penitência f., castigo m. 2. extinção, amortização f. 3. pacificação f.

expiatory ['ekspieitəri] adj. expiatório.

expiration [ekspir'eiʃən] s .1. expiração, exalação f. 2. fim, termo m., terminação f. 3. prazo, vencimento m.
on the ~ of no vencimento de.
expiratory [iksp'aiərətəri] adj. expiratório.
expire [iksp'aiə] v. expirar: 1. expelir, exalar. 2. morrer. 3. terminar, vencer (prazo). the ticket is (ou has) ~d o bilhete (a passagem) passou da data.
expiring [~riɳ] adj. expirante, moribundo.
expiry [~ri] s. expiração, terminação f.
explain [ikspl'ein] v. 1. explicar, esclarecer, elucidar, ilustrar. 2. interpretar. 3. motivar, fundamentar.
can you ~ your conduct? você pode justificar a sua conduta? to ~ away dar satisfação.
explainable [~əbl] adj. explicável
explainer [~ə] s. explicador, explanador m.
explaining [~iɳ] adj. explicativo, elucidativo. ‖ ~ly adv. explicativamente.
explanation [eksplən'eiʃən] s. 1. explanação, explicação, exposição f., esclarecimento m. 2. interpretação f. 3. reconciliação f., entendimento m.
to have an ~ with ter uma discussão ou altercação com. ~ of symbols explicação de símbolos. in ~ of em elucidação de. to give an ~ of s. th. esclarecer alguma coisa. he made some ~ ele prestou algumas informações. they came to an ~ with eles chegaram a um entendimento com.
explanative [ekspl'ænetiv] adj. = explanatory.
explanatory [ikspl'ænətəri] adj. explicativo, explanativo, explanatório. ‖ ~rily explicativamente.
expletive [ekspl'i:tiv] s. 1. expletiva f., partícula expletiva f. 2. exclamação, imprecação f. ‖ adj. expletivo, completivo. ‖ ~ly adv. expletivamente.
expletory ['eksplitəri] adj. expletivo.
explicable ['eksplikəbl] adj. explicável.
explicate ['eksplikeit] v. 1. explicar, expor, esclarecer. 2. explanar, desenvolver, interpretar.
explication [eksplik'eiʃən] s. 1. explicação, explanação f. 2. interpretação f. 3. desenvolvimento m.
explicative ['eksplikeitiv], explicatory ['eksplikeitəri] adj. explicativo.
explicit [ikspl'isit] adj. 1. explícito, claro, nítido, distinto. 2. franco, sincero. ‖ ~ly adv. 1. explicitamente, expressamente, claramente. 2. francamente.
explicitness [~nis] s. 1. clareza f. 2. franqueza f.
explode [ikspl'oud] v. 1. explodir, detonar. 2. demolir, destruir. 3. estourar, rebentar, dar vazão (a sentimentos). 4. condenar, reprovar, desacreditar.
exploded view s. foto f. ou esquema m. que mostra em seqüência correta as peças de uma máquina.
explodent [ikspl'oudənt] s. explosivo m.
exploder [~ə] s. detonador, deflagrador m.
exploit [eksplʼoit] s. bravura f., ato de heroísmo, feito heróico m., façanha, proeza f. ‖ [ikspl'oit] v. explorar, aproveitar-se de, tirar partido de, utilizar.
exploitable [ikspl'oitəbl] adj. explorável, aproveitável.
exploitation [eksploit'eiʃən] s. exploração, utilização f., aproveitamento m.
wasteful ~ exploração exaustiva.
exploitative [ikspl'oitətiv] adj. explorador.
exploiter [ikspl'oitə] s. explorador m.
exploration [eksplo:r'eiʃən] s. exploração, investigação, sondagem, pesquisa, verificação f., exame m.
explorative [ekspl'o:rətiv], exploratory [ekspl'o:rətəri] adj. exploratório.
explore [ikspl'o:] v. explorar, investigar, examinar.
explorer (I) [~rə] s. explorador m.
Antarctic ~ explorador do Antártico.
Explorer (II) [~rə] s. (E. U. A.) nome de um satélite artificial m.

explosion [ikspl'ouʒən] s. 1. explosão f., estouro m. 2. detonação, erupção f. 3. (fig.) manifestação violenta f. de sentimentos.
explosive [ikspl'ousiv] s. 1. explosivo m. 2. (Fon.) som ou consoante explosiva. ‖ adj. explosivo. ‖ ~ly adv. de modo explosivo.
explosive cotton s. algodão explosivo m., piroxilina f.
explosive flame s. chama forte f. (de maçarico).
explosive force s. poder explosivo m.
explosiveness [ikspl'ousivnis] s. suscetibilidade f. para explodir.
explosive rivet s. rebite explosivo m.
Expo ['ekspou] abrev. de Exposition exposição (mundial).
exponent [eksp'ounənt] s. 1. explicador m., intérprete m. + f. 2. representante m. + f. 3. (Mat.) expoente m.
exponential [ekspoun'enʃəl] adj. (Mat.) exponencial. ‖ ~ly adv. exponencialmente.
export ['ekspo:t] s. 1. exportação f. 2. produto m. da exportação. 3. total m. de material exportado. ‖ [eksp'o:t] v. exportar.
exportable [eksp'o:təbl] adj. exportável.
exportation [ekspo:t'eiʃən] s. exportação f.
export duty s. direitos m. pl de exportação.
exporter [eksp'o:tə] s. exportador m.
export trade s. comércio exterior m.
exposal [iksp'ouzəl] s. = exposure.
expose [iksp'ouz] v. 1. expor, exibir. 2. descobrir. 3. deixar desobrigado. 4. apresentar para a venda. 5. desmascarar, evidenciar, patentear. 6. (Fot.) expor a luz. 7. arriscar(-se) pôr em perigo. 8. abandonar (criança).
he ~d himself to ridicule ele se expôs mesmo ao ridículo. an ~d position uma posição arriscada.
exposé [ekspouz'ei] s. 1. exposição, revelação f. 2 relato pormenorizado, libelo m.
exposed [iksp'ouzd] adj. exposto, desprotegido, desobrigado, livre.
exposer [iksp'ouzə] s. expositor m.
exposition [ekspoz'iʃən] s. 1. exposição f.: a) explicação, interpretação f., esclarecimento m. b) exibição, mostra f. 2. abandono m. (de criança).
expositive [eksp'ozitiv] adj. expositivo.
this fact is ~ of este fato é elucidativo no que diz respeito a.
expositor [eksp'ozitə] s. expositor, comentador, explicador m., intérprete m. + f.
expository [~ri] adj. expositivo.
expostulate [iksp'ostjuleit] v. admoestar, advertir, repreender, exprobrar, censurar.
expostulation [ikspostjul'eiʃən] s. repreensão, censura, admoestação, reprimenda, expostulação f.
expostulative [ikspostjul'eitiv], expostulatory [eksp'ostjuleitəri] adj. exprobratório, monitório, oratório admoestativo, que adverte.
expostulator [iksp'ostjuleitə] s. repreendedor, repreensor, altercador, admoestador m.
exposure [iksp'ouʒə] s. 1. exposição, exibição f. 2. abandono m. ao ar, à água ou às intempéries. 3. situação f. em relação ao sol, vento e clima. 4. comprometimento m., revelação f. 5. (Fot.) tempo de exposição à luz.
death from ~ morte de frio.
exposure meter s. (Fot.) fotômetro m. (quadro P 2).
exposure tables s. pl. (Fot.) tabelas f. pl. de exposição fotográfica.
expound [iksp'aund] v. expor, explicar, explanar, comentar, esclarecer, interpretar.
expounder [~ə] s. explicador, explanador, comentador, intérprete m. + f.
express (I) [ikspr'es] s. 1. mensagem urgente f., carta

ou encomenda expressa f. 2. mensageiro, estafeta m. 3. serviço postal m. rápido. 4. (E. U. A.) empresa f. de remessas rápidas de dinheiro, valores e encomendas. 5. expresso m.: trem, elevador, rápido. ‖ v. despachar como encomenda, enviar por mensageiro, remeter com urgência. ‖ adj. expresso, claro, definido, categórico, explícito. ‖ ~ly adv. 1. expressamente, claramente. 2. especialmente.

express (II) [ikspr'es] v. 1. expressar, enunciar por palavras ou gestos. 2. simbolizar, representar. 3. manifestar, externar. 4. espremer, comprimir.
  to ~ oneself dar vazão aos seus sentimentos, manifestar sua opinião. **to ~ the juice of grapes** extrair o suco de uvas.

express (III) [ikspr'es] adv. por via expressa.

expressage [~ədʒ] s. 1. (E. U. A.) empresa f. de transportes rápidos (encomendas, valores, dinheiro). 2. frete m. para remessas rápidas.

express company s. companhias f. de transportes rápidos.

express delivery s. entrega urgente f.

expressible [ikspr'esəbl] adj. exprimível.

expression [ikspr'eʃən] s. 1. expressão, manifestação, declaração f. 2. fraseado m., locução f. 3. acentuação, atitude f., gesto m. 4. caráter artístico m. de uma obra, timbre m. 5. fórmula algébrica f. 6. espremedura f.

expressionable [~əbl] adj. expressivo.

expressionism [ikspr'eʃənizm] s. expressionismo m.

expressionist [ikspr'eʃənist] s. expressionista m. + f. ‖ adj. também **expressionistic** [ikspreʃən'istik] expressionista.

expressionless [ikspr'eʃənlis] adj. inexpressivo, sem expressão.

expressionlessness [~nis] s. inexpressividade f.

expressive [ikspr'esiv] adj. expressivo, enérgico, significativo, indicativo. ‖ ~ly adv. expressivamente, energicamente, significativamente.

expressiveness [~nis] s. expressividade f.

expressman [ikspr'esmən] s. pl. **expressmen** (E. U. A.) mensageiro m. ou empregado m. nos serviços de transportes rápidos.

express train s. trem expresso m.

express-way s. via expressa f.

exprobration [eksprobr'eiʃən] s. 1. exprobração, repreensão f. 2. censura, recriminação f.

expropriate [ekspr'ouprieit] v. 1. expropriar, desapropriar. 2. desapossar, despojar, espoliar, esbulhar.

expropriation [eksproupri'eiʃən] s. 1. expropriação, desapropriação f. 2. despojo, esbulho m.

expropriator [ekspr'ouprietə] s. expropriador, despojador, esbulhador m.

expugnable [ekspj'u:nəbl] adj. expugnável.

expulsion [eksp'ʌlʃən] s. expulsão, exclusão f.

expulsion order s. (Jur.) ordem f. de expulsão.

expulsive [eksp'ʌlsiv] adj. expulsivo, exclusivo.

expunction [eksp'ʌŋkʃən] s. expunção, extinção, anulação f., cancelamento m.

expunge [eksp'ʌndʒ] v. expungir, riscar, apagar, cancelar, omitir.

expurgate ['ekspə:geit] v. expurgar, limpar, corrigir, purificar.

expurgation [ekspə:g'eiʃən] s. expurgação, purificação, depuração, correção, limpeza, eliminação f., expurgo m.

expurgator [eksp'ə:geitə] s. expurgador m.

expurgatory [eksp'ə:gətəri] adj. expurgatório.

exquisite ['ekskwizit, ikskw'izit] s. (Bras.) almofadinha, janota m., pelintra m. + f. ‖ adj. 1. seleto, escolhido, raro, extraordinário. 2. excelente, delicioso, delicado, primoroso, fino. 3. agudo, intenso. 4. notável, eminente, admirável. 5. apurado, requin-

tado. ‖ ~ly adv. 1. perfeitamente. 2. primorosamente, deliciosamente, agradavelmente. 3. intensamente.
  ~ weather tempo excepcionalmente bom.

exquisiteness [~nis] s. perfeição, delicadeza, excelência f., primor m.

exsanguinate [eks'æŋgwineit] v. dessangrar.

exsanguine [eks'æŋgwin] adj. exangue, anêmico.

exscind [eks'ind] v. cortar, excisar, excluir.

exsect [eks'ekt] v. amputar, cortar, extirpar.

exsection [eks'ekʃən] s. amputação, extirpação f.

exsert [eks'ə:t] v. (Biol. e Bot.) protrair, estender para fora.

exserted [~id] adj. protruso.

exsertile [~il] adj. protráctil.

ex-serviceman s. ex-combatente m., veterano m. de guerra.

exsiccate ['eksikeit] v. exsicar, secar, enxugar.

exsiccation [eksik'eiʃən] s. dessecação f.

exsiccative [eks'ikeitiv] adj. secativo, exsicativo.

exsiccator ['eksikeitə] s.- dessecador m.

exstipulate [eksst'ipjulit] adj. (Bot.) extipulado.

ext. abr. de 1. **extension**. 2. **exterior**. 3. **external**. 4. **extinct**. 5. **extra**. 6. **extract**.

extant [ekst'ænt, 'ekstənt] adj. existente, que ainda existe, sobrevivente.

extasy ['ekstəsi] s. = **ecstasy**.

extemporaneous [ekstempər'einjəs] adj. extemporâneo, improvisado. ‖ ~ly adv. extemporaneamente.

extemporaneousness [~nis] s. extemporaneidade f.

extemporary [ikst'empərəri] adj. = **extemporaneous**.

extempore [ekst'empəri] adj. improviso, improvisado. ‖ adv. de improviso.

extemporization [ekstempəraiz'eiʃən] s. improviso m.

extemporize [ekst'empəraiz] v. improvisar.

extemporizer [~ə] s. improvisador m.

extend [ikst'end] v. 1. estender: a) prolongar(-se), alongar(-se). b) ampliar(-se), aumentar, amplificar. c) alargar, dilatar, expandir. d) prorrogar (prazo). 2. oferecer, dar (a mão), conceder. 3. escrever por extenso (o que havia sido taquigrafado).
  he ~ed a line ele traçou uma linha. **to ~ a welcome** dar as boas-vindas, dar hospitalidade.

extended [~id] adj. 1. estendido: a) prolongado. b) ampliado. c) prorrogado. 2. extensivo. ‖ ~ly adv. 1. prolongadamente. 2. de modo ampliado. 3. extensivamente.

extensibility [ikstensəb'iliti], **extensibleness** [ikst'ensəblnis] s. extensibilidade f.

extensible [ikst'ensəbl], **extensile** [ekst'ensail] adj. extensível.

extension [ikst'enʃən] s. extensão: 1. ampliação, amplificação f. 2. alongamento, prolongamento m. 3. dilatação, expansão f. 4. (Med.) distensão f. 5. prorrogação f., 6. aumento m.
  University Extension Universidade Popular. **extension apparatus** (Cirurg.) aparelho m. de extensão contínua.

extension courses pl. s. cursos avulsos m. pl. colegiais ou universitários.

extension lectures s. preleções f. da Universidade Popular.

extension line s. linha telefônica de extensão f.

extension of time limit s. prorrogação f. do prazo.

extension piece s. alongador, prolongamento m.

extension-table s. mesa elástica f.

extensive [ikst'ensiv] adj. extensivo, extenso, largo, vasto, amplo, espaçoso. ‖ ~ly adv. extensivamente, amplamente.

extensiveness [~nis] s. extensão, largura, grandeza, amplidão, amplitude f.

extensometer [ikstəns'ɔmitə] s. (Mec.) extensômetro, dilatômetro m.

extensor [ikst′ensə] s. (Med.) músculo extensor m.
extent [ikst′ent] s. 1. extensão f.: altura, largura f. comprimento, tamanho, volume m. 2. amplitude, f., alcance, âmbito, grau m. **in** ~ em circunferência. **to a great** ~ em grande escala ou proporção. **to a certain** ~ até certo ponto. **to some** ~ regular. **to its full** ~ inteiramente. **to the** ~ **of** até a importância de. ~ **of tolerance** margem de tolerância. **writ of** ~ mandato de penhora.
extenuate [ekst′enjueit] v. 1. extenuar, enfraquecer, diminuir, atenuar, minorar, minguar. 2. abrandar, aliviar, suavizar, moderar. 3. encobrir, disfarçar.
extenuating [~iŋ] adj. atenuante.
~ **circumstances** circunstâncias atenuantes.
extenuation [ekstenju′eiʃən] s. 1. atenuação, extenuação f., 2. justificação, desculpa, paliação f. 3. enfraquecimento m.
extenuative [ekstenju′eitiv] adj. extenuativo.
exterior [ekst′iəriə] s. 1. exterior m. 2. aspecto m., aparência f. ‖ adj. 1. exterior, externo. 2. estrangeiro. ‖ ~**ly** adv. exteriormente, externamente.
exterior angle s. ângulo externo m.
exteriority [ekstiəri′oriti] s. 1. exterioridade, formalidade f. 2. parte externa f.
exteriorize [ekst′iəriəraiz] v. exteriorizar, manifestar.
exterminable [əkst′ə:minəbl] adj. exterminável.
exterminate [əkst′ə:mineit] v. exterminar, arruinar, eliminar, aniquilar, extirpar.
extermination [əkstə:min′eiʃən] s. extermínio m., exterminação, destruição, eliminação f.
exterminative [əkst′ə:mineitiv] adj. exterminador, exterminativo.
exterminator [əkst′ə:mineitə], **exterminatory** [~ri] s. exterminador, destruidor m.
extern [əkst′ə:n] s. 1. externo m. (aluno ou médico). 2. (poét.) exterior.
external [~l] s. 1. exterior m., exterioridade, aparência. 2. formalidade f. ‖ adj. 1. externo, exterior. 2. superficial. 3. visível, material, físico, corporal. 4. estrangeiro, forasteiro. ‖ ~**ly** adv. externamente, exteriormente.
~ **to philosophy** estranho à filosofia. **the** ~ **world** o mundo exterior.
external aerial s. antena externa f.
external combustion s. combustão externa f.
external debt s. dívida externa f.
external diameter s. diâmetro externo m.
external electricity s. corrente parasita f.
external gripping device s. (Téc.) dispositivo m. de preensão externa.
externalism [əkst′ə:nəlizm], **externality** [ekstə:n′æliti] s. exterioridade, formalidade f.
externalization [ekstə:nəlaiz′eiʃən] s. exteriorização f.
externalize [ekst′ə:nəlaiz] v. exteriorizar: 1. corporificar, encarnar. 2. tornar externo.
external property s. propriedade f. no exterior
externals [ikst′ə:nəlz] s. aparências (externas) f. pl.
external supply s. abastecimento externo m.
external thread s. rosca macha f.
external treatment s. (Med.) tratamento externo m.
exteroceptor [ekstərous′eptə] s. (Fisiol.) exteroceptor m.
exterrestrial adj. extraterrestre, fora da Terra.
exterritorial [′eksterit′o:riəl] adj. exterritorial.
exterritoriality [′eksterito:ri′æliti] s. exterritorialidade f.
extinct [ikst′iŋkt] adj. 1. extinto. 2. apagado. 3. morto, acabado. 4. revogado, abolido. 5. liquidado.
extinction [ikst′iŋkʃən] s. 1. extinção, destruição, aniquilação f., aniquilamentð m. 2. abolição f. 3. exterminação f. 4. liquidação f.

extinctive [ikst′iŋktiv] adj. extinguível, extintor, extintivo.
extinguish [ikst′iŋgwiʃ] s. 1. extinguir, apagar. 2. aniquilar, destruir. 3. matar. 4. abolir, eliminar, ob-rogar. 5. liquidar. 6. abrandar. 7. sufocar, fazer silenciar. 8. superar, ultrapassar.
extinguishable [~əbl] adj. extinguível.
extinguisher [~ə] s. extintor, apagador m. **fire** ~ extintor de incêndio.
extinguishment [ikst′iŋgwiʃmənt] s. = **extinction**.
extirpate [′ekstə:peit] v. extirpar, destruir, eliminar, exterminar, desarraigar.
extirpation [ekstə:p′eiʃən] s. extirpáção, exterminação f.
extirpative [′ekstə:peitiv] adj. extirpador.
extirpator [′ekstə:peitə] s. extirpador m.
extol [ikst′ol] v. exaltar, louvar, enaltecer, elogiar.
extoller [~ə] s. quem exalta, elogiador m.
extolment, extolment [~mənt] s. exaltação, glorificação f., elogio, louvor m.
extort [ikst′o:t] v. extorquir, arrebatar, forçar.
extortion [ikst′o:ʃən] s. extorsão f.
extortionary [~əri] = **extortionate**.
extortionate [ikst′o:ʃnit] adj. 1. extorsivo. 2. exorbitante. ‖ ~**ly** adv. extorsivamente.
extortioner [ikst′o:ʃnə], **extortionist** [ikst′o:ʃnist] s. extorsor, extorquidor, concussionário, usurário m.
extortive [ikst′o:tiv] adj. extorsivo, extorcionário.
extra— [′ekstrə] pref. denota: fora de, além de.
extra [′ekstrə] s. 1. extraordinário m. 2. acréscimo, aumento m. 3. edição extra f. de jornais. 4. figurante m. + f. em teatro ou filme, operário m. diarista. 5. ~**s** s. pl. gastos m. pl. extraordinários, despesas f. pl. suplementares, taxa f. suplementar. ‖ adj. 1. extra, extraordinário, especial, descomunal, inusitado. 2. superior. 3. suplementar.
music is an ~ cobra-se um acréscimo pela música. **fire and washing are** ~**s** para aquecimento e lavagem de roupa, cobrar-se-ão taxas adicionais.
extrabold s. (Tipogr.) tipo cheio, tipo normando m.
extracanonical [ekstrəkən′onikəl] adj. (Ecles.) extracanônico.
extracellular [ekstrəs′elju:lə] adj. extracelular.
extract [′ekstrækt] s. extrato m.: 1. resumo, sumário m. 2. essência, extração f. ‖ [ikstr′ækt] v. 1. extrair, arrancar, tirar. 2. (Quím.) precipitar, lavar, desfilar. 3. transcrever. 4. deduzir. 5. calcular.
to ~ **the root of a number** (Mat.) extrair a raiz de um número. ~**ed honey** mel centrifugado.
extractable [ikstr′æktəbl] adj. extraível.
extractant [ekstr′æktənt] s. (Quim.) dissolvente m. para extração.
extraction [ikstr′ækʃən] s. 1. extração f. 2. extrato m., essência f. 3. arrancamento m. 4. origem, linhagem, descendência, procedência f.
extraction heater s. preaquecedor m. do vapor de escape.
extractive [ikstr′æktiv] adj. extrativo.
extractive substances s. pl. (Quím.) solventes m. pl.
extract of account s. extrato m. de conta corrente.
extract of beef s. extrato m. de carne.
extract of criminal record s. folha corrida f.
extractor [ikstr′æktə] s. 1. extrator m. (quadro H 2). 2. tenaz f. 3. (Med.) pinça f., fórceps m.
honey— ~ centrífuga (quadro B 8).
extracurricular [ekstrəkər′ikjulə] adj. extracurricular, fora do currículo.
extraditable [′ekstrədaitəbl] adj. extraditável.
extradite [′ekstrədait] v. extraditar.
extradition [ekstrəd′iʃən] s. extradição f.
extrados [ekstr′eidos] s. (Arquit.) s. extradorso m. (quadro A 5).

extra-foraneous adj. externo, extraforo, fora da praça.
extragalactic [ekstrəgəl'æktik] adj. extragaláctico.
extragalactic nebula s. (Astron.) nebulosa extragaláctica f.
extra-hour s. hora extraordinária f.
extrajudicial ['ekstrədʒud'iʃəl] adj. extrajudicial.
extramarital [ekstrəm'æritəl] adj. extraconjugal.
extramundane ['ekstrəm'ʌndein] adj. extramundano.
extramural ['ekstrəmj'uərəl] adj. extramural. ‖ ~ly adv. extramuros.
extraneous [ekstr'einjəs] adj. 1. estranho, alheio, 2. estrangeiro. 3. externo, exterior. 4. extrínseco. 5. insignificante. ‖ ~ly adv. extrinsecamente.
  it is ~ to não se refere a, não pertence a.
extraneousness [~nis] s. alheamento m., exterioridade f.
extra-official adj. extra-oficial.
extraordinariness [ikstr'ɔ:dnrinis] s. raridade, singularidade, particularidade, curiosidade f.
extraordinary [ikstr'ɔ:dnri] adj. extraordinário, raro, notável, singular. ‖ –ily adv. extraordinariamente.
  envoy ~ enviado ou embaixador extraordinário.
extraparochial ['ekstrəpər'oukjəl] adj. fora da paróquia, não pertencente à paróquia.
extraphysical [ekstrəf'isikəl] adj. extrafísico.
extraprofessional ['ekstrəprəf'eʃnl] adj. extraprofissional.
extrasensory [ekstrəs'ensori] adj. extra-sensorial.
extrasensory perception s. (Parapsicol.) percepção extra-sensorial f.
extra special edition s. edição f. especial, vespertina ou extra.
extra task s. horas f. pl. de trabalho suplementares.
extraterrestrial [ekstrətir'estriəl] adj. = exterrestrial.
extraterritorial ['ekstrəterit'ɔ:riəl] adj. extraterritorial.
extraterritoriality ['ekstrəterito:ri'æliti] s. extraterritorialidade f.
extrauterine [ekstrəj'u:tərain] adj. extra-uterino.
extrauterine pregnancy s. gravidez extra-uterina f.
extravagance [ikstr'ævigəns], extravagancy [~i] s. 1. extravagância f., desbarato m. 2. excesso, exagero m. 3. devassidão f. 4. esquisitice f. 5. descomedimento m. 6. veemência, impetuosidade f.
extravagances [~iz] s. pl. brincadeiras f. pl. de mau gosto.
extravagant [ikstr'ævigənt] adj. 1. extravagante. 2. excessivo. 3. caprichoso, fantástico. 4. pródigo, gastador, esbanjador. ‖ ~ly adv. extravagantemente.
extravaganza [ikstrævəg'ænzə] s. composição f. literária, dramática ou musical de caráter fantástico.
extravagate [ikstr'ævigeit] v. extravagar.
extravasate [ekstr'ævəseit] v. extravasar(-se) transbordar, trasbordar.
extravasation [ekstrəves'eiʃən] s. 1. extravasamento m., extravasação f. 2. (Med.) hemorragia f.
extravascular [ekstrəv'æskjulə] adj. (Med.) extravascular, fora do sistema vascular.
extraversion [ekstrəv'ə:ʃən] s. = extroversion.
extreme [ikstr'i:m] s. 1. extremo m. 2. extremidade f. 3. último grau m. 4. excesso, descomedimento, exagero m. ‖ adj. 1. extremo. 2. derradeiro, último. 3. sumo, supremo. 4. grandíssimo, extremado. 5. excessivo, imoderado. 6. violento, severo. 7. exagerado. ‖ ~ly adv. extremamente, sumamente.
  in the ~, to an ~ extremamente, em extremo. at the other ~ na ponta oposta, na extremidade oposta. ~s meet os extremos se tocam, os contrastes se atraem. to carry modesty to an ~ exagerar a modéstia. to fly to the opposite ~

cair no extremo oposto. to go to ~s ir aos extremos.
extreme case s. caso m. de necessidade, caso urgente ou extremo m.
extremely high frequency s. (Rádio) freqüência extra-alta f. (de 30.000 a 300.000 megaciclos por segundo).
extreme unction s. (Ecles.) unção f. dos enfermos (extrema unção).
extremism [ikstr'i:mizm] s. (Pol.) extremismo m.
extremist [ikstr'i:mist] s. extremista, radicalista m. + f.
extremities [ikstr'emitiz] s. pl. 1. extrema miséria f. necessidade, situação desesperadora ou aflitiva f. 2. medidas extremas f. pl.
  the ~ os membros, as extremidades. he went (ou proceeded) to ~ tomou medidas extremas. reduced to ~ inteiramente arruinado.
extremity [ikstr'emiti] s. extremidade f.: 1. ponta m. 2. fim m. 3. limite m., orla f., confins m. pl., raias, fronteiras f. pl. 4. último grau m. 5. extremo m.
extricable ['ekstrikəbl] adj. desembaraçável. ‖ –bly adv. de modo desembaraçável.
extricate ['ekstrikeit] v. desembaraçar, livrar, libertar, soltar, desprender, desenredar, deslindar.
extrication [ekstrik'eiʃən] s. desembaraço m.
extrinsic [ekstr'insik], extrinsical [~əl] adj. extrínseco. exterior, externo. ‖ ~ally adv. extrinsecamente.
extrorse [ekstr'ɔ:s] adj. (Bot.) extrorso.
extroversion [ekstrov'ə:ʃən] s. (Psicol.) extroversão, extropeção f.
extrovert ['ekstrovə:t] adj. (Psicol.) extrovertido.
extroverted [~id] adj. extrovertido.
extrude [ekstr'u:d] v. 1. expulsar, deslocar, expelir. 2. (Téc.) prensar. 3. salientar(-se).
extrusion [ekstr'u:ʒən] s. 1. extrusão, expulsão f., deslocamento m. 2. saliência f.
extrusive [ekstr'u:siv] adj. extrusivo.
exuberance [igzj'u:bərəns], exuberancy [~i] s. exuberância, superabundância, opulência f.
exuberant [igzj'u:bərənt] adj. exuberante, luxuriante, abundante, profuso. ‖ ~ly adv. exuberantemente.
exuberate [igzj'u:bəreit] v. exuberar (with com).
exudate [igzj'u:deit] s. exsudação f., exsudato m.
exudation [eksju:d'eiʃən] s. exsudação, transpiração f.
exude [igzj'u:d] v. 1. exsudar. 2. aparecer.
exult [igz'ʌlt] (at, over) v. exultar, jubilar, triunfar, alvoroçar-se, regozijar-se, alegrar-se, entusiasmar-se.
exultancy [~ənsi], exultation [igzʌlt'eiʃən] s. exultação, alegria f., júbilo, regozijo, alvoroço m.
exultant [igz'ʌltənt] adj. exultante, triunfante, jubilante. ‖ ~ly adv. jubilantemente.
ex-urb ['eksə:b, 'egzə:b] s. (Soc.) zona f. na periferia urbana, semi-rural, habitada pela alta classe média.
ex-urbanite [eks'ə:bənait] s. habitante m. + f. de zona urbana periférica. ‖ adj. relativo a essa zona e seus habitantes.
exuviae [igzj'u:vii.] s. pl. (Zool.) exúvias f. pl.
eye [ai] s. 1. olho m. (quadro E 3), vista f. 2. íris f. 3. visão, percepção f. 4. olhar, olhadela f. 5. olhar vigilante m. 6. senso, sentido m. 7. modo de ver m., opinião f., ponto m. de vista. 8. (Bot.) botão, broto m. 9. olhal m., clarabóia f. 10. orifício m. da agulha (quadro N 1), colchete m. (quadro H 8). 11. olhada f. ‖ v. olhar, ver, observar, contemplar, fitar, mirar, examinar.
  the evil ~ o mau-olhado. ~s front, right, left (milit.) sentido! olhar à direita, à esquerda. mind your ~s! cuidado! cautela! the sight offends your ~s o espetáculo ou o procedimento ofende a vista. the sight relieves the ~s o espetáculo deleita a

vista. **I must open his ~s to the truth** preciso fazê-lo ver a verdade. **I set my ~s on him for the first time** eu o vi pela primeira vez. **he shuts his ~s to** ele faz que não vê. **get your ~s chalked** (gíria) preste atenção. **she cried her ~s out** ela chorou muito. **she gave him the ~** ela demonstrava simpatia por ele. **he has a good ~ for horses** ele entende de cavalos. **to keep an ~ on the child** vigiar a criança. **she made ~s at him** ela lhe lançou olhares meigos. **I cast an ~ over (on) the book** dei uma olhada no livro. **I could not catch his ~s** não consegui atrair a sua atenção. **he caught the speaker's ~** (parlamento) foi-lhe concedida a palavra. **she was born with her ~s open** (gíria) ela nasceu com os olhos abertos. **I can see that with half an ~** eu fico a par da situação, à primeira vista. **I see ~ to ~ with him on the question** considero o assunto sob o mesmo prisma que ele. **with an ~ to** com respeito a, em vista de. **with naked ~** a olho nu. **with other ~s** com outros olhos. **with your ~s open (shut)** de olhos abertos (de olhos fechados). **a sight for sore ~s!** (gíria) que surpresa agradável! **in the wind's ~s** (velejar) contra o vento. **in the ~s of the law** baseado na lei. **in my ~s** na minha opinião. **to have in one's ~** ter em vista. **be not wise in your own ~s** não se julgue mais sabido que os outros. **I found favour in his ~s** consegui conquistar a benevolência dele. **up to the ~s in work** sobrecarregado de serviço, cheio de trabalho. **he has a cast in his ~** ele é vesgo. **my ~s!** (gíria) caramba!, papagaio! **apple of the ~** globo ocular, (fig.) pessoa querida, menina-dos-olhos. **in the twinkling of an ~** num abrir e fechar de olhos. **your ~s were bigger than your belly** teus olhos foram maiores que o estômago. **she has her ~s about her** ela não fica muito atenta, ela vê tudo. **an ~ for an ~** olho por olho. **there is more in this than strikes the ~** isto é mais sério do que parece à primeira vista. **he ~d me from top to toe** ele me olhou dos pés à cabeça.

eyeball ['aibɔ:l] s. globo ocular m. (quadro E 3).

eye bank s. banco m. de olhos.

eyebolt ['aiboult] s. cavilha f. com olhal.

eyebright ['aibrait] s. (Bot.) eufrásia f.

eyebrow ['aibrau] s. sobrancelha f. (quadro E 3).

eyed [aid] adj. que tem olhos. **blue ~** 1. de olhos azuis. 2. olhizarco.

eyeful ['aiful] s. (Austrália, gíria) moça formosa. **to take (ou to get) one's eyeful** fixar o olhar.

eyeglass ['aiglɑ:s] s. 1. lente f. 2. óculos m. 3. monóculo m.

eyeglasses [~ iz] s. pl. 1. "pince-nez" m., 2. luneta f.

eyehole ['aihoul] s. 1. órbita f. do olho. 2. espreitadeira f. 3. ilhó m.

eye hospital s. clínica f. oftalmológica.

eyelash ['ailæʃ] s. pestana f., cílio m. (quadro E 3).

eyeless ['ailis] adj. sem vista, cego.

eyelet ['ailit] s. 1. ilhó m. 2. furo, orifício m.

eyelid ['ailid] s. pálpebra f. (quadro E 3).

eye opener s. (gíria) trago m. de aguardente, (Bras., gíria) mata-bicho m.

eye piece s. ocular f. (quadros B 12, M 3).

eyeservice ['aisə:vis] s. 1. serviço m. feito apenas para ser visto (pelo chefe ou patrão). 2. olhares m. pl. de admiração (para com as senhoras).

eyeshadow ['aiʃædou] s. (Cosmética) sombra f. de pálpebra, rímel m.

eyeshot ['aiʃot] s. alcance m. da vista, visibilidade, distância f.

eyesight ['aisait] s. vista, visão f.

eye socket s. órbita ocular f.

eyesore ['aisɔ:] s. 1. terçol m. 2. (fig.) espinho no olho.

eyestalk ['aistɔ:k] s. (Zool.) pedúnculo m. em cuja extremidade está o olho (crustáceos e moluscos).

eyestrain ['aistrein] s. fadiga ocular f.

eyetooth ['aitu:0] s. dente canino m.

eye-wash s. 1. lavagem f. dos olhos. 2. bobagem f.

eyewinker s. = **eyelash**.

eyewitness s. testemunha ocular f.

eyewitness account s. depoimento m. da testemunha ocular.

eyot ['eiət] s. ilhota f.

eyre [εə] s. (Jur.) correição f.: viagem de inspeção dos corregedores.

eyrie, eyry ['εəri] adj. = **aerie**.

F

F, f [ef] s. pl. **F's, f's** 1. **F, f** m.: sexta letra do alfabeto, consoante. 2. (Mús.) fá m.: quarta nota da antiga escala musical.

F. abr. de 1. **Fahrenheit.** 2. **February.** 3. **Friday.** 4. (Gen.) **filial.** 5. (Mat.) **function** (of).

f. abr. de 1. **feminine.** 2. **folio.** 3. **following.** 4. **farthing.** 5. **foot.** 6. (Mús.) **forte.** 7. (Fís.) **frequency.**

fa [fa:] s. fá m.: quarta nota da moderna escala musical.

fabaceous [fəb'eiʃəs] adj. (Bot.) leguminoso, da natureza da fava.

Fabian [f'eibiən] s. fabiano m.: sócio da **Fabian Society** (organização socialista fundada em 1884 na Inglaterra). ‖ adj. fabiano: 1. que diz respeito a Fábio Cunctator (da antiguidade romana). 2. prudente, cauteloso, dilatório. 3. relativo à **Fabian Society.**

fable [feibl] s. 1. fábula f., narração alegórica, lenda f., mito m. 2. história inventada, mentirosa f. 3. enredo m. de poema, romance ou drama. 4. ficção f. ‖ v. fingir, inventar fábulas, mentir.

fabled [~d] adj. 1. fabuloso, fictício, lendário, mitológico. 2. célebre nas fábulas. 3. inventado, fingido.

fabler [f'eiblə] s. fabulista m. + f., fabulador m.

fabric [f'æbrik] s. 1. textura f., tecido, pano m. 2. estrutura, construção f., edifício m. 3. feitio, lavor m. 4. (fig.) sistema m.

fabricant [~ənt] s. fabricante m. + f., manufator m. **fabricate** [~eit] v. fabricar, manufaturar, preparar.

fabrication [fæbrik'eiʃən] s. 1. fabricação f. 2. estrutura, construção f. 3. fabrico, efeito m. 4. (fig.) ficção, invenção, mentira f., enredo m.

fabricator [f'æbrikeitə] s. 1. fabricante m. + f., construtor, edificador m. 2. (fig.) inventor, falsificador m.

fabric belt s. correia f. de fibras têxteis.

fabric covering s. entelagem f., revestimento m. de tela.

fabulist [f'æbjulist] s. fabulista m. + f., contador m. de fábulas, (fig.) contador de mentiras.

fabulize [f'æbjulaiz] v. escrever ou narrar fábulas ou histórias.

fabulous [f'æbjuləs] adj. 1. fabuloso, lendário, alegórico, mitológico. 2. falso, imaginário, inventado, fictício. 3. incrível, admirável, prodigioso, grandioso. ‖ ~ly adv. fabulosamente.

fabulousness [~nis], **fabulosity** [fæbjul'ositi] s. cunho m. de fabuloso, de incrível.

façade [fəs'a:d] s. (Arquit.) fachada f., frontispício m., face f.

face [feis] s. 1. face f.: a) cara f., rosto m. (quadro H 10). b) fisionomia f., semblante m. c) careta f., d) (poét.) presença f. 2. aspecto m.: a) vista, configuração, aparência f. b) situação f. ou estado m. de certos assuntos, idéias ou questões. 3. expressão f. de atitude moral: a) descaramento m., audácia f., atrevimento, arrojo m., impudência f. b) dignidade f., prestígio m. c) coragem. f. 4) parte principal ou dianteira f. de alguma coisa: a) frente, testeira f. b) fachada, rampa f., paramento m. de parede, talude m. c) parte anterior de uma pedra aparelhada. d) lugar de extração numa galeria de mina. e) (Téc.) espelho m. 5. parte principal ou lateral f. de alguma coisa: a) anverso m. de cristais ou moedas, b) mostrador m. de relógio, c) (Tipogr.) olho m. de tipo. d) (Geol.) fácies m. pl. e) (Geom.) face, superfície f. de um sólido plano. f) face f. (de porca). g) corte m. (de lâmina, faca, etc.). ‖ v. 1. encarar, arrostar, enfrentar, afrontar, apresentar-se. 2. fazer face a, opor-se, resistir, abarbar. 3. ficar em frente de. 4. defrontar-se com. 5. virar de face para cima (p. ex., cartas). 6. orientar uma casa em relação aos pontos cardiais. 7. voltar-se para, estar com a frente para. 8. (Tec.) facear, fazer faces ou lados em, polir. 9. aparelhar, paramentar, revestir, forrar. 10. abainhar, orlar, guarnecer (vestido). 11. corar, adulterar bebidas.

~ to ~ cara a cara, de frente. **before my ~** diante dos meus olhos. **for his fair ~** pelos seus lindos olhos. **in the ~ of** diante de, em face de, em virtude de, apesar de. **in ~ of** defronte de. **to shut the door in a person's ~** dar a alguém com a porta na cara. **to show one's ~** aparecer. **in the ~ of the public** à face do mundo. **on the ~ of it** a julgar pela aparência. **to flee from s. o.'s ~** fugir de alguém. **in the ~ of the day** às claras, abertamente. **to look a person in the ~** encarar alguém. **to have the ~ to do s. th.** ter o arrojo, a impudência de fazer alguma coisa. **to set one's ~ against** opor-se tenazmente a. **to fly into one's ~** atacar alguém. **to fly into the ~ of decency** pecar contra a decência. **to put a good (bold) ~ on** enfrentar algo com coragem. **to put a new ~ on** dar novo aspecto. **to make a ~, to pull ~s** fazer caretas. **she made up her ~** ela maquilou o rosto. **to lose ~** desprestigiar-se, ser humilhado. **to save one's ~** salvar as aparências. **to have a ~ of** fazer rosto de, fingir. **to carry two ~s** ter duas caras, ser ambíguo. **the ~ of the earth** a face da Terra. **bold ~** (Tipogr.) negrito. **full-~** vista de frente. **half-~** perfil. **he must ~ the facts** ele tem de se conformar com os fatos. **to ~ the enemy** fazer face, não fugir ao inimigo. **to ~ the music.** (E. U. A.) arrostar as conseqüências, aceitar o inevitável destemidamente. **to ~ about, left, right** fazer meia-volta, esquerda volver, direita volver. **about ~!** meia-volta volver! **left ~!** à esquerda volver! **right ~!** à direita volver! **the window ~s the garden** a janela dá para o jardim. **to ~ a pair of sleeves** pôr canhões nas mangas de um vestido. **to ~ down** 1. alisar. 2. (fig.) suster com audácia ou impudência. **to ~ out a lie** mentir desavergonhadamente. **to ~ up** enfrentar corajosamente. **to be ~d with ruin** estar diante da derrota, da destruição, da falência.

faceable [f'eisəbl] adj. que se pode arrostar, enfrentar, etc., resistível.

face-ache s. nevralgia facial f.

face-brick s. tijolo m. de paramento.

face-card s. carta f. (de jogo) do rei, do valete ou da dama.

face-chuck s. (Téc.) chapa universal f. de torno.

face-cloth s. pano m. de rosto, esfregão m.

face-cog s. (Téc.) dentadura frontal f.

faced [f'eist] adj. 1. com cara de, de rosto, de face. 2. trabalhado, aparelhado. 3. guarnecido, revestido. 4. abarbado. 5. orientado.

a coat ~ with green um paletó com canhões verdes. **bold-~** atrevido, ousado. **double-~** que tem duas caras, ambíguo, falso. **fair-~** de rosto formoso. **ugly-~** de cara feia, carrancudo.

faced flange s. (Téc.) flange m. trabalhado.

face-grinding s. retificação f. de superfícies planas.

face-guard s. capacete m. de proteção, viseira f.

face-hammer s. (Téc.) martelo m. de alisar.

face-harden v. temperar (metais) superficialmente.

face-hardening s. (Téc.) cementação superficial, têmpera superficial f.

face-lathe s. (Téc.) torno m. de faces.

faceless [f'eislis] adj. 1. sem cara. 2. (fig.) descarado.

face-lift, face-lifting s. (Cirurg.) operação facial f. (para tirar defeitos), plástica f.

face pack s. creme facial m.

face plate s. (Téc.) chapa universal f. de torno.

face plate coupling s. (Téc.) acoplamento m. de discos.

face powder s. pó-de-arroz m.

facer [f'eisə] s. 1. bofetão m., pancada f., soco m. no rosto. 2. (fig.) dilema m., grande apuro m., situação embaraçosa f., revés m.

face-saving s. algo para manter as aparências. ‖ adj. relativo ao que serve para manter as aparências.

facet [f'æsit] s. 1. faceta f.: a) superfície limitante de pedra preciosa. b) aspecto de consideração. 2. (Arquit.) listel m. de coluna. ‖ v. facetar.

facetiae [fəs'i:ʃii:] s. pl. 1. facécias f. pl.: ditos chistosos. 2. livros humorísticos ou indecentes m.

facetious [fəs'i:ʃəs] adj. faceto, facecioso, chistoso, alegre, brincalhão, jocoso. ‖ ~ly adv. facetamente.

facetiousness [~nis] s. facécia f., qualidade ou modos de quem é faceto.

face value s. (Com.) valor nominal m.

face wheel s. (Téc.) coroa dentada f.

facia [f'æʃə] s. tabuleira f. (quadro W 4).

facial [f'eiʃəl] s. (fam.) massagem facial f., tratamento facial m. ‖ adj. facial. ‖ ~ly adv. facialmente.

facial angle s. (Anat.) ângulo facial m. (em relação ao crânio).

facial tissue s. lenço de papel m.

facies [f'eiʃii:z] s. 1. (Geol.) fácies m. 2. (Med.) expressão facial que revela condição patológica f.

facile [f'æsail] adj. fácil: 1. simples, de fácil compreensão. 2. afável, acessível, lhano, dócil, tratável, complacente, condescendente. 3. flexível. 4. fluente. 5. ágil, hábil, destro. ‖ ~ly adv. facilmente.

facileness [~nis] s. facilidade f.

facilitate [fəs'iliteit] v. facilitar, simplificar, auxiliar.

facilitation [fəsilit'eiʃən] s. facilitação, simplificação f.

facility [fəs'iliti] s. 1. facilidade f. 2. simplicidade f. 3. afabilidade, docilidade f. 4. flexibilidade f. 5. habilidade, agilidade, destreza f., desembaraço m. 6. -ies utilidades f. pl.

facing [f'eisiŋ] s. 1. material m. de revestimento. 2. revestimento m., cobertura f., adorno m.: a) (Arquit.) paramento m. b) guarnição, orla f. c) canhão m. de vestido. d) ~s paramentos m. pl. de uniforme militar. 3. (milit.) meia-volta f., ou quarto m. de volta. 4. ação de encarar, de opor-se. 5. processo m. de adulterar ou corar bebidas. 6. (Téc.) torneamento m. de faces.

to put s. o. through his ~s submeter alguém à prova de suas qualidades.

facing brick s. tijolo m. de paramento.

facing tool s. ferramenta f. de facear.

facsimile [fæks'imili] s. fac-símile m. ‖ v. fac-similar.

fact [fækt] s. fato m. 1. coisa ou ação f. feita. 2. caso, acontecimento m., ocorrência f., sucesso, ato m. 3. realidade, verdade f.

as a matter of ~ de fato, o fato é que, em verdade, para dizer a verdade, realmente. **is that a ~?** é a verdade?, realmente? **after the** ~ após o delito. **the** ~ **that I was present, the** ~ **of my being present** o fato da minha presença. **a matter-of-~ person** uma pessoa sensata, prática. **in** ~, **in point of** ~ de fato, com efeito, deveras, realmente, para dizer a verdade. **in** ~, **I won't put up with it** para dizer a verdade, não o admitirei. **his ~s are doubtful** os fatos por ele alegados são

duvidosos. **founded on** ~ baseado em fatos. **hard ~s** crua realidade. **~-facing mind** espírito realista. **~-proof** que não se deixa convencer por fatos.

faction [f'ækʃən] s. 1. facção f.: partido político, ou social. 2. partidarismo m., parcialidade f. 3. bando sedicioso m. 4. dissensão, sublevação f.

factional [~əl] adj. faccionário.

factionalism [~əlizm] s. partidarismo m.

factionist [f'ækʃənist] s. faccionário m.

factious [f'ækʃəs] adj. faccioso, sedicioso, revoltoso, turbulento. ‖ ~ly adv. facciosamente.

factiousness [~nis] s. faccionismo, partidarismo, espírito de partido ou de facção m.

factitious [fækt'iʃəs] adj. factício, artificial, produzido pela arte, imitado. ‖ ~ly adv. facticiamente.

factitiousness [~nis] s. artificialidade f.

factitive [f'æktitiv] adj. (Gram.) transobjetivo. ~ **verb** verbo transobjetivo ou transitivo-predicativo.

fact of life s. aspecto fatual m. da vida humana. **~s of life** fatos relativos a sexo, reprodução, parto.

factor [f'æktə] s. 1. fator m.: elemento, momento, circunstância que concorre para um resultado. 2. (Mat.) fator, coeficiente m. 3. feitor, agente comercial m., administrador, econômo m. ‖ v. 1. (Mat.) fatorar, decompor em fatores. 2. feitoriar, (Bras.) feitorar, administrar, gerir como feitor.

factorage [f'æktəridʒ] s. 1. comissão f., corretagem f. 2. negócio m. de comissões.

factorial [fækt'ɔːriəl] s. (Mat.) fatorial m. ‖ adj. relativo ao fatorial.

factorize [f'æktəraiz] v. (Mat.) fatorar.

factor of safety s. fator m. de segurança.

factorship [f'æktəʃip] s. feitoria f.: ofício ou administração de um feitor.

factory [f'æktəri] s. 1. fábrica f., manufatura f., usina f. 2. estabelecimento m. comercial, feitoria f. **Factory Acts** leis sobre a segurança dos operários.

factory-hand s. operário m. ou operária f. de fábrica.

factotum [fækt'outəm] s. factótum, faz-tudo m. + f.

factual [f'æktjuəl] adj. efetivo, real, concreto, fatual. ‖ ~ly adv. efetivamente, realmente, concretamente.

factualism [f'æktʒuəlizm] s. (Filos.) fatualismo m.

factum [f'æktəm] s. pl. **facta** 1. fato m., ato m. 2. (Jur.) instrumento m., escritura f. 3. memorial m.

facula [f'ækjulə] s. (Astron.) fácula f.

facultative [f'ækəlteitiv] adj. 1. facultativo, não obrigatório. 2. que pode acontecer ou não. 3. (Biol.) que se pode adaptar a uma ou outra condição de viver. 4. (Psicol.) pertencente a alguma faculdade.

facultize [f'ækəltaiz] v. facultar.

faculty [f'ækəlti] s. 1. faculdade f.: a) poder de fazer, b) direito, c) capacidade, habilidade, d) potência moral. e) talento, aptidão, f) qualidade natural, disposição, g) permissão, h) liberdade, privilégio, **(for** para, de), (E. U. A.) competência. 2. faculdade universitária f., grupos de ciências professadas em Universidades, corpo m. catedrático dessas ciências. 3. (E. U. A.) classe profissional. **the** ~ (coloq.) a classe médica. **the legal** ~ a classe dos advogados. **the Four Faculties** as quatro faculdades (a saber: teologia, direito, medicina, humanidades).

fad [fæd] s. 1. moda passageira f., coisa que goza momentaneamente da preferência ou atenção popular, (fig.) coqueluche f. 2. passatempo favorito m. 3. mania f., excentricidade f., capricho m. **the** ~ **took hold of the nation** a moda espalhou-se pelo país inteiro.

faddish [f'ædiʃ] adj. maníaco, excêntrico, caprichoso.

faddism [f'ædizm] s. mania f. de seguir os caprichos da moda.

faddist [f'ædist] s. novidadeiro m.

faddy [f'ædi] adj. 1. passageiro, efêmero. 2. caprichoso, maníaco, excêntrico.

fade [feid] v. 1. murchar(-se), estiolar(-se). 2. enfraquecer, languescer, desmaiar, desfalecer. 3. desvanever(-se), desaparecer gradualmente. 4. (Rádio) variar o volume. **to ~ away** desvanecer-se, esmorecer, passar, desaparecer. **to ~ in** (Rádio) aumentar o volume, (Cin.) aparecer gradualmente. **to ~ out** (Rádio) diminuir o volume, (Cin.) dissolver-se.

fade-in s. 1. (Rádio) aumentação f. do volume. 2. (Cin., Telev.) aparecimento m. gradual.

fadeless [f'eidlis] adj. 1. firme, fixo, que não desbota. 2. imperecedouro, perene, imortal. ‖ **~ly** adv. perenemente.

fade-out s. 1. (Rádio) diminuição f. do volume. 2. (Cin.) dissolvência f. em negro.

fading [f'eidiŋ] s. 1. desvanecimento, desaparecimento m. gradual. 2. (Rádio) fádingue m., variação do volume. ‖ adj. 1. passageiro, transitório, efêmero, perecedouro. 2. que murcha, definha ou desbota.

fadingness [~nis] s. definhamento, desbotamento m.

faecal [f'i:kəl] adj. = **fecal**.

faeces [f'i:si:z] s. pl. = **feces**.

faerie, faery [f'eiəri] s. 1. reino m. das fadas. 2. fada f. ‖ adj. 1. relativo a fadas. 2. visionário, irreal.

fag [fæg] s. 1. maçada f., trabalho enfadonho m., ou penoso, lida f., fadiga f., cansaço m. 2. esgotamento m., exaustão f. 3. calouro m. 4. servo m., escravo m., serviçal m. + f., arre-burrinho m. 5. (gíria) cigarro m. ‖ v. 1. mourejar, trabalhar muito, estafar(-se), esfalfar(-se), fadigar, cansar-se. 2. prestar serviços a aluno de classe superior, obrigar aluno de classe inferior a prestar serviços. **to ~ at** estudar com aplicação. **to ~ out** (criquete) interceptar a bola.

fag-end s. 1. auréola, ou orla f. de pano. 2. resto, rebotalho m., sobra f. 3. ponta (de cigarro), extremidade f. 4. (Náut.) ponta f. desfiada de corda.

fagged [fægd] (também **~ out**) adj. (Ingl., gíria) muito cansado.

faggot, fagot [f'ægət] s. 1. feixe m., molho m. de paus ou varas. 2. pacote m. de ferro para soldar. 3. (gíria) velha enrugada, coroca f., mulher, rameira f. ‖ v. enfeixar, atar em feixe.

faggotting, fagotting [~iŋ] s. (Bordado) ponto m. de crivo.

faggot-vote s. direito m. de voto obtido fraudulentamente.

Fahrenheit [f'a:rənhait] s. designaçãc dɔ escala termométrica elaborada pelo físico Gabriel Daniel Fahrenheit (1686-1736) (quadro T 1).

faience [fəi'a:ns] s. faiança f.

fail [feil] s. falta f. (só na expressão: **without fail** sem falta). ‖ v. 1. faltar, haver falta de, ser insuficiente ou deficiente. 2. minguar, acabar-se, extinguir-se, desvanecer-se. 3. definhar, enfraquecer, fraquear, declinar, decair. 4. faltar a, falecer. 5. faltar a, falhar a, não socorrer, trair, desapontar, abandonar. 6. fracassar, malograr, ser mal sucedido. 7. (coloq.) ser reprovado em exame, reprovar em exame. 8. (†) errar, enganar-se. 9. falir, quebrar, tornar-se insolvente, fazer bancarrota. 10. não ter efeito, não produzir efeito. 11. não suceder como se esperava, ter falta de, estar insuficientemente provido de (**in** de, em). 12. deixar de fazer ou cumprir, faltar a, esquecer-se, não conseguir, omitir. **to ~ to keep the promise** não cumprir a promessa. **supplies ~ mínguam** os suprimentos. **he**

is ~ing fast suas forças declinam rapidamente. **her sight ~ed** sua vista falhou. **the business ~ed** o negócio faliu. **to ~ in** fracassar em, deixar faltar. **he ~ed in his work** ele negligenciou seu trabalho. **I ~ to see** não consigo entender. **he will not ~ to succeed** ele, infalivelmente, será bem-sucedido. **he never ~ed to come** ele nunca deixou de vir. **words ~ me** faltam-me palavras. **his plans ~ed** seus planos falharam. **he ~ed in his examination** foi reprovado no exame. **to ~ a friend in need** abandonar um amigo na desgraça. **to ~ of one's word** faltar à palavra. **to ~ to come** não vir.

failing [f'eiliŋ] s. 1. falta f. (na pefeição). a) defeito, deficiência, imperfeição, fraqueza, ponto fraco. 2. falta f. (na execução): ausência, negligência, culpa. 3. fracasso m., quebra, bancarrota, falência f. ‖ adj. que falta ou falha: deficiente, enfraquecido, debilitado combalido, desistente, negador. ‖ **–ly** adv. de modo faltoso. ‖ prep. à falta de, na falta de. **~ direct heirs** na falta de herdeiros diretos. **~ this** se tal não se der, quando não, senão. **~ wine I drink beer** na falta de vinho, beberei cerveja.

faille [fail, feil] s. faille f.: fazenda de seda de trama consistente.

fail-save adj. relativo à prevenção contra falhas, esp. em aviões com armas atômicas.

fail-save point s. (milit.) limite m. que os aviões de bombardeio não podem ultrapassar, sem instruções especiais.

failure [f'eiljə] s. 1. falta, carência, falha, deficiência f. 2. omissão, falta f. de execução. 3. insucesso, malogro, fracasso m. 4. falhado m.: pessoa que errou ou não triunfou na vida. 5. declínio, definhamento m., decadência f., decaimento, colapso m. 6. falência, quebra, bancarrota, insolvência f. **~ of crops** má colheita. **in ~ of which** sem o que.

fain [fein] adj. 1. contente, feliz, satisfeito. 2. obrigado, forçado. 3. resignado. 4. ansioso. ‖ adv. de bom grado. ‖ interj. (também **~ it!**) perdão! paciência! **he was ~ to come** ele estava contente de vir. **I would ~ be at home** queria estar em casa. **I would ~ do it, if I could** de bom grado o faria se pudesse.

faineant [f'einiənt] s. ocioso. m. ‖ adj. inativo, inerte.

faint [feint] s. desmaio, desfalecimento m. ‖ adj. 1. fraco: a) débil, lânguido, abatido, tonto, desmaiado, desfalecido, frouxo. b) tímido, medroso, covarde, pusilânime, c) indistinto, leve, ligeiro, que se ouve mal, vago, tênue. d) desbotado, pálido, desmaiado (cor). 2. sufocante, abafadiço. ‖ v. desmaiar, desfalecer. ‖ **~ly** adv. fracamente. **~ hope** leve esperança. **you have not the ~est idea** não tens a mínima idéia. **~ heart never won fair lady** quem não arrisca, não petisca. **dead ~** desmaio profundo.

fainter [f'eintə] s. fraco m., fraca-figura m. + f.

faint-heart s. cobarde, medroso m.

faint-hearted adj. pusilânime, covarde, medroso, tímido, frouxo. ‖ **~ly** adv. timidamente, medrosamente, covardemente.

faintheartedness [f'einth'a:tidnis] s. covardia, pusilanimidade, timidez f., medo m.

fainting [f'eintiŋ] s. desmaio, desfalecimento m. ‖ adj. desfalecente, desmaiado, fraco.

faintish [f'eintiʃ] adj. 1. fraco, lânguido, desmaiado. 2. indistinto, imperceptível.

faintishness [~nis] s. fraqueza, debilidade, confusão f.

faintness [f'eintnis] s. 1. fraqueza, debilidade f. 2. languidez f. 3. timidez, covardia, pusilanimidade f. 4. frouxidão f. 5. tontura f. **~ of heart** desalento, desânimo.

faints [feints] s. pl. resíduo, restilo m., último licor fraco m. que sai do alambique.

fair (I) [fɛə] s. 1. feira f., mercado m. 2. feira f. de amostras. 3. (E. U. A.) bazar m. de caridade.

fair (II) [fɛə] s. 1. (poét.) mulher formosa, beleza f. 2. namorada f. 3. **the ~** o belo sexo. ‖ v. 1. (Mec.) acabar (uma peça). 2. fazer ou tornar-se propício. 3. aclarar, desanuviar-se (tempo). ‖ adj. 1. regular, satisfatório (saúde). 2. uniforme, suave (linha curva). 3, proporcionado, formoso, belo (figura, pessoa). 4. claro, límpido (água). 5. claro, louro (cabelo, face). 6. limpo, íntegro (nome). 7. desimpedido (vista). 8. sereno (céu). 9. bom, favorável (vento). 10. prometedor, auspicioso (artista). 11. cortês, amável (palavras), agradável. 12. oportuno (advertência). 13. sólido, baseado (esperança). 14. considerável, amplo (propriedade). 15. nítido, legível (letra). 16. legítimo, justo, eqüitativo (condições, leis). 17. honesto, franco (jogo, luta). ‖ adv. 1. de modo justo, nítido, favorável. 2. em cheio. 3. diretamente. ‖ **~ly** adv. 1. regularmente, razoavelmente. 2. completamente, absolutamente. 3. brandamente, bem. 4. convenientemente, distintamente. 5. imparcialmente, sinceramente. 6. algum tanto, antes, quiçá.

by ~ means or foul de um modo ou de outro. **the belly is not filled with ~ words** palavras bonitas não enchem barriga. **I give you ~ warning** aviso-o em tempo. **~ field and no favour** possibilidades iguais para todos. **a ~ share** uma parte justa. **to have a ~ livelihood** ter para viver comodamente. **~ and square** sem rodeios, com franqueza. **~ and softly goes afar** devagar se vai ao longe. **by ~ means** por bem, sem violência. **to stand ~ for** ter esperanças. **to stand ~ with a person** estar em bons entendimentos com alguém. **to bid ~ to** prometer, ser auspicioso. **the stone hit him ~ in the head** a pedra caiu-lhe diretamente na cabeça. **to strike s. o. ~** bater alguém de chapa. **~ dealing** eqüidade. **~ game** animais de caça. **~ water** água límpida. **he has a ~ chance** ele tem uma oportunidade justa. **he is in a ~ way to succeed** ele tem boas perspectivas de êxito. **I spoke him ~** dei-lhe boas palavras. **they played ~** eles jogaram honestamente. **the wind sits ~** o vento está favorável. **I wrote my letter out ~** passei minha carta a limpo. **pretty ~** suportável.

fair-complexioned adj. que tem tez clara.

fair-conditioned adj. de boa índole, benigno, manso, humano.

fair copy s. cópia f. passada a limpo.

fair day s. dia m. de feira.

fair dealers s. pl. feirantes m. + f. pl., pessoas que vendem na feira.

fair-faced adj. 1. que tem rosto formoso. 2. que tem tez clara. 3. louro. 4. de boa aparência, especioso.

fairground [fʹɛəgraund] s. área descoberta f., para feiras.

fair-haired adj. louro.

fairing (I) [fʹɛəriŋ] s. (Náut. e Av.) carenagem f., revestimento m. (quadro A 2).

fairing (II) [fʹɛəriŋ] s. presente m. (comprado na feira).

fairish [fʹɛəriʃ] adj. passável, regular, tolerável, de bom tamanho, razoável.

fairlead [fʹɛəli:d] s. entrada f. de antena, descida f. de antena.

fair-minded adj. honesto, justo, imparcial, eqüitativo.

fair-mindedness s. honestidade, imparcialidade, eqüidade, justiça f.

fairness [fʹɛənis] s. 1. formosura, beleza f. 2. alvura f. da cútis. 3. qualidade do que é louro. 4. pro-

bidade, integridade, imparcialidade, eqüidade f.

fair play s. jogo limpo m., conduta eqüitativa, retidão, honestidade f.,

fair-seeming adj. aparentemente favorável ou eqüitativo, plausível, especioso.

fair sex s. belo sexo m.

fair-spoken adj. 1. bem-falante, plausível, insinuante. 2. cortês, afável.

fair trade s. livre-troca f. baseada em reciprocidade.

fairway [fʹɛəwei] s. 1. águas navegáveis f. pl., canal, passo (de um rio, etc.) m. 2. parte lisa do campo de golfe entre os buracos.

fair-weather adj. de tempos prósperos, falhando nos apuros.

~ friends amigos de tempos prósperos.

fairy [fʹɛəri] s. 1. fada f. 2. duende m., trasgo m ‖ adj. 1. de fadas. 2. mágico, imaginário, fictício. 3. encantador, delicado, gracioso. ‖ **–ily** adv. fantasticamente.

fairy-land s. reino m. das fadas.

fairy-like adj. semelhante a fadas, encantador, feiticeiro, fantástico, deslumbrante.

fairy-ring s. círculo m. de vegetação mais escura, em florestas, prados, etc. (onde se supõe que as fadas dançaram...)

fairy-stones s. pl. belemnite m.: molusco cefalópode fóssil.

fairy tale s. conto m. de fadas. ‖ **fairy-tale** adj. de conto de fadas, irreal.

faith [feiθ] s. fé f.: 1. fé divina, crença ou convicção f. religiosa, credo m. 2. crença, matéria f. de crença. 3. religião f. 4. **the ~** a fé de Cristo, a religião cristã. 5. confiança f., crédito m. 6. promessa, palavra f., compromisso m. 7. fidelidade, lealdade, constância, sinceridade, verdade, lisura f. ‖ interj. de fato, na verdade!

she gave, pledged her ~ ela empenhou sua palavra. **in (all) good ~** de boa fé, com boas intenções. **in bad ~** de má fé, com más intenções. **to give ~ to** dar fé a. **to have ~ in** ter fé em. **to break one's ~** quebrar a fé. **to keep ~ with** ser leal, fiel a. **to keep one's ~** cumprir a palavra. **to put ~ in** dar fé a, acreditar em, confiar em. **to plight one's ~** empenhar-se, dar palavra de casamento, prometer em casamento. **to pin one's ~ to** ou **upon** ter fé e confiança, não dar ouvidos a razão ou argumentos. **in good ~** de boa fé. **in ~** à fé, na verdade, por certo. **on the ~ of** confiando em. **Punic ~** fé púnica: má fé, deslealdade, palavra ou promessa traiçoeira, perfídia. **breach of ~** deslealdade, perfídia, quebra da palavra.

faith cure s. cura f. pela fé.

faithful [fʹeiθful] adj. 1. fiel: crente. 2. leal, fidedigno. 3. conscencioso. 4. constante, firme. 5. exato, verídico, sincero, honesto, probo. ‖ **~ly** adv. fielmente, sinceramente.

yours ~ly (final de cartas) de V. S.ᵃ atento. **the ~** pl. os fiéis, os crentes.

faithfulness [~nis] s. 1. fidelidade, lealdade, sinceridade f. 2. constância f. 3. exatidão f.

faith healing s. = **faith cure.**

faithless [fʹeiθlis] adj. 1. infiel: incrédulo, descrente. 2. desleal, pérfido, traiçoeiro. 3. inconstante, que falta aos seus compromissos. ‖ **~ly** adv. infielmente, sem fé, deslealmente, perfidamente.

faithlessness [~nis] s. 1. falta de fé, incredulidade, descrença f. 2. infidelidade, perfídia, traição f.

fake (I) [feik] s. 1. fraude, patranha f., truque m. 2. falsificação, contrafação, imitação fraudulenta f. 3. (E. U. A.) falsificador, contrafazedor, contrafator, embusteiro, tapeador m. ‖ v. contrafazer, falsificar, imitar falsificando, disfarçar, tapear, camu-

flar, fingir, enganar, defraudar, decepcionar, inventar. ‖ adj. (E. U. A.) falso, falsificado, fingido.
fake (II) [feik] s. (Náut.) aduchas f. pl.: voltas dos cabos enrolados. ‖ v. aduchar, colher e enrolar (cabo e amarra).
fakement [f'eikmənt] s. (gíria) falsificação f.
faker [f'eikə] s. (gíria) contrafazedor, falsificador, tapeador, embusteiro, simulador m.
fakir, fakeer [fək'iə, f'eikə] s. faquir m.
Falangist [f'æləndʒist] s. (Pol.) falangista m. + f.
falcate [f'ælkeit] adj. falcado, falciforme, em forma de foice.
falcated [~ id] adj. (Astron.) falcado, em forma de foice.
falchion [f'ɔːltʃən] s. cimitarra f., alfanje m.
falciform [f'ælsifɔːm] adj. falciforme, foiciforme.
falcon [f'ɔːlkən, Esp. f'ɔːkən] s. (Orn.) falcão, açor, (milit.) falcão m.: antiga peça de calibre três.
falconer [~ə] s. falcoeiro m.
falconet [~ət] s. 1. (Orn.) espécie de esmerilhão. 2. (milit.) falconete m.: antiga peça de artilharia.
falcon-gentle s. (Orn.) fêmea f. de falcão.
falconry [~ri] s. falcoaria, volataria, altanaria f.
falderal [f'ældəræl], **falderol** [f'ældərɔl] s. 1. ninharia, frivolidade, bagatela, frioleira f. 2. bobagem, sandice f. 3. estribilho m. sem significação.
faldstool [f'ɔːldstuːl] s. (Ecles.) faldistório m.
Falernian [fəl'əːniən] s. vinho de Falerno m.
fall [fɔːl] s. 1. queda, caída, distância de caída f., tombo, salto m., baixa, diminuição, iluminação f., declive m.: a) queda d'água, cataratas f., desaguamento m., desembocadura f. de rio, precipitação de chuva ou de neve, e sua quantidade. b) desmoronamento, desabamento m. (ruínas, destruição), capitulação f. de praças, rendição, tomada, derrota, aniquilação f. c) corte m. de árvores, derrubada f. d) tombo m. de costas, encontro m. (luta romana). e) baixa f. de temperatura, de maré, de preço. f) derruba f. (demissão de empregados em massa.). g) queda f. de voz, de tom: cadência. h) queda de forças vitais: morte. i) queda de elementos: decadência. 2. (E. U. A.) outono m. 3. véu m. de mulher. 4. ninhada f. 5. (Náut.) tirador m. duma talha, extremidade f. livre da corda duma talha. 6. a) inclinação, propensão, tendência f. b) declínio, descrédito m., desgraça f. 7. decaída, apostasia, ruína, f., lapso, pecado m. 8. outono m., queda de folhas. 9. **the Fall** o pecado original. ‖ v. (imp. **fell**, p. p. **fallen**) 1. cair, tombar, deixar-se cair (de um lugar), prostrar-se, ser lançado ao chão, cair em terra, descer sobre a terra, correr: a) desaguar, desembocar. b) abater-se, esmorecer, fraquejar, decair. c) desmoronar, desabar, ruir. d) abater, derrubar. e) baixar, decrescer, diminuir (temperatura, maré, preço), ceder, abrandar-se, acalmar (vento). f) chocar, encontrar, acometer, vencer (luta). g) baixar de tom, de voz. h) fundir--se, perecer, cessar, acabar, morrer. i) ser demitido. j) sentir um desapontamento. 2. pender, inclinar--se. 3. tornar-se, ficar, aparecer, surgir, acontecer, suceder, nascer (animais). 4. incidir, recair, coincidir, pertencer, reverter. 5. escapar (palavras). 6. cair da graça ou perder prestígio. 7. abaixar-se, envergonhar-se. 8. cair em pecado, arruinar-se. 9. apostatar. 10. render-se, capitular, ser tomado (praça). 11. morrer no campo de batalha.
to speculate on the ~ especular na baixa. **to give one a** ~ fazer alguém cair. **to have a** ~ resvalar
~ **of rain** a chuva. **a** ~ **in prices** uma baixa nos preços. **a** ~ **of temperature** uma queda de temperatura. **the Niagara Falls** as cataratas do Niágara. **the ice gave me a** ~ levei um tombo no gelo. **trees**

broke his ~ as árvores suavizaram sua queda. **when night** ~s ao cair da noite. **to** ~ **silent** emudecer, ficar silencioso, calado. **to** ~ **calm** acalmar, amainar (o vento). **to** ~ **a-crying** pôr-se a chorar. **to** ~ **a-fighting** começar a pelejar. **to** ~ **aboard of** abalroar, colidir com um navio. **to** ~ **among** cair entre, ver-se, achar-se entre ou no meio de. **to** ~ **away** abandonar, apostatar, dissolver-se, decair, emagrecer, falecer. **to** ~ **back** recuar, ceder, retirar-se. **to** ~ **back upon** recorrer a. **to** ~ **behind** ficar para trás, perder terreno. **to** ~ **by the ears** começar a disputar, brigar. **to** ~ **down** desmoronar, prosternar-se. **to** ~ **down with the tide** descer rio abaixo com a maré. **to** ~ **down on a job** ter má sorte numa posição. **to** ~ **due** vencer-se (o prazo). **to** ~ **dry** cair em seco. **to** ~ **flat** falhar completamente, malograr, não produzir efeito. **to** ~ **for** engraçar-se de, enamorar-se de. **he fell for her** ele apaixonou-se por ela. **he fell for it** caiu na esparrela. **to** ~ **foul of** (Náut.) abalroar, colidir com, atacar, questionar, desavir-se com, admoestar. **to** ~ **from** renegar, abandonar, desertar. **to** ~ **from grace** cair em pecado. **they fell from the favour of the King** caíram no desagrado do rei. **to** ~ **in** desabar, ruir, cair, abater-se, vencer-se, expirar, findar, reverter ao possuidor primitivo por prescrição, (milit.) entrar em forma, engatar. **to** ~ **in love** enamorar-se (de). **to** ~ **in with** encontrar, topar ou dar com alguém ou com alguma coisa acidentalmente, concordar com, harmonizar-se com, conformar-se com, aquiescer em, coincidir com. **to** ~ **in with the enemy** vir às mãos, romper as hostilidades. **to** ~ **into** assentir, consentir. **he fell into an error** ele caiu num erro. **she fell into a passion** (ou **rage**) ela encolerizou-se (ou enfureceu). **to** ~ **into conversation** começar uma conversa. **to** ~ **into disuse** cair em desuso. **to** ~ **into a habit** tomar um costume. **to** ~ **into oblivion** cair em esquecimento. **to** ~ **in upon** visitar inopinadamente, aparecer inesperadamente. **to** ~ **off** cair de um lugar, desprender-se, retirar-se, recuar, abandonar, renegar, apostatar, desamparar, desavir-se, rebelar-se, declinar, diminuir, definhar, afrouxar, (Náut.) descair, desviar-se, arribar, virar para sotavento. **to** ~ **on** cair, recair sobre, dirigir-se para, cair em tal dia, lançar-se sobre, assaltar, topar ou dar com. **a cry fell on my ear** um grito chegou-me ao ouvido. **they fell on his neck** abraçaram-no. **Christmas fell on Sunday last year** no ano passado o Natal caiu num domingo. **the accent** ~s **on the last syllable** o acento recai sobre a última sílaba. **to** ~ **out** acontecer, ocorrer, suceder, sair bem ou mal, resultar, dar em resultado, cair fora, (Náut.) inclinar-se para fora, (milit.) debandar, sair de forma, desavir-se com. **he fell on his legs** ele caiu de pé, teve sorte. **he fell on his sword** lançou-se sob a espada (suicidou-se). **the land fell out of cultivation** o campo ficou abandonado. **to** ~ **out of one's hands** cair das mãos de alguém. **to** ~ **out of flesh** emagrecer. **to** ~ **out with s. o.** desavir-se ou quebrar com. **to** ~ **short** faltar, escassear, ser insuficiente, não atingir o objetivo (tiro). **to** ~ **short of** ficar frustrado, enganado, logrado, ou abaixo de, não alcançar, faltar ao cumprimento de. **the supplies fell short of the expected** os fornecimentos não corresponderam ao que era esperado. **to** ~ **through** falhar, fracassar, ser reprovado, abortar, dar em nada. **to** ~ **to** empenhar-se, pôr-se a fazer alguma coisa com sofreguidão, aplicar-se a, pôr-se a comer com sofreguidão, caber a, tocar por sorte, competir a, cair (em sorte a alguém). **the property fell to him** a propriedade coube a ele. **he fell to praying** ele começou a rezar. **it** ~s **to my lot** isto é comigo.

it ~s to her isso compete a ela. he fell to religion ele dedicou-se à religião. the lion fell to his rifle o leão sucumbiu ao tiro da sua espingarda. all our hopes fell to the ground todas as nossas esperanças se desfizeram. the land ~s to the river o terreno cai sobre o rio. to ~ to leeward (Náut.) sotaventear. to ~ to pieces desabar, despedaçar-se, desagregar-se. to ~ under estar compreendido, contido, incluído em, enquadrar-se em, cair sob, expor-se a, ser submetido a. he fell a prey to drink ele caiu na bebedeira. this ~s under class B isto entra na classe B. to ~ under one's displeasure cair no desagrado de alguém. to ~ upon encontrar-se com, lançar-se sobre, assaltar, lançar mão de, adotar, considerar, meditar. he fell upon an expedient ele lançou mão de um expediente. to ~ within estar incluído em, incorrer em. it ~s within the amount isto entra no montante.

fallacious [fəˈleiʃəs] adj. 1. falaz, enganador, fraudulento, 2. enganoso, errôneo. 3. ardiloso, capcioso, sofístico. ‖ ~ly adv. falazmente, enganosamente.

fallaciousness [~nis] s. falácia f., engano, erro, sofisma m.

fallacy [ˈfæləsi] s. falácia f.: 1. engano, logro, erro, idéia errônea, ilusão. 2. sofisma, argumento ou raciocínio falso. 3. argumentação viciosa, sofistaria.

fal-lal, fallal [fælˈæl] s. 1. arrebique, enfeite exagerado, balangandã m. 2. afetação f.

fallback [ˈfɔːlbæk] s. 1. retirada f. 2. reserva f.

fallen [ˈfɔːlən] adj. 1. caído: a) abatido, triste. b) decaído, arruinado, degradado, desonrado. c) prostrado. 2. encovado (faces). 3. sucumbido, morto. the ~ os que tombaram na guerra. ~ looks semblante caído.

fall guy s. (E. U. A., gíria) bode expiatório m.

fallibility [fæliˈbiliti], **fallibleness** [ˈfæləblnis] s. falibilidade f.

fallible [ˈfæləbl] adj. falível. ‖ ~y adv. falivelmente.

falling [ˈfɔːliŋ] s. 1. queda, caída, inclinação f., caimento m. 2. diminuição f. 3. recaída f. ‖ adj. 1. cadente, que cai. 2. decadente. 3. decrescente.

falling-away s. 1. emagrecimento m. 2. apostasia f.

falling freely adj. em queda livre.

falling gradient s. declive m., inclinação f.

falling-in s. desabamento, desmoronamento m.

falling-off s. 1. inclinação f., declive m. 2. declínio m. 3. emagrecimento m. 4. (Náut.) guinada f.

falling-out s. desavença, disputa f.

falling potential s. potencial decrescente m.

falling-sickness s. epilepsia f.

falling-star s. estrela-cadente f., aerólito m.

falling-stone s. meteorito, aerólito m.

fall line s. 1. (Geogr.) linha f. demarcando planalto. 2. (Esqui) linha de descida direta f.

falloff [ˈfɔːlɔːf] s. declínio m., decadência f.

Fallopian tubes s. pl. (Anat.) trompa f. de Falópio: trompa uterina, oviduto.

fallout [ˈfɔːlaut] (também **radioactive** ~) s. (Fís.) partículas radiativas f. pl. liberadas em explosão nuclear.

fallow (I) [ˈfælou] s. alqueive m., terra alqueivada f., pousio m., terra de pousio f. ‖ v. alqueivar. ‖ adj. alqueivado, de pousio, maninho, inculto, (fig.) sem cultura, baldio, desocupado, desleixado.

to lie ~ estar em pousio, (fig.) estar inaproveitado.

fallow (II) [ˈfælou] adj. aleonado, fulvo.

fallow deer s. (Zool.) gamo m. (Dama vulgaris).

fall-trap s. mundéu m.

false [fɔːls] adj. falso: 1. não verdadeiro, contrário à verdade, mentiroso, desonesto. 2. desleal, infiel.

fingido, simulado, traidor, pérfido. 3. errôneo, errado, inexato, incorreto. 4. ilusório, vão. 5. falsificado, imitado, adulterado, espúrio, substituto, não genuíno. 6. artificial, postiço, duplo. 7. infamado, injustificado, irregular, ilegal. 8. pretenso, suposto. 9. enganoso, enganador. 10. (Mús.) desafinado, fora de tom. ‖ ~ ou ~ly adv. falso, falsamente, erroneamente, desafinadamente.

~ **acacia** (Bot.) acácia, falsa robínia. ~ **alarm** alarma falso. ~ **boding** presságio falso. ~ **bottom** fundo duplo. ~ **claim** queixa infundada. **to sail under** ~ **colours** navegar sob bandeira falsa, (fig.) fingir. ~ **concord** (Gram.) concordância errada. ~ **dealer** embusteiro, trapaceiro. ~ **face** máscara. ~ **horizon** (Astron.) horizonte artificial. ~ **keel** (Náut.) falsa-quilha ~ **key** gazua. ~ **pretense** impostura, artifício para iludir, fingimento. ~ **roof** telhado duplo. ~ **start** decolagem falsa, partida anulada. ~ **step** escorregadela. ~ **teeth** dentes postiços, dentadura. ~ **verses** versos falsos, maus versos. ~ **verdict** sentença falsa. ~ **wife** adúltera. ~ **window** janela simulada.

false arrest s. (Jur.) detenção ilegal f.

false-hearted adj. pérfido, traiçoeiro.

falsehood [ˈfɔːlshud] s. falsidade f.: qualidade do que é falso: 1. erro, inexatidão. 2. calúnia, impostura, hipocrisia. 3. infidelidade, fraude, dobrez.

falseness [ˈfɔːlsnis], **falsity** [ˈfɔːlsiti] s. falsidade f.: 1. irrealidade, inexatidão, engano. 2. mentira, dissimulação, hipocrisia. 3. deslealdade, infidelidade.

falsetto [fɔːlˈsetou] s. falsete m.: voz com que se procura imitar a de soprano. ‖ adj. relativo a falsete. ‖ adv. em falsete.

falsies [ˈfɔːlsis] s. pl. seios postiços m. pl.: enchimentos para modelar o busto.

falsification [fɔːlsifikˈeiʃən] s. falsificação, adulteração, deturpação, confusão, refutação f.

falsifier [ˈfɔːlsifaiə] s. falsificador, falsário, perjuro m.

falsify [ˈfɔːlsifai] v. 1. falsificar, imitar ou alterar com fraude, contrafazer, adulterar, deturpar. 2. confutar, refutar, desmentir. 3. mentir. 4. faltar à fé, decepcionar, frustrar.

falsity [ˈfɔːlsiti] s. 1. falsidade f. 2. mentira f.

Falstaffian [fɔːlsˈtæfiən] adj. relativo a Falstaff, obeso, bolofo, burlesco, jovial, jocoso, inescrupuloso.

faltboat [ˈfɔːltbout] s. = **foldboat.**

falter [ˈfɔːltə] s. 1. vacilação, hesitação, perplexidade f. 2. trêmulo m. ‖ v. 1. gaguejar, pronunciar com hesitação, balbuciar. 2. hesitar. 3. tropeçar, vacilar, titubear, cambalear. 4. tremer. 5. ficar atalhado. 6. descoroçoar, recuar, desistir.

falterer [~rə] s. aquele que vacila, etc., gago m.

faltering [~riŋ] s. 1. fraqueza f. 2. gaguejo m. hesitação, irresolução, vacilação f. ‖ adj. 1. gago, balbuciante, hesitante. 2. vacilante, titubeante, cambaleante. 3. trôpego. ‖ ~ly adv. gaguejando, com hesitação, tropeçando, com dificuldade.

fame [feim] s. fama f.: 1. renome m. 2. voz pública f., boato m. 3. celebridade f. 4. reputação f. ‖ v. afamar, celebrizar, celebrar, notabilizar, publicar com louvor, divulgar.

ill ~ má fama. **house of ill** ~ bordel, prostíbulo, lupanar.

famed [~d] adj. afamado, famoso, célebre, notável.

fameless [ˈfeimlis] adj. obscuro, sem fama.

familial [fəˈmiliəl] adj. familial.

familiar [fəˈmiljə] s. familiar m.: 1. íntimo, amigo íntimo. 2. espírito, gênio ou demônio familiar. 3. (Ecles.) familiar do Santo Ofício, ou dum bispo. ‖ adj. familiar: 1. íntimo (com), muito amigo de. 2. familiarizado com, versado em, acostumado a,

conhecedor de. 3. conhecido de. 4. afável, íntimo, franco, incerimonioso, desafetado. 5. íntimo demais, atrevido, petulante, confiado. 6. vulgar, comum, freqüente, usual, habitual. 7. fácil, fluido, corrente, desembaraçado. 8. doméstico, caseiro. ‖ ~ly adv. familiarmente, intimamente, usualmente, livremente, com desembaraço, sem-cerimônia.
to make oneself ~ with familiarizar-se com. **to be on ~ terms with** ter relações amistosas com alguém.

familiarity [fəmili'æriti] s. familiaridade f.: 1. intimidade, convivência, afabilidade, amizade. 2. desembaraço, ausência de todas as formalidades (mas sem grosseria). 3. liberdades, atrevimento, confiança. 4. conhecimento profundo.

familiarization [fəmiljəraiz'eiʃən] s. familiarização f.

familiarize [fəm'iljəraiz] v. familiarizar: 1. tornar familiar. 2. acostumar. 3. familiarizar-se, habituar-se, acostumar-se. 4. tornar conhecido. 5. adquirir o conhecimento de uma coisa facilmente.

family [f'æmili] s. família f.: 1. pais e filhos, lar. 2. grupo de pessoas que formam um lar, inclusive parentes e criados. 3. descendência, estirpe. 4. linhagem nobre. 5. raça, tribo, clã. 6. gênero, espécie, ordem. 7. comunidade, unidade espiritual.
in a ~ way familiarmente, sem-cerimônia. **in the ~ way** em estado interessante, em estado de gravidez. **ancient** ou **old ~** linhagem antiga. **the Holy Family** a Sagrada Família. **official ~** (E. U. A.) membros do gabinete.

family allowance s. abono m. de família.
family circle s. círculo m. familiar.
family doctor s. médico m. da família.
family estate s. patrimônio m., bens m. pl. de família.
family life s. vida f. doméstica, de família.
family likeness s. semelhança f., ar m. de família.
family man s. 1. caseiro m.: o que gosta pouco de sair de casa m. 2. pai de família m.
family name s. apelido, sobrenome, nome de família m.
family planning s. (Soc.) controle m. de natalidade.
family style s. estilo caseiro m. de servir à mesa.
family tree s. árvore genealógica f.
family vault s. jazigo m. de família.

famine [f'æmin] s. 1. carestia, penúria, falta extrema f. de víveres. 2. escassez absoluta f. de qualquer produto, crise f. 3. fome, inanição f.
water ~ falta de água.

famine-stricken adj. esfomeado, faminto.

famish [f'æmiʃ] v. 1. esfomear, esfaimar, reduzir à fome. 2. matar à fome, privar de alimentos. 3. inanir, reduzir à inanição, definhar por falta de alimentos. 4. morrer de fome. 5. passar fome.

famished [~t] adj. (coloq.) faminto, morto de fome.

famishing [~iŋ] adj. esfomeado, faminto, que tem muita fome, morrendo de fome, esfaimado.

famishment [~mənt] s. escassez f. de víveres, falta extrema de víveres, inanição, esfomeação f.

famous [f'eiməs] adj. 1. famoso, afamado, célebre, ilustre, insigne, notável. 2. (coloq.) ótimo, excelente, de primeira. ‖ ~ly adv. famosamente, excelentemente.

famousness [~nis] s. celebridade, notoriedade f.

famulus [f'æmələs] s. fâmulo, criado, servidor, ajudante (esp. dum mágico) m.

fan (I) [fæn] s. 1. leque, abanico m. 2. joeira, tarara f., crivo m. de joeirar. 3. ventarola, ventoinha f., ventilador, abano m. (quadro C 4). 4. (Náut). pá f. da hélice. 5. asa, cauda f. das aves em forma de leque. ‖ v. 1. abanar, agitar o ar com o leque, refrescar, movendo abano ou leque. 2. ventilar, aventar, arejar. 3. joeirar, padejar. 4. soprar, atear (o fogo). 5. (fig.) atiçar, excitar, inflamar. 6. bafe-

jar, soprar brandamente. 7. soprar, fazer voar. 8. abrir(-se) ou desdobrar em leque ou em forma de leque.

fan (II) [fæn] s. (abr. de **fanatic,** coloq.) fã, admirador, entusiasta, aficionado m.
football ~ torcedor de futebol.

fan aerial s. (Téc.) antena f. em leque.

fanatic [fən'ætik], **fanatical** [~əl] adj. fanático. ‖ ~ally adv. fanaticamente.

fanaticism [fən'ætisizm] s. fanatismo m.

fanaticize [fən'ætisaiz] v. fanatizar, tornar-se fanático.

fan blast s. (Téc.) ar soprado m., produzido pelo ventilador rotativo dum alto forno.

fan blower s. (Téc.) ventilador centrífugo m.

fan brake s. (Téc.) freio m. a molinete.

fancied [f'ænsid] adj. imaginário.

fancier [f'ænsiə] s. 1. amador, aficionado, conhecedor m. 2. criador e vendedor m. de pássaros, cães e outros animais. 3. cultivador m.

fancies [f'ænsiz] pl. s. (E. U. A., coloq.) confeitos finos m. pl.

fanciful [f'ænsiful] adj. 1. fantástico, caprichoso, esquisito, extravagante. 2. fantasioso, imaginário, irreal. 3. imaginativo, imaginoso. 4. estranho, singular. ‖ ~ly adv. fantasticamente, caprichosamente.

fancifulness [~nis] s. fantasia, singularidade, esquisitice f., capricho m.

fan club s. fã-clube m.

fan cricket s. (Ent.) grilo-toupeira m.

fancy [f'ænsi] s. 1. fantasia f.: a) imaginação, b) obra de imaginação. c) idéia, concepção, pensamento, parecer, opinião. d) noção, suposição, ilusão, imagem mental, idéia visionária. e) capricho, extravagância, veneta, desejo singular, gosto passageiro. f) gosto pessoal, vontade, preferência, arbítrio. g) idéia fixa, obsessão. 2. inclinação, afeição, simpatia f. 3. passatempo favorito m., mania f. 4. **the ~** (coloq.) os aficionados m. pl. dum esporte, criação seleta f. de animais. ‖ v. 1. imaginar, fantasiar, planejar na fantasia, figurar, formar uma idéia. 2. julgar, reputar, crer, não saber com certeza, supor. 3. ter gosto por, gostar de, agradar-se com. 4. criar ou cultivar selecionando certos característicos. ‖ adj. 1. caprichoso. 2. ornamental, de fantasia. 3. extravagante, exorbitante. 4. de qualidade especial ou variegada. 5. de grande habilidade ou graça.
he took up a ~ ele chegou a ter a idéia. **to take s. o.'s ~** cair no agrado de. **to take a ~ to** ou **for** tomar gosto em, ter simpatia por, enamorar-se de. **just ~! ~ that!** imagine só! faça uma idéia! **~ her having forgotten it!** imagine só, ela o esqueceu! **she fancies herself** ela está cheia de si. **I fancied her to be my friend** eu pensava que ela fosse minha amiga. **she fancied herself to be ill** ela cismou estar doente. **he fancies his game** ele se envaidece de seu jogo.

fancy ball s. baile m. à fantasia.

fancy dress s. fantasia f.: vestimenta carnavalesca.

fancy fair s. bazar m. de caridade.

fancy flowers s. flores variegadas f. pl.

fancy-free adj. 1. livre de influência, sem preocupações, isento de fantasia. 2. que não está enamorado.

fancy goods s. artigos m. pl. de fantasia, de luxo.

fancy man s. (gíria) amante, rufião, cáften m.

fancy prices s. preços exorbitantes m. pl.

fancy woman s. (gíria) namorada, concubina f.

fancy work s. trabalho m. de tricô, de crochê.

fandangle [fænd'æŋgl] s. 1. balangandã, berloque,

pequeno adorno vistoso m., miçanga f. 2. bobagem, frioleira fantástica, tolice f.

fandango [fænd'æŋgo] s. fandango m.: dança de origem espanhola.

fan delta s. (Geol.) leque m. de aluvião, cone m. de dejeção.

fane [fein] s. (poét.) templo, santuário m., igreja f.

fanfare [f'ænfɛə] s. fanfarra f. 1. toque m. de trombetas, clarins, etc., clarinada f. 2. fanfarrice, ostentação f.

fanfaron [f'ænfərɔn] s. (Anat.) fanfarrão m.

fanfaronade [fænfærən'a:d] s. fanfarronada, fanfarrice, fanfarronice f. ‖ v. fanfarronar.

fang [fæŋ] s. 1. colmilho, dente canino m., presa f. dente inoculador m. de serpente. 2. raiz f. de dente. 3. (Téc.) espiga, garra, unha f., dente, gancho m. ‖ v. preencher bomba de água.

fanged [~d] adj. dentado, armado (de garras, colmilhos).

fangle [fæŋgl] s. (†) 1. bagatela, bugiganga, fantasia f., balangandã m. 2. moda, extravagância f. new ~ novidade, inovação. new ~d novo, moderno, de invenção nova.

fangless [f'æŋlis] adj. desarmado, sem dentes ou presas, sem garras, desdentado.

fanlight [f'ænlait] s. bandeira f. semicircular de porta ou janela, clarabóia f.

fan magazine s. revista f. de cinema, TV, rádio, teatro, esportes.

fan mail s. correspondência f. dos fãs aos astros.

fanner [f'ænə] s. 1. abanador m. 2. ciranda f.

fanning-machine s. joeira, ciranda f.

fan out v. espalhar-se (em forma de leque).

fantail [f'ænteil] s. 1. cauda f. de leque. 2. (Zool.) pombo de leque, papa-moscas australiano m.

fantailed [~d] adj. que tem cauda de leque.

fantasia [fænt'eiziə, fæntəz'iə] s. (Mús.) fantasia f.

fantasm [f'æntæzm] s. = **phantasm.**

fantast [f'æntæst] s. fantasista m. + f., visionário, fantasiador m.

fantastic [fænt'æstik] s. 1. fantasista m. + f., pessoa f. extravagante, caprichosa ou absurda. 2. janota. m. + f. ‖ adj. fantástico: 1. caprichoso, esquipático, extravagante, excêntrico. 2. grotesco, bizarro. 3. fantasioso, imaginoso, imaginário, irracional. ‖ ~ally adv. fantasticamente, caprichosamente.

fantasticality [fæntæstik'æliti], **fantasticalness** [fænt'æstikəlnis] s. fantástico m., coisa fantástica, estranheza, singularidade, fantastiquice f.

fantasy [f'æntəsi] s. fantasia f.: 1. imaginação, imagem mental. 2. ilusão, alucinação, idéia fantástica. 3. capricho. 4. composição musical ao arbítrio do artista: paráfrase de uma ária de ópera.

fantom [f'æntəm] s. = **phantom.**

fan-tracery s. (Arquit.) abóbada f. de nervos radiados.

fan wheel s. roda f. de vento.

fanwise [f'ænwaiz] adv. aberto em forma de leque.

far [fa:] s. distância f., o longínquo m. ‖ adj. (comp. **farther** ou **further,** sup. **farthest** ou **furthest**) 1. remoto, distante, afastado, longínquo. 2. adiantado, avançado. 3. o mais afastado, extremo. 4. muito longe. 5. muito diferente, grande contraste. ‖ adv. 1. longe, ao longe, a grande distância. 2. muito, decididamente, em alto grau, em grande parte. 3. fundo, profundo. 4. demasiado. 5. tarde, até tarde. go ~ contribuir para. Far East Extremo Oriente. ~ in years (avançado em anos) de idade avançada. a ~ cry um grito de longe. what a ~ cry from the life in London! que contraste com a vida em Londres! to reach ~ into penetrar fundo em. ~

(on) in the day à tarde. ~ into the night até altas horas da noite. ~ and away the best por grande diferença o melhor. ~ and near por toda parte. ~ and wide em todo o redor. ~ above muito acima, muito superior. ~ back muito atrás, remoto, há muito tempo. ~ better muito melhor. ~-between raro, não freqüente. ~ from doing anything longe de fazer alguma coisa. ~ be it from me longe de mim. in ~-gone days em dias idos, avançado. as ~ as I am concerned pelo que me toca. as ~ as we know tanto quanto sabemos. as ~ as that goes quanto a isso. ~ back in the past num passado muito remoto. as ~ as there até ali. as ~ as that? tão longe assim? so ~ até agora, por enquanto. in so ~ as na medida em que, tanto quanto. thus ~ até aqui. by ~ de muito, por grande diferença, em grande parte, sem dúvida, decididamente. how ~? a que distância, até onde, até que ponto? how ~ is it? quanto dista? to carry a thing too ~ levar uma coisa ao extremo, levá-la além do que é razoável. too ~ down baixo demais. ~ other muito diferente. so ~, so good até aqui muito bem. she is ~ from strong ela está longe de ser forte. ~ up bem no alto. the day is ~ spent já é tarde. you have not ~ to seek não precisa procurar longe daqui. he carries independence too ~ ele leva sua independência longe demais. this went ~ to convince me isso contribuiu para convencer-me. he will go ~ ele irá longe, ele tem um grande futuro diante de si. in the farthest corner no canto mais remoto. on the farthest side no outro lado. few and ~-between raras vezes. ~-gone decaído, endividado.

farad [f'æræd] s. farad m.: unidade de capacidade elétrica.

Faraday [f'ærədei] s. Faraday m.: unidade de capacidade elétrica.

faradic [fər'ædik], **faradaic** [færəd'eiik] adj. (Elétr.) farádico.

faradization [færædaiz'eiʃən] s. (Med.) faradização f.

faradize [f'ærədaiz] v. faradizar.

far-away adj. 1. distante, remoto, longínquo. 2. distraído, pensativo, sonhador. ~ town cidade distante. ~ cousin primo afastado. ~ look olhar sonhador.

farce [fa:s] s. 1. farsa f., entremez m., farçada f. 2. pantomima, impostura f., pretexto absurdo m. 3. (†) recheio m. ‖ v. 1. rechear, condimentar, lardear. 2. (fig.) condimentar, encher, entremear de chistes, etc.

farcical [f'a:sikəl] adj. ridículo, cômico.

farcicality [fa:sik'æliti] s. farsada, palhaçada f.

farcy [f'a:si] s. (Veter.) farcino m.: mormo dos cavalos.

fard [fa:d] s. arrebique m.: cosmético para pintar o rosto. ‖ v. arrebicar, pintar o rosto.

fardel [f'a:dəl] s. 1. trouxa f. 2. encargo m. 3. desgraça f.

fare [fɛə] s. 1. preço m. de passagem. 2. passageiro m. 3. comida, mesa, alimentação f. ‖ v. 1. passar bem ou mal, ter ou não ter sorte. 2. acontecer, suceder, sair (bem ou mal). 3. comer, alimentar-se, ser tratado (com respeito à comida). 4. viajar, jornadear. what is the ~? quanto custa a passagem? ~ thee well (poét.) passa bem. bill of ~ cardápio. I ~d badly passei muito mal. they ~d well comeram, beberam bem. it went farther and ~d worse isto foi de mal a pior. you may go farther and ~ worse dificilmente achará coisa melhor.

farer [f'ɛərə] s. viajante, navegante m. + f., marinheiro m.

fare-stage s. limite m. de seção.

farewell [f'ɛəw'el] s. adeus m., despedida f. ‖ adj. de

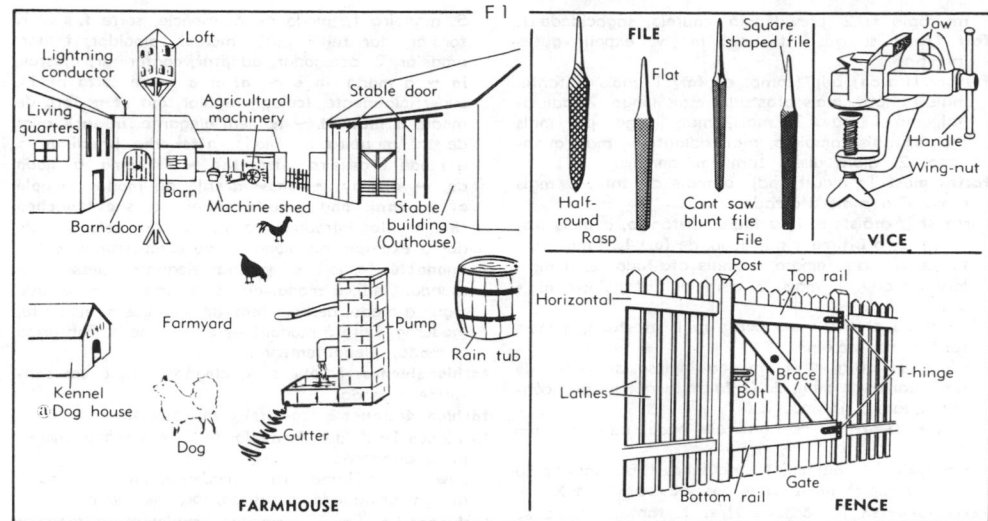

FARMHOUSE

FILE — Square shaped file — Jaw — Flat — Handle — Wing-nut — Half-round Rasp — Cant saw blunt file — File — VICE

Post — Top rail — Horizontal — Brace — T-hinge — Lathes — Bolt — Gate — Bottom rail — FENCE

despedida. ‖ interj. adeus! felicidades!
to bid ~ to dizer adeus a, despedir-se de. **~ letter** carta de despedida. **~ speech** discurso de despedida, final.
far-famed adj. muito afamado, célebre pelo mundo a fora.
far-fetched adj. forçado, trazido à força, afetado, não natural, artificial.
far-flung adj. vasto, extenso, dilatado.
far-gone adj. em estado adiantado (doença, dívida).
farina [fər'ainə] s. 1. farinha f. (de cereais, batatas, nozes, milho etc.). 2. amido m., fécula f. 3. (Bot.) pólen m.
farinaceous [færin'eiʃəs] adj. farináceo, farinhoso. ‖ **~ly** adv. de modo farinhoso.
farinose [f'ærinous] adj. farinhento, farinhoso.
farkleberry [f'a:kleberi] s. (Bot.) vacínio m. (Vaccinium arboreum).
farm [fa:m] s. 1. fazenda, granja, chácara, herdade quinta, propriedade rústica f., sítio m. (quadro V 3,. 2. (= **farmhouse**) casa f. de fazenda. 3. estabelecimento m. onde se sustentam crianças mediante remuneração. 4. (E. U. A., beisebol) liga esportiva profissional f.-de categoria secundária, subsidiária de, ou associada a outra. ‖ v. 1. cultivar, amanhar, lavrar (terra), criar gado. 2. arrendar, dar em arrendamento, tomar de renda. 3. cultivar uma fazenda, ser fazendeiro. 4. contratar trabalhadores. 5. contratar o sustento de crianças. 6. arrendar (impostos), dar à renda. 7. (E. U. A., beisebol) transferir um jogador para uma liga esportiva profissional de categoria secundária.
dairy–~ granja leiteira. **home–~** propriedade agrícola cultivada pelo próprio dono. **poultry–~** granja de avicultura.
farmable [f'a:məbl] adj. cultivável.
farm-bailiff s. administrador de fazenda, feitor m.
farmer [f'a:mə] s. 1. fazendeiro, granjeiro, quinteiro, agricultor, lavrador m. 2. rendeiro, feitor, cobrador m. de rendas, impostos, etc.
farmerette [fa:mər'et] s. (coloq.) trabalhadora rural f.
farmery [f'a:məri] s. dependências f. pl. de uma fazenda, quinta ou granja.
farm-hand s. colono m., trabalhador m. agrícola.
farmhouse [f'a:mhaus] s. casa f. de fazenda ou quinta (quadro F 1).

farming [f'a:miŋ] s. 1. lavoura, agricultura, exploração agrícola f., cultivo m. 2. arrendamento m. de contribuições ou de terras para a lavoura. ‖ adj. arratório, agrícola, de lavoura.
small ~ cultura em pequena escala.
farmland [f'a:mlænd] s. gleba f. de terra cultivada.
farmost [f'a:moust] adj. remotíssimo, o mais afastado.
farm out v. enviar (serviço) para ser feito fora.
farm-servant s. camarada, empregado m. de fazenda.
farmstead [f'a:msted], **farmsteading** [~ iŋ] s. fazenda, quinta f. com o prédio de residência e demais dependências.
farmyard [f'a:mja:d] s. pátio m. de fazenda (quadro F 1).
farness [f'a:nis] s. distância f.
faro [f'ɛərou] s. faraó, jogo de azar m.
far-off adj. distante, longínquo, remoto. ‖ adv. ao longe, a grande distância.
farouche [fər'u:ʃ] adj. 1. insociável, misantropo. 2. (coloq.) impolido, bruto, bravio.
far-out adj. (coloq.) 1. diferente, incomum; estranho. 2. muito bom; maravilhoso.
far point s. ponto mais distante discernível a olho nu m.
farraginous [fər'eidʒinəs] adj. misturado, emboralhado, discriminado.
farrago [fər'eigou] s. farragem, mistura, salgalhada, miscelânea, encabulhada f.
far-reaching adj. 1. de longo alcance, extenso. 2. de grande projeção, de amplas conseqüências.
farrier [f'æriə] s. (Ingl.) 1. ferrador m. 2. veterinário m. 3. sargento encarregado m. das baias. ‖ v. exercer o ofício de alveitar.
farriery [~ri] s. (Ingl.) 1. ofício m. de ferrador. 2. oficina f. de ferrador. 3. alveitaria f.
farrow [f'ærou] s. ninhada f. de leitões, bacorinho, . leitãozinho. ‖ v. parir leitões.
in ou **with ~** prenhe (porca).
far-seeing adj. 1. que enxerga longe. 2. previdente, perspicaz, sagaz.
far-sighted adj. 1. presbita, hipermetrope. 2. que vê de longe. 3. perspicaz, previdente, acautelado, sagaz. ‖ **~ly** adv. 1. de modo presbita. 2. previdentemente, prudentemente, sagazmente.
far-sightedness s. 1. presbitismo m., presbitia f., hiper-

metropia f. 2. previdência, cautela, sagacidade f.

fart [fa:t] s. gás intestinal m. ‖ v. expelir gases intestinais.

farther [f'a:ðə] adj. (comp. de **far**) 1. mais distante, mais remoto, mais afastado, mais longe. 2. adicional, mais. ‖ adv. 1. mais, mais longe, por mais têmpo, mais completo, mais adiantado, mais avançado. 2. além disso, também, demais.

farthermost [~moust] adj. o mais distante, o mais remoto, o mais afastado.

farthest [f'a:ðist] s. 1. a maior distância, o mais distante. 2. o último. ‖ adj. (sup. de **far**) 1. o mais distante, o mais remoto, o mais afastado. 2. o mais longo. ‖ adv. 1. mais. 2. a maior distância, o mais longo.

at ~ ou at the ~ no ponto mais afastado, o mais tardar, no máximo.

farthing [f'a:ðiŋ] s. 1. moeda inglesa de cobre de um quarto de pêni. 2. (fig.) ceitil m., insignificância, quantia ínfima. f.

it isn't worth a ~ não vale nada, não vale um ceitil.

farthingale [f'a:ðiŋgeil] s. anquinhas f. pl., saia-balão f., merinaque m. (usados nos séculos XVI e XVII).

farthingsworth [f'a:ðiŋzwə:θ] s. 1. tanto, quanto se vende por um **farthing**. 2. (fig.) bagatela, insignificância f.

fasces [f'æsi:z] s. pl. (Antig. rom.) fasces m. pl. feixes m. pl. de lictor.

fascia [f'æ∫iə] s. pl. **–iae** [f'æ∫i:i] 1. (Anat.) fáscia, aponeurose f. 2. venda, banda, faixa f. 3. (Arquit.) aba, faixa f. 4. (Autom.) quadro m. de instrumentos. 5. (Cirurg.) bandagem, atadura f. 6. (Astron.) faixa, zona f. em volta de um planeta.

fascial [~l] adj. de, relativo a, ou que consiste de faixas ou feixes.

fasciated [f'æ∫ieitid] adj. 1. (Bot.) fasciculado, fasciado. 2. listado.

fasciation [fæ∫i'ei∫ən] s. 1. (Bot.) fasciação f. 2. enfaixamento m., bandagem f.

fascicle [f'æsikl], **fascicule** [f'æsikju:l] s. fascículo m.: 1. feixinho, pequeno molho. 2. (Bot.) glomérula. 3. folheto de uma obra que se publica por partes.

fascicled [~d] adj. fasciculado, reunido em fascículos.

fascicular [fəs'ikjulə] adj. fascicular, fasciculado.

fasciculate [fəs'ikjuleit], **fasciculated** [~id] adj. (Bot.) fasciculado.

fasciculation [fəsikjul'ei∫ən] s. enfeixamento m., glomérula f.

fascicule [f'æsikju:l] s. = **fascicle**.

fascinate [f'æsineit] v. fascinar: 1. dominar por encantamento, enfeitiçar, hipnotizar. 2. encantar, cativar, atrair irresistivelmente.

fascinated [~id] adj. fascinado, deslumbrado, enlevado, encantado. ‖ **~ly** adv. fascinadoramente, encantadamente.

fascinating [~iŋ] adj. fascinador, fascinante, cativador, sedutor, atraente. ‖ **~ly** adv. fascinadoramente.

fascination [fæsin'ei∫ən] s. fascinação f., deslumbramento, encanto, enlevo m., atração irresistível f.

fascinator [f'æsineitə] s. fascinador, encantador, cativador, hipnotizador m.

fascine [f'æsi:n] s. (Eng. e Fort.) faxina f.

fascism [f'æ∫izm] s. (Pol.) fascismo m.: governo totalitário m. da direita, vigente na Itália de 1922 a 1943.

fascist [f'æ∫ist] s. pessoa f. que segue o fascismo. ‖ adj. igual ou semelhante ao fascismo.

fash [fæ∫] s. (esc.) vexame m. ‖ v. irritar, aborrecer.

fashion [f'æ∫ən] s. 1. forma f., feitio m., feição f. 2. talhe, corte (do' vestido) m. 3. moda f., uso, costume, bom-tom m. 4. padrão, estilo, modelo m.

5. maneira f., modo m. 6. espécie, sorte f. ‖ v. 1. formar, dar feitio a. 2. moldar, amoldar, talhar, modelar. 3. acomodar, adaptar, conformar, ajustar. **in ~ a.** in a ~, **after a ~** de certo modo, superficialmente, (coloq.) regular. **out of ~** fora de moda. **a man of ~** homem elegante. **in such a ~** de tal maneira ou modo. **after the Brazilian ~** à moda brasileira. **after the ~ of** como, a modo de. **~ display, ~ show** desfile de modas. **people of ~, rank and ~** alta sociedade. **she launched the ~** ela introduziu a moda. **she sets the ~** dar o exemplo na moda ou no comportamento.

fashionable [~əbl] s. pessoa elegante, pessoa do mundo. ‖ adj. à moda, que é segundo a moda, que segue a moda, de bom-tom, de bom gosto, elegante, moderno, feito à moda. ‖ **–y** adv. à moda, conforme a moda, elegantemente.

fashionableness [~əblnis] s. elegância f., o ser conforme a moda.

fashion designer s. costureiro m., modista m. + f.

fashioned [~d] adj. formado, feito, elaborado, modelado, adaptado.

new ~ da última moda, moderno. **old ~** à moda antiga, antiquado, desusado, fora de moda.

fashioner [~ə] s. 1. formador, criador m. 2. modista m. + f., costureiro m., costureira f.

fashion magazine s. figurino m., revista f. de modas.

fashion-monger s. 1. figurino m.: indivíduo trajado no rigor da moda ou exagerando-a. 2. casquilho m., peralta m. + f., almofadinha, janota m.

fashion-paper s. = **fashion magazine**.

fashion-parade s. desfile m. de modas.

fashion-plate s. 1. figurino m.: estampa que representa o traje da moda. 2. pessoa vestida à última moda f.

fast (I) [fa:st] s. 1. jejum m., abstenção, abstinência f. 2. período de jejum. ‖ v. jejuar.

~ day dia de jejum. **to break ~** desjejuar-se.

fast (II) [fa:st] s. 1. (Náut.) amarra, espia f. 2. qualquer coisa que amarra, aperta, firma, segura. ‖ adj. 1. firme, fixo, seguro, preso. 2. forte, fortificado. 3. trancado, fechado, aferrolhado. 4. atolado, sem se poder mover, amarrado, encalhado (navio). 5. fixo, firme, que não desbota (cor). 6. profundo (sono). 7. adiantado (relógio). 8. veloz, rápido. 9. que favorece a velocidade. 10. firme, constante, aderente, pegado, estável, durável. 11. leal, fiel, pegado, íntimo. 12. folgazão, leviano, fácil, frívolo, airado, dissoluto, dissipado, libertino, desregrado, emancipado, extravagante. ‖ adv. 1. firmemente, fixamente, fortemente, muito. 2. velozmente, rapidamente, depressa, em rápida sucessão. 3. profundamente. 4. completamente, solidamente. 5. dissolutamente, com extravagância, desregradamente. 6. (†) pegado, junto, ao pé, rente. 7. inconstante, insincero, ímprobo.

a ~ place praça fortificada. **the door is ~** a porta está trancada. **~ train** trem rápido, expresso. **~ rain** chuva pesada. **~ friends** amigos íntimos. **~ girls** moças namoradeiras, emancipadas. **I am ~** meu relógio está adiantado. **to live ~** passar uma vida desregrada. **to play ~ and loose with** v.q. enganar, explorar alguém. **shut your eyes ~** feche bem os olhos. **~ by, ~ beside** ao pé, perto, junto. **~ asleep** profundamente adormecido. **to hold ~** segurar com firmeza. **it was raining ~** chovia fortemente. **to make ~** fixar seguramente,

fast-acting adj. de ação rápida.

fastback [f'a:stbæk] s. (Autom.) carroçaria f., em curva convexa e contínua do pára-brisa ao pára-choque traseiro.

fast collar s. (Téc.) colar m.
fast colours s. pl. cores firmes f. pl.
fast coupling s. (Téc.) acoplamento fixo m.
fasten [f'a:sn] v. 1. firmar, fixar, segurar, pregar, parafusar, cavilhar. 2. atar, prender, ligar, apertar, amarrar. 3. trancar, aferrolhar, fechar bem. 4. fixar, cravar. 5. pôr, impor, imputar. 6. firmar-se, pregar-se, prender-se, fixar-se, endurecer. 7. agarrar-se a, fixar o pensamento em alguma coisa, voltar a atenção ou interesse para, escolher, aproveitar. 8. ratificar, reafirmar o que já tinha dito. **to ~ the eyes (up) on** s. **th.** cravar os olhos em alguma coisa. **to ~ one's hopes (up)on** s. **th.** pôr as esperanças em alguma coisa. **to ~ an obligation upon** s. o. impor uma obrigação a alguém. **to ~ the crime upon** s. o. imputar o crime a alguém. **the plaster has ~ed** o gesso endureceu. **to ~ upon** agarrar-se a, lançar-se a. **the window will not ~** a janela não fecha. **it ~s with a button** isso se fecha com um botão. **to ~ with a wedge** acunhar, apertar com cunha.
fastener [~ə] s. (Téc.) prendedor, fecho m.
sliding ~ fecho relâmpago. **snap ~** colchete de pressão. **patent ~** botão pulsador patenteado.
fastening [~iŋ] s. fixação, firmação, amarração, união, ligadura, presilha f., cavilhamento, fechamento, fecho, ferrolho, gancho, colchete, grilhão m.
fastening belt s. correia f. de fecho, presilha.
fastening screw s. parafuso m. de fixação.
fastidious [fæst'idiəs] adj. fastidioso, difícil de contentar, enfadonho, demasiado delicado, melindroso, obstinado. ‖ **~ly** adv. fastidiosamente.
fastidiousness [~nis] s. fastio, enfado m.
fastigiate [fæst'idʒieit] adj. (Bot.) fastigiado.
fastigium [fæst'idʒiəm] s. pl. **-ia** 1. (Arquit.) cumeeira f. 2. (Med.) acme m.
fasting [f'a:stiŋ] s. jejum m., abstinência f. ‖ adj. de jejum.
fastish [f'a:stiʃ] adj. 1. inclinado à dissipação. 2. bastante rápido.
fastness (I) [f'a:stnis] s. 1. firmeza, fixidade, solidez, estabilidade f. 2. fortaleza, praça fortificada f.
fastness (II) [f'a:stnis] s. rapidez, velocidade f.
fastness (III) [f'a:stnis] s. dissipação, libertinagem f., desregramento m.
fat [fæt] s. 1. gordura, (também Quím.) banha, graxa, adiposidade f., unto, sebo m. 2. obesidade f. 3. (fig.) gordura de terra: abundância f. 4. (fig.) a flor, a nata, a melhor parte ou a mais desejada de qualquer coisa f. ‖ v. 1. engordar, tornar-se gordo. 2. cevar. ‖ adj. 1. gordo, corpulento, obeso. 2. adiposo, gordo. 3. carnudo, rechonchudo, cevado. 4. gorduroso, oleoso. 5. gordo, fértil. 6. pingue, lucrativo, rendoso, proveitoso, próspero. 7. rico, gordo, avultado, considerável, abundante. 8. cheio, abastecido, bem provido, recheado. 9. resinoso. 10. viscoso, gordo, plástico. 11. grosso, encorpado (caráter tipográfico). 12. (fig.) estúpido, obtuso, lerdo, indolente, preguiçoso. ‖ **~ly** adv. abundantemente, amplamente, roliçamente.
to live on the ~ of the land viver na abundância. **a ~ dowry** um dote gordo. **a ~ purse** bolsa recheada. **a bit of ~** (fig.) um bocado gordo. **a ~ lot** 1. (gíria) muitíssimo. 2. (joc.) muito pouco. **to cut it ~** gabar-se, ostentar luxo. **to cut up ~** deixar muito dinheiro. **to grow ~** engordar. **to make ~** cevar. **vegetable ~** gordura vegetal. **~-brained, ~-headed** estúpido.
fatal [feitl] adj. fatal: 1. determinado pelo fado, inevitável, improrrogável. 2. fatídico, agourento, sinistro, trágico. 3. desastroso, ruinoso. 4. importante, decisivo. ‖ **~ly** adv. fatalmente, decisivamente, des-

graçadamente, mortalmente.
the ~ thread o fio da vida. **a ~ stroke** um golpe mortal.
fatalism [f'eitəlizm] s. fatalismo m.: 1. doutrina segundo a qual todos os acontecimentos são predeterminados (pelo destino). 2. o credo dos adeptos dessa doutrina.
fatalist [f'eitəlist] s. fatalista m. + f.: 1. adepto do fatalismo. 2. (coloq.) leviano, que arrisca e não se preocupa com meios ou oportunidades.
fatalistic [feitəl'istik] adj. fatalista: 1. relativo à fatalidade ou ao fatalismo. 2. à maneira de fatalista. ‖ **~ally** adv. de um modo fatalista.
fatality [fət'æliti] s. fatalidade f.: 1. decreto do fado, sorte inevitável, destino. 2. predestinação, perniciosa, funesta, trágica. 3. calamidade, desgraça, ruína, acidente mortal, ocorrência fatal.
Fata Morgana s. 1. (Mit.) Fada Morgana f. 2. miragem f.
fate [feit] s. 1. fado, destino m., sorte f. 2. morte, destruição f. 3. (fig.) noiva f., noivo m. ‖ v. fadar, destinar, condenar.
it has often been his ~ to lose ele muitas vezes tinha a má sorte de perder. **his ~ was sealed** seu destino estava decidido. **the Fates** as parcas.
fated [f'eitid] adj. 1. fadado, predestinado, decretado pelo fado ou destino. 2. condenado.
ill-~ malogrado, infeliz.
fateful [f'eitful] adj. fatal: 1. determinado pelo fado. 2. decisivo. 3. fatídico, profético, sinistro, funesto. ‖ **~ly** adv. fatalmente, fatidicamente, predestinadamente.
fatefulness [~nis] s. fatalidade f.
fate-line s. linha f. do destino (na mão).
fat-head s. bobo m., pateta m. + f.
father [f'a:ðə] s. 1. pai m.: a) genitor. b) progenitor, antepassado, avô. c) protetor, benfeitor. d) fundador, inventor, criador, autor. e) senador, pai da pátria (na antiga Roma). 2. patriarca, velho venerável, prócer m. 3. **Father Padre** m. (1.ª pessoa da Trindade); Deus m. 4. padre m.: título prefixado ao nome próprio. 5. **~s** pl. os edis, os senadores, os deputados m. pl. ‖ v. 1. gerar, procriar. 2. (fig.) criar, originar. 3. adotar como filho. 4. agir como pai, governar paternalmente. 5. atribuir a paternidade ou autoria (**on, upon**).
the Holy Father o Santo Padre, o Papa. **Father Christmas** Papai Noel. **they ~ed the child on him** atribuíram-lhe a paternidade da criança. **like ~ like son** tal pai tal filho.
fatherhood [~hud] s. paternidade f.
father image (~ figure) s. personificação idealizada f. do pai.
father-in-law s. sogro m.
fatherland [f'a:ðəlænd] s. pátria f.
fatherless [f'a:ðəlis] adj. órfão, orfã, (fig.) anônimo.
fatherlessness [~nis] s. orfandade f., (fig.) de autoria anônima.
fatherlike [f'a:ðəlaik] adj. paternal. ‖ adv. paternalmente, como um pai.
fatherliness [f'a:ðəlinis] s. paternalidade f.
fatherly [f'a:ðəli] adj. paterno, paternal. ‖ adv. paternalmente, como um pai, com amor paternal.
Father's Day s. Dia do Pai m.
fathership [f'a:ðəʃip] s. paternidade f.
Father Time s. personificação f. do tempo, como homem idoso.
fathom [f'æðəm] s. 1. (Náut.) braça f. (medida de profundidade, 1,83 m.) 2. (fig.) penetração, profundidade. f. ‖ v. sondar, penetrar, profundar.

fathomable [~əbl] adj. sondável, penetrável.
fathomer [~ə] s. sondador m.
fathomless [~lis] adj. insondável, impenetrável, ‖ ~ly adv. insondavelmente, impenetravelmente.
fathom-line s. linha f. de sonda.
fatidic [feit'idik], **fatidical** [~əl] adj. fatídico, profético. ‖ –ally adv. fatidicamente, profeticamente
fatigue [fət'i:g] s. 1. fadiga, faina f., cansaço, trabalho penoso, esgotamento m. 2. (milit.) faxina f. ‖ v. 1. fatigar(-se), exaurir-se. 2. maçar.
~ **clothes** (também ~s) (milit.) uniforme m. de serviço.
fatigueless [~lis] adj. incansável.
fatigue party s. (gíria milit.) turma f. de serviço.
fatiguing [~ iŋ] adj. fatigante, cansativo. ‖ ~ly adv. fatigantemente, de modo fatigante, cansativo.
fatless [f'ætlis] adj. magro, sem gordura.
fatling [f'ætliŋ] s. animal cevado m., para matança.
fatness [f'ætnis] s. 1. gordura, corpulência, obesidade f. 2. untuosidade f. 3. fertilidade, abundância f.
fat-soluble adj. (Quím.) solúvel em gordura ou óleo.
fatted [f'ætid] adj. cevado, engordado.
fatten [fætn] v. 1. engordar, cevar. 2. ficar gordo, aumentar o peso. 3. fertilizar (o solo).
fattener [f'ætnə] s. cevador m.
fattening [f'ætniŋ] s. ceva f., ação f. de cevar.
fattiness [f'ætinis] s. gordura f.
fattish [f'ætiʃ] adj. algum tanto gordo, gordinho.
fattishness [~nis] s. qualidade do que é gordo.
fatty [f'æti] s. (gíria) garducho, gordo m., pessoa gorda f. ‖ adj. 1. gorduroso, oleoso. 2. adiposo.
fatty degeneration s. (Pat.) degenerescência gordurosa f.
fatuitous [fətj'uitəs] adj. fátuo, muito estulto.
fatuity [fətj'uiti] s. fatuidade, estultícia, tolice f.
fatuous [f'ætjuəs] adj. 1. tátuo, insensato, néscio, muito estulto, vaidoso e oco, tolo. 2. irreal, ilusório. ‖ ~ly adv. fatuamente, estultamente.
~ **fire** fogo-fátuo.
fatuousness [~nis] s. fatuidade f., estultícia, tolice, insensatez f.
fat-witted [f'ætwitid] adj. estúpido, obtuso.
faucal [f'ɔ:kəl] adj. faucal, relativo às fauces.
fauces [f'ɔ:si:z] s. pl. (Anat.) fauces f. pl., goela f.
faucet [f'ɔ:sit] s. (E. U. A.) torneira f. (quadro K 2).
faucial [f'ɔ:ʃəl] adj. = faucal.
faugh [fɔ:] interj. (designativa de nojo ou desprezo) 1. fora! 2. que vergonha!
fault [fɔ:lt] s. 1. falta f.: a) defeito, imperfeição, falha. b) erro, engano. c) culpa leve, deslize, defeito moral. d) omissão, negligência, transgressão, descuido. e) (Geol.) falha, paráclase (quadro C 16). f) (Tênis) bola fora. 2. (Caça) rasto perdido m. 3. (Eletr.) escapamento acidental m. ‖ v. (Geol.) formar falha, causar defeito.
not from his ~ sem culpa dele. **to a** ~ demasiado. **whose** ~ **is it?** de quem é a culpa? **generous to a** ~ excessivamente generoso. **she always found** ~ **with me** ela sempre tinha alguma coisa a criticar em mim.
faultfinder [f'ɔ:ltfaində] s. 1. censurador, crítico, criticastro, repreendedor m. 2. (Eletr.) localizador m. de defeitos.
faultfinding [f'ɔ:ltfaindiŋ] s. 1. censura, repreensão, queixa, critiquice f. ‖ adj. repreensivo, ralhador.
faultiness [f'ɔ:ltinis] s. 1. imperfeição f. 2. culpa f.
faultless [f'ɔ:ltlis] adj. sem defeito, perfeito, impecável, irrepreensível, sem culpa, sem erro. ‖ ~ly adv. perfeitamente, impecavelmente, inculpavelmente.
faultlessness [~nis] s. perfeição f., irrepreensibilidade f.

fault localizer, faults-man s. (Téc. Eletr.) localizador m. de defeitos.
faulty [f'ɔ:lti] adj. 1. defeituoso, imperfeito, defectível, errado, errôneo. 2. culpável, delinqüente. 3. censurável. ‖ –ily adv. defeituosamente, imperfeitamente, erradamente, mal, censuravelmente.
faulty control s. (Téc.) ligação f. errada.
faulty dimension s. erro m. de medição.
faulty mounting s. erro m. de montagem.
faulty work s. refugo m.
Faun [fɔ:n] s. (Mitol.) Fauno m.: divindade campestre.
fauna [f'ɔ:nə] s. fauna f.
faunal [f'ɔ:nəl] adj. fauniano, relativo à fauna.
faunistic [fɔ:n'istik] adj. faunístico.
Faustian [f'austiən] adj. 1. faustiano. 2. expressando frustração espiritual, sacrifício de valores éticos em prol de poder mental e ganhos materiais.
Fauvism [f'ouvizm] s. fauvismo m.: movimento expressionista na pintura francesa, em inícios do séc. XX.
faveolate [fəv'i:oleit] adj. (Bot.) faveolado, alveolado.
favonian [fəv'ounjən] adj. favônio, relativo ao vento brando do oeste, (fig.) brando, propício, próspero.
favour, favor [f'eivə] s. 1. favor, obséquio, benefício, ato de generosidade m., fineza f. 2. carta f. (especialmente comercial). 3. permissão f. 4. conveniência, facilidade, proteção, predileção f., boas graças f. pl., favoritismo m. 5. prenda, lembrança f., presente, distintivo m. ‖ v. favorecer, proteger, facilitar.
to be in s. o.'s ~ estar na graça de alguém. **out of** ~ desaprovado. **to be in** ~ **of** ser a favor de. **to do a** ~ fazer um favor. **I mean to** ~ **you** desejo auxiliá-lo. **the** ~ **of an early answer is requested** pede-se o favor de uma breve resposta. **balance in your** ~ saldo a seu favor. **we are in receipt of your** ~ acusamos o recebimento de sua carta. **a turn in my** ~ uma mudança de rumo a meu favor. **do me the** ~ **of letting me know** faça o favor de informar-me. **I found** ~ **with him** obtive sua graça, seu perdão. **give me the** ~ **of your name** como é sua graça? **I pleaded in his** ~ intercedi em seu favor. **under** ~ **of darkness** sob a proteção da escuridão. **will you** ~ **us with a recital?** quer dar-nos o prazer de uma recitação?
favourable [~rəbl] adj. favorável: 1. aprovador, encorajador. 2. benévolo, benigno. 3. conveniente, vantajoso. 4. propício. 5. prometedor, auspicioso.
favourableness [~rəblnis] s. 1. benevolência, benignidade f. 2. qualidade do que é favorável, conveniência f.
favourably [~rəbli] adv. favoravelmente.
favoured [~d] adj. favorecido, protegido, auxiliado, estimado, preferido.
ill— feio, desagradável. **well—** bem-parecido, belo, formoso.
favourer [~rə] s. favorecedor, protetor, fautor m.
favouring [~riŋ] adj. favorecedor. ‖ ~ly adv. de modo favorecedor.
favourite [~rit] s. favorito, valido, protegido, predileto m. ‖ adj. favorito, predileto.
to be the ~ ser o favorito, o ídolo (esporte, etc.). **he is the** ~ **with** (ou **of**) **her** ele é o predileto dela. **my** ~ **flower** minha flor predileta.
favouritism [~ritizm] s. favoritismo, patronato m., proteção com parcialidade, preferência f.
favus [f'eivəs] s. (Med.) favo m., tinha favosa f.
fawn (I) [fɔ:n] s. 1. corço, gamo novo m. 2. cor f. do corço, castanho-amarelado m. ‖ v. parir, dar cria (diz-se da corça). ‖ adj. castanho-amarelado.
in ~ prenhe (corça). ~ **coloured** da cor do corço, fulvo.

fawn (II) [fɔːn] v. 1. fazer festas, sacudir a cauda (o cão). 2. (on) acariciar, adular, bajular, cortejar ou proceder servilmente.
she knew to ~ on him ela sabia lisonjeá-lo.
fawner [fʼɔːnə] s. adulador, bajulador, lisonjeador m., pessoa servil f.
fawning [fʼɔːniŋ] s. adulação, bajulação, lisonja f., cortejo servil m. ‖ adj. bajulador, adulador, lisonjeiro, servil. ‖ ~ly adv. servilmente.
fay (I) [fei] s. fada f.
fay (II) [fei] s. (arc.) variante de **faith:** fé f.
by my ~! à minha fé!
fay (III) [fei] v. (Náut.) ajustar(-se) bem, unir(-se).
faze [feiz] v. (E. U. A., coloq.) perturbar, inquietar, aborrecer, irritar, importunar, intimidar.
F clef s. (Mús.) clave f. de fá.
Fe (Quím.) símbolo de ferro m.
fealty [fʼiːəlti] s. 1. fidelidade, vassalagem f. (no feudalismo). 2. lealdade, fidelidade f., devotamento m.
fear [fiə] s. 1. medo, temor, susto, receio m., apreensão f. 2. terror, pavor m. 3. preocupação, ansiedade f. 4. temor m.: pessoa ou coisa que causa medo. 5. temor m.: reverência, respeito. ‖ v. 1. temer, ter medo de, recear. 2. temer: reverenciar. 3. estar apreensivo, preocupado, hesitar em, não se atrever a.
to be in ~ of ter medo de. to stand in ~ of temer-se de. for ~ of accidents para evitar acidentes. to be in ~ of one's life recear pela própria vida. for ~ of para que não, temendo que. for ~ of losing it para não perdê-lo. no ~ não há perigo, não é provável. without ~ or favour imparcialmente, justamente. there is no ~ of his forgetting não há perigo que ele esqueça. he goes in constant ~ of his life ele está em constante receio pela sua vida. the ~ of God o temor de Deus. to ~ God temer a Deus. never ~ não tenha medo, fique descansado, não há perigo. he ~s making debts ele receia endividar-se.
fearful [fʼiəful] adj. 1. medroso, receoso, tímido. 2. terrível, temível, horrendo, pavoroso, medonho. 3. apreensivo, amedrontado, assustado. 4. respeitável, imponente. 5. (coloq.) extraordinário, excepcional, molesto, muito ruim, desagradável, feio. ‖ ~ly adv. timidamente, medrosamente, pavorosamente, horrivelmente, terrivelmente, medonhamente.
a ~ noise um barulho terrível.
fearfulness [~nis] s. timidez f., medo, receio, temor, pavor, terror m., terribilidade f.
fearless [fʼiəlis] adj. destemido, impávido, intrépido, audaz. ‖ ~ly adv. intrepidamente, destemidamente.
fearlessness [~nis] s. destemor, arrojo m., intrepidez, audácia f.
fearnaught, fearnought [fʼiənɔːt] s. 1. frisa f.: tecido grosso de lã. 2. capa f. feita desse tecido.
fear-palsied, –shaken, –struck adj. assustado, espavorido, dominado pelo medo.
fearsome [fʼiəsəm] adj. 1. espantoso, medonho, terrível, alarmante. 2. tímido, medroso. ‖ ~ly adv. espantosamente, terrivelmente, de modo alarmante, timidamente, medrosamente.
fearsomeness [~nis] s. espanto, terror m., timidez f.
feasance [fʼiːzəns] s. (Jur.) desempenho m., prática f.
feasibility [fiːzəbʼiliti] s. praticabilidade, possibilidade, exequibilidade f.
feasible [fʼiːzəbl] adj. 1. factível, exequível, praticável, possível, provável. 2. maneável, manejável, prestimoso. 3. verossímil, plausível. ‖ ~ly adv. de uma maneira factível, exequível, possivelmente.
feasibleness [~nis] s. = **feasibility.**

feast [fiːst] s. 1. festa, festividade f. 2. festim, banquete m. 3. regalo, regozijo, deleite m. ‖ v. 1. festejar, hospedar com suntuosidade. 2. banquetear. 3. banquetear-se, comer regaladamente, regalar-se, deleitar-se com. 4. deleitar, agradar, regalar.
immovable or movable ~s festas imóveis ou móveis.
to ~ away passar a vida em festins.
feast-day s. dia de festa, festival m.
feaster [fʼiːstə] s. festejador m., epicurista m. + f.
feastful [fʼiːstful] adj. festivo, festival.
feasting [fʼiːstiŋ] s. banquete, festim m., festa f.
feat [fiːt] s. 1. feito m., façanha, proeza f. 2. destreza, perícia f. ‖ adj. 1. conveniente. 2. bem vestido. 3. hábil, destro.
~ of arms feito de armas.
feather [fʼeðə] s. 1. pena, pluma f. 2. ~s pl. a) plumagem. b) roupagem f. 3. penacho m. 4. rodopelo, tufo de pêlos, topete m., gaias f. pl. 5. qualquer coisa como uma pena. 6. caça f. de pena. 7. (Mec.) lingüeta, aleta f. 8. casta, laia, espécie, natureza f. 9. disposição f., estado m. de espírito. 10. (Esp.) ato de transviar o remo. ‖ v. 1. empenar, emplumar(-se), cobrir(-se) de penas, forrar ou revestir de penas, pôr penas em, enfeitar, ornar de penas ou plumas. 2. flutuar, ondular, mover-se como uma pena. 3. transviar (os remos), virar o remo em posição horizontal. 4. desdobrar-se em forma de pena. 5. (Av.) embandeirar, variar o passo da hélice. 6. (Mec.) ensamblar (macho e fêmea), embutir. 7. (Caça) pôr os cães no rasto. 8. ter elasticidade. 9. ferir nas asas.
fur and ~ caça de pêlo e de pena. light as a ~ leve como uma pena. in high (ou full) ~ bem disposto, radioso. that is a ~ in your cap disso pode orgulhar-se. fine ~s make fine birds o hábito faz o monge. birds of a ~ gente da mesma laia. birds of a ~ flock together cada ovelha com a sua parelha, qual igual com o seu igual. to show the white ~ revelar covardia. to cut a ~ (Náut.) encrespar a água, formar pequenas ondas. with a ~ com grande facilidade. to crop s. o.'s ~s humilhar alguém. they ~ed the oars viraram os remos horizontalmente. to ~ one's nest encher a mochila.
feather-bed s. colchão m. de penas.
feather-bedding s. (E. U. A.) sistema por parte do sindicato operário de forçar o empregador a contratar mais operários do que necessário para um determinado servico.
feather boa s. boá m. de penas.
featherbrain [fʼeðəbrein] s. tolo, néscio m., imbecil, cabeça-de-vento m. + f.
featherbrained [~d] adj. tolo, imbecil, irrefletido, insensato, estouvado, frívolo.
feather-broom, –duster s. espanador m. (quadro B 24).
feathered [fʼeðəd] adj. 1. emplumado, empenado, coberto ou adornado de penas, plumoso. 2. alado. 3. ligeiro, rápido. 4. (Av.) embandeirada, em passo-bandeira (hélice).
feathered bolt s. (Téc.) parafuso m. de ressalto.
feathered game s. caça f. de penas.
featheredge [feʼðəredʒ] s. chanfro m., borda f. aguçada duma tábua.
featheredged [~d] adj. chanfrado, aguçado.
featheredge file s. lima f. em losango.
feather-fern s. (Bot.) planta ornamental f. da família das Saxifragáceas (Astilbe japonica), espécie de samambaia japonesa.
feather-grass s. (Bot.) estipa f., gênero de gramíneas (Stipa pennata).
feather-head, –pate s. = **featherbrain.**
feather-headed, –pated adj. = **featherbrained.**
featheriness [fʼeðərinis] s. 1. qualidade de ser plumoso

ou coberto de penas. 2. tato suave m.
feathering [f'eðəriŋ] s. 1. emplumação, plumagem f, ato de emplumar-se, revestimento m. de penas (falando de aves). 2. penas f. pl. de flecha. 3. tufo m. de pêlos rodopelo m., pêlos m. pl. em forma de pena (falando de cães etc.)
feathering airscrew s. (Av.) hélice f. de passo variável, hélice de passo-bandeira.
feathering-time s. tempo m. de muda (das aves).
featherless [f'eðəlis] adj. que não tem penas, sem penas, implume.
featherlike [f'eðəlaik] adj. plumoso, plumiforme.
feather-maker s. plumaceiro m., indivíduo que prepara plumas.
feather merchant s. (gíria) vadio, preguiçoso m.: pessoa que evita trabalho e responsabilidades.
feather-stitch s. ponto m. de costura que forma linhas ramificadas em ziguezague.
feather-veined adj. (Bot.) peninervado, peninérveo.
feather-weight s. 1. pessoa ou coisa muito leve f. 2. (Boxe) peso-pena m. 3. jóquei muito leve, com o peso mínimo permitido em corrida de **handicap.**
feathery [f'eðəri] adj. 1. emplumado, empenado, coberto de penas. 2. plumoso. 3. alado. 4. leve, suave, fofo. 5. inconstante, volúvel, frívolo.
feature [f'i:tʃə] s. 1. feição f., traço, aspecto, caráter, distintivo m. 2. feições, feições fisionômicas f. pl., rosto m., lineamentos m. pl. 3. característico m. 4. ponto saliente, o essencial, ponto mais importante m., parte essencial f. 5. (E. U. A.) filme m. de longa metragem. 6. (E. U. A.) historietas cômicas f. pl. em quadrinhos, artigos m. pl. ou reportagem f. de destaque. 7. peça dramática f. de rádio. ‖ v. 1. caracterizar. 2. retratar, delinear os traços de, esboçar. 3. ser o característico de. 4. (coloq.) parecer-se com, sair a. 5. (E. U. A.) dar destaque a, realçar, dar realce a. 6. exibir. (E. U. A.) exibir filme.
a film featuring Laughton um filme com Laughton representando o papel principal.
featured [~d] adj. 1. moldado, afeiçoado, retratado, personificado. 2. de destaque, tratado com especial destaque. 3. que tem determinadas feições. 4. (Com.) em amostra, em exibição, catalogado.
hard ~ de feições duras. **ill** ~ mal encarado, feio. **well** ~ bem encarado.
feature-film s. filme m. de longa-metragem.
feature-length adj. de conteúdo, teor integral (filme, reportagem, etc.).
featureless [f'i:tʃəlis] adj. sem traços característicos.
feature story s. (Jornal.) artigo de fundo m.
feaze [fi:z] v. (E. U. A.) inquietar, preocupar.
Feb. abr. de **February.**
febricula [fəbr'ikjulə] s. febrícula f., febre ligeira f.
febrifugal [fəbrifj'u:gəl] adj. febrífugo, antifebril.
febrifuge [f'ebrifju:dʒ] s. febrífugo m. ‖ adj. febrífugo.
febrile [f'i:brail] adj. febril.
February [f'ebruəri] s. fevereiro m.
fecal, faecal [f'i:kəl] adj. fecal, excrementício.
feces, faeces [f'i:si:z] s. pl. fezes f.: a) excremento. b) sedimento, borra.
feck [fek] s. 1. eficácia, força f., vigor m. 2. espaço, valor, número m., quantia, quantidade f. 3. o grosso m., a maior parte f.
feckless [f'eklis] adj. 1. fraco, impotente. 2. ineficaz, imprestável, fútil. ‖ ~**ly** adv. sem energia, ineficazmente, imprestavelmente, futilmente.
fecklessness [~nis] s. fraqueza, ineficácia, futilidade. f.
fecula [f'ekjulə] s. fécula f., amido m.
feculence [f'ekjuləns] s. feculência, borra, imundície f., fezes f. pl., sedimento m.
feculent [f'ekjulənt] adj. 1. feculento, turvo, impuro. 2. fétido, imundo.

fecund [f'i:kənd] adj. fecundo, fértil, frutífero, prolífero, produtivo, inventivo.
fecundate [~eit] v. fecundar, fertilizar, proliferar.
fecundation [fi:kənd'eiʃən] s. fecundação f.
fecundity [fik'ʌnditi] s. fecundidade, fertilidade, abundância, produtividade f.
fed [fed] v. imp. e p. p. de **feed** alimentar.
under~ mal alimentado, subnutrido. ~ **up with** farto de, enfastiado, aborrecido.
federacy [f'edərəsi] s. federação, confederação f.
federal [f'edərəl] s. 1. federalista m. + f. 2. (Hist.) federal m., soldado nortista na Guerra Civil norte--americana. ‖ adj. federal, federativo. ‖ ~**ly** adv. de modo federal.
federalism [f'edərəlizm] s. federalismo m.
federalist [f'edərərəlist] s. federalista m. + f. ‖ adj. federalista.
federalistic [fedərəl'istik] adj. federalista.
federalization [fedərələiz'eiʃən] s. federalização f.
federalize [f'edərəlaiz] v. federalizar, federar(-se), confederar(-se).
federate [f'edərit] v. federar(-se), reunir em federação, confederar(-se). ‖ adj. federado, confederado.
federation [fedər'eiʃən] s. federação, confederação, liga, aliança f.
federative [f'edəreitiv] adj. federativo. ‖ ~**ly** adv. de modo federativo.
fedora [fed'ɔ:rə] s. (coloq., E. U. A.) chapéu m. de tipo "diplomata".
fee [fi:] s. 1. feudo m. 2. propriedade hereditária f. 3. paga, remuneração f., emolumento m., honorários m. pl. 4. gratificação, espórtula, gorjeta f. 5. jóia, propina, taxa f. de matrícula, de exame. 6. preço m. de entradas em exposições. ‖ v. (imp. e p. p.: **feed**) pagar, gratificar, recompensar, remunerar, assalariar, contratar.
consular ~**s** emolumentos consulares. **enrolment** ~ taxa de matrícula. **judicial** ~**s** emolumentos judiciais. **retaining** ~ sinal por conta, adiantamento a um advogado, médico etc. **to hold in** ~ possuir, ter o domínio pleno de. ~—**simple** domínio pleno de bens herdados. ~—**tail** domínio limitado, vínculo. **they charge a** ~ **for** eles exigem uma taxa por... **at a** ~ **of** preço preço ou honorários de.
feeble [f'i:bl] s. fraco m., indivíduo fraco m. ‖ v. enfraquecer. ‖ adj. 1. fraco, débil, delicado, frágil, tênue. 2. lânguido. 3. indistinto. 4. medíocre, insignificante. 5. ineficaz. 6. covarde, pusilânime.
feeble-minded adj. 1. fraco de espírito, imbecil, parvo. 2. irresoluto. 3. (Med.) oligofrênico. ‖ ~**ly** adv. imbecilmente, parvamente.
feeble-mindedness s. fraqueza de espírito, imbecilidade, parvoíce, (Med.) oligofrenia f.
feebleness [f'i:blnis] s. debilidade, fraqueza f.
feebling [f'i:bliŋ] s. fracalhão m., molenga m. + f.
feeblish [f'i:bliʃ] adj. um tanto fraco, debilitado.
feebly [f'i:bli] adv. fracamente, debilmente.
feed [fi:d] s. 1. alimento, pasto m., forragem f. 2. alimentação, nutrição f. 3. (coloq.) comida, refeição, ração f., sustento m. 4. (Mec.) alimentação f., avanço, mecanismo alimentador m. 5. suprimento m. 6. carga f. de arma de fogo. ‖ v. (imp. e p. p.: **fed**) 1. alimentar, nutrir, dar de comer a, comer. 2. sustentar, dar sustento a, manter. 3. pastar, fazer pastar o gado, apascentar(-se) o gado. 4. engordar, fazer-se gordo, cevar. 5. (Mec.) alimentar. 6. suprir, abastecer. 7. distribuir (forragem). 8. deleitar, apascentar. 9. nutrir, satisfazer (desejo, inclinação, etc.). 10. nutrir, inspirar, instigar. 11. embalar, entreter. 12. viver, nutrir-se.
at ~ (estar) comendo, pastando. **on the** ~ comendo, pastando. **off one's** ~ sem apetite. **to** ~ **high** comer

regaladamente. **to ~ down** pastar, alimentar continuamente. **to ~ up** cevar, empachar. **to ~ the fish** (coloq.) marear, enjoar a bordo. **they fed me with promises** eles embalaram-me com vãs promessas. **I fed my eyes on** regalei os meus olhos com. **to ~ a machine** alimentar uma máquina. **to ~ out of s. o.'s hand** comer pela mão de alguém.
feed-arm s. (Téc.) alimentador m.
feed attachment s. (Téc.) dispositivo m. de avanço.
feedback [f'i:dbæk] s. (Eletr.) regeneração, realimentação f. ‖ adj. de regeneração.
feed-bag s. embornal, bornal, saco m. que se coloca no focinho das bestas.
feed-bar s. (Téc.) barra f. de alimentação, de avanço.
feed-clutch s. (Téc.) embreagem f. de avanço, de alimentação.
feed-cock s. (Téc.) torneira f. de alimentação.
feeder [f'i:də] s. 1. alimentador, cevador m. 2. (Eletr.) cabo alimentador m. 3. afluente, tributário m. 4. mamadeira f. 5. babadouro m. 6. canal m. de alimentação. 7. ramal m. de estrada de ferro. 8. comedor m., o que come. **a dainty ~** guloso. **a greedy ~** comilão, glutão. **a high ~** regalão. **a large ~** comilão, o que come muito. **a quick ~** o que come depressa.
feeder current s. (Eletr.) corrente f. do alimentador.
feeder-gear s. (Téc.) mecanismo m. de avanço.
feeder line s. (Eletr.) cabo m. alimentador.
feeding [f'i:diŋ] s. alimentação, comida, pastagem f., pasto m. ‖ adj. enjoado, que enche.
feeding-arrangement s. aparelho m. de alimentação.
feeding-bottle s. mamadeira f.
feeding-cup s. xícara f. com bico para doentes.
feeding-ground s. pastagem f., lugar onde pasta o gado.
feeding-point s. (Téc.) ponto m. de alimentação, ponto de distribuição da corrente.
feed-pipe s. (Mec.) tubo m. de alimentação.
feed-pump s. (Mec.) bomba alimentar, bomba f. de alimentação.
feed-ratchet s. (Mec.) catraca f. de avanço.
feed-roller s. (Mec.) cilindro m. alimentador.
feed-spindle s. (Mec.) fuso m. de avanço.
feed-valve s. (Mec.) válvula f. de alimentação.
feed-water s. água f. de alimentação.
feed-wheel s. (Mec.) roda f. de regulação do avanço.
feel [fi:l] s. 1. tato, o sentido do tato m. 2. sensação, percepção, impressão f. ‖ v. (imp. e p. p.: **felt**) 1. sentir, perceber, notar. 2. ter, experimentar (sentimento, sensação física ou moral). 3. ter consciência de. 4. tocar, examinar pelo tato, apalpar, tatear. 5. ressentir(-se), magoar-se com, melindrar-se. 6. ser sensível a. 7. pressentir, ter impressão ou palpite, achar, considerar. 8. reconhecer, aperceber-se de. 9. ser influenciado por, obedecer a. 10. ter tato, ter sensibilidade. 11. parecer, dar impressão ou sensação. **soft to the ~** brando no tato. **I guess, from the ~ of it, that it is silk** adivinho pelo tato que é sêda. **by the ~** pelo tocar. **I felt that his hand was cold** senti que sua mão estava fria. **to ~ one's way** andar às palpadelas. **a felt want** uma necessidade premente. **I ~ it to be right to say** acho conveniente dizer. **the measure was felt to be premature** a providência foi considerada prematura. **I ~ ill** sinto-me doente. **I ~ cold** estou com frio. **I felt lonely** senti-me só. **he ~s sure of himself** ele está seguro de si. **I ~ sure that** tenho certeza de que. **I ~ hurt** sinto-me ofendido. **I ~ inclined** estou inclinado. **I ~ queer** tenho uma sensação esquisita. **I ~ like taking a walk** tenho vontade de dar um passeio. **I felt as if something were near me**

alguma coisa parecia estar perto de mim. **I ~ strongly that** tenho forte impressão de que. **you may ~ sure of it** pode estar certo de que. **the air ~s warm** o ar parece quente. **the grass ~s soft** a grama é macia ao tato. **to ~ quite oneself** sentir-se bem, estar bem-disposto. **to ~ up to** sentir-se à altura de, capaz de enfrentar. **to ~ with** simpatizar com. **to ~ the pulse** tomar o pulso de, (fig.) sondar. **to ~ angry** irar-se. **to ~ confident** estar persuadido. **to ~ grieved** estar aflito. **to ~ sorry for** ter pena de. **to ~ one's legs** tomar pé.
feeler [f'i:lə] s. 1. apalpador m. 2. aquele que sente. 3. antena f. de inseto, palpo, tentáculo m., barbas f. pl. de gato. 4. balão m. de ensaio, experiência f. 5. batedor, explorador m. (do campo). 6. (Téc.) calibre m.
to throw out a ~ sondar.
feeling [f'i:liŋ] s. 1. tato, sentido m. do tato. 2. sensibilidade, ternura f. 3. sentimento, amor m. 4. sensação, impressão, percepção, intuição f. 5. pressentimento m., opinião f. 6. simpatia, compaixão f. ‖ adj. 1. sensível, comovente, tocante. 2. sensitivo, emocional, emotivo. 3. compassivo, afetivo. 4. vivo, ardente, profundo. ‖ **~ly** adv. sensivelmente, sentidamente, comovidamente, com sentimento.
to hurt s. o.'s ~s ofender a suscetibilidade de. **brotherly ~s** sentimentos fraternais. **hard ~s** maus sentimentos. **no ill ~s!** não lhe guardo rancor por isso. **a ~ for music** o dom, o gosto da música.
fee-paying adj. 1. pagante (aluno). 2. que cobra taxas mensalidades, etc. (escola).
feet [fi:t] s. pl. de **foot**.
feign [fein] v. 1. fingir, simular, pretextar. 2. aparentar, dissimular, disfarçar. 3. inventar. 4. falsificar.
he ~s ignorance ele alega ignorância. **he ~s himself ignorant** ele dissimula ignorância.
feigned [~d] adj. fingido, inventado, simulado, dissimulado, disfarçado, falso, fictício. ‖ **~ly** adv. fingidamente, dissimuladamente, falsamente.
feignedness [f'einidnis] s. fingimento m., dissimulação, aparência enganosa f.
feigner [f'einə] s. fingidor, dissimulador m.
feigning [f'einiŋ] s. fingimento m., dissimulação, aparência falsa, engenosa, astúcia f. ‖ **~ly** adv. dissimuladamente.
feint [feint] s. 1. finta, negaça, simulação f. 2. aparência falsa f., estratagema, pretexto, subterfúgio m. 3. (milit.) ataque simulado m. ‖ v. fintar, dissimular, fingir, subterfugir, (milit.) simular um ataque.
he made a ~ of going fingiu ir-se.
feist [f'aist] s. (E. U. A., coloq.) 1. pequeno cão mestiço m. 2. pessoa f. de pouca valia. 3. pessoa mal-humorada f.
feldspar, felspar [f'elspa:] s. (Miner.) feldspato m.
feldspathic [felsp'æθik], **feldspathoid** [f'elspæθoid], **feldspathoidal** [felspæθ'oidal], **feldspathose** [f'elspæθous] adj. (Miner.) feldspático, de feldspato.
felicitate [fil'isiteit] v. felicitar, congratular, dar os parabéns.
felicitation [filisit'eiʃən] s. congratulação, felicitação f., parabéns m. pl.
felicitous [fil'isitəs] adj. 1. feliz, ditoso, venturoso. 2. apropriado, oportuno. 3. aprazível, próspero. ‖ **~ly** adv. felizmente.
felicitousness [~nis] s. estado m. ou condição f. de felicidade, de ventura.
felicity [fil'isiti] s. 1. felicidade, ventura, dita, bem-aventurança f. 2. motivo m. de contentamento. 3.

sucesso, bom êxito m. 4. conveniência, propriedade f., acerto m. 5. lembrança, oportunidade, inspiração, frase ou expressão f. feliz.
felid [f'i:lid] s. (Zool.) felídeo, felino m.
feline [f'i:lain] s. (Zool.) felino, felídeo m. ‖ adj. felino, relativo ao gato ou aos felídeos, (fig.) fingido, traiçoeiro, matreiro. ‖ ~ly adv. felinamente, fingidamente, cruelmente.
felineness [~nis], **felinity** [fil'initi] s. natureza felina, manha, crueldade f.
fell (I) [fel] imp. de **fall.**
fell (II) [fel] s. 1. couro, velocino m., **pele** f. de animal. 2. pêlo, cabelo m. 3. (†) pele, peliça, guarnição f. de peles, pelego m.
~ of hair cabeleira desgrenhada.
fell (III) [fel] s. 1. derrubada f., corte m. de árvores. 2. as árvores abatidas numa temporada. 3. bainha f. ‖ v. 1. derrubar, cortar, lançar por terra, abater (árvores). 2. embainhar.
fell (IV) [fel] s. (Ingl.) 1. outeiro m., colina rochosa f., 2. charneca f., urzal m.
fell (V) [fel] adj. 1. cruel, feroz, bárbaro, desumano. 2. terrível, destruidor, mortal. ‖ ~y adv. ferozmente.
~ disease doença mortal.
fellable [f'eləbl] adj. que pode ser derrubado ou cortado.
fellah [f'elə] s. pl. **fellaheen** [-hi:n] felá m.: camponês ou lavrador egípcio.
feller [f'elə] s. lenheiro, lenhador, mateiro m.
fellmonger [f'elmʌngə] s. peleiro, peliqueiro, vendedor m. de peles ou couros.
fellness [f'elnis] s. crueldade, ferocidade, atrocidade, barbaridade, malignidade f., poder destruidor m.
felloe [f'elou], **felly** [f'eli] s. pina, camba f. de roda.
fellow [f'elou] s. 1. companheiro, camarada, colega, sócio, confrade, associado m. 2. contemporâneo m. 3. membro m. de um colégio (nas universidades inglesas). 4. membro m. do conselho de certas universidades. 5. usufruidor m. de bolsa de estudos. 6. membro m. de sociedade científica ou literária. 7. parelha f., pessoa ou coisa que emparelha com outra, ou que lhe é muito semelhante. 8. igual, par, semelhante, equivalente m. 9. homem, rapaz m. 10. (coloq., E. U. A.) galã, galanteador, namorado m. 11. (coloq.) sujeito, indivíduo m. ‖ adj. que é da mesma condição, classe, categoria, etc. ‖ v. emparelhar, fazer uma parelha, irmanar, igualar, equiparar, encontrar coisa igual a, harmonizar.
a young ~ moço, mancebo. **old ~** (coloq.) meu velho. **the old ~** (gíria) o demônio, o diabo. **a good ~** um bom rapaz, um homem jovial. **a naughty ~, a saucy ~** um velhaco. **my dear ~** meu caro amigo. **poor ~** coitado! **queer ~** esquisitão. **to play the good ~** levar boa vida, regalar-se. **this man has not his ~** este homem não tem o seu igual. **to be ~s** convir, fazer jogo, emparelhar, andar juntos. **these stockings are not ~s** estas meias não são do mesmo par. **where is the ~ of this shoe?** onde está o par deste sapato. **what can a ~ do?** que se pode fazer? que posso fazer?
fellow-being s. próximo m.
fellow-citizen s. concidadão m.
fellow-countryman s. conterrâneo, compatriota m.
fellow-feeling s. sentimento m. de solidariedade.
fellow-like adj. amigável, afável, como ou de colega, ou companheiro.
fellow-lodger s. vizinho, co-inquilino, morador m. da mesma casa.
fellow-man s. membro m. da raça humana.
fellow-passenger s. companheiro m. de viagem, de jornada.

fellow-scholar s. condiscípulo m.
fellow-servant rule s. (Jur.) doutrina que isenta de responsabilidade o empregador perante o empregado, por danos sofridos por culpa de companheiros de serviço f.
fellowship [f'elouʃip] s. 1. coleguismo, companheirismo m., camaradagem, solidariedade, comunidade f. de interesses, cordialidade, participação, associação f. 2. sociedade, companhia, corporação f. 3. irmandade, confraternidade, comunhão f. 4. dignidade f. ou cargo m. de membro de universidade ou sociedade literária ou científica. 5. congregação f. de universidade. 6. bolsa de estudos concedida a um graduado universitário para pesquisas. ‖ v. (imp. e p. p. **—shipped** ou **—shiped**) admitir à comunhão dos fiéis, comungar, juntar-se em sociedade.
good ~ camaradagem.
fellow-soldier s. camarada, companheiro m. de armas.
fellow-student s. companheiro m. de estudos.
fellow-subject s. o que está debaixo do mesmo governo que outro.
fellow-sufferer s. companheiro m. de infortúnio.
fellow-traveller s. 1. companheiro de viagem. 2. simpatizante m. dum partido ou movimento político.
fellow-worker s. companheiro de trabalho m.
felly (I) [f'eli] s. = **felloe.**
felly (II) [f'eli] adv. ferozmente, cruelmente, brutalmente, malignamente.
felo-de-se [f'i:loudi:s'i:] s. pl. **felos—** 1. suicida m. + f. 2. (Jur.) suicídio m.
felon (I) [f'elən] s. réu, criminoso, delinqüente m. ‖ adj. cruel, malvado, maligno, aleivoso, criminoso, homicida.
felon (II) [f'elən] s. (Med.) panarício, unheiro m.
felonious [fil'ounjəs] adj. 1. malvado, maligno, perverso, malicioso. 2. pérfido, traidor. 3. criminoso, delituoso. ‖ ~ly adv. criminosamente, perversamente, perfidamente, com maldade.
feloniousness [~nis] s. criminalidade, felonia, perfídia f.
felonry [f'elənri] s. (†) os criminosos, a classe dos criminosos.
felony [f'eləni] s. 1. felonia f. 2. crime m., delito grave m.
felsite [f'elsait] s. (Miner.) felsite m.
felsitic [fels'itik] adj. felsítico, relativo ao felsito.
felt (I) [felt] imp. e p. p. de **feel.**
felt (II) [felt] s. 1. feltro m. 2. artigo m. feito de feltro, chapéu m. de feltro. ‖ v. feltrar. ‖ adj. de feltro, feito de feltro.
felt-filter s. filtro m. de feltro.
felt-hat s. chapéu m. de feltro.
felting [f'eltiŋ] s. feltragem f.
felt-tipped pen s. hidrográfica f.
felucca [fel'ʌkə] s. (Náut.) falucho m
fem. abr. de **feminine.**
female [f'i:meil] s. fêmea f.: a) mulher, moça. b) animal fêmea. c) (Bot.) planta feminina. ‖ adj. 1. feminino, 2. feminil, mulheril 3. fêmea. 4. do sexo feminino.
~ child menina. **the ~ clerk** a auxiliar de escritório. **~ friend** amiga. **~ labour** trabalho feminino. **~ servant** criada. **the ~ student** a estudante. **~ screw** porca. **males and ~s** homens e mulheres. **~ suffrage** voto feminino m. **a young ~** uma moça.
femaleness [~nis], **femality** [fim æliti] s. = **femininity.**
feme [fi:m] s. (Jur.) mulher, esposa f.
feme covert s. (Jur.) mulher casada f.
feme sole s. (Jur.) mulher solteira, viúva, divorciada f.

feminality [femin'æliti] s. feminidade, feminilidade f.
feminine [f'eminin] s. (Gram.) feminino m. ‖ adj. 1.
feminino. 2. feminil, mulheril, efeminado, delicado.
‖ ~ly adv. femininalmente, mulherilmente.
~rhyme rima feminina.
feminineness [~nis], **femininity** [femin'initi] s. 1.
femininidade, feminilidade f. 2. efeminação f. 3.
o sexo feminino, as mulheres.
feminism [f'eminizm] s. feminismo m.
feminist [f'eminist] s. feminista m. + f.
feministic [femin'istik] adj. feminista.
feminity [fem'initi] s. = femininity.
feminization [feminaiz'eiʃən] s. feminização f.
feminize [f'eminaiz] v. feminizar(-se), efeminar(-se).
femoral [f'emərəl] adj. femoral, relativo ao fêmur.
femur [f'i:mə] s. (Anat.) pl. **femurs, ou femora**
[f'emərə] fêmur m.
fen [fen] s. paul, pântano, brejo, charco m., lagoa f.
fence [fens] s. 1. cerca, grade f., cercado m. (quadro F 1). 2. tapagem, tapada, sebe f., tapume,
valado, muro m. 3. reparo, parapeito m., trincheira
f. 4. esgrima f. 5. (fig.) réplica f., debate m. 6.
barreira f., obstáculo m. 7. receptor m., o que
recolhe, guarda, esconde ou vende objetos furtados.
8. (Téc.) esquadro de guia m. ‖ v. 1. cercar rodear, valar, tapar, entaipar, murar, fortificar. 2.
defender, resguardar, proteger. 3. esgrimir, jogar as
armas, parar, rechaçar. 4. (fig.) esgrimir, tergiversar, esquivar-se, argumentar agilmente. 5. pular
obstáculos. 6. receptar objetos furtados.
~ **off** repelir, evitar, desviar, defender-se, isolar,
deter. ~ **of a plane** régua de plaina. ~ **of pales**
paliçada, estacada. ~-**month**, ~-**season**, ~-**time**
defeso, época em que é proibido caçar ou pescar.
to sit, to stand on the ~ aguardar, hesitar, estar
indeciso, ficar neutro.
fenced [fenst] adj. cercado de sebe, muro, estacaria
etc., fortificado.
fenceless [f'enslis] adj. 1. aberto, não cercado, não
fortificado. 2. indefeso, sem defesa.
fencelessness [~nis] s. 1. qualidade daquilo que não
é cercado, fortificado, que é aberto. 2. indefensibilidade f., qualidade daquilo que é indefeso.
fencer [f'ensə] s. 1. esgrimidor m., esgrimista m. + f.
mestre m. de esgrima. 2. construtor m. de cercas,
valados, etc. 3. cavalo saltador m. de obstáculos.
fence-sitter s. pessoa neutra ou indecisa f.
fencible [f'ensibl] s. pl. ~s (Hist.) milicianos m. pl.
‖ adj. capaz de defesa, bem fortificado.
fencing [f'ensiŋ] s. 1. esgrima f. 2. cercas f. pl., estacaria f., valados m. pl., material m. para construção de cercas, ato m. de construir cercas, etc.
3. equivocação, tergiversação, habilidade f. em
argumentar.
fencing-contest s. torneio m. de esgrima.
fencing-cully s. receptador m.
fencing-ken, —repository s. depósito m. de objetos
furtados.
fend [fend] v. 1. afastar, desviar, rechaçar (um
golpe, etc.) 2. prover a.
to ~ **for o. s.** arranjar-se, prover a própria subsistência.
fender [f'endə] s. 1. defesa, guarda, proteção f. 2.
guarda-fogo m. de lareira. 3. pára-lama, guarda-
-lama m. 4. limpa-trilhos m. 5. (Náut.) defensa f.
fenestella [fenist'elə] s. 1. janelinha f. ou abertura
semelhante a uma pequena janela. 2. (†) nicho m.
da piscina, ou credência f. nas igrejas.
fenestral [fin'estrəl] adj. fenestral.
fenestrate [fin'estreit] adj. guarnecido de janelas.
fenestration [finestr'eiʃən] s. 1. (Arquit.) fenestragem
f. 2. (Cirurg.) fenestração f.

Fenian [f'i:niən] s. (Hist. Irlanda) feniano m. ‖ adj.
feniano.
Fenianism [f'i:niənizm] s. (Hist. Irlanda) fenianismo m.
fenks [feŋks] s. pl. torręsmo m. da gordura da baleia,
usado como adubo.
fennec [f'enek] s. (Zool.) feneco m. (Vulpes zerda).
fennel [f'enəl] s. (Bot.) funcho m., erva-doce f.
(Faeniculum vulgare).
fennel-flower s. (Bot.) negela f.
fenny [f'eni] adj. pantanoso, apaulado, paludoso.
fent [fent] s. fenda, abertura f. de manga de camisa.
feoff [fef] s. = fief.
feoffee [fef'i:] s. feudatário m.
feoffment [f'efmənt] s. enfeudação f.
feoffor, feoffer [f'efə] s. senhor feudal, o que dá a
posse de um feudo, doador m.
feracious [fir'eiʃəs] adj. feraz, fértil, fecundo.
feracity [fir'æsiti] s. feracidade, fertilidade f.
feral [f'iərəl] adj. 1. feral, feroz, selvagem, brutal. 2.
bravio, silvestre, inculto. 3. mortífero, fatal. 4.
funéreo, fúnebre.
fer-de-lance s. (Zool.) caiçaca f.: espécie de jararaca
(Bothrops atrox).
feretory [f'eritəri] s. féretro, relicário m.
ferial [f'iəriəl] adj. (Ecles.) ferial, relativo aos dias
não festivos.
ferine [f'iərain] adj. ferino, fero, selvagem, brutal.
ferment [f'ə:mənt] s. 1. fermento m. 2. levedura f. 3.
fermentação f. 4. (fig.) comoção, agitação, fermentação, efervescência moral f. [fəm'ent] v.
fermentar: 1. produzir fermentação em. 2. levedar.
3. (fig.) agitar, fomentar, excitar, agitar(-se) excitar-se entrar em fermentação.
fermentable [fəm'entəbl] adj. fermentável.
fermentation [fə:ment'eiʃən] s. 1. fermentação f. 2.
levedação f. 3. (fig.) agitação, efervescência,
excitação, comoção f.
fermentative [fə:m'entətiv] adj. fermentativo.
fermentescible [fə:m'entəsibl] adj. fermentescível.
fermium [f'ə:rmiəm] s. (Quím.) férmio m.: elemento
radioativo.
fern [fə:n] s. (Bot.) feto m., samambaia f.
fernery [f'ə:nəri] s. 1. fetal m. 2. estufa f. em que
se cultivam samambaias.
fernlike [f'ə:nlaik] adj. semelhante a feto.
fern-owl s. (Orn.) noitibó m. (Caprimulgus europaeus).
fern-seed s. espório m. ou semente de feto.
ferny [f'ə:ni] adj. coberto ou cheio de feto, de samambaia.
ferocious [fər'ouʃəs] adj. feroz, fero, cruel, bárbaro,
violento. ‖ ~ly adv. ferozmente.
ferociousness [~nis], **ferocity** [fər'ositi] s. ferocidade,
fereza, braveza, crueldade, violência f.
ferrate [f'ereit] s. (Quím.) ferrato m.
ferreous [f'eriəs] adj. férreo.
ferret (I) [f'erit] s. 1. (Zool.) furão m. 2. (fig.) furão,
esquadrinhador, investigador m. ‖ v. 1. afuroar,
ccçar com furão. 2. (fig.) furoar, pesquisar, esquadrinhar, esmiuçar, indagar com empenho.
to ~ **out** desentocar. **to** ~ **about** furoar, pesquisar
investigar.
ferret (II) [f'erit] s. 1. cadarço m., fita f. de seda.
2. aguilhão, ferrão m.
ferreter [~ə] s. 1. afuroador m., o que emprega o
furão na caça. 2. esquadrinhador, esmiuçador,
investigador m.
ferreting [~iŋ] s. caça f. com furão.
ferrety [~i] adj. 1. de furão, afuroante. 2. esquadrinhador, esmiuçador, investigador.
ferriage [f'eriidʒ] s. barcagem, passagem f. num
barco, ou numa balsa, frete m.

ferric [f'erik] adj. 1. (Quím.) férrico. 2. férreo.
ferriferous [fer'ifərəs] adj. ferrífero.
Ferris wheel s. roda gigante f.
ferroalloy [f'erouəlɔi] s. (Metalúrg.) liga ferrosa f.
ferro-calcite s. (Miner.) ferrocalcita f.
ferroconcrete [ferouk'ɔnkri:t] s. cimento armado m.
ferrocyanic [f'erousai'ænik] adj. (Quím.) ferrocianídrico.
ferrocyanide [f'erous'aiənaid] s. (Quím.) ferrocianeto m.
ferroelectric [ferouil'ektrik] adj. (Fís.) ferroelétrico.
ferromagnesian [f'eroumægn'i:ʃən] adj. (Miner.) feromagnesiano.
ferromagnetic [f'eroumægn'etik] adj. ferromagnético.
ferro-manganese s. ferromanganês m.
ferro-silicon s. (Quím.) ferrossilício m.
ferro-tungsten s. (Quím.) ferrotungstênio m.
ferrotype [f'erotaip] s. (Fot.) ferrotipia f.
ferrous [f'erəs] adj. (Quím.) ferroso.
ferruginous [fer'u:dʒinəs] adj. ferruginoso, ferrugíneo.
ferrule, ferule [fer'u:l, f'erəl] s. 1. virola f., arco m. de metal (quadro B 24). 2. ponteira f. de ferro de bengala (quadro S 14). ‖ v. reforçar com virola, prover de virola ou de ponteira de ferro.
ferruled [~d] adj. reforçado com, provido de virola, ou ponteira de ferro.
ferry [f'eri] s. 1. passagem f., lugar onde se passa o rio em barco ou balsa. 2. balsa f., barco m. de passagem. 3. travessia f. em balsa ou barco de passagem. 4. direito m. de explorar uma balsa. 5. serviço m. intercontinental de transportes aéreos. ‖ v. transportar em barco ou balsa através de um rio, etc., atravessar em balsa, transportar pelo rio.
ferry-boat s. balsa f., barco m. de passagem.
ferry-bridge s. 1. grande balsa ou barco de passagem para comboios ferroviários. 2. (E. U. A.) desembarcadouro flutuante m. para balsas.
ferryman [~mən] s. barqueiro, balseiro m.
fertile [f'ə:tail] adj. 1. fértil, fecundo, produtivo, prolífero, frutífero. 2. úbere, abundante, exuberante. 3. (fig.) criador. ‖ ~ly adv. fertilmente, abundantemente.
fertileness [~nis] s. fertilidade, fecundidade f.
fertility [fə:t'iliti] s. fertilidade, fecundidade, abundância f.
fertilizable [fə:til'aizəbl] adj. fertilizável.
fertilization [fə:tilaiz'eiʃən] s. 1. fertilização f. 2. (Biol.) fecundação f. 3. (Bot.) polinização f. 4. adubação f.
fertilize [f'ə:tilaiz] v. 1. fertilizar, adubar. 2. fecundar.
fertilizer [~ə] s. 1. fertilizador m. 2. fertilizante, adubo m.
ferula [f'erulə] s. 1. férula f.: (Bot.) gênero de plantas umbelíferas, a que pertence a assa-fétida. 2. = **ferule** (I).
ferulaceous [ferul'eiʃəs] adj. feruláceo.
ferule (I) [f'eru:l] s. férula, palmatória f. ‖ v. palmatoriar, castigar com palmatória.
fervency [f'ə:vənsi] s. 1. fervor, abrasamento m., ardência, incandescência f. 2. (fig.) ardor, zelo m., veemência f.
fervent [f'ə:vənt] adj. 1. férvido, fervente, ardente, abrasador, muito quente. 2. (fig.) fervente, fervoroso, zeloso, ardoroso, férvido, apaixonado. 3. veemente, intenso. ‖ ~ly adv. fervorosamente, ardentemente, veementemente.
ferventness [~nis] s. = **fervency.**
fervid [f'ə:vid] adj. 1. férvido, ardente, muito quente, abrasador. 2. fervoroso, apaixonado, zeloso, ardoroso. ‖ ~ly adv. ardentemente, fervorosamente, fogosamente.

fervidness [~nis] s. fervor, ardor, zelo m.
fervour, fervor [f'ə:və] s. 1. fervor, calor intenso, abrasamento m., ardência, incandescência f. 2. zelo ardor m., veemência, grande dedicação f.
fescennine [f'esinain] adj. fescenino. 2. licencioso, obsceno. 3. vil, grosseiro. 4. estrambótico, excêntrico.
fescue [f'eskju:] s. 1. galho, raminho m. 2. ponteiro m. de mestre-escola. 3. (Bot.) festuca f.: gênero de plantas gramíneas, vivazes.
fesse, fess [fes] s. (Heráld.) faixa f.
  ~**-point** centro de escudo.
fessewise, fesswise [f'eswaiz] adv. (Heráld.) em faixa.
festal [festl] adj. 1. festivo, relativo a festa, de festa. 2. alegre, divertido, prazenteiro, jovial. ‖ ~ly adv. festivamente, alegremente, prazenteiramente.
fester [f'estə] s. 1. apostema m., pústula, chaga f. 2. ulceração f. ‖ v. 1. ulcerar(-se), inflamar-se, supurar, apostemar-se. 2. apodrecer-se, corromper-se. 3. envenenar o espírito, exasperar.
festering [~riŋ] s. supuração f.
festinate [f'estineit] v. (†) apressar(-se).
festination [festin'eiʃən] s. 1. pressa f. 2. (Med.) festinação f.
festival [f'estivəl] s. festival, grande festejo, divertimento m., grande festa, festa artística f. ‖ adj. festival, festivo, alegre, divertido.
festive [f'estiv] adj. festivo, festival, alegre, divertido, prazenteiro, jovial. ‖ ~ly adv. festivamente.
festiveness [~nis] s. festividade, solenidade f.
festivity [fest'iviti] s. festividade, solenidade, alegria f. festejo, regozijo m.
festoon [fest'u:n] s. festão m., grinalda f. (também Arquit.). ‖ v. engrinaldar.
fetal [f'i:təl] adj. = **foetal.**
fetch (I) [fetʃ] s. 1. busca f. 2. estratagema, artifício, sofisma, ardil m., artimanha f. 3. empenho, esforço m. 4. suspiro m., respiração profunda f. ‖ v. 1. ir buscar, ir para, trazer, mandar vir. 2. arrancar, soltar, extrair, fazer sair. 3. alcançar (preço), valer, render, ser vendido por. 4. chegar a, atingir, alcançar, levar a. 5. (coloq.) dar, aplicar. 6. (coloq.) atrair, encantar, interessar, deliciar. 7. (Náut.) rumar, seguir um rumo, chegar até.
  a far ou **long** ~ um caminho longo. **go and** ~ **a chair** vá buscar uma cadeira. **he** ~**ed a deep breath** ele respirou profundamente. **to** ~ **a blow** dar uma pancada. **to** ~ **a sigh** arrancar um suspiro. **to** ~ **about** fazer um rodeio, rodear, circular. **to** ~ **and carry** servir de criado. **to** ~ **away** sair do lugar, ficar solto. **to** ~ **down** descer, trazer para baixo, abater, humilhar. **to** ~ **in** mandar entrar, trazer para dentro. **to** ~ **out** ir buscar em, tirar fora, tirar à luz. **to** ~ **to** restabelecer, recobrar os sentidos. **to** ~ **up** 1. levar para cima. 2. recordar. 3. (Esporte) recuperar terreno.
fetch (II) [fetʃ] s. aparição f., fantasma m. de pessoa ainda viva.
fetcher [f'etʃə] s. o que vai buscar, ou traz algo.
fetching [f'etʃiŋ] adj. (coloq.) atraente, agradável, encantador. ‖ ~ly adv. encantadoramente, agradavelmente, de uma maneira atraente.
fête, fete [feit] s. festival, festejo, grande divertimento m., festa f. ‖ v. festejar, fazer festa a.
  ~ **champêtre** grande festa ao ar livre.
fete-day s. dia de festa, dia comemorativo, feriado m.
fetid [f'etid] adj. fétido, fedorento. ‖ ~ly adv. fetidamente, fedorentamente.
fetidness [~nis], **fetidity** [fet'iditi] s. fetidez f., mau cheiro m.
fetish, fetich [f'i:tiʃ, f'etiʃ] s. fetiche, talismã, amuleto m.

fetisheer [fi:tiʃ'iə] s. pajé, médico feiticeiro, mago, necromante, curandeiro m.

fetishism, fetichism [f'i:tiʃizm] s. fetichismo m.

fetishist, fetichist [f'i:tiʃist] s. fetichista m. + f.

fetishistic, fetichistic [fi:tiʃ'istik] adj. fetíchico, fetichista.

fetlock [f'etlɔk] s. 1. machinho m. (de cavalo) (quadro H 9). 2. tufo m. de cabelo que os cavalos têm no machinho. 3. junta f. da quartela, boleto m. 4. = **fetterlock**.

fetor [f'i:tɔ:] s. fétido, mau cheiro m.

fetter [f'etə] s. 1. grilhão m. 2. (geralm. no pl.) ferros, grilhões m. pl., cadeias, algemas f. pl. 3. peia f. 4. (fig.) peia, restrição, limitação f., impedimento, entrave, estorvo m. || v. 1. agrilhoar, prender, acorrentar, encadear. 2. (fig.) agrilhoar, constranger, restringir, pear, impedir, estorvar, entravar.

fettered [~d] adj. agrilhoado, acorrentado, algemado, impedido, entravado.

fetterlock [~lɔk] s. peia, trava f.

fettle [fetl] s. condição, ordem, forma f., estado m. || v. pôr em ordem, arrumar, limpar, ajustar, trabalhar com zelo.

in good ~ em boa condição, em boa forma.

fetus, foetus [f'i:təs] s. (Anat.) feto m.

feud (I) [fju:d] s. contenda, rixa, hostilidade, animosidade, inimizade tradicional f. entre famílias.

feud (II) [fju:d] s. feudo m.

feudal [fj'u:dəl] adj. 1. feudal, relativo a feudo. 2. relativo a inimizade entre famílias. || ~ly feudalmente.

feudalism [~izm] s. feudalismo m.

feudalist [~ist] s. feudalista m. + f.

feudalistic [fju:dəl'istik] adj. feudalista, feudal.

feudality [fju:d'æliti] s. 1. feudalidade f., feudalismo m. 2. feudo m.

feudalization [fju:dəlaiz'eiʃən] s. enfeudação f.

feudalize [fj'u:dəlaiz] v. enfeudar, avassalar.

feudal system s. feudalismo, sistema feudal m.

feudary [fj'u:dəri] s. feudatário, senhor de feudo m.

feudatory [fj'u:dətəri] s. 1. feudatário m. 2. vassalo m. 3. feudo m. || adj. feudatário, vassalo.

feudist [fj'u:dist] s. 1. (Jur.) feudista m. 2. (E. U. A.) contendor, rixador, disputador m.

feuilleton [f'ə:jitɔŋ] s. folhetim m.

fever [f'i:və] s. 1. (Med.) febre f. 2. (fig.) febre, exaltação, perturbação de espírito, agitação f. || v. febrilizar, febricitar, causar febre a.

intermittent ~ febre intermitente. **scarlet** ~ escarlatina. **yellow** ~ febre amarela. **~-blister, ~-sore** herpes labial, produzidos pela febre. **~-heat** calor febril, temperatura anormal, exaltação anormal.

fevered [~d] adj. febril, febricitante.

feverfew [~fju:] s. (Bot.) matricária f. (Pyrethrum parthenium).

feverish [~riʃ] adj. 1. febril. 2. febricitante. 3. (fig.) febril, exaltado, agitado, desassossegado, inconstante || ~ly adv. febrilmente, agitadamente.

feverishness [~riʃnis] s. 1. indisposição febril, febre f. 2. exaltação f., desassossego m.

feverless [~lis] adj. sem febre.

feverous [~rəs] adj. febril, febricitante. || ~ly adv. febrilmente.

fever pitch s. sobre-excitação f.

feverroot [~ru:t] s. (Bot.) ipecacuanha f.: planta medicinal da família das Rubiáceas.

fever therapy s. (Med.) terapia f. da febre.

feverweed [~wi:d] s. (Bot.) eríngio m.: gênero de umbelíferas.

feverwort [~wə:t] s. (Bot.) espécie de eupatório (Eupatorium perfoliatum).

few [fju:] s. pequeno número m. || adj. poucos, pou-

cas. || pron. poucos, poucas, raros, raras.

the ~ a minoria, os eleitos. **quite a** ~ um número regular. **spectators are** ~ há poucos espectadores. **the** ~ **strangers** os poucos estranhos. **a** ~ **pence** short in the shilling com um parafuso de menos. **a** ~ **of my things** algumas das minhas coisas. **a** ~ **alguns, algumas. not a** ~ muitos, não poucos. **some** ~ alguns, poucos. **in** ~ em poucas palavras.

fewer [fj'uə] comp. de few: menos.

~ **lessons** menos aulas. **no** ~ **than ten** nada menos que dez.

fewest [fj'u:ist] superl. de few.

the ~ o menor número, a menor quantidade.

fewness [fj'u:nis] s. 1. pequeno número m., pequena quantidade, raridade, escassez f.

fey [fei] adj. (esc.) 1. fadado a morrer, às portas da morte. 2. infortunado, infeliz. 3. desvairado. 4. excêntrico, visionário, sobrenatural.

fez [fez] s. fez m.: barrete turco.

fiancé [fi'ã:nsei] s. noivo, prometido m.

fiancée [fi'ã:nsei] s. noiva, prometida f.

fiasco [fi'æskou] s. fiasco, malogro, fracasso m.

fiat [f'aiæt] s. ordem, (Jur.) sanção f., decreto m.

to issue a ~ **of bankruptcy** convocar os credores de um falido. ~ **money** (E. U. A.) papel-moeda irresgatável e decretado moeda corrente.

fib (I) [fib] s. peta, mentirola, lorota. || v. petar, dizer mentirolas, contar histórias, fabular.

he told a ~ ele contou uma lorota.

fib (II) [fib] s. murro m. || v. esmurrar(-se), cascar, dar pancadas, espancar.

fibber [f'ibə], **fibster** [f'ibstə] s. mentiroso, contador m. de patranhas.

Fiberglas [f'aibəgla:s] s. (E. U. A.) (nome comercial) fibra f. de vidro.

fiber optics s. (Fís.) transmissão óptica f. por fibras plásticas, de vidro, etc.

fibre, fiber [f'aibə] s. 1. fibra f., filamento m. 2. elemento essencial m. 3. força f., caráter m.

fibreboard, fiberboard [f'aibəbɔ:d] s. fibra plástica em chapas.

fibred, fibered [f'aibəd] adj. fibroso.

fibreless [f'aibəlis] adj. sem fibra, sem filamentos.

fibriform [f'aibrifɔ:m] adj. fibroso, fibriforme.

fibril [f'aibril] s. fibrazinha, fibrila f.

fibrillation [faibril'eiʃən] s. fibrilação f.

fibrilliferous [faibril'ifərəs] adj. fibrilífero.

fibrilliform [faibr'ilifɔ:m] adj. fibriloso.

fibrin [f'aibrin] s. fibrina f.

vegetable ~ fibrina vegetal.

fibrination [faibrin'eiʃən] s. (Med.) fibrinose f.

fibrinous [f'aibrinəs] adj. fibroso, fibrinoso.

fibroid [f'aibrɔid] adj. fibróide.

fibroin [f'aibroin] s. (Quím.) fibroína f.

fibroma [faibr'oumə] s. (Med.) fibroma f.

fibrosis [faibr'ousis] s. (Med.) fibrose f., reumatismo muscular m.

fibrous [f'aibrəs] adj. fibroso. || ~ly adv. de modo fibroso.

~ **tissue** (Med.) tecido fibroso. ~ **tumour** fibroma.

fibrousness [f'aibrəsnis] s. fibrosidade f.

fibro-vascular adj. fibrovascular.

fibster [f'ibstə] s. mentiroso m.

fibula [f'ibjulə] s. (Anat.) fíbula f., perônio m.

fibular [f'ibjulə] adj. (Anat.) peroneal.

fickle [fikl] adj. inconstante, volúvel, variável, caprichoso, instável, mutável.

fickleness [f'iklnis] s. inconstância, volubilidade, leviandade f., capricho m.

fictile [f'iktil, f'iktail] adj. 1. maleável, plástico. 2. feito de barro. 3. tratável (indivíduo, povo).

~ art cerâmica. **~ ware** louça.
fiction [f'ikʃən] s. 1. ficção, literatura de ficção f. 2. novela f., romance m. 3. alegoria, lenda, fábula f., mito, apólogo m. **a work of ~** um romance.
fictional [~əl] adj. imaginário. ‖ **~ly** adv. ficticiamente.
fictionalize [~əlaiz] v. romancear.
fictionist [~ist] s. ficcionista, novelista, romancista m. + f.
fictitious [fikt'iʃəs] adj. fictício, fabuloso, imaginário, falso, artificial, convencional. ‖ **~ly** adv. ficticiamente.
fictitiousness [~nis] s. caráter fictício m., representação fingida f.
fictive [f'iktiv] adj. fictício, imaginário, irreal, suposto.
fid [fid] s. (Náut.) 1. barra f. 2. espicha f. para descochar cabos. 3. barra-suporte f., calço, suporte m.
fiddle [fidl] s. 1. violino m., rabeca f. 2. (Náut.) anteparo de mesa de navio. 3. (gíria) burla, trapaça, fraude f. ‖ v. 1. tocar rabeca, tocar violino. 2. desperdiçar, esbanjar. 3. inquietar-se. 4. vadiar. 5. brincar com, divertir-se com ninharias. 6. (gíria) burlar, arriscar.
fit as a ~ em boa forma, bem disposto. **to play (on) the ~** tocar violino. **to play the first ~** ocupar posição preeminente.
fiddle-block s. (Téc.) talha diferencial f.
fiddle-bow s. arco m. de violino.
fiddle-case s. caixa f. de violino ou rabeca.
fiddle-de-dee interj. histórias! tolices! bobagem!
fiddle-faddle s. 1. conversa fiada, mole f. 2. ninharia, bagatela f. 3. bobagem, tolice f., disparate m. ‖ adj. 1. insignificante, fútil. 2. que faz grande bulha sem motivo, espalhafatoso, afobado. ‖ v. 1. perder tempo, vadiar. 2. remexer, ocupar-se com ninharias.
fiddle-faddler s. pateta m. + f., vadio m.
fiddler [f'idlə] s. violinista, rabequista m. + f.
fiddlestick [f'idlstik] s. 1. arco m. de rabeca. 2. ninharia, bagatela f. 3. absurdo, disparate m.
fiddle-string s. corda f. de rabeca.
fiddle-wood s. (Bot.) pau-de-viola m. (Citherxylum cinerum).
fiddling [f'idliŋ] adj. 1. que toca rabeca. 2. inútil, insignificante, fútil, frívolo.
fidelity [fid'eliti] s. 1. fidelidade, lealdade, probidade f. 2. veracidade, exatidão f. 3. constância, devoção f.
with ~ ao pé da letra.
fidget [f'idʒit] s. inquietação, excitação, agitação, intranqüilidade f., ímpeto m. de impaciência. ‖ v. 1. inquietar, incomodar. 2. mexer-se, remexer-se. 3. bulir. 4. inquietar-se, impacientar-se, atormentar-se, preocupar-se.
he has the ~s ele tem bicho-carpinteiro.
fidgetiness [~inis] s. agitação contínua f., desassossego m., inquietação f.
fidgety [~i] adj. irrequieto, inquieto, desassossegado, impaciente, agitado, nervoso.
fiducial [fidj'u:ʃəl] adj. 1. fiducial, fiduciário, confiado, de confiança, seguro, firme. 2. (Fís.) que serve como base de medida ou referência. ‖ **~ly** adv. confiadamente, com segurança.
~ line linha de fé. **~ point** ponto de referência.
fiduciary [fidj'u:ʃiəri] s. confidente m. + f. ‖ adj. 1. fiduciário. 2. firme, seguro. 3. de confiança.
fie [fai] interj. fora! que vergonha!
fief [fi:f] s. feudo m.
field [fi:ld] s. 1. campo m. (quadro V 3). 2. esfera f.

de ação. 3. batalha f. ou campo m. de batalha. 4. caça f. 5. raio visual m. 6. competidores m. pl. ou equipes f. pl. de uma competição esportiva. 7. jazida f. ‖ v. 1. apanhar a bola. 2. torcer contra a equipe favorita. ‖ adj. de campo, de campanha.
the whole ~ of history todo o domínio da história. **in the ~** na frente, no campo de batalha, (fig.) em competição. **a big ~** bom número de competidores. **fair ~ and no favour** condições iguais para todos. **he beat his enemies off the ~** ele derrotou seus inimigos. **to hold the ~** permanecer invicto. **to take the ~** entrar em campanha ou em campo. **~ of action** campo de ação. **~ of battle** campo de batalha. **~ of fire** área sob fogo de artilharia. **~ of vision** campo visual. **coal ~** jazida de carvão. **diamond ~** jazida de diamantes. **air ~** campo de aviação. **magnetic ~** campo magnético. **mine ~s** terrenos infestados de minas.
field-allowance s. (milit.) subsídio m. de campanha.
field-army s. (milit.) exército m. de terra.
field-artillery s. (milit.) artilharia f. de campanha.
field-battery s. (milit.) bateria f. de campanha.
field-bed s. cama f. de campanha, catre m.
field-book s. (Agrim.) caderneta f. de campo.
field-day s. 1. (milit.) dia de manobras, de exercícios de campo. 2. (fig.) dia m. grande importância.
field-dressing s. (milit.) atadura f. de emergência.
field-duck s. (Orn.) abetardinha f. (Otis tetrax).
field-duty s. (milit.) serviço m. de campanha.
field-equipage s. equipamento m.
fielder [f'i:ldə] s. (beisebol, criquete) jogador m. do lado do lançador, que intercepta a bola.
field-events s. pl. esportes m. pl. de campo.
fieldfare [f'i:ldfɛə] s. (Orn.) espécie de tordo (Turdus pilaris).
field-glass s. binóculo m. (quadro B 12).
field-grade s. (milit.) graduação f. entre capitão e general-de-brigada.
field-gun s. (milit.) peça f. de campanha.
field hand s. 1. (Hist.) escravo m. para lavoura. 2. operário m. rural contratado.
field-hospital s. hospital m. de campanha.
field-ice s. campo m. de gelo flutuante.
field-intensity s. (Eletr.) intensidade f. do campo.
field-kitchen s. cozinha f. de campanha.
field-magnet s. (Eletr.) ímã gerador m. de campo.
field-marshal s. (milit.) marechal-de-campo m.
field-meeting s. ofício religioso m. ao ar livre.
field-mouse s. (Zool.) arganaz m.
field-officer s. (milit.) oficial superior m. (major, tenente-coronel, ou coronel).
field of honour s. 1. local m. de duelo. 2. campo de batalha m.
field of vision s. campo m. de visão.
field-piece s. (milit.) peça f. de campanha.
field-preacher s. pregador m. em campo aberto.
field ration s. (milit.) ração f. de campanha.
field-sports s. pl. divertimentos m. pl. do campo, como a caça, a pesca, pedestrianismo.
field-strength s. (Eletr.) intensidade f. do campo.
field-telegraph s. telégrafo portátil m.
field trial s. competição f. para cães de caça, no campo.
field trip s. jornada f. de pesquisa científica.
field-winding s. (Eletr.) enrolamento m. de campo.
field-work s. 1. trabalho científico m. de campo. 2. (milit.) forte m. de campanha, fortificação provisória f.
fiend [fi:nd] s. 1. demônio, diabo, espírito maligno m. 2. **the ~** o Satã. 3. (coloq.) viciado, fanático m. **dope ~** toxicômano. **football ~** fanático de futebol.

fiendish [f'i:ndiʃ] adj. 1. diabólico, demoníaco, satânico. 2. cruel, perverso. ‖ ~ly adv. diabolicamente.
fiendishness [~nis] s. diabrura, perversidade f.
fiendlike [f'i:ndlaik] adj. diabólico, infernal, satânico.
fierce [fiəs] adj. 1. feroz, fero, selvagem, bravio. 2. violento, furioso, raivoso. 3. impetuoso, ardente, fogoso. 4. ameaçador, aterrador. ‖ ~ly adv. ferozmente, furiosamente, encarniçadamente.
fierceness [f'iəsnis] s. ferocidade, fúria, violência, impetuosidade f.
fieri-facias [f'aiərai f'eiʃəs] s. (Jur.) mandado executivo m.
fieriness [f'aiərinis] s. fogosidade, paixão, veemência f., calor, ardor, fervor, ímpeto m.
fiery [f'aiəri] adj. 1. ígneo, de fogo, ardente, causticante, abrasador, flamejante, chamejante. 2. quente como fogo. 3. cor-de-fogo. 4. inflamável, inflamado. 5. (fig.) faiscante, chispante. 6. (fig.) ardente, veemente, fogoso, impetuoso, irascível, furioso, colérico, excitável, apaixonado, belicoso. ‖ –ily adv. fogosamente, ardentemente, furiosamente, veementemente.
~ sore chaga inflamada. ~ eyes olhos faiscantes. ~ nature indivíduo fogoso, colérico, impaciente. ~ pit inferno. ~ red rubro.
fife [faif] s. pífaro, pífano m. ‖ v. tocar pífano, tocar música no pífano.
fifer [f'aifə] s. tocador m. de pífano, ou pífaro.
fifteen [f'ifti:n] s. "team" de 15 jogadores no futebol "Rugby". ‖ num. quinze.
fifteenth [~θ] s. a décima quinta parte. ‖ num. décimo quinto.
fifth [fifθ] s. 1. quinto m., quinta parte f. 2. (Mús.) quinta f. ‖ num. quinto. ‖ ~ly adv. em quinto lugar.
fifth column s. quinta-coluna (conceito da Guerra Civil Espanhola, 1936-1939) m. + f.
fiftieth [f'iftiiθ] s. cinqüentavo, qüinquagésimo m., qüinquagésima parte f. ‖ num. qüinquagésimo.
fifty [f'ifti] num. cinqüenta.
the fifties pl. a sexta década de um século. by fifties aos cinqüenta, cinqüenta por vez. a man in the fifties um cinqüentão. a ~ year old man um qüinquagenário. ~ times inúmeras vezes. ~-one cinqüenta e um. ~-~ (gíria) em partes iguais, pela metade. they went ~-~ eles repartiram irmãmente.
fifty-fifty adv. meio a meio.
fiftyfold [f'iftifould] num.+ adv. cinqüenta vezes mais.
fig (I) [fig] s. 1. figo m. 2. (Bot.) figueira f. 3. (fig.) figa, ninharia, coisa sem valor, bagatela f. I don't care a ~ for it não faço caso disso, não me importo absolutamente com isso. he isn't worth a ~ ele não vale nada.
fig (II) [fig.] s. vestes f. pl., atavios, aprestos, petrechos m. pl., aparelhamento m. ‖ v. vestir, ataviar, enfeitar, adornar.
in full ~ (gíria) em traje de rigor, gala, etc. in good ~ em boa forma ou condição. he was figged out ele estava engalanado.
fig. (III) [fig] abr. de 1. figurative. 2. figuratively. 3. figure, figures.
figeater [f'igi:tə] s. (Zool.) espécie de besouro norte-americano que se nutre de frutas maduras.
fight [fait] s. batalha, peleja, briga, rixa, luta, contenda, disputa f., combate, pugilato m. ‖ v. (imp. e p. p. fought) batalhar, pelejar, guerrear, lutar, combater. 2. brigar, disputar. 3. bater-se por, defender, sustentar, dar combate a.
he has ~ in him ele ainda não está batido. to have a ~ bater-se, brigar. to make a ~ for lutar por. they made a ~ of it, they put up a

good ~ eles bateram-se bem. to show ~ opor resistência, não se dobrar. hand to hand ~ luta corporal, peleja. running ~ combate em retirada. to ~ one's way abrir caminho empregando esforço. to ~ off repelir, rechaçar (inimigo, etc.). to ~ out decidir pelas armas, resolver pela luta. to ~ shy of evitar, esquivar-se a. to ~ for s. th. disputar uma coisa. to ~ a duel bater-se em duelo. it's worth fighting for vale a pena bater-se por isso.
fightable [f'aitəbl] adj. combatível.
fighter [f'aitə] s. 1. lutador, batalhador, pelejador m. 2. combatente, guerreiro m. 3. boxeador m. 4. (Av.) avião m. de combate.
jet ~ bombardeiro a jacto. ~ wing esquadrilha de aviões de caça.
fighter pilot s. piloto m. de avião de combate.
fighting [f'aitiŋ] s. combate m., peleja, luta f. ‖ adj. 1. lutador, pelejador, brigão. 2. combatente, aguerrido, belicoso.
the way of ~ a maneira de combater.
fighting chance s. possibilidade f. de lutar (pela vida, na doença, p. ex.).
fighting-man s. lutador m.
fighting-services s. pl. forças armadas f. pl.
fight on v. continuar lutando.
fig-leaf s. folha f. de figueira.
figment [f'igmənt] s. ficção, imaginação, invenção f.
fig-pecker s. (Orn.) papa-figos m.
fig-tree s. (Bot.) figueira f.
figuline [f'igjulin] adj. figulino.
figural [f'igjurəl] adj. figural.
figurant [f'igjurənt] s. 1. figurante, comparsa m. 2. bailarino m.
figurante (I) [figjur'ã:nt] s. (francês) 1. figurante, comparsa f. 2. bailarina f.
figurante (II) [figjur'ænti] s. (ital.) 1. figurante, comparsa m. + f. 2. bailarino m., bailarina f.
figurate [f'igjurit] adj. figurado.
figuration [figjur'eiʃən] s. 1. figuração f. 2. representação figurativa, simbólica f. 3. configuração, figura, forma f., feitio, contorno m. 4. floreado, ornato m. 5. (Mús.) contraponto floreado m.
figurative [f'igjurətiv] adj. 1. figurativo, representativo, típico. 2. simbólico, emblemático, metafórico, figurado. 3. pitoresco. 4. floreado, florido (estilo). 5. pictorial, plástico. ‖ ~ly adv. figurativamente.
figurativeness [~nis] s. qualidade de ser figurativo.
figure [f'igə] s. 1. figura, imagem, forma, aparência f., contorno, vulto m. 2. corpo, talhe, porte m. 3. individualidade, personagem eminente f. 4. diagrama, desenho, emblema m., ilustração, figura geométrica f. 5. algarismo m., cifra f. 6. preço, valor m., quantia, importância f. 7. símbolo m. 8. figura f. de gramática ou retórica. ‖ v. 1. figurar, formar uma imagem de, desenhar, simbolizar. 2. formar uma idéia ou imagem mental de, imaginar. 3. numerar, marcar por meio de números ou algarismos, computar, calcular, avaliar. 4. (Mús.) embelezar, adornar, entremear de imagens, assinalar os respectivos acordes. 5. fazer figura, tomar parte em, salientar-se. 6. fazer cálculos matemáticos, decifrar.
what a ~ you are! (coloq.) que figura você faz! a famous ~ in history um grande vulto da história. he cuts a sorry ~ ele faz triste figura. it runs into seven ~s alcança números de sete algarismos. what's the ~ quanto custa isso. academical ~ ensaio, tratado, estudo. double ~ números de dois algarismos. lay ~ 1. boneca articulada. 2. testa-de-ferro. solid ~ (Fís.) corpo sólido. to keep one's ~ conservar-se esbelto. ~ of speech figura de retórica.

F 2

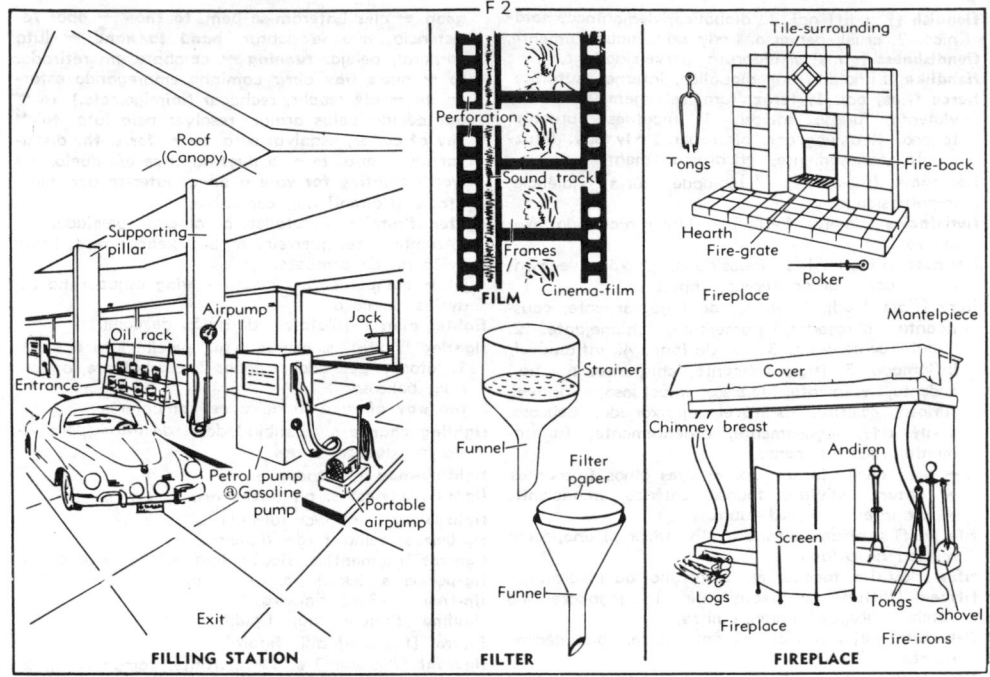

FILLING STATION — Roof (Canopy), Supporting pillar, Airpump, Oil rack, Jack, Entrance, Petrol pump @Gasoline pump, Portable airpump, Exit

FILM — Perforation, Sound track, Frames, Cinema-film

FILTER — Strainer, Funnel, Filter paper, Funnel

FIREPLACE — Tile-surrounding, Tongs, Fire-back, Hearth, Fire-grate, Poker, Fireplace, Mantelpiece, Cover, Chimney breast, Andiron, Screen, Logs, Tongs, Shovel, Fireplace, Fire-irons

to ~ on (E. U. A., coloq.) contar com, esperar. **to ~ as** passar por, parecer, afigurar-se. **he ~s as the villain** ele faz o papel de vilão. **to ~ out** calcular, figurar, imaginar. **to ~ to oneself** figurar-se, imaginar. **~ to yourself** imagine só.

figured [~d] adj. 1. figurado, adornado, simbolizado, calculado. 2. figurativo.

figure-dance s. dança figurada f.

figurehead [f'igəhed] s. 1. pessoa representativa f., sem autoridade real. 2. (Náut.) figura de proa f., acrostólio m.

figure in v. (E. U. A.) incluir (numa conta).

figureless [f'igəlis] adj. informe.

figure-skating s. patinação artística f. no gelo.

figure-stone s. (Miner.) esteatita f.

figure-weaving s. tecelagem f. de tecidos estampados.

figurine [figjur'i:n] s. estatueta f. de terracota, metal ou marfim, figurinha f.

figwort [f'igwə:t] s. (Bot.) escrofulária f., gênero de plantas escrofulariáceas, betônica-de-água (Scrophularia aquatica).

Fiji [fi:dʒ'i:] s. 1. as Ilhas Fidji. 2. fidjiano m.: indivíduo da raça aborígine das Ilhas Fidji.

Fijian [fi:dʒ'i:ən] s. fidjiano m., fidjiana f. ‖ adj. fidjiano.

filagree, fillagree [f'iligri:] adj. = filigree.

filament [f'iləmənt] s. 1. filamento m. (quadro E 1). 2. fiozinho m., fibra f. 3. (Bot.) filete m. **~ circuit** (Eletr.) circuito de filamento.

filamentary [filəm'entəri] adj. filamentar, filamentoso.

filamented [f'iləmentid] adj. filamentoso.

filamentless [f'iləmentlis] adj. sem filamento. **~ tube** (Eletr.) válvula eletrônica sem filamento.

filamentous [filəm'entəs] adj. filamentoso, fibroso.

filar [f'ailə] adj. relativo a fio ou linha, filamentoso.

filaria [fil'ɛəriə] s. (Zool.) filária f.

filariasis [filər'aiəsis] s. (Med.) filaríase, filariose f.

filature [f'ilətʃə] s. 1. dobagem f. de seda. 2. doba-

doura f., aparelho para dobar (o fio de seda). 3. filosela f.

filbert [f'ilbət] s. 1. avelã f. 2. aveleira f.

filch [filtʃ] s. 1. furto, roubo m. 2. larápio, ratoneiro, gatuno m. ‖ v. furtar, gatunhar, surripiar, roubar.

filcher [f'iltʃə] s. larápio, ratoneiro, escamoteador, gatuno m.

file (I) [fail] s. 1. fio, arame, espeto m. ou dispositivo semelhante para segurar papéis. 2. pasta f. de papéis. 3. fichário, arquivo m., pasta registradora f. 4. autos m. pl., peças de um processo, lista f., rol m. 5. fila f. (também (milit.). 6. piquete, pequeno destacamento m. 7. coluna f. do tabuleiro de xadrez. ‖ v. 1. arquivar, fichar, pôr em ordem. 2. propor uma demanda em juízo. 3. desfilar, marchar em fila.

in ~ em fila. **on ~** fichado, no arquivo. **Indian ~, single ~** coluna por um. **in double ~** em coluna de dois. **rank and ~** os soldados rasos. **to ~ an application** fazer requerimento, requerer patente. **to ~ a certificate with** entregar um certificado a. **to ~ a patent** conceder uma patente.

file (II) [fail] s. 1. lima f. (ferramenta) (quadros F 1, L 5). 2. (gíria) finório, espertalhão, tipo m. ‖ v. limar, polir, desgastar, (fig.) esmerar, aperfeiçoar. **close ~** avarento, sovina. **rough ~** lima de desbastar. **smooth ~** lima murça. **a deep ~** (gíria) um espertalhão.

file clerk s = **filing clerk.**

file-cutter s. picador m. de lima.

file down v. limar.

file-dust s. limalha f.

filer [f'ailə] s. 1. limador m. 2. registrador, arquivador m.

filet [fil'ei, f'ilei] s. 1. filé m. de vitela, de boi, de porco 2. filé m.: trabalho de agulha em forma de rede.

filial [f'iljəl] adj. filial. ‖ **~ly** adv. filialmente.

filial piety s. amor m. aos pais.

filiation [fili'eiʃən] s. 1. filiação f. 2. adoção f.

filibeg [f'ilibeg] s. (esc.). = **kilt:** saiote escocês moderno m.

filibuster [f'ilibʌstə] s. 1. flibusteiro, pirata, corsário m. 2. (E. U. A.) obstrucionista m. ou obstrução f. de trabalhos legislativos. 3. membro m. de uma expedição militar ilegal em país estrangeiro. ‖ v. 1. piratear, fazer-se de flibusteiro. 2. obstruir os trabalhos legislativos (E. U. A.).

filibusterer [filib'ʌstərə] s. flibusteiro m.

filibusterism [filib'ʌstərizm] s. flibustaria, pirataria f.

filibusterous [filib'ʌstərəs] adj. flibusteiro.

filicide [f'ilisaid] s. 1. filicídio m. 2 filicida m. + f.

filiform [f'ilifɔ:m] adj. filiforme.

filigree [f'iligri:] s. 1. filigrana f. 2. (fig.) qualquer objeto feito com capricho, com delicadeza ou arte. ‖ v. filigranar, ornamentar com filigrana, fazer algo artisticamente. ‖ adj. filigranado.

filing [f'ailiŋ] s. 1. arquivamento m. 2. limadura, limagem f. 3. (pl.) limalha f.

filing-cabinet s. arquivo, fichário m. (quadro F 8).

filing-clerk s. arquivista, arquivador m.

filing-department s. seção f. de arquivo.

Filipino [filip'i:nou] (fem. **Filipina**) s. filipino m.: natural ou habitante das Ilhas Filipinas. ‖ adj. filipino, filipina.

fill [fil] s. 1. suficiência f. 2. abastecimento, suprimento suficiente m. 3. varal ou timão m. a que se atrelam os animais. ‖ v. 1. encher. 2. atopetar. 3. acumular. 4. ocupar. 5. satisfazer. 6. saciar, completar. 7. executar. 8. preencher, desempenhar. 9 adulterar, contrafazer. 10. obturar. 11. marear. 12. encher-se, fartar-se.

to cry one's ~ chorar (para desabafar-se). **to eat one's ~** comer até fartar-se. **a ~ of tobacco** uma cachimbada. **to the ~** suficientemente. **to have one's ~** estar abarrotado. **to ~ a cup** encher uma xícara. **his voice filled the room** a sua voz encheu o aposento. **to ~ an order** executar um pedido. **to ~ a prescription** aviar uma receita. **he ~s the position** ele desempenha o cargo. **she ~s the rôle** ela desempenha o papel. **to ~ the bill** (coloq.) 1. pôr-se em evidência. 2. (E. U. A.) ser o homem competente. **to ~ up** encher completamente. **to ~ up time** empregar o tempo.

filler [f'ilə] s. 1. enchedor m., enchedeira f. 2. funil m. 3. conta-gotas m. 4. suplente m. + f.

filler material s. material de enchimento m.

fillet [f'ilit] s. 1. faixa, venda, atadura f. 2. fita f. 3. (Arquit.) moldura f., filete, friso m. 4. filé m.: lombo de vitela ou de boi. ‖ v. 1. atar, enfaixar. 2. ornar com, adornar de filetes.

fill-in s. (coloq.) tapa-buraco, substituto m.

fill in v. 1. preencher. 2. fornecer informações recentes. 3. substituir.

filling [f'iliŋ] s. 1. enchimento, recheio m. 2. obturação f. 3. adição f., suplemento m. 4. substância f. adicionada a outra para adulterá-la. ‖ adj. 1. enchedor, que enche, que atulha. 2. saciador.

filling-station s. posto m. de gasolina (quadro F 2).

fillip [f'ilip] s. 1. piparote m. 2. estímulo, incentivo m. 3. bagatela, coisa sem valor, insignificância f. ‖ v. 1. piparotear, dar piparotes em. 2. estimular, incentivar, encorajar.

it isn't worth a ~ não vale nada, não vale um ceitil.

fillister [f'ilistə] s. 1. plaina f. de rebaixar. 2. ranhura f., rebaixo, entalho m.

fill out v. 1. engordar. 2. completar em tempo.

filly [f'ili] s. 1. poldra, potranca f., égua f. de pouca idade. 2. (coloq.) rapariga f. namoradeira, folgazona, alegre.

film [film] s. 1. filme m., película, fita f. de cinema (quadro F 2). 2. membrana, pele fina f., filamento m. delicado. 3. véu m., névoa, belida f. 4. (Fot.) filme m. ‖ v. 1. filmar. 2. cobrir com véu, ou membrana fina. 3. velar(-se).

on the ~s na tela, no cinema, numa empresa cinematográfica. **to take a ~** rodar um filme.

filmable [f'ilmabl] adj. que pode ser filmado.

film-cartridge s. filme m. em rolo.

film clip s. (Telev.) trecho de filme m. intercalado em programa ao vivo (chamada).

film-fan s. fã, fanático, aficionado m. de cinema.

film-goer s. freqüentador m. de cinema.

filmic [f'ilmik] adj. fílmico. ‖ **~ally** adv. filmicamente.

filminess [f'ilminis] s. qualidade ou aparência f. de película, membrana f., véu m.

film pack s. rolo de filme m.

film-recorder s. (Cin.) aparelho gravador m. de faixa sonora.

film-star s. estrela f., astro m. de cinema.

film-version s. filmagem f.

filmy [f'ilmi] adj. 1. peliculoso, membranoso. 2. fino, delgado, diáfano, tênue. 3. enevoado, nevoento, turvo, opaco, velado, embaciado. ‖ **–ily** adv. 1. de uma maneira membranosa. 2. delgadamente, finamente. 3. enevoadamente, nebulosamente.

~ eyes olhos embaciados.

filoplume [f'iloplu:m] s. filipluma f.

filose [f'ailous] adj. filamentoso.

filoselle [filos'el] s. filosela f.

filter [f'iltə] s. 1. filtro m. (quadros C 4, F 2). 2. purificador m. ‖ v. 1. filtrar, purificar. 2. filtrar-se.

filterability [filtərəb'iliti] adj. = **filtrability**.

filterable [f'iltərəbl], **filtrable** [f'iltrəbl] adj. filtrável.

filterableness [f'iltərəblnis] s. qualidade do que é filtrável.

filter bed s. açude, tanque m. para filtrar água.

filter-cloth s. pano m. de filtro.

filterer [f'iltərə] s. filtrador, filtro m.

filtering [f'iltəriŋ] s. filtração f. ‖ adj. filtrante, filtrador.

~ material material filtrador. **~ paper** papel de filtro.

filter tip s. 1. filtro m. (de cigarro ou charuto). 2. cigarro ou charuto com filtro m.

filth [filθ] s. 1. sujeira, imundície, porcaria f., lixo m. 2. corrupção, vileza, depravação, poluição f.

filthiness [f'ilθinis] s. 1. sujidade, porcaria, imundície, impureza, sujeira, torpeza, sordidez f.

filthy [f'ilθi] adj. imundo, corrupto, obsceno. ‖ **–ily** adv. porcamente, sujamente, de maneira imunda.

filthy lucre s. lucro sujo m.

filtrate [f'iltrit] s. filtrado, líquido filtrado m. ‖ [f'iltreit] v. filtrar.

filtration [filtr'eiʃən] s. filtração, filtragem f.

fimble-hemp s. cânhamo m. de gametas masculinos.

fimbriate [f'imbrieit] adj. (Bot. e Zool.) fimbriado.

fin [fin] s. 1. barbatana, nadadeira, asa (de peixe) f. (quadro F 3). 2. asa f. de avião, estabilizador m. (quadro A 2). 3. (Téc.) rebarba f. de fundição. ‖ v. (imp. e p. p. **finned**) 1. cortar as barbatanas. 2. mover as barbatanas. 3. bater a água com as barbatanas ou a cauda.

anal ~ barbatana anal. **caudal ~** barbatana caudal. **dorsal ~** barbatana dorsal.

finable [f'ainəbl] adj. sujeito ou exposto a multa.

finagle [fən'eigəl] v. 1. dar um jeito. 2. trapacear.

final [f'ainəl] s. a etapa, o ponto final. ‖ adj. final,

último, definitivo, decisivo, conclusivo, derradeiro. ‖ ~**ly** adv. finalmente, por último, em conclusão. ~ **date for payment** dia de vencimento de uma dívida. ~ **decision** decisão concludente. **to become** ~ adquirir força de lei.
final aim s. objetivo final m.
final answer s. resposta decisiva f.
final cause s. causa final f.
final clause s. (Gram.) cláusula final f.
finale [fin'a:li] s. (Mús.) final m.: parte musical com que termina uma sinfonia, o ato de uma ópera, peça teatral, etc.
final hearing s. (Jur.) sessão final f.
finalism [f'ainəlizm] s. (Filos.) finalismo m., atribuição de. um fim determinado a tudo.
finalist [f'ainəlist] s. (Esp.) finalista m. + f.
finality [fain'æliti] s. 1. finalidade f., fim m. 2. caráter final, decisivo m. 3. decisão, determinação f.
finalize [f'ainəlaiz] v. finalizar.
final pressure s. (Téc.) pressão terminal f.
final respite s. último prazo m.
final stroke s. golpe decisivo m.
finance [fin'æns, fain'æns] s. 1. finança ou finanças f. pl.: ciência dos assuntos monetários. 2. recursos pecuniários m. pl. 3. erário, estado financeiro de um país m., fundos públicos m. pl., rendas públicas f. pl. ‖ v. 1. financiar, custear. 2. administrar as finanças de. 3. realizar operações financeiras. **my ~s are low** (coloq.) minha situação financeira está ruim.
finance bill s. lei m. do imposto.
financial [fin'ænʃəl] adj. financeiro, financial. ‖ ~**ly** adv. financeiramente.
financier [fin'ænsiə] s. financeiro m., financista m. + f. ‖ [finæns'iə] v. 1. fazer negócios de finanças. 2. (E. U. A.) defraudar alguma coisa, calotear.
fin-back s. baleia f. com barbatana dorsal.
finch [fintʃ] s. tentilhão m.
find [faind] s. achado m. ‖ v. (imp. e p. p. **found**) 1. achar, encontrar. 2. descobrir, verificar, perceber, notar, constatar. 3. julgar. 4. (Jur.) declarar, pronunciar, decidir. 5. fornecer, prover, suprir. 6. aprovar, desaprovar. 7. tirar vantagens. 8. entrar em, penetrar em. 9. resolver, decifrar, desmascarar. **I ~ it hard to believe** acho difícil acreditar. **I ~ it impossible** vejo que é impossível. **I ~ this climate agreeable** acho este clima agradável. **to ~ favor with** achar-se nas boas graças de. **I ~ no meaning in it** não descubro sentido nisso. **it was found to succeed** verificou-se que foi bem sucedido. **to ~ a conclusion** chegar a uma conclusão. **he was found competent** ele foi reconhecido competente. **I found no time to do it** não me sobrou tempo para fazê-lo. **the money cannot be found** não é possível arranjar o dinheiro. **his originality found him admirers** sua originalidade granjeou-lhe admiradores. ~ **me a cab** arranja-me um carro. **to ~ food and lodging for a friend** suprir um amigo de cama e mesa. **to ~ a (true) bill** aprovar uma demanda. **I ~ myself** providencio minha própria comida. **all found** casa e comida. **the hotel does not ~ breakfast** não se dá almoço no hotel. **I cannot ~ it in my heart to tell him** não tenho ânimo para contar-lhe. **the jury found him not guilty, found that he was not guilty** os jurados absolveram-no. **to ~ for** decidir a favor de. **he was found out fibbing** pegaram-no numa mentira. **to ~ amiss** desaprovar. **to ~ fault with** repreender. **to ~ one's account in** tirar vantagens de. **to make one ~ one's feet** fazer alguém ir embora ou apressar-se. **to ~ oneself** descobrir suas capacidades. **to ~ one's way** achar o caminho de.

findable [f'aindəbl] adj. que se pode achar, descobrir ou encontrar.
finder [f'aində] s. 1. achador m. 2. descobridor, inventor m. 3. (Fot.) visor m.
finding [f'aindiŋ] s. 1. achado m., descoberta f. 2. (Jur.) veredicto m., decisão f. de um júri. 3. averiguação f. 4. manutenção f. 5. gasto m., despesa f. 6. (pl.) ferramentas f. pl., apetrechos m. pl.
fine (I) [fain] s. 1. multa, pena, penalidade f. 2. luvas f. pl. 3. laudêmio m. ‖ v. 1. multar. 2. pagar luvas.
in ~ finalmente, por fim, em suma, resumidamente. **he was ~d 10 s.** ele foi multado em 10 xelins.
fine (II) [fain] s. tempo bom m. ‖ adj. (comp. **finer,** superl. **finest**) 1. fino, de excelente qualidade, puro. 2. belo, lindo, excelente, bom, ótimo, agradável. 3. leve, delicado. 4. claro, refinado. 5. bom, boa de saúde. 6. distinto, eminente. 7. excelente, admirável, agradável, aprazível. 8. perfeito, acabado, alinhado, correto. 9. elegante, vistoso. ‖ v. 1. clarificar, clarear, purificar, adelgaçar. 2. afinar, apurar, refinar. ‖ ~**ly** adv. finamente, lindamente, elegantemente. ‖ interj. ótimo! excelente!
in rain or ~ com chuva ou bom tempo. **22 carats ~** de 22 quilates. **a ~ bill** uma letra de câmbio idônea. **some ~ day** um belo dia. ~ **words butter no parsnips** belas palavras não enchem barriga. **a ~ friend you are!** que amigo da onça você é! **a ~ house** uma bela casa. **a ~ lady** uma senhora distinta. **a ~ scholar** um grande cientista. **a ~ woman** uma bonita senhora. **that is all very ~ but** isso tudo é muito bom, mas... **I see it all ~** vejo tudo muito bem. **to talk ~** falar eruditamente. ~ **dimension planing** aplainamento de precisão. ~ **coal** carvão miúdo.
fine arts s. pl. belas-artes f. pl.
fine-cut adj. picado (fumo).
fine-draw v. 1. cerzir. 2. estirar em fino, adelgaçar. 3. sutilizar, tecer.
to ~ an argument tecer um argumento.
fine-drawer s. cerzidor m., cerzideira f.
fine-drawing s. 1. cerzidura f. 2. estiramento delgado m.
fine-drawn adj. 1. estirado em fino, tênue. 2. excessivamente sutil.
fine-fingered adj. hábil, destro.
fine-finishing s. acabamento m. à lima murça.
fine-fit s. ajustamento m. de precisão.
fine-fluted adj. de ranhuras finas.
fine-grained adj. de granulação fina.
fine-grained sand s. areia fina f.
fine-meshed adj. de pequenas malhas.
fineness [f'ainnis] s. 1. delicadeza, sutileza, fineza, clareza, beleza f. 2. proporção f. (do metal principal numa liga). 3. finura f.
~ **of an alloy** grau de pureza de uma liga.
finery [f'ainəri] s. pl. **fineries** 1. decoração vistosa f., ornatos m. pl. de efeito, atavios m. pl. 2. elegância espalhafatosa f., vestuário berrante m. 3. refinação f. 4. ornatos m. pl. (num discurso).
fine-spoken adj. melífluo.
fine-spun adj. frágil, inconsistente.
finesse [fin'es] s. 1. finura, sutileza, astúcia f., artifício, estratagema m. 2. destreza, habilidade f. ‖ v. usar artimanhas.
fine-steel s. aço refinado m.
fine-stuff s. (Arquit.) segundo reboco m.
fine-tooth comb s. pente-fino m.
finger [f'iŋgə] s. 1. dedo m. (quadros G 2, H 10.). 2. qualquer peça saliente de pequeno porte, semelhante a um dedo. 3. comprimento ou largura correspondente a um dedo. ‖ v. 1. tocar com os dedos.

2. manusear, apalpar. 3. gatunar, surripiar, furtar. 4. (Mús.) dedilhar, executar com os dedos em instrumento musical, indicar por algarismos. **to have a thing at one's ~–tips** (ou **~–ends**) saber alguma coisa na ponta dos dedos. **to have a ~ in the pie** meter o dedo, intrometer-se em um negócio. **to lay one's ~ upon** pôr o dedo em cima, descobrir ou indicar com exatidão. **to put one's ~s in the fire** expor-se ao perigo. **to lick one's fingers** lamber os dedos. **to the ~–tips** completamente. **his ~s are all thumbs** ele é muito desajeitado. **with a wet ~** com facilidade.

finger-board s. 1. teclado m. 2. braço m. de instrumentos de cordas. (quadros G 2, V 1).

finger-bowl s. lava-dedos m.

fingerbreadth [f'iŋgǝbreθ] s. largura f. de um dedo.

fingered [f'iŋgǝd] adj. digitado, que tem dedos. **light-~** ligeiro de mãos. **clean-~** de mãos limpas, íntegro.

fingerer [f'iŋgǝrǝ] s. 1. aquele que dedilha, manuseia, apalpa, apalpador m. 2. ratoneiro, larápio m.

fingering [f'iŋgǝriŋ] s. 1. manejo m. 2. (Mús.) dedilhado m.

fingerless [f'iŋgǝlis] adj. sem dedo.

fingerling [f'iŋgǝliŋ] s. 1. (Ingl.) filhote m. de salmão ou truta. 2. peixinho m.

finger-mark s. mancha, ou marca f. deixada pelo dedo.

finger-nail s. unha f.

finger-post s. poste indicador m.

finger-print s. impressão digital f.

finger-stall s. dedeira f.

finger-tip s. ponta f. do dedo.

finglefangle [f'iŋglfæŋgl] s. bagatela f., disparate m.

finial [f'ainiǝl] s. (Arquit.) remate, término m.

finical [f'inikǝl] adj. 1. afetado ou fastidioso. 2. fátuo, tolo. || **~ly** adv. afetadamente, com denguice.

finicalness [f'inikǝlnis] s. 1. afetação f. 2. fatuidade f.

finicky [f'iniki] adj. enjoado (comida).

fining [f'ainiŋ] s. 1. afinação, afinagem f. 2. refinação, purificação f. de metais. 3. clarificação f.

fining-pot s. cadinho m. de refinar.

finis [f'ainis] s. 1. fim, termo m. 2. morte f.

finish [f'iniʃ] s. 1. fim, termo, remate, acabamento m., conclusão f. 2. aperfeiçoamento, retoque, polimento m., última demão f. || v. 1. acabar, terminar, completar. 2. aperfeiçoar, retocar. 3. rematar, concluir. 4. liquidar, dar fim a. 5. fenecer, chegar ao fim, cessar, expirar, morrer. **to be in at the ~** tomar parte no final. **they fought to the ~** eles lutaram até o fim, até o último alento. **I ~ed reading** acabei de ler. **he ~ed off the dish** ele tomou o resto. **he ~ed with a cheer** ele terminou com um aplauso. **I have ~ed with you** não quero mais saber de você. **it is ~ed with him** ele está perdido, arruinado.

finished [~t] adj. 1. acabado, terminado, completo. 2. perfeito. 3. liquidado, morto, esgotado.

finisher [~ǝ] s. 1. rematador, retocador, aperfeiçoador m. 2. golpe final, decisivo ou esmagador m.

finishing [~iŋ] s. acabamento, remate m., consumação, última demão f. || adj. último, final, derradeiro, decisivo, concludente. **~ stroke** golpe ou tiro de misericórdia.

finishing school s. escola particular f. para moças da sociedade.

finite [f'ainait] s. finito m., coisas finitas f. pl. || adj. finito, limitado, terminável, contingente. || **~ly** adv. limitadamente, de uma maneira finita.

finiteness [~nis] s. limitação, restrição, finidade f., limite, marco m.

fink [fiŋk] s. (E. U. A.) (gíria) 1. delator m. 2. fura-greves m. + f. 3. espião m. (industrial; sindical). 4. pessoa antipática f.

Finlander [f'inlǝndǝ] s. finlandês m.: habitante da Finlândia. || adj. finlandês.

finless [f'inlis] adj. desprovido de barbatanas.

Finn [fin] s. finlandês m.

finnan [f'inǝn] s. eglefim m. (espécie de bacalhau) defumado.

finned [find] adj. provido de barbatanas, nadadeiras.

finner [f'inǝ] s. (Zool.) rorqual m.

Finnic [f'inik] adj. finês, finlandês.

Finnish [f'iniʃ] s. finlandês m.: a língua falada na Finlândia.

Finno-Ugric [f'inou-j'u:grik] s. uralo-altaico m. (abrange vários grupos: finlandês, húngaro, etc.).

finny [f'ini] adj. 1. provido de barbatanas. 2. semelhante a barbatana. 3. relativo ao peixe.

fiord, fjord [fjɔ:d] s. fiorde m.

fiorin [f'aiǝrin] s. (Bot.) capim-panasco m. (Agrostis stolonifera major).

fiorite [fi'ourait] s. (Miner.) fiorita f.

fioritura [fiorǝt'u:ra:] s. (Mús.) fioritura f.

fir [fǝ:] s. (Bot.) abeto, pinheiro m.

fir-apple s. pinhão m.

fire [f'aiǝ] s. 1. fogo, lume m., fogueira f. 2. incêndio m. 3. chama f. 4. (fig.) ardor, fervor, ímpeto, calor, furor m., paixão, emoção, inspiração poética f. 5. fuzilaria, descarga f. de armas de fogo, tiroteio m. 6. brilho, resplendor, fulgor, raio, corisco m., chispa, faísca f. 7. conflagração, erupção, incandescência f. 8. furor m. 9. aflição, provação, tortura, perseguição f. || v. 1. atear fogo a, incendiar, inflamar, queimar, abrasar. 2. explodir. 3. detonar, fazer fogo. 4. (fig.) inflamar, estimular, animar, excitar, irritar. 5. lançar, arremessar, arder, luzir, iluminar, cintilar, fulgir, incandescer. 7. cauterizar. 8. demitir, despedir, destituir de emprego. 9. incendiar-se, inflamar-se. 10. repicar sinos (como em caso de incêndio). 11. desfechar, descarregar (arma de fogo), detonar, deflagrar. **the ~ of youth** o fervor da mocidade. **at the ~** ao lado da fogueira. **like a house on ~** como um relâmpago. **no smoke without ~** não há fumaça sem fogo. **to hang ~** ficar em suspenso. **cross-~** fogo cruzado. **running ~** fogo cerrado. **under ~** debaixo de fogo. **to cease ~** cessar o fogo. **to give ~** dar ou fazer fogo. **to keep up the ~** conservar o fogo. **to make up the ~** atiçar o fogo. **to pour oil on the ~** deitar lenha no fogo. **St. Anthony's ~** erisipela. **St. Elmo's ~** fogo-de-santelmo.

fire-alarm s. alarma m. de fogo (quadro S 16).

firearm [f'aiǝ:m] s. arma f. de fogo.

fireback [f'aiǝbæk] s. 1. parede traseira f. de uma lareira (quadro F 2). 2. espécie de faisão malaio.

fireball [f'aiǝbɔ:l] s. 1. globo m. de fogo. 2. (milit.) granada f. de mão.

firebar [f'aiǝba:] s. barra f. de grelha.

fire-bell s. campainha f. de alarma.

fireboard [f'aiǝbɔ:d] s. tampo m. de lareira.

fireboat [f'aiǝbout] s. embarcação f. aparelhada para combater incêndios.

fire-bomb s. bomba incendiária f.

firebox [f'aiǝbɔks] s. fornalha f.

firebrand [f'aiǝbrænd] s. 1. tição m. 2. incendiário m.

firebreak [f'aiǝbreik] s. faixa f. de terra limpa, para impedir o alastramento de incêndio florestal.

firebrick [f'aiǝbrik] s. tijolo m. refratário.

fire-brigade s. corpo m. de bombeiros.

fire clay s. barro refratário m.

fire-company s. 1. companhia f. de seguros contra fogo. 2. companhia f. de bombeiros.

fire control s. (milit.) controle técnico m. e automático do fogo de artilharia.

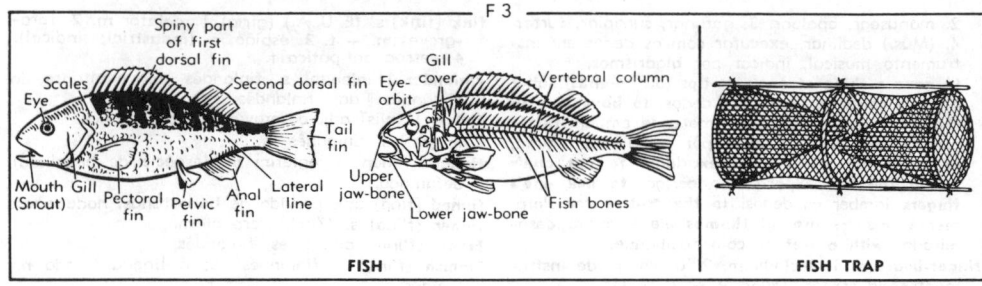

F 3

FISH   FISH TRAP

firecracker [f'aiəkrækə] s. traque m.: fogo de artifício.
fire-curtain s. cortina f. de fogo.
fire-damage s. prejuízo m. causado pelo fogo.
fire-door s. porta f. de chaminé.
fire-eater s. pelotiqueiro, engole-fogo m.
fire engine s. bomba f. de incêndio.
fire-escape s. escada salva-vidas f. contra incêndio.
fire extinguisher s. extintor m. de incêndio.
fire fighter s. bombeiro m. (esp. florestal).
firefly [f'aiəflai] s. pirilampo, vaga-lume m.
fire-grate s. grelha f. (quadros B 13, F 2).
fire-hose s. mangueira f. de incêndio.
fire hydrant s. hidrante m.
fire-insurance s. seguro m. contra fogo.
fireless [f'aiəlis] adj. sem fogo.
fire-lighter s. 1. isqueiro m. 2. substância inflamável f. para atear fogo.
firelock [f'aiələk] s. mosquete m. ou espingarda f. de pederneira.
fireman [f'aiəmən] s. 1. bombeiro m. 2. foguista m.
firemaster [f'aiəma:stə] s. chefe m. de um corpo de bombeiros.
fire-new adj. novinho.
fire-office s. (brit.) companhia f. de seguros contra fogo.
fire-pan s. braseiro, fogareiro m.
fireplace [f'aiəpleis] s. fogão m., lareira f. (quadro F 2).
firepower [f'aiəpauə] s. (milit.) potência f. de fogo.
fireproof [f'aiəpru:f] adj. à prova de fogo. ‖ v. tornar à prova de fogo.
firer [f'aiərə] s. incendiário m.
fire-risk s. perigo m. de incêndio.
fire room s. (Náut.) casa f. das máquinas.
fire-screen s. 1. guarda-fogo m. 2. pára-fogo m.
fire-ship s. brulote, navio m. de fogo.
fire-shovel s. pá f. de fogo.
fireside [f'aiəsaid] s. 1. lareira f. 2. pé m. do fogo.
fire-station s. posto m. de bombeiros.
firestone [f'aiəstoun] s. 1. pirita, pedra refratária f. 2. pederneira f.
fire-test s. 1. prova f. de fogo. 2. ponto m. de combustão.
fire-trap s. prédio m. que oferece perigo de incêndio.
fire-trench s. trincheira f. da linha de frente.
fire-wall s. parede f. ou muro m. guarda-fogo.
fire-ward s. 1. guarda-florestal m. 2. chefe m. de bombeiros.
firewater [f'aiəwo:tə] s. (E. U. A.) aguardente f.
fireweed [f'aiəwi:d] s. qualquer erva que brota depois de um incêndio florestal.
firewood [f'aiəwud] s. lenha f.
firework [f'aiəwə:k] s. fogo m. de artifício.
fire-worship s. pirolatria f.: adoração do fogo.
fire-worshipper s. pirólatra m. + f.: adorador do fogo.
firing [f'aiəriŋ] s. 1. ato de acender. 2. fogo, com-

bustível, aquecimento m. 3. (milit.) descarga f. 4. fuzilaria f. 5. tiroteio m.
firing-chamber s. câmara f. de explosão (de um motor).
firing-charge s. carga f. de detonante.
firing coal s. combustão m. de carvão.
firing-iron s. cautério m.
firing line s. (milit.) linha f. de fogo.
firing pin s. percussor m.
firing spark s. chispa f. de inflamação.
firing squad s. (milit.) 1. pelotão m. de fuzilamento. 2. pelotão m. para salvas fúnebres.
firing tool s. atiçador m.
firkin [f'ə:kin] s. 1. barril m.: medida de capacidade. 2. um quarto de barril, ou 9 galões. 3. barrilete m.: pequeno barril para manteiga, banha, etc.
firm (I) [fə:m] s. firma comercial, empresa f.
firm (II) [fə:m] v. 1. firmar, fixar. 2. confirmar. ‖ adj. 1. firme, seguro, sólido. 2. tenaz. 3. imóvel. 4. vigoroso, resoluto. ‖ **~ly** adv. firmemente. **~ bid, ~ offer** oferta definitiva. **they bought ~** eles compraram definitivamente. **they held ~ to** eles se firmaram em.
firmament [f'ə:məmənt] s. firmamento, céu m.
firmamental [fə:məm'entl] adj. celeste, celestial, do firmamento.
firmer [f'ə:mə] s. formão m. (quadro C 5).
firmer chisel s. talhadeira f.
firmness [f'ə:mnis] s. firmeza, constância, solidez f.
firn [fə:n] s. nevado m., neve granulada f.
firry [f'ə:ri] adj. abietino, abundante em abetos.
first [fə:st] s. 1. primeiro m. 2. começo, princípio m. ‖ adj. 1. primeiro. 2. primitivo, anterior. 3. em primeiro lugar. 4. principal, fundamental, essencial. ‖ adv. 1. antes de tudo. 2. primeiramente. 3. antes. 4. pela primeira vez. 5. preferivelmente. **I'll go to jail ~** prefiro ir ao cárcere. **at ~ blush** à primeira vista. **~ or last** tarde ou cedo. **~ and last** ao todo, em conjunto. **~ of all** antes de mais nada. **~ off** a princípio. **to go ~** viajar de primeira classe. **the ~ of May** primeiro de maio. **in the ~ place** em primeiro lugar. **~ turning on the left** primeira rua à esquerda. **First Lord of the Admiralty** ministro da Marinha. **I shall take the ~ train that comes** tomarei o primeiro trem que chegar. **head~** com a cabeça para a frente. **~ come, ~ served** quem chega primeiro será atendido primeiro.
first aid s. primeiros socorros m. pl.
first-aid post s. pronto-socorro m.
first-born s. primogênito m., o mais velho.
first cause s. causa primária, fonte f.
First Cause (Teol.) Deus, princípio de tudo.
first-class adj. de primeira classe, primeira ordem.
to travel ~ viajar em primeira classe.
first-degree adj. de primeiro grau.
first estate s. (Hist.) primeiro estamento: clero m.
first floor s. primeiro andar m.
first form s. primeiro ano m. (nas escolas).

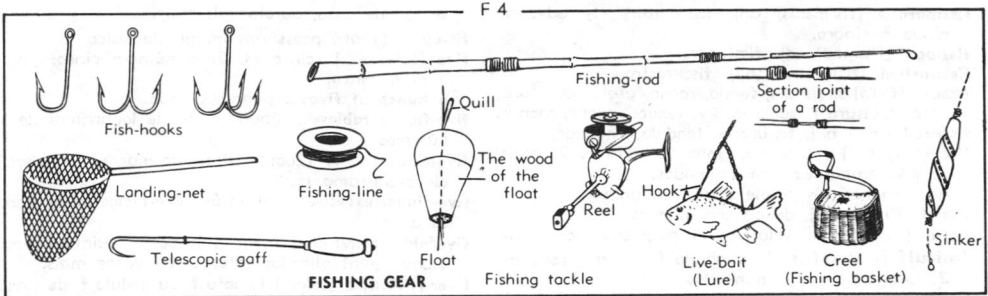

— F 4 —

Fish-hooks

Landing-net

Telescopic gaff

Quill

Fishing-line

The wood of the float

Float

FISHING GEAR

Fishing-rod

Reel

Hook

Fishing tackle

Section joint of a rod

Live-bait (Lure)

Creel (Fishing basket)

Sinker

FISHING GEAR

first-generation adj. de primeira geração.
first-hand adj. de primeira mão, direto, imediato.
‖ adv. diretamente, imediatamente.
  to buy at ~ comprar de primeira mão.
first lady s. (E. U. A.) esposa f. do presidente dos E. U. A., primeira dama f. do país.
first lieutenant s. (milit., E. U. A.) primeiro-tenente m.
firstling [f'ə:stliŋ] s. 1. primícias f. pl. 2. primogênito m.
firstly [f'ə:stli] adv. = first.
first mate s. (Náut.) imediato m., primeiro piloto.
first mortgage s. primeira hipoteca f.
first name s. prenome, nome de batismo m.
first night s. estréia f., noite f. de estréia.
first offender s. delinqüente primário m.
first prize s. primeiro prêmio m.
first-rate adj. de primeira classe, excelente.
firth [fə:θ] s. estuário, braço m. de mar.
fisc [fisk] s. fisco, erário, tesouro m.
fiscal [f'iskəl] s. fiscal m. ‖ adj. fiscal.
fish [fiʃ] s. 1. peixe, pescado m. (quadro F 3). 2. reforço m. 3. (Mec.) tala f. 4. (Náut.) lambareiro m. ‖ v. 1. pescar. 2. buscar. 3. (Náut.) unir. 4. atravessar. 5. (Téc.) eclipsar. 6. lançar a isca, pesquisar, procurar obter. 7. descobrir. 8. suspender.
fried ~ peixe assado. **salt ~** peixe salgado. **they had ~ for dinner** eles tiveram peixes para o jantar. **let's have a ~** vamos pescar. **to feed the ~es** estar mareado. **to feel like a ~ out of water** sentir-se fora de seu elemento (ambiente). **to have other ~ to fry** ter outras coisas mais importantes a tratar. **to be neither ~, flesh, fowl, nor good red herring** não ser nem peixe nem carne, não ter opinião pró nem contra, não se definir. **he fished something out of the water** ele puxou qualquer coisa da água. **to ~ somebody up** salvar alguém de afogamento. **to ~ for compliments** pescar elogios. **to ~ in troubled water** pescar em águas turvas. **the river ~es well** o rio é bom para pescar.
fishable [f'iʃəbl] adj. que se pode pescar.
fish-bait s. isca f. para pescar.
fish ball s. bolinho f. de peixe.
fish-basket s. côvão m.
fishbolt [f'iʃboult] s. parafuso m. para tala.
fish-bone s. espinha f. de peixe (quadros E 2, F 3).
fish-bowl s. aquário m.
fish-carver s. faca f. para peixe.
fish curer s. defumador ou salgador m. de peixe.
fisher [f'iʃə] s. 1. pescador m. 2. animal m. que pesca. 3. barco m. de pesca.
  king~ martim-pescador.
fisherman [f'iʃəmən] s. pescador m.
fishery [f'iʃəri] s. 1. pesca f., indústria f. da pesca. 2. lugar m. de pesca. 3. (Jur.) direito m. de pesca.
fishful [f'iʃful] adj. piscoso, abundante de peixe.
fishgig [f'iʃgig] s. fisga f., arpão m. para pescar.
fishhawk [f'iʃhɔ:k] s. (Zool.) águia-pescadora f.

fishhook [f'iʃhuk] s. anzol m.
fishiness [f'iʃinis] s. 1. sabor, cheiro m. ou forma f. de peixe. 2. abundância f. de peixes. 3. dubiedade, má reputação f., caráter duvidoso m. 4. embaciamento m., falta f. de expressão.
fishing [f'iʃiŋ] s. pesca, pescaria f.
fishing-boat s. barco m. de pesca.
fishing-fly s. isca artificial f. (quadro F 4).
fishing-frog s. (Zool.) rã-do-mar f.
fishing-gear s. pesqueira f., armação f. de pesca.
fishing-ground s. pesqueiro m.: lugar onde se pesca.
fishing line s. linha f. de pescar (quadro F 4).
fishing net s. rede f. de pescar.
fishing rod s. vara f. de pescar (quadro F 4).
fishing tackle s. pesqueiro m., armação f. de pesca, aparelhos ou apetrechos m. pl. de pesca (quadro F 4).
fish joint s. (Téc.) junção f., dispositivo m. para prender ou ligar.
fish ladder s. rede f. de açudes, em plano ascendente, para passagem do peixe por represas.
fishless [f'iʃlis] adj. desprovido de peixes.
fishlet [f'iʃlit] s. peixinho m.
fishlike [f'iʃlaik] adj. como peixe, pisciforme, que tem forma de peixe.
fishmarket [f'iʃma:kit] s. mercado m. de peixes.
fish meal s. farinha f. de peixe.
fishmonger [f'iʃmʌŋgə] s. peixeiro m.
fishplate [f'iʃpleit] s. (Téc.) tala f. de cobertura, tala de junção (de trilhos) (quadro R 1).
fishpond [f'iʃpond] s. viveiro, tanque m. de peixes.
fishskin [f'iʃskin] s. pele m. de peixe ou animal marinho.
fish slice s. faca f. para peixe.
fish spear s. lança farpada f. para pescar.
fish story s. estória exagerada f. (de pescador, etc.).
fish-tackle s. (Náut.) guincho m. da âncora.
fish-tail s. rabo m. de peixe. ‖ adj. semelhante a, ou moldado como rabo de peixe.
fish warden s. fiscal m. de pesca.
fishwife [f'iʃwaif] s. 1. peixeira, vendedora f. de peixes. 2. mulher desbocada f.
fishy [f'iʃi] adj. 1. piscoso, abundante em peixes. 2. de peixe. 3. (coloq.) duvidoso, improvável, suspeito.
fissile [f'isil, f'isail] adj. que tende a fender-se, fendível, separável.
fissility [fis'iliti] s. 1. ação f. de fender-se. 2. (Biol.) divisão celular f.
fission [f'iʃən] s. 1. fendimento m., divisão f. em partes. 2. (Biol.) fissiparidade f. 3. (Fís., Quím.) desintegração f. do núcleo atômico.
fissionable [~əbl] adj. capaz de desintegração nuclear.
fission bomb s. = atomic bomb.
fissiparism [fis'ipərizm], **fissiparity** [fisip'æriti] s. fissiparidade f.

fissiparous [fis'iparəs] adj. fissíparo. ‖ ~ly adv. de modo fissíparo.
fissiped [f'isiped] adj. fissípede.
fissirostral [fisir'ostrəl] adj. fissirrostro.
fissure [f'iʃə] s. fissura, fenda, racha, greta, abertura, brecha, cisura f., sulco m. ‖ v. fender, partir, rachar.
fissured [~d] adj. fissurado, fendido, rachado.
fist [fist] s. 1. punho m., mão fechada f. 2. pulso m. ‖ v. empunhar, dar punhadas.
he clenched his ~ ele cerrou o punho.
fisted [f'istid] adj. de ou com punhos.
fistic [f'istik] adj. relativo ao pugilismo, ao boxe.
fisticuff [f'istikʌf] s. 1. punhada f., murro, soco m. 2. luta ou briga f. a murros.
fisticurfer [~ə] s. pugilista m., pessoa que luta dando murros.
fist-law s. direito m. do mais forte.
fistula [f'istjulə] s. fístula f.
fistular [f'istjulə] adj. fistular, fistuloso.
fistulous [~s] adj. fistuloso.
fit (I) [fit] s. 1. ajustagem, adaptação f., ajuste, encaixe, encaixamento, ajustamento m. 2. corte, feitio, talhe m., forma f. ‖ adj. 1. bom, próprio, conveniente, ajustado, justo. 2. preparado, apto, digno, capaz. ‖ v. (imp. e p. p. **fitted**) 1. assentar, ajustar, adaptar, prover, amoldar. 2. convir a, ser conveniente ou apropriado. 3. aprontar, preparar, qualificar. 4. suprir, prover, equiparar, aparelhar. 5. (Téc.) encaixar, engatar. 6. (Mec.) montar. ‖ ~ly adv. adequadamente.
this coat is a tight ~ este casaco fica muito justo. **it is a perfect** ~ assenta com perfeição. **to a** ~ por um fio de cabelo. **it doesn't** ~ não se adapta bem. **to** ~ **pipes into each other** encaixar tubos um no outro. **his talents** ~ **him for this job** seus talentos habilitam-no para este trabalho. **to** ~ **out a ship** armar um navio. **to** ~ **up a house** mobiliar uma casa. **your description** ~**s him** sua descrição caracteriza-o. **it** ~**s the occasion** isto vem a propósito. **it** ~**s in my plan** isto se enquadra no meu plano. **the survival of the fittest** a sobrevivência dos mais capazes. **it is not** ~ não é conveniente. ~ **for publication** próprio para publicação. **food** ~ **for a king** uma refeição régia. **it is** ~ **to do** é conveniente fazer. **I think** ~ **to go** acho conveniente ir.
fit (II) [fit] s. 1. acesso, ataque, espasmo m. 2. desmaio, colapso m., síncope, convulsão f. 3. disposição, vontade f., humor m.
drunken ~ embriaguez. **to beat s. o. into** ~**s** vencer alguém fácil e completamente. **a** ~ **of ague** acesso de febre. ~ **of cold** calafrio. **a scolding** ~ mau humor. ~ **of rage** ataque de cólera. **if the** ~ **takes me, if the** ~ **comes upon me** se me dá a vontade.
fitful [f'itful] adj. espasmódico, indeciso, vacilante. ‖ ~ly adv. espasmodicamente.
fitfulness [~nis] s. capricho m., justiça f.
fitness [f'itnis] s. aptidão, conveniência f.
fit-out s. equipamento m.
fitted [f'itəd] adj. 1. provido (de **with**). 2. fixo no lugar.
fitter [f'itə] s. 1. adaptador, ajustador m. 2. (Mec.) montador m.
fitting [f'itiŋ] s. 1. ajustamento, assentamento, encaixe m., acomodação, adaptação, montagem, armação f. (quadro B 3). 2. alinho, ajuste m., eqüidade f. ‖ adj. conveniente, adequado, próprio, apropriado. ‖ ~ly adv. convenientemente, propriamente, adequadamente.
fittingness [~nis] s. conveniência, propriedade, justeza f.
fittings [f'itiŋz] pl. s. móveis, utensílios, acessórios

m. pl. de casa, automóvel, etc.
fit-up s. (Teat.) acessórios m. pl. de palco.
five [faiv] s. 1. cinco m. 2. o número cinco. ‖ num. cinco.
a bunch of fives o punho, a mão.
five-figure tables s. tábuas f. pl. de logaritmos de 5 números.
five-finger s. 1. (Zool.) estrela-do-mar m. 2. (Bot.) cinco-em-rama m.
five-finger exercises s. pl. (Mús.) exercícios m. pl. para os dedos.
fivefold [f'aivfould] num. quíntuplo, quintuplicado. ‖ adv. quintuplicadamente, cinco vezes mais.
fiver [f'aivə] s. (coloq.) 1. nota f. ou cédula f. de cinco dólares ou libras. 2. cinco pontos m. pl. 3. (Esp:) rebatida f. com que se marcavam cinco pontos.
fives [faivz] s. jogo m. de bola.
five-shooter s. revólver m. de cinco tiros.
fix [fiks] s. 1. dificuldade, posição difícil f., apuro, embaraço, dilema m. ‖ v. 1. fixar, prender, ligar, firmar, pregar, cravar. 2. estabelecer, determinar. 3. tratar. 4. solidificar. 5. ajustar.
in a bad ~ em apuros. **we are in a nice** ~ estamos em maus lençóis. **he is in a good** ~ (E. U. A.) ele está em boa disposição. **they** ~**ed it** eles arranjaram-no. **to** ~ **a post in the ground** cravar um poste no chão. **to** ~ **a date** marcar uma data. **to** ~ **upon a resolution** tomar uma resolução firme. **to** ~ **the eyes upon** cravar os olhos em. **to** ~ **the blame on s. o.** pôr a culpa em alguém. **to** ~ **a meal** preparar uma refeição. **I'll** ~ **him** eu me encarrego dele. **to** ~ **a cop** subornar um policial.
fixable [f'iksəbl] adj. fixável, que se pode fixar.
fixate [f'ikseit] v. fixar, firmar, determinar a posição de, estabilizar.
fixation [iks'eiʃən] s. fixação, firmeza, estabilidade f.
fixative [f'iksətiv] s. fixativo, fixador, mordente m. ‖ adj. fixativo, fixador.
fixature [f'iksətʃə] s. fixador m. de cabelo.
fixed [fikst] adj. fixo, estável, fixado, estabelecido, permanente, seguro, ligado. ‖ ~ly adv. fixamente.
my intentions are ~ minhas intenções são definitivas.
fixed assets s. pl. 1. cabedal m. 2. ativo fixo m.
fixed charge s. despesa, contribuição fixa f.
fixed idea s. idéia fixa f.
fixedness [f'iksidnis] s. fixidez, firmeza, estabilidade, constância f.
fixed oil s. (Quím.) óleo não volátil m.
fixed point s. ponto fixo m.
fixed price s. preço fixo m.
fixed property s. bens m. pl. de raiz.
fixed satellite s. satélite fixo m. sobre determinado ponto na Terra.
fixed star s. (Astron.) estrela fixa f.
fixer [f'iksə] s. fixador m.
fixing [f'iksiŋ] s. 1. fixação, determinação f. 2. adaptação f. 3. recorte m. 4. arranjo, conserto m.
fixing bath s. (Fot.) fixador, banho fixador m.
fixings [f'iksiŋz] s. pl. adornos, acessórios m. pl.
fixity [f'iksiti] s. 1. fixidez, fixidade, firmeza, estabilidade f. 2. caráter m. permanente.
fixture [f'ikstʃə] s. 1. fixação, fixidez f. 2. pessoa ou coisa f. permanentemente ligada a um lugar. 3. acessório, pertence m., instalação f. 4. (Jur.) a) apêndice m. dum imóvel. b) combinação f. contratual definitiva. 5. competição f. esportiva ou peça f. teatral programada. 6. (Com.) crédito m. a curto prazo. 7. posição f. fixa.
fix up v. 1. prover (alguém) com; fazer arranjos para (alguém). 2. (E. U. A.) trajar-se formalmente.
fizz [fiz] s. 1. assobio m. 2. crepitação, efervescência

f., estrépito m. ‖ v. 1. assobiar, sibilar. 2. efervescer, crepitar.

fizzer [f'izə] s. (gíria) obra-prima f., qualquer coisa excelente, ótima.

fizzing [f'iziŋ] adj. (gíria) ótimo, de primeira, excelente, espetacular.

fizzle [fizl] s. 1. assobio m. 2. crepitação, chiadeira f. 3. fiasco, fracasso, malogro, ridículo m. ‖ v. 1. sibilar, assobiar, chiar. 2. crepitar, estalejar. 3. fracassar, fazer fiasco. **it ~d out** malogrou. **to have a ~** silvar, chiar.

fizzy [f'izi] adj. efervescente, espumante.

fjord [f'i:o:d], **fiord** [fjo:d] s. (Noruega) fiorde m.

flabbergast [fl'æbəga:st] v. espantar, pasmar. **he was ~ed** ele ficou perplexo.

flabbiness [fl'æbinis] s. flacidez, frouxidão, moleza f.

flabby [fl'æbi] adj. 1. frouxo, lasso, mole, balofo. 2. amolecido. 3. lânguido, fraco, débil. ‖ **–ily** adv. flacidamente, frouxamente, fracamente, debilmente.

flabellate [fl'æbəlit] adj. flabelado, flabelar.

flabellation [flæbəl'eiʃən] s. (Med.) flabelação f.

flabelliform [fləb'elifo:m] adj. flabeliforme, flabelado, flabelar.

flaccid [fl'æksid] adj. 1. flácido, frouxo, mole, balofo. 2. brando, lânguido, fraco. ‖ **~ly** adv. flacidamente, frouxamente, debilmente.

flaccidity [~iti], **flaccidness** [~nis] s. = **flabbiness.**

flacon [fl'ækən] s. frasco m., garrafa bojuda f.

flag (I) [flæg] s. 1. bandeira f., pavilhão, estandarte, lábaro, pendão m. 2. emblema m., qualquer coisa que sugere uma bandeira. ‖ v. 1. transmitir sinais com bandeiras. 2. enfeitar, embandeirar, cobrir de de bandeiras.
black ~ bandeira negra, emblema da pirataria. **red ~** bandeira vermelha, emblema dos partidos revolucionários, sinal de desafio. **yellow ~** bandeira de quarentena. **to drop the ~** (Esp.) dar sinal de partida. **to show the ~** fazer-se percebido. **to show the white ~** mostrar a bandeira branca, render-se. **we must keep the ~ flying** temos de manter o ânimo. **to dip the ~** saudar com a bandeira. **to hang the ~ halfmast high** hastear (ou arvorar) a bandeira a meio pau. **to hoist the ~** içar a bandeira. **to lower, ou strike the ~** arriar a bandeira. **to ~wag** comunicar por meio de bandeiras. **to ~ a train** fazer parar um trem.

flag (II) [flæg] s. (Bot.) 1. espadana f., lírio-roxo m. 2. íris f. 3. cálamo m.

flag (III) [flæg] v. (imp. e p. p. **flagged**) 1. cansar, fatigar-se, enfraquecer, afrouxar, desanimar, esmorecer. 2. descair, pender, murchar.

flag (IV) [flæg] s. laje, lousa f. ‖ v. lajear, pavimentar com lousas ou lajes.

flag bearer s. porta-bandeira, porta-estandarte m.

flag-captain s. comandante m. de nau capitânia.

Flag Day s. 1. dia m. de peditório. 2. (E. U. A.) Dia da Bandeira.

flagellant [fl'ædʒilənt] s. fanático m. que se flagela por motivo religioso. ‖ adj. flagelante.

flagellate [fl'ædʒileit] v. flagelar, açoitar, azorragar. ‖ adj. (Biol.) flagelado, flagelífero, flageliforme.

flagellation [flædʒəl'eiʃən] s. flagelação f.

flagellator [fl'ædʒəleitə] s. flagelador, açoitador m., flagelante m. + f.

flagelliform [fləd'elifo:m] adj. em forma de flagelo.

flagellum [fləd'ʒ'eləm] s. pl. **flagella** flagelo, açoite, azorrague m.

flageolet [flædʒol'et] s. (Mús.) flajolé m.

flagger [fl'ægə] s. lajeador m.

flagging (I) [fl'ægiŋ] s. lajes f. pl., lajeamento m.

flagging (II) [fl'ægiŋ] adj. 1. pendente, dependurado, 2. lânguido, cansado, flácido, debilitado, abatido. ‖ **~ly** adv. flacidamente, languidamente.

flagitious [fləd'ʒ'iʃəs] adj. celerado, criminoso, malvado, perverso, infame, abominável, hediondo. ‖ **~ly** adv. atrozmente, cruelmente.

flagitiousness [~nis] s. infâmia, malvadez, perversidade, atrocidade, ferocidade f.

flag-lieutenant s. ajudante-de-ordens m. de almirante.

flagman [fl'ægmən] s. sinaleiro m.

flag-officer s. comandante m. de esquadra, almirante m.

flag of truce s. (milit.) bandeira branca f.

flagon [fl'ægən] s. frasco m., jarra f.

flagpole [fl'ægpoul] s. pau m. de bandeira, mastro m.

flagrancy [fl'eigrənsi] s. 1. enormidade, notoriedade f. 2. ultraje, escândalo m. 3. ardor, calor m.

flagrant [fl'eigrənt] adj. 1. flagrante, escandaloso, notório, atroz, vergonhoso. 2. evidente, patente, manifesto. 3. acalorado, ardente, enorme. ‖ **~ly** adv. flagrantemente, notoriamente, em flagrante.

flagship [fl'ægʃip] s. capitânia, nau almirante f.

flagstaff [fl'ægsta:f] s. haste f., pau ou mastro m. de bandeira.

flag-station s. estação f. onde o trem pára somente ao sinal da bandeira, parada facultativa.

flagstone [fl'ægstoun] s. laje f.

flagwagging [fl'ægwægiŋ] s. (milit.) sinalização f. com bandeiras, exercício m. de sinalização.

flag-waving s. ostentação f. de emoções patrióticas ou cívicas.

flail [fleil] s. mangual m. ‖ v. malhar cereais.

flair [flɛə] s. 1. olfato, faro, instinto m. 2. discernimento, talento m., propensão, queda f.

flak [flæk] s. (milit.) artilharia antiaérea f., fogo antiaéreo m.

flake (I) [fleik] s. 1. floco m. 2. lasca, lâmina, camada f. 3. chispa, fagulha, faísca f. ‖ v. 1. escamar. 2. lascar(-se) fender-se em lascas. 3. cobrir de flocos.
~ graphite grafita escamosa. **in ~s** em camadas.

flake (II) [fleik] s. 1. tabuleiro m. 2. estrado m. para secar peixe. 3. (Náut.) andaime volante m. 4. caniçada f.

flake out v. desmaiar.

flaker [fl'eikə] s. laminador, escamador m.

flakiness [fl'eikinis] s. flocosidade, escamosidade f.

flaky [fl'eiki] adj. 1. escamoso. 2. facilmente separável em flocos. ‖ **–ily** adv. flocosamente.

flam [flæm] s. mentira, falsidade f., artifício, engano, embuste, enredo m. ‖ v. (imp. e p. p. **flammed**) enganar, lograr, enredar, defraudar.

flambeau [fl'æmbou] s. tocha f., archote, facho m.

flamboyance [flæmb'oiəns] s. resplandecência, rutilância f., brilho m.

flamboyant [flæmb'oiənt] adj. 1. extravagante, ostentoso, vistoso. 2. chamejante, muito brilhante. 3. (Arquit.) de bordos ondulados. ‖ **~ly** adv. vistosamente, de modo flamejante.

flame [fleim] s. 1. chama f., fulgor, fogo, brilho, lume m. 2. ardor, zelo m., paixão f. 3. namorado m., namorada f. ‖ v. 1. chamejar, flamejar, lançar chamas. 2. arder, queimar-se, incendiar-se, inflamar-se, brilhar, fulgurar, resplandecer. 3. arder em paixões, inflamar-se, abrasar-se, exaltar-se. 4. encolerizar-se, explodir. 5. ruborizar-se.
to burst into ~s fazer-se em chamas.

flameless [fl'eimlis] adj. 1. sem chama. 2. (fig.) inócuo.

flamen [fl'eimen] s. flâmine m.

flame-out s. (Aer.) falha f. da combustão em motor a jato, devido a condições de vôo.

flameproof [fl'eimpru:f] adj. à prova de fogo.

flame thrower s. (milit.) lança-chamas m.

flaming [fl'eimiŋ] adj. 1. flamejante, ardente, brilhante. 2. exagerado, extravagante. 3. ardente, apaixonado, fogoso, violento, veemente. ‖ ~ly adv. ardentemente, fogosamente, resplandecentemente.

flamingo [fləm'iŋgou] s. (Zool.) flamingo ou flamengo m., (Bras.) guará m.

flamy [fl'eimi] adj. 1. inflamado, chamejante, brilhante, ardente. 2. de cor-de-fogo, semelhante a uma chama.

flange [flændʒ] s. 1. flange, orla, beira f., bordo m. (quadro P 3). 2. guia f. 3. rosca f. 4. aro m., verdugo, friso m. de roda. 5. saliência circular f. ‖ v. 1. colocar bordas ou abas. 2. rebaixar, bordear, rebordear.

flange-rail s. trilho m. de patilha chata, carril americano m.

flanging [fl'ændʒiŋ] s. reviramento m. de bordos.

flank [flæŋk] s. 1. flanco m. 2. ala f. 3. (milit.) flanco m., parte de uma posição fortificada. ‖ v. 1. flanquear, atacar de flanco. 2. orlar.

to take the ~ of the enemy atacar o inimigo de flanco.

flank attack s. ataque m. pelo flanco.

flanker [flæŋkə] s. 1. flanqueador m. 2. (Fort.) flanco m.

flank-guard s. (milit.) cobertura f. dos flancos.

flanking fire s. fogo m. de flanco.

flanking march s. marcha f. de contornamento.

flank march s. (milit.) marcha flanqueada f.

flank-movement s. manobra f. de contornamento.

flank speed s. velocidade máxima f. de um navio.

flannel [flænl] s. 1. flanela f. 2. flanela f. de algodão. 3. **flannels** pl. calça f., ou roupa de flanela. ‖ adj. de flanela. ‖ v. vestir ou lustrar com flanela.

flanneled [~d] adj. enflanelado.

flannelette [flænəl'et] s. flanela f. de algodão.

flannel-flower s. (Bot.) verbasco m.

flap [flæp] s. 1. aba, ponta, fralda, borda, orla, orelha f. (quadros C 12, H 4, L 4). 2. tapa, palmada, bofetada f. 3. pulsação, pancada f., golpe m. 4. batente m. ‖ v. (imp. e p. p. **flapped**) 1. bater, agitar, oscilar, vibrar. 2. pender, (como a aba de um chapéu). 3. deixar cair, abaixar 4. dar palmadas. 5. açoitar.

the bird ~ped its wings a ave bateu as asas.

flapdoodle [fl'æpdu:dl] s. disparate m., tolice, gabolice, bobagem f.

flap-eared adj. de orelhas pendentes.

flap-jack s. panqueca f., bolo m. de grelha.

flapper [fl'æpə] s. 1. aquele que bate, açoita. 2. garota petulante f. 3. filhote m. de passarinho.

flap-up-seat s. assento dobradiço m. (quadro C 9).

flare [flɛə] s. 1. chama trêmula, labareda, luz f. 2. ostentação f. 3. dilatação f., alargamento m. em forma de sino para a parte de fora. 4. (fig.) explosão f., arroubo m. (de ira, de cólera). 5. (fig.) fanfarronice f. ‖ v. 1. chamejar, tremeluzir, cintilar, rutilar, fulgurar, resplandecer. 2. ostentar, pavonear-se, vibrar-se, enfurecer-se. 3. abrir-se, alargar-se.

he ~d a candle at me ele iluminou-me o rosto com uma vela. **he ~d out against me** ele encolerizou-se contra mim. **it ~d into ashes** isso rebentou em chamas.

flare-bomb s. bomba incandescente f.

flare-up s. brilho, jacto súbito m. de luz.

flaring [fl'ɛəriŋ] adj. 1. deslumbrante, ofuscante, resplandecente, cintilante. 2. ostentoso, vistoso. 3. bojudo, tufado. ‖ ~ly adv. deslumbrantemente.

flash [flæʃ] s. 1. lampejo, clarão ou brilho repentino e passageiro, sinal luminoso, jacto de luz, relâmpago m. 2. forma abr. de **flashlight**, (Fot.) lâmpada para instantâneo. 3. esguicho, borbotão m., torrente f. 4. réplica f. 5. momento, instante m. 6. relevo m. 7. tanque, reservatório m., piscina f.

‖ adj. 1. vistoso. 2. berrante. 3. falso. ‖ v. 1. flamejar, chamejar, lançar chamas, romper em chamas, lançar luz repentina e passageira, arder ou brilhar subitamente. 2. reluzir, lampejar, faiscar, cintilar, rutilar. 3. brilhar, reluzir, refletir, reverberar. 4. salpicar, esguichar. 5. falar, agir, manifestar-se repentinamente.

a ~ of lightning relâmpago. **a ~ of wit** lampejo de engenho. **a ~ of genius** lampejo de gênio. **in a ~** num instante, num ápice. **a ~ of the eye** olhadela. **to ~ at** lançar luz sobre. **she ~ed round upon me** ela repentinamente virou-se para mim. **to ~ out** aparecer repentinamente. **it ~ed upon me** surgiu-me uma idéia.

flash-back s. (Cin., Teat., Liter.) retrospecto m. inserido no desenrolar da cena.

flash bulb s. (Fot.) lâmpada f. para instantâneo.

flash burn s. (Med.) queimadura f. produzida pela radiação térmica repentina, como a da bomba atômica.

flasher [fl'æʃə] s. 1. o que lampeja, faísca, etc., holofote, pisca-pisca m. 2. cabeça-de-vento, néscio, chocarreiro m.

flash flood s. enchente f. repentina e violenta.

flashiness [fl'æʃinis] s. ostentação, superficialidade f., espalhafato, falso brilho, palavreado m.

flashing [fl'æʃiŋ] s. ato de flamejar, de lampejar, etc. ‖ adj. flamejante, rutilante. ‖ ~ly adv. de modo flamejante, lampejante, rutilantemente.

flashing beacon s. farol intermitente, farol pisca-pisca m.

flashing light s. holofote giratório m. de farol.

flashing point s. ponto m. de fusão.

flashlight [fl'æʃlait] s. 1. lanterna elétrica f. 2. holofote m. 3. (Fot.) lâmpada f. para instantâneos.

flash-money s. dinheiro falso m.

flash over s. (Eletr.) centelha f., arco m.

flash-photo s. instantâneo m.

flash tube s. = **flash bulb**.

flashy [fl'æʃi] adj. 1. flamejante, lampejante, cintilante, rutilante, refulgente. 2. que tem brilho falso, vistoso, espalhafatoso, ostentoso, vaidoso, superficial. ‖ **–ily** adv. 1. deslumbrantemente. 2. superficialmente, vaidosamente, vistosamente.

flask [fla:sk] s. 1. frasco m. (quadro T 4). 2. cantil m. 3. polvorinho m. 4. (Fundição) caixa f. de moldar.

flask casting s. fundição f. em caixa.

flasket [fl'a:skət] s. 1. cesta comprida e rasa f. 2. frasquinho m.

flat (I) [flæt] s. 1. superfície plana, horizontal, achatada ou nivelada f. 2. planície f., plano, campo raso, terreno plano ou nivelado m. 3. baixo, baixio, pântano m. 4. (Mús.) bemol m. (quadro N 2). 5. simplório, otário, papalvo m. ‖ adj. 1. liso, plano, raso, chato, sem relevo, nivelado, horizontal. 2. estirado, estendido, rente, arrasado. 3. raso, de pouco fundo, achatado. 4. vazio, furado. 5. plano, claro. 6. chato, maçante, monótono, trivial, vulgar, insípido. 7. (Mús.) bemol, abemolado. ‖ adv. 1. horizontalmente, de modo plano, chato. 2. positivamente, redondamente, planamente. 3. completamente, exatamente. 4. insipidamente. ‖ ~ly adv. de modo chato ou plano.

on the ~ de feitio chato. **~ out for it** decididamente a favor. **he fell ~ on the ground** ele espatifou-se no chão. **it fell ~** (fig.) isso malogrou. **I must lay my clothes ~** tenho de dobrar minha roupa. **she sings ~** ela canta abaixo do tom. **I tell you ~** digo-lhe redondamente. **~ on the ground** rente ao chão. **~ against the wall** encostado à parede. **a ~ lie** mentira manifesta. **to lay ~** arrasar, destruir.

flat (II) [flæt] s. apartamento, andar, pavimento m.
flatboat [fl'ætbout] s. chata f.
flat-bottomed adj. de fundo chato (barco).
flatcar [fl'ætka:] s. vagão-plataforma m.
flat-catcher s. vigarista m. + f.
flat-chested adj. de peito chato, achatado.
flat face s. superfície plana f.
flatfoot [fl'ætfut] s. 1. pé achatado m. 2. (E. U. A., gíria) um policial m.
flatfooted [~id] adj. 1. que tem os pés chatos. 2. (gíria) decidido, resoluto, firme, positivo, intransigente. ‖ ~ly adv. 1. de pés chatos. 2. decididamente, determinadamente, resolutamente, positivamente, firmemente, de modo intransigente.
flatfootedness [~idnis] s. 1. estado de ter os pés chatos. 2. determinação, firmeza, intransigência f.
flathead [fl'æthed] s. 1. cabeça-chata m. 2. (gíria) um policial m.
flat-head piston s. êmbolo m. de cabeça plana.
flat-head screw s. parafuso m. de cabeça chata.
flat-hopes s. pl. esperanças perdidas f. pl.
flatiron [fl'ætaiən] s. ferro m. de engomar.
flat key s. 1. (Téc.) chaveta chata f. 2. (Mús.) tom abemolado, bemol m.
flat knot s. nó direito m.
flatness [fl'ætnis] s. 1. igualdade f., nivelamento, achatamento m. 2. vulgaridade, baixeza, insipidez f. 3. gosto estragado m., falta f. de sabor. 4. prosaísmo m., gravidade f. do som. 5. frouxidão, estagnação f. dos negócios.
flat-nosed adj. de nariz chato.
flat pick s. picareta f.
flat price s. preço único m.
flat-race s. corrida rasa f., sem obstáculos.
flat rate s. preço global m.
flat scene s. fundo, cenário m., o mais distante do palco.
flat silver s. talheres m. pl. de prata.
flat spring s. mola f. de lâmina.
flat sweep s. curva f. de grande rio.
flatten [flætn] v. 1. aplainar, achatar, nivelar, alisar. 2. tornar ou ficar insípido, monótono. 3. achatar-se, desanimar, enfraquecer-se, tornar-se desinteressante. 4. (Mús.) tornar grave, abrandar. 5. (Náut.) retesar (a vela). 6. alisar (pano). 7. (Téc.) estirar metal.
flattener [fl'ætənə] s. 1. aplanador, alisador m. 2. (Téc.) assentador m.
flattening [fl'ætəniŋ] s. achatamento, aplanamento, nivelamento m.
~ **test** ensaio de achatamento.
flatter (I) [fl'ætə] s. assentador, alisador m.
flatter (II) [fl'ætə] v. 1. lisonjear, elogiar com excesso, incensar, exaltar, bajular, adular, cortejar. 2. favorecer. 3. gabar por interesse próprio, persuadir com lisonjas, engabelar, animar, estimular. 4. causar prazer, agradar a, satisfazer, encantar, deleitar.
he was ~**ed** ele sentiu-se lisonjeado. **I** ~ **myself that** creio que, alimento a esperança ou a ilusão de que. **I** ~ **myself on** posso gabar-me de ou ufanar-me de.
flatterer [~rə] s. lisonjeador, adulador, bajulador m.
flattering [~riŋ] adj. 1. lisonjeiro, satisfatório, agradável, deleitoso, promissor. 2. adulador. 3. favorecido (retrato), que favorece. ‖ ~ly adv. lisonjeiramente.
flattery [~ri] s. 1. lisonja, adulação, bajulação f. 2. louvor insincero m.
flatting [fl'ætiŋ] s. 1. alisadura f., alisamento m., ato de passar a ferro. 2. (Téc.) laminação f.
flatting-mill s. laminador m. (máquina).
flattish [fl'ætiʃ] adj. algo chato, achatado.

flat-top [fl'ættɔp] s. (E. U. A., coloq.) porta-aviões m., escovinha f. (corte de cabelo).
flatulence [fl'ætjuləns], **flatulency** [fl'ætjulənsi] s. 1. flatulência f. 2. (fig.) vaidade, presunção f.
flatulent [fl'ætjulənt] adj. 1. flatulento, inchado. 2. vaidoso, soberbo, cheio de si. ‖ ~ly adv. 1. de modo flatulento. 2. vaidosamente.
flatus [fl'eitəs] s. 1. flato m., ventosidade, flatulência f. 2. vaidade f.
flat-wine s. vinho choco m., que perdeu a efervescência.
flatworm [fl'ætwə:m] s. (Zool.) platielminte m.: verme de corpo achatado.
flaunt [flɔ:nt] s. ostentação, pompa f., alarde m. ‖ v. ostentar, fazer ostentação de, alardear, exibir, pavonear.
flaunter [fl'ɔ:ntə] s. ostentador, presumido, alardeador m.
flaunting [fl'ɔ:ntiŋ] adj. 1. ostentoso, jactancioso, vaidoso, espalhafatoso. 2. ondeante, flutuante, tremulante ao vento. ‖ ~ly adv. ostentosamente, vaidosamente, ostensivelmente, agitadamente, trêmulamente.
flaunty [fl'ɔ:nti] adj. ostentoso, vaidoso, presumido.
flautist [fl'ɔ:tist] s. flautista m. + f.
flavescent [fleiv'esnt] adj. flavescente, amarelado.
flavour, flavor [fl'eivə] s. 1. sabor, gosto m. 2. condimento, tempero m. 3. aroma, odor m., fragrância f. ‖ v. 1. temperar, condimentar. 2. dar sabor, dar gosto. 3. perfumar, aromatizar.
to ~ **of** cheirar de.
flavoured [~d] adj. 1. saboroso. 2. aromático, aromatizado.
flavourer [fl'eivərə] s. adubador, aromatizador m.
flavouring [fl'eivəriŋ] s. condimento, tempero m., especiaria f.
flavourless [fl'eivəlis] adj. sem sabor, insípido.
flavourous [fl'eivərəs] adj. saboroso, aromático.
flavoursome [fl'eivəsəm] adj. saboroso, aromático.
flaw [flɔ:] s. 1. falha, racha, fenda, eiva, greta f. 2. iaça, mancha, imperfeição f., defeito m. 3. vício m. de forma, nulidade f. ‖ v. 1. tornar inválido, inútil ou defeituoso. 2. quebrar, rachar, fender.
flaw (II) [flɔ:] s. 1. furacão, tufão m., rajada f. 2. ventania, borrasca f., temporal m.
flawless [fl'ɔ:lis] adj. sem defeito, sem mancha, sem jaça, perfeito, impecável. ‖ ~ly adv. perfeitamente, isento de defeitos, impecavelmente.
flawlessness [~nis] s. perfeição f.
flawy (I) [fl'ɔ:i] adj. defeituoso, imperfeito, rachado, falho, que tem manchas.
flawy (II) [fl'ɔ:i] adj. ventoso, tempestuoso.
flax [flæks] s. 1. (Bot.) linho m. 2. fibra f. do linho.
flax-brake s. gramadeira f.
flax-comb s. sedeiro m., carda f.
flax-dresser s. cardador m. de linho.
flaxen [fl'æksən] adj. 1. de linho, feito de linho, linhoso. 2. cor-de-linho, louro.
flaxen-haired adj. de cabelos louros, cor-de-palha.
flax-mill s. fiação f. de linho.
flaxseed [fl'ækssi:d] s. linhaça f., semente f. de linho.
flax tow s. estopa f. de linho.
flax-weed s. (Bot.) linária f.
flay [flei] v. 1. esfolar, tirar a pele de, descascar, pelar. 2. (fig.) criticar severamente, descompor. 3. roubar, espoliar, esbulhar, tosquiar, defraudar.
flayer [fl'eiə] s. esfolador m.
flay-flint s. avarento, sovina m.
flaying [fl'eiiŋ] s. esfoladura f., esfolamento m.
flea [fli:] s. pulga f.
to put a ~ **in one's ear** pôr uma pulga atrás da orelha de alguém, inquietar. **to have a** ~ **in one's**

ear ter pulga atrás da orelha.

fleabag [fl'i:bæg] s. (gíria) hotel m. ou pensão f. inferior.

fleabane [fl'i:bein] s. (Bot.) pulicária f.: plantas que se supõe terem a propriedade de repelir as pulgas.

fleabite [fl'i:bait] s. 1. picada f. de pulga. 2. ninharia, bagatela f.

fleabitten [fl'i:bitn] adj. 1. picado por pulgas. 2. pulguento. 3. que tem o pêlo branco mosqueado de vermelho (cavalo branco-baio, alazão).

flea circus s. circo m. de pulgas.

flea-louse s. pulgão m.

fleam [fli:m] s. lanceta f. para sangrar animais.

flea market s. mercado m. de quinquilharias.

fleapit [fl'i:pit] s. pulgueiro m.: cinema ou teatro inferior.

fleck [flek] s. 1. pinta, mancha, malha, nódoa f., pontinho m. 2. partícula f., floco m. ‖ v. salpicar, sarapintar, mosquear, listrar.

~ of dust mancha de poeira. ~s of sunlight sardas.

flecked [~t] adj. sarapintado, mosqueado, variegado, manchado.

flecker [fl'ekə] v. 1. sarapintar, salpicar, mosquear. 2. espalhar, espargir.

his hair is ~ed with gray ele tem cabelo grisalho.

fleckless [fl'eklis] adj. sem mancha, imaculado, impecável, irrepreensível, sem culpa.

flection [fl'ekʃən] s. = flexion.

fled [fled] imp. e p. p. de flee.

fledge [fledʒ] v. 1. empenar-se, emplumar-se, criar penas necessárias para o vôo. 2. emplumar, empenar, cobrir ou prover de penas.

fledged [~d] adj. 1. emplumado, cheio ou coberto de penas. 2. prestes a voar.

fledgeless [fl'edʒlis] adj. implume.

fledgling, fledgeling [fl'edʒliŋ] s. 1. avezinha f., ave que acaba de empenar-se, prestes a voar. 2. (fig.) frangote, novato m., pessoa inexperiente f.

fledgy [fl'edʒi] adj. (poét.) empenado, emplumado, plumoso.

flee [fli:] v. (imp. e p. p. fled) 1. fugir, escapar, procurar refúgio correndo. 2. evitar, esquivar, abandonar. 3. correr, passar rapidamente. 4. escapar-se, desaparecer.

he ~s his fellowmen ele evita os seus próximos, é retraído.

fleece [fli:s] s. 1. velo, velocino, tosão m. 2. lã f. obtida em cada tosquia. ‖ v. 1. tosquiar, tosar. 2. espoliar, despojar, depenar.

the golden ~ o velocino de ouro.

fleeced [~t] adj. 1. lanoso, lanudo. 2. espoliado, depenado.

fleeceless [fl'i:slis] adj. sem velo.

fleecer [fl'i:sə] s. 1. tosquiador, tosador m. 2. espoliador, depenador m.

fleeciness [fl'i:sinis] s. lanosidade f.

fleecy [fl'i:si] adj. veloso, felpudo, lanoso, macio, feito de lã de carneiro. ‖ –ily adv. de um modo veloso, lanoso.

fleer (I) [fl'i:ə] s. fugitivo m.

fleer (II) [fliə] s. zombaria f., escárnio, chasco, remoque, olhar ou sorriso escarninho m. ‖ v. sorrir com expressão escarninha, rir descaradamente, zombar, escarnecer, mofar.

fleering [fl'iəriŋ] s. escárnio m. ‖ adj. escarnecedor, escarninho, mofador, zombeteiro, desdenhoso. ‖ ~ly adv. escarnecedoramente, zombeteiramente, desdenhosamente.

fleet (I) [fli:t] s. 1. frota, esquadra f. 2. comboio m. de navios mercantes. 3. (Aer.) esquadrilha f.

admiral of the ~ grão-almirante. a ~ in being uma frota que impõe respeito só pela sua existência.

fleet (II) [fli:t] v. 1. passar rapidamente, ir-se, mover-se rapidamente, voar, correr velozmente. 2. fugir, esvair-se. 3. (Náut.) mudar a posição de. ‖ adj. rápido, ligeiro, veloz, passageiro. ‖ ~ly adv. velozmente, rapidamente, ligeiramente.

fleet (III) [fli:t] s. (coloq., Ingl.) braço de mar m.

fleet-footed adj. de andar ligeiro, passo apressado.

fleeting [fl'i:tiŋ] adj. passageiro, transitório, fugaz, fugitivo. ‖ ~ly adv. rapidamente, passageiramente, transitoriamente.

fleetingness [~nis] s. velocidade, efemeridade f.

fleetness [fl'i:tnis] s. velocidade, rapidez, ligeireza f.

Fleming [fl'emiŋ] s. 1. flamengo m., habitante de Flandres. 2. belga m. + f. cuja língua é o flamengo.

Flemish [fl'emiʃ] s. 1. os flamengos m. pl. 2. a língua dos flamengos. ‖ adj. flamengo, de Flandres.

flesh [fleʃ] s. 1. carne f. do homem e dos animais e polpa das frutas. 2. gordura, robustez f. 3. corpo, aspecto exterior do corpo m., matéria f., em oposição ao espírito. 4. (fig.) sensualidade, concupiscência f. 5. (fig.) a humanidade, a raça humana, a natureza humana f. 6. (fig.) os seres vivos, os animais m. pl. 7. raça, família, consangüinidade f., parentesco m. 8. (Bot.) mesocarpo m., polpa f. dos frutos e legumes. ‖ v. 1. descarnar (couro). 2. alimentar com carne. 3. (caça) encarniçar, encarnar, fazer tomar gosto a carne. 4. (fig.) iniciar, praticar ou usar pela primeira vez. 5. exercitar, endurecer, calejar, acostumar, incitar, animar.

in the ~ em carne e osso, em pessoa. an arm of ~ força humana. ~ and blood a natureza humana. ~ and fell todo o corpo, inteiramente. to go the way of all ~ morrer. one's own ~ and blood os descendentes. to lose ~ emagrecer. to put on ~, to run to ~ engordar.

flesh-coloured adj. de cor-de-carne.

flesh-day s. dia gordo m.

flesh-diet s. regime gordo m.

flesh-eating adj. carnívoro.

flesh-fly s. mosca varejeira f.

flesh-hook s. gancho m. para carne.

fleshiness [fl'eʃinis] s. carnosidade, corpulência f.

fleshings [fl'eʃiŋz] s. pl. roupa justa f. de malha cor-de-carne, usada pelos acrobatas de circo.

fleshless [fl'eʃlis] adj. descarnado, sem carne.

fleshliness [fl'eʃlinis] s. carnalidade, sensualidade, corporalidade, materialidade, mundanidade f.

fleshly [fl'eʃli] adj. 1. carnal, corpóreo, material, mortal. 2. sensual, mundano, que não é espiritual.

fleshpot [fl'eʃpɔt] s. 1. panela f. de cozer carne. 2. ~s pl. qualquer forma de abundância f., ou luxo m.

fleshy [fl'eʃi] adj. 1. carnudo, gordo, corpulento. 2. suculento, polpudo. 3. relativo à carne ou à natureza humana.

Fletcherism [fl'etʃərizm] s. fletcherismo m.: prática de mastigar bem a comida, segundo H. Fletcher, nutricionista.

fleur-de-lis [fl'ə:dəl'i:] s. 1. (Heráld.) flor-de-lis f., antigo emblema m. da realeza na França. 2. (Bot.) planta da família das Amarilidáceas.

fleuret [fl'uəret] s. floreta f.: ornato imitando flor.

flew [flu:] imp. de to fly.

flews [flu:z] s. pl. beiçada caída f. de certos cães.

flex [fleks] (I) s. (Eletr.) cabo, condutor, fio flexível m. (quadros C 2, E 1).

flex [fleks] (II) v. dobrar, curvar.

flexibility [flecksib'iliti] s. flexibilidade f.

flexible [fl'eksəbl] adj. 1. flexível, dobradiço, vergável. 2. adaptável, plástico, elástico. 3. dócil, fácil de manejar, acomodatício. ‖ ~ly adv. flexivelmente.

flexibleness [~nis] s. 1. flexibilidade f. 2. (fig.) docilidade f.
flexion [fl'ekʃən] s. 1. flexão f. 2. curvatura f.
flexional [~əl] adj. flexional, flexível.
flexionless [~lis] adj. (Gram.) inflexivo.
flexor [fl'əksə] s. (Anat.) flexor m.: músculo que faz dobrar, que produz flexão.
flexuose [fl'eksjuous] adj. flexuoso, sinuoso.
flexuosity [fleksju'ɔsiti] s. flexuosidade f.
flexuous [fl'eksjuəs] adj. 1. sinuoso. 2. vacilante.
flexure [fl'əkʃə] s. 1. flexão f., dobramento m. 2. dobra, curva, curvatura f. 3. (Geol.) flexura f.
flibbertigibbet [fl'ibətidʒ'ibit] s. 1. doidivanas m. + f. 2. pessoa frívola f., leviana ou estouvada. 3. tagarela m. + f., palrador, mexeriqueiro m.
flick [flik] s. 1. pancada leve, chicotada rápida f., piparote, laçaço m. 2. estalido m. 3. listra, risca, pincelada, pinta f., salpico m. 4. (coloq.) fita f., filme m. de cinema. ‖ v. 1. chicotear de leve. 2. bater-se de leve. 3. adejar, esvoaçar, agitar, sacudir. **the boys ~ed wet towels at each other** os rapazes batiam-se com toalhas úmidas.
flicker (I) [fl'ikə] s. 1. luz bruxuleante f. 2. bruxuleio m., tremulação, centelha f. 3. meneio, movimento rápido, ligeiro m., vacilação f. ‖ v. 1. bruxulear, tremeluzir, chamejar. 2. adejar, bater as asas, tremular, vacilar, vibrar, palpitar, flutuar.
flicker (II) [fl'ikə] s. (Zool.) espécie de pica-pau norte-americano.
flickering [~riŋ] adj. 1. bruxuleante, tremeluzente. 2. adejante. 3. trêmulo, vacilante, oscilante, vibrante. ‖ **~ly** adv. 1. de maneira bruxuleante, tremeluzente. 2. tremulamente, vacilantemente.
flickermouse [fl'ikəmaus] s. (Zool.) morcego m.
flier [fl'aiə] s. = **flyer**.
flight (I) [flait] s. 1. vôo m., ato, processo ou poder de voar. 2. vôo m., extensão percorrida por uma ave voando, um avião, um projetil, etc., trajetória f. 3. revoada f., bando m., enxame m., migração f 4. (Av.) esquadrilha f. 5. viagem, excursão f. de avião. 6. movimento m., marcha ou passagem rápida f. 7. elevação f. de pensamento, arroubo, enlevo, êxtase m. ‖ v. 1. atirar a, caçar aves selvagens no vôo. 2. voar em revoada. **~ of fancy** o vôo da imaginação. **cross-Atlantic ~** vôo transatlântico. **swift of ~** de vôo rápido. **the bird took ~** a ave levantou vôo. **the ~ of time** o vôo do tempo. **in the first ~** na vanguarda, em posição proeminente. **~ of stairs** lanço de escada.
flight (II) [flait] s. fuga, retirada precipitada f. **to put** (ou **turn**) **to ~** afugentar, debandar. **to take ~, to betake oneself to ~** pôr-se em fuga.
flight control s. (Aer.) controle de vôo m. (da torre).
flight deck s. convés superior m. de porta-aviões, para decolagem e descida.
flightiness [fl'aitinis] s. 1. veleidade, veneta, fantasiquice, volubilidade, frivolidade f., capricho m. 2. maluquice, tolice, leviandade f., estouvamento m.
flight path s. centro m. de gravidade do avião em vôo.
flight strip s. (Aer.) pista f. de emergência.
flighty [fl'aiti] adj. 1. descuidado, distraído, caprichoso, excêntrico, fantástico, volúvel, inconstante, frívolo. 2. amalucado, estouvado, leviano. ‖ **~ily** adv. caprichosamente, frivolamente, levianamente.
flim-flam [fl'imflæm] s. 1. disparate, dislate, absurdo m., tolice f. 2. conversa fiada f. 3. impostura, burla f., logro, embuste m.
flimsiness [fl'imzinis] s. 1. fragilidade, delgadeza f. 2. insinceridade, inconsistência, futilidade f.
flimsy [fl'imzi] s. 1. papel fino, papel de cópia m. 2. reportagem f. ou noticiário m. escrito sobre papel

de cópia. 3. (gíria) nota f. de banco. ‖ adj. 1. franzino, delgado, débil, frágil, inconsistente. 2. insincero, insensato. 3. fútil, frívolo, insignificante, trivial, superficial. ‖ **~ily** adv. sem consistência.
flinch (I) [flintʃ] s. 1. recuo m., desistência, vacilação, hesitação, perplexidade f. 2. espécie de jogo de cartas.‖ v. recuar, retroceder, ceder terreno, retrair-se, hesitar, vacilar, desistir de, desviar-se, esquivar-se, fugir (de algum trabalho, perigo, a um compromisso, etc.), encolher-se, sobressaltar-se. **don't ~** (E. U. A.) não tire o corpo fora.
flinch (II) [flintʃ] v. esfolar, retalhar, tirar o couro.
flincher [fl'intʃə] s. o que recua, desiste, foge, desertor m., o que falta a sua palavra.
flinching [fl'intʃiŋ] adj. que recua, desiste, foge, vacilante, titubeante, hesitante, perplexo, medroso, covarde. ‖ **~ly** adv. vacilantemente, medrosamente. **without ~** sem hesitar.
flinder [fl'ində] s. (geralmente no pl.) fragmento, pedaço, estilhaço, caco m.
fling [fliŋ] s. 1. arremesso, lanço repentino m. 2. movimento rápido, pulo, pinote, salto, coice, pontapé m. 3. folgança, folga, folia, pândega, vontade f. 4. experiência, tentativa f., ataque, escárnio, remoque m. ‖ v. imp. e p. p. **flung** 1. arremessar, atirar com ímpeto, lançar, arrojar. 2. lançar ao chão, derribar, emitir, despedir, espalhar, espargir, exalar, jogar fora. 3. arremessar-se, atirar-se, precipitar-se, correr, arremeter-se, arruinar, destruir. 4. lançar-se com violência, entregar-se inteiramente, aventurar-se, coicear, pinotear. **to have a ~ at** 1. experimentar, aventurar-se a. 2. (fig.) molestar alguém com indiretas. **to give one his ~** soltar a rédea a alguém. **he had his ~** ele divertiu-se bastante. **to ~ stones** atirar pedras. **to ~ into jail** jogar na cadeia. **to ~ aside** atirar para o lado. **to ~ back** retrucar veementemente. **he flung away in a rage** ele afastou-se numa fúria. **to ~ back one's head** atirar a cabeça para trás. **to ~ down** lançar ao chão. **to ~ in one's face** lançar na cara. **to ~ oneself into s. o.'s arms** lançar-se nos braços de alguém. **to ~ open** abrir violentamente. **to ~ out** estender ou lançar repentinamente. **to ~ to** fechar violentamente.
flinger [fl'iŋə] s. 1. arremessador m. 2. (fig.) escarnecedor m.
flint [flint] s. 1. pederneira f. 2. coisa muito dura f. 3. pedra f. **a heart of ~** coração de pedra. **to skin a ~** ser exageradamente avaro ou mesquinho. **like a ~** firmemente, resolutamente.
flint corn s. milho duro m.
flint glass s. cristal, vidro m. de chumbo.
flint-hearted adj. de coração duro, insensível, cruel, desumano, áspero.
flintiness [fl'intinis] s. dureza, insensibilidade, crueldade f.
flintlock [fl'intlɔk] s. 1. fecharia f. de pederneira. 2. espingarda f. de pederneira.
flinty [fl'inti] adj. 1. pedregoso, silicioso. 2. empedernido, insensível, duro, cruel, desumano. ‖ **~ily** adv. insensivelmente, cruelmente.
flip (I) [flip] s. 1. sacudidela f. 2. arremesso rápido m. 3. estalido m. ‖ v. 1. sacudir, mover com sacudidelas bruscas. 2. atirar para o ar. ‖ adj. (coloq.) petulante, verboso, insolente, irreverente.
flip (II) [flip] s. gemada f., mistura de aguardente, rum ou cerveja com açúcar e ovos.
flip-flap s. 1. som produzido por pancada. 2. (gíria) cambalhota f.
flippancy [fl'ipənsi] s. loquacidade, petulância, leviandade, frivolidade, impertinência, irreverência f.

flippant [fl'ipənt] adj. loquaz, verboso, impertinente, petulante, frívolo, leviano, irreverente. ‖ ~ly adv. petulantemente, impertinentemente.

flipper [fl'ipə] s. 1. barbatana f., 2. membro natatório m. (das focas, tartaruga), nadadeira f. (de baleia).

flip side s. (coloq.) 1. verso m. de disco fonográfico com a gravação menos popular. 2. lado m. menos interessante.

flirt [flə:t] s. 1. namoradeira, coquete f. 2. movimento vivaz, arremesso m., agitação f. 3. sacudidela f., meneio m. ‖ v. 1. flertar, namorar por passatempo, coquetear. 2. brincar com, divertir-se com, folgar. 3. mover, agitar rapidamente, lançar, adejar. 4. sacudir, saracotear, menear.

to ~ a fan brincar com um leque.

flirtation [flə:t'eiʃən] s. flerte, namorico, namoro ligeiro sem conseqüência, galanteio m.

flirtatious [flə:t'eiʃəs] adj. dado ao flerte, coquete, galanteador. ‖ ~ly adv. de modo namoricante.

flirtatiousness [~nis] s. coquetismo m.

flirter [fl'ə:tə] s. namoricador, galanteador m.

flirtingly [fl'ə:tiŋli] adv. a modo de namorico.

flit [flit] s. 1. movimento leve, rápido, vôo, adejo m. 2. mudança de residência, partida f. ‖ v. (imp. e p. p. **flitted**) 1. voar rapidamente, adejar, esvoaçar. 2. passar rapidamente, perpassar, roçar, voar. 3. mudar-se, mudar de residência, partir, ir-se, emigrar. **they ~ted about** eles esvoaçaram para cá e para lá. **she ~ted by** ela passou rapidamente.

flitch [flitʃ] s. 1. manta f. de toicinho. 2. posta f. de peixe. 3. costaneira f., tábua f. cortada na periferia do tronco. ‖ v. cortar em mantas, postas.

flitter (I) [fl'itə] s. e v. = **flutter.**

flitter (II) [fl'itə] s. trapo, andrajo, farrapo m., lentejoula f.

flittermouse [fl'itəmaus] s. (Zool.) morcego m.

flivver [fl'ivə] s. (gíria, E. U. A.) 1. automóvel m. pequeno e barato. 2. avião pequeno m. 3. qualquer coisa de pouco valor.

float [flout] s. 1. flutuação f., ato de boiar. 2. vaga, bóia f. (quadro F 4), salva-vidas, flutuador m. 3. jangada, balsa f. 4. carro raso, carro plataforma, carro alegórico m. para desfile. 5. trolha, colher f. de pedreiro (quadro B 22). 6. ribalta f. ‖ v. 1. flutuar, sobrenadar, boiar, estar suspenso no ar ou em líquido. 2. pairar, planar, tremular ao vento. 3. ondear, vaguear, oscilar, bailar. 4. desencalhar, fazer voar, impelir pelo ar. 5. circular. 6. irrigar.

on the ~ (fig.) flutuante, à tona.

floatable [fl'outəbl] adj. flutuável, navegável.

floatage [fl'outidʒ] s. 1. flutuação f., ato de boiar, objeto flutuante m., destroços flutuantes m. pl. 2. flutuabilidade, capacidade f. de flutuação.

floatation [fl'outeiʃən] s. 1. flutuação f., ato ou efeito de boiar ou pairar. 2. financiamento m. de empresa.

centre of ~ centro de gravidade de um corpo flutuante.

floater [fl'outə] s. 1. o que flutua. 2. pessoa que troca freqüentemente de residência, de emprego. 3. viracasaca m. + f. 4. (E. U. A.) eleitor que vota ilegalmente. 5. (Com.) fundador m. 6. título m.

floating [fl'outiŋ] s. financiamento m. ‖ adj. 1. flutuante, boiante. 2. livre, desprendido, oscilante, vacilante, instável, móvel. 3. circulante, corrente. 4. variável, incerto. ‖ ~ly adv. de modo flutuante.

floating anchor s. âncora flutuante f.

floating axle s. (Mec.) eixo oscilante m.

floating base s. (Av.) base flutuante f.

floating bridge s. pontão m., ponte flutuante f.

floating capital s. capital circulante m.

floating cargo s. carga flutuante f.

floating debt s. dívida flutuante f.

floating (dry) dock s. doca flutuante f.

floating harbour s. aeroporto flutuante m.

floating ice s. gelo movediço, flutuante m.

floating kidney s. (Anat.) rim flutuante m.

floating light s. navio farol m., bóia luminosa f.

floating pier s. cais flutuante m.

floating ribs s. pl. (Anat.) costelas flutuantes f. pl.: os dois pares de costelas inferiores que se articulam em outras costelas.

floating sheave s. (Mec.) polia oscilante f.

floating supply s. estoque disponível m.

floating tool s. (Téc.) ferramenta oscilante f.

float-plane s. hidravião m. com pontões ou bóias.

floatstone [fl'outstoun] s. (Miner.) espécie de opala.

float valve s. válvula f. de flutuador.

floccose [fl'ɔkous] adj. flocoso, lanoso. ‖ ~ly adv. de modo flocoso.

flocculate [fl'ɔkjulit] v. flocular.

flocculation [flɔkjul'eiʃən] s. floculação f., floculamento m.

floccule [fl'ɔkju:l] s. flóculo, tufo m.

flocculence [fl'ɔkjuləns] s. flocosidade, lanosidade f.

flocculent [fl'ɔkjulənt] adj. 1. flocoso. 2. lanoso, tufoso. ‖ ~ly adv. de maneira flocosa.

flock (I) [flɔk] s. 1. rebanho m., manada, revoada f., bando m. de pássaros. 2. tropa, multidão, coleção f., tropel, grande número, grupo m. 3. congregação f., rebanho, conjunto m. de paroquianos. ‖ v. andar em bandos, concorrer em multidão, afluir, reunir-se. **they ~ed to him** eles acorreram a ele.

flock (II) [flɔk] s. 1. floco de lã, tufo m. 2. ~s pl. resíduo de lã ou algodão empregado em estofamento. 3. madeixa, guedelha f. de lã. 4. (Quím.) flóculo m.

flock master s. criador m. de ovelhas.

flock paper s. papel aveludado m. de parede.

flocky [fl'ɔki] adj. flocoso, em flocos.

floe [flou] s. 1. campo m. de gelo, banquisa f. 2. massa f. de gelo flutuante.

flog [flɔg] v. 1. fustigar, açoitar, vergastar, chicotear. 2. incutir ou tirar com açoites. 3. atirar repetidamente a linha de pesca em. 4. (gíria) ativar, fomentar a venda de, fazer propaganda de. 5. empenhar. **he ~ged it into the boy** incutiu-o no menino à força. **that is ~ging a dead horse** isso é malhar em ferro frio. **to ~ it** (milit.) marchar.

flogger [fl'ɔgə] s. açoitador, fustigador m.

flogging [fl'ɔgiŋ] s. fustigação, vergasta, surra, chicotada f., açoite m.

he gave them a ~ ele deu-lhes uma surra.

flood [flʌd] s. 1. inundação, enchente, cheia f., dilúvio m. 2. mar, oceano, lago, rio m., grande quantidade de água, corrente f. de água. 3. fluxo, aguaceiro, chuvão, fluxo menstrual excessivo m., grande abundância, chuvarada f. 4. enchente, maré enchente f. ‖ v. 1. inundar, submergir, alagar, transbordar. 2. encher, fazer transbordar. 3. irrigar, banhar. 4. jorrar, diluviar, cair em torrentes. 5. afluir, subir (maré), entrar em tumulto. 6. mover-se em torrentes. 7. ter hemorragia uterina.

a ~ of light torrente de luz. **a ~ of tears** torrente de lágrimas. **a ~ of words** fluxo de palavras. **by sea and field** por mar e por terra. **it is at the ~** está subindo. **they come in ~s** eles vêm em bandos. **I was ~ed with letters** fui inundado de cartas. **to ~ in** fluir para dentro. **to ~ in upon s. o.** derramar-se sobre alguém, inundar alguém.

floodable [fl'ʌdəbl] adj. inundável.

flood-bound adj. rodeado de água.

flood-disaster s. inundação catastrófica f.

flooder [fl'ʌdə] s. alagador m.

floodgate [fl'ʌdgeit] s. comporta f., dique m.

flooding [fl'ʌdiŋ] s. 1. inundação f. 2. hemorragia

uterina f.

floodlight [fl'ʌdlait] s. 1. projetor luminoso, holofote m. 2. raio luminoso m. de um projetor luminoso, iluminação profusa f. ‖ v. iluminar com projetor luminoso, iluminar profusamente.

flood-lighting s. iluminação f. com holofotes.

floodlit [fl'ʌdlit] adj. iluminado por holofotes.

flood lubrication s. (Téc.) lubrificação circulante f.

floodmark [fl'ʌdmɑ:k] s. sinal m. de preamar.

flood plain s. (Geogr.) zona f. sujeita a inundações.

flood-tide s. maré enchente f.

floor [flɔ:] s. 1. soalho, assoalho, chão, solo, piso, pavimento m., eira f. 2. andar, pavimento m. 3. fundo m. (do navio, de mar, etc.). 4. tribuna f., parte de uma assembléia onde estão os representantes e de onde falam os oradores. 5. (coloq.) mínimo m. de preço. ‖ v. 1. pavimentar, assoalhar. 2. (fig.) derrubar, deitar no chão. 3. (coloq.) vencer, derrubar. 4. (coloq.) confundir, desconcertar, embatucar, fazer calar, estar perplexo, derrotar discutindo, abater (o candidato) com perguntas de algibeira (num exame, gíria universitária).

boarded ~ assoalho de tábuas. **inlaid** ~ assoalho de tacos. **first** ~ primeiro andar, (E. U. A.) andar térreo, rés-do-chão. **basement** ~ subsolo. **top** ~ último andar. **to take the** ~ (Parlamento) tomar a palavra. **he held the** ~ ele cativou a assembléia com seu discurso. **she took the** ~ ela dançou, (E. U. A.) ela entrou no palco. **to** ~ **the paper** responder a todas as perguntas (em exame).

floorage [fl'ɔ:ridʒ] s. área f. de um andar.

floorboard [fl'ɔ:bɔ:d] s. tábua f. para assoalho.

floor cloth s. 1. pano m. de chão. 2. tapete m.

floor countershaft s. (Téc.) transmissão fixa f. no solo.

floorer [fl'ɔ:rə] s. 1. (coloq.) murro, golpe m., pancada f. que derruba. 2. notícia desconcertante f., argumento decisivo m. 3. pergunta f. de algibeira, pergunta difícil f.

flooring [fl'ɔ:riŋ] s. 1. pavimento, soalho, fundo m. 2. assoalhamento m., pavimentação f. 3. material m. para pavimentação, tabuado m. para soalho.

floor lamp s. abajur m. de pé.

floor leader s. (E. U. A.) líder m. de debates dum partido.

floor plate s. chapa f. para piso.

floor scrubber s. escova f. de lavar soalhos.

floor show s. (E. U. A.) "show" m., representação f. numa boate.

floor tile s. ladrilho m.

floorwalker [fl'ɔ:wɔ:kə] s. chefe m. de seção em loja.

floorwax [fl'ɔ:wæks] s. cera f. para assoalho.

flop [flɔp] s. fracasso, baque, malogro, fiasco m., decepção f. ‖ v. 1. baquear, deixar-se cair pesadamente. 2. (coloq.) enterrar-se, fracassar, falhar completamente. ‖ adv. com baque, pesadamente, ruidosamente.

to ~ **over to a party** passar-se para outro partido.

flopover [fl'ɔpouvə] s. (Telev.) imagem defeituosa f.

flopper [fl'ɔpə] s. caipora, molanqueiro m.

floppiness [fl'ɔpinis] s. desleixo, desajeitamento, desengonço m., moleza, bambeza, frouxidão f.

floppy [fl'ɔpi] adj. (coloq.) frouxo, mole, bambo, desajeitado, desengonçado, desleixado, desmazelado. ‖ **-ily** adv. frouxamente, desajeitadamente, desengonçadamente.

flora [fl'ɔ:rə] s. flora f.

floral [~l] adj. floral. ‖ **-ly** adv. floralmente.

Florentine [fl'ɔrəntain] s. 1. florentino m., florentina f. 2. espécie de cetim. 3. acabamento m. opaco de metal (jóias). ‖ adj. 1. florentino, de Florença. 2. (Cul.) servido ou preparado com espinafre.

eggs ~ ovos à florentina.

florescence [flɔ:r'esns] s. (Bot.) florescência, floração f., florescimento m.

florescent [flɔ:r'esnt] adj. florescente.

floret [fl'ɔ:rit] s. 1. florzinha f. 2. (Bot.) flósculo m., cada uma das flores que formam o capítulo das Compostas.

floriate [fl'ɔ:rieit] adj. floreado, ornado com desenhos florais. ‖ v. florear, ornar com flores.

floricultural [flɔ:rik'ʌltʃərəl] adj. floricultor, relativo a floricultura. ‖ **~ly** adv. de modo floricultor.

floriculturalist [~ist] s. floricultor m.

floriculture [flɔ:rik'ʌltʃə] s. floricultura f.

floriculturist [flɔ:rik'ʌltʃərist] s. floricultor m.

florid [fl'ɔrid] adj. 1. corado, rosado, rubicundo. 2. floreado, florido, lindamente ornado, adornado, aparatoso, vistoso, brilhante. ‖ **~ly** adv. floridamente, florescentemente.

a ~ **complexion** tez rosada.

Floridan [fl'ɔridən], **Floridian** [flɔ:r'idiən] s. habitante ou natural da Flórida. ‖ adj. da Flórida.

floridness [fl'ɔridnis], **floridity** [flɔr'iditi] s. 1. florescência f., brilho m. 2. tez florida f., frescor m. 3. estilo florido m.

floriferous [flɔ:r'ifərəs] adj. florífero, florígero, que produz flores.

floriform [fl'ɔ:rifɔ:m] adj. floriforme.

florilegium [flɔ:ril'i:dʒiəm] s. seleta, antologia f.

florin [fl'ɔrin] s. florim m.: a) moeda inglesa de prata de dois xelins. b) unidade monetária na Holanda. c) antiga moeda de prata ou ouro em diversos países europeus e sul-africanos.

florist [fl'ɔ:rist] s. floricultor, botânico m., florista m. + f.

floristics [flɔ:r'istiks] s. florística f.

floscular [fl'ɔskjulə], **flosculous** [fl'ɔskjuləs] adj. flosculoso.

floss (I) [flɔs] s. regato, ribeiro m.

floss (II) [flɔs], **floss silk** s. 1. borra f. de seda. 2. seda macia, seda crua f. 3. paina, penugem f.

flossy [fl'ɔsi] adj. 1. de seda macia. 2. semelhante a seda macia, suave, leve, delicado. 3. (E. U. A.) elegante.

flotage [fl'outidʒ] s. = floatage.

flotation [flout'eiʃən] s. = floatation.

flotilla [flout'ilə] s. 1. flotilha, pequena frota f. 2. frota f. de navios de pouco porte.

flotsam [fl'ɔtsəm] s. fragmentos m. pl. de naufrágio, restos de navio.

the ~ **and jetsam of life** (fig.) os elementos baixos da vida.

flounce (I) [flauns] s. 1. gesto m. de impaciência ou desdém. 2. movimento veloz, violento, safanão, pincho m., sacudidela f. ‖ v. 1. fazer gestos de impaciência ou desdém, fazer movimentos violentos, agitar-se, precipitar-se, mergulhar ou lançar-se desdenhosamente, sair. 2. bracejar, espernear, debater-se, estrebuchar, pular, virar-se. 3. espantar-se (cavalos).

to ~ **about** pular para cá e lá. **she** ~**d out of the room in a rage** ela precipitou-se enfurecidamente para fora da sala. **to** ~ **about with passion** estar muito enfadado, estar bufando de cólera.

flounce (II) [flauns] s. folho, falbalá, babado m. ‖ v. guarnecer de folhos, falbalás, babados.

flounder (I) [fl'aundə] s. ato de debater-se, espojar-se, tropeçar, patinhar, esforço disparatado m. ‖ v. 1. debater-se, espojar-se, menear-se, estrebuchar, patinhar, tropeçar, chafurdar. 2. andar aos tropeços, desajeitadamente ou com dificuldade, atrapalhar-se, enlear-se, cincar, cometer erros, dirigir ou administrar mal. 3. esfalfar-se.

flounder (II) [fl'aundə] s. (Ict.) solha f., linguado m.

flounderingly [~riŋli] adv. aos tropeções, às tontas, debatendo-se, espojando-se, desajeitadamente, com dificuldade.

flour [flˈauə] s. 1. flor f. de farinha, farinha fina, farinha f. de trigo. 2. polvilho, pó fino m. ‖ v. 1. enfarinhar, polvilhar. 2. moer, fazer farinha, pulverizar. **~ of emery** pasta de esmeril. **~ of sulphur** flor-de-enxofre.

flour-bag s. saco m. de farinha.

flourish [flˈʌriʃ] s. 1. floreio m. (da espada), ação de brandir ou agitar. 2. rasgo de pena, floreado, rabisco, arabesco, ornato m. de letra. 3. (Mús.) floritura, fanfarra, charanga, clarinada f., floreado, prelúdio m. 4. esplendor, brilho, ornato m., ostentação f. 5. florescimento m., prosperidade f. ‖ v. 1. florescer, prosperar, medrar, vicejar. 2. distinguir-se, viver, ter fama, existir com renome. 3. florear, brandir, menear, agitar. 4. ostentar, exibir. 5. florear com a pena, rabiscar, fazer rasgos de pena, florear a letra, florir, enfeitar, ornar. 6. gabar-se, jactar-se, florear ou ornar um discurso, com flores de eloqüência, usar linguagem florida. 7. (Mús.) florear, preludiar, tocar uma fanfarra. 8. exibir em vitrina. **to ~ a trumpet** florear na trombeta. **in full ~** em plena flor. **with a ~** enfático, com um floreado.

flourisher [~ə] s. floreador m., o que floreia, o que floresce, ou logra uma florente fortuna.

flourishing [~iŋ] adj. 1. florescente, viçoso, próspero, vigoroso, na flor da idade. 2. notável, brilhante. 3. floreado, grandiloqüente. 4. ostentoso. ‖ **~ly** adv. florescentemente, prosperamente, ostentosamente.

floury [flˈauəri] adj. farinhoso, farinhento, enfarinhado.

flout [flaut] s. escárnio, motejo, insulto, chasco m., zombaria, mofa f. ‖ v. 1. escarnecer, zombar de, fazer escárnio de, mofar de. 2. desconsiderar, insultar, desteitear, desprezar, mofar.

flouter [flˈautə] s. escarnecedor, zombador, mofador, motejador, desfeiteador m.

flouting [flˈautiŋ] adj. escarnecedor, escarninho, zombeteiro, irrisório, insultante. ‖ **~ly** adv. irrisoriamente, escarnecedoramente, zombeteiramente.

flow [flou] s. 1. fluência f., ação de correr líquido, escoamento, derramamento m. 2. fluxo m., circulação f. 3. (fig.) torrente, fluidez f. 4. vazão f. 5. corrente f., curso m. de água. 6. maré enchente, inundação, cheia f. ‖ v. 1. fluir, manar, circular. 2. derramar-se, escorrer, brotar, dimanar, derivar, fluir, proceder, resultar. 3. escorregar, deslizar, passar de leve, ser fluido ou fluente (estilo). 4. estar dependurado e tremulando, ondear, flutuar. 5. abundar, afluir, refluir, vir ou ir em grande quantidade, transbordar. 6. subir, encher (a maré). 7. alagar. **~ of spirits** disposição animada. **~ of chips** (Téc.) escoamento de aparas. **~ of oil** circulação de óleo. **~ of current** circulação da corrente. **~ of heat** fluxo calorífico. **~ of steam** circulação de vapor.

flowage [flˈouidʒ] s. 1. fluxo m., corrente f 2. (Mec.) moção ou deformação interna, gradativa f.

flow chart s. 1. fluxograma m. 2. (Técn. Comp.) representação gráfica f. da seqüência das operações em programa de computador.

flow diagram s. (Técn. Comp.) diagrama m. do fluxo de dados.

flower [flˈauə] s. 1. flor f. 2. escol m., nata f. a parte mais fina, mais nobre, mais distinta, fina flor f. 3. figura ou elegância de retórica f. 4. o desabrochar da vida, a flor da idade. 5. (Med.) regras f. pl., mênstruo m. 6. farinha f. ‖ v. 1. florescer, desabrochar, florir, produzir flores. 2. florear, cobrir ou adornar com flores, ornar de flores. **he died in the ~ of his age** ele morreu na flor da

idade. **say it with ~s!** diga-o com flores! **cut ~s** flores de corte. **no ~s** pede-se não enviar flores. **~s of speech** flores de retórica.

flowerage [~ridʒ] s. florescência f., flores f. pl.

flower bearing adj. que produz flores.

flower bed s. canteiro m. de flores.

flower child s. = **hippie.**

flowered [flˈauəd] adj. 1. florido, que tem flores. 2. floreado coberto ou ornado de flores.

flowerer [flˈauərə] s. planta f. que floresce de determinado modo ou em determinada época. **spring ~** planta que dá flores na primavera.

flower garden s. jardim m. de flores.

flower-girl s. florista f.: vendedora de flores.

flower head s. (Bot.) capítulo m.

floweriness [flˈauərinis] s. estilo florido m.

flowering [flˈauəriŋ] s. florescência, floração f., desabrocho m. ‖ adj. florescente, em flor, florido.

flowering time s. florescência f., apogeu, auge m.

flowerless [flˈauəlis] adj. que não dá flores.

flowerlessness [~nis] s. criptogamia f.

flowerless plant s. (Bot.) criptógamo m.

flower piece s. pintura f., ou quadro m. de flores.

flowerpot [flˈauəpɔt] s. vaso m. de plantas.

flower show s. exposição f. de flores.

flower stalk s. talo, pé, pedúnculo m.

flower stand s. estante m. para flores. (quadro F 8).

flower vase s. vaso m. de flores, floreira f.

flowery [flˈauəri] adj. 1. florido. 2. brilhante, elegante, poético, floreado. ‖ **-ily** adv. floridamente.

flowing [flˈouiŋ] adj. 1. corrente, fluente, que flui, que se escoa. 2. fluente, natural, fácil. 3. fluido, brando, doce, harmonioso. 4. flutuante, ondeante, volante. 5. crescente. ‖ **~ly** adv. correntemente. **~ of the material** escoamento do material. **a ~ style** estilo fluente.

flowing metal s. metal doce m.

flowingness [tlˈouiŋnis] s. fluidez, correnteza f., facilidade de estilo, de linguagem.

flowing water s. água corrente f.

flown [floun] 1. p. p. de **to fly.** 2. (†) p. p. de **to flow** (fig.) pretensioso, bombástico.

flu, flue [flu:] s. (coloq.) influenza, gripe f.

flub [flʌb] s. erro, estrago m. ‖ v. errar, estragar.

flubdub [flˈʌbdʌb] s. (E. U. A.) estilo empolado m.

fluctuate [flˈʌktjueit] v. 1. flutuar, ondular, oscilar. 2. vacilar, hesitar. 3. ondear, agitar-se.

fluctuating [~iŋ] adj. flutuante, vacilante, oscilante, variável, instável, hesitante, indeciso, incerto.

fluctuation [flʌktjuˈeiʃən] s. 1. flutuação f. 2. variação, oscilação, instabilidade f. 3. irresolução f. **~s of the market** instabilidade do comércio. **~ of pressure** flutuação de pressão. **~ in speed** variação de velocidade.

flue (I) [flu:] s. 1. cano m. de chaminé, de fornalha, fumeiro, tubo m. de caldeira. 2. (Mús.) flauta f., tubo flautado m. de órgão. 3. conduto m. ou passagem f. de ar, fumaça, ou gases combustíveis (quadro B 13).

flue (II) [flu:] s. penugem, felpa, felpazinha f., cotão, argueiro m.

flue (III) [flu:] s. rede f. de arrasto.

flue (IV) [flu:] v. alargar em ângulo, afunilar.

fluency [flˈuənsi] s. fluência, abundância, espontaneidade de estilo, facilidade f. de linguagem.

fluent [flˈuənt] s. (Mat.) fluente, integral m. ‖ adj. 1. fluido, fluente, líquido. 2. fluente, corrente, fluido, copioso, natural, espontâneo. 3. verboso, eloqüente, volúvel, fácil. ‖ **~ly** adv. fluentemente, correntemente, com facilidade.

fluentness [flˈuəntnis] s. fluência f.

flue-pipe s. (Mús.) flauta f., tubo m. de órgão.

flue-work s. (Mús.) conjunto dos tubos de órgão.
fluey [fl'u:i] adj. penugento, flocoso.
fluff [flʌf] s. 1. cotão, argueiro m., felpazinha f. 2. penugem, felpa, lanugem f., buço m. 3. (gíria, Teat.) fala f. que o ator esquece ou diz mal. ‖ v. 1. afofar. 2. tornar-se fofo ou felpudo. 3. (gíria, Teat.) esquecer ou dizer mal um papel, fracassar. **a little bit of ~** (gíria, Austrália) rapariga namoradeira. **to do a ~** (Teat.) representar mal um papel. **the bird ~ed up its feathers** a ave arrepiou-se.
fluffiness [fl'ʌfinis] s. fofice, qualidade do que é leve, macio, penugento.
fluffy [fl'ʌfi] adj. fofo, leve, macio, peludo, penuginoso. ‖ **–ily** adv. de modo fofo, macio, penugento.
fluid [fluid] s. fluido m. ‖ adj. fluido, fluente, líquido. ‖ **~ly** adv. liquidamente, de modo líquido, fluido.
fluid coupling s. (Téc.) embreagem f. a líquido.
fluid dram s. (Farm.) dracma fluida f., medida de capacidade correspondente a ¹/₈ de onça fluida.
fluid drive s. transmissão hidráulica f.
fluid friction s. atrito interno m. do líquido.
fluidic [flu'idik] adj. fluídico.
fluidify [flu'idifai] v. fluidificar.
fluid level s. (Téc.) nível m. de líquido.
fluid mechanics s. mecânica f. dos fluidos.
fluid metal s. metal fundido m.
fluidness [fl'uidnis], **fluidity** [flu'iditi] s. fluidez f.
fluid ounce s. onça fluida f. (E. U. A.: 29,6 cm³, Ingl.: 28,4 cm³.)
fluid pressure s. pressão hidrostática f.
fluke (I) [flu:k] s. 1. pata f. de âncora (quadro A 1). 2. farpa f. de flecha, de arpão. 3. ferro m., lança f. 4. lobo m. da cauda de baleia.
fluke (II) [flu:k] s. 1. bambúrrio m., chiripa, casualidade f. de sorte. 2. fortuna inesperada f., acaso feliz m. ‖ v. acertar ou obter por bambúrrio.
fluke (III) [flu:k] s. (Ict.) solha f., linguado m.
fluke worm s. fascíola f. verme trematódeo.
fluky [fl'u:ki] adj. 1. casual, obtido por acaso, acidental. 2. variável, volúvel, inconstante, caprichoso (vento).
flume [flu:m] s. 1. (E. U. A.) ravina f. de rio. 2. calha, calheira, quelha f., canal condutor, conduto m. de água. ‖ v. 1. conduzir por canal ou calha, drenar por canal. 2. fazer calhas.
flummery [fl'ʌməri] s. 1. papa f., ou mingau m. de aveia, espécie de manjar branco. 2. lisonja grosseira f., cumprimento insincero m. 3. disparate m., frioleira, parvoíce f.
flummox [fl'ʌməks] v. desconcertar, confundir, aturdir, pasmar, enganar.
flump [flʌmp] s. baque surdo m. ‖ v. cair, atirar-se ou mover-se pesadamente, baquear, cair com baque, pôr ou lançar pesadamente.
flung [flʌŋ] v. imp. e p. p. de **fling**.
flunk [flʌŋk] s. 1. fracasso, fiasco m., reprovação f. em exame. ‖ v. 1. ser reprovado em exame, levar pau. 2. reprovar em exame, rejeitar por deficiência. 3. fracassar, fazer fiasco, ser rejeitado por deficiência. 4. (E. U. A.) recuar, desistir, esquivar-se, furtar-se. 5. (E. U. A., coloq.) (Teat.) representar mal.
flunkey, flunky [fl'ʌŋki] s. 1. lacaio, criado de libré m. 2. (fig.) lacaio, bajulador m., pessoa servil f. 3. plagiador servil m.
flunkeydom [~dəm], **flunkeyism** [~izm] s. lacaiada f., servilismo, esnobismo m.
flunkeyish [~iʃ] adj. lacaiesco, servil, bajulador.
fluor [fl'uɔ:] s. (Miner.) fluorita f.
fluorate [fl'uoreit] s. (Quím.) fluoborato m.
fluoresce [fluor'es] v. apresentar fluorescência.
fluorescein [fluor'esəin] s. (Quím.) fluorescina f.

fluorescence [fluor'esəns] s. (Fís. Quím.) fluorescência f.
fluorescent [fluor'esənt] adj. fluorescente.
fluorescent lamp s. lâmpada fluorescente f.
fluorescent light s. luz fluorescente f.
fluorescent lighting s. iluminação f. por meio de luz fluorescente.
fluorescent tube s. tubo fluorescente m.
fluoric [flu'ɔrik] adj. fluorídrico, fluórico.
fluoric acid s. ácido fluorídrico m.
fluoridate [flu'ɔrideit] v. adicionar flúor à água potável.
fluoridation [fluorid'eiʃən] s. processo de adicionar flúor à água potável.
fluoride [fl'uəraid], **fluorid** [fl'uərid] s. (Quím.) fluoreto m.
fluorine [fl'uəri:n], **fluorin** [fl'uərin] s. (Quím.) flúor m.
fluorite [fl'uərait] s. (Miner.) fluorita, fluorina f.
fluorometer [fluər'ɔmitə] s. fluorômetro m.: instrumento para medir a intensidade da fluorescência.
fluoroscope [fl'uərəskoup] s. fluoroscópio m.
fluoroscopy [fluər'ɔskəpi] s. fluoroscopia, radioscopia f.
fluorspar [fl'uəspa:] s. espatoflúor m.
flurry [fl'ʌri] s. 1. lufada, refrega, rajada f. de vento. 2. pancada f. de chuva, aguaceiro m. 3. comoção, agitação nervosa, excitação, afobação, pressa nervosa, atrapalhação, bulha f., nervosismo, alvoroço m. ‖ v. excitar, agitar, confundir, embasbacar, perturbar, aturdir, atrapalhar, atarantar. **~ of snow** nevada. **in a ~** excitado, alvoroçado.
flush (I) [flʌʃ] s. 1. rubor m., vermelhidão f. 2. resplendor m., cor ou luz viva, intensa f. 3. jacto, jorro, esguicho, fluxo de água m., descarga f. de aparelho sanitário. 4. acesso, transporte m., emoção repentina, expansão, excitação, animação f. 5. brotamento ou crescimento súbito, viço, vigor de vegetação nas plantas, incremento súbito m., afluência, abundância f. 6. força, exuberância da vida, pujança, frescura, flor f. (da idade), vigor, viço m. 7. acesso m. de febre ou de calor. 8. banhado, pântano m. ‖ v. 1. corar, enrubescer, ruborizar-se, vermelhar, afoguear, incandescer, arder, resplandecer, brilhar subitamente. 2. fazer corar, ruborizar, enrubescer, avermelhar, afoguear. 3. esguichar, correr com ímpeto, jorrar, borbotar, manar, afluir, brotar, rebentar, vergontear. 4. lavar ou limpar com jacto de água, enxaguar. 5. inchar, ensoberbecer, entusiasmar, inflamar, excitar, estimular, animar, encorajar. ‖ adj. 1. bem suprido, abastado, rico. 2. abundante, copioso, cheio, generoso, pródigo. 3. corado, rosado, rubro. 4. vigoroso, pujante, cheio de vida.
the roses were in full ~ as rosas estavam em pleno viço. **she is in the ~ of her beauty** ela está no esplendor da sua beleza. **to be ~** levar boa vida. **to come ~ on s. o.** (coloq.) topar com alguém. **blood ~ed to her cheeks** o sangue afluiu-lhe ao rosto. **~ed with anger** rubro de cólera. **~ed with joy** radiante de alegria **to be ~ of money** estar bem de dinheiro.
flush (II) [flʌʃ] v. nivelar, igualar, embutir, rejuntar. ‖ adj. liso, raso, emparelhado, em linha, rente a, à flor, nivelado, ao mesmo nível, embutido. ‖ adv. 1. lisamente, niveladamente. 2. diretamente, em cheio.
flush (III) [flʌʃ] s. 1. vôo rápido m. (das aves). 2. bando m. de aves levantadas duma só vez. ‖ v. 1. voar, levantar-se subitamente (aves). 2. fazer voar, levantar (caça).
flush (IV) [flʌʃ] s. seqüência f., série de cinco cartas do mesmo naipe, no jogo do pôquer.
flush-deck s. (Náut.) convés corrido m.

flushed [flʌʃt] adj. excitado e ansioso; cheio de regozijo e orgulho.

flusher [fl'ʌʃə] s. limpador m. de esgotos.

flushing [fl'ʌʃiŋ] s. 1. rubor m., vermelhidão f. 2. inundação f., fluxo m. 3. limpamento m. de esgotos.

flushing-box, ~-tank s. caixa f. de descarga de aparelho sanitário (quadro W 2).

flush mounting s. (Téc.) montagem embutida f.

flushness [fl'ʌʃnis] s. plenitude, abundância f.

flush point s. ponto m. de inflamabilidade.

flush rivet s. (Téc.) rebite m. de cabeça escareada.

flush switch s. (Eletr.) chave embutida f.

fluster [fl'ʌstə] s. fervura, agitação nervosa, atrapalhação, perturbação, confusão f. de espírito. ‖ v. 1. agitar, aquecer, excitar, inebriar, embriagar. 2. confundir, perturbar, aturdir, desconcertar, embaraçar. 3. exaltar-se, azafamar-se, perturbar-se, confundir-se. 4. estar agitado, inquieto, mover-se agitadamente.

all in a ~ todo alvoroçado.

flute [fluːt] s. 1. (Mús.) flauta f., registro m. de flauta em órgão. 2. macho m., prega, estria, canelura, meia-cana f. ‖ v. 1. flautear, tocar flauta. 2. cantar, trautear, assobiar com som aflautado, flautar. 3. preguear, fazer machos ou pregas em, estriar, canelar, acanalar.

fluted [fl'uːtid] adj. 1. (Mús.) claro e suave, mavioso, aflautado, esganiçado. 2. estriado, canelado, acanalado.

fluted reamer s. escareador canelado m.

fluted roller s. cilindro acanalado ou canelado m.

fluted spectrum s. espectro m. de bandas.

flutelike [fl'uːtlaik] adj. aflautado, semelhante à flauta ou ao som deste instrumento.

flute-player s. flautista m. + f.

flute-stop s. registro m. de flauta.

fluting [fl'uːtiŋ] s. 1. estriagem, canelagem, caneluras f. pl. 2. ação de tocar flauta.

flutist [fl'uːtəst] s. (E. U. A.) = **flautist**.

flutter [fl'ʌtə] s. 1. adejo, ato de esvoaçar, movimento ou manejo arrebatado m., palpitação, agitação, vibração f. 2. confusão, excitação, comoção f., alvoroço, nervosismo m. 3. (gíria) ato de arriscar ao jogo, tezinha, especulação f. ‖ v. 1. tremular, flutuar, drapejar, ondear. 2. adejar, bater as asas, esvoaçar, voejar. 3. menear, voltear, saracotear, remexer-se excitadamente. 4. azafamar-se, estar irrequieto ou alvoroçado. 5. vibrar, palpitar, tremer de excitação. 6. bater irregularmente. 7. confundir, excitar, perturbar, alvoroçar, agitar.

flutterer [~rə] s. agitador m.

flutteringly [~riŋli] adv. tremulantemente, excitadamente, agitadamente, alvoroçadamente.

flutter kick s. (natação) rápida batida de pé f.

fluty [fl'uːti] adj. aflautado, flautado, semelhante ao som da flauta, mavioso.

fluvial [fl'uːviəl] adj. fluvial, fluviátil.

fluvio-marine adj. (Geol.) flúvio-marinho.

fluviometer [fluːvi'ɔmitə] s. fluviômetro m.

flux [flʌks] s. 1. fluxo, curso m., fluência, corrente, abundância, torrente f. 2. maré enchente f. 3. vicissitude, alteração contínua f. 4. (Med.) corrimento m. 5. (Quím., Metal. fundente m. 6. curso, regime m. (de escoamento de um fluido). 7. fluxo magnético m. ‖ v. 1. derreter, fluir, fazer fluir, purgar (Med.) 2. fundir. 3. subir (maré).

a ~ of words fluxo de palavras. **~ and reflux** fluxo e refluxo. **in ~** instável.

flux density s. (Fís.) densidade f. do fluxo.

fluxion [fl'ʌkʃən] s. 1. curso, fluxo m., fluência, vicissitude, modificação contínua f. 2. fluxão f., escoamento, corrimento m. 3. (Mat.) fluxão f., diferen-

cial m. 4. (Metal.) fusão f.

method of ~s cálculo diferencial e integral.

fluxional [~əl] adj. fluxionário, instável, flutuante. ‖ **-ly** adv. de modo fluxionário.

fluxmeter [fl'ʌksmitə] s. (Fís.) fluxômetro m.

fly (I) [flai] s. 1. (Zool.) mosca vulgar ou doméstica f. 2. qualquer inseto díptero m. 3. qualquer inseto de asas transparentes como a efeméride. 4. anzol m. dissimulado por penas.

there are no flies on him ele não tem defeitos. **to find a ~ in the ointment** (fig.) achar cabelo na sopa. **to break a ~ on the wheel** arrombar portas abertas.

fly (II) [flai] s., pl. **flies** 1. pestana f. de braguilha. 2. aba f. que cobre a entrada de uma barraca. 3. cabriolé m., carruagem leve, carruagem de aluguel. 4. (E. U. A. no beisebol) bola f. rebatida no ar. 5. pêndulo m., volante de um relógio. 6. (Mec.) volante m. 7. a parte da grimpa que mostra a direção do vento. 8. comprimento m. ou borda exterior f. da bandeira. 9. vôo m., trajetória f. 10. (pl. Teat.) bambolina f. 11. braguilha f. (quadro C 12). ‖ v. (imp. **flew**, p. p. **flown**) 1. voar, esvoaçar, mover-se no ar por meio de asas. 2. flutuar, ondear, drapejar, agitar-se no ar, pairar. 3. fazer voar, arvorar, hastear, desfraldar (bandeira), soltar. 4. voar, viajar pelo ar, mover-se no ar por meio de aeroplanos. 5. voar sobre, atravessar voando. 6. dirigir, pilotar (avião). 7. transportar pelo ar. 8. pular, saltar, galgar, voar, correr, passar velozmente, decorrer rapidamente (o tempo), precipitar-se, lançar-se. 9. fugir, escapar-se, desaparecer rapidamente, voar, fugir de, esquivar, evitar. 10. (no beisebol) rebater a bola no ar. 11. caçar com falcão.

in the ~ no vôo, em movimento, sem se deter. **to ~ a kite** soltar um papagaio, (gíria) emitir uma letra de favor, (fig.) lançar um balão de ensaio, ver de que lado sopra o vento. **the bird is flown** (fig.) fugiu o melro. **he flew off at a tangent** (fig.) ele de repente mudou de assunto. **she flew out at me** ela acometeu-me com injúrias. **he flies an aeroplane** ele dirige um aeroplano. **he flew a hawk** ele caçou com falcão. **~ me a line!** (coloq.) mande-me umas linhas! **he flew the ocean** ele atravessou o oceano em avião. **he will have to ~ the country** ele terá de evitar a pátria. **I must ~ the danger** tenho de escapar deste perigo. **to ~ to arms** correr às armas. **to ~ at** ou **upon** lançar-se sobre, acometer, atacar violentamente. **to ~ into a passion** encolerizar-se. **to ~ into raptures** extasiar-se. **to ~ in the face of** insultar alguém. **to ~ open** abrir-se de repente (a porta). **to ~ out** encolerizar-se, enfurecer-se, perder as estribeiras, rebentar, voar em estilhaços, partir-se em pedaços. **to let ~** atirar, disparar, fazer fogo. **to ~ abroad** voar, divulgar-se. **to ~ high** ter ambições. **to ~ off** soltar-se. **to ~ by instruments** voar às cegas.

fly ash s. partículas f. pl. de cinza incombustível, como fator de poluição ambiental.

flyaway [fl'aiəwei] s. fugitivo, fujão m. ‖ adj. 1. folgado, solto (vestido, etc.). 2. (fig.) leviano, frívolo, volúvel, caprichoso.

flyball governor s. (Mec.) regulador m. de bolas.

fly-bitten adj. picado de moscas.

fly-blister s. (Med.) vesicatório m. preparado com cantáridas.

flyblow [fl'aiblou] s. lêndea f. de mosca, vareja f. ‖ v. (imp. **-blew**, p. p. **-blown**) 1. deitar vareja em. 2. corromper, contaminar, estragar.

flyblown [~n] adj. 1. lendeoso, contaminado de lêndeas. 2. estragado, deteriorado, carcomido.

flyby, fly-by [fl'aibai] s. (Av.) vôo m. que ultrapassa seu ponto de destino.

fly-by-night s. 1. noctívago m. 2. caloteiro m. ‖ adj. suspeito, financeiramente irresponsável.

flycatcher [fl'aikætʃə] s. 1. (Zool.) papa-moscas m. 2. mosqueiro m., armadilha f. para moscas.

fly-drill s. (Mec.) arco m. de pua.

flyer, flier [fl'aiə] s. 1. voador m., pessoa f. ou coisa f. que voa, fugitivo, avião m. 2. aviador m. 3. veículo, trem, navio ou animal muito veloz m. 4. (E. U. A., coloq.) operação, especulação arriscada f. (na Bolsa, etc.). 5. (Mec.) volante m. de máquina. 6. (pl.) lanço reto m. de escada. 7. (pl.) escadaria f.

fly-fish v. pescar com moscas verdadeiras ou artificiais.

fly-fishing s. pesca f. com moscas.

flyflap [fl'aiflæp] s. moscadeiro m.

flying [fl'aiiŋ] s. ato de voar, aviação f. ‖ adj. 1. voador, voante, volante. 2. flutuante, pendente. 3. muito rápido, veloz. 4. transitório, breve.

a ~ visit visita breve. he made a ~ start ele partiu precipitadamente. he came off with ~ colours (fig.) ele saiu-se otimamente.

flying accident s. acidente m. de aviação.

flying army s. exército volante m.

flying boat s. hidravião, hidroplano m.

flying bomb s. bomba voadora f.

flying boxcar s. (coloq.) grande avião m. de carga.

flying bridge s. ponte volante f.

flying buttress s. (Arquit.) arcobotante, botaréu m.

flying colours s. pl. bandeiras desfraldadas f. pl., (fig.) vitória f., bom êxito, sucesso m.

with ~ a bandeiras despregadas, (fig.) vitoriosamente.

flying column s. coluna móvel f.

flying doctor s. (Austrália) médico voador m.

flying dog s. (Zool.) espécie de morcego.

Flying Dutchman s. navio fantasma m.

flying field s. campo m. de aviação.

flying fish s. (Zool.) peixe-voador m.

flying fortress s. fortaleza voadora f.

flying fox s. (Zool.) raposa voadora f. (grande morcego, com focinho de raposa).

flying instructor s. instrutor m. de vôo.

flying jib s. (Náut.) giba f.

flying jump s. salto m. com impulso.

flying lemur s. (Zool.) lêmure volante m., gênero de galeopitecos.

flying machine s. 1. aeroplano, avião m., aeronave f. 2. dirigível, balão dirigível m.

flying-officer s. tenente-aviador m.

flying party s. (milit.) destacamento ou pelotão volante m.

flying phalanger s. (Zool.) espécie de marsupial volante.

flying radius s. raio m. de vôo.

flying saucer s. disco voador m.

flying school s. escola f. de pilotagem.

flying spot s. (Televisão) raio de luz que decompõe a imagem a ser transmitida em pontos luminosos de variada intensidade.

flying squad s. rádio-patrulha f.

flying squadron s. (milit., Nav.) esquadra, esquadrilha volante f., esquadrão m.

flying start s. partida veloz, auspiciosa f.

flyleaf [fl'aili:f] s. guarda f., folha em branco no princípio ou no fim de um livro (quadro B 17).

flyman [fl'aimən] s. 1. cocheiro m. 2. (Teat.) manobrador m. de bastidores.

flynet [fl'ainet] s. rede f. de proteção contra moscas (para cavalos, etc.).

flypaper [fl'aipeipə] s. papel mata-moscas, mosqueiro m.

fly-posting s. colocação f. de cartazes não autorizada.

fly-powder s. inseticida f. em pó, contra moscas.

fly-pulley s. polia motriz f.

flyrod [fl'airɔd] s. vara f. de pescar com moscas.

fly-sheet s. folheto, prospecto m.

flyspeck [fl'aispek] s. mancha f. deixada por excremento de moscas. ‖ v. pôr manchas de excremento de moscas em.

flytrap [fl'aitræp] s. 1. mosqueiro m., armadilha f. para moscas. 2. (Bot.) apanha-moscas m., nome de várias plantas insetívoras.

flyway [fl'aiwei] s. rota f. seguida habitualmente pelas aves migradoras.

flyweight [~t] s. (boxe) peso-mosca m.

flywheel [fl'aiwi:l] s. 1. pêndulo m. 2. (Mec.) volante m. (quadros C 4, S 5).

flywhisk [fl'aiwisk] s. abanador m. para moscas.

fm. abr. de fathom.

F. M. abr. de Field Marshal.

Fm., F. M. abr. de frequency modulation.

F. O. abr. de 1. Field-Officer. 2. Foreign Office.

fo. abr. de folio.

foal [foul] s. cria f. de animais eqüinos e asininos, potro, poldro m. ‖ v. parir, dar cria (a égua).

foal-foot s. (Bot.) tussilagem, unha-de-cavalo f.

foam [foum] s. espuma, escuma f., (poét.) mar m. ‖ v. 1. espumar, escumar. 2. fazer espumar. 3. espumejar, lançar espuma, encrespar-se (o mar), (fig.) espumejar, escumar com raiva.

he ~ed at the mouth ele espumou (na boca). he ~ed with rage ele espumejou.

foam extinguisher s. extintor espumante m., extintor carregado com substância espumante.

foaminess [f'ouminis] s. espumosidade f.

foaming [f'oumiŋ] adj. espumante, escumante. ‖ ~ly adv. de modo espumante, escumante.

foam rubber s. borracha esponjosa f.

foamy [f'oumi] adj. 1. coberto de espuma, espumante, escumante. 2. espumoso, escumoso. 3. como espuma. ‖ —ily adv. de modo espumoso, escumoso.

fob (I) [fɔb] s. 1. bolsinho m. de relógio (quadro C 12). 2. (E. U. A.) corrente curta f. de relógio, berloque m. ‖ v. embolsar, pôr no bolso.

fob (II) [fɔb] v. enganar, lograr, burlar, fraudar.

to ~ off impingir, iludir, empurrar, pregar alguma peça a alguém, embair, livrar-se de, despachar.

they ~bed me off with eles entretiveram-me, embaíram-me com.

f. o. b., F. O. B. abr. de free on board (Com.).

focal [f'oukəl] adj. focal. ‖ ~ly adv. de modo focal. ~-plane shutter (Fot.) obturador de cortina.

focal distance, ~ length s. distância focal f.

focal infection s. (Pat.) infecção focal f.

focalization [foukəlaiz'eiʃən] s. focagem, focalização f.

focalize [f'oukəlaiz] v. 1. focar, focalizar, enfocar. 2. pôr em foco, focar.

focal plane s. (Ópt.) plano focal m.

focal point s. foco, centro m. (também fig.)

focus [f'oukəs] s. pl. focuses, ou foci [—sai] 1. foco m. (também Fís., Geom., Ópt.). 2. distância focal f. 3. focagem, focalização f. (de lente), acomodação f. (do olho). 4. foco, centro, ponto m. de convergência, sede f. ‖ v. (imp. e p. p. focused ou focussed) 1. focar, enfocar, pôr em foco. 2. focalizar, ajustar (lente, olho). 3. pôr em evidência. 4. concentrar, tomar por foco.

in ~ em foco, claro, distinto. out of ~ turvo, opaco, indistinto, fosco.

focusing, focussing [~iŋ] s. enfocação f. de um

instrumento óptico (quadro B 12).
focusing coil s. bobina f. de focalização.
focusing screen s. vidro fosco m.
fodder [f'ɔdə] s. forragem f. ‖ v. dar forragem a, alimentar (gado, etc.).
fodderer [~rə] s. aquele que dá forragem a.
foe [fou] s. inimigo m., antagonista m. + f.
foelike [f'oulaik] adj. inimigo, hostil, adversário. ‖ adv. como inimigo.
foeman [f'oumən] s. inimigo na guerra.
foetal [fí:tl] adj. (Anat.) fetal.
foetation [fi:t'eiʃən] s. fetação f.
foeticide [f'i:tisaid] s. feticídio m.
foetus [f'i:təs] s. (Anat.) feto m. (mesmo que **fetus**).
fog (I) [fɔg] s. 1. nevoeiro m., cerração, bruma, neblina, névoa f. 2. nevoeiro m., obscuridade, bruma, sombra f. 3. confusão mental, perplexidade f. ‖ v. (imp. e p. p. **fogged**) 1. enevoar-se, cobrir de névoa. 2. obscurecer. 3. confundir, tornar perplexo. **in a ~** confuso, perplexo. **pea-soup-~** neblina amarela londrina.
fog (II) [fɔg] s. erva f. de outono, feno serôdio m. ‖ v. alimentar com feno serôdio.
fog bank s. estrato de nevoeiro espesso m.
fog-bell s. sino m. para bruma.
fogbound [f'ɔgbaund] adj. (Náut.) impedido pelo nevoeiro.
fogbow [f'ɔgbou] s. arco-íris m. de nevoeiro.
fogged [fɔgd] adj. (coloq.) 1. tocado, bêbedo. 2. perplexo.
fogger [f'ɔgə] s. o que coloca sinais detonantes na via férrea.
fogginess [f'ɔginis] s. 1. nebulosidade, cerração f. 2. obscuridade f. 3. perplexidade, confusão f.
foggy (I) [f'ɔgi] adj. 1. nebuloso, nevoento, cerrado, enevoado, brumoso. 2. obscuro, indistinto, velado. 3. confuso, perplexo, nevoento, obscuro. ‖ **-ily** adv. nebulosamente, indistintamente, obscuramente.
foggy (II) [f'ɔgi] adj. coberto de erva áspera, semelhante a erva áspera.
foghorn [f'ɔghɔːn] s. buzina ou sereia f. de nevoeiro.
fog lamp, fog light s. (Autom.) farol m. de neblina.
fog-signal s. sinal detonante m., para neblina nas estradas de ferro.
fogy, fogey [f'ougi] s. 1. molengão m., pessoa ronceira, pachorrenta, mole. 2. obscurantista m. + f., caturra m. + f., filisteu m., pessoa antiquada, fóssil.
fogydom [~dəm], **fogyism, fogeyism** [~izm] s. ronceirismo m., caturrice f.
foible [f'ɔibl] s. 1. fraco, ponto fraco, lado fraco m., fraqueza f., defeito m. 2. parte flexível f. de uma espada.
foil (I) [fɔil] s. 1. rasto m. de caça. 2. (†) derrota, frustração f., mau êxito m. ‖ v. 1. baldar, frustrar, anular. 2. derrotar, destroçar, repelir, parar, evadir (golpe, pergunta, etc.). 3. despistar, fazer perder o rasto.
foil (II) [fɔil] s. 1. folha metálica, chapa, lâmina delgada f. de metal, ouropel m. 2. contraste, realce m. 3. folheta f. (em joalharia), amálgama m. + f. ou aço m. de espelho. 4. (Arquit.) ornamento m. em forma de folhas, ogiveta f. ‖ v. 1. folhetear, pôr folheta em (pedra preciosa), folhear. 2. realçar, dar realce. 3. (Arquit.) ornar com ogivetas.
to be a ~ to dar realce a, realçar. **it acts as a ~ to her** isso dá-lhe relevo.
foil (III) [fɔil] s. florete embolado m., espada preta f.
foilable [f'ɔiləbl] adj. suscetível a ser baldado, frustrado, etc.
foiling (I) [f'ɔiliŋ] s. rasto m. de um cervídeo na erva.
foiling (II) [f'ɔiliŋ] s. (Arquit.) decoração f. com ogivetas.

foist [fɔist] v. 1. impingir, empurrar. 2. insinuar.
they ~ ed it on him impingiram-no a ele.
fold (I) [fould] s. 1. dobra, prega, ruga f., vinco, (Mec.) rebordo m. 2. concavidade f., recôncavo m 3. envoltório, embrulho, invólucro m., rosca, volta f. (de serpente, etc.). 4. (Geol.) dobra f. ‖ v. 1. dobrar(-se), preguear(-se). 2. cruzar (os braços), entrelaçar (os dedos). 3. abraçar, abarcar, enlaçar, cercar, juntar, rodear. 4. abraçar, cingir, prender nos braços. 5. envolver, embrulhar. 6. dobrar, ceder, vergar, esmorecer, frustrar-se.
he ~ed his arms ele cruzou os braços. **he ~ed his arms round her** ele cingiu-a com os braços. **he ~ed the child in his arms** ele abraçou a criança. **she ~ed up the papers** ela arrumou os papéis.
fold (II) [fould] s. 1. aprisco, redil, curral m. de ovelhas. 2. rebanho m. (de ovelhas). 3. congregação f. de fiéis, o sagrado aprisco, a Igreja. ‖ v. encurralar, recolher, encerrar no aprisco.
-fold (III) [fould] suf. formador de adjetivos e advérbios multiplicativos: **twofold** duplo ou duas vezes mais, **tenfold** décuplo ou dez vezes mais. **manifold** múltiplo, multíplice, multiforme.
foldboat [f'ouldbout] s. (Náut.) caíque dobradiço m.
folder [f'ouldə] s. 1. dobrador m. 2. dobradeira f. (instrumento). 3. pasta f. de papéis, envoltório m. 4. folheto dobrado m. 5. (pl.) pincenê m.
folding [f'ouldiŋ] s. dobração f., dobragem, dobradura f. ‖ adj. dobradiço.
folding-bed s. catre m., cama dobradiça f.
folding chair s. cadeira dobradiça f. (quadro C 9).
folding-deck s. capota conversível f. (de automóvel).
folding doors s. pl. porta de duas folhas, porta dobradiça f.
folding-hat s. claque m.: chapéu alto, de molas.
folding machine s. dobradeira f. (máquina).
folding rule s. metro dobradiço (quadro B 22).
folding screen s. biombo flexível m.
folding seat s. assento dobradiço m.
folding stepladder s. escada dupla f.
folding stool s. assento dobradiço m.
folding table s. mesa dobradiça f.
foliaceous [fouli'eiʃəs] adj. foliáceo, (Miner.) laminar.
foliage [f'ouliidʒ] s. 1. folhagem, ramaria, ramagem f., fronde m. 2. ornato que imita folhas, flores. ‖ v. ornar com representações de flores.
foliaged [~d] adj. folhado, cheio de folhas, ornamentado com folhagem.
foliage-plant s. planta folífera f.
foliar [f'oulia] adj. foliar, folhear.
foliate [f'oulieit] v. 1. folhar, enfolhar. 2. esfoliar-se. 3. folhar, ornar com folhagem, lavrar ou pintar folhagem em. ‖ [f'ouliit] adj. foliáceo, foliforme, folhado, enfolhado, folheado, folhudo, frondoso.
foliation [fouli'eiʃən] s. 1. (Bot.) folheação, folheatura, frondescência f. 2. folheatura f.: época da rebentação das folhas. 3. ornamentação f. com folhagem. 4. vernação, prefoliação f. 5. numeração f. das folhas dum livro. 6. (Geol.) xistosidade f. 7. estanhação f. (de espelho). 8. batedura f. de ouro, para reduzi-lo a folhas.
folio [f'ouliou] s. 1. fólio m., folha f. de impressão dobrada apenas em duas. 2. livro comercial m. numerado por folhas. 3. in-fólio m., livro em formato in-fólio. 4. (Tipogr.) o número de uma página. 5. as duas laudas de uma folha, folha de um livro, manuscrito, etc. numerado de um lado só. ‖ v. paginar, numerar as páginas ou as folhas de. ‖ adj. in-fólio.
~ volume formato, volume in-fólio, livro in-fólio, (fig.) calhamaço.
foliolate [f'oulioleit] adj. foliolado.

foliole [f'oulioul] s. (Bot.) folíolo m.
foliose [f'oulious], **folious** [f'ouliəs] adj. folioso.
folk [fouk] s. 1. povo m. 2. tribo, nação f. 3. gente, pessoa, família f., parentes m. pl.
my ~s meus parentes, minha família.
folk-custom s. uso popular m.
folk dance s. dança folclórica f.
folklore [f'ouklo:] s. folclore m.: tradições, costumes, crenças, etc. populares.
folklorism [~rizm] s. folclorismo m.
folklorist [~rist] s. folclorista m. + f.
folkloristic [fouklo:r'istik] adj. folclorístico, folclórico, popular.
folk music s. música folclorística, popular f.
folksong, folk song [f'ouksɔŋ] s. canção f., canto m. ou balada f. popular.
folksy [f'ouksi] adj. (coloq.) simples e amável.
folk tale ou **story** s. lenda f. ou conto popular m.
folkway [f'oukwei] s. (Soc.) costume, hábito, modo m. de pensar de um grupo social, povo, etc.
follicle [f'olikl] s. (Anat., Bot.) folículo m.
follicular [fol'ikjulə] adj. folicular.
folliculated [fol'ikjuleitid], **folliculous** [fol'ikjuləs] adj. foliculoso.
follow [f'olou] s. 1. seguimento m. 2. perseguição f. ‖ v. 1. seguir, ir atrás de, marchar ou caminhar após, em seguimento, vir depois, suceder uma coisa a outra, suceder no lugar de alguém. 2. resultar de, seguir-se, provir, resultar, inferir-se, concluir-se, deduzir-se. 3. ir ao longo de, continuar. 4. escoltar, acompanhar, servir, atender. 5. perseguir, caçar, dar caça a. 6. imitar, tomar como modelo, proceder em harmonia com, seguir o exemplo de, guiar-se por, abandonar-se a, observar, usar, obedecer a. 7. observar, seguir com os olhos, acompanhar com atenção. 8. visar, correr no encalço de, ter a mira em, tomar o partido de, aderir a, abraçar-se a, compreender. 9. exercer (profissão), dar-se a, dedicar-se a.
do you ~ me? compreende-me? **I don't ~ you** não o compreendo. **to ~ on** continuar ininterruptamente. **trade ~s the flag** o comércio segue a bandeira. **the talk will be ~ed by a song** o discurso será seguido por um canto. **~ my advice!** siga o meu conselho! **the next ~ed close** o seguinte foi logo atrás. **she ~s the fashion** ela acompanha a moda. **he ~s the hound** ele caça montado. **he ~s a profession** ele exerce uma profissão. **other qualities to ~** (Com.) outras qualidades seguirão. **they ~ after him** eles seguem-no. **the heads were as ~s** os itens foram os seguintes. **It ~s from this** resulta disso. **~-up letter** carta lembrete. **to ~ the law** estudar leis, seguir a carreira de advogado. **to ~ the plough** dedicar-se à lavoura. **to ~ one's pleasure** dar-se ao deleite. **to ~ out** levar ao cabo, levar até o fim. **to ~ up** seguir de perto, seguir persistentemente. **to ~ in s. o.'s steps** seguir os passos, ir na cola de alguém. **to ~ one's nose** ir pelo faro. **to ~ suit** servir o naipe jogado. **as ~s** como segue. **it ~s that** segue-se que, logo, portanto.
followable [~əbl] adj. que se pode seguir.
follower [~ə] s. 1. seguidor m., pessoa f. ou coisa f. que segue, perseguidor, partidário, sectário, adepto, sequaz discípulo, imitador m. 2. fâmulo, criado, servidor, dependente m. 3. (coloq.) admirador, galanteador m. 4. (Mec.) roda acionada f.

   no ~s allowed (coloq.) não são permitidas visitas masculinas.
follower rest s. luneta móvel f. de torno.
followership [f'olouəʃip] partidarismo m.

following [f'olouiŋ] s. 1. séquito, cortejo m. 2. adeptos, sequazes m. pl., comitiva f. ‖ adj. seguinte, que segue ou se segue, imediato, próximo.
the ~ o seguinte, os seguintes. **the ~ day, the day ~** no dia seguinte. **~ her visit she...** depois da sua visita ela...
following pulley s. (Mec.) polia impulsionada f.
following side s. (Mec.) lado frouxo m. (de uma correia de transmissão, etc.).
follow-through s. execução f. de um projeto.
follow-up s. 1. manutenção f. de contato. 2. lembrete m. 3. acompanhamento de assunto m.
folly [f'oli] s. pl. **follies** 1. loucura, insensatez, doidice, tolice f. 2. ato próprio de louco, asneira, leviandade f., desatino, disparate m. 3. aventura insensata, grande extravagância f. 4. construção dispendiosa e considerada inútil f.
a piece of ~ asneira, disparate.
foment [foum'ent] v. 1. fomentar, promover, excitar, estimular, incitar, instigar. 2. aplicar fomentação a, friccionar (a pele) com um medicamento líquido.
fomentation [foument'eiʃən] s. 1. fomentação, incitação, instigação f., estímulo m. 2. fomento m., fricção medicamentosa na epiderme.
fomenter [foum'entə] s. fomentador m.
fond [fɔnd] adj. 1. amigo, aficionado, afeiçoado, que tem gosto ou predileção por. 2. afetuoso, carinhoso, terno, amoroso. 3. extremoso, apaixonado, excessivamente amoroso, baboso, que tem loucura por. 4. acariciado, caro, favorito. 5. (†) tolo, crédulo, insensato. ‖ **~ly** adv. afetuosamente, carinhosamente, ternamente, com mimo, cordialmente, apaixonadamente, credulamente, loucamente.
to be ~ of gostar muito de alguma pessoa ou de alguma coisa. **a ~ look** um olhar carinhoso. **he ~ly hoped** ele ingenuamente esperava.
fondant [f'ɔndənt] s. fondant m.: espécie de bombom fundido.
fondle [fɔndl] v. acariciar, afagar, amimar, acarinhar, ameigar, brincar amorosamente.
fondler [f'ɔndlə] s. acariciador, afagador m.
fondling [f'ɔndliŋ] s. mimoso, mimalho, queridinho, favorito m., pessoa ou coisa favorita.
fondness [f'ɔndnis] s. afeto, amor, gosto, apego m., afeição, meiguice, ternura, predileção, inclinação f.
fondue [fond'u:] s. iguaria f. feita com queijo derretido, manteiga, ovos, etc.
font (I) [fɔnt] s. 1. fonte batismal, pia batismal f. 2. pia de água benta f. 3. (†) fonte f., manancial m. 4. reservatório m. de lampião.
font (II) [fɔnt] s. (Tipogr.) sortimento completo de tipos de um tamanho e estilo.
fontal [f'ɔntəl] adj. (†) fontal, originário, básico, batismal.
fontanel, fontanelle [fɔntən'el] s. (Anat.) fontanela f., (Med.) sedenho, fontículo, exutório m.
food [fu:d] s. 1. alimento, sustento, nutrimento, pasto m., ração f. 2. comida f. 3. víveres, mantimentos, comestíveis m. pl., provisões f. pl. de boca. 4. alimento espiritual, pasto, sustento m.
~ and drink comida e bebida. **~ for thought** algo para meditar. **infant ~** farinha para alimentação de crianças pequenas, farinha láctea.
food-card s. cartão m. de racionamento.
food chain s. (Ecol.) cadeia alimentar f.
food cycle s. (Ecol.) ciclo alimentar m.
food-hoarder s. pessoa f. que acumula víveres.
foodless [f'u:dlis] adj. 1. sem víveres. 2. estéril, infértil, que não é nutritivo.
food poisoning s. (Pat.) intoxicação gastrintestinal f.

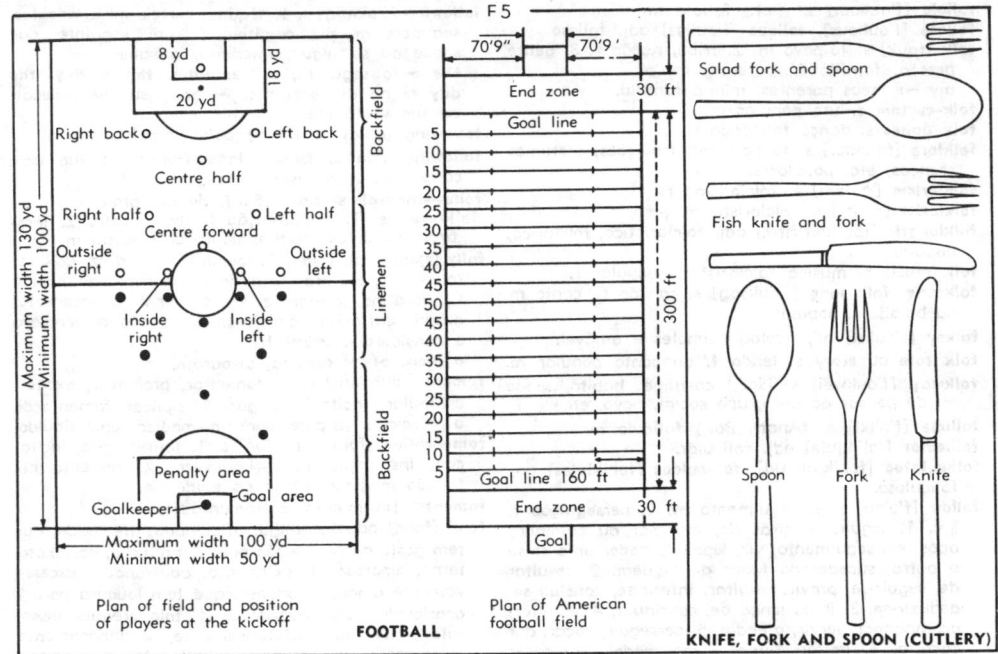

F 5

Plan of field and position of players at the kickoff **FOOTBALL**

Plan of American football field

KNIFE, FORK AND SPOON (CUTLERY)

food-preservative s. substância conservadora f. de alimentos.

foodstuff [f'u:dstʌf] s. gêneros alimentícios m. pl.

food-supply s. suprimento m. de víveres.

food-value s. valor nutritivo m.

food web s. = food cycle.

fool (I) [fu:l] s. 1. louco, bobo, tolo, néscio, parvo, insensato, imbecil m. 2. bufão, bobo m. 3. trouxa, joguete, ingênuo, ludíbrio m. ‖ v. 1. bobear, fazer o papel de tolo, doidejar, brincar, desapontar, desperdiçar o tempo, folgar, gracejar. 2. fazer de tolo, fazer escárnio de, chasquear, zombar de. 3. enganar, burlar, engazopar, embrulhar, fraudar, trapacear.

they made an April ~ of him lograram-no no primeiro de abril. **don't make a ~ of yourself** não se faça de tolo. **a big ~** um perfeito idiota. **~'s errand** empresa estúpida, ridícula, infrutífera. **no ~ like an old one** não há tolo como tolo velho. **I was ~ enough to consent** fui tolo bastante para consentir. **~'s paradise** país de utopia. **to be a ~ for one's pains** perder o tempo. **to make a ~ of** fazer de tolo. **to make a ~ of oneself** fazer-se ridículo, fazer asneira. **to play the ~** fazer papel de bobo. **to ~ on** s. o. pregar uma peça a alguém. **to ~ s. o. of his money** apanhar o dinheiro de alguém, com astúcia e velhacaria. **to ~ about,** (coloq., E. U. A.) **to ~ around** vadiar. **to ~ with** não tratar seriamente.

fool (II) [fu:l] s. doce m. de fruta com nata batida.

foolery [f'u:ləri] s. tolice, parvoíce, doidice, loucura, asneira, bobagem f., absurdo m.

foolhardiness [f'u:lha:dinis] s. temeridade, imprudência f., estouvamento m.

foolhardy [f'u:lha:di] adj. temerário, nesciamente atrevido, imprudente, irrefletido, estouvado. ‖ **–ly** adv. temerariamente, imprudentemente, irrefletidamente, estouvadamente.

fooling [f'u:liŋ] s. 1. chocarrice, brincadeira f., gracejo m. 2. vadiação f. 3. loucura, tolice f.

to be in ~ estar disposto a fazer loucuras.

foolish [f'u:liʃ] adj. 1. tolo, louco, bobo, néscio, insensato, imprudente, extravagante, estouvado, injudicioso. 2. chocarreiro, absurdo, ridículo. 3. frívolo, leviano, superficial. ‖ **~ly** adv. tolamente, loucamente, nesciamente, ridiculamente.

foolishness [~nis] s. loucura, tolice, doidice, insensatez f., estouvamento m.

foolproof [f'u:lpru:f] adj. (coloq., E. U. A.) perfeitamente seguro, à prova de descuidos, tão simples e seguro que até um bobo pode usá-lo ou fazê-lo.

foolscap [f'u:lzkæp] s. 1. papel almaço m. 2. papel em folhas de 13" por 16".

fool's cap s. barrete m. de bobo.

fool's errand s. esforço inútil m.

fool's gold s. (Miner.) pirita f. de ferro ou de cobre, minério que parece ouro.

fool's mate s. (Xadrez) mate de bobo m.

foot [fut] s. pl. **feet** 1. pé m. 2. base f., suporte m. 3. sopé, fundo, rodapé m. 4. margem inferior f. (de uma página). 5. o último de uma série. 6. pé m.: medida de comprimento equivalente a doze polegadas ou 30,48 cm. 7. garra, pata, perna f. 8. (poes.) pé m.: divisão de um verso. 9. (milit.) gente f. de pé, infantaria f., soldados m. pl. de infantaria. ‖ v. 1. pôr novo pé em. 2. andar a pé, caminhar, atravessar a pé, pisar cadenciadamente, ir a pé. 3. dançar. 4. somar, adicionar.

2 feet long dois pés de comprimento. **six ~ five,** ou **six feet five** seis pés e cinco polegadas. **the first ~** ou **the first regiment of ~** regimento de infantaria n.º 1. **they helped him to his feet** eles ajudaram-no a levantar-se. **he put his ~ on the floor** (coloq., Autom.) ele acelerou a marcha. **he shall not set ~ in my house** ele não há de entrar na minha casa. **at the ~** ao pé (da página). **at the ~ of the hill** no sopé da colina. **at his feet** aos pés dele. **~ by ~** pé ante pé, passo a passo, devagar, cautelosamente. **from head to ~** dos pés à cabeça. **light** ou **swift**

of ~ ligeiro de pés. **on** ~ a pé, em pé, em movimento, em andamento, em obra, em projeto, em vias de conclusão. **to go on** ~ andar a pé. **to set on** ~ pôr em obra, lançar, pôr em movimento. **on one's feet** em pé, de pé, (fig.) de boa saúde, próspero, florescente. **to carry s. o. off one's feet** entusiasmar, empolgar alguém. **to fall on one's feet** tirar o pé do lodo. **to have one** ~ **in the grave** estar com um pé na sepultura, estar com os pés na cova. **to know the length of s. o.** 's ~ conhecer alguém muito bem, conhecer o fraco de alguém. **to keep one's feet** ou **footing** manter-se em pé, não cair. **to put one's** ~ **down** pôr os pés na parede, porfiar. **to put one's** ~ **in it** meter os pés pelas mãos. **to tread under** ~ pisar, calcar aos pés. **to set** ~ **in** meter ou pôr o pé em alguma parte, introduzir-se. **to show the cloven** ~ revelar má índole.

footage [f'utidʒ] s. 1. comprimento m. em pés. 2. (Miner.) pagamento m. por pés de comprimento. 3. (Filme) comprimento total m.

foot-and-mouth disease s. febre aftosa f., mal-dos-cascos m., doença infecciosa dos animais.

football [f'utbɔ:l] s. 1. futebol m. (quadro F 5). 2. bola de futebol. 3. qualquer jogo ou bola como a de futebol.

footballer [f'utbɔ:lə] s. jogador m. de futebol, futebolista m. + f.

foot-barracks s. quartel m. de infantaria.

footbath [f'utbɑ:θ] s. 1. bacia f. para lavar os pés. 2. banho m. aos pés, pedilúvio m.

footboard [f'utbɔ:d] s. 1. suporte para os pés: estribo m. de bonde ou carruagem, pedal, estrado m., plataforma f. (quadro S 13). 2. tábua f. no pé da cama.

footboy [f'utbɔi] s. 1. pajem m. 2. aprendiz m. de armas (cavalaria).

footbrake [f'utbreik] s. freio m. a pedal.

footbridge [f'utbridʒ] s. ponte f. para pedestres.

foot-candle s. pé-vela m.: unidade de iluminação (medida).

foot-control s. comando m. a pedal (quadro D 1).

footed [f'utid] adj. que tem pés, que tem determinado número de pés, que tem os pés de determinada forma.
four ~ quadrúpede. **cloven** ~ fissípede, que tem o pé ou o casco fendido. **swift** ~ de pé ligeiro. **wing** ~ alípede.

footer [f'utə] s. 1. (coloq.) futebol m. 2. (em compostos) pessoa que mede determinado número de pés.

footfall [f'utfɔ:l] s. passo m., som de passo.

footgear [f'utgiə] s. vestimenta para os pés, calçado, meias, etc.

foot-guards s. (milit.) infantaria f. de guarda.

foothill [f'uthil] s. contraforte m.: montanha no sopé de outra mais alta.

foothold [f'uthould] s. 1. apoio m. para os pés, lugar m. onde pôr o pé. 2. ponto de apoio m., base f. de operações. 3. posição segura ou estabelecida f.

footing [f'utiŋ] s. 1. passada f., piso m. 2. lugar onde pôr os pés, apoio para os pés, fundamento, sustentáculo m., base f. 3. posição segura ou estabelecida f., ponto m. de apoio. 4. condição, posição f., pé, estado m., termos m. pl. 5. relações f. pl. 6. soma, adição f., total m. 7. estabelecimento m., admissão f. na sociedade, numa profissão. 8. sapata f. da parede.
to lose one's ~ escorregar. **to be on equal** ou **the same** ~ estar em iguais condições. **on a war** ~ em pé de guerra. **to be on a friendly** ~ estar em boas relações. **to pay (for) one's** ~ pagar jóia de admissão. **to get a** ~ tomar pé. estabelecer-se solida-

foot lathe s. (Mec.) torno mecânico m. a pedal.

footle [fu:tl] s. tolice, criancice, baboseira, bobagem, tagarelice f., disparate m. ‖ v. perder o tempo com ninharias, disparatar, portar-se tola ou puerilmente.

footless [f'utlis] adj. 1. sem pés. 2. infundado, impalpável, imaterial. 3. (coloq.) estúpido, inepto.

foot lever s. (Mec.) alavanca f. a pedal.

foot-licker s. (fig.) bajulador m.

footlights [f'utlaits] s. pl. 1. ribalta, rampa f. (quadro S 10). 2. (fig.) o teatro, o palco m., a rampa f. **before the** ~ no palco. **he got across the** ~ ele causou grande impressão.

footling [f'utliŋ] adj. 1. insignificante, trivial, sem importância. 2. tolo, néscio, absurdo.

footlocker [f'utlɔkə] s. (milit.) maleta f. com objetos pessoais, guardada debaixo da cama.

foot-loose adj. (coloq.) livre, desembaraçado.

footman [f'utmən] s. 1. lacaio, criado m. de libré. 2. (†) soldado m. de infantaria. 3. trempe m. para chaleira.

footmark [f'utmɑ:k] s. pegada, pisada f.

footmuff [f'utmʌf] s. saco, agasalho m. para os pés.

footnote [f'utnout] s. nota f. ao pé de uma página.

footpace [f'utpeis] s. passo ordinário m., andamento lento, normal m.

footpad [f'utpæd] s. salteador m., ladrão m. de estrada que anda a pé.

foot-panel s. (Arquit.) rodapé m.

foot-passenger s. pedestre, transeunte m. + f.

footpath [f'utpɑ:θ] s. senda, trilha f. (quadro V 3).

footplate [f'utpleit] s. (Estr. de F.) plataforma f. do maquinista e do foguista.

foot-pound s. pé-libra m.

footprint [f'utprint] s. pegada f.

foot-race s. corrida f. a pé.

footrest [f'utrest] s. suporte m. para os pés (quadros B 15, C 15, D 1).

footrope [f'utroup] s. (Náut.) tralha f. de esteira.

foot-rot s. (Veter.) úlcera f. nos pés das ovelhas.

foot-rule s. craveira f.: medida de 12 polegadas.

foot-scraper s. limpa-pés m.

footsie, footsy [f'utsi] s. pezinho m. ‖ v. 1. tocar no pé, como carícia. 2. manter relações ilícitas.

foot-slogger s. (gíria) peão, soldado m. de infantaria.

foot soldier s. peão, infante, soldado m. de infantaria.

footsore [f'utsɔ:] adj. que tem os pés feridos ou doloridos.

footstalk [f'utstɔ:k] s. (Bot.) pedículo, pedúnculo m.

footstall [f'utstɔ:l] s. 1. estribo m. de sela de mulher. 2. plinto m., base f. de coluna.

footstep [f'utstep] s. 1. som m. de passo. 2. pegada, f. 3. passo m. 4. degrau m. 5. (fig.) exemplo m.
to follow in s. o.'s footsteps seguir as pisadas de alguém, seguir-lhe o exemplo.

footstick [f'utstik] s. (Tipogr.) bisel m.

footstock [f'utstɔk] s. cabeçote móvel m. de torno.

foot-stone s. pedra fundamental f.

footstool [f'utstu:l] s. escabelo, supedâneo m. (quadro B 9).

footsure [f'utʃuə] adj. = **sure-footed**.

foot-ton s. (Fís.) pé-tonelada m.: energia necessária para elevar 1.000 kg à distância de 30,48 cm.

foot valve s. (Mec.) válvula f. de pé.

foot-warmer s. esquentador m. dos pés, botija f., bolsa f. de água quente.

footway [f'utwei] s. atalho m., caminho m. para pedestres, senda f. (quadro R 1).

footwear [f'utwɛə] s. calçado m., calçados m. pl.

footwork [f'utwə:k] s. (Esporte, etc.) trabalho dos pés.

footworn [f'utwɔ:n] adj. 1. acalcanhado, cambado. 2.

trilhado, gasto pelo atrito de pés, calcado, cansado de caminhar.

foozle [fu:zl] s. 1. atabalhoamento, ato desastrado m. 2. (no golfe) tacada desastrada f. 3. sarrafaçador m. ‖ v. 1. atabalhoar, atrapalhar tudo. 2. perder tempo, bobear.

fop [fɔp] s. (†) janota, casquilho, peralvilho, peralta, almofadinha, petimetre m.

foppery [f'ɔpəri] s. janotismo, peraltismo m., garridice, casquilharia, denguice, presunção ridícula, vaidade f.

foppish [f'ɔpiʃ] adj. afetado, dengoso, ajanotado, garrido, presumido, vaidoso, fátuo. ‖ ~ly adv. afetadamente, dengosamente, garridamente, vaidosamente.

foppishness [~nis] s. afetação, denguice, janotice garridice, vaidade f.

for [fɔ:] prep. 1. por, em lugar de, em vez de. 2. por, em proi de, em defesa de, a favor de. 3. de, representante de, em nome de. 4. por, para, à razão de, ao preço de. 5. para, a fim de, no intuito de. 6. para, a fim de, em consideração de. 7. para, em busca de. 8. para, com destino a. 9. para, próprio de, acomodado a. 10. por, por causa de, em razão de, devido a. 11. para, em honra de. 12. de, por, com afeição ou sentimento por. 13. para, a respeito de, com relação a, pelo que toca a, enquanto a. 14. numa extensão de. 15. como, na qualidade de. 16. a despeito de, apesar de. 17. para, em vista de, em proporção de. 18. de, no valor de. 19. durante. ‖ conj. pois, visto que, desde que.

we used boxes ~ chairs usamos caixas em vez de cadeiras. **not ~ anything** por nada. **to play ~ pennies** jogar a vintém. **may I hold the umbrella ~ you?** permita-me segurar-lhe o guarda-chuva? **they voted ~ Roosevelt** eles votaram por Roosevelt. **they died ~ their country** eles morreram pela pátria. **the lawyer acts ~ his client** o advogado age em nome de seu cliente. **these apples are twelve ~ a dollar** estas maçãs custam um dólar a dúzia. **ready ~ action** pronto para o combate. **he went ~ a walk** ele foi dar um passeio. **~ account and at the risk of the consignee** por conta e risco do consignatário. **we have a present ~ you** temos um presente para você. **he ran ~ his life** ele correu para salvar a vida. **~ cash down** contra pagamento à vista. **it was ~ nothing** foi debalde. **we sent ~ a doctor** mandamos chamar um médico. **to write ~ money** escrever pedindo dinheiro. **he has just left ~ New York** ele acaba de partir para Nova York. **the train ~ London** o trem para Londres. **books ~ children** livros para crianças. **he was punished ~ stealing** ele foi condenado por ter furtado. **a party was given ~ her** foi dada uma festa em sua honra. **I long ~ a rest** anseio por um descanso. **we longed ~ home** estávamos com saudades de casa. **eating too much is bad ~ one's health** comer demais faz mal à saúde. **as ~ me** quanto a mim. **~ me** pelo que me diz respeito. **O ~ a draught of vintage!** quem me dera tomar um gole de vinho! **that is the man ~ me** é este o homem que me faz falta. **~ miles about** numa extensão de milhas ao redor. **~ the whole year** para todo o ano. **~ two years** por dois anos. **~ years** há anos. **~ hours** durante horas. **~ how long?** por quanto tempo? **he is not long ~ this world** ele não tardará a morrer. **arrested ~ murder** preso por assassínio. **to know it ~ a fact** saber positivamente. **it is ~ you to propose** compete ao senhor fazer proposta. **~ all his faults, we like him still** apesar de todos os seus defeitos, gostamos dele. **she reads well ~ her age** ela lê

bem para a sua idade. **~ one poisonous snake there are many harmless ones** para cada cobra venenosa há muitas inofensivas. **it is usual ~ her to take a walk every day** ela costuma dar um passeio cada dia. **I mistook (ou took) him ~ my friend** confundi-o com meu amigo. **I know him ~ conheço-o como. I got it ~ a reward** recebi-o em recompensa. **~ all that** não obstante isso, apesar disso. **~ all he is so rich** por rico que seja. **~ all I know** ao que me é dado supor. **~ the last time** pela última vez. **~ fear of** por medo de. **~ love** por amor. **she wept ~** ela chorou por. **~ the present, ~ the time being** por ora, por enquanto. **~ the time to come** para o futuro. **once ~ all** uma vez por todas. **but ~ this** a não ser assim. **bound ~** destinado para. **~ a while** por algum tempo. **what ~?** para quê? **~ what remains** quanto ao mais. **word ~ word** palavra por palavra. **~ his part** por sua parte, por parte dele. **~ that matter** quanto a isso. **I ~ one** quanto a mim. **~ want of** por falta de. **~ nothing** de graça, gratuitamente. **good ~ nothing** imprestável. **there is nothing ~ it but** não há remédio senão. **it is ~ you to do** compete-lhe fazer. **~ a song** por uma pechincha. **he is hard up ~ money** ele está em apertos financeiros. **were it not ~ you** se não fosse você. **~ aught I care** não me importa. **now ~ it!** mãos à obra! **to be in ~** estar sob a ameaça de. **to be in ~ it** estar em maus lençóis. **I go in ~ tennis** eu gosto de tênis. **the first free day ~ years** o primeiro dia livre desde há anos. **too beautiful ~ words** indescritivelmente belo. **he won't be back ~ hours** ele não voltará antes de algumas horas. **~ example** por exemplo. **he has earned a holiday ~ himself** ele fez jus a um dia de licença. **you have spoiled our day ~ us** você nos estragou o dia. **we can't go, ~ it is raining** não podemos ir porque está chovendo. **I did it, ~ I thought it right** fi-lo, porque o achei justo.

forage [f'ɔridʒ] s. 1. forragem f. 2. pilhagem f. ‖ v. 1. forragear, dar forragem a, alimentar. 2. andar em busca de forragens. 3. colher forragens. 4. roubar, apanhar. 5. pilhar, devastar, saquear.

on the ~ em busca de forragens, pilhando.

forage acre s. acre m. de pasto: área total multiplicada pela porcentagem da superfície útil. Exemplo: 10 acres x 30% de pasto = 3 acres de pasto.

forage-cap s. (milit.) casquete m.

forager [f'ɔridʒə] s. (milit.) forrageador m.

foraging [f'ɔridʒiŋ] s. 1. ação de forragear. 2. devastação, pilhagem f.

foramen [fɔr'eimən] s. pl. **foramina** forame, buraco, furo, (Anat.) orifício, meato m., cova, abertura, (Bot.) micrópila f.

foraminate [fɔr'æmineit], **foraminated** [~ id] adj. foraminoso, esburacado.

foraminifer [fɔrəm'inifə] s. pl. **–fera** (Zool.) foraminífero m.

foraminiferal [fɔræmin'ifərəl], **foraminiferous** [fɔræmin'ifərəs], **foraminous** [fɔr'æminəs] adj. foraminoso, esburacado, poroso.

forasmuch [fərəzm'ʌtʃ] conj. visto que, uma vez que.

foray [f'ɔrei] s. correria, incursão, pilhagem f. ‖ v. saquear, fazer incursão em, forragear, devastar assolar, pilhar.

forayer [~ə] s. saqueador, invasor, forrageador m.

forbear (I) [f'ɔ:bɛə] = **forebear**.

forbear (II) [fɔ:b'ɛə] v. (imp. **forbore**, p. p. **forborne**) 1. conter, reprimir, abster-se de, deixar de, desistir de, omitir, não mencionar, não usar. 2. sofrer, tolerar, poupar, tratar com clemência, ter paciência, ser indulgente, conter-se, refrear-se, reprimir-se, abster-se. ‖ interj. pare! deixe disso!

I cannot ~ observing não posso deixar de observar.

forbearance [~rəns] s. paciência, clemência, indulgência, abstenção, omissão f.
~ is not acquittance o que está adiado não está acabado.

forbearer [~rə] s. 1. o que intercepta ou apanha alguma coisa. 2. o que tem indulgência ou paciência.

forbearing [~riŋ] adj. paciente, indulgente. ‖ **~ly** adv. indulgentemente.

forbid [fəb'id] v. (imp. **forbade** ou **forbad**, p. p. **forbidden**) 1. proibir, ordenar que não se faça, prescrever a abstenção de, interdizer, vedar. 2. agir contra, advertir contra, excluir. 3. impedir, vedar, impossibilitar, obstar ou opor-se a. 4. negar acesso, excluir de.
God ~! Deus me livre! Deus não permita! **I forbade him my house** proibi-lhe entrar em minha casa. **he was forbidden smoking** foi-lhe proibido fumar. **he was forbidden to go** não lhe foi permitido ir.

forbiddance [~əns] s. proibição f.

forbidden [~n] adj. proibido, defeso, interdito.
the ~ fruit o fruto proibido.

forbidden ground s. 1. lugar proibido m. 2. assunto intocável m.

forbidder [~ə] s. proibidor m.

forbidding [~iŋ] adj. proibitivo, medonho, que causa medo, horror ou aversão, ameaçador, desabrido, desagradável, repelente, repulsivo, repugnante. ‖ **~ly** adv. medonhamente, desagradavelmente, de uma maneira repelente ou repulsiva.

forbiddingness [~iŋnis] s. horror, desagrado m., repugnância, repelência, repulsão, aversão f.

forbore [fɔːb'ɔː] imp. de **forbear**.

forborne [~n] p. p. de **forbear**.

forby, forbye [fɔːb'ai] (esc.) prep., adv. 1. perto de. 2. ao lado de. 3. próximo.

force [fɔːs] s. 1. força, robustez, energia f., vigor m. 2. valentia f. 3. impulso, motivo m., causa f. 4. poder m. 5. compulsão, coerção, necessidade, obrigação, violência f., constrangimento m. 6. capacidade f. de convencer ou impressionar. 7. influência, autoridade f., poder m. 8. virtude, eficácia, validade, vigência f., vigor m. 9. a parte principal de um conjunto. 10. agremiação, turma f. de empregados. 11. força militar, naval ou policial f. 12. (Fís.) potência, ação, causa f. que gera movimentos, agente m. 13. força motriz f. 14. valor, peso m., significação rigorosa f. (de um termo). 15. (no pl.) forças armadas, tropas f. pl., força pública f. 16. exército m., marinha f. ‖ v. 1. forçar, compelir, constranger, coagir, expurgar, conseguir, obter por força, arrombar, violentar, violar, estuprar, deflorar, impor, impingir, obrigar a aceitar, arrebatar, arrancar, tirar, tomar. 2. apressar, estimular, fazer brotar, amadurecer artificialmente.
I could not resist the ~ of his argument não pude resistir à força do seu argumento. **the ~ of circumstances** o poder das circunstâncias. **the law came into ~** a lei entrou em vigor. **the coming into ~** o 'ato de entrar em vigor. **our office ~** nosso quadro de empregados. **in ~** em vigor. **by ~ of** à força de, por meio de. **by main ~** à viva força. **in great ~** (coloq.) em forma excelente. **in ~ of** em virtude de, por força de, em conseqüência de. **of ~** forçosamente. **to be in ~** estar em vigor. **to put in ~** pôr em vigor. **the Force** (Ingl.) a polícia. **Armed Forces** forças armadas. **Air Forces** forças aéreas. **natural ~s** forças da natureza. **direction of ~** sentido de força. **they ~d my hands** eles coagiram-me. **he ~d the words** ele torceu o sentido das palavras. **he ~s his similes** ele mata as suas comparações, ele leva suas comparações ao absurdo

da minuciosidade. **that means forcing an open door** isso significa arrombar portas abertas. **he ~d a smile** ele forçou um sorriso. **she ~d the secret from me** ela arrancou-me o segredo. **he was ~d on ele** foi impelido. **he ~d his advice on me** ele impôs-me o seu conselho. **to ~ the pace** apressar excessivamente o passo. **to ~ one's way** abrir caminho. **to ~ off** (Com.) queimar, vender por qualquer preço, fazer liquidação. **to force on**, **~ upon** forçar a aceitar.

forceable [f'ɔːsəbl] adj. obrigatório, forçoso.

force-bill s. (E. U. A.) medida f. de emergência.

forced [fɔːst] adj. 1. forçado, obrigado, compelido, constrangido, compulsório. 2. afetado, fingido, sem espontaneidade, exagerado. ‖ **~ly** adv. forçadamente, à força, afetadamente, não naturalmente, compulsoriamente.

forced agreement s. (Com.) concordata f.

forced circulation s. (Mec.) circulação forçada f.

forced draught s. (Mec.) tiragem forçada f.

forced labour s. trabalho forçado m.

forced landing s. aterrissagem forçada f., ou de emergência.

forced lubrication s. (Mec.) lubrificação f. sob pressão.

forced march s. (milit.) marcha forçada f.

forced sale s. venda forçada, arrematação judicial f.

forced smile s. riso forçado m.

forced style s. estilo forçado m.

force feed s. (Med.) alimentação f. artificial ou forçada. ‖ **force-feed** [fɔːsf'iːd] v. alimentar à força.

forceful [f'ɔːsful] adj. 1. forte, vigoroso, poderoso, potente, violento, impetuoso, enérgico. 2. substancial, substancioso, eficaz. ‖ **~ly** adv. à força, vigorosamente, violentamente.

forcefulness [~nis] s. força, violência, impetuosidade, eficácia f., vigor, poder m.

force-meat s. recheio m. de carne.

forceps [f'ɔːseps] s. fórcipe m., pinça f.

force pump s. bomba premente f., bomba de compressão.

forcer [f'ɔːsə] s. 1. forçador m. 2. êmbolo m. de bomba premente.

forcible [f'ɔːsəbl] adj. 1. forçoso, violento, impetuoso, feito por força, forçado. 2. forte, poderoso, enérgico, potente, eficaz, convincente, impressionante. ‖ **~ly** adv. forçosamente, violentamente, impetuosamente.

forcibleness [~nis] s. força, violência, eficácia f., vigor, argumento convincente m.

forcing [f'ɔːsiŋ] s. a ação de forçar.

forcing house s. estufa f. de vidro para plantas.

ford [fɔːd] s. vau m.: lugar pouco fundo do rio onde se pode transitar a pé ou a cavalo. ‖ v. vadear, passar a vau.

fordable [f'ɔːdəbl] adj. vadeável.

fordableness [~nis] s. vadeabilidade f.

fording [f'ɔːdiŋ] s. vadeação f.

fordless [f'ɔːdlis] adj. sem vau, fundo.

fordo [fɔːd'uː] v. (imp. **–did**, p. p. **–done**) (†) matar, aniquilar.

fore [fɔː] s. parte dianteira, frente, proa f. ‖ adj dianteiro, anterior, antecedente, prévio, primeiro ‖ adv. anteriormente, na frente, adiante, à proa. ‖ interj. olha a frente! (usada no golfe).
he came to the ~ ele veio à frente, ele subiu ao poder. **at the ~** (Náut.) exposto no mastro de proa

fore— [fɔː] pref. 1. na frente, da frente, dianteiro, anterior, ante-, parte anterior de, primeiro. 2. anteriormente, de antemão, antecipadamente, pré-.

foreadvise [fɔːrədv'aiz] v. prevenir, avisar de antemão.

fore-and-aft adj. da proa à popa, longitudinal do navio.

F 6

Wood of deciduous trees · Pine forest · Willow copse · Parkland · Mixed forest · Reserved trees · Thicket · Clearing · Young tree nursery · Glade · Wind-break · Seedling nursery · **FOREST**

fore-and-after s. (Náut.) navio latino, palhabote m.
fore-and-aft rig s. (Náut.) armação latina f.
forearm (I) [f'ɔ:ra:m] s. antebraço m. (quadros H 9, 10).
forearm (II) [fɔ:r'a:m] v. armar de antemão, premunir, acautelar.
forebear [f'ɔ:bɛə] s. antepassado, ancestre m.
forebode [fɔ:b'oud] v. 1. agourar, predizer, pressagiar, prognosticar. 2. pressentir, ter pressentimento de.
foreboder [~ə] s. agoureiro, pressagiador, vaticinador, prognosticador m.
foreboding [~iŋ] s. augúrio, agouro, presságio, pressentimento m. ‖ **~ly** adv. com pressentimento.
fore-body s. (Náut.) metade dianteira f. do casco do navio.
forebraces [f'ɔ:breisis] s. pl. (Náut.) braços m. pl. do traquete.
forebrain [f'ɔ:brein] s. (Anat.) prosencéfalo m.
forecabin [f'ɔ:kæbin] s. beliche m. de proa, cabina f. de segunda classe.
fore-carriage s. 1. rodado anterior m. 2. assento anterior m. de motocicleta.
forecast [f'ɔ:ka:st] s. 1. previsão, profecia f., prognóstico m. 2. prevenção, premeditação, providência f., projeto, plano, cálculo m. ‖ v. [fɔ:k'a:st]]. prever, prognosticar, predizer. 2. premeditar, prevenir, calcular de antemão. 3. projetar, planear.
weather ~ previsão do tempo.
forecaster [fɔ:k'a:stə] s. preditor m. (esp. do tempo), prognosticador m.
forecastle, fo'c's'le [fouksl] s. (Náut.) 1. castelo m. de proa. 2. alojamento m. de marinheiros num navio mercantil; outrora no castelo de proa.
fore-cited adj. citado antes ou acima.
foreclose [fɔ:kl'ouz] v. 1. excluir, impedir, barrar, privar alguém do gozo de alguma coisa. 2. (Jur.) privar do direito de remir um penhor, executar uma hipoteca.
foreclosure [fɔ:kl'ouʒə] s. execução f. de hipoteca.
forecourt [f'ɔ:kɔ:t] s. átrio, adro m.
foredeck [f'ɔ:dek] s. (Náut.) coberta f. de proa.
foredone [fɔ:d'ʌn] adj. (†) esgotado, exausto.
foredoom [fɔ:d'u:m] s. destino, fado m. ‖ v. condenar de antemão, predestinar, fadar.
foredoomed [~d] adj. predestinado.
fore-edge s. borda dianteira f. de livro ou folha de livro.

fore-end s. parte dianteira f.
forefather [f'ɔ:fa:ðə] s. antepassado, avoengo m.
Forefather's Day (E. U. A.) dia 21 de dezembro, em que se comemora o desembarque dos primeiros colonizadores puritanos (1620).
forefeel [fɔ:f'i:l] v. pressentir.
forefinger [f'ɔ:fiŋgə] s. índex, dedo indicador m.
forefoot [f'ɔ:fut] s. 1. pé m. ou pata f. dianteira, mão, f. de animal. 2. (Náut.) pé da roda de proa, talhamar m.
forefront [f'ɔ:frʌnt] s. vanguarda, frente, testa f.
he is (stands) in the ~ ele está no primeiro plano, na vanguarda.
foregift [f'ɔ:gift] s. luvas f. pl. pagas pelo arrendatário ao arrendador.
forego [fɔ:g'ou] v. (imp. **—went**, p. p. **—gone**) preceder, anteceder, adiantar-se.
foregoer [~ə] s. predecessor, antecessor m.
foregoing [fɔ:g'ouiŋ] adj. precedente, antecedente.
foregone [fɔ:g'ɔn] adj. passado, anterior, prévio, precedente, antecedente, previamente determinado.
foregone conclusion s. conclusão prévia ou antecipada f., prejulgamento, resultado previsto, preconceito m.
it was a ~ isso já se sabia de antemão, era inevitável.
foreground [f'ɔ:graund] s. primeiro plano m.
forehammer [f'ɔ:hæmə] s. malho m. de calceteiro.
forehand [f'ɔ:hænd] s. 1. (tênis, etc.) golpe m. com a palma da mão virada para frente. 2. dianteira, vantagem, posição f. de superioridade. 3. quarto m. dianteiro do cavalo. ‖ adj. 1. dianteiro, antecipado. 2. (tênis) com a palma da mão virada para frente.
forehanded [~id] adj. 1. (E. U. A.) prudente, previdente. 2. econômico, poupado. 3. antecipado, prematuro. 4. cedo, a tempo, oportuno. 5. bem (ou mal) feito nos quartos dianteiros (de cavalos).
forehandedness [~idnis] s. 1. antecipação f. 2. (E. U. A.) providência, prudência, poupança f.
forehead [f'ɔrid] s. 1. testa, fronte f. (quadros H 9, 10). 2. (fig.) desfaçatez, impudência f.
forehold [f'ɔ:hould] s. (Náut.) porão m. de proa.
fore-horse s. cavalo dianteiro m.
foreign [f'ɔrin] adj. 1. estrangeiro. 2. alienígena, adventício, peregrino. 3. externo, exterior. 4. forasteiro, exótico, alheio. 5. estranho.
sitting still is ~ to a boy's nature estar quieto não é natural para um menino. **both ~ and domestic** tanto estrangeiro como nacional.

foreign affairs s. pl. relações exteriores f. pl.

foreign aid s. assistência econômica e/ou técnica f., proveniente do exterior.

foreign attachment s. (Jur.) confisco m. de bens estrangeiros.

foreign bill s. letra f., saque m. sobre o exterior.

foreign born adj. estrangeiro, nascido no estrangeiro.

foreign-built adj. (Náut.) construído no estrangeiro.

foreign control s. predominância estrangeira f.

foreign correspondent s. (Jornal.) correspondente m. + f. no exterior.

foreign country s. estrangeiro, país estrangeiro m.

foreign credit s. crédito estrangeiro m.

foreigner [f'ɔrinə] s. estrangeiro, forasteiro m., produto, artigo ou animal importado m.

foreign exchange s. câmbio exterior m.

~ ~ **superintendence** administração cambial.

foreignism [f'ɔrinizm] s. estrangeirismo m., estran geirice f.

foreign legion s. legião estrangeira f.

foreign minister s. ministro m. do exterior.

foreign mission s. 1. missão religiosa f. em país não cristão. 2. missão diplomática f. no exterior.

foreign money s. moeda estrangeira f.

foreignness [f'ɔrinnis] s. estranheza, peregrinidade, singularidade, desconformidade f., exotismo m.

Foreign Office s. (Ingl.) Ministério das Relações Exteriores.

foreign plea s. (Jur.) apelação f. contra a competên cia (dum juiz).

foreign press s. imprensa estrangeira f.

foreign secretary s. = **foreign minister.**

foreign trade s. comércio estrangeiro m.

forejudge [fɔ:dʒ'ʌdʒ] v. prejulgar, julgar antecipada mente.

forejudgment [~mənt] s. prejulgamento m.

foreknow [fɔ:n'ou] v. prever, saber com antecipação, ter presciência de.

foreknowable [~əbl] adj. previsível.

foreknowledge [f'ɔ:n'ɔlidʒ] s. presciência, previsão f.

forel [f'ɔrəl] s. espécie de pergaminho usado na encadernação de livros.

foreland [f'ɔ:lənd] s. cabo, promontório m.

foreleg [f'ɔ:leg] s. perna dianteira f.

forelock [f'ɔ:lɔk] s. 1. topete m., madeixa f. (quadro H 9). 2. (Mec.) chaveta f., contrapino m.

to take the occasion by the ~ agarrar a ocasião pelos cabelos.

forelock bolt s. (Mec.) cavilha f. de escatelar.

foreman [f'ɔ:mən] s. 1. capataz, contramestre, feitor m. (quadro B 22). 2. chefe m. de turma, de seção (em oficina). 3. (Jur.) primeiro jurado m.

foremanship [~ʃip] s. cargo m. ou funções f. pl. de capataz, contramestre, feitor ou de primeiro jurado.

foremast [f'ɔ:ma:st] s. mastro m. de proa (quadro S 2).

foremast-hand s. marujo, marinheiro m. sem graduação.

forementioned [f'ɔ:menʃənd] adj. supracitado.

foremost [f'ɔ:moust] adj. dianteiro, primeiro (em lugar, tempo, ordem, etc.), o principal, o mais notável. || adv. em primeiro lugar, primeiramente, à frente.

head ~ de cabeça. **feet** ~ com os pés para a frente. **first and** ~ primeiramente, antes de tudo.

forename [f'ɔ:neim] s. prenome m., nome m. de batismo.

forenamed [~d] adj. sobredito, supradito, já men cionado, referido.

forenoon [f'ɔ:nu:n] s. manhã f.

forensic [fər'ensik] s. (E. U. A.) tese f. de argumenta-

ção num colégio. || adj. forense, retórico. || ~**ally** adv. judicialmente.

forensic eloquence s. eloqüência retórica f.

forensic medicine s. medicina forense f.

foreordain [f'ɔ:rɔ:d'ein] v. predeterminar, preordenar, predestinar, fadar.

foreordainment [~mənt], **foreordination** [f'ɔ:rɔ:din'-eiʃən] s. predeterminação, preordenação f.

forepart [f'ɔ:pa:t] s. parte dianteira f., princípio m.

forepaw [f'ɔ:pɔ:] s. pata dianteira f.

forepeak [f'ɔ:pi:k] s. (Náut.) pique m. de vante, parte mais estreita do porão a vante.

foreplay [f'ɔ:plei] s. estímulos sexuais m. pl. preli minares.

forequarter [f'ɔ:kwɔ:tə] s. quarto dianteiro m. (de rês), parte dianteira f.

forerank [f'ɔ:ræŋk] s. precedência, frente, fronte f.

forereach [fɔ:r'i:tʃ] v. (Náut.) passar adiante de, tomar a dianteira.

forerun [fɔ:r'ʌn] v. 1. preceder. 2. ser precursor de, anunciar com antecipação, prenunciar. 3. prevenir, evitar, antecipar.

forerunner [~ə] s. 1. precursor, prognóstico, pressá gio, sinal m. de alguma coisa que está para suce der. 2. antepassado m., ascendente m. + f.

foresaid [f'ɔ:sed] adj. supramencionado.

foresail [f'ɔ:seil] s. (Náut.) 1. traquete, traquete latino m. 2. vela f. de estai do traquete (qua dro S 2).

foresee [fɔ:s'i:] v. (imp. **—saw,** p. p. **—seen**) prever, antever, calcular, pressupor, pressagiar.

foreseeable [~əbl] adj. previsível.

foreseeing [~iŋ] adj. previdente. || ~**ly** adv. providen temente.

foreseer [~ə] s. previsor, vaticinador m.

foreshadow [fɔ:ʃ'ædou] v. prefigurar, prenunciar, pres sagiar, agourar, prognosticar.

foreshadower [fɔ:ʃ'ædouə] s. precursor, prenunciador, pressagiador, prognosticador m.

foreshadowing [fɔ:ʃ'ædouiŋ] s. presságio, agouro m.

foresheet [f'ɔ:ʃi:t] s. (Náut.) 1. escota f. do traquete. 2. (pl.) xadrez m. da proa.

foreship [f'ɔ:ʃip] s. (Náut.) paravante m., proa f.

foreshore [f'ɔ:ʃɔ:] s. praia f., a parte da praia que se estende entre o nível da baixamar e o da prea mar.

foreshorten [fɔ:ʃ'ɔ:tn] v. 1. escorçar, reduzir as di mensões de uma figura em desenho, segundo a perspectiva. 2. condensar, resumir.

foreshow [f'ɔ:ʃou] v. (imp. **—showed,** p. p. **—shown**) prefigurar, prenunciar, prognosticar, predizer.

foresight [f'ɔ:sait] s. 1. presciência, previsão f. 2 previdência, prevenção, precaução f. 3. providên cia f. 4. (Téc.) mira f.

foresighted [f'ɔ:saitid] adj. 1. previdente, previsor prudente. 2. próvido, providente.

foreskin [f'ɔ:skin] s. (Anat.) prepúcio m.

forest [f'ɔrist] s. 1. floresta, mata, selva f., bosque m. (quadro F 6). || v. arborizar, reflorestar. || adj. flo restal.

a ~ **of masts** uma floresta de mastros.

forestage [f'ɔ:steidʒ] s. (Teat.) parte do palco m. diante da cortina, ribalta f., proscênio m.

forestall [fɔ:st'ɔ:l] v. 1. prevenir, evitar. 2. açambar car, atravessar (gêneros), abarcar, monopolizar. 3. antecipar, antecipar-se a.

forestaller [~ə] s. açambarcador, atravessador m. (de gêneros).

forestalling [~iŋ] s. 1. prevenção, antecipação f. 2. abarcamento, açambarcamento m. (de gêneros).

forestallment, forestalment [~mənt] s. açambarca mento m.

forestation [fɔrist'eiʃən] s. arborização, plantação de uma floresta, silvicultura, cultura f. de árvores florestais, reflorestamento m.

forestay [f'ɔ:stei] s. (Náut.) estai m. do traquete

forest destroyer s. inseto m. nocivo à floresta.

forest economy s. economia florestal f.

forested [f'ɔristid] adj. arborizado.

forester [f'ɔristə] s. 1. couteiro, monteiro, guarda florestal m. 2. silvícola m. + f. 3. silvicultor m.

forest fire s. incêndio florestal m.

forest fly s. inseto m. do gênero Hippobosca.

forest laws s. pl. leis florestais f. pl.

forestlike [f'ɔristlaik] adj. semelhante a floresta.

forest oak s. (Bot). casuarina f.

forest preserve s. parque nacional m.

forest ranger s. guarda-florestal m.

forestry [f'ɔristri] s. 1. silvicultura f. 2. área florestal f.

forest service s. administração florestal f.

foreswear [fɔ:sw'ɛə] v. = **forswear**.

foretaste [f'ɔ:teist] s. antegosto, antegozo m., prelibação, antecipação f. ‖ v. antegozar, antegostar, prelibar, antecipar.

foretell [fɔ:t'el] v. predizer, vaticinar, prognosticar, profetizar, pressagiar, prenunciar.

foreteller [~ə] s. profeta, vaticinador, prenunciador m.

forethought [f'ɔ:θɔ:t] s. 1. premeditação, prevenção, disposição prévia, antecipação f. 2. previdência, providência, prudência f.

forethoughtful [fɔ:θ'ɔ:tful] adj. previdente, providente, prudente. ‖ ~ly adv. previdentemente.

forethoughtfulness [~nis] s. premeditação f.

foretime [f'ɔ:taim] s. passado, tempo antigo m., primeiros tempos m. pl.

foretoken [f'ɔ:toukən] s. augúrio, presságio, agouro, prognóstico, prenúncio m. ‖ [fɔ:t'oukən] v. augurar, agourar, prenunciar, pressagiar, prognosticar.

foretooth [f'ɔtu:θ] s. incisivo, dente incisivo m.

foretop [f'ɔ:tɔp] s. (Náut.) gávea f. do traquete (quadro S 2).

fore-topgallant s. (Náut.) joanete m. de proa.

foretopman [~mən] s. marujo m. encarregado da gávea do traquete.

fore-topmast s. (Náut.) mastaréu m. do velacho (quadro S 2).

fore-topsail s. (Náut.) velacho m.

forever [fər'evə] s. (poét.) eternidade f. ‖ adv. (Ingl. for ever) 1. para sempre, eternamente. 2. incessantemente, continuamente, sempre.

forevermore [fərəvəm'ɔ:] adv. para todo o sempre, eternamente, incessantemente, continuamente, sempre.

forewarn [fɔ:w'ɔ:n] v. avisar antecipadamente, prevenir, precaver.

forewent [fɔ:w'ent] v. imp. de **forego**.

forewoman [f'ɔ:wumən] s. 1. contramestra, chefe f. de seção. 2. primeira jurada f.

foreword [f'ɔ:wə:d] s. prefácio m., introdução f.

foreyard [f'ɔ:ja:d] s. (Náut.) verga f. do traquete.

forfeit [f'ɔ:fit] s. 1. coisa perdida ou confiscada por causa de negligência, falta, omissão, crime. 2. prevaricação f. 3. penalidade, pena f. 4. coisa perdida ou confiscada por castigo. 5. prenda f. paga ao jogo. 6. (pl.) penhor m., jogo m. de prendas. ‖ v. perder por confisco, pagar como multa ou castigo, perder, ser privado de, perder o direito a, perder por não cumprir com a lei, faltar. ‖ adj. perdido, confiscado como castigo, pago como multa.

he had to pay the ~ for his carelessness ele teve de pagar por sua negligência. **his life was the ~**

of his crime seu crime custou-lhe a vida. **to play ~s** brincar de prendas. **to ~ one's word** faltar à palavra. **to ~ one's credit** desacreditar-se. **to ~ one's life** merecer a morte.

forfeitable [~əbl] adj. sujeito à multa, que pode ser perdido, confiscável.

forfeiter [~ə] s. transgressor, infrator, contraventor, réu m.

forfeiture [~ʃə] s. 1. confisco m., prevaricação, perda, privação f. (de direitos, etc.). 2. coisa perdida ou confiscada, multa f.

forfend [fɔ:f'end] v. 1. evitar, desviar, impedir, proibir. 2. guardar, preservar, proteger, defender, assegurar, garantir.

God ~! Deus não permita!, Deus me livre!

forficate [f'ɔ:fikit] adj. (Zool.) forficulídeo.

forgather [tɔ:g'æðə] v. 1. reunir-se, congregar-se, encontrar-se. 2. encontrar-se por acaso. 3. familiarizar-se, tornar-se íntimo, confraternizar, associar-se, tratar.

forgave [fɔ:g'eiv] v. imp. de **forgive**.

forge (I) [fɔ:dʒ] s. 1. forja, fornalha, frágua f., forno m. de refinação. 2. oficina f. de ferreiro, ferraria f. 3. fundição, usina siderúrgica f. ‖ v. 1. forjar, aquecer e trabalhar na forja. 2. fazer fabricar, inventar, maquinar, formar, moldar, planear. 3. falsificar, contrafazer, dissimular. 4. falsificar, imitar assinatura.

he ~d coin ele falsificou moedas.

forge (II) [fɔ:dʒ] v. avançar gradual mas constantemente, impelir para a frente, fazer avançar vagarosamente ou penosamente.

to ~ ahead avançar, tomar a dianteira. **the ship ~d her way** o navio avançou laboriosamente.

forgeable [f'ɔ:dʒəbl] adj. forjável, maleável.

forge bellows s. fole m. de forja.

forge coal s. carvão m. para forja.

forged [fɔ:dʒd] adj. forjado.

forged crank s. manivela forjada f.

forged scrap iron s. sucata f. (de ferro).

forged steel s. aço forjado m.

forgeman [f'ɔ:dʒmən] s. forjador, ferreiro m.

forge pig s. ferro gusa m. para pudlagem.

forger [f'ɔ:dʒə] s. 1. forjador, mestre de forja, ferreiro m. 2. falsificador, falsário, inventor m.

forgery [f'ɔ:dʒəri] s. 1. falsificação (de assinatura), contrafação, (fig.) invenção, ficção, mentira f. 2. falsificação, coisa inventada, contrafeita, imitada ou falsificada f. (documento ou assinatura).

forge scale s. batedura f.

forget [fəg'et] v. (imp. —got, p. p. —gotten) 1. esquecer, deixar sair da memória, perder da lembrança, olvidar, não se embrar de. 2. esquecer-se de, omitir, deixar por inadvertência, procurar não se lembrar, não pensar mais em, perder interesse em, tirar da memória, negligenciar, não fazer caso de, descurar, descuidar, abandonar, desprezar.

to ~ oneself perder a cabeça, esquecer-se de si, comportar-se de modo impróprio, não pensar nos próprios interesses. **I forgot the name** esqueci o nome. **never to be forgotten** inesquecível. **you ~ that you are eighty** o senhor se esquece dos seus oitenta anos. **~ it!** nem pense mais nisto! **~ it, will you!** não falemos mais nisso. **I forgot yourself**, não me lembro mais. **I forgot about it** já não sei como foi.

forge test s. ensaio m. de forjamento.

forgetful [fəg'etful] adj. 1. suscetível de esquecer, esquecido, que esqueceu, que tem fraca memória, deslembrado, desmemoriado. 2. negligente, descuidado, desatento. 3. esquecedor, que faz esquecer ‖ ~ly adv. descuidadamente, negligentemente.

he is ~ of ele esquece.

forgetfulness [~nis] s. 1. esquecimento, olvido m., desmemória, deslembrança f. 2. negligência f., descuido m.

forget-me-not s. (Bot.) não-me-esqueças, não-te-esqueças-de-mim, miosótis m.

forgettable [fəg'etəbl] adj. esquecível, olvidável.

forgetter [fəg'etə] s. esquecido, o que esquece facilmente e sempre, descuidado, negligente m.

forge welding s. caldeamento m., soldagem f. em forja.

forging [f'ɔːdʒiŋ] s. 1. forjamento m. 2. peça forjada f. 3. (fig.) falsificação f.

forging die s. matriz f. de forjar, molde m. de forjar.

forging hammer s. martelo mecânico m. de forjar.

forgivable [fəg'ivəbl] adj. perdoável.

forgive [fəg'iv] v. (imp. –gave, p. p. –given) 1. perdoar, absolver, relevar, desculpar. 2. remitir. **to ~ a debt** remitir uma dívida. ~ **us our trespasses** perdoai as nossas dívidas. **am I ~n?** estou perdoado? **he was ~n his fault, his fault was ~n him** seu erro foi-lhe perdoado.

forgiveness [~nis] s. 1. perdão m., remissão, absolvição f. 2. clemência, bondade, benignidade f.

forgiving [~iŋ] adj. que perdoa, perdoador, clemente, generoso, bondoso, pronto a perdoar. ‖ **~ly** adv. clementemente, generosamente, benignamente.

forgivingness [~iŋnis] s. clemência, indulgência, generosidade, disposição f. para perdoar.

forgo [fɔːg'ou] v. 1. renunciar a, abandonar, privar-se de. 2. desistir de, abster-se de, deixar de.

forgot [fəg'ɔt] v. imp. e p. p. de **forget**.

forgotten [~n] v. p. p. de **forget**.

forjudge [fɔːdʒ'ʌdʒ] v. (Jur.) desapossar judicialmente.

fork [fɔːk] s. 1. garfo (quadro B 21), forcado m., forquilha, forqueta f. (quadros G 1, M 6). 2. bifurcação, forqueta f., lugar m. de confluência de rios, bívio m., lugar onde se juntam dois caminhos. 3. ponta f. de flecha, dente m. de garfo, cada um dos braços ou ramos em que uma coisa é bifurcada. ‖ v. 1. forçar, aforquilhar. 2. bifurcar.

forked [~t] adj. bifurcado, aforquilhado, em forquilha, ramificado. ‖ **~ly** adv. em forquilha.

forkedness [f'ɔːkidnis] s. bifurcação, forcadura f.

forked tongue s. língua comprida, maledicência f.

forklift [f'ɔːklift] (**truck**) s. empilhadeira f.

forklike [f'ɔːklaik] adj. aforquilhado, em forquilha.

fork spanner s. chave f. de forqueta.

forktail [f'ɔːkteil] s. (Zool.) salmão m. de quatro anos. ‖ adj. que tem a cauda bifurcada.

forky [f'ɔːki] adj. aforquilhado, bifurcado, bifendido.

forlorn [fəl'ɔːn] adj. 1. abandonado, desamparado, esquecido, solitário. 2. miserável, infeliz, desconsolado, perdido. 3. desesperançado, desesperado. 4. desolado, aflito, triste, lúgubre, lastimoso. ‖ **~ly** adv. desamparadamente, miseravelmente, tristemente, lastimosamente, desesperadamente. **to lead a ~ hope** meter-se num empreendimento desesperador.

forlorn hope s. 1. última esperança f., último recurso m. 2. destacamento m. encarregado de um empreendimento muitíssimo perigoso, sentinela f. perdida. 3. (fig.) empreendimento m. desesperado.

forlornness [~nis] s. desamparo, abandono m., solidão, tristeza, miséria f.

form [fɔːm] s. 1. forma, configuração, aparência f., aspecto, contorno m. 2. figura, feição f., feitio, talhe, vulto m. 3. molde, modelo, padrão m., forma f. 4. constituição específica, estrutura f., sistema, arranjo e estilo m., em composição literária, musical ou plástica. 5. método, uso, ritual m., prática,

praxe, formalidade f. 6. ordem, disposição, norma f., arranjo m. 7. fórmula f.: documento impresso ou dactilografado com claros para preencher. 8. estado, caráter m., aparição, visão, condição, manifestação f. 9. espécie, sorte, variedade f. 10. (Filos.) forma f., (Gram.) flexão f. 11. (Ingl.) classe, série f. (nas escolas). 12. (Tipogr.) forma f. 13. (Ingl.) banco escolar m. ‖ v. 1. formar, afeiçoar, dar forma ou feição a (algyma coisa), moldar, modelar, fazer, fabricar, criar. 2. formar-se, tomar forma, surgir. 3. produzir, fazer, criar, converter-se em. 4. conceber, idear, planejar, imaginar. 5. organizar, formar-se, estabelecer. 6. adquirir, contrair, ensinar, educar. 7. pôr em ordem, dispor em certa ordem. 8. (Gram.) servir de.

his gratitude took the ~ of a cheque sua gratidão manifestou-se em forma de cheque. **the disease appears under various ~s** a doença manifesta-se de vários modos. **a matter of ~** uma formalidade. **his ~ in running is bad** seu estilo de corrida não é bom. **for ~'s sake** por formalidade. **a mere ~** uma mera formalidade. **good ~** boas maneiras. **in due and legal ~** nos termos da lei. **bad ~** sem modos, sem educação. **it is bad ~** isso não se faz, não está direito. **in due ~** em devida forma. **heat, light, electricity are ~s of energy** calor, luz, eletricidade são espécies de energia. **in great ~** com ótima disposição. **clouds ~ in the sky** no céu formam-se nuvens. **water ~s ice** água converte-se em gelo. **we ~ed a club** constituímos um clube. **to ~ the mind** desenvolver a inteligência. **~ good habits while you are young** adquira bons hábitos enquanto for jovem. **the soldiers ~ed themselves into lines** os soldados entraram em forma.

formal [f'ɔːməl] adj. 1. cerimonioso, solene, de cerimônia, a rigor, não familiar, não íntimo. 2. convencional, perfunctório, exterior, aparente, superficial. 3. formal, feito com todas as formalidades, manifesto, claro, positivo, definido, decidido, textual, genuíno, preciso, explícito. 4. regular, metódico, sistemático, ordenado, simétrico. 5. conforme as formas ou convenções estabelecidas. 6. (Filos.) formal, essencial. 7. formalista. ‖ **~ly** adv. 1. formalmente, com toda a formalidade. 2. expressamente, peremptoriamente, precisamente, explicitamente. 3. essencialmente. 4. esquivamente, rigidamente. 5. por formalidade. 6. aparentemente.

a ~ call visita de cerimônia. **a contract is a ~ agreement** um contrato é um acordo formal.

formaldehyde [fɔːm'ældihaid] s. (Quím.) formaldeído, aldeído fórmico, formol m.

formalin [f'ɔːmalin] s. formalina f.

formalism [f'ɔːməlizm] s. 1. (Filos.) formalismo m. 2. formalidades f. pl.

formalist [f'ɔːməlist] s. formalista m. + f.

formalistic [fɔːməl'istik] adj. formalista.

formality [fɔːm'æliti] s. 1. formalidade, cerimônia f. 2. formalismo m. 3. rigidez f. 4. convenção f. **without formalities** sem-cerimônias.

formalization [fɔːməlaiz'eifən] s. ato de formalizar.

formalize [f'ɔːməlaiz] v. formalizar: 1. executar conforme as regras ou cláusulas, realizar segundo as formalidades, tornar cerimonioso. 2. dar forma a.

formalizer [~ə] s. formalizador m.

formal logic s. (Filos.) lógica formal f.

formant [f'ɔːmənt] s. (Acúst., Fonética) grupo m. de ondas sonoras, específica de determinado som vocal.

format [f'ɔːmæt] s. formato m. (de um livro, revista).

formate [f'ɔːmeit] s. (Quím.) formiato m.

formation [fɔːm'eifən] s. formação (também Geol. e milit.), disposição, ordem, estrutura f., arranjo m.

~ **of prices** formação dos preços.
formation flying s. (Av.) vôo m. em formação.
formative [f'ɔ:mətiv] s. (Gram.) formativo, afixo m.
‖ adj. 1. formativo, plástico. 2. (Gram.) que dá forma (à palavra). ‖ ~**ly** adv. de modo formativo.
formativeness [~nis] s. qualidade do que é formativo.
form class s. (Ling.) grupo m. de palavras com características gramaticais em comum.
former (I) [f'ɔ:mə] s. 1. formador, pessoa ou coisa que forma, autor, criador m. 2. padrão, molde, formão, escantilho m., matriz f. 3. (Téc.) moldador, perfilador m. de ferramentas
former (II) [f'ɔ:mə] adj. 1. anterior, precedente, primeiro (em oposição ao último), aquele (em oposição a este). 2. passado, antigo. ‖ ~**ly** adv. outrora, antigamente, em tempos passados, dantes.
in ~ **times** nos tempos passados. **the** ~ **President** ex-presidente. **in the** ~ **case** no caso anterior.
formfitting [f'ɔ:mfitiŋ] adj. colante (roupa).
form genus s. (Biol.) categoria taxionômica f. que abrange espécies classificadas pela semelhança morfológica.
formic [f'ɔ:mik] adj. (Quím.) fórmico.
Formica [fɔ:m'aikə] s. (marca registrada) fórmica f.
formic acid s. (Quím.) ácido fórmico m.
formicant [f'ɔ:mikənt] adj. formicante.
formicary [f'ɔ:mikəri] s. formigueiro, cupim m.
formicate [f'ɔ:mikeit] adj. formicário, semelhante a formiga. ‖ v. formigar, ter formigueiros, comichar.
formicating adj. formicante.
formication [fɔ:mik'eiʃən] s. (Med.) formicação f., formigueiro, prurido m., comichão f.
formidability [fɔ:midəb'iliti], **formidableness** [f'ɔ:midəblnis] s. temor, pavor, horror m., qualidade do que é formidável, a coisa que causa pavor, temor.
formidable [f'ɔ:midəbl] adj. formidável, tremendo, enorme, temível, pavoroso, terrível, descomunal. ‖ ~**ly** adv. formidavelmente, pavorosamente, enormemente, tremendamente, espantosamente.
formless [f'ɔ:mlis] adj. informe, amorfo, deforme, disforme. ‖ ~**ly** adv. informemente, disformemente.
formlessness [~nis] s. informidade, amorfia f.
form letter s. carta redigida de modo a poder ser enviada a destinatários diferentes.
formula [f'ɔ:mjulə] s. 1. fórmula f. 2. palavras rituais f. pl. 3. preceito m., doutrina, norma, regra fixa, receita f. 4. (Med.) receita que indica o quantitativo das substâncias que compõem um remédio. 5. (Mat.) resultado de um cálculo algébrico, observado como regra.
formularization [fɔ:mjuləraiz'eiʃən] s. formulação f.
formularize [f'ɔ:mjuləraiz] v. formular.
formulary [f'ɔ:mjuləri] s. 1. formulário m.: coleção de fórmulas. 2. palavras rituais f. pl., fórmula f. ‖ adj. formal, prescrito, ritual.
formulate [f'ɔ:mjuleit] v. 1. formular, expor com precisão ou sistematicamente. 2. reduzir a fórmula, pôr em fórmula.
formulation [fɔ:mjul'eiʃən] s. formulação, exposição sistemática f.
formulator [f'ɔ:mjuleitə] s. formulador m.: aquele que formula.
formulism [f'ɔ:mjulizm] s. formulismo m.
formulist [f'ɔ:mjulist] s. formulista m. + f.
formulistic [fɔ:mjul'istik] adj. formulista.
formulize [f'ɔ:mjulaiz] v. formular.
fornicate (I) [f'ɔ:nikeit] v. fornicar, praticar o coito.
fornicate (II) [f'ɔ:nikit] adj. arqueado.
fornication [fɔ:nik'eiʃən] s. fornicação f.: 1. toda relação sexual ilícita. 2. (Bíblia) a) adultério m.; b) idolatria f.

fornicator [f'ɔ:nikeitə] s. fornicador, fornicário m.
fornix [f'ɔ:niks] s. (Anat.) fórnice m.
forsake [fəs'eik] v. (imp. **–sook**, p. p. **–saken**) renunciar a, desistir de, abandonar, desamparar, desertar, deixar.
forsaken [~ən] adj. desamparado, abandonado, deixado ao desamparo, desalentado, desconsolado. ‖ ~**ly** adv. desamparadamente.
forsooth [fəs'u:θ] adv. († ou ironicamente) certamente, realmente, na verdade, pois não, deveras.
forspent [fɔ:sp'ent] adj. (†) esgotado, exausto.
forswear [fɔ:sw'ɛə] v. (imp. **–swore**, p. p. **–sworn**) 1. abjurar, renegar, repudiar. 2. negar sob juramento. 3. jurar falso, perjurar.
forswearer [~rə] s. abjurador, perjuro m.
forsworn [fɔ:sw'ɔ:n] adj. perjuro.
forsythia [fɔ:s'aiθiə] s. (Bot.) forsítia f.: gênero de plantas oleáceas.
fort [fɔ:t] s. 1. forte, castelo, fortim m., fortaleza, fortificação f. 2. (Hist., E. U. A.) base fortificada f. com entreposto comercial.
fortalice [f'ɔ:təlis] s. fortim m.
forte (I) [fɔ:t] s. 1. forte, ponto forte, lado forte m. 2. (Ingl.) parte da lâmina que fica próxima ao punho da espada.
forte (II) [f'ɔ:ti] adj. forte. ‖ adv. (Mús.) forte.
forth [fɔ:θ] adv. 1. adiante, para a frente, em diante. 2. diante de, à vista de, publicamente, para lugar visível. 3. fora, para fora, para longe do país.
from this time ~ de ora em diante. **to step** ~ adiantar-se, apresentar-se. **from this day** ~ de hoje em diante. **he issued** ~ ele saiu. **to set** ~ **on an expedition** partir em expedição. **he was cast** ~ ele foi expulso, posto na rua. **he has progressed so** ~ até aí ele progrediu. **to set** ~ **a book** publicar um livro. **to bring** ~ mandar sair, fazer nascer. **and so** ~ e assim por diante. **back and** ~ de um lado para outro.
forthcoming [fɔ:k'ʌmiŋ] s. aparecimento m., chegada, vinda, aproximação f. ‖ adj. 1. prestes a aparecer, que está para aparecer, por vir, vindouro, próximo, futuro. 2. à mão, disponível, acessível.
he was ~ ele apresentou-se, apareceu. **she needed help, but none was** ~ ela necessitava de ajuda, mas nenhuma se apresentou.
forthright [f'ɔ:θrait] s. caminho reto m. (também fig.). ‖ [f'ɔ:θr'ait] adj. franco, sincero, direto, reto, sem rodeios, direito. ‖ adv. 1. direito à frente, em linha reta para a frente. 2. imediatamente, em seguida, sem demora.
forthrightness [f'ɔ:θraitnis] s. franqueza, sinceridade f.
forthwith [f'ɔ:θw'iθ] adv. em seguida, sem demora, incontinenti, imediatamente.
fortieth [f'ɔ:tiiθ] s. 1. a quadragésima parte f. 2. o quadragésimo m. ‖ num. quadragésimo.
fortifiable [f'ɔ:tifaiəbl] adj. fortificável, que se pode fortificar ou defender.
fortification [fɔ:tifik'eiʃən] s. 1. fortificação, fortaleza, praça fortificada f., fortalecimento, forte, baluarte m. 2. adição f. de vitaminas aos alimentos, de álcool ao vinho, etc.
fortified wine s. vinho licoroso m.
fortifier [f'ɔ:tifaiə] s. 1. fortificador m. 2. (Med.) fortificante m.
fortify [f'ɔ:tifai] v. (imp. e p. p. **–fied**) 1. fortificar, fortalecer, guarnecer de fortes ou fortalezas, robustecer, reforçar, animar, encorajar, corroborar, confirmar. 2. adicionar álcool ao vinho. 3. enriquecer (alimentos de vitaminas).
a claim fortified by facts uma afirmação confirmada por fatos. **I** ~ **myself against** eu me armei contra.

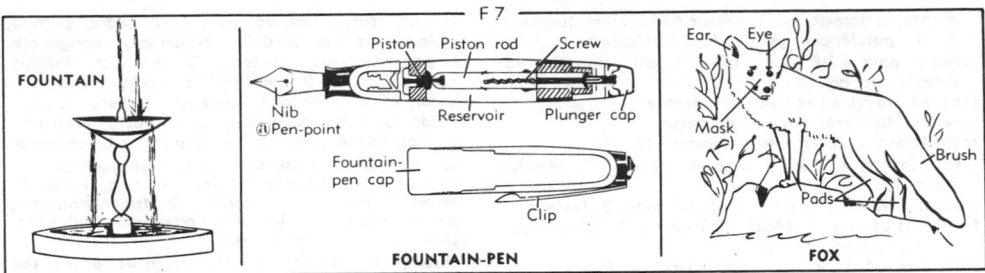

FOUNTAIN

F 7

Piston   Piston rod   Screw

Nib
ⓐPen-point

Reservoir   Plunger cap

Fountain-
pen cap

Clip

FOUNTAIN-PEN

Ear   Eye

Mask

Brush

Pads

FOX

fortissimo [fɔ:t'isimou] adj. (Mús.) fortíssimo. ‖ adv. (Mús.) fortíssimo.

fortitude [f'ɔ:titju:d] s. fortaleza, coragem, firmeza, resistência, constância f.

fortitudinous [fɔ:titj'u:dinəs] adj. forte, corajoso, enérgico, animoso.

fortnight [f'ɔ:tnait] s. quinzena f., duas semanas. **this ~** desde quinze dias. **this day ~** 1. daqui a quinze dias. 2. há quinze dias. **a ~'s holiday** férias de quinze dias.

fortnightly [~li] s. quinzenário m., período quinzenal. ‖ adj. quinzenal. ‖ adv. quinzenalmente, de duas em duas semanas.

fortress [f'ɔ:tris] s. fortaleza, praça fortificada, praça forte f., castelo, forte m.

fortuitism [fɔ:tj'uitizm] s. (Filos.) casualismo m.: doutrina segundo a qual o mundo é regido por acasos.

fortuitous [fɔ:tj'uitəs] adj. fortuito, acidental, casual, improviso, eventual. ‖ **~ly** adv. fortuitamente, por acaso, casualmente, improvisamente.

fortuitousness [~nis] s. fortuidade, casualidade f., acaso, acontecimento fortuito m.

fortuity [fɔ:tj'uiti] s. fortuidade, casualidade, eventualidade f., acidente, acaso, caso fortuito m.

fortunate [f'ɔ:tʃnit] adj. 1. afortunado, feliz, fortunado, fortunoso, venturoso, ditoso, próspero. 2. favorável, favorecido, auspicioso. ‖ **~ly** adv. afortunadamente, felizmente, fortunosamente, por sorte, prosperamente, com êxito.
he is ~ in his children ele é feliz por ter filhos (tão bons).

fortunateness [~nis] s. felicidade, boa fortuna f.

fortune [f'ɔ:tʃən] s. 1. fortuna, boa sorte, ventura, dita, prosperidade f., sucesso imprevisto m. 2. sina, sorte f., fado, destino m. 3. casualidade, eventualidade, felicidade f., acidente, acaso m. 4. riqueza, opulência f., haveres m. pl., propriedades f. pl., dote m. 5. importância f. de uma fortuna. 6. estado m., ou condição f. de uma pessoa. ‖ v. 1. acontecer, suceder. 2. dotar, prover de fortuna.
to tell s. o. his ~ ler a sorte a alguém. **to marry a ~** casar com moça rica. **he came into a ~** ele herdou uma fortuna. **he made a ~** ele adquiriu uma fortuna. **he made his ~** ele fez fortuna. **~ favoured** favorecido pela sorte. **to seek one's ~** buscar ventura. **to try one's ~** tentar a sorte. **good ~** felicidade, boa sorte. **ill ~** infelicidade, má sorte. **by good ~** felizmente.

fortuneless [~lis] adj. 1. sem dote, sem fortuna, sem bens, pobre. 2. (†) infeliz, infortunado, desditoso.

fortune hunter s. caça-dotes m.

fortuneteller [~telə] s. adivinho, adivinhador, ledor m., cartomante, quiromante m. + f.

fortunetelling [~ .eliŋ] s. adivinhação, cartomancia, quiromancia f. ‖ adj. que lê a sorte.

forty [f'ɔ:ti] s. pl. **-ties** quarenta m. ‖ num.quarenta. **the forties** idade de 40 a 49 anos, quinto decênio de um século. **~-one** quarenta e um. **~-first** qua-

dragésimo primeiro.

forty-five s. 1. pistola f. de calibre 45. 2. disco fonográfico m. de 45 rotações por minuto.

fortyfold [~fould] num. quarenta vezes maior.

forty-niner s. (E. U. A.) aventureiro m. que foi para a Califórnia em busca de ouro, em 1849.

forty winks s. (coloq.) soneca f.

forum [f'ɔ:rəm] s. 1. foro, forum m., praça pública f. na antiga Roma. 2. reunião pública f. ou lugar m. onde se debatem os negócios públicos. 3. tribunal, foro m.

forward [f'ɔ:wəd] s. (Esp.) "forward" (no futebol), dianteiro, atacante m. (quadro F 5). ‖ v. 1. despachar, enviar, mandar, expedir, transmitir, remeter (carta) a novo endereço. 2. ajudar, promover, favorecer, apressar, ativar, animar, incentivar, fomentar, secundar, desenvolver, fazer crescer. ‖ adj. 1. dianteiro, anterior, que está ou vai adiante, de proa. 2. (Com.) a termo, futuro, para entrega futura. 3. adiantado, avançado, temporão, precoce, prematuro. 4. radical, avançado, extremo. 5. pronto, disposto, ansioso, solícito, ardente, fervoroso, zeloso. 6. petulante, imodesto, insolente, presunçoso, arrogante, precipitado, ousado, atrevido, adiantado. ‖ adv. 1. adiante, para diante, avante, para a frente. 2. para a frente, para lugar proeminente, em evidência.
to be ~ed! remeter ao novo endereço! **the ~ part of a ship** paravante. **she is ~ for her age** ela é precoce para a sua idade. **~ opinions** opiniões avançadas. **he knew his lesson and was ~ with his answers** ele sabia sua lição e estava pronto com a resposta. **to run ~** correr para a frente. **to go ~** ir para diante, avançar. **from this time ~, from this day ~** de ora em diante, de hoje em diante. **from that time ~** desde então para cá. **to look ~ to** esperar, aguardar, antegozar. **to bring ~** apresentar, chamar a atenção para. **to come ~** apresentar-se, adiantar-se. **to carry ~** (Com.) transportar soma de uma página para a outra. **freight ~,** ou **freightage ~** frete pago na entrega. **to put ~** pôr em evidência. **to put oneself ~** pôr-se em evidência. **backwards and forwards** de um lado para outro, para cá e para lá. **balance carried ~** (Com.) balanço de entrada. **to date ~** pós-datar.

forward buying s. compra f. para entrega futura.

forwarder [f'ɔ:wədə] s. 1. promotor, estimulador, fomentador, auxiliador m. 2. expedidor, despachante, remetente m.

forwarding [f'ɔ:wədiŋ] s. expedição, remessa f., despacho m. ‖ adj. expedidor, que expede.

forwarding-agent s. despachante, expedidor m.

forwarding journey s. ida f.

forwarding-merchant s. despachante m.

forwarding note s. conhecimento m., nota f. de despacho.

forward motion s. (Téc.) movimento avante m.

forwardness [f'ɔ:wədnis] s. 1. ardor, zelo m., precipitação, presteza, prontidão, solicitude f. 2. adiantamento, progresso m. 3. precocidade, prematuridade f. 4. petulância, presunção, audácia f.

forward pass s. (E. U. A.) (no futebol) passe m., na direção do gol.

forward travel s. marcha f. à frente.

forwent [fɔ:w'ent] v. imp. de **forgo.**

fossa [f'ɔsə] s. (Anat.) fossa, fosseta f.

fosse [fɔs] s. 1. fosso, canal m., cova f. 2. (Anat.) fossa f.

fossete [fɔs'et] s. 1. covinha f. na face. 2. fosseta f.

fossick [f'ɔsik] v. 1. (Austrália) cavar. 2. (gíria) vasculhar, esquadrinhar.

fossiform [f'ɔsifɔ:m] adj. em forma de fossa.

fossil [fɔsl] s. 1. fóssil m. 2. pé-de-boi m., caturra
• m. + f. ‖ adj. 1. fóssil, extraído da terra, da natureza de um fóssil, petrificado. 2. antiquado, retrógrado, rançoso.

fossilation [fɔsil'eiʃən] s. fossilização f.

fossil fuel s. combustível natural m., produto de fossilização m.

fossiliferous [fɔsil'iferəs] adj. fossilífero.

fossilist [f'ɔsilist] s. fossilista m.

fossilization [fɔsilaiz'eiʃən] s. fossilização f.

fossilize [f'ɔsilaiz] v. 1. fossilizar, fossilificar, tornar fóssil, petrificar, tornar-se retrógrado ou antiquado. 2. procurar ou colecionar fósseis.

fossillike [f'ɔsllaik] adj. semelhante a fóssil, fóssil, retrógrado.

fossilology [fɔsil'ɔlədʒi] s. fossilologia, paleontologia f.

fossorial [fəs'ɔ:riəl] adj. (Zool.) fossador, cavador.

foster [f'ɔstə] v. 1. nutrir, alimentar, fomentar, promover, favorecer. 2. acariciar, acalentar, alentar, encorajar. 3. criar, educar, sustentar, cultivar. ‖ adj. adotivo, de criação, de peito, de leite.

fosterage [~ridʒ] s. 1. criação de filho alheio, adoção, tutela f. 2. costume m. de entregar os filhos a mães de criação. 3. incubação artificial f. 4. fomento, estímulo m., proteção f.

foster brother s. irmão colaço m., irmão de leite.

foster child s. filho de criação, filho de leite m.

foster daughter s. filha adotiva f.

fosterer [f'ɔstərə] s. pai ou mãe adotiva, criador, promotor, favorecedor, protetor m.

foster father s. pai adotivo m.

foster home s. lar m. de criança adotiva.

fosterling [f'ɔstəliŋ] s. filho adotivo m., de criação, de leite, cria f., protegido m.

foster mother s. mãe adotiva f.

foster parents s. pl. pais adotivos m. pl.

foster sister s. irmã colaça f., irmã de leite.

foster son s. filho adotivo m.

fostress [f'ɔstris] s. nutriz, ama-de-leite, mãe f. de criação.

fother [f'ɔðə] v. (Náut.) vedar um rombo no casco com uma vela e estopa.

foudroyant [fu:dr'ɔiənt] adj. fulgurante, deslumbrante, excitante.

foul [faul] s. 1. infração, falta, violação das regras estabelecidas nos jogos, prélios, etc., colisão intencionada f., golpe ou jogo ilícito, abalroamento m. 2. (E. U. A.) bola fora (no beisebol). 3. (Ingl.) mau tempo, tempo borrascoso m., má ventura f. ‖ v. 1. sujar(-se), emporcalhar, enlamear, turvar-se, conspurcar, corromper, desonrar, infamar. 2. cometer infração, violar regras estabelecidas. 3. (E. U. A.) bater a bola fora (no beisebol). 4. (Náut.) colidir, abalroar. 5. enredar-se, enredar (cabo), encepar, entoucar (âncora). 6. obstruir(-se), entupir(-se), bloquear, entravar. 7. (Náut.) cobrir-se de algas (o casco do navio). ‖ adj. 1. sujo, emp rcalhado, lodoso, enlameado, poluído, porco,

imundo, turvo, impuro, estragado, podre, pútrido, viciado, nocivo, sórdido, asqueroso, repugnante, torpe, indecente, obsceno. 2. malvado, infame, corrompido, vil. 3. contrário às regras, ilícito, irregular, iníquo, ímprobo, desonesto, injusto. 4. abalroado. 5. enredado (cabo). 6. entupido, obstruído. 7. mau, borrascoso. 8. contrário. 9. feio, abominável, repelente, hediondo, odioso, vergonhoso. 10. (E. U. A.) (no beisebol) fora. 11. sujo, cheio de erros. ‖ adv. 1. ilicitamente. 2. traiçoeiramente, perfidamente. ‖ **~ly** adv. porcamente, vilmente, perfidame ....., .om infâmia

through ~ and fair aos trancos e barrancos. **the ~ fiend** o diabo. **one boat was ~ of the other** um barco obalroou o outro. **the chimney is ~** a chaminé está abstruída de fuligem. **a ~ ball** bola fora. **to hit s. o. ~** dar um golpe ilícito em. **to play ~** atraiçoar. **to fall** (ou **run**) **~ of** 1. lançar-se sobre. 2. (Náut.) colidir com. 3. encalhar.

foul action s. ação feia, infame f.

foulard [fu:l'ɑ:d] s. 1. fular m.: tecido leve de seda, raiom ou algodão. 2. lenço m. de seda.

foul copy s. rascunho m.

foul dealing s. trapaçaria f., engano m.

foul language s. palavras obscenas, injuriosas f. pl.

foul mouthed adj. desbocado, injurioso.

foulness [f'aulnis] s. 1. sujeira, impureza f. 2. falsidade, desonestidade f. 3. infâmia, vileza f.

foul paper s. borrão, rascunho m., minuta f.

foul play s. 1. velhacaria, desonestidade f. 2. traição, perfídia f. 3. injustiça f. 4. infração, violência f.

foul 'proof s. (Tipogr.) prova suja f.

foul-up s. (coloq.) confusão, desordem f., causada por ineficiência, estupidez, falha mecânica, etc.

foumart [f'u:mɑ:t] s. (Zool.) foeta f., tourão m. (Mustella putorius).

found (I) [faund] v. imp. e p. p. de **find.**

found (II) [faund] v. 1. fundar, construir, assentar os alicerces de, edificar, erigir, estabelecer, instituir, criar, originar. 2. apoiar, firmar sobre, estribar, fundamentar, basear. 3. fundar-se, basear-se. **he ~ed his claim on facts** ele baseou suas afirmações em fatos. **~ed in justice** baseado na justiça. **well ~ed** bem fundado, bem motivado.

found (III) [faund] v. fundir, derreter (metais).

foundation [faund'eiʃən] s. 1. fundação, base f., alicerce, fundamento m. 2. fundamento, princípio, motivo m., origem, razão fundamental f. 3. ato m. de fundar ou estabelecer. 4. estabelecimento m., criação f. 5. instituição f. fundada à custa de uma doação, de um capital legado. 6. capital m. legado para obras de beneficência pública, dotação f. **from the ~** desde o começo. **the house rocks to its ~s** a casa estremece até aos alicerces. **they laid the ~s** of eles colocaram os alicerces de. **he is on the ~** ele é beneficiário da fundação.

foundational [~əl] adj. fundamental.

foundation cream s. base f. (creme facial).

foundationer [~ə] s. beneficiário m. de fundação.

foundation-scholar s. aluno m. de fundação escolar.

founder (I) [f'aundə] s. fundador, instituidor, iniciador, criador m.

founder (II) [f'aundə] s. fundidor m.

founder (III) [f'aundə] s. (Veter.) aguamento m.

founder (IV) [f'aundə] v. 1. afundar-se, ir a pique, pôr a pique, soçobrar (o navio). 2. ceder, aluir.

founderhip [~ʃip] s. qualidade f. de fundador.

founders' shares s. pl. (Com.) ações preferenciais f. pl. dos fundadores (da firma).

founding father s. fundador, iniciador m.

foundling [f'aundliŋ] s. exposto, enjeitado m., criança

f. que foi abandonada pelos pais.
foundling hospital s. casa f. dos enjeitados.
foundress [f'aundris] s. fundadora f.
foundry [f'aundri] s. 1. fundição, oficina de fundição f. 2. ato, efeito m. ou arte f. de fundir.
foundry coke s. coque m. para fundição.
foundry pig (iron) s. ferro gusa m. para moldagem.
foundry proof s. (Tipogr.) prova f. da composição.
foundry type s. (Tipogr.) tipo m. para composição manual.
fount (I) [faunt] s. 1. fonte f. 2. manancial m., origem f.
fount (II) [faunt] s. (Tipogr.) o mesmo que **font,** fonte f.: sortimento completo de tipos dum mesmo tamanho e estilo.
fountain [f'auntin] s. 1. fonte, bica, nascente, origem, causa f., chafariz, repuxo, manancial, princípio m. 2. bebedouro m. 3. reservatório m.
fountainhead [~hed] s. 1. manancial m., nascente f. 2. fonte limpa, origem f.
fountain-pen s. caneta-tinteiro f. (quadro F 7).
four [fɔ:] s. 1. quatro, número quatro, algarismo m. representativo do número quatro, quadra f., carta de jogar ou peça de dominó que tem 4 pontos, quaderna f. (nos dados). 2. quarteto m., grupo de quatro pessoas ou coisas, duas parelhas (de cavalo), quadrirreme m., a tripulação do mesmo. 3. (Ingl.) (pl.) apólices que dão quatro por cento de juros. 4. no pôquer, lance de quatro cartas do mesmo valor. ‖ num. quatro.
  to be on all ~s with s. th. corresponder exatamente a alguma coisa. **within the ~ sèas** na Grã-Bretanha. **carriage and ~** carruagem puxada por quatro cavalos, ou duas parelhas. **to go** (ou **run**) **on all ~s** andar de gatinhas, de quatro pés.
four-conductor cable s. cabo m. a quatro condutores.
four-cycle engine s. motor m. a quatro tempos.
four-flush v. (E. U. A., gíria) blefar, fazer farol.
four-flusher s. (E. U. A., gíria) blefador, faroleiro, fanfarrão, embusteiro m.
fourfold [f'ɔ:fould] num. 1. quádruplo, quadruplicado, que é quatro vezes maior ou mais. 2. que é um número de quatro, que tem quatro partes. ‖ adv. quadruplicadamente, quatro vezes mais.
four-footed adj. quadrúpede.
four freedoms s. (E. U. A.) quatro liberdades f. pl.: de fala, culto, miséria, medo ‖ (Roosevelt, 1941).
four-handed adj. 1. quadrúmano. 2. para quatro pessoas (jogo). 3. (Mús.) a quatro mãos.
four-horse, –horsed adj. puxado por quatro cavalos.
four hundred s. (E. U. A.) a elite social, os grã-finos.
four-in-hand s. 1. carruagem f. puxada por quatro cavalos. 2. parelha f. de quatro cavalos. 3. gravata f. de nó corredio. ‖ 1. puxado por quatro cavalos. 2. atado em nó corredio.
  he drives ~ ele guia uma carruagem a quatro cavalos.
four-leaved adj. (Bot.) quadrifólio.
four-legged adj. quadrúpede.
four-letter word s. palavrão m.
four-masted adj. (Náut.) de quatro mastros.
four-oar s. quadrirreme m.
four-o'clock s. (Bot.) maravilha f. (Mirabilis dichotoma): planta ornamental do Peru, cujos botões se abrem às quatro horas da tarde.
four-part s. música f. a quatro vozes. ‖ adj. a quatro vozes.
fourpence [f'ɔ:pens] s. (Ingl.) quatro pence (antiga moeda inglesa).
fourpenny [f'ɔ:peni] s. quatro pence. ‖ adj. que vale ou custa quatro pence.

four-poster s. cama f. de quatro colunas.
fourscore [f'ɔ:sk'ɔ:] s. oitenta m., quatro vintenas. ‖ adj. 1. oitenta. 2. octogenário.
four-seater s. automóvel m. de quatro assentos.
foursome [f'ɔ:səm] s. 1. partida m. de golfe dupla, entre dois grupos de jogadores. 2. os jogadores dessa partida. 3. quarteto m., grupo de quatro.
four-speed gear box s. caixa f. de mudança ou de câmbio com quatro velocidades.
foursquare [f'ɔ:skw'ɛə] s. quadrado m. ‖ adj. 1. quadrado, quadrangular. 2. franco, direto, reto, que fala sem rebuços, sem rodeios. 3. firme, inflexível, obstinado. ‖ **~ly** adv. 1. quadradamente, quadrangularmente. 2. francamente, sem rebuços, sinceramente. 3. firmemente, inflexivelmente.
foursquareness [~nis] s. 1. quadrangulação f.: qualidade do que é quadrangular ou quadrado. 2. franqueza, sinceridade f. 3. firmeza, inflexibilidade f.
four-stroke cycle s. ciclo m. em quatro tempos.
fourteen [f'ɔ:t'i:n] s. quatorze m. ‖ num. quatorze.
Fourteen Points, The s. (E. U. A.) os quatorze pontos m. pl. (Wilson, 1918).
fourteenth [~θ] s. décimo quarto m., um quatorze avos. num. décimo quarto.
fourth [fɔθ] s. 1. quarto m. o que ocupa o quarto lugar. 2. quarta parte f. 3. (Mús.) quarta f. 4. (pl.) artigos de quarta ordem. ‖ num. quarto. ‖ **~ly** adv. em quarto lugar.
  the ~ estate (joc.) a imprensa. **Fourth of July** (E. U. A.) dia da Independência: 4.7.1776
fourth dimension s. quarta dimensão f. (p. ex. o tempo).
fourth-dimensional adj. quadridimensional.
four-throw crankshaft s. eixo m. de quatro manivelas.
four-way adj. (Mec.) de quatro vias, de quatro contatos.
  ~ cock torneira de quatro vias. **~ switch** comutador de quatro contatos.
four-wheel, ~–wheeled adj. de quatro rodas, que opera sobre quatro rodas.
  ~ brake freio nas quatro rodas.
four-wheeler s. carruagem m. de quatro rodas, especialmente um carro de aluguel.
fowl [faul] s. 1. qualquer ave ou pássaro, aves coletivamente. 2. ave comestível, galinha f., aves domésticas f. pl. 3. carne f. de galinha, etc. ‖ v. caçar, matar ou apanhar aves selvagens.
fowler [f'aulə] s. caçador m. de aves selvagens, passarinheiro m.
fowling [f'auliŋ] s. caça f. de aves selvagens.
fowling piece s. caladeira f.: espingarda para caça de aves selvagens.
fowl pest s. peste aviária f.
fowl run s. 1. galinheiro m. 2. granja avícola f.
fox [fɔks] s. 1. raposa f., mamífero carnívoro (Canis vulpes). 2. pele f. de raposa. 3. (fig.) pessoa fina, astuta, sagaz, manhosa. ‖ v. 1. (coloq.) raposinhar, usar de manha, de embustes, enganar, lograr, engazopar. 2. descolar(-se), manchar (folhas de livro, etc.), descorar(-se), manchar(-se), tornar-se ruço, mofar (a madeira, ó papel). 3. azedar (vinho, cerveja). 4. (Ingl.) embriagar, embebedar.
  with ~es one must play the ~ por onde vás, como vires assim farás.
fox-brush s. cauda f. da raposa.
fox-case s. pele f. de raposa.
fox-chase s. caça f. à raposa.
fox-earth, fox's earth s. toca f. de raposa.
foxed [fɔkst] adj. 1. mofado. 2. (coloq.) bêbedo.
fox-evil, fox's evil s. (Med.) alopecia f., doença que faz cair o cabelo.
fox-fire s. (E. U. A.) luminescência orgânica f.

foxglove [f'ɔksglʌv] s. (Bot.) dedaleira f., digital, dedal m.

foxhole [f'ɔkshoul] s. (milit.) buraco no solo para proteção contra o fogo inimigo.

foxhound [f'ɔkshaund] s. cão m. de caça à raposa (quadro D 3).

fox hunt v. caçar raposas.

fox-hunting s. caça f. à raposa.

foxiness [f'ɔksinis] s. astúcia, manha, raposice f.

foxlike [f'ɔkslaik] adj. semelhante à raposa, vulpino, (fig.) astuto, manhoso, matreiro, velhaco.

foxtail [f'ɔksteil] s. 1. cauda f. de raposa. 2. (Bot.) rabo-de-raposa, capim rabo-de-raposa m. (Alopercurus pratensis).

fox terrier s. fox m.: raça inglesa de cães (quadro D 3).

fox trot s. foxtrote m.

fox-trot v. (imp. e p. p. –trotted) 1. dançar o foxtrote. 2. andar (o cavalo) ao passo, entre o passo ordinário e o trote.

foxy [f'ɔksi] adj. 1. semelhante à raposa, vulpino. 2. astuto, manhoso, raposeiro, finório, malicioso, velhaco, traiçoeiro. 3. descolorido, desbotado, ruço, mofado, manchado. 4. castanho avermelhado. 5. azedo, mal fermentado (o vinho, a cerveja). ‖ –ily adv. astuciosamente, manhosamente.

foyer [f'ɔiei] s. foyer m., salão de teatro, vestíbulo m.

Fr (Quím.) abr. de francium.

Fr. abr. de 1. Father. 2. French. 3. Friday.

fr. abr. de 1. fragment 2. (pl. frs.) franc. 3. from.

Fra [fra:] s. frade m.

fracas [fr'æka:] pl ~ [-z] s. rixa, bulha, disputa ruidosa, balbúrdia, desordem, vozeria f., tumulto m.

fraction [fr'ækʃən] s. 1. fração f. 2. ato m. de partir, rasgar, dividir. 3. (Mat.) expressão que indica uma ou mais partes da unidade f., quebrado m. 4. migalha, porção, pequena parte f., pedaço, fragmento m. ‖ v. fracionar, converter, dividir-se.
he got only a ~ of what he wanted ele só obteve parte daquilo que queria. by a ~ of an inch (fig.) por um fio de cabelo. ~ line traço de fração. not a ~ nada.

fractional [~əl] adj. 1. fracionário. 2. fracionado. 3. parcial. 4. insignificante, pequeno. ‖ ~ly adv. fracionariamente.

fractional currency s. troco m. em miúdos: dinheiro em pequenas notas ou moedas.

fractional number s. (Mat.) número fracionário m.

fractionary [fr'ækʃənəri] adj. fracionário.

fractionate [fr'ækʃəneit] v. (Quím.) fracionar, destilar fracionadamente.

fractionation [fr'ækʃən'eiʃən] s. fracionamento m.

fractionize [fr'ækʃənaiz] v. fracionar, fragmentar.

fractious [fr'ækʃəs] adj. zangado, rabugento, irascível, mal-humorado, rixoso, rebelde, turbulento, refratário. ‖ ~ly adv. irascivelmente, de mau humor, com rabugice, de uma maneira impertinente.

fractiousness [~nis] s. mau humor m., irascibilidade, rabugice, impertinência f.

fracture [fr'æktʃə] s. 1. fenda, racha f. 2. fratura, quebra, ruptura f. 3. quebradura f. de osso. 4. (Geol.) fendimento m. das rochas, deslocação f. da crosta terrestre com desnível. ‖ v. fraturar, partir (um osso), fraturar-se, quebrar(-se), romper(-se).

fragile [fr'ædʒail] adj. frágil, quebradiço, friável, destrutível, débil, fraco, delicado. ‖ ~ly adv. fragilmente, debilmente, fracamente.

fragileness [~nis], fragility [frədʒ'iliti] s. fragilidade, debilidade, fraqueza, instabilidade f.

fragment [fr'ægmənt] s. 1. fragmento, estilhaço m., migalha f. 2. fração f., parte f. de um todo. 3.

trecho m. (de uma obra).

fragmental [frægm'entl] adj. fragmentário, incompleto. ‖ ~ly adv. fragmentariamente.

fragmentariness [fr'ægməntərinis] s. qualidade do que é fragmentário.

fragmentary [fr'ægməntəri] adj. fragmentário, incompleto, desconexo, (Geol.) clástico. ‖ –ily adv. fragmentariamente, incompletamente.

fragmentation [frægmənt'eiʃən] s. fragmentação f.

fragmentation bomb s. (milit.) bomba fragmentária f.

fragmented [fr'ægməntəd] adj. fragmentado, truncado.

fragrance [fr'eigrəns], fragrancy [~i] s. fragrância f., aroma, perfume, bom cheiro, odor m.

fragrant [fr'eigrənt] adj. fragrante, odorífero, perfumado, aromático. ‖ ~ly adv. fragrantemente, com fragrância, perfumadamente, suavemente.
it is ~ with está cheirando agradavelmente de.

frail (I) [freil] s. seira f., cesto m. de junco para acomodar figos, passas de uva, etc., conteúdo de uma seira (cerca de 34 kg).

frail (II) [freil] adj. 1. frágil, delicado, débil, fraco. 2. quebradiço, fácil de destruir. 3. sujeito a erros e culpas, a pecar. ‖ ~ly adv. fragilmente.

frailness [fr'eilnis] s. fragilidade f.

frailty [fr'eilti] s. 1. fragilidade, disposição para facilmente se quebrar, delicadeza f. 2. fraqueza, debilidade, tibieza f. 3. facilidade em pecar, errar ou faltar ao seu dever, imperfeição f.

fraise [freiz] s. (Mec.) fresa f. de broquear.

framable [fr'eiməbl] adj. que se pode emoldurar, encaixilhar, enquadrar.

frambesia, framboesia [fræm'bi:ziə] s. (Med.) bouba, framboesia tropical f.

frame [freim] s. 1. armação, carcaça f., madeiramento, esqueleto, arcabouço, leito, chassi m. 2. corpo m. (humano ou de animal). 3. esqueleto m., ossatura f. 4. estrutura, disposição, composição, construção f. 5. estrutura, organização, ordem f., plano, sistema m. 6. constituição física, conformação, compleição corporal, disposição de espírito, estrutura, forma, figura f., humor m. 7. quadro, caixilho m. (de porta, janela, tear, etc.), moldura f., qualquer coisa que cinge outra, ou em que outra se encaixa. 8. uma das imagens individuais dum filme cinematográfico. 9. suporte para colocar as bolas no jogo de pool (modalidade de jogo de bilhar). 10. uma jogada de bowling (jogo semelhante ao de bocha). 11. estufim m. 12. (Tipogr.) estante m. 13. (Técn. Comp.) unidade do equipamento do computador f. ‖ v. 1. moldar, modelar, formar, inventar, conceber, imaginar, idear. 2. tomar forma, ajustar, acomodar, adaptar, ajeitar, dispor, regular. 3. construir, vigar, travejar, compor, armar, fabricar, planejar, projetar, traçar, arranjar, fazer, forjar, maquinar, tramar. 4. encaixilhar, enquadrar, emoldurar. 5. servir de quadro, moldura, caixilho para. 6. desenvolver-se, tornar-se, pôr-se a. 7. (gíria, E. U. A.) combinar de antemão, fabricar, maquinar, tramar, incriminar falsamente.

to ~ plans formar projetos. to ~ a lie inventar uma mentira. to ~ one's thoughts into words, exprimir os seus pensamentos. to ~ well prometer êxito. to ~ to something adaptar a alguma coisa. to ~ to o. s. imaginar. to ~ up (E. U. A., gíria) tramar. to be out of ~ estar de mau humor. laughter shook her ~ ela se torceu de riso.

frame-aerial s. antena f. de quadro (quadro A 4).

frame angle s. cantoneira f.

frame-house s. casa f. de madeira.

frameless [fr'eimlis] adj. sem moldura.

frame of mind s. humor m., disposição f. de ânimo.

frame of reference s. estrutura conceitual f., à qual se referem dados, idéias, etc.

framer [fr'eimə] s. 1. moldureiro, enquadrador m. 2. inventor, autor, criador, forjador, maquinador m. **the ~ of one's own fortune** autor de sua fortuna.

frames [freimz] s. armação f. (óculos).

frame-saw s. serra f. de mão.

frame-up s. 1. trama, tramóia, maquinação f., enredo m. 2. conspiração, combinação f. de incriminar alguém falsamente, conluio m. ‖ v. tramar, forjar (acusação falsa), incriminar falsamente.

framework [fr'eimwə:k] s. 1. vigamento, madeiramento, travejamento m., armação, treliça f. 2. estrutura f.

framing [fr'eimiŋ] s. 1. ato de construir, conceber, enquadrar. 2. construção, composição, invenção, disposição, concepção f. 3. enquadramento, encaixamento, madeiramento, vigamento, travejamento m.

franc [fræŋk] s. franco m. (moeda).

franchise [fr'æntʃaiz] s. 1. privilégio, direito, refúgio, asilo m., franqueza, isenção, imunidade, franquia f. 2. cidadania f., direito m. de voto.

franchised [~d] adj. franqueado, isento, imune, privilegiado.

franchisement [fr'æntʃizmənt] s. libertação, isenção, imunidade f.

franchiser [fr'æntʃaizə] s. o que possui os direitos políticos.

Franciscan [fræns'iskən] s. franciscano m. ‖ adj. franciscano.

francium [fr'ænsiəm] s. (Quím.) frâncio m.

Franco... [fr'æŋkou] pref. franco..., que significa francês e entra na composição de vários nomes. **~–German** franco-alemão.

Francoism [fr'æŋkouizm] s. (Pol., Espanha) franquismo m.

francolin [fr'æŋkolin] s. (Zool.) francolim m., ave do gênero Francolinus.

Francophil(e) [fr'æŋkofail] s. francófilo m. ‖ adj. francófilo.

Francophobe [fr'æŋkofoub] s. francófobo m. ‖ adj. francófobo.

Francophobia [fræŋkof'oubiə] s. francofobia f.

frangibility [frændʒib'iliti] s. = **frangibleness.**

frangible [fr'ændʒibl] adj. frangível, frágil, quebradiço.

frangibleness [~nis] s. frangibilidade, fragilidade f.

frangipane [fr'ændʒipein] s. (Culin.) doce m. de creme, amêndoa e açúcar.

frangipani [~i] s. 1. perfume m. de jasmim. 2. (Bot.) jasmim m. (Plumera rubra).

Frank [fræŋk] s. 1. franco m., indivíduo dos francos (povo germânico). 2. (no Levante) europeu m.

frank [fræŋk] s. 1. timbre m. de porte franco. 2. franquia, isenção f. de porte postal, direito m. de porte franco. 3. carta f. ou pacote m. isento de porte. ‖ v. 1. enviar (carta, etc.) de porte franco. 2. transportar (pessoa ou coisa) gratuitamente. 3. franquear, isentar. ‖ adj. 1. franco, aberto, sincero, honesto, leal. 2. (arc.) liberal, generoso. 3. claro, manifesto, sem rebuço. 4. (arc.) livre, gratuito. ‖ **~ly** adv. 1. francamente, abertamente, sinceramente. 2. sem rebuço. 3. (arc.) liberalmente.

frankable [fr'æŋkəbl] adj. franqueável.

franked [fr'æŋkt] adj. franqueado, isento de porte.

Frankenstein [fr'æŋkənstain] s. 1. criador fictício de um monstro irresponsável. 2. o próprio monstro. 3. invento prejudicial ao autor.

franker [fr'æŋkə] s. franqueador m., o que franqueia.

frankfurter [fr'æŋkfətə], **frankfurt** [fr'æŋkfət] s. salsicha alemã f., salsicha de cachorro-quente.

frankincense [fr'æŋkinsens] s. olíbano m., incenso extraído de plantas da família das Burseráceas (Boswellia carteri).

Frankish [fr'æŋkiʃ] s. a língua dos francos. ‖ adj. franco, relativo aos francos.

franklin [fr'æŋklin] s. (Hist., Ingl.) proprietário plebeu m. de um alódio, de terras livres.

frankness [fr'æŋknis] s. franqueza, sinceridade f.

frankpledge [fr'æŋkpledʒ] s. (Hist. Jur. Ingl.) 1. sistema m. que divide a comuna em grupos de dez, com cada integrante responsável pelos demais. 2. membro deste grupo m. 3. grupo de dez m.

frantic [fr'æntik] adj. 1. frenético, furioso, desvairado, fora de si. 2. (arc.) louco. ‖ **–ally, ~ly** adv. 1. freneticamente, furiosamente. 2. loucamente.

franticness [~nis] s. frenesi, fúria, loucura f.

frap [fræp] v. (Náut.) atacar, amarrar firmemente.

frappé [fræp'ei] s. (E. U. A.) bebida ou mistura gelada f., trappé m. ‖ adj. frappé, gelado.

frater [fr'eitə] s. 1. (Ecles.) frade m. 2. membro de fraternidade m.

fraternal [frət'ə:nl] adj. fraternal, fraterno. ‖ **~ly** adv. fraternalmente.

fraternalism [frət'ə:nəlizm] s. fraternalismo m.

fraternal order s. confraria, sociedade secreta f.

fraternity [frət'ə:niti] s. 1. fraternidade, (E. U. A.) sociedade ou associação f. de estudantes de uma universidade. 2. corporação, irmandade, confraria, congregação f., grêmio m., conjunto de pessoas da mesma categoria, profissão ou inclinação. 3. amor m. ao próximo, amizade, harmonia f.

fraternization [frætənaiz'eiʃən] s. fraternização f.

fraternize [fr'ætənaiz] v. fraternizar, confraternizar.

fraternizer [~ə] s. fraternizador m.

fratricidal [freitris'aidəl] adj. fratricida.

fratricide [fr'eitrisaid] s. 1. fratricídio m. 2. fratricida m. + f.

fraud [frɔːd] s. 1. fraude f. (também Jur.), engano, embuste m., burla, trapaça, desonestidade f. 2. logro, dolo, artifício, truque m., impostura, estratagema, manha, mentira f. 3. impostor, embusteiro m.

fraudulence [fr'ɔːdjuləns], **fraudulency** [~i] s. fraudulência, fraude, astúcia f., engano, embuste m.

fraudulent [fr'ɔːdjulənt] adj. 1. fraudulento, frauduloso, doloso, desonesto. 2. falaz, enganador, falso, ardiloso. ‖ **~ly** adv. fraudulentamente, desonestamente, ardilosamente.

fraught [frɔːt] adj. carregado, abastecido (com), provido, cheio, repleto (de), fértil em. **~ with danger** perigoso. **~ with meaning** significativo. **~ with mischief** de muito mau agouro.

Fräulein [fr'oilain] s. (alem.) 1. senhorita, senhorinha, moça solteira f. 2. governante alemã f.

fray (I) [frei] s. rixa, bulha, briga, refrega, luta, desordem f., combate, motim m.

fray (II) [frei] v. 1. esfiapar, esfiar, desfiar. 2. desgastar(-se), usar(-se), esfregar(-se), rafar(-se), roçar, puir, cotiar.

frazil [fr'eizil] s. (E. U. A.) gelo m. de fundo, gelo granulado.

frazzle [fræzl] s. (coloq., E. U. A.) 1. farrapo, frangalho, trapo m. 2. cansaço, esfalfamento, desgastamento m. ‖ v. 1. esfarrapar, esfrangalhar, desgastar(-se), puir, rafar. 2. cansar(-se), esfalfar(-se), esgotar(-se), extenuar(-se).

freak [fri:k] s. 1. singularidade, excentricidade f. 2. capricho m., veneta, veleidade, fantasia, extravagância f. 3. anomalia, aberração, monstruosidade f., aleijão, monstro, aborto m. 4. salpico m., pinta f. ‖ v. variegar, salpicar, listrar. ‖ adj. esquisito, estrambótico, excêntrico, esdrúxulo, grotesco, singular.

freakish [fr'i:kiʃ] adj. caprichoso, esquisito, excêntrico, fantástico, extravagante, singular. ‖ ~ly adv. caprichosamente, esquisitamente, extravagantemente, singularmente.

freakishness [fr'i:kiʃnis] s. humor caprichoso m., esdruxularia, excentricidade, singularidade f.

freak out v. ficar dopado (drogas).

freak show s. exibição f. de aberrações.

freckle [frekl] s. sarda (na pele), lentigem f. ‖ v. cobrir(-se) de sardas, pintalgar(-se).

freckled [~d], **freckly** [fr'ekli] adj. sardento, pintalgado.

free [fri:] v. (imp. e p. p. **freed**) 1. livrar, libertar, emancipar, soltar, pôr em liberdade. 2. resgatar, desobrigar, isentar, eximir. 3. desembaraçar, desobstruir, franquear, abrir. ‖ adj. 1. livre, independente, autônomo. 2. liberto, emancipado, que pode dispor de sua pessoa. 3. espontâneo, voluntário. 4. discricionário, arbitrário. 5. solto, desprendido, desatado, não fixo. 6. em liberdade, absolvido, inocente. 7. desimpedido, desobstruído. 8. desocupado, vago. 9. permitido, lícito. 10. desembaraçado. 11. descoberto, aberto. 12. acessível, público, aberto (porto). 13. gratuito, grátis, franco. 14. isento, exempto. 15. generoso, liberal, pródigo, profuso. 16. abundante, copioso, ilimitado, irrestrito. 17. não convencional, sem cerimônia. 18. não textual, não ao pé da letra. 19. franco, sincero, ingênuo, cândido, que fala com franqueza. 20. atrevido, licencioso, descomedido, indecente, imoral, libertino. 21. desenfreado, descuidado. 22. (Náut.) favorável. 23. (Bot.) que não estão aderentes entre si. ‖ adv. grátis, gratuitamente. ‖ ~ly adv. 1. livremente, com ou em liberdade. 2. desembaraçadamente, francamente, sinceramente. 3. familiarmente. 4. voluntariamente, de bom grado. 5. liberalmente. 6. largamente. ~ **from restraint** livre de restrições, desimpedido. **you are ~ do what you want** você tem toda liberdade para fazer o que deseja. **of my own ~ will** de minha livre e espontânea vontade. **I am ~ to confess** estou pronto a confessar. **it is ~ for you to go** você pode ir, se quiser. ~ **from desease** livre de doença. ~ **from damage** incólume, não avariado. **they made him ~ of the city** elegeram-no cidadão honorífico. **the ship is ~ of the harbour** o navio encontra-se fora das águas do porto. **he was set ~** ele foi posto em liberdade. **it runs ~** (Téc.) corre em vazio. **he was very ~ with me** ele tomou muitas liberdades comigo. ~ **and unencumbered** sem hipoteca, não hipotecado. ~ **of care** despreocupado, sem preocupações. ~ **of charge** isento de despesas, franco. ~ **of debt** sem dívidas. ~ **of duty** sem taxa alfandegária. ~ **on board (fob)** posto a bordo. **alongside ship (fas)** posto no costado do navio. **carriage** ~ transporte pago. **post** ~ porte pago.

free association s. (Psiq.) livre-associação f.: de fazer o paciente falar livremente.

freeboard [fr'i:bɔ:d] s. (Náut.) bordo livre m.

freeboot [fr'i:bu:t] v. piratear.

freebooter [~ə] s. flibusteiro m., pirata m. + f.

freebootery [~əri], **freebooting** [~iŋ] s. pirataria f.

freeborn [fr'i:bɔ:n] adj. 1. nascido de ventre livre. 2. liberal, próprio de homem livre.

free city s. cidade livre f.

freedman [fr'i:dmæn] s. pl. —**men** liberto m.

freedom [fr'i:dəm] s. 1. liberdade, independência, autonomia f. 2. liberdade f. de agir segundo seu livre arbítrio. 3. privilégio m., imunidade, regalia f. 4. libertação f. 5. desobrigação f. 6. isenção, dispensa f. 7. franquia f. 8. falta de restrição, franqueza, sinceridade f. 9. familiaridade excessiva

f., atrevimento m. 10. desembaraço m. ~ **of a city** cidadania. ~ **of the press** liberdade de imprensa. **he has the ~ of the library** ele tem livre acesso à biblioteca. **to take ~s with s. o.** permitir-se intimidades com.

freedwoman [fr'i:dwumən] s. pl. —**women** fem. de **freedman.**

free enterprise s. (Econ.) livre-empresa, iniciativa privada f.

free fall s. (pára-quedismo) queda livre f. ‖ **free-fall** adj. relativo a queda livre.

free fight s. luta livre f.

free-for-all s. luta, discussão f., concurso m. (geralmente sem regras a qual todos participam).

free hand s. carta branca f., plenos poderes m. pl. **to be given** ~ ter carta branca.

freehand [fr'i:hænd] adj. a mão livre.

freehand drawing s. desenho m. a mão livre.

freehanded [~id] adj. 1. liberal, generoso, de mão aberta. 2. que tem as mãos livres.

freehearted [fr'i:ha:tid] adj. 1. franco, sincero, não reservado. 2. liberal, generoso. ‖ ~ly adv. 1. francamente, sinceramente. 2. generosamente.

freeheartedness [~nis] s. 1. franqueza, sinceridade f. 2. liberalidade, generosidade f.

freehold [fr'i:hould] s. propriedade livre e alodial f.

freeholder [~ə] s. possuidor m. de uma propriedade livre e alodial.

free kick s. (Futeb.) cobrança f. de falta.

free labor s. operariado não sindicalizado m.

free lance, free-lancer s. 1. colaborador, escritor ou artista independente m. 2. cavaleiro mercenário m.

free-lance [fr'i:la:ns] v. trabalhar como escritor, artista ou colaborador independente.

free library s. biblioteca pública f.

free list s. (Com., E. U. A.) lista f. de artigos isentos de direitos alfandegários.

free-loader s. (E. U. A., coloq.) penetra, (NE) emboca m. + f., furão, (S) bicão m.: quem come, bebe e se diverte sem pagar.

free love s. (Soc.) amor m. livre.

freeman [fr'i:mən] s. pl. —**men** homem livre m.

Freemason [fr'i:meisn] s. mação, franco-mação m.

freemasonic [fri:meis'onik] adj. maçônico.

freemasonry [fr'i:meisnri] s. 1. maçonaria f., franco-maçonaria f. 2. (com letra minúscula) camaradagem, simpatia instintiva, comunidade f. de interesses, entendimento secreto m.

freeness [fr'i:nis] s. 1. liberdade f. 2. sinceridade f. 3. liberalidade, generosidade, voluntariedade f.

free offer s. oferta f. sem compromisso.

free on board (abr. **f. o. b.**) (Com.) posto a bordo.

free pardon s. perdão, indulto m., anistia f.

free pass s. ingresso ou bilhete gratuito m.

free port s. (Com.) porto livre (franco) m.

free press s. imprensa livre f.

free quarters s. pl. hospedagem gratuita f.

free school s. escola pública, gratuita f.

free scope s. carta branca f., plenos poderes m. pl.

free silver s. (E. U. A.) cunhagem f. de prata livre.

free-soil adj. (Hist. E. U. A.) contrário à extensão da escravatura aos territórios.

free-soiler s. (E. U. A.) pessoa contrária à extensão da escravatura aos territórios, membro do **Free-Soiler Party.**

free speech s. liberdade de expressão f.

free-spoken adj. franco, sincero, sem reserva. ‖ ~ly adv. francamente, sem reservas.

free-spokenness s. franqueza, sinceridade, candura f.

freestone [fr'i:stoun] s. 1. pedra f. de cantaria. 2. fruta f. de caroço solto. ‖ adj. de caroço solto não

aderente ao mesocarpo.
freestyle [fr'i:stail] s. estilo livre m. (em compet. de natação).
freethinker [fr'i:θiŋkə] s. livre-pensador m.
freethinking [fr'i:θiŋkiŋ] s. livre-pensamento m., liberdade f. de pensamento. ‖ adj. livre-pensador.
freethought [fr'i:θɔ:t] s. livre-pensamento m.
free-trade s. comércio livre, intercâmbio irrestrito m.
free-trader s. livre-cambista m.
freeway [fr'i:wei] s. auto-estrada f. de trânsito livre.
free-wheel s. roda livre (da bicicleta) f. ‖ v. andar com roda livre.
free-will s. livre vontade, espontaneidade f., livre-arbítrio m. ‖ adj. voluntário, espontâneo.
freeze [fri:z] s. 1. congelação f. 2. geada, baixa temperatura f., frio intenso m. ‖ v. (imp. **froze**, p. p. **frozen**) 1. gelar: a) refrigerar, resfriar, congelar(-se), regelar(-se), enregelar-se, tornar(-se) gelo. b) solidificar pela ação do frio. c) frigorificar. d) tornar(-se), fazer ou sentir muito frio. e) matar, destruir, danificar, queimar, crestar por efeito do frio. f) estar gelado, estar morto de frio, estar queimado por efeito da geada, morrer de frio. g) cobrir(-se) de gelo. h) aderir, grudar-se a alguma coisa por efeito do frio. i) (fig.) esfriar, mostrar-se reservado, indiferente. j) espantar(-se), assombrar(-se), paralisar de assombro ou susto, imobilizar-se. k) congelar-se (a voz), embargar-se, tolher, paralisar, emudecer. 2. (Com. e Fin.) congelar.
to ~ in, to ~ up ficar preso no gelo. **to ~ out** (gíria) eliminar, boicotar. **to ~ over** cobrir de gelo. **it ~s** está geando.
freeze-dry v. congelar a vácuo (alimentos, vacinas).
freezer [fr'i:zə] s. 1. sorveteira f. 2. frigorífico, refrigerador m., geladeira f. (quadro B 25).
freezing [fr'i:ziŋ] s. congelação f. ‖ adj. (fig.) 1. frio, glacial. 2. (também fig.) reservado, indiferente. 3. gelador, que gela. ‖ **~ly** adv. glacialmente, de uma maneira gelada, friamente (também fig.).
freezing point s. ponto m. de congelação.
freezing preventive s. anticongelante m.
freight [freit] s. 1. frete m. (quadro S 12).: a) fretamento, carregamento m. de navio, trem, etc., carga f. b) transporte m. de mercadorias, como carga. c) que se paga pelo transporte de mercadorias. d) carga f., fardo m. 2. trem de carga ou mercadorias m. ‖ v. 1. fretar, carregar (navio, etc.). 2. transportar como carga ou mercadorias. 3. despachar como carga ou mercadoria. 4. sobrecarregar.
~ out frete de saída. **~ out and home** frete de ida e volta. **~ home** frete de retorno. **fast ~** mercadoria expressa.
freightage [fr'eitidʒ] s. 1. frete m. 2. fretagem f. 3. carga f.
freight-car s. (E. U. A.) vagão m. de mercadorias.
freighter [fr'eitə] s. 1. cargueiro, navio cargueiro m. (quadro H 3). 2. carregador m. 3. fretador m. de navio.
freight house s. armazém m. de carga.
freightless [fr'eitlis] adj. sem carga.
freight note s. conhecimento m. de embarque.
French [frentʃ] s. 1. os franceses. 2. francês m., a língua francesa f. ‖ adj. francês.
French chalk s. talco m., giz m. de alfaiate.
French dressing s. (Culin.) tempero m. de salada.
French horn s. (Mús.) trompa f. de pistões.
French leave s. ato de despedir-se à francesa.
to take ~ despedir-se à francesa.
Frenchlike [fr'entʃlaik] adj. afrancesado, à francesa.

Frenchman [fr'entʃmən] s. francês, homem m. de nacionalidade francesa.
French roll s. pãozinho francês muito leve m.
French toast s. rabanada f., fatia-dourada f.
French window s. porta-janela f.
Frenchwoman [fr'entʃwumən] s. francesa f., mulher de nacionalidade francesa.
frenetic [frən'etik] s. louco m. (também **phrenetic)** ‖ adj. 1. frenético, desvairado, fora de si, furioso. 2. louco. ‖ **~ally** adv. freneticamente, loucamente.
frenzied [fr'enzid] adj. frenético, desvairado, fora de si, delirante, furioso, exaltado, agitado.
frenzy [fr'enzi] s. 1. frenesi, furor, delírio m., loucura, fúria f. 2. arrebatamento m., exaltação, agitação f. ‖ v. enfrenesiar, enfurecer.
frequence [fr'i:kwəns], **frequency** [~i] s. freqüência f. (também Eletr. e Fís.), repetição amiudada f., aceleração f.
high ~ alta freqüência.
frequency distribution s. (Estat.) classificação ou distribuição f. de freqüência.
frequency modulation s. 1. (Eletrôn.) modulação f. da freqüência. 2. (Rádio) modulador m. de freqüência.
frequent [fr'i:kwənt] v. freqüentar, ir ou visitar amiudadas vezes. ‖ adj. 1. freqüente, amiudado, repetido, continuado. 2. (†) numeroso, abundante. 3. regular, constante, habitual, comum, usual. ‖ **~ly** adv. freqüentemente, amiúde, habitualmente.
a ~ caller visita freqüente.
frequentation [fri:kwent'eiʃən] s. freqüentação, familiaridade f., encontro freqüente ou habitual m.
frequentative [frikw'entətiv] s. (Gram.) verbo freqüentativo m. ‖ adj. (Gram.) freqüentativo.
frequenter [frikw'entə] s. freqüentador m.
fresco [fr'eskou] s. pl. **—coes**, ou **—cos** fresco, afresco m.: 1. ato ou arte de pintar a fresco. 2. quadro pintado a fresco. ‖ v. pintar a fresco.
in ~ a fresco.
frescoer [~ə], **frescoist** [~ist] s. pintor m. a fresco.
fresh [freʃ] s. 1. fresca f., a parte mais fresca do dia, da estação, do ano, etc., a madrugada, o começo. 2. lagoa, piscina, fonte ou corrente f. de água doce. 3. fluxo de água m., inundação, cheia súbita f. ‖ adj. 1. fresco: a) novo, recente. b) que não está estragado, podre, azedo, mofado, chôco. c) não enlatado, defumado ou salgado, etc. d) viçoso, verdejante, que não está murcho. e) moderadamente frio. f) (Meteorol.) moderadamente forte. 2. recente, recém-feito, recém-criado ou produzido, recém-saído, recém-chegado ou vindo, **recém-obtido**. 3. desconhecido, virgem. 4. adicional, novo, outro. 5. doce, não salgado. 6. não cansado, vigoroso, forte, robusto, revigorado, vivaz, bem-disposto. 7. não desbotado, vivo. 8. sadio, viçoso, louçã, límpido, corado, juvenil. 9. puro. 10. estimulante, revigorante. 11. inexperiente, bisonho, novel, noviço. 12. (gíria, E. U. A.) atrevido, impertinente, impudente. ‖ adv. (também **~ly**) 1. recentemente, (em combinações) recém-, de fresco. 2. frescamente, com frescura. 3. com renovado vigor. 4. (E. U. A.) presunçosamente, atrevidamente, petulantemente, impudentemente.
she asked for a ~ cup ela pediu por outra xícara. **a ~man** um novato, inexperiente. **~ from the country** recém-chegado do campo, da província. **~ fish** peixe fresco. **I feel ~** eu me sinto bem disposto. **~ coloured** de aspecto sadio. **a ~ laid egg** ovo recém-posto. **I feel as ~ as paint** eu me sinto tão bem como o peixe na água.
fresh breeze s. vento de 37 a 45 km/h (Escala Beaufort).

freshen [~n] v. 1. refrescar: a) tornar(-se) mais fresco. b) renovar, restaurar. c) reanimar(-se), avivar(-se), revigorar-se, dar ou tomar novas forças, revivificar, reviver, (Náut.) folgar (um cabo) mudando os pontos sujeitos a fricção. 2. dessalgar(-se), deitar de molho. 3. dar cria (vaca). **the wind ~s** o vento está refrescando. **to ~ up** 1. refrescar(-se) com água. 2. tornar (algo) mais atrativo.

freshener [fr'eʃənə] s. o que refresca.

fresher [fr'eʃə] s. (gíria) = **freshman**.

freshet [fr'eʃit] s. 1. cheia, inundação f. 2. curso m. de água doce que entra no mar.

fresh gale s. vento de 74 a 85 km/h (Escala Beaufort).

freshly [fr'eʃli] adv. 1. com aspecto sadio, juvenil. 2. = **fresh**.

freshman [fr'eʃmən] s. pl. **–men** calouro m.: 1. estudante novato. 2. novato, noviço, bisonho m. || adj. de ou relativo ao calouro.

freshmanship [~ʃip] s. estado m. de calouro.

freshness [fr'eʃnis] s. 1. fresco, frescor m., frescura, fresquidão f. 2. novidade f. 3. inexperiência f.

freshwater [fr'eʃwɔːtə] adj. 1. de água doce. 2. (E. U. A.) do interior, (fig.) um pouco atrasado.

fret (I) [fret] s. 1. lamúria, choradeira, queixa lamurienta f. 2. preocupação, inquietação f. 3. descontentamento, aborrecimento m. 4. fricção f., atrito, desgaste m. 5. corrosão f. || v. (imp. e p. p. **fretted**) 1. amofinar(-se), afligir(-se), irritar(-se), atormentar(-se), martirizar-se, queixar-se, 2. roer, corroer, comer, desgastar(-se), gastar-se pela fricção. 3. esfregar, esfolar, friccionar, atritar. 4. agitar(-se), enrugar(-se), encrespar(-se) (a água).

~ and fume of life as adversidades da vida. **she ~s her life away** ela passa sua vida com tristeza e aflição. **he ~s himself** ele se irrita, exalta. **don't ~** não fique triste. **he ~s and fumes** ele não está exaltado e furioso.

fret (II) [fret] s. (Arquit.) grega: cercadura arquitetônica, de linhas retas entrelaçadas. || v. (imp. e p. p. **fretted**) 1. ornar com gregas (também em relevo). 2. cinzelar. 3. variegar, matizar.

fret (III) [fret] s. (Mús.) tasto m. (de um instrumento de corda) (quadro B 2). || v. tastear.

fretful [fr'etful] adj. 1. irritável, mal-humorado, rabugento, petulante, irascível. 2. inquieto, aflito. || **~ly** adv. de mau humor, agastadamente, irascivelmente.

fretfulness [~nis] s. mau humor, enfado m.

fretsaw [fr'etsɔː] s. serra tico-tico f., serrote m.

fretted [fr'etid] adj. (Arquit.) ornado de gregas.

fretter [fr'etə] s. atormentador m.

fretty [fr'eti] adj. 1. = **fretful**. 2. = **fretted**.

fretwork [fr'etwəːk] s. 1. gregas f. pl., ornato m. em relevo. 2. obra f. de claros, qualquer obra semelhante a gregas, matização f.

Freudian [fr'ɔidiən] s. freudiano m. || adj. freudiano.

Freudianism [~izm] s. (Psiq.) freudismo m.

Freudian slip s. (Psiq.) lapso inadvertido m., que revela a índole verdadeira da pessoa.

Fri. abr. de **Friday**.

friability [fraiəb'iliti] s. friabilidade f.

friable [fr'aiəbl] adj. friável, esboroadiço, que facilmente se pode reduzir a pó.

friar [fr'aiə] s. (Ecles.) frade, monge m. **Augustinian ~** agostiniano m. **Black ~s** frades pretos, os beneditinos. **Grey ~s** frades menores, os franciscanos. **White ~s** os carmelitas.

Friar Minor s. (Ecles.) frade franciscano, capuchinho m.

friar's lantern s. fogo-fátuo m.

friary [fr'aiəri] s. 1. convento m. de frades, mosteiro

m. 2. confraria, irmandade religiosa f.

fribble [fribl] s. 1. pessoa ou coisa frívola f. 2. frivolidade, insignificância f. || v. brincar, bobear, perder tempo ou gastar dinheiro em frivolidades. || adj. frívolo, insignificante.

fribbler [fr'iblə] s. quem perde tempo ou gasta dinheiro com frivolidades.

fricandeau [fr'ikəndou] s. (Culin.) fricandó m. || v. preparar em fricandó.

fricassee [frikəs'iː] s. (Culin.) fricassê m. || v. preparar em fricassê.

fricative [fr'ikətiv] s. (Gram.) fricativa, consoante fricativa. f. || adj. (Fon.) fricativo.

friction [fr'ikʃən] s. 1. fricção f. 2. atrito m.: a) (Mec.) esfrega f. b) desinteligência f.

frictional [~l] adj. de ou relativo ao atrito ou à fricção. || **~ly** adv. por atrito, com fricção.

friction brake s. (Mec.) freio m. de atrito.

friction clutch s. (Mec.) embreagem f. de atrito ou de fricção.

friction coupling s. (Mec.) acoplamento m. de fricção.

friction gear ou **gearing** s. (Téc.) engrenagem f. de fricção, transmissão f. por atrito.

frictionless [fr'ikʃənlis] adj. sem atrito.

friction tape s. (Eletr.) fita isolante f.

Friday [fr'aidi] s. 1. sexta-feira f. 2. alcunha do criado de Robinson Crusoe (do célebre romance de Daniel Defoe). 3. qualquer criado fiel ou adepto leal. **Good ~** sexta-feira da Paixão, sexta-feira santa. **on ~** na sexta-feira. **on ~s** às sextas-feiras.

fridge [fridʒ] s. (Ingl., coloq.) refrigerador m., geladeira f.

fried [fraid] v. e p. p. de **fry**. || adj. frito (na banha, manteiga, etc.)

friedcake [fr'aidkeik] s. (Culin., E. U. A.) rosca f.

friend [frend] s. amigo m.: 1. conhecido, colega, companheiro m. 2. favorecedor, protetor, fautor m. 3. aliado, partidário, simpatizante m. 4. (com maiús.) quacre m., membro da **Society of Friends**. || v. ajudar, favorecer.

a ~ in need um amigo necessitado. **bosom ~** amigo do peito. **close ~** amigo íntimo. **he is a ~ of** ou **to s. o.** ele é amigo de. **a scout is a ~ to all** um escoteiro é amigo de todos. **you must make ~s with them** você precisa fazer amizade com eles. **I am ~s with her** eu tenho amizade com ela. **you have made a ~** você conquistou um amigo. **our ~ walked along the road** o bom homem seguia pela estrada. **my learned ~** (Jur.) meu (estimado) colega.

friend at court s. amigo influente, (gíria) pistolão m.

friended [fr'endid] adj. 1. que tem amigos. 2. acompanhado de amigos.

friendless [fr'endlis] adj. sem amigos, desamparado.

político ou ideológico. 2. coisa colocada ou usada na frente, como peito de camisa ou engrinaldo postiço. 3. franja f. de cabelos postiços. 4. testeira f.

friendly [fr'endli] adj. 1. amigável, amável, amigo, afável, benévolo, cordial, afetuoso. 2. amistoso, amical. 3. em boas relações, aliado, não hostil. 4. conciliador. 5. favorável, propício, conveniente, oportuno. 6. serviçal. || adv. amigavelmente, com amizade, amavelmente.

a ~ turn ato de amizade, rasgo de amigo. **they are on ~ terms** eles mantêm relações amigáveis.

Friendly Society s. sociedade f. de mútuo socorro.

friendship [fr'endʃip] s. amizade, afeição, benevolência f.

frieze (I) [friːz] s. friso m. (quadro D 2): 1. banda ou tira pintada f. em parede, etc. 2. ornato f. de escultura. 3. parte plana do entablamento entre a cornija e a arquitrave.

frieze (II) [fri:z] s. frisa f., tecido grosseiro de lã.
frigate [fr'igit] s. (Náut.) fragata f. (quadro H 3).
frigate bird s. (Orn.) fragata f., ave marinha de rapina.
fright [frait] s. 1. medo, susto, pavor, espanto, terror, alarma m. 2. espantalho m., pessoa ou coisa de aspecto feio, grotesco, ou ridículo.
  they got a ~ ou took a ~ at it assustaram-se.
  you look a perfect ~ (gíria) você tem um aspecto terrível.
frighten [~n] v. 1. amedrontar, meter medo a, atemorizar-se, aterrar, alarmar, espantar, assustar(-se), intimidar. 2. (seguido de **away, off, out, into**) afugentar, espantar.
  to be ~ed (of) ter medo de. **to ~ one out of one's wits** fazer alguém perder a cabeça de medo. **he ~ed away the cat** ele espantou o gato.
frightened [~nd] adj. amedrontado, aterrorizado.
frightener [fr'aitnə] s. assustador, espantador m.
frightening [fr'aitniŋ] adj. amedrontador, assustador, alarmante. ‖ **~ly** adv. amedrontadoramente, pavorosamente, de modo espantoso, espantosamente.
frightful [fr'aitful] adj. 1. assustador, espantoso, medonho, horrível, pavoroso, terrível. 2. horrendo, muito feio, chocante. 3. (coloq.) desagradável revoltante, repugnante. 4. (coloq.) tremendo, enorme, muito grande, extraordinário. ‖ **~ly** adv. horrivelmente, horrendamente, espantosamente.
frightfulness [~nis] s. horror, pavor, temor, espanto m.
frigid [fr'idʒid] adj. frígido. 1. álgido, gelado, glacial. 2. frio, seco, duro, rígido, gelado, forçado. 3. sexualmente frio, anafrodita, falto de animação, etc. 4. insípido, enfadonho. ‖ **~ly** adv. frigidamente, friamente.
frigidity [fridʒ'iditi], **frigidness** [fr'idʒidnis] s. frigidez, frieza, indiferença f.
Frigid Zone s. (Geogr.) zona ártica ou antártica f.
frigo [fr'igou] s. carne refrigerada f.
frigorific [frigor'ifik] adj. (Fís.) frigorífico, frigorífero, refrigerante.
frijol, frijole [fr'i:houl] s. feijão m., esp. feijão-preto (Phaseolus).
frill [fril] s. 1. rufo, babado, folho m., bofes m. pl. (quadro C 13). 2. (E. U. A., geralm. no pl.) balangandã, arrebique m., ornamentação vistosa f., sem valor e de mau gosto. 3. afetação f., arrebique, amaneiramento m., ares m. pl. 4. coleira f. de penas ou pêlo de certas aves ou animais. 5. (Fot.) beira enrugada f. de filme. ‖ v. rufar, fazer rufos em, enfeitar com rufos, folhos ou babados.
frilled [~d] adj. guarnecido de rufos.
friller [fr'ilə] s. o que faz rufos em.
frillies [fr'iliz] s. pl. roupa f. de baixo, anágua t. de tiotê.
frilly [fr'ili] adj. que tem rufos.
fringe [frindʒ] s. franja f.: 1. cadilhos de linho, seda, ouro, etc. para enfeite. 2. qualquer coisa semelhante a franja: orla, fímbria, borda, margem, debrum. 3. cabelo m. puxado para a testa e aparado (quadro H 1). 4. periferia f. 5. (Pol.) ala, facção f. ‖ v. franjar, orlar, debruar, guarnecer.
fringe benefit s. benefício adicional m.: seguro gratuito (do empregado) e outros.
fringeless [fr'indʒlis] adj. que não tem franjas.
fringelike [fr'indʒlaik] adj. semelhante a franja.
fringy [fr'indʒi] adj. franjado.
frippery [fr'ipəri] s. 1. roupagem vistosa f., barata e de mau gosto. 2. arrebiques, trastes, balangandãs m. pl., bugigangas, quinquilharias f. pl. 3. estilo arrebicado ou empolado m. 4. loja f. de adeleiro.
Frisco [fr'iskou] s. (coloq.) a cidade de São Francisco.

Frisian [fr'iziən] s. frisão: 1. natural ou habitante da Frísia. 2. a língua dos frisões. ‖ adj. frisão.
frisk [frisk] s. 1. brinco, salto, pulo m., cambalhota, cabriola f. 2. traquinada, travessura, brincadeira f. ‖ v. 1. brincar, saltar, pular, retouçar, cabriolar, dançar. 2. traquinar, fazer travessuras. 3. (gíria, E. U. A.) revistar uma pessoa passando-lhe a mão pela roupa. 4. roubar uma pessoa passando-lhe a mão pela roupa.
frisker [fr'iskə] s. brincalhão, travesso, traquina m.
frisket [fr'iskit] s. (Tipogr.) frasqueta f.
friskiness [fr'iskinis] s. facécia, galhofa, alegria, vivacidade f.
frisky [fr'iski] adj. 1. brincalhão, folgazão, travesso, traquina. 2. vivo, alegre. ‖ **~ily** adv. alegremente.
frit [frit] s. 1. frita f., matéria-prima do vidro. 2 substância f. vítrea usada na fabricação da porcelana. ‖ v. fritar, derreter, calcinar, fundir parcialmente.
frith [friθ] s. = **firth**.
fritter (I) [fr'itə] s. pedaço, fragmento m. ‖ v. 1. (geralmente com **away**) dissipar, esbanjar, malbaratar pouco a pouco, gastar à toa. 2. fragmentar, picar, cortar ou partir em pedaços, quebrar em fragmentos.
fritter (II) [fr'itə] s. (Culin.) frito, filhó, cascorão m., fritada, fritura f.
Friulian [fri:j'uliən] s. friulano m.: dialeto rético-romano.
frivol [fr'ivəl] v. agir frivolamente, brincar.
frivolity [friv'ɔliti] s. frivolidade f.: 1. frivoleza, futilidade, leviandade f. 2. frioleira, insignificância, bagatela, ninharia, banalidade f.
frivolous [fr'ivələs] adj. frívolo: 1. fútil, vão, leviano, incoerente, ridículo. 2. de pouco valor, sem importância, inútil, insignificante, banal, trivial. ‖ **~ly** adv. frivolamente.
frivolousness [~nis] s. frivolidade, futilidade, ridicularia, nonada, frioleira f.
frizz, friz [friz] s. pl. **frizzes** 1. frisado m., cabelo frisado ou crespo. 2. frisagem f., encrespamento m. ‖ v. 1. frisar, encrespar(-se). 2. riçar (cabelo). 3. ratinar (pano).
frizziness [fr'izinis] s. frisagem f., encrespamento m.
frizzle (I) [frizl] s. frisado, cabelos frisados ou crespos, anel de cabelo, cacho m. ‖ v. frisar, encrespar(-se).
frizzle (II) [frizl] v. produzir som rechinante, (fazer) rechinar, chiar, crepitar (ao fogo).
frizzler [fr'izlə] s. frisador, encrespador m.
frizzly [fr'izli] adj. = **frizzy**.
frizzy [fr'izi] adj. crespo, encrespado, frisado, encarapinhado. ‖ **~ily** adv. crespamente, frisadamente.
fro [frou] adv. 1. de, atrás, para trás. 2. cá, lá usado na expressão **to and ~** para cá e para lá, para diante e para trás, de um lado para outro.
frock [frɔk] s. 1. vestido m. ou saia f. 2. roupa solta exterior como camisola, túnica f., manto m., blusa f. de marinheiro ou operário. 3. hábito m. ou função f. sacerdotal. ‖ v. 1. pôr saia, blusa em. 2. vestir o hábito em, ordenar.
  morning ~ vestido da manhã. **out-door ~** vestido para sair. **tub ~** vestido que se lava em casa.
frock-coat s. sobrecasaca f.
frog [frɔg] s. 1. (Zool.) rã f.: anfíbio da família dos Ranídeos. 2. (E. U. A. ferrovia) coração, cruzamento m. (quadro R 1). 3. ranilha f. do cavalo (quadro H 8). 4. galão m. ‖ v. caçar rãs.
  a ~ in one's throat irritação da garganta.
frog-eater s. (depreciat.) francês m.
frogeye [fr'ɔgai] s. (Bot.) doença f. que dá no tabaco.
frog fish s. (Ict.) rã-do-mar f., diabo-marinho, xarroco-maior m. (Lophius piscatorius).

froggery [fr'ɔgəri] s. ranário m.

froggy [fr'ɔgi] adj. abundante em rãs.

frog hopper s. (Zool.) cigarrinha-escumosa f.: inseto homóptero cercopídeo.

frog kick s. forma f. de nadar (como rã).

frogman [fr'ɔgmæn] s. homem-rã m.

frolic [fr'ɔlik] s. 1. brincadeira, galhofa, travessura, alegria, animação f., gracejo m. 2. divertimento, festejo m., folgança f. ‖ v. (imp. e p. p. —icked) brincar, traquinar, retouçar, folgar, gracejar, fazer travessuras, divertir-se, galhofar. ‖ adj. brincalhão, travesso, gracejador, alegre, risonho, folgazão.

frolicker [~ə] s. brincalhão, travesso, traquina, galhofeiro m.

frolicsome [~səm] adj. brincalhão, travesso, folgazão, galhofeiro, alegre, risonho.

frolicsomeness [~səmnis] s. travessura, brincadeira, folgança, alegria f.

from [frɔm, frəm] prep. 1. de. 2. proveniente de, da parte de. 3. para longe de, para fora de, da posse de. 4. desde, a partir de, a contar de. 5. por causa de, de acordo com, conforme, por, a julgar por, segundo. 6. diferente de.
apart ~ salvo, exceto. ~ **above** de cima. ~ **afar** de longe. ~ **amidst** do meio de. ~ **among** do meio de. ~ **behind** s. th. de trás de alguma coisa. ~ **beyond** dalém. ~ **high,** ~ **on high** de cima, do alto. ~ **under** de baixo de. ~ **within** de dentro, do interior. **where are you** ~? de onde você é, onde você nasceu? **we are far** ~ **home** nós estamos longe de casa. **he is** ~ **home** ele está fora de casa, está viajando. **I am far** ~ **thinking that** eu estou longe de pensar que. **we kept him** ~ **doing it** nós impedimos que ele o fizesse. **I saw him** ~ **the window** eu o vi da janela. ~ **being mild he became irate** primeiro ele foi amável, depois irritou-se. ~ **the beginning** desde o início. ~ **a child** desde criança. ~ **day to day** de dia a dia, diariamente. ~ **year's end to year's end** de ano a ano. **they took it** ~ **me** roubaram-no de mim. **we hid it** ~ **him** nós escondemo-lo dele. **he knows black** ~ **white** (coloq.) ele não é de ontem. ~ **my own experience** de minha própria experiência. ~ **her looks** a julgar de seu aspecto. ~ **what you say** segundo (ou pelo) que você diz. ~ **hand to mouth** de expedientes. ~ **every angle** sob o ponto de vista. ~ **top to toe,** ~ **head to foot** da cabeça aos pés. **he died** ~ **overwork** ele morreu devido a excesso de trabalho.

frond [frɔnd] s. (Bot.) 1. fronde f., folhagem f. de palmeiras, fetos, etc. 2. fronde de líquen, algasmarinhas, etc.

fronded [fr'ɔndid] adj. frondente, frôndeo.

frondescence [frɔnd'esəns] s. frondescência f.

front [frʌnt] s. 1. frente f.: a) dianteira, testeira, parte anterior f. b) face ou lado dianteiro. c) fronte, testa, face f., rosto m. d) (Arquit.) fachada, frontaria f. de edifício, frontispício m. e) (milit.) frente de batalha ou de operações, linha de frente, vanguarda f. f) as forças unidas dum movimento político ou ideológico. 2. coisa colocada ou usada na frente, como peito de camisa ou peitilho postiço. 3. franja f. de cabelos postiços. 4. testeira f. de promontório, terra f. fronteira ao mar, a uma estrada, a um rio, etc., beira, costa f. 5. passeio m. ou avenida f. à beira-mar. 6. expressão, atitude f., porte m. 7. desaforo m., desfaçatez f. 8. (coloq.) aparência f. de importância. 9. (E. U. A., coloq.) chefe nominal m., figura f. de proa. 10. (E.U.A., coloq.) capa f, pretexto m., pessoa ou coisa que serve para dissimular atividades ilícitas. 11. (Meteor.) frente f. 12. começo, início m. ‖ v. 1. frontear, defrontar, ter frente para, dar, olhar para (com **to, towards, on, upon**). 2. frontear, ser

fronteiro a. 3. enfrentar, defrontar, encarar, arrostar. 4. prover de fachada, servir de fachada a. ‖ adj. 1. frontal, da frente, dianteiro, anterior. 2. (Fonét.) diz-se da formação de certos sons como ''e'' em **bee.**
in ~ na frente. **to the** ~ para a frente, para adiante. **he came to the** ~ (fig.) ele adquiriu fama. **at the** ~ na frente. **they changed** ~ 1. alteraram a frente. 2. alteraram a sua atitude. **four-pair** ~ cômodo com frente para a rua, no quarto andar, ou o respectivo inquilino. **he puts up a big** ~ com ele tudo é fachada. **the house** ~s **the wood** a casa faz frente para o bosque.

frontage [fr'ʌntidʒ] s. 1. frente f.: a) fachada, frontaria f. b) divisa frontal f. (de um terreno). c) comprimento da fachada ou linha frontal de um terreno. d) lado para o qual a fachada ou a linha frontal faz face. 2. terra que faz frente com rua, rio, etc. 3. terreno entre a casa e a rua, rio, etc.

frontal [frʌntl] s. frontal m.: 1. (Anat.) osso frontal, coronal m. 2. (Arquit.) frontão m., ornato m. por cima de portas ou janelas. 3. frente f. do altar. 4. faixa f. usada na testa. ‖ adj. frontal: 1. da fronte ou testa. 2. de frente. ‖ ~**ly** adv. frontalmente.

front axle s. eixo dianteiro m.

front bench s. (Pol., Ingl.) assento m. dos líderes partidários na Câmara dos Comuns.
~ **bencher** ocupante m. + f. deste assento.

front drive s. (Téc.) tração dianteira f.

front elevation s. vista de frente f.

frontier [fr'ʌntjə] s. fronteira f.: 1. parte mais remota de um país, duma colônia, onde começa o sertão. 2. limite m., divisa f. entre dois países, raia f. 3. região pouco explorada f. ‖ adj. fronteiriço.
~s limite do progresso em determinado ramo.

frontiersman [~zmən] s. 1. arraiano, fronteiriço, morador m. da fronteira. 2. habitante de região muito remota e pouco explorada, sertanejo m.

frontispiece [fr'ʌntispi:s] s. frontispício m. 1. fachada, frontaria f. 2. (Arquit.) frontão m. 3. gravura do frontispício de um livro. 4. (gíria) rosto m.

frontless [fr'ʌntlis] adj. 1. sem fachada, sem frente. 2. (†) descorado, desvergonhado.

frontlet [fr'ʌntlit] s. 1. frontal m., faixa ou fita f. usada na testa. 2. testa f., esp. de animais. 3. peça da armadura que cobria a testa do cavalo.

front line s. linha de frente f. (também fig.).

front matter s. matéria f. que precede o texto (livro).

fronto— [fr'ɔnto] elemento de combinação : relativo ao osso da testa.

frontogenesis [frɔntodʒ'enisis] s. (Meteor.) frontogênese f.: formação de frente atmosférica.

frontolysis [frɔnt'ɔləsis] s. (Meteor.) frontólise f.: dissipação de frente atmosférica.

fronton [fr'ʌntən] s. (Arquit.) frontão m.

front-page adj. (Jornal.) da primeira página, sensacional, importante.

frontrow [fr'ʌntrou] s. fileira ou fila f. dianteira.

front runner s. (Esp.) competidor m. em liderança.

frost [frɔst] s. 1. congelação f., ato ou processo m. de gelar. 2. temperatura f. abaixo do ponto de congelação da água. 3. geada, escarcha f. 4. frigidez, frieza, indiferença, austereza f. 5. (gíria) fiasco, fracasso m. ‖ v. 1. gear, escarchar, cobrir de escarcha ou de geada. 2. queimar(-se), crestar(-se) pela **geada.** 3. cobrir com qualquer coisa semelhante à geada branca, polvilhar com açúcar, cobrir (bolo) de glacê, merengue, etc. 4. foscar (vidro, metal).

frostbite [fr'ɔstbait] s. ulceração f. produzida pelo frio, enregelamento m. parcial dos dedos, orelhas, etc. ‖ v. (imp. —**bit.** p. p. —**bitten**) enregelar, causar

ulceração pelo frio.
frostbitten [fr'ɔstbitn] adj. enregelado, queimado ou ulcerado pelo frio.
frostbound [fr'ɔstbaund] adj. endurecido pela geada (solo).
frosted [fr'ɔstid] adj. 1. coberto de geada ou de qualquer coisa que se parece com a geada branca. 2. fosco.
frosted cake s. (Culin.) bolo coberto de glacê m.
frosted glass s. vidro fosco m.
frost heave s. (Geol.) elevação f. no solo causada pelo congelamento da umidade no subsolo.
frostiness [fr'ɔstinis] s. 1. frio intenso, penetrante m. 2. (fig.) frieza f.
frosting [frɔstiŋ] s. 1. glacê ou merengue m. para cobrir bolos. 2. superfície f. mate ou fosca f. do vidro ou metal.
frost line s. limite m. de penetração da geada no solo.
frostwork [fr'ɔstwə:k] s. 1. desenhos m. pl. cristais de geada sobre o vidro. 2. imitação f. destes desenhos.
frosty [fr'ɔsti] adj. 1. muito frio, gelado, gelador. 2. coberto de geada. 3. coberto de qualquer coisa semelhante à geada. 4. encanecido. 5. (fig.) indiferente, frio, gélido, frígido. ‖ **-ly** adv. 1. com geada. 2. (fig.) indiferentemente, friamente.
froth [frɔθ] s. 1. espuma, escuma f. 2. conversa fiada, palhada f., palavreado m. 3. frivolidades f. pl. ‖ v. 1. espumar, escumar. 2. cobrir de espuma.
frother [fr'ɔθə] s. escumador m.
frothiness [fr'ɔθinis] s. 1. estado espumoso m., espumosidade f. 2. (fig. coloq.) fachada f., farol m.
frothy [fr'ɔθi] adj. 1. espumoso, (Bras.) espumante. 2. fútil, frívolo, insignificante, vão. ‖ **-ily** adv. 1. de modo espumoso ou espumante. 2. frivolamente.
frou-frou s. frufru m., ruge-ruge de vestido de seda.
froward [fr'ouəd] adj. (†) obstinado, refratário, rebelde, insubordinado, intratável, teimoso, petulante. ‖ **-ly** adv. obstinadamente, teimosamente, de maneira refratária.
frowardness [~nis] s. (†) obstinação, teima, pertinácia, insubordinação, petulância, insolência f.
frown [fraun] s. 1. franzimento das sobrancelhas. 2. carranca f., olhar de censura e reprovação m. ‖ v. 1. franzir as sobrancelhas, o sobrolho, caranquear. 2. olhar com expressão carrancuda, mostrar desagrado, olhar com ira, não ver com bons olhos (com **at, on** ou **upon**). 3. exprimir desagrado por meio do olhar.
she ~ed at, on ou **upon us** ela nos olhou com desagrado. **she ~ed them down** ela intimidou-os com os seus olhares.
frowner [fr'aunə] s. aquele que faz carrancas, pessoa carrancuda.
frowning [fr'auniŋ] adj. carrancudo, trombudo, torvo, sombrio, carregado. ‖ **~ly** adv. com carranca, de aspecto carrancudo.
frowst [fraust] s. bafio, bolor, mofo m.
frowsty [fr'austi] adj. bafiento, bolorento, mofado.
frowziness [fr'auzinis] s. 1. desalinho, desmazelo, desleixo m., sujeira f. 2. bafio, bolor, mofo, fedor m.
frowzy [fr'auzi] adj. 1. desalinhado, desmazelado, desleixado, relaxado. 2. sujo. 3. bafiento, bolorento, abafado, fétido. ‖ **-ily** adv. 1. desalinhadamente, desleixadamente, relaxadamente. 2. fedorentamente.
froze [fr'ouz] v. imp. de **freeze.**
frozen [~n] v. p. p. de **freeze.** ‖ adj. 1. gelado. 2. congelado. 3. gélido, muito frio. 4. morto, queimado, danificado pelo frio ou geadas. 5. coberto de gelo. 6. frio, insensível. 7. tolhido, paralisado de assombro, medo, etc. 8. (Com. e Fin.) congelado. ‖ **~ly**

adv. friamente, glacialmente, enregelantemente.
frozenness [fr'ouznnis] s. o estar gelado m., congelação f.
fructiferous [frʌkt'ifərəs] adj. frutífero.
fructification [frʌktifik'eiʃən] s. frutificação f.: ato ou efeito m. de frutificar, frutescência f.
fructify [fr'ʌktifai] v. 1. frutificar: a) dar frutos. b) produzir resultados. 2. fertilizar, fecundar.
fructose [fr'ʌktous] s. (Quím.) frutose f.
fructuous [fr'ʌktjuəs] adj. frutuoso: 1. abundante em frutos. 2. fecundante, fértil. 3. (fig.) proveitoso.
frugal [fr'u:gəl] adj. 1. frugal. 2. econômico. 3. parcimonioso. 4. parco. 5. moderado. ‖ **~ly** adv. frugalmente, sobriamente, parcamente, com parcimônia.
frugality [frug'æliti], **frugalness** [fr'u:gəlnis] s. frugalidade, moderação, sobriedade, parcimônia f.
frugivorous [fruʤ'ivərəs] adj. frugívoro, frutívoro.
fruit [fru:t] s. fruto m. 1. fruta f. 2. (Bot.) parte produtiva do vegetal, que sai da flor. 3. produto da terra para sustento e benefício do homem. 4. prole f., filho m. 5. produto, proveito, provento, rendimento, resultado m., conseqüência f. ‖ v. 1. frutificar, frutear, dar frutos. 2. causar frutificação. **the ~s of the earth** os produtos da terra. **first ~** as primeiras frutas. **it yields ~** dá frutos (também fig.). **dried ~** frutas secas. **wall-~** frutas de latada.
fruitage [fr'u:tidʒ] s. 1. frutos m. pl., frutas f. pl. 2. frutificação, frutescência f. 3. fruto, resultado, proveito, rendimento m.
fruitarian [fru:t'ɛəriən] s. frugivorista m. + f.: pessoa que se alimenta essencialmente de frutas.
fruit-bearer s. fruteira, árvore frutífera f.
fruit-bearing adj. frutífero.
fruit-cake s. (Culin.) bolo recheado com passas, etc.
fruiter [fr'u:tə] s. 1. fruteira f., árvore frutífera. 2. navio m. para transporte de frutas. 3. fruticultor m.
fruiterer [~rə] s. fruteiro m.: vendedor de frutas.
fruit fly s. mosca-das-frutas f.
fruitful [fr'u:tful] adj. 1. frutuoso, abundante em frutos, frutífero, frutuário. 2. fecundo, prolífico, fértil, produtivo. 3. frutuoso, lucrativo, rendoso, proveitoso, vantajoso. ‖ **~ly** adv. fertilmente, fecundamente, frutuosamente, proveitosamente.
fruitfulness [~nis] s. fertilidade, fecundidade f.
fruitiness [fr'u:tinis] s. sabor ou cheiro m. de fruta.
fruition [fru'iʃən] s. 1. fruição f., gozo m. 2. realização, consecução f. 3. usufruto, proveito m.
fruit-knife s. faca f. para cortar fruta.
fruitless [fr'u:tlis] adj. infrutífero: 1. que não dá resultado, inútil, vão, baldado, frustrado. 2. infrutuoso, que não dá fruto, estéril, infecundo. ‖ **~ly** adv. infrutiferamente, infrutuosamente, sem fruto, sem resultado, em vão, inutilmente.
fruitlessness [~nis] s. 1. esterilidade, infertilidade f. 2. (fig.) inutilidade f.
fruitlike [fr'u:tlaik] adj. semelhante a fruta, frutiforme.
fruit ranch s. (E. U. A.) granja f. de frutas.
fruit salad s. (Culin.) salada f. de frutas.
fruit sugar s. frutose, levulose f. ou açúcar de frutas.
fruit-tree s. fruteira, árvore frutífera f.
fruity [fr'u:ti] adj. 1. que sabe ou cheira à fruta, que sabe à uva (vinho). 2. saboroso, agradável, deleitoso.
frumentaceous [fru:mənt'eiʃəs] adj. frumentáceo, frumentício.
frumenty [fr'u:mənti] s. (Culin.) manjar de trigo com leite m., feito com condimentos.
frump [frʌmp] s. frangalhona f.: mulher desmazelada ou vestida à moda antiga.
frumpiness [fr'ʌmpinis] s. desalinho, desmazelo m., andrajosidade f.

frumpish [fr'Ampiʃ] adj. desmazelado, desalinhado, deselegante, frangalheiro, vestido à moda antiga.
frumpy [fr'Ampi] adj. = **frumpish.** ‖ **-ily** adv. desalinhadamente, desmazeladamente, à moda antiga.
frustrate [frʌstr'eit] v. frustrar: 1. malograr, enganar a expectativa de, baldar. 2. contrariar, opor-se a. 3. decepcionar. ‖ [fr'ʌstreit] adj. (†) frustrado.
frustrater [frʌstr'eitə] s. frustrador m.
frustration [frʌstr'eiʃən] s. frustração, decepção f.
frustrative [fr'ʌstrətiv] adj. frustrador.
frustule [fr'ʌstju:l] s. (Bot.) frústulo m.
frustum [fr'ʌstəm] s. (Geom.) tronco m. (de cone).
frutescent [frut'esənt] adj. frutescente, arvorescente, arbustivo.
frutex [fr'u:teks] s. (Bot.) frútice, arbusto m.
fruticose [fr'u:tikous] adj. fruticoso, arborescente.
fry (I) [frai] s. 1. fritada, fritura, fressura f., miúdos fritos m. pl. de animal. 2. (E. U. A.) reunião social ao ar livre onde fazem e comem fritada, geralmente de peixe. ‖ v. 1. fritar, frigir. 2. (fig.) torturar(-se), afligir(-se).
fry (II) [frai] s. (sing. e pl.) 1. peixinho(s), peixe(s) novo(s) m. 2. peixe miúdo em cardumes. 3. filhote(s) m., cria(s), prole f. 4. bando m. de crianças, crianças, criançada f. 5. miuçalhas f. pl., conjunto de coisas insignificantes e de pouco préstimo. **small** ~ gente insignificante, arraia-miúda.
fryer [fr'aiə] s. 1. o que fria. 2. ave comestível (frango, pato, etc.) para fritar.
frying [fr'aiiŋ] s. ato de frigir.
frying-pan s. frigideira f. (quadro K 2).
to fall out of the ~ into the fire saltar da frigideira para as brasas.
ft. abr. de. 1. **foot, feet.** 2. **fort.**
fubsy [f'Abzi] adj. gorducho, rechonchudo, atarracado, bochechudo.
fuchsia [fj'u:ʃə] s. (Bot.) fúcsia f., brinco-de-princesa m.
fuchsine [f'u:ksin] s. (Quím.) fucsina f.
fucoid [fj'u:kɔid] adj. (Bot.) fucóide, fucáceo.
fucus [fj'u:kəs] s. 1. (Bot.) fuco m., espécie de alga marítima ou sargaça. 2. (fig.) impostura f.
fuddle [fʌdl] s. 1. bebedeira, embriaguez f. 2. confusão f., aturdimento m. ‖ v. 1. embebedar(-se), embriagar(-se). 2. inebriar, estontear, aturdir.
fudge [fʌdʒ] s. 1. doce m. de açúcar, leite, manteiga, chocolate, etc. 2. história inventada, bobagem, lorota, patacoada f. ‖ v. 1. atamancar, remendar, fazer (algo) com precipitação e mal. 2. disparatar, dizer disparates, bobagens ou asneiras, farfalhar, pataratar. 3. falsificar, camuflar, disfarçar, improvisar, inventar. ‖ interj. bobagem! tolice! absurdo!
fuel [fj'uil] s. 1. combustível m. 2. (fig.) alento, estímulo, incentivo m. ‖ v. (imp. e p. p. **-elled** ou **-eled**) prover de ou abastecer com combustível.
fuel cell s. (Quím.) pilha termelétrica f.: dispositivo para converter energia química em elétrica.
fuel injection s. injeção f. de combustível.
fueller, fueler [~ə] s. quem ou o que alimenta combustão.
fuel oil s. óleo combustível m.
fuel tank s. tanque m. de gasolina (quadro M 5).
fug [fʌg] s. bafio, ar abafado m.
fugacious [fju:g'eiʃəs] adj. 1. fugaz: a) fugidiço, passageiro, transitório. b) (Bot.) efêmero. 2. volátil.
fugacity [fju:g'æsiti] s. 1. fugacidade f. 2. volatilidade f.
fugal [fj'ugəl] adj. (Mús.) relativo a fuga.
fuggy [f'Agi] adj. bafiento, abafado.
fugitive [fj'u:dʒitiv] s. 1. fugitivo, foragido m., trânsfuga m. + f. 2. (†) desertor m. 3. refugiado, exilado m. 4. coisa fugaz ou efêmera f. ‖ adj. fugitivo: 1. fugidiço, fugidio. 2. desertor, fujão. 3. fugaz,

passageiro, transitório, efêmero. 4. de interesse temporário. 5 prófugo, vagabundo, volátil, inconstante, instável. ‖ adv. fugazmente, fugidiamente, furtivamente.
fugitiveness [~nis] s. 1. fugacidade f. 2. volatilidade f.
fugleman [fj'u:glmæn] s. pl. **-men** 1. chefe m. de fila (em exercícios militares). 2. exemplo, modelo m. 3. (fig.) chefe m., cabeça m. + f. 4. (fig.) porta-voz m.
fugue [fju:g] s. (Mús.) fuga f.
fuguelike [fj'u:glaik] adj. (Mús.) semelhante a fuga.
-ful [ful] suf. formador de adjetivos e substantivos como **cheerful, mournful, forgetful, cupful, useful.**
fulcrum [f'Alkrəm] s. fulcro, ponto de apoio ou articulação, sustentáculo, esteio m.
fulfil [fulf'il] v. (imp. **fulfilled**) cumprir: 1. cumprir (palavra, promessa, etc.), efetuar, realizar. 2. satisfazer (pedido, desejo, etc.), executar (ordem), desempenhar. 3. consumar, completar, findar, preencher.
fulfiller [~ə] s. cumpridor, executor m.
fulfilment, fulfillment [~mənt] s. cumprimento, desempenho m., execução, realização f.
fulgency [f'Aldʒənsi] s. fulgor, esplendor, brilho m.
fulgent [f'Aldʒənt] adj. fulgente, refulgente, resplandecente, deslumbrante. ‖ **~ly** adv. resplandecentemente, fulgurantemente, brilhantemente.
fulgid [f'Aldʒid] adj. fúlgido, fulgente, brilhante.
fulgor [f'Algə] s. fulgor, esplendor, resplendor, brilho m.
fulgurant [f'Algjuərənt] adj. fulgurante. ‖ **~ly** adv. fulgurantemente.
fulguration [f'Algjuəreiʃən] s. fulguração f.
fulgurite [f'Algjuərait] s. 1. (Geol.) fulgurito m. 2. fulgurite f. (explosivo).
fulgurous [~rəs] adj. fulguroso, fulgurante.
fulham [f'ulhəm] s. (gíria) dado falso, dado chumbado m.
fuliginous [fju:l'idʒinəs] adj. 1. fuliginoso. 2. fusco, escuro. ‖ **~ly** adv. 1. de modo fuliginoso. 2. escuramente.
full (I) [ful] s. 1. totalidade, íntegra f. 2. estado, ponto ou grau mais elevado, máximo m. 3. plenitude, abundância, suficiência, saciedade f. ‖ v. 1. tornar(-se) cheio. 2. franzir ou juntar em pregas, formar pregas. ‖ adj. 1. cheio, repleto. 2. lotado, preenchido, ocupado, não vago. 3. inteiro, total, completo, integral. 4. ilimitado, pleno, amplo. 5. copioso, abundante. 6. satisfatório. 7. satisfeito, saciado. 8. arredondado, distendido. 9. rechonchudo, desairoso, gordo. 10. sonoro, forte, claro (voz). 11. feito com pregas ou muito pano. 12. açambarcado, absorto. 13. vivo (cor). ‖ adv. (também **~ly**) 1. completamente, inteiramente, totalmente, integralmente. 2. diretamente, em cheio.
at the ~ no auge, no clímax, no ponto culminante. **at** ~ **of the tide** no ponto mais alto da maré. **the moon is at the** ~ a lua está cheia. **the moon is past the** ~ a lua está em fase decrescente. **the** ~ o todo, o total. **in** ~ completamente. **please write in** ~ é favor escrever por extenso. **they pay in** ~ eles pagam integralmente. **to the** ~ inteiramente, fartamente, absolutamente. **to the** **~est of my power** com toda minha força. **a** ~ **heart** um coração oprimido ou transbordante. **the book is** ~ **of mistakes** o livro está cheio de erros. **he was** ~ **of his subject** ele estava absorto com o seu trabalho. ~ **of age** maior (de idade). ~ **of o. s.** cheio de si, presunçoso, a ~ **hour** uma hora inteira. **he is very** ~ **on this point** ele é bastante completo quanto a isto. **of** ~ **blood** de sangue puro. ~ **details about** detalhes minuciosos

F 8

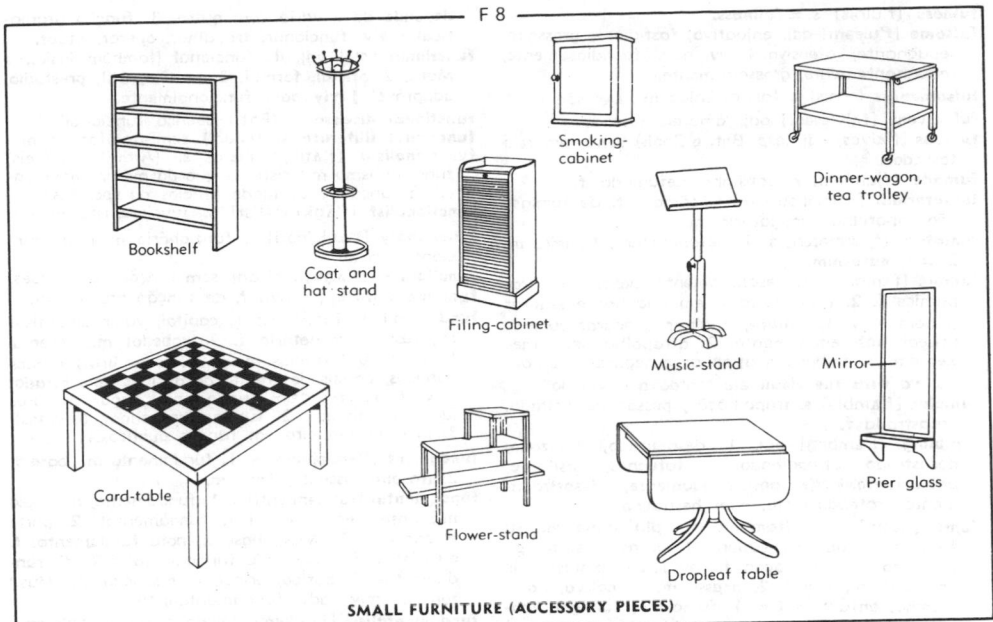

Bookshelf

Coat and hat stand

Smoking-cabinet

Filing-cabinet

Dinner-wagon, tea trolley

Music-stand

Mirror

Card-table

Flower-stand

Pier glass

Dropleaf table

SMALL FURNITURE (ACCESSORY PIECES)

sobre. **I know that ~ well** eu sei isto muito bem. **he hit me ~ in the eye** ele me atingiu em cheio na vista. **I am ~ against it** eu sou decididamente contrário. **in ~ cry** latindo alto. **in ~ day-light** em plena luz do dia. **at ~ gallop** a todo galope. **at ~ length** 1. em toda extensão. 2. minuciosamente. **in ~ view (of him)** com a frente para ele.
full (II) [ful] v. pisoar (pano).
full age s. maioridade f.
full-armed adj. (milit.) com equipamento completo.
full automatic lathe s. (Téc.) torno mecânico m. todo automático.
fullback [f'ulbæk] s. (futebol) zagueiro m.
full-blooded adj. 1. de raça pura, de sangue puro. 2. forte, vigoroso. 3. corado, rubicundo.
full-blown adj. 1. completamente desabrochado (flor) 2. (fig.) desenvolvido, maduro.
full board s. diária completa f. (comida, em hotel).
full-bodied adj. encorpado.
full-bottomed adj. de fundo largo.
full-brother s. irmão germano m.
full-charged adj. carregado a toda capacidade, lotado.
full dress s. traje m. de cerimônia ou de rigor.
fuller (I) [f'ulə] s. pisoeiro, pisoador m.
fuller (II) [f'ulə] s. 1. assentador m. (ferramenta de ferreiro). 2. sulco m., meia-cana f. ‖ v. calcar o ferro com o assentador.
fuller's earth s. greda f. de pisoeiro.
fullery [f'uləri] s. oficina de pisoagem, pisoaria f.
full-faced adj. de face cheia.
full-fashioned adj. justo, feito para adaptar-se às formas do pé, da perna, ou do corpo humano (malhas).
full-fledged adj. 1. crescido, que já pode deixar o ninho. 2. (fig.) desenvolvido, maduro.
full-grown adj. maduro, adulto, crescido.
full house s. (pôquer) uma trinca e um par na mesma mão.
fulling [f'uliŋ] s. pisagem f., pisoamento m. (panos).
full-length adj. de corpo inteiro, tamanho natural. **~ portrait** retrato de corpo inteiro.
full moon s. lua cheia f.

full-mouthed adj. sonoro, de voz cheia.
fullness [f'ulnis] s. 1. plenitude, abundância, repleção f. 2. integridade f. 3. gordura, corpulência f. 4. volume m. (de som), sonoridade f.
full-page adj. de página inteira (anúncio).
full-rigged adj. armado em galera.
full-scale adj. 1. de tamanho natural. 2. completo. 3. total. 4. maciço.
full-sister s. irmã germana f.
full speed s. velocidade máxima f. **~ ahead** com velocidade máxima para a frente.
full-stop s. ponto final m. (pontuação). **he came to a ~** ele parou, chegou a um ponto morto.
full swing s. capacidade total f.
full tilt s. plena velocidade, capacidade f.
full-time s. tempo integral m.
full-timer s. criança f. que fica o dia inteiro na escola.
fully [f'uli] adv. 1. completamente, inteiramente, plenamente. 2. integralmente, na íntegra, detalhadamente. 3. absolutamente. 4. fartamente, a fartar. **I am ~ aware of it** eu compreendo isto perfeitamente. **he is ~ entitled to it** ele tem todos os direitos para isto.
fully-grown adj. (Ingl.) = **full-grown**.
fulmar [f'ulmə] s. (Zool.) ave f. das regiões árticas da família dos Procelarídeos (Fulmarus glacialis).
fulminant [f'ʌlminənt] adj. fulminante (também Med.)
fulminate [f'ʌlmineit] s. (Quím.) fulminato m. ‖ v. fulminar: 1. lançar raios, trovejar. 2. (fig.) invectivar, verberar, censurar, violentamente. 3. excomungar. 4. detonar, explodir.
fulminating [f'ʌlmineitiŋ] adj. fulminante.
fulminating powder s. (Quím.) pólvora fulminante f.
fulmination [fʌlmin'eiʃən] s. 1. fulminação f. 2. detonação, explosão f. 3. excomunhão f.
fulminator [f'ʌlmineitə] s. fulminador m.
fulminatory [f'ʌlminətəri] adj. fulminatório, fulminador.
fulminic [fʌlm'inik] adj. fulmínico.
fulminous [f'ʌlminəs] adj. fulminoso, fulmíneo.

fulness [f'ulnis] s. = **fullness**.
fulsome [f'ulsəm] adj. enjoativo, fastidioso, grosseiro, repugnante, ofensivo. ‖ ~**ly** adv. fastidiosamente, repugnantemente, grosseiramente.
fulsomeness [~nis] s. fastio, enjôo m., aversão f.
fulvescent [fʌlv'esənt] adj. amarelo tostado.
fulvous [f'ʌlves] adj. (esp. Bot. e Zool.) fulvo, amarelo tostado.
fumade [fjum'eid] s. sardinha defumada f.
fumatorium [fjumət'ouriəm] s. câmara f. de fumigação, aparelho fumigatório m.
fumatory [fj'u:mətəri] s. 1. defumadouro, fumeiro m. 2. = **fumatorium**.
fumble [fʌmbl] s. 1. desajeitamento, desazo m., trapalhice f. 2. (Esp.) falta f. em apanhar e segurar a bola. ‖ v. 1. tentear, apalpar, procurar ou manusear desajeitadamente. 2. atrapalhar-se, remexer em. 3. falhar em apanhar e segurar a bola.
he ~d with the violin ele tenteava o violino.
fumbler [f'ʌmblə] s. trapalhação, pessoa desajeitada, desastrada f.
fumbling [f'ʌmbliŋ] adj. 1. desajeitado, desazado, desastrado, atrapalhado. 2. tateante, hesitante, balbuciante. ‖ ~**ly** desajeitadamente, desastradamente, tateadamente, com hesitação.
fume [fju:m] s. 1. (também ~**s** pl.) fumo m.: a) fumaça f., gás m., vapores (esp. nocivos) m. pl. b) fumo m., emanação f., qualquer exalação de cheiro desagradável. 2. acesso m. de cólera, ira f. assomo, enfado m. ‖ v. 1. fumar: a) fumigar, lançar fumo, exalar vapores. b) evaporar-se. c) atear-se, encolerizar-se, assomar-se, irritar-se. d) defumar, fumigar. 2. (Fot.) expor aos vapores de amônia. 3. incensar.
the ~s of wine as emanações do vinho. **he is in a ~, he frets and ~s** ele está encolerizado, enfurecido. **to ~ away** evaporizar-se.
fumeless [fj'u:rnlis] adj. sem fumo, fumaça ou vapor.
fumer [fj'u:mə] s. fumador m.
fumigant [fj'u:migənt] s. substância f. própria para fumigação.
fumigate [fj'u:migeit] v. fumigar: 1. desinfetar por meio de fumo. 2. defumar. 3. expor ao fumo ou aos vapores.
fumigation [fju:mig'eiʃən] s. fumigação f.
fumigator [fj'u:migeitə] s. fumigador m. (pessoa ou aparelho).
fumingly [fj'u:miŋli] adv. colericamente, furiosamente.
fumitory [fj'u:mitəri] s. (Bot.) fumária f.
fumy [fj'u:mi] adj. 1. cheio de fumaça. 2. fumeante. 3. vaporoso.
fun [fʌn] s. 1. brincadeira, graça, galhofa, pilhéria f., gracejo m. 2. pândega f., divertimento m. ‖ v. (coloq.) brincar, gracejar, divertir-se.
to have ~ divertir-se. **for ~, in ~, for the ~ of it** por brincadeira. **to make ~ of** ou **to poke ~ at** fazer troça de, caçoar de, zombar de, ridicularizar. **they made ~ of him** ridicularizaram-no. **it was only making ~** eu estava apenas brincando. **it was great ~** foi muito divertido. **he is great ~** ele é muito divertido. **I do not see the ~ of it** não vejo graça nisso.
funambulism [fju:n'æmbjulizm] s. funambulismo m.
funambulist [fju:n'æmbjulist] s. funâmbulo, volantim m.
function [f'ʌŋkʃən] s. 1. função f.: a) exercício, uso m., prática f. b) trabalho m., atividade f. c) cargo, ofício, emprego m., ocupação, tarefa f. d) obrigação f. e) propósito m., finalidade f. f) espetáculo, baile m., solenidade, cerimônia, festividade, festa social f. g) (Mat.) quantidade f. variável que depende de outra. 2. coisa ou qualidade que

depende de e varia com outra. 3. função gramatical f. ‖ v. funcionar, trabalhar, operar, atuar.
functional [~l] adj. 1. funcional (também Fisiol. e Mat.). 2. oficial, formal. 3. prático, útil, prestadio, adaptável. ‖ ~**ly** adv. funcionalmente.
functional disease s. (Pat.) doença funcional f.
functional illiterate s. (Educ.) semi-analfabeto m.
functionalism [f'ʌŋkʃənəlizm] s. (Arquit., Móveis) funcionalismo m.: sistema que dá maior importância à função e utilidade (inícios do séc. XX).
functionalist [f'ʌŋkʃənəlist] s. funcionalista m. + f.
functionary [f'ʌŋkʃnəri] s. funcionário m. ‖ adj. funcional, oficial.
functionless [f'ʌŋkʃnlis] adj. sem função ou funções.
function word s. palavra f. de função gramatical.
fund [fʌnd] s. fundo m.: 1. capital, valor disponível m., reserva monetária f. 2. cabedal m., reserva, f. 3. (no pl.) fundos m. pl. 4. (esp. Brit.) fundos públicos, papéis de crédito garantidos pelo Estado. ‖ v. 1. reservar um fundo para pagar os juros (de uma dívida). 2. fundar, consolidar (dívidas). 3. inverter dinheiro em fundos públicos.
fundament [f'ʌndəmənt] s. 1. fundamento m., base f. 2. traseiro, assento, ânus m.
fundamental [fʌndəm'entl] s. 1. fundamento, princípio m., base, regra ou lei f. fundamental. 2. parte essencial f. 3. (Mús.) base f., nota fundamental f. ou básica. 3. (Fís.) onda fundamental f. ‖ adj. fundamental: 1. básico, principal, essencial. 2. (Mús.) tônico. ‖ ~**ly** adv. fundamentalmente.
fundamentalism [fʌndəm'entəlizm] s. (Rel.) fundamentalismo m.
fundamentalist [fʌndəm'entəlist] s. fundamentalista m. + f. ‖ adj. relativo ao fundamentalismo.
fundamentality [fʌndəment'æliti] s. principalidade, essencialidade f.
fundamental unit s. (Fís.) unidade fundamental f.
fundless [f'ʌndlis] adj. sem fundos, sem recursos financeiros.
fund raising s. angariação f. de fundos. ‖ v. levantar fundos.
funeral [fj'u:nərəl] s. funeral m.: 1. pompas fúnebres, exéquias f. pl. 2. enterro, cortejo fúnebre m. ‖ adj. funeral, fúnebre, funerário, mortuário.
funeral home (ou ~**parlor**) s. velório m.
funeral march s. marcha fúnebre f.
funeral pile, funeral pyre s. pira f.
funeral urn s. urna funerária f.
funerary [fj'u:nərəri] adj. funerário.
funereal [fju:n'iəriəl] adj. 1. funeral, fúnebre, funéreo. 2. fúnebre, lúgubre, tétrico, sombrio, triste. ‖ ~**ly** adv. 1. funereamente. 2. lugubremente, tristemente.
fun fair s. (Ingl.) parque m. de diversões.
fungal [f'ʌŋgəl] s. fungo, cogumelo m. ‖ adj. fungoso.
fungible [f'ʌndʒibl] s. coisa fungível f. ‖ adj. (Jur.) fungível.
fungicidal [fʌndʒis'aidəl] adj. fungicida.
fungicide [f'ʌndʒisaid] s. fungicida m.
fungiform [f'ʌndʒifo:m] adj. fungiforme.
fungin [f'ʌndʒin] s: (Quím.) fungina f.
fungivorous [fʌndʒ'ivərəs] adj. fungívoro.
fungoid [f'ʌŋgoid] adj. fungóide, fúngico, fungoso.
fungosity [fʌŋg'ositi] s. fungosidade f.
fungous [f'ʌŋgəs] adj. 1. fungoso, esponjoso. 2. causado pelo fungo.
fungus [f'ʌŋgəs] s. pl. **funguses** ou **fungi** [-gai] fungo m. 1. (Bot.) cogumelo m. 2. (Med.) fungosidade f.
fun house s. labirinto m. em parque de diversões.
funicular [fju:n'ikjulə] adj. funicular.
funicular railway s. funicular m., estrada de ferro que funciona por meio de cabos de aço.

funk [fʌŋk] s. 1. medo, susto, pânico, pavor m. 2. medroso, covarde m. ‖ v. 1. ter medo de, temer. 2. atemorizar, assustar, aterrorizar, intimidar. 3. evitar, esquivar-se a, fugir de, encolher-se, acovardar-se.

funk hole s. (milit.) 1. abrigo m. em trincheiras. 2. emprego m. para esquivar-se do serviço militar.

funky [f'ʌŋki] adj. 1. (**Mús., jazz**) de estilo e sentimento simples e rústico. 2. (gíria) batuta, bom.

funnel [fʌnl] s. 1. funil m. ou qualquer coisa semelhante em forma ou função (quadro F 2). 2. fumeiro, cano m. de chaminé, chaminé f. de navio. 3. conduto m. de fumaça, tubo m. de ventilador ou exaustor. ‖ v. 1. passar ou alimentar por funil. 2. convergir, dirigir-se para um ponto focal.

funnelform [f'ʌnlfɔ:m] adj. (Bot.) infundibuliforme.

funnelled [fʌnld] adj. afunilado, em forma de funil.

funniness [f'ʌninis] s. graça, risibilidade, esquisitice, singularidade f.

funny [f'ʌni], (E. U. A.) **funnies** [f'ʌniz] s. seção humorística f. em quadrinhos (jornal). ‖ adj. 1. engraçado, jocoso, risível, divertido, cômico, chistoso. 2. esquisito, singular, estranho. 3. relativo à parte cômica de um jornal. ‖ **-ily** adv. 1. engraçadamente. comicamente. 2. singularmente.

funny bone s. parte do cotovelo por onde passa o nervo cubital.

funny man s. palhaço m.

fur [fə:] s. 1. pele f. (de animal). 2. (geralm. ~s) peles f. pl., peliça f. casaco, etc. de peles m. 3. sarro m., crosta, saburra, incrustação f., resíduo, depósito m. ‖ v. 1. forrar ou guarnecer de peles, vestir de peliça. 2. ensaburrar-se, cobrir(se) de sarro, encrostar(-se), incrustar(-se), cobrir(-se) de incrustações. 3. (Arquit.) forrar. ‖ adj. de pele, feito de peles.
~ and feather caça de peles e penas. **to hunt ~ and feather** caçar animais apreciados por suas peles.

furbelow [f'ə:bilou] s. falbalá f., folho, babado, enfeite aparatoso m. ‖ v. enfeitar aparatosamente, com falbalás, folhos, etc.

furbish [f'ə:biʃ] v. 1. açacalar, brunir, lustrar, polir. 2. renovar, restaurar.

furbisher [~ə] s. açacalador, lustrador, brunidor, polidor m.

furcate [f'ə:keit] v. bifurcar-se, ramificar-se. ‖ adj. bifurcado, ramificado. ‖ **~ly** adv. de modo bifurcado.

furcation [fə:k'eiʃən] s. bifurcação, forqueadura f.

fur-coat s. casaco m. de peles (quadro C 13).

furfur [f'əfə] s. carepa, caspa f.

furfuraceous [fə:fjur'eiʃəs] adj. furfuráceo, casposo.

furfurol [f'ə:fjurol, f'ə:fəroul] s. (Quím.) furfurol m.

Furies [fj'uəriz] s. pl. (Mitol.) as Fúrias f. pl.

furious [fj'uəriəs] adj. furioso: 1. violento, arrebatado, impetuoso, tempestuoso. 2. raivoso, irritado, irado, colérico. ‖ **~ly** adv. furiosamente, violentamente.

furiousness [~nis] s. fúria f.

furl [fə:l] s. 1. enrolamento m. 2. volta de coisa enrolada f. ‖ v. 1. desfraldar (bandeira). 2. abrir ou levantar (cortina). 3. ferrar, colher (velas). 4. enrolar(-se) dobrar(-se).

furler [f'ə:lə] s. enrolador, dobrador m.

furless [f'ə:lis] adj. que não tem pele.

furlong [f'ə:loŋ] s. medida linear equivalente a 201,17 m (⅛ de milha).

furlough [f'ə:lou] s. (esp. milit.) licença f. ‖ v. licenciar, conceder licença a.

furnace [f'ə:nis] s. 1. forno m., fornalha (quadro B 13) (também fig.). 2. caldeira f. de calefação.

furnacelike [~laik] adj. semelhante a forno ou fornalha.

furnish [f'ə:niʃ] v. 1. fornecer: a) suprir, prover, sortir. b) guarnecer, equipar, aparelhar, aprestar. 2. mobiliar.

furnisher [~ə] s. fornecedor, provedor m.

furnishings [~iŋs] s. pl. 1. mobília f., equipamento m., aprestos m. pl. 2. acessórios, guarnições f. pl.

furniture [f'ə:nitʃə] s. 1. mobília f., móveis m. pl. (quadro F 8). 2. acessórios m. pl., aprestos m. pl., equipamento m.
a piece of ~ peça de móvel. **set of ~** jogo de móveis.

furniture remover s. transportador m. de móveis.

furniture van s. carro m., próprio para mudanças.

furore [fj'uərɔ:, fjuər'ɔ:ri] s. furor m.: 1. fúria, exalração f. de ânimo. 2. entusiasmo popular m., agitação, sensação f. 3. frenesi, delírio m., mania f.
it made a ~ causou sensação ou agitação.

furred [fə:d] adj. 1. peludo. 2. forrado ou guarnecido de peles. 3. vestido de peles. 4. saburrento, saburroso, sarrento (a língua). 5. incrustação f.

furrier [f'ʌriə] s. peleiro m., vendedor ou preparador de peles.

furriery [~ri] s. pelaria f., peletaria f.

furriness [f'ə:rinis] s. pelucidade f.

furring [f'ə:riŋ] s. 1. forração f., forramento m. 2. ato de forrar. 3. forro m. ou guarnições f. pl. de peles. 4. sortimento m. de peles. 5. sarro m., saburra, crosta, incrustação f.

furrow [f'ʌrou] s. 1. sulco, rego m., leira f. 2. estri-, ranhura f. 3. caril m., rodeira f. 4. esteira f. (c.: navio), entalho, malhete m. 5. ruga f. (na face). ‖ v. 1. sulcar. 2. arar, lavrar. 3. estriar, entalhar. 4. vincar, enrugar.

furrower [~ə] s. quem ou que faz sulcos.

furrowy [~i] adj. que tem sulcos ou regos, rugoso.

furry [f'ə:ri] adj. 1. de pele. 2. peludo, coberto de pele. 3. semelhante a pele.

fur seal s. foca f. (cuja pele é usada para fazer casacos).

further [f'ə:ðə] v. promover, favorecer, ajudar. ‖ adj. 1. mais afastado, mais distante. 2. ulterior, adicional, mais, outro, novo. ‖ adv. mais, além, mais longe, mais adiante, mais além, demais, além disso.
till ~ notice até novas notícias ou ordens. **~ particulars** mais notícias ou detalhes. **what ~?** que mais? **I may ~ mention** posso mencionar ainda. **we must ~ remember that** precisamos lembrar-nos ainda que. **I shall inquire ~** indagarei ainda.

furtherance [~rəns] s. auxílio, apoio, amparo, fomento m., ajuda, proteção f.

further education s. educação f. de adultos.

furtherer [~rə] s. favorecedor, promotor, protetor m.

furthermore [~mɔ:] adv. demais, além disso, outrossim.

furthermost [~moust] adj. o mais afastado, remoto ou distante.

further to prep. em adição a (em cartas comerciais).

furthest [f'ə:ðist] adj. e adv. superl. de **further**.

furtive [f'ə:tiv] adj. 1. furtivo, oculto, secreto, às escondidas. 2. dissimulado, sonso, manhoso. ‖ **~ly** adv. 1. furtivamente. 2. dissimuladamente.

furtiveness [~nis] s. dissimulação, astúcia, manha f.

furuncle [fj'uərʌŋkl] s. (Med.) furúnculo m.

furuncular [fjuər'ʌŋkjulə], **furunculous** [fjuər'ʌŋkjələs] adj. (Med.) furunculoso.

fury [fj'uəri] s. fúria (também Mitol.) f.: 1. furor, frenesi m., raiva f. 2. violência, agitação violenta, ferocidade, impetuosidade f. 3. diaba, megera, pessoa desgrenhada ou raivosa f., virago m.

furze [fə:z] s. (Bot.) tojo m. (Ulex europaeus).
furzy [f'ə:zi] adj. coberto de tojos.

fuscous [f'ʌskəs] adj. fusco, escuro, sombrio.

fuse (I) [fju:z] s. (também **fuze**) 1. (Eletr.) fusível m. (quadro E 1). 2. estopim, rastilho, detonador m., mecha, espoleta f.
to blow a ~ queimar um fusível, (gíria) ficar muito zangado.

fuse (II) [fju:z] v. 1, fundir(-se), derreter(-se), liquefazer(-se). 2. unir-se, amalgamar(-se), misturar(-se).
fuse-box s. caixa f. de fusíveis.

fusee [fjuz'i:] s. (também **fuzee**) 1. fósforo m. de cabeça grande, para conservar-se aceso ao vento. 2. **foguete** m. (sinal luminoso). 3. fuso m. (de **relógio**).

fuselage [fj'uzilidʒ] s. (Av.) fuselagem f. (quadro A 2).

fusel oil s. óleo m. de fusel, álcool amílico m., óleo de batatas.

fuse wire s. (Eletr.) fio de chumbo para fusível m.

fusibility [fju:zəb'iliti] s. fusibilidade f.

fusible [fj'u:zəbl] adj. fusível, fundível. ‖ **–y** adv. de modo fusível.

fusible alloy (também **fusible metal**) s. liga fusível f.
fusibleness [fj'u:zəblnis] s. fusibilidade f.

fusiform [fj'u:zifɔ:m] adj. fusiforme, afusado.

fusil (I) [fj'u:zil] s. espingarda f. de pederneira.

fusil (II) [fj'u:zil], **fusile** [fj'u:sail] adj. 1. fundido, derretido. 2. (†) fusível.

fusiliers, fusileers [fju:zil'iəz] s. pl. (milit.) fuzileiros m. pl. (nome de alguns regimentos britânicos).

fusillade [fju:zil'eid] s. 1. fuzilaria, fuzilada f. 2. (fig.) chuva, grande abundância f. ‖ v. atacar com fogo cerrado, fuzilar, abater em fuzilaria.

fusing [fj'u:zɪŋ] adj. fundente, de fusão.

fusing point s. ponto m. de fusão.

fusion [fj'u:ʒən] s. fusão f.: 1. derretimento m., fundição f. 2. liga f., mistura, combinação f. 3. união, aliança, associação f. 4. massa fundida f. 5. (Fís.) passagem f. direta de uma substância do estado sólido para o estado líquido.

fusion bomb s. bomba f. de hidrogênio.

fusionism [fj'u:ʒənizm] s. política f. de coalizão.

fusionist [fj'u:ʒənist] s. fusionista m. + f.

fuss [fʌs] s. 1. espalhafato, espavento, rebuliço, barulho, excesso de pormenores m., bulha, azáfama, agitação, exageração, lufa-lufa f. 2. pessoa exagerada, irrequieta, nervosa, exigente ou meticulosa demais f. ‖ v. 1. exagerar, espalhafatar, estardalhaçar, excitar-se, inquietar-se, alvoroçar-se, estar irrequieto, agastar-se à toa, ocupar-se com ninharias. 2. exasperar, perturbar, atarantar, aborrecer, maçar, amolar, importunar, incomodar.
don't make a ~ não se exalte, não faça tanta lufa-lufa. **she ~ed about** ela ficou num nervoso para cá e para lá.

fussbudget [f'ʌsbʌdʒit] s. (gíria) pessoa pedante, exagerada f.

fusser [f'ʌsə] s. amolador, amolante m.

fussiness [f'ʌsinis] s. 1. espalhafato, estardalhaço, rebuliço m., bulha f. 2. niquice, meticulosidade exagerada, pieguice f.

fusspot [f'ʌspɔt] s. (coloq.) trapalhão m.

fussy [f'ʌsi] adj. 1. niquento, piegas, trapalhão, atarantado, nervoso, irrequieto. 2. exigente, meticuloso, escrupuloso, muito particular. 3. espalhafatoso, exagerado, cerimoniático. 4. minucioso, cheio de por-

menores. 5. difícil, intrincado, complicado. ‖ **–ily** adv. de uma maneira niquenta, etc.
he is ~ ele é complicado ou atrapalhado.

fustian [f'ʌstiən] s. 1. fustão m. 2. belbutina †., veludo, piquê m. 3. linguagem empolada, bombástica e oca, lengalenga f., aranzel m. ‖ adj. 1. de fustão ou belbutina. 2. bombástico, empolado, pomposo, oco, inchado, pretensioso.

fustic [f'ʌstik] s. (Bot.) fustete m., tatajuba f.

fustigate [f'ʌstigeit] v. fustigar, espancar.

fustigation [fʌstig'eiʃən] s. fustigação f.

fustiness [f'ʌstinis] s. mofo, bolor, ranço, bafio m.

fusty [f'ʌsti] adj. 1. bolorento, mofento, bafiento, rançoso, abafado, sufocante. 2. (fig.) antiquado, rançoso. ‖ **–ily** adv. 1. de um modo bolorento, mofento, rançosamente. 2. (fig.) antiquadamente.

fut [fʌt] adv. **to go ~** 1. quebrar. 2. (fig.) fracassar.

futharc [f'u:ðɑ:k], **futhorc** [f'u:ðɔ:k] s. alfabeto rúnico m.

futile [fj'u:tail] adj. fútil: 1. vão, inútil, infrutífero. 2. frívolo, sem importância, trivial.

futileness [**~** nis], **futility** [fjut'iliti] s. futilidade f.

futilitarian [fjutilit'eəriən] s. (Filos.) futilitarista m. + f.: adepto da doutrina futilitária que considera fúteis todo esforço e esperança do homem. ‖ adj. futilitário.

futtock [f'ʌtək] s. (Náut.) braço m., alheta, apostura f.

future [fj'u:tʃə] s. 1. futuro m.: a) porvir m. b) destino, fado m., perspectivas f. pl., esperanças f. pl. c) (Gram). o tempo futuro m. d) noivo m. ou noiva f. 2. vida futura após a morte f. 3. (no pl.) artigos, títulos, etc. comprados a termo, operações a prazo. ‖ adj. futuro (também gram.), vindouro.
for the ~, in the ~ futuramente, no ou para o futuro. **in the near ~** dentro em breve, brevemente.

futureless [**~** lis] adj. sem futuro, sem perspectivas.

future life s. 1. vida futura f. 2. (Rel.) estado m. da alma após a morte física.

future perfect s. (Gram.) o futuro, o tempo futuro m.

futurism [fj'u:tʃərizm] s. futurismo m.

futurist [fj'u:tʃərist] s. futurista m. + f. ‖ adj. futurista.

futuristic [fju:tʃər'istik] adj. futurista.

futurity [fjutj'uəriti] s. futuridade f.: 1. futuro m. 2. acontecimento futuro m. 3. qualidade futura f.

fuze [fju:z] s. = **fuse** (I).

fuzee [fjuz'i:] s. = **fusee**.

fuzz [fʌz] s. flocos m. pl., partículas finas f. pl. (de fibra vegetal, etc.), cotão m. pl., felpa, penugem, lanugem f. ‖ v. 1. cotanilhar(-se), esfiapar-se. 2. cobrir-se de cotão, felpar. 3. levantar cotão.

fuzz-ball s. (Bot.) bufa-de-lobo f. (cogumelo: Lycoperdon bovista).

fuzziness [f'ʌzinis] s. flocosidade f., qualidade ou estado de flocoso, cotanoso, frisado, encrespado, etc.

fuzzy [f'ʌzi] adj. 1. flocoso, penugento, felpudo. 2. cotanilhoso, cotanoso, frisado, encrespado, esfiapado, 3. coberto de cotão. 4. vago, indistinto, (coloq.) ligeiramente embriagado, no pileque. ‖ **–ily** adv. 1. de um modo flocoso, felpudo, etc. 2. vagamente, indistintamente.

–fy [fai] suf. formando verbos como: 1. **simplify**, **intensify**. 2. **solidify**. 3. **modify**.

fyke [faik] s. (pesca) covo m.

fylfot [f'ilfɔt] s. suástica f.: cruz gamada.

G

G [dʒi:] s. (pl. **G's, g's**) 1. sétima letra do alfabeto, 2. (Mús.) sol m.
~ **clef** clave de sol. ~ **flat** sol bemol. ~ **major** sol maior. ~ **minor** sol menor. ~ **sharp** sol sustenido.

G (pl. **Gs** ou **G's**) s. (gíria) mil dólares m. pl.
G. abr. de 1. **George**. 2. **German**. 3. **God**. 4. **Gospel**. 5. (specific) **gravity**. 6. **Gulf**.

g. abr. de 1. **gram**. 2. **grand**.

gab [gæb] s. (coloq.) conversa f. ‖ v. palrar.
the gift of the ~ boa lábia, facilidade para falar.
stop your ~! cale a boca!

gabardine [g'æbədi:n] s. gabardina f.

gabble [gæbl] s. conversa, palradura, tagarelice f. ‖ v. 1. falar rapidamente, tagarelar. 2. grasnar.

gabbler [g'æblə] s. palreiro, falador, tagarela m.

gabbling [g'æbliŋ] s. tagarelice f., mexerico m. ‖ adj. falador, tagarela, linguarudo.

gabbro [g'æbrou] s. (Petr.) gabro m.

gabby [g'æbi] adj. conversador, falador.

gaberdine [gæbəd'i:n, g'æbədi:n] s. gabão, garnacho, capote m. usado na Idade Média (pelos judeus).

gabion [g'eibiən] s. 1. (Fort.) gabião m. usado para defesa militar. 2. cilindro m. de ferro ou aço, cheio de pedras, usado como pilar ou fundamento.

gabionade [geibiən'eid] s. gabionada f.

gable [geibl] s. (Arquit.) 1. aresta f., espigão, coruchéu m. (quadro R 5). 2. empena f. 3. ornamento triangular m. ‖ v. construir para formar espigão.

gable-end s. empena, parede triangular f.

gable roof s. telhado m. com a forma de triângulo isósceles.

gable window s. janela f. de empena.

gaby [g'eibi] s. tolo, tonto, simplório m.

gad (I) [gæd] s. talhadeira f., ponteiro m.

gad (II) [gæd] s. vagueação f., o andar sem ter sossego m. ‖ v. 1. andar sem ter sossego. 2. sair à procura de divertimento.
to ~ **about, to be on the** ~ andar à toa, passear.

gad (III) [gæd] interj. (também **begad, by gad, Gad!**) exclamação de surpresa, meu Deus!

gadabout [g'ædəb'aut] s. (coloq.) andejo m., farrista m. + f. 2. vagabundo, errante m.

gadfly [g'ædflai] s. 1. tavão, moscardo m. 2. (fig.) pessoa irritante ou enfadonha f.

gadget [g'ædʒit] s. (coloq.) 1. dispositivo mecânico, acessório m. 2. coisa prática, engenhosa f., mas de utilidade relativa.

gadgeteer [gædʒit'iə] s. inventor ou apreciador m. de **gadgets**.

gadid [g'eidid] s. peixe gadídeo m. ‖ adj. gadídeo.

gadolinium [gædəl'iniəm] s. (Quím.) gadolínio m.

gadwall [g'ædwɔ:l] s. (Orn.) pato grande cinzento m. do Norte da Europa (Anas strepera).

Gael [geil] s. 1. escocês m. das regiões montanhosas. 2. gaélico m., celta m. + f.

Gaelic [g'eilik] s. língua gaélica f. ‖ adj. gaélico.

gaff (I) [gæf] s. 1. gancho, arpão m., fisga f. 2. faca, pua metálica f., que se coloca nos esporões dos galos de briga. 3. (Náut.) carangueja f. (quadro S 2). ‖ v. fisgar peixe.

gaff (II) [gæf] s. gafieira f., lugar m. de divertimento barato ou duvidoso.

gaff (III) [gæf] s. 1. barulho m. 2. bobagem f.
he blew the ~ ele denunciou o segredo. to stand the ~ agüentar um esforço ou castigo.

gaffe [gæf] s. gafe f.

gaffer [g'æfə] s. 1. velhinho m., esp. do interior. 2. mestre, capataz m. 3. (Telev., Cin.) eletricista--chefe m. + f.

gag [gæg] s. 1. mordaça f. 2. (Veter.) abre-boca m. (quadro H 9). 3. impedimento m., restrição f. para falar. 4. fim m. da discussão no parlamento. 5. (Teatro) interpolação, brincadeira f. introduzida por um ator. 6. (gíria) truque, engano m. 7. brincadeira, piada f. ‖ v. 1. amordaçar. 2. silenciar, impedir ou restringir de falar. 3. esforçar-se para vomitar. 4. (Teatro) interpolar, improvisar.

gaga [g'ægə] adj. (gíria) senil, caduco, bobo.

gage (I) [geidʒ] s. 1. desafio m. 2. fiança, garantia, segurança f. ‖ v. depositar como fiança ou segurança, dar em penhor.

gage (II) [geidʒ] s. = **gauge**.

gagger [g'ægə] s. 1. quem amordaça ou faz silenciar. 2. autor ou intérprete m. de variedades.

gaggle [gægl] v. grasnar, palrar, tagarelar.

gaging [g'eidʒiŋ] s. aferição f.
~ **office** departamento de aferição.

gagman [g'ægmæn] s. autor m. de piadas para números de variedade.

gag rule (ou **law**) s. (Pol.) regulamento m. que limita ou proíbe debates.

gaiety [g'eiəti] s. 1. alegria f., júbilo m. 2. divertimento m., folia f. 3. graça, formosura, aparência luxuosa f., encanto, esplendor m.

gaily [g'eili] adv. veja **gay**.

gain [gein] s. 1. ganho, ato de ganhar m. 2. lucro, benefício, proveito, aumento m., vantagem, nova aquisição, acumulação, adição f. 3. prosperidade, aquisição f. de riquezas. 4. ~s pl. renda f., lucro, salário m. ‖ v. 1. ganhar, obter, adquirir, alcançar. 2. beneficiar-se, levar vantagem, granjear, obter como aumento ou em adição, lucrar. 3. progredir, avançar, melhorar. 4. vencer, ser vitorioso. 5. alcançar, atingir, chegar a. 6. adiantar (relógio.)
clear ~ lucro líquido. they ~ed the day alcançaram a vitória. I could not ~ his ear não consegui ser atendido por ele. it ~ed ground alastrou-se. he ~ed his ends ele alcançou seu objetivo. they wanted to ~ me over queriam obter minha colaboração. the sea ~s upon the land o mar avança contra a terra. X. ~s upon Y. X. alcança Y. (na corrida.) he ~s upon his rival ele leva vantagem sobre seu rival. he ~s upon me ele encontra simpatia da minha parte. to ~ on aproximar-se de.

gainable [g'einəbl] adj. alcançável, que se pode atingir, ou adquirir.

gainer [g'einə] s. beneficiário, o que ganha m.

gainful [g'einful] adj. vantajoso, lucrativo, proveitoso, útil. ‖ ~ly adv. vantajosamente, lucrativamente, utilmente, proveitosamente.

gainfulness [~nis] s. proveito, lucro, ganho m.

gainless [g'einlis] adj. não lucrativo, inútil, improfícuo, estéril.

gainly [g'einli] adj. (†) hábil, gracioso, bem-educado, serviçal.

gainsay [geins'ei] s. contradição, impugnação f. ‖ v. negar, contradizer, opor-se, discutir.
he would not be gainsaid ele não tolerava contradição, não admitia discussão.

gainsayer [~ə] s. contraditor m.

gainsaying [~iŋ] adj. contraditório.

gainst, 'gainst [geinst] prep. (poét.) = **against**.

gait [geit] s. andadura f. passo, porte, modo m. de

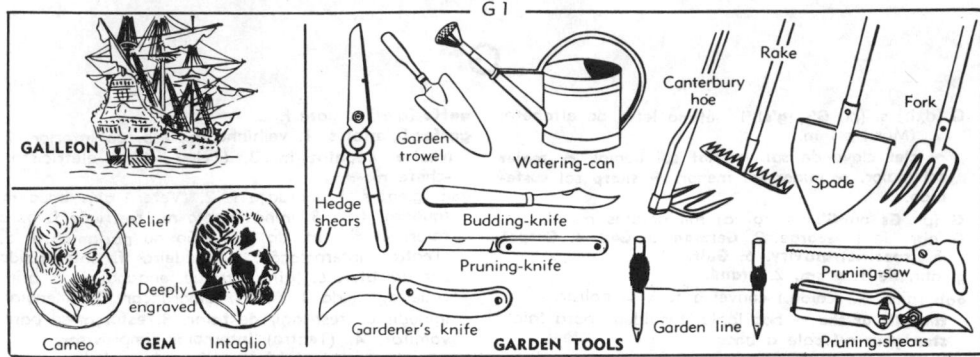

GALLEON

Relief

Cameo   GEM   Intaglio

Deeply engraved

Garden trowel

Hedge shears

Budding-knife

Pruning-knife

Gardener's knife

Watering-can

GARDEN TOOLS

Rake

Canterbury hoe

Spade

Fork

Garden line

Pruning-saw

Pruning-shears

andar. ‖ v. 1. adestrar (cavalo) em andamento regular. 2. preparar para o funcionamento.
he ~s the loom ele apronta o tear.
gaited [g'eitid] adj. que tem determinado modo de andar.
gaiter [g'eitə] s. 1. polaina, perneira f. 2. (E. U. A.) botina f. 3. espécie de galocha de pano.
gal [gæl] s. (gíria) = **girl:** moça, namorada f.
gal. abr. de **gallon.**
gala [g'eilə] s. gala, festividade, pompa, festa f. ‖ adj. de gala, de festa.
~ days dias de festa. **~ dress** traje de gala.
galactagogue [gəl'æktəgɔːg] s. + adj. galactagogo m.
galactic [gəl'æktik] adj. 1. (Astron.) galáctico, relativo à Via-láctea. 2. (Med.) lácteo, relativo ao fluxo ou à secreção do leite.
galactometer [gælək'ɔmitə] s. galactômetro m.
galactophagous [gælək'ɔfəgəs] adj. galactófago.
galactopoiesis [gæləktəpɔi'iːsis] s. (Med.) galactopoese f.
galantine [g'ælənti:n] s. galantina f.: carne servida fria com gelatina.
galanty-show s. (Ingl., séc. XIX) pantomima f. em que se projetam sombras.
galatea [gælət'iə] s. tecido de algodão m. liso ou listrado de azul e branco.
Galatian [gəl'eifiən] s. (Hist., Ásia Menor) gálata m. + f., habitante da Galácia. ‖ adj. gálata.
galaxy [g'æləksi] s. 1. galáxia, via-láctea f. 2. (fig.) plêiade f.
~ of beauties grupo ou reunião de belezas.
galbanum [g'ælbənəm] s. gálbano m.
gale (I) [geil] s. 1. vento forte, temporal m., ventania, tempestade f. 2. (Meteor.) vento m. com velocidade de 25 a 75 milhas por hora. 3. (fig.) briga, alteração, excitação f., barulho, tumulto m.
it blew a ~ ventou fortemente. **they burst into a ~ of laughter** eles caíram numa gargalhada.
gale (II) [geil] s. (†) pagamento periódico m.
gale (III) [geil] s. (Bot.) (também **sweet ~**) mírica, tamargueira f.
galea [g'eiliə] s. (Bot.) capacete, elmo m.
galeate [g'eiliit], **galeated** [~ id] adj. 1. galeato, coberto com elmo. 2. que tem forma de elmo.
galeeny [gəl'i:ni] s. galinha-d'angola f.
galena [gəl'i:nə] s. (Miner.) galena f.
galenic [gəl'enik], **galenical** [~əl] adj. galênico.
Galenism [g'eilənizm] s. (Hist.) galenismo m.: doutrina médica de Galeno.
Galician [gəl'ifiən] s. galego, habitante m. da Galícia, língua galega f. ‖ adj. galego.
Galilean (I) [gæli:l'i:ən] s. galileu m. ‖ adj. galileu,

the ~ o Galileu (Jesus).
Galilean (II) [gæli:l'i:ən] adj. relativo ao físico Galileu.
galilee [g'ælili] s. (Ecles.) vestíbulo de igreja m.
galiot [g'æliət] s. galeota f.
galipot [g'ælipɔt] s. galipódio, galipote m.
gall (I) [gɔ:l] s. 1. fel m., bílis f. 2. vesícula biliar f. 3. (fig.) amargor, rancor, ódio m., amargura f. 4. (E. U. A., gíria) impudência f.
gall (II) [gɔ:l] s. 1. assadura, escoriação, irritação, da pele f. 2. (fig.) sofrimento m., irritação, perturbação f. ‖ v. 1. esfolar, escoriar. 2. irritar, atormentar, afligir, provocar.
gall (III) [gɔ:l] s. (também **~–apple, ~ nut**) galha f.
gallant [g'ælənt] s. 1. homem galante, garboso ou corajoso m. 2. almofadinha, homem elegante m. 3. galanteador m. ‖ v. [gəl'ænt] fazer a corte, namorar, galantear. ‖ adj. 1. nobre, bravo, valente, corajoso, heróico. 2. fino, grandioso, imponente. 3. pomposo, vistoso. 4. atencioso, cortês, cavalheiresco. ‖ **~ly** adv. corajosamente, galantemente.
~ adventures aventuras amorosas.
gallantness [g'æləntnis] s. galantaria f.
gallantry [g'æləntri] s. 1. galantaria f. 2. conduta f. ou espírito m. nobre, coragem, bravura f. 3. cortesia, atenção f., cavalheirismo m. 4. intriga amorosa f. 5. galanteio m. 6. aparência vistosa f.
gall-apple s. = **gall** (III).
gall-bladder s. vesícula biliar f.
gall-duct s. (Med.) canal biliar m.
galleon [g'æliən] s. (Náut.) galeão m. (quadro G 1).
galleried [g'ælərid] adj. que possui galeria.
gallery [g'æləri] s. 1. galeria f.: a) corredor m., passagem f. que se projeta da parede de um prédio, sacada, plataforma f. b) tribuna f., balcão m., assentos baratos m. pl. de teatro (quadro T 3). c) (E. U. A.) varanda f. ou alpendre m. d) galeria de arte f. e) coleção f. de quadros ou objetos de arte. 2. galeria f. de igreja. 3. passagem ou sala estreita, sala f., balcão m. 4. audiência f., ouvintes, m. + f., espectadores m. pl. 5. estúdio fotográfico m. 6. lugar m. para tiro ao alvo. 7. galeria de mina f. (quadro C 16). 8. (Náut.) plataforma f. na popa de navio antigo. ‖ v. prover de galeria(s).
he plays to the ~ ele toca para as galerias, ele procura agradar ao povo. **picture ~** galeria de pintura (exposição de quadros).
galley [g'æli] s. 1. galera f., navio m. a remo. 2. baleeira f., barco grande m. a remo. 3. cozinha f. de navio. 4. (Tipogr.) galé e a respectiva prova f.
he was sent to the ~ ele foi condenado às galés.
galley proof s. (Tipogr.) prova de galé f.
galley-slave s. 1. galeote, condenado m. às galés. 2. (fig.) trabalhador servil, lacaio m.

galley-worm s. miriápode m.
gall-fly s. inseto que produz galha m.
galliambic [gæli'æmbik] s. tetrâmetro m. ‖ adj. relativo ao galiambo.
galliard [g'ælja:d] s. dança f. do século XVI. ‖ adj. alegre, esperto, vivaz.
Gallic [g'ælik] adj. 1. gaulês. 2. francês.
gallic [g'ælik] adj. relativo à galha.
gallic acid s. ácido gálico m.
Gallican [g'ælikən] adj. galicano, relativo à igreja francesa.
gallice [g'ælisi] adv. em francês, à moda francesa.
Gallicism, gallicism [g'ælisizm] s. galicismo, francesismo m.
Gallicize, gallicize [g'ælisaiz] v. afrancesar.
galligaskins [gælig'æskinz] s. pl. calças largas f. pl., calções m. pl. (de montaria).
gallimaufry [gælim'ɔ:fri] s. 1. (Culin.) guisado m. de carne. 2. mistura, mixórdia, miscelânea f.
gallinaceous [gælin'eiʃəs] adj. galináceo.
galling [g'ɔ:liŋ] s. esfoladura, escoriação f. ‖ adj. que irrita, que esfola.
gallinule [g'ælinju:l] s. (Orn.) galínula, galinhola f.
galliot [g'æliət] s. galeota, galé rápida f.
gallipot [g'ælipɔt] s. = galipot.
gallium [g'æliəm] s. (Quím.) gálio m.: elemento metálico.
gallivant [g'ælivænt] v. andar à toa, divertir-se, procurar divertimento, vagabundear.
gallnut [g'ɔ:lnʌt] s. = gall (III).
gallon [g'ælən] s. galão m. (E. U. A., 3,8 l; Ingl., 4,5 l).
gallonage [g'ælənidʒ] s. capacidade f. em galões.
galloon [gæl'u:n] s. galão m.: tira trançada de ouro ou prata usada para enfeite.
gallop [g'æləp] s. 1. galope m., corrida rápida f. de cavalo ou outro animal (quadro H 9). 2. galopada f. 3. progresso rápido, movimento veloz m. ‖ v. 1. galopar, andar a galope. 2. fazer galopar. 3. correr, movimentar-se rapidamente, apressar-se.
at full ~ a toda brida. at a ~ a galope.
gallopade [gæləp'eid] s. 1. galopada f. 2. galope m.: dança a dois tempos.
galloper [g'æləpə] s. 1. galopador, corredor m. 2. (milit.) ordenança, ajudante m. + f.
galloping [g'æləpiŋ] s. galopada f. ‖ adj. galopante.
~ consumption tísica galopante. a horse ~ by won't see it (joc.) não dá na vista a quem não olha.
gallows [g'ælouz] s. pl. 1. forca f., patíbulo m. 2. suporte m., estrutura f. semelhante a forca. 3. enforcamento m.
gallows bird s. malandro m., pessoa f. que merece ser enforcada (joc.).
gallows humour s. humor negro m.
gallows-look s. cara f. de malandro.
gallows-tree s. (poét.) forca f., cadafalso m.
gall-stone s. cálculo biliar m.
Gallup poll [g'æləp poul] s. teste Gallup m.
galoot [gəl'u:t] s. (E. U. A., gíria) sujeito imprestável m.
galop [g'æləp] s. galope m.: 1. dança f. rápida a dois tempos. 2. música f. para esta dança. ‖ v. dançar galope.
galoptious [gəl'ɔpʃəs] adj. (gíria) formidável.
galore [gəl'ɔ:] s. abundância f. ‖ adv. em abundância.
beef and ale ~ carne e cerveja em quantidade.
galosh, golosh [gəl'ɔʃ] s. (geralm. ~es pl.) galocha f. (quadro B 18).
gals. abr. de gallons.
galumph [gəl'ʌmf] v. (gíria) andar cheio de orgulho.
galvanic [gælv'ænik] adj. galvânico, de corrente elé-

trica, causado pela corrente elétrica. ‖ –ally adv. de modo galvânico.
galvanism [g'ælvənizm] s. 1. galvanismo m., eletricidade galvânica f. 2. galvanoterapia f.
galvanization [gælvənaiz'eiʃən] s. galvanização f.
galvanize [g'ælvənaiz] v. galvanizar: 1. aplicar corrente elétrica. 2. (fig.) reanimar, espantar, alarmar. 3. cobrir (ferro ou aço) com outro metal por meio de galvanoplastia.
galvanized iron s. ferro galvanizado m.
galvanomagnetic [gælvənəmægn'etik] adj. galvanomagnético.
galvanometer [gælvən'ɔmitə] s. galvanômetro m.
galvanometric [gælvənəm'etrik], galvanometrical [~ əl] adj. galvanométrico.
galvanometry [gælvən'ɔmətri] s. galvanometria f.
galvanoplastic [gælvənəpl'æstik] adj. galvanoplástico.
galvanoplasty [g'ælvənoplæsti] s. galvanoplastia f.
galvanoscope [g'ælvənəskoup] s. galvanoscópio m.
galvanoscopic [gælvənəsk'ɔpik] adj. galvanoscópico.
galvanoscopy [gælvən'ɔskəpi] s. galvanoscopia f.
galvanotropism [gælvən'ɔtrəpizm] s. (Eletr.) galvanotropismo m.
gamb, gambe [gæmb] s. (Heráld.) perna f. de animal.
gambade [gæmb'eid], gambado [gæmb'eidou] s. 1. pulo, salto m. de cavalo. 2. cabriola, cambalhota f.
gambit [g'æmbit] s. gambito m.: abertura no jogo de xadrez.
gamble [gæmbl] s. (coloq.) empreendimento arriscado m. ‖ v. 1. jogar jogos de azar. 2. arriscar. 3. apostar. 4. perder, esbanjar dinheiro em jogo de azar.
he ~d away his money ele perdeu seu dinheiro no jogo. you can ~ on that pode estar seguro disto.
gambler [g'æmblə] s. jogador m.
gamblesome [g'æmblsəm] adj. viciado no jogo.
gambling [g'æmbliŋ] s. jogo m. ‖ adj. referente ao jogo.
gambling den s. (freqüentemente pej.) antro m. de jogatina.
gambling-house s. casa f. de jogo.
gamboge [gæmb'u:ʒ] s. goma-guta f.
gambol [g'æmbəl] s. cambalhota, cabriola f. ‖ v. pular de alegria, cabriolar, dar saltos.
gambrel [g'æmbrəl] s. 1. jarrete m. de cavalo ou de outro animal. 2. (E. U. A.) telhado m. com duas inclinações diferentes em cada lado.
game (I) [geim] s. 1. jogo, modo de jogar m., partida f. a) divertimento m. b) brincadeira, peça, zombaria f. c) alvo m. de caçadas. 2. artigos m. pl. para jogo ou passa-tempo. 3. partida, peleja f. 4. rodada f., tempo m. de jogo. 5. número m. de pontos necessários para ganhar, contagem f. 6. atividade f., empreendimento m. que se exerce como uma jogo. 7. plano, esquema, ardil m., manobra f. 8. objetivo almejado m. 9. caça f., animais m. pl. que são caçados. 10. carne f. de caça. 11. ~s pl. jogos esportivos m. pl. ‖ v. jogar, apostar. ‖ adj. 1. relativo à caça, à pesca. 2. valente, resoluto. 3. disposto, decidido. ‖ ~ly adv. corajosamente.
the noble ~ of chess o nobre jogo de xadrez. a ~ of chess uma partida de xadrez. what a ~! que brincadeira! much ~ muita caça. ~ of chance jogo de azar. ~ of skill jogo que exige habilidades. he beat (outdid) me at my own ~ ele bateu-me com minhas próprias armas. he gave away the ~ ele denunciou o segredo. I know your little ~ conheço seu jogo. he is playing a losing ~ ele faz um jogo de desespero. they made ~ of me eles ridicularizaram-me. you must play the ~ deve-se lutar com meios justos. he played her ~ ele auxiliou seus planos. the ~ is up tudo está perdido.

he is ~ for anything (coloq.) ele é bom companheiro. I am ~ to go for a walk gostaria de dar um passeio. he ~d away his fortune ele perdeu sua fortuna no jogo. to die ~ morrer lutando, como bravo.

game (II) [geim] adj. (coloq.) manco, coxo, aleijado **a ~ leg** uma perna (manca) aleijada.

game-bag s. embornal m. ou bolsa f. de caçador.

game bird s. caça f. de pena.

game-certificate, game-license s. licença de caça f.

game-cock s. galo m. de briga.

game fish s. peixe m. que luta para livrar-se do anzol.

gamekeeper [g'eimki:pə] s. couteiro, guarda-caça m.

game law s. regulamento m. de caça e pesca.

gameness [g'eimnis] s. disposição, coragem f.

game of chance s. jogo m. de azar.

games master s. professor de esporte, treinador m.

gamesome [g'eimsəm] adj. alegre, brincalhão, folgazão, travesso. ‖ ~ly adv. alegremente.

gamesomeness [~nis] s. disposição alegre f.

gamester [g'eimstə] s. jogador m.

gamete [g'æmi:t] s. (Biol.) gameta m.

game-tenant s. arrendatário m. de caça.

gametic [gəm'etik] s. (Biol.) gamético m.

gametophyte [gəm'ætəfait] s. (Biol.) gametófito m.

game warden s. = gamekeeper.

gamic [g'æmik] adj. (Biol.) relativo ao sexo, sexual.

gamin [g'æmən] s. moleque abandonado m., de rua.

gaming [g'eimiŋ] s. jogo, ato de jogar (por dinheiro) m.

gaming-house s. casa f. de jogo.

gamma [g'æmə] s. 1. gama m., terceira letra do alfabeto grego. 2. o terceiro de uma série ou grupo.

gamma globulin s. (Bioquím.) gamaglobulina f.

gamma ray s. (Fís.) raio m. gama.

gammon (I) [g'æmən] s. presunto, pernil m. ‖ v. salgar, defumar (pernil).

gammon (II) [g'æmən] s. engano, truque m., bobagem, mentira f. ‖ v. enganar, lograr.

gammon (III) [g'æmən] s. 1. jogo m. de gamão. 2. ponto m. feito nesse jogo. ‖ v. ganhar (dois pontos) no jogo de gamão.

gamopetalous [gæməp'etələs] adj. (Bot.) gamopétalo.

gamosepalous [gæməs'epələs] adj. (Bot.) gamossépalo.

gamp [gæmp] s. (fam.) guarda-chuva velho m.

gamut [g'æmət] s. 1. (Mús.) escala musical completa f. 2. gama, série f. de alguma coisa. she ran through the whole ~ of feelings ela passou por toda série de sentimentos.

gamy [g'eimi] adj. 1. com gosto e cheiro de caça, levemente decomposto. 2. abundante em caça. 3. (coloq.) bravo, valente. ‖ -ily adv. valentemente.

gander [g'ændə] s. ganso macho m.

gander-party s. (coloq.) reunião f. de homens.

gang [gæŋ] s. 1. grupo de pessoas, bando m., turma, equipe f. 2. máquinas ou ferramentas f. pl. que trabalham em conjunto. ‖ v. 1. formar grupo ou turma. 2. (E. U. A.) atacar em turma. 3. (esc.) ir, andar.

gang-board (também gang-plank) s. (Náut.) prancha f. para desembarque ou embarque.

gang-cutter s. jogo m. de fresas, conjunto m. de fresas.

ganger [g'æŋə] s. capataz, chefe m. de turma.

gangland [g'æŋlænd] s. submundo m. do crime.

gangliform [g'æŋglifo:m] adj. gangliforme.

gangling [g'æŋgliŋ] adj. magro, frouxo, desajeitado.

ganglion [g'æŋgliən] s. pl. **ganglia** 1. gânglio m. 2. centro m. de força ou de atividade.

ganglionic [gæŋgli'ɔnik] adj. ganglionar.

gangplank [g'æŋplæŋk] s. (Náut.) prancha f.

gangrene [g'æŋgri:n] s. gangrena f. ‖ v. 1. gangrenar. 2. corromper-se.

gangrenous [gæŋgr'i:nəs] adj. gangrenoso.

gang saw s. serra múltipla f.

gangster [g'æŋstə] s. (E. U. A., coloq.) ladrão, facínora, criminoso, bandido, quadrilheiro m.

gangster methods s. métodos m. pl. de bandido.

gangue [gæŋ] s. (Geol.) ganga f.

gangway [g'æŋwei] s. 1. passagem f., corredor m. (quadro S 9). 2. (Náut.) passadiço m. 3. (Náut.) escada f. do costado. 4. ala f. de auditório. to sit below the ~ estar como membro independente no parlamento.

gannet [g'ænit] s. (Orn.) ganso-patola m.

ganoid [g'ænoid] s. peixe ganóideo m. ‖ adj. ganóideo.

gantlet [g'ɔ:ntlit] s. (Estr. de F.) certa disposição f. de trilhos.

gantry [g'æntri] s. 1. canteiro, poial m. de adega. 2. ponte f. de guindaste rolante (quadro C 19). 3. (Estr. de F.) ponte f. de sinalização.

gaol [dʒeil] s. (Brit.: **jail**) cadeia f. ‖ v. encarcerar, prender em cadeia.

gaol-bird s. criminoso incorrigível m.

gaol delivery s. condenação f. dos prisioneiros.

gaoler [dʒ'eilə] s. carcereiro m.

gap [gæp] s. 1. abertura, fenda, brecha f. 2. parte f. ou espaço m. vazio, vácuo, branco m., lacuna f. 3. diferença f. grande de opinião ou de caráter. 4. desfiladeiro m., brecha nas montanhas, garganta f. 5. hiato m., interrupção f. ‖ v. formar brecha. this stops a ~ isto preenche uma lacuna.

gape [geip] s. 1. abertura larga f. 2. bocejo m. 3. olhar embasbacado, pasmo m. ‖ v. 1. abrir(-se) muito. 2. bocejar, abrir muito a boca. 3. olhar com pasmo ou de boca aberta, embasbacar-se. don't ~ at me deixe de me fitar boquiaberto. the ~s (joc.) bocejo.

gaper [g'eipə] s. 1. bocejar m. 2. basbaque m.

gapes [geips] s. pl. 1. bocejo m. 2. gosma f.: doença parasitária de aves.

gaping [g'eipiŋ] adj. 1. aberto, escancarado. 2. boquiaberto. 3. que boceja. ‖ ~ly adv. 1. escancaradamente. 2. boquiabertamente.

gappy [g'æpi] adj. cheio de lacunas ou de brechas.

gap-toothed adj. banguela.

gar [ga:], **garfish** [g'a:fiʃ] s. (Ict.) peixe-agulha m.

garage [g'æra:ʒ, gær'a:ʒ] s. garagem f. ‖ v. pôr ou manter em garagem.

garb [ga:b] s. 1. traje m., roupa, roupagem, veste, vestimenta, farda f. 2. modo de vestir-se m. 3. aparência, feição, maneira f., estilo m. ‖ v. vestir.

garbage [g'a:bidʒ] s. lixo, refugo m., sobras f. pl. restos m. pl.

garbage can s. lata f. de lixo.

garbage collector s. lixeiro m.

garbage truck s. caminhão m. de lixo.

garble [ga:bl] v. 1. deturpar, falsificar, adulterar. 2. (†) escolher, selecionar. he gave a ~d account ele apresentou um relatório adulterado.

garbler [g'a:blə] s. adulterador, alterador m.

garboard [g'a:bo:d] s. (Náut.) tabuado m. de fundo, tábuas f. pl. de resbordo.

garçon [ga:s'ɔn] s. (fr.) 1. moço, rapaz m. 2. criado m. 3. garçom m.

garden [ga:dn] s. 1. jardim, quintal m., horta f. (quadro V 3). 2. parque, horto, lugar de recreio ou de passeio m. 3. região fértil ou bem cultivada f. ‖ v. cuidar de ou trabalhar em jardim, ajardinar, jardinar. ‖ adj. 1. de ou relativo a jardim, horta ou quintal. 2. comum, ordinário, do prado. to lead s. o. up the ~(-path) (fig.) levar alguém no bico. nursery ~ viveiro para mudas.

garden apartment s. apartamento m. com jardim.

garden city s. cidade jardim f.
gardener [g'a:dənə] s. jardineiro m.
garden-frame s. sementeira, estufa f.
gardenia [ga:d'i:niə] s. (Bot.) gardênia f.
gardening [g'a:dəniŋ] s. trabalho m. de jardim, jardinagem, horticultura f.
gardenlike [g'a:dnlaik] adj. semelhante a jardim ou horta.
garden-mould s. terra vegetal, terra f. adubada para jardim.
garden-party s. festa f. em parque ou jardim.
garden-plot s. jardinagem f.
garden-shears s. tesoura f. de podar.
garden-stuff s. verdura f.
garden suburb s. subúrbio m. ajardinado
garderobe [g'ɔ:droub] s. 1. guarda-roupa m. 2. todas as peças f. pl. de vestuário.
garefowl [g'ɛəfaul] s. (Orn.) alca f., espécie de pingüim.
garfish [g'a:fiʃ] s. (Ict.) peixe-agulha m.
gargantuan [ga:g'æntjuən] adj. imenso, enorme, gigantesco.
garget [g'a:get] s. 1. doença f. catarral do gado bovino e suíno. 2. mastite crônica f. das vacas.
gargle [ga:gl] s. gargarejo, líquido para gargarejo m. ‖ v. gargarejar, lavar a boca.
gargoyle [g'a:gɔil] s. gárgula f., carranca f. de goteira.
garish [g'ɛəriʃ] adj. extravagante, pomposo, ostentativo, espalhafatoso, berrante, que chama atenção. ‖ ~ly adv. extravagantemente, espalhafatosamente, berrantemente.
the ~ day (poét.) o dia brilhante.
garishness [~nis] s. qualidade espalhafatosa, berrante f.
garland [g'a:lənd] s. 1. grinalda, coroa f. de flores, festão m. 2. antologia f. ou livro m. de poesias. ‖ v. decorar com grinaldas, engrinaldar, afestoar.
garlic [g'a:lik] s. 1. (Bot.) alho m. 2. bolbo de alho m.
clove of ~ dente de alho.
garlicky [~i] adj. com alho, com cheiro de alho.
garment [g'a:mənt] s. 1. artigo de vestuário m., peça de roupa f. 2. traje, vestuário, vestido m., roupa f. ‖ v. vestir.
garn! [ga:n] interj. (vulg.) bobagem! vai-te embora!
garner [g'a:nə] s. 1. silo, armazém m. para cereais. 2. depósito, armazém m. ‖ v. armazenar, juntar.
garnet [g'a:nit] s. 1. granada f. (pedra preciosa). 2. cor vermelha-escura f. ‖ adj. vermelho-escuro.
garnish [g'a:niʃ] s. 1. (Culin.) guarnição f., enfeite m. 2. decoração f., adorno m. ‖ v. 1. enfeitar, decorar (também Culin.). 2. (Jur.) notificar, intimar.
garnishee [ga:niʃ'i:] s. (Jur.) pessoa intimada f. ‖ v. 1. ordenar que os bens de uma pessoa fiquem à disposição da justiça. 2. penhorar.
garnishee order s. ordem f. de penhora.
garnishment [g'a:niʃmənt] s. 1. decoração f., enfeite m. 2. (Jur.) intimação, notificação f. 3. ordem f. para manter os bens de uma pessoa à disposição da justiça.
garniture [g'a:nitʃə] s. 1. decoração, guarnição f., enfeite m. 2. pertences m. pl., acessório m.
garret [g'ærət] s. sótão m., quarto imediatamente debaixo do telhado m.
he's wrong in the ~ ele não regula, ele é maluco.
garrison [g'ærisn] s. (milit.) guarnição f.: 1. tropas f. pl. 2. praça f. ‖ v. 1. guarnecer, pôr forças militares em. 2. ocupar uma cidade como guarnição.
garrison town s. cidade f. que tem guarnição.
garrot [g'ærət] s. pato-marinho m.
garrotte [gər'ɔt] s. garrote m.: 1. colar de ferro para o suplício de estrangulamento. 2. a respectiva

execução f. 3. assassínio m. por estrangulamento. ‖ v. 1. garrotar. 2. estrangular, assassinar.
garrotter [~ə] s. estrangulador m.
garrulity [gæ'ru:liti], garrulousness [g'æruləsnis] s. loquacidade, garrulice f.
garrulous [g'æruləs] adj. gárrulo, palrador, tagarela. ‖ ~ly adv. de modo gárrulo, tagarela.
garter [g'a:tə] s. liga, jarreteira f. ‖ v. segurar ou prender com liga.
the Garter Ordem da Jarreteira.
garter belt s. cinta-liga f.
garter snake s. cobra não venenosa f. dos E. U. A., do gênero Tamnophis.
garth [ga:θ] s. (†) pátio, jardim (de mosteiro) m.
gas [gæs] s. 1. (Fís.) gás m.: corpo gasoso, combustível m., iluminação, mistura f. de gases, arma f. de guerra. 2. (E. U. A., coloq.) gasolina f. 3. (E. U. A., gíria) conversa fiada, boba f. 4. grisu m. ‖ v. 1. suprir com gás. 2. tratar com gás, usar gás em. 3. soltar gás. 4. atacar com gás tóxico. 5. (coloq.) suprir com gasolina. 6. (E. U. A., gíria) palrar.
rare ~ (Quím.) gás raro. waste ~ gás de combustão, gás inaproveitável. he stepped on the ~ ele acelerou (automóvel). he turned on (down) the ~ ele abriu (fechou) o gás. anti-~ defesa contra gás.
gas-attack s. (milit.) ataque m. com substâncias tóxicas, guerra química f.
gas-bag s. 1. balão m. de gás. 2. palrador, falador m.
gas-bracket s. braço, cano de gás m. com queimador.
gas-burner, gas-jet s. maçarico, bico m. de gás.
gas chamber s. câmara f. de gás.
gas collecting tube s. cano principal m. de gás.
Gascon [g'æskən] s. 1. gascão m. 2. (gascon) fanfarrão m. ‖ adj. 1. gascão. 2. parlapatão.
gasconade [gæskən'eid] s. gasconada, fanfarronada f. ‖ v. gabar-se, jactar-se.
gaseity [gæs'i:iti] s. estado gasoso m.
gaselier [gæsəl'iə] s. candelabro m. para gás.
gas-engine s. motor m. a gás.
gaseous [g'eiziəs] adj. gasoso, em forma de gás.
gas-fitter s. encanador m. de gás.
gas-fittings s. pl. 1. instalação f. de gás. 2. apetrechos m. para instalação de gás.
gas-gangrene s. gangrena gasosa f.
gash [gæʃ] s. ferida profunda, cutilada f., corte, talho m. ‖ v. cortar, acutilar, ferir profundamente.
gas-helmet s. = gas mask.
gashions [g'æʃənz] s. (Náut.) ração extra f.
gas holder s. botijão m. de gás.
gasification [gæsifik'eiʃən] s. gaseificação f.
gasiform [g'æsifɔ:m] adj. gaseiforme, em estado gasoso.
gasify [g'æsifai] v. gaseificar, transformar em gás.
gas issue s. exaustor, escape m. para gases.
gas-jet s. 1. bico de gás, maçarico m. 2. chama f. de gás.
gasket [g'æskit] s. 1. gaxeta, guarnição f., vedação, calafetagem f. 2. (Náut.) gaxeta, cinta para ferrar velas nas vergas f.
gaskin [g'æskin] s. perna f. de cavalo (quadro H 9).
gas-light s. luz f. de gás.
gaslit [g'æslit] adj. 1. iluminado a gás. 2. da época f. da luz de gás.
gas-main s. cano m. principal para gás (quadro P 8).
gas-man s. funcionário m. da companhia de gás.
gas-mantle s. camisa f. para lâmpada de gás.
gas mask s. máscara f. contra gases.
gas-meter s. medidor m. de gás (quadro P 8).
gasogene [g'æsodʒi:n] s. = gazogene.
gasolene, gasoline [g'æsoli:n] s. (E. U. A.) gasolina, benzina f., éter m. de petróleo.
gasoline pump s. (E. U. A.) bomba f. de gasolina

(quadro F 2).

gasometer [gæs'ɔmitə] s. gasômetro m.

gasp [ga:sp] s. respiração penosa f., ofego, suspiro m. ‖ v. 1. respirar com dificuldade, bafejar, ofegar. 2. falar de modo ofegante. 3. desejar com veemência. **he was at his last ~** ele estava para morrer. **to ~ for breath** ofegar. **he ~ed out his life** ele deu o último suspiro. **she ~ed out** ela falou ofegantemente.

gasper [g'a:spə] s. (gíria) cigarro m.

gas pipe s. cano m. de gás (quadro C 8).

gassed [gæst] adj. 1. intoxicado pelo gás. 2. bêbado.

gas station s. posto f. de gasolina (quadro F 2).

gassy [g'æsi] adj. 1. cheio de gás, que contém gás. 2. gasoso, como gás. 3. (gíria) palrador, fanfarrão.

gasteropod [g'æstərəpɔd] s. (Zool.) gasterópodo m. ‖ adj. gasterópodo.

gas-tight adj. à prova de gás, vedado.

gas torch welding s. solda autógena f.

gastralgia [gæstr'eildʒiə] s. (Pat.) gastralgia f.

gastrectomy [gæstr'ektəmi] s. (Cirurg.) gastrectomia f.

gastric [g'æstrik] adj. gástrico, relativo ao estômago.

gastric fever s. febre gástrica, gastrite, febre tifóide f.

gastric juice s. suco gástrico m.

gastric ulcer s. (Pat.) úlcera gástrica f.

gastrin [g'æstrin] s. (Fisiol.) gastrina f.

gastritis [gæstr'aitis] s. gastrite f.

gastro-enteritis s. (Med.) gastrenterite f.

gastrologer [gæstr'ɔlədʒə] s. gastrólogo m.

gastrology [gæstr'ɔlədʒi] s. gastrologia f.

gastronomer [gæstr'ɔnəmə], **gastronomist** [gæstr'ɔnəmist] s. gastrônomo m.

gastronomic [gæstrən'ɔmik] adj. gastronômico. ‖ **~ally** adv. gastronomicamente.

gastronomy [gæstr'ɔnəmi] s. gastronomia f.

gastrula [g'æstrulə] s. pl. **gastrulae** [-li:] gástrula f.

gas tube s. tubo eletrônico m., impermeável ao gás.

gas turbine s. turbina f. a gás.

gas-works s. fábrica f. de gás.

gat (I) [gæt] s. passagem estreita f. entre bancos de areia ou rochedos, canal m.

gat (II) [gæt] s. (E. U. A., gíria) revólver m.

gate (I) [geit] s. 1. portão m., porta f. (quadro F 1). 2. porteira, barreira, cancela f. 3. abertura em parede ou cerca, passagem f. 4. entrada, saída f. a) garganta, passo. b) meio para obter qualquer coisa. 5. comporta, válvula f., registro m. 6. (também **~s**) número m. de pessoas que pagam para assistir a alguma exibição, assistência f. 7. (também **~s**) renda obtida da assistência, arrecadação f. 8. (esc.) caminho m., estrada, rua f. ‖ v. (brit.) punir, não deixando sair da escola. **~ and gaiters** (Náut.) exercício. **to go through the ~** (Av.) acelerar até o máximo. **he was ~d** foi-lhe proibido deixar o recinto do colégio.

gate (II) [geit] s. (Metalurg.) montante m.

gatecrash [g'eitkræʃ] v. ir como penetra (festa, etc.).

gate-crasher s. (E. U. A.) penetra m. + f.

gate-house s. casa de porteiro, portaria f.

gate-keeper s. porteiro, guarda m. de portaria ou de estrada de ferro.

gate-leg, gate-legged table s. mesa desmontável f.

gate-man s. guarda m. de porteira.

gate opening s. funil m.

gate post s. poste de portão, pilar m.

gateway [g'eitwei] s. 1. porta, abertura, passagem f. portão m. 2. caminho m. de entrada ou de saída.

gather [g'æðə] s. dobra, prega f., franzido m. costurado em tecido. ‖ v. 1. juntar(-se), reunir(-se), agrupar-se, congregar(-se). 2. coletar, acumular, colecionar. 3. colher, catar, apanhar. 4. obter,

ganhar, adquirir (aos poucos). 5. juntar forças, concentrar-se para um esforço. 6. concluir, inferir, deduzir. 7. franzir, enrugar, preguear (tecido). 8. madurecer, formar cabeça e pus (abscesso). **he was ~ed to his fathers** ele morreu, juntou-se aos seus antepassados. **to ~ breath** tomar fôlego. **the crops were ~ed in** a colheita foi armazenada. **I ~ed information** colhi informações. **he ~ed strength** ele juntou forças, concentrou-se para um esforço. **I ~ed from it that** deduzi disto que... **you must ~ yourself together** você precisa animar-se, deve concentrar-se. **he ~ed up his limbs** ele encolheu-se. **I must ~ up my thoughts** tenho de encontrar meus pensamentos. **the ship ~ed way** o navio ganhou velocidade. **the idea ~ed way** a idéia pegou, foi aceita. **the abscess ~ed to a head** o abscesso supurou.

gatherer [~rə] s. 1. coletor, colecionador m. 2. segador, ceifeiro m.

gathering [~riŋ] s. 1. ajuntamento m., ato m. de reunir ou juntar, arrecadação f. 2. coleção, coleta, colheita f. 3. reunião, assembléia, aglomeração, multidão f. 4. (Med.) supuração, formação de cabeça f. ou de furúnculo m. 5. franzido m., feitura f. de franzidos. 6. pregas f. pl. **I went to a ~** fui a uma reunião.

gauche [gouʃ] adj. 1. desajeitado. 2. sem tato.

gaucherie [gouʃər'i:] s. 1. falta f. de jeito, desaire m. 2. grosseria, falta f. de tato, ato grosseiro m.

Gaucho [g'autʃou] s. gaúcho m.

gaud [gɔ:d] s. 1. bugiganga f., adorno barato, enfeite m. 2. **~s** pl. pompa, ostentação f.

gaudery [g'ɔ:dəri], **gaudiness** [g'ɔ:dinis] s. ostentação f. de enfeites vistosos e baratos, garridice falsa f.

gaudy (I) [g'ɔ:di] adj. enfeitado demais, afetado, pomposo, vistoso mas sem gosto, berrante, espalhafatoso. ‖ **-ily** adv. de modo exagerado. **only one ... and that's not very ~** somente um, e mesmo este não é grande coisa.

gaudy (II) [g'ɔ:di] s. grande festa f. (de colégio).

gauge [geidʒ] s. 1. medida, medida padrão, escala C 5, M 1, S 4). 3. critério m. 4. tamanho m., capacidade, extensão f. 5. bitola, distância f. entre rodas (estrada de ferro, automóvel). 6. manômetro m. 7. calado m. (de navio). 8. calibre m. ‖ v. 1. medir exatamente, determinar o tamanho com instrumento de medição. 2. calibrar, graduar. 3. padronizar. 4. estimar, julgar. 5. aferir. **I took the ~ of** calculei, estimei. **the ship had the weather ~ of ours** o navio tirou o vento do nosso. **that's about the ~ of it** (coloq.) mais ou menos por aí. **rain-~** pluviômetro.

gauge-glass s. nível, indicador m. de nível.

gauger [g'eidʒə] s. 1. aferidor m. 2. coletor m. de impostos de consumo.

gauge ring s. (Eletr.) anel m. de ajuste.

gauging [g'eidʒiŋ] s. aferição f. ‖ adj. de aferição, de padrão.

gauging rod s. vara f. de medir ou de calibrar.

Gaul [gɔ:l] s. 1. Gália f. 2. gaulês m. 3. francês m.

Gaulish [g'ɔ:liʃ] s. gaulês m., língua f. da Gália. ‖ adj. 1. gaulês. 2. francês.

gault [gɔ:lt] s. (Geol.) argila azulada f.

gaunt [gɔ:nt] adj. 1. magro, esquelético, descarnado, com olhos fundos. 2. desolado, sombrio. ‖ **-ly** adv. esqueleticamente, sombriamente, desoladamente.

gauntlet (I) [g'ɔ:ntlit] s. 1. manopla f. 2. luva forte e rústica f. com punho largo e comprido. 3. punho largo m. de luva. **to throw the ~** desafiar. **he picked up the ~** ele aceitou desafio.

gauntlet (II) [g'ɔ:ntlit] s. (também **gantlet**) castigo m. para soldados ou marinheiros, de passar pelas (varetas) varas.

he ran the ~ 1. ele sofreu a punição de ser passado pelas varas. 2. (fig.) ele sofreu críticas severas.

gauntry [g'ɔ:ntri] s. = **gantry**.

gauss [gaus] s. gauss m.: unidade de densidade do fluxo magnético.

gauze [gɔ:z] s. 1. gaze f. 2. neblina, névoa f.

gauziness [g'ɔ:zinis] s. qualidade ou característica f. da gaze.

gauzy [g'ɔ:zi] adj. como gaze, leve, fino, diáfano.

gave [geiv] v. imp. de **give**.

gavel [gævl] s. (E. U. A.) martelo m. pequeno, usado por juiz ou leiloeiro.

gavelkind [g'ævlkaind] (Jur.) partilha f. de terras entre filhos varões.

gavial [g'eiviəl] s. crocodilo m. da Índia.

gavotte [gəv'ɔt] s. (fr.) gavota f.: 1. música. 2. dança.

gawk [gɔ:k] s. estúpido, tolo, simplório m. ‖ v. (coloq.) olhar estupidamente.

gawky [g'ɔ:ki] adj. estúpido, tolo, desajeitado. ‖ –ily adv. estupidamente, desajeitadamente.

gay [gei] adj. 1. alegre, divertido, jovial. 2. vistoso, brilhante, vivo. 3. prazenteiro, festeiro. 4. lascivo, dissoluto, imoral. 5. atrevido. ‖ ~ly, gaily adv. 1. alegremente, divertidamente. 2. vistosamente, vivamente. 3. de modo festivo. 4. levianamente.
~ with cheio de. the table was ~ with flowers a mesa estava enfeitada com flores. ~ as a lark alegre como um passarinho. he was as ~ as a cricket ele estava muito contente. to feel ~ (E. U. A., coloq.) ser sensual, lascivo.

gayety [g'eiəti] s. veja **gaiety**.

gaze [geiz] s. olhar m. fixo, atento ou pasmado. ‖ v. olhar fixamente, fitar.
he ~d at the picture ele olhou demoradamente para o quadro. to ~ at fitar, pasmar.

gazebo [gəz'i:bou] s. 1. torre f. ornamental, com vista larga, mirante m. 2. terraço m.

gazelle [gəz'el] s. (Zool.) gazela, antílope f.

gazette [gəz'et] s. 1. jornal m., gazeta f. 2. jornal oficial m. ‖ v. publicar em diário oficial.
he has been ~d general foi publicada a sua nomeação para general.

gazetteer [gæzət'iə] s. 1. dicionário m. de termos ou nomes geográficos. 2. escritor m., jornalista, noticiarista m. + f. 3. redator m. de jornal oficial.

gazogene [g'æzədʒi:n] s. 1. aparelho m. para produzir bebidas gasosas. 2. gasogênio m.

GCE (Ingl.) abrev. de **General Certificate of Education** Certificado Geral de Educação.

G clef s. (Mús.) clave de sol f.

geanticlinal [dʒiəntikl'ainəl], **geanticline** [dʒi'enti-klain] s. (Geol.) geanticlinal f.

gear [giə] s. 1. engrenagem, roda dentada f. (quadro M 5). 2. mecanismo, maquinismo m. para transmitir ou alterar movimento. 3. funcionamento m., ajustagem f. 4. equipamento m. 5. propriedade móvel, posse f., bens m. pl. 6. arreios m. pl., arnês m. 7. (Náut.) aparelho, equipamento m., petrechos m. pl. ‖ v. 1. engrenar. 2. ajustar-se, trabalhar em conjunto. 3. equipar com engrenagem, câmbio, transmissão, etc. 4. pôr em movimento. 5. cambiar, engatar marcha. 6. arrear cavalo.
low ~ (Autom.) primeira marcha. he went into second ~ ele engatou a segunda marcha. high ~ marcha rápida. the engine is in ~ a máquina está engrenada. out of ~ em desarranjo, fora de funcionamento, desligado. the car was going (on) top ~ o automóvel corria a toda velocidade. here's goodly ~ (gíria) é uma porcaria. he ~ed up ele

aumentou a marcha. it ~s into engrena exatamente.

gear-box, gear-case s. caixa f. de câmbio (quadro C 4).

gear-change s. mudança f. de câmbio.

gearing [g'iəriŋ] s. engrenagem, transmissão por engrenagem f.

gear-lever s. alavanca f. de câmbio.

gear ratio s. relação f. das velocidades, relação da engrenagem.

gear shift s. câmbio m. de velocidades.

gear shift fork s. garra f. da mudança de engrenagem.

gear shift lever s. alavanca f. de câmbio (quadro C 4).

gear-tooth system s. denteação, engrenagem f.

gear unit s. engrenagem, transmissão f. por engrenagem.

gear-wheel s. roda dentada f.

gecko [g'ekou] s. lagartixa f.

gee [dʒi:] interj. (também ~–up) comando para dirigir os cavalos: 1. arre! 2. à direita!
~–~!, ~–ho! vamos! ~ whiz (E. U. A., gíria) meu Deus!

geese [gi:s] s. pl. de **goose**.

geezer [g'i:zə] s. esquisito m.

Gehenna [g'henə] s. Geena f., inferno m.

Geiger counter s. (Fís.) contador Geiger m.

geisha [g'eiʃə] s. gueixa f.: dançarina japonesa.

gel [dʒel] s. (Quím.) gel, colóide m.
‖ v. formar gel.

gelatification [dʒelətifik'eiʃən] s. gelatinização f.

gelatin [dʒ'elətin], **gelatine** [dʒ'elətin, dʒ'eləti:n] s. 1. gelatina f. 2. preparado m. feito de gelatina.

gelatinate [dʒil'ætineit] v. gelatinizar(-se).

gelatinize [dʒil'ætinaiz] v. gelatinizar(-se)

gelatinous [dʒil'ætinəs] adj. gelatinoso.

gelation [dʒil'eiʃən] s. congelação, solidificação f. por esfriamento f.

geld [geld] v. (imp. e p. p. **gelt, gelded**) castrar.

gelding [g'eldiŋ] s. 1. castração f. 2. cavalo ou outro animal castrado, capão m. 3. (†) eunuco m.

gelid [dʒ'elid] adj. gélido, muito frio, gelado. ‖ ~ly adv. gelidamente.

gelidity [dʒel'iditi] s. gelidez f.

gelignite [dʒ'elignait] s. gelignite f.

gelsemium [dʒels'i:miəm] s. (Bot.) gelsêmio m.

gelt [gelt] v. p. p. de **geld**.

gem [dʒem] s. 1. pedra preciosa, jóia f. (quadro G 1). 2. camafeu m. 3. (fig.) pérola, pessoa notável, preciosa, linda f. 4. (E. U. A.) espécie de broa ou sonho. 5. (Tipogr.) tipo pequeno m. ‖ v. enfeitar com pedras preciosas.

geminate [dʒ'eminit] v. geminar, duplicar, combinar em pares. ‖ adj. geminado, em par ou pares.

gemination [dʒemin'eiʃən] s. geminação, duplicação f.

Gemini [dʒ'eminai] s. pl. 1. (Astron.) gêmeos m. pl. 2. Castor e Pólux.

gemma [dʒ'emə] s. (Biol.) 1. gema f., rebento vegetal m. 2. rebento m.

gemmate [dʒ'emeit] v. gemar, lançar rebentos, reproduzir-se por gemação.

gemmation [dʒem'eiʃən] s. gemação f.

gemmiferous [dʒem'ifərəs] adj. gemífero.

gemmiparous [dʒem'ipərəs] adj. (Bot., Zool.) gemíparo.

gemmule [dʒ'emju:l] s. gêmula f.

gemmy [dʒ'emi] adj. 1. brilhante. 2. cintilante como pedra preciosa. 3. cheio de pedras preciosas.

gemology [dʒem'ɔlədʒi] s. gemologia f.

gemsbok [g'emzbɔk] s. antílope grande f. da África do Sul.

gen. abr. de 1. (gíria) **general information.** 2. **gender.** 3. **general.** 4. **genitive.**

Gen. abr. de 1. **General.** 2. **Genesis.**

gendarme [ʒɑːnd'ɑːm] s. gendarme m.: policial.

gender [dʒ'endə] s. 1. (Gram.) gênero m. 2. (coloq.) sexo m.

gene [dʒiːn] s. (Gen.) gene m.

genealogical [dʒiːniəl'ɔdʒikəl] adj. genealógico. ‖ ~ly adv. de maneira genealógica.

genealogical tree s. árvore genealógica f.

genealogist [dʒiːni'ælədʒist] s. genealogista m. + f.

genealogize [dʒiːni'æləgaiz] v. determinar a genealogia.

genealogy [dʒiːni'ælədʒi] s. 1. genealogia f. 2. descendência, procedência, linhagem, estirpe f.

genera [dʒ'enərə] s. pl. de **genus.**

general [~l] s. 1. idéia f., noção f. ou princípio geral m. 2. (Milit.) general m. 3. principal m. de ordem religiosa. 4. povo, público m. ‖ adj. 1. geral, de ou para todos. 2. comum, usual, corrente, ordinário. 3. não especializado, não especificado. 4. não detalhado, geral. 5. vago, indefinido. 6. genérico. 7. principal, mais alto, dirigente. ‖ ~ly adv. 1. geralmente, usualmente, por via de regra. 2. largamente, em quase toda parte. 3. sem dar detalhes. **the ~** o público, o povo. **that is caviar to the ~** isto é caviar para o povo. **in (the) ~** geralmente, em geral, usualmente. **Wellington was a great ~** Wellington foi um grande general. **General of the Army** (E. U. A.) o posto mais alto no exército norte-americano. **the General of the Jesuits** geral dos jesuítas. **they keep a ~** (coloq.) eles têm uma moça para todos serviços. **a ~ knowledge** conhecimentos gerais. **a topic of ~ interest** um tópico de interesse geral. **as a ~ rule** como regra geral, em geral. **a ~ education** uma educação ampla. **~ meeting** assembléia geral. **~ invitation** convite a todos. **in ~ terms** em termos gerais. **Director General** diretor-geral. **major ~** major-general, general-de-divisão. **General Assembly** assembléia geral (legislativa). **the General Board** administração de universidade. **~ dealer** negociador em coisas diversas. **General Manager** diretor geral. **~ cargo** carga mista. **General Confession** confissão geral. **~ office** estabelecimento principal. **~ order** ordem do dia (milit.). **~ post** correio da manhã. **General Post Office** (abr. **G. P. O.**), (coloq.) **the General** correio geral. **~ practitioner** médico prático, médico de clínica geral. **~ reader** leitor médio, leitor em geral. **General Schools** (abr. coloq. de **General School Leaving Examination**) exame final de escola ou ginásio. **~ servant** empregada para todos serviços domésticos. **~ service** serviço militar. **~ly speaking** falando de modo geral.

general delivery s. posta-restante f.

general election s. (E. U. A., Pol.) eleições gerais f. pl.

generalissimo [dʒənərəl'isimou] s. generalíssimo, chefe supremo m.

generality [dʒenər'æliti] s. 1. generalidade f. 2. princípio m. ou regra geral f. 3. parte principal, maioria, massa f. 4. indicação geral, afirmação vaga f. **their conversation confined itself to generalities** sua conversa limitou-se a generalidades. **the ~ are dissatisfied** a maioria está descontente.

generalization [dʒenərəlaiz'eiʃən] s. generalização f.

generalize [dʒ'enərəlaiz] v. 1. generalizar. 2. falar de modo geral. 3. vulgarizar, difundir. 4. tirar conclusões gerais.

general practitioner s. médico m. de clínica geral.

generalship [dʒ'enərəlʃip] s. 1. habilidade f. de general ou de comandante. 2. chefia, direção

hábil f., ou comando m. 3. generalato, posto m. de general.

general-staff s. estado-maior m.

general strike s. greve geral f.

generate [dʒ'enəreit] v. 1. gerar, produzir. 2. criar, procriar. 3. causar.

generating plant s. usina elétrica f.

generation [dʒenər'eiʃən] s. 1. geração f. 2. procriação, criação f. 3. produção f. 4. (Mat.) formação f. 5. descendência, linhagem, genealogia f. **the present ~** a geração atual. **generation gap** assintonia entre duas gerações.

generative [dʒ'enəreitiv] adj. generativo, produtivo.

generator [dʒ'enəreitə] s. 1. gerador, dínamo m. 2. gerador m. de vapor. 3. criador, produtor m.

generatrix [dʒenər'eitriks] s. pl. **generatrices** [-retr'-aisiːz] (Mat.) geratriz f.

generic [dʒin'erik] adj. 1. genérico. 2. relativo a um grupo. 3. geral. ‖ **-ally** adv. genericamente.

generosity [dʒenər'ositi], **generousness** [dʒ'enərəsnis] s. 1. generosidade, magnanimidade f. 2. ato generoso m.

generous [dʒ'enərəs] adj. 1. generoso, liberal, bondoso, benfazejo. 2. nobre, magnânimo. 3. amplo, abundante. 4. fértil. 5. cheio, rico, forte, 6. (†) de boa família. ‖ **~ly** adv. 1. liberalmente, generosamente. 2. nobremente. 3. amplamente. 4. ricamente.

genesis [dʒ'enisis] s. pl. **geneses** [-siːz] 1. gênese, gênesis, origem, geração, criação f. 2. **Genesis** Gênesis m.: primeiro livro da Bíblia.

genet [dʒ'enit] s. (Zool.) gineto m.

genetic [dʒin'etik] adj. genético, genésico. ‖ **-ally** adv. com relação à genética.

geneticist [dʒin'etisist] s. geneticista m. + f.

genetics [dʒin'etiks] s. (Gen.) genética f.

geneva [dʒin'iːvə] s. genebra f.: bebida alcoólica feita de zimbro.

Geneva Cross s. cruz f. de Genebra: emblema (cruz vermelha sobre fundo branco) da **Red Cross Society.**

Genevan [~n], **Genevese** [dʒeniv'iːz] s. genebrês, genebrino m. ‖ adj. genebrês.

genial [dʒ'iːniəl] adj. 1. cordial, amável, sorridente e alegre. 2. de temperatura agradável, benigno, ameno, estimulante ao crescimento, animador, confortante. 3. nupcial, procriativo, fecundante. 4. genial. ‖ **~ly** adv. 1. alegremente, cordialmente, agradavelmente. 2. de modo estimulante, benigno.

geniality [dʒiːni'æliti], **genialness** [dʒ'iːniəlnis] s. 1. jovialidade, alegria f. 2. temperatura propícia f.

genic [dʒ'enik] adj. gênico, genético.

geniculate [dʒən'ikjulit], **geniculated** [-leitid] adj. geniculado.

geniculation [dʒənikjul'eiʃən] s. geniculação. f.

genie [dʒ'iːni] s. pl. **gennii** [-niai] espírito m.

genipap [dʒ'enipæp] s. (Bot.) jenipapo m.

genista [dʒin'istə] s. (Bot.) giesta f.

genital [dʒ'enitl] adj. genital.

genitalia [dʒenit'eiliə], **genitals** [dʒ'enitlz] s. pl. órgãos genitais m. pl.

genitival [dʒenit'aivəl] adj. em genitivo.

genitive [dʒ'enitiv] s. (Gram.) 1. genitivo m. 2. palavra f. em genitivo. ‖ adj. relativo ao genitivo.

genitourinary [dʒenitoːj'uərinəri] adj. (Anat., Fisiol.) geniturinário.

geniture [dz'enitʃə] s. genitura f.

genius [dʒ'iːnjəs] s. pl. **genii** [-niai], **geniuses** [-njəsiz] 1. gênio m.: a) caráter m., índole f. b) espírito tutelar, inspirador m. c) habilidade, capacidade f. talento, dom m. 2. força f. de espírito. 3. pessoa genial f. 4. pessoa f. que exerce influência sobre outra. **she is his good ~** ela é o seu bom gênio. **~ of a**

period espírito de uma época. **a flash of** ~ instante luminoso, momento de iluminação espiritual. **a man of** ~ um gênio. **~es** pessoas geniais.
genocide [dʒ'enosaid] s. (E. U. A.) genocídio m.
Genoese [dʒenou'i:z] s. genoês, genovês m. ‖ adj. genovês, de Gênova.
genotype [dʒ'enoutaip] s. (Gen.) genótipo m.
genre [ʒa:ŋr] s. 1. gênero, estilo m., espécie f. 2. também ~ **painting** (Arte) pintura de gênero f.
gens [dʒenz] s. (pl. **gentes**) (Hist.) grupo m. de famílias, classe f. entre os romanos.
gent. (I) [dʒent] abr. de **gentleman.**
gent (II) [dʒent] s. (coloq.) homem nobre ou importante m. ‖ adj. 1. de família nobre. 2. gentil, elegante.
genteel [dʒent'i:l] adj. 1. da sociedade, distinto. 2. gentil, polido, bem-educado, cavalheiresco. ‖ **~ly** adv. 1. distintamente. 2. cavalheirescamente.
genteelness [~nis] s. modo afetado m. de falar.
gentian [dʒ'enʃian] s. genciana f.
gentile [dʒ'entail] s. 1. pessoa f. que não é judia. 2. gentio m. 3. entre os mórmons, o que não pertence a esta seita. ‖ adj. 1. que não é judeu. 2. gentílico, pagão. 3. que não pertence ao mormonismo.
gentiledom [~dəm], **gentilism** [~izm, -tilizm] s. gentilidade f., gentilismo, paganismo m.
gentility [dʒent'iliti] s. 1. nascença nobre f. 2. boas maneiras f. pl. 3. requinte m. 4. (geralmente **gentilities**) requinte exagerado ou afetado m.
gentle [dʒentl] s. (†) pessoa de boa família f. ‖ v. (coloq.) 1. domesticar, domar. 2. moderar, suavizar. ‖ adj. 1. suave, brando, leve, delicado. 2. baixo, macio. 3. moderado. 4. humano, bondoso, meigo, amável. 5. dócil, manso. 6. de boa estirpe. 7. honrado, bom, superior. 8. nobre, digno, cavalheiresco. 9. polido, cortês. ‖ **—y** adv. 1. suavemente, levemente. 2. moderadamente. 3. amavelmente. 4. docilmente. 5. nobremente. 6. cortesmente.
the **~ sex** o sexo fraco. **~-hearted** bondoso, de bom coração. the **~ reader** o leitor paciente. of **~ birth** ou **blood** de nascença ou sangue nobre.
gentle breeze s. vento de 15 a 22 km/h (escala Beaufort) m.
gentlefolk, gentlefolks [dʒ'entlfouk, ~s] s. pl. gente f. da alta sociedade.
gentleman [dʒ'entlmən] s. pl. **gentlemen** 1. gentilhomem, homem m. de boa família e posição social. 2. homem honrado m. e de boa educação. 3. cavalheiro, senhor m. 4. criado ou servente pessoal m.
he is no ~ ele não é cavalheiro, não é bem-educado. **gentlemen!** (meus) senhores! **country ~** aristocrata rural. the old ~ (joc.) o diabo. **~ of fortune** aventureiro. **~ of the robe** advogado, jurista, juiz. **~-commoner** (Oxford) estudante plebeu com privilégios especiais. **~-farmer** fazendeiro diletante. **~-usher** chefe do cerimonial. **gentleman-at-arms** guarda real. **gentlemen's agreement** (também **~'s agreement**) acordo entre cavalheiros (sem contrato formal). **gentlemen's gloves** luvas para cavalheiros. **~'s ~** criado.
gentlemanhood [~hud] s. = **gentlemanship.**
gentlemanlike [~laik] adj. cavalheiresco, bem-educado, distinto, nobre.
gentlemanliness [~linis] s. cavalheirismo m., boa educação, distinção f.
gentlemanly [~li] adj. fino, bem-educado, cavalheiresco, honrado, distinto.
gentlemanship [~ʃip], **gentlemanhood** [~hud] s. cavalheirismo m.
gentleness [dʒ'entlnis] s. 1. bondade f. 2. suavidade f.
gentlewoman [dʒ'entlwumən] s. pl. **gentlewomen** [-w'imin] 1. dama, senhora de boa família, fidalga,

nobre f. 2. senho a distinta e educada f.
gentlewomanlike [~laik] adj. como uma dama.
gentry [dʒ'entri] s. 1. (Ingl.) pequena nobreza f. 2. gente f. de boa família. 3. (coloq.) gente f., pessoas f. pl. de um grupo particular.
the **nobility and ~** a nobreza alta e pequena. (depreciat.) **these impudent ~** este povo impudente.
genual [dʒ'enjuəl] adj. relativo ao joelho, genicular.
genuflect [dʒ'enjuflekt] v. genuflectir, dobrar o joelho.
genuflection, genuflexion [dʒenjufl'ekʃən] s. genuflexão f.
genuflector [dʒ'enjuflektə], **genuflectory** [dʒ'enjuflektəri] adj. genuflector.
genuine [dʒ'enjuin] adj. 1. genuíno, real, verdadeiro, autêntico. 2. franco, sincero, sem pretensões. ‖ **~ly** adv. genuinamente.
genuineness [~nis] s. genuinidade, realidade, verdade, autenticidade f.
genus [dʒ'i:nəs] s. pl. **genera** [dʒ'enərə] 1. espécie classe, ordem f. 2. (Biol.) gênero m.
geocentric [dʒi:ous'entrik], **geocentrical** [~əl] adj. geocêntrico.
geochemistry [dʒiouk'emistri] s. geoquímica f.
geode [dʒ'ioud] s. (Miner.) geode m.
geodesic [dʒioud'esik], **geodetic** [dʒioud'etik] adj. geodésico.
geodesic dome s. domo geodésico m.
geodesist [dʒi:'odisist] s. geodésico m.
geodesy [dʒi:'odisi], **geodetics** [dʒioud'etiks] s. geodésia f.
geodetic [dʒioud'etik] adj. geodésico.
geodynamics [dʒioudain'æmiks] s. geodinâmica f.
geogeny [dʒi'odʒeni] s. geogenia f.
geognosy [dʒi'ognəsi] s. geognosia f.
geographer [dʒi'ogrəfə] s. geógrafo m.
geographic, geographical [dʒiogr'æfik, ~əl] adj. geográfico. ‖ **—ally** adv. geograficamente.
geographic determinism s. (Soc.) determinismo geográfico m., que considera o fator geográfico como determinante na vida grupal.
geographic mile s. milha geográfica f.
geography [dʒi'ogrəfi] s. 1. geografia f. 2. superfície f. de certa região. 3. livro, tratado m. de geografia.
geologic [dʒiol'ɔʒik], **geological** [~əl] adj. geológico. ‖ **—ally** adv. geologicamente.
geologic time s. (Geol., Hist.) tempo geológico m.
geologist [dʒi'olədʒist] s geólogo m.
geologize [dʒi'olədʒaiz] v. fazer estudos geológicos.
geology [dʒi'olədʒi] s. geologia f.
geom [dʒɔm] (gíria escolar) 1. **geometry.** 2. **geometric.**
geomancer [dʒ'i:oumənsə] s. geomântico m.
geomancy [dʒ'i:oumənsi] s. geomancia f.
geometer [dʒi'ɔmitə], **geometrician** [dʒioumətr'iʃən] s. geômetra m. + f.
geometric [dʒiom'etrik], **geometrical** [~əl] adj. geométrico. ‖ **~ally** adv. geometricamente.
geometrical progression s. progressão geométrica f.
geometrid [dʒi'ɔmətrid] s. (Zool.) mede-palmos m.
geometry [dʒi'omitri] s. geometria f.
geometry set s. estojo m. de compassos.
geomorphic [dʒioum'o:fik] adj. geomorfológico.
geophagy [dʒi'ɔfədʒi] s. geofagia f.
geophysics [dʒiof'iziks] s. geofísica f.
geopolitic [dʒi:op'olitik], **geopolitical** [dʒi:opol'itikəl] adj. geopolítico.
geopolitics [~s] s. geopolítica f.
geopotential [dʒioupət'enʃəl] adj. geopotencial.
George [dʒɔ:dʒ] n. p. Jorge
St. ~ São Jorge. **St. ~'s Day** dia 23 de abril.

Georgian (I) [dʒɔːdʒiən] adj. georgiano, relativo aos reis Jorges da Inglaterra.
Georgian (II) [dʒɔːdʒiən] s. georgiano m.: da Geórgia. ‖ adj. georgiano, geórgico.
georgic [dʒɔːdʒik] s. geórgica f.
geostatics [dʒiɔstˈætiks] s. geostática f.
geothermal [dʒiouθˈəːnəl], **geothermic** [dʒiouθˈəːmik] adj. geotérmico.
geotropic [dʒiːotrˈɔpik] adj. geotrópico.
geotropism [dʒiˈɔtropizm] s. (Biol.) geotropismo m.
geranium [dʒirˈeinjəm] s. (Bot.) gerânio m.
geratology [dʒerətˈɔlodʒi] s. geratologia f.
gerfalcon [dʒˈəːfɔːlkən, -fˈɔːkən] s. (Ornit.) gerifalte, falcão grande m. das regiões nórdicas.
geriatrician [dʒeriətrˈiʃən] s. (Med.) geriatra m. + f.
geriatrics [dʒeriˈætriks] s. (Med.) geriatria f.
germ [dʒəːm] s. 1. germe, micróbio m. 2. forma primitiva f. de um ser vivo, émbrião m., semente f. 3. origem f. ‖ v. germinar.
in ~ no começo, na origem. ~**-carrier** portador de bacilos. ~**-proof** esterilizado.
German [dʒˈəːmən] s. 1. alemão m., alemã f. 2. língua alemã f. ‖ adj. alemão.
he spoke bad ~ ele falou mal o alemão. **the** ~**s** os alemães. **in** ~ em alemão. **he (she) is** ~ ele (ela) é alemão (alemã). ~ **industrial standard** normas industriais da Alemanha. ~ **Ocean** Mar do Norte. ~ **shepherd dog** cão pastor alemão. ~ **silver** (Metalúrg.) alpaca. ~ **text,** ~ **type** letra gótica.
german [dʒˈəːmən] adj. (geralmente nos compostos). 1. dos mesmos pais, germano. 2. consangüíneo.
brothers-german irmãos germanos.
germane [dʒəˈmein] adj. 1. germano. 2. ligado.
this matter is ~ **to our subject** este assunto está ligado à matéria.
Germanic [dʒəːmˈænik] s. germânico m. ‖ adj. 1. germânico. 2. teutônico.
North ~ germânico do Norte.
Germanism [dʒˈəːmənizm] s. germanismo m.
germanium [dʒəːmˈeiniəm] s. (Quím.) germânio m.: elemento metálico.
Germanization [dʒəːmənaizˈeiʃən] s. germanização f.
Germanize [dʒˈəːmənaiz] v. germanizar.
German measles s. (Med.) rubéola f.
Germanophile [dʒəːmˈænofail] s. germanófilo m.
Germanophobe [dʒəːmˈænofoub] s. germanófobo m.
germ cell s. (Biol.) germe m., célula germinativa f.
germen [dʒˈəːmən] s. 1. germe m. 2. (Bot.) ovário m.
germicidal [dʒəːmisˈaidəl] adj. germicida.
germicide [dʒˈəːmisaid] s. germicida m. ‖ adj. germicida.
germinal [dʒˈəːminl] adj. 1. germinal. 2. no início do desenvolvimento, embrionário.
germinant [dʒˈəːminənt] adj. germinante.
germinate [dʒˈəːmineit] v. germinar, brotar, desenvolver-se.
germination [dʒəːminˈeiʃən] s. germinação f.
germinative [dʒˈəːmineitiv] adj. germinativo, germinante.
germ layer s. (Embriol.) camada celular f. (ectoderma, endoderma, mesoderma).
germon [dʒˈəːmən] s. (Ict.) atum m.
germ theory s. (Biol.) biogênese f.
germ warfare s. guerra biológica f.
gerontic [dʒerˈɔntik] adj. senil, velho.
gerontocracy [dʒerəntˈɔkrəsi] s. gerontocracia f.:
gerontology [dʒerəntˈɔlədʒi] s. (Med.) gerontologia f.: estudo da velhice.
gerrymander [gˈerimændə] s. (E. U. A.) influência ilegal nas eleições f. ‖ v. 1. influenciar o eleitorado para favorecer um certo partido. 2. proceder de

maneira ilegal, usar má fé, dissimular.
gerund [dʒˈerənd] s. (Gram.) gerúndio m.
~ **grinder** professor pedante.
gerundial [dʒirˈʌndiəl] adj. gerundial.
gerundive [dʒirˈʌndiv] s. gerundivo m. ‖ adj. gerundial. ‖ ~**ly** adv. de modo gerundial.
gesso [dʒˈesou] s. base f. de gesso para pintura ou escultura.
gest [dʒest] s. 1. gesto m. 2. comportamento m.
gestate [dʒˈesteit] v. estar em estado interessante, criar, formar, desenvolver.
gestation [dʒestˈeiʃən] s. gestação, gravidez, prenhez f.
gestatorial [dʒestətˈɔːriəl] adj. gestatório.
gesticulate [dʒestˈikjuleit] v. gesticular.
gesticulation [dʒestikjulˈeiʃən] s. gesticulação f.
gesticulator [dʒestˈikjuleitə] s. gesticulador m.
gesticulatory [dʒestˈikjuleitəri] adj. gesticulador.
gesture [dʒˈestʃə] s. 1. gesto, movimento m. para exprimir idéias. 2. ato m. ‖ v. gesticular.
a fine ~ um gesto bonito.
get [get] s. cria f., filhotes m. pl. ‖ v. (imp. **got** p. p. **got,** (E. U. A.) **gotten**) 1. receber, obter, ganhar, alcançar. 2. ficar, tornar-se, vir a ser. 3. aprender, decorar. 4. adquirir, contrair, apanhar. 5. suceder, conseguir. 6. buscar, pegar, arranjar, procurar. 7. tomar, comer. 8. induzir, persuadir. 9. causar, motivar. 10. mandar, mandar fazer. 11. criar, dar à luz. 12. mover, trazer, tirar. 13. (coloq.) ser obrigado a, ter de. 14. chegar, vir, ir, partir, alcançar. 15. (gíria) bater, surrar, matar. 16. compreender, entender. 17. ter, possuir. 18. engendrar, procriar. 19. (coloq.) ser bem-sucedido. 20. (coloq.) levar a melhor. 21. achar. 22. pegar, colher, surpreender. 23. comover. 24. (E. U. A., gíria) assassinar. 25. tomar, comer. 26. tratar de, encarregar-se de. 27. providenciar, mandar fazer. 28. tornar-se. 29. transportar, levar, trazer. 30. persuadir, convencer.
do you ~ **me?** você me compreende? **to** ~ **change** receber troco. **you'll** ~ **it (hot)!** espere!, você vai apanhar! **he got his face slapped** ele recebeu uma bofetada. **now I** ~ **it** agora entendi. ~ **a move on!** vá para frente! avante! **she's** ~**ting her nails done** ela está mandando fazer as unhas. **he got the idea into his head** ele está com esta idéia na cabeça. **to** ~ **by heart** aprender de cor. ~ **a number!** (gíria) primeiro perca o cheiro dos cueiros. ~ **me a chair** traga-me uma cadeira. ~ **me that book** arranje-me este livro. **I have got you** agora o peguei. **you've got me there** agora você me pegou. **don't let it** ~ **you!** (E. U. A., coloq.) não se deixe dominar. ~ **your breakfast!** tome seu lanche! **I've got it!** achei! **I've got a whole library** tenho uma verdadeira biblioteca. **you have got to do it** você tem de fazê-lo. **it's got to be done** isto tem de ser feito. **to have got what it takes** possuir a aptidão necessária. **I got it done** mandei fazê-lo. **I got myself shaved** mandei fazer a barba. **I got my foot sprained** torci o pé. **I got it quite right** acertei isto bem. **I must** ~ **ready** preciso me aprontar. ~ **you gone!** saia! ~ **going!** vamos! ande! **he got her with child** (coloq.) ele a engravidou. **they** ~ **things done** eles resolvem tudo. **to** ~ **interested in** (Com.) ficar interessado, ficar sócio. **you must** ~ **him to do it** você tem de convencê-lo a fazer isto. **he got as far as Manchester** ele chegou até M. **he got there** ele chegou lá. (E. U. A., coloq.) ele conseguiu o seu intento. **they got to be friends** eles chegaram a ser amigos. **I got to hear** fiquei sabendo, soube. **they got talking** eles entabularam conversa. **to** ~ **late, tired, warm, hungry** ficar tarde, cansado, quente, com fome. **he got better** ele melhorou. **the ship got clear of the harbour** o navio saiu do porto. **to** ~ **dressed** vestir-se. **to** ~ **drunk**

embriagar-se. **they got married** eles casaram. **he is getting ready** ele está se aprontando. **to ~ rid** (ou **quit**) **of s. o.** livrar-se de alguém. **to ~ doing** = **to do** fazer. **the rumour ~s about** o boato está circulando. **it got about** (a notícia) espalhou-se. **she is ~ting about again** ela já recomeçou a andar (não está mais acamada). **he ~s about** ele viaja muito. **to ~ abroad a lot** viajar muito. **to ~ above o. s.** estar convencido. **to get across** convencer. **he got across the footlights** ele fez sucesso, impressionou. **to ~ ahead** prosperar, progredir. **to ~ along** progredir, conseguir, suceder, concordar. **~ along!** vá embora! **he is not easy to ~ along with** não é fácil lidar com ele. **to ~ among** cair entre, tornar-se um de. **to ~ around** viajar de lugar em lugar, ficar conhecido. **he ~s around somehow** ele se defende de qualquer modo. **I'll ~ around it somehow** vencerei de alguma maneira. **to ~ at** alcançar, certificar-se. **he is not to be got at** não se consegue pegá-lo. **can you ~ at him?** você conseguirá aproximar-se dele? (E. U. A., coloq.) você poderá persuadi-lo?, suborná-lo? **what are you trying to ~ at?** o que é que você pretende? **to ~ away** ir embora, escapar, começar. **there's no ~ting away from it** não é possível livrar-se disto. **he got away with it** ele teve sucesso. **~ away with you!** afaste-se. **he got away** ele safou-se. **you can't ~ away with that** isso você pagará. **he gets away with murder** (E. U. A., gíria) ele sempre sai ileso. **to ~ back** receber de volta, voltar (a si). **to ~ before** chegar em frente a. **to get back at** (E. U. A.) vingar-se de. **to ~ behind** ficar atrás, contrair dívidas, (E. U. A.) sustentar, aprovar. **I must ~ behind this** preciso descobrir o segredo disto. **to ~ by** passar (despercebido). **to ~ clear** esclarecer, ficar solto. **to get down** descer. **~ down the trunks!** desça as malas! **the job is ~ting him down** (E. U. A.) o trabalho mata-o. **to ~ down to business** tratar do assunto. **~ down!** desça! **to get forward** progredir, avançar, apressar um trabalho. **to ~ home** chegar a casa, (turfe) chegar à meta final. **let me ~ in a word** permita-me um aparte. **I must ~ my hand in** tenho de interferir. **I got it in time** encaminhei-o em tempo. **he got in** ele foi eleito. **can't I ~ in on it, too?** não poderei tomar parte nisto também? **I got in wrong with him** estou de mal com ele. **he got him into the club** ele introduziu-o no clube. **he got me into difficulties** ele deixou-me em situação difícil. **you got me into this thing** você meteu-me nestas. **to ~ into bad society** cair em má companhia. **to ~ into the habit of swearing** cair no costume de praguejar. **to ~ into debt** fazer dívidas. **to ~ into a huddle** mexericar, bisbilhotar, caluniar. **to ~ off** 1. descer, sair, tirar, retirar, remover, escapar, ficar livre de, partir. 2. pronunciar (um discurso), contar, dizer. 3. colocar, vender as mercadorias. **he got off his daughters** ele casou suas filhas. **she got off** ela casou-se. **he got off cheaply** ou **easy** ele escapou arranhando. **I got off with him** (coloq.) travei amizade com ele. **I told him where to ~ off** dei-lhe uma ensaboadela. **they ~ off** eles (elas) se entendem. **to ~ off from the bus** descer do ônibus. **the plane got off** o avião levantou vôo. **he got off** ele foi absolvido. **he got off there** ele desceu lá. **he got off contract** ele rescindiu o contrato. **I ~ off Tuesday** terça-feira é meu dia livre. **to ~ on** subir, entrar, vestir, avançar, progredir, conseguir, suceder, concordar. **he got on his clothes** ele vestiu-se. **he is ~ting on** ele está progredindo. **to ~ on in life** progredir na vida. **he ~s on with her** ele se dá bem com ela. **I got on to him** telefonei a ele.

let's ~ on to business! cheguemos ao assunto. **it's ~ting on for 12** são quase 12 horas. **he ~s on my nerves** ele deixa-me nervoso. **to ~ out** sair, ir embora, tirar, escapar, fugir, publicar, descobrir. **I got it out of him** arranquei (o segredo) dele. **what do I ~ out of it?** qual será a minha parte; o que ganho com isso? **he got out** ele desceu, saiu, livrou-se. **I got out of bed on the wrong side** saí da cama com o pé esquerdo. **how can we ~ out of this?** como é que vamos sair desta? **to ~ over** restabelecer-se de, superar, dominar, vencer. **she got over her sorrow** ela dominou seu sofrimento. **I got over him** (gíria) embrulhei-o. **he will ~ over the loss** ele se conformará com a perda. **to ~ round s. o.** agradar a alguém. **he got round again** ele restabeleceu-se. **to ~ the best of it** vencer, levar vantagem. **to ~ the hang of** chegar a entender, perceber o truque. **to ~ the worst of it** ser derrotado ou aniquilado. **to ~ through** alcançar um objetivo, passar, suceder, completar, esbanjar o dinheiro, terminar a tarefa. **to ~ through the day with s. o.** passar (aborrecendo-se) o dia com alguém. **he got through** ele passou no exame. **I got through to him** consegui a ligação telefônica. **to ~ together** juntar, encontrar, reunir, chegar a um acordo. **I must ~ the facts together** tenho de reunir os fatos. **to ~ to** alcançar, chegar, começar. **I got to London** cheguei a Londres. **we got to talking about it** chegamos a falar sobre isto (por acaso). **to ~ under** subjugar, controlar. **to get the fire under** dominar o incêndio. **to ~ under way** (Náut.) zarpar, iniciar a viagem. **to ~ up** levantar da cama, levantar-se, preparar-se, vestir-se, enfurecer. **he got up to us** ele alcançou-nos. **beautifully got up** ricamente adornado. **to ~ up linen** lavar e passar roupa. **to ~ o. s. up** enfeitar-se. **to ~ up the part** estudar o papel. **to ~ up a play** encenar uma peça. **to ~ up steam** (Náut. e Eng.) fazer vapor. **he got up steam** (fig.) ele esquentou-se. **I got up his back** esgotei-lhe a paciência. **they are ~ting up a party** eles estão preparando uma festa. **to get wind** tornar-se público, recobrar fôlego. **to ~ wind of** receber informações sobre.

get-at-able adj. acessível.

get-away s. fuga f.
  he made a quick ~ (coloq.) ele fugiu.

get-off s. (Av.) decolagem f.

gettable [g'etəbl] adj. acessível, obtenível.

getter [g'etə] s. 1. procriador, reprodutor m. 2. mineiro m. 3. (Quím. e Fís.) substância f. usada em válvulas eletrônicas para absorver gases.

gettings [g'etiŋz] s. pl. ganhos, lucros m. pl.

get-together s. reunião informal f.

get-up s. 1. arranjo, vestuário m. 2. enfeite m.

get-up-and-go s. energia f., entusiasmo m.

geum [dʒ'i:əm] s. (Bot.) planta f. da família das Rosáceas.

gewgaw [gj'u:gɔ:] s. bugiganga, quinquilharia, futilidade f. ‖ adj. sem valor, fútil.

geyser [g'aizə] s. 1. fonte f. quente. 2. aquecedor m. de água (quadro B 3).

ghastily [g'a:stili] adv. horrivelmente.

ghastliness [g'a:stlinis] s. horror m., palidez f.

ghastly [g'a:stli] adj. 1. horrível, espectral.

ghat [gɔt] (Índia) s. 1. passagem, escadaria f. que leva a um rio. 2. passo m. de montanha. 3. escarpa f.

ghee [gi:] (Índias Orientais) s. manteiga líquida f.

gherkin [g'ə:kin] s. pepino m. em conserva.

ghetto [g'etou] s. gueto m.: bairro de judeus.

Ghibelline [g'ibəlin] s. (Hist.) gibelino m.: partidário do imperador germânico contra o papa (**Guelph**). ‖ adj. gibelino.

ghost [goust] s. 1. espírito m., alma f. 2. aparição, fantasma f. 3. sombra f. 4. (Ópt. e Telev.) fantasma m.: imagem secundária. ‖ v. agir como fantasma.
she was the mere ~ of herself ela ficou reduzida a uma sombra. **not the ~ of a chance** nem a menor possibilidade. **the Holy Ghost** o Espirito Santo. **to give up the ~** morrer. **to lay a ~** exorcismar um fantasma.
ghost-like adj. semelhante a um fantasma, pálido.
ghostliness [g'oustlinis] s. espiritualidade f.
ghostly [g'oustli] adj. 1. como fantasma, pálido, vago. 2. espiritual, religioso.
ghostly comfort s. conforto espiritual m.
ghostly father s. confessor m.
ghost-story s. história f. de fantasma.
ghost town s. cidade fantasma f.: restos de centro urbano, abandonado por motivos econômicos.
ghost-writer s. (E. U. A.) escritor m. que escreve em nome de outro.
G. H. Q. abr. de **General Headquarters.**
G. I. (E. U. A.) abr. de **Government Issue:** fornecimento governamental, uniforme militar, soldado americano.
giant [dʒ'aiənt] s. gigante m. ‖ adj. gigantesco.
~ strides (ginástica) passo de gigante (quadro G 3).
giantess [~is] s. giganta f.
gianthood [~hud], **giantism,** [~izm], **giantship**[~ ʃip] s. gigantismo m.
giantlike [~laik], **giantly** [~li] adj. gigantesco.
gib [gib] s. 1. (Mec.) chaveta f., pino m. 2. abr. de **Gilbert.**
gib-cat s. gato m.
gibber [dʒ'ibə] s. algaravia f. ‖ v. algaraviar.
gibberish [g'ibəriʃ] s. linguagem inarticulada f.
gibbet [dʒ'ibit] s. 1. forca f. 2. (Mec.) lança f. de guindaste. ‖ v. enforcar, (fig.) expor ao desprezo e rancor público.
gibbon [g'ibən] s. (Zool.) gibão m.: macaco grande da Malásia, do gênero Hylobates.
gibbosity [gib'ositi] s. protuberância, corcunda f.
gibbous [g'ibəs] adj. curvo, curvado, convexo, corcunda. ‖ **~ly** de maneira curva ou corcunda.
the moon is ~ a lua está quase cheia.
gibe [dʒaib] s. zombaria f., escárnio m. ‖ v. zombar, escarnicar, escarnecer.
giber [dʒ'aibə] s. zombador escarnecedor m.
gibing [dʒ'aibiŋ] adj. escarnicador, escarnecedor, zombador. ‖ **~ly** adv. com desprezo.
giblets [dʒ'iblits] s. pl. miúdos de aves m. pl., cabidela f.
gid [gid] s. (Verter.) cenurose f.: doença parasitária dos ovinos.
giddily [g'idili] adv. vertiginosamente.
giddiness [g'idinis] s. tontura, vertigem f. (fig.) leviandade, irreflexão, inconstância f.
giddy [g'idi] adj. 1. tonto, vertiginoso. 2. irrefletido, inconstante, leviano. ‖ v. ficar com vertigem, provocar vertigem, tontear.
a ~ height uma altura vertiginosa. **a ~ dance** uma dança rápida. **to play the ~ goat** bancar o palhaço.
giddy-brained, giddy-headed adj. negligente, descuidado, inconstante.
gift [gift] s. 1. presente, donativo m., dádiva f. 2. ação f. de dar presente, doação f. 3. direito de doar m. 4. talento, dote natural, dom m. ‖ v. presentear.
deed of ~ documento de doação. **I would not have it at a ~** não o queria nem dado. **it is in his ~** ele tem o direito de o doar. **you must not look a ~ horse in the mouth** a cavalo dado não se olham os dentes. **~ subscription** assinatura (de revista) dada de presente.

gifted [g'iftid] adj. dotado, talentoso.
giftedness [~nis] s. talento, dom m.
gift-wrap v. embrulhar para presente.
gig (I) [gig] s. 1. trole, carro m. de duas rodas. 2. (Náut.) escaler m. 3. fisga f., arpão m.
gig (II) [gig] s. 1. relato m. de pequena infração (escola, exército). 2. leve reprimenda f.
gig (III) [gig] s. 1. (gíria) sessão f. de jazz. 2. qualquer serviço m., tarefa, exibição f.
gigantean [dʒaigænt'iən] adj. gigânteo, gigantesco.
gigantic [dʒaig'æntik] adj. gigantesco, enorme, colossal. ‖ **–ally** adv. de modo gigantesco.
gigantism [dʒaig'æntizm] s. gigantismo m.
giggle [gigl] s. risadinha f. ‖ v. dar risadinha.
giggler [g'iglə] s. o que dá risadinha, risote m.
gigolo [dʒ'igəlou] s. gigolô m.
gigot [dʒ'igət] s. coxa f. de carneiro f.
Gila monster s. (Zool.) monstro de Gila m.: lacertílio venenífero dos E. U. A.
gild [gild] s. = **guild.** ‖ v. dourar, tornar vistoso ou atraente, disfarçar.
to ~ a pill dourar a pílula, tornar aceitável uma coisa desagradável.
gilded [g'ildid] adj. dourado; (fig.) afortunado e rico.
~ youth moços ricos e elegantes.
gilder [g'ildə] s. dourador m.
gilding [g'ildiŋ] s. douração, douradura, decoração f., enfeite m.
gill (I) [gil] s. 1. brânquia, guelra f. (quadro F 3). 2. lamela f. de cogumelo. 3. carúncula f. das aves. 4. carne f. debaixo do queixo, barbela f.
gill (II) [gil] s. medida f. para líquidos (0,142 l).
gill (III) [gil] s. vale estreito e profundo, córrego m.
Gill, Jill [dʒil] abr. de **Gillian** Juliana.
Jack and ~ João e Maria, moço e moça.
gillie [g'ili] s. (esc.) ajudante m. de caça.
gillyflower [dʒ'iliflauə] s. designação f. para várias plantas ornamentais como: cravo, goivo, etc.
gilt [gilt] s. douradura, camada f. de ouro. ‖ adj. dourado.
~ edged 1. (livro) com as bordas das folhas douradas. 2. (Com.) muito seguro, de ótima qualidade.
~ edged securities investimentos muito seguros.
gimbals [dʒ'imbəlz] s. pl. argolas f. pl. de suspensão da bússola, suspensão Cardan f.
gimcrack [dʒ'imkræk] s. bugiganga f. ‖ adj. sem valor.
gimcrackery [~əri] s. bugigangas, quinquilharias f. pl.
gimlet [g'imlit] s. verruma f. (quadros B 19, J 2).
gimmick [g'imik] s. (E. U. A., gíria) 1. utensílio m. para prestidigitação ou trapaça no jogo. 2. dispositivo, esquema, expediente secreto m.
gimmicky [~i] adj. (coloq.) que chama a atenção.
gimp [gimp] s. corda, linha f., às vezes reforçada com fio de aço. ‖ v. guarnecer, açoitar com tal corda.
gin [dʒin] s. 1. gim.: bebida alcoólica feita de zimbro. 2. máquina f. descaroçadora de algodão. 3. armadilha f., laço m. 4. moitão m. ou talha f., montada em tripé, transportadeira f., cabrestante, malacate m. 5. bomba f. acionada por aeromotor. ‖ v. 1. descaroçar algodão. 2. pegar em armadilha.
~ fizz gim com soda e limão. **~-house** usina para descaroçar algodão. (E. U. A.) **~-mill, ~-palace** bar. **~ rummy** jogo de baralho. **~-shop** taverna. **~-sling** gim com soda, limão e açúcar.
ginger [dʒ'indʒə] s. 1. gengibre m. 2. (gíria) vivacidade, energia f. 3. (gíria) pessoa ruiva f. ‖ v. condimentar com gengibre, (fig.) avivar.
ginger ale, ginger beer s. gengibirra f.
gingerbread [dʒ'indʒəbred] s. bolo m. de gengibre.
ginger-cordial s. licor m. de gengibre.

ginger group s. (Ingl.) grupo ativo m., em partido político.

gingerliness [dʒ'indʒəlinis] s. melindrice f.

gingerly [dʒ'indʒəli] adj. cuidadoso. ‖ adv. devagar.

ginger-snap s. bolacha t. de gengibre.

ginger-wine s. vinho m. de gengibre.

gingery [dʒ'indʒəri] adj. bem condimentado (com gengibre), ruivo.

gingham [g'iŋəm] s. pano m. de algodão (listado).

gingival [dʒindʒ'aivəl] adj. gengival.

gingivitis [dʒindʒiv'aitis] s. (Med.) gengivite f.

gink [giŋk] s. (E. U. A., gíria) rapagão, sujeito m.

gin mill s. (gíria) boteco m. de má fama.

ginning [dʒ'iniŋ] s. descaroçamento m. do algodão.

ginseng [dʒ'inseŋ] s. (Bot.) ginsém m.: planta de origem chinesa, também usada como medicamento.

gip [gip] v. destripar (peixes).

gipsy [dʒ'ipsi] s. cigano m., cigana, língua f. dos ciganos. ‖ v. viver a modo de ciganos. ‖ adj. cigano. ~ **cart** carro de moradia dos ciganos. ~ **flower,** ~**-rose** escabiosa. ~ **moth** ocnéria, mariposa.

gipsydom [~dəm], **gipsyhood** [~hud] s. ciganaria, ciganice f.

gipsyfied [~faid], **gipsyish** [~iʃ] adj. a modo dos ciganos.

gipsyism [~izm] s. ciganaria, ciganice f.

giraffe [dʒir'a:f] s. girafa f.

girandole [dʒ'irəndoul] s. lustre, candelabro m., girândola f.

girasol [dʒ'irəsɔl] s. 1. (Bot.) girassol-batateiro m. 2. (Miner.) girassol m.: variedade de opala.

gird [gə:d] s. sarcasmo m., zombaria f. ‖ v. 1. cingir. 2. cintar, envolver, cercar. 3. preparar-se para alguma coisa, ação. 4. zombar, escarnecer, insinuar. **to ~ oneself with courage** criar coragem. **to ~ at** zombar de.

girder [g'ə:də] s. viga mestra f., suporte principal m. (quadro B 23).

girdle [gə:dl] s. 1. cinta f., cinto m. 2. cerca f., cerrado, cercado m. 3. cinta ortopédica f. ‖ v. 1. cercar, encerrar. 2. cintar.

girdler [g'ə:dlə] s. cinteiro m.

girl [gə:l] s. 1. moça, menina f. 2. empregada, criada f. 3. (fam.) namorada f.

the ~s as filhas de casa. **sales ~** moça balconista.

girlfriend [g'ə:lfrend] s. 1. namorada f. 2. amiga f.

girl guide s. escoteira f.

girlhood [g'ə:lhud] s. mocidade f.

girlish [g'ə:liʃ] adj. como moça. ‖ ~**ly** adv. a modo de moças.

girlishness [~nis] característica puelar f., qualidade f. de menina ou moça.

giro [dʒ'airou] s. autogiro m.

girt [gə:t] v. cintar, amarrar (com cinto). ‖ adj. amarrado, cintado.

the tree ~s 12 inches a árvore tem 12 polegadas de circunferência.

girth [gə:θ] s. 1. medida de cintura, circunferência f. 2. cilha f., cinturão m. (quadro S 1). ‖ v. medir a cintura, cilhar, cingir.

gist [dʒist] s. essência f., ponto principal m., parte principal f.

gite [ʒi:t] s. hospedagem, pousada f.

gittern [g'itə:n] s. instrumento musical m., parecido com guitarra. (= **cithern**).

give [giv] s. ato de ceder m. ‖ v. (imp. **gave,** p. p. **given**) 1. dar, presentear, conceder. 2. entregar, oferecer, ceder. 3. propor, oferecer. 4. fornecer, prover. 5. apresentar, mostrar, notificar. 6. aplicar, ministrar. 7. prestar. 8. conferir. 9. atribuir, confiar, incumbir. 10. proferir, dizer, cantar, exalar,

~ **(E. U. A.)** conte! comece a contar! **I ~ it him** eu lho dou. **I ~ it to my brother** eu dou-o ao meu irmão. **I was ~n a book** ou **a book was ~n to me** recebi um livro de presente. **it was ~n him to complete this work** ele conseguiu terminar esta obra. ~ **him my love** dê-lhe os meus cumprimentos. **he has ~n me his cold** ele transmitiu-me o seu resfriado. **I gave him a piece of my mind** eu disse-lhe as verdades. ~ **me the names** cite-me os nomes. **to ~ a cry, groan** soltar um grito, suspiro. **he gave me to understand** ele deu-me a entender. **he gave me his hand** ele deu-me a mão, desposou-me. ~ **us a song** cante para nós. **he gave me the time of day** ele deu-me bom dia, boa tarde, etc. **I ~ you two hours concedo-lhe** duas horas (para pensar). ~ **an inch, he'll take an ell** dê-lhe o dedo, tomará o braço. **I ~ you so much** faço-lhe concessão de tanto. **to ~ attention** prestar atenção. **to ~ battle** dar combate. **she gave birth to a daughter** ela deu à luz uma filha. **this period gave birth to this movement** esta época originou o movimento. **to ~ chase to the fox** fazer caça à raposa. **I ~ credit to his report** confio nas suas palavras. **to ~ a decision** decidir. **to ~ ear to** dar ouvido a. **to ~ ground** ceder, retroceder. **to ~ effect to a measure** levar a efeito uma medida. ~ **it him!** diga-lhe as verdades! dê nele! **he gave judgement** ele proferiu o julgamento. **to ~ lectures** lecionar, fazer preleções. **he gave me a lift** ele auxiliou-me, ele levou-me de carro. **she gave me a look** ela olhou-me. **to ~ notice** pedir, dar demissão. **to ~ offence** ofender. **to ~ place to** dar precedência, ceder, ser sucedido por. **to ~ place to the successor** ceder o lugar ao sucessor. **to ~ rise to** causar, originar. **to ~ rise to a rumour** provocar um boato. **the dogs gave tongue** os cachorros deram sinal, latiram (caça). **to ~ way** ceder, diminuir. **the walls gave way** os muros desmoronaram. **to ~ away** dar de presente, doar, ceder, entregar. **he gave himself away** ele traiu-se, ele comprometeu-se **he gave it to him** ele retribuiu-lho. **he gave forth** ele publicou, ele manifestou-se. ~ **in a petition** dar entrada a um requerimento. **to ~ in one's name** enlistar-se. **he gave him in charge** ele mandou-o prender. **it ~s off** desprende, deixa escapar, omite. **he ~s out** ele anuncia, faz saber, distribui. **he ~s over** (to s. o.) ele transfere, cede, entrega (a alguém). **the doctors gave him over** os médicos deram-no como perdido. **to ~ up** desistir, entregar-se, desesperar-se. **to ~ up smoking** deixar de fumar. **he gave himself up to art** ele dedicou-se completamente à arte. **he gave himself up** ele entregou-se, apresentou-se. **to ~ in** ceder, permitir, desistir. **to ~ in marriage** permitir o casamento de. **to ~ in that** admitir que, consentir em. **I ~ in to your opinion** concordo com a sua opinião. **to ~ into, in** levar a, dar em. **to ~ on to** dar para, abrir para. **the door gives on us** ou **the study a** porta dá para o escritório. **to ~ on, on to** dar para (janela). **to ~ out** afrouxar, quebrantar. **the wine gave out** o vinho acabou. **to ~ over** parar.

give-and-take s. intercâmbio m., permuta, concessão mútua, troca f. de idéias.

giveaway [g'ivəwei] s. 1. traição, denúncia, revelação (Rádio, Telev.) programa m. que oferece prêmios. (de um segredo) f. 2. (Prop.) brinde, prêmio m. 3.

given [givn] v. p. p. de **give:** dado, datado. ‖ adj. 1. fixado, determinado. 2. inclinado, disposto. 3. (Mat.) dado, conhecido.

at any ~ time em ocasião oportuna. ~ **to s. th.** ter inclinação para. **to be very much ~ to reading** gostar muito de ler. ~ **name** primeiro nome.

G 2

GLASS

Goblet | Beer-mug | Schooner | Whisky and soda glass | Hock

Ornamental glass | Champagne-glass | Beaker (Tumbler) | Brandy-glass | Liqueur-glass

GLOVE: Finger, Button, Thumb, Fingered glove, Seam, Thumb, Mitten

GUITAR: Neck, Pegs, Finger-board, Frets, Strings, Sound hole, Side, Bridge, Body

giver [g'ivə] s. 1. o que dá, doador m. 2. (Com.) vendedor, sacador m.

gizzard [g'izəd] s. moela f., estômago m. de aves. **that sticks in my ~, that frets in my ~** isto me é repugnante.

glabrous [gl'eibrəs] adj. glabro, liso.

glacé [gla:s'ei] adj. glacê, coberto com açúcar, congelado, lustroso.

glacial [gl'eisiəl] adj. glacial, glaciário, gelado, muito frio. ‖ **~ly** adv. de modo glacial.

glacial epoch s. período glacial m.

glaciate [gl'eisieit] v. cobrir com gelo ou geleira.

glaciation [gleisi'eiʃən] s. (Geol.) glaciação f.

glacier [gl'æsjə] s. geleira f.

glacier-mud, ~silt s. (Geol.) morena f.

glaciology [gleisi'ɔlədʒi] s. glaciologia f.

glacis [gl'æsis] s. 1. declive m., ladeira f. 2. (milit.) declive m. defronte de fortificação.

glad [glæd] adj. 1. alegre, contente, satisfeito. 2. agradável. ‖ **~ly** adv. alegremente, com prazer.
I am ~ estou alegre, satisfeito (**of, at** de, em). **I am ~ to say** tenho o prazer de dizer. **I am ~ (that) you like this** estou contente de que você goste disto. **he gave her the ~ eye** ele olhou apaixonado para ela.

gladden [gl'ædn] v. alegrar, ficar satisfeito.

glade [gleid] s. clareira t. no mato (quadro F 6).

glad hand s. (E. U. A., gíria) recepção cordial (efusiva ou hipócrita) f.

gladiator [gl'ædieitə] s. gladiador m.

gladiatorial [glædiət'ɔ:riəl] adj. gladiatório.

gladiolus [glædi'ouləs] s. gladíolo m.

gladness [gl'ædnis] s. alegria f., contentamento m.

glad rags s. (gíria) traje m. de festa.

gladsome [gl'ædsəm] adj. alegre, contente, agradável. ‖ **~ly** adv. alegremente, com gosto.

gladsomeness [~nis] s. alegria f., contentamento m.

Gladstone-bag s. maleta t. de couro para viagem.

Glagolitic [glægəl'itik] adj. (Filol., Hist.) glagolítico.

glair [glɛə] s. clara f. de ovo, qualquer substância viscosa e transparente, esmalte m. ‖ v. revestir com preparado de clara de ovo.

glaireous [gl'ɛəriəs], glairy [gl'ɛəri] adj. como clara de ovo, viscoso, pegajoso.

glaive [gleiv] s. espada (larga) ou lança f.

glamorous [gl'æmərəs] adj. fascinante, deslumbrante. ‖ **~ly** adv. de modo fascinante.

glamour, glamor [gl'æmə] s. fascinação f., deslumbramento, encantamento m. ‖ v. fascinar, encantar.

~–girl (Cin., Telev., Moda) estrela, beleza.

glamourize [gl'æməraiz] v. tornar belo, famoso, exaltar.

glance [gla:ns] s. 1. golpe de vista, relance m., olhadela f. 2. raio de luz, reflexo, brilho m. 3. impacto m. oblíquo causando deflexão. 4. indireta f. ‖ v. 1. dar um olhar rápido, lançar os olhos. 2. brilhar, reluzir, resplandecer. 3. resvalar. 4. tocar, insinuar. 5. brunir, polir.
lead ~ galena. **~ coal** antracita. **at a ~, at the first ~** à primeira vista. **to ~ at** dar uma olhada, espiar. **to ~ off** resvalar. **to ~ off from** desviar de. **to ~ over** olhar por cima. **he ~d his eye at** ele olhou para.

gland [glænd] s. 1. (Med.) glândula f. (quadros E 3). 2. (Eng.) prensa-estopa f., caixa f. de empanque, chapéu m. do buchim.

glandered [gl'ændəd] adj. mormoso.

glanders [gl'ændəz] s. (Veter.) mormo m.: doença infecciosa do gado eqüino e asinino.

glandiferous [glænd'ifərəs] adj. glandífero.

glandiform [gl'ændifɔ:m] adj. glandiforme.

glandless [gl'ændlis] adj. sem glândulas.

glandular [gl'ændjulə] adj. glandular. ‖ **~ly** adv. de modo glandular.

glandule [gl'ændju:l] s. pequena glândula f.

glanduliferous [glændjul'ifərəs] adj. glandulífero.

glandulous [gl'ændjuləs] adj. glanduloso, glandular.

glans [glænz] s. (Anat.) bolota, glande f.

glar [gla:] s. limo m., lama f. ‖ v. enlamear, turvar.

glare [glɛə] s. 1. resplendor, clarão m. 2. olhar penetrante m. ‖ v. 1. resplandecer, luzir, cegar. 2. olhar de modo fixo e penetrante.
he ~d at me ele fixou-me com os olhos.

glaring [gl'ɛəriŋ] adj. 1. muito claro, brilhante. 2. com olhar fixo. 3. berrante, patente, evidente, conspícuo. ‖ **~ly** adv. com muito brilho, berrantemente, evidentemente.

glaringness [~nis] s. brilho, resplendor f.

glary [gl'ɛəri] adj. resplandecente, muito brilhante.

glass [gla:s] s. 1. vidro m. 2. copo m. (quadro G 2). 3. conteúdo de um copo. 4. coisa feita de vidro, vidraça f., espelho, vidro de relógio, óculo, binóculo, barômetro m., luneta, ampulheta f. ‖ v. 1. colocar vidro ou vidraça, envidraçar, cobrir com vidro, vidrar. 2. refletir, espelhar. ‖ adj. feito de vidro.
to have (take) a ~ with tomar um copo com. **he had a ~ too much** ele tomou um copo demais, bebeu demais. **pane of ~** vidraça. **a pair of ~es** os óculos. **looking ~** espelho. **magnifying ~** lupa, lente. **plate ~** vidro plano.

glass-blower s. vidreiro, soprador m. de vidro.

glass blowing s. assopro m. de vidro.

glass-cloth s. pano m. para limpar copos.
glass-cutter s. cortador de vidro, corta-vidros m.
glass-cutting s. arte f. de lapidar vidro, ato m. de cortar vidro.
glass-dust s. vidro pulverizado m.
glasses [gl'a:səz] s. óculos m. pl.
glass eye s. olho m. de vidro.
glass-foundry s. vidraria, fábrica f. de vidro.
glassful [gl'a:sful] s. copo (cheio) m.
a ~ of water um copo com água.
glass-furnace s. forno m. para fundição de vidro.
glass-grinder s. lapidador m. de vidro.
glass-house s. 1. estufa f. para plantas. 2. fábrica f. de vidro.
glassily [gl'a:sili] adv. como vidro.
glassiness [gl'a:sinis] s. qualidade do que é vítreo, transparência f.
glassing machine s. máquina f. para alisar e brunir couro.
glass-like, glassy adj. vítreo, transparente.
glass-painting s. pintura f. em vidro.
glass-paper s. lixa (para madeira) f.
glass-shade s. globo m. de vidro.
glass-staining s. arte f. de colorir vidro durante a fabricação.
glass-ware s. artigos m. pl. de vidro, vidraria f.
glass wool s. lã f. de vidro.
glass-worker s. vidreiro m.
glass-works s. fábrica de vidro, vidraria f.
Glaswegian [glæsw'i:dʒiən] s. habitante m. + f. de Glasgow.
Glauber's salt s. sal de Glauber m.: sulfato de sódio.
glaucoma [glɔ:k'oumə] s. (Med.) glaucoma m.
glaucomatous [glɔ:k'oumətəs] adj. glaucomatoso.
glaucous [gl'ɔ:kəs] adj. glauco: de cor verde-azulada.
glave [gleiv] s. = glaive.
glaze [gleiz] s. esmalte m., cobertura vitrificada f., superfície f. coberta de gelo. ‖ v. 1. envidraçar, colocar vidros. 2. esmaltar, vitrificar, tornar uma superfície lisa. 3. tornar-se vítreo.
glazed [gleizd] adj. vítreo, lustroso.
~ brick tijolo esmaltado.
glazer [gl'eizə] s. 1. esmaltador, acetinador m. 2. rebolo m.
glazier [gl'eiziə] s. vidraceiro m.
glazier's putty s. massa vidraceira f.
glazing [gl'eiziŋ] s. 1. vitrificação, esmaltagem f., esmalte m. 2. envidraçamento m., colocação f. de vidraças. 3. polimento, brunimento m.
glazy [gl'eizi] adj. lustroso, liso como vidro.
gleam [gli:m] s. vislumbre, raio m., aparência vaga f. ‖ v. raiar, vislumbrar, surgir de repente.
a ~ of hope um raio de esperança.
gleamy [gl'i:mi] adj. vislumbrante.
glean [gli:n] v. respigar, catar, (fig.) juntar aos poucos.
gleaner [gl'i:nə] s. respigador m. (quadro H 5).
gleanings [gl'i:niŋz] s. 1. respiga f. 2. (fig.) antologia f.
glebe [gli:b] s. (poét.) 1. terra, gleba f. 2. (Ingl.) passal de igreja, torrão m.
glebe-house s. casa paroquial f.
glede [gli:d] s. (Orn.) milhafre m.
glee [gli:] s. 1. alegria f., divertimento m. 2. canção f. para três ou mais vozes, cânon m. 3. olhar m. vesgo, de soslaio. ‖ v. vesguear, olhar de soslaio.
glee-club s. sociedade f. de canto.
gleed [gli:d] s. brasa, cinza f., fogo m.
gleeful [gl'i:ful] adj. alegre. ‖ ~ly adv. alegremente.
gleefulness [~nis] s. alegria f.

gleet [gli:t] s. (Med.) corrimento m., secreção purulenta, supuração f.
gleety [gl'i:ti] adj. purulento.
gleg [gleg] adj. (esc.) vivaz, perspicaz, alerta, agudo. ‖ ~ly adv. com vivacidade, perspicácia.
glegness [gl'egnis] s. vivacidade, perspicácia, esperteza, agudeza f.
glen [glen] s. vale estreito e profundo m.
glengarry [gleng'æri] s. bibi, boné m. com fitas, usado pelos escoceses.
glenoid [gl'i:nɔid] adj. (Anat.) glenóide.
glenoidal [glin'ɔidəl] adj. glenoidal.
gliadin [gl'aiədin], gliadine [gl'aiədi:n] (Bioquím.) s. gliadina f.
glib [glib] adj. lisonjeiro, volúvel, loquaz, pouco sincero. ‖ ~ly adv. fluentemente, com loquacidade.
glibness [gl'ibnis] s. lubricidade, loquacidade, volubilidade f.
glide [glaid] s. deslize, deslizamento m. ‖ v. 1. planar, deslizar. 2. passar gradativamente.
glider [gl'aidə] s. (Av.) planador m. (piloto ou avião).
gliding [gl'aidiŋ] s. vôo com planador, volovelismo m.
glim [glim] s. (gíria) luz, vela, lanterna f., olho m.
glime [glaim] s. olhar furtivo m.
glimmer [gl'imə] s. vislumbre m., luz fraca, noção, idéia vaga f. ‖ v. vislumbrar, luzir fracamente.
not a ~, not a ~ of an idea nem a mínima noção.
glimmering [gl'iməriŋ] s. vislumbre, bruxuleio m., idéia vaga, olhadela f. ‖ adj. luzente.
glimpse [glimps] s. olhar rápido m., aparição instantânea e vaga f. ‖ v. olhar rapidamente, perceber por um instante, aparecer repentinamente.
to afford a ~ of permitir entrever. to catch a ~ at (of) perceber de relance.
glint [glint] s. raio de luz, resplendor m., cintilação f. ‖ v. reluzir, refletir, brilhar, cintilar.
glissade [glis'a:d] s. 1. descida f. das montanhas em esqui, trenó, etc. 2. deslize m. na dança. ‖ v. descer deslizando na neve.
glisten [glisn] s. brilho, resplendor m. ‖ v. brilhar, reluzir, resplandecer.
glitter [gl'itə] s. brilho, resplendor m. ‖ v. resplandecer, brilhar.
glittering [~riŋ], glittery [~ri] adj. brilhante, resplandecente. ‖ ~ly adv. com resplendor.
gloaming [gl'oumiŋ] s. crepúsculo m.
gloat [glout] s. exultação maligna f., regozijo m. ‖ v. olhar com satisfação maligna, regozijar-se, fitar.
to ~ on, upon, over exultar com malignidade sobre.
gloatingly [gl'outiŋli] adv. com satisfação maligna.
global [gl'oubəl] adj. global, inteiro.
globalism [~izm] s. conceito, aspecto global m.
globate [gl'oubeit] adj. esférico, redondo.
globe [gloub] s. globo (terrestre) m., esfera f., modelo m. do globo terrestre, planeta ou qualquer outro corpo redondo m. ‖ v. tomar a forma de um globo, englobar.
~ of the eye globo ocular.
globe-fish s. (Ict.) baiacu m.
globe-flower s. globulária f.
globe-trotter s. globe-trotter m.: pessoa f. que viaja pelo mundo por prazer.
globe-valve s. (Téc.) válvula esférica f.
globose [gl'oubous] adj. globoso, esférico.
globosity [gloub'ositi] s. globosidade, esfericidade f.
globular [gl'ɔbjulə] adj. globular, composto de glóbulos. ‖ ~ly adv. em forma de glóbulos.
globule [gl'ɔbju:l] s. glóbulo m.
globulin [gl'ɔbjulin] s. globulina f.
glockenspiel [gl'ɔkənspi:l] s. (alem.) 1. carrilhão m. 2. instrumento m. para imitar sinos.

glomerate [gl'ɔmǝreit] v. aglomerar. ‖ adj. aglomerado.
glomeration [glɔmǝr'eiʃǝn] s. aglomeração t.
glomerule [gl'ɔmǝru:l] s. (Bot. e Med.) glomérulo m.
gloom [glu:m] s. escuridão, tristeza, melancolia f., trevas f. pl. ‖ v. 1. escurecer, obscurecer. 2. estar triste, sentir-se abatido, estar acabrunhado. 3. olhar acabrunhado. 4. ter aparência ameaçadora.
gloomily [gl'u:mili] adv. obscuramente, tristemente.
gloominess [gl'u:minis] s. 1. obscuridade, escuridão f. 2. melancolia, tristeza f.
gloomy [gl'u:mi] adj. 1. escuro, obscuro. 2. triste.
gloria [gl'ouriǝ] s. Glória m.: hino, cantado na missa.
glorification [glɔ:rifik'eiʃǝn] s. glorificação f.
glorify [gl'ɔ:rifai] v. glorificar, honrar, exaltar.
gloriole [gl'ɔ:rioul] s. gloríola, glória f.: auréola de santos.
glorious [gl'ɔ:riǝs] adj. glorioso, ilustre, maravilhoso, magnífico, que dá glória ou honra. ‖ ~ly adv. gloriosamente, com honra.
a ~ **view** uma vista maravilhosa.
gloriousness [~nis] s. fama, honra, glória f.
glory [gl'ɔ:ri] s. 1. honra, fama, reputação f., renome m. 2. glória, glorificação, exaltação, canonização f. 3. beleza, magnificência f., esplendor, ! resplendor m. 4. esplendor do céu, céu m. 5. halo m. auréola f. ‖ v. jactar-se, gloriar (in sobre, em).
gloss [glɔs] s. 1. lustro m., (fig.) aparência externa f. 2. glosa, interpretação f., comentário m. 3. glossário m. 4. tradução interlinear f. ‖ v. 1. lustrar, polir. 2. comentar, explicar, anotar. 3. glosar, censurar.
to ~ **over** coonestar, encobrir.
glossal [gl'ɔsǝl] adj. (Med.) glossiano: relativo à língua.
glossarial [glɔs'ɛǝriǝl] adj. relativo a glossário.
~ **index** índice de palavras.
glossary [gl'ɔsǝri] s. glossário m.
glossator [glɔs'eitǝ] s. glosador, comentador m.
glossectomy [glɔs'ektǝmi] s. (Cirurg.) glossectomia f.: extirpação da língua.
glosser [gl'ɔsǝ] s. 1. lustrador, polidor m. 2. glosador m.
glossily [gl'ɔsili] adv. com lustro.
glossiness [gl'ɔsinis] s. lustro m.
glossitis [glɔs'aitis] s. glossite f.
glossographer [glɔs'ɔgrǝfǝ] s. glossógrafo m.
glossography [glɔs'ɔgrǝfi] s. glossografia f.
glossologist [glɔs'ɔlɔdʒist] s. 1. glossologista m. + f., glossólogo m. 2. glotologista m. + f., glotólogo m.
glossology [glɔs'ɔlɔdʒi] s. glossologia, glótica f.
glossy [gl'ɔsi] adj. lustroso, polido, liso.
glottal [glɔtl], **glottic** [gl'ɔtik] adj. glótico.
glottis [gl'ɔtis] s. glote f.
glottochronology [glɔtoukroun'ɔlǝdʒi] s. (Ling.) glotocronologia f.
glottology [glɔt'ɔlɔdʒi] s. glotologia, glótica, glossologia f.
glove [glʌv] s. luva (quadro G 2), luva f. de boxe. ‖ v. cobrir com luva, servir como luva.
to fit like a ~ adaptar-se perfeitamente. he handled it without ~s ele não tratou o negócio com luvas de seda. to be hand and ~ with estar como dois corações num só. to fight without the ~s lutar boxe sem luvas, lutar ou brigar a sério. to throw down ou take up the ~ desafiar ou aceitar desafio.
glove compartment s. (Autom.) porta-luvas m.
glove-fight s. luta f. de boxe.
glover [gl'ʌvǝ] s. luveiro m.
gloveress [~ris] s. luveira f.
glove-stretcher s. utensílio m. para esticar luvas.
glow [glou] s. 1. incandescência, brasa f., brilho m. 2. ardor, rubor, vermelhão m., paixão f. ‖ v. incan-

descer, estar em brasa, estar rubro, arder, ruborizar, estar apreensivo ou animado (com **with**).
he ~ed **indignation** ele estava vermelho de raiva.
glower [gl'auǝ] s. olhar furioso m. ‖ v. olhar fixamente, olhar furiosamente, carranquear.
glowing [gl'ouiŋ] adj. inçandescente, em brasa, (fig.) entusiasmado. ‖ ~ly adv. ardentemente, em brasa.
glowing furnace s. forno m. de têmpera.
glow-worm s. vaga-lume, pirilampo m.
gloze [glouz] s. lisonja, lisonjaria f. ‖ v. lisonjear.
to ~ **over** paliar, atenuar.
glucinum [glu:s'ainǝm] s. (Quím.) glucínio, berílio m.
glucose [gl'u:kous] s. (Quím.) glicose f.
glue [glu:] s. cola f., grude m. (quadro J 2). ‖ v. colar, grudar, pegar com cola.
glue-pot s. pote m. para aquecer cola.
gluer [gl'u:ǝ] s. colador m.
gluey [gl'u:i] adj. glutinoso, coberto de cola.
glueyness [~nis] s. qualidade do que é grudento, glutinoso.
glum [glʌm] adj. carrancudo, de mau humor. ‖ ~ly adv. de modo carrancudo.
glumaceous [glu:m'eiʃǝs] adj. (Bot.) glumáceo.
glume [glu:m] s. (Bot.) gluma f.
glumness [gl'ʌmnis] s. carranca f.
glut [glʌt] s. fartura, abundância f., excesso m. ‖ v. fartar, saturar, encher (de comida), satisfazer.
to ~ **one's revenge upon** s. o. descarregar sua ira sobre alguém, desabafar com alguém.
gluten [gl'u:tǝn] s. (Quím.) glúten m.: substância protéica dos cereais.
gluten bread s. pão de glúten m. (para diabéticos).
gluteus [glu:t'i:ǝs] s. pl. -**tei** [-t'i:ai] músculo glúteo, músculo das nádegas m.
glutinize [gl'u:tinaiz] v. tornar viscoso ou pegajoso.
glutinosity [glu:tin'ɔsiti] s. glutinosidade f.
glutinous [gl'u:tinǝs] adj. glutinoso. ‖ ~ly de modo glutinoso.
glutton [glʌtn] s. glutão, comilão m., pessoa insaciável f., (Zool.) glutão m.: mamífero, carnívoro.
a ~ **for books** um bibliômano.
gluttonize [gl'ʌtnaiz] v. comer em excesso, comer como glutão.
glutton-like adj. glutão.
gluttonous [gl'ʌtnǝs] adj. glutônico. ‖ ~ly adv. com glutonaria.
gluttony [gl'ʌtni] s. glutonaria f.
glycerin [gl'isǝri:n] s. glicerina f., glicerol m.
glycerol [gl'isǝroul] s. glicerol m., glicerina f.
glycocoll [gl'aikǝkɔl] s. (Quím.) glicocola f.
glycogen [gl'aikɔdʒen] s. glicogênio m.
glycogenic [glaikɔdʒ'enik] adj. glicogênico.
glycol [gl'aikoul] s. (Quím.) glicol m.
glyph [glif] s. glifo, hieróglifo m.
glyphography [glif'ɔgrǝfi] s. glifografia f.
glyptics [gl'iptiks] s. pl. gliptologia, gliptografia f.
glyptodont [gl'iptǝdɔnt] s. (Zool.) gliptodonte m.
glyptograph [gl'iptogra:f] s. pedra gravada ou entalhada f., camafeu m.
glyptography [glipt'ɔgrǝfi] s. gliptografia f.
glyptotheca [gliptoθ'i:kǝ] s. gliptoteca f.
gm. abr. de **gram, grams:** grama m.
G-man s. (E. U. A.) agente policial do F. B. I.
G. M. T. abr. de **Greenwich Mean Time:** hora média de Greenwich.
gnarl [na:l] s. nó m. na madeira.
gnarled [na:ld] adj. áspero, sulcado, curtido pelo tempo, torcido.
gnarly [n'a:li] adj. cheio de nós, nodoso.
gnash [næʃ] v. ranger.
to ~ **one's teeth** ranger os dentes.
gnashingly [n'æʃiŋli] adv. de modo rangente.

gnat [næt] s. mosquito m.
to strain at a ~ ser excessivamente escrupuloso.
gnaw [nɔ:] v. (p. p. **gnawed** ou **gnawn**) roer, morder, corroer, (fig.) atormentar, inquietar, consumir.
gnawer [n'ɔ:ə] s. roedor m.
gnawing [n'ɔ:iŋ] adj. roedor, corrosivo. ‖ **~ly** adv. de modo corrosivo.
gneiss [nais] s. (Geol.) gnaisse, gneiss m.
gnome [noum] s. 1. gnomo m. 2. homúnculo m. (idealizado por Paracelso). 3. aforismo m.
gnomic [n'oumik] adj. gnômico.
gnomish [n'oumiʃ] adj. como gnomo.
gnomologic(al) [noumol'ɔdʒik(əl)] adj. gnomológico.
gnomology [noum'ɔlədʒi] s. gnomologia f.
gnomon [n'oumɔn] s. gnômon m. (quadro C 11): ponteiro do relógio solar.
gnomonic [nom'ɔnik] adj. gnomônico. ‖ **~ally** adv. de modo gnomônico.
gnomonics [~s] s. pl. gnomônica f.
gnostic [n'ɔstik] s. gnóstico m. ‖ adj. relativo ao gnosticismo.
Gnosticism [n'ɔstisizm] s. (Filos.) gnosticismo m.
GNP abrev. de **Gross National Product** Produto Nacional Bruto.
gnu [nu:] s. gnu m.: antílope africano.
go [gou] s. 1. ação de andar f., andar m. 2. espírito, impulso m., energia, animação f. 3. estado das coisas, modo, estilo m. 4. (coloq.) apuro, embaraço m. 5. vez (de jogar) f., tentativa f. ‖ v. (imp. **went**, p. p. **gone**) 1. andar, viajar, voar, ir, caminhar. 2. partir, deixar, ir embora. 3. estar em movimento, andar, trabalhar (máquinas), soar. 4. ficar, tornar-se, vir a ser. 5. estar, ser. 6. começar, empreender. 7. proceder, avançar. 8. correr, vogar, estar em uso corrente. 9. meter-se, intrometer-se. 10. estender-se, alcançar. 11. passar. 12. ser vendido, ser entregue. 13. tender, levar, conduzir. 14. resultar, redundar. 15. pertencer, caber. 16. combinar, harmonizar. 17. explodir, estourar. 18. deixar de existir, perder, gastar. 19. morrer. 20. afrouxar. **have a ~ at it!** faça uma tentativa! **there is no ~ in the show** (coloq.) o negócio não anda. **it is no ~** (coloq.) não vai, não adianta. **it is all (quite) the ~** está bem em moda. **on the ~** em movimento. **he is always on the ~** ele está sempre em movimento. **a near ~** uma escapadela apertada. **a fair ~** uma chance. **(it's) no ~** não presta. **here's a ~!** agora avante! **I'll have a ~ at it** farei uma tentativa. **is it a ~?** combinado? **Great ~** (Cambridge) exame final. **Little ~** (Cambridge) exame de admissão, exame vestibular. **to ~ on foot** ir a pé. **to ~ by train** viajar de trem. **who ~es there?** quem está aí? **who ~es?** de quem é a vez? **as men ~** como costuma acontecer com os homens. **to ~ a way, an errand** fazer uma caminhada, levar uma mensagem. **to ~ a journey, pilgrimage** fazer uma viagem, peregrinação. **to ~ the pace** galopar, avançar, viver levianamente. **to ~ places** sair de viagem. **to ~ the limit** ir até o fim. **I forgot how the song ~es** esqueci-me como ia esta música. **to set the clock ~ing** pôr o relógio em movimento. **the clock went 5** o relógio deu 5 horas. **how ~es the time?** que horas são? **how ~es the time with you?** como está você? **as the story ~es** como se diz. **that ~es without saying** isto se compreende por si. **as things ~** como andam as coisas, de acordo com as circunstâncias. **how are things ~ing?** como vai? **anything ~es** (E. U. A.) vale tudo. **that ~es to show** (E. U. A.) isto demonstra. **there it ~es again** aí de novo está. **let ~!** largue! **he went his way** ele encaminhou-se, ele foi-se embora. **it was touch ~** estava por um fio de cabelo, por um triz. **he went unpunished** ele ficou impune. **~ing, ~ing, ~ne!** (leilão) primeiro, segundo, terceiro! **the money went in sweets** o dinheiro foi gasto em doces. **that must ~** isto tem de sair. **the car must ~** o carro tem de ser vendido. **that word will have to ~** esta palavra precisa ser riscada. **be ~ne!** afaste-se!, saia! **I must be ~ne** tenho de ir. **dead and ~ne** morto e passado. **to ~ to bed** deitar-se na cama. **to ~ to school** ir para a escola. **he went to the bar** ele tornou-se advogado. **what was ~ing to be done?** o que devia ter sido feito? **to ~ fishing** ir pescar. **he went motoring** ele saiu de automóvel. **to ~ again with** começar novamente com. **to ~ aboard** ir a bordo, embarcar. **to ~ about** (Náut.) virar, mudar de rumo, pretender, empreender, iniciar, trabalhar em, andar para lá e para cá. **to ~ about saying** espalhar um boato. **to ~ abroad** viajar (ao estrangeiro). **he ~es against me** ele é contra mim, ele me é antipático. **~ ahead** avante! **mind? — go right ahead!** (E. U. A., coloq.) dá licença? — Pois não! **as we ~ along, we shall see** conforme prosseguirmos, veremos. **to ~ along with** acompanhar, ir em companhia de. **~ along with you!** dê o fora! **to ~ aside** apartar-se, perder-se. **to ~ astray** perder o caminho, perder-se. **he went at me (it)** ele me atacou (ele o começou). **to ~ away** partir. **to ~ awol** sumir-se. **you cannot ~ back now** agora não pode voltar para trás. **to ~ back on one's promise** retirar a sua promessa. **he cannot ~ back on his signature** ele não pode anular sua assinatura. **the house ~es back to the 12th century** a casa data do século 12. **to ~ bad** estragar. **to ~ bail** fiar, afiançar. **bang went the door** a porta bateu. **to ~ begging** mendigar. **the cake is ~ing begging** o bolo não está tendo aceitação. **to ~ behind s. th.** investigar alguma coisa. **to ~ between** intervir. **to ~ blind** ficar cego. **to ~ by** passar. **years gone by** anos passados. **the days ~ by** os dias passam. **you can't ~ by that** não vá atrás disso. **he ~es by the name of X** ele é conhecido sob o nome X. **promotion ~es by merit** promoção de acordo com o mérito. **the law-suit went by default** o processo correu em ausência do réu. **she went the colour of...** ela ficou vermelha como... **the sun ~es down** o Sol vai deitar-se. **the wind ~es down** o vento está se acalmando. **he went down** ele deixou a universidade. **the armies went down before...** os exércitos renderam-se diante... **that won't ~ down with me** não posso crer nisto. **he is ~ing down with** ele está doente de. **America went dry** os E. U. A. introduziram a lei seca. **that will ~ far** isto durará muito, isto terá grande influência **(with** sobre). **to ~ so far as to say** chegar a ponto de afirmar. **so far as it ~es** até um certo grau, tanto que. **to ~ for a chair** buscar uma cadeira. **to ~ for a drive** sair de carro. **to ~ for s. o.** avançar contra alguém. **to ~ for nothing** não contar, não ter cotação. **he went for it** ele precipitou-se sobre isto. **to ~ forth** sair, partir, ser divulgado ou publicado no estrangeiro. **that ~es for you too** isto também se aplica a você. **to ~ from the word** não cumprir a promessa. **to ~ halves with** dividir meio a meio com. **it shall ~ hard but** macacos me mordam se... não... **he will ~ as high as** ele pagará até. **to ~ hot and cold** ter arrepios. **to ~ hungry** passar fome. **the coat ~es in the cupboard** o lugar da capa é o armário, cabe no armário. **we must ~ in and win** coragem! o mundo é nosso! **to ~ forward** avançar. **to ~ hard with** criar grande perturbação, perigo ou dificuldade. **to ~ ill** ou **well with** passar, combinar, bem ou mal com. **to ~ in** entrar. **to ~ in and out** ter plena liberdade. **to ~ in for** (Esp.) participar

em. **he ~es in for sailing** ele gosta de velejar. **he ~es in for history** ele quer ser historiador. **he ~es in for being a poet** ele quer passar por poeta. **to ~ in for the examination** prestar exame. **don't ~ in on it** (E. U. A.) não se deixe levar. **to ~ in unto** ir à presença de, apresentar-se a. **to ~ into** entrar, freqüentar, participar. **to ~ into convulsions** entrar em convulsões. **3 into 7 ~es twice and one over 7** dividido por 3 dá 2 e sobra um. **to ~ into mourning** vestir-se de luto. **he went into business** ele entrou no comércio. **the book went into many editions** o livro teve muitas edições. **to ~ mad** enlouquecer. **to ~ native** assimilar-se aos nativos. **it will ~ near to** não faltará muito, que. **I'm ~ing nuts here** isto me deixa maluco. **to ~ off** partir, ir embora, morrer, disparar, sumir-se, desmaiar, ser liquidado (mercadorias), passar (bem ou mal). **the train went off** o trem partiu. **the gun went off** a arma disparou. **the cinema has ~ne off** o cinema tem piorado. **he went off** ele adormeceu, morreu. **it went off** (gíria) não se realizou. **how did the play ~ off?** como agradou a peça? **to ~ on** seguir, continuar, avançar (at em). **~ on!** continue! **it ~es on** permanece, dura. **you can't ~ on the way you've been** você não pode continuar desta maneira. **to ~ on** (Teatro) começar. **to ~ on strike** entrar em greve. **he went on talking** ele continuou falando. **to ~ on with the work** continuar com o trabalho. **he went on to say** então ele disse. **the world ~es on** o mundo continua. **he went on about it for half-an-hour** ele falou sobre isto durante meia hora. **we were ~ing on for Bristol** estávamos chegando a B. **the clock was ~ing on to six** eram quase seis horas. **to ~ on horseback** montar a cavalo. **to ~ on a journey** sair em viagem. **to ~ on an expedition** fazer uma expedição. **I don't ~ on him** não o estimo. **to ~ one better** exceder, sobrepujar. **to ~ out** partir, sair, extinguir-se, deixar o emprego, deixar o lar para empregar-se, fazer greve. **the fire went out** o fogo apagou-se. **to ~ out of business** deixar, desistir de um negócio. **to ~ out of fashion** sair da moda. **to ~ out of print** estar esgotado (livros). **to ~ over** passar, mudar de partido ou de opinião, atravessar, examinar, revisar, ensaiar. **to ~ over to Rome** aderir ao catolicismo. **the vase went over** o vaso tombou. **the play went over** (gíria) a peça teve sucesso. **to ~ parallel with** correr em paralelo com. **pop went the bottle** a garrafa estourou. **to ~ shares** dividir. **to ~ short of food** estar com falta de víveres. **to ~ sick** ficar doente. **to ~ stag** sair sem mulheres. **to ~ steady** continuar firme. **he went it strong** ele atuou energicamente, ele exagerou. **he is still ~ing strong** ele continua em forma. **to ~ through** passar por, sofrer, examinar. **he went through much** ele sofreu muito, passou por muito. **we must ~ through with this** precisamos levar isto ao fim. **to ~ together** harmonizar, condizer. **the property ~es to his brother** a propriedade passará para seu irmão. **12 pence ~ to the shilling** 12 p. perfazem um xelim. **this ~es to give you a holiday** isto lhe proporcionará férias. **the doll has ~ne to pieces** a boneca ficou em pedaços. **it went to ruin** estragou-se. **he (they) went to the country** ele foi para o interior, eles dirigiram-se ao povo. **~ to Bath!**, **~ to blazes!**, **~ to Jericho!** Vá para o diabo! **to ~ to it!** (coloq.) vamos a isso! **to ~ under** 1. perecer, perder-se, falhar. 2. afundar (navio). **to ~ up** subir, ascender, aumentar. **to ~ up like smoke** resultar em nada. **~ing up?** (elevador) sobe? **to ~ upon the instructions of** seguir as instruções de. **to have**

nothing to ~ upon não ter nenhuma orientação. **it will ~ a long way** isto durará por muito tempo. **he went west** ele morreu. **to ~ with** dizer com, condizer, quadrar, ser parelha. **jealousy ~es with glory** glória traz inveja. **to ~ with child** estar grávida. **do you ~ with me?** você me compreende? você concorda comigo? **what ~es with it?** o que é que acompanha isto? **to ~ without s. th.** carecer de alguma coisa, passar sem alguma coisa. **he went wrong** ele errou (o caminho). **it went wrong** falhou, fracassou. **~-to-meeting clothes** (joc.) roupa domingueira.

goad [goud] s. aguilhada f. ‖ v. aguilhoar, aferroar.

goadsman [g'oudzmən], **goadster** [g'oudstə] s. aguilhoador m.

goaf [gouf] s. (Miner.) parte esgotada, entulheira f. de mina de carvão.

go-ahead s. 1. ato m. de avançar, progredir. 2. ambição, atividade f. 3. (E. U. A., coloq.) autorização f. para proceder-se. ‖ adj. enérgico, ativo, moderno, empreendedor.

goal [goul] s. 1. meta, baliza f., marco m. 2. (futebol) gol, ponto, tento m. (quadro F 5). 3. finalidade f., fim m.

he got, scored a ~ ele fez um gol.

goalkeeper [g'oulki:pə] s. arqueiro, goleiro m. (quadro F 5).

goal-line s. (Futeb.) linha f. de fundo.

goal post s. (Futeb.) poste m. vertical da trave.

Goa powder s. pó-de-goa m., araroba f.: pó extraído da araroba (Andira araroba), que é a fonte principal da crisarobina.

go-as-you-please s. liberdade f. ‖ adj. sem-cerimônia, despreocupado.

goat [gout] s. 1. cabra f. 2. (Astron.) Capricórnio m. 3. tolo, trouxa m. 4. pessoa lasciva f.

he—~ bode. **she—~** cabra, cabrito. **to get one's ~** enfurecer alguém. **to play the giddy ~** bancar o trouxa.

goatee [gout'i:] **~ beard** s. cavanhaque m. (quadro B 5).

goatherd [g'outhə:d] s. pastor m. de cabras.

goatish [g'outiʃ] adj. 1. caprino. 2. libidinoso, lascivo. 3. grosseiro. ‖ **~ly** adv. 1. de modo caprino. 2. lascivamente.

goat's-beard s. (Bot.) barba-de-bode f.

goatskin [g'outskin] s. pele f. ou couro m. de cabra. ‖ adj. de pele de cabra.

goatsucker [g'outsʌkə] s. (Orn.) curiango m.

gob (I) [gɔb] s. 1. boca f. 2. bocado m. 3. escarro, muco m., saliva f.

gob (II) [gɔb] s. 1. galeria f. abandonada de uma mina. 2. entulho, minério pobre m.

gob (III) [gɔb] s. (E. U. A., coloq.) marujo m.

gobbet [g'ɔbet] s. bocado, pedaço (de carne) m.

gobble [gɔbl] s. gorgolejo m.: o som emitido pelo peru. ‖ v. 1. gorgolejar. 2. devorar, engolir com pressa.

gobbler [g'ɔblə] s. 1. comilão m. 2. peru m.

Gobelin [g'ɔbəlin] s. gobelino m., tapeçaria f.

go-between s. intermediário m.

goblet [g'ɔblet] s. cálice m., taça f. (quadro G 2).

goblin [g'ɔblin] s. trasgo, gnomo, duende travesso m.

goby [g'oubi] s. (Ict.) gobião m.

to give s. o. the ~ ignorar, evitar alguém.

G. O. C. abr. de **General Officer Commanding**.

go-cart s. carrinho m. (para crianças aprenderem a andar).

god [gɔd] s. deus, ídolo m., divindade, deidade f. ‖ v. deificar, endeusar.

the ~s (Teatro) galeria. **God** Deus. **God forbid** Deus nos (me) livre. **God grant** Deus permita. **thank God**

graças a Deus. **God willing** se Deus quiser. **would to God** Deus queira. **under God** com o auxílio de Deus. **man proposes, but God disposes** o homem propõe e Deus dispõe.
godchild [g'ɔdtʃaild] s. afilhado (de batismo) m.
goddaughter [g'ɔddɔ:tə] s. afilhada (de batismo) f.
goddess [g'ɔdis] s. deusa, (fig.) mulher formosa f.
godfather [g'ɔdfa:ðə] s. padrinho (de batismo) m. **to stand** ~ ser padrinho.
god-fearing adj. crente em Deus.
god-forsaken adj. abandonado (por Deus).
god-given adj. dado por Deus, (fig.) bem-vindo.
godhood [g'ɔdhud] s. divindade, natureza divina f.
godless [g'ɔdlis] adj. ímpio, irreligioso. ‖ ~**ly** adv. ateisticamente.
the ~ os ateístas.
godlessness [~nis] s. ateísmo m., irreligiosidade f.
godlike [g'ɔdlaik] adj. divino, semelhante a um deus.
godliness [g'ɔdlinis] s. religiosidade, piedade f.
godling [g'ɔdliŋ] s. deidade menor f., de importância estritamente local.
godly [g'ɔdli] adj. religioso, pio, devoto.
God-man s. Homem-Deus m.: Jesus Cristo.
godmother [g'ɔdmʌðə] s. madrinha (de batismo) f.
godown [goud'aun] s. (India) armazém m.
godparent [g'ɔdpɛərənt] s. padrinho m. ou madrinha f.
God's acre s. cemitério m.
God Save the Queen (King), também Ingl. coloq. **the Queen (King)** Deus Salve a Rainha (o Rei): hino nacional inglês.
God's country s. terra de Deus, esp. zona rural, afastada f.
godsend [g'ɔdsend] s. dádiva f. de Deus, sorte f.
godship [g'ɔdʃip] s. deidade, divindade f.
godson [g'ɔdsʌn] s. afilhado m.
God-speed s. boa sorte f., adeus m.
godward [g'ɔdwəd] adj. religioso, concentrado em Deus. ‖ adv. para Deus, a Deus.
godwards [~z] adv. para Deus.
godwit [g'ɔdwit] s. (Zool.) limosa f.
goer [g'ouə] s. andador, o que anda m.
Goethian [g'ə:tiən] adj. goethiano.
goffer [g'ɔfə] s. 1. prega f. 2. (Tipogr.) gofrador m. ‖ v. 1. plissar, relevar. 2. (Tipogr.) gofrar.
goffering [~riŋ] s. 1. plissagem f. 2. prega, plicatura f. 3. (Tipogr.) gofradura f.
Gog and Magog [gɔgnm'əigɔg] potências f. pl. a serem lideradas por satanás na luta contra o Reino de Deus.
go-getter s. (E. U. A.) pessoa enérgica e agressiva f.
goggle [gɔgl] s. 1. ato m. de arregalar, esbugalhar os olhos. 2. (em geral ~**s** pl.) óculos m. pl. de proteção. ‖ v. 1. arregalar. 2. fitar. 3. esbugalhar. **her eyes** ~**d** ela rolou os olhos.
goggle-eyed adj. com os olhos arregalados.
goggle-eyes s. olhos saltados m. pl.
go-go adj. 1. de rock-and-roll ou lugar onde é praticado. 2. atual, vivo, bossa legal.
Goidelic [gɔid'elik] adj. (Ling.) goidélico.
going [g'ouiŋ] s. 1. andamento m., ação f. de andar. 2. partida f. 3. condição f. da vida. 4. curso m. da vida. 5. prenhez f. ‖ adj. andante, andando, em movimento, indo bem, em ação.
nice ~**!** está bem! **it's been tough** ~ **lately** as coisas têm ido mal. **a** ~ **business** um negócio próspero. ~ **concern** (E. U. A.) companhia, loja, etc. florescente. **to be** ~ **to do** estar para fazer. **I am** ~ **to do it** eu o farei. **the greatest rascal** ~ o maior salafrário que anda por aí. **the best that are** ~ o melhor que há. ~ **down** ocaso, pôr-do-sol.
going-over (pl. **goings-over**) s. 1. exame completo m.

2. reprimenda f.
goings-on s. pl. conduta f., atividades f. pl.
there were wild ~ (E. U. A., coloq.) fizeram o diabo a quatro, pintaram o sete.
goitre, goiter [g'ɔitə] s. (Pat.) papo, bócio m.
goitrous [g'ɔitrəs] adj. papudo.
Golconda [gɔlk'ɔndə] s. golconda f.: mina de riquezas.
gold [gould] s. 1. ouro m. 2. moedas f. pl. de ouro 3. dinheiro m., riqueza f. 4. douradura f. 5. amarelo-ouro m. ‖ adj. 1. teito de ouro, áureo, de ouro, como ouro. 2. amarelo-ouro.
the countries on ~ os países com padrão ouro. **as good as** ~ de toda confiança. **he is worth his weight in** ~ ele vale seu peso em ouro. **all is not** ~ **that glitters** nem tudo que reluz é ouro. **a heart of** ~ um coração de ouro. ~ **watch** relógio de ouro. **dead** ~ ouro fosco.
gold-beater s. batedor de ouro, bate-folha m.
~**-beater's skin** película de ceco de boi.
gold-beating s. batedura, laminação f. de ouro.
gold brick s. 1. (gíria E. U. A.) pechisbeque m., falsificação f. 2. (E. U. A., milit. e Marinha) simulador m. com o fim de esquivar-se de serviço. ‖ v. simular doença para esquivar-se de obrigações.
gold digger s. 1. garimpeiro m. 2. (E. U. A., coloq.) cavadora f. de ouro: mulher que se casa apenas por dinheiro (e não por amor).
gold-digging s. 1. garimpagem f., cavação f. de ouro. 2. garimpo m.
gold-dust s. pó m. de ouro.
golden [g'ouldən] adj. 1. de ouro, áureo, aurífero. 2. lustroso como ouro, amarelo ouro. 3. excelente, favorável, precioso, importante. 4. próspero, feliz. 5. relativo a cinquentenário.
~ **hair** cabelo dourado. ~ **opportunity** boa oportunidade. ~ **age** idade de ouro. ~ **mean** meio termo, moderação; compromisso ideal. **he won** ~ **opinions** ele foi elogiado. **the Golden Fleece** o Josão de Ouro. ~ **rule** conceito moral, de tratar os outros como queremos ser tratados.
golden calf s. bezerro m. de ouro.
Golden Horde s. (Hist.) exército mongol m.
golden-mouthed adj. eloquente.
golden pheasant s. (Orn.) faisão dourado m.
golden wedding s. bodas f. de ouro.
gold-fever s. febre f. de ouro.
gold-field s. região aurífera f.
gold-filled adj. folhado a ouro.
goldfinch [g'ouldfintʃ] s. (Ornit.) pintassilgo m.: pássaro do gênero Carduelis.
goldfish [g'ouldfiʃ] s. (Ict.) peixe-vermelho, peixe-dourado m.
gold-foil, ~-leaf s. folha f. de ouro.
gold-hammer s. (Ornit.) letreira, emberiza f.: pássaro do gênero Emberiza.
goldilocks [g'ouldilɔks] s. (Bot.) ranúnculo m.
gold-leaf s. ouro m. em folha.
goldless [g'ouldlis] adj. sem ouro.
gold-mine s. mina f. de ouro, (fig.) fonte f. de riqueza.
gold-plate s. baixela f. de ouro.
gold reserve s. (Econ.) reserva f. de ouro.
gold rush s. corrida f. para as jazidas de ouro.
gold-size s. solução gelatinosa f. para douradura.
goldsmith [g'ouldsmiθ] s. ourives m.
goldsmithry [~ri] s. ourivesaria f.
gold standard s. padrão ouro m.
Gold Stick s. coronel m. da guarda real.
gold thread s. linha f. de seda coberta com fio dourado.
gold-washer s. operário m. de lavagem de ouro.
gold wire s. fio m. de ouro.
goldy-locks s. 1. loura f. 2. (Bot.) ranúnculo m.

golem [g'oulǝm] s. (Folclore hebraico) ser artificial, robô m.

golf [gɔlf] s. golfe m. ‖ v. jogar golfe.

golf-club s. 1. taco m. para jogar golfe. 2. clube m. de golfe.

golf course (ou ~ **links**) s. campo m. de golfe.

golfer [g'ɔlfǝ] s. jogador m. de golfe.

golf-hose s. meias curtas f. pl.

golgotha [g'ɔlgǝθǝ] s. gólgota, calvário m.

Goliath [gol'aiǝθ] s. 1. Golias m. 2. (fig.) gigante m.

golliwog [g'ɔliwɔg] s. 1. boneca preta, grotesca f. 2. pessoa grotesca f.

golly [g'ɔli] interj. (E. U. A. esp. negros) Deus! **by ~!** meu Deus!

goluptious [gǝl'ʌpʃǝs] adj. delicioso.

gombeen [gɔmb'i:n] s. (irl.) usura f.

gombeen-man s. usurário m.

gomphosis [gɔmf'ousis] s. (Anat.) gonfose f.

gonads [g'ɔnædz] s. pl. gônadas f. pl.: glândulas reprodutoras sexuais de qualquer dos dois sexos.

gonagra [gǝn'ægrǝ] s. (Med.) gonagra f.

gondola [g'ɔndǝlǝ] s. 1. gôndola f.: barco a remo (quadro B 14). 2. cabina f. de zepelim para passageiros ou motores. 3. (E. U. A.) chata f., batel m.

gondola car s. (Estr. de F.) gôndola f.: vagão sem cobertura.

gondolier [gɔndǝl'iǝ] s. gondoleiro m.

gone [gɔn] v. p. p. de **go.** ‖ adj. 1. ido, andado. 2. perdido, desesperador. 3. morto, passado. 4. gasto, consumido. 5. arruinado, estragado. 6. desfeito, desmanchado, anulado. 7. fraco, vago. **far ~** muito avançado, muito envolvido. **he is ~ on her** ele está apaixonado por ela. **the soup's all ~** a sopa acabou. **too far ~** um caso perdido.

goneness [g'ɔnnis] s. exaustão, depressão f.

goner [g'ɔnǝ] s. (E. U. A., gíria) pessoa arruinada f., caso perdido m.

gonfalon [g'ɔnfǝlǝn], **gonfanon** [-fǝnǝn] s. (Hist.) gonfalão, estandarte m., bandeira f.

gonfalonier [gɔnfǝlǝn'iǝ] s. gonfaloneiro m.

gong [gɔŋ] s. gongo m. ‖ v. (coloq.) parar motorista por sinal de gongo (polícia). **to hit the ~** dar sinal de gongo.

gongylus [g'ɔndʒilǝs] s. (Bot.) gôngilo m.

gonidium [goun'idiǝm] s. pl. **gonidia** [-diǝ] gonídia f.: célula reprodutiva de algas.

goniometer [gouni'ɔmitǝ] s. goniômetro m.

goniometric [gouniom'etrik], **goniometrical** [-ǝl] adj. goniométrico.

goniometry [gouni'ɔmǝtri] s. goniometria f.

gonna [g'ɔnǝ] (E. U. A., Vulg.). = **going to.**

gonococcus [gɔnok'ɔkǝs] s. pl. **–cocci** [-k'ɔksai] s. gonococo m.

gonophore [g'ɔnǝfɔ:] s. (Bot. e Zool.) gonóforo m.

gonorrhoea, gonorrhea [gɔnǝr'iǝ]: s. (Med.) gonorréia, blenorragia f.

goo [gu:] s. 1. (gíria) algo pegajoso, doce m. 2. sentimentalidade exagerada f.

goober [g'u:bǝ] s. (E. U. A., gíria) amendoim m.

good [gud] s. 1. bem, benefício m., vantagem f. 2. o que é bom, justo, útil m., coisa boa, gente boa, direita f. 3. bem-estar m., prosperidade f. ‖ adj. (comp. **better,** superl. **best**) 1. bom, admirável, desejável. 2. justo, próprio. 3. comportado. 4. benigno, bondoso. 5. sincero, verdadeiro. 6. seguro, certo. 7. real, genuíno. 8. agradável. 9. vantajoso, útil, beneficente. 10. satisfatório, pleno. 11. suficiente, adequado, muito. 12. capaz, eficiente, minucioso. 13. bastante, considerável. 14. devoto, virtuoso. 15. saudável, benéfico, salutar. 16. conveniente, decente. 17. fresco, não deteriorado. 18. válido, corrente (moeda). 19. (Com.) solvente, seguro, idô-

neo. 20. vigorante, em vigor (lei). 21. perfeito, completo. 22. amável, cortês. 23. aceitável, apetitoso. ‖ interj. bom! bem! **the ~** homens de bem. **the ~ of the state** o bem (estar) do estado. **~ and bad** bem e mal. **that is no ~** isto não adianta. **what is the ~ of that?** qual é a vantagem disto? **for ~ (and all)** para sempre, definitivamente. **gone for ~** foi-se definitivamente. **a power for ~** uma força para o bem. **for the ~ of** para o bem de. **for ~ and all** de uma vez para sempre. **to the ~** além, extra. **my ~ man** meu caro senhor. **that's a ~'un** (gíria) essa é boa! **~ fruit** frutas frescas. **to have ~ health** estar de boa saúde. **~ hunting!** boa caça! **~ night!** 1. boa-noite. 2. (fig.) agora chega!, acredite quem quiser! **~!** bom!, bem (feito)! **very ~, sir!** às ordens, senhor! **this food looks ~** esta comida tem bom aspecto. **it looks ~ (to me)** parece(-me) prometedor. **be ~!** (coloq.) adeus! **not ~ enough** miserável. **be ~** (coloq.) adeus! **not ~ enough** miserável. **be ~ enough to do this** tenha a bondade de fazer isto. **~ and** (E. U. A.) muito, bem. **~ and dry** bem seco. **as ~ as done** praticamente feito. **as ~ as gold** com um coração de ouro. **he was as ~ as his word** ele cumpriu com sua palavra. **he has as ~ as told me** ele me deu a entender. **he is ~ at telling stories** ele sabe contar histórias. **on ~ authority** de fonte segura. **a ~ beating** uma boa surra. **~ breeding** boa educação. **he is ~ company** ele é bom companheiro. **a ~ child** uma criança comportada. **a ~ deal** bastante. **~ debts** dívidas seguras. **in ~ earnest** seriamente. **in ~ faith** de boa fé. **being in ~ faith** ter boa fé. **are you ~ for $ 10?** será que me podia emprestar $ 10? **it is ~ for you** fará bem a você, isto é bom para você. **what is it ~ for?** para que serve? **to feel ~** estar disposto, estar alegre. **~ humour** bom humor, amabilidade. **~ gracious!** meu Deus! **a ~ half** mais do que a metade. **a ~ hour** bem uma hora. **it holds ~, it stands ~** é válido. **to have ~ looks** ser bonito, ser vistoso. **~ luck!** boa sorte! **to make ~** confirmar, demonstrar, executar, cumprir, substituir, compensar. **to make ~ a loss to s. o.** compensar a perda a alguém. **I must make ~ my promise** preciso cumprir minha promessa. **a ~ many** bastante. **to have a ~ mind to do** estar bem disposto a fazer. **to stand ~** permanecer válido. **a ~ press** uma imprensa favorável. **~ sense** bom senso. **it is a ~ thing** é conveniente. **I think it ~** acho conveniente. **have a ~ time!** bom divertimento! **in ~ time** em tempo. **we had a ~ time** divertimo-nos bastante. **~ temper** jovialidade, serenidade. **~ title** título juridicamente em ordem. **a ~ turn** uma mudança para o bem, um obséquio.

good afternoon s. (saudação) boa-tarde! m.

good behaviour s. boa conduta f.

Good Book s. Bíblia f.

good-by, good-bye interj. (contração de **God be with ye**) adeus!

good-class adj. de primeira classe.

good day s. (saudação) bom-dia! m.

good evening s. (saudação) boa-noite! f.

good-faced adj. bonito.

good-fellow s. companheiro m.

good-fellowship s. urbanidade f., companheirismo m.

good-for-nothing s. pessoa inútil f. ‖ adj. inútil, imprestável.

Good-Friday s. Sexta-feira f. da Paixão.

good-going adj. próspero, que vai bem.

good-hearted adj. generoso, bondoso. ‖ **~ly** adv. generosamente.

good-humoured adj. bem humorado, disposto. ‖ ~ly adv. com bom humor.
goodish [g'udiʃ] adj. relativamente bom, considerável.
good lady s. esposa f.
goodliness [g'udlinis] s. beleza, meiguice, graça f.
good look s. pl. 1. boa aparência f. 2. rosto bonito m.
good-looking adj. bonito, vistoso.
goodly [g'udli] adj. 1. agradável, bonito, vistoso, gracioso, bondoso. 2. considerável, grande.
goodman [g'udmən] s. 1. pai de família, dono de casa, marido m. 2. (por eufemismo) diabo.
good morning s. (saudação) bom-dia! m.
good nature s. bondade f., altruísmo m.
good-natured adj. afável, agradável, bondoso, benévolo. ‖ ~ly adv. benignamente.
good-neighbourhood, –ship, –liness s. boa vizinhança f.
Good Neighbour Policy s. política f. de boa vizinhança.
goodness [g'udnis] s. bondade, benevolência, afabilidade, boa qualidade, excelência f. ‖ interj. Deus! ~ gracious! meu Deus! ~ knows Deus sabe! for ~' sake! pelo amor de Deus! I wish to ~ Deus queira.
good night s. (saudação) boa-noite! m.
good offices s. pl. bons ofícios m. pl.
goods [gudz] s. pl. 1. posses f. pl., haveres m. pl., (E. U. A.) vestuário m. 2. mercadoria, carga f. (quadro S 12).
he is the ~ (E. U. A.) ele é o tal. he delivered the ~ (E. U. A., gíria) ele correspondeu às expectativas, está aprovado.
goods and chattels s. pl. (Jur.) posses pessoais f. pl.
good sense s. bom senso m.
Good Shepherd s. Jesus, Bom Pastor m.
good-sized adj. amplo, largo, de bom tamanho.
goods-station s. estação f. de carga (quadro S 12).
goods-train s. trem m. de carga.
good-tempered adj. jovial, prazenteiro, bem-humorado. ‖ ~ly adv. com jovialidade.
good turn s. boa ação f., favor m.
goodwife [g'udwaif] s. dona de casa, patroa f.
goodwill [g'udw'il] s. 1. boa vontade, benevolência, afeição f. 2. (Com.) reputação, freguesia f.
goody [g'udi] s. 1. velhinha, mulher velha f. 2. beata, comadre f. 3. (em geral no pl.) gulodice f. ‖ adj. (também goody-goody) tacanho, sentimental, beato. ‖ interj. exclamação de prazer.
goof [gu:f] s. (gíria) bobo m., pateta m. + f.
go-off s. saída f.
at the first ~ de saída, na primeira vez.
goofy [g'u:fi] adj. (gíria) tonto, enlevado.
goon [gu:n] s. (gíria) 1. pessoa estúpida f. 2. (E. U. A., gíria) valentão. m. pago para aterrorizar operários (ou empregadores) nos conflitos de salário.
goose [gu:s] s. pl. geese 1. ganso m. 2. pessoa afetada f., simplório m. 3. pl. gooses ferro m. de engomar de alfaiate.
his ~ is cooked ele está liquidado. all his geese are swans cada louco com sua mania. to turn geese into swans exagerar. the ~ hangs high (E. U. A.) as expectativas são boas.
gooseberry [g'u:zberi] s. 1. groselha espinhosa, groselheira-espinhosa f. (Ribes grossularia). (quadro B 10). 2. (milit., coloq.) rolo m. de arame farpado.
like old ~ como o demo. she played the ~ ela bancou a segura-vela.
goose-cap s. pessoa tola f.
goose-flesh, goose-skin s. pele arrepiada f.
goose-foot s. (Bot.) quenopódio m., anserina f.
goose-grass s. (Bot.) potentilha, relva (dos caminhos) f., e outras ervas.

goose-grease s. gordura f. de ganso.
gooseherd [g'u:shə:d] s. pastor m. de gansos.
goose-neck s. (Náut.) gancho, croque, turco, ferro curvado em forma de pescoço de ganso.
goose-quill s. pena f. de ganso para escrever.
goose-skin s. = goose-flesh.
goose-step s. passo m. de ganso: marcha militar. ‖ v. marchar em passo de ganso.
at the ~ a passo de ganso.
goosey [g'u:si] s. 1. gansinho m. 2. (fig.) mocinha tola f. ‖ adj. anserino.
gopher (I) [g'oufə] s. (Zool.) nome popular de diversos mamíferos roedores norte-americanos do gênero Geomys.
gopher (II) [g'oufə] s. (gíria) 1. menino de recados m. 2. vendedor zeloso m.
gorcock [g'ɔ:kɔk] s. (Zool.) galo silvestre m.
Gordian [g'ɔ:diən] adj. górdio.
~ knot nó górdio.
gore (I) [gɔ:] s. sangue coagulado m.
gore (II) [gɔ:] s. pedaço triangular de pano, viés, gomo triangular m. ‖ v. cortar em forma triangular, colocar um pedaço triangular de pano.
gore (III) [gɔ:] v. espetar (com os chifres), escornar.
gorge [gɔ:dʒ] s. 1. (Anat.) garganta, goela f. 2. refeição pesada f., o engolido m. 3. ato de devorar, empanzinamento m. 4. isca f. de pescar. 5. desfiladeiro, vale estreito m., garganta f. 6. massa f. que obstrui uma passagem estreita. 7. fortificação, gola f. ‖ v. 1. engolir, devorar. 2. to ~ oneself fartar-se.
my ~ rises at meu estômago se vira.
gorged [gɔ:dʒd] adj. que tem garganta, caveto, canelura.
gorgeous [g'ɔ:dʒəs] adj. deslumbrante, suntuoso, grandioso. ‖ ~ly adv. esplendidamente.
gorgeousness [~nis] s. suntuosidade f., deslumbramento, esplendor m.
gorget [g'ɔ:dʒit] s. gorjal m.
gorget-patch s. (milit.) distintivo m. na gola do uniforme.
Gorgon [g'ɔ:gən] s. górgona f., (fig.) mulher repulsiva f.
gorgonia [gɔ:g'ouniə] s. (Zool.) gorgônia f.
gorgonian [~n] adj. gorgôneo.
gorgonize [g'ɔ:gənaiz] v. deixar atônito (com o olhar).
Gorgonzola [gɔ:gənz'oulə] s. gorgonzola m.: queijo italiano.
gorilla [gər'ilə] s. 1. (Zool.) gorila m.: macaco antropóide. 2. homem m. muito feio e brutal.
gormand [g'ɔ:mənd] s. = gourmand.
gormandize [~aiz] s. glutonaria f. ‖ v. empanturrar-se, empanzinar-se.
gormandizer [~aizə] s. glutão m.
gorse [gɔ:s] s. (Bot.) tojo m.
gorsy [g'ɔ:si] adj. coberto de tojo, cheio de tojo.
gory [g'ɔ:ri] adj. manchado de sangue, ensangüentado. ‖ –ily adv. com manchas de sangue.
gosh [gɔʃ] interj. Deus!, caramba!
~–darn maldito.
goshawk [g'ɔshɔ:k] s. (Orn.) milhafre m.
gosling [g'ɔzliŋ] s. 1. gansinho m. 2. pessoa f. inexperiente.
go slow v. (Ingl.) fazer operação-tartaruga.
go-slow (E. U. A., slow-down) operação-tartaruga f.
gospel [g'ɔspəl] s. 1. evangelho m. 2. verdade, coisa que se tem por verdadeira. ‖ adj. evangélico, relativo ao Evangelho.
to take s. th. as ou for ~ (truth) tomar como verdade, acreditar no Evangelho.
gospeller [~ə] s. evangelista m.
gossamer [g'ɔsəmə] s. 1. fios m. pl. de teia de aranha flutuando no ar. 2. gaze m. ou outro tecido m.

muito leve. ‖ adj. leve, fino, tênue.

gossip [g'ɔsip] s. 1. bisbilhotice, tagarelice f., mexerico m. 2. bisbilhoteiro, mexeriqueiro m. tagarela m. + f. ‖ v. bisbilhotar, mexericar, palrar, tagarelar.

gossiper [~ə] s. palrador m.

gossiping [~iŋ] s. tagarelice f., mexerico m.

gossipy [~i] adj. palrador, palreiro, tagarela.

gossoon [gɔs'u:n] s. criado, rapaz m.

got [gɔt] v. imp. e p. p. de **get**.

~ **any money with you?** está com dinheiro no bolso? **I have ~ to go** tenho de ir.

Goth [gɔθ] s. godo, (fig.) bárbaro m.

Gotham [g'ɔtəm] s. (Ingl.) aldeia f., alvo tradicional de gracejos pela insensatez de seus habitantes.
a wise man of ~ simplório.

Gothamist [~ist] s. trouxa m.: pessoa fácil de ser enganada.

Gothic [g'ɔθik] s. 1. arte f., artesanato, estilo gótico m. (Europa Ocidental, séc. XII a XVI) (quadro V 1). 2. língua gótica f. 3. (Tipogr.) tipo gótico m. (quadro B 17). ‖ adj. gótico, medieval.

Gothic arch s. (Arquit.) arco gótico m.

Gothicism [g'ɔθisizm] s. goticismo m.

gothicize [g'ɔθisaiz] v. fazer gótico, tornar medieval.

Gothic novel s. (Lit.) ficção f. em estilo gótico (fins do séc. XVIII).

gotten [gɔtn] p. p. de **get** em geral: adquirido.
ill-~ goods bens mal adquiridos.

got-up adj. engalanado, disfarçado ou preparado para fazer efeito ou enganar.

gouache [gu'a:ʃ] s. guache m.

gouge [gaudʒ] s. 1. goiva, goivadura f., escopro curvo m. 2. (E. U. A., coloq.) truque, logro m. ‖ v. 1. goivar, cinzelar. 2. arrancar o olho. 3. (E. U. A., coloq.) enganar, lograr.

goulash [g'u:læʃ] s. (Culin. húngara) carne ensopada, fortemente apimentada f.

gourd [g'uəd, gɔ:d] s. 1. cabaço, fruto do cabaceiro m. 2. cabaça, cuia f. 3. (pl.) dados m. pl. ocos para trapacear.

gourmand [g'uəmənd] s. glutão, comilão m. ‖ adj. guloso, voraz.

gourmet [g'uəmei] s. conhecedor m. de comida e bebidas, epicurista m. + f.

gout [gaut] s. (Med.) gota, podagra f.
he has the ~ ele está com a gota.

goutiness [g'autinis] s. estado gotoso m., predisposição f. para a gota.

gouty [g'auti] adj. gotoso.

gov. abr. de **government, governor.**

govern [g'ʌvən] v. 1. governar, dirigir, administrar. 2. determinar, influenciar, reger. 3. restringir, controlar. 4. (Gram.) reger.

governability [gʌvənəb'iliti] s. qualidade de ser governável.

governable [g'ʌvənəbl] adj. governável, dirigível.

governance [g'ʌvənəns] s. governo m. (**ot** sobre), controle, domínio m. (**over** sobre).

governess [g'ʌvənis] s. educadora, professora (particular), governante f.

governing [g'ʌvəniŋ] adj. administrativo, governativo.
~ **body** direção, administração. **the ~ principle** o princípio dominante.

government [g'ʌvənmənt] s. 1. controle m., direção, dominação f. 2. governo m., autoridade, administração f. 3. sistema político, regime m. 4. país, estado, distrito governado m. 5. (Gram.) regência f.
His (Her) Majesty's G. o Governo Britânico. **to form a ~** formar um governo, formar um ministério.

governmental [gʌvənm'entl] adj. governamental. ‖ **~ly**

adv. de maneira governamental.

government grant s. auxílio governamental m.

Government House s. residência f. de um governador, palácio m. do governo.

government office s. chancelaria f. do governo.

government official s. funcionário m. do governo.

government security s. fundo público m.

governor [g'ʌvənə] s. 1. governador, regente, comandante, diretor, presidente, administrador m. 2. (Mec.) regulador, mestre m. 3. (gíria) mestre, patrão, pai, chefe m.

governor-general s. governador-geral, vice-rei m.

governorship [g'ʌvənəʃip] s. ofício de governador exercício governamental m.

gowan [g'auən] s. (esc.) (Bot.) margarida-rasteira f.

gowk [gauk] s. cuco, (fig.) tolo m.

gown [gaun] s. 1. vestido m. 2. beca, toga f. ‖ v. vestir vestido ou beca.
town and ~ (Oxford e Cambridge) cidade e universidade. **dinner-~** vestido de gala. **night-~** camisola.

gowned [gaund] adj. togado.

gownsman [g'aunzmən] s. 1. estudante m. + f., pessoa que veste beca. 2. civil, paisano m.: indivíduo não militar.

grab [græb] s. 1. agarramento (rápido), arrebatamento m. 2. (Téc.) garra f. (quadro D 5). ‖ v. 1. agarrar, pegar, arrebatar, apanhar, roubar. 2. (gíria) prender.
to make a ~ at apoderar-se de.

grab-bag s. saco m. de surpresas, de que se tiram objetos às cegas.

grabber [gr'æbə] s. 1. agarrador m. 2. pessoa cobiçosa, ávida f.

grabble [græbl] v. agarrar, tatear, apoderar-se.

grace [greis] s. 1. graça, beleza f., encanto m. 2. favor m., benevolência f. 3. perdão m., mercê f. 4. graça divina f., amor divino m. 5. oração f. de mesa. 6. tempo m. de espera, tempo m. de graça. 7. virtude, dignidade f., decoro, mérito m. 8. (Univ.) isenção f. ‖ v. 1. ornar, enfeitar. 2. honrar, exaltar, agraciar.
the Graces (Mitol.) as Graças. **with a good ~** de boa vontade. **he did it with a good ~** ele fez das tripas coração. **with a bad ~** contrariado, de má vontade. **the year of ~** o ano da graça de... **by the ~ of God** pela graça de Deus. **by ~ of the Senate** por decisão do senado. **act of ~** ato de perdão. **airs and ~s** afetação, grã-finismo. **fall from ~** lapso de boa conduta. **in a state of ~** em estado de graça. **to be in the ~ of** estar em graça para com, estar nas graças de. **a year's ~** período de graça de um ano. **to say ~** dar as graças. **beauty ~d the board** mulheres bonitas embelezaram a mesa. **his, her, your Grace** Vossa Alteza, Vossa Eminência.

grace-cup s. trago m. de despedida.

graceful [gr'eisful] adj. gracioso, atrativo, elegante, educado, com boas maneiras. ‖ **~ly** adv. graciosamente, dignamente.

gracefulness [~nis] s. graça, dignidade f.

graceless [gr'eislis] adj. sem graça, desairoso, ímpio, malvado. ‖ **~ly** adv. sem graça, insolentemente.

gracelessness [~nis] s. falta de graça, insolência, maldade f.

grace note s. (Mús.) nota ornamental f., floreado musical m.

Graces [gr'eisiz] s. pl. (Mitol.) Graças f. pl. (três deusas pagãs).

grace-stroke s. golpe m. de misericórdia.

gracile [gr'æsail] adj. gracioso, delgado, esbelto, grácil.

gracility [græs'iliti] s. gracilidade, esbeltez f.

gracious [gr'eiʃəs] adj. cortês, afável, agradável,

benevolente, bondoso, gracioso. ‖ interj. Deus! ‖ ~ly adv. com graça, cortesmente, com benevolência.
good ~!, ~ me! meu Deus!
graciousness [~nis] s. benevolência, cortesia, bondade f.
grackle [grækl] s. (Orn.) quíscalo m.: espécie de melro.
gradate [grəd'eit] v. graduar(-se), dispor em gradação, mudar gradativamente (de estado, cor, etc.).
gradation [grəd'eiʃən] s. 1. graduação, gradação f. 2. ~s pl. gradações f. pl., degraus m. pl.
gradational [~əl] adj. gradual. ‖ ~ly adv. gradualmente.
gradatory [gr'eidətəri] s. escada f. de mosteiro para a igreja. ‖ adj. gradual, gradativo.
grade [greid] s. 1. grau, degrau m. 2. grau m. de qualidade, de valor, categoria f. 3. (E. U. A.) classe f. de escola, nota f. 4. (milit.) graduação f., posto m. 5. grau m. de subida ou descida em estrada de rodagem ou de ferro. 6. mestiço m., cruza (gado) f. ‖ v. 1. classificar. 2. nivelar. 3. mudar gradativamente. 4. cruzar gado.
down ~ descida. **to make the ~** (E. U. A., coloq.) ter sucesso. **~ crossing** (E. U. A.) passagem de nível (Est. de F.) **the cattle was ~d up** o gado foi melhorado por cruzamento. **he can be ~d up with** ele é comparável a.
grader [gr'eidə] s. 1. graduador m. 2. (E. U. A.) aluno m. de certa classe escolar.
grade school, graded school s. 1. (E. U. A.) escola elementar f. 2. (E. U. A.) escola média f.
gradient [gr'eidiənt] s. 1. declive m., rampa, inclinação f. 2. gradiente m., grau m. de mudança. 3. queda f. (de termômetro, barômetro). ‖ adj. 1. que sobe ou desce gradativamente. 2. que anda.
gradin, gradine [gr'eidin] s. degrau m., ~s pl. arquibancada f.
gradine [grəd'i:n], **gradino** [grəd'i:nou] s. gradim m.
grading [gr'eidiŋ] s. nivelamento m.
gradual [gr'ædjuəl] adj. gradual. ‖ ~ly adv. gradualmente.
gradualism [~izm] s. gradualismo m.: princípio da progressão gradual.
gradualness [~nis] s. progressão gradual f.
graduate [gr'ædjueit] s. 1. pessoa graduada, diplomada f. 2. medida f. graduada para líquidos, proveta f., copo graduado m. ‖ v. 1. graduar(-se), receber ou dar diploma de universidade ou escola, subir, ser promovido. 2. graduar, marcar divisões para medir. 3. classificar. 4. mudar gradativamente (**into** para). ‖ adj. graduado, diplomado.
~ nurse enfermeira diplomada f.
graduated [~id] adj. graduado.
graduation [grædju'eiʃən] s. 1. colação de grau, promoção f. 2. graduação. 3. regulação f. 4. progressão gradual, classificação f. por graus.
graduator [gr'ædjueitə] s. divisor, instrumento m. para fazer graduação.
gradus [gr'eidas] s. dicionário m. de prosódia latina.
Graecism, Grecism [gr'i:sizm] s. grecismo, helenismo m.
graecize [gr'i:saiz] v. grecizar.
graft (I) [græft] s. 1. enxerto m., planta enxertada, enxertadura f. 2. (Cirurg.) transplantação f., enxerto m. ‖ v. 1. enxertar. 2. (Cirurg.) transplantar, enxertar.
graft (II) [græft] s. 1. logro m. 2. corrupção f., suborno m. 3. dinheiro m. ganho por politicagem. ‖ v. 1. (coloq.) mourejar. 2. (E. U. A.) ganhar dinheiro por politicagem. 3. (gíria) dar ou levar bola.
grafter (I) [gr'æftə] s. enxertador m.
grafter (II) [gr'æftə] s. politiqueiro m. que dá ou leva bola.
grail [greil] s. (Rel. e Liter.) em **The Holy Grail** Santo

Gral (cálice que guardaria o sangue de Cristo) m.
grain [grein] s. 1. grão m., semente f. (quadro E 1). 2. cereais m. pl., trigo m., (pl.) bagaço m. de cevada. 3. plantas f. pl. que produzem cereais. 4. grão m., partícula f. 5. unidade f. de peso equivalente a 0,065 g. 6. traço m., quantidade mínima f. 7. grão m., textura, veia f. de madeira ou pedra. 8. superfície f. áspera do couro. 9. estrutura, textura f. 10. (Fot.) grão m. 11. caráter m., natureza f. ‖ v. 1. formar em grãos, granular. 2. imitar a grã da madeira ou as veias de mármore. 3. tornar (couro) áspero, granar. 4. depilar, pelar com faca de curtidor.
without a ~ of malice sem (um traço de) malícia. **dyed in the ~** tingido na fibra. **against the ~** contra a natureza, ao revés. **in ~** inveterado.
grain alcohol s. álcool m. de cereais.
grained [greind] adj. granulado, com grão.
fine—~ de grão fino.
grain elevator s. (E. U. A.) silo m. para armazenagem de cereais (com elevadores).
grainer [gr'einə] s. 1. imitador m. de veios de madeira, pincel m. usado para isso. 2. faca f. de curtidor.
grainfield [gr'einfi:ld] s. seara f.
graining [gr'einiŋ] s. 1. ato m. de raspar couro, de imitar grã de madeira, granulação f. 2. serrilha f. de moedas.
grains [greinz] s. arpão m., fisga f.
grain-side s. lado m. de couro do qual foi tirado o pelo.
grainy [gr'eini] adj. granulado, granuloso, com veios, semelhante a veios de madeira, cheio de grãos.
gram (I), **gramme** [græm] s. grama m. (unidade de massa).
gram (II) [græm] s. feijão m. usado como alimento de animais, grão m. de bico.
grama [gr'a:mə] s. grama f., grama f., gramíneas f. pl.
gramarye [gr'æməri] s. (†) mágica, necromancia f.
gram calorie s. grama-caloria m.
gramercy [grəm'ə:si] s. (†) interj. muito obrigado.
gramineous [græmin'eiʃəs], **gramineous** [grəm'i:niəs] adj. gramíneo.
Gramineae [grəm'inii] s. pl. (Bot.) gramíneas f. pl.
graminivorous [græmin'ivərəs] adj. herbívoro, que come grama.
grammalogue [gr'æmələg] s. logograma m.: abreviatura taquigráfica.
grammar [gr'æmə] s. 1. gramática f. 2. livro m. de gramática. 3. bases elementares f. pl.
grammarian [grəm'ɛəriən] s. gramático, filólogo m.
grammarless [gr'æməlis] adj. sem conhecimentos de linguagem.
grammar-school s. 1. (Hist.) escola de latim. 2. (E. U. A.) escola primária f., (Ingl.) escola secundária f.
grammatical [grəm'ætikəl] adj. gramático. ‖ ~ly adv. gramaticalmente.
grammaticaster [grəm'ætikæstə] s. gramatista m.: gramático pedante.
grammaticize [grəm'ætisaiz] v. gramaticar.
gramme [græm] s. = **gram** (I).
grammetre, grammeter [græm'i:tə] s. (Fís.) grama-metro m. (unidade de trabalho).
gram-molecular adj. relativo a molécula-grama.
~ weight massa de molécula-grama.
gram molecule s. molécula-grama f.
gramophone [gr'æməfoun] s. gramofone, fonógrafo m.
gramophone pick-up s. pick-up m.: captador sonoro, toca-discos m.
gramophone record s. disco (para gramofone) m.
grampus [gr'æmpəs] s. orca f.: mamífero cetáceo.

gran [græn] s. (pop.) vovó f.
granadilla [grænəd'ilə] s. (Bot.) passiflora f
granary [gr'ænəri] s. armazém, silo (de trigo), celeiro m.
grand [grænd] s. (E. U. A., gíria) 1.000 dólares. ‖ adj. 1. maravilhoso, formidável, grandioso, enorme, grande, majestoso, imponente. 2. fino, nobre, ilustre, sublime, digno, distinto. 3. principal, supremo, superior, grão. 4. completo, final. 5. que indica o segundo grau de ascendentes ou descendentes. ‖ ~ly adv. grandemente.
to do the ~ bancar o importante. baby ~ piano de meia-cauda. ~ piano piano de cauda. ~ distress penhora total. ~ jury júri de acusação. Grand Fleet Marinha Britânica. ~ people gente da elite. the ~ question a questão principal. the ~ total o total, soma, final. in ~ style de maneira grandiosa. the Grand Old Man o grande, velho homem (W. E. Gladstone). we had a ~ time passamos uma temporada maravilhosa.
grand-aunt s. tia-avó f.
grand-child s. neto m., neta f.
grand-circle s. giro gigante m. (ginástica).
granddad [gr'ændæd], granddady (~i) s. (coloq.) vovô m.
granddaughter [gr'ænddɔːtə] s. neta f.
grand-duchess s. grã-duquesa f.
grand-duchy s. grão-ducado m.
grand-duke s. grão-duque m.
grandee [grænd'iː] s. grande m.: pessoa da nobreza da Espanha ou de Portugal.
grandeur [gr'ændʒə] s. grandeza, majestade, excelência, magnificência, dignidade f., esplendor m.
grandfather [gr'ændfɑːðə] s. avô m.
~ clock relógio de pé (quadro C 11).
grandiloquence [grænd'iləkwəns] s. grandiloqüência f.
grandiloquent [grænd'iləkwənt] adj. grandíloquo. ‖ ~ly adv. com grandiloqüência.
Grand Inquisitor s. (Hist.) Inquisidor-mor m.
grandiose [gr'ændious] adj. 1. grandioso, imponente. 2. pomposo, afetado. ‖ ~ly adv. de modo grandioso.
grandiosity [grændi'ɔsiti] s. grandiosidade f.
Grand Lama s. (Tibete) Dalai Lama m.
grandma [gr'ændmɑː] vovó f.
grand-master s. grão-mestre m. (templários ou maçonaria).
grandmother [gr'ændmʌðə] s. avó f. ‖ ~ly adv. como uma avó.
teach your ~ to suck eggs ensine o padre-nosso ao vigário.
grand-nephew s. sobrinho-neto m.
grandness [gr'ændnis] s. grandeza, excelência f.
grand-niece s. sobrinha-neta f.
grandpa [gr'ændpɑː], s. vovô m.
grandparents [gr'ændpɛərənts] s. pl. avós m. pl.
Grand Prix s. (Autom., fr.) Grande Prêmio m. (corridas internacionais).
grandsire [gr'ændsaiə] s. (†) avô, antepassado, ancestre m. (também de animais).
grand-slam s. (coloq.) êxito completo m.
grandson [gr'ændsʌn] s. neto m.
grand-stand s. tribuna principal f.
grand tour s. 1. giro m. pela Europa (antigamente obrigatório para os jovens da sociedade). 2. excursão extensa, programada f.
grand-uncle s. tio-avô m.
grange [greindʒ] s. granja f., sítio m.
granger [gr'eindʒə] s. fazendeiro, granjeiro m.
grangerize [gr'eindʒəraiz] v. ilustrar livros com gravuras tiradas de outras obras.
graniferous [græn'ifərəs] adj. granífero.
graniform [gr'einifɔːm] adj. graniforme.

granite [gr'ænit] s. (Miner.) granito m.
he bit on ~ ele nada conseguiu.
granitic [græn'itik] adj. 1. granítico. 2. inexorável.
granitiform [græn'itifɔːm] adj. granitóide.
granivorous [græn'ivərəs] adj. granívoro.
granny, grannie [gr'æni] s. avó, vovó f.
~-knot nó triplo.
granolith [gr'ænoliθ] s. pedra artificial f., feita de granito triturado e cimento.
grant [grɑːnt] s. 1. concessão, doação, subvenção, outorga f., privilégio, auxílio m. 2. ato m. de doar. 3. concordância, admissão (de verdade) f. ‖ v. 1. conceder, outorgar. 2. admitir, aceitar como verdadeiro. 3. conferir, transferir, confirmar.
government ~ subvenção governamental. God ~ that Deus permita que. God ~ me my wish Deus me ouça. ~ed that admitido que. ~ing this to be true admitindo que isto seja verdade. to take for ~ed tomar por certo. ~-in-aid subvenção de escola ou outra instituição.
grantable [gr'ɑːntəbl] adj. transmissível, concessível.
grantee [grɑːnt'iː] s. beneficiado, outorgado m.
grantor [grɑːnt'ɔː] s. concessor m., outorgante m. + f.
granular [gr'ænjulə] adj. granular, granuloso. ‖ ~ly adv. de forma granular.
granularity [grænjul'æriti] s. granulosidade f.
granulate [gr'ænjuleit] v. granular, tornar-se granuloso ou granulado.
granulation [grænjul'eiʃən] s. granulação f. (também Med.), granulagem f.
granule [gr'ænjuːl] s. grânulo, pequeno grão m.
granuliform [gr'ænjulifɔːm] adj. granuliforme.
granuloma [grænjul'oumə] s. (Pat.) granuloma m.
granulous [gr'ænjuləs] adj. granuloso, granulado.
grape [greip] s. uva, videira f.
a bunch of ~s um cacho de uvas (quadro B 10). sour ~s uvas azedas, (fig.) objeto inatingível.
grape-brandy s. aguardente de uvas, bagaceira f.
grapefruit [gr'eipfruːt] s. taranja, toronja f., "pomelo" m. (Citrus decumana).
grapes [greips] s. pl. 1. uvas f. pl. 2. grapa f.
grape-shot s. metralha f.
grape-stone s. caroço m. de uva.
grape-sugar s. glicose f.
grape-vine s. 1. videira f. 2. (E. U. A.) transmissão f. de notícias, de pessoa para pessoa. 3. boato, rumor m.
graph [græf] s. 1. gráfico m., representação gráfica f., diagrama m. 2. (coloq.) hectógrafo m. (aparelho copiador). ‖ v. copiar com este aparelho.
graphemics [græf'iːmiks] s. (Ling.) grafemologia f.: estudo de sistemas de escrita em sua relação a fala.
graphic [gr'æfik], graphical [~ əl] adj. 1. vívido, descritivo. 2. gráfico, relativo à gráfica, relativo a gráficos. ‖ ~ally adv. graficamente.
the ~ arts as artes gráficas.
graphite [gr'æfait] s. grafita f.
graphitic [græf'itik] adj. grafítico.
graphologic [græfəl'ɔdʒik] adj. grafológico.
graphologist [græf'ɔlədʒist] s. grafólogo m.
graphology [græf'ɔlədʒi] s. grafologia f.
graph paper s. papel milimetrado m.
grapnel [gr'æpnəl] s. arpéu m., âncora pequena f.
grapple [gr'æpl] s. 1. agarramento m., luta f. corpo-a-corpo. 2. arpéu m. 3. (coloq.) mão f. 4. (Téc.) garra f. ‖ v. 1. agarrar, segurar, abraçar. 2. lutar, brigar. 3. arpoar.
to ~ with vir às mãos com, (fig.) atacar (trabalho).
grappling-iron s. gancho, arpéu m.
grasp [grɑːsp, græsp] s. 1. aperto m., força f. de

pegar e segurar. 2. compreensão, posse f., alcance m. ‖ v. 1. agarrar, pegar, apertar. 2. compreender. **within my ~** ao meu alcance. **beyond my ~** incompreensível para mim. **he must have a ~ of English grammar** ele precisa dominar a gramática inglesa. **to ~ at** procurar alcançar, agarrar.
grasping [~iŋ] adj. ávido, sôfrego. ‖ **~ly** adv. avidamente.
graspingness [~iŋnis] s. avidez, sofreguidão f.
grass [gra:s] s. 1. capim m., gramíneas f. pl. 2. grama f., gramado m. 3. pasto m. 4. (gíria) maconha f. ‖ v. 1. cobrir com grama, plantar grama. 2. pastar. 3. corar roupa, branquear.
to hear the ~ grow pretender şaber tudo melhor. **he went to ~** ele foi jogado ao chão. **to be at ~** 1. estar no pasto. 2 (fig.) estar desempregado. **to turn the cows out to ~** tocar as vacas para o pasto
grass-cloth s. tecido fino feito de fibras vegetais.
grass-cutter s. máquina f. de cortar grama.
grass-green adj. verde (como a grama).
grass-grown adj. coberto de grama.
grasshopper [gr'a:shopə] s. gafanhoto m.
grassiness [gr'a:sinis] s. abundância f. de erva, de capim.
grass-land s. pasto, gramado m.
grassless [gr'a:slis] adj. sem capim, sem erva.
grass-plot s. gramado, relvado m.
grass roots s. pl. (coloq.) 1. povo comum m. 2. zonas rurais f. pl. 3. eleitorado rural m.
grass widow s. mulher f. separada do marido.
grass widower s. marido m. separado da mulher.
grassy [gr'a:si] adj. ervoso, coberto de grama, como grama, gramíneo, graminoso.
grate (I) [greit] s. grelha, grade f. (quadros B 13, C 8). ‖ v. colocar grade ou grelha.
grate (II) [greit] v. 1. ranger, rilhar, ringir. 2. ofender, vexar, irritar. 3. raspar, ralar.
to ~ the teeth ranger os dentes. **it ~s on my ear** ofende-me os ouvidos. **it ~s on my nerves** irrita-me os nervos.
grateful [gr'eitful] adj. 1. grato, agradecido. 2. agradável, aceitável. ‖ **~ly** adv. agradecidamente, gratamente, de maneira agradável.
gratefulness [~nis] s. gratidão f., agradecimento, agrado m.
grater [gr'eitə] s. ralador m. (quadro K 2).
graticulation [grætikjul'eiʃən] s. div.isão f. em quadrículas, pauta quadriculada f. ·
gratification [grætifik'eiʃən] s. 1. satisfação, alegria f. 2. recompensa, gratificação f.
gratifier [gr'ætifaiə] s. gratificador m.
gratify [gr'ætifai] v. 1. satisfazer, agradar, alegrar, encantar. 2. recompensar, gratificar.
gratifying [gr'ætifaiiŋ] adj. agradável (**to para**). ‖ **~ly** adv. agradavelmente.
grating (I) [gr'eitiŋ] s. 1. grade f., barras f. pl. de ferro. 2. (Ópt.) retículo m.
grating (II) [gr'eitiŋ] adj. rilhador, rangedor, discordante. ‖ **~ly** adv. com rangido, discordantemente.
gratis [gr'eitis] adj. e adv. grátis, de graça, gratuitamente.
~ ticket bilhete grátis. **he gave it me ~** ele deu-mo grátis.
gratitude [gr'ætitju:d] s. gratidão f., agradecimento m.
in ~ for em gratidão a. **debt of ~** dever de gratidão. **I owe him a debt of ~** devo-lhe obrigações.
gratuitous [grətj'uitəs] adj. 1. gratuito, de graça, imerecido, desnecessário. 2. sem fundamento. 3. livre, voluntário. ‖ **~ly** adv. gratuitamente, imerecidamente, voluntariamente.
~ article brinde.
gratuitousness [~nis] s. gratuidade f.

gratuity [grətj'uiti] s. presente m., gorjeta, gratificação f.
gratulate [gr'ætjuleit] s. = **congratulate.**
gratulatory [~əri] adj. gratulatório.
gravamen [grəv'eimən] s. pl. **—mina** [−v'æminə] 1. gravame m. 2. ponto principal m. de acusação.
grave (I) [greiv] s. sepultura f., túmulo m.
at the ~-side of na sepultura de. **to have one foot in the ~** estar com um pé na sepultura. **he will be my ~** ele leva-me à sepultura.
grave (II) [greiv] v. 1. gravar, esculpir, escavar. 2. impressionar, gravar na memória.
grave (III) [greiv] s. acento grave m. ‖ adj. 1. importante, pesado, momentoso. 2. grave, sério, ameaçador. 3. sóbrio, solene, distinto, dignificado. 4. sombrio, escuro. 5. (Fon.) grave, baixo, acentuado. ‖ **~ly** adv. gravemente.
to speak in ~ accents falar solenemente.
grave (IV) [greiv] v. (Náut.) calafetar.
grave-clothes s. pl. mortalha f.
grave-digger s. coveiro m.
gravel [gr'ævəl] s. 1. pedregulho, cascalho m. 2. (Med.) gravela f.: areia dos rins ou da bexiga. ‖ v. 1. cobrir com pedregulho. 2. embaraçar.
graveless [gr'eivlis] adj. sem sepultura.
gravelling [gr'ævəliŋ] s. empedramento m.
gravelly [gr'ævəli] adj. empedrado.
gravel-pit s. poço de pedregulho m.
gravel-stone s. pedregulho, cascalho m.
grave-mound s. túmulo m.
graven [gr'eivən] adj. gravado, esculpido.
~ image ídolo, estátua.
graveness [gr'eivnis] s. = **gravity.**
graver [gr'eivə] s. 1. gravador, escultor m. 2. buril m.
graverobber [gr'eivrobə] s. ladrão m. de túmulos.
gravestone [gr'eivstoun] s. túmulo m., lápide f.
graveyard [gr'eivja:d] s. cemitério m.
graveyard shift s. (gíria) turma f. que trabalha da meia-noite à madrugada.
gravid [gr'ævid] adj. grávido, prenhe.
gravigrade [gr'ævigreid] adj. gravígrado.
gravimeter [grəv'imətə] s. gravímetro m.
gravimetric [grævim'etrik] adj. gravimétrico.
gravimetry [grəv'imətri] s. gravimetria f.
graving-dock s. (Náut.) dique seco m.
graving-tool s. buril m.
gravitate [gr'æviteit] v. 1. gravitar, **tender para um ponto (to, towards,** para, à). 2. depositar, precipitar.
gravitation [grævit'eiʃən] s. 1. (Fís.) gravitação f. 2. tendência f.
gravitational [~əl] adj. relativo à gravitação.
gravitational field s. (Fís.) campo gravitacional m.
gravity [gr'æviti] s. 1. (Fís.) gravidade f. 2. peso m. 3. sobriedade, seriedade, solenidade f. 4. importância, gravidade, circunstância perigosa f. 5. gravidade f. de som.
centre (center) of ~ centro de gravidade. **law of ~** lei da gravidade. **specific ~** peso específico, densidade f. **~ feed** (Téc.) alimentação por gravidade.
gravure [græv'juə] s. gravura f.: 1. chapa. 2. estampa f.
gravy [gr'eivi] s. molho ou caldo m. de carne.
gravy-boat, gravy-dish s. terrina f. para molho, molheira f. (quadro D 2).
gravy train s. (gíria) sinecura, vantagem f.
gray [grei] s. = **grey.**
gray eminence s. eminência parda f.
grayling [gr'eiliŋ] s. (Ict.) timalo m.: peixe de água doce.
gray matter s. massa cinzenta (cefálica), (fig.) inteligência f.

graze (I) [greiz] s. pasto m. ‖ v. 1. pastar. 2. pastorear.

graxe (II) [greiz] s. esfoladura, arranhadura f. ‖ v. 1. roçar, tocar levemente. 2. esfolar, arranhar (a pele).

grazier [gr'eiziə] s. pastoreador, criador m. de gado m., invernista m. + f.

grazing [gr'eiziŋ] s. 1. pasto m. 2. pastoreação f.

grease [gri:s] s. 1. banha, graxa f. 2. (Veter.) graxa f.: doença de cavalos. ‖ v. 1. engraxar, lubrificar. 2. (fig.) subornar.
in ~ gordo.

grease-box s. (Mec.) caixa f. de graxa.

grease-cup s. (Mec.) engraxadeira f.

grease-gun s. (Autom.) engraxadeira (de pressão) f., pistola f. de lubrificação.

grease monkey s. (coloq., Autom., Av.) mecânico m.

grease-paint s. maquilagem f., arrebique m.

greaseproof [gr'i:spru:f] adj. à prova de gordura (papel).

greaseproof paper s. papel impermeável m.

greaser [gr'i:sə] s. 1. graxeiro m. 2. sistema m. de lubrificação. 3. (gíria) mexicano, latino-americano m.

grease-trap s. sifão m. coletor m. de graxa.

greasiness [gr'i:sinis] s. qualidade f. de coisa gordurosa ou graxa.

greasy [gr'i:si] adj. gorduroso, graxo, gordurento, besuntado, untuoso, sujo. ‖ -ily adv. com graxa.
~ pole pau de sebo.

great [greit] adj. 1. grande, vasto, numeroso, extenso, comprido. 2. desmedido. 3. importante, famoso, poderoso, notável. 4. principal, gran-, grão-. 5. nobre, generoso. 6. preferido, favorito. 7. formidável, magnífico, excelente. ‖ ~ly adv. muito.
that is ~ isto é formidável. a ~ deal, a ~ many muito, muitos. the ~ majority a grande maioria. a ~ while bastante tempo. ~ with young (†) prenhe. ~ love grande amor. Alfred the Great A. o Grande. to be ~ at fencing ser um bom esgrimista. she is ~ on the violin ela é uma grande violinista. ~ age idade avançada. The Great Assizes o juízo final. ~ attraction atração principal. ~ bargain compra de ocasião. Great Dane cão dinamarquês. in ~ favour em boas graças. ~ go (Univ.) exame final. it is no ~ matter não tem importância. a ~ muddle uma grande desordem. a ~ poet um grande poeta. the ~ powers as grandes potências. he is a ~ reader ele lê muito. Great Scott! (interj.) Meu Deus! a ~ storyteller um excelente contador de histórias. the ~ os grandes, os importantes. no ~ (E. U. A., coloq.) nada de importante.

great ape s. macaco antropóide m.: chimpanzé, gorila, orangotango.

great-aunt s. tia-avó f.

Great Bear s. (Astron.) Ursa Maior f.

Great Britain s. Grã-Bretanha, Inglaterra f.

great circle s. (Geom.) círculo máximo m.

great-coat s. sobretudo m.

Great Depression s. (E. U. A.) Grande Depressão f.: crise econômica de 1929 e década de 1930.

greaten [greitn] v. aumentar, dilatar, ampliar.

great-grandfather s. bisavô m.

great-grandmother s. bisavó f.

great-grandson s. bisneto m.

great-hearted adj. benigno, benevolente, generoso.

great-heartedness s. generosidade, coragem f.

greatness [gr'eitnis] s. 1. grandeza, importância f. 2. fôrça f., poder m. 3. dignidade, magnificência f.
~ of mind generosidade.

greats [greits] s. pl. (Univ.) exames finais m. pl.

Great Society s. (E. U. A.) meta do programa doméstico do governo Johnson (1963-1968).

great toe s. dedão m.

great-uncle s. tio-avô m.

greave [gri:v] s. (geralm. ~s pl.) grevas f. pl., armadura f. para as pernas.

greaves [gri:vz] s. pl. torresmo de toicinho.

grebe [gri:b] s. (Orn.) mergulhão m.: ave do gênero Podiceps.

Grecian [gr'i:ʃən] s. grego, greciano m. ‖ adj. grego.

Grecianize [~aiz] v. grecizar.

Grecism [gr'i:sizm] s. grecismo, helenismo m.

Greco-Roman adj. greco-romano.

Greece [gri:s] s. Grécia f.

greed [gri:d] s. ganância, avidez, voracidade f.

greediness [gr'i:dinis] s. ganância, cobiça, avidez f.

greedy [gr'i:di] adj. ganancioso, sôfrego, ávido, voraz. ‖ -ily adv. sofregamente, de maneira gananciosa.

greedy-guts s. (Ingl., coloq.) glutão m. (pessoa).

Greek [gri:k] s. 1. grego m., língua grega f. 2. (fig.) algo ininteligível. ‖ adj. grego.
that is ~ to me não compreendo isto, isto para mim é grego.

Greek Church s. Igreja Ortodoxa f.

Greek cross s. cruz grega f., de quatro braços iguais.

green [gri:n] s. 1. verde m., corante m. ou tinta verde f. 2. gramado m., terra f. coberta de erva ou arama. 3. ~s pl. folhagem, verdura f. 4. juventude f., brio m. ‖ v. 1. ficar verde, esverdear, tingir de verde. 2. brotar. ‖ adj. 1. verde. 2. coberto de plantas, de grama. 3. fresco, cru, natural, não curtido. 4. verde, não maduro, imaturo. 5. inexperiente, novo. 6. ingênuo, inocente, simples. 7. pálido, doentio.
on for one's ~s sedento de amor. bunch ~s cheiro verde. village ~ prado de aldeia. do you see any ~ in my eye? pensa que sou trouxa? the bearing of the ~ uso de roupa verde (cor nacional da Irlanda). Paris Green verde-paris. ~ envy inveja violenta. ~ eye olhar invejoso. ~ food verdura fresca. ~ meat carne verde. ~ fruit frutas frescas, frutas verdes. ~ season primavera. as ~ as grass (fig.) com cheiro de cueiros, ingênuo. ~ memories memórias recentes. ~ old age idade avançada com boa disposição. ~ wound ferida fresca. ~ Yule Natal sem neve. not so ~ as I am cabbage-looking não tão bobo como pareço.

greenback [gr'i:nbæk] s. (E. U. A.) papel-moeda m.

green belt s. cinturão verde m. (urbanismo).

green cheese s. queijo verde m.

green cloth s. pano verde m.: mesa de jogo.

green-coloured adj. pálido, doentio.

green corn s. (E. U. A.) espigas f. pl. de milho.

green-crop s. colheita f. de hortaliças.

greener [gr'i:nə] s. novato, principiante m.

greenery [~ri] s. 1. verdura f., hortaliças f. pl., plantas verdes f. pl., folhagem f. 2. estufa f. para plantas.

green-eyed adj. com olhos verdes, com olhos invejosos.

green-finch s. (Orn.) verdelhão m.

greenfly [gr'i:nflai] s. pulgão m.

greenfodder [gr'i:nfodə] s. forragem verde f.

green-gage s. rainha-cláudia f. (fruta).

greengrocer [gr'i:ngrousə] s. verdureiro, quitandeiro m.

greengrocery [~ri] s. quitanda f.

green-hand s. (E. U. A., gíria) novato m.

greenheart [gr'i:nha:t] s. (Bot.) beberu, bibiru m.: árvore, cuja madeira é empregada em construções e que tem uso medicinal.

greenhorn [gr'i:nho:n] s. novato, simplório m.

greenhouse [gr'i:nhaus] s. estufa f. para plantas.

greening [gr'i:niŋ] s. maçã f. de cor verde-amarelada quando madura.

greenish [gr'i:niʃ] adj. esverdeado.

greenishness [~nis] s. qualidade do que é verde.

Greenland [gr'i:nlənd] s. Groenlândia f.

Greenlander [~ə] s. groenlandês m.

Greenlandman [~mən] s. (Náut.) quem navega para a Groenlândia.

green light s. 1. sinal verde m. do trânsito: passe. 2. (coloq.) permissão f. para continuar numa tarefa ou empreendimento.
to give (get) the ~ ~ dar (receber) o sinal verde.

greenly [gr'i:nli] adj. e adv. de cor verde, esverdeado, fresco, novo, vivo, viçoso.

green manuring s. adubação verde f.

greenness [gr'i:nnis] s. verdor, viço m., verdura f., qualidade do que não é maduro.

green pepper, sweet pepper s. (Bot.) pimentão m. (verde).

green-room s. sala f. de estar dos artistas no teatro.

greens [gri:nz] s. pl. 1. verduras f. pl., cheiro verde m. 2. (fig.) frescor, viço m., juventude f.

green-sand s. (Geol.) glauconito m.: pedra de sedimentação.

greenshank [gr'i:nʃæŋk] s. (Zool.) ave européia f. da família dos Caradriídeos.

greensickness [gr'i:nsiknis] s. (Med.) clorose, anemia f.

green-stall s. barraca f. onde se vendem verduras, quitanda f.

greenstick fracture s. fratura parcial f. do osso.

greenstone [gr'i:nstoun] s. pedra f. de origem eruptiva, diorito m. e outras.

green-stuff s. verdura, hortaliça f.

greensward [gr'i:nswɔ:d] s. gramado m.

green tea s. chá verde m.

green thumb s. (coloq.) dom m. da horticultura.

Greenwich Mean Time s. hora f., horário m. de Greenwich.

greenwood [gr'i:nwud] s. mato verde m.

greeny [gr'i:ni] adj. esverdeado, verdoso.

greenyard [gr'i:nja:d] s. estábulo m. para gado penhorado.

greet [gri:t] v. 1. cumprimentar, saudar. 2. dirigir-se, endereçar-se. 3. receber, acolher. 4. encontrar, apresentar-se.
a strange sight ~ed the eyes uma vista estranha apresentou-se aos olhos.

greeting [gr'i:tiŋ] s. saudação f., cumprimento m.
~s-telegram telegrama de felicitações.

gregarious [greg'ɛəriəs] adj. gregário. ‖ **~ly** adv. em rebanhos.
man is a ~ animal o homem é um ser gregário.

gregariousness [~nis] s. gregarismo m.

Gregorian [greg'ɔriən] adj. gregoriano.

Gregorian calendar s. calendário gregoriano m.

Gregorian chant s. canto gregoriano, cantochão m.

Gregory-powder s. pó m. de ruibarbo, purgativo m.

gremial [gr'i:miəl] s. gremial m. ‖ adj. gremial.

gremlin [gr'emlin] s. duende m. que se imagina molestar os pilotos de aviões.

grenade [grin'eid] s. granada (de mão) f.

grenadier [grenəd'lə] s. granadeiro m.

grenadine [gr'enədin] s. 1. granadina f.: tecido fino. 2. xarope m. de romã.

gressorial [gres'ɔ:riəl] adj. (Zool.) gressório.

Gretna Green s. cidade na Escócia f.
~ marriage casamento sem proclamas, efetuado em G. G., conforme o direito escocês.

grew [gru:] v. imp. de grow.

grewsome [gr'u:səm] adj. = gruesome.

grey [grei] s. (também **gray**) cor cinza, cor parda f., roupa f. de cor cinza. ‖ v. tornar de cor cinza, ficar cinzento. ‖ adj. 1. cinzento, gris, pardo. 2.

grisalho. 3. velho. 4. escuro, triste. 5. (fig.) maduro, experimentado.
the ~ mare is the better horse é a mulher que manda em casa. **~ friar** franciscano.

greyback [gr'eibæk] s. (Orn.) gralha cinzenta f.

greybeard [gr'eibiəd] s. barbaças m.: velho respeitável.

greybearded [~id] adj. com barba grisalha.

greyers [gr'eiəz] s. calça cinzenta f. de flanela.

greyhead [gr'eihed] s. pessoa f. de cabelo grisalho.

grey-headed, grey-haired adj. grisalho.

greyhound [gr'eihaund] s. galgo m. (quadro D 3).

greyish [gr'eiiʃ] adj. acinzentado, pardacento.

greyness [gr'einis] s. qualidade do que é cinzento.

Greys [greiz] s. pl. denominação de um regimento de cavalaria inglês.

greywacke [gr'eiwæk] s. (Miner.) grauvaque m.: sedimento arenoso m.

grid [grid] s. 1. grade f. (quadro S 10). 2. grelha f. 3. placa f. de acumulador. 4. (rádio) grade f.
screened ~ grade blindada. **~ leak, ~ resistance** resistência de dispersão da grade (rádio). **~ bias** (rádio) polorização da grade. **~ current** (rádio) corrente da grade.

griddle [gridl] s. forma redonda f. para bolo.
~ cake bolo baixo feito em forma.

gride [graid] s. rangido m. ‖ v. 1. raspar, esbarrar. 2. rilhar, ranger.

gridiron [gr'idaiən] s. 1. grelha f. 2. armação f. para suportar o navio no dique. 3. (E. U. A.) campo m. de futebol.
~ pendulum pêndulo compensado. **~ system** (E. U. A.) traçado de rua em forma de xadrez.

grief [gri:f] s. aflição, tristeza, mágoa f.
to come to ~ ser prejudicado, ruir, fracassar.

grief-stricken adj. aflitíssimo, agoniado.

grievance [gr'i:vəns] s. queixa, injustiça, mágoa f., vexame m.
public ~ calamidade pública. **to make a ~ of s. th.** queixar-se de alguma coisa. **~ monger** pessoa descontente.

grieve [gri:v] v. afligir, molestar, ofender, afligir-se, ofender-se, preocupar-se (**at, over,** sobre, **for** por).

grievingly [gr'i:viŋli] adv. com mágoa.

grievous [gr'i:vəs] adj. doloroso, penoso, atroz, grave, pesado, opressivo, repugnante, horrível. ‖ **~ly** adv. dolorosamente, gravemente.

grievousness [~nis] s. aflição, tristeza f., pesar m., miséria, desgraça f.

griffin (I) [gr'ifin], **griffon** [gr'ifən] s. 1. (Mitol.) grifo m.: animal fabuloso. 2. (gíria) palpite m. 3. guardiã zelosa f.

griffin (II) [gr'ifin] s. (Extremo Oriente, Índia) branco m. recém-chegado do Ocidente.

griffon [gr'ifən] s. cão grifom m. (quadro D 3).

griffon vulture s. (Zool.) abutre fusco, grifo m.

grift s. = graft.

grig [grig] s. 1. enguia nova f. 2. cigarra f., grilo m. 3. pessoa vivaz e alegre f.

grill [gril] s. 1. ato m. de grelhar. 2. grelha f. 3. carne f. ou peixe m. grelhado. 4. restaurante m. especializado em grelhados. 5. tortura f. por calor. ‖ v. grelhar, torrar, assar, (fig.) atormentar, interrogar severamente.
~-room restaurante especializado em grelhados.

grillage [gr'ilidʒ] s. estacaria f.

grille [gril] s. grade f.

grilse [grils] s. salmão novo (de um ano) m.

grim [grim] adj. 1. severo, rígido, austero. 2. inflexível. 3. horrível, repugnante. ‖ **~ly** adv. severamente, inflexivelmente, horrivelmente.
like ~ death inflexivelmente. **~ faced** com cara fechada.

grimace [grim'eis] s. careta f., trejeito m.
to make ~s fazer caretas, caretear, trejeitar.
grimacer [~ə] s. careteiro m.: o que faz caretas.
grimalkin [grim'ælkin] s. 1. gata velha, gata borralheira f. 2. megera f.
grime [graim] s. sujeira, fuligem f., encardimento m. ‖ v. encardir, sujar, enfulijar.
griminess [gr'aiminis] s. sujidade f.
grimy [gr'aimi] adj. encardido, sujo. ‖ –ily adv. de maneira encardida.
grin [grin] s. arreganho, sorriso m. ‖ v. arreganhar, sorrir de modo malicioso, doentio ou afetado.
to be on the broad ~ estar com a cara toda risonha. to ~ at s. o. sorrir ironicamente para alguém. he ~ned and bore it ele fez das tripas coração. ~ and bear it! não faça conta!
grind [graind] s. 1. ação f. de moer, de afiar, de triturar. 2. trabalho ou estudo duro m. ‖ v. (imp. e p. p. ground) 1. moer, triturar, deixar-se moer, ser moído. 2. amolar, afiar, esferilhar, desgastar, polir. 3. ranger, rilhar. 4. virar uma manivela. 5. estudar, trabalhar longa e pesadamente, inculcar. 6. (fig.) oprimir, judiar. 7. (E. U. A.) enfadar, zangar.
to ~ to (into) pieces reduzir a pedaços. to ~ the teeth ranger os dentes. to ~ Latin into the pupils inculcar o latim aos alunos. to ~ down to powder reduzir a pó. he ground out the note ele espremeu o som. he ground it up ele triturou-o. to ~ a hand organ tocar realejo.
grinder [gr'aində] s. 1. amolador m. 2. rebolo m. 3. dente molar m. 4. (gíria escolar) preparador para exame m. 5. estudante esforçado m.
grinders [~z] s. pl. (coloq.) dentes m. pl.
grindery [~ri] s. 1. oficina f. de amoladura. 2. material m. para sapateiro ou seleiro.
grinding [gr'aindiŋ] adj. (fig.) esfalfante, molestador, tormentoso, opressivo. ‖ ~ly adv.
grinding wheel s. esmeril m.
grindstone [gr'aindstoun] s. rebolo m.
to keep one's nose to the ~ forçar alguém a trabalhar arduamente.
gringo [gr'iŋgou] s. gringo, estrangeiro m.
grinner [gr'inə] s. o que sorri, que arreganha os dentes.
grinning [gr'iniŋ] s. sorriso, arreganho m.
grinningly [~ li] adv. de maneira sorridente.
grip [grip] s. 1. ação f. de agarrar, de segurar, aperto m. 2. poder m., força f. da mão. 3. cabo m., alça f. 4. ferramenta f. para agarrar ou segurar: pinça, garra f. de máquina, embreagem f. 5. aperto m. de mão. 6. (E. U. A.) mala, bolsa f. de viagem. 7. (fig.) domínio, controle m. 8. (fig.) apoio (moral) m. 9. dor aguda e repentina f. 10. (E. U. A.) gripe, influenza f. 11. (pl.) briga f. corpo-a-corpo. ‖ v. 1. agarrar, apanhar, segurar, pegar. 2. fascinar, prender a atenção. 3. entender, compreender, (fig.) pegar.
to come to ~s engalfinhar-se, atracar-se, lutar corpo-a-corpo. to come to ~s with desentender-se com. winter hoids nature in his ~ o inverno domina a natureza. he is losing his ~ on reality ele está se perdendo no terreno da fantasia.
grip-brake s. freio m. de mão.
gripe [graip] s. 1. agarramento, aperto m. 2. belisco m. 3. controle, domínio m. 4. cabo m., alça f., garras f. pl. 5. (E. U. A.) mau humor m. 6. pessoa vil f. 7. miséria, necessidade f. ‖ v. 1. agarrar, pegar. 2. oprimir, molestar. 3. apertar, beliscar. 4. (fig.) extorquir dinheiro.
to be ~d ter dores de barriga, ter cólicas.
griper [gr'aipə] s. 1. opressor m. 2. extorsionário m.

gripes [graips] s. pl. 1. cólicas, dores f. pl. de barriga. 2. (Náut.) cabos m. pl. de amarração.
griping [gr'aipiŋ] s. dores abdominais, cólicas f. pl. ‖ adj. 1. opressivo, pungente, cortante (dor). 2. ávido, agarrador. ‖ ~ly adv. opressivamente, de maneira cortante.
grippe [grip] s. gripe, influenza f.
gripper [gr'ipə] s. ferramenta f. de aperto.
grip-sack s. (E. U. A.) valise, mala f. de mão.
griseous [gr'isiəs] adj. griséu, acinzentado.
griskin [gr'iskin] s. lombo m. de porco.
grisly [gr'izli] adj. horrível, terrível.
grist (I) [grist] s. 1. trigo a ser moído, trigo moído m. 2. malte m. para fabricação de cerveja.
grist (II) [grist] s. grossura f. de fio ou de corda.
to bring ~ to the mill trazer um negócio favorável. all's ~ that comes to his mill ele sabe tirar proveito de tudo. that's ~ to his mill isso é água para o seu moinho.
gristle [grisl] s. cartilagem f.
in the ~ em formação.
gristly [gr'isli] adj. cartilaginoso.
grist-mill s. moinho m. para moer trigo.
grit [grit] s. 1. grão, pedregulho m., partícula fina f. 2. arenito m. de granulação grossa. 3. granulação f. (de pedra). 4. (coloq.) coragem, resolução f. ‖ v. 1. friccionar, ranger, roer. 2. (E. U. A.) enfadar, irritar.
to ~ the teeth ranger os dentes.
grits [grits] s. pl. semolina, farinha grosseira (de aveia) f.
gritstone [gr'itstoun] s. pedra f. de areia.
grittiness [gr'itinis] s. arenosidade f.
gritty [gr'iti] adj. 1. arenoso, em grão. 2. (E. U. A.) corajoso.
grizzle [grizl] s. cor cinzenta, pessoa grisalha f. ‖ v. 1. tornar-se grisalho, cinzento. 2. (gíria) resmungar, choramingar. ‖ adj. cinzento.
grizzled [grizld] adj. grisalho, cinzento.
grizzly [gr'izli] s. urso-pardo m. ‖ adj. cinzento.
grizzly bear s. urso-pardo m. dos E. U. A.
groan [groun] s. gemido, suspiro m. ‖ v. 1. gemer, suspirar, roncar. 2. sofrer, estar sobrecarregado, ter saudades (for de) queixar-se. 3. vergar.
the table ~ed under its weight a mesa vergou-se sob seu peso. to ~ down vencer pelo cansaço. to fetch a ~ soltar um suspiro profundo. ~s for the traitor! um morra para o traidor!
groaning [gr'ouniŋ] s. gemido m. ‖ adj. gemente, roncante. ‖ ~ly adv. com gemido.
groat [grout] (†) s. pequena moeda f. de prata no valor de 4 pence, quantia insignificante.
not worth a ~ sem valor.
groats [grouts] s. pl. aveia f. ou trigo m. pilado.
grocer [gr'ousə] s. merceeiro, vendeiro m.
groceries [~riz] s. pl. mantimentos, gêneros alimentícios m. pl., secos e molhados m. pl.
grocery [~ri] s. armazém, empório m., mercearia f., secos e molhados m. pl.
groceryman [~rimən] s. = grocer.
grog [grog] s. grogue m.: bebida alcoólica quente. ‖ v. beber grogue.
~ blossom nariz vermelho (de excesso de bebida).
groggery [gr'ogəri] s. bar m., local m. onde se vende grogue.
grogginess [gr'ɔginis] s. embriaguez f.
groggy [gr'ɔgi] adj. grogue, embriagado, bêbedo, titubeante, cambaleante. ‖ –ily adv. de modo grogue.
grogram [gr'ɔgrəm] s. tecido grosso m. feito de lã e de pêlo de angorá.
grog-shop s. = groggery.

groin [grɔin] s. 1. virilha f. (quadro H 10). 2. (Arquit.) ogiva, aresta, nervura f. de abóbada. ‖ v. (Arquit.) formar ogiva.
~ed vault abóbada de arestas.
grommet [grʼɔmit] s. 1. anel isolante m. 2. ilhó metálico m. 3. (Náut.) anel m. de corda, estropo m. 4. garruncho m.
gromwell [grʼɔmwəl] s. (Bot.) aljofareira f.
groom [grum] s. 1. cavalariço m. 2. noivo m. ‖ v. 1. tratar de cavalos (quadro H 9). 2. enfeitar-se, arrumar-se.
~ of the Chamber camareiro real. **well ~ed** bem tratado, elegante.
groomsman [grʼumzmən] s. padrinho m. do noivo.
groove [gru:v] s. 1. ranhura f., encaixe, entalhe, sulco, canalete, vinco m. (quadro C 3). 2. **~s** pl. estrias f. pl. (de arma de fogo.) 3. rotina f., esquema m. ‖ v. entalhar, escavar, abrir ranhuras, sulcar, vincar.
to fall into the old ~ cair na rotina. **~d and tongued piling** parede f. de estacas de vedação.
in the ~ (gíria) (trabalhar) com grande facilidade.
grooved [gru:vd] adj. provido de ranhuras, sulcado.
grooving [grʼu:viŋ] s. abertura f. de ranhuras.
grooving plane s. goivete, guilherme m.: plaina para fazer encaixes.
groovy [grʼu:vi] adj. 1. ondulado, semelhante a ranhuras. 2. (fig.) esquemático, rotineiro.
grope [group] v. 1. andar às apalpadelas, tatear com a mão, procurar no escuro. 2. (com **for, after**) proceder por tentativas.
to ~ the way towards the door apalpar o caminho para a porta.
gropingly [grʼoupiŋli] adv. às apalpadelas.
grosbeak [grʼousbi:k] s. (Orn.) bicudo, pardal-do-norte, bico-grossudo m.
grosgrain [grʼougrein] s. gorgorão m. ‖ adj. encorpado (tecido).
gross [grous] s. 1. grosso, total m., parte principal, massa f. 2. grosa f.: doze dúzias. ‖ adj. 1. tudo, inteiro, geral, total, bruto. 2. grave, grosso, grande (êrro). 3. grosseiro, vulgar, ordinário, brutal, indelicado, indecente. 4. gordo, corpulento, grosso, pesado, denso. 5. enorme, flagrante, gritante. 6. embotado, pachorrento. ‖ **~ly** adv. 1. grosseiramente. 2. inteiramente, totalmente.
in the ~ no total, por grosso. **in ~** (Jur.) peculiar à pessoa, pessoal. **two ~** duas grosas. **great ~** doze grosas. **a ~ error** um erro grave. **~ profit** lucro bruto. **~ weight** peso bruto.
gross-headed adj. cabeçudo, estúpido.
gross national product s. (Econ.) produto nacional bruto m.
grossness [grʼousnis] s. grosseria, descortesia, vulgaridade f.
gross profit s. (Com.) receita bruta f.
gross ton s. 2240 libras, tonelada f.
grossular [grʼɔsjulə] s. (Miner.) grossulária f. ‖ adj. de ou pertencente a groselha.
grotesque [groutʼesk] s. 1. grutescos m. pl.: obra de arte grutesca, espécie de arabesco. 2. pl. figuras f. pl. ou cenários m. pl. grotescos. ‖ adj. 1. grutesco. 2. grotesco, fantástico, bizarro, absurdo. ‖ **~ly** adv. grotescamente.
grotesqueness [~nis] s. qualidade de que é grotesco.
grotto [grʼɔto] s. gruta, caverna f.
grotto-work s. obra ornamental f. em jardim imitando gruta.
grouch [grautʃ] s. 1. resmungo, mau humor m. 2. resmungão, macambúzio m. ‖ v. resmungar.
grouchy [grʼautʃi] adj. aborrecido, enfadado.
ground (I) [graund] v. imp. e p. p. de **grind.**

ground (II) [graund] s. 1. terra f., chão, solo, soalho m. 2. terreno m., área, região f. 3. bens m. pl. de raiz, propriedade f. 4. campo de esporte, gramado m. 5. fundamento, motivo, pretexto m., base, razão, causa f. 6. base, sede f. 7. fundo, fundo m. de desenho ou pintura. 8. (Eletr.) terra, ligação à terra f. 9. fundo m. do mar, de um lago ou rio. 10. sedimento m. ‖ v. 1. pôr no chão, deitar à terra, depor (armas). 2. (Náut.) encalhar. 3. fundar, estabelecer, fundamentar, basear. 4. ensinar os elementos básicos. 5. preparar o fundo (pintura). 6. (Eletr.) ligar à terra. 7. (Aer.) fazer descer, manter em terra.
it is common ~ é de conhecimento geral, há concordância em. **to cover much ~** estender-se longe, ir longe. **to break ~** dar o primeiro passo, começar. **we covered much ~ today** (fig.) hoje avançamos muito (nos estudos). **to gain ~** ganhar terreno. **forbidden ~** terreno ou assunto defeso. **good ~s for doing** razões fortes para fazer. **to give ~** ceder, retirar-se. **to hold the ~** defender o ponto de vista ou o lugar. **on English ~** em terras inglesas, em território inglês. **to lose ~** perder terreno. **on the ~ of** pela razão de. **on the ~ that** pela razão que. **on these ~s** por estas razões. **on conscientious ~s** por motivos de consciência. **on public ~s** em consideração da opinião pública. **to go over the whole ~** whilst estudar, discutir todo assunto com. **I have gone (ou been) over and over the whole ~** pensei e estudei de todas as formas. **to go over the old ~ again** repetir o já conhecido. **the proposal fell to the ~** a proposta foi rejeitada, fracassou. **that suits me down to the ~** isto me serve sob todos os pontos de vista. **to touch ~ in the discussion** chegar a resultados concretos na discussão. **under ~** debaixo da terra, dentro da mina. **building under ~** construção no subsolo. **rich ~** terra fértil. **rising ~** terreno undante. **football ~** campo de futebol. **to be ~ed** estar encalhado. **the story is ~ed in fact** a história baseia-se em fatos.
groundage [grʼaundidʒ] s. direitos m. pl. de ancoragem.
ground-angling s. pescaria f. de linha comprida.
ground-ash s. (Bot.) freixo pequeno m., pé-de-cabra m.
ground-attack s. ataque m. de avião em vôo raso.
ground-bait s. isca chumbada f..
ground-bass s. (Mús.) baixo contínuo m.
ground-coating s. pintura básica f.
ground-colour s. 1. tom básico m. de pintura. 2. primeira demão f.
ground-connexion s. (Eletr.) ligação f. à terra.
ground-controlled approach system s. sistema m. de aterrissagem cega por meio de radar.
ground crew s. (Av.) pessoal m. de terra.
groundedly [grʼaundidli] adv. com fundamento.
ground-floor s. andar térreo m.
on the ~ no andar térreo.
ground-fog s. neblina baixa f.
ground-glass s. 1. vidro opaco, vidro despolido m. 2. (Fot.) chapa f. de vidro fosco.
ground-hog s. marmota f. dos E. U. A.
ground-ice s. placas f. pl. de gelo flutuantes.
grounding [grʼaundiŋ] s. 1. primeira demão (pintura) f. 2. instrução básica f. 3. (Náut.) encalhamento m.
ground-ivy s. (Bot.) hera-terrestre f.
ground-landlord s. proprietário m. de terreno.
ground layer s. = **surface boundary layer.**
groundless [grʼaundlis] adj. 1. sem motivo, sem razão. 2. (fig.) infundado. ‖ **~ly** adv. sem fundamento.
groundlessness [~nis] s. falta f. de motivo ou razão.
ground-line s. (Geom.) linha base f.
groundling [grʼaundliŋ] s. 1. planta rasteira f., animal m. que vive junto à terra. 2. peixe m. que vive

no fundo da água. 3. (Teatr.) freqüentador m. da platéia, espectador, leitor m. de pouco gosto.

ground loop s. (Av.) manobra f. feita em decolagem e aterrissagem.

groundman [gr'aundmən] s. 1. escavador m. (de terra). 2. guarda m. de campo de esporte.

ground mass s. (Geol.) rocha básica f. que envolve cristais de maior importância.

ground-nut s. amendoim m.

ground-oak s. carvalho pequeno m.

ground-pine s. (Bot.) ajuga f. (erva-de-são-lourenço).

ground-plan s. (Arquit.) planta, projeção horizontal f.

ground-plane s. plano horizontal m.

ground-plate s. 1. (Arquit.) laje f. de fundamento, base f. 2. (Eletr.) chapa, placa f. de terra.

ground-rent s. foro m.: renda paga para terreno.

ground rule s. regulamento básico m.

grounds [graundz] s. pl. 1. área, terra f. 2. jardim, terreno m. em volta de uma casa. 3. sedimento m. 4. (fig.) elementos m. pl. 5. (fig.) motivos m. pl.

groundsel [graunsl] s. 1. (Bot.) tasneirinha f. 2. (também **groundsill**) caibro m. de fundação.

groundspeed [gr'aundspi:d] s. (Av.) velocidade f. do avião em relação ao solo.

ground-squirrel s. (Zool.) esquilo terrícola m.

ground-staff s. (Av.) pessoal m. de terra.

ground state s. (Fís.) estado m. mais estável de átomo ou molécula.

ground-strafing s. (Av.) ataque m. em vôo baixo.

ground-swell s. vaga larga f. provocada por maremoto ou tempestades distantes (quadro C 17).

ground-tackle s. (Náut.) amarras f. pl., cabos m. pl. da âncora.

ground-water s. lençol m. de água (quadro S 8).

ground-wire s. (Eletr. e Rádio) fio-terra m.

groundwork [gr'aundwə:k] s. base f., fundamento, princípio fundamental m.

groundy [gr'aundi] adj. cheio de sedimento.

ground zero s. (Milit.) ponto m. de impacto de uma bomba, ponto exatamente abaixo do núcleo de irradiação atômica.

group [gru:p] s. 1. grupo m., classe f. de pessoas ou objetos. 2. (Quím.) radical, grupo m. ‖ v. agrupar, dispor em grupo, associar-se, combinar (**with** com). **a ~ of people** um grupo de pessoas.

group-captain s. (Av.) coronel m.

grouper [gr'u:pə] s. (Ict.) garoupa f.

grouping [gr'u:piŋ] s. arranjo m., disposição f.

group insurance s. seguro m. em grupo.

group medicine s. assistência médica f. em grupo.

group therapy s. (Psiq.) terapia f. em grupo.

group work s. (Assist. Soc.) atividade grupal f.

grouse [graus] s. 1. (Orn.) tetraz m.: ave galinácea. 2. queixa, lamentação f. ‖ v. queixar-se, lamentar, resmungar. **black ~** galo silvestre.

grout (I) [graut] s. 1. reboco m., argamassa líquida f. 2. farinha grosseira. 3. sedimento m., borra f. ‖ v. encher com argamassa, rebocar.

grout (II) [graut] v. remexer a terra com o focinho.

grouting [gr'autiŋ] s. rebocadura f., acabamento m. com reboco, injeção f. de pasta de cimento.

grouty [gr'auti] adj. lodoso, sujo.

grove [grouv] s. bosque, arvoredo m. **to go to the ~** (fig.) esgueirar-se, safar-se.

grovel [grɔvl] v. abaixar-se, arrastar-se, rastejar, (fig.) rebaixar-se, bajular.

groveller [gr'ɔvlə] s. (fig.) bajulador m.

grovelling [gr'ɔvliŋ] s. (fig.) bajulação f. ‖ adj. 1. rastejante. 2. bajulador, baixo, vil. ‖ **~ly** adv. com bajulação.

grow [grou] v. (imp. **grew,** p. p. **grown**) 1. crescer,

aumentar, florescer. 2. germinar, brotar. 3. vir a ser, nascer. 4. criar raízes, arraigar. 5. tornar-se, ficar. 6. criar, produzir, cultivar. 7. deixar crescer. **to ~ dark (cold)** escurecer (esfriar). **he grew better** **to ~ dark (cold)** escurecer, (esfriar). **he grew better** ele melhorou. **to ~ obsolete** tornar-se antiquado. **to ~ worse** piorar. **to ~ in favour** ganhar em graça. **to ~ into a habit** tornar-se hábito, um vício. **he grew a beard** ele deixou crescer a barba. **to ~ down** encurtar, diminuir. **to ~ on** s. o. subir na estimação de, impressionar mais e mais alguém. **the potatoes have ~n out** as batatas brotaram. **he has ~n out of his clothes** ele cresceu tanto que a roupa não lhe serve mais. **he has ~n out of memory** ele foi esquecido. **to ~ out of use** ficar fora de uso. **it grew to be the fashion** tornou-se moda. **to ~ up** crescer, desenvolver-se. **his melancholy grew upon him** a melancolia tornou-se sua segunda natureza.

growable [gr'ouəbl] adj. cultivável.

grower [gr'ouə] s. cultivador, plantador m. **a rank ~** uma planta de crescimento rápido.

growing [gr'ouiŋ] s. 1. crescimento, desenvolvimento m. 2. cultivo m. ‖ adj. crescente. ‖ **~ly** adv. mais e mais, cada vez mais. **~ age** idade do crescimento. **~ pains** dores do crescimento, doenças da infância. **~ weather** tempo quente e úmido, que facilita o crescimento das plantas.

growl [graul] s. 1. rosnadura f., resmungo m. 2. rugido m., trovoada f. ‖ v. 1. rosnar, rugir, troar. 2. (fig.) murmurar, resmungar.

growler [gr'aulə] s. 1. o que rosna, cachorro rosnador m. 2. (fig.) resmungão m.

growling [gr'auliŋ] adj. rosnador, rosnento. ‖ **~ly** adv. de modo rosnador.

grown [groun] v. p. p. de **grow** crescido. ‖ adj. adulto. **~ man** adulto. **full-~** desenvolvido. **well-~** bem desenvolvido. **~-over** with coberto com planta.

grown-up s. pessoa adulta f. ‖ adj. adulto, adulta.

growth [grouθ] s. 1. crescimento, desenvolvimento m. 2. aumento, incremento m. 3. cultivo m., produção, cria, vegetação f. 4. tumor, neoplasma m. **is this your own ~?** é isto da sua própria produção?

growth factor s. (Dieta) fator m. de crescimento.

groyne [grɔin] s. quebra-mar, molhe m. ‖ v. proteger com quebra-mar.

grub [grʌb] s. 1. larva, lagarta f., verme, bicho m. 2. trabalhador, pé-de-boi m. 3. (gíria) comida, bóia f. 4. (gíria) pessoa desmazelada f. ‖ v. 1. cavoucar a terra, cavar. 2. fazer trabalho pesado e desagradável. 3. roçar, destocar. **to ~ up** desenterrar, roçar.

grubber [gr'ʌbə] s. 1. cavoucador m. 2. enxada f.

grubbery [~ri] s. (E. U. A., gíria) restaurante m.

grubby [gr'ʌbi] adj. 1. sujo, imundo, desmazelado. 2. bichado.

grub screw s. cavilha roscada f. (quadro B 16).

grubshop, grub-trap s. (gíria) boca f.

grubstake [gr'ʌbsteik] s. (E. U. A., coloq.) adiantamento m. em dinheiro ou equipamento m. dado a um garimpeiro sob condição de dividir os achados. ‖ v. prover desse adiantamento.

grudge [grʌdʒ] s. 1. rancor, ódio m., aversão, malevolência f. 2. má vontade, relutância f. ‖ v. 1. invejar. 2. fazer ou dar com má vontade. **to ~ s. o. a thing** ou **something to s. o.** invejar alguém por alguma coisa. **to ~ no pains** não medir esforço. **I do not ~ teaching him** tenho prazer em ensiná-lo. **to bear s. o. a ~** ter rancor contra alguém.

grudger [gr'ʌdʒə] s. invejoso m.

grudging [gr'ʌdʒiŋ] adj. invejoso, com má vontade.

‖ **~ly** adv. de má vontade, com aversão.

gruel [gruil] s. sopa f. de aveia.

to give one his ~ (gíria) punir, matar alguém.

gruelling [gr'uiliŋ] s. (gíria) castigo m. ‖ adj. cansativo, exaustivo, duro.

gruesome [gr'u:səm] adj. (também **grewsome**) horrível, repulsivo. ‖ **~ly** adv. horrivelmente.

gruesomeness [~nis] s. horribilidade f.

gruff [grʌf] adj. 1. áspero. 2. rude, grosseiro, descortês. ‖ **~ly** adv. grosseiramente, asperamente.

gruffness [gr'ʌfnis] s. grosseria, aspereza f.

grumble [grʌmbl] s. 1. rosnadura f., murmúrio m. 2. trovão m. ‖ v. 1. rosnar. 2. trovejar.

grumbler [gr'ʌmblə] s. resmungão, rosnador m.

grumbling [gr'ʌmbliŋ] adj. indisposto, dolorido (apêndice vermiforme).

grumblingly [gr'ʌmbliŋli] adv. resmungadamente.

grume [gru:m] s. grumo, coágulo m.

grummet [gr'ʌmit] s. = **gromm'et**.

grumous [gr'u:məs] adj. grumoso, coagulado, espesso.

grumousness [~nis] s. grumecência f.

grumpiness [gr'ʌmpinis] s. irritabilidade f.

grumpy [gr'ʌmpi] adj. amuado, irritável, enfadado. ‖ **–ily** adv. amuadamente.

grunt [grʌnt] s. 1. grunhido m. 2. (Ict.) roncador m.: peixe da família dos Hemulídeos. ‖ v. 1. grunhir. 2. resmungar.

grunter [gr'ʌntə] s. 1. grunhidor, porco m. 2. roncador m.: peixe que emite grunhido.

gruntingly [gr'ʌntiŋli] adv. com grunhido.

gruntling [gr'ʌntliŋ] s. leitoa f., leitão, porquinho pequeno m.

gruyère [gr'u:jɛə] s. (fr.) queijo suíço ou francês m.

gryposis [grip'ousis] s. (Med.) gripose f.: encurvamento m. das unhas.

G-string s. 1. tanga f. 2. franja f. de dançarina em **striptease**.

G-suit s. roupa f. de aviador, astronauta.

guaiacol [gw'aiəkɔl] s. (Quím.) guaiacol m.

guaiacum [gw'aiəkəm] s. (Bot.) guáiaco m.: árvore cuja casca e resina têm uso medicinal.

guana [gw'a:nə] s. (Zool.) iguana f.

guanaco [gwa:n'a:kou] s. (Zool.) guanaco m.: lhama silvestre.

guano [gw'a:nou] s. guano m.

guarana [gwa:ra:n'a:] s. (Bot.) semente f. de guaraná.

guarantee [gærənt'i:] s. 1. garantia, fiança f., seguro m. 2. garante, fiador m. 3. pessoa garantida f., segurado m. 4. prêmio m. de seguro. 5. fiança, caução f. ‖ v. garantir, fiar, afiançar, abonar. **~ fund** fundo de reserva.

guarantor [gærənt'ɔ:] s. garante m. + f., fiador m.

guaranty [g'ærənti] s. 1. fiança, segurança, garantia f. 2. caução f., penhor m.

guard [ga:d] s. 1. guarda, vigia m., escolta, sentinela f. 2. proteção, defesa f. 3. resguardo m., corrente f. de relógio, guarda-mão m. da espada. 4. guarda, vigilância f. 5. posição defensiva f. (esgrima), parada f. 6. condutor, guarda-trem, guarda-linha m. ‖ v. 1. guardar, vigiar, defender, proteger. 2. conservar, preservar, segurar. 3. proteger-se, tomar precauções, precaver-se, salvaguardar, ressalvar. **he stands upon his ~** ele está acautelado. **to keep ~** estar de guarda. **body–~, life–~** guarda-costas **~ of honour** guarda de honra. **advanced ~** guarda avançada, vanguarda. **rear ~** retaguarda. **to be off one's ~** descuidado. **to come off ~** vir da guarda. **to be on ~** estar de guarda. **to go on ~, to mount ~** montar guarda. **to put s. o. on his ~ against** prevenir alguém contra. **to relieve ~** render a guarda. **he was thrown off**

his ~ ele foi pego desprevenido. **to ~ o. s. precaver-se. to ~ against, from** proteger contra.

guard-boat s. barco m. de patrulha.

guard cell s. (Bot.) célula estomática f.

guard-chain s. corrente f. de segurança.

guard duty s. (milit.) serviço m. de sentinela.

guarded [g'a:did] adj. cuidadoso, cauto. ‖ **~ly** adv. cuidadosamente, cautamente.

guardedness [~nis] s. cautela f., cuidado m.

guard hair s. pêlo m. grosso, externo, em certos mamíferos.

guard-house s. quartel m. da guarda, cadeia f. para soldados.

guardian [g'a:diən] s. 1. guardador, protetor m. 2. tutor m. ‖ adj. de guarda, protetor. **~ of the poor** administrador regional que trata dos pobres. **~ angel** anjo da guarda.

guardianship [~ ʃip] s. 1. tutela, curadoria f. 2. guarda, proteção f.

guardless [g'a:dlis] adj. sem guarda, desprotegido.

guard-rail s. trilho m. de segurança (quadro R 1).

guard-room s. quarto m. da guarda.

Guards [ga:dz] s. pl. corpo m. de guarda britânico.

guard-ship s. navio m. de guarda, navio guarda-costas m.

guardsman [g'a:dzmən] s. 1. soldado m. do corpo de guarda. 2. membro m. da Guarda Real britânica.

guard's van (E. U. A. **caboose**) s. (Estr. de F.) vagão-alojamento m. dos guardas.

guava [gw'a:və] s. 1. goiaba f. 2. goiabeira f.

gubernatorial [gjubənat'ɔ:riəl] adj. governamental.

guck [gʌk, guk] s. (gíria) catarro m.

gudgeon (I) [g'ʌdʒən] s. 1. gobião m.: peixe fluvial muito usado como isca. 2. (fig.) tolo, bobo m., (gíria) trouxa m. ‖ v. lograr.

gudgeon (II) [g'ʌdʒən] s. 1. pino, pino m. de forquilha. 2. olho m. da cana do leme. 3. (Mec.) moente m.

guelder rose s. (Bot.) bola f. de neve: espécie de viburno.

Guelph, Guelf [gwelf] s. guelfo m.

Guelphic [gw'elfik] adj. guelfo.

guerdon [g'ə:dən] s. (poét.) recompensa f. ‖ v. recompensar.

Guernsey [g'ə:nzi] s. 1. ilha inglesa do canal da Mancha. 2. malha f. de lã. 3. raça f. de gado.

guerrilla, guerilla [gər'ilə] s. 1. guerrilha f. 2. guerrilheiro m. ‖ adj. guerrilheiro.

guess [ges] s. suposição, conjetura f. ‖ v. 1. adivinhar, estimar, conjeturar. 2. solucionar, resolver, adivinhar (uma charada). 3. supor, crer, pensar, julgar. **by ~** a esmo. **to make a ~ at the purpose** adivinhar a intenção. **to ~ s. th. to be** (E. U. A.) supor que alguma coisa seja (**by, from** de, pelo, pela). **I ~ I shall do it** creio que o farei. **to ~ at** conjeturar, adivinhar. **you've got another ~ coming** (E. U. A., coloq.) nada disso, você está enganado.

guessable [g'esibl] adj. adivinhável.

guesser [g'esə] s. conjeturador, adivinhador m.

guessingly [g'esiŋli] adv. por conjetura.

guesstimate [g'estimit] s. (coloq.) estimativa f. conjectural, olhômetro m.

guess-work s. conjeturas f. pl.

guest [gest] s. 1. hóspede, convidado m. 2. (Zool., Bot.) parasito m., parasita m. + f. **he was a ~ at my house** ele foi meu convidado. **paying ~** hóspede pagante, pensionista.

guest-chamber s. quarto m. para hóspede.

guesthouse [g'esthaus] s. casa f. para hóspedes.

guest of honor s. hóspede m. de honra.

guestroom [g'estrum] s. quarto m. de hóspedes.
guest-rope, guess-rope s. (Náut.) cabo adicional m. para rebocar.
guffaw [gʌf'ɔ:] s. gargalhada f.‖ v. gargalhar.
guggle [gʌgl] s. = gurgle.
guidable [g'aidəbl] adj. dócil.
guidance [gaidns] s. 1. orientação f. 2. governo m. for your ~ para o seu governo.
guide [gaid] s. 1. guia m. 2. marco, sinal m. de direção. 3. guia, roteiro m. 4. manual m. 5. (Téc.) guia f. (quadro S 5). ‖ v. 1. guiar, conduzir, indicar, ensinar. 2. governar, controlar, dirigir. a ~ to London um guia de Londres. experience is a sure ~ de experiência se aprende. be ~d by me ouça meus conselhos.
guide-book s. guia m. de viagem.
guide dog s. cão m. para guiar cegos.
guided missile s. (milit.) projetil dirigido m.
guideless [g'aidlis] adj. desgovernado, sem guia.
guideline [g'aidlain] s. diretriz f., norma f. de procedimento.
guide-post s. placa f. ou poste indicador m.
guide-pulley s. carretilha f. de guia, roldana f. de guia.
guider [g'aidə] s. 1. guia, condutor m. 2. ~s pl. (coloq.) rédeas, bridas f. pl., freios m. pl.
guide-rail s. trilho m. de guia.
guide-rope s. cabo de guia, (Av.) cabo m. de amarração.
guideway [g'aidwei] s. trilho, trilho guia m.
guideword [g'aidwə:d] s. senha f.
guiding [g'aidiŋ] s. direção f., ato m. de guiar.
guiding-stick s. vareta f. de pintor.
guidon [g'aidən] s. 1. guião m. 2. porta-estandarte m.
guild, gild [gild] s. 1. grêmio m., corporação, associação, sociedade f. 2. guildas f. pl.
guild-brother, guildsman s. associado m. das guildas.
guilder [g'ildə] s. florim m.: unidade monetária da Holanda, gúlden m.: moeda usada antigamente em diversos países europeus.
guild-hall s. sala f. de reuniões das corporações, sala f. da câmara municipal.
Guild Socialism s. socialismo m. dos sindicatos.
guile [gail] s. fraude, malícia, astúcia f., logro m.
guileful [g'ailful] adj. malicioso, ardiloso, astuto, traiçoeiro. ‖ ~ly adv. maliciosamente, astutamente.
guilefulness [~ nis] s. ardileza, astúcia f.
guileless [g'aillis] adj. sincero, honesto, sem malícia, ingênuo. ‖ ~ly adv. sinceramente.
guilelessness [~nis] s. inocência, ingenuidade f.
guillemot [g'ilimɔt] s. (Orn.) uria f.: ave aquática.
guilloche [gil'ouʃ] s. (Arquit.) ornamento m. formado de filetes entrelaçados.
guillotine [gilət'i:n] s. 1. guilhotina f. 2. máquina f. para cortar papel. 3. limitação f. dos debates no parlamento. ‖ v. guilhotinar, executar com guilhotina.
guilt [gilt] s. culpa, culpabilidade, criminalidade f.
guiltiness [g'iltinis] s. culpa, culpabilidade f.
guiltless [g'iltlis] adj. inocente, livre de, não ciente. ‖ ~ly adv. inocentemente.
to be ~ of Latin não saber latim. he is ~ of a toothbrush ele não usa escova de dentes.
guiltlessness [~nis] s. inocência f.
guilty [g'ilti] adj. 1. culpado, criminoso, culpável, sujeito à penalidade. 2. ciente da culpa reconhecendo-se culpado. ‖ -ily adv. de modo culpável. to be ~ of a crime ter cometido um crime. a ~ conscience uma má consciência. he was not found ~ ele foi declarado inocente. he was found ~ on a charge of stealing ele foi declarado culpado de furto. he pleaded ~ to stealing ele confessou ser culpado de furto.

guinea [g'ini] s. 1. guinéu m.: antiga moeda de ouro inglesa. 2. moeda f. de cálculo equivalente a 21 xelins.
guinea corn s. sorgo, milho-záburro m.
guinea-fowl, guinea-hen s. galinha-d'angola f.
guinea-grains s. amomo m.: sementes aromáticas de Amomum melegueta.
guinea-pig s. cobaia f., porquinho-da-índia m.
guinea worm s. filária f.
guipure [g'i:pjuə] s. renda f. de guipura.
guise [gaiz] s. 1. aparência externa, maneira, forma f., modo, aspecto m. 2. máscara f., pretexto m. ‖ v. engalanar, mascarar.
in ou under the ~ (of) sob a máscara (de).
guiser [g'aizə] s. mascarado m.
guitar [git'a:] s. guitarra f. (quadro G 2).
guitarist [~rist] s. guitarrista m. + f.
gulch [gʌltʃ] s. corte profundo m. na terra (causado pela erosão), ravina f.
gulden [g'uldən] s. = guilder.
gules [gju:lz] s. (Heráld.) goles m. pl. ‖ adj. vermelho.
gulf [gʌlf] s. 1. golfo m., baía f., braço m. de mar. 2. abismo, redemoinho m., voragem, goela, garganta f. ‖ v. devorar, tragar.
Gulf Stream s. corrente f. do golfo: corrente marítima quente.
gulfy [g'ʌlfi] adj. cheio de redemoinhos.
gull (I) [gʌl] s. 1. (Orn.) gaivota f. 2. bobo, tolo m.
gull (II) [gʌl] v. enganar, lograr, seduzir (into para).
gullet [g'ʌlit] s. garganta, goela f., esôfago m.
gullibility [gʌlib'iliti] s. credulidade f.
gullible [g'ʌləbl] adj. crédulo, ingênuo.
gully [g'ʌli] s. rego, bueiro m., sarjeta, fossa f. ‖ v. escavar, corroer (a terra).
gully-hole s. ralo m. de esgoto.
gulosity [gju:l'ɔsiti] s. glutonaria f.
gulp [gʌlp] s. ato de engolir m., gole, trago m. ‖ v. tragar, engolir, devorar, afogar, sufocar, otegar. at one ~ de um só trago. to ~ the disappointment dominar a decepção. to ~ up regurgitar.
gum (I) [gʌm] s. 1. látex m., goma, resina f. 2. cola f. 3. (E. U. A.) goma de mascar f. ‖ v. segregar látex, encolar, engomar, colar.
~med edge canto gomado m. (quadro L 4). to ~ down colar em cima de. chewing ~ goma de mascar.
gum (II) [gʌm] s. (geralmente ~s pl.) gengiva f.
gum arabic s. goma-arábica.
gumbo [g'ʌmbou] s. 1. hibisco m., sopa f. feita das cápsulas de hibisco. 2. argila f., barro m. 3. dialeto m. dos negros da Luisiana e dos índios ocidentais.
gumboil [g'ʌmbɔil] s. abscesso dentário m.
gum-boots s. pl. botas f. pl. de borracha.
gum-dragon s. (Bot.) tragacanto m.
gum-elastic s. caucho m.
gum-juniper s. (Bot.) sandáraca f.
gummer [g'ʌmə] s. encolador m.
gummiferous [gʌm'ifərəs] adj. gomífero, gumífero.
gumminess [g'ʌminis] s. gomosidade f.
gumming [g'ʌmiŋ] s. 1. secreção f. de resina. 2. engomagem, engomadura f.
gummosis [gəm'ousis] s. (Bot.) gomose f.
gummosity [gʌm'ɔsiti] s. gomosidade f.
gummous [g'ʌməs] adj. gomoso.
gummy [g'ʌmi] adj. 1. gomoso. 2. pastoso.
gumption [g'ʌmpʃən] s. 1. iniciativa, energia f. 2. presença f. de espírito, bom senso m.
gum-resin s. resina vegetal, goma f.
gum-shoe s. 1. (E. U. A.) galocha f. 2. (pl.) sapatos m. pl. de tênis. 3. (gíria, E. U. A.) detective m. ‖ v. andar furtivamente.
gum-tree s. 1. (E. U. A.) nome de várias árvores

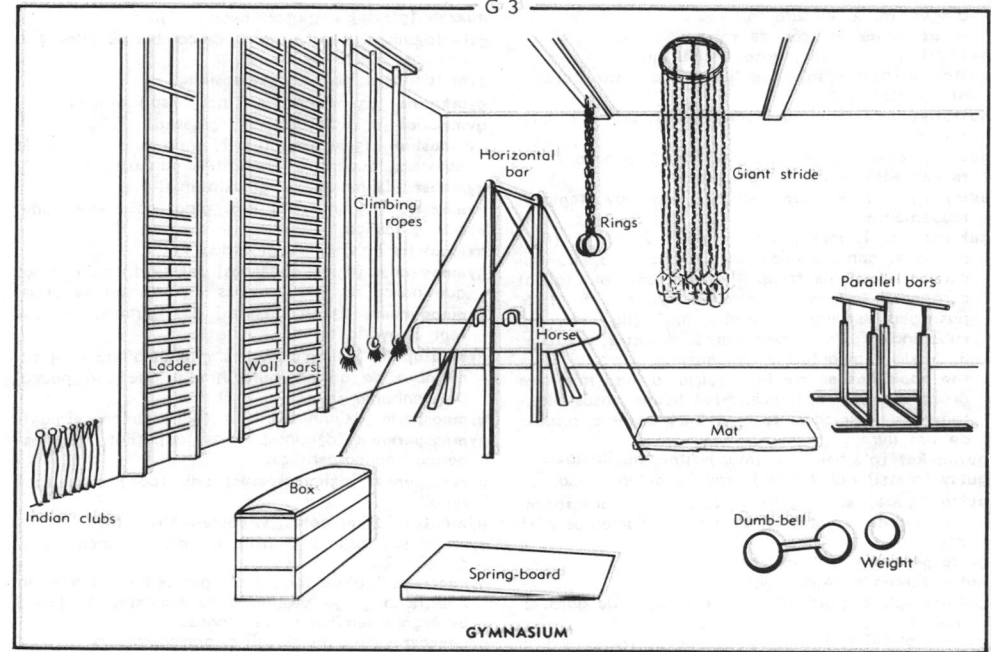

— G 3 —

Horizontal bar

Giant stride

Climbing ropes

Rings

Parallel bars

Horse

Ladder

Wall bars

Mat

Box

Indian clubs

Dumb-bell

Weight

Spring-board

GYMNASIUM

gomíferas. 2. (Austrália) **up a ~** em apuros.
gun [gʌn] s. 1. canhão m., espingarda, arma de fogo
f. 2. (E. U. A.) revólver m., pistola f. 3. atirador m.
‖ v. atirar, caçar, (E. U. A.) matar a tiro.
anti-aircraft ~ canhão antiaéreo. **a great (big) ~**
pessoa importante, figurão. **son of a ~** patife.
(as) sure as a ~ indubitavelmente. **to stand** ou
stick to one's ~ manter a opinião ou os princípios.
gun-barrel s. cano m. de espingarda, cano de canhão.
gunboat [g'ʌnbout] s. canhoneira f.
gun-carriage s. carreta f. do canhão.
gun-cotton s. algodão-pólvora m.
gun deck s. (milit.) coberta f. (de navio) guarnecida
de canhões.
gunfight [g'ʌnfait] s. luta f. com arma de fogo.
gun-fire s. fogo m. de artilharia.
gun-flint s. pederneira f.
gunge [gʌndʒ], (E. U. A.) **gunk** [gʌŋk] s. (gíria)
qualquer substância desagradável, suja e gru-
denta f.
gun-layer s. artilheiro m. que faz a pontaria.
gun-licence s. porte m. de arma.
gun-lock s. fecharia f.
gunman [g'ʌnmən] s. 1. (E. U. A.) assaltador ou ladrão
armado m. 2. armeiro m.
gun-metal s. bronze m. de canhão.
gun moll s. (gíria) companheira f. de bandido.
gunnage [g'ʌnidʒ] s. armamento m. de navio de
guerra.
gunned [~d] adj. p. ex. **heavily ~** armado com
artilharia pesada.
gunnel [gʌnl] s. = **gunwale.**
gunner [g'ʌnə] s. 1. artilharia f., atirador m. 2. caçador m.
gunnery [g'ʌnəri] s. ciência f. da artilharia.
gunning [g'ʌniŋ] s. caça f. com espingarda.
gunny [g'ʌni] s. aniagem f.
gun-pit s. cava f. para abrigar um canhão e os arti-
lheiros.

gunpoint [g'ʌnpɔint] s. ponta ou mira f. de arma.
he obeyed only at ~ ele só obedeceu sob a mira
de arma.
gun-port s. portinhola f.
gunpowder s. pólvora f.
gun-reach s. (E. U. A.) alcance m. de tiro.
gun-running s. contrabando m. de armas.
gunshot [g'ʌnʃɔt] s. tiro m., distância f. de tiro.
out of ~ fora do alcance de tiro. **within ~** dentro
do alcance de tiro.
gunsmith [g'ʌnsmiθ] s. armeiro m.
gun-stock s. coronha f.
Gunter's chain s. cadeia f. de agrimensor.
Gunter's scale s. régua f. de cálculo (esp. para a navegação).
gunwale, gunnel [gʌnl] s. aposturas. f. pl., amurada
f. (quadros B 14, S 2).
gurgitation [gə:dʒit'eiʃən] s. ebulição, fervura, efervescência f.
gurgle [gə:gl] s. gorgolejo, murmúrio m. ‖ v. gorgolejar, murmurar, borbulhar.
gurk [gə:k] s. (coloq.) arroto m. ‖ v. arrotar.
gurnard [g'ə:nəd,] **gurnet** [g'ə:nət] s. (Ict.) peixe-
cabra m.
gurry [g'ʌri] s. (E. U. A.) resíduos m. pl. de peixe na
pesca da baleia.
guru [g'u:ru:] s. guru m.: mestre espiritual hindu.
gush [gʌʃ] s. 1. torrente, erupção f., fluxo, esguicho,
jacto m. 2. arroubo, arrebatamento m. ‖ v. 1. jorrar,
esguichar, correr, sair em fluxo, derramar, transbordar. 2. falar com arroubo, falar tolices. 3. ser
efusivo ou afetadamente sentimental.
gusher [g'ʌʃə] s. 1. poço m. que jorra óleo com
grande força. 2. entusiasta m.
gushing [g'ʌʃiŋ] adj. efusivo, sentimental. ‖ **~ly**
adv. efusivamente.
gushy [g'ʌʃi] adj. sentimental, compassivo, efusivo.
gusset [g'ʌsit] s. nesga f. de pano ou outro material.
‖ v. reforçar com nesga
gust (I) [gʌst] s. 1. rajada f. de vento, temporal, pé

d'água m. 2. estouro m.
~ of anger erupção de raiva.
gust (II) [gʌst] gosto, gozo, deleite m.
gustation [gʌst'eiʃən] s. sentido m. do gosto, paladar m., gustação f.
gustative [g'ʌstətiv], gustatory [g'ʌstətəri] adj. gustativo.
gusto [g'ʌstou] s. gosto, prazer m., inclinação f.
to eat with ~ comer com prazer.
gusty [g'ʌsti] adj. tempestuoso. ‖ –ily adv. tempestuosamente.
gut [gʌt] s. 1. intestino m., tripa f. 2. ~s pl. (fig.) pança f. como símbolo de glutonaria. 3. fio m., corda f. feita de tripa. 4. (geralmente pl.) (gíria) coragem f. 5. ~s pl. entranhas, vísceras f. pl. 6. passagem estreita f., estreito m. 7. (fig.) teor m., substância f. ‖ v. 1. destripar. 2. devastar, esvaziar. 3. (gíria) empanturrar, empanzinar.
the book has no ~s in it (gíria) o livro não tem graça. blind ~ apêndice. ~ted houses casas inteiramente queimadas. to ~ a book fazer o resumo de um livro.
gutbucket [g'ʌtbʌkit] s. (Mús.) ritmo m. de jazz.
gutsy [g'ʌtsi] adj. (coloq.) bravo e determinado.
gutta [g'ʌtə] s. 1. gota f. 2. (Arquit.) ornato m., semelhante a gota, usado em entablamentos dóricos.
gutta-percha s. guta-percha f.
gutta serena s. (Med.) gota-serena f.
guttate [g'ʌteit] adj. (Biol.) 1. em forma de gota. 2. mosqueado.
gutter [g'ʌtə] s. 1. sarjeta f., rego m. (quadros F 1, S 9). 2. calha f. 3. (Mec.) ranhura, canaleta f. 4. (Tipogr.) medianiz f. ‖ v. 1. escavar, fazer ranhura, rasgar. 2. gotejar, pingar, derreter (vela).
to pick v. s. o. up in the ~ tirar alguém da sarjeta, (fig.) da miséria.
guttering [~riŋ] s. gotejamento m.
gutter-man s. camelô m.
gutter paper s. jornal escandaloso m.
gutter press s. imprensa ordinária f.
gutter-snipe, ~–bird, ~–child s. moleque m. de rua.
gutter-tile s. telha côncava f.
guttiferous [gʌt'ifərəs] adj. (Bot.) gutífero.
guttiform [g'ʌtifo:m] adj. em forma de gota.
guttle [gʌtl] v. devorar, engolir.
guttler [g'ʌtlə] s. glutão, comilão m.
guttural [g'ʌtərəl] s. som gutural m. ‖ adj. gutural. ‖ ~ly adv. de modo gutural.
a ~ accent pronúncia gutural, áspera.
gutturalize [~aiz] v. guturalizar.
gutturalness [~nis], gutturality [gʌtər'æliti] s. guturalidade f.
gutty [g'ʌti] s. (golfe) bola f. de guta-percha. ‖ adj. corpulento.
guvnor, guv'nor [g'ʌvnə] s. (Ingl., gíria) pai, patrão m.
guy (I) [gai] s. cabo m., corda, corrente f. para firmar. ‖ v. firmar, segurar (com corda).
guy (II) [gai] s. 1. (E. U. A., gíria) rapaz, sujeito m. 2. (E. U. A., gíria) bobo m. 3. (gíria) espantalho m. 4. (gíria) fuga, debandada f. ‖ v. caçoar, troçar.
to do a ~ (gíria) fugir, escapar.
guzzle [gʌzl] s. bebedeira f. ‖ v. 1. comer, beber avidamente, empanturrar-se. 2. (fig.) esbanjar, dissipar em glutonaria e bebedeira.

guzzler [g'ʌzlə] s. glutão, beberrão m.
gybe [dʒaib] s. (Náut.) ato m. de cambar as velas. ‖ v. cambar, mudar as velas.
gym [dʒim] s. abr. de gymnasium.
gymkhana [dʒimk'a:nə] s. (Ingl., Esp.) gincana f.
gymnasial [dʒimn'eiziəl] adj. ginasial.
gymnasium [dʒimn'eizjəm] s. 1. pátio m. ou sala f. de esportes (quadro G 3). 2. (Alemanha) ginásio m.
gymnast [dʒ'imnæst] s. ginasta m. + f.
gymnastic [dʒimn'æstik] adj. ginástico. ‖ –ally adv. com ginástica.
gymnastics [~s] s. pl. ginástica f.
gymnogenous [dʒimn'oudʒənəs] adj. (Bot.) gimnógino: que nasce nu nas infusões animais ou vegetais.
gymnogynous [dʒimn'oudʒinəs] adj. gimnógino: que tem o ovário nu.
gymnosophist [dʒimn'ɔsəfist] s. gimnossofista m. + f.: membro de antiga seita hindu, que usa pouca ou nenhuma roupa.
gymnosperm [dʒ'imnospə:m] s. (Bot.) gimnosperma f.
gymnospermous [dʒimnosp'ə:məs] adj. (Bot.) gimnospermo, gimnospérmico.
gymnosporous [dʒimn'ɔspərəs] adj. (Bot.) gimnosporado.
gymnotus [dʒimn'outəs] s. peixe-elétrico m.
gymsuit [dʒ'imsju:t] s. traje m. da ginástica (quadro C 12).
gynaeceum [gainæs'i:əm] s. 1. gineceu m.: parte da habitação grega destinada às mulheres. 2. (Bot.) os órgãos femininos das plantas.
gynaecocracy [gainik'ɔkrəsi] s. ginecocracia f.
gynaecological [gainikəl'ɔdʒikəl] adj. (Med.) ginecológico.
gynaecologist [gainik'ɔlədʒist] s. ginecologista m. + f.
gynaecology [gainik'ɔlədʒi] s. ginecologia f.
gynandrous [dʒin'ændrəs] adj. (Bot.) ginandro.
gynophore [dʒ'inəfɔ:] s. (Bot.) ginóforo m.
gyp (I) [dʒip] s. servente universitário m.
gyp (II) [dʒip] s. 1. (E. U. A., gíria) trapaceiro, enganador m. 2. trapaça f., logro m. ‖ v. lograr.
he is a ~ artist ele é um trapaceiro perfeito.
gypseous [dʒ'ipsiəs], gypsous [-səs] adj. gipsoso.
gypsum [dʒ'ipsəm] s. (Miner.) gipsita f.: sulfato de cálcio hidratado, gesso natural m. ‖ v. adubar com gipsita.
gypsy [dʒ'ipsi] s. = gipsy.
gyral [dʒ'aiərəl] adj. girante. ‖ ~ly adv. de modo girante.
gyrate [dʒ'aiəreit] v. rodar, girar, resolver. ‖ adj. 1. circular, encaracolado, convoluto. 2. (Bot.) circinado.
gyration [dʒaiər'eiʃən] s. rotação, giração f.
gyratory [dʒ'aiərətouri] adj. giratório, circulatório.
gyre [dʒ'aiə] s. giração, volta f., círculo m. ‖ v. girar.
gyrfalcon [dʒ'ə:fɔ:lkən] s. = gerfalcon.
gyro-compass s. bússola giratória f.
gyro horizon s. (Aer.) horizonte artificial m.
gyropilot [dʒ'airopailət] s. (Av.) piloto automático m.
gyroplane [dʒ'airoplein] s. (Av.) giroplano m.
gyroscope [dʒ'airəskoup] s. giroscópio m.
gyroscopic [dʒairəsk'opik] adj. giroscópico.
~ stabilizer (Náut.) estabilizador giroscópico.
gyrostatic [dʒairost'ætik] adj. girostático.
gyve [dʒaiv] s. (geralm. ~s pl.) algema f., grilhões m. pl. ‖ v. 1. algemar, agrilhoar. 2. (fig.) embaraçar.

H

H, h [eitʃ] s. oitava letra do alfabeto, consoante.
to drop one's ~'s deixar de pronunciar o h inicial (pronúncia inculta).
h, hr abr. de **hour**.
ha [ha:] v. zumbir. ‖ interj. ai, ah! (admirativo, riso).
habeas corpus [h'eibiæs k'ɔ:pəs] s. (Jur.) habeas-corpus m.
haberdasher [h'æbədæʃə] s. 1. armarinheiro m. 2. (E. U. A.) camiseiro m.
haberdashery [~ri] s. 1. loja f. de armarinhos. 2. (E. U. A.) camisaria f. 3. armarinhos m. pl.
habergeon [h'æbədʒən] s. cota f. de malha.
habile [h'æbil] adj. destro, hábil.
habiliment [həb'ilimənt] s. (também no pl.) 1. roupa f., vestuário esp. profissional m. 2. equipamento m., instalações f. pl.
habilitate [həb'iliteit] v. 1. habilitar, qualificar. 2. equipar.
habilitation [həbilit'eiʃən] s. habilitação f.
habilitator [həb'iliteitə] s. provedor m.
habit [h'æbit] s. 1. hábito, costume, uso m., praxe f. 2. roupa f., traje, hábito, traje m. de montaria (para senhoras). 3. (Bot. e Zool.) forma f., modo m. de vida. ‖ v. 1. habitar. 2. habituar 3. vestir. **riding ~** traje de montaria. **she fell into bad ~s** ela adotou maus costumes. **a ~ forming drug** uma droga que vicia.
habitable [~əbl] adj. habitável.
habitableness [~əblnis], **habitability** [hæbitəb'iliti] s. habitabilidade f.
habitant [h'æbitənt] s. habitante m. + f., habitador m.
habitat [h'æbitæt] s. (Bot.) habitat m.
habitation [hæbit'eiʃən] s. habitação, moradia f.
habitual [həb'itjuəl] adj. habitual, familiar, comum, de praxe. ‖ ~ly adv. habitualmente, comumente.
habitualness [~nis] s. habitualidade f.
habituate [həb'itjueit] v. habituar, acostumar, familiarizar. ‖ adj. habitual.
habitude [h'æbitju:d] s. hábito, costume, uso m.
habitué [həb'itjuei] s. habitué, freqüentador m.
hachure [ha:ʃ'uə] s. sombra f. ‖ v. sombrear.
hacienda [hæs'iendə] s. fazenda, estância f.
hack (I) [hæk] s. 1. corte, entalhe m., fenda, brecha, cutilada f. 2. contusão f. ou ferimento m. causado por um pontapé (futebol), canelada f. 3. enxada, picareta f., alvião m. 4. tosse curta e seca, tossidela f. ‖ v. 1. cortar, talhar, entalhar, picar, golpear. 2. dar um pontapé (em futebol), ou canelada. 3. estropiar (a língua). 4. tossir (seco).
hack (II) [hæk] s. 1. cavalo de aluguel, cavalo velho ou de uso geral, sendeiro m. 2. (E. U. A.) carro de aluguel, (coloq.) táxi m. 3. pessoa f. que executa trabalho (literário) de rotina, rotineiro, mercenário m. ‖ v. 1. alugar ou ser alugado. 2. montar um cavalo alugado ou alugar um carro (taxi). 3. ir em marcha lenta. 4. tornar-se vulgar. 5. prostituir-se. ‖ adj. feito apenas por dinheiro.
hack (III) [hæk] s. 1. manjedoura, prateleira, armação f. (para secar peixes, tijolos, etc.). 2. estado de liberdade parcial em que se mantêm falcões novos. ‖ v. manter falcões em condições assim.
hackamore [h'ækəmɔ:] s. cabresto m.
hack around v. (coloq.) fazer trabalho inútil, perder tempo.
hackberry [h'ækberi] s. 1. (Bot.) árvore f. dos E. U. A., semelhante ao olmeiro. 2. fruta f. desta árvore.

hackbut [h'ækbʌt] s. arcabuz m.
hacking [h'ækiŋ] adj. 1. que corta, entalha, pica. 2. curto, seco e intermitente (tosse).
hackle (I) [hækl] s. 1. gramadeira, corda f. 2. fibra vegetal crua f. 3. isca artificial f. para pesca. 4. penas f. pl. ou penugem f. no pescoço ou nas costas de certas aves. ‖ v. 1. gramar (o linho). 2. cortar, talhar. 3. pescar com isca artificial. **with his ~s up** pronto para lutar (cão, galo, etc.).
hackle (II) [hækl] v. 1. despedaçar, dilacerar. 2. estropiar (língua).
hackle fly s. isca artificial f. (para pesca).
hackler (I) [h'æklə] s. cardador m.
hackler (II) [h'æklə] s. 1. dilacerador m. 2. o que estropia (língua) m.
hackly [h'ækli] adj. denteado, irregular, serrilhado.
hackmatack [h'ækmətæk] s. (Bot.) lariço americano m.
hackney [h'ækni] s. 1. cavalo m. de sela ou tiro. 2. cavalo ou carro m. de aluguel. ‖ v. usar, abusar, tornar muito vulgar. ‖ adj. vulgar.
to ~ out alugar.
hackney-carriage [~k'æridʒ], **hackney-coach** [~koutʃ] s. carruagem f. de aluguel.
hackneyed [~d] adj. demasiadamente usado, vulgar.
hacksaw [h'æksɔ:] s. serra f. de arco para metais (quadros L 5, S 1).
hack-work s. trabalho literário mercenário m.
had [hæd] imp. + pp. de **have** tinha, tido.
haddock [h'ædək] s. (Ict.) eglefim m.
Hades [h'eidi:z] s. (Mitol. grega) Hades: 1. região f. dos mortos. 2. deus m. dos mortos (=Pluto). 3. **hades** (coloq.) inferno m.
hadn't [hædnt] contr. de **had not**.
Hadrian's wall s. (Hist., Ingl.) muralha f. de Adriano.
haemal [hi:məl] adj. hemal.
haematemesis [hi:mət'eməsis] s. hematêmese f.
haematic [him'ætik] s. remédio m. que atua no sangue. ‖ adj. hemático.
haematite [h'emətait] s. (Min.) hematita f.
haematocele [hi:mətəs'i:l] s. hematocele f.
haematocyte [h'i:mətəsait] s. hematócito m.
haematoid [h'i:mətɔid] adj. hematóide.
haematology [hi:mət'olədʒi] s. hematologia f.
haematopoiesis [hi:mətəpɔi'i:sis] s. hematopoese f.
haematosis [hi:mət'ousis] s. hematose f.
haematozoa [hi:mətəz'uə] s. hematozoário m.
haematuria [hi:mətj'uəriə] s. hematúria f.
haemoglobin [hi:mogl'oubin] s. hemoglobina f.
haemophilia [hi:mof'iliə] s. hemofilia f.
haemorrhage [h'eməridʒ] s. (Pat.) hemorragia f.
haemorrhagic [hemər'ædʒik] adj. hemorrágico.
haemorrhoidal [hemər'ɔidəl] adj. hemorroidal.
haemorrhoids [h'emərɔidz] s. hemorróidas f. pl.
haemostasis [hi:məst'eisis] s. hemóstase f.
hag (II) [hæg] s. terreno m. mais firme num pântano. ‖ v. cortar, picar.
hag (I) [hæg] s. 1. bruxa, feiticeira, fúria f. 2. espécie f. de luz fosforescente que aparece nas crinas de cavalos. ‖ v. 1. atordoar. 2. suar (trabalhar).
hag (II) [hæg] s. terreno m. mais firme num pântano. ‖ v. cortar, picar.
hagborn [h'ægbɔ:n] adj. nascido de mulher feia, bruxa.
haggard [h'ægəd] s. 1. falcão selvagem m. 2. traquinas m. + f. ‖ adj. de aspecto selvagem. 2. magro, perturbado. ‖ ~ly adv. perturbadamente.
haggardness [~nis] s. magreza, desfiguração f.

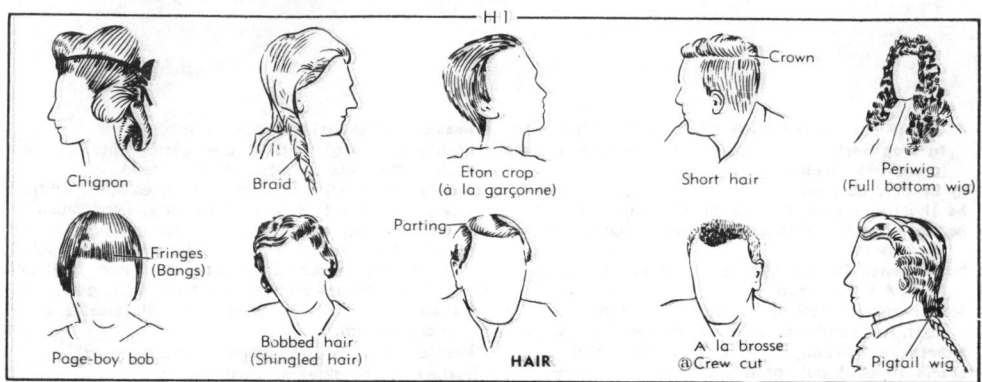

H 1

Chignon — Braid — Eton crop (à la garçonne) — Short hair — Crown — Periwig (Full bottom wig)

Fringes (Bangs) — Page-boy bob — Bobbed hair (Shingled hair) — Parting — HAIR — A la brosse ⓐCrew cut — Pigtail wig

haggis [h'ægis] s. prato m. de miúdos de carneiro.

haggish [h'ægiʃ] adj. feio, velho, semelhante a bruxa, abominável. ‖ **~ly** adv. abominavelmente.

haggle [h'ægl] s. regateio m., ação de pechinchar. ‖ v. 1. pechinchar, disputar, questionar. 2. cortar, despedaçar.

haggler [h'æglə] s. 1. pechincheiro, regateador m. 2. o que corta ou despedaça m.

hagiocracy [hægi'ɔkrəsi] s. hagiocracia f.

Hagiographa [hægi'ɔgrəfə] s. pl. hagiógrafo m.: livros do Antigo Testamento.

hagiographal [hægiogr'æfəl] adj. hagiográfico.

hagiographer [hægi'ɔgrəfə] s. hagiógrafo m.: quem escreve sobre os santos.

hagiography [hægi'ɔgrəfi] s. hagiografia f.: biografia de santos.

hagiolatry [hægi'ɔlətri] s. hagiolatria f.

hagiologist [hægi'ɔlədʒist] s. = **hagiographer.**

hagiology [hægi'ɔlədʒi] s. 1. hagiológio m.: tratado sobre a vida dos santos. 2. lista dos santos f.

hagridden [h'ægridən] adj. sofrendo de pesadelos, enfeitiçado.

hag-weed s. giesta f.

hah [ha:] interj. ha! ah!

ha-ha [h'a:ha:] s. valado m. que limita um jardim.

hail (I) [heil] s. granizo m., saraiva f. ‖ v. 1. chover pedras, granizar. 2. precipitar-se; metralhar como em chuva de granizo.

hail (II) [heil] s. saudação, aclamação, chamada f. ‖ v. saudar, aclamar, chamar. ‖ interj. (Poét.) bem-vindo! salve!
~ **Mary** ave-maria. **to ~ a ship** chamar um navio à fala. **to ~ from** ter nascido em; ser natural de. **within ~** ao alcance da voz. **they ~ed her as a bride** cumprimentaram-na como noiva.

hailstone [h'eilstoun] s. granizo, grão de saraiva m.

hailstorm [h'eilstɔ:m] s. temporal com granizo m.

haily [h'eili] adj. de ou relativo a saraiva.

hair [hɛə] s. 1. cabelo, pêlo m. (quadro H 1). 2. (fig.) algo muito pequeno ou fino.
to a ~ exatamente. **within a ~'s breadth** por um fio de cabelo. **against the ~** a contrapelo. **I must comb his ~ for him** eu terei que lhe dar uma ensaboadela. **keep your ~ on** calma no Brasil! **his ~ stood on end** seus cabelos eriçaram-se. **without turning a ~** sem pestanejar. **to split ~s** fazer distinções demasiadamente rebuscadas.

hairbrush [h'ɛəbrʌʃ] s. escova f. para o cabelo.

haircloth [h'ɛəklɔθ] s. tecido m. de crina.

haircut [h'ɛəkʌt] s. corte m. de cabelo.

haircutter [~ə] s. cabeleireiro m.

hair-do s. (coloq.) penteado m. de mulher.

hairdresser [h'ɛədrɛsə] s. cabeleireiro m.

haired [hɛəd] adj. cabeludo, peludo, hirsuto.

hairgrip [h'ɛəgrip] s. = **hairpin.**

hairiness [h'ɛərinis] s. hirsutismo, excesso de cabelos m.

hairless [h'ɛəlis] adj. que não tem cabelos.

hairline [h'ɛəlain] s. traço, linha muito fina f.

hair net s. rede f. de cabelo.

hairpin [h'ɛəpin] s. grampo m. para o cabelo (quadro N 1).

hairpin bend s. curva fechada f. (quadro R 4).

hair-raising adj. horripilante, horrível, horrendo, de arrepiar os cabelos.

hair's breadth s. distância muito curta f.
the car missed the jaywalker by a ~ por um fio de cabelo o automóvel não atropelou o transeunte distraído.

hairshirt [h'ɛəʃə:t] s. camisa de tecido de crina ou cilício usada em penitência f.

hairsplitting [h'ɛəsplitiŋ] s. distinção sutil f. ‖ adj. minucioso em excesso.

hairspring [h'ɛəspriŋ] s. cabelo m. do relógio.

hairstroke [h'ɛəstrouk] s. = **hairline.**

hairtrigger [h'ɛətrigə] s. gatilho m. que responde à pressão mínima.

hairy [h'ɛəri] adj. hirsuto, cabeludo, peludo.

hake (I) [heik] s. (Ict.) 1. merlúcio m. 2. abrótea f. ‖ v. pescar os referidos peixes.

hake (II) [heik] s. 1. prateleira f. 2. manjedoura f.

halation [həl'eiʃən] s. halo m., auréola f.: área clara em forma de coroa.

halberd [h'ælbəd] s. alabarda f.: arma antiga (quadro L 2).

halberdier [hælbəd'iə] s. alabardeiro m.

halcyon [h'ælsiən] s. (Zool.) alcíone f., martim-pescador m. 2. ave fabulosa f. 3. (fig.) calma, paz f. ‖ adj. (fig.) pacífico, alegre, agradável.

hale (I) [heil] v. puxar, levantar, arrastar, içar.

hale (II) [heil] adj. são, vigoroso, robusto, com saúde.

haleness [h'eilnis] s. saúde f., vigor m., força f.

half [ha:f] s. pl. **halves** 1. metade f., meio m. 2. semestre m. ‖ adj. 1. meio. 2. bastante, quase. 3. incompleto, parcial. ‖ adv. 1. em metade, meio; em parte, parcialmente. 2. consideravelmente.
~ **an hour** meia hora. ~ **a dozen** meia dúzia. **~-finished goods** produtos semifabricados. ~ **past four** quatro e meia. **my better ~** minha esposa. **too clever by ~** astuto, manhoso. ~ **as broad again** vez e meia de largura. **I have ~ a mind to go** estou quase decidido a ir. **not ~ bad** menos mal. ~ **past five** cinco e meia. **I liked it ~ and ~** gostei mais ou menos. **he does things by halves** ele faz as coisas pela metade. **let us go by halves**

vamos fazer o negócio meio a meio.
half-and-half s. 1. mistura f.: na Inglaterra de cervejas, nos E. U. A. leite com creme. 2. pessoa insincera f. 3. metades iguais f. ‖ adj. lânguido, insípido.
halfbak [h'a:fbæk] s. (futebol) médio m.
half-baked adj. 1. meio-assado (pão). 2. inexperiente, imaturo.
half-binding s. encadernação f. com cantos e lombo de couro.
half-blood s. 1. relação f. entre duas pessoas tendo um só parente comum. 2. pessoa assim relacionada. 3. mestiço m. 4. meio-sangue m + f. ‖ adj. 1. nascido do mesmo pai ou mãe. 2. mestiço.
half-blooded adj. nascido de raças diferentes.
half-boot s. bota f. de cano curto.
half-bred adj. de raça mista, bastardo, degenerado.
half-brother s. meio-irmão m.
half-caste s. mestiço m. (especialmente entre hindu e europeu).
half-cloth s. encadernação f. em meio-linho.
half cock s. meio-gatilho m.
   to go off at ~ 1. disparar muito cedo. 2. falar ou agir sem o respectivo preparo.
half-crown s. meia-coroa f.: moeda inglesa de prata.
half dead adj. 1. semimorto. 2. (coloq.) exausto.
half-dime s. (E. U. A.) moeda f. de 5 cents.
half dollar s. (E. U. A.) moeda f. de 50 cents.
half-face s. rosto m. visto de perfil. ‖ adj. de perfil.
half-hearted adj. tíbio, timorato, indiferente. ‖ adv. timoratamente.
half-heartedness s. tibieza, indiferença f.
half-hitch s. tipo de nó m.
half-holiday s. meio feriado m.
half hour s. meia hora f.
half-length s. retrato m. de meio-corpo. ‖ adj. de meio comprimento.
half-life s. (Fis.) meia-vida f.
halfling [h'a:fliŋ] s. rapazola m. 2. parvo m. ‖ adj. semi-adulto, adolescente.
halfmast [h'a:fma:st] s. meio-pau m. ‖ v. pôr a bandeira a meio-pau.
half-measure s. meia-medida, medida deficiente f.
halfmoon [h'a:fmu:n] s. meia-lua f.
half-mourning s. meio-luto m.
half nelson s. golpe m. em luta livre.
half-note s. semitom m., mínima f. (quadro N 2).
half-pay s. meio soldo m. (para oficiais reformados). ‖ adj. com direito a meio-soldo.
halfpenny [h'eipni] s. meio-pêni m.: moeda. ‖ adj. 1. do valor de meio-pêni. 2. de pouco valor, trivial.
half-price s. meia entrada, passagem reduzida f.
half-round s. (Arquit.) friso m., moldura semicircular f. ‖ adj. semicircular (quadro F 1).
half-seas-over adj. (gíria) meio-ébrio.
half-servo s. (Autom.) freio semimecânico ou semi-hidráulico m.
half share s. (Com.) metade f. do lucro.
halfsister [h'a:fsistə] s. meia-irmã f.
half size s. meio-tamanho m. (roupa).
half sole s. meia sola f. ‖ v. pôr meia sola.
half-starved adj. subnutrido, subalimentado.
half-step s. 1. semitom m. 2. (E. U. A.) ritmo m. de marcha.
half term s. miniférias escolares f. pl.
half-time s. (Futeb.) meio-tempo m.
half-timer s. estudante m. + f. que trabalha para custear o estudo.
half-tint s. 1. meias-tintas f. pl. 2. (Pint.) meio--tom m.
halftone [h'a:ftoun] s. (Mús.) intervalo mínimo m. 2. (Fotogravura) autotipia f.

half-track s. 1. veículo m. semicaterpilar. 2. mecanismo caterpilar m.
half-truth s. meia-verdade f.
halfway [h'a:fwei] 1. adj. + adv. na metade do caminho. 2. adj. incompleto.
halfway house s. 1. ponto m. de parada na estrada. 2. (Assist. Soc.) casa f. de recuperação.
half-wit s. 1. débil mental m. + f. 2. bobo, estúpido m.
half-witted adj. 1. de mentalidade débil. 2. tolo.
half-yearly adj. semestral. ‖ adv. duas vezes por ano.
halibut [h'ælibət] s. (Ict.) hipoglosso m.
halieutic [hælij'utik] s. 1. arte f. de pescar. 2. tratado m. a respeito de pesca. ‖ adj. relativo a pesca.
halitosis [heilit'ousis] s. halitose f., mau hálito m.
halituous [həl'itjuəs] adj. como hálito, vaporoso, produzido por respiração.
halitus [h'ælitəs] s. exalação f., vapor, hálito m.
hall [hɔ:l] s. 1. saguão, corredor m. 2. salão m. sala, sala de reunião f. 3. (Univ.) refeitório m. 4. (Univ.) prédio m. para estudantes, escola, universidade f. 5. mansão f. 6. edifício público, tribunal m. 7. sede f. de agremiação, corporação, etc.
hallelujah [hæli'u:jə] s. aleluia f.
halliard [h'æljəd] = **halyard**.
hallmark [h'ɔ:lma:k] s. 1. carimbo oficial m. indicando o grau de pureza em artigos de ouro e prata. 2. indicação f. de qualidade e legitimidade. ‖ v. marcar com carimbo ou sinete assim.
hallo [hɔl'ou], **halloo** [həl'u.] v. 1. chamar, exclamar. 2. atiçar os cães para a caça. ‖ interj. alô! olá!
Hall of Fame s. panteão m. dos E. U. A., em Nova York.
hallow [h'ælou] v. 1. consagrar, santificar. 2. reverenciar como sagrado.
hallowday [~dei], **hallowmass** [~məs] s. o dia de Todos os Santos.
hallowed [h'æloud] adj. sagrado, consagrado, santificado.
Halloween [h'æloui:n] s. véspera f. de Todos os Santos (31 de outubro).
hallucinate [həl'u:sineit] v. alucinar.
hallucination [həlusin'eiʃən] s. alucinação f.
hallucinatory [həl'u:sineitəri] adj. alucinatório.
hallucinogenic [həlu:sinədʒ'enik] adj. alucinógeno.
hallway [h'ɔ:lwei] s. 1. corredor m. 2. entrada f.
halo [h'eilou] s. 1. halo m. 2. auréola f. 3. (fig.) glória f., prestígio m. ‖ v. 1. formar halo. 2. aureolar.
halogen [h'ælədʒin] s. halógeno m.
haloid [h'æloid] s. (Quím.) halóide m. ‖ adj. halóide derivado de halógeno.
halt (I) [hɔ:lt] s. 1. parada f., descanso m. ‖ v. parar fazer parar, descansar.
   to call a ~ mandar parar.
halt (II) [hɔ:lt] s. (arc.) manqueira, coxeadura f. ‖ v. 1. estar em dúvida, hesitar, vacilar. 2. (arc.) ser manco, manquejar. 3. (fig.) ser defeituoso. ‖ adj. manco.
halter [h'ɔ:ltə] s. 1. cabresto m., corda f., laço m. 2. morte por enforcamento f. 3. colete m. curto para senhoras. ‖ v. 1. encabrestar, amarrar com corda. 2. enforcar.
halterneck [h'ɔ:ltənek] adj. de frente única (vestido).
halting place s. ponto m. de parada.
halve [ha:v] v. 1. dividir em partes iguais, tirar metade, participar com partes iguais. 2. (Marcen.) juntar a meia-madeira.
halves [~z] s. pl. de **half** metades f. pl.
   by ~ mal, imperfeito. **to cry ~** pretender parte igual. **to go ~** participar com partes iguais.
halyard [h'ɔ:ljəd] s. (Náut.) adriça f., cabo m., corda f. para arrear ou subir velas, bandeiras, etc.

H 2

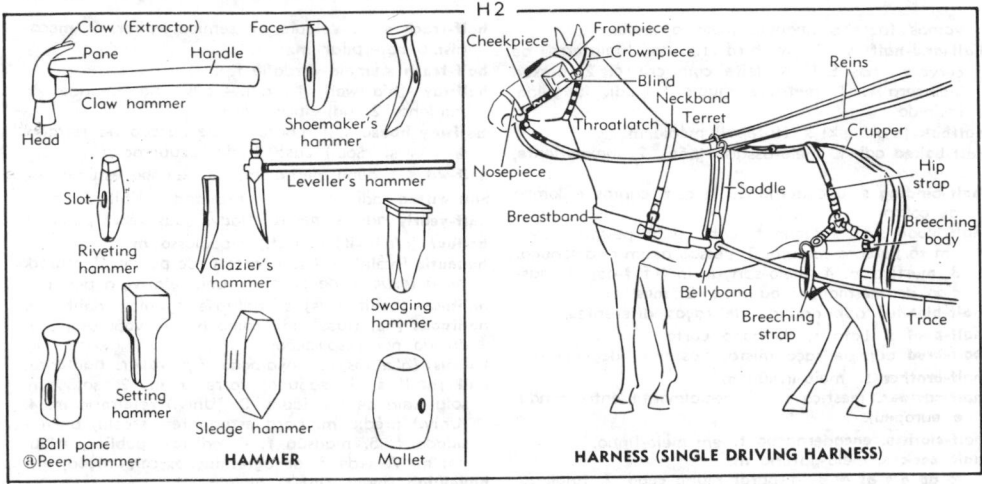

HAMMER   **HARNESS (SINGLE DRIVING HARNESS)**

ham (I) [hæm] s. 1. presunto, pernil m. (quadros B 21, B 25). 2. coxa f. 3. (gíria E. U. A.) mau ator m. 4. (gíria, E. U. A.) radioamador m.

ham (II) [hæm] s. aldeia f.

hamadryad [hæmədr'aiæd] s. (Mit.) hamadríade, ninfa f.

hamate [h'eimət] adj. curvo, em forma de gancho.

hamburger [h'æmbə:gə] s. 1. almôndega f. 2. sanduíche m. de carne assada ou almôndega.

hame [heim] s. coleira f. para cavalo de tiro.

hamlet [h'æmlit] s. vila, aldeia f.

hammer [h'æmə] s. 1. martelo m., ou qualquer coisa de forma ou função idêntica (quadros H 2, L 5). 2. cão (de espingarda) m. ‖ v. 1. martelar, malhar, bater, forjar, elaborar com muito esforço. 3. forçar. **~ and tongs** com muito vigor e ruído. **to live ~ and tongs** (E. U. A.) viver como gato e cachorro. **to come under the ~** ser vendido em leilão. **to throw the ~** (Esporte) arremessar o martelo. **to be ~ed** estar declarado falido. **to ~ s. th.** trabalhar demorada e forçadamente em alguma coisa. **to ~ down** pregar. **to ~ out** fazer sair.

hammer and sickle s. foice f. e martelo m.: emblema comunista.

hammer-blow s. martelada f.

hammered [h'æməd] adj. martelado, batido com força.

hammerhead [h'æməhed] s. (Zool.) martelo m.

hammerlock [h'æmələk] s. (Esp., Luta Romana) posição f. em que o oponente está com o braço torcido e preso nas costas.

hammer-smith s. ferreiro m. que trabalha com martelo.

hammer-worth s. (Bot.) parietária f.

hammock [h'æmək] s. rede f. para dormir.

hamose, hamous [h'eiməs] adj. (Bot.) curvado em forma de gancho.

hamper (I) [h'æmpə] s. cesto grande m.

hamper (II) [h'æmpə] s. empecilho, estorvo, embaraço m. ‖ v. impedir, dificultar, obstruir, embaraçar.

hamshackle [h'æmʃækl] v. maniatar, amarrar.

hamster [h'æmstə] s. (Zool.) criceto m.

hamstring [h'æmstriŋ] s. tendão m. da perna. ‖ v. cortar o tendão, paralisar.

ham up v. gesticular de propósito.

hand [hænd] s. 1. mão f. ou qualquer coisa semelhante em forma ou função. 2. pata dianteira f.

3. poder m., autoridade f., controle m., posse f. 4. perícia, habilidade, destreza f. 5. promessa f. de casamento. 6. fonte, origem f. 7. auxiliar m. + f., auxílio m. 8. ajuda braçal f., trabalhador braçal, marinheiro m. 9. mão (cartas) f. 10. cartas f. pl. que um dos jogadores tem. 11. o que participa de um jogo de cartas. 12. vez f. (de iniciar em jogos como tênis). 13. caligrafia f., estilo m. 14. assinatura f. 15. palmo (de comprimento) m. 16. mão-cheia, mancheia f. 17. cabo m. 18. ponteiro m. de relógio (quadro C 11). 19. participação f. 20. aplauso m. 21. lado m. ‖ v. 1. dar, entregar, passar, transmitir. 2. assistir, conduzir. ‖ adj. de mão, para mão, por mão, na mão. **at ~** perto, à mão. **at the ~ of s. o.** da parte de alguém. **by the ~ of** por intermédio de. **to bear a ~** dar uma mão, ajudar. **to bring up by** criar sem leite materno. **to change ~s** mudar de dono. **to fall into s. o.'s ~s** cair em poder de alguém. **to fight ~ to ~** lutar corpo-a-corpo. **to keep a firm ~ over** manter rigorosamente em ordem. **at first (second) ~** de primeira (segunda) mão. **to be ~ and glove** ser carne e unha. **a good (poor) ~** uma pessoa hábil (inábil). **from good ~s** de primeira fonte. **green ~** homem ou operário inexperiente. **to have a ~ in** estar metido em. **to have one's ~ out** ter perdido a prática. **with a high ~** violento, sobranceiro. **the matter is well in ~** dominamos a situação. **to keep one's ~ in** conservar a prática. **to lay ~s upon a thing** empreender alguma coisa, pôr mãos à obra. **to lend a ~** ajudar. **near at ~** à mão, perto. **~s off!** não toque! **to be off ~** ser rude, descortês. **an old ~** um velho experimentado. **on ~** 1. em estoque, à disposição. 2. perto, à mão. 3. presente. **to have s. o. on one's ~s** ter que cuidar de alguém. **on the one ~, on the other ~** por um lado, por outro lado. **out of ~** 1. de improviso. 2. feito, terminado, completo. **for one's own ~** por conta própria. **under ~ and seal** assinado e selado. **to shake ~s** dar um aperto de mão. **to put one's ~ into one's pocket** sacar a carteira. **let's put our ~s together** (E. U. A.) debatamos o assunto. **to show one's ~** pôr suas cartas na mesa. **to take in ~** empreender, assumir. **to try one's ~ at** experimentar, fazer alguma coisa. **in a ~'s turn** num instante. **~s up!** mãos ao alto. **to wash one's ~s of** desligar-se de. **to wash one's ~s of s. th.** lavar suas mãos de, declarar-se alheio

ao assunto ou inocente. **a wretched** ~ um jogo (de cartas) miserável. **to write a clear** ~ ter letra legível. **all** ~s (Náut.) toda tripulação. **by** ~ manual. **off** ~ 1. de vez em quando. 2. de improviso. **to ask or give the** ~ **of** pedir ou dar em casamento. **to lay** ~s **on** 1. tirar, pegar, obter. 2. prender. 3. atracar. 4. prejudicar, magoar. 5. benzer pondo a mão. **you've got to** ~ **it to him** (E. U. A.) não se lhe pode negar. **to** ~ **about** fazer passar de mão em mão. **to** ~ **down** 1. passar para baixo. 2. transmitir, legar. **to** ~ **in (into)** 1. passar para dentro. 2. entregar (requerimento). 3. ajudar (alguém a entrar). **to** ~ **on** passar adiante. **to** ~ **out** distribuir, repartir. **to** ~ **over** ceder, legar.

handbag [h'ændbæ:g] s. 1. bolsa (de senhoras) f. 2. maleta, mala f. (para viagens).

handball [h'ændbɔ:l] s. 1. jogo m. de **handball** 2. a respectiva bola f.

handbarrow [h'ændbærou] s. maca, padiola f.

handbill [h'ændbil] s. folheto m.

handbook [h'ændbuk] s. manual, guia m.

handbrake [h'ændbreik] s. travão de mão, (Bras.) breque m. de mão (quadro B 11).

handbreadth [h'ændbredθ] s. medida f. linear igual à largura de uma mão.

handcart [h'ændka:t] s. carrinho m. de mão.

handclasp [h'ændkla:sp] s. aperto m. de mão.

handcraft [h'ændkra:ft] s. = **handicraft**.

handcuff [h'ændkʌf] s. algema f. ‖ v. algemar.

handed [h'ændid] adj. que tem mãos. **left-**~ canhoto.

handfast [h'ændfa:st] s. 1. ação de segurar com as mãos. 2. custódia f. ‖ v. 1. garantir, comprometer por meio de contrato. 2. contratar casamento.

hand-feed v. alimentar com a mão.

handful [h'ændful] s. 1. mão-cheia, mancheia f., um pouco, um punhado. 2. pessoa ou tarefa difícil f.

hand-glass s. lente f. para leitura.

handgrip [h'ændgrip] s. ação de agarrar com a mão. **to come to** ~s chegar a vias de fato, brigar.

handicap [h'ændikæp] s. (Esporte) 1. vantagens f. pl. concedidas a um adversário mais fraco. 2. desvantagem f. imposta a um competidor mais forte. 3. desvantagem ou vantagem concedida f. 4. obstáculo m. ‖ v. ter ou impor desvantagens. **to be** ~**ped with** ter a desvantagem de.

handicraft [h'ændikra:ft] s. habilidade manual f., artes mecânicas f. pl. ‖ adj. relativo a arte manual.

handicraftsman [~smæn] s. profissional m. (masculino).

handiness [h'ændinis] s. 1. facilidade, habilidade, comodidade f. 2. qualidade do que fica à mão.

handiwork [h'ændiwə:k] s. 1. trabalho manual m. 2. obra f., produto do esforço e trabalho m.

handkerchief [h'æŋkətʃif] s. lenço m. **to throw the** ~ **to s. o.** (fig.) dar preferência a alguém.

handle [hændl] s. 1. asa, alça (quadro S. 3), manivela, alavanca f., cabo (quadro A 5), trinco m. (quadro L 5). 2. pretexto, meio, instrumento m. ‖ v. 1. manobrar, guiar, controlar. 2. apalpar, tocar ou mexer em. 3. manejar, manusear, manipular. 4. tratar (bem ou mal). 5. trabalhar com as mãos. 6. lidar com. 7. negociar em ou com. **a** ~ **to his name** um título nobiliário diante do seu nome. **he flew off the** ~ (E. U. A.) ele perdeu as estribeiras.

handle-bar s. guidão m. (de bicicleta).

handler [h'ændlə] s. 1. manipulador, manejador m. 2. treinador de pugilistas) m.

handling [h'ændliŋ] s. 1. manipulação f. 2. manejo

m. 3. direção f. 4. tratamento m. 5. execução f.

handling bridge s. (Náut.) ponte de embarque f.

hand luggage s. maleta f.

handmade [h'ændmeid] adj. feito à mão, manufaturado.

handmaid [h'ændmeid] s. criada f.

hand-me-downs s. pl. (gíria) roupa usada f.

hand-organ s. realejo m.

hand-out s. (gíria) porção de comida distribuída f.

hand-picked adj. 1. colhido a mão. 2. escolhido com cuidado. 3. escolhido com parcialidade.

handpost [h'ændpoust] s. indicador m., placa de direção f.

handrail [h'ændreil] s. corrimão m.

handsaw [h'ændsɔ:] s. serra de mão f., serrote m.

handsbreadth, hand's-breadth [h'ændzbredθ] s. = **handbreadth**.

handsel [h'ænsəl] s. 1. presente de ano-novo ou de estréia m. 2. arras f. pl., sinal m. 3. antegozo m. ‖ v. 1. presentear. 2. estrear. 3. dar arras, sinal.

handshake [h'ændʃeik] s. aperto de mão m.

hands-off (I) adj. sem interferência.

hands off! (II) interj. não toque!

handsome [h'ænsəm] adj. 1. bonito, gracioso, elegante, vistoso. 2. grande, considerável, amplo. 3. generoso. 4. nobre. ‖ ~ly adv. 1. elegantemente. 2. consideravelmente. 3. generosamente.

handsomeness [~nis] s. beleza, graça, elegância f.

handspike [h'ændspaik] s. 1. alavanca f. 2. (Náut.) escora f., espeque m.

hands up! interj. mãos ao alto!

hand-to-hand adj. muito perto, corpo a corpo.

hand-to-mouth adj. 1. da mão à boca. 2. pobre. ~ **existence** existência mísera.

handwork [h'ændwə:k] s. trabalho manual m.

hand-woven adj. tecido à mão.

handwriting [h'ændraitiŋ] s. 1. caligrafia, letra f. 2. manuscrito m.

handwritten [h'ændritn] adj. manuscrito, escrito a mão.

handy [h'ændi] adj. 1. à mão, perto, jeitoso. 2. cômodo. 3. hábil, destro. 4. conveniente. ‖ **-ily** adv. 1. jeitosamente. 2. facilmente. 3. habilmente. ~ **man** o que faz serviços avulsos. **to play at handies** dedilhar, acariciar.

hang [hæŋ] s. 1. declive m., ladeira f. 2. o modo de assentar, cair (vestido, cortina, etc.) m. 3. (gíria) modo, m., idéia f., jeito m. de uma coisa, funcionamento (de máquina) m. 4. ninharia, nada. ‖ v. (imp. **hung**, p. p. **hung**) 1. pender, pendurar, bambolear. 2. suspender, estar suspenso. 3. enforcar, ser enforcado. 4. inclinar. 5. projetar-se (sobre). 6. forrar, atapetar. 7. pairar. 8. estar em dúvida, indeciso, hesitar, vacilar. 9. impedir uma decisão judicial. 10. tardar, perder tempo, protelar, vadiar. **I got the** ~ **of it** compreendi o quê da coisa. **I don't care a** ~! pouco se me dá! **to** ~ **together** estar muito unido, apegado. **to** ~ **in doubt** estar em dúvida. **to** ~ **o. s.** enforcar-se. **I'll be** ~**ed it** que me enforquem se. ~ **it (all)!** o diabo que carregue tudo isto! ~ **you** o diabo que o carregue! **to** ~ **fire** 1. negar fogo (arma). 2. (fig.) hesitar, vacilar. **to** ~ **out** expor à mostra, à venda. **to** ~ **up** 1. dependurar. 2. adiar. **to** ~ **up one's fiddle** (E. U. A.) renunciar a, deitar às urtigas. ~ **your number up to dry** (gíria) você ainda cheira a cueiros. **to** ~ **up on** s. o. interromper no meio o telefonema com alguém. **to** ~ **by a thread** estar por um fio. **to** ~ **about (the town)** vadiar, ficar à toa (na cidade). **to** ~ **about s. o.** agarrar-se a alguém. **to** ~ **back** retrair-se, esquivar-se, fa-

H 3

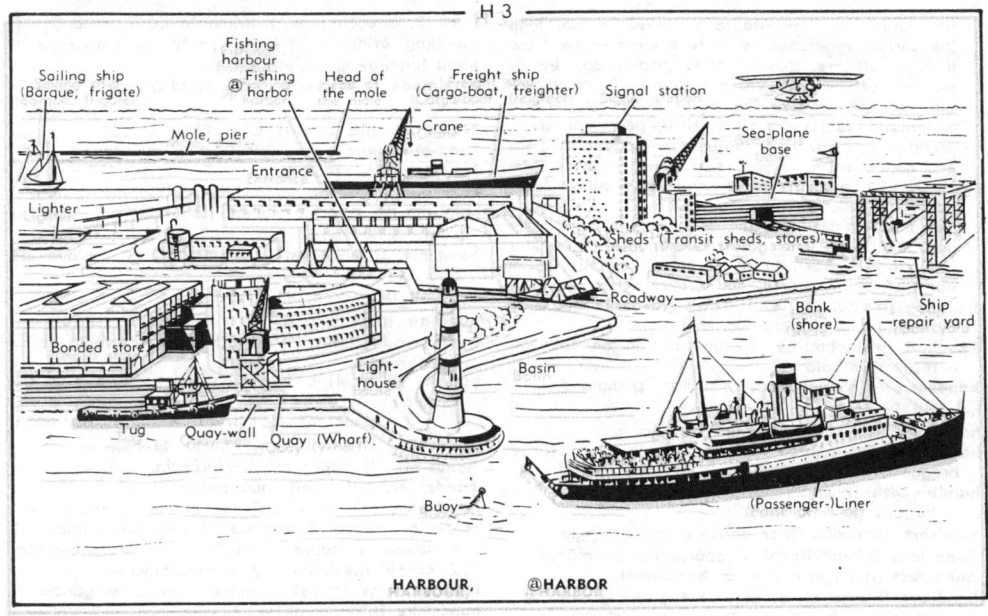

Sailing ship (Barque, frigate) · Fishing harbour ⓐ Fishing harbor · Head of the mole · Freight ship (Cargo-boat, freighter) · Signal station · Mole, pier · Crane · Sea-plane base · Entrance · Lighter · Sheds (Transit sheds, stores) · Roadway · Bank (shore) · Ship repair yard · Bonded store · Light-house · Basin · Tug · Quay-wall · Quay (Wharf) · Buoy · (Passenger-)Liner

HARBOUR,   ⓐHARBOR

zer-se de rogado. **to ~ off** retrair-se. **to ~ on** perseverar, agarrar-se, pesar sobre. **to ~ over** inclinar-se, pairar sobre. **to ~ upon s. th.** estar afeiçoado a alguma coisa. **time ~s heavy upon my hands** estou enfadado, enfastiado.

hangar [h'ænga:] s. hangar, galpão m.

hang around v. ficar andando (à espera).

hang-dog s. sujeito baixo, degradado m. ‖ adj. 1. envergonhado. 2. servil, baixo. 3. degradado. **~ look** cara de gato pingado, de contrito.

hangbird [h'ænba:d] s. qualquer pássaro m. de ninho pendente.

hanger [h'ænə] s. 1. alça f. cabide m. 2. suspensor, pendural m. 3. carrasco m. 4. cutelo m. **~ bracket** suporte suspenso.

hanger-on s. parasito, aproveitador m.

hangfire [h'ænfaiə] s. falha f., retardamento m. (na detonação de arma de fogo).

hang gliding s. (Esp.) vôo livre m. (com asa delta).

hanging [h'æniŋ] s. 1. enforcamento m. 2. suspensão f. 3. **hangings** reposteiros m. pl.: cortinas, tapeçarias e ornatos de pano. ‖ adj. 1. suspenso, dependurado. 2. inclinado. 3. que merece a forca. 4. abatido.

hanging matter s. crime capital m.

hangman [h'ænmən] s. carrasco m.

hangman's knot s. nó corrediço m. da forca.

hangout [h'ænout] s. (gíria) 1. residência f. ou lugar m. freqüentado. 2. ponto m. de reunião de criminosos.

hangover [h'ænouvə] s. 1. resto m., sobra f. 2. **ressaca** f.: estado depois da bebedeira.

hangtag [h'æntæg] s. rótulo m. para mercadoria.

hang together v. 1. permanecer unido. 2. ser consistente.

hangup [h'ænʌp] s. (gíria) problema m.

hang up v. 1. dependurar num gancho. 2. desligar (telefone). 3. atrasar, protelar. 4. **to be hung up** (gíria) estar. aflito, ter uma idéia fixa acerca de.

hank [hæŋk] s. 1. novelo m., meada f. 2. alça f. 3. madeixa f. ‖ v. enovelar, enrolar.

hanker [h'ænkə] v. 1. desejar, querer muito, ansiar. 2. anelar (**after, for** por).

hankering [~riŋ] s. desejo ardente m. ‖ **~ly** adv. desejando ardentemente, ansiosamente.

hanky [h'ænki] s. (gíria) abr. de **handkerchief.**

hanky-panky [h'ænki p'ænki] s. (gíria) trapaça f., intriga f. 2. jóia f. para lul corporação. 3. liga f de cidades mercantis (Noroeste europeu).

Hansa, Hanse [h'ænsə] s. 1. (Hist.) corporação mercantil f. 2. jóia f. para lul corporação. 3. liga f de cidades mercantis (Noroeste europeu).

hansard [h'ænsəd] s. protocolo m. (de uma assembléia, do parlamento britânico).

hansardize [~aiz] v. citar a alguém suas afirmações anteriores.

hanse [h'ænsə] s. corporação mercantil medieval f.

Hanse [h'ænsə] s. hansa f.: liga de cidades européias.

Hanseatic [hænsi'ætik] adj. hanseático.

hansom [h'ænsəm] s. 1. trole m., 2. carro m. de duas rodas em que a boléia fica atrás da capota.

han't [heint] (gíria) abr. de **have not, has not.**

hap (I) [hæp] s. 1. feliz acaso m., sorte, ventura f. 2. casualidade f., imprevisto m. ‖ v. acontecer por acaso, ocorrer, suceder.

hap (II) [hæp] s. coberta, cobertura f.

haphazard [h'æphæzəd] s. puro acaso m. ‖ adj. acaso. ‖ **at ~** adv. a esmo, a olho, casualmente, acidentalmente.

hapless [h'æplis] adj. infeliz, sem sorte. ‖ **~ly** adv. infelizmente.

haplessness [~nis] s. infortúnio m., falta de sorte f.

haploid [h'æploid] adj. (Gen.) haplóide.

haply [h'æpli] (†) adv. por acaso.

happen [h'æpən] v. acontecer, suceder, ocorrer. **many accidents ~ed** houve muitos desastres. **it ~ed once upon a time** aconteceu uma vez. **I ~ed to be in the place** por acaso estive lá. **I ~ed in na hora** estive lá de visita. **it ~ed that** deu-se por acaso que. **as it ~s I am going there, too** por coincidência também vou lá. **he ~ed to be there** ele esteve lá por acaso. **I ~ed across (on) him** encontrei-o por coincidência. **that never ~ed to me** isto nunca me sucedeu. **what is going to ~ to me?** que será de mim?

happening [~iŋ] s. acontecimento m., ocorrência f.
happiness [h'æpinis] s. 1. felicidade, alegria, ventura, sorte f. 2. felicidade f. (de expressão).
happy [h'æpi] adj. 1. feliz, contente, satisfeito. 2. próspero, venturoso. 3. favorável. 4. muito apropriado, adequado, acertado. 5. auspicioso. ‖ -ily adv. felizmente, alegremente.
I am ~ to see you tenho prazer em vê-lo. **I count myself ~** dou-me por feliz. **he is ~ in his replies** ele dá respostas acertadas. **to be ~ of s. th.** ser entendido em um assunto.
happy event s. feliz evento m. (eufemismo para o nascimento de uma criança).
happy-go-lucky adj. irrefletido, imprevidente, despreocupado.
hara-kiri [h'ærək'iri] s. (Japão) haraquiri m.: suicídio cometido rasgando o ventre à faca.
harangue [hər'æŋ] s. arenga, oração fastidiosa f., discurso bombástico m. ‖ v. arengar, fazer discursos fastidiosos ou bombásticos, fazer palavrório.
haranguer [~ə] s. arengador, orador público, palrador m.
harass [h'ærəs] v. 1. molestar, incomodar, vexar. 2. atormentar, fustigar, acossar. 3. cansar.
harasser [~ə] s. molestador, vexador m.
harassment [~mənt] s. molestamento, aborrecimento, tormento m.
harbinger [h'a:bindʒə] s. precursor, anunciador, arauto m. ‖ v. anunciar, predizer.
harbour, harbor [h'a:bə] s. 1. porto m., enseada f., ancoradouro m. 2. abrigo, albergue, asilo, refúgio m. ‖ v. 1. abrigar, proteger, acolher. 2. nutrir, fomentar. 3. ancorar (no porto).
harbourage, harborage [~ridʒ] s. 1. porto m. 2. refúgio, abrigo m.
harbour-dues, harbor-dues s. pl. direitos m. pl. de ancoragem, taxas portuárias f. pl.
harbourer, harborer [h'a:bərə] s. hospedeiro, albergueiro m.
harbourless, harborless [h'a:bəlis] adj. desabrigado.
harbour-master s. comandante de zona portuária m.
hard (I) [ha:d] adj. 1. duro, sólido, firme, rígido, compacto. 2. difícil, dificultoso. 3. severo, áspero, opressivo, inflexível, cruel. 4. desagradável. 5. sórdido, miserável, avarento, parco, mísero. 6. fatigante, trabalhoso. 7. intricado. 8. insuportável, injusto. 9. (gíria) mau, desonroso. 10. que contém sais minerais (água). 11. (E. U. A.) que contém muito álcool. ‖ adv. 1. perto, pegado, junto. 2. duramente, asperamente, severamente, fortemente. ‖ ~ly adv. 1. dificilmente, duramente. 2. apenas, mal. 3. improvavelmente. 4. severamente.
~ cash moeda sonante, à vista. **a ~ death** uma morte penosa. **~ drinker** beberrão. **~ coal** 1. carvão magro. 2. antracite. **a ~ case** um caso difícil ou perdido. **~ lessons** lições, tarefas difíceis. **~ rubber** ebonite. **~ times** tempos difíceis, ruins. **~ work** trabalho pesado. **to drive a ~ bargain** regatear por centavos. **it is ~ lines for him** ele está com azar. **a ~ and fast rule** uma regra rígida e inalterável. **a ~ worker** um trabalhador eficiente. **a ~ ride** marcha acelerada (a cavalo). **in a ~ condition** em estado apropriado. **for ~ wear** durável. **~ of hearing** que ouve mal, surdo. **~ to digest** indigesto. **he is ~ to please** é difícil contentá-lo. **he is ~ to deal with** é difícil aturá-lo. **he is ~ upon the man** ele trata o homem com dureza ou injustamente. **to bear ~ upon** oprimir. **the wind blew ~** o vento soprou fortemente. **to die ~** vender caro sua vida. **to drink ~** beber muito. **it goes ~ with him** custa-lhe. **it will go ~ with me,**

but I... será difícil, que eu não... **to press ~ for** insistir energicamente em. **I was ~ pressed** estive em grande aperto. **to ride ~** galopar. **it rains ~** chove a cântaros. **~ after** logo atrás. **~ at hand** perto, disponível. **~ at work** trabalhando diligentemente. **~ by** perto, ao lado. **it is ~ upon seven** são quase sete horas. **I ~ly know him** mal o conheço. **~ly ever** quase nunca. **~ and fast** imutável, fixo. **I can ~ly wait** mal posso esperar.
hard (II) [ha:d] s. 1. solo duro m., margem firme f. (não pantanosa). 2. dificuldade f. 3. (gíria) dinheiro à vista m. 4. (gíria) trabalhos forçados m. pl.
hardback [h'a:dbæk] s. livro encadernado m. ‖ adj. de capa dura (livro).
hard-beset adj. acossado.
hard-bitten adj. duro, obstinado, inflexível, intratável.
hard-boiled adj. 1. cozido até ficar duro. 2. impassível. 3. interesseiro. 4. duro, rude. 5. realístico.
a ~ appraisal uma apreciação objetiva, severa.
hardbound [h'a:dbaund] adj. de capa dura, encadernado (livro).
hard core s. 1. núcleo, sustentáculo m. de grupo social. 2. elemento intransigente m. ‖ adj. resistente, imutável.
hard drink s. bebida alcoólica f.
hard drinker, heavy drinker s. beberrão m.
hard-earned adj. ganho arduamente.
harden [ha:dn] v. 1. endurecer, calejar, acostumar (**to** a), viciar (**in** em), robustecer (**against** a), fortalecer (**in** em). 2. temperar (aço). 3. endurecer-se, insensibilizar-se. 4. subir, estabilizar-se (preços).
hardened [ha:dnd] adj. endurecido.
hardener [h'a:dənə] s. 1. temperador m. 2. endurecedor (também Fot.) m.
hardening [h'a:dəniŋ] s. têmpera f., endurecimento m.
hard-faced adj. carrancudo.
hard-featured adj. de feições grosseiras, duras.
hard feelings pl. s. ressentimentos m. pl.
hard-fisted adj. (Bras., gíria), pão-duro: avarento.
hard goods pl. s. bens de consumo duráveis m. pl.
hard-handed adj. 1. de mãos calejadas. 2. (fig.) severo, duro.
hard-headed adj. 1. cabeçudo. 2. de senso prático.
hard-hearted adj. de coração duro, desumano, cruel. ‖ ~ly adv. cruelmente.
hard-heartedness s. desumanidade, descompaixão f.
hardihood [h'a:dihud] s. 1. coragem, audácia, temeridade, fortidão f. 2. vigor, poder m.
hardiness [h'a:dinis] s. robustez, persistência f.
hard labour s. trabalhos forçados m. pl.
hard luck, tough luck (Ingl. também **hard lines**) interj. (sinto muito por seu) azar.
hard-mouthed adj. 1. duro de boca, teimoso (cavalo). 2. de linguagem áspera.
hardness [h'a:dnis] s. 1. dureza, firmeza, solidez f. 2. dificuldade f. 3. severidade f. 4. (Física) resistência f. 5. inflexibilidade, insensibilidade f.
hard news s. (Jornal.) notícia séria e importante f.
hardpan [h'a:dpæn] s. 1. subsolo m. 2. terra não cultivada f. 3. baixa, crise (Com.) f. 4. fundamento sólido m. 5. dura realidade f.
hard-pressed adj. sobrecarregado (exigências morais e materiais).
hard rubber s. ebonite, vulcanite f.
hards [ha:dz] s. pl. estopa f.
hard sell s. (Com.) trabalho m. concentrado de venda.
hard-set adj. firmemente decidido.
hard-shell adj. 1. de casca dura. 2. rígido, inexorável.
hardship [h'a:dʃip] s. 1. miséria, necessidade f., apuro

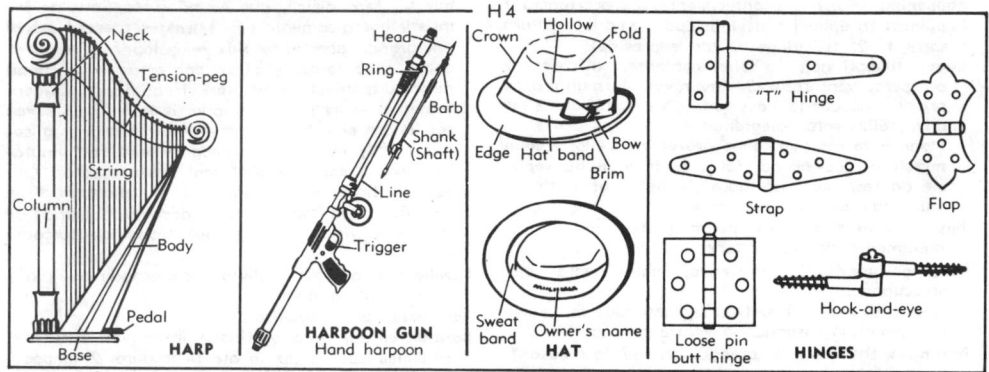

HARP — Neck, Tension-peg, String, Column, Body, Pedal, Base

HARPOON GUN / Hand harpoon — Head, Ring, Barb, Shank (Shaft), Line, Trigger

H 4 — HAT — Crown, Hollow, Fold, Edge, Hat band, Bow, Brim, Sweat band, Owner's name

HINGES — "T" Hinge, Strap, Flap, Hook-and-eye, Loose pin butt hinge

m. 2. opressão f. 3. fadiga f., sofrimento m.
hard soap s. sabão (duro) m.
hard tack s. biscoito para marinheiros m.
hard-up adj. em dificuldades financeiras, em apuros.
hardware [h'a:dwɛə] s. ferragens f. pl.
hardwearing [h'a:dwɛəriŋ] adj. durável (roupa, sapatos).
hardwood [h'a:dwud] s. madeira dura f. como a da faia, carvalho, etc.
hard-working adj. aplicado, diligente.
hardy [h'a:di] adj. 1. resistente, forte, robusto. 2. ousado, audaz, audacioso.
hare [hɛə] s. lebre f. ‖ v. (gíria) correr, fugir.
~ and hounds jogo campestre: um grupo (**hare**) foge espalhando pedaços de papel por meio dos quais o outro grupo (**hounds**) persegue o adversário. **to run with the ~ and hunt with the hounds** pôr os pés em duas canoas. **he ~d it** ele deu às pernas.
harebrained [h'ɛəbreind] adj. estonteado, temerário.
harehearted [h'ɛəha:tid] adj. medroso, tímido.
harelip [h'ɛəlip] s. lábio leporino m.
harelipped [h'ɛəlipt] adj. que tem o lábio leporino.
harem [h'ɛərəm] s. harém m.
hare's foot [h'ɛəzfut] s. (Bot.) pé-de-lebre m. (Trifolium arvense).
haricot [h'ærikou] s. (Culin.) 1. guisado, ensopado de carne (de carneiro) com feijão e legumes m. 2. feijão-branco m.
hark [ha:k] v. ouvir, escutar. ‖ interj. ouça! escute!
to ~ back voltar na pista (cão), voltar (ao assunto).
harl (I) [ha:rl] s. fibra vegetal (de linho) f.
harl (II) [ha:rl] s. 1. arrasto m. 2. pesca f. a linha. 3. rebocadura f. rústica com cal. 4. ninharia f. ‖ v. 1. arrastar(-se). 2. pescar com linha. 3. rebocar rusticamente uma parede com cal.
harlequin [h'a:likwin] s. arlequim m.
harlequinade [ha:likwin'eid] s. arlequinada f.
harlot [h'a:lət] s. prostituta, meretriz f.
harlotry [~ ri] s. prostituição f.
harm [ha:m] s. 1. mal, dano, prejuízo m. 2. injúria, ofensa f. 3. iniqüidade, injustiça f. ‖ v. 1. prejudicar. 2. injuriar, ofender, ferir. 3. causar dano. **there is no ~ in asking** não custa perguntar. **I meant no ~** não tive más intenções. **to keep out of ~'s way** evitar o perigo. **to do ~** fazer mal, afligir.
harmful [h'a:mful] adj. prejudicial, pernicioso, nocivo. ‖ **~ly** adv. nocivamente, perniciosamente.
harmfulness [~nis] s. nocividade, maldade f.
harmless [h'a:mlis] adj. 1. inofensivo. 2. inocente. ‖ **~ly** adv. 1. inofensivamente. 2. inocentemente.

harmonic [ha:m'ɔnik] s. 1. som harmônico m. 2. tom acessório m. ‖ adj. 1. harmônico (**with** com). 2. (Mús.) de ou relativo a harmonia, musical. ‖ **~al** adj. harmônico. ‖ **~ly** adv. harmonicamente.
~ proportion proporção harmônica.
harmonica [ha:m'ɔnikə], **harmonicon** [ha:m'ɔnikən] s. (E. U. A) harmônio m., gaita f.
harmonics [ha:m'ɔniks] s. (Mús.) harmonia f.
harmonious [ha:m'ounjəs] adj. 1. harmonioso, sonoro. 2. concordante, conforme. ‖ **~ly** adv. 1. harmoniosamente. 2. de conformidade.
harmoniousness [~nis] s. harmonia, simetria f.
harmoniphon [ha:m'ɔnifən] s. harmônio m.
harmonist [h'a:mənist] s. harmonista m. + f.
harmonistic [ha:mən'istik] s. (Bíblia) harmonística f. ‖ adj. de ou relativo a harmonia.
harmonium [ha:m'ounjəm] s. harmônio m.
harmonization [ha:mənaiz'eiʃən] s. harmonização f.
harmonize [h'a:mənaiz] v. 1. harmonizar. 2. conciliar, concordar.
harmonizer [~ə] s. 1. harmonizador m. 2. conciliador m.
harmony [h'a:məni] s. 1. harmonia, concordância f. 2. simetria, conformidade, ordem, regularidade f. 3. tratado m. sobre harmonia.
harmotome [h'a:mətoum] s. (Miner.) harmotômio m.
harness [h'a:nis] s. 1. couraça, armadura f., arnês m. 2. arreio m. (quadro H 2). 3. (fig.) equipamento profissional m. ‖ v. 1. arnesar (**with** com). 2. arrear (**to** a). 3. subordinar (**to** a), aproveitar (**by** por meio de). 4. utilizar força d'água.
to die in ~ exercer seu ofício até o fim da vida. **I'll go in double ~** casar-me-ei. **the church was ~ed to the wheels of the state** a Igreja foi subordinada ao Estado. **to ~ a river by building a dam** produzir energia hidrelétrica mediante construção dum açude.
harnesser [~ə] s. o que arreia (cavalos) m.
harnessmaker [~meikə] s. seleiro m.
harness race s. (Esp.) trote m. (**sulky**).
harp [ha:p] s. harpa f. (quadro H 4). ‖ v. harpear. **Jew's~** berimbau m. **to ~ upon** fazer cavalo de batalha de. **he is always ~ing on the same string** ele repisa sempre o mesmo assunto.
harper [h'a:pə], **harpist** [h'a:pist] s. harpista m. + f.
harping [h'a:piŋ] s. 1. ato de tocar harpa m. 2. alusão f.
harpings [~z] s. pl. (Náut.) peças f. pl. de quartel.
harpoon [ha:p'u:n] s. arpão m. (quadro H 4). ‖ v. arpoar.
harpooner [~ə] s. arpoador m.
harpress [h'a:pris] s. feminino de **harpist**, harpista.
harpsichord [h'a:psikɔ:d] s. (Mús.) espineta f.

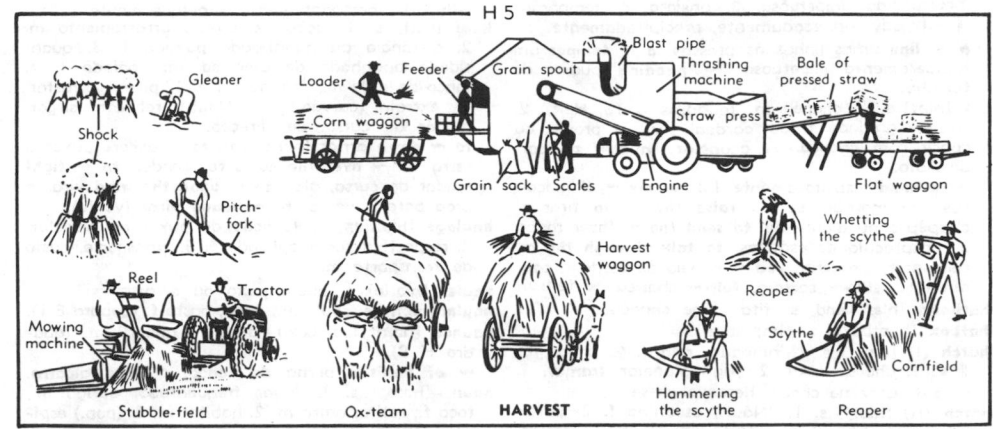

H 5

Shock · Gleaner · Loader · Feeder · Corn waggon · Grain spout · Blast pipe · Thrashing machine · Bale of pressed straw · Straw press · Pitch-fork · Grain sack · Scales · Engine · Flat waggon · Reel · Tractor · Harvest waggon · Whetting the scythe · Mowing machine · Reaper · Scythe · Cornfield · Stubble-field · Ox-team · HARVEST · Hammering the scythe · Reaper

Harpy [h'a:pi] s. 1. harpia f., monstro fabuloso m. 2. **harpy** extorquidor m., pessoa f. ou animal m. rapinante.

harquebus [h'a:kwibəs] s. arcabuz, bacamarte m.

harridan [h'æridən] s. mulher velha, bruxa f.

harrier (I) [h'æriə] s. 1. cão m. de caça ou lebreiro. 2. **harriers** matilha f. desses cães.

harrier (II) [h'æriə] s. 1. pilhador, saqueador m. 2. (Orn.) falcão m. do gênero Circus.

Harris tweed s. fazenda f. de lã, feita à mão.

harrow [h'ærou] s. 1. rastelo, ancinho m., grade de agricultor f. 2. porta f. de grade levadiça. ‖ v. 1. gradar, desterroar. 2. magoar, ferir. 3. atormentar, angustiar.

harrower [~ə] s. 1. gradador m. 2. atormentador m.

harrowing [~iŋ] adj. horrível, angustioso, cruciante, aflitivo. ‖ **~ly** angustiosamente, aflitivamente. **~ details** pormenores embaraçantes.

harry [h'æri] v. 1. saquear, pilhar, destruir, arrasar. 2. empreender expedições de rapinagem. 3. atormentar, fustigar, acossar, afligir. **to ~ out of** afugentar de.

harsh [ha:ʃ] adj. 1. áspero, severo (ao tato, gosto ou ouvido). 2. adstringente, azedo. 3. desarmônico, dissonante. 4. berrante (cor). 5. desagradável, irritante. 6. rude, ríspido, repugnante. 7. desapiedado, cruel, severo, insensível. 8. escarpado, tosco, deserto. 9. frio, exposto às intempéries. ‖ **~ly** adv. 1. asperamente. 2. rudemente. 3. severamente. 4. de maneira pouco amável.

harshness [h'a:ʃnis] s. 1. aspereza f. 2. macambuzismo m.

hart [ha:t] s. veado adulto m. **~ of grease** veado gordo. **~ of ten** veado com armação de dez pontas.

hartebeest [h'a:tibi:st] s. caama, veado-do-cabo m.

hartshorn [h'a:tshɔ:n] s. 1. preparação f. de raspas de corno de veado. 2. sal para cheirar m. **salt of ~** carbonato de amônio.

harum-scarum [h'ɛərəm-sk'ɛərəm] s. pessoa leviana, desajuizada f. ‖ adj. leviano, imprudente, desajuizado.

haruspex [hər'ʌspeks] **haruspices** [hər'ʌspisi:z] s. arúspice m.: sacerdote na Roma antiga, que profetizava consultando as entranhas de animais sacrificados.

harvest [h'a:vist] s. 1. colheita, sega, ceifa, safra f. (quadro H 5), produto de qualquer trabalho, esforço m. 2. tempo m. de colheita. 3. resultado m., conseqüência f. ‖ v. 1. colher, ceifar, segar. 2. receber como produto de seu esforço ou con-

duta. 3. armazenar.

harvester [~ə] s. 1. ceifeira, segadora f 2. máquina f. de ceifar e enfeixar.

harvest-field s. restolhal m.

harvest home s. 1. recolhimento m. da colheita. 2. (Ingl.) festa da colheita f. 3. canção da colheita f.

harvest-man s. ceifeiro, segador m.

harvest month s. mês de colheita m.

harvest moon s. lua cheia em época de equinócio f.

harvest-mouse s. rato m. das searas.

harvest thanksgiving s. ação f. de graças pela colheita.

has-been s. pessoa ou coisa que já era f.

hash [hæʃ] s. 1. (Culin.) picadinho, guisado m. 2. mixórdia f. 3. coisa refeita, remodelada f. ‖ v. 1. picar, fazer picadinho. 2. misturar, confundir. **to make a ~ of** estragar, complicar. **he settled his ~** (gíria) ele fê-lo calar a boca. **to ~ up an old story** reavivar uma velha história.

hashish [h'æʃi:ʃ] s. haxixe, cânhamo índico m., usado como narcótico.

haslet [h'eizlit] s. fressura f., especialmente do porco.

hasn't [hæznt] v. contração de **has not**.

hasp [ha:sp] s. 1. fecho m. de porta, caixa, etc., adaptável a um grampo, em que se engancha o cadeado ou enfia um pino. 2. ferrolho m. ‖ v. fechar com tal fecho ou ferrolho.

hassle [h'æsəl] s. (E. U. A., coloq.) 1. discussão difícil f. 2. (fig.) luta f. ‖ v. (E. U. A., coloq.) discutir. **it's a ~ to get this man to stop drinking** é uma luta fazer esse homem parar de beber.

hassock [h'æsək] s. 1. genuflexório m.: almofada para se ajoelhar na igreja, esteira f., capacho m. 2. tufo m. de capim.

hast [hæst, həst] v. (arc.) 2.ª pessoa do sing. do presente de **to have**.

hastate [h'æsteit] adj. (Bot.) hastiforme.

haste [heist] s. 1. pressa, ligeireza, celeridade, rapidez, urgência, diligência f. 2. precipitação f. ‖ v. apressar, acelerar, fazer depressa. **in ~** apressadamente. **make ~!** apressa-te! **more ~ less speed** ou **~ makes waste** devagar se vai ao longe. **to ~ away** afastar-se depressa.

hasten [heisn] v. acelerar, apressar, fazer depressa.

hastener [h'eisinə] s. o que se apressa, apressador m.

hastiness [h'eistinis] s. = **haste**.

hasting [h'eistiŋ] s. fruta temporã f. ‖ adj. 1. apressado, célere, ligeiro. 2. extemporário, temporão. **~ pear** pera temporã.

hasty [h'eisti] adj. 1. ligeiro, rápido, apressado. 2.

precipitado, impetuoso. 3. ansioso. 4. temporão.
‖ **–ily** adv. apressadamente, precipitadamente.

a ~ line umas linhas às pressas. **a ~ temper** um temperamento impetuoso. **~ pudding** pudim de farinha.

hat [hæt] s. 1. chapéu m. (quadros C 13, H 4). 2. (fig.) dignidade f. de cardeal. ‖ v. 1. prover ou cobrir com chapéu. 2. acapelar, investir no cardinalato.

~ in hand respeitosamente. **I'll eat my ~,** if macacos me mordam se. **to raise the ~ to** tirar o chapéu a ou diante de. **to send the ~** fazer rodar o receptáculo de esmolas. **to talk through the ~** pataratar, exagerar. **red ~** capelo de cardeal, cardinalato. **silk-~** cartola. **felt-~** chapéu de feltro.

hatband [h'ætbænd] s. fita f. de chapéu.

hatbox [h'ætbɔks] s. chapeleira f.

hatch (I) [hætʃ] s. 1. ninhada, cria f. 2. choco m. ‖ v. 1. chocar, criar. 2. (fig.) planejar, tramar.

~ out estar no choco, desenvolver-se.

hatch (II) [hætʃ] s. 1. (Náut.) escotilha f. 2. parte inferior de porta bipartida (quadro R 2). 3. postigo m. 4. comporta f. 5. alçapão m.

under ~es 1. sob o convés. 2. (gíria) confinado, morto. **service ~** guichê.

hatch (III) [hætʃ] s. traço fino m. em desenho ou gravura. ‖ v. riscar com traços finos e paralelos.

hatchel [h'ætʃil] s. carda f., sedeiro m. ‖ v. 1. cardar, ripançar. 2. (fig.) vexar, importunar.

hatcher [h'ætʃə] s. chocador m., chocadeira f.

hatchery [h'ætʃəri] s. incubadora f.

hatchet [h'ætʃit] s. machadinho m.

~ faced de feições acentuadas. **~ shaped** em forma de machadinho. **to bury the ~** fazer as pazes. **to take** ou **dig up the ~** pôr-se em pé de guerra. **to throw the ~** gabarolar.

hatchet job s. (coloq.) crítica destrutiva f.

hatchet man s. (coloq.) 1. capanga m. 2. executor m. de tarefa desagradável.

hatching (I) [h'ætʃiŋ] s. incubação, ação de chocar f.

hatching (II) [h'ætʃiŋ] s. sombreamento, desenho m. para produzir sombras.

hatchment [h'ætʃmənt] s. escudo, brasão m.

hatchway [h'ætʃwei] s. 1. escotilha f. 2. (gíria) bico m.

hate [heit] s. 1. ódio, rancor m., aversão f. 2. objeto ou coisa odiada. ‖ v. odiar, detestar.

hateable [h'eitəbl] adj. odioso, detestável.

hateful [h'eitful] adj. detestável, odioso. ‖ **~ly** adv. odiosamente, detestavelmente.

hatefulness [~nis] s. odiosidade, hostilidade f.

hatemonger [h'eitmʌŋgə] s. semeador m. de discórdia, ódio.

hater [h'eitə] s. quem tem ódio.

hate sheet s. jornal radical m.

hatful [h'ætful] s. batelada, grande quantidade f.

hath [hæθ, həθ] v. (arc.) 3.ª pessoa sing. presente de **to have.**

hatless [h'ætlis] adj. sem chapéu.

hatmaker [h'ætmeikə] s. chapeleiro m.

hat-pin s. alfinete de chapéu m.

hat-rack s. cabide m. (quadro R 2).

hatred [h'eitrid] s. ódio m., aversão f.

hatter [h'ætə] s. chapeleiro m.

hat tree, hall ~ s. porta-chapéus m. sing. + pl.

hauberk [h'ɔːbəːk] s. cota, couraça f. de malhas.

haugh [hɔːx, hɔːf] s. (Geol., esc.) terra aluvial f., que ladeia um rio.

haughtiness [h'ɔːtinis] s. arrogância, insolência, altivez f., orgulho m.

haughty [h'ɔːti] adj. arrogante, orgulhoso, altivo. ‖

–ily adv. arrogantemente, orgulhosamente.

haul [hɔːl] s. 1. ação de puxar, arrastamento m. 2. distância ou quantidade puxada f. 3. quantidade apanhada de uma só vez, bolada f. 4. lanço de rede m., redada f. ‖ v. 1. puxar, arrastar. 2. extrair (carvão). 3. (Náut.) rebocar, sirgar, mudar de curso, de direção.

to ~ down arriar (bandeira). **to ~ ashore** puxar à terra. **to ~ over the coals** repreender. **to ~ tight** mudar de curso, alar. **to ~ upon the wind** virar a proa para o vento. **to ~ round** virar (vento).

haulage [h'ɔːlidʒ] s. 1. ação de puxar ou arrastar. 2. respectiva força aplicada f. 3. transporte, custo de transporte m.

hauler [h'ɔːlə] s. quem puxa ou arrasta.

haulm [hɔːm] s. caule m., cana, haste f. (quadro E 1).

haunch [hɔːntʃ] s. coxa, anca f., quadril m. (quadro H 9).

~ of venison perna de veado. **~-bone** alcatra.

haunt [hɔːnt] s. 1. lugar freqüentado, abrigo m., toca f., retiro, antro m. 2. habitat m. 3. (pop.) espírito, fantasma m. ‖ v. 1. freqüentar. 2. assombrar, perseguir (fantasmas, memórias, idéias).

a ~ed house casa mal-assombrada. **the castle is ~ed** no castelo há assombração. **a ~ed man** um homem perseguido por espíritos, memórias.

haunter [h'ɔːntə] s. freqüentador m.

hautboy ['ouboi] s. oboé: instrumento musical m.

have [hæv] v. (imp. e p. p. **had**) 1. ter, haver, possuir. 2. sofrer. 3. receber, obter. 4. precisar, reclamar. 5. mandar. 6. manter, reter (na memória). 7. entreter. 8. ter como ou por, reputar. 9. conter, compreender. 10. saber, entender. 11. produzir, gerar. 12. causar. 13. ter de, precisar, ser obrigado a, dever. 14. permitir, tolerar, deixar. 15. asseverar, afirmar. 16. enganar, lograr.

I ~ eaten tenho comido **~ done!** pare! (com isso). **he has got hurt** ele feriu-se, ficou ferido. **I should ~ been able to come** teria sido possível vir, poderia ter vindo. **he will ~ arrived** ele terá chegado. **~ you got the letter?** recebeu a carta? **Yes, I ~!** Sim, recebi! **to ~ advice** procurar conselho. **to ~ care of** cuidar de, providenciar acerca. **~ the kindness to tell me** tenha a bondade de me dizer. **~ a look at it!** vá vê-lo! **to ~ a mind** ter vontade. **~ a nice trip!** boa viagem! **~ a smoke?** deseja fumar? **to ~ a try** fazer uma prova, experimentar. **to ~ a wash** lavar-se. **to ~ a walk** fazer um passeio. **you ~ my word for it** dou-lhe minha palavra que. **I ~ no cash about me** não tenho troco comigo. **~ at you!** tome cuidado. **we ~ your future at heart** temos muito empenho em seu futuro. **you may ~ it for your own** pode bem ficar com ele. **to ~ in keeping** guardar, custodiar. **God ~ you in his keeping!** Deus o guarde! **~ it in mind!** não o esqueça! **he had his coat off** ele tirara o paletó, estava sem o paletó. **he has a new hat on** ele está com um chapéu novo. **they will ~ many presents** eles receberão muitos presentes. **we shall ~ rain** teremos chuva. **~ a cup of tea!** tome uma chávena de chá! **to ~ dinner** jantar, cear. **you'll ~ it!** você vai apanhar! **she has had it** ela foi seduzida, é sabida. **to be had at** à venda em. **he had a son born to him** nasceu-lhe um filho. **he had his horse killed** seu cavalo foi morto. **now I ~ it** agora compreendo. **you ~ it** você compreendeu, acertou. **you ~ me, ~ you not?** você me entendeu, não é? **to ~ it by heart** saber de cor, de memória. **I ~ it by his own mouth** sei-o de sua própria boca. **you ~ to pay** você precisa pagar. **we shall ~ to wait** teremos de esperar. **you ~ but to tell me** basta que mo diga. **we had better wait** será melhor esperarmos. **I had as well**

H 6

Turning-over machine — Riding seat — Team — Mower — Hay rake — Hayfork — Hay — Haymaker — Haywaggon (Haycart) — Silo — Haystack (Hayrick) — Haystacking machine — HAY-MAKING — Electric ensilage machine

eu faria bem em. **I had better go** seria melhor se eu me fosse. **I had best go** o melhor seria se eu me fosse. **I had rather** eu preferiria. **what will** (ou **would**) **you ~ me do?** que quer você que eu faça? **I will not ~ it** não o admito. **I would ~ you know** o senhor deve saber. **I would ~ them gone** eu queria que eles se fossem. **as good luck would ~ it** felizmente. **~ it your own way** faça o que quiser. **as the proverb has it** conforme diz o provérbio. **he will ~ it that** ele afirma que. **~ your hair cut** mande cortar o cabelo. **I am having my hair cut** estou cortando o cabelo. **he had a nice time** ele passou uma temporada agradável. **I ~ been had!** pois fiquei logrado! **there I had him** aí pude pegá-lo, aí o tinha eu. **~ him in** faça-o entrar. **I ~ it in for him** tenho raiva dele. **we had him on** troçamos dele. **to ~ it on** s. o. superar, avantajar-se sobre alguém. **I had it out with him** entendi-me, expliquei-me com ele. **I had him up** 1. fi-lo subir. 2. processei-o. **~ at** s. o. atacar alguém.

havelock [h'ævlɔk] s. (milit.) pano protetor m. da nuca contra o sol; cobre-nuca m.

haven [heivn] s. porto, ancoradouro m., enseada f. 2. (fig.) abrigo, refúgio. m. ‖ v. abrigar.

havener [h'eivənə] s. guarda-mor m.

have-not s. pessoa f. sem dinheiro, sem recurso, pobretões m. pl.

haven't [hævnt] abr. de **have not**.

haver [h'ævə] s. (Ingl., coloq.) aveia f.

haversack [h'ævəsæk] s. 1. (milit.) mochila f. 2. embornal, farnel m.

haves [hævz] s. pl. pessoas f. pl. de posses, os ricos m. pl.

having [h'æviŋ] s. 1. haveres m. pl., posse, propriedade f. 2. **~s** prendas, dotes m. pl., qualidades f. pl.

havoc [h'ævək] s. destruição, devastação, matança f., massacre m. ‖ v. destruir, devastar, matar. **to cry ~** 1. chamar em altos brados. 2. dar o sinal para violências. **to make ~ of** devastar, destruir.

haw (I) [hɔ:] s. 1. (Bot.) espinheiro m. (Crataegus oxycantha). 2. fruta f. do mesmo. 3. cerca viva f., campo cercado ou pátio m.

haw (II) [hɔ:] s. hesitação f. ao falar. ‖ v. falar interruptamente.

haw (III) [hɔ:] s. 1. membrana nictitante ou terceira pálpebra (de cavalos) f. 2. inflamação da mesma f.

haw (IV) [hɔ:] s. + interj. exclamação f. para fazer virar cavalos ou bois para a esquerda. ‖ v. virar para a esquerda.

Hawaiian [həw'aijən] adj. havaiano.

hawfinch [h'ɔ:fiŋʧ] s. (Orn.) bico-grossudo m.

haw-haw [h'ɔ:h'ɔ:] s. ah, ah, riso m. ‖ v. rir alto.

hawk (I) [hɔ:k] s. 1. falcão, açor m. 2. (fig.) embusteiro m., chantagista m. + f. ‖ v. 1. falcoar: caçar com falcão. 2. atacar como um falcão.

hawk (II) [hɔ:k] s. pigarro, escarro m. ‖ v. pigarrear, tossir ruidosamente. **to ~ up** pigarrear, expectorar.

hawk (III) [hɔ:k] v. 1. vender pelas ruas, apregoar. 2. (fig.) exibir, expor, apresentar.

hawk (IV) [hɔ:k] s. desempenadeira. f.

hawker (I) [h'ɔ:kə] s. falcoeiro m.

hawker (II) [h'ɔ:kə] s. mascate m. **no ~s! no circulars!** proibido mendigar e mascatear!

hawkeyed [h'ɔ:kaid] adj. de olhos perspicazes.

hawking [h'ɔ:kiŋ] s. falcoaria, caça f. com falcões.

hawse [hɔ:s] s. (Náut.) escovém m. **~ hole** escovém.

hawser [h'ɔ:zə] s. (Náut.) espia f.: cabo grosso m.

hawthorn [h'ɔ:θɔ:n] s. (Bot.) espinheiro m. (Crataegus oxyacantha).

hay (I) [hei] s. 1. feno m., forragem f. (quadro H 6). 2. (gíria) dinheiro m. ‖ v. 1. fazer feno. 2. suprir ou alimentar com feno. **to make ~ of** fazer mixórdia, confusão. **to make ~ while the sun shines** aproveitar a oportunidade. (gíria) **to hit the ~** ir dormir. **not ~** não pouco, porém muito (dinheiro).

hay (II) [hei] s. dança rústica f.

hay-box s. caixa f. hermeticamente fechada e forrada de feno para manter quente e acabar de cozer lentamente a comida retirada do fogo.

hay-cock s. meda f. de feno

hay-fever s. (Pat.) polinose, febre f. do feno.

hayfork [h'eifɔ:k] s. forcado m.

hay-harvest s. colheita f. de feno.

hay-loft s. palheiro m.

haymaker [h'eimeikə] s. 1. o que prepara o feno (quadro H 6). 2. dança rústica f. 3. golpe arrasador m.

hay-mow s. feno m. depositado num celeiro.

hay-seed s. 1. semente f. de capim. 2. (gíria) camponês m., caipira m. + f.

hay-stack s. monte de feno m. (quadro V 3).

hay-wire s. arame m. para segurar fardos de feno. ‖ adj. 1. numa embrulhada, em grande confusão.

hazard [h'æzəd] s. 1. risco, perigo m. 2. acaso m., casualidade f. 3. caprichos (do tempo) m. pl. 4. jogo m. de azar (dados). 5. qualquer obstáculo m. num campo de golfe. ‖ v. arriscar, aventurar. **at all ~s** sob todos os riscos, de qualquer forma.

hazardous [h'æzədəs] adj. arriscado, perigoso. ‖ **~ly** adv. com risco, perigosamente.

hazardousness [~nis] s. periculosidade f.

haze (I) [heiz] s. 1. neblina, cerração f., nevoeiro, mormaço m. 2. vagueza de espírito, falta de clareza, confusão f. ‖ v. 1. enevoar, obscurecer. 2. confundir.

haze (II) [heiz] v. 1. judiar, maltratar. 2. dar trote (estudantes). 3. fazer algazarra.

hazel [heizl] s. aveleira f. ‖ adj. 1. marrom, nogueirado. 2. de ou relativo a aveleira.

hazelnut [h'eizlnʌt] s. avelã f.

haziness [h'eizinis] s. 1. nebulosidade f. 2. obscuridade f.

hazy [h'eizi] adj. 1. nebuloso, enevoado. 2. obscuro. **to be ~ about** ser pouco claro acerca de.

H-bomb [h'eitʃbɔm] abrev. de **hydrogen bomb** s. bomba f. de hidrogênio.

he [hi:] s. 1. homem m. 2. macho m. ‖ pron. ele. **~-goat** bode. **~-male** latagão. **~-man** homem varonil. **~ who** aquele que.

head [hed] s. 1. cabeça f. 2. cabeça f. de prego, de alfinete, de martelo, etc. 3. o que pela sua forma dá idéia de cabeça f.: cabeça de alface. 4. parte superior ou mais importante, ponta f., topo, alto m. 5. parte frontal, proa de um navio, vanguarda de tropas f. 6. promontório, cabo m. 7. face f. de uma medalha ou moeda. 8. lugar m. de honra ou de comando. 9. pessoa f. principal, chefe, dirigente m. + f., diretor m. 10. pessoa f., indivíduo m. 11. unidade (de gado), cabeça f. 12. vida f. 13. cabeçalho m. 14. tópico, assunto m. 15. categoria, divisão f. 16. culminação, crise f. 17. parte amadurecida de uma úlcera f. 18. espuma f. de cerveja, colarinho m. 19. pressão f. de água ou vapor (para fins industriais). 20. isenção f. de restrições, liberdade de ação. 21. raciocínio, intelecto m., inteligência, mente f., 22. (Mús.) couro do tambor m. 23. parte superior ou inferior de um barril. 24. aumento m. gradual de força, impulso m. 25. fonte, nascente (de um rio) f. 26. cabeceira (cama) f. ‖ v. 1. encabeçar, liderar, chefiar, dirigir. 2. ser ou formar cabeça. 3. prover de cabeça. 4. ser ou pôr cabeçalho. 5. ir na dianteira. 6. podar (árvores). 7. opor, enfrentar, deter, interceptar. 8. rumar, seguir (**for** para). 9. (Futeb.) cabecear. ‖ adj. 1. na cabeceira, vanguarda ou ponta. 2. que vem da frente. 3. principal, dirigente, comandante. **to go to one's ~** subir à cabeça, envaidecer, deixar tonto. **to lose one's ~** perder a cabeça, o controle. **he is off his ~** ele perdeu a cabeça. **over one's ~** 1. além da compreensão. 2. superior em autoridade. **to turn one's ~** 1. afetar. 2. deixar tonto. 3. deixar convencido, orgulhoso. **from ~ to foot** dos pés à cabeça. **~ and ears** totalmente. **~ over heels** 1. de pernas para o ar. 2. precipitadamente. **over ~ and ears** profundamente (imerso). **out of one's own ~** 1. de invenção própria. 2. de livre vontade. **to come to a ~** 1. maturar, amadurecer. 2. atingir o ponto culminante. 3. formar pus. **to give one his ~** dar liberdade ou

licença a alguém. **~ and shoulders above** muito acima de. **a ~ like a sieve** uma memória como peneira. **how is her ~?** (Náut.) qual é o seu rumo? **I make neither ~ nor tail of it** não sei o que pensar a respeito. **the ship could not make ~ against the wind** o navio não conseguiu progredir contra o vento. **the wind ~s us** temos vento desfavorável.

headache [h'edeik] s. dor f. de cabeça.

head-clerk s. contador, chefe de escritório m.

headdress [h'eddres] s. 1. cobertura f. ou ornato m. para a cabeça. 2. penteado m.

headed [h'edid] adj. 1. que tem cabeça. 2. que tem cabeçalho. 3. em forma de cabeça.

header [h'edə] s. pessoa, ferramenta ou máquina f. que provê com cabeça (pregos). 2. (Arquit.) tijolo travado m. (quadro B 22). 3. (Natação) mergulho m. 4. (Futeb.) cabeçada f. 5. desempalhadeira f. 6. cabeçalho m.

headfirst [h'edfə:st], **headforemost** [h'edfɔ:moust, hedf'ɔ:moust] adv. 1. de ponta-cabeça. 2. apressadamente. 3. precipitadamente. 4. impetuosamente.

head for v. mover-se em direção a, ir para.

head gate s. comporta f. de controle.

head-gear s. 1. chapéu, boné m. 2. adorno de cabeça. m. 3. penteado m. 4. jaezes, arreios m. pl.

headhunting [h'edhʌntiɳ] s. prática f., de algumas tribos selvagens de tirar as cabeças de seus inimigos como troféus.

headiness [h'edinis] s. 1. obstinação f. 2. precipitação, pressa f. 3. qualidade capitosa (vinho) f.

heading [h'ediɳ] s. 1. a parte que forma a cabeça, parte superior ou frontal (quadro L 4). 2. título, cabeçalho, tópico m. 3. galeria f. de mina. 4. (Futebol) cabeçada f.

headland [h'edlənd] s. promontório, cabo m.

headless [h'edlis] adj. 1. descabeçado. 2. sem chefe. 3. imprudente, estúpido.

head-lights s. pl. faróis (de automóveis) m. pl. (quadros M 5, 6, T 5).

head-line s. título m., manchete (de jornal) f. ‖ v. prover com título ou cabeçalho.

headlong [h'ədlɔɳ] adj. 1. de ponta-cabeça. 2. impetuoso. 3. apressado, precipitado. 4. abrupto, escarpado. ‖ adv. 1. apressadamente, 2. impetuosamente. 3. abruptamente.

headman [h'edmæn] s. 1. principal, chefe, mestre, capataz m. 2. (também **headsman**) [h'ædzmən] carrasco m.

headmaster [h'edma:stə] s. diretor (de escola) m.

headmistress [h'edmistris] s. diretora, reitora f.

headmoney [h'edmʌni] s. capitação f.

headmost [h'edmoust] adj. dianteiro.

headoffice [h'edɔfis] s. matriz (de uma firma) f., escritório central m.

head-on adv. 1. de ponta-cabeça. 2. de frente. **the cars crashed ~** os carros colidiram de frente.

headphone [h'edfoun] s. fone m.

headpiece [h'edpi:s] s. 1. capacete m., testeira f. 2. chapéu, boné m. 3. fone m. 4. cabeça, mente f., intelecto m. 5. (Tip.) título m., vinheta f.

headquarter [h'edkwɔ:tə] v. (milit.) 1. situar num quartel-general. 2. estabelecer um quartel-general.

headquarters [h'edkwɔ:təz] s. pl. 1. (milit.) quartel-general m. 2. centro m. de operações.

headroom [h'edrum] s. (Arquit.) altura f. livre.

headset [h'edset] s. = **headphone.**

headship [h'edʃip] s. chefia, autoridade f.

headspring [h'edspriɳ] s. fonte, nascente f.

headstall [h'edstɔ:l] s. testeira (de cavalos) f. (parte da cabeçada).

head start s. partida auspiciosa, vantagem (em competição) f.

headstone [h'edstoun] s. 1. (Arquit.) pedra angular, lápide f. 2. pedra tumular f.

headstream [h'edstri:m] s. rio m. que é fonte de outro rio.

headstrong [h'edstrɔŋ] adj. cabeçudo, obstinado.

heads-up adj. esperto, vivo.

headvoice [h'edvɔis] s. (Mús.) voz f. de falsete.

headwaiter [h'edweitə] s. garçom-chefe m. (quadro R 2).

headwaters [h'edwɔ:təz] s. parte superior, origem f. de um rio.

headway [h'edwei] s. 1. movimento m. para a frente. 2. progresso m. 3. espaço m. livre sob uma ponte ou arco de ponte.

to make ~ fazer progresso.

headwind [h'edwind] s. vento contrário m

headwork [h'edwə:k] s. trabalho mental, intelectual m.

headworkman [h'edwə:kmən] s. capataz, mestre m.

heady [h'edi] adj. 1. precipitado, violento, impetuoso, irrefletido. 2. forte, que sobe à cabeça, inebriante.

heal [hi:l] v. 1. curar, sarar. 2. cicatrizar. 3. (fig.) remediar. 4. livrar-se de qualquer mal.

healable [h'i:ləbl] adj. curável, sanável, remediável.

healer [h'i:lə] s. quem cura, médico m.

healing [h'i:liŋ] s. cura f., restabelecimento m. ‖ adj. 1. curativo, saudável. 2. que tende a curar, que está curando.

health [helθ] s. 1. saúde f. 2. brinde m.

your ~! à sua saúde! ~ resort estação de cura, de tratamento. bill of ~ atestado de saúde. board of ~ departamento de saúde.

healthful [h'elθful] adj. são, sadio, saudável. ‖ ~ly adv. sadiamente, saudavelmente.

healthfulness [~nis] s. saúde, salubridade f.

healthy [h'elθi] adj. são, saudável, salubre. ‖ –ily adv. saudavelmente.

heap [hi:p] s. 1. montão, amontoado m., pilha f. 2. grande quantidade, porção, multidão f. ‖ v. 1. amontoar, empilhar. 2. dar de mancheia.

by ~s em quantidade, de montão. all of a ~ num só montão. to strike all of a ~ 1. pôr em desordem. 2. despedaçar. ~s of times muitas vezes. ~s of time muito tempo. to ~ coals of fire on the head of causar remorsos a alguém, retribuindo o mal com o bem.

heaper [h'i:pə] s. amontoador m.

hear [hiə] v. (imp. + p. p. heard) 1. ouvir, escutar. 2. dar ouvidos, prestar atenção. 3. atender. 4. examinar, interrogar. 5. ficar sabendo, ter notícia (about, of, from sobre, de).

I ~d him his lessons fi-lo recitar as lições. ~ me out deixe-me acabar de falar! I ~d of it eu soube disso. I ~d from him tive notícias dele. I will not ~ of it não quero saber nada disso.

hearable [h'iərebl] adj. audível.

hearer [h'iərə] s. ouvinte m. + f.

hearing [h'iəriŋ] s. 1. ouvido m., audição f., ação de ouvir. 2. audiência f., interrogatório m.

he gave me a ~ ele escutou-me. within ~ dentro do alcance da voz. hard of ~ mouco.

hearing aid s. audiofone m.

hearken [h'a:kən] v. ouvir, escutar atentamente.

hearkener [~ə] s. ouvinte m. + f., escutador m.

hearsay [h'iəsei] s. boato, rumor m.

by ~ por ouvir dizer.

hearsay evidence s. (Jur.) testemunho auricular m.

hearse [hə:s] s. 1. carro funerário m. 2. ataúde m. ‖ v. levar em carro fúnebre.

~ cloth mortalha.

heart [ha:t] s. 1. coração m. 2. núcleo, âmago, cen-

tro m., 3. alma f. 4. o essencial m. 5. peito m. 6. amor m., afeição, inclinação f. 7. ânimo m., coragem f.

~s (quadro P 6) copas (baralho) the ~ of the matter o essencial da questão. to learn by ~ decorar. out of ~ desanimado, desencorajado. bless my ~! meu Deus! in the ~ of ~s no fundo do coração. in good ~ descansado (solo). it cuts me to the ~ isso dói-me no coração. I find it in my ~ estou disposto a. he has a ~ ele sofre do coração. he lost ~ ele perdeu o ânimo. his ~ went down to his heels caiu-lhe o coração aos pés. he puts his ~ in his work ele se empenha de corpo e alma no seu trabalho. he has set his ~ on it ele afeiçoou-se a isso. he took it very much to ~ ele ressentiu-se muito disso. with ~ and soul de corpo e alma. to give (lose) one's ~ apaixonar-se. to pluck up ~ reanimar-se. to speak to one's ~ confortar, encorajar, animar. with all one's ~ com todo o coração.

heartache [h'a:teik] s. preocupação, inquietação, mágoa f.

heart attack s. (Pat.) ataque cardíaco m.

heartbeat [h'a:tbi:t] s. batida do coração f.

heartbreak [h'a:tbreik] s. mágoa f., desgosto m.

heartbroken [h'a:tbroukən] adj. de coração partido.

heartburn [h'a:tbə:n], heartburning [~iŋ] s. 1. inveja f., ódio, desgosto, rancor m. 2. azia f., azedume m. do estômago.

heart-disease s. (Med.) cardiopatia f.: doença do coração.

hearted [h'a:tid] adj. de coração, geralmente em combinações como:

open ~ franco, sincero.

hearten [h'a:tən] v. animar, encorajar.

to ~ up criar ânimo.

heartening [~iŋ] s. encorajamento, estímulo m.

heart failure s. (Pat.) parada cardíaca f.

heartfelt [h'a:tfelt] adj. cordial, sincero.

hearth [ha:θ] s. 1. forno m., lareira f. (quadro F 2). 2. lar m. 3. parte inferior de uma fornalha de fundição (quadro B 13).

heartiliness [h'a:tilinis] s. 1. cordialidade, sinceridade f. 2. zelo m. 3. alento m.

heartiness [h'a:tinis] s. 1. amabilidade f. 2. sinceridade f. 3. vigor m. 4. energia f., entusiasmo m.

heartland [h'a:tlænd] s. (Pol.) área central f., de grande potencial econômico e estratégico.

heartless [h'a:tlis] adj. 1. sem coração, cruel, insensível, desapiedado. 2. covarde. 3. sem entusiasmo. ‖ ~ly adv. 1. cruelmente. 2. melancolicamente, de modo enfadonho.

heartlessness [~nis] s. 1. crueldade, maldade f. 2. covardia f. 3. qualidade do que é enfadonho.

heartpiercing [h'a:tpiəsiŋ] adj. que penetra no coração, dilacerante.

heartsease, heart's-ease [h'a:tsi:z] s. 1. (Bot.) amor-perfeito m. 2. espírito tranqüilo m.

heart-sick adj. melancólico, muito infeliz.

heartstrings [h'a:tstriŋz] s. pl. 1. cordas f. pl. do coração. 2. o mais íntimo. 3. sensibilidade f.

heart-throb [h'a:tθrɔb] s. (coloq.) 1. emoção agradável f. 2. namorado m.

heartwarming [h'a:twɔ:miŋ] adj. agradável, animador.

heartwhole [h'a:thoul] adj. 1. sem amor ou paixão. 2. sincero. 3. corajoso. 4. cordial.

heartwood [h'a:twud] s. cerne, durame m.

hearty [h'a:ti] s. marujo m. 2. bom colega m. ‖ adj. 1. amável, amigável. 2. genuíno, sincero. 3. bem disposto, vigoroso. 4. enérgico, entusiástico. 5. substancioso (alimento). 6. que tem bom apetite. ‖ –ily adv. (†) 1. cordialmente, sinceramente. 2.

com prazer, entusiasticamente. 3. vigorosamente. 4. com apetite. 5. bastante, completamente.

heat [hi:t] s. 1. calor m. 2. aquecimento m. 3. temperatura elevada f. 4. ponto m. mais quente, ativo ou violento. 5. fermentação f. 6. ardor m. 7. fúria, cólera f. 8. cio m. 9. (Esporte) partida, corrida f., páreo m. 10. (gíria) pressão, tortura f. ‖ v. 1. aquecer, esquentar. 2. inflamar. 3. fermentar. 4. excitar(-se).

dead ~ corrida empatada. **final** ~ arrancada final. **sensible** ~ (Téc.) calor sensível. **specific** ~ calor específico. **have a** ~! aqueça-se!

heat capacity s. (Téc.) capacidade calorífica f.

heat conductance [h'i:tkəndʌktəns] s. condutibilidade f. do calor.

heated [h'i:tid] adj. com raiva, raivoso.

heatedly [h'i:tidli] adv. vigorosamente, excitadamente.

heater [h'i:tə] s. aquecedor, fogareiro m., estufa f.

heat exhaustion s. (Pat.) insolação branda f.

heath [hi:θ] s. 1. urzal m., charneca f. 2. urze f.

heathberry [h'i:θberi] s. mirtilo m.

heathcock [h'i:θkɔk] s. galo silvestre m.

heathen [h'i:ðən] s. 1. pagão m., idólatra m. + f., gentio, bárbaro m. 2. homem bruto m. ‖ adj. paganal, pagão, idólatra, bárbaro, gentílico.

heathendom [~ dəm] s. paganismo m., gentilidade f.

heathenish [~ iʃ] adj. gentílico, bárbaro, bruto. ‖ ~ly adv. a modo de pagão.

heathenishness [~ iʃnis], **heathenism** [~ izm] s. paganismo, gentilismo m., barbaria, brutalidade f.

heathenize [~ aiz] v. gentilizar.

heather [h'eðə] s. 1. urze f. 2. urzal m.

heathery [~ ri] adj. cheio de urzes.

heating [h'i:tiŋ] s. aquecimento m. ‖ adj. aquecedor.

heating pad s. almofada elétrica f.

heat lightning s. (Meteor.) relâmpago de calor m.

heat screen s. anteparo m. contra o calor.

heatstroke [h'i:tstrouk] s. insolação f.

heat unit s. unidade térmica f.

heat wave s. onda f. de calor.

heave [hi:v] s. 1. erguimento, hasteamento m., ação de levantar. 2. (Geol.) deslocamento m. das camadas do solo. 3. suspiro m. 4. náusea f. 5. (pl.) doença asmática f. de cavalos. 6. (Téc.) curso (do êmbolo) m. ‖ v. 1. levantar, hastear, erguer, alçar, içar. 2. inchar. 3. arfar, ofegar, suspirar. 4. crescer, engrossar, ondear (mar). 5. ter náuseas, vomitar. (Náut.) **to** ~ **the anchor** levantar ferros. **to** ~ **tight** amarrar. **to** ~ **to sight** surgir. **to** ~ **to** virar o navio contra o vento, parar o navio, arribar. **to** ~ **the ship down** querenar o navio.

heave-ho [h'i:vhou] s. (coloq.) ato m. de: a) rejeitar (namorado), despedir (empregado), b) pôr no andar da rua (freguês inconveniente).

heaven (I) [hevn] s. 1. céu, firmamento m. 2. lugar m. de eterna bem-aventurança. ‖ interj. ~s céus! **good** ~s! Santo Deus!, Céus! **for** ~'s **sake**! pelo amor de Deus!

Heaven (II) [hevn] s. 1. Deus, Poder Supremo, Divina Providência. 2. as forças divinas f. pl.

heaven-born adj. do céu, celeste.

heaven-directed adj. 1. que mostra para o céu. 2. dirigido pelo céu, pela providência.

heavenliness [h'evnlinis] s. divindade f.

heavenly [h'evnli] adj. celeste, de ou relativo ao céu. 2. divino, sagrado, santo. 3. (fig.) sobremodo agradável. ‖ adv. celestialmente, divinamente.

heavenly-minded adj. religioso, devoto, puro.

heavenward, ~s [h'evnwəd, ~ z] adj. + adv. para o céu.

heaver [h'i:və] s. carregador m.

heavier-than-air adj. (Aer.) mais pesado que o ar.

heavily [h'evili] adj. pesadamente, severamente, em

grande quantidade.

heaviness [h'evinis] s. peso m., lentidão, preguiça, indolência, opressão, aflição f.

Heaviside layer [h'evisaid l'eiə] s. ionosfera f.

heavy [h'evi] s. 1. pessoa ou coisa pesada f. 2. (Cin., Teat.) vilão, bandido m. ‖ adj. 1. pesado. 2. de grande quantidade, força ou intensidade. 3. forte, violento. 4. carregado (**with** com). 5. triste, abatido. 6. opressivo, cansativo. 7. lerdo. 8. intransitável. 9. pastoso, que não cresce (pão). 10. grosso, rústico. 11. inerte, preguiçoso, sonolento. 12. difícil. 13. sério, grave. 14. nubloso. 15. insípido, enfadonho. 16. indigesto. 17. grávida. 18. (Tipog.) negrito. ‖ adv. pesadamente.

~ **current** (Eletr.) corrente intensa. ~**-gaited de** andar pesado. ~**-handed** desajeitado, desostrado. ~**-headed** sonolento, estúpido. ~**-hearted** preocupado, triste. ~ **news** notícia má, triste. ~**-spar** baritina. ~**-weight** 1. (Esporte) peso-pesado. 2. (E. U. A.) pessoa muito inteligente ou muito importante. **to do the** ~ **father** bancar o pai severo.

heavy-duty adj. resistente ao desgaste.

heavy water s. (Quím.) água pesada f.

hebdomad [h'ebdəmæd] s. semana, hebdômada f.

hebdomadal [hebd'omədl], **hebdomadary** [hebd'omədəri] adj. hebdomadário, semanal.

hebetate [h'ebiteit] v. 1. embotar. 2. estupeficar.

hebetude [h'ebitju:d] s. 1. embotamento m. 2. inércia (mental), estupidez f.

Hebraic [hibr'eiik] **Hebraical** [~ əl] adj. hebraico. ‖ ~**ally** adv. à maneira dos hebreus.

Hebraist [h'i:breiist] s. hebraísta m. + f.

Hebraize [h'i:breiaiz] v. hebraizar, judaizar.

Hebrew [h'i:bru:] s. 1. judeu, hebreu m. 2. hebraico m., língua hebraica f. ‖ adj. hebraico.

Hebrewess [h'i:bruis] s. judia f.

he-cat s. gato m.

hecatomb [h'ekətoum] s. hecatombe f.: 1. antigo sacrifício m. de cem bois. 2. qualquer grande sacrifício ou matança.

heckle [hekl] v. 1. desfibrar. 2. (fig.) incomodar com perguntas.

heckler [h'eklə] s. perguntador enfadonho m.

hectare [h'ekta:] s. hectare m.: medida de área.

hectic [h'ektik] s. héctica, tísica f. ‖ adj. 1. corado. 2. febril. 3. (coloq.) muito excitado. 4. héctico. ~ **fever** tísica, tuberculose.

hectical [~ əl] adj. héctico. ‖ ~**ly** adv. de modo héctico.

hectogramme [h'ektəgræm] s. hectograma m.

hectograph [h'ektəgra:f] s. hectógrafo m. ‖ v. hectografar.

hectolitre, hectoliter [h'ektəli:tə] s. hectolitro m.

hectometer [h'ektəmi:tə] s. hectômetro m.

hector [h'ektə] s. valentão, fanfarrão m. ‖ v. fazer-se de valentão, arreliar.

he'd [hi:d, hid] contração de **he had**, **he would**.

hedge [hedʒ] s. 1. cerca, cerca viva, sebe, divisa f. (quadros R 1, V 3). 2. canto, recanto m. ‖ v. 1. guarnecer com sebe, cercar. 2. restringir, limitar. 3. subterfugir, safar-se, resguardar(-se).

over ~ **and ditch** aos trancos. **to be on the wrong side of the** ~ estar enganado. **to** ~ **up** cercar, proteger, abrigar, trancar. **to** ~ **in** encerrar, estreitar. **to** ~ **off** separar com cerca. **to** ~ **out** excluir.

hedgebill [h'edʒbil] s. foice f.

hedgeborn [h'edʒbɔ:n] adj. de descendência humilde.

hedgehog [h'edʒhɔg] s. 1. (Zool.) ouriço m. 2. homem carrancudo, sorumbático m. 3. (milit.) área f. protegida por minas, etc.

hedgehop [h'edʒhɔp] v. voar a baixa altura.

hedgehopper [h'edʒhɔpə] s. avião pequeno, teco-teco

de baixo teto de vôo m.

hedge-marriage s. casamento clandestino m.

hedger [h'edʒə] s. jardineiro m., que planta e poda cercas vivas.

hedgerow [h'edʒrou] s. fileira f. de cerca viva.

hedge sparrow s. (Ornit.) acentor, pardal-das-sebes m. (Prunella modularis).

hedgewriter [h'edʒraitə] s. escritor obscuro ou ruim m.

hedonic [hi:d'onik] adj. hedonista, hedônico.

hedonics [~s] s. (Psicol.) hedonismo m.: estudo das sensações agradáveis e desagradáveis.

hedonism [h'i:donizm] s. (Filos.) hedonismo m.

heed [hi:d] s. cuidado m., atenção, cautela f. ‖ v. prestar atenção, acautelar, cuidar, atender.

to give (take, pay) ~ **to** dar atenção a.

heedful [h'i:dful] adj. atento, cuidadoso, circunspecto, acautelado. ‖ ~ly adv. com cautela.

heedfulness [~nis] s. atenção, cautela f.

heedless [h'i:dlis] adj. negligente, descuidado.

heedlessness [~nis] s. descuido m., negligência f.

heehaw [h'i:h'ɔ:] s. 1. hi-an! grito de asno, zurro, orneio m. 2. (fig.) risada f. ‖ v. imitar o grito do asno, zurrar, ornejar.

heel (I) [hi:l] s. 1. calcanhar m. (quadro H 10). 2. tacão, salto m. do sapato (quadro B 18). 3. ponta f., esporão m. 4. ~s pl. patas traseiras de animais f. pl. ‖ v. 1. colocar saltos em sapatos. 2. seguir nos calcanhares.

down at ~s 1. com sapatos gastos. 2. (fig.) maltrapilho, miserável. **take to one's** ~s dar às pernas, fugir. **to be out at** ~s andar de meias rasgadas, ser pobre. **to set up a good pair of** ~s dar às pernas. **to turn on the** ~ virar(-se) abruptamente.

heel (II) [hi:l] s. inclinação f. do navio. ‖ v. adernar.

heel (III) [hi:l] s. (E. U. A. coloq.) pessoa odiosa f.

heelball [h'i:lbɔ:l] s. graxa f. de sapateiro.

heeled [hi:ld] adj. (E. U. A. gíria) endinheirado.

heeler [h'i:lə] s. 1. sapateiro, quem faz saltos m. 2. adepto servil de um chefe político m.

heeling [h'i:liŋ] s. conserto m. dos saltos dos sapatos.

heelpiece [h'i:lpi:s] s. tacão m. do sapato, ou pedaço de sola que serve para fazer o salto.

heelpost [h'i:lpoust] s. coluna giratória f. de porta eclusa.

heeltap [h'i:ltæp] s. 1. couro m. do salto 2. (gíria) resto m. de bebida no copo.

heft [heft] s. 1. peso m. 2. esforço m. 3. erguimento, empurrão m. 4. (E. U. A. coloq.) a maior parte.‖ v. 1. avaliar o peso, pesar. 2. levantar, suspender.

hefty [h'efti] adj. (E. U A. gíria) 1. grande, forte, robusto. 2. pesado. 3. muito, sobremodo.

Hegelianism [heig'eiliənizm] s. (Filos.) hegelianismo, hegelismo m.

hegemonic [hi:dʒəm'onik] adj. hegemônico.

hegemony [hidʒ'eməni] s. hegemonia f.

Hegira, Hejira [hidʒ'airə] s. 1. (Hist.) Hégira f. 2. (fig.) fuga f.

heifer [h'efə] s. novilha, vitela f.

heigh [hei] interj. eh! olá!

~**-ho!** ai! ai de mim!

height [hait] s. 1. altura f. 2. alto, cume m., elevação f. 3. altitude f. 4. latitude f. 5. cúmulo, auge, apogeu m. 6. perfeição f. 7. eminência f.

at its ~ no auge. **the** ~ **of folly** o cúmulo da tolice. **efficient** ~ altura útil. ~ **of swell** altura de regolfo. ~ **of velocity** altura dinâmica.

heighten [~n] v. 1. levantar, elevar. 2. aumentar, fortificar. 3. salientar, intensificar.

heinous [h'einəs] adj. horrendo, horripilante, infame, extremamente mau. ‖ ~ly adv. horrivelmente.

heinousness [~nis] s. horror m., infâmia f.

heir [ɛə] s. herdeiro, legatário m. ‖ v. herdar.

~ **apparent** herdeiro presuntivo, herdeiro do trono. ~ **at law** herdeiro legítimo. ~ **of the body** herdeiro direto. ~ **presumptive** herdeiro provável.

heirdom ['ɛədəm] s. herança f.

heiress ['ɛəris] s. herdeira f.

heirless ['ɛəlis] adj. sem herdeiro.

heirloom ['ɛəlu:m] s. peça de herança tradicional f.

heirship ['ɛəʃip] s. 1. herança f. 2. qualidade de herdeiro. 3. direito m. de herdeiro.

held [held] v. imp. + p. p. de **hold.**

heliacal [hil'aiəkəl] adj. (Astron.) helíaco.

helianthus [hi:li'ænθəs] s. (Bot.) girassol, helianto m.

helical [h'elikəl], **helicoid** [h'elikoid], **helicoidal** [helik'ɔidəl] adj. helicoidal, em forma de espiral.

helicline [h'eliklain] s. rampa helicoidal f.

helicopter [h'elikɔptə] s. helicóptero m.

heliocentric [hi:lious'entrik], **heliocentrical** [~əl] adj. heliocêntrico.

heliochromy [h'i:liokroumi] s. heliocromia, fotografia colorida f.

heliograph [h'i:liogra:f] s. heliógrafo m. ‖ v. heliografar.

heliography [hi:li'ɔgrəfi] s. heliografia f.

heliogravure [hi:liougrəv'j'uə] s. heliogravura f.

heliolatry [hi:li'ɔlətri] s. heliolatria f.: culto m. do Sol.

heliometer [hi:li'ɔmətə] s. heliômetro m.

helioscope [h'i:liəskoup] s. helioscópio m.

heliostat [h'i:liostæt] s. helióstato m..

heliotherapy [hi:liouθ'erəpi] s. (Med.) helioterapia f.

heliotrope [h'eljətroup] s. 1. (Bot.) heliotrópio m. 2. (Min.) ágata f., variedade de quartzo. 3. cor púrpura-rosada f. ‖ adj. de cor púrpura-rosada.

heliotropism [hi:li'ɔtropizm] s. heliotropismo m.

heliotype [h'i:liotaip] s. heliótipia f.

heliport [h'i:lipo:t] s. (Av.) heliporto m.

helium [h'i:liəm] s. (Quím.) hélio m.

helix [h'i:liks] s. 1. (Geom.) hélice, espiral f. 2. (Med.) hélix m.: rebordo exterior da orelha. 3. (Zool.) espécie de caracol. 4. (Arquit.) voluta f.

he'll [hi:l] contração de **he will.**

he'll go ele irá.

hell [hel] s. 1. inferno m. (também fig.). 2. casa f. de jogo. 3. lugar m. onde os alfaiates guardam os retalhos. 4. lugar m. de grande sofrimento.

what the ~**!** que diabo! **it hurts like** ~ está doendo incrivelmente. **a** ~ **of a row** balbúrdia. **I gave him** ~ inferneil-lhe a vida. **to raise** ~ pintar o diabo. ~ **for leather** (coloq.) às carreiras. **between** ~ **and high water** entre Cila e Caribde, (Bras.) entre a cruz e a caldeirinha.

hell-begotten [h'elbigɔtn], **hellbred** [h'elbred] adj. infernal.

hellbender [h'elbendə] s. (Zool., E. U. A.) salamandra gigante f.

hellbent [h'elbent] adj. (E. U. A.) 1. inescrupuloso. 2. firmemente decidido. 3. jogando com a vida.

hellcat [h'elkæt] s. 1. mulher vil f. 2. bruxa f.

hellebore [h'elibo:] s. heléboro m.

Hellene [h'eli:n] s. heleno, grego m.

Hellenic [hel'i:nik] adj. heleno, grego.

Hellenism [h'elinizəm] s. helenismo m.

Hellenist [h'elinist] s. helenista m. + f.

Hellenistic [helin'istik], **Hellenistical** [~əl] adj. helenístico.

Hellenize [helin'aiz] v. helenizar.

hellfire [h'elfaiə] s. fogo infernal, castigo m.

hellhated [h'elheitid] adj. odiado como o diabo.

hellhaunted [h'elhɔ:ntid] adj. perseguido pelo diabo.

hellhole [h'elhoul] s. antro ilegal m. de jogatina e deboche.

hellhound [h'elhaund] s. 1. cérbero m. 2. (fig.) pessoa cruel f.

hellion [h'eljən] s. pessoa malévola, desordeira f.

hellish [h'eliʃ] adj. infernal, horrível, diabólico. ‖ ~ly adv. abominavelmente, diabolicamente.

hellishness [~nis] s. caráter diabólico m.

hellmouth [h'elmauθ] s. boca f. do inferno.

hello [h'elou] s. + ınterj. alô (telefone) m.

helm (I) [helm] s. 1. (Náut.) leme m. do navio. 2. direção, administração f. ‖ v. guiar, dirigir.

he sits at the ~ ele está na direção.

helm (II) [helm] s. 1. elmo, capacete m. 2. (Bot.) cálice m. ‖ v. pôr ou prover de capacete.

helmet [h'elmit] s. elmo, capacete m.

helmeted [~id] adj. protegido com capacete.

helminth [h'elminθ] s. helminto, verme intestinal m.

helminthic [helm'inθik] s. helminticida, vermífugo m. ‖ adj. helmíntico, relativo aos helmintos.

helminthology [helminθ'ɔlədʒi] s. helmintologia f.

helmless (I) [h'elmlis] adj. sem leme, desgovernado.

helmless (II) [h'elmlis] adj. sem capacete.

helmsman [h'elmzmən] s. timoneiro, piloto m.

Helot [h'elət] s. hilota m.: (Esparta) escravo m. do Estado. 2. **helot** servo, escravo m.

helotry [h'elətri] s. escravidão, servidão f.

help [help] s. 1. ajuda f., auxílio m. 2. medicamento, remédio m. 3. alívio, socorro, amparo m. 4. auxiliar, ajudante m. + f. 5. (E. U. A.) empregados domésticos m. pl. 6. porção f. de comida servida a uma pessoa. ‖ v. 1. ajudar, assistir **(with, in** com, em). 2. socorrer, amparar. 3. remediar, medicar. 4. prevenir, evitar, impedir. 5. deixar de fazer, abster-se. 6. servir(-se) (à mesa). **lady ~** ajudante doméstica. **mother's ~** pajem. **by the ~ of** com o auxílio de. **there is no ~ for it** não há remédio para isto. **I cannot ~ laughing** não posso deixar de rir. **it can't be ~ed** não pode ser evitado. **~ yourself** sirva-se à vontade. **so ~ me God** Deus me ajude! **she ~ed me with the washing** ela ajudou-me a lavar a roupa. **she cannot ~ it** ela não tem culpa. **he can't ~ doing it** ele não consegue abster-se disto. **to ~ down** 1. ajudar a descer. 2. (fig.) contribuir para a ruína. **to ~ out** 1. ajudar a sair, auxiliar. 2. sustentar. **to ~ someone to** conseguir alguma coisa para alguém. **to ~ forward** ajudar, favorecer. **to ~ into** ajudar a entrar. **to ~ off** ajudar a partir, a livrar-se de.

helper [h'elpə] s. ajudador m., ajudante, m. + f.

helpful [h'elpful] adj. útil, que ajuda, que serve. ‖ ~ly adv. utilmente, proveitosamente.

helpfulness [~nis] s. utilidade, ajuda, assistência, obsequiosidade f.

helping [h'elpiŋ] s. 1. ajuda f. 2. porção (de comida) f., prato de comida m.

helpless [h'elplis] adj. desamparado, abandonado. ‖ ~ly adv. sem ajuda, sem auxílio.

helplessness [~nis] s. desamparo, abandono m.

helpmate [h'elpmeit] s. 1. ajudante m. + f., colaborador m. 2. esposo m., esposa f.

helpmeet [h'elpmi:t] s. = **helpmate.**

helter-skelter [h'eltəsk'eltə] s. 1. confusão, pressa, precipitação f. 2. (gíria) abrigo antiaéreo m. ‖ adj. apressado, confuso, precipitado. ‖ adv. apressadamente, confusamente, precipitadamente.

helve [helv] s. cabo (de ferramentas) m. (quadro H 7). ‖ v. encabar.

to throw the ~ after the hatchet perder o ânimo.

Helvetia [helv'i:ʃiə] s. Helvécia, Suíça f.

Helvetian [~n] s. helvécio, suíço m. ‖ adj. helvécio, suíço, helvético.

hem (I) [hem] s. bainha, orla, borda, margem f. (quadro S 4). ‖ v. abainhar, orlar, guarnecer.

to ~ in cercar, encerrar.

hem (II) [hem] s. pigarro m. ‖ v. 1. pigarrear, tossir. 2. falar hesitantemente.

to ~ and haw pigarrear de embaraço.

hemachrome [h'i:məkroum] s. (Anat.) hemacromo m.

hemacytometer [hi:məsait'ɔmitə] s. = **hemocytometer.**

he-man s. (coloq.) homem macho, viril m.

hematic [him'ætik] = **haematic.**

hematogenous [hi:mət'ɔdʒinəs] adj. hematogênico, originado no sangue.

hematology [hi:mət'ɔlədʒi] s. = **haematology.**

hemicrania [hemikr'einiə] s. hemicrania, enxaqueca f.

hemicycle [h'emisaikl] s. semicírculo m.

hemiplegia [hempl'i:dʒiə] s. (Med.) hemiplegia f.

hemiptera [həm'iptərə] s. pl. (Zool.) hemípteros m. pl.

hemipterous [~rəs] adj. hemíptero.

hemisphere [h'emisfiə] s. hemisfério m.

hemispheric [hemisf'erik], **hemispherical** [~əl] adj. hemisférico.

hemistich [h'emistik] s. hemistíquio m.

hemline [h'emlain] s. (costura) posição f. da barra (vestido, saia).

hemlock [h'emlɔk] s. 1. (Bot.) cicuta f. 2. (E. U. A.) árvore f. do gênero Tsuga, família das Pináceas, bem como a respectiva madeira. ‖ adj. sonolento, que causa sono.

hemacytometer [hi:məsait'ɔmitə] s. (Med.) hemocitômetro m.: aparelho para contar o número de glóbulos, em uma dada quantidade de sangue.

hemoglobin [hi:mogl'oubin] s. = **haemoglobin.**

hemorrhage [h'eməridʒ] s. = **haemorrhage.**

hemorrhoids [h'emərɔidz] s. = **haemorrhoids.**

hemp [hemp] s. 1. cânhamo, linho m. 2. baraço m. 3. haxixe m.

~-string 1. baraço. 2. (fig.) maroto.

hempen [h'empən] adj. de cânhamo.

~ collar, ~ necktie (gíria) baraço.

hemstitch [h'emstitʃ] s. (Bordado) ponto à jour m.

hen [hen] s. 1. galinha f. 2. fêmea f. de qualquer ave. 3. poltrão m.

henbane [h'enbein] s. (Bot.) meimendro m.

hence [hens] adv. 1. daqui. 2. conseqüentemente. 3. disso, por isso, por esta razão. ‖ interj. fora! **not many days ~** daqui a poucos dias. **from ~** longe daqui!

henceforth [h'ensfo:θ], **henceforward** [h'ensf'o:wəd] adv. daqui em diante, doravante.

henchman [h'entʃmən] s. 1. (Pol.) adepto inescrupuloso m. 2. companheiro m. de crime. 3. (arc.) criado, lacaio m.

hendecagon [hend'ekəgən] s. hendecágono m.

hendecasyllable [hendekəs'iləbl] s. hendecassílabo m.

henequen [h'enəkən], **henequin** [-kin] s. 1. (Bot.) henequém m., agave f. 2. sisal m.

henharrier [h'enhæriə] s. (Zool.) tartaranhão-azulado, pilha-ratos m.: ave de rapina.

henhouse [h'enhaus] s. casa-colônia f. para galinhas.

henna [h'enə] s. (Bot.) hena f. ‖ v. tingir ou colorir com hena.

hennery [h'enəri] s. 1. granja f. 2. galinheiro m.

henotheism [h'enəθiizm] s. henoteísmo m.: culto de determinada divindade sem descrer da existência de outras.

henparty [h'enpa:ti] s. 1. reunião f. de senhoras. 2. reunião f. de bisbilhoteiras.

henpeck [h'enpek] v. repreender o marido (esposa).

henroost [h'enru:st] s. poleiro m.

henry [h'enri] s. (Eletr.) henry, hénrio m.

henyard [h'enja:d] s. aviário, viveiro m.

hep [hep] adj. (gíria) 1. informado. 2. (milit.) à esquerda (em vez de **left**).

hepatic [hip'ætik] adj. hepático, do fígado.

hepatica [~ə] s. (Bot.) hepática f.

hepatite [h'epətait] s. (Min.) hepatita f.

hepatitis [hepət'aitis] s. ¿Med.) hepatite f.

Hepplewhite [h'eplwait] s. estilo de mobília do século XVIII (segundo a firma George Hepplewhite).

heptachord [h'eptəko:d] s. (Mús.) heptacórdio m.

heptagon [h'eptəgən] s. (Geom.) heptágono m.

heptagonal [hept'ægənəl] adj. heptagonal.

heptameter [hept'əmitə] s. (poét.) heptâmetro m.

heptangular [hept'æŋgjulə] adj. heptangular.

heptarchy [h'eptəki] s. heptarquia f.

Heptateuch [h'eptətju:k] s. Heptateuco m.: os sete primeiros livros do Velho Testamento.

heptavalent [h'eptəveilənt] adj. (Quím.) heptavalente, que tem sete valências.

her [hə:] pron. lhe, a ela, seu, sua, a.
I saw ~ via-a. **i gave** ~ dei-lhe. **it's** ~ (gíria) é ela (em vez de **it's she**). **she looked around** ~ ela olhou em volta de si. **she read** ~ **book** ela leu o seu livro.

herald [h'erəld] s. 1. heraldo, arauto, mensageiro m. 2. precursor m. ‖ v. 1. trazer notícias de, anunciar. 2. **to** ~ **in** introduzir formalmente, solenemente.

heraldic [her'ældik] adj. heráldico.

heraldry [h'erəldri] s. heráldica f.

heraldship [h'erəldʃip] s. ofício m. de arauto.

herb [hə:b] s. 1. erva, forragem f., capim m. 2. planta f. de propriedades medicinais ou culinárias. 3. legume m.
~ **of grace** (Bot.) arruda f. ~ **doctor** pessoa f. que cura com ervas.

herbaceous [hə:b'eiʃəs] adj. herbáceo.

herbage [h'ə:bidʒ] s. 1. ervagem, pastagem f., capim m. 2. direito m. de pastagem.

herbal [h'ə:bəl] s. livro m. sobre ervas e suas virtudes medicinais, etc. ‖ adj. herbóreo, herbático.

herbalist [h'ə:bəlist] s. 1. herborista m. + f., herbolário m. 2. antigamente: botânico m.

herbarium [hə:b'ɛəriəm] s. herbário m.

herbescent [hə:b'esənt] adj. que se torna herbáceo.

herbiferous [hə:b'ifərəs] adj. herbífero.

herbivorous [hə:b'ivərəs] adj. herbívoro.

herbless [h'ə:blis] adj. sem vegetação.

herborist [h'ə:bərist] s. herborista m. + f.

herborization [hə:bəriz'eiʃən] s. herborização f.

herborize [h'ə:bəraiz] v. herborizar.

herbous [h'ə:bəs], **herby** [h'ə:bi] adj. ervoso.

herculean, Herculean [hə:kjul'i:ən] adj. hercúleo.

herd [hə:d] s. 1. rebanho, bando m., manada f. 2. multidão f. de pessoas. 3. massa popular, ralé f. ‖ v. 1. arrebanhar(-se), agrupar(-se). 2. pastorear.
the vulgar ~, **the common** ~ o populacho. **to** ~ **with** associar-se a.

herd instinct s. (Psicol.) instinto gregário m.

herdsman [h'ə:dzmən] s. boieiro, vaqueiro, pastor m.

here [hiə] s. este lugar, tempo ou estado m. ‖ adv. 1. aqui, neste lugar, cá, para cá. 2. neste momento, agora. ‖ interj. presente!
come ~! vem cá! **are you** ~? você está aí? ~ **you are** aí tem você. ~ **and there** 1. às vezes. 2. aqui e ali. ~'s **to you!** à sua saúde! **does this belong** ~? é aqui o lugar disso? **that thing** ~ aquela coisa, aquilo. ~ **goes!** avante! vamos a isso! lá vai! **that is neither** ~ **nor there** isso não vem ao caso.

hereabout [hiərəb'aut], **hereabouts** [~s] adv. por aqui.

hereafter [hiər'a:ftə] s. futuro m., vida futura f. ‖ adv. depois, daqui por diante, futuramente.

hereat [hiər'æt] adv. 1. na ocasião, então. 2. em virtude de, por isso.

herebelow [hiəbil'ou] adv. cá embaixo, neste mundo.

hereby [hiəb'ai] adv. por isto, com isto, por meio disto.

hereditability [hireditəb'iliti] s. hereditariedade f.

hereditable [hir'editəbl] adj. herdável.

hereditament [herid'itəmənt] s. herança f.

hereditary [hir'editəri] adj. hereditário. ‖ –**ily** adv. por herança.

herefrom [h'iəfrom] adv. disto, daqui.

herein [h'iər'in] adv. nisto.

hereinafter [~ 'a:ftə] adv. depois disto, em seguida.

hereinbefore [h'iərinbif'ɔ:] adv. mais acima.

hereinto [h'iərint'u:] adv. 1. neste lugar. 2. neste assunto.

hereof [hiər'ɔv] adv. disto, daqui.

hereon [hiər'ɔn] adv. 1. para isto, sobre isto. 2. em seguida.

here's [h'iəz] contração de **here is**.

heresiarch [her'i:zia:k] s. heresiarca m. + f.

heresy [h'erəsi] s. heresia f.

heretic [h'erətik] s. herético m. ‖ adj. herético.

heretical [hir'etikəl] adj. herético. ‖ ~**ly** adv. a modo de herege.

hereto [hiət'u:] adv. a isto, até aqui.

heretofore [hiətuf'ɔ:] adv. antes, antigamente.

hereunder [hiər'ʌndə] adv. abaixo, seguinte.

hereunto [hiərʌnt'u:] adv. até agora.

hereupon [hiərəp'ɔn] adv. depois disto, sobre isto.

herewith [hiəw'ið] adv. com isto, juntamente, incluso.

heritable [h'eritəbl] adj. 1. que se pode herdar, hereditário. 2. capaz, idôneo para herdar.

heritage [h'eritidʒ] s. herança f.

heritor [h'eritə] s. herdeiro m.

herm [hə:m] s. (Escultura) herma f.

hermaphrodite [hə:m'æfrədait] s. hermafrodita m. + f. ‖ adj. hermafrodito.

hermaphroditism [~izm] s. hermafroditismo m.

hermeneutic [hə:minj'u:tik], **hermeneutics** [~s] s. hermenêutica f.: interpretação (da Sagrada Escritura). ‖ adj. interpretativo, explicativo.

hermeneutical [hə:minj'u:tikəl] adj. hermenêutico. ‖ ~**ly** adv. de modo hermenêutico.

hermetic [hə:m'etik] adj. hermético. ‖ ~**ally** adv. hermeticamente.

hermeticism [hə:m'etisizm] s. (Filos.) hermetismo m.

hermit [h'ə:mit] s. eremita m. + f., eremitão m.
~ **crab** (Zool.) eremita-bernardo, paguro.

hermitage [~idʒ] s. eremitério m.

hermitess [h'ə:mitis] s. eremita, eremitoa f.

hermitical [hə:m'itikəl] adj. eremítico.

hernia [h'ə:njə] s. (Med.) hérnia f.

herniotomy [hə:ni'ɔtəmi] s. (Med.) herniotomia f.

hero [h'iərou] s. 1. herói m. 2. (Cin., Teat., Telev.) mocinho m. (também **good guy**).

heroic [hir'ouik], **heroical** [~əl] s. poema épico m. ‖ adj. 1. heróico, valente. 2. (Pintura) em tamanho natural ou maior. ‖ ~**ally** adv. heroicamente.
~ **verse** verso heróico, hexâmetro m.

heroic age s. época f. dos heróis lendários (mitológicos).

heroic couplet s. ⟨Liter.⟩ estância heróica f.

heroics [hir'ouiks] s. pl. 1. versos heróicos m. pl. 2. versos m. pl. em linguagem bombástica. 3. linguagem, conduta f., idéias f. pl. bombásticas.

heroin [h'erouin] s. (Quím.) heroína f.

heroine [h'erouin] s. heroína f.

heroism [h'erouizm] s. heroísmo m.

heron [h'erən] s. (Orn.) garça f.

heronry [~ri] s. ninho m. de garças.

heroship [h'iərouʃip] s. caráter m. de herói.

hero-worship s. veneração f. dos heróis.

herpes [h'ə:pi:z] s. (Med.) herpes m. pl.

herpetic [hə:p'etik] adj. herpético.

herpetologist [hə:pet'olədʒist] s. herpetologista m. + f.

herpetology [hə:pet'olədʒi] s. herpetologia f.

herring [h'eriŋ] s. 1. (Ict.) arenque m. 2. estaca f. de tenda.
red ~ 1. arenque defumado. 2. tentativa para desviar do assunto. to throw a sprat to catch a ~ sacrificar pouco para ganhar muito.

herringbone [~boun] s. 1. espinha f. de arenque. 2. padrão ou forma f. de ziguezague (tecidos ou arquitetura). (quadro S 15). ‖ adj. que tem esse padrão ou arranjo.

herringbone gear s. (Mec.) engrenagem helicoidal f. com dentes em forma de V.

hers [hə:z] pron. poss. de her: seu, sua, seus, suas, dela.
it is ~ é dela. a friend of ~ um amigo dela.

herself [hə:s'elf] pron. ela mesma, a si mesma.
she did it by ~ ela mesma o fez. she hurt ~ ela se feriu. she is not quite ~ ela não está à altura de si mesma. she cannot do that by ~ ela não pode fazer isso sozinha. 'tis like ~ é como ela só.

hertz [hə:ts] s. (Eletr.) hertz m.: unidade de freqüência.

he's [hi:z, hiz] contração de he is, he has.

hesitance [h'ezitəns], hesitancy [~i] s. hesitação, indecisão, incerteza, dúvida f.

hesitant [h'ezitənt] adj. hesitante, indeciso, irresoluto. ‖ ~ly adv. indecisamente.

hesitate [h'eziteit] v. hesitar, vacilar, estar indeciso (about, over sobre).

hesitating [~iŋ] adj. hesitante, irresoluto, vacilante. ‖ ~ly adv. indecisamente, irresolutamente.

hesitation [hezit'eiʃən] s. hesitação, incerteza f.

hesitative [h'eziteitiv] adj. indeciso, irresoluto.

Hesperian [hesp'iəriən] s. habitante m. + f. do Ocidente. ‖ adj. hespério: ocidental.

Hesperus [h'espərəs] s. planeta Vênus m., estrela vespertina f.

Hessian [h'esiən] s. hesseno m. ‖ adj. de Hesse.

heterochromatic [hetərokrom'ætik] adj. (Gen.) heterocromático.

heterochromatin [hetərokr'oumətin] s. (Gen.) heterocromatina f.

heterochromous [hetərokr'ouməs] adj. heterocrômico.

heteroclite [h'etəroklait] s. palavra heteróclita f. ‖ adj. heteróclito.

heteroclitical [hetərokl'itikəl] adj. heteróclito.

heterodox [h'etərədoks] adj. heterodoxo.

heterodoxy [~i] s. heterodoxia f.

heterodyne [h'etərədain] s. (Rádio) heteródino m. ‖ adj. heteródino.

heterogamous [hetər'ogəməs] adj. (Bot.) heterogâmico.

heterogamy [hetər'ogəmi] s. (Bot.) heterogamia f.

heterogeneity [hetərodʒin'i:iti] s. heterogeneidade f.

heterogeneous [hetərodʒ'i:niəs] adj. heterogêneo. ‖ ~ly adv. de modo heterogêneo.

heterograft [h'etərogræft] heteroplastia f.

heterologous [hetər'ologəs] adj. heterólogo.

heteromorphic [hetərom'o:fik] adj. (Biol.) heteromorfo.

heteromorphous [hetərom'o:fəs] adj. (Biol.) heteromorfo.

heteronym [h'etəronim] s. (Gram.) heteronímia f.

heteropathy [hetər'opəθi] s. heteropatia, alopatia f.

heterophylly [hetər'ofili] s. (Bot.) heterofilia f.

heteroplasm [h'etəroplæzm] s. (Biol.) heteroplasma m.

heterosexual [hetəros'eksjuəl] adj. (Biol.) heterossexual.

heterotropal [hetər'otropəl], heterotropous [hetər'otropəs] adj. (Bot.) heterótropo.

hetman [h'etmən] s. comandante m. dos cossacos.

het-up [het'ʌp] coloq. por heated up adj. excitado.

hew [hju:] v. (p. p. hewed, hewn) 1. cortar, derrubar. 2. lavrar, desbastar. 3. executar com muito esforço.
to ~ away, to ~ off tirar cortando. to ~ down derrubar. to ~ out criar. to ~ up rachar.

hewer [hjuə] s. lenheiro, lenhador, mineiro m.

hex [heks] s. (E. U. A. coloq.) 1. bruxa †. 2. feitiço m. ‖ v. enfeitiçar.

hexagon [h'eksəgən] s. hexágono m.

hexagonal [heks'ægənl] adj. hexagonal (quadro B 16).

hexagon nut s. porca sextavada f.

hexagram [h'eksəgræm] s. hexagrama m.: 1. símbolo da escola pitagórica. 2. estrela de Davi.

hexahedron [heksəh'i:drən] s. hexaedro m.

hexameter [heks'æmitə] s. hexâmetro m. ‖ adj. hexâmetro.

hexangular [heks'æŋgjulə] adj. sexangular.

hexapod [h'eksəpod] s. (Zool.) hexápode m.

hexastich [h'eksəstik] s. (Métr.) hexástico m.

hey [hei] interj. eh!, ei!, eia!

hey-day s. 1. auge, apogeu m. 2. vigor m.
in the ~ of youth no apogeu da mocidade.

hi [hai] interj. eh!, olá!, alô!

hiatus [hai'eitəs] s. 1. (Gram.) hiato m. 2. interrupção f., intervalo m. 3. lacuna f. 4. fenda, greta f.

hibernal [haib'ə:nl] adj. (Zool.) hibernal, hiberno.

hibernate [h'aibə:neit] v. 1. (Zool.) hibernar. 2. (fig.) mandriar.

hibernation [haibə:n'eiʃən] s. (Zool.) hibernação f.

Hibernian [haib'ə:niən] s. irlandês m. ‖ adj. hibérnico, irlandês.

hibiscus [hib'iskəs] s. (Bot.) hibisco m.

hiccatee [hikət'i:] s. (Zool.) cágado m. das Antilhas.

hiccup, hiccough [h'ikʌp] s. soluço m. ‖ v. soluçar.

hick [hik] s. (E. U. A., gíria) lavrador, rústico m., caipira m. + f. ‖ adj. rústico.

hickory [h'ikəri] s. (Bot.) espécie de nogueira norte-americana.

hickwall [h'ikwo:l], hickway [h'ikwei] s. (Orn.) rinchão, peto-verde m.

hid [hid] v. imp. + p. p. de hide.

hidden [hidn] v. p. p. de hide. ‖ adj. escondido, secreto, misterioso, obscuro. ‖ ~ly adv. secretamente, obscuramente.

hide (I) [haid] v. (imp. hid, p. p. hidden, hid) 1. esconder(-se), ocultar, encobrir. 2. sair, afastar-se.
~ and coop, ~ and seek jogo de esconder. don't ~ your light under a bushel não oculte seu candeeiro debaixo do alqueire, não seja modesto demais.

hide (II) [haid] s. 1. pele f., couro cru m. 2. (coloq.) pele humana f. ‖ v. (coloq.) bater, espancar.

hide (III) [haid] (Ingl.) s. medida antiga f. de área (60 a 120 acres).

hideaway [h'aidəwei] s. refúgio m. ‖ adj. escondido.

hidebound [h'aidbaund] adj. 1. com a pele aderente aos ossos (vaca, etc.). 2. (fig.) mesquinho.

hideous [h'idiəs] adj. horrível, horrendo, medonho, terrível. ‖ ~ly adv. horrendamente, terrivelmente.

hideousness [~nis] s. horribilidade, hediondez f.

hideout [h'aidaut] s. esconderijo m. esp. de criminosos.

hider [h'aidə] s. escondedor m.

hiding (I) [h'aidiŋ] s. (fam.) sova, surra f.

hiding (II) [h'aidiŋ] s. escondedura f., escondimento m.
~ place esconderijo. he is in ~ ele fica escondido.

hidlings [h'idliŋz] s. dissimulação f. ‖ adj. escondido,

clandestino. ‖ adv. às escondidas, clandestinamente.
hie [hai] v. apressar-se, correr.
hierarch [h'aiəra:k] s. 1. hierarca m.: principal de uma hierarquia. 2. arcebispo, pontífice m.
hierarchic [haiər'a:kik]. **hierarchical** [~əl] adj. 1. hierárquico. 2. sacerdotal.
hierarchy [h'aiəra:ki] s. 1. hierarquia f. 2. sacerdocracia f. 3. graduação f. de autoridade.
hieratic [haiər'ætik] adj. hierático.
hierocracy [haiər'ɔkrəsi] s. sacerdocracia f.
hieroglyph [h'aiəroglif], **hieroglyphic** [haiərogl'ifik] s. hieróglifo, hieroglífico m.
hieroglyphic [haiərogl'ifik], **hieroglyphical** [~əl] adj. 1. hieroglífico, enigmático. 2. simbólico.
hierogram [h'aiərogræm] s. hierograma m.
hierography [haiər'ogrəfi] s. hierografia f.
hierology [haiər'ɔlədʒi] s. hierologia f.
Hieronymite [haiər'onimait] s. hieronimita m.
hierophant [h'aiərofænt] s. hierofante m.
hi-fi [h'aifai] abr. de **high fidelity** s. alta fidelidade f. (rádio, fonógrafo).
higgle [higl] v. pechinchar, regatear.
higgledy-piggledy s. confusão, balbúrdia f. ‖ adj. confuso, misturado. ‖ adv. confusamente.
higgler [h'iglə] s. 1. pechincheiro m. 2. mascate m.
high [hai] s. 1. lugar elevado m., algo que é alto. 2. (Meteor.) lugar m. de alta pressão atmosférica. 3. (jogo de cartas) trunfo mais alto m. ‖ adj. 1. elevado, grande, alto (quadro Q). 2. vivo, berrante, forte (cores). 3. remoto. 4. superior, interior. 5. principal, importante. 6. nobre, ilustre, sublime, distinto, respeitado. 7. excelente, eminente, notável, solene. 8. soberbo, arrogante, orgulhoso. 9. caro, dispendioso. 10. custoso, difícil. 11. (política) extremo, consumado, intenso. 12. (Mús.) agudo. 13. intensivo. 14. de cheiro forte, estragado (carne). 15. veemente, irritado. 16. agitado (mar). 17. turbulento, violento. 18. vivo, animado. 19. excitado (pelo álcool). ‖ adv. altamente, sumamente, grandemente, fortemente, ao alto, em alto grau ou quantidade. ‖ **~ly** adv. veja verbete em separado. **The Most High** o Supremo, Deus. ‖ **with a ~ hand** com pulso forte. **to mount the ~** horse bancar o importante. **~ and dry** (Náut.) encalhado, no seco. **he left her ~ and dry** ele abandonou-a. **to be ~** ter preço alto, ter cotação alta. **to have ~ words** dizer injúrias. **it is ~ time** não há tempo a perder. **to pay ~** pagar caro. **to search ~ and low** procurar em todos os cantos. **~ and mighty** sobranceiro, altaneiro. **on the ~ seas** em alto-mar. **on ~** no alto, no céu. **from on ~** de cima, do céu. **as ~ as** até a altura de. ‖ **to play ~** fazer um jogo caro, apostar muito. **to live ~** levar uma vida cara. **to run ~** 1. fazer mar grosso. 2. exaltar-se.
high-aimed adj. com altas pretensões ou intenções.
high altar s. altar-mor m.
high-angle fire s. fogo indireto m.
high-arched adj. muito abaulado, convexo.
highball [h'aibɔ:l] s. (E. U. A.) 1. uísque com soda (em copo alto) m. 2. (Estr. de F.) sinal m. de linha livre.
high beam s. (Autom.) luz alta f.
high birth s. descendência ilustre f.
high-blown adj. 1. arrogante, convencido. 2. (fig.) inchado.
high-born adj. de nascimento ilustre.
highboy [h'aibɔi] s. (E. U. A.) = **tallboy**.
high-bred adj. 1. de raça. 2. bem-educado, distinto.
high-brow s. (gíria) intelectual m. + f., sabichão m. ‖ adj. intelectual.
high-bulking adj. volumoso.

High Church s. Igreja Superior Anglicana f. (quadro C 18).
High Churchman s. membro m. da Igreja Superior Anglicana.
high-class adj. de alta classe, de primeira qualidade.
high-coloured adj. 1. de cor forte, viva. 2. (fig.) vivo, esperto.
high comedy s. (Teat.) comédia f. de alta classe.
high command s. (milit.) comando supremo m.
High Court s. (Jur.) Corte Suprema f.
high dive s. salto m. de plataforma.
higher education s. educação f. superior.
highers [h'aiəz] s. diploma m. de colação de grau.
higher-up s. (coloq.) pessoa f. de destaque.
high explosive s. explosivo m. de alta potência.
highfalutin(g) [h'aifəlu:tin] s. (fam.) bazófia, jactância f. ‖ adj. bombástico.
high-fed adj. bem alimentado, gordo.
high-flyer s. impostor m., cavalheiro m. de indústria.
high-flying adj. extravagante, ambicioso.
high-frequency s. (Eletr.) alta freqüência f.
high glazed adj. lustroso (papel).
high grade adj. de primeira qualidade.
high-handed adj. arbitrário, embusteiro, arrogante.
high-hat s. pessoa arrogante f., grã-fino, almofadinha m. ‖ adj. arrogante, janota, grã-fino.
high jinks s. (gíria) festa barulhenta, rumorosa f.
high jump s. (Esporte) salto m. de altura.
high-keyed adj. nervoso, emocionalmente tenso.
highland [h'ailənd] s. montanhas f. pl.
Highlander [~ə] s. montanhês (da Escócia) m.
Highlands [~z] s. região montanhosa f. da Escócia.
high life s. vida f. das classes abastadas, ricas.
high-light, high-lights s. 1. pontos mais luminosos m. pl. de uma fotografia ou quadro. 2. pessoas eminentes f. pl. 3. (fig.) momento m. de crise. ‖ v. 1. iluminar. 2. realçar.
highly [h'aili] adv. 1. altamente, grandemente, muito. 2. favoravelmente. 3. a preço elevado. **~ paid** bem pago. **he speaks ~ of** ele fala em termos elogiosos de. **~ gifted** muito talentoso. **~ spiced** bem condimentado.
High Mass s. missa solene, missa pontifical f.
high-minded adj. generoso, magnânimo.
highness [h'ainis] s. 1. altura, elevação f., alto m. 2. alteza f. **His (Her, Your) Royal Highness** Sua Alteza Real.
high-pitched adj. (Mús.) alto, agudo.
high-pressure s. alta pressão, alta tensão f. ‖ v. usar métodos eficientes, forçar (vendas). ‖ adj. 1. de alta pressão. 2. que usa métodos eficientes.
high priest s. sumo sacerdote m.
highroad [h'airoud] s. 1. (Ingl.) rodovia f. 2. modo mais fácil m.
high school s. (E. U. A.) escola secundária f.
high seas s. alto-mar, oceano m.
high-seasoned adj. fortemente condimentado.
high society s. alta sociedade f.
high-speed adj. próprio para alta velocidade.
high-spirited adj. 1. fogoso. 2. orgulhoso.
high spirits s. bom humor m., hilaridade f.
high spot s. realce, ponto de relevo m.
high-stepping adj. 1. chouteiro, choutador. 2. (fig.) arrogante, convencido.
high-stomached adj. soberbo, altivo, obstinado.
high street s. rua principal f.
high-strung adj. sensível, irritável.
high tension s. alta tensão, alta voltagem f.
high-test adj. 1. rigoroso (teste), difícil. 2. que vaporiza a baixa temperatura (gasolina).
high tide s. maré alta, preamar f.
high time s. hora exata, hora H f.

high-toned adj. 1. agudo, forte (som). 2. (gíria) moderno. 3. digno.

high-treason s. alta traição f.

highty-tighty = hoity-toity.

high-up s. = higher-up. ‖ adj. de alto coturno, destacado.

high-water s. maré cheia, preamar, enchente f. ~ **mark** nível de preamar, marco fluviométrico.

highway [h'aiwei] s. estrada, rodovia f. (quadro R 4). ~**man** ladrão de estrada. **he knows the ~s and byways of it** ele o conhece como a palma da mão.

high-wrought adj. bem-feito, feito com primor.

hijack, highjack [h'aidʒæk] v. seqüestrar (avião, etc.) em trânsito.

hijacker, highjacker [~ə] s. seqüestrador m.

hike [haik] s. 1. marcha f., passeio longo m. no campo. 2. aumento. m. ‖ v. 1. marchar, andar grandes distâncias. 2. levantar de um salto.

hiker [h'aikə] s. o que faz extensos passeios a pé.

hiking [h'aikiŋ] s. marcha f., passeio m. a pé.

hilarious [hil'ʒəriəs] adj. alegre, contente.

hilarity [hil'æriti] s. alegria, hilaridade f.

Hilary-Term s. (Ingl.) termo de Sto. Hilário m.: época, em janeiro, em que funcionam os tribunais.

hill [hi] s. 1. morro, outeiro m., colina f. 2. monte (de terra) m. ‖ v. amontoar (terra).
as old as the ~ muito velho ~ **up and down** dale morro acima, morro abaixo. **ant~** formigueiro.

hillbilly [h'ilbili] s. (E. U. A.) rústico m. das montanhas.

hillclimb [h'ilklaim] s. passeio m. nas montanhas.

hilliness [h'ilinis] s. natureza montanhosa f.

hillock [h'ilək] s. morro pequeno, outeirinho m.

hillside [h'ilsaid] s. ladeira f., declive m.

hilltop [h'iltəp] s. cume m. de morro.

hilly [h'il] adj. 1. montanhoso, cheio de morros. 2. semelhante a morro, íngreme.

hilt [hilt] s. cabo, punho (de faca ou espada) m.
up to the ~ (fig.) completamente.

hilted [h'iltid] adj. que tem cabo.

hilum [h'ailəm] s. (Bot. e Med.) hilo m.

him [him] pron. lhe, a ele, o.
that's ~ (gíria) é ele. **he looks about ~** ele olha em redor.

himself [hims'elf] pron. ele mesmo, se, si mesmo.
he is not quite ~ ele não está bem, ele está fora de si. **by ~** sozinho, só. **he came to ~** ele voltou a si.

hin [hin] s. antiga medida judaica f. para líquidos.

hind (I) [hajnd] s. corça f.: fêmea do veado.

hind (II) [haind] adj. traseiro, posterior.

hind (III) [haind] s. (arc. ou dialetal) homem do campo, camponês, peão m.

hinder (I) [h'aində] v. impedir, retardar, estorvar, obstruir, embaraçar.

hinder (II) [h'aində] adj. traseiro.

hinderer [h'indərə] s. estorvador m.

hind-hand s. pata traseira (cavalo) f.

hind-leg s. perna traseira, garupa f. (quadro C 7).

hindmost [h'aindmoust] adj. traseiro, posterior.

hind-quarter(s) s. traseiro m., parte traseira (de um animal), garupa, anca f.

hindrance [h'indrəns] s. obstáculo, impedimento m.

hindsight [h'aindsait] s. (E. U. A.) compreensão tardia f. do que devia ter sido feito.

Hindu, Hindoo [h'indu:] s. hindu m. + f. ‖ adj. hindu.

Hinduism [~ izm] s. hinduísmo m.

Hindustani, Hindostani [hindust'æni] s. hindustani m.: língua falada na Índia. ‖ adj. relativo à Índia.

hinge [hindʒ] s. 1. dobradiça, charneira f., gonzo m. (quadro H 4). 2. articulação, junta f. 3. (fig.) ponto principal, crítico m. ‖ v. 1. colocar em dobradiças, engonçar. 2. dobrar, virar, (on sobre), girar sobre gonzos. 3. ~ **on** depender de.
off the ~s em pandarecos, quebrado.

hinny [h'ini] s. mulo m., mula f.

hint [hint] s. sugestão, alusão, insinuação f., palpite m. ‖ v. sugerir, aludir, dar a entender.
I took the ~ eu compreendi, eu entendi. **broad ~** alusão desvelada.

hinterland [h'intəlænd] s. interior m., hinterlândia f.

hip (I) [hip] s. 1. quadril m., anca, bacia f. (quadros C 7, H 10). 2. (Arquit.) aresta de telhado f. (quadro R 5). ‖ v. (Esporte) tombar o adversário por cima das costas ou da perna.
they smote him ~ and thigh liquidaram-no desapiedadamente. **I had him on the ~** levei vantagem sobre ele.

hip (II) [hip] s. (Bot.) fruto m. de roseira brava.

hip (III) [hip] interj. ~! ~! **hurrah!** hip! hip! hurra!

hip (IV) [hip] adj. (gíria) 1. relativo à última moda, idéia, mania. 2. de ou associado com **hippie**.

hip-bath s. banho m. de assento.

hip-bone s. (Med.) osso ilíaco m. (quadro C 7).

hippic [h'ipik] adj. hípico.

hippie [h'ipi] s. (Soc.) pessoa f. oposta à sociedade atual; adota roupas, slogans, costumes próprios, vida comunal, misticismo, drogas psicodélicas (movimento lançado pelos jovens da década de 1960).

hippocras [h'ipokræs] s. (grego) hipocraz m.: vinho adoçado e aromatizado.

hippocratic [hipokr'ætik], **hippocratical** [~ əl], **hippocratian** [hipokr'ætiən] adj. hipocrático.

Hippocratic oath s. (Med.) juramento hipocrático m.

hippodrome [h'ipədroum] s. hipódromo m.

hippogriff, hippogryph [h'ipəgrif] s. hipogrifo m.

hippology [hip'olodʒi] s. hipologia f.

hippophagy [hip'ofədʒi] s. hipofagia f.

hippopotamus [hipəp'otəməs] s. pl. —tami [-təmai] ou -tamuses. (Zool.) hipopótamo m.

hip-roof s. (Arquit.) telhado m. de quatro águas.

hip-shot adj. descadeirado, que tem a anca deslocada.

hip-tile s. cumeeira, telha f. de cumeeira.

hircine [h'ə:sain, -sin] adj. 1. caprino. 2. (fig.) fétido.

hire [haiə] s. aluguel, salário, pagamento, arrendamento m. ‖ v. alugar, arrendar, engajar, empregar.
on ~ para alugar. **to ~ out** alugar. **to ~ oneself out** contratar emprego. **the right to ~ and fire** o direito de contratar e despedir.

hireless [h'aiəlis] adj. gratuito, sem pagamento.

hireling [h'aiəliŋ] s. mercenário, que trabalha só pelo dinheiro. ‖ adj. mercenário.

hire-purchase s. compra f. em prestações.

hirer [h'aiərə] s. alugador, contratante m.

hirsute [h'ə:sju:t] adj. hirsuto, peludo, cabeludo.

hirsuteness [~ nis] s. hirsutez f.

his [hiz] pron. seu, sua, seus, suas.
a friend of ~ um amigo dele. **it is ~** é dele.

Hispanic [hisp'ænik] adj. hispânico: a) espanhol, b) latino-americano.

hispanism [h'ispənizm] s. hispanismo m.

hispid [h'ispid] adj. (Bot. e Zool.) híspido, eriçado.

hiss [his] s. assobio, silvo m. ‖ v. assobiar, sibilar.
to ~ at vaiar.

hist [s:t] interj. psit! psiu! silêncio!

histology [hist'olədʒi] s. (Med.) histologia f.

historian [hist'ɔ:riən] s. historiador m.

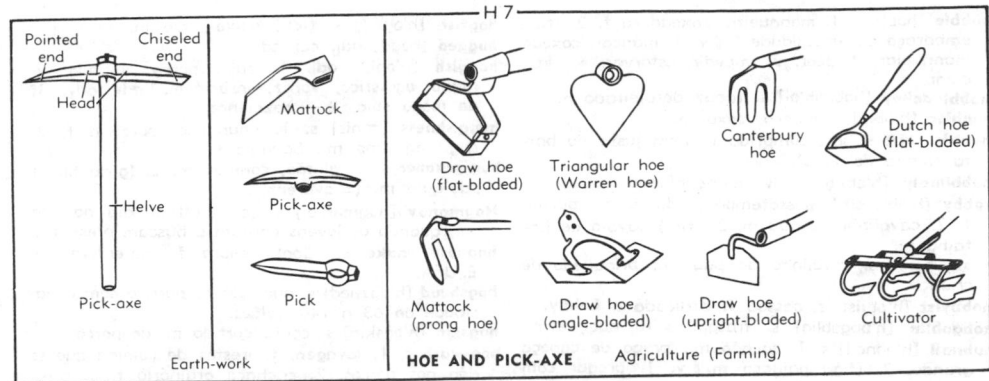

H 7

Pointed end — Chiseled end — Head — Helve — Pick-axe — Pick-axe — Pick — Mattock — Pick-axe — Earth-work — Mattock (prong hoe) — Draw hoe (flat-bladed) — Triangular hoe (Warren hoe) — Draw hoe (angle-bladed) — Canterbury hoe — Draw hoe (upright-bladed) — Dutch hoe (flat-bladed) — Cultivator — **HOE AND PICK-AXE** Agriculture (Farming)

historic [hist'ɔrik], **historical** [~əl] adj. histórico. ‖ ~**ally** adv. historicamente.

historical materialism s. (Soc.) materialismo histórico (marxismo) m.

historicity [histɔ:r'isiti] s. historicidade f.

historied [h'istəri:d] adj. historiado, estoriado.

historiographer [histɔ:ri'ɔgrəfə] s. historiógrafo m.

history [h'istəri] s. história, narração, historiografia f., histórico m.
ancient ~ História da Antiguidade. **medieval** ~ História Medieval. **universal** ~ História Universal.

histrionic [histri'ɔnik], **histrionical** [~əl] adj. 1. de histrião, . . artístico, teatral. 2. insincero. ‖ ~**ally** adv. artisticamente.

histrionics [histri'ɔr.iks] s. pl. 1. arte teatral f. 2. modo m. ou expressão f. insincera.

hit [hit] s. 1. golpe m., pancada, estocada f. 2. acidente m. 3. impacto m. 4. sucesso, acaso m., sorte f. 5. ataque m., crítica f. 6. idéia, expressão feliz f. ‖ v. (imp. e p. p. **hit**) 1. dar um golpe, dar uma pancada (**at** em). 2. acertar, atingir. 3. afetar, ferir. **a lucky** ~ um bom lanço, um golpe feliz. ~ **or miss** a esmo. ‖ **to** ~ **against** bater contra. **to** ~ **upon** encontrar, topar com. **he was** ~ **by the ball** ele foi atingido (ferido) pela bola. **he** ~ **me a blow** ele me deu uma pancada. **to** ~ **below the belt** pecar contra as regras de jogo. **his hand was** ~ **by the knife** a sua mão foi ferida pela faca. **he** ~ **the town** (gíria, E. U. A.) ele chegou à cidade. **you have** ~ **my taste** você acertou meu gosto. **to** ~ **the nail on the head** dar na trilha. **to** ~ **s. o. home** passar uma descompostura em alguém. **to** ~ **one in the teeth with** lançar alguma coisa à cara de. **to** ~ **off** acertar, representar bem. **I could never** ~ **it off with her** nunca me dei bem com ela.

hit-and-run adj. bata-e-corra (acidente de trânsito). ~ **driver** motorista que foge após o acidente.

hitch [hitʃ] s. 1. puxão, arranco m. 2. nó m. 3. empecilho, obstáculo m. 4. manqueira, coxeadura f. 5. ação de prender, segurar, amarrar. ‖ v. 1. mover ou puxar aos arrancões. 2. coxear, mancar, escorregar. 3. acoplar, engatar (**to** a). 4. embaraçar, emaranhar (**in** em). 5. amarrar, prender, segurar (**to** a). 6. ser preso, pego, 7. pegar. **somewhere** há um enguiço. **to** ~ **to** segurar, fixar. **to** ~ **in** engastar. **to** ~ **into** arrastar para dentro. **to** ~ **up** içar. **he** ~**ed his waggon to a star** ele valeu-se de influências superiores.

hitchhike [h'itʃhaik] v. (gíria, E. U. A.) viajar a pé e pedindo carona.

hitching [h'itʃiŋ] s. amarração f.

hither [h'iðə] adj. mais perto, junto, deste lado. ‖ adv. para cá.
~ **and thither** para cá e para lá.

hithermost [~moust] adj. sup. de **hither** o mais perto.

hitherto [hiðət'u:] adv. até aqui, até agora.

hitherward [h'iðəwə:d], **hitherwards** [~z] adv. para cá, para aqui.

hit-song s. canção muito em voga f.

hitter [h'itə] s. 1. batedor, o que acerta m. 2. acerto m., sorte (de loteria) f.

Hittite [h'itait] s. (Hist.) hitita m. + f. ‖ adj. hitita.

hive [haiv] s. 1. colmeia f., enxame m. de abelhas. 2. multidão f. de gente. 3. grande quantidade f. de animais. ‖ v. 1. colocar abelhas dentro da colmeia. 2. morar com outros em lugar apertado. 3. ajuntar-se ou abrigar-se como abelhas.

hiver [h'aivə] s. colmeeiro m.

hives [haivz] s. (Med.) urticária f.

H. M. S. abr. de **Her Majesty's Ship** Navio de Sua Majestade.

ho, hoa [hou] interj. alô.
ho! ho! ah, ah! (representativa de gargalhada). **westward** ~! (Náut.) rumo oeste!

hoar [hɔ:] s. 1. brancura f. 2. velhice, antiguidade f. 3. geada f. ‖ adj. 1. branco (cabelo), brancacento. 2. coberto de geada. 3. antigo. 4. (fig.) respeitável, venerável.

hoard [hɔ:d] s. 1. mealheiro m., reserva (escondida) f. 2. tesouro m. ‖ v. acumular, ajuntar, amontoar.

hoarder [h'ɔ:də] s. 1. açambarcador m. 2. quem ajunta ou armazena alguma coisa escondidamente.

hoarding (I) [h'ɔ:diŋ] s. 1. armazenagem f. escondida de alguma coisa. 2. ~**s** pl. economias f. pl.

hoarding (II) [h'ɔ:diŋ] s. tapume, tabique m.

hoar-frost s. geada f.

hoarhound [h'ɔ:haund] s. (Bot.) marroio m.

hoariness [h'ɔ:rinis] s. 1. brancura (dos cabelos) f. 2. velhice f.

hoarse [hɔ:rs] adj. 1. rouco. 2. áspero. ‖ ~**ly** adv. roucamente.

hoarseness [h'ɔ:rsnis] s. rouquidão f.

hoary [h'ɔ:ri] adj. 1. branco, grisalho. 2. velho 3. respeitável.

hoax [houks] s. 1. peça, brincadeira f. 2. embuste, engano, logro m. ‖ v. 1. pregar uma peça. 2. enganar, embustear.

hoaxer [h'ouksə] s. 1. o que prega uma peça m. 2. embusteiro m.

hob (I) [hɔb] s. 1. parte lateral ou posterior f. do fogão usada para manter alguma coisa quente. 2. pino ou marco m. usado no jogo de malha. 3. labrego m.

hob (II) [hɔb] s. espírito, trasgo, silfo m.

hobble [hɔbl] s. 1. manqueira, coxeadura f. 2. (fig.) embaraço m., dificuldade f. ‖ v. 1. mancar, coxear, manquejar. 2. pear. 3. impedir, estorvar. 4. claudicar.

hobbledehoy [hɔbldih'ɔi] s. rapaz desajeitado m.

hobbler [h'ɔblə] s. manco, coxo m.

hobble skirt s. saia comprida f. (bem justa na barra (moda de 1910).

hobblingly [h'ɔbliŋli] adv. manquejando.

hobby [h'ɔbi] s. 1. passatempo predileto m., paixão f. 2. cavalinho de pau m. 3. (fig.) cavalo de batalha m.

hobby-horse s. cavalinho de pau m.: brinquedo de criança.

hobbyist [h'ɔbiist] s. pessoa f. dedicada a **hobby**.

hobgoblin [h'ɔbgɔblin] s. trasgo, silfo, duende m.

hobnail [h'ɔbneil] s. 1. tachão m.: prego de cabeça grande. 2. (fig.) palhaço m. ‖ v. 1. pregar com tachões. 2. (fig.) pisar.

hobnailed [~d] adj. pregado com tachas grandes (sapato).

hobnob [h'ɔbnɔb] v. 1. beber em companhia. 2. tocar os copos. 3. ter relações amigáveis (**with** com). ‖ adv. a esmo.

hobo [h'oubou] s. (gíria, E. U. A.) vagabundo m.

Hobson's choice s. 1. escolha f. entre o objeto oferecido ou nada. 2. falta de alternativa f. (segundo Thomas Hobson, cavalariço inglês).

hock (I) [hɔk] s. jarrete, curvejão m. (quadro C 7). ‖ v. jarretar: cortar os jarretes.

hock (II) [hɔk] (de Hochheimer) s. 1. vinho branco m. do Reno. 2. copo m. de vinho (quadro G 2).

hock (III) [hɔk] v. gíria, E. U. A.) empenhar, pôr no prego.

hockey [h'ɔki] s. hóquei m. (quadro B 1).

hockle [hɔkl] v. jarretar.

hocus [h'oukəs] s. 1. impostor m. 2. bebida falsificada f. ‖ v. 1. embustear. 2. embriagar. 3. misturar ou falsificar bebidas.

hocus-pocus s. 1. truque m., ligeireza manual, mistificação f. 2. artifício, engano m., fraude f. 3. expressão f. usada por pelotiqueiros. 4. pelotiqueiro m. ‖ v. enganar, iludir, fazer passes de mágica.

hod [hɔd] s. 1. cocho m. de pedreiro (quadro B 22). 2. recipiente m. para carvão.

hodge [hɔdʒ] s. labrego, rústico, camponês m.

hodge-podge s. o mesmo que **hotch-potch**, mistura, mixórdia, confusão f.

hodiernal [houdi'ə:nəl] adj. hodierno, relativo ao dia de hoje, atual.

hodman [h'ɔdmən] s. servente m. de pedreiro (quadro B 22).

hodometer [hɔd'ɔmitə] s. hodômetro m.: medidor de distâncias percorridas.

hoe [hou] s. enxada f. (quadro H 7). ‖ v. cavar com enxada, sachar.

he ~s his row ele desincumbe-se de sua tarefa.

hoecake [h'oukeik] s. pão de milho m.

hoer [h'ouə] s. sachador m.

hog [hɔg] s. 1. porco, capado m. 2. (fig.) homem porco, porcalhão m. 3. (Náut.) escovão m. ‖ v. 1. cortar o pêlo ou a crina, cortar rente. 2. limpar o casco do navio. 3. curvar as costas. 4. guiar com imprudência (auto, etc.). 5. receber mais do que é devido. 6. comer e beber em demasia.

he went the whole ~ (gíria) ele resolveu o assunto, ele arrumou o negócio. he drives his ~s to market ele ronca no sono. ‖ to ~ it dormir profundamente. to ~-tie manietar.

hog-age s. (E. U. A.) período m. da adolescência.

hogback [h'ɔgbæk] s. (Geol.) encosta, vertente f.

hogfish [h'ɔgfiʃ] s. (Ict.) peixe-porco m.

hogged [hɔgd] adj. curvado.

hoggish [h'ɔgiʃ] adj. 1. sujo, porco, imundo. 2. muito egoístico, voraz, insaciável. ‖ ~ly adv. 1. de modo sujo. 2. vorazmente.

hoggishness [~nis] s. 1. imundície, porcaria f. 2. (fig.) egoísmo m., baixeza f.

hog-grubber s. 1. glutão, comilão m. 2. (gíria bras.) pão-duro m. (= avarento).

Hogmanay [hɔgmən'ei] s. (esc.) último dia do ano m., quando os jovens cantam e buscam presentes.

hognose snake s. (Zool.) cobra f. inofensiva dos E. U. A.

hogshead [h'ɔgzhed] s. quartola f.: barrica com capacidade de 63 a 140 galões.

hogskin [h'ɔgskin] s. couro curtido m. de porco.

hog-wash s. 1. lavagem f.: restos de comida que se dão aos porcos. 2. cachaça ordinária f. 3. coisa f. sem valor.

hogwild [h'ɔgwaild] adj. (coloq.) superexcitado, entusiasmado.

hoick, hoik [hɔik] v. 1. puxar para cima. 2. (Av.) puxar, fazer subir o avião.

hoi polloi [h'ɔip'ɔlɔi] s. populaça f.

hoist [hɔist] s. 1. ação de levantar ou içar. 2. elevador m. 3. macaco, moitão, guindaste, guincho m., grua f. ‖ v. içar, levantar, elevar, guindar.

to ~ the flag içar a bandeira. ~ with his own petard preso em sua própria armadilha.

hoity-toity [h'ɔiti-t'ɔiti] s. 1. balbúrdia, (gíria bras.) bagunça f. 2. arrogância, petulância f. ‖ adj. 1. travesso, irrequieto, desatento, superficial. 2. altaneiro. ‖ interj. (de admiração) oh, diabo!

hokey-pokey [h'ouki-p'ouki] s. 1. truque m., pelótica f. 2. doce, confeito barato, sorvete m.

hold (I) [hould] s. 1. ação de segurar, pegar ou agarrar. 2. alça f., cabo m. 3. apoio m. 4. influência f. 5. impressão f. 6. posse f. 7. prisão, cadeia f. 8. fortificação, fortaleza f. 9. (Mús.) símbolo m. de pausa. ‖ v. (imp. e p. p. **held**) 1. pegar, agarrar, segurar. 2. reter. 3. manter. 4. defender. 7. ocupar (cargo). 6. prosseguir. 7. aderir. 8. confinar. 9. empregar. 10. suportar, apoiar. 11. durar, ficar. 12. deter, refrear, parar, embargar. 13. conter, caber, encerrar. 14. possuir, ocupar. 15. julgar, ter por, considerar, crer, afirmar. 16. presidir. 17. reunir. 18. festejar. 19. continuar, permanecer, manter-se firme. 20. ser válido, vigorar. ‖ interj. pare! quieto! espere!

to take (lay, seize, catch) ~ of segurar, prender, pegar. to have a firm ~ of (on) dominar, segurar com mão forte. it took a ~ on me impressionou-me. ‖ ~ my pencil! segure meu lápis. ~ your horses! calma com isso! devagar! ~ on like grim death! agora agüentem firme! the bottle ~s one liter no frasco cabe um litro. he held the audience ele fascinou (dominou) os ouvintes. the meeting was held at a reunião realizou-se em. there is no ~ing him ele não se deixa segurar, dissuadir. to ~ one's own, to ~ one's ground manter-se, agüentar. to ~ one's tongue calar-se. to ~ shares possuir ações. he ~s the view ele defende a opinião. to ~ a wager sustentar uma aposta. to ~ water ser à prova d'água, ser impermeável. to ~ him to be my friend eu considero-o meu amigo. to ~ that (Jur.) julgar que. to ~ aloof ficar de lado. to ~ back reter(-se). deter(-se). to ~ cheap desprezar, menosprezar. to ~ counsel deliberar. to ~ dear gostar, prezar. to ~ down manter baixo, oprimir. to ~ down (a job) ficar com. to ~ forth exibir, entrar em detalhes. to ~ good aprovar, confirmar(-se). to ~ hard parar quieto, sustar. **to ~ in** refrear, conter-se, abster-se. **to ~ in check** manter em xeque. **to ~ off** evitar, distanciar, guardar-se. **to ~ on** l. firmar-se, agarrar-se. 2. perdurar, continuar. **to ~ one's peace** ficar quieto. **to ~ out** agüentar, resistir. **to ~ true** verificar, confirmar, ser verdadeiro. **to ~ up** l. levantar, mostrar. 2. sustentar. 3. favorecer. 4. assaltar, roubar. **this role ~s the stage** com este papel vive ou morre a peça. **she ~s the stage** ela assenhoreia-se do palco, arrebata a audiência.

hold (II) [hould] s. porão m., capacidade f. de carga do navio.

hold-all s. pequena mala f. de viagem.

hold-back s. obstáculo, impedimento m.

holder [h'ouldə] s. l. proprietário, dono, arrendatário m. 2. vasilhame, recipiente m. 3. cabo m., alça f. 4. portador m. (de títulos, etc.)

holdfast [h'ouldfa:st] s. l. gancho, grampo m. 2. barrilete m.

holding [h'ouldiŋ] s. l. ação de segurar. 2. realização (de assembléia, etc.) f. 3. propriedade rural, fazenda f. 4. terra arrendada f. 5. cabo m.

~ company (Com.) sociedade teto, com maioria acionária. **small ~** pequena propriedade.

holdout [h'ouldaut] s. l. ato m. de reter. 2. retenção f. 3. algo retido m. 4. pessoa f. que demora em assinar um contrato na esperança de obter condições mais favoráveis. 4. pessoa f. que se esquiva de atividade grupal.

hold-over s. (E. U. A.) resto m., sobra f.

hold-up s. (E. U. A.) l. assalto m. a mão armada. 2. obstáculo, impedimento (db trânsito) m.

hole [houl] s. l. buraco, orifício, furo, rasgo m. 2. cova, tcca f., covil m. 3. embaraço m., dificuldade f. 4. habitação pequena e escura f., antro m. 5. calabouço m. || v. l. furar, cavar, escavar. 2. embocar (golfe).

I am in a ~ estou em aperto. **to pick ~s** achar defeito. || **to ~ up** hibernar.

holiday [h'olidi] s. l. dia santo, feriado, dia m. de festa. 2. férias f. pl. || adj. l. de ou relativo a feriado. 2. alegre.

he is on a ~ ele está de férias. **I made a ~ of it** tomei um dia de folga.

holiday-maker s. excursionista, turista m. + f.

holier-than-thou adj. cheio de si, farisaico.

holiness [h'oulinis] s. santidade f.

His Holiness Sua Santidade: o Papa.

holla [h'olə, interj. hol'a:] s. grito, brado m. || v. gritar, chamar, bradar. || interj. olá, alô!

holland [h'olənd] s. l. linho cru m. 2. ~s pl. gim m. feito na Holanda.

holler [h'olə] s. l. grito, chamado m. 2. (E. U. A.) canção f. de trabalhador negro. || v. chamar, gritar.

hollow [h'olou] s. l. concavidade, cova f., buraco m. 2. desfiladeiro m., ravina f. 3. corte (de estrada) m. 4. vale m. 5. canal, leito m. || v. tornar oco ou côncavo, escavar, esburacar. || adj. l. oco, vazio. 2. côncavo. 3. profundo. 4. irreal, insincero. 5. sem valor. 6. faminto. 7. pouco sonoro, surdo. || ~ly adv. l. de modo côncavo. 2. insinceramente.

the ~ of the knee jarrete. **the ~ of the hand** a concha da mão. **~ joys** prazeres fúteis. **~ race** corrida de treino. **~ pretence** aparência ilusória.

hollow-eyed adj. com os olhos profundos, encovados.

hollow-ground adj. com lâmina côncava.

hollow-hearted [h'olouha:tid] adj. falso, fingido.

hollowness [h'olounis] s. l. concavidade f., qualidade do que é ôco. 2. (fig.) falsidade f.

hollowpunch [h'oloupʌntʃ] s. vazador m.

hollowware [h'olouwɛə] s. baixelas (de prata) fundas f. pl.

holly [h'oli] s. (Bot.) azevim m.

hollyhock [h'olihok] s. (Bot.) malva-rosa f.

holm [houm] s. l. várzea, baixada f., outeiro m. 2. ilha fluvial f. ou situada num esteiro.

holm oak s. (Bot.) azinheira f.: espécie de carvalho (Quercus ilex).

holocaust [h'olako:st] s. l. holocausto m. 2. destruição, devastação f.

Holocene [h'olasi:n] s. (Geol.) holoceno m. || adj. holoceno.

holograph [h'ologra:f] s. documento m. escrito a mão.

holographic [holɔgr'æfik] adj. de próprio punho.

holohedral [h'olahi:drəl] adj. holoedro (cristal).

holometer [holom'i:tə] s. holômetro m.: instrumento para medir ângulos.

holophote [h'olafout] s. holofote m.: globo ou refletor para dispersar ou refletir a luz.

holster [h'olstə] s. coldre m.

holt [hoult] s. (poét.) arvoredo, bosque m.

holus-bolus [h'ouləsb'oulas] adv. tudo de uma vez, de um só gole.

holy [h'ouli] s. santuário, lugar sagrado m. || adj. santo, sagrado, consagrado, divino. || **–ily** adv. santamente, piamente.

Holy City Cidade Santa: Jerusalém. **Holy Communion** Eucaristia. **Holy Family** Sagrada Família. **Holy Ghost, Holy Spirit** Espírito Santo. **Holy Land** Terra Santa: Palestina. **Holy of Holies** Santíssimo, Santuário, Sanctum Sanctorum. **Holy Office** Santo Ofício. **~ orders** clero. **he took ~ orders** ele tornou-se padre. **Holy See ~** Santa Sé (Vaticano). **~ terror** (fig.) peste. **Holy Thursday** Quinta-Feira Santa. **~ water** água-benta. **Holy Week** Semana Santa. **Holy Writ** Sagrada Escritura, Bíblia. **Holy Year** ano santo (jubileu).

Holy Cross Day [h'oulikrɔsdei] s. Dia da Exaltação da Cruz m.

holystone [h'oulistoun] s. (Náut.) pedra mole f. usada para limpeza do navio. || v. raspar com pedra.

homage [h'omidʒ] s. homenagem, deferência f., respeito m., reverência f. || v. prestar homenagem.

to pay ~ homenagear.

homburg [h'ombə:g] s. chapéu de feltro m. para cavalheiros.

home [houm] s. l. lar m., residência, casa, moradia f. 2. família f. 3. pátria, origem, cidade ou terra natal f. 4. asilo, abrigo m., instituição de caridade f. 5. vida futura f., céu m. 6. (Esp.) objetivo m., chegada f. || v. l. ir para casa. 2. retornar. 3. ter lar, residência, morar. 4. prover com lar ou residência. || adj. l. caseiro, doméstico, familiar, nativo, nacional. 2. expressivo, justo, forte, que atinge ou alcança seu objetivo, certeiro. || adv. l. para casa, rumo à pátria, de retorno. 2. em casa. 3. exatamente, a propósito. 4. profundamente.

at ~ em casa, na pátria, à vontade. **I am at ~ in this subject** sou versado neste assunto. **make yourself at ~** esteja à vontade. **not at ~, away from ~** ausente, fora de casa. **the return ~** a volta para casa. **he went ~** (fig) ele morreu. **he is expected ~** ele está sendo esperado em casa. **I'll see you ~** l. levarei você para casa. 2. darlhe-ei uma ensaboadela. **nothing to write ~ about** nada de importante. **that comes ~ to you!** isto atinge você. **he brought the crime ~ to him** apresentou-lhe as provas do seu crime. **to strike ~** acertar o golpe. **to pay ~** pagar na mesma moeda. || **~ affairs** negócios internos, política interna. **~ consumption** consumo interno. **Home Department, Home Office** Ministério do Interior. **~ economy** economia nacional. **~ proofs** provas evidentes. **~ freight** carga de retorno.

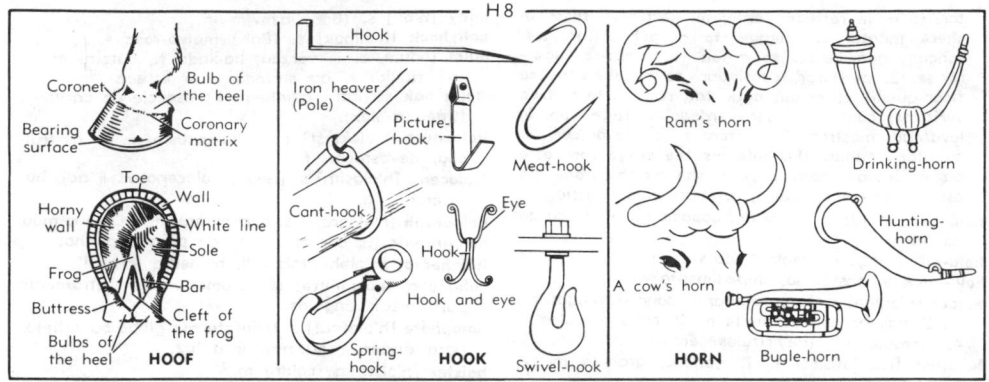

H 8

HOOF

HOOK

HORN

Coronet · Bulb of the heel · Bearing surface · Coronary matrix · Toe · Horny wall · Wall · White line · Sole · Frog · Bar · Buttress · Cleft of the frog · Bulbs of the heel

Hook · Iron heaver (Pole) · Picture-hook · Meat-hook · Cant-hook · Eye · Hook · Hook and eye · Spring-hook · Swivel-hook

Ram's horn · Drinking-horn · Hunting-horn · A cow's horn · Bugle-horn

home-baked adj. caseiro (pão, bolo).
home-bird s. maricas m.
home-born, home-bred s. nativo m. ‖ adj. nativo, doméstico.
home-bound adj. no caminho de volta.
home-brewed adj. feito em casa (cerveja).
home-circle s. círculo familiar, seio da família m.
homecomer [h'oumkʌmə] s. quem volta para casa, para a pátria.
home-coming s. volta f. ao lar.
home economics s. economia doméstica f.
home-felt adj. sentido profundamente.
home front s. setor civil m., em época de guerra.
home-journey s. viagem f. de volta.
home-land s. pátria f.
homeless [h'oumlis] adj. sem lar.
homelike [h'oumlaik] adj. familiar, costumeiro.
homeliness [h'oumlinis] s. modo caseiro m.
homely [h'oumli] adj. 1. simples, sem ornatos. 2. rústico, inculto. 3. simpático.
homemade [h'oummeid] adj. feito em casa.
homeopathy [houmi'opəθi] = **homoeopathy.**
home-owner s. proprietário m. da casa em que mora.
homer (I) [h'oumə] s. pombo-correio m.
homer (II) [h'oumə] s. medida hebraica f. para líquidos.
home range s. (Ecol.) área f. própria de fauna e flora.
Homeric [houm'erik], **Homerical** [~əl] adj. homérico.
home rule s. (Pol.) autonomia f. de governo local.
home run [h'oumrʌn] s. (Beisebol) corrida f. por todo o circuito, sem parada.
homesick [h'oumsik] adj. saudoso da pátria.
to be ~ sofrer nostalgia.
homesickness [h'oumsiknis] s. saudade f. da pátria, nostalgia f.
home-spun s. fazenda f. ou pano m. feito em casa. ‖ adj. 1. tecido em casa, caseiro. 2. áspero.
homestal [h'oumstɔ:l], **homestead** [h'oumsted] s. 1. domicílio m., propriedade rural, fazenda f. 2. (E. U. A.) lote m. de terra cedido pelo Governo para a residência e manutenção de uma família.
homestretch [h'oumstretʃ] s. 1. trecho m. de chegada numa pista. 2. parte final f.
hometown [houmt'aun] s. cidade natal f.
hometrade [h'oumtreid] s. comércio interno m.
home-truth s. verdade nua ou evidente f.
homeward [h'oumwed] adj. em direção a casa ou à pátria. ‖ adv. para casa, para a pátria.
~ bound (Náut.) rumo à pátria.
homework [h'oumwɜːk] s. 1. trabalho doméstico m. 2. lições f. pl. para a escola, feitas em casa.

homicidal [hɔmis'aidl] adj. homicida.
homicide [h'ɔmisaid] s. 1. homicida m. + f., assassino(a) m. e f. 2. homicídio, assassínio m.
homiletic [hɔmil'etik], **homiletical** [~əl] adj. relativo à homilética.
homiletics [hɔmil'etiks] s. eloqüência sacra, arte de pregar.
homilist [h'ɔmilist] s. homilista m. + f., pregador m
homily [h'ɔmili] s. homilia f., sermão m.
homing [h'oumiŋ] adj. 1. relativo ao instinto de retorno à pousada. 2. autodirecional (bomba voadora).
~ pigeon pombo-correio.
hominid [h'ɔmənid] s. (Antrop.) hominídeo m.
hominoid [h'ɔmənɔid] adj. (Antrop.) humanóide.
hominy [h'ɔmini] s. (E. U. A.) angu m. de milho.
homocentric [hɔmos'entrik] adj. homocêntrico, concêntrico.
homocercal [hɔmos'ɜːkəl] adj. (Ict.) homocerca.
homoeopath [h'oumiopæθ], **homoeopathist** [houmi'opəθist] s. homeopata m. + f.
homoeopathic [houmiop'æθik] adj. homeopático.
homoeopathy [houmi'opəθi] s. homeopatia f.
homogeneal [hɔmodʒ'i:niəl], **homogeneous** [hɔmodʒ'i:niəs] adj. homogêneo.
homogeneousness [hɔmodʒ'i:niəsnis], **homogeneity** [hɔmodʒen'i:iti] s. homogeneidade f.
homograft [h'ɔmogræft] s. homoplastia f.
homologate [hɔm'ɔləgeit] v. homologar, confirmar.
homologation [hɔmɔləg'eiʃən] s. homologação, confirmação f.
homologous [hɔm'ɔləgəs] adj. homólogo.
homology [hɔm'ɔlədʒi] s. homologia f.
homonym [h'ɔmənim] s. homônimo m.
homonymous [hɔm'ɔniməs] adj. homônimo.
homonymy [hɔm'ɔnimi] s. homonímia f.
homophony [hɔm'ɔfəni] s. homofonia f.
homoptera [hɔm'ɔptirə] s. pl. (Zool.) homopteros m. pl.: ordem de insetos.
homosexual [houməs'ekʃuəl] s. homossexual m. ‖ adj. homossexual.
homotonous [hɔm'ɔtənəs] adj. homótono, monótono.
homunculus [houm'ʌnkjələs] s. homúnculo m.
homy [h'oumi] adj. 1. (gíria) como em casa. 2. agradável.
hone [houn] s. pedra f. de afiar, amolar. ‖ v. afiar.
honest [ɔ'nist] adj. 1. honesto, decente, honrado. 2. justo. 3. franco, sincero. 4. genuíno, real. 5. virtuoso, casto. ‖ **~ly** adv. 1. honestamente, sinceramente. 2. realmente.
he earns an ~ penny by ele ganha honestamente seu pão com.
honesty [ɔ'nisti] s. 1. honestidade, integridade f. 2.

veracidade, retidão, franqueza f.

~ **is the best policy** a honestidade é a melhor política.

honey [h'ʌni] s. 1. mel m. 2. doçura f. 3. amor, namorado m. ‖ v. 1. adoçar, adocicar, melar. 2. falar docemente. ‖ adj. 1. de ou semelhante a mel, doce. 2. caro, estimado.

my ~ meu coração, meu bem. ~ **is sweet, but the bee stings** não há mel sem fel.

honey-bag s. receptáculo m. onde as abelhas levam o mel.

honey-bee s. abelha f. de mel.

honeycomb [h'ʌnɪkoum] s. 1. favo m. de mel (quadro B 8). 2. qualquer estrutura similar (rádio, Eng.) f. ‖ v. 1. perfurar ou dividir em forma de favo. 2. (fig.) minar, estragar.

honeydew [h'ʌnidju:] s. 1. substancia doce f. segregada por plantas ou por afídios. 2. espécie de melão.

honeyed [h'ʌnid] adj. 1. melífico, melífero. 2. doce como mel. 3. adocicado com mel.

honey-moon s. lua de mel f. ‖ v. estar em lua-de-mel.

honeystar [h'ʌnista:] s. namorada f.

honeysuckle [h'ʌnisʌkḷ] s. (Bot.) madressilva f.

honeytongued [h'ʌnitʌnd] adj. lisonjeiro.

honk [hɔŋk] s. grito de ganso selvagem m. ‖ v. 1. grasnar. 2. buzinar.

honky-tonk s. 1. espelunca f. 2. cabaré m., gafieira f. (gíria bras.)

honorarium [ɔnər'ɛəriəm] s. honorário, salário m.

honorary ['ɔnərəri] adj. honorário, honorífico.

~ **degree** grau honorífico. ~ **office** cargo honorífico.

honorific [ɔnər'ifik] adj. honorífico.

honour, honor ['ɔnə] s. 1. honra, honradez, dignidade f., brio m. 2. reputação, fama, glória f. 3. lealdade f., nobreza f. 4, estimação f., respeito m. 5. título ou cargo honorífico m., distinção f. 6. figura f. (no jogo de cartas). 7. decoro, pudor m., castidade, virtude f. 8. ~s s. pl. reverência, continência f. ‖ v. 1. honrar, respeitar, reverenciar, glorificar. 2. elevar (no cargo), exaltar. 3. aceitar, pagar. 4. favorecer.

a man of ~ um homem de honra, homem de bem. **His Honour** Sua Reverência. **Your Honour** Vossa Senhoria. **he is bound in** ~ ele é obrigado pela honra. **to gain** ~ **by** ganhar fama com. **to put s. o. by one's** ~ lembrar alguém de suas obrigações morais. **to do s. o. the** ~ honrar alguém. **to do the** ~s fazer as honras da casa. **he is reading for his** ~ ele está se preparando para a colação de grau. **in his** ~ em honra dele. **on my** ~, **upon my** ~, ~ **bright** pela minha honra. ~ **to whom** ~ **is due** honra ao mérito. **affair of** ~ questão de honra. **code of** ~ código de honra. ~**-loving** honrado. **maid of** ~ dama de honra (dama de honor). **point of** ~ questão de honra. **sense of** ~ sentimento de honra.

onourable ['ɔnərəbl] adj. 1. ilustre, nobre. 2. honroso, honesto, decente. ‖ **-bly** adv. 1. honrosamente, honradamente, honestamente. 2. com nobreza, generosamente.

Most Honourable título de marquês. **Right Honourable** título de visconde, conde e barão. **the** ~ **gentleman** o nobre colega.

honourableness [~nis] s. honradez, nobreza, dignidade f.

hood [hud] s. 1. capuz m. 2. capelo m., borla f. 3. tampa sobre o motor de automóvel (quadro M 5), capota f. 4. capela (de laboratório) f. 5. toldo m., coberta f. (quadro F 2). ‖ v. cobrir, vendar, encobrir, colocar capuz.

hooded [h'udid] adj. coberto, vedado.

hoodlum [h'udləm] s. (gíria, E. U. A.) moço vadio, vagabundo, valentão m.

hoodoo [h'u:du:] s. 1. azar m., má sorte f. 2. causa do azar f., caipora f. ‖ v. dar azar, azarar.

hoodwink [h'udwiŋk] v. 1. vendar os olhos. 2. (fig.) enganar, lograr.

hooey [h'u:i] s. (gíria, E. U. A.) bobagem, besteira f. ‖ interj. exclamação de desgosto.

hoof [hu:f] s. 1. casco m., unha f. de animais. (quadro H 8). 2. pata f. 3. animal de casco. ‖ v. 1. coicear. 2. andar a pé. 3. (fig.) dar pontapé. 4. dançar.

on the ~ vivo, em pé (gado). **to get the** ~ ser despedido. ‖ **to** ~ **out** despedir, mandar embora.

hoof-and-mouth disease s. febre aftosa (gado) f.

hoofbeat [h'u:fbi:t] s. tropel m. (cavalo).

hoof-bound adj. (Veter.) encastelado, que tem o casco contraído.

hoofed [hu:ft] adj. que tem casco, que tem unha.

hook [huk] s. 1. gancho m. 2. anzol m. (quadro H 8). 3. farpa f. 4. armadilha f., laço m. 5. curva fechada f. 6. (Geog.) cabo, promontório m. 7. (Esporte) golpe m. no jogo de boxe. 8. foice f. 9. (gíria) dedo, ladrão m. ‖ v. 1. enganchar, ferrar, prender. 2. dependurar. 3. pescar, fisgar. 4. curvar, estar curvado. 5. (coloq.) roubar, surrupiar.

on my own ~ por conta própria. **by** ~ **or by crook** assim ou assado, de qualquer maneira. **off the** ~s (fig.) louco, alterado. **crochet** ~ agulha de crochê. **reaping—**~ foice, alfanje. **she** ~**ed him** ela o pescou. **to** ~ **in** enganchar. **to** ~ **it** fugir.

hookah [h'ukə] s. narguilé m.: cachimbo usado pelos orientais.

hook and eye s. colchete m., colcheta f. (quadro H 8).

hooked [hukt] adj. 1. curvo. 2. que tem ganchos.

hookedness [h'uktnis] s. curvatura, curvidade f.

hooker [h'ukə] s. (Náut.) barco pequeno m. de dois metros, barco de pesca.

hook-nosed adj. de nariz aquilino.

hook-up s. 1. (E. U. A.) cadeia f. de estações de rádio. 2. relações, conexões f. pl.

hookworm s. 1. ancilóstomo m.: parasito intestinal. 2. ancilostomíase f.

hooky [h'uki] s. e v. (gíria, U. S. A.) usado na forma **to play** ~ gazetear, ausentar-se sem motivo.

hooligan [h'u:ligən] s. rufião, desordeiro m. ~s gentalha, ralé.

hoop (I) [hu:p] s. 1. arco m. de barril (quadro B 2). 2. aro m., argola f. 3. crinolina f. ‖ v. arquear, cerrar, encerrar, guarnecer de arcos.

hoop (II) [hu:p] = **whoop**.

hooped [hu:pt] adj. arquejado, apertado com arco ou aro.

hooper (I) [h'u:pə] s. tanoeiro m.

hooper (II) [h'u:pə] s. (Orn.) cisne m.

hoop-iron s. fita f. de aço ou de ferro.

hoopla [h'u:plə] s. (coloq.) 1. comoção, excitação f. 2. publicidade espalhafatosa f. 3. coisa f. mal contada.

hoopoe [h'u:pu:] s. (Orn.) poupa f.

hoop-skirt s. saia-balão, crinolina f.

hooray [hu:r'ei] interj. hurra! viva!

hoosegow [h'u:sgau] s. (gíria, E. U. A.) cadeia, prisão f., xadrez m.

hoot [hu:t] s. 1. piar do mocho m. 2. qualquer som semelhante m. 3. barulho m. de buzina. 4. vaia f. 5. objeto m. sem valor. ‖ v. 1. piar (mocho). 2. vaiar, gritar. 3. apupar.

H9

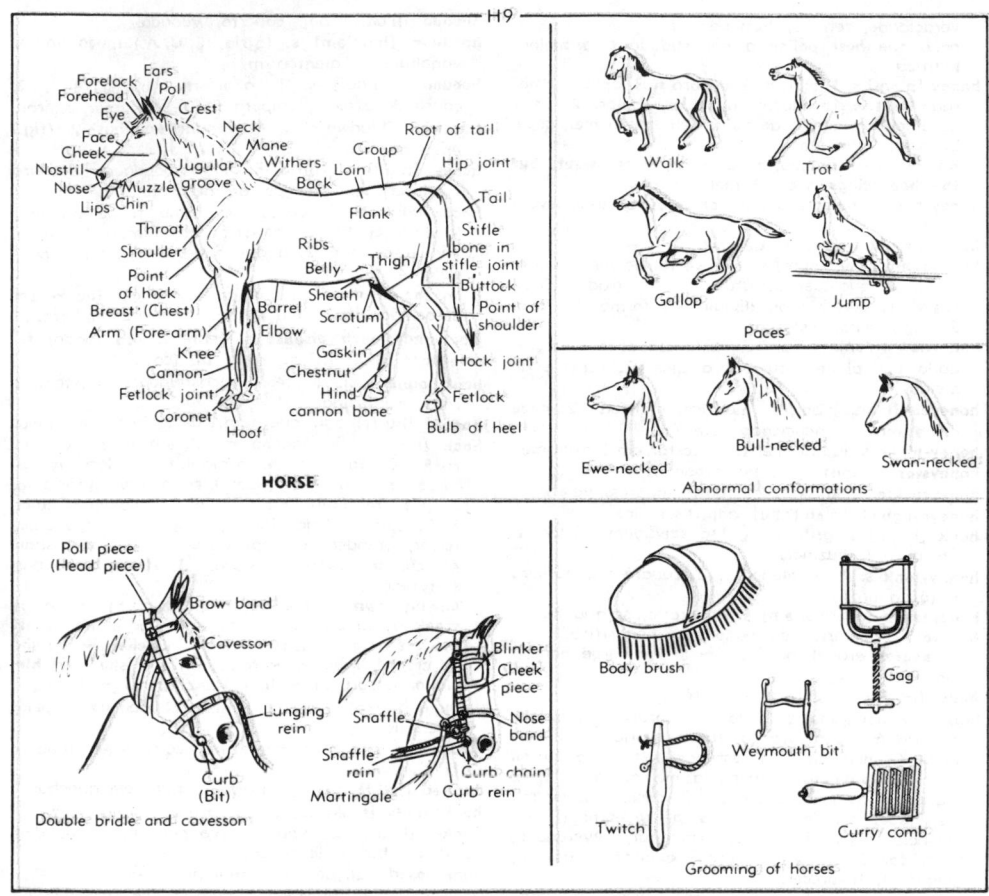

HORSE

Walk   Trot   Gallop   Jump

Paces

Ewe-necked   Bull-necked   Swan-necked

Abnormal conformations

Double bridle and cavesson

Grooming of horses

Body brush   Gag   Weymouth bit   Twitch   Curry comb

---

nobody cares (gives) a ~ **about it** ninguém faz caso disso.

hooter [h'u:tə] s. sereia, sirena, buzina f.

hop (I) [hɔp] s. lúpulo m. ‖ v. 1. juntar lúpulo à cerveja. 2. colher lúpulo.

hop (II) [hɔp] s. 1. pulo, salto m. 2. viagem curta f. (de avião). 3. (coloq.) baile m. 4. (coloq.) dança f. ‖ v. 1. pular, saltar. 2. (coloq.) viajar de avião (a curta distância, dar um pulo). 3. dançar. **~, step and jump** (Esporte) salto triplo. **~-o'my thumb** [h'ɔpəmiθʌm] pequeno polegar, tampinha. **to ~ off** 1. pular sobre. 2. partir (avião). **to ~ the freight** (gíria, E. U. A.) viajar clandestinamente em trem de carga. **to ~ it** sumir-se, dar o fora. **to ~ the twig** (gíria) morrer.

hop-bind, hop-bine s. haste f. de lúpulo.

hope [houp] s. esperança, confiança, expectativa f. ‖ v. esperar **(for** por), ter esperança **(in** em). **in the ~ of** na esperança de. **to be out of ~** não ter mais esperança. **it is past ~** não há mais esperança. **I ~ for the best** espero o melhor. **I ~ so** assim espero. **~d for** esperado. **to ~ against ~** esperar por uma coisa quase irrealizável.

hope chest s. cofre m. em que as moças guardam o seu enxoval.

hopeful [h'oupful] s. rapaz m. ou moça que promete. ‖ adj. 1. esperançoso, esperançado. 2. auspicioso, ‖ **~ly** adv. confiantemente, esperançosamente.

young ~ jovem com boas perspectivas futuras.

hopefulness [h'oupfulnis] s. confiança, esperança f.

hopeless [h'ouplis] adj. 1. desesperado, desanimado. 2. incorrigível. ‖ **~ly** adv. desesperadamente.

hopelessness [h'ouplisnis] s. desesperança f., desespero m.

hop-garden, hop-yard s. campo m. plantado de lúpulo m.

hophead [h'ɔphed] s. (E. U. A., gíria) viciado m. em drogas.

hopingly [h'oupiŋli] adv. com esperança.

hoplite [h'ɔplait] s. hoplita m.

hopped-up adj. 1. excitado (uso de drogas). 2. (Autom.) envenenado (motor).

hopper (I) [h'ɔpə] s. 1. saltador m. 2. inseto m. que pula, como pulga ou gafanhoto. 3. funil m. de enchimento, tremonha f.

hopper (II) [h'ɔpə] s. colhedor m. de lúpulo.

hop-picker s. colhedor m. de lúpulo.

hopple [hɔpl] s. peia, trava f. para animais. ‖ v travar com peia.

hop-pole s. 1. vara f. para amarrar lúpulo. 2. pessoa f. muito esguia.

hop-scotch s. amarelinha f.: brincadeira de crianças.

horal [h'ɔrəl], **horary** [h'ɔːrəri] adj. de hora, horário, relativo a hora.

horde [h'ɔːd] s. 1. horda, multidão f. 2. bando m.

3. tribo errante f. ‖ v. viver em hordas, bandos.
hordein [h'ɔ:diin] s. (Quím.) hordeína f.: proteína da cevada.
horehound [h'ɔ:haund] s. (Bot.) marroio-branco m.
horizon [hor'aizn] s. horizonte m. (quadro B 4).
horizontal [hɔriz'ɔntl] s. linha f. horizontal, plano m. horizontal, posição f. horizontal (quadro Q) ‖ adj. horizontal. ‖ ~ly adv. horizontalmente.
horizontality [hɔrizont'æliti], **horizontalness** [hɔriz'ɔntlnis] s. horizontalidade f.
horizontal mobility s. (Soc.) movimento m. entre grupos sociais de nível igual.
hormone [h'ɔ:moun] s. (Quím. e Med.) hormônio m.
horn [hɔ:n] s. 1. chifre, corno m. (quadro H 8). 2. cornucópia f. 3. qualquer coisa em forma de chifre (quadro A 5). 4. tentáculo m. 5. (Mús.) trompa, corneta f. (quadro H 8). 6. buzina f. 7. megafone, porta-voz m. 8. ala (de um exército) f. 9. braço m. de lago, mar ou rio. 10. ~s s. pl. armação f., pontas f. pl. de veado. ‖ v. 1. cornear, colocar cornos. 2. ferir com os cornos, chifrar. ‖ adj. feito de chifre.
handle of ~ cabo de chifre. ~ **of plenty** cornucópia. **shoe** ~ calçadeira. **to blow one's own** ~ fazer autopromoção. **to take the bull by the** ~**s** enfrentar a situação. **to** ~ **in** (gíria, E. U. A.) intrometer-se. **let's take a** ~ (E. U. A., coloq.) vamos tomar uma pinga. ~**s of a dilemma** duas coisas igualmente desagradáveis entre as quais é preciso optar.
hornbill [h'ɔ:nbil] s. (Orn.) búcero m.
hornblende [h'ɔ:nblend] s. (Min.) hornblenda f., anfibólio m.
hornblower [h'ɔ:nblouə] s. tocador de corneta, corneteiro m.
hornbook [h'ɔ:nbuk] s. 1. folha f. com alfabeto impresso, coberta com chifre transparente, usado antigamente para ensino de leitura. 2. cartilha f.
horned [h'ɔ:nid] adj. cornudo, curvado.
~ **snake** (Zool.) cobra cornuda do gênero Cerastes.
horner [h'ɔ:nə] s. 1. quem trabalha em chifre. 2. corneteiro m., tocador de trompa.
hornet [h'ɔ:nit] s. vespão m.
hornet's nest s. (fig.) vespeiro m.
horn-foot, horn-footed adj. com casco, com unhas, cornipede.
horning [h'ɔ:niŋ] s. lua crescente f.
hornish [h'ɔ:niʃ] adj. semelhante ao chifre, córneo.
hornless [h'ɔ:nlis] adj. sem chifre.
horn-mad adj. 1. bravo (animal de chifre). 2. furioso.
horn-owl, horned owl s. (Orn.) mocho orelhudo m.
hornpipe [h'ɔ:npaip] s. 1. antigo instrumento de sopro m. 2. dança rápida f. 3. música f. para essa dança.
hornpush [h'ɔ:npuʃ] s. (Autom.) botão m. de buzina.
hornrimmed [h'ɔ:nrimd] adj. de armação de chifre, tartaruga ou plástico (óculos).
horn-shaped adj. corniforme.
horn-slate s. (Min.) pedra silicosa f.
hornstone [h'ɔ:nstoun] s. (Min.) calcedônia f.
hornwork [h'ɔ:nwə:k] s. bastião m. de uma fortaleza.
horny [h'ɑ:ni] adj. 1. córneo. 2. que tem chifre. 3. caloso (quadro H 8).
horography [hɔr'ɔgrəfi] s. horografia f.
horologe [h'ɔrəlɔdʒ] s. relógio, cronômetro m.
horologer [hour'ɔlədʒə] s. relojoeiro m.
horological [hɔrəl'ɔdʒikəl] adj. horologial.
horology [hɔr'ɔlədʒi] s. 1. arte f. de medir o tempo. 2. arte f. da fabricação de relógios e instrumentos para medição do tempo.
horoscope [h'ɔrəskoup] s. horóscopo m.

horoscopic [hɔrəsk'oupik], **horoscopical** [~əl] adj. relativo a horóscopo.
horoscopy [hɔr'ɔskəpi] s. 1. horoscopia, astrologia f. 2. horóscopo m.
horrendous [hɔr'endəs] adj. horrendo, aterrador.
horrent [h'ɔrənt] adj. eriçado, arrepiado.
horrible [h'ɔrəbl] adj. 1. horrível, horrendo, horroroso, medonho, terrível, espantoso. 2. deplorável. ‖ **-bly** adv. horrivelmente, horrendamente, terrivelmente.
horribleness [h'ɔrəblnis] s. horribilidade f.
horrid [h'ɔrid] adj. hórrido, horrendo, repugnante, terrível. ‖ ~**ly** adv. terrivelmente.
horridness [h'ɔridnis] s. horribilidade, repugnância f.
horrific [hɔr'ifik] adj. horrífico, horrendo, horroroso.
horrification [hɔrifik'eiʃən] s. horripilação f., arrepio m.
horrify [h'ɔrifai] v. 1. horrorizar, horripilar, amedrontar. 2. revoltar.
horripilate [hɔr'ipileit] v. horripilar.
horripilation [hɔripil'eiʃən] s. horripilação f.
horrisonant [hɔr'isonənt], **horrisonous** [hɔr'isonəs] adj. horríssono: que produz som aterrador.
horror [h'ɔrə] s. 1. horror, espanto, pavor m., repugnância, aversão, horripilação f., arrepio m. 2. a respectiva causa.
the ~**s** delírio, delirium tremens.
horror-stricken, horror-struck adj. aterrorizado, em pânico.
horse [hɔ:s] s. 1. cavalo, garanhão m. (quadros H 9, G 3). 2. cavalaria f. 3. cavalete m.: suporte de madeira, para exercícios e ginástica. ‖ v. 1. equipar com cavalo. 2. montar a cavalo. 3. levar ou ser levado à garupa. 4. (coloq.) arreliar, vexar. 5. (gíria) trabalhar duramente. ‖ adj. 1. relativo a cavalo, cavalar. 2. montado.
he works like a ~ ele é muito trabalhador. **to** ~**!** a cavalo! **that's a** ~ **of another color** isso é coisa bem diferente. **to put the cart before the** ~ colocar o carro diante dos bois. **to flog a willing** ~ arrombar portas abertas. **I'll win the** ~ **or lose the saddle** tudo ou nada. **a dark** ~ uma folha em branco. **light** ~ cavalaria ligeira. **wild** ~**s shall not drag it from me** por nada deste mundo eu revelaria isso. ‖ **to** ~ **it** trabalhar como um cavalo, duramente.
horse around, horse about v. (coloq.) fazer ou perder tempo com brincadeira estúpida.
horse-artillery s. artilharia montada f.
horseback [h'ɔ:sbæk] s. dorso do cavalo m. ‖ adv. a cavalo.
on ~ a cavalo. **to be on** ~, **to ride on** ~ estar a cavalo, montar a cavalo.
horse-bean s. (Bot.) fava-de-cavalo, fava-cavaleira f.: alimento de cavalos.
horse-block s. degrau m. ou escada f. que facilita montar a cavalo.
horse-boat s. 1. barca f. movida por cavalos. 2. barca f. para o transporte de cavalos.
horse-box s. vagão fechado m. para o transporte de cavalos.
horse-boy s. cavalariço m.
horse-breaker s. amansador, treinador m. de cavalos.
horse-car s. 1. bonde m. puxado por cavalos. 2. carro m. para transporte de cavalos.
horse-chestnut s. (Bot.) castanha-da-índia f.
horse-cloth s. manta f. de cavalo.
horse-collar s. coleira f. de cavalo.
horse-coper, horse-dealer s. negociante m. de cavalos.
horse-doctor s. veterinário m.
horse-drench s. 1. purgativo m. para cavalo. 2. aparelho m. para administrar o purgativo.

horse-faced adj. de feições grosseiras.

horse-flesh s. carne f. de cavalo.

horsefly [h'ɔ:sflai] s. (Zool.) mutuca f.: tabanídeo m., mosca f. que irrita cavalos, moscardo m.

horse-guards s. pl. 1. guarda real montada (inglesa) f. 2. edifício em Whitehall, Londres (quartel-general da referida unidade).

horse-hair s. crina f. de cavalo. ‖ adj. feito de crina.

horsehide [h'ɔ:shaid] s. 1. pele f. de cavalo. 2. couro m. de cavalo.

horse-hoe s. arado m. puxado por cavalos.

horse-jockey s. jóquei.

horse-latitudes s. pl. (Geog.) região f. de calmarias no Oceano Atlântico.

horse-laugh s. riso alto m., gargalhada, (joc.) rinchavelhada f.

horse-leech s. 1. sanguessuga f. 2. pessoa insaciável.

horseless [h'ɔ:slis] adj. 1. sem cavalo. 2. que não precisa de cavalo, de autopropulsão.

horse-load s. carga f. para um cavalo.

horseman [h'ɔ:smən] s. 1. cavaleiro m. 2. cavalariço m.

horsemanship [h'ɔ:smənʃip] s. equitação f

horse opera s. (E. U. A., Cin., Teat.) gênero faroeste m.

horse pistol [h'ɔ:spistəl] s. pistola grande f. usada pelos cavalarianos.

horse-play s. 1. grosseria f. 2. brincadeira rude f.

horse player s. apostador m. (hipódromo).

horse-pond s. tanque m. para lavar cavalos.

horse-power s. cavulo-vapor m. abr. HP ou H. P.

horse-race s. (Esporte) corrida f. de cavalos.

horse-radish s. (Bot.) rábano silvestre, picante ou rústico m. (Cochlearia armoracia).

horse-sense s. senso prático, senso comum m.

horseshoe [h'ɔ:sʃu:] s. ferradura f. ‖ v. colocar ferradura. ‖ adj. em forma de ferradura (quadro A 5).

horseshoeing [h'ɔ:sʃu:iŋ] s. ação f. de ferrar o cavalo.

horse-tail s. 1. rabo m. de cavalo. 2. (Bot.) cavalinha f., rabo-de-cavalo m.

horse trade s. 1. comércio m. de cavalos. 2. negócio astucioso m.

horse trader s. 1. negociante m. + f. de cavalos. 2. negociador astuto, esperto m.

horse-trading s. discussão f. sobre preços ou sobre quem deve fazer o que.

horse-whip s. chicote m. (quadro C 12). ‖ chicotear.

horsewoman [h'ɔ:swumən] s. cavaleira, amazona f.

horsiness [h'ɔ:sinis] s. 1. mania f. ou gosto m. pelos cavalos. 2. cheiro m. de estábulo.

horsy [h'ɔ:si] adj. 1. cavalar. 2. que gosta de cavalos e de corridas de cavalos. 3. que veste ou fala como pessoa que lida com cavalos. 4. (gíria) de aparência rústica, grosseira.

hortation [hɔ:t'eiʃən] s. exortação, admoestação f.

hortative [h'ɔ:tətiv], **hortatory** [h'ɔ:tətəri] adj. exortativo, exortatório, incitativo.

horticultural [hɔ:tik'ʌltʃərəl] adj. de horticultura.

horticulture [h'ɔ:tikʌltʃə] s. horticultura f.

horticulturist [hɔ:tik'ʌltʃərist] s. horticultor m.

hosanna [houz'ænə] s. hosana m.: 1 louvor, saudação, aclamação. 2. exclamação de louvor à Deus.

hose [houz] s. 1. calças estreitas f. pl. que vão da cintura as pontas dos pés. 2. meia f. 3. mangueira f., tubo m. de borracha. 4. (Téc.) luva f. de acoplamento. ‖ v. esguichar, regar (com mangueira).

half-~ meias curtas.

hoseman [h'ouzmən] s. bombeiro m.

hose-reel s. tambor m. (geralmente sobre um veículo), para enrolar e transportar uma mangueira.

hosier [h'ouʒə] s. negociante m. + f. de meias e roupas de malha.

hosiery [h'ouzjəri] s. 1. meias f. pl. 2. "lingerie" f. 3. malhas f. pl. 4. loja f. desses artigos.

hospice [h'ɔspis] s. 1. albergue m. 2. hospício m.

hospitable [h'ɔspitəbl] adj. hospitaleiro (to para). ‖ **–bly** adv. com hospitalidade.

hospitableness [h'ɔspitəblnis] s. hospitalidade f.

hospital [h'ɔspitl] s. 1. hospital m., casa de saúde f. 2. asilo m.
~ fever (Med.) tifo exantemático. **~-hut, ~-tent** hospital de emergência (barraca). **~ nurse** enfermeira.

hospital bed s. cama hospitalar (ajustável) f.

hospitality [hɔspit'æliti] s. hospitalidade f.

hospi..lization insurance s. seguro hospitalar m.

hospitalize [h'ɔspitəlaiz] v. hospitalizar.

hospitaller [h'ɔspitələ] s. 1. hospitaleiro m. 2. hospitalário, cavaleiro da Ordem de Malta e de São João m.

hospodar [h'ɔspoda:] s. hospodar m. nobre da Moldávia e da Valáquia.

host (I) [houst] s. 1. hospedeiro, estalajadeiro m. 2. patrão m. 3. anfitrião m. 4. (Biol.) hospedeiro m. de parasitos.
to reckon without one's ~ resolver alguma coisa ignorando as disposições de outrem.

host (II) [houst] s. 1. hoste, tropa f., exército m. 2. bando m., multidão f.
a ~ of difficulties inúmeras dificuldades. **he is a ~ in himself** ele vale por cem.

Host (III) [houst] s. (Ecles.) hóstia f.

hostage [h'ɔstidʒ] s. 1. refém m. 2. penhor m.

hostel [h'ɔstəl], **hostelry** [h'ɔstəlri] s. albergue m., estalagem, hospedaria f.
youth ~ albergue para estudantes ou moços que estão em férias ou em viagem.

hostess [h'oustis] s. 1. anfitriã, anfitrioa f. 2. garçonete f.

hostile [h'ɔstail] adj. hostil, adverso, inimigo. ‖ **~ly** adv. hostilmente.

hostilities s. pl. [hɔst'iliti:s] hostilidades f. pl.

hostility [hɔst'iliti] s. 1. hoştilidade, inimizade f. 2. estado m. de guerra. 3. oposição, resistência f.

hostler ['ɔslə, h'ɔslə], **ostler** ['ɔslə] s. cavalariço m., pessoa que cuida dos cavalos num albergue.

hot [h'ɔt] adj. 1. quente. 2. apimentado, picante, muito condimentado. 3. apaixonado, ardente, excitado, fogoso, ávido, ansioso. 4. cobiçoso, lascivo. 5. entusiasmado, caloroso. 6. zeloso. 7. furioso, veemente, perigoso. 8. difícil. 9. (gíria) recente, moderno. 10. vivo, forte (cores). 11. quente (diz-se nos jogos de adivinhação e de procurar objetos). 12. recém-saído. 13. (Eletr.) que conduz corrente ativamente. 14. radioativo. 15. bom, excelente. 16. que segue (persegue) de perto. 17. (gíria) obtido ilegalmente. ‖ adv. 1. de modo quente. 2. ansiosamente, ardentemente. 3. furiosamente. ‖ **~ly** adv. calorosamente, ardentemente, com violência.
at the ~test no ponto mais perigoso. **it is ~ work** é uma tarefa árdua. **don't make it too ~!** devagar com isso! **to grow ~** esquentar-se, encolerizar-se. **to give it one ~** criticar ou punir severamente alguém. **to be in ~ water** (E. U. A.) estar em apuros. **to go like ~ cakes** ter venda rápida, como pão quente. **~ music** jazz. **to give s. o. a ~ time** fazer alguém passar apertado.

hot air s. (gíria) bazófia f.

hotbed [~bed] s. 1. canteiro m. para mudas. 2. canteiro m. coberto e aquecido para o cultivo de plantas sensíveis. 3. (fig.) qualquer lugar próprio para desenvolvimento rápido (doenças, vícios).

hotbending test s. (Eng.) ensaio m. de flexão a quente.

hotblast [~bla:st] s. (Eng.) ar preaquecido (fornos de metalurgia) m.
hot-blooded adj. 1. de sangue quente, fogoso. 2. precipitado, temerário, audacioso. 3. irascível. 4. de puro-sangue (cavalo).
hotbox [~bɔks] s. mancal ou rolamento aquecido m.
hot-brained adj. violento, fogoso.
hot cell s. compartimento m. de concreto, com manipuladores de controle remoto, para material radiativo.
hotch-pot [h'ɔtʃpɔt] s. 1. (Jur.) colação f. de bens. 2. = hotch-potch.
hotch-potch [h'ɔtʃpɔtʃ] = hodge-podge. s. 1. mistura, mixórdia, confusão f. 2. caldo m. de carne com legumes.
hot cockles s. cabra-cega f.
hot dog s. cachorro-quente m.: sanduíche de salsicha.
hot dog kennel s. (E. U. A., coloq.) carrinho m. de cachorro-quente: comum nas feiras livres.
hotel [hout'el] s. hotel m.
hotfoot [h'ɔtfut] v. (coloq.) ir às pressas, apressar(-se). ‖ adv. apressadamente.
hothead s. pessoa colérica ou irascível f.
hotheaded [h'ɔthedid] adj. 1. temerário, irascível, colérico. 2. fogoso. ‖ ~ly adv. temerariamente.
hotheadedness [~nis] s. temeridade, audácia f.
hothouse [h'ɔthaus] s. estufa f. para plantas.
hot line s. (Pol.) telefone vermelho m., linha direta entre E. U. A. e U. R. S. S.
hotness [h'ɔtnis] s. 1. calor, ardor, fervor m.
hot plate s. chapa f. de aquecimento elétrico (quadros C 8, K 2).
hot pot s. cozido m.
hot potato s. (coloq.) situação delicada f.
hot-press s. calandra f. ‖ v. calandrar.
hot pursuit s. perseguição, busca, procura intensa f.
hot rod s. (E. U. A., Autom.) carro velho m., com motor envenenado.
hot rodder s. (E. U. A., Autom.) motorista m. + f. de tal carro.
hot-roll v. (Metalúrg.) laminar a quente.
hot-short adj. (Eng.) quebradiço a quente.
hot spot s. 1. (Pol.) área perigosa f. 2. área de calor, irradiação f. 3. casa noturna f. quente.
hot spring s. fonte termal f.
hotspur [h'ɔtspə:] s. pessoa violenta, colérica f.
hotstuff [h'ɔtstʌf] s. 1. comida f. bem condimentada. 2. assunto picante m. 3. mulher amorosa f.
hot-tempered adj. esquentado (facilmente irritável).
Hottentot [h'ɔtntɔt] s. 1. hotentote m. + f. 2. língua hotentote f.
hot war s. guerra quente f., conflito armado m.
hot-water bottle s. garrafa térmica f.
hound [haund] s. 1. cão m. de caça. 2. qualquer cão m. 3. (fig.) pessoa ruim, desprezível. 4. pessoa apaixonada por qualquer coisa. 5. the ~s s. pl. matilha f. ‖ v. 1. caçar. 2. perseguir. 3. açular (at, on contra).
to follow (ride) the ~s caçar a cavalo, com cães.
hound's tongue s. (Bot.) cinoglossa f., língua-de-cão.
hour ['auə] s. 1. hora f. (quadro C 11). 2. tempo m. 3. período m. 4. momento m. 5. grau m. de longitude. ‖ adj. de hora em hora, freqüente. ‖ ~ly adv. 1. de hora em hora. 2. a cada hora.
hourglass ['auəgla:s] s. ampulheta f.
hour hand s. ponteiro m. das horas (relógio).
houri [h'uəri] s. (Islame) huri f.
hour-plate s. mostrador m. de relógio.
house [haus] s. 1. casa, moradia, residência, habitação f., domicílio, lar m. 2. edifício m. 3. firma, casa comercial f. 4. família f. 5. geração f. 6. parlamento m., câmara f. 7. lugar de diversão m.

8. asilo, internato m. 9. platéia, assistência f., assistentes ou ouvintes m. + f. pl. ‖ [hauz] v. 1. morar. 2. alojar(-se), abrigar, recolher(-se).
an appreciative ~ um público apreciativo. **they brought down the** ~ eles foram muito aplaudidos. **House of Commons** Câmara dos Comuns. ~ **of call** 1. albergue. 2. agência de empregos. ~ **of cards** castelo de cartas (também fig.). ~ **of correction** instituto correcional, penitenciária. **House of God** igreja. **House of Lords** Câmara dos Lordes. **House of Representatives** (E. U. A., Austrália, Nova Zelândia) Câmara dos Deputados. **like a** ~ **on fire** (fig.) com sucesso. ~ **of ill fame** casa de má fama. **to keep** ~ fazer o serviço doméstico. **to keep an open** ~ ser hospitaleiro. **to keep the** ~ ficar em casa. **this is on the** ~ (E. U. A.) esta rodada fica por conta da casa.
house-agent s. corretor m. de imóveis.
houseboat [h'ausbout] s. barco m. no qual se mora.
housebreaker [-breikə] s. 1. arrombador m. 2. demolidor m. de casas.
housebreaking [-breikiŋ] s. 1. arrombamento, furto m. 2. demolição f.
housebroken [-broukən] adj. diz-se de gatos, cachorros, etc. habituados a viverem dentro de casa.
house cleaning s. 1. limpeza f. de casa. 2. saneamento m.
house-drainage s. encanamentos m. pl. (quadro D 4).
house-flag s. bandeira f. de uma firma ou companhia de navegação.
housefly [-flai] s. mosca doméstica f.
household [-hould] s. 1. casa f., lar m. 2. família f. 3. negócios domésticos m. pl. ‖ adj. doméstico, pertencente à casa ou à família.
household arts s. pl. ofícios domésticos, caseiros m. pl.
householder [-houldə] s. 1. dono m. da casa. 2. chefe m. de família.
household gods s. pl. penates m. pl.: deuses domésticos dos pagãos.
household goods s. pl. móveis, utensílios m. pl. domésticos.
household troops s. pl. tropas f. pl. de guarda.
household word s. palavra ou frase familiar f.
housekeeper [-ki:pə] s. 1. governanta f. 2. empregado f. encarregada dos assuntos domésticos.
housekeeping [-ki:piŋ] s. administração interna f.: a) casa, b) negócio.
houseless [-lis] adj. sem domicílio, sem abrigo.
house-line s. (Náut.) corda fina f.
housemaid [-meid] s. doméstica, arrumadeira f.
housemaster [-ma:stə] s. superior m. de um internato.
housemate [-meit] s. 1. inquilino m. 2. companheiro m. de casa ou de pensão.
house organ s. jornal m. de uso interno (em firma comercial, industrial, etc.).
house party s. reunião f. de convidados que permanecem alguns dias.
house-physician s. médico interno m.
house-rent [-rent] s. aluguel m. de casa.
house-room s. acomodações f. pl. de uma casa.
house-service connection s. (Elet.) ligação domiciliar f.
house-sparrow s. (Orn.) pardal m.
house-tax s. imposto predial m.
housetop [-tɔp] s. telhado m.
they proclaimed it from the ~ eles anunciaram-no publicamente.
housewares [-wɛəz] s. pl. utilidades domésticas f. pl.
house-warming s. festa f. de inauguração quando se muda para uma casa nova.
housewife [-waif] s. 1. dona f. de casa. 2. caixa f. de costura. ‖ ~ly adj. como dona de casa, domés-

H10

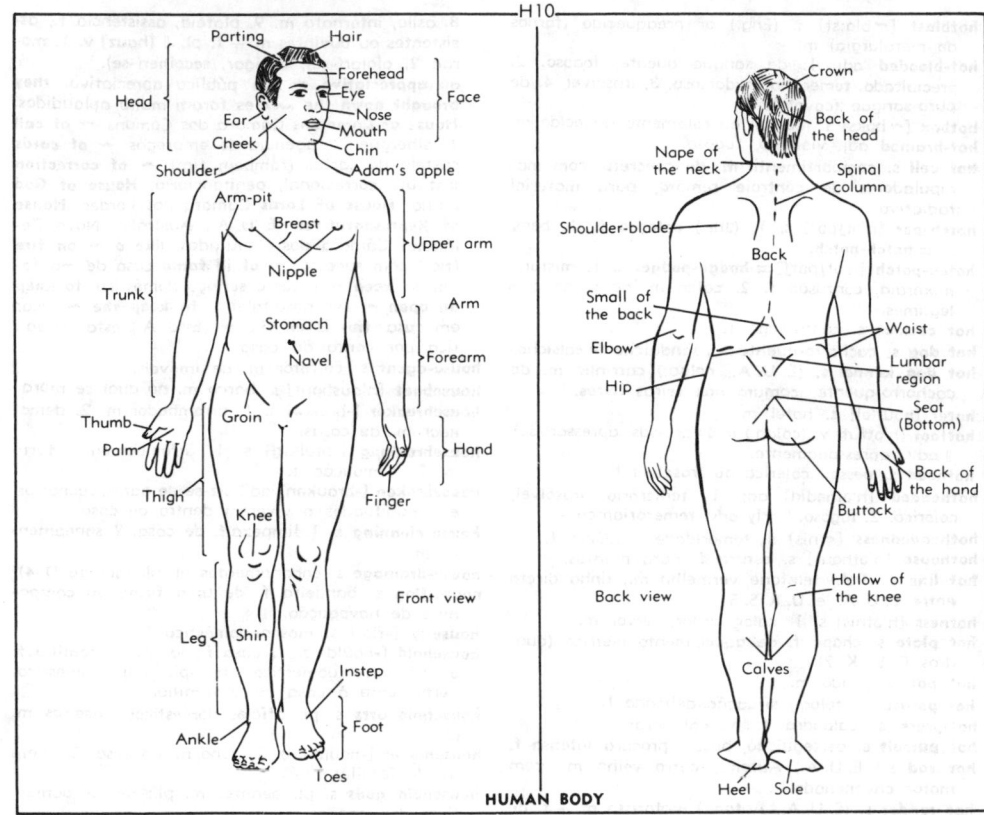

Parting / Hair
Head {
Forehead
Eye
Nose
Mouth
Chin
} Face
Ear
Cheek
Shoulder
Adam's apple
Arm-pit
Breast
Upper arm
Nipple
Trunk {
Arm
Stomach
Navel
Forearm
Thumb
Groin
Palm
Hand
Thigh
Finger
Knee
Front view
Leg { Shin
Instep
Ankle
} Foot
Toes

Crown
Back of the head
Nape of the neck
Spinal column
Shoulder-blade
Back
Small of the back
Waist
Elbow
Lumbar region
Hip
Seat (Bottom)
Back of the hand
Buttock
Hollow of the knee
Back view
Calves
Heel Sole

HUMAN BODY

tico, econômico. ‖ adv. à maneira de dona de casa.

housewifery [-waifəri, h'ʌzifri] s. trabalhos de dona de casa, assuntos caseiros m. pl.

housework [h'auswə:k] s. serviço doméstico m.

housing (I) [h'auziŋ] s. 1. alojamento m., moradia f., casas f. pl. 2. (Eng.) suporte m. 3. (Eng.) caixa f. de um mecanismo.

housing (II) [h'auziŋ] s. manta f. para cavalos, xairel m.

housing-shortage s. escassez f. de casas de moradia.

hove [houv] imp. + p. p. de **heave.**

hovel [h'ɔvəl] s. 1. cabana, choupana f. 2. telheiro m. ‖ v. abrigar em choupana.

hoveller [h'ɔvlə] s. 1. marujo ou piloto m. que retira mercadorias de navios naufragados m. 2. pequeno navio costeiro m.

hover [h'ɔvə] s. ação de pairar, estar indeciso, suspensão f. ‖ v. 1. estar suspenso, pairar (**over** sobre), flutuar no ar. 2. andar sem destino (**about**), andar para cá e para lá. 3. estar indeciso.

to ~ round rodear.

hovercraft [~kra:ft] s. (Náut.) aerodeslizador m.

hovering [~riŋ] adj. que paira, que está suspenso.

hover-plane s. (Aer.) helicóptero m.

how [hau] s. 1. pergunta f. que começa com **how.** 2. modo de fazer m. ‖ adv. 1. como, de que maneira. 2. quanto. 3. por que, por que razão. **~ do you do?, ~ are you?** como vai? **~ about** having tea? que tal tomar um chá? **~ come?** (coloq. E. U. A.) como aconteceu isso? **~ much?** quanto? **~ many?** quantos? **~ now?** e agora? **~ is it that –?** como é que –? **~ much is it?** quanto

é?, quanto custa? **she knows ~ to play** ela sabe tocar. **~ like her!** que típico para ela! **the ~** a maneira, o modo. **~-d'ye-do** [h'audid'u:] 1. (coloq.) calamidade, massada. 2. o bom-dia. **here's ~!** à sua saúde! (ao beber). **~'ll you have it?** o que o sr. toma?

howbeit [haub'iit] conj. (arc.) seja como for.

however [hau'evə] adv. de qualquer modo, por qualquer meio, por mais que. ‖ conj. porém, não obstante, contudo, todavia.

~ it may be seja como for.

howitzer [h'auitsə] s. morteiro, obus m.

howl [haul] s. 1. uivo, urro, bramido m. 2. berro, grito lamentoso m. 3. (Rádio) chiado m. ‖ v. 1. uivar, urrar, bramir. 2. gritar, berrar.

to ~ down abafar com gritaria.

howler [h'aulə] s. 1. berrador m., que uiva, urra. 2. arauatu, guariba m. 3. (gíria) erro clamoroso m.

howling [h'auliŋ] adj. 1. uivante. 2. (fig.) horrível.

howsoever [hausou'evə] adv. de qualquer forma, por mais que, com tudo isso.

hoy (I) [hɔi] s. chata, barcaça f.

hoy (II) [hɔi] interj. olá! alto!

hoyden, hoiden [h'ɔidn] s. moça levada, moça estouvada f. ‖ adj. levado, impetuoso, turbulento.

H. P., h. p. abr. de **horse-power** s. cavalo-força m.

H. Q. abr. de **head quarters** s. quartel-general m.

hub (I) [hʌb] s. 1. cubo m. da roda (quadro W 1). 2. centro m., (de importância, interesse, etc.).

hub (II) [hʌb], **hubby** [h'ʌbi], dimin. de **husband** s. maridinho m.

hubble-bubble [h'ʌblbʌbl] s. 1. cachimbo m. d'água. 2. barulho m., desordem f.

hubbub [h'ʌbʌb] s. tumulto, rebuliço m., confusão f.

hub cap s. calota f. (quadro M 5).

huckaback [h'ʌkəbæk] s. pano grosseiro m., usado para toalhas.

huckle [hʌkl] s. cadeiras f. pl., quadril m.

huckleberry s. (Bot.) espécie de mirtilo.

hucklebone s. osso ilíaco m.: osso da bacia.

huckster [h'ʌkstə], **hucksterer** [h'ʌkstərə] s. 1. vendedor ambulante, mascate m. 2. (gíria, E. U. A.) pessoa que trabalha em publicidade. 3. pessoa desprezível, mercenária. ‖ v. 1. vender 2. mascatear. 3. regatear, regatear.

hucksteress [h'ʌkstris] feminino de **huckster**.

huckstery [h'ʌkstri] s. loja pequena, banca f. de feirante.

hud [hʌd] s. (Bot.) casca, cápsula f.

huddle [hʌdl] s. 1. desordem, confusão f. 2. multidão desordenada f., amontoado m. ‖ v. 1. misturar, amontoar. 2. fazer alguma coisa com pressa, sem cuidado, precipitar-se. 3. apertar-se, acotovelar-se. 4. aconchegar(-se).
to go into a ~ (coloq.) conferenciar secretamente.
to ~ on enfiar (vestido).

hue (I) [hju:] s. cor, nuança, coloração f., matiz m.

hue (II) [hju:] s. atiçamento, açulamento m., gritaria f., alarido m.
~ and cry (Jur.) clamor por justiça.

hued [hju:d] adj. tinto, colorido, que tem determinado matiz.

hueless [hj'u:lis] adj. incolor, sem cor.

huff [hʌf] s. acesso de ira, mau humor m. ‖ v. 1. xingar, gritar, ralhar. 2. ofender, irritar. 3. sentir-se agredido, ofendido.
in a ~ mal-humorado.

huffer [h'ʌfə] s. fanfarrão, valentão m.

huffiness [h'ʌfinis] s. melindre m., suscetibilidade f.

huffish [h'ʌfiʃ] adj. 1. que tende à violência, arrogância. 2. petulante. 3. sensível, irritável. ‖ **~ly** adv. arrogantemente, petulantemente.

huffishness [h'ʌfiʃnis] s. arrogância, insolência, petulância f.

huffy [h'ʌfi] adj. 1. sensível, melindroso. 2. irritável, irascível. ‖ **–ily** adv. 1. de modo melindroso. 2. de modo irascível.

hug [hʌg] s. 1. aperto, estreitamento m. 2. abraço m. 3. golpe m. em luta livre. ‖ v. 1. apertar, estreitar. 2. abraçar. 3. acariciar, afagar.
to ~ the land (Náut.) navegar perto da costa.
she ~s her prejudices ela cultiva seus preconceitos. **I ~ myself on** felicito-me por.

huge [hju:dʒ] adj. imenso, vasto, muito grande, enorme. ‖ **~ly** adv. enormemente, imensamente.
I was ~ly amused diverti-me imensamente.

hugeness [hj'u:dʒnis] s. vastidão, imensidade f.

hugeous [hj'u:ʒəs] adj. (coloq.) imenso, enorme, vasto. ‖ **~ly** adv. imensamente.

hugger-mugger [h'ʌgəmʌgə] s. 1. confusão, mixórdia f. 2. sigilo, segredo m. ‖ v. 1. agir com pressa. 2. agir ou manter em segredo, abafar. ‖ adj. 1. secreto, clandestino, astuto. 2. confuso, desordeiro.

Huguenot [hj'u:gənɔt] s. (Hist.) huguenote m.

hula [h'u:lə], **hulahula** [h'u:ləh'u:lə] s. dança havaiana f.

hula hoop s. bambolê m.

hula skirt s. saia havaiana f.

hulk [hʌlk] s. 1. (Náut.) casco m. de navio. 2. pessoa informe e desajeitada f. 3. objeto tosco m.

hulking [h'ʌlkiŋ] adj. grande e tosco, informe, grosseiro, desajeitado.

hull (I) [hʌl] s. 1. casca f. (de ervilha, vagem, etc.).

2. qualquer cobertura exterior f. ‖ v. descascar.

hull (II) [hʌl] s. 1. casco m. de navio. 2. (Aer.) fuselagem f. ‖ v. perfurar o casco ou a fuselagem com projéteis.
~ down (Náut.) muito distante (de que só os mastros aparecem no horizonte).

hullabaloo [hʌləbəl'u:] s. tumulto, barulho m.

hullo [hʌl'ou], **hulloa** [hʌl'ouə] interj. olá.

hum [hʌm] s. 1. zumbido, zunido m. 2. expressão f. de hesitação, hum. 3. canto m. com os lábios fechados. ‖ v. 1. zumbir, zunir, sussurrar. 2. hesitar. 3. cantar com os lábios fechados. ‖ interj. hum! hem!
to ~ and haw hesitar, gaguejar. **he made it ~** ele apressou-o.

human [hj'u:mən] s. ser humano, homem m. (quadro H 10). ‖ adj. humano. ‖ **~ly** adv. humanamente.
~ nature natureza humana, humanidade. **~ly ~ly possible** humanamente possível. **~ly speaking** segundo todas as expectativas.

humane [hjum'ein] adj. humano, humanitário, bondoso, benevolente, misericordioso. ‖ **~ly** adv. humanamente, bondosamente.
~ learning escola humanística.

humaneness [hjum'einis] s. humanidade, clemência, compaixão f.

humanism [hj'u:mənizm] s. humanismo m.

humanist [hj'u:mənist] s. humanista m. + f.

humanistic [hjumən'istik] adj. humanístico.

humanitarian [hjumænit'eəriən] s. humanitário, filantropo m. ‖ adj. humanitário, bondoso.

humanitarianism [~izm] s. (Filos.) humanitarismo m.

humanities [hjum'ænitiz] s. pl. filologia f., letras clássicas f. pl.

humanity [hjum'æniti] s. 1. humanidade f., gênero humano m. 2. natureza humana f. 3. humanitarismo, bondade, benevolência f.

humanization [hjumənaiz'eiʃən] s. humanização f.

humanize [hj'u:mənaiz] v. humanizar.

humankind [hj'u:mənkaind] s. gênero humano m.

human nature s. (Soc.) natureza humana f. e sua reação.

human relations s. pl. relações humanas f. pl.

humble [hʌmbl] v. humilhar, rebaixar. ‖ adj. 1. humilde, modesto. 2. pobre. 3. submisso. ‖ **–bly** adv. humildemente.
my ~ self minha humilde pessoa. **to eat ~ pie** desculpar-se, humilhar-se.

humble-bee s. (Zool.) zangão m.

humble-mouthed adj. tímido, de palavras humildes.

humbleness [h'ʌmblnis] s. 1. humildade, modéstia f. 2. pobreza f.

humbug [h'ʌmbʌg] s. 1. engano m., fraude f., artifício m., tapeação f. 2. impostor, logrador, tapeador m. ‖ v. enganar, lograr, tapear.

humbugger [h'ʌmbʌgə] s. trapaceiro, logrador, tapeador m.

humbuggery [h'ʌmbʌgri] s. trapaça, burla, tapeação f.

humdrum [h'ʌmdrʌm] s. 1. pessoa f. insípida, enfadonha. 2. monotonia f., qualquer coisa cacete. ‖ adj. 1. monótono, enfadonho. 2. estúpido.

humectant [hjum'ektənt] s. umectante, diluente m. ‖ adj. umectante, umectativo.

humectation [hju:məkt'eiʃən] s. umedecimento m.

humective [hjum'ektiv] adj. umectativo.

humefy [hj'u:mifai] v. umedecer, umectar.

humeral [hj'u:mərəl] adj. umeral: relativo ao úmero.

humerus [hj'u:mərəs] s. (Anat.) úmero m.: osso do braço.

humic [hj'u:mik] adj. húmico, relativo ao humo.

humid [hj'u:mid] adj. úmido.

humidify [hjum'idifai] v. umedecer.

humidity [hjum'iditi] s. umidade f., grau de umidade.
humiliate [hjum'ilieit] v. humilhar, rebaixar.
humiliating [hjum'ilieitiŋ] adj. humilhante.
humiliation [hjumili'eiʃən] s. humilhação f.
humility [hjum'iliti] s. humildade f.
hummel [hʌml] v. separar do joio (cevada). ‖ adj. sem cornos, mocho.
hummer [h'ʌmə] s. 1. zunidor m. 2. inseto que zumbe m. 3. pessoa muito ativa ou zelosa.
humming [h'ʌmiŋ] adj. 1. zunidor, 2. (gíria) enorme, poderoso. 3. florescente (o comércio). 4. forte (bebidas).
~-top pião zunidor.
humming bird s. (Orn.) beija-flor m.
hummock [h'ʌmək] s. elevação f. (de terra ou de gelo).
hummocky [~i] adj. 1. acidentado. 2. cheio de cômoros.
humoralism [hj'u:mərəlizm], **humorism** [hj'u:mərizm] s. humorismo m. (relativo aos humores).
humoresque [hju:mər'esk] s. (Mús.) composição humorística ou caprichosa f. ‖ adj. (Liter.) de estilo humorístico.
humorism [hj'u:mərizm] s. humorismo m.
humorousness [hj'u:mərəsnis] s. jocosidade f., humorismo m.
humour, humor [hj'u:mə] s. 1. humor m., veia cômica, graça f. 2. temperamento, gênio m. 3. capricho m. 4. brincadeira f. 5. humor m.: líquido orgânico. ‖ v. condescender, ceder a, adaptar-se a.
in the ~ for disposto a. **good ~** bom humor.
ill ~ mau humor. **out of ~** indisposto, de mau humor. **I must ~ him** preciso animá-lo, preciso fazer-lhe a vontade. **cardinal ~s** (Hist.) os quatro humores: sangue, fleuma, linfa e bílis.
humoural, humoral [hj'u:mərəl] adj. humoral.
humoured, humored [hj'u:məd] adj. humorado.
good ~ de bom humor.
humourist, humorist [hj'u:mərist] s. humorista m. + f.
humourless [hj'u:mɔlis] adj. sem humor, triste, desanimado.
humourous, humorous [hj'u:mərəs] adj. 1. humoroso. 2. caprichoso. 3. cômico. ‖ **~ly** adv. jocosamente, ironicamente, de modo humorístico.
humoursome [hj'u:məsəm] adj. 1. humoroso. 2. de humor instável, de veneta. ‖ **~ly** adv. jocosamente.
hump [hʌmp] s. 1. corcunda f. 2. montículo m. (quadro S 12). 3. (gíria, mau humor m. ‖ v. 1. corcovar, curvar. 2. aborrecer, enfastiar, provocar alguém. 3. (gíria) esforçar-se.
~ed up acorcundado, acocorado.
humpback [h'ʌmpbæk] s. 1. corcunda f. 2. pessoa corcunda 3. espécie de baleia (gênero Megaptera).
humpbacked [h'ʌmpbækt] adj. corcunda.
humped [hʌmpt] adj. corcunda, corcovado.
humph [hʌmf] interj. hum!: expressão de dúvida.
humpty-dumpty s. homem achaparrado m.: pessoa gorda e baixa f., tampinha m. + f.
humpy [h'ʌmpi] adj. 1. cheio de saliências, protuberâncias, corcovado. 2. semelhante a corcova.
humus [hj'u:məs] s. humo m.: solo composto de matéria orgânica.
Hun [hʌn] s. 1. (Hist.) huno m. 2. bárbaro m.
hunch [hʌntʃ] s. 1. corcova f. 2. fatia grossa f., pedaço grande m. 3. (gíria, E. U. A.) intuição f., pressentimento m. ‖ v. 1. curvar, arquejar, corcovar. 2. acotovelar, empurrar, apertar.
~ed up encurvado, acocorado.
hunchback [h'ʌntʃbæk] = **humpback**.
hunchbacked [h'ʌntʃbækt] = **humpbacked**.
hundred [h'ʌndrəd] s. 1. cem, cento m., centena f.

2. (Hist. Ingl.) distrito m. ‖ adj. cem, cento.
several ~ alguns centos. **by the ~** às centenas.
five in the ~ cinco por cento.
hundredfold [~fould] adj. centuplicado, cem vezes mais. ‖ adv. centuplicadamente.
hundreds [~z] s. pl. centenas f. pl.
~ of times centenas de vezes. **~ upon ~, ~ and ~** centenas e mais centenas.
hundredth [-θ] s. centésimo m. ‖ adj. centésimo.
hundredweight [-weit] s. 1. (E. U. A.) peso de 100 lb = 45,3 593 kg. 2. (Ingl.) peso de 112 lb = 50,8 024 kg (abr.: **cwt**).
metrical ~ peso do sistema métrico = 50 kg.
hung [hʌŋ] imp. e p. p. de **hang**.
Hungarian [hʌŋg'ɛəriən] s. húngaro m.: 1. habitante m. + f. da Hungria. 2. a língua húngara f. ‖ adj. húngaro, da Hungria.
hunger [h'ʌŋgə] s. fome f., apetite, desejo m. (**for, after** de). ‖ v. 1. ter fome. 2. desejar, ansiar.
~ is the best sauce não há mostarda como a de São Bernardo.
hunger-bitten adj. fraco de fome, esfomeado.
hungeringly [h'ʌŋgəriŋli] adv. de modo faminto.
hunger-strike s. greve da fome f. ‖ v. fazer greve da fome.
hungriness [h'ʌŋgrinis] s. 1. fome f. 2. vontade f., desejo ardente m.
hungry [h'ʌŋgri] adj. 1. com fome, faminto, esfomeado, ávido (**for** de). 2. desejoso, ansioso. 3. pobre, árido (solo). ‖ **~ily** adv. com fome.
they went ~ eles passaram fome.
hung up adj. (gíria) amarrado (por uma dificuldade).
hunk [hʌŋk] s. (coloq.) pedaço, naco grande m.
hunker [h'ʌnkə] v. acocorar-se.
hunkers [h'ʌŋkəs] s. pl. quadris m. pl., ancas f. pl.
to sit on one's ~ acocorar-se.
hunks [hʌŋks] s. avarento, (Bras.) pão-duro m.
hunky [h'ʌŋki] s. (gíria, E. U. A.) trabalhador m. braçal estrangeiro, especialmente húngaro. ‖ adj. robusto, forte, vigoroso.
Hunnish [h'ʌniʃ] adj. 1. huno. 2. bárbaro, destruidor.
hunt [hʌnt] s. 1. caça, caçada f. 2. animais que se caçam m. pl. 3. busca, procura f. 4. região f. de caça. 5. grupo de caçadores m. ‖ v. 1. caçar. 2. bater, percorrer em caça. 3. usar cães, cavalos, etc., na caça. 4. enxotar, expulsar, afugentar. 5 perseguir. 6. procurar, buscar (**after, for** por).
the ~ is up começou a caça. ‖ **to ~ down** perseguir até morrer. **to ~ out** descobrir. **to ~ up** levantar (a caça). **to go out ~ing** sair para caçar.
to be ~ing estar caçando. **she was ~ing for her gloves** ela estava procurando suas luvas.
hunter [h'ʌntə] s. 1. caçador m. 2. cão ou cavalo empregado na caça m.
hunter's moon s. lua cheia f. após o equinócio.
hunting [h'ʌntiŋ] s. caça f., ação de caçar. ‖ adj. relativo à caça.
hunting-ground s. lugar m. ou região de caça.
happy ~s paraíso segundo a crença dos índios nos E. U. A.
hunting-horn s. corneta (para caça) f. (quadro H 8).
huntress [h'ʌntris] s. caçadora f.
huntsman [h'ʌntsmən] s. 1. caçador m., organizador de caçada. 2. ajudante m. + f. de caçador.
huntsmanship [~ʃip] s. caça, arte venatória f.
hurdle [hə:dl] s. 1. (Esp.) barreira f. 2. obstáculo m., dificuldade f. 3. faxina, cerca, sebe f. ‖ v. 1. cercar, fechar. 2. (Esp.) disputar corrida sobre barreiras. 3. passar sobre um obstáculo.
hurdler [h'ə:dlə] s. (Esp.) corredor de barreiras m.
hurdle-race, hurdles s. (Esp.) corrida com barreiras f.

hurdy-gurdy [h'ə:di-g'ə:di] s. realejo m.
hurl [hə:l] s. arremesso, lance m. ‖ v. 1. lançar, atirar, arremessar. 2. proferir com violência.
hurler [h'ə:lə] s. arremessador m., o que lança.
hurling [h'ə:liŋ] s. arremesso m., ação de lançar f.
hurly-burly [h'ə:libə:li] s. confusão f., tumulto m. ‖ adj. tumultuoso, confuso.
hurra, hurrah, hurray [hur'a:] interj. hurra, viva. **hip, hip, ~!** hip, hip, hurra! (exclamação de aplauso). **to ~** dar hurra, saudar com hurra.
hurricane [h'ʌrikən] s. furacão, tufão, ciclone m. (também fig.)
~ deck (Náut.) convés superior, coberta. **~ lamp** lampião.
hurried [h'ʌrid] adj. apressado, precipitado. ‖ **~ly** adv. apressadamente, precipitadamente.
hurry [h'ʌri] s. 1. pressa, precipitação f. 2. ação de apressar, pressão f. 3. inquietação f., desassossego m. ‖ v. 1. apressar. 2. incitar, acelerar, impelir. 3. apressar-se, correr. 4. precipitar.
I am in a ~ estou com pressa. **there is no ~** não há pressa. ‖ **to ~ s. o. along** apressar alguém. **to ~ away** 1. levar embora com pressa ou com violência. 2. fugir, afastar-se depressa. **to ~ back** mandar imediatamente de volta. **to ~ in** entrar ou fazer entrar às pressas. **to ~ on** 1. incitar, impelir. 2. passar, seguir depressa. **to ~ over s. th.** passar depressa por cima de alguma coisa. **to ~ up** acelerar. **~ up!** vamos! depressa!
hurryingly [h'ʌriiŋli] adv. apressadamente.
hurry-scurry [h'ʌriskʌri] s. 1. confusão f. 2. precipitação f. ‖ adj. 1. confuso. 2. precipitado. ‖ adv. 1. confusamente. 2. precipitadamente.
hurst [hə:st] s. bosque, arvoredo m.
hurt [hə:t] s. 1. ferida, dor f. 2. mal, dano, prejuízo, detrimento m. ‖ v. 1. ferir, fazer mal. 2. magoar, ofender, afligir. 3. prejudicar, danificar. 4. doer. 5. sofrer prejuízo.
it ~s his feelings isso fere os seus sentimentos. **to be ~ at** ficar sentido por. **that won't ~** isto não faz mal. **not a hair of his head was ~** não lhe torceram um fio de cabelo.
hurter [h'ə:tə] s. 1. o que causa dano. 2. o que fere.
hurtful [-ful] adj. danoso, pernicioso, prejudicial. ‖ **~ly** adv. perniciosamente, de modo danoso, prejudicial.
hurtfulness [~nis] s. perniciosidade f., qualidade de prejudicial f.
hurtle [hə:tl] s. colisão f., choque m. ‖ v. 1. arremessar. 2. colidir, chocar-se (**against** com, contra). 3. estalar, crepitar, matracolejar, estrepitar, tamborilar, metralhar.
hurtleberry [hə:tlberi] s. = **whortleberry.**
hurtless [hə:tlis] adj. 1. inofensivo, inócuo. 2. ileso, incólume. ‖ **~ly** adv. de modo inofensivo.
hurtlessness [~nis] s. inocuidade f.: qualidade de inofensivo.
husband [h'ʌzbənd] s. marido, esposo. m. ‖ v. 1. economizar, poupar. 2. casar, esposar.
~'s tea chá muito fraco. **ship's ~** armador.
husbandless [~lis] adj. sem marido.
husbandman [~mən] s. agricultor, lavrador m.
husbandry [~ri] s. 1. agricultura f. 2. criação f. de gado. 3. economia (doméstica) f.
hush [hʌʃ] s. silêncio m., quietude f. ‖ v. 1. silenciar, acalmar. 2. calar-se, ficar quieto. ‖ interj. quieto! silêncio!
to ~ encobrir, silenciar a respeito de.
hushaby [h'ʌʃəbai] interj.: diz-se às crianças para fazê-las dormir.
hushed [hʌʃt] adj. quieto, silencioso.

hush-hush adj. (coloq.) ultra-secreto.
hushmoney [h'ʌʃmʌni] s. suborno m., peita f. (paga para não falar).
husk (I) [hʌsk] s. 1. casca f., folhelho (quadro E 1). 2. fig.) exterior m., especialmente sem valor. ‖ v. descascar, debulhar.
husk (II) [hʌsk] s. tosse de gado f.
husker [h'ʌskə], **husking** [-iŋ] s. debulha, descasca f.
huskiness [-inis] s. rouquidão, aspereza f.
husking bee s. (E. U. A., Sul) festa da debulha f. do milho.
husk tomato s. (Bot.) camapu m. (também **ground cherry**).
husky (I) [h'ʌski] s. 1. esquimó m. + f. 2. língua f. dos esquimós. 3. cão m. dos esquimós.
husky (II) [h'ʌski] s. (E. U. A. coloq.) pessoa forte, robusta. ‖ adj. 1. cascudo, abundante em cascas. 2. rouco, áspero. 3. (E. U. A., coloq.) forte, vigoroso, resistente. ‖ **–ily** adv. roucamente.
hussar [huz'a:] s. hússar, hussardo m.
Hussite [h'ʌsait] s. (Hist.) hussita m. + f.: adepto da doutrina de Huss.
hussy [h'ʌsi] s. 1. moça levada, sapeca f. 2. mulher vil f. 3. (fam.) estojo m. de costura.
little ~! (joc.) diabinho, pequena sabida.
hustings [h'ʌstiŋz] s. pl. (Ingl.) plataforma f. de onde se proferem discursos políticos, especialmente nas campanhas eleitorais.
hustle [hʌsl] s. 1. movimento, aperto (na rua) m. 2. pressa f. 3. (E. U. A.) diligência, atividade f. ‖ v. 1. apressar. 2. empurrar, acotovelar(-se). 3. forçar. 4. (E. U. A.) ser muito ativo, diligente.
the ~ and bustle a grande atividade. **they ~d it through** eles conseguiram seu intento.
hustler [h'ʌslə] s. pessoa ativa, incansável.
hut [hʌt] s. 1. cabana, choupana f. (quadro B 22). 2. barraca f. ‖ v. alojar em barracas ou choupanas.
hutch [hʌtʃ] s. 1. caixa, gaiola f. para animais pequenos. coelheira f. 2. cabana, barraca f. 3. cofre m., arca f., cesto m. 4. cocho m. ‖ v. 1. engaiolar 2. guardar, ajuntar, acumular (de modo avarento).
huzza [huz'a:] interj. (de alegria) viva, hurra. ‖ v. gritar hurra, aclamar.
hyacinth [h'aiəsinθ] s. 1. (Bot.) jacinto m. 2. (Min.) jacinto, jardão m.: espécie de zirconita.
hyacinthine [haiəs'inθain] adj. jacintino, cor-de-jacinto.
Hyades, Hyads [h'aiədi:z] s. pl. (Astron.) Híades f. pl. (grupo de estrelas, na constelação do Touro).
hyaline [h'aiəlin] adj. hialino, transparente, vítreo.
hyalite [h'aiəlait] s. (Min.) hialita f.
hyalitis [haiəl'iti:z] s. (Med.) hialite f.: inflamação da matéria vítrea do olho.
hyalography [haiəl'ogrəfi] s. hialografia f.
hyaloid [h'aiəloid] s. (Med.) membrana hialóide f. ‖ adj. hialóide.
~ body (Med.) humor vítreo.
hybrid [h'aibrid] s. híbrido, mestiço m. ‖ adj. híbrido. mestiço, misto.
hybridism [h'aibridizm], **hybridity** [haibr'iditi] s. 1. hibridez f., hibridismo m. 2. hibridação f.
hybridization [haibridaiz'eiʃən] s. hibridação f.
hybridize [h'aibridaiz] v. cruzar, mestiçar.
hybridizer [h'aibridaizə] s. o que hibridiza.
hybrid vigour s. (Gen.) heterose f., vigor m. híbrido.
hydatid [h'aidətid] s. hidátide f.: cisto.
hydatoid [h'aidətoid] s. (Med.) 1. membrana hidatóide f. 2. humor vítreo m. ‖ adj. hidatóide.
Hydra (I) [h'aidrə] s. 1. hidra f.: serpente fabulosa. 2. Hidra f.: constelação austral f.

hydra (II) [h'aidrə] s. 1. qualquer mal m. persistente, crônico. 2. (Zool.) gênero de pólipos m. (de água doce).

hydracid [haidr'æsid] s. (Quím.) hidrácido m.

hydragogue [h'aidrəgɔg] s. hidragogo m.

hydra-headed adj. 1. ramificado. 2. problemático, dificultoso (como a hidra).

hydrangea [haidr'eindʒə] s. (Bot.) hidrângea, hortênsia f.

hydrant [h'aidrənt] s. hidrante m. (quadro S 16).

hydrastine [haidr'æsti:n] s. (Farmac.) hidrastina f.

hydrate [h'aidreit] s. (Quím.) hidrato m. ‖ v. hidratar.

hydrated [h'aidreitid] adj. (Quím.) hidratado. ∼ lime cal hidratada.

hydraulic [haidr'ɔ:lik] adj. hidráulico. ‖ ∼ally adv. por meios hidráulicos. ∼ brake freio hidráulico. ∼ cement cimento, ligante hidráulico. ∼ jack macaco hidráulico. ∼ press prensa hidráulica. ∼ turbine turbina hidráulica.

hydraulics [haidr'ɔ:liks] s. hidráulica f.

hydric [h'aidrik] adj. (Quím.) hídrico, relativo ao hidrogênio.

hydride [h'aidraid] s. (Quím.) hidreto m.

hydro- [h'aidrou] elemento de composição: hidro–.

hydro-aeroplane = hydroplane.

hydro-barometer s. aparelho para medir a profundidade do mar pela pressão da água m.

hydrobomb [∼bɔm] s. torpedo m. lançado por avião.

hydrocarbon [-ka:bən] s. (Quím.) hidrocarboneto m.

hydrocele [h'aidrosi:l] s. (Med.) hidrocele f.

hydrocephalus [-s'efələs] s. hidrocéfalo m.

hydrochloric [-kl'ourik] adj. (Quím.) clorídrico. ∼ acid ácido clorídrico.

hydrocyanic [-sai'ænik] adj. (Quím.) cianídrico. ∼ acid ácido cianídrico.

hydrodynamic [-dain'æmik] adj. hidrodinâmico.

hydro-electric adj. hidrelétrico. ∼ power station usina hidrelética.

hydro-extractor s. hidrextrator m.

hydrofluoric [-flə'ɔrik] adj. (Quim.) fluorídrico. ∼ acid ácido fluorídrico.

hydrogen [h'aidridʒən] s. (Quím.) hidrogênio m. ∼ peroxide água oxigenada.

hydrogenate [haidr'ɔdʒineit], hydrogenize [haidr'ɔdʒinaiz] v. (Quím.) hidrogenar, reduzir.

hydrogenation [haidrɔdʒin'eiʃən] s. (Quím.) hidrogenação f.

hydrogen bomb s. bomba de hidrogênio f.

hydrographer [haidr'ɔgrəfə] s. hidrógrafo m.

hydrographic [haidrogr'æfik], hydrographical [∼el] adj. hidrográfico.

hydrography [haidr'ɔgrəfi] s. hidrografia f.

hydrokinetic [haidrokain'etik] adj. hidrocinético.

hydrokinetics [∼s] s. pl. (verbo no sing.) hidrocinética f.

hydrology [haidr'ɔlədʒi] s. hidrologia f.

hydrolysis [haidr'ɔlisis] s. (Quím.) hidrólise f.

hydromancy [h'aidromænsi] s. hidromancia f.

hydromechanics [haidroumik'æniks] s. pl. hidráulica f.

hydromel [h'aidromel] s. hidromel m.: mistura de água e mel, mulso.

hydrometallurgy [haidrom'etələdʒi] s. hidrometalurgia f.

hydrometer [haidr'ɔmitə] s. hidrômetro m.

hydrometry [-mitri] s. hidrometria f.

hydronaut [h'aidrənɔ:t] s. (E. U. A.) hidronauta m. + f.

hydropathic [haidrop'æθik] s. estabelecimento para tratamento hidropático f. ‖ adj. hidropático.

hydropathy [haidr'ɔpəθi] s. hidropatia f.

hydrophane [h'aidrofein] s. (Min.) hidrófano m.

hydrophobia [haidrəf'oubiə] s. (Med.) hidrofobia f.: 1. doença da raiva f. 2. aversão f. pela água.

hydrophobic [-f'oubik] adj. hidrofóbico, hidrófobo.

hydrophthalmia [haidrofθ'ælmiə] s. (Med.) hidroftalmia f.

hydrophyte [h'aidrəfait] s. (Bot.) hidrófita f.

hydropic [haidr'ɔpik] adj. (Patol.) hidrópico.

hydroplane [h'aidroplein] s. 1. hidroplano, hidroavião m. 2. barco m. a motor que desliza sobre a água. ‖ v. deslizar como um barco assim.

hydropneumatic [haidronjum'ætik] adj. hidropneumático.

hydroponics [haidroup'ɔniks] s. pl. cultivo m. de plantas fora do solo, em águas contendo substâncias químicas.

hydropower [h-aiaropauə] s. força hidrelétrica f.

hydroquinone [haidrokwin'oun] s. (Quím.) hidroquinona f.: revelador fotográfico.

hydroscope [h'aidrəskoup] s. hidróscopo m.

hydrosol [h'aidrəsɔl] s. (Quím.) hidrossol m.

hydrosphere [h'aidrosfiə] s. hidrosfera f.

hydrostat [h'aidrostæt] s. hidróstato m.

hydrostatic [haidrost'ætik], hydrostatical [∼əl] adj. hidrostático. ∼ balance balança hidrostática.

hydrostatics [∼s] s. pl. hidrostática f.

hydrosulphide [h'aidrosʌlfaid] s. (Quím.) sulfidrato m.

hydrotherapeutic [haidroθərepj'u:tik] adj. hidroterápico.

hydrotherapeutics [∼s] s. pl. hidroterapia f.

hydrotherapy [haidroθ'erəpi] s. hidroterapia f.

hydrothermal [-θ'ə:məl] adj. hidrotérmico.

hydrotropic [-trəpik] adj. hidrotrópico.

hydrotropism [haidr'ɔtrəpizm] s. hidrotropismo m.

hydrous [h'aidrəs] adj. hidratado, aquoso.

hydroxide [haidr'ɔksaid] s. (Quím.) hidróxido m.

hydroxy [haidr'ɔksi] adj. (Quím.) hidroxílico.

hyena [hai'i:nə] s. (Zool.) hiena f.

hyetal [h'aiətə] adj. pluvial, pluviátil.

hyetograph [haiət'ɔgrəf] s. mapa m. da distribuição da chuva.

hyetometer [haiət'ɔmitə] s. hietômetro m.

hygiene [h'aidʒi:n] s. higiene f.

hygienic [haidʒ'i:nik], hygienical [∼əl] adj. higiênico. ‖ ∼ally adv. higienicamente. ∼ gymnastics ginástica terapêutica f.

hygienist [h'aidʒi:nist] s. higienista m. + f.

hygiology [haidʒi'ɔlədʒi] s. tratado m. sobre higiene.

hygrology [haigr'ɔlədʒi] s. higrologia f.

hygrometer [haigr'ɔmitə] s. higrômetro m.

hygrometric [haigrəm'etrik], hygrometerical [∼əl] adj. higrométrico.

hygrometry [haigr'ɔmitri] s. higrometria t.

hygroscope [h'aigrəskoup] s. higroscópio m.

hygroscopic [haigrəsk'ɔpik], hygroscopical [∼əl] adj. higroscópico: com tendência a absorver umidade.

hylozoism [hailəz'ouizm] s. (Filos.) hilozoísmo m.

hymen [h'aimən] s. hímen m.

hymeneal [haimən'i:əl] s. canção nupcial f. ‖ adj. nupcial, matrimonial.

hymenoptera [haimən'ɔptərə] s. pl. (Zool.) himenópteros m. pl.

hymn [him] s. hino m. ‖ v. cantar hinos.

hymn-book s. hinário m.

hymnology [himn'ɔlədʒi] s. hinologia f.: 1. composição e estudo de hinos. 2. hinos coletivamente.

hyoid [h'aiɔid] s. (Anat.) hióide m. ‖ adj. (Anat.) hióideo.

hypalgia [hip'ælʒiə] s. (Med.) diminuição f. da dor.

hyperbaric [haipəb'ærik] adj. hiperbárico.

hyperbola [haip'ə:bələ] s. (Geom.) hiperbolóide m.

hyperbole [haip'ə:bəli] s. hipérbole f.
hyperbolic [haipəb'ɔlik] adj. (Geom.) hiperboliforme.
hyperbolical [~əl] adj. hiperbólico, exagerado.
hyperborean [haipəb'ɔ.riən] s. habitante do extremo norte m. + f. ‖ adj. hiperbóreo.
hypercritic [haipəkr'itik] s. hipercrítico m. ‖ adj. hipercrítico.
hyperemia, hyperaemia [haipər'i:miə] s. (Med.) hiperemia f.
hyperesthesia, hyperaesthesia [haipəresθ'i:ziə] s. (Med.) hiperestesia f.: sensibilidade superexcitada.
hiperfocal distance s. (Fot.) distância f. hiperfocal.
hypermetrical [haipəm'etrikəl] adj. hipermétrico.
hyperplasia [haipəpl'eiziə] s. (Med.) hiperplasia f.: aumento anormal no número de células do tecido.
hypersensitive [haipəs'ensitiv] adj. hipersensível.
hypersensitiveness [~nis] s. hipersensibilidade f.
hypertension [haipət'enʃən] s. (Med.) hipertensão f.
hypertrophic [haipətr'ɔfik], **hypertrophical** [~əl] adj. hipertrofiado.
hypertrophy [haip'ə:trofi] s. (Med.) hipertrofia f. ‖ v. hipertrofiar.
hyphen [h'aifən] s. hífen m.: traço de união. ‖ v. unir com hífen.
hypnoanalysis [hipnouæn'æləsis] s. (Psiq.) hipnoanálise f.
hypnology [hipn'ɔlədʒi] s. hipnologia f.
hypnosis [hipn'ousis] s. hipnose f.
hypnotic [hipn'ɔtik] s. (Med.) hipnótico, narcótico m. ‖ adj. 1. hipnótico. 2. soporífero.
hypnotic suggestion s. sugestão hipnótica f.
hypnotism [h'ipnətizm] s. hipnotismo m.
hypnotist [h'ipnətist] s. hipnotista m. + f.
hypnotization [hipnətaiz'eiʃən, -tiz'eiʃən] s. hipnotização f.
hypnotize [h'ipnətaiz] v. 1. hipnotizar. 2. (coloq.) dominar por meio de sugestão.
hypo (I) [h'aipou] s. abr. de **sodium hyposulphite** hipossulfito de sódio, tiossulfato de sódio m.: fixador usado em fotografia.
hypo (II) [h'aipou] s. (coloq.) injeção hipodérmica f.
hypo (III) [h'ipo] pref. hipo-.
hypocaust [h'ipokɔ:st] s. hipocausto m.
hypochondria [haipok'ɔndriə] s. (Med.) hipocondria f.: depressão mental.
hypochondriac [haipok'ɔndriæk] s. hipocondríaco m. ‖ adj. hipocondríaco.
hypochondrium [haipok'ɔndriəm] s. (Anat.) hipocôndrio m.: parte lateral do abdome.
hypocoristic [haipokour'istik] adj. hipocorístico.
hypocrisy [hip'ɔkrəsi] s. hipocrisia, falsidade f., fingimento m.
hypocrite [h'ipokrit] s. hipócrita m. + f.
hypocritical [hipokr'itikəl] adj. hipócrita, fingido.

hypodermic [haipod'ə:mik] s. 1. injeção hipodérmica f. 2. seringa hipodérmica f. ‖ adj. hipodérmico.
hypogastrium [haipog'æstriəm] s. (Anat.) hipogástrio m.
hypogeum [haipədʒ'iəm] s. 1. (Constr.) hipogeu m. 2. (Bot.) hipogeu m.: órgão vegetal subterrâneo m.
hypoglossal [haipogl'ɔsəl] adj. (Med.) hipoglosso: que fica sob a língua.
hypogynous [haip'ɔdʒinəs] adj. (Bot.) hipógino.
hypophosphate [haipouf'ɔsfeit] s. (Quím.) hipofosfato m.
hypophosphite [-f'ɔsfait] s. (Quím.) hipofosfito m.
hypophosphorous [-f'ɔsfərəs] adj. hipofosforoso.
hypophysis [haip'ɔfisis] s. (Med.) hipófise f.: glândula de secreção interna.
hypoplasia [haipəpl'eiziə] s. hipoplasia f.
hypostasis [haip'ɔstəsis] s. hipóstase f.
hypostatic [haipost'ætik], **hipostatical** [~əl] adj. hipostático.
hyposulphite [haipos'ʌlfait] s. (Quím.) hipossulfito m.
hyposulphurous [-s'ʌlfərəs] adj. (Quím.) hipossulfuroso.
hypotension [haipət'enʃən] s. (Med.) hipotensão f.
hypotenuse [haip'ɔtinju:z] s. (Geom.) hipotenusa f.
hypothec [haip'ɔθik] s. hipoteca f.
hypothecate [haip'ɔθikeit] v. hipotecar.
hypothecation [haipoθik'eiʃən] s. ação de hipotecar.
hypothermia [haipouθ'ə:miə] s. (Med.) hipotermia f.
hypothesis [haip'ɔθisis] s. hipótese, suposição f.
hypothetic [haipoθ'etik], **hypothetical** [~əl] adj. hipotético.
hypsography [hips'ɔgrəfi] s. hipsografia f.: descrição dos lugares elevados.
hypsometer [hips'ɔmitə] s. hipsômetro m.
hypsometric [hipsom'etrik] adj. hipsométrico.
hypsometry [hips'ɔmitri] s. hipsometria f.: medição da altitude.
hyson [haisn] s. hissom m.: espécie de chá verde.
hyssop [h'isəp] s. 1. (Bot.) hissopo m. 2. (Ecles.) água benta f. 3. (Ecles.) hissope, aspersório m.
hysterectomy [histər'ektəmi] s. (Cirurg.) histerectomia f.
hysteresis [histər'i:sis] s. histerese f.: fenômeno de magnetismo.
hysteria [hist'iəriə] s. (Med.) histeria f., histe smo m.
hysteric [hist'erik] s. geralmente **hysterics**: ataque m. de histeria, histeria f. ‖ adj. = **hysterical**.
she went into ~s ela teve ataques de histeria.
hysterical [hist'erikəl] adj. histérico.
hysterology [histər'ɔlədʒi] s. histerologia f.
hysterotomy [-tomi] s. (Med.) histerotomia f.: operação cesariana.

I, i [ai] nona letra do alfabeto, vogal.

I [ai] s. 1. eu m.: a individualidade da pessoa. 2. número latino = 1. ‖ pron. pess. eu. **~ say!** escuta! **it is ~** sou eu.

iamb ['aiæmb], **iambus** [ai'æmbəs] s. (grego) iambo m.: 1. pé de verso composto de uma sílaba breve e outra longa. 2. verso composto·desses pés.

iambic [ai'æmbik] s. = **iamb.** ‖ adj. 1. com forma de iambo. 2. jâmbico.

iatro-chemistry [aiætrək'emistri] s. iatroquímica f.: química aplicada na medicina.

iatrogenic [aiætrədʒ'enik] adj. (Med.) iatrogênico: relativo a neurose causada pela palavra ou ação do médico.

I-beam ['aibi:m] s. (Eng.) 1. ferro laminado em forma de I m. 2. viga I f.

Iberia [aib'iriə] s. 1. Ibéria f.: Espanha e Portugal. 2. (Hist.) região f. caucasiana, atual Geórgia, U. R. S. S.

Iberian [aib'iəriən] s. ibero m.: habitante da península ibérica. ‖ adj. ibérico.

ibex ['aibəks] s. (Zool.) íbex m.

ibid., ib. [ib'aidəm] abr. de **ibidem** adv. (latim) neste mesmo lugar (livro, página).

ibis ['aibis] s. (Zool.) íbis m. + f.: ave pernalta.

Icarian [aik'eəriən] adj. 1. a modo de Ícaro. 2. (fig.) pretensioso, ambicioso.

Icarus ['aikərəs] s. Ícaro m.: figura da mitologia grega.

ice [ais] s. 1. gelo m. 2. sorvete m. ‖ v. 1. gelar, congelar, esfriar. 2. cristalizar, cobrir com açúcar. **he skates over thin ~** ele pisa em terreno perigoso. **he cuts no ~** (coloq.) ele conta pouco. **he broke the ~** ele rompeu o gelo. **you can put that on the ~** (coloq., E. U. A.) pode dar baixa disto.

ice age s. período glacial m.

ice-axe s. picareta leve, usada pelos alpinistas f.

iceberg ['aisbə:g] s. icebergue m.: monte de gelo flutuante.

iceblink ['aisbliŋk] s. reflexo luminoso m. no horizonte, provocado pelos grandes campos de gelo e neve, especialmente nas regiões polares m.

iceboat ['aisbout] s. 1. navio quebra-gelo m. 2. leve barco veleiro sobre patins para deslisar sobre o gelo m.

icebound ['aisbaund] adj. preso pelo gelo (navio).

ice box s. geladeira f.

icebreaker ['aisbreikə] s. = **iceboat.**

ice cap, ice sheet s. calota glacial, polar f.

ice-cold adj. frio como gelo, gelado.

ice-cream s. sorvete cremoso m.

ice cube s. cubo m. de gelo.

ice-drift s. massas de gelo flutuante f. pl.

ice eliminating system s. instalação desgeladora f.

ice-ferns s. pl. formações de gelo m. que sugerem folhagens (na janela).

ice-field s. campo de gelo m., massa de gelo de grande extensão f.

ice hockey s. (Esp.) hóquei sobre o gelo m.

ice-house s. fábrica f. ou depósito m. de gelo.

Iceland ['aislənd] s. (Geogr.) Islândia f.

Icelander [~ə] s. islandês m.: habitante da Islândia.

Icelandic [aisl'ændik] s. islandês m.: língua da Islândia. ‖ adj. islandês.

Iceland spar s. (Miner.) espato-da-Islândia m.: calcita.

iceman ['aismæn] s. 1. vendedor de sorvete m. 2. vendedor de gelo m.

ice-pack s. 1. banquisa f. 2. compressa f. de gelo.

ice point s. (Fís.) temperatura f. de congelamento.

ice-rink s. rinque de gelo para patinação m.

ice skate s. patim m. ‖ **ice-skate** v. patinar no gelo.

ice-spar s. (Miner.) ortoclásio, feldspato m.

ice water s. 1. água gelada f. 2. água f. com gelo.

ichneumon [iknj'u:mən] s. (Zool.) 1. icnêumone m.: rato de faraó, mangusto. 2. gênero de insetos m.

ichnograph ['iknogrəf] s. icnografia f.: planta de um edifício.

ichnographic [iknəgr'æfik], **ichnographical** [~əl] adj. icnográfico.

ichnography [ikn'ogrəfi] s. icnografia f.: arte de traçar.

ichnology [ikn'olədʒi] s. icnologia f.: parte da paleontologia que estuda as impressões fósseis.

ichor ['aikə] s. (Med.) 1. serosidade, linfa f. 2. (Mitol.) licor da vida, sangue dos deuses m.

ichorous ['aikərəs] adj. (Med.) seroso.

ichthyography [ikθi'ogrəfi] s. ictiografia f.: descrição dos peixes.

ichthyoid ['ikθioid] adj. ictióide, semelhante a um peixe.

ichthyol ['ikθiol] s. (Med.) ictiol m.: substância obtida pela destilação de certo betume, usada para tratamento local de afecções da pele.

ichthyolite ['ikθiolait] s. peixe fossilizado m.

ichthyologic [ikθiol'odʒik], **ichthyological** [~əl] adj. ictiológico.

ichthyology [ikθi'olədʒi] s. ictiologia f.: parte da zoologia que trata dos peixes.

ichthyomancy ['ikθiəmænsi] s. ictiomancia f.: adivinhação por meio das entranhas dos peixes.

ichthyophagist [ikθi'ofədʒist] s. ictiófago m.: que se alimenta de peixes.

ichthyophagous [ikθi'ofəgəs] adj. ictiófago.

ichthyophagy [ikθi'ofədʒi] s. ictiofagia f.

ichthyosaurus [ikθiəs'o:rəs] s. ictiossauro m.: réptil pré-histórico.

ichthyosis [ikθi'ousis] s. (Med.) ictiose f.: doença da pele com formação de escamas córneas.

ichthys ['ikθis] s. (grego) ictis m.: (Ecles.) símbolo em forma de peixe, relacionado a Cristo, porque as letras (que formam em grego a palavra peixe) são também as iniciais gregas de: Jesus Cristo, Filho de Deus, Salvador.

icicle ['aisikl] s. sincelo, pingente de gelo m.

iciness ['aisinis] s. f. 1. frio m., temperatura baixa f. 2. frigidez f.

icing ['aisiŋ] s. camada de açúcar, cobertura de açúcar f., glacê m.

icon ['aikən] s. ícone m.: imagem sacra, estátua.

iconoclasm [aik'onoklæzm] s. iconoclasmo m.

iconoclast [aik'onoklæst] s. iconoclasta m. + f.: destruidor(a) de ídolos.

iconoclastic [aikonokl'æstik] adj. inconoclasta.

iconographic [aikonogr'æfik] adj. iconográfico.

iconography [aikon'ogrəfi] s. iconografia f.: 1. estudo de imagens. 2. coleção impressa de figuras.

iconolater [aikon'olətə] s. iconólatra m. + f.

iconolatry [aikon'olətri] s. iconolatria f.: adoração das imagens.

iconology [aikon'olədʒi] s. iconologia f.

íconomachy [aikɔn'ɔməki] s. combate às imagens e ídolos m.

iconophile [aik'ɔnofail] s. iconófilo m.: conhecedor e apreciador de quadros e imagens.

icosahedron [aikɔsəh'i:drən] s. (Geom.) icosaedro m.: poliedro de vinte faces.

icteric [ikt'erik] s. (Med.) medicamento contra a icterícia m. ‖ adj. (também ~al) icterício.

icteroid ['iktərɔid] adj. icteróide: semelhante à icterícia.

icterus ['iktərəs] s. 1. (Med.) icterícia f. 2. (Bot.) doença de plantas caracterizada pelo amarelecimento das folhas f. 3. (Zool.) íctero m.

ictus ['iktəs] s. 1. acento rítmico em versos m. 2. (Med.) batimento do pulso m.

icy ['aisi] adj. frio, gelado, congelado, frígido.

id [id] s. (Psicol.) impulso instintivo do indivíduo m. ‖ abr. de idem.

I'd [aid] abr. de I should, ou I had.

idea [aid'iə] s. 1. idéia, ideação f., plano, conceito m., imaginação f. 2. opinião f., pensamento m. 3. noção f., conhecimento, juízo m. the ~! que idéia! what's the big ~? que é que está pensando? you have no ~ of it você não faz idéia disto. the ~ is not bad não é má idéia. I have an ~ that ... penso que ... he can form no ~ of it ele não o pode imaginar. don't put ~s into his head não encha a cabeça dele.

ideaed [aid'iəd] adj. com idéias, engenhoso.

ideaistic [aidiə'istik] adj. de idéias (abstratas, simbólicas).

ideal [aid'iəl] s. 1. ideal, ídolo m. 2. perfeição, sublimidade f. ‖ adj. 1. ideal, imaginário, visionário. 2. perfeito, perfeição. ‖ ~ly adv. de maneira ideal.

idealess [aid'iəlis] adj. sem idéias.

idealism [aid'iəlizm] s. 1. (Filos.) idealismo m. 2. idealidade f.

idealist [aid'iəlist] s. idealista m. + f.

idealistic [aidiəl'istik] adj. idealista, idealístico.

ideality [aidi'æliti] s. idealidade f.

idealization [aidiəlaiz'eiʃən] s. idealização f.

idealize [aid'iəlaiz] v. idealizar, formar ideais.

ideate [aid'ieit] v. idear, imaginar, conceber.

ideation [aidi'eiʃən] s. ideação, concepção f.

Idem ['aidəm] pron. (latim) o mesmo. ‖ adv. na mesma obra.

identic [aid'entik], identical [~əl] adj. 1. idêntico, correspondente, equivalente. 2. o mesmo, igual ‖ ~ally adv. identicamente.

identicalness [aid'entikəlnis] s. identidade f.

identifiable [aid'entifaiəbl] adj. identificável.

identification [aidentifik'eiʃən] s. 1. identificação, verificação f. 2. documento de identidade m. ~ card cédula de identificação.

identify [aid'entifai] v. identificar, provar a identidade, a origem, considerar como sendo o mesmo. to ~ oneself with identificar-se com.

Identikit [aid'entikit] s. (marca registrada) jogo m. de elementos, para constituir retrato falado de pessoa procurada.

identity [aid'entiti] s. 1. identidade, igualdade f. 2. individualidade f. to prove one's ~ documentar-se. ~ papers documentos de identidade. ~ tag (E. U. A.) cédula de identidade.

ideogram ['idiəgræm], ideograph [—gra:f] s. ideograma m.

ideographic [idiogr'æfik] adj. ideográfico.

ideography [idi'ɔgrəfi] s. ideografia f.

ideological [aidiol'ɔdʒikəl] adj. ideológico. ‖ ~ly adv. de modo ideológico.

ideologist [aidi'ɔlədʒist] s. ideólogo m.

ideology [aidi'ɔlədʒi] s. ideologia f.

ideomotor [aidiəm'outə] adj. (Psicol.) ideomotor.

Ides [aidz] s. pl. (latim) idos m. pl.: certos dias do antigo calendário romano.

idiocy ['idiosi] s. idiotismo m., estupidez f.

idiolect ['idiəlekt] s. (Ling.) maneira f. de falar da pessoa.

idiom ['idiəm] s. 1. idioma m., língua f., dialeto m. 2. modo peculiar de expressão.

idiomatic [idiom'ætik], idiomatical [~əl] adj. idiomático. ‖ ~ally adv. de modo idiomático.

idiomorphic [idiəm'ɔ:fik] adj. (Min.) idiomórfico: com forma distinta e própria.

idiopathic [idiəp'æθik], idiopathical [~əl] adj. (Med.) idiopático. ‖ ~ally adv. de maneira idiopática.

idiopathy [idi'ɔpəθi] s. (Med.) idiopatia f.: doença primária, não ocasionada por outra.

idiosyncrasy [idiəs'iŋkrəsi] s. idiossincrasia f.: 1. qualidade individual. 2. (Med.) hipersensibilidade.

idiosyncratic [idiəsinkr'ætik] adj. idiossincrásico.

idiot ['idiət] s. idiota, ignorante m. + f., estúpido m.

idiotic [idi'ɔtik], idiotical [~əl] adj. idiota, imbecil, estúpido, mentecapto. ‖ ~ally adv.: de maneira idiótica, estupidamente.

idiotism ['idiətizm] s. idiotismo m., idiotice f.

idiotize ['idiətaiz] v. 1. ficar louco, tornar-se idiota. 2. idiotizar.

idle [aidl] v. 1. ficar à toa, perder tempo. 2. trabalhar sem carga (motor). ‖ adj. 1. inativo, desocupado. 2. ineficiente, inútil. 3. indolente, preguiçoso, negligente. ‖ idly adv. à toa, ociosamente, em vão. ~ hours horas vagas. ~ talk conversa fiada. ~ wheel (Eng.) roda intermediária, polia louca f. to run ~ (Eng.) trabalhar sem carga. to ~ away the time perder o tempo à toa. to talk idly conversar fiado.

idleness ['aidlnis] s. inatividade, preguiça f., ócio m.

idler ['aidlə] s. 1. preguiçoso, vadio m. 2. (Eng.) polia esticadora f.

idocrase ['aidokreis] s. (Min.) idocrásio m.: silicato, vesuvianita.

idol [aidl] s. ídolo m., imagem f., falso deus m.

idolater [aid'ɔlətə] s. idólatra m.: adorador de ídolos.

idolatress [aid'ɔlətris] s. idólatra f.

idolatrous [aid'ɔlətrəs] adj. idolátrico. ‖ ~ly adv. idolatricamente.

idolatry [aid'ɔlətri] s. idolatria f.: culto prestado a ídolos.

idolism ['aidəlizm] s. idolatria f.

idolization [aidolaiz'eiʃən] s. adoração de ídolos f.

idolize ['aidəlaiz] v. idolatrar, amar excessivamente.

idolizer ['aidəlaizə] s. idólatra, adorador m.

idolum [aid'ouləm] s. fantasia, imaginação, concepção f., preconceito m.

idoneous [aid'ouniəs] adj. † idôneo, conveniente, apto.

idyl, idyll ['idil] s. (Lit.) 1. composição de caráter pastoril. 2. amor poético.

idyllic [aid'ilik] adj. idílico. ‖ ~ally adv. com idílio.

idyllist ['aidilist] s. idilista m. + f.

i. e. [ai'i.] abr. de id est (latim) isto é, isto quer dizer.

if [if] s. possibilidade, incerteza f. ‖ conj. se, caso que, embora. without ~s or ans sem rodeios. as ~ como se. ~ not se não. ~ so neste caso. ~ she should come caso ela vier. ~ I only could se eu pudesse. ~ she lost in wealth, she gained in popularity embora ela perdesse em fortuna, ganhou em popularidade. she is 40 ~ a day ela tem no mínimo 40 (anos). I don't know, ~ he is at home não sei se ele está em casa. ~ I haven't caught a cold! no mínimo peguei um resfriado!

igloo ['iglu:] s. iglu m.: casa de esquimó, geralmente feita de blocos de neve compacta.

igneous ['igniəs] adj. 1. ígneo, ıgnescente, incandescente. 2. (Geol.) formado pela ação vulcânica, eruptivo.

ignis fatuus s. (latim) fogo-de-santelmo, foʒ -de--boitatá, fogo-fátuo m.

ignitable, ignitible [ign'aitəbl] adj. inflamável, combustível.

ignite [ign'ait] v. 1. acender, pôr fogo. 2. inflamar-se, incendiar-se, pegar fogo.

igniter [ign'aitə] s. dispositivo para iniciar a combustão ou a ignição m.

ignition [ign'iʃən] s. 1. ignição f. 2. combustão f.
~ **cable** estopim. ~ **coil** (Autom.) bobina de ignição, bobina de indução. ~ **key** (Autom.) chave de ignição (quadro M 5).

ignoble [ign'oubl] adj. ignóbil, baixo, humilde.

ignobleness [ign'oublnis], **ignobility** [ignoub'iliti] s. ignobilidade f.

ignominious [ignom'iniəs] adj. ignominioso, infame. ‖ ~**ly** adv. ignominiosamente.

ignominy ['ignomini] s. ignomínia, desonra, infâmia f.

ignoramus [ignor'eiməs] s. (latim) ignorante m.

ignorance ['ignərəns] s. ignorância f.
~ **of the law is no defence** a ignorância da lei não exime de culpa.

ignorant ['ignərənt] adj. ignorante, não instruído. ‖ ~**ly** adv. ignorantemente.
to be ~ of desconhecer.

ignore [ign'ɔ:] v. 1. ignorar, desconhecer. 2. não considerar. 3. (Jur.) refutar como infundado.

iguana [igw'a:nə] s. (Zool.) iguana m.: gênero de lacertílio americano (Ilhas Galápagos).

ikebana [ikəb'ænə] s. (japonês) ikebana, arte de arranjos florais f.

ikon ['aikɔn] = **icon.**

ileum ['ailiəm] s. (Anat.) íleo m.: última parte do intestino delgado.

ilex ['aileks] s. (Bot.) 1. azevinho m. 2. (= **holly**) gênero de plantas com folhas coriáceas.

iliac ['iliæk] adj. (Med.) ilíaco.
~ **region** região ilíaca f.: parte do abdomen.

Iliad ['iliəd] s. (grego) Ilíada f.: poema de Homero.

ilk [ilk] s. (esc., coloq.) gênero m., descendência, classe, laia f.
of that ~ do mesmo nome, da mesma laia. **others of his ~** outros da sua laia.

I'll [ail] contração de **I will, I shall.**

ill [il] s. 1. mal, desgosto m., calamidade, aflição f. 2. doença, enfermidade f. ‖ adj. 1. doente, mau, indisposto. 2. ruim, desfavorável, maléfico. 3. impróprio, prejudicial, maligno. ‖ adv. 1. mal, não bem. 2. dificilmente, imperfeitamente. 3. raramente.
I was ~ fiquei mal. ~ **at ease** desconfortável, ansioso. **to be taken ~** ficar doente. **to speak ~** falar mal. **to take ~, in ~ part** tomar por mal, ofender-se. **it becomes her ~** fica mal para ela. **it will go ~ with s. o.** acabará mal com alguém.

ill-advised adj. 1. imprudente. 2. mal-aconselhado.

ill-affected adj. mal-intencionado.

ill-assorted adj. malcasado.

ill-at-ease adj. apreensivo, desalentado.

illation [il'eiʃən] s. ilação, dedução, conclusão f.

illative ['ilətiv, il'eitiv] adj. ilativo, conclusivo.

ill-behaved adj. mal-educado, malcomportado.

ill blood s, rancor m.

ill-bred adj. malcriado, mal-educado.

ill-breeding s. falta de educação, incivilidade f.

ill-conditioned adj. 1. com mau temperamento, agressivo. 2. em más condições.

ill-contrived adj. 1. fracassado. 2. mal planejado.

ill-disposed adj. com más intenções, maligno.

illegal [il'i:gəl] adj. ilegal, ilegítimo. ‖ ~**ly** adv. ilegalmente.

illegality [ilig'æliti] s. ilegalidade f.

illegalize [il'i:gəlaiz] v. tornar ilegal.

illegibility [iledʒib'iliti] s. ilegibilidade f.

illegible [il'edʒəbl] adj. ilegível.

illegitimacy [ilidʒ'itiməsi] s. ilegitimidade, invalidade f.

illegitimate [ilidʒ'itimit] s. bastardo m., criança ilegítima f. ‖ [ilidʒ'itimeit] v. tornar ilegítimo. ‖ adj. ilegítimo, bastardo. ‖ ~**ly** adv. ilegitimamente, por bastardia, fora do matrimônio.

illegitimation [ilidʒitim'eiʃən] = **illegitimacy.**

illegitimize [ilidʒ'itimaiz] v. tornar ilegítimo.

ill-famed adj. com má reputação, com má fama.

ill-fated adj. infortunado, desgraçado, infeliz.

ill-favoured adj. 1. feio, desagradável. 2. ofensivo, problemático.

ill-founded adj. sem base ou lógica.

ill-got, ill-gotten adj. adquirido desonestamente.

ill humour s. 1. mau humor m. 2. mau gênio m.

ill-humoured adj. mal-humorado.

illiberal [il'ibərəl] adj. iliberal, avaro, mesquinho ‖ ~**ly** adv. iliberalmente.

illiberality [ilibər'æliti] s. iliberalidade, mesquinhez f.

illiberalize [il'ibərəlaiz] v. tornar iliberal.

illicit [il'isit] adj. ilícito, proibido, contrário à moral ou ao direito. ‖ ~**ly** adv. ilicitamente.

illicitness [il'isitnis] s. ilegitimidade f.

illimitability [ilimitəb'iliti], **illimitableness** [il'imitəblnis] s. qualidade daquilo que é ilimitado f.

illimitable [il'imitəbl] adj. ilimitável, infinito. ‖ **–bly** adv. ilimitadamente.

illimited [il'imitid] † adj. (= **unlimited**) ilimitado, sem limites. ‖ ~**ly** adv. ilimitadamente.

illinium [il'iniəm] s. (Quím.) ilínio, prometeu m.: elemento do grupo das terras raras.

illiquid [il'ikwid] adj. (Jur.) confuso, não claramente manifesto ou provado.

illiteracy [il'itərəsi], **illiterateness** [il'itəritnis] s. ignorância, falta de instrução f.

illiterate [il'itərit] s. iletrado, analfabeto m., ignorante m. + f. ‖ adj. iliterato, iletrado, analfabeto. ‖ ~**ly** adv. de modo iletrado.

ill-judged adj. precipitado, sem juízo, injudicioso.

ill-luck s. desgraça f., infortúnio m.

ill-manned adj. (Náut.) com tripulação insuficiente.

ill-mannered adj. bronco, rude, grosseiro.

ill-matched adj. que não combina, desencontrado.

ill-mated adj. mal emparelhado.

ill-merited adj. desmerecedor, indigno, imerecido.

ill nature s. mau gênio m., inclinação f. para o mal.

ill-natured adj. mau, ruim, malvado. ‖ ~**ly** adv. malvadamente.

ill-naturedness s. mau gênio, mau coração m.

illness ['ilnis] s. 1. doença f. 2. indisposição f.

illogical [il'odʒikəl] adj. ilógico, absurdo, ıncoerente. ‖ ~**ly** adv. ilogicamente, incoerentemente.

illogicality [ilodʒik'æliti] s. falta de lógica f.

ill-omened [il'oumənd] adj. de mau agouro, malfadado.

ill-pleased adj. descontente.

ill-principled adj. com maus princípios.

ill repute s. má fama f.

ill-requited adj. 1. mal recompensado. 2. tratado com ingratidão.

ill-spent adj. 1. mal-empregado (dinheiro). 2. malversado.

ill-tempered adj. mal-humorado, resmungão.

ill-timed adj. 1. fora de hora, inoportuno. 2. fora de propósito.

ill-treat, ill turn s. ato mau, tratamento malvado m.

illude [il'u:d] v. iludir, enganar.

illume [ilj'u:m] v. 1. iluminar, clarear. 2. esclarecer, elucidar. 3. ilustrar.

illuminant [ilj'u:minənt] s. aparelho de iluminação m.

illuminate [ilj'u:mineit] v. 1. iluminar, clarear. 2. esclarecer, elucidar. 3. ilustrar, ornamentar.

illuminated ad s. anúncio (ou sinal) luminoso m., placa luminosa f.

illumination [ilju:min'eiʃən] s. 1. iluminação, luz f. 2. esplendor m.

illuminative [ilj'u:mineitiv] adj. 1. iluminativo. 2. instrutivo.

illuminator [ilj'u:mineitə] s. iluminador m.

illumine [ilj'u:min] v. iluminar, alumiar.

illuminism [ilj'u:minizm] s. (Filos.) iluminismo m.: doutrina da inspiração sobrenatural.

illuminist [ilj'u:minist] s. iluminista m. + f.: adepto do iluminismo.

ill-usage s. maltrato m., injustiça f.

ill-use v. maltratar.

illusion [il'u:ʒən] s. 1. ilusão f., engano dos sentidos m. 2. decepção f.

illusionism [~izm] s. (Filos.) ilusionismo m.

illusionist [il'u:ʒənist] s ilusionista m. + f.

illusive [il'u:siv] adj. ilusivo, ilusório. || ~ly adv. ilu-· soriamente.

illusiveness [il'u:sivnis] s. ilusão, impressão f.

illusoriness [il'u:sərinis] s. ilusão, aparência f.

illusory [il'u:səri] adj. ilusório, enganador, iludente. || –rily adv. ilusoriamente.

illustrate ['iləstreit] v. ilustrar, esclarecer, elucidar.

illustrated [~id] s. (Ingl.) revista ilustrada f. || adj. ilustrado.

illustration [iləstr'eiʃən] s. 1. ilustração f. 2. elucidação f., esclarecimento m.

illustrative ['iləstreitiv] adj. 1. ilustrativo. 2. explicativo. || ~ly adv. em forma de ilustração.

illustrator ['iləstreitə] s. 1. ilustrador m. 2. explicador m.

illustrious [il'ʌstriəs] adj. ilustre, nobre, distinto. || ~ly adv. ilustremente, distintamente.

illustriousness [il'ʌstriəsnis] s. celebridade, nobreza f.

illuviation [iluvi'eiʃən] s. (Geol.) iluviação f.

ill will s. malevolência, inimizade f.

ill-wisher s. pessoa malévola f., de mau augúrio.

I. L. O. abr. de International Labour Office.

I'm [aim] contração de I am.

image ['imidʒ] s. 1. imagem f., retrato, ídolo m., estátua f. 2. cópia f., símbolo m. 3. idéia f. || v. 1. imaginar, formar mentalmente. 2. representar, formar imagem, simbolizar.

imageable ['imidʒəbl] adj. imaginável.

imagery ['imidʒəri] s. 1. imagem f. 2. imagens, estátuas, figuras f. pl. 3. fantasias, imaginações f. pl.

image-worship s. iconolatria, adoração das imagens f.

imaginable [im'ædʒinəbl] adj. imaginável. || –bly adv. imaginariamente.

the greatest success ~ o maior sucesso imaginável.

imaginary [im'ædʒinəri] adj. imaginário.

imagination [imædʒin'eiʃən] s. 1. imaginação, idéia f. 2. conceito m.

imaginative [im'ædʒinətiv] adj. 1. imaginativo. 2. construtivo, criador. 3. produtivo espiritualmente. || ~ly adv. 1. imaginativamente. 2. construtivamente.

imaginativeness [im'ædʒinətivnis] s. qualidade de ser imaginativo f.

imagine [im'ædʒin] v. 1. imaginar, figurar-se, representar-se. 2. pensar, supor, crer.

just ~! imagine!

imaginer [im'ædʒinə] s. imaginador, inventor m.

imagining [im'ædʒiniŋ] s. imaginação, idéia f.

imagism ['imidʒizm] s. (Lit.) imagismo m.

imago [im'eigou] s. (Zool.) imago f.: inseto adulto

depois das metamorfoses.

imam [im'æm] s. (Islã) imame m.

imbalance [imb'æləns] s. desequilíbrio m.

imbecile ['imbisail] s. imbecil, bobo, tonto m. || adj. imbecil, bobo. || ~ly adv. imbecilmente.

imbecility [imbis'iliti] s. imbecilidade f.

imbibe [imb'aib] v. absorver, embeber.

imbibition [imbib'iʃən] s. absorção, infiltração f.

imbricate ['imbrikeit] v. imbricar, sobrepor. || ['imbrikit] adj. imbricado, sobreposto.

imbrication [imbrik'eiʃən] s. imbricação f.

imbroglio [imbr'ouliou] s. (ital.) embrulhada f.

imbrue [imbr'u:] v. 1. molhar, pôr de molho, mergulhar. 2. manchar.

imbrute [imbr'u:t] v. 1. embrutecer, brutalizar. 2. embrutecer-se.

imbue [imbj'u:] v. 1. embeber, saturar. 2. tingir, manchar, imbuir. 3. (fig.) inspirar, impregnar.

~d with imbuído de.

imburse [imb'ə:s] v. 1. embolsar. 2. prover de dinheiro.

imide ['imaid] s. (Quím.) imido m.

imitability [imitəb'iliti] s. possibilidade de imitar f.

imitable ['imitəbl] adj. imitável.

imitate ['imiteit] v. imitar, copiar.

imitated ['imiteitid] adj. 1. imitado. 2. falsificado.

imitation [imit'eiʃən] s. 1. imitação, cópia f.

imitation leather s. pano-couro m.

imitation parchment s. papel apergaminhado m.

imitative ['imiteitiv] adj. imitativo, imitador. || ~ly adv. de modo imitativo.

imitative arts s. pl. artes plásticas. f. pl.

imitator ['imiteitə] s. imitador m.

immaculacy [im'ækjuləsi] s. imaculabilidade f.

immaculate [im'ækjulit] adj. imaculado, puro, impecável. || ~ly adv. imaculadamente.

Immaculate Conception s. Imaculada Conceição f.

immaculateness [im'ækjulitinis] · s. imaculabilidade, pureza, inocência f.

immaleable [im'æliəbl] adj. imaleável.

immanacle [im'ænəkl] v. † = manacle.

immanence ['imənəns], immanency ['imənənsi] s. imanência f.

immanent ['imənənt] adj. imanente.

immantle [im'æntl] v. enrolar em uma capa, encapar.

immaterial [imət'iəriəl] adj. 1. imaterial. 2. secundário, não importante. || ~ly adv. imaterialmente.

immaterialism [imət'iəriəlizəm] s. imaterialismo m.

immaterialist [imət'iəriəlist] s. imaterialista m. + f.

immateriality [imətiəri'æliti] s. imaterialidade f.

immaterialize [imət'iəriəlaiz] v. imaterializar.

immaterialized [imət'iəriəlaizd] adj. imaterializado.

immature [imətj'uə] adj. imaturo, prematuro. || ~ly adv. prematuramente, antecipadamente.

immaturity [imətj'uəriti] s. imaturidade f.

immeasurability [imeʒərəb'iliti] s. imensurabilidade f.

immeasurable [im'eʒərəbl] adj. imensurável, infinito. || –bly adv. sem medida, imensamente, incomensuravelmente, infinitamente.

immeasurableness [~nis] s. imensurabilidade f.

immediacy [im'i:djəsi] s. imediação, vizinhança f.

immediate [im'i:djət] adj. imediato, instantâneo, urgente. || ~ly adv. imediatamente, logo.

immediateness [im'i:djətnis] s. qualidade ʋde ser imediato f.

immedicable [im'edikəbl] adj. incurável.

immemorial [imim'ɔ:riəl] adj. imemorial, imemorável. || ~ly adv. imemoravelmente.

from time ~ desde tempos imemoráveis.

immense [im'ens] adj. 1. imenso, infinito, enorme. 2. (gíria) formidável. 3. (gíria) muito. || ~ly adv. imensamente, infinitamente.

immensity [im'ensiti] s. imensidade, infinidade f.

immensurable [im'ensərəbl] adj. † = immeasurable.
immerse [im'ə:s] v. imergir, mergulhar, afundar.
~d in meditation em profunda meditação.
immersion [im'ə:ʃən] s. 1. imersão f. 2. mergulho m. 3. concentração espiritual f.
immersion boiling device s. resistência de imersão f.
immersionism [~izm] s. (Rel.) imersionismo m.: batismo por imersão.
immigrant ['imigrənt] s. imigrante m. + f. ‖ adj. imigrante.
immigrate ['imigreit] v. imigrar.
immigration [imigr'eiʃən] s. imigração f.
imminence ['iminəns] s. iminência f.
imminent ['iminənt] adj. iminente, pendente, que em breve sucederá. ‖ ~ly adv. iminentemente.
immiscibility [imisib'iliti] s. imiscibilidade f.
immiscible [im'isibl] adj. imiscível: que não pode misturar. ‖ –bly adv. imiscivelmente.
immitigable [im'itigəbl] adj. hão mitigável, não aliviável.
immobile [im'oubail] adj. imóvel, parado, inalterável.
immobility [imob'iliti] s. imobilidade f.
immobilization [imoubilaiz'eiʃən] s. imobilização f.
immobilize [im'oubilaiz] v. imobilizar, estacionar, obstar o progresso, reter.
immoderacy [im'odərəsi] s. imoderação f.
immoderate [im'odərit] adj. imoderado, excessivo, exagerado. ‖ ~ly adv. imoderadamente, excessivamente.
immoderation [imodər'eiʃən] s. imoderação, demasia f.
immodest [im'odist] adj. 1. imodesto, insolente, exorbitante, excessivo. 2. desonesto, impudico, incasto, indecente, obsceno. ‖ ~ly adv. imodestamente.
immodesty [im'odisti] s. imodéstia, impudicícia, insolência, indescência, desonestidade f.
immolate ['imoleit] v. 1. imolar, sacrificar. 2. prejudicar-se.
immolation [imol'eiʃən] s. imolação f., sacrifício m.
immolator [imol'eitə] s. imolador, sacrificador m.
immoral [im'orəl] adj. imoral, desonesto. ‖ ~ly adv. imoralmente.
immorality [imor'æliti] s. imoralidade f.
immoralize [im'orəlaiz] v. corromper.
immortal [im'o:tl] s. imortal m. + f. ‖ adj. imortal, eterno, eternamente famoso. ‖ ~ly adv. imortalmente, eternamente.
immortality [imo:t'æliti] s. imortalidade f.
immortalization [imo:tələiz'eiʃən] s. imortalização f.
immortalize [im'o:təlaiz] v. 1. imortalizar. 2. tornar célebre.
immortelle [imo:t'el] s. (Bot.) perpétua f.
immovability [imu:vəb'iliti], immovableness [im'u:vəblnis] s. imobilidade f.
immovable [im'u:vəbl] adj. imóvel, inalterável, impassível, insensível. ‖ –bly adv. imovelmente.
immovables [im'u:vəblz] s. pl. imóveis m. pl.: terrenos, terras, casas.
immune [imj'u:n] adj. imune, imunizado, isento, não susceptível, protegido.
immunity [imj'u:niti] s. 1. imunidade f. 2. isenção (de direitos, de penalidades) f.
immunization [imju:naiz'eiʃən] s. imunização f.
immunize ['imjunaiz] v. (Med.) imunizar, tornar imune.
immunochemistry [imju:nək'emistri] s. (Med.) imunoquímica f.
immunology [imju:n'olədʒi] s. (Med.) imunologia f.
immure [imj'uə] v. 1. murar. 2. prender.
~ oneself isolar-se.
immurement [imj'uəmənt] s. muralha f.
immutability [imju:təb'iliti], immutableness [imj'u:təblnis] s. imutabilidade f.

immutable [imj'u:təbl] adj. imutável, que não pode ser mudado. ‖ –bly adv. com imutabilidade.
imp [imp] s. 1. criança levada f., moleque m. 2. diabinho, trago, duende, espírito maligno m. ‖ v. 1. aumentar. 2. entusiasmar, alar.
impact ['impækt] s. impacto m., colisão f. ‖ [imp'ækt] v. unir, apertar, imprensar.
~ spring mola de impacto. ~ strength resistência ao impacto.
impair [imp'ɛə] v. 1. prejudicar. 2. enfraquecer. 3. diminuir.
impairer [imp'ɛərə] s. 1. prejudicador m. 2. destruidor m.
impairment [imp'ɛəmənt] s. 1. prejuízo, dano m. 2. diminuição f.
impala [imp'ælə] s. (Zool.) impala m.: antílope africano (Aepyceros melampus).
impale [imp'eil] v. 1. empalar, espetar. 2. unir dois brasões num escudo.
impalement [imp'eilmənt] s. empalação f.
impalpability [impælpəb'iliti] s. impalpabilidade f.
impalpable [imp'ælpəbl] adj. impalpável, fino, imaterial. ‖ –bly adv. impalpavelmente.
impaludism [imp'ælju:dizm] s. (Med.) impaludismo m., malária f.
impanate ['impəneit] v. consubstanciar.
impanation [impən'eiʃən] s. (Teol.) empanação f.
impanel [imp'ænəl] v. (empanel) enlistar (jurados).
imparadise [imp'ærədaiz] v. fazer alguém muito feliz.
imparisyllabic [impærisil'æbik] adj. imparissilábico, imparissílabo: que tem número ímpar de sílabas.
imparity [imp'æriti] s. imparidade f.
impark [imp'a:k] v. 1. transformar em parque. 2. cercar, murar (animais) em um parque.
impart [imp'a:t] v. 1. dar, conceder. 2. comunicar.
impartance [imp'a:təns], impartation [impa:t'eiʃən], impartment [imp'a:tmənt] s. 1. concessão, doação f. 2. participação, comunicação f.
impartial [imp'a:ʃəl] adj. imparcial, objetivo, desinteressado, neutro. ‖ ~ly adv. imparcialmente.
impartiality [impa:ʃi'æliti] s. imparcialidade f.
impartibility [impa:tib'iliti] s. indivisibilidade f.
impartible [imp'a:təbl] adj. impartível, indivisível.
impassable [imp'a:səbl] adj. impraticável, intransitável. ‖ –bly adv. intransitavelmente.
impasse [æmp'a:s] s. impasse, obstáculo m.
impassibility [impa:səb'iliti], impassableness [imp'a:səblnis] s. intransitabilidade f.
impassible [imp'æsibl] adj. impassível, indiferente.
impassibleness [imp'æsiblnis] s. impassibilidade f.
impassion [imp'æʃən] v. comover, apaixonar.
impassionate [imp'æʃənit] adj. comovido, apaixonado.
impassioned [imp'æʃənd] adj. 1. fervoroso. 2. comovido, apaixonado.
impassive [imp'æsiv] adj. impassível, indiferente, insensível. ‖ ~ly adv. impassivelmente.
impassiveness [imp'æsivnis], impassivity [impæs'iviti] s. impassibilidade, indiferença f.
impastation [impæst'eiʃən] s. empastamento m.
impaste [imp'eist] v. empastar.
impasted [imp'eistid] adj. empastado.
impasto [imp'a:stou] s. (Pint.) empastação f.
impatience [imp'eiʃəns] s. 1. impaciência f. 2. intolerância, aversão f.
impatient [imp'eiʃənt] adj. 1. impaciente, ansioso. 2. descontente, intolerante. ‖ ~ly adv. impacientemente, ansiosamente.
she is ~ of reproof ela não tolera críticas.
impavid [imp'eivid] adj. impávido, destemido. ‖ ~ly impavidamente, destemidamente.
impawn [imp'o:n] v. penhorar, empenhar.
impayable [imp'eiəbl] adj. 1.* impagável, inestimável.

2. formidável, muito engraçado.
impeach [imp'i:tʃ] v. 1. acusar, enculpar, contestar. 2. pôr em dúvida, pôr em questão. 3. censurar, criticar. 4. impedir. 5. desacreditar, depreciar.
impeachable [imp'i:tʃəbl] adj. que pode ser acusado, contestado, impedido em suas funções.
impeacher [imp'i:tʃə] s. 1. acusador m. 2. contestador m.
impeachment [imp'i:tʃmənt] s. 1. (Pol.) impedimento legal m. de exercer mandato, ocupar cargo. 2. contestação f. 3. repreensão f. 4. ação de pôr em dúvida f. 5. depreciação f.
impearl [imp'ə:l] v. 1. formar à maneira de pérola. 2. ornar com pérolas.
impeccability [impekəb'iliti] s. impecabilidade f.
impeccable [imp'ekəbl], **impeccant** [imp'ekənt] adj. impecável, irrepreensível. ‖ **–bly** adv. impecavelmente.
impecuniosity [impikju:ni'ɔsiti] s. pobreza, falta de dinheiro f.
impecunious [impikj'u:niəs] adj. sem dinheiro, sem recursos, pobre.
impedance [imp'i:dəns] s. (Eletr.) impedância f.
impede [imp'i:d] v. impedir, retardar, embaraçar.
impediment [imp'edimənt] s. (Ecles., Jur.) impedimento, obstáculo, embaraço m. (ao casamento).
~ **in the speech** defeito no falar.
impedimenta [impedim'entə] s. pl. (latim) 1. bagagem f. 2. bagagem militar f. 3. impedimento m.
impedimental [impedim'entəl], **impeditive** [imp'editiv] adj. impediente.
impel [imp'el] v. 1. impelir, empurrar. 2. incitar, estimular.
impellent [imp'elənt] s. força impelente f. ‖ adj. impelente.
impeller [imp'elə] s. 1. impulsor m. 2. rotor m. 3. roda impulsora f. 4. roda centrífuga f. 5. hélice de impulsão f.
impen [imp'en] v. encurralar.
impend [imp'end] v. 1. pender, pairar (sobre), impender. 2. estar iminente, ameaçar.
impendence [imp'endəns], **impendency** [imp'endənsi] s. o estar iminente m., pendência, iminência f.
impendent [imp'endənt] adj. impendente, pendente.
impending [imp'endiŋ] adj. que está por acontecer (algo desagradável).
impenetrability [impenitrəb'iliti], **impenetrableness** [imp'enitrəblnis] s. impenetrabilidade f.
impenetrable [imp'enitrəbl] adj. 1. impenetrável, insondável, incompreensível, misterioso. 2. obtuso, embotado, estúpido. ‖ **–bly** adv. impenetravelmente.
impenitence [imp'enitəns], **impenitency** [imp'enitənsi] s. impenitência f.
impenitent [imp'enitənt] s. pessoa impenitente f. ‖ adj. impenitente. ‖ **~ly** adv. impenitentemente.
imperative [imp'erətiv] s. (Gram.) imperativo m.: modo verbal. ‖ adj. imperativo, autoritário, que ordena, forçado. ‖ **~ly** adv. imperativamente.
imperativeness [imp'erətivnis] s. imperiosidade f.
imperator [impər'eitə] s. (latim) 1. imperador, rei, soberano m. 2. governador absoluto m.
imperatorial [imperət'ɔ:riəl] adj. 1. imperatório. 2. imperativo. ‖ **~ly** adv. imperatoriamente.
imperatrix [impər'eitriks] s. imperatriz, soberana f.
imperceivable [impəs'i:vəbl] adj. imperceptível.
imperceptibility [impəsəptib'iliti], **imperceptibleness** [impəs'eptəblnis] s. imperceptibilidade f.
imperceptible [impəs'eptəbl] adj. imperceptível. ‖ **–bly** adv. imperceptivelmente.
imperfect [imp'ə:fikt] s. (Gram.) imperfeito m.: tempo verbal. ‖ adj. imperfeito, defeituoso, incompleto. ‖ **~ly** adv. imperfeitamente.

~ **rhyme** rima imperfeita. ~ **tense** (Gram.) pretérito imperfeito.
imperfectibility [impəfektib'iliti] s. imperfectibilidade f.
imperfectible [impəf'əktibl] adj. imperfectível.
imperfection [impəf'ekʃən] s. imperfeição f., defeito m.
imperfectness [imp'ə:fiktnis] s. imperfeição f.
imperforable [imp'ə:fərəbl] adj. imperfurável, que não se pode furar.
imperforate [imp'ə:fərit], **imperforated** [imp'ə:fəreitid] adj. imperfurado, não aberto, não picotado, não serrilhado.
imperforation [impə:fər'eiʃən] s. imperfuração, oclusão f.
imperial [imp'iəriəl] s. 1. soldado ou partidário m. de regime imperial. 2. (Hist.) moeda f. de ouro da Rússia Imperial. 3. pequena barba f., à moda de Napoleão III (quadro B 5). 4. papel imperial em folhas grandes m. ‖ adj. 1. imperial, real, supremo, imperativo, pomposo. 2. de qualidade ou tamanho especial. ‖ **~ly** adv. imperialmente.
~ **policy** política imperial. ~ **weights and measures** pesos e medidas adotados na Inglaterra.
imperialism [imp'iəriəlizm] s. imperialismo m.
imperialistic [impiəriəl'istik] adj. imperialista.
imperiality [impiəri'æliti] s. poder imperial m.
imperil [imp'eril] v. pôr em perigo, expor.
imperious [imp'iəriəs] adj. 1. imperioso, soberbo, arrogante, despótico. 2. urgente. ‖ **~ly** adv. 1. imperiosamente. 2. urgentemente.
imperiousness [imp'iəriəsnis] s. imperiosidade f.
imperishable [imp'eriʃəbl] adj. imperecível, imortal, inextinguível. ‖ **–bly** adv. de modo imperecível.
imperishableness [imp'eriʃəblnis], **imperishability** [imperiʃəb'iliti] s. qualidade de ser imperecível.
imperium [imp'iəriəm] s. (latim) império, comando m., autoridade f.
impermanence [imp'ə:mənəns], **impermanency** [imp'ə:mənənsi] s. impermanência, instabilidade f.
impermanent [imp'ə:mənənt] adj. impermanente, inconstante. ‖ **~ly** adv. impermanentemente.
impermeability [impə:miəb'iliti] s. impermeabilidade f.
impermeable [imp'ə:miəbl] adj. impermeável. ‖ **–bly** adv. impermeavelmente.
~ **to water** à prova de água.
impermissible [impəm'isibl] adj. não permissível.
impersonal [imp'ə:snl] adj. impessoal. ‖ **~ly** adv. impessoalmente.
impersonality [impə:sən'æliti] s. impessoalidade f.
impersonalize [imp'ə:snəlaiz] v. impessoalizar, tornar impessoal.
impersonate [imp'ə:səneit] v. 1. personificar 2. representar.
impersonation [impə:sən'eiʃən] s. 1. personificação f. 2. representação de uma pessoa f.
impersonator [imp'ə:səneitə] s. representador, representante, ator m.
impersonify [impəs'ɔnifai] v. personificar.
impertinence [imp'ə:tinəns] s. 1. impertinência, inoportunidade f. 2. despropósito m. 3. impudência f.
impertinent [imp'ə:tinənt] adj. 1. impertinente, inoportuno. 2. insolente, impudente. ‖ **~ly** adv. impertinentemente, grosseiramente.
imperturbability, [impətə:bəb'iliti], **imperturbableness** [impət'ə:bəblnis] s. imperturbabilidade f.
imperturbable [impət'ə:bəbl] adj. imperturbável, impassível, tranqüilo. ‖ **–bly** adv. imperturbavelmente.
impervious [imp'ə:viəs] adj. 1. impérvio. 2. impenetrável (quadro S 8). ‖ **~ly** adv. inacessivelmente.

imperviousness [imp'ə:viəsnis] s. impenetrabilidade, inacessibilidade f.
impetiginous [impit'i:dʒinəs] adj. impetiginoso.
impetigo [impit'aigou] s. (Med.) impetigo m.: erupção pustulosa da pele.
impetrate ['impitreit] v. impetrar, suplicar, rogar.
impetration [impitr'eiʃən] s. impetração, impetra, súplica f.
impetrative ['impitreitiv], **impetratory** ['impitreitəri] adj. impetrativo, impetratório.
impetuosity [impetju'ositi], **impetuousness** [imp'etjuəsnis] s. impetuosidade, fúria, violência f.
impetuous [imp'etjuəs] adj. impetuoso, violento. ‖ ~ly adv. impetuosamente.
impetus ['impitəs] s. 1. ímpeto, impulso, estímulo, incentivo m. 2. energia f. de movimento.
impiety [imp'aiəti] s. impiedade, irreverência f.
impignorate [imp'ignəreit] v. = pawn.
impinge [imp'indʒ] v. 1. colidir, encontrar. 2. usurpar. 3. infringir, impingir, fazer acreditar.
impingement [imp'indʒmənt] s. 1. impingidela f. 2. colisão f. 3. influência f.
impious ['impiəs] adj. ímpio, incrédulo, irreverente. ‖ ~ly adv. impiamente.
impiousness ['impiəsnis] s. impiosidade f.
impish ['impiʃ] adj. diabólico, demoníaco, maligno.
implacability [impleikəb'iliti] s. 1. implacabilidade f. 2. crueldade f.
implacable [impl'ækəbl] adj. 1. implacável. 2. insensível. ‖ –bly adv. implacavelmente.
implacental [impləs'entəl] adj. (Zool.) sem placenta.
implant [impl'a:nt] v. implantar, inserir, enxertar, fixar, inculcar.
implantation [impla:nt'eiʃən] s. implantação, inserção, inculca f.
implausibility [implɔ:zib'iliti] s. improbabilidade f.
implausible [impl'ɔ:zəbl] adj. improvável, incerto. ‖ –bly adv. improvavelmente.
implead [impl'i:d] v. (Jur.) 1. mover ação. 2. impedir.
impledge [impl'edʒ] v. penhorar, empenhar.
implement [impl'imənt] s. 1. instrumento, utensílio m., ferramenta f. 2. implemento, acessório m. ‖ v. 1. executar, efetuar. 2. completar.
implicate ['implikit] s. implicante m. + f. ‖ ['implikeit] v. 1. implicar, embaraçar, enredar. 2. envolver, comprometer. 3. conter. ‖ ['implikit] adj. implícito, incluído.
  it is ~d in é atingido por, é influenciado por.
implication [implik'eiʃən] s. 1. implicação, complicação f., envolvimento m. 2. conclusão f.
  by ~ implicitamente.
implicative ['implikeitiv] adj. implicativo, implícito, incluído, tácito.
implicit [impl'isit] adj. 1. implícito, tácito, subentendido. 2. irrestrito. ‖ ~ly adv. implicitamente.
  ~ faith fé cega. ~ function função matemática.
implicitness [impl'isitnis] s. subentendido m.
implied [impl'aid] adj. subentendido, incluído.
imploration [implor'eiʃən] s. imploração, súplica f.
implore [impl'ɔ:] v. implorar, rogar, suplicar.
implorer [impl'ɔ:rə] s. implorador m. suplicante m. + f.
imploringly [impl'ɔ:riŋli] adv. suplicantemente.
implosion [impl'ouʒən] s. implosão f.
imply [impl'ai] v. 1. conter, encerrar, envolver. 2. inferir, deduzir, concluir, significar.
  it is implied from isto se deduz de.
impolicy [imp'ɔlisi] s. 1. incivilidade, descortesia f. 2. inconveniência f.
impolite [impol'ait] adj. impolido, indelicado, descortês, grosseiro. ‖ ~ly adv. impolidamente.
impoliteness [impol'aitnis] s. impolidez, descortesia f.

impolitic [imp'ɔlitik] adj. impolítico, imprudente. ‖ ~ly adv. impoliticamente.
imponderability [impondərəb'iliti] **imponderableness** [imp'ondərəblnis] s. imponderabilidade f.
imponderable [imp'ondərəbl] adj. imponderável: que não se pode pesar.
imponderables [~ z] s. pl. imponderáveis, fatores indefinidos m. pl.
imporosity [impər'ositi] s. falta de porosidade f.
imporous [imp'ɔ:rəs] adj. não poroso.
import ['impɔ:t] s. 1. importação f. 2. importância, significação f. 3. momento m., conseqüência f. ‖ [impɔ:t] v. 1. importar, introduzir mercadorias estrangeiras. 2. significar, importar, ser de importância. 3. envolver. 4. atingir concernir.
importable [imp'ɔ:təbl] adj. importável.
importance [imp'ɔ:təns] s. 1. importância f. 2. presunção, f. 3. conseqüência f. 4. consideração f. 5. influência f.
  of great ~ de grande importância. I attach no ~ to it não dou importância a isto.
important [imp'ɔ:tənt] adj. 1. importante. 2. influente. 3. essencial. 4. considerável. 5. presunçoso.
importation [impɔ:t'eiʃən] s. 1. importação f. 2. mercadoria de importação f.
importer [imp'ɔ:tə] s. importador m.
imports ['impɔ:ts] s. pl. produtos m. pl. de importação.
importunate [imp'ɔ:tjunit] adj. importuno, inoportuno. ‖ ~ly importunamente.
importune [imp'ɔ:tju:n] v. importunar, estorvar, molestar. ‖ adj. importuno, inoportuno, impertinente.
importuner [impɔ:tj'u:nə] s. importunador m.
importunity [impɔ:tj'u:niti] s. importunidade f.
impose [imp'ouz] v. 1. impor, pespegar, obrigar, mandar, fixar, ordenar. 2. enganar, iludir.
  ~ upon someone 1. enganar alguém. 2. impressionar alguém. they ~d upon his good nature eles aproveitaram-se da sua bondade.
imposer [imp'ouzə] s. impostor, enganador m.
imposing [imp'ouziŋ] adj. imponente, impressivo, grandioso, majestoso.
imposition [impəz'iʃən] s. 1. imposição f.: ato de impor penalidades, impostos, tributos. 2. imposto, tributo m. 3. opressão f. 4. engano, embuste, logro m. 5. colocação f. (das mãos, de insígnias).
impossibility [impɔsəb'iliti] s. impossibilidade f.
impossible [imp'ɔsəbl] adj. 1. impossível, muito difícil. 2. incrível, inacreditável. 3. insuportável. ‖ –bly adv. de modo impossível.
impost ['impoust] s. 1. imposto, tributo m., taxa f. 2. (Arquit.) imposta f.
impostor [imp'ɔstə] s. impostor, embusteiro m.
impostrous [imp'ɔstrəs] adj. impostor.
impostumate [imp'ɔstjumeit] v. apostemar, formar abscesso.
impostumation [impɔstjum'eiʃən] s. ação de apostemar-se.
imposture [imp'ɔstʃə] s. impostura f., embuste m.
impotence ['impotəns], **impotency** ['impotənsi] s. (Med.) impotência, fraqueza, incapacidade, caducidade f.
impotent ['impotənt] s. impotente m. + f. ‖ adj. impotente, incapaz, fraco. ‖ ~ly adv. impotentemente.
impound [imp'aund] v. 1. encerrar, fechar, encurralar, cercar, represar. 2. custodiar.
impoundage [imp'aundidʒ] s. 1. encerramento, represamento m. 2. custódia f.
impoverish [imp'ovəriʃ] v. empobrecer, depauperar.
impoverishment [imp'ovəriʃmənt] s. empobrecimento, esgotamento m.

impracticability [impræktikəb'iliti] impracticableness [impr'æktikəblnis] s. impraticabilidade, impossibilidade f.

impracticable [impr'æktikəbl] adj. impraticável, inexeqüível, impossível. ‖ –bly adv. impraticavelmente.

impractical [impr'æktikəl] adj. não sensível ou razoável; não prático. ‖ ~ly adv. de modo não prático.

imprecate ['imprikəit] v. 1. imprecar, rogar (pragas). 2. maldizer.

imprecation [imprik'eiʃən] s. imprecação, praga, maldição f.

imprecatory ['imprikeitəri] adj. imperativo, imprecatório.

imprecise [impris'ais] adj. impreciso.

impregnability [impregnəb'iliti] s. inexpugnabilidade, invencibilidade f.

impregnable [impr'egnəbl] adj. inexpugnável, inconquistável, invencível. ‖ –bly adv. de modo inconquistável, invencivelmente.

impregnate [impr'egneit] v. 1. emprenhar, fertilizar, fecundar. 2. impregnar, saturar ‖ [impr'egnit] adj. 1. prenhe, fecundado 2. impregnado.

impregnated [impr'egneitid] adj. 1. prenhe, fecundado. 2. impregnado.

impregnation [impregn'eiʃən] s. 1. fecundação, ação de emprenhar f. 2. impregnação f.

impresa [impr'eizə] s. divisa f., emblema, mote m.

impresario [imprez'a:riou] s. empresário m.

imprescriptibility [imprəskriptib'iliti] s. (Jur.) imprescritibilidade f.

imprescriptible [imprəskr'iptəbl] adj. imprescritível: independente do prazo legal.

impress ['impres] s. impressão, estampa f., carimbo, sinete, sinal, cunho m., marca f. ‖ [impr'es] v. 1. impressionar, comover, afetar. 2. imprimir, gravar, estampar. 3. recrutar, forçar.
she was deeply ~ed ela ficou profundamente impressionada. he was favourably ~ed by ele ficou bem impressionado com. I ~ed the necessity on him convenci-o da necessidade. ~ed with the idea impressionado com, sob a impressão de.

impressible [impr'esəbl] adj. impressionável.

impression [impr'eʃən] s. 1. impressão, marca, estampa f., sinal, cunho m. 2. impresso, exemplar (de uma obra impressa) m., edição f. 3. impressão (no espírito) f., abalo, efeito moral, sentimento m. 4. idéia, noção f., pensamento m.
I am under the ~ that, I have an ~ that tenho a impressão de que.

impressionabilty [impreʃənəb'iliti] s. impressionabilidade f.

impressionable [impr'əʃənəbl] adj. impressionável

impressionary [impr'eʃənəri] adj. impressionista.

impressionism [impr'eʃənizm] s. (Belas-artes) impressionismo m.

impressionist [impr'eʃənist] s. (Belas-artes) impressionista m. + f.

impressionistic [impreʃən'istik] adj. (Belas-artes) impressionista.

impressive [impr'esiv] adj. impressivo, comovente.‖ ~ly adv. impressivamente.

impressiveness [impr'esivnis] s. o ser impressivo.

impressment [impr'esmənt] s. 1. recrutamento forçado m. 2. apreensão f.

imprest ['imprest] s. empréstimo, adiantamento m.

imprimatur [imprim'eitə] s. (latim) imprimatur m.: permissão de imprimir.

imprimis [impr'aimis] adv. (latim) primeiro de tudo.

imprint ['imprint] s. carimbo, cunho m., estampa, marca f. ‖ [impr'int] v. 1. imprimir, carimbar. 2. (fig.) gravar (na mente).

imprison [impr'izn] v. prender, encarcerar.

imprisonment [impr'iznmənt] s. prisão, detenção f.

improbability [improbəb'iliti] s. improbabilidade f.

improbable [impr'obəbl] adj. improvável. ‖ –bly adv. improvavelmente.

improbity [impr'oubiti] s. improbidade, maldade f.

impromptu [impr'omptju:] s. (latim) improviso m., composição improvisada f. ‖ adj. improvisado, improviso. ‖ adv. improvisamente.

improper [impr'opə] adj. 1. impróprio, inadequado, inconveniente. 2. inexato. ‖ ~ly adv. impropriamente.

improper fraction s. fração imprópria f.

impropriate [impr'ouprieit] v. transferir a um leigo bens eclesiásticos. ‖ [impr'oupriit] adj. transferido.

impropriation [improupri'eiʃən] s. transferência de bens eclesiásticos a mãos particulares f.

impropriator [impr'ouprieitə] s. leigo possuidor de bens da Igreja m.

impropriety [impropr'aiəti] s. 1. impropriedade f. 2. indecência f., ato impróprio m. 3. inexatidão f.

improvability [impru:vəb'iliti] s. qualidade do que pode ser melhorado f.

improvable [impr'u:vəbl] adj. 1. que pode ser melhorado. 2. cultivável, útil.

improve [impr'u:v] v. 1. melhorar, aperfeiçoar. 2. cultivar. 3. aproveitar. 4. refinar. 5. melhorar-se, progredir, aperfeiçoar-se. 6. restabelecer-se (de doença). 7. (Téc.) revenir (aço).
to ~ away melhorar, eliminando alguma coisa. to ~ in aperfeiçoar-se em. to ~ (up) on 1. aperfeiçoar. 2. tirar proveito de (no sentido moral).

improvement [impr'u:vmənt] s. 1. melhora, melhoria f., melhoramento m. 2. aperfeiçoamento, progresso m. 3. proveito m. 4. aumento m.

improver [impr'u:və] s. 1. melhorador m. 2. aprendiz, voluntário, estagiário m.

improvidence [impr'ovidəns] s. improvidência, imprudência, leviandade f.

improvident [impr'ovidənt] adj. improvidente, incauto, imprudente, leviano. ‖ ~ly adv. descuidadamente, imprudentemente, desleixadamente, incautamente.

improving [impr'u:viŋ] adj. 1. proveitoso, propício. 2. saudável, salutar. ‖ ~ly adv. 1. proveitosamente. 2. saudavelmente.

improvisate [impr'ovizeit] v. improvisar.

improvisation [improvaiz'eiʃən] s. improvisação f.

improvisator [impr'ovizeitə] s. improvisador m.

improvisatory [improv'izətəri] adj. improvisador.

improvise ['improvaiz] v. improvisar, fazer alguma coisa sem preparação.

imprudence [impr'u:dəns] s. imprudência f.

imprudent [impr'u:dənt] adj. imprudente. ‖ ~ly adv. imprudentemente.

impuberal [impj'u:bərəl], impubescent [impju:b'esənt] adj. impúbere, impubescente.

impuberty [impj'u:bəti] s. impuberdade, impubescência f.

impudence ['impjudens] s. impudência, f., descaramento, desaforo m.

impudent ['impjudənt] adj. impudente, descarado, sem-vergonha. ‖ ~ly adv. impudentemente.

impudicity [impjud'isiti] s. impudicícia f.

impugn [impj'u:n] v. impugnar, refutar, contestar.

impugnable [impj'u:nəbl] adj. impugnável.

impugner [impj'u:nə] s. impugnador, contraditor m.

impugnment [impj'u:nmənt] s. impugnação f.

impulse ['impʌls] s. 1. impulso, ímpeto m. 2. estímulo m.
on the ~ of the moment seguindo um impulso momentâneo.

impulse buying s. (Econ.) compras impulsivas f. pl., não programadas.

528 impulsion — inappreciable

impulsion [imp'ʌlʃən] s. impulsão, incitação f., impulso m.

impulsive [imp'ʌlsiv] adj. impulsivo. ‖ ~ly adv. impulsivamente.

impulsiveness [imp'ʌlsivnis], **impulsivity** [impʌls'iviti] s. impulsividade f.

impunity [impj'u:niti] s. impunidade f. **with** ~ impune, sem castigo.

impure [impj'uə] adj. impuro, impudico, obsceno, não inocente, adulterado. ‖ ~ly adv. impuramente.

impurity [impj'uəriti] s. impureza, impudicícia f.

imputability [impju:təb'iliti] s. imputabilidade f.

imputable [impj'u:təbl] adj. imputável.

imputation [impjut'eiʃən] s. imputação, inculpação f.

imputative [impj'u:tətiv] adj. imputador, imputável. ‖ ~ly adv. por imputação, imputavelmente.

impute [impj'u:t] v. imputar, atribuir.

imputer [impj'u:tə] s. imputador m.

imputrescible [impju:tr'esəbl] adj. incorruptível.

in [in] s. ~s pessoas f. pl. ou partido m. no poder. ‖ adj. interno.‖ adv. dentro, não fora. ‖prep. em, dentro (quadro P 9), durante, por, de, a, para. **the** ~s os que governam, ministros. **the** ~s **and outs** 1. os partidos situacionista e oposicionista. 2. os detalhes. 3. as vantagens e as desvantagens. **he knows the** ~s **and outs** ele conhece todos os detalhes. 1. (indicando o lugar) ~ **town** na cidade. ~ **America** na América. ~ **the country** no campo, no país. ~ **the "Queen Elizabeth"** a bordo do "Queen Elizabeth." ~ **camera** (Jur.) em sessão secreta. 2. (indicando o tempo) ~ **spring** na primavera. ~ **October** em outubro. ~ **the afternoon** à tarde. ~ **1954** no ano de 1954. ~ **a fortnight** dentro de duas semanas. ~ **life** durante a vida. ~ **his sleep** durante o seu sono. 3. (indicando o estado) ~ **adversity** na miséria. ~ **debt** em dívidas. ~ **hopes** na esperança. ~ **pieces** em pedaços. ~ **good humour** de bom humor. ~ **trouble** em apuros. 4. (indicando traje ou aspecto) ~ **black** de preto. ~ **arms** em armas. ~ **uniform** de uniforme,. fardado. ~ **silk** com vestido de seda. ~ **curly hair** com o cabelo ondulado. ~ **pale cheeks** com o rosto pálido. 5. (indicando estado atmosférico) ~ **(the) rain** na chuva. ~ **sunshine** com sol. ~ **bad weather** com tempo ruim. 6. (indicando tamanho e número) ~ **size** em tamanho. **ten** ~ **number** em número de dez. **six feet** ~ **length** seis pés de comprimento. 7. (indicando o modo) ~ **pairs** em pares. ~ **clusters** em cachos. ~ **cash** (coloq.) provido de dinheiro. ~ **any case** em qualquer caso. ~ **itself** por si mesmo. ~ **turn** em ordem seguida. ~ **writing** por escrito. ~ **a few words** em poucas palavras. ~ **Portuguese** em português. 8. (indicando finalidade e causa) ~ **her defence** em sua defesa. ~ **his honour** em sua honra. ~ **contempt** por desprezo. ~ **reply to** em resposta a 9. **blind** ~ **one eye** cego de um olho. **she has it** ~ **her** ela é capaz de tudo. **one** ~ **ten** um em dez. **there is nothing** ~ **it** não há nada nisto. **I found a friend** ~ **him** encontrei nele um amigo. **he is** ~ **it** ele está envolvido nisto. **a penny** ~ **a pound** um pêni por libra. **the** ~**-patient** o paciente interno, internado. ~ **here** aqui dentro. **to be** ~ 1. estar em casa. 2. ter chegado (o trem, o ônibus). 3. estar no poder. **summer is** ~ o verão chegou. **I'm all** ~ (coloq., E. U. A.) estou liquidado, cansado. **to keep** ~ deixar de castigo (escola). **to keep one's hand** ~ s. th. manter-se metido num negócio. **to keep the fire** ~ manter o fogo aceso. **he is** ~ **for it** pegaram-no como Judas, ele pagará o pato. **do you go** ~ **for tennis?** você joga tênis?, gosta de jogar tênis? ~ **for a penny,** ~ **for a pound** quem diz A, também diz B. **am I to be** ~ **on this?** (coloq.) estarei nesta marmita?, terei

meu quinhão disto? **I'm** ~ **with him** (coloq.) dou-me bem com ele. **come** ~**!** entre! ~ **with you!** venha para dentro! **to get** ~ entrar, penetrar. **to go** ~ entrar. ~ **as much as,** ~ **so far as** visto que, porquanto, tanto quanto. ~ **that** visto que, desde que.

inability [inab'iliti] s. incapacidade, inaptidão, falta de poder f. ~ **to pay** insolvência f.

inaccessibility [inæksesəb'iliti] s. inacessibilidade f.

inaccessible [inæks'esəbl] adj. inacessível.

inaccessibleness [inæks'esəblnis] = **inaccessible**.

inaccuracy [in'ækjurəsi] s. inexatidão, incorreção f.

inaccurate [in'ækjurit] adj. inexato, impreciso, incorreto. ‖ ~ly adv. inexatamente.

inaction [in'ækʃən] s. inação, inércia f.

inactive [in'æktiv] adj. inativo, inerte. ‖ ~ly adv. inativamente.

inactivity [inækt'iviti] s. 1. inatividade, inércia f. 2. calma f. 3. (Med.) ineficácia f.

inadaptability [inədæptəb'iliti], **inadaptation** [inədæpt'eiʃən] s. qualidade do que é inadaptável, falta de adaptação f.

inadaptable [inəd'æptəbl] adj. inadaptável.

inadequate [in'ædikwit] adj. inadequado, impróprio. ‖ ~ly adv. inadequadamente.

inadequateness [in'ædikwitnis], **inadequacy** [in'ædikwəsi] s. 1. impropriedade, inadaptação f. 2. insuficiência f. 3. imperfeição f.

inadherent [inədh'iərənt] adj. (Bot.) inaderente, livre, separado.

inadhesive [inədh'i:siv] adj. não adesivo, inaderente.

inadmissibility [inədmisəb'iliti] s. inadmissibilidade f.

inadmissible [inədm'isəbl] adj. inadmissível, que não se pode admitir.

inadvertence [inədv'ə:təns], **inadvertency** [inədv'ə:tənsi] s. inadvertência, negligência f., descuido m.

inadvertent [inədv'ə:tənt] adj. inadvertido. ‖ ~ly adv. inadvertidamente.

inalienability [ineiliənəb'iliti] s. inalienabilidade f.

inalienable [in'eiliənəbl] adj. inalienável, intransferível. ‖ –bly adv. inalienavelmente.

inalterability [inɔ:ltərəb'iliti] s. inalterabilidade f.

inalterable [in'ɔ:ltərəbl] adj. inalterável, imperturbável. ‖ –bly adv. inalteravelmente.

inamorata [inæmor'a:tə] s. namorada f.

inamorato [inæmor'a:tou] s. namorado m.

inane [in'ein] s. vazio, vácuo m. ‖ adj. 1. vazio, vão, oco, fútil, inane. 2. sem sentido, sem importância. ‖ ~ly adv. de modo vazio.

inanimate [in'ænimit] adj. 1. inanimado, morto, sem alma, sem vida. 2. (Com.) sem negócios. ‖ ~ly adv. de modo inanimado.

inanimateness [in'ænimitnis], **inanimation** [inænim'eiʃən] s. 1. falta de vida, falta de alma f. 2. (Com.) estagnação, falta de negócios f.

inanities [in'ænitis] s. pl. palavreado m.

inanition [inən'iʃən] s. inanição, fraqueza f.

inanity [in'æniti] s. inanidade, futilidade, nulidade f.

inappeasable [inəp'i:zəbl] adj. o que não pode ser apaziguado, irreconciliável.

inappellability [inəpələb'iliti] s. inapelabilidade f.

inappellable [inəp'eləbl] adj. inapelável.

inappetence [in'æpitəns] s. inapetência, falta de apetite f.

inappetent [in'æpitənt] adj. inapetente.

inapplicability [inæplikəb'iliti] s. inaplicabilidade, inutilidade f.

inapplicable [in'æplikəbl] adj. inaplicável, inaproveitável.

inapposite [in'æpozit] adj. irrelevante, não apropositado, que não vem ao caso.

inappreciable [inəpr'i:ʃəbl] adj. inapreciável, desprezível. ‖ **–bly** adv. de modo inapreciável, desprezivelmente.

inappreciation [inəpri:ʃi'eiʃen] s. falta f. de apreciação, incapacidade f. de apreciar devidamente.

inappreciative [inəpr'i:ʃiətiv] adj. que não denota apreciação.

inapprehensible [inəprih'ensəbl] adj. ininteligível, incompreensível.

inapprehension [inəprih'enʃən] s. falta de apreensão f.

inapprehensive [inəprih'ensiv] adj. 1. não apreensivo. 2. inadvertido, negligente.

inapprehensiveness [inəprih'ensivnis] s. descuido m., negligência f.

inapproachable [inəpr'outʃəbl] adj. inacessível, inatingível. ‖ **–bly** adv. inacessivelmente.

inappropriate [inəpr'oupriit] adj. impróprio, inadequado, inapto.

inapt [in'æpt] adj. inapto, incapaz, inábil. ‖ **~ly** adv. de maneira inapta.

inaptitude [in'æptitju:d], **inaptness** [in'æptnis] s. inaptidão, incapacidade f.

inarch [in'a:tʃ] v. (Bot.) enxertar por aproximação.

inarm [in'a:m] v. abraçar, fechar nos braços.

inarticulate [ina:t'ikjulit] adj. inarticulado, mal pronunciado, indistinto. ‖ **~ly** adv. sem articulação.

inarticulateness [ina:t'ikjulitnis] s. falta de articulação f.

inartificial [ina:təf'iʃəl] adj. inartificial, natural, simples. ‖ **~ly** adv. sem arte.

inartistic [ina:t'istik] adj. não artístico. ‖ **~ally** adv. sem arte, desprovido de sensibilidade artística.

inasmuch as [inəzm'ʌtʃ əz] adv. visto que, porquanto.

inattention [inət'enʃən] s. desatenção, falta de atenção, negligência f.

inattentive [inət'entiv] adj. desatento, desatencioso, descuidado, negligente. ‖ **~ly** adv. desatentamente.

inattentiveness [inət'entivnis] s. desatenção f.

inaudibility [inɔ:dəb'iliti] s. qualidade do que não se pode ouvir f.

inaudible [in'ɔ:dəbl] inaudível, que não se pode ouvir. ‖ **–bly** adv. de modo inaudível.

inaugural [in'ɔ:gjurəl] adj. inaugural, inicial.

inaugurate [in'ɔ:gjureit] v. 1. inaugurar. 2. celebrar.

inauguration [inɔ:gjur'eiʃən] s. inauguração f., ato de inaugurar m., solenidade inaugural f.

inaugurator [in'ɔ:gjureitə] s. inaugurador m.

inauguratory [in'ɔ:gjureitəri] adj. inaugural.

inauspicious [inɔ:sp'iʃəs] adj. de mau agouro, desfavorável. ‖ **~ly** adv. desfavoravelmente.

inauspiciousness [inɔ:sp'iʃəsnis] s. falta de sorte f., mau agouro m.

inbeing ['inbi:iŋ] s. 1. inerência, essência f. 2. íntimo m.

in-between, in-betweener s. pessoa ou coisa f. entre dois extremos, duas condições conflitantes.

inboard ['inbɔ:d] adj. + adv. a bordo, dentro do navio. **~ cargo** carga dentro do navio.

inboard-outboard adj. (Náut.) relativo a motor interno ou externo.

inborn ['inbɔ:n] adj. inato, congênito, inerente.

in-bound adj. (E. U. A.) vindo para casa (quando em viagem).

inbreak ['inbreik] s. arrombamento, assalto m.

inbred ['inbred] = **inborn.**

inbreed [inbr'i:d] v. fazer procriação consangüínea.

inbreeding ['inbri:diŋ] s. procriação consangüínea f.

Inc. [iŋk] (E. U. A., Com.) abrev. de **Incorporated.**

Inca [iŋk] s. inca m. + f.: índio(a) nativo do Peru.

incage [ink'eidʒ] v. = **encage.**

incalculability [inkælkʃuləb'iliti], **incalculableness** [ink'-ælkjuləblnis] s. qualidade do que é incalculável f.

incalculable [ink'ælkjuləbl] adj. incalculável. ‖ **–bly** adv. incalculavelmente.

incandesce [inkænd'es] v. incandescer, pôr em brasa.

incandescence [inkænd'esəns] s. 1. incandescência f. 2. (fig.) exaltação f.

incandescent [inkænd'esənt] adj. incandescente, ardente, em brasa.

incandescent lamp s. (Eletr.) lâmpada incandescente f.

incantation [inkænt'eiʃən] s. encantamento m., feitiçaria, magia f.

incapability [inkeipəb'iliti], **incapableness** [ink'eipəblnis] (†) s. incapacidade, inaptidão f.

incapable [ink'eipəbl] adj. 1. incapaz, inábil. 2. impróprio. 3. ilícito. ‖ **–bly** adv. de modo incapaz. **drunk and ~** completamente embriagado. **~ of acting in law** incapaz perante a lei.

incapacitate [inkəp'æsiteit] v. incapacitar, inabilitar, desqualificar.

incapacitation [inkəpæsit'eiʃən] s. ação de incapacitar f.

incapacity [inkəp'æsiti] s. incapacidade, inaptidão, incompetência f.

incarcerate [ink'a:səreit] v. encarcerar, prender.

incarceration [inka:sər'eiʃən] s. encarceramento m.

incarnadine [ink'a:nədain] v. encarnar, tingir de cor-de-carne, tingir de vermelho. ‖ adj. encarnado, vermelho, da cor da carne.

incarnate [ink'a:neit] v. encarnar, tomar corpo, materializar. ‖ [ink'a:nit] adj. 1. encarnado, real, material. 2. arraigado, inveterado.

he is a devil ~ ele é um verdadeiro diabo.

incarnation [inka:n'eiʃən] s. 1. encarnação f.: ato pelo qual Deus se fez homem. 2. corporificação f.

incautious [ink'ɔ:ʃəs] adj. incauto, desacautelado, descuidado. ‖ **~ly** adv. incautamente, descuidadamente.

incautiousness [ink'ɔʃəsnis] s. falta de cautela, inadvertência, imprevidência f., descuido m.

incavate [ink'eiveit] v. escavar, tornar oco. ‖ [ink'eivit] adj. oco, côncavo, curvo.

incavation [inkəv'eiʃən] s. 1. escavação f. 2. encavo m. 3. entalhe m.

incendiarism [ins'endjərizm] s. incendimento m.

incendiary [ins'endjəri] s. 1. incendiário m. 2. (fig.) revolucionário, amotinador m. ‖ adj. 1. incendiário. 2. (fig.) incitante, instigante, revolucionário. **~ bomb** bomba incendiária. **~ bullet** projetil incendiário.

incense ['insens] s. incenso m. ‖ v. 1. incensar, perfumar. 2. [ins'ens] inflamar, excitar, enraivecer.

incension [ins'enʃən] s. incendimento, incêndio m.

incentive [ins'entiv] s. incentivo, estímulo m. ‖ adj. incentivo, estimulante.

inception [ins'epʃən] s. 1. princípio, começo m. 2. (Univ.) colação de grau f.

inceptive [ins'eptiv] adj. inicial, iniciador, principiante.

inceptive verb s. (Gram.) incoativo m.

inceptor [ins'eptə] s. 1. principiante m. + f. 2. (Univ.) bacharelando, doutorando m.

incertitude [ins'a:titju:d] s. incerteza, dúvida f.

incessancy [ins'esənsi] s. perpetuidade f.

incessant [ins'esnt] adj. incessante, contínuo, constante. ‖ **~ly** adv. incessantemente.

incest ['insest] s. incesto m.

incestuous [ins'estjuəs] adj. incestuoso. ‖ **~ly** incestuosamente.

inch [intʃ] s. 1. polegada f.: 2,54 cm, $^{1}/_{12}$ de um pé. 2. bagatela, insignificância, ninharia f. ‖ v. avançar ou mover lentamente. **a man of your ~es** uma pessoa do seu tamanho. **by ~es** aos poucos, passo a passo. **he would not yield an ~** ele não queria ceder nenhum passo.

give him an ~ and he'll take an ell dá-lhe a mão e ele tomará o braço. every ~ (fig.) completamente, inteiramente. to ~ out 1. dar aos poucos, economizar. 2. afastar aos poucos. two ~ rod vara de duas polegadas. ~meal, by ~meal aos poucos, palmo a palmo.

inchoate ['inkoueit] v. principiar, começar. ‖ adj. 1. incipiente, começado, principiado. 2. incompleto. ‖ ~ly adv. de modo incoativo.

inchoateness [ink'oueitnis], **inchoation** [inkou'eiʃən] s. começo, princípio m.

inchoative ['inkoueitiv] adj. 1. incoativo, que começa. 2. (Gram.) incoativo.

incidence ['insidəns] s. 1. incidência f. (quadro A 2). 2. acaso, incidente m., ocorrência f. **angle of** ~ ângulo de incidência.

incident ['insidənt] s. incidente m., ocorrência, circunstância f. ‖ adj. 1. provável. 2. pertencente, ligado, conexo, próprio. 3. incidente.

incidental [insid'entl] s. incidente m., circunstância acidental f. ‖ adj. 1. incidental, acidental, casual. 2. secundário, não importante. ‖ ~ly adv. 1. incidentemente, casualmente. 2. conseqüentemente.

incidentals [~z] s. extras m. pl. (compras, despesas, serviços, etc.).

incinerate [ins'inəreit] v. incinerar, reduzir a cinzas.

incineration [insinər'eiʃən] s. incineração f.

incinerator [~ə] s. incinerador m.

incipience [ins'ipiəns], **incipiency** [ins'ipiənsi] s. princípio, começo m.

incipient [ins'ipiənt] adj. incipiente, principiante, que começa ‖ ~ly adv. de modo incipiente.

incise [ins'aiz] v. 1. cortar. 2. gravar, entalhar.

incised [ins'aizd] adj. 1. gravado. 2. cortado, inciso.

incision [ins'iʒən] s. incisão f., corte m.

incisive [ins'aisiv] adj. 1. expressivo, incisivo, decisivo, eficaz. 2. que corta, agudo, penetrante. ‖ ~ly adv. incisivamente.

incisiveness [ins'aisivnis] s. qualidade do que é incisivo f.

incisors [ins'aizəz] s. pl. incisivos, dentes incisivos m. pl.

incitant [ins'aitənt] s. estimulante m. ‖ adj. incitante, estimulante.

incitation [insit'eiʃən] s. incitação f., incitamento, estímulo, incentivo, impulso m.

incite [ins'ait] v. incitar, estimular, encorajar.

incitement [ins'aitmənt] s. incitamento, estímulo, incentivo m.

inciter [ins'aitə] s. incitador m.

incitingly [ins'aitiŋli] adv. incitantemente.

incivility [insiv'iliti] s. incivilidade, indelicadeza f.

incivism ['insivizm] s. falta de civismo, falta de patriotismo f.

incl. abr. de **including, inclusive**.

in-clearing ['inkliəriŋ] s. quantia recebida em cheques por um banco f.

inclemency [inkl'emənsi] s. inclemência f.

inclement [inkl'emənt] adj. inclemente, severo, rigoroso, áspero. ‖ ~ly adv. asperamente, rigorosamente.

inclinable [inkl'ainəbl] adj. 1. inclinável. 2. inclinado, afeiçoado, tendente, disposto.

inclination [inklin'eiʃən] s. inclinação f.: 1. propensão, tendência, disposição f. 2. (Astron. e Geogr.) desvio m.

inclinatory [inkl'ainətəri] adj. inclinado, pendente, oblíquo. ~ **needle** agulha de inclinação.

incline [inkl'ain] s. inclinação f., plano inclinado, declive m. ‖ v. 1. inclinar-se, curvar-se, ter tendência para, estar disposto, inclinar a, ter propensão. 2. inclinar, curvar, baixar, dirigir. **he did not feel** ~d **to sing** ele não estava disposto

para cantar. **she** ~s **to corpulence** ela tem tendência para engordar.

inclined [inkl'aind] adj. inclinado. ~ **plane** plano inclinado, declive, rampa.

inclinometer [inklin'ɔmitə] s. 1. bússola de inclinação f. 2. clinômetro m.: instrumento para medir o desvio da horizontal (de aviões).

inclose [inkl'ouz] = **enclose**.

include [inkl'u:d] v. 1. incluir, abranger, compreender, envolver, implicar. 2. encerrar, fechar, conter.

included [inkl'u:did] adj. incluso, incluído, compreendido.

including [inkl'u:diŋ] adj. inclusivo.

inclusion [inkl'u:ʒən] s. inclusão f.

inclusive [inkl'u:siv] adj. inclusivo, abrangido. ‖ ~ly adv. inclusivamente, incluindo-se, inclusive. ~ **terms** preço com tudo incluído (no hotel etc.). **Monday** ~ inclusive segunda-feira. **it is** ~ **of** isto compreende.

incoercible [inkou'ə:sibl] adj. incoercível.

incogitable [ink'ɔdʒitəbl] adj. incogitável.

incognito [ink'ɔgnitou] s. (latim) incógnito m. ‖ adj. incógnito, oculto. ‖ adv. em incógnito.

incognizable [ink'ɔgnizəbl] adj. incognoscível: que não se pode conhecer.

incognizance [ink'ɔgnizəns] s. qualidade do que é incognoscível, irreconhecível f.

incognizant [ink'ɔgnizənt] adj. que não reconhece, que não compreende.

incognoscibility [inkɔgnɔsib'iliti] s. incognoscibilidade f.

incognoscible [inkɔgn'ɔsibl] adj. incognoscível.

incoherence [inkouh'iərəns] **incoherency** [inkouh'iərənsi] s. incoerência, contradição f.

incoherent [inkouh'iərənt] adj. incoerente, contraditório, desconexo. ‖ ~ly adv. incoerentemente.

incohesion [inkouh'i:ʒən] s. incoesão f.

incombustibility [inkəmbʌstəb'iliti] s. incombustibilidade f.

incombustible [inkəmb'ʌstəbl] adj. incombustível, que não pode queimar-se. ‖ ~bly adv. de modo incombustível.

income [ink'əm] s. renda f., salário, pagamento, honorário m.

incomer ['ink'ʌmə] s. 1. imigrante m. + f., o que chega. 2. intruso m. 3. sucessor m.

income statement s. declaração f. de renda.

income tax s. imposto m. de renda.

incoming ['ink'ʌmiŋ] s. 1. entrada, chegada f. 2. renda f. ‖ adj. 1. que entra, que chega (dinheiro ou mercadoria). 2. que assume um cargo.

incommensurability [inkəmenʃərəb'iliti] s. incomensurabilidade, imensidade f.

incommensurable [inkəm'enʃərəbl] adj. incomensurável, desmedido.

incommensurate [inkəm'enʃərit] adj. 1. incomensurável. 2. incompatível. ‖ ~ly adv. incomensuravelmente.

incommensurateness [inkəm'enʃəritnis] s. incomensurabilidade f.

incommode [inkəm'oud] v. incomodar, importunar, molestar, perturbar.

incommodious [inkəm'oudiəs] adj. incômodo. ‖ ~ly adv. incomodamente.

incommodiousness [inkəm'oudiəsnis], **incommodity** [inkəm'ɔditi] s. incomodidade f., desconforto m.

incommunicability [inkəmju:nikəb'iliti], **incommunicableness** [inkəmju:'nikəblnis] s. incomunicabilidade f.

incommunicable [inkəmju:'nikəbl] adj. incomunicável ‖ ~bly adv. incomunicavelmente.

incommunicado [inkəmjunik'a:dou] adj. (espanhol) incomunicável (presidiário).

incommunicative [inkəmj'u:nikətiv] adj. não comunicativo, reservado.

incommunicativeness [inkəmj'u:nikətivnis] s. qualidade

de quem não é comunicativo, reserva f.

incommutability [inkəmju:təb'iliti] s. **incomutabili-dade** f.

incommutable [inkəmj'u:təbl] adj. incomutável. ‖ **–bly** adv. de modo incomutável.

incompact [inkəmp'ækt] adj. não compacto, apartado, solto.

incompactness [inkəmp'æktnis] s. falta de densidade ou solidez. f.

incomparable [ink'ompərəbl] adj. incomparável, sem igual, único. ‖ **–bly** adv. incomparavelmente.

incomparableness [ink'ompərəblnis] s. incomparabilidade f.

incompatibility [inkompəteb'iliti] s. **incompatibilidade** f.

incompatible [inkəmp'ætəbl] adj. incompativel. ‖ **–bly** adv. incompativelmente.

incompetence [ink'ompitəns] s. incompetência, inabilidade, incapacidade f.

incompetent [ink'ompitənt] adj. incompetente, incapaz, inábil, sem idoneidade.

incomplete [inkəmpl'i:t] adj. incompleto, não acabado, imperfeito. ‖ **~ly** adv. incompletamente.

incompleteness [inkəmpl'i:tnis], **incompletion** [inkəmpl'i:ʃən] s. o ser incompleto m., imperfeição f.

incompliance [inkəmpl'aiəns] s. 1. recusa, recusação f. 2. má vontade, incomplacência f. 3. oposição f.

incompliant [inkəmpl'aiənt] adj. **de má vontade,** incomplacente.

incomposite [ink'əmpəzit] adj. não composto, malcomposto.

incomprehensibility [inkəmprihensib'iliti], **incomprehen-sibleness** [inkomprih'ensəblnis] s. incompreensibilidade f.

incomprehensible [inkomprih'ensəbl] adj. incompreensível. ‖ **–bly** adv. incompreensivelmente.

incomprehension [inkomprih'enʃən] s. incompreensão, falta de compreensão f.

incompressibility [inkəmpresib'iliti] s. incompressibilidade f.

incompressible [inkəmpr'esəbl] adj. incompressível.

incomputable [inkəmpj'u:təbl] adj. incomputável.

inconceivability [inkənsi:vəb'iliti], **inconceivableness** [inkəns'i:vəblnis] s. incompreensibilidade f.

inconceivable [inkəns'i:vəbl] adj. incompreensível, inconcebível. ‖ **–bly** adv. incompreensivelmente, inconcebivelmente.

inconclusive [inkənkl'u:siv] adj. inconclusivo, inconseqüente, não convincente. ‖ **~ly** adv. de maneira inconcludente.

inconclusiveness [inkənkl'u:sivnis] s. falta de evidência, inconseqüência f.

incondensable [inkənd'ensəbl] adj. não condensável.

incondite ['inkondait] adj. grosseiro, inacabado.

inconformity [inkənf'ɔ:miti] s. desconformidade, falta de similaridade f.

incongruity [inkɔŋgr'uiti], **incongruousness** [ink'ɔŋgruəsnis] s. incongruência, incongruidade f., contrasenso m.

incongruous [ink'ɔŋgruəs] adj. incongruente, incôngruo, inconveniente, impróprio. ‖ **~ly** adv. incôngruamente.

inconscient [ink'onʃənt], (= **unconscious**) adj. inconsciente.

inconsecutive [inkəns'ekjutiv] adj. não consecutivo, incoerente, contraditório.

inconsequence [ink'onsikwəns] s. inconseqüência, incongruência f.

inconsequent [ink'onsikwənt] adj. inconseqüente, incoerente. ‖ **~ly** adv. inconseqüentemente.

inconsequentia [inkonsikw'enʃiə] s. pl. detalhes m. pl. sem importância.

inconsequential [inkənsikw'enʃəl] adj. inconseqüente, incoerente. ‖ **~ly** adv. inconseqüentemente.

inconsequentiality [inkənsikwənʃi'æliti] s. inconseqüência f.

inconsiderable [inkəns'idərəbl] adj. não considerável insignificante, sem importância. ‖ adv. de modo inconsiderável.

inconsiderableness [inkəns'idərəblnis] s. falta de importância f.

inconsiderate [inkəns'idərit] adj. inconsiderado, imprudente. ‖ **~ly** adv. inconsideradamente.

inconsiderateness [inkəns'idəritnis], **inconsideration** [inkənsidər'eiʃən] s. inconsideração, falta de consideração f.

inconsistency [inkəns'istənsi] s. discordância, incompatibilidade, incongruência, inconsistência f.

inconsistent [inkəns'istənt] adj. 1. incompativel, discordante, inconseqüente, contraditório. 2. inconsistente. ‖ **~ly** adv. incongruamente.

inconsolable [inkəns'ouləbl] adj. inconsolável. ‖ **–bly** adv. inconsolavelmente.

inconsonance [ink'onsənəns] s. inconsonância, dissonância f.

inconsonant [ink'onsənənt] adj. inconsonante.

inconspicuous [inkənsp'ikjuəs] adj. imperceptível, não conspícuo. ‖ **~ly** adv. imperceptivelmente.

inconspicuousness [inkənsp'ikjuəsnis] s. imperceptibilidade, qualidade do que não é conspícuo f.

inconstancy [ink'onstənsi] s. inconstância, variabilidade f.

inconstant [ink'onstənt] adj. inconstante, variável. ‖ **~ly** adv. inconstantemente.

inconsumable [inkənsj'u:məbl] adj. inconsumível, que não pode ser consumido, incombustível. ‖ **–bly** adv. inconsumivelmente.

incontestability [inkəntestəb'iliti] s. incontestabilidade f.

incontestable [inkənt'estəbl] adj. incontestável, indiscutível. ‖ **–bly** adv. incontestavelmente.

incontinence [ink'ontinəns] s. incontinência f.: 1. imoderação. impudicícia f. 2. (Med.) incapacidade de reter os produtos de excreção.

incontinent [ink'ontinənt] adj. incontinente, imoderado, sensual, incasto. ‖ **~ly** adv. 1. incontinentemente. 2. imediatamente, incontinenti.

incontrollable [inkəntr'ouləbl] adj. fora de controle. ‖ **–bly** adv. de modo não controlável.

incontrovertibility [inkontrəvə:təb'iliti], **incontroverti-bleness** [inkontrəv'ə:təblnis] s. incontestabilidade, indisputabilidade f.

incontrovertible [inkontrəv'ə:təbl] adj. incontrovertível, indisputável. ‖ **–bly** adv. indisputavelmente.

inconvenience [inkənv'i:njəns] s. inconveniência, incomodidade, dificuldade f., obstáculo m. ‖ v. molestar, incomodar, estorvar.

inconvenient [inkənv'i:njənt] adj. inconveniente, inoportuno. ‖ **~ly** adv. inconvenientemente.

inconvertibility [inkənvə:təb'iliti] s. qualidade do que é inconversível.

inconvertible [inkənv'ə:təbl] adj. inconversível, inconvertível. ‖ **–bly** adv. inconversivelmente.

inconvincibility [inkənvinsəb'iliti] s. qualidade de quem não pode ser convencido, obstinação f.

inconvincible [inkənv'insəbl] adj. que não pode ser convencido, obstinado.

incoordinate [inkou'ɔ:dineit] v. incoordenar.

incoordination [inkouɔ:din'eiʃən] s. incoordenação f.

incorporable [ink'ɔ:pərəbl] adj. o que pode ser incorporado, unido.

incorporate [ink'ɔ:pəreit] v. incorporar, unir, ligar, reunir, juntar. ‖ [ink'ɔ:pərit] adj. incorporado, unido. **~ body** corporação. **~ person** pessoa jurídica.

incorporated [ink'ɔ:pəreitid] adj. incorporado. **~ company** sociedade anônima.

incorporation [inkɔ:pər'eiʃən] s. 1. incorporação, corporação f. 2. inclusão f., agrupamento m.

incorporative [ink'ɔ:pəreitiv] adj. incorporado, em forma de corporação.

incorporator [ink'ɔ:pəreitə] s. incorporador m.

incorporeal [inkɔ:p'ɔ:riəl] adj. incorpóreo, imaterial. ‖ ~ly adv. sem corpo, sem matéria.

incorporeity [inkɔ:pɔr'i:iti] s. incorporeidade f.

incorrect ['inkərekt] adj. incorreto, inexato, errado. ‖ ~ly adv. incorretamente.

incorrectness ['inkərektnis] s. incorreção, inexatidão f.

incorrigibility [inkɔridʒəb'iliti] s. incorrigibilidade f.

incorrigible [inkɔr'idʒəbl] adj. incorrigível. ‖ —bly adv. incorrigivelmente.

incorrupt [inkər'ʌpt] adj. incorruto, idôneo, integro. ‖ ~ly adv. incorrutamente.

incorruptibility [inkərʌptəb'iliti] s. incorrutibilidade, integridade f.

incorruptible [inkər'ʌptəbl] adj. incorrutível, insubordinável, íntegro. ‖ —bly adv. incorrutivelmente.

incorruptibleness [inkər'ʌptəblnis] s. incorrutibilidade, integridade f.

incorruption [inkər'ʌpʃən], **incorruptness** [inkər'ʌptnis] s. integridade, austeridade, inteireza, retidão f.

incrassate [inkr'æseit] v. † engrossar, espessar. ‖ [inkr'æsit] adj. 1. espesso, grosso. 2. gordo.

incrassation [inkræs'eiʃən] s. engrossamento m.

increasable [inkr'i:səbl] adj. aumentável.

increase ['inkri:s] s. 1. aumento, crescimento, incremento, progresso m. 2. prole, descendência f. ‖ [inkr'i:s] v. 1. aumentar, crescer, ampliar, reforçar. 2. aumentar-se. ‖ —ingly adv. de modo crescente.

incredibility [inkredib'iliti] s. incredibilidade f.

incredible [inkr'edəbl] adj. inacreditável, incrível. ‖ —bly adv. inacreditavelmente, incrivelmente.

incredulity [inkridʒ'u:liti] s. incredulidade f.

incredulous [inkr'edjuləs] adj. incrédulo. ‖ ~ly adv. incredulamente.

increment ['inkrimənt] s. 1. incremento, aumento, desenvolvimento m. 2. (Mat.) diferencial m. ~ **duty** imposto sobre o lucro. ~**-tax** imposto sobre a valorização.

incremental [inkrim'entəl] adj. com incremento.

increscent [inkr'esənt] adj. crescente.

incriminate [inkr'imineit] v. incriminar, culpar.

incriminatory [inkr'imineitəri] adj. acusatório.

incroach [inkr'outʃ] = **encroach**.

incrust [inkr'ʌst] = **encrust**.

incrustation [inkrʌst'eiʃən] s. incrustação f.

incubate ['inkjubeit] v. incubar, chocar.

incubation [inkjub'eiʃən] s. incubação f.

incubation period s. (Med.) período m. de incubação.

incubative ['inkjubeitiv], **incubatory** ['inkjubeitəri] adj. incubador.

incubator ['inkjubeitə] s. incubadora, chocadeira (elétrica), estufa f.

incubus ['inkjubəs] s. 1. pesadelo m. 2. íncubo m.

inculcate ['inkʌlkeit] v. inculcar, apontar, repisar.

inculcation [inkʌlk'eiʃən] s. ação de inculcar f.

inculcator ['inkʌlkeitə] s. inculcador m.

inculpate ['inkʌlpeit] v. inculpar, incriminar.

inculpation [inkʌlp'eiʃən] s. inculpação, acusação f.

inculpatory [ink'ʌlpətəri] adj. acusativo, acusatório.

incult [ink'ʌlt] adj. 1. não cultivado (solo). 2. não refinado.

incumbency [ink'ʌmbənsi] s. incumbência f., encargo m. 2. posse de um benefício f.

incumbent [ink'ʌmbənt] s. 1. pessoa incumbida f., encarregado m. de negócio. 2. beneficiado m. ‖ adj. 1. com incumbência, com a obrigação. 2. jazendo, pesando sobre.

it is ~ **on (upon) me** é minha incumbência.

incunabula [inkjun'æbjulə] s. pl. (latim) incunábulos m. pl.: os primeiros livros impressos.

incur [ink'ə:] v. incorrer, atrair sobre si, expor-se. **to** ~ **debts** fazer dívidas. **to** ~ **a penalty** ficar sujeito a penalidade. ~**red debt of taxes** impostos devidos.

incurability [inkjuərəb'iliti] s. incurabilidade f.

incurable [inkj'uərəbl] s. pessoa incurável f. ‖ adj. incurável, irremediável. ‖ —bly adv. incuravelmente.

incurableness [inkj'uərəblnis] s. incurabilidade f.

incuriosity [inkjuəri'ositi], **incuriousness** [inkj'uəriəsnis] s. incuriosidade, falta de curiosidade f.

incurious [inkj'uəriəs] adj. incurioso, indiferente, indolente. ‖ ~ly adv. sem curiosidade, indiferentemente.

incurrence [ink'ə:rəns] s. incorrência f.

incurrent [ink'ə:rənt] adj. incorrido, incurso.

incursion [ink'ə:ʃən] s. incursão, invasão (militar) f.

incursive [ink'ə:siv] adj. relativo a incursão.

incurvate ['inkə:veit] v. encurvar, curvar. ‖ ['inkə:vit] adj. encurvado.

incurvation [inkə:v'eiʃən] s. encurvação, encurvadura f.

incurve [ink'ə:v] v. encurvar, curvar.

incuse [inkj'u:z] s. 1. cunhagem f. 2. estampa f. ‖ v. 1. cunhar. 2. estampar. ‖ adj. 1. cunhado. 2. incuso.

indagate ['indəgeit] v. indagar.

indagation [indəg'eiʃən] s. indagação, investigação f.

indagator ['indəgeitə] s. indagador, averiguador m.

indebted [ind'etid] adj. endividado, obrigado. **I am** ~ **to him** fico-lhe obrigado.

indebtedness [ind'etidnis] s. 1. obrigação, dívida f., dever, compromisso m. 2. o estar endividado m.

indecency [ind'i:snsi] s. indecência, obscenidade f.

indecent [ind'i:snt] adj. indecente. ‖ ~ly adv. indecentemente. ~ **assault** estupro m.

indeciduous [indis'idjuəs] adj. não dicíduo, sempre verde (plantas).

indecipherable [indis'aifərəbl] adj. indecifrável, ilegível.

indecision [indis'iʒən] s. indecisão, irresolução, hesitação f.

indecisive [indis'aisiv] adj. indeciso, irresoluto, hesitante. ‖ ~ly adv. indecisamente.

indecisiveness [indis'aisivnis] s. indecisão f.

indeclinable [indikl'ainəbl] adj. (Gram.) indeclinável. ‖ —bly indeclinavelmente.

indecomposable [indi:kəmp'ouzəbl] adj. indecomponível, que não se pode decompor.

indecorous [ind'ekərəs] adj. indecoroso, indecente. ‖ ~ly adv. indecorosamente.

indecorousness [ind'ekərəsnis], **indecorum** [indik'ɔ:rəm] s. indecência f.

indeed [ind'i:d] adv. de fato, realmente, certamente, na verdade, naturalmente, entretanto. ‖ interj. 1. realmente!, decerto!. 2. não é possível!. **thank you very much** ~! muito obrigado! **this is** ~ **a problem, this is a problem** ~ isto é realmente um problema. **were you there** ~? esteve lá de fato? ~ **I was** decerto, estive realmente.

indefatigability [indifætigəb'iliti] s. infatigabilidade f.

indefatigable [indif'ætigəbl] adj. infatigável, incansável. ‖ —bly adv. infatigavelmente, incansavelmente.

indefatigableness [indif'ætigəblnis] s. infatigabilidade f.

indefeasibility [indifi:zəb'iliti] s. irrevogabilidade, inalienabilidade f.

indefeasible [indif'i:zəbl] adj. irrevogável, que pão se pode anular, inalienável. ‖ —bly adv. irrevogavelmente.

indefectibility [indifəktəb'iliti] s. indefectibilidade f.

indefectible [indif'éktəbl] adj. indefectível, infalível.

indefensibility [indifensəb'iliti] s. indefensibilidade f.

indefensible [indif'ensəbl] adj. indefensável, que não

pode ser defendido. ‖ **–bly** adv. de maneira indefensável.

indefinable [indif'ainəbl] adj. indefinível. ‖ **–bly** adv. de modo indefinível.

indefinite [ind'efinit] adj. 1. indefinido, vago incerto, indefinito. 2. infinito. ‖ **~ly** adv. indefinidamente. **~ article** (Gram.) artigo indefinido.

indefiniteness [ind'efinitnis] s. qualidade do que é indefinido f.

indehiscent [indəh'isənt] adj. (Bot.) indeiscente: que não se abre para soltar as sementes.

indelibility [indelib'iliti] s. indelebilidade f.: qualidade do que não se pode apagar.

indelible [ind'elibl] adj. indelével, que não se pode apagar. ‖ **–bly** adv. indelevelmente.

indelicacy [ind'elikəsi] s. indelicadeza, grosseria f.

indelicate [ind'elikit] adj. indelicado, rude, grosseiro. ‖ **~ly** adv. indelicadamente.

indemnification [indemnifik'eiʃən] s. indenização f.

indemnify [ind'emnifai] v. indenizar, dar reparação.

indemnitor [ind'emnitə] s. indenizador m.

indemnity [ind'emniti] s. 1. indenização, compensação f. 2. indenidade, garantia, reparação f.

indemonstrability [indimonstrəb'iliti] s. **qualidade do** que é indemonstrável f.

indemonstrable [indim'onstrəbl] adj. indemonstrável, que não se pode demonstrar.

indent [ind'ent] s. 1. entalhe m., denteação f. 2. parágrafo m. 3. encomenda de mercadorias f. ‖ v. 1. dentear, cortar, recortar, dentar. 2. recuar, abrir parágrafo. 3. contratar, encomendar, certificar. 4. lavrar documento com duplicata.

I ~ed upon him for s. th, encomendei alguma coisa dele.

indentation [indent'eiʃən] s. denteação f., dentículo m.

indented [ind'entid] adj. 1. denteado, denticulado, entalhado. 2. encomendado.

indention [ind'enʃən] s. recuo m. abertura f. de parágrafo.

indenture [ind'entʃə] s. 1. recorte m. 2. contrato, registro m., escritura f. ‖ v. contratar (um aprendiz), colocar em aprendizado.

indentured [ind'entʃəd] adj. obrigado por contrato.

independence [indip'endəns] s. independência, autonomia, liberdade f.

Independence Day (E. U. A.) dia da independência (4 de julho).

Independency [indip'endənsi] s. independência f.

Independent [indip'endənt] adj. 1. independente, livre. 2. auto-suficiente. 3. imparcial. ‖ **~ly** adv. independentemente.

she is ~ ela não depende de ninguém. **~ means** posses, propriedades, fortuna. **man of ~ means** homem que vive de rendimentos. **~ springing, ~ wheel suspension** (Autom.) molejo independente.

indepth [ind'epθ] adj. elaborado a fundo, detalhado.

indescribable [indiskr'aibəbl] adj. indescritível, incrível, indizível. ‖ **–bly** adv. indescritivelmente.

indescribableness [indiskr'aibəblnis], **indescribability** [indiskraibəb'iliti] s. indescribilidade f.: qualidade do que é indescritível.

indesignate [ind'ezignit] adj. 1. de quantidade indefinida. 2. não qualificado.

indestructibility [indistrʌktəb'iliti], **indestructibleness** [indistr'ʌktəblnis] s. indestrutibilidade f.

indestructible [indistr'ʌktəbl] adj. indestrutível, inalterável, firme. ‖ **–bly** adv. indestrutivelmente.

indeterminable [indit'ə:minəbl] adj. indeterminável, indeciso. ‖ **–bly** adv. de modo indeterminável.

indeterminacy [indit'ə:minəsi] s. indeterminação f.

indeterminacy principle s. princípio m. de indeterminação.

indeterminate [indit'ə:minit] adj. indeterminado, indefinido, vago. ‖ **~ly** adv. indeterminadamente.

Indeterminateness [indit'ə:minitnis] s. indeterminação, indecisão f.

Indetermination [inditə:min'eiʃən] s. indeterminação, vacilação, hesitação, indecisão f.

Indetermined [indit'ə:maind] adj. indeterminado.

indeterminism [indit'ə:minizm] s. (Filos.) indeterminismo m.

Index ['indeks] s. (pl. **~es, indices**) 1. índex, índice m., tabela, lista de capítulos, de nomes, relação alfabética f. 2. sinal, indicador, poste itinerário m., seta, flecha f. 3. ponteiro m., agulha f. (de um instrumento) 4. número m., fórmula f. 5. (Mat.) exponente m. 6. escala f. 7. característica do logaritmo f. 8. índex m.: catálogo de livros proibidos pela Igreja. ‖ v. 1. prover de índice. 2. incluir em índice.

~-base (Eng.) base, suporte do divisor. **~-book** classificador. **~-card** ficha de arquivo. **~-driver** (Mec.) engrenagem do divisor. **~-finger** (dedo) indicador. **~-method** método de dividir (engrenagens). **~-number** 1. (Mec.) módulo. 2. (Autom.) número, chapa. 3. (Estat.) índice base. **~-plate** (Mec.) 1. divisor. 2. escala.

Índexer ['indeksə] s. pessoa que faz um índice f.

India ['indjə] s. Índia f.: país da Ásia.

~man navio na rota para a Índia. **~paper** papel de palha-de-arroz. **~rubber** borracha de apagar.

Indian ['indjən] s. índio m.: 1. habitante nativo das Américas. 2. hindu, habitante da Índia. ‖ adj. indiano, índio: relativo a índio.

~ blue índigo: corante azul. **~ clubs** maças para ginástica (quadro G 3). **~ corn** milho. **~ file** fila indiana. **~ ink** tinta nanquim. **~ meal** farinha de milho, fubá. **~ reservation** (E. U. A.) terras reservadas aos índios. **~ summer** (E. U. A.) os últimos dias quentes de outono. **~ wrestling** forma de luta livre.

indicant ['indikənt] adj. indicante, indicativo.

indicate ['indikeit] v. 1. indicar, aludir, mostrar, demonstrar, revelar, designar. 2. aconselhar.

indication [indik'eiʃən] s. 1. indício, sinal m., indicação, alusão f. 2. (Med.) sintoma m.

indicative [ind'ikətiv] s. (Gram.) indicativo, modo indicativo m. ‖ adj. indicativo, indicador. ‖ **~ly** adv. de maneira indicativa.

indicator ['indikeitə] s. 1. indicador m., pessoa ou objeto que indica, ponteiro m. 2. instrumento de medição ou de registro m. 3. (Quím.) indicador m.: substância (corada) para indicar alguma reação f.

indicatory ['indikeitəri] adj. indicador, indicante.

indices ['indisi:z] pl. de **index**.

indict [ind'ait] v. 1. acusar, culpar. 2. evidenciar, processar.

indictable [ind'aitəbl] adj. acusável, sujeito à sanção penal. ‖ **–bly** adv. de modo a acarretar sanção penal.

indicter [ind'aitə] s. acusador m., acusadora f.

indiction [ind'ikʃən] s. indicção f.

indictive [ind'iktiv] adj. proclamado, declarado publicamente.

indictment [ind'aitmənt] s. (Jur.) acusação (formal) f.

Indies ['indiz] s. Índias f. pl.

the West ~ as Índias Ocidentais. **the East ~** as Índias Orientais.

Indifference [ind'ifrəns] s. 1. indiferença, imparcialidade f., desinteresse m. 2. negligência f.

indifferent [ind'ifrənt] s. pessoa imparcial, neutra f. ‖ adj. 1. indiferente, apático, imparcial, negligenciável. 2. mediano, medíocre, bem mal. 3. (Quím. e Fís.) neutro, inerte. ‖ **~ly** adv. indiferentemente, igualmente, indistintamente, toleravel-

mente, indistintamente, bem mal.
indifferentism [ind'ifrəntizm] s. indiferentismo m.: indiferença espiritual, religiosa.
indigence ['indidʒəns] s. indigência, pobreza, miséria f.
indigene ['indidʒiːn] s. indígena m. + f.
indigenous [ind'idʒinəs] adj. nativo, indígena, inerente. ‖ ~ly adv. de modo indígena.
indigent ['indidʒənt] adj. indigente, pobre.
indigested [indidʒ'estid] adj. 1. não digerido. 2. (fig.) cru, desordenado, sem método.
indigestibility [indidʒestəb'iliti] s. qualidade do que é indigerível f.
indigestible [indidʒ'estəbl] adj. 1. indigerível, indigesto. 2. (fig.) enfadonho. ‖ —bly adv. indigerivelmente.
indigestion [indidʒ'estʃən] s. indigestão f.
indigestive [indidʒ'estiv] adj. indigesto, indigerível.
indign [ind'ain] adj. indigno.
indignant [ind'ignənt] adj. indignado, furioso, zangado. ‖ ~ly adv. indignadamente.
indignation [indign'eiʃən] s. indignação f.
~-meeting comício de protesto.
indignity [ind'igniti] s. indignidade, injúria f.
indigo ['indigou] s. índigo m.: corante azul. ‖ adj. cor-de-índigo, azul-escuro.
indirect ['indirekt] adj. 1. indireto, oblíquo. 2. disfarçado, simulado 3. secundário. ‖ ~ly adv. indiretamente.
~ object objeto indireto. ~ passive passiva indireta. ~ speech (gram.) citação indireta. ~ way caminho indireto, volta.
indirection [indir'ekʃən] s. 1. vias indiretas f. pl. 2. desonestidade f.
Indiscernible [indis'əːnəbl] adj. indiscernível, imperceptível. ‖ —bly adv. imperceptivelmente.
indiscernibleness [indis'əːnəblnis] s. imperceptibilidade f.
indiscerptibility [indisəːptəb'iliti] s. insolubilidade f.
indiscerptible [indis'əːptəbl] adj. indissolúvel.
indisciplinable [ind'isiplinəbl] adj. indisciplinável.
indiscipline [ind'isiplin] s. indisciplina, desobediência f.
indiscoverable [indisk'ʌvərəbl] adj. que não pode ser descoberto.
indiscreet [indiskr'iːt] adj. indiscreto, imprudente, inconfidente. ‖ ~ly adv. indiscretamente.
indiscretion [indiskr'eʃən], **indiscreetness** [indiskr'iːtnis] s. indiscrição, imprudência, inconsideração f.
indiscriminate [indiskr'iminit] adj. 1. indiscriminado, indistinto. 2. confuso. ‖ ~ly adv. indiscriminadamente, indistintamente.
indiscriminating [indiskr'imineitiŋ], **indiscriminative** [indiskr'imineitiv] adj. indiscriminado, a esmo.
indiscrimination [indiskrimin'eiʃən], **indiscriminateness** [indiskr'iminitnis] s. indistinção f.
indispensability [indispensəb'iliti], **indispensableness** [indisp'ensəblnis] s. indispensabilidade f.
indispensable [indisp'ensəbl] adj. indispensável, necessário. ‖ —bly adv. indispensavelmente.
indispose [indisp'ouz] v. indispor, inabilitar, alienar, irritar.
indisposed [indisp'ouzd] adj. 1. indisposto, adoentado. 2. com má vontade, com aversão.
indisposition [indispəz'iʃən] s. 1. indisposição f., mal-estar m. 2. aversão, má vontade f.
indisputability [indispju:təb'iliti], **indisputableness** [indispj'u:təblnis] s. indisputabilidade f.
indisputable [indispj'u:təbl] adj. indisputável, incontestável. ‖ —bly adv. indisputavelmente.
indissolubility [indisɔljub'iliti], **indissolubleness** [indis'ɔljublnis] s. indissolubilidade f.
indissoluble [indis'ɔljubl] adj. 1. indissolúvel, insolúvel 2. (fig.) inseparável. ‖ —bly adv. indissoluvelmente.

indistinct [indist'iŋkt] adj. indistinto, confuso, vago. ‖ ~ly adv. indistintamente.
indistinctive [indist'iŋktiv] adj. indistinguível. ‖ ~ly adv. indistinguivelmente.
indistinctness [indist'iŋktnis] s. indistinção, confusão f.
indistinguishable [indist'iŋgwiʃəbl] adj. indistinguível. ‖ —bly adv. indistinguivelmente.
indistributable [indistr'ibjutəbl] adj. que não pode ser distribuído.
indite [ind'ait] v. compor, escrever.
inditer [ind'aitə] s. autor m.
indium ['indiəm] s. (Quím.) índio m.: elemento do grupo das terras raras.
individual [indiv'idjuəl] s. 1. indivíduo m., pessoa f., sujeito m. 2. personalidade f. ‖ adj. individual, pessoal, particular, próprio, distinto, característico, singular. ‖ ~ly adv. individualmente.
individualism [indiv'idjuəlizm] s. 1. individualismo m., egocentrismo m. 2. individualidade f.
individualist [indiv'idjuəlist] s. individualista m. + f.
individualistic [individjuəl'istik] adj. individualista.
individuality [individju'æliti] s. individualidade, originalidade, personalidade f.
individualization [individjuəlaiz'eiʃən] s. individualização f.
individualize [indiv'idjuəlaiz] v. individualizar, caracterizar, particularizar.
individuate [indiv'idjueit] v. individuar.
individuation [individju'eiʃən] s. individuação f.
indivisibility [indivizib'iliti] s. indivisibilidade f.
indivisible [indiv'izəbl] adj. indivisível. ‖ —bly adv. indivisivelmente.
indocile [ind'ousail] adj. indócil, indomável.
indocility [indous'iliti] s. indocilidade f.
indoctrinate [ind'ɔktrineit] v. doutrinar, inculcar.
indoctrination [indɔktrin'eiʃən] s. doutrinação f.
Indo-European ['indoujuərəp'iːən] s. 1. indo-europeu m. 2. indo-europêia f. ‖ adj. indo-europeu.
indolence ['indoləns] s. indolência, apatia f.
indolent ['indolənt] adj. indolente, insensível, preguiçoso, negligente. ‖ ~ly adv. indolentemente.
indomitable [ind'ɔmitəbl] adj. indomável, invencível. ‖ —bly adv. indomavelmente.
Indonesian [indoun'iːʃən] s. + adj. indonésio.
indoor ['indɔː] adj. feito portas a dentro.
~ aerial antena interna. ~ relief auxílio aos asilados.
indoors ['ind'ɔːz] adv. dentro de casa, em casa.
indorse [ind'ɔːs] = **endorse**.
indraught ['indrɑːft] s. corrente f., fluxo m. em direção para dentro.
indrawn ['indrɔːn] adj. puxado para dentro.
indubitable [indj'u:bitəbl] adj. indubitável, incontestável, certo. ‖ —bly adv. indubitavelmente.
indubitableness [indj'u:bitəblnis] s. certeza f.
induce [indj'u:s] v. 1. induzir, persuadir, levar, influenciar. 2. causar, provocar, produzir.
~d current (Eletr.) corrente de indução.
inducement [indj'u:smənt] s. induzimento m., persuasão, instigação f.
inducer [indj'u:sə] s. induzidor, instigador m.
inducible [indj'u:səbl] adj. que se pode induzir.
induct [ind'ʌkt] v. 1. introduzir, empossar. 2. iniciar.
inductance [ind'ʌktəns] s. (Eletr.) indutância f.
inductee [indʌkt'iː] s. convocado, alistado (serviço militar) m.
inductile [ind'ʌktail] adj. indúctil.
inductility [indʌkt'iliti] s. inductilidade f.
induction [ind'ʌkʃən] s. 1. (Eletr.) indução f. 2. raciocínio m., indução f. 3. introdução, emposse f.
~ coil bobina de indução. ~ current corrente de indução. ~ manifold (motor) tubos de admissão.

~ **order** (mil.) convocação para o serviço militar.
~ **station** lugar de convocação. ~ **valve** válvula de admissão de vapor.
inductive [ind'ʌktiv] adj. indutivo. || ~**ly** adv. por indução.
inductive reactance s. (Eletr.) reatância indutiva f.
inductivity [indʌkt'iviti] s. propriedade indutiva f.
inductor [ind'ʌktə] s. 1. indutor m.: aparelho elétrico que funciona por indução. 2. introdutor m.
indue [indj'u:] = **endue**.
indulge [ind'ʌldʒ] v. 1. ter indulgência, favorecer, ceder, fazer a vontade, indultar, tolerar, perdoar. 2. viciar-se, abandonar-se, perder-se em, ceder. **you** ~ **him in his vanity** você indulta a vaidade dele. **he** ~**s his daughter too much** ele mima demasiado sua filha. **she** ~**d in a cup of coffee** ela se deliciou com uma xícara de café. **he** ~**s in drinking** ele está viciado na bebida.
indulgence [ind'ʌldʒəns], **indulgency** [~i] 1. indulgência, graça f., favor m. 2. adiantamento de dívida m. 3. vício m.
indulgent [ind'ʌldʒənt] adj. indulgente, tolerante, benigno. || ~**ly** adv. indulgentemente.
indulger [ind'ʌldʒə] s. pessoa indulgente f.
indult [ind'ʌlt] s. indulto, perdão m.
induplicate [indj'uplikit] adj. (Bot.) induplicado.
indurate ['indjureit] v. endurecer, fazer ou tornar-se insensível. || ['indjurit] adj. 1. endurecido, duro, resistente, insensível. 2. obstinado, incorrigível.
induration [indjur'eiʃən] s. enduração f.
indurative ['indjureitiv] adj. que endurece.
industrial [ind'ʌstriəl] s. industrial, (Bras.) industriário m. || adj. industrial. || ~**ly** adv. industrialmente. ~ **art** arte aplicada a objetos de indústria. ~ **council** conselho industrial. ~ **court** justiça do trabalho. ~ **disease** doença ocupacional. ~ **exhibition** exposição industrial. ~ **park** parque industrial. ~ **school** escola de aprendizagem industrial. ~ **town** cidade industrial.
Industrial Revolution s. (Soc.) revolução industrial f.: advento da industrialização (fins do séc. XVIII).
industrialism [ind'ʌstriəlizm] s. industrialismo m.
industrialist [ind'ʌstriəlist] s. industrialista m. + f.
industrialization [indʌstriəlaiz'eiʃən] s. industrialização f.
industrialize [ind'ʌstriəlaiz] v. industrializar.
industrious [ind'ʌstriəs] adj. industrioso, laborioso, diligente. || adv. industriosamente, diligentemente.
industriousness [ind'ʌstriəsnis] s. diligência f.
industry ['indəstri] s. 1. diligência, assiduidade, atividade f., esforço m. 2. indústria, fábrica f.
Indus Valley Civilization s. (Hist.) civilização f. do vale do rio Indo (2500 a 1500 a.C.)
indwell [indw'el] v. habitar, residir, morar, possuir.
-ine [ain] sufixo -ino: feito de, de ou relativo a. **corall**~ coralino.
inearth [in'ə:θ] v. enterrar, sepultar.
inebriant [in'i:briənt] adj. inebriante.
inebriate [in'i:briit] s. ébrio, bêbedo, beberrão, embriagado m. || [in'i:brieit] v. 1. inebriar, embebedar, embriagar. 2. intoxicar. || [in'i:briit] adj. 1. embriagado. 2. intoxicado.
inebriation [inibri'eiʃən] s. embriaguez, bebedeira f.
inebriety [inibr'aiəti] s. = **inebriation**.
inedibility [inedib'iliti] s. qualidade do que não é comestível f.
inedible [in'edibl] adj. não comestível.
inedited [in'editid] adj. inédito.
ineducable in'edjukəbl] adj. ineducável.
ineffability [inefəb'iliti], **ineffableness** [in'efəblnis] s inefabilidade f.
ineffable [in'efəbl] adj. inefável, que não se pode exprimir por palavras. || –**bly** adv. inefavelmente.

ineffaceability [inifeisəb'iliti] s. qualidade do que é inapagável ou indelével.
ineffaceable [inif'eisəbl] adj. inapagável, indelével. || –**bly** adv. indelevelmente, de maneira inapagável.
ineffective [inif'ektiv] adj. ineficaz, ineficiente, inútil. || ~**ly** adv. sem efeito, inutilmente.
ineffectiveness [inif'ektivnis] s. ineficácia f.
ineffectual [inif'ektjuəl] adj. ineficaz, inútil, vão. || ~**ly** adv. ineficazmente.
ineffectualness [inif'ektjuəlnis] s. ineficácia f.
inefficacious [inefik'eiʃəs] adj. ineficaz, ineficiente. || ~**ly** adv. sem efeito.
inefficacy [in'efikəsi] s. ineficácia f.
inefficiency [inif'iʃənsi] s. 1. falta de eficiência f. 2. incapacidade, inaptidão, inabilidade f.
inefficient [inif'iʃənt] adj. ineficiente, incapaz, inapto. || ~**ly** adv. ineficientemente.
inelastic [inil'æstik] adj. não elástico.
inelasticity [inilæst'isiti] s. falta de elasticidade f.
inelegance [in'eligəns] s. inelegância, deselegância f.
inelegant [in'eligənt] adj. inelegante, deselegante. || ~**ly** adv. de modo desgracioso, sem elegância.
ineligibility [inelidʒəb'iliti] s. inelegibilidade f.
ineligible [inel'idʒəbl] adj. inelegível. || –**bly** adv. inelegivelmente.
ineloquent [in'elokwənt] adj. não eloqüente.
ineluctable [inil'ʌktəbl] adj. inelutável, inevitável.
inept [in'ept] adj. 1. inepto. 2. absurdo. || ~**ly** adv. ineptamente.
ineptness [in'eptnis], **ineptitude** [in'eptitju:d] s. ineptidão, inépcia, tolice f.
inequality [inikw'oliti] s. desigualdade f.
inequilateral [inikwil'ætərəl] adj. não eqüilateral.
inequitable [in'ekwitəbl] adj. injusto. || –**bly** adv. injustamente.
inequity [in'əkwiti] s. injustiça f.
inequivalve [in'ekwivælv] adj. (Zool.) ineqüivalve.
ineradicable [inir'ædikəbl] adj. inerradicável, que não pode ser erradicado ou extirpado. || –**bly** adv. de modo não erradicável.
inerasable [inir'eizəbl] adj. inapagável.
inerrability [inerəb'iliti], **inerrancy** [in'erənsi] s. infalibilidade f.
inerrable [in'ə:rəbl] adj. infalível. || –**bly** adv. infalivelmente.
inerrant [in'erənt] adj. isento de erro.
inert [in'ə:t] adj. 1. inerte, sem atividade, inativo. 2. neutro. || ~**ly** adv. inertemente.
inertia [in'ə:ʃiə] s. 1. torpor m., preguiça, indolência f. 2. (Fís.) inércia f.
inertness [in'ə:tnis][1] s. inércia, indolência f.
inescapable [inisk'eipəbl] que não pode escapar.
inessential [inis'enʃəl] adj. não essencial, secundário.
inestimable [in'estiməbl] adj. inestimável. || –**bly** adv. inestimavelmente.
ineunt ['iniʌnt] s. (Mat.) ponto de uma curva m. || adj. entrante.
inevitability [inevitəb'iliti], **inevitableness** [in'evitəblnis] s. qualidade do que é inevitável f.
inevitable [in'evitəbl] s. o que é inevitável m. || adj. inevitável. || –**bly** adv. inevitavelmente.
inexact [inigz'ækt] adj. inexato. || ~**ly** adv. inexatamente.
inexactitude [inigz'æktitju:d], **inexactness** [inigz'æktnis] s. inexatidão f.
inexcusability [inikskju:zəb'iliti] s. impossibilidade de ser desculpado f.
inexcusable [inikskj'u:zəbl] adj. indesculpável, improdoável, injustificável. || –**bly** adv. sem desculpa.
inexecutable [ineksikj'u:təbl] adj. inexecutável, inexeqüível.
inexecution [ineksikj'u:ʃən] s. inexecução f.
inexertion [inigz'ə:ʃən] s. inatividade f.
inexhausted [inigz'ɔ:stid] adj. inexausto.

Inexhaustibility [inigzɔ:stəb'iliti], **inexhaustibleness** [inigz'ɔ:stəblnis] s. qualidade do que é inexaurível.
inexhaustible [inigz'ɔ:stəbl] adj. inexaurível, inesgotável. ‖ **–bly** adv. inesgotavelmente.
inexhaustive [inigz'ɔ:stiv] adj. inexaurível, que não se esgota (um assunto). ‖ **~ly** adv. de modo inexaurível.
inexistence [inigz'istəns] s. inexistência f.
inexistent [inigz'istənt] adj. inexistente.
inexorability [ineksərəb'iliti] s. inexorabilidade f.
inexorable [in'eksərəbl] adj. inexorável, implacável. ‖ **–bly** adv. inexoravelmente.
inexorableness [in'eksərəblnis] s. inexorabilidade f.
inexpansible [iniksp'ænsəbl] adj. não expansível.
inexpectant [iniksp'ektənt] adj. não expectante.
inexpediency [iniksp'i:diənsɪ] s. inconveniência f., inconveniente m.
inexpedient [iniksp'i:diənt] adj. inconveniente, inadequado, desvantajoso, desaconselhável. ‖ **~ly** adv. inconvenientemente.
inexpensive [iniksp'ensiv] adj. barato. ‖ **~ly** adv. baratamente.
inexpensiveness [iniksp'ensivnis] s. barateza, modicidade de preço f.
inexperience [iniksp'i:riəns] s. inexperiência f.
inexperienced [iniksp'iəriənst] adj. inexperiente.
inexpert [ineksp'ə:t] adj. imperito, inexperiente ‖ **~ly** adv. de maneira inexperiente.
inexpiable [in'ekspiəbl] adj. inexpiável, implacável. ‖ **–bly** adv. de modo inexpiável, implacavelmente.
inexpiableness [in'əkspiəblnis] s. qualidade do que é inexpiável.
inexplicability [ineksplikəb'iliti] s. inexplicabilidade f.
inexplicable [in'eksplikəbl] adj. inexplicável, incompreensível. ‖ **–bly** adv. inexplicavelmente.
inexplicit [inikspl'isit] adj. inexplícito, indefinido, incerto, vago. ‖ **~ly** adv. de modo inexplícito.
inexplicitness [inikspl'isitnis] s. qualidade do que é inexplícito.
inexpressibility [inikspresəb'iliti], **inexpressibleness** [inikspr'esəblnis] s. inefabilidade f.
inexpressible [inikspr'esəbl] adj. inexprimível, inefável, indizível. ‖ **–bly** adv. inexprimivelmente.
inexpressive [inikspr'esiv] adj. inexpressivo. ‖ **~ly** adv. inexpressivamente.
inexpressiveness [inikspr'esivnis] s. inexpressividade f.
inexpugnable [iniksp'ʌgnebl] adj. inexpugnável, invencível. ‖ **–bly** adv. inexpugnavelmente.
inextensible [inikst'ensəbl] adj. inextensível.
inextinguishable [inikst'iŋgwiʃəbl] adj. inextinguível. ‖ **–bly** adv. inextinguivelmente.
inextirpable [inekst'ə:pəbl] adj. inextirpável.
inextricability [inekstrikəb'iliti], **inextricableness** [in-'ekstrikəblnis] s. inextricabilidade f.
inextricable [in'ekstrikəbl] adj. inextricável, emaranhado. ‖ **–bly** adv. inextricavelmente.
infallibility [infæləb'iliti] s. infalibilidade f.
infallible [inf'æləbl] adj. 1. infalível. 2. inevitável. ‖ **–bly** adv. 1. infalivelmente. 2. inevitavelmente.
infamize ['infəmaiz] v. infamar, difamar.
infamous ['infəməs] adj. infame, sem honra, vil, abjeto, mal-afamado. ‖ **~ly** adv. infamemente.
infamy ['infəmi] s. 1. infâmia, desonra f. 2. maldade f.
Infancy ['infənsi] s. 1. infância, meninice f. 2. começo, início m.
infant ['infənt] s. 1. criança (nos primeiros anos de vida) f. 2. menor m. + f. 3. menino m. ‖ adj. 1. infantil, moço, novo. 2. não desenvolvido.
~ mortality mortalidade infantil. **~ welfare** assistência à infância.
infanta [inf'æntə] s. infanta f.: princesa real da Espanha ou de Portugal.

infante [inf'æntei] s. infante m.: filho dos reis da Espanha ou de Portugal.
infanticide [inf'æntisaid] s. 1. infanticídio m. 2. infanticida m. + f.
infantile ['infəntail], **infantine** ['infəntain] adj. infantil, de infância.
~ paralysis (Med..) paralisia infantil.
infantilism ['infəntilizm] s. (Med.) infantilismo m.
infantility [infənt'iliti] s. infantilidade f.
infantry ['infəntri] s. infantaria f.
Infantryman ['infəntrimən] s. soldado da infantaria m.
infarct [inf'a:kt], **infarction** [inf'a:kʃən] s. (Med.) enfarte m.
infatuate [inf'ætjueit] v. apaixonar-se tolamente, ficar cego de paixão. ‖ [inf'ætjuit] adj. = **infatuated** tolamente apaixonado.
infatuated [inf'ætjueitid] adj. tolamente enamorado, apaixonado. ‖ **~ly** adv. apaixonadamente.
infatuation [infætju'eiʃən] s. paixão louca f.
infeasible [inf'i:zəbl] adj. impraticável.
infect [inf'ekt] v. 1. infetar, infeccionar. 2. viciar.
infection [inf'ekʃən] s. 1. infecção f., contágio m., contaminação f. 2. influência f. 3. agente contaminador m.
I caught the ~ fui contaminado.
infectious [inf'ekʃəs] adj. infeccioso, contagiante. ‖ **~ly** adv. contagiantemente.
infective [inf'ektiv] adj. infeccioso, contagioso.
infectiveness [inf'ektivnis], **infectivity** [infekt'iviti] s. contagiosidade f.
infecund [inf'i:kənd] adj. infecundo.
Infelicitous [infil'isitəs] adj. 1. infeliz, desventurado. 2. impróprio, inepto.
infelicity [infil'isiti] s. 1. infelicidade, desdita f., infortúnio m. 2. impropriedade, ineptidão f.
infer [inf'ə:] v. inferir, deduzir, concluir, pressupor.
inferable [inf'ə:rəbl] adj. deduzível, que se pode inferir ou concluir. ‖ **–bly** adv. conclusivamente.
inference ['infərəns] s. inferência, conclusão, conseqüência f.
inferential [infər'enʃəl] adj. deduzível, ilativo. ‖ **~ly** adv. conclusivamente, por inferência.
inferior [inf'iəriə] s. inferior, subordinado, subalterno m. ‖ adj. 1. inferior, subordinado. 2. pior, que vale menos. 3. insignificante.
he is ~ to none ele não fica atrás de ninguém. **~ quality** qualidade inferior. **~ wood** madeira de enchimento em tábuas compensadas.
inferiority [infiəri'ɔriti] s. inferioridade f.
~ complex complexo de inferioridade.
infernal [inf'ə:nəl] adj. 1. infernal, diabólico. 2. terrível, horrendo. ‖ **~ly** adv. 1. infernalmente. 2. terrivelmente.
~ machine máquina infernal. **~ regions** inferno m.
infertile [inf'ə:tail] adj. estéril, infértil.
infertility [infə:t'iliti] s. infertilidade f.
infest [inf'est] v. 1. infestar, assolar. 2. invadir.
infestation [infest'eiʃən] s. 1. infestação, praga f. 2. invasão f.
infeudation [infjud'eiʃən] s. (Ingl.) enfeudação f.
infidel ['infidəl] s. infiel, pagão, gentio m. ‖ adj. infiel, irreligioso.
infidelity [infid'eliti] s. 1. infidelidade, falta de fé f. 2. deslealdade f. 3. adultério m.
infield ['infi:ld] s. 1. (Esp., E. U. A.) parte central f. do campo de beisebol. 2. jogadores das bases m. pl. 3. área cultivada f.
infighting ['infaitiŋ] s. (Esp.) luta à curta distância no boxe.
infiltrate [inf'iltreit], **infilter** [inf'iltə] v. infiltrar, penetrar, introduzir, embeber.
infiltration [infiltr'eiʃən] s. infiltração, penetração, difusão f.

infinite ['infinit] s. infinito, espaço infinito m. ‖ adj. infinito, ilimitado. ‖ ~ly adv. infinitamente.
the Infinite Deus.
infiniteness ['infinitnis] s. infinidade, imensidade f.
infinitesimal [infinit'esiməl] s. infinitésimo m. ‖ adj. infinitésimo, muito pequeno. ‖ ~ly adv. infinitamente pequeno.
infinitive [inf'initiv] s. (Gram.) infinitivo m.: modo verbal ‖ adj. infinitivo, infinito.
~ mood infinitivo, modo infinito.
infinitize [inf'initaiz] v. tornar infinito.
infinitude [inf'initju:d], infinity [inf'initi] s. infinidade, imensidade f., número imenso m., quantidade infinda f.
infirm [inf'ə:m] adj. 1. fraco, instável, débil. 2. irresoluto. ‖ ~ly adv. fracamente, debilmente.
~ of purpose indeciso. old and ~ senil, caduco.
infirmary [inf'ə:məri] s. hospital m., enfermaria f.
infirmity [inf'ə:miti] s. 1. fraqueza, debilidade, fragilidade f. 2. enfermidade, doença f. 3. indecisão, irresolução f.
infix ['infiks] s. (Gram.) 1. infixo m. 2. afixo m. ‖ [inf'iks] v. fixar, gravar (na memória), inculcar.
inflame [infl'eim] v. 1. inflamar: excitar, estimular, exaltar. 2. (Med.) inflamar: causar inflamação. 3. inflamar-se, pegar fogo, acender-se.
inflamed [~d] adj. (Med.) inflamado.
inflammability [inflæməb'iliti], inflammableness [infl'æməblnis] s. inflamabilidade f.
inflammable [infl'æməbl] adj. inflamável.
inflammables [infl'æməblz] s. pl. inflamáveis m. pl.: substâncias inflamáveis.
inflammation [infləm'eiʃən] s. inflamação f.
inflammatory [infl'æmətəri] adj. 1. inflamatívo, inflamatório. 2. excitante, incitante.
inflatable [infl'eitəbl] adj. suscetível de inflação.
inflatant [infl'eitənt] adj. inflatório.
inflate [infl'eit] v. 1. inflar, encher de ar. 2. aumentar (de preço).
inflated [infl'eitid] adj. 1. inchado, cheio de ar. 2. enfatuado, cheio de si.
inflation [infl'eiʃən] s. 1. inchação, arrogância, presunção f. 2. (Econ.) inflação f.
~ pressure pressão nos pneus.
inflationary [infl'eiʃənəri] adj. inflatório.
inflationary spiral s. (Econ.) espiral inflacionária f.
inflationism [infl'eiʃənizm] s. (Econ.) inflacionismo m.
inflationist [infl'eiʃənist] s. inflacionista m. + f.
inflect [infl'ekt] v. 1. m.dular, mudar, variar. 2. curvar, dobrar, inflectir.
inflectedness [infl'ektidnis] s. efeito de ser inflectido m.
inflection, inflexion [infl'ekʃən] s. 1. inflexão, modulação f. 2. flexão f. 3. inclinação, curvatura, curva f.
inflectional, inflexional [infl'ekʃənəl] adj. (Gram.) flexivo.
inflective [infl'ektiv] adj. 1. flexível. 2. flexivo.
inflexed [infl'ekst] adj. inflexo, curvo.
inflexibility [infleksəb'iliti] s. inflexibilidade f.: 1. qualidade do que é inflexível. 2. inexorabilidade, implacabilidade f.
inflexible [infl'eksəbl] adj. inflexível: 1. que não é flexível. 2. impassível, indiferente, implacável. ‖ –bly adv. inflexivelmente: 1. com inflexibilidade. 2. inexoravelmente.
inflict [infl'ikt] v. infligir, impor, punir.
inflicter, inflictor [infl'iktə] s. castigador m.
infliction [infl'ikʃən] s. 1. inflição, pena f., castigo m. 2. sofrimento, fardo m., aflição f.
inflictive [infl'iktiv] adj. inflitivo.
in-flight adj. feito, servido, exibido durante o vôo.
an ~ movie filme exibido no avião.
inflorescence [inflor'esəns] s. (Bot.) inflorescência f.
inflow ['inflou] s. = influx. ‖ [infl'ou] v. fazer fluir

para dentro.
influence ['influəns] s. influência, preponderância f., prestígio m. ‖ v. 1. influenciar, influir. 2. persuadir.
to be under the ~ of estar sob a influência de.
influencer ['influənsə] s. influente m. + f.
influent ['influənt] s. afluente m. ‖ adj. 1. que corre para dentro. 2. influente.
influential [influ'enʃəl] adj. que exerce influência.
influenza [influ'enzə] s. (Med.) influenza, gripe †.
influx [infl'ʌks] s. 1. influxo m., afluência f., afluxo m. 2. importação f.
inform [inf'o:m] v. 1. informar, instruir, dar notícia, contar, avisar. 2. acusar, denunciar, dar informações contra alguém. 3. animar, entusiasmar.
to ~ against s. o. denunciar alguém.
Informal [inf'o:ml] adj. informe, sem formalidades, irregular, sem cerimônias, (em convites) "traje de passeio". ‖ ~ly adv. sem formalidades.
informality [info:m'æliti] s. falta de formalidade, informidade f.
informant [inf'o:mənt] s. informante m. + f., informador m.
information [infəm'eiʃən] s. 1. conhecimento m., informação, notícia f., aviso m. 2. instrução, comunicação f. 3. acusação f. 4. dados m. pl.
~ desk guichê de informações (quadro S 13). ~–bureau, ~–office agência de informações. ~ of draft aviso de saque. to gather ~ upon pedir informações sobre. for your ~ para a sua orientação. to lodge ~ against levantar queixa contra. a piece of ~ uma informação.
information retrieval s. recuperação sistemática f. de dados.
Informative [inf'o:mətiv], informational [infəm'eiʃənəl] adj. 1. informador, informante. 2. instrutivo.
informatory [inf'o:mətəri] adj. 1. informativo. 2. instrutivo.
informed [inf'o:md] adj. 1. informado. 2. instruído.
informer [inf'o:mə] s. 1. informador m., informante m. + f. 2. delator, acusador m.
infortunate [inf'o:tjunit] adj. = unfortunate.
infract [infr'ækt] v. infringir, transgredir.
infraction [infr'ækʃən] s. infração, violação f.
infra dig. ['infrədig] (latim: infra dignitatem) que está abaixo da dignidade de alguém.
infragrant [infr'eigrənt] adj. sem fragrância.
inframaxillary [infrəmæks'iləri] s. maxilar inferior m. ‖ adj. submaxilar.
infrangible [infr'ændʒibl] adj. infrangível, inquebrável.
intra-red ['infrəred] s. infravermelho m. ‖ adj. infravermelho.
infrasonic [infrəs'onik] adj. infra-sônico.
infrasonics [~s] s. estudo m. dos infra-sons.
infrastructure [infrəstr'ʌktʃə] s. infra-estrutura f.
infrequency [infr'i:kwənsi], infrequence [infr'i:kwəns] s. infreqüência, raridade f.
infrequent [infr'i:kwənt] adj. infreqüente, raro. ‖ ~ly adv. infreqüentemente, raras vezes.
infringe [infr'indʒ] v. 1. infringir. 2. trangredir.
to ~ on, upon prejudicar.
infringement [infr'indʒmənt] s. 1. infração, violação f. 2. traspasso m.
infringer [infr'indʒə] s. infrator, transgressor m.
infructuosity [infrʌktju'ositi] s. infrutuosidade f.
infructuous [infr'ʌktjuəs] adj. 1. infrutuoso, infrutífero. 2. inútil. ‖ ~ly adv. infrutuosamente.
infundibular [infʌnd'ibjulə], infundibulate [infʌnd'ibjulit], infundibuliform [infʌnd'ibjulifo:m] adj. infundibuliforme, em forma de funil.
infuriate [infj'uərieit] v. enraivecer, enfurecer.
infuriatingly [infj'uərieitiŋli] adv. enfurecidamente, exasperadamente.
infuse [infj'u:z] v. 1. infundir, introduzir, entornar.

2. administrar. 3. inspirar. 4. pôr de infusão, extrair.
infuser [infj'u:zə] s. o que infunde.
infusibility [infju:zəb'iliti] s. infusibilidade f.
infusible [inf'u:zəbl] adj. infusível.
infusion [infj'u:ʒən] s. 1. infusão, maceração f. 2. extrato obtido por infusão m.
infusionism [~izm] s. (Teol.) infusionismo m.
infusoria [infju:s'ɔ:rɪə] s. pl. (latim, Zool.) infusórios m. pl.: protozoários ciliados.
infusorial [infju:s'ɔ:rɪəl] adj. infusório.
infusory [inf'ju:səri] s. infusório m. ‖ adj. infusório.
ingate ['ingeit] s. 1. entrada f. 2. (Eng.) funil no molde para despejar metal fundido m.
ingathering ['ingæðəriŋ] s. 1. colheita f. 2. reunião f.
ingeminate [indʒ'emineit] v. repetir, redobrar.
ingemination [indʒemin'eiʃən] s. repetição f.
ingenerate [indʒ'enəreit] v. = **engender.**
ingenious [indʒ'i:niəs] adj. 1. engenhoso, inventivo, habilidoso. 2. bem planejado, bem estudado. ‖ ~ly adv. engenhosamente.
ingeniousness [indʒ'i:niəsnis], **ingenuity** [indʒinj'u:iti] s. 1. engenho, talento m., faculdade inventiva f. 2. habilidade, destreza f.
ingenuous [indʒ'enjuəs] adj. 1. franco, sincero. 2. ingênuo, cândido, simples, inocente. ‖ ~ly adv. 1. sinceramente. 2. ingenuamente.
ingenuousness [indʒ'enjuəsnis] s. 1. sinceridade f. 2. ingenuidade, simplicidade f.
ingest [indʒ'est] v. ingerir, engolir.
ingestion [indʒ'estʃən] s. ingestão, deglutição f.
ingle [iŋgl] s. 1. lareira f. 2. fogo do fogão ou da lareira m.
ingle-nook s. lugar, canto perto da lareira m.
inglorious [ingl'ɔ:riəs] adj. 1. inglorioso, inglório. 2. baixo, vergonhoso. ‖ ~ly adv. 1. ingloriosamente. 2. vergonhosamente.
ingoing ['ingouiŋ] s. 1. entrada f. 2. começo, início m. ‖ adj. que inicia, que começa.
ingot ['iŋgət] s. lingote m.: barra de metal fundido. ~s of gold barras de ouro. ~-mould forma para fundir barras. ~-steel 1. aço fundido ou homogêneo. 2. aço em lingotes.
ingraft [ingr'a:ft] = **engraft.**
ingrain, ~ed [ingr'ein, ~d] adj. 1. tingido, corado na fibra. 2. (fig.) enraizado, inerente, inveterado.
ingrate [ingr'eit] s. pessoa ingrata f., ingrato m.
ingratiate [ingr'eiʃieit] v. insinuar-se, procurar amizades, agradar.
he ~d himself with her ele procurou a amizade dela.
ingratiating [ingr'eiʃieitiŋ] adj. agradável, insinuante. ‖ ~ly adv. agradavelmente.
ingratitude [ingr'ætitju:d] s. ingratidão f.
ingravescence [ingrəv'esəns] s. agravação f.
ingravescent [ingrəv'esənt] adj. engravescendo, agravando.
ingredient [ingr'i:diənt] s. ingrediente m.
ingress ['ingres] s. 1. entrada f. 2. ingresso, bilhete de entrada m.
ingression [ingr'eʃən] s. ação de entrar f., ingresso m.
ingroove [ingr'u:v] = **engroove.**
ingroup ['ingru:p] s. (Soc.) grupo distinto m. (de pessoas de interesses comuns).
ingrowing ['ingrouiŋ] adj. crescendo para dentro.
ingrown ['ingroun] adj. encravado (na carne).
inguinal ['iŋgwinl] adj. inguinal: relativo à virilha.
ingulf ['ingʌlf: s., ing'ʌlf: v.] = **engulf.**
ingurgitate [ing'ə:dʒiteit] v. ingurgitar, engolir rapidamente, devorar.
ingurgitation [ingə:dʒit'eiʃən] s. ingurgitação, voracidade f.
inhabit [inh'æbit] v. habitar, morar, residir.
inhabitable [inh'æbitəbl] adj. 1. habitável. 2. (†) inabitável.

inhabitableness [inh'æbitəblnis] s. habitabilidade f.
inhabitancy [inh'æbitənsi] s. morada, habitação (permanente) f.
inhabitant [inh'æbitənt] s. habitonte m. + f., cidadão, morador m.
inhabitation [inhæbit'eiʃən] s. habitaçạo, ação de morar f., qualidade de estar habitado.
inhabited [inh'æbitid] adj. habitado.
inhabiter [inh'æbitə] s. habitante, habitador m.
inhabitress [inh'æbitris] s. habitante, habitadora f.
inhalant [inh'eilənt] s. medicamento para inalações, inalador m.
inhalation [inhəl'eiʃən] s. inalação f.
inhale [inh'eil] v. inalar, aspirar, respirar.
inhaler [inh'eilə] s. 1. inalador m.: pessoa que inala. 2. aparelho para inalação m.
inharmonic [inha:m'ɔnik], **inharmonical** [~əl] adj. inarmônico, dissonante.
inharmonious [inha:m'ounjəs] adj. inarmônico. ‖ ~ly adv. inarmonicamente.
inharmoniousness [inha:m'ounjəsnis] s. inarmonia f.
inhere [inh'iə] v. inerir, pertencer, ser inseparável.
inherence [inh'iərəns], **inherency** [inh'iərənsi] s. inerência f.
inherent [inh'iərənt] adj. inerente, próprio, pertencente. ‖ ~ly adv. inerentemente.
inherit [inh'erit] v. 1. herdar, receber por herança. 2. receber por hereditariedade.
inheritability [inheritəb'iliti] s. hereditariedade f.
inheritable [inh'eritəbl] adj. 1. que pode ser herdado. 2. hereditário. ‖ –bly adv. por herança.
inheritance [inh'eritəns] s. herança f., bens herdados m. pl.
~ **tax** imposto de transmissão "causa mortis".
inherited [inh'eritid] adj. 1. herdado. 2. hereditário.
inheritor [inh'eritə] s. herdeiro m.
inheritress [inh'eritris], **inheritrix** [inh'eritriks] s. herdeira f.
inhesion [inh'i:ʃən] s. inerência f.
inhibit [inh'ibit] v. 1. inibir, impedir. 2. proibir, impossibilitar, interditar.
inhibition [inhib'iʃən] s. 1. inibição, proibição f. 2. impedimento, embaraço m., inibitória f.
inhibitor [inh'ibitə] s. (Anat.) nervo inibidor m.
inhibitory [inh'ibitəri] adj. inibitivo, inibitório.
inhospitable [inh'ɔspitəbl] adj. inóspito, inospitaleiro. ‖ –bly adv. de modo inospitaleiro.
inhospitableness [inh'ɔspitəblnis], **inhospitality** [inhospit'æliti] s. inospitalidade, falta de hospitalidade f.
in-house adj. de casa (firma, etc.).
inhuman [inhj'u:mən] adj. inumano, desumano, cruel.
inhumanity [inhjum'æniti] s. inumanidade, desumanidade, crueldade f.
inhumation [inhjum'eiʃən] s. inumação f., enterramento m.
inhume [inhj'u:m] v. inumar, sepultar, enterrar.
inimical [in'imikəl] adj. 1. hostil, adverso. 2. prejudicial. 3. desfavorável. ‖ ~ly adv. hostilmente, inimigamente.
inimitableness [inimitəb'iliti], **inimitableness** [in'imitəblnis] s. inimitabilidade f.
inimitable [in'imitəbl] adj. inimitável. ‖ –bly adv. inimitavelmente.
iniquitous [in'ikwitəs] adj. iníquo: 1. injusto. 2. perverso. ‖ ~ly adv. injustamente.
iniquity [in'ikwiti] s. iniqüidade f.: 1. injustiça f. 2. maldade f.
initial [in'iʃəl] s. inicial f.: primeira letra de uma palavra (quadro B 17). ‖ v. pôr as iniciais, rubricar. ‖ adj. inicial, no princípio. ‖ ~ly adv. inicialmente, no princípio.
initial teaching alphabet s. alfabeto de ensino básico m. (de 44 letras), de inglês.

initiate [in'iʃiit] s. principiante m. + f., novato m. ‖ [in'iʃieit] v. 1. iniciar, começar, inaugurar, originar, desencadear. 2. introduzir, admitir, empassar. 3. instruir, inteirar, enfronhar, pôr a par. ‖ [in'iʃiit] adj. 1. iniciado. 2. inteirado. 3. a par (in de). 4. instruído.

initiated [in'iʃieitid] adj. instruído, informado, inteirado.

initiation [iniʃi'eiʃən] s. iniciação, inauguração, posse f. ~ fee (E. U. A.) jóia de admissão.

initiative [in'iʃiativ] s. 1. iniciativa, atividade f. 2. iniciação, sugestão f. 3. direito iniciativo m. ‖ adj. iniciativo, inicial, introdutivo. ‖ ~ly adv. com iniciativa.
to take the ~ tomar a iniciativa. on his own ~ de iniciativa própria.

initiator [in'iʃieitə] s. iniciador m.

initiatory [in'iʃjətəri] adj. 1. inicial, iniciador, introdutório. 2. iniciatório.

initiatrix [in'iʃjətriks] s. iniciadora f.

inject [indʒ'ekt] v. 1. injetar, introduzir. 2. fazer um aparte, trazer à baila.
~ into s. o., ~ into s. one's mind influenciar alguém, insinuar, inspirar alguém.

injection [indʒ'ekʃən] s. (Med., Eng.) injeção f.
~—cock válvula de injeção. ~—pipe (Eng.) tubo de injeção, em máquinas a vapor.

injection moulding s. moldagem a injeção ou pressão f. (matéria plástica).

injector [indʒ'ektə] s. (Eng.) injetor m.

injoin [indʒ'ɔin] = enjoin.

injudicial [indʒud'iʃəl] adj. não judicial, ilegal, injurídico.

injudicious [indʒud'iʃəs] adj. sem juízo, imprudente, precipitado. ‖ ~ly adv. imprudentemente, precipitadamente.

injudiciousness [indʒud'iʃəsnis] s. falta de juízo, imprudência f.

injunction [indʒ'ʌŋkʃən] s. 1. injunção, regra de proceder, prescrição, determinação, proibição f. 2. (E. U. A.) proibição de greve.
I gave him strict ~s recomendei-lhe especialmente.

injure ['indʒə] v. 1. prejudicar. 2. ferir, machucar. 3. injuriar, ofender. 4. diminuir.

injurer ['indʒərə] s. ofensor, injuriador m.

injurious [indʒ'uəriəs] adj. injurioso, prejudicial, ofensivo, infamante. ‖ ~ly adv. injuriosamente.

injury ['indʒəri] s. 1. injúria f., insulto m. 2. dano, prejuízo m., avaria f. 3. injustiça f. 4. ferimento m.
he received injuries ele foi gravemente ferido.

injustice [indʒ'ʌstis] s. injustiça f.
to do s. o. an ~ fazer injustiça a alguém.

ink [iŋk] s. tinta de escrever ou de imprimir f. ‖ v. 1. sujar com tinta, borrar. 2. (Tipogr.) pôr tinta nos tipos.
as black as ~ preto como carvão.

ink-blot s. borrão m.

inker ['iŋkə] s. (Tipogr.) rolo de passar tinta m.

ink-eraser s. borracha para apagar tinta f.

ink-holder, ink-bottle, inkpot s. tinteiro m.

inkhorn ['iŋkhɔːn] s. tinteiro de chifre m.

inkhorn terms s. linguagem pedante f.

ink in v. completar com tinta.

inking ['iŋkiŋ] s. 1. aplicação de tinta, coloração f. 2. (Tipogr.) ato de passar tinta f.

inking-roller s. (Tipogr.) rolo de passar tinta m.

inkling ['iŋkliŋ] s. 1. boato, rumor m. 2. pressentimento m., suspeita f. 3. alusão f.
to get an ~ of pressentir, adivinhar. not the slightest ~ nem a mínima noção.

ink-pad s. almofada para carimbos f.

ink-pencil s. lápis-cópia m.

ink-pot s. tinteiro m. (quadro D 1).

ink-slinger, ink-spiller s. 1. repórter m. + f. 2. escrevinhador m.

inkstand s. tinteiro (com porta-canetas) m.

ink-well s. tinteiro (embutido na mesa) m.

inky ['iŋki] adj. como tinta, sujo de tinta, preto como tinta, escuro.

inlaid ['inleid] adj. embutido em forma de mosaico, marchetado.
~ floor parquete. ~ work trabalho embutido, mosaico, marchetaria.

inland ['inlənd] s. interior m.: parte do país afastada da costa. ‖ adj. 1. interior, interno. 2. doméstico, do país. ‖ ['inlænd] adv. no ou para o interior.

inlander ['inləndə] s. 1. pessoa do interior f. 2. nacional m.: habitante do país.

inlandish ['inləndiʃ] adj. indígena, nacional.

in-laws [inl'ɔːz] s. pl. parentes por afinidade m. pl.

inlay ['inlei] s. 1. desenho ou decoração embutida f., trabalho embutido, mosaico, marchetado m. 2. (Dent.) incrustação, obturação f. ‖ [inl'ei] v. 1. embutir, tauxiar com mosaicos. 2. colocar tacos. 3. revestir, folhar, apainelar.

inlayer ['inleiə] s. marcheteiro m.

inlaying ['inleiiŋ] s. trabalho embutido, parquete m., tauxia, marchetaria f.

inlet ['inlet] s. 1. entrada (quadros B 13, C 4), passagem. 2. barra f., braço de mar m., baía f.
~—valve válvula de entrada, de admissão.

inlier ['inlaiə] s. (Geol.) formação geológica coberta e envolvida por outra f.

in-line engine s. (Eng.) motor ligado em série m.

inly ['inli] adv. (poét.) 1. intimamente. 2. profundamente.

inlying ['inlaiiŋ] adv. interno, no interior.

inmate ['inmeit] s. ocupante, habitante m. + f., companheiro (de casa) m.

in-migrant adj. proveniente de outra zona do país.
~ labor mão-de-obra volante.

inmost ['inmoust] adj. 1. íntimo, interno. 2. particular, secreto.
~ thoughts pensamentos íntimos.

inn [in] s. estalagem, hospedaria, taverna f.
the Inns of Court nome das velhas escolas de direito em Londres.

innards ['inədz] pl. s. vísceras f. pl.

innate [in'eit] adj. inato, ingênito, natural, próprio. ‖ ~ly adv. de natureza.

innateness [in'eitnis] s. qualidade do que é inato f.

innavigable [in'ævigəbl] adj. inavegável. ‖ —bly adv. de maneira inavegável.

inner ['inə] adj. interno, interior, íntimo, secreto. ‖ ~ly adv. intimamente.
the ~ man a parte íntima da pessoa, a alma. ~ tube câmara-de-ar (quadro T 6).

inner circle s. (Soc.) círculo interno m. (grupo de pessoas influentes).

Inner Light s. (Rel.) Luz de Cristo f. que ilumina a alma.

innermost ['inəmoust] adj. íntimo, o mais secreto.

innervate [in'əːveit] v. (Med.) 1. inervar. 2. dar um impulso nervoso.

innervation [inəːv'eiʃən] s. (Med.) inervação f.

innerve [in'əːv] v. revigorar, fortalecer.

inning, ~s ['iniŋ, ~z] s. (Esp.) 1. turno m., a vez de jogar f. 2. aterrado m. 3. ensejo para ou período de ação, exercício de poder m.
a good ~ uma boa oportunidade. now she has her ~ agora é a vez dela.

innkeeper ['inki:pə] s. estalajadeiro, hospedeiro m.

innocence ['inosns], innocency ['inosnsi] s. inocência, simplicidade f.

innocent ['inosnt] s. pessoa inocente f., simplório m. ‖ adj. inocente, inofensivo, ingênuo, simples. ‖ ~ly

adv. inocentemente.
~ of livre de, sem. **~ as a lamb** inocente como uma criancinha. **~ of stockings** sem meias. **~ of windows** sem janelas. **~ of reason** sem razão.
innocuity [inɔkj'uiti] s. inocuidade f.
innocuous [in'ɔkjuəs] adj. inócuo, inofensivo. ‖ **~ly** adv. inofensivamente.
innocuousness [in'ɔkjuəsnis] s. inocuidade f.
innominate [in'ɔminit] adj. inominado.
~ bone s. bacia f., osso ilíaco m.
innovate ['inoveit] v. inovar, introduzir novidades.
innovation [inov'eiʃən] s. inovação f.
innovator ['inoveitə] s. inovador m.
innovatory ['inoveitəri] adj. inovador.
innoxious [in'ɔkʃəs] adj. inóxio, inócuo. ‖ **~ly** adv. de maneira inóxia.
innoxiousness [in'ɔkʃəsnis] s. inocuidade f.
innuendo [inju'endou] s. alusão indireta, insinuação, sugestão f. ‖ v. fazer insinuações, insinuar.
innumerable [inj'u:mərəbl] adj. inumerável, muito numeroso. ‖ **–bly** adv. inumeravelmente.
innumerableness [**~**nis] s. inumerabilidade t.
innutrition [injutr'iʃən] s. falta de nutrição, falta de alimentação f.
innutritious [injutr'iʃəs], **innutritive** [inj'u:tritiv] adj. não nutritivo.
inobservance [inəbz'ə:vəns] s. inobservância f.
inobservant [inəbz'ə:vənt] adj. inobservante.
inoccupation [inɔkjup'eiʃən] s. desocupação, falta de ocupação f.
inoculable [in'ɔkjuləbl], **inoculative** [in'ɔkjuleitiv] adj. inoculável.
inoculate [in'ɔkjuleit] v. 1. inocular, introduzir, inserir. 2. vacinar.
inoculation [inɔkjul'eiʃən] s. 1. inoculação f. 2. vacinação f. 3. contágio m.
inoculator [in'ɔkjuleitə] s. o que inocula, que vacina.
inodorous [in'oudərəs] adj. inodoro, sem cheiro.
inoffensive [inəf'ensiv] adj. inofensivo, inocente, que não faz mal. ‖ **~ly** adv. sem fazer mal.
inoffensiveness [inəf'ensivnis] s. qualidade do que é inofensivo f.
inofficious [inəf'iʃəs] adj. inoficioso, independente de obrigações.
inoperable [in'ɔpərəbl] adj. inoperável, irrealizável.
inoperation [inɔpər'eiʃən] s. qualidade do que é inoperante f.
inoperative [in'ɔpərətiv] adj. ineficaz, sem efeito.
inoperativeness [in'ɔpərətivnis] s. ineficácia f.
inopportune [in'ɔpətju:n] adj. inoportuno, inconveniente. ‖ **~ly** adv. inoportunamente, fora de tempo.
inopportuneness [in'ɔpətjunis], **inopportunity** [inɔpətj'u:niti] s. inoportunidade f.
inordinate [in'ɔ:dinit] adj. 1. irregular, desordenado. 2. excessivo, imoderado. ‖ **~ly** adv. 1. desordenadamente. 2. imoderadamente.
inordinateness [in'ɔ:dinitnis], **inordinacy** [in'ɔ:dinəsi] s. 1. irregularidade, desordem t. 2. intemperança f., excesso m.
inorganic [inɔ:g'ænik] adj. inorgânico. ‖ **~ally** adv. de modo inorgânico.
~ chemistry química inorgânica.
inorganization [inɔ:gənaiz'eiʃən] desorganização f., desorganização f.
inosculate [in'ɔskjuleit] v. 1. ligar(-se), unir(-se) juntar. 2. estar em ligação.
inosculation [inɔskjul'eiʃən] s. (Med.) anastomose f.: ponto de ligação de dois vasos ou canais.
inoxidable [in'ɔksidəbl], **inoxidizable** [in'ɔksidaizəbl] adj. inoxidável.
inoxidize [in'ɔksidaiz] v. tornar inoxidável.
inoxidized [in'ɔksidaizd] adj. feito inoxidável.
in-patient ['inpeiʃənt] s. paciente internado m. + f.
input ['input] s. 1. quantidade que entra, quantidade

ou força que é consumida f. 2. absorção f.
inquest ['inkwest] s. inquérito m., investigação, sindicância f.
coroner's ~ inspeção do cadáver, autópsia. **great ~** juízo final.
inquietude [inkw'aiitju:d] s. inquietação, irritação.
inquiline ['inkwilain] s. (Zool., Bot.) inquilino m.: animal ou planta que vive no corpo de outro sem lhe causar dano.
inquire, enquire [inkw'aiə] v. inquirir, perguntar (por), informar-se, indagar, investigar.
he ~d the way ele indagou o caminho. **he ~d after my health** ele informou-se sobre o meu estado de saúde. **~ within** entre e pergunte por mais detalhes. **he ~d after rare coins** ele perguntou por moedas raras. **he ~d into the thing** ele investigou o assunto.
inquirer [inkw'aiərə] s. inquiridor, pesquisador m., o que pergunta.
inquiring [inkw'aiəriŋ] adj. inquiridor, perguntador, curioso. ‖ **~ly** adv. de modo inquiridor.
inquiry [inkw'aiəri] s. inquirição, pesquisa, sindicância, averiguação, indagação f., inquérito m.
to make inquiries pedir informações. **~–office** agência de informações.
inquisition [inkwiz'iʃən] s. inquisição f.: 1. inquirição, investigação (judicial) f. 2. (Hist.) tribunal eclesiástico para combater e punir heresias.
inquisitional [inkwiz'iʃnl] adj. inquisitorial.
inquisitive [inkw'izitiv] adj. **(after, about, into, of)** curioso, perguntador, desejoso de ver ou de saber. ‖ **~ly** adv. com curiosidade.
inquisitiveness [inkw'izitivnis] s. curiosidade f.: desejo de ver ou saber.
inquisitor [inkw'izitə] s. 1. inquisidor, inquiridor m. 2. juiz m.
inquisitorial [inkwizit'ɔ:riəl] adj. inquisitorial, inquiridor, investigador, curioso. ‖ **~ly** adv. inquisidoramente.
inroad ['inroud] s. invasão, usurpação, transgressão f.
inroll [inr'oul] = **enrol.**
inrush ['inrʌʃ] s. influxo m.
I. N. S. abr. de **International News Service.**
ins. abr. de: 1. **inches.** 2. **inspector.** 3. **insurance.**
insalivate [ins'æliveit] v. insalivar.
insalivation [insæliv'eiʃən] s. insalivação f.: impregnação com saliva.
insalubrious [insəl'u:briəs] adj. insalubre.
insalubrity [insəl'u:briti] s. insalubridade f.
insane [ins'ein] adj. insano, demente, doente mental, louco, doido. ‖ **~ly** adv. loucamente.
insanitary [ins'ænitəri] adj. insalubre, não higiênico.
insanity [ins'æniti], **insaneness** [ins'einis] s. insanidade, demência, loucura f.
insatiability [inseiʃiəb'iliti], **insatiableness** [ins'eiʃiəblnis] s. insaciabilidade f.
insatiable [ins'eiʃiəbl] adj. insaciável, ávido. ‖ **–bly** adv. insaciavelmente.
insatiate [ins'eiʃiət] adj. insaciável.
insconce [insk'ɔns] = **ensconce.**
inscribable [inskr'aibəbl] adj. inscritível.
inscribe [inskr'aib] v. 1. inscrever, escrever, gravar, entalhar, insculpir. 2. endereçar, dedicar. 3. impressionar, gravar (na memória). 4. alistar, arrolar, registrar. 5. (Geom.) inscrever, traçar uma figura dentro de outra.
inscriber [inskr'aibə] s. 1. o que inscreve. 2. dedicador m.
inscription [inskr'ipʃən] s. 1. inscrição f., assentamento, registro m. 2. dedicatória f.
inscriptional [inskr'ipʃnl], **inscriptive** [inskr'iptiv] adj. de inscrição.
inscroll [inscr'ɔl] v. registrar, deixar gravado.

inscrutability [inskru:təb'iliti], inscrutableness [inskr'-u:təblnis] s. inescrutabilidade f.
inscrutable [inskr'u:təbl] adj. inescrutável, impenetrável. ‖ –bly adv. inescrutavelmente.
insect ['insekt] s. 1. inseto m. 2. (fig.) pessoa ou criatura desprezível f.
insectarium [insekt'ɛəriəm], insectary [ins'ektəri] s. insetário m.
insecticide [ins'ektisaid] s. inseticida m.
insection [ins'ekʃən] s. incisão f., entalhe m.
insectivora [insekt'ivərə] s. pl. insetívoros m. pl.: ordem de animais que comem insetos.
insectivorous [insekt'ivərəs] adj. insetívoro.
insecure [insikj'uə] adj. inseguro, incerto. ‖ ~ly adv. de modo inseguro.
insecurity [insikj'uəriti] s. insegurança, incerteza f.
inseminate [ins'emineit] v. semear, fecundar.
insemination [insemin'eiʃən] s. 1. inseminação, semeação f. 2. fecundação f.
insensate [ins'enseit] adj. 1. insensível, impassível. 2. insensato, estúpido. ‖ ~ly adv. 1. insensivelmente. 2. de maneira insensata.
insensibility [insensəb'iliti] s. insensibilidade f.
insensibilization [insensəbilaiz'eiʃən] s. insensibilização f.
insensibilize [ins'ensəbilaiz] v. insensibilizar.
insensible [ins'ensəbl] adj. 1. insensível, inconsciente. 2. imperceptível. ‖ –bly adv. insensivelmente.
insensitive [ins'ensitiv] adj. insensitivo, impassível.
insentient [ins'enʃənt] adj. inanimado, sem vida.
inseparability [insepərəb'iliti] s. inseparabilidade f.
inseparable [ins'espərəbl] adj. inseparável. ‖ –bly adv. inseparavelmente.
the ~s pessoas ou coisas inseparáveis.
inseparate [ins'epərit] adj. inseparado, unido.
insert [ins'ə:t] s. suplemento m. ‖v. inserir, intercalar.
insertion [ins'ə:ʃən] s. 1. inserção f. 2. entremeio m. 3. anúncio m.
in-service adj. relativo a cursos de treinamento na empresa.
inset ['inset] s. 1. inserção f., suplemento m. 2. influxo m. ‖ [ins'et] v. inserir.
inshore [inʃ'ɔ:] adj. + adv. na costa, perto da costa.
inside [in'said] s. 1. interior m., parte interna f., lado interno m. 2. conteúdo m., entranhas f. pl. 3. passageiro sentado dentro do carro m. ‖ adj. 1. dentro, interior, interno. 2. (gíria) particular, secreto, confidencial. 3. (gíria) no meio ou pertencente a um grupo ou uma companhia. ‖ adv. dentro, no meio, para dentro, no interior (quadros F 5, F 9). ‖ prep. dentro, dentro dos limites de. the ~ of a week quase uma semana inteira. ~ out às avessas. take the ~ out of that glass! emborque o copo! ~ diameter diâmetro interno. ~ dimension medida interna. ~ information informação confidencial. ~ man confidente. ~ track pista interna (quadro R 1). he is on the ~ track ele leva vantagem. ~ screw porca.
inside job s. (coloq.) crime perpetrado m. com a ajuda de pessoa que devia evitá-lo.
insider ['insaidə] s. 1. pessoa que está dentro de uma organização f. 2. confidente.
insidious [ins'idiəs] adj. insidioso, traiçoeiro, pérfido. ‖ ~ly adv. insidiosamente.
insidiousness [ins'idiəsnis] s. qualidade do que é insidioso f.
insight ['insait] s. discernimento, critério m.
insightful [~ful] adj. compreensivo, criterioso.
insignia [ins'igniə] s. pl. emblemas m. pl.
insignificance [insign'ifikəns], insignificancy [insign'-ifikənsi] s. insignificância, bagatela f.
insignificant [insign'ifikənt] adj. insignificante, sem importância. ‖ ~ly adv. sem significação.

insincere [insins'iə] adj. não sincero, insincero, falso. ‖ ~ly ac.v. insinceramente.
insincerity [insins'eriti] s. insinceridade f.
insinuate [ins'injueit] v. insinuar, dar a entender.
she ~d herself into his good graces ela captou a amizade dele.
insinuating [ins'injueitiŋ] adj. insinuante, insinuativo.
insinuation [insinju'eiʃən] s. insinuação, alusão f.
insinuative [ins'injuətiv] adj. insinuativo, insinuante.
insinuator [ins'injueitə] s. insinuador m.
insipid [ins'ipid] adj. insípido: 1. sem sabor. 2. monótono. ‖ ~ly adv. sem gosto.
insipidity [insip'iditi] s. insipidez, falta de sabor f.
insipience [ins'ipiəns] s. insipiência f.
insist [ins'ist] v. insistir, persistir, sustentar, teimar.
I ~ on your coming insisto em sua vinda. he ~s on having seen it ele teima em havê-lo visto.
insistence [ins'istəns], insistency [ins'istənsi] s. insistência f.
insistent [ins'istənt] adj. insistente, teimoso. ‖ ~ly adv. insistentemente.
insnare [insn'ɛə] = ensnare.
insobriety [insobr'aiəti] s. falta de sobriedade f.
insofar [insouf'a:] à medida que.
~ as I am able à medida que for capaz.
insolate [ins'əleit] v. expor ao sol.
insolation [insəl'eiʃən] s. insolação f.: (Meteor.) tempo em que o Sol fica descoberto m. 2. (Pat.) resultado da exposição ao sol f. 3. (Med.) exposição ao sol como medida terapêutica f.
insole ['insoul] s. 1. palmilha f. 2. entressola f. (quadro B 18).
insolence [ins'ələns] s. insolência, impudência f.
insolent [ins'ələnt] adj. insolente, impudente, atrevido. ‖ ~ly adv. insolentemente.
insolubility [insɔljub'iliti], insolubleness [ins'ɔljublnis] s. insolubilidade f.
insoluble [ins'ɔljubl] adj. insolúvel. ‖–bly adv. insoluvelmente.
insolvable [ins'ɔlvəbl] adj. insolvável, insolúvel.
insolvency [ins'ɔlvənsi] s. insolvabilidade, insolvência f.
insolvent [ins'ɔlvənt] s. insolvente m. + f. ‖ adj. insolvente, insolvável, falido.
insomnia [ins'ɔmniə] s. insônia f.
insomniac [in'sɔmniæk] s. pessoa insone f. ‖ adj. insone.
insomnious [ins'ɔmniəs] adj. insone.
insomuch [insoum'ʌtʃ] adv. de tal maneira, tanto que.
insouciance [ins'u:siəns] s. despreocupação f.
insouciant [ins'u:siənt] adj. despreocupado. ‖ ~ly adv. despreocupadamente.
inspan [insp'æn] v. (África do Sul) ajoujar.
inspect [insp'ekt] v. 1. inspecionar, examinar, olhar. 2. vistoriar.
inspection [insp'ekʃən] s. inspeção, vistoria, fiscalização f., exame m.
inspector [insp'ektə] s. 1. inspetor, superintendente, fiscal m. 2. oficial de polícia, subdelegado m.
customs—~ conferente da alfândega. ~ of works fiscal de obras.
inspectoral [insp'ektərəl], inspectorial [inspekt'ɔ:riəl] adj. fiscal, de inspeção.
inspectorate [insp'ektərit], inspectorship [insp'ektəʃip] s. 1. inspetoria, fiscalização f. 2. superintendência f.
inspirable [insp'airəbl] adj. inspirável.
inspiration [inspər'eiʃən] s. 1. inspiração, influência f. 2. idéia f., entusiasmo artístico m. 3. sugestão f. 4. insuflação divina f. 5. respiração, inspiração (de ar nos pulmões) f.
inspirational [inspər'eiʃənl] adj. inspirativo.

inspirator ['inspəreitə] s. respirador, inalador m.

inspiratory [insp'aiərətəri] adj. inspiratório.

inspire [insp'aiə] v. 1. inspirar, fazer sentir, incutir. 2. afetar, influenciar. 3. insuflar com força divina. 4. sugerir, aconselhar, incitar. 5. inspirar, respirar (ar nos pulmões).

inspired [insp'aiəd] adj. inspirado, entusiasmado.

inspirer [insp'aiərə] s. inspirador m.

inspirit [insp'irit] v. inspirar, animar, encorajar.

inspiriting [insp'iritiŋ] adj. inspirador, animador.

inspissate [insp'iseit] v. engrossar, inspissar.

inspissation [inspis'eiʃən] s. engrossamento m., inspissação f.

inst. ['instənt] abr. de instant.

instability [instəb'iliti] s. instabilidade, inconstância f.

instable [inst'eibl] adj. instável.

install [inst'ɔ:l] v. 1. colocar (uma pessoa), empossar, investir. 2. acomodar, estabelecer. 3. instalar.

installation [instəl'eiʃən] s. 1. emposse m., colocação f. 2. instalação f., aparelhamento m. (quadro P 8).

installment, instalment (I) [inst'ɔ:lmənt] s. 1. prestação f. 2. parte, fração fornecida em tempo diferente (parte de romance em série) f.
first ~ pagamento inicial. by ~s em prestações. ~ plan plano de pagamento a prestações.

installment (II) [inst'ɔ:lmənt] s. instalação f.

instance ['instəns] s. 1. exemplo, caso m. 2. instância, ocasião f., estágio m. 3. insistência f., pedido urgente m. ‖ v. citar como exemplo, provar.
for ~ (abr. e. g.) por exemplo. in her ~ no caso dela. an ~ of um exemplo para. in the first ~ em primeiro lugar. in the last ~ finalmente. at the ~ of por instância de.

instancy ['instənsi] s. urgência f.

instant ['instənt] s. momento, instante m. ‖ adj. 1. imediato, sem demora. 2. urgente, instante, iminente. 3. presente, do corrente mês. ‖ ~ly adv. imediatamente.
at that ~ neste momento. in an ~ num instante. in the ~ we met no momento em que nos encontramos. do it this ~! faça-o imediatamente! the 5th inst. dia 5 do corrente.

instantaneous [instənt'einjəs] adj. instantâneo, rápido, súbito, simultâneo. ‖ ~ly adv. instantaneamente. ~ photograph instantâneo.

instantaneousness [instənt'einjəsnis] s. instantaneidade f.

instanter [inst'æntə] adv. instantaneamente.

instate [inst'eit] v. instalar, colocar.

instead [inst'ed] adv. em vez, em lugar (of de).
~ of you em seu lugar. she cried ~ of laughing ela chorou em vez de rir.

instep ['instep] s. dorso do pé m. (quadros B 18, H 10).
to be high in the ~ ter ares de arrogância. ~-raiser calço ortopédico contra pé chato.

instigate ['instigeit] v. instigar, incitar.

instigation [instig'eiʃən] s. instigação f.
at the ~ of instigado por.

instigator [instig'eitə] s. instigador m.

instil, instill [inst'il] v. instilar, deitar às gotas.

instillation [instil'eiʃən] s., instillment, instilment [inst'ilmənt] s. instilação f.

instinct ['instiŋkt] s. 1. instinto, impulso natural m. 2. inspiração f., talento m. ‖ [inst'iŋkt] adj 1. animado, movido. 2. penetrado, cheio (with de).

instinctive [inst'iŋktiv] adj. instintivo, espontâneo, natural. ‖ ~ly adv. instintivamente.

institute ['institju:t] s. 1. instituição f. 2. instituto, estabelecimento (científico ou artístico) m. 3. princípio, costume m. ‖ v. 1. instituir, estabelecer, criar, fundar. 2. nomear, declarar, inaugurar, empossar (into em). 3. abrir inquérito, processo.

institution [institj'u:ʃən] s. 1. instituição, organização f., instituto m. 2. costume m., praxe, lei f. 3. emposse f., ato de estabelecer, de iniciar m.

institutional [institj'u:ʃnl] adj. conforme estabelecido por uma instituição.

institutionalism [~izm] s. institucionalismo m.

institutionalize [institj'u:ʃənəlaiz] v. institucionalizar.

instreaming ['instri:miŋ] s. influxo m.

instruct [instr'ʌkt] v. 1. instruir, informar. 2. ordenar.

instruction [instr'ʌkʃən] s. 1. instrução f., regulamento, esclarecimento, ensino m. 2. ordem f.
~s for use modo de usar (quadro C 2).

instructional [instr'ʌkʃənl] adj. instrutivo.

instructive [instr'ʌktiv] adj. instrutivo. ‖ ~ly adv. de modo instrutivo.

instructiveness [instr'ʌktivnis] s. 1. instrução f. 2. o que tem propriedades instrutivas m.

instructor [instr'ʌktə] s. instrutor, professor m., (Univ.) docente m.

instructress [instr'ʌktris] s. instrutora, professora f.

instrument ['instrumənt] s. 1. instrumento, utensílio m., ferramenta f. 2. instrumento musical m. 3. meio, agente m. 4. documento m. ‖ v. instrumentar.
~ board, ~ panel painel de instrumentos (quadro M 5). ~ flying (Av.) vôo cego. ~ layout quadro de controle, distribuição dos instrumentos.

instrumental [instrum'entl] adj. 1. útil. 2. instrumental. ‖ ~ly adv. utilmente, como instrumento de.
to be ~ in colaborar para, ajudar para.

instrumentalism [~izm] s. (Filos.) instrumentalismo m.

instrumentalist [instrum'entəlist] s. (Mús.) instrumentalista m. + f.

instrumentality [instrumənt'æliti] s. auxílio, meio m.

instrumentation [instrumənt'eiʃən] s. 1. (Mús.) instrumentação f. 2. uso m. de instrumento.

insubordinate [insəb'ɔ:dnit] adj. insubordinado, indisciplinado.

insubordination [insəbo:din'eiʃən] s. insubordinação, desobediência f.

insubstantial [insəbst'ænʃəl] adj. insubstancial, irreal.

insubstantiality [insəbstænʃi'æliti] s. insubstancialidade f.

insufferable [ins'ʌfərəbl] adj. insofrível, insuportável. ‖ –bly adv. insofrivelmente.

insufficiency [insəf'iʃənsi] s. insuficiência, deficiência f.

insufficient [insəf'iʃənt] adj. insuficiente. ‖ ~ly adv. insuficientemente.

insufflate ['insəfleit] v. insuflar, encher de ar.

insufflation [insəfl'eiʃən] s. insuflação f.

insular ['insjulə] adj. 1. insular, insulano. 2. retraído. 3. estreito, de compreensão limitada.

insularity [insjul'æriti] s. 1. situação insular f. 2. estreiteza mental f.

insulate ['insjuleit] v. (Eletr.) 1. isolar. 2. separar.
~d (tube) conduit cano isolador (quadro P 8).

insulating ['insjuleitiŋ] adj. dielétrico, isolante.

insulation [insjul'eiʃən] s. 1. isolamento m. 2. material de isolamento m.
~ tape fita isolante.

insulator ['insjuleitə] s. (Eletr.) isolador m. (quadros A 4, E 2).

insulin ['insjulin] s. (Med.) insulina f.

insulin shock s. (Pat.) choque m., reação f. à insulina.

insult ['insʌlt] s. insulto m. ‖ [ins'ʌlt] v. insultar, injuriar.
that's adding ~ to injury isto é insultar além de injuriar.

insulter [ins'ʌltə] s. insultador m.

insulting [ins'ʌltiŋ] adj. insultante. ‖ ~ly adv. com insulto.
~ language linguagem insultante, palavrões.

insuperability [insju:pərəb'iliti] s. invencibilidade, insuperabilidade f.
insuperable [insj'u:pərəbl] adj. insuperável, invencível. ‖ –bly adv. insuperavelmente, invencivelmente.
insupportable [insep'ɔ:təbl] adj. insuportável. ‖ –bly adv. insuportàvelmente.
insuppressible [insəpr'esəbl] adj. insuprimível.
insurable [inʃ'uərəbl] adj. segurável.
insurance [inʃ'uərəns] s. seguro, prêmio de seguro m. **accident—** seguro contra acidentes. **life—** seguro de vida. **~ company** companhia de seguros. **~ policy** apólice de seguro.
insure [inʃ'uə] v. 1. assegurar, garantir. 2. segurar: a) proteger, tornar seguro; b) pôr no seguro.
insured [inʃ'uəd] s. segurado m. ‖ adj. segurado. **~ party** pessoa que tem seguro.
insurer [inʃ'uərə] s. segurador m.
insurgence [ins'ə:dʒəns], **insurgency** [ins'ə:dʒənsi] s. revolta, insurreição f.
insurgent [ins'ə:dʒənt] s. insurgente, rebelde m. + f. ‖ adj. insurgente, revoltoso.
insurmountable [insə:m'auntəbl] adj. insuperável. ‖ –bly adv. insuperavelmente.
insurrection [insər'ekʃən] s. insurreição, revolta f.
insurrectional [insər'ekʃənl], **insurrectionary** [insər'ekʃnəri] adj. insurrecional, revoltoso.
insusceptibility [insəseptəb'iliti] s. insuscetibilidade, falta de suscetibilidade f.
insusceptible [insəs'eptəbl] adj. insuscetível, insensível.
int. abr de: 1. **interest.** 2. **international.** 3. **interior.**
intact [int'ækt] adj. intato, íntegro.
intactness [int'æktnis] s. integridade f.
intaglio [int'a:liou] s. (ital.) 1. entalho m. 2. gravação f. 3. camafeu m. (quadro G 1). ‖ v. entalhar, gravar.
intail [int'eil] = **entail.**
intake ['inteik] s. 1. entrada f., orifício de entrada m. 2. o que entra, influxo m. 3. quantidade que entra f. 4. estreitamento m. **~ manifold** tubagem de aspiração (quadro C 4).
intangibility [intændʒəb'iliti] s. intangibilidade f.
intangible [int'ændʒəbl] adj. 1. intangível, impalpável. 2. (fig.) incompreensível. ‖ –bly adv. de modo intangível.
integer ['intidʒə] s. 1. inteireza f. 2. número inteiro m.
integral ['intigrəl] s. 1. (Mat.) integral f. 2. total m ‖ adj. 1. integrante. 2. integral. ‖ ~ly adv. integralmente. **~ calcuius** (Mat.) cálculo integral. **~ equation** equação integral. **~ part** parte integrante.
integrality [intigr'æliti] s. (Mat.) integralidade f.
integrant ['intigrənt] adj. integrante.
integrate ['intigreit] v. 1. integrar, completar. 2. (Mat.) determinar a integral.
integrated ['intəgreitəd] adj. integrado (escola, etc.).
integration [intigr'eiʃən] s. integração f.
integrity [int'egriti] s. integridade f.
integument [int'egjumənt] s. (Med. e Bot.) 1. tegumento m. 2. invólucro m.
intellect ['intilekt] s. 1. intelecto m., inteligência f. 2. pessoa inteligente f.
intellection [intil'ekʃən] s. intelecção f.
intellective [intil'ektiv] adj. intelectivo.
intellectual [intil'ektjuəl] adj. intelectual m. + f. ‖ adj. 1. intelectual. 2. inteligente. 3. destro. 4. compreensivo. ‖ ~ly adv. intelectualmente.
intellectualism [intil'ektjuəlizm] s. intelectualismo m.
intellectualist [intil'ektjuəlist] s. intelectualista m. + f.
intellectuality [intilektju'æliti] s. intelectualidade f.
intellectualization [intilektjuəlaiz'eiʃən] s. elevação

ao nível intelectual f.
intellectualize [intil'ektjuəlaiz] v. intelectualizar.
intelligence [int'elidʒəns] s. 1. inteligência f. 2. conhecimento m., informações f. pl. 3. obtenção e distribuição de informações (secretas) f. 4. pessoal encarregado m. de informações secretas. **~–department** serviço secreto. **~–office** (E. U. A.) agência de informações. **~–service** serviço de informações.
intelligencer [int'elidʒənsə] s. 1. repórter, correspondente m. + f. 2. agente secreto, espião m.
intelligence quotient s. (Psicol.) quociente m. de inteligência.
intelligence test s. exame psicotécnico m.
intelligent [int'elidʒənt] adj. 1. inteligente. 2. destro. ‖ ~ly adv. inteligentemente.
intelligential [intelidʒ'enʃəl] adj. intelectual.
intelligentsia [intelidʒ'ensiə] s. pl. intelectuais m. pl.
intelligibility [intelidʒəb'iliti] s. inteligibilidade f.
intelligible [int'elidʒəbl] adj. inteligível, compreensível. ‖ –bly adv. inteligìvelmente.
intemerate [int'emərit] adj. intemerato, puro.
intemperance [int'empərəns] s. intemperança f.
intemperate [int'empərit] adj. intemperado, imoderado, excessivo. ‖ ~ly adv. com intemperança.
intend [int'end] v. 1. pretender, intentar, planejar, tencionar. 2. significar.
do you ~ to stay? você pretende ficar? **what did he ~ by it?** o que foi que ele tencionou? **what was it ~ed for?** qual foi a finalidade?
intendancy [int'endənsi] s. intendência f.
intendant [int'endənt] s. intendente m. + f.
intended [int'endid] s. futuro marido m., futura esposa f. ‖ adj. 1. planejado, pretendido. 2. futuro. **the ~ husband** o futuro marido, o noivo.
intendment [int'endmənt] s. (Jur.) verdadeira significação ou intenção (da lei) f.
intense [int'ens] adj. 1. intenso, forte, ativo, enérgico. 2. profundo. ‖ ~ly adv. intensamente. **~ current** corrente de alta-tensão.
intenseness [int'ensnis] s. intensidade f.
intensification [intensifik'eiʃən] s. intensificação f.
intensifier [int'ensifaiə] s. 1. o que intensifica. 2. (Fot.) reforçador m.
intensify [int'ensifai] v. intensificar, reforçar.
intension [int'enʃən] s. 1. intensão, tensão f. 2. intensidade f.
intensity [int'ensiti] s. 1. intensidade, violência f. 2. (Fís.) intensidade f.
intensive [int'ensiv] s. (Gram.) palavra ou partícula intensiva f. ‖ adj. 1. intensivo, profundo, intenso. 2. (Gram.) intensivo. ‖ ~ly adv. intensivamente.
intent [int'ent] s. 1. intenção f., plano, intento m. 2. significação f. ‖ adj. atento, aplicado, concentrado. ‖ ~ly adv. atentamente.
to all ~s and purposes praticamente, na realidade, para os devidos efeitos. **to the ~ that** a fim de que.
intention [int'enʃən] s. 1. intenção, finalidade f., plano, propósito m. 2. conceito m., significação f. **~s** intenções (ref. ao casamento).
intentional [int'enʃnl] adj. intencional. ‖ ~ly adv. intencionalmente.
intentioned [int'enʃənd] adj. intencionado. **ill ~** com más intenções.
intentness [int'entnis] s. presteza f.
inter [int'ə:] v. enterrar, sepultar.
inter– ['intə] pref. inter, entre.
interact [intər'ækt] s. entreato, intervalo m. ‖ v. 1. reagir. 2. influenciar.
interaction [intər'ækʃən] s. interação f.
interactive [intər'æktiv] adj. com interação.

interborough [intəb'ʌrə] adj. 1. entre bairros. 2. (transporte coletivo) interbairros.
interblend [intəbl'end] v. misturar intimamente.
interbreed [intəbr'i:d] v. cruzar: produzir híbridos.
intercalar [int'ə:kələ], **intercalary** [~ri] adj. intercalado, interpolado, inserido.
intercalate [int'ə:kəleit] v. intercalar, interpolar.
intercalation [intə:kəl'eiʃən] s. intercalação f.
intercede [intəs'i:d] v. interceder, intervir.
I ~d with him in your behalf intercedi com ele a seu respeito.
interceder [intəs'i:də] s. intercessor m.
intercellular [intəs'eljulə] adj. intercelular.
intercept [intəs'ept] v. 1. interceptar, impedir, interromper, deter. 2. cortar. 3. (Mat.) limitar.
interception [intəs'epʃən] s. intercepção f.
~ **service** (milit.) serviço de escuta.
interceptive [intəs'eptiv] adj. que intercepta.
interceptor [intəs'eptə] s. 1. interceptor m. 2. (Av., milit.) interceptador m.: avião de caça.
intercession [intəs'eʃən] s. intercessão f.
intercessor [intəs'esə] s. intercessor m.
intercessory [intəs'esəri] adj. intercessor.
interchange [int'ətʃeindʒ] s. 1. permuta, permutação, troca f., câmbio, intercâmbio m. 2. alternação f. ‖ [intətʃ'eindʒ] v. 1. permutar, trocar, cambiar, intercambiar. 2. alternar.
interchangeability [intətʃeindʒəb'iliti], **interchangeableness** [intətʃ'eindʒəblnis] s. permutabilidade f.
interchangeable [intətʃ'eindʒəbl] adj. trocável, permutável. ‖ –bly adv. de modo trocável.
~ **gears** rodas de série.
intercipient [intəs'ipiənt] adj. que intercepta.
intercollegiate [intəkəl'i·dʒiət] adj. entre colégios ou universidades, intercolegial.
intercolonial [intəkəl'ounjəl] adj. intercolonial.
intercolumnar [intəkəl'ʌmnə] adj. intercolunar, entrecolunas.
intercolumniation [intəkəlʌmni'eiʃən] s. (Arquit.) intercolúnio m.
intercom [int'əkəm] s. (coloq.) sistema m. de comunicação interna.
intercommunicable [intəkəmj'u:nikəbl] adj. que pode comunicar-se reciprocamente.
intercommunicate [intəkəmj'u:nikeit] v. comunicar-se, comunicar mutuamente.
intercommunication [intəkəmju:nik'eiʃən] s. intercomunicação, ligação f.
intercommunion [intəkəmj'u:njən] s. comunhão mútua f., intercâmbio m.
intercommunity [intəkəmj'u:niti] s. comunidade entre várias pessoas f.
interconnect [intəkən'ekt] v. ligar-se, entrelaçar.
interconnection [intəkən'ekʃən] s. ligação f.
intercontinental [intəkontin'entəl] adj. intercontinental.
intercontinental ballistic missile s. (milit.) míssil balístico intercontinental m.
intercostal [intək'ostl] s. (Anat.) espaço ou músculo intercostal m. ‖ adj. intercostal.
intercourse [int'əko:s] s. 1. intercurso m., comunicação, relação f. 2. relações sexuais f. pl., coito m.
intercross [intəcr'ɔs] v. cruzar(-se).
intercurrence [intək'ʌrəns] s. intercorrência f.
intercurrent [intək'ʌrənt] adj. intercorrente.
interdenominational [intədinomən'eiʃnl] adj. que inclui, envolve denominações diferentes.
interdental [intəd'entl] adj. interdentário.
interdepend [intədip'end] v. depender mutuamente.
interdependence [intədip'endəns], **interdependency** [intədip'endənsi] s. interdependência f.
interdependent [intədip'endənt] adj. mutuamente dependente.

interdict ['intədikt] s. interdição, proibição f., interdito m. ‖ [intəd'ikt] v. interditar, proibir, interdizer.
interdiction [intəd'ikʃən] s. interdição f.
interdictory [intəd'iktəri[adj. proibitivo.
interdigital [intəd'idʒətl] adj. interdigital.
interest ['intrist] s. 1. interesse m., atração f. 2. (Com.) ação, parte, porção f. 3. coisa que interessa f. 4. sociedade f. 5. vantagem f., benefício (próprio) m. 6. força (moral), influência, importância f. 7. juros m. pl. ‖ v. 1. interessar, atrair, cativar. 2. importar, concernir, atingir, comover.
to take no ~ in não interessar-se por. he showed a great ~ for my case ele demonstrou grande interesse pelo meu caso. the book has lost all ~ for me o livro não me atrai mais. he cannot pay the ~ on the capital ele não pode pagar os juros sobre o capital. he lends at ~ ele empresta dinheiro a juros. in my (your) ~ em meu (seu) interesse. the landed ~ os latifundiários. he has no ~ in the town ele não possui influência na cidade. it is only of small ~ to know é de somenos importância saber. I ~ myself in interesso-me por. they are ~ed in eles estão interessados em.
interested ['intristid] adj. 1. interessado, interesseiro. 2. empregado, participante. 3. influenciado. ‖ ~ly adv. interessadamente.
the parties ~ as partes interessadas.
interestedness ['intristidnis] s. egoísmo m.
interesting ['intristiŋ] adj. interessante, atraente. ‖ ~ly adv. de maneira interessante.
to be in ~ condition estar grávida.
interface ['intəfeis] s. superfície entre duas faces f.
interfacial [intəf'eiʃəl] adj. (Miner.) interfacial.
interfaith [intəf'eiθ] adj. interconfessional.
interfere [intəf'iə] v. 1. interferir, intervir, interpor. 2. colidir. 3. (Fís.) interferir. 4. intrometer-se.
interference [intəf'iərəns] s. interferência f.: 1. intervenção f. 2. (Fís. + Rádio) fenômeno resultante da combinação de dois movimentos vibratórios.
interfering [intəf'iəriŋ] adj. interferente, perturbador.
interferometer [intəfər'omitə] s. (Fís.) interferômetro m.
interfluent [intə'fluənt] adj. fluindo junto, confluente.
interfold [intəf'ould] v. dobrar.
interfoliaceous [intəfouli'eiʃəs] adj. interfoliáceo.
interfrontal [intəfr'ʌntl] adj. interfrontal.
interfuse [intəfj'u:z] v. difundir, fundir, misturar.
interfusion [intəfj'u:ʒən] s. difusão, mistura f.
intergalactic [intəgəl'æktik] adj. intergaláctico.
interglacial [intəgl'eisiəl] adj. (Geol.) interglaciário.
intergrade [intəgreid] s. grau intermediário m. ‖ v. passar gradualmente para outra forma.
interim ['intərim] s. ínterim m. ‖ adj. interino, provisório.
in the ~ entrementes, nesse ínterim.
interior [int'iəriə] s. interior m.: 1. parte interna f. 2. parte interior de um país f. 3. assuntos internos de um país m. pl. ‖ adj. 1. interior, interno. 2. afastado da costa. 3. doméstico. 4. secreto, particular. ‖ ~ly adv. no interior, intimamente.
the Interior negócios internos. Department of the Interior (E. U. A.) ministério dos negócios internos.
interior decoration s. decoração f. de interiores.
interior decorator s. decorador m. de interiores.
interiorize [int'iəriəraiz] v. deslocar para o interior.
interjacent [intədʒ'eisənt] adj. interjacente.
interjaculate [intədʒ'ækjuleit] v. apartear, interpor parênteses.
interject [intədʒ'ekt] v. 1. fazer interjeição 2. interpor parênteses. 3. inserir.
interjection [intədʒ'ekʃən] s. 1. interjeição f. 2. exclamação f. 3. parêntese m.

interjectional [intədʒ'ekʃənl] adj. interjecional.

interlace [intəl'eis] v. entrelaçar(-se), entretecer(-se).

interlaced [intəl'eist], interlacing [intəl'eisiŋ] adj. entrelaçado.

interlacement [intəl'eismənt] s. entrelaçamento m.

interlaminate [intəl'æminit] v. colocar entre dois estratos ou duas lâminas.

interlard [intəl'a:d] v. 1. variar, misturar. 2. lardear.

interlay [intəl'ei] v. intercalar, colocar entre.

interleaf ['intəli:f] s. entrefolha, folha, em branco f.

interleave [intəl'i:v] v. intercalar folhas em branco.

interline [intəl'ain] v. 1. entretelar. 2. entrelinhar, escrever entre as linhas.

interlineal [intəl'iniəl], interlinear [intəl'iniə] adj. interlinear, intercalado entre duas linhas.
 ~ translation tradução interlinear.

interlineation [intəlini'eiʃən] s. 1. entrelinha f. 2. ato de escrever entre linhas m.

interlining [intəl'ainiŋ] s. entretela f.

interlink ['intəliŋk] s. elo intermediário m. ‖ [intəl'iŋk] v. ligar com elos, encadear.

interlocation [intəlouk'eiʃən] s. interposição, ação de interpor f.

interlock [intəl'ɔk] v. engrenar, entrosar, conectar.

interlocution [intəlokj'u:ʃən] s. interlocução f.

interlocutor [intəl'ɔkjutə] s. interlocutor m.

interlocutory [intəl'ɔkjutəri] adj. 1. interlocutório. 2. (jur.) intermediário, não final.

interlope [intəl'oup] v. intrometer-se.

interloper [intəl'oupə] s. 1. intruso m.

interlude ['intəlu:d] s. 1. intervalo m. 2. entremez m. 3. interlúdio m.

interlunar [intəl'u:nə] adj. interlunar.

intermarriage [intəm'æridʒ] s. 1. casamento dentro da família m. 2. casamento entre pessoas de raça ou nacionalidade diferentes m.

intermarry [intəm'æri] v. 1. ficar parente por casamento. 2. casar dentro da família.

intermaxillary [intəmæks'ilari] s. (Anat.) osso intermaxilar m. ‖ adj. intermaxilar.

intermeddle [intəm'edl] v. intervir, intrometer-se.

intermediary [intəm'i:diəri] s. intermediário m. ‖ adj. intermediário, intermédio.

intermediate [intəm'i:djet] adj. 1. coisa intermediária f. 2. medianeiro, intermediário, mediador m. ‖ [intəm'i:dieit] v. intermediar, intervir. ‖ [intəm'i:djət] adj. intermédio. ‖ ~ly adv. por intermédio.
 ~ education curso secundário. ~ examination exame intermediário. ~ landing (Aviação) escala. ~ school escola secundária. ~ shaft (Mec.) eixo intermediário. ~ space entremeio. ~ trade comércio intermediário.

intermediateness [intəm'i:djətnis] s. qualidade do que é intermediário f.

intermediation [intəmi:di'eiʃən] s. intervenção f.

intermedium [intəm'i:diəm] s. 1. agente intermediário m. + f. 2. meio para transmitir energia m.

interment [intə'ə:mənt] s. enterro m., sepultura f.

intermezzo [intəm'edzou] s. (ital.) intermezzo m.

intermigration [intəmaigr'eiʃən] s. intermigração f.

interminable [intə'ə:minəbl] adj. interminável, infinito, ilimitado. ‖ -bly adv. interminavelmente.

interminableness [intə'ə:minəblnis] s. qualidade do que é interminável f.

intermingle [intəm'iŋgl] v. misturar(-se).

intermission [intəm'iʃən] s. intermissão f.
 without ~ sem interrupção, ininterruptamente.

intermit [intəm'it] v. intermitir, interromper-se.

intermittence [intəm'itəns] s. intermitência f.

intermittent [intəm'itənt] adj. intermitente, com interrupções. ‖ ~ly adv. com intermitência.
 the pulse is ~ o pulso está irregular, intermitente.

intermittingly [intəm'itiŋli] adv. de modo intermitente.

intermix [intəm'iks] v. misturar(-se).

intermixture [intəm'ikstʃə] s. 1. mistura f. 2. adição f., acrescentamento m.

intermundane [intəm'ʌndein] adj. intermundial, existente entre mundos.

intermural [intəmj'uərəl] adj. intermural, que está entre muros.

intermuscular [intəm'ʌskjulə] adj. intermuscular.

intern [int'ə:n] s. (E. U. A.) médico interno m. ‖ v. 1. internar. 2. trabalhar como médico interno m.

internal [int'ə:nl] s. natureza interna f., âmago m. ‖ adj. 1. interno, que está dentro. 2. que se toma (como medicamento). 3. doméstico, do país. ‖ ~ly adv. interiormente.
 ~-combustion engine (Téc.) motor de combustão interna. ~ evidence evidência interna. ~ injury (Med.) ferimento interno. ~ navigation navegação fluvial. ~ resistance (Fís.) resistência interna.

internality [intən'æliti] s. qualidade do que é interno.

internal medicine s. medicina interna f.

international (I) [intən'æʃənl] s. organização internacional f. ‖ adj. internacional.
 ~ law direito internacional.

International (II) [intən'æʃənl] s. Internacional f.: 1. associação internacional f. dos socialistas. 2. hino comunista m.

internationalism [intən'æʃnəlizm] s. (Filos.) internacionalismo m.

internationalist [intən'æʃnəlist] s. internacionalista m. + f.

internationality [intənæʃn'æliti] s. internacionalidade f.

internationalization [intənæʃnəlaiz'eiʃən] s. internacionalização f.

internationalize [intən'æʃnəlaiz] v. internacionalizar.

International Monetary Fund s. Fundo Monetário Internacional m.

International Police s. Polícia Internacional (Paris) f.

interne [int'ə:n] s. (E. U. A.) = intern.

internecine [intən'i:sain] adj. mortal, destrutivo (para ambos os lados).

internee [intən'i:] s. 1. internado m. 2. prisioneiro de guerra m.

internist ['intə:nist, int'ə:nist] s. (Med.) especialista m. + f. em doenças internas.

internment [int'ə:nmənt] s. internação f. internamento m.
 ~ camp campo de prisioneiros de guerra m.

internship [int'ə:nʃip] s. (E. U. A.) tempo em que um médico fica interno m.

internuncio [intən'ʌnʃiou] s. internúncio m.

interoceanic [intərouʃi'ænik] adj. interoceânico.

interocular [intər'ɔkjulə], interorbital [intər'ɔ:bitəl] adj. interocular.

interoffice memo s. memorando interno m.

interosseal [intər'ɔsiəl], interosseous [intər'ɔsiəs] adj. interósseo.

interpage [intəp'eidʒ] v. inserir, intercalar páginas.

interparietal [intəpər'aiətl] s. osso interparietal m. ‖ adj. interparietal.

interpellant [intəp'elənt] s. interpelante m. + f. ‖ adj. interpelante.

interpellate [int'ə:pəleit] v. interpelar.

interpellation [intə:pəl'eiʃən] s. interpelação f.

interpellator [intə:pəl'eitə] s. interpelador m.

interpenetrate [intəp'enitreit] v. interpenetrar.

interpenetration [intəpenitr'eiʃən] s. interpenetração f.

interpenetrative [intəp'enitreitiv] adj. interpenetrante.

interphone ['intəfoun] s. interfone m.: sistema de comunicação interna.

interplanetary [intəpl'ænitəri] adj. interplanetário.

interplay ['intəplei] s. interação f.

interplead [intəpl'i:d] v. (Jur.) abrir processo sobre uma questão incidental.

Interpol ['intəpoul] s. Interpol f.: polícia internacional, abr. de **Inter(national Criminal) Pol(ice Organization)**.
interpolar [intəp'oulə] adj. interpolar.
interpolate [int'ə:poleit] v. interpolar: 1. inserir, alterar. 2. (Mat.) fazer a interpolação em.
interpolation [intə:pol'eiʃən] s. interpolação f.
interpolator [int'ə:poleitə] s. interpolador m.
interposal [intəp'ouzl] s. = **interposition**.
interpose [intəp'ouz] v. 1. interpor, intervir, colocar-se entre. 2. interromper, vetar, contrapor. 3. interferir, intervir como medianeiro (**between** entre).
interposer [intəp'ouzə] s. o que interpõe, mediador m.
interposition [intə:poz'iʃən] s. 1. interposição f. 2. intervenção, mediação f. 3. ato de interpor m.
interpret [int'ə:prit] v. 1. explicar, aclarar. 2. representar, exprimir o pensamento. 3. interpretar, traduzir, ajuizar da intenção.
interpretable [int'ə:pritəbl] adj. interpretável.
interpretation [intə:prit'eiʃən] s. 1. interpretação, explicação f. 2. representação (de um papel, de música) f. 3. tradução f.
interpretative [int'ə:pritətiv] adj. interpretativo. ‖ ~ly adv. interpretativamente.
it is ~ of é expressivo, é explicativo.
interpreter [int'ə:pritə] s. 1. interpretador, tradutor m. 2. intérprete m. + f.
interpunctuate [intəp'ʌŋktjueit] v. interpontuar.
interpunctuation [intəpʌŋktju'eiʃən] s. interpontuação f.
interracial [intər'eiʃiəl] adj. inter-racial.
interradial [intər'eidiəl] adj. inter-radial.
interregnum [intər'egnəm] s. (latim) (pl. **—nums, —na**) 1. interregno m. 2. (fig.) intervalo m.
interrelate [intəril'eit] v. relacionar.
interrelated [intəril'eitid] adj. relacionado, ligado.
interrelation [intəril'eiʃən] s. relação mútua f.
interrogate [int'erogeit] v. interrogar, inquirir.
interrogation [intərog'eiʃən] s. interrogação f.: 1. ato de interrogar. 2. pergunta f.
~ **mark, point of** ~ ponto de interrogação.
interrogative [intər'ɔgeitv] adj. interrogativo. ‖ ~ly adv. por interrogação.
interrogator [int'erəgeitə] s. interrogador m.
interrogatory [intər'ɔgətəri] s. interrogatório m., interrogação f. ‖ adj. interrogativo.
interrupt [intər'ʌpt] v. 1. interromper, suspender, fazer parar, estorvar. 2. separar. ‖ ~edly adv. interruptamente.
interrupter [intər'ʌptə] s. interruptor m.
interruption [intər'ʌpʃən] s. interrupção, suspensão f.
interruptive [intər'ʌptiv], **interruptory** [intər'ʌptəri] adj. interruptor.
interruptively [intər'ʌptivli] adv. interrompidamente.
interscholastic [intəskəl'æstik] adj. interescolar.
intersect [intəs'ekt] v. cruzar, cortar, dividir.
intersectant [~ənt] adj. intersecional, que cruza.
intersection [intəs'ekʃən] s. 1. interseção f. 2. ponto m. ou linha f. de interseção.
intersectional [intəs'ekʃnl] adj. intersecional.
intersex ['intəseks] s. (Biol.) intersexo m.
intersexual [intəs'eksjuəl] adj. (Biol.) intersexual.
interspace ['intəspeis] s. espaço, vão, intervalo m. ‖ [intəsp'eis] v. espaçar, deixar espaço, encher espaço.
intersperse [intəsp'ə:s] v. entremear, entressemear, entressachar, intercalar.
interspersion [intəsp'ə:ʃən] s. entressachamento m., intercalação f.
interstate [int'əsteit] adj. interestadual.
interstellar [intəst'elə] adj. interestelar.
~ **craft** foguete interplanetário.

interstice [int'ə:stis] s. 1. vão m., fresta f. 2. interstício m.
interstitial [intəst'iʃəl] adj. intersticial.
interstratified [intəstr'ætifaid] adj. (Geol.) interestratificado.
intertangle [intət'æŋgl] v. entrelaçar, enredar.
intertanglement [intət'æŋglmənt] s. entrelaçamento m.
intertexture [intət'ekstʃə] s. entretextura, contextura f.
intertie ['intətai] s. viga horizontal (de amarração) f.
intertribal [intətr'aibəl] adj. intertribal.
intertrigo [intətr'aigou] s. intertrigem f.
intertropical [intətr'opikəl] adj. entre os trópicos.
intertwine [intətw'ain], **intertwist** [intətw'ist] v. entrelaçar, entretecer, entrançar.
intertwinement [intətw'ainmənt] s. entretecimento, entrelaçamento, entrançamento m.
intertwiningly [intətw'ainiŋli], **intertwistingly** [intətw'istiŋli] adv. de modo a entrelaçar, entretecer-se.
interurban [intər'ə:bən] s. trem interurbano m. ‖ adj. interurbano.
interval ['intəvəl] s. intervalo m.: 1. distância, pausa f. 2. (Mús.) diferença f. entre dois sons.
lucid ~ momento de lucidez. **at** ~s de tempo em tempo, às vezes.
intervene [intəv'i:n] v. 1. ficar entre, estar entre, estender-se (**between** entre). 2. intervir, interferir, interpor, mediar.
intervener [intəv'i:nə] s. interventor m.
intervenient [intəv'i:niənt] adj. interveniente.
intervention [intəv'enʃən] s. 1. intervenção, intercessão f. 2. interferência f.
interview ['intəvju:] s. 1. entrevista f. 2. conferência, conversação f., encontro m. 3. reportagem f. 4. artigo m. sobre uma entrevista. ‖ v. 1. entrevistar. 2. conferenciar.
intervocal [intəv'oukəl], **intervocalic** [intəvouk'ælik] adj. intervocal, intervocálico.
intervolve [intəv'ɔlv] v. envolver uma coisa dentro de outra.
interweave [intəw'i:v] v. imp. **interwove** p. p. **interwoven** 1. entretecer, entrelaçar. 2. ligar, misturar.
intestacy [int'estəsi] s. falta f. de testamento.
intestate [int'estit] s. pessoa f. que morreu sem fazer testamento. ‖ adj. 1. intestado, sem ter feito testamento. 2. não incluído em testamento.
intestinal [int'estinl] adj. intestinal.
intestinal fortitude s. (E. U. A., coloq.) coragem civil f.
intestine [int'estin] s. (geralmente ~s s. pl.) intestino m. ‖ adj. 1. interno, dentro de um país. 2. intestino.
~ **war** guerra civil.
inthral [inθr'ɔ:l] = **enthral**.
intima ['intimə] s. (Anat.) membrana interna f.
intimacy ['intiməsi] s. 1. intimidade, amizade íntima f. 2. relações sexuais f. pl.
intimate ['intimit] s. amigo íntimo m. ‖ [intimeit] v. 1. intimar, notificar, anunciar. 2. sugerir, insinuar, indicar. ‖ ['intimit] adj. 1. íntimo, familiar. 2. profundo. 3. pessoal, particular. 4. interno, que está dentro. 5. mantendo relações sexuais. ‖ ~ly adv. intimamente.
intimation [intim'eiʃen] s. 1. intimação, notificação f. 2. sugestão, insinuação f.
intimidate [int'imideit] v. intimidar, assustar.
intimidation [intimid'eiʃən] s. intimidação f.
intimidator [int'imideitə] s. intimidador m.
intimidatory [int'imideitəri] adj. intimidador.
intimist ['intimist] s. (Liter., Pint.) intimista m. + f.
intimity [int'imiti] s. intimidade f., íntimo m.
intinction [int'inkʃən] s. intinção f.
intitle [int'aitl] = **entitle**.

into ['intu] prep. 1. dentro (quadro P 9). 2. em. **to go ~ the house** entrar na casa. **the window looks ~ the street** a janela dá para a rua. **we got ~ trouble** encontramos dificuldades. **I was led ~ error** fui enganado. **two ~ ten goes five times** dez dividido por dois são cinco. **to grow ~** tornar-se.
intolerable [int'ɔlərəbl] adj. intolerável. ‖ **-bly** adv. intoleravelmente.
intolerableness [int'ɔlərəblnis] s. qualidade f. de que é intolerável.
intolerance [int'ɔlərəns] s. intolerância f.
intolerant [int'ɔlərənt] adj. intolerante (**of** contra). ‖ **~ly** adv. intolerantemente.
intomb [int'u:m] = **entomb.**
intonate ['intoneit], **intone** [int'oun v. entoar.
intonation [intoun'eiʃən] s. 1. entoação f. 2. acentuação, modulação f.
intorsion, intortion [int'ɔ:ʃən] s. torção f.
intort [int'ɔ:t] v. torcer.
in-town adj. relativo ao ou situado no centro da cidade.
intoxicant [int'ɔksikənt] s. 1. (Med.) agente tóxico m. 2. agente inebriante, álcool m. ‖ adj. 1. (Med.) tóxico. 2. alcoólico, inebriante.
intoxicate [int'ɔksikeit] v. 1. (Med.) intoxicar. 2. inebriar, embriagar. 3. excitar, entusiasmar. **~d with (by)** embriagado de.
intoxicating [intɔksik'eitiŋ] adj. 1. (Med.) intoxicante. 2. inebriante. ‖ **~ly** adv. 1. de modo intoxicante. 2. de modo inebriante.
intoxication [intɔksik'eiʃən] s. 1. intoxicação f. 2. embriaguez f. 3. excitação, emoção f.
intra– ['intrə] pref. intra–, dentro.
intracellular [intrəs'elju:lə] adj. intracelular.
intractability [intræktəb'iliti], **intractableness** [intr'æktəblnis] s. 1. intratabilidade f. 2. obstinação f. 3. indocilidade f.
intractable [intr'æktəbl] adj. 1. intratável. 2. obstinado. ‖ **-bly** adv. obstinadamente.
intradermal [intrəd'ə:məl] adj. (Anat.) intradermal, intradérmico.
intrados [intr'eidɔs] s. (Arquit.) intradorso m. (quadro A 5).
intramural [intrəmj'uərəl] adj. entre muros, dentro de algum lugar.
intransigence [intr'ænsidʒəns], **intransigency** [intr'ænsidʒənsi] s. intransigência, intolerância f.
intransigent [intr'ænsidʒənt] s. (geralmente **~s** s. pl.) intransigente m. + f. ‖ adj. intransigente.
intransitive [intr'ænsitiv] s. (Gram.) verbo intransitivo m. ‖ adj. intransitivo.
intransmissible [intrænzm'isəbl] adj. intransmissível.
intrant ['intrənt] s. calouro, novato m., o que entra numa sociedade, num emprego.
intraparietal [intrəpər'aiətl] adj. intramural, particular, privado.
intratelluric [intrətəlj'uərik] adj. intratelúrico.
intravascular [intrəv'æskjule] adj. intravascular.
intravenous [intrəv'i:nəs] adj. intravenoso. ‖ **~ly** adv. por via intravenosa.
intreat [intr'i:t] = **entreat.**
intrench [intr'entʃ] ‖ **entrench.**
intrepid [intr'epid] adj. intrépido, corajoso. ‖ **~ly** adv. intrepidamente.
intrepidity [intrip'iditi] s. intrepidez f.
intricacy ['intrikəsi] s. dificuldade, complicação, complexidade f.
intricate ['intrikit] adj. intricado, complicado, complexo. ‖ **~ly** adv. intricadamente.
intrigant ['intrigənt] s. = **intriguer.**
intrigue [intr'i:g] s. 1. intriga, cilada f., plano secreto m. 2. amor secreto m. ‖ v. 1. intrigar, conspirar,

enredar. 2. excitar, provocar a curiosidade. 3. ter amores secretos.
intriguer [intr'i:gə] s. intrigante m. + f.
intriguing [intr'i:giŋ] adj. intrigante. ‖ **~ly** adv. de maneira intrigante.
intrinsic [intr'insik], **intrinsical** [~əl] adj. intrínseco, inerente. ‖ **~ally** adv. intrinsecamente.
intro– ['introu] pref. intro–, para dentro.
introduce [intrədi'u:s] v. 1. trazer, importar, inserir. 2. introduzir, fazer adotar, levar ao conhecimento. 3. apresentar, trazer à baila. 4. fazer introdução ou prefácio. 5. trazer de novo, começar, iniciar.
introducer [intrədj'u:sə] s. introdutor m.
introduction [intrəd'ʌkʃən] s. 1. introdução, adoção f. 2. acrescentação f. 3. prefácio m., introdução f. 4. preparação f. para um estudo, tratado elementar m. 5. coisa introduzida ou importada f. **letter of ~** carta de apresentação.
introductive [intrəd'ʌktiv] adj. introdutivo. ‖ **~ly** adv. à guisa de introdução.
introductory [intrəd'ʌktəri] adj. introdutório, introdutivo. ‖ **–ily** adv. à guisa de introdução.
introit ['introit] s. intróito f. (de missa) m.
intromission [introum'iʃən] s. intromissão, apresentação, introdução f.
intromit [introum'it] v. admitir, fazer entrar, intrometer.
introspect [introusp'ekt] v. olhar para dentro, examinar a si mesmo.
introspection [introusp'ekʃən] s. introspecção f.
introspective [introusp'ektiv] adj. introspectivo. ‖ **~ly** adv. de modo introspectivo.
introversion [introuv'ə:ʃən] s. introversão f.
introversive [introuv'ə:siv] adj. introvertido, voltado para dentro.
introvert ['introvə:t] s. pessoa introvertida f. ‖ v. [introuv'ə:t] voltar-se para dentro. ‖ adj. introvertido.
introvertive [introuv'ə:tiv] adj. = **introversive.**
intrude [intr'u:d] v. penetrar, entremeter(-se), introduzir(-se). **don't let me ~ upon you** não se incomode.
intruder [intr'u:də] s. intruso m.
intrusion [intr'u:ʒən] s. intrusão f.
intrusive [intr'u:siv] adj. 1. intruso. 2. (Geol.) intrusivo.
intrusiveness [intr'u:sivnis] s. intrusão f.
intrust [intr'ʌst] = **entrust.**
intubate [intj'u:beit] v. (Med.) intubar.
intubation [intjub'eiʃən] s. (Med.) intubação f.
intuit ['intjuit] v. saber, aprender por intuição.
intuition [intju'iʃən] s. 1. intuição, percepção f. 2. intuito m.
intuitionism [~izm] s. (Filos.) intuicionismo m.
intuitive [intj'uitiv] adj. intuitivo. ‖ **~ly** adv. intuitivamente.
intuitiveness [intj'uitivnis] s. qualidade f. de quem é intuitivo.
intuitivism [intj'uitivizm] s. intuitivismo m.
intumesce [intjum'es] v. intumescer, inchar.
intumescence [intjum'esns] s. intumescência f.
intumescent [intjum'esnt] adj. intumescente.
intussusception [intəsʌs'epʃən] s. (Med.) intussuscepção f.
inunction [in'ʌŋkʃən] s. unção f.
inundate ['inʌndeit] v. inundar, alagar.
inundation [inʌnd'eiʃən] s. inundação f.
inurbane [inə:b'ein] adj. inurbano, descortês, rude.
inure [inj'uə] v. 1. acostumar, habituar, endurecer. 2. ter efeito, ser útil.
inurement [inj'uəmənt] s. hábito, costume m.
inurn [in'ə:n] v. pôr em urna, enterrar.

inutile [inj'u:til] adj. inútil.
inutility [inju'iliti] s. inutilidade f.
invade [inv'eid] v. 1. invadir, tomar. 2. violar.
the house was ~d by a casa encheu-se de. I was ~d by (coloq.) fui acometido de.
invader [inv'eidə] s. invasor m.
invaginate [inv'ædʒineit] v. invaginar.
invagination [invædʒin'eiʃən] s. (Bot. e Med.) invaginação f.
invalid (I) ['invali:d] s. inválido m. ‖ [invəl'i:d] v. invalidar, retirar do serviço ativo por invalidez. ‖ ['invali:d] adj. inválido, fraco, doente.
he was ~ed home ele foi mandado para casa por ser inválido.
invalid (II) [inv'ælid] adj. não válido, nulo, sem efeito. ‖ ~ly adv. invalidamente.
invalidate [inv'ælideit] v. invalidar, tornar sem força.
invalidation [invælid'eiʃən] s. invalidação, anulação f.
invalidism ['invələdizm] s. 1. estado m., condição f. de inválido. 2. percentagem f. de inválidos.
invalidity [invəl'iditi] s. 1. invalidade, nulidade, f. 2. invalidez f.
invaluable [inv'æljuəbl] adj. inestimável. ‖ –bly adv. de maneira inestimável.
invariability [invɛəriəb'iliti], **invariableness** [inv'ɛəriəblnis] s. invariabilidade f.
invariable [inv'ɛəriəbl] adj. invariável, constante. ‖ –bly adv. invariavelmente.
invariant [inv'ɛəriənt] s. invariabilidade f. ‖ adj. invariável.
invasion [inv'eiʒən] s. invasão f.
invasive [inv'eisiv] adj. invasivo.
invective [inv'ektiv] s. invectiva, injúria, crítica violenta f. ‖ adj. invectivo, injurioso. ‖ ~ly adv. invectivamente.
he broke out into ~s against ele lançou injúrias contra.
inveigh [inv'ei] v. injuriar, censurar, atacar com palavras, xingar (against).
inveigher [inv'eiə] s. invectivador, injuriador, censurador m.
inveigle [inv'i:gl] v. seduzir, enganar, lograr (into para). (Bras.) embrulhar.
inveiglement [inv'i:glmənt] s. sedução f., engano m.
inveigler [inv'i:glə] s. 1. sedutor m. 2. instigador m.
invent [inv'ent] v. inventar, idear.
invention [inv'enʃən] s. 1. invenção f. 2. coisa inventada f. 3. faculdade inventiva f. 4. astúcia f., engano m., fábula f.
the Invention of the Cross a descoberta ou o achado da Santa Cruz.
inventive [inv'entiv] adj. inventivo. ‖ ~ly adv. de modo inventivo.
inventiveness [inv'entivnis] s. espírito inventivo m., faculdade inventiva f.
inventor [inv'entə] s. inventor m.
inventorial [invent'ouriəl] adj. que diz respeito a um inventário. ‖ ~ly adv. a modo de inventário.
inventory ['invəntri] s. 1. inventário m., relação f. de artigos. 2. estoque m. ‖ v. inventariar, fazer inventário.
inventress [inv'entris] s. inventora f.
inveracity [invər'æsiti] s. inveridicidade f.
inverse [inv'ə:s] s. 1. inversão f. 2. inverso m. ‖ adj. inverso, invertido. ‖ ~ly adv. inversamente.
~ proportion ou ratio (Mat.) proporção inversa.
inversion [inv'ə:ʃən] s. 1. inversão f. 2. coisa invertida f.
inversive [inv'ə:siv] adj. inversivo.
invert ['invə:t] s. invertido, homossexual m. ‖ [inv'ə:t] v. 1. invertir, virar, reverter. 2. converter.
invertebrata [invə:tibr'eitə] s. pl. (Zool.) invertebrados m. pl.

invertebrate [inv'ə:tibrit] s. invertebrado m. ‖ adj. 1 invertebrado. 2. (fig.) mole, fraco, sem firmeza.
inverted [inv'ə:tid] adj. 1. inverso, invertido. 2. perverso, homossexual. ‖ ~ly adv. invertidamente.
~ commas aspas.
invertible [inv'ə:təbl] adj. invertível.
invest [inv'est] v. 1. investir, empregar (dinheiro). 2. cobrir, vestir (with), envolver. 3. dar autoridade, dar direito, dar procuração. 4. dar posse, empossar. 5. (milit.) sitiar, cercar.
to ~ with full power dar plenos poderes.
investigate [inv'estigeit] v. investigar, pesquisar.
investigation [investig'eiʃən] s. investigação f.
investigative [inv'estigeitiv], **investigatory** [inv'estigeitəri] adj. investigador, investigativo.
investigator [inv'estigeitə] s. investigador m.
investitive [inv'estitiv] adj. investitivo, o que dá autoridade, posse.
investiture [inv'estitʃə] s. 1. investidura, emposse f. 2. vestuário m.
investment [inv'estmənt] s. 1. investimento (de capital) m. 2. (milit.) cerco, sítio m. 3. vestuário m.
investment fund s. (Com.) fundo de investimento m.
investor [inv'estə] s. quem faz investimento.
inveteracy [inv'etərəsi], **inveterateness** [inv'etəritnis] s. que é inveterado, costume, hábito m.
inveterate [inv'etərit] adj. inveterado, radicado. ‖ ~ly adv. inveteradamente.
inviable [inv'aiəbl] adj. 1. inviável. 2. incapaz de evolução normal.
invidious [inv'idiəs] adj. 1. invejoso. 2. hostil. 3. odioso. ‖ ~ly adv. 1. com inveja. 2. hostilmente. 3. odiosamente.
invidiousness [inv'idiəsnis] s. 1. inveja f. 2. ódio m.
invigilate [inv'idʒileit] v. vigiar, exercer vigilância.
invigilation [invidʒil'eiʃən] s. vigilância f.
invigilator [inv'idʒileitə] s. vigilante m. + f.
invigorant [inv'igərənt] adj. fortificante.
invigorate [inv'igəreit] v. avigorar, revigorar, fortificar, avivar, animar.
invigoration [invigər'eiʃən] s. avigoramento, avivamento m., ação de dar força ou vigor.
invigorative [inv'igəreitiv] adj. que avigora, que aviva.
invigorator [inv'igəreitə] s. (Med.) fortificante m.
invincibility [invinsib'iliti], **invincibleness** [inv'insəblnis] s. invencibilidade f.
invincible [inv'insəbl] adj. invencível. ‖ –bly adv. invencivelmente.
inviolability [invaiələb'iliti] s. inviolabilidade f.
inviolable [inv'aiələbl] adj. inviolável. ‖ –bly adv. inviolavelmente.
inviolacy [inv'aiələsi], **inviolateness** [inv'aiəlitnis] s. qualidade f. de que é inviolado.
inviolate [inv'aiəlit] adj. inviolado, íntegro. ‖ ~ly adv. sem violação.
invisibility [invizəb'iliti], **invisibleness** [inv'izəblnis] s. invisibilidade f.
invisible [inv'izəbl] s. invisível, o que não se vê m. ‖ adj. invisível (to para), que não se pode ver, escondido. ‖ –bly adv. invisivelmente.
~ ink tinta invisível. ~ mending cerzidura invisível.
invitation [invit'eiʃən] s. 1. convite m. 2. atração, sedução f.
invitatory [inv'aitətəri] s. invitatório m., antífona f. ‖ adj. invitatório, convidativo.
invite [inv'ait] v. 1. convidar. 2. pedir, solicitar. 3. atrair, tentar. 4. incitar, animar, provocar.
to ~ subscription for a loan abrir subscrição para um empréstimo.
inviter [inv'aitə] s. convidador m.
inviting [inv'aitiŋ] adj. covidativo, atrativo, sedutor. ‖ ~ly adv. de modo convidativo.

invocation [invok'eiʃən] s. invocação, prece t.
invocatory [inv'ɔkətri] adj. invocador.
invoice ['invɔis] s. fatura f. ‖ v. faturar.
as ~d conforme fatura.
invoke [inv'ouk] v. invocar, chamar, implorar, suplicar, conjurar.
involucre ['invəlu:kə] s. (Bot.) involucelo, invólucro m.
involuntariness [inv'ɔləntərinis] s. qualidade do que é involuntário.
involuntary [inv'ɔləntəri] adj. involuntário. ‖ **–ily** adv. involuntariamente.
involute ['invəlu:t] s. (Mat.) curva evolvente f. ‖ adj. 1. emaranhado, intrincado. 2. enrolado, curvado. 3. (Bot.) involuto.
involution [invəl'u:ʃən] s. 1. envolvimento m. 2. coisa envolvida, complexidade f. 3. (Mat.) elevação f. a uma potência.
involve [inv'ɔlv] v. 1. envolver, embrulhar, conter, incluir. 2. implicar, acarretar, comprometer. 3. emaranhar, complicar. 4. ocupar, absorver (a atenção). 5. (Mat.) potenciar.
involved [inv'ɔlvd] adj. envolvido, incluído.
~ in debt endividado. **~ sentence** frase emaranhada.
involvement [inv'ɔlvmənt] s. 1. envolvimento m. 2. engajamento m.
invulnerability [invʌlnərəb'iliti] s. invulnerabilidade f.
invulnerable [inv'ʌlnərəbl] adj. invulnerável. ‖ **–bly** adv. invulneravelmente.
inward ['inwəd] s. interior, íntimo m. ‖ adj. 1. dentro, interno. 2. dentro do país. 3. no íntimo, na alma. ‖ adv. para dentro, para o íntimo, interiormente. ‖ **~ly** adv. intimamente, interiormente, no coração.
inwardness ['inwədnis] s. intimidade, natureza interna f.
inwards ['inwədz] s. pl. parte interna do corpo, viscera f. ‖ adv. para dentro, na intimidade.
inweave [inw'i:v] v. entretecer, entrelaçar.
inworn [inw'ɔ:n] adj. marcado pelo uso, inveterado.
inwove [inw'ouv], **inwoven** [inw'ouvn] imp. + p. p. de **inweave**.
inwrap [inr'æp], **inwreathe** [inr'i:ð] = **enwrap, enwreathe**.
inwrought ['inrɔ:t], uso predicativo: [inr'ɔ:t] adj. 1. decorado, trabalhado. 2. entretecido. 3. misturado.
iodate ['aiədeit] s. (Quím.) iodato m.
iodic [ai'ɔdik] adj. (Quím.) iódico.
iodide ['aiədaid] s. (Quím.) iodeto m.
iodine ['aiədi:n, 'aiədain] s. iodo m.
tincture of ~ tintura de iodo.
iodism ['aiədizm] s. iodismo m.: intoxicação pelo iodo.
iodize ['aiədaiz] v. tratar com iodo.
iodoform [ai'ɔdəfɔ:m] s. iodofórmio m.
ion ['aiən] s. (Fís.) íon m.: partícula, átomo ou radical com carga elétrica.
Ionian [ai'ounjən] s. (Hist.) jônio m. ‖ adj. jônio, jônico.
Ionic [ai'ɔnik] adj. (Hist.) jônico (também Arquit.).
ionization [aiənaiz'eiʃən] s. (Fís. e Quím.) ionização f.
ionize ['aiənaiz] v. ionizar, separar-se em íons.
ionosphere [ai'ɔnəsfiə] s. ionosfera f.
iota [ai'outə] s. 1. iota m.: letra grega. 2. quantidade muito pequena f.
not an ~ nem um pouquinho.
I. O. U. ['ai'ou'ju:] abr. de **I owe you** reconhecimento m. de dívida, título m. de dívida.
ipecac ['ipəkæk], **ipecacuanha** [ipəkækju'ænə] s. 1. ipecacuanha f. 2. raízes f. pl. de ipecacuanha. 3. medicamento m.
I. Q. abr. de **intelligence quotient**.
Iran [iər'a:n] s. Irã m., Persia f.
Iranian [air'einiən] s. + adj. iraniano m.
Iraq, Irak [ir'a:k] s. Iraque m.: país ao norte da Arábia.

Iraqi, Iraki [ir'a:ki] s. habitante do Iraque.
irascible [ir'æsibl] adj. irascível, irritável. ‖ **–bly** adv. de modo irascível.
irascibleness [ir'æsiblnis], **irascibility** [iræsib'iliti] s. irascibilidade f.
irate [air'eit] adj. irado, enraivecido, colérico. ‖ **~ly** adv. colericamente.
ire ['aiə] s. ira, raiva f.
ireful ['aiəful] adj. colérico, irado, enraivecido. ‖ **~ly** colericamente, iradamente.
Ireland ['aiələnd] s. Irlanda f.
iridescence [irid'esns] s. iridescência f.
iridescent [irid'esnt] adj. iridescente.
iridium [air'idiəm] s. (Quím.) irídio m.: metal raro do grupo da platina.
iridotomy [airid'ɔtəmi] s. iridotomia f.
iris ['aiəris] s. (pl. **irises**) 1. (Bot.) íris f.: planta da família das Iridáceas. 2. flor f. desta planta. 3. (Anat.) íris f.: parte do olho (quadro E 3). 4. arco-íris m.
Iris ['aiəris] s. (Mitol.) Íris f.: deusa grega.
irisation [airəs'eiʃən] s. irisação f.
Irish ['aiəriʃ] s. irlandês m.: 1. habitante da Irlanda. 2. língua f. da Irlanda. ‖ adj. irlandês.
he got his ~ up ele ficou furioso.
Irish Free State s. República da Irlanda.
Irishman ['aiəriʃmən] s. irlandês m.
Irish Sea s. Mar m. da Irlanda: parte do Atlântico entre a Irlanda e a Inglaterra.
Irish setter s. séter irlandês m.: raça de cão (de caça).
Irish stew s. carne f. ensopada com legumes.
Irishwoman ['aiəriʃwumen] s. irlandesa f.
irk [ə:k] v. cansar(-se), preocupar-(se), aborrecer(-se)
irksome ['ə:ksəm] adj. cansativo, aborrecido. ‖ **~ly** adv. de modo cansativo.
irksomeness ['ə:ksəmnis] s. aborrecimento m.
iron ['aiən] s. 1. ferro m. 2. ferramenta f., instrumento m. 3. arma f. 4. firmeza, dureza f. 5. ferro m. de passar roupa. ‖ v. 1. passar a ferro (roupa). 2. cobrir com ferro, ferrar. 3. agrilhoar, encadear. ‖ adj. 1. ferroso, feito de ferro. 2. duro, firme, férreo. 3. cruel.
you must strike while the ~ is hot a ferro quente malhar de repente. **to have many ~s in the fire** tratar de diversos negócios ao mesmo tempo. **malleable ~** ferro maleável. **pig ~** ferro em lingotes. **smoothing ~** ferro de engomar. ‖ **the ~ age** Idade do Ferro. **the Iron Duke** o Duque de Ferro (Wellington). **~ horse** locomotiva. **~ ration** ração de reserva, carne enlatada.
iron-bar s. ferro redondo m.
iron-bound adj. 1. ferrado. 2. duro, firme, rígido. 3. rochoso.
iron-casting s. 1. ferro fundido m. 2. peça f. de ferro fundido.
ironclad ['aiənklæd] s. couraçado m. ‖ adj. 1. couraçado, protegido com ferro. 2. firme.
iron-concrete s. concreto armado m.
iron curtain (I) s. cortina f. de ferro (quadro S 10).
iron curtain (II) s. (Pol.) cortina de ferro f., entre o Leste e o Oeste europeu.
iron-filings s. limalha f. de ferro.
iron-fisted adj. (Bras., gíria) pão-duro: avarento.
iron-foundry s. fundição f. de ferro.
iron-handed adj. com mão de ferro, rígido.
iron-hearted adj. com o coração duro.
ironic [air'ɔnik], **ironical** [~əl] adj. irônico, sarcástico. ‖ **~ally** adv. ironicamente.
ironing ['aiəniŋ] s. ação de passar a ferro.
ironing board s. tábua de passar roupa f.
iron lung s. pulmão m. de aço: aparelho para produ-

zir respiração artificial.

iron-master s. proprietário m. de siderurgia.

ironmonger ['aiənmʌŋgə] s. ferrageiro m.

iron-ore s. minério m. de ferro.

iron out v. 1. (coloq.) achar uma resposta para. 2. remover com ferro de passar roupa.

iron rust s. ferrugem f. na superfície do ferro.

irons ['aiənz] pl. s. grilhões m. pl.

ironsides ['aiənsaidz] s. pl. 1. cavalaria f. de Cromwell. 2. couraçado m. 3. pessoa f. enérgica, com vontade de ferro.

ironsmith ['aiənsmiθ] s. ferreiro m.

ironware ['aiənwɛə] s. ferragens f. pl.

iron-wood s. madeira dura f.

ironwork ['aiənwəːk] s. ferro ornamental m.

ironworks ['aiənwəːks] s. pl. siderurgia f.

irony ['airəni] s. ironia f., sarcasmo m.

irradiance [ir'eidiəns] s. radiação, irradiação f.

irradiant [ir'eidiənt] adj. irradiante (**with** de).

irradiate [ir'eidieit] v. radiar, irradiar, iluminar.

irradiated [ir'eidieitid] adj. 1. irradiado. 2. radiante (**with** de). 3. alegrado (**by** por).

irradiation [ireidi'eiʃən] s. irradiação, radiação f.

irradicate [ir'ædikeit] v. radicar, enraizar, arraigar.

irrational [ir'æʃnl] s. (Mat.) número irracional m., grandeza incomensurável f. ‖ adj. irracional, que não raciocina. ‖ ~**ly** adv. sem raciocínio.

irrationality [iræʃən'æliti] s. iracionalidade f.

irrebuttable [irib'ʌtəbl] adj. irrefutável.

irreclaimable [irikl'eiməbl] adj. 1. irreclamável. 2. irrecuperável. 3. irrevogável. 4. obstinado, inveterado. ‖ –**bly** adv. irrevogavelmente.

irrecognizability [irekəgnaizəb'iliti] s. irreconhecibilidade f.

irrecognizable [irekəgn'aizəbl] adj. irreconhecível. ‖ –**bly** adv. de modo irreconhecível.

irreconcilability [irekənsailəb'iliti], **irreconcilableness** [ir'ekənsailəblnis] s. irreconciliabilidade f. (**to** com).

irreconcilable [ir'ekənsailəbl] adj. irreconciliável (**to, with** com). ‖ –**bly** adv. irreconciliavelmente.

irrecoverable [irik'ʌvərəbl] adj. irrecuperável. ‖ –**bly** adv. irrecuperavelmente.

irrecoverableness [irik'ʌvərəblnis] s. qualidade do que é irrecuperável.

irrecusable [irikj'uːzəbl] adj. irrecusável.

irredeemable [irid'iːməbl] adj. 1. irredimível. 2. irreclamável. 3. sem remédio, sem esperanças.

irredentism [irid'entizm] s. irredentismo m.

irreducibility [iridjusəb'iliti], **irreducibleness** [iridj'uːsəblnis] s. irredutibilidade f.

irreducible [iridj'uːsəbl] adj. irredutível, irreduzível. **the** ~ **minimum** o extremo mínimo (**of** de). **to be** ~ **to a thing** opor-se a alguma coisa.

irreformable [irif'ɔːməbl] adj. irreformável, inalterável.

irrefragability [irefrəgəb'iliti] s. irrefutabilidade f.

irrefragable [ir'efrəgəbl] adj. irrefragável, incontestável. ‖ –**bly** adv. irrefragavelmente, incontestavelmente.

irrefrangible [irifr'ændʒəbl] adj. irrefrangível, que não sofre refração.

irrefutability [irefjutəb'iliti] s. irrefutabilidade f.

irrefutable [ir'efjutəbl] adj. irrefutável. ‖ –**bly** adv. irrefutavelmente.

irregular [ir'egjulə] s. 1. o que é irregular. 2. ~**s** pl. (milit.) tropas irregulares f. pl. ‖ adj. 1. irregular, contra a regra ou a ordem. 2. não liso, áspero, assimétrico, desigual. 3. contra a moral, contra a lei. 4. (Gram.) irregular. ‖ ~**ly** adv. irregularmente.

irregularity [iregjul'æriti] s. irregularidade f.

irrelative [ir'elativ] adj. o que não é relativo. ‖ adj.

não relativo. ‖ ~**ly** adv. de modo não relativo.

irrelevance [ir'elivəns], **irrelevancy** [ir'elivənsi] s. impropriedade, desconexão, inaplicabilidade f.

irrelevant [ir'elivənt] adj. inaplicável, desapropositado.

irreligion [iril'idʒən] s. irreligião f.

irreligious [iril'idʒəs] adj. irreligioso. ‖ ~**ly** adv. irreligiosamente.

irremeable [ir'iːmiəbl] adj. (Lit.) sem retorno, irreversível.

irremediable [irim'iːdiəbl] adj. irremediável. ‖ –**bly** adv. irremediavelmente.

irremediableness [irim'iːdiəblnis] s. qualidade f. do que é irremediável.

irremissibility [irimisəb'iliti] s. irremissibilidade f.

irremissible [irim'isəbl] adj. irremissível. ‖ –**bly** irremissivelmente.

irremovability [irimuvəb'iliti] s. inamovibilidade f.

irremovable [irim'uːvəbl] adj. irremovível. ‖ –**bly** adv. irremovivelmente.

irreparable [ir'epərəbl] adj. irreparável. ‖ –**bly** adv. irreparavelmente.

irreparableness [ir'epərəblnis] s. irreparabilidade f.

irrepealability [iripi:ləb'iliti] s. inapelabilidade, irrevogabilidade f.

irrepealable [irip'iːləbl] adj. inapelável, irrevogável. ‖ ~**ly** adv. irrevogavelmente.

irreplaceable [iripl'eisəbl] adj. insubstituível.

irreprehensible [irepri:h'ensəbl] adj. irrepreensível. ‖ –**bly** adv. irrepreensivelmente.

irrepressible [iripr'esəbl] adj. irreprimível. ‖ –**bly** adv. irreprimivelmente.

irreproachability [iriprout∫əb'iliti], **irreproachableness** [iripr'out∫əblnis] s. perfeição, irrepreensibilidade f.

irreproachable [iripr'out∫əbl] adj. irreprochável, impecável. ‖ –**bly** adv. impecavelmente.

irresistibility [irizistəb'iliti], **irresistibleness** [iriz'istəblnis] s. irresistibilidade f.

irresistible [iriz'istəbl] adj. irresistível. ‖ –**bly** adv. irresistivelmente.

irresoluble [ir'ezəljubl] adj. 1. irresolúvel. 2. irredutível.

irresolute [ir'ezəluːt] adj. irresoluto. ‖ ~**ly** adv. irresolutamente.

irresoluteness [ir'ezəluːtnis], **irresolution** [irezəl'uːʃən] s. irresolução f.

irresolvability [irizɔlvəb'iliti] s. insolubilidade f.

irresolvable [iriz'ɔlvəbl] adj. insolúvel.

irrespective [irisp'ektiv] adj. sem consideração, sem restrição (**of** de) ‖ ~**ly** adv. ilimitadamente.

irrespirable [ir'espirəbl] adj. irrespirável.

irresponsibility [irispɔnsəb'iliti], **irresponsibleness** [irisp'ɔnsəblnis] s. irresponsabilidade f.

irresponsible [irisp'ɔnsəbl] adj. irresponsável (**for** para). ‖ –**bly** adv. irresponsavelmente.

irresponsive [irisp'ɔnsiv] adj. insensível, indiferente, apático (**to** para, contra). **to be** ~ **to** não reagir a.

irresponsiveness [irisp'ɔnsivnis] s. qualidade f. do que é insensível, indiferente, apático.

irretention [irit'enʃən] s. qualidade f. do que não é retentivo.

irretentive [irit'entiv] adj. não retentivo.

irretrievability [iritri:vəb'iliti] s. irreparabilidade f., qualidade do que é irrecuperável.

irretrievable [iritr'iːvəbl] adj. insubstituível, irreparável, irrecuperável. ‖ –**bly** adv. irreparavelmente.

irreverence [ir'evərəns] s. irreverência f.

irreverent [ir'evərənt] adj. irreverente. ‖ ~**ly** adv. irreverentemente.

irreversibility [irivə:səb'iliti] s. irrevocabilidade f.

irreversible [iriv'əːsəbl] adj. irrevogável. ‖ –**bly** adv. irrevogavelmente.

irrevocability [irevəkəb'iliti] **irrevocableness** [ir'evəkə-

blnis] s. irrevocabilidade f.
irrevocable [ir'evəkəbl] adj. irrevogável. ‖ **–bly** adv. irrevogavelmente.
irrigable ['irigəbl] adj. irrigável.
irrigate ['irigeit] v. irrigar, regar.
irrigation [irig'eiʃən] s. irrigação f.
irrigative ['irigeitiv] adj. irrigatório.
irrigator ['irigeitə] s. irrigador m.
irritability [iritəb'iliti] s. 1. irritabilidade, impaciência f. 2. hipersensibilidade f.
irritable ['iritəbl] adj. irritável, impaciente, sensível. ‖ **–bly** adv. de maneira irritável.
irritancy ['iritənsi] s. 1. irritação f. 2. provocação f.
irritant ['iritənt] s. irritante m. ‖ adj. irritante.
irritate ['iriteit] v. 1. irritar. 2. provocar. 3. estimular.
irritating ['iriteitiŋ] adj. irritante, perturbador.
irritation [irit'eiʃən] s. 1. irritação, inflamação f. 2. excitação f.
irritative ['iriteitiv] adj. irritante.
irruption [ir'ʌpʃən] s. irrupção, invasão f.
irruptive [ir'ʌptiv] adj. irruptivo.
isagogics [aisəg'ɔdʒiks] s. pl. isagoge f.: 1. introdução ao estudo científico de determinada disciplina. 2. noções rudimentares. ‖ adj. isagógico.
isandrous [ais'ændrəs] adj. (Bot.) isandro.
ischiatic [iski'ætik] s. ciático m.: relativo à ciática
ischuretic [iskju:r'etik] s. medicamento iscurético m. ‖ adj. iscurético.
ischuria [iskj'u:riə] s. (Med.) iscúria f.
isinglass ['aiziŋgla:s] s. 1. cola f. de peixe. 2. mica f.
Islam ['izla:m] s. islame, islamismo m.
Islamic calendar s. calendário islâmico m., de 12 meses lunares.
Islamis [izl'æmik], **Islamitic** [izləm'itik] adj. islamítico.
islamism ['izləmizm] s. islamismo m.
Islamite ['izləmait] s. islamita m. + f.
island ['ailənd] s. 1. ilha f. (quadro M 7) 2. ilha f. de tráfego (quadro S 16). ‖ v. transformar em ilha.
islander ['ailəndə] s. insulano m.
isle [ail] **islet** ['ailit] s. ilha, ilhota f.
ism [izm] s. doutrina, teoria f. (termo depreciat.)
isn't [iznt] abr. de is not.
iso– ['aisou] pref. iso–.
isobar ['aisouba:] s. 1. (Meteor.) linha isobárica f. 2. (Quím. e Fís.) isóbaro m. ‖ adj. isóbaro.
isobaric [aisoub'ærik] adj. isóbaro, isobárico.
isobarometric [aisoberom'etrik] adj. isobarométrico.
isochromatic [aisokrom'ætik] adj. isocromático: da mesma cor.
isochronism [ais'ɔkrənizm] s. isocronismo m.
isochronous [ais'ɔkrənəs] adj. isócrono, isocrônico. ‖ **–ly** adv. de modo isocrônico.
isoclinal [aisəkl'ainəl] adj. isóclito, isoclinal.
isocracy [ais'ɔkrəsi] s. (Pol.) isocracia f.: sistema de governo com direitos iguais a todos os cidadãos.
isodiametric [aisoudaiəm'etrik] adj. isodiamétrico.
isodynamic [aisoudain'æmik] adj. (Fís.) isodinâmico.
isogamy [ais'ɔgəmi] s. (Biol.) isogamia f.
isogonal [ais'ɔgənəl], **isogonic** [aisəg'ɔnik] adj. isógono, eqüiângulo, isóclino.
isolate ['aisəleit] v. 1. isolar (também Eletr., Med. e Quím.), separar. 2. afastar.
isolated ['aisəleitəd] adj. isolado, único.
isolating ['aisəleitiŋ] adj. isolante.
isolation [aisəl'eiʃən] s. isolação f., isolamento m. **~ hospital** hospital de isolamento.
isolationism [aisəl'eiʃənizm] s. (Pol.) isolacionismo m.
isomer ['aisəmə] s. (Quím.) isômero m.
isomeric [aisoum'erik] adj. (Quím.) isômere.
isomerism [ais'ɔmərizm] s. isomerismo m.
isomerous [ais'ɔmərəs] = **isomeric**.

isometric [aisoum'etrik], **isometrical** [~əl] adj. isométrico.
isometropia [aisoumətr'oupiə] s. (Med.) isometropia f.
isomorphic [aisoum'ɔ:fik] adj. isomorfo, isomórfico.
isomorphism [aisoum'ɔ:fizm] s. isomorfismo m.
isomorphous [aisoum'ɔ:fəs] = **isomorphic**.
isonomy [ais'ɔnomi] s. isonomia f.
isooctane [aisou'ɔktein] s. (Quím.) iso-octano m.
isopathic [aisoup'æθik] adj. isopático.
isopathy [ais'ɔpəθi] s. isopatia f.
isoperimetrical [aisoupərim'etrikəl] adj. isoperimétrico, isoperímetro.
isopiestic [aisoupai'estik] adj. (Fís.) isopiézico, isobárico.
isopterous [ais'ɔptərəs] adj. isóptero.
isosceles [ais'ɔsili:z] adj. (Geom.) isósceles.
isoseismal [aisous'aizməl] adj. (Geol.) isossísmico.
isostasy [ais'ɔstəsi] s (Geol.) isóstase f.
isostatic [aisoust'ætik] adj. isostático.
isotherm ['aisouθə:m] s. curva isotérmiea f. ‖ adj. isotermo, isotérmico.
isothermal [aisouθ'ə:məl] adj. isotérmico.
isotonic [aisout'ɔnik] adj. isotônico.
isotope ['aisoutoup] s. (Quím.) isótopo m.
isotropic [aisoutr'ɔpik], **isotropous** [ais'ɔtrəpəs] adj. isotrópico.
isotropism [ais'ɔtrəpizm], **isotropy** [ais'ɔtrəpi] s. isotropia f.
Israel ['izriəl] s. israel m., israelitas m. + f. pl.
Israeli [izr'eili] adj. israelense, do Estado de Israel.
Israelite ['izriəlait] s. israelita m. + f.
Israelitic ['izriəlitik], **Israelitish** ['izriəlaitiʃ] adj. israelítico.
issuable ['isjuəbl] adj. emissivo: que se pode emitir.
issuance ['isjuəns] s. emissão f.
issue ['isju:] s. 1. emissão, edição, tiragem f. 2. despacho m., ordem, remessa f. 3. saída, descarga, perda (de sangue) f., fluxo m. 4. lugar m. de saída, desembocadura f. 5. resultado, fim m. 6. problema, ponto m. de debate. 7. herdeiros, descendentes m. pl. 8. busílis m., (Jur.) questão f. 9. (milit.) distribuição f. ‖ v. 1. emitir, pôr em circulação. 2. sair, escapar, escoar, brotar. 3. publicar, editar. 4. emergir. 5. resultar (**in** em, **from** de), terminar. 6. descender (de), provir. **at ~** debatido, em questão. **the matter lies at ~** a questão está em debate. **to force an ~** forçar uma decisão. **to join ~ with s. o.** discutir a opinião de alguém. **the question raises the whole ~** a pergunta atinge todos os fatos. **the whole ~** (coloq.) o negócio todo. **to take ~** discordar. **bank of ~** banco central ou emissor.
issueless ['isjulis] adj. 1. sem resultado. 2. sem descendentes.
issuer ['isjuə] s. emissor m.
issuing office s. banco emissor m.
Isthmian ['ismiən] adj. ístmico, relativo a istmo.
isthmus ['isməs] s. (pl. **–uses, –mi**) istmo m.
it [it] s. 1. objeto indefinido m. em expressões idiomáticas. 2. (fig.) o ovo de Colombo m. 3. atrativo pessoal m. (feminino e masculino). ‖ pron. 1. o, a, ele, ela, lhe. 2. isso, isto. **that is simply ~** aí é que está a coisa. **she was ~** ela foi formidável. **~ is my fault** a culpa é minha. **~ was he who** foi ele que. **~ is cherries** são cerejas. **~ is I** sou eu. **how is ~ with?** como está o caso de? **~ rains** está chovendo. **~ follows that** conclui-se que. **from all these reasons ~ follows** por todas estas razões deduz-se.
itacolumite [itək'ɔljumait] s. (Min.) itacolumito m.
Italian [it'æljən] s. italiano m.: 1. língua italiana. 2. habitante da Itália. ‖ adj. italiano.
Italianism [~izm] s. italianismo m.

italic [it'ælik] s. 1. (Tipogr.) tipo itálico m. 2. ~s pl. impressão f. em letras itálicas (quadro B 17). ‖ adj. itálico, grifo.

italicize [it'ælisaiz] v. grifar, imprimir em tipos itálicos.

Italy ['itəli] s. Itália f.

itch [itʃ] s. 1. coceira f. 2. sarna f. 3. desejo ardente m. ‖ v. 1. coçar. 2. desejar, ter vontade (**after, for** para, de).
my **fingers ~ to box his ears** estou louco para dar uma bofetada nele.

itching ['itʃiŋ] s. 1. coceira f. 2. vontade f., desejo m. ‖ adj. ardente.

itch mite s. (Zool.) ácaro-da-sarna m. (Sarcoptes scabiei).

itchy ['itʃi] adj. (coloq.) sarnento.

item ['aitəm] s. 1. item artigo, ponto m. 2. notícia, informação (de jornal) f. ‖ adv. também, igualmente.

itemize ['aitəmaiz] v. relacionar, especificar por itens.

itemized [~d] adj. relacionado por itens.

iterant ['itərənt] adj. repetido, que repete.

iterate ['itəreit] v. repetir.

iteration [itər'eiʃən] s. repetição, iteração f.

iterative ['itərətiv] adj. iterativo, repetido.

itineracy [it'inərəsi], **itinerancy** [it'inərənsi] s. deslocamento m. em exercício de profissão. 2. grupo de itinerantes m. 3. qualidade f. do que é itinerante.

itinerant [it'inərənt] adj. itinerante, viajante.

itinerary [it'inərəri] s. 1. itinerário, roteiro m. 2. guia m. para viajantes. ‖ adj. itinerário.

itinerate [it'inəreit] v. deslocar-se, viajar.

its [its] pron. poss. seu, sua, seus, suas, dele, dela.

it's [its] contração de **it is.**

itself [its'elf] pron. si mesmo, si mesma, se, mesmo, mesma, o próprio, a própria.
truth ~ a própria verdade. **by ~** por si mesmo, sozinho. **in ~** em si mesmo. **of ~** de si mesmo.

I've [aiv] contração de **I have.**

ivied ['aivid] adj. coberto de hera.

ivory ['aivəri] s. 1. marfim m. 2. objeto m. feito de marfim. 3. cor f. de marfim. 4. **ivories** s. pl.: a) dentes (como pérolas) m. pl. b) dados m. pl. c) teclado (de piano) m. d) bolas f. pl. de bilhar. ‖ adj. 1. feito de marfim, como marfim. 2. amarelo-claro, da cor-de-marfim.
black ~ escravos negros. **~ nut** jarina.

ivory black s. negro-de-marfim m.

ivy ['aivi] s. (Bot.) hera f.

izard ['izəd] s. bode montês m.

izzard ['izəd] s. (arc.) a letra Z.
from A to ~ de começo a fim.

J

J, j [dʒei] s. décima letra do alfabeto, consoante.

j. abr. de **joule**.

jab [dʒæb] s. golpe m., facada, pontada, estocada f. ‖ v. picar, furar, ferir com a ponta de, apunhalar, espetar, esfaquear, soquear.

jabber [dʒ'æbə] s. 1. tagarelice, grasnada f., falatório m. 2. vozearia f., vozeamento m. 3. palavrório m. ‖ v. tagarelar, palavrear, palrar, grasnar.

jabberer [~rə] s. tagarela m. + f., grasnador m.

jabberingly [~riŋli] adv. de modo tagarela, grasnante, incoerente.

jabble [dʒæbl] s. chape, estalo m., estalada f. ‖ v. estalar, salpicar.

jabiru [dʒ'æbiru:] s. (Tupi-Guarani) jaburu, jabiru m.: ave do gênero Mycteria.

jaborandi [dʒæbor'ændi] s. (Tupi-Guarani) jaborandi m.: planta medicinal brasileira.

jabot [ʒ'æbou, ʒæb'ou] s. 1. bofes m. pl. de camisa, usados antigamente pelos homens. 2. enfeite m. de renda no peitilho de vestidos.

jacal [hək'ɔ:l] s. choça f.

jacamar [dʒ'ækəma:] s. (Tupi-Guarani) jacamar m.: ave da família dos Galbulídeos.

jacinth (I) [dʒ'æsinθ] s. (Miner.) jacinto m.: espécie de zircão.

jacinth (II) [dʒ'æsinθ] s. (Bot.) jacinto m.: planta da família das Liliáceas (Hyacinthus orientalis).

Jack [dʒæk] s. apelido derivado do nome **John**: Joãozinho.

~ Frost (fig.) geada (General Inverno). **~ Ketch** carrasco, verdugo. **before you could say ~ Robinson** num abrir-e-fechar de olhos, num upa.

jack [dʒæk] s. 1. homem m. do povo, camarada, operário braçal m. para serviços avulsos. 2. marujo m. 3. (Téc.) macaco, guindaste, guincho m. 4. (Téc.) alavanca f. e várias outras peças de máquinas. 5. valete m.: carta de baralho (quadro P 6). 6. pedrinha f. usada em jogo infantil. 7. (Náut.) bandeira f. de cruzeiro. 8. (Náut.) barra f. de ferro horizontal no topo do mastro principal dos veleiros. 9. (E. U. A.) jumento, burro m. 10. (E. U. A.) coelho macho m. 11. (Eletr.) tomada f. 12. dispositivo m. para virar o espeto. 13. (Ict.) lúcio novo e pequeno m. 14. cavalete m. para serrador. 15. (gíria) dinheiro, arame m., gaita f. 16. (Hist.) cota f. de armas de couro. ‖ v. 1. içar, guindar, levantar. 2. majorar, aumentar (preços).

~-at-a-pinch 1. pessoa que se ambienta com facilidade. 2. pregador itinerante. **~-in-office** funcionário insolente e autoritário. **~-of-all-trades** pau-para-toda-obra. **~-o'-lantern** 1. fogo-fátuo. 2. lanterna feita de uma abóbora oca. **~-pudding** palhaço. **to ~ up** (coloq.) 1. aumentar (preços, salários, etc.). 2. exortar. 3. censurar (por negligência ou má conduta).

jack-a-dandy s. rapaz elegante, peralvilho, janota m.

jackal [dʒ'ækɔ:l, dʒ'ækəl] s. 1. (Zool.) chacal m. 2. pessoa f. que se incumbe de serviços subalternos.

jackanapes [dʒ'ækəneips] s. 1. sujeito m. arrogante, vaidoso. 2. macaco, mono m.

jackaroo [dʒækər'u:] s. (gíria, Austrália) imigrante inexperiente m. + f., novato m.

jackass [dʒ'ækæs] s. 1. asno, burro m. 2. (fig.) imbecil m. + f., tolo m.

jack-boot s. botas f. pl. de água ou de montar (quadro B 18).

jackdaw [dʒ'ækdɔ:] s. (Zool.) gralha f.

jacket [dʒ'ækit] s. 1. jaqueta f., gibão m. 2. paletó m. (quadros C 12, C 13). 3. invólucro m. 4. (livro) sobrecapa f. (quadro B 17). 5. pele f. 6. casca f. 7. (Téc.) revestimento m., camisa f. ‖ v. 1. pôr jaqueta. 2. (livro) pôr sobrecapa. 3. revestir, forrar. 4. (coloq.) surrar.

potatoes boiled in their ~s batatas cozidas com casca. **I dusted his ~** espanquei-o.

jack-frame s. (Téc.) banco m. de fusos (tecelagem).

jackie [dʒ'æki] s. (E. U. A.) marinheiro m.

jack-in-the-box, jack-in-a-box s. caixa f. de surpresa: brinquedo em forma de caixa cuja abertura faz aparecer uma figura grotesca.

jack-in-the-pulpit s. (Bot.) nabo-selvagem m. (Arisaema triphyllum).

jackknife [dʒ'æknaif] s. 1. canivete grande m. 2. (Esp.) figura f. de salto ornamental.

jack-leg adj. 1. não qualificado (operário), incompetente. 2. desonesto, sem escrúpulos.

jack-plane s. (Téc.) garlopa f., plaina f. de desbastar (quadro P 4).

jack pot s. 1. total de apostas num jogo. 2. bolo m., bolada f., prêmio m. (de loteria, rifa, etc.).

jack rabbit s. (Zool.) grande coelho americano m.

jackscrew [dʒ'ækskru:] s. (Téc.) macaco m. de rosca.

jacksnipe [dʒ'æksnaip] s. (Orn.) narceja pequena f.

jack-staff s. (Náut.) pau m. da bandeira de cruzeiro (quadro M 4).

jack-stay s. (Náut.) vergueiro, fuso, frade m.

jack-straw s. 1. boneco m. de palha, espantalho m. 2. jogo m. de varinhas.

jack-towel s. toalha f. sem-fim montada na parede.

Jacobean [dʒækob'iən] adj. (Hist.) jacobita: relativo ao reinado de Jaime I da Inglaterra.

Jacobin [dʒ'ækobin] s. jacobino m.: 1. (Hist.) membro de um clube político da Revolução Francesa. 2. (fig.) político extremo e radical.

jacobin [dʒ'ækobin] s. (Orn.) pombo-gravatinha m.

Jacobinic [dʒækob'inik], **Jacobinical** [~əl] adj. jacobino, jacobínico. ‖ **~ally** adv. jacobinicamente.

Jacobinism [dʒ'ækobinizm] s. (Pol.) jacobinismo m.

Jacobinize [dʒ'ækobinaiz] v. jacobinizar, (fig.) fanatizar.

Jacobite [dʒ'ækobait] s. (Hist.) jacobita m.: partidário de Jaime II da Inglaterra e da família dos Stuarts. ‖ adj. jacobita.

Jacobitical [dʒækəb'itikl] adj. jacobita.

Jacob's ladder s. 1. (Bot.) escada-de-jacó f., polemônio m. 2. (Náut.) escada f. de cordas, escada de quebra-peito.

jacobus [dʒæk'oubəs] s. jacobo m.: antiga moeda de ouro da Inglaterra.

Jacquard loom s. (Téc.) tear m. de Jacquard.

jactation [dʒækt'eiʃən] s. 1. jactância, fanfarronice f. 2. (Med.) jactação f.

jactitation [dʒæktit'eiʃən] s. 1. gabarolice, jactância f. 2. (Jur.) logro m., casamento m. prometido fraudulentamente. 3. (Med.) convulsões f. pl. freqüentes do corpo ou de membros. 4. (Med.) inquietação f.

jaculate [dʒ'ækjuleit] v. jacular, arremessar, atirar.

jaculation [dʒækjul'eiʃən] s. jaculação f., arremesso m.

jade (I) [dʒeid] s. jade m., pedra nefrítica f.

jade (II) [dʒeid] s. 1. cavalo velho m., (gíria bras.) rocim, matungo m. 2. (joc. ou depreciat.) mulher, de má fama. f. ‖ v. cansar(-se), fatigar(-se), estafar(-se).

Jaded [dʒ'eidid] adj. 1. exausto, cansado. 2. gasto, muito usado, saturado. ‖ ~**ly** adv. 1. exaustivamente. 2. avelhadamente, de modo batido.

jadedness [~nis] s. cansaço, gasto m., saciedade f.

jade-green adj. verde-jade.

jadeite [dʒ'eidait] s. (Miner.) jadeíta f.

jadelike [dʒ'eidlaik] adj. semelhante a jade.

jadish [dʒ'eidiʃ] adj. = **jaded.**

jaeger, jäger [j'eigə] s. (alem.) 1. (Orn.) gaivota-rapineira f.: ave do gênero Stercorarius. 2. caçador m. 3. atirador hábil, perito atirador m. 4. fuzileiro m. (do exército alemão ou austríaco).

jag [dʒæg] s. 1. entalhe, corte m. 2. dente m., ponta f. 3. (gíria, E. U. A.) bebedeira, ebriedade, embriaguez f. ‖ v. dentear, fazer recortes, entalhar.

   crying ~ (gíria, E. U. A.) acesso de choro.

jagged [dʒ'ægid] adj. 1. denteado, recortado, entalhado (quadro M 7). 2. cheio de mossas. ‖ ~**ly** adv. denteadamente, entalhadamente, de modo mossado.

jaggery [dʒ'ægəri] s. jagra f.: açúcar mascavado m. (Índia).

jaggy [dʒ'ægi] adj. = **jagged.**

jaguar [dʒ'ægwa:] s. (Tupi-Guarani) jaguar m., onça f.

Jahveh [j'a:vei] s. (Hebraico) Jeová, Deus m.

jail [dʒeil] s. (brit. **gaol**) cadeia, prisão f., cárcere m., (Brasil) xadrez m. ‖ v. encarcerar.

   ~ break fuga de presos.

jail-bird s. (brit. **gaolbird**) 1. presidiário, preso m. 2. delinqüente inveterado m.

jail delivery s. (Jur.) soltura f. de presos.

jailer, jailor [dʒ'eilə] s. (brit. **gaoler**) carcereiro m.

jaileress [~ris] s. carcereira f.

jail-fever s. tifo m., febre tifóide f.

Jain [dʒain], **Jaina** [dʒ'ainə] s. (Rel.) jaina m.: sectário do jainismo.

Jainism [dʒ'ainizm] s. jainismo m.: uma das grandes seitas religiosas da Índia.

jake [dʒeik] s. 1. (gíria bras.) caipira m. + f. 2. môça f. ingênua ou acaipirada. 3. gengibre m., licor m. de gengibre.

   it's ~ está em ordem.

jalap [dʒ'æləp] s. 1. (Bot.) jalapa f.: planta da família das Convolvuláceas. 2. (Farmac.) raiz f. de jalapa (Exogonium purga).

jalapin [dʒ'æləpin] s. (Quím.) jalapina f.: glicosido existente na raiz da jalapa.

jalopy, jaloppy [dʒəl'opi] s. (gíria, E. U. A.) calhambeque m., lata velha f.: carro ou aeroplano velho.

jalousie [ʒ'æluzi:] s. veneziana, persiana, gelosia, f.

jam (I) [dʒæm] s. 1. esmagamento m. 2. aperto, acotovelamento m., aglomeração f. de gente. 3. congestionamento m. (de tráfego). 4. emperramento, desarranjo m. 5. situação difícil ou perigosa f. 6. estorvo m., obstrução f. ‖ v. 1. apertar(-se), comprimir(-se), apinhar(-se). 2. esmagar. 3. machucar. 4. empurrar, impelir. 5. fechar, tapar, entupir, bloquear, obstruir. 6. emperrar. 7. (Rádio) perturbar a transmissão. 8. (gíria, E. U. A.) apresentar música popular avivada com improvisação.

   traffic ~ impedimento, congestionamento, bloqueamento ou interrupção do tráfego. **this door ~s** esta porta emperra. **they ~ into the elevator** eles superlotam o elevador. **to be in a ~** estar em apuros.

jam (II) [dʒæm] s. geléia f. de frutas (quadro B 21). ‖ v. transformar em geléia.

Jamaica [dʒəm'eikə] s. 1. Jamaica f. 2. rum m. da Jamaica.

Jamaican [~n] adj. jamaicano.

jamb, jambe [dʒæm] s. 1. ombreira f., umbral, batente m. (quadro W 4). 2. pé-direito m. (da lareira).

jambeaux [dʒ'æmbouz] s. pl. grevas f. pl.: parte da armadura que cobria as pernas do joelho até o pé.

jamboree [dʒæmbər'i:] s. 1. (coloq.) farra, festa ruidosa f. 2. congresso m. dos escoteiros.

jamming [dʒ'æmiŋ] s. (Rádio) interferência f.

jammy [dʒ'æmi] adj. pegajoso, viscoso, pastoso.

jam-packed adj. (coloq., E. U. A.) superlotado.

jam session s. (gíria, E. U. A.) audição f. de improvisos de jazz.

jam-tart s. (gíria, E. U. A.) amante, mulher leviana f.

jangle [dʒæŋgl] s. 1. estrépito, ruído ou barulho áspero m., dissonância f. 2. disputa, altercação, discussão f. ‖ v. 1. soar mal ou estridentemente, chiar, dissonar. 2. discutir, brigar. 3. taramelar.

jangler [dʒ'æŋglə] s. altercador m.

jangling [dʒ'æŋgliŋ] s. altercação, disputa f. ‖ adj. que soa mal, que tem som estridente.

janitor [dʒ'ænitə] s. 1. porteiro m. 2. zelador m. de prédio. 3. bedel m.

janitorial [dʒænit'oriəl] adj. de ou relativo a porteiro, zelador ou bedel.

janitress [dʒ'ænitris] s. zeladora f.

janizary, janissary [dʒ'ænizəri, dʒ'ænisəri] s. 1. (Hist., Turquia) janízaro m.: soldado turco, guarda do sultão. 2. adepto, partidário submisso m.

jannock (I) [dʒ'ænək] s. pão m. de aveia.

jannock (II) [dʒ'ænək] adj. franco, honesto, sincero, justo. ‖ adv. francamente, direitamente, justamente.

Jansenism [dʒ'ænsnizm] s. jansenismo m.: doutrina teológica sobre a irresistibilidade da graça divina.

Jansenist [dʒ'ænsnist] s. jansenista m. + f.: adepto do jansenismo.

January [dʒ'ænjuəri] s. janeiro m.

Jap [dʒæp] (coloq. e pej.) forma abrev. de **Japanese.**

Jap. abr. de: 1. **Japanese.** 2. **Japan.**

Japan [dʒəp'æn] s. Japão m.

japan [dʒəp'æn] s. 1. laca f., charão, verniz japonês m. 2. obra envernizada, obra f. de charão. ‖ v. laquear, acharoar.

Japanese [dʒæpən'i:z] s. japonês m.: 1. habitante do Japão. 2. a língua japonesa. ‖ adj. japonês, nipônico.

japanner [dʒəp'ænə] s. acharoador, envernizador m.

japanning [dʒəp'æniŋ] s. arte f. de acharoar ou de envernizar.

jape [dʒeip] s. 1. gracejo m., zombaria f. 2. ardil, truque m., artimanha f. 3. (gíria bras.) peça f. ‖ v. mofar, zombar (**at** de), pregar uma peça (**at** em).

japonic [dʒəp'onik] adj. (Bot.) 1. camélia f. 2. marmeleiro-do-japão m.

jar (I) [dʒa:] s. 1. jarro m., jarra f., cântaro, vaso, pote m. 2. capacidade ou volume de jarro etc.

jar (II) [dʒa:] s. 1. estridor, clangor m., chocalhada f. 2. som estridente ou áspero, rangido, chiado m. 3. dissonância f. 4. efeito desagradável, choque, abalo m. 5. disputa, contenda f., conflito m. 6. tremura, vibração f., abalo m. ‖ v. 1. ser estridente, chocalhar, clangorar. 2. fazer ou provocar um som áspero, ranger, chiar. 3. ter efeito desagradável, chocante, chocar. 4. disputar, brigar, contender. 5. ser dissonante, soar asperamente. 6. tremer, vibrar.

jardinière [ʒa:dinj'ɛə] s. (fr.) floreiro m., floreira f.: vaso ou estante ornamental para cultivar plantas dentro de casa.

jargon (I) [dʒ'a:gən] s. 1. jargão, calão, galimatias m., algaravia f. 2. gíria profissional f. 3. conversa f. ou escrito m. sem fundo nem sentido. 4. palavreado m., tagarelice f. ‖ v. 1. falar jargão. 2. tagarelar.

jargon (II) [dʒɑ:gən], jargoon [dʒɑ:g'u:n] s. (Miner.) jargão m.: variedade de zirconita.

jargonell [dʒɑ:gən'el] s. espécie de pêra temporã.

jargonesque [dʒɑ:gən'esk], jargonic [dʒɑ:g'ɔnik] adj. de gíria ou jargão.

jargonize [dʒ'agənaiz] v. falar em jargão ou gíria.

jarl [jɑ:l] s. nobre ou chefe escandinavo m.

jarosite [dʒ'ærəsait] s. (Miner.) jarosita f.

jarrah [dʒ'ɑ:rɑ:] s. espécie de eucalipto gomífero australiano (Eucalyptus marginata).

jarring [dʒ'ɑ:riŋ] s. dissonância, discordância f. ‖ adj. dissonante, desafinado. ‖ ~ly adv. dissonantemente.

jarvey [dʒ'ɑ:vi] s. (gíria brit.) cocheiro m. dum carro de aluguel.

jasey [dʒ'eisi] s. (gíria brit.) cabeleira postiça f. feita de lã.

jasmine [dʒ'æsmin] s. (Bot.) jasmim m.

jasper [dʒ'æspə] s. (Miner.) jaspe m.: variedade semiamorfa do quartzo.

jaundice [dʒ'ɔ:ndis] s. 1. (Med.) icterícia f. 2. (fig.) inveja f., ciúme m. ‖ v. 1. causar icterícia. 2. tornar ictérico, amarelar. 3. (fig.) invejar, ter ciúmes, ter preconceitos.

jaundiced [~d] adj. 1. ictérico. 2. invejoso. 3. cheio de preconceitos.

jaunt [dʒ'ɔ:nt] s. excursão, caminhada f., passeio m. ‖ v. excursionar, passear, vaguear, perambular.

jauntiness [~inis] s. graciosidade f., garbo m., alegria, vivacidade, ligeireza f.

jaunty [dʒ'ɔ:nti] adj. 1. animado, vivo, airoso. 2. garboso, vistoso. ‖ –ily adv. 1. alegremente, vivamente, airosamente. 2. garbosamente, de modo vistoso.

Java [dʒ'ɑ:və] s. (gíria, E. U. A.) café javanês m.

Javanese [dʒəvən'i:z] s. pl. Javanese javanês m.: 1. o habitante de Java. 2. o idioma javanês. ‖ adj. javanês.

javelin [dʒ'ævlin] s. dardo m. de arremesso, lança, azagaia f., venábulo, zaguncho m. ‖ v. arremessar o dardo.

throwing the ~ arremesso de dardo.

jaw [dʒɔ:] s. 1. maxila, queixada, mandíbula f., queixo m. 2. ~s pl.: a) região maxilar abrangendo a boca, maxilas e dentes. b) desfiladeiro m. garganta f. 3. (Téc.) mordente m., boca, castanha, mandíbula f. (quadros B 16, F 1, P 3). 4. tagarelice, prosa, conversa fiada f., ralho m. ‖ v. 1. tagarelar, palrar. 2. ralhar, gritar, repreender.

shifting ~ embreagem de garras. hold your ~! (gíria) cale a boca!

jaw-bone s. osso maxilar m.

jaw-breaker s. 1. britador m. de pedras, minérios, etc. 2. açúcar-cande duro m. 3. (gíria) palavra f. de difícil pronúncia.

jawsmith [dʒ'ɔ:smiθ] s. (gíria, E. U. A.) tagarela m. + f.

jay [dʒei] s. 1. (Zool.) gaio m. (Garrulus glandarius). 2. (fig.) tagarela m. + f., falador importuno m.

jayhawker [dʒ'eihɔ:kə] s. (gíria, E. U. A.) 1. guerrilheiro m. 2. alcunha f. dos nativos do Estado de Kansas.

jaywalk [dʒ'eiwɔ:k] v. atravessar a rua distraidamente, sem olhar os sinais de trânsito.

jaywalker [~ə] s. (gíria, E. U. A.) pedestre distraído e imprudente m.

jaywalking [~iŋ] s. ação de atravessar a rua desatentamente.

jazz [dʒæz] s. 1. jazz m., música sincopada f. 2. (gíria) vivacidade f. ‖ v. 1. tocar música no ritmo de jazz. 2. (gíria) avivar, animar. 3. dançar o jazz. ‖ adj. sincopado, relativo ao jazz.

jazz band s. jazz m., orquestra f. de jazz.

jazzer [dʒ'æzə] s. músico m. de jazz, compositor m. de jazz.

jazzy [dʒ'æzi] adj. 1. relativo à música de jazz. 2. (gíria) animado, espalhafatoso.

jealous [dʒ'eləs] adj. 1. ciumento, cioso (of de). 2. desconfiado (of de). 3. aflito, preocupado (of, over por). 4. invejoso (of de). 5. zeloso, cuidadoso. ‖ ~ly adv. 1. de modo ciumento, ciosamente. 2. desconfiadamente. 3. preocupadamente. 4. invejosamente.

jealousy [~i], jealousness [~nis] s. 1. ciúme m. 2. desconfiança, suspeita f. 3. aflição, preocupação f. 4. inveja f. 5. zelo m.

jean [dʒi:n, dʒ'ein] s. 1. (E. U. A.) fustão m. de algodão. 2. ~s pl. (gíria): a) calça f. (quadro C 13). b) cobretudo m., (bras.) macacão m. c) roupa f.

jeep [dʒi:p] s. 1. jipe m.: pequeno e forte automóvel militar. 2. (coloq.) recruta m.

jeepers [dʒ'i:pəz] interj. usada como branda exclamação de admiração ou emoção, eufemismo para Jesus. Também jeepers creepers eufem. para Jesus Christ.

jeer [dʒiə] s. zombaria, mofa f., escárnio m. ‖ v. zombar, mofar, escarnecer, gracejar, chalacear, ridicularizar.

jeerer [dʒ'iərə] s. escarnecedor, mofador, zombador, zombeteiro m.

jeering [dʒ'iəriŋ] adj. zombeteiro. ‖ ~ly adv. zombeteiramente, ironicamente, sarcasticamente.

Jehovah [dʒih'ouvə] s. Jeová m.: nome de Deus usado no Velho Testamento.

Jehovist [dʒih'ouvist] s. (Hist. e Rel.) jeovista m.: suposto autor de partes do Pentateuco.

jehu [dʒ'i:hju:] s. (coloq.) cocheiro, motorista hábil m. (que anda com muita velocidade).

jejune [dʒidʒ'u:n] adj. 1. magro, estéril, ávido. 2. (fig.) insípido, seco. ‖ ~ly adv. 1. esterilmente, avidamente. 2. insipidamente, secamente.

jejuneness [dʒidʒ'u:nnis] s. 1. secura, avidez f. 2. esterilidade, insipidez f. 3. pobreza f.

jejunum [dʒidʒ'u:nəm] s. (Anat.) jejuno m.: parte do intestino delgado.

jell [dʒel] s. = jelly. ‖ v. tornar-se gelatinoso, gelatinizar-se.

jellied [dʒ'elid] adj. 1. gelatinoso. 2. coberto de geléia. 3. coalhado.

jelly [dʒ'eli] s. 1. geléia f. 2. gelatina f. ou substância gelatinosa. ‖ v. 1. engrossar, condensar, tornar gelatinoso. 2. cobrir de geléia.

jelly-bean s. pequena bala oval f., recheada com geléia.

jelly doughnut s. (Culin.) rosquinha f. de massa, frita e recheada com geléia.

jelly-fish s. 1. (Zool.) medusa, água-viva f. 2. (fig.) molenga m. + f.

jemadar [dʒ'emədɑ:] s. (India) jamadar m.: oficial subalterno do exército indiano.

jemimas [dʒim'aiməz] s. pl. (coloq., brit.) 1. botas f. pl. com nesga elástica. 2. galochas f. pl.

jemmy [dʒ'emi] s. 1. pé-de-cabra m., alçaprema f. 2. (brit.) cabeça f. de carneiro assada.

jennet [dʒ'enit] s. ginete m.: raça de pôneis espanhóis.

jenneting [~iŋ] s. maçã temporã f.

jenny [dʒ'eni] s. 1. fêmea f. de certos animais. 2. (Téc.) fiandeira f. 3. guindaste móvel m.

jenny-ass s. asna, burra, besta f.

jenny-wren s. (Zool.) corruíra f.

jeopard [dʒ'epəd], jeopardize [dʒ'epədaiz] v. arriscar, aventurar, pôr em perigo, pôr em jogo, expor.

jeopardous [~əs] adj. arriscado, perigoso. ‖ ~ly adv. arriscadamente.

jeopardy [~i] s. perigo, risco m.

J 1

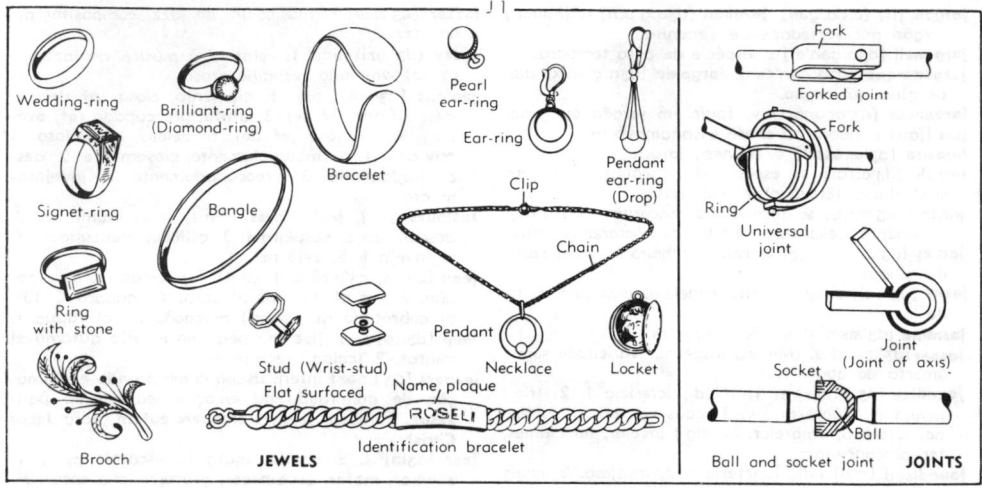

Wedding-ring　Brilliant-ring (Diamond-ring)　Bracelet　Pearl ear-ring　Ear-ring　Pendant ear-ring (Drop)　Clip　Fork　Forked joint　Fork

Signet-ring　Bangle　Chain　Ring　Universal joint

Ring with stone　Pendant　Necklace　Locket　Socket　Joint (Joint of axis)

Brooch　Stud (Wrist-stud)　Flat surfaced　Name plaque　Identification bracelet　**JEWELS**　Ball　Ball and socket joint　**JOINTS**

jequirity [dʒikw'iriti] s. (Tupi-guarani) jequiriti, olho-
-de-pombo m.: trepadeira da família das Fabá-
ceas (Abrus precatorius).
jerboa [dʒə:b'ouə] s. (Zool.) gerbo m.: mamífero roedor e saltador da África.
jeremiad [dʒərim'aiæd] s. lamentação, lamúria, jere
miada, choradeira f.
Jericho [dʒ'erikou] s. 1. Jericó (cidade da Ásia
Menor). 2. (fig.) lugar remoto m.
　go to ~! (gíria) vá para o diabo!
jerk (I) [dʒə:k] s. 1. empurrão, solavanco, puxão m.
2. pulo, salto m. 3. contração muscular f.,~espasmo
m. 4. sacudida, sacudidela f., sacudimento m. 5.
(gíria) simplório m. ‖ v. 1. empurrar, sacudir, arremessar, lançar. 2. arrancar, retirar depressa. 3.
mover-se aos arrancos. 4. falar de modo convulsivo
e abrupto. 5. estremecer.
　by ~s a trancos, aos arrancos. **with a ~** de repente,
com um arranco. **to ~ off** (gíria) masturbar-se. **to
~ out** falar de modo abrupto.
jerk (II) [dʒə:k] v. charquear.
　~ed beef charque, carne-seca.
jerkin [dʒ'ə:kin] s. jaqueta f., gibão m.
jerkwater [dʒ'ə:kwɔtə] s. 1. (E. U. A.) trem m. de ramal. 2. lugar afastado e desconhecido m. ‖ adj.
que não está na linha principal (trem).
jerky [dʒ'ə:ki] adj. 1. aos arrancos, aos trancos. 2.
espasmódico, convulsivo. ‖ **-ily** adv. 1. aos empur-
rões, aos sacalões. 2. espasmodicamente.
Jerry [dʒ'eri] s. (gíria militar, Ingl.) alemão m.
jerry-build v. construir depressa e barato com material inferior.
Jerry-builder s. construtor negligente m., que trabalha rapidamente, sem solidez.
jerry-built adj. construído sem solidez.
jerry-can s. lata f. de gasolina.
jerry-shop s. taverna f., botequim m., espelunca f.
jerry-sneak s. maricão m.: homem dominado pela
esposa.
Jersey [dʒ'ə:si] s. 1. ilha britânica no Canal da
Mancha. 2. raça de gado vacum.
jersey [dʒ'ə:si] s. 1. colete **m.** ou suéter **m.** de lã.
2. camisa f. de lã. 3. tecido jérsei m.
jess [dʒes] s. (Falcoaria) piós m.: tira de couro que
prende as pernas do falcão.
jessamine [dʒ'esamin] s. (Bot.) jasmim m
jessant [dʒ'esənt] adj. (Heráld.) oriundo de, proveniente.

jessed [dʒ'esid] adj. que tem piós.
jest [dʒest] s. 1. gracejo m., pilhéria, troça, graça f.
2. zombaria, galhofa f., escárnio m. 3. objeto do
escárnio. ‖ v. 1. gracejar, pilheriar, troçar, brincar.
2. zombar, galhofar, ridicularizar.
　to make a ~ of s. o. zombar de alguém **in ~** de
brincadeira.
jester [dʒ'estə] s. 1. gracejador m. 2. bufão m.
jesting [dʒ'estiŋ] s. gracejo m., zombaria, galhofa
f. ‖ **~ly** adv. zombeteiramente, por brincadeira.
　this is no ~ matter isto não é para brincadeiras.
Jesuit [dʒ'ezjuit] s. jesuíta m.
Jesuitic [dʒezju'itik], **Jesuitical** [~ə] adj. jesuítico.
‖ **~ally** adv. jesuiticamente.
Jesuit's bark s. quina f.
Jesus [dʒ'i:zəs], **Jesus Christ** [~ kr'aist] s. Jesus,
Jesus Cristo.
jet (I) [dʒet] s. 1. (Min.) azeviche m. 2. (fig.) coisa
muito negra f.
jet (II) [dʒet] s. 1. jato, jacto, jorro m. 2. esguicho m.
3. bocal m., tubo m. de saída (quadro T 4). 4.
avião m. a jato. 5. propulsão f. a jato. ‖ v. sair
a jacto, sair aos borbotões, esguichar, jorrar.
　~-assisted takeoff unit (Aer.) foguete que ajuda
o avião a decolar. **turbo ~** motor a jato-propulsão.
jet engine, ~ motor s. motor m. a jato.
jet-black adj. = **jet** (I).
jetliner [dʒ'etlainə] s. (Av.) avião m. comercial a jato.
jet pilot s. pilôto m. de avião a jato.
jet propelled adj. acionado a jato.
jet propulsion s. jato-propulsão f.
jetsam [dʒ'etsəm] s. 1. carga alijada f. ao mar. 2.
bens naufragados m. pl. 3. (fig.) refugo m.
jet set s. (Soc.) grupo m. de pessoas da sociedade
que viaja, como a jato, por prazer.
jettison [dʒ'etisn] s. 1. carga alijada f. para salvar
um navio em perigo. 2. alijamento m. de carga
‖ v. lançar, atirar ao mar, alijar carga.
jetty (I) [dʒ'eti] s. molhe, quebra-mar m.
jetty (II) [dʒ'eti] adj. = **jet** (I).
Jew [dʒu:] s. judeu m.: 1. israelita m. + f., hebreu
m. 2. (fig.) agiota, negocista m. + f., usurário
m. ‖ adj. judaico.
　the Wandering ~ o judeu errante.
jew [dʒu:] v. (E. U. A.) enganar, lograr, fraudar.
　to ~ down (E. U. A.) pechinchar, regatear, camba-
lachar, conluiar.

jewel [dʒ'u:il] s. 1. jóia, pedra preciosa f. (quadro J 1). 2. gema f. 3. rubi m. de relógio 4. (fig.) pessoa ou coisa de grande valor. ‖ v. enfeitar com jóias.

jewel box (também ~ case) s. porta-jóias m.

jewelled, jeweled [dʒ'u:əld] adj. adornado com jóias (coisa).

jeweller, jeweler [~ə] s. joalheiro m.

jewellery, jewelry [~ri] s. jóias f. pl.

Jewess [dʒ'u:is] s. judia f.

jewfish [dʒ'u:fiʃ] s. (Ict.) mero m. (Promicrops lanceolata) e outros grandes peixes da família dos Epinefelídeos.

Jewish [dʒ'u:iʃ] adj. judaico, hebreu, israelita.

Jewry [dʒ'uəri] s. 1. gueto m.: bairro de judeus. 2. os judeus m. pl. como coletividade.

jew's ear s. (Bot.) orelha-de-judas f.

jew's harp s. (Mús.) berimbau m.

Jezebel [dʒ'ezəbel] s. 1. (Hist.) rainha f. de Israel. 2. (fig.) mulher viciosa, perversa f.

j. g., jg. abr. de junior grade ginasiano.

jib (I) [dʒib] s. 1. (Náut.) bujarrona f.: vela triangular que se iça à proa. 2. lança f. de guindaste (quadro C 19). 3. (fig.) lábio inferior m. ‖ v. 1. (Náut.) cambar o pano. 2. (fig.) mudar o rumo.

to hang one's ~ estar desanimado. flying ~ (Náut.) giba (vela).

jib (II) [dʒib] v. 1. (brit.) mover(-se) lateralmente, recuar, recusar-se a avançar. 2. (de cavalos) corcovear, espantar (at).

jibber [dʒ'ibə] s. cavalo manhoso, cavalo espancado m.

jib-boom s. (Náut.) pau m. da bujarrona.

jib-door s. "porta secreta f.

jibe (I) [dʒaib] v. = gibe.

jibe (II) [dʒaib] v. (coloq., E. U. A.) concordar, estar em harmonia com.

jiber [dʒ'aibə] s. = giber.

jib-stay s. (Náut.) estai m. da bujarrona.

jiff [dʒif], jiffy [dʒ'ifi] s. (coloq.) instante, momento m. in a ~ num instante, num momento.

jig (I) [dʒig] s. 1. jiga f.: dança viva. 2. música f. da jiga. ‖ v. 1. gingar, saltitar. 2. cantar, tocar ou dançar uma jiga. 3. sacudir(-se), agitar(-se).

the ~ is up (gíria, E. U. A.) estamos perdidos, (bras.) estamos fritos.

jig (II) [dʒig] s. 1. espécie de anzol. 2. (Téc.) gabarito m. 3. (Téc.) escantilhão m., padrões m. pl. de guia, cabedais m. pl. de montagem.

jigger (I) [dʒ'igə] s. 1. dançador, saracoteador, dançarino m. 2. (Náut.) talhas f. pl. usadas num navio. 3. (Náut.) mastro m. de ré. 4. (Náut.) vela f. de popa. 5. coqueteleira f. 6. (Téc.) roda f. de oleiro. 7. (Téc.) nome de numerosos dispositivos e apetrechos de máquinas. 8. anzol m. com espelho.

I'll be ~ed! (gíria) eu fico louco! you be ~ed! o diabo te carregue!

jigger (II) [dʒ'igə] s. (Zool.) bicho-de-pé m. (Tunga penetrans).

jigger mast s. (Náut.) mastro m. de ré.

jiggery-pokery s. (coloq.) mistificação, intriga f.

jiggle [dʒ'igl] s. sacudidura, sacudidela f., sacolejo m. ‖ v. 1. bambolear(-se), gingar, saracotear(-se). 2. dar sacudidelas.

jigsaw [dʒ'igsɔ:] s. serra f. de vaivém. ‖ v. cortar com serra de vaivém. ‖ adj. composto de peças recortadas.

jigsaw puzzle s. quebra-cabeça m., de um quadro recortado.

jihad [dʒih'a:d] s. (também jehad) 1. guerra santa f. dos maometanos. 2. (fig.) cruzada f., campanha f. em prol de princípios ideológicos.

Jill [dʒil] s. 1. apelido de Julia: Julinha. 2. (†) mulher, menina, moça f. 3. namorada f. 4. esposa f.

jilt [dʒilt] s. coquete, namoradeira, logradeira f. ‖ v. 1. (coloq. bras.) dar o fora, romper o namoro. 2. flertar, namoriscar.

jilter [dʒ'iltə] s. pessoa que deu o fora em alguém.

Jim Crow, jim-crow, jimcrow (I) [dʒ'imkr'ou] s. nome de canção negra do século XIX m.

Jim Crow (II) [dʒ'imkr'ou] s. 1. (gíria, E. U. A.) negro, preto m. 2. (Téc.) dispositivo m. para endireitar ou curvar trilhos. 3. (E. U. A.) discriminação racial f.

Jim Crow coach s. (E. U. A.) carro m. para negros.

Jim Crow section s. (E. U. A.) compartimento m. para negros nos coletivos.

jim-dandy s. (E. U. A.) bamba m. + f. ‖ adj. extraordinário, (Bras.) batuta, ótimo.

jim-jams s. pl. (gíria, E. U. A.) 1. agitação f., nervosismo, delirium-tremens m. 2. esquisitice f.

jimmy [dʒ'imi] s. alavanca f. de ferro, pé-de-cabra m. ‖ v. arrombar com pé-de-cabra.

jimp [dʒimp] adj. (esc. e coloq.) 1. simples, alinhado, gracioso. 2. delgado, diminuto. 3. com peso ou medida insuficiente. ‖ adv. raramente.

jing [dʒiŋ], jingo [dʒ'iŋgou] s. jingo, jacobino, xenófobo m., chauvinista m. + adj. jingoísta, chauvinista.

by ~! (gíria) com os diabos! caramba! cáspite!

jingle [dʒ'iŋgl] s. 1. tinido, retintim m. 2. rima, aliteração f. ‖ v. 1. tinir, retinir, fazer tinir, soar. 2. consoar, rimar.

Jingling Johnnie s. chapéu-chinês m.: instrumento musical.

jinglingly [dʒ'iŋliŋli] adv. 1. de modo que tine. 2. de modo que rima.

jingly [dʒ'iŋli] adj. ressonante, rimado, aliterado.

jingoism [dʒ'iŋgouizm] s. jingoísmo, jacobinismo m.

jingoist [~ist] s. jingoísta, chauvinista m. + f., xenófobo m.

jink [dʒiŋk] s. 1. esquiva, volta rápida, finta f. 2 evasiva, escapatória f. ‖ v. 1. mover(-se) com agilidade. 2. esquivar(-se), fintar. 3. dançar.

high ~s brincadeira, travessura, diabrura.

jinn [dʒin], jinni, jinnee [dʒ'ini] s. (Mit. maomet.) djim m.: espíritos e demônios da crença maometana.

jinrikisha, jinricksha [dʒinr'ikʃə] s. jinriquixá m.

jinx [dʒiŋks] s. 1. pessoa ou coisa que traz má sorte. 2. azar m. 3. (Bras.) azarado m., caipora m. + f. ‖ v. trazer má sorte a.

jitney [dʒ'itni] s. (gíria, E. U. A.) 1. moeda f. de 5 cents. 2. moeda f. 3. automóvel m. ou táxi m. que transporta passageiros por preço baixo. ‖ v. viajar ou transportar em automóvel barato.

jitter [dʒ'itə] v. (gíria, E. U. A.) estar nervoso, agitar-se.

jitterbug [~bʌg] s. 1. dança americana extravagante f. 2. adeptos m. pl. desta dança. ‖ v. dançar ao compasso desta música.

jitters [dʒ'itəz] s. pl. (gíria, E. U. A.) tremor, nervosismo extremo m., agitação f.

jittery [dʒ'itəri] adj. (gíria, E. U. A.) nervoso, trêmulo.

jiu-jitsu, ju-jitsu [dʒju:dʒ'itsu:] s. jiu-jitsu m.

jive [dʒaiv] s. (gíria, E. U. A.) 1. música f. de "Swing". 2. jargão m. relacionado com essa música. 3. (gíria) fala ininteligível ou enganosa f. ‖ v. executar ou dançar música de "swing".

job (I) [dʒɔb] s. 1. obra, empreitada, tarefa f. 2. emprego m., colocação f. 3. trabalho m. 4. negócio, cargo, serviço, desempenho m. de qualquer trabalho. 5. assunto m. 6. (coloq.) negociata f., empreendimento lucrativo m. ‖ v. 1. negociar, comprar e

vender. 2. empreitar, dar de empreitada. 3. fazer biscates. 4. fazer negociatas. 5. alugar cavalos, carruagens. ‖ adj. feito de empreitada, empreitado, contratado (trabalho, serviços).
good ~ 1. bom serviço. 2. (coloq.) acontecimento satisfatório. **bad** ~ mau negócio. **what a** ~! que coisa! que negócio ruim! **by the** ~ de empreitada. **odd** ~s trabalho avulso, (gíria, Bras.) bico, biscate. **on the** ~ dedicado ao serviço. **out of a** ~ desempregado.
job (II) [dʒɔb] v. = **jab.**
job analysis s. (Econ.) estudo m. de tarefa, avaliação f. de cargo.
jobation [dʒoub'eiʃən] s. 1. admoestação, censura, repreensão, advertência f. 2. (fig.) sermão m.
jobber [dʒ'ɔbə] s. 1. operário m. que trabalha por tarefa. 2. empreiteiro m. 3. agiota m. + f., especulador m. 4. intermediário, corretor m. 5. traficante, negocista m. + f.
jobbery [dʒ'ɔbəri] s. 1. agiotagem, especulação f. 2. abuso m. de autoridade. 3. corrupção f.
jobbing [dʒ'ɔbiŋ] s. 1. usura, negociata f. 2. agiotagem, especulação f. 3. corretagem f. 4. trabalho m. de empreitada.
job-cobbler s. sapateiro remendão m.
jobholder [dʒ'ɔbhouldə] s. 1. pessoa que tem emprego regular, fixo. 2. (E. U. A.) empregado público m.
job-horse s. cavalo m. de aluguel.
jobless [dʒ'ɔbləs] adj. desempregado.
job lot s. lote m. de mercadorias várias, geralmente de qualidade inferior.
job-master s. alugador m. de carros ou cavalos.
Job's comforter s. (coloq.) mau consolador m.
Job's patience s. paciência f. de Jó.
Job's post s. más notícias f. pl.
job-work s. trabalho m. feito e pago por peça.
jock [dʒɔk] s. 1. forma abr. de **jockey**: jóquei m. 2. (coloq.) soldado escocês m.
jockey [dʒ'ɔki] s. 1. jóquei m. 2. manobrista m. + f. de veículo ou máquina. 3. impostor m. ‖ v. 1. cavalgar, montar um cavalo. 2. enganar, lograr. 3. induzir, persuadir, manobrar para conseguir vantagens.
~ **weight** cursor de balança.
jocko [dʒ'ɔkou] s. (Zool.) chimpanzé m.: grande macaco africano.
jocose [dʒək'ous] adj. 1. jocoso, engraçado, espirituoso. 2. alegre, faceto, trocista. ‖ ~ly adv. 1. jocosamente. 2. alegremente, de modo faceto.
jocoseness [~nis], **jocosity** [dʒɔk'ɔsiti] s. jocosidade, m., gracejo, chiste m.
jocular [dʒ'ɔkjulə] adj. 1. jocoso, chistoso, alegre. 2. cômico, engraçado. ‖ ~ly adv. 1. jocosamente, chistosamente. 2. comicamente, de modo engraçado.
jocularity [dʒɔkjul'æriti] s. alegria, jocosidade f., caráter cômico ou alegre m.
jocund [dʒ'ɔkənd] adj. alegre, divertido, contente, bem-disposto, vivaz. ‖ ~ly adv. 1. alegremente, divertidamente, contentemente.
jocundity [dʒok'ʌnditi] s. alegria, vivacidade f., júbilo m.
jodhpurs [dʒ'ɔdpuəz] s. pl. calças f. pl. de montaria que se ajustam às pernas, do joelho ao tornozelo.
Joe [dʒou] apelido de: 1. José, Zé, Zezinho, Zeca. 2. (E. U. A.) soldado m.
~ **Miller** piada batida. ~ **soap** (fig., milit.) burro de carga, (Bras.) pé-de-boi.
joey [dʒ'oui] s. (Zool.) filhote m. de canguru.
jog (I) [dʒɔg] s. 1. sacudida, cotovelada, cutucada f., empurrão m. 2. (fig.) sugestão f., lembrete m. 3. trote, passo lento m. ‖ v. 1. sacudir, cutucar, empurrar. 2. lembrar, estimular a memória. 3.

mover(-se) para cá e para lá aos pulos, às sacudidelas. 4. andar pesada e vagarosamente.
to ~ **along** ou **on** continuar em ritmo lento, em marcha lenta. **matters** ~ **along somehow** (gíria) as coisas prosseguem assim (mal) mesmo.
jog (II) [dʒɔg] s. (coloq., E. U. A.) saliência f., entalho m., irregularidade f. numa linha ou superfície.
joggle (I) [dʒ'ɔgl] s. 1. encaixe, entalhe m. 2. cavilha f., tarugo m. ‖ v. embutir, ensamblar, entalhar.
joggle (II) [dʒ'ɔgl] s. estremecimento, solavanco m. ‖ v. 1. estremecer, sacudir levemente. 2. mover(-se) a sacudidelas.
jog-trot s. 1. trote lerdo, lento m. 2. (fig.) rotina f., descaso, pouco-caso m. ‖ adj. 1. monótono, uniforme. 2. rotineiro.
John [dʒɔn] s. João m.
John Bull s. 1.(Lit.) personagem m. de livro publicado em 1712. 2. personificação f. da Inglaterra. 3. protótipo m. do inglês.
John Chinaman s. chinês m.
John Doe s. Fulano de Tal.
John Hancock s. (E. U. A.) assinatura f., jamegão m. **put your** ~ **down** (Bras.) ponha sua assinatura.
Johnny [dʒ'ɔni] diminutivo de **John:** Joãozinho.
Johnny-cake s. (E. U. A.) pão m. de milho.
Johnny Raw s. principiante, novato m.
Johnny-jump-up s. (E. U. A.) 1. amor-perfeito silvestre m. 2. violeta f.
Johnsonian [dʒɔns'ounjən] s. adepto, estudante da obra de Samuel Johnson (1709-78) m. ‖ adj. que tem estilo literário semelhante ao de Samuel Johnson, pomposo, bombástico.
John the Baptist s. São João Batista m.
join [dʒɔin] s. 1. junção, ligação f. 2. encaixe m. 3. costura, sutura f. 4. linha f. ou meio m. de ligação. ‖ v. 1. ligar(-se), juntar(-se), unir(-se), apertar. 2. confluir, encontrar(-se). 3. combinar, coadunar, enlaçar. 4. participar, aderir, associar(-se), ingressar, incorporar(-se), tomar parte. 5. casar(-se), aliar(-se). 6. voltar ao lar, à família. 7. ser adjacente, limitar, formar divisas.
he ~**ed the army** ele entrou no exército. **we** ~**ed battle** entramos em choque. **I** ~**ed company with them** juntei-me a eles. **he** ~**ed hands with them** 1. ele apertou-lhes a mão. 2. ele prestou-lhes auxílio. 3. (Com.) ele associou-se à companhia. **they were** ~**ed in marriage** eles foram unidos pelo vínculo matrimonial. **he** ~**ed a ship** 1. ele embarcou como tripulante. 2. ele alcançou um navio. **there I** ~ **with you** nisto, concordo com você. **he** ~**ed in the thing** ele tomou parte. **I** ~**ed in his praise** concordei com o seu elogio. **they** ~**ed in the work** fizeram o serviço juntos. **he** ~**ed up** apresentou-se para o serviço militar.
joinder [dʒ'ɔində] s. união, coadunação f.
joiner [dʒ'ɔinə] s. 1. marceneiro m. 2. pessoa sociável f.
joiner's bench s. banca f. de carpinteiro.
joinery [~ri] s. 1. serviço m. de marceneiro. 2. ofício m. de marceneiro.
joint [dʒɔint] s. 1. junta, juntura, junção f. 2. união f., nó, laço m. 3. (Téc.) lugar m. de solda, soldadura f. (quadro P 3). 4. encaixe, calafeto m. (quadro B 22). m. 5. dobradiça, charneira f., gonzo m. (quadros B 12, J 1). 6. (Anat.) junta, articulação f., membro m. 7. (Bot.) nó m., estípula f. 8. quarto m. de carne, pernil m. 9. (Geol.) greta, diáclase f. 10. (gíria, E. U. A.): caverna, tasca, espelunca f. b) qualquer lugar ou estabelecimento m. ‖ v. 1. ligar, unir, juntar nas articulações. 2. desmembrar, decompor. 3. articular. ‖ adj. 1. reuni-

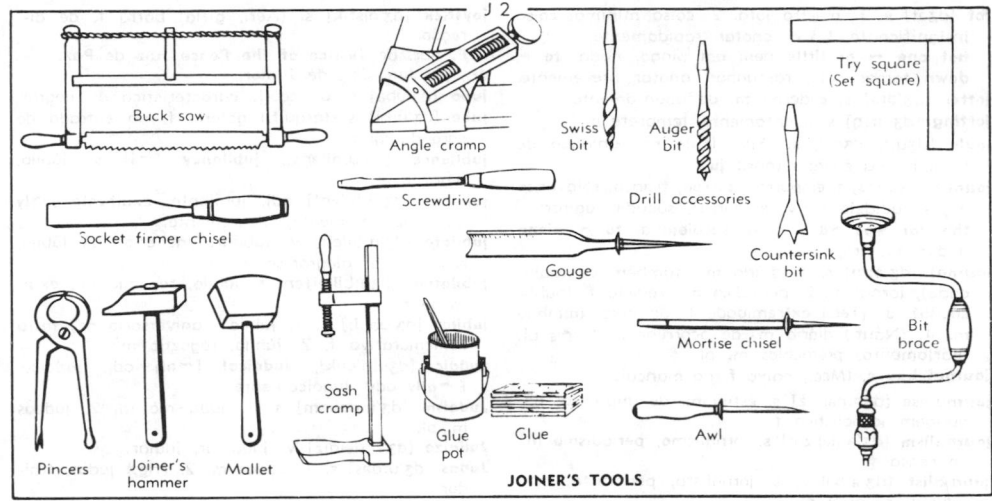

Buck saw
Angle cramp
Swiss bit
Auger bit
Try square (Set square)
Screwdriver
Drill accessories
Socket firmer chisel
Gouge
Countersink bit
Mortise chisel
Bit brace
Sash cramp
Glue pot
Glue
Awl
Pincers
Joiner's hammer
Mallet

JOINER'S TOOLS

do, ligado. 2. comum, em comum. ‖ ~**ly** adv. juntamente.

universal—~ junta universal. **out of** ~ 1. desconjuntado, deslocado, destroncado, desarticulado. 2. em mau estado.

joint account s. (Com.) conta (bancária) em comum f.

joint commission s. cornissão mista f.

joint consent s. comum acordo m.

jointed [dʒ'ɔintid] adj. 1. articulado. 2. (Bot.) nodoso.

jointed cross shaft axle s. eixo móvel, eixo oscilante m.

jointer [dʒ'ɔintə] s. 1. plaina grande f. 2. soldador m. 3. trolha f. de rejuntamento (quadro B 22).

joint-heir s. co-herdeiro m.

jointing [dʒ'ɔintiŋ] s. embalagem f., calafeto m.

joint-owner s. sócio, co-proprietário m.

joint-plaintiff s. colitigante m. + f.

joint return s. declaração f. que abrange os rendimentos do casal.

joint-stock s. (Com.) capital social m.

joint-stock company s. sociedade anônima f.

joint-stool s. cadeira portátil f.

jointure [dʒ'ɔintʃə] s. dote m., arras f. pl.

joist [dʒɔist] s. travessa f., viga f. de madeira, trave f., barrote m. (quadro B 22). ‖ v. sustentar com traves, travejar, vigar.

joke [dʒouk] s. 1. chiste, gracejo m., brincadeira, graça, pilhéria, troça f. 2. pândega f., pagode, ridículo m. ‖ v. 1. troçar, chacotear, gracejar, brincar, galhofar, pilheriar. 2. ridicularizar, zombar. **in** ~ de brincadeira. **it's no** ~ é sério. **she cannot see a** ~, **she cannot take a** ~ ela não gosta de gracejos, ela não é amiga de brincadeiras. **a practical** ~ peça, travessura.

joker [dʒ'oukə] s. 1. brincalhão, gracejador m., trocista m. + f. 2. (Baralho) trunfo m. 3. cláusula ambígua escondida num documento, contrato ou lei, que anula o seu efeito.

joking [dʒ'oukiŋ] s. brincadeira, zombaria f., gracejo m. ‖ adj. jocoso, engraçado, espirituoso. ‖ ~**ly** adv. jocosamente, zombeteiramente.

~ **apart!** nada de brincadeiras! falando sério!

jole [dʒoul] s. = **jowl**.

jollification [dʒɔlifik'eiʃən] s. 1. festança f., festim m. 2. diversão, folia, pândega f. 3. banquete m.

jolliness [dʒ'ɔlinis], **jollity** [dʒ'ɔliti] s. 1. alegria, jovialidade, vivacidade, alacridade f. 2. diversão f., divertimento m. 3. hilaridade f. 4. festividade f.

jolly (I) [dʒ'ɔli] v. 1. festejar, celebrar. 2. (gíria) caçoar, pilheriar. 3. animar, alegrar, divertir. 4. (gíria, E. U. A.) lisonjear, adular, (gíria, Bras.) embrulhar. ‖ adj. 1. alegre, de bom humor, bem disposto. 2. divertido, jocoso. 3. folgazão, jovial. 4. tocado, um tanto ébrio. 5. (coloq.) admirável, excelente, extraordinário, bastante, muito. 6. agradável, delicioso. 7. grande, enorme. 8. vivo. ‖ —**ily** adv. 1. alegremente. 2. jocosamente. 3. jovialmente. 4. deliciosamente.

I had to be ~ **quick** tive de me apressar bastante. **a** ~ **good fellow** um rapaz extraordinário.

jolly (II) [dʒ'ɔli] s. abr. de **jollification**.

jolly-boat s. iole f., bote m. de bordo, escaler m. (quadro B 14).

Jolly Roger s. bandeira f. negra dos piratas.

jolt [dʒoult] s. 1. solavanco m., sacudida f. 2. choque, golpe m. ‖ v. sacudir, balançar.

it ~**s along** caminha aos solavancos.

jolting [dʒ'oultiŋ], **jolty** [dʒ'oulti] adj. 1. sacudido. 2. acidentado, desigual (caminho). ‖ **joltingly, joltily** adv. de modo desigual.

Jonah [dʒ'ounə] s. (fig.) infeliz, caipora m. + f. azarado m.

Jonathan [dʒ'ɔnəθən], **Brother Jonathan** s. 1. (†) americano típico m. 2. (Hort.) espécie de maçã vermelha f.

jongleur [dʒɔŋgl'ə:] (fr.) (Hist.) menestrel, trovador m.: artista ambulante da Idade Média.

jonquil [dʒ'ɔŋkwil] s. (Bot.) junquilho m. (Narcissus jonquilla).

jorum [dʒ'ɔ:rəm] s. (fig.) 1. poncheira f. 2. ponche m.

josh [dʒɔʃ] s. (gíria, E. U. A.) brincadeira, jocosidade, zombaria f. ‖ v. zombar, mofar, escarnecer.

josher [dʒ'ɔʃə] s. mofador, zombador, brincalhão m.

joskin [dʒ'ɔskin] s. (gíria) lapuz, campônio, papalvo m.

joss [dʒɔs] s. ídolo chinês m., imagem ritual f.

joss-house s. templo chinês, pagode m.

joss-stick s. pau m. de incenso queimado nos serviços rituais chineses.

jostle [dʒɔsl] s. 1. colisão f., abalroamento, choque, encontro m. 2. empurrão, solavanco m. 3. aperto m. 4. (fig.) conflito m. ‖ v. 1. empurrar, apertar, acotovelar. 2. colidir, abalroar, chocar.

to ~ **s. o. out** ou **off** empurrar alguém para fora.

jostler [dʒ'ɔslə] s. quem acotovela, aperta ou empurra.

jot [dʒɔt] s. 1. a letra jota. 2. coisa mínima, coisa insignificante f. ‖ v. anotar rapidamente.
not one ~ or tittle nem um pingo, nada. to ~ down tomar nota, rascunhar, anotar brevemente.
jotter [dʒ'ɔtə] s. caderno m. de apontamentos.
jotting [dʒ'ɔtiŋ] s. apontamento, lembrete m.
joule [dʒu:l, dʒaul] s. (Fís.) joule m.: unidade de trabalho ou energia (abr.: ju).
jounce [dʒauns] s. empurrão, puxão, tranco, solavanco m., sacudidela f. ‖ v. empurrar, sacudir, agitar.
the car was ~d o carro sacolejava. to ~ along andar aos tropeços.
journal [dʒ'ə:nl] s. 1. diário m. (também contabilidade), jornal m. 2. periódico m., revista f. (publicação). 3. (Téc.) extremidade f. do eixo, munhão m. 4. (Náut.) diário m. de ocorrência. 5. ~s pl. (Parlamento) protocolos m. pl.
journal box s. (Mec.) caixa f. do mancal.
journalese [dʒə:nəl'i:z] s. estilo m. de imprensa, linguagem jornalística f.
journalism [dʒ'ə:nəlizm] s. jornalismo, periodismo m. imprensa f.
journalist [dʒ'ə:nəlist] s. jornalista, periodista, articulista, repórter m. + f.
journalistic [dʒə:nəl'istik] adj. jornalístico. ‖ ~ally adv. de modo jornalístico.
journalize [dʒ'ə:nəlaiz] v. lançar no diário.
journey [dʒ'ə:ni] s. 1. viagem, jornada f. 2. excursão f. 3. trajeto, percurso m. ‖ v. viajar, excursionar.
a thirty miles' ~ uma viagem de trinta milhas. a three days' ~ uma viagem de três dias. the double ~ viagem de ida e volta. a pleasant ~ to you! feliz viagem! on the ~ em viagem.
journeyman [~mən] s. artífice, oficial m. (mas que não é mestre nem empregador).
~ tailor oficial de alfaiate.
journey-work s. trabalho m. por dia, tarefa diária, jornada f.
joust [dʒaust, dʒu:st], just [dʒʌst] s. torneio, combate m., justa, peleja f. (também ~s). ‖ v. justar, competir, pelejar, combater.
jouster [dʒ'u:stə] s. justador m., participante de um torneio da Idade Média m. + f.
Jove [dʒouv] s. Júpiter m.
by ~! cáspite! caramba!
jovial [dʒ'ouvjəl] adj. jovial, alegre, bem disposto. ‖ ~ly adv. jovialmente, alegremente.
joviality [dʒouvi'æliti], jovialness [dʒ'ouviəlnis] s. jovialidade, alegria f.
jowl [dʒaul] s. 1. queixada, mandíbula f. 2. face, bochecha f. 3. papada f.
joy [dʒɔi] s. 1. alegria f., contento, regozijo, júbilo m. 2. prazer, contentamento m., felicidade f. 3. encanto, arrebatamento, êxtase m. ‖ v. 1. ser alegre. 2. alegrar(-se), regozijar(-se). 3. (poét.) encantar(-se), encantar(-se).
I wish you ~ desejo-lhe felicidades. it gives me great ~ dá-me grande prazer. she leapt for ~ ela pulou de alegria.
joyful [dʒ'ɔiful] adj. jovial, alegre, jubiloso. ‖ ~ly adv. jovialmente, alegremente.
joyfulness [~nis] s. jovialidade, alegria f., júbilo m.
joyless [dʒ'ɔilis] adj. triste, desagradável. ‖ ~ly adv. tristemente, desagradavelmente.
joylessness [~nis] s. falta f. de alegria, tristeza f.
joyous [dʒ'ɔiəs] adj. = joyful.
joyousness [~nis] s. = joyfulness.
joy-ride s. (gíria) 1. viagem f. de recreio, passeio m. de automóvel, sem autorização do proprietário do carro. 2. passeio temerário m. de automóvel.
joy-rider s. pessoa que toma parte num joy-ride.

joystick [dʒ'ɔistik] s. (Aer., gíria) barra f. de direção.
J. P. abr. de Justice of the Peace Juiz de Paz.
Jr., jr., Jun. abr. de Junior.
juba [dʒ'ubə] s. dança f. característica de negros.
jube [dʒ'u:bi] s. (arquit.) galeria f. na entrada do coro da igreja.
jubilance [dʒ'u:biləns], jubilancy [~i] s. júbilo, regozijo m.
jubilant [dʒ'u:bilənt] adj. jubilante, exultante. ‖ ~ly adv. jubilantemente, alegremente.
jubilate [dʒ'u:bileit] v. jubilar, encher-se de júbilo, regozijar-se, alegrar-se.
jubilation [dʒu:bil'eiʃən] s. júbilo, regozijo m., exultação f.
jubilee [dʒ'ubili:] s. 1. jubileu, aniversário m., festa comemorativa f. 2. júbilo, regozijo m.
Judaic [dʒu:d'eiik], Judaical [~əl] adj. judaico. ‖ ~ally adv. judaicamente.
Judaism [dʒ'u:deiizm] s. 1. judaísmo m. 2. judeus m. pl.
Judaize [dʒ'u:deiaiz] v. judaizar, judiar.
Judas [dʒ'u:dəs] s. 1. Judas m. 2. (fig.) judas, traidor m.
Judas tree s. (Bot.) olaia f.: árvore da Eurásia.
judge [dʒʌdʒ] s. 1. juiz, árbitro, julgador m. 2 Juiz Supremo, Deus m. 3. perito, técnico m., especialista m. + f. ‖ v. 1. julgar, sentenciar. 2. decidir, concluir, considerar como. 3. avaliar, ajuizar, opinar. 4. criticar, condenar, censurar. 5. expor, considerar, pensar.
he is a good ~ of cattle ele é um perito de gado vacum. as God is my ~! assim Deus me salve! he ~s the merits of their proposal ele avalia os méritos de sua proposta. I ~ of him from his behaviour eu o julgo pelo seu comportamento.
Judge Advocate s. auditor m. de guerra, esp. de corte murcial.
judgeless [dʒ'ʌdʒlis] adj. sem juiz.
judgement, judgment [dʒ'ʌdʒment] s. 1. julgamento m., audiência judicial f. 2. sentença f., decisão f. de um juiz, tribunal ou árbitro. 3. certidão f. de sentença. 4. opinião, apreciação f., bom senso, raciocínio m. 5. crítica, condenação, reprovação f.
to sit in ~ julgar em audiência. she is a woman of great ~ ela é uma pessoa de grande discernimento, ela é uma senhora criteriosa. in my ~ a meu modo de ver. ~ by default julgamento à revelia, condenação por contumácia.
Judgement Day s. (Teol.) dia do juízo m.
Judgement hall s. sala f. de audiências.
Judgement seat s. foro, tribunal m.
judger [dʒ'ʌdʒə] s. 1. juiz, árbitro, julgador m. 2 crítico, entendido m.
Judges [dʒ'ʌdʒiz] s. pl. (Bíblia) Juízes m. pl.
judgeship [dʒ'ʌdʒʃip] s. juizado m., judicatura f.
judgingly [dʒ'ʌdʒiŋli] adv. avaliavelmente, arbitrariamente.
judgmatic [dʒʌdʒm'ætik], judgmatical [~əl] adj. judicioso, sensato. ‖ ~ally adv. judiciosamente.
judicable [dʒ'u:dikəbl] adj. ajuizável, que pode ser posto em juízo, que está sujeito à decisão judicial.
judicative [dʒ'u:dikeitiv] adj. judicativo, judicial.
judicatory [dʒ'u:dikətouri] s. instituições judiciais f. pl., administração judicial f., tribunal m., judicatura f. ‖ adj. judicatório, judicial.
judicature [dʒ'u:dikətʃə] s. 1. judicatura, administração judicial f. 2. competência judicial, autoridade judicial f. 3. jurisdição, alçada f., (Bras.) comarca f. (distrito judicial). 4. corpo m. de magistrados ou juízes. 5. tribunal m., corte f. de justiça.

the High Court of ~ tribunal superior.
judicial [dʒu:d'iʃəl] adj. 1. judicial, judiciário, forense.
2. judicioso, acertado. 3. imparcial, justo. ‖ ~**ly**
adv. judicialmente.
~ **factor** administrador judicial de bens de raiz
~ **murder** assassínio jurídico. ~ **separation** dissolução judicial do matrimônio.
judiciary [dʒu:d'iʃiəri] s. 1. ministério m. de justiça.
2. comarca, jurisdição f. 3. corpo m. de juízes. 4.
jurisprudência, organização forense f. ‖ adj. judiciário, forense.
judicious [dʒu:d'iʃəs] adj. judicioso, criterioso, sensato, ponderado. ‖ ~**ly** adv. judiciosamente.
judiciousness [~nis] s. ponderação f., discernimento,
juízo m.
judo [dʒ'u:dou] s. (Esp.) judo, jiu-jitsu m.
judy [dʒ'u:di] s. (coloq.) 1. rapariga f. 2. namorada f.
jug (I) [dʒʌg] s. 1. jarro, cântaro m. (quadro B 21).
(Bras.) moringa f. 2. (gíria) cadeia, prisão f. ‖ v.
1. cozer a fogo lento, estufar. 2. (gíria) pôr na
cadeia, prender, (gíria bras.) encanar. 3. pôr num
jarro ou cântaro.
jug (II) [dʒʌg] s. canto m. do rouxinol. ‖ v. trinar,
gorjear (rouxinol).
jugal [dʒ'u:gəl] adj. (Anat. e Zool.) zigomático, malar,
pertencente ou relativo ao osso malar.
jugate [dʒ'u:git] adj. (Bot.) pinulado: que tem as
folhas em pares.
juggernaut [dʒ'ʌgənɔ:t] s. (Rel. hindu) jaganata m.:
1. Crixna, oitavo avatar de Vixnu. 2. ídolo de
Crixna, levado anualmente em procissão num
grande carro, sob cujas rodas os fanáticos se lan-
çavam. 3. (fig.) crença num ídolo ou ideal,
causa da destruição cruel do indivíduo fanatizado.
4. força tremenda, irresistível f. (avião de bombardeio, time de futebol muito forte).
juggle [dʒ'ʌgl] s. 1. prestidigitação f., truque, artifício m. 2. logro m., decepção, fraude, impostura
f. ‖ v. 1. fazer jogos de mão, prestidigitações. 2.
iludir, lograr, burlar. 3. criar ilusões.
he ~**d with me** ele me enganou.
juggler [~ə] s. 1. prestidigitador, prestímano m.,
ilusionista m. + f. 2. trapaceiro, impostor m.
jugglery [~əri] s. 1. prestidigitação f., ilusionismo m.
2. burla, trapaça f., embuste m., impostura f.
jughead [dʒ'ʌghed] s. (gíria) estúpido, bobo m.
juglandaceous [dʒu:glænd'eiʃəs] adj. (Bot.) pertencente à família das Juglandáceas, cujo representante mais conhecido é a nogueira.
Jugoslav, Yugoslav [j'ugosla:v] s. iugoslavo m. ‖ adj.
iugoslavo (também ~**ic**).
jugular [dʒ'ʌgjulə] s. (Anat.) veia jugular f. (também
~ **vein**). ‖ adj. jugular: pertencente ou relativo ao
pescoço e à garganta (quadro H 9).
jugulate [dʒ'ʌgjuleit] v. jugular: 1. assassinar, decapitar. 2. debelar, sufocar, dominar (revoltas, epidemias, etc.).
juice [dʒu:s] s. 1. suco, sumo m. (frutas, legumes,
etc.). 2. humores orgânicos m. pl. 3. (gíria) gasolina, eletricidade f.
juiceless [dʒ'u:slis] adj. 1. sem suco. 2. (fig.) sem
sabor, sem força, insípido.
juiciness [dʒ'u:sinis] s. suculência f.
juicy [dʒ'u:si] adj. 1. suculento, sumarento. 2. interessante, vivo, picante. ‖ —**ily** adv. 1. de modo
suculento. 2. interessantemente, de modo picante.
jujitsu [dʒu:dʒ'itsu], **jujutsu** s. jiu-jitsu m.: luta livre,
luta sem armas.
ju-ju [dʒ'u:dʒu:] s. 1. fetiche, ídolo m. 2. praga f.,
tabu m. (atribuído ao fetiche).

jujube [dʒ'u:dʒu:b] s. (Bot.) jujuba f.: 1. árvore do
gênero Zizyphus. 2. fruto dessa árvore. 3. pastilha
ou geléia feita do fruto da jujuba.
jukebox [dʒ'u:kboks] s. fonógrafo automático m., vitrola automática f.: aparelho que toca uma música mediante a colocação de uma moeda.
juke joint s. 1. taberna f., bar m., etc. onde há
música de fonógrafo automático. 2. qualquer espelunca onde servem bebidas alcoólicas.
julep [dʒ'u:lep] s. 1. julepo m.: bebida doce, freqüentemente usada como veículo para a aplicação de remédios. 2. (E. U. A.) bebida feita de
uísque, açúcar, gelo moído e hortelã.
Julian [dʒ'u:ljən] adj. juliano: relativo a Júlio César.
Julian calendar s. calendário juliano m.
Julian year s. ano juliano m. (de 365 ¼ dias).
julienne [dʒu:li'en] s. (Culin.) sopa juliana f.: caldo
de carne contendo batatas ou legumes migados.
‖ adj. migado, cortado em pequenas fatias ou
palitos (legumes).
July [dʒul'ai] s. julho m.: sétimo mês do ano.
in ~ no mês de julho.
jumble [dʒʌmbl] s. misturada, desordem, confusão,
mixórdia f. ‖ v. misturar desordenadamente, criar
confusão, remexer, confundir.
jumble-sale s. venda f. de artigos variados, de rebotalho, bazar m.
jumbleshop [dʒ'ʌmblʃop] s. loja f. de saldos.
jumbly [dʒ'ʌmbli] adj. misturado, confuso.
jumbo [dʒ'ʌmbou] s. (coloq., E. U. A.) colosso m.: pessoa, animal ou coisa gigantesca. ‖ adj. muito
grande, gigantesco.
jump [dʒʌmp] s. 1. salto, pulo m. 2. (Esp.) obstáculo
m. 3. distância f. vencida num pulo ou (fig.) numa
viagem. 4. (Esp.) salto m. de altura, de distância
ou ornamental. 5. estremecimento, sobressalto m.
6. (jogo de damas) conquista f. de uma peça do
adversário, comida f. 7. subida repentina f. de
preço. ‖ v. 1. saltar, pular. 2. saltitar, transpor,
passar pulando. 3. fazer saltar, treinar saltos
(cavalos). 4. estremecer, sobressaltar. 5. mover(-se)
repentinamente. 6. aumentar, subir (preços). 7.
(jogo de dama) capturar uma peça, comer. 8.
(Jogo de bridge) superar a licitação. 9. (gíria,
E. U. A.) evadir-se, escapar (cadeia). 10. (gíria,
E. U. A.) saltar para ou de um trem em movimento.
11. (Mús.) tocar jazz em ritmo acelerado. 12. (Jornal.) a) continuar a matéria em outra página. b)
indicar o número de página da ou na qual a matéria continua.
to get (ou **have**) **the** ~ **on** conseguir uma vantagem sobre. **he gave a** ~ ele deu um pulo.
the horse took the ~ o cavalo tomou o obstáculo. **from the** ~ (E. U. A.) de antemão, de início. **broad** ~ (Esp.) salto de extensão. **high** ~
salto de altura. **to** ~ **a claim** ocupar um lote de
terreno, reivindicado por outrem. **he ~ ed at the
proposal** ele aceitou a proposta avidamente. **don't**
~ **at** (ou **to**) **conclusions** não tire conclusões preci-
pitadas. **to** ~ **down** pular para baixo. **don't** ~ **down
my throat!** não me interrompa tão rudemente. **to**
~ **off** (milit.) sair para um ataque. **to** ~ **on** 1.
criticar, acusar. 2. ralhar. **to** ~ **out** pular para
fora. **to** ~ **the track** saltar dos trilhos. **to** ~ **up**
levantar-se de repente. **the train ~ed the rails** o
trem descarrilhou.
jumpable [dʒ ʌmpəbl] adj. que pode ser saltado.
jumper (I) [dʒ'ʌmpə] s. saltador m.
jumper (II) [dʒ'ʌmpə] s. 1. blusa f. ou colete m. de
tricô. 2. (Eletr.) ligação f. em ponte. 3. (Téc.) bro-

ca f. de mineiro. 4. ~s pl. seita religiosa do séc.
XVIII. 5. (Zool.): a) bicho-do-queijo m. b) gafanhoto m.

jumpiness [dʒ'ʌmpinis] s. nervosismo m., irritação f.

jumping [dʒ'ʌmpiŋ] adj. saltador, saltão.

jumping bean s. semente de várias plantas mexicanas
da família das Euforbiáceas.

jumping-board s. trampolim m.

jumping jack s. boneco m. de engonço.

jumping mouse s. gerbo m.

jumping-off place s. 1. lugar isolado ou remoto m.
2. ponto m. de partida.

jumping pole s. vara f. usada em saltos.

jump master s. (milit.) oficial m. responsável pelo
salto de tropas pára-quedistas e seu equipamento.

jumps [dʒʌmps] s. (coloq.) bicho-carpinteiro m.

jump seat s. (Autom., Aer.) assento móvel, de dobrar m.

jumpy [dʒ'ʌmpi] adj. 1. saltador, saltão. 2. nervoso,
apreensivo. ‖ –ily adv. nervosamente.

junco [dʒ'ʌŋkou] s. gênero de pássaros fringilídeos
da América do Norte.

junction [dʒ'ʌŋkʃən] s. (abr. junc.) 1. ligação, conexão, junção f. 2. junta, linha f. de união. 3. ramal,
entroncamento m., ramificação f. (quadro P 3).
~ **box** caixa de ligação (quadro P 8). **railway** ~
entroncamento ferroviário.

juncture [dʒ'ʌŋktʃə] s. 1. momento m. oportuno ou
crítico. 2. conjuntura f., encontro m. de acontecimentos. 3. crise, emergência f. 4. junta, articulação, juntura f. 5. costura f. 6. união, junção f.

June [dʒu:n] s. junho m.: o sexto mês do ano.

June-bug, June-beetle s. besouros norte-americanos
dos gêneros Phyllophaga e Cotinus nitida.

Jungle [dʒ'ʌŋgl] s. 1. mato, matagal m., floresta virgem f. 2. (fig.) emaranhamento m. 3. (gíria,
E. U. A.) acampamento m. de vagabundos.

jungle bear s. (Zool.) espécie indiana da preguiça.

jungle cat s. (Zool.) gato selvagem m. das florestas
africanas e indianas (Felis chaus).

jungle-fever s. (Med.) malária f. das zonas tropicais.

jungly [dʒ'ʌŋgli] adj. matoso.

junior [dʒ'u:niə] s. 1. júnior m., pessoa mais moça.
2. pessoa f. de posição inferior. 3. (E. U. A.) estudante m. + f., da terceira (penúltima) série do
colégio. 4. esportista m. + f. da classe juvenil. ‖ adj.
1. júnior. 2. mais moço. 3. mais recente. 4. inferior.
~ **partner** sócio mais moço ou mais novo.

junior college s. colégio m. que ensina apenas a
matéria dos dois primeiros anos do curso.

juniority [dʒuni'ɔriti] s. qualidade f. do que é júnior.

juniper [dʒ'u:nipə] s. (Bot.) 1. junípero, zimbro m.
(Juniperus communis). 2. baga f. de junípero.

Junk (I) [dʒʌŋk] s. junco m.: barcaça chinesa de
fundo chato.

Junk (II) [dʒʌŋk] s. 1. rebotalho, refugo m. 2. sucata
f. 3. farrapos m. pl. 4. (gíria e fig.) lixo m., droga
f. 5. carne salgada f., charque m. 6. naco, pedaço
m. 7. (gíria) narcótico m. ‖ v. jogar fora, pôr no
lixo.

Junk (III) [dʒʌŋk] s. pedaços m. pl. de cabos velhos
ou cordas, recortados para a fabricação de capachos, defensas, etc.

Junker [j'ʌŋkə] s. membro da classe privilegiada na
Prússia, morgado m.

Junket [dʒ'ʌŋkit] s. 1. espécie de coalhada adoçada.
2. festa f., piquenique m., excursão f. de recreio.
3. (E. U. A.) viagem ou excursão f. de funcionários
do governo à custa dos cofres públicos. ‖ v. 1.
fazer uma excursão, banquetear, festejar. 2. ofe-

recer um piquenique, uma festa.

junketing [dʒ'ʌŋkətiŋ] s. (coloq.) comes e bebes
m. pl.

junkie [dʒ'ʌŋki] s. (coloq.) viciado m. em heroína.

junk jewelry s. bijuteria barata f.

junk mail s. (pej.) correspondência f. não desejada.

junkman [dʒ'ʌŋkmən] s. negociante m. de material
velho, sucata de metal, papel ou farrapos.

Junoesque [dʒunou'esk] adj. (mulher) alta, imponente, vistosa.

junta, junto [dʒ'ʌntə, dʒ'ʌntou] s. junta f.: conselho
legislativo ou administrativo.

jupe [dʒu:p] s. 1. saia f. 2. túnica f.

jupon [ʒ'u:pɔn] s. 1. saia f., saiote m. 2. manto,
hábito m.

jural [dʒ'uərəl] adj. 1. jurídico, legal. 2. pertencente
ou relativo à jurisprudência, às leis, aos direitos e
obrigações.

Jurassic [dʒuər'æsik] s. (Geol.) 1. período jurássico m.
2. rochas f. pl. deste período. ‖ adj. jurássico.

jurat [dʒ'uərət] s. 1. jurado m. 2. regedor, vereador,
conselheiro municipal m. 3. jurador m.

juratory [dʒ'uərətəri] adj. juratório.

juridical [dʒu'əridikəl] adj. 1. jurídico, judicial. 2.
relativo à jurisprudência, aos tribunais ou à administração judicial de um país. ‖ ~ly adv. juridicamente, judicialmente.

jurisconsult [dʒ'uəriskənsʌlt] s. 1. jurisconsulto m. 2.
jurista m. + f. 3. jurisperito m.

Jurisdiction [dʒuərisd'ikʃən] s jurisdição f.: 1. autoridade e competência judiciária. 2. alçada f. (limites
do poder judiciário).
the judge ruled that the case was not within his
~ o juiz decidiu que o caso não estava dentro de
sua jurisdição (ou alçada).

jurisdictional [~əl] adj. jurisdicional. ‖ ~ly adv.
jurisdicionalmente.

jurisprudence [dʒu'ispru:dəns] s. jurisprudência f.:
ciência do direito e das leis.

jurisprudent [dʒu'ispru:dənt] s. jurista m. + f., jurisconsulto m. ‖ adj. jurisprudente.

jurisprudential [dʒu:rispru:d'enʃl] adj. jurisprudente,
jurídico.

jurist [dʒ'uərist] s. jurista m. + f., jurisconsulto m.

juristic [dʒuər'istik], **juristical** [~əl] adj. jurídico,
jurístico. ‖ ~ally adv. juridicamente, juristicamente.

juror [dʒ'uərə] s. jurado m.: 1. membro de um júri.
2. pessoa que prestou juramento.

jury (I) [dʒ'uəri] s. júri m.: 1. grupo de jurados que
forma um tribunal. 2. comissão julgadora f.
common ~ júri (usualmente de 12 jurados) que
decide uma causa por voto unânime. **grand** ~
júri (usualmente de 12 ou 13 jurados) que decide
se uma causa deve ser julgada por um alto tribunal.

jury (II) [dʒ'uəri] adj. (Náut.) provisório, de emergência.

jury anchor s. âncora f. de emergência.

jury-box s. banca f. dos jurados.

juryman [~mən] s. jurado m.: membro do júri.

jury-mast s. quindola f.

jus [dʒu:s] s. 1. Direito m.: a) legislação f., b) sistema legislativo m. 2. princípio, poder legal m.

jussive [dʒ'ʌsiv] s. (Gram.) frase, palavra ou forma
jussiva f.: aquela que exprime uma ordem. ‖ adj.
jussivo, imperativo.

just (I) [dʒʌst] adj. 1. justo, imparcial, eqüitativo. 2.
probo, íntegro. 3. justificado, razoável, merecido.
4. legal, lícito, legítimo. 5. adequado, oportuno. 6.
correto, exato. 7. verdadeiro, verídico. ‖ adv. 1. exatamente, perfeitamente. 2. quase, agora mesmo.

3. há pouco, daqui a pouco. 4. por mínima margem, por pouco. 5. somente, meramente. 6. (coloq.) positivamente, realmente. ‖ **~ly** adv. 1. merecidamente, justamente. 2. legitimamente. **a ~ distinction** uma justa distinção. **it is ~ three o'clock** são exatamente três horas. **~ as he came** no momento em que chegou. **~ two hours** apenas ou exatamente duas horas. **that is ~ as well** (coloq.) isto é a mesmíssima coisa. **~ now** agora mesmo. **~ a moment!** um momento, por favor! **that's ~ it!** exatamente assim. **~ so!** certamente! **~ as I had left, it began to rain** mal tinha saído, começou a chover. **~ let me pass!** deixem-me ainda (ou apenas) passar. **~ tell me** diga-me apenas! **I ~ won't do it** de forma nenhuma vou fazê-lo. **it was ~ marvellous!** era realmente magnífico! **I was ~ sure of it** senti absoluta certeza. **I ~ knew it** eu o sabia exatamente.

just (II) [dʒʌst] s. + v. = joust.

just about adv. 1. quase. 2. quase não.

justice [dʒ'ʌstis] s. 1. justiça, imparcialidade, eqüidade f. 2. probidade, honestidade, retidão f. 3. legalidade, legitimidade f. 4. prêmio m. ou punição f. merecida. 5. juiz, magistrado m. 6. autoridade judiciária f. 7. juízo m. **Justice of the Peace** Juiz de Paz. **he did him ~** ele o tratou com justiça. **he saw ~ done to him** ele empenhou-se para que lhe fosse feita justiça. **he did ~ to the roast meat** ele fez honra ao churrasco, comeu bastante. **you did yourself ~ in this respect** no que diz respeito a isto você se saiu bem. **the Lord Chief Justice** ministro do Supremo Tribunal (quadro C 18).

justiciable [dʒʌst'iʃiəbl] s. pessoa sujeita à autoridade judiciária. ‖ adj. 1. sujeito a julgamento. 2. sujeito à jurisdição.

justiciary [dʒʌst'iʃiəri] s. administrador judiciário m. ‖ adj. judiciário.

Justifiable [dʒ'ʌstifaiəbl] adj. 1. justificável, defensivel. 2. perdoável, que pode ser absolvido.

justification [dʒʌstifik'eiʃən] s. 1. justificação, justificativa f. 2. razão, causa, prova f. 3. absolvição, reabilitação f.

Justificative [dʒ'ʌstifikeitiv], **Justificatory** [–təri] adj. justificativo, justificatório, justificador.

Justifier [dʒ'ʌstifaiə] s. justificador, defensor m.

justify [dʒ'ʌstifai] v. 1. justificar, comprovar, corroborar. 2. tirar a limpo, reabilitar, inocentar. 3. (Tipogr.) justificar linhas. 4. (Jur.) apresentar provas legais. 5. absolver, perdoar

Justle [dʒʌsl] s. + v. = jostle.

justness [dʒ'ʌstnis] s. justiça, imparcialidade f.

Jut [dʒʌt] s. saliência f., ressalto m. ‖ v. sobressair salientar(-se), ressaltar, formar saliência.

jute [dʒu:t] s. juta f.: fibra de planta indiana.

Jute [dʒu:t] s. juto m.: habitante da Jutlândia.

jutting [dʒ'ʌtin] adj. saliente.

juvenescence [dʒu:vin'esns] s. 1. renovação f. da juventude. 2. adolescência, mocidade, juvenilidade f.

juvenescent [dʒu:vin'esnt] adj. 1. remoçador. 2. juvenil, jovem, adolescente.

juvenile [dʒ'u:vinail] s. 1. jovem, adolescente m. + f. 2. livro m. para crianças. 3. (Teat.) ator juvenil m. 4. (Teat.) papel m. de ator juvenil. ‖ adj. juvenil, jovem, imaturo. ‖ **~ly** adv. de modo juvenil.

Juvenile Court s. tribunal m. de menores.

juvenile delinquency s. (Jur.) delinqüência juvenil f.

juvenile delinquent s. (Jur.) delinqüente juvenil m. + f.

juvenile offender s. criminoso juvenil m.

juvenility [dʒu:vin'iliti] s. juvenilidade, juventude f.

juxtapose [dʒʌkstəp'ouz] v. justapor, pôr junto, pôr em contigüidade

juxtaposition [dʒʌkstəpoz'iʃən] s. justaposição f.

juxtapositional [~ l] adj. em justaposição, justaposto.

K

K, k [kei] s. a décima primeira letra do alfabeto, consoante.

K (Quím.) símbolo do elemento potássio.

k. abr. de: 1. **karat.** 2. **kilogram.** 3. **knot.**

Kaaba [k'a:bə] s. caaba f.: templo dos maometanos em Meca (também **Caaba**).

kaama [k'a:ma] s. caama m.: quadrúpede do gênero antílope (Alcephalus caama).

kabala, kaballa [k'æbələ, kəb'a:lə] s. = **cabala.**

Kabyle [k'æbil] s. cabila m.: 1. Berbere m. da Algéria e da Tunísia. 2. língua f. dos Berberes.

kadi [k'a:di] s. cádi m.: magistrado entre os muçulmanos (também **cadi**).

Kaffir, Kafir [k'æfə] s. cafre m.: 1. negro banto. 2. língua banta.

~ **corn** espécie de sorgo.

kaftan [k'æftən] s. = **caftan.**

kago [k'a:gou] s. liteira f. japonesa feita de vime.

kail, kale [keil] s. 1. couve galega f., repolho crespo m. 2. (gíria, E. U. A.) dinheiro m.

kailyard [k'eilja:d] s. (esc.) horta f.

~ **novelist** novelista pátrio (esc.).

kainite [k'ainait] s. (Miner.) cainita f.: sal de cloreto de potássio e sulfato de magnésia.

Kaiser, kaiser [k'aizə] s. imperador m. (da Alemanha ou da Áustria).

kaka [k'a:ka:] s. espécie de papagaio da Nova Zelândia (Nestor meridionalis).

kakapo [k'a:ka:pou] s. espécie de papagaio da Nova Zelândia (Strigops habroptilus).

kakemono [kækim'ounou] s. caquemono m.: pintura japonesa montada em rolos.

kaki [k'a:ki:] s. caqui m.: fruto do caquizeiro.

kale [keil] s. = **kail.**

kaleidoscope [kəl'aidəskoup] s. calidoscópio m.

kaleidoscopic [kəlaidəsk'ɔpik], **kaleidoscopical** [~əl] adj. calidoscópico. ‖ ~**ally** adv. de modo calidoscópico.

kalends [k'ælendz] s. pl. = **calends.**

kali [k'eili, k'æli] s. (Bot.) cáli m. (Salsola kali).

kalian [kalj'a:n] s. narguilé m.: cachimbo dos povos orientais.

kalif, kaliph [k'ælif] s. = **caliph, calif.**

Kalmuck, Kalmuk [k'ælmʌk] s. 1. calmuco m.: a) povo mongólico que vive no Sul da Rússia. b) língua uralo-altaica. 2. tecido grosseiro m.

kalong [k'a:lɔŋ] s. (Zool.) grande morcego da Malásia.

kalsomine [k'ælsomain] s. + v. = **calcimine.**

kamala [kam'eila] s. camala f.: 1. árvore da Índia Oriental (Mallotus philippinensis). 2. tinta alaranjada obtida do fruto dessa árvore.

kame [keim] s. (Fís., Geogr.) "kame" m.: depósito glaciário de pedras estratificadas.

kamikaze [kamik'a:zi] s. (Japão, milit., II.ª Grande Guerra) 1. piloto ou avião m. de ataque suicida. 2. o próprio ataque.

Kanaka [k'ænəkə, kən'ækə] s. canaca m. + f., havaiano, nativo dos mares do Sul, polinésio m.

kangaroo [kæŋgər'u:] s. (Zool.) canguru m.

Kantian [k'æntiən] adj. kantiano, kantista.

Kantianism [k'æntiənizm] s. (Filos.) kantismo m.

kaolin, kaoline [k'eiolin] s. caulim m.

kaolinize [~aiz] v. caulinizar.

kapok [k'a:pɔk, k'æpək] s. (bras.) paina f.: fibras sedosas extraídas das sementes da paineira.

kappa [k'æpə] s. capa m.: décima letra do alfabeto grego.

kaput [kap'ut] adj. (gíria) arruinado, perdido.

karakul [k'arəkəl] s. 1. caracul m.: espécie de carneiro asiático. 2. pele do caracul conhecida sob o nome de astracã.

karat [k'a:rət] s. = **carat.**

karate [kər'a:ti] s. karatê m.: método japonês de autodefesa.

karma [k'a:mə] s. 1. (Teol.) carma m.: teoria filosófica do budismo. 2. destino m.

kaross [kər'ɔs] s. manto m. de **pêlos** de animais feito pelos indígenas sul-africanos.

karri [k'æri] s. (Bot.) carri m.: seringueira australiana (Eucalyptus diversicolor).

karyo— [k'ærio] elem. de combin., relativo às modificações na estrutura das células de animais e plantas.

karyokinetic [~kain'etik] adj. cariocinético.

kashmir [k'æʃmiə] s. = **cashmere.**

katabolism [kət'æbəlizm] s. = **catabolism.**

katalysis s. = **catalysis.**

kathode [k'æθoud] s. = **cathode.**

katydid [k'eitidid] s. (Zool.) grande gafanhoto verde dos E. U. A. (Curtophyllum concavum).

kauri, kaury [k'auri] s. 1. (Bot.) dâmara f.: conífera das Índias Orientais (Agathis ou Dammaris australis). 2. a madeira dessa árvore. 3. cauri, dâmar m.: resina extraída de várias árvores do gênero Agathis.

kava [k'a:va:] s. 1. espécie de pimenteira da Ásia e da Oceania. 2. cava m.: bebida feita dessa planta.

kayak [k'aiæk] s. caiaque m.: barco de pesca feito de peles de foca, usado pelos esquimós (quadro B 15).

K. B. abr. de 1. **Knight of the Bath** Cavaleiro da Ordem do Banho. 2. **King's Bench** Tribunal Superior de Justiça.

kc. abr. de **kilocycle, kilocycles.**

kea [k'eiə] s. (Orn.) papagaio m. de rapina da Nova Zelândia (Nestor notabilis).

keck [kek] v. 1. fazer esforços para vomitar. 2. (fig.) sentir nojo, ter asco (**at** de).

keckle (I) [kekl] v. 1. cacarejar. 2. dar risada. 3. palrar, tagarelar.

keckle (II) [kekl] v. (Náut.) forrar ou revestir as amarras com lona ou cordas velhas.

keckling [k'ekliŋ] s. (Náut.) forro ou revestimento m. das amarras.

kedge [kedʒ] (Náut.) s. ancoreta f. ‖ v. rebocar, sirgar sobre uma ancoreta.

kedgeree [k'edʒəri:] s. (Culin.) prato m. da Índia, preparado com arroz, carne e ovos.

keek [ki:k] s. olhadela f. ‖ v. olhar, mirar, ver.

I took a ~ at olhei furtivamente para.

keeker [k'i:kə] s. guarda, vigia m. + f., inspetor, capataz m.

keeking glass s. espelho m.

keel (I) [ki:l] s. 1. (Náut.) quilha, querena f. (quadros B 14, S 2). 2. (poét.) navio, barco m. 3. (Bot. e Zool.) carena f. ‖ v. (também ~ **over**) 1. (Náut.) querenar, virar quilha para cima, soçobrar. 2. (fig.) tombar, virar. 3. (coloq., E. U. A.) desmaiar. **on an even ~** horizontal. **false ~** contraquilha.

keel (II) [ki:l] s. (Náut.) chata, barcaça f., batelão

m. (quadros B 14, S 2).

keel (II¹) [ki:l] s. ocre vermelho, almagre m. ‖ v tingir de ocre vermelho, marcar com almagre.

keelage [k'i:lidʒ] s. 1. direitos portuários m. pl., direitos de quilha ou ancoragem. 2. quantia f. paga por esses direitos.

keeled [ki:ld] adj. (Bot.) em forma de quilha, aquilhado.

keelhaul [k'i:lhɔ:l] v. 1. (Náut.) dar querena, fazer (o marinheiro) passar por debaixo da quilha, como castigo. 2. (fig.) descompor.

keelson [kelsn] s. (Náut.) sobrequilha, carlinga f.

keen (I) [ki:n] adj. 1. agudo, afiado, aguçado. 2. mordaz, incisivo. 3. penetrante, perspicaz, sagaz. 4. vivo. 5. sutil, fino, forte, potente. 6. severo. 7. veemente, ardente, entusiástico. 8. fogoso, violento, acre. 9. apaixonado, aferrado, ávido (**on** por). ‖ **~ly** adv. 1. agudamente. 2. finamente. 3. sutilmente. 4. ardentemente. 5. muito, em grande quantidade. **a ~ cold** um frio intenso, penetrante. **a ~ edge** um gume afiado. **~ sighted** de vista perspicaz. **a ~ pain** uma dor aguda, atroz. **a ~ disappointment** uma grande desilusão, desapontamento. **a ~ interest** um vivo interesse. **I am very ~ on it** estou muito ansioso por isso. **as ~ as mustard** louco, ansioso (por alguma coisa). **she has a ~ sense of duty** ela tem uma viva compreensão de seu dever. **~ appetite** apetite devorador.

keen (II) [ki:n] s. lamentação f., cântico fúnebre m. ‖ v. lamentar, chorar (alguém).

keenness [k'i:nnis] s. 1. agudeza f. 2. sutileza f. 3. perspicácia f. 4. viveza f. 5. ânsia, avidez f. 6. veemência f. 7. sagacidade f. 8. zelo m., diligência f.

keep [ki:p] s. 1. sustento m., manutenção, alimentação e moradia f. 2. pasto, prado m. 3. calabouço m., prisão, masmorra f., torre f. de menagem. ‖ v. (imp. e p. p. **kept**) 1. ter, possuir, guardar. 2. conservar, reter, deter. 3. reservar, guardar, ocultar. 4. cuidar, tomar conta. 5. proteger, favorecer, resguardar. 6. lembrar, ter em mente. 7. empregar, aproveitar. 8. impedir, prevenir. 9. refrear, reprimir, abster-se. 10. manter em condições, preservar. 11. cultivar. 12. continuar, permanecer, prolongar. 13. celebrar, observar. 14. cumprir, executar, ser fiel à palavra. 15. alimentar, sustentar. 16. ter em estoque ou à venda. 17. manter(-se). 18. criar. **for ~s** para ficar com alguma coisa (não para devolver). **to play for ~s** jogar por dinheiro. **to ~ books** escriturar (contas). **to ~ company** 1. ficar junto, estar em companhia. 2. (fig.) namorar. **to ~ tab(s) on** (E. U. A.) 1. registrar, anotar. 2. (coloq.) controlar. **to ~ track of** 1. ficar informado. 2. observar atentamente. **~ your balance** não perca o seu equilíbrio! **~ the ball rolling!** não ceda! continue esforçando-se. **he ~s the bed** ele está acamado, doente. **she ~s a thing close** ela sabe guardar um segredo. **he ~s his countenance** ele mantém a sua calma. **~ your distance!** mantenha a distância (também fig.). **he ~s his ground** ele mantém-se firme. **she ~s guard over the treasure** ela vela o tesouro. **~ your head!** não perca a cabeça! **they ~ hold of their property** eles sabem guardar (ou defender) sua propriedade. **she ~s lodgers** ela tem inquilinos. **he ~s pace with his friend** ele anda no mesmo passo que o seu amigo, (fig.) iguala-o. **she ~s peace** ela mantém a paz. **they ~ a shop** eles têm uma loja. **he ~s silence** ele fica calado. **he ~s time** ele é pontual. **to ~ time** 1. (Mús.) manter o compasso. 2. (Relógio) estar certo ou andar bem. **~ going** continua! continua andando! **to ~ s. o. waiting** fazer alguém

esperar. **the meat will ~ till to-morrow** a carne conservar-se-á até amanhã. **where do you ~?** onde é que você mora? **how are you ~ing?** como vai? como tem passado? **~ smiling!** não desanime! sorria sempre! **~ quiet!** fique quieto! **to ~ aloof** manter-se afastado. **to ~ asunder** manter separado, estar desunido. **to ~ at it** persistir numa coisa, manter-se firme, insistir em alguma coisa, empenhar-se. **to ~ away** 1. conservar-se afastado. 2. abster-se. 3. afastar(-se). **to ~ clear of** manter-se afastado de alguém ou de alguma coisa. **to ~ down** 1. abaixar-se. 2. oprimir, humilhar. 3. reprimir. **to ~ from** 1. guardar, conservar. 2. preservar. 3. impedir, impossibilitar. 4. sonegar. 5. abster-se. **to ~ in** 1. deter, reter. 2. comprimir. 3. não sair de casa, ficar em casa. 4. ficar na parte de dentro. **to ~ s. o. in clothes** prover alguém de roupas. **to ~ in custody** guardar, custodiar. **to ~ in mind** ter em mente, lembrar-se. **to ~ in with s. o.** estar às boas com alguém. **to ~ off** 1. reter, impedir. 2. afastar(-se). 3. repelir, rejeitar. **~ off!** mantenha distância! cuidado! cautela! **to ~ on** 1. continuar, prosseguir. 2. avançar, seguir. 3. ficar (com o chapéu na cabeça). 4. ficar vestido. 5. conservar, guardar, manter. **for how long is this to ~ on?** quanto tempo isto deve durar? **I ~ him on milk** alimento-o com leite. **~ your hair on!** sangue frio! calma! **to ~ out** 1. impedir a entrada. 2. excluir, afastar. **~ out!** entrada proibida! **~ to the left!** siga à esquerda! **to ~ to o. s.** isolar-se dos outros espontaneamente. **to ~ under** conter, reprimir, refrear. **to ~ up** 1. manter, conservar. 2. sustentar, prover. 3. continuar, prosseguir, manter-se, não desanimar. **to ~ up appearances** manter as aparências. **to ~ one's end up** continuar, prosseguir, não desistir. **to ~ up with** não lhe ficar atrás, adaptar-se. **the rain ~s up** continua chovendo.

keep back v. 1. não contar, silenciar. 2. ficar com (parte de algo).

keeper [k'i:pə] s. 1. proprietário, dono m. 2. guarda m. + f. 3. carcereiro m. 4. capataz m. 5. inspetor m. 6. zelador m. 7. defensor, protetor m. **Keeper of the Great Seal** guarda-selos real, chanceler-mor do Reino. **shop~** lojista. **inn~** estalajadeiro.

keeping [k'i:piŋ] s. 1. manutenção f., alimento, sustento m. 2. preservação f. 3. observância f. 4. cuidado m., guarda, custódia f. 5. harmonia f., acordo m. ‖ adj. que se mantém, que se conserva. **it is in ~ with** está de acordo com. **~ pears** pêras de inverno.

keeps [ki:ps] somente usado na locução **for keeps** (coloq.) para sempre.

keepsake [k'i:pseik] s. lembrança, dádiva f., presente m.

keeve [ki:v] s. tina, cuba, dorna f. ‖ v. guardar numa tina.

kef [kef] s. = **kief**.

keg [keg] s. 1. barrilete, barril pequeno m. (que usualmente tem 10 galões). 2. (gíria) estômago m.

kelp [kelp] s. 1. alga marinha f. 2. soda f. extraída de algas. 3. (fig.) dinheiro m. ganho com suor.

kelpie, kelpy [k'elpi] s. (esc., lenda) ondina f.: gênio da água.

kelson [kelsn] s. (Náut.) sobrequilha f.

kelt (I) [kelt] s. salmão m., truta-salmoneja f.

kelt (II) [kelt] s. tecido m. feito de lã preta natural.

kelvin [k'elvən] s. (Fís.) kelvin m.: grau de temperatura absoluta.

kemp [kemp] s. 1. pêlo m. áspero de lã. 2. **~s** pl. pêlos m. pl. emaranhados, inúteis para a feltragem.

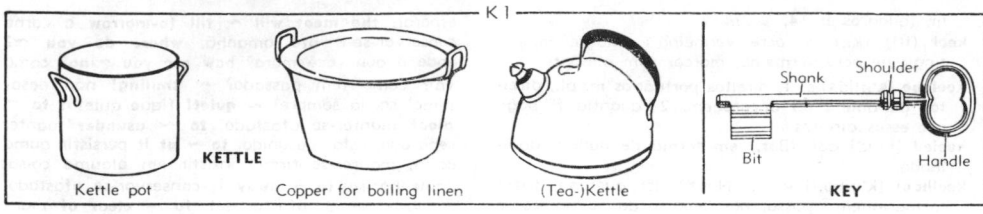

K 1

KETTLE

Kettle pot   Copper for boiling linen   (Tea-)Kettle   KEY

Shank   Shoulder

Bit   Handle

ken (I) [ken] s. 1. círculo visual m. 2. alcance visual m. 3. horizonte m. ‖ v. reconhecer, saber, conhecer.

ken (II) [ken] s. (gíria) 1. esconderijo m. de ladrões. 2. hospedaria vulgar f.

kennel (I) [kenl] s. canil m.: abrigo para cachorros (quadro F 1). 2. matilha f. 3. (fig.) casebre m. 4. cova, toca f. ‖ v. 1. recolher ao canil, manter no canil. 2. (fig.) viver em casebre, choça, etc.

kennel (II) [kenl] s. sarjeta, valeta f.

keno [k'i:nou] s. (E. U. A.) loto, quino m., víspora f. (como jogo de azar).

kentledge [k'entlidʒ] s. lastro m. de lingotes de ferro (quadro C 19).

kepi [k'epi] s. quepe, boné m.

kept [kept] imp. e p. p. de keep.
a ~ woman concubina, amásia.

keramic [kir'æmik], keramics [~s] = ceramic, ceramics.

keratine [k'erətin] s. ceratina f.: substância proteínica componente principal dos chifres, penas, unhas, etc.

keratitis [k'erətaitis] s. (Med.) ceratite f.: inflamação da córnea.

keratogenous [kərət'ɔdʒinəs] adj. ceratógeno, que produz tecido córneo.

keratoid [k'erətɔid] adj. córneo.

kerb [kə:b] s. (veja curb) 1. (brit.) meio-fio m., margem de calçada (quadro S 16). 2. parapeito m.

kerbstone [k'ə:bstoun] s. (veja curbstone) marco m. de pedra, frade m. (de pedra), guia f. de pedra, meio-fio m.

kerchief [k'ə:tʃif] s. 1. lenço m. de cabeça, coifa, mantilha f., xale m. 2. lenço m.

kerchiefed, kerchieft [~t] adj. coberto com lenço, mantilha, coifa ou xale.

kerf [kə:f] s. 1. entalho, corte m., incisão f. 2. algo cortado ou decepado. 3. ação de cortar.

kerfuffle [kəf'ʌfəl] s. (Ingl., coloq.) excitação barulhenta e desnecessária f.

kermis, kermess [k'ə:miz, k'ə:mis] s. (Países Baixos) quermesse f.

kern (I) [kə:n] s. 1. soldado m. irlandês da infantaria ligeira. 2. caipira, simplório m.

kern (II) [kə:n] s. (Tipogr.) parte saliente f. do corpo dum tipo.

kernel [k'ə:nl] s. 1. semente f. contida em noz ou caroço. 2. grão ou semente semelhante ao trigo ou milho. 3. parte central f. mais importante. 4. (fig.) âmago m.

kerosene [k'erosi:n] s. 1. querosene m. 2. (E. U. A.) petróleo m.

kersey [k'ə:zi] s. pano grosso m. de lã. ‖ adj. feito desse material.

kerseymere [~miə] s. casimira f.

kestrel [k'estrəl] s. (Orn.) francelho m.

ketch [ketʃ] s. (Náut.) brigue m.

ketchup [k'etʃəp] s. molho picante m.

ketene [k'i:ti:n] s. (Quím.) ceteno m.

ketone [k'i:toun] s. (Quím.) cetona, acetona f.

ketonic [kit'ɔnik] adj. cetônico.

kettle [ketl] s. 1. caldeira f. (quadro K 1). 2. chaleira f. (quadros K 1, K 2).

a pretty ~ of fish (coloq.) mixórdia, confusão, maçada.

kettledrum [k'etldrʌm] s. timbale m.

kevel [kevl] s. (Náut.) cunho m. da amurada, escoteira f.

key (I) [ki:] s. 1. chave, chaveta f. (quadros K 1, L 5). 2. código, padrão m., legenda f. 3. solução, explicação, decifração f. 4. posição chave f., reduto m. 5. pessoa ou coisa indispensável, dirigente m. + f., comandante m. 6. pino, parafuso, contrapino m., cunha, porca f. 7. chave f. de fenda, chave inglesa. 8. tecla f., lingüeta f. de flauta e outros instrumentos de sopro. 9. (Mús.) escala, tonalidade f. 10. estilo musical ou literário m. 11. ~s pl. membros da câmara de representantes na Ilha de Man. ‖ v. 1. (Téc.) encaixar, entalhar. 2. fechar a chave, chavear. 3. (Tipogr.) calçar. 4. (Mús.) afinar. 5. ajustar, acertar (um discurso à altura do auditório). 6. (fig.) conferir, estar certo. ‖ adj. 1. controlador, de controle. 2. muito importante.

he had the ~ of the street (gíria) ele teve de passar a noite no olho da rua. what's the ~? (Mús.) qual é a chave? to ~ up incitar, estimular.

key (II) [ki:] s. recife, parcel, baixio m.

key-board s. teclado m. (quadro P 3).

key colour s. cor f. predominante duma pintura.

keyed [ki:d] adj. 1. provido de chaves ou teclas. 2. (Mús.) composto em determinada escala.

keyhole [k'i:houl] s. buraco m. de fechadura (quadros C 20, L 5).

key industry s. indústria base, indústria principal f.

keyless [k'i:lis] adj. 1. sem chave. 2. (fig.) sem solução.

keynote [k'i:nout] s. 1. (Mús.) tom fundamental m., nota tônica f. 2. (fig.) motivo m. de uma obra de arte, idéia básica f., princípio predominante m. ‖ v. dar o tom básico (também fig.).

keynoter [~ə] s. (Pol.) orador que anuncia a plataforma do governo ou partido m.

keynote speech (ou address) s. (Pol.) discurso m. que anuncia a plataforma do governo ou partido.

key-novel s. romance m. baseado na realidade.

key-ring s. argola f. porta-chaves.

key-seat s. (Téc.) rasgo m. de chaveta, cava f. da cunha.

key signature s. (Mús.) acidente m. (bemol ou sustenido).

key stone s. 1. (Arquit.) chave f. de abóbada (quadro A 5). 2. (fig.) pedra fundamental, chave, base f.

keyway [k'i:wei] s. = key-seat.

khaki [k'a:ki] s. cáqui m.: 1. tecido resistente cor-de-barro. 2. cor cáqui. 3. uniforme feito desse tecido. ‖ adj. cáqui, amarelo fosco.

khan (I) [ka:n] s. cã m.: 1. (Hist.) príncipe tártaro. 2. título honorífico na Ásia Central.

khan (II) [ka:n] s. caravançará m.

khedive [kid'i:v] s. (Hist.) quediva m.: título oficial do governador do Egito durante a soberania turca nesse país.

kiang [ki'a:ŋ] s. (Zool.) asno m. selvagem do Tibete (Equus kiang).

kibble [kibl] s. (Mineração) caçamba f. para o transporte de minérios do fundo das minas, cubo m., concha f.

~ **chain** rosário de alcatruzes, nora.

kibbutz [kib'u:ts] s. (Israel) colônia agrícola f.

kibe [kaib] s. frieira f.: ulceração causada pelo frio.

to tread on (ou **gall**) **one's** ~s irritar alguém, pisar nos calos de alguém, ofender.

kibei [k'i:b'ei] s. americano de descendência japonesa e educado no Japão.

kibitz [k'ibits] v. (gíria, E. U. A.) 1. peruar. 2. (fig.) intrometer-se, oferecer conselhos desnecessários.

kibitzer [k'ibitsə] s. (gíria, E. U. A.) 1. mirone, espectador m. (esp. de jogo). 2. (fig.) pessoa f. que oferece conselhos indesejados, intrometido m.

kibosh [k'aibəʃ] s. (gíria) bobagem, asneira, tolice f.

to put the ~ **on** acabar com, liquidar (alguém).

kiby [k'aibi] adj. que tem frieiras.

kick [kik] s. 1. pontapé m. 2. chute m. 3. **coice** m., patada f. 4. recuo, retrocesso m. de arma de fogo. 5. (gíria, E. U. A.) queixa, reclamação, objeção f., protesto m. 6. (gíria, E. U. A.) emoção, excitação f., estímulo, ímpeto m., energia f. ‖ v. 1. dar pontapés, espernear, escoicear. 2. chutar, impelir com as pernas (futebol, natação). 3. recuar, retroceder (arma de fogo). 4. queixar(-se), reclamar.

to get a ~ **out of living** aproveitar, gozar a vida, divertir-se a valer. **he got the** ~ (gíria) ele recebeu o chute, o pontapé (jogaram-no fora). **to get the** ~ **out** ser despedido. **it's all the** ~ é alta moda. **to** ~ **back** (coloq.) 1. recuar ou reagir repentina e inesperadamente. 2. devolver ao dono um objeto furtado. 3. pagar como propina uma parte do salário ao intermediário. **to** ~ **the bucket** (gíria) morrer. **to** ~ **the habit** vencer um vício, hábito. **to** ~ **around** 1. tratar rudemente. 2. mandar de um lugar para outro. **to** ~ **off** 1. (Esp.) dar chute inicial no futebol (quadro F 5). 2. (gíria) morrer. **to** ~ **one's heels** esperar impacientemente. **to** ~ **over the traces** exagerar, exceder-se. **to** ~ **out** 1. excluir, expulsar, jogar fora. 2. morrer. 3. ir embora, fugir. **to** ~ **up a dust, a fuss, a row** fazer barulho, causar perturbação ou briga.

kickback [k'ikbæk] s. 1. restituição f. de mercadorias roubadas. 2. parcela, comissão ou cota paga f.

kicker [k'ikə] s. 1. pessoa f. ou animal m. que dá coices. 2. jogador m. de futebol. 3. queixoso m.

kick-off s. (Futeb.) chute inicial m.

kickshaw [k'ikʃɔ:] s. 1. gulodice f., acepipe m. 2. bagatela, bugiganga f.

kickstart [k'iksta:t], **kickstarter** [~ə] s. (Autom.) arranque m.

kid (I) [kid] s. 1. cabrito m. 2. carne f. de cabrito. 3. pele f. de cabrito, pelica f. 4. (fam.) criança f., garoto m.

~—**gloves** luvas de pelica. **my** ~ **sister** minha irmã mais moça.

kid (II) [kid] v. caçoar, zombar de, tratar como criança, bulir com, arreliar.

no ~**ding!** não brinque!

kid (III) [kid] s. (Náut.) bandeja f. de comida (de madeira).

kid (IV) [kid] s. logro m., burla, mistificação f.

kiddy [k'idi] s. criança pequena f.

kidnap [k'idnæp] v. raptar, seqüestrar, levar à força.

kidnapper [~ə] s. raptor, seqüestrador m.

kidney [k'idni] s. 1. rim m. 2. constituição f., temperamento m. 3. tipo m., espécie, natureza f.

a man of the true ~ um homem da velha fibra.

kidney bean s. 1. feijão comum m. (Phaseolus vulgaris). 2. feijão-roxo, feijão-da-espanha (Phaseolus coccineus).

kidney-form, kidney-shaped adj. em forma de rins (quadro L 2).

kidney stone s. (Pat.) cálculo renal m.

kidney-vetch s. (Bot.) vulnerária f. (Anthyllis vulneraria).

kidney-wort s. (Bot.) 1. conchelo m. (Cotyledon umbilicus). 2. saxífraga f. (Hydatica stellaris).

kid-skin s. pelica f., pele f. de cabrito.

kief [ki:f] s. entorpecimento m., languidez, sonolência f. causados pelo uso de haxixe (narcótico extraído do cânhamo-da-índia).

kier [kiə] s. (Téc.) tanque m.

kike [kaik] s. (gíria e depreciat., E. U. A.) judeu m.

kilderkin [k'ildəkin] s. 1. barril m. de madeira com a capacidade de 18 galões. 2. medida f. de líquidos dessa capacidade.

kill [kil] s. 1. matança f., ato de matar. 2. animais abatidos m. pl. na caça. ‖ v. 1. matar, abater. 2. assassinar, liquidar. 3. destruir, exterminar. 4. cancelar, anular, revogar. 5. derrotar (projeto de lei, etc.). 6. neutralizar, abrandar, estragar. 7. gastar, despender (tempo). 8. dominar, subjugar. 9. (Téc.) parar (máquina), interromper (ligação).

~ **devil** isca artificial. ~—**joy** estraga-festa, embaraçador. ~ **or cure** ou vai ou racha. **to** ~ **off** eliminar matando. **to** ~ **the sea** (Náut.) acalmar o mar. **to** ~ **the wind** (Náut.) medir a velocidade do vento. **to** ~ **time** matar o tempo. **to** ~ **two birds with one stone** matar dois coelhos com uma só cajadada.

killdeer [k'ildiə], **killdee** [k'ildi:] s. (Orn.) maçarico comum m. (Oxyechus vociferus).

killer [k'ilə] s. 1. matador m. 2. assassino m.

killer whale s. (Zool.) orca f.: mamífero cetáceo delfinídeo.

killick [k'ilik] s. (Náut.) ancoreta f.: pedra usada como âncora por barcos de pesca.

killing [k'iliŋ] s. 1. quantidade f. de animais abatidos numa caçada. 2. assassínio m., matança f. 3. (coloq., E. U. A.) espetacular sucesso financeiro m. ‖ adj. 1. mortal, mortífero, destruidor. 2. exaustivo. 3. (coloq., E. U. A.) extremamente humorístico.

killjoy [k'ildʒɔi] s. (coloq.) desmancha-prazeres m. + f., sing. + pl.

kiln [kiln] s. forno m., estufa f. ‖ v. secar, calcinar.

brick—~ forno de olaria. **lime**—~ forno de calcinação.

kiln-dry v. secar num forno.

kiln-hole s. boca do forno, boca f. de carregamento.

kilo [k'i:lou] s. 1. quilograma m. 2. quilômetro m.

kilo— [k'i:lou] elem. de composição: mil.

kilocalorie [~kæləri] s. (Fís.) quilocaloria f.: mil unidades de calor.

kilocycle [~saikl] s. (Eletr. e Rádio) 1. quilociclo m., mil ciclos. 2. mil ciclos por segundo.

kilodyne [~dain] s. quilodina m.: mil unidades de força.

kilogramme, kilogram [~græm] s. quilograma, quilo m.

kilogrammetre, kilogrammeter [~græmi:tə] s. (Fís.) quilogrâmetro m.: unidade de trabalho.

kilohertz [k'i:louhə:ts] s. = **kilocycle**.

kilojoule [~dʒaul] s. quilojoule m.: mil unidades de trabalho ou energia.

kilolitre, kiloliter [~li:tə] s. quilolitro m.: mil litros.

kilometre, kilometer [~mi:tə] s. quilômetro m.

kilometric [kiloum'etrik], **kilometrical** ‖~əl] adj. quilométrico.

kiloton [k'i:loutʌn] s. quilotonelada f.: mil toneladas.

kilovolt [k'i:louvɔlt] s. (Eletr.) quilovolt m.: mil unidades de força eletromotriz.

kilowatt [~wɔt] s. (Eletr.) quilowatt m.: mil unidades de energia elétrica.

kilowatt hour s. (Eletr.) quilowatt-hora m.: potência ou energia correspondente à ação de um quilowatt durante uma hora.

kilt [kilt] s. saiote m. usado pelos homens da Alta Escócia. ‖ v. (também com **up**) dobrar em pregas.

kilter [k'iltə] s. 1. condição, forma, ordem f. 2. estado físico m. (de uma pessoa).
in good ~ em bom estado. **out of ~** indisposto, com defeito.

kiltie [k'ilti] s. (coloq.) soldado m. escocês que usa saiote.

kimono [kim'ounou] s. quimono m.: 1. roupão principal usado no Japão por ambos os sexos. 2. roupa feminina com mangas perdidas.

kin [kin] s. família f., parentes m. pl., parentela f. ‖ adj. parente, parental, aparentado.
near of ~ estreitamente aparentado. **next of ~** parentes mais próximos, parentes consangüíneos.
–kin sufixo usado como diminutivo, como **catkin, lambkin.**

kinaesthesis, kinesthesis [kainisθ'i:sis] s. cinestesia f.: sentido e percepção do movimento muscular.

kinchin [k'intʃin] s. (gíria) criança f.

kincob [k'iŋkɔb] s. (Índia) rico pano no qual se acham entretecidos fios de prata e ouro.

kind (I) [kaind] s. 1. classe, espécie f., grupo, gênero m. 2. raça f., tipo m. 3. modo m., maneira f. 4. qualidade f. 5. estado m., condição f.
in ~ 1. em espécie, em mercadorias. 2. em algo equivalente. 3. na mesma moeda ou forma.. **~ of** (coloq.) quase, perto, proximamente, antes, por assim dizer, bastante, um tanto. **of a ~** 1. da mesma espécie ou qualidade. 2. de qualidade inferior, medíocre. **a strange ~ of behaviour** um comportamento estranho. **what ~ of person is he?** que tipo de homem é ele? **he is ~ of quiet** ele é bastante calmo. **she grows out of ~** ela está se modificando, está degenerando. **every ~ of** de toda espécie ou sorte. **it takes all ~s of people to make a world** neste mundo há de tudo (todos os tipos de pessoas). **this is the ~ of thing I want** isto é do que preciso. **s. th. of this ~** algo desta espécie, qualidade. **nothing of the ~** nada disso, não é possível.

kind (II) [kaind] adj. 1. amável, bondoso. 2. gentil, afável. 3. benigno, complacente. 4. dócil, manso.
be ~ enough to, be so ~ as to tenha a bondade de. **give my ~ regards to her** dê-lhe minhas respeitosas saudações.

kindergarten [k'indəga:tn] s. jardim m. de infância.

kindergartner, kindergartener [~ə] s. professora f. ou aluno m. de jardim de infância.

kind-hearted adj. bondoso, compassivo, de bom coração. ‖ **~ly** adv. bondosamente, compassivamente.

kind-heartedness s. caráter bondoso m., bondade f. de coração.

kindle (I) [kindl] v. 1. acender, pôr fogo, alumiar. 2. pegar fogo, começar a arder. 3. (fig.) incitar, entusiasmar, agitar. 4. excitar-se, entusiasmar-se, inflamar-se. 5. iluminar(-se), brilhar. 6. irradiar (alegria).

kindle (II) [kindl] v. dar cria (ninhada).

kindler [k'indlə] s. acendedor m.

kindless [k'aindlis] adj. sem bondade, empedernido, áspero, desumano.

kindliness [k'aindlinis] s. bondade, benevolência f.

kindling [k'indliŋ] s. 1. aparas f. pl., cavacos, gra-

vetos m. pl. 2. ato de acender, de pôr fogo.

kindly [k'aindli] adj. 1. amável, bondoso. 2. agradável, aprazível, ameno. ‖ adv. 1. amavelmente. 2. agradavelmente. 3. cordialmente.
thank you ~! cordiais agradecimentos! **I should take it ~ of him** ficar-lhe-ia muito grato. **to take ~ to** tomar afeição por.

kindness [k'aindnis] s. 1. bondade, amabilidade, afabilidade f. 2. benevolência, benignidade f. 3. benefício, favor, obséquio m., gentileza f.
do me the ~ faça-me o favor, a gentileza.

kindred [k'indrid] s. 1. família f., parentes m. pl. 2. parentesco consangüíneo m., cunhadia f. 3. semelhança, analogia, afinidade f. ‖ adj. 1. aparentado, relacionado, afim. 2. idêntico, semelhante, análogo, congênere.

kindredship [~ʃip] s. parentesco m.

kinematic [kainim'ætik], **kinematical** [~əl] adj. cinemático: relativo ao movimento mecânico, abstrato, sem relação a força ou massa.

kinematics [~s] s. cinemática, cinética f.: ciência que estuda os movimentos mecânicos.

kinematograph [kainim'ætəgra:f] s. = **cinematograph.**

kinematography [kainimæt'ɔgrəfi] s. = **cinematography.**

kinescope [k'ineskoup] s. (marca registrada) válvula f. de raios catódicos, usada nos aparelhos de televisão.

kinesthetic [kinəsθ'etik] adj. cinestésico: pertencente ou relativo ao movimento muscular.

kinetic [kin'etik, kain'etik] adj. cinético.

kinetic energy s. energia cinética f.

kinetic pressure s. pressão cinética f.

kinetics [~s] s. pl. (Fís.) cinética f.: estudo das forças que causam ou influenciam movimentos.

kinetogenesis [kain'i:toudʒ'enisis] s. cinetogênese f.: teoria sobre a influência dos movimentos na formação do corpo animal.

kinetograph [kain'i:təgra:f] s. cinetógrafo m.: câmara para fotografar objetos em movimento.

kin-folk s. pl. **kin-folks = kinsfolk.**

king [kiŋ] s. 1. rei, soberano, monarca m. 2. (coloq., E. U. A.) líder principal, magnata, ás m. 3. (Jogo) rei m.: a) peça principal do xadrez (quadro C 10). b) carta do baralho (quadro P 6). 4. (Jogo de **draughts**) dama f. ‖ v. 1. coroar um rei. 2. governar como soberano, chefiar, desempenhar o papel do rei. ‖ adj. 1. principal. 2. (gíria) excelente.
~'s bench tribunal superior **~'s evidence** veja **evidence. ~'s evil** (Med.) escrófula (doença supostamente curável pelo toque dum rei). **~'s highway** estrada real, estrada pública. **~'s speech** fala da trono. **he ~ed it** ele bancou o rei.

kingbird [k'iŋbə:d] s. suiriri m.: avezinha norte--americana da família dos Tiranídeos.

kingbolt [k'iŋboult] s. (Téc.) perno central, parafuso central, pino mestre m.

king-crab s. (Zool.) límulo m.: crustáceo do gênero Limulus.

kingcraft [k'iŋkraft] s. arte f. de reinar.

king-cup s. (Bot.) 1. botão-de-ouro m. (Ranunculus bulbosus). 2. calta f. (Caltha palustris).

king-dick s. (Mec.) chave inglesa f.

kingdom [k'iŋdəm] s. 1. monarquia f. 2. reino, domínio m. 3. um dos três reinos principais da natureza (animal, vegetal, mineral).
~–come o outro mundo, o além. **to go to ~–come** (gíria) morrer. **the ~ of God** o reino de Deus.

kingfish [k'iŋfiʃ] s. 1. (Ict.) vários grandes peixes comestíveis das costas americanas do Atlântico e Pacífico. 2. pessoa importante f.

kingfisher [~ə] s. vários pássaros da família dos Alcedinídeos.
kinglet [k'iŋlit] s. 1. régulo, reizinho m. 2. soberano m. de um país insignificante.
kinglike [k'iŋlaik] adj. régio, real.
kingliness [k'iŋlinis] s. caráter, natureza ou qualidade real ou nobre, majestade, nobreza f.
kingly [k'iŋli] adj. real, majestoso, augusto, nobre. ‖ adv. regiamente, majestosamente, nobremente.
kingmaker [k'iŋmeikə] s. 1. aquele que eleva ao trono. 2. (Pol., gíria) pistolão m.
king-of-arms s. (Heráld.) rei m. de armas.
king of beasts (Zool.) s. rei m. dos animais (leão).
King of kings s. 1. Rei dos reis: Deus. 2. título de vários monarcas orientais.
king penguin s. (Zool.) pingüim-real m. (Aptenodytes patagonica).
kingpin [k'iŋpin] s. 1. pau central m. ou mais alto no jogo de bolas. 2. (fam.) chefe m., pessoa mais importante no ambiente. 3. pino mestre m.
kingpost [k'iŋpoust] s. 1. (Arquit.) pendural m. 2. (Av.) esticador mestre m.
King's (ou **Queen's**) **colour** s. (Ingl.) 1. cores reais f. pl. 2. bandeira real f.
King's English s. inglês (língua) correto m.
kingship [k'iŋʃip] s. 1. realeza f. 2. monarquia f.
king-size adj. (coloq., E. U. A.) maior ou mais comprido do que o tipo comum.
king snake s. (Zool.) serpente f. da família dos Colubrídeos (Lampropeltis getulus).
king's peg s. bebida f. feita de champanha e conhaque.
king's ransom s. grande quantia f. de dinheiro.
king's spear s. (Bot.) asfódelo m. (Asphodelus albus).
king's wood s. (Bot.) pau-rosa m.: árvore brasileira do gênero Dalbergia.
kink [kiŋk] s. 1. coca ou cocha f. de cabo, torção, dobra f., nó, enroscamento m. 2. cãibra f., torcicolo m. 3. excentricidade, esquisitice, mania, veneta f., preconceito m. ‖ v. formar cocas, torcer, enroscar, liar.
kinkajou [k'iŋkədʒu:] s. (Zool.) jupará, japurá m. (Potos caudivolvulus).
kinkiness [k'iŋkinis] s. nodosidade f., emaranhamento, enroscamento m.
kinkle [k'iŋkl] s. nozinho m.
kinky [k'iŋki] adj. retorcido, enroscado, cheio de cocas ou dobras. ‖ **–ily** adv. de modo retorcido ou enroscado, nodosamente.
kinless [k'inlis] adj. sem parentes.
kinnikinnick, kinnikinic [kinikin'ik] s. 1. tabaco m. feito das folhas secas de sumagre ou da casca seca do salgueiro, pelos índios e pioneiros norte-americanos. 2. qualquer uma das plantas usadas para esta finalidade.
kino [k'i:nou] s. 1. quino m.: resina extraída de várias árvores tropicais. 2. goma f. de quino (também **kino-gum**).
kinsfolk [k'inzfouk] s. parentela f., parentesco m.
kinship [k'inʃip] s. 1. parentesco m., consangüinidade f. 2. relação familiar, afinidade f. 3. semelhança, similaridade f.
kinsman [k'inzmən] s. parente m., homem da mesma família ou raça, compatriota m.
kinspeople [k'inzpi:pl] s. = **kinsfolk**.
kinswoman [k'inzwumən] s. parenta, compatriota f.
kiosk [ki'ɔsk] s. 1. quiosque m. (quadro S 13). 2. coreto m.
   telephone ~ posto de telefone público (quadros C 2, S 13).
kip (I) [kip] s. 1. pele f. ou couro cru m. proveniente

de pequenos animais. 2. couro feito de peles deste tipo.
kip (II) [kip] s. (gíria) hospedaria comum f. 2. cama f. 3. prostíbulo m.
kip (III) [kip] s. unidade monetária f. do Laos.
kipper [k'ipə] s. 1. salmão m. (durante a desova). 2. arenque m. ou salmão m. salgado e defumado. ‖ v. salgar, defumar, secar (salmão, arenque).
Kirghiz [kirg'i:z] s. quirguiz m.: 1. indivíduo do povo dos quirguizes. 2. o seu idioma.
kirk [kə:k] s. (esc.) igreja f.
   at ~ **and market** (coloq.) em todas as ocasiões.
Kirk [kə:k] s. Igreja nacional f. da Escócia.
kirkman [k'ə:kmən] s. (esc.) 1. sacerdote m. 2. membro da Igreja nacional da Escócia.
kirmess [k'ə:mis] s. = kermis.
kirn [kə:n] s. (esp. esc.) 1. festa f. da colheita. 2. último feixe m. da colheita levado do campo. ‖ v. terminar a colheita, cortar os últimos cereais do ano.
kirtle [k'ə:tl] s. (arc.) 1. saia f. ou vestido m. de mulher. 2. jaqueta f. ou túnica f. de homem. ‖ v. vestir essa roupa.
kismet [k'ismet] s. sorte f., destino m.
kiss [kis] s. 1. beijo, ósculo m. 2. toque leve, tato m. 3. bolo m. feito da clara de ovo e açúcar. 4. doce, confeito m. ‖ v. 1. beijar(-se), oscular. 2. tocar levemente.
   to ~ **the book** beijar a Bíblia prestando um juramento. **you can** ~ **the book on that** isto é mais que certo. **to** ~ **the dust** sucumbir, ser vencido, morrer. **to** ~ **the ground** curvar-se, prostrar-se. **to** ~ **the rod** sujeitar-se à desgraça. **to** ~ **the cup** bebericar. **he** ~**ed his hand to her** ele jogou beijos a ela. **he** ~**ed her hand** ele beijou a mão dela.
kissable [k'isəbl] adj. digno de ser beijado, adorável.
kisser [k'isə] s. 1. beijador m. 2. (gíria) boca f.
kissing kin s. parente m. + f. mais ou menos afastado(a).
kiss-me-quick s. 1. (Bot.) amor-perfeito m. (silvestre) (Viola tricolor). 2. pequeno chapéu m. de senhora.
kiss of death s. 1. beijo m. da morte. 2. acontecimento fatal m.
kit [kit] s. 1. equipamento m. de soldado ou de viagem. 2. mala f. de viagem, estojo m. 3. caixa f. de ferramentas (quadro B 11), conjunto m. de instrumentos. 4. caixa, mochila, maleta f. 5. (coloq.) coleção f., sortimento, conjunto m. 6. balde m. de madeira, tarro m. 7. (fam.) parentela f.
Kit-Cat [k'itkæt] s. 1. ~ **club** clube m. fundado em 1703 pelos **Whigs.** 2. ~ **portrait** busto m. (retrato).
kitchen [k'itʃin] s. cozinha f. (quadro K 2).
kitchen cabinet s. 1. armário m. de cozinha. 2. (Pol.) grupo inoficioso que assessora o governo m.
kitchenette, kitchenet [kitʃən'et] s. quitinete f.: pequena copa-cozinha.
kitchen garden s. horta f.
kitchen-maid s. criada f. de cozinha.
kitchen-midden s. (Arqueol.) sambaqui m.: depósitos antigos de restos de cozinha, conchas e esqueletos, objeto de estudos arqueológicos.
kitchen police s. (Milit.) 1. serviço m. de abastecimento e cozinha para tropas. 2. soldados m. pl. que executam o serviço de faxina.
kitchen-range s. fogão m. e forno m. de cozinha (quadro K 2).
kitchenware [k'itʃinwɛə] s. utensílios m. pl. de cozinha (quadro K 2).
kite [kait] s. 1. papagaio m. de papel, arraia f. (brinquedo de criança). 2. milhafre, milhano m.: ave de rapina da família dos Falconídeos. 3. (fig.) trapaceiro, vigarista, larápio m. 4. cutelos m. pl.

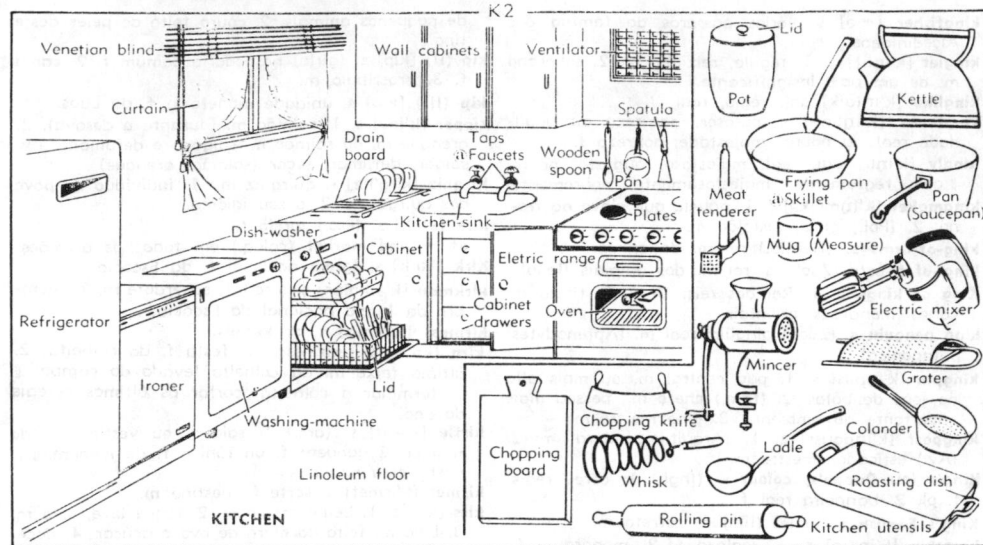

K 2

Venetian blind — Wall cabinets — Ventilator — Lid — Pot — Kettle — Curtain — Drain board — Taps a Faucets — Wooden spoon — Pan — Spatula — Frying pan a Skillet — Pan (Saucepan) — Meat tenderer — Plates — Mug (Measure) — Dish-washer — Kitchen-sink — Cabinet — Eletric range — Cabinet drawers — Oven — Electric mixer — Refrigerator — Mincer — Grater — Ironer — Lid — Chopping knife — Colander — Ladle — Washing-machine — Chopping board — Whisk — Roasting dish — Linoleum floor — Rolling pin — Kitchen utensils — KITCHEN

5. saque m. de tavor: saque fictício sem base em transações, emitido para obter numerário, (gíria) papagaio. ‖ v. 1. soltar papagaio (de papel). 2. obter crédito ou dinheiro com saques de favor.

to fly a ~ [1] soltar um papagaio 2. (fig.) fazer sondagens. 3. (gíria comercial) arranjar dinheiro mediante letras de favor.

kite-balloon s. balão-papagaio m. ancorado na terra, usado para ensaios, observação ou barragem.

kite flyer s. (Com.) emissor m. de papagaios.

kith and kin (expressão idiomática) 1. bons amigos e parentes m. pl. 2. parentela f.

kitten [kitn] s. 1. gatinho m. 2. (fig.) garota brincalhona f. ‖ v. parir (da gata).

kittenish [k'itniʃ] adj. 1. jocoso, travesso. 2. coquete, galanteador. ‖ ~ly adv. de modo brincalhão.

kittenishness [~nis] s. disposição jocosa f.

kittiwake [k'itiweik] s. nome popular das gaivotas do gênero Rissa, especialmente R. tridactyla.

kittle [kitl] adj. 1. cocegueuto. 2. caprichoso, complicado, difícil, melindroso. ‖ v. 1. fazer cócegas. 2. (fig.) excitar, avivar, animar, agradar.

kitty (I) [k'iti] s. gatinho m.

kitty (II) [k'iti] s. (Jogo) 1. parada f.: aposta feita no jogo de pôquer. 2. bolo m.: dinheiro acumulado pelas paradas de jogadores.

kiwi [k'i:wi] s. (Orn.) quiuí m.: qualquer ave do gênero Apterix.

K. K. K. abrev. de **Ku Klux Klan.**

kl abr. de **kilolitre, kiloliter.**

Klan [klæn] s. (E. U. A.) 1. Ku-Klux-Klan m. 2. qualquer um dos centros locais dessa sociedade.

Klansman [kl'ænzmən] s. (E. U. A.) membro m. da sociedade secreta Ku-Klux-Klan.

Klanswoman [kl'ænzwumən] s. (E. U. A.) mulher associada à Ku-Klux-Klan.

klaxon [kl'æksən] s. (Autom., marca registrada) buzina elétrica f.

kleptomania [kleptom'einiə] s. (Med.) cleptomania f.: impulso mórbido de furtar.

kleptomaniac [kleptom'einiæk] s. cleptômano m. ‖ adj. cleptomaníaco.

klieglight [kl'i:glait] s. luz f. de Klieg: lâmpada forte usada nos projetores cinematográficos.

klipspringer [kl'ipspriŋə] s. (Zool.) oreotrago m.: antílope sul-africano (Oreotragus oreotragus).

kloof [klu:f] s. ravina f., barranco, desfiladeiro m., garganta f.

klystron [kl'aistrən] s. (Eletrôn., marca registrada) clístron, clistrônio m.

km abr. de **kilometre, kilometer.**

knack [næk] s. 1. destreza, habilidade, aptidão f. 2. jeito m. 3. (fig.) artifício, truque m. 4. hábito m.

he has the ~ **of swimming** ele tem jeito para a natação.

knacker [n'ækə] s. 1. comprador m. de cavalos velhos e carcaças. 2. comprador de material usado.

knackery [~ri] s. matadouro m. de cavalos velhos.

knackiness [n'ækinis] s. habilidade f., jeito m.

knacky [n'æki] adj. engenhoso, inventivo, hábil.

knag [næg] s. 1. nó m. de madeira. 2. galho m. de armação de veado. 3. cavilha f.

knaggy [n'ægi] adj. nodoso.

knap (I) [næp] s. cume m. de colina.

knap (II) [næp] v. 1. britar, quebrar estalando. 2. estalar. 3. esculpir.

knapsack [n'æpsæk] s. mochila f. de soldado ou turista.

knapweed [n'æpwi:d] s. (Bot.) centáurea f.: planta do gênero Centaurea.

knar [na:] s. nó m. de madeira, excrescência f. no tronco de uma árvore ou galho.

knarry [n'a:ri] adj. nodoso.

knave [n'eiv] s. 1. patife, safado m. 2. (Jogo) valete m.: carta de baralho. 3. (arc.) criado m. 4. homem humilde m.

knavery [~əri] s. 1. desonestidade f. 2. logro m.

knavish [~iʃ] adj. enganoso. ‖ ~ly adv. enganosamente.

knavishness [~iʃnis] s. velhacaria, safadeza f.

knead [ni:d] v. 1. misturar (farinha, massa, barro, etc.). 2. amassar. 3. fazer massagens. 4. fazer ou formar mediante amassamento.

kneader [n'i:də] s. 1. pessoa que amassa. 2. (Téc.) misturador, amassador m. (máquina).

kneading trough s. (Téc.) amassadeira, gamela f.

(quadro B 1).

knee [ni:] s. 1. joelho m. (quadros H 9, H 10). 2. articulação, curva f., cotovelo m. 3. parte do vestuário que cobre o joelho, joelheira f. ‖ v. 1. tocar ou bater com o joelho. 2. (Téc.) ligar ou reforçar com joelhos. 3. (fam.) fazer joelheiras nas calças. 4. ajoelhar(-se), curvar(-se).
he went to his ~s ele ajoelhou-se. **to bring to his ~s** forçar a submissão de. **on the ~s of the gods** ainda incerto, dependente do futuro.

knee-action s. (Téc.) ação f. de joelho.

knee bend s. 1. genuflexão f. 2. exercício físico m.

knee-cap s. 1. (Anat.) patela, rótula f. de joelho. 2. (Esp.) protetor m. de joelhos.

kneed [ni:d] adj. elem. de composição: **weak-kneed** de joelhos fracos.

knee-deep adj. fundo até os joelhos.

knee-high adj. da altura dos joelhos.

knee-hole s. espaço m. para os joelhos (numa escrivaninha, etc.).

knee-holly, knee-holm s. (Bot.) gilbarbeira f. (Ruscus aculeatus).

knee-jerk s. = **knee reflex.**

knee joint s. (Anat., Med.) articulação f. fêmurotibial, articulação do joelho.

kneel [ni:l] v. (imp. e p. p. **knelt**) 1. ajoelhar(-se), genuflectir. 2. ficar de joelhos, ficar ajoelhado.
he knelt down to her ele ajoelhou-se diante dela.

kneeler [n'i:lə] s. 1. quem se ajoelha. 2. almofada f. para ajoelhar-se.

knee-pad s. joelheira f., protetor m. de joelhos.

knee-pan s. = **knee-cap.**

knee reflex s. (Med.) reflexo rotuliano, reflexo patelar m. (também **knee-jerk**).

knee-swell s. (E. U. A.) alavanca f. acionada pelo joelho, cujo movimento produz o crescendo na música de órgão.

knee-timber s. mato ralo m., capoeira f.

knee-tribute s. respeito m. demonstrado pela genuflexão.

knell [nel] s. 1. toque m. de sinos por intenção de finados, dobre fúnebre m. 2. toque, alarma m. 3. (fig.) mau agouro m. 4. som melancólico m. ‖ v. 1. dobrar (dos sinos) a finados. 2. soar (dos sinos) lugubremente. 3. ressoar de maneira sinistra, ominosa.

knelt [nelt] imp. e p. p. de **kneel.**

knew [nju:] imp. de **know.**

knickerbocker [n'ikəbəkə] s. calção m. folgado preso um pouco abaixo dos joelhos (quadro C 12).

knickers [n'ikəz] s. pl. 1. calção m. de mulher. 2. forma abr. de **knickerbocker.**

knick-knack s. 1. bagatela f. 2. balangandã m., bugiganga f.

knife [naif] s. pl. **knives** [naivz] 1. faca f. (quadros D 2, F 5). 2. qualquer coisa semelhante em forma ou função, como: punhal, canivete m., navalha f. 3. lâmina f. cortante de qualquer instrumento ou máquina. ‖ v. 1. apunhalar, esfaquear. 2. (coloq., E. U. A.) derrotar traiçoeiramente, tentar arruinar.
under the ~ sofrendo uma intervenção cirúrgica. **before you can say ~** extremamente rápido. **~ and fork** talher (quadro D 2). **he plays a good ~ and fork** ele é um bom garfo.

knife-board s. prancheta f. para limpar e polir facas.

knife edge s. gume m., fio m. de faca ou navalha.

knife file s. lima-faca f.

knife-grass s. (Bot.) planta da família das Ciperáceas, cujas folhas têm cantos agudos.

knife-grinder s. amolador m. de facas.

knifeless [n'aiflis] adj. 1. sem fio. 2. sem faca.

knifelike [n'aiflaik] adj. semelhante a faca.

knife-rest s. suporte m. para facas (quadro D 2).

knife switch s. (Eletr.) chave faca f.

knight [nait] s. 1. cavaleiro, fidalgo, aristocrata, paladino m. 2. (fig.) homem valente, varão m., homem de distinção 3. membros m. pl. de uma sociedade honorífica ou de uma ordem aristocrática. 4. cavalo m. no jogo de xadrez (quadro C 10). ‖ v. armar cavaleiro, nomear cavaleiro.
~ of the road salteador, ladrão de estrada. **~ of the shire** representante de um condado no parlamento inglês.

knightage [n'aitidʒ] s. classe f. dos cavaleiros coletivamente.

knight-bachelor s. (pl. **knights-bachelors**) membro da mais antiga e mais baixa ordem da aristocracia inglesa.

knight-errant s. 1. (Hist.) cavaleiro andante m. em busca de honras e aventuras. 2. homem com ar de cavaleiro ou Dom Quixote m.

knight-errantry s. 1. cavalaria andante f. 2. característicos m. pl. dos cavaleiros andantes. 3. conduta quixotesca f.

knighthood [n'aithud] s. 1. fidalguia, nobreza, dignidade ou classe f. dos cavaleiros. 2. deveres m. pl. dos cavaleiros. 3. qualidade f. de cavaleiro.

knightliness [n'aitlinis] s. cavaleirismo m., fidalguia f.

knightly [n'aitli] adj. cavalheiresco, nobre, brioso. ‖ adv. cavaleirosamente.

Knight of the Garter s. cavaleiro m. da Ordem da Jarreteira.

knight service s. (Hist.) posse f. de terras contra prestação de serviços militares.

Knights of Malta pl. s. (Hist.) cavaleiros m. pl. de Malta (da Ordem dos Hospitalários).

Knight Templar s. (Hist.) templário m.

knit [nit] v. (imp. e p. p. **knit** ou **knitted**) 1. fazer tricô, trabalhar a ponto de meia ou malha. 2. ligar, unir, entrelaçar. 3. tricotar. 4. crescer junto, unir, fundir-se (osso). 5. entretecer. 6. franzir (sobrancelhas).
to ~ up 1. consertar com ponto de malha, cerzir. 2. unir, ajuntar. 3. terminar. **a well ~ frame** um corpo bem formado.

knitter [n'itə] s. 1. tecelão m. 2. (Téc.) tear m. de malha, máquina f. de malharia.

knitting [n'itiŋ] s. trabalho m. de tricô ou malha. **~ needle** agulha de tricô.

knittingwear [~wɛə] s. roupa f. de malha.

knives [naivz] pl. de **knife.**

knob [nɔb] s. 1. saliência arredondada f., calombo, nó m. 2. punho, botão, puxador m., maçaneta f. (quadros C 3, C 20). 3. colina f., monte m. de forma arredondada.
the same to you with ~s on (gíria) isso e outro tanto para você.

knobbed [n'ɔbd] adj. 1. provido de botão ou puxador 2. nodoso, corcovado.

knobbiness [n'ɔbinis] s. nodosidade f.

knobby [n'ɔbi] adj. 1. nodoso, coberto de nós. 2. arredondado como um botão.

knobkerrie [n'ɔbk'eri], **knobstick** [n'ɔbstik] s. cacete, bordão m. usado pelos cafres.

knock [nɔk] s. 1. pancada f., golpe m. 2. som m. produzido por uma pancada. 3. ação de bater. ‖ v. 1. bater em, dar pancadas em, surrar, esbordoar. 2. tremer, bambolear. 3. derrubar batendo. 4. ter ruído, barulho (máquina). 5. impelir, arremessar. 6. (gíria, E. U. A.) criticar, censurar.
to ~ about 1. bater repetidamente, tratar com violência. 2. (coloq.) vaguear, levar uma vida irregu-

lar. **to ~ against s. th.** 1. colidir, chocar(-se), bater contra alguma coisa. 2. encontrar por acaso. **to ~ along** andar ao acaso, passear ociosamente. **to ~ at the door** bater à porta. **to ~ down** 1. abater, derrubar com uma pancada. 2. (fig.) deixar perplexo. 3. arrematar, adjudicar (num leilão). 4. (coloq.) abaixar os preços (de venda). **to ~ down for a song** (gíria) vender a troco de bananas, por nada. **to ~ home** 1. fincar firmemente. 2. arrematar. 3. fazer gravar na mente. **to ~ in** quebrar. **I ~ed him into a cocked hat** eu lhe dei uma sova, quebrei-lhe a cara. **to ~ off** 1. liquidar rapidamente. 2. abandonar ou cessar o trabalho. 3. deduzir. 4. (gíria) morrer. **to ~ s. o.'s head off** ser superior a alguém. **to ~ on the head** atordoar ou matar com uma pancada na cabeça. **to ~ out** vencer com golpe violento, (Esp.) eliminar, por nocaute. **~ed out** sem meios para pagar. **to ~ the bottom out of** 1. levar ao absurdo, refutar alegações num argumento. 2. (fig.) tirar a base, o fundamento a alguma coisa. **to ~ together** fazer, montar ou compilar às pressas. **to ~ under** reconhecer a própria derrota. **to ~ up** 1. golpear ou forçar para cima. 2. acordar batendo à porta. 3. fatigar, esgotar, cansar. 4. montar ou organizar às pressas. **I am quite ~ed up** eu estou totalmente esgotado. **to ~ against s. o.** encontrar alguém por acaso. **he got the ~** ele foi demitido. **that ~s me** estou surpreso. **that ~ed him back a 100 dollars** isto lhe custou 100 dólares. **he ~ed them cold** ele deu-lhes uma pancada.

knockabout [nɔkəb'aut] s. 1. espetáculo m. ou artista m. + f. barulhento ou turbulento. 2. (Náut.) chalupa f. de um único mastro e sem gurupés. ‖ adj. 1. barulhento, rude, violento. 2. próprio para serviço severo (roupa resistente). 3. irregular, boêmio.

knockdown [nɔkd'aun] s. 1. golpe decisivo, ruidoso m. 2. luta generalizada, pancadaria f. ‖ adj. 1. arrasador, decisivo (golpe). 2. mínimo, básico (de preços num leilão). 3. desmontável.

knocked down adj. desmontado (máquina, veículo, móveis).

knocker [n'ɔkə] s. 1. batedor m. 2. (Téc.) batedora f. 3. aldrava, argola f. ou martelo m. de porta. **up to the ~** (gíria) esplêndido, ótimo.

knocking [n'ɔkiŋ] s. (Téc.) pancadas f. pl., barulho, ruído m. do motor.

knock-kneed adj. deformado em X (pernas), que tem os joelhos para dentro.

knock-knees s. pl. pernas f. pl. em X.

knock-out [nɔk'aut] s. 1. (Boxe) nocaute, golpe decisivo m. 2. (gíria) coisa espantosa, maravilha, pessoa formidável f. 3. (gíria) quadrilha f. de licitantes num leilão que procura adquirir os artigos por preço baixo. 4. leilão m. desvirtuado desta maneira.

knoll (I) [noul] s. outeiro, montículo, cômoro m.

knoll (II) [noul] s. toque m. de sinos, dobre fúnebre m. ‖ v. dobrar (dos sinos).

knop [nɔp] s. 1. protuberância f., botão m. 2. botão m. de flor.

knot (I) [nɔt] s. 1. nó, laço m., laçada f. 2. grupo m., aglomeração f., aperto m. de gente. 3. (Med.) nodosidade, nodulação f. 4. nó m. de madeira, nó de ramo. 5. (Bot.) nódulo m., intumescência f. (no caule onde sai a folha). 6. (Náut.) nó m., milha f., unidade f. de velocidade de um navio. 7. dificuldade f., problema m. 8. junção f. ou cruzamento m. de linhas. 9. (fig.) vínculo m., união f. 10. cocar m. ‖ v. 1. amarrar, atar, prender, ligar. 2. fazer um nó, unir com nós. 3. (fig.) complicar(-se).

they tied the ~ eles se casaram.

knot (II) [nɔt] s. (Orn.) ave pernalta f. da família dos Escolopacídeos.

knot-grass s. (Bot.) sanguinária f. (Polygonum aviculare).

knot-hole s. olho m. do nó na madeira.

knotted [n'ɔtid] adj. 1. nodoso. 2. ligado com nós. 3. complicado, difícil, intricado.

knotter [n'ɔtə] s. pessoa f. ou máquina f. que faz nós.

knotty [n'ɔti] adj. 1. nodoso, cheio de nós. 2. complicado, difícil.

knout [naut] s. cnute m.: chicote russo. ‖ v. açoitar, castigar com o cnute.

know [nou] s. conhecimento m., informação reservada f. ‖ v. (imp. **knew**, p. p. **known**) 1. saber, conhecer, entender. 2. lembrar, ter gravado na mente. 3. estar ciente, estar informado. 4. ter a certeza. 5. estar relacionado, conhecer pessoalmente. 6. estar habilitado, ter experiência, ser hábil, destro. 7. reconhecer, identificar (**for** como). 8. distinguir (**from** de).

he is in the ~ ele está a par de. **she ~s him** ela o conhece. **I should ~ him anywhere** eu o reconheceria em qualquer lugar. **to ~ o. s.** conhecer a si mesmo. **I ~ a hawk from a handsaw** (gíria) eu não sou louco. **you can't ~ him from his brother** você não pode distingui-lo do seu irmão. **he ~s all the answers** ele é bem esperto, não é de ontem. **I ~ her to be my friend** tenho certeza de sua amizade. **I have ~n him for three weeks** conheço-o há três semanas. **he ~s it by heart** ele o sabe de cor. **she ~s him by sight** ela o conhece de vista. **please let me ~ your arrival** queira por favor informar-me da sua chegada. **I came to ~ it by chance** cheguei a sabê-lo por acaso. **make it ~n** torne-o público. **he ~s how to paint** ele sabe pintar bem. **I ~ a gentleman when I see him** (coloq.) sei bem avaliar as pessoas. **not that I ~** não que eu saiba. **he ~s better than to betray her** ele não é tão estúpido para traí-la.

knowability [nouəb'iliti], **knowableness** [n'ouəblnis] s. capacidade f. de conhecer ou compreender.

knowable [n'ouəbl] adj. conhecível, reconhecível.

know-all, know-it-all s. (pej.) sabichão m.: alardeador de sabedoria.

knower [n'ouə] s. conhecedor, entendido m.

know-how [n'ouhau] s. (coloq., E. U. A.) experiência, técnica, prática, perícia f.

knowing [n'ouiŋ] s. conhecimento m., sabedoria, compreensão f. ‖ adj. 1. instruído, inteligente, bem informado. 2. hábil, astuto, esperto. 3. consciente. ‖ **~ly** adv. 1: sabiamente. 2. intencionalmente, conscientemente. 3. espertamente, astutamente.

knowingness [~nis] s. 1. inteligência, instrução f. 2. esperteza f.

knowledge [n'ɔlidʒ] s. 1. conhecimento, entendimento m. 2. saber m., sabedoria f. 3. ciência, erudição, instrução f. 4. conhecimento, experiência f.

~ is power saber é poder. **to the best of my ~** de boa fé, de sã consciência. **a superficial ~** conhecimento superficial. **general ~** cultura geral. **it is public ~** é de conhecimento público. **how came it to your ~?** como é que veio ao seu conhecimento?

knowledgeable [~əbl] adj. (fam.) informado, instruído, inteligente.

known [noun] p. p. de **know**.

well-~ for afamado por.

know-nothing s. pessoa ignorante f., estúpido m.

known quantity s. (Mat.) quantidade conhecida f. de equação ou problema.

knub [nʌb] s. 1. pedaço m. 2. protuberância f., nó

m. 3. ~s pl. desperdícios m. pl. de seda (provenientes do desenrolamento do casulo).

knuckle [nʌkl] s. 1. nó m. dos dedos, junta, articulação f. 2. jarrete, curvejão m. (de quadrúpedes). 3. ~s pl. boxe m., soqueira f. de ferro. ◦ to ~ down ou under sujeitar-se, submeter-se. to ~ down to empenhar-se a fundo em.

knuckle-bone s. 1. osso m. que forma o nó dos dedos. 2. osso da canela (dos animais). 3. osso metacárpico e metatársico de carneiros. 4. ~s pl. jogo m. de crianças em que se empregam estes ossinhos (veja 3).

knuckle-duster s. boxe m., soqueira f. de ferro.

knuckle-joint s. (Téc.) acoplamento articulado m. união articulada f.

knur [nə:] s. 1. nó m. no tronco de uma árvore. 2. concreção dura f.

knurl [nə:l] s. 1. nó m., saliência, bossa f. 2. aresta f., reborbo m. ‖ v. fazer arestas, serrilhar, recartilhar.

knurly [n'ə:li] adj. nodoso, torto, retorcido.

knut [nʌt] s. (gíria) janota, rapaz casquilho m.

knutty [n'ʌti] adj. janota, casquilho.

KO [kei'ou] v. (boxe, gíria) nocautear. he ~'d the mugger ele nocauteou o assaltante.

koala [kou'a:lə] s. (Zool.) coala m.: mamífero marsupial da Austrália (Phascolarctos cinereus).

kob [kob] s. (Zool.) espécie de antílope africano do gênero Kobus.

kobold [k'ouɓould] s. duende, gnomo m.

kodak [k'oudæk] s. 1. câmara fotográfica f. para filmes. 2. Kodak, marca registrada de uma máquina fotográfica. ‖ v. fotografar com máquina deste tipo.

koel [k'ouəl] s. espécie de cuco da Índia oriental e Austrália do gênero Eudynamis.

koh-i-noor [k'ouinuə] s. 1. famoso diamante da Índia que faz parte do tesouro real da Inglaterra. 2 (fig.) qualquer coisa suprema, única em sua espécie.

kohl [koul] s. cosmético m. usado pelas mulheres do Oriente para tingir de escuro as pálpebras.

kohlrabi [koulr'a:bi] s. couve-rábano f.

kola [k'oulə] s. 1. noz f. de cola. 2. (Farmac.) extrato m. de cola, usado como estimulante.

kolinsky [kəl'inski] s. 1. (Zool.) espécie de marta (Mustela siberica). 2. a sua pele.

kolkhoz [kɔlk'o:z] s. (U.R.S.S.) granja coletiva f.

koodoo [k'u:du:] s. (Zool.) espécie de antílope africano (Strepsiceros strepsiceros).

kookaburra [k'ukəɓʌrə] s. (Orn.) dacelo m.: martim-pescador australiano (Dacelo gigas).

koolah [k'u:lə] s. = koala.

kopeck, kopek [k'oupek] s. copeque m.: moeda divisionária russa.

kopje [k'ɔpi] s. outeiro m., pequena colina f.

Koran [kor'a:n] s. Alcorão m.: livro sagrado da religião maometana.

kosher [k'ouʃə] s. 1. alimento m. preparado de acordo com os preceitos judaicos. 2. restaurante m. que serve alimentos ou refeições assim. ‖ v. preparar ou fazer kosher. ‖ adj. limpo, puro (de alimentos) preparado de acordo com as leis judaicas.

kosher food s. alimento m. que é kosher.

kosher shop s. armazém ou restaurante m. que vende alimentos kosher.

koto [k'outou] s. instrumento musical japonês m.

koumis, koumiss, koumyss [k'u:mis] s. cúmis m.: leite de égua, fermentado.

kowtow [k'aut'au] s. ato de ajoelhar-se e tocar o chão com a testa, cerimônia manifestando submissão e reverência, como era costume na China. ‖ v. 1. fazer o kowtow 2. (fig.) prostrar-se, bajular.

Kr símbolo químico de krypton.

kraal [kr'a:l] s. 1. aldeia f. fortificada dos indígenas sul-africanos. 2. curral m. (na África do Sul).

kraft [kræft] (também ~ paper) s. papel forte m., de embrulho.

kraken [kr'a:kən] s. monstro marinho mítico m. das costas escandinavas.

Kremlinology [kremlin'ɔlədʒi] s. (Pol.) estudo m. do governo e da política da U.R.S.S.

kreuzer [kr'ɔitsə] s. antiga moeda f. divisionária alemã e austríaca.

Krilium [kr'iliəm] s. marca registrada f. de um produto químico para o melhoramento do solo.

krimmer [kr'imə] s. astracã m. da Criméia: pele cinzenta de cordeiros desta região.

kris [kri:s] s. (também creese) cris m.: punhal dos malaios.

Kriss Kringle s. (E.U.A.) papai Noel m.

krona [kr'ounə] s. coroa f.: unidade monetária e moeda da Suécia e Islândia.

krone [kr'ounə] s. coroa f.: unidade monetária e moeda da: 1. Dinamarca e Noruega. 2. (Hist.) Alemanha e Áustria.

krypton [kr'iptən] s. criptônio m.: elemento químico.

Kt., kt. abr. de karat, knight.

kudos [kj'u:dɔs] s. (coloq.) glória, fama f., renome, crédito m.

kudu [k'u:du:] s. = koodoo.

Ku Kluxer [kj'u:klʌksə] s. membro do Ku Klux Klan m.

Ku Klux Klan [kj'u:kl'ʌkskl'æn] s. (E.U.A.) sociedade secreta f. norte-americana que combatia negros, judeus e católicos.

kulak [ku:l'a:k] s. fazendeiro russo m.

kumquat [k'umkwɔt] s. árvore cítrica do gênero Fortunella e seu fruto (também cumquat).

Kurd [kə:d] s. curdo m.: natural do Curdistão.

Kurdish [k'ə:diʃ] s. 1. curdo m.: língua dos curdos. 2. natural do Curdistão. ‖ adj. curdo, relativo aos curdos.

kw abr. de kilowatt.

K.W.H., kw-hr. abr. de kilowatt-hour.

kyanite [k'aiənait] s. (Miner.) cianita f., distênio m.

kyanize [k'aiənaiz] v. cianizar, impregnar (madeira) com uma solução de cloreto de mercúrio.

kymogram [k'aimogræm] s. (Aer.) quimograma m.

kymograph [k'aimogra:f] s. (Aer.) quimógrafo, osciló-grafo m.

kymographic [kaimogr'æfik] adj. (Aer.) quimográfico.

Kyrie eleison [k'i:rii i'leiisn] s. Kyrie eleison: invocação litúrgica no princípio da missa e da ladainha· "Senhor, tende piedade de nós."

L

L, l [el] décima segunda letra do alfabeto, consoante.
L 1. algarismo romano, que vale 50. 2. abr. de libra esterlina. 3. objeto em forma de L.
la [la] s. lá m.: sexta nota da escala musical.
la [lɔ:] interj. exclamação de surpresa: (Bras.) ué, uê.
laager [l'a:gə] s. África do Sul) acampamento defensivo m., dentro de um círculo de carroções ou carros blindados. ‖ v. acampar (nesse tipo de acampamento).
lab [læb] s. (E. U. A., coloq.) laboratório m.
labarum [l'æbərəm] s. 1. lábaro m.: estandarte dos exércitos romanos. 2. pendão m., bandeira f.
labefaction [læbəf'ækʃən] s. enfraquecimento m., debilitação f., perda de forças.
label [leibl] s. 1. rótulo m., etiqueta f., letreiro m. (quadro C 8). 2. legenda, indicação f. 3. goteira. f. 4. codicilo m. 5. selo m., estampilha f. ‖ v. 1. rotular, etiquetar. 2. classificar, qualificar.
labeller [l'eibələ] s. (E. U. A. **labeler**) pessoa que coloca rótulos ou etiquetas.
labelling [l'eibəliŋ] s. etiquetagem f.
labial [l'eibiəl] s. labial f. ‖ adj. labial. ‖ ~ly adv. mediante emprego dos lábios.
labialism [~izm] s. tendência f. para labializar.
labialization [leibiəliz'eiʃən] s. labialização f.
labialize [l'eibiəlaiz] v. labializar, tornar labial, pronunciar com os lábios.
labiate [l'eibieit] adj. labiado, em forma de lábio.
labile [l'eibil] adj. lábil, instável.
labiodental [leibioud'entəl] s. labiodental m. ‖ adj. labiodental.
labionasal [leibioun'eizəl] s. (Fon.) fonema m. labionasal.
labium [l'eibiəm] s. lábio m.
laboratorial [ləbərət'ɔ:riel] adj. à maneira de laboratório.
laboratory [ləb'ɔrətəri, l'æbərətouri] s. laboratório m.
laborious [ləb'ɔ:riəs] adj. 1. laborioso, diligente. 2. laborioso, penoso, difícil, árduo. ‖ ~ly adv. laboriosamente, diligentemente.
laboriousness [~nis] s. laboriosidade, diligência f., esforço m.
labour [l'eibə] s. (E. U. A.: **labor**) 1. labor, trabalho, exercício m., faina, tarefa, mão-de-obra f. 2. dores do parto f. pl. ‖ v. 1. laborar, labutar, trabalhar, lidar. 2. jogar, balouçar (navios). 3. sentir as dores do parto. 4. fabricar, elaborar.
Labour Day Dia do Trabalho. **Labour Party** Partido Trabalhista. ~ **turnover** movimento de mão-de-obra (proporção entre entradas e saídas). ~ **union** (E. U. A.) união operaria, sindicato. **to ~ under a delusion** estar enganado.
laboured [~d] adj. 1. elaborado, cuidado. 2. forçado, não natural.
laboured politeness cortesia forçada.
labourer [l'eibərə] s. trabalhador, operário m.
labouringly [l'eibəriŋli] adv. 1. laboriosamente. 2. com dificuldade.
labourite [l'eibərait] s. trabalhista m. + f.: membro ou adepto do partido trabalhista inglês.
labourless adj. sem trabalho, desempregado.
labour market s. mercado m. de trabalho.
labour of love s. diletantismo m.
laboursaving [l'eibəseiviŋ] adj. racional, que poupa trabalho.

labradorite [l'æbrədorait] s. labradorita f.
labrose [l'eibrous] adj. que possui lábios grossos.
labrum [l'eibrəm] s. (Zool.) labro, lábio m. ou partícula f., em forma de lábio, como possuem os insetos e os crustáceos.
laburnum [ləb'ə:nəm] s. (Bot.) laburno m.: planta da família das Leguminosas.
labyrinth [l'æberinθ] s. 1. labirinto m. 2. complicação, confusão f. 3. (Anat.) cavidade f. do ouvido interno. ‖ v. enredar.
labyrinthiform [læbər'inθifɔ:m] adj. labirintiforme.
labyrinthine [læbər'inθain] adj. labiríntico, intricado, confuso.
labyrinthodon [læbər'inθədon] s. labirintodonte, animal pré-histórico m.
lac [læk] s. 1. laca, goma-laca f., charão m. 2. soma de 100.000 rupias (moeda indiana).
laccolite [l'ækəlait] s. (Geol.) lacolito m.
lac-dye [l'ækd'ai] s. laca colorante f.
lace [leis] s. 1. cordão, laço, atacador m. (quadro B 18). 2. passamanaria f. 3. renda f. (quadro C 13). ‖ v. 1. atar, apertar com cordões. 2. guarnecer com passamanaria. 3. espanear, bater. 4. armar ciladas, enganar. 5. adicionar bebidas alcoólicas a chá, café, etc. 6. entretecer. 7. listrar. 8. usar espartilho.
lace-boot s. sapato atado com cordões m.
lace-frame s. máquina f. para fazer renda.
lacelike [l'eislaik] adj. semelhante a renda.
lacerable [l'æsərəbl] adj. lacerável.
lacerate [l'æsəreit] v. 1. lacerar, dilacerar, rasgar 2. atormentar. ‖ adj. 1. lacerado. 2. denteado.
laceration [læsər'eiʃən] s. 1. laceração, rasgadura f. 2. tormento m., aflição f.
lacerative [l'æsərətiv] adj. lacerante, dilacerante.
lacerta [ləs'e:tə] s. (Zool.) lacertílio m.: espécime dos lacertílios, subordem dos reptis f.
lace-work s. passamanaria f.
laches [l'ætʃiz] s. (Jur.) perda de prazo por negligência f.
lachrymal, lacrimal [l'ækriməl] adj. lacrimal. ~ **gland** glândula lacrimal.
lachrymation [lækrim'eiʃən] s. lacrimação f., derramamento de lágrimas m.
lachrymator [l'ækrəmeitə] s. (Quím.) gás lacrimogêneo m.
lachrymatory [l'ækrimətəri] s. lacrimatório m.: vaso que se depositava nas sepulturas romanas. ‖ adj. lacrimatório, relativo a lágrimas.
lachrymose [l'ækrimous] adj. 1. lacrimoso, choroso. 2. triste, pesaroso. ‖ ~ly adv. 1. chorosamente. 2. tristemente.
lacily [l'eisili] adv. de forma semelhante à renda.
laciness [l'eisinis] s. aparência de renda f.
lacing [l'eisiŋ] s. 1. ato de atar ou amarrar. 2. laço m. 3. cordão m. 4. surra, sova f.
lacinia [ləs'iniə] s. (Bot.) lacínia f.: segmento de folhas ou pétalas.
laciniate [ləs'iniət], **laciniated** [ləs'inieitid] adj. 1. franjado. 2. (Bot.) laciniado, cortado em segmentos irregulares.
lack [læk] s. falta, necessidade, carência, deficiência f. ‖ v. faltar, necessitar, carecer de.
for lack of money por falta de dinheiro.
lackadaisical [lækəd'eizikəl] adj. lânguido, afetado. ‖ ~ly adv. languidamente, afetadamente.
lackadaisicalness [~nis] s. languidez, afetação f.

L 1

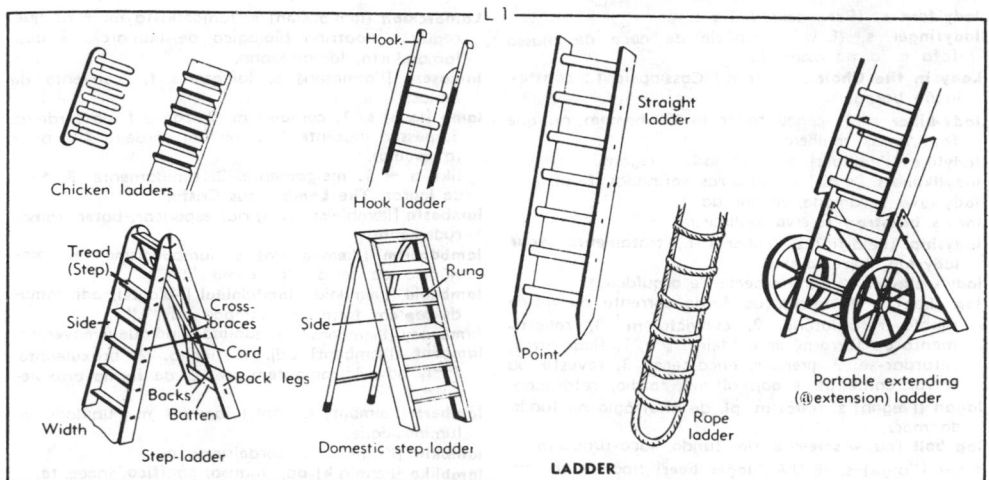

Chicken ladders — Hook — Hook ladder — Straight ladder — Tread (Step) — Cross-braces — Side — Cord — Back legs — Backs — Batten — Side — Rung — Point — Rope ladder — Portable extending (@extension) ladder — Width — Step-ladder — Domestic step-ladder

LADDER

lack-all s. indivíduo m. pobre ao extremo.
lacker [l'ækə] s. = lacquer.
lackerer [~ə] s. = lacquerer.
lackey, lacquey [l'æki] s. 1. lacaio, criado m. 2. sabujo m. ‖ v. 1. lacaiar, servir de lacaio. 2. conduzir-se servilmente.
lacking [l'ækiŋ] adj. 1. necessitado. 2. em falta, falto. 3. deficiente. 4. ausente. ‖ prep. 1. sem. 2. à falta de.
lacklustre, lackluster [l'æklʌstə] s. falta f. de brilho ou lustre. ‖ adj. desbotado, embaçado.
laconic [læk'ɔnik], **~al** [~əl] adj. lacônico, breve, conciso, resumido. ‖ **~ally** adv. laconicamente.
laconism [l'ækənizm] s. 1. laconismo m., concisão f. 2. expressão lacônica f.
lacquer [l'ækə] s. 1. laca f. 2. verniz m. cor-de-ouro. ‖ v. envernizar.
lacquerer [~rə] s. envernizador m.
lacrimal = **lachrymal**.
lacrosse [ləkr'ɔs] s. (Canadá) espécie de jogo semelhante ao hóquei.
lactase [l'ækteis] s. lactase f.
lactate [l'ækteit] s. lactato m.
lactation [lækt'eifən] s. lactação f.
lacteal [l'æktiəl] s. (Anat.) vaso lacteal m. ‖ adj. lácteo, leitoso. ‖ **~ly** adv. lacteamente.
lacteous [l'æktiəs] adj. lácteo, leitoso.
lactescence [lækt'esəns] s. lactescência f.
lactescent [lækt'esənt] adj. lactescente, leitoso.
lactic [l'æktik] adj. láctico.
lactic acid s. ácido láctico m.
lactiferous [lækt'ifərəs] adj. lactífero, que contém leite, lactígeno.
lactobutyrometer [læktobjutir'ɔmitə] s. lactobutirômetro m.: aparelho destinado a medir a quantidade de manteiga existente no leite.
lactoflavin [læktoufl'eivin] s. lactoflavina, riboflavina f.
lactogenic [læktədʒ'enik] adj. lactígeno.
lactometer [lækt'ɔmitə] s. lactômetro m.: instrumento para verificar a pureza do leite.
lactose [l'æktous] s. lactose f.: açúcar do leite.
lacuna [ləkj'unə] s. 1. lacuna, omissão f. 2. cavidade, depressão f.
lacunal [ləkj'unəl] adj. lacunar, lacunoso, que tem lacunas ou falhas.
lacunar [ləkj'unə] s. 1. lacunário m.: espaço entre vi-

gas. 2. ornato m. nos intercolúnios das arquitraves.
lacunose [ləkj'unous] adj. lacunoso, lacunar, que tem lacunas ou falhas.
lacustrine [lək'ʌstrin] adj. lacustre.
lacy [l'eisi] adj. rendilhado semelhante à renda, imitando renda. ‖ **—cily** adv. de forma semelhante à renda.
lad [læd] s. rapaz, jovem, mocinho m.
ladanum [l'ædənəm] s. ládano m: goma-resina extraída principalmente do xisto de Creta.
ladder [l'ædə] s. 1. escada f. de mão (quadro L 1). 2. meio usado para subir de condição social, etc. ‖ v. correr (malhas).
rope— escada de cordas.
laddie [l'ædi] s. (esc.) 1. rapazinho m. 2. homem m.
lade [l'eid] v. 1. carregar. 2. despachar mercadorias como carga marítima. 3. imergir, mergulhar. 4. tirar líquidos com concha, balde, etc.
laden [l'eidn] adj. 1. carregado. 2. onerado. ‖ p. p. de **lade**.
ladida [la:did'a:] s. fanfarrão m., garganta m. + f. ‖ adj. jactancioso, pretensioso.
Ladies' [l'eidiz], **Ladies' room, powder room** s. toalete f., lavatório público feminino m.
ladies' man, ladys's man s. mulherengo m.: apreciador da companhia de mulheres.
ladify [l'eidifai] v. transformar numa senhora.
lading [l'eidiŋ] s. carga f., carregamento m.
bill of ~ conhecimento.
ladle [l'eidl] s. concha f., caço m. (quadro K 2). ‖ v. tirar com a concha.
ladleful [l'eidlful] s. colherada f., medida f. de uma concha.
lady [l'eidi] s. 1. senhora, dama, fidalga f. 2. esposa, dona da casa f. 3. (com inicial maiúscula) título de nobreza. 4. amada f.
Our Lady Nossa Senhora. **~-clerk** vendedora, balconista. **~-doctor** doutora. **~-in-waiting** dama de companhia da rainha.
lady-altar s. altar m. dedicado à Virgem Maria.
lady-bird s. (E. U. A. **lady-bug**) joaninha f.: inseto coleóptero da família dos Coccinelídeos.
lady-chair s. cadeirinha f., cruzeta formada pelas mãos de duas pessoas para que outra nela se sente.
lady-chapel s. capela f. de Nossa Senhora.
Lady Day s. dia da Anunciação m.

lady-fern s. (Bot.) douradinha f.
ladyfinger s. (E. U.A.) espécie de doce de massa fofa e forma alongada.
Lady in the Chair s. (Astron.) Cassiopéia f.: constelação boreal.
lady-killer s. 1. conquistador m. 2. homem m. que ·fascina as mulheres.
ladylike [l'eidʃilaik] adj. refinado, elegante.
ladylikeness [~nis] s. maneiras refinadas f. pl.
lady-love s. amada, namorada f.
lady's bedstraw s. erva-coalheira f.
ladyship [l'eidiʃip] s. senhoria f., tratamento: **your ladyship, her ladyship.**
lady's slipper s. (Bot.) espécie de orquídea f.
lag [læg] s. 1. retardação f. de corrente ou movimento retardatário. 2. convicto m. 3. revestimento ou forro m. de caldeira. ‖ v. 1. ficar atrás, retardar-se. 2. prender, encarcerar. 3. revestir ou forrar caldeiras. ‖ adj. último, tardio, retardado.
lagan [l'ægən] s. restos m. pl. de naufrágio no fundo do mar.
lag bolt [ou ~ **screw**] s. tira-fundo, saca-fundo m.
lager [l'a:gə] s. (E. U A.: **lager beer**) tipo de cerveja que é armazenado de seis semanas a seis meses antes de ser entregue ao consumo.
laggard [l'ægəd] s. 1. retardatário m., 2. vadio m. ‖ adj. 1. vagaroso, lento. 2. preguiçoso.
lagger [l'ægə] s. retardatário m.
lagging [l'ægiŋ] s. 1. movimento lento m. 2. atraso m., retardação f. ‖ adj. lento, moroso. ‖ ~**ly** adv. vagarosamente, lentamente.
lagniappe [lanj'ap, l'anjap] s. (E. U. A.: **lagnappe**) brinde m. dado aos fregueses cujas compras atingem determinada importância.
lagoon, lagune [ləg'u:n] s. laguna, lagoa f. (quadro C 17).
laic [l'eiik] s. leigo m. ‖ adj. leigo, laico, secular.
laical [l'eiikl] adj. laical, leigo, secular. ‖ ~**ly** adv. de modo leigo.
laicization [leiisaiz'eiʃən] s. laicização f.
laicize [l'eisaiz] v. laicificar, laicizar.
laid [leid] imp. e p. p. de **lay** ‖ adj. que tem sulcos. **laid paper** papel vergé, papel estriado. ~ **up** armazenado, acamado, (Náut.) desmantelado.
lain [lein] p. p. de **lie.**
lair [l'ɛə] s. 1. toca f., covil m. 2. cercado para gado m. ‖ v. entocar, jazer na toca.
laird [l'ɛəd] s. (esc.) proprietário m. de terras.
lairdship [l'ɛədʃip] s. propriedade territorial f.
laissez-faire, laisser faire s. princípio m. de não intervenção.
laity [l'eiiti] s. laicidade f.: qualidade de leigo.
lake (I) [l'eik] s. lago m.
lake (II) [l'eik] s. 1. pigmento carmesim m. 2. verniz m.
lake-dwellers s. pl. lacustres m. pl.: povos que habitavam as cidades lacustres.
lake-dwellings s. pl. habitações lacustres f. pl.
lakelet [l'eiklit] s. lagoa f.
lakeshore [l'eikʃo:] s. margem f. de lago.
lallation [ləl'eiʃən] s. lalação f.
lam [læm] s. fuga f. ‖ v. (gíria) 1. fugir, escapar. 2. espancar, bater. ‖ adj. escondido, homiziado. **on the ~** em fuga (da polícia).
lama [l'a:mə] s. lama m.: sacerdote budista do Tibete ou da Mongólia.
Lamaism [l'a:məizm] s. lamaísmo m.: forma particular do budismo, desenvolvida principalmente no Tibete e na Mongólia.
Lamaist [l'a:məist] s. lamaísta m.: sectário do lamaísmo.
Lamaistic [la:mə'istik] adj. lamaico, relativo ao lamaísmo.

Lamarckian [ləm'a:kiən] s. lamarckista m. + f.: que segue a doutrina biológica de Lamarck. ‖ adj. lamarckista, lamarckiano.
lamasery [l'a:məsəri] s. lamaseria f.: convento de lamas.
lamb [læm] s. 1. cordeiro m. 2. carne f. de cordeiro. 3. pessoa inocente f. como um cordeiro. ‖ v. parir (a ovelha). **like a ~** 1. meigamente. 2. timidamente. 3. fácil de lograr. **The Lamb** Jesus Cristo.
lambaste [læmb'eist] v. (gíria) espancar, bater, ralhar rudemente.
lambdacism [l'æmdəsizm] s. lambdacismo m.: pronúncia da letra "R" como "L".
lambdoid [l'æmdoid], **lambdoidal** [—d'oidəl] adj. lambdóide, em forma de lambda ou "L".
lambency [l'æmbənsi] s. qualidade do que é movediço.
lambent [l'æmbənt] adj. 1. ligeiro. 2. bruxuleante. ‖ ~**ly** adv. 1. radiantemente. 2. de forma bruxuleante.
lambert [l'æmbət] s. (ópt.) lambert m.: unidade de luminosidade.
lambkin [l'æmkin] s. cordeirinho m.
lamblike [l'æmlaik] adj. manso, pacífico, inocente.
Lamb of God s. Cordeiro de Deus: Jesus.
lambrequin [l'æmbrəkin] s. lambrequim m., sanefa f.
lambskin [l'æmskin] s. pele de cordeiro f.
lamb's-wool s. 1. lã de cordeiro f. 2. bebida f. feita de cerveja e maçãs assadas.
lame [leim] v. coxear, mancar, claudicar, manquitolar, aleijar. ‖ adj. 1. coxo, manco. 2. imperfeito, falho, defeituoso. 3. fraco. ‖ ~**ly** adv. 1. imperfeitamente, de modo falho. 2. à maneira de coxo. **a ~ excuse** uma desculpa fraca. **to walk ~** mancar.
lamé [ləm'ei] s. lhama f.: tecido com fios de ouro e prata. ‖ adj. feito de lhama.
lame duck s. (E. U. A., coloq.) 1. parlamentar m. + f. que não conseguiu ser reeleito. 2. pessoa incapaz f. ou desorientada.
lamella [ləm'elə] s. lamela f.: placa ou lâmina muito delgada.
lamellar [ləm'elə] adj. lamelar, lameloso, lamelífero, laminar, laminoso, que tem lâminas.
lamellate [l'əmeleit] adj. 1. lamelado, que tem lamelas. 2. disposto em lâminas.
lamellation [ləmel'eiʃən] s. lamelação f.
lamellibranch [ləm'elibræŋk] s. lamelibrânquio m. molusco que se abriga em conchas bivalves.
lamellibranchiate [ləmelibr'æŋkieit] adj. lamelibrânquio, relativo aos lamelibrânquios.
lamellicorn [ləm'eliko:n] s. + adj. (Zool.) lamelicórneo m.
lamelliform [ləm'elifo:m] adj. lameliforme.
lamellirostral [ləmelir'ostrəl], **lamellirostrate** [ləmelir'ostrit] adj. (Zool.) lamelirrostro, que tem o bico guarnecido de lâminas.
lameness [l'eimnis] s. 1. coxeadura f. 2. imperfeição f., defeito m., falha f. 3. manqueira f.
lament [ləm'ent] s. lamentação f., lamento, pranto m. ‖ v. lamentar, lastimar, deplorar, prantear.
lamentable [l'æmentəbl] adj. lamentável, lastimoso. ‖ -**bly** adv. lamentavelmente, deploravelmente.
lamentation [læmənt'eiʃən] s. lamentação f., lamento, pranto, queixume m.
lamented [ləm'entid] adj. pranteado, deplorado.
lamenter [ləm'entə] s. lamentador m.
lamenting [ləm'entiŋ] s. lamentação f. ‖ adj. lamuriante. ‖ ~**ly** adv. de modo lamuriante.
lamia [l'eimiə] s. 1. lâmia f. 2. feiticeira, bruxa f.
lamina [l'æminə] s .1. lâmina f. 2. limbo m. 3. (Geol.) camada f.
laminable [l'æminəbl] adj. laminável.

laminal [l'æminəl], laminar [l'æminə] adj. laminar.
laminate (I) [l'æmineit] s. material plástico laminado m. ‖ v. laminar.
laminate (II) [l'æminit] adj. laminado.
lamination [læmin'eiʃən] s. laminação, laminagem f.
laminose [l'æminous] adj. laminoso, lameloso.
lamish [l'eimiʃ] adj. ligeiramente coxo.
lamp [læmp] s. 1. lâmpada, lanterna, lamparina, candeia f., lampião m. 2. (fig.) qualquer fonte de luz (também espiritual). ‖ v. emanar luz, iluminar. arc-~ lâmpada de arco voltaico. electric ~ lâmpada elétrica. incandescent ~ lâmpada incandescente. street ~ lampião da rua, revérbero. to smell of the ~ ter a aparência de preparativos demorados (um sermão ou discurso).
lampblack [l'æmpblæk] s. negro m. de fumo.
lamp-burner s. bico m. de candeia.
lamp-holder s. suporte de lâmpada m.
lampion [l'æmpiən] s. lampião f.
lamplighter [l'æmplaitə] s. acendedor m. de lampiões.
lampmaker [l'æmpmeikə] s. fabricante m. de lâmpadas, lanternas, etc., lampadeiro m.
lampoon [læmp'u:n] s. libelo difamatório m., sátira f. ‖ v. satirizar.
lampooner [~ə], lampoonist [~ist] s. o que redige libelos difamatórios.
lamp-post s. poste m. de iluminação.
lamprey [l'æmpri] s. (Ict.) lampreia f.
lamp-shade s. quebra-luz, abajur m.
lamp-wick s. pavio m. de lampião.
lanate [l'æneit, l'einət] adj. lanoso.
lance [la:ns] s. 1. lança f. 2. lanceiro m. 3. lanceta f. ‖ v. 1. lancear. 2. lancetar.
lance-corporal s. anspeçada m.
lanceolate [l'ænsiəleit] adj. lanceolado, lanceolar, que tem o feitio de ponta de lança.
lancer [l'a:nsə] s. lanceiro m.
lancet [l'a:nsit] s. lanceta f.
~-arch arcada de estilo pontiagudo.
lance-wood s. espécie de madeira dura (Duquetia quitarensis).
lancinate [l'ænsineit] v. lancinar, pungir, afligir.
lancinating [~iŋ] adj. lancinante, pungente, aflitivo.
land [lænd] s. 1. terra f. 2. região f., país m., nação f. 3. terras f. pl., solo, terreno m. 4. bens de raiz. ‖ v. 1. aportar, desembarcar. 2. pousar, aterrar, aterrissar. 3. colocar (um soco). 4. parar, acabar. the thief landed in jail o ladrão parou, acabou na cadeia. to ~ a fish pegar um peixe. to ~ a job obter um emprego. to make ~ (Náut.) avistar terra.
landau [l'ændo:] s. landô m.: carruagem de quatro rodas com capota dupla que pode ser erguida e abaixada.
land bank s. (Com.) banco agrícola m., para transações imobiliárias, esp. rurais.
land-breeze s. vento m. que sopra da terra para o mar.
land-carriage s. transporte m. por terra.
land crab s. caranguejo terrestre m.
landed [l'ændid] adj. 1. que possui terras. 2. territorial.
~ interest propriedade territorial. ~ property bens de raiz.
land-fall [l'ændfo:l] s. 1. herança f. de bens de raiz. 2. primeira terra que se avista após uma viagem marítima. 3. desembarque m. 4. aterragem f.
land-flood [l'ændflʌd] s. inundação f.
land-forces [l'ændfo:siz] s. forças f. pl. de terra.
land-grabber [l'ændgræbə] s. grileiro m.: indivíduo que adquire terras por meios fraudulentos.
land-grant [l'ændgra:nt] s. (E. U. A.) doação f. de terras pelo governo.

landgrave [l'ændgreiv] s. landgrave m.: título antigo de alguns príncipes alemães.
landgraviate [lændgr'eivii:t] s. landgraviato m.
landgravine [l'ændgrəvi:n] s. landgravina f.
land-holder [l'ændhouldə] s. proprietário m. de terras.
landholding [l'ændhouldiŋ] s. posse f. de terras. ‖ adj. que possui terras.
landing [l'ændiŋ] s. 1. desembarque m. 2. aterrissagem f. 3. desembarcadouro, surgidouro m. 4. plataforma f. entre dois lances de escadas (quadro S 11). 5. (E. U. A.) plataforma de estação ferroviária.
landing craft [l'ændiŋkra:ft] s. (E. U. A.) barcaça f. de desembarque.
landing-field [-fi:ld] s. campo m. de pouso.
landing-gear [-giə] s. trem m. de aterrissagem.
landing-net [-net] s. rede pequena f. para pescarias (quadro F 4).
landing-place [-pleis], landing-stage [-steidʒ] s. plataforma fixa f. ou flutuante para desembarque de passageiros ou mercadorias.
landing-strip [-strip] s. pista f. de decolagem.
land-jobber [l'ænddʒɔbə] s. especulador m. de terras.
landlady [-leidi] s. estalajadeira, proprietária f.
land-locked [-lɔkt] adj. cercado de terras.
land-loper [-loupə] s. vagabundo m.
landlord [-lɔ:d] s. estalajadeiro, proprietário m.
land-lubber [-lʌbə] s. marinheiro m. de água doce.
land-mark [-ma:k] s. marco m., baliza, linda f.
land-mat [-mæt] s. (E. U. A.) esteiras metálicas f. pl. que formam uma pista de decolagem para aviões.
land-mine [-main] s. mina terrestre f.
land-office [-ɔfis] s. tombo m.: cartório onde se registram vendas de terra.
Land of the Midnight Sun s. país ártico, boreal m.
Land of the Rising Sun s. país do Sol Nascente, Japão m.
land-owner [-ounə] s. proprietário m. de bens de raiz.
land-ownership [-ounəʃip] s. condição f. de proprietário de terras ou bens de raiz.
land patent s. título m. de propriedade de terra pública.
land power s. (milit.) força terrestre f.
landrail [-reil] s. (Orn.) codornizão, rei-das-codornizes m.
land-rat [-ræt] s. 1. rato m. do campo. 2. ladrão m.
land reform s. reforma agrária f.
landscape [l'ænskeip] s. paisagem f. ‖ v. ajardinar. ~-gardening ajardinamento paisagístico. ~-painter paisagista.
landscapist [~ist] s. paisagista m.
land-slide [l'ændslaid] s. 1. desabamento m. de terras, (E. U. A.) maioria esmagadora f. de votos para um só partido em eleições.
land-slip [-slip] s. desabamento m. de terras.
landsman [l'ændzmən] s. 1. homem m. que vive em terra. 2. marinheiro inexperiente m.
land-steward [l'ændstjuəd] s. feitor m. de fazendas.
land-surveyor [-səv'eiə] s. agrimensor m.
land-tax [-tæks] s. imposto territorial m.
land-waiter [-weitə] s. guarda alfandegário m.
landward [l'ændwəd], landwards [-wədz] adj. em direção à terra.
land-wind [-wind] s. terral m.: vento que sopra da terra para o mar.
land-worker [-wə:kə] s. agricultor, lavrador m.
lane [lein] s. 1. travessa f., beco m., viela f. (quadro V 3). 2. azinhaga f. 3. alameda f. 4. passagem f. aberta entre duas filas de pessoas. 5. rota prescrita f. para navios.
red ~ garganta.
langsyne [læŋs'ain] s. (esc.) passado remoto m. ‖ adv. há muito tempo.

language [l'æŋgwidʒ] s. 1. língua, linguagem f. 2. estilo, modo m. de falar ou escrever.
languaged [~d] adj. que fala várias línguas. **well** ~ que tem bom estilo.
language-master s. professor m. de línguas.
languid [l'æŋgwid] adj. 1. lânguido, desfalecido. 2. débil, fraco. 3. desanimado. 4. vagaroso, lento, frouxo. ‖ ~ly adv. languidamente, fracamente.
languidness [~nis] s. 1. languidez f., langor m. 2. desfalecimento m. 3. prostração, frouxidão f.
languish [l'æŋgwiʃ] v. 1. languir, adoecer, definhar. 2. ter muita saudade de.
languisher [~ə] s. pessoa lânguida f.
languishing [~iŋ] adj. lânguido, abatido, extenuado. ‖ ~ly adv. 1. languidamente, fracamente. 2. ternamente.
languishment [~mənt] s. languidez f., langor, desfalecimento m., fraqueza f.
languor [l'æŋgə] s. langor m., languidez f., abatimento m., fraqueza f.
languorous [~rəs] adj. lânguido, abatido, extenuado. ‖ ~ly adv. languidamente.
laniard = **lanyard**
laniary [l'einiəri] s. dente canino m. ‖ adj. apropriado para dilacerar, como os dentes caninos.
laniferous [lein'ifərəs], **lanigerous** [lein'idʒərəs] adj. lanífero, lanígero.
lank [læŋk] v. 1. ser ou tornar-se delgado. 2. encolher, decair. ‖ adj. 1. magro, delgado, esbelto. 2. fraco, frouxo. 3. liso. ‖ ~ly adv. 1. de forma fina e comprida. 2. fracamente, frouxamente.
lankness [l'æŋknis], **lankiness** [l'æŋkinis] s. 1. magreza f. 2. esbeltez f. 3. fraqueza, frouxidão f.
lanky [l'æŋki] adj. 1. magro, esbelto. 2. fraco, frouxo.
lanolin [l'ænəlin], **lanoline** [l'ænəli:n] s. lanolina f., substância gordurosa f. extraída da lã.
lansquenet [l'ænskənit] s. 1. lansquenê m.: soldado mercenário da Idade Média. 2. mererê, jogo de cartas m.
lantern [l'æntən] s. 1. lanterna f., farol m. (quadro C 15). 2. clarabóia f. ‖ v. prover de lanterna, enforcar num poste de lanterna.
magic ~ lanterna mágica. **dark** ~ lanterna furta-fogo.
lantern-jaws s. pl. faces f. pl. muito magras.
lantern slide s. ilustração f. em vidro ou filme, para projeção em tela.
lantern-wheel s. pinhão m. ou pequena roda dentada f.
lanthanum [l'ænθənəm] s. lantânio m.: metal raro.
lanuginous [lænj'udʒinəs] adj. lanuginoso.
lanyard [l'ænjəd] s. 1. (Náut.) colhedores, rizes m. pl. 2. (Artilharia) corda f. para disparo.
laodicean [leiodis'iən] s. pessoa indiferente f. em questões de religião ou política.
lap (I) [læp] s. 1. regaço, colo m. 2. roupa f. que cobre o colo, fralda, aba f. 3. lugar m. de apoio, descanso m. 4. parte pendente f. de cobertor, etc.
lap (II) [læp] s. 1. dobra f. 2. parte f. de uma substância que se sobrepõe a outra. 3. aba f. 4. fio m. de algodão pronto para cardagem. 5. o comprimento de um fio, tecido, etc., necessário para dar uma volta sobre uma roda ou rolo. 6. volta completa f. em uma pista de atletismo. 7. disco rotativo m. para lapidar jóias ou metais. ‖ v. 1. enrolar, dobrar, envolver. 2. imbricar (com telhas), sobrepor (quadro C 3). 3. cuidar, tratar de. 4. amimar, acariciar. 5. obter vantagem de uma ou mais voltas na pista, numa corrida. 6. polir.
the last ~ (fig.) o começo do fim. **to** ~ **over from one century to another** estender-se de um século a outro. **to drop it into s.o.'s.** ~ empurrar (o caso) para outra pessoa. **in the** ~ **of the gods** nas mãos do destino.

lap (III) [læp] s. 1. lambida f. 2. a ação de beber, como o fazem os cães. 3. o respectivo som ou ruído. ‖ v. 1. beber como o fazem cachorros e gatos. 2. ondear, causar um ruído igual ao de ondas pequenas quando batem contra um barco.
lap-dog s. cão fraldeiro m.
lapel [ləp'əl] s. lapela f. (quadros C 12, C 13).
lapful adj. tanto quanto cabe no regaço.
lapidary [l'æpidəri] s. lapidário, joalheiro m. ‖ adj. 1. lapidar, perfeito, artístico. 2. lapidário.
lapidate [l'æpideit] v. lapidar, apedrejar, matar a pedradas.
lapidation [læpid'eiʃən] s. lapidação f., apedrejamento m.
lapidescence [læpid'esəns] s. lapidificação, petrificação f.
lapidescent [læpid'esənt] adj. lapidescente, petrífico.
lapidification [læpidifik'eiʃən] s. lapidificação, petrificação f.
lapidify [læp'idifai] v. 1. lapidificar. 2. petrificar.
lapidose [l'æpidous] adj. 1. pedregoso. 2. (Bot.) o que cresce em solo pedregoso.
lapin [l'æpən] s. 1. coelho m. 2. pele f. de coelho.
lapis lazuli [l'æpis l'æzjulai] s. lápis-lazúli m., lazulita f.: mineral de cor azul.
lap-joint s. junta sobreposta f.
Lapland [l'æplænd] s. Lapônia f.
Laplander [l'æplændə] s. lapão m.: habitante da Lapônia.
Lapp [læp] s. lapão, habitante da Lapônia m. ‖ adj. lapão, relativo aos lapões.
lapper [l'æpə] s. 1. dobrador m. 2. o que envolve ou embrulha. 3. máquina f. de enrolar. 4. lapidário m.
lappet [l'æpit] s. 1. aba, fralda f. 2. babado m. de vestido. 3. lóbulo m. da orelha. 4. espécie de musselina com desenho miúdo.
Lappish [l'æpiʃ] s. lapão m.: idioma dos lapões. ‖ adj. lapão, relativo aos lapões ou ao seu idioma.
lap robe s. (E. U. A.) espécie de cobertor para aquecer o colo e os pés, usado pelos automobilistas m.
lapsable [l'æpsəbl] adj. 1. sujeito a transcorrer, expirar, caducar. 2. sujeito a errar ou desviar-se.
lapse [læps] s. 1. lapso, espaço m. de tempo. 2. lapso, descuido m., negligência f. 3. passo falso, deslize, desvio m. 4. descaída f. 5. apostasia f. 6. prescrição f. ‖ v. 1. escoar, decorrer, passar. 2. errar, falhar. 3. decair. 4. prescrever, caducar.
a ~ **into savage ways** decaída, volta à selvajaria. **the title** ~d o título extinguiu-se. **the boy's interest** ~d o interesse do rapaz decaiu. **the days** ~d **away** os dias passaram-se.
lapsed [~t] adj. caduco, prescrito.
lapse rate s. (Meteor.) proporção f. entre o decréscimo da temperatura e o aumento da altitude.
lap-stone s. pedra f. usada pelos sapateiros para bater couro.
lap-streak s. (Náut.) barco m. construído com chapas sobrepostas e rebitadas. ‖ adj. construído com chapas sobrepostas e rebitadas.
lapwing [l'æpwiŋ] s. abibe m., ventoinha f.
larboard [l'a:bɔ:d] s. (Náut.) bombordo m.: lado esquerdo do navio m., olhando-se da popa à proa. ‖ adj. de ou a bombordo.
larcener [l'a:sinə], **larcenist** [l'a:sinist] s. gatuno, ladrão m.
larcenous [l'a:sines] adj. ladro, ladrão. ‖ ~ly adv. à maneira dos ladrões.
larceny [l'a:sini] s. (Jur.) apropriação indébita f. **grand** ~ roubo. **petty** ~ furto.
larch [la:tʃ] s. (Bot.) lariço m.: conífera dos países de clima temperado.

lard [la:d] s. lardo, toicinho, unto m., banha f. ‖ v. 1. lardear. 2. engordar. 3. (fig.) entremear.

lardaceous [la:d'eiʃəs] adj. lardáceo, semelhante ao lardo, da natureza do lardo.

larder [l'a:də] s. despensa f.

larding-needle, larding-pin s. lardeadeira, agulha usada para lardear f.

lardlike [l'a:dlaik] adj. semelhante ao lardo.

lardon [~n], **lardoon** [la:d'u:n] s. fatia f. de toicinho usada para lardear carne.

lardy [l'a:di] adj. gorduroso, oleoso.

large [la:dʒ] adj. 1. grande. 2. largo, extenso. 3. abundante, amplo, copioso. 4. liberal, generoso, pródigo. 5. compreensivo. ‖ ~ly adv. largamente, abundantemente.

at large 1. livremente, à vontade. 2. livre. 3. detalhadamente. 4. como um todo, conjuntamente.

representative at ~ (E. U. A.) representante de um Estado ou distrito inteiro.

large-handed adj. profuso, perdulário.

large-hearted, large-minded adj. generoso, liberal.

large-heartedness, large-mindedness s. generosidade, liberalidade f.

large intestine s. (Anat.) intestino grosso m.

large-minded adj. liberal, tolerante.

largen [l'a:dʒen] v. (poét.) alargar, aumentar.

largeness [l'a:dʒnis] s. 1. grandeza, extensão, amplidão f. 2. imensidade f.

large-scale adj. amplo, extenso, em grande escala.

largess, largesse [l'a:dʒes] s. 1. presente m., dádiva f. ou donativo m. 2. generosidade, liberalidade f.

larghetto [la:g'etou] s. trecho musical m. de movimento algo lento. ‖ adj. em movimento algo lento.

largish [l'a:dʒiʃ] adj. bastante largo.

largo [l'a:gou] s. trecho musical m. em movimento lento. ‖ adj. em movimento lento.

lariat [l'æriət] s. laço m.

lark [la:k] s. 1. calhandra, cotovia f. 2. farsa, travessura f. ‖ v. fazer travessuras, divertir-se.

what a ~! que folia! que pândega!

larker [~ə] s. galhofeiro m., folião. m.

lark's-heel s. (Bot.) capuchinha-grande f.

larksome [l'a:ksəm] adj. divertido, alegre.

larkspur [l'a:kspə:] s. (Bot.) espora f.: planta da família das Ranunculáceas.

larky [l'a:ki] adj. travesso, brincalhão.

larrikin [l'ærikin] s. (Austrália) desordeiro, arruaceiro m. ‖ adj. desordeiro, arruaceiro.

larrup [l'ærəp] v. (fam.) bater, surrar.

larry [l'æri] s. sensação, distração f.

larva [l'a:və] s. larva f.

larval [~l], **larvate** [~t] adj. 1. larval, relativo à larva. 2. mascarado, dissimulado.

larvicide [l'a:visaid] s. (Quím.) larvicida m.

laryngeal [lær'indʒiəl], **laryngean** [lær'indʒiən], **laryngic** [lær'indʒik] adj. laríngeo, laringiano.

laryngitic [lærindʒ'itik] adj. de ou relativo à laringite.

laryngitis [lærindʒ'aitis] s. laringite f.

laryngologist [læriŋg'oladʒist] s. laringologista m. + f.

laryngoscope [lər'iŋgəskoup] s. laringoscópio m.

larynx [l'æriŋks] s. laringe m.: parte do aparelho respiratório, que contém as cordas vocais.

lascar [l'æskə] s. (milit.) 1. marujo m. da Índia Oriental. 2. (Hist.) artilheiro m. anglo-indiano.

lascivious [ləs'iviəs] adj. lascivo, sensual, lúbrico. ‖ ~ly adv. lascivamente, lubricamente.

lasciviousness [~nis] s. lascívia, sensualidade, luxúria f.

lase [leiz] v. emitir raio láser.

laser [l'eizə] abr. de l(ight) a(mplification by) s(timulated) e(mission of) r(adiation) s. raio láser m.: amplificação de luz por radiação estimulada.

lash [læʃ] s. 1. a parte flexível do chicote acima do cabo. 2. chicote, açoite m., chibata f. 3. chicotada f. 4. surra, sova f. 5. pestana f., cílio m. 6. sátira f., sarcasco m. ‖ v. 1. chicotear, açoitar, surrar. 2. bater contra. 3. sair ou fazer sair bruscamente. 4. amarrar com corda. 5. (fig.) satirizar.

to be under the ~ of estar sob o domínio de. **to** ~ **out** 1. dar coices, bater em ou contra. 2. atacar ou censurar severamente. 3. cair em violência, excesso ou extravagância.

lasher [l'æʃə] s. 1. açoitador m. 2. látego, azorrague m. 3. água f. impelida para uma represa ou açude.

lashing (I) [l'æʃiŋ] s. 1. açoitamento m., ataque m. ou censura f. severa. 2. ~s pl. abundância f., suprimento abundante m.

lashing (II) [l'æʃiŋ] s. 1. (Náut.) corda f. 2. amarração f.

lash-up s. (coloq.) expediente, arranjo temporário m.

lass [læs] s. 1. moça f. 2. namorada f. 3. empregada doméstica f.

lassie [l'æsi] s. 1. mocinha, garota f. 2. namorada f.

lassitude [l'æsitju:d] s. lassidão f., cansaço m.

lasso [l'æsou] s. (E. U. A.) laço m. ‖ v. (E. U. A.) laçar.

lassoer [l'æsouə] s. (E. U. A.) laçador.

last (I) [la:st] s. 1. último m. 2. fim, final m. ‖ adj. último, derradeiro, final, extremo. ‖ ~ly adv. ultimamente, finalmente, por fim.

faithful to the ~ fiel até o fim. **to breathe one's** ~ dar o último suspiro, morrer. **to see the** ~ of ter visto pela última vez. **the** ~ **but one** o penúltimo. **the** ~ **of all** o último. ~ **but not least** o último, mas não o menos importante. ~ **day** dia do juízo. **the** ~ **of the Mohicans** o último dos Moicanos. **that is the** ~ **you would expect** isto é o menos que se esperaria. **we saw him** ~ **evening** vimo-lo ontem à noite. ~ **night** a noite passada. **the** ~ **time** a última vez. **at** ~ finalmente. **at long** ~ forma mais enfática de **at last. on one's** ~ **legs** na iminência de ruína completa.

last (II) [la:st] v. 1. durar, continuar. 2. perseverar, agüentar, conservar-se.

last (III) [la:st, læst] s. unidade de peso ou capacidade de navio (geralmente equivalente a 4.000 libras).

last (IV) [la:st, læst] s. forma f. de sapateiro.

to stick to one's ~ 1. cuidar da própria vida.

lastage [l'a:stidʒ] s. 1. lastro m. 2. carregamento m. de um navio. 3. tonelagem f.

last-ditch adj. derradeiro, desesperado (esforço).

Lastex [l'æsteks] s. espécie de fibra artificial (marca registrada).

lasting [l'a:stiŋ] adj. durável, duradouro, permanente. ‖ ~ly adv. de modo duradouro.

lastingness [~nis] s. 1. duração f. 2. solidez f.

Last Judgement [la:st dʒ'ʌdʒmənt] s. dia m. do juízo final.

last name s. sobrenome m.

last offices, last rites s. 1. unção dos enfermos (extrema-unção) f. 2. rezas f. pl. (missa) por intenção de um falecido.

last quarter s. quarto minguante (Lua) m.

last straw s. o último de uma série de dissabores ou dificuldades, que causa finalmente uma reação.

Last Supper s. Santa Ceia f.

last word s. 1. a última palavra f. (também fig.) 2. a coisa mais recente, mais em moda. 3. (coloq.) o que não tem mais remédio.

latch [lætʃ] s. trinco m., aldrava, tranqueta f., ferrolho m. (quadro L 5). ‖ v. aferrolhar, trancar.

latchet [l'ætʃit] s. cordão de sapato, atacador m.

latch-key [l'ætʃki:] s. chave de trinco f.

latch onto v. (coloq.) 1. obter, conseguir. 2. compreender.

latchstring [-striŋ] s. cordão para abrir um trinco m.

late [l'eit] adj. 1. tardio, seródio. 2. atrasado, demorado. 3. perto do fim. 4. último, recente, recentemente falecido. ‖ ~**ly** adv. há pouco tempo, ultimamente, recentemente. **my ~ father** meu falecido pai. **the ~ teacher** o antigo professor. **to be ~** chegar tarde. **to come at a ~ hour** vir tarde. **to keep ~ hours** recolher-se a desoras. **of ~ years** nos últimos anos. **~r on** mais tarde. **the ~** o recentemente demissionário ou falecido. **to grow ~** fazer-se tarde. **better ~ than never** antes tarde do que nunca. **of ~** ultimamente, há pouco tempo.

latecomer [l'eitkʌmə] s. atrasador m. (pessoa).

lateen [lət'i:n] s. 1. (Náut.) latina f.: vela triangular, inclinada em um ângulo de aproximadamente 45°. 2. embarcação f. provida de vela latina.

latency [l'eitənsi] s. latência f., estado latente m.

lateness [l'eitnis] s. 1. atraso m., demora f. 2. hora ou idade avançada f.

latent [l'eitənt] adj. 1. latente, oculto, subentendido. 2. disfarçado. dissimulado. ‖ ~**ly** adv. latentemente.

later [l'eitə] adj. posterior. ‖ adv. mais tarde. **~ on** mais tarde. **see you ~!** até logo mais.

lateral [l'ætərəl] adj. 1. lateral. 2. transversal. ‖ ~**ly** adv. lateralmente.

lateral axis s. (Av.) 1. eixo transversal m. 2. eixo m. de arfagem.

laterite [l'ætərait] s. (Geol.) laterita f.: rocha vermelha e porosa, composta de silicato de alumínio e óxido de ferro.

lateritic [lætər'itik] adj. laterícico, de tijolo.

latescence [leit'esəns] s. obscuridade t.

latescent [leit'esənt] adj. obscuro.

latex [l'eitəks] s. látex, látice m.

lath [la:θ, læθ] s. 1. ripa f., sarrafo m. (quadro F 1). 2. tela f. para estuque. 3. armação f. de sarrafos. ‖ v. cobrir com ripas, sarrafos ou argamassa.

lathe [l'eið] s. torno mecânico m.

lather (I) [l'a:ðə] s. 1. espuma f. de sabão (quadro S 5). 2. espuma, baba f. ‖ v. 1. espumar. 2. cobrir ou estar coberto com espuma. 3. ensaboar. 4. (coloq.) bater, espancar.

lather (II) [l'a:ðə] s. homem que coloca ripas, telas, etc. (para serem cobertas com argamassa).

lathering [l'æðəriŋ] s. surra, sova, ensaboadela f.

lathery [l'æðəri] adj. 1. cheio de espuma. 2. ensaboado.

lathing [l'a:θiŋ], **lathwork** [l'a:θwə:k] s. armação f.: cobertura ou telas (de estuque) de sarrafos.

lathy [l'æθi] adj. 1. fino como um sarrafo. 2. feito de sarrafos.

Latin [l'ætin] s. 1. latim m.: língua falada pelos romanos antigos. 2. latino m.: habitante da Roma antiga. ‖ adj. relativo ao latim ou aos povos latinos.

Latin-American s. latino-americano m. ‖ adj. latino-americano.

Latin Church s. Igreja Católica Romana f.

Latin cross s. cruz latina f. (o braço inferior é maior que o superior).

Latinism [l'ætənizm] s. latinismo m.: construção gramatical f. própria do latim.

Latinist [l'ætənist] s. latinista m. + f., pessoa versada no latim f.

Latinity [læt'inəti] s. 1. latinidade f., estilo latino m. 2. conjunto m. dos povos latinos.

Latinization [lætəniz'eiʃən] s. latinização f.

latinize [l'ætənaiz] s. latinizar, alatinar.

Latin rite s. (Rel.) liturgia da Igreja Católica Romana f.

latish [l'eitiʃ] adj. um pouco tardio.

latitude [l'ætitju:d] s. 1. latitude f. 2. largura, extensão f. 3. escopo m. 4. **~s** pl. região f., clima m.

latitudinal [lætitj'u:dinəl] adj. relativo a latitude.

latitudinarian [lætitju:din'ɛəriən] s. latitudinarista m. + f.: homem tolerante em princípios religiosos ‖ adj. latitudinário, amplo, extensivo, de interpretação arbitrária.

latitudinarianism [lætitju:din'ɛəriənizm] s. (Filos.) latitudinarianismo m.

latitudinous [lætitj'u:dinəs] adj. largo, volumoso.

latria [lətr'aiə, l'ætriə] s. (Teol.) latria, adoração f.: culto devido a Deus.

latrine [lətr'i:n] s. latrina, privada, cloaca (especialmente de acampamento, fábrica, etc.) f.

latten [l'ætən] s. 1. latão m. em folhas. 2. folha-de-flandres f. 3. metal m. em folhas. ‖ adj. feito de folha-de-flandres ou de latão fino.

latter [l'ætə] adj. 1. posterior, último, mencionado em segundo lugar. 2. moderno. 3. recente. ‖ ~**ly** adv. ultimamente, recentemente, há pouco tempo.

latter-day adj. moderno, de tempo recente.

Latter-day Saint s. (E. U. A.) mórmon m.

lattice [l'ætis] s. gelosia, rótula f. ‖ v. 1. guarnecer com gelosia. 2. entrelaçar. ‖ adj. de gelosia.

lattice bridge s. ponte f. com armação em treliça.

latticed [l'ætisd] adj. 1. guarnecido de rótulas. 2. engradado.

lattice girder s. viga f. em treliça.

lattice-work s. treliça f.: vigas cruzadas na construção de pontes.

laud [lɔ:d] s. 1. louvor, elogio, enaltecimento m. 2. hino religioso m. 3. **~s** pl. laudes, horas canônicas f. ‖ v. louvar, elogiar, enaltecer, celebrar.

laudability [lɔ:dəb'iliti], **laudableness** [l'ɔ:dəblnis] s. laudabilidade f.: qualidade do que é digno de louvor.

laudable [l'ɔ:dəbl] adj. 1. louvável. 2. (Med.) saudável, salutar. ‖ —**bly** adv. de maneira louvável.

laudanum [l'ɔdnəm] s. láudano m.: medicamento à base de ópio.

laudation [lɔ:d'eiʃən] s. louvação f.

laudative [l'ɔ:dətiv], **laudatory** [l'ɔ:dətəri] adj. laudatório, laudativo, laudatício.

laudator [lɔ:d'eitə] s. louvador m., o que louva m.

lauder [l'ɔ:də] s. louvador m.

laugh [la:f] s. 1. gargalhada f., riso m. 2. escárnio m., mofa f. ‖ v. 1. rir, gargalhar. 2. escarnecer. **the ~ is always against the loser** o que perde sempre sofre o escárnio. **he ~s best who ~s last** ri melhor quem ri por último. **to ~ at** rir-se de. **to ~ away** passar sobre algum assunto com risadas. **to ~ down** fazer silenciar alguém com risadas estrepitosas. **to ~ in one's sleeve** rir-se à socapa. **to ~ off** tratar com somenos importância. **to ~ on the other side, ou corner of the mouth,** ou on **the wrong side of one's mouth** sentir desgosto depois de satisfação. **to ~ out of court** tratar como sendo indigno de atenção. **to ~ over** referir-se com contentamento. **to ~ to scorn** tratar com o máximo desprezo.

laughable [l'a:fəbl] adj. risível, ridículo. ‖ —**bly** adv. ridiculamente, comicamente.

laughableness [~nis] s. risibilidade f.

laugher [l'a:fə] s. ridor m., o que ri.

laughing [l'a:fiŋ] s. riso m., risada f. ‖ adj. risonho. ‖ ~**ly** adv. com riso, de modo risonho. **it is no ~ matter** é sério, grave.

laughing-gas s. gás hilariante (protóxido de nitrogênio) m.

laughing-stock s. pessoa que se expõe ao ridículo f.
laughter [l'a:ftə] s. risada f., riso m.
  roars of ~ gargalhadas. **to break into a fit of** ~ cair numa gargalhada
launch [lɔ:ntʃ] s. 1. lançamento m. de um navio. 2. lancha f. ‖ v. 1. lançar um navio. 2. começar (um negócio). 3. arremessar. 4. estourar (de raiva). ~ **out** iniciar.
launch pad s. (Aer.) plataforma f. de lançamento.
launch window s. (Aer.) período m. exato para o lançamento.
launder [l'ɔ:ndə] s. pia f. em que os mineiros lavam metais em pó. ‖ v. lavar e passar (roupa).
launderer [l'ɔ:ndərə] s. lavadeiro m.
laundress [l'ɔ:ndris] s. lavadeira, lavandeira f.
laundry [l'ɔ:ndri] s. 1. lavanderia f. 2. roupa para lavar f.
laundry-man s. lavadeiro m.
laundry-woman s. lavadeira f.
laureate [l'ɔ:riit] v. laurear, coroar com louros. ‖ adj. laureado, coroado de louros.
  poet ~ poeta laureado.
laureateship [~ ʃip] s. dignidade f. de poeta laureado.
laureation [lɔ:ri'eiʃən] s. laureio.
laurel [l'ɔrəl] s. 1. loureiro, louro m. 2. (geralmente no plural) laurel, galardão m.
laureled [l'ɔrəld] (E. U. A.), **laurelled** adj. laureado.
lava [l'a:və, l'eivə] s. lava f. (quadro M 7).
lavabo [ləv'eibou] s. lavabo m., bacia, pia f.
lavage [ləv'a:ʒ], **lavation** [læv'eiʃən] s. (Med.) lavagem interna f.
lavatory [l'ævətəri] s. lavatório, banheiro m., privada f. (quadro S 13).
lave (I) [leiv] v. lavar, banhar.
lave (II) [leiv] s. (esc.) sobras f. pl., resto m.
lavender [l'ævində] s. lavanda, alfazema f. ‖ v. perfumar, borrifar com lavanda, alfazemar. ‖ adj. da cor da alfazema.
lavender cotton s. (Bot.) santolina f.
lavender-oil s. óleo m. de lavanda.
lavender-water s. água-de-lavanda f.
laver (I) [l'eivə] s. 1. vaso largo m. de latão para as abluções dos sacerdotes judaicos. 2. fonte f. 3. (fig.) batismo m.
laver (II) [l'eivə] s. gênero de algas marinhas comestíveis.
lavish [l'æviʃ] v. dissipar, esbanjar, desperdiçar, dar generosamente, em profusão. ‖ adj. 1. pródigo, profuso, excessivo, superabundante. 2. liberal, generoso. ‖ ~**ly** adv. prodigamente, profusamente.
lavisher [l'æviʃə] s. esbanjador, dissipador, pródigo m.
lavishness [l'æviʃnis] s. prodigalidade f.
law (I) [lɔ:] s. 1. lei f. 2. direito m. 3. regulamento m. 4. regra f. 5. estatuto m. 6. mandamentos m. pl. 7. jurisprudência f. 8. advocacia f. 9. foro, tribunal m. 10. (coloq.) policial, polícia m. + f. ‖ v. (coloq.) demandar, processar.
  canon ~ direito canônico. **civil** ~ direito civil. **commercial** ~ direito comercial. **common** ~ direito consuetudinário. **ecclesiastical** ~ direito eclesiástico. **international** ~ direito internacional. **marine** ~ direito marítimo. **martial** ~ lei marcial. **military** ~ lei militar. **to be at** ~ estar em demanda. **to be in the** ~ ser jurista. **to follow the** ~ estudar jurisprudência. **to go** ou **pass into** ~ passar a lei (um projeto). **to go to** ~ processar. **to have the** ~ **of** processar. **to lay down the** ~ dar ordens. **to take the** ~ **into one's hands** fazer justiça pelas próprias mãos. **at** ~ em juízo. **by** ~ por lei. **broter-in-**~ cunhado. **doughter-in-**~ nora. **father-**

-in-~ sogro. **mather-in-**~ sogra. **sister-in-**~ cunhada. **son-in-**~ genro. **in-laws** (coloq.) os parentescos por afinidade. **I like my in-laws** gosto dos parentes de minha mulher (ou de meu marido).
Law [lɔ:], **the** (II) s. 1. a Lei de Deus, promulgada por Moisés. 2. o Antigo Testamento.
law (III) [lɔ:] interj. exclamação de surpresa: oh! oh!
law-abiding adj. obediente à lei.
law book s. tratado sobre leis m.
law-breaker s. transgressor da lei m.
law-breaking adj. transgressivo, transgressor.
law court s. tribunal de justiça m.
lawful [l'ɔ:ful] adj. legal, legítimo, lícito. ‖ ~**ly** adv. legalmente, legitimamente.
lawfulness [~ nis] s. legalidade, legitimidade f.
law-giver, law-maker s. legislador m.
law-giving adj. legislativo.
lawine [læ'i:nə] s. avalanche f.
lawless [l'ɔ:lis] adj. 1. sem lei. 2. irregular, ilegal. ‖ ~**ly** adv. 1. contra a lei. 2. ilegalmente.
lawlessness [l'ɔ:lisnis] s. ilegalidade f.
law-maker s. legislador m.
law-making s. 1. ato de legislar. 2. legislação f. ‖ adj. legislativo.
law-monger s. rábula f.
lawn [lɔ:n] s. 1. gramado, relvado m., clareira f. 2. tecido m. de algodão ou linho, mais fino que cambraia.
lawn-mower s. segadeira f. para cortar ou aparar grama.
lawn-sprinkler s. aparelho m. para irrigação de gramados.
lawn-tennis s. jogo m. de tênis, originariamente disputado em quadras gramadas.
lawny [l'ɔ:ni] adj. 1. relvoso. 2. fabricado com um tecido semelhante à cambraia, porém mais fino.
law of averages s. (Estat.) lei f da média dos principais promédios.
law of gravity s. (Fís.) lei f. da gravidade.
law of motion s. (Fís.) lei f. dos movimentos.
law of the jungle s. lei f. da selva.
law-suit s. processo m., ação judicial, demanda f.
lawyer [l'ɔ:jə] s. advogado, jurisconsulto m.
lax [læks] s. 1. espécie de salmão da Escandinávia. 2. diarréia f. ‖ adj. 1. lasso, frouxo, bambo. 2. negligente. 3. ambíguo, vago. 4. poroso. 5. diarréico. ‖ ~**ly** adv. frouxamente.
laxative [l'æksətiv] s. laxante m. ‖ adj. laxativo.
laxity [l'æksiti], **laxness** [l'æksnis] s. 1. lassidão, frouxidão f. 2. falta de exatidão f.
lay (I) [lei] s. 1. situação, posição f. 2. postura f. 3. camada f. ‖ v. imp. e p. p. **laid** 1. derrubar, deitar, prostrar, abater. 2. pôr, colocar, assentar. 3. acalmar ou fazer desaparecer, exorcizar, conjurar, aplacar. 4. deitar em posição de repouso. 5. planejar, arranjar, preparar. 6. enterrar. 7. ferir (com armas, socos, etc.). 8. estender 9. apontar (armas).
  the ~ **of the land** posição de um terreno. **to** ~ **bricks** assentar tijolos. **to** ~ **the cloth (the table)** pôr a mesa. **to** ~ **eggs** pôr ovos. **to** ~ **a ghost** conjurar um espírito. **to** ~ **the nap of a cloth** alisar o lanugem (pano). **to** ~ **plans** fazer preparativos ou planos. **to** ~ **an ambush** preparar uma emboscada. **to** ~ **ten shillings on a horse** apostar dez xelins num cavalo. **to** ~ **a tax** impor um imposto. **to** ~ **a claim to** reclamar, reivindicar. **the crime is being laid to her** o crime está sendo atribuído a ela. **to** ~ **the blame on s. o.** responsabilizar, imputar responsabilidade a alguém. **to** ~ **to the oars** remar a toda força. **the scene is laid (ou is set) in New York** a cena se

passa em Nova York. **to ~ about one** 1. distribuir socos a esmo. 2. lutar vigorosamente. **to ~ aside** rejeitar, abandonar, pôr de lado. **to ~ bare** 1. revelar. 2. despir, desnudar. **to ~ before** exibir, mostrar, expor. **to ~ blows** dar pancadas, socos. **to ~ by** economizar, guardar. **to ~ by the heels** aprisionar, prender. **to ~ down** 1. depor. 2. resignar, renunciar. 3. delinear. 4. declarar, afirmar. 5. formular. 6. depositar. 7. pagar. 8. apostar. 9. sacrificar. 10. estipular. **to ~ fast** agarrar e segurar firmemente. **to ~ fire** pôr fogo. **to ~ hands on** 1. pôr mãos à obra. 2. tocar. 3. assaltar. 4. agarrar. **to ~ the hands on** impor as mãos (sacerdotal). **to ~ hands upon oneself** suicidar-se. **to ~ heads together** deliberar, conferenciar. **to ~ hold of** ou **on** 1 agarrar, prender. 2. usar como pretexto. **to ~ in** armazenar, pôr em estoque. **to ~ into** bater, espancar. **to ~ the loss at** avaliar o prejuízo em. **to ~ off** despedir empregados. **to ~ on** 1. impor. 2. infligir. 3. vibrar (golpes). 4. margear. **to ~ it on** exagerar bastante. **to ~ it to one's door** atribuir a culpa a outrem. **to ~ open** 1. expor, descobrir. 2. explicar. **to ~ out** 1. dispor, arranjar. 2. expor, explicar. 3. despender. 4. vestir roupas de luto. 5. atordoar. 6. ocupar-se com alguma coisa. **to ~ over** cobrir. **to ~ siege to** 1. sitiar, cercar. 2. importunar. **to ~ the land** perder a terra de vista. **to ~ to** aplicar-se com vigor. **to ~ together** 1. pôr lado a lado. 2. somar. **to ~ to heart** 1. sentir profundamente. 2. tomar seriamente em consideração. **to ~ to sleep** ou **rest** enterrar. **to ~ under** sujeitar a, submeter. **to ~ up** 1. armazenar. 2. economizar. 3. guardar o leito. 4. pôr um navio no dique. **to ~ waste** 1. assolar. 2. devastar. **~-by** ancoradouro. **~ days** (Marít.) período da atracação.
lay (II) [lei] imp. de **lie.**
lay (III) [lei] s. 1. balada f. 2. (fig.) canção f., canto m.
lay (IV) [lei] adj. leigo, secular.
   ~ brother irmão leigo. **~ sister** irmã leiga.
lay-about s. (Ingl., coloq.) mandrião m.
lay-by s. 1. estacionamento m. de emergência à margem de rodovia ou ferrovia. 2. ancoradouro m. em rio ou canal.
lay-days s. número m. de dias concedido a um navio para carga e descarga no ·porto.
layer [l'eiə] s. 1. assentador m.: aquilo ou aquele que põe, deita, assenta. 2. leito m., camada f., estrato m. 3. fiada (tijolos) f. 4. galinha poedeira f. 5. renovo, rebento m., vergôntea f. 6. mergulhão m. ‖ v. 1. estender em camadas. 2. reproduzir, por meio de renovos, rebentos, etc.
layer cake s. (E. U. A.) bolo m. de várias camadas.
layering [l'eiəriŋ] s. (Bot.) mergulhia f.
layer-on s. margeador (de máquinas de impressão) m.
layer-out s. despenseiro m.
layette [l'eiet] s. enxoval m. do recém-nascido.
lay figure s. 1. manequim, modelo m. + f. 2. títere m., nulidade f. 3. personagem m. + f. fictício de uma história.
laying [l'eiiŋ] s. 1. colocação f. 2. postura f., de ovos, os ovos postos. 3. torcedura f. de fios, para formar uma corda.
layman [l'eimæn] s. leigo, secular m.
lay-off [lei'of] s. período m. durante o qual um trabalhador é temporariamente dispensado, dispensa temporária f. de empregados.
lay of the land s. 1. configuração f. do terreno. 2. estado m. de coisas.
layout [l'eiaut] s. 1. desenho, plano, esquema m. 2. exposição, amostra f. 3. equipamento m. 4. (Tipogr.) leiaute m.
layover [lei'ouvə] s. parada temporária f.

lay-stall [l'eistɔ:l] s. 1. monturo m. de ·esterco ou adubo. 2. esterqueira, estrumeira f. 3. estábulo m.
lazar [l'æzə] s. 1. lázaro, leproso, hanseniano m. 2. pessoa pobre e doente.
lazaret [læzər'et], **lazaretto,** [~ou] s. 1. hospital, isolamento m. para pessoas com doenças contagiosas. 2. lazareto, leprosário m. 3. navio hospital m. 4. estação f. de quarentena.
lazarist [l'æzərist], **lazarite** [l'æzərait] s. lazarista m. + f.: membro da congregação de São Vicente de Paula.
lazar-like adj. lazarento, leproso.
laze [leiz] s. lazer, ócio m. ‖ v. vadiar.
laziness [l'eizinis] s. preguiça f., ócio m., indolência f.
lazulite [l'æzjulait] s. lazulita f., lápis-lazúli m.
lazy [l'eizi] adj. preguiçoso, ocioso, indolente, vadio, lento, pouco ativo. ‖ **-zily** adv. preguiçosamente.
lazy-bones s. (coloq.) vadio, preguiçoso, ocioso m.
lazy daisy s. tipo de ponto de bordado.
L-driver, learner driver s. (Ingl., Autom.) aprendiz m. de motorista.
lea [li:] s. 1. prado m., campina, várzea f. 2. terra não cultivada. f. 3. medida para lã f. ‖ adj. não cultivado.
leach [li:tʃ] s. 1. lixívia, água f. de barrela. 2. vasilha f. usada para fazer lixívia f. ‖ v. lixiviar.
leach-tub s. cuba f. para fazer lixívia.
lead (I) [led] s. 1. chumbo m. 2. entrelinha f. 3. grafita f. 4. sonda f., prumo m. 5. (pl.) chapas f. pl. para cobrir telhados. 6. bala f. de arma de fogo. ‖ v. 1. cobrir, moldar, prender, etc. com chumbo. 2. (Tipogr.) prover com entrelinhas. ‖ adj. de chumbo.
   black ~ mina de lápis preto. **red ~** zarcão. **white ~** alvaiade. **to swing the ~** (coloq.) dizer-se doente para escapar ao serviço.
lead (II) [li:d] s. 1. conduta, guia f. 2. precedência f. 3. 1.º lugar m., direção f., comando m. 4. mão (nos jogos de cartas) f. 5. passagem f. através do gelo. 6. curso m. de água artificial. 7. correia f. para amarrar cachorro. 8. cabo condutor m. 9. (Teatro) o papel principal. 10. ator principal m. 11. um exemplo. 12. (Boxe) um golpe. 13. trecho m. introdutivo de um artigo de jornal. ‖ v. imp. e p. p. **led** 1. ser o primeiro a encabeçar. 2. conduzir, guiar. 3. dirigir, comandar. 4. preceder. 5. persuadir, induzir. 6. jogar de mão (cartas).
   to take the ~ 1. assumir o comando. 2. tomar a iniciativa. **he has the ~** ele é o mandão. **a ~ of** uma dianteira de (numa corrida). **to ~ a healthy life** viver vida saudável. **to ~ astray** desviar, desencaminhar. **to ~ away** conduzir, levar. **to ~ captive** aprisionar, prender. **to ~ off** dar início, começar. **to ~ on** arrastar, seduzir. **to ~ the way** preceder, mostrar o caminho. **to ~ up to** 1. conduzir a conversação para determinado assunto. 2. conduzir em direção a. 3. aplanar o caminho.
leadable [l'i:dəbl] adj. conduzível.
leaded [l'edid] adj. 1. chumbado. 2. (Tipogr.) separado com entrelinhas.
leaden [ledn] adj. 1. feito de chumbo. 2. cor-de-chumbo. 3. pesado, plúmbeo. 4. inerte.
leader [l'i:də] s. 1. condutor m., guia m. + f. 2. chefe, comandante m. 3. regente m. + f. 4. artigo m. de fundo. 5. cavalo dianteiro m. 6. pequeno veio m. de minério. 7. (E. U. A., **~s** pl.) artigo m. oferecido a preço baixo para atrair a freguesia.
leadership [l'i:dəʃip] s. chefia f., comando m.
lead-glance [l'edgla:ns] s. galena f., minério de chumbo m.
lead-in [l'i:d'in] (Rádio, Telev.) fio m. de descida de antena.
leading (I) [l'i:diŋ] s. 1. chefia f. 2. direção f. ‖ adj.

L 2

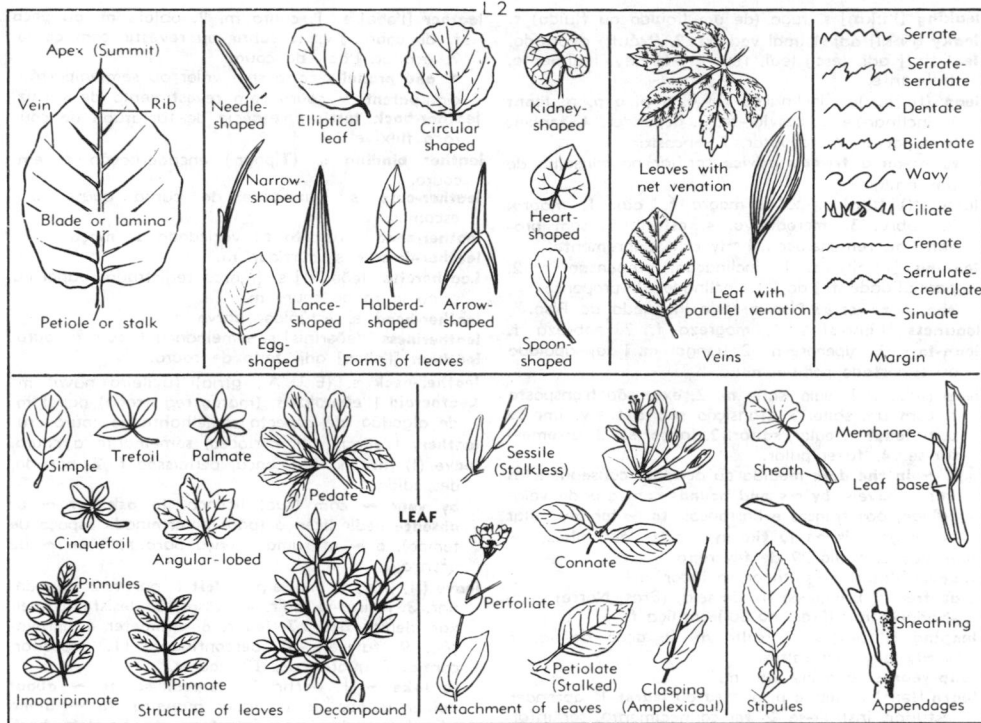

Apex (Summit)

Vein — Rib

Blade or lamina

Petiole or stalk

Needle-shaped

Elliptical leaf

Circular shaped

Narrow-shaped

Lance-shaped

Halberd-shaped

Arrow-shaped

Egg-shaped

Forms of leaves

Kidney-shaped

Heart-shaped

Spoon-shaped

Leaves with net venation

Leaf with parallel venation

Veins

Serrate
Serrate-serrulate
Dentate
Bidentate
Wavy
Ciliate
Crenate
Serrulate-crenulate
Sinuate

Margin

Simple — Trefoil — Palmate

Pedate

Cinquefoil

Angular-lobed

Pinnules

Imparipinnate — Pinnate

Structure of leaves

LEAF

Decompound

Sessile (Stalkless)

Connate

Perfoliate

Petiolate (Stalked)

Clasping (Amplexicaul)

Attachment of leaves

Sheath

Leaf base

Sheathing

Membrane

Stipules

Appendages

---

1. principal, primeiro. 2. conducente, condutor. 3. que seduz, que tenta.
~ **article** 1. artigo de fundo. 2. mercadoria vendida a baixo preço. ~ **business** papel principal numa peça teatral. ~ **case** precedente, caso que serve para firmar jurisprudência. ~ **lady** atriz principal. ~ **man** galã, ator principal. ~ **question** pergunta que sugere determinada resposta. **to be in ~ strings** estar na dependência de alguém.
leading (II) [l'edin] s. 1. cobertura f. ou moldura de chumbo. 2. (Tipogr.) entrelinhas f. pl.
lead-line [l'edlain] s. sonda f.
lead monoxide [l'edmən'ɔksaid] s. litargírio m.
lead-off [l'i:d'ɔf] s. início, começo m.
lead ore [l'ed ɔ:] s. minério m. de chumbo.
lead poisoning [ledpɔiznin] s. 1. (Pat.) plumbismo, saturnismo m.: intoxicação crônica pelo chumbo. 2. (gíria) ferimento m. por arma de fogo.
lead time [l'i:dtaim] s. período m. entre a programação e o acabamento de um produto.
lead-work [l'edwə:k] s. trabalho m. de encanador ou vidraceiro.
lead-works [l'edwə:ks] s. fundição f. de chumbo.
leady [l'edi] adj. plúmbeo.
leaf [li:f] s. pl. **leaves** [li:vz] 1. folha f. de planta, (quadro L 2), de livro, de porta. 2. folhagem f. 3. pétala f. de uma flor. 4. o que se assemelha à folha de uma planta. 5. chapa f. fina de metal. ‖ v. 1. cobrir-se de folhas. 2. virar as páginas. **to burst into** ~ cobrir-se de folhas. **to take a ~ out of one's book** seguir o exemplo de outrem, imitar. **to turn over a new** ~ mudar de vida, corrigir-se. **in** ~ folheado.
leafage [l'i:fidʒ] s. folhagem f.
leaf-bud s. botão m. que desabrocha, criando folhas.

leafed [li:fd] adj. folhoso, folhudo.
leaf-gold s. ouro m. em folha.
leafiness [l'i:finis] s. frondosidade f.
leafless adj. desfolhado, desprovido de folhas.
leaflet [l'i:flit] s. 1. folhinha f. 2. folheto m. 3. folíolo m.
leaf-louse s. afídio, pulgão m.
leaf-metal s. metal m., especialmente ouro ou prata, batido em folhas muito finas e empregado para decorações.
leaf-mould s. folhas caídas f. pl. usadas no preparo de composto (adubo).
leaf rust s. (Bot.) ferrugem f.
leaf-stalk s. (Bot.) pecíolo m.
leaf through v. folhear rapidamente (livro, revista).
leaf-work s. trabalho m. de decoração, usando folhas como motivo.
leafy [l'i:fi] adj. frondoso, copado.
league (I) [li:g] s. liga, aliança, confederação f. ‖ v. ligar-se, aliar-se, confederar-se.
in ~ **with** em associação ou em pacto com.
League of Nations Liga das Nações f., predecessora da ONU.
league (II) [li:g] s. légua f.
leaguer [l'i:gə] s. confederado, aliado m.
leak [li:k] s. 1. rombo m., fenda f. 2. vazamento m. 3. goteira f. ‖ v. 1. escoar. 2. vazar.
to spring a ~ (Náut.) fazer água. **to** ~ **out** tornar público.
leakage [l'i:kidʒ] s. 1. derrame m. 2. quantidade f. de líquido perdida por derrame. 3. vazamento m. 4. desconto m. concedido para compensar eventuais perdas por derrame. 5. transpiração f. de informações confidenciais.
leakiness [l'i:kinis] s. vazamento, escoamento m.

leaking [l'i:kiŋ] s. fuga (de um líquido ou fluido) f.
leaky [l'i:ki] adj. 1. mal vedado. 2. (Náut.) avariado.
leal [li:l] adj. (esc.) leal, fiel. ‖ **~ly** adv. lealmente, fielmente.
lean (I) [li:n] s. inclinação f. ‖ v. imp. e p. p. **leant** 1. inclinar-se. 2. desviar-se. 3. depender. 4. tender. 5. suportar. 6. repousar. 7. encostar.
to ~ on a friend's advice confiar no conselho de um amigo.
lean (II) [li:n] s. carne magra f. ‖ adj. 1. magro. 2. pobre. 3. improdutivo. 4. estéril. 5. sem proveito ou remuneração. ‖ **~ly** adv. pobremente.
leaning [l'i:niŋ] s. 1. inclinação, propensão f. 2. parcialidade f. ‖ adj. 1. inclinado. 2. propenso.
the ~ tower of Pisa a torre inclinada de Pisa.
leanness [l'i:nnis] s. 1. magreza f. 2. pobreza f.
lean-to s. 1. alpendre m. 2. hangar m. ‖ adj. apoiado ou suportado por um muro.
leap [li:p] s. 1. pulo, salto m. 2. extensão transposta f. com um salto. 3. transição súbita f. ‖ v. imp. e p. p. **leapt** 1. pular, saltar. 2. lançar-se. 3. arremessar-se. 4. fazer pular.
a ~ in the dark medida ou ação de consequências imprevisíveis. **by ~s and bounds** com grande velocidade, aos trancos e barrancos. **to ~ for joy** pular de alegria. **it ~s to the eye** salta aos olhos.
leap-day s. o dia 29 de fevereiro.
leaper [l'i:pə] s. saltador, pulador m.
leap-frog s. brinquedo m. de sela, (Bras. Norte) eixo-badeixo m., (Bras. no Sul) carniça f.
leaping [l'i:piŋ] s. 1. salto m. 2. ação de saltar. ‖ **~ly** adv. aos saltos.
leap-year s. ano bissexto m.
learn [lə:n] v. imp. e p. p. **~ed** ou **learnt** 1. aprender, estudar, instruir-se. 2. ter conhecimento, ser informado. 3. fixar na memória. 4. chegar a saber.
to ~ by heart aprender de cor, de memória, decorar.
to ~ from tomar conhecimento por intermédio de.
learnable [l'ə:nibl] adj. que pode ser aprendido.
learned [l'ə:nid] adj. instruído, douto, erudito, versado. ‖ **~ly** adv. doutamente, eruditamente.
the ~ os eruditos.
learnedness [l'ə:nidnis] s. erudição, sabedoria f.
learned profession s. profissão acadêmica f.
learner [l'ə:nə] s. discípulo, aprendiz m.
learning [l'ə:niŋ] s. 1. erudição f., saber m., ciência f. 2. aprendizagem f.
leasable [l'i:sibl] adj. arrendável.
lease [li:s] s. 1. arrendamento m. 2. contrato ou período de arrendamento m. ‖ v. 1. arrendar. 2. ser arrendado.
to take on ~ tomar em arrendamento. **to let out on ~** dar em arrendamento. **I have ~ of a house** aluguei, arrendei uma casa.
lease-back s. contrato m. de venda e arrendamento da propriedade vendida.
leasehold [l'i:should] s. 1. arrendamento m. 2. propriedade arrendada f. ‖ adj. tomado em arrendamento, arrendado.
lease-holder [l'i:s houldə] s. arrendatário m.
leash [li:ʃ] s. 1. correia, trela f. 2. trio m. ‖ v. 1. atar, atrelar. 2. controlar.
in ~ na correia ou trela. **to hold in ~** controlar.
least [li:st] s. a menor parcela, o mínimo. ‖ adj. o menor, mínimo. ‖ adv. o menos.
at ~ ao menos, pelo menos, de qualquer forma. **at the ~** de qualquer forma. **not in the ~** de maneira alguma, de modo algum. **to say the ~ of it** para dizer pouco. **last but not ~** por último, porém de não menor importância.
leastways [l'i:stweiz], **leastwise** [l'i:stwaiz] adj. ao menos, pelo menos.

leather [l'əðə] s. 1. couro m. 2. objeto m. ou peça f. de couro. ‖ v. 1. cobrir ou revestir com couro. 2. açoitar. ‖ adj. de couro
~ and prunella coisa sem valor ou sem importância. **patent ~** couro com revestimento de verniz.
leather-back turtle s. espécie de tartaruga de couraça flexível.
leather binding s. (Tipogr.) encadernação f. em couro.
leather-carp s. variedade de carpa quase sem escamas.
leather-coat s. raineta f.: variedade de maçã.
leather-dresser s. curtidor m.
Leatherette [leðər'et] s. (marca registrada) papel ou pano imitando couro m.
leather-head s. estúpido, parvo m.
leatheriness [l'eðərinis] s. semelhança f. com o couro.
leathern [l'eðən] adj. feito de couro.
leather-neck s. (E. U. A., gíria) fuzileiro naval m.
Leatheroid [l'eðərɔid] s. (marca registrada) papel m. de algodão, de aspecto semelhante ao couro cru.
leathery [l'eðəri] adj. coriáceo, semelhante a couro.
leave (I) [li:v] s. 1. licença, permissão f. 2. partida, despedida f.
by your ~ com (sua) licença. **to ask for ~ of absence** pedir licença (para determinado espaço de tempo). **a ~ off** uma licença para sair. **on ~** de licença.
leave (II) [li:v] v. imp. e p. p. **left** 1. partir. 2. abandonar. 3. retirar-se, sair. 4. cessar. 5. desistir. 6. deixar, deixar ficar. 7. legar. 8. submeter à aprovação. 9. falecer. 10. descontinuar. 11. depositar, confiar à guarda de. 12. sobrar.
to take ~ 1. partir. 2. despedir-se. **to ~ about** deixar jogado de qualquer maneira. **to ~ alone** não incomodar, não interferir. **to be left back** (escola) não passar de ano. **to ~ behind** 1. avançar, ultrapassar. 2. deixar como recordação. 3. deixar para trás. **there is nothing left but hope** nada ficou a não ser a esperança. **to ~ for** partir para. **to ~ off** 1. desistir. 2. descontinuar. 3. deixar de vestir. **there is nothing left on hand** nada sobrou. **to ~ out** omitir. **to ~ over** deixar para considerações futuras. **~ that to me** deixe isto para mim.
leave (III) [li:v] v. cobrir-se de folhas.
leaved [~d] adj. frondoso, copado.
leaven [levn] s. 1. levedura f., fermento m. 2. (fig.) qualquer influência f. ‖ v. 1. fermentar, levedar. 2. corromper. 3. impregnar.
leavening [l'evəniŋ] s. 1. fermentação f. 2. fermento m., levedura f.
leave of absence s. (milit.) 1. permissão f. para ausentar-se (do quartel). 2. tempo despendido m. nessa ausência.
leaver [l'i:və] s. pessoa f. que parte.
leaves [li:vz] s. pl. de **leaf.**
leave-taking s. 1. partida f. 2. despedida f.
leaving [l'i:viŋ] s. 1. partida f. 2. **~s** pl. resíduos, restos m. pl., sobras f. pl.
Lebanese [l'ebəni:z] s. libanês m. ‖ adj. libanês.
lebensraum [l'eibənsraum] s. (alem.) espaço vital m.
lech [letʃ] s. (gíria) 1. libertinagem f. 2. ânsia de sexo f.
lecher [l'etʃə] s. libertino, devasso m. ‖ v. praticar atos de libertinagem.
lecherous [~rəs] adj. luxurioso, voluptuoso, lúbrico, lascivo. ‖ **~ly** adv. lascivamente, lubricamente.
lecherousness [l'etʃərəsnis] s. sensualidade, luxúria f.
lechery [l'etʃəri] s. luxúria, lascívia, lubricidade f.
lecithin [l'esiθin] s. (Bioquím.) lecitina f.
lectern [l'ektən] s. estante f. para leitura: a) na igreja. b) em sala de aula ou conferência.

lection [l'ekʃən] s. 1. lição f. 2. leitura f. 3. variação f. num texto. 4. trecho m. da Sagrada Escritura lido nos serviços religiosos.

lectionary [~əri] s. conjunto m. de passagens da Sagrada Escritura para ser lido na igreja.

lector [l'ektə] s. 1. lente m. de uma universidade. 2. clérigo m. incumbido da leitura de trechos da Sagrada Escritura na igreja. 3. leitor m.

lecture [l'ektʃə] s. 1. preleção, conferência f. 2. repreensão f. ‖ v. 1. fazer preleções ou conferências. 2. repreender.
to give a ~ on fazer uma preleção sobre. to read one a ~ repreender alguém.

lecturer [~rə] s. 1. conferencista m. + f. 2. lente m. + f.

lectureship [~ʃip] s. função f. de conferenciar ou de fazer preleções.

lecture theatre s. salão de conferências m.

led [led] v. imp. e p.p. de **lead**.

ledge [ledʒ] s. 1. borda, orla f. 2. saliência f. de um rochedo ou de um recife. 3. camada f. de rocha contendo veios minerais.

ledged [~d] adj. que tem borda, orla, etc.

ledgeless [l'edʒlis] adj. sem borda, orla, etc.

ledger [l'edʒə] s. 1. livro razão m. 2. lápide f.

ledger-lines s. pl. (Mús.) pequenas linhas f. pl. acima ou abaixo das cinco linhas principais.

lee (I) [li:] s. 1. sotavento m. 2. abrigo m., proteção contra o vento f. ‖ adj. a sotavento.
under the ~ of 1. a sotavento. 2. ao abrigo do vento.

lee (II) [li:] veja **lees**.

leech (I) [li:tʃ] s. 1. sanguessuga f. 2. (fig.) parasita m. ‖ v. aplicar sanguessugas.

leech (II) [li:tʃ] s. (Náut.) testa f. (de vela)

leechcraft [~kra:ft] s. arte f. de curar.

leek [li:k] s. alho-porro m.
to eat the ~ 1. retratar-se. 2. ser compelido a aceitar uma afronta.

leer [l'iə] s. 1. olhar m. de esguelha, de soslaio. 2. forno m. para recozimento. ‖ v. 1. olhar de soslaio 2. safar-se furtivamente.

leeringly [l'iŋli] adv. de esguelha, de soslaio.

leery [~ri] adj. 1. alerta. 2. esperto.

lees [li:z] s. pl. 1. borra f. 2. fezes f. pl. 3. sedimento m.

lee shore s. (Náut.) litoral de sotavento m.

leeside [l'i:said] s. costado m. de sotavento.

leeward [l'i:wəd] s. 1. sotavento m. 2. direção a sotavento f. ‖ adj. a sotavento. ‖ adv. a sotavento.

leeway [l'i:wei] s. 1. deriva f., declinação f. da rota. 2. espaço lateral adicional m. 3. tempo m. ou dinheiro de reserva. 4. espaço m. ou margem f. para ação.

left (I) [left] s. esquerda f., lado esquerdo m. ‖ adj. esquerdo. ‖ adv. à esquerda.
to the ~ à esquerda.

left (II) [left] imp. e p. p. de **leave**.

left-hand adj. à esquerda.

left-handed adj. 1. canhoto. 2. que se move da esquerda para a direita. 3. feito para uso pela mão esquerda. 4. (fig.) desajeitado. 5. estúpido. 6. insincero, malicioso. 7. ambíguo. 8. morganático (casamento). 9. fictício. ‖ ~ly adv. 1. desajeitadamente. 2. maliciosamente. 3. ambiguamente. 4. com a mão esquerda.

left-handedness s. condição f. de canhoto.

left-hander s. 1. canhoto m., canhota f. 2. canhota f.

leftism [l'eftizm] s. (Pol.) esquerdismo m.

leftist [l'eftist] s. (Pol.) esquerdista m. + f.

left-luggage [l'eftl'ʌgidʒ] s. bagagem f. depositada temporariamente em uma estação ferroviária.

left-luggage office (E. U. A. **baggage room**) s. guarda-bagagem m. (estação de embarque e desembarque).

left-off [l'eft'ɔf] adj. posto de lado por inútil.

leftover [l'eft'ouvə] s. sobra f., resto m.

leftwards [l'eftwedz] adv. 1. para a esquerda. 2. do lado esquerdo.

leftwing [l'eftwiŋ] s. (Pol.) ala esquerdista f.

lefty [l'efti] s. (gíria) 1. canhoto m. 2. o apelido m. ‖ adv. de mão esquerda, desajeitadamente.

leg [leg] s. 1. perna f. 2. pata f. 3. pe m. 4. cano (de bota) m., parte de roupa f. que cobre as pernas. 5. suporte m. 6. trecho m. de um percurso. 7. caminho m. percorrido por um veleiro sem mudar o velame. 8. lado m. de um triângulo (que não é a base nem a hipotenusa). 9. (Esp.) primeira partida f. ganha, quando uma segunda é necessária para decidir a disputa. 10. (gíria) embrulhão m.
bandy ~s ou turned in ~s pernas arqueadas. wooden ~ perneta. not a ~ to stand on sem base. to be on one's last ~s 1. estar à beira da ruína. 2. estar em estado de exaustão extrema. to feel ou find one's ~s 1. aprender a ficar em pé ou a andar. 2. dominar algum assunto. to get on one's ~s levantar-se. to take to one's ~s sair correndo. to ~ it ir a pé. to make a ~ fazer rapapé. to pull one's ~ fazer alguém de tolo. to shake a ~ dançar. to show a ~ levantar-se. to stand on one's own ~s ser independente.

legacy [l'egəsi] s. legado m., herança f.

legacy-duty [~ dj'uti] s. imposto m. sobre legados.

legacy-hunter [~ h'ʌntə] s. aquele que bajula parentes ricos, na esperança de receber legados.

legal [l'i:gəl] adj. 1. legal. 2. legítimo. 3. lícito. 4. válido. ‖ ~ly adv. legalmente.

legal holiday s. feriado decretado m.

legalism [~izm] s. legalismo m., legalidade f.

legalist [~ist] s. legalista m. + f.

legalistic [ligəl'istik] adj. legalista.

legality [lig'æliti] s. 1. legalidade f. 2. autenticidade f.

legalization [li:gəlaiz'eiʃən] s. legalização f.

legalize [l'i:gəlaiz] v. legalizar.

legal reserve s. (Jur.) reserva legal f. de firma comercial.

legal separation s. (Jur.) desquite m.

legal tender s. dinheiro m. que, por lei, tem de ser aceito em pagamento de uma dívida.

legate (I) [l'egit] s. 1. legado, embaixador m. 2. núncio apostólico m.

legate (II) [lig'eit] v. legar.

legatee [legət'i:] s. legatário m.

legateship [l'egitʃip] s. legacia f.

legatine [l'egətain] adj. referente a um legado.

legation [lig'eiʃən] s. 1. legação f. 2. missão diplomática f.

legato [lig'a:tou] adv. (Mús.) de forma suave e contínua, sem interrupções.

legator [leg'eitə] s. legador, testador m.

leg-bail s. fuga f. de prisão ou de enclausuramento.
to give ~ decampar.

legend [l'edʒənd] s. 1. lenda f. 2. inscrição f.

legendary [~əri] adj. lendário, fabuloso.

legerdemain [l'edʒədəm'ein] s. ligeireza f. de mãos, prestidigitação f., truque m.

leger-line [l'edʒəlain] s. (Mús.) linhas suplementares f. pl. para notas, o mesmo que **ledger line**.

legged [legd] adj. provido de pernas.

leggings [l'egiŋz] s. pl. perneiras f. pl.

leggy [l'egi] adj. 1. de pernas bonitas. 2. de pernas compridas.

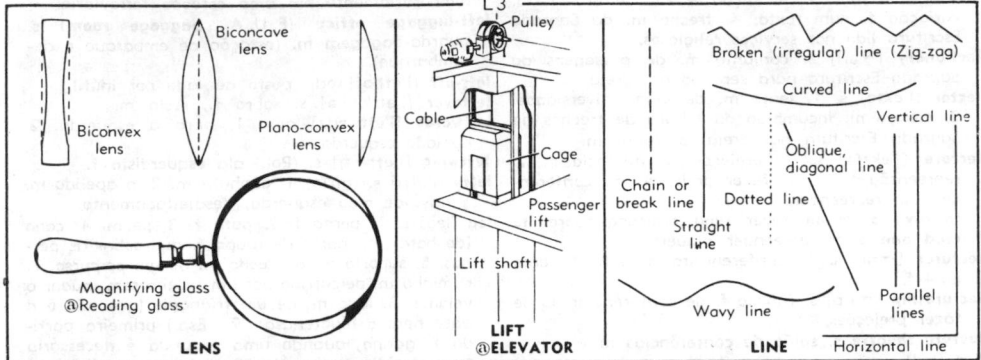

leghorn [l'eghɔ:n] s. 1. raça f. de galinhas. 2. palha f. de Livorno. 3. chapéu m. feito dessa palha.

legibility [ledʒib'iliti], legibleness [l'edʒəblnis] s. legibilidade f.

legible [l'edʒəbl] adj. 1. legível. 2. claro, evidente. ‖ ~ly adv. legivelmente.

legion [l'i:dʒən] s. 1. legião f. 2. multidão f.

legionary [l'i:dʒənəri] s. legionário m. ‖ adj. legionário.

legionnaire [li:dʒən'εə] s. legionário m.

legislate [l'edʒisleit] v. legislar.

legislation [ledʒisl'eiʃən] s. legislação f.

legislative [l'edʒisleitiv] s. poder legislativo m. ‖ adj. legislativo. ‖ ~ly adv. por meios legislativos.

legislator [l'edʒisleitə] s. legislador m.

legislatress [l'edʒisleitris] s. legisladora f.

legislature [l'edʒisleitʃə] s. legislatura f.

legist [l'i:dʒlst] s. 1. legista m. + f. 2. jurisconsulto m.

legitimacy [lidʒ'itiməsi] s. legitimidade f.

legitimate [lidʒ'itimeit] v. legitimar. ‖ [lidʒ'itimit] adj. legítimo, autêntico, legal. ‖ ~ly adv. legitimamente.

legitimateness [~nis] s. legitimidade, autenticidade f.

legitimism [lidʒ'itimizm] s. legitimismo m.

legitimist [lidʒ'itimist] s. legitimista m. + f.

legitimistic [lidʒitim'istik] adj. legitimista.

legitimization [lidʒitimiz'eiʃən] s. legitimação f.

legitimize [lidʒ'itimaiz] v. legitimar.

legman [l'egmæn] s. 1. (Jornal.) repórter-informante m. 2. (Com.) contínuo, portador m.

leg-pull s. (coloq.) tentativa f. de fazer alguém de tolo.

legroom [l'egrum] s. espaço para esticar as pernas m.

legwork [l'egwɔ:k] s. (coloq.) trabalho externo m., de andar a pé.

legume [l'egjum] s. legume m.

legumin [legj'u:min] s. legumina f.

leguminous [legj'u:minəs] adj. leguminoso.

leister [l'i:stə] s. arpéu, pequeno arpão m. ‖ v. trespassar com o arpéu.

leisure [l'eʒə] s. lazer, ócio m. ‖ adj. desocupado, livre. ‖ ~ly adj. 1. feito devagar. 2. vagaroso. ‖ adv. vagarosamente, comodamente.

at ~ devagar. at your ~ quando quiser.

leisured [l'eʒəd] adj. desocupado.

leisureliness [l'eʒəlinis] s. vagar m., comodidade f.

leitmotiv [l'aitmouti:f] s. (alem.) motivo condutor m.

lemma [l'emə] s. lema m.: 1. proposição que prepara a demonstração de outra. 2. preceito escrito m.

lemming [l'emiŋ] s. (Zool.) lemingue m.

lemniscate [lemn'iskeit] s. (Geom.) lemniscata f.:

curva plana em forma de 8.

lemon [l'emən] s. 1. limão m. 2. limoeiro m. ‖ adj. 1. da cor do limão (amarelo pálido). 2. referente ao limão. 3. (gíria) algo desagradável ou sem valor. ~ acid ácido cítrico.

lemonade [lemən'eid] s. limonada f.

lemon-balm [l'emənba:m] s. erva-cidreira, melissa f.

lemon-juice s. suco m. de limão.

lemon-kali s. bebida efervescente f. feita com ácido tartárico, bicarbonato de sódio e água.

lemon-peel s. casca f. de limão.

lemon-squash s. (Ingl.) soda limonada f.

lemon-squeezer s. espremedor m. de limões.

lemon-tree s. limoeiro m.

lemur [l'l:mə] s. (Zool.) lêmure m.

lemures [l'emjuri:z] s. pl. (Mit.) lemingue m.

lemurid [l'emjurid], lemuroid [l'emjurɔid] adj. lemuriano, relativo ou semelhante aos lêmures.

lend [lend] v. imp. e p. p. lent emprestar.

to ~ an ear prestar atenção. to ~ a hand auxiliar, ajudar. to ~ itself ou oneself to prestar-se, servir para.

lendable [l'endibl] adj. que pode ser emprestado.

lender [l'endə] s. emprestador m.

lending [l'endiŋ] s. 1. empréstimo m. 2. ação de emprestar f.

~ library biblioteca que empresta livros, cobrando taxa.

lend-lease act s. (E. U. A.) lei f. de empréstimo e arrendamento (II.ª Grande Guerra, para armas e serviços).

length [leŋθ] s. 1. comprimento m. 2. extensão f. 3. duração f. 4. grau m.

at ~ 1. em toda a extensão. 2. finalmente. 3. detalhadamente. at some ~ bastante comprido ou demorado. I cannot go to that ~ with you não posso concordar consigo nisto. to go to any ~ 1. não se deter diante de nenhum obstáculo. 2. não ter escrúpulos. to keep one at arm's ~ manter alguém a distância, evitar intimidade.

lengthen [l'eŋθən] v. 1. encompridar, alongar. 2. estender, estirar. 3. prolongar, continuar. 4. crescer.

lengthiness [l'eŋθinis] s. dilatação, extensão f.

lengthways [l'eŋθweiz] adv. ao comprido.

lengthwise [l'eŋθwaiz] adv. 1. ao comprido. 2. longitudinalmente.

lengthy [l'eŋθi] adj. 1. comprido, prolongado. 2. prolixo, enfadonho. ‖ -thily adv. prolongadamente.

lenience [l'i:niəns], leniency [~i] s. calma, suavidade, brandura, indulgência f.

lenient [l'i:niənt] adj. suave, doce, brando, calmo, clemente. ‖ ~ly adv. suavemente, brandamente, calmamente.

L 4

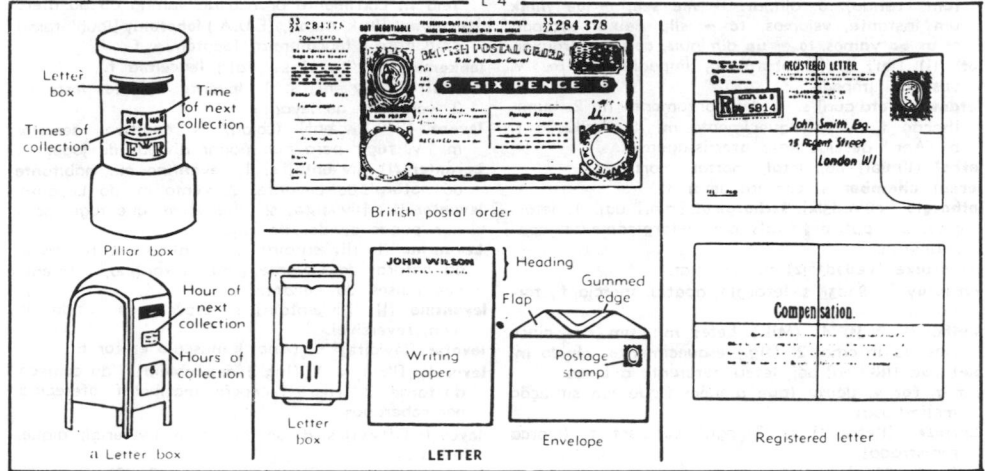

a Letter box

LETTER

British postal order

Registered letter

Leninism [l'eninizm] s. (Pol.) leninismo m.
lenitive [l'enitiv] s. lenitivo, calmante m.
lenity [l'eniti] s. indulgência, clemência f.
leno [l'i:nou] s. espécie de gaza de algodão f.
lens [lens] s. 1. lente f. 2. cristalino m. 3. objetiva f.
Lent (I) [lent] s. quaresma f.
lent (II) [lent] v. imp. e p. p. de lend.
Lenten [l'entən], lenten adj. 1. quaresmal. 2. parco, parcimonioso, escasso.
lenticel [l'entisəl] s. (Bot.) lenticela f.: poro ou papila da casca do caule dos vegetais.
lenticular [lent'ikjulə] adj. lenticular, lentiforme.
lentigenous [lent'idʒinəs] adj. lentiginoso, sardento.
lentigo [lent'aigou] s. lentigem, sarda f.
lentil [l'entil] s. lentilha f.
lentisk [l'entisk] s. (Bot.) lentisco m.
lentitude [l'entitju:d] s. lentidão f.
lento [l'entou] adj. (Mús.) lento. ‖ adv. (Mús.) lentamente.
lentoid [l'entoid] adj. lenticular, biconvexo.
leonine (I) [l'i:ənain] adj. 1. leonino. 2. majestoso. 3. indomável.
leonine (II) [l'i:ənain] adj. de ou relativo a Leão (papa). ~ verse verso leonino.
leopard [l'epəd] s. leopardo m.
leopardess [l'epədis] s. fêmea do leopardo f.
leopard's bane s. (Bot.) dorônico m.: gênero de plantas medicinais.
leotard [l'i:əta:d] s. traje m. de malha (ginasta, bailarino, etc.).
leper [l'epə] s. leproso, morfético, hanseniano m.
lepidoptera [lepid'optərə] s. pl. lepidópteros m. pl.
lepidopterous [lepid'optərəs] adj. lepidóptero, relativo aos lepidópteros.
leporid [l'epərid] s. (Zool.) leporídeo m.: mamífero roedor.
leporine [l'epərain] adj. leporino, relativo às lebres.
leprechaun [l'epratʃo:n] s. (irl.) duende m. que presta serviços domésticos e outros, à noite.
leprosy [l'eprəsi] s. lepra, morféia f., mal m. de Hansen.
leprous [l'eprəs] adj. leproso, morfético, hanseniano. ‖ ~ly adv. à maneira de lepra.
leptosome [l'eptəsoum] adj. leptossômico.
lesbian [l'ezbiən] adj. lésbico.
lesbianism [l'ezbiənizm] s. lesbianismo m.
lese-majesty [l'i:zm'ædʒisti] s. 1. lesa-majestade f.

2. crime m. contra a dignidade do governo.
lesion [li:ʒən] s. lesão f.
less (I) [les] s. 1. menos m. 2. menor m. 3. inferior m. ‖ adj. 1. menos. 2. menor. 3. inferior. ‖ adv. menos. ‖ prep. sem, menos.
for ~ por menos, mais barato. the ~ money the fewer friends quanto menos dinheiro, tanto menos amigos. no ~ than tão bom quanto. in ~ than no time imediatamente.
-less (II) [lis] sufixo que indica falta, ausência como em: god~ sem Deus, ateu. tire~ incansável.
lessee [les'i:] s. arrendatário, locatário m.
lesseeship [~ ʃip] s. arrendamento m.
lessen [lesn] v. 1. diminuir, reduzir. 2. depreciar. 3. encolher.
lesser [l'esə] adj. menos, menor, inferior.
lesson [lesn] s. 1. lição f. 2. ~s pl. repreensão f. 3. instrução f. 4. aula f. 5. trecho m. da Bíblia lido durante a cerimônia religiosa na igreja.
to give ~s dar aulas. to take ~s ter aulas. to teach someone a ~ (fig.) dar uma lição a alguém.
lessor [l'esɔ:] s. arrendador, locador m.
lest [lest] conj. 1. a fim de que não. 2. com receio de. 3. que.
be careful ~ you lose your money tome cuidado para não perder o seu dinheiro. we were afraid ~ they would miss us receamos que não nos encontrassem.
let (I) [let] v. imp. e p. p. let 1. permitir, deixar, concordar. 2. causar, fazer com que. 3. alugar, locar.
to ~ alone 1. não incomodar. 2. não mencionar. ~ it alone não mexa, não interfira. to ~ be não interferir. to ~ blood sangrar. to ~ down 1. baixar, arriar. 2. deixar cair. 3. humilhar. 4. trair. to ~ fall 1. deixar cair. 2. mencionar algo como por acaso. to ~ fly 1. expulsar. 2. infligir golpes violentos. 3. usar linguagem violenta. to ~ go 1. deixar partir. 2. tirar da mente. to ~ in 1. deixar entrar. 2. introduzir, admitir. 3. enganar, lograr. to ~ into 1. admitir. 2 cientificar, deixar saber. 3. inserir. don't ~ me keep you any longer não quero prendê-lo, incomodá-lo, por mais tempo. to ~ know fazer saber. to ~ loose largar, soltar. to ~ off 1. deixar impune. 2. perdoar, executar. 3. disparar (arma). to ~ on divulgar. to ~ o. s. go obedecer a qualquer impulso. ~ the windows be opened façam abrir as janelas. to ~ out 1. deixar sair. 2. deixar escapar. 3. divulgar. 4. alargar

(um vestido). 5. alugar. ~ **me see**, ~ **me think** um instante, vejamos. **to** ~ **slip** deixar escapar. ~ **us go** vamos. **to** ~ **up** diminuir, cessar, afrouxar.

let (II) [let] s. (†) obstáculo, impedimento m. ‖ v. obstruir, impedir.

letdown [l'etd'aun] s. 1. desapontamento m. 2. humilhação f. 3. enfraquecimento m. 4. desilusão f. 5. (Aer.) descida para aterrissagem f.

lethal [l'i:θəl] adj. letal, mortal, mortífero.

lethal chamber s. câmara letal f.

lethargic [leθ'a:dʒik], **lethargical** [~əl] adj. 1. letárgico. 2. apático. ‖ ~**ally** adv. letargicamente, apaticamente.

lethargize [l'eθədʒaiz] v. letargiar.

lethargy [l'eθədʒi] s. letargia, apatia, inércia f., torpor m.

Lethe [l'i:θi:]s. 1. (Mit.) Letes m.: um dos cinco rios do inferno. 2. (fig.) esquecimento, olvido m.

Lethean [liθ'i:ən] adj. leteu, referente a Letes.

let in for v. deixar (que alguém fique em situação melindrosa).

Letraset [l'etraset] s. (Tipogr.) Letraset f. (marca registrada).

let's abr. de **let us**.

Lett [let] s. letão m.: habitante ou idioma da Letônia.

letter [l'etə] s. 1. letra f. 2. carta f. (quadro L 4). 3. o sentido exato, textual. 4. tipo m. 5. ~**s** pl. literatura, cultura, erudição f. ‖ v. marcar com letras, rotular. **by** ~ por escrito. **to the** ~ exato. ~ **of advice** carta de aviso. ~ **of application** carta pedindo emprego, requerimento. ~ **of attorney** procuração. ~ **of credit** carta de crédito. ~ **of introduction** carta de recomendação. **man of** ~**s** homem de letras, escritor, autor. ~ **of marque** carta de corso.

letter-board s. (Tipogr.) bolandeira f.

letter-box s. caixa postal f. (quadros L 4, S 13).

letter-case s. carteira f.

lettered [l'etəd] adj. 1. letrado, culto. 2. marcado com letras.

letter-founder s. fundidor m. de tipos.

letter head s. cabeçalho m.

lettering [l'etəriŋ] s. 1 ato de marcar com letras. 2. rótulo m. 3. título m. 4. inscrição f.

letterless [l'etəlis] adj. iletrado, analfabeto.

letter-paper s. papel m. de cartas.

letter-perfect adj. perfeito em todos os detalhes.

letterpress [l'etəpres] s. 1. texto impresso m. 2. impressão tipográfica f. 3. prensa f. para copiar cartas.

letters patent s. carta f. patente (ou patente f.).

letter-weight s. 1. peso m. para segurar papéis. 2. balança f. para pesagem de cartas.

letter-writer s. livro m. que ensina a escrever cartas.

Lettic [l'etik] s. letão m.: idioma da Letônia. ‖ adj. letão, relativo aos letões.

letting [l'etiŋ] s. (Ingl.) casa f., apartamento m. em oferta de aluguel.

Lettish [l'etiʃ] s. letão m.: idioma dos letões. ‖ adj. letão, relativo ao idioma dos letões.

lettuce [l'etis] s. alface f.

let-up s. parada, pausa f., intervalo m.

leucin [lj'u:sin] s. leucina f.: substância orgânica existente nos produtos de putrefação dos albuminóides.

leucite [lj'u:si:t] s. leucita f.: metassilicato de potássio e alumínio.

leucocyte [lj'u:kosait] s. leucócito m.: glóbulo branco do sangue.

leucoma [lju:k'oumə] s. leucoma f.: mancha branca na córnea transparente.

leucorrhoea, leucorrhea [lju:kor'i:ə] s. (Med.) leucor-

réia f.: corrimento branco da vagina ou do útero.

leucotomy [lu:k'ɔtəmi], (E.U.A.) **lobotomy** [loub'ɔtəmi] s. (Cirurg.) leucotomia, lobotomia f.

leukemia [ljuk'i:miə] s. (Pat.) leucemia f.

Levant (I) [liv'ænt] s. 1. levante, oriente, leste m. 2. vento m. do levante.

levant (II) [liv'ænt] (coloq.) s. fugitivo, desertor m. ‖ v. fugir para não pagar dívidas de jogo.

Levanter (I) [liv'æntə] s. 1. levantino m.: habitante ou natural do Levante. 2. vento m. do Levante.

levanter (II) [liv'æntə] s. jogador m. que foge, para não pagar dívidas de jogo.

Levantine (I) [liv'æntain] s. levantino m.: habitante ou natural do Levante. ‖ adj. levantino, referente aos países do Levante.

levantine (II) [liv'æntain] s. espécie de tecido de seda, reversível.

levator [ləv'eitə] s. (Anat.) músculo eretor m.

levee (I) [l'evi] s. (Ingl.) assembléia f. do começo da tarde. 2. (Hist.) recepção matinal f. oferecida por soberanos.

levee (II) [l'evi] s. dique, molhe m. ‖ v. erigir diques ou molhes.

level [l'evl] s. 1. nível m. (quadro B 22). 2. superfície plana f. 3. plano horizontal m. 4. altitude f. 5. planície f. 6. nível social ou cultural m. 7. galeria f. ou passagem horizontal. ‖ v. 1. nivelar, aplainar. 2. apontar (uma arma). 3. dirigir (um ataque). 4. arrasar, demolir. 5. igualar (em condições). 6. alisar. 7. (fig.) supor, julgar. ‖ adj. 1. plano, raso. 2. horizontal. 3. igual, uniforme. 4. bem equilibrado. ‖ ~**ly** adv. ao nível.

on the ~ de modo franco e correto. **to do one's** ~ **best** empregar todos os seus esforços.

level at v. 1. apontar (arma) para. 2. também **level against** levantar acusação contra (alguém).

level crossing s. passagem f. de nível (quadro R 1).

leveler (E. U. A.), **leveller** [l'evələ] s. 1. nivelador m. 2. igualitário m.

level-headed (E. U. A.) adj. dotado de bom senso.

levelling [l'evəliŋ] s. nivelamento m.

levelness [l'evlnis] s. nível, equilíbrio m., igualdade f.

lever [l'i:və] s. alavanca f. (quadros B 2, C 11, E 1, S 1). ‖ v. empregar a alavanca.

leverage [l'i:vəridʒ] s. 1. a ação de uma alavanca. 2. força mecânica f. ou vantagem obtida mediante o emprego de uma alavanca.

leveret [l'evərit] s. lebracho m.

leviable [l'eviəbl] adj. taxável.

Leviathan [liv'aiəθən] s. leviatã m.

levigate [l'evigeit] v. levigar, moer, pulverizar.

levigation [levig'eiʃən] s. levigação, pulverização f.

levirate [l'i:virət] s. levirato m.

levitate [l'eviteit] v. 1. aliviar, tornar mais leve. 2. levitar-se.

levitation [levit'eiʃən] s. levitação f.

Levite [l'i:vait] s. levita m.

Levitical [liv'itikəl] adj. levítico, relativo aos levitas.

Leviticus [liv'itikəs] s. Levítico m.: terceiro livro do Pentateuco.

levity [l'eviti] s. leviandade, frivolidade, inconstância f.

levogyrate [livədʒ'aireit] adj. (Ópt., Quím.) levogiro.

levorotation [livərout'eiʃən] s. (Fís.) rotação levogira f.

levulose [l'evjələus] s. levulose f

levy [l'evi] s. 1. coleta, arrecadação f. 2. recrutamento m. de soldados. 3. leva f. de tropas. 4. importância f. levantada mediante coleta. ‖ v. 1. fazer coletas, arrecadar. 2. recrutar soldados. 3. formar levas de tropas. 4. taxar, cobrar impostos. 5. embargar.

to ~ war mobilizar para uma guerra.
lewd [lju:d] adj. lascivo, lúbrico, luxurioso, impudico. ‖ **~ly** adv. lascivamente, lubricamente.
lewdness [lj'u:dnis] s. lascívia, impudicícia f.
lewis [l'u:is] s. ferro m. de luva, instrumento para levantar blocos de pedra.
Lewis-gun [l'u:isgʌn] s. tipo de metralhadora portátil.
lewisite [l'u:isait] s. gás tóxico, vesicante m. obtido mediante combinação de arsênico e acetileno.
lexical [l'eksikəl] adj. lexical, relativo ao léxico. ‖ **~ly** adv. de acordo com princípios lexicais.
lexicographer [leksik'ogrəfə] s. lexicógrafo m.
lexicographic [leksikəgr'æfik], **~al** [~əl] adj. lexicográfico. ‖ **~ally** adv. lexicograficamente.
lexicography [leksik'ogrəfi] s. lexicografia f.
lexicology [leksik'olədʒi] s. lexicologia f.
lexicon [l'eksikən] s. dicionário, léxico m.
lexicostatistics [l'eksikoustət'istiks] s. (Ling.) estudo estatístico m. do vocabulário, em pesquisa histórica.
Leyden jar [l'aidən dʒa:] s. (Fís.) garrafa de Leyde f.
liability [laiəb'iliti] s. 1. responsabilidade, dívida f. 2. dependência. f. 3. sujeição f. 4. suscetibilidade, tendência f. 5. obrigação f. 6. deficiência f. 7. **~ties** pl. obrigações f. pl., passivo m.
liable [l'aiəbl] adj. 1. sujeito a. 2. responsável por. **~ to duty** sujeito a imposto. **to be ~ for** ser responsável por. **we are all ~ to make a mistake** todos estamos sujeitos a errar.
liableness [~nis] s. = **liability.**
liaise [li'eiz] v. estabelecer ligação, contato.
liaison [~ən] s. 1. concubinato m., mancebia f. 2. conexão f., contato m., ligação f.
liaison officer s. oficial m. de ligação.
liana [li'a:nə], **liane** [li'a:n] s. liana f., cipó m.
liar [l'aiə] s. mentiroso m., mentirosa f.
lias [l'aiəs] s. (Geol.) lias m.: camada inferior dos terrenos jurássicos.
liassic [lai'æsik] adj. (Geol.) liásico.
lib [lib] abrev. de **liberation.**
libate [lib'eit] v. libar, beber.
libation [lib'eiʃən] s. 1. libação f. 2. bebedeira f.
libber [l'ibə] s. liberacionista m. + f.
libel [l'aibəl] s. 1. libelo m. 2. calúnia, difamação f. ‖ v. 1. (Jur.) acusar, processar. 2. difamar.
libeler, (E. U. A.) **libeller** [~ə] s. libelista m. + f., difamador m.
libelous, (E. U. A.) **libellous** [~əs] adj. 1. difamatório. 2. acusatório. ‖ **~ly** adv. acusatoriamente, difamatoriamente.
liber [l'aibə] s. 1. (Bot.) líber, floema m. 2. livro m. de registro de imóveis.
liberal [l'ibərəl] s. 1. liberal m. + f. 2. membro do partido liberal m. ‖ adj. 1. liberal. 2. generoso, franco. 3. independente. 4. amplo, abundante. ‖ **~ly** adv. liberalmente, generosamente.
~ arts artes liberais, belas-artes. **~ education** educação e cultura geral, não específica.
liberalism [~izm] s. liberalismo m.
liberalist [~ist] s. liberalista m. + f.: partidário do liberalismo.
liberalistic [libərəl'istik] adj. liberalista.
liberality [libər'æliti] s. liberalidade, generosidade, largueza f.
liberalization [libərəliz'eiʃən] s. liberalização f.: ato de liberalizar, prodigalizar.
liberalize [l'ibərəlaiz] v. liberalizar, prodigalizar.
liberal-minded adj. liberal, de visão ampla.
liberate [l'ibəreit] v. liberar, libertar.
liberation [libər'eiʃən] s. liberação, libertação, alforria f.

liberator [l'ibəreitə] s. libertador m.
Liberian [laib'iəriən] s. liberiano m. ‖ adj. liberiano.
libertarian [libət'ɛəriən] s. partidário m. da doutrina do livre arbítrio. ‖ adj. referente à doutrina do livre arbítrio.
libertarianism [libət'ɛərianizm] s. (Filos.) libertarismo m.: doutrina do livre-arbítrio.
liberticide [lib'ə:tisaid] s. liberticida m. + f.: aquele que procura destruir a liberdade. ‖ adj. liberticida, aquilo que destrói a liberdade.
libertinage [l'ibətinidʒ] s. libertinagem, devassidão, licenciosidade f.
libertine [l'ibətain] s. libertino, devasso, licencioso m.
libertinism [l'ibətinizm] s. libertinagem, devassidão, licenciosidade f.
liberty [l'ibəti] s. 1. liberdade f. 2. licença, permissão f. 3. privilégio m. 4. **~ties** pl. direitos m. pl., regalias, imunidades, f. pl.
to be at ~ to do 1. estar livre. 2. ter plena liberdade de, ficar a critério de. 3. estar livre ou desocupado. **to set at ~** pôr em liberdade. **to take the ~** tomar a liberdade. **to take liberties** agir com familiaridade indevida.
libidinous [lib'idinəs] adj. libidinoso, lascivo, sensual. ‖ **~ly** adv. libidinosamente, lascivamente.
libidinousness [~nis] s. libidinagem, lascívia f.
libido [lib'aidou] s. (Psicol.) libido f., instinto sexual m.
Libor [l'aibə] s. (Ingl., Com.) taxa média f. de juros interbancários de Londres (abrev. de **London interbank offered rate**).
Libra [l'aibrə] s. libra, balança, constelação zodiacal f.
librarian [laibr'ɛəriən] s. bibliotecário m., bibliotecária f.
librarianship [~ʃip] s. cargo m. de bibliotecário.
library [l'aibrəri] s. 1. biblioteca f. privada ou pública. 2. estabelecimento comercial m. que empresta livros a taxa fixa.
library science s. biblioteconomia f.
librate [l'aibreit] v. librar, balancear, oscilar.
libration [laibr'eiʃən] s. libração, oscilação f.
libratory [l'aibrətəri] adj. libratório, oscilante.
librettist [libr'etist] s. libretista m. + f.
libretto [libr'etou] s. libreto m.: texto de uma ópera.
Libyan [l'ibiən] s. líbio m.: natural ou habitante da Líbia. ‖ adj. líbio, da Líbia.
lice [lais] s. pl. de **louse.**
licence plate s. (Autom.) chapa f. (com o número do carro).
licensable, licenceable [l'aisənsəbl] adj. que pode ser licenciado ou autorizado.
license, licence [l'aisəns] s. 1. licença, permissão, autorização f. 2. liberdade de ação f. 3. demasiada liberdade f. ou abuso m. da liberdade. ‖ v. licenciar, permitir, autorizar.
driver's ~ carta de motorista.
licensee, licencee [laisəns'i:] s. pessoa f. a quem é concedida uma licença.
licenser, licencer [l'aisənsə] s. 1. concessor m. 2. censor m.
licentiate [lais'enʃiit] s. 1. licenciado m.: o que possui o grau universitário entre bacharel e doutor. 2. portador m. de uma licença. ‖ v. licenciar, autorizar.
licentiateship [~ʃip] s. licenciatura f.
licentious [lais'enʃəs] adj. licencioso, libertino, devasso. ‖ **~ly** adv. licenciosamente.
licentiousness [~nis] s. licenciosidade, libertinagem f., desregramento m.
lich, lych [litʃ] s. cadáver m.
lichen [l'aikən] s. 1. (Bot.) líquen m. 2. (Med.) espécie de dermatose, doença f. da pele.
lichenlike [~laik], **lichenous** [l'aikinəs] adj. lique-

náceo, semelhante ao líquen.

lichenography [laikən'ɔɡrəfi] s. liquenografia f.: ramo da Botânica que estuda os líquenes.

lich-gate [l'itʃɡeit] s. entrada coberta f. de um cemitério, onde o caixão aguarda a chegada do padre.

lich-house [l'itʃhaus] s. câmara-ardente f.

licit [l'isit] adj. lícito, permitido. ‖ **~ly** adv. licitamente.

lick [lik] s. 1. lambidela, lambida f. 2. pancada f., golpe m. 3. esforço ingente m., labuta f. 4. saleiro m.: local onde se deposita sal para o gado. 5. pequena quantidade f. 6. (coloq.) velocidade. f. ‖ v .1. lamber. 2. bater 3. vencer. **to ~ into shape** 1. moldar. 2. tornar apresentável. **to ~ one's shoes** mostrar-se servil. **to ~ the dust** morder o pó, ser derrotado, morto. **to ~ up** consumir, devorar. **to take a ~ing** apanhar.

licker [l'ikə] s. lambedor, glutão m.

lickerish, liquorish [~riʃ] adj. 1. ávido, voraz, guloso. 2. amante de iguarias finas eədelicadas. 3. gostoso, apetitoso. ‖ **~ly** adv. 1. avidamente, vorazmente. 2. gostosamente.

lickerishness [l'ikəriʃnis] s. gulodice f.: qualidade do que é apetitoso.

licking [l'ikiŋ] s. 1. ação de lamber f. 2. surra, sova f.

lickspit [l'ikspit], **lickspittle** [~l] s. 1. parasita m. + f. 2. sicofanta m. + f., bajulador vil m.

licorice, liquorice [l'ikəris] s. alcaçuz m.

lictor [l'iktə] s. lictor m.

lid [lid] s. 1. tampa f. (quadros C 8, K 2, P 2). 2. (Bot.) opérculo m. 3. pálpebra f. 4. (gíria) chapéu, boné m.
eye-~ pálpebra.

lidded [l'idid] adj. 1. coberto, tampado. 2. provido de opérculos. 3. provido de pálpebras.

lidless [l'idlis] adj. 1. sem tampa. 2. sem pálpebras.

lie (I) [lai] s. mentira, falsidade f. ‖ v. mentir. **white ~** mentira convencional. **to give one the ~** acusar alguém de mentir. **to give the ~ to** desmentir.

lie (II) [lai] s. 1. posição f. ou direção em que se encontra determinado objeto ou pessoa. 2. antro, covil m.
the ~ of the land (fig.) estado de coisas.

lie (III) [lai] v. imp. **lay**, p. p. **lain**, p. pres. **lying** 1. jazer. 2. deitar-se, estar deitado. 3. repousar. 4. encontrar-se. 5. existir. 6. alojar-se. 7. dormir. 8. ficar.
it ~s on me está a meu cargo. **to ~ idle** ficar à toa. **to ~ at one's heart** ser fonte de preocupações ou cuidados. **to ~ by** 1. estar ou ficar perto de, ser posto de lado. 2. descansar. 3. ficar quieto. 4. permanecer sem uso. **to ~ down** deitar-se, submeter-se. **to ~ hard or heavy on** oprimir, tornar-se um peso para alguém. **to ~ in** estar de parto. **to ~ in one** estar no poder ou capacidade de alguém. **to ~ in the way** ser um obstáculo ou impedimento. **to ~ in wait** ficar de emboscada. **to ~ off** ficar a distância do cais (navio). **to ~ on** ou **upon** depender de alguém. **to ~ on one's hands** permanecer sem ser vendida (mercadoria). **to ~ on the head of** ser responsável. **to ~ over** 1. permanecer não paga (conta). 2. estar em suspenso, ser adiado. **to ~ to** (Náut.) estar à capa. **to ~ under** estar exposto a, oprimido. **to ~ under a mistake** estar enganado. **to ~ under the necessity** estar sob a necessidade de. **to ~ up** 1. descansar. 2. ficar de cama. 3. ir para o estaleiro (navio). **to ~ with** 1. morar ou dormir com alguém. 2. manter relações sexuais com alguém. 3. pertencer a. **villages ~ along the river**

aldeias bordeiam as margens do rio.

lie-a-bed s. dorminhoco, preguiçoso m.

lie about v. viver na ociosidade; vadiar.

lie behind v. ser a razão (oculta para algo).

lie-detector s. detector m. de mentiras.

lief [li:f] adv. de boa vontade, de bom grado, prazerosamente.

liege [li:dʒ] s. 1. feudatário, vassalo m. 2. soberano, suserano m. 3. cidadão m. ‖ adj. 1. feudal. 2. soberano, suserano.

liegeman [l'i:dʒmən] s. vassalo, feudotário m.

lie-in s. (Ingl., coloq.) permanência prolongada na cama f. (manhã).

lien [l'iən] s. direito m. de retenção, penhor m., garantia f.

lienteric [laiənt'erik] adj. lientérico, que padece de lienteria.

lientery [l'aiənteri] s. lienteria f.

lier [l'aiə] s. o que está deitado, etc. (veja **lie** III).

lieu [lju:] s. 1. lugar m. 2. substituição f.
in ~ of em vez de, em lugar de.

lieutenancy [left'enənsi, E. U.A. lut'enənsi] s. tenência f., posto m. de tenente.

lieutenant [left'enənt, E. U. A. lu't̮enənt] s. tenente m.

lieutenant-colonel s. tenente-coronel m.

lieutenant-general s. tenente-general m.

lieutenant-governor s. vice-governador m.

lieve [li:v] adv. = **lief**.

life [laif] s. 1. vida, existência f. 2. duração f. 3. modo m. de viver, conduta f. 4. vivacidade, animação f. 5. princípio vital m. 6. biografia f.
for one's ~, for dear ~ para salvar a vida. **for ~** para o resto da vida. **high ~** a alta sociedade. **low ~** a classe baixa. **in danger of ~** em perigo de vida. **not for the ~ of me** por nada neste mundo. **to the ~** ao natural, como o original, perfeito. **to bring, to come to ~** recobrar a vida (pessoa inconsciente).

life-annuity [l'aifənj'uiti] s. renda vitalícia f.

life-assurance [-əʃ'uərəns] s. seguro m. de vida.

life-belt [-belt] s. cinto salva-vidas m.

life-blood [-blʌd] s. sangue vital m.

life-boat [-bout] s. barco salva-vidas m. (quadros B 4, B 14).

life buoy [-bɔi] s. bóia f. de salvação.

life cycle s. (Biol.) ciclo m. de evolução.

life-estate [-ist'eit] s. propriedade f. com usufruto vitalício.

life expectancy s. expectativa de vida f.

life-giving [-giviŋ] adj. vivificante, inspirador.

life-guard [-ɡɑ:d] s. 1. guarda f. do corpo. 2. salva-vidas m. (nas praias).

life-insurance [-inʃ'u:rəns] s. seguro m. de vida.

life-interest [-'intrist] s. usufruto m., renda vitalícia f.

life-jacket [-dʒ'ækit] s. colete salva-vidas m.

lifeless [-lis] adj. inanimado, inerte, sem vida, morto. ‖ **~ly** adv. sem vida, inanimadamente.

lifelessness [l'aiflisnis] s. 1. inércia f. 2. morte f.

lifelike [l'aiflaik] adj. semelhante, natural, tal como a vida.

lifelikeness [~nis] s. semelhança, naturalidade f.

life-line s. 1. corda f. de segurança ou salva-vida f. 2. linha f. de abastecimento de emergência.

lifelong [l'aiflɔŋ] adj. vitalício.

life-preserver s. salva-vidas m.

liferent [l'aifrent] s. renda vitalícia f.

life-renter s. usufrutuário m.

life sentence s. (Jur.) sentença de prisão perpétua f.

life-size adj. de tamanho natural.

lifespring [l'aifspriŋ] s. fonte vital f.

life-table s. quadro estatístico m. demonstrativo da duração média da vida.

lifetime [l'aiftaim] s. vida, existência f. ‖ adj. vitalício.

life-weary [l'aifw'ieri] adj. cansado de viver.

life-work s. obra f. à qual se consagrou o tempo de vida.

life zone s. (Biogeogr.) zona f. de determinada fauna e flora.

lift [lift] s. 1. ação de levantar. 2. altura f. a que se levanta algo, pequena elevação f. de terreno. 3. auxílio m. para suspender algo. 4. ascensor, elevador, (quadro L 3) aparelho m. para suspender cargas. 5. carga f. que foi ou deve ser erguida. 6. melhoria f. de condição social. 7. condução gratuita f. dada em um veículo a um pedestre. 8. camada f. de sola no salto de um sapato. ‖ v. 1. erguer, alçar, levantar, suspender, içar, subir, surgir (no horizonte). 2. manter em posição elevada. 3. (fig.) roubar. 4. (fig.) plagiar. 5. (fig.) exaltar. 6. fazer esforço para levantar algo. 7. levantar-se, erguer-se. 8. desenterrar (batatas).
to give one a ~ dar condução ou carona a alguém, ajudar. **to ~ up one's head** recobrar de doença ou prostração.

liftable [~əbl] adj. que pode ser levantado, alçado.

liftboy [l'iftbɔi], **liftman** [l'iftmən] s. ascensorista m.

lifter [l'iftə] s. 1. pessoa f. que levanta, ergue, alça, etc. 2. qualquer aparelho m. para levantar, erguer, etc. 3. ladrão m.

lift off v. decolar verticalmente (espaçonave).

lift-off s. (também **blast-off**) decolagem f. vertical de espaçonave.

lift-pump s. bomba f. de elevação.

ligament [l'igəmənt] s. 1. ligamento m. 2. atadura f.

ligamental [ligəm'entl], **ligamentary** [ligəm'entəri], **ligamentous** [ligəm'entəs] adj. ligamentário.

ligate [l'aigeit] v. ligar, enfaixar.

ligation [laig'eiʃən] s. 1. ligação f. 2. ligamento m.

ligature [l'igətʃuə] s. ligadura, atadura f.

light (I) [lait] s. 1. luz, claridade, iluminação f. 2. fonte f. de luz (lâmpada, vela, etc.). 3. janela, clarabóia f. 4. luz diurna f. 5. (fig.) exposição f. 6. publicidade f., conhecimento m. 7. aspecto, ponto m. de vista. 8. esclarecimento m. mental ou espiritual. 9. efeito m. de luz. 10. (fig.) exemplo, modelo m. 11. ~s pl. faculdades mentais f. pl. 12. alvorada f., crepúsculo m. 13. acendedor m. 14. inspiração f. 15. favor m., aprovação f. ‖ v. imp. e p. p. **lit** 1. iluminar, acender. 2. inflamar. 3. iluminar-se, acender-se. 4. clarear. ‖ adj. brilhante, claro, luminoso.
according to one's ~s segundo a própria inteligência ou consciência. **between the ~s** a meia-luz, no crepúsculo. **men of ~ and leading** homens de saber e influência. **the ~ of one's countenance** aprovação, sanção por parte de alguém. **to bring to ~** descobrir, elucidar. **to come to ~** tornar-se conhecido. **to see the ~** nascer, vir à luz, ser publicado. **to shed** ou **throw ~ upon** explicar, elucidar. **to stand in one's own ~** frustrar os próprios planos ou desejos. **fast to ~** que não desbota pela ação da luz, resistente à luz. **may I trouble you for a ~?** tem fogo, por favor? **to ~ out** decampar, sair apressadamente.

light (II) [lait] adj. 1. leve. 2. fácil. 3. ligeiro. 4. gracioso, elegante. 5. alegre, jocoso. 6. trivial, sem importância. 7. frívolo, leviano. 8. de peso inferior (ao normal), leve ou fino (tecidos). 9. fraco (bebidas). 10. suave, brando. 11. fofo. 12. tonto, amalucado, delirante. ‖ adv. leve, facilmente. ‖ ~ly adv. 1. ligeiramente, levemente. 2. alegremente.
to make ~ of dar somenos importância. **~ in the head** 1. tonto. 2. bobo. 3. louco. **~ come ~ go**

perdido como foi ganho. **to talk ~ly of** falar de modo desprezível de. **we esteemed him ~ly** nós o menosprezamos.

light (III) [lait] v. 1. aliviar. 2. desmontar, apear-se. 3. descer. 4. encontrar por acaso.

light-armed adj. armado com armas leves.

light-beacon s. baliza luminosa f.

light bulb s. lâmpada incandescente f.

lighten (I) [~n] v. 1. iluminar, acender. 2. relampejar. 3. emitir luz, brilhar. 4. tornar-se claro.

lighten (II) [~n] v. 1. aliviar, tornar mais leve. 2. mitigar.

lighter (I) [l'aitə] s. isqueiro m. (quadro S 8).

lighter (II) [l'aitə] s. barcaça, chata f. (quadro H 3). ‖ v. transportar numa barcaça ou chata.

lighterage [l'aitəridʒ] s. 1. carregamento m. ou descarregamento de uma barcaça ou o transporte na mesma. 2. as respectivas despesas.

lighterman [l'aitəmæn] s. tripulante m. de barcaça.

lighter-than-air adj. (Aer.) mais leve que o ar.

lightface [l'aitfeis] s. corpo tipográfico comum m.

light-fingered adj. hábil para furtar, ladrão.

light-foot, light-footed adj. ágil, ligeiro.

light-footedly adv. agilmente, destramente.

light-footedness s. agilidade, destreza f.

light-headed adj. 1. frívolo. 2. estouvado. 3. tolo. ‖ adv. ~ly 1. levianamente. 2. estouvadamente.

light-headedness s. 1. frivolidade f. 2. leviandade f.

light-hearted adj. alegre, despreocupado. ‖ adv. ~ly alegremente, despreocupadamente.

light-heartedness s. alegria, despreocupação f.

light heavyweight s. (Boxe) peso meio-pesado m.

light-heeled adj. ágil, ligeiro.

lighthouse [l'aithaus] s. farol m. (quadros C 17, H 3).

lighting [l'aitiŋ] s. iluminação, ignição f.

light-legged adj. ligeiro, ativo.

lightless [l'aitlis] adj. sem luz, escuro.

light meter s. 1. (ópt.) medidor m. de luz. 2. (Fot.) fotômetro m.

light-minded adj. irrefletido, inconstante, volúvel. ‖ adv. ~ly irrefletidamente.

light-mindedness s. irreflexão, inconstância f.

lightness (I) [l'aitnis] s. 1. claridade f. 2. palidez, lividez f. 3. luminosidade f.

lightness (II) [l'aitnis] s. 1. leveza f. 2 brandura f. 3. graciosidade f. 4. alegria f. 5. leviandade f.

lightning [l'aitniŋ] s. relâmpago, raio m

lightning-arrester s. (Eletr.) pára-raios m.

lightning-bug s. vaga-lume m.

lightning-conductor, lightning-rod s. condutor m. de pára-raios.

light-o'-love [laitol'ʌv] s. amante, meretriz f.

light opera s. (Mús.) opereta f.

light quantum s. (ópt.) quantum de luz m.

light railway s. estrada f. de ferro de bitola estreita.

lights [laits] s. pl. bofes m. pl.

light-ship s. farol flutuante m.

lightsome [l'aitsəm] adj. 1. alegre, jovial. 2. frívolo ‖ ~ly adv. alegremente.

lightsomeness [~nis] s. alegria f., regozijo m.

lights out s. 1. (milit.) toque de recolher m. 2. hora de dormir f.

light-spirited adj. alegre, jovial.

light-struck adj. (Fot.) prejudicado por indevida exposição à luz.

light-weight s. (Boxe) peso-leve m.

lightwood [l'aitwud] s. nome dado a várias espécies de árvores resinosas.

light-year s. ano-luz m.

ligneous [l'igniəs] adj. lígneo, lenhoso.

lignification [lignifik'eiʃn] s. lignificação f.
ligniform [l'ignifɔːm] adj. ligniforme.
lignify [l'ignifai] v. 1. lignificar-se. 2. converter em madeira.
lignin [l'ignin] s. lignina f
lignite [l'ignait] s. lignita, linhita f.
lignitic [lign'itik] adj. que consiste de ou contém lignita.
lignivorous [lign'ivərəs] adj. lignívoro, que rói madeira.
lignum vitae [l'ignəm v'aiti] s. guáiaco, pau-santo m.
ligula [l'igjulə] s. lígula f.: pequena lâmina vegetal na base das folhas.
likability [laikəb'iliti] s. qualidade f. do que agrada.
like (I) [laik] s. 1. contraparte f. 2. semelhante m. 3. acontecimento similar m. ‖ adj. 1. igual, equivalente, 2. inclinado a. 3. característico. ‖ adv. 1. tal como. 2. provavelmente. ‖ conj. (fam.) como.
　did you ever hear the ～ of it? já se ouviu coisa igual? **the ～s of** gente como (você e eu — depreciativo). ‖ **do not shout ～ that** não grite tanto. **I had ～** quase, por pouco. **in ～ manner** da mesma maneira. **it is ～ enough** é muito provável. **～ master ～ man** tal senhor tal criado. **they are as ～ as two peas** são tão semelhantes como dois ovos. **something ～ £ 5.00** cerca de £ 5,00. **to feel ～** ter vontade de. **to look ～** assemelhar-se.
like (II) [laik] s. 1. gosto m., preferência f. 2. inclinação f. 3. anelo m. ‖ v. 1. gostar de, achar bom. 2. querer, desejar. 3. convir, agradar.
　as you ～ como queira. **do as you ～** faça o quê quiser. **he makes himself ～d** ele se faz estimado. **I should ～ you to come** eu gostaria que você viesse. **to ～ better** gostar mais. **to ～ well** gostar.
likeable, likable [l'aikəbl] adj. 1. agradável, amável, digno de estima. 2. popular.
likeableness, likableness [～nis] s. qualidade que torna alguém digno de estima.
likelihood [l'aiklihud], **likeliness** [l'aiklinis] s. 1. probabilidade, verossimilhança, plausibilidade f. 2. semelhança f. 3. aparência f.
likely [l'aikli] adj. 1. provável, plausível, verossímil. 2. apto, apropriado. ‖ adv. provavelmente.
　as ～ as not muito provavelmente. **not ～** provavelmente não.
like-minded adj. da mesma opinião.
liken [l'aikən] v. comparar, assemelhar.
likeness [l'aiknis] s. 1. semelhança, similitude f. 2. retrato m., imagem f. 3. forma, aparência f.
likewise [l'aikwaiz] adv. e conj. 1. do mesmo modo, igualmente. 2 também, outrossim.
liking [l'aikiŋ] s. inclinação, amizade, preferência f.
　to one's ～ a seu gosto. **to take a ～ to** achar gosto em.
lilac [l'ailək] s. lilás m. ‖ adj. de cor lilás.
liliaceous [lili'eiʃəs] adj. liliáceo.
lilied [l'ilid] adj. ornado com lírios.
Lilliputian [lilipj'uːʃiən] s. liliputiano, anão, pigmeu m. ‖ adj. liliputiano, pequenino.
lilt [lilt] s. 1. canção alegre f. 2. ritmo m. ou cadência f. de uma canção. ‖ v. 1. cantar alegremente. 2. pular, saltar.
lily [l'ili] s. 1. lírio m., açucena f. 2. flor-de-lis f. 3. pessoa f. ou coisa de alvura imaculada. 4. tez clara f. ‖ adj. alvo, puro, imaculado.
　～ of the valley lírio-do-vale, lírio convale.
lily-handed adj. que possui mãos delicadas.
lily-like adj. liliáceo.
lily-livered adj. covarde, fraco.
lily-pad s. folha f. grande e flutuante do lírio-d'água.
lily-white adj. branco como o lírio.

lima bean s. feijão-de-lima m.
limb (I) [lim] s. 1. membro (braço, perna, etc.) m. 2. galho m. (quadro T 4). 3. moleque m. ‖ v. desmembrar.
　～ of the law 1. advogado. 2. braço da lei.
limb (II) [lim] s. 1. orla, borda f. 2. limbo m.
limbate [l'imbət] adj. (Bot., Zool.) limbífero (que possui limbo ou rebordo colorido).
limbed [limbd] adj. que possui membros ou galhos.
　strong-～ membrudo.
limber (I) [l'imbə] parte dianteira das carretas de artilharia f. ‖ v. 1. engatar (peças de artilharia). 2. tornar flexível.
　front ～ armão. **rear ～** cofre.
limber (II) [l'imbə] s. (Náut.) bueiro m.
limber (III) [l'imbə] adj. flexível.
limberness [～nis] s. flexibilidade f.
limbic [l'imbik] adj. límbico, relativo ao limbo.
limbless [l'imblis] adj. destituído de membros ou galhos.
limbo [l'imbou] s. 1. limbo m. 2. prisão f. 3. ostracismo m.
limbous [l'imbəs] adj. = **limbic**.
limburger [l'imbəgə] s. tipo de queijo mole, de cheiro e sabor fortes.
lime (I) [laim] s. 1. visgo m. 2. cal f., óxido m. de cálcio. ‖ v. 1. engodar. 2. enredar. 3. adubar.
lime (II) [laim] s. 1. lima (fruta) f. 2. limeira f.
lime (III) [laim] s. tília f.
lime-burner s. caieiro, servente m. de pedreiro.
lime-juice s. suco m. de lima.
lime-kiln s. forno m. de cal.
limelight [l'aimlait] s. 1. luz oxídrica f. 2. publicidade, notoriedade f. 3. ribalta f.
limen [l'aimən] s. (Psicol., Fisiol.) limiar, começo m.
lime-pit s. caieira f.
limerick [l'imərik] s. espécie de verso de cinco linhas com a rima na 1.ª, 2.ª e 5.ª linhas e na 3.ª e 4.ª.
limestone [l'aimstoun] s. pedra calcária f.
lime-twig s. vara enviscada f.
limewash [l'aimwɔʃ] s. caiação f. ‖ v. caiar.
lime-water s. água f. de cal.
liminal [l'imənəl] adj. (Psicol., Fisiol.) liminar.
limit [l'imit] s. 1. limite, marco m. 2. termo m. ‖ v. 1. limitar, restringir. 2. demarcar. 3. confinar.
　he will go to the ～s ele irá ao extremo. **that is the ～** é o cúmulo. **within ～s** com moderação.
limitable [l'imitəbl] adj. restringível
limitarian [limit'ɛəriən] s. (Teol.) limitariano m.: aquele que crê na redenção somente dos eleitos. ‖ adj. referente a essa crença.
limitary [l'imitəri] adj. 1. fronteiriço. 2. limítrofe, confinante. 3. limitado, circunscrito.
limitation [limit'eiʃən] s. 1. limitação, restrição f. 2. termo m. 3. prescrição f. 4. demarcação f.
limitative [l'imiteitiv] adj. limitativo, que limita.
limited [l'imitid] s. (E. U. A.) trem, ônibus, expresso, rápido m., etc. ‖ adj. 1. limitado, restrito. 2. confinado. 3. (E. U. A.) expresso m. que viaja a grande velocidade com poucas paradas. ‖ adv. **～ly** limitadamente.
limited liability s. (Com.) responsabilidade limitada f.
limitedness [～nis] s. limitação, restrição f.
limiter [l'imitə] s. aquele que limita.
limiting factor s. fator ambiental m. limitativo.
limitless [l'imitlis] adj. ilimitado.
limitrophe [l'imitrouf] adj. limítrofe, confinante.
limn [lim] v. 1. pintar, ilustrar. 2. descrever.
limner [l'imnə] s. 1. ilustrador, pintor m. 2. narrador m.
limnology [limn'ɔlədʒi] s. limnologia f.
limonite [l'aimənait] s. limonito m.

limousine [l'imuzi:n] s. limusine f.
limp (I) [limp] s. coxeadura, manqueira f. ‖ v. coxear.
limp (II) [limp] adj. 1. flácido, mole. 2. hesitante, vacilante. ‖ ~ly adv. 1. sem firmeza, debilmente. 2. de modo hesitante.
limper [l'impə] s. coxo, manco m.
limpet [l'impət] s. lapa f.: gênero de moluscos gastrópodes.
limpid [l'impid] adj. límpido, lúcido, claro, transparente. ‖ ~ly adv. limpidamente, claramente.
limpidity [limp'iditi], **limpidness** [l'impidnis] s. limpidez, pureza f.
limpingly [l'impiŋli] adv. coxeando, mancando.
limpness [l'impnis] s. 1. debilidade, fraqueza f. 2. hesitação f.
limy [l'aimi] adj. 1. calcário. 2. viscoso, pegajoso.
linage [l'ainidʒ] s. 1. linhas impressas f. pl. em texto ou livro. 2. pagamento m. por linha impressa.
linchpin [l'intʃpin] s. chaveta, cavilha f. da roda.
linden [l'indən] s. tília f.
line (I) [lain] s. 1. linha f. (quadro L 3). 2. corda f. 3. arame m. 4. fila, fileira f. 5. via f., alinhamento m. 6. regra f. 7. direção f., curso, caminho m. 8. equador m. 9. plano, desígnio m. 10. limite m., fronteira f. 11. série f. 12. ramo m. de negócio. 13. gênero m. 14. bilhete m., cartinha f. 15. linhagem, ascendência f. 16. medida f. de ¹/₁₂ de polegada. 17. prumo m. ‖ ~s pl. 1. destino m. 2. composição poética f. 3. licença f. de casamento. 4. linha f. de fortificações. 5. fileira f. dupla de soldados em ordem de batalha. 6. fila f. de navios em ordem de batalha. 7. contorno m., forma f. ‖ v. 1. traçar linhas, riscar. 2. alinhar-se, formar em linha. **a hard ~** má sorte. **a train was thrown off the ~** um trem descarrilhou. **all along the ~** em toda a linha. **drop me a ~** escreva-me um bilhete. **give me a ~** (Telef.) linha, por favor! **he gave him enough ~** ele deu-lhe muita margem ou folga. **hold the ~** (Telef.) segure a linha. **in the ~ of book-selling** no ramo livresco. **~ of conduct** linha, norma, forma de vida. **the ~ forças** regulares do exército, tropa combatente. **to keep in ~** manter em ordem, em linha. **his face was ~d with care** as preocupações enrugaram o seu semblante. **the soldiers ~d the streets** os soldados ocuparam as ruas. **to ~ off** demarcar. **to ~ out** esboçar. **to ~ through** riscar, cancelar. **to ~ up** 1. arranjar, dispor. 2. tomar o lado de. 3. colocar-se em fila, em linha.
line (II) [lain] s. linho m. ou fibra f.
line (III) [lain] v. revestir, guarnecer.
line (IV) [lain] v. cobrir, impregnar, padrear.
lineage [l'iniidʒ] s. linhagem, estirpe f.
lineal [l'iniəl] adj. linear, descendente direto. ‖ ~ly 1. em linha reta. 2. diretamente.
lineament [l'iniəmənt] s. 1. lineamento m., feição f. 2. contorno m.
linear [l'iniə] adj. linear, composto de linhas ou semelhante a linhas. ‖ ~ly adv. linearmente.
linearity [lini'æriti] s. (Eletrôn., Fís.) linearidade f.
linearize [l'iniəraiz] v. (Eletr.) tornar linear.
lineate [l'iniət] adj. 1. delineado. 2. marcado com linhas.
lineation [lini'eiʃən] s. delineamento, esboço, traçado m.
line-drawing s. desenho m. a lápis ou pena (traço).
lineman [l'ainmən] s. 1. guarda-fios m. 2. guarda-linha m. 3. atacante (futebol) m. (quadro F 5).
linen [l'inən] s. 1. linho m. 2. roupa branca f. ‖ adj. 1. feito de linho. 2. (fig.) branco, pálido.
linen closet s. armário m. de roupa branca.
line of credit s. (Com.) limite de crédito m.
line of fire s. (milit.) linha f. de fogo.
lineolate [l'iniəleit] adj. (Zool. e Bot.) lineolar.

liner [l'ainə] s. 1. vapor (quadro H 3) ou avião m. de carreira. 2. forrador, estofador m. 3. forro, revestimento m. 4. traçador m. 5. chapa f. de calço.
linesman [l'ainzmən] s. 1. soldado m. de regimento de linha. 2. bandeirinha, juiz m. de linha.
line-up s. 1. formação em linha f. 2. formação f. dos jogadores no campo antes de ser dada a saída.
ling (I) [liŋ] s. 1. peixe m. semelhante ao bacalhau (Molva vulgaris). 2. urze f.
-ling (II) [liŋ] sufixo que forma 1. substantivos diminutivos, como: **hireling** 2. advérbios, como: **darkling.**
linger [l'iŋgə] v. 1. demorar-se, tardar. 2. protelar. 3. hesitar. 4. estar doente por muito tempo.
lingerer [~rə] s. 1. retardatário m. 2. indolente m.
lingerie [lænʒər'i:] s. roupa f. íntima para senhoras.
lingering [l'iŋgəriŋ] adj. demorado (para acabar, desaparecer).
lingo [l'iŋgou] s. 1. algaravia f. 2. dialeto m.
linguadental [liŋwəd'entəl] s. som m. formado entre a língua e os dentes. ‖ adj. linguodental.
lingua franca [l'iŋgwə fr'æŋkə] s. língua franca f.
lingual [l'iŋgwəl] s. letra f. ou som m. pronunciado com a língua. ‖ adj. lingual, relativo à língua. ‖ ~ly adv. com a língua, mediante uso da língua.
linguist [l'iŋgwist] s. lingüista m. + f.
linguistic [liŋgw'istik], **linguistical** [~əl] adj. lingüístico. ‖ ~ly adv. lingüisticamente.
linguistics [~s] s. pl. lingüística f.: estudo da fonética e da estrutura das línguas.
lingwort [l'iŋwə:t] s. (Bot.) veratro-verde m.
liniment [l'inimənt] s. linimento, ungüento m.
lining [l'ainiŋ] s. 1. forro, revestimento m. (quadros B 18, C 12, P 8), guarnição f. 2. conteúdo m.
link (I) [liŋk] s. 1. argola f., elo m. (quadro C 8). 2. conexão f. 3. (Topogr.) medida f. de 7,92 polegadas. 4. articulação f. 5. ligação f., vínculo m. ‖ v. encadear, unir, ligar.
link (II) [liŋk] s. archote m., tocha f.
link (III) [liŋk] v. caminhar apressadamente.
linkage [l'iŋkidʒ] s. sistema articulado m., acoplamento m.
link-boy, link-man s. rapaz m. ou homem que conduz archote ou tocha.
linked [l'iŋkt] adj. 1. unido, ligado. 2. acoplado.
link-motion s. distribuição f. de setor.
link-pin s. pino m. de articulação.
links [liŋks] s. pl. terreno arenoso m. coberto de grama, terreno onde se joga golfe.
linkup [l'iŋkʌp] s. fusão f. de interesses.
linn [lin] s. 1. cachoeira f. 2. lagoa f. situada abaixo de uma cachoeira. 3. precipício, barranco m.
Linnean, Linnaen [lin'i:ən] s. seguidor m. de Lineu ‖ adj. lineano, referente a Lineu e seus seguidores.
linnet [l'init] s. milheiro, pássaro canoro m.
linoleum [lin'ouljəm] s. linóleo m.
linotype [l'ainotaip] s. linotipo m.: máquina para compor e fundir caracteres tipográficos por linhas inteiras.
linotyper [~ə] s. (E. U. A.) linotipista m. + f.
linseed [l'insi:d] s. linhaça f.
linseed-cake s. torta f. ou bolo m. de linhaça.
linseed-meal s. farinha f. de linhaça.
linseed-oil s. óleo m. de linhaça.
linsey-woolsey s. droguete m.: tecido grosseiro feito de linho e lã.
linstock [l'instɔk] s. (†) pau-fogo m.: pau com morrão para deitar fogo às peças de artilharia.
lint [lint] s. 1. fios m. pl. de linho usados para compressas. 2. retalhos m. pl. finos de fibras ou tecidos. 3. fibra f. de algodão.
lintel [lintl] s. padieira f.: verga de porta ou janela (quadro D 2).

liny [l'aini] adj. 1. cheio de linhas. 2. marcado com linhas.

lion [l'aiən] s. 1. leão m. 2. (fig.) celebridade f. 3. pessoa f. muito forte ou corajosa. 4. constelação zodiacal f. ‖ ~s pl. curiosidades f. pl. a ~ in the path ou way perigo ou obstáculo (especialmente imaginários). the ~'s share a maior parte.

lioncel [l'aiənsel] s. leão pequeno m. usado como brasão.

lionesque [laiən'esk] adj. leonino.

lioness [l'aiənis] s. leoa f.

lionet [l'aiənet] s. filhote m. de leão.

lion-heart s. homem corajoso m.

lion-hearted adj. corajoso, valente.

lion-hunter s. caçador m. de celebridades.

lionize [~aiz] v. 1. tratar como uma celebridade. 2. exibir como objeto de curiosidade.

lionlike [l'aiənlaik] adj. = lionesque.

lip [lip] s. 1. lábio, beiço m. 2. aba, orla f. 3. ~s pl. boca f. 4. ~s pl. (gíria) insolência f. ‖ v. 1. tocar com os lábios. 2. balbuciar, murmurar. 3. beijar. from his own ~s de sua própria boca. to hang on one's ~s ficar ouvindo atentamente.

lip-deep adj. 1. superficial. 2. insincero.

lip-homage, lip-worship s. dedicação simulada f.

lipless [l'iplis] adj. desprovido de lábios.

lipothymy [lip'ɔθimiː] s. lipotimia f., desfalecimento, desmaio m., vertigem f.

lipped [lipt] adj. labiado.

lippen [l'ipən] v. confiar.

lipper [l'ipə] s. encrespamento m. da superfície do mar.

lip-read v. ler pelos lábios (surdos).

lip-reading s. leitura labial f.

lip service s. simulacro m. de profissão de fé ou devoção.

lipstick [l'ipstik] s. batom m.

liquate [likw'eit] v. liquefazer, liquidificar, derreter.

liquation [likw'eiʃən] s. liquação f.: separação por meio de fusão de metais que hajam formado liga.

liquefacient [likwəf'eiʃiənt] s. aquilo que liquefaz. ‖ adj. liquidificante, que liquidifica.

liquefaction [likwəf'ækʃən] s. liquefação f.: passagem de um gás ao estado líquido.

liquefiable [l'ikwəfaiəbl] adj. liquidificável.

liquefier [l'ikwəfaiə] s. liquidificador m.

liquefy [l'ikwəfai] v. 1. liquefazer, liquidificar, derreter. 2. dissolver.

liquescence [likw'esəns], liquescency [~i] s. ação de liquefazer, derreter-se ou fundir-se.

liquescent [likw'esənt] adj. que se liquidifica ou derrete.

liqueur [likj'uə] s. licor m.

liquid [l'ikwid] s. 1. líquido, fluido m. 2. consoante branda (l,m,n,r) f. ‖ adj. 1. líquido, fluido. 2. (fig.) transparente, claro. 3. fluente, suave. 4. instável, mutável. ‖ ~ly adv. liquidamente, fluidamente.

liquid air s. (indústria de refrigeração) ar líquido m.

liquidambar [likwid'æmbə] s. 1. (Bot.) liquidâmbar m. 2. bálsamo m. produzido por essa árvore.

liquid assets s. pl. valores realizáveis m. pl.

liquidate [l'ikwideit] v. 1. liquidar, saldar. 2. decidir, resolver. 3. suprimir, matar.

liquidation [likwid'eiʃən] s. liquidação f.

liquidator [l'ikwideitə] s. liquidatário m.

liquidity [likw'iditi] s. liquidez, fluidez f.

liquidize [l'ikwidaiz] v. liquefazer, liquidificar.

liquidizer [~ə] s. liquidificador m. (também blender).

liquor [l'ikə] s. 1. substância f. líquida ou fluida. 2. secreção f. 3. solução f. 4. diluição f. 5. licor m., bebida alcoólica f. ‖ v. 1. (gíria) beber (bebidas

alcoólicas). 2. umedecer, molhar. 3. engraxar.

liquorish [l'ikəriʃ] adj. 1. amante de licor. 2. guloso.

liquorishness [~nis] s. 1. hábito m. de beber licor. 2. inclinação f. por licores.

lira [l'iːrə] s. lira f.: unidade monetária italiana.

lisle [lail] s. fio m. fino e forte de algodão ou linho.

lisp [lisp] s. 1. balbuciação f., cicio m. 2. pronúncia f. defeituosa do s., o respectivo som. 3. conversa afetada f. ‖ v. 1. balbuciar, ciciar. 2. pronunciar o s defeituosamente.

lisper [l'ispə] s. aquele que balbucia, cicia.

lispingly [l'ispiŋli] adv. balbuciantemente, ciciantemente.

lissom, lissome [l'isəm] adj. flexível, macio, ágil. ‖ ~ly adv. 1. flexivelmente. 2. agilmente.

lissomness, lissomeness [~nis] s. 1. flexibilidade f. 2. agilidade f.

list (I) [list] s. 1. lista f., rol, catálogo m., relação f. 2. ourela, borda f. 3. ~s pl. liça, arena f. 4. limite, marco m. ‖ v. 1. arrolar, registrar, anotar, especificar. 2. alistar, recrutar. 3. guarnecer com orlas. ‖ adj. listado. to enter the ~s entrar na disputa, participar duma luta, argumentar.

list (II) [list] s. desejo, prazer m., inclinação f. ‖ v. 1. agradar, desejar. 2. escolher. 3. estar disposto. the wind bloweth where it ~eth o vento sopra para onde quer.

list (III) [list] s. inclinação f. de um navio. ‖ v. (Náut.) inclinar-se, estar inclinado, querenar.

list (IV) [list] v. (†) (poét.) ouvir, escutar.

listed [l'istəd] adj. 1. registrado. 2. relacionado.

listel [l'istəl] s. listel m.: moldura estreita e lisa que separa as caneluras da coluna, filete m.

listen [lisn] v. 1. escutar, ouvir, prestar atenção. 2. obedecer, atender. I ~ in to London eu sintonizo Londres. to ~ in 1. ouvir o telefonema de outros. 2. ouvir rádio.

listener [l'isnə] s. ouvinte m.

listening post s. posto m. de escuta.

lister (I) [l'istə] s. compilador m. de listas.

lister (II) [l'istə] s. arado duplo m.

listless [l'istlis] adj. 1. desatento, indiferente. 2. lânguido. ‖ ~ly adv. indiferentemente, sem prestar atenção.

listlessness [~nis] s. desatenção, indiferença f.

list price s. (Com.) preço m. de lista.

lists [lists] s. 1. cerca f. de arena de torneios. 2. a própria arena. to enter the ~ 1. começar a competir (em torneio). 2. (fig.) começar (uma discussão).

lit [lit] imp. e p. p. de light.

litany [l'itəni] s. litania f. ladainha f.

litchi, lichee [l'itʃi] s. (Bot.) lechia f.

liter [l'iːtə] s. (E. U. A.) = litre.

literacy [l'itərəsi] s. 1. capacidade f. de ler e escrever. 2. aptidão literária f.

literal [l'itərəl] adj. 1. literal, ao pé da letra. 2. (fig.) prosaico, positivo. ‖ ~ly adv. literalmente, ao pé da letra.

literalism [~ism] s. literalismo m., expressão literal, exatidão f.

literalist [~ist] s. literalista m. + f., o que interpreta ao pé da letra.

literalistic [litərəl'istik] adj. relativo ao literalismo ou aos literalistas.

literality [litər'æliti], literalness [l'itərəlnis] s. o sentido literal.

literalize [l'itərəlaiz] v. interpretar ao pé da letra.

literal-minded adj. sem imaginação, prosaico.

literariness [l'itərərinis] s. qualidade ou condição do que é literário.

literary [l'itərəri] adj. literário, letrado. ‖ **-rily** adv. de modo literário.
literary man s. escritor, autor m., homem de letras.
literate [l'itərit] s. literato, letrado m. ‖ adj. 1. instruído. 2. alfabetizado.
literati [litər'eiti:] s. pl. literatos, escritores m. pl. homens de letras.
literator [l'itəreitə] s. 1. literato m. 2. professor primário m. 3. charlatão m.
literature [l'itəritʃə] s. 1. literatura f. 2. (coloq.) folheto m., matéria impressa f.
lith- [liθ], **litho-** [l'iθə,-o,-ɔ] elemento de composição: de pedra.
litharge [l'iθa:dʒ, liθ'a:dʒ] s. litargírio m.: protóxido de chumbo.
lithe [laið] adj. 1. flexível. 2. brando, macio. ‖ **~ly** adv. flexivelmente.
litheness [l'aiðnis] s. flexibilidade f.
lithesome [l'aiðsəm] adj. = **lithe.**
lithesomeness [~ nis] s. flexibilidade f.
lithia [l'iθiə] s. litina f.: óxido de lítio
lithiasis [liθ'iəsis] s. litíase f.: formação de pedras ou cálculos no organismo.
lithic [l'iθik] adj. 1. lítico, referente a pedras nos rins. 2. relativo ao lítio.
lithochromatic [liθəkrəm'ætik] adj. litocrômico, relativo à litocromia.
lithochromatics [~ s] s. pl. litocromia f.: imitação da pintura a óleo por meio de litografia.
lithoclast [l'iθəklæst] s. litoclasto, instrumento cirúrgico m.
lithograph [l'iθəgra:f] s. estampa litografada f. ‖ v. litografar.
lithographer [liθ'ɔgrəfə] s. litógrafo m.
lithographic [liθəgr'æifk], **lithographical** [~ əl] adj. litográfico. ‖ **~ly** adv. litograficamente.
lithography [liθ'ɔgrəfi] s. litografia f.
lithoid [l'iθɔid], **lithoidal** adj. litóide, que tem o aspecto da pedra.
litholabe [l'iθəleib] s. litolábio, instrumento cirúrgico m.
lithologic [liθɔl'ɔdʒik], **lithological** [~ əl] adj. litológico, referente à litologia.
lithologist [liθ'ɔlədʒist] s. litologista m. + f., litólogo m., aquele que se dedica à litologia.
lithology [liθ'ɔlədʒi] s. 1. litologia f.: ciência que estuda as rochas. 2. ramo m. da medicina que trata dos cálculos.
lithomancy [liθ'ɔmænsi] s. litomancia f.: adivinhação por meio de pedras.
lithomarge [l'iθəma:dʒ] s. litomarga f.: silicato hidratado de alumínio.
lithontriptic [liθəntr'iptik] adj. litontríptico, capaz de partir ou dissolver cálculos urinários.
lithoprint [l'iθəprint] s. obra litografada f. ‖ v. litografar.
lithosphere [l'iθɔsfiə] s. litosfera f.: a crosta da terra.
lithotome [liθət'oum] s. litótomo, cristótomo m.: instrumento cirúrgico.
lithotomic [liθət'ɔmik] adj. relativo à litotomia.
lithotomist [liθ'ɔtəmist] s. (Cirurg.) litotomista m. + f.
lithotomy [liθ'ɔtəmi] s. litotomia f.: operação cirúrgica para extrair cálculos vesicais.
lithotrity [liθ'ɔtriti] s. (Cirurg.) litotrícia f.
lithotype [l'iθətaip] s. litotipia f. ‖ v. litotipar. .
Lithuania [liθju'einiə] s. Lituânia f.
Lithuanian [~ n] s. lituano m., lituana f.: habitante da Lituânia. ‖ adj. lituano.
litigable [l'itigəbl] adj. litigável, contestável.
litigant [l'itigənt] s. litigante m. + f., o que litiga em juízo. ‖ adj. litigante, relativo a litígio.

litigate [l'itigeit] v. litigar, pleitear em juízo.
litigation [litig'eiʃən] s. litígio m., demanda f.
litigator [l'itigeitə] s. litigante m. + f.
litigious [lit'idʒəs] adj. litigioso, controverso. ‖ **~ly** adv. litigiosamente.
litigiousness [~ nis], **litigiosity** [litidʒi'ɔsiti] s. espírito litigioso m.
litmus [l'itməs] s. (Quím.) 1. tornassol m. 2. girassol m., heliotrópio m.
litmus-paper s. papel m. de tornassol.
litotes [l'aitəti:z] s. (Ret.) litotes f.: modo de afirmação pela negação do contrário.
litre [l'i:tə] s. litro m.
litter [l'itə] s. 1. liteira f. 2. padiola, maca f. 3. palha f. ou feno m. usado como cama para animais ou como cobertura para plantas. 4. ninhada f. 5. desordem, confusão f. ‖ v. 1. espalhar feno ou palha para fazer a cama para animais. 2. dar à luz uma ninhada. 3. colocar em desordem ou confusão.
littérateur [l'itərət'ə:] s. (fr.) literato m.
litterbin [l'itəbin], (E. U. A.) **litterbag** [l'itəbæg] s. cestão de lixo m. (em lugares públicos).
little [litl] s. 1. pequena quantidade f. 2. pouco tempo m. ‖ adj. 1. pouco. 2. pequeno. 3. breve. 4. insignificante. 5. exíguo. 6. mesquinho. 7. desprezível. 8. fraco, infantil. 9. novo. ‖ adv. 1. em pequena escala. 2. escassamente. 3. de modo algum.
not a ~ nem um pouco. **a ~ way** um caminho curto. **his ~ ways** suas peculiaridades, espertezas. **in ~** em miniatura. **~ by ~** pouco a pouco. **~ or nothing** quase nada. **the ~ ones** os pequeninos, as crianças. **to go a ~ way** durar pouco. **to make ~ of** tratar com pouco caso.
little finger s. dedo mínimo, mindinho m.
littleness [~ nis] s. 1. pequenez f. 2. insignificância f.
little people s. 1. fadas f. pl. 2. duendes m. pl. 3. zé-povinho m.
littoral [l'itərəl] s. litoral m.
lit-up adj. embriagado.
liturgic [lit'ə:dʒik], **liturgical** [~ əl] adj. litúrgico. ‖ **~ally** adv. liturgicamente.
liturgist [l'itə:dʒist] s. liturgista m. + f.
liturgy [l'itə:dʒi] s. liturgia f., ritual m.
livable, liveable [l'ivəbl] adj. 1. digno de ser vivido. 2. suportável.
livableness, liveableness [~ nis] s. habitabilidade f.
live (I) [laiv] adj. 1. vivo, ativo, esperto, aceso, pronto para agir. 2. pronto para usar. 3. carregado com eletricidade (como um fio). 4. que não explodiu ainda (como uma granada). 5. que se move ou transmite movimento. 6. (fig.) eficaz, cheio de energia, de interesse atual.
live (II) [liv] v. 1. viver, existir. 2. subsistir. 3. morar, habitar. 4. ganhar a vida. 5. gozar a vida. 6. nutrir-se.
she ~s by sewing ela ganha a vida costurando. **to ~ and let ~** ser tolerante. **to ~ away** viver alegre e despreocupadamente. **to ~ down** fazer esquecer um delito por uma vida impecável. **to ~ from hand to mouth** ter apenas o suficiente para as necessidades indispensáveis à vida. **to ~ on vegetables** viver de verduras. **to ~ out** sobreviver. **to ~ to a great age** atingir uma idade avançada.
live-bait s. isca viva f. ‖ v. pescar com isca viva.
live by v. 1. viver de, comportar-se de acordo com as regras de.
live-cartridge s. cartucho m. com bala.
live center s. (Mec.) centro m. do eixo em movimento.
lived [livd] adj. de vida.

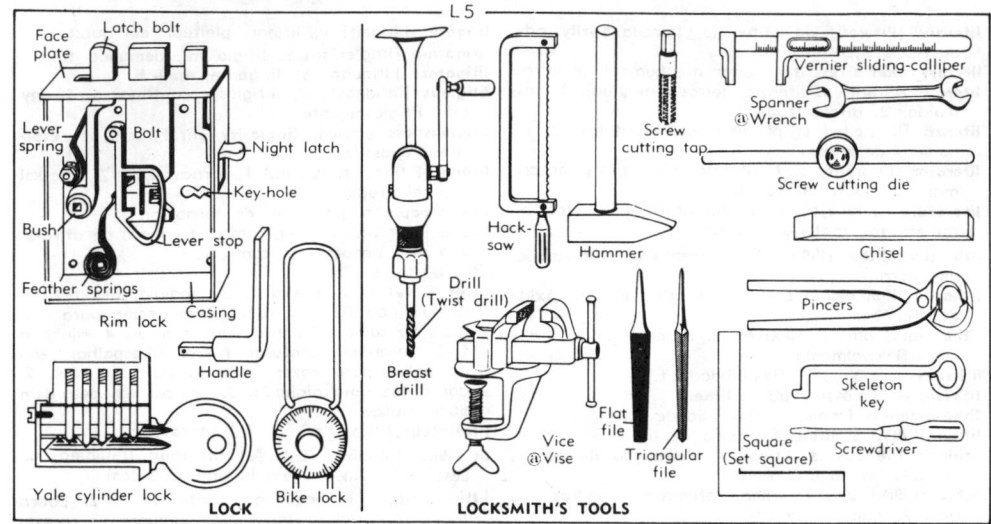

LOCK

Face plate / Latch bolt / Lever spring / Bolt / Night latch / Key-hole / Bush / Lever stop / Feather springs / Casing / Rim lock / Handle / Yale cylinder lock / Bike lock

LOCKSMITH'S TOOLS

L 5 / Vernier sliding-calliper / Spanner @ Wrench / Screw cutting tap / Screw cutting die / Hack-saw / Hammer / Chisel / Drill (Twist drill) / Pincers / Breast drill / Skeleton key / Flat file / Vice @ Vise / Triangular file / Square (Set square) / Screwdriver

long-~ de longa vida. **short-~** de vida curta.
livelihood [l'aivlihud] s. sustento, meio m. de vida.
liveliness [-nis] s. 1. vivacidade, disposição f. 2. ônimo m. 3. alegria, jovialidade f.
live load s. carga viva f.
livelong [l'ivloŋ] adj. 1. durável, duradouro. 2. inteiro.
lively [l'aivli] adj. 1. vivo, vívido. 2. vigoroso. 3, animado. 4. vivaz. 5. alegre, jovial. ‖ adv. 1. vivamente. 2. alegremente. 3. vigorosamente.
liven [l'aivən] v. 1. animar. 2. cobrar ânimo.
livener [~ə] s. animador m.
live-oak s. (E. U. A.) carvalho m. americano, de madeira muito resistente.
liver [l'ivə] s. 1. fígado m. 2. vivente, habitante m. + f. ‖ **~ed** adj. da cor do fígado.
liver extract s. extrato de fígado m.
liver-grown adj. que padece de hipertrofia do fígado.'
liveried [l'ivərid] adj. de librè, uniformizado.
liverish [l'ivəriʃ] adj. que sofre do fígado.
liver-leaf, liverwort [l'ivewə:t] s. hepática f.: planta.
liver sausage s. (Ingl.) = (E. U. A.) **liverwurst.**
liverstone [l'ivəstoun] s. hepatite f.
liverwurst [l'ivəwe:st] s. (E. U. A.) lingüiça de fígado f.
livery [l'ivəri] s. 1. librè f. 2. uniforme m., farda f. 3. trato m. de cavalos mediante pagamento. 4. alugamento m. de carruagem e de cavalos. 5. estábulo m. ou cocheira f. de aluguel. 6. privilégios m. pl. de uma corporação ou de um sindicato.
liveryman [~mən], **livery-servant** s. 1. criado m. de librè. 2. o que cuida de cavalos mediante pagamento.
livery-stable s. estábulo m. ou cocheira f. de aluguel.
live steam s. vapor vivo m.
live stock [l'aivst'ok] s. conjunto m. de animais domésticos de uma fazenda ou granja.
live wire [l'aivw'aiə] s. 1. circuito elétrico m. 2. (coloq.) rapaz enérgico, empreendedor m.
livid [l'ivid] adj. 1. lívido, pálido. 2. cor-de-chumbo. ‖ **~ly** adv. lividamente.
lividity [liv'iditi], **lividness** [l'ividnis] s. lividez, palidez f.
living [l'iviŋ] s. 1. vida f. 2. meio m. de vida. 3. sustento m. 4. benefício eclesiástico m. 5. existência f. 6. modo m. de vida. ‖ adj. 1. vivo. 2. ativo.

3. vivificante. 4. existente, contemporâneo. 5. natural, exato.
no man ~ nenhum vivente.
living death s. vida miserável f.
living-room s. (E. U. A.) sala f. de estar, sala de visitas.
living space s. (Pol.) espaço vital m.
living standard s. padrão m. de vida.
living wage s. salário mínimo m.
lixiviate [liks'ivieit] v. lixiviar, lavar com lixívia.
lixiviation [liksivi'eiʃən] s. lixiviação f.
lixivious [liks'iviəs] adj. lixivioso.
lixivium [liks'iviəm] s. solução f. de sais alcalinos.
lizard [l'izəd] s. qualquer animal da família dos Lacertídeos, tais como lagarto, lagartixa, camaleão.
llama [l'a:mə] s. 1. lhama m.: ruminante da família dos Camelídeos. 2. a sua lã ou os respectivos fabricos.
llano [l'a:nou] s. lhano m.: planícies sul-americanas.
Lloyd's [l'oidz] s. corporação f. de seguros marítimos sediada em Londres.
lo [lou] interj. veja! olhe! repare!
loach [loutʃ] s. peixe m. da família Cobitidae, semelhante à carpa.
load [loud] s. 1. carga f. 2. carregamento m. 3. peso m. 4. opressão f. 5. resistência f. 6. (pl., coloq.) grande quantidade, abundância f. 7. capacidade (de uma máquina) f. ‖ v. 1. carregar. 2. pesar. 3. tornar mais pesado. 4. oprimir. 5. encher até às bordas. 6. cumular. 7. adulterar.
load-displacement, load-draught s. calado m.
loaded dice s. pl. dados chumbados m. pl.
loader [l'oudə] s. carregador m. (quadro H 5).
load factor s. (Eletr.) coeficiente m. de carga.
loading [l'oudiŋ] s. carga f.
loading coil s. (Eletr.) bobina de carga f.
load-line s. linha f. de flutuação de um navio, quando carregado.
loadstar [l'oudstə] s. = **lodestar.**
loadstone, lodestone [l'oudstoun] s. 1. magnetita f.: óxido de ferro magnético. 2. atrativo m.
loaf (I) [louf] s. 1. um pão. (quadro B 20). 2. pão m. em forma de cone. 3. açúcar refinado m. em forma de cone (pão de açúcar). 4. cabeça f. de repolho ou alface.

half a ~ **is better than no bread** antes pouco do que nada. **~-sugar** açúcar refinado. **loaves and fishes** vantagens pessoais.
loaf (II) [louf] s. ociosidade, vadiagem f. ‖ v. vadiar.
loafer [l'oufə] s. vadio, ocioso m.
loam [loum] s. marga, greda f. ‖ v. cobrir com marga.
loamy [l'oumi] adj. margoso, argiloso.
loan [loun] s. 1. empréstimo m. 2. objeto emprestado m. 3. autorização f. para fazer uso. ‖ v. emprestar.
loanable [l'ounəbl] adj. que pode ser emprestado.
loan collection s. coleção f. de empréstimo (quadros para exibição).
loaner [l'ounə] s. emprestador m.
loan-office s. caixa f. de crédito.
loan-shark s. agiota f., usurário m.
loan-society s. sociedade f. de crédito.
loan-word s. (Filol.) empréstimo m.: palavra estrangeira incorporada ao vernáculo.
loath, loth [louθ], adj. contrário a, averso, relutante. **nothing** ~ de boa vontade, de bom grado.
loathe [louð] v. 1. repugnar. 2. detestar.
loather [l'ouðə] s. o que sente repugnância.
loathing [l'ouðiŋ] s. repugnância, aversão f. ‖ adj. repugnante. ‖ **~ly** adv. com repugnância, com aversão.
loathly [l'ouðli] adj. repugnante, asqueroso. ‖ adv. de má vontade.
loathsome [l'ouðsəm] adj. repugnante, asqueroso. ‖ **~ly** adv. asquerosamente.
loathsomeness [~nis] s. repugnância f., asco m.
loave [louv] v. formar cabeça (de repolho, alface).
loaves [~z] pl. de **loaf** (I).
lob [lob] s. 1. rústico, grosseirão m. 2. (Tênis) bola f. arremessada a grande altura. 3. (Criquete) bola f. jogada lentamente a pouca altura. ‖ v. 1. andar desengonçadamente. 2. (Tênis) arremessar a bola a grande altura. 3. (Criquete) atirar a bola lentamente a pouca altura.
lobate [l'oubeit], **lobated** [~ id] adj. lobado, lobulado.
lobation [loub'eiʃən] s. conjunto m. de lóbulos.
lobby [l'obi] s. 1. vestíbulo m., antecâmara, sala f. de espera. 2. corredor m. de teatro. 3. (E. U. A., Pol.) pessoa f. ou grupo m. que procura influenciar legisladores. ‖ v. 1. tentar obter a aprovação de um projeto ou de uma lei na câmara mediante pedido de votos. 2. pedir votos a membros da câmara. 3. intrigar.
lobbyist [~ist] s. (E. U. A., Pol.) angariador de votos m.
lobe [loub] s. lóbulo, lobo m.
lobed [~d] adj. lobado, lobulado.
lobeless [l'oublis] adj. destituído de lobos ou lóbulos.
lobelia [loub'i:ljə] s. (Bot) lobélia f.: gênero de plantas herbáceas ornamentais.
loblolly [l'oblɔli, lɔbl'ɔli] s. (E. U. A., gíria) atoleiro m.
loblolly-pine s. (E. U. A.) 1. espécie de pinheiro da América do Norte, de casca grossa e madeira de qualidade inferior. 2. madeira f. dessa árvore.
lobo [l'oubou] s. (E. U. A.) lobo m. grande e cinzento.
lobscouse [l'obskaus] s. (Náut.) prato m. feito com carne, verduras e biscoitos.
lobster [l'obstə] s. 1. lagosta f. 2. (pej.) soldado inglês m.
lobster-pot s. armadilha f. para pegar lagostas.
lobster shift s. (coloq.) turma f. que trabalha de noite.
lobular [l'objulə] adj. lobular, lobulado.
lobule [l'obju:l] s. lóbulo m.
lobworm [l'obwə:m] s. minhoca f. usada como isca pelos pescadores.

local [l'oukəl] s. 1. trem m. de subúrbios. 2. habitante local m. 3. notícia local f. ‖ adj. local. ‖ **~ly** adv. localmente.
~ **colour** característicos locais ou cor local.
locale [lok'a:l] s. localidade f.: lugar considerado em relação às suas características ou peculiaridades.
localism [l'oukəlizm] s. 1. condição de ser local. 2. regionalismo m. 3. provincialismo m.
locality [louk'æliti] s. localidade f.
localizable [l'oukəlaizibl] adj. que pode ser localizado.
localization [loukəlaiz'eiʃən] s. localização f.
localize [l'oukəlaiz] v. localizar.
local time s. hora local f.
locate [louk'eit] v. 1. colocar ou situar em determinado local. 2. determinar a situação ou posição de algo. 3. locar, fixar residência.
located [~id] adj. situado, sito.
location [louk'eiʃən] s. 1. situação, posição f., local m. 2. locação f.
locative [l'okətiv] s. locativo m.: caso gramatical. ‖ adj. locativo, relativo à locação.
locator [lok'eitə, l'oukeitə] s. locador m.
loch [lɔx] s. lago m. ou braço de mar na Escócia.
lochan [l'okən] s. 1. lagoa f. 2. tanque m.
lochia [l'oukiə] s. pl. lóquios m.: corrimento sanguíneo e seroso que se verifica após o parto.
lochial [~l] adj. loquial, relativo aos lóquios.
lock (I) [lok] s. 1. fechadura f. (quadro L 5). 2. fecho m. 3. cadeado m. 4. fecho m. de arma de fogo. 5. comporta f., dique m., esclusa f. ‖ v. 1. fechar à chave. 2. trancar, travar. 3. prover de comportas ou diques. 4. abraçar (em luta corporal).
dead ~ paralisação completa. ~ **hospital** hospital para tratamento de doenças venéreas. ~, **stock and barrel** o lote inteiro. **under** ~ **and key** preso a sete chaves. **to** ~ **in** prender. **to** ~ **up** 1. guardar debaixo de chave. 2. investir dinheiro a longo prazo.
lock (II) [lok] s. 1. tufo m. ou mecha f. de cabelos. 2. floco m. de lã, etc.
lockage [l'okidʒ] s. 1. o sistema de comportas. 2. queda f. ou subida da água em uma comporta. 3. taxa f. para passar pelas comportas.
lock away v. guardar em lugar seguro (a chave).
lock-chain s. corrente f. para segurar as rodas de um veículo.
locker [l'okə] s. 1. aquele que fecha algo à chave. 2. gaveta f., baú m., etc. provido de fechadura 3. caixão, paiol m.
locker room s. vestiário m. (esportivo ou profissional).
locket [l'okit] s. medalhão m. (quadro J 1).
lockfast [l'okfa:st] adj. fechado com fechadura ou cadeado.
lock-gate s. porta f. de comporta e dique.
lock-jaw s. (Pat.) trismo m.: contração espasmódica dos músculos do queixo, causada por tétano.
lock-keeper s. guarda m. de comporta ou dique.
lockless [l'oklis] adj. que não possui fechadura ou cadeado.
lock-nut s. contraporca f. (quadro B 16).
lock-out s. dispensa temporária f. de trabalhadores pelos empregadores com o fito de obrigá-los a aceitar condições impostas por estes. ‖ v. impedir o trabalho de empregados com este fito.
locksmith [l'oksmiθ] s. serralheiro m. (quadro L 5).
lockstitch [l'okstitʃ] s. (costura) ponto m. de laçada.
lock-up s. 1. local m. que serve como prisão temporariamente. 2. hora f. de fechamento. ‖ adj. o que pode ser fechado, ou posto na prisão.
lock-up shop s. loja f. que só possui entrada pela rua, não tendo comunicações com o restante do prédio

em que está instalada.
loco (I) [l'oukou] s. (E. U. A.) astrágalo m. ou outras plantas leguminosas papilionáceas, cuja ingestão produz loucura em cavalos e carneiros. ‖ v. envenenar com essas plantas. ‖ adj. maluco, louco.
loco (II) [l'oukou] s. (abr. de **locomotive**) locomotiva f.
locomobile [loukəm'oubil] s. locomóvel f. ‖ adj. locomóvel, que pode locomover-se.
locomobility [loukəmoub'iliti] s. locomobilidade f.
locomote [l'oukəmout] v. locomover-se.
locomotion [loukəm'ouʃən] s. locomoção f.
locomotive [l'oukəmoutiv] s. locomotiva f. ‖ adj. locomotivo, relativo à locomoção.
locomotiveness [loukəm'outivnis] s. faculdade locomotriz f.
locomotivity [loukəmout'iviti] s. locomotividade, faculdade locomotriz f.
locomotor [loukəm'outə] s. o que realiza a locomoção. ‖ adj. locomotor, que opera a locomoção. **~ ataxia** ataxia locomotora.
locoweed [l'oukouwi:d] s. = **ioco** (I).
loculus [l'okjuləs] s. 1. lóculo m., pequena cavidade f. 2. cavidade f. do ovário e pericárpio m. das plantas. 3. nicho m. feito na parede das catacumbas.
locum [l'oukəm], **locum tenens** [l'oukəm t'enənz] s. (Ingl., coloq.) substituto temporário m. (esp. sacerdote ou médico).
locus [l'oukəs] s. 1. local ou lugar exato m. 2. (Mat.) linha f. gerada por um ponto ou superfície gerada por uma linha, que se movem sob condições específicas. 3. (Gen.) posição f. no cromossomo ocupada por determinado gene.
locust [l'oukəst] s. 1. locusta f., gafanhoto m. 2. alfarrobeira f.: árvore da família das Leguminosas.
locust-bean s. alfarroba f.
locust-tree s. (Bot.) 1. alfarrobeira f. 2. acácia-bastarda, acácia-pára-sol f.
locution [lokj'u:ʃən] s. locução f.
locutory [l'okjutəri] s. 1. locutório, parlatório m. 2. compartimento m. separado por grades através das quais as religiosas recolhidas em conventos falam com as pessoas de fora que as procuram.
lode [loud] s. 1. filão, veio m. 2. canalete m. para irrigação.
lodestar, loadstar [l'oudsta:] s. 1. estrela-guia f., geralmente a estrela polar. 2. (fig.) ambição f., norma f. de ação, atração f.
lodge [lodʒ] s. 1. residência temporária f., alojamento m. 2. choupana f., chalé, pavilhão m. 3. loja maçônica f. 4. covil m., toca f. 5. casa f. de guarda. 6. (E. U. A.) tenda f. ou moradia de indígena ou a família que a habita. ‖ v. 1. alojar, hospedar, abrigar. 2. depositar. 3. implantar, fixar. 4. bater ou espalhar cereais. 5. alojar-se, hospedar-se, pousar. 6. derrubar plantações (tempestade). 7. ficar preso num lugar. 8. colocar, apresentar. **the kite ~d in a tree** o papagaio ficou preso numa árvore. **to ~ a bullet** colocar, acertar com uma bala. **to ~ a complaint** apresentar uma queixa (**with** ou **at s. o.** a alguém).
lodgement [l'odʒmənt] s. 1. alojamento m. 2. defesas f. pl. improvisadas em posições tomadas ao inimigo. 3. (fig.) posição ou vantagem obtida f.
lodger [l'odʒə] s. 1. locatário, inquilino m. 2. hóspede m.
lodging [l'odʒiŋ] s. alojamento, aposento m., residência temporária f.
lodging-house s. hospedaria f.
loess [l'ouəs, ləs] s. (Geol.) loess m.
loft [loft] s. 1. sótão, celeiro m. 2. galeria elevada f. em uma igreja ou em um salão. 3. palheiro m. 4. pombal m. 5. bando m. de pombas. ‖ v. (Golfe) bater para cima.

loftiness [l'oftinis] s. 1. altura, elevação f. 2. imponência f. 3. arrogância f.
lofty [l'ofti] adj. 1. alto, elevado. 2. imponente, sublime, grandioso. 3. arrogante. ‖ **-tily** adv. 1. em lugar alto. 2. grandiosamente, soberbamente.
log [log] s. 1. toro, cepo m. (quadro F 2). 2. barquilha f. 3. diário m. de bordo. 4. tolo m., palerma m. + f. ‖ v' 1. cortar, cortar em cepos, derrubar árvores. 2. (Náut.) lançar no livro de bordo. 3. atingir determinada velocidade. ‖ adj. feito de toros ou troncos de árvore.
loganberry [l'ougənbəri] s. fruto híbrido m. obtido mediante cruzamento da framboesa e da amora silvestre.
logarithm [l'ogəriðm] s. logaritmo m.
logarithmic [logər'iθmik], **~al** [~əl] adj. logarítmico. ‖ **~ally** adv. mediante o emprego de logaritmos.
log-board s. tábua f. da barquilha.
log-book s. diário m. de bordo.
log cabin s⸴ cabana de toras de madeira f.
loge [louʒ] s. camarote m. de teatro.
logger [l'ogə] s. madeireiro m.
loggerhead [~hed] s. 1. imbecil, palerma m. + f. 2. ferramenta f. de cabo comprido usada na destilação de alcatrão. 3. tartaruga marinha f. 4. alcaboz m.: espécie de carpa européia. 5. poste m. colocado em um barco baleeiro.
loggia [l'odʒiə] s. galeria f. ou arcada aberta.
logging [l'ogiŋ] s. serviço m. de derrubar árvores, cortá-las em toros e transportá-las.
log-house, log-hut s. cabana f. construída de troncos.
logic [l'odʒik] s. 1. lógica f. 2. raciocínio m. 3. coerência f.
logical [~əl] adj. 1. lógico. 2. racional. 3. coerente. ‖ **~ly** adv. logicamente.
logical positivism (**~ empirism**) s. (Filos.) positivismo lógico m.
logician [lodʒ'iʃən] s. lógico m.
logie [l'ougi] s. ornamento m. feito de zinco, usado nos teatros.
logion [l'ogiən] s. dito m. ou expressão f. empregado por Jesus Cristo, não registrados nos Evangelhos, mas conservados por tradição oral.
logistic [lodʒ'istik], **~al** [~əl] adj. logístico.
logistics [~s] s. pl. 1. logística, aritmética aplicado f. 2. ramo m. da estratégia que trata do aquartelamento das tropas.
logjam [l'odʒæm] s. bloqueio, congestionamento m. causado por obstáculo irremovível.
log-line s. linha f. de barquilha.
log-man s. lenhador m.
logo [l'ogou] s. (Tipogr.) = **logotype.**
logogram [l'ogogræm] s. 1. sinal representativo m. de uma palavra, especialmente em estenografia. 2. forma f. de charada em verso.
logograph [l'ogogræf] s. palavra escrita f.
logographer [log'ogrəfə] s. 1. logógrafo m.: nome dado aos primeiros escritores gregos. 2. autor m. de um glossário. 3. que pratica a logografia.
logography [log'ogrəfi] s. 1. logografia f. 2. sistema m. de impressão com tipos que já formam palavras ou sílabas.
logogryph [l'ogogrif] s. logrifo m.: 1. espécie de enigma. 2. coisa obscura f.
logomachy [log'oməki] s. logomaquia f.
logos [l'ogəs] s. 1. a Palavra Divina. 2. o Filho de Deus.
logotype [l'ogətaip] s. (Tipogr.) logotipo m.
log-reel s. carretel m. onde se enrola a linha da barquilha.
log-roll v. (E. U. A.) 1. conseguir a aprovação de

um projeto de lei mediante acordo partidário. 2. participar de conchavos partidários.

log-roller s. (E. U. A.) político m. que participa de conluios.

log-rolling s. (E. U. A.) 1. auxílio m. mútuo no ajuntamento de toras. 2. conluio entre políticos.

log-wood s. 1. pau m. de campeche. 2. campeche m.

logy [I) [lougi] adj. (E. U. A.) 1. pesado. 2. lento de raciocínio.

-logy (II) [-lədʒi] sufixo que forma palavras como, **biology**, **astrology**, etc.

loin [lɔin] s. 1. lombo, quadril m. (quadros C 7, H 9). 2. ~s pl. lombo assado m. 3. ~s pl., (fig.) força geratriz f.
to gird up one's ~s preparar-se para um grande esforço.

loin-cloth s. tanga f.

loiter [l'ɔitə] v 1. demorar-se, tardar. 2. vadiar. 3. viajar com paradas freqüentes. 4. desperdiçar o tempo.

loiterer [~rə] s. ocioso, vadio m.

loiteringly [l'ɔitəriŋli] adv. ociosamente.

loll [lɔl] v. 1. refestelar-se, encostar-se indolentemente. 2. pôr a língua de fora. 3. deixar a língua pender para fora da boca.
to ~ about ficar à toa, ocioso.

loller [l'ɔlə] s. preguiçoso, indolente m.

lollingly [l'ɔliŋli] adv. preguiçosamente, indolentemente.

lollipop, lollypop [l'ɔlipɔp] s. 1. rebuçado m. 2. pirulito m. 3. (gíria) dinheiro m.

lollop [l'ɔləp] v. 1. refestelar-se. 2. andar ociosamente por todos os cantos da casa. 3. passar as horas ociosamente.

Lombard [l'ɔmbəd] s. lombardo m. ‖ adj. lombardo.

Lombardy [~i] s. Lombardia f.

loment [l'oumənt], **lomentum** [ləm'entəm] s. (Bot.) lomentácea f.: leguminosas indeiscentes, cortadas por articulações de espaço a espaço.

London [l'ʌndən] s. Londres f.

Londoner [~ə] s. londrino m., londrina f.

London pride s. (Bot.) desespero-dos-pintores m.

lone [loun] adj. 1. solitário, só. 2. retirado. 3. desabitado, ermo. 4. solteira. 5. viúva.

lone hand s. (jogo de cartas) jogo solitário m. 2. pessoa f. que age sozinha. 3. ação ou atitude independente f.

loneliness [l'ounlinis] s. solidão f., isolamento m.

lonely [l'ounli] adj. 1. solitário, só. 2. abandonado. ‖ -lily adv. solitariamente, isoladamente.

lonely hearts adj. relativo a ou para corações solitários.

loner [l'ounə] s. homem solitário m.

lonesome [l'ounsəm] adj. solitário, só. ‖ ~ly adv. solitariamente.

lonesomeness [~nis] s. solidão f., isolamento m.

long (I) [lɔŋ] s. 1. sílaba longa f. 2. período m. ou grande distância f. ‖ adj. 1. longo, comprido, alongado (quadro Q). 2. extenso. 3. tardio, dilatório. 4. de longo alcance. ‖ adv. 1. durante. 2. por longo tempo. 3. longamente. 4. à grande distância.
~ distance interurbano. ~ dozen treze. ~ face cara amarrada. ~ odds chance desfavorável em apostas. ~ primer tipo de impressão redondo. ~ robe vestimenta usada pelos causídicos. the ~ and the short of it todo o assunto em poucas palavras. to be ~ tardar. as ~ as contanto que. before ~ logo, em breve. for ~ por muito tempo. how ~ have you been here? há quanto tempo você já está aqui? in the ~ run com o tempo. since há muito tempo. so ~ até logo.

long (II) [lɔŋ] v. 1. cobiçar, ambicionar, anelar, almejar. 2. ter saudades (for de).

-long (III) [-lɔŋ] sufixo m. formando advérbios como: **headlong**, etc.

longanimity [lɔŋgən'imiti] s. longanimidade, paciência, resignação f.

longanimous [lɔŋ'æniməs] adj. longânime, paciente.

long-boat s. chalupa f.

long-cloth s. morim m.

long-dated adj. a longo prazo.

long-distance (E. U. A.) s. operador m. de ligações telefônicas interurbanas. ‖ adj. interurbano. ‖ adv. de ou para um ponto distante.
~ call telefonema interurbano. ~ flight vôo de longa distância.

long-drawn adj. 1. prolongado. 2. extenso.

longer [l'ɔŋgə] comp. de **long**.
it is not raining any ~ já não chove mais.

longeron [l'ɔndʒərən] s. longarina f.

longest [l'ɔŋgist] superl. de **long**.
at the ~ o mais tardar.

longeval [lɔndʒ'i:vəl] adj. longevo, macróbio.

longevity [lɔndʒ'eviti] s. longevidade f.

longhair [l'ɔŋghɛə] adj. 1. cabeludo. 2. relativo a **hippie**. 3. (coloq.) intelectual, esp. com gosto por música clássica.

long-hand s. escrita comum f.

long-headed adj. 1. astuto, sagaz. 2. dolicocéfalo. ‖ -ly adv. astutamente, sagazmente.

longhorn [l'ɔŋhɔ:n] s. espécime de gado de chifres muito compridos.

longicaudal [l'ɔndʒikɔ:dl] adj. de cauda comprida.

longicorn [l'ɔndʒikɔ:n] s. (Ent.) longicórneo m. espécime dos Longicórneos. ‖ adj. longicórneo, que possui longos cornos ou antenas.

longimanous [lɔndʒ'imənəs] adj. longímano,

longing [l'ɔŋiŋ] s. desejo m., ânsia, saudade f. ‖ adj. veemente, ardente. ‖ ~ly adv. ardentemente.

longiroster [lɔndʒir'ɔstə] s. (Zool.) longirrostro m.: espécime dos longirrostros, família de aves pernaltas.

longirostral [lɔndʒir'ɔstrəl] adj. longirrostro.

longish [l'ɔŋiʃ] adj. um tanto longo.

longitude [l'ɔndʒitju:d] s. longitude f.

longitudinal [lɔndʒitj'u:dinəl] adj. longitudinal. ‖ ~ly adv. longitudinalmente.

long jump s. (Esp.) salto m. à distância.

long-lived [l'ɔŋl'ivd] adj. duradouro, longevo.

long-liver [l'ɔŋl'ivə] s. macróbio m.

long-measure s. medida f. de comprimento.

long metre s. estância f. de quatro linhas, de oito sílabas cada, empregada em hinos.

long-play s. disco m. de 33, 1/3 rotações p/min. (de longa duração).

long-range adj. 1. (milit.) de longo alcance. 2. prevendo o futuro distante.

long-run adj. a longo prazo.

longshanks [l'ɔŋʃæŋks] s. pessoa f. de pernas compridas.

longshoreman [l'ɔŋʃɔ:mən] s. estivador m.

long-shot s. 1. tomada f. com a câmara cinematográfica, que abrange o conjunto. 2. palpite m. a esmo.

long sight, long-sightedness s. 1. presbiopia f. 2. perspicácia, sagacidade f.

long-sighted adj. 1. presbita. 2. sagaz, perspicaz.

longstanding [l'ɔŋstændiŋ] adj. existente há muito.

long-stop s. no criquete, o jogador auxiliar m. do guarda-cana. ‖ v. atuar nessa posição.

long-suffering s. longanimidade, paciência, resignação f. ‖ adj. longânime, paciente, resignado.

long-tail s. qualquer animal m. de rabo comprido. ‖ adj. de rabo comprido.

long-term adj. 1. a longo prazo. 2. (Com.) de vencimento ou duração a longo prazo.
long ton s. tonelada inglesa f. (1.015 kg.)
long-tongued adj. falador, linguarudo.
long wave s. (Rádio) ondas longas f. pl.
longways [l'ɔŋweiz] adv. longitudinalmente.
long-winded adj. 1. dotado de grande fôlego. 2. enfadonho, cansativo. ‖ **~ly** adv. 1. com grande fôlego. 2. enfadonhamente, cansativamente.
longwise [l'ɔŋwaiz] adv. = **longways**.
loo [lu:] s. 1. lu m.: jogo de cartas. 2. multa f. paga no referido jogo f. ‖ v. pagar multa nesse jogo.
look [luk] s. 1. olhar m., olhadela f. 2. expressão f., aspecto m. ‖ v. 1. olhar. 2. contemplar, observar. 3. considerar. 4. prestar atenção. 5. ter vista para. 6. parecer. 7. inspecionar, examinar.
have a ~ at it dê uma olhada nisto. **I do not like the ~ of it** isto não me agrada. **~ out** 1. vigia. 2. vista. 3. prospeto. **on the ~ out** de guarda. **it ~s like rain** está com aspecto de chuva, ameaça chover. **it ~s the other way** parece ser diferente. **~ alive** apresse-se. **~ before you leap** pense bem antes de agir. **~ lively** apresse-se. **~ out** seja cuidadoso. **~ sharp** apresse-se. **to ~ about** 1. olhar em torno. 2. estar vigilante. **to ~ about for** procurar. **to ~ about one** estar alerta. **to ~ after** 1. procurar. 2. cuidar de. **to ~ down upon** 1. menosprezar. 2. assumir ares de superioridade. **to ~ for** 1. procurar. 2. esperar. 3. antecipar. **to ~ in the face** enfrentar resolutamente. **to ~ in upon** fazer uma visita rápida. **to ~ into** 1. inspecionar minuciosamente. 2. examinar. **to ~ on** 1. ser mero espectador. 2. considerar. **to ~ out** 1. olhar para fora. 2. estar alerta. 3. selecionar. **to ~ over** 1. examinar. 2. deixar passar. 3. perdoar. **to ~ to** ou **unto** 1. vigiar. 2. atender. 3. confiar em. **to ~ through** 1. olhar através. 2. penetrar com o olhar ou com a mente. 3. examinar o conteúdo. **to ~ up** 1. levantar os olhos. 2. procurar. 3. visitar. 4. prosperar. **to ~ upon** considerar.
looker [l'ukə] s. 1. espectador m., assistente m. + f. 2. (gíria) pessoa vistosa (garota) f.
looker-on s. espectador, observador m.
look-in s. 1. olhadela f. 2. visita rápida f.
looking [l'ukiŋ] adj. que tem aspecto ou aparência. **good** ou **bad ~** de boa ou má aparência.
looking-glass s. espelho m.
look-out s. 1. vigia, espreita f. 2. vista f.
look-over s. exame superficial m.
looks [luks] s. aparência atraente f.
look-see s. (gíria) inspeção f.
loom (I) [lu:m] s. 1. tear m. 2. cabo m. de remo.
loom (II) [lu:m] s. aparecimento m. gradual de um vulto. ‖ v. 1. aparecer indistintamente. 2. assomar.
loom (III) [lu:m], **loon** [lu:n] s. (Zool.) qualquer ave natatória f. dos gêneros Alca ou Uria.
loon [lu:n] s. estúpido, vadio m.
looniness [l'u:ninis] s. maluquice f.
loony [l'u:ni] s. 1. lunático m. 2. tolo m. ‖ adj. tolo, parvo.
loony bin s. (gíria) hospital de doentes mentais m.
loop [lu:p] s. 1. laço m., laçada f. 2. presilha, fivela f., ilhó m. + f. 3. gonzo m. 4. ponto m. de crochê. 5. linha auxiliar f. de via férrea ou de linha telegráfica que torna a fazer junção com a linha-tronco. 6. acrobacia aérea f. na qual o avião descreve um círculo em plano vertical. ‖ v. 1. dar laços ou laçadas. 2. segurar ou prender com presilha, ilhó, etc. 3. descrever a acrobacia aérea assim denominada.
loop antenna s. (Rádio) antena f. de quadro.

looped [lu:pt] adj. intoxicado, bêbado.
looper [l'u:pə] s. 1. larva das Geometrídeas f. 2. peça f. de máquina de costura para fazer ponto de crochê. 3. instrumento m. para juntar peças na confecção de tapetes de retalhos.
loophole [l'u:phoul] s. 1. buraco m., fenda f. 2. meio m. de evasão. 3. seteira f. ‖ v. fazer um buraco ou fenda.
loose [lu:s] s. liberdade, exoneração f. ‖ v. 1. soltar, desprender, afrouxar, desatar, desamarrar. 2. libertar. 3. desobrigar, exonerar. 4. dissolver. 5. relaxar. 6. disparar (uma arma). ‖ adj. 1. solto, frouxo, desatado. 2. folgado, amplo. 3. relaxado, negligente. 4. vago, indefinido. 5. incorreto. 6. livre. 7. devasso, dissoluto. ‖ **~ly** adv. 1. livremente. 2. frouxamente. 3. vagamente. 4. licenciosamente.
~ pulley polia louca. **on the ~** estar embriagado, estar livre, solto. **to give a ~ to** dar livre expansão. **at a ~ end** sem ter o que fazer. **cut ~** 1. separar, desligar. 2. libertar-se, fugir. 3. (coloq.) estar embriagado. **left at a ~ end** indesejado. **to let ~** largar, soltar. **to set ~** libertar.
loosebox [l'u:sbɔks] s. boxe m., baia f. individual.
loose-fitting adj. (roupa) de corte pouco justo.
loose-jointed adj. 1. de junta frouxa. 2. de construção frágil. 3. capaz de mover-se livremente.
loose-leaf adj. que possui folhas ou páginas removíveis.
loosen [l'u:sən] v. 1. desatar, afrouxar. 2. aliviar, laxar. 3. desatar-se, soltar-se. 4. aliviar-se.
loosener [l'u:sənə] s. 1. laxativo m. 2. aquele ou aquilo que solta.
looseness [l'u:snis] s. 1. relaxamento m., frouxidão f. 2. devassidão f. 3. diarréia f.
loosen up v. (Esp.) exercitar os músculos (antes da corrida).
loosestrife [l'u:sstraif] s. (Bot.) lisimáquia f.
loose-tongued adj. 1. linguarudo. 2. mexeriqueiro.
loot [lu:t] s. 1. pilhagem f., saque m., presa f. 2. ganhos ilícitos m. pl. ‖ v. pilhar, saquear.
loo-table s. mesa redonda f.
looter [l'u:tə] s. saqueador m.
lop (I) [lɔp] s. ramos cortados m. pl. ‖ v. 1. mondar, podar, aparar. 2. cortar. 3. omitir em parte.
lop (II) [lɔp] s. coelho m. de orelhas pendentes. ‖ v. 1. estar pendente. 2. deixar cair.
lop (III) [lɔp] v. andar a passos compridos, ligeiros.
lope [loup] s. trote m. ‖ v. trotar.
lop-eared adj. que tem orelhas pendentes.
loper [l'oupə] s. pessoa f. ou animal m. de passo ligeiro (cavalo de trote).
lopper [l'ɔpə] s. decotador, desbastador m.
loppings [l'ɔpiŋz] s. pl. ramas cortadas f. pl.
lop-sided adj. 1. inclinado para um lado. 2. assimétrico. ‖ **~ly** adv. 1. inclinadamente. 2. de modo assimétrico.
lop-sidedness s. 1. inclinação f. para um lado 2. assimetria f.
loquacious [lokw'eiʃəs] adj. loquaz, palrador, tagarela. ‖ **~ly** adv. loquazmente.
loquaciousness [~ nis] **loquacity** [lokw'æsiti] s. loquacidade, verbosidade f.
loquat [l'oukwɔt] s. (Bot.) ameixeira-do-japão, nespereira f. (Eriobotrya japonica).
loran [l'ɔ:rən, l'ouran] s. instrumento m. para determinar a posição de um navio mediante utilização de sinais transmitidos por duas estações de rádio.
lord [lɔ:d] s. 1. senhor, amo m. 2. soberano m. 3. **Lord** Deus m. 4. título m. de nobreza na Grã-Bretanha. 5. título m. conferido aos que exercem determinados cargos públicos. 6. (coloq.) marido m. 7. **the Lords** os membros da câmara dos pares

na Grã-Bretanha. ‖ v. 1. dominar. 2. tornar-se lorde.

the Lord's Prayer o Pai-nosso.

Lord-lieutenant s. governador, vice-rei m.

lord-like adj. 1. nobre, senhoril. 2. arrogante, insolente. ‖ adv. nobremente. 2. arrogantemente.

lordliness [l'ɔ:dlinis] s. 1. dignidade, altivez f. 2. arrogância f.

lordling [l'ɔ:dliŋ] s. fidalgote m.

lordly [l'ɔ:dli] = **lordlike.**

Lord-Mayor s. prefeito m. de algumas cidades importantes, tais como Londres, York e Dublin. (quadro C 18).

lordosis [lɔ:d'ousis] s. (Pat.) lordose f.

Lord's day s. domingo m.

lordship [l'ɔ:dʃip] s. (Ingl.) 1. domínio m. de um lorde. 2. título m. dos pares do reino.

your ~ tratamento usado para falar a um lorde.

Lord's supper s. eucaristia f.

Lord's table s. 1. altar m. 2. eucaristia f.

lore (I) [lɔ:] s. 1. erudição f., saber m. 2. coletânea f. de fatos e tradições a respeito de determinado assunto.

lore (II) [lɔ:] s. 1. espaço m. entre o olho e o bico das aves. 2. espaço m. entre o olho e as narinas das cobras.

lorgnette [lɔ:nj'et], **lorgnon** [lɔ:nj'ɔn] s. 1. (fr.) óculos m. pl. com cabo longo. 2. binóculo m. de teatro.

lorica [lor'aikə] s. 1. couraça, loriga f. 2. (Zool.) carapaça f.

loricate [l'ɔrikeit] adj. coberto com couraça ou concha óssea.

lorry [l'ɔri] s. carro, caminhão, vagão ou vagonete m. aberto dos lados.

losable [l'u:zəbl] adj. perdível.

lose [lu:z] v. imp. e p. p. **lost** 1. perder. 2. ser privado de. 3. fazer perder. 4. desperdiçar. 5. sucumbir, perecer. 6. extraviar-se.

losing game jogo ou competição em que a derrota é tida como certa. **to ~ ground** perder terreno, recuar. **to ~ oneself** 1. perder as estribeiras. 2. estar atônito.

loser [l'u:zə] s. perdedor, vencido m.

losings [l'u:ziŋz] s. pl. perdas f. pl.

loss [lɔs] s. 1. perda f., dano m. 2. esforço inútil m.

a dead ~ perda total. **to bear a ~** perder sem demonstrar contrariedade. **to be at a ~** estar embaraçado, perplexo.

lossleader [l'ɔsli:də] s. (E. U. A.) artigo m. vendido pelo custo ou abaixo, para atrair freguesia.

lost [lɔst] imp. e p. p. de **lose** 1. perdido. 2. desperdiçado. 3. desorientado. 4. desnorteado. 5. absorto.

to get ~ perder-se, extraviar-se.

lost cause s. causa perdida f.

Lost Generation s. (E. U. A., Lit.) Geração Perdida f. (I Grande Guerra: E. Hemingway, F. Scott Fitzgerald).

lot [lɔt] s. 1. sorte f., destino, fado m., sina f. 2. lote m., porção f. 3. quinhão m., parte f. 4. grande quantidade f. ‖ v. 1. tirar a sorte. 2. lotear, dividir. ‖ adv. em grande parte.

~s grande quantidade. **quite a ~** grande quantidade. **to cast ~s** deitar sortes. **to sell in small ~s** vender em pequenas parcelas. **to throw in one's ~ with** participar da sorte.

loth [louθ] adj. = **loath.**

lothario [louθ'ɛəriou] s. 1. libertino m. 2. farrista m. + f. 3. sedutor m.

lotion [l'ouʃən] s. loção f.

lottery [l'ɔtəri] s. loteria f.

lotto [l'ɔtou] s. loto m., víspora, tômbola f.

lotus [l'outəs] s. 1. loto, lótus m.: lírio d'água do Egito. 2. espécie de trevo.

lotus-eater s. 1. lotófago m. 2. indolente m. + f.

loud [laud] adj. 1. alto, sonoro. 2. barulhento, estrondoso. 3. espalhafatoso, berrante. ‖ adv. em voz alta. ‖ **~ly** adv. 1. em voz alta. 2. ruidosamente. 3. espalhafatosamente.

loudish [l'audiʃ] adj. um pouco alto.

loudness [l'audnis] s. 1. sonoridade f. 2. ruído m. 3. espalhafato m.

loudspeaker [l'audspi:kə] s. alto-falante m.

loudspeaker horn s. megafone m.

lough [lɔx] s. (irl.) lago, braço m. de mar.

lounge [laundʒ] s. 1. ociosidade f. 2. passeio m. sem destino certo. 3. lugar m. de descanso. 4. sofá m. (quadro R 2). ‖ v. 1. poltronear-se, vadiar. 2. espreguiçar-se. 3. passear sem destino certo. 4. passar o tempo ociosamente.

~ suit traje de passeio (quadro C 12).

lounge-lizard s. (gíria) gigolô m.: freqüentador de bares e saguões de hotéis e teatros, à cata de oportunidades escusas.

lounger [l'aundʒə] s. ocioso m., indolente m. + f.

loungingly [l'aundʒiŋli] adv. ociosamente.

loupe [lu:p] s. lupa f.

lour [l'auə] = **lower** (II).

louringly [~riŋli] adv. sombriamente, ameaçadoramente.

louse [laus] s. pl. **lice** [lais] piolho m. ‖ v. espiolhar.

lousily [l'ausili] adv. sordidamente, vilmente.

lousiness [l'auzinis] s. 1. piolheira, piolharia f. 2. pobreza extrema f.

lousy [l'auzi] adj. 1. piolhento. 2. vil, torpe, nojento. 3. andrajoso.

lout [laut] s. 1. homem desajeitado, grosseiro, desengonçado m. 2. palhaço m. ‖ v. curvar-se, inclinar-se. ‖ **~ish** adj. grosseiro, rústico. ‖ **~ishly** adv. grosseiramente, toscamente.

loutishness [l'autiʃnis] s. grosseria, rusticidade f.

louver [l'u:və] s. lanternim m. com aberturas laterais para escapamento de fumaça.

louver-boards s. pl. ripas f. pl. para venezianas ou gelosias.

louver-window s. gelosia f.

lovability, loveability [lʌvəb'iliti], **lovableness, loveableness** [lʌveblnis] s. amabilidade f.

lovable, loveable [l'ʌvəbl] adj. 1. amável. 2. digno de amor.

lovably, loveably [l'ʌvəbli] adv. amavelmente.

lovage [l'ʌvidʒ] s. (Bot.) ligústica f.: planta e fruto medicinal.

love [lʌv] s. 1. amor m., paixão, afeição f. 2. pessoa amada f. 3. cupido m., vênus f. 4. (Jogos) nenhum ponto obtido, zero m. ‖ v. amar, querer, gostar de.

for ~ of one's country por amor à pátria. **for ~ or money** de qualquer maneira. **labour of ~** trabalho caritativo ou desinteressado. **~ all** (em jogos) sem conquista de pontos, de parte a parte, empate. **there's no ~ lost between them** não se toleram. **to fall in ~** apaixonar-se. **to make ~ to** fazer a corte. **to play for ~** jogar por passatempo.

loveability s. = **lovability.**

loveable, ~ness adj. e s. = **lovable** e **lovableness.**

love-affair s. caso m. de amor.

love-apple s. (†) tomate m.

love-begotten adj. ilegítimo, natural (filho).

love-bird s. espécie de periquito.

love-child s. filho ilegítimo, bastardo m.

love-feast s. ágape m. + f.

love-god s. cupido m.

love-in-a-mist s. (Bot.) dama-entre-verdes f.

love-in-idleness s. (Bot.) amor-perfeito m.

love-knot s. nó cego m.: sinal de amor.
loveless [l'ʌvlis] adj. 1. sem amor. 2. desamorável. ‖ ~ly adv. desamoravelmente.
lovelessness [~nis] s. desamor m.
love-letter s. carta f. de amor.
love-lies-bleeding s. (Bot.) cauda-de-raposa f., disciplinas-de-freira f. pl., rabo-de-raposa, veludo-de-penca m.
loveliness [l'ʌvlinis] s. 1. encanto m., graça f. 2. amabilidade f.
love-lorn adj. 1. perdido de amor. 2. abandonado pelo ente amado.
lovely [l'ʌvli] s. (coloq.) moça muito bonita f. ‖ adj. encantador, gracioso, atraente, fascinante. ‖ adv. graciosamente. ‖ -lily adv. graciosamente.
love-making s. namoro m., corte f.
love-match s. casamento m. por amor.
love-monger s. casamenteiro m., intermediário m. entre amantes.
love-potion s. filtro amoroso m.
lover [l'ʌvə] s. 1. amante, amado m. 2. namorado m. 3. ~s pl. casal m. de namorados. 4. pessoa f. que tem grande predileção ou amor por.
a ~ of books apreciador, apaixonado por livros.
loverlike [l'ʌvəlaik] adj. amoroso.
love seat s. poltrona f. ou sofá m. de dois assentos.
love-sick adj. apaixonado.
love-sickness s. paixão f.
love-song s. canção f. de amor.
love-story s. história f. de amor.
love-token s. prenda f. de amor.
loving [l'ʌviŋ] adj. amoroso, afetuoso, carinhoso, terno. ‖ ~ly adv. amorosamente, carinhosamente.
~ cup taça grande, que se passa em volta num banquete, para todos beberem.
loving-kindness s. bondade f.
lovingness [~nis] s. amorosidade f., afeto, carinho m.. ternura, afeição f.
low (I) [lou] s. o que é baixo. ‖ adj. 1. baixo (quadro Q) 2. pequeno. 3. inferior, vulgar. 4. vil. 5. humilde, pobre. 6. degradado. 7. deficiente. 8. fraco. 9. barato. 10. módico. 11. profundo (som). 12. malnutrido. 13. escasso. ‖ adv. 1. baixo. 2. humildemente. 3. profundamente. 4. em voz baixa. 5. suavemente. 6. fracamente, debilmente.
to bring ~ 1. abater. 2. fazer cair de posição.
to lay ~ 1. abater, destruir. 2. matar. to lie ~ 1. agachar-se, curvar-se. 2. estar prostrado ou abatido. 3. estar morto. 4. (gíria) ficar quieto, fazer nada no momento.
low (II) [lou] s. mugido m. ‖ v. mugir.
low (III) [lou] s. (Ingl., esc.) s. chama, labareda f. ‖ v. arder em chamas.
low beam s. (Autom.) luz baixa f.
low blow s. (Boxe) golpe baixo m. 2. ataque covarde m.
low-born adj. de nascimento baixo ou humilde.
lowboy s. (E. U. A.) cômoda baixa f.
low-bred adj. vulgar, malcriado.
low-brow s. homem m. de pouca cultura. ‖ adj. inculto.
Low Countries s. pl. Países Baixos m. pl.
low-down s. (gíria) 1. fatos concretos m. pl. 2. informações confidenciais f. pl. ‖ adj. abjeto, vil, degradante.
lower (I) [l'ouə] v. 1. abaixar, baixar. 2. abater, baratear, reduzir. 3. rebaixar, diminuir. 4. arriar. 5. humilhar, melindrar. 6. cair. ‖ adj. comp. de low.
lower (II) [l'auə] = lour s. olhar sombrio e ameaçador m. ‖ v. franzir as sobrancelhas, olhar ameaçadoramente.
lower-boy s. aluno m. de escola primária.

lower-case v. imprimir em letras minúsculas. ‖ adj. em letras minúsculas (quadro B 17).
lower class s. (Soc.) classe operária f., proletariado m.
lower deck s. (Náut.) convés inferior m.
Lower House s. (Ingl.) Câmara f. dos Comuns.
lowering [l'auəriŋ] adj. sombrio, ameaçador. ‖ ~ly adv. sombriamente, ameaçadoramente.
lowermost [l'ouəmoust] adj. ínfimo.
lower school s. escola primária f.
lowest [l'ouəst] adj. superl. de low.
low frequency s. (Eletr.) baixa freqüência f.
lowing [l'ouiŋ] s. mugido m.
low-key adj. 1. de pouca intensidade. 2. retraído.
lowland [l'oulænd] s. planície, terra chã f. ‖ adj. relativo às planícies.
lowlander [~ə] s. habitante m. + f. das planícies.
low level adj. de baixo escalão.
lowliness [l'oulinis] s. 1. humildade f. 2. baixeza, vileza f.
lowly [l'ouli] adj. 1. humilde, modesto, despretensioso. 2. baixo, vil, inferior. ‖ adv. 1. humildemente, modestamente. 2. vilmente.
low-lying adj. (terra) baixo, não muito acima do nível do mar.
Low Mass s. missa baixa f., missa rezada f.
low-minded adj. baixo, vil, vulgar. ‖ ~ly adv. baixamente, vilmente, vulgarmente.
low-mindedness s. baixeza, vilania, vulgaridade f.
low-necked adj. decotado.
lowness [l'ounis] s. 1. humildade f. 2. baixeza f. 3. vileza f.
low-pitched adj. de tom baixo.
low-pressure adj. de baixa pressão.
low-priced adj. de preço baixo, barato.
low-rated adj. desprezado.
low relief s. baixo-relevo m.
low-spirited adj. deprimido, melancólico. ‖ ~ly adv. melancolicamente, desanimadamente.
low-spiritedness s. depressão, melancolia f.
low sunday s. primeiro domingo m. após a Páscoa.
low tide s. maré baixa f.
low water s. vazante f.
low water mark s. 1. índice m. da vazante. 2. ponto mais baixo m.
loxodromic [lɔksədr'ɔmik] adj. loxodrômico.
loxodromics [lɔksədr'ɔmiks] s. pl. loxodromia f.
loyal [l'ɔiəl] adj. leal, fiel. ‖ ~ly adv. lealmente, fielmente.
loyalism [~izm] s. legalismo m.
loyalist [~ist] s. legalista m. + f.
loyalize [~aiz] v. 1. tornar leal ou fiel. 2. restaurar a lealdade.
loyalty [~ti] s. lealdade, fidelidade f.
lozenge [l'ɔzindʒ] s. 1. losango, rombo m. 2. pastilha expectorante f.
lozengy [~i] adj. dividido em losangos.
LSD [el es d'i:], também (gíria) acid ['æsid] s. LSD m.: droga alucinógena.
Ltd. abr. de Limited.
lubber [l'ʌbə] s. 1. lapuz, labrego m. 2. marinheiro m. de água doce.
lubberliness [~linis] s. 1. parvoíce f. 2. preguiça f.
lubberly [~li] adj. 1. grosseiro. 2. ronceiro. 3. preguiçoso. ‖ adv. 1. toscamente, 2. desajeitadamente.
lube [lju:b] s. (coloq.) lubrificante m. ‖ v. lubrificar.
lubricant [l'u:brikənt] s. lubrificante m. ‖ adj. lubrificante.
lubricate [l'u:brikeit] v. lubrificar.
lubrication [lu:brik'eiʃən] s. lubrificação f.
lubricator [l'u:brikeitə] s. lubrificador m., engraxa-

deira f. (quadro A 6).
lubricity [lju:br'isiti] s. 1. lubricidade f. 2. lascívia f.
lubricous [lj'u:brikǝs] adj. 1. escorregadio, resvaladio. 2. inconstante, instável. 3. lúbrico, lascivo.
lubrify [lj'u:brifai] v. lubrificar.
lucarne [ljuk'a:n] s. lucarna, trapeira, luzerna f.
luce [lju:s] s. (Zool.) lúcio m.: peixe da família dos Esocídeos.
lucence, lucency [lj'u:sǝns], [~ i] s. brilho m., luminosidade f.
lucent [lj'u:sǝnt] adj. luzente, brilhante. ‖ ~ly adv. brilhantemente, radiosamente.
lucernal [ljus'ǝ:nǝl] adj. luminoso.
lucerne [lu:s'ǝ:n] s. (Bot.) luzerna, alfafa f. (Medicago sativa).
lucid [lj'u:sid] adj. 1. lúcido, radiante, resplandescente. 2. claro, transparente. 3. facilmente compreensível. ‖ ~ly adv. lucidamente, claramente.
lucidity [lu:s'iditi] **lucidness** [l'u:sidnis] s. 1. lucidez, clareza, perceptibilidade f. 2. brilho m.
Lucifer [l'u:sifǝ] s. 1. Lúcifer, Satanás m. 2. a estrela matutina.
Luciferian [lu:sif'i:riǝn] adj. luciferino, diabólico.
lucifer-match s. fósforo m. de fricção.
lucifugous [lju:s'ifjugǝs] adj. 1. lucífugo, 2. noctívago.
lucimeter [lju:s'imǝtǝr] s. lucímetro m.: aparelho para medir o brilho dos corpos celestes. 2. fotômetro m.
Lucite [l'u:sait] s. produto plástico m. (marca registrada).
luck [lʌk] s. 1. acaso m., ventura f. 2. sorte, felicidade f.
a great piece of ~ muita sorte. **bad** ~ azar. **good** ~ sorte, boa sorte! **hard** ~ azar. **ill** ~ azar. **in** ~ de boa sorte, feliz. **out of** ~ de má sorte, infeliz. **to be down one's** ~ ter má sorte. **try one's** ~ tentar a sorte. **worse** ~ infelizmente.
luckiness [l'ʌkinis] s. felicidade, ventura f.
luckless [l'ʌklis] adj. infeliz, desafortunado. ‖ ~ly adv. desafortunadamente, infelizmente.
lucklessness [~nis] s. infortúnio m., infelicidade f.
lucky (I) [l'ʌki] adj. 1. feliz, venturoso, afortunado. 2. auspicioso. ‖ –ily adv. afortunadamente.
lucky (II) [l'ʌki] s. mulher f. de meia-idade.
lucrative [l'u:krǝtiv] adj. lucrativo, rendoso. ‖ ~ly adv. lucrativamente.
lucrativeness [~nis] s. rendabilidade f.
lucre [l'u:kǝ] s. (depreciat.) lucro, proveito m.
lucubrate [l'u:kjubreit] v. lucubrar, trabalhar à noite, com luz artificial.
lucubration [lu:kjubr'eiʃǝn] s. 1. lucubração f. 2. (Lit.) composição pedante f.
lucubrator [l'u:kjubreitǝ] s. o que trabalha à noite, sob luz artificial.
lucubratory [~ri] adj. relativo aos que trabalham à noite, sob luz artificial
luculent [l'u:kjulǝnt] adj. 1. luculento, claro, límpido, brilhante. 2. evidente. ‖ ~ly adv. 1. claramente, brilhantemente. 2. evidentemente.
ludicrous [l'u:dikrǝs] adj. burlesco, jocoso, ridículo, lúdrico. ‖ ~ly adv. comicamente, jocosamente, ridiculamente.
ludicrousness [~nis] s. comicidade, jocosidade f., ridículo m.
ludo [l'u:dou] s. ludo m. (jogo).
lues [l'u:i:z] s. (Med.) lues, sífilis f.
luetic [lu'etik] adj. luético, sifilítico.
luff [lʌf] s. ló, barlavento m. ‖ v. ir à bolina, orçar.
lug (I) [lʌg] s. vela f. ao terço.
lug (II) [lʌg] s. puxão, arranco m. ‖ v. 1. puxar, arrastar. 2. puxar pelas orelhas. 3. arrastar-se.

lug (III) [lʌg] s. 1. ponta f. da orelha. 2. lóbulo m. 3. orelha f. 4. varejão m. 5. peça de apoio ou suporte f.
lug (IV) [lʌg] s. arenícola m. (minhoca de praia).
luggage [l'ʌgidʒ] s. bagagem f. (quadro S 13).
luggage rack s. porta-bagagem m. (trem, ônibus).
luggage-train s. trem m. de carga.
luggage van s. (Ingl., Estr. de F.) vagão-bagageiro m.
lugger [l'ʌgǝ] s. lugre m.: navio a vela com dois ou três mastros.
lug mark s. marca f. para identificar gado, feita na orelha dos animais.
lug-sail s. vela f. ao terço.
lugubrious [lu:gj'u:briǝs] adj. 1. lúgubre, fúnebre. 2. triste. ‖ ~ly adv. 1. lugubremente. 2. tristemente.
lugubriousness [~nis] s. lugubridade f.
lukewarm [l'u:kwɔ:m] s. pessoa indiferente ou desinteressada f. ‖ adj. 1. morno, tépido. 2. indiferente, insensível. ‖ ~ly adv. indiferentemente, com tibieza.
lukewarmness [~nis] s. 1. mornidão f. 2. tibieza, indiferença f.
lull [lʌl] s. calmaria, bonança f. ‖ v. 1. embalar. 2. acalmar, aquietar. 3. acalmar-se.
lullaby [l'ʌlǝbai] s. canção f. de ninar. ‖ v. ninar.
lullingly [l'ʌliŋli] adv. tranqüilizadoramente.
lumbaginous [lʌmb'eidʒinǝs] adj. lumbágico.
lumbago [lʌmb'eigou] s. lumbago m.: dor na região lombar.
lumbar [l'ʌmbǝ] s. artéria, veia f., nervo m. ou vértebra f. da região lombar. ‖ adj. lombar. (quadro H 10).
lumber (I) [l'ʌmbǝ] (E. U. A.) s. 1. madeira serrada f. 2. trastes, tarecos, cacarecos m. pl. 3. gordura supérflua f. ‖ v. 1. serrar madeira em bitolas determinadas. 2. amontoar madeira serrada. 3. estorvar, obstruir. 4. acumular desordenadamente.
lumber (II) [l'ʌmbǝ] (E. U. A.) v. 1. mover-se com dificuldade. 2. fazer um ruído surdo.
lumber-carrier s. barco m. para transporte de madeira.
lumber-dealer s. negociante m. + f. de madeiras.
lumberer [l'ʌmbǝrǝ] s. madeireiro m.: cortador de madeira.
lumbering [l'ʌmbǝriŋ] adj. 1. pesado. 2. embaraçado. ‖ ~ly adv. pesadamente, com dificuldade.
lumber-jack (E. U. A.) s. lenhador m.
lumberman [l'ʌmbǝmǝn] s. = **lumberer.**
lumber-mill s. serraria f.
lumber-room s. despejo m.: quarto onde se guardam objetos velhos.
lumberyard [l'ʌmbǝja:d] s. depósito m. de madeira.
lumbriciform [lʌmbr'isifɔ:m] adj. vermiforme.
lumen [lj'u:men] s. (Anat., Bot., ópt.) lúmen m.
luminary [l'u:minǝri] s. 1. qualquer corpo luminoso m. 2. luminar, erudito m.
luminescence [lu:min'esǝns] s. luminescência f.
luminescent [lu:min'esǝnt] adj. luminescente.
luminiferous [lu:min'ifǝrǝs] adj. luminoso, que emite luz.
luminosity [lu:min'ositi] s. 1. luminosidade f. 2. brilho m. 3. clareza, lucidez f.
luminous [l'u:minǝs] adj. 1. luminoso. 2. brilhante. 3. lúcido. ‖ ~ly adv. 1. luminosamente. 2. lucidamente, claramente.
luminous flux s. (ópt.) fluxo luminoso m.
luminous intensity s. (ópt.) grau m. de luminosidade.
luminousness [l'u:minǝsnis] s. = **luminosity.**
luminous paint s. tinta fosforescente f.
lummox [l'ʌmǝks] s. (coloq.) brutamontes m.
lump [lʌmp] s. 1. massa informe f. 2. inchação f. 3. inchaço m., protuberância f. 4. pessoa corpu-

lenta e estúpida f. ‖ v. 1. amontoar. 2. tratar ou considerar englobadamente. 3. apostar todo o dinheiro em um cavalo. 4. mover-se pesadamente. 5. resignar-se. 6. tolerar.

I had a ~ in my throat senti um nó na garganta. **in the ~** em conjunto, por lote.

lumper [l'ʌmpə] s. estivador m.

lumpfish [l'ʌmpfiʃ] s. (Zool.) espécie f. de peixe escorpenídeo (Cyclopterus lumpus).

lumpiness [l'ʌmpinis] s. granulosidade f.

lumping [l'ʌmpiŋ] adj. 1. pesado, volumoso. 2. abundante.

lumpish [l'ʌmpiʃ] adj. 1. pesado, maciço. 2. indolente, inerte. 3. grosseiro, estúpido. ‖ ~ly adv. 1. pesadamente. 2. grosseiramente, estupidamente.

lumpishness [~ nis] s. grosseria, estupidez f.

lump sum s. importância global f.

lumpy [l'ʌmpi] adj. 1. grumoso, granuloso. 2. cheio de protuberâncias 3. que apresenta pequenas ondas. ‖ -ily adv. de modo grumoso ou granulado.

lunacy [l'u:nəsi] s. 1. demência, insânia f. 2. extravagância, conduta disparatada f.

lunar [l'u:nə] s. distância ou observação f. de lua. ‖ adj. lunar, relativo à lua.

lunar caustic s. pedra-infernal f.

lunarian [lu:n'ɛəriən] s. lunícola, selenita m. + f.: habitante hipotético da lua. ‖ adj. lunar.

lunar month s. mês lunar m.

lunary [l'u:nəri] s. lunária f. planta crucífera. ‖ adj. lunar, relativo à lua.

lunate [l'u:nit] adj. luniforme.

lunatic [l'u:nətik] s. lunático m. ‖ adj. lunático.

lunatical [lu:n'ætikəl] adj. lunático.

lunatic asylum s. hospício m.

lunatic fringe s. (Soc.) minoria extremista, fanática f.

lunation [lu:n'eiʃən] s. lunação f.

lunch [lʌntʃ], **luncheon** [l'ʌntʃən] s. 1. almoço m. 2. merenda f., lanche m. ‖ v. almoçar, merendar.

luncheonette [lʌntʃən'et] s. restaurante m. que serve lanches.

lunch time s. hora f. do almoço.

lune [l(j)u:n] s. lúnula f.

lunette [lu:n'et] s. luneta f.

lung [lʌŋ] s. 1. pulmão m. 2. (fig.) espaço aberto m. nas proximidades de uma grande cidade. ‖ ~ed adj. provido .de pulmões.

lunge (I) [lʌndʒ] s. estocada f., bote m. ‖ v. dar uma estocada, dar um bote.

lunge (II) [lʌndʒ] s. rédeas longas f. pl. para treinamento de cavalos. ‖ v. arremeter.

lung-fish s. peixe dipnóico m.

lung-grown adj. que tem os pulmões aderentes à pleura.

lungless [l'ʌŋlis] adj. desprovido de pulmões.

lung-power s. força vocal f.

lungwort [l'ʌŋwə:t] s. (Bot.) pulmonária f.: líquen das Borragináceas.

luniform [l(j)'u:nifo:m] adj. luniforme: que tem forma de meia-lua.

lunisolar [l(j)u:nis'oulə] adj. lunissolar: que depende simultaneamente do sol e da lua.

lunitidal [l(j)u:nit'aidl] adj. relativo às marés sob influência lunar.

lunt [lʌnt] s. mecha de canhão f. ‖ v. flamejar, fumegar.

lunula [l(j)'u:njule] s. lúnula f.: figura geométrica em forma de meia-lua.

lunular [l(j)'u:njulə], **lunulate** [l(j)'u:njuleit], **lunulated** [l(j)unjul'eitid] adj. lunular, lunulado.

lunule [l(j)'u:njul] s. lúnula f.

lupercalia [lju:pək'eiliə] s. lupercais f. pl.: festa cele-

brada na Roma antiga em honra do deus Pã.

lupine [l'u:pain, lj'u:pin] s. tremoço m. ‖ adj. lupino, relativo ou semelhante ao lobo.

lupinin [l(j)'u:pinin] s. lupinina f.: substância tóxica e amarga contida na farinha de tremoço.

lupoid [l(j)'u:pɔid], **lupous** [l(j)'u:pəs] adj. que padece de lupo, tuberculose cutânea.

lupulin [lj'u:pju:lin], **lupulite** [~ lait] s. 1. lupulina f.: planta da família das leguminosas. 2. substância balsâmica f. e amarga contida no lúpulo.

lupus [l'u:pəs] s. lupo m.: designação genérica de doenças da pele.

lurch (I) [lə:tʃ] s. 1. desamparo, abandono m. 2. balanço brusco m., guinada f., capote m. em alguns jogos de cartas. ‖ v. balançar, jogar (navio).

to leave in the ~ deixar em apuros.

lurch (II) [lə:tʃ] v. (†) ficar de emboscada, enganar.

lurcher [l'ə:tʃə] s. 1. gatuno, embusteiro m. 2. cão mestiço m. de pastor escocês e galgo.

lure [ljuə] s. isca f. (quadro F 4), engodo m., chamariz m. ‖ v. engodar, atrair, seduzir.

lurid [lj'uərid] adj. 1. lúrido, lívido, pálido. 2. lúgubre, sombrio. ‖ ~ly 1. lugubremente. 2. palidamente.

luridness [~ nis] s. lugubridade f.

lurk [lə:k] v. espreitar, atalaiar, emboscar.

lurker [l'ə:kə] s. espreitante m. + f., espreitador m.

lurking-hole s. 1. esconderijo m. 2. emboscada f.

lurkingly [l'ə:kiŋli] adv. à espreita.

lurking-place s. = lurking-hole.

luscious [l'ʌʃəs] adj. 1. delicioso, saboroso. 2. açucarado, melado, adocicado. ‖ ~ly adv. 1. deliciosamente. 2. adocicadamente.

lusciousness [~ nis] s. delícia f. 2. doçura excessiva f.

lush (I) [lʌʃ] adj. 1. luxuriante, viçoso. 2. suculento. 3. sumarento. ‖ ~ly adv. 1. luxuriantemente. 2. suculentamente.

she is ~ ela tem "sex-appeal".

lush (II) [lʌʃ] s. 1. bebida alcoólica f. 2. alcoólatra m. + f. ‖ v. 1. beber. 2. misturar com licor.

lushed [lʌʃt] adj. embriagado.

lushness [l'ʌʃnis] s. 1. viço m., exuberância f. 2. suco, sumo m., seiva f.

lushy [l'ʌʃi] adj. embriagado.

lust [lʌst] s. luxúria, lascívia, concupiscência f. ‖ v. 1. cobiçar. 2. entregar-se à luxúria.

luster (E. U. A.) s. = lustre.

lust for, lust after v. desejar ansiosamente (esp. sexual).

lustful [l'ʌstful] adj. sensual, luxurioso, concupiscente. ‖ ~ly adv. luxuriosamente, sensualmente.

lustfulness [~ nis] s. luxúria, lascívia, concupiscência f.

lustiness [l'ʌstinis] s. vigor m., robustez f.

lustless [l'ʌstlis] adj. lânguido. 2. destituído de desejo sexual.

lustral [l'ʌstrəl] adj. 1. lustral, que serve para purificar ou para lustrar. 2. relativo a um lustro.

lustrate [l'ʌstreit] v. purificar.

lustration [lʌstr'eiʃən] s. purificação f.

lustrative [l'ʌstrətiv] adj. purificador, purificante.

lustre [l'ʌstə], **luster** (E. U. A.) s. 1. lustre m. 2. brilho, esplendor m. 3. (também fig.) tecido m. com uma face brilhante.

lustreless adj. embaçado, sem brilho.

lustrine [l'ʌstrin], **lustring** [l'ʌstriŋ] s. lustrina f.: tecido lustroso de seda, algodão ou lã.

lustrous [l'ʌstrəs] adj. lustroso, brilhante, resplandecente. ‖ ~ly adv. brilhantemente.

lustrum [l'ʌstrəm] s. lustro m.: espaço de cinco anos.

lustwort [l'ʌstwə:t] s. planta carnívora f. da família das Droseráceas.

lusty [l'ʌsti] adj. robusto, vigoroso. ‖ -ily adv. vigorosamente, de forma robusta.

lute (I) [lu:t, lju:t] s. alaúde m. ‖ v. tocar alaúde.

lute (II) [lu:t, lju:t] s. luto m.: massa para vedar as frinchas de aparelhos de destilação. ‖ v. lutar, tapar com luto.

lutecium [lut'i:sıəm] s. lutécio m.: elemento químico raro.

lutenist [l'u:tənist] s. tocador m. de alaúde.

luteolin [l'(j)utəolin] s. luteolina f.: substância corante do resedá-amarelo.

luteolous [l'(j)u:təoləs] adj. amarelado.

luteous [l(j)u:tiəs] adj. castanho-amarelado.

lute-string s. corda f. de alaúde.

lutetian [l(j)u:t'i:ʃiən] s. parisiense m. + f.

Lutheran [l'u:θərən] s. luterano m.: adepto do luteranismo. ‖ adj. luterano, relativo ao luteranismo.

Lutheranism [~izm] s. (Rel.) luteranismo m.

lutist [lj'u:tist] s. tocador m. de alaúde.

lux [lʌks] s. (ópt.) lux m.: unidade de iluminação.

luxate [l'ʌkseit] v. luxar, deslocar, desarticular.

luxation [lʌks'eiʃən] s. luxação, deslocação f.

luxe [luks] s. luxo m., suntuosidade f.

Luxembourg [l'ʌksəmba:g] s. Luxemburgo m.

luxuriance [lʌgzj'uəriəns], **luxuriancy** [~i] s. 1. luxúria, exuberância f., viço m. 2. abundância f. 3. fertilidade f.

luxuriant [lʌgzj'uəriənt] adj. 1. luxuriante, exuberante, viçoso. 2. fértil, prolífico. 3. florido. ‖ adv. exuberantemente, profusamente.

luxuriate [lʌgzj'uərieit] v. 1. viver com luxo. 2. deleitar-se indolentemente.

luxuriation [lʌgzjuəri'eiʃən] s. 1. vida faustosa f. 2. exuberância f.

luxurious [lʌgzj'uəriəs] adj. 1. luxuoso, suntuoso. 2. exuberante. 3. voluptuoso. ‖ ~ly adv. 1. luxuosamente, suntuosamente. 2. voluptuosamente.

luxuriousness [~nis] s. 1. luxo m., suntuosidade f. 2. voluptuosidade f.

luxury [l'ʌkʃəri] s. 1. luxo, fausto m., magnificiência f. 2. delícia f., regalo m., guloseima f. 3. intemperança f.

-ly sufixo que forma adjetivos como **heavenly**, e advérbios como **nicely**.

lycanthrope [l'aikənθroup], **lycanthropist** [laik'ænθropist] s. (Pat.) (†) licantropo m.: pessoa que sofre de licantropia.

lycanthropy [laik'ænθropi] s. licantropia f.: doença mental em que o enfermo se supõe transformado em lobo.

lyceum [lais'i:əm] s. liceu m.

lychnis [l'iknis] s. (Bot.) lícnide f.

lycopod [l'aikopɔd] s. (Bot.) 1. licopódio m. 2. pó m. dos espórios dessa planta, usado como absorvente em cirurgia.

lycopodiaceous [laikopodi'eiʃəs] adj. licopodiáceo.

lycopodium [laikəp'oudjəm] s. (Bot.) licopodiácea f.: família de plantas.

lyddite [l'idait] s. lidite f.: explosivo poderoso, à base de ácido pícrico.

Lydia [l'idiə] s. Lídia f.

Lydian [~n] s. lídio m.: natural ou habitante da Lídia. ‖ adj. lídio, da Lídia.

Lydian-stone s. basanita f.: variedade de jaspe negro.

lye [lai] s. lixívia, barrela f., detergente m.

lying (I) [l'aiiŋ] s. 1. situação de estar acamado ou deitado. 2. local m. para descanso.

lying (II) [l'aiiŋ] s. mentira f. ‖ adj. mentiroso, falso. ‖ ~ly adv. mentirosamente, falsamente.

lying-in s. parto m.

lying-in-hospital s. maternidade f.

lyke-wake [l'aikweik] s. velório m.

lyme-grass [l'aimgra:s] s. espécie de grama plantada na areia com o objetivo de fixá-la.

lymph [limf] s. 1. linfa f. 2. exsudação f. dos vasos sanguíneos quando inflamados. 3. cultura f. de vírus para emprego em vacinas. 4. (poét.) água f. ou qualquer líquido m. transparente.

lymphadenitis [limfædən'aitis] s. (Med.) linfadenite f.: inflamação dos gânglios linfáticos.

lymphadenoma [limfædən'oumə] s. linfadenoma, linfoma f., gânglio linfático hiperplástico m.

lymphatic [limf'ætik] adj. 1. linfático, relativo à linfa. 2. que contém linfa. 3. fleumático, indiferente.

~ gland glândula linfática.

lymph cell s. linfócito m.

lymphocyte [l'imfosait] s. linfócito m.

lyncean [l'insiən] adj. que tem vista aguda e penetrante.

lynch [lintʃ] v. linchar, executar sumariamente

lyncher [l'intʃə] s. linchador m.

lynching [l'intʃiŋ] s. linchamento m.

lynch-law s. lei f. de linch, execução sumária f.

lynx [liŋks] s. lince, lobo-cerval m.

lynx-eyed adj. de vista penetrante.

lynx-like adj. semelhante ao lince.

lyonnaise [laiən'eiz] adj. (Culin.) frito com cebolas.

lyra [l'airə] s. lira f.: constelação.

lyrate [l'aiərit], **lyrated** [l'aireitid] adj. liriforme, lirióide.

lyre [l'aiə] s. lira f.: instrumento musical antigo.

lyre-bird s. lira f.: pássaro cuja cauda possui forma de lira.

lyric [l'irik] s. 1. poema lírico m. 2. ~s pl. versos m. pl. de uma composição lírica. ‖ adj. lírico. ‖ ~ally adv. liricamente.

lyricalness [l'irikəlnis] s. lirismo m.

lyricism [l'irisizm] s. lirismo m.

lyrist [l'irist] s. 1. lirista m. + f.: tocador de lira m. 2. poeta lírico m.

lysergic acid diethylamide s. (Farm.) dietilamida f. do ácido lisérgico (ou LSD m.).

lysin [l'aisin] s. lisina f.

lysol [l'aisoul] s. lisol m.

M

M [em] (pl. **M's**) 1. 13.ª letra do alfabeto consoante. 2. 1000 (algarismo romano). 3. abr. de **Monday**.

m. 1. abr. de **masculine**. 2. abr. de **metre, meter**. 3. abr. de **mile**. 4. abr. de **minute**.

ma [ma:] contração de **mamma**.

M. A. [em ei] abr. de **Master of Arts**.

ma'am [mæm, məm] abr. de **madam**.

macabre, macaber [mək'a:bə] adj. macabro, fúnebre.

Mac, Mc [mæk] (esc.) prefixo, filho de.

macaco [mək'a:kou] s. (Zool.) espécie de lêmure.

macadam [mək'ædəm] s. macadame m.

macadamize [mək'ædəmaiz] v. macadamizar.

macaque [mek'a:k] s. símio m. do gênero Macaca.

macaroni [mækər'ouni] s. 1. macarrão m. 2. miscelânea f. 3. confusão f.

macaronic [~k] adj. relativo à mistura de línguas, com predominância de elementos latinos ou românicos.

macaroon [mækər'u:n] s. (Culin.) pequeno bolo m. ou biscoito m. feito de farinha, amêndoas e açúcar (quadro C 1).

macaw [mek'ɔ:] s. arara f.

Maccabean [mækəb'i:ən] adj. relativo aos macabeus.

Maccabees [m'ækəbi:z] s. pl. 1. macabeus m. pl. 2. dois livros do Velho Testamento.

mace [meis] s. 1. maça, clava f. 2. bastão, cetro m. 3. taco m. de bilhar. 4. porta-bastão, bedel, maceiro m. 5. flor da noz-moscada f.

Macedonian [mæsid'ounjən] s. macedônio m. || adj. macedônio, macedônico.

macerate [m'æsəreit] v. 1. macerar. 2. amolecer.

maceration [mæsər'eiʃən] s. maceração f.

Mach [ma:k], **Mach number** s. (Aer.) unidade de velocidade de vôo f., equivalente à velocidade do som.

machete [məʃ'æti] s. faca f. de mato.

Machiavellian [mækiəv'eliən] adj. maquiavélico.

Machiavellianism [mækiəv'eliənizm] s. maquiavelismo m.

machicolation [mætʃikol'eiʃən] s. abertura f. no alto da muralha (num castelo medieval) de onde se jogava piche ou água fervente sobre os assaltantes.

machination [mækin'eiʃən] s. maquinação, trama f.

machinator [m'ækineitə] s. maquinador, conspirador m.

machine [məʃ'i:n] s. 1. máquina f., engenho, mecanismo m. 2. automóvel m. 3. autômato m. 4. pessoa f. que age automaticamente. 5 (E. U. A.) organização f. que controla poder. || v. executar trabalhos com máquinas.

machine-gun s. metralhadora f. || v. metralhar.

machine language s. (Téc. Comp.) código próprio m. para o processamento de dados, que dispensa a tradução no computador.

machinery [məʃ'i:nəri] s. 1. maquinismo m. 2. maquinaria f. 3. mecanismo m. 4. combinação mecânica f.

machine-shop s. oficina f. para construção ou reparação de máquinas.

machine-tool s. máquina operatriz f.

machinist [məʃ'i:nist] s. 1. maquinista m. 2. engenheiro mecânico m.

mackerel [m'ækrəl] s. (Ict.) cavala f.

mackerel sky s. céu m. coberto por pequenas formações de nuvens cirro-cúmulos.

mackintosh [m'ækintɔʃ] s. 1. tecido m. impermeável

feito de borracha e pano. 2. capa f. feita desse material.

mackle [m'ækəl] s. (Tipogr.) borrão m., falha de impressão f.

macrobiotic [mækroubai'ɔtik] adj. macrobiótico.

macrocosm [m'ækrokozm] s. macrocosmo m.

macrocosmic [mækrok'ozmik] adj. macrocósmico.

macroeconomics [mækroi:kͻ. ͻmiks] s. macroeconomia f.

macroevolution [m'ækroivəl'u:ʃən] s. macroevolução f.

macron [m'eikron, m'ækrɔn] s. sinal m. de vogal longa (uma reta sobre a vogal).

macroscopic [mækrəsk'ɔpik] adj. macroscópico.

mad [mæd] adj. 1. louco, doido, demente. 2. exasperado, furioso. 3. enfatuado. 4. hidrófobo. 5. tolo, bobo. 6. (coloq.) enraivecido. || adv. **like mad** 1. furiosamente. 2. muito rapidamente. || **~ly** adv. 1. loucamente. 2. furiosamente. 3. tolamente.

madam [m'ædəm] s. (pl. **mesdames** [m'eidæm]) (fr.) senhora f. (termo de tratamento).

madcap [m'ædkæp] s. doidivanas m. + f., pessoa muito impulsiva. || adj. 1. doido. 2. impulsivo.

madden [mædn] v. 1. enlouquecer. 2. enfurecer-se.

maddening [m'ædəniŋ] adj. 1. louco, furioso, insano. 2. de enlouquecer. || **~ly** adv. loucamente.

madder [m'ædə] s. 1. garança, planta tintorial f. 2. tinta f. produzida por essa planta. || adj. compar. de **mad**.

maddest [m'ædəst] adj. superl. de **mad**.

madding [m'ædiŋ] adj. 1. louco, raivoso. 2. de enlouquecer.

made [meid] adj. 1. feito, fabricado. 2. terminado. 3. artificialmente produzido. 4. garantido. **a ~ man** um homem feito. **hand-~** feito à mão.

Madeiran [məd'i:rən] s. 1. madeirense m. + f. || adj. 1. madeirense. 2. relativo à ilha da Madeira. 3. natural dessa ilha.

mademoiselle [mædəməz'el] s. (pl. **mesdemoiselles** [meidəməz'el]) (fr.) senhorita f.

made-to-order adj. feito sob medida, sob encomenda.

made-up adj. 1. inventado. 2. mentiroso. 3. pintado, empoado, maquilado.

madhouse [m'ædhaus] s. 1. hospício m. 2. lugar m. onde reina confusão e barulho.

madman (pl. **madmen**) [m'ædmən] s. louco, alienado m.

mad money s. (gíria) dinheiro m. de emergência.

madness [m'ædnis] s. 1. loucura, demência f. 2. furor m., raiva f. 3. tolice f.

Madonna [məd'ɔnə] s. 1. Madona, Nossa Senhora f. 2. imagem f. que representa Nossa Senhora.

Madonna lily s. (Bot.) açucena f., lírio-cândido m. (Lillium candidum).

madras [mədr'æs] s. espécie de tecido de algodão.

madrepore [m'ædripɔ:] s. 1. madrépora f.: gênero de animais coralíferos. 2. madreporário m.: espécime dos madreporários que formam colônias de natureza calcária (recifes e ilhas de corais).

madrigal [m'ædrigəl] s. madrigal m.

madwoman [m'ædwumən] (pl. **madwomen**) s. louca f.

Maecenas [mis'i:næs] s. Mecenas m., protetor das letras e das artes.

maelstrom [m'eilstroum] s. 1. redemoinho, remoinho m. 2. sorvedouro m. 3. grande confusão f. de idéias, sentimentos ou condições.

maenad [m'i:næd] s. 1. bacante f. 2. (fig.) mulher f.

em delírio.

maenadic [min'ædik] adj. bacântico, orgíaco.

maestro [m'aistrou] s. 1. maestro, compositor m. 2. regente m. 3. professor m. de música.

magazine [mægəz'i:n] s. 1. magazine m., revista f., periódico m. 2. armazém, depósito m. 3. paiol m. 4. câmara f. de rifle de repetição. 5. lugar m. para filme na máquina.

magdalene, magdalen [m'ægdəlin] s. 1. pecadora arrependida f. 2. prostituta arrependida f.

magenta [mədʒ'entə] s. 1. tintura f. de anilina de cor carmesim brilhante. 2. cor magenta f.

maggot [m'ægət] s. 1. larva f. de mosca ou inseto, gusano m.: verme que se desenvolve onde há matéria orgânica em decomposição. 2. veneta f.

maggoty [m'ægəti] adj. 1. bichado, carunchoso. 2. caprichoso, fantasista.

magic [m'ædʒik] s. magia, simpatia f., encanto, feitiço m. ‖ adj. mágico.

magical [~əl] adj. mágico. ‖ ~ly adv. magicamente, por encanto.

magic eye s. (Rádio) olho mágico m.

magician [mædʒ'iʃən] s. mágico, prestidigitador m.

magic lantern s. (Ópt.) lanterna mágica f.

magisterial [mædʒist'iəriəl] adj. 1. magistral. 2. autoritário. 3. ditatorial, dominador. ‖ ~ly adv. magistralmente.

magisterialness [~nis] s. magistralidade f.

magistracy [m'ædʒistrəsi], **magistrature** [m'ædʒistrətʃuə] s. magistratura f. 1. dignidade de magistrado 2. classe dos magistrados. 3. duração do cargo de magistrado.

magistrate [m'ædʒistrit] s. magistrado m.

magma [m'ægmə] s. (Geol., Farmac.) magma m.

magna charta [m'ægnək'a:tə] s. carta magna f.

magnanimity [mægnən'imiti] s. magnanimidade f.

magnanimous [mægn'æniməs] adj. magnânimo, generoso. ‖ ~ly adv. magnanimamente, generosamente.

magnate [m'ægneit] s. 1. magnata m., pessoa ilustre f. 2. homem rico m.

magnesia [mægn'i:ʃə] s. 1. magnésia f., óxido m. de magnésia. 2. magnésia m. de magnésia.

magnesite [m'ægnəsait] s. (Min.) magnesita f.

magnesium [mægn'i:ziəm] s. magnésio m.: metal leve.

magnet [m'ægnit] s. magneto, ímã m.

magnetic [mægn'etik] s. substância f. que possui propriedades magnéticas. ‖ adj. 1. magnético. 2. atraente. ‖ ~ally adv. magneticamente.

magnetic core s. (Téc. Comp.) núcleo magnético m.

magnetic drum data processing s. (Téc. Comp.) processamento de dados em tambor magnético m.

magnetic field s. campo magnético m.

magnetic induction s. (Fís.) indução magnética f.

magnetic iron s. magnetita f.

magnetic mine s. mina magnética f.

magnetic needle s. agulha magnética f.

magnetic pole s. pólo magnético m.

magnetics [mægn'etiks] s. = **magnetism.**

magnetic tape s. fita magnética f.

magnetic tape recorder s. gravador m. de fita magnética.

magnetism [m'ægnitizm] s. (Fís.) magnetismo m. **animal** ~ magnetismo animal, mesmerismo.

magnetite [m'ægnətait] s. magnetita f.

magnetizable [m'ægnətaizəbl] adj. magnetizável.

magnetization [mægnitaiz'eiʃən] s. 1. magnetização, imanização f. 2. atração f.

magnetize [m'ægnitaiz] v. 1. magnetizar, imanizar. 2. atrair. 3. encantar. 4. dominar.

magnetizer [~ə] s. magnetizador m.

magneto [mægn'i:tou] s. magneto m.: máquina mag-

netelétrica, destinada a pôr em funcionamento os motores de explosão (quadro M 6).

magnetochemistry [mægnitouk'emistri] s. magnetoquímica f.

magneto-electricity s. eletricidade magnética f.

magneton [m'ægnətɔn] s. (Fís.) magnéton m.: unidade de momento magnético.

magnification [mægnifik'eiʃən] s. 1. ampliação f., aumento m. 2. cópia ou ilustração ampliada f. 3. (fig.) glorificação f., exagero m.

magnificence [mægn'ifisns] s. 1. magnificência f. 2. pompa, grandeza f. 3. esplendor m., suntuosidade f.

magnificent [mægn'ifisnt] adj. 1. magnífico, grandioso, esplêndido. 2. (coloq.) de qualidade superior, excelente. ‖ ~ly adv. 1. magnificamente, esplendidamente. 2. (coloq.) excelentemente.

Magnifico [mægn'ifikou] s. título m. dado aos nobres em Veneza.

magnifier [m'ægnifaiə] s. 1. ampliador m., lente f. de aumento. 2. exagerador m. 3. panegirista m. + f.

magnify [m'ægnifai] v. 1. magnificar, ampliar, aumentar. 2. exaltar, exagerar. 3. louvar calorosamente.

magniloquence [mægn'ilokwəns] s. 1. magniloqüência f. 2. gabolice f.

magniloquent [mægn'ilokwənt] adj. 1. magníloquo, enfático, grandiloqüente, de estilo pomposo. 2. jactancioso. ‖ ~ly adv. pomposamente, enfaticamente.

magnitude [m'ægnitju:d] s. 1. magnitude, grandeza, importância f. 2. extensão, dimensão f. 3. valor m. 4. brilho m.

magnolia [mægn'ouljə] s. magnólia f.

magnum [m'ægnəm] s. 1. garrafa f. com capacidade de dois **quarts.** 2. dois **quarts.** (um **quart** = Ingl. 1,136 litros e E. U. A. 0,946 litros).

magpie [m'ægpai] s. 1. pega f. 2. variedade de pombo doméstico. 3. tiro m. de fuzil que acerta no penúltimo círculo externo do alvo.

maguey [m'ægwei] s. agave, piteira f.

Magyar [m'ægia:] s. magiar m. + f., húngaro m. ‖ adj. magiar, húngaro.

maharaja, maharajah [ma:hər'a:dʒə] s. marajá m. título dos príncipes da Índia.

maharanee, maharani [ma:hər'a:ni] s. maarâni f., esposa do marajá.

mahatma [məh'ætmə] s. (índia) sábio ilustre m.

mahlstick [m'ɔ:lstik] s. = **maulstick.**

mahogany [məh'ɔgəni] s. 1. mogno m. 2. mesa f. feita de mogno. ‖ adj. 1. feito de mogno. 2. da cor do mogno

Mahomedan [məh'ɔmidən], **Mahometan** [məh'ɔmitən] s. maometano, muçulmano m. ‖ adj. maometano, muçulmano.

Mahomet [məh'ɔmit] s. Maomé m.

Mahometanism [məh'ɔmitənizm] s. maometismo, islamismo m.

mahout [məh'aut] s. (índia) cornaca m.

maid [meid] s. 1 donzela, virgem, mulher solteira f. 2. criada f. **house~** criada. **old ~** solteirona. **~ of all work** criada para todos os serviços. **the Maid of Orleans** Joana d'Arc.

maiden [m'eidn] s. 1. donzela f. 2. solteirona f. 3. (arc.) espécie de guilhotina usada na Escócia ‖ adj. 1. virginal, virgem. 2. solteira. 3. inicial, de estréia. 4. novo, sem uso. ‖ ~ly adj. 1. virginal, puro. 2. modesto. 3. gentil. ‖ adv. modestamente. **a ship's ~ voyage** viagem f. de estréia dum navio.

maidenhair [m'eidnhɛə] (Bot.) s. avenca-cabelo-de--vênus f.

maidenhead [m'eidnhed], **maidhood** [m'eidhud] s. 1.

virgindade f. 2. hímen m.

maidenhood [m'eidnhud] s. 1. virgindade f. 2. tempo m. ou anos da virgindade m. pl.

maidenliness [m'eidnlinis] s. 1. candura f. 2. pureza f. 3. modéstia f.

maiden name s. sobrenome m. de mulher antes de casar-se.

maiden speech s. discurso de estréia m.

maid of honour s. (E. U. A.) 1. madrinha f., para-ninfa de casamento f. 2. dama de honor f. (da rainha). 3. variedade de bolo de queijo.

maid-servant, maidservant [m'eidsə:vənt s. criada f. **mail** (I) [meil] s. 1. correio m., mala pr stal f. 2. correspondência f. 3. expedição f. (quadro L 4). ‖ v. expedir pelo correio, levar ao correio, enviar. **by return of** ~ pela volta do correio. **air** ~ correio aéreo, mala aérea. ~**train** trem-correio.

mail (II) [meil] s. 1. armadura f. 2. cota f. de malha 3. crosta f. dura que cobre vários crustáceos como a tartaruga. ‖ v. 1. armar com cota de malha. 2. encouraçar.

mailable [m'eiləbl] adj. que pode ser expedido pelo correio.

mailbag [m'eilbæg] s. 1. saco m. de correspondência. 2. (E. U. A.) sacola f. de carteiro.

mailbox [m'eilbɔks] s. (E. U. A.) caixa f. de correio. **mailed** [m'eild] adj. 1. posto no correio, expedido. 2. armado (com cota de malha), blindado. ~ **fist** aplicação de força brutal.

mailer [m'eilə] s. 1. pessoa f. que leva a correspondência ao correio. 2. vapor m. que leva correio, paquete m. 3. máquina de endereçar f.

mailing list s. (Com.) relação f. de endereços.

maillot [mai'ou] s. maiô m.

mailman [m'eilmæn] s. carteiro m.

mail order s. (E. U. A.) pedido m. por reembolso postal. **mail order house** s. (E. U. A.) firma f. cujas vendas são feitas exclusivamente por reembolso postal.

maim [meim] s. 1. mutilação, lesão f. 2. deformidade f. ‖ v. 1. mutilar. 2. desmembrar.

main [mein] s. 1. oceano, mar alto m. 2. continente m. 3. condutor m. cano ou esgoto principal, cano mestre m. 5. força f. ‖ adj. principal, essencial. ‖ ~**ly** adv. principalmente, essencialmente. **in the** ~ na maior parte. **with might and** ~ com toda a força. **Spanish Main** (hist.) costa nordeste da América do Sul e as partes adjacentes do mar dos Caraíbas.

main course s. 1. (E. U. A., Culin.) prato principal m. 2. (Náut.) vela mestra f.

mainland [m'einlænd] s. terra firme f., continente m.

main line s. 1. (Estr. de Ferro) linha-tronco f. 2. (Eletr.) linha principal f. 3. (Med., gíria) veia melhor f. para injeção.

mainmast [m'einma:st] s. mastro principal m.

mainsail [m'einseil] s. vela mestra f.

main-sheet s. escota f. da vela mestra.

main-spring s. 1. mola principal f. 2. motivo principal m.

mainstay [m'einstei] s. 1. estai m., cabo m. que sustenta o mastro principal 2. suporte principal m.

mainstream [m'einstri:m] s. (fig.) hábito m. de falar ou agir.

Main Street s. 1. rua principal f. de cidade pequena. 2. (Soc.) provincialismo, conservadorismo m.

maintain [ment'ein] v. 1. manter, sustentar. 2. preservar. 3. suportar. 4. afirmar.

maintainable [~əbl] adj. 1. que pode ser mantido. 2. sustentável, defensável.

maintainer [ment'einə] s. 1. mantenedor, mantedor m. 2. defensor, protetor m.

maintenance [m'eintinəns] s. 1. manutenção f., sustento m. 2. subsistência f. 3. apoio m., proteção f. 4. interferência f. em um processo judicial.

maintenance order s. (Jur.) obrigação f. de pensão (divórcio).

main-top-mast s. mastaréu m. da gávea maior.

main-top-sail s. vela f. da gávea grande.

maiolica, majolica [məj'ɔlikə] s. maiólica f.

maize [meiz] s. milho m.

maizena [meiz'i:nə] s. maisena f., amido m. de milho (marca registrada).

majestic [mədʒ'estik], **majestical** [~əl] adj. majestoso, grandioso, sublime. ‖ ~**ally** adv. majestosamente.

majesty [m'ædʒisti] s. 1. majestade, grandiosidade, excelência f. 2. poder supremo m., autoridade f. 3. título m. de rei ou imperador.

major [m'eidʒə] s. 1. (milit.) major m. 2. (Jur.) maior de idade m. 3. (Mús.) a clave maior f. ‖ v. (Educ.) formar-se, especializar-se. ‖ adj. maior, principal.

major-domo, majordomo [m'eidʒəd'oumou] s. mordomo m.

majorette [meidʒər'et] s. = **drum majorette**.

major-general s. (milit.) general-de-divisão m.

majority [mədʒ'ɔriti] s. maioria f. 2. maioridade f. 3. majoria f. **to join the** ~ morrer. **by a large** ~ por grande maioria.

majuscule [m'æjəskju:l] s. maiúscula f. (letra). ‖ adj. escrito em letras maiúsculas, maiúsculo.

make [meik] s. 1. feitura f. 2. feitio m. 3. forma f. 4. arranjo m., disposição f. 5. estilo m. 6. estrutura f. ‖ v. (imp. e p. p. **made**) 1. fazer, fabricar. 2. construir. 3. criar. 4. elaborar. 5. compor. 6. efetuar. 7. causar, motivar. 8. executar, representar. 9. resultar. 10. dispor. 11. preparar. 12. determinar, promulgar. 13. promover. 14. constituir. 15. ganhar, lograr. 16. forçar, induzir, compelir. 17. dirigir-se. 18. marcar pontos (jogos). 19. surtir efeito. 20. deduzir. 21. julgar. 22. percorrer. 23. servir. 24. atingir.

to ~ **account of** estimar, considerar. **to** ~ **acquaintance** travar relações. **to** ~ **against** ser desfavorável a. **to** ~ **amends for** indenizar. **to** ~ **an apology** dar uma desculpa. **to** ~ **application** fazer um pedido de (emprego). **to** ~ **as if** fingir. **to** ~ **at** atacar. **to** ~ **away with.** 1. desfazer-se de. 2. matar. 3. esbanjar. 4. fugir com. **to** ~ **believe** simular, fingir. **to** ~ **bid** fazer um lance (leilão). **to** ~ **bold** ousar, tomar a liberdade de. **to** ~ **a book** bancar apostas (nas corridas). **to** ~ **a call** fazer uma visita. **to** ~ **a draft** emitir um saque. **to** ~ **ends meet** fazer face às despesas. **to** ~ **free** tomar a liberdade de. **to** ~ **free with** tratar com familiaridade. **to** ~ **fun of** ridicularizar. **to** ~ **game of** ridicularizar. **to** ~ **good** 1. confirmar, sustentar. 2. cumprir. 3. compensar. **to** ~ **hay of** espalhar confusão. **to** ~ **headway** avançar, progredir. **to** ~ **love** namorar, cortejar. **to** ~ **merry** divertir-se. **to** ~ **much of** fazer muito caso de, favorecer. **to** ~ **no doubt** estar certo de. **to** ~ **off** fugir, evadir-se. **to** ~ **out** 1. compreender. 2. decifrar. 3. provar. 4. estabelecer. 5. emitir. **to** ~ **over** transferir. **to** ~ **place or room** fazer espaço. **to** ~ **sail** fazer-se à vela, içar o velame. **to** ~ **sure** certificar-se. **to** ~ **up** 1. compor. 2. combinar. 3. reunir, juntar. 4. acabar, completar. 5. suprir. 6. compensar. 7. ajustar. 8. consertar. 9. pintar-se, enfeitar-se. 10. elaborar, criar 11. paginar. **to** ~ **up one's mind** decidir-se, tomar uma resolução. **to** ~ **up to** insinuar-se nas boas graças de. **to** ~ **water** 1. urinar. 2. fazer água. **to** ~ **way**

1. abrir caminho. 2. progredir. **to ~ war** guerrear. **to ~ with** (E. U. A., gíria) trazer, aprontar. **to ~ words** querelar.

make-believe s. 1. pretexto m. 2. simulacro m. 3. simulador m. ‖ adj. fictício, falso.

maker [m'eikə] s. 1. criador m. 2. fabricante m. + f.

make-ready s. (Tipogr.) preparo m.

makeshift [m'eikʃift] s. 1. expediente m. 2. paliativo m. 3. substituto m. ‖ adj. temporário, provisório.

make-up s. 1. composição f. 2. pintura, maquilagem f. 3. caracterização f. 4. história f. de ficção.

make-weight s. 1. adicional m., para alcançar o peso. 2. pessoa supérflua, sem importância f.

make-work s. (Econ.) trabalho improdutivo m., para ocupar o pessoal.

making [m'eikiŋ] s. 1. fabricação, confecção f. 2. criação f. 3. qualidades essenciais f. pl. **in the making** em formação.

makings [~z] s. pl. lucros, ganhos m. pl.

malachite [m'æləkait] s. malaquita f.

maladjusted [m'ælədʒ'ʌstid] adj. mal-ajustado.

maladjustment [m'ælədʒ'ʌstmənt] s. ajustamento defeituoso m.

maladminister [m'ælədm'inistə] v. administrar mal.

maladministration [m'ælədministr'eiʃən] s. administração f. deficiente ou desonesta.

maladroit [m'ælədrɔit] adj. desastrado, desajeitado, estouvado. ‖ **~ly** adv. desastradamente, desajeitadamente, estouvadamente.

maladroitness [~nis] s. falta f. de tino ou de jeito.

malady [m'ælədi] s. 1. enfermidade, doença f., especialmente quando crônica ou arraigada. 2. distúrbio mental m.

malaga [m'æləgə] s. 1. tipo de uva branca. 2. tipo de vinho branco.

malaise [m'æleiz, mæl'eiz] s. mal-estar m.

malapert [m'æləpə:t] (†) s. atrevido, impertinente m. + f., malcriado m. ‖ adj. atrevido, petulante.

malapropism [m'æləprɔpizm] s. emprego m. errôneo de palavras (com efeito ridículo).

malapropos [m'æl'æprəpou] s. coisa f. dita ou feita em ocasião inoportuna. ‖ adj. impróprio, inconveniente. ‖ adv. fora de tempo, inconvenientemente.

malar [m'eilə] s. (Anat.) malar m.: osso que forma a proeminência mais saliente da face.

malaria [məl'ɛəriə] s. malária, maleita f.

malarial [~l], **malarian** [~n], **malarious** [~s] adj. malárico, relativo à malária.

Malay [məl'ei], **Malayan** [~ən] s. malaio m.: natural ou habitante da Malásia. ‖ adj. malaio, relativo aos malaios.

Malaya [məl'eiə] s. Malásia f.

Malayalam [mələj'æləm] s. malaiola m.: idioma do Malabar.

malcontent [m'ælkəntent] s. descontente m. ‖ adj. descontente, rebelde.

mal de mer s. (fr.) enjôo m.

male [meil] s. 1. macho, varão m. 2. homem m. 3. planta f. que só tem estames. ‖ adj. 1. masculino, macho. 2. viril, másculo, voronil. **~ screw** rosca macha, parafuso macho.

malediction [mælid'ikʃən] s. 1. maldição f. 2. imprecação f.

malefaction [mælif'ækʃən] s. 1. malefício m. 2. crime, delito m., ofensa f.

malefactor [m'ælifæktə] s. malfeitor, criminoso m.

maleficence [mæl'efisəns] s. 1. maleficência f. 2. ofensa f., insulto m. 3. mal, dano m.

maleficent [mæl'efisənt] adj. maléfico, maligno.

malevolence [məl'evələns] s. malevolência, má vontade f.

malevolent [məl'evələnt] adj. malévolo. ‖ **~ly** adv.

malevolamente.

malfeasance [mælf'i:zəns] s. 1. malfeitoria f. 2. (Jur.) conduta f. ilegal ou não cumprimento do dever por parte de um funcionário público.

malfeasant [mælf'i:zənt] adj. malfazejo.

malformation [mælfɔ:m'eiʃən] s. 1. malformação f. 2. estrutura falha f. 3. defeito físico m.

malformed [mælf'ɔ:md] adj. malformado.

malfunction [mælf'ʌŋkʃən] s. mau funcionamento m. ‖ v. funcionar de modo falho.

malic [m'eilik] adj. málico: diz-se de um ácido extraído da maçã e de outros frutos. **~ acid** ácido málico.

malice [m'ælis] s. 1. malícia, malignidade f. 2. maldade f. 3. intenção de prejudicar outrem f.

malice aforethought s. (Jur.) premeditação f.

malicious [məl'iʃəs] adj. 1. malicioso. 2. maligno. 3. mal-intencionado. ‖ **~ly** adv. 1. maliciosamente. 2. malignamente.

malicious mischief s. (Jur.) destruição dolosa f. da propriedade alheia.

maliciousness [~nis] s. malignidade f.

malign [məl'ain] v. difamar, caluniar. ‖ adj. 1. maligno, pernicioso. 2. nocivo, odioso. 3. perigoso. ‖ **~ly** adv. malignamente, maldosamente.

malignance [məl'ignəns], **malignancy** [~i] s. malignidade, nocividade, virulência f.

malignant [məl'ignənt] s. pessoa mal-intencionada f. ‖ adj. 1. maligno, pernicioso. 2. (med.) de caráter pernicioso. 3. virulento. ‖ **~ly** adv. malignamente, nocivamente, perniciosamente.

maligner [məl'ainə] s. caluniador, detrator m.

malignity [məl'igniti] s. 1. malignidade, nocividade f. 2. perversidade f.

malinger [məl'iŋgə] v. fingir-se doente para fugir ao cumprimento de alguma obrigação.

malingerer [~rə] s. (milit.) pessoa f. que se finge doente para evitar o cumprimento do dever.

mall [mæl, mɔ:l] s. passeio arborizado m., alameda f.

mallenders, malanders [m'æləndəz] s. (Vet., Patol.) malandres m. pl.

mallard [m'æləd] s. pato bravo, putrião m.

malleability [mæliəb'iliti] s. maleabilidade, ductilidade f.

malleable [m'æliəbl] adj. maleável, dúctil.

malleable metal s. metal maleável, dúctil m.

mallet [m'ælit] s. 1. malho, maço m. (quadros H 2, J 2, S 4). 2. bastão m. para jogar pólo.

malleus [m'æl'i:əs] s. 1. martelo m. 2. (Anat.) pequeno osso m. do ouvido.

mallow [m'ælou] s. malva f.

malmsey [m'a:mzi] s. malvasia f., variedade de vinho.

malnutrition [m'ælnjutr'iʃən] s. deficiência de nutrição, subnutrição f.

malodorous [m'æl'oudərəs] adj. malcheiroso, fétido.

malodorousness [~nis] s. fedor m., fedentina f.

malposition [mælpəz'iʃən] s. má posição f.

malpractice [mælpr'æktis] s. 1. malversação f. 2. tratamento m. inadequado de um paciente.

malpractitioner [m'ælprækt'iʃənə] s. malversador m.

malt [mɔ:lt] s. 1. malte m. 2. cerveja f. ‖ adj. 1. de malte. 2. que contém malte. ‖ v. 1. maltar. 2. converter-se em malte. 3. preparar com malte. **~ extract** extrato de malte.

Malta fever [m'ɔ:ltə f'i:və] s. (Vet.) brucelose f.

Maltese [m'ɔ:lti:z] s. 1. maltês m.: habitante ou natural da ilha de Malta. 2. idioma m. dos malteses. 3. cavaleiro m. da ordem de Malta. ‖ adj. relativo a Malta.

Maltese cross s. cruz de Malta f.

Malthusian [mælθj'u:ziən] s. adepto m. das idéias de

Malthus. ‖ adj. malthusiano, relativo a Malthus ou a sua doutrina.

maltose [m'ɔ:ltous] s. maltose f.: açúcar isômero da sacarose.

maltreat [mæltr'i:t] v. maltratar.

maltreatment [~mənt] s. mau-trato m.

maltster [m'ɔ:ltstə] s. 1. preparador m. de malte. 2. vendedor m. de malte.

malty [m'ɔ:lti] adj. maltado.

mamba [m'æmbə] s. (Zool.) mamba f.: serpente venenosa africana do gênero Dendraspis.

mameluke [m'æmilu:k] s. mameluco m.

mamma (I) [m'a:mə] s. mamãe f.

mamma (II) [m'æmə] s. (pl. **mammæ** [m'æmi] 1. (Anat.) seio, peito m., mama f. 2. úbere m.

mammal [m'æməl] s. mamífero m.

mammalia [mæm'eiliə] s. pl. classe f. dos mamíferos.

mammalian [mæm'eiljən] adj. mamífero.

mammary [m'æməri] adj. (Anat.) mamário.

mammee [mæm'i:] s. abricó-do-pará m.

Mammon, mammon [m'æmən] s. 1. espírito m. da cobiça, da avareza. 2. riqueza maléfica f.

mammoth [m'æməθ] s. mamute m. ‖ adj. enorme.

mammy [m'æmi] s. 1. mamãe f. 2. aia preta f. (E. U. A.) 3. preta velha f.

man [mæn] s. (pl. **men** [men]) 1. homem, varão m. 2. ser humano m. 3. gênero humano m. 4. pessoa f. indivíduo m. 5. servente m. 6. soldado m. 7. marido m. 8. peão m. (no jogo de xadrez). ‖ v. 1. guarnecer de soldados. 2. tripular. 3. equipar. 4. criar coragem.

~ **alive** interj. caramba. **a Cambridge** ~ um homem que estudou na universidade de Cambridge. **medical** ~ médico. ~ **of genius** gênio. ~ **of letters** letrado. ~ **of property** homem rico. ~ **of the world** homem do mundo. ~ **in the street** homem da rua. **to a** ~ 1. todos, sem exceção. 2. unanimemente.

man-about-town s. freqüentador m. de lugares sofisticados.

manacle [m'ænəkl] s. 1. algema f. 2. constrangimento m. ‖ v. 1. algemar, manietar. 2. restringir.

manage [m'ænidʒ] s. = **manège** 1. arte f. de treinar e montar cavalos. 2. (†) escola f. de equitação. 1. administrar, dirigir, conduzir. 2. orientar. 3. controlar. 4. manejar, manobrar, lidar. 5. domar, amansar. 6. usar, servir-se de. 7. conseguir.

manageability [mænidʒəb'iliti] s. maneabilidade f.

manageable [m'ænidʒəbl] adj. 1. manejável, controlável. 2. tratável, dócil. ‖ –bly adv. docilmente.

manageableness [~nis] s. 1. docilidade, mansidão f. 2. flexibilidade f.

management [m'ænidʒmənt] s. 1. administração, direção, gerência f. 2. manejo m. 3. conduta f. 4. corpo m. de diretores.

manager [m'ænidʒə] s. 1. administrador, gerente, diretor m. 2. empresário, intendente. 3. econômo m.

manageress [m'ænidʒəres] s. administradora, diretora f.

managerial [mænidʒ'i:riəl] adj administrativo, diretivo. ‖ ~ly adv. administrativamente.

managership [m'ænidʒəʃip] s. cargo executivo m.

man-at-arms s. (Hist.) soldado, homem de armas m.

manatee [mænət'i:] s. manatim, peixe-boi m.

man-child s. filho varão m.

manchu [mæntʃ'u:] s. manchu m. + f. ‖ adj. manchu.

Manchuria [mæntʃ'u:riə] s. Manchúria f.

Manchurian [mæntʃ'u:riən] adj. manchu.

mandamus [mænd'eiməs] s. mandado, despacho m.

mandarin [m'ændərin] s. 1. mandarim m.: alto funcionário público na China. 2. boneco m. com trajes chineses. 3. mandarina, tangerina f. 4. cor amarelo-alaranjada f. 5. espécie de marreco. 6. licor m. feito de suco de tangerinas.

Mandarin [m'ændərin] s. mandarim m.: língua oficial na China.

mandatory [m'ændətəri] s. mandatário m.

mandate [m'ændeit] s. mandato m., ordem, delegação f.

mandatory [m'ændətəri] s. mandatário m. ‖ adj. preceptivo, obrigatório.

mandible [m'ændibl] s. (Anat.) mandíbula, queixada f., maxilar inferior m. (quadro S 6).

mandibulate [mænd'ibjuleit] adj. provido de mandíbula.

mandolin [m'ændəlin] s. bandolim m.

mandragora [mændr'ægərə] s. (Bot.) 1. madrágora f. 2. raiz f. dessa planta. 3. fruto da mesma, conhecido por May apple.

mandrake [m'ændreik] s. = **mandragora**.

mandrel [m'ændrəl], **mandril** [m'ændril] s. 1. mandril m.: a) peça cilíndrica ou cônica para alisar os furos grandes; b) haste que se introduz nas sondas para guiá-las, etc. 2. veio m. de torno.

mandrill [m'ændril] s. mandril m.: grande macaco feroz da Costa da Guiné (África Ocidental).

mane [mein] s. 1. crina f. (quadro H 9). 2. juba f. 3. cabeleira f.

man-eater s. 1. canibal m. + f. 2. fera f.

maned [meind] adj. que tem crina ou juba.

manège [mən'eʒ] s. (fr.) 1. escola de equitação f. 2. treinamento de cavalos m. 3. hipismo m.

manes, Manes [m'einiz] s. pl. manes m. pl.: espíritos dos mortos, venerados como divindades pelos romanos antigos.

maneuver [mən'u:və] s. 1. manobra f. 2. evolução f. 3. artifício m. ‖ v. 1. manobrar. 2. intrigar.

maneuverability [mən'u:vərəbiliti] s. maneabilidade, mobilidade f.

maneuverable [mən'u:vərəbl] adj. maneável, móvel.

maneuverer [mən'u:vərə] s. manobreiro m.

man Friday [m'ænfr'aidi] s. factótum m.

manful [m'ænful] adj. 1. varonil, másculo. 2. corajoso, valente. ‖ ~ly adv. virilmente, corajosamente.

manfulness [m'ænfulnis] s. coragem, valentia f.

manganese [mængən'i:z] s. manganês m.

mange [meindʒ] s. 1. ronha f.: sarna de ovelhas e cavalos. 2. rabugem f.: sarna de cães.

mangel-wurzel [m'æŋgl'wə:zl], **mangel** s. (alem.) beterraba-forraginosa f.: espécie de beterraba de raízes longas, utilizada para forragem.

manger [m'eindʒə] s. manjedoura f. (quadro S 9).

mangle (I) [m'æŋgl] v. 1. lacerar, mutilar. 2. destroçar.

mangle (II) [m'æŋgl] s. calandra f.: máquina para passar roupa, lustrar papéis, tecidos, etc. ‖ v. calandrar, lustrar, acetinar.

mangler [m'æŋglə] s. calandreiro m.

mango [m'æŋgou] s. (pl. **mangoes, mangos** [~s]) 1. manga f. 2. mangueira f.

mangosteen [m'æŋgəsti:n] s. (Bot.) mangostão m. (Garcinia mangostana).

mangrove [m'æŋgrouv] s. mangue m. (bras.): árvore ou arbusto tropical cuja casca contém tanino, pertencente à família das Rizoforáceas.

mangy [m'eindʒi] adj. ronhento, ronhoso, sarnento.

man-handle v. 1. mover com o emprego da força muscular, manipular. 2. (gíria) maltratar.

man-hole s. 1. bueiro m., boca-de-lobo f. 2. abertura f. que permite a entrada de um homem em caldeiras, esgotos, etc. para consertos. (quadros D 4, S 16, W 2).

manhood [m'ænhud] s. 1. humanidade f. 2. masculinidade, virilidade f. 3. idade viril f. 4. coragem f., ânimo, valor m.

man-hour s. (Econ.) unidade de tempo e serviço f.: trabalho de um homem numa hora.

manhunt [m'ænhʌnt] s. perseguição f., caça a um homem.

mania [m'einiə] s. 1. mania f. 2. gosto m. excessivo por alguma coisa, obsessão f.

maniac [m'einiæk] s. maníaco, louco m. ‖ adj. maníaco, louco.

maniacal [mən'aiəkəl] adj. maníaco, louco. ‖ ~ly adv. loucamente, doidamente.

manic [m'ænik] adj. maníaco.

manic-depressive s. (Psiq.) pessoa f. em estado de depressão maníaca. ‖ adj. relativo a esse estado.

manicure [m'ænikjuə] s. 1. manicuro m., manicura f. 2. tratamento m. das unhas e das mãos.‖ v. cuidar das unhas e das mãos.

manicurist [~ist] s. manicuro m., manicura f.

manifest [m'ænifest] s. manifesto, conhecimento m. ‖ v. 1. manifestar, expressar, declarar. 2. demonstrar. 3. revelar. ‖adj. manifesto, evidente, claro, óbvio. ‖ ~ly adv. manifestamente.

manifestation [mænifest'eiʃən] s. manifestação f.

manifestness [m'ænifestnis] s. evidência manifesta f.

manifesto [mænif'estou] s. (pl. **manifestoes** [~z]) manifesto m., proclamação f.

manifold [m'ænifould] s. 1. cópia f. 2. cano m. ou tubo m. com várias ligações (quadro W 4). ‖ v. mimeografar. ‖ adj. 1. múltiplo. 2. diversos, vários. ‖ ~ly adv. diversamente, de vários modos.

manifoldness [~nis] s. 1. multiplicidade f. 2. variedade f.

manifold writer s. multiplicador, mimeógrafo m.

manikin, mannikin [m'ænikin] s. 1. anão m. 2. manequim, boneco m. (quadro W 4).

manila, manilla [mæn'ilə] s. 1. cânhamo-de-manilha m. 2. corda f. feita de cânhamo-de-manilha. 3. charuto de Manilha m.

Manila hemp s. cânhamo-de-manilha m.

Manila paper s. papel manilha m.

manioc [m'æniɔk] s. mandioca f.

maniple [m'ænipl] s. manípulo m.: 1. (Hist. Rom.) corpo de tropa. 2. (Ecles.) pequena estola pendente do braço do celebrante da missa. 3. mancheia.

manipulate [mən'ipjuleit] v. 1. manipular, manejar. 2. manobrar, dirigir. 3. engendrar. 4. forjar.

manipulation [mənipjul'eiʃən] s. manipulação f.

manipulative [mən'ipjulətiv] adj. manipulatório.

manipulator [mən'ipjuleitə] s. manipulador m.

manitou, manito, manitu [m'ænitu:] s. 1. manitu m.: gênio tutelar entre os índios norte-americanos m. 2. fetiche, amuleto m.

mankind [mænk'aind] s. 1. gênero humano m. 2. os homens, o sexo masculino.

manlike [m'ænlaik] adj. 1. másculo, viril. 2. valoroso.

manliness [m'ænlinis] s. 1. masculinidade, virilidade f. 2. valor, brio m., coragem f. 3. dignidade f.

manly [m'ænli] adj. varonil, valoroso.

man-made adj. 1. artificial. 2. sintético.

manna [m'ænə] s. maná m.: 1. alimento mandado por Deus, em forma de chuva, aos israelitas no deserto. 2. alimento espiritual. 3. suco resinoso de algumas plantas especialmente da oleácea (Fraxinus ornus).

manned [mænd] adj. tripulado.

mannequin [m'ænikin] s. manequim m.

mannequin parade s. desfile m. de modas.

manner [m'ænə] s. 1. maneira f., modo m. 2. uso, hábito m. 3. prática f. 4. método, estilo m. 5. espécie f., gênero m. 6. ~s pl. — conduta f., modos, costumes m. pl. 7. polidez f.
in a ~ 1. até certo ponto. 2. por assim dizer.
to the ~ **born** acostumado desde o berço.

mannered [m'ænəd] adj. 1. maneiroso, amável. 2. afetado, artificial. 3. dotado de determinadas maneiras p. ex. **ill mannered** mal-educado.

mannerism [m'ænərizm] s. 1. maneirismo m., uniformidade f. de maneiras. 2. afetação f.

mannerless [m'ænəlis] adj. sem modos, indelicado.

mannerliness [m'ænəlinis] s. cortesia, urbanidade f.

mannerly [m'ænəli] adj. cortês, polido, urbano.

mannish [m'æniʃ] adj. masculino, viril. ‖ ~ly adv. masculamente, virilmente.

mannishness [~nis] s. masculinidade, virilidade f.

mannitol [m'ænitoul] s. (Quím.) manitol m.

mannose [m'ænous] s. (Quím.) manose f.

manoeuvrable, (E. U. A.) maneuverable [mən'u:vərəbl] adj. manobrável.

manoeuvre [mən'u:və] s. 1. manobra, evolução f. 2. artifício m. ‖ v. 1. manobrar. 2. intrigar, tramar.

manoeuvrer [mən'u:vrə] s. manobreiro m.

man of God s. 1. santo, profeta m. 2. padre m.

man of letters s. 1. escritor m. 2. homem de letras, literato m.

man-of-war s. vaso de guerra m.

manometer [mən'ɔmitə] s. manômetro m.

manor [m'ænə] s. 1. solar m. 2. (E. U. A.) terras f. pl. arrendadas em perpetuidade ou a prazo muito longo.

manor-house, manor-seat s. solar m., mansão senhorial f.

manorial [mən'ɔ:riəl] adj. senhorial.

man power, manpower [m'ænpauə] s. 1. energia f. fornecida pelo trabalho físico do homem. 2. capacidade f. de trabalho necessária ou disponível, expressa em números de homens.

mansard [m'ænsa:d] **mansard-roof** s. mansarda, trapeira, água-furtada f.

manse [mæns] s. presbitério m.: residência paroquial.

manservant [m'ænsə:vənt] (pl. **men-servants**) s. criado m.

mansion [m'ænʃən] s. mansão f., solar m.

man-sized, man-size adj. (propaganda) de tamanho padrão para homem.

manslaughter [m'ænslɔ:tə] s. 1. carnificina f. 2. homicídio não premeditado m.

manslaughter with malice aforethought s. homicídio premeditado m.

manta [m'æntə] s. 1. manta f. 2. (também **manta ray**) (Ictiol.) jamanta, arraia-jamanta, arraia-manta f. (Manta birostris).

mantel [m'æntl], **mantelpiece** [m'æntlpi:s] s. cornija f. de lareira (quadros F 2).

mantelshelf [m'æntlʃelf] s. prateleira f. de cornija (lareira).

mantilla [mænt'ilə] s. mantilha f.

mantis [m'æntis] s. mantídeo, louva-a-deus m.

mantle [m'æntl] s. 1. manto m., capa f., capote m: 2. camisa de lampião f. 3. pele f. externa que reveste as vísceras dos moluscos. ‖ v. 1. cobrir. 2. disfarçar. 3. espumar. 4. corar. 5. estender as asas.

mantle rock s. (Geol.) regolito m.

man-to-man adj. de homem para homem.

mantrap [m'æntræp] s. armadilha f. para caçadores clandestinos.

manual [m'ænjuəl] s. 1. manual, compêndio. m. 2. teclado m. de órgão. ‖ adj. 1. manual. 2. feito à mão. 3. portátil. ‖ ~ly adv. à mão.
sign ~ assinatura do próprio punho.

manual alphabet s. quirologia f.
manual exercise s. manejo m. de armas.
manual training s. (Educ.) ensino prático m.
manubrium [mən'ubriəm], pl. —bria [-briə], -briums [-briəmz] s. manúbrio m.: (Anat.) 1. apófise inferior f. do martelo. 2. parte superior f. do esterno. 3. (Anat., Zool.) qualquer segmento, osso, célula etc. semelhante a uma manivela.
manufactory [mænjuf'æktəri] s. manufatura, fábrica f
manufacture [mænjuf'æktʃə] s. 1. manufatura, fabricação f. 2. ~s pl. produtos manufaturados m. pl. ‖ v. 1. manufaturar, fabricar, produzir. 2. inventar.
manufacturer [mænjuf'æktʃərə] s. manufator m.
manufacturing [mænjuf'æktʃəriŋ] adj.˙ industrial.
manufacturing expenses s. preço m. de custo.
manumission [mænjum'iʃən] s. mañumissão, alforria f.
manumit [mænjum'it] v. manumitar, dar alforria a.
manure [mənj'uə] s. adubo, esterco, estrume m. ‖ v. adubar, fertilizar, estercar, estrumar.
manurer [mənj'u:rə] s. adubador m.
manuscript [m'ænjuskript] s. manuscrito m. ‖ adj. 1 escrito à mão. 2. dactilografado.
Manx [mæŋks] s. 1. idioma m. celta falado na ilha de Man. 2. ~es pl. nativos m. pl. ou habitantes m. pl. desta ilha. ‖ adj. relativo à ilha de Man ou aos seus habitantes.
Manx cat s. variedade de gato doméstico m. sem cauda.
many [m'eni] s. multidão f., grande número m. ‖ adj. muitos, muitas, numerosos.
he is too ~ for me não me posso comparar com ele. I was one too ~ there eu estava sobrando. the ~ multidão. too ~ demasiado.
many-sided adj. de muitos aspectos, versátil.
Maori [m'a:ɔri, m'a:ouri] s. 1. maori, polinésio m., natural da Nova Zelândia. 2. idioma m. dos maoris. ‖ adj. relativo aos maoris.
map [mæp] s. 1. mapa m., carta geográfica f. 2. qualquer traçado m. 3. planta f. ‖ v. 1. projetar ou desenhar mapas e plantas. 2. traçar, delinear. 3. planejar pormenorizadamente.
off the ~ 1. sem importância. 2. obsoleto. on the ~ importante, atual.
maple [meipl] s. bordo m.: árvore da família das Aceráceas.
maple-sugar s. (E. U. A.) açúcar obtido mediante cristalização da seiva do bordo.
map maker s. cartógrafo m.
maquis [mæk'i:] s. (II Grande Guerra) maquis m., sing. + pl.: membro da resistência francesa.
mar [ma:] v. 1. frustrar. 2. arruinar. 3. desfigurar.
marabou, marabout [m'ærəbu:] s. 1. (Zool.) marabu m. 2. (Islã) homem santo m., eremita m. + f.
maraschino [mærəsk'i:nou] s. marasquino m.
marasmus [mər'æzməs] s. (Pat.) marasmo m.
marathon [m'ærəθən] s. maratona f.: a) corrida pedestre. b) prova que exige grande resistência física.
maraud [mər'ɔ:d] v. pilhar, saquear.
marauder [mər'ɔ:də] s. saqueador m.
marble [m'a:bl] s. 1. mármore m. 2. escultura f. em mármore. 3. bolinha f. de gude. ‖ v. marmorear, dar aspeto de mármore. ‖ adj. 1. marmóreo. 2. duro, insensível.
marbly [~i] adj. marmóreo.
marc [ma:k] s. bagaço, resíduo m.
marcasite [m'a:kəsait] s. marcassita f., sulfeto de ferro m.
marcel [ma:s'el] s. tipo de ondulação permanente.
March [ma:tʃ] s. mês m. de março.
march [ma:tʃ] s. 1. marcha f. 2. fronteira f., confins m. pl. ‖ v. 1. marchar. 2. bordejar. 3. pôr em marcha. 4. fazer marchar.

marches [m'a:tʃiz] s. pl. região f. fronteiriça entre Inglaterra e Escócia, Inglaterra e País de Gales.
marchioness [m'a:ʃənis] s. marquesa f.
marchpane [m'a:tʃpein], marzipan [ma:zip'æn] s. maçapão m.: doce de amêndoas, açúcar e clara de ovo.
march with v. limitar com (país, etc.).
Mardi gras (= Shrove Tuesday) [m'a:digr'a:] s. terçafeira de carnaval f.
mare [m'ɛə] s. égua f.
mare's-nest s. boato de jornal, logro m.
margaric acid s. (Quím.) ácido margárico m.
margarine [madʒər'i:n] s. margarina f.
margay [m'a:gei] s. (Zool.) maracajá m., (Tupi) mbaracaiá (Felis tigrina).
marge [ma:dʒ] s. 1. (poét.) margem, borda f. 2. (coloq.) margarina f.
margin [m'a:dʒin] s. 1. margem, beira, orla f. (quadros B 17, L 2). 2. extremidade f. 3. margem f. de lucro. 4. reserva f. 5. espaço m. de tempo. 6. (Esp.) dianteira, vantagem f. ‖ v. marginar, beirar.
marginal [m'a:dʒinəl] adj. marginal. ‖ ~ly adv. marginalmente.
marginal costs pl. s. custos marginais m. pl.
marginal price s. preço marginal m.
margrave [m'a:greiv] s. margrave m.: título nobiliárquico da Alemanha imperial.
margravine [m'a:grəvi:n] s. margravina f.
marguerite [m'a:gəri:t] s. margarida, flor f.
marigold [m'ærigould] s. malmequer m., calêndula f.
marijuana, marihuana [mærəw'a:nə] s. 1. (bot.) maconha, diamba f.: espécie de cânhamo. 2. haxixe m.: entorpecente feito das folhas dessa planta.
marimba [mər'imbə] s. marimba f.: instrumento musical.
marinade [mærin'eid] s. alimento m. em escabeche. ‖ v. preparar (alimentos) com escabeche.
marine [mər'i:n] s. 1. marinha f. 2. ~s pl. fuzileiros navais m. pl. ‖ adj. 1. marinho, marítimo. 2. náutico, naval.
tell that to the ~s conte isso a quem quiser.
Marine Corps s. corpo m. de fuzileiros navais.
marine insurance s. seguro marítimo m.
mariner [m'ærinə] s. 1. marinheiro m. 2. (E. U. A.) nave f. da série Mariner, não tripulada, para exploração de Marte e Vênus.
master ~ capitão de navio mercante.
Marinism [m'ærinizm] s. (Liter.) marinismo m.
marinist [m'ærinist] s. marinista m. + f.
Mariolatry [mɛəri'olətri] s. mariolatria, hiperdulia f.: culto extremo a Nossa Senhora.
marionette [mæriən'et] s. marionete f., títere m.
marish [m'ɛəriʃ] s. pântano, paul m. ‖ adj. pantanoso.
marist [m'ɛərist] s. marista m. + f.: membro da congregação marista. ‖ adj. 1. de ou relativo a esta ordem. 2. que é devoto de Nossa Senhora.
marital [m'ærətəl] adj. marital. ‖ ~ly adv. maritalmente.
maritime [m'æritaim] adj. marítimo, naval.
maritime powers s. pl. potências navais f. pl.
marjoram [m'a:dʒərəm] s. manjerona f.
sweet ~ orégão m.: planta pertencente à família das Labiadas.
mark [ma:k] s. 1. marca f., sinal m. (quadro C 10). 2. símbolo m. 3. característico m. 4. alvo m., mira f. 5. escopo, fim m., meta f. 6. limite m. 7. norma f. 8. signo m. 9. nota escolar f. 10. cruz f. (valendo como assinatura). 11. sintomas m. pl. 12. (boxe) boca f. do estômago. 13. fronteira f., limite m. 14. rótulo m. (que indica qualidade ou preço). 15. lugar m. de saída, partida f.

de uma competição esportiva. 16. marco m.: unidade monetária alemã. ‖ v. 1. marcar, assinalar. 2. distinguir. 3. indicar, designar. 4. selecionar, escolher. 5. prestar atenção, observar, notar. 6. caracterizar, representar. 7. anotar (pontos em jogos como futebol, etc.). 8. tomar nota. 9. observar criticamente.

below the ~ ou **not up to the ~** abaixo de um dado índice. **beside** ou **wide of the ~** alheio ao assunto. **man of ~** homem ilustre ou famoso. **to feel up to the ~** estar em forma. **to hit the ~** acertar o alvo. **to toe the ~** cumprir o dever. ‖ **~ my words!** ouça o que lhe digo! **to ~ down or up** abaixar ou elevar os preços. **to ~ out** estacar (para construções). **to ~ with a hot iron** 1. marcar com ferro em brasa. 2. (fig.) estigmatizar, condenar.

Mark [ma:k] s. 1. Marcos. 2. São Marcos. 3. o Evangelho de São Marcos.

marked [m'a:kt] adj. 1. marcado. 2. marcante. ‖ **~ly** adv. marcadamente, notadamente.

a ~ man um homem marcado (pej.).

markedness [m'a:kidness] s. qualidade do que è marcante.

marker [m'akə] s. marcador, anotador m.

market [m'a:kit] s. mercado m., praça, zona comercial f. (mercado latino-americano). ‖ v. vender ou comprar no mercado.

black ~ câmbio negro. **buyer's ~** ou **seller's ~** mercado do comprador ou do vendedor. **to play the ~** operar na bolsa. **to come into** ou **put on the ~** estar no mercado. **to meet with a ready ~** ter boa saída.

marketability [ma:kitəb'iliti] s. negociabilidade f.

marketable [m'a:kitəbl] adj. negociável. ‖ **-bly** adv. de modo negociável.

market-day s. dia m. de mercado ou de teira.

marketer [m'a:kitə] s. feirante m. + f.

marketing [m'a:kitiŋ] s. 1. mercadologia f. 2. mercadização f.

to do one's ~ fazer suas compras.

market order s. ordem f., pedido m. de compra ou venda ao preço do mercado.

market-place s. 1. praça f. do mercado. 2. esfera f. de competição para valores e idéias.

market-price, market-rate s. preço corrente m.

market research s. pesquisa f. do mercado.

market-town s. cidade f. onde há mercado.

market value s. valor de mercado m.

marking [m'a:kiŋ] s. marcação f. ‖ adj. que produz marcas.

marking-ink s. tinta indelével f.

marking-iron s. ferro de marcar m.

mark off v. anotar (algo) como tendo sido feito.

marksman [m'a:ksmən] s. atirador perito m.

marksmanship [m'a:ksmənʃip] s. perícia f. no tiro ao alvo.

marl [ma:l] s. marga, marna f.: calcário argiloso. ‖ v. adubar com marga.

marlaceous [ma:l'eiʃəs] adj. margoso, marnoso.

marline [m'a:lin] s. merlim m.: corda alcatroada.

marlite [m'a:lait] s. variedade de marga resistente à ação do ar.

marl-pit s. margueira, jazida f. de marga.

marmalade [m'a:məleid] s. geléia f.

marmolite [m'a:məlait] s. marmolita f.

marmoreal [ma:m'oriəl] adj. marmóreo.

marmoset [m'a:məzet] s. sagüi, tamari m.: pequeno macaco sul-americano de cauda comprida.

marmot [m'a:mət] s. marmota f.

maronite [m'ærənait] s. maronita m. + f.: católico do Líbano.

maroon (I) [mər'u:n] s. cor castanha f. ‖ adj. castanho.

maroon (II) [mər'u:n] s. 1. toguete m. 2. quilombola, calhambola m. ‖ v. 1. abandonar um marinheiro em praia ou ilha deserta. 2. acampar. 3. vaguear.

marooner [mər'u:nə] s. 1. ocioso m. 2. pessoa f. abandonada numa ilha. 3. pirata, corsário m.

maroquin [m'ærəkin] s. marroquim m.

marplot [m'a:plət] s. homem m. que prejudica a execução de algum plano ou projeto.

marque (I) [ma:k] s. (Jur.) desapropriação f. em represália.

marque (II) [ma:k] s. (Autom.) marca f., emblema m.

marquee [ma:k'i:] s. 1. marquise f. 2. grande tenda f. ao ar livre, para recepções ou exposição.

marquetry, marqueterie [m'a:kitri] s. marchetaria, tauxia f.: trabalho entalhado em madeira, marfim, metais, etc.

marquis, marquess [m'a:kwis] s. marquês m.

marquisate [m'a:kwizit] s. marquesado m.

marquise [ma:k'i:z] s. marquesa f.

marquisette [ma:kiz'et] s. marquisete m.: tecido leve de algodão, seda, fibra sintética.

marriage [m'ærid3] s. 1. casamento m., núpcias f., matrimônio m., bodas f., esponsais m. pl. 2. união íntima f.

civil ~ casamento civil. **communal ~** poliandria. **he asked her in ~** ele a pediu em casamento.

marriageability [mærid3əb'iliti] s. nubilidade f.

marriageable [m'ærid3əbl] adj. núbil, casadouro.

marriageableness [m'ærid3iblnis] s. nubilidade f.

marriage articles s. contrato m. de casamento.

marriage licence s. licença f. de casamento.

marriage lines s. (coloq.) certidão f. de casamento.

marriage portion s. dote m.

married [m'ærid] adj. 1. casado, casada. 2. conjugal, matrimonial.

to get ~ casar. **he is ~ to her** ele é casado com ela.

marrow [m'ærou] s. 1. tutano m. 2. medula f. 3. polpa f. 4. essência f., ponto capital m. 5. parceiro m. 6. esposo m.

marrow-bone s. 1. osso m. com tutano. 2. **~s** pl. joelhos m. pl.

marrowfat [m'æroufæt] s. espécie de ervilha.

marrowless [m'æroulis] adj. sem tutano, sem medula.

marrowy [m'æroui] adj. meduloso.

marry [m'æri] v. 1. casar. 2. desposar. 3. unir. 4. casar-se. 5. dar em casamento.

Mars [ma:z] s. 1. Marte, planeta m. 2. o deus m. da guerra entre os romanos.

Marsala [mas'alə] s. tipo de vinho branco da Sicília.

Marseillaise [masəl'eiz] s. Marselhesa f.: hino nacional da França.

Marseilles [ma:s'eilz] s. tecido m. pesado de algodão.

marsh [ma:ʃ] s. pântano, charco, paul, brejo m.

marshal [m'a:ʃəl] s. 1. marechal m. 2. mestre-de--cerimônias m. 3. oficial m. de polícia em algumas cidades dos E. U. A. ‖ v. 1. ordenar, dispor, pôr em ordem. 2. dirigir, guiar. 3. reunir-se, tomar posições (tropas, etc.) para combate.

marshal of the air s. marechal-do-ar m.

marshalship [m'a:ʃəlʃip] s. marechalato m.

marsh-fever s. febre palustre, malária f.

marsh-fire s. fogo-fátuo m.

marsh-gas s. metano m.

marshiness [m'a:ʃinis] s. condição de pantanoso.

marsh-light s. = **marsh-fire.**

marsh-mallow s. malvaísco m., altéia f.

marshy [m'a:ʃi] adj. pantanoso.

marsupial [ma:sj'u:piəl] s. (Zool.) marsupial m. ‖ adj. marsupial, que tem forma de bolsa.

marsupium [ma:sj'u:piəm] s. marsúpio m.: bolsa formada pela pele do abdome dos marsupiais.

mart [ma:t] s. 1. mercado m. 2. centro comercial m.

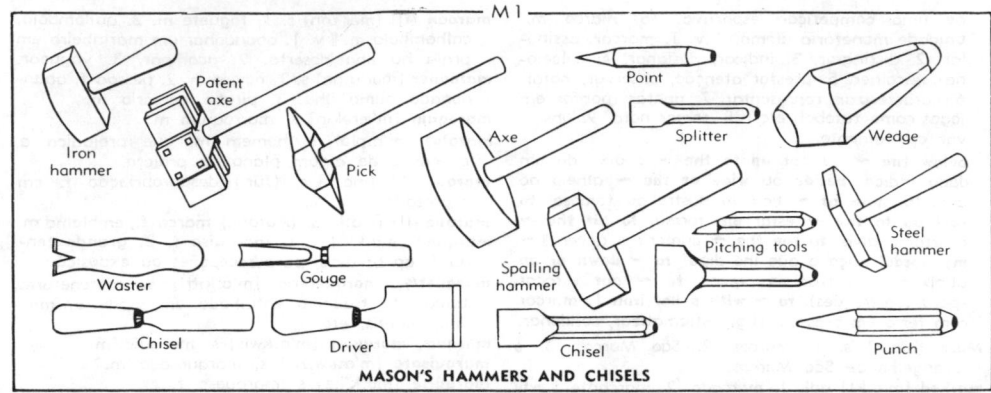

MASON'S HAMMERS AND CHISELS

Iron hammer — Patent axe — Pick — Axe — Point — Splitter — Wedge — Waster — Gouge — Spalling hammer — Pitching tools — Steel hammer — Chisel — Driver — Chisel — Punch

MASON'S HAMMERS AND CHISELS

3. pechincha f.

martagon [m'a:təgən] s. (Bot.) martagão m.

marten [m'a:tin] s. marta f. (mamífero).

martial [m'a:ʃəl] adj. marcial, guerreiro. 2. corajoso. 3. belicoso. 4. marciano, relativo ao planeta Marte. ‖ ~ly adv. marcialmente.

martial law s. lei marcial f.

Martian [m'a:ʃən] s. marciano m.: habitante hipotético do planeta Marte. ‖ adj. marciano.

martin [m'a:tin] s. martinete m.: espécie de andorinha.

martinet [ma:tin'et] s. militar m. que exige disciplina rigorosa.

martingale [m'a:tiŋgeil] s. 1. gamarra f. (quadro H 9). 2. pica-peixe m.

martini [ma:t'i:ni] s. coquetel m. preparado com gim e vermute.

Martinmas [m'a:tlnmæs] s. festa f. de São Martinho.

martlet [m'a:tlət] s. 1. (Ornit.) gaivão m. 2. (Heráld.) ave f. sem pés.

martyr [m'a:tə] s. mártir m. + f. ‖ v. 1. martirizar 2. torturar.
   he is a ~ to asthma ele está sofrendo de asma.

martyrdom [m'a:tədəm] s. 1. martírio m. 2. tormento m.

martyrize [m'a:təraiz] v. = **martyr.**

martyrology [ma:tər'ɔlədʒi] s. 1. martirológio m.: lista de mártires. 2. história dos mártires.

marvel [m'a:vəl] s. 1. maravilha f. 2. prodígio m. 3. estranheza, admiração f. ‖ v. 1. maravilhar-se. 2. admirar-se (**at** de), estranhar.

marvellous, marvelous [m'a:vələs] adj. 1. maravilhoso. 2. admirável. 3. incrível, incompreensível. ‖ ~ly adv. maravilhosamente, admiravelmente.

marvellousness, marvelousness [~nis] s. singularidade, estranheza, maravilha f.

Marxian [m'a:ksiən] s. marxista m. + f. ‖ adj marxista.

Marxism [m'a:ksizm], **marxianism** [m'a:ksiənizm] s. marxismo m.

Marxist [m'a:ksist] s. marxista m. + f. ‖ adj. marxista.

marzipan [m'a:zipæn] (= **marchpane**) s. maçapão m.: bolo de amêndoas e açúcar.

masby [m'æzbi] s. (abr. de **motor anti-submarine boat**) lancha anti-submarina f.

mascot [m'æskət] s. mascote f.

masculine [m'a:skjulin] s. gênero masculino m. ‖ adj. 1. masculino, viril. 2. forte, robusto. ‖ ~ly adv. masculamente, virilmente.

masculineness [~nis], **masculinity** [-'initi] s. masculinidade, virilidade f.

maser [m'eizə] abr. de **M(icrowave) a(mplification by s(timulated) e(mission of) r(adiation)** s. máser m.: amplificação de luz em microondas por radiação estimulada.

mash [mæʃ] s. 1. mistura f., mingau m., pasta f. 2. (ant.) mixórdia f.: farelo ensopado que se dá aos animais. ‖ v. 1. misturar. 2. triturar. 3. amalgamar. 4. infundir. 5. flertar.
   to ~ a girl (gír.) flertar com uma moça. **mashed potatoes** purê de batatas.

masher [m'æʃə] s. 1. espremedor m. 2. janota m. com pretensões a conquistador. 3. (gíria) bolina, bolinador m. 4. galanteador m.

mashing [m'æʃiŋ] s. a ação de misturar, amassar e triturar.

mash-tub, mash-vat s. tina f. de cerveja.

mashy [m'æʃi] s. taco m. de golfe.

masjid [m'ʌsjid] s. mesquita f.

mask [ma:sk] s. 1. máscara f., disfarce m. 2. pretexto, subterfúgio m. 3. (arquit.) carranca f. 4. mascarado m. 5. cabeça f. de raposa. (quadro F 7). ‖ v. 1. mascarar, disfarçar. 2. dissimular, encobrir, ocultar. 3. mascarar-se.
   to throw off the ~ tirar a máscara, mostrar as cores.

mask (II) [ma:sk] v. infundir.

masked [ma:skt] adj. mascarado, disfarçado.

masked ball s. baile m. de máscaras.

masker, masquer [m'a:skə] s. mascarado m.

maslin [m'æzlin] s. mistura de cereais, especialmente trigo e cevada. ‖ adj. misturado.

masochism [m'æzəkizm] s. masoquismo m.: perversão sexual.

masochist [m'æzəkist] s. masoquista m. + f.

masochistic [~ik] adj. masoquista.

mason [m'eisən] s. 1. pedreiro m. (quadro M 1). 2. maçom m. (= **freemason**) ‖ v. executar trabalhos de alvenaria.

masonic [məs'ɔnik] adj. maçônico.

masonry [m'eisnri] s. 1. alvenaria f. 2. maçonaria f.

masorah [məs'ouraː] s. massorá f.: trabalho crítico sobre o texto bíblico do Velho Testamento feito por doutores hebreus.

masorete, masorite [m'æsəriːt] s. massoreta m.: nome dado aos que compilaram a massorá.

masoretic [mæsər'etik] adj. relativo à massorá.

masque [ma:sk, E. U. A. mæsk] s. 1. divertimento m. histriônico amador dos séculos XVI e XVII em que os atores usavam máscaras. 2. composição f. própria para estas representações. 3. baile m. de máscaras.

masquerade [mæskər'eid] s. 1. mascarada f., baile

m. de máscaras. 2. disfarce m., simulação f. ‖ v. mascarar-se, disfarçar-se.

masquerader [mæskər'eidə] s. mascarado m.

mass (I) [mæs] s. 1. missa f. 2. liturgia f. da missa. 3. conjunto m. de composições musicais executadas em uma missa cantada. **mass book** missal. **high ~** missa cantada. **low ~** missa rezada. **~ for the dead** missa fúnebre, réquiem. **midnight ~** missa do galo. **to say ~** celebrar a missa. **seventh-day ~** missa de sétimo dia.

mass (II) [mæs] s. 1. massa f., montão m. 2. grande número m. 3. a maior parte, a maioria f. 4. magnitude, grandeza f. 5. multidão f. ‖ v. 1. amontoar, reunir em massa. 2. concentrar (tropas). **the great ~** a maioria. **the masses** as massas, o povo.

massacre [m'æsəkə] s. massacre, morticínio m., carnificina f. ‖ v. massacrar, chacinar.

massacrer [m'æsəkrə] s. chacinador m.

massage [mæs'a:ʒ] s. massagem f. ‖ v. fazer massagens.

massagist [m'æsədʒist, E. U. A. məs'a:dʒist] s. massagista m. + f.

masscult [m'æskʌlt] s. cultura f. através de comunicações de massa.

masseter [mæs'i:tə] s. (Anat.) masseter m.

masseur [mæs'ə:], **masseuse** [mæs'ə:z] s. massagista m. + f.

massicot [m'æsikɔt] s. massicote m.

massif [m'æsif] s. maciço montanhoso m. (quadro M 7).

massiness [m'æsinis] s. volume m., massa f., solidez f.

massive [m'æsiv] adj. 1. maciço, compacto, pesado. 2. sólido. 3. ponderoso. ‖ **~ly** adv. 1. compactamente, pesadamente. 2. ponderosamente.

massiveness [~nis] s. solidez, natureza sólida f.

mass media s. meios m. pl. de comunicação de massa.

mass meeting s. (E. U. A.) comício monstro m.

mass movement s. movimento m. de massas.

massotherapy [mæsouθ'erəpi] s. (Med.) massoterapia f.

mass-produce v. produzir em massa.

mass production s. produção f. em massa.

massy [m'æsi] adj. compacto, volumoso, sólido.

mast (I) [ma:st] s. 1. mastro m. (quadros A 4, M 4, S 2). 2. poste m. (quadro E 2). ‖ v. suprir com mastros. **before the ~** como simples marinheiro. **mainmast** mastro grande. **topmast** joanete. **foremast** mastro traquete.

mast (II) [ma:st] s. (Bot.) bolota f.

mastectomy [mæst'ektəmi] s. (Cirurg.) mastectomia f.

masted [~id] adj. que tem mastros.

master [m'a:stə] s. 1. dono, senhor, amo m. 2. mestre m., patrão m. 3. professor m., lente m. + f., 4. capitão m. de navio mercante. 5. artista m. + f. 6. proprietário, empregador m. 7. vencedor m. 8. chefe m. + f., supervisor m. 9. perito m. 10. título m. honorífico nas universidades. 11. título m. dddo a rapazes da alta sociedade. ‖ v. 1. dominar, controlar. 2. assenhorear-se de. 3. dominar a fundo. 4. tornar-se perito em, ser mestre em. ‖ adj. 1. magistral, de mestre, superior. 2. principal. **to be ~ of** ser dono ou senhor de. **to be 'one's own ~** ser independente. **the Master** Jesus Cristo.

master-at-arms s. (Náut.) oficial m. encarregado da disciplina a bordo.

master-builder s. 1. arquiteto m. 2. empreiteiro m.

master-carpenter s. carpinteiro m. que trabalha por conta própria.

masterdom [~dəm], **masterhood** [~hud] s. domínio, mando m., soberania f.

masterful [~ful] adj. 1. arbitrário, imperioso. 2. perito, de mestre. ‖ **~ly** adv. 1. despoticamente, imperiosamente. 2. habilmente, com perícia.

masterfulness [~fulnis] s. 1. império, domínio m. 2. perícia, habilidade f.

master-hand s. 1. perito m. 2. mão f. de mestre.

master-head s. (E. U. A.) cabeçalho m. de jornal ou revista.

master-key s. chave mestra f.

masterless [m'a:stəlis] adj. 1. livre, independente. 2. desgovernado.

masterliness [m'a:stəlinis] s. mestria, perícia f.

masterly [m'a:stəli] adj. magistral, perfeito, consumado. ‖ adv. magistralmente.

master mariner s. (Ingl., Náut.) comandante m. de navio mercante.

master-mason s. 1. maçom m. de terceiro grau. 2. mestre-pedreiro m.

master-mind s. 1. inteligência dominante f. 2. responsável m. por um plano. ‖ v. idealizar, planejar.

Master of Arts s. abr. **M. A.** licenciado m. em letras (quadro C 18).

Master of Ceremonies s. mestre-de-cerimônias m.

Master of Science s. licenciado m. em ciências naturais, matemática, tecnologia.

Master of the Horse s. estribeiro-mor m.

masterpiece [m'a:stəpi:s] s. 1. primor m. 2. obra-prima f.

mastership [m'a:stəʃip] s. 1. domínio, controle m. 2. magistério m. 3. perícia f.

master-spring s. mola mestra f.

master-stroke s. golpe m. de mestre.

masterwork [m'a:stəwə:k] s. obra-prima f.

masterwort [m'a:stəwə:t] s. imperatória f.: planta umbelífera.

mastery [m'a:stəri] s. 1. domínio, poder m., autoridade f. 2. superioridade f. 3. mestria, perícia f.

masthead [m'a:sthed] s. calcês m.: topo de mastro. ‖ v. mandar (marinheiro) ao topo do mastro como punição.

mastic [m'æstik] s. 1. lentisco m., aroeira-da-praia f. 2. mástique m., almécega f.: resina do lentisco. 3. betume m. 4. licor m. preparado com almécega. 5. cor f. amarela-clara.

masticability [mæstikəb'iliti] s. condição do que pode ser mastigado.

masticate [m'æstikeit] v. mastigar, triturar.

mastication [mæstik'eiʃən] s. mastigação f.

masticator [m'æstikeitə] s. mastigador m.

masticatory [m'æstikətəri] adj. mastigador.

masticine [m'æstisin] s. substância f. insolúvel em álcool, contida no mástique.

mastiff [m'æstif] s. mastim m. (quadro D 3).

mastitis [mæst'i:tis] s. mastite f.: inflamação das mamas.

mastless [m'a:stlis] adj. sem mastros, desarvorado, desmastreado.

mastodon [m'æstədɔn] s. mastodonte m.

mastodontic [mæstəd'ɔntik] adj. corpulento, enorme.

mastodynia [mæstəd'ainiə] s. mastodinia f.: dor nas glândulas mamárias.

mastoid (I) [m'æstɔid] adj. mastóide, que tem forma de mama.

mastoid (II) [m'æstɔid] adj. diz-se da apófise situada na parte posterior e inferior do osso temporal.

mastoiditis [mæstɔid'aitis] s. mastoidite f.

mastology [mæst'ɔlədʒi] s. 1. mastozoologia f. 2. tratado m. sobre os mamíferos.

masturbate [m'æstəbeit] v. masturbar.

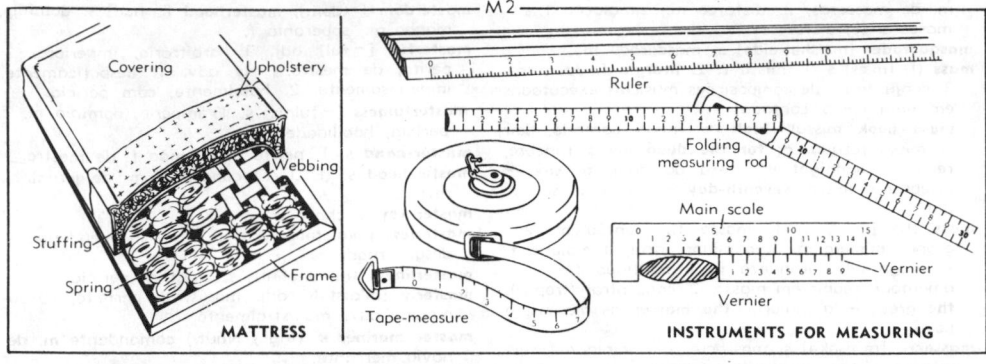

MATTRESS

INSTRUMENTS FOR MEASURING

masturbation [mæstə:b'eiʃən] s. masturbação f., onanismo m.
mat (I) [mæt] s. 1. esteira f., capacho m. (quadros G 3, S 11). 2. monte m. de cordas velhas. 3. superfície fosca f. 4. (fig.) emaranhamento, embaraço m. ‖ v. 1. esteirar, entrançar, enrodilhar. 2. tornar fosco ou opaco. ‖ adj. fosco, opaco, embaciado.
mat (II) [mæt] s. (Tipogr.) matriz f.
matador [m'ætədɔ:] s. matador, toureiro m.
match (I) [mætʃ] s. 1. igual m., parelha f. 2. companheiro m. 3. luta, competição, partida f., jogo m. 4. aliança f., casamento m. 5. partido m. ‖ v. 1. igualar, emparelhar. 2. casar, unir-se. 3. equiparar. 4. competir, medir forças. 5. casar-se. 6. igualar-se. 7. combinar.
an even ~ competição equilibrada. **footbal ~** jogo partida de futebol. **he is more than a ~ for you** ele é superior a você (em qualidade, competência), **he is not a ~ for me** ele não está à minha altura. **to be a ~ for** estar à altura. **to ~ a colour to another** combinar uma cor com outra. **we cannot ~ them** não podemos medir forças com eles. **to ~ coins** tirar a sorte com moeda (cara ou coroa).
match (II) [mætʃ] s. 1. palito m. de fósforo. 2. mecha f., estopim m.
to light a ~ acender um fósforo.
matchable [m'ætʃəbl] adj. 1. comparável. 2. suscetível de ser igualado ou equiparado.
match-board s. tábua f. com encaixes.
match-box s. caixa f. de fósforos.
matched order s. (Com.) ordem f. de compra e venda.
matcher [m'ætʃə] s. competição f., torneio m.
matchet [m'ætʃit] s. machete m.: faca de mato.
matchless [m'ætʃlis] adj. incomparável, sem igual. ‖ ~ly adv. incomparavelmente.
matchlessness [m'ætʃlisnis] s. incomparabilidade f.
matchlock [m'ætʃlɔk] s. mosquete m.
match-maker s. 1. casamenteiro m. 2. fabricante m. de fósforos.
matchmark [m'ætʃma:k] s. marcação f. de peças a montar. ‖ v. marcar peças para montagem.
matchstick [m'ætʃstik] **s. palito (de fósforo) m.** queimado.
match-wood s. madeira f. para fabricação de fósforos.
mate (I) [meit] s. 1. companheiro m., companheira f camarada, colega m. + f. 3. cônjuge m., consorte m. + f. 4. macho m. ou fêmea f. (de animais). 5 imediato m. de navio mercante. 6. ajudante m. ‖ v. 1. casar, unir. 2. acasalar.
mate (II) [meit] s. (xadrez) mate m. (quadro C 10). ‖ v. dar xeque-mate.
fool's ~ (Xadrez) mate de bobo, xeque-pastor (mate em 3 lances).

mate, maté (III) [m'ætei] s. 1. erva-mate f. 2. chá-mate m. 3. cabaça ou cuia f. em que se prepara e bebe chimarrão.
mateless [m'eitlis] adj. 1. só, abandonado. 2. solteiro.
matelote [m'ætəlout] s. (Culin.) prato m. preparado com peixe em molho de vinho, cebolas, etc.
mater [m'eitə] s. mãe f. (gíria escolar).
material [mət'i:riəl] s. 1. material m., matéria f., substância f. 2. ingrediente m. 3. tecido, estofo m. 4. componentes m. pl. 5. anotações f. pl., apontamentos m. pl. (para trabalho literário e musical). ‖ adj. 1. material, corpóreo. 2. importante, essencial. 3. sensual. ‖ ~ly adv. materialmente.
building ~ material para construção. **raw ~** matéria-prima, matéria bruta.
materialism [mət'i:riəlizm] s. (Filos.) materialismo m.
materialist [mət'i:riəlist] s. materialista m. + f.
materialistic [~ik],**materialistical** [~əl] adj. materialista. ‖ **~ally** adv. de modo materialista.
materiality [məti:ri'æliti] s. materialidade f.
materialization [məti:riəlaiz'eiʃən] s. materialização f.
materialize [mət'i:riəlaiz] v. 1. materializar, tornar material. 2. materializar-se, corporificar-se. 3. realizar, concretizar.
plans ~ planos se concretizam.
materializer [mət'i:riəlaizə] s. materializador m.
materialness [mət'i:riəlnis] s. materialidade f.
materials handling s. manipulação f. de materiais.
materia medica [mət'i:riə m'edəkə] s. 1. termo genérico que designa o conjunto das substâncias empregadas em medicina. 2. farmacopéia f.
materiel [mətiri'el] s. equipamento m.
maternal [mət'ə:nl] adj. maternal, materno. ‖ **~ly** adv. maternalmente.
maternity [mət'ə:niti] s. maternidade f. ‖ adj. de ou relativo a uma mulher que espera filho.
maternity hospital s. maternidade f.
math [ma:θ] s. (ant.) sega, ceifa, colheita f.
after~ segunda ceifa ou colheita.
math. [mæθ] (coloq.) abr. de **mathematics.**
mathematic [mæθim'ætik], **mathematical** [~əl] adj. 1. matemático. 2. exato. ‖ **~ally** adv. 1. matematicamente. 2. exatamente.
mathematician [mæθimət'iʃən] s. matemático m.
mathematics [mæθim'ætiks] s. matemática f.: a) ciência. b) processos matemáticos.
mathesis [məθ'i:sis] s. o estudo m. da matemática.
matico [mət'i:kou] s. 1. arbusto m. do Peru. 2. folhas f. pl. desse arbusto empregadas como adstringente.
matin [m'ætin] s. (poét.) canção matinal f. ‖ adj. matinal, matutino.
matinal [m'ætinəl] adj. matinal, matutino.
matinée [m'ætinei] s. matiné, vesperal f.

matinée coat s. casaquinho m. de bebê (de lã).

matins [m'ætinz] s. (Lit.) matinas f. pl.

matrass [m'ætrəs] s. (ant.) matraz m.: balão de vidro de fundo chato.

matriarch [m'eitria:k] s. 1. matriarca f.

matriarchal [meitri'a:kəl], **matriarchic** |meitri'a:kik] adj. matriarcal.

matriarchate [m'eitria:keit], **matriarchy** [m'eitria:ki] s. matriarcado m.

matriarchy [m'eitria:ki] s. matriarcado m.

matricidal [m'eitrisaidl] adj. relativo a matricida.

matricide [m'eitrisaid] s. 1. matricídio m. 2. matricida m. + f.

matriculant [mətr'ikjulənt] s. matriculando m.: 1. matriculado. 2. candidato à matrícula.

matriculate [mətr'ikjuleit] s. pessoa matriculada f. ‖ v. 1. matricular, registrar. 2. matricular-se, inscrever-se. ‖ adj. matriculado.

matriculation [mətrikjul'eiʃən] s. matrícula f.

matrilineal [mætril'iniəl] adj. (Etnol.) matrilinear.

matrilocal [mætril'oukəl] adj. (Etnol.) matrilocal.

matrimonial [mætrim'ounjəl] adj. matrimonial, nupcial, conjugal. ‖ **~ly** adv. matrimonialmente.

matrimony [m'ætriməni] s. matrimônio, casamento m.

matrix [m'eitriks] s. 1. matriz, madre f., útero m. 2. manancial m. 3. molde m. para fundição de tipos, matriz f. 4. registro civil m.

matron [m'eitrən] s. matrona f.

matronage [~idʒ], **matronhood** [~hud], **matronship** [~ʃip] s. condição de matrona.

matronal [~əl], **matronlike** [~laik] adj. matronal.

matronize [m'eitrənaiz] v. 1. tornar matronal. 2. (fig.) tutelar, proteger, cuidar de.

matronliness [m'eitrənlinis] s. condição de matrona.

matronly [m'eitrənli] adj. matronal. ‖ adv. à maneira de matrona.

matronymic [mætrən'imik] s. nome m. derivado de um ancestral feminino.

matte [mæt] s. 1. resíduo metálico m. 2. acabamento fosco m.

matted [m'ætid] adj. 1. que tem a forma de esteira ou capacho. 2. emaranhado. 3. opaco.

matter [m'ætə] s. 1. matéria, substância f. 2. assunto, tópico m. 3. negócio m., questão, causa f. 4. pus m. 5. importância f. 6. caso m. 7. quantidade f. 8. dificuldade f., transtôrno m. ‖ v. 1. importar, significar. 2. supurar.

for that ~ no que diz respeito ao assunto. **in the ~ of** a respeito de. **it does not ~** não importa. **~ of course** fato lógico, natural. **no ~ where** onde quer que seja. **no ~ which** qualquer que seja. **printed ~** impresso (correio). **that's what the ~ is** aí é que está. **what is the ~?** o que há?

matter-of-fact adj. 1. real, verdadeiro. 2. notório. 3. prosaico, trivial, vulgar.

mattery [m'ætəri] adj. purulento.

matting (I) [m'ætiŋ] s. 1. fabricação f. de esteiras, capachos ou tapetes. 2. material m. para produzir esses artigos. 3. esteiras f. pl., capachos, tapetes m. pl.

matting (II) [m'ætiŋ] s. 1. superfície semibrilhante ou fosca f. 2. ato m. de produzir superfície fosca.

mattock [m'ætək] s. lavião, enxadão m. (quadro H 7). **pick ~** picareta f. (quadro H 7).

mattoid [m'ætɔid] s. (†) pessoa f. de mente doentia.

mattress [m'ætris] s. colchão m. (quadro M. 2). **spring ~** colchão de molas.

maturate [m'ætjuəreit] v. 1. amadurecer. 2. supurar.

maturation [mætjuər'eiʃən] s. 1. maturação f. 2. supuração f.

maturative [mətj'uərətiv] adj. 1. maturativo. 2. que promove a supuração.

mature [mətj'uə] v. 1. amadurecer, sazonar. 2. fazer supurar. 3. vencer (letra, etc.). ‖ adj. 1. maduro, sazonado. 2. perfeitamente desenvolvido. 3. inteiramente supurado. 4. vencida (duplicata, letra, etc.). ‖ **~ly** adv. maduramente.

matureness [mətj'uənis], **maturity** [mətj'ueriti] s. 1. maturidade, madureza f. 2. vencimentos m. pl. (de títulos).

matutinal [mətj'u:tənəl] adj. matutino, matinal. ‖ **~ly** adv. de manhã.

matutine [m'ætjutin] adj. matutino, matinal.

maud [mɔ:d] s. espécie de xale escocês.

maudlin [m'ɔ:dlin] s. sentimentalismo m. provocado pela embriaguez. ‖ adj. embriagado, sentimental por motivo de embriaguez.

maul [mɔ:l] s. malho m., marreta t. ‖ v. 1. malhar, espancar. 2. maltratar.

mauler [m'ɔ:lə] s. malhador m.

maulstick [m'ɔ:lstik] s. tento m. (de pintor).

maunder [m'ɔ:ndə] v. 1. murmurar, rosnar 2. balbuciar, dizer disparates. 3. vaguear.

maunderer [m'ɔndərə] s. 1. resmungador m. 2. pessoa f. que vagueia ou perambula.

maundy [m'ɔ:ndi] s. lava-pés m.: cerimônia religiosa.

Maundy Thursday s. quinta-feira santa f.

mauser [m'auzə] s. fuzil máuser m.

mausoleum [mɔsəl'i:əm] s. mausoléu m.: sepulcro suntuoso.

mauve [mouv] s. cor f. de malva. ‖ adj. da cor-de--malva.

maverick [m'ævərik] s. 1. vitela f. ou outra rês f. não marcada com ferrete. 2. dissidente m. + f. 3. (fig.) qualquer coisa obtida desonestamente. ‖ v. 1. marcar com ferrete próprio, animal de outrem. 2. apropriar-se ilegalmente.

mavis [m'eivis] s. m. tordo-branco, malviz m.

mavourneen, mavournin [məv'u:əni:n] s. (Irl.) queridinho m., queridinha f.

maw [mɔ:] s. 1. estômago m. de animais, especialmente o abomaso dos ruminantes. 2. boca f. 3. esôfago m. 4. (irônico) estômago humano m.

mawkish [m'ɔ:kiʃ] adj. 1. enjoativo, repugnante. 2. insípido. ‖ **~ly** adv. 1. de modo enjoativo. 2. insipidamente.

mawkishness [~nis] s. 1. qualidade ou condição de enjoativo. 2. insipidez f.

maxi– [m'æksi] em comp. comprido, talar. **~skirt** maxissaia.

maxilla [mæks'ilə] s. maxila, queixada f., queixo m. (quadro S 6).

maxillary [mæks'iləri] adj. maxilar.

maxilliped [mæks'iliped] s. maxilípede m.

maxim [m'æksim] s. 1. máxima f. 2. axioma m. 3. conceito m. 4. (milit.) metralhadora Maxim f.

maximalist [m'æksiməlist] s. maximalista m. + f.

maximize [m'æksimaiz] v. 1. aumentar ao máximo. 2. interpretar doutrinas de forma rigorosa.

maximum [m'æksiməm] s. máximo m.: o ponto mais alto a que pode chegar uma grandeza variável. ‖ adj. máximo.

maxwell [m'ækswel] s. (Fís.) maxwell m.: unidade de fluxo magnético.

may [mei] v. aux. poder, ter faculdade ou permissão, ser possível ou admissível. **come what ~** aconteça o que acontecer. **he ~ come today** 1. é possível que ele venha hoje. 2. ele pode (é permitido) vir hoje. **~ all be well** que tudo esteja bem. **~ it be so** que assim seja.

May [mei] s. 1. maio m. 2. primavera f. 3. flor f. da vida.

maya [m'eijə] s. (Hinduísmo) ilusão f.

Maya [m'a:jə] s. índio maia m. ‖ adj. de ou relativo aos maias.

May apple (E. U. A.) s. fruto m. da mandrágora.

maybe [m'eibi:] adv. talvez, possivelmente.

may-blossom s. flor f. do espinheiro branco.

may-bug s. espécie de besouro: (Melolonta vulgaris).

Mayday [m'eidei] s. sinal m. radiotelefônico internacional de S.O.S., usado por navios e aviões.

May Day s. dia 1.º de maio m.

mayduke [m'eidju:k] s. variedade de cereja.

mayflower [m'eiflauə] s. 1. primavera (flor) f. 2. espinheiro branco m. 3. arbusto trepador m.

may-fly s. efemérida f.: inseto neuropteróide.

may-games s. festas f. pl. celebradas no dia 1º de maio.

mayhap [m'eihæp] adv. (ant.) talvez.

mayhem [m'eihəm] s. (Jur.) 1. mutilação f. intencional de uma pessoa. 2. destruição, violência f.

may-lily s. lírio-do-vale m.

mayn't [meint] contr. de **may not.**

mayonnaise [meiən'eiz] s. (Culin.) maionese f.

mayor [m'ɛə, m'eiə] s. prefeito m.

mayoralty [m'ɛərəlti], **mayorship** [m'ɛəʃip] s. cargo m. ou dignidade f. de prefeito.

mayoress [m'ɛəris] (E. U. A.) s. 1. esposa f. do prefeito 2. prefeito feminino m.

may-pole s. mastro m. enfeitado com flores e fitas, erigido para as festas do dia 1º de maio e em torno do qual se dança.

may-queen s. moça f. escolhida para rainha dos festejos do dia 1º de maio.

mayst [meist] (bíblico, Liter.) 2.ª pessoa do presente do indicativo do v. **may** .podes.
thou ~ be merciful tu podes ser misericordioso.

mayweed [m'eiwi:d] s. espécie de camomila de odor desagradável: (Anthemis cotula).

mazard [m'æzəd] s. 1. (Bot.) excrescência f. em carvalho. 2. (coloq.) cabeça f., rosto m.

mazarine [mæzər'i:n] s. azul-ferrete m. ‖ adj. azul--ferrete.

Mazdaism [m'æzdəizm] s. (Rel.) masdeísmo m.

maze [meiz] s. 1. labirinto m. 2. confusão, incerteza, perplexidade f. ‖ v. confundir, embaraçar.

mazer [m'eizə] s. (†) caneca f. ou caneco m.

maziness [m'eizinis] s. 1. perplexidade f. 2. tontura, vertigem f.

mazurka [məz'ə:kə] s. 1. mazurca f.: dança polonesa. 2. música f. dessa dança.

mazy [m'eizi] adj. 1. intrincado, confuso. 2. perplexo. 3. tonto, atônito. ‖ **-ily** adv. confusamente, embaraçadamente.

McCarthysm [mək'a:rtizm] s. (Pol.) macarthismo m.

M. D. [emd'i:] abr. de **Doctor of Medicine.**

me [mi:,mi] pron. pess. me, mim.
for ~, to ~ para mim. **dear ~!** valha-me Deus! **poor ~ !** pobre de mim! **tell ~** diga-me.

mead (I) [mi:d] s. hidromel, mulso m.

mead (II) [mi:d] (poét.) prado m., campina f.

meadow [m'edou] s. prado m., campina f.

meadow-lark s. cotovia do prado f.

meadow-ore s. limonito m. hemalita f. parda.

meadow-sweet s. ulmária, barba-de-bode, rainha-dos--prados, olmeira f.

meadowy [m'edoui] adj. relativo ou semelhante a um prado ou a uma campina.

meagre, meager [m'i:gə] adj. 1. magro, descarnado. 2. estéril. 3. pobre, escasso. ‖ **~ly** adv. magramente, escassamente.

meagreness, meagerness [m'i:gənis] s. 1. magreza f. 2. esterilidade f. 3. pobreza f.

meal [mi:l] s. 1. refeição f. 2. farinha f. de qualquer

cereal. 3. quantidade de leite tirada da vaca em uma ordenha. ‖ v. tomar uma refeição.

meal-ark s. caixa f. grande para guardar farinha.

mealie [m'i:li] s. (Sul-Afr.) espiga f. de milho.

mealiness [m'i:linis] s. qualidade farinácea.

meal-man [m'i:lmæn], **meal-monger** [~m'ʌŋgə] s. negociante de farinha m. + f.

meal ticket s. vale m. para refeição.

meal-time s. hora f. da refeição.

meal-worm s. bicho m. da farinha.

mealy [m'i:li] adj. 1. farináceo. 2. farinhento, farinhoso. 3. pálido.
~-faced de rosto pálido. **~-mouthed** adj. falso, hipócrita, dissimulado.

mean [mi:n] s. 1. meio, meio-termo m., média f. 2. **~s** pl. forma f., expediente, modo m. 3. **~s** pl. recursos m. pl. ‖ v. (imp e p. p. **meant**) 1. significar. 2. pretender, tencionar. 3. destinar. 4. dispor-se a. ‖ adj. 1. baixo, vil, desprezível, ignóbil. 2. inferior, pobre. 3. andrajoso. 4. sórdido, mesquinho. 5. médio, mediano, intermediário. 6 moderado. 7. (coloq.) humilhado, envergonhado. 8. (coloq.) arrisco, fogoso (cavalo). 9. avaro. ‖ **~ly** adv. vilmente., torpemente.
by all ~s certamente, sem dúvida. **by any ~s** de qualquer maneira. **a man of ~s** homem de recursos, abastado. **to live beyond one's ~s** viver além de suas possibilidades. **by ~s of** por meio de **by no ~s** de nenhuma maneira. ‖ **to ~ well by** ou **to** ter boa disposição em relação a. **what do you ~?** o que você quer dizer? **you don't ~ ~ it!** o senhor não está falando sério. ‖ **to feel ~** 1. sentir-se humilhado, envergonhado. 2. sentir-ȿe mal, não estar bem. **~-born** adj. de origem humilde.

meander [mi'ændə] s. meandro m., sinuosidade f. ‖ v. serpear, correr em linhas sinuosas, meandrar.

meanderings [~riŋz] s. pl. movimento sinuoso, ziguezague m.

mean deviation s. (Estat.) desvio médio m.

meandrine [mi'ændrin] adj. meândrico. 2. tortuoso.

meaning [m'i:niŋ] s. 1. significado, sentido m. 2. propósito m., intenção f. 3. pensamento m. ‖ adj. significativo, expressivo. ‖ **~ly** adv. significativamente, expressivamente.

meaningful [~ful] adj. significativo. ‖ **~ly** adv. significativamente.

meaningless [~lis] adj. sem sentido, inexpressivo. ‖ **~ly** adv. inexpressivamente.

meaninglessness [~lisnis] s. 1. ausência f. de significação. 2. falta f. de expressão.

mean-looking adj. de aspecto insignificante, humilde.

meanness [m'i:nnis] s. 1. baixeza, vileza, torpeza f. 2. mesquinharia f.

means test s. (Assist. Soc.) exame m. de carência de recursos.

meant [ment] v. imp. e p.p. de **mean.**

meantime [m'i:nt'aim] adv. entrementes, entretanto.

mean time s. tempo médio m., hora média f.

meanwhile [m'i:nw'ail] adv. = **meantime.**

meany [m'i:ni] s. 1. pessoa vil e mesquinha f. 2. crítico cruel e injusto m. 3. vilão teatral ou literário m. ‖ adj. vil, malicioso.

measled [m'i:zld] adj. 1. atacado de sarampo. 2. gafento.

measles [m'i:zlz] s. 1. sarampo m. 2. gafeira f.

measly [m'i:zli] adj. 1. atacado de sarampo. 2. gafento. 3. desprezível, vil.

measurability [meʒərəb'iliti] s. mensurabilidade f.

measurable [m'eʒərəbl] adj. mensurável, dimensível. ‖ **-bly** adv. de modo mensurável.

measurableness [~nis] s. mensurabilidade f.

measure [m'eʒə] s. 1. medida f. 2. extensão f. 3. proporção f. 4. capacidade f. 5. unidade f. de me-

dida de extensão ou de capacidade. 6. instrumento
m., para medição (metro, trena, etc.). 7. sistema m.
de medição. 8. medição f. 9. norma, medida f., padrão m. 10. limite m. 11. moderação f. 12. quantidade exata f. (para receitas). 13. métrica f. (poesia).
14. compasso m. (música). 15. medida, providência f.
meios, recursos m. pl. 16. ~s pl. estratos m. pl.,
camadas f. pl. (Geol.) ‖ v. 1. medir, mensurar. 2.
comparar. 3. pesar, avaliar, julgar. 4. tomar medidas (costura). 5. percorrer, cobrir uma distância.
6. ter certa medida. (quadro M 2).
   beyond ~ desmedidamente. **in a** ~ em parte.
~ **of capacity, cubic** ~ medida de volume. **to
take** ~**s** tomar providências. **to take one's** ~ 1.
tirar medida para feitio de roupa. 2. apreciar os
méritos de uma pessoa. **without** ~ desmedidamente. **to** ~ **one's length** estatelar-se no solo. **to** ~
up estar à altura. **to** ~ **swords** duelar à espada.

measured [m'eʒəd] adj. 1. medido. 2. avaliado. 3.
uniforme. 4. rítmico. ‖ ~**ly** adv. 1. uniformemente. 2. ritmicamente.

measureless [m'eʒəlis] adj. 1. imenso. 2. incomensurável. 3. infinito.

measurement [m'eʒəmənt] s. medição, medida, forma
de medida f. (quadro M 2).

measurer [m'eʒərə] s. 1. medidor m. 2. avaliador m.

measuring-worm s. (Zool.) geômetra: larva da família
das Geometrídeas.

meat [mi:t] s. 1. carne (alimento). 2. qualquer alimento m. ou comida f. sólida. 3. a parte comestível f. de uma noz.
   after ou **before** ~ imediatamente antes ou depois
das refeições. **chopped** ~, **minced** ~ carne moída.
~ **and drink** comida e bebida. **pickled** ~ carne
salmourada. **to sit at** ~ sentar à mesa.

meatball [m'i:tbɔ:l] s. (Cul.) almôndega f.

meathead [m'i:thed] s. pessoa estúpida f.

meatiness [m'i:tinis] s. qualidade do que é carnoso.

meatless [m'i:tlis] adj. sem carne.

meat packing s. acondicionamento m. de carne:
abate e preparo da carne para o consumo.

meat-safe s. guarda-comida m.

meatus [mi'eitəs] s. (Anat.) meato, canal m.

mechanic [mik'ænik] s. mecânico m. ‖ adj. mecânico.

mechanical [mik'ænikəl] adj. 1. mecânico. 2. maquinal. 3. automático 4. feito a máquina. ‖ ~**ly** adv.
1. mecanicamente. 2. automaticamente.

mechanical advantage s. vantagem mecânica f.

mechanical engineer s. engenheiro-mecânico m.

mechanical engineering s. construção f. de máquinas.

mechanical equivalent s. equivalente mecânico m.

mechanically driven adj. de acionamento mecânico.

mechanicalness [~nis] s. condição de ser mecânico
ou regulado por mecanismo f.

mechanical tissue s. (Bot.) tecido celular m.

mechanical work s. trabalho mecânico m.

mechanician [mekən'iʃən] s. mecânico m.

mechanics [mik'æniks] s. pl. mecânica f.

mechanism [m'ekənizm] s. mecanismo m.

mechanist [m'ekənist] s. 1. mecânico m. 2. maquinista
m. + f.

mechanization [mekəniz'eiʃən, ~naiz'eiʃən] s. meca-
nização f.

mechanize [m'ekənaiz] v. mecanizar.

mechanograph [m'ekənəgræf] s. mecanógrafo m.

mechanography [mekən'ɔgrəfi] s. mecanografia f.

mechanotherapy [mekənouθ'i:rəpi] s. mecanoterapia f.

meconic [mək'ɔnik] adj. mecônico.

meconin [m'i:kənin] s. (Quím.) meconina f.

meconium [mi:k'ouniəm] s. mecônio m.: 1. suco de
papoulas. 2. primeiras fezes do recém-nascido.

medal [m'edl] s. medalha f.

medallion [mid'æljən] s. medalhão m.

medallist [m'edlist] s. 1. medalhista m. + f.: colecionador de medalhas. 2. medalheiro m.: fabricante
de medalhas. 3. pessoa f. que conquistou uma
medalha.

meddle [m'edl] v. intrometer-se, imiscuir-se (**in** ou
with em).

meddler [m'edlə] s. intrometido m.

meddlesome [m'edlsəm] adj. intrometido, metediço.

meddlesomenes [m'edlsəmnis] s. intromissão, interferência inoportuna f.

meddling [m'edliŋ] s. intromissão, interferência f.
‖ adj. intrometido.

Mede [mi:d] s. medo m.: nativo ou habitante da
Média.

media [m'i:diə] s. membrana f. mediana de uma
artéria ou veia.

mediacy [m'i:diəsi] s. 1. mediação f. 2. mediana f.

mediaeval [medi'i:vəl], **medieval** [mi:di'i:vəl] adj.
medieval. ‖ ~**ly** adv. de modo medieval.

mediaevalism, medievalism [medi'i:vəlizm] s. medie-
valismo m.

mediævalist, medievalist [medi'i:vəlist] s. medieva-
lista m. + f.

medial [m'i:diəl] s. medial m., letra média f. ‖ adj.
mediano.

median [m'i:diən] s. número m. médio de uma série
‖ adj. 1. mediano. 2. intermediário. ‖ ~**ly** adv.
medianamente.

mediant [m'i:diənt] s. terceira nota f. de qualquer
escala musical.

mediastinum [mi:diəst'ainəm] s. Anat.) mediastino m.

mediate [m'i:dieit] v. mediar, servir de medianeiro.
‖ [m'i:diit] adj. 1. mediano. 2. mediato, indireto.
‖ ~**ly** adv. mediatamente, indiretamente.

mediation [mi:di'eiʃən] s. mediação, intercessão f.

mediative [m'i:dieitiv] adj. medianeiro, mediador.

mediatization [mi:diətiz'eiʃən] s. mediatização f.

mediatize [m'i:diətaiz] v. mediatizar.

mediator [m'i:dieitə] s. mediador, medianeiro m.

mediatorial [mi:diət'ɔ:riəl], **mediatory** [m'i:diətəri] adj.
mediador, medianeiro.

mediatrix [mi:di'eitriks] s. mediadora, medianeira f.

medic [m'edik] s. (gíria) 1. médico m. 2. estudante
de medicina m. + f. 3. sanitarista m. + f.

medicable [m'edikəbl] adj. medicável.

medical [m'edikəl] adj. 1. medical. 2. medicinal. ‖ ~**ly**
adv. 1. medicamente. 2. medicinalmente.

medical examiner s. médico-legista m.

medical jurisprudence s. medicina legal f.

medicament [med'ikəmənt] s. medicamento, remédio m.

medicamental [medikəm'entəl] adj. medicamentoso.

medicaster [m'edikæstə] s. curandeiro, charlatão m.

medicate [m'edikeit] v. medicar, curar.

medication [medik'eiʃən] s. medicação f.

medicative [m'edikeitiv] adj. medicativo, medicamentoso.

Medicean [medis'i:ən] adj. relativo à família Medici.

medicinal [med'isinl] adj. 1. medicinal. 2. curativo.
‖ ~**ly** adv. medicinalmente.

medicine [m'edsin] s. 1. medicina f. 2. medicamento,
remédio m. ‖ v. medicar.
   to take one's ~ (fig.) fazer o que é necessário.

medicine ball s. 1. bola pesada f., para exercício.
2. esse exercício m.

medico [m'edikou] s. médico m. (fam.)

medico-legal [m'edikou l'i:gəl] adj. médico-legal.

mediocre [m'i:dioukə] adj. medíocre. 2. vulgar.

mediocrity [midi'ɔkriti] s. 1. mediocridade f. 2. vulgaridade f.

meditate [m'editeit] v. 1. meditar, refletir, pensar.
2. cogitar, projetar.

meditation [medit'eiʃən] s. meditação, reflexão f.

meditative [m'editeitiv] adj. meditativo, pensativo. ‖ ~**ly** adv. meditativamente, pensativamente.

meditativeness [~ nis] s. caráter meditativo m.

meditator [m'editeitə] s. meditador, pensador m.

Mediterranean [meditər'einjən] s. Mar Mediterrâneo m. ‖ adj. mediterrâneo.

medium [m'i:diəm] s. 1. médio, meio-termo m. média f. 2. agente m. + f., instrumento m. 3. ambiente m. 4. veículo m. líquido para aplicação de pigmentos secos. 5. premissa f. menor de um silogismo. 6. base f. para cultura de germes. 7. médium m. + f. ‖ adj. 1. médio, mediano, intermediário. 2. moderado. 3. comum. 4. medíocre.

medium frequency s. (Eletr.) freqüência média f.

mediumism [m'i:diəmizm] s. mediunidade f.

mediumistic [mi:diəm'istik] adj. mediúnico.

medium of exchange s. (Com.) meio m. de troca.

medium-sized adj. de tamanho médio.

medium wave s. (Rádio) onda média f.

medlar [m'edlə] s. 1. nespereira f. 2. nêspera f.

medley [m'edli] s. 1. mistura f. 2. mixórdia, confusão f. 3. miscelânea f. ‖ v. 1. misturar. 2. estabelecer confusão ou desordem. ‖ adj. 1. misturado. 2. confuso. 3. variegado.

medulla [mid'ʌlə] s. (Anat.) medula f.

medullary [mid'ʌləri] adj. medular.

medullin [məd'ʌlin] s. (Bot.) medulina f.: celulose ou lignina contida no caule de algumas plantas.

medusa [məd'usə] s. (Zool.) medusa, água-viva, alforreca f.

meed [mi:d] s. (†) galardão m., recompensa f.

meek [mi:k] adj. 1. meigo, suave, brando. 2. humilde. ‖ ~**ly** adv. 1. meigamente. 2. humildemente.

meekness [m'i:knis] s. 1. brandura, suavidade f. 2. humildade f.

meerschaum [m'i:əʃɔ:m, m'i:əʃəm] s. 1. sepiolita, espuma-do-mar f. 2. cachimbo m. cujo fornilho é feito de espuma-do-mar.

meet [mi:t] s. 1. reunião f., encontro m. 2. reunião f. de esportistas. ‖ v. (imp. e p. p. **met**) 1. encontrar, encontrar-se. 2. refutar. 3. satisfazer (um compromisso). 4. travar conhecimento. 5. reunir-se, ajuntar-se, agrupar-se. 6. opor. 7. receber. ‖ adj. adequado, apropriado. ‖ ~**ly** adv. apropriadamente.

meeting [m'i:tiŋ] s. 1. reunião, assembléia, sessão f. 2. comício m. 3. confluência f. 4. duelo m.

meeting-house s. 1. igreja f. 2. templo m. dos quacres.

megacycle [m'egəsaikl] s. (Rádio) megaciclo m.

megafog [m'egəfɔg] s. sinal m. contra o nevoeiro, equipado com vários megafones.

megahertz [m'egəhə:ts] s. (Eletr.) megahertz m.

megalith [m'egəliθ] s. megálito m.

megalithic [megəl'iθik] adj. megalítico.

megalomania [m'egəloum'einjə] s. megalomania f.: mania de grandeza.

megalomaniac [m'egəloum'einiæk] s. megalômano m. ‖ adj. megalômano, megalomaníaco.

megalopolis [megəl'ɔpəlis] s. megalópole f.

megalosaur [m'egəlesɔ:ə], **megalosaurus** [m'egələs'ɔ:res] s. megalossauro m.

megaphone [m'egəfoun] s. megafone m.

megapod [m'egəpɔd] s. megápode, megapódio m. ‖ adj. megápode, de pés grandes.

megascope [m'egəskoup] s. megascópio m.

megascopic [megəsk'ɔpik] adj. visível a olho nu.

megass [m'egəs] s. bagaço m. da cana-de-açúcar.

megatherium [megəθ'i:riəm] s. megatério m.

megaton [m'egətʌn] s. (Fís.) megaton m. (um milhão de toneladas).

megger [m'egə] s. aparelho m. para medir a resistência de isolantes (nome comercial, registrado).

megilp [məg'ilp] s. mistura f. de óleo de linhaça e mástique para preparação de tintas.

megrim [m'i:grim] s. 1. enxaqueca, hemicrania, hemialgia f. 2. ~**s** pl. desânimo m., depressão f.

meiosis [mai'ousis] s. meiose f.: diminuição do número de cromossomos no núcleo das células germinais.

melampod [m'elæmpɔd] s. melampódio m.: gênero de plantas compostas existentes na América Central.

melampyre [m'elæmpaiə] s. (Bot.) melâmpiro m.

melanaemia [melən'i:miə] s. melanemia f.: estado mórbido em que o sangue apresenta o caráter de venoso nos sistemas arterial e capilar.

melancholia [melənk'ouljə] s. melancolia f.

melancholic [melənk'ɔlik] adj. melancólico, hipocondríaco. ‖ ~**ally** adv. melancolicamente.

melancholy [m'elənkəli] s. melancolia, hipocondria, tristeza, depressão f. ‖ adj. melancólico, triste.

Melanesia [melən'i:ʒə] s. Melanésia f.

Melanesian [melən'i:ʒən] s. melanésio m. ‖ adj. melanésio.

melange [meil'a:nʒ] s. 1. mistura, mescla f. 2. miscelânea f.

melanic [məl'ænik] adj. 1. melânico. 2. (Etnol.) preto, negróide.

melanin [m'elənin] s. melanina f.: pigmento escuro que se encontra na pele, nos pêlos, na coróide, na retina e em outros tecidos animais.

melanism [m'elənizm] s. melanismo m.: anomalia caracterizada pela cor negra ou escura, no pêlo e na penugem dos animais.

melanite [m'elənait] s. melanita f.: variedade negra de andradita.

melanize [m'elənaiz] v. tornar negro ou escuro, aplicando melanina.

melanoid [m'elənɔid] adj. de aparência escura ou morena.

melanoma [melən'oumə] s. (Pat.) melanoma m.

melanosis [melən'ousis] s. melanose f.: pigmentação escura devida ao acúmulo de melanina nos tecidos.

melasma [məl'æzmə] s. melasmo m.: melanodermia, mancha escura da pele ou das mucosas.

mêlée [mel'ei] s. escaramuça f., luta f. corpo-a-corpo.

melic [m'elik] adj. 1. mélico, musical, melodioso. 2. próprio para cantar.

melilot [m'elilɔt] s. meliloto m.: trevo de cheiro.

melinite [m'elinait] s. melinita f.: explosivo feito com ácido pícrico.

meliorate [m'i:liəreit] v. melhorar, aperfeiçoar.

melioration [mi:liər'eiʃən] s. melhoramento, aperfeiçoamento m.

meliorative [m'i:liəreitiv] adj. melhorador.

meliorator [m'i:liər'eitə] s. melhorador, aperfeiçoador m.

meliorism [m'i:ljərizm] s. (Filos.) meliorismo m.: teoria do aperfeiçoamento do mundo pelo homem.

mell [mel] v. (ant.) 1. misturar. 2. intrometer-se.

melliferous [mel'ifərəs] adj. melífero, melífico.

mellification [melifik'eiʃən] s. melificação, elaboração do mel f.

mellifluence [mel'ifluəns] s. melifluidade, doçura, suavidade f.

mellifluent [mel'ifluənt], **mellifluous** [-fluəs] adj. 1. melífluo. 2. suave, harmonioso.

mellifluently [-li], **mellifluously** adv. melifluamente, harmoniosamente.

mellitate [m'eliteit], **mellate** [m'eleit] s. melitato, melato m.: sal produzido pela combinação do ácido melítico com uma base.

mellite [m'elait] s. (Miner.) melita f.: mineral orgânico, metalato de alumínio hidratado.

mellitic [məl'itik] adj. melítico (Quím.)

mellivorous [mel'ivərəs] adj. melívoro.

mellow [m'elou] adj. 1. maduro, sazonado. 2. polpudo.

3. adocicado. 4. friável. 5. gredoso. 6. alegre, jovial. 7. meio-embriagado. 8. suave (de sons). ‖ v. 1. amadurecer, sazonar. 2. abrandar. ‖ ~ly adv. 1. maduramente. 2. suavemente, brandamente.

mellowness [m'elounis] s. 1. madureza, maduração f. 2. doçura, brandura f. 3. maturidade f.

mellowy [m'eloui] adj. macio, tenro, brando.

melodeon [mil'oudjən] s. (E. U. A.) 1. espécie de harmônio. 2. acordeão m.

melodic [mel'ɔdik] adj. melódico, melodioso.

melodious [mil'oudjəs] adj. melodioso, harmonioso. ‖ ~ly adv. melodiosamente, harmoniosamente.

melodiousness [mil'oudjəsnis] s. harmonia f.

melodist [m'elədist] s. melodista m. +.f.

melodium [mil'oudjəm] s. = **melodeon.**

melodize [m'elədaiz] v. melodiar, melodizar.

melodrama [m'elədra:mə] s. melodrama m.

melodramatic [melodrəm'ætik] adj. melodramático. ‖ ~ally adv. melodramaticamente.

melodramatist [melodr'æmətist] s. autor m. de melodramas.

melodramatize [melodr'æmətaiz] v. melodramatizar.

melody [m'elədi] s. 1. melodia f. 2. ária f.

melon [m'elən] s. melão m.

water ~ melancia f.

melon-cactus, melon-thistle s. melocacto m.

melt [melt] s. 1. fundição f., ação f. de fundir. 2. metal fundido m. 3. quantidade f. de metal fundido de cada vez. ‖ v. (p. p. ~ed ou **molten**) 1. fundir, derreter. 2. dissolver, liquefazer. 3. enternecer, comover. 4. dissipar. 5. desaparecer.

to ~ into tears desfazer-se em lágrimas.

meltable [m'eltəbl] adj. 1. fundível. 2. dissolúvel.

melt down v. fundir (objeto metálico, para reúso do metal).

melter [m'eltə] s. fundidor m. 2. cadinho m. 3. forno m. de fundição.

melting [m'eltiŋ] s. ação f. de fundir ou derreter ‖ adj. 1. que derrete ou se dissolve. 2. enternecedor. ‖ ~ly adv. ternamente.

meltingness [m'eltiŋnis] s. 1. fusibilidade f. 2. ternura f., sentimento .m.

melting point s. ponto de fusão m.

melting-pot s. cadinho, crisol m.

in the ~ (fig.) de futuro incerto.

melton [m'eltən] s. tecido m. pesado de lã.

meltwater [m'eltwɔ:tə] s. água f. de neve ou gelo.

member [m'embə] s. 1. membro (do corpo) m. 2. parte f. de um todo. 3. membro, sócio, associado m. 4. membro m. de uma equação.

membered [m'embəd] adj. 1. que possui ou se divide em membros. 2. (Heráld.) membrado: diz-se das aves que se representam nos escudos com as pernas de diferente esmalte.

membership [m'embəʃip] s. 1. qualidade de membro ou sócio. 2. número m. de membros ou sócios.

membranaceous [membrən'eiʃəs] adj. membranoso.

membrane [m'embrein] s. membrana f. (quadro L 2).

membraniform [membr'einifɔ:m] adj. membraniforme.

membranous [m'embrənəs] adj. membranoso.

memento [məm'entou] s. memento, memorial m.

memo [m'emou] s. (coloq.) abr. de **memorandum.**

memoir [m'emwa:] s. memória, autobiografia f.

memoirist [m'emwa:rist] s. memorialista m. + f.

memorabilia [memərəb'iliə] s. coisas f. pl. dignas de serem lembradas.

memorability [memərəb'iliti] s. notabilidade f.

memorable [m'emərəbl] adj. memorável, notável ‖ **–bly** adv. memoravelmente.

memorandum [memər'ændəm] s. memorando m.

memorial [mem'ɔ:riəl] s. 1. monumento comemora-

tivo m. 2. lembrança f. 3. petição escrita f. ‖ adj. comemorativo.

Memorial Day [mem'ɔ:riəl dei] s. (o mesmo que **Decoration Day**) dia m. comemorativo dos soldados e marinheiros dos E. U. A. mortos em ação. Em quase todos os Estados celebra-se a 30 de maio.

memorialist [mem'ɔ:riəlist] s. autor m. de um memorial ou de uma petição.

memorialization [memɔ:riəliz'eiʃn, ~laiz'eiʃən] s. comemoração f.

memorialize [mem'ɔ:riəlaiz] v. 1. comemorar. 2. dirigir um memorial ou petição a alguém.

memorization [memɔriz'eiʃn, ~raiz'eiʃn] s. (E. U. A.) memorização f.

memorize [m'eməraiz] v. 1. memorizar. 2. decorar.

memory [m'eməri] s. 1. memória f. 2. lembrança f. 3. recordação f.

in ~ **of** em memória de. **it is within living** ~ ainda está na lembrança de muitos.

mem-sahib [m'emsa:ib] s. (India) título m. de respeito a uma senhora européia.

men [men] s. 1. plural de **man.** 2. gênero humano m. 3. gente f., povo m.

menace [m'enəs] s. ameaça f. ‖ v. ameaçar.

menacer [m'enəsə] s. ameaçador m.

menacingly [m'enəsiŋli] adv. ameaçadoramente.

ménage [mən'a:ʒ] s. 1. administração f. da casa. 2. economia doméstica f.

menagerie [mən'a:ʒə, mən'ædʒəri] s. 1. coleção f. de animais selvagens. 2. local m. em que são guardados os animais selvagens.

menagogue [m'enəgɔg] s. emenagogo m.

mend [mend] s. 1. remendo m. 2. melhoria f. de saúde. ‖ v. 1. consertar, reparar, emendar, remendar. 2. corrigir. 3. melhorar. 4. restabelecer-se.

on the ~ em estado ou caminho de melhoria. **to** ~ **one's pace** apressar o passo. **you must** ~ **your ways** você precisa corrigir-se.

mendable [m'endəbl] adj. reparável, remendável.

mendacious [mend'eiʃəs] adj. mentiroso, mendaz, falso. ‖ ~ly adv. mentirosamente, falsamente.

mendaciousness [mend'eiʃəsnis], **mendacity** [mend'æsiti] s. mendacidade, falsidade f.

Mendelian [mend'i:liən] adj. relativo a Mendel ou à sua doutrina.

mendelism [m'endəlizm], **mendelianism** [mend'i:liənizm] s. mendelismo m.: doutrina de Mendel.

Mendel's laws (Gen.) s. leis f. pl. de Mendel.

mender [m'endə] s. remendão m.

mendicancy [m'endikənsi] s. mendicância f.

mendicant [m'endikənt] s. 1. mendicante, pedinte m. + f., mendigo m. 2. esmoleiro m. ‖ adj. mendicante.

mendicity [mend'isiti] s. 1. mendicidade f. 2. mendicância f.

menfolk [m'enfouk] s. pl. homens m. pl.

menhaden [menh'eidn] s. (Ict.) savelha f.: peixe semelhante ao arenque (Brevoortia tyrannus).

menhir [m'enhiə] s. (Arqueol.) menir m.

menial [m'i:niəl] s. 1. criado m. 2. lacaio m. ‖ adj. 1. doméstico. 2. servil. ‖ ~ly adv. servilmente.

meningeal [mən'injiəl] adj. meníngeo.

meninges [mən'inji:z] s. pl. (Anat.) meninges f. pl.

meningitic [menənj'itik] adj. meningítico.

meningitis [menindʒ'aitis] s. meningite f.: inflamação das meninges.

meniscus [mən'iskəs] s. 1. menisco m.: lente convexa de um lado e côncava do outro. 2. figura f. em forma decrescente. 3. superfície f. curva de líquido contida em tubo capilar.

menisperm [m'enispə:m] s. (Bot.) menispermácea f.

menispermaceous [menispə:m'eiʃəs] adj. menispermáceo.

menology [min'ɔlədʒi] s. menológio m., calendário m. com os eventos mensais.
menopause [m'enəpɔ:z] s. (Fisiol.) menopausa f.
menorrhagia [menər'eidʒiə] s. (Fisiol.) menorragia f.
mensal (I) [m'ensəl] adj. de ou relativo à mesa.
mensal (II) [m'ensəl] adj. mensal.
menses [m'ensi:z] s. pl. mênstruo, fluxo menstrual m.
menshevik [m'enʃəvik] s. menchevique m.
men's room s. lavatório m. público para homens.
menstrual [m'enstruəl], **menstruous** [m'enstruəs] adj. 1. menstrual. 2. mensal.
menstruate [m'enstrueit] v. menstruar.
menstruation [menstru'eiʃən] s. menstruação f.
menstruum [m'enstruəm] s. mênstruo m.
mensurability [menʃurəb'iliti] s. mensurabilidade f.
mensurable [m'enʃurəbl] adj. mensurável.
mensural [m'enʃərəl] adj. relativo a medidas.
mensuration [mensjuər'eiʃən] s. mensuração, medição f.
men's wear s. roupa f. de homem.
mental [m'entəl] adj. 1. mental, intelectual, espiritual. 2. mental. || ~**ly** adv. mentalmente.
mental age s. idade mental f.
mental deficiency s. (Psicol.) deficiência mental f.
mental disease s. (Pat.) doença mental f.
mental healing s. (Psiq.) tratamento m. pela influência mental.
mental hospital, mental home s. hospital psiquiátrico m.
mental illness s. psicopatia f.: doença mental.
mentality [ment'æliti] s. mentalidade f.
mental patient s. psicopata m. + f.: doente mental.
mental retardation s. (Pat.) retardamento mental m.
menthol [m'enθɔl] s. mentol m.
mentholated [m'enθəleitid] adj. mentolado.
mention [m'enʃən] s. menção, alusão, referência f. || v. mencionar, aludir, referir-se a, citar.
don't ~ **it** não há de que.
mentionable [m'enʃənəbl] adj. citável.
mentor [m'entɔ:] s. mentor, preceptor m.
menu [m'enju:] s. cardápio m. (quadro R 2).
meow [mi'au] s. miado m. || v. miar.
Mephistophelian, Mephistophelean [mefistouf'i:liən] adj. mefistofélico, diabólico, satânico.
mephitis [mef'aitis] s. mefitismo m., pestilência f.
mephitis [mef'aitis] s. metifismo m., pestilência.
mercantile [m'ə:kəntail] adj. 1. mercantil, comercial.
mercantile system s. (Econ.) sistema mercantil m.
mercantilism [m'ə:kəntilizm] s. mercantilismo m.
mercenariness [m'ə:sinərinis] s. 1. mercenarismo, espírito mercenário m. 2. venalidade f.
mercenary [m'ə:sinəri] s. mercenário m. || adj. 1. mercenário, interesseiro. 2. venal. || **–rily** adv. mercenariamente.
mercerization [mə:səriz'eiʃn, ~raiz'eiʃn] s. mercerização f.
mercerize [m'ə:səraiz] v. mercerizar.
mercery [m'ə:səri] s. loja f. de fazendas.
merchandise [m'ə:tʃəndaiz] s. mercadoria, mercância f. || v. comerciar, negociar.
merchandiser [m'ə:tʃəndaizə] s. negociante m. + f.
merchandising [m'ə:tʃəndaiʒiŋ] s. mercadização f.
merchant [m'ə:tʃənt] s. mercador m., negociante comerciante m. + f. || adj. mercantil, mercante.
merchantable [m'ə:tʃəntəbl] adj. negociável.
merchantman [m'ə:tʃəntmæn] s. navio mercante m., esp. de carga.
merchant marine s. frota mercante f.
merchant navy s. marinha mercante f.
merchant prince s. comerciante rico m.
merchant ship s. navio mercante m.
merciful [m'ə:siful] adj. misericordioso, clemente,

compassivo, indulgente. || ~**ly** adv. misericordiosamente.
mercifulness [~nis] s. misericórdia, clemência, compaixão, piedade f.
merciless [m'ə:silis] adj. impiedoso, inclemente, inexorável, cruel, impiedoso. || ~**ly** adv. impiedosamente, inexoravelmente, cruelmente, implacavelmente.
mercilessness [m'ə:silisnis] inclemência, impiedade, crueldade f.
mercurate [m'ə:kjureit] v. (Quím.) tratar com mercúrio.
mercurial [mə:kj'u:riəl] s. mercurial m., medicamento m. que contém mercúrio. || adj. 1. mercurial, que contém mercúrio. 2. vivo, ativo. 3. volátil. 4. relativo ao planeta Mercúrio. || ~**ly** adv. por meio de mercúrio.
mercurialism [~ izm] s. mercurialismo m.: estado mórbido resultante do abuso de mercúrio.
mercurialize [~ aiz] v. mercurializar.
mercuric [mə:kj'urik] (Quím.) adj. mercúrico, que contém mercúrio divalente.
mercurochrome [mə:kj'urəkroum] s. mercurocromo m.
mercurous [mə:kj'urəs] (Quím.) adj. mercuroso, que contém mercúrio monovalente.
Mercury [m'ə:kjuri] s. 1. Mercúrio m.: deus dos antigos romanos. 2. Mercúrio m.: o planeta menor do sistema solar e o mais próximo do Sol.
mercury [m'ə:kjuri] s. 1. mercúrio m.: metal líquido também chamado azougue. 2. vivacidade f.
~ **barometer** barômetro de mercúrio (quadro B 2).
mercury-vapor lamp s. (Eletr.) lâmpada f. a vapor de mercúrio.
mercy [m'ə:si] s. 1. mercê, clemência, piedade, compaixão, misericórdia f. 2. perdão m. 3. discrição f.
at the ~ **of** à mercê de **for** ~'s **sake** por piedade, por misericórdia. **Lord, have** ~ **on us** Senhor, tende piedade de nós.
mercy killing s. eutanásia f.
mercy-seat (Bíbl.) s. propiciatório m.
mere (I) [m'iə] s. 1. lago m., lagoa f. 2. charco m.
mere (II) [m'iə] adj. mero, simples. || ~**ly** adv. meramente, somente, apenas.
meretricious [meritr'iʃəs] adj. meretrício, de meretriz. || ~**ly** adv. impudicamente.
meretriciousness [~ nis] s. modos m. pl. de meretriz.
merganser [mə:g'ænsə] s. merganso m.
merge [m'ə:dʒ] v. 1. fundir, amalgar. 2. ser absorvido. 3. imergir, desaparecer.
merger [m'ə:dʒə] s. fusão f. de várias empresas em uma só.
meridian [mər'idiən] s. 1. meridiano m. 2. apogeu, auge m. || adj. 1. meridiano. 2. relativo ao apogeu no percurso de um corpo celeste.
meridional [mər'idiənl] s. meridional m. habitante m. das regiões do sul. || adj. meridional, austral, relativo ao sul. || ~**ly** adv. em direção ao sul.
meridionality [meridiən'æliti] s. posição meridional f.
meringue [mər'æŋ] s. merengue, merenque m.: bolo de clara de ovos com açúcar (quadro C 1).
merino [mər'i:nou] s. 1. merino, merinó m., raça f. de carneiros. 2. tecido m. feito com a lã de merino. 3. fio m. de lã de merino. || adj. merino.
merisis [m'erisis] s. (Biol.) merisma m.
meristem [m'eristem] (Bot.) meristema m.
meristic [mər'istik] adj. (Biol.) merismático.
merit [m'erit] s. 1. mérito, merecimento, valor m. 2. recompensa f. 3. ~**s** pl. (Jur.) os aspectos m. pl. essenciais duma questão. 4. virtude f. || v. 1. merecer, ser digno de. 2. tornar-se merecedor.

to make a ~ of necessity fazer uma virtude da necessidade.

merited [m'eritəd] adj. merecido.

meritocracy [merit'ɔkrəsi] s. meritocracia f.

meritorious [merit'ɔ:riəs] adj. meritório. ‖ **~ly** adv. meritoriamente, merecidamente.

meritoriousness [~nis] s. 1. merecimento, valor m. 2. benemerência f.

merlin [m'ə:lin] s. esmerilhão m:. ave de rapina da família dos Falconídeos.

merlon [m'ə:lən] s. merlão m.: intervalo dentado nas ameias de uma fortaleza.

mermaid [m'ə:meid] s. sereia f.

merman [m'ə:mæn] s. tritão m.

merocele [m'i:rəsi:l] s. (Pat.) merocele f.

Merovingian [merəv'inʒiən] s. merovíngio m.: membro da dinastia dos merovíngios. ‖ adj. merovíngio.

merriment [m'erimənt] s. alegria ruidosa, folia f.

merriness [m'erinis] s. disposição alegre, jovial f.

merry [m'eri] s. espécie de cereja preta. ‖ adj. 1. alegre, jovial, divertido. 2. levemente embriagado. ‖ **~rily** adv. alegremente.

to make ~ divertir-se. **to make ~ over** tornar objeto de riso.

merry-andrew [meri'ændru:] s. bobo, palhaço m.

merry-go-round s. carrossel m. (quadro P 5)

merry-make v. divertir-se, folgar.

merry-maker s. folião m.

merry-making s. 1. divertimento, folguedo m., folia f. 2. festa f.

merrythought [m'eriθɔ:t] s. fúrcula f.: (Zool.) parte do esqueleto das aves formada pelas duas clavículas ligadas.

mesa [m'eizə] (E. U. A.) s. planalto escarpado m.

mesalliance [mez'æliəns] s. casamento m. com pessoa de nível social inferior.

mescal [mesk'æl] s. 1. mescal m.: cacto mexicano.

mescaline [m'eskəli:n] s. (Farmac.) mescalina f.: droga alucinógena.

mesembryanthemum [məsembri'ænθəməm] s. (Bot.) mesembriântemo m.: gênero de plantas da família das Aizoáceas.

mesencephalic [mesənsef'ælik] adj. mesocefálico, relativo ao mesocéfalo.

mesencephalon [mesəns'efələn] s. mesocéfalo m. parte média do cérebro.

mesenteric [mesənt'erik] adj. mesentérico, mesaraico, relativo ao mesentério.

mesenteritis [mesəntər'aitis] s. mesenterite f.: inflamação do mesentério.

mesentery [mes'əntəri] s. mesentério m.: dobras do peritônio que mantêm em sua posição os intestinos.

mesh [meʃ] s. 1. malha f. 2. entrosamento m. 3. estrutura entrelaçada f. 4. armadilha, cilada f. 5. **~es** pl. trabalhos de malha m. ‖ v. 1. pegar com rede. 2. enredar. 3. engrenar.

mesh-work [m'eʃwə:k] s. 1. malhas f. pl. 2. trabalho m. de malhas.

meshy [m'eʃi] adj. 1. malhado, que tem malhas. 2. reticulado. 3. em forma de rede.

mesial [m'i:ziəl] adj. médio, mediano, especialmente em relação ao corpo humano. ‖ **~ly** adv. em direção ao meio (do corpo).

mesmeric [mezm'erik] adj. mesmeriano, relativo ao mesmerismo. ‖ **~ally** adv. hipnoticamente.

mesmerism [m'ezmərizm] s. 1. mesmerismo m.: doutrina de Mesmer sobre o magnetismo animal. 2. magnetismo m. animal.

mesmerist [m'ezmərist] s. mesmerista m. + f.: adepto do mesmerismo, da hipnose.

mesmerization [mezməriz'eiʃən] s. mesmerização f.: ato ou efeito do mesmerismo.

mesmerize [m'ezməraiz] v. influenciar mediante emprego do mesmerismo, magnetizar, hipnotizar.

mesmerizer [m'ezməraizə] s. o que emprega o mesmerismo m.

mesne [mi:n] adj. (Jur.) intermediário, medianeiro.

mesoblast [m'esəblæst] s. mesoblasto, mesoderma m.: camada média do blastoderma do embrião.

mesocarp [m'esəka:p] s. (Bot.) mesocarpo m.

mesocolon [m'esək'oulən] s. mesocolo, mesocólon m.

mesocranial [mesəkr'einiəl] adj. mesocranial, relativo ao mesocrânio.

mesoderm [m'esədə:m] s. 1. mesoderma m.: parte da casca entre a camada suberosa e o invólucro herbáceo. 2. uma das folhas f. pl. que envolvem o embrião. 3. mesoblasto m.

mesodermal [mesəd'ə:məl], **mesodermic** [-d'ə:mik] adj. mesodérmico, relativo ao mesoderma.

Mesolithic [mesəl'iθik] adj. (Geol.) mesolítico.

meson [m'esɔn] s. (Fís.) méson m.

Mesopotamia [mesəpət'eimiə] s. Mesopotâmia f.

Mesopotamian [mesəpət'eimiæn] s. mesopotâmio m. ‖ adj. mesopotâmio, mesopotâmico.

mesosome [m'esəsoum] s. (Bact.) mesossomo m.

mesothorax [mesəθ'ɔ:ræks] s. 1. mesotórax m.: parte média do peito. 2. segunda divisão f. do tórax dos insetos.

Mesozoic [mesəz'ouik] s. mesozóico m., Era Mesozóica f. ‖ adj. mesozóico, diz-se dos terrenos do Período Secundário.

mesquite [mesk'i:t; m'eski:t] s. nome m. de duas variedades de arbustos, da família das Leguminosas, que crescem no sudoeste dos E. U. A.

mess [mes] s. 1. desordem, confusão f. 2. sujeira f. 3. prato m., iguaria f. 4. ração f. de alimento líquido ou semilíquido para animais. 5. número de pessoas que tomam refeições em conjunto, especialmente soldados e marinheiros. 6. rancho m.: comida para soldados e marinheiros. 7. sala de reunião f. de oficiais. 8. dificuldade f., embaraço m. ‖ v. 1. arranchar, comer em comum (militares). 2. misturar, lançar confusão. 3. sujar, emporcalhar. **what a ~!** que confusão, balbúrdia. **to make a ~ of** pôr em desordem. **to ~ around, about** ficar à toa, mexer em tudo, fazer asneiras.

message [m'esidʒ] s. mensagem, comunicação f. ‖ v. transmitir uma mensagem.

messaline [mesəl'i:n] s. tecido m. de seda acetinado.

messenger [m'esindʒə] s. mensageiro m.

mess hall s. (milit.) rancho m.: refeitório dos soldados na caserna.

Messiah [mis'aiə] s. Messias, o redentor m.

Messiahship [mis'aiəʃip] s. messiado m.: missão ou funções do Messias.

Messianic [mesi'ænik] adj. messiânico.

messiness [m'esinis] s. confusão, desordem, balbúrdia f.

messmate [m'esmeit] s. comensal m. + f., companheiro m. de mesa.

Messrs. [m'esəz] s. abr. de **Messieurs** senhores.

messuage [m'eswidʒ] s. casa f. com dependências externas para empregados e um pedaço de terra para cultivo.

messy [m'esi] adj. 1. confuso, desordenado. 2. sujo.

mestee [mest'i:] s. 1. oitavão m. 2. mestiço m.

mestiza [məst'i:zə] s. mestiça f.

mestizo [məst'i:zou] s. mestiço m.

met [met] v. imp. e p. p. de **meet**.

metabolic [metəb'ɔlik] adj. metabólico.

metabolism [met'æbəlizm] s. (Biol., Fisiol.) metabolismo m.: 1. mudança da natureza molecular dos corpos. 2. conjunto dos fenômenos químicos e físico-químicos mediante os quais se faz a assimilação e a desassimilação das substâncias necessárias à vida, nos animais e nos vegetais.

metacarpal [metək'a:pl] adj. metacárpico.
metacarpus [metək'a:pəs] s. (Anat.) metacarpo m.
metacentre, metacenter [m'etəsentə] s. (Arquit.) metacentro m.
metacentric [metəs'entrik] adj. metacêntrico, relativo ao metacentro.
metachronism [met'ækrənizm] s. (ant.) metacronismo m.
metagalaxy [metəg'æləksi] s. (Astron.) sistema completo m. das galáxias, inclusive a Via-láctea.
metage [m'i:tidʒ] s. 1. medição f. oficial de carvão. 2. taxa f. paga por essa medição.
metagenesis [metədʒ'enisis] s (Biol.) metagênese f.: seqüência reprodutiva de gerações sexuadas e assexuadas.
metal [m'etl] s. 1. metal m. 2. liga metálica f. 3. cascalho m. para revestir o leito de estradas. 4. vidro m. em estado de fusão. 5. poder m. de fogo dos canhões de um vaso de guerra. 6. qualidade essencial f. 7. ~s pl. trilhos m. pl. de estrada de ferro. 8. material m., substância f. ‖ v. 1. revestir de metal. 2. reparar o leito de uma estrada com cascalho.
cowards are not made of the same ~ as heroes covardes não são feitos do mesmo material que heróis.
metalepsis [metəl'epsis] s. metalepse f.: figura em que se toma o antecedente pelo conseqüente e vice-versa.
metaleptic [metəl'eptik], **metaleptical** [~əl] adj. metaléptico, relativo à metalepse.
metallic [met'ælik], **metallical** [~əl] adj. metálico. ‖ ~ly adv. 1. mediante o emprego de metal. 2. de modo metálico.
~ currency dinheiro metálico.
metalliferous [metəl'ifərəs] adj. metalífero.
metallization [metæliz'eiʃn, ~aiz'eiʃn] s. metalização f.
metallize [m'etəlaiz] v. 1. metalizar, transformar em metal. 2. guarnecer ou cobrir com revestimento metálico. 3. dar brilho ou aparência de metal a. 4. † vulcanizar.
metallography [metəl'ogrəfi] s. 1. metalografia, f. descrição f. dos metais. 2. ciência f. que se ocupa dos metais.
metalloid [m'etəloid] s. metalóide m. ‖ adj. metalóide, semelhante a um metal.
metalloidal [metəl'oidəl] adj. metalóide.
metallurgic [metəl'ə:dʒik], **metallurgical** [~əl] adj. metalúrgico.
metallurgist [m'etələ:dʒist] s. metalúrgico m., metalurgista m. + f., aquele que se ocupa de metalurgia.
metallurgy [m'etələ:dʒi] s. metalurgia f.
metalware [m'etəlwɛə] s. utensílios de metal m. pl.
metalwork [m'etəlwə:k] s. trabalho m. em metal.
metamere [m'etəmi:ə] s. (Zool.) metâmero m.: cada um dos anéis de um verme ou de um artrópode.
metamerism [mət'æmərizm] s. (Quím.) metameria f.
metamorphic [metəm'ɔ:fik] adj. metamórfico: relativo à metamorfose dos insetos.
metamorphism [metəm'ɔ:fizm] s. 1. metamorfismo m., faculdade f. de transformar-se, transformação f. 2. alteração f. na estrutura ou constituição das rochas causada por agentes naturais como o calor, pressão, etc.
metamorphose [metəm'ɔ:fouz] v. metamorfosear.
metamorphosis [metəm'ɔ:fəsis] (-ses pl. [-si:z]) s metamorfose, transformação f.
metaphor [m'etəfə] s. metáfora f.: figura de retórica.
metaphorical [metəf'ɔrikəl] adj. metafórico, tropológico ‖ ~ly adv. metaforicamente, por metáforas.

metaphrase [m'etəfreiz] s. metáfrase, interpretação literal f.
metaphrast [m'etəfræst] s. metafrasta m. + f.
metaphrastic [metəfr'æstik] adj. metafrástico, traduzido ou interpretado literalmente.
metaphysical [metəf'izikəl] adj. 1. metafísico, relativo à metafísica. 2. transcendente. 3. difícil de entender. 4. abstrato. 5. imaginário, fantástico. ‖ ~ly adv. metafisicamente.
metaphysician [metəfiz'iʃən] s. metafísico m.
metaphysicize [metəf'izisaiz] v. 1. metafisicar, tornar metafísico. 2. sutilizar.
metaphysics [metəf'iziks] s. metafísica f.: 1. doutrina da essência das coisas. 2. os princípios m. pl. teoréticos, que formam a base de qualquer ciência. 3. a filosofia f. do espírito.
metaplasia [metəpl'eiziə] s. metaplasia f.: mutação de um tecido orgânico em outro, devido à multiplicação desordenada das células.
metaplasm [m'etəplæzm] s. 1. metaplasmo, metagrama m.: qualquer alteração sofrida por um vocábulo em sua estrutura externa, por adição, subtração ou permuta de letras. 2. parte do protoplasma que contém matéria formativa.
metaplastic [metəpl'æstik] adj. metaplástico.
metapsychology [metəsaik'ɔlədʒi] s. metapsicologia f.
metasomatism [metəs'oumətizm] s. (Geol.) metassomatismo m.
metastasis [mət'æstəsis] s. metástase f.: alteração de uma doença quanto à forma ou quanto à sede.
metatarsal [metət'a:səl] adj. metatarsiano, metatársico, relativo ao metatarso.
metatarsus [metət'a:səs] s. (Anat.) metatarso m.
metathesis [mət'ætəsis] s. 1. metátese f.: transposição de fonemas numa palavra, dentro da mesma sílaba. 2. permuta f. de átomos entre duas moléculas. 3. transposição, inversão f.
metathetic [metəθ'etik], **metathetical** [~əl] adj. metatético, relativo à metátese.
metathorax [metəθ'ouræks] s. metatórax m.: segmento posterior do tórax dos insetos.
metatome [m'etətoum] s. metátomo m.: espaço entre dois dentículos de uma cornija.
Metazoa [metəz'ouə] s. pl. divisão f. dos metazoários.
metazoan [metəz'ouən] s. metazoário m. ‖ adj. metazoário, relativo aos metazoários.
metazoic [metəz'ouik] adj. (Geol.) metazóico.
mete [mi:t] s. 1. limite, marco divisório m. 2. (poét.) medida f. ‖ v. 1. medir. 2. adjudicar, distribuir, repartir. 3. servir de medida.
metempirics [metemp'iriks] s. 1. filosofia f. das coisas colocadas além da esfera de experiência. 2. adepto m. dessa filosofia.
metempsychosis [mət'empsik'ousis] s. metempsicose f.: transmigração das almas de um para outro corpo.
meteor [m'i:tjə] s. 1. meteoro m. 2. estrela cadente f. 3. qualquer fenômeno m. atmosférico. 4. aparição f. brilhante e efêmera.
meteoric [mi:ti'ɔrik] adj. meteórico, relativo aos meteoros. 2. atmosférico. 3. (fig.) efêmero, fugaz. ‖ ~ally adv. meteoricamente.
meteorite [m'i:tjərait] s. meteorito, aerólito m.
meteoritics [mitiər'itiks] s. (Astron.) estudo m. dos meteoros.
meteoroid [m'i:tiərɔid] s. aerólito pequeno m.
meteorologic [mi'tiərəl'ɔdʒik], **meteorological** [~əl] adj. meteorológico, relativo a meteorologia. ‖ ~ally adv. meteorologicamente.
meteorologist [mi:tiər'ɔlədʒist] s. meteorologista m. + f.: pessoa versada em meteorologia.
meteorology [mi:tiər'ɔlədʒi] s. 1. meteorologia f ·

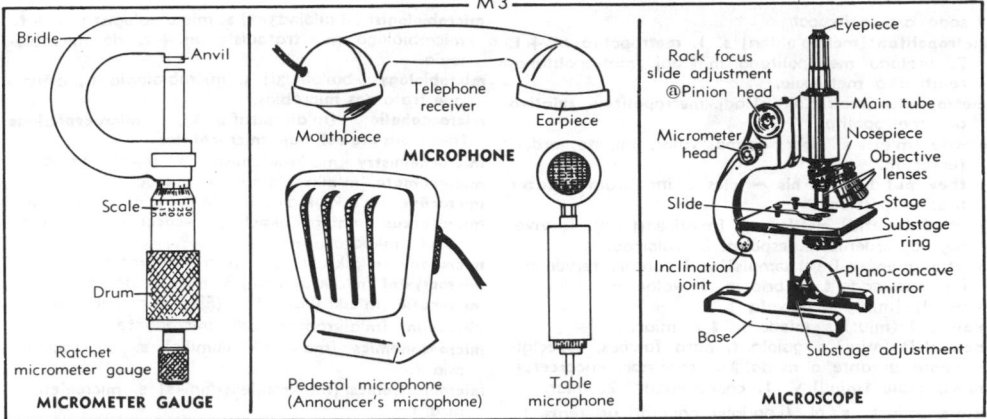

— M 3 —

MICROMETER GAUGE: Bridle, Anvil, Scale, Drum, Ratchet micrometer gauge

Mouthpiece, MICROPHONE, Telephone receiver, Earpiece, Pedestal microphone (Announcer's microphone), Table microphone

MICROSCOPE: Eyepiece, Rack focus slide adjustment @Pinion head, Main tube, Micrometer head, Nosepiece, Objective lenses, Slide, Stage, Substage ring, Inclination joint, Plano-concave mirror, Base, Substage adjustment

2. caráter m. atmosférico de determinada região.
mete out v. dar em doses.
meter [m'i:tə] s. 1. metro m., medida f. de comprimento. 2. medida f. de verso, métrica f. 3. ritmo n. 4. objeto m. para medir, com o comprimento de um metro. 5. medidor m. de gás ou líquidos. 6. (Bras.): relógio m. (para medir consumo de eletricidade) (quadro P 8). 7. pessoa f. que mede algo. ‖ v. medir.
meterage [m'i:təridʒ] s. metragem f.
metes and bounds s. pl. (Jur.) descrição exata f. das demarcações de uma área.
methane [m'eθein] s. metano m.: 1. hidrocarboneto formado pela combinação de um átomo de carbônio e quatro de hidrogênio. 2. gás m. dos pântanos.
methanometer [meθæn'ɔmitə] s. metanômetro m.: instrumento para indicar a quantidade de metano existente nas minas de carvão.
methinks [miθ'inks] v. parece-me, penso.
method [m'eθəd] s. método m.
methodic [miθ'ɔdik] **methodical** [~əl] adj. metódico, racional, sistemático. ‖ **~ly** adv. metodicamente.
methodicalness [-əlnis] s. caráter metódico m.
Methodism [m'eθədizm] s. metodismo m.: seita religiosa protestante.
methodist [m'eθədist] s. 1. metodista m. + f., adepto do metodismo. 2. pessoa f. que segue rigorosamente certo método. 3. rotineiro m. ‖ adj. de ou relativo a metodista.
methodistic [meθəd'istik], **methodistical** [~əl] adj. relativo ao metodismo ou aos metodistas. ‖ **~ally** adv. como metodista, metodisticamente.
methodize [m'eθədaiz] v. 1. metodizar, tornar metódico. 2. regularizar. 3. ordenar.
methodizer [m'eθədaizə] s. metodizador m.
methodology [meθəd'ɔlədʒi] s. 1. metodologia f., tratado m. de métodos. 2. arte f. de dirigir o espírito na investigação da verdade.
methomania [meθəm'einjə] s. metomania f.: desejo irresistível de bebidas alcoólicas.
methyl [m'eθil] s. metilo m.: radical monovalente.
methylate [m'eθileit] v. misturar ou saturar com álcool metílico.
methylated spirits s. álcool m. para queimar.
methylene [m'eθili:n] s. metileno m.: radical orgânico bivalente.
methylic [miθ'ilik] adj. metílico.
meticulous [mit'ikjuləs] adj. meticuloso, escrupuloso. ‖ **~ly** adv. meticulosamente.
meticulousness [mit'ikjuləsnis] s. meticulosidade f.

qualidade do que é meticuloso.
metier [met'jei] s. ofício m., profissão f.
métis [meit'i:s], f. **métisse** [~] s. mestiço m.: (Canadá) descendente de branco e índio americano.
Met Office s. (coloq.) equipe f. do serviço de meteorologia.
metonic [mit'ɔnik] adj. metoniano m.: diz-se do ciclo de dezenove anos da cronologia grega.
metonymical [metən'imikəl] adj. metonímico, relativo à metonímia. ‖ **~ly** adv. metonimicamente.
metonymy [mit'ɔnimi] s. metonímia, transnominação f.
metope [met'oupi:] s. (Arquit.) 1. métopa f., métope m.: intervalo quadrado entre os triglifos de um friso dórico. 2. metópio m.: ponto situado na linha média da fronte.
metopic [met'oupik] adj. 1. metópico, relativo ao metópio. 2. frontal.
metoposcopic [metəpɔsk'ɔpik] adj. metoposcópico.
metoposcopist [metəp'ɔskəpist] s. metopóscopo m.: aquele que pratica a metoposcopia.
metoposcopy [metəp'ɔskəpi] s. metoposcopia f., estudo m. da fisionomia.
metric [m'etrik], **metrical** [~əl] adj. 1. métrico, relativo ao metro. 2. que diz respeito à metrificação. ‖ **~ally** adv. metricamente.
~ **system** sistema métrico
metrician [mətr'iʃən] s. metrificador, versejador m.
metricize [m'etrəsaiz] v. converter para o sistema métrico.
metric ton s. tonelada métrica f.
metrify [m'etrifai] v. metrificar, pôr em verso medido.
metritis [mətr'aitəs] s. (Pat.) metrite f.
metro [m'etrou] s. metrô m.: sistema ferroviário urbano subterrâneo.
metrograph [m'etrəgræf] s. metrógrafo m.: aparelho para registrar a velocidade desenvolvida pelos trens, o número de paradas e sua duração.
metrology [mitr'ɔlədʒi] s. metrologia f.: ciência dos pesos e das medidas.
metronome [m'etrənoum] s. metrônomo m.: instrumento para marcar o grau de celeridade do movimento musical.
metronomic [metrən'ɔmik] adj. metronômico, relativo ao metrônomo.
metronymic [mi:trən'imik] s. nome herdado da mãe ou de um ancestral feminino. ‖ adj. relativo a um nome nessas condições.
metropolis [mitr'ɔpəlis] s. 1. metrópole f.: cidade principal ou capital de estado. 2. cidade f. que possui

sede arquiepiscopal.

metropolitan [metrəp'ɔlitən] s. 1. metropolita m. + f. 2. prelado metropolitano m. ‖ adj. metropolitano, relativo à metrópole.

metropolitic [metrəp'ɔlitik] adj. metropolítico, relativo aos metropolitas.

mettle [m'etl] s. vigor, ânimo, valor, ímpeto, ardor, fervor m.

they put him on his ~ eles o incitaram a fazer todo o possível.

mettled [m'etld] **mettlesome** [m'etlsəm] adj. 1. vivo, fogoso, ardente. 2. esperto. 3. valoroso.

mettlesomeness [m'etlsəmnis] s. 1. ardor, fervor m., impetuosidade f. 2. brio m. 3. valor m.

mew (I) [mju:] s. gaivota f.

mew (II) [mju:] s. miado m. ‖ v. miar.

mew (III) [mju:] s. gaiola f. para falcões, especialmente durante a muda. ‖ v. confinar, encarcerar.

mewl, mule [mju:l] v. 1. choramingar. 2. miar.

mews [mju:z] s. pl. (Londres) cavalariças reais f. pl. (no local onde antigamente eram engaiolados os falcões).

Mexican [m'eksikən] s. mexicano m. ‖ adj. mexicano.

Mexico [m'eksikou] s. México m.

mezereon [mez'i:riən] s. (Bot.) **mezereão** m.: gênero de plantas timeleáceas.

mezzanine [m'ezəni:n] s. 1. mezanino m.. andar pouco elevado entre dois andares altos. 2. pequena janela dessa espécie de andar.

mezzo-rilievo [m'edzourəlj'eivou] s. meio-relevo m.

mezzo-soprano [m'edzousoupr'einou] s. meio-soprano m. + f.: 1. voz. 2. cantora que possui essa voz.

mezzotint [m'edzoutint] s. meia-tinta f.: processo de gravação. ‖ v. gravar a meia-tinta.

mi [mi:] s. (Mús.) mi m.: terceira nota da escala de dó.

miaow [mi'au] s. miado m. ‖ v. miar.

miasma [mai'æzmə] s. (pl. **~mata** [~tə]) miasma f., emanação mefítica f.

miasmal [mai'æzməl] adj. abundante em miasmas.

miasmatic [maiazm'ætik], **miasmic** [mi'æzmik] adj. 1. miasmático. 2. que resulta de miasmas.

miaul [mi'ɔ:l] v. miar.

miauler [mi'ɔ:lə] s. gato m.

mica [m'aikə] s. mica, malacacheta t.

micaceous [maik'eiʃəs] adj. micáceo, que contém mica, da natureza de mica.

mica-schist [m'aikəʃist] s. micaxisto m.: rocha laminada, composta essencialmente de quartzo e mica.

mice [mais] s. plural de **mouse**.

micelle [mis'el] s. (Biol., Quím.) micela f.

Michaelmas [m'iklməs] s. festa f. de São Miguel, a 29 de setembro.

mickle [m'ikl] s. grande quantidade f., muito m. ‖ adj. grande.

many a pickle makes a ~ de grão em grão a galinha enche o papo.

micky [m'iki] s. (E. U. A., gíria) irlandês m.

micracoustic [maikrək'austik] adj. micracústico, referência aos instrumentos que reforçam os sons.

micro [m'aikro] prefixo que indica pequenez.

microanalysis [maikroən'æləsis] s. (Quím.) microanálise f.

microbalance [m'aikrəbæləns] s. (Quím.) microbalança f.

microbe [m'aikroub] s. micróbio m.

microbial [maikr'oubiəl], **microbian** [-bian], **microbic** [-bik] adj. microbial, microbiano, relativo a micróbio.

microbiological [maikroubaiəl'ɔdʒikəl] adj. microbiológico, relativo à microbiologia.

microbiologist [-bai'ɔlədʒist] s. microbiologista m. + f., microbiólogo m., tratadista m. + f. de microbiologia.

microbiology [-bai'ɔlədʒi] s. microbiologia f., ciência que trata dos micróbios.

microcephalic [m'aikrousif'ælik], **microcephalous** [maikrous'efələs] adj. microcéfalo.

microchemistry [maikrok'emistri] s. microquímica f.

microclimate [m'aikrəklaimit] s. microclima m.

microcline [m'aikroklain] s. (Miner.) microclínio m.

micrococcus [maikrək'ɔkəs], pl **—cocci** [-k'ɔksai] s. (Bact.) micrococo m.

microcopy [m'aikrəkɔpi] s. microfotografia f.

microcrystal [m'aikrəkristəl] s. microcristal m.

microcurie [m'aikrəkju:ri:] s. (Fís.) microcurie m.

microdont [m'aikrodɔnt] adj. microdonte.

microeconomics [maikroi:kən'ɔmiks] s. microeconomia f.

microelectronics [maikrouilektr'ɔniks] s. microeletrônica f.

microfarad [maikrof'ærəd] s. microfarad m.: um milionésimo de farad.

microfilm [m'aikroufilm] s. microfilme m.: filme para reprodução microscópica. ‖ v. reproduzir em microfilme.

micrograph [m'aikrəgræf] s. micrógrafo m.: instrumento para fazer letras ou gravações muito pequenas.

micrographic [m'aikrəgr'æfik] adj. micrográfico.

micrography [maikr'ougrəfi] s. micrografia f.: 1. relatório dos objetos estudados por meio da micrografia. 2. exame ou estudo com microscópio.

microgroove [m'aikrəgru:v] s. microssulco m.: ranhura estreita usada em discos LP.

micrology [maikr'ɔlədʒi] s. 1. micrologia f.: tratado acerca dos corpos microscópicos. 2. cuidado m. excessivo com assuntos de pouca monta.

micrometer [maikr'ɔmitə] s. micrômetro m.: 1. instrumento para medir pequenas dimensões. 2. instrumento para medir a grandeza dos objetos observados ao microscópio.

micrometric [maikrəm'etrik], **micrometrical** [~əl] adj. 1. micrométrico, relativo ao micrômetro. 2. feito com o micrômetro. ‖ **~ally** adv. micrometricamente.

micron [m'aikrɔn] s. micro, mícron m.

Micronesia [maikroun'i:ʒə, -ʃə] s. Micronésia f.

Micronesian [maikroun'i:ʒən] s. micronésio m., natural da Micronésia. ‖ adj. micronésio, relativo à Micronésia ou aos seus habitantes.

microorganism [maikro'ɔ:gənizm] s. 1. microrganismo m.: organismo extremamente pequeno. 2. micróbio m.

microphone [m'aikrəfoun] s. microfone m. (quadro M 3).

microphonic [maikrəf'ɔnik] adj. microfônico.

microphotography [-fət'ɔgrəfi] s. microfotografia f.

microphysics [maikrəf'iziks] s. microfísica f.

microscope [m'aikrəskoup] s. microscópio m. (quadro M 3).

microscopic [maikrəsk'ɔpik], **microscopical** [~əl] adj. 1. microscópico. 2. pequeníssimo. 3. relativo ao microscópio ou ao seu uso. 4. que tem vista penetrante. ‖ **~ally** adv. microscopicamente.

microscopist [maikr'ɔskəpist] s. microscopista m. + f.

microscopy [maikr'ɔskəpi] s. 1. microscopia f. uso m. do microscópio. 2. investigação microscópica f.

microsecond [maikrous'ekənd] s. microssegundo m.

microseism [m'aikrəsaizm] s. (Geol.) microssismo m.

microsomes [m'aikrəsoumz] s. pl. microssomos m. pl.

microstructure [m'aikrəstrʌktʃə] s. (Metalúrg.) microestrutura f.

microtome [m'aikrətoum] s. micrótomo m.

microwave [m'aikroweiv] s. onda ultracurta f.

micturition [miktjur'iʃən] s. micturição f.: necessidade freqüente de urinar.

mid [mid] adj. 1. meio, médio. 2. semi.
in ~ air no ar. in ~ May em meados de maio.

midair [mid'ɛə] s. (um) ponto m. culminante do céu.

Midas [m'aidæs] s. homem m. fabulosamente rico.

mid-brain [m'idbrein] s. mesencéfalo m.

mid-channel [m'idtʃ'ænəl] s. parte f. média de um canal.

mid-continent s. parte interior de um continente.

midcourse [midk'ɔ:s] adj. para ou durante o curso intermédio do vôo de uma aeronave, espaçonave, etc.

midday [m'iddei] s. meio-dia m. || adj. do meio-dia.

midden [midn] s. (Ingl.) monte m. de esterco.

middle [m'idl] s. 1. meio, centro m. 2. cintura f. || adj. 1. meio, médio, meão. 2. intermediário. || v. 1. colocar no meio. 2. (náut.) dobrar pelo meio. 3. (futebol) centrar.
in the ~ of durante, enquanto.

middle age s. meia-idade f.

Middle Ages s. pl. (Hist.) Idade Média f.

middlebrow [m'idlbrau] s. pessoa f. de cultura mediana. || adj. relativo ao nível cultural da classe média.

middle class s. (Soc.) classe média f.

middle course s. meio-termo m.

Middle East s. Oriente Médio m.

middle finger s. dedo médio m.

middleman [~mən] s. intermediário, revendedor m.

middlemost [~moust] adj. o mais perto do centro.

middle-of-the-road adj. meio-termo.

middle-sized adj. de tamanho médio.

middle term s. premissa f. menor de um silogismo.

middle-weight s. 1. pessoa f. de peso normal. 2. boxeador m. da categoria dos médios.

middling [m'idliŋ] adj. 1. mediano, regular. 2. medíocre. || ~ly adv. 1. moderadamente. 2. sofrivelmente.

middlings [m'idliŋz] s. pl. 1. farelo m. 2. artigo m. de qualidade média.

middy [m'idi] s. aspirante de marinha m. + f.

midge [m'idʒ] s. 1. mosquito-pólvora m. 2. anão m.

midget [m'idʒit] s. anão, pigmeu m.

mid-heaven s. 1. o meio m. do céu. 2. o meio m. do firmamento. 3. meridiano celeste m.

midland [m'idlənd] s. interior m. de um país. || adj. 1. central, interior. 2. mediterrâneo.

Midlands [~z] s. a parte f. central da Inglaterra.

midmost [m'idmoust] adj. o mais perto do centro.

midnight [m'idnait] s. 1. meia-noite f. 2. escuridão completa f. || adj. 1. relativo à meia-noite. 2. muito escuro.

midnight sun s. sol m. da meia-noite.

midpoint [m'idpɔint] s. (Geom.) ponto central m.

midrib [m'idrib] s. nervura f. central das folhas.

midriff [m'idrif] s. 1. diafragma m. 2. roupa f. feminina de duas peças.

midship [m'idʃip] s. parte f. central do navio. || adj. relativo à parte central do navio.

midshipman [-mən] s. aspirante m. de marinha.

midships [m'idʃips] adv. no meio do navio.

midst [midst] s. meio, centro m. || adv. + prep. no meio, entre.
in the ~ of no meio de.

midstream [m'idstri:m] s. meio m. de um rio.

midsummer [m'idsʌmə] s. 1. o solstício m. de verão. 2. o meio do verão.

Midsummer Day s. dia de São João, 24 de junho m.

midsummer madness s. clímax m.: a) da loucura; b) de comportamento estouvado.

mid-Victorian [m'idvikt'ɔ:riən] s. pessoa f. com modos antiquados. || adj. vitoriano (era).

midway [m'idwei] s. meio m. de caminho. || adv. a meio caminho.

midweek [m'idwi:k] s. meio m. de semana. || adj. no meio da semana.

Midwest [midw'est], **Middle West** s. (E. U. A.) Meio Oeste m.

midwife [m'idwaif] s. 1. parteira f. 2. (fig.) qualquer pessoa f. que ajuda a criar algo. || v. partejar.

midwifery [m'idw'aifəri, -wifri] s. obstetrícia f.

midwinter [m'idwintə] s. o solstício m. de inverno.

mien [mi:n] s. 1. ar, modo m., aparência f. 2. conduta f.

miff [mif] s. rusga, zanga f. || v. 1. zangar-se. 2. vexar-se.

might [m'ait] s. força f., poder m. || v. imp. de **may**.
with ~ and main com toda a força.

mightiness [m'aitinis] s. 1. poder, poderio m. 2. grandeza f.

mighty [m'aiti] adj. 1. poderoso, forte, potente, vigoroso. 2. imenso, considerável. || adv. muitíssimo, extremamente. || ~tily adv. 1. poderosamente, vigorosamente. 2. imensamente, enormemente.

mignon [m'injən] adj. pequeno e delicado.

mignonette [minjən'et] s. (Bot.) resedá m.

migraine [migr'ein] s. enxaqueca f.

migrant [m'aigrənt] s. migrante m. + f. || adj. migrante.

migrate [maigr'eit] v. migrar.

migration [maigr'eiʃən] s. migração f.

migrator [maigr'eitə] s. migrante m. + f.

migratory [m'aigrətəri] adj. migratório.

Mikado [mək'eidou] s. Micado m.: imperador do Japão.

mike [maik] s. (coloq.) microfone m.

mil [mil] s. unidade de medida f. para diâmetro de arame, equivalente a 0,001".

milady [mil'eidi] (f. de **milord**) s. senhora f. (forma de tratamento).

Milanese [milən'i:z] s. milanês m. || adj. milanês.

milch [miltʃ] adj. leiteiro.

milch-cow s. vaca leiteira f.

mild [m'aild] adj. 1. suave, brando, meigo. 2. tenro. 3. moderado. 4. lenitivo, indulgente, compassivo. || ~ly adv. 1. suavemente, brandamente. 2. indulgentemente.

milden [m'aildn] v. abrandar, suavizar.

mildew [m'ildju:] s. 1. míldio m.: doença da videira. 2. mangra f. 3. alforra f. || v. 1. atacar de míldio. 2. mangrar.

mildewy [m'ildju:i] adj. 1. atacado de míldio. 2. mangrado.

mildness [m'aildnis] s. 1. suavidade, brandura f. 2. indulgência f.

mile [m'ail] s. milha f.: medida de comprimento equivalente a 1609 m.
geographical or nautical ~ milha geográfica ou náutica, equivalente a 1853 m.

mileage [m'ailidʒ], **milage** s. 1. milhagem f. contagem f. de milhas. 2. preço m. por milha.

mileometer, milometer [mail'ɔmitə] s. (Autom.) marcador m. de milhagem.

milestone [m'ailstoun], **milepost** [-poust] s. marco miliário m. (quadro W 3).

milfoil [m'ilfɔil] s. milefólio, mil-em-rama m.: planta da família das Compostas.

miliary [m'iliəri] adj. 1. miliar, que tem forma de grão de milho miúdo (Panicum miliaceum). 2. apresentando pequenas vesículas.

miliary fever s. febre miliar f.

milieu [m'iljə:, milj'ə:, milj'u:] s. ambiente m. (esp. social).

militancy [m'ilitənsi] s. condição de militante.
militant [m'ilitənt] adj. 1. militante. 2. combativo.
‖ ~ly adv. de modo militante ou combativo.
militarism [m'ilitərizm] s. militarismo m.
militarist [m'ilitərist] s. militarista m. + f.
militaristic [~ik] adj. militarista. ‖ ~ally adv. de
modo militarista.
militarization [m'ilitəriz'eiʃən] s. militarização f.
militarize [m'ilitəraiz] v. militarizar.
military [m'ilitəri] s. exército m. ‖ adj. 1. militar.
2. bélico. 3. marcial. ‖ –rily adv. militarmente.
military law s. lei marcial f.
military logistics s. logística militar f.
military police s. polícia militar f.
military science s. estudo m. tático e estratégico da
guerra.
military service s. serviço militar m.
militate [m'iliteit] v. 1. militar, combater. 2. pugnar.
militia [mil'iʃə] s. milícia f.
militiaman [mil'iʃəmən] s. miliciano m.
milk [milk] s. 1. leite m. 2. suco leitoso m. ‖ v. 1.
ordenhar, mungir. 2. explorar, esfolar. 3. dar leite.
~ of magnesia leite de magnésia.
milk-and-water s. 1. arenga f. sentimental e insípida.
2. tagarelice f. ‖ adj. 1. insosso. 2. tagarela.
milk bar s. leiteria f. que serve refeições leves.
milker [m'ilkə] s. 1. ordenhador m. ordenhadora f.
2. aparelho m. automático para ordenhar. 3. animal
m. que dá leite.
milk-fever [m'ilkf'i:və] s. febre puerperal f.
milk glass s. vidro leitoso ou opaco m.
milkiness [m'ilkinis] s. 1. lactescência f. 2. meiguice f.
milkmaid [m'ilkmeid] s. ordenhadora, leiteira f.
milkman [m'ilkmən] s. leiteiro m.
milk-pail s. balde m. para ordenha.
milk powder (também dried milk) s. leite em pó m.
milk run s. 1. (gíria milit.) missão f. rotineira de
avião de bombardeio. 2. (coloq.) trajeto rotineiro m.
milk-shake s. batida f. de leite.
milk-sickness s. doença f. maligna do gado transmissível ao homem.
milksop [m'ilksɔp] s. 1. homem efeminado m. 2.
covarde m. + f.
milk-sugar s. lactose f.
milk-tooth s. dente m. de leite.
milk-weed s. qualquer de várias plantas que segregam
suco leitoso, especialmente da família das Ascle-
piadáceas.
milk-white adj. branco como leite.
milky [m'ilki] adj. 1. leitoso, lácteo. 2. lactescente.
3. branco. 4. opaco. 5. turvo. 6. leiteiro. 7. suave,
brando. 8. tímido. 9. efeminado. ‖ -kily adv. 1. de
aparência láctea ou leitosa. 2. de forma opaca.
3. afeminadamente, efeminadamente.
Milky Way s. (Astron.) Via-láctea f.
mill (I) [mil] s. 1. moinho m.: engenho para moer ou
triturar. 2. pugilato m. 3. fábrica f. (em geral).
‖ v. 1. moer, triturar, esfarelar, esfarinhar. 2.
serrilhar. 3. fresar. 4. esmurrar. 5. mover em
círculos (gado). 6. fabricar.
paper–~ fábrica de papel. rolling–~ laminação f.
laminador. sugar–~ engenho de açúcar. to go
through the ~ (coloq.) adquirir experiência. wind
~ moinho de vento.
mill (II) [mil] s. milésimo m. de dólar.
millboard [m'ilbɔ:d] s. papelão m. encorpado para
encadernação de livros.
mill-dam s. açude m. que serve a um moinho.
milled [m'ild] adj. 1. moído, triturado. 2. serrilhado.
millenarian [milin'εəriən] s. quiliasta m.: o que crê
na vinda do milênio. ‖ adj. milenário.

millenary [m'ilinəri] s. milenário, milênio m., período
m. de mil anos. ‖ adj. milenário, que tem mil anos.
millenial [mil'eniəl] s. milésimo aniversário m. ‖ adj.
milenário.
millennium [mil'eniəm] s. milênio m.
(Teol.) the ~ o milênio do reino de Cristo na
Terra.
millepede [m'iləpi:d], milliped [~ped] s. diplópode,
quilógnato, miriápode m.: inseto que tem dois
pares de patas em cada segmento.
miller [m'ilə] s. 1. moleiro m. 2. espécie de mariposa f.
miller's thumb s. alcaboz m.: nome de vários peixes
da família dos Gobiídeos.
millesimal [mil'esiməl] s. milésima f. ‖ adj. milésimo.
millet [m'ilit] s. painço m. também chamado 'milho
miudo'.
mill-hand [m'ilhænd] s. operário fabril m.
milliampere [mili'æmpiə] s. miliampère m.
milliard [m'ilja:d] s. bilhão m.
millibar [m'iliba:] s. (Meteor.) milibar m.
millicurie [milikj'u:ri] s. (Fís.) milicurie m.
milligram, milligramme [m'iligræm] s. miligrama m.
milliliter [m'ilil'i:tə] s. mililitro m.
millimeter [m'illm'i:tə] s. milímetro m.
millimicron [m'ilim'aikrən] s. (ópt.) milimícron m.
milliner [m'ilinə] s. modista m. + f. de chapéus.
millinery [m'ilinəri] s. 1. artigos m. pl. de modas. 2.
chapelaria (de senhoras) f.
milling [m'iliŋ] s. 1. moagem, moedura, moenda f.
2. a ação de serrilhar moedas.
milling cutter s. fresa f. (ferramenta).
milling machine s. retífica f. de fresas.
million [m'iljən] s. 1. milhão m. 2. grande quantidade f. ‖ adj. milhão.
the ~ a multidão, as massas.
millionaire [miljən'εə] s. milionário m.
millionary [m'iljənəri] s. milionário m. ‖ adj. milionário.
millionth [m'iljənθ] s. milionésimo m. ‖ adj. milionésimo.
millipede [m'ilipi:d] s. = millepede.
mill-pond s. reservatório m. de água da azenha.
mill-race s. corrente f. de água que aciona a roda
da azenha.
millstone [m'ilstoun] s. 1. mó f., pedra f. de moinho.
2. carga pesada f.
to see far into (through) a ~ ter grande perspicácia, ser finório.
millstream [m'ilstri:m] s. = mill-race.
mill-tooth s. dente molar m.
mill-wheel s. roda f. da azenha.
millwright [m'ilrait] s. 1. construtor m. de moinhos.
2. encarregado m. da manutenção das máquinas
numa fábrica.
milord [mil'ɔ:d] s. milorde m.
milquetoast [m'ilktoust] s. indivíduo m. excessivamente tímido.
milreis [m'ilreis] s. mil-réis m.: 1. antiga unidade
monetária brasileira. 2. unidade monetária portuguesa.
milt [milt] s. 1. baço m. 2. leita, láctea f.: o líquido
fecundante dos peixes. ‖ v. impregnar, fecundar
(ovas de peixes).
milter [m'iltə] s. peixe m. macho no tempo da
fecundação.
Miltonic [milt'ɔnik], Miltonian [milt'ounjən] adj. 1.
miltoniano, relativo ou semelhante ao estilo do
poeta inglês John Milton. 2. elevado, sublime.
mime [m'aim] s. mimo m.: 1. peça teatral burlesca.
2. bufão, palhaço. ‖ v. 1. fazer mímica. 2. mimicar,
gesticular.
mimeograph [m'imiəgræf] s. mimeógrafo m.: apa-

relho para reprodução de folhas datilografadas.
‖ v. mimeografar.

mimesis [maim'i:sis] s. mimetismo m., imitação f.

mimetic [maim'etik] adj. relativo ao mimetismo.
‖ ~ally adv. por meio de mimetismo.

mimic [m'imik] s. imitador m. ‖ adj. 1. mímico. 2.
imitativo. ‖ v. imitar, arremedar.

mimicry [m'imikri] s. 1. mimetismo m. 2. arremedo m.
protecting ~ mimetismo animal.

miminy-piminy [m'iminip'imini] adj. afetado, rebuscado.

mimosa [mim'ouzə] s. mimosa f.: gênero de plantas
da família das Leguminosas.

minacious [min'eiʃəs] adj. ameaçador. ‖ ~ly adv.
ameaçadoramente.

minaret [m'inəret, minər'et] s. minarete m., torre f.
de mesquita.

minatory [m'inətəri] adj. ameaçador. ‖ —rily adv.
ameaçadoramente.

mince [mins] s. 1. picadinho m. de carne 2. iguaria f.
feita de sebo, passas, corintos e cascas de frutas
cristalizadas, tudo bem picado. ‖ v. 1. picar, cortar
em pedaços. 2. pronunciar com afetação. 3. diminuir, apoucar. 4. medir as palavras. 5. andar de
modo afetado.
not to ~ **matters** falar francamente.

mincemeat [m'insmi:t] s. 1. iguaria f. feita de sebo,
passas, corintos e cascas de frutas cristalizadas.
2. (fig.) fragmentos m. pl.
to make ~ **of** arrasar.

mince pie s. (Culin.) pastel m. com recheio de carne.

mincer [m'insə] s. 1. picador m. de carne (quadro
K 2). 2. pessoa afetada f.

mincing [m'insiŋ] adj. afetado. ‖ ~ly adv. afetadamente.

mind [maind] s. 1. mente f., cérebro, intelecto m. 2.
espírito m., alma f. 3. memória, lembrança f. 4.
opinião f., parecer m. 5. disposição f., ânimo m.
6. gosto m., vontade f. 7. intenção f., propósito
m. 8. desejo m., inclinação f. 9. atenção, concentração f. ‖ v. 1. prestar atenção a, notar. 2. dedicar-se a, ocupar-se de. 3. lembrar-se de. 4. objetar
a. 5. fazer o obséquio de. 6. vigiar, estar alerta.
7. (coloq.) olhar por, cuidar de. 8. obedecer.
keep your ~ **on your work!** concentre-se no seu
trabalho! **set one's** ~ **on** desejar muito **to be in
two** ~s vacilar, hesitar. **to be out of** oɴ s ~ estar
louco. **to change one's** ~ mudar de opinião. **to
have a** ~ **to** estar disposto a. **to have in** ~ 1.
lembrar-se de. 2. considerar, pensar a respeito. 3.
planejar, pretender. **to make up one's** ~ tomar
uma resolução, decidir-se. **to put in** ~ relembrar-se de. **to speak one's** ~ opinar, dar sua opinião. ‖ **I don't** ~ **it** não faço caso. ~ **the baby**
cuide da criança. ~ **your own business** vá cuidar de
sua vida. **never** ~ não tem importância, não faz
mal. **presence of** ~ presença de espírito.

minded [m'aindid] adj. disposto, inclinado, propenso
(**to a**).
evil—~ mal-intencionado.

minder [m'aində] s. guarda, inspetor m.

mindful [m'aindful] adj. atento, cuidadoso. ‖ ~ly
adv. atentamente, cuidadosamente.

mindfulness [~nis] s. atenção f., cuidado m., diligência f.

mindless [m'aindlis] adj. 1. descuidado, negligente.
2. estúpido. ‖ ~ly adv. descuidada, negligentemente.

mind reading s. adivinhação f. de pensamentos.

mine (I) [main] pron. poss. meu, meus, minha, minhas.
a friend of ~ um amigo meu.

mine (II) [main] s. mina f.: 1. escavação subterrâ-

nea para obtenção de minérios. 2. escavação por
baixo de fortificações inimigas, destinada a fazê-
-las explodir. 3. engenho de guerra contendo explosivos colocado no roteiro de navios inimigos
para destruí-los. 4. jazida de minério. 5. manancial, fonte de riqueza. ‖ v. 1. minar, escavar uma
mina. 2. minerar, extrair minério. 3. minar, solapar. 4. colocar minas.

mine-captain s. responsável m. pela exploração de
uma mina.

mine detector s. (milit.) detector m. de minas.

mine-field s. campo minado m.

mine-layer s. navio lança-minas m.

miner [m'ainə] s. mineiro, minador m. (quadro C 16).

mineral [m'inərəl] s. 1. mineral m. 2. minério m
‖ adj. mineral.
~ **caoutchouc** elaterite, resina hidrocarbonada elástica. ~ **coal** carvão mineral. ~ **green** arseniato de
cobre. ~ **kingdom** reino mineral. ~ **oil** querosene.
~ **salt** sal mineral. ~ **waters** águas minerais.

mineralization [m'inərəliz'eiʃn, -laiz'eiʃn] s. mineralização f.: processo de substituição dos constituintes orgânicos por inorgânicos.

mineralize [m'inərəlaiz] v. 1. mineralizar, converter
em mineral ou minério. 2. dar qualidades minerais
a. 3. impregnar de substâncias minerais. 4. tornar-se mineral. 5. estudar mineralogia.

mineralizer [m'inərəlaizə] s. mineralizador m.: substância ou agente que mineraliza.

mineralogical [minərəl'ɔdʒikəl] adj. mineralógico, relativo à mineralogia. ‖ ~ly adv. mineralogicamente.

mineralogist [minər'æRlədʒist] s. mineralogista m. + f.:
pessoa versada em mineralogia.

mineralogy [minər'æRlədʒi] s. mineralogia f.: ciência
que trata dos minerais.

mineral water s. água mineral f.

mineral wool s. lã mineral f.

mine-sweeper [m'ainswi:pə] s. caça-minas m.

mingle [m'iŋl] v. 1. misturar. 2. matizar. 3. misturar-se, combinar-se.

mingler [m'iŋlə] s. pessoa sociável f.

mini [m'ini] em comp. menor que o usual.
~**cab** minitáxi. ~**car** minicarro. ~**skirt** minissaia.

miniate [m'inieit] v. 1. pintar com vermelhão. 2.
ornar com iluminuras.

miniature [m'injətʃə] s. miniatura f. ‖ adj. em miniatura. ‖ v. miniaturar.

miniaturist [m'injətjuərist] s. miniaturista m. + f.

minibus [m'inibʌs] s. microônibus m.

minify [m'inifai] v. 1. diminuir, reduzir. 2. rebaixar.

minikin [m'inikin] s. 1. objeto m. ou animal m. de
estimação. 2. coisa f. pequena e delicada. 3. alfinetinho m. ‖ adj. pequenino e delicado.

minim [m'inim] s. 1. mínima f.: nota musical que
vale metade da semibreve (quadro N 2). 2. medida
f. para fluidos usada pelos farmacêuticos. 3. uma
gota f. 4. anão, pigmeu m.

minimal [m'iniməl] adj. mínimo.

minimization [minimiz'eiʃən, - maiz'eiʃən] s. redução
f. ao mínimo.

minimize [m'inimaiz] v. 1. reduzir ao mínimo. 2. fazer
pouco, subestimar.

minimum [m'iniməm] s. mínimo m. ‖ adj. mínimo.
~ **wage** salário mínimo.

mining [m'ainiŋ] s. mineração f.

minion [m'injən] s. 1. válido, favorito m. 2. indivíduo servil m. 3. tipo m. de corpo 7 para impressão.

miniskirt [m'iniskə:t] s. minissaia f.

minister [m'inistə] s. 1. ministro m., membro m. de
um ministério. 2. representante diplomático m. + f.
3. sacerdote m. 4. instrumento m. 5. clérigo, pastor m., guia espiritual m. + f. ‖ v. 1. ministrar,
servir, atender. 2. contribuir. 3. oficiar.

ministerial [minist'iəriəl] adj. 1. ministerial. 2. subsidiário, auxiliar. 3. sacerdotal, clerical. 4. executivo administrativo. ‖ ~ly adv. ministerialmente.

ministerialist [~ist] s. ministerialista m. + f.: partidário incondicional do ministério.

ministrant [m'inistrənt] s. ministrante m., aquele que ministra. ‖ adj. ministrante, que ministra.

ministration [ministr'eiʃən] s. 1. ministério m. 2. sacerdócio m. 3. fornecimento m. 4. auxílio m., ajuda f.

ministress [m'inistris] s. ministra f.

ministry [m'inistri] s. 1. ministério m. 2. clero m.

minitrack [m'initræk] s. (Astron.) sistema m. de localização de satélites artificiais em órbita.

minium [m'iniəm] s. mínio, zarcão m.

miniver [m'inivə] s. 1. esquilo siberiano m. 2. pele f. do esquilo siberiano.

mink [miŋk] s. 1. marta f.: mamífero da família dos Mustelídeos. 2. a pele f. desse mamífero.

minnesinger [m'inəsiŋə] s. trovador m. germânico dos séculos 12 a 14.

minnow [m'inou] s. vairão m.: peixe fluvial.

minor [m'ainə] s. 1. menor (de idade) m. + f. 2. premissa menor de um silogismo f. 3. tom menor m. ‖ adj. 1. menor. 2. inferior. 3. secundário.
~ **key** (mús.) a terça menor.

minorite [m'ainərit] s. minorita m.: religioso franciscano.

minority [main'ɔriti] s. 1. minoria f. 2. menoridade f.

minotaur [m'inətɔ:] s. minotauro m.

minster [m'instə] s. 1. igreja monástica f. 2. catedral f.

minstrel [m'instrəl] s. 1. menestrel m.: trovador da Idade Média. 2. (E. U. A.), intérprete m. + f. (em geral de cor branca) de música ou peça de negros.

minstrel show s. (Teat.) revista f. apresentada por atores brancos, maquilados de negros.

minstrelsy [~si] s. 1. arte f. ou ocupação f. de menestréis. 2. classe f. dos menestréis. 3. coletânea f. de baladas.

mint (I) [mint] s. 1. casa f. da moeda. 2. grande quantidade f. de dinheiro. 3. fonte f. de fabricação ou de invenção. ‖ v. 1. cunhar moedas. 2. inventar, engendrar. ‖ adj. novo, sem uso.
in ~ **condition** em estado de novo.

mint (II) [mint] s. hortelã f.

mintage [m'intidʒ] s. 1. cunhagem f. 2. moedagem f. 3. despesa f. ou custo m. de cunhagem.

minter [m'intə] s. moedeiro m.

mint julep s. = **julep** 2.

mintman [m'intmən] s. numismata m.

mint-mark s. marca f. usada pelas casas da moeda para indicar a procedência das moedas.

mint-sauce s. (Culin.) molho m. feito de hortelã, vinagre e açúcar.

minuend [m'injuend] s. minuendo, diminuendo m.

minuet [m'injuet] s. 1. minuete ou minueto m.: dança antiga em três tempos. 2. a respectiva música f.

minus [m'ainəs] prep e adj. 1. menos. 2. negativo. 3. desprovido de, falto de.

minuscule [min'ʌskju:l] s. minúscula f. ‖ adj. minúsculo.

minute (I) [m'init] s. 1. minuto m. 2. momento, instante m. 3. minuta f., rascunho m. 4. ~s s. pl. atas f. pl., protocolos m. pl. ‖ v. 1. minutar. 2. anotar. 3. cronometrar. ‖ ~ly adj. que acontece de minuto em minuto. ‖ ~ly adv. de minuto em minuto.
come here this ~ venha já, neste instante. **up to the** ~ em dia. ~**-book** agenda, livro de apontamentos ~**-glass** ampulheta na qual a areia demora um minuto para escorrer. ~**-hand** ponteiro dos minutos no relógio (quadro C 11).

minute (II) [mainj'u:t] adj. 1. miúdo, minúsculo. 2. preciso, exato, perfeito. ‖ ~ly adv. minuciosamente.
~ **instructions** instruções detalhadas, precisas.

minuteman [m'initmən] s. membro da milícia americana que, durante o período da revolução, estava sempre pronto a apresentar-se.

Minuteman [m'initmən] (E. U. A.) s. míssil balístico intercontinental m. de três estágios.

minuteness [mainj'u:tnis] s. 1. miudeza f. 2. minudência f. 3. exatidão f.

minutiae [mainj'u:ʃii:] s. pl. minúcias f. pl.

minx [miŋks] s. rapariga atrevida, à toa f.

miocene [m'aiəsi:n] s. mioceno m.: um dos quatro períodos em que é dividida a era terciária. ‖ adj. mioceno, relativo a um dos quatro períodos da era terciária.

miracle [m'irəkl] s. 1. milagre m. 2. maravilha f.
~ **play** drama sacro (da Idade Média).

miraculous [mir'ækjuləs] adj. miraculoso, milagroso. ‖ ~ly adv. milagrosamente.

miraculousness [~nis] s. natureza milagrosa f.

mirador [mirəd'ɔ:] s. miradouro, mirante m.

mirage [mir'a:ʒ] s. 1. miragem f. 2. ilusão f.

mire [m'aiə] s. lodo m., lama f., atoleiro m. ‖ v. 1. enlamear, atolar. 2. chafurdar. 3. envolver-se em dificuldades.
to be deep in ~ estar em apuros.

mire-crow s. espécie de gaivota (Larus ridibundus).

miriness [m'airinis] s. 1. condição f. de lodoso ou lamacento. 2. sujidade f.

mirk [mə:k] adj. = **murk.**

mirror [m'irə] s. 1. espelho m. (quadros B 3, F 8). 2. exemplo, molde, modelo m. ‖ v. 1. espelhar, refletir como um espelho. 2. ver-se em espelho.

mirth [m'ə:θ] s. alegria, jovialidade, hilaridade f.

mirthful [~ful] adj. alegre, jovial. ‖ ~ly adv. alegremente, jovialmente.

mirthfulness [~fulnis] 1. tratamento alegre m. 2. alegria, jovialidade f.

mirthless [~lis] adj. triste, melancólico. ‖ ~ly adv. tristemente, melancolicamente.

mirthlessness [~lisnis] s. tristeza, melancolia f.

miry [m'aiəri] adj. lamacento, lodoso.

mis- [mis] prefixo que denota qualidade má ou erro.

misadventure [m'isædv'entʃə] s. 1. desventura f., infortúnio m. 2. desgraça f.
death by ~ homicídio acidental.

misadvise [m'isədv'aiz] v. 1. aconselhar mal. 2. dar conselhos errôneos.

misadvised [~d] adj. 1. mal-aconselhado. 2. mal-orientado.

misalliance [m'isəl'aiəns] s. casamento m. com pessoa de condição social inferior.

misallied [m'isəl'aid] adj. casado com pessoa de condição social inferior.

misanthrope [m'izənθroup], **misanthropist** [miz'ænθropist] s. misantropo m.: homem que tem aversão à sociedade.

misanthropic [mizənθr'ɔpik], **misanthopical** [~əl] adj. misantrópico. ‖ ~ally adv. misantropicamente.

misanthropy [miz'ænθrɔpi] s. misantropia f., aversão f. à sociedade.

misapplication [m'isæplik'eiʃən] s. 1. mau emprego m. 2. desvio m., sonegação f.

misapply [m'isəpl'ai] v. 1. empregar mal. 2. desviar, sonegar.

misapprehend [m'isæprih'end] v. compreender mal.

misapprehension [m'isæprih'enʃən] s. mal-entendido, equívoco m.

misappropriate [m'isəpr'ouprieit] v. 1. empregar mal (dinheiro). 2. desviar, sonegar.

misappropriation [m'isəproupri'eiʃən] s. 1. mau

emprego m. de capital. 2. malversação, sonegação f.

misarrange [m'isər'eind3] v. dispor mal, arrumar mal.

misarrangement [~mənt] s. má disposição, arrumação imprópria f.

misbecome [m'isbik'ʌm] v. 1. não convir a. 2. ser inconveniente. 3. não ficar bem.

misbecoming [~iŋ] adj. impróprio, inconveniente.

misbegotten [m'isbig'ɔtn], **misbegot** [m'isbig'ɔt] adj. bastardo, ilegítimo.

misbehave [m'isbih'eiv] v. portar-se mal.

misbehaved [~d] adj. malcriado, descortês.

misbehaviour [~jə] s. mau comportamento m., mó conduta f.

misbelief [m'isbil'i:f] s. crença f. errônea ou falsa.

misbelieve [m'isbil'i:v] v. 1. ter crenças errôneas ou falsas. 2. descrer. 3. duvidar.

misbeliever [~ə] s. 1. infiel, herege m. + f. 2. descrente m. + f., incrédulo m.

misbelieving [~iŋ] adj. heterodoxo, herético.

misbestow [m'isbist'ou] v. 1. aplicar mal, empregar mal. 2. colocar mal.

misbrand [misbr'ænd] v. marcar falsamente (mercadoria).

miscalculate [m'isk'ælkjuleit] v. calcular ou orçar mal.

miscalculation [m'iskælkjul'eiʃən] s. 1. erro m. de cálculo. 2. orçamento falho m.

miscall [misk'ɔ:l] v. 1. chamar por nomes errados. 2. alcunhar. 3. ofender.

miscarriage [misk'æridȝ] s. 1. falha f., fracasso, malogro m. 2. aborto m. 3. extravio m. (de correspondência).

~ **of justice** erro judicial.

miscarry [misk'æri] v. 1. falhar, fracassar, malograr. 2. abortar. 3. extraviar-se (correspondência).

miscast [misk'ast] v. 1. somar contas erroneamente. 2. distribuir mal os papéis de uma peça teatral.

miscegenation [misidȝin'eiʃən] s. miscigenação f.

miscellanea [misil'einiə] s. pl. miscelânea f.: compilação de várias peças literárias.

miscellaneous [misil'einjəs] adj. misto, variado, ‖ ~**ly** adv. 1. variadamente. 2. heterogeneamente.

miscellaneousness [misil'einjəsnis] s. variedade, multiplicidade f.

miscellanist [mis'elənist] s. autor m. de miscelâneas.

miscellany [mis'eləni, m'isəl'eini] s. 1. miscelânea, mistura f. 2. coletânea f. de composições literárias sobre vários temas em um só volume.

mischance [mistʃ'a:ns] s. infortúnio, azar m.

mischief [m'istʃif] s. 1. dano, prejuízo m., injúria f. 2. travessura f., brincadeira f. de mau gosto.

eyes full of ~ olhos travessos. **the children do what** ~ **they can** as crianças cometem todas as travessuras possíveis.

mischief-maker s. promotor de desordens m.

mischief-making s. promoção f. de desordens ou distúrbios pl. ‖ adj. 1. turbulento, tumultuoso. 2. travesso, brincalhão. 3. vexatório, malvado.

mischievous [m'istʃivəs] adj. 1. danoso, prejudicial, nocivo, pernicioso. 2. travesso, brincalhão. 3. vexatório, malvado. ‖ ~**ly** adv. 1. prejudicialmente, nocivamente. 2. travessamente, malvadamente.

mischievousness [~nis] s. 1. disposição f. para cometer atos nocivos, temperamento m. turbulento. 2. travessura, maldade f.

miscibility [misib'iliti] s. miscibilidade f.

miscible [m'isibl] adj. miscível, misturável.

miscolor [misk'ʌlə] v .1. dar cor errada a. 2. adulterar os fatos.

miscomputation [miskəmpju:t'eiʃən] s. computação errônea f.

miscompute [miskəmpj'u:t] v. computar mal.

misconceive [miskəns'i:v] v. formar uma opinião errônea, entender mal.

misconception [miskəns'epʃən] s. concepção errônea f., juízo falso m.

misconduct [misk'ɔndəkt] s. 1. conduta imprópria f., especialmente adultério m. 2. má administração f. ‖ v. 1. conduzir-se mal, agir mal. 2. gerir ou administrar mal.

misconstruction [miskənstr'ʌkʃən] s. interpretação errônea f.

misconstrue [miskənstr'u:] v. 1. interpretar erroneamente. 2. dar um sentido falso.

miscount [misk'aunt] s. contagem f. errada, especialmente de votos. ‖ v. 1. contar mal. 2. fazer uma estimativa errônea.

miscreant [m'iskriənt] s. canalha, infame m. + f. ‖ adj. depravado, perverso.

miscreated [miskrə'eitəd] adj. disforme, monstruoso.

miscue [miskj'u:] s. tacada f. errada no jogo de bilhar. ‖ v. 1. errar a tacada no jogo de bilhar. 2. enganar-se.

misdate [misd'eit] s. data falsa f. ‖ v. datar errado.

misdeal [misd'i:l] s. erro m. de carteamento. ‖ v. dar mal as cartas.

misdealer [~ə] s. aquele que erra ao dar as cartas.

misdeed [misd'i:d] s. ação má f., crime, delito m.

misdeem [misd'i:m] v. 1. julgar mal. 2. ter idéias erradas a respeito de. 3. confundir.

misdemean [misdim'i:n] v. portar-se mal.

misdemeanor [misdim'i:nə] s. 1. má conduta f. 2. delito leve m.

misdirect [misdir'ekt] v. dirigir mal, orientar mal.

misdirection [misdir'ekʃən] s. má direção, má orientação f.

misdo [misd'u:] v. 1. agir mal. 2. cometer um crime ou delito.

misdoer [misd'u:ə] s. malfeitor m., delinquente m. + f.

misdoings [misd'u:iŋz] pl. s. más ações, maldades f. pl.

misdoubt [misd'aut] s. (ant.) suspeita f. ‖ v. suspeitar, temer.

mise [maiz, mi:z] s. 1. acordo m. 2. (Jur.) relatório escrito m. de um processo.

mise-en-scène [m'i:zã'sein] s. (fr.) cenário m.

misemploy [misimpl'ɔi] v. empregar mal.

misemployment [~mənt] s. mau emprego, mau uso m.

misentry [mis'entri] s. lançamento, registro errôneo m.

miser [m'aizə] s. 1. avarento, usurário, sovina m.

miserable [m'izərəbl] s. miserável m. + f. ‖ adj. miserável, desgraçado, infeliz, desprezível, ruim. ‖ **-bly** adv. 1. miseravelmente, desgraçadamente 2. sordidamente.

miserableness [m'izərəblnis] s. 1. miséria f., infortúnio m. 2. avareza f.

miserere [mizər'i:ri] s. Miserere m.: 1. o salmo 50. 2. peça musical para este salmo. 3. a oração ou grito de misericórdia.

misericord [m'izərikɔ:d] s. 1. cela f. de mosteiro habitada por monges que gozam de privilégios especiais. 2. misericórdia f.: punhal com que os cavaleiros da Idade Média davam o golpe de misericórdia ao adversário caído.

miserliness [m'aizəlinis] s. avareza, usura f.

miserly [m'aizəli] adj. avaro, usurário.

misery [m'izəri] s. miséria, indigência, penúria f.

misestimate [mis'estimeit] v. avaliar mal, subestimar.

misfeasance [misf'i:zəns] s. (Jur.) desempenho ilegal m. de um ato legal.

misfire [misf'aiə] s. 1. falha f. na detonação de um explosivo ou de uma arma de fogo. 2. falha f. na ignição de um motor. ‖ v. negar fogo.

misfit [misf'it] s. 1. traje m. que não assenta bem.

2. (fig.) pessoa desajeitada f. ‖ v. assentar mal.
misform [misf'ɔ:m] v. formar mal.
misfortune [misf'ɔ:tʃən] s. infortúnio m., desdita f azar m.
misgive [misg'iv] v. 1. ter apreensões. 2. pressentir, pressagiar.
misgiving [misg'iviŋ] s. 1. apreensão f., receio m. 2. pressentimento m.
misgovern [misg'ʌvən] v. 1. desgovernar, governar mal. 2. administrar desonestamente.
misgovernment [~mənt] s. desgoverno, mau governo m.
misguidance [misg'aidəns] s. má direção f., desvio m.
misguide [misg'aid] v. 1. guiar mal, desencaminhar. 2. orientar mal.
misguided [~id] adj. extraviado, desencaminhado
mishandle [m'ish'ændl] v. 1. maltratar. 2. manejar mal.
mishap [m'ishæp, mish'æp] s. 1. infortúnio, desastre m. 2. azar m.
mishear [mish'iə] v. ouvir mal.
mishmash [m'iʃmæʃ] s. mixórdia, confusão f.
misinform [m'isinf'ɔ:m] v. informar erroneamente.
misinformant [m'isinf'ɔ:mənt], **misinformer** [m'isinf'-ɔ:mə] s. mau informante m.
misinformation [m'isinfɔ:m'eiʃən] s. informação f. errônea ou falsa.
misintelligence [m'isint'elidʒəns] s. 1. notícia falsa f. 2. falta f. de inteligência.
misinterpret [m'isint'ə:prit] v. 1. interpretar mal. 2. tirar conclusões errôneas.
misinterpretation [m'isintə:prit'eiʃən] s. interpretação errônea f.
misinterpreter [m'isint'ə:pritə] s. o que interpreta mal.
misjoin [misdʒ'ɔin] v. unir ou juntar mal.
misjudge [misdʒ'ʌdʒ] v. julgar mal.
misjudgement [~mənt] s. juízo errôneo m.
mislay [misl'ei] v. 1. colocar em lugar errado ou em lugar que não pode ser lembrado. 2. perder.
mislead [misl'i:d] v. 1. desencaminhar, corromper. 2. enganar, iludir.
misleader [~ə] s. indivíduo m. que desencaminha outros.
mismanage [m'ism'ænidʒ] v. administrar mal.
mismanagement [~mənt] s. desgoverno m. má administração f.
mismanager [~ə] s. administrador inepto m.
mismatch [mism'ætʃ] v. combinar mal, emparelhar mal.
mismate [mism'eit] v. 1. casar mal. 2. combinar mal.
misname [misn'eim] v. chamar por um nome errado.
misnomer [m'isn'oumə] s. 1. erro m. de nome. 2. designação incorreta f. 3. termo errôneo m.
misogamy [mis'ɔgəmi] s. misogamia f.: horror ao casamento.
misogamist [~st] s. misogamista m. + f.: aquele que tem horror ao casamento.
misogynist [mais'ɔdʒinist] s. misógino m.: homem que tem repulsa às mulheres.
misogynous [mais'ɔdʒinəs] adj. misógino.
misogyny [mais'ɔdʒini] s. misoginia f.: repulsa mórbida do homem às mulheres.
misology [mais'ɔlədʒi] s. misologia f.: ódio ao raciocínio ou à razão.
misoneism [misɔn'i:izm] s. misoneísmo m., neofobia f.: ódio a inovação e mudança.
misplace [mispl'eis] v. 1. colocar fora de lugar. 2. extraviar. 3. aplicar mal, empregar mal.
misplacement [~mənt] s. 1. má colocação f. 2. extravio m. 3. má aplicação f.
misplay [mispl'ei] s. lance m. mau ou errôneo no jogo. ‖ v. fazer um mau lance.

misprint [mispr'int] s. erro m. de impressão. ‖ v. cometer erros de impressão.
misprision [mispr'izən] s. 1. conivência, cumplicidade f. 2. negligência f.
misprize [mispr'aiz] v. desprezar, menosprezar.
mispronounce [m'isprən'auns] v. pronunciar mal.
mispronunciation [m'isprənʌnsi'eiʃən] s. má pronúncia f.
misquotation [m'iskwout'eiʃən] s. citação errônea f. (de autores, textos, etc.).
misquote [miskw'out] v. citar erroneamente (autores, textos, etc.)
misread [misr'i:d] v. ler ou interpretar mal.
misreport [m'isrip'ɔ:t] s. informação errônea f. ‖ v. informar erradamente.
misrepresent [m'isrepriz'ent] v. 1. deturpar, adulterar. 2. dar uma impressão falsa.
misrepresentation [m'isreprizənt'eiʃən] s. informação falsa f., embuste m.
misrepresenter [m'isrepriz'entə] s. autor m. de informações ou notícias falsas ou tendenciosas.
misrule [misr'u:l] s. 1. desgoverno m. 2. desordem t. 3. confusão f., tumulto m. ‖ v. governar mal.
miss (I) [mis] s. 1. senhorita f. 2. (coloq.) moça t.
miss (II) [mis] s. falha f., erro m. ‖ v. 1. errar, não acertar (o alvo). 2. não obter. 3. deixar escapar. 4. não notar. 5. não compreender. 6. omitir. 7. passar sem. 8. achar falta de. 9. malograr.
a ~ is as good as a mile erro é erro. **give it a ~** deixe aquilo. ‖ **to ~ fire** negar fogo (arma, explosivo). **to ~ the bus** perder o ônibus.
missal [m'isəl] s. missal m.
missel-trush [m'isəltrʌʃ] s. (Orn.) tordo-visgueiro m.
misshape [misʃ'eip] v. 1. formar mal. 2. deformar.
misshapen [~ən] adj. disforme, deformado.
missile [m'isail] s. projetil m. ‖ adj. projetil, míssil.
missilery [~ri] s. 1. construção f. e lançamento m. de projéteis teleguiados ? projéteis teleguiados m. pl. em seu conjunto.
missing [m'isiŋ] adj. 1. que falta. 2. extraviado, perdido. 3. ausente.
there are several books ~ faltam diversos livros.
missing link (fig.) s. elo m., parte faltante f.
mission [m'iʃən] s. 1. missão, incumbência f., encargo m. 2. desígnio, escopo m. 3. embaixada ou legação f. 4. estabelecimento m. de missionários. 5. trabalho m. de missionários.
missionary [m'iʃənəri] s. missionário m. ‖ adj. relativo às missões ou aos missionários.
missis [m'isis], **missus** [m'isəs] s. 1. (coloq.) dona f. de casa. 2. (vulg.) esposa f.
missive [m'isiv] s. missiva, carta f., bilhete m. ‖ adj. 1. missivo. 2. remetido.
misspeak [missp'i:k] v. pronunciar incorretamente.
misspell [missp'el] v. 1. soletrar mal. 2. escrever mal.
misspelling [~iŋ] s. 1. erro m. de soletração. 2. erro m. de ortografia.
misspend [missp'end] v. esbanjar, dissipar, desperdiçar.
misspent [missp'ent] adj. esbanjado, dissipado.
misstate [misst'eit] v. relatar falsamente, expor erradamente.
misstatement [~mənt] s. exposição m. declaração f. ou relatório m. falso ou errôneo.
misstep [misst'ep] s. passo errado m.
missus [m'isəs] s. = **missis**.
missy [m'isi] s. (fam.) menina, mocinha f.
mist [mist] s. 1. névoa f., nevoeiro m., neblina f. cerração f. 2. (fig.) tudo o que escurece. ‖ v. cobrir de nevoeiro, neblina, etc., obscurecer.
mistakable [mist'eikəbl] adj. 1. suscetível de ser mal

compreendido ou confundido. 2. passível de erro ou engano. ‖ **-bly** adv. erroneamente.

mistake [mist'eik] s. engano, equívoco, erro m. ‖ v. (imp. **mistook** e p. p. **mistaken**) 1. enganar-se, equivocar. 2. interpretar mal. 3. confundir, errar.

mistake for v. confundir com.

mistaken [~ən] adj. 1. enganado, equivocado. 2. errado. ‖ **~ly** adv. erradamente, por engano.

mister [m'istə] s. senhor (título), abr. = **Mr.**

misterm [mist'ə:m] v. nomear incorretamente, designar erroneamente.

mistful [m'istful] adj. nebuloso, nevoento.

mistime [mist'aim] v. dizer ou fazer algo em ocasião imprópria.

mistiness [m'istinis] s. nebulosidade f., enevoamento m.

mistletoe [m'isltou] s. visco m.: planta parasita da família das Lorantáceas.

mistlike [m'istlaik] adj. semelhante à névoa. ‖ adv. à maneira de névoa.

mistook [mist'uk] v. imperf. de **mistake**.

mist over v. enevoar-se.

mistral [m'istrəl] s. mistral m.: vento violento, frio e seco, que sopra no golfo de Lião e na região sul da França.

mistranslate [m'istra:nsl'eit] v. traduzir mal.

mistranslation [m'istra:nsl'eiʃən] s. tradução incorreta f.

mistreat [mistr'i:t] v. maltratar.

mistreatment [~mənt] s. 1. mau trato m. 2. abuso m.

mistress [m'istris] s. 1. ama, dona de casa, patroa f. 2. mestra, preceptora f. 3. professora f. 4. amante, concubina f. 5. (poet.) mulher f. amada e cortejada. 6. soberana f.

Mistress [m'istris] s. geralmente de forma abreviada: **Mrs.** [m'isis] senhora f. (título dado às mulheres casadas).

mistrial [mistr'aiəl] s. julgamento incorreto m.

mistrust [mistr'ʌst] s. desconfiança, suspeita f. ‖ v. desconfiar, suspeitar f.

mistruster [~ə] s. suspeitador m.

mistrustful [~ful] adj. desconfiado, suspeitoso. ‖ **~ly** adv. desconfiadamente, com desconfiança.

mistrustfulness [~fulnis] s. suspeição, desconfiança f.

mistrustless adj. insuspeito, confiante.

misty [m'isti] adj. 1. nebuloso, nevoento. 2. sombrio. 3. obscuro. 4. vago, indistinto. ‖ **-tily** adv. de modo nebuloso.

misunderstand [m'isʌndəst'ænd] v. 1. entender mal. 2. interpretar mal.

misunderstanding [m'isʌndəst'ændiŋ] s. 1. equívoco, engano m. 2. dissensão, divergência f.

misunderstood [m'isʌndəst'ud] v. (imp. e p. p. de **misunderstand**). ‖ adj. malcompreendido.

misusage [m'isj'uzidʒ] s. 1. abuso, uso errado m. 2. mau tratamento m.

misuse [misj'u:s] s. abuso, uso errado m. ‖ v. [misj'u:z] abusar, fazer mau uso.

misuser [misj'u:zə] s. abusador m., aquele que abusa.

misvalue [misv'ælju:] v. avaliar mal.

miswrite [misr'ait] v. escrever mal, cometer erros de ortografia.

mite (I) [mait] s. 1. moeda f. de valor diminuto. 2. óbolo m. 3. bagatela, ninharia f. 4. criancinha f.

mite (II) [mait] s. qualquer dos pequenos acarinos, especialmente os que atacam o queijo.

mithraism [m'iθraizm] s. (Hist.) mitraísmo m.: religião de origem persa, culto de Mitra.

mithridate [m'iθrideit] s. mitridato m.

mithridatic [miθrid'ætik] adj. mitridatizado.

mithridatism [m'iθridətizm] s. mitridatismo m.: imunidade contra os venenos, mediante absorção repetida de pequenus doses, gradualmente aumentadas.

mithridatize [miθr'idətaiz] v. mitridatizar.

mitigable [m'itigəbl] adj. mitigável.

mitigant [m'itigənt] s. (†) mitigante m. + f. ‖ adj. mitigante.

mitigate [m'itigeit] v. 1. mitigar, aliviar, abrandar. 2. acalmar.

mitigating circumstances pl. s. (Jur.) circunstâncias atenuantes f. pl.

mitigation [mitig'eiʃən] s. mitigação f., alívio, lenitivo m.

mitigative [m'itigeitiv], **mitigatory** [m'itigeitəri] adj. mitigativo, lenitivo, calmante.

mitigator [m'itigeitə] s. mitigador, lenitivo, calmante. m.

mitosis [mait'ousis] s. mitose f.: cariocinese, processo de multiplicação celular por divisão indireta.

mitotic [mait'otik] adj. mitótico, relativo à mitose.

mitrailleuse [mitreij'ə:z] s. (fr.) metralhadora f.

mitral [m'aitrəl] adj. relativo a mitra.

~ valve válvula mitral, uma das válvulas do coração.

mitre, miter [m'aitə] s. 1. mitra f.: insignia usada pelos bispos (quadro C 18). 2. dignidade episcopal f. 3. meia-esquadria f. 4. ângulo m. (quadro D 2). de 45 graus. ‖ v. 1. mitrar, pôr mitra em. 2. juntar em um só ângulo de 45 graus.

~-joint junta a meia-esquadria.

mitre box s. (carpintaria) caixa f. de corte.

mitred [m'aitəd] adj. mitrado.

mitriform [m'aitrifɔ:m] adj. mitriforme.

mitt [mit] s. manguito m.: pequena manga para enfeite ou abrigo dos pulsos.

frozen ~ (gíria) repulsa ou recusa.

mitten [mitn] s. mitene f. punhete m. (quadro G 2). **to give the ~** rejeitar um namorado. **to get the ~** ser despedido.

mittens [~s] s. (gíria) luvas f. pl. de boxe.

mittimus [m'itiməs] s. mandado m. de prisão.

mity [m'aiti] adj. bichado.

mix [miks] s. 1. mistura f. 2. (coloq.) confusão f. ‖ v. 1. misturar, mesclar, amalgar, combinar. 2. unir 3. cruzar (animais) 4. embaralhar. 5. imiscuir-se **to ~ up** confundir, atrapalhar.

mixable [m'iksəbl] adj. misturável.

mixed [mikst] adj. 1. vantajoso, misturado, mesclado. 2. promíscuo. 3. confuso. ‖ **~ly** adv. de maneira mista.

mixed blessing s. algo tanto vantajoso como desvantajoso m.

mixed doubles pl. s. (tênis) duplas mistas f. pl.

mixed farming s. lavoura mista f.

mixed grill s. (Culin.) prato de carne grelhada com legumes m.

mixed marriage s. casamento misto m.

mixed-up adj. confuso.

mixer [m'iksə] s. 1. misturador m., batedeira f. 2. intruso, encrenqueiro m. 3. pessoa sociável f. 4. mixture [m'ikstʃə] s. mistura, mescla f., amálgama m. + f., composição f.

mix-up s. 1. confusão f. 2. desordem f.

mizen, mizzen [mizn] s. 1. mezena f.: vela envergada na caranguejo do mastro de ré. 2. mastro m. de ré

mizen-mast s. mastro m. de mezena.

mizen-sail s. mezena f.

mizen-top-gallant-mast s. mastaréu m. da sobregata.

mizen-top-gallant-sail s. sobregata f.: segunda vela do mastro da mezena.

mizen-top-mast s. mastaréu m. de gata.

mizen-top-sail s. gata f.: vela de cima da mezena.

mizen-yard s. verga f. da mezena.

mizzle [mizl] s. garoa f., chuvisco m. ‖ v. 1. garoar. 2. levantar acampamento. 3. fugir.

mizzly [m'izli] adj. relativo a chuvisco, garoento.
mnemonic [ni:m'ɔnik] adj. 1. mnemônico. 2. fácil de guardar na memória. 3. que auxilia a memória.
mnemonics [~ s] s. mnemônica f.
mnemonist [n'i:mənist] s. indivíduo m. que se serve da mnemotecnia.
mnemotechnic [ni:mət'eknik] adj. mnemotécnico.
moan [moun] s. gemido, lamento, queixume m. ‖ v. 1. gemer, lamentar-se. 2. afligir-se.
moanful [~ ful] adj. lamentoso, lastimoso, plangente. ‖ ~ly adv. lamentosamente, lastimosamente.
moaningly adv. com gemidos.
moat [mout] s. fosso, valado m. ‖ v. circundɑ. com fossos.
mob [mɔb] s. populacho m., plebe, ralé f. ‖ v. tumultuar, amotinar.
  ~–law lei da plebe, lei do linchamento.
mobbee, mobie [m'ɔbi] s. 1. licor m. feito de batata-doce. 2. suco m. destilado de maçãs ou pêras para preparo de licores dessas frutas.
mobber [m'ɔbə] s. arruaceiro, desordeiro m.
mobbish [m'ɔbiʃ] adj. plebeu, ordinário, vil. 2. turbulento, tumultuoso.
mob-cap s. (†) touca f.
mobile [m'oubil, m'oubail] adj. 1. móvel, móbil. 2. inconstante, volúvel.
mobility [moub'iliti] s. 1. mobilidade f. 2. inconstância, volubilidade f.
mobilizable [m'oubilaizəbl] adj. mobilizável.
mobilization [moubilaiz'eiʃən] s. mobilização f.
mobilize [m'oubilaiz] v. mobilizar.
mobocracy [mɔb'ɔkrəsi] s. (Pol.) oclocracia f.
mobster [m'ɔbstə] s. membro m. de bando de criminosos.
moccasin [m'ɔkəsin] s. 1. sapato m. de pele de gamo ou de couro macio, usado pelos índios norte-americanos. 2. serpente f. venenosa dos E. U. A. (Agkistrodon piscivorus).
mocha (I) [m'oukə] s. 1. moca m.: variedade de café superior, originário da Arábia. 2. variedade de ágata dendrítica. 3. pelica de pele de carneiro árabe.
mocha (II) [m'oukə] adj. que tem aroma de café.
mock [mɔk] s. 1. motejo, escárnio m., zombaria f. 2. objeto m. de motejo. 3. imitação f. ‖ v. 1. escarnecer, zombar, mofar. 2. macaquear, arremedar. 3. não dar atenção a. 4. enganar, desapontar. ‖ adj. 1. falso, simulado. 2. imitado.
mockable [m'ɔkəbl] adj. que merece escárnio, ridículo.
mocker [m'ɔkə] s. zombador, zombeteiro m.
mockery [m'ɔkəri] s. 1. escárnio m., zombaria, mofa f. 2. imitação f., arremedo m. 3. esforço vão m.
mock-heroic adj. herói-cômico.
mocking [m'ɔkiŋ] adj. zombeteiro, mofador. ‖ ~ly adv. zombeteiramente.
mocking-bird s. pássaro m. canoro americano, que imita os trinados de outras aves (Mimus polyglottus).
mock-up s. imitação f. em tamanho natural, de manequim, aeroplano etc., para fins instrutivos.
mod [mɔd] s. (Ingl., Soc.) jovem m. + f. dos anos 60 revoltado contra a sociedade convencional. ‖ adj. 1. relativo a esses jovens. 2. extravagante.
modal [m'oudəl] adj. modal.
modality [moud'æliti] s. modalidade f.
mode [moud] s. 1. modo, método m., maneira f. 2. uso, hábito, costume m. 3. ordem f. de sucessão dos sons e semitons na escala diatônica. 4. moda f.
model [mɔdl] s. 1. modelo, molde m. 2. maqueta f. 3. figurino m. 4. exemplo m. 5. padrão m. ‖ v. modelar, moldar. ‖ adj. modelar, perfeito.
modeler, modeller [m'ɔdələ] s. modelador m.
modeling [m'ɔdliŋ] s. profissão, arte f. de modelo.

modena [m'ɔdənə] s. púrpura f. muito carregada.
moderant [m'ɔdərənt] s. moderador m.
moderate [m'ɔdərit] s. indivíduo moderado m. ‖ v. 1. moderar, acalmar, abrandar. 2. restringir. 3. acalmar-se, moderar-se. 4. presidir. 5. presidir como moderador. ‖ adj. 1. moderado, razoável, comedido. 2. calmo. 3. médio, medíocre. 4. módico. ‖ ~ly adv. moderadamente, calmamente.
moderateness [~nis] s. temperamento m. moderado.
moderation [mɔdər'eiʃən] s. 1. moderação f., comedimento m. 2. mediania f. 3. temperança f.
moderato [mɔdər'a:tou] adj. (Mús.) em compasso moderado.
moderator [m'ɔdəreitə] s. 1. moderador m. 2. presidente m. de um presbitério. 3. presidente m. de assembléia ou reunião. 4. árbitro, mediador m. 5. (Fís. nuc.) material m. usado como reator.
moderatorship [~ʃip] s. função f. de moderador.
moderatrix [mɔdər'eitriks] s. moderadora f.
modern [m'ɔdən] s. 1. moderno m. 2. modernista m. + f. ‖ adj. moderno, recente, atual. ‖ ~ly adv. modernamente, atualmente.
modernism [~ izm] s. modernismo m.
modernist [~ ist] s. modernista m. + f.
modernistic [mɔdən'istik] adj. modernista.
modernity [mɔd'ə:niti] **modernness** [m'ɔdənnis] s. 1. condição ou qualidade f. de moderno, recente, atual. 2. novidade f.
modernization [mɔdəniz'eiʃən] s. modernização f.
modernize [m'ɔdənaiz] v. modernizar(-se), atualizar(-se).
modernizer [~ ə] s. pessoa f. que moderniza ou atualiza.
modest [m'ɔdəst] adj. 1. modesto, humilde, despretensioso. 2. moderado, comedido. 3. recatado. ‖ ~ly adv. 1. modestamente, moderadamente. 2. pudicamente.
modesty [~ i] s. 1. modéstia, moderação f. 2. recato m., pudicícia f. 3. humildade f.
modicum [m'ɔdikəm] s. 1. pequena quantidade ou quantia f. 2. pouca coisa f.
modifiability [mɔdifaiəb'iliti] s. suscetibilidade f. de modificação.
modifiable [m'ɔdifaiəbl] adj. suscetível de modificação.
modification [mɔdifik'eiʃən] s. 1. modificação, alteração, transformação f. 2. restrição f.
modificatory [m'ɔdifikeitəri] adj. modificativo.
modifier [m'ɔdifaiə] s. modificador m.
modify [m'ɔdifai] v. 1. modificar, mudar, alterar, transformar. 2. moderar, abrandar. 3. restringir.
modillion [mɔd'iljən] s. (Arquit.) modilhão m.
modish [m'oudiʃ] adj. 1. na moda, elegante. 2. convencional. ‖ ~ly adv. 1. na moda, elegantemente. 2. convencionalmente.
modishness [~nis] s. 1. elegância f. 2. atualidade f.
modiste [moud'i:st] s. modista f.
modular [m'ɔdjulə] adj. modular.
modulate [m'ɔdjuleit] v. 1. modular. 2. ajustar, regular. 3. alterar a freqüência de ondas elétricas
modulation [mɔdjul'eiʃən] s. modulação f.
modulative [m'ɔdjuleitiv] adj. modulador.
modulator [m'ɔdjuleitə] s. modulador m.
modulatory [~ri] adj. modulador.
module [m'ɔdjul] s. módulo m.: unidade de medida proporcional.
modulus [m'ɔdjuləs] s. módulo m.: constante ou coeficiente empregado como unidade no cálculo de uma potência, efeito ou função.
modus [m'oudəs] s. modo m., maneira f.
  ~ operandi maneira de agir. **~ vivendi** 1. modo de viver. 2. compromisso ou ajuste temporário.

mog [mɔg] v. (gíria) 1. levantar acampamento. 2. mudar-se. 3. avançar lentamente.

Mogul [mog'ʌl] s. 1. mogol m. 2. mongol m.

mohair [m'ouhɛə] s. 1. pêlo m. de cabra angorá. 2. tecido m. feito com esse material.

Mohammed [mouh'æmid] s. Maomé m.

Mohammedan [~ ən] s. maometano, muçulmano m. ‖ adj. maometano, muçulmano.

Mohammedanism [~ ənizm] s. maometismo, islamismo m.

Mohawk [m'ouhɔ:k] s. 1. nome m. de uma tribo de índios norte-americanos. 2. linguagem f. dessa tribo.

Mohegan [mouh'i:gən], **(Mahican, Mohican)** s. moicano m.

moider [m'ɔidə] v. 1. confundir, desnortear. 2. cansar-se, fatigar-se. 3. labutar, mourejar.

moidore [m'ɔidɔ:] s. moeda f.: nome privativo de uma antiga moeda de ouro portuguesa que valia 4.800 réis.

moiety [m'ɔiəti] s. 1. metade f. 2. quinhão m. 3. (Antrop.) uma de duas ou mais subdivisões primárias f. pl. em algumas tribos.

moil [mɔil] s. 1. trabalho árduo m. 2. transtorno m. 3. confusão f. ‖ v. 1. labutar, lidar, mourejar. 2. fatigar-se, cansar-se.

moiler [m'ɔilə] s. trabalhador infatigável m.

moire [mwa:] s. 1. melania f.: espécie de tecido ondeado, de seda ou de lã. 2. aparência lustrosa f. ‖ adj. 1. lustroso. 2. ondeado.

moist [mɔist] adj. 1. úmido. 2. chuvoso. 3. supurado, umectante, umectativo.

~ **weather** tempo chuvoso, úmido.

moisten [mɔisn] v. 1. umedecer. 2. umectar.

moistener [m'ɔisnə] s. aquele que umedece m.

moistness [m'ɔistnis] s. umidade f.

moisture [m'ɔistʃə] s. umidade, umectação f.

moistureless adj. seco.

mol [moul] s. (Quím.) 1. mol m. 2. molécula-grama f.

molal [m'oulәl] adj. (Quím.) relativo ao peso molecular.

molar (I) [nɪ'oulә] s. molar, dente molar m. ‖ adj. molar, próprio para moer.

molar (II) [m'oulә] adj. (Fís., Quím.) molar.

molasses [məl'æsiz] s. pl. melaço, melado m.

mold [mould] = **mould.**

mole (I) [moul] s. verruga f., lunar m.

mole (II) [moul] s. toupeira f. ‖ v. cavar, escavar.

mole (III) [moul] s. molhe, dique, porto m. (quadro H 3).

mole-cricket s. grilo-toupeira m., paquinha f.

molecular [mol'ekjulə] adj. molecular, relativo a molécula.

~ **weight** peso molecular.

molecularity [molekjul'æriti] s. condição ou caráter de molecular.

molecule [m'ɔlikjul] s. 1. molécula f. 2. partícula pequena f.

mole-eyed adj. 1. que tem olhos muito pequenos. 2. que tem visão imperfeita.

mole-hill s. montículo m. de terra feito pelas toupeiras.

to make mountains out of ~**s** exagerar.

moleskin [m'oulskin] s. 1. pele f. de toupeira. 2. espécie de fustão de algodão. 3. ~**s** pl. roupa f., especialmente calças, feitas com esse tecido.

molest [mol'est] v. molestar, perturbar, incomodar.

molestation [molest'eiʃən] s. molestamento, incômodo m.

molester [nɪol'estə] s. molestador, importuno m.

molinist [m'ɔlinist] s. (Filos.) molinista m. + f.: adep-

to do molinismo, do jesuíta Molina (séc. XVI).

moll [mɔl] s. 1. (gíria) companheira f. de criminoso. 2. prostituta f.

mollescent [m'ɔləsənt] adj. 1. emoliente. 2. (Med.) demulcente.

mollifiable [m'ɔlifaiəbəl] adj. molificativo, emoliente.

mollification [mɔlifik'eiʃən] s. molificação f. abrandamento, amolecimento m.

mollifier [m'ɔlifaiə] s. 1. calmante, emoliente m. 2. pacificador, apaziguador m.

mollify [m'ɔlifai] v. 1. molificar, abrandar, suavizar, mitigar. 2. pacificar, apaziguar.

mollusc [m'ɔləsk], **mollusk** s. molusco m.

mollusca [mol'ʌskə] s. pl. (Zool.) moluscos m. pl.

molluscan [~ n] s. molusco m. ‖ adj. relativo aos moluscos.

molluscoid [mol'ʌskɔid] s. moluscóide m. ‖ adj. relativo aos moluscóides.

molluscous [mol'ʌskəs] adj. relativo aos moluscos.

molly [m'ɔli] s. 1. homem ou rapaz afeminado, maricas m. 2. mulher leviana, prostituta f.

moloch [m'oulɔk] s. 1. Moloch m.: ídolo fenício. 2. moloque m.: réptil australiano.

molossus [mɔl'ɔses] s. metro m. poético composto de três sílabas longas.

Molotov cocktail s. (gíria) coquetel Molotov m.: explosivo, freqüentemente de fabricação caseira.

molten [m'oultən] v. p. p. de **melt** ‖ adj. fundido, derretido.

molto Lm'ɔltou] adj. (Mús.) muito.

moly [m'ouli] s. 1. erva f. fabulosa. de propriedades mágicas. 2. alho-dourado m.

molybdate [mol'ibdət] s. (Quím.) molibdato m.: composto de ácido molíbdico com uma base.

molybdenum [mɔlibd'i:nəm] s. (Quím.) molibdênio m.

molybdic [mɔl'ibdik], **molybdenous** [mɔl'ibdinəs] adj. molíbdico.

moment [m'oumənt] s. 1. momento, instante m. 2. importância, significação f. 3. impulso m., força f. ‖ ~**ly** adv. 1. de momento a momento, a qualquer momento. 2. por um momento.

a matter of ~ um assunto de importância. **this** ~ neste instante.

momentariness [~ ərinis] s. condição de ser momentâneo.

momentary [~ əri] adj. momentâneo, transitório, instantâneo, passageiro. ‖ **-rily** adv. 1. momentaneamente. 2. a todo momento.

moment of truth s. momento crítico m., hora h f.

momentous [moum'entəs] adj. momentoso, grave, significativo. ‖ ~**ly** adv. momentosamente.

momentousness [~ nis] s. importância, gravidade f.

momentum [moum'entəm] s. força viva, cinética f.

momism [m'ɔmizm] s. dependência excessiva f. de cuidados maternos.

Momus Lm'ouməs] s. 1. Momo m.: deus da sátira.

monacal, monachal [m'ɔnəkəl] adj. monacal, monástico.

monachism Lm'ɔnəkizm] s. monaquismo, monacato m.

monad [m'ɔnæd] s. mônada, mônade f.

monadelphous [mɔnəd'elfəs] adj. (Bot.) monadelfo: que possui ou estames reunidos num só fascículo.

monadic [mɔn'ædik] adj. monadário.

monadism [m'ɔnədizm] s. (Filos.) monadismo m.: sistema filosófico formulado por Leibniz.

monandrous [mon'ændrəs] adj. monândrico, monandro, que tem um só estame.

monandry [mon'ændri] s. 1. monandria, qualidade de monandro f. 2. (Bot.) condição f. de monandro.

monarch [m'ɔnək] s. monarca, soberano m.

monarchal [mɔn'a:kəl], **monarchic** [mɔn'a:kik], **monarchical** [mɔn'a:kikəl] adj. monárquico. ‖ **monarchally,**

monarchically adv. monarquicamente.
monarchism [m'ɔnəkizm] s. monarquismo m.
monarchist [m'ɔnəkist] s. monarquista m. + f.
monarchistic [mɔnək'istik] adj. monarquista.
monarchize [m'ɔnəkaiz] v. monarquizar.
monarchy [m'ɔnəki] s. monarquia f.
monasterial [mɔnəst'i:riəl] adj. de ou relativo a mosteiro, monástico.
monastery [m'ɔnəstəri, m'ɔnəstri] s. mosteiro, convento, claustro, cenóbio m.
monastic [mən'æstik], **monastical** [~əl] adj. monástico, monacal.
monastically [~əli] adv. monasticamente.
monasticism [mon'æstisizm] s. monaquismo m., vida monacal f.
monatomic [mɔnæt'ɔmik] adj. (Quím.) monatômico, univalente.
monaxial [mon'æksiəl] adj. monaxífero, uniaxial.
Monday [m'ʌndi] s. segunda-feira f.
monetary [m'ʌnitəri] adj. monetário. || **–rily** adv. monetariamente.
monetization [mʌnitiz'eiʃən] s. monetização f.
monetize [m'ʌnitaiz] v. monetizar, amoedar.
money [m'ʌni] s. 1. dinheiro m., moeda f. 2. riqueza, fortuna f.
  time is ~ tempo é dinheiro. **~ makes the mare to go** com dinheiro tudo se arranja. **to make a lot of ~** ganhar muito. **~ down, ready ~** dinheiro à vista. **to be short of ~** , estar sem dinheiro. **~ of account** denominador de valor monetário ou base de troca, empregado em lançamentos contábeis, para o qual pode ou não existir uma moeda correspondente.
money-bag s. 1. bolsa, carteira f. 2. **~s** pl. ricaço. 3. avarento m.
money-box s. mealheiro, cofre m.
money-changer s. cambista m. + f.
moneyed [m'ʌnid] adj. rico, endinheirado.
money-grubber s. avaro, avarento m.
money-lender s. prestamista m. + f.
moneyless adj. pobre, sem dinheiro.
money-making s. ação f. de ganhar dinheiro. || adj. lucrativo, rendoso.
money-market s. bolsa f., mercado financeiro m.
money-order s. vale postal m.
money-spinner s. 1. aranha pequena f. 2. (fig.) pessoa f. que consegue grandes lucros.
money-wort s. (Bot.) lisimáquia f.
monger [m'ʌŋgə] s. (Ingl.) negociante m. + f.
  cheese-~ queijeiro. **fish-~** peixeiro. **scandal ~** boateiro.
Mongol [m'ɔngɔl] s. mongol m. + f. || adj. mongol.
Mongolian [mɔŋg'ouljən] s. 1. mongol m. + f. 2. amarelo (raça) m. || adj. 1. mongol. 2. amarelo (raça).
mongolism [m'ɔngəlizm] s. (Pat.) mongolismo m., síndrome f. de Down.
Mongoloid [m'ɔŋgɔloid] adj. mongolóide.
mongoose [mʌŋg'u:s] s. 1. mangusto m.: tipo de icnêumon da índia, que ataca e mata cobras venenosas. 2. espécie de lêmure.
mongrel [m'ʌŋgrəl] s. animal m., especialmente cão, produto do cruzamento de várias raças. || adj. híbrido, mestiço. || **~ly** adv. de modo híbrido.
mongrelism [~izm] s. hibridez f.
monies [m'ʌniz] s. pl. somas f. pl. de dinheiro.
monism [m'ɔnizm] s. (Filos.) 1. monismo m.: concepção dinâmica da unidade de todas as forças da natureza. 2. qualquer das doutrinas que negam a dualidade do espírito e da matéria.
monist [m'ɔnist] s. monista m. + f.
monistic [mɔn'istik], **monistical** [~əl] adj. monístico.

monition [moun'iʃən] s. 1. admoestação, advertência f. 2. citação f.
monitive [m'ɔnitiv] adj. admonitório, admoestador.
monitor [m'ɔnitə] s. 1. monitor, decurião m. 2. espécie de navio de guerra 3. varano m.: gênero de reptis sáurios. || v. controlar transmissões radiofônicas.
monitorial [mɔnit'ɔ:riəl] adj. relativo a monitor.
monitorship [m'ɔnitəʃip] s. cargo m. de monitor.
monitory [m'ɔnitəri] s. admoestação, advertência f. || adj. admonitório, admoestador.
monitress [m'ɔnitris] s. monitora f.
monk [mʌŋk] s. monge, frade m.
monkdom [m'ʌŋkdəm], **monkery** [m'ʌŋkəri] s. 1. monaquismo m. 2. vida monacal f. 3. usos monásticos m. pl.
monkey [m'ʌŋki] s. 1. macaco, mono, símio, bugio m. 2. traquinas m. 3. bate-estacas m. 4. pequeno cadinho m. usado na fundição de vidro. 5. líquido m. composto de duas partes de ácido clorídrico e uma parte de zinco, usado em trabalhos de solda. || v. 1. macaquear, arremedar. 2. bulir, intrometer-se. 3. cometer travessuras.
  to get ou **put one's ~ up** ficar bravo, encolerizado.
monkey-block s. (Náut.) moitão m. com gato de tornel.
monkey-bread s. fruta-pão-de-macaco f.
monkey business s. (coloq.) 1. ato m. ou modos m. pl. tolos, enganosos. 2. macaquice f. 3. (coloq.) trapaça f. 4. conduta imprópria f.
monkey-engine s. bate-estacas m.
monkey-flower s. mímulo m.: planta escrofulariácea f.
monkeyish [~iʃ] adj. simiesco, macacal.
mankey-jacket s. roupa de macaco de circo f.
monkey-jar s. moringa, bilha f.
monkey-shine s. (gíria, E. U. A.) peça, brincadeira, palhaçada f.
monkey-wrench s. chave inglesa f.
monkhood [m'ʌŋkhud], **monkship** s. monaquismo, monacato m.
monkish [m'ʌŋkiʃ] adj. monacal, fradesco. || **~ly** adv. à maneira de frade.
monkishness [m'ʌŋkiʃnis] s. fradice f.
monk's-hood s. (Bot.) acônito, napelo m.
mono- [m'ɔnou] (prefixo) um, único.
monobasic [mɔnob'eisik] adj. (Quím.) monobásico.
monocarpic [mɔnok'a:pik] adj. (Bot.) monocárpico.
monochord [m'ɔnokɔ:d] s. (Mús.) monocórdio m.
monochrome [m'ɔnokr'oum] s. monocromia f.: quadro pintado a uma só cor. || adj. monocrômico.
monochromic [~ik] adj. monocromático, pintado com uma só cor. || **~ally** adv. em uma só cor.
monocle [m'ɔnɔkl] s. monóculo m.
monoclinal [mɔnokl'ainəl] adj. (Geol.) monoclinal.
monoclinic [mɔnokl'inik] adj. (Min.) monoclínico.
monocotyledon [m'ɔnokɔtil'i:dən] s. (Bot.) monocotiledônea f.: espécie das monocotiledôneas, plantas que possuem um só cotilédone na semente.
monocotyledonous [~əs] adj. monocotiledôneo.
monocular [mɔn'ɔkjulə], **monoculous** [~s] adj. que tem apenas um olho, para uso com um só olho.
monoculture [m'ɔnokʌltʃə] s. (Agric.) monocultura f.
monocyclic [mɔnos'aiklik] adj. monocíclico.
monodic [mon'ɔdik], **monodical** [~əl] adj. (Mús.) monódico, relativo a monodia.
monodon [m'ɔnodɔn] s. gênero m. de cetáceos, ao qual pertence unicamente o narval.
monodrama [mɔnodr'a:mə] s. (Teat.) monodrama m.
monodramatic [mɔnodrəm'ætik] adj. relativo ao monodrama.
monody [m'ɔnodi] s. 1. monodia f., monólogo m. das

antigas tragédias. 2. canto m. a uma voz, sem acompanhamento. 3. trenodia f.

monoecia [mon'i:ʃiə] s. (Bot.) monecia, monóicia f.: presença f., na mesma planta, de flores masculinas e femininas.

monofilament [mɔnof'iləmənt] adj. (Eletr., Téc.) monofilamentoso.

monogamist [mon'ɔgəmist] s. monógamo m.

monogamous [mon'ɔgəməs] adj. monógamo.

monogamy [mon'ɔgəmi] s. monogamia f.

monogenesis [mɔnɔdʒ'enəsis] s. monogenia f.: reprodução assexuada por divisão de células.

monogenetic [mɔnɔdʒən'etik], **monogenic,** [mɔnɔdʒ'enik], **monogenous** [mon'ɔdʒinəs] adj. monogênico.

monogenism [mon'ɔdʒinizm] **monogeny** [mon'ɔdʒini] s. monogenismo m.: doutrina antropológica segundo a qual todas as raças humanas são originárias de um tipo primitivo único.

monogenist [mon'ɔdʒinist] s. monogenista m. + f.: partidário do monogenismo.

monogram [m'ɔnogræm] s. monograma m.

monogrammatic [mɔnogræm'ætik] adj. monogramático, relativo ao monograma.

monograph [m'ɔnogra:f] s. monografia f. ‖ v. monografar.

monographer [mɔn'ɔgrəfə], **monographist** [mɔn'ɔgrəfist] s. monógrafo m., autor de uma monografia.

monographic [mɔnogr'æfik] adj. monográfico, relativo a monografia. ‖ ~ally adv. monograficamente.

monogynia [mɔnodʒ'iniə] s. 1. monoginia f.: uma das ordens do sistema de Lineu, a qual contém plantas cujas flores possuem um só pistilo. 2. monogamia f.

monogynous [mɔn'odʒinəs] adj. (Bot.) 1. monógino, designativo dos vegetais cuja flor tem um só pistilo. 2. monogâmico.

monolingual [mɔnol'iŋgwəl] adj. monolíngüe.

monolith [m'ɔnoliθ] s. monólito m., monumento m. ou obra f. feito de um só bloco de pedra.

monolithic [mɔnol'iθik] adj. monolítico, relativo a monólito.

monologue, monolog [m'ɔnolɔg] s. 1. monólogo m. 2. solilóquio m.

monomania [mɔnom'einiə] s. (Psiq.) monomania f.: alienação mental em que predomina uma só idéia ou ordem de idéias.

monomaniac [~k] s. monomaníaco m. ‖ adj. monomaníaco.

monomaniacal [~kəl] adj. monomaníaco.

monometallic [mɔnomet'ælik] adj. monometálico.

monometallism [mɔnom'etəlizm] s. monometalismo m.: sistema monetário que admite um único metal como padrão legal.

monometallist [mɔnom'etəlist] s. monometalista m. + f., partidário m. do monometalismo.

monometer [mon'ɔmitə] s. monômetro m.: 1. verso de um só pé. 2. poema m. com versos desse tipo.

monomial [mon'oumiəl] s. monômio m.: expressão algébrica de um só termo. ‖ adj. que consiste em monômios.

monomorphic [mɔnom'ɔ:fik] adj. monomórfico.

monopetalous [mɔnop'etələs] adj. (Bot.) monopétalo, que tem uma só pétala.

monophase [m'ɔnofeiz] adj. (Eletr.) monofásico.

monophony [mon'ɔfəni] s. (Mús.) monofonia, monodia f.

monophthong [mon'ɔfθɔŋ] s. (Fon.) monotongo m.

monophyllous [mɔnof'iləs] adj. (Bot.) monofilo, que tem uma só folha, formado de uma só folha.

monoplane [m'ɔnoplein] s. monoplano m.

monoplegia [mɔnopl'i:dʒiə] s. (Pat.) monoplegia f.

monopolist [mon'ɔpolist] s. monopolista m. + f, monopolizador m.

monopolistic [monɔpol'istik] adj. monopolizador.

monopolization [monɔpoliz'eiʃən] s. monopolização f.

monopolize [mon'ɔpolaiz] v. monopolizar.

monopolizer [mon'ɔpolaizə] s. = **monopolist.**

monopoly [mon'ɔpoli] s. monopólio m.

monopsony [mɔn'ɔpsəni] s. (Com.) mercado m. de um só comprador.

monorail [m'ɔnoreil] s. monotrilho, monocarril m. ‖ adj. monotrilho, monocarril.

monosepalous [mɔnos'epələs] adj. (Bot.) monossépalo, gamossépalo: que tem uma só sépala.

monospermous [mɔnosp'ə:məs] adj. (Bot.) monospermo.

monostich [m'ɔnostik] s. monóstico m.: poema de um só verso. ‖ adj. monóstico: que consta de um só verso.

monostrophic [mɔnostr'ofik] adj. monóstrofo, composto de uma só estrofe.

monosyllabic [mɔnosil'æbik] adj. monossilábico, formado de uma só sílaba. ‖ ~ally adv. mediante emprego de monossílabos.

monosyllable [mɔnos'iləbl] s. monossílabo m.: palavra de uma só sílaba.

monothalamous [mɔnoθ'æləməs] adj. monotálamo, diz-se das conchas que só têm uma cavidade.

monotheism [m'ɔnoθi:izm] s. mohoteísmo m., crença f. em um só deus.

monotheist [m'ɔnoθi:ist] s. monoteísta m. + f., pessoa que crê num deus único.

monotheistic [mɔnəθi:'istik] adj. monoteísta: que crê em um só deus.

monotone [m'ɔnotoun] s. monotonia f. ‖ v. falar ou cantar de forma monótona. ‖ adj. monótono, uniforme, enfadonho.

monotonous [mon'ɔtənəs] adj. 1. monótono, de um só tom. 2. uniforme. 3. enfadonho. ‖ ~ly adv. monotonamente, enfadonhamente.

monotony [mon'ɔtəni], **monotonousness** [mon'ɔtənəsnis] s. monotonia, insipidez f.

Monotremata [mɔnotr'i:mətə] s. pl. (Zool.) monotremos, monotrêmatos m. pl.

monotrematous [~s] adj. monotremo.

monotreme [m'ɔnətri:m] s. (Zool.) monotrêmato m. ‖ adj. monotremo.

monotype [m'ɔnotaip] s. monotipo m.: máquina de composição tipográfica com teclado que funde apenas um tipo de cada vez. ‖ v. compor em monotipo.

monovalent [mɔnov'eilənt] adj. monovalente.

monoxide [mon'ɔksaid] s. (Quím.) monóxido, óxido monovalente m.

Monroe Doctrine [mənr'ou d'ɔktrin] s. monroísmo m., doutrina f. de Monroe.

monseigneur [mɔnseinj'ə:] s. monsenhor m.

monsieur [məsj'ə:] s. (fr.) senhor m.

monsignor [mɔns'i:njɔ:, mɔnsi:nj'ɔ:] s. monsenhor m.

monsoon [mɔns'u:n] s. monção f.

monster [m'ɔnstə] s. monstro m. ‖ adj. 1. monstruoso.

monstrance [m'ɔnstrəns] s. custódia f.: objeto de ouro ou de prata em que se expõe a hóstia consagrada.

monstrosity [mɔnstr'ɔsiti] s. 1. monstruosidade f. 2. monstro m.

monstrous [m'ɔnstrəs] adj. monstruoso, disforme, horrendo. ‖ adv. (coloq.) muito, extremamente. ‖ ~ly adv. monstruosamente.

monstrousness [~nis] s. monstruosidade f.

montage [mɔnt'a:3] s. (fr.) montagem f. de cenários.

montane [m'ɔntein] adj. montanhesco.

monte [m'ɔnti] s. monte m.: espécie de jogo de cartas, originário da Espanha.

Monte Carlo method s. (Fís., Mat.) método m. de solucionar problemas, processado em computador.

Montessori method s. método m. Montessori (educação infantil).

month [mʌnθ] s. mês m.
~'s **mind** missa de trigésimo dia. **calendar** ~ um dos 12 meses do ano, de 28 a 31 dias. **lunar** ~ mês lunar. **a** ~ **of Sundays** um período indefinidamente longo.

monthly [m'ʌnθli] s. 1. mensário m. 2. ~**lies** pl. mênstruo m. ‖ adj. mensal. ‖ adv. mensalmente.

monticule [m'ɔntikjul] s. 1. montículo m. 2. cone secundário m. de vulcão.

monument [m'ɔnjumənt] s. monumento m.

monumental [mɔnjum'entəl] adj. 1. monumental. 2. grandioso, magnífico. ‖ ~**ly** adv. monumentalmente.

monumentalize [~aiz] v. monumentalizar, comemorar.

moo [mu:] s. mugido m. ‖ v. mugir.

mooch [mu:tʃ] v. 1. vaguear, perambular. 2. (gíria) roubar. 3. pedir, obter à custa de outrem.

mood (I) [mu:d] s. 1. ânimo m., disposição f., humor m. 2. ~**s** pl. mau humor m., rabugem f.
in the ~ disposto a. **he was in a cheerful** ~ ele estava de bom humor, alegre.

mood (II) [mu:d] s. modo m.
the imperative ~ (Gram.) o modo imperativo.

moodiness [m'u:dinis] s. mau humor m., melancolio f., tristeza f.

moody [m'u:di] adj. mal-humorado, triste, taciturno, melancólico. ‖ **-dily** adv. tristemente, taciturnamente.

moon [mu:n] s. 1. lua f. 2. (poet.) mês m. ‖ v. andar ou olhar de modo desatento.
new ~ lua nova. **half** ~ meia-lua. **full** ~ lua cheia. **once in a blue** ~ uma vez na vida, raramente. **cry for the** ~ querer o impossível.

moonbeam [m'u:nbi:m] s. raio lunar m.

moon-blind adj. que não vê bem à noite.

moon-blindness s. visão f. defeituosa à noite.

moon-calf s. bobo, tolo m., palerma m. + f.

mooned [mu:nd] adj. 1. em forma de lua. 2. em forma de meia-lua 3. iluminado pela lua.

moon-eye s. 1. afecção f. da vista dos cavalos. 2. vista f. afetada por essa moléstia. 3. espécie de arenque.

moon-glade s. reflexo m. dos raios de luar na água.

moonless adj. sem luar, escuro.

moonlight [m'u:nlait] s. luar m. ‖ adj. iluminado pelo luar.

moonlit [m'u:nlit] adj. iluminado pela lua.

moonport [m'u:npɔ:t] s. base f. de lançamento de foguete à Lua.

moonrise [m'u:nraiz] s. o nascer m. da lua.

moonscape [m'u:nskeip] s. paisagem lunar f.

moonseed [m'u:nsi:d] s. planta f. da família das Menispermáceas, do gênero Menispermum.

moonshine [m'u:nʃain] s. 1. luar m. 2. fantasia, bobagem f., disparate m. 3. bebida f. alcoólica destilada ilegalmente ou de contrabando.

moonshiner [~ə] s. 1. fabricante m. + f. ilícito de bebidas alcoólicas. 2. contrabandista m. + f. dessas bebidas.

moonshot [m'u:nʃɔt] s. lançamento m. de foguete à Lua.

moonstone [m'u:nstoun] s. pedra f. azul esbranquiçada opalescente, variedade de ortoclásio.

moonstruck [m'u:nstrʌk] adj. lunático, maníaco.

moonwort [m'u:nwə:t] s. (Bot.) 1. qualquer feto do gênero Botrychium. 2. lunária f.

moony [m'u:ni] adj. 1. lunar. 2. em forma decrescente. 3. como luar. 4. sonhador, tonto.

moor (I) [muə] v. ancorar, atracar.

moor (II) [muə] s. pântano, charco, paul, brejo m.

Moor (III) [muə] s. mouro, sarraceno m.

moorage [m'uəridʒ] s. ancoradouro m.

moor-cock, moor-fowl, moor-hen s. espécie de lagópode (Lagopus scoticus).

mooring [m'uəriŋ] s. 1. ancoradouro m. 2. ancoragem, amarração f.

moorings [~z] s. pl. amarras f. pl. 2. ancoradouro m.

moorish (I) [m'uəriʃ] adj. 1. pantanoso, alagadiço.

Moorish (II) [m'uəriʃ] adj. mourisco, mouro.

moorland [m'uəlænd] s. 1. terreno pantanoso m. 2. campo m. coberto de urze.

moory [m'uəri] adj. pantanoso, apaulado.

moose [mu:s] s. (Zool.) alce m. (Alces americanus).

moot [mu:t] s. debate m., disputa f. ‖ v. 1. debater. 2. levantar (uma questão). ‖ adj. discutível.

moot case s. caso m. para debate ou discussão.

moot court s. reunião f. no pátio do foro para debate de questões jurídicas.

mooter [m'u:tə] s. argumentador m.

mop (I) [mɔp] s. esfregão, esfregalho m. (quadros B 1, B 24). ‖ v. esfregar, lavar.

mop (II) [mɔp] s. careta, momice f. ‖ v. fazer caretas.
to ~ **and mow** fazer cara feia, fazer caretas.

mop-board s. rodapé m.

mope [moup] s. 1. palerma m. + f. 2. lastimador m. 3. ~**s** pl. desânimo m. ‖ v. 1. embasbacar, atordoar, pasmar. 2. lastimar-se. 3. estar enfadado.

moped [m'oupəd] s. (Ingl.) bicicleta motorizada, motocicleta f.

mope-eyed adj. míope.

mop-head s. cabeça ou pessoa cabeluda f.

mopish [m'oupiʃ] adj. 1. estúpido, sem espírito. 2. deprimido, abatido. ‖ ~**ly** adv. 1. estupidamente. 2. de modo deprimido ou abatido.

mopishness [~nis] s. 1. estupidez f. 2. depressão f.

moppet [m'ɔpit] s. 1. boneca f. de pano. 2. meninota f. 3. objeto m. ou animal m. de estimação.

mop-up s. (milit.) operação de limpeza f. (em áreas conquistadas).

moraine [mor'ein] s. (Geol.) morena f.: amontoado de blocos carregados pelas geleiras.

morainic [~ik] adj. relativo a morena.

moral [m'ɔrəl] s. moral f.: 1. conclusão f. moral de uma narrativa, experiência ou ocorrência. 2. máxima f. princípio moral m. 3. ~**s** pl. moralidade f., costumes m. pl., conduta f., comportamento m. 4. ética f., parte da filosofia que trata dos costumes do homem. 5. (gíria) semelhança, parecença f. ‖ adj. 1. moral, digno. 2. virtuoso. 3. edificante. ‖ ~**ly** adv. moralmente.
the ~ **of the story** a moral da história. ~ **certainty** certeza moral, absoluta.

morale [mor'a:l] s. moral f. (das tropas), disposição f. de ânimo.

moralism [m'ɔrəlizm] s. moralismo m.: sistema filosófico que trata exclusivamente da moral.

moralist [m'ɔrəlist] s. moralista m. + f.

moralistic [mɔrəl'istik] adj. moralista.

morality [mor'æliti] s. 1. moralidade, decência f. 2. tipo de drama popular nos séculos XV e XVI.

moralization [mɔrəlaiz'eiʃən] s. moralização f.

moralize [m'ɔrəlaiz] v. moralizar.

moralizer [~ə] s. moralizador m.

moral philosophy ou **science** s. ética f.

moral sense s. senso moral m.: faculdade de julgar uma ação como boa ou má.

morass [mor'æs] s. pântano, paul, brejo m.

moratorium [mɔrət'ɔ:riəm] s. moratória f.

moratory [m'ɔrətəri] adj. moratório, dilatório.

Moravian [mor'eiviən] s. morávio m.: natural ou habitante da Morávia. ‖ adj. morávio, da Morávia.

morbid [m'ɔ:bid] adj. 1. mórbido, lânguido. 2. doen-

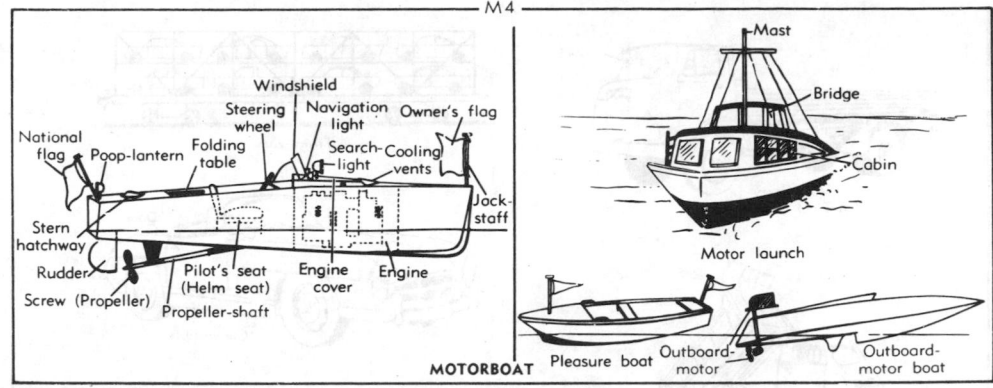

M 4

National flag — Poop-lantern — Folding table — Steering wheel — Windshield — Navigation light — Owner's flag — Search-light — Cooling vents — Jackstaff — Stern hatchway — Rudder — Pilot's seat (Helm seat) — Screw (Propeller) — Propeller-shaft — Engine cover — Engine — Mast — Bridge — Cabin — Motor launch — MOTORBOAT — Pleasure boat — Outboard-motor — Outboard-motor boat

tio. ‖ ~ly adv. morbidamente.

morbidity [mɔːbˈiditi], **morbidness** [mˈɔbidnis] s. morbidez f., estado mórbido m.

morbific [mɔːbˈifik] adj. mórbífico, morbígeno.

morbose [mˈɔːbous] adj. 1. morboso, proveniente de doença. 2. mórbido. 3. insalubre.

morbosity [mɔːbˈositi] s. morbidade f., estado mórbido m.

mordacious [mɔːdˈeiʃəs] adj. mordaz, sarcástico.

mordancy [mˈɔːdənsi] s. mordacidade f., sarcasmo m.

mordant [mˈɔːdənt] s. mordente m.: 1. substância para fixar as cores em tingimento. 2. preparação de tinta para cobrir objetos a dourar. 3. ácido ou outro corrosivo usado pelos gravadores m. ‖ adj. mordente, mordaz. ‖ ~ly adv. mordazmente.

mordent [mˈɔːdənt] s. (Mús.) mordente m.: alternação rápida de uma nota musical com outra imediatamente inferior.

more [mɔː] s. 1. maior quantidade f. 2. quantidade adicional f. ‖ adj. comp. de **much** 1. mais. 2. adicional, extra. ‖ adv. 1. além do mais. 2. ainda. ~ **and** ~ cada vez mais. ~ **by token** como prova adicional. ~ **or less** mais ou menos. **never** ~ nunca mais. **once** ~ outra vez. **to be no more** não existir mais.

moreen [morˈiːn] s. damasco m. de lã para cortinas.

morel [morˈel] s. 1. espécie de cogumelo comestível, do gênero Morchella. 2. erva-moura f.

moreover [mɔːrˈouvə] adv. além disso, além do mais.

mores [mˈɔːrəs] s. pl. (Soc.) tradições f. pl. e costumes m. pl. folclóricos.

moresque [mɔːrˈesk] s. trabalho m. ornamental em estilo mourisco. ‖ adj. ornamentado nesse estilo.

morganatic [mɔːgənˈætik] adj. morganático. ‖ ~ally adv. morganaticamente.

morgue [mɔːg] s. necrotério m.

moribund [mˈɔribʌnd] adj. moribundo, agonizante.

morion [mˈɔrion] s. morrião m.: a) (Hist.) capacete sem viseira. b) planta da família das Primuláceas.

mormon [mˈɔːmon] s. mórmon m., sectário m. do mormonismo.

mormonism [~izm] s. (E. U. A., Rel.) mormonismo m.

morn [mɔːn] s. (poét.) manhã f.

morning [mˈɔːniŋ] s. manhã f. ‖ adj. matutino.
  early in the ~ de manhã cedo. **good** ~ bom dia. **on the** ~ **of April lst** na manhã do dia 1 de abril. **this** ~ esta manhã. **yesterday** ~ ontem de manhã. ~ **call** visita matinal. ~ **coat** fraque. ~ **draught** aperitivo, mata-bicho. ~ **dress** paletó preto com calça listrada. ~ **prayer** prece matinal. ~

~ **star** estrela d'alva. ~ **watch** (náut.) quarto da alvorada.

morning after s. (coloq.) 1. ressaca f. 2. despertar doloroso m.

morning-glory s. (Bot.) ipoméia f.

morning-gown s. roupão, chambre m.

mornings [mˈɔːniŋz] adj. de manhã.

morning sickness s. indisposição matinal f. durante a gravidez.

Moroccan [mərˈɔkən] adj. marroquino.

Morocco [morˈɔkou] s. 1. Marrocos m. 2. marroquim m.

moron [mˈɔron] s retardado mental, tarado m.

morose [morˈous] adj. sombrio, taciturno, melancólico. ‖ ~ly adv. sombriamente, melancolicamente.

moroseness [~nis] s. melancolia f., enfado m.

Morphean [mˈɔːfiən] adj. relativo a Morfeu.

morpheme [mˈɔːfiːm] s. (Ling.) morfema m.

Morpheus [mˈɔːfjus, mˈɔːfiəs] s. Morfeu m.: deus dos sonhos.
  in the arms of ~ nos braços de Morfeu.

morphia [mˈɔːfjə], **morphine** [mˈɔːfiːn] s. morfina f.

morphogenesis [mɔːfədʒˈenisis] s. (Biol.) morfogenia f.

morphologic [mɔːfolˈɔdʒik], **morphological** [~əl] adj. morfológico. ‖ ~ally adv. morfologicamente.

morphologist [mɔːfˈɔlodʒist] s. morfologista m. + f.

morphology [mɔːfˈɔlodʒi] s. morfologia f.

morphosis [mɔːfˈousis] s. morfose f.

morris [mˈɔris], **morris-dance** s. dança f. rústica da Inglaterra.

morrow [mˈɔrou] s. amanhã, o dia seguinte m.
  to~ amanhã. **the** ~ **of** o período após. **the day after to~** depois de amanhã.

morse [mɔːs] s. 1. hipocampo, cavalo-marinho m. 2. fecho m. de pluvial.

Morse [mɔːs] s. 1. telégrafo m. Morse. 2. mensagem f. em código Morse.

Morse alphabet ou **code** s. código m. Morse.

morsel [mˈɔːsəl] s. bocado, pedacinho m.

mort (I) [mɔːt] s. toque m. de corneta para anunciar a morte da caça.

mort (II) [mɔːt] s. salmão m. de três anos.

mort (III) [mɔːt] s. (gíria) grande quantidade f.

mortal [mɔːtl] s. mortal, homem m. ‖ adj. 1. mortal, efêmero, transitório. 2. fatal. 3. mortífero. 4. implacável, inexorável. 5. excessivo, extremo. 6. tedioso, enfadonho. ‖ ~ly adv. 1. mortalmente, fatalmente. 2. excessivamente.

mortality [mɔːtˈæliti] s. mortalidade f.

mortality table s. (Estat.) tabela f. da mortalidade e expectativa de vida.

mortal sin s. (Rel. Católica) pecado mortal m.

M 5

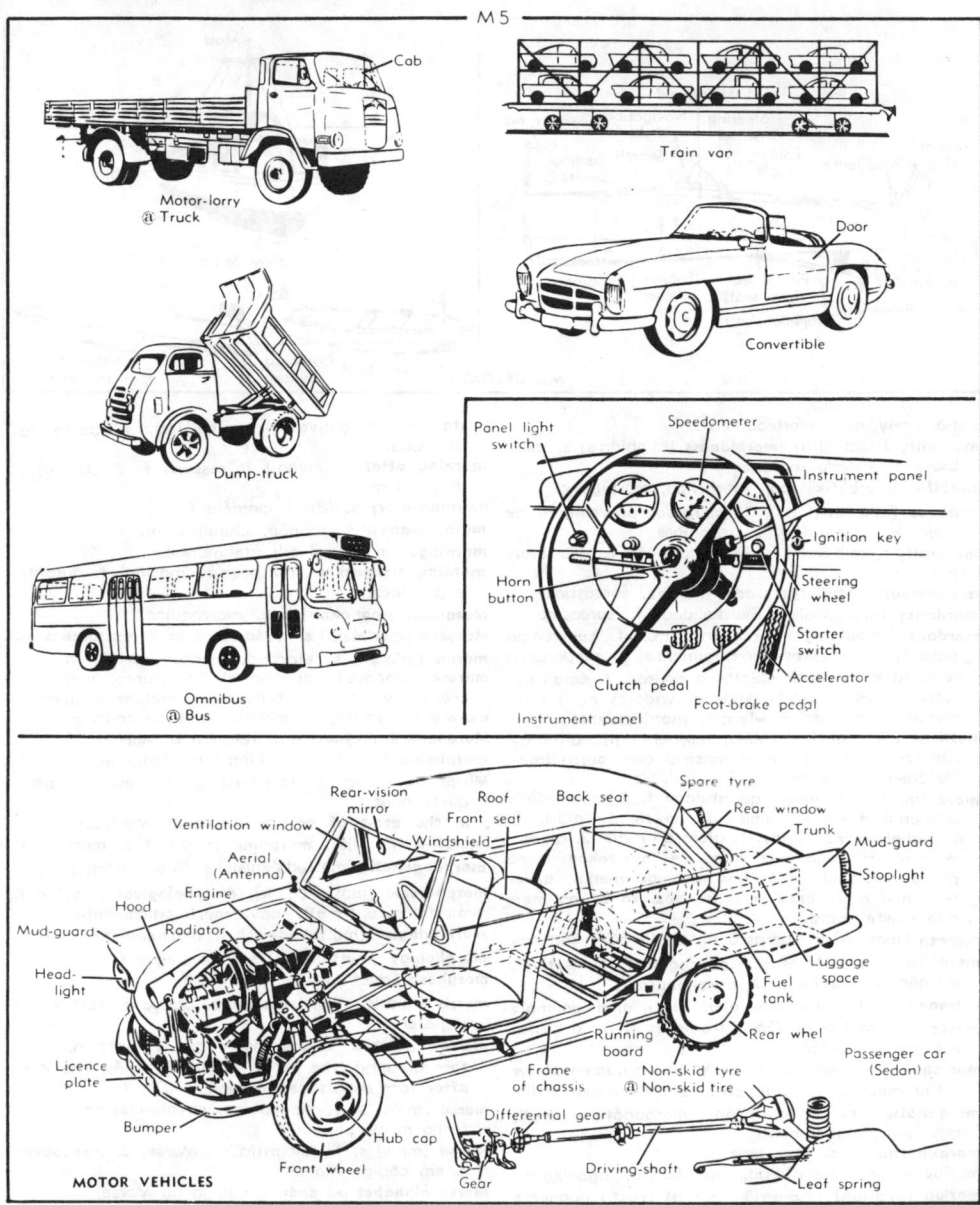

Cab

Motor-lorry
ⓐ Truck

Train van

Door

Convertible

Dump-truck

Panel light switch
Speedometer
Instrument panel
Ignition key
Horn button
Steering wheel
Starter switch
Accelerator
Clutch pedal
Foot-brake pedal
Instrument panel

Omnibus
ⓐ Bus

Rear-vision mirror
Roof
Front seat
Back seat
Spare tyre
Rear window
Ventilation window
Windshield
Trunk
Mud-guard
Aerial (Antenna)
Stoplight
Engine
Hood
Mud-guard
Radiator
Luggage space
Head-light
Fuel tank
Running board
Rear whel
Licence plate
Frame of chassis
Non-skid tyre
ⓐ Non-skid tire
Passenger car (Sedan)
Bumper
Differential gear
Hub cap
Front wheel
Driving-shaft
Gear
Leaf spring

MOTOR VEHICLES

---

mortar (I) [mɔ'ɔːtə] s. almofariz, pilão, gral m.

mortar (II) [m'ɔːtə] s. morteiro m.

mortar (III) [m'ɔːtə] s. argamassa f. ‖ v. cobrir com argamassa.

mortar-board s. 1. desempenadeira f. de pedreiro. 2. espécie de barrete usado pelos estudantes na colação de grau.

mortgage [m'ɔːgidʒ] s. hipoteca f. ‖ v. hipotecar.

mortgagee [mɔːgəgdʒ'iː] s. credor hipotecário m.

mortgager [m'ɔːgidʒə], **mortgagor** [mɔːgəgdʒ'ɔ] s. devedor hipotecário m.

mortician [mɔːt'iʃən] (E. U. A.) s. agente funerário m.

mortification [mɔːtifik'eiʃən] s. 1. mortificação, afli-

ção f., tormento m. 2. humilhação f. 3. gangrena f.

mortifier [m'ɔːtifaiə] s. mortificador m.

mortify [m'ɔːtifai] v. 1. mortificar, afligir, atormentar. 2. dominar, refrear. 3. perder a vitalidade. 4. torturar. 5. macerar com penitências. 6. humilhar 7. gangrenar. 8. afligir-se, atormentar-se.

mortifyingly [m'ɔːtifaiiŋli] adv. de modo mortificante.

mortise [m'ɔːtis] s. malhete, encaixe, entalhe m. (quadro C 3). ‖ v. malhetar, encaixar, entalhar.

mortise-chisel s. bedame m. de carpinteiro. (quadros C 5, J 2).

mortmain [m'ɔːtmein] s. (Jur.) mão-morta f. 1. bens m. pl. alienáveis de comunidades eclesiásticas,

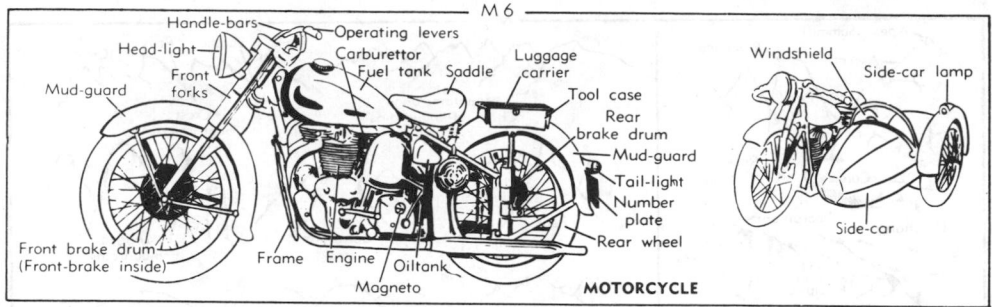

M 6

MOTORCYCLE

Labels: Handle-bars, Head-light, Front forks, Mud-guard, Operating levers, Carburettor, Fuel tank, Saddle, Luggage carrier, Windshield, Side-car lamp, Tool case, Rear brake drum, Mud-guard, Tail-light, Number plate, Rear wheel, Front brake drum (Front-brake inside), Frame, Engine, Oiltank, Magneto, Side-car

hospitais etc. 2. propriedade f. desses bens.

mortuary [m'ɔ:tjuəri] s. necrotério m. ‖ adj. mortuário, fúnebre.

mosaic [mouz'eiik] s. mosaico, trabalho em mosaico m. ‖ adj. de mosaico, relativo a mosaico. ‖ v. executar trabalhos em mosaico.

Mosaic [mouz'eiik], **Mosaical** [~əl] adj. mosaico, relativo a Moisés.

mosaicist [mouz'eisist], **mosaist** [mouz'eiist] s. mosaicista, mosaísta m. + f.

Mosaic Law s. lei mosaica f.

moschatel [mɔskət'el] s. moscatelina f.: planta do família das Adoxáceas.

moselle [moz'el] s. vinho m. branco produzido na região do rio Mosela.

Moslem [m'ozlem] s. maometano, muçulmano m. ‖ adj. maometano, muçulmano.

mosque [mɔsk] s. mesquita f.

mosquito [mɔsk'i:tou] s. 1. mosquito m. 2. tipo de avião militar ligeiro.

~ boat lancha-torpedeira.

mosquito-curtain, mosquito-net s. mosquiteiro m.

moss [mɔs] s. 1. musgo m. 2. charco m. ‖ v. cobrir de musgo.

mossback [m'ɔsbæk] s. (gíria, E. U. A.) 1. pessoa com idéias antiquadas. 2. caipira, provinciano m.

mossbunker [m'ɔsbʌŋkə] s. peixe m. semelhante ao arenque.

moss-clad, moss-grown adj. coberto de musgo.

mossiness [m'ɔsinis] s. qualidade do que é musgoso ou está coberto de musgo.

moss-rose s. variedade de rosa, de haste e cálice musgosos.

moss-trooper s. bandoleiro, salteador m.

mossy [m'ɔsi] adj. musgoso, muscoso.

most [moust] s. 1. a maior parte f., o maior número m. 2. a maioria f. 3. máximo m. ‖ adj. superl. de **much** 1. o mais, os mais. 2. pela maior parte. ‖ adv. 1. o mais, os mais. 2. pela maior parte. 3. muitíssimo. ‖ **~ly** adv. 1. pela maior parte. 2. a maioria das vezes.

at ~ quando muito. **for the ~ part** 1. a maior parte. 2. geralmente. **to make the ~ of a thing** tirar o máximo proveito. **this is the ~ you can ask for** isto é o máximo que você pode exigir.

-most sufixo, como em **hindmost** = derradeiro, último; **utmost** = máximo, etc.

mot [mou] s. mote m., epígrafe, legenda f.

mote [mout] s. 1. partícula f. de pó. 2. corpúsculo m., molécula f.

motel [m'outəl] (E. U. A.) s. hospedaria f. para motoristas.

moth [mɔθ] s. 1. traça f. 2. mariposa f.

~ ball bolinha de naftalina.

moth-eaten adj. roído pelas traças.

mother [m'ʌðə] s. 1. mãe, progenitora f. 2. madre, freira f. 3. matriz, fonte, origem f. 4. incuba-

deira f. para pintos. 5. sedimento m., borra f. ‖ v. 1. servir de mãe a. 2. adotar. 3. criar. 4. dar à luz. 5. sedimentar-se. ‖ adj. 1. moderno. 2. nativo.

every ~'s son todos. **~ country** pátria. **~ language, ~ tongue** idioma pátrio. **Mother's day** dia das mães. **~ superior** irmã superiora (de convento).

mother-church igreja matriz, sé.

mothercraft [~kra:tt] s. aplicação f. de métodos científicos na criação dos filhos.

motherhood [~hud] s. maternidade f.

mother image ou **figure** s. personificação f. idealizada da mãe.

mother-in-law s. sogra f.

motherland [~lænd] s. pátria f.

motherless adj. órfão de mãe.

motherlike [~laik], **motherly** [~li] adj. maternal. ‖ adv. maternalmente.

motherliness [~linis] s. qualidade de maternal.

Mother of God s. Mãe de Deus f.

mother-of-pearl s. madrepérola f.

mother-spot s. lunar m., pinta f.

motherwit [~wit] s. senso comum m.

mothery [m'ʌðəri] adj. sedimentar, sedimentoso.

mothproof [m'ɔθpru:f] adj. à prova de traças.

mothy [m'ɔθi] adj. cheio de traças.

motif [mout'i:f] s. 1. motivo, tema m. 2. pedaço m. de renda ornamental costurado sobre um vestido.

motile [m'outil] adj. capaz de mover-se.

motility [mout'iliti] s. motilidade f.

motion [m'ouʃən] s. 1. movimento m. (quadro P 9), deslocação f. 2. gesto m. 3. impulso m. 4. moção, proposta f. 5. evacuação intestinal f. 6. mecanismo m. de engrenagem. 7. requerimento m. solicitando medida ou ordem judicial. ‖ v. 1. guiar por gestos. 2. acenar. 3. gesticular.

to ~ s. o. out mostrar a porta a alguém.

motional [~əl] adj. móvel, móbil.

motionless adj. imóvel, inerte.

motion picture s. filme cinematográfico m.

motion sickness s. indisposição f. durante viagens.

motivate [m'outiveit] v. 1. motivar, causar, determinar. 2. instigar, induzir.

motivation [moutiv'eiʃən] s. motivação f.

motivational research s. (Prop.) pesquisa de motivação f.

motive [m'outiv] s. 1. motivo m., causa, razão f. 2. frase f. principal de qualquer composição musical. ‖ v. motivar, causar. ‖ adj. motriz.

~ power força motriz.

motiveless adj. sem objetivo, sem escopo.

motivity [mout'iviti] s. capacidade motriz f.

motley [m'otli] s. 1. mistura heterogênea f. 2. roupa colorida usada pelos bufões. ‖ adj. 1. variegado, multicolor. 2. heterogêneo.

man of ~ bufão. **to wear ~** bancar o bobo.

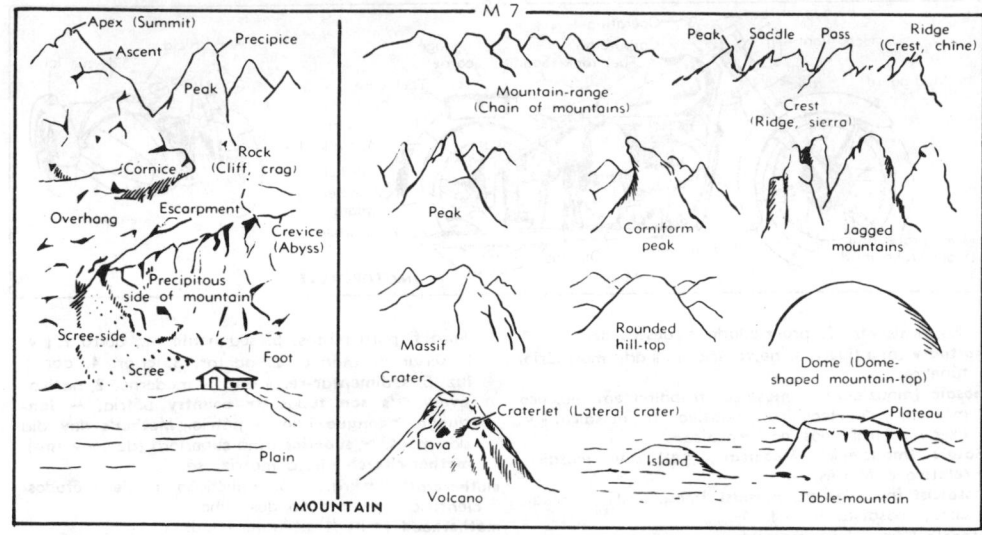

Apex (Summit) — Precipice — Ascent — Peak — Rock (Cliff, crag) — Cornice — Escarpment — Overhang — Crevice (Abyss) — Precipitous side of mountain — Scree-side — Scree — Foot — Plain

M 7

Mountain-range (Chain of mountains) — Peak — Massif — Crater — Lava — Volcano — Craterlet (Lateral crater) — Rounded hill-top — Island

Peak, Saddle, Pass, Ridge (Crest, chine) — Crest (Ridge, sierra) — Corniform peak — Jagged mountains — Dome (Dome-shaped mountain-top) — Plateau — Table-mountain

MOUNTAIN

motocross [m'outoukrɔs] s. "motocross" m.: espécie de corrida para motocicletas, com obstáculos naturais.

motor [m'outə] s. 1. motor m. (quadro D 1). 2. músculo m. ou nervo m. motor. 3. automóvel m. ‖ v. 1. guiar automóvel, viajar de automóvel. 2. conduzir em automóvel. ‖ adj. motor, motriz.
~ **court** (E. U. A.) hospedaria para motoristas.

motor-bicycle s. bicicleta f. a motor.

motorbike [m'outəbaik] s. (E. U. A., coloq.). 1. bicicleta f. a motor. 2. motocicleta t. pequena e leve.

motor-boat s. lancha f. (quadro M 4).

motor-bus s. auto-ônibus m.

motorcade [m'outəkeid] s. (E. U. A.) desfile m. ou fila f. comprida de automóveis.

motor-car s. automóvel m. (quadro M 5).

motorcycle [m'outəsaikl] s. motocicleta f. (quadro M 6).

motorcyclist [m'outəsaiklist] s. motociclista m. + f.

motordrome [m'outədroum] s. autódromo m.

motored [m'outəd] adj. motorizado.

motorial [mot'ɔːriəl] adj. motor, motriz.

motoring [m'outəriŋ] s. automobilismo m.

motorist [m'outərist] s. motorista m. + f.

motorization [moutəraiz'eiʃən] s. motorização t.

motorize [m'outəraiz] v. motorizar.

motor-lorry s. caminhão m. (quadro M 5).

motor-man s. motorneiro, motoreiro m.

motor-school s. auto-escola f.

motor-truck s. (E. U. A.) caminhão m.

motor vehicle s. veículo a motor m.

motory [m'outəri] adj. = **motorial**.

mottle [mɔtl] s. 1. mancha colorida f. 2. fio m. de lã mosqueado. 3. estampado mosqueado m. ‖ v. mosquear, sarapintar.

mottled [mɔtld] adj. mosqueado, sarapintado.

motto [m'ɔtou] s. 1. mote, lema m., divisa f. 2. (Mús.) motivo m.

moujik, muzhik [mu:ʒ'ik] s. mujique, camponês russo m.

mould, mold [mould] (I) s. 1. molde, modelo m., forma, matriz f. 2. natureza f., caráter m. ‖ v. 1. moldar, modelar. 2. amassar (pão).
~ **candle** vela feita em forma.

mould, mold [mould] (II) s. mofo, bolor, fungo m. ‖ v. criar mofo, bolor ou fungo.

mould, mold [mould] (III) s. 1. terra vegetal f. 2. camada f. superior de terras cultivadas.

mouldable, moldable [m'ouldəbl] adj. amoldável.

mould-board, mold-board s. aiveca f.

moulder, molder [m'ouldə] s. moldador, modelador m. ‖ v. 1. desfazer-se, esfarelar, pulverizar, esvair-se. 2. decair, deteriorar.

mouldiness, moldiness [m'ouldinis] s. condição de mofado ou bolorento.

moulding, molding [m'ouldiŋ] s. 1. moldagem, modelagem f. 2. moldura f. 3. cornija f.

mouldy, moldy [m'ouldy] adj. mofado, bolorento.

moulinet [mu:lin'et] s. 1. molinete m. 2. espécie de torniquete.

moult, molt [moult] s. muda f. (penas ou pêlo). ‖ v. mudar (penas ou pêlos).

mound [maund] s. 1. montículo m. 2. morro m., colina f. 3. túmulo m. 4. dique m., barreira f. 5. globo heráldico m. ‖ v. 1. proteger com um dique. 2. entrincheirar, fortificar.

mount [maunt] s. 1. monte m., colina, montanha f. 2. protuberância f. carnosa na palma da mão. 3. base f. sobre a qual se monta alguma coisa. 4. moldura f. de um quadro. 5. passe-partout m. 6. cavalo m. de montaria. 7. (coloq.) oportunidade para montar um animal. 8. ato m. ou maneira f. montar 9. suporte m. ‖ v. 1. levantar, elevar, ascender. 2. aumentar. 3. esvoaçar. 4. montar, cavalgar. 5. escalar, subir. 6. copular com. 7. preparar, ajustar. 8. engastar. 9. colocar sobre passe-partout. 10. encenar. 11. prover de montaria. 12. colocar alguém no dorso de um cavalo. 13. colocar peças de artilharia em posição.
pistols ~ed with silver pistolas com engastes de prata. **to ~ guard** pôr ou ficar de sentinela.

mountable [m'auntəbl] adj. que pode ser montado.

mountain [m'auntin] s. 1. montanha, serra f. (quadro M 7). 2. grande massa f.
~ **sheep** (Zool.) espécie de carneiro das Montanhas Rochosas. ~ **sickness** indisposição f. causada pelo ar rarefeito no alto das montanhas.

mountain-ash s. (Bot.) cornogodinho m., tramazeira f.

mountain-chain s. cadeia f. de montanhas.

mountaineer [mauntin'iə] s. 1. montanhês m. 2. alpinista m. + f. ‖ v. escalar montanhas.

mountaineering [mauntən'iəriŋ] s. alpinismo m.

mountain-goat s. (Zool.) cabra-montesa f. (Oreamnos americanus) das Montanhas Rochosas.

mountain-high adj. (fig.) altíssimo.

mountain-lion s. (E. U. A.) suçuarana, onça-parda f., puma m.

mountainous [m'auntinəs] adj. 1. montanhoso. 2. enorme, imenso.

mountain range s. cordilheira f.

mountebank [m'auntibæŋk] s. charlatão m. ‖ v. charlatanear.

mountebankery [~əri] s. charlatanismo m.

mounting [m'auntiŋ] s. 1. montagem f. 2. suporte m.

mourn [mɔːn] v. 1. lamentar, prantear. 2. condoer-se.

mourner [m'ɔːnə] s. lamentador, pranteador m.

mournful [m'ɔːnful] adj. 1. pesaroso, triste. 2. lutuoso. 3. deplorável. ‖ ~ly adv. pesarosamente.

mournfulness [~nis] s. 1. pesar m. 2. luto m.

mourning [m'ɔːniŋ] s. 1. lamentação f., pranto m. 2. luto m. 3. traje m. de luto. ‖ adj. 1. lamentoso, plangente. 2. de luto. 3. enlutado. ‖ ~ly adv. 1. lamentosamente. 2. pesarosamente.

in ~ de luto.

mourning-dove s. (Zool.) pombo m. selvagem dos E. U. A. (Zenaida macronra carolinensis).

mouse [maus] s. (pl. mice [mais]) 1. camundongo m. 2. pessoa tímida f. 3. (gíria) olho preto m. ‖ v. [mauz] 1. apanhar camundongos. 2. persistir na caça de. 3. rasgar, jogar para cá e para lá (como o gato faz com o rato). 4. rondar, espreitar.

mouse-hole s. buraco m. de rato.

mouser [m'ouzə] s. animal m. que caça camundongos.

mouse-trap s. ratoeira f.

mousseline [mu:sl'i:n] s. musselina f.

moustache [məst'a:ʃ], **mustache** [m'ʌstæʃ] s. bigode m. (quadro B 5).

mousy [m'ausi] adj. 1. semelhante ao camundongo. 2. infestado de camundongos. 3. quieto, silencioso.

mouth [mauθ] s. 1. boca f. (quadros F 3, H 10). 2. embocadura, foz, desembocadura f. 3. careta f. ‖ v. 1. abocanhar. 2. falar afetadamente ou enfaticamente. 3. fazer caretas. 4. acostumar um cavalo ao freio.

don't make a ~ não se queixe, fique quieto. the dog gave ~ o cachorro latiu, deu aviso. she stopped his ~ ela fê-lo calar a boca. shut your ~ cale a boca.

mouthed [mauðd] adj. geralmente em expressões como: big-~ = de boca larga.

he is foul-~ ele tem a boca solta, má língua.

mouther [m'auðə] s. orador enfático m.

mouth-filling adj. 1.que enche a boca. 2. (fig.) sonoro.

mouthful [m'auθful] s. 1. bocado m. 2. pedacinho m

mouthiness [m'auðinis] s. 1. loquacidade f. 2. altissonância f.

mouth-organ s. gaita f.

mouth-piece s. 1. bocal, boquim m. (quadros C 2, S 8). 2. porta-voz m.

mouth-to-mouth adj. de boca a boca (respiração).

mouthwash [m'auθwɔʃ] s. líquido m. para limpeza bucal.

mouth-watering adj. com água na boca.

mouthy [m'auði] adj. 1. loquaz, palrador. 2. altissonante. 3. bombástico. ‖ ~thily adv. 1. loquazmente 2. de modo bombástico. 3. em voz alta.

movability, moveability [mu:vəb'iliti], **movableness, moveableness** [m'u:vəblnis] s. mobilidade f.

movable, moveable [m'u:vəbl] s. móvel m. ‖ adj móvel, móbil. ‖ –bly adv. de maneira móvel.

movable feast s. (Rel.) festa móvel f.

movables [~z] s. pl. bens móveis m. pl.

move [mu:v] s. 1. movimento m. 2. mudança f. 3. lance m. (quadro C 10). ‖ v. 1. mover, deslocar. 2. acionar. 3. alterar. 4. mexer. 5. induzir, incitar. 6. persuadir. 7. excitar. 8. passar. 9. decorrer. 10. agir. 11. comover. 12. freqüentar. 13. progredir. 14. propor. 15. efetuar um lance. 16. mover--se, mudar-se. 17. pôr-se em movimento. 18. caminhar. 19. dirigir-se. 20. provocar (uma risada). 21. pôr em funcionamento. 22. ter venda. 23. (pop.) evacuar.

on the ~ a caminho, em viagem. to make a ~ 1. ir. 2. deixar a mesa. 3. iniciar. 4. fazer um lance. God ~s in a mysterious way Deus age de maneira misteriosa. he ~s in the best society ele freqüenta a melhor sociedade. I ~ that we make peace eu proponho que façamos as pazes. to ~ about, to ~ around 1. mover-se continuamente. 2. mudar (de casa, de serviço, etc.) continuadamente. to ~ along 1. mover-se para a frente ou para trás. 2. = to ~ on. to ~ away mudar-se. to ~ down rebaixar (alguém) de posto ou cargo. to ~ for (Ingl., Parlamento) fazer um pedido formal. to ~ heaven and earth tentar por todos os meios. to ~ to tears comover até às lágrimas. to ~ in mudar-se para. to ~ off partir. to ~ on 1. mudar (para algo novo). 2. ir-se embora. to ~ over dar lugar a. to ~ up promover (alguém) de cargo ou posição. power to ~ the masses poder de excitar as massas. these dresses ~ slowly estes vestidos têm pouca saída. we ~ next week vamos mudar na semana vindoura.

moveless adj. imóvel, sem movimento.

movement [m'u:vmənt] s. 1. movimento m., ação f 2. mecanismo m. 3. (Mús.) tempo m. 4. mudança f. de temperamento ou disposição.

mover [m'u:və] s. 1. movedor, motor m. 2. proponente m. + f. 3. transportador m. 4. a causa f ou o motivo m. 5. o que origina ou instiga.

movie [m'u:vi] (E. U. A.) s. 1. filme cinematográfico m. 2. ~s pl. cinema m.

moviegoer [m'u:vigouə] s. freqüentador m. de cinema.

moving [m'u:viŋ] adj. 1. movente. 2. comovente tocante. ‖ ~ly adv. comoventemente, tocantemente.

moving picture s. = motion picture.

moving staircase s. escada rolante f.

mow (I) [mau] s. 1. celeiro m. 2. meda f. de feno ou de cereais.

mow (II) [mou] v. 1. ceifar, segar. 2. matar em grande quantidade, indiscriminadamente.

mow (III) [mau] s. (†) careta f. ‖ v. fazer caretas.

mower [m'ouə] s. ceifeiro, segador m. (quadro H 6).

mowing [m'ouiŋ] s. 1. segadura f. (quadro H 5). 2. terreno m. onde se ceifa. ‖ adj. segadouro.

moxa [m'ouksə] s. (Med.) moxa f.

Mr. [m'istə] (pl. = Messrs.) abr. de Mister.

Mrs. [m'isiz] abr. de Mistress.

much [mʌtʃ] s. grande quantidade, porção apreciável f. algo fora de comum. ‖ adj. muito. ‖ adv. 1 muito. 2. em grande parte. 3. quase.

as ~ outro tanto. as ~ as tanto como. how ~? quanto? inas~ as porquanto, visto como. ~ too heavy demasiadamente pesado. so ~ tanto. so ~ the better tanto melhor. so ~ the worse tanto pior. this is ~ the same isto é quase a mesma coisa. too ~ of a thing is good for nothing todo excesso é prejudicial.

muchness [~nis] s. grande quantidade f.

much of a ~ muito semelhante, quase a mesma coisa.

mucic [mj'u:sik] adj. (Quím.) múcico.

mucilage [mj'u:silidʒ] (E. U. A.) s. mucilagem f.
mucilaginous [mju:sil'ædʒinəs] adj. mucilaginoso.
muck [mʌk] s. 1. sujeira f. 2. esterco, estrume m. 3. lixo m. 4. (fig.) qualquer coisa desagradável f. 5. (depreciat) dinheiro m.
mucker [m'ʌkə] s. (Ingl., gíria) pessoa f. mal-educada, malcriada, esp. desonesta.
　to come a ~ levar um tombo, sofrer um desastre.
muck-rake s. (E. U. A.) pesquisa f. e denúncia f. de casos de corrupção.
muck-raker (E. U. A.) s. pessoa f. que investiga e denuncia casos de corrupção.
mucky [m'ʌki] adj. 1. vil, sórdido. 2. imundo, sujo.
mucosity [mjuk'ɔsiti] s. mucosidade f.
mucous [mj'u:kəs] adj. mucoso.
　~ membrane mucosa.
mucus [mj'u:kəs] s. muco m.
mud [mʌd] s. lama f., barro, lodo m.
　to throw ~ at caluniar, difamar.
mud-bath s. banho m. de lodo.
muddiness [m'ʌdinis] s. 1. turvação f. 2. impureza f. 3. confusão f. 4. qualidade do que é lodoso.
muddle [mʌdl] s. confusão, desordem f. ‖ v. 1. confundir, desorganizar. 2. desnortear. 3. tontear com bebidas alcoólicas. 4. dissipar.
　to ~ on ou **along** prosseguir de qualquer forma.
　to ~ through alcançar o objetivo de qualquer jeito.
muddleheaded [m'ʌdlhedid] adj. de mente confusa.
muddler [m'ʌdlə] s. promotor m. de desordem.
muddy [m'ʌdi] v. 1. turvar. 2. confundir, desnortear. ‖ adj. 1. barrento, turvo, enlameado. 2. impuro 3. confuso. ‖ **–ily** adv. 1. de modo a turvar ou sujar. 2. confusamente.
mudguard [m'ʌdga:d] s. pára-lama m. (quadros B 11, M 5, M 6).
mud-hen s. frango-d'água m., carqueja f.
mud-puppy s. salamandra f. dos E.U.A.
mudslinging [m'ʌdsliŋiŋ] s. (Pol.) ataque traiçoeiro m. a candidato em campanha eleitoral.
muezzin [mu:'ezin] s. (Islã) muezim, almuadem m.
muff (I) [mʌf] s. 1. regalo m., agasalho m. para as mãos (quadro C 13). 2. falta f. no jogo, por deixar escapar a bola. ‖ v. 1. deixar escapar a bola. 2 manejar de modo inábil.
muff (II) [mʌf] s. pessoa desajeitada, estúpida f.
muffin [m'ʌfin] s. bolo leve semelhante ao sonho.
muffle (I) [mʌfl] s. mufla f. 2. luva f. de boxe 3. amortecedor m. de som. 4. ruído m. ou som surdo. ‖ v. 1. encapotar, embuçar. 2. amortecer o som. 3. tapar a boca.
muffle (II) [mʌfl] s. focinho m.
muffler [m'ʌflə] s. 1. cachecol, cachenê m. 2. venda f. 3. amortecedor m. de som. 4. luva f. de boxe.
mufti [m'ʌfti] s. 1. (Islã) mufti m. 2. traje m. à paisana usado por oficiais do exército.
mug (I) [mʌg] s. 1. caneca f. para cerveja (quadros G 2, V 2). 2. quantidade de cerveja contida nessa caneca. 3. bebida refrescante f. 4. (gíria) careta f. ‖ v. 1. fazer caretas. 2. praticar assaltos.
mug (II) [mʌg] s. (gíria) aquele que se prepara esforçadamente para os exames. ‖ v. estudar com empenho para os exames.
mugger (I) [m'ʌgə] s. 1. assaltante traiçoeiro m. 2. (Teat.) ator m. exagerado (expressões faciais).
mugger (II) [m'ʌgə] espécie de crocodilo da Índia.
mugginess [m'ʌginis] s. (Meteor.) calor úmido m.
muggy [m'ʌgi] adj. 1. quente e úmido. 2. pesado, (tempo) opressivo. 3. úmido e mofado (feno).
mugwort [m'ʌgwɔ:t] s. (Bot.) artemisa, artemigem, flor-de-diana f.
mugwump [m'ʌgwʌmp] s. 1. (E. U. A.) político independente m. (do Partido Republicano). 2. pessoa importante f.

Muhammadan [muh'æmədn] adj. maometano.
Muhammadanism [~izm] s. maometismo m.
mukluk [m'ʌklʌk] s. 1. bota macia f. usada pelos esquimós (de pele de foca ou de rena). 2. bota leve f. para passeios curtos.
mulatto [mjul'ætou] s. mulato m.
mulberry [m'ʌlbəri] s. 1. amora f. 2. amoreira f. (quadro B 10).
mulch [mʌltʃ] s. matéria f. vegetal em decomposição, espalhada em torno do caule das plantas a fim de assegurar o necessário grau de umidade às raízes. ‖ v. cobrir as plantas com camadas de matéria vegetal.
mulct [mʌlkt] s. 1. multa f. 2. penalidade f. ‖ v. 1. despojar de. 2. multar. 3. extorquir.
mule (I) [mju:l] s. 1. mu, mulo m., mula f., produto m. híbrido. 2. teimoso m. 3. fiadeira automática f.
mule (II) [mju:l] s. espécie de chinelo.
muleteer [mju:lət'iə] s. muleteiro, arrieiro, almocreve m.
muliebrity [mju:li'ebriti] s. 1. condição f. de ser mulher. 2. características femininas f. pl. 3. feminilidade f.
mulish [mj'u:liʃ] adj. teimoso, obstinado. ‖ **~ly** adv. obstinadamente.
mulishness [~nis] s. teimosia, obstinação f.
mull (I) [mʌl] v. preparar uma bebida quente feita com vinho ou cerveja, açúcar e condimentos.
mull (II) [mʌl] s. caixa f. para rapé.
mull (III) [mʌl] v. ponderar, meditar.
mull (IV) [mʌl] s. espécie de musselina.
mullein [m'ʌlin], **mullen** [m'ʌlən] s. (Bot.) verbasco m.: planta da família das Escrofulariáceas.
muller [m'ʌlə] s. moleta f., pulverizador ou moedor m.
mullet [m'ʌlit] s. 1. (Ict.) mugem f. 2. (Heráld.) moleta f.
mulligan [m'ʌligən] s. (gíria) cozido m. de carne com legumes.
mulligatawny [mʌligət'ɔ:ni] s. (Culin.) sopa f. condimentada com caril.
mullion [m'ʌliən] s. barra f. vertical entre os vidros de uma janela ou os painéis de uma parede. (quadro D 2).
multangular [mʌlt'æŋgjulə] adj. (Geom.) multiangular.
multicellular [mʌltis'eljulə] adj. multicelular.
multi-choice s. opções múltiplas f. pl.
multicoloured [mʌltik'ʌləd] adj. multicor, policromo.
multifarious [mʌltif'eəriəs] adj. multifário, variado. ‖ **~ly** adv. multifariamente.
multifariousness [~nis] s. grande diversidade f.
multiform [m'ʌltifɔ:m] adj. multiforme, polimorfo.
multiformity [mʌltif'ɔ:miti] s. multiformidade f.
multilateral [mʌltil'ætərəl] adj. multilátero.
multimedia [mʌltim'i:diə] s. combinação f. de meios: filmes, diapositivos, efeitos de luz e som.
multi-millionaire s. multimilionário m.
multiple [m'ʌltipl] s. múltiplo m. ‖ adj. múltiplo.
multipliable [mʌltipl'aiəbl], **multiplicable** [mʌltipl'ikəbl] adj. multiplicável.
multiplicand [mʌltiplik'ænd] s. multiplicando m.
multiplication [mʌltiplik'eiʃən] s. multiplicação f.
multiplicity [mʌltipl'isiti] s. multiplicidade f.
multiplier [m'ʌltiplaiə] s. multiplicador m.
multiply [m'ʌltiplai] v. 1. multiplicar. 2. aumentar.
multistage [m'ʌltisteidʒ] adj. (Aer.) de vários estágios (foguete, míssil).
multitude [m'ʌltitju:d] s. 1. multidão f. 2. turba f.
multitudinous [mʌltitj'u:dinəs] adj. numeroso. ‖ **~ly** adv. numerosamente, em grande número.
multitudinousness [~nis] s. multiplicidade f.

mumble [mʌmbl] s. 1. resmungo m. 2. murmuração f. ‖ v. 1. resmungar. 2. murmurar. 3. mastigar.

mumbler [m'ʌmblə] s. 1. resmungão m. 2. o que murmura.

mumblingly adv. 1. com resmungos. 2. com murmúrios.

mummer [m'ʌmə] s. 1. mascarado m. 2. ator m.

mummery [m'ʌməri] s. 1. mascarada f. 2. disfarce m. 3. momice, palhaçada f.

mummification [mʌmifik'eiʃən] s. mumificação f.

mummify [m'ʌmifai] v. mumificar.

mummy (I) [m'ʌmi] s. 1. múmia f. 2. espécie f. de pigmento betuminoso castanho. ‖ v. mumificar.

mummy (II) [m'ʌmi] s. = (coloq.) **mother.**

mump [mʌmp] v. 1. mendigar. 2. enganar.

mumper [m'ʌmpə] s. mendigo m.

mumps [mʌmps] s. parotidite f., trasorelho m., caxumba f.

munch [mʌntʃ] v. 1. mastigar ruidosamente. 2. mover excessivamente as maxilas ao mastigar.

muncher [m'ʌntʃə] s. pessoa f. que mastiga ruidosamente ou move excessivamente as maxilas ao mastigar.

mundane [m'ʌndein] adj. mundano. ‖ ~ly adv. mundanamente.

municipal [mjʌn'isipəl] adj. municipal. ‖ ~ly adv. municipalmente.

municipality [mjunisip'æliti] s. municipalidade f.

munificence [mju'n'ifissəns] s. munificência f.

munificent [mju:n'ifisənt] adj. munificente, generoso, liberal. ‖ ~ly adv. munificentemente, generosamente.

muniment [mj'u:nimənt] s. (Jur.) documento m., título m. de posse, escritura f.

munition [mju:n'iʃən] s. munição f., material de guerra m. ‖ v. municiar. ‖ adj. de ou relativo a munição.

munitions [~s] s. pl. (milit.) material m. bélico: armas e munições.

mural [mj'u:rəl] s. quadro mural m. ‖ adj. mural.

murder [m'ə:də] s. assassinato, assassínio, homicídio m. ‖ v. assassinar, matar.

~ **will out** a verdade virá à tona.

murderer [~rə] s. assassino, homicida m.

murderess [~ris] s. assassina, homicida f.

murderous [~rəs] adj. 1. assassino, homicida. 2. sanguinário. 3. mortífero, aniquilador. ‖ ~ly adv. sanguinariamente, de forma aniquiladora.

a ~ **blow** um impacto mortífero, aniquilador.

muriatic [mju:ri'ætik] adj. muriático, clorídrico.

~ **acid** ácido muriático.

murk, mirk [mə:k] s. escuridão f., trevas f. pl. ‖ adj. (poét.) escuro, negro.

murkiness [m'ə:kinis] s. 1. escuridão f., trevas f. pl. 2. obscuridade f. 3. tristeza f.

murky [m'ə:ki] adj. 1. escuro. 2. obscuro. 3. sombrio, triste. ‖ —ily adv. 1. obscuramente. 2. sombriamente.

murmur [m'ə:mə] s. murmúrio m., murmuração f. ‖ v. 1. murmurar, sussurrar. 2. segredar. 3. resmungar.

murmurer [~rə] s. murmurador m.

murmuring [~riŋ] adj. murmurante, murmurador. ‖ ~ly adv. de modo murmurante.

murrain [m'ʌrin] s. morrinha, gafeira f. ‖ adj. que tem morrinha.

muscadine [m'ʌskədain] s. muscadínea f.: espécie de uva.

muscat [m'ʌskət] s. uva moscatel européia f.

muscatel [~ əl] s. 1. uva f. moscatel européia. 2. vinho moscatel m. 3. variedade de pêra.

muscle [m'ʌsəl] s. músculo m.

muscle-bound adj. com os músculos entorpecidos.

Muscovite [m'ʌskovait] s. 1. moscovita m. + f. 2. (†) russo m. ‖ adj. 1. moscovita. 2. (†) russo.

muscular [m'ʌskjulə] adj. 1. muscular. 2. musculoso. ‖ ~ly adv. muscularmente, vigorosamente.

muscularity [mʌskjul'æriti] s. musculosidade f.

musculature [m'ʌskjulətjuə] s. musculatura f.

muse [mju:z] s. 1. musa f. 2. poesia f. ‖ v. 1. meditar. 2. cismar. 3. retletir.

museful [mj'u:zful] adj. pensativo, meditativo. ‖ ~ly adv. de modo pensativo.

muser [mj'u:zə] s. pessoa f. absorta em pensamentos, ponderações.

museum [mju:z'iəm] s. museu m.

museum piece s. 1. peça f. de museu. 2. algo m. de obsoleto, ultrapassado.

mush [mʌʃ] s. (E. U. A.) 1. mingau m. 2. marcha f. com cães sobre a neve. 3. pieguice f. 4. conversa tola f. ‖ v. marchar com cães sobre a neve.

mushroom [m'ʌʃrum] s. 1. cogumelo, fungo m. 2. (fig.) novo-rico, adventício m. ‖ v. 1. crescer com grande rapidez. 2. achatar de um lado. ‖ adj. 1. relativo ao cogumelo. 2. de crescimento muito rápido.

mushroom cloud s. cogumelo atômico m.

mushy [m'ʌʃi] adj. 1. polpudo. 2. piegas. 3. (coloq.) sentimental.

music [mj'u:zik] s. 1. música f. 2. harmonia f. 3. composição musical f. 4. notas musicais f. pl.

to set to ~ musicar, pôr em música. **to face the** ~ enfrentar dificuldades corajosamente.

musical [~ əl] adj. musical, músico. ‖ ~ly adv. musicalmente, harmoniosamente.

~ **comedy** comédia musicada.

musicale [mju:zik'a:l] s. (E. U. A.) sarau musical m.

musicalness [mj'u:zikəlnis] s. musicalidade f.

music box s. caixa f. de música.

music-hall s. teatro m. de variedades.

musician [mju:z'iʃən] s. músico m. ‖ ~ly adj. de músico, relativo a músico.

music stand s. estante f. de música.

musing [mj'u:ziŋ] s. 1. meditação f. 2. reflexão f. ‖ adj. 1. meditativo, pensativo. ‖ ~ly adv. pensativamente.

musk [mʌsk] 1. almíscar m. 2. odor m. de almíscar.

~ **ox** boi-almiscarado.

musk bag, ~ **gland** s. bolsa f. no abdome do almiscareiro, contendo almíscar.

musk-deer s. almiscareiro m.

musk duck s. pato-almiscarado m. (Cairina moschata) da América Central.

muskellunge [m'ʌskəlʌndʒ] s. (Ict.) espécie de lúcio natural dos Grandes Lagos (E. U. A.).

musket [m'ʌskit] s. mosquete m.

musketeer [mʌskit'iə] s. mosqueteiro m.

musketry [m'ʌskitri] s. mosquetaria f.

muskmelon [m'ʌskm'elən] s. (Bot.) cantalupo m.

muskrat [m'ʌskræt] s. rato almiscarado m.

musky [m'ʌski] adj. almiscarado.

Muslem [m'ʌzləm], **Muslim** [m'ʌslim] s. muçulmano m. ‖ adj. muçulmano.

muslin [m'ʌzlin] s. musselina f. ‖ adj. de musselina.

muss [mʌs] s. (E. U. A.) s. confusão, desordem f. ‖ v. pôr em desordem.

mussel [m'ʌsəl] s. mexilhão m.

Mussulman [m'ʌsəlmən] s. muçulmano, maometano m.

must (I) [mʌst] s. 1. obrigação f., dever m., necessidade f. ‖ v. ser obrigado a, ser forçado a, dever, ter de. ‖ adj. necessário, preciso.

I ~ **go** preciso ir. **I** ~ **not** não devo, não me é permitido. **you** ~ **be there in the morning** é preciso que você esteja lá de manhã.

must (II) [mʌst] s. bolor, mofo m. ‖ v. embolorecer.

646 must — mythomania

must (III) [mʌst] s. mosto m.
mustache [m'ʌstæʃ]. s. = **moustache.**
mustachioed [məst'a:ʃoud] adj. de bigodes.
mustang [m'ʌstæŋ] (E. U. A.) s. cavalo bravio m.
mustard [m'ʌstəd] s. mostarda f.
mustard-gas s. gás de mostarda m.
mustard plaster s. sinapismo m.
muster [m'ʌstə] s. 1. revista de tropas f. 2. ajuntamento de tropas para revista m. 3. lista f. de chamada de soldados para inspeção. 4. número m. de soldados passados em revista. ‖ v. 1. passar em revista (tropas). 2. reunir tropas. 3. reunir (força, coragem. etc.) to ~ in (E. U. A.) assentar praça. to ~ out (E. U. A.) ar baixa. to pass ~ estar à altura das exigências.
mustiness [m'ʌstinis] s. 1. mofo, bolor m. 2. azedume m. 3. obsoletismo m.
musty [m'ʌsti] adj. 1. mofado, bolorento. 2. azedo 3. cediço. ‖ –tily adv. 1. com mofo, com bolor. 2. com azedume. 3. cediçamente.
mutability [mjutəb'iliti] s. mutabilidade, f.
mutable [mj'u:təbl] adj. 1. mutável, mudável. 2 inconstante. ‖ –bly adv. mutavelmente.
mutagenesis [mju:tədʒ'enisis] s. (Gen.) mutagenia f.: ocorrência da mutação.
mutant [mj'u:tənt] s. variedade nova de planta ou animal resultante de mutação.
mutate [mju:t'eit] v. 1. mudar, transformar. 2. produzir mutações.
mutation [miu:t'eiʃən] s. 1. mutação, mudança, alteração f. 2. inconstância f. 3. (Zool., Bot.) variação f. devido à alteração de fatores hereditários. 4. variedade f. nova resultante de mutação.
mutative [mj'u:tətiv] adj. mutatório.
mute [mju:t] s. 1. mudo m. 2. letra muda f. 3 surdina f. 4. (Teat.) ator mudo m. ‖ v. colocar surdina em instrumentos musicais. ‖ adj. mudo, calado, silencioso. ‖ ~ly adv. silenciosamente. a deaf ~ um surdo-mudo.
muteness [mj'u:tnis] s. 1. mudez f., mutismo m. 2 silêncio m.
mutilate [mj'u:tileit] v. 1. mutilar. 2. truncar.
mutilation [mju:til'eiʃən] s. mutilação f.
mutilator [mj'u:tileitə] s. 1. mutilador m. 2. deturpador m.
mutineer [mjutin'iə] s. amotinado, rebelado, rebelde m. ‖ v. amotinar-se.
mutinous [mj'u:tinəs] adj. amotinado, rebelde, sedicioso. ‖ ~ly adv. sediciosamente.
mutinousness [~nis] s. rebeldia, insubmissão f.
mutiny [mj'u:tini] s. amotinação f., motim m., revolta, rebelião, sedição f. ‖ v. amotinar-se, revoltar-se.
mutism [mj'u:tizm] s. mudez f.
mutt [mʌt] s. (gíria) 1. bobo. m. 2. cão vira-lata m.
mutter [m'ʌt] s. 1. murmúrio m. 2. resmungo m. ‖ v. 1. murmurar. 2. resmungar.
mutterer [m'ʌtərə] s. 1. murmurador m. 2. resmungão m.
mutton [m'ʌtn] s. carne f. de carneiro.
mutton-chop s. costeleta f. de carneiro.
mutton-chops s. costeletas, suíças f. pl.
mutton-head s. estúpido m.
muttony [~i] adj. de carne de carneiro.
mutual [mj'u:tjuəl] adj. mútuo, recíproco. 2. comum. ‖ ~ly adv. mutuamente, reciprocamente. on ~ terms em termos de reciprocidade. ~ relations relações recíprocas. our ~ friend nosso comum amigo. ~ contribution society sociedade de mútua assistência.
mutual fund s. (Com.) fundo de investimento m.
mutualism [~izm] s. (Biol.) mutualismo m., simbiose f.
mutuality [mju:tju'æliti] s. mutualidade, reciprocidade f.
muzzle [mʌzl] s. 1. focinho m. 2. mordaça, focinheira f. 3. boca de arma de fogo f. (quadros C 7, H 9). ‖ v. 1. açaimar, amordaçar. 2. compelir alguém a guardar silêncio.
muzzle-loader s. arma f. de fogo municiada pela boca.
muzzy [m'ʌzi] adj. (coloq.) confuso, turvo, embaçado, distorcido.
my [mai] pron. poss. meu, minha, meus, minhas. ‖ interj. 1. caramba! 2. meu Deus!
mycelium [mais'i:liəm] s. (Bot.) micélio m.: parte filamentosa do cogumelo.
mycologist [maik'ɔlədʒist] s. micólogo m.: o que se dedica à micologia.
mycology [maik'ɔlədʒi] s. micologia, micetologia f.: estudo dos cogumelos.
mycosis [maik'ousis] s. (Pat.) micose f.
myelitis [maiəl'aitis] s. (Pat.) mielite f.
mylonite [m'ailənait] s. (Min.) milonito m.
myocardium [maiək'a:diəm] s. (Anat.) miocárdio m.
myology [mai'ɔlədʒi] s. (Anat.) miologia f.: estudo dos músculos.
myoma [mai'oumə] s. (Pat.) mioma m.
myopia [mai'oupiə] s. miopia f.
myopic [mai'ɔpik] adj. míope.
myosotis [maiəs'outəs] s. (Bot.) miosótis f. m., planta da família das Borragináceas.
myriad [m'iriəd] s. 1. miríade f. 2. grande quantidade f. ‖ adj. inumerável, incontável.
myriapod [m'iriəpɔd] s. miriápode, miriópode m.
myrmidon [m'ə:midən] s. 1. guerreiro m. da antiga Tessália. 2. seguidor m., fiel m. + f.
myrrh [mə:] s. mirra f.
myrtle [m'ə:tl] s. murta f., mirto m.
myself [mais'elf] pron. 1. eu mesmo. 2. a mim mesmo. I did it ~ eu mesmo o fiz. I am not quite ~ eu não estou, não me sinto, muito bem. I ~ will go eu mesmo irei pessoalmente. I hurt ~ eu me machuquei.
mysterious [mist'iəriəs] adj. 1. misterioso, enigmático. 2. secreto, oculto. ‖ ~ly adv. misteriosamente.
mysteriousness [~nis] s. caráter misterioso m.
mystery [m'istəri] s. mistério, enigma, segredo m.
mystic [m'istik] s. místico m. ‖ adj. místico.
mystical [~əl] adj. 1. místico. 2. misterioso. ‖ ~ly adv. misticamente.
mysticalness [~nis] s. misticidade f.
mysticism [m'istisizm] s. misticismo m.
mystification [mistifik'eiʃən] s. mistificação f., embuste m.
mystify [m'istifai] v. mistificar, iludir, embair.
mystifyingly [m'istifaiiŋli] adv. com mistificação, com embuste.
myth [miθ] s. 1. mito m., fábula f. 2. pessoa f. ou coisa imaginária.
mythic [m'iθik], **mythical** [~əl] adj. mítico, fabuloso. ‖ ~ally adv. miticamente, fabulosamente.
mythologic [miθəl'ɔdʒik], **mythological** [miθəl'ɔdʒikəl] adj. mitológico. ‖ ~ally adv. mitologicamente.
mythologist [miθ'ɔlədʒist] s. mitólogo m.
mythology [miθ'ɔlədʒi] s mitologia f.
mythomania [miθəm'einiə] s. (Psiq.) mitomania f.

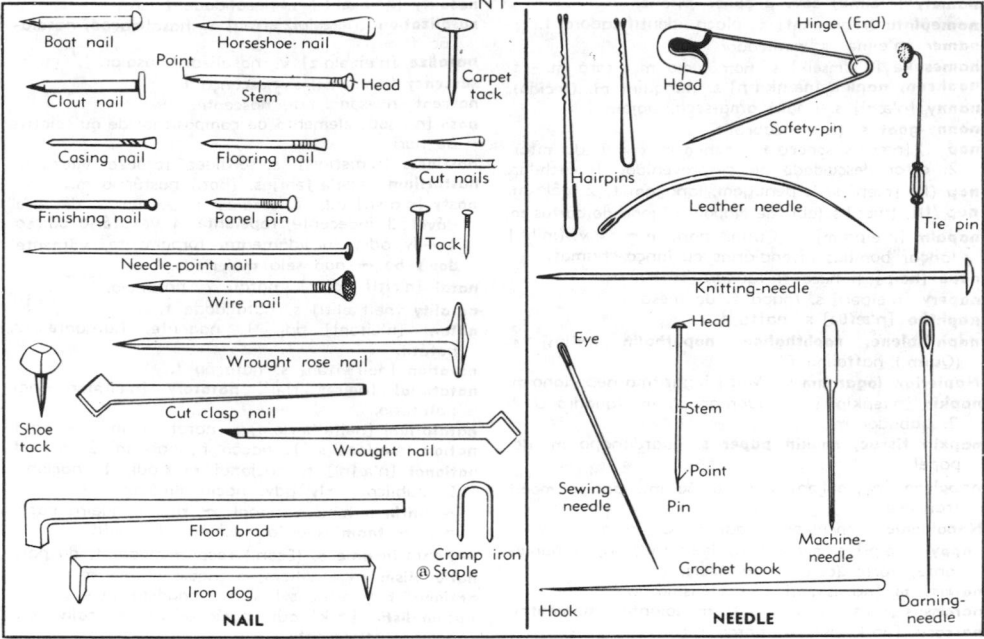

Boat nail
Horseshoe· nail
Point
Clout nail
Stem
Head
Carpet tack
Casing nail
Flooring nail
Cut nails
Finishing nail
Panel pin
Tack
Needle-point nail
Wire nail
Wrought rose nail
Cut clasp nail
Shoe tack
Wrought nail
Floor brad
Cramp iron
ⓐ Staple
Iron dog
NAIL

Hinge (End)
Head
Safety-pin
Hairpins
Leather needle
Tie pin
Knitting-needle
Head
Eye
Stem
Point
Sewing-needle
Pin
Machine-needle
Crochet hook
Hook
NEEDLE
Darning-needle

N

N, n [en] décima quarta letra do alfabeto, consoante.
N. abr. de **Navy, New, North, Northern.**
n. abr. de **name, neuter, nominative, number.**
n/a abr. de **no account.**
nab [næb] v. (gíria) 1. tirar súbita e furtivamente. 2. prender. 3. apanhar em flagrante.
nabob [n'eibɔb] s. nababo, ŕicaço m.
nacelle [na:s'el] s. (Av.) nacele f.
nacre [n'eikə] s. 1. nácar m. 2. madrepérola f.
nacreous [n'eikriəs] adj. nacarado, nacarino.
nadir [n'eidiə] s. 1. (Astron.) nadir m. 2. (fig.) ponto mais baixo m.
nag [næg] s. 1. (coloq.) cavalo m. 2. rocím m. 3. cavalo inferior m. ‖ v. resmungar, importunar. ‖ **~gingly** adv. resmungando continuadamente.
nagger [n'ægə] s. resmungão inveterado m.
naiad [n'aiæd] s. náiade, náiada f.
naïf [na:'i:f] adj. = **naïve.**
nail [neil] s. 1. prego m. (quadro N 1). 2. cravo m. 3. unha f. 4. garra f. 5. medida f. de 2 ¼ polegada. ‖ v. 1. pregar. 2. cravar. 3. fixar, segurar. 4. agarrar. 5. expor, revelar (uma mentira).
on the ~ imediatamente, sem delongas. **to hit the ~ on the head** acertar em cheio. ‖ **to ~ down,** **to ~ up** fechar com pregos.
nailer [n'eilə] s. 1. pregador m. 2. fabricante de pregos m. 3. (gíria) bamba m.
he works like a ~ ele trabalha como um burro.
nail file s. lixa f. de unhas.
nail varnish, E. U. A. **nail polish** s. esmalte m. para unhas.
nainsook [n'einsuk] s. nanzuque m. (tecido).

naïve, naive [na:'i:v] adj. ingênuo, simples, cândido. ‖ **~ly** adv. ingenuamente, candidamente.
naïveness [~nis] s. ingenuidade, simplicidade f.
naïveté [~tei] s. 1. ingenuidade f. 2. procedimento ingênuo m. 3. simplicidade f.
naked [n'eikid] adj. 1. nu, despido, descoberto. 2. exposto. 3. desprotegido. 4. desguarnecido. 5. privado de. 6. baldio. ‖ **~ly** adv. 1. de forma nua. 2 sem proteção. 3. de modo exposto.
~ eye olho nu.
nakedness [~nis] s. 1. nudez f. 2. desamparo m.
the ~ of the land a pobreza da terra.
namable, nameable [n'eiməbl] ad que pode ser chamado, nomeado ou citado.
namby-pamby [n'æmbip'æmbi] s. 1. pieguice f. 2. piegas m. + f. ‖ adj. 1. piegas. 2. insípido.
name [neim] s. 1. nome m. 2. título m. 3. epíteto m. 4. reputação, fama f., renome m. 5. pessoa renomada f. 6. aparência f. 7. autoridade f. 8. denominação f. ‖ v. 1. nomear, chamar pelo nome. 2. dar nome a. 3. mencionar, citar. 4. designar. 5. especificar. 6. nomear, indicar.
by ~ de nome. **in ~ only** apenas aparentemente.
in the ~ of em nome de. **nick~** apelido. **sur~** sobrenome. **the above ~d** o acima mencionado.
to call ~s xingar, dizer insultos. **what is your ~?** qual é o seu nome? **give it a ~!** diga o que deseja!
name-caller s. blasfemador m.
name-dropper s. blasonador, fanfarrão m.
nameless [n'eimlis] adj. 1. sem nome. 2. ignoto. 3. inominável. 4. anônimo. 5. desconhecido, obscuro, ignorado. ‖ **~ly** adv. de modo ignorado.
namelessness [~nis] s. falta f. de nome.

namely [n'eimli] adv. a saber, isto é.

nameplate [n'eimpleit] s. placa identificadora f.

namer [n'eimə] s. nomeador m.

namesake [n'eimseik] s. homônimo m., xará m. + f.

nankeen, nankin [næŋk'i:n] s. nanquim m. (tecido).

nanny [n'æni] s. (Ingl.) ama-seca, pajem f.

nanny-goat s. (fam.) cabra f.

nap (I) [næp] s. soneca f., cochilo m. ‖ v. 1. dormitar. 2. estar descuidado ou desprevenido. 3. cochilar.

nap (II) [næp] s. 1. penugem, lanugem f. 2. pêlo m.

nap (III) [næp] s. (abr. de Napoleon) jogo de cartas m.

napalm [n'eipa:m] s. (Quím.) napalm m. ‖ v. (milit.) lançar bombas incendiárias ou lança-chamas.

nape [neip] s. nuca f. (quadro H 10).

napery [n'eipəri] s. roupa f. de mesa.

naphtha [n'æfθə] s. nafta f.

naphthalene, naphthaline, naphthalin [~li:n] s. (Quím.) naftalina f.⁶

Napierian logarithm s. (Mat.) logaritmo neperiano m.

napkin [n'æpkin] s. 1. guardanapo m. (quadro D 2). 2. babador m.

napkin tissue, napkin paper s. guardanapo m. de papel.

napoleon [nəp'ouljən] s. napoleão m.: antiga moeda francesa.

Napoleonic [nəpouli'ɔnik] adj. napoleônico.

nappy [n'æpi] s. cerveja f., licor m. ‖ adj. espumejante, forte (cerveja ou licor).

narcissism [na:sis'izm] s. narcisismo m.

narcissus [na:s'isəs] s. narciso m.: planta ornamental.

narcosis [na:k'ousis] s. narcose f.

narcotic [na:k'ɔtik] s. 1. narcótico m. 2. pessoa viciada f. no uso de narcóticos. ‖ adj. narcótico.

narcotism [n'a:kətizm] s. narcotismo m.

narcotize [n'a:kətaiz] v. narcotizar.

nard [na:d] s. 1. nardo m. 2. ungüento m. de nardo.

nares [n'eiri:s] s pl. narinas f. pl.

narghile, nargile [n'a:gili] s, narguilé, narguilhê m.

narrate [nær'eit] v. 1. narrar, contar. 2. relatar. 3. historiar. 4. expor.

narrater [~ə] s. = narrator.

narration [nær'eiʃən] s. 1. narração, narrativa f. 2. relato m. 3. história f.

narrative [n'ærətiv] s. narrativa f., conto m., história f. ‖ adj. narrativo. ‖ ~ly adv. 1. por meio de narrativa. 2. em forma de narrativa.

narrator [nær'eitə] s. narrador, contador de estórias m.

narrow [n'ærou] s. 1. (geralmente no pl.) estreito m. 2. desfiladeiro m., garganta f. 3. braço de mar m. ‖ v. 1. estreitar. 2. apertar. 3. limitar, restringir. 4. diminuir, reduzir. ‖ adj. 1. estreito (quadro Q). 2. apertado. 3. limitado, restrito, exíguo. 4. mesquinho, egoístico. 5. cuidadoso, minucioso. 6. insuficiente. 7. tenso. ‖ ~ly adv. 1. estreitamente. 2. apertadamente. 3. limitadamente. 4. minuciosamente. 5. por pouco. 6. mesquinhamente.
~ **circumstances** pobreza. ~ **goods** fitas (panos). **we had a ~ escape** escapamos por pouco.

narrow-gauge adj. de bitola estreita.

narrow-minded adj. tacanho. ‖ ~ly adv. de modo tacanho.

narrow-mindedness s. 1. estreiteza f. de visão ou de espírito. 2. iliberalidade f.

narrowness [n'ærounis] s. 1. estreiteza f. 2. insuficiência f. 3. mesquinhez f. 4. minuciosidade f.

narwhal, narwal [n'a:wəl], **narwhale** [na:w'eil] s. (Zool.) narval m. (Monodon monoceros).

NASA abr. (E. U. A.) de **National Aeronautics and Space Administration.**

nasal [n'eizəl] s. nasal f. ‖ adj. nasal. ‖ ~ly adv. nasalmente.

nasality [neiz'æliti] s. nasalidade f.

nasalization [neizəlaiz'eiʃən] s. **nasalização, nasalação** f.

nasalize [n'eizəlaiz] v. nasalizar, nasalar.

nascency [n'æsənsi] s. nascença f.

nascent [n'æsənt] adj. nascente.

naso [n'elsou] elemento de composição: de ou relativo ao nariz.

nastiness [n'a:stinis] s. sordidez, torpeza, vileza f.

nasturtium [nəst'ə:ʃəm] s. (Bot.) nastúrcio m.

nasty [n'a:sti] adj. 1. sórdido, torpe, vil. 2. desagradável. 3. indecente, repelente. 4. vexatório, odioso. ‖ ~ily adv. sordidamente, torpemente, vilmente. **don't be ~** não seja malcriado.

natal [n'eitl] adj. 1. natal. 2. natalício.

natality [neit'æliti] s. natalidade f.

natant [n'eitənt] adj. 1. nadante, flutuante. 2. natátil.

natation [neit'eiʃən] s. natação f.

natatorial [neitət'ɔ:riəl], **natatory** [n'eitətəri] adj. natatório.

natatorium [neitət'ɔ:riəm] s. natatório m., piscina f.

nation [n'eiʃən] s. 1. nação f., país m. 2. raça f.

national [n'æʃnl] s. nacional m. ‖ adj. 1. nacional. 2. público. ‖ ~ly adv. nacionalmente.
~ **anthem** hino nacional. ~ **flag** bandeira nacional. ~ **team** seleção nacional (futebol).

national income s. (Econ.) receita global f. do país.

nationalism [n'æʃnəlizm] s. nacionalismo m.

nationalist [n'æʃnəlist] s. nacionalista m. + f.

nationalistic [~ik] adj. nacionalista. ‖ ~ally adv. nacionalisticamente.

nationality [næʃn'æliti] s. nacionalidade, naturalidade f.

nationalization [næʃnəlaiz'eiʃən] s. **nacionalização, naturalização** f.

nationalize [n'æʃnəlaiz] v. nacionalizar, **naturalizar.**

national park s. parque nacional m.: área recreativa aberta ao público.

nation-wide adj. de âmbito nacional.

native [n'eitiv] s. 1. nativo, natural m. 2. aborígine m. ‖ adj. 1. nativo, natural. 2. nato. 3. inato, inerente. 4. sem afetação. 5. genuíno, puro. ‖ ~ly adv. naturalmente, originariamente.
~ **country** pátria. ~ **forest** mata virgem. ~ **language** língua pátria. **to go ~** viver como os indígenas.

nativeness [n'eitivnis] s. estado natural m.

nativity [nət'iviti] s. 1. natividade f. 2. horóscopo m. **the Nativity** Natal de Jesus Cristo.

natron [n'eitrən, n'ætrən] s. sódio m.

nattiness [n'ætinis] s. garbo m., elegância f.

natty [n'æti] adj. garboso, elegante. ‖ ~ily adv. garbosamente, elegantemente.

natural [n'ætʃərəl] s. 1. aquele ou aquilo que é natural. 2. idiota, imbecil m. + f. 3. (Mús.) bequadro m. (quadro N 2). 4. o que é esperto por natureza. 5. um sucesso absoluto m. ‖ adj. 1. natural, ingênito, originário, oriundo. 2. nativo. 3. inato, inerente. 4. primitivo, inculto. 5. espontâneo. 6. normal, comum. 7. instintivo. 8. parecido, semelhante. 9. não afetado. 10. ilegítimo, bastardo. 11. não espiritual. ‖ ~ly adv. naturalmente
~ **history** história natural. ~ **philosophy** física.

natural childbirth s. (Med.) parto sem dor m.

naturalism [~izm] s. naturalismo m.

naturalist [~ist] s. naturalista m. + f.

naturalistic [nætʃərəl'istik] adj. naturalista.

naturalization [nætʃərəlaiz'eiʃən] s. 1. naturalização, nacionalização f. 2. aclimatação f.

naturalize [n'ætʃərəlaiz] v. 1. naturalizar, nacionalizar. 2. aclimatar. 3. explicar naturalmente.

naturalness [n'ætʃərəlnis] s. naturalidade f.
nature [n'eitʃə] s. 1. natureza f. 2. universo, cosmo m. 3. essência f., caráter m., qualidade f. 4. índole, disposição f., temperamento, gênio m., personalidade f. 5. tipo m., espécie f. 6. constituição, compleição f
beyond ~ sobrenatural. **by** ~ por natureza, inato. **in** ~ 1. real. 2. possível. **It was with him a** ~ tornou-se-lhe um hábito. **of this** ~ desta natureza. **true to** ~ segundo a natureza. ‖ **good-~d** de boa índole. **ill-~d** de má índole.
naught, nought [nɔːt] s. 1. nada, zero m. 2. cifra f. (0). ‖ adj. sem valor. ‖ adv. de forma alguma. **to set at** ~ desprezar.
naughtiness [n'ɔːtinis] s. 1. desobediência f. 2. maldade, perversidade f.
naughty [n'ɔːti] adj. 1. desobediente. 2. malvado, perverso. 3. impróprio. 4. mau, malcriado. ‖ **–ily** adv. 1. desobedientemente. 2. malvadamente.
nausea [n'ɔːsiə] s. 1. náusea f., enjôo m. 2. nojo m.
nauseate [n'ɔːsieit] v. 1. nausear, enjoar. 2. repugnar a.
nauseation [nɔːsi'eiʃən] s. 1. cto de nausear. 2. condição de nauseante.
nauseous [n'ɔsiəs] adj. 1. nauseabundo, nauseativo. 2. nojento, repugnante. ‖ **~ly** adv. 1. nauseosamente. 2. nojentamente, repugnantemente.
nauseousness [~ nis] s. 1. caráter nauseante. 2. nojo m., repugnância f.
nautch [nɔːtʃ] s. dança indiana f.
nautical [n'ɔːtikəl] adj. 1. náutico. 2. marítimo. ‖ **~ly** adv. 1. nauticamente. 2. maritimamente.
~ **mile** milha marítima.
nautilus [n'ɔːtiləs] s. 1. náutilo m. 2. argonauta m.
Navaho, Navajo [n'ævəhou] (E. U. A.) s. índio norte-americano da tribo dos navajos m.
naval [n'eivəl] adj. 1. naval. 2. marítimo. ‖ **~ly** adv. segundo a forma naval ou marítima.
~ **base** base naval. ~ **engagement** batalha naval. ~ **power** potência naval. ~ **warfare** guerra marítima. ~ **yard** arsenal da marinha.
nave (I) [neiv] s. nave (de igreja) f.
nave (II) [neiv] s. cubo m. de uma roda.
navel [n'eivəl] s. 1. umbigo m. (quadro H 10). 2. centro, meio m.
~ **string** cordão umbilical.
navelwort [~ wəːt] s. (Bot.) conchelo, coucelo m., orelha-de-monge f.
navew [n'eivju] s. (Bot.) couve-nabo f.
navicular [næv'ikjulə] adj. (Anat.) navicular.
navigability [nævigəb'iliti], **navigableness** [n'ævigəblnis] s. navegabilidade f.
navigable [n'ævigəbl] adj. navegável.
navigate [n'ævigeit] v. 1. navegar, dirigir o navio. 2. viajar ou percorrer por via marítima ou via aérea. 3. dirigir navio ou aeronave.
navigation [nævig'eiʃən] s. 1. navegação, pilotagem f. 2. náutica f. 3. comércio marítimo m.
navigational [~ əl] adj. 1. náutico, marítimo. 2. aeronáutico.
navigator [n'ævigeitə] s. navegador m.
navvy [n'ævi] s. trabalhador empregado em trabalhos de escavação m.
navy [n'eivi] s. 1. marinha de guerra, esquadra, frota, armada f. 2. conjunto m. de forças navais.
~ **blue** azul marinho.
nawab [nəw'aːb] s. nababo m.
nay [nei] s. (†) não m., recusa f., voto contrário m. ‖ v. negar, recusar. ‖ adv. 1. não. 2. não somente isto mas até. 3. mais ainda.
we are willing, ~ **eager to go** não somente queremos como fazemos questão de ir.
Nazarene [næzər'iːn] s. nazareno m. ‖ adj. nazareno.

naze [neiz] s. cabo, promontório m.
Nazi [n'aːtsi] s. nazi m., nazista m. + f. ‖ adj. nazi, nazista.
Naziism [~ izm], **Nazism** [~ zm] s. nazismo m.
n. b. [enbi] abr. de **nota bene.**
Neanderthal man [ni'ændərtəl mæn] s. (Antrop.) homem de Neandertal m.
neap [niːp] s. águas-mortas f. pl. ‖ v. diminuir (as marés), ficar encalhado (devido à maré baixa). ‖ adj. baixo ou o mais baixo (falando das marés). ~ **tide** s. maré morta.
Neapolitan [niəp'ɔlitən] s. napolitano m. ‖ adj. napolitano.
near [niə] v. aproximar-se, acercar-se. ‖ adj. 1. próximo, perto, chegado. 2. contíguo, vizinho. 3. íntimo, familiar. 4. curto, direto. 5. aproximado. 6. parcimonioso. 7. da esquerda. 8. semelhante. 9. literal (exato). 10. estreito. ‖ adv. 1. próximo, perto, a pouca distância. 2. quase. 3. cuidadosamente. 4. escassamente. ‖ prep. 1. junto a. 2. perto de (quadro P 9). ‖ **~ly** adv. 1. quase, por pouco. 2. aproximadamente. 3. de perto.
~ **at hand,** ~ **by** perto, à mão. ~ **beer** grupo de bebidas permitidas nos E. U. A. durante a vigência da lei seca. ~ **the house** perto da casa. ~**est to me** o mais próximo de mim. ‖ **not** ~**ly** nem de longe.
Near East s. Oriente Próximo m.
nearness [n'iənis] s. 1. proximidade, contigüidade, vizinhança f. 2. iminência f. 3. intimidade, familiaridade f. 4. parcimônia f.
near-sighted adj. míope.
near-sightedness s. miopia f.
neat (I) [niːt] adj. 1. limpo, asseado, esmerado. 2. nítido, claro. 3. puro, não diluído. 4. hábil, destro. ‖ adv. 1. asseadamente, limpamente. 2. nitidamente. 3. puramente. 4. destramente.
neat (II) [niːt] s. (†) gado bovino m.
neath [niːθ] prep. (Poét.) sob.
neat-herd s. vaqueiro m.
neatness [n'iːtnis] s. 1. asseio m., limpeza f. 2. nitidez, clareza f. 3. estado puro m. 4. destreza f.
neb [neb] (Esc.) s. 1. bico m. 2. ponta f. de pena de escrever.
nebula [n'ebjulə] s. nebulosa f.
nebular [n'əbjulə], **nebulous** [~ s] adj. nebuloso, torvo, sombrio.
nebulosity [nebjul'ositi], **nebulousness** [n'ebjuləsnis] s. nebulosidade f.
nebulous [n'ebjuləs] adj. = **nebular.**
nebulousness s. = **nebulosity.**
necessariness [n'esisərinis] s. (†) necessidade f.
necessary [n'esisəri] s. 1. necessidade f. 2. **necessaries** pl. as coisas necessárias f. pl., especialmente para a vida. ‖ adj. 1. necessário, indispensável, imprescindível. 2. inevitável, preciso. ‖ **–ily** adv. necessariamente.
necessitarian [nisesit'εəriən] s. determinista m. + f.
necessitate [nis'esiteit] v. 1. necessitar, carecer, precisar. 2. compelir, forçar.
necessitation [nisesit'eiʃən] s. compulsão f.
necessitous [nis'esitəs] adj. necessitado, pobre, indigente. ‖ **~ly** adv. necessitadamente, pobremente.
necessitousness [~ nis] s. necessidade, pobreza, indigência f.
necessity [nis'esiti] s. 1. necessidade, carência, precisão f. 2. pobreza, míngua f. 3. exigência f.
of ~ necessariamente.
neck [nek] s. 1. pescoço, colo m. (quadros H 9, H 10). 2. gargalo m. 3. gola f. 4. istmo, estreito m. 5. língua f. de terra. 6. braço de instrumento m. de corda. ‖ v. (E. U. A., gíria) abraçar, acariciar.
a stiff ~ cabeça dura. **by a** ~ (ganhar ou perder)

por pouco. ~ **and crop** sumariamente. ~ **and** ~ emparelhado (em corridas). ~ **or nothing** a todo custo. **to get it in the** ~ levar na cabeça.
neckband [~bænd] s. colarinho m., gola f. de camisa. (quadro H 2).
neck-cloth s. I. cachecol m. 2. gravata f.
neckerchief [n'ekətʃif] s. lenço m. de pescoço.
necking [n'ekiŋ] s. 1. (Arquit.) moldura côncava f. 2. carícias f. pl. e beijos m. pl.
necklace [n'eklis] s. colar m. (quadro J 1).
neckline [n'eklain] s. decote m.
neck-piece s. resguardo m. de peles para o pescoço.
necktie [n'ektai] s. gravata f. (quadro C 12).
necrological [nekrol'ɔdʒikəl] adj. necrológico.
necrology [nekr'ɔlədʒi] s. necrologia f., obituário m.
necromancer [n'ekromænsə] s. necromante m. + f.
necromancy [n'ekromænsi] s. necromancia f.
necrophagous [nekr'ɔfægəs] adj. necrófago.
necrophilia [nekrəf'i:liə] s. (Psiq.) necrofilia f.
necrophobia [nekrəf'oubiə] s. (Psiq.) necrofobia f.
necropolis [nekr'ɔpolis] s. cemitério m., necrópole f.
necrosis [nekr'ousis] s. necrose f.
necrotic [nekr'ɔtik] adj. necrótico.
nectar [n'ektə] s. néctar m.
nectareous [nekt'ɛəriəs] adj. nectário.
nectarine [n'ektərin] s. variedade de pêssego.
née, nee [nei] adj. (fr.) nascida (relativo ao nome de solteira).
need [ni:d] s. 1. necessidade, carência, precisão f. 2. falta f. 3. dificuldade, emergência f. 4. indigência, pobreza f. ‖ v. 1. necessitar, precisar, carecer de. 2. ter de, dever. 3. ser preciso.
a friend in ~ **is a friend indeed** o amigo se conhece na hora do aperto. **if** ~ **arise, in case of** ~ em caso de necessidade. **there is no** ~ **for** não é preciso que, não há motivo para. ‖ **if** ~ **be** se for preciso. ~ **it be at once?** precisa ser já? **she** ~**s to go** ela precisa ir.
needer [n'i:də] s. necessitado m.
needful [n'i:dful] adj. 1. necessário, indispensável. 2. necessitado, falto. ‖ ~**ly** adv. em necessidade.
needfulness [~nis] s. necessidade, carência, pobreza f.
neediness [n'i:dinis] s. indigência, miséria f.
needle [ni:dl] s. agulha f. (de costura, bússola, fonógrafo, etc.) (quadro N 1). ‖ v. 1. costurar, trabalhar com agulha. 2. **cristalizar** em forma de agulhas. 3. superar obstáculos penosamente. 4. espicaçar, instigar.
needle-point s. 1. qualquer ponto fino m. 2. bordado m.
needless [n'i:dlis] adj. desnecessário, supérfluo. ‖ ~**ly** adv. desnecessariamente.
needlessness [~nis] s. desnecessidade, inutilidade f.
needle-woman s. costureira f.
needlework [n'i:dlwə:k] s. bordado m.
needs [ni:dz] adv. necessariamente, forçosamente.
needy [n'i:di] adj. indigente, paupérrimo.
ne'er [nɛə] adv. contração de **never** (poét.) nunca.
ne'er-do-well s. pessoa inútil f. ‖ adj. sem préstimo.
nefarious [nif'ɛəriəs] adj. nefando, nefário, abominável, execrável. ‖ ~**ly** adv. nefandamente, abominavelmente.
nefariousness [~nis] s. torpeza, perversidade, indignidade f.
negate [nig'eit] v. 1. negar, desmentir. 2. anular.
negation [nig'eiʃən] s. 1. negação f. 2. negativa f. 3. nulidade f.
negative [n'egativ] s. 1. negativa, negação f. 2. veto m. 3. (Fot.) negativo m. (quadro P 2). ‖ v. 1. negar, refutar. 2. vetar. 3. desaprovar. 4. rejeitar. ‖ adj. 1. negativo. 2. contrário. 3. nulo. ‖ ~**ly** adv.

negativamente, contrariamente, desfavoravelmente.
negativeness [~nis], **negativity** [negət'iviti] s. negatividade f.
negativism [n'egativizm] s. (Filos.) negativismo m.
negativist [n'egativist] s. negativista m. + f.
negativistic [negativ'istik] adj negativista.
negatron [n'egətrɔn] s. (Fís.) eléctron m.
neglect [nigl'ekt] s. 1. negligência, incúria f., desleixo m. 2. descuido m. 3. omissão f. ‖ v. 1. negligenciar, descurar, descuidar. 2. desleixar. 3. omitir.
neglecter, neglector [~ə] s. descuidado, desleixado m.
neglectful [nigl'ektful] adj. negligente, descuidado, desleixado. ‖ ~**ly** adv. negligentemente.
neglectfulness [~nis] s. 1. caráter negligente m. 2. condição negligente, falta f. de cuidado.
negligee, négligé [n'egli:ʒei] s. roupão, chambre m.
negligence [n'eglidʒəns] s. negligência, desatenção f.
negligent [n'eglidʒənt] adj. 1. negligente, desatento. 2. indiferente. ‖ ~**ly** adv. descuidadamente.
negligibility [neglidʒib'iliti], **negligibleness** [n'eglidʒiblnis] s. desprezibilidade f.
negligible [n'eglidʒibl] adj. desatendível, desprezível. ‖ —**bly** adv. de modo desatendível, desprezível.
negotiability [nigouʃiəb'iliti] s. negociabilidade f.
negotiable [nig'ouʃiəbl] adj. negociável.
negotiate [nig'ouʃieit] v. 1. negociar, transacionar. 2. parlamentar.
negotiation [nigouʃi'eiʃən] s. negociação, transação f.
negotiator [nig'ouʃieitə] s. negociador m.
Negress [n'i:gris] s. negra f.
Negrillo [nəgr'ilou] s. pigmeu m.
Negrito [nəgr'i:tou] s. 1. (Etn.) membro m. de qualquer povo anão de raça preta. 2. (Tipogr.) negrito m.: tipo de letra.
Negritude [n'egritjud] s. (Soc.) características histórico-culturais f. pl. da raça negra.
Negro [n'i:grou] s. negro, preto m. ‖ adj. negro.
Negroid [n'i:grɔid] s. negróide m. + f. ‖ adj. negróide.
Negroism [n'igrɔizm] s. doutrina de igualdade f. de direitos civis, para negros e brancos.
Negrophile [n'igrəfail], **Negrophil** [n'igrəfil] s. 1. negrófilo m. 2. abolicionista m. + f. ‖ adj. negrófilo.
Negrophobe [n'igrəfoub] s. negrófobo m.
Negrophobia [nigrəf'oubiə] s. negrofobia f.: ódio, aversão ou medo aos negros.
neigh [nei] s. rincho, relincho m. ‖ v. rinchar.
neighbour, neighbor [n'eibə] s. 1. vizinho m. 2. próximo m. ‖ v. vizinhar, confinar. ‖ adj. vizinho, contíguo, confiante. ‖ ~**ing** adj. vizinho, contíguo, confinante. ‖ ~**ly** adj. como bom vizinho, sociável, cortês, prestativo.
neighbourhood, neighborhood [~hud] s. 1. vizinhança f. 2. cercania, proximidade f.
neighbourliness, neighborliness [~linis] s. boa vizinhança, sociabilidade f.
neither [n'aiðə, n'i:ðə] adj. nenhum, nenhum dos dois. ‖ adv. tampouco. ‖ conj. nem. ‖ pron. nenhum, nem um nem outro.
~ **of us is unfailing** nenhum de nós é infalível. ~ **you nor I will win** nem você, nem eu ganharemos. **nor I** ~ nem eu tampouco.
nematode [n'emətoud] s. nematóide m. ‖ adj. nematóide.
nemesis [n'eməsis] s. castigo merecido m.
nenuphar [n'enjufa:], **nuphar** [nj'u:fə] s. (Bot.) nenúfar m.
neoclassicism [ni:oukl'æsisizm] s. (Arquit.) neoclassicismo m.
neocolonialism [ni:oukəl'ouniəlizm] s. (Pol., Econ.) neocolonialismo m.
neodymium [ni:oud'imiəm] s. (Quím.) neodímio m.
neolithic [ni:ol'iθik] adj. (Antrop.) neolítico.

neologism [nɪ'ɔlədʒɪzm] s. neologismo m.
neology [ni'ɔlədʒi] s. neologia f.
neon [n'i:ɔn] s. (Quím.) néon, neônio m.
neophyte [n'i:oufait] s. 1. neófito, noviço m. 2. principiante m. + f., novato m.
nepenthe [nep'enθi] s. 1. nepente m. 2. sedativo m.
nephew [n'evju:, n'efju:] s. sobrinho m.
nephology [nif'ɔlədʒi] s. (Meteor.) nefologia f.
nephritic [nefr'itik] adj. nefrítico.
nephritis [nəfr'aitis] s. (Pat.) nefrite f.
nepotism [n'epotizm] s. nepotismo, favoritismo m.
Neptune [n'eptju:n] s. Netuno m.
neptunium [neptj'u:niəm] s. netúnio m.
nereid [n'iəriid] s. nereida, nereide f.
Neronian [nər'ouniən] adj. neroniano.
nervation [nə:v'eiʃən] s. nervação f.
nerve [nə:v] s. 1. nervo m. 2. força f., vigor m., energia f. 3. nervura f. 4. (pl.) nervosismo m., nervosidade f. 5. coragem f. 6. (gíria) ousadia, impudicícia f. ‖ v. animar, encorajar.
a fit of ~s um ataque de nervos. **he gets on my** ~s ele me aborrece a paciência. **he has the** ~ **to do it** ele tem a ousadia de fazê-lo.
nerve gas s. (guerra química) gás asfixiante m.
nerveless adj. 1. enervado, abatido, fraco. 2. sem nervos. 3. desanimado. ‖ ~ly adv. 1. enervadamente, fracamente. 2. desanimadamente.
nervelessness [n'ə:vlisnis] s. 1. fraqueza, debilidade f. 2. desânimo m.
nerve-racking adj. extremamente irritante.
nervine [n'ə:vin] s. (Med.) nervino, tônico nervino m. ‖ adj. nervino, calmante.
nervous [n'ə:vəs] adj. 1. nervoso, excitado, exaltado. 2. excitável, agitável. 3. vigoroso, robusto. 4. vivo, animado. ‖ ~ly adv. nervosamente.
nervous breakdown s. (Pat.) caso m. de neurastenia.
nervousness [~nis] s. 1. nervosidade f. 2. nervosismo m. 3. vigor m., robustez f.
nervous system s. sistema nervoso m.
nervy [n'ə:vi] adj. 1. nervoso. 2. vigoroso, robusto. 3. (E. U. A.) que requer coragem. 4. irritável.
nescience [n'esiəns] s. necedade, ignorância f.
nescient [n'esiənt] adj. néscio, ignorante.
ness (I) [nes] s. promontório, cabo m.
-ness (II) [nis] sufixo que forma substantivos abstratos, como: **good**~, **selfish**~, etc.
nest [nest] s. 1. ninho m. 2. covil m., toca f. 3. retiro m. 4. ninhada f. 5. jogo m. (série de objetos). ‖ v. 1. aninhar. 2. tirar ninhos de pássaros.
nest-egg s. 1. indez m. 2. quantia f. depositada como início de pecúlio.
nestle [n'esl] v. 1. aninhar-se, conchegar-se. 2. abrigar. 3. abraçar, acariciar.
nestling [~iŋ] s. 1. filhote de pássaros, ainda implume m. 2. criancinha f.
nestor [n'estə] s. homem idoso e prudente m.
net (I) [net] s. 1. rede f. 2. malha f. 3. armadilha f. ‖ v. 1. lançar a rede. 2. cobrir ou proteger com rede. 3. enredar. 4. fazer rede.
net (II) [net] s. 1. lucro líquido m. 2. preço, lucro ou peso líquido m. ‖ v. obter um lucro líquido de. ‖ adj. líquido, livre.
nether [n'eðə] adj. inferior, mais baixo.
Netherlander [~lændə] s. holandês m.
Netherlands [~ləndz] s. pl. Países Baixos m. pl.
nethermost [~moust] adj. o mais baixo.
nether world s. 1. mundo dos mortos m. 2. inferno m.
net-like adj. reticulado, reticular.
net national product s. (Econ.) produto líquido nacional m.
netted [n'etid] adj. reticulado.

netting [n'etiŋ] s. 1. material m. de rede ou de malha. 2. tela f.
nettle [netl] s. urtiga f. ‖ v. 1. irritar. 2. provocar.
nettle cell s. (Zool.) nematocisto m.
nettle rash s. (Patol.) urticária f.
nettlesome [n'etlsəm] adj. irritante, irritadiço.
net tonnage s. tonelagem f. de navio mercante, sujeita a impostos e taxas.
network [n'etwə:k] s. 1. trabalho reticular m. 2. rede f.
neural [nj'uərəl] adj. neural.
neuralgia [njuər'ældʒə] s. neuralgia, nevralgia f.
neuralgic [njuər'ældʒik] adj. (Pat.) neurálgico.
neurasthenia [njuərəsθ'i:niə] s. neurastenia f.
neurasthenic [njuərəsθ'enik] adj. neurastênico.
neuritic [njuər'itik] adj. neurítico, nevrítico.
neuritis [njuər'aitis] s. (Pat.) neurite, nevrite f.
neurogenic [njuərədʒ'enik] adj. neurogênico.
neurological [njuərol'ɔdʒikəl] adj. neurológico.
neurology [njuər'ɔlədʒi] s. (Med.) neurologia f.
neurology [njuər'ɔlədʒi] s. (med.) neurologia f.
neuron [nj'urɔn], **neurone** [nj'uroun] s. neurônio m.
neuronic [njur'ɔnik] adj. (Anat.) neurônico.
neuropathic [njuərəp'æθik], **neuropathical** [~əl] adj. neuropático. ‖ ~ally adj. neuropaticamente.
neuropathy [njuər'opəθi] s. (Med.) neuropatia f.
neuropterous [njuər'optərəs] adj. (Zool.) neuróptero, relativo aos neurópteros.
neurosis [njuər'ousis] s. (Pat.) neurose f.
neurotic [njuər'ɔtik] s. neurótico m. ‖ adj. neurótico.
neuter [nj'u:tə] s. 1. sexo neutro m. 2. gênero neutro m. 3. substantivo neutro m. 4. animal capado m. ‖ adj. 1. neutro, assexuado. 2. neutral, imparcial. 3. nem masculino, nem feminino.
neutral [nj'u:trəl] s. 1. nação neutra f. 2. indivíduo neutral m. 3. ponto neutro m. ‖ adj. 1. neutral, imparcial. 2. neutro, **indefinido**. 3. de cor vaga. 4. (Quím.) nem ácido, nem alcalino. 5. (Elet.) nem positivo, nem negativo. 6. nem bom, nem mau, indeterminado. ‖ ~ly adv. neutralmente, imparcialmente.
neutralism [~izm] s. (Pol.) neutralismo m.
neutrality [nju:tr'æliti] s. neutralidade f.
neutralization [nju:trəlaiz'eiʃən] s. **neutralização f.**
neutralize [nj'u:trəlaiz] v. 1. neutralizar. 2. anular. 3. contrabalançar.
neutralizer [~ə] s. pessoa f., estado de coisas ou preparado m. que neutraliza.
neutron [nj'u:trɔn] s. nêutron m.
never [n'evə] adv. nunca, jamais.
~ **a one** nenhum, ninguém. ~ **fear** não tenha medo. ~ **mind** 1. não faça caso. 2. não tem importância, não faz mal.
nevermore [n'evəm'ɔ:] adv. nunca mais.
nevertheless [nevəðəl'es] adv. + conj. todavia, não obstante, contudo, apesar de.
new [nju:] adj. 1. novo, não usado. 2. recente. 3. moderno. 4. original. 5. renovado. 6. estranho. 7. fresco. 8. novato, inexperiente. 9. adicional, complementar. ‖ adv. 1. novamente, de novo. 2. recentemente. ‖ ~ly adv. 1. recentemente. 2. novamente.
new-born adj. 1. recém-nascido. 2. renascido.
newcomer [nj'u:kʌmə] s. recém-chegado m.
newel [nj'u:il] s. pilar m. de corrimão (quadro S 11).
New England s. Nova Inglaterra f.
newfangled [nju:f'æŋgld] adj. 1. moderno, da última moda. 2. amante de novidades, inconstante.
new-fashioned adj. moderno, da última moda.
Newfoundland [nju:f'aundlənd] s. Terra Nova f. 1. cão m. dessa raça (quadro D 3).
newish [nj'u:iʃ] adj. quase novo.
newness [nj'u:nis] s. 1. novidade, qualidade de novo f. 2. coisa nova f. 3. inovação f. 4. falta de prática,

inexperiência f.

news [nju:z] s. pl. notícia, nova, informação f.
a piece of ~ notícia. **what is the** ~? o que há de novo?

news-agency s. agência de notícias f

newsboy [nj'u:zbɔi] s. jornaleiro m.

newscast [nj'u:zka:st] s. noticiário m. (rádio, TV).

newsdealer [nj'u:zdi:lə] s. vendedor m. de jornais e revistas.

newsletter [nj'u:zletə] s. comunicação f. por escrito dirigida a certo grupo de pessoas.

newsman [nj'u:zmən] s. 1. jornaleiro m. 2. jornalista m.

newsmonger [nj'u:zmʌŋgə] s. boateiro m.

newspaper [nj'u:zpeipə] s. jornal m., gazeta f., diário m.

newsprint [nj'u:zprint] s. papel m. para impressão de jornais.

news-reel s. jornal cinematográfico, cine-jornal m.

newsstand [nj'u:zstænd] s. banca f. de jornais.

newsy [nj'u:zi] adj. noticioso.

newt [nju:t] s. (Zool.) espécie de salamandra.

New Testament s. (Rel.) Novo Testamento m.

Newtonian [njut'ounian] s. adepto m. das teorias de Newton. ‖ adj. newtoniano.

New World s. Novo Mundo, hemisfério ocidental m.

New Year s. ano-novo m.

New Year's Day s. dia m. de ano-novo, 1.º de janeiro.

New Years's Eve s. véspera f. de ano-novo, 31 de dezembro.

New York s. 1. Nova York f.: estado dos E. U. A. 2. New York City: a maior cidade nos E. U. A.

New Yorker s. nova-iorquino, noviorquino m.

New Zealander s. neozelandês m.

next [nekst] s. seguinte, próximo m. ‖ adj. 1. seguinte, próximo. 2. contíguo. ‖ adv. logo, em seguida. ‖ prep. junto a, pegado.
~ **but one** segundo. ~ **door to** vizinho, contíguo. ~ **to** por pouco. ~ **to nothing** quase nada.

nexus [n'eksəs] s. conexão, ligação f., vínculo m.

nib [nib] s. 1. bico m. de pena ou de pássaro. 2. pena f. (quadro F 7). 3. ponta f. ‖ v. aparar.

nibble [nibl] s. mordicação, mordidela f. ‖ v. 1. mordicar, mordiscar. 2. (fig.) criticar, censurar.

nibbler [n'iblə] s. 1. homem ou animal m. que mordica. 2. censurador m.

Nicaraguan [nikər'a:gwən] s. nicaraguano m. ‖ adj. nicaraguano.

nice [nais] adj. 1. bonito, lindo, belo. 2. amável, bondoso. 3. agradável, encantador. 4. satisfatório. 5. gentil. 6. delicado. 7. exato, preciso. 8. fino, sutil. 9. apropriado. 10. escrupuloso. 11. refinado. 12. culto. 13. circunspecto. ‖ ~**ly** adv. 1. bem. 2. lindamente. 3. agradavelmente. 4. delicadamente. 5. sutilmente. 6. escrupulosamente.
how ~ **of you** quão amável de sua parte. ‖ **he is doing** ~**ly** ele vai bem.

niceness [n'aisnis] s. 1. beleza f. 2. encanto m. 3. gentileza, delicadeza f. 4. exatidão, minuciosidade f. 5. finura, sutileza f. 6. escrupulosidade f. 7. refinamento m., cultura f. 8. circunspecção f.

nicety [n'aisiti] s. 1. exatidão, precisão f. 2. delicadeza f. 3. sutileza f. 4. refinamento m.
to a ~ exatamente. **to stand upon niceties** fazer questão de minúcias.

niche [nitʃ] s. 1. nicho, vão m. (quadro B 6). 2. posição f. ou lugar m. adequado. ‖ v. 1. colocar num nicho. 2. acomodar-se.

nick (I) [nik] s. 1. entalhe, corte m., incisão f. (quadro T 6). 2. momento crítico m. 3. lance favorável m. no jogo de dados. ‖ v. 1. entalhar, chanfrar. 2. cortar em ou através. 3. agarrar ou pegar no momento exato. 4. assentar bem. 5. fazer um lance favorável (no jogo de dados). 6. (gíria) roubar, enganar. 7. misturar bem (raças).
he came in the ~ **of time** ele veio no momento exato.

Nick (II) [nik] s. diabo, o mesmo que **Old Nick.**

nickel [n'ikəl] s. 1. níquel m. 2. (Ingl.) pequena moeda divisionária f. ‖ v. niquelar.

nickelodeon [nikəl'oudiən] (E. U. A.) s. lugar m. de distração barata.

nickel-plating s. niquelagem f.

nickname [n'ikneim] s. alcunha f., apelido m. ‖ v. alcunhar, apelidar.

nicotian [nik'ouʃiən] s. o que usa tabaco. ‖ adj. relativo ao tabaco.

nicotine [n'ikəti:n], **nicotin** [~tin] s. nicotina f.

nictate v. = **nictitate.**

nictation s. = **nictitation.**

nictitate [n'iktiteit], **nictate** [n'ikteit] v. pestanejar.

nictitating membrane s. (Zool.) membrana nictitante, terceira pálpebra f

nictitation [niktit'eiʃən], **nictation** [nikt'eiʃən] s. pestanejo m., nictação f.

nide [naid] s. ninho m. ou ninhada f., especialmente de faisões.

nidificate [n'idifikeit], **nidify** [n'idifai] v. nidificar.

nidification [nidifik'eiʃən] s. nidificação f.

nidify v. = **nidificate.**

nid-nod [n'idnɔd] v. mover constantemente a cabeça como em sinal afirmativo.

niece [ni:s] s. sobrinha f.

niello [ni'elou] s. nigela f.: ornato de esmalte preto ‖ v. nigelar, ornar com nigela.

nifty [n'ifti] adj. (gíria) bonito, elegante, estiloso.

niggard [n'igəd] s. avaro, mesquinho m. ‖ adj. avaro, mesquinho. ‖ ~**ly** adj. avarento, mesquinho. ‖ ~**ly** adv. avaramente, mesquinhamente.

niggardliness [~linis] s. avareza, mesquinhez f.

nigger [n'igə] s. (depreciat.) negro m.
a ~ **in the woodpile** pessoa ou coisa que estraga algo de bom.

niggle [nigl] s. letra pequena e apertada f. ‖ v. ocupar-se ou perder tempo com insignificâncias.

niggler [n'iglə] s. o que se perde em ninharias.

niggling [n'igliŋ], **niggly** [n'igli] adj. mesquinho.

nigh [nai] adj. 1. perto. 2. intimamente relacionado. ‖ adv. 1. perto. 2. quase. ‖ prep. perto, junto a.

night [nait] s. 1. noite f., anoitecer m. 2. escuridão f., trevas f. pl. 3. ignorância f. 4. velhice f. 5. morte f. 6. aflição f. ‖ ~**ly** adj. noturno. ‖ ~**ly** adv. 1. de noite. 2. cada noite.
a ~ **out** uma noite em festa. **at** ~, **by** ~, **during the** ~, **in the** ~ à ou de noite. **good** ~ boa-noite! **to make a** ~ **at it** passar uma noite em festa. **to**~ hoje à noite.

night-blindness s. hemeralopia f.

nightcap [n'aitkæp] s. 1. barrete f. para dormir. 2. bebida alcoólica f. tomada antes de deitar.

nightclothes [n'aitklouθz] s. pl. pijama m., camisola f.

night-club s. boate f.

night-dress, night-gown s. camisola f. (quadro C 13).

nightfall [n'aitfɔ:l] s. anoitecer m.

night-faring adj. que viaja de noite.

night-flower s. qualquer flor f. que só se abre à noite.

night-gown s. = **night-dress.**

night-hawk s. 1. (Orn.) espécie de bacurau. 2. noctâmbulo m.

nightingale [n'aitiŋgeil] s. (Orn.) rouxinol m.

nightless adj. sem noite.

night letter s. carta telegráfica noturna f.

night life s. vida noturna f.

night light s. luz f. acesa durante a noite.

nightlong [n'aitlɔŋ] adj. que dura a noite toda. ‖ adv. durante a noite toda.

nightmare [n'aitmɛə] s. pesadelo m.

nights [naits] adv. de noite.

night-school s. escola noturna f.

nightshade [n'aitʃaid] s. (Bot.) erva-moura f. deadly ~ beladona.

night shift s. turma f. de trabalho noturno.

night-shirt s. camisola f.

night soil s. fezes f. pl. humanas, como adubo.

night spot s. = night-club.

night-time s. noite f.

night-walker s. 1. sonâmbulo m. 2. noctívago m.

night-walking s. 1. sonambulismo m. 2. noctambulismo m.

nightward [n'aitwəd] adj. quase à noite.

night-watch s. vigília noturna f.

night-work s. trabalho noturno m.

nihilism [n'aiilizm] s. niilismo m.

nihilist [n'aiilist] s. niilista m. + f.

nihilistic [naiil'istik] adj. niilista.

nil [nil] s. nada, zero m.

Nilotic [nail'ɔtik] adj. nilótico, nílico relativo ao nilo.

nimble [nimbl] adj. 1. ágil, vivo, ligeiro. 2. esperto.
‖ −bly adv. 1. agilmente. 2. espertamente.

nimbleness [n'imblnis] s. 1. agilidade, vivacidade, ligeireza f. 2. esperteza f.

nimbus [n'imbəs] s. nimbo m : 1. auréola f., halo m. 2. camada espessa f. de nuvens sombrias, da qual cai ordinariamente chuva (quadro C 14).

nincompoop [n'iŋkəmpu:p] s. tolo, parvo m.

nine [nain] s. nove m. ‖ num. nove.
~ days' wonder sensação do momento. to the ~s perfeito, exato.

ninefold [n'ainfould] num. nônuplo, nove vezes maior. ‖ adv. nove vezes mais.

ninepins [n'ainpins] s. jogo m. de boliche com nove paus.

nineteen [n'aint'i:n] s. dezenove m. ‖ num. dezenove.

nineteenth [~θ] s. décimo nono m. ‖ num. décimo nono.

ninetieth [n'aintiəθ] s. nonagésimo m. ‖ num. nonagésimo.

ninety [n'ainti] s. noventa m. ‖ num. noventa.

ninny [n'ini] s. tolo, parvo m.

ninth [nainθ] s. 1. nona parte. 2. nona f. ‖ num. nono. ‖ ~ly adv. em nono lugar.

niobic [nai'oubik], niobous [nài'oubəs] adj. nióbico.

niobium [nai'oubiəm] s. (Quím.) nióbio m.

nip (I) [nip] s. 1. beliscão m. 2. picada f. 3. queimadura f. produzida pela geada. 4. frio mordente m. 5. mordidela f. 6. remoque m. 7. um bocado.
‖ v. 1. beliscar. 2. picar. 3. queimar pela ação da geada. 4. enregelar. 5. doer. 6. causar dor. 7. remoquear.

nip (II) [nip] s. gole, trago m. (de bebidas alcoólicas)
‖ v. bebericar.

nipper [n'ipə] s. 1. garra f. 2. (pl.) pinça, tenaz f., alicate m. 3. aquele que belisca, pica ou morde. 4. (gíria) menino, rapaz m.
a pair of ~s um alicate.

nipping [n'ipiŋ] adj. 1. mordaz. 2. intenso (frio).

nipple [nipl] s. 1. mamilo m. (quadro H 10). 2. bico de mamadeira m. 3. niple (quadro W 1), bocal roscado m. 4. torneira f. de regulação.

nipplewort [n'iplwə:t] s. (Bot.) lampsana f.

Nippon [nip'ɔn, n'ipɔn] s. Japão m.

Nipponese [nipən'i:z] s. nipônico, japonês m. ‖ adj.

nipônico, japonês.

nippy [n'ipi] adj. 1. mordente. 2. frio. 3. ativo, ágil. 4. sarcástico, mordaz.

nirvana [nirv'a:nə] s. nirvana f.

Nisei [n'i:sei] (E. U. A.) s. níssei, nipo-americano m.

Nissen hut [n'isən] s. (milit.) barraca pré-fabricada f. de chapa ondulada.

nit [nit] s. lêndea f.

nitid [n'itid] adj. luzente, vivo, alegre.

niton [n'aiton] s. radônio m.

nit-picking adj. minucioso.

nitrate [n'aitreit] s. nitrato, azotato m. ‖ v. tratar ou combinar com ácido nítrico.

nitration [naitr'eiʃən] s. tratamento m. ou combinação f. com ácido nítrico.

nitre, niter [n'aitə] (E. U. A.) s. 1. nitro, azotato de potássio m. 2. salitre m.

nitric [n'aitrik] adj. nítrico.
~ acid ácido nítrico.

nitrification [naitrifik'eiʃən] s. nitrificação f.

nitrify [n'aitrifai] v. nitrificar.

nitrite [n'aitrait] s. nitrito, azotito m.

nitro-benzene, nitro-benzon s. nitrobenzeno m.

nitrocellulose [naitros'eljulous] s. nitrocelulose f.

nitrogen [n'aitrodʒən] s. (Quím.) nitrogênio, azoto m.

nitrogenous [naitr'odʒənəs] adj. 1. nitrogenoso. 2. nitrogenado, azotado.

nitroglycerin, nitroglycerine [naitrogl'isərin] s. (Quím.) nitroglicerina f.

nitrometer [naitr'omətə] s. nitrômetro m.

nitrous [n'aitrəs] adj. nitroso, salitroso.
~ acid ácido nitroso. ~ oxide óxido nitroso.

nitty-gritty s. (gíria) âmago m. da questão.

niveous [n'iviəs] adj. níveo, alvo.

nix (I) [niks] s. 1. (gíria) nada m., ninguém m. 2. carta f. devolvida ao remetente.

nix (II) [niks] interj. (gíria) cuidado, atenção!

nix (III) [niks] s. (Mitol.) gênio m. das águas.

nl. abr. de 1. non licet. 2. non liquet. 3. (Tipogr.) nova linha.

no (I) [nou] s. 1. não m., negativa f. 2. recusa f. 3. voto negativo m. ‖ pron. nenhum, nenhuma. ‖ adv. 1. não. 2. de modo algum.
by ~ means de forma alguma. he is ~ more ele faleceu. I can drink ~ more não posso beber mais. ~ doubt não há dúvida. ~ man ninguém. ~ one ninguém. of ~ use de nenhuma utilidade. there is ~ knowing what will happen não se sabe o que vai acontecer. there is ~ coffee não há café.

no (II) [nou] s. (Teat.) forma clássica f. do drama japonês.

Noah [n'ouə] s. Noé m.

nob (I) [nɔb] s. (gíria) cabeça, cachola f. ‖ v. (Boxe) atingir na cabeça.

nob (II) [nɔb] s. (Ingl., gíria) grã-fino m.

nobble [nɔbl] v. 1. dopar cavalo para perder a corrida, enganar. 2. obter fraudulentamente.

Nobel prize s. prêmio Nobel m.

nobiliary [nob'iljəri] adj. nobiliário.

nobility [nob'iliti] s. 1. nobreza, aristocracia f. 2. grandeza, elevação f.

noble [noubl] s. nobre, fidalgo m., aristocrata m. + f. ‖ adj. 1. nobre, fidalgo, aristocrata. 2. digno. 3. excelente. 4. fino. 5. esplêndido. 6. magnânimo, generoso. 7. imponente, majestoso. 8. valioso, puro (metal). ‖ nobly adv. 1. nobremente. 2. generosamente. 3. suntuosamente.

nobleman [n'oublmən] s. nobre, fidalgo m.

noble-minded adj. nobre, generoso, magnânimo.

noble-mindedness s. disposição de espírito f. nobre, generosa, magnânima.

nobleness [n'oublnis] s. 1. nobreza f. 2. grandeza, dignidade f. 3. magnificência, suntuosidade f. 4. excelência f. 5. pureza f. (de metais).

noble-woman s. fidalga f.

nobody [n'oubədi] s. joão-ninguém m. ‖ pron. ninguém.

nock [nɔk] s. encaixe m. de flecha.

noctambulist [nɔkt'æmbjulist] s. sonâmbulo m.

noctambulous [nɔkt'æmbjuləs] adj. sonâmbulo.

noctivagant [nɔkt'ivəgənt], **noctivagous** [nɔkt'ivəgəs] adj. noctívago.

nocturnal [nɔkt'ə:nəl] adj. noturno. ‖ ~ly adv. noturnamente, de noite.

nocturne [n'ɔktə:n] s. noturno m.: tipo de composição musical.

nocuous [n'ɔkjuəs] adj. 1. danoso, prejudicial, nocivo. 2. venenoso.

nod [nɔd] s. 1. aceno m. de cabeça (indicando aquiescência ou para dar um sinal). 2. inclinação para a frente f. 3. (fig.) comando m., ordem f. ‖ v. 1 acenar com a cabeça. 2. deixar pender a cabeça 3. ter sonolência. 4. oscilar, ameaçar ruína. 5 cometer um descuido.
land of ~ sono. ‖ **to ~ off** adormecer, cochilar.

nodal [n'oudəl] adj. nodal.
~ point ponto nodal.

nodder [n'odə] s. 1. pessoa f. que acena com a cabeça. 2. pessoa f. que cochila.

nodding acquaintance s. pessoa f. que se conhece pouco.

noddle (†) [nɔdl] s. cabeça f. ‖ v. acenar freqüentemente com a cabeça.

noddy [n'ɔdi] s. 1. tolo, parvo m. 2. espécie de andorinha-do-mar.

node [noud] s. nó, nódulo m. 2. tumor m. 3. (Astron., Fís.) nodo m. 4. enredo m., intriga f.

nodical [n'oudikəl] adj. (Astron.) intersecional.

nodose [nod'ous] adj. nodoso.

nodosity [nod'ositi] s. nodosidade f.

nodular [n'odjulə] adj. noduloso.

nodule [n'odjul] s. nódulo m.

nodus [n'oudəs] s. 1. ponto nodoso m. 2. nó m.

noel [nou'el] s. 1. natal m. 2. canção f. de natal.

noetic [nou'etik] adj. mental, intelectual.

nog (I) [nɔg] s. 1. cavilha f. 2. pedaço m. de madeira que se embute na parede para receber pregos, parafusos, etc. ‖ v. prender com pregos, embutir pedaços de madeira na parede.

nog (II) [nɔg] s. (E. U. A.) bebida alcoólica f. com ovo batido.

noggin [n'ogin] s. 1. caneca pequena f. 2. conteúdo m. dessa caneca. 3. vasilha f. de madeira.

nogging [n'ogiŋ] s. tabique m., escora f.

nohow [n'ouhau] adv. de modo algum.

noise [nɔiz] 1. alarido, barulho, som m. 2. clamor m., vozeria f. 3. rumor m. 4. escândalo m. ‖ v. 1. fazer barulho. 2. falar muito. 3. propalar.
a big ~ (coloq.) um grande homem. **to make a ~** fazer barulho, alarde.

noiseless [n'oizlis] adj. silencioso. ‖ ~ly silenciosamente.

noiselessness [~nis] s. silêncio m.

noisemaker [n'oizmeikə] s. encrenqueiro, desordeiro m.

noisiness [n'oizinis] s. barulheira f., estrépito f.

noisome [n'oisəm] adj. 1. nocivo, pernicioso. 2. fétido, deletério. ‖ ~ly adv. 1. nocivamente. 2. fetidamente.

noisomeness [~nis] s. 1. nocividade f. 2. fedor m.

noisy [n'oizi] adj. 1. ruidoso, barulhento. 2. clamoroso. 3. turbulento. ‖ ~ily adv. ruidosamente.

noli-me-tangere [noulaimi:t'ændʒəri:] s. 1. (Bot.) balsâmina f., beijo-de-frade m. 2. (Med.) lupo m.

no-load adj. isento de comissões nas vendas (fundo mútuo).

nol-pros [nɔlpr'ɔs] (E. U. A.) v. (Jur.) desistir de causa.

nomad [n'ɔməd] s. nômade m. + f. ‖ adj. nômade.

nomadic [nom'ædik] adj. nômade, errante.

nomadism [n'ɔmədizm] s. nomadismo m.

nomadize [n'ɔmədaiz] v. vaguear.

no man's land s. 1. (milit.) terra de ninguém f. 2. terra devoluta f. (estéril).

nomarch [n'ɔma:k] s. (Grécia moderna) nomarca m.: governador de província.

nomarchy [~ i] s. nomarquia f.

nomenclature [n'oumənkleitʃə] s. nomenclatura, terminologia f. (quadro N 2).

nominal [n'ɔminəl] adj. 1. nominal. 2. (fig.) sem importância, trivial. ‖ ~ly adv. nominalmente.

nominalism [~izm] s. (Filos., Hist.) nominalismo m.

nominalist [~ ist] s. (Filos.) nominalista m. + f.

nominalistic [nɔminəl'istik] adj. nominalista.

nominate [n'ɔmineit] v. nomear, designar.

nomination [nɔmin'eiʃən] s. nomeação f.

nominative [n'ɔminətiv] s. nominativo m. ‖ adj. nominativo.

nominator [n'ɔmineit] s. nomeador m.

nominee [nɔmin'i:] s. pessoa nomeada f.

non— [nɔn] pref. denota: 1. não. 2. falta de.

non-ability s. incapacidade, inabilidade f.

non-absorbent adj. impermeável.

non-acceptance s. falta de aceite, recusa f.

non-acid adj. não ácido.

non-acquaintance s. desconhecimento m.

non-acquiescence s. discordância f.

non-admission s. recusa f. de admissão.

nonage [n'ounidʒ] s. (Jur.) menoridade f.

nonagenarian [nounədʒin'ɛəriən] s. nonagenário m. ‖ adj. nonagenário.

nonagesimal [nɔnədʒ'esiməl] adj. nonagésimo.

nonagon [n'ɔnəgən] s. (Geom.) eneágono m.

non-aggression s. não agressão f.

non-alcoholic adj. não alcoólico, sem álcool.

nonaligned [nɔnəl'aind] adj. (Pol.) não-alinhado, relativo ao Terceiro Mundo.

nonalignment [nɔnəl'ainmənt] s. (Pol.) não-alinhamento m.

non-appearance s. 1. não comparecimento m., ausência f. 2. contumácia f.

non-assimilable adj. inassimilável.

non-assimilation s. falta f. de assimilação.

non-attendance s. não comparecimento m.

non-being adj. inexistente.

non-believer s. descrente m. + f., incrédulo m.

non-belligerent s. não beligerante m. + f., neutro m.

non-breakable adj. inquebrável.

nonce [nɔns] s. designío m. do momento.
for the ~ por essa vez, temporariamente.

nonce-word s. palavra f. criada para determinado ocasião.

nonchalance [n'ɔnʃələns] s. indiferença f.

nonchalant [n'ɔnʃələnt] adj. indiferente, desinteressado; ‖ ~ly adv. indiferentemente.

non-civilized adj. 1. incivilizado. 2. inculto. 3. selvagem.

non-coherent adj. incoerente, contraditório.

non-combatant s. não combatente m. + f. ‖ adj. não combatente.

non-combustible adj. incombustível.

non-commissioned adj. inferior, subalterno (militar).

non-committal s. sem compromisso m., reserva f. ‖ adj. 1. reservado. 2. que não expressa opinião.

non-communicable adj. incomunicável.

non-compliance s. 1. recusa f. 2. não cumprimento m.

non-conducting adj. não condutor.
non-conductor s. não condutor m.
nonconforming [nɔnkənf'ɔ:miŋ] adj. dissidente.
nonconformist [nɔnkənf'ɔ:mist] s. dissidente m. + f.
nonconformity [nɔnkənf'ɔ:miti] s. dissidência f.
non-contagious adj. não contagioso.
non-co-operation s. recusa f. de cooperação.
non-delivery s. falta f. de entrega.
nondescript [n'ɔndiskript] s. ser m. ou coisa desconhecida ou ignorada f. ‖ adj. 1. indefinível. 2. estranho, curioso.
non-development s. falta f. de desenvolvimento.
nondrinker [nɔndr'iŋkə] s. abstêmio m.
nondurable goods s. pl. bens de consumo m. pl. não duráveis.
none [nʌn] adj. 1. nenhum. 2. ninguém. 3. nada. ‖ adv. de modo algum, em absoluto. ‖ pron. 1. nenhum. 2. ninguém. 3. nada. ~ **the less** não obstante, todavia. **this is ~ of your business** isto não é de sua conta. **he is ~ the better for his hard training** apesar de treinar muito não melhorou.
noneffective [nɔnif'ektiv] s. (milit.) pessoa não apta f. ‖ adj. não apto, não efetivo.
non-electric adj. não elétrico.
noneligible [nɔn'elidʒibl] adj. inelegível.
nonentity [nɔn'entiti] s. 1. não-existência f. 2. ficção f. 3. nonada f. 4. pessoa f. sem importância.
nones [nounz] s. pl. nonas f. pl.
none-so-pretty s. (Bot.) desespero-dos-pintos m.
non-essential s. pessoa ou coisa dispensável f. ‖ adj. dispensável.
nonesuch [n'ɔnsʌtʃ] s. 1. pessoa ou coisa f. sem par, sem igual. 2. lupulina f. 3. variedade de maçã.
non-execution s. 1. não-execução f. 2. inexeqüibilidade f.
non-existence s. inexistência f.
non-existent adj. inexistente.
non-feasance s. (Jur.) omissão f.
non-ferrous adj. não ferroso.
nonfiction [nɔnf'ikʃən] s. literatura f. em prosa baseada em fatos ou personagens reais. ‖ adj. relativo a esse gênero literário.
non-forfeiting adj. não prescrito.
non-fulfillment, non-fulfilment s. não cumprimento m.
non-hero s. anti-herói m.
non-human adj. desumano.
non-importation s. falta f. de importação.
non-intervention s. (Pol.) não intervenção f.
non-juring adj. que não presta juramento.
non-juror s. o que se nega a prestar juramento.
nonliterate [nɔnl'itərit] adj. (Etn.) relativo a povo sem língua escrita.
non-member s. que não e membro m.
non-metallic adj. não metálico.
non-military adj. não militar, civil.
non-natural adj. inatural.
non-obedience s. desobediência f.
non-obligatory adj. facultativo.
non-observance s. inobservância f.
nonpareil [nɔnpər'el] s. 1. pessoa ou coisa incomparável f. 2. (Tipogr.) corpo 6 m. ‖ adj. incomparável.
non-partisan adj. não partidário.
non-payment s. falta f. de pagamento.
non-performance s. não-execução f.
nonplus [nɔnpl'ʌs, n'ɔnplʌs] s. confusão, barafunda f., embaraço m. ‖ v. confundir, embaraçar.
nonproductive [n'ɔnprəd'ʌktiv] adj. improdutivo.
nonproductiveness [~nis] s. improdutividade f.

non-professional adj. não profissional, amador.
non-profit adj. sem lucro.
non-resident s. não residente m. + f. ‖ adj. não residente.
nonresistance [nɔnriz'istəns] s. falta f. de resistência.
nonresistant [nɔnriz'istənt] s. o que não oferece resistência à força. ‖ adj. não resistente.
nonsense [n'ɔnsəns] s. absurdo, contra-senso m.
nonsensical [nɔns'ensikəl] adj. absurdo, despropositado. ‖ ~ly adv. absurdamente, ilogicamente.
nonsensicalness [~nis] s. absurdidade, incoerência f.
non-sexual adj. assexuado, assexual.
nonskid [n'ɔnskid] adj. antiderrapante.
~ **tires** pneus antiderrapantes (quadro M 5).
nonsmoker [nɔnsm'oukə] s. 1. não-fumante m. + f. 2. (Estr. de F.) salão m. para não-fumantes.
non-social adj. insocial.
non-solvency s. insolvência f.
non-solvent adj. insolvente.
non-stop adj. 1. contínuo. 2. sem parada.
non-submissive adj. insubmisso.
nonsuit [n'ɔnsj'u:t] s. 1. desistência f. 2. revelia f. 3. despacho m. de improcedência. ‖ v. 1. julgar à revelia. 2. dar despacho de improcedência contra alguém.
non-support s. (Jur.) falta f. de auxílio.
non-union adj. não sindicalizado.
nonviolence [nɔnv'aiələns] s. não-violência, resistência passiva f.
nonvoter [nɔnv'outə] s. pessoa f. que não vota.
noodle [nu:dl] (I) s. talharim m.
noodle (II) [nu:dl] s. parvo, tolo, bobo m.
nook [nuk] s. 1. recanto, recesso, retiro m. 2. canto, ângulo m.
noon [nu:n] s. 1. meio-dia m. 2. auge, apogeu m. ‖ adj. do meio-dia.
noonday [n'u:ndei] s. meio-dia m. ‖ adj. meridional.
nooning [n'u:niŋ] s. (coloq.) 1. meio-dia m. 2. intervalo m. ao meio-dia para descanso ou almoço. 3. esse descanso ou almoço.
noose [nu:s] 1. laço, nó corrediço m. 2. armadilha f. ‖ v. 1. fazer um laço. 2. laçar. 3. apanhar na armadilha.
nopal [n'oupəl] s. (Bot.) nopal, tunal m.
nor [nɔ:] conj. 1. nem. 2. também não.
neither you ~ he nem você, nem ele.
nor', **nor-** [nɔ:] abr. de **north** s. norte m.
Nordic [n'ɔ:dik] s. nórdico m. ‖ adj. nórdico.
norm [nɔ:m] s. norma f., padrão, tipo, modelo m.
normal [n'ɔ:məl] s. 1. normal m. 2. perpendicular f. ‖ adj. 1. regular, usual, comum. 2. perpendicular. ‖ ~ly adv. 1. normalmente. 2. regularmente.
normalcy [~si] s. estado normal m.
normality [nɔ:m'æliti] s. normalidade f.
normalization [nɔ:məlaiz'eiʃən] s. normalização f.
normalize [n'ɔ:məlaiz] v. normalizar.
normalness [n'ɔ:məlnis] normalidade f.
Norman [n'ɔ:mən] s. normando m. ‖ adj. normando.
Normandy [~di] s. Normandia f.
norn [nɔ:n] s. (Mitol. nórdica) deusa do destino f.
Norse [nɔ:s] s. escandinavo m. ‖ adj. escandinavo.
Norseman [n'ɔ:smən] s. 1. norueguês m. 2. escandinavo antigo, normando m.
north [nɔ:θ] s. 1. norte m. 2. setentrião m. ‖ v. mudar o curso, rumar para o norte. ‖ adj. 1. norte. 2. setentrional. ‖ adv. em direção ao norte.
~ **latitude** latitude norte. **North Pole** Pólo Norte. **North Sea** Mar do Norte.
North America s. América do Norte f.
North American s. norte-americano m. ‖ adj. norte-americano.
northeast [nɔ:θ'i:st] s. nordeste m. ‖ adj. nordeste.

N 2

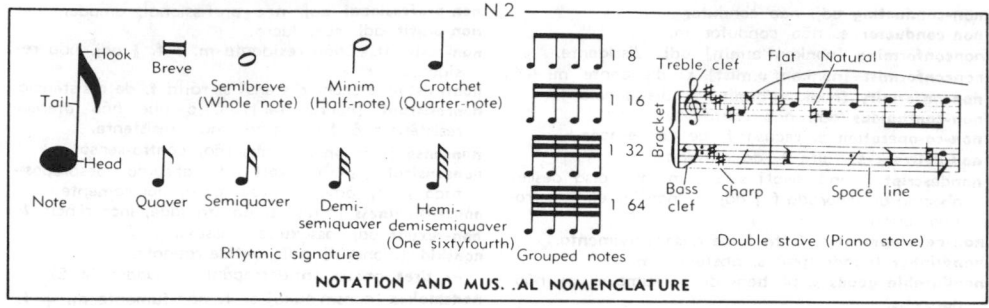

NOTATION AND MUS. .AL NOMENCLATURE

‖ adv. em direção ao nordeste.

northeastern [~ən] adj. 1. para o nordeste. 2. no nordeste.

northeastward [~wəd], **northeastwards** [~wədz] adv. em direção ao nordeste. ‖ **–wardly** adj. + adv. 1. para o nordeste. 2. do nordeste.

norther [n'ɔ:ðə] setentrião, vento norte m. ‖ **~ly** adj. + adv. setentrial, boreal.

northerliness [~ linis] s. situado ao norte.

northern [~n] adj. do norte, setentrional, boreal. **~ lights** aurora boreal.

northerner [~nə] (E. U. A.) s. nortista m. + f.

northernmost [n'ɔ:ðənmoust] adj. mais ao norte.

North Frigid Zone s. (Geogr.) zona f. entre o Círculo Ártico e o Pólo Norte.

northing [n'ɔ:θiŋ] s. 1. distância f. ao norte. 2. progressão f. para o norte. 3. declinação f. boreal.

northland [n'ɔ:θlənd] s. país m. ao norte.

Northman [n'ɔ:θmən] s. nórdico, escandinavo m.

north-northeast s. nor-nordeste m. ‖ adj. a nor-nordeste. ‖ adv. para o nor-nordeste.

north-northwest s. nor-noroeste m. ‖ adj. a nor--noroeste. ‖ adv. para o nor-noroeste.

north-star s. estrela polar f.

North Temperate Zone s. (Geogr.) zona f. entre o Trópico de Câncer e o Círculo Ártico.

northward [n'ɔ:θwəd], **northwards** [~z] s. norte m. ‖ adj. para o norte. ‖ adv. em direção ao norte.

northwest [nɔ:θw'est] s. noroeste m. ‖ adj. noroeste. ‖ adv. 1. em direção ao noroeste. 2. do noroeste. 3. no noroeste. ‖ **~ern** [~ən] adj. 1. para o noroeste. 2. do noroeste. 3. relativo ao noroeste.

northwester [~ə] s. noroeste (vento) m.

northwesterly [~əli] adj. + adv. 1. para o noroeste. 2. do noroeste.

northwestern [~ən] adj. 1. para o noroeste. 2. do noroeste. 3. relativo ao noroeste.

Northwesterner [~ənə] s. (E. U. A.) noroestino m.

northwestward [~wəd] s. noroeste m. ‖ adj. 1. para o noroeste. 2. a noroeste. ‖ adv. em direção ao noroeste. ‖ **~ly** adv. 1. em direção ao noroeste. 2. do noroeste (vento).

Norway [n'ɔ:wei] s. Noruega f.

Norwegian [nɔ:w'i:dʒən] s. norueguês m. ‖ adj. norueguês.

nor'wester [n'ɔ:w'estə] (E. U. A.) s. capa f. de oleado.

nose [nouz] s. 1. nariz m. 2. focinho m. 3. olfato m. 4. faro m. 5. bico m., ponta f. 6. proa f. 7. (fig.) sagacidade f. ‖ v. 1. cheirar. 2. localizar pelo cheiro. 3. esfregar com o nariz. 4. procurar. 5. intrometer-se. 6. focinhar. 7. forçar o seu caminho para cima.

~ of wax o que se deixa influenciar ou moldar facilmente. **to follow one's ~** seguir sempre direito. **to lead by the ~** fazer alguém seguir cegamente. **to pay through the ~** pagar um preço exorbitante.

to put s.o.'s ~ out of joint desconcertar alguém. **to thrust or put one's ~ into** intrometer-se. **to turn up the ~** mostrar desprezo. **under one's ~** bem à vista, debaixo do nariz.

nose-bag s. embornal m., cevadeira f.

nose-band s. focinheira f. (quadro H 9).

nosebleed [n'ouzbli:d] s. 1. sangria nasal, epistaxe f. 2. (Bot.) milefólio m., mil-em-rama f.

nose cone s. (Av.) ponta cônica f. do foguete.

nosed [nouzd] adj. 1. de nariz. 2. de faro apurado. **red-~** de nariz vermelho.

nose-dive s. (Av.) mergulho m. de ponta ou nariz.

nose drops s. (Farmac.) gotas nasais f. pl.

nose-gay s. ramalhete, buquê m.

noseless [n'ouzlis] adj. sem nariz.

nosepiece [n'ouzpi:s] s. 1. parte f. de capacete que protege o nariz. 2. focinheira f. (quadro H 2).

noser [n'ouzə] s. (coloq.) 1. vento m. de frente, que bate no rosto. 2. pancada f. no nariz.

nosey [n'ousi] adj. = **nosy.**

nosocomial [nɔsək'oumiəl] adj. nosocomial, nosocômico, hospitalar.

nosography [nɔs'ɔgrəfi] s. nosografia f.

nosological [nɔsəl'ɔdʒikəl] adj. nosológico.

nosologist [nəs'ɔlədʒist] s. nosologista m. + f.

nosology [nəs'ɔlədʒi] s. nosologia f.

nostalgia [nɔst'ældʒiə] s. nostalgia f.

nostalgic [nɔst'ældʒik] adj. nostálgico.

nostoc [n'ɔstɔk] s. (Bot.) nostocácea f.

nostril [n'ɔstril] s. narina f. (quadro H 9).

nostrum [n'ɔstrəm] s. panacéia f.

nosy, nosey [n'ouzi] adj. 1. narigudo. 2. de cheiro penetrante ou desagradável. 3. sensível a maus cheiros. 4. (coloq.) inquisitivo.

not [nɔt] adv. não.

I can~ não posso. **I do ~ know** não sei. **~ at all** de forma alguma. **~ even** nem sequer. **~ long ago** há pouco tempo. **~ once or twice** muitas vezes. **~ so much** nem sequer. **~ yet** ainda não.

notability [noutəb'iliti] s. notabilidade f.

notable [n'outəbl] s. pessoa notável, celebridade f. ‖ adj. notável, insigne, eminente. ‖ **–bly** adv. notavelmente.

notarial [nout'ɛəriəl] adj. notarial.

notarize [n'outəraiz] v. reconhecer em tabelionato.

notary [n'outəri] s. notário, tabelião m.

notation [nout'eifən] s. 1. notação f. 2. anotação f.

notch [nɔtf] s. 1. entalhe, chanfro m. 2. (E. U. A.) desfiladeiro estreito m. 3. (coloq.) ponto, grau m. ‖ v. 1. entalhar, chanfrar. 2. marcar por entalhes.

notched [~t] adj. entalhado, chanfrado, dentado.

notcher [n'ɔtʃə] s. (Mec.) entalhador m.

note [nout] s. 1. nota, anotação f., apontamento m., minuta f. 2. notícia f., comentário m. 3. bilhete, lembrete, memorando m. 4. comunicação diplomática f. 5. nota musical f. (quadro N · 2). 6.

tecla f. de piano. 7. melodia f. 8. trinado m. 9. símbolo, caráter m. 10. significação, reputação f. 11. sinal m., marca f. 12. nota f. de débito f. 13. ordem f. de pagamento. 14. cédula f. 15. estigma m. ‖ v. 1. anotar, tomar nota. 2. notar, observar, prestar atenção. 3. mencionar. 4. denotar, significar.
~ of hand nota promissória. **to compare ~s on** comparar impressões ou opiniões sobre. **to make a ~** tomar nota. **to take a ~** considerar, ter em mente, cuidar de. **a man of ~** homem de reputação. **worthy of ~** digno de nota. **he changed his ~** ele mudou de tom ou de atitude. **he took no ~ of** ele não tomou conhecimento de.

note-book s. caderno m. de apontamentos, agenda f.

notecase [n'outkeis] s. (Ingl.) carteira f. (para papel-moeda).

noted [n'outid] adj. 1. notável. 2. famoso, célebre. 3. eminente, insigne. ‖ **~ly** adv. (†) 1. notavelmente. 2. exatamente.

notedness [~nis] s. 1. distinção f. 2. eminência f. 3. celebridade ·f.

noteless [n'outlis] adj. 1. obscuro, desconhecido. 2. sem ser notado.

note-paper s. papel m. de carta.

noter [n'outə] s. 1. observador m. 2. anotador m.

noteworthiness [n'outwə:ðinis] s. 1. notabilidade f. 2. importância f.

noteworthy [n'outwə:ði] adj. notável, digno de nota. ‖ **—ily** adv. notavelmente.

nothing [n'ʌθiŋ] s. 1. nada m., coisa nenhuma f. 2. bagatela, nonada, ninharia f. 3. nulidade f., zero m. ‖ adv. de modo algum, absolutamente.
good for ~ imprestável. **mere ~s** coisas sem importância. **next to ~** quase nada. **~ at all** de forma alguma. **~ but** apenas, só. **~ doing** nada feito, não pode ser. **~ else** nada mais, apenas isto, só. **~ venture, ~ have** quem não arrisca não petisca. **that is ~ to me** isto não me toca. **to come to ~** falhar, resultar em nada. **to make ~ of** 1. não compreender. 2. deixar de usar ou fazer. 3. tratar com menosprezo.

nothingness [n'ʌθiŋnis] s. 1. o nada m., inexistência f. 2. insignificância f. 3. inutilidade f.

notice [n'outis] s. 1. observação f., reparo m. 2. atenção f. 3. notificação, informação f. 4. advertência f., sinal m. 5. boletim m. 6. notícia f., comentário m. 7. aviso prévio m. 8. instrução, ordem, orientação, direção f. ‖ v. 1. notar, perceber, reparar. 2. noticiar. 3. mencionar, citar 4 notificar.
to come under one's ~ chegar ao conhecimento de. **to give ~** informar, notificar. **to take no ~ of** não tomar conhecimento de. **the ~ to quit** o aviso prévio. **to avoid ~** evitar escândalo. **at a moment's ~** a qualquer momento. **at a week's ~** dentro de uma semana. **a month's ~** aviso prévio de 30 dias. **to come into ~** tornar-se notório. **to bring to his ~** levar ao seu conhecimento. **till ou until further ~** até novo aviso. **~ board** quadro de avisos. **~ of engagement** participação de noivado. **to give s. o. a month's ~** 1. despedir alguém com notificação prévia de trinta dias. 2. avisar alguém (inquilino) que tem de desocupar a casa dentro de 30 dias. **period of ~** prazo de rescisão (de um contrato). **term for giving ~** (ou **warning**) prazo para notificar a cessação.

noticeable [~əbl] adj. 1. perceptível, visível. 2. notável. ‖ **—bly** adv. 1. visivelmente. 2. notavelmente.

notifiable [n'outifaiəbl] adj. notificável.

notification [noutifik'eiʃən] s. notificação, participação f.

notifier [n'outifaiə] s. participante, informante m. + f.

notify [n'outifai] v. 1. notificar, participar, comunicar. 2. avisar.

notion [n'ouʃən] s. 1. noção, idéia f. 2. opinião f., conceito m. 3. intenção f. 4. teoria f. 5. idéia ou opinião absurda f., capricho m. 6. **~s** pl. (E. U. A.) pequenos artigos m. pl. úteis como: agulhas, alfinetes, linha, etc.
she hasn't a ~ of doing it ela não tem a menor intenção de fazê-lo. **he has a ~ that** ele está convencido que. **according to received ~s** de acordo com preceitos estabelecidos.

notional [~əl] adj. 1. nocional. 2. irreal, imaginário. 3. (E. U. A.) visionário, quimérico. ‖ **~ly** adv. 1. nocionalmente. 2. imaginariamente.

notoriety [noutər'aiəti] s. notoriedade, evidência f.

notorious [nout'ɔ:riəs] adj. notório, público, manifesto, evidente. 2. desacreditado. ‖ **~ly** adv. notoriamente publicamente.

notoriousness [~nis] s. notoriedade, evidência f.

notus [n'outəs] s. (Grécia antiga) noto, vento sul m.

notwithstanding [notwiðst'ændiŋ] prep. não obstante, apesar de. ‖ adv. todavia.

nougat [n'u:ga:] s. nogado m.

nought [nɔ:t] s. 1. nada, zero m. 2. cifra f. ‖ adj. sem valor. ‖ adv. de forma alguma.
to come to ~ fracassar, arruinar-se. **to set at ~** desprezar.

noun [naun] s. nome, substantivo m. ‖ adj. substantivado.

nourish [n'ʌriʃ] v. 1. nutrir, alimentar (**on** de). 2. manter, fomentar. 3. suportar. 4. educar.

nourisher [~ə] s. nutridor m.

nourishing [~iŋ] adj. nutritivo, alimentício.

nourishment [~mənt] s. 1. nutrição, alimentação f. 2. alimento, sustento m.

nous [naus] s. (Grécia) (coloq.) inteligência f., bom senso m.
~–box cachola (gíria)

novel [n'ɔvəl] s. novela f., romance m. ‖ adj. novel, novo, recente.

novelette [nɔvəl'et] s. novela curta f.

novelist [n'ɔvəlist] s. novelista, romancista m. + f.

novelistic [nɔvəl'istik] adj. novelesco.

novella [nouv'elə], pl. **novelle** [-lei] s. conto curto m. com enredo simples.

novelty [n'ɔvəlti] s. 1. novidade f. 2. inovação f.

November [nov'embə] s. novembro m.

novena [nəv'i:nə] s. novena f.

novenary [n'ɔvənəri] s. grupo m. de nove seres ou objetos.

novennial [nəv'eniəl] adj. de nove em nove anos.

novercal [nov'ə:kəl] adj. madrasta.

novice [n'ɔvis] s. 1. noviço m. 2. novato m., principiante, aprendiz m. + f.

novilunar [n'ɔvilu:nə] adj. novilunar.

novitiate, noviciate [nov'iʃiit] s. 1. noviciado m. 2 aprendizado m.

novocaine, novocain [n'ouvəkəin] s. (Farmac.) (marca registrada) novocaína f.: anestésico local.

now [nau] s. momento atual, instante presente m. ‖ adv. 1. agora, ora, presentemente. 2. já, imediatamente. 3. há pouco, recentemente. 4. nessas circunstâncias. ‖ conj. desde que, assim sendo ‖ interj. ora! qual!
by ~ entrementes. **from ~** de agora em diante. **just ~** agora mesmo, há pouco. **~ and then, ~ and again** de vez em quando, ocasionalmente, **~ or never** agora ou nunca. **~ this ~ that** ora este, ora aquele. **right ~** já, imediatamente. **up till ~** até agora.

nowadays [n'auədeiz] s. momento atual m. ‖ adv.

hoje em dia.

noway [n'ouwei], **noways** [~z] adv. de modo algum.

nowhere [n'ouwɛə] adv. em nenhuma parte.

nowise [n'ouwaiz] adv. de modo algum.

noxious [n'ɔkʃəs] adj. 1. nocivo, pernicioso. 2. insalubre. || **~ly** adv. 1. nocivamente. 2. insalubremente.

noxiousness [~nis] s. 1. nocividade f. 2. insalubridade f.

noyau [nwaj'ou] s. licor m. de amêndoas.

nozzle [nɔzl] s. bocal m.

nth [ənθ] adj. (Mat.) enésimo.
  to the ~ degree à enésima potência.

nuance [nj'u:ans] s. nuança f., matiz, entretom m.

nub [nʌb] s. 1. nó m. 2. protuberância f. 3. (E. U. A.) ponto importante ou essencial m.

nubbin [n'ʌbin] s. 1. bocado, pedacinho m. (E. U. A.) 2. grão m. de cereal defeituoso. 3. espiga f. de milho defeituosa.

nubble [nʌbl] s. 1. nó m. 2. protuberância f.

nubbly [n'ʌbli] adj. nodoso.

Nubian [nj'u:biən] s. núbio m. || adj. núbio.

nubiferous [njub'ifərəs] adj. nubífero.

nubile [nj'u:bil] adj. núbil, casadouro.

nubility [nju:b'iliti] s. nubilidade f.

nuclear [nj'u:kliə] adj. nuclear.

nuclear family s. (Antrop., Soc.) pai m., mãe f., filhos m. pl.

nuclear physics s. física nuclear f. (atômica).

nucleate [nj'u:klieit] v. nuclear. || adj. nuclear.

nucleonics [nju:kli'ɔniks] s. ciência f. nuclear.

nucleons [nj'u:kliɔnz] s. pl. prótons e nêutrons m. pl. de um núcleo atômico.

nucleus [nj'u:kliəs] s. 1. núcleo, centro, miolo m. 2. ponto central m.

nude [nju:d,nu:d] s. nu m. (pintura e escultura). || adj. 1. nu, despido. 2. liso, descoberto. 3. desguarnecido. ||**~ly** adv. nuamente.

nudge [nʌdʒ] s. cutucada f. || v. cutucar.

nudibranchiate [nju:dibr'æŋkieit] adj. (Zool.) nudibrânquio.

nudism [nj'u:dizm] s. nudismo m.

nudist [nj'u:dist] s. nudista m. + f. || adj. nudista.

nudity [nj'u:diti], **nudeness** [nj'u:dnis] s. nudez f.

nugatory [nj'u:gətəri] adj. 1. fútil, vão. 2. sem valor.

nugget [n'ʌgit] s. pepita f.

nuisance [nj'u:səns] s. incômodo, aborrecimento, estorvo, transtorno m., praga f.
  don't be a ~! não me amole! **what a ~!** que aborrecimento!

null [nʌl] adj. 1. nulo, inválido, sem efeito. 2. sem importância. 3. inútil. 4. sem sentido. 5. zero.
  ~ and void sem validade, efeito ou valor.

nullification [nʌlifik'eiʃən] s. anulação f.

nullifier [n'ʌlifaiə] s. anulador m.

nullify [n'ʌlifai] v. 1. nulificar, anular, invalidar. 2. cancelar. 3. derrogar, abolir.

nullity [n'ʌliti] s. 1. nulidade f. 2. falta f. de mérito, talento, etc. 3. insignificância f.

numb [nʌm] adj. entorpecido, dormente, estarrecido. || v. entorpecer. || **~ly** adv. entorpecidamente. **~-hand** pessoa desajeitada.

number [n'ʌmbə] s. 1. número, algarismo m. 2. soma f., total m. 3. quantidade f. 4. exemplar m. 5. multidão f. 6. número de um programa m. 7. série f. 8. flexão f. 9. cadência f. 10. tomo, volume m. 11. pluralidade f. 12. (pl.) aritmética f. || v. 1. numerar. 2. contar. 3. ter, constar de. 4. importar em. 5. incluir. 6. limitar, restringir.
  a ~ of diversos, uma quantidade de. **an even ~** um número par. **an odd ~** um número ímpar.

his ~ is up (coloq.) ele vai morrer. **out of ~** inumerável. **without ~** inumerável. **I've got his ~** (E. U. A., gíria) descobri as intenções dele.

numberer [n'ʌmbərə] s. numerador m.

numberless adj. 1. inúmero, incontável, inumerável, infinito. 2. não numerado.

number one s. (gíria) número um m.: a) a própria pessoa. b) a melhor qualidade.

Numbers [n'ʌmbəz] s. 4.º livro do Antigo Testamento m.

numbers pool s. (E. U. A.) loteria ilegal f.

numbness [n'ʌmnis] s. torpor m., dormência f.

numen [n'u:min] s. nume m.

numerable [nj'u:mərəbl] adj. numerável.

numeral [nj'u:mərəl] s. numeral m. || adj. numeral.

numerate [nj'u:məreit] v. 1. numerar, contar. 2. enumerar.

numeration [nju:mər'eiʃən] s. 1. numeração f. 2. enumeração f. 3. cálculo m., conta f.

numerator [nj'u:məreitə] s. numerador m.

numeric, [nju:m'erik], **numerical** [~əl] adj. numérico, numeral. || **~ally** adv. numericamente.

numerology [nju:mər'ɔlədʒi] s. numerologia f.

numerous [nj'u:mərəs] adj. 1. numeroso, abundante. 2. cadenciado. || **~ly** adv. 1. numerosamente, abundantemente. 2. cadenciadamente.

numerousness [~nis] s. numerosidade f.

Numidian [njum'idiən] s. númida m. + f. || adj. númida.

numinous [nj'u:minəs] adj. relativo a nume.

numismatic [nju:mism'ætik], **numismatical** [~əl] adj. numismático, numário.

numismatics [~s] s. numismática, numária, numulária f.

numismatist [nju:m'izmətist] s. numismata m. + f.

numismatologist [nju:mismət'ɔlədʒist] s. numismatógrafo m.

nummary [n'ʌməri] adj. numerário.

numskulled [n'ʌmskʌld] adj. tolo, bobo.

nun [nʌn] s. 1. freira, monja f. 2. (Orn.) chapim m. 3. variedade de pomba. 4. tangurupará m. 5. variedade de merganso.

nun-buoy s. bóia cônica f. (quadro B 25).

nunciature [n'ʌnʃiətjuə] s. nunciatura f.

nuncio [n'ʌnʃiou] s. núncio m.

nuncupate [n'ʌnkjupeit] v. fazer testamento de viva voz.

nuncupative [n'ʌnkjupeitiv] adj. (Jur.) nuncupativo.

nunlike [n'ʌnlaik] adj. à maneira de freiras.

nunnery [n'ʌnəri] s. convento de freiras m.

nuptial [n'ʌpʃəl] adj. nupcial, matrimonial.

nuptials [~z] s. pl. núpcias, bodas f. pl., esponsais m. pl.

nurse [nə:s] s. 1. enfermeira f. 2. ama-seca f. 3. governante, pajem f. || v. 1. servir de enfermeira a. 2. trabalhar como enfermeira. 3. cuidar de, assistir a. 4. criar. 5. pajear. 6. proteger. 7. nutrir. 8. fomentar, estimular. 9. acariciar, afagar. 10. aleitar. 11. mamar.
  dry ~ ama-seca. **wet ~** ama-de-leite. **male ~** enfermeiro. **to ~ a cold** curar um resfriado. **he ~d his leg** ele cruzou as pernas.

nurse-maid s. ama-seca. f.

nurser [nə:sə] s. fomentador m.

nursery [~ri] s. 1. quarto m. de crianças. 2. viveiro m. (quadro F 6). 3. berçário m.
  ~-governess governante. **~-maid** pajem, ama-seca. **~ school** creche, jardim de infância. **~-rhyme** rima infantil.

nursling, nurseling [n'ə:sliŋ] s. lactente m. + f.

nurture [n'ə:tʃə] s. 1. criação f. 2. educação f. 3.

nutrição f. ‖ v. 1. criar. 2. educar. 3. cuidar de 4. estimular. 5. nutrir, alimentar.

nut [nʌt] s. 1. noz f. 2. porca (de parafuso) (quadro B 16). 3. (gíria) cachola f. 4. (fig.) problema duro m. ‖ v. 1. colher nozes. 2. procurar nozes **to be ~s on** ser louco por. **it is ~s for him** é um grande prazer para ele. **a hard ~ to crack** um osso duro de roer. **can't do it for ~s** (gíria) impossível. **off his ~** louco, embriagado.

nutate [nj'uteit] v. (Astron., Bot.) nutar.

nutation [njut'eiʃən] s. nutação f.

nut-brown adj. castanho.

nutcracker [n'ʌtkrækə] s. quebra-nozes m.

nut-gall s. (Bot.) noz-de-galha f., bugalho m.

nut-hatch s. (Orn.) pica-pau-cinzento m., trepadeira f.

nutmeg [n'ʌtmeg] s. noz-moscada f.

nutria [nj'u:triə] s. (Zool.) 1. ratão-do-banhado m. 2. pele f. desse animal.

nutrient [nj'u:triənt] s. substância nutritiva f. ‖ adj. nutritivo, nutriente.

nutriment [nj'u:trimənt] s. 1. nutrição f., nutrimento m. 2. alimento m.

nutrition [nju:tr'iʃən] s. nutrição f.

nutritionist [~ist] s. nutricionista m. + f.

nutritious [nju:tr'iʃəs] adj. nutritivo, alimentício. ‖ ~ly adv. nutritivamente.

nutritiousness [nju:tr'iʃəsnis] s. poder nutritivo m.

nutritive [nj'u:tritiv] adj. nutritivo, alimentício.

nutritiveness [~nis] s. poder nutritivo m.

nutshell [n'ʌtʃel] s. casca f. de noz. **in a ~** laconicamente.

nutter [n'ʌtə] s. colhedor m. de nozes.

nutting [n'ʌtiɳ] s. colheita f. de nozes.

nut-tree s. nogueira, aveleira f.

nutty [n'ʌti] adj. 1. abundante em nozes. 2. com sabor de nozes.

nux vomica s. 1. (Bot.) noz-vômica f. 2. fruto dessa árvore m. 3. tintura de noz-vômica f.

nuzzle [nʌzl] v. 1. fossar. 2. aninhar.

N. Y. abr. de **New York State.**

N. Y. C. abr. de **New York City.**

nyctalopia [niktəl'oupiə] s. (Pat.) nictalopia f.

nyctalops [n'iktəloups] s. nictalope m. + f.

nyctophobia [niktəf'oubiə] s. (Psiq.) nictofobia f.

nylghau [n'ilgɔ:] s. nilgó m.

nylon [n'ailon] s. fibra sintética f.

nymph [nimf] s. 1. ninfa f. 2. crisálida f.

nymphaea [nimf'i:ə] s. ninfeácea f.

nymphal [n'imfəl] adj. ninfeu.

nymphlike [n'imf-laik] adj. ninfóide.

nymphomania [nimfom'einiə] s. (Pat.) ninfomania f., furor uterino m.

nymphomaniac [nimfom'einiæk] s. ninfômana f. ‖ adj. ninfomaníaco.

O

O, o (I) [ou] 1. 15.ª letra f. do alfabeto, vogal. 2. objeto em forma de O.

O (II) [ou] interj. 1. oh! (dor, surpresa). 2. o (vocativo ou apelo).

o. (III) abr. de **old, ocean, oxigênio.**

O (IV) [ou] zero.

five ~ five 505.

O (V) [ou] prefixo, indica descendência de, em nomes irlandeses: **O'Connor.**

o/a [ou ei] abr. de **on account of** por conta de.

oaf [ouf] s. 1. tolo, parvo, imbecil m. 2. criança deformada f. 3. pessoa desajeitada f.

oafish ['oufiʃ] adj. imbecil, tolo. ‖ **~ly** adv. estupidamente, nesciamente.

oafishness [~nis] s. imbecilidade, estupidez f.

oak [ouk] s. 1. carvalho m. 2. madeira f. do carvalho.

oak-apple s. noz-de-galha f., bugalho m., bolota m.

oaken [oukn] adj. de carvalho.

oakling ['oukliŋ] s. carvalho novo m.

oakum ['oukəm] s. estopa f.

oar [ɔ:] s. 1. remo m. (quadro B 14). 2. remador m. ‖ v. remar.

to put one's ~ in intrometer-se. **to rest on one's ~s** 1. cessar de remar. 2. descansar. **to ship ~s** armar os remos. **to unship ~s** desarmar os remos.

oared [~d] adj. 1. guarnecido de remos. 2. remípede.

oarless [~lis] adj. desprovido de remos.

oarlock [~lɔk] s. tolete m.

oarsman ['ɔ:zmæn] s. remador m.

oarsmanship [~ʃip] s. perícia f. de remar.

oasis [ou'eisis], **—ses** [-si:z] s. pl. oásis m.

oast [oust] s. forno m. para secar lúpulo.

oat [out] s. 1. aveia f. 2. flauta pastoril f. 3. poesia bucólica f.

oatcake ['outkeik] s. bolo m. de aveia.

oaten [outn] adj. de aveia.

oat-grass s. aveia silvestre f.

oath [ouθ] s. 1. juramento m. 2. praga f.

false ~ perjúrio. **he put him on his ~** ele fê-lo jurar. **to take or swear an ~** fazer um juramento, jurar. **under ~** sob juramento.

oath-breaker s. perjuro m.

oath-breaking s. perjúrio m.

oatmeal ['outmi:l] s. 1. farinha f. de aveia. 2. mingau m. de aveia.

obbligato [oblig'a:tou] s. (Mús.) trecho ou acompanhamento m. que faz parte da composição. ‖ adj. (Mús.) obrigado.

obconical [obk'ɔnikəl] adj. obcônico.

obcordate [obk'ɔ:deit] adj. (Bot.) obcordado.

obduracy ['obdjurəsi] s. 1. obduração, obstinação f. 2. endurecimento m.

obdurate ['obdjurit] v. 1. obdurar. 2. empedernir. ‖ adj. 1. obstinado, teimoso. 2. empedernido. ‖ **~ly** adv. 1. obstinadamente. 2. empedernidamente.

obedience [ob'i:djəns] s. 1. obediência f. 2. submissão f. 3. (Ecles.) autoridade, regra (especialmente eclesiástica) f.

obedient [ob'i:djənt] adj. obediente, submisso. ‖ **~ly** adv. obedientemente.

obeisance [ob'eisəns] s. 1. mesura, reverência f. 2. homenagem f.

obeisant [ob'eisənt] adj. mesurado, reverenciado. ‖ **~ly** adv. mesuradamente.

obelisk ['obilisk] s. 1. obelisco m. 2. óbelo m.

obese [oub'i:s] adj. obeso, pançudo.

obeseness [~nis], **obesity** [~iti] s. obesidade f.

obey [ob'ei] v. obedecer.

obeyer [~ə] s. o que obedece.

obeyingly [~iŋli] adv. obedientemente.

obfuscate ['obfʌskeit] v. 1. ofuscar, obscurecer, toldar. 2. confundir. 3. atordoar.

obfuscation [obfʌsk'eiʃən] s. 1. ofuscação f., obscurecimento m. 2. atordoamento m.

obi ['oubi] s. (Japão) cinturão m. ou faixa f.

obit ['ɔbit] s. 1. óbito m. 2. exéquias f. pl.

obituary [ob'itjuəri] s. obituário m., necrologia f. ‖ adj. obituário, necrológico.

object ['obdʒikt] s. 1. objeto m., coisa f., artigo m. 2. objetivo, propósito, desígnio m. 3. assunto m., matéria f. 4. (Gram.) complemento direto m. 5. (fig.) pessoa f. lamentavelmente ridícula ou tola. ‖ [əbdʒ'ekt] v. 1. objetar, contestar. 2. alegar. 3. opor-se. 4. desaprovar.

~-teaching lição de coisas. **salary no ~** questão de salário não essencial. **do you ~ to my going?** você tem objeções a que eu vá?

objectification [əbdʒektifik'eiʃən] s. objetivação f.

objectify [əbdʒ'ektifai] v. objetivar.

objectingly [əbdʒ'ektiŋli] adv. com objeções.

objection [əbdʒ'ekʃən] s. 1. objeção, réplica f. 2. oposição f. 3. dificuldade f.

I have no ~ to eu não tenho objeção a.

objectionable [~əbl] adj. 1. sujeito a objeções. 2. censurável, repreensível. ‖ **—bly** adv. censuravelmente, repreensivelmente.

objectionableness [~əblnis] s. qualidade de censurável ou sujeito a objeções.

objective [əbdʒ'ektiv] s. 1. objetivo, propósito, desígnio m., intenção f. 2. (Gram.) caso objetivo m. 3. objetiva f. (quadro C 3). ‖ adj. 1. objetivo. 2. real. 3. imparcial, impessoal. ‖ **—ly** adv. objetivamente.

objectiveness [~nis], **objectivity** [obdʒekt'iviti] s. objetividade f.

objectivism [obdʒ'ektivizm] s. objetivismo m.

objectless ['obdʒiktlis] adj. sem objetivo.

object-lesson s. lição prática f.

objector [obdʒ'ektə] s. 1. discordante m. + f. 2. opositor m.

objurgate ['obdʒə:geit] v. objurgar, exprobrar.

objurgation [obdʒə:g'eiʃən] s. objurgação, objurgatória, exprobração f.

objurgatory [əbdʒ'ə:gətəri] adj. objurgatório, exprobrante. ‖ **—rily** adv. objurgatoriamente.

oblate [obl'eit] s. (Rel.) oblato m. ‖ adj. achatado nos pólos.

oblateness [~nis] s. achatamento m. nos pólos.

oblation [obl'eiʃən] s. oblação, oblata, oferenda f.

oblational [~əl], **oblatory** ['oblətəri] adj. oblativo.

obligate ['obligeit] v. 1. obrigar, forçar, sujeitar. 2. constranger, compelir.

obligation [oblig'eiʃən] s. 1. obrigação f., dever m. 2. compromisso m. 3. favor, obséquio m. 4. contrato m.

to be under ~ to dever favores a, ter compromisso para com. **without ~** sem compromisso.

obligational [~əl] adj. obrigacional. ‖ **~ly** adv. de modo obrigacional.

obligator ['obligeitə] s. devedor m.

obligatoriness [obl'igətərinis] s. obrigatoriedade f.

obligatory [obl'igətəri] adj. obrigatório, forçoso, compulsório.

oblige [əbl'aidʒ] v. 1. obrigar, forçar, compelir. 2. obsequiar, favorecer.

I am ~d to you for this fico-lhe obrigado por isto. **an early reply will ~** ficaremos gratos por uma pronta resposta. **we are much ~d** ficamos muito obrigados.

obligee [ɔblidʒ'i:] s. credor m.

obliger [əbl'aidʒə] s. obrigador m.

obliging [əbl'aidʒiŋ] adj. amável, serviçal. ‖ **~ly** adv. amavelmente, serviçalmente.

obligingness [~nis] s. cortesia, delicadeza, urbanidade f.

obligor [oblig'ɔ:] s. (Jur.) pessoa f. ligada a outra por contrato.

oblique [obl'i:k] v. obliquar. ‖ adj. 1. oblíquo, inclinado. (quadro L 3). 2. indireto. 3. evasivo. ‖ **~ly** adv. 1. obliquamente. 2. indiretamente.
~ angle ângulo oblíquo. **~ case** caso oblíquo, caso indireto. **~ sailing** navegação em ângulo oblíquo com o meridiano.

obliqueness [~nis], **obliquity** [obl'ikwiti] s. 1. obliqüidade f. 2. desvio moral m.

obliterate [obl'itəreit] v. 1. obliterar, apagar, remover. 2. destruir. 3. eliminar, suprimir.

obliteration [oblitər'eiʃən] s. 1. obliteração, eliminação, supressão f. 2. destruição f. 3. rasura f.

oblivion [obl'iviən] s. olvido, esquecimento, oblívio m: **act of ~** anistia geral. **to fall** ou **sink into ~** cair em esquecimento.

oblivious [obl'iviəs] adj. 1. esquecido. 2. absorto, abstraído. 3. que causa esquecimento. ‖ **~ly** adv. 1. esquecidamente. 2. absortamente.
~ of his presence esquecido de ou ignorando a sua presença. **~ to** cego para com.

obliviousness [~nis] s. esquecimento m., desmemória f.

oblong ['ɔblɔŋ] s. 1. quadrilongo m. 2. figura oblonga f. ‖ adj. 1. oblongo, alongado. 2. retangular.

oblongness [~nis] s. forma oblonga f.

obloquy ['ɔbləkwi] s. 1. detração, maledicência f. 2. infâmia, desonra f., opróbrio m. 3. exprobração, censura f.

obmutescence [obmju:t'esəns] s. 1. emudecimento m. 2. mutismo m., taciturnidade f.

obnoxious [əbn'ɔkʃəs] adj. obnóxio, odioso, detestável. ‖ **~ly** adv. odiosamente, detestavelmente.

obnoxiousness [~nis] s. 1. odiosidade f. 2. estado m. de sujeição.

oboe ['oubou] s. oboé m.

oboist ['ouboist] s. oboísta m. + f.

obovate [ob'ouvət] adj. obóveo, oboval, abovalado.

obovoid [ob'ouvɔid] adj. obovóide.

obscene [obs'i:n] adj. obsceno, indecente, imoral. ‖ **~ly** adv. obscenamente, indecentemente.

obsceneness [~nis], **obscenity** [~iti] s. obscenidade, indecência, imoralidade f.

obscurant [obskj'uərənt], **obscurantist** [~ist] s. obscurantista m. + f.

obscurantism [~izm] s. obscurantismo m.

obscuration [obskjuər'eiʃən] s. 1. obscurecimento m. 2. obscuridade f.

obscure [əbskj'uə] s. obscuridade, falta de clareza f. f. ‖ v. 1. obscurecer. 2. turvar. 3. toldar, enevoar. 4. ocultar. 5. escurecer. 6. confundir. ‖ adj. 1. obscuro, vago, ambíguo. 2. ignorado, desconhecido. 3. escuro, sombrio. 4. indefinido. 5. duvidoso, incerto. 6. humilde, modesto. 7. enfadonho. ‖ **~ly** adv. 1. obscuramente, vagamente. 2. confusamente. 3. sombriamente.

obscurity [~riti] s. 1. obscuridade, escuridão f. 2. incerteza, ambigüidade f. 3. confusão f. 4. desconhecimento m., ignorância f. 5. pessoa f. ou lugar m. pouco conhecido.

obsecration [obsikr'eiʃən] s. obsecração f.

obsequies ['ɔbsikwiz] s. pl. exéquias f. pl., funerais m. pl.

obsequious [əbs'i:kwiəs] adj. servil, subserviente ‖ **~ly** adv. servilmente, subservientemente.

obsequiousness [~nis] s. servilismo m., subserviência f.

observable [əbz'ə:vəbl] adj. 1. observável, visível. 2. perceptível. 3. notável. ‖ **—bly** adv. 1. visivelmente. 2. perceptivelmente. 3. notavelmente.

observableness [~nis] s. 1. visibilidade f. 2. perceptibilidade f.

observance [əbz'ə:vəns] s. 1. observância f., cumprimento m. 2. prática f., hábito m.

observant [əbz'ə:vənt] adj. vigilante, observador.

observation [obzə:v'eiʃən] s. 1. observação f., escrutínio, exame m. 2. reparo m. 3. contemplação f.

observation-balloon s. balão m. de observação.

observation-post s. posto m. de observação.

observations [~z] s. pl. dizeres ou escritos m. pl. sobre coisas observadas; relatório m.

observatory [əbz'ə:vətri] s. observatório m.

observe [əbz'ə:v] v. 1. observar, cumprir. 2. notar, perceber. 3. vigiar, guardar. 4. mencionar, comentar. 5. examinar. 6. celebrar.

observer [~ə] s. 1. observador, perscrutador m. 2. espectador m. 3. cumpridor m. 4. vigia f.

observing [~iŋ] adj. observador, atento m. ‖ **~ly** adv. atentamente.

obsess [əbs'es] v. obcecar, desvairar.

obsession [əbs'eʃən] s. obsessão, idéia fixa f.

obsessive [əbs'esiv] adj. obsessivo, obsessor m.

obsessor [əbs'esə] s. obsessor m.

obsidian [əbs'idiən] s. obsidiana f.

obsolescence [obsol'esns] s. tendência f. para cair em desuso.

obsolescent [obsol'esnt] adj. o que está caindo em desuso.

obsolete ['ɔbsoli:t] adj. obsoleto, arcaico, antiquado.

obsoleteness [~nis] s. caducidade f.

obstacle ['obstəkl] s. 1. obstáculo, empecilho m. 2. estorvo, embaraço m.

obstacle race s. corrida f. de obstáculos (cavalos).

obstetric [obst'etrik], **obstetrical** [~əl] adj. obstétrico, obstétrico.

obstetrician [obstetr'iʃən] s. parteiro m., parteira, obstetriz f.

obstetrics [obst'etriks] s. obstetrícia, obstétrica f.

obstinacy ['obstinəsi], **obstinateness** ['obstinitnis] s. teima, pertinácia f.

obstinate ['obstinit] adj. obstinado, teimoso, pertinaz. ‖ **~ly** adv. obstinadamente, teimosamente.

obstipation [obstip'eiʃən] s. obstipação, prisão f. de ventre.

obstreperous [əbstr'epərəs] adj. 1. estrondoso, estrepitoso. 2. desregrado. ‖ **~ly** adv. 1. estrondosamente, estrepitosamente. 2. desregradamente.

obstreperousness [~nis] s. 1. bulha f., alarido, clamor m. 2. desregramento m.

obstruct [əbstr'ʌkt] v. 1. obstruir, tapar, entupir. 2. impedir. 3. estorvar. 4. retardar, dificultar.

obstructer, obstructor [~ə] s. obstrutor m.

obstruction [əbstr'ʌkʃən] s. obstrução f., impedimento m. 2. obturação f.

obstructionism [~izm] s. (Pol.) obstrucionismo m.

obstructionist [~ist] s. obstrucionista m. + f.

obstructive [əbstr'ʌktiv] adj. obstrutivo, obstrutor. ‖ **~ly** adv. obstrutivamente.

obstructiveness [~nis] s. 1. tendência obstrutiva f. 2. conduta obstrutiva f.

obtain [əbt'ein] v. 1. obter, alcançar, conseguir. 2. adquirir. 3. estar em uso, ser costume. 4. prevalecer, manter-se.
it no longer ~s não prevalece mais, não está mais em uso.

obtainable [~əbl] adj. conseguível, alcançável.

obtainer [~ə] s. obtentor m.

obtainment [~mənt] s. obtenção, consecução f.

obtemper [əbt'empə] v. obtemperar.
obtest [əbt'est] v. obtestar, suplicar, rogar, protestar.
obtestation [əbtest'eiʃən] s. súplica f., rogo m.
obtrude [əbtr'u:d] v. 1. impor-se. 2. intrometer-se. 3. introduzir-se sem convite.
abtruder [~ə] s. 1. intruso m. 2. importuno m.
obtrusion [əbtr'u:ʒən] s. 1. intrusão f. 2. intromissão f.
obtrusive [əbtr'u:siv] adj. 1. intruso. 2. importuno. ‖ ~ly adv. 1. intrusamente. 2. importunamente.
obtrusiveness [~nis] s. importunidade f.
obtund [əbt'ʌnd] v. embotar, cegar.
obturate ['obtjuəreit] v. obturar.
obturation [obtjuər'eiʃən] s. obturação f.
obturator ['obtjuəreitə] s. obturador m.
obtuse [əbtj'u:s] adj. 1. obtuso, rombo. 2. embotado. 3. estúpido. ‖ ~ly adv. obtusamente.
obtuse-angular, obtuse-angled adj. obtusângulo (quadro A 3).
obtuseness [~nis] s. 1. obtusidade f. 2. obtusão f., embotamento m., estupidez f.
obverse ['obvə:s] s. anverso, obverso m. ‖ adj. 1. de frente, voltado para o observador. 2. (Bot.) mais estreito na base que na ponta.
obversion [obv'ə:ʃən] s. qualidade de obverso.
obvert [obv'ə:t] v. virar a frente para o observador.
obviate ['obvieit] v. 1. obviar. 2. remover.
obvious ['obviəs] adj. óbvio, evidente, manifesto. ‖ ~ly adv. obviamente, evidentemente.
obviousness [~nis] s. evidência, clareza f.
obvolute ['obvəlju:t] adj. (Bot.) obvolvido: enrodado em torno ou sobre (órgãos vegetais).
ocarina [okər'i:nə] s. (Mús.) ocarina f.
occasion [ək'eiʒən] s. 1. ocasião, oportunidade f. 2. ensejo m. 3. causa f., motivo m. 4. razão f. ‖ v. ocasionar, causar, originar.
on ~ oportunamente, de vez em quando. there is no ~ for it não é necessário.
occasional [~əl] adj. ocasional, casual, eventual. ‖ ~ly adv. ocasionalmente, de vez em quando.
occasionalism [~əlizm] s. (Filos.) ocasionalismo m.
occasioner [~ə] s. ocasionador, causador m.
occident ['oksidənt] s. 1. ocidente, poente m. 2. oeste m.
occidental [oksid'entl] s. ocidental m. + f. ‖ adj. ocidental.
occidentalism [~izm] s. ocidentalismo m.: características ocidentais.
occipital [oks'ipit] adj. occipital (quadro S 6).
occiput ['oksipʌt] s. occipício, occipúcio m.
occlude [okl'u:d] v. 1. fechar, tapar. 2. absorver.
occluded front s. (Meteor.) frente oclusa f.
occlusion [okl'u:ʒən] s. (Astron., Fís., Med.) oclusão f.
occlusive [okl'u:siv] adj. oclusivo.
occult [ok'ʌlt] v. 1. ocultar, esconder. 2. encobrir. 3. dissimular. ‖ adj. 1. oculto, secreto. 2. místico. misterioso. ‖ ~ly adv. ocultamente.
occultation [okʌlt'eiʃən] s. ocultação f.
occultism [ək'ʌltizm] s. ocultismo m.
occultist [ək'ʌltist] s. ocultista m. + f.
occultness [ək'ʌltnis] s. 1. ocultação f. 2. segredo m.
occupancy ['okjupənsi] s. ocupação, posse f.
occupant ['okjupənt] s. 1. ocupante m. + f., ocupador m. 2. inquilino, locatário m.
occupation [okjup'eiʃən] s. 1. ocupação, posse f. 2. serviço, trabalho, ofício m., profissão f.
by ~ de profissão.
occupational [~əl] adj. profissional. ‖ ~ly adv. profissionalmente.
occupational disease s. doença profissional f.
occupational therapy s. (Psiq.) terapia ocupacional f.
occupier ['okjupaiə] s. 1. ocupante m. + f. 2. inquilino m.

occupy ['okjupai] v. 1. ocupar, tomar posse de. 2. encher (espaço ou tempo). 3. absorver, preocupar. 4. estar na posse de. 5. tomar o lugar de. 6. empregar. 7. tratar de. 8. residir, habitar.
occur [ək'ə:] v. 1. ocorrer, acontecer, suceder. 2. parecer. 3. achar-se. 4. acudir, lembrar.
it ~s to me that ocorre-me que, vem-me à mente.
occurrence [~rəns] s. ocorrência f., acontecimento, evento, sucesso m.
ocean ['ouʃən] s. 1. oceano m. 2. imensidade f.
Oceania [ouʃi'einiə] s. Oceania f.
Oceanian [~n] s. oceaniense m. ‖ adj. oceaniense.
oceanic [ouʃi'ænik] adj. oceânico.
oceanographer [ouʃiən'ogrəfə] s. oceanógrafo m.
oceanographic [ouʃiənogr'æfik], oceanographical [~el] adj. oceanográfico.
oceanography [ouʃiən'ogrəfi] s. oceanografia f.
ocellate ['osəlit], ocellated ['osəleitid] adj. ocelado.
ocelot ['ousilot] s. (Zool.) ocelote m., jaguatirica f. (Felis pardalis).
ocher, ochre ['oukə] s. (Min.) ocre m., ocra f.
ochlocracy [okl'okrəsi] s. = mobocracy.
ochreous ['oukriəs], ochrous ['oukrəs] adj. ocreoso.
o'clock [əkl'ok] abr. de of the clock do relógio ou pelo relógio.
he knows what's ~ ele não é bobo.
ocrea ['oukriə] s. (Bot.) ócrea f.
octagon ['oktəgən] s. (Geom.) octógono m.
octagonal [okt'ægənəl] adj. octogonal, octangular. ‖ ~ly adv. em forma octagonal.
octahedral ['oktəh'i:drəl] adj. (Geom.) octaédrico.
octahedrite [oktəh'i:drait] s. (Min.) octaedrita f., anatásio m.
octahedron [oktəh'idrən] s. (Geom.) octaedro m.
octane ['oktein] s. 1. octana (índice de octana) f. 2. octano m.
~ number ou rating índice de octana.
octant ['oktənt] s. oitante m.
octateuch ['oktətju:k] s. octateuco m.
octave ['oktiv] s. (Mat., Mús., poét.) oitava f.
octavo [okt'eivou] s. 1. livro m. em formato de oitava. ‖ adj. em oitavo.
octennial [okt'enjəl] adj. 1. que dura oito anos. 2. que ocorre de oito em oito anos.
octet, octette [okt'et] s. 1. composição musical f. para oito instrumentos ou oito vozes. 2. conjunto musical de oito executantes. 3. coro m. de oito vozes. 4. qualquer grupo m. de oito.
octillion [okt'iljən] s. octilhão, octilião m.
October [okt'oubə] s. outubro m.
octodecimo ['oktoud'esimou] s. livro m. em formato de décimo-oitavo. ‖ adj. em décimo-oitavo.
octogenarian ['oktoudʒin'ɛəriən] s. octogenário m.
octopus ['oktəpəs] s. 1. (Zool.) octópode m. 2. (fig.) organização f. tentacular.
octoroon [oktər'u:n] s. oitavão, octoruno m.: pessoa que tem um oitavo de sangue negro.
octosyllabic ['oktosil'æbik], octosyllable ['oktosiləbl] adj. octossílabo, octossilábico.
octuple ['oktju:pl] s. óctuplo m. ‖ v. octuplicar. ‖ adj. óctuplo.
ocular ['okjulə] s. ocular f. ‖ adj. ocular, visual. ‖ ~ly adv. ocularmente, visualmente.
I had ~ demonstration of his accident eu fui testemunha ocular do seu acidente.
oculist ['okjulist] s. oculista m. + f.
oculomotor nerve s. (Anat.) nervo oculomotor m.: que move o globo ocular.
odalisque ['oudəlisk] s. odalisca f.
odd ['od] adj. 1. excedente. 2. ímpar. 3. desirmanado, desemparelhado. 4. ocasional, casual. 5. estranho,

curioso, singular, esquisito, bizarro, excêntrico. 6. indefinido, incalculável. ‖ ~ly adv. 1. esquisitamente, extravagantemente. 2. em número ímpar. at ~ times de vez em quando. how ~ quão estranho. hundred and ~ cento e tantos. ~ jobs serviços ocasionais, biscates.

Oddfellow ['ɔdf'elou] s. sócio da ordem beneficente "Independent Order of Oddfellows."

oddity ['ɔditi] s. 1. esquisitice, excentricidade, singularidade, extravagância f. 2. pessoa ou coisa esquisita f.

odd-looking adj. de aparência estranha.

odd lot s. 1. (Com.) quantidade f. inferior ao padrão. 2. (coloq.) gente esquisita f.

oddments ['ɔdmənts] s. 1. sobras f. pl., restos m. pl. 2. bagatelas, ninharias f. pl.

oddness ['ɔdnis] s. 1. extravagância, singularidade f.

odds [ɔdz] s. pl. 1. vantagem f. 2. desigualdade, disparidade f. 3. lambujem f. 4. pendência, disputa, querela f. 5. possibilidade, probabilidade f. by long ~ por muito. ~ and ends miscelânea, bugigangas. the ~ are 6 to 2 as chances são 6 contra 2. the ~ are that é provável que. to bear up against ~ resistir à supremacia.

ode [oud] s. ode f.

odious ['oudjəs] adj. odioso, detestável, abominável, repulsivo. ‖ ~ly adv. odiosamente.

odiousness [~nis] s. odiosidade, abominação f.

odium ['oudiəm] s. ódio m., raiva, ira f.

odometer [oud'ɔmitə] s. hodômetro, velocímetro m.

odontalgia [ɔdɔnt'ældʒiə], **odontalgy** [~t'ældʒi] s. odontalgia f.: dor nos dentes.

odontalgic [~t'ældʒik] s. remédio m. para dor nos dentes. ‖ adj. odontálgico.

odontic [ɔd'ɔntik] adj. dental.

odontography [ɔdɔnt'ɔgrəfi] s. odontografia f.

odontoid [əd'ɔntɔid] adj. odontóide, odontóideo.

odontological [ədɔntɔl'ɔdʒikəl] adj. odontológico.

odontologist [ɔdɔnt'ɔlədʒist] s. odontologista m. + f.

odontology [ɔdɔnt'ɔlədʒi] s. odontologia f.

odoriferous [oudər'ifərəs] (E. U. A.) adj. 1. odorífero, odorante, cheiroso, aromático. 2. perfumado. ‖ ~ly adv. odoriferamente, de modo aromático.

odoriferousness [oudər'ifərəsnis], **odorousness** ['oudərəsnis] s. fragrância f., perfume m.

odorous ['oudərəs] adj. odorífero, fragrante, perfumado. ‖ ~ly adv. = odoriferously.

odorousness [~nis] s. = odoriferousness.

odour, odor ['oudə] s. 1. odor, cheiro, aroma m. 2. fragrância f., perfume m. 3. estima f. 4. reputação f. in bad ~ de má reputação. ~ of sanctity reputação de santidade.

odourant, odorant [~rənt] s. (Quím.) odorante m. ‖ adj. cheiroso, aromático.

odoured, odored [~d] adj. = odoriferous.

odourless, odorless ['oudəlis] adj. inodoro.

Odyssey ['ɔdisi:] s. 1. odisséia f. 2. viagem de aventuras f. 3. narração f. de aventuras.

oecumenical, ecumenical [i:kjum'enikəl] adj. ecumênico universal.

oedema, edema [id'i:mə] s. (Pat.) edema m.

Oedipus complex s. (Psiq.) complexo de Édipo m.

oenometer [i:n'ɔmətə] s. enômetro m.

oesophagus, esophagus [i:s'ɔfəgəs] s. esôfago m.

of [ɔv; əv] prep. 1. de 2. do, da (denota conexão ou relação em casos de: situação, ponto de partida, separação, origem, motivo ou causa, agência, substância ou material, posse, inclusão, participação, equivalência ou identidade, referência, respeito, direção, distância, qualidade, condição). a look ~ pity um olhar de piedade. a quarter ~

two (E. U. A.) um quarto para as duas (horas). are you sure ~ it? você tem certeza? for the love ~ her por amor a ela. he is one ~ them é um deles. ~ age maior (de idade). ~ course naturalmente. ~ late years nos últimos anos. ~ necessity necessariamente. ~ old antigamente. ~ rights por direito. the three ~ us nós três. the walls ~ the room as paredes do quarto. to die ~ pneumonia morrer de pneumonia.

off [ɔ:f] s. qualidade ou condição de estar fora, afastado. ‖ v. (fam.) ir embora, retirar-se, recuar, desistir. ‖ adj. 1. desligado. 2. desocupado, livre. 3. mais distante, mais remoto. 4. lateral. 5. à direita. 6. não muito bom. 7. possível mas não provável. 8. rumo ao mar. ‖ adv. 1. embora. 2. distante (tempo). 3. livre. 4. inteiramente. 5. fora, ausente. 6. longe, afastado, remoto. 7. ao largo. 8. afastado do vento. ‖ prep. 1. fora. 2. fora de. 3. distante. ‖ interj. vá embora! saia! fora! far ~ a grande distância. it is still a long way ~ ainda há muito tempo até lá. Easter is four weeks ~ daqui a quatro semanas teremos Páscoa. ~ and on de vez em quando, intermitentemente. well or badly ~ em boas ou más circunstâncias. you are way ~ você errou por muito. to be ~ forth estar a caminho, partir. be ~ with you some-te, vai-te embora. she is ~ with him ela não quer ter mais relações com ele. he feels ~ ele não se sente bem. help him ~ with his coat ajude-o a tirar a capa, o casaco. we are taking the day ~ fazemos feriado hoje, não trabalhamos. he saw her ~ ele acompanhou-a, conduziu-a (para casa, à estação etc.). to turn ~ fechar (a torneira), desligar (a luz). an ~ chance uma possibilidade remota. an ~ street rua lateral secundária. ~ duty de folga. to be ~ key cantar erradamente ou mal. to be ~ one's head estar tonto. ~ Plymouth (Náut.) na altura de Plymouth. ~ (from) the road afastado do caminho, distante da estrada.

offal ['ɔfəl] s. 1. partes não aproveitadas f. pl. de uma rês abatida. 2. sobras f. pl. 3. carne deteriorada f. 4. peixe m. de qualidade inferior.

offbeat ['ɔfbi:t] adj. 1. fora do padrão, inconvencional. 2. (Mús.) em ritmo de jazz.

off-Broadway adj. (Nova York, Teat.) relativo a produção em palco situado fora da **Broadway**.

off-color adj. 1. de cor deficiente. 2. (E.U. A.) algo impróprio.

offence, offense [ɔf'ens] s. 1. ofensa, afronta f., insulto m. 2. violação f., pecado m. 3. ataque m. 4. desgosto m. 5. os que atacam m. pl. no ~ não leve a mal. to take ~ at something levar uma coisa a mal.

offenceless, offenseless [~lis] adj. 1. inofensivo. 2. inocente. ‖ ~ly adv. 1. inofensivamente. 2. inocentemente.

offend [əf'end] v. 1. ofender, injuriar. 2. melindrar. 3. desgostar. 4. transgredir, pecar. 5. escandalizar. ~ed at desgostoso, escandalizado por.

offender [~ə] s. 1. ofensor m. 2. transgressor m. 3. pecador m.

offendingly [~iŋli] adv. 1. ofensivamente, injuriosamente. 2. transgressivamente.

offensive [~iv] s. ofensiva f., ataque m. ‖ adj. 1. ofensivo, injurioso, afrontoso. 2. agressivo. 3. desagradável. 4. repulsivo. ‖ ~ly adv. 1. ofensivamente, injuriosamente. 2. agressivamente. 3. desagradavelmente.

offensiveness [~ivnis] s. caráter ofensivo, agressivo ou desagradável m.

offer ['ɔfə] s. 1. oferta, dádiva f. 2. oferenda f. 3. oferecimento m. 4. proposta f. 5. tentativa f.

ensaio m. ‖ v. 1. ofertar, presentear. 2. oferendar.
3. oferecer. 4. propor. 5. mostrar. 6. ocorrer.
apresentar-se. 7. intentar. 8. imolar.
~ of marriage proposta de casamento. as
occasion ~s como a ocasião se apresenta I was
~ed money ofereceram-me dinheiro.
offerer [~rə], offeror s. ofertante, oferente m. + f.
offering [~iŋ] s. 1. oferecimento m. 2. oferenda f.
3. contribuição f.
offertory ['ɔfətəri] s. ofertório m.
off-hand adj. 1 de repente. 2. improvisado. 3. incerimonioso. ‖ adv. 1. repentinamente. 2. imediatamente. 3. improvisadamente. 4. sem-cerimônias.
off-handed adj. 1. improvisado. 2. incerimonioso.
off-hour s. 1. horário m. fora do expediente 2. período m. fora das horas de maior movimento.
‖ adj. fora de hora.
office ['ɔfis] s. 1. escritório m. 2. repartição f. 3.
quadro m. de funcionários. 4. cargo público m. 5.
posição f., posto m. 6. ofício m., profissão,
ocupação f. 7. ofício divino m., missa f. 8. (coloq.)
privada f. 9. (pl.) préstimos.
holy ~ Santo Ofício, inquisição. last ~ cerimônias
fúnebres. to be in ~ exercer um cargo (público).
to come into ~ tomar posse de um cargo (público). to resign ~ renunciar a um cargo público.
office boy s. aprendiz m. de escritório, mensageiro
m.
office clerk s. auxiliar m. de escritório.
office hands s. pessoal m. do escritório.
office-holder s. funcionário público m.
office hours s. pl. horas f. pl. de expediente.
officer ['ɔfisə] s. 1. oficial m. 2. comandante m. 3.
funcionário público m. 4. administrador m. de clubes e sociedades. 5. capitão ou oficial m. de navio.
6. ministro, sacerdote m. 7. bailio, ajudante m.
do xerife. ‖ v. 1. prover de oficiais. 2. comandar.
3. dirigir, conduzir. 4. administrar.
~ of the day oficial de dia.
officership [~ʃip] s. oficialato m.
office seeker s. pessoa f. à cata de emprego público.
official [əf'iʃəl] s. 1. funcionário público m. 2. juiz
eclesiástico m. ‖ adj. 1. oficial, autorizado. 2.
público. ‖ ~ly adv. oficialmente, autorizadamente.
officialdom [~dəm], officialism [~izm] s. 1. funcionalismo, oficialismo m. 2. burocracia f., formalismo m.
officiality [əfiʃi'æliti] s. oficialidade f.
officialize [əf'iʃəlaiz] v. oficializar.
officiant [əf'iʃiənt] s. oficiante m. + f.
officiate [əf'iʃieit] v. 1. exercer. 2. oficiar.
officinal [ɔfis'ainl] s. (Med.) remédio m. ou droga f.
de venda autorizada. ‖ adj. oficial.
officious [əf'iʃəs] adj. 1. oficioso, serviçal. 2. intrometido. ‖ ~ly adv. 1. oficiosamente, serviçalmente.
2. intrometidamente.
officiousness [~nis] s. 1. oficiosidade f. 2. intromissão f.
offing ['ɔfiŋ] s. largo, mar alto m.
in the ~ ao largo. to gain an ~ fazer-se ao
largo.
offish ['ɔfiʃ] adj. reservado, retraído. ‖ ~ly adv.
reservadamente, retraidamente.
offishness [~nis] s. reserva f., retraimento m.
off-key adj. destoante, dissonante.
off-limits adj. (milit.) relativo à zona proibida.
off-print ['ɔ:fprint] s. separata f. ‖ v. imprimir como
separata.
off-screen adj. (Cin.) fora da tela.
off-season adj. fora de temporada.
offset ['ɔ:fset] s. 1. renovo m., vergôntea f. 2. compensação, equivalência f. 3. offset m.: processo

litográfico de impressão m. 4. recuo m. de um
muro ou parede (quadro B 22). ‖ v. compensar,
balançar, equiparar.
offshoot ['ɔ:fʃu:t] s. 1. ramo, galho m. 2. braço m.
off-shore adj. 1. a pouca distância da praia. 2.
(Vento) que sopra da praia.
offside ['ɔ:fsaid] s. (Futebol) impedimento m. ‖ adj.
1. à direita. 2. do lado errado. 3. (Futebol)
impedido, em impedimento.
offspring ['ɔ:fspriŋ] s. 1. descendência, prole, progênie f. 2. fruto, produto, resultado m.
off-stage adj. (Teat.) fora do palco.
off-street adj. fora das ruas principais.
oft [ɔ:ft] adv. muitas vezes, freqüentemente.
often [ɔ:fn] adv. muitas vezes, freqüentemente.
as ~ as not geralmente. I told him ever so ~ eu
lhe disse repetidas vezes. more ~ than not freqüentemente. ~ and ~ tantas e tantas vezes.
oftentimes ['ɔ:fntaimz] adv. muitas vezes.
ogee ['oudʒi:] s. (Arquit.) cimácio m.
ogee arch s. arco duplo m. (quadro A 5).
ogham ['ɔgəm] s. antiga escrita irlandesa f.
ogival [oudʒ'aivəl] adj. (Arquit.) ogival.
ogive ['oudʒaiv] s. (Arquit.) ogiva f.
ogle ['ougl] s. olhar amoroso, ansioso m. ‖ v. olhar
com ternura, ansiedade, cobiça.
ogler [~ə] s. pessoa f. que se corresponde pelos olhos
com outrem.
ogre ['ougə] s. ogro, bicho-papão, papão m.
ogreish ['ougəriʃ], ogrish [ougrish] adj. semelhante
a um ogro.
oh [ou] interj. oh!
ohm [oum] s. (Eletr.) m.: unidade prática da resistência elétrica.
ohmic ['oumik] adj. ôhmico.
ohmmeter ['oumitə] s. ohmímetro, ohmômetro m.
oil [ɔil] s. 1. óleo m. 2. petróleo m. 3. azeite m.
4. ~s pl. tintas f. pl. a óleo. 5. pintura f. a óleo.
‖ v. 1. azeitar, olear, lubrificar, untar. 2. ungir.
3. transformar em óleo. 4. tornar-se oleoso. 5.
abastecer-se com óleo, para combustível.
to burn the midnight ~ estudar até altas horas.
to pour ~ into the fire pôr óleo na fogueira.
to ~ a man's palm subornar alguém. to have
a well ~ed tongue ser bom de bico.
oil-bag s. glândula oleífera f.
oilcake ['ɔilkəik] s. torta f. de algodão ou de linhaça f.
oil-can s. almotolia f. (quadro S 5).
oil-chamber s. reservatório m. de óleo.
oilcloth ['ɔilkləθ] s. oleado, encerado m.
oil-color, oil-paint s. tinta f. a óleo.
oil-cup s. copo m. de óleo, lubrificador automático m.
oil-derrick s. sonda f.
oil-engine s. máquina f. a óleo.
oiler ['ɔilə] s. 1. almotolia f. 2. lubrificador automático m.
oil-field s. campo petrolífero m.
oil-gas s. gás m. de óleo.
oil-gauge s. ['ɔilgeidʒ] s. indicador m. de nível de óleo.
oil-hole s. orifício m. de lubrificação.
oiliness ['ɔilinis] s. oleosidade f.
oilman ['ɔilmən] s. azeiteiro m.
oil-mill s. moinho m. para frutos oleosos.
oil-painting s. 1. pintura f. a óleo. (quadro P 1). 2.
quadro m. a óleo.
oil palm s. (Bot.) dendezeiro m. (Elaeris guineen-
sis) cujas amêndoas contêm o óleo de dendê.
oil-paper s. papel impermeável m.
oil-press s. prensa f. para extração de óleo de sementes ou frutos oleosos.
oil shale s. xisto betuminoso m.
oilskin ['ɔilskin] s. 1. oleado m. 2. ~s pl. capa f. ou
outra peça feita de oleado.

oilstone ['ɔilstoun] s. pedra f. de afiar que se usa com óleo.

oil tanker s. navio petroleiro m.

oil-well s. poço petrolífero m.

oily ['ɔili] adj. 1. oleoso, gorduroso. 2. oleaginoso. 3. escorregadio, resvaladio. ‖ –ily adv. oleosamente.

ointment ['ɔintmənt] s. ungüento m.

O. K. [ouk'ei] (E. U. A.) s., v., adj. e adv. = okay.

okapi [ok'a:pi] s. ocapi m.: mamífero da família dos Girafídeos.

okay [ouk'ei], (E. U. A.) O. K. s. expressão f. de aprovação. ‖ v. aprovar. ‖ adj. 1. certo, correto. 2. aprovado. ‖ adv. de modo aprovado.

Okie ['ouki] (E. U. A.) s. (coloq.) trabalhador rural migratório m.

okra ['oukrə] s. (Bot.) quiabo m.

old [ould] s. tempo remoto, passado m. ‖ adj. 1. velho. 2. de idade. 3. antigo. 4. gasto. 5. maduro. 6. anterior. 7. antiquado, obsoleto.
of ~ de tempos antigos. of ~ standing estabelecido há tempos. ~ age velhice. Old Glory bandeira dos E. U. A. ~ Harry, Poker ou Sam o diabo. ~ looking de aspecto idoso. Old Testament Velho Testamento. as ~ as the hills tão velho como as pirâmides. to grow ~ envelhecer. how ~ are you? quantos anos tem você? I am twenty years ~ eu tenho vinte anos.

old boy ou chap s. velho m.: tratamento dado a amigo íntimo.

olden ['ouldən] v. envelhecer. ‖ adj. (Poét.) 1. velho. 2. antigo.

oldest ['ouldist] adj. mais velho.

old-fashioned ['ouldf'æʃənd] adj. antiquado.

old-fogy, old-fogey ['ouldf'ougi], old-fogyish, old-fogeyish [~iʃ] adj. antiquado, obsoleto.

old hand s. pessoa f. com muita experiência prática.

oldish ['ouldiʃ] adj. avelhado, avelhantado.

old-line adj. conservador.

old-maidish adj. próprio de solteirona.

old master s. (Pint.) artista m. + f. dos séc. XV a XVIII.

oldness ['ouldnis] s. 1.- velhice f. 2. antiguidade f.

old schooltie s. 1. (Ingl.) gravata f. usada pelos alunos das escolas públicas. 2. amizade f. entre os que se formaram.

oldster ['ouldstə] s. velhote m.

old-time adj. dos velhos tempos.

old-timer s. veterano m.

Old World s. Velho Mundo m.: Europa, Ásia, África.

oleaginous [ouli'ædʒinəs] adj. 1. oleaginoso. 2. oleoso, gorduroso. ‖ –ly adv. oleosamente.

oleaginousness [~nis] s. oleosidade f.

oleander [ouli'ændə] s. (Bot.) oleandro m.

oleaster [ouli'æstə] s. (Bot.) azambujeiro, oleastro m.

oleic [oul'i:ik, 'ouliik] adj. oléico.

oleic acid s. (Quím.) ácido oléico m.

olein [ouliin] s. (Quím.) oleína f.

oleograph ['ouliogra:f] s. oleografia f.

oleomargarine ['oulioma:dʒər'i:n], oleomargarin [~m'a:dʒərin] s. margarina f.

oleometer [ouli'ɔmitə] s. oleômetro m.

oleoresin [oulior'ezin] s. oleorresina f.

oleoresinous ['ouliour'ezinəs] adj. oleorresinoso.

olfaction [olf'ækʃən] s. olfato m.

olfactory [olf'æktəri] s. –ries pl. órgão olfativo m. ‖ adj. olfativo.

olibanum [əl'ibənəm] s. olíbano m., goma-resina f.

oligarch ['oliga:k] s. oligarca m.

oligarchic [olig'a:kik], oligarchical [~əl] adj. oligárquico.

oligarchy ['oliga:ki] s. oligarquia f.

oligocene ['ɔligosi:n] s. (Geol.) oligoceno m.

olivaceous [oliv'eiʃəs] adj. 1. olináceo. 2. relativo à oliva ou oliveiro.

olive ['ɔliv] s. 1. azeitona, oliva f. 2. oliveira f. 3. cor-de-azeitona f.

olive-branch s. ramo m. de oliveira.

olive drab 1. verde-oliva m. 2. (milit.) uniforme m.

olive-oil s. azeite m.

olivet ['ɔlivet] s. pérola falsa, imitação f. de pérola.

olive-yard s. olival, oliveiral m.

olivine [oliv'i:n] s. olivina f., peridoto m.

olla ['ɔlə] s. (E. U. A.) 1. jarro ou pote m. de barro. 2. (Culin.) olha-podrida f.

Olympia [ol'impiə] s. competição esportiva f.

Olympiad [ol'impiæd] s. olimpíada f.

Olympian [ol'impian], adj. olímpico.

Olympic games s. pl. olimpíadas f. pl.

omasum [om'eisəm] s. omaso, folhoso m.

ombre, omber ['ɔmbə] s. arrengada f.: jogo de cartas.

omega ['oumagə, oum'egə] s. ômega m.

omelet, omelette ['ɔmlit] s. (Culin.) omeleta f.

omen ['oumən] s. agouro, augúrio, presságio m. ‖ v. augurar, pressagiar.
ill-omened de mau presságio.

omentum [oum'entəm] s. (Anat.) redenho m.

omicron [oum'aikrən] s. omicro, ômicron m.

ominous ['ɔminəs] adj. ominoso, agourento. ‖ ~ly adv. ominosamente.

ominousness [~nis] s. mau-agouro m.

omissible [oum'isibl] adj. que pode ser omitido.

omission [om'iʃən] s. omissão, falta, lacuna f.

omissive [om'isiv] adj. omissório.

omit [om'it] v. 1. omitir, preterir. 2. olvidar. 3. negligenciar.

omnibus ['ɔmnibəs] s. 1. ônibus m. (quadro M 5). 2. antologia f. ‖ adj. que abrange vários assuntos.

omnidirectional [ɔmnidair'ekʃənəl] adj. (Eletr.) onidirecional.

omnifarious [ɔmnif'ɛəriəs] adj. onímodo.

omnipotence [ɔmn'ipotəns] s. onipotência f.

omnipotent [ɔmn'ipotənt] adj. onipotente. ‖ ~ly adv. onipotentemente.

omnipresence ['ɔmnipr'ezəns] s. onipresença, ubiqüidade f.

omnipresent ['ɔmnipr'ezənt] adj. onipresente, ubíquo.

omniscience [ɔmn'iʃəns] s. onisciência f.

omniscient [ɔmn'iʃənt] adj. onisciente. ‖ ~ly adv. oniscientemente.

omnivorous [ɔmn'ivərəs] adj. onívoro.

omoplate ['oumopleit] s. omoplata f.

on [ɔn] adj. posto, colocado. ‖ adv. 1. sobre, por cima de. 2. em diante, a partir de. 3. adiante, para a frente. 4. em andamento, em ação. ‖ prep. 1. sobre, em cima de (quadro P 9). 2. em. 3. no, nos, na, nas. 4. para o. 5. por meio de. 6. a respeito de. 7. perto. 8. junto a. 9. conforme and so ~ e assim por diante. come ~! venha, vamos. far ~ in years de idade avançada. from that day ~ daquele dia em diante. to get ~ in life progredir na vida. go ~! continue, prossiga. hold ~! segure-se. later ~ mais tarde. to look ~ olhar, assistir (a um jogo). to march ~ prosseguir marchando. ~ and ~ sem parar, ininterruptamente. ~ board a bordo. ~ condition that sob a condição de. ~ the contrary ao contrário. ~ duty a serviço. ~ fire em chamas. ~ foot a pé. ~ purpose de propósito. ~ the river à margem do rio. he is ~ ele está embriagado. they greeted us ~ their arrival saudaram-nos por ocasião de sua chegada. who is ~ the committee? quem está no comitê? ~ Friday next week na sexta-feira da próxima semana.

onager ['ɔnədʒə] s. (Zool.) onagro m.: burro selvagem, burro m.

onanism ['ounənizm] s. 1. onanismo m., masturbação f. 2. coito interrompido m.

onanist ['ounənist] s. onanista m. + f.

once [wʌns] s. uma vez f. ‖ adj. antigo. ‖ adv. 1. uma vez. 2. outrora. 3. algum dia. 4. logo que. ‖ conj. uma vez que.
~ **and again** repetidamente. ~ **again**, ~ **more** mais uma vez. ~ **for all** definitivamente. ~ **in a while** de vez em quando. ~ **or twice** algumas vezes. ~ **upon a time there was...** era uma vez... **at** ~ imediatamente. **all at** ~ 1. simultaneamente. 2. subitamente. **do not speak and eat at** ~ não coma e fale ao mesmo tempo. **for** ~ para uma (esta) ocasião.

once-over [wʌns'ouvə] s. (gíria) exame rápido m., corrida f. de olhos.
he gave her the ~ olhou-a rapidamente de cima para baixo.

oncology [ɔnk'ɔlədʒi] s. (Med.) oncologia f.: estudo dos tumores.

on-coming ['ɔnkʌmiŋ] s. aproximação, chegada f. ‖ adj. próximo, imediato.

ondograph ['ɔndəgræf] s. (Fís.) ondógrafo m.

ondometer [ɔnd'ɔmitə] s. (Fís.) ondômetro m.

one [wʌn] s. 1. um m., uma f. 2. o número um m. unidade f., o todo m. ‖ num.1. um, uma. 2. algum, alguma. 3. o mesmo, a mesma. 4. um certo, um tal. 5. só. 6. único. ‖ pron. 1. um, uma. 2. alguém.
~ **and the same** tudo a mesma coisa. **all** ~ o mesmo. **any** ~, **anyone** qualquer um. **at** ~ de acordo. **the evil** ~ o diabo. **every** ~ cada um. **to make** ~ 1. ser parte ou membro. 2. unir-se em casamento. **no** ~ ninguém. ~ **and all** todos. ~ **and only** único. ~ **with another** na média geral. ~ **must work to live** precisa-se trabalhar para viver. ~ **can never tell** nunca se pode saber. **of all the books this is the** ~ **I like most** de todos os livros é este o que eu mais aprecio. **a sly** ~ um espertalhão. **it is all** ~ **to me** para mim tanto faz. **that's a good** ~ esta é boa (piada). **I for** ~ eu por minha parte. ~ **and all** todos juntos. ~ **by** ~ um por um. ~ **Oliveira** um tal de Oliveira. **the little ones** as crianças.

one-eyed adj. caolho, zarolho.

one-handed adj. maneta.

one-horse adj. 1. puxado por um só cavalo. 2. de pouca capacidade. 3. insignificante.

one-legged adj. perneta.

one-man adj. com ou manejado por um só homem.

oneness [wʌn'ʌnis] s. 1. unidade f. 2. singularidade f.

one-night stand s. (E. U. A.) espetáculo m. apresentado uma só vez.

oner [wʌn'ʌnə] s. (gíria) craque m. + f.

onerous ['ɔnərəs] adj. oneroso, pesado, apreensivo, árduo. ‖ ~**ly** adv. pesadamente, opressivamente.

onerousness ['ɔnərəsnis] s. onerosidade f.

oneself [wʌns'elf] pron. si mesmo, si proprio.

one-sided ['wʌnsaidid] adj. 1. unilateral. 2. parcial, 3. desigual. ‖ ~**ly** adv. unilateralmente.

one-sidedness ['wʌns'aididnis] s. 1. unilateralidade f. 2. parcialidade f.

one-step ['wʌnstep] (E. U. A.) s. 1. tipo de dança. 2. a respectiva música f.

one-time ['wʌntaim] adj. do passado, antigo.

one-track ['wʌntræk] adj. 1. de via única. 2. capaz de entender ou executar somente uma coisa de cada vez. 3. tacanho.

one-way ['wʌnwei] adj. de uma só mão (tráfego).

one-worlder [wʌnwə:ldə] s. partidário m. do internacionalismo.

onfall ['ɔnfɔ:l] s. ataque, assalto m.

ongoing ['ɔngouiŋ] s. 1. progresso, avanço m. 2. acontecimentos m. pl. ‖ adj. continuo.

onion ['ʌnjən] s. cebola f. ‖ v. 1. temperar com cebolas. 2. fazer os olhos lacrimejar.

onion dome s. (Arquit.) cúpula f. em forma de cebola.

oniony ['ʌnjəni] adj. acebolado.

on-looker ['ɔnlukə] s. espectador, assistente m.

on-looking ['ɔnlukiŋ] s. assistência f. ‖ adj. que assiste ou presencia.

only ['ounli] adj. 1. único. 2. só. 3. solitário. ‖ adv. somente, unicamente, apenas. ‖ conj. exceto.
not ~ **intelligent but also honest** não apenas inteligente mas também honesto. **if** ~ **I should succeed** quem me dera ter sucesso. **I was** ~ **too glad to leave** fiquei mais que satisfeito em sair. ~ **yesterday** somente ontem. ~ **just now** há pouco, agora mesmo.

only-begotten adj. unigênito.

onomatopœia [ɔnomatop'i:ə] s. onomatopéia f.

onrush ['ɔnrʌʃ] s. investida, arremetida f., ataque m.

onset ['ɔnset] s. 1. ataque m. 2. começo m.

onslaught ['ɔnslɔ:t] s. ataque violento, assalto furioso m.

onstage ['ɔnsteidʒ] adv. (Teat.) no palco.

ontologist [ɔnt'ɔlədʒist] s. ontologista m. + f.

ontology [ɔnt'ɔlədʒi] s. ontologia f.

onus ['ounəs] s. 1. carga f., peso m. 2. responsabilidade f. 3. obrigação f., dever m.

onward ['ɔnwəd] adj. 1. avançado, adiantado. 2. progressivo. 3. que se move ou é dirigido para o frente. ‖ adv. para a frente, para diante.

onyx ['ɔniks] s. ônix m.

oof [u:f] s. (gíria) gaita f., dinheiro m. ‖ interj. (= **ugh**) que vergonha!

oogenesis [ouədʒ'enəsis] s. (Biol.) oôgênese f.

oogonium [ouəg'ouniəm] s. (Bot.) oogônio m.

oolite ['ouəlait] s. (Geol.) oólito m.

oology [ou'ɔlədʒi] s. oologia, ovologia f.

ooze [u:z] s. 1. limo, lodo m. 2. infusão f. de casca de tanino e outros produtos para o curtimento de couros, peles etc. 3. corrida vagarosa f. de massas líquidas. 4. (Geol.) depósito mole m. ‖ v. 1. correr ou escoar lentamente (líquidos). 2. gotear, pingar. 3. esvair-se. 4. (fig.) tornar-se público.

ooziness ['u:zinis] s. limosidade f.

oozy ['u:zi] adj. 1. limoso, lodoso. 2. gotejante.

opacity [oup'æsiti] s. 1. opacidade f. 2. escuridão f. trevas f. pl.

opal ['oupəl] s. (Min.) opala f.

opalesce [oupəl'es] v. opalizar.

opalescence [oupəl'esns] s. opalescência f.

opalescent [oupəl'esnt], **opalesque** [oupəl'esk], **opaline** ['oupəlain] adj. opalescente, opalino.

opaque [oup'eik] s. opacidade, trevas f. ‖ adj. 1. opaco, fosco. 2. escuro. 3. obscuro. 4. estúpido.

opaqueness [oup'eikinis] s. = **opacity**.

op art s. arte abstrata f., de linhas geométricas e efeitos ópticos, com ilusão de movimento.

ope [oup] v. abrir ‖ adj. (Poét.) aberto.

open ['oupən] s. 1. campo raso m. 2. clareira f. 3. ar livre m. 4. abertura f. 5. notoriedade f. ‖ v. 1. abrir. 2. descerrar. 3. destampar. 4. desatar. 5. tornar acessível. 6. esclarecer. 7. divulgar, expor. 8. franquear, desobstruir. 9. estender, desdobrar. 10. começar, iniciar. 11. inaugurar. 12. ampliar, desenvolver. 13. romper. 14. rachar, fender. 15. tornar-se visível. ‖ adj. 1. aberto (quadro Q). 2. descerrado. 3. destampado. 4. desatado. 5. desembrulhado. 6. livre, desocupado. 7. disponível. 8. acessível. 9. conquistável. 10. discutível. 11.

desprotegido, exposto. 12. público, notório. 13. claro, evidente. 14. franco, direto. 15. generoso, liberal. 16. sujeito a, suscetível de. 17. pendente, em aberto. 18. poroso. 19. perfurado. 20. irrestrito. ‖ ~ly adv. 1. abertamente. 2. publicamente. **to lay** ~ esclarecer. **to** ~ **fire** abrir fogo, atirar. **to** ~ **up** 1. tornar acessível. 2. explorar. 3. esclarecer. **in the** ~ **street** em plena rua. **it is** ~ **to him** ele tem plena liberdade. **he is not** ~ **with you** ele não é franco com você.
openable ['oupnəbl] adj. que pode ser aberto.
open air s. 1. ar livre m. 2. sereno m. ‖ adj. 1. ao ar livre. 2. no sereno.
open-armed adj. de braços abertos.
open circuit s. circuito desligado m.
open city s. (milit.) cidade aberta f.
open door s. 1. livre admissão f. 2. política f. de porta aberta (esp. no comércio).
open-eared adj. de ouvido fino, atento.
open-ended adj. 1. de ponta aberta. 2. ilimitado.
opener ['oupnə] s. 1. abridor m. 2. esfarrapadeira f.
open-eyed adj. atento, vigilante. 2. surpreso.
open-handed adj. generoso, liberal. ‖ ~ly adv. generosamente.
open-handedness s. generosidade, liberalidade f.
open-hearted ['oupənh'a:tid] adj. 1. franco, sincero. 2. ingênuo. 3. generoso. ‖ ~ly adv. francamente.
open hearth s. (Sid.) fornalha f. Siemens-Martin.
open housing s. (E. U. A., Soc.) eliminação f. de discriminação racial na aquisição ou aluguel de residências.
opening ['oupniŋ] s. 1. abertura f., orifício m., passagem f. 2. fenda, brecha f. 3. início, começo m. 4. introdução f. 5. inauguração f. 6. vaga f. 7. oportunidade f. 8. clareza f. ‖ adj. inicial.
open-letter ['oupnl'etə] s. carta aberta f.
open market s. (Econ.) mercado livre m.
open-minded ['oupnm'aindid] adj. 1. compreensivo. 2. receptivo. ‖ ~ly adv. compreensivamente.
open-mindedness ['oupnm'aindidnis] s. 1. compreensão f. 2. receptividade f.
open-mouthed ['oupnmauðd] adj. 1. voraz, guloso. 2. ávido. 3. boquiaberto.
openness ['oupnnis] s. franqueza, sinceridade f.
open sea s. mar aberto m.
open shop ['oupnʃ'ɔp] (E. U. A.) s. firma f. que admite empregados sindicalizados e não sindicalizados.
open-work ['oupnw'ə:k] s. ornamento m. com aberturas.
opera ['ɔpərə] s. ópera f.
operable ['ɔpərəbl] adj. operável.
opera-bouffe ['ɔpərəb'u:f] s. ópera-bufa f.
opera-glass ['ɔpərəgl'a:s] s. binóculo m. de teatro (quadro B 12).
operate ['ɔpəreit] v. 1. funcionar. 2. acionar, movimentar. 3. operar, produzir, executar. 4. agir, fazer efeito. 5. executar uma intervenção cirúrgica. 6. (milit.) executar movimentos estratégicos.
operatic [ɔpər'ætik] adj. lírico.
operating instructions s. instruções f. pl. de manejo.
operating-room ['ɔpəreitiŋr'u:m] s. sala f. de operações.
operation [ɔpər'eiʃən] s. 1. operação f. 2. funcionamento m., ação f. 3. processo m. 4. transação f. 5. intervenção cirúrgica f. 6. manobra militar f. 7. operação aritmética f. 8. efeito m.
in ~ em atividade, em ação, em uso. **to come into** ~ entrar em vigor. **to perform an** ~ executar uma operação.
operational [~əl] adj. operacional.
operationalism [~əlizm] s. (Filos.) operacionalismo m.

operations research ou **analysis** s. (Econ.) pesquisa ou análise f. das operações.
operative ['ɔpərətiv] s. 1. operador, trabalhador m. 2. (E. U. A.) detective m. ‖ ['ɔpəreitiv] adj. 1. operante. 2. operatório. 3. eficiente. 4. prático. ‖ ~ly adv. 1. operativamente. 2. eficientemente.
operativeness ['ɔpəreitivnis] s. eficiência f.
operator ['ɔpəreitə] s. 1. operador, manipulador, executante m. 2. cirurgião m. 3. empresário m.
operculate [ɔp'ə:kjulit], **operculated** [ɔp'ə:kjuleitid] adj. opercular, operculoso, operculífero.
operculiform [ɔpə:kj'ulifɔ:m] adj. operculiforme.
operculum [ɔp'ə:kjuləm] s. (Bot., Zool.) opérculo m.
operetta [ɔpər'etə] s. opereta f.
ophidian [ɔf'idiən] s. e adj. ofídio m.
ophidiarium [ɔfidi'ɛəriəm] s. serpentário m.
ophiophagous [ɔfi'ɔfəgəs] adj. ofiófago.
ophite ['ɔfait] s. (Min.) ofito m.
ophthalmia [ɔfθ'ælmiə] s. oftalmia f.
ophthalmic [ɔfθ'ælmik] adj. oftálmico.
ophthalmological [ɔfθælmol'ɔdʒikəl] adj. oftalmológico.
ophthalmologist [ɔfθælm'ɔlədʒist] s. oftalmologista m.
ophthalmology [ɔfθælm'ɔlədʒi] s. oftalmologia f.
ophthalmoscope [ɔfθ'ælməskoup] s. oftalmoscópio m.
ophthalmoscopy [ɔfθælm'ɔskopi] s. oftalmoscopia f.
opiate ['oupiit] s. 1. opiato m. 2. narcótico, soporífero m. ‖ ['oupieit] v. opiar.
opine [op'ain] v. opinar, julgar, entender.
opinion [əp'injən] s. 1. opinião f., juízo, conceito m. 2. impressão f. 3. ponto m. de vista. 4. parecer m. **a wide held** ~ uma opinião muito generalizada. **by way of an** ~ a título de parecer. **to hold an** ~ ser de opinião. **what is your** ~? qual é sua opinião?
opinionated [əp'injəneitid], **opinionative** [əp'injənətiv] adj. opinático, opinioso, teimoso. ‖ ~ly, adv. opiniosamente.
opinionatedness [əp'injəneitidnis], **opinionativeness** [əp'injənətivnis] s. obstinação, teimosia f.
opium ['oupjəm] s. ópio m.
opium-den, opium-joint s. antro m. de fumadores de ópio.
opium-eater s. opiômano m.
opiumism ['oupjəmizm] s. opiomania f.
opium poppy s. (Bot.) papoula f. (Papaver somniferum).
opobalsamum [ɔpob'ælsəməm] s. opobálsamo m.
opodeldoc [ɔpod'eldɔk] s. (Farmac.) opodeldoque m.
opoponax [op'ɔpənæks] s. opopânace m.
opossum [əp'ɔsəm] s. (Zool.) sarigüê m., sarigüéia f., gambá m.
oppidan ['ɔpidən] s. aluno externo (esp. de Eton) m.
oppilate ['ɔpileit] v. opilar, obstruir.
oppilation [ɔpil'eiʃən] s. opilação, obstrução f.
opponency [əp'ounənsi] s. oposição f., antagonismo m.
opponent [əp'ounənt] s. oponente, antagonista m. + f. ‖ adj. oposto, antagônico.
opportune [ɔpətj'u:n] adj. oportuno, propício, conveniente, favorável. ‖ ~ly adv. oportunamente.
opportuneness ['ɔpətju:nnis] s. oportunidade, ocasião própria f., ensejo m.
opportunism ['ɔpətju:nizm] s. oportunismo m.
opportunist ['ɔpətju:nist] s. oportunista m. + f.
opportunistic [ɔpətju:n'istik] adj. oportunista.
opportunity [ɔpətj'u:niti] s. oportunidade, ocasião própria f., ensejo m.
to miss the ~ perder a oportunidade. **to take an** ~ prevalecer-se de uma oportunidade.
opposable [əp'ouzəbl] adj. opositivo.
oppose [əp'ouz] v. 1. opor-se, resistir, obstar. 2. objetar. 3. contrapor. 4. pôr defronte de.
opposed [əp'ouzd] adj. 1. oposto, contrário, antagô-

nico. 2. fronteiro.

opposer [ǝp'ouzǝ] s. opositor m., antǝ :niɔ́ta, rival m. + f.

opposite ['ɔpǝzit] s. 1. oposto, o contrário m. 2. oponente m. + f., adversário m. 3. contraditória f. ‖ adj. 1. oposto, fronteiro. 2. contrário. 3. antagônico. ‖ adv. defronte, frente a frente. ‖ prep. defronte, em frente de. ‖ **~ly** adv. 1. opostamente, contrariamente. 2. antagonicamente. **just the ~** justamente o contrário.

oppositeness ['ɔpǝzitnis] s. oposição, divergência f.

opposition [ɔpǝ'ziʃǝn] s. 1. oposição, resistência. 2. antagonismo m., hostilidade f. 3. situação oposta f. 4. contraste m. 5. antítese f. 6. obstáculo, impedimento m. 7. contrariedade f. 8. partido m. ou partidos contrários ao governo. **in ~ to** em oposição a.

oppositional [ɔpǝz'iʃǝnǝl] adj. relativo à oposição.

oppositionist [ɔpǝz'iʃǝnist] s. oposicionista m. + f.

oppress [ǝpr'es] v. 1. oprimir, tiranizar. 2. afligir, molestar. 3. sobrecarregar.

oppression [ǝpr'eʃǝn] s. 1. opressão, tirania f., despotismo m. 2. abatimento m., depressão f.

oppressive [ǝpr'esiv] adj. 1. opressivo, tirânico, despótico. 2. sufocante. 3. acabrunhante. ‖ **~ly** adv. 1. opressivamente, despoticamente. 2. sufocantemente. 3. de modo acabrunhante.

oppressivenes [ǝpr'esivnis] s. 1. opressão, tirania f. 2. caráter opressivo m.

oppressor [ǝpr'esǝ] s. opressor, tirano, déspota m.

opprobrious [ǝpr'oubriǝs] adj. oprobrioso, infamante, ignominioso. ‖ **~ly** adv. ignominiosamente, vergonhosamente.

opprobriousness [ǝpr'oubriǝsnis] s. caráter ignominioso m.

opprobrium [ǝpr'oubriǝm] s. opróbrio m., ignomínia f.

oppugn [ɔpj'u:n] v. 1. opugnar. 2. controverter.

oppugnant [~ǝnt] adj. antagônico, oposto.

opsonin ['ɔpsǝnin] s. (Bact.) opsonina f.

opt [ɔpt] v. optar, escolher.

optative ['ɔptǝtiv] s. (Gram.) forma optativa f. ‖ adj. optativo.

optic ['ɔptik] s. (fam.) olho m. ‖ adj. óptico.

optical ['ɔptikǝl] adj. 1. óptico, ótico. 2. visual.

optician [ɔpt'iʃǝn] s. 1. óptico m. 2. oculista m. + f.

optics ['ɔptiks] s. óptica, ótica f.

optimal ['ɔptimǝl] adj. muito favorável, ótimo.

optimism ['ɔptimizm] s. otimismo m.

optimist ['ɔptimist] s. otimista m. + f.

optimistic [ɔptim'istik] adj. otimista. ‖ **~ally** adv. de modo otimista.

optimize ['ɔptimaiz] v. 1. ser otimista. 2. aperfeiçoar ao máximo.

optimum ['ɔptimǝm] s. condição f. mais favorável ‖ adj. ótimo.

option ['ɔpʃǝn] s. 1. opção f. 2. preferência f. 3. alternativa f. 4. compra e venda a preço e prazo determinados. 5. o objeto m. de opção.

optional ['ɔpʃǝnǝl] adj. facultativo, de livre escolha. ‖ **~ly** adv. 1. com opção. 2. facultativamente.

optionee [ɔpʃǝn'i:] s. detentor m. de opção legal.

optometer [ɔpt'ɔmitǝ] s. optômetro m.

optometry [ɔpt'ɔmitri] s. optometria f.

opulence ['ɔpjulǝns] s. opulência, abundância f.

opulency ['ɔpjulǝnsi] = **opulence**.

opulent ['ɔpjulǝnt] adj. 1. opulento, farto, abundante, copioso. 2. rico, abastado. ‖ **~ly** adv. 1. opulentamente, abundantemente. 2. abastadamente.

opus ['oupǝs] s. composição musical ou literária f.

opuscule [oup'ʌskjul] s. opúsculo m.

or (I) [ɔ:] conj. 1. ou. 2. senão.
  either you ~ he ou você ou ele. **whether you**

know it ~ not quer você saiba, quer não. **behave ~ else you may go** comporte-se ou vá embora.

or (II) [ɔ:] s. (Heráld.) tintura amarela f., ouro m.

orache ['ɔritʃ] s. (Bot.) armole f.

oracle ['ɔrǝkl] s. oráculo m. ‖ v. oracular.

oracular [ɔr'ækjulǝ] adj. oracular. ‖ **~ly** adv. oracularmente.

oral ['ɔ:rǝl] adj. 1. oral, verbal. 2. bucal. ‖ **~ly** adv. 1. oralmente, verbalmente. 2. por via oral.

orange ['ɔrindʒ] s. 1. laranja f. 2. laranjeira f. 3. cor-de-laranja f. ‖ adj. alaranjado.

orangeade [ɔrindʒ'eid] s. laranjada f.

orange-blossom s. flor f. de laranjeira.

orange-marmalade s. geléia f. de laranjas.

orange-peel s. casca f. de laranja cristalizada.

orange pekoe s. chá preto oriental m. (Índia e Sri Lanka).

orangery ['ɔrindʒǝri] s. laranjal m.

orang-utan ['ɔ:rǝŋ'u:tæn], **orang-outang** ['ɔ:rǝŋ'u:tæŋ] s. (Zool.) orangotango m.

orate [ɔ:r'eit] v. orar, discursar.

oration [ɔr'eiʃǝn] s. oração f., discurso m.

orator ['ɔrǝtǝ] s. orador m.

oratorian [ɔrǝt'ɔ:riǝn] s. e adj. oratoriano m.

oratorical [ɔrǝt'ɔrikǝl] adj. oratório. ‖ **~ly** adv. oratoriamente.

oratorio [ɔrǝt'ɔ:riou] s. (Mús., Rel.) oratório m.

oratory ['ɔrǝtǝri] s. 1. oratória f. 2. eloqüência f. 3. oratório m.: a) lugar de oração. b) congregação religiosa.

oratress ['ɔrǝtris] s. oradora f.

orb [ɔ:b] s. 1. orbe, mundo m. 2. esfera f. 3. globo m. 4. (Poét.) globo ocular m. 5. órbita f. ‖ v. 1. cercar. 2. arredondar. 3. formar em círculo.

orbed [ɔ:bd], **orbicular** [ɔ:b'ikjulǝ] adj. orbicular, circular, globular, esférico. ‖ **~ly** adv. 1. esfericamente. 2. em forma ou de modo orbicular.

orbicularity [ɔ:bikjul'æriti] s. esfericidade f.

orbiculate [ɔ:b'ikjulit] = **orbed**.

orbit ['ɔ:bit] s. 1. órbita f. 2. esfera f. de ação. 3. (Anat.) cavidade ocular f.

orbital ['ɔ:bitǝl] adj. orbitário.

orc [ɔ:k] s. orca f.

orchard ['ɔ:tʃǝd] s. pomar m. (quadro V 3).

orcharding ['ɔ:tʃǝdiŋ] s. pomicultura f.

orchardist ['ɔ:tʃǝdist] s. pomicultor m.

orchestra ['ɔ:kistrǝ] s. orquestra f.

orchestral [ɔ:k'estrǝl] adj. orquestral.

orchestrate ['ɔ:kistreit] v. orquestrar.

orchestration [ɔ:kǝstr'eiʃǝn] s. orquestração f.

orchid [ɔ:'kid] s. (Bot.) orquídea f.

orchidaceous [ɔ:kid'eiʃǝs], **orchidean** [ɔ:k'idiǝn], **orchideous** [ɔ:k'idiǝs] adj. orquidáceo.

orchidology [ɔ:kid'ɔlǝdʒi] s. (Bot.) orquidologia f.: estudo das orquídeas.

orchiectomy [ɔ:ki'ektǝmi] s. (Cirurg.) orquiectomia f.

orchis ['ɔ:kis] = **orchid**.

orchitis [ɔ:k'aitis] s. (Med.) orquite f.

ordain [ɔ:d'ein] v. 1. ordenar, mandar, determinar. 2. conferir o sacramento da ordem a.

ordainable [ɔ:d'einǝbl] adj. ordenável.

ordainer [ɔ:d'einǝ] s. 1. ordenador, mandatário m. 2. ordinante m. + f.

ordainment [ɔ:d'einmǝnt] s. ordenação f.

ordeal [ɔ:d'i:l] s. 1. provação f. 2. ordálio m.

order ['ɔ:dǝ] s. 1. ordem, seqüência, disposição f. 2. regra, norma f., método m. 3. arrumação f. 4. condição f., estado m. 5. classe, categoria f. 6. mando m., diretiva f. 7. comando m. 8. pedido m., encomenda f. 9. encargo m. 10. natureza f. 11. sociedade religiosa ou fraternal f. 12. ordem f. de pagamento. 13. ordenação f. 14. comenda f. 15. condição normal, correta, apropriada f. 16. estado m. de eficiência. 17. regulamento m. 18. qualidade, espécie f. ‖ v. 1. ordenar, dispor, arranjar. 2. mandar, determinar. 3. comandar. 4. regular. 5. decidir, resolver. 6. pedir, encomendar. 7. consagrar. 8. (Med.) receitar. **by ~ of** por ordem de. **to call to ~** chamar à ordem. **I am not under your ~s** eu não estou sob as suas ordens. **in due ~** em perfeita ordem. **in ~ to** a fim de. **in short ~** rapidamente. **on the ~ of** por ordem de. **out of ~** desarranjado. **to ~ about** ou **around** mandar de lá para cá. **to ~ out** mandar sair. **to place an ~** (Com.) fazer um pedido. **to take ~s** ordenar-se.

order-book s. talão m. de pedidos.

ordered ['ɔːdəd] adj. em boa ordem, regular.

orderer ['ɔːdərə] s. ordenador, mandatário m.

ordering ['ɔːdəriŋ] s. disposição f., arranjo m.

orderless ['ɔːdəlis] adj. desordenado, confuso.

orderliness ['ɔːdəlinis] s. regularidade f., método m.

orderly ['ɔːdəli] s. 1. ordenança f. 2. assistente hospitalar m. + f. ‖ adj. 1. em ordem. 2. regular, metódico. 3. ordeiro. 4. pacífico. ‖ adv. regularmente. **~ officer** oficial de dia.

ordinal (I) ['ɔːdinəl] s. número ordinal m. ‖ adj. ordinal.

ordinal (II) ['ɔːdinəl] s. (Rel.) ritual m.: 1. livro. 2. cerimonial.

ordinance ['ɔːdinəns] s. 1. ordenação, lei f., decreto m. 2. ritual m.

ordinand [ɔːdin'ænd] s. ordinando m.

ordinariness ['ɔːdinərinis] s. 1. uso, costume, hábito m. 2. mediocridade, inferioridade f.

ordinary ['ɔːdnri] s. 1. refeição f. a preço fixo. 2. hospedaria f. 3. superior eclesiástico m. 4. regulamentação f. sobre os ofícios divinos. ‖ adj. 1. ordinário, costumeiro, usual, habitual. 2. medíocre, baixo, inferior. ‖ **~rily** adv. ordinariamente, geralmente. **in an ~ way** normalmente, comumente. **in ~** em serviço ativo, constante, efetivo.

ordinary seaman s. (Náut.) marinheiro m. de segunda classe.

ordinate ['ɔːdnit] s. (Mat.) ordenada f. (quadro A. 6). ‖ ['ɔːdineit] v. pôr em fileiras, ordem. ‖ adj. 1. metódico, regular. 2. disposto em fileiras.

ordination [ɔːdin'eiʃən] s. ordenação f.

ordnance ['ɔːdnəns] s. 1. artilharia f. 2. arsenal m. **a piece of ~** uma peça de artilharia. **map of ~** mapa de estado-maior.

Ordovician [ɔːdəv'iʃən] adj. (Geol.) ordoviciano.

ordure ['ɔːdjuə] s. 1. esterco m. 2. excremento m. 3. imundície f. 4. indecência, obscenidade f.

ore [ɔː] s. minério m.

oread ['ɔːriæd] s. (Mit.) oréade f.

organ ['ɔːgən] s. 1. (Anat.) órgão m. 2. instrumentos m. pl., veículo, meio m. 3. jornal m., gazeta f., periódico m. 4. (Mús.), órgão, harmônio m. 5. a voz humana f. e suas qualidades musicais.

organdy, organdie ['ɔːgændi] s. organdi m.

organ grinder s. tocador de realejo m.

organic [ɔːg'ænik] adj. 1. orgânico. 2. vital. 3. coordenado, estrutural, construtivo. 4. inerente, inato. 5. fundamental. ‖ **~ally** adv. organicamente.

organic chemistry s. química orgânica f.

organicism [ɔːg'ænisizm] s. (Biol., Filos., Med.) organicismo m.

organism ['ɔːgənizm] s. organismo m., constituição f.

organist ['ɔːgənist] s. organista m. + f.

organizability [ɔːgənaizəb'iliti] s. propriedade f. de ser organizável.

organizable ['ɔːgənaizəbl] adj. organizável.

organization [ɔːgənaiz'eiʃən] s. 1. organização f., organismo m. 2. sociedade f.

Organization of American States (Pol.) Organização dos Estados Americanos (OEA).

organize ['ɔːgənaiz] v. 1. organizar, constituir. 2. ordenar, formar, dispor. 3. constituir-se, formar-se.

organized labor s. mão-de-obra sindicalizada f.

organizer ['ɔːgənaizə] s. organizador m.

organogenesis [ɔːgənodʒ'enisis] s. (Med.) organogenia f.

organographic [ɔːgənogr'æfik] adj. organográfico.

organography [ɔːgən'ogrəfi] s. organografia f

organological [ɔːgənol'odʒikəl] adj. organológico.

organology [ɔːgən'olədʒi] s. organologia f.

organotherapy [ɔːgənouθ'erəpi] s. organoterapia f.

organzine ['ɔːgənzain] s. organsim m.

orgasm ['ɔːgæzm] s. orgasmo m.

orgastic [ɔːg'æstik] adj. orgástico.

orgeat ['ɔːdʒiət] s. orchata f.

orgiastic [ɔːdʒi'æstik] adj. orgíaco, orgiástico.

orgy ['ɔːdʒi] s. 1. orgia, bacanal f. 2. devassidão f.

oriel ['ɔːriəl] s. (Arquit.) sacada ogival envidraçada f.

orient ['ɔːriənt] s. oriente, levante m. ‖ v. 1. orientar, indicar o rumo a. 2. encaminhar, guiar. 3. orientar-se. ‖ adj. (poét.) oriental, levantino.

oriental [ɔːri'entəl] s. e adj. oriental m. + f., levantino m. ‖ **~ly** adv. à maneira do Oriente.

orientalism [ɔːri'entəlizm] s. orientalismo m.

orientalist [ɔːri'entəlist] s. orientalista m. + f.

orientate ['ɔːrienteit] v. 1. orientar. 2. orientar-se.

orientation [ɔːrient'eiʃən] s. orientação f.

orifice ['ɔrifis] s. orifício m.

oriflamme [ɔrifl'æm] s. auriflama f.

origan ['ɔrigən] s. (Bot.) orégão m.

origin ['ɔridʒin] s. 1. origem, fonte f. 2. princípio, início m. 3. ascendência f. 4. procedência f. 5. nascimento m. 6. causa f., motivo, fundamento m.

original [ər'idʒənl] s. 1. original, texto m. 2. esquisitão m. 3. origem, fonte f. ‖ adj. 1. original, primitivo, inicial. 2. novo, jamais feito, produzido, etc. 3. inventivo, engenhoso. ‖ **~ly** adv. 1. originalmente, primitivamente. 2. de modo original.

originality [əridʒin'æliti] s. originalidade f.

originate [ər'idʒineit] v. 1. originar, dar origem a, causar, determinar. 2. proceder. 3. derivar-se.

origination [əridʒin'eiʃən] s. 1. criação, geração f. 2. produção f. 3. invenção f. 4. procedência f.

originative [ər'idʒinətiv] adj. 1. geratriz, criador. 2. inventivo.

originator [ər'idʒineitə] s. originador, criador m.

oriole ['ɔːrioul] s. (Orn.) papa-figo m.

Orion [or'aiən] s. (Astron., Mit.) Órion m.

orison ['ɔrizən] s. oração, prece f.

orlop ['ɔːlop] s. coberta f. inferior de um navio.

ormolu ['ɔːmoluː] s. ouropel m.

ornament ['ɔːnəmənt] s. ornamento, adorno, ornato, atavio m. ‖ ['ɔːnəment] v. ornamentar, adornar. **by way of ~** como ou para adorno.

ornamental [ɔːnəm'entl] adj. ornamental, decorativo. ‖ **~ly** adv. de maneira ornamental.

ornamentalist [ɔːnəm'entəlist] s. ornamentista m. + f.

ornamentation [ɔːnəment'eiʃən] s. ornamentação, decoração f.

ornamenter [ɔːnəm'entə] s. decorador m.

ornate [ɔːn'eit] adj. ornado, adornado. ‖ **~ly** adv. com ornatos, com adornos.

ornateness [ɔːn'eitnis] s. ornato m., elegância f.

ornithological [ɔːniθəl'odʒikl] adj. ornitológico.

ornithologist [ɔːniθ'olədʒist] s. ornitologista m. + f.

ornithology [ɔːniθ'olədʒi] s. ornitologia f.

ornithomancy [ɔ:n'aiθəmænsi] s. ornitomancia f.
ornithorhynchus [ɔ:niθor'iŋkəs] s. (Zool.) ornitorrinco m.
ornithosis [ɔ:niθ'ousis] s. (Veter.) ornitose f.
orogeny [ɔr'ɔdʒəni] s. (Geol.) orogenia f.
orographic [ɔrogr'æfik] adj. orográfico, orológico
orography [ɔr'ɔgrəfi] s. orografia, orologia f.
orological [ɔrəl ɔdʒikəl] = orographic.
orology [ɔr'ɔlədʒi] = orography.
orometer [ɔr'ɔmitə] s. barômetro m. de alturas.
orotund ['ɔrotʌnd] adj. 1. cheio, claro, musical (voz).
   2. pomposo. 3. bombástico.
orphan ['ɔ:fən] s. órfão m. ‖ v. orfanar, tornar órfão.
   ‖ adj. órfão.
orphanage ['ɔ:fənidʒ] s. 1. orfandade f. 2. orfanato m.
orphanhood ['ɔ:fənhud] s. orfandade f.
orphean ['ɔ:fiən] adj. 1. orfeico, orfaico. 2. musical.
orphic ['ɔ:fik] adj. órfico, oracular, misterioso.
Orphism ['ɔ:fizm] s. orfismo m.
orpiment ['ɔ:pimənt] s. 1. ouro m. 2. pigmento m.
orrery ['ɔrəri] s. planetário m.
orris ['ɔris] s. (Bot.) íris, lírio-florentino m.
ort [ɔ:t] s. sobras f. pl., resíduos m. pl.
orthicon ['ɔ:θikən] s. (Telev.) orticonoscópio m.
orthocenter ['ɔ:θɔsentə] s. (Geom.) ortocentro m.
orthochromatic [ɔ:θəkrom'ætik] adj. (Fot.) ortocrô-
   mico.
orthoclase ['ɔ:θɔkleis] s. ortoclásio, ortósio m.
orthodox ['ɔ:θədɔks] adj. ortodoxo. ‖ ~ly adv. de
   modo ortodoxo.
orthodoxy ['ɔ:θədɔksi] s. ortodoxia f.
orthodromics [ɔ:θədr'ɔmiks], orthodromy [ɔ:θ'ɔdrəmi]
   s. ortodromia f.
orthoepic ['ɔ:θou'epik] adj. ortoépico.
orthoepy ['ɔ:θouepi] s. ortoépia f.
orthogenesis [ɔ:θədʒ'enisis] s. (Biol.) ortogenia f.
orthogon ['ɔ:θəgən] s. 1. figura retangular f. 2
   triângulo reto m.
orthogonal [ɔ:θ'ɔgənl] adj. (Mat.) ortogonal.
orthographer [ɔθ'ɔgrəfə] s. ortógrafo m.
orthographic [ɔ:θogr'æfik], orthographical [~əl] adj
   ortográfico. ‖ ~ally adv. ortograficamente.
orthography [ɔ:θ'ɔgrəfi] s. ortografia f.
orthological [ɔ:θol'ɔdʒikəl] adj. ortológico.
orthology [ɔ:θ'ɔlədʒi] s. ortologia f.
orthometry [ɔ:θ'ɔmitri] s. ortometria f.
orthopedic, orthopaedic [ɔ:θoup'i:dik] adj. ortopédico.
orthopedics, orthopaedics [ɔ:θoup'i:diks] s. ortopedia f.
orthopedist, orthopaedist [ɔ:θoup'i:dist] s. ortopedista
   m. + f.
orthopsychiatry [ɔ:θəsaik'aiətri] s. (Psiq.) ortopsi-
   quiatria f.: profilaxia de distúrbios psíquicos, mediante tratamento clínico.
orthopteral [ɔ:θ'ɔptərəl] adj. ortóptero.
orthopteran [ɔ:θ'ɔptərən] s. + adj. ortóptero m.
orthopterous [ɔ:θ'ɔptərəs] = orthopteral.
orthorhombic [ɔ:θər'ɔmbik] adj. (Min.) ortorrômbico.
ortolan ['ɔ:tələn] s. (Orn.) hortulana f.
oryx ['ɔriks] s. (Zool.) órix m.
Oscar ['ɔskə] s. (Cin.) Óscar m.: pequena estatueta
   dada como prêmio a atores e diretores.
oscillate ['ɔsileit] v. 1. oscilar, vibrar. 2. vacilar.
oscillation [ɔsil'eiʃən] s. 1. oscilação, vibração f. 2.
   hesitação f.
oscillator ['ɔsileitə] s. oscilador m.
oscillatory ['ɔsileitəri] adj. oscilante, oscilatório.
oscillograph [ɔs'iləgra:f] s. oscilógrafo m.
oscilloscope [ɔs'iləskoup] s. (Eletr.) osciloscópio m.
Osco-Umbrian [ɔskə'ʌmbriən] s. (Ling.) osco-úmbrico
   m.: ramo itálico, que abrange o antigo osco e o
   úmbrico.
osculant ['ɔskjulənt] adj. 1. (Biol.) intermediário, ligado. 2. (Zool.) aderente, agarrado.

osculate ['ɔskjuleit] v. 1. oscular. 2. beijar.
osculation [ɔskjul'eiʃən] s. osculação f.
osculatory ['ɔskjulətəri] s. + adj. osculatório, relicário m.
osier ['ouʒə] s. (Bot.) vimeiro, salgueiro francês m.
osmanli [ɔzm'ænli] s. + adj. otomano, osmanli m.
osmazome ['ɔzməzoum] s. osmazoma f.
osmic ['ɔzmik], osmious ['ɔzmiəs] adj. ósmico.
osmic acid s. ácido ósmico m.
osmium ['ɔzmiəm] s. (Quím.) ósmio m.
osmometer [ɔzm'ɔmitə] s. osmômetro m.
osmose ['ɔzmous], osmosis [ɔzm'ousis] s. osmose f.
osmotic [ɔzm'ɔtik] adj. osmótico.
osmund ['ɔzmənd] s. (Bot.) osmonda f., feto-real m.
osprey ['ɔspri] s. (Orn.) águia-pescadora f.
ossein ['ɔsiin] s. (Bioquím.) osseína f.
osseous ['ɔsiəs] adj. ósseo.
Ossianic [ɔsi'ænik] adj. (Hist., poét.) ossiânico.
ossicle ['ɔsikl] s. (Anat.) ossículo m.
ossification [ɔsifik'eiʃən] s. ossificação f.
ossify ['ɔsifai] v. ossificar.
ossivorous [ɔs'ivərəs] adj. ossívoro.
ossuary ['ɔsjuəri] s. ossuário m.
osteitis [ɔsti'aitis] s. (Pat.) osteíte f.
ostensible [ɔst'ensəbl] adj. 1. ostensivo, ostensível.
   2. aparente. 3. pretenso. ‖ –bly adv. 1. ostensivamente. 2. aparentemente. 3. pretensamente.
ostensive [ɔst'ensiv] = ostensible.
ostentation [ɔstent'eiʃən] s. ostentação f.
ostentatious [ɔstent'eiʃəs] adj. ostentoso, aparatoso,
   pomposo. ‖ ~ly adv. ostentosamente.
ostentatiousness [ɔstent'eiʃəsnis] s. pomposidade f.
osteo- elemento de composição: de ou relativo a
   ossos.
osteogenesis [ɔstiədʒ'enisis] s. osteogênese f.
osteography [ɔsti'ɔgrəfi] s. osteografia f.
osteological [ɔstiəl'ɔdʒikəl] adj. osteológico.
osteologist [ɔsti'ɔlədʒist] s. osteólogo m.
osteology [ɔsti'ɔlədʒi] s. osteologia f.
osteopathic [ɔstiəp'æθik] adj. osteopático.
osteopathy [ɔsti'ɔpəθi] s. osteopatia f.
osteoplasty [ɔsti'ɔplæsti] s. (Cirurg.) osteoplastia f.
ostler ['ɔslə] s. moço m. de estrebaria.
ostracism ['ɔstrəsizm] s. ostracismo, banimento m.
ostracite ['ɔstrəsait] s. ostracite m.
ostracize ['ɔstrəsaiz] v. condenar ao ostracismo, banir.
ostrich ['ɔstritʃ] s. (Orn.) avestruz m. + f.
Ostrogoth ['ɔstrogɔθ] s. (Hist.) ostrogodo m.
otalgia [out'ældʒiə] s. otalgia f.
other ['ʌðə] s. outro m., outra f., outros m. pl., outras
   f. pl. ‖ adj. 1. outro, outra, outros, outras. 2. diferente. 3. alternado. ‖ pron. outro, outra, outros,
   outras. ‖ adv. de outra maneira.
   each ~ um ao outro, reciprocamente. some way or
   ~ de um modo ou outro. every ~ day 1. dia por
   dia. 2. um dia sim um dia não. the ~ day
   outro dia, recentemente. someone or ~ alguém.
other-directed adj. 1. guiado por influências externas. 2. conformista.
otherness ['ʌðənis] s. diversidade f.
otherwise ['ʌðəwaiz] adj. diferente. ‖ adv. 1. de
   outra maneira. 2. por outro lado. ‖ conj. caso
   contrário.
other world s. outro mundo, sobrenatural m.
otherworldly ['ʌðəwə:ldli] adj. de ou relativo a outro
   mundo, sobrenatural.
otic ['outik] adj. (Anat.) auricular.
otiose ['ouʃious] adj. 1. ocioso. 2. indolente. 3. inútil. 4. fútil. ‖ ~ly adv. ociosamente.
otioseness ['ouʃiousnis] s. ociosidade f.
otitis [out'aitis] s. (Med.) otite f.
otolaryngology ['outəlæriŋg'ɔlədʒi] s. (Med.) otolarin-
   gologia f.

otological [outol'ɔdʒikəl] adj. otológico.
otologist [out'ɔlədʒist] s. otologista m. + f.
otology [out'ɔlədʒi] s. (Med.) otologia f.
otoscope ['outəskoup] s. otoscópio m.
otter ['ɔtə] s. 1. (Zool.) lontra m. + f. 2. pele t. de
lontra. 3. (Zool.) lontra m. + f. do mar.
Ottoman ['ɔtəmən] s. 1. otomano, turco m. 2. oto-
mana f.: espécie de sofá. ‖ adj. otamano, turco.
oubliette [u:bli'et] s. masmorra f.
ouch [autʃ] interj. ai!
ought (I) [ɔːt] s. 1. (coloq.) nada, zero m. 2. alguma
coisa f. ‖ adv. algo.
ought (II) [ɔːt] s. dever m., obrigação f. ‖ v. dever,
convir, ser necessário.
you ~ to have written você devia ter escrito.
ounce (I) [auns] s. (Zool.) onça f., felino m.
ounce (II) [auns] s. onça f.: medida de peso.
our ['auə] adj. nosso, nossa, nossos, nossas.
ours ['auəz] pron. nosso, nossa, nossos, nossas.
~ is a poor country o nosso é um país pobre. the
time is ~ o tempo é nosso.
ourselves [auəs'elvz] pron. nós mesmos pl.
we did it ~ nós mesmos o fizemos (enfático).
we hurt ~ nós nos ferimos (reflexivo).
oust [aust] v. 1. desalojar, despejar. 2. desapossar.
ouster ['austə] s. desapropriação, espoliação f.
out (I) [aut] s. 1. espaço aberto m. 2. nicho ou
canto externo m. 3. (fam.) passeio m., excursão
f., período curto m. de férias. 4. aspecto desagradável m. de um assunto interessante. 5. (fam.)
resultado m. 6. salto tipográfico m., omissão f.
7. aspecto exterior m. de um assunto. 8. (fam.)
desculpa, saída f. 9. ~s pl. a oposição f. 10. ~s
pl. despesas f. 11. ~s pl. desavença, querela f. 12.
~s pl. jogadores m. pl. fora de jogo. ‖ v. 1. enxotar. 2. derrotar, inabilitar. 3. sair. 4. extinguir,
desligar. 5. pôr à venda. 6. revelar. 7. tornar-se
público ou notório. ‖ adj. 1. remoto, distante. 2.
ausente. 3. fora do poder. 4. em circulação (livros, revistas). 5. roído, desgastado. 6. em liberdade. 7. emitido, expedido. 8. com falta de. 9.
em greve. 10. extinto, apagado. 11. findo. 12.
fora de moda, em desuso. 13. público, notório.
14. editado, publicado. 15. introduzido à sociedade. 16. em ação. 17. incerto, incorreto. 18.
deslocado, fora de lugar. 19. de relações estre-
mecidas. 20. amalucado, tonto. 21. fora de padrão ou norma. 22. (†) externo, exterior. 23. em
aberto (conta). ‖ adv. 1. fora. 2. para fora. 3.
de fora. 4. desprovido de, sem. 5. fora do poder.
6. apagado, desligado. 7. terminado, esgotado.
8. em voz alta. 9. abertamente. 10. ausente. 11.
até o fim. 12. saliente. 13. em ação. 14. completamente, inteiramente. ‖ prep. de dentro de. ‖
interj. fora! saia!
day ~ dia de saída, folga (da empregada). from
~ to ~ de extremo a extremo. get ~ of my
way! saia do meu caminho! murder will ~ a verdade será descoberta. my hand is ~ não tenho
nada a ver com isso. ~ and away por grande
margem, de muito. ~ and home de ida e volta.
~ of action (Mec.) desarranjado. ~ of breath
esfalfado, esbaforido. ~ of danger fora de perigo. ~ of date obsoleto. ~ of doors ao ar livre.
~ of doubt sem dúvida, indubitavelmente. ~ of
fashion fora de moda. ~ of favor desvalido.
~ of focus fora de foco. ~ of the frying pan
into the fire pior a emenda que o soneto. ~ of
hand imediatamente. ~ of health adoentado,
enfermiço. ~ of hearing longe demais para ser
ouvido. ~ of love por amor. ~ of luck sem sorte,
azarado. ~ of mind desvairado. ~ of money sem
dinheiro. ~ of place fora de propósito. ~ of print

esgotado (publicações). ~ of question fora de
cogitação. ~ of sight longe da vista. ~ of temper
de mau humor, irritado. speak ~! fale! diga lá!
to be ~ for disorder procurar briga. to be ~ of
all não possuir nada. to be ~ of the wood ter vencido as maiores dificuldades. to see someone ~
conduzir, acompanhar alguém para fora. to turn
~ pôr para fora, jogar fora, expulsar. way ~
saída.
out— (II) [aut] prefixo: para fora, externo, adjunto,
sobre, excesso.
outact [aut'ækt] v. exceder, sobrepujar.
outage ['autidʒ] s. 1. perda f. por vazamento. 2.
interrupção f. na produção de energia elétrica por
defeito no gerador ou na linha de transmissão.
out-and-out ['autən'aut] adj. completo, absoluto.
outargue [out'a:gju:] v. vencer (em uma discussão).
outback ['autbæk] s. cafundó m.
outbalance [autb'æləns] v. 1. preponderar, predominar. 2. exceder no peso.
outbearing ['autbɛəriŋ] s. mancal extremo m.
outbid [autb'id] v. 1. cobrir um lance (em leilão).
2. sobrestimar. 3. exceder, sobrepujar.
outbirth ['autbə:θ] s. produto, fruto, resultado m.
outblaze [autbl'eiz] v. exceder em brilho ou lustre.
outblown [autbloun] adj. inflado de vento.
outboard ['autbɔ:d] adj. (Náut.) sito na parte externa
do navio. ‖ adv. (Náut.) afastado do centro do
navio.
outboard motor s. motor m. de popa. (quadro M 4).
outborn ['autbɔ:n] s. + adj. estrangeiro m.
outbound ['autbaund] adj. (Náut.) de longo curso.
outbrag [autbr'æg] v. exceder em fanfarrice.
outbrave [autbr'eiv] v. 1. exceder em coragem ou
valor. 2. arrostar, afrontar.
outbrazen [autbr'eizn] v. exceder em impudência.
outbreak ['autbreik] s. 1. erupção f. 2. eclosão t.
3. afloramento m. ‖ [autbr'eik] v. 1. entrar em
erupção. 2. irromper, rebentar.
outbreaking ['autbreikiŋ] s. 1. erupção f. 2. levante
m., insurreição f.
outbreathe [autbr'i:ð] v. 1. exalar, expirar. 2. fazer
perder o fôlego, tornar exausto.
outbreeding ['autbri:diŋ] s. 1. acasalamento m. de
espécies diversas. 2. (Soc.) casamento m. fora da
classe ou tribo.
outbuilding ['autbildiŋ] s. anexo m., dependência f.
outburn [autb'ə:n] v. 1. queimar completamente, consumir-se. 2. demorar mais tempo para queimar.
outburst ['autbə:st] s. 1. irrupção, explosão (de
raiva, etc.) f. 2. afloramento m. ‖ [autb'ə:st] v.
irromper, rebentar.
outbuy [autb'ai] v. 1. sobrepujar nas compras. 2.
(†) pagar mais que o valor real. 3. comprar todo
o estoque.
outby, outbye ['autb'ai] adv. (Ingl.) 1. fora, distante. 2. para fora.
outcase ['autkeis] s. envoltório externo m.
outcast ['autka:st] s. 1. proscrito, desterrado m. 2.
pária, réprobo m. ‖ adj. 1. exilado, desterrado. 2.
rejeitado, banido.
outcasting ['autka:stiŋ] s. 1. expulsão f., banimento
m. 2. refugo, rebotalho m.
outcheat [autʃ'i:t] v. sobrepujar em trapaças.
outclass [autkl'a:s] v. sobrepujar, exceder.
outcome ['autkʌm] s. resultado, efeito m.
outcraft [autkr'a:ft] v. exceder em habilidade.
outcrop ['autkrop] s. (Geol.) afloramento m. ‖ v.
aflorar.
outcry ['autkrai] s. 1. grito, berro m. 2. clamor,
tumulto m. 3. leilão m. ‖ [autkr'ai] v. 1. exclamar,
gritar, berrar. 2. proclamar. 3. vender em leilão. 4.
gritar mais alto que outrem.

outdare [autd'ɛə] v. 1. exceder em coragem. 2. superar, sobrepujar.

outdate [autd'eit] v. antiquar, tornar antiquado.

outdated [autd'eitid] adj. antiquado, obsoleto.

outdistance [autd'istəns] v. distanciar-se de.

outdo [autd'u:] v. exceder, sobrepujar.

outdoor ['autdɔ:] adj. existente ou promovido ao ar livre.

outdoors ['autdɔ:z] s. o ar livre m. ‖ adv. ao ar livre.

outer ['autə] adj. 1. exterior, externo. 2. (Fil.) objetivo. ‖ ~ly adv. 1. para fora. 2. de fora.

outermost ['autəmoust] adj. externo, no ponto mais afastado.

outer space s. espaço exterior m. (interplanetário).

outer wear s. roupa f. que se usa por cima (capa de chuva).

outface ['autfeis] s. face externa f. ‖ v. afrontar.

outfall ['autfɔ:l] s. 1. embocadura, foz f. 2. (†) sortida f.

outfawn [autf'ɔ:n] v. exceder em lisonja.

outfield ['autfi:ld] s. 1. (criquete e beisebol) campo externo m. 2. os três jogadores m. pl. que ocupam este campo.

outfielder ['autfi:ldə] s. jogador m. que ocupa o campo externo.

outfit ['autfit] s. 1. equipamento, aparelhamento, aprovisionamento m. 2. despesas f. pl. de instalação. 3. enxoval m. 4. (E. U. A.) turma f. de trabalho. ‖ v. equipar, aprestar, aparelhar.

outfitter ['autfitə] s. armador, abastecedor, fornecedor m.

outflank [autfl'æŋk] v. 1. flanquear. 2. (fig.) levar vantagem sobre.

outflash [autfl'æʃ] v. exceder em brilho.

outflow ['autflou] s. 1. fluxo m., efusão f. 2. jorro m. 3. escoadouro m. ‖ [autfl'ou] v. 1. fluir, verter. 2. escoar.

outfly [autfl'ai] v. superar no vôo.

outfoot [autf'ut] v. andar mais depressa que outrem.

outform ['autfɔ:m] s. forma exterior f.

outfox [autf'ɔks] v. exceder em esperteza.

outfrown [autfr'aun] v. 1. franzir o sobrecenho mais que outrem. 2. atemorizar com carrancas.

outgate ['autgeit] s. 1. saída f. 2. portão externo m. 3. resultado m.

outgeneral [autdʒ'enərəl] v. superar taticamente o inimigo.

outgive [autg'iv] v. 1. exceder em generosidade. 2. (poét.) cessar, terminar.

outgo ['autgou] s. 1. saída, extração f. 2. despesa f., gasto m. 3. produto, fruto m. ‖ [autg'ou] v. 1. sair. 2. passar por, andar mais rapidamente que outrem.

outgoer ['autguə] s. 1. demissionário m. 2. pessoa f. que parte.

outgoing ['autgouiŋ] s. 1. partida, saída f. 2. emanação f., eflúvio m. 3. despesas f. pl., gastos m. pl. 4. limite, fim. m. ‖ adj. 1. de partida. 2. que deixa o poder (Admin.) 3. saliente, protuberante.

outgroup ['autgru:p] s. (Soc.) gente f. de outro grupo; estranhos; os "de fora".

outgrow [autgr'ou] v. 1. superar em crescimento. 2. crescer a ponto de as roupas ficarem pequenas demais. 3. tornar-se grande demais para (folguedos). 4. passar da idade infantil, escolar.

outgrowing ['autgrouiŋ] s. protuberância, saliência. ‖ adj. protuberante, saliente.

outgrowth ['autgrouθ] s. 1. protuberância, excrescência f. 2. rebento, renovo m. 3. resultado m., conseqüência f., fruto m.

outguard ['autga:d] s. sentinela, guarda avançada f.

outhaul ['authɔ:l] s. adriça f. da proa.

out-herod [auth'erəd] v. exceder em crueldade.

outhouse ['authaus] s. 1. alpendre, telheiro m., dependência f. (quadros F 1, V 3). 2. (E. U. A.) privada externa f.

outing ['autiŋ] s. passeio m., excursão f.

outish ['autiʃ] adj. excêntrico, extravagante.

outjest [autdʒ'est] v. exceder em gracejos.

outland ['autlænd] s. estrangeiro m., terras estrangeiras f. ‖ adj. 1. estrangeiro. 2. marginal, fronteiriço.

outlander ['autlændə] s. estrangeiro, forasteiro m.

outlandish [autl'ændiʃ] adj. 1. estranho, bizarro, grotesco. 2. remoto, longínquo, distante.

outlast [autl'a:st] v. 1. exceder em duração. 2. sobreviver.

outlaugh [autl'a:f] v. rir mais do que outrem.

outlaw ['autlɔ:] s. 1. proscrito m., pessoa f. fora da lei. 2. criminoso, bandido m. ‖ v. 1. proscrever, banir. 2. declarar ilegal. ‖ adj. 1. proscrito, banido. 2. interditado.

outlawry ['autlɔ:ri] s. proscrição f., banimento m.

outlay ['autlei] s. desembolso, gasto m., despesa f. ‖ [autl'ei] v. 1. despender, gastar. 2. exibir, expor. 3. exceder na postura de ovos.

outleap ['autli:p] s. 1. salto m. para fora. 2. (fig.) escapada f. ‖ [autl'i:p] v. saltar mais que outrem.

outlet ['autlet] s. 1. passagem, saída f. 2. meio m. para dar vazão a coisas ou sentimentos. 3. mercado m. para determinado produto. ‖ v. escoar. ~ **pipe** tubo de descarga. (quadros B 13, W 2). ~ **valve** válvula de descarga.

outlie (I) [autl'ai] v. 1. acampar em tendas ou barracas. 2. pousar fora de casa. 3. ficar situado além de um limite.

outlie (II) [autl'ai] v. mentir mais que outrem, ser mais mentiroso.

outlier ['autlaiə] s. 1. pessoa f. que não reside no local em que exerce sua atividade. 2. animal m. fora do cercado. 3. o que está situado ou é classificado à parte do lote principal. 4. estranho, forasteiro m. 5. (Geol.) testemunho m.

outline ['autlain] s. 1. contorno m. 2. esboço, croqui m. 3. ~s pl. resumo, rascunho, sumário m. ‖ v. esboçar, delinear.

outlive [autl'iv] v. sobreviver.

outliver [autl'ivə] s. sobrevivente m. + f.

outlook ['autluk] s. 1. perspectiva, probabilidade f. 2. panorama m., vista f. 3. vigilância f., cuidado m. ‖ [autl'uk] v. 1. dominar com os olhos. 2. fitar. 3. inspecionar. **to be on the ~ for** estar à procura de.

outlying ['autlaiiŋ] adj. 1. remoto, afastado. 2. exterior, externo. 3. extrínseco.

outman [autm'en] v. 1. exceder em número de homens. 2. superar em virilidade.

outmaneuver, outmanoeuvre [autmən'u:və] v. manobrar melhor que.

outmarch [autm'a:tʃ] v. marchar mais depressa que.

outmatch [autm'ætʃ] v. superar, sobrepujar.

outmeasure [autm'eʒə] v. ultrapassar em tamanho ou extensão.

outmode [autm'oud] v. tornar fora de moda ou antiquado.

outmoded [autm'oudid] adj. antiquado, obsoleto.

outmost ['autmoust] adj. extremo, o mais remoto.

outmove [autm'u:v] v. 1. mover mais rapidamente que. 2. impressionar mais, sensibilizar mais.

outness ['autnis] s. exterioridade f.

outnumber [autn'ʌmbə] v. exceder em número.

out-of-date ['autəvd'eit] adj. obsoleto.

out-of-doors ['autəvd'ɔ:z] adj. fora, ao ar livre.

out-of-the-way adj. 1. fora de mão. 2. raro, singular. 3. impróprio, indecoroso.
out-of-towner s. visitante m. + f. de outra cidade.
out-of-work ['autɒvw'ə:k] s. + adj. desempregado m.
outpace [autp'eis] v. tomar a dianteira.
outparish ['autpæriʃ] s. paróquia rural f.
outpart ['autpa:t] s. 1. parte externa f. 2. ~s pl. subúrbios, arrabaldes m. pl.
outpass [autp'a:s] v. exceder, sobrepujar.
outpatient ['autpeiʃənt] s. cliente externo (de um hospital) m.
outplay [autpl'ei] v. exceder ou vencer no jogo.
outpoint [autp'oint] v. 1. indicar. 2. obter mais pontos.
outpoise [autp'oiz] v. exceder no peso.
outport ['autpɔ:t] s. 1. porto m. situado fora dos limites de uma cidade. 2. porto m. de exportação.
outpost ['autpoust] s. posto avançado m.
outpour ['autpɔ:] s. jorro, jacto m. ‖ [autp'ɔ:] v. verter, jorrar.
outpouring ['autpɔ:riŋ] s. efusão, expansão f.
output ['autput] s. 1. produção f., rendimento m. 2. (Téc.) potência desenvolvida f. 3. (Téc.) potência útil f.
outrage ['autreidʒ] s. 1. ultraje m., afronta, injúria f. 2. excesso, abuso m. ‖ v. 1. ultrajar, insultar, injuriar. 2. exceder-se, abusar. 3. violar.
outrageous [autr'eidʒəs] adj. 1. ultrajante, insultuoso, injurioso. 2. excessivo, demasiado. 3. exorbitante, abusivo. ‖ ~ly adv. 1. insultuosamente afrontosamente. 2. excessivamente, violentamente. 3. abusivamente, com exorbitância.
outrageousness [~nis] s. caráter ultrajante, excessivo ou abusivo m.
outrange [autr'eindʒ] v. 1. superar, exceder. 2. superar em extensão. 3. durar mais.
outrank [autr'æŋk] v. 1. exceder em hierarquia. 2. exceder em importância.
outré ['u:trei] adj. extravagante, bizarro, excêntrico.
outreach ['autri:tʃ] s. 1. ação de estender, esticar ou alcançar. 2. extensão f., alcance m. 3. (fig.) pesquisa, diligência f. ‖ [autr'i:tʃ] v. 1. ultrapassar. 2. superar, exceder. 3. estender, esticar. 4. estender-se, projetar-se. 5. expandir-se. 6. exceder-se, passar do limite. 7. enganar, defraudar.
outreason [autr'i:zn] v. superar em profundeza de raciocínio.
outreckon [autr'ekən] v. avaliar para mais.
outreign [autr'ein] v. 1. reinar até o fim de um período. 2. reinar mais tempo que.
outride ['autraid] s. passeio a cavalo m. ‖ [autr'aid] v. 1. montar melhor, mais rápido ou mais longe que. 2. passar à dianteira de (a cavalo). 3. (Náut.) superar, vencer (uma tempestade).
outrider ['autraidə] s. 1. sota, batedor, picador m. 2. bandoleiro m. 3. aguazil m.
outrigger ['autrigə] s. (Náut.) 1. forquilha f. de brandal. 2. suporte m. de toleteira. 3. guiga f., barco m. de regata, auterrigue m. (quadro B 14).
outright ['autrait] adj. 1. sincero, franco. 2. completo, total. ‖ [autr'ait] adv. 1. completamente, inteiramente. 2. diretamente, francamente.
to laugh ~ rir às gargalhadas.
outrival [autr'aivəl] v. levar a palma aos rivais.
outroar [autr'ɔ:] v. rugir, ressoar ou troar mais alto que.
outroot [autr'u:t] v. extirpar, erradicar.
outrun [autr'ʌn] v. 1. correr mais que outrem. 2. (fig.) escapar de, subtrair-se a.
outrush ['autrʌʃ] s. saída precipitada f.
outsail [auts'eil] v. velejar melhor que.
outscorn [autsk'ɔ:n] v. vencer pelo desprezo.
outscouring [autsk'auəriŋ] s. refugo, detrito m.

outsee [auts'i:] v. 1. ver mais longe que. 2. (fig.) ter melhor intuição que.
outsell [auts'el] v. 1. superar nas vendas, vender mais. 2. vender a preço mais elevado.
outset ['autset] s. início, princípio, começo m.
outshine [autʃ'ain] v. 1. exceder em brilho. 2. emitir claridade.
outshoot ['autʃu:t] s. descarga f. ‖ [autʃ'u:t] v. 1. superar na pontaria. 2. atirar mais longe que. 3. projetar-se.
outshut [autʃ'ʌt] v. excluir, deixar fora.
outside ['autsaid] s. 1. exterior m. 2. aparência f. 3. extremo, limite máximo m. 4. (fam.) pingente m. + f. ‖ adj. 1. externo, exterior. (quadro F 5). 2. aparente, superficial. 3. extremo, máximo. ‖ adv. 1. para fora. 2. fora. ‖ prep. 1. fora, de fora, para fora. 2. sem. 3. além.
~ in do avesso. ~ left extrema-esquerda, ponta-esquerda. ~ right extrema-direita, ponta-direita.
to judge by the ~ julgar pela aparência.
outsider ['autsaidə] s. estranho, intruso m.
outsight ['autsait] s. observação, percepção f.
outsize ['autsaiz] s. tamanho m. fora do comum. ‖ adj. relativo a tamanhos grandes, fora do comum.
outskirt ['autskə:t] s. 1. limite m., borda f. 2. ~s pl. arrabaldes, subúrbios m. pl. ‖ v. bordejar. ‖ adj. suburbano.
outsleep [autsl'i:p] v. dormir demais.
outsmart [autsm'a:t] v. (E. U. A.) superar em esperteza.
outsole ['autsoul] s. sola externa f.
outspan ['autsp'æn] v. 1. desatrelar. 2. superar na distância ou no tempo.
outspeak [autsp'i:k] v. 1. falar melhor que. 2. falar mais alto ou mais tempo que. 3. falar com franqueza.
outspoken [autsp'oukən] adj. franco, sincero. ‖ ~ly adv. francamente, sinceramente.
outspokenness [autsp'oukənis] s. franqueza, sinceridade f.
outspread ['autspred] s. expansão f. ‖ [autspr'ed] v. 1. espalhar, difundir. 2. expandir-se. 3. estender. ‖ ['autspred] adj. 1. estendido, expandido. 2. difundido.
outstand [autst'ænd] v. 1. resistir, enfrentar. 2. suportar, agüentar. 3. projetar-se, sair do alinhamento. 4. demorar-se demais.
outstanding [autst'ændiŋ] s. 1. projeção, saliência f. 2. ~s pl. dívidas ativas f. pl. ‖ adj. 1. saliente. 2. pendente, a receber. 3. resistindo, enfrentando.
outstation ['autsteiʃən] s. posto fronteiriço m.
outstay [autst'ei] v. permanecer mais tempo que.
outstretch [autstr'etʃ] v. 1. estender. 2. esticar, distender.
outstretched [~t] adj. esticado, distendido.
outstrike [autstr'aik] v. vibrar golpes mais violentos.
outstrip [autstr'ip] v. 1. andar mais depressa que. 2. ultrapassar, tomar a dianteira de. 3. sobrepujar.
outsum [auts'ʌm] v. exceder em número.
outswear [autsw'ɛə] v. 1. exceder em juramentos. 2. eximir-se por meio de juramento.
outsweeten [autsw'i:tn] v. exceder em doçura.
outswell [autsw'el] v. 1. inchar demais. 2. trasbordar. 3. inflar, enfunar.
outtalk [autt'ɔ:k] v. ser mais tagarela que.
outtell [autt'əl] v. 1. contar mais que. 2. declarar abertamente. 3. contar tintim por tintim.
outtop [autt'op] v. exceder em altura.
outturn ['auttə:n] s. produção, quantidade produzida f.
outvalue [autv'ælju:] v. exceder em valor.

outvenom [autv'enəm] v. ser mais venenoso que, ser mais malévolo que.
outvie [autv'ai] v. exceder, sobrepujar.
outvillain [autv'ilən] v. ser mais velhaco que.
outvoice [autv'ɔis] v. gritar mais alto que.
outvote [autv'out] v. vencer em número de votos.
outwalk [autw'ɔ:k] v. 1. andar mais depressa que. 2. passar além de.
outwall ['autwɔ:l] s. 1. muralha externa f. 2. roupas f. pl., vestimenta f. 3. (fig.) o corpo m. ‖ [autw'ɔ:l] v. excluir.
outward ['autwəd] s. aparência exterior f. ‖ adj. 1. externo, exterior. 2. visível, aparente. 3. material, corpóreo. 4. extrínseco. 5. para uso externo. 6. (†) estranho, forasteiro. ‖ adv. 1. fora, do lado externo. 2. visivelmente, publicamente. 3. para fora. 4. materialmente. ‖ ~ly adv. externamente.
outward-bound adj. rumo ao exterior.
outwardmost ['autwədmoust] adj. afastadíssimo.
outwardness ['autwədnis] s. exterioridade f.
outwards ['autwədz] adv. para fora.
outwatch [autw'ɔtʃ] v. ficar de guarda até cessar o perigo.
outwear [autw'ɛə] v. 1. consumir pelo uso. 2. durar mais tempo que. 3. cansar, fatigar, tornar exausto.
outweigh [autw'ei] v. 1. exceder em peso ou valor. 2. aviar o peso de.
outwind [autw'ind] v. 1. desembaraçar, desemaranhar. 2. perder o fôlego.
outwing [autw'iŋ] v. 1. passar à dianteira no vôo. 2. (†) flanquear.
outwit [autw'it] v. 1. exceder em esperteza. 2. lograr, defraudar.
outwork ['autwə:k] s. 1. fortificação exterior f. 2. trabalho externo m. ‖ [autw'e:k] v. 1. trabalhar, produzir, realizar. 2. trabalhar mais que, apresentar maior rendimento no trabalho.
outworker ['autwə:kə] s. trabalhador externo m.
outworn [uso atributivo: 'autwɔ:n, uso não atributivo: autw'ɔ:n] adj. 1. gasto pelo uso, desgastado. 2. cansado, fatigado, exausto. 3. antiquado, obsoleto.
outwrest [autr'est] v. extorquir pela força.
outwrite [autr'ait] v. 1. escrever melhor que, ter maior aptidão literária. 2. escrever mais que.
ouzel [u:zl] s. (Orn.) melro m.
oval ['ouvəl] s. 1. oval f. 2. objeto m. de forma oval. ‖ adj. oval.
ovalise ['ouvəlaiz] v. ovalar.
ovalness ['ouvəlnis] s. forma oval f.
ovaloid ['ouvəlɔid] adj. aproximadamente oval.
ovarian [ouv'ɛəriən] adj. ovariano, ovárico.
ovariectomy [ouvɛəri'ektəmi], **ovariotomy** [ouvɛəri'ɔtəmi] s. (Cirurg.) ovariotomia f.
ovariocele [ouv'ɛəriosi:l] s. (Med.) ovariocele f.
ovarium [ouv'ɛəriəm], **ovary** ['ouvəri] s. ovário, oveiro m.
ovate ['ɔvit] s. graduado. ‖ ['ouveit] v. ovalar. ‖ adj. oval, ovado.
ovation [ouv'eiʃən] s. ovação, aclamação pública f ‖ v. (fam.) ovacionar, aclamar.
ovational [ouv'eiʃnəl] adj. referente a ovação.
oven [ʌvn] s. forno m. (quadros B 1, C 8, K 2). ‖ v. assar no forno.
ovenbird ['ʌvnbə:d] s. (Orn.) joão-de-barro, forneiro m.
oven-dry v. secar em forno ou estufa.
ovenful ['ʌvnful] s. fornada f.
ovenman ['ʌvnmən] s. forneiro, tratador m. de forno.
oven-peel s. pá f. de padeiro. ‖ (quadro B 1).
ovenware ['ʌvnwɛə] s. louça ou cerâmica refratária f.
over ['ouvə] s. sobra f., excesso m. ‖ adj. 1. excedente, supranumerário. 2. superior. 3. exterior, externo. ‖ adv. 1. sobre, acima de. 2. de um lado a outro. 3. através. 4. além de. 5. de ponta-cabeça. ‖ prep. 1. demasiado, excessivo. 2.

remanescente, não concluído. 3. de começo a fim. 4. completamente, inteiramente. 5. novamente, de novo. 6. do outro lado. 7. acabado, terminado. 8. mais que. 9. durante, no decurso de. 10. a respeito de. 11. virado. 12. por toda parte. 13. acima, superior. (quadro P 9).
all ~ 1. completamente. 2. por toda parte. **ask them ~** peça que venham para cá. **not ~ well** bastante ruim. **~ and above** além de. **~ and again** outra vez, novamente. **~ and against** 1. contra. 2. defronte de. **~ and ~** repetidas vezes, vezes sem conta. **~ head and ears** profundamente. **~ one's head** fora da compreensão de alguém. **~ or under** mais ou menos. **~ the next week** durante a próxima semana. **the milk boils ~** o leite está fervendo. **three times ~** três vezes consecutivamente. **to have advantage, authority ~** ter vantagem, autoridade sobre. **we live ~ the way** moramos no outro lado da rua.
overabound [ouvərəb'aund] v. superabundar, sobejar.
overact [ouvər'ækt] v. 1. fazer com demasiado zelo. 2. (Teat.) exagerar.
overactive [ouvər'æktiv] adj. demasiadamente ativo.
overage ['ouvəridʒ] s. (Com.) excesso m. de fornecimento de mercadorias. ‖ [ouvə'eidʒ] adj. 1. acima da idade estipulada. 2. fora de uso.
overall [ouvər'ɔ:l] adv. 1. em toda parte. 2. de lado a lado. 3. além de tudo. 4. especialmente.
over-all ['ouvərɔ:l] adj. global, total.
overalls ['ouvərɔ:lz] s. pl. 1. macacão m. 2. sobretudo m.
overanxious [ouvər'æŋkʃəs] adj. excessivamente aflito
overarch [ouvər'a:tʃ] v. cobrir com um arco.
overawe [ouvər'ɔ:] v. intimidar, sujeitar pelo temor.
overbalance [ouvəb'æləns] s. 1. preponderância f. 2. saldo m. ‖ v. 1. preponderar, prevalecer. 2. fazer perder o equilíbrio.
overbear [ouvəb'ɛə] v. 1. dominar, subjugar. 2. oprimir. 3. preponderar. 4. frutificar em demasia. 5. derrubar, fazer perder o equilíbrio.
overbearing [ouvəb'ɛəriŋ] adj. 1. dominante, dominador. 2. arrogante, altivo. ‖ ~ly adv. arrogantemente.
overbearingness [ouvəb'ɛəriŋnis] s. arrogância, prepotência f.
overbend [ouvəb'end] v. 1. curvar demais. 2. curvar-se sobre 3. curvar-se para fora.
overbid ['ouvəbid] s. lance mais elevado m. ‖ [ouvəb'id] v. 1. cobrir um lance. 2. oferecer mais que o valor real.
overblow [ouvəbl'ou] v. 1. espalhar, dispersar. 2. derrubar (pela força do vento). 3. soprar sobre.
overblown [ouvəbl'oun] adj. demasiado florescente.
overboard ['ouvəbɔ:d] adv. (Náut.) ao mar.
overboil [ouvəb'ɔil] v. ferver ou cozinhar demais.
overbold [ouvəb'ould] adj. temerário, demasiado audacioso. ‖ ~ly adv. temerariamente.
overboldness [ouvəb'ouldnis] s. temeridade f.
overbrim [ouvəbr'im] v. transbordar.
overbuild [ouvəb'ild] v. 1. construir em demasia. 2. sobrecarregar um terreno de edificações. 3. construir sobre.
overbuilt [ouvəb'ilt] adj. excessivamente edificado (bairro, área, etc.).
overburden [ouvəb'ə:dn] s. sobrecarga f. ‖ v. sobrecarregar.
overburn [ouvəb'ə:n] v. 1. queimar em demasia. 2. ser zeloso demais.
overbusy [ouvəb'izi] adj. 1. demasiado ocupado. 2. intrometido, metediço.
overbuy [ouvəb'ai] v. 1. comprar em demasia. 2. comprar a preço demasiado elevado.
overby ['ouvəbai] adv. logo adiante.

overcapitalize [ouvək'æpitəlaiz] v. capitalizar em excesso.

overcare [ouvək'εə] s. cuidado excessivo m.

overcareful [~ ful] adj. cuidadoso em excesso. ‖ ~ly adv. com demasiada cautela.

overcarefulness [~ fulnis] s. cautela excessiva f.

overcareless [~ lis] adj. descuidado em demasia, relaxado.

overcarry [ouvək'æri] v. levar longe demais, abusar.

overcast [ouvək'a:st] v. 1. obscurecer, toldar, enublar. 2. entristecer. 3. (costura) orlar, debruar. ‖ adj. enublado, toldado.

overcaution [ouvək'ɔ:ʃən] s. cautela excessiva f.

overcautious [ouvək'ɔ:ʃəs] adj. excessivamente cauteloso. ‖ ~ly adv. com cautela excessiva.

overcharge ['ouvətʃa:dʒ], s. 1. sobrecarga f. 2. preço excessivo m. ‖ [ouvətʃ'a:dʒ] v. 1. saturar. 2. cobrar demais. 3. sobrecarregar. 4. exagerar. 5. (†) formular acusações extravagantes. 6. carregar demasiado uma arma de fogo.

overcloud [ouvəkl'aud] v. 1. nublar, toldar, obscurecer. 2. toldar-se.

overcloy [ouvəkl'ɔi] v. saciar em demasia, fartar.

overcoat ['ouvəkout] s. sobretudo m. (quadro C 12).

overcoating ['ouvəkoutiŋ] s. tecido m. para sobretudos.

overcome [ouvək'ʌm] v. superar, conquistar, dominar.

overcompensation [ouvəkɔmpəns'eiʃən] s. (Psicol.) compensação exagerada f. (traço negativo com positivo).

overconfidence [ouvək'ɔnfidəns] s. confiança excessiva f.

overconfident [ouvək'ɔnfidənt] adj. demasiadamente confiado.

overcount [ouvək'aunt] v. 1. exceder em número. 2. sobrestimar.

overcover [ouvək'ʌvə] v. cobrir por completo.

overcredulity [ouvərkridj'uliti] s. confiança excessiva f., excesso m. de boa fé.

overcredulous [ouvək'edjuɫəs] adj., excessivamente crédulo. ‖ ~ly adv. de modo demasiado crédulo.

overcrop [ouvək'ɔp] v. 1. semear um terreno em excesso. 2. exaurir a terra por semeaduras demasiado repetidas.

overcrow [ouvək'rou] v. triunfar sobre, sobrepujar.

overcrowd [ouvək'raud] v. abarrotar, apinhar.

overcunning [ouvək'ʌniŋ] adj. esperto demais.

overcurious [ouvəkj'uəriəs] adj. demasiadamente curioso.

overcuriousness [~ nis] s. curiosidade excessiva f.

overdevelop [ouvədiv'eləp] v. revelar por tempo demasiado longo (fotografias).

overdiligent [ouvəd'ilidʒənt] adj. zeloso em excesso.

overdo [ouvəd'u:] v. 1. exceder, ir além de, exagerar. 2. cozinhar demais. 3. fatigar, exaurir. 4. fazer novamente, tornar a fazer.

overdose ['ouvedous] s. dose excessiva f. ‖ [ouvəd'ous] v. exagerar na dose.

overdraft ['ouvədra:ft] s. saque a descoberto m.

overdraw [ouvədr'ɔ:] v. 1. exagerar. 2. sacar a descoberto.

overdress [ouvədr'es] v. 1. exagerar no modo de trajar. 2. condimentar demais.

overdrink [ouvədr'iŋk] v. beber demais, exceder-se em bebidas alcoólicas.

overdrive [ouvədr'aiv] s. (Autom.) marcha supermultiplicadora, sobremarcha f. ‖ v. estafar animais de tração.

overdue ['ouvədj'u:] adj. 1. vencido e não pago (título). 2. atrasado (navio).

overeager [ouvər'i:gə] adj. demasiado ávido.

overearnest [ouvər'ə:nist] adj. demasiado sério.

overeat [ouvər'i:t] v. comer demais.

overelaborate [ouvəil'æbəreit] v. elaborar em demasia.

overestimate [ouvər'estimit] s. avaliação excessiva f. ‖ [ouvər'estimeit] v. avaliar em demasia, superestimar.

overexcitable [ouvəriks'aitəbl] adj. demasiado excitável.

overexcite [ouvəriks'ait] v. excitar demais.

overexcitement [ouvəriks'aitmənt] s. excitação excessiva f.

overexpose [ouvəriksp'ouz] v. (Fot.) expor demais.

overexposure [ouvəriksp'ouʒə] s. (Fot.) exposição demasiado longa f.

overextend [ouvəikst'ænd] v. estender além dos limites usuais (crédito, amizade, capacidade).

overfall (I) ['ouvəfɔ:l] s. queda d'água, cachoeira, cascata f.

overfall (II) [ouvəf'ɔ:l] v. assaltar, atacar.

overfatigue [ouvəfət'i:g] v. tornar exausto.

overfeed [ouvəf'i:d] v. 1. superalimentar. 2. comer demais.

overfill [ouvəf'il] v. encher demais, fazer transbordar.

overfloat [ouvəfl'out] v. (poét.) transbordar.

overflood [ouvəfl'ʌd] v. inundar.

overflow ['ouvəflou] s. 1. inundação f., alagamento m. (quadro S 8). 2. superabundância f. ‖ [ouvəfl'ou] v. 1. inundar, transbordar, alagar. 2. superabundar. ~ **pipe** ladrão: tubo de descarga. (quadro B 3).

overflowing [ouvəfl'ouiŋ] s. 1. transbordamento m. 2. exuberância, superabundância f. ‖ adj. 1. que transborda. 2. superabundante. ‖ ~ly adv. com superabundância.

overfly [ouvəfl'ai] v. 1. voar sobre. 2. voar melhor que. 3. voar mais longe que.

overfold ['ouvəfould] s. (Geol.) dobra invertida f.

overfreight [ouvəfr'eit] v. sobrecarregar.

overfull [ouvəf'ul] adj. transbordante, superlotado.

overget [ouvəg'et] v. recobrar-se, recuperar-se.

overglance [ouvəgl'a:ns] v. dar uma vista de olhos.

overglaze ['ouvəgleiz] s. (cerâmica) decoração aplicada em superfície vidrosa f. ‖ [ouvəgl'eiz] v. vitrificar.

overgo [ouvəg'ou] v. 1. transpor, passar além de. 2. (†) transgredir. 3. exceder, superar. 4. sobrepujar. 5. transcorrer, escoar-se. 6. andar mais depressa que. 7. passar por, omitir.

overgorge [ouvəg'ɔ:dʒ] v. locupletar-se, fartar-se.

overgreedy [ouvəg'i:di] adj. demasiado voraz ou ávido.

overground ['ouvəgraund] adj. acima do solo.

overgrow [ouvəg'rou] v. 1. cobrir de vegetação. 2. crescer demais. 3. tornar-se maior que.

overgrown [~ n] adj. 1. coberto de vegetação. 2. excessivamente grande, enorme.

overgrowth ['ouvəgrouθ] s. 1. crescimento excessivo m. 2. exuberância, superabundância f.

overhand ['ouvəhænd] adj. (Esp.) lançado ou feito com a mão levantada acima da altura do ombro.

overhang ['ouvəhæŋ] s. projeção, saliência f. (quadro M 7). ‖ [ouvəh'æŋ] v. 1. pender, projetar-se sobre. 2. ameaçar, pesar sobre. 3. estar suspenso sobre.

overhappy [ouvəh'æpi] adj. felicíssimo.

overhaste ['ouvəheist] s. pressa excessiva, precipitação f.

overhasten [ouvəh'eisn] v. precipitar-se, ser demasiado apressado.

overhastiness [ouvəh'eistinis] s. precipitação f.

overhasty [ouvəh'eisti] adj. precipitado, apressado, arrebatado. ‖ ~ily adv. precipitadamente.

overhaul ['ouvəhɔ:l] s. revisão, vistoria, inspeção f ‖ [ouvəh'ɔ:l] v. 1. revisar, inspecionar. 2. (Náut.) tomar a dianteira de.

overhead ['ouvəhed] s. despesas gerais f. ‖ [ouvəh'ed] adj. 1. situado na parte de cima. 2. aéreo. 3. suspenso. (quadros E 2, S 16, T 5). 4. que se refere a todos, geral. ‖ adv. em cima, por sobre. ~ **conveyor** correia suspensa, correia de teto. ~ **line** linha aérea.

overhear [ouvəh'iə] v. 1. ouvir por acaso. 2. escutar, ouvir secretamente.

overheat [ouvəh'i:t] v. aquecer demais.

overheavy [ouvəh'evi] adj. demasiado pesado.

overhour ['ouvəauə] s. hora extra (de trabalho) t.

overhung [ouvəh'ʌŋ] adj. suspenso de cima.

overindulge [ouvərind'ʌldʒ] v. 1. abusar de, passar da conta. 2. tolerar ou perdoar demais.

overissue ['ouvəisju:] s. emissão excessiva (de papel--moeda, títulos, etc.) f. ‖ v. emitir em excesso.

overjoy ['ouvədʒɔi] s. arrebatamento, arroubo, enlevo m. ‖ [ouvədʒ'ɔi] v. arrebatar, enlevar.

overjump [ouvədʒ'ʌmp] v. 1. saltar sobre. 2. ignorar.

overkill ['ouvəkil] s. (milit.) poder nuclear m. para retaliação em escala maior.

overknee [ouvən'i:] adj. que alcança acima do joelho.

overlabour [ouvəl'eibə] v. trabalhar excessivamente, estafar-se.

overlade [ouvəl'eid] v. sobrecarregar.

overland ['ouvəlænd, ouvəl'ænd] adj. + adv. por terra, por via terrestre.

overlap ['ouvələp] s. parte sobreposta f. ‖ [ouvəl'æp] v. sobrepor, justapor.

overlarge [ouvəl'a:dʒ] adj. demasiado grande ou largo.

overlate [ouvəl'eit] adj. tarde demais.

overlavish [ouvəl'æviʃ] adj. demasiado pródigo.

overlay ['ouvəlei] s. revestimento m., cobertura f. ‖ v. [ouvəl'ei] 1. revestir, cobrir. 2. oprimir, sobrecarregar. 3. encobrir, toldar.

overlaying ['ouvəleiiŋ] s. cobertura f., revestimento m

overleaf [ouvəl'i:f] adv. no verso.

overleap [ouvəl'i:p] v. 1. saltar por cima. 2. omitir.

overleaven [ouvəl'evn] v. fermentar demais.

overliberal [ouvəl'ibərəl] adj. demasiado liberal.

overlie [ouvəl'ai] v. 1. estar deitado sobre. 2. oprimir, pesar sobre.

overlive [ouvəl'iv] v. 1. sobreviver. 2. ter vida intensa ou agitada.

overload ['ouvəloud] s. sobrecarga f. ‖ [ouvəl'oud] v. sobrecarregar.

overlong [ouvəl'ɔŋ] adj. 1. demasiado longo. 2. demorado demais.

overlook ['ouvəluk] s. 1. ação de contemplar do alto. 2. omissão, negligência f. ‖ [ouvəl'uk] v. 1. contemplar do alto, olhar de cima. 2. inspecionar, examinar. 3. supervisionar, superintender. 4. omitir, negligenciar. 5. deixar passar, não tomar conhecimento de. 6. estar situado a cavaleiro de. 7. dirigir mau-olhado sobre.

overlooker [ouvəl'ukə] s. superintendente m. + f., contramestre m.

overlord ['ouvəlɔ:d] s. chefe supremo m. ‖ [ouvəl'ɔ:d] v. dominar, governar, reger.

overly ['ouvəli] adj. demais, excessivamente.

overman ['ouvəmæn] s. 1. contramestre, feitor m. 2. árbitro m. 3. super-homem m. ‖ [ouvəm'æn] v. empregar maior número de homens que o necessário.

overmaster [ouvəm'a:stə] v. 1. ter autoridade suprema sobre. 2. dominar, sobrepujar, superar.

overmastering [~riŋ] adj. dominante, poderoso.

overmatch ['ouvəmætʃ] s. adversário m. ou contendor de forças superiores. ‖ [ouvəm'ætʃ] v. exceder em força ou capacidade, superar.

overmature [ouvəmətj'uə] adj. maduro demais.

overmeasure [ouvəm'eʒə] s. sobra f., excesso, cogulo m. ‖ v. dar demasiada importância a.

overmodest [ouvəm'ɔdist] adj. demasiado modesto, acanhado.

overmost ['ouvəmoust] adj. superior, na parte mais elevada.

overmount [ouvəm'aunt] v. elevar-se mais alto que.

overmounts [~s] adv. por sobre as montanhas.

overmuch ['ouvəmʌtʃ, ouvəm'ʌtʃ] s. excesso m., sobra f. ‖ adj. demais, demasiado. ‖ adv. demais.

overname [ouvən'eim] v. enumerar, nomear em seguida.

overnice [ouvən'ais] adj. demasiado obsequioso ou delicado, fastidioso.

overnight ['ouvənait] s. a tarde f. do dia anterior. ‖ [ouvən'ait] adj. 1. noturno. 2. que dura uma noite. ‖ adv. 1. durante a noite. 2. na noite anterior. 3. de um dia para outro.

overnoise [ouvən'ɔiz] v. aturdir, atordoar.

overnumber [ouvən'ʌmbə] v. exceder em número.

overoptimism [ouvə'ɔptimizm] s. otimismo infundado, exagerado m.

overorganized [ouvə'ɔ:gənaizd] adj. organizado em demasia, de maneira prejudicial.

overpaint [ouvəp'eint] v. 1. cobrir com tinta. 2. colorir. 3. dar colorido demasiado forte.

overpass ['ouvəpa:s] s. ponte, passagem elevada f. ‖ [ouvəp'a:s] v. 1. atravessar, franquear. 2. passar por, superar. 3. transgredir, infringir. 4. exceder, ser superior a. 5. omitir. 6. passar além de.

overpay ['ouvəpei] s. sobrepaga f. ‖ [ouvəp'ei] v. pagar a mais ou demais.

overpayment [ouvəp'eimənt] s. pagamento excessivo m.

overpeer [ouvəp'iə] v. 1. olhar de cima, dominar. 2. elevar-se sobre.

overpeople [ouvəp'i:pl] v. povoar em demasia.

overpersuade [ouvəpəsw'eid] v. persuadir alguém, não obstante sua inclinação em contrário.

overpitch [ouvəp'itʃ] v. exagerar.

overplay [ouvəp'ei] v. 1. representar melhor que. 2. representar exageradamente. 3. sobrepujar, vencer.

overplus ['ouvəplʌs] s. sobra f., excesso, excedente m. ‖ adv. a mais.

overply [ouvəpl'ai] v. trabalhar demais, esfalfar-se.

overpopulation ['ouvəpɔpjuleiʃən] s. superpopulação f.

overpower ['ouvəpauə] s. 1. excesso m. de poder. 2. poder dominante m. ‖ [ouvəp'auə] v. 1. dominar, subjugar, conquistar. 2. afetar profundamente, acabrunhar. 3. conferir demasiado poder a.

overpoweringly [ouvəp'auəriŋli] adv. com superioridade de força.

overpraise [ouvəpr'eiz] v. enaltecer demasiado.

overpress [ouvəp'ess] v. afligir, oprimir, abate

overprint ['ouvəprint] s. impressão sobreposta f.

overprize [ouvəpr'aiz] v. 1. dar demasiado valor a. 2. ter mais valor que.

overproduce [ouvəprədj'u:s] v. produzir a mais, superar a demanda.

overproduction ['ouvəprədʌkʃən] s. superprodução f.

overproductive [ouvəprəd'ʌktiv] adj. excessivamente produtivo.

overproportion [ouvəprəp'ɔ:ʃən] v. superdimensionar.

overproud [ouvəpr'aud] adj. demasiado orgulhoso.

overpurchase [ouvəp'ə:tʃəs] v. comprar por preço demasiado elevado.

overquiet [ouvəkw'aiət] adj. demasiado tranqüilo.

overquietness [~nis] s. tranqüilidade excessiva f.

overrate [ouvər'eit] v. avaliar em excesso.

overreach [ouvər'i:tʃ] s. 1. fraude f., embuste m. 2. alcançadura f. ‖ [ouvər'i:tʃ] v. 1. alcançar além de. 2. estender-se além de. 3. acertar além do alvo. 4. ir longe demais, passar da conta. 5. exagerar. 6. levar a melhor sobre, superar. 7. enganar, embair. 8. ferir-se (animal), batendo com a pata traseira na pata dianteira.

overreact [ouvəri'ækt] v. reagir muito emocionalmente, além do normal.

overread [ouvər'i:d] v. 1. ler por alto. 2. ler demais.

overreckon [ouvər'ekən] v. 1. sobrestimar. 2. orçar demasiado alto.

overregister [ouvər'edʒistə] v. registrar por importância superior ao valor real.

override [ouvər'aid] v. 1. atravessar a cavalo. 2. esmagar sob as patas do cavalo. 3. fatigar a montaria. 4. cancelar, anular. 5. dominar, sobrepujar.

overrigid [ouvər'idʒid] adj. demasiado rigoroso.

overripe [ouvər'aip] adj. passado, maduro demais.

overripen [ouvər'aipn] v. amadurecer demais.

overrise [ouvər'aiz] v. elevar-se sobre.

overrule [ouvər'u:l] v. 1. governar, dominar. 2. rejeitar, anular. 3. prevalecer.

overruler [~ə] s. dominador m.

overruling [~iŋ] adj. dominante.

overrun [ouvər'ʌn] v. 1. atravessar correndo. 2. espraiar-se, cobrir. 3. atropelar correndo. 4. infestar, assolar. 5. devastar, aniquilar. 6. correr mais depressa que. 7. tomar a dianteira (correndo). 8. fugir, desertar. 9. (Tipogr.) transpor linhas, colunas ou páginas.

to ~ the constable (fig.) gastar mais do que se ganha, endividar-se.

oversaturate [ouvəs'ætʃəreit] v. saturar demais.

overscrupulous [ouvəskr'u:pjules] adj. demasiado escrupuloso.

overscrupulousness [~nis] s. excesso m. de escrúpulos.

oversea ['ouvəsi:], **overseas** ['ouvəsi:z] adj. ultramarino, transoceânico. ‖ adv. para o ultramar.

oversee [ouvəs'i:] v. 1. vigiar. 2. descuidar, não reparar em, negligenciar. 3. inspecionar, examinar, superintender, supervisionar. 4. ver clandestinamente ou por acaso. 5. equivocar-se.

overseer ['ouvəsiə] s. inspetor, supervisor m.

oversell [ouvəs'el] v. 1. vender por preço superior ao valor real. 2. vender mais caro que. 3. vender além da capacidade de fornecimento.

overset ['ouvəset] s. cambalhota, reviravolta f. ‖ v. [ouvəs'et] 1. revirar, cambalhotar, emborcar. 2. derrubar, prostrar, lançar por terra.

oversexed [ouvəs'ekst] adj. exageradamente sexual.

overshade [ouvəʃ'eid] v. sombrear.

overshadow [ouvəʃ'ædou] v. 1. obscurecer, toldar. 2. (fig.) ofuscar, eclipsar. 3. proteger, abrigar.

overshine [ouvəʃ'ain] v. 1. brilhar sobre, iluminar. 2. exceder em brilho.

overshoe ['ouvəʃu:] s. galocha f.

overshoot [ouvəʃ'u:t] v. 1. exceder o alvo. 2. (fig.) exceder-se, passar do limite. 3. passar rapidamente por cima. 4. superar em perícia como atirador.

to ~ o. s., to ~ the mark arriscar-se demais, prometer demais.

overshot [ouvəʃ'ot] adj. 1. excedido, ultrapassado. 2. exagerado. 3. (gíria) intoxicado, bêbado.

~ wheel roda hidráulica de tomada por cima.

oversight ['ouvəsait] s. 1. superintendência, supervisão, chefia f. 2. omissão f., descuido m.

oversimplify [ouvəs'implifai] v. simplificar demais.

oversize (I) ['ouvəsaiz] s. tamanho desproporcionado m. ‖ [ouvəs'aiz] v. ser demasiado grande. ‖ adj. enorme, desproporcionado.

oversize (II) [ouvəs'aiz] v. envernizar, polir ou revestir excessivamente.

overskip [ouvəsk'ip] v. negligenciar, omitir.

overskirt ['ouvəskə:t] s. sobre-saia f.

overslaugh [ouvəslo:] v. postergar, preterir.

oversleep [ouvəsl'i:p] v. dormir demais, passar da hora (dormindo).

overslip ['ouvəslip] s. omissão f., descuido m. ‖ [ouvəsl'ip] v. 1. deixar passar, omitir, negligenciar. 2. escapulir, escapar.

oversnow [ouvəsn'ou] v. cobrir de neve.

oversoon [ouvəs'u:n] adv. demasiado cedo.

oversorrow [ouvəs'orou] v. afligir demasiadamente.

oversoul ['ouvəsoul] s. (Filos.) realidade ou mente suprema f., unidade espiritual de tudo.

overspeak [ouvəsp'i:k] v. falar demais.

overspend [ouvəsp'end] v. 1. gastar demais, esbanjar. 2. esgotar, exaurir.

overspread [ouvəsp'ed] v. 1. cobrir, estender. 2. espalhar, difundir.

overspring [ouvəspr'iŋ] v. saltar sobre.

overstand [ouvəst'ænd] v. não fazer concessões.

overstate [ouvəst'eit] v. exagerar.

overstatement [~mənt] s. exagero m.

overstay [ouvəst'ei] v. demorar-se ou ficar demais.

overstep [ouvəst'ep] v. exceder, ultrapassar.

overstock ['ouvəstok] s. estoque excessivo m. ‖ [ouvəst'ok] v. acumular estoque, abarrotar.

overstore [ouvəst'o:] v. armazenar em excesso.

overstrain ['ouvəstrein] s. excesso de esforço m. ‖ [ouvəstr'ein] v. forçar demais, submeter a tensão excessiva.

overstretch [ouvəstr'etʃ] v. 1. estender, esticar ou estirar demais. 2. estender-se além de.

overstrew [ouvəstr'u:] v. espalhar, espargir.

overstride [ouvəstr'aid] v. exceder, ultrapassar.

overstrung [ouvəstr'ʌŋ] adj. demasiado sensível.

overstudied [ouvəst'ʌdid] adj. demasiado erudito.

overstudy ['ouvəstʌdi] s. estudo excessivo m. ‖ [ouvəst'ʌdi] v. estudar demais.

oversupply ['ouvəsəplai] s. superabundância f. ‖ [ouvəsəpl'ai] v. prover em excesso, abarrotar.

overswell [ouvəsw'el] v. transbordar.

overt ['ouvə:t] adj. público, evidente, manifesto. ‖ **~ly** adv. publicamente, abertamente.

overtake [ouvət'eik] v. colher, alcançar, surpreender.

overtask [ouvət'a:sk] v. sobrecarregar de trabalho.

overtax [ouvət'æks] v. sobrecarregar de impostos.

overtaxation ['ouvətækseiʃən] s. taxação excessiva f.

overtedious [ouvət'i:diəs] adj. enfadonho.

over-the-counter adj. 1. vendido diretamente (por cima do balcão). 2. (Farm.) relativo a drogas vendidas sem receita médica.

overthrow ['ouvəθrou] s. derrota, ruína, destruição, subversão f. ‖ [ouvəθr'ou] v. 1. derrubar, virar. 2. derrotar, arruinar, destruir, subverter. 3. alucinar, enlouquecer.

overthrowal [ouvəθr'ouəl] s. derrubamento m., destruição, derrocada f.

overthrower [ouvəθr'ouə] s. destruidor, arruinador m.

overthwart [ouvəθw'o:t] adj. 1. transverso, oblíquo. 2. oposto, adverso. ‖ adv. através, de lado a lado.

overtime ['ouvetaim] s. serão, trabalho extraordinário m. ‖ [ouvət'aim] v. passar do tempo. ‖ ['ouvətaim] adj. extraordinário, excedente (trabalho). ‖ adv. fora de horas.

to ~ a photographic exposure expor demais (uma chapa fotográfica).

overtire [ouvət'aiə] v. exaurir, extenuar.

overtoil [ouvət'oil] v. trabalhar demais.

overtone ['ouvətoun] s. 1. (Mús.) som secundário m., mais alto que o principal. 2. implicação, nuança f.

overtop [ouvət'op] v. elevar-se acima de, exceder, superar, transcender.

overtower [ouvət'auə] v. pairar sobre.

overtrade [ouvətr'eid] v. fechar negócios superiores ao capital social.

overtrust [ouvətr'ʌst] v. confiar demais em.

overture ['ouvətjuə] s. 1. (Mús.) abertura f. 2. pro-

posta, oferta f. ‖ v. fazer propostas, ofertas.
~ of marriage proposta de casamento.
overturn ['ouvətə:n] s. 1. transtorno m., contrariedade
f. 2. reviravolta f. ‖ [ouvat'ə:n] v. 1. derrubar,
virar, emborcar. 2. subverter, destruir, aniquilar.
overuse [ouvəj'u:s] s. uso excessivo m.
overvalue [ouvəv'ælju:] v. 1. sobrestimar. 2. exceder
em valor.
overveil [ouvəv'eil] v. encobrir, ocultar.
overvoltage ['ouvəvoultidʒ] s. excesso m. de voltagem.
overwages ['ouvəweidʒiz] s. pagamento extra m.,
remuneração f. por trabalhos extraordinários.
overwatch [ouvəw'otʃ] v. vigiar demais.
overweary [ouvəw'iəri] v. exaurir, extenuar. ‖ adj.
exausto, esbaforido.
overweather [ouvəw'eðə] v. expor demais à ação do
tempo.
overween [ouvəw'i:n] v. ufanar-se, vangloriar-se.
overweening [~iŋ] s. ufania, vanglória f. ‖ adj. ufano,
vaidoso, jactancioso.
overweight ['ouvəweit] s. 1. sobrepeso m., sobrecarga
f. 2. preponderância f. ‖ [ouvəw'eit] v. 1. exceder
em peso. 2. pesar demais. 3. dar demasiada importância a. 4. preponderar. ‖ adj. preponderante.
overwhelm [ouvəw'elm] v. 1. oprimir, subjugar. 2.
submergir. 3. ser dominado completamente.
~ed with grief dominado pela dor.
overwhelming [~iŋ] s. catástrofe f. ‖ adj. opressivo,
esmagador, irresistível. ‖ **~ly** adv. opressivamente.
overwhelmingness [~iŋnis] s. opressão f.
overwind [ouvəw'aind] v. dar corda em excesso.
overwork ['ouvəwə:k] s. 1. serão, trabalho extraordinário m. 2. trabalho excessivo m. ‖ [ouvəw'ə:k]
v. 1. fazer horas extraordinárias. 2. esfalfar, extenuar. 3. fazer trabalhar demais. 4. caprichar
demais, esmerar-se.
overwrite [ouvər'ait] v. 1. escrever mais que outrem. 2. escrever em estilo elaborado demais.
overwrought [ouvər'o:t] adj. 1. exausto, extenuado.
2. elaborado, esmerado.
overzealous [ouvəz'eləs] adj. superzeloso.
oviduct ['ouvidʌkt] s. (Anat.) oviduto m.
oviform ['ouvifo:m] adj. oviforme, oval.
ovine ['ouvain] s. rês de gado ovino f. ‖ adj. ovino.
oviparity [ouvip'æriti] s. oviparidade f., oviparismo m.
oviparous [ouv'ipərəs] adj. ovíparo.
oviparousness [~nis] s. oviparidade f., oviparismo m.
oviposit [ouvip'ozit] v. pôr ovos.
ovipositor [~ə] s. (Zool.) ovipositor m.
ovisac ['ouvisæk] s. (Anat.) ovissaco m.
ovoid ['ouvoid] adj. ovóide.
ovolo ['ouvəlou] s. (Arq.) moldura convexa f.
ovoviviparous [ouvovaiv'ipərəs] adj. (Zool.) ovovi-
víparo.
ovular ['ouvjulə], **ovulary** [~ri] adj. ovular.
ovulate ['ouvjuleit] v. (Biol.) pôr ovos. ‖ adj. ovu-
lado.
ovulation [ouvjul'eiʃən] s. (Biol.) ovulação f.
ovule ['ouvju:l] s. óvulo m.
ovum ['ouvəm] s. 1. (Biol.) ovo m. 2. (Arquit.) ornamento ovóide m.
owe [ou] v. 1. dever, ter dívidas ou obrigações. 2.
(†) ter, possuir.
I ~ him a grudge eu guardo-lhe rancor. **to you
I ~ my life** devo-lhe minha vida (a você.)
owing ['ouiŋ] adj. devido.
~ to his nerves devido a seus nervos.
owl [aul] s. (Orn.) coruja f., mocho m.
owl butterfly s. (Ent.) coruja f.
owlish ['auliʃ] adj. semelhante à coruja.
owllight ['aullait] s. crepúsculo m.
own [oun] v. 1. possuir, ter. 2. reconhecer. 3. acusar

o recebimento de. 4. confessar. ‖ adj. próprio.
a house of their ~ sua casa própria. **for my ~
account** por conta própria. **he ~ed having done
it** ele confessou tê-lo feito. **it must be ~ed that**
e preciso admitir que. **let me have my ~** dê-me
o que me cabe. **my ~** meu (próprio), de mim.
on one's ~ por iniciativa própria. **to be one's ~
man** ser independente, não depender de ninguém.
to get one's ~ back estar quite.
owned [ound] adj. pertencente.
goverment ~ do governo.
owner ['ounə] s. proprietário, possuidor, dono m.
ownership [~ ʃip] s. propriedade, posse f., domínio m.
ox [oks] s. (Zool.) boi m. (quadro C 7).
~ team junta de bois.
oxalate ['oksəleit] s. (Quím.) oxalato m.
oxalic [oks'ælik] adj. (Quím.) oxálico.
oxalic-acid s. (Quím.) ácido oxálico m.
oxamide [oks'æmid, 'oksəmaid] s. (Quím.) oxamido m.
ox blood s. marrom-avermelhado m. (cor).
ox-bot = **oxfly.**
oxbow ['oksbou] s. cangalho m.
oxcart ['okska:t] s. carro m. de bois.
oxeye ['oksai] s. 1. olho-de-boi m. 2. (Bot.) marga-
rida-dos-campos f. 3. (Bot.) falsa-camomila f. 4.
(Bot.) buftalmo m. 5. (Bot.) malmequer-grande m.
6. (Orn.) tentilhão-grande-dos-pomares m.
ox-eyed adj. olhudo.
oxfly ['oksflai] s. (Ent.) tavão m.
oxheal ['okshi:l] s. (Bot.) heléboro-fétido m.
oxhide ['okshaid] s. couro m. de boi.
oxhouse ['okshaus] s. curral m.
oxid, oxide ['oksid, 'oksaid] s. (Quím.) óxido m.
oxidability [oksidəb'iliti] s. oxidabilidade f.
oxidable ['oksidəbl] adj. oxidável.
oxidant ['oksidənt] s. agente m. de oxidação.
oxidate ['oksideit] v. oxidar.
oxidation [oksid'eiʃən] s. oxidação f.
oxidational [~əl] adj. oxidante.
oxidimetry [oksid'imitri] s. (Quím.) oxidimetria f.
oxidizability [oksidaizəb'iliti] s. oxidabilidade f.
oxidizable [oksid'aizəbl] adj. oxidável.
oxidize ['oksidaiz] v. oxidar.
oxidizer [~ə] s. agente m. de oxidação.
oxidulated [oks'idjuleitid] adj. oxidulado.
oxime ['oksim] s. (Quím.) oxima f.
oxlike ['okslaik] adj. taurino.
oxlip ['okslip] s. (Bot.) primavera-dos-jardins f.
oxman ['oksmən] s. boiadeiro m.
Oxonian [oks'ounjən] adj. oxoniano, da Universidade
de Oxford.
oxpecker ['okspekə] s. (Orn.) búfaga f.
oxskin ['oksskin] s. couro m. de boi.
oxtail ['oksteil] s. rabo m. de boi.
oxtongue ['okstʌŋ] s. (Bot.) buglossa, língua-de-
-vaca f.
oxycrate ['oksikreit] s. oxicrato m.
oxygen ['oksidʒən] s. oxigênio m.
oxygenant [oks'idʒənənt] s. agente m. de oxigenação.
oxygenate ['oksidʒineit] v. oxigenar.
oxygenated ['oksidʒineitid] adj. oxigenado.
oxygenated water s. água oxigenada f.
oxygenation [oksidʒin'eiʃən] s. oxigenação f.
oxygenizable ['oksidʒənaizəbl] adj. oxigenável.
oxygenize ['oksidʒənaiz] v. oxigenar.
oxygen mask s. máscara f. de oxigênio.
oxygen tent s. tenda f. de oxigênio.
oxygon ['oksigən] s. (Geom.) oxígono m.
oxygonal [oks'igənəl], **oxygonial** [oksig'ouniəl] adj.
oxígono, acutângulo.
oxyhydrogen [oksih'aidrədʒən] s. (Quím.) gás oxi-
drilo m.
oxymel ['oksimel] s. oximel m.

oxytone ['ɔksitoun] s. + adj. (Fon.) oxítono m.
oyer ['ɔiə] s. (Jur.) audiência f., julgamento m.
oyster ['ɔistə] s. ostra f.
oyster bed s. banco m. de ostras, ostreira f.
oyster catcher s. (Orn.) ostraceiro, (Bras.) baiacu m. (Haematopus palliatus).
oysterer ['ɔistərə] s. pescador ou vendedor m. de ostras.
oyster farmer s. ostreicultor m.
oysterman ['ɔistəmən] = oysterer.
oysterous ['ɔistərəs] adj. ostrífero.
oyster plant s. (Bot.) 1. cercefi m. 2. cordobã f.
oysterwoman ['ɔistəwumən] s. ostreira f.: vendedora

de ostras.
oz. pl. ozs. abr. de ounce.
ozena, ozaena [oz'i:nə] s. (Med.) ozena f.
ozocerite [oz'oukərait] s. (Miner.) ozocerite f.
ozonate ['ouzoneit] v. ozonizar.
ozonation [ouzon'eiʃən] s. ozonização f.
ozone ['ouzoun] s. (Quím.) ozônio m.
ozoned [~d] adj. ozonizado.
ozone layer s. camada f. de ozônio: região na atmosfera superior onde se concentra esse gás.
ozonification [ozounifik'eiʃən] s. ozonificação f.
ozonify [oz'ounifai] v. ozonizar.
ozonizer ['ouzonaizə] s. ozonizador m.

P

P, p [pi:] décima sexta letra do alfabeto, consoante.
to mind one's P's and Q's cuidar dos pormenores da etiqueta.
P (Quím.) símbolo do fósforo.
pa [pɑ:] s. (fam.) papai m.
p. a. abr. de 1. per annum. 2. participial adjective.
pabular [p'æbjulə], **pabulary** [~ri] adj. alimentício, nutritivo.
pabulum [p'æbjuləm] s. pábulo, pasto, sustento m.
paca [p'ɑ:kə] s. (Zool.) paca f.
pace [peis] s. 1. passo m.: a) passada. b) medida de comprimento (0,762 m). 2. andadura f. (quadro H 9). 3. compasso, movimento regulado m. 4. furta-passo m. ‖ v. 1. andar a passo. 2. andar a furta-passo (cavalo). 3. medir por número de passos. 4. regular, compassar.
at a great ~ a passos largos, apressadamente.
double ~ passo acelerado. **he took two ~s up to him** ele lhe deu dois passos em sua direção. **to find one's own ~** achar o jeito. **to go the ~, to hit the ~** 1. ir de batida. 2. viver intensamente. 3. (fig.) dissipar, esbanjar. **to keep ~ with** 1. acompanhar os passos de. 2. manter-se em dia com. **to put one through his ~s** pôr à prova as qualidades de alguém. **to set the ~** regular a marcha.
paced [peist] adj. 1. de passo. 2. compassado.
slow-~ de passo lento. **thorough ~** (fam.) safado.
pace-maker s. 1. pioneiro, precursor m. 2. (Esp.) atleta m. + f. que regula a velocidade para um companheiro de equipe em uma corrida. 3. (Med.) marca-passo m.
pacer [p'eisə] s. marchador m.
pachisi [patʃ'i:zi] s. jogo m. parecido com o gamão.
pachyderm [p'ækidə:m] s. paquiderme m.
pachydermatous [pækid'ə:mətəs] adj. 1. (Zool.) paquidérmico. 2. paquiderme. 3. (fig.) indiferente, insensível.
pachydermia [pækid'ə:miə] s. (Med.) elefantíase f.
pachydermous [pækid'ə:məs] adj. paquiderme.
pacifiable [p'æsifaiəbl] adj. apaziguável.
pacific [pəs'ifik] adj. 1. pacífico: a) sossegado, pacato. b) calmo, quieto, tranqüilo. 2. relativo ao Oceano Pacífico. ‖ ~ally adv. pacificamente.
Pacific [~] s. Oceano Pacífico m.
pacificate [pæs'ifikeit] v. pacificar, apaziguar.
pacification [pæsifik'eiʃən] s. 1. pacificação f., apaziguamento m. 2. tratado m. de paz.
pacificator [pæs'ifikeitə] s. pacificador, apaziguador m.
pacificatory [~ri] adj. pacificador, conciliatório.
pacifier [p'æsifaiə] s. 1. = **pacificator**. 2. chupeta f.
pacifism [p'æsifizm] s. pacifismo m.
pacifist [p'æsifist] s. pacifista m. + f. ‖ adj. pacifista.
pacifistic [pæsif'istik] adj. pacifista. ‖ ~ally adv. de modo pacifista.
pacify [p'æsifai] v. 1. pacificar, apaziguar, serenar, tranqüilizar. 2. aplacar.
pack (I) [pæk] s. 1. fardo, pacote, embrulho m. (quadro S 8). 2. (arc.) velhaco, patife m. 3. bando m., quadrilha f. 4. quantidade, porção f. 5. matilha f. 6. alcatéia f. 7. baralho m. 8. ação ou modo de empacotar. 9. gelo flutuante m. 10. (Med.) envoltório m. ‖ v. 1. enfardar, empacotar, emalar, acondicionar. 2. acumular, abarrotar. 3. carregar, pôr carga em. 4. formar maços de cartas. 5. reunir em matilhas ou alcatéias, etc. 6. carregar às costas. 7. despachar, despedir. 8. vedar, guarnecer. 9. envol-

ver em compressas. 10. reunir-se em bandos. 11. fazer pacotes, fardos, etc.
~-animal besta de carga. **~-ice** gelo flutuante. **a ~ of cards** um baralho. **it is a ~ of lies** é um amontoado de mentiras. **a ~ed house** (Teat.) uma casa repleta. **a ~ed jury** um júri organizado para favorecer uma das partes. **to ~ away** ou **to ~ off** 1. empacotar para guardar. 2. mandar embora, despedir. **to ~ on all sail** (Náut.) largar todo o pano. **to ~ oneself** sumir, dar o fora. **to ~ out** (Náut.) descarregar. **to ~ up** 1. guardar suas coisas, preparar-se para partir. 2. deixar-se acondicionar. 3. desistir, renunciar. 4. (fig.) morrer, bater as botas. **~ up!** suma! desapareça!
pack (II) [pæk] v. 1. acumpliciar. 2. maquinar, intentar, conspirar.
package [p'ækidʒ] s. 1. acondicionamento, enfardamento m. 2. pacote, embrulho, fardo m. (quadro S 8). ‖ v. acondicionar, empacotar.
original ~ embalagem original. **~ tour** excursão organizada por agência de turismo.
packcloth [p'ækklɔθ] s. serapilheira f.
packer [p'ækə] s. 1. empacotador, encaixotador m. 2. máquina f. de empacotar ou enlatar. 3. (Agric.) enfardadeira f.
packery [p'ækəri] s. seção f. de encaixotamento ou embalagem.
packet [p'ækit] s. 1. pacote, embrulho m. 2. paquete, paquebote m. ‖ v. empacotar, embrulhar.
packet-boat s. paquebote, paquete m.
packet day s. dia m. de expedição de malas postais.
pack-horse s. cavalo m. de carga.
pack-ice s. banquisa f.: grande massa de gelo flutuante.
packing [p'ækiŋ] s. 1. embalagem f., empacotamento m. 2. material m. de acondicionamento. 3. vedação f. 4. gaxeta f., empanque m.
packing-box s. 1. caixote, engradado m. 2. caixa f. de empanque.
packing case s. caixote m. de embalagem.
packing gland s. (Téc.) sobreposta f. de engaxetamento.
packing-house s. 1. frigorífico m. 2. estabelecimento m. para enlatar frutas, carnes, etc.
packing-ring s. anel m. de guarnição.
packing-sheet s. 1. lona f. para acondicionamento. 2. (Med.) envoltório m.
packman [p'ækmən] s. mascate m.
packsack [p'æksæk] s. bornal m.
packsaddle [p'æksædl] s. albarda f. ‖ v. albardar.
packthread [p'ækθred] s. barbante m. forte para enfardar ou para costurar sacos.
pack train s. (E. U. A.) tropa f.: caravana de animais de carga.
paco [p'ɑ:kou] s. (Zool.) alpaca f.
pact [pækt] s. pacto, tratado, ajuste m., convenção t.
pactional [p'ækʃənəl] adj. contratual.
pad (I) [pæd] s. 1. estrada f., caminho m. 2. cavalo estradeiro m. 3. (†) bandoleirismo m. 4. ruído surdo m. de passos. ‖ v. 1. percorrer a pé. 2. arrastar-se penosamente.
to ~ it, to ~ the hoof (gíria) andar a pé.
pad (II) [pæd] s. 1. almofada f., coxim m. 2. enchimento, chumaço m. 3. almofada f. de carimbo. 4. protetor m. de mata-borrão para escrivaninhas (quadro D 1). 5. bloco m. para apontamentos. 6. selim, selote m. 7. (Med.) pelota f.: almofada de funda herniária. 8. pata f. de alguns animais (le-

bre, raposa, lobo, lontra (quadro F 7). 9. joelheira f.
10. (Esp.) caneleira f.: proteção para as pernas.
11. folha flutuante f. de planta aquática. ‖ v. 1.
almofadar, acolchoar. 2. encher com palavras ocas
(discurso).
warming—~ almofada elétrica. **launching ~** plataforma de lançamento (foguetes).
padding [p'ædiŋ] s. 1. estofamento, acolchoamento
m. 2. material m. para estofamento. 3. (Liter.) frases ou trechos inúteis encaixados apenas para
encher espaço.
paddle (I) [pædl] s. 1. espécie f. de remo de pá larga,
que se usa sem tolete (quadro B 15). 2. pena f.
de roda d'água. 3. utensílio em forma de pá para
mexer, bater roupa, etc. 4. (Zool.) nadadeira f.
(de foca, baleia, etc.) ‖ v. 1. remar com remo
desse tipo. 2. remar suavemente. 3. impelir com
remos. 4. (E. U. A., coloq.) bater com utensílio em
forma de pá.
to ~ one's own canoe (coloq.) cuidar pessoalmente
de seus negócios.
paddle (II) [pædl] v. 1. chapinhar, patinar. 2. cambalear. 3. afagar, acariciar.
paddle-box s. (Náut.) caixa f. da roda do leme.
paddlefish [p'ædlfiʃ] s. (Ict.) espátula f.
paddler [p'ædlə] s. remador m.
paddle-steamer s. vapor m. propelido a rodas.
paddle-wheel s. roda f. de pá.
paddlewood [p'ædlwud] s. (Bot.) carapanaúba f.
paddock [p'ædək] s. 1. "paddock" m.: recinto fechado
m. nos hipódromos, próximo aos estábulos, onde os
cavalos aguardam o momento de seguir para o
prado. 2. tapada f.
paddy (I) [p'ædi] adj. almofadado, macio.
Paddy (II) [p'ædi] s. 1. abr. de **Patrick = Patrício. 2.
alcunha f. dada aos irlandeses.
paddywhack [p'ædiwæk], **paddy** s. (brit. fam.) explosão f. de raiva.
padishah [p'a:diʃa:] s. paxá, padixá m.
padlock [p'ædlɔk] s. cadeado m. ‖ v. fechar a cadeado.
padnag [p'ædnæg] s. cavalo estradeiro m.
padre [p'a:dri] s. 1. padre: (nos países de língua
latina). 2. (gíria milit.) capelão m.
pad-saw s. serrote m. de ponta (quadro C 5).
Paduan [p'ædjən] s. paduano, patavino m. ‖ adj.
paduano, patavino.
paean, pean [p'i:ən] s. peã m. ‖ v. celebrar com peãs.
paederast = pederast.
paedogenesis [pi:dodʒ'enisis] s. (Zool.) pedogênese f.
paeon [p'i:ən] s. (Métr.) péon.
pagan [p'eigən] s. pagão, gentio m., idólatra m. + f.
‖ adj. 1. pagão, idólatra. 2. irreligioso, ímpio.
paganism [p'eigənizm] s. paganismo m., idolatria f.
paganization [peigənaiz'eiʃən] s. paganização f.
paganize [p'eigənaiz] v. 1. paganizar, gentilizar. 2.
tornar-se pagão.
page (I) [peidʒ] s. 1. pajem m. + f. 2. escudeiro m. 3.
mensageiro, moço m. de recados. 4. indicador (em
teatro). ‖ v. 1. pajear, apajear. 2. chamar pelo
nome para transmitir recados (os pajens de hotéis).
page (II) [peidʒ] s. 1. página f. 2. (fig.) trecho m.,
passagem f. 3. (fig.) circunstância f., acontecimento, episódio m. ‖ v. paginar.
the front ~ frontispício. **at ~ 9** na página 9.
pageant [p'ædʒənt] s. 1. representação teatral f. de
fundo histórico (nos tempos medievais). 2. cenário
m. dessa representação. 3. pompa f., fausto, aparato m. 4. cortejo ou desfile suntuoso m. ‖ v. honrar
com festas suntuosas. ‖ adj. espetacular, suntuoso,
aparatoso.
pageantry [~ri] s. 1. esplendor, fausto m., pompa f.

2. mera aparência ou ostentação f.
pager [p'eidʒə] s. paginador m.
paginal [p'ædʒinl] adj. 1. composto de páginas. 2.
de ou relativo a página. 3. página por página.
paginate [p'ædʒineit] v. paginar.
pagination [pædʒin'eiʃən] s. paginação f.
paging machine s. paginadora f.: máquina para paginar.
pagoda [pəg'oudə] s. 1. pagode m.: templo pagão. 2.
antiga moeda de ouro da Índia.
pagoda tree s. (Bot.) 1. árvore-de-gralha, figueira-de
-bengala f. 2. árvore-dos-pagodes f.
pagurian [pəgj'ueriən] s. (Zool.) paguro, eremita-bernardo m.
pah [pa:] interj. de menosprezo: ora!
paid [peid] imp. e p. p. de **to pay.**
~ up liquidado, saldado.
paideutics [paidj'u:tiks] s. pedagogia f.
paidology [peid'ɔlədʒi] s. pedologia f.
paigle [peigl] s. (Bot.) 1. prímula, primavera f., pão
-e-queijo m. 2. primavera-dos-jardins f. 3. cardamina f. 4. botão-de-ouro, ranúnculo-dos-prados m.
pail [peil] s. balde m. (quadro V 2).
pailful [p'eilful] s. baldada f.
paillasse [pælj'æs] s. enxergão m.
paillette [pælj'et] s. (fr.) lentejoula f.
pain [pein] s. 1. dor f., sofrimento m. 2. tormento m.,
aflição, angústia f. 3. (†) castigo m., pena, punição f. 4. **~s** dores f. pl. do parto. 5. esforço, trabalho m. ‖ v. 1. atormentar, afligir. 2. magoar,
desgostar. 3. causar dor a. 4. doer. 5. esforçar-se,
empenhar-se.
he had his labour for his ~s ele esforçou-se à toa.
he's a ~ in the neck (E. U. A.) ele é um indivíduo
intragável. **no ~s no gains** sem trabalho nada se
alcança. **~s and penalties** penas pecuniárias e de
reclusão. **to be in ~s** sofrer, padecer. **to be at
great ~s** fazer um grande esforço. **to put to ~s**
torturar, atormentar. **to take ~s for** esforçar-se
para. **under ~s** sob pena de. **we spared no ~s**
não poupamos esforços.
pained [~d] adj. aflito, atormentado.
painful [p'einful] adj. 1. doloroso, penoso. 2. difícil,
trabalhoso, árduo. ‖ **~ly** adv. 1. dolorosamente. 2.
penosamente, arduamente.
~ly polite exageradamente cortês.
painfulness [~nis] s. 1. aflição, angústia f., tormento
m. 2. dificuldade, canseira f.
paining [p'einiŋ] adj. doloroso.
painkiller [p'einkilə] s. (fam.) lenitivo, mitigador m.
painless [p'einlis] adj. indolor. ‖ **~ly** adv. de modo
indolor.
painlessness [~nis] s. ausência f. de dor.
painstaking [p'einsteikiŋ] s. 1. esmero, apuro m., diligência f. 2. assiduidade f. ‖ adj. 1. esmerado,
diligente. 2. assíduo. ‖ **~ly** adv. 1. esmeradamente.
meticulosamente. 2. assiduamente.
painstakingness [~nis] s. qualidade de esmerado, de
diligente ou de assíduo.
paint [peint] s. 1. pintura f. 2. tinta f. 3. cosmético
m. ‖ v. 1. pintar, colorir. 2. retratar. 3. maquilar.
4. (fig.) descrever, relatar. 5. dedicar-se à pintura.
coat of ~ (camada de) pintura. **as fresh as ~** vivo
e alegre. **he ~ed her portrait from nature** ele
pintou o retrato dela do natural. **to ~ black** descrever em cores negras. **to ~ the town red** pintar o
sete. **wet ~!** tinta fresca!
paintbox [p'eintbɔks] s. 1. estojo m. de tintas (quadro
P 1). 2. estojo m. para maquilagem.
paintbrush [p'eintbrʌʃ] s. 1. pincel m., broxa f.
(quadro B 24). 2. (Bot.) pilosela-alaranjada f. 3.
(Bot.) castileia f.

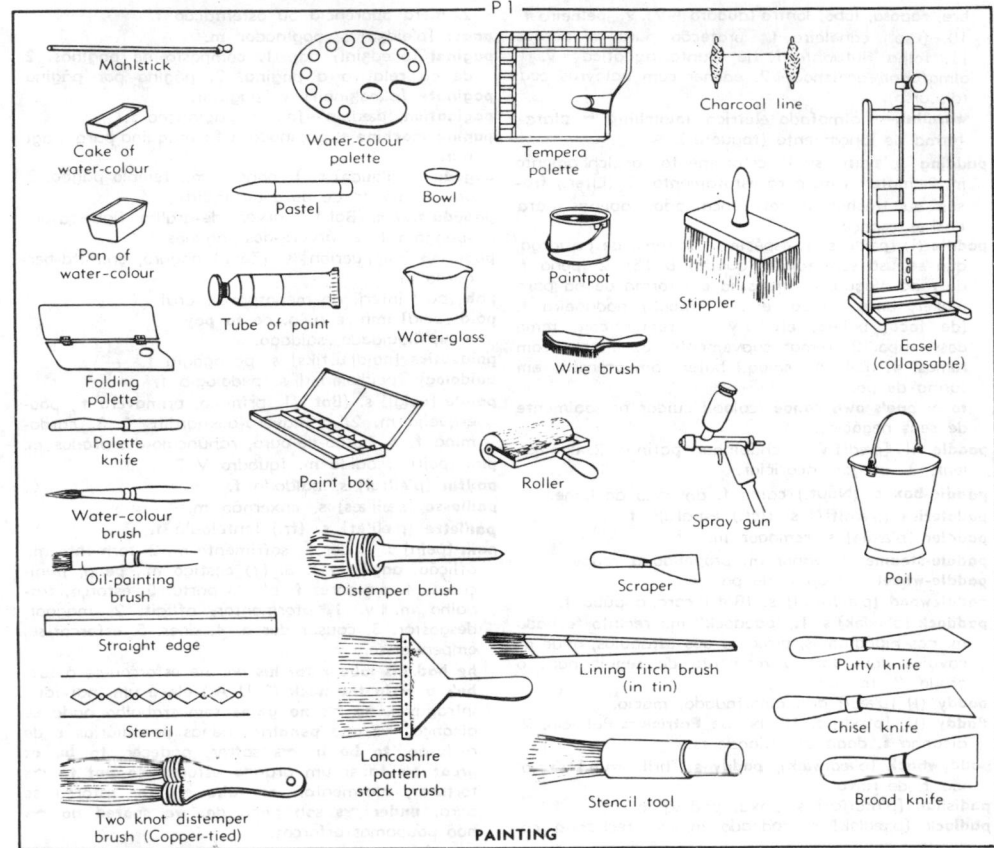

P 1

Mahlstick

Cake of
water-colour

Pan of
water-colour

Folding
palette

Palette
knife

Water-colour
brush

Oil-painting
brush

Straight edge

Stencil

Two knot distemper
brush (Copper-tied)

Water-colour
palette

Pastel

Tube of paint

Paint box

Distemper brush

Lancashire
pattern
stock brush

Bowl

Water-glass

Roller

Tempera
palette

Paintpot

Stippler

Wire brush

Spray gun

Scraper

Lining fitch brush
(in tin)

Stencil tool

Charcoal line

Easel
(collapsable)

Pail

Putty knife

Chisel knife

Broad knife

PAINTING

painted [p'eintid] adj. 1. pintado, retratado. 2. coberto de tinta. 3. maquilado. 4. artificial, disfarçado. 5. variegado, multicor.
~ **lady** (Bot.) píretro. ~ **snipe** (Orn.) bico-miúdo. ~ **woman** prostituta.

painter (I) [p'eintə] s. pintor m.
lady ~ pintora. **landscape** ~ paisagista. ~ **in oils** pintor a óleo.

painter (II) [p'eintə] s. (Náut.) proiz m., cabo m. de atracação.
to cut the ~ 1. seguir seu próprio rumo. 2. sumir.

painter (III) [p'eintə] s. (Zool.) suçuarana, onça-parda f.

painter's colic s. (Pat.) cólica saturnina f.

paint finish s. última demão f. (de pintura).

painting [p'eintiŋ] s. 1. pintura f. (quadro P 1). 2. tela f., quadro, painel m., 3. maquilagem f. 4. (fig.) descrição f. ‖ adj. de pintura.
oil ~ quadro a óleo.

paintless [p'eintlis] adj. não pintado.

paintress [p'eintris] s. pintora f.

painty [p'einti] adj. 1. abundante em tinta. 2. mal pintado, feito com demasiada tinta. 3. manchado de tinta.

pair [pɛə] s. 1. par m. 2. dupla f. 3. parelha f. 4. casal m. 5. objeto formado de duas partes iguais. 6. (arc.) lanço m. de escada. ‖ v. 1. emparelhar. 2. juntar, unir. 3. casar. 4. acasalar-se. 5. (jogo de cartas) formar um par.
a ~ **of gloves** um par de luvas. **a** ~ **of scissors** uma tesoura. **a** ~ **of trousers** uma calça. **to** ~ **off**

dispor em pares. **a two** ~ **front room** um quarto de frente no segundo andar. **the** ~ **of you** ambos. **in** ~s aos pares. **up four** ~s **of stairs** no quarto andar. ~ **royal** (jogo) trinca. **they** ~ed **off** eles saíram aos pares.

pajama party s. festa f. em que as moças usam pijama e depois passam a noite em casa de uma amiga.

pajamas [pədʒ'a:məz] (também **pyjamas**) s. pl. pijama m.

pal [pæl] s. 1. (gíria) cúmplice m. + f. 2. camarada, colega m. + f., companheiro m. ‖ v. 1. (gíria) acumpliciar-se. 2. fazer amizade com.

palace [p'ælis] s. 1. palácio m. 2. palacete m.

paladin [p'ælədin] s. paladino m.: 1. cavaleiro andante. 2. defensor, campeão.

palafitte [p'æləfit] s. (Arqueol.) palafita f.

palanquin [pælənk'i:n] (também **palankeen**) s. palanquim m.

palas [pəl'a:ʃ] (também **palas tree**) s. (Bot.) favas-de-engenho f. (Butea frondosa).

palatability [pælətəb'iliti] s. sabor agradável m.

palatable [p'ælətəbl] adj. 1. saboroso, gostoso. 2. (fig.) agradável.

palatableness [~nis] s. = **palatability.**

palatal [p'ælətl] s. 1. palatino m. 2. (Fon.) som palatal m. ‖ adj. palatal, palatinal, palatino.

palatalism [p'ælətəlizm], **palatality** [pælət'æliti] s. caráter palatal m.

palatalization [pælətəlaiz'eiʃən] s. palatalização f.
palatalize [p'ælətəlaiz] v. palatalizar, palatizar.
palate [p'ælit] s. 1. (Anat.) palato m. 2. paladar m.
‖ v. provar, saborear.
palatial [pəl'eiʃəl] adj. polaciano, suntuoso.
palatinate [pəl'ætinit] s. palatinado m.
palatine (I) [p'ælətain] s. (Anat.) palatino m. ‖ adj.
palatino.
palatine (II) [~] s. 1. palatino m.: a) título antigamente dado aos oficiais do palácio real. b) vassalo
m. investido de privilégios reais. c) conde palatino.
d) **Palatine** habitante do Palatinado. 2. **Palatine**
Palatinado. 3. palatina f.: espécie de peliça. ‖ adj.
1. palaciano. 2. palatino: a) relativo a um palatino. b) **Palatine** relativo ao Palatinado.
palatization [pælətiz'eiʃən] s. palatização f.
palatize [p'ælətaiz] v. palatizar, palatalizar.
palaver [pəl'a:və] s. 1. conferência f., debate m.
2. conversação f., palavreado m. 3. lisonja, adulação f. ‖ v. 1. palavrear, tagarelar. 2. lisonjear.
palaverer [~rə] s. lisonjeador, adulador m.
pale (I) [peil] v. 1. empalidecer. 2. tornar pálido
(**before** diante de). ‖ adj. 1. pálido, lívido, descorado. 2. (fig.) fraco, abatido, emaciado. 3. opaco,
fusco. ‖ ~ly adv. palidamente.
~ **ale** cerveja clara. ~ **yellow** amarelo-claro. **to
grow** ~, **to turn** ~ empalidecer.
pale (II) [peil] s. 1. estaca, paliçada f. 2. (†) estacada, liça f. 3. terreno m. ou área f. cercada. 4.
limite, confim m. 5. território, distrito m. 6.
(Heráld.) pala f. 7. âmbito, seio m. ‖ v. cercar,
murar.
within the ~ **of the church** no seio da Igreja.
palea [p'eiliə] s. (Bot.) pálea f.
paleaceous [peili'eiʃəs] (Bot.) adj. paleáceo.
pale-blue adj. azul-pálido, azul-claro.
pale-cheeked adj. de faces pálidas.
pale-coloured adj. pálido, lívido.
paleethnologic [pælieθnəl'ɔdʒik] adj. paleetnológico.
paleethnologist [pælieθn'ɔlədʒist] s. paleetnólogo m.
paleethnology [pælieθn'ɔlədʒi] s. paleetnologia f.
paleface [p'eilfeis] s. cara-pálida f.: nome dado aos
brancos pelos índios norte-americanos.
pale-green adj. verde-claro.
palehearted [p'eilha:tid] adj. 1. desanimado, desalentado. 2. covarde, medroso.
paleiform [p'eiliifɔ:m] adj. (Bot.) paleiforme.
paleness [p'eilnis] s. palidez, lividez f., palor m.
paleoanthropological [pæliəænθropol'ɔdʒikəl] adj. pa-
leantropológico.
paleoanthropology [pæliəænθrop'ɔlədʒi] s. paleantro-
pologia f.
paleobotany, palaeobotany [pæliob'ɔtəni] s. paleobo-
tânica f.
Paleocene [p'æliəsi:n] adj. (Geol.) paleoceno.
paleogeographic [pæliədʒiogr'æfik] adj. paleogeográ-
fico.
paleogeography [pæliədʒi'ɔgrəfi] s. paleogeografia f.
paleogeology [pæliədʒi'ɔlədʒi] s. paleogeologia f.
paleograph [pæliogr'a:f] s. paleógrafo, manuscrito
antigo m.
paleographer, palaeographer [pæli'ɔgrəfə] s. paleógrafo m.: pessoa versada em paleografia.
paleola [pəl'i:olə] s. (Bot.) paléola f.
Paleolithic [pæliəl'iθik] adj. paleolítico.
Paleolithic man s. (Antrop.) homem m. da Era Pa-
leolítica.
paleological [pæliəl'ɔdʒikəl] adj. paleólogo.
paleologist, palaeologist [pæli'ɔlədʒist] s. paleólogo m.
paleontographic [pæliontogr'æfik] adj. paleontográfico.
paleontography, palaeontography [pæliont'ɔgrəfi] s.
paleontografia f.

paleontologic [pæliontəl'ɔdʒik] adj. paleontológico.
paleontologist, palaeontologist [pæliont'ɔlədʒist] s.
paleontólogo m.
paleontology, palaeontology [pæliont'ɔlədʒi] s. paleontologia f.
Paleozoic, Palaeozoic [pæliəz'ouik] (Geol.) s. Era Pa-
leozóica f. ‖ adj. paleozóico.
paleozoological [pæliəzouəl'ɔdʒikəl] adj. paleozooló-
gico.
paleozoologist [pæliəzo'ɔlədʒist] s. paleozoólogo m.
paleozoology [pæliəzo'ɔlədʒi] s. paleozoologia f.
Palestinian [pæləst'iniən] s. palestino m. ‖ adj. palestino.
paletot [p'ælətou] s. paletó m.
palette [p'ælit] s. 1. paleta f. 2. (Mec.) peitoral de
apoio para furagem.
palette knife s. espátula f. de pintor (quadro P 1).
palfrey [p'ɔ:lfri] s. palafrém m.
palification [peiləfik'eiʃən] s. palificação f.
palilogy [pæl'ilədʒi] s. palilogia f.
palimpsest [p'ælimpsest] s. palimpsesto m.
palimpsestic [pælimps'estik] adj. palimpséstico.
palindrome [p'ælindroum] s. palíndromo m.
palindromic [pælindr'ɔmik], adj. palíndromo.
paling [p'eiliŋ] s. 1. ereção f. de estacadas ou paliçadas. 2. estacada, paliçada f.
palingenesis [pælindʒ'enisis] s. palingenesia f.: 1.
renascimento m., regeneração f. 2. metempsicose
f. 3. (Biol.) a reprodução f. de caracteres ancestrais, sem alteração.
palingenetic [pælindʒin'etik] adj. palingenésico.
palinode [p'ælinoud] s. palinódia, retratação f.
palinodic [pælin'ɔdik] adj. palinódico.
palinodist [p'ælinoudist] s. palinodista m. + f.
palisade [pælis'eid] s. paliçada, estacada f. ‖ v. cercar
ou fortificar com paliçadas ou estacadas.
palisander [pælis'ændə] s. (Bot.) cabiúna f., jacarandá-cabiúna, jacarandá-preto m.
palish [p'eiliʃ] adj. macilento, um tanto pálido.
pall (I) [pɔ:l] s. 1. mortalha f. 2. (†) pálio m. 3. (fig.)
cortina f. (de fumaça, etc.) ‖ v. cobrir com uma
mortalha.
pall (II) [~] v. 1. tornar-se insípido. 2. enfraquecer,
debilitar. 3. saciar. (**on, upon,** de).
Palladian (I) [pəl'eidiən] adj. 1. relativo à deusa Minerva. 2. (fig.) relativo à sabedoria ou à instrução.
Palladian (II) [pəl'eidiən] relativo ao estilo clássico
romano de Andrea Palladio.
palladic [pəl'eidik] adj. (Quím.) paládico.
palladium (I) [pəl'eidiəm] s. 1. paládio m.: estátua
de Palas (Minerva). 2. (fig.) segurança, proteção f.
palladium (II) [pəl'eidiəm] s. (Quím.) paládio m.:
metal raro.
palladous [pəl'eidəs] adj. (Quím.) paladoso.
pallbearer [p'ɔ:lbɛərə] s. pessoa que carrega o caixão
funerário.
pallet (I) [p'ælit] s. catre m.
pallet (II) [p'ælit] s. 1. paletas f. pl.: instrumentos
para modelar em cera ou barro. 2. paleta f. de
pintor. 3. ferramenta f. para dourar lombadas de
livros. 4. palheta f., lingüete m.
palliate [p'ælieit] v. 1. paliar, aliviar, mitigar. 2. encobrir, disfarçar, dissimular.
palliation [pæli'eiʃən] s. paliação, mitigação f. 2.
dissimulação f., disfarce m.
palliative [p'ælieitiv] s. paliativo, lenitivo m. ‖ adj.
paliativo, lenitivo.
pallid [p'ælid] adj. pálido, descorado, desmaiado. ‖ ~ly
adv. palidamente.
pallidity [pæl'iditi], **pallidness** [-nis] s. palidez f.
pallium [p'æliəm] s. 1. pálio m.: a) manto usado pelos
antigos gregos e romanos. b) (Ecles.) ornamento
concedido pelo Papa aos arcebispos. 2. (Ecles.) toa-

lha f. de altar. 3. (Anat.) córtex cerebral m. 4. (Zool.) manto m. de molusco branquiópode ou ave.

pall-mall [p'elm'el] s. 1. (Jogo) palamalhar, palamalho m. 2. **Pall-Mall** rua em Londres.

pallor [p'ælə] s. palidez f., palor m.

palm (I) [pa:m] s. 1. palma f. da mão (quadro H 10). 2. palmo m. (medida). 3. ação de empalmar cartas, etc. 4. (Náut.) pata f. de âncora. 5. pá f. de remo. 6. (Náut.) repuxo m. 7. superfície inferior f. de esqui. ‖ v. 1. manusear. 2. empalmar, escamotear. 3. impingir, enganar. 4. tocar com a palma da mão. 5. (gíria) subornar, peitar.
   he ~ed a book upon him ele lhe impingiu um livro.

palm (II) [~] s. 1. (Bot.) palmeira f. 2. palma f.: folha de palmeira. 3. (fig.) vitória, supremacia f.
   to bear the ~ levar a palma a. **to yield the ~** bater em retirada.

palmaceous [pælm'eiʃəs] adj. palmáceo.

palma-Christi [p'ælməkr'isti] s. (Bot.) mamoneiro m., carrapateira f.

palmar [p'ælmə] adj. palmar: relativo à palma da mão.

palmary [~ri] adj. 1. merecendo sucesso. 2. digno de elogios.

palmate [p'ælmit], **palmated** [-meitid] adj. 1. espalmado (quadro L 2). 2. (Zool.) palmípede.

palmation [pælm'eiʃən] s. formação, estrutura palmar f.

palm cabbage s. palmito m.

palmer (I) [p'a:mə] s. palmeirim, peregrino m.

palmer (II) [p'a:mə] s. palmatória, férula f.

palmer (III) [p'a:mə] s. empalmador, prestidigitador m.

palmerworm [wə:m] s (Zool.) lagarta tineídea f.

palmery [p'a:məri] s. palmeiral, palmar m.

palmetto [pælm'etou] s. (Bot.) nome de várias palmeiras.

palmiferous [pa:m'ifərəs] adj. palmífero.

palmiped [p'ælmiped] s. (Zool.) palmípede m. ‖ adj. palmípede.

palmist [p'a:mist] s. quiromante m. + f.

palmistry [~ri] s. 1. quiromancia, quiroscopia f. 2. ligeireza f. de mãos.

palmitate [p'ælmiteit] s. (Quím.) palmitato m.

palmitic [pælm'itik] adj. (Quím.) palmítico.

palmitin [p'ælmitin] s. (Quím.) palmitina f.

palm-oil s. óleo m. de palma, azeite m. de coco.

Palm Sunday s. domingo de Ramos m.

palm wine s. vinho m. de palma.

palmy [p'a:mi] adj. 1. palmífero. 2. florescente, próspero, feliz.
   ~ days dias de felicidade, florescência.

palmyra [pælm'aiərə], **palmyra palm** s. (Bot.) palmira f.

palp [pælp] s. (Zool.) = **palpus**.

palpability [pælpəb'iliti] s. palpabilidade f.

palpable [p'ælpəbl] adj. 1. palpável, tangível. 2. claro, evidente. ‖ **–bly** adj. palpavelmente.

palpableness [~nis] = **palpability**.

palpate (I) [p'ælpeit] v. apalpar.

palpate (II) [p'ælpeit] adj. (Zool.) palpífero, palpígero: provido de palpos.

palpation [pælp'eiʃən] s. palpação, apalpação f.

palpebra [p'ælpibrə] s. (Anat.) pálpebra f.

palpebral [~l] adj. palpebral.

palpebrate [p'ælpibrit] adj. (Zool.) palpebrado.

palpebritis [pælpibr'aitis] s. (Med.) palpebrite, blefarite f.

palpitant [p'ælpitənt] adj. palpitante, latejante.

palpitate [p'ælpiteit] v. 1. palpitar, pulsar, bater. 2. bater irregularmente (coração). 3. tremer (**with** de, com).

palpitation [pælpit'eiʃən] s. 1. palpitação, pulsação f. 2. tremor m.

palpus [p'ælpəs] s. (Zool.) palpo m.

palsgrave [p'ælzgreiv] s. conde palatino m.

palsied [p'ɔ:lzid] adj. paralítico, paralisado.

palsy [p'ɔ:lzi] s. 1. paralisia f. 2. entorpecimento, marasmo m. ‖ v. 1. paralisar, tornar paralítico. 2. tornar-se paralítico. 3. (fig.) entorpecer, tolher.

palter [p'ɔ:ltə] v. 1. simular, fingir (**with** para com). 2. barganhar, regatear.

palterer [~rə] s. simulador, trapaceiro m.

paltriness [p'ɔ:ltrinis] s. vileza, torpeza, sordidez f.

paltry [p'ɔ:ltri] adj. vil, torpe, desprezível. ‖ **–ily** adv. sordidamente, vilmente.
   for one ~ shilling por uma moeda insignificante.

paludal [pəlj'u:dəl] adj. paludial, paludoso, palustre.

pa'udal fever s. febre palustre f.

paludinal [pəlj'u:dinəl], **paludine** [p'æljudain], **paludinous** [pəlj'u:dinəs] adj. paludial, paludoso, palustre.

paludism [p'æljudizm] s. paludismo, impaludismo m., malária, maleita f., sezão m.

paludous [pəlj'u:dəs] adj. paludoso.

paly (I) [p'eili] adj. (Heráld.) palado.

paly (II) [p'eili] adj. (poét.) pálido, descorado.

pampas [p'æmpəz] s. pl. pampas m. pl. (às vezes f. pl.) ‖ [p'æmpəs] adj. relativo aos (ou às) pampas.

pampas cat s. (Zool.) gato-dos-pampas m.

pampas-grass s. (Bot.) capim-dos-pampas m., palha-de-penacho f.

pampean [pæmp'i:ən] s. pampiano m.: índio (sul-americano) dos pampas. ‖ adj. pampiano: que se refere aos pampas ou a seus habitantes vermelhos.

pamper [p'æmpə] v. 1. amimalhar, acostumar mal. 2. (†) empanturrar, empanzinar.

pampered [~d] adj. amimalhado, mal-acostumado.

pamperer [~rə] s. pessoa que amimalha.

pampero [pæmp'ɛərou] s. pampeiro m.: vento forte e frio que sopra dos pampas.

pamphlet [p'æmflit] s. panfleto m. ‖ v. escrever panfletos.

pamphletary [~əri] adj. (Brit.) panfletário.

pamphleteer [pæmflit'iə] s. panfletário m., panfletista m. + f.

pan (I) [pæn] s. 1. frigideira, caçoleta f. (quadro K 2). 2. cadinho m. 3. prato m., de balança. 4. tacho m. 5. tina f. 6. autoclave f. 7. coletor m. de óleo. 8. caçoleta f. de arma de fogo. 9. cavidade natural f. 10. bateia f.: peneira para minerar. 11. vaso m. para triturar minério. 12. recipiente m. para a evaporação de água salgada. 13. poça d'água f., atoleiro m. 14. camada dura f. do subsolo. ‖ v. 1. garimpar, faiscar. 2. frigir, fritar. 3. dar resultado. 4. extrair sal mediante evaporação em recipiente apropriado. 5. (gíria) criticar acerbamente.
   ash—~ cinzeiro (de fogão). **brain ~** calota craniana. **flushing ~** vaso sanitário (quadro W 2). **knee ~** patela, rótula do joelho. **to ~ out** 1. lavar ouro (na bateia). 2. ser bem sucedido. 3. produzir, render.

Pan (II) [pæn] s. (Mit.) Pã m.: deus dos pastores.

pan (III) [pæn] v. (Cin., Telev.) panoramizar: movimentar a câmara para obter efeito panorâmico, ou seguir um objeto em movimento.

pan— elemento de composição que designa totalidade.

panacea [pænəs'i:ə] s. panacéia f.

panache [pən'æʃ] s. 1. penacho, topete m. 2. (fig.) bravata, bazófia f.

panada [pən'a:də] s. iguaria panada f.

panama [pænəm'a:, p'ænəma:] s. 1. (Bot.) xixã m. 2. chapéu-panamá m.

Panamanian [pænəm'einiən] s. panamenho m., panamense m. + f. ‖ adj. panamenho, panamense.

Pan-American [pænəm'erikən] adj. pan-americano.

Pan-Americanism [pænəm'erikənizm] s. pan-americanismo m.

pancake [p'ænkeik] s. 1. (Culin.) panqueca f. 2. (Av.) placada, placagem f. ‖ v. (Av.) placar. ‖ adj. 1. de panqueca. 2. em forma de panqueca.

panchromatic [pænkrom'ætik] adj. (Fot.) pancromático.

pancratic [pænkr'ætik] adj. atlético.

pancratium [pænkr'eiʃiəm] s. pancrácio m.: torneio atlético que incluía boxe e luta livre.

pancreas [p'æŋkriəs] s. (Anat.) pâncreas m.

pancreatalgia [pæŋkriət'ældʒiə] s. (Med.) pancreatalgia f.

pancreatectomy [pæŋkriət'ektəmi] s. (Cirurg.) pancreatectomia f.

pancreatic [pæŋkri'ætik] adj. pancreático.

pancreatitis [pæŋkriət'aitis] s. (Med.) pancreatite f.

panda [p'ændə] s. (Zool.) panda m.

pandanus [pənd'einəs] s. (Bot.) pandano, vacuá m.

pandects [p'ændekts] s. pl. 1. pandectas f. pl. 2. digesto m.

pandectist [p'ændektist] s. pandectista m. + f.

pandemia [pænd'i:miə] s. (Med.) pandemia f.

pandemic [pænd'emik] s. doença pandêmica f. ‖ adj. 1. pandêmico. 2. sensual, carnal. 3. (Med.) geral, universal.

pandemoniac [pændim'ouniæk], **pandemoniacal** [pændi:mon'aiəkəl], **pandemonian** [pændim'ouniən] adj. pandemônico.

pandemonium [pændim'ounjəm] s. 1. morada f. dos demônios. 2. (fig.) pandemônio m., confusão, balbúrdia f.

pandemy [p'ændəmi] s. (Med.) pandemia f.

pander [p'ændə] s. 1. alcoviteiro m. 2. pessoa que favorece desígnios escusos ou paixões ignóbeis. ‖ v. 1. alcovitar. 2. servir de instrumento a desígnios escusos.

they ~ed to his passions eles o auxiliaram a satisfazer as suas paixões.

panderer [~rə] s. alcoviteiro m.

panderess [~ris] s. alcoviteira f.

pandora [pænd'ɔ:rə], **pandore** [pænd'ɔ:] s. (Mús.) bandurra f.

pandowdy [pənd'audi] s. (E. U..A.) pastelão m., ou pudim de maçãs, muitas vezes adoçado com melaço.

pandy [p'ændi] s. (esc.) palmatoada f. ‖ v. palmatoar, palmatoriar.

pane [pein] s. 1. (arc.) peça quadrada f. de pano. 2. vidraça f. 3. chapa, placa f. 4. faceta f. 5. almofada f. de porta. 6. pena f. de martelo. 7. (arc.) lanço m., seção de um muro. 8. (arc.) lado de um quadrângulo. ‖ v. forrar de madeira, envidraçar (em quadrados), quadricular.

paned [~d] adj. 1. envidraçado. 2. almofadado. 3. quadriculado.

panegyric [pænidʒ'irik] s. panegírico m. ‖ v. proferir panegíricos. ‖ adj. também **panegyrical** [~əl] panegírico, laudatório. ‖ **~ally** adv. laudatoriamente.

panegyrist [pænidʒ'irist] s. panegirista m. + f.

panegyrize [p'ænidʒiraiz] v. 1. panegirizar, encomiar. 2. proferir panegíricos.

panel [p'ænəl] s. 1. painel m., almofada f. de porta (quadro C 20). 2. barra f. longitudinal para enfeite de vestido. 3. quadro, painel m. 4. lista f. de jurados. 5. painel m.: parte do quadro de distribuição. 6. xairel m. (quadro S 1). 7. formato retangular m. de fotografias, etc. 8. lista f. de médicos de caixa de aposentadoria. 9. seção de cerca entre dois mourões. 10. seção de estrutura entre pilares ou montantes adjacentes (quadro V 1). 11. (Arquit.) artesão. 12. (Autom. e Av.) mostrador m. ‖ v. 1. apainelar, almofadar. 2. equipar com xairel.

advisory ~ conselho consultivo. **he went on the ~**

(E. U. A.) ele consultou o médico da caixa beneficente.

panelation, panellation [pænəl'eiʃən] s. decoração f. com painéis.

panel discussion s. mesa-redonda f.: discussão de assunto importante por um grupo de pessoas seletas.

panel doctor s. médico m. de caixa beneficente ou instituto de aposentadoria.

paneless [p'einlis] adj. desprovido de vidraças.

paneling, panelling [p'ænəliŋ] s. 1. madeira trabalhada f. em painéis ou almofadas. 2. painelamento m.

panel patient s. doente m. + f. que é sócio de caixa beneficente.

panel saw s. serra f. de samblar.

panel truck s. (Autom.) perua f. para entregas.

panful [p'ænful] s. panelada, panela cheia f.

pang [pæŋ] s. 1. pontada, dor aguda e repentina f. 2 ânsia, aflição, angústia f.

~s of death angústia mortal.

pangenesis [pændʒ'enisis] s. (Biol.) pangenesia f.

pangenetic [pændʒən'etik] adj. (Biol.) pangenético.

Pan-Germanism s. pangermanismo m.

Pan-Germanist s. pangermanista m. + f.

pangless [p'æŋlis] adj. indolor.

pangolin [pæŋg'oulin] s. (Zool.) pangolim m.

panhandle [p'ænhændl] s. 1. cabo m. de frigideira ou caçarola, etc. 2. (E. U. A.) faixa estreita f. de terra que se projeta qual cabo de caçarola. ‖ v. (gíria, E. U. A.) 1. achacar. 2. mendigar, esmolar.

panhandler [~ə] s. (E. U. A., gíria) mendigo m.

Panhellenic [pænhəl'enik] adj. pan-helênico.

Panhellenism [pænh'elənizm] s. pan-helenismo m.

panic [p'ænik] s. pânico, terror infundado m. ‖ v. (**panicked, panicking**) 1. apavorar. 2. (E. U. A., gíria) provocar aplauso (no teatro). ‖ adj. pânico.

panic grass s. (Bot.) qualquer gramínea f. do gênero Panicum.

panicky [p'æniki] adj. sujeito a pânicos freqüentes.

panicle [p'ænikl] s. (Bot.) panícula f.

panicmonger [p'ænikmʌŋgə] s. pessoa f. que inventa ou espalha notícias tendentes a provocar pânico.

panic price s. preço m. de queima.

panic-stricken, panic-struck adj. apavorado, em pânico.

paniculate [pən'ikjulit], **paniculated** [pən'ikjuleitid] adj. (Bot.) paniculado, panicular.

panjandrum [pəndʒ'ændrəm] s. chefão, figurão m.

panlogism [p'ænlədʒizm] s. (Filos.) panlogismo m.

pannage [p'ænidʒ] s. (†) 1. direito m. de alimentar porcos em um montado. 2. taxa paga f. por esse direito. 3. alimentos m. pl. para porcos (bolotas, etc.).

pannicle [p'ænikl] s. 1. (Anat.) (†) panículo m. 2. (Anat.) crânio m. 3. (Bot.) planícula f.

pannicular [pæn'ikjulə] adj. panicular, paniculado.

pannier [p'æniə] s. 1. paneiro, cesto m. de vime transportado por bestas. 2. (Arquit.) ornato m. em forma de corbelha. 3. anquinhas f. pl.

pannikin [p'ænikin] s. (Ingl.) 1. panelinha f. 2. canequinha. 3. o conteúdo m. de uma panelinha ou canequinha.

pannose [p'ænous] adj. (Bot.) de aspecto de pano, semelhante a pano.

panocha [pa:n'outʃa] s. (E. U. A.) 1. açúcar mascavo m. mexicano. 2. doce m. feito desse açúcar com manteiga, leite e nozes.

panoplied [p'ænəplid] adj. equipado com a panóplia.

panoply [p'ænəpli] s. (Hist.) panóplia f.

panoptic [pæn'ɔptik], **panoptical** [~əl] adj. panóptico.

panorama [pænor'a:mə] s. panorama m.

panoramic [pænor'æmik], **panoramical** [~əl] adj. panorâmico.
Panpipe [p'ænpaip] s. flauta f. de Pã.
Pan-Slavic adj. (Pol.) pan-eslavista.
Pan-Slavism s. (Pol.) pan-eslavismo m.
pansophic [pæns'ɔfik], **pansophical** [~əl] adj. (Filos.) pansófico.
pansophism [p'ænsəfizm] s. (Filos.) pansofismo m.
pansophy [p'ænsəfi] s. (Filos.) pansofia f.
panspermic [pænsp'ə:mik] adj. (Biol.) panspérmico.
panspermy [p'ænspə:mi], **panspermia** [pænsp'ə:miə] s. (Biol.) panspermia f.
pansy [p'ænzi] s. 1. (Bot.) amor-perfeito m. 2. (gíria) homossexual, "veado" m.
pant [pænt] s. 1. arquejo, ofego m. 2. palpitação pulsação f. ‖ v. 1. arquejar, ofegar. 2. palpitar, pulsar, latejar, bater. 3. anelar, almejar.
to ~ after s. th. almejar alguma coisa.
Pantagruelian [pæntəgru:'eliən], **Pantagruelic** [pæntəgru:'elik] adj. pantagruélico.
Pantagruelist [pæntəgr'u:əlist] s. pantagruelista m. + f.
pantalets, pantalettes [pæntəl'ets] s. pl. calças compridas de mulher, antigamente usadas sob a saia.
pantaloon [pæntəl'u:n] s. 1. pantalão, bobo m. 2. (†) velho imbecil m. 3. **~s** pantalonas, calças f. pl.
pantechnicon [pænt'eknikən] s. (brit.) depósito m. de móveis.
~-van caminhão m. de mudanças.
pantheism [p'ænθiizm] s. panteísmo m.
pantheist [p'ænθiist] s. (Filos.) panteísta m. + f.
pantheistic [pænθi'istik], **pantheistical** [~əl] adj. panteísta.
pantheon [pænθ'i:ən] s. panteão m.
pantheonic [pænθi'ɔnik] adj. panteônico.
panther [p'ænθə] s. 1. (Zool.) pantera f. 2. (E. U. A.) suçuarana, onça-parda f.
pantheress [~ris] s. fêmea f. de pantera.
pantherine [~raln, ~rin] adj. 1. semelhante à pantera. 2. da cor da pantera.
pantherine snake s. (Zool.) cobra-nova f.
pantie [p'ænti], **panties** [~s] s. = **panty.**
pantile [p'æntail] s. telha curva f. (quadro R 5).
panting [p'æntiŋ] adj. arquejante, ofegante.
pantograph [p'æntəgra:f] s. pantógrafo m. ‖ v. copiar mediante emprego do pantógrafo.
pantographic [pæntəgr'æfik], **pantographical** [~əl] adj. pantográfico.
pantography [pænt'ɔgrəfi] s. pantografia f.
pantology [pænt'ɔlədʒi] s. (Filos.) pantologia f.
pantometer [pænt'ɔmitə] s. pantômetro m.
pantomime [p'æntəmaim] s. 1. pantomima f. 2. pantomimo, pantomimeiro m. ‖ v. pantomimar.
pantomimic [pæntəm'imik], **pantomimical** [~əl] adj. pantomímico. ‖ **~ally** adv. à maneira pantomímica.
pantomimist [p'æntəmaimist] s. 1. pantomimeiro, pantomimo m. 2. autor m. de pantomimas.
pantoscope [p'æntəskoup] s. (Fot.) pantoscópio m.
pantry [p'æntri] s. despensa, copa f.
pantryman [~mən] s. despenseiro m.
pants [pænts] s. pl. 1. (fam.) calças f. pl. 2. (E. U. A., fam.) ceroulas f. pl.
pants suit s. (roupa feminina) terninho m.
panty, pantie [p'ænti] s. calcinha f. de crianças e mulheres.
pantyhose [p'æntihouz] s. meia-calça f.
pap (I) [pæp] s. 1. (†) mamilo m. 2. (†) teta f. 3. borbulha, espinha f.
pap (II) [pæp] s. 1. papa, mingau m. 2. polpa f. 3. (fam.) favores oficiais m. pl., (gíria) mamata f. ‖ v. alimentar com papas ou mingaus.
to ~ up forçar a alimentação para robustecimento.
papa [pəp'a:] s. papai m.

papable [p'eipəbl] adj. papável.
papacy [p'eipəsi] s. 1. papado m.: a) dignidade papal. b) tempo de pontificado. 2. linha papal, sucessão de papas f. 3. governo papal m.
papain [pəp'eiin] s. (Bioquím.) papaína f.
papal [p'eipəl] adj. 1. papal, papalino. 2. católico apostólico romano.
~ cross cruz papal, com 3 braços transversais.
papalism [~izm] s. papismo m.
papalist [~ist] s. papista m. + f. ‖ adj. papista.
papaveraceae [pəpævər'eisii:] s. pl. (Bot.) papaveráceas f. pl.
papaveraceous [pəpævər'eiʃəs] adj. (Bot.) papaveráceo.
papaverine, papaverin [pəp'ævəri:n] s. (Quím.) papaverina f.
papaw, pawpaw [pəp'ɔ:] s. (Bot.) 1. mamoeiro m. 2. mamão m. 3. asimina f.
papaya [pəp'aiə] s. (Bot.) 1. mamoeiro m. 2. mamão m.
paper [p'eipə] s. 1. papel m. 2. papiro m. 3. folha f. ou pedaço m. de papel. 4. carteira f. 5. **~s** pl. documentos, autos m. pl. 6. jornal m. 7. papel-moeda m. 8. título, bônus m., letra f. de câmbio, nota promissória, ação f. 9. nota f., ensaio m. 10. documentos m. pl. de identidade. 11. **~s** pl. (Náut.) papéis m. pl. de bordo. 12. questionário m. de exame. 13. papel m. fantasia para decoração. 14. (gíria) entrada gratuita f. 15. (gíria) portador m. de permanente. 16. **~s** pl. papelotes m. pl. 17. (gíria) baralho marcado m. ‖ v. 1. assentar em papel. 2. embrulhar. 3. empapelar. 4. lixar. 5. (gíria) dar permanentes a. 6. suprir de papel. ‖ adj. 1. de papel. 2. fictício, teórico. 3. frágil, fino.
blotting ~ mata-borrão. **carbon ~** papel carbono. **drawing ~** papel para desenho. **emery ~** lixa. **fly ~** papel pega-moscas. **glass ~** folha de lixa. **letter ~** papel para correspondência. **news~** jornal. **tissue ~** papel de seda. **toilet ~** papel higiênico. **wall ~** papel pintado (para revestimento de paredes internas). **waste ~** papel usado. **wrapping ~** papel de embrulho. **a quire of ~** uma mão de papel. **a ream of ~** uma resma de papel. **a ~ of cigarettes** um maço de cigarros. **he sent in his ~s** ele pediu demissão. **on ~** 1. por escrito. 2. no papel, teoricamente. **~ does not blush** o papel aceita tudo. **to commit to ~, to put to ~** anotar, registrar, tomar nota de. **to move for ~s** requerer os autos. **to read a ~** fazer uma conferência.
paperback [p'eipəbæk] s. 1. (coloq.) brochura f. livro brochado, de capa mole. 2. livro m. de bolso.
paper-bag, paper-sack s. saquinho m. de papel.
paperbark [p'eipəba:k] s. (Bot.) cajepute m.
paper birch s. (Bot.) vidoeiro m. de papel.
paperboard [p'eipəbɔ:d] s. papelão m. ‖ adj. de papelão.
paperboy [p'eipəbɔi] s. jornaleiro m.: menino que vende ou entrega jornais.
paper clip s. clipe m. para papel.
paper credit s. crédito cambial m.
paper cutter s. 1. guilhotina f.: máquina para cortar papel. 2. corta-papel m.
paperer [p'eipərə] s. 1. empapelador m. 2. lixador m.
paper-faced adj. 1. pálido. 2. forrado de papel.
paper-hanger s. artífice m. + f. que forra com papéis (as paredes de quartos, etc.)
paper hangings s. papel fantasia m. para decorações.
papering [p'eipəriŋ] s. empapelamento m.
paper-knife s. espátula f., corta-papel m.
papermaker [p'eipəmeikə] s. papeleiro m., fabricante m. + f. de papel.

paper-mill s. fábrica f. de papel.
paper-money s. papel-moeda m.
paper napkin s. guardanapo m. de papel.
paper-nautilus s. (Zool.) argonauta m.
paper office s. (Hist.) arquivo m. do Estado.
paper pattern s. (Costura) molde m. de papel (para corte de vestidos).
paper-plant, ~-reed, ~-rish s. (Bot.) papiro m.
paper-stainer s. fabricante m. + f. de papel fantasia.
paper tiger s. tigre m. de papel (pessoa fanfarrona).
paperweight [p'eipəweit] s. pesa-papéis m.
paper work s. 1. trabalho escrito m. 2. registro m. de dados. 3. papelada f.
papery [p'eipəri] adj. semelhante a papel.
papier-mâché s. (fr.) cartão-pedra m.
papilionaceous [pəpiliən'eiʃəs] adj. (Bot.) papilionáceo.
papilla [pəp'ilə] s. (Anat., Bot.) papila f.
papillar [~], **papillary** [~ri], **papillate** [-leit] adj. papilar.
papilloma [pæpil'oumə] s. (Med.) papiloma m.
papillose [p'æpilous] adj. papilar.
papillote [p'æpilout] s. papelote m.
papism [p'eipizm] s. .papismo m.
papist [p'eipist] s. papista m. + f. ‖ adj. papista.
papistic [pəp'istik], **papistical** [~əl] adj. relativo ao papismo.
papoose [pəp'u:s] s. criança f. descendente de índios norte-americanos.
pappose [p'æpous], **pappous** [p'æpəs] adj. (Bot.) papífero, papiforme.
pappus [p'æpəs] s. (Bot.) papo m.
pappy (I) [p'æpi] s. (fam.) papai m.
pappy (II) [p'æpi] adj. 1. em forma de papa ou mingau. 2. suculento, tenro.
paprika, paprica [p'æprikə] s. 1. (Bot.) pimentão-doce m. 2. colorau m.
papuan [p'æpjuən] s. papua m. + f. ‖ adj. papua.
papular [p'æpjulə], **papulate** [p'æpjuleit] adj. papuloso.
papule [p'æpju:l] s. (Med.) pápula f.
papulous [p'æpjuləs] adj. papuloso.
papyraceous [pæpir'eiʃəs] adj. papiráceo.
papyral [pəp'aiərəl], **papyrian** [pəp'iəriən] adj. papíreo.
papyrus [pəp'aiərəs] s. 1. (Bot.) papiro m. 2. manuscrito m. feito no papiro. ‖ adj. papíreo.
par [pa:] s. 1. paridade f., nível m. 2. equivalência f. ‖ v. colocar a par. ‖ adj. a par.
to be at ~ estar ao par (moeda). **above ~** acima do par. **below ~, under ~** abaixo do par. **on a ~** em média. **~ of exchange** paridade de câmbio. **to be on a ~ with** estar no mesmo nível que.
parabasis [pər'æbəsis] s. parábase f.
parabiosis [pærəbai'ousis] s. parabiose f.
parablast [p'ærəblæst] s. (Embriol.) parablasto m.
parablastic [pærəbl'æstik] adj. parablasto.
parable [p'ærəbl] s. parábola, narração alegórica f. ‖ v. representar por parábolas.
the ~s.of Christ as parábolas de Cristo.
parabola [pər'æbələ] s. (Geom.) parábola f.
parabolic [pærəb'ɔlik], **parabolical** [~əl] adj. 1. parabólico. 2. alegórico. ‖ **~ally** adv. parabolicamente, alegoricamente.
parabolicalism [pærəb'ɔlikəlizm] s. parabolismo m.
parabolic reflector s. reflector parabólico m.
parabolist [pər'æbəlist] s. parabolista m.: narrador m. de parábolas.
parabolize [pər'æbəlaiz] v. parabolizar, expressar em parábolas.
paraboloid [pər'æbəlɔid] s. (Geom.) parabolóide m.
paraboloidal [pæræbəl'ɔidəl] adj. (Geom.) parabolóide m.
parachronism [pær'ækrənizm] s. paracronismo m.

parachute [p'ærəʃu:t] s. 1. pára-quedas m. 2. (Zool.) patágio m. de mamíferos ou reptis. ‖ v. 1. saltar de pára-quedas. 2. lançar de pára-quedas.
parachute canopy s. velame m. do pára-quedas.
parachute cords s. cordas f. pl. do pára-quedas.
parachute flare s. foguete luminoso m. com pára-quedas.
parachute harness s. colete m. de pára-quedas, arreio m. de pára-quedas.
parachute jump s. salto m. com pára-quedas.
parachute rigger s. mantenedor m. de pára-quedas.
parachutic [~ik] adj. relativo a pára-quedas.
parachutism [~izm] s. pára-quedismo m.: exercícios em saltos com pára-quedas.
parachutist [~ist] s. pára-quedista m. + f.
Paraclete [p'ærəkli:t] s. 1. paracleto m.: Espírito Santo. 2. (fig.) advogado, defensor, intercessor m.
paracorolla [pærəkor'ɔlə] s. (Bot.) paracorola f.
paracymene [pærəs'aimi:n] s. (Quím.) paracimeno m.
parade [pər'eid] s. 1. pompa, ostentação f. 2. parada f., desfile m., revista f. de tropas. 3. local m. para desfiles. 4. multidão f. de passeantes. 5. cortejo m., passeata f. ‖ v. 1. ostentar. 2. desfilar. 3. passar em revista. 4. exibir-se. 5. formar para desfile.
to ~ the streets passar pelas ruas em desfile.
parade ground s. campo m. de exercícios.
parader [~ə] s. pessoa f. que desfila.
paradigm [p'ærədaim] s. paradigma, modelo, padrão m.
paradigmatic [pærədigm'ætik], **paradigmatical** [~əl] adj. paradigmal, modelar, exemplar. ‖ **~ally** adv. de forma paradigmal ou modelar.
parading [pər'eidiŋ] adj. em desfile.
paradisaical [pærədis'eiikəl] adj. = **paradisiac.**
paradise [p'ærədais] s. 1. paraíso, edem m. 2. sítio aprazível m. 3. felicidade, bem-aventurança f.
in ~ no sétimo céu.
paradise bird s. (Orn.) ave-do-paraíso f.
paradise plant s. (Bot.) lauréola-fêmea, mezerão.
paradisiac [pærədis'iæk], **paradisiacal** [pærədis'aiəkl], **paradisic** [pærəd'isik] adj. paradisíaco, paradísico.
parados [p'ærədos] s. (Fort.) pára-costas, pára-dorso m.
paradox [p'ærədoks] s. paradoxo m. ‖ v. 1. proferir paradoxos. 2. demonstrar paradoxos.
paradoxical [pærəd'ɔksikəl] adj. paradoxal. ‖ **~ly** adv. paradoxalmente.
paradoxicality [pærədoksik'æliti], **paradoxicalness** [-nis] s. paradoxalidade f., caráter paradoxal m.
paradromic [pærədr'omik] adj. que corre lado a lado.
paradrop [p'ærədrop] s. + v. = **parachute.**
paraesthesia, paresthesia [pærəsθ'i:ziə] s. (Psiq.) parestesia f.
paraffin, paraffine [p'ærəfin] s. parafina f. ‖ v. parafinar, parafinizar.
paraffinic [pærəf'inik] adj. parafinado.
paraffin oil s. querosene m.
paraffin wax s. cera f. de parafina.
paragenetic [pærədʒin'etik], **paragenic** [pærədʒ'enik] adj. (Geol.) paragenético.
parageusia [pærəgj'u:siə], **parageusis** [-sis] s. (Med.) parageusia f.
paragoge [pærəg'oudʒi] s. (Gram.) paragoge, epítese f.
paragogic [pærəg'odʒik], **paragogical** [~əl] adj. paragógico.
paragon [p'ærəgən] s. 1. modelo m. de perfeição, protótipo, padrão m. 2. diamante m. de mais de 100 quilates. 3. (Tipogr.) tipo m. de corpo 20. ‖ v. 1. paragonar, assemelhar. 2. servir como modelo.
paragonite [pər'ægənait] s. (Miner.) paragonita f.
paragraph [p'ærəgra:f] s. 1. parágrafo m. (quadro B 17), alínea f. 2. tópico, suelto m., vária f. ‖ v. parafrafar.
paragrapher [p'ærəgra:fə], **paragraphist** [-gra:fist] s.

redator m. de parágrafos, comentarista m. + f.
Pará grass s. 1. (Bot.) capim-angola, capim-da-colônia m. 2. fibra f. de piaçava.
Paraguayan [pærəgu'aiən] s. paraguaio m. ‖ adj. paraguaio.
parakeet [p'ærəki:t] s. periquito m.
paraldehyde [pær'ældihaid] s. (Quím.) paraldeído m.
paraleipsis [pærəl'aipsis], **paralepsis** [-l'epsis], **paralipsis** [-l'ipsis] s. (Ret.) paralipse f.
parallactic [pærəl'æktik] adj. paraláctico.
parallax [p'ærəlæks] s. (Astr.) paralaxe f.
parallel [p'ærəlel] s. 1. paralela, linha paralela f. 2. paralelismo m. 3. semelhança, analogia f. 4. paralelo, confronto m., comparação f. 5. cada um dos círculos paralelos ao equador. 6. similar m. + f.: objeto, pessoa ou animal idêntico ao outro. 7. régua f. de paralelas. 8. ~s pl. (Tipogr.) sinal m. de referência (‖). ‖ v. 1. comparar, confrontar. 2. formar à semelhança de. 3. igualar, assemelhar. 4. dispor em posição paralela a. 5. ser paralelo a. ‖ adj. 1. paralelo. 2. semelhante, análogo. ‖ ~ly adv. paralelamente.
~ **of latitude** (Geogr.) círculo de latitude. **literary** ~ analogia na literatura. **in** ~ **with** semelhante a. **he doesn't find his** ~ ele não encontra similar. **to draw a** ~ **between** traçar um paralelo entre, fazer uma comparação entre. **we put ourselves on a** ~ **with** comparamo-nos a. **to run** ~ **to** 1. correr paralelo a. 2. concordar com, guiar-se por. **we** ~ **it with** confrontamo-lo com. **without** ~ sem paralelo, inigualado.
parallel bars s. pl. (Ginástica) paralelas f. pl. (quadro G 3).
parallel connection s. (Eletr.) ligação f. em paralelo.
parallelepiped [pærəlel'epiped] s. (Geom.) paralelepípedo m.
parallel file s. lima paralela f.
parallelism [p'ærələlizm] s. 1. paralelismo m., posição paralela f. 2. semelhança, analogia, similaridade f.
parallelize [p'ærəlelaiz] v. paralelizar.
parallelodrome [pærəl'elədroum] adj. (Bot.) paralelinérveo.
parallelogram [pærəl'eləgræm] s. (Geom.) paralelogramo m.
parallel ruler s. régua f. de paralelas.
parallel-veined adj. (Bot.) paralelinérveo.
parallel vice s. torninho paralelo m.
paralogical [pærəl'ɔdʒikl] adj. paralógico, ilógico.
paralogism [pər'ælədʒizm] s. paralogismo m.
paralogize [pər'ælədʒaiz] v. raciocinar erroneamente.
paralogy [pər'ælədʒi] s. paralogismo m.
paralysation [pærəlaiz'eiʃən] s. paralisação f.
paralyse [p'ærəlaiz] v. paralisar: a) tornar paralítico. b) entorpecer, neutralizar.
paralysis [pər'ælisis] s. (Med.) paralisia f.
paralytic [pærəl'itik] s. paralítico m. ‖ adj. paralítico.
paramagnetic [pærəmægn'etik] adj. paramagnético.
paramagnetism [pærəm'ægnətizm] s. paramagnetismo m.
paramecium [pærəm'i:ʃiəm] s. (Zool.) paramécio m.
parameter [pər'æmitə] s. (Mat., Geom.) parâmetro m.
parametric [pærəm'etrik] adj. paramétrico.
paramilitary [pærəm'ilitəri] adj. paramilitar.
paramnesia [pærəmn'iziə] s. (Psiq.) paramnésia f.
paramorphism [pærəm'ɔ:fizm] s. (Miner.) paramorfismo, alomorfismo m.
paramorphous [pærəm'ɔ:fəs] adj. paramórfico.
paramount [p'ærəmaunt] s. chefe supremo m. ‖ v. ser ou tornar-se supremo. ‖ adj. superior, supremo, soberano. ‖ ~ly adv. de modo superior, soberbo.
to be ~ **to** ser superior a, ter mais importância que.

paramountcy [~si] s. supremacia, soberania f.
paramour [p'ærəmuə] s. amante m. + f.
parang [p'æræŋg] s. facão malaio m.
paranoia [pærən'ɔiə] s. (Psiq.) paranóia, paranéia f.
paranoiac [pærən'ɔiæk] s. paranóico, paranéico m. ‖ adj. paranóico, paranéico.
paranormal [pærən'ɔ:məl] adj. (Psiq.) paranormal.
Pará nut [pa:r'a:nʌt] s. castanha-do-pará f.
paranymph [p'ærənimf] s. 1. paraninfo, padrinho m. 2. (fig:) protetor m.
parapet [p'ærəpit] s. parapeito m., balaustrada f.
parapetalous [pærəp'etələs] adj. (Bot.) parapétalo.
paraph [p'ærəf] s. floreado m. (em assinatura).
paraphernalia [pærəfə:n'eiliə] s. pl. 1. parafernais f. pl. 2. (Jur.) objetos m. pl. de uso pessoal. 3. equipamento m., acessórios m. pl.
paraphrase [p'ærəfreiz] s. paráfrase f. ‖ v. parafrasear.
paraphraser [~ə] s. parafrasta m. + f.
paraphrasia [pærəfr'eiziə] s. (Med.) parafrasia f.
paraphrast [p'ærəfræst] s. parafrasta m. + f. ‖ v. parafrasear.
paraphrastic [pærəfr'æstik], **paraphrastical** [~əl] adj. parafrástico. ‖ ~ally adv. por meio de paráfrase.
paraphrenia [pærəfr'i:niə] s. (Psiq.) esquizofrenia f.
paraphrenitis [pærəfren'aitis] s. (Med.) inflamação f. dos tecidos adjacentes ao diafragma.
paraplegia [pærəpl'i:dʒiə] s. (Med.) paraplegia f.
paraplegic [pærəpl'edʒik] s. pessoa atacada de paraplegia. ‖ adj. paraplégico.
parapodial [pærəp'oudiəl] adj. parapodário.
parapsychology [pærəsaik'ɔlədʒi] s. parapsicologia f.
paraquito [pærək'i:tou] s. (Ornit.) periquito m.
Pará rubber [pa:r'a:rʌbə] s. borracha f. tipo Pará.
Pará rubber tree s. (Bot.) seringueira f. do Pará.
parasital [pær'əsaitəl] adj. parasítico, parasitário.
parasite [p'ærəsait] s. 1. parasito m., parasita m. + f. 2. (fig.) papa-jantares, gaudério m. ‖ v. parasitar.
parasitic [pærəs'itik], **parasitical** [~əl] adj. parasítico. ‖ ~ally adv. como parasita.
parasiticide [pærəs'itisaid] s. parasiticida m.
parasitism [p'ærəsaitizm] s. parasitismo m.
parasitize [p'ærəsitaiz] v. 1. parasitar, parasitear. 2. infestar de parasitas.
parasitology [pærəsait'ɔlədʒi] s. (Biol.) parasitologia f.
parasitosis [pærəsait'ousis] s. (Med.) parasitose f.
parasol [p'ærəsɔl] s. guarda-sol, pára-sol m., sombrinha f. (quadro S 14).
parasympathetic [pærəsimpəθ'etik] adj. (Anat., Fisiol.) parassimpático.
parasympathomitetic [pærəsimpəθɔmit'etik] adj. de efeito estimulante sobre o parassimpático.
parasynapsis [pærəsin'æpsis] s. (Biol.) parassinapse f.
paratactic [pæriət'æktik] adj. paratáctico.
parataxis [pærət'æksis] s. parataxe f.
parathesis [pər'æθisis] s. 1. aposição f. 2. parêntese f.
parathyroid [pærəθ'airɔid] s. (Anat.) paratireóide f. ‖ adj. paratireóide.
paratroop [p'ærətru:p] s. (milit.) força f. de pára-quedistas.
paratrooper [~ə] s. (milit.) soldado m. pára-quedista.
paratyphoid fever [pærət'aifɔid f'i:və] s. (Med.) paratifo m.
paravane [p'ærəvein] s. (Náut.) paravana f.: aparelho para cortar as amarras de minas.
paraxial [pær'æksiəl] adj. paraxial.
parboil [p'a:bɔil] v. 1. engrolar, encalir, cozer ligeiramente. 2. (fig.) escaldar.
parbuckle [p'a:bʌkl] s. 1. virador m. 2. tiravira m. ‖ v. içar por meio de um virador.
parcel [pa:sl] s. 1. (arc.) parcela, porção f., quinhão m. 2. quantidade, quantia f. 3. pacote, embrulho m.

4. remessa f., grupo m. de objetos. 5. pedaço m. de terra, lote m. ‖ v. 1. parcelar, (Bras.) lotear. 2. embrulhar, empacotar. 3. (Náut.) percintar. ‖ adj. em parcelas. ‖ adv. parceladamente.
bill of ~**s** fatura. **by** ~**s** ou **in** ~ parceladamente.
parcel-gilt adj. parcialmente dourado.
parceling, parcelling [p'a:sliŋ] s. 1. parcelamento m., (Bras.) loteamento m. 2. (Náut.) percinta, tira f. de lona alcatroada.
parcel post s. encomenda postal f.
parcel-room s. guarda-bagagens, porta-bagagens m.
parcels office s. agência f. de transporte de encomendas.
parcenary [p'a:sinəri] s. (Jur.) herança f. em comum.
parcener [p'a:sinə] s. (Jur.) co-herdeiro m.
parch [pa:tʃ] v. 1. tostar, crestar. 2. ressecar. 3. tostar-se, ressecar-se.
~**ed corn** pipoca. ~**ed lips** lábios ressequidos.
parchedness [p'a:tʃidnis] s. seca f.
parching [p'a:tʃiŋ] adj. abrasador. ‖ ~**ly** adv. abrasadoramente.
parchment [p'a:tʃmənt] s. pergaminho m.
parchment paper s. papel-pergaminho m.
parchmentize [~aiz] v. apergaminhar.
parchment-maker s. pergaminheiro m.: fabricante de pergaminho.
parchmenty [~i] adj. pergamináceo.
pard [pa:d] s. 1. (†) leopardo m. 2. (gíria) sócio, parceiro m.
pardner [p'a:dnə] s. (coloq., E.U.A.) sócio, parceiro, amigo m.
pardon [pa:dn] s. 1. perdão, indulto m. 2. graça f. 3. absolvição f. ‖ v. 1. perdoar. 2. escusar.
I beg your ~ perdoe-me, desculpe-me. **(I) beg your** ~**?** como disse? **general** ~ anistia geral. **he was** ~**ed** foi-lhe concedido o perdão.
pardonable [p'a:dnəbl] adj. perdoável, desculpável. ‖ **–bly** adj. de modo perdoável.
pardonee [pa:dən'i:] s. pessoa agraciada por perdão.
pardoner [p'a:dnə] s. 1. perdoador m. 2. pregador m. que na Idade Média vendia indulgências papais.
pardoning [p'a:dniŋ] adj. clemente, indulgente.
pare [pɛə] v. 1. aparar, desbastar. 2. mondar. 3. podar. 4. reduzir, restringir.
to ~ **off** ou **away** descascar. **his salary was** ~**d down** seu salário foi reduzido.
paregoric [pærəg'ɔrik] s. (Farmac.) elixir paregórico m. ‖ adj. paregórico, anódino, calmante.
pareira brava [pər'eirəbr'a:və] s. 1. (Bot.) parreira-brava, abutua f. (Chondodendron tomentosum). 2. (Farmac.) raiz f. de parreira-brava.
parencephalon [pærəns'efələn] s. (Anat.) parencéfalo, cerebelo m.
parenchym [pər'eŋkim], **parenchyma** [~ə] s. (Zool. e Bot.) parênquima m.
parent [p'ɛərənt] s. 1. pai m. ou mãe f. 2. (fig.) origem, fonte, causa f. 3. ~**s** pl. ancestrais, antepassados m. pl. ‖ adj. paterno, materno.
the ~**s** os pais. ~**s–in–law** sogros. (Com.) ~ **house,** ~ **company** matriz.
parentage [~idʒ] s. 1. ascendência, origem f. 2. paternidade f.
parental [pər'entl] adj. paterno, materno, parental.
parenteral [pær'entərəl] adj. (Med.) parenteral.
parenthesis [pər'enθisis] s. 1. parêntese m. 2. (fig.) intervalo, interlúdio m.
by way of ~ incidentalmente.
parenthesize [pər'enθisaiz] v. 1. abrir um parêntese, pôr entre parênteses. 2. inserir parênteses. 3. observar incidentalmente.
parenthetic [pærənθ'etik], **parenthetical** [~əl] adj. 1. parentético. 2. intercalado. 3. (Joc.) curvo, torto.

to remark ~**ally** comentar de passagem.
parenthood [p'ɛərənthud] s. paternidade, maternidade f.
parenticide [pər'entisaid] s. 1. parricida m. + f. 2. parricídio m.
parentless [p'ɛərəntlis] adj. órfão f. de pai e mãe.
parer [p'ɛərə] s. 1. máquina f. ou instrumento m. para podar ou aparar. 2. podador, aparador m.
parergon [pær'ə:gɔn] s. parergo m.
paresis [p'ærisis] s. (Med.) paresia f.
general ~ paralisia geral.
paretic [pər'etik] s. pessoa f. que sofre de paresia. ‖ adj. parético.
pargasite [p'a:gəsait] s. (Miner.) pargasita f.
parget [p'a:dʒit] s. 1. reboco m. 2. gipsita f. ‖ v. 1. rebocar. 2. fazer ornatos em gesso.
pargeting, pargetting [~iŋ] s. estucagem f.
parhelic circle s. (Astron.) círculo parélico m.
parhelion [pa:h'i:liən], **parhelium** [pa:h'i:liəm] s. (Astron.) parélio m.
pariah [p'æriə] s. pária, pariá m.: 1) membro da casta mais baixa dos hindus. 2) (fig.) homem excluído da sociedade.
paries [p'eirii:z] s. (Biol.) parede f. de cavidade ou de órgão oco.
parietal [pər'aiitl] s. (Anat.) parietal m. ‖ adj. 1. parietal. 2. (E. U. A.) residente nos edifícios de uma universidade.
~ **bone** osso parietal (quadro S 6).
parietary [pər'aiitəri] s. (Bot.) parietária, tiritaua, alfavaca-de-cobra f. (Parietaria officinalis).
parimutuel [pərimj'utʃuəl] s. sistema m. de apostas em corridas de cavalos.
paring [p'ɛəriŋ] s. 1. aparadela, poda f., desbaste m. 2. ~**s** aparas f. pl., retalhos m. pl.
paring chisel s. 1. formão curvo m. 2. formão grosso m.
Paris green s. (Quím.) verde-paris, acetato de cobre m.
parish [p'æriʃ] s. paróquia f. ‖ adj. paroquial.
to be on the ~ receber auxílio da paróquia.
parish-clerk s. sacristão m.
parish council s. junta paroquial f.
parishioner [pər'iʃənə] s. paroquiano, freguês m.
parish register s. registro paroquial m.
Parisian [pər'izjən] s. parisiense m. + f. ‖ adj. parisiense.
parisyllabic [pærisil'æbik] s. (Gram.) parissílabo m. ‖ adj. (Gram.) parissílabo.
parity [p'æriti] (I) s. paridade, igualdade, analogia r.
at the ~ **of** na paridade de, pelo câmbio de.
parity (II) [p'æriti] s. condição f. de haver parido.
park [pa:k] s. 1. parque m., tapada f. 2. local m. para estacionamento de veículos. 3. ostreira f.: bacia para criação de ostras. 4. (E. U. A.) vale plano m. entre cordilheiras de montanhas. ‖ v. 1. encerrar em um parque. 2. transformar em parque, ajardinar. 3. estacionar (veículos). 4. (gíria, E. U. A.) deixar em determinado local (objetos). 5. (E. U. A., gíria) aboletar-se. 6. (milit.) reunir artilharia ou viaturas em um parque. 7. criar em ostreira.
~ **yourself!** (coloq.) sente-se!
parking [p'a:kiŋ] s. estacionamento m. de veículos.
~ **prohibited!** ou **no** ~**!** estacionamento proibido!
parking brake s. freio m. de mão.
parking light s. luz f. de estacionamento.
parking meter s. parquímetro m.
parking-place s. ponto m. de estacionamento.
parkinsonism [p'a:kinsənizm] s. (Pat.) mal de Parkinson m.: distúrbios nervosos e rigidez muscular.
park paling s. cerca f., estaca f. de parque.

parkway [p'a:kwei] s. ampla avenida f. arborizada.

parky [p'a:ki] adj. fresco (vento).

parlance [p'a:ləns] s. 1. conservação f., debate m. 2. dicção, dição f. 3. fraseologia f.

common ~ linguagem coloquial. medical ~ terminologia médica.

parlatory [p'a:lətəri] s. parlatório, locutório m.

parlay [p'a:li, -lei] s. (E. U. A. turfe e futebol) acumulada f. ‖ v. fazer acumuladas.

parley [p'a:li] s. parlamentação f. ‖ v. 1. parlamentar. 2. discutir. 3. (joc.) falar (idioma estrangeiro).

to beat a ~, to sound a ~ tocar para chamada. to hold a ~ parlamentar. to ~ French falar francês.

parliament [p'a:ləmənt] s. parlamento m., assembléia legislativa, câmara f. dos deputados.

~ and her services o parlamento e suas atividades.

parliamentarian [pa:ləment'eəriən] s. 1. parlamentar m. 2. parlamentarista m. + f. ‖ adj. do parlamento.

parliamentarianism [~izm], parliamentarism [pa:ləm-'entərizm] s. parlamentarismo m.

parliamentarize [pa:ləm'entəraiz] v. parlamentarizar.

parliamentary [pa:ləm'entəri] s. parlamentar m. ‖ adj. parlamentar. ‖ -rily adv. de modo parlamentar.

parling [p'a:liŋ] s. conferência f., debate m.

parlour, parlor [p'a:lə] s. 1. parlatório, locutório m. 2. sala f. de visitas, de estar. ‖ adj. de sala.

beauty ~ salão de beleza. funeral ~ agência funerária.

parlour car s. (Estr. de F.) vagão-salão m.

parlour game s. jogo de salão m.

parlour maid s. arrumadeira f., criada f. de quarto.

parlour palm s. (Bot.) aspidistra f.

parlous [p'a:ləs] adj. (†) 1. astuto, sagaz, malicioso. 2. tremendo, terrível. ‖ ~ly adv. astuciosamente, maliciosamente. ‖ adv. extremamente.

parlousness [~nis] s. (†) astúcia, malícia f.

Parmesan [pa:miz'æn] adj. parmesão, de Parma.

Parmesan cheese s. queijo parmesão m.

Parnassian [pa:n'æsiən] s. parnasiano m. ‖ adj. parnasiano.

Parnassianism [~izm], Parnassism [pa:n'æsizm] s. parnasianismo m.

parochial [pər'oukiəl] adj. 1. paroquial, paroquiano. 2. (fig.) estreito, limitado, provinciano.

parochialism [~izm], parochiality [-ki'æliti] s. 1. administração paroquial f. 2. estreiteza f. de vista.

parochial school s. escola paroquial f.

parodic [pər'ɔdik] adj. paródico.

parodist [p'ærədist] s. parodista m. + f.

parodistic [pærəd'istik] adj. paródico. ‖ ~ally adv. por meio de paródia.

parody [p'ærədi] s. paródia, imitação burlesca f. ‖ v. parodiar, arremedar.

par of exchange s. (Com.) = par value.

parol, parole [pər'oul] s. 1. palavra, promessa verbal f. 2. palavra f. de honra. 3. senha f. 4. (Jur.) livramento condicional m. ‖ v. libertar sob palavra. ‖ adj. verbal, oral.

by ~ verbalmente, oralmente. on ~ sob palavra.

parolee [pəroul'i:] s. (Jur.) pessoa em liberdade condicional f. (sob palavra).

paronomasia [pærənom'eiziə] s. (Ret.) paronomásia f.

paronym [p'ærənim] s. (Gram.) cognato.

paronymic [pærən'imik], paronymous [pær'onimes] s. (Gram.) cognato m. ‖ adj. 1. (Gram.) cognato. 2. (Gram.) parônimo.

paronymy [pær'onimi] s. qualidade f. de cognato.

parotid [pər'ɔtid] s. (Anat.) parótida, parótide f. ‖ adj. parotídeo.

parotitic [pærət'itik] adj. parotídeo.

parotitis [pærət'aitis] s. (Med.) parotidite, caxumba f.

paroxysm [p'ærəksizm] s. (Med.) paroxismo, acesso, ataque m.

~ of crying choro convulsivo.

paroxysmal [pærəks'izməl], paroxysmic [-zmik] adj. paroxísmico, paroxístico.

paroxytone [pər'ɔksitoun] s. (Gram.) paroxítono m. ‖ adj. (Gram.) paroxítono.

parquet [p'a:kei] s. 1. parquete, assoalho m. de tacos. 2. platéia f., compartimento m. de salas de espetáculos. ‖ v. forrar com tacos.

parquet circle s. (Teat.) fundo m. da platéia.

parquetry [p'a:kitri:] s. parquete m.

parr [pa:] s. filhote m. de salmão.

parrel [p'ærəl] s. (Náut.) troça f.

parricidal [pæris'aidəl] adj. parricida.

parricide [p'ærisaid] s. 1. parricídio m. 2. parricida m. + f.

parrier [p'æriə] s. aparador m.; aquele que apara.

parrot [p'ærət] s. (Ornit.) 1. papagaio m., aracanga f. 2. (fig.) pessoa que repete tudo que ouve ou lê. ‖ v. papaguear, papagaiar. ‖ adj. de ou semelhante a papagaio.

~ disease, ~ fever psitacose.

parroter [~ə] s. imitador m.

parrotry [~ri] s. imitação servil f.

parroty [~i] adj. papagaial.

parry [p'æri] s. parada f. (na esgrima). ‖ v. 1. aparar (golpes). 2. evitar, evadir.

parse [pa:z] v. analisar gramaticalmente.

parsec [p'a:sek] s. (Astron.) parsec m.: unidade f. de distância sideral (=3,26 anos-luz).

Parsee [pa:s'i:], Parsi [p'a:si] s. parse m.: 1. sectário de Zoroastro. 2. antigo dialeto iraniano.

Parsic [p'a:sik] adj. parse: relativo aos parses ou ao parsismo.

Parsiism [p'a:si:izm] s. parsismo m.: religião dos parses.

parsimonious [pa:sim'ouniəs] adj. 1. parcimonioso, frugal, parco. 2. avarento, sovina. ‖ ~ly adv. parcimoniosamente.

parsimoniousness [~nis] s. temperamento ou caráter parcimonioso m.

parsimony [p'a:siməni] s. 1. parcimônia, frugalidade f. 2. avareza, sovinice f.

parsley [p'a:sli] s. (Bot.) salsa f.

~ camphor apiol.

parsnip [p'a:snip] s. (Bot.) pastinaca f.

parson [pa:sn] s. 1. pároco, cura, vigário m. 2 (coloq.) clérigo, sacerdote m.

~'s nose (coloq.) uropígio.

parsonage [p'a:sənidʒ] s. curato, presbitério m.

parsonic [pa:s'ɔnik], parsonical [~əl] adj. paroquial, clerical.

part [pa:t] s. 1. parte f.: a) elemento componente de um todo. b) lote, fração, pedaço, porção, fragmento. c) divisão de uma obra. d) (Mec.) peça. e) (Anat.) órgão, membro. f) dever, obrigação. g) região, distrito, lugar, banda. h) facção, partido, litigante. i) (Mús.) voz ou instrumento em música sinfônica. j) (Teat.) movimento, andamento musical. 2. (Mat.) parte alíquota f., submúltiplo m. 3. (E. U. A.) risca f. de cabelo. 4. (pl.) talento m., capacidade f., prendas, qualidades f. pl. 5. fascículo m. de um livro. ‖ v. 1. partir, dividir, secionar, 2. separar, apartar, desunir. 3. repartir, lotear, parcelar. 4. quebrar, romper, fragmentar. 5. ir-se embora, retirar-se. 6. intervir, colocar-se entre. 7. deixar, separar-se de. 8. morrer. 9. quebrar-se, romper-se. 10. discriminar, distinguir. 11. repartir (cabelo).

component ~s partes componentes ou integrantes.

do your ~! cumpra a parte que lhe compete! for

my ~ quanto a mim, pelo que me diz respeito, de minha parte. **for the most** ~ na maioria dos casos, geralmente. **good** ~**s** talento (de uma pessoa). **he took it in good** ~ ele o recebeu com boa disposição. **I am art and** ~ **in** tenho parte em. **I have neither** ~ **nor lot in it** não tenho nada a ver com isso. **I take his** ~ tomo o seu partido, coloco-me a seu lado. **in foreign** ~**s** no exterior, em outras bandas. **in good** ~**s** com boa disposição, com boa vontade. **in large** ~ em grande parte. **in** ~ em parte. **in these** ~**s** nestas bandas, por aqui. **it forms a** ~ **of** representa uma parte de. **of** ~**s** talentoso, capaz. **on his** ~ 1. de sua parte. 2. em seu lugar. **on the** ~ **of** da parte de. ~ **money,** ~ **bill** parte à vista, parte a prazo. ~ **of speech** categoria gramatical. ~ **owner** co-proprietário. ~ **time worker** extranumerário. **payment in** ~ pagamento em parcelas ou prestações. **privy** ~**s** partes pudendas. **she takes a** ~ (Teat.) ela desempenha um papel. **spare** ~**s** peças sobressalentes. **the greater** ~ a maior parte. **the most** ~ a maioria. **to come out in** ~**s** aparecer em fascículos. **to take** ~ **in** tomar parte em, participar de. **I** ~**ed with** 1. desisti de. 2. desfiz-me de. **we** ~**ed company with** separamo-nos de. **we** ~**ed friends** separamo-nos como amigos.

partage [p'a:tidʒ] s. 1. divisão, partilha f. 2. parte f., quinhão m.

partake [pa:t'eik] v. 1. (com **of, in**) participar de, compartilhar. 2. (com **of, in**) tomar parte em. 3. (com **of**) ter algo de, ter alguma das qualidades de. 4. (coloq.) tomar refeição (com **of**). **it** ~**s the nature of a lesson** isto tem algo de professoral. **I'd rather not** ~ **now** prefiro não tomar nada no momento (refeição).

partaker [~ə] s. 1. participante m. + f. 2. (†) cúmplice, assecla m. + f.

parted [p'a:tid] adj. partido, separado, repartido.

parter [p'a:tə] s. separador m.

parterre [pa:t'ɛə] s. 1. canteiro m. de flores. 2. (Teat.) platéia f.

parthenogenesis [pa:θinədʒ'enisis] s. (Biol.) partenogênese f.

parthenogenetic [pa:θinədʒin'etik] adj. partenogenético.

parthenogeny [pa:θin'ɔdʒini] s. = **parthenogenesis**.

Parthian [p'a:θiən] s. parto m.: natural da Pártia. ‖ adj. parto, próprio da, concernente à Pártia.

partial [p'a:ʃəl] adj. 1. parcial, faccioso, apaixonado. 2. em parte, fracionário. 3. afeiçoado, inclinado por. ‖ ~**ly** adv. em parte, parcialmente. ~ **acceptance** aceite condicional. ~ **eclipse** eclipse parcial. ~ **load** carga parcial. **to be very** ~ **to** ter predileção especial por.

partiality [pa:ʃi'æliti] s. 1. parcialidade, facciosidade f. 2. predileção, inclinação f.

partibility [pa:tib'iliti] s. divisibilidade f.

partible [p'a:tibl] adj. divisível, partível, separável.

particeps criminis s. (Jur.) cúmplice m. no crime.

participant [pa:t'isipənt] s. participante m. + f., participador m. ‖ adj. participante, participador.

participate [pa:t'isipeit] v. 1. participar, compartilhar. 2. tomar parte em. 3. (†) comunicar. **we** ~ **his concern** participamos de seus cuidados. **we** ~ **in the garden with him** compartilhamos o jardim com ele.

participation [pa:tisip'eiʃən] s. participação f.

participative [pa:t'isipeitiv] adj. 1. partícipe. 2. capaz de participar.

participator [pa:tis'ipeitə] s. participante m. + f.

participial [pa:tis'ipiəl] adj. (Gram.) participial, relativo ao particípio.

participle [p'a:tisipl] s. (Gram.) particípio m. ‖ adj. participial.

particle [p'a:tikl] s. 1. partícula, pequena parte f. 2. (Gram.) palavra invariável. 3. (Gram.) afixo m. **not a** ~ **of** nenhum pinguinho de.

particled [~d] adj. composto de partículas.

parti-coloured, party-coloured adj. multicor, matizado.

particular [pət'ikjulə] s. 1. particular, indivíduo qualquer m. 2. particularidade f. 3. ~**s** pormenores, detalhes m. pl. 4. (gíria) peculiaridade f., característico m. ‖ adj. 1. particular, específico, próprio. 2. privado, reservado. 3. minucioso, fastidioso. 4. especial, extraordinário. 5. estranho, singular. ‖ ~**ly** adv. 1. particularmente, detalhadamente, minuciosamente. 2. pessoalmente. 3. de modo particular. **a full and** ~ **account** um informe completo e detalhado. **a** ~ **way** modos esquisitos. **don't be too** ~ **about it** não seja tão fastidioso a respeito. **for further** ~**s apply to** para maiores detalhes dirija-se a. **he is very** ~ **in his eating and drinking** ele é difícil de contentar em matéria de comida e bebida. **in general and in** ~ em geral e em particular. **in** ~ 1. especialmente, particularmente. 2. detalhadamente, pormenorizadamente. **I have not heard this** ~ **lesson** não ouvi a conferência em questão. ~ **custom** costume local. ~ **friend** amigo íntimo. **they are not** ~ **to** a week uma semana não lhes faz diferença. **to enter into** ~**s** entrar em detalhes. **you must be** ~ **not to...** você deve ser cauteloso para não... ~**ly as...** tanto mais quanto... **most** ~**ly** encarecidamente. **not** ~**ly interested** não muito interessado.

particularism [~rizm] s. particularismo m.

particularist [~rist] s. particularista m. + f. ‖ adj. particularista.

particularity [pətikjul'æriti] s. 1. particularidade, especialidade f. 2. minúcia f., detalhe, pormenor m. 3. minuciosidade f. 4. esquisitice f. 5. solicitude f. 6. qualidade f. de quem é exigente ou pretensioso.

particularization [pətikjuləraiz'eiʃən] s. particularização, especificação f.

particularize [pət'ikjuləraiz] v. especificar, detalhar.

particulate [pət'ikjuleit] s. partícula ínfima f. ‖ adj. relativo a partícula ínfima.

parting [p'a:tiŋ] s. 1. divisão, separação f. 2. rompimento m., ruptura f. 3. partida, saída f. 4. (†) (fig.) morte f., passamento m. 5. divisória f. 6. despedida f., adeus m. 7. bifurcação f., encruzilhada 8. risca f. de cabelo (quadro H 10). ‖ adj. 1. de partida. 2. (fig.) moribundo. 3. divisor, divisório, separador. 4. de despedida, de adeus. **at** ~ à despedida. **at the** ~ **of the ways** na encruzilhada dos caminhos.

parting breath s. último suspiro m.

parting line s. linha divisória f.

parting tool s. buril triangular m.

partinium [pa:t'iniəm] s. (Metalurg.) partínio m.

partisan (I), **partizan** [pa:tiz'æn] s. 1. partidário, sequaz, sectário m. 2. guerrilheiro m. ‖ adj. 1. partidário, faccioso. 2. relativo a guerrilheiros.

partisan (II) [p'a:tizən] s. (†) partazana f.

partisanship [~ʃip] s. partidarismo, sectarismo m.

partite [p'a:tait] adj. (Bot.) partido. **three** ~ (Bot.) tripartido.

partition [pa:t'iʃən] s. 1. partição, divisão, separação f. 2. tabique m., parede-meia f. 3. seção, parte f. 4. (Mús.) partitura f. 5. partilha, repartição f. ‖ v. 1. dividir, separar. 2. repartir, partilhar. **to** ~ **off** separar com tabiques.

partitionment [~mənt] s. 1. partição, distribuição, repartição f. 2. compartimento m.

partition wall s. tabique m., parede divisória f.

partitive [p'a:titiv] s. (Gram.) partitivo m. ‖ adj. partitivo. ‖ **~ly** adv. partitivamente.

partly [p'a:tli] adv. em parte, até certo grau.

~ closed meio fechado. **~ done** parcialmente feito.

part music s. música, esp. vocal, com partes para dois ou mais intérpretes.

part name s. (Mec.) nome m. de peça.

partner [p'a:tnə] s. 1. sócio, associado m. 2. parceiro, co-participante, companheiro m. 3. consorte m. + f., cônjuge m. 4. par (de dança) m. 5. (†) cúmplice, assecla m. + f. ‖ v. 1. associar-se a. 2. ser parceiro de. 3. prover de sócio ou parceiro.

acting ~ sócio ativo. **sleeping ~** sócio passivo. **to be a ~ in** participar de, compartilhar de. **to be ~s** jogar de parceiros.

partnership [~ ʃip] s. 1. sociedade, participação f. 2. parceria, companhia f.

deed of ~ contrato social. **limited ~** comandita. **to enter into ~ with** associar-se a.

part number s. (Mec.) número m. de peça.

part-owner s. co-proprietário m.

partridge [p'a:tridʒ] s. (Ornit.) perdiz f.

part-time adj. relativo a período não integral.

~ job serviço avulso ou de meio expediente.

parturient [pa:tj'uəriənt] adj. 1. parturiente. 2. relativo a parto. 3. (fig.) prenhe.

parturition [pa:tjuər'iʃən] s. parturição f., parto m.

party [p'a:ti] s. 1. partido, grupo m., facção f. 2. (milit.) destacamento m. 3. recepção social f., sarau m. 4. participantes m. + f. pl. de uma reunião social. 5. partícipe m. + f., interessado m., parte f. 6. litigante m. + f. 7. (fam.) pessoa f., indivíduo m. 8. partidarismo m. ‖ adj. partidário.

contracting ~ contraente. **I'll be no ~ to** não quero ter parte nisso. **the parties concerned** os interessados. **the parties entitled** as partes autorizadas. **the ~ over there** (coloq.) aquela pessoa ali. **third ~ insurance** seguro contra responsabilidade civil.

party-line s. 1. (telefone) ramal m. 2. diretivas f. pl. políticas de um partido.

party liner s. partidário político m.

party machinery s. máquina partidária f.

party policies s. pl. política partidária f.

party pooper s. não-participante m. + f. da folia, em festa.

party-wall s. muro corta-fogo, muro refratário m.

par value s. (Com.) valor nominal m. da emissão.

parvenu [p'a:vənju:] s. adventício m. ‖ adj. adventício.

parvoline, parvolin [p'a:vəlin] s. parvolina f. (Quím.)

pas [pa:, pl.: pa:z] s. 1. direito m. de precedência. 2. passo m. (de dança).

paschal [p'a:skəl] adj. pascal, pascoal.

pasha [p'a:ʃə] s. paxá m.

pashalik, pashalic [pəʃ'a:lik] s. paxalato, paxalique m. ‖ adj. de paxá ou paxalato.

pasqueflower [p'æskflauə] s. (Bot.) anêmona-pulsatila f. (usada em homeopatia).

pasquin [p'æskwin] s. pasquim m.

pasquinade [pæskwin'eid] s. pasquinada f. ‖ v. pasquinar.

pass [pa:s] s. 1. passagem f.: a) ação f. ou efeito m. de passar. b) passadouro, desfiladeiro, caminho estreito m., garganta f. c) canal navegável m. 2. estreito, vão m. 3. ruela, viela f., beco m. 4. passamento, falecimento m., morte f. 5. condição, situação, conjuntura f., transe m. 6. passe m.: a) licença, permissão f. b) passaporte, salvo-conduto m. c) bilhete gratuito m. d) permanente f., ingresso gratuito m. e) ação f. de passar as mãos diante dos olhos para hipnotizar alguém. f) passe m. de

mágica, escamoteação f., truque m. g) (Esp.) ação de passar a bola a outro jogador. 7. (Jogo) recusa f. de jogar ou apostar por falta de cartas adequadas. 8. aprovação f. em exame (especialmente sem o grau de distinção). 9. nota f. ou certificado m. dessa aprovação. 10. (milit.) licença f. de curta duração. 11. (Esgrima) estocada, venida f. ‖ v. 1. passar: a) transpor, atravessar. b) percorrer, transitar, andar por. c) ir além de, ultrapassar, exceder. d) correr, deslizar, fluir. e) ir de um lugar a outro. f) mudar de estado, situação ou proprietário. g) (Jur.) ser transmitida (propriedade). h) transportar, conduzir. i) mudar de lugar, transferir. j) estender-se ao longo de. k) ser aprovado em (exame. l) decorrer, escoar-se, esvaiar-se (tempo). m) consumir, empregar (tempo). n) ser tido na conta, ser considerado. o) morrer, falecer, expirar. p) ser votado como lei, receber sanção legal q) (Jogo) não jogar ou não apostar por falta de cartas adequadas. r) (Esp.) entregar a bola a um companheiro de equipe. s) ocorrer, acontecer, suceder. t) circular, ter curso. u) desaparecer, acabar, cessar, v) tolerar, suportar. w) exceder-se, abusar. x) transmitir, legar. y) fazer passes de mágica. z) ratificar, sancionar, aprovar (projeto de lei). aa) superar, sobrepujar. bb) introduzir-se, infiltrar-se. cc) ocorrer momentaneamente. dd) (†) sofrer, padecer. ee) fazer escorregar, deslizar ou correr. ff) dar em mão. gg) pôr em circulação, fazer correr. hh) fazer transpor ou atravessar. ii) permanecer temporariamente. jj) obter aprovação para. kk) tomar a dianteira de. 2. evacuar, expelir. 3. (Esgrima) dar uma estocada. 4. (†) omitir, passar sobre. 5. pronunciar, expressar. 6. serem trocadas (palavras). 7. proferir sentença. 8. ser proferida (sentença). 9. (Med.) atravessar os intestinos. 10. passar em revista, inspecionar. 11. prometer, empenhar a palavra. 12. formular críticas. 13. (Jur.) transferir (direito de propriedade).

he is at a fine ~ ele está em boa situação. **he sold the ~** 1. ele deixou o emprego. 2. ele desistiu da empreitada. **matters have come to such a ~ that...** as coisas chegaram a tal ponto que... **they held the ~** 1. eles mantiveram a posição. 2. (fig.) eles permaneceram fiéis à causa. **to make a ~ at** 1. fazer avanços amorosos, esp. ilícitos. 2. tapear, lograr. **to ~ along** passar ao longo de, passar para diante. **to ~ away** 1. ir embora, partir. 2. morrer, falecer. 3. escoar-se, decorrer (tempo). 4. desaparecer, findar. 5. consumir, deixar passar. **to ~ by** 1. passar por. 2. ignorar, omitir, não tomar conhecimento de. 3. preterir. **to ~ for** passar por, ser tomado por. **to ~ off** 1. cessar, terminar. 2. desaparecer. 3. transcorrer. 4. impingir. **to ~ on** 1. continuar, prosseguir. 2. passar adiante. 3. transcorrer. 4. morrer. 5. opinar. 6. lograr, enganar. 7. afetar, acontecer a. **to ~ over** 1. atravessar, transpor. 2. dedilhar. 3. ignorar, omitir. 4. tolerar, desculpar, suportar. **to ~ through** 1. atravessar, transpor. 2. passar por, ser submetido a. 3. experimentar, sofrer. 4. penetrar, passar através de. 5. (fig.) compreender, entrar na cabeça. 6. fazer atravessar ou transpor. **to ~ up** (gíria, E. U. A.) 1. rejeitar. 2. desistir, renunciar a. **he ~ed me by** ele me preteriu. **we ~ed ourselves off as rich** fizemo-nos passar por ricos. **~ the book on to...** passe o livro adiante a... **he ~ed over the bridge** ele atravessou a ponte. **~ it over in silence** não faça caso disso. **to ~ to s.o.'s credit** lançar no crédito de alguém. **to ~ to account** lançar em conta, assentar nos livros. **we ~ed through hard trials** passamos por provas difíceis. **we ~ed through London** passamos por Londres. **he ~ed a string around the parcel** ele passou um barbante em volta do pacote. **he ~ed judgement on (upon) her** ele proferiu sentença contra ela. **I ~ed him one** (coloq.) dei-lhe uma bofetada. **it ~es his comprehension** está além da sua compreensão. **it ~ed into law** tornou-se lei. **~ed for clearance** liberado para importação. **~ me the butter, please!** faça o favor de me passar a manteiga! **she ~ed her eye over the table** ela relanceou a vista por sobre a mesa. **she ~ed her hand across her hair** ela passou a mão pelo cabelo. **to bring to ~** realizar, fazer. **to let ~** deixar passar. **to ~ a dividend** deixar de distribuir um dividendo. **to ~ muster** passar por uma inspeção, ser aprovado. **to ~ the buck** eximir-se de uma responsabilidade. **to ~ the time of the day** cumprimentar. **to ~ water** urinar.

passable [p'a:səbl] adj. 1. transitável, navegável. 2. corrente. 3. passável, admissível, tolerável. 4. ratificável, aprovável. ‖ **–bly** adv. toleravelmente, sofrivelmente.

passableness [~ nis] s. praticabilidade, navegabilidade f.

passage [p'æsidʒ] s. 1. passagem f.: a) ação ou efeito de passar ou transpor. b) trânsito m. c) passadouro, caminho m., via f. d) vau m. e) transição f. f) episódio, trecho m. g) cláusula, alínea f., parágrafo m. h) direito m. de trânsito, permissão f. para passar. i) direito m. de transporte. j) importância f. paga pelo transporte. k) corredor, vestíbulo m., galeria f. l) escoamento m. (tempo). m) acontecimento, incidente m., ocorrência f. 2. travessia, viagem, jornada f. (principalmente por mar). 3. troca f., intercâmbio m. 4. disputa, altercação f. 5. (Med.) evacuação intestinal f. 6. frase f. ou trecho m. musical. 7. aprovação, sanção, ratificação f. (de projeto de lei). ‖ v. 1. viajar, jornadear, fazer travessias. 2. altercar, disputar, discutir. 3. esgrimir, duelar.
of ~ migratório, de migração. **they booked their ~** eles reservaram suas passagens. **we took our ~** compramos as passagens, embarcamos. **he worked his ~ out** ele trabalhou em troca de sua passagem.

passageable [~ əbl] adj. transitável.

passage home s. passagem f. de volta.

passage of arms s. duelo m.

passageway [~ wei] s. corredor, vestíbulo, passadiço m., galeria f.

passant [p'æsənt] adj. (Heráld.) passante.

passbook [p'a:sbuk] s. 1. caderneta bancária f. 2. (Com.) caderneta f. de crediário.

passé [pæs'ei] adj. (francês) 1. passado. 2. desbotado, esmaecido. 3. antiquado, obsoleto.

passed [pa:st] adj. 1. aprovado em exame. 2. não distribuídos (dividendos).

passementerie [pasm'á:tri] s. passamanaria f.

passenger [p'æsindʒə] s. passageiro m., viajante m. + f. **~ car** vagão ou automóvel para passageiros. **~list** lista de passageiros. **foot ~** pedestre.

passe-partout s. (fr.) 1. chave mestra f. 2. moldura f. de papel para fotografias, desenhos, etc.).

passer-by s. transeunte, caminhante, viandante m. + f.

passerine [p'æserain] s. (Ornit.) passeriforme m. ‖ adj. passeriforme.

possibility [pæsib'iliti] s. passibilidade, sensibilidade f.

passible [p'æsibl] adj. passível, sensível.

passing [p'a:siŋ] s. 1. passagem f., trânsito m. 2. passadouro, vau m. 3. partida f. ‖ adj. 1. que passa ou transita. 2. passageiro, transitório, efêmero. 3. de passagem. 4. suficiente para aprovação em exame (nota). ‖ adv. extremamente, suma-

mente. ‖ **~ly** adv. de passagem, incidentalmente.

passing-bell s. dobre m. fúnebre, dobre m. de finados.

passion [p'æʃən] s. 1. paixão f., sentimento m., emoção f. 2. aflição f., sofrimento, martírio m. 3. entusiasmo m., excitação f. 4. cólera, ira, raiva f., furor m. 5. amor ardente m., afeição extremada f. 6. **~s** desejo sexual m. 7. inclinação forte, predileção f. 8. objeto m. de predileção. 9. parte f. do Evangelho que narra a paixão de Cristo. 10. representação teatral f. da paixão de Cristo.
Passion Sunday domingo da Paixão. **The Passion** a paixão de Cristo. **she has a ~ for music** ela tem paixão por música. **to be in a ~** estar encolerizado. **to fly into a ~** enfurecer-se. **he put him in a ~** ele provocou sua ira. **reading is a ~ with him** a leitura é a paixão dele. **~-ridden** apaixonado.

passional [~ əl] s. passional, passionário, passioneiro m. ‖ adj. passional.

passionate [~ it] adj. 1. apaixonado, ardente, veemente. 2. impetuoso, excitado, irascível, agitado. ‖ **~ly** apaixonadamente, veementemente, colericamente.
she is ~ly fond of it ela o ama apaixonadamente.

passionateness [~ itnis] s. paixão, veemência, impetuosidade f.

passionflower [p'æʃənflauə] s. (Bot.) flor-da-paixão f.

Passionist [~ ist] s. (Rel.) s. passionista m. + f.

passionless [~ lis] adj. impassível, calmo, desapaixonado.

Passion play s. (Teat.) representação da Paixão f. de Cristo.

Passion-tide s. tempo pascal m.

Passion-week s. semana santa f., semana da Paixão.

passive [p'æsiv] s. (Gram.) voz passiva f. ‖ adj. 1. passivo, que sofre uma ação. 2. indiferente, desinteressado. 3. que não oferece resistência. 4. inativo, inerte. 5. (Com.) passivo. ‖ **~ly** adv. passivamente. **~ resistance** resistência passiva. **~ voice** voz passiva.

passivism [p'æsivizm] s. passividade f., passivismo m.

passivity [pæs'iviti] s., **passiveness** [p'æsivnis] s. 1. passividade f. 2. inércia, inatividade f. 3. paciência f.

passkey [p'a:ski:] s. 1. chave mestra f. 2. chave particular f.

passless [p'a:slis] adj. 1. intransitável, impraticável. 2. desprovido de passaporte.

Passover [p'a:souvə] s. 1. páscoa f. dos hebreus. 2. cordeiro pascal m.

passport [p'a:spo:t] s. 1. passaporte m. 2. salvo-conduto m.

pass-through s. 1. abertura f. na parede. 2. passagem estreita f.

password [p'a:swə:d] s. contra-senha f.

past [pa:st] s. 1. passado, tempo m. já decorrido. 2. coisas ditas ou feitas f. pl. no passado. 3. (Gram.) pretérito m. ‖ adj. 1. passado, decorrido, findo. 2. anterior, antecedente. ‖ adv. próximo. ‖ prep. 1. além, adiante de. 2. passado de, mais tarde que. 3. fora de alcance ou possibilidade. 4. fora de, sem. **a man with a ~** um homem de passado duvidoso. **a ~ due bill** um título vencido. **for one year ~** há um ano. **half ~ ten** dez horas e meia. **he is ~ his Latin** ele já não sabe o que fazer. **she is ~ herself** ela está indignada. **~ all shame** completamente destituído de vergonha. **~ comprehension** incompreensível. **~ cure** incurável. **~ hope** desesperado. **~ mending** irremediável. **~ participle** particípio passado. **~ saving** perdido. **~ the corner** dobrando a esquina. **she is ~ thirty** ela passou dos trinta. **till ~ dinner-time** até depois do jantar. **to hasten ~** passar apressadamente por. **we went ~ the door** passamos em frente da porta.

when the feast was ~ quando a festa havia terminado.

paste (I) [peist] s. 1. pasta, massa f. 2. cola f., grude m. 3. composição vítrea f. empregada no fabrico de imitações de pedras preciosas. 4. massa alimentícia f. 5. (fr.) pâté m. ‖ v. 1. colar, grudar. 2. revestir de, forrar com. 3. converter em pasta ou massa.

puff ~ massa folhada. short ~ massa podre.

paste (II) [peist] s. (gíria) pancada f., soco, murro m. ‖ v. (gíria) 1. esmurrar, socar, bater. 2. derrotar.

she ~d him one ela lhe deu uma bofetada.

pasteboard [p'eistbɔ:d] s. 1. papelão m., cartolina f. 2. tábua f. de estender massa para fazer macarrão. 3. (gíria) cartão m. de visita. 4. (gíria) carta f. de jogar. 5. (gíria) passagem f. de estrada de ferro. ‖ adj. 1. de papelão ou cartolina. 2. inconsistente.

paste cutter s. carretilha f. para cortar massa.

pastel (I) [p'æstəl] s. 1. (Bot.) ísatis f. 2. pastel--dos-tintureiros m.

pastel (II) [p'æstəl] s. 1. pastel, lápis m. de cores para desenho (quadro P 1). 2. desenho m. de pastel, pintura f. a pastel. 3. composição literária f. de caráter leve. ‖ v. desenhar a pastel. ‖ adj. feito a pastel.

pastelist, pastellist [~ist] s. pastelista m. + f.

paster [p'eistə] s. 1. colador m. 2. fita f. de papel gomado.

pastern [p'æstə:n] s. (cavalo) quartela f.

paste-roller s. rolo m. para massas.

paste-up s. (Tipogr.) pestape m.

pasteurism [p'æstərizm] s. 1. tratamento m. pelo sistema de Pasteur. 2. pasteurização f.

pasteurization [pæstəraiz'eiʃən] s. pasteurização f.

pasteurize [p'æstəraiz] v. pasteurizar.

pasteurizer [~ə] s. pasteurizadeira f., pasteurizador m.

pastiche [pæst'i:ʃ] s. pasticho m.

pastille, pastil [pæst'i:l] s. (fr.) 1. pastilha f. 2. trocisco m. 3. vela aromática f. 4. artefato pirotécnico m., cuja ignição faz uma rodinha girar. ‖ v. fumigar, incensar.

pastime [p'a:staim] s. passatempo, entretenimento m., diversão f.

as a ~, by way of ~ por passatempo.

pastiness [p'eistinis] s. qualidade de pastoso.

past-master s. 1. (maçonaria) ex-mestre m. 2. perito, mestre consumado m.

pastor [p'a:stə] s. pastor, pároco, cura m.

pastoral [~rəl] s. 1. pastoral f.: a) écloga, bucólica. b) (Rel.) carta circular dirigida por um bispo à sua diocese. c) (Mús.) composição instrumental de caráter idílico. 2. (Pint.) idílio m. ‖ adj. 1. pastoral, relativo a pastor. 2. bucólico, idílico.

~ duties deveres sacerdotais.

pastorale [pæstər'a:li] s. (Mús.) pastoral m.

pastoralist [p'æstərəlist] s. 1. (Mús.) compositor m. de pastorais. 2. criador m. de gado.

pastoral staff s. báculo m. de bispo.

pastorate [p'a:stərit] s. 1. pastorado m.: dignidade de pastor. 2. jurisdição f. de um pastor. 3. pastores m. pl. coletivamente. 4. casa f. pastoral.

pastorly [p'a:stəli] adj. pastoral.

pastorship [p'a:stəʃip] s. pastorato m.: dignidade de pastor.

past perfect s. (Gram.) pretérito mais-que-perfeito m.

pastry [p'eistri] s. 1. pastelaria f. 2. massas f. pl. 3. folhado m.

pastry-cook s. pasteleiro m.

pasturable [p'a:stʃərəbl] adj. apropriado para pastagens.

pasturage [p'a:stjuridʒ] s. 1. apascentamento m. 2. pasto m., pastagem f. 3. direito m. de apascentamento.

pastural [p'a:stʃərəl] adj. pastoril.

pasture [p'a:stʃə] s. pastagem f., pasto m. ‖ v. 1. pastorear, apascentar. 2. pastar, pascer.

~ land terra pastoril.

pasty (I) [p'a:sti, p'æsti] s. pastel m. de carne.

pasty (II) [p'eisti] adj. 1. pastoso. 2. pálido, descorado.

pat (I) [pæt] s. 1. pancadinha, tapinha f. 2. ruído m. de passos. 3. qualquer coisa que se forma por meio de batidas (p. ex., um naco de manteiga). ‖ 1. bater de leve. 2. sovar (massas, etc.)

~ him on the back! estimule-o um pouquinho! a ~ on the back uma palavra de encorajamento ou de louvor.

pat (II) [pæt] adj. 1. apropriado, oportuno, conveniente. 2. preso, fixo, imutável (também no xadrez) (quadro C 10). ‖ adv. 1. apropriadamente, convenientemente. 2. oportunamente.

he knew it off ~ ele o soube muito bem. it came ~ to its purpose calhou inteiramente a propósito. she had a song ~ ela tinha uma canção ensaiada. to stand ~ (coloq.) ser conservador, ficar firme.

Pat [pæt] s. 1. abr. de **Patrick** Patrício. 2. alcunha f. dada aos irlandeses.

patagium [pætədʒ'aiəm] s. (Zool.) patágio m.

Patagonian [pætəg'ouniən] s. patagônio, patagão m. ‖ adj. patagônio, patagão.

Patavian [pət'eiviən] s. paduano, patavino m.

patch [pætʃ] s. 1. remendo m. (quadro S 4). 2. sinal m., mosca f.: pedacinho m. de tafetá colocado no rosto como enfeite. 3. pedaço m. de emplastro ou esparadrapo colocado sobre uma ferida. 4. venda colocada f. sobre um olho ferido. 5. pedaço m., porção f. 6. pequeno pedaço m. de terra. trecho 7. malha, mancha f. na pele dos animais. 8. trecho, fragmento, excerto m. ‖ v. 1. remendar, consertar. 2. ocultar (defeitos) por meio de sinais ou moscas. 3. fazer uma obra de retalhos ou remendos. 4. fazer às pressas, executar sem capricho. 5. repartir, reconciliar.

to strike a bad ~ (Esp.) ter má sorte. it is no ~ on my works (coloq.) não pode comparar-se ao meu trabalho. to ~ up remendar, fazer (ou consertar) negligentemente.

patchable [p'ætʃəbl] adj. capaz de ser remendado.

patcher [p'ætʃə] s. remendão m.

patchery [~ri] s. serviço m. malfeito.

patchouli, patchouly [p'ætʃuli] s. 1. (Bot.) patchuli m. 2. perfume m. extraído dessa planta.

patch pocket s. bolso m. costurado por fora.

patch test s. (Med.) teste m. para determinar alergia.

patchwork [p'ætʃwə:k] s. 1. trabalho m. feito de retalhos. 2. qualquer coisa feita de retalhos, fragmentos, etc. 3. (fig.) miscelânea, mixórdia f.

patchy [p'ætʃi] adj. 1. feito de remendos. 2. cheio de remendos. 3. malhado.

pate [peit] s. (coloq.) cabeça, cachola f.

pated [p'eitid] adj. com cabeça.

bald-~ careca. hot-~ exaltado, esquentado.

patella [pət'elə] s. 1. (Anat.) patela, rótula f. 2. (arc.) pequeno vaso m., vasilha f. 3. (Zool.) quarto segmento m. da pata dos aracnídeos.

patellar [~] adj. (Anat.) patelar.

paten [p'ætən] s. 1. vasilha f. ou prato raso m. 2. disco fino m. de metal. 3. pátena f.

patency [p'eitənsi] s. 1. notoriedade f. 2. (Med.) desobstrução f.

patent [p'eitənt] s. 1. patente m., documento m. que confere um privilégio. 2. patente m. de invenção. 3. direito m., licença f. 4. artigo ou processo patenteado m. ‖ v. 1. patentear. 2. obter patente de invenção. ‖ adj. 1. patente, franqueado, aberto. 2. acessível. 3. evidente, óbvio, manifesto. 4. provido de patente, privilegiado. 5. patenteado (produto).

6. (Bot. e Zool.) aberto, expandido.
letters ~ carta patente. **to take out a ~ for...**
requerer patente de invenção para... **~ of nobility**
carta de nobreza.
patentable [~əbl] adj. patenteável.
patented [~id] adj. patenteado, protegido por patente.
patentee [peitənt'i:] s. concessionário m. de patente.
patent fastener s. botão m. de pressão.
patent fuel s. briquete m.
patent holder s. concessionário m. de patente.
patent leather s. couro envernizado m. (quadro B 18).
patently [p'eitəntli] adv. evidentemente.
patent medicine s. medicamento m.: 1. vendido sem receita. 2. patenteado.
patent metal s. metal patente m.
patent office s. registro m. de patentes.
patentor [p'eitəntə] s. concessor m. de patentes.
patent pending s. patente pendente m.
patent right s. direito m. protegido por patente.
patent yellow s. amarelo-mineral m.
pater [p'eitə] s. (fam.) pai m.
paternal [pət'ə:nəl] adj. 1. paternal. 2. paterno. 3. hereditário. ‖ **~ly** adv. paternalmente.
paternal grandmother s. avó paterna f.
paternalism [~izm] s. paternalismo m.
paternalist [~ist], **paternalistic** [-l'istik] adj. paternalista.
paternity [pət'ə:niti] s. 1. paternidade f. 2. ascendência paterna f. 3. (fig.) autoria f.
paternoster [p'ætən'ostə] s. 1. padre-nosso m. 2. espécie de máquina hidráulica f.
devil's ~ praga rogada entre os dentes.
path [pa:θ] s. 1. caminho, atalho m., vereda, picada (quadro W 3). 2. linha f. de conduta ou de pensamento, etc. 3. órbita f. de um cometa.
cinder—~ (Esp.) pista de corrida. **to break a ~,**
to open a ~ abrir um caminho. **I leave the ~ to him** evito contato com ele. **to walk the ~s of duty**
trilhar o caminho do dever.
pathbreaker [p'a:θbreikə] s. pioneiro, precursor m.
pathetic [pəθ'etik], **pathetical** [~əl] adj. 1. patético, tocante, enternecedor. 2. emocional, emocionante. 3. (Anat.) referente ao músculo oblíquo superior ou a seu nervo. ‖ **~ally** adv. pateticamente.
pathetic fallacy s. (Ret.) antropopatia f.
pathetics [pəθ'etiks] s. pl. expressões f. pl. ou sentimentos m. pl. patéticos.
pathfinder [p'a:θfaində] s. batedor, explorador de rotas, guia m.
pathless [p'a:θlis] adj. ínvio, intransitável.
pathlessness [~nis] s. falta f. de caminhos.
pathogenetic [pæθədʒin'etik], **pathogenic** [pæθodʒ'-enik], **pathogenous** [pəθ'odʒinəs] adj. (Med.) patogenético, patogênico.
pathognomy [pəθ'ognəmi] s. (Pat.) patognomonia f.
pathologic [pæθəl'odʒik], **pathological** [~əl] adj. 1. patológico, referente à patologia. 2. mórbido. ‖ **~ally** adv. patologicamente.
pathologist [pæθ'olədʒist] s. (Med.) patologista m. + f.
pathology [pæθ'olədʒi] s. (Med.) patologia f.
pathos [p'eiθos] s. 1. patos, o patético m. 2. ternura, compaixão f.
pathway [p'a:θwei] s. caminho, atalho m., vereda, senda f.
pathy [p'æθi] s. (E. U. A.) tratamento m., terapia f.
patience [p'eiʃəns] s. 1. paciência, perseverança f. 2. resignação f. 3. paciência f.: jogo de cartas para uma só pessoa.
I have no ~ with him não posso suportá-lo. **have**
~ with him! tenha paciência com ele! **to be out of ~ with** estar exasperado com. **the ~ of Job** (ou **of a Saint**) uma paciência de santo.
patience dock s. (Bot.) paciência, labaça f.

patient [p'eiʃənt] s. paciente, cliente m. + f. ‖ adj. 1. paciente, perseverante. 2. resignado, conformado. 3. suscetível, apto a comportar. 4. passivo, objeto de uma ação. ‖ **~ly** adv. pacientemente.
patina (I) [p'ætinə] s. = **paten.**
patina (II) [p'ætinə] s. pátena f.: vaso sagrado.
patina (III) [p'ætinə] s. pátina f.
patinated [p'ætineitid], **patinous** [-əs] adj. de pátina, coberto de pátina.
patness [p'ætnis] s. oportunidade, ocasião oportuna f.
patois [p'ætwa:] s. 1. patoá m. 2. (fig.) gíria f., calão m.
patriarch [p'eitria:k] s. 1. patriarca m. 2. velho venerável, veterano m.
patriarchal [peitri'a:kəl] adj. 1. patriarcal. 2. respeitável, venerável. ‖ **~ly** adv. como um patriarca.
patriarchate [p'eitria:kit] s. 1. patriarcado m.: ofício, dignidade ou jurisdição de um patriarca. 2. = **patriarchy.**
patriarchic [p'eitria:kik] adj. patriarcal.
patriarchy [p'eitria:ki] s. patriarcado m.: forma de vida social em que prevalece a autoridade do pai, como chefe de família.
patrician [pətr'iʃən] s. 1. patrício m.: nobre da antiga Roma. 2. aristocrata m. + f. ‖ adj. 1. patrício, relativo aos patrícios. 2. nobre, aristocrático.
patriciate [pətr'iʃiit] s. 1. patriciado, patriciato m. 2. aristocracia f.
patricide [p'ætrisaid] s. parricídio m.
patrilineal [pætril'iniəl] adj. (Etn.) patrilinear.
patrilocal [pætril'oukəl] adj. (Etn.) patrilocal.
patrimonial [pætrim'ounjəl] adj. patrimonial.
patrimony [p'ætriməni] s. 1. patrimônio m., herança paterna f. 2. dotação f. de igreja. 3. qualquer herança f. ou legado m.
patriot [p'ætriət] s. patriota m. + f. ‖ adj. patriota.
patriotic [pætri'otik] adj. patriótico, patriota. ‖ **~ally** adv. patrioticamente.
patriotism [p'ætriətizm] s. patriotismo, amor m. à pátria.
patristic [pætr'istik], adj. (Teol.) patrístico.
patrol [pətr'oul] s. patrulha, ronda f. ‖ v. patrulhar, rondar.
~man patrulheiro, policial, soldado. **~ wagon** (E. U. A.) carro de presos, (gíria) tintureiro ou viúva-alegre.
patroller [~ə], s. = **patrolman.**
patron [p'eitrən] s. 1. patrono, padroeiro m. 2. benfeitor, protetor m. 3. defensor, advogado m. 4. (fam.) cliente, freguês m.
patronage [p'ætrənidʒ] s. 1. patronato, patronado m. 2. patrocínio m. 3. amparo, apoio m., proteção f. 4. condescendência f. 5. clientela, freguesia f. 6. direito m. de nomear funcionários públicos. 7. (Ecles.) padroado m.
patronal [p'ætrənəl] adj. relativo a padroeiro, patrocinador ou protetor.
patroness [p'eitrənis] s. patrocinadora f.
patronize [p'ætrənaiz] v. 1. patrocinar. 2. proteger, favorecer, apadrinhar. 3. tratar com condescendência. 4. (coloq.) comerciar com. 5. (fam.) ser freguês de, freqüentar.
patronizer [~ə] s. protetor, patrono, padrinho, freguês m., cliente m. + f.
patronizing [~iŋ] adj. 1. protetor, defensor. 2. condescendente, complacente. ‖ **~ly** adv. 1. de modo protetor. 2. condescendentemente.
with ~ air com ares condescendentes.
patron saint s. santo padroeiro m.
patronymic [pætrən'imik] s. 1. patronímico m. 2. sobrenome m., nome m. de família. ‖ adj. patronímico.
patroon [pətr'u:n] s. (Hist. E. U. A.) senhorio m.:

proprietário de terras privilegiadas, concedidas pelo antigo governo holandês.

patsy [p'ætsi] s. (gíria) bode expiatório m.

patten [pætn] s. 1. tamanco, soco m. 2. (Arquit.) pedestal m. de coluna.

patter (I) [p'ætə] s. 1. jargão, calão m. 2. arenga f., arrazoado m. ‖ v. 1. tagarelar, arengar. 2. falar rápida e mecanicamente.

patter (II) [p'ætə] s. 1. ruído m. contínuo e monótono. 2. pateada f. 3. sapateado m. ‖ v. 1. tamborilar (chuva). 2. patear, sapatear.

pattern [p'ætən] s. 1. exemplo, modelo, padrão m. 2. molde m. 3. amostra, espécime f. 4. forma f., feitio, contorno m. 5. configuração f. 6. (E. U. A.) corte m. de fazenda. 7. modelo m. de fundição. 8. desenho m. ou disposição ordenada f. ‖ v. 1. moldar, modelar. 2. decorar com um modelo ou desenho. 3. imitar, copiar. ‖ adj. modelar, típico. **a machine of a new ~** uma máquina de novo tipo. **a ~ of patience** um modelo de paciência. **according to ~** conforme modelo. **by ~ post** como amostra sem valor. **made to ~** feito sob modelo. **to take ~ by** tomar como exemplo, guiar-se por.

pattern cutter s. (alfaiat.) carretilha f. (quadro T 2).

pattern maker s. modelador, carpinteiro de moldes, formador m.

patter song s. (Teat.) canção f. de comédia musical, cuja letra é falada ou cantada com grande rapidez.

patty [p'æti] s. (Culin.) pequeno pastel m.

patty pan s. forma f. para assar pastéis.

patulous [p'ætjuləs] adj. pátulo, aberto, distendido, expandido. ‖ **~ly** adv. de modo aberto, estendido ou expandido.

paucity [p'ɔːsiti] s. 1. pouquinho m., pouquidão, exigüidade f. 2. insuficiência, escassez, falta f.

Paulist [p'ɔːlist] s. paulista m.: religioso da ordem de São Paulo.

paunch [pɔːnʧ] s. 1. pança, barriga f. 2. rume m. ‖ v. estripar.

paunchiness [p'ɔːnʧinis] s. obesidade f.

paunchy [p'ɔːnʧi] adj. pançudo, barrigudo, obeso.

pauper [p'ɔːpə] s. indigente, pobre m. + f. ‖ adj. pobre. **a ~'s grave** a vala comum.

pauperdom [~dəm] s. pobreza f., os pobres m. pl. (coletivamente).

pauperism [~rizm] s. pauperismo m., indigência f.

pauperization [pɔːpəraiz'eiʃən] s. empobrecimento m.

pauperize [p'ɔːpəraiz] v. empobrecer.

pause [pɔːz] s. 1. pausa f., intervalo m. 2. hesitação, incerteza f. 3. motivo m. para pausa. 4. sinal m. de pontuação. 5. parágrafo m. 6. (Mús.) suspensão f. 7. (Poesia) censura f. ‖ v. 1. pausar, fazer um intervalo. 2. hesitar, vacilar. 3. demorar-se, deter-se. **he ~d upon her words** ele hesitou ao ouvir as palavras dela. **she ~d upon the note** ela sustentou a nota. **to give ~ to s. o.** fazer alguém cessar. **to make ~** interromper(-se).

pauseless [p'ɔːzlis] adj. contínuo, sem intervalo. ‖ **~ly** adv. continuadamente.

pausingly [p'ɔːziŋli] adv. pausadamente.

pavage [p'eividʒ] s. 1. taxa f. de pavimentação. 2. pavimentação f.

pavan [p'ævən], **pavane** [p'ævein] s. pavana f.: 1. antiga dança cerimoniosa. 2. a respectiva música.

pave [peiv] v. 1. pavimentar, calçar, calcetar. 2. assoalhar, ladrilhar. **to ~ the way for** abrir caminho para alguém, superar as dificuldades iniciais.

pavement [p'eivmənt] s. 1. pavimentação f., calçamento m. 2. (Ingl.) calçada f., passeio m. (quadros S 16, W 3).

he hit the ~ (gíria) ele foi despedido.

paver [p'eivə] s. 1. calceteiro m. 2. paralelepípedo m.

pavid [p'ævid] adj. 1. pávido, receioso. 2. tímido.

pavillion [pəv'iljən] s. 1. pavilhão, caramanchão m. 2. tenda, barraca f. 3. ala f. de um edifício (hospital). 4. a parte facetada interior de um brilhante. 5. (Anat.) pavilhão auricular m. ‖ v. 1. prover de pavilhões. 2. encerrar em um pavilhão.

paving [p'eiviŋ] s. 1. calçamento m., pavimentação f. 2. calçada f. 3. material m. para pavimentação.

paving beetle s. maço m. de calceteiro.

paving-stone s. paralelepípedo m.

paving-tile s. ladrilho m.

paviour, pavior [p'eivjə] s. = **paver** (1).

pavonine [ˌ ævənain] adj. relativo ou semelhante ao pavão, iridescente.

paw [pɔː] s. 1. pata f., pé m. de animal. 2. (fam.) manopla f. 3. (joc.) caligrafia f. ‖ v. 1. manusear desajeitadamente. 2. bater com as patas, escarvar. 3. agitar as mãos. **~s off!** tire as mãos daí!

pawky [p'ɔːki] adj. (esc., gíria) astuto, astucioso, sagaz.

pawl [pɔːl] s. lingüeta f. (quadro B 19). ‖ v. segurar ou travar com lingüeta.

pawn (I) [pɔːn] s. 1. (Xadrez) peão m. (quadro C 10). 2. (fig.) fator m. de pouca importância. 3. (fig.) fantoche, títere m.

pawn (II) [pɔːn] s. 1. penhor m. 2. garantia f. 3. penhora f. ‖ v. 1. penhorar, empenhar. 2. jogar, arriscar. **to give in ~** penhorar. **in ~** empenhado.

pawnage [p'ɔːnidʒ] s. penhora f.

pawnbroker [p'ɔːnbroukə] s. penhorista m. + f.

pawnbroking [p'ɔːnbroukiŋ] s. corretagem f. de penhores.

pawnee [pɔːn'iː] s. credor penhoratício m.

pawner [p'ɔːnə] s. empenhador m.

pawnshop [p'ɔːnʃɔp] s. casa f. de penhores.

pawn-ticket s. cautela f. de penhor.

pax [pæks] s. (Liturg.) porta-paz m.

paxwax [p'ækswæks] s. (Anat.) tendão elástico m. do cachaço dos mamíferos.

pay (I) [pei] s. 1. pagamento m., paga, remuneração f. 2. salário, ordenado, soldo m. 3. recompensa, retribuição f. 4. pagador m. (no sentido de pessoa que cumpre bem ou mal a obrigação de pagar). ‖ v. (imp. e p. p. **paid**) 1. pagar: a) remunerar. b) satisfazer um débito. c) dar em troca de compras efetuadas. d) recompensar, gratificar. e) expiar, f) retribuir, retaliar. g) compensar. 2. dar lucros. 3. ser rendoso ou proveitoso. 4. dar, prestar (atenção, cumprimentos, respeito). 5. (coloq.) punir. **to ~ attention to** prestar atenção a. **to ~ court to** cortejar. **to ~ a visit** fazer uma visita. **to ~ away** 1. desembolsar, gastar. 2. (Náut.) arriar a âncora ou as amarras. **to ~ back** restituir, devolver. **to ~ down** pagar à vista. **to ~ in** depositar. **to ~ off** 1. pagar, remunerar. 2. pagar integralmente. 3. acertar as contas com (pagar e despedir). 4. retaliar. 5. deixar desenrolar (cabo, corda, etc.). 6. (Náut.) virar a sotavento. 7. (Náut.) cair a sotavento. **to ~ out** 1. despender, pagar. 2. fazer ajuste de contas. 3. (coloq.) punir, castigar. 4. (coloq.) vingar-se. 5. **to ~ away, to ~ up** 1. saldar, liquidar. 2. pagar as custas, expiar. 3. dar lucros, render. **I've paid up** saldei minhas contas. **he is good ~** ele é bom pagador. **in the ~ of** ao serviço de. **he had to ~ dearly for it** custou-lhe muito caro. **he shall ~ for this** ele pagará por isso. **I ~ for myself** eu mesmo pago minha despesa. **I was paid the sum** a importância me foi paga. **I'll ~ for the dinner** pagarei o jantar. **it did not ~ a penny** não rendeu nada. **it had not paid his way** não valeu a pena para ele. **it has been paid for** já está pago. **it would not** ~ **him to write** não lhe adiantaria escrever. **they paid not their way** não ganhavam o suficiente para viver. **this sum will** ~ **for everything** esta quantia cobrirá toda a despesa. **what's to** ~**?** (coloq.) o que é que há? **we paid him in his own coin** pagamo-lo com a mesma moeda. **well-paid** bem pago, bem remunerado.

pay (II) [pei] v. (imp. e p. p. **payed**) (Náut.) embrear.

payable [p'eiəbl] adj. 1. pagável, a pagar. 2. rendoso, lucrativo. 3. vencido.

paycheck [p'eitʃek] s. 1. cheque m. ref. a salário 2. salário m.

payday [p'eidei] s. dia m. de pagamento.

pay dirt s. (Miner.) minério m. cujo conteúdo em metal garante uma exploração lucrativa.

payee [pei'i:] s. pessoa f. a quem se paga dinheiro.

payer [p'eiə] s. pagador m.

payload [p'eiloud] s. carga útil f.

paymaster [p'eima:stə] s. pagador m. (funcionário), comissário m. da marinha.

payment [p'eimənt] s. 1. pagamento m. 2. remuneração f. 3. punição f., castigo m.
~ **by instalments** pagamento em prestações. ~ **in advance** pagamento adiantado. ~ **in cash** pagamento à vista. ~ **on account** pagamento por conta. **against** ~ contra pagamento à vista. **in** ~ **of** em liquidação de.

pay-off s. (gíria, E. U. A.) 1. pagamento m. de salários. 2. dia m. de pagamento. 3. lucros m. pl. 4. desfecho, desenlace m. (de uma situação).
he got the ~ ele foi demitido. **that's the** ~ isto é o cúmulo.

pay office s. pagadoria f.

pay-phone s. (E. U. A.) = (brit.) **public call box** telefone público m. (quadros S 13, 16).

payroll [p'eiroul] s. 1. folha f. de pagamento. 2. importância f. necessária para efetuar os pagamentos constantes da respectiva folha.
on the ~ em serviço, empregado.

pea [pi:] s. ervilha f. ‖ adj. do tamanho de ervilha. **chick** ~ (Bot.) grão-de-bico. **sweet—**~ (Bot.) ervilha-de-cheiro. **as like as two** ~**s** parecidos como dois ovos.

peace [pi:s] s. 1. paz f. 2. tranqüilidade, ordem, harmonia f. 3. calma f., sossego m. 4. tratado m. de paz. 5. reconciliação f.
at ~ em paz. **he made his** ~ **with her** ele reconciliou-se com ela. **hold your** ~**!** fique quieto! **leave him in** ~ deixe-o em paz. ~ **to his soul** paz à sua alma. **to hold** ou **keep one's** ~ manter-se calmo, quieto. **to break the** ~ (Jur.) perturbar a ordem pública. **to make** ~ fazer as pazes.

peaceable [p'i:səbl] adj. pacífico, pacato, tranqüilo. ‖ **-bly** adv. pacificamente, tranqüilamente.

peaceableness [~nis] s. pacatez, índole pacífica f.

peacebreaker [p'i:sbreikə] s. violador m. da paz.

peacebreaking [p'i:sbreikiŋ] s. violação f. da paz.

peace dove s. pomba da paz f.

peaceful [p'i:sful] adj. 1. quieto, calmo, sereno. 2. pacífico, pacato. 3. de ou relativo a paz ou tempos de paz. ‖ **-ly** adv. pacificamente.

peacefulness [~nis] s. sossego m., calma, quietude f.

peacekeeping [p'i:ski:piŋ] s. manutenção da paz f. ‖ adj. relativo à manutenção da paz.

peaceless [p'i:slis] adj. inquieto, agitado, perturbado.

peacelessness [~nis] s. inquietação, perturbação f., desassossego m.

peacemaker [p'i:smeikə] s. apaziguador, pacificador m.

peacemaking [p'i:smeikiŋ] s. apaziguamento m., paci-

ficação f. ‖ adj. apaziguador, pacificador.

peacenik [p'i:snik] s. pacifista m. + f. (pejorativo).

peace offering s. 1. oferecimento m. de paz. 2. (Rel.) sacrifício propiciatório m.

peace-officer s. 1. guarda m. da polícia. 2. oficial m. da justiça.

peace-pipe s. (E. U. A.) cachimbo da paz m.

peacetime [p'i:staim] s. tempo m. da paz. ‖ adj. relativo a um período de paz.

peach (I) [pi:tʃ] s. 1. (Bot.) pessegueiro m. 2. pêssego m. 3. (gíria) uva, garota bonita f. 4. cor f. de pêssego. ‖ adj. cor-de-pêssego.
a ~ **of a car** um carro formidável. ~ **colour** cor-de-pêssego. ~**-down** pele aveludada do pêssego. ~ **tree** árvore de pêssego, pessegueiro.

peach (II) [pi:tʃ] v. (gíria) delatar, denunciar.
they ~**ed against** (ou **on**) **him** eles o delataram.

peacher [p'i:tʃə] s. (gíria) delator m., denunciante m. + f.

peachery [p'i:tʃəri] s. pessegal m.

peachick [p'i:tʃik] s. 1. filhote m. de pavão. 2. pessoa jovem f. que se pavoneia.

peachy [p'i:tʃi] adj. 1. semelhante a pêssego. 2. (coloq.) ótimo, formidável.

peacock [p'i:kɔk] s. (Orn.) pavão m. ‖ v. pavonear(-se).
proud as a ~ orgulhoso como um pavão.

peacockery [~əri] s. exibicionismo m., ostentação f.

peacockish [~iʃ] **peacocky** [~i] adj. vaidoso, fútil.

peafowl [p'i:faul] s. pavão m. da Ásia.

pea-green adj. verde-claro, amarelado.

peahen [p'i:hen] s. pavoa f.

pea-jacket s. jaqueta grossa f. de lã, usada pelos marinheiros.

peak (I) [pi:k] s. 1. pico, cume, cimo m. (quadro M 7). 2.-bico m., ponta f. 3. pala f. (de boné). 4. auge, apogeu m. 5. (Téc.) máximo m. 6. (Náut.) pena f. 7. (Náut.) pique m. ‖ v. 1. arvorar (os remos). 2. (Náut.) repicar (as velas). ‖ adj. máximo.
~ **achievement** feito máximo. ~ **load** carga máxima. ~**-year** ano de máxima produção.

peak (II) [pi:k] v. definhar, emagrecer.
to ~ **and pine** extenuar-se, definhar-se.

peaked (I) [pi:kt] adj. pontudo, pontiagudo.
~ **cap** s. boné m. de pala.

peaked (II) [pi:kt] adj. (fam) emaciado, macilento, doentio.

peaky [p'i:ki] adj. 1. coberto de picos. 2. pontiagudo. 3. (fam.) doentio, enfermiço.

peal [pi:l] s. 1. repique m. (de sinos). 2. clangor, estrépito, ribombo m. ‖ v. 1. repicar. 2. soar, troar, ressoar, ribombar.
~**s of applause** salva estrepitosa de palmas. ~ **of laughter** gargalhada estrepitosa.

pealike [p'i:laik] adj. semelhante à ervilha.

peanut [p'i:nʌt] s. 1. (Bot.) amendoim, mendubi m. 2. (E. U. A., gíria) pessoa f. mesquinha ou insignificante. ‖ adj. (E. U. A., gíria) 1. insignificante. 2. mesquinho, soez.
~ **gallery** últimas fileiras no anfiteatro. ~ **oil** óleo de amendoim. ~ **ore** limonito, hepatita parda.

peanut butter s. manteiga f. de amendoim.

pea-pod s. vagem f. de ervilha.

pear [pɛə] s. 1. pêra f. 2. (Bot.) pereira f.
~ **tree** árvore de pêra, pereira.

pearl [p'ə:l] s. 1. pérola f. 2. objeto m. de alto preço. 3. pessoa f. muito estimada. 4. (Med.) catarata f. 5. (Tipogr.) tipo m. de corpo cinco. 6. madreperola f. 7. objeto m. em forma de pérola (lágrima, etc.). ‖ v. 1. adornar com pérolas. 2. formar em pequenos grãos. 3. perolizar: dar a aparência ou a cor da pérola. 4. pescar pérolas. 5. adquirir forma de pérola. ‖ adj. 1. perolado. 2. granulado.
to throw ~**s before the swine** gastar cera com

defuntos ruins. ~ **button** botão de madrepérola.
mother-of-~ nácar, madrepérola.
pearlash [p'ə:læʃ] s. perlasso m.
pearl-barley s. cevadinha f.
pearlberry [p'ə:lberi] s. (Bot.) fruta-de-perdiz f.
pearl-diver s. mergulhador m. em busca de pérolas, búzio m.
pearled [p'ə:ld] adj. 1. adornado com pérolas. 2. perlado.
pearl-fisher s. pescador m. de pérolas.
pearl-fishery s. pesqueiro m. de ostras perlíferas.
pearl gray s. cinza-pérola (azulado) m.
pearlite [p'ə:lait] s. (Miner.) perlita f.
pearlitic [pə:l'itik] adj. perlítico.
pearlized [p'ə:laizd] adj. madreperolado.
pearl oyster s. ostra perolífera f.
pearl-powder s. branco m. de pérola: cosmético para branquear a pele.
pearl spar s. (Miner.) espato anacarado m.
pearlstone [p'ə:lstoun] s. (Miner.) perlita f.
pearl-white s. = **pearl-powder**.
pearly [p'ə:li] adj. 1. perolífero. 2. perlado. 3. de ou relativo a pérolas ou madrepérolas. 4. adornado com pérolas. 5. nacarado, nacarino. 6. precioso, valioso. ‖ adv. como pérolas.
pearmain [p'ɛəmein] s. variedade f. de maçã.
pear-shaped adj. 1. periforme, em forma de pêra. 2. (Mús.) claro, ressoante, harmonioso.
peart [piət] adj. (pop.) 1. animado, vivo. 2. esperto. ‖ ~**ly** adv. 1. vivamente. 2. espertamente.
peartness [p'iətnis] s. (pop.) 1. animação, vivacidade f. 2. esperteza f.
peasant [p'ezənt] s. camponês, lavrador, agricultor m ‖ adj. camponês, rústico.
peasantlike [~laik] adj. rústico, rude, grosseiro.
peasantry [~ri] s. 1. classe f. camponesa ou agrária. 2. rusticidade f.
peasant woman s. camponesa f.
pease [pi:z] s. (arc. ou dial.) plural de **pea**.
~**–pudding** purê de ervilhas.
pea-shooter s. zarabatana f., canudo m. de soprar.
pea-soup (Culin.) sopa de ervilha f.
~ **fog** nevoeiro denso e amarelo de Londres.
peat [pi:t] s. 1. turfa f. 2. pedaço m. de turfa.
peat-bog s. turfeira f.
peat-brick s. tijolo m. de turfa.
peatery [p'i:təri] s. turfeira f.
peaty [p'':ti] adj. turfoso, turfento.
peavey, peavy [p'i:vi] s. fateixa f., arpão m. de lenhadores.
pea weevil s. (Ent.) carneiro m.: gorgulho coleóptero que ataca as ervilhas.
pebble [pebl] s. 1. calhau, seixo m. 2. cristal m. de rocha. 3. lente f. de cristal. 4. variedade de ágata. 5. couro granulado m. ‖ v. 1. apedrejar com seixos. 2. pavimentar com seixos. 3. granular (couro ou papel) de modo a obter uma superfície áspera.
pebbled [pebld] adj. seixoso.
pebblestone [p'eblstoun] s. calhau, seixo m.
pebbly [p'ebli] adj. = **pebbled**.
pecan [pik'æn] s. 1. (Bot.) nogueira-pecã f. 2. fruto m. da nogueira-pecã.
peccability [pekəb'iliti] s. pecabilidade f.
peccable [p'ekəbl] adj. pecável.
peccancy [p'ekənsi] s. 1. incidência f. em pecado. 2. pecado m., ofensa f.
peccant [p'ekənt] s. pecador m. ‖ adj. 1. pecante, pecador. 2. faltoso, incorreto. 3. mórbido, insalubre. ‖ ~**ly** adv. pecaminosamente, incorretamente.
peccary [p'ekəri] s. (Zool.) 1. pecari m. 2. queixada, tacuité m.
peccavi [pek'eivai] s. confissão f. de culpa.

to cry ~ pedir perdão, confessar seus pecados.
peck (I) [pek] s. 1. celamim m.: medida de capacidade para secos, contendo aproximadamente 9 litros. 2. (fig.) porção, grande quantidade f., montão m.
to be in a ~ **of troubles** estar em grandes apuros.
peck (II) [pek] s. 1. bicada f. 2. marca f. de bicada. 3. (gíria) comida f., alimento m. 4. (coloq.) beijo m. ligeiro ou distraído. ‖ v. 1. bicar, dar bicadas. 2. picar. 3. apanhar com o bico. 4. (fam.) comer. 5. (fam.) mordiscar. 6. rezingar, resmungar.
to ~ **down** demolir.
pecker [p'ekə] s. 1. picareta f. 2. picador m. 3. (Orn.) pica-pau m. 4. bico m. (de aves). 5. (gíria) comedor, comilão m. 6. (gíria) nariz m. 7. coragem f., ânimo m. (gíria).
to keep one's ~ **up** não perder a coragem.
pecking [p'ekiŋ] ou **peck order** s. 1. lei f. do galinheiro: o mais forte bica o mais fraco. 2. (Soc.) princípio m. de agressividade: o mais forte agride o mais fraco.
peckish [p'ekiʃ] adj. 1. faminto. 2. irritadiço.
Pecksniffian [peksn'ifiən] adj. hipócrita, insincero.
pectase [p'ekteis] s. (Bioquím.) péctase f.
pectate [p'ekteit] s. (Quím.) pectato m.
pecten [p'ekten] s. 1. (Zool. e Anat.) pécten, pente m. 2. (Zool.) penteola f.
pectic [p'ektik] adj. (Quím.) péctico.
pectin [p'ektin] s. (Bioquím.) pectina f.
pectinal [~ əl], **pectincte** [p'ektinit], **pectinated** [-neitid] adj. pectíneo, pectinoso.
pectoral [p'ektərəl] s. 1. peitoral m.: remédio para doenças do peito. 2. armadura f. para proteção do peito. 3. ornamento peitoral m. usado pelos bispos (quadro C 18). 4. (Zool. e Anat.) músculo peitoral m. ‖ adj. 1. peitoral 2. (fig.) íntimo.
pectoral arch, pectoral girdle s. (Anat. e Zool.) cintura escapular t.
pectoral cross s. cruz peitoral f. usada pelos bispos.
pectoral fin s. barbatana peitoral f. (quadro F 3).
pectoral lozenge s. pastilha expectorante f.
pectose [p'ektous] s. (Quím.) pectose f. (também **protepectin**).
peculate [p'ekjuleit] v. cometer peculato, defraudar o erário.
peculation [pekjul'eiʃən] s. peculato m.
peculator [p'ekjuleitə] s. peculatário, peculador m.
peculiar [pikj'u:ljə] s. 1. prerrogativa f., privilégio m. 2. igreja f. ou paróquia f. isenta da jurisdição comum. 3. interesse m. ou atividade f. particular. ‖ adj. 1. peculiar, próprio, característico. 2. particular, privativo. 3. singular, esquisito, excêntrico. 4. pertencente a uma jurisdição eclesiástica não sujeita a controle da diocese. 5. especial, determinado, específico. ‖ ~**ly** adv. 1. peculiarmente, particularmente. 2. estranhamente, singularmente.
a ~ **case** um caso específico. **of** ~ **interest** de interesse especial. ~**ly interested** particularmente interessado.
peculiarity [pikju:li'æriti] s. 1. peculiaridade, particularidade f. 2. traço característico m. 3. singularidade, excentricidade f.
peculiarize [pikj'u:liərɑiz] v. tornar peculiar, caracterizar.
peculium [pikj'u:liəm] s. (Jur.) pecúlio m.
pecuniary [pikj'u:niəri] adj. pecuniário, monetário. ‖ ~**ily** adv. pecuniariamente, por meios financeiros.
pecuniary trouble s. dificuldades financeiras f. pl.
pedagogic [pedəg'ogik], **pedagogical** [~ əl] adj pedagógico. ‖ ~**ally** adv. pedagogicamente.
pedagogics [~s] s. pedagogia f.
pedagogism [p'edəgɔgizm, -dʒizm], **pedagoguism**

[p'edəgɔgizm] s. pedagogismo m.
pedagogist [p'edəgougist, -dʒist] s. pedagogista m. + f.
pedagogue, pedagog [p'edəgɔg] s. 1. pedagogo, professor m. 2. professor pedante m. ‖ v. ensinar, lecionar.
pedagogy [p'edəgɔgi] s. 1. pedagogia f. 2. instrução f., disciplina f.
pedal [pedl] s. 1. pedal m. 2. (Mec.) alavanca f. a pedal. ‖ v. 1. pedalar. 2. andar de bicicleta. ‖ adj. 1. relativo aos pés. 2. relativo a pedal.
soft ~ pedal de piano. **apply a soft ~!** aja com delicadeza!
pedalism [p'edəlizm] s. 1. emprego m. dos pés. 2. uso m. de pedais.
pedant [p'edənt] s. 1. pedante m. + f. 2. formalista m. + f. ‖ adj. 1. pedante. 2. formalista.
pedantic [pid'æntik] adj. pedante, pedantesco. ‖ **~ally** adv. pedantescamente.
pedantism [p'edəntizm] s. 1. pedantismo m., pedantaria f. 2. ação f. ou expressão f. pedante.
pedantize [p'edəntaiz] v. 1. pedantear. 2. tornar pedante.
pedantry [p'edəntri] s. 1. pedantismo m., pedantaria f. 2. formalismo m. 3. expressão f. ou ato m. pedante.
pedate [p'edit] adj. 1. pedioso. 2. pediforme (quadro L 2).
~ly cleft pedatipartido.
peddle [pedl] v. 1. mascatear, bufarinhar. 2. ocupar-se de ninharias. 3. espalhar (mexericos, boatos, etc.)
peddler, pedlar [p'edlə] s. mascate, bufarinheiro m.
peddlery, pedlary [~ri] s. 1. mascataria, mascateação f. 2. bufarinhas, bugigangas f. pl.
peddling [p'edliŋ] s. comércio m. de bufarinheiro. ‖ adj. 1. insignificante, sem valor. 2. que mascateia.
pederast [p'edəræst] s. pederasta m., sodomita m. + f.
pederasty [~i] s. pederastia, sodomia f.
pedestal [p'edistl] s. 1. pedestal, suporte m., peanha f. 2. base f., fundamento m. ‖ v. colocar em pedestal, exaltar.
pedestrian [pid'estriən] s. 1. pedestre m. + f. 2. andarilho m. ‖ adj. 1. pedestre. 2. prosaico, trivial, vulgar. 3. apático, vagaroso.
pedestrianism [~izm] s. 1. pedestrianismo m. 2. prosaísmo m., vulgaridade f.
pediatric, paediatric [pi:di'ætrik] adj. (Med.) pediátrico.
pediatrician, paediatrician [pi:diətr'iʃən] s. (Med.) pediatra m. + f.
pediatrics, paediatrics [pi:di'ætriks] s. (Med.) pediatria f.
pediatrist [pi:di'ætrist] s. = **pediatrician.**
pedicab [p'edikæb] s. "pedicab" m.: (Ásia) pequeno veículo triciclo, coberto, movido a pedal, para transportar passageiros.
pedicel [p'edisəl], **pedicle** [p'edikl] s. (Bot., Anat. e Zool.) pedicelo m.
pedicellate [p'edisəlit] adj. pedicelado.
pedicular [pid'ikjulə] adj. pedicular, piolhento.
pediculate [pid'ikjuleit] s. (Ict.) peixe pediculado m. ‖ adj. 1. (Ict.) pediculado. 2. (Zool.) pedicelado.
pediculous [pid'ikjuləs] adj. piolhento, piolhoso.
pedicure [p'edikjuə] s. 1. quiropodia f. 2. pedicuro m., pedicura f.
pedicurist [~rist] s. quiropodista m. + f., pedicuro m.
pediform [p'edifɔ:m] adj. pediforme.
pedigree [p'edigri:] s. 1. árvore genealógica f. 2. linhagem, estirpe f. 3. derivação f. 4. linhagem distinta f. ‖ v. 1. criar de modo a manter a linhagem pura. 2. prover de um registro genealógico.
pediment [p'edimənt] s. (Arquit.) frontão m.

pedimental [pedim'entl] adj. 1. relativo ou pertencente a frontão. 2. em estilo de frontão.
pedipalp [p'edipælp] s. (Zool.) pedipalpo m.
pedlar, pedler [p'edlə] s. = **peddler.**
pedological, paedological [pidol'ɔdʒikəl] adj. pedológico.
pedology (I) [pid'ɔlədʒi] s. pedologia f.: estudo das crianças.
pedology (II) [pid'ɔlədʒi] s. pedologia, edafologia f.: ciência que estuda os solos.
pedometer [pid'ɔmitə] s. pedômetro m.
peduncle [pid'ʌŋkl] s. (Bot. e Zool.) pedúnculo m.
peduncular [pid'ʌŋkjulə] adj. peduncular.
pedunculate [pid'ʌŋkjulit], **pedunculated** [-eitid] adj. pedunculado.
peek (I) [pi:k] s. espreitadela f. ‖ v. espreitar, espiar.
peek (II) [pi:k] s. pipilo m. ‖ v. pipilar.
peek-a-boo [pi:kəb'u:] s. esconde-esconde m.
peel (I) [pi:l] s. torre f. fortificada na fronteira entre a Inglaterra e a Escócia (século XVI).
peel (II) [pi:l] s. 1. pá f. de forneiro (quadro B 1). 2. pá f. de remo.
peel (III) [pi:l] s. casca f. (de fruta). ‖ v. 1. descascar. 2. (†) pilhar, saquear. 3. (fam.) ficar de olho em. 4. (fam.) despir-se. 5. descascar-se, pelar-se.
to ~ off (Av.) desgarrar, sair da formação. **she kept her eyes peeled** ela ficou de olho.
peeled [pi:ld] adj. 1. descascado. 2. tonsurado.
peeler [p'i:lə] s. 1. descascador m.: homem ou máquina que descasca. 2. (fam.) policial, guarda m.
peelings [p'i:liŋz] s. pl. cascas f. pl.
peen [pi:n] s. (também **pein**) s. pena f. de martelo (quadro H 2).
peep (I) [pi:p] s. 1. olhadela, espreitadela f. 2. aurora, alva f. ‖ v. 1. espreitar, espiar. 2. surgir, aparecer, raiar, romper. 3. brotar, nascer. 4. deixar ver.
at the ~ of day ao romper do dia. **we took a ~ at the house** olhamos a casa de relance.
peep (II) [pi:p] s. pio, chilreio m. ‖ v. 1. piar, pipilar, chiar. 2. (fig.) falar em voz fina e fraca.
peeper (I) [p'i:pə] s. 1. espreitador m. 2. espia, espião m. 3. (fam.) olho m.
peeper (II) [p'i:pə] s. 1. pintainho m., filhote m. de ave. 2. (Zool.) qualquer anuro da família dos Hilídeos.
peephole [p'i:phoul] s. orifício m. de observação.
peeping [p'i:piŋ] s. espreita f. ‖ adj. espreitador.
peer (I) [piə] v. 1. perscrutar, observar atentamente. 2. assomar, despontar. 3. emergir, surgir.
to ~ at examinar. **to ~ out** surgir, aparecer.
peer (II) [piə] s. 1. par m. do reino, nobre, fidalgo m. 2. par, igual m. ‖ v. 1. igualar, rivalizar com. 2. elevar ao pariato. ‖ adj. igual.
to be the ~ of igualar-se a. **without ~** inigualável.
peerage [p'iəridʒ] s. 1. pariato m., nobreza f. 2. nobiliarquia f. 3. nobiliário m.
peeress [p'iəris] s. dama f. da corte, fidalga f.
peerless [p'iəlis] adj. inigualável, sem-par, insuperável. ‖ **~ly** adv. de modo inigualável.
peerlessness [~nis] s. superioridade, hegemonia f.
peery [p'iəri] adj. inquisitivo, suspicaz, desconfiado.
peeve [pi:v] v. 1. irritar, exacerbar. 2. (fam.) irritar-se, aborrecer-se. 3. (coloq.) causar irritação **(about, at** por causa de).
peevish [p'i:viʃ] adj. 1. rabugento, irritadiço. 2. teimoso, obstinado. 3. enfastiado, entediado. ‖ **~ly** adv. de modo rabugento, impertinentemente.
peevishness [~nis] s. rabugice, impertinência f.
peg [peg] s. 1. cavilha f. 2. espicho m. 3. (Téc.) pega f. 4. pino m. 5. cravelha f. (quadro V 1). 6. grampo m. para varal. 7. pretexto m., desculpa f. 8. grau m., medida f. (de estima, etc.) 9. (gíria)

perna -de-pau f. 10. pequena estaca f. 11. aperitivo m. ‖ v. 1. cavilhar. 2. marcar com estacas. 3. pregar (sola em sapatos). 4. restringir, confinar. 5. fixar, determinar (preços). 6. laborar, labutar. 7. (coloq.) atirar, arremessar.
to ~ away (coloq.) agir ou trabalhar diligentemente. **to ~ down** fixar com pregos. **to ~ out** 1. marcar com estacas. 2. (gíria) falhar, fracassar. 3. (gíria) morrer. **a ~ to hang a nagging on** um pretexto para resmungar. **he came down a ~** ele cedeu, ele mudou de tom (abrandou). **take him down a ~ or two** você tem de humilhá-lo um pouquinho. **it's nice to have a ~ to hang things on** é bom ter um bode expiatório. **on the ~(s)** (gíria) garantido, absolutamente certo. **~—house** taverna. **~—ladder** escada de mão simples. **~—leg** perna postiça, (fam.) perna-de-pau.
peg-top s. 1. pião m. (com base de metal). 2. **peg tops** pl. calças f. pl. (largas nos quadris e justas na perna).
peignoir [p'einwa:] s. penteador m.: vestido confortável usado na casa pelas senhoras.
pejorate [p'i:dʒəreit] v. pejorar, depreciar.
pejorative [p'i:dʒərətiv] s. termo pejorativo m. ‖ adj. pejorativo, depreciativo. ‖ **~ly** adv. pejorativamente.
Pekinese [pi:kin'i:z], **Pekingese** [pi:kiŋ'i:z] s. pequinês m.: 1. raça de cãezinhos. 2. o natural de Pequim. ‖ adj. pequinês.
Peking [p'i:kiŋ], **Peking duck** s. marreco m. de Pequim.
Peking man s. (Antrop.) homem de Pequim m. (Homo erectus pekinensis), do pleistoceno.
pekoe [p'i:kou] s. peco m.: variedade de chá preto.
pelade [pəl'a:d] s. (Med.) pelada f.
pelage [p'elidʒ] s. pelagem f., pelame, pelo m.
Pelagian [pel'eidʒən] s. (Filos., Rel.) pelagiano m. adj. pelagiano.
Pelagianism [~izm] s. pelagianismo m.
pelagic [pəl'ædʒik] adj. pelágico, oceânico.
pelargonic acid s. (Quím.) ácido pelargônico m.
pelargonium [pəlag'ouniəm] s. (Bot.) pelargônio m.
Pelasgian [pəl'æzdʒiən] s. pelasgo m. ‖ adj. pelásgico.
Pelasgic [pəl'æzdʒik] adj. (Etn., Hist.) pelásgico.
pelecypod [pəl'esəpɔd] s. (Zool.) pelecípode m.
pelerine [p'eləri:n] s. pelerine m.
pelf [pelf] s. 1. pilhagem f., produto m. de saque 2. riquezas f. pl. mal-adquiridas.
pelican [p'elikən] s. 1. (Orn.) pelicano m. 2. (E. U. A., gíria) sabichona, estudante f.
pelisse [pəl'i:s] s. 1. peliça f. 2. capa comprida f. para senhoras ou crianças.
pelite [p'i:lait] s. (Geol.) pelito m.
pellagra [pəl'eigrə] s. (Med.) pelagra f.
pellagrin [pəl'eigrin] s. pelagroso m.
pellagrous [pel'eigrəs] adj. pelagroso.
pellet [p'elit] s. 1. (Sid.) pélete m.: massa compacta do pó de minério de ferro. 2. pequena bola ou pedra f. de arremesso. ‖ v. arremessar pequenas bolas ou pedras.
pelletization [pelitiz'eiʃən] s. (Sid.) peletização f.. para tornar compacto o pó de minério de ferro.
pelletize [p'elitaiz] v. (Sid.) peletizar: processar minério de ferro em pó, para torná-lo compacto.
pellicle [p'elikl] s. película f.
pellicular [pel'ikjulə] adj. pelicular.
pellitory [p'elitouri] s. (Bot.) parietária, alfavaca-de -cobra, tiritana f.
pell-mell, pellmell [p'elm'el] s. 1. balbúrdia, mixórdic f. 2. entrevero m. ‖ v. lançar em desordem. ‖ adj. confuso, desordenado. ‖ adv. confusamente, desordenadamente.

pellucid [pelj'u:sid] adj. 1. transparente, translúcido, diáfano. 2. de fácil compreensão, explícito. ‖ **~ly** adv. de modo transparente, explicitamente.
pellucidity [pelju:s'iditi], **pellucidness** [pelj'u:sidnis] s. transparência, diafaneidade f.
pelmet [p'elmət] s. sanefa f. de cortina.
peloria [pəl'ɔ:riə] s. (Bot.) peloria f.
pelorus [pel'ourəs] s. (Náut.) alidade f. de pínula, disco m. de rota.
pelota [pel'outə] s. péla f.
peloton [pelət'ɔn] s. pelotão m. (de soldados).
pelt (I) [pelt] s. 1. pele, peliça f. 2. couro m. não curtido. 3. casaco m. de peles. 4. (joc.) a pele humana f. ‖ v. despelcr.
~—wool lã de um carneiro morto.
pelt (II) [pelt] s. 1. pedrada, saraivada f. 2. tamborilar m. (da chuva). 3. passo vigoroso m., galope m. 4. golpe m., pancada f. ‖ v. 1. atirar ou arremessar pedras, projetis, etc. 2. bombardear (com palavras). 3. desferir uma série de golpes. 4. tamborilar (chuva). 5. bater, malhar.
(at) full ~ (velocidade) à toda. **~ing rain** saraivada, pancada (de chuva).
peltast [p'eltæst] s. (Hist.) peltasta f.
peltate [p'eltit] adj. (Bot.) peltado, escutiforme.
pelter [p'eltə] s. 1. (fam.) aguaceiro m. 2. (E. U. A.) cavalo veloz m.
pelterer [p'eltərə] s. peleiro m.
peltry [p'eltri] s. 1. pelaria f., pelame m. 2. courama f. 3. pele, peliça f.
pelvic [p'elvik] adj. pélvico (quadro F 3).
~ arch ou **girdle** cintura pélvica.
pelviform [p'elvifɔ:m] adj. pelviforme.
pelvis [p'elvis] s. (Anat.) 1. pelve, pélvis f. 2. bacinete m.
pemmican, pemican [p'emikən] s. 1. (E. U. A.) carne--seca, pilada f. (usada originalmente pelos índios norte-americanos). 2. conserva f. feita de carne--seca, açúcar, passas e sebo.
pemphigus [p'emfigəs] s. (Med.) pênfigo m.
pen (I) [pen] s. 1. pequeno cercado para animais, galinheiro, redil, aprisco, chiqueiro, curral m. 2. quantidade f. de animais mantidos nestes cercados. 3. (E. U. A., gíria) cela f. de prisão. 4. silo m. 5. cercado m. para criancinhas. 6. barragem f. ‖ v. (imp. e p. p. **penned**) 1. encurralar, engaiolar, confinar em cercados. 2. represar, conter.
to ~ up water represar água.
pen (II) [pen] s. 1. pena f. (de escrever). 2. pena nova f. (de aves). 3. caneta f. 4. (fig.) profissão literária f. 5. estilo literário m., maneira f. de expressão. 6. (fig.) escritor m. 7. (Zool.) concha óssea interna f. da lula. ‖ v. (imp. e p. p. **penned**). escrever, redigir.
~—and-ink drawing desenho a bico de pena. **she lives by her ~** ela vive ou trabalha como escritora. **the ~ is mightier than the sword** a inteligência supera a força. **geometrical ~** tira-linhas. **to set ~ to paper** lançar mão da pena. **slip of the ~** erro de escrita.
pen (III) [pen] s. fêmea f. do cisne.
pen (IV) [pen] s. (E.U.A., gíria) penitenciária f.
penal [pi:nl] adj. 1. penal. 2. punível, sujeito a penas. ‖ **~ly** adv. de modo penal.
penal code s. código penal m.
penalize [p'i:nəlaiz] v. 1. tornar penal. 2. infligir penalidades a. 3. (Esp.) sujeitar a um "handicap".
penal servitude s. trabalhos forçados m. pl.
penal sum s. multa f.
penalty [p'enəlti] s. 1. pena, penalidade, punição f. 2. multa f. 3. desvantagem, perda f. 4. (esp.) penalidade máxima f., tiro m. de rigor.
on ou **under ~ of** sob pena de. **to be under ~**

of death estar ou ser condenado à morte.
penalty area s. (Futeb.) grande área, área de penalidade máxima f.
penance [p'enəns] s. (Rel.) penitência f. ‖ v. 1. penitenciar. 2. punir.
penates [pən'eiti:z] s. pl. penates m. pl.
pence [pens] s. pl. = plural de **penny.**
penchant [p'entʃənt, p'ãŋʃãŋ] s. propensão f.
pencil [pensl] s. 1. lápis m. 2. pincel fino m. 3. (fig.) arte f. de pintura. 4. bastão m. de cosmético. 5. (ópt.) feixe luminoso m. ‖ v. 1. desenhar a creiom. 2. (Med.) pincelar. 3. traçar ou esboçar a lápis. 4. anotar, tomar nota. 5. sombrear.
~ **compass** compasso adaptável ao lápis. **propelling** ~ lapiseira automática.
pencil case s. porta-lápis m., lapiseira f.
pencil cedar s. (Bot.) cedro-das-barbadas m.
pencilled, penciled [pensld] adj. 1. pintado, desenhado, esboçado, marcado ou escrito a lápis. 2. radiado, disposto em raios.
penciller, penciler [p'ensilə] s. marcador m.: quem marca com lápis.
pencil rack s. porta-lápis m. (quadro D 1).
pencil sharpener s. apontador m. de lápis.
pencraft [p'enkra:ft] s. 1. aptidão literária f. 2. (fig.) literatura f. 3. (fig.) autoria f.
pend [pend] v. pender, estar pendente.
pendant, pendent [p'endənt] s. 1. pendente, berloque, brinco m. (quadro f 3). 2. parelha f., peça f. ou objeto m. que faz par com outro semelhante. 3. apêndice, acrescentamento m. 4. pêndulo m. 5. (Arquit.) ornato pendente m. 6. pendente m. para lâmpada. 7. flâmula f., galhardete m. 8. (Náut.) coroa f. de mastro, guardim m.
~ **–lamp** candelabro, lustre m.
pendency [p'endənsi] s. 1. suspensão, dependura f. 2. pendência f.: tempo durante o qual uma causa está pendente.
pendent [p'endənt] adj. 1. pendente: c) suspenso, pendurado. b) aguardando solução. c) inclinado. 2. saliente. 3. anexo, aposto. 4. (Gram.) incompleto.
pendentive [pend'entiv] s. (Arquit.) pendente f.: parte de uma abóbada esférica, situada entre os grandes arcos destinados a suportar a cúpula (quadro V 1).
pending [p'enaiŋ] adj. pendente: 1. suspenso, pendurado. 2. iminente. 3. aguardando solução. ‖ prep. 1. durante. 2. até.
pendragon [pendr'ægən] (Hist.) s. chefe supremo m (entre os antigos bretões).
pen-driver s. (depreciat.) 1. escriturário m., 2. literatelho, literatiço m.
pendulate [p'endjuleit] v. 1. pendulear, oscilar como pêndulo. 2. balouçar, ondular.
penduline [p'endjulain] adj. 1. pendente. 2. (Orn.) referente à feitura de um ninho suspenso.
pendulous [p'endjuləs] adj. 1. pêndulo, suspenso, pendurado. 2. oscilante, oscilatório. 3. indeciso, vacilante. ‖ ~ly adv. de modo oscilante.
pendulous motion s. oscilação pendular f.
pendulousness [~ nis] s. 1. suspensão, dependura f. 2. indecisão, vacilação f. 3. oscilação f.
pendulum [p'endjuləm] s. pêndulo m. (quadro C 11).
pendulum bob s. prumo m. de pêndulo.
pendulum governor s. regulador m. de pêndulo.
pendulum saw s. serra f. de pêndulo.
peneplain, peneplane [pi:nəpl'ein] s. (Geol.) peneplanície f.
penetrability [penitrəb'iliti] s. penetrabilidade f.
penetrable [p'enitrəbl] adj. 1. penetrável. 2. (fig.) suscetível, sensível a. ‖ –bly adv. de modo penetrável.
penetralia [penitr'eiliə] s. pl. 1. penetrais m. pl. 2.

intimidade f. 3. santuário m.
penetrance [p'enitrəns] s. (Gen.) penetrância f.: grau de regularidade do efeito produzido na população por um gene.
penetrant [p'enitrənt] adj. 1. penetrante, agudo. 2. perspicaz, sagaz, sutil.
penetrate [p'enitreit] v. penetrar: 1. entrar dentro de. 2. transpor, atravessar. 3. passar através de. 4. chegar a compreender, descortinar. 5. comover, convencer, sensibilizar. 6. imbuir, impregnar.
penetrating [~ iŋ] adj. penetrante, penetrativo: 1. que penetra. 2. agudo, perfurante. 3. pungente, intenso. 4. sagaz, perspicaz. 5. comovente. ‖ ~ly adv. de modo penetrante.
penetratingness [~ iŋnis] s. capacidade f. de penetração.
penetration [penitr'eiʃən] s. 1. penetração f. 2. sagacidade, perspicácia f. 3. (Balística) capacidade f. de penetração.
penetrative [p'enitreitiv] adj. 1. penetrativo, penetrante. 2. agudo, sagaz. 3. impressionante, impressivo. ‖ ~ly adv. de modo penetrante, sagaz ou impressionante.
penetrativeness [~ nis] s. 1. capacidade f. de penetração. 2. sagacidade, agudeza mental, receptividade f. 3. impressionabilidade f.
penetrometer [penitr'ɔmitə] s. (Fís.) penetrômetro m.
penguin [p'eŋgwin] s. (Orn.) pingüim m. 2. (Av.) treinador Link m.
penholder [p'enhouldə] s. caneta f.
penial [p'i:niəl] adj. (Anat. e Zool.) peniano.
penicillate [p'enisilit] adj. (Bot. e Zool.) peniciliforme.
penicillin [penəs'ilin] s. (Bioquím.) penicilina f.
penicillium [penəs'iliəm] s. penicilo m.: fungo m. do gênero Penicillium.
peninsula [pin'insjulə] s. península f.
the **Peninsula** a Península Ibérica.
peninsular [pin'insjulə] s. peninsular m. + f. ‖ adj. peninsular.
penis [p'i:nis] s. (Anat. e Zool.) pênis m.
penitence [p'enitəns] s. penitência, compunção f., arrependimento m.
penitent [p'enitənt] s. penitente m. + f. ‖ adj. penitente, arrependido. ‖ ~ly adv. penitentemente.
penitential [penit'enʃəl] s. 1. penitencial m.: ritual das penitências. 2. penitente m. + f. ‖ adj. penitencial, penitenciário.
penitential robe s. cógula f. ou hábito m. penitencial.
penitentiary [penit'enʃəri] s. 1. penitenciário m.: oficial da penitenciária pontifícia. 2. penitenciária f.: a) tribunal eclesiástico m. b) casa f. de correção. 3. penitencial m.: ritual das penitências. 4. reformatório m. para mulheres. ‖ adj. 1. penitencial. 2. penitenciário.
grand ~ penitencieiro: cardeal que preside a penitenciária pontifícia.
penknife [p'ennaif] s. canivete m.
penman [p'enmən] s. 1. escritor, autor m., copista m. + f. 2. escrevente m. + f. 3. (†) calígrafo m. 4. (Teol.) evangelista m.
penmanship [~ ʃip] s. 1. arte f. ou ação f. de escrever. 2. caligrafia f. 3. estilo literário m.
pen-name s. pseudônimo m. (de escritor).
pennant [p'enənt] s. (Náut.) galhardete m., flâmula f. (quadro B 4).
pennate [p'eneit] adj. (Bot. e Zool.) 1. alado, alígero. 2. emplumado. 3. peniforme.
penniless [p'enilis] adj. sem dinheiro, paupérrimo.
pennilessness [~ nis] s. penúria f.: falta f. de dinheiro.
penninite [p'eninait] s. (Min.) peninita f.
pennon [p'enən] s. 1. bandeirola f. 2. flâmula f., galhardete m.
penny [p'eni] s., pl. **pennies** ou **pence** 1. pêni m.:

moeda divisionária inglesa (1/100 da libra). 2. (E. U. A. fam.) centavo m. 3. (fig.) ninharia f. 4. (fig.) dinheiro m. ‖ adj. que vale ou custa um pêni. **a ~ plain and twopence coloured!** aparentar mais que o valor real. **a ~ saved is a ~ got** tostão a tostão faz um milhão, cruzeiro a cruzeiro faz um milheiro. **in for a ~, in for a pound** quem começa, há de ir até o fim. **a pretty ~** (fam.) uma boa bolada. **no ~, no paternoster** sem dinheiro nada se consegue. **~ wedding** festa de casamento custeada pelos convidados (costume antigo da Escócia e do País de Gales). **to turn an honest ~** ganhar dinheiro honestamente. **a five ~ sweet** um doce de cinco "pence". **two ~ piece** moeda de dois "pence".

penny-a-line v. literatejar. ‖ adj. vulgar, ordinário, barato (escritor ou obra literária).

penny-a-liner s. subliterato, literatiqueiro m.

penny-dreadful s. história f., romance m. ou jornal m. mórbido e sensacionalista.

penny-gaff s. companhia f. de teatro de baixo nível.

penny-in-the-slot machine s. vendedor automático m. (máquina).

penny pincher s. avaro, avarento m.

pennyroyal [p'enir'ɔiəl] s. (Bot.) poejo m., planta americana da família das Lamiáceas.

pennyweight [p'eniweit] s. medida de peso correspondente a 1/20 de onça (1,555 g).

penny-wise adj. 1. cauteloso ou sagaz apenas em assuntos de pouca monta. 2. avaro, avarento. **~ and pound-foolish** diz-se daqueles que economizam em ninharias e esbanjam em outras coisas.

pennywort [p'eniwə:t] s. (Bot.) 1. umbigo-de-vênus, coucelo m. 2. qualquer planta dos gêneros Hydrocotyle e Centella.

pennyworth [p'enəθ, p'eniwə:θ] s. 1. valor m. de um pêni. 2. barganha f. 3. ninharia, bagatela f. **a bad ~** um mau negócio. **a ~ of tobacco** um pêni de fumo.

penologic [pi:nəl'ɔdʒik], **penological** [~əl] adj. penológico.

penologist [pin'ɔlɔdʒist] s. penologista m. + f.

penology [pi:n'ɔlədʒi] s. penologia f.

pension [p'enʃən] s. 1. pensão f.: a) tença f. b) espécie de hotel. 2. pensionato m. ‖ v. pensionar, pagar pensão a, morar em pensão. **old age ~** aposentadoria. **he was ~ed off** ele foi aposentado. **not for a ~** nem por nada.

pensionable [~əbl] adj. com direito a aposentadoria.

pensionary [~əri], **pensioner** [~ə] s. pensionário m., pensionista m. + f.: 1. pessoa que recebe pensão ou aposentação. 2. hóspede de pensão. 3. assalariado m. ‖ adj. 1. pensionário. 2. mercenário.

pensive [p'ensiv] adj. 1. pensativo. 2. pesaroso. ‖ **~ly** adv. 1. pensativamente. 2. pesarosamente.

pensiveness [p'ensivnis] s. 1. ar pensativo m. 2. melancolia f.

penstock [p'enstɔk] s. 1. adufa, comporta f., açude m. 2. (E. U. A.) conduto m. para turbina hidráulica.

pent [pent] adj. 1. encerrado, confinado. 2. contido. **with ~ rage** com ódio contido.

pentacle [p'entəkl] s. pentagrama m.

pentad [p'entæd] s. 1. grupo m. de cinco. 2. qüinqüênio, lustro m. 3. (Quím.) átomo m., radical m. ou elemento m. qüinqüevalente. 4. (Meteor.) período m. de cinco dias. ‖ adj. (Quím.) qüinqüevalente.

pentadactyl [pentəd'æktil] adj. (Bot., Zool.) pentadáctilo.

pentagon [p'entəgən] s. (Geom.) pentágono m.

pentagonal [pent'æɡənəl] adj. pentagonal. ‖ **~ly** adv. pentagonalmente.

pentagram [p'entəɡræm] s. pentagrama m.

pentahedral [pentəh'i:drəl], **pentahedrous** [pentəh'i:drəs] adj. (Geom.) pentaedral, pentaédrico.

pentahedron [pentəh i:drən] s. (Geom.) pentaedro m.

pentameral [pent'æmərəl], **pentamerous** [pent'æmərəs] adj. (Bot. e Zool.) pentâmero.

pentameran [pent'æmərən] s. (Zool.) pentâmero m.

pentameter [pent'æmitə] s. (Métr.) pentâmetro m. ‖ adj. pentâmetro.

pentane [p'entein] s. (Quím.) pentano m.

pentangle [p'entæŋgl] s. 1. pentagrama m. 2. pentágono m.

pentangular [pent'æŋgjulə] adj. pentangular.

pentaphyllous [pent'æfələs] adj. (Bot.) pentafilo.

pentarchy [p'enta:ki] s. pentarquia f.

pentastich [p'entəstik] s. poema m. ou estrofe f. de cinco versos.

Pentateuch [p'entətju:k] s. (Bíblia) Pentateuco m.

Pentateuchal [~əl] adj. de Pentateuco.

pentathlon [pent'æθlən] s. (Esp.) pentatlo m.

pentatonic [pentət'ɔnik] adj. (Mús.) pentatônico, relativo à escala de cinco notas.

pentavalent [pentəv'eilənt] adj. (Quím.) pentavalente.

Pentecost [p'entikɔst] s. Pentecostes m.

Pentecostal [pentik'ɔstəl] adj. relativo à festa de Pentecostes.

penthouse [p'enthaus] s. 1. alpendre, telheiro m. 2. habitação f. ou apartamento m. construído sobre o teto de um edifício. 3. estrutura f. edificada sobre o teto para cobrir escadarias, poços de elevador, tanques d'água, etc. 4. toldo m., marquise f.

pentose [p'entous] s. (Quím.) pentose f.

pent-roof s. telhado m. de alpendre.

pent-up adj. 1. retido, contido 2. reprimido.

penult [pin'ʌlt] **penultimate** [~imit] s. (Gram.) penúltima sílaba f. ‖ adj. referente à penúltima sílaba.

penumbra [pin'ʌmbrə] s. penumbra f.

penumbral [~l] adj. penumbroso.

penurious [pinj'uəriəs] adj. 1. avaro, avarento, mesquinho. 2. (†) estéril, pobre. ‖ **~ly** adv. avaramente, de modo mesquinho.

penuriousness [~nis] s. avareza, mesquinhez f.

penury [p'enjuri] s. penúria f.: 1. indigência, miséria f. 2. escassez, carência f.

peon [p'i:ən] s. 1. soldado m. de infantaria. 2. policial nativo m. 3. mensageiro m., serviçal m. + f. 4. peão, tropeiro m. 5. devedor m. sujeito a trabalhos até que liquide suas dívidas.

peonage [~idʒ] s. 1. condição f. de peão. 2. emprego m. de peões ou de trabalhadores forçados. 3. sistema m. de arrendamento de presidiários.

peony [p'iəni] s. (Bot.) peônia f.

people [pi:pl] s. 1. povo m.: conjunto de habitantes de uma nação. 2. nação, tribo, raça f. 3. gente f., público m. 4. multidão f. 5. habitantes, cidadãos m. pl. 6. gentalha, ralé, plebe f. 7. eleitorado m. 8. (fam.) família f., parentes m. pl. ‖ v. 1. povoar, tornar habitado. 2. habitar. 3. tornar-se povoado. **country ~** camponeses, campesinos. **many ~** muita gente. **my ~** minha família, meus parentes. **some ~** alguns. **the ~s of Europe** os povos ou raças da Europa. **we of all ~** justamente nós. **what will ~ say?** que dirão os outros?

people's commune s. (China) comuna agrícola f. do povo.

pep [pep] abr de **pepper** s. (E. U. A., gíria) ânimo, vigor m., disposição f. ‖ v. estimular, animar (também **~ up**). **she's pepped up** ela está muito animada.

pepo [p'i:pou] s. (Bot.) pepônio m.

pepper [p'epə] s. 1. pimenta f. 2. (Bot.) pimenteira f. 3. pimentão m. 4. (fam.) crítica mordaz f. 5. malícia f. ‖ v. 1. apimentar, temperar com pimenta. 2. salpicar, sarapintar. 3. bombardear,

apedrejar. 4. surrar, espancar, bater. 5. tornar picante ou malicioso.
I will give you ~ ensinar-te-ei a correr ou trabalhar rapidamente. **we ~ed him away** conseguirmos afugentá-lo a pauladas. **he ~ed away** ele continuou a dar (nele).
pepper-and-salt s. 1. tecido mescla m̈. 2. roupa f. confeccionada de tecido mescla. 3. cor cinzenta f. ‖ adj 1. salpicado de branco e preto. 2. cinza, cinzento.
he has a pepper-and-salt suit ele tem um terno mescla.
pepperbox [p'epəbɔks] s. 1. pimenteira f.: recipiente m. para pimenta. 2. (fig.) pessoa exaltada f.
pepper bush s. pimenteira f. (árvore).
peppercorn [p'epəkɔːn] s. 1. grão m. de pimenta. 2. (fig.) ninharia, bagatela f. ‖ adj. insignificante, trivial.
peppergrass [p'epəgraːs] s. (Bot.) 1. mastruço-ordinário m. 2. pilulária f. 3. bolsa-de-pastor f.
pepperidge [p'epəridʒ] s. (Bot.) 1. planta f. da família das Nissáceas. 2. uva-espim f. 3. trepadeira f. da família das Vitáceas.
pepper mill s. molinilho m. para moer pimenta.
peppermint [p'epəmint] s. 1. (Bot.) hortelã-pimenta f. 2. óleo m. de hortelã-pimenta. 3. essência f. de hortelã-pimenta. 4. bala f. de hortelã.
peppermint camphor s. mentol m.
pepper-tree s. (Bot.) aroeira f.
pepperwort [p'epəwɔːt] s. (Bot.) = **peppergrass.**
peppery [p'epəri] adj. 1. apimentado, picante. 2. exaltado, irascível. 3. mordaz.
pep pill s. (gíria) droga estimulante f.
peppiness [p'epinis] s. (gíria) ânimo m., energia, disposição f.
peppy [p'epi] adj. (gíria) vivo, animado, disposto.
pepsin [p'epsin] s. (Bioquím.) pepsina f.
pepsinate [~eit] v. tratar, misturar ou impregnar com pepsina.
pep talk s. (gíria) discurso m. de estímulo.
peptic [p'eptik] s. 1. agente m. que facilita a digestão. 2. **~s** pl. (joc.) aparelho digestivo m. ‖ adj. 1. péptico, digestivo. 2. digestório. 3. de ou referente à pepsina. 4. causado pela pepsina.
~ ulcer úlcera gástrica.
pepticity [pept'isiti] s. eupepsia f.
peptide [p'eptaid, p'eptid] s. (Bioquím.) peptídio m.
peptize [p'eptaiz] v. (Fís. e Quím.) peptizar.
peptone [p'eptoun] s. (Bioquím.) peptona f.
peptonization [peptoniz'eiʃən] s. (Bioquím.) peptonização f.
peptonize [p'eptonaiz] v. (Bioquím.) peptonizar.
per [pə:] prep. 1. por, mediante. 2. (Com.) conforme, de acordo com.
as ~ conforme. **as ~ usual** (joc.) como de costume. **~ account rendered** conforme nossa prestação de contas. **80 miles ~ hour** 80 milhas por hora. **~ bearer** pelo portador. **~ contra** pelo contrário. **~ procuration,** (abr. **~ pro,** ou **p. p.**) por procuração. **~ se** por si. **~ ship** por navio, por via marítima.
peracid [p'ə:ræsid] s. (Quím.) perácido m.
peradventure [pərədv'entʃə] s. 1. possibilidade f. 2. casualidade f., acaso m. 3. dúvida, incerteza f. ‖ adv. (†) 1. talvez, possivelmente. 2. por acaso.
perambulate [pər'æmbjuleit] v. 1. perambular, vaguear. 2. percorrer, atravessar, inspecionar.
perambulation [pəræmbjul'eiʃən] s. 1. perambulação f. 2. inspeção f. 3. relatório m. de inspeção.
perambulator [pər'æmbjuleitə] s. 1. pessoa que perambula. 2. (abr. **pram.**) carrinho m. de criança. 3. (Agrim.) odômetro m.
perambulatory [pər'æmbjuleitori] adj. perambulatório.
per annum loc. adv. por ano, cada ano, anualmente.

perborate [pə:b'oureit] s. (Quím.) perborato m.
percale [pək'a:l] s. percal m.
percaline [pə:kəl'i:n] s. percalina f.
per capita adv. (latim) por cabeça.
perceivability [pəsi:vəb'iliti], **perceivableness** [pəs'i:vəblnis] s. perceptibilidade f.
perceivable [pəs'i:vəbl] adj. 1. perceptível, sensível. 2. compreensível. ‖ **–bly** adv. perceptivelmente.
perceive [pəs'i:v] v. perceber: 1. conceber por meio dos sentidos. 2. observar, ver, distinguir. 3. ouvir. 4. compreender, entender.
perceiving [pəs'i:viŋ] adj. perceptivo.
percent, per cent [pəs'ent] s. 1. por cento m. 2. percentagem, proporção f.
percentage [~idʒ] s. 1. percentagem, porcentagem f. 2. (fig.) parte, proporção f. 3. (gíria) quinhão m.
percentile [pəs'entil] adj. (Estat.) percentil.
percept [p'ə:sept] s. 1. percepção f. de um objeto. 2. impressão f. causada pela percepção de um objeto.
perceptibility [pəseptəb'iliti], **perceptibleness** [pəs'eptiblnis] s. perceptibilidade f.
perceptible [pəs'eptibl] adj. perceptível, discernível. ‖ **–bly** adv. perceptivelmente, sensivelmente.
perception [pəs'epʃən] s. 1. percepção, consciência f. 2. discernimento m. 3. noção, idéia f.
perceptional [~əl] adj. perceptivo: referente a percepção.
perceptive [pəs'eptiv] adj. perceptivo, discernente. ‖ **~ly** adv. de modo perceptivo.
perceptivity [pəsept'iviti], **perceptiveness** [pəs'eptivnis] s. perceptividade, perceptibilidade f.
perceptual [pəs'eptjuəl] adj. perceptivo.
perch (I) [pə:tʃ] s. pl. **perches** ou (coletiv.) **perch** (Ict.) perca f.
perch (II) [pə:tʃ] s. 1. poleiro m. 2. (fig.) situação f. ou posição f. elevada. 3. medida f. de comprimento equivalente a 5 ½ jardas (5,029 m). 4. (Téc.) percha f. ‖ v. 1. empoleirar-se, pousar. 2. empoleirar.
take your ~! sente-se! **to be ~ed** estar sentado.
perchance [pətʃ'a:ns] adv. 1. (poét.) por acaso. 2. talvez, possivelmente.
percheron [p'ə:tʃərən] s. (fr.) percherão m. ‖ adj. percherão.
perchloric [pə:kl'o:rik] adj. (Quím.) perclórico.
perchloride [pə:kl'o:raid], **perchlorid** [pə:kl'o:rid] s. (Quím.) percloreto m.
percipience [pəs'ipiəns], **percipiency** [~i] s. 1. percepção f. 2. perceptibilidade f.
percipient [pəs'ipiənt] s. 1. pessoa f. que percebe. 2. pessoa f. dotada de faculdades telepáticas. ‖ adj. perceptivo.
to be ~ of perceber ou divisar.
percolate [p'ə:kəleit] s. (Farmac.) líquido m. obtido mediante percolação. ‖ v. 1. filtrar, coar. 2. permear, impregnar. 3. filtrar-se, coar-se.
percolating water água de infiltração.
percolation [pə:kəl'eiʃən] s. 1. filtração f. 2. (Farmac.) percolação f.
percolative [p'ə:kəleitiv] adj. paroso.
percolator [p'ə:kəleitə] s. 1. (Farmac.) percolador m. 2. coador m. 3. filtro m.
percuss [pə:k'ʌs] v. percutir (também Med.).
percussion [pə:k'ʌʃən] s. percussão f.: 1. choque m. 2. (Mús.) retumbo m. (de instrumentos de percussão). 3. (Med.) processo m. de exame médico.
~ drilling machine perfuratriz de percutidor. **~ fuse** espoleta de percussão. **~ screw** parafuso de percussão. **~ shell** granada de percussão. **~ power** potência de percussão.
percussion-cap s. fulminante m.

percussion instrument s. (Mús.) instrumento m. de percussão.

percussionist [~ist] s. (Mús.) pessoa f. que toca instrumento de percussão.

percussive [pə:kˈʌsiv] adj. 1. percuciente, percussor. 2. de percussão.
~ **force** força de percussão.

percutaneous [pə:kjuːtˈeinjəs] adj. (Med.) percutâneo.

per diem s. subsídio m. concedido por dia. ‖ adv. 1. diariamente. 2. por dia.

perdition [pə:dˈiʃən] s. 1. perdição, desgraça f. 2. (fig.) inferno m. 3. danação, condenação eterna f.
go to ~! vá para o inferno!

perdu, perdue [pə:djˈuː] adj. emboscado, oculto.
they lie ~ eles estão emboscados.

perdurability [pədjuərəbˈiliti], **perdurableness** [pədjˈuərəblnis] s. perduração f.

perdurable [pədjˈuərəbl] adj. perdurável, duradouro, eterno. ‖ **-bly** adv. perduravelmente.

perdure [pədjˈuə] v. perdurar.

perduring [~riŋ] adj. duradouro. ‖ ~**ly** adv. duradouramente.

peregrinate [pˈerigrineit] v. peregrinar, percorrer, viajar, andar de déu em déu.

peregrination [perigrinˈeiʃən] s. peregrinação, viagem, jornada f.

peregrinator [pˈerigrineitə] s. peregrino m.

peregrine [pˈerigrin] adj. 1. estrangeiro, alienígena. 2. estranho, exótico.

peremptoriness [pərˈemptərinis] s. 1. maneira peremptória f. 2. caráter autoritário m.

peremtory [pərˈemptəri, (Jur.) pˈerəmptəri] adj. 1. peremptório, decisivo, final. 2. imperioso, categórico. 3. determinado, resoluto. 4. absoluto, autoritário, ditatorial. ‖ **-ily** adv. peremptoriamente.
~ **day** último dia do prazo peremptório. **a ~ refusal** denegação definitiva.

perennial [pərˈenjəl] s. planta perene f. ‖ adj. 1. perene, permanente, perpétuo. 2. (Bot.) vivaz. 3. contínuo, incessante. 4. intermitente. ‖ ~**ly** adv. perenemente, perpetuamente.

perenniality [pəreniˈæliti] s. perenidade, perpetuidade f.

perfect [pˈə:fikt] s. (Gram.) tempo perfeito m. ‖ [pəfˈekt] v. 1. aperfeiçoar(-se). 2. melhorar. 3. rematar, concluir, completar. ‖ [pˈə:fikt] adj. 1. perfeito, primoroso, completo. 2. puro, imaculado. 3. exato, correto, certo. 4. (Gram.) perfeito. 5. impecável, consumado. 6. (Bot.) monoclino. 7. perito, hábil. ‖ ~**ly** adv. 1. perfeitamente, completamente. 2. com perfeição, primorosamente. 3. (fam.) inteiramente, totalmente.
a ~ gentleman um cavalheiro consumado. **he is ~ in French** ele conhece francês a fundo. **practice makes ~** a perfeição adquire-se com a prática. ~**ly beautiful** belíssimo, maravilhoso. ~**ly good** plenamente satisfatório.

perfecter [pəfˈektə] s. 1. rematador m. 2. aperfeiçoador m.

perfectibility [pəfektibˈiliti] s. perfectibilidade f.

perfectible [pəfˈektibl] adj. perfectível, aperfeiçoável.

perfection [pəfˈekʃən] s. 1. perfeição f., primor m. 2. acabamento m., completação f. 3. aperfeiçoamento m., melhoria f. 4. maturidade f. 5. mestria, perícia f. 6. extremo, cúmulo m.
he is the ~ of wit ele é extremamente humorístico. **to bring to ~** terminar, concluir. **to ~ à** perfeição.

perfectionism [~izm] s. perfeccionismo m.

perfectionist [~ist] s. perfeccionista m. + f. ‖ adj. perfeccionista.

perfective [pəfˈektiv] adj. 1. perfectivo, aperfeiçoador, que indica perfeição. 2. em processo de aperfeiçoamento. ‖ ~**ly** adv. de modo perfectivo.

perfectiveness [~nis] s. tendência f. à perfeição.

perfervid [pə:fˈə:vid] adj. arrebatado, ardoroso, fogoso.

perfidious [pəfˈidiəs] adj. pérfido, desleal, traiçoeiro, aleivoso. ‖ ~**ly** adv. perfidamente, traiçoeiramente.

perfidiousness [~nis], **perfidy** [pˈə:fidi] s. perfídia, deslealdade, traição, aleivosia f.

perfoliate [pə:fˈouliit] adj. (Bot.) perfolhado (quadro L 2).

perfoliation [pə:fouliˈeiʃən] s. (Bot.) perfoliação f.

perforate [pˈə:fəreit] v. 1. perfurar. 2. tornar-se perfurado. 3. picotar.

perforated [~id] adj. perfurado.
~ **brick** tijolo furado. ~ **sheet** chapa furada.

perforating [~iŋ] adj. perfurante, perfurador.

perforation [pə:fərˈeiʃən] s. 1. perfuração f. (quadro F 2). (Filat.) picote m.

perforator [pˈə:fəreitə] s. 1. perfurador m.: pessoa ou instrumento que perfura. 2. picotador m.: instrumento para picotar bilhetes.
paper ~ furador para papéis.

perforatory [pˈə:fərətouri] adj. perfurante, perfurador.

perforce [pəfˈɔːs] s. necessidade, compulsão f. ‖ adv. necessariamente, forçosamente.

perform [pəfˈɔːm] v. 1. levar a cabo, realizar. 2. fazer, efetuar. 3. cumprir, executar. 4. representar, desempenhar. 5. tocar, cantar, recitar, etc.

performable [~əbl] adj. exeqüível, praticável.

performance [~əns] s. 1. execução, efetuação f. 2. cumprimento, desempenho. 3. façanha, proeza f. 4. representação teatral f. 5. função f., espetáculo m. 6. atuação f. (de artista, atleta, etc.). 7. (Téc.) capacidade f. de trabalho mecânico, rendimento m.
~ **curve**, ~ **graph** curva de potência. ~ **of a character** (Teat.) desempenho de um papel. ~ **of horsemanship** proeza de equitação. ~ **load** carga de potência, carga por cavalo. **military** ~**s** proezas militares.

performance test s. (Psicol.) teste m. das reações de comportamento e habilidade manual.

performer [~ə] s. 1. executor, realizador, fautor m. 2. ator, músico m.

performing arts pl. s. artes dramáticas e musicais f. pl.

perfume [pˈə:fjuːm] s. perfume, aroma m., fragrância f. ‖ [pəfjˈuːm] v. perfumar, aromatizar.

perfumer [pəfjˈuːmə] s. perfumista m. + f.

perfumery [~ri] s. perfumaria f.

perfume sprayer s. borrifador m. de perfumes.

perfumy [pˈə:fjumi] adj. perfumado, fragrante.

perfunctoriness [pəfˈʌŋktərinis] s. 1. superficialidade f. 2. negligência f., descuido m.

perfunctory [pəfˈʌŋktəri] adj. 1. perfunctório, superficial, mecânico. 2. indiferente, descuidado, negligente. ‖ **-ily** adv. perfunctoriamente.

perfuse [pəfjˈuːz] v. 1. aspergir, borrifar. 2. cobrir de.

perfusion [pəfjˈuːʒən] s. 1. aspersão f., aspergimento m. 2. batismo m. de aspersão.

pergameneous [pə:gəmˈiːniəs] adj. pergamináceo.

pergola [pˈə:gələ] s. pérgula f., caramanchão m.

perhaps [pəhˈæps, præps], (fam.) **praps** [præps] s. (coloq.) possibilidade, eventualidade, contingência f. ‖ adv. talvez, quiçá, porventura, por acaso.
to worry about ~**es** preocupar-se com eventualidades. **the** ~**es of life** as venturas da vida.

perianth [pˈeriænθ] s. (Bot.) perianto m.

periapt [pˈeriæpt] s. amuleto, talismã m.

pericardial [perikˈa:diəl], **pericardiac** [perikˈa:diæk] adj. (Anat. e Zool.) pericárdico, pericardino.

pericarditis [perika:dˈaitis] s. (Med.) pericardite f.

pericardium [perikˈa:diəm] s. (Anat. e Zool.) pericárdio m.

pericarp [p'erika:p] s. (Bot.) pericárpio m.
pericarpial [perik'a:piəl], **pericarpic** [perik'a:pik] adj. (Bot.) pericarpial, pericárpico.
perichondrial [perik'ɔndriəl] adj. (Anat.) relativo ao pericôndrio.
periclase [p'erikleiz] s. (Miner.) periclásio m.
pericline [p'eriklain] s. (Miner.) periclínio m.
pericranial [perikr'einiəl] adj. (Anat.) relativo ao pericrânio.
pericranium [perikr'einiəm] s. 1. (Anat.) pericrânio m. 2. (fam.) crânio, cérebro m.
pericycle [p'erisaikl] s. (Bot.) periciclo m.
peridental [perid'entəl] adj. (Anat.) peridental.
periderm [p'eridə:m] s. (Bot. e Zool.) periderme f.
peridium [pir'idiəm] s. (Bot.) perídio m.
peridot [p'eridɔt] s. (Miner.) peridoto m., olivina f.
peridotite [perid'outait] s. (Petr.) peridotito m.
perigeal [peridʒ'i:əl], **perigean** [peridʒ'i:ən] adj. (Astron.) relativo ao perigeu.
perigee [p'eridʒi:] s. (Astron.) perigeu m.
perigonial [perig'ouniəl] adj. (Bot.) relativo ao perigônio.
perigonium [perig'ouniəm] s. (Bot.) perigônio m.
perigynous [pər'idʒinəs] adj. (Bot.) perígino.
perigyny [per'idʒini] s. (Bot.) periginia f.
perihelial [perih'i:liəl], **perihelian** [perih'i:liən] adj. (Astron.) relativo ao periélio.
perihelion [perih'i:liən] s. (Astron.) periélio m.
peril [p'eril] s. perigo, risco m. ‖ v. 1. arriscar, expor ao perigo. 2. estar em perigo, perigar.
at the ~ of his life com risco de sua vida. **in ~ of** em perigo de. **at your ~** por seu risco.
perilous [p'eriləs] adj. perigoso, arriscado. ‖ **~ly** adv. perigosamente, arriscadamente.
perilousness [~nis] s. perigo, risco m.
perimeter [pər'imitə] s. perímetro m.: 1. circunferência f. 2. (Ópt.) instrumento m. para medir o poder visual de diversas partes da retina.
perimetric [pərim'etrik], **perimetrical** [~əl] adj. perimétrico. ‖ **~ally** adv. de maneira perimétrica.
perimorph [p'ærimɔ:f] s. minério ou cristal m. que encerra outro no seu centro.
perimysium [perim'iʃəm] s. (Anat.) perimísio m.
perineal [perin'i:əl] adj. (Anat.) perineal.
perineum [perin'i:əm] s. (Anat.) períneo, perineu m.
period [p'iəriəd] s. 1. período m.: a) espaço m. de tempo decorrido entre dois fatos. b) época, era, idade f. c) fase f., ciclo m. d) (Astron.) tempo m. gasto por um planeta ou satélite para descrever a sua órbita. e) (Gram.) oração f. ou grupo m. de orações que forma sentido completo. f) (Gram.) ponto m., pausa f. no fim de um período gramatical. g) (Geol.) divisão f. do tempo geológico, situada entre a época e a era. h) (Mús.) frase musical f. de sentido completo. i) (Arit.) parte f. de uma fração periódica que se repete indefinidamente. j) (Med.) tempo m. requerido por uma doença em cada uma de suas fases. k) (Med.) tempo m. decorrido entre um acesso e o seguinte. l) (Esp.) tempo m. (divisão do jogo). 2. fim, termo, limite m. 3. divisão f. do dia acadêmico (para aulas, descanso, etc.). 4. **~s** pl. (Fisiol.) regras f. pl., menstruação f. 5. (Ret.) sentença f. bem construída, sentença periódica f. 6. (Quím.) uma das divisões da tabela periódica dos elementos. 7. (Quím.) metade f. da vida de um elemento radioativo. ‖ adj. 1. relativo a um período. 2. representativo ou característico de um determinado período.
the arts of the ~ a arte deste tempo. **for a ~ of...** pelo espaço de... **glacial ~** período glacial.
he spoke in ~s ele se expressou em sentenças bem formuladas. **~ of office** tempo de exercício de um cargo. **the girl of the ~** a garota moderna.

the Period o tempo atual.
periodic (I) [piəri'ɔdik] adj. periódico: 1. relativo a período. 2. que se repete a intervalos certos. 3. relativo a um período gramatical. 4. intermitente.
periodic (II) [pə:rai'ɔdik] adj. (Quím.) periódico.
~ acid ácido periódico.
periodical [peri'ɔdikəl] s. periódico m.: revista publicada em intervalos regulares. ‖ adj. 1. periódico. 2. relativo a periódico. ‖ **~ly** adv. periodicamente.
periodicalism [piəri'ɔdikəlizm] s. periodismo m.
periodicalist [piəri'ɔdikəlist] s. periodista m. + f.
periodicalness [piəri'ɔdikəlnis] s. periodicidade f.
periodicity [piəriəd'isiti] s. 1. periodicidade f. 2. (Eletr.) freqüência f. 3. (Quím.) posição f. de um elemento na tabela periódica.
periodic table s. (Quím.) tabela periódica f. (classificação dos elementos de acordo com as suas propriedades e seu peso atômico).
periodide [pə:r'aiodaid] s. (Quím.) periodeto m.
periodontal [period'ɔntəl] adj. (Anat. e Odont.) peridental.
periosteum [peri'ɔstiəm] s. (Anat.) periósteo m.
periostitis [periɔst'aitis] s. (Med.) periostite, periosteíte f.
periotic [peri'outik] adj. (Anat., Zool.) periótico.
peripatetic [peripət'etik] s. 1. peripatético m.: adepto do peripatetismo. 2. (joc.) bufarinheiro m., pedestre m. + f. 3. **~s** pl. (joc.) perambulações f. pl. ‖ adj. 1. peripatético. 2. ambulante, itinerante. ‖ **~ally** adv. de modo peripatético.
peripheral [per'ifərəl], **peripherial** [perif'iəriəl], **peripheric** [perif'erik], **peripherical** [~əl] adj. 1. periférico. 2. (Anat.) esterno.
periphery [pər'ifəri] s. 1. (Geom.) periferia, circunferência f., contorno m. 2. (Geom.) perímetro m. de um polígono. 3. (fig.) borda, fronteira f.
periphrase [p'erifreiz] s. = **periphrasis**. ‖ v. perifrasear.
periphrasis [pər'ifrəsis] s., pl. **-ses** [-si:z] perífrase f., circunlóquio m.
periphrastic [perifr'æstik], **periphrastical** [~əl] adj. perifrástico. ‖ **~ally** adv. mediante emprego de perífrase.
perisarc [p'erisa:k] s. (Zool.) perissarco m.
periscope [p'eriskoup] s. 1. periscópio m. 2. lente periscópica f.
periscopic [perisk'ɔpik], **periscopical** [~əl] adj. 1. periscópico. 2. relativo a periscópio.
perish [p'eriʃ] v. 1. perecer, morrer, sucumbir. 2. findar, acabar. 3. decair, definhar. 4. deteriorar, estragar. 5. arruinar-se, perder-se.
he is ~ed with cold ele quase morreu de frio. **to be ~ed (with)** estar exausto (com, de). **to ~ by drowning** morrer afogado. **to ~ by hunger** morrer de fome.
perishable [~əbl] s. **~s** pl. víveres deterioráveis s. pl. ‖ adj. 1. perecível, perecedouro. 2. deteriorável.
perishableness [~əblnis], **perishability** [periʃəb'iliti] s. condição f. de perecível ou deteriorável.
perisperm [p'erispə:m] s. (Bot.) perispermo m.
perispermal [perisp'ə:məl], **perispermic** [perisp'ə:mik] adj. (Bot.) perispérmico.
perissodactyl [pirisəd'æktil] s. (Zool.) perissodáctilo m. ‖ adj. perissodátilo.
perissodactylous [~əs] adj. (Zool.) perissodáctilo.
peristalsis [perist'ælsis] s. (Fisiol.) peristalse f.
peristaltic [perist'æltik] adj. (Fisiol.) peristáltico.
peristome [p'eristoum] s. (Bot. e Zool.) perístomo m.
peristyle [p'eristail] s. (Arquit.) peristilo m.
peritomy [per'itəmi] s. (Cirurg.) peritomia f.
peritoneum [pəritoun'i:əm] s. (Anat. e Zool.) peritônio, peritoneu m.
peritonitis [peritən'aitis] s. (Med.) peritonite f.
periwig [p'eriwig] s. peruca, cabeleira postiça f., chinó

m. (quadro H 1). ‖ v. usar peruca.
periwinkle (I) [p'eriwiŋkl] s. (Zool.) qualquer molusco do gênero Litorina.
periwinkle (II) [p'eriwiŋkl] s. (Bot.) congorsa, pervinca f.
perjure [p'ə:dʒə] v. perjurar, cometer perjúrio
perjured [~d] adj. perjuro.
perjurer [~rə] s. perjuro m.
perjury [~ri] s. perjúrio, juramento falso m.
perk [pə:k] v. 1. empertigar-se, pavonear-se. 2. ataviar, enfeitar, ornar. 3. recuperar-se, recobrar-se (com **up**). 4. ataviar-se, enfeitar-se. ‖ adj. 1. empertigado, petulante. 2. arrogante, soberbo. 3. vivo, esperto. 4. alinhado, garboso.
to ~ up the ears aguçar os ouvidos.
perkiness [p'ə:kinis] s. modos empertigados m. pl.
perky [p'ə:ki] adj. empertigado, esperto, vivo, petulante, insolente. ‖ **–ily** adv. de modo empertigado.
perlite [p'ə:lait] s. (Petr.) perlita f.
perlitic [pəl'itik] adj. (Petr.) perlítico.
perlustrate [pə:l'ʌstreit] v. inspecionar, vistoriar.
perlustration [pə:lastr'eiʃən] s. inspeção, vistoria f.
perm [pə:m] s. (fam.) abr. de **permanent wave**.
permafrost [p'ə:məfrɔst] s. subsolo permanentemente congelado m.
Permalloy [p'ə:məl'ɔi] s. (Metalurg.) permalói m.: marca registrada de liga de ferro e níquel.
permanence [p'ə:mənəns] s. permanência, continuidade, estabilidade f.
permanency [~i] s. 1. = **permanence**. 2. perpetuidade f. 3. pessoa f. ou coisa f. perpétua.
it is a ~ é uma coisa (cargo, etc.) permanente.
permanent [p'ə:mənənt] s. 1. pessoa f. ou coisa f. permanente. 2. abr. de **permanent wave**. ‖ adj. permanente, duradouro, ‖ **~ly** adv. permanentemente.
permanent abode s. residência permanente f.
permanent position s. emprego vitalício m.
permanent wave s. ondulação permanente f.
permanent way s. (Estr. de F.) via permanente, superestrutura f.
permanganate [pə:m'æŋgənit] s. (Quím.) permanganato m.
permanganic [pə:mæŋg'ænik] adj. (Quím.) permangânico.
permeability [pə:miəb'iliti] s. permeabilidade f.
permeable [p'ə:miəbl] adj. permeável. ‖ **–bly** adv. de modo permeável.
permeance [p'ə:miəns] s. (Magnetismo) permeância f.
permeate [p'ə:mieit] v. 1. permear. 2. saturar.
permeation [pə:mi'eiʃən] s. ação f. de permear, penetração, impregnação f.
permian [p'ə:miən] s. (Geol.) permiano, pérmico m. ‖ adj. permiano, pérmico.
permillage [pəm'ilidʒ] s. permilagem f.
permissible [pəm'isəbl] adj. permissível, admissível. ‖ **–bly** adv. permissivelmente.
~ load carga admissível. **~ tolerance** tolerância admissível. **~ working stress** tensão admissível.
permission [pəm'iʃən] s. permissão, licença, autorização f., consentimento m.
give him ~ dê-lhe licença. **I did it by my father's special ~** fi-lo com autorização especial de meu pai.
permissive [pəm'isiv] adj. 1. permissivo. 2. tolerável, admissível. 3. facultativo. ‖ **~ly** adv. com permissão.
permissory [pəm'isəri] adj. permissor, permissório.
permit [pə'mit] s. 1. licença f. por escrito, passe m., autorização, permissão f. 2. licença f. para ausentar-se, direito m. a folga. 3. licença f. para desembarque de mercadorias. ‖ [pəm'it] v. 1. permitir, consentir, autorizar. 2. tolerar, admitir. 3. licenciar.
you are ~ted to say você está autorizado a falar.

time ~ting se o tempo o permitir. **to ~ of** admitir.
permittee [pə:mit'i:] s. portador m. de uma licença.
permutability [pə:mju:təb'iliti] s. permutabilidade f.
permutable [pə:mj'u:təbl] adj. permutável. ‖ **–bly** adv. de modo permutável.
permutation [pə:mju:t'eiʃən] s. permutação f.: 1. troca f. 2. transformação, transmutação f. 3. (Mat.) número m. das alterações de posição possíveis dentro de um grupo de vários elementos.
~ lock cadeado de segredo (capaz de ser trocado).
permutational [~əl] adj. permutativo.
permute [pəmj'u:t] v. permutar (também Mat.)
permuter [~ə] s. permutador m.
Pernambuco wood s. (Bot.) pau-brasil m.
pernicious [pə:n'iʃəs] adj. 1. pernicioso, nocivo, maligno. 2. torpe, vil. 3. mortal, fatal. ‖ **~ly** adv. perniciosamente, malignamente.
pernicious anaemia s. anemia perniciosa f.
perniciousness [pən'iʃəsnis] s. perniciosidade, nocividade f.
pernickety [pən'ikiti] adj. 1. (fam.) meticuloso, pedante. 2. ·espinhoso, melindroso.
a ~ matter um assunto espinhoso.
peroba [per'oubə] s. (Bot.) peroba f.
perorate [p'eroreit] v. perorar: 1. arengar. 2. concluir um discurso.
peroration [peror'eiʃən] s. peroração f.
peroxidase [pər'ɔksideis] s. (Quím.) peroxidase f.
peroxide [pər'ɔksaid] s. (Quím.) 1. peróxido m. 2. água oxigenada f. ‖ v. oxigenar (cabelos).
~ blonde loura oxigenada.
perpend [pə:p'end] s. perpianho. ‖ v. ponderar, pensar cuidadosamente.
perpendicular [pə:pend'ikjulə] s. 1. perpendicular f. 2. prumo m. 3. plano vertical m. 4. posição ereta f. 5. (fig.) retidão f. ‖ adj. 1. perpendicular. 2. vertical. 3. íngreme, escarpado. 4. ereto. ‖ **~ly** adv. perpendicularmente.
perpendicularity [pə:pəndikjul'æriti] s. perpendicularidade f.
perpetrate [p'ə:pitreit] v. perpetrar, cometer.
perpetration [pə:pitr'eiʃən] s. 1. perpetração f., cometimento. 2. crime, ato ilegal m.
perpetrator [p'ə:pitreitə] s. perpetrador, criminoso m.
perpetual [pəp'etjuəl] adj. 1. (Bot. e Zool.) 1. planta perene f. 2. rosa híbrida perene f. ‖ adj. 1. perpétuo, eterno, incessante. 2. contínuo, permanente. 3. (Bot.) perene, vivaz. ‖ **~ly** adv. perpetuamente.
perpetual motion s. moto perpétuo m.
perpetual screw s. rosca sem fim f.
perpetuance [pəp'etjuəns] s. 1. perpetuação f. 2. perpetuidade f.
perpetuate [pəp'etjueit] v. perpetuar, eternizar.
perpetuation [pəpetju'eiʃən] s. perpetuação f., perpetuamento.
perpetuator [pəpetju'eitə] s. perpetuador m.
perpetuity [pə:pitj'uiti] s. 1. perpetuidade, eternidade f. 2. objeto m. de posse perpétua. 3. anuidade perpétua f.
for ~, in ~, to ~ eternamente.
perplex [pəpl'eks] v. 1. desconcertar, desorientar. 2. complicar, tornar confuso. 3. causar confusão ou perplexidade. ‖ adj. intricado, difícil.
perplexed [~t] adj. 1. perplexo, desorientado, aturdido. 2. ansioso, perturbado. 3. intricado, emaranhado, confuso. ‖ **~ly** adv. perplexamente.
perplexing [~iŋ] adj. desconcertante, desorientador. ‖ **~ly** adv. de modo desconcertante.
perplexity [~iti], **perplexedness** [~tnis] s. 1. perplexidade f., atordoamento m. 2. dificuldade f. 3. complicação, confusão f., emaranhado m.
perquisite [p'ə:kwizit] s. 1. (Jur.) objeto ou proprie-

dade adquirida por qualquer meio, menos herança. 2. percalço m., lucro m. ou renda f. eventual. 3. gratificação f. ou gorjeta costumeira f. 4. pagamento m., remuneração f.

perquisition [pə:kwiz'iʃən] s. perquirição, perquisição f.

perron [p'erən] s. (Arquit.) (fr.) escada externa f. com patamar.

perry [p'eri] s. perada f.: mosto m. de pêras.

perse [pə:s] adj. azul-cinza.

persecute [p'ə:sikju:t] v. 1. perseguir, oprimir. 2. importunar, atormentar.

persecuting [~iŋ] adj. perseguidor.

persecution [p'ə:sikj'u:ʃən] s. perseguição, opressão f.

persecutor [p'ə:sikju:tə] s. perseguidor, opressor m.

perseverance [pə:siv'iərəns] s. perseverança, persistência, constância f.

perseverant [pə:siv'iərənt] adj. perseverante.

persevere [pə:siv'iə] v. perseverar, persistir.

persevering [~riŋ] adj. perseverante, persistente. ‖ ~ly adv. perseverantemente, com perseverança.

Persian [p'ə:ʃən] s. persa, pérsico m.: habitante ou idioma da Pérsia (atualmente chamada Irã). ‖ adj. persa, pérsico (iraniano).

Persian apple s. (Bot.) cidra f.

Persian bed s. divã, sofá m.

Persian blinds s. pl. persianas f. pl.

Persian lamb s. caracul m.: 1. o cordeiro dessa raça ovina. 2 sua pele, apreciada como peliça.

persicary [p'ə:sikeri] s. (Bot.) persicária, erva-pessegueira f.

persiennes [pə:zi'enz] s. pl. persianas f. pl.

persiflage [pɛəsifl'a:ʒ] s. caçoada, troça f.

persimmon [pə:s'imən] s. (Bot.) 1. diospireiro m. 2. dióspiro m.: fruto do diospireiro.

Japanese ~ caquizeiro.

persist [pəs'ist] v. 1. persistir, perseverar. 2. insistir. 3. subsistir, permanecer, perdurar.

persistence [~əns] s. 1. persistência, perseverança f. 2. insistência f. 3. permanência, subsistência f. 4. teimosia, obstinação f.

persistent [~ənt] adj. 1. persistente, perseverante, tenaz. 2. permanente, duradouro. 3. constante, estável, contínuo. ‖ ~ly adv. 1. persistentemente. 2. de modo duradouro. 3. constantemente.

persisting [~iŋ] adj. 1. inclinado a persistir. 2. persistente, tenaz. ‖ ~ly adv. tenazmente.

persnickety [pəsn'ikəti] adj. 1. exigente, complicado. 2. exigindo cuidados especiais.

person [pə:sn] s. 1. pessoa f., indivíduo m. 2. personalidade, individualidade f. 3. corpo humano m., figura f. 4. exterior m., aparência f. 5. presença pessoal f. 6. (Gram.) pessoa gramatical f. 7. (Jur.) pessoa jurídica f. 8. (Teol.) hipóstase f. 9. (Teatr.) personagem m. + f. (de peça, novela, etc.) **a fine** ~ um belo tipo. **for our** ~**s** pelo que nos toca. **in** ~ pessoalmente, em pessoa. **no** ~ ninguém. **Mr. N. in his own** ~ o Sr. N. pessoalmente.

personable [p'ə:snəbl] adj. bem apessoado, atraente.

personage [p'ə:snidʒ] s. 1. personagem m. + f., personalidade f., 2. (Teat.) papel m., caracterização f. 3. pessoa f.

personal [p'ə:snəl] adj. 1. (E. U. A.) breve nota f., em jornal, de caráter pessoal ou alusiva a assuntos pessoais. 2. ~**s** pl. observações pessoais f. pl. 3. pronome pessoal m. ‖ adj. 1. pessoal: a) relativo a pessoa. b) particular. c) feito em pessoa. d) (Gram.) relativo às três pessoas. 2. corporal, físico, exterior. 3. (Jur.) relativo a bens móveis. 4. dado a alusões pessoais. ‖ ~ly adv. em pessoa. ~ **life** vida privada. ~ **pronoun** (Gram.) pronome pessoal. ~ **remarks** alusões pessoais. **to become** ~

tornar-se insinuador.

personalism [~izm] s. personalismo m.

personality [pə:sn'æliti] s. 1. personalidade, individualidade f. 2. dom m. 3. –ies pl. comentários desairosos m. pl. 4. personagem m. + f., pessoa f.

personality cult s. (Pol., pej.) culto m. da personalidade.

personalization [pə:snəlaiz'eiʃən] s. personalização f.

personalize [p'ə:snəlaiz] v. 1. personalizar, personificar. 2. tipificar, caracterizar. 3. tornar pessoal.

personalty [p'ə:snlti] s. (Jur.) bens móveis m. pl.

personate [p'ə:sneit] v. 1. personificar, representar. 2. fazer o papel de, encarnar. 3. tipificar, caracterizar. 4. simular, fingir. 5. imitar, arremedar. 6. fazer-se passar por outrem. ‖ adj. (Bot.) personado.

personation [pə:sn'eiʃən] s. 1. (Teat.) representação f. 2. ato m. de fazer-se passar por outrem (esp. com intenções reprováveis).

personification [pə:sonifik'eiʃən] s. 1. personificação, encarnação f. 2. protótipo, tipo perfeito m.

personify [pə:s'onifai] v. personificar, representar, encarnar.

personnel [pə:sən'əl] s. 1. pessoal m., conjunto m. de funcionários. 2. (Náut.) tripulação f. 3. (milit.) guarnição f. ‖ adj. referente ao pessoal.

personnel department s. seção pessoal f.

person-to-person adj. 1. de pessoa para pessoa. 2. 2. (Telefone) relativo a chamado para determinada pessoa.

perspective [pəsp'ektiv] s. 1. perspectiva f. 2. visão panorâmica f. 3. desenho m. ou representação f. em perspectiva linear. 4. capacidade f. de avaliar a importância de um assunto. ‖ adj. perspectivo. ‖ ~ly adv. em perspectiva. **in** ~ em perspectiva, certo, correto.

perspectivity [pəspekt'iviti] s. projeção linear f.

perspicacious [pə:spik'eiʃəs] adj. perspicaz, sagaz. ‖ ~ly adv. com perspicácia.

perspicacity [pə:spik'æsiti], **perspicaciousness** [pə:spik'eiʃəsnls] s. perspicácia, sagacidade f.

perspicuity [pə:spikj'uiti] s. perspicuidade, clareza f.

perspicuous [pəsp'ikjuəs] adj. perspícuo, claro. ‖ ~ly adv. claramente, com clareza.

perspirable [pəsp'aiərəbl] adj. 1. capaz de perspiração. 2. de perspiração, relativo à perspiração.

perspiration [pə:spər'eiʃən] s. 1. perspiração, transpiração f. 2. suor m. 3. (joc.) trabalho estafante m.

perspirative [pəsp'airətiv] adj. perspiratório, sudorífero.

perspiratory [pəsp'airətori] adj. relativo a ou estimulando a transpiração.

perspire [pəsp'aiə] v. 1. perspirar, transpirar, suar. 2. transudar, ressumar.

perstringe [pəstr'indʒ] v. censurar, criticar.

persuadable [pəsw'eidəbl] adj. persuadível. ‖ –bly adv. de modo persuadível.

persuade [pəsw'eid] v. 1. persuadir, induzir. 2. convencer. 3. tentar convencer. 4. instigar, incitar. **to** ~ **s. o. from s. th.** dissuadir alguém de alg. coisa. **we** ~**d ourselves that...** convencemo-nos de que...

persuader [~ə] s. 1. persuasor m. 2. ~**s** pl. (joc.) esporas f. pl.

persuasibility [pəswelzib'iliti], **persuasibleness** [pəsw'eizəblnls] s. suscetibilidade f. à persuasão.

persuasible [pəsw'eizəbl] adj. persuadível, persuasível. ‖ –bly adv. de modo persuasível.

persuasion [pəsw'eiʒən] s. 1. persuasão f.: a) ação f. de persuadir. b) convicção, opinião f. 2. fé, crença f. 3. seita f., partido m. 4. persuasiva f. 5. (joc.) gênero m., raça f. 6. sexo m.

of the Catholic ~ de fé católica.

persuasive [pəsw'eisiv] s. incentivo m., exortação f.
‖ adj. persuasivo. ‖ ~ly adv. de modo persuasivo.
persuasiveness [~nis] s. persuasiva f.
persulphate [pəːs'ʌlfeit] s. (Quím.) persulfato m.
pert [pəːt] adj. 1. atrevido, ousado. 2. (coloq.) esperto.
3. inteligente, hábil. ‖ ~ly adv. 1. atrevidamente.
2. espertamente.
pertain [pət'ein] v. 1. pertencer, ser propriedade de.
2. referir-se a, dizer respeito a, concernir.
~ing to concernente a, relativo a.
pertainings [~iŋz] s. pl. pertences m. pl.
pertinacious [pəːtin'eiʃəs] adj. 1. pertinaz, obstinado.
2. persistente, perseverante. ‖ ~ly adv. 1. pertinaz-
mente, obstinadamente. 2. persistentemente.
pertinacity [pəːtin'æsiti], pertinaciousness [pəːtin'eiʃəs-
nis] s. 1. pertinácia, obstinação, teimosia f. 2. persistência, perseverança f.
pertinence [p'əːtinəns], pertinency [~i] s. 1. pertinência, propriedade f. 2. relevância f. 3. oportunidade, ocasião adequada f.
pertinent [p'əːtinənt] adj. 1. apropriado, apropositado.
2. concernente, relativo. 3. oportuno, conveniente.
it is ~ to é relativo a.
pertness [p'əːtnis] s. 1. atrevimento m., ousadia f.
2. (coloq.) esperteza, habilidade, inteligência f.
perturb [pət'əːb] v. 1. perturbar, transtornar, desnortear. 2. inquietar, desassossegar.
perturbable [~əbl] adj. perturbável.
perturbation [pəːtəb'eiʃən] s. 1. perturbação f., transtorno m. 2. irregularidade f. 3. comoção f.
perturbative [pət'əːbətiv] adj. perturbativo, perturbador.
perturbator [p'əːtəbeitə], perturber [pət'əːbə] s. perturbador m.
pertussis [pət'ʌsis] s. (Pat.) coqueluche, tosse con-
vulsa, tosse comprida f.
peruke [pər'uːk] s. = periwig.
perusal [pər'uːzəl] s. leitura atenta f.
for ~ para exame.
peruse [pər'uːz] v. 1. ler atentamente, examinar. 2.
ler, folhear.
peruser [~ə] s. leitor atento m.
Peruvian [pər'uːviən] s. peruano, peruviano m. ‖ adj.
peruano, peruviano.
Peruvian bark s. casca f. de quina.
pervade [pə'veid] v. 1. penetrar, atravessar, permear.
2. impregnar, imbuir.
pervasion [pə'veiʒən] s. penetração, infiltração f.
pervasive [pə'veisiv] adj. 1. penetrante, infiltrador.
2. difundido, espalhado. 3. (Filos.) universal. ‖ ~ly
adv. espalhadamente, universalmente.
perverse [pəv'əːs] adj. 1. perverso, maldoso. 2. teimoso, obstinado. 3. petulante. 4. caprichoso. 5.
pervertido. ‖ ~ly adv. perversamente.
perversion [pəv'əːʒən] s. 1. perversão, deturpação f.
2. desvio m., depravação f.
perversity [pəv'əːsiti], perverseness [pəv'əːsnis] s. 1.
perversidade, maldade f. 2. teimosia, obstinação f.
3. capricho m.
perversive [pəv'əːsiv] adj. perversivo, perversor, pervertedor.
pervert [pəv'əːt] s. 1. (Rel.) pessoa transviada f. 2.
indivíduo pervertido m. ‖ v. 1. deturpar, desvirtuar. 2. perverter, corromper, depravar.
perverted [~id] adj. 1. deturpado, desvirtuado. 2.
pervertido, corrompido, viciado. ‖ ~ly adv. de modo
deturpado ou pervertido.
pervertedness [~idnis] s. 1. deturpação f., desvirtuamento m. 2. perversão, corrupção f.
perverter [~ə] s. perversor, pervertedor m.
pervertible [~ibl] adj. suscetível de perversão.

pervicacious [pəːvik'eiʃəs] adj. pertinaz, obstinado,
refratário.
pervious [p'əːviəs] adj. 1. pérvio, permeável, penetrável (quadro S 8). 2. acessível, aberto. 3. (Zool.)
aberto, perfurado.
perviousness [~nis] s. permeabilidade, penetrabilidade f.
pesky [p'eski] adj. (E. U. A., gíria) aborrecido, enfadonho, desagradável.
pessary [p'esəri] s. (Med.) pessário m.
pessimism [p'esimizm] s. (Filos.) pessimismo m.
pessimist [p'esimist] s. pessimista m. + f. ‖ adj. pessimista.
pessimistic [pesim'istik], pessimistica! [~əl] adj. pessimista. ‖ ~ally adv. de modo pessimista.
pest [pest] s. 1. peste, pestilência f. 2. praga f. 3.
inseto nocivo m.
pester [p'estə] s. 1. importuno, maçador m. 2. preocupação f. ‖ v. importunar, maçar, aborrecer.
pesterer [~rə] s. importuno, maçador m.
pesterous [~rəs] adj. importuno, maçante.
pesthole [p'esthoul] s. local infestado m., fonte f. de
infecção.
pesthouse [p'esthaus] s. hospital m. para pestosos.
pesticide [p'estisaid] s. praguicida m.
pestiferous [pest'ifərəs] adj. 1. pestífero, pestilencial.
2. nocivo, pernicioso. 3. (fam.) importuno, maçante.
‖ ~ly adv. de modo pestífero.
pestilence [p'estiləns] s. pestilência, peste f.
pestilent [p'estilənt] adj. 1. mortífero, venenoso. 2.
pernicioso, nocivo. 3. (fam. joc.) importuno, maçante. 4. (†) pestilento.
pestilential [pestil'enʃəl] adj. 1. pestilento, pestífero.
2. nocivo, pernicioso. ‖ ~ly adv. 1. de modo pestilento. 2. perniciosamente.
pestle [pesl] s. 1. pilão m., mão f. do almofariz. ‖ v.
pilar, triturar.
pet (I) [pet] s. 1. animal m. de estimação. 2. favorito,
querido m. ‖ v. 1. mimar, afagar, acariciar. 2. acariciar-se mutuamente. ‖ adj. 1. favorito, querido.
2. de estimação.
be a ~ and fetch me my book seja bonzinho e vá
buscar meu livro. he is my ~ aversion não o
suporto, não o tolero. ~ name nome carinhoso,
alcunha.
pet (II) [pet] s. enfado, mau humor, amuo m. ‖ v.
enfadar-se, ficar de mau humor.
he is in a ~ ele está de mau humor. he took the
~ at it ele o acolheu muito mal. to take the ~
estar amuado, aborrecer-se.
petal [petl] s. (Bot.) pétala f. ‖ v. criar pétalas.
petaled, petalled [petld] adj. (Bot.) petalado.
petaline [p'etalain] adj. (Bot.) 1. petalino. 2. petali-
forme.
petalite [p'etalait] s. (Miner.) petalita f.
petaloid [p'etaloid] adj. (Bot.) petalóide.
petalous [p'etaləs] adj. (Bot.) petalado.
petard [pət'aːd] s. petardo m.: 1. (milit.) engenho de
guerra. 2. espécie de fogo de artifício. 3. artefato
pirotécnico.
he was hoisted with his own ~ ele caiu na própria
cilada.
petasus, petasos [p'etəsəs] s. pétaso m.
petcock [p'ətkɔk] s. (Mec.) torneira f. de purgação.
petechia [pət'iːkiə] s. (Pat.) petéquia f.
peter [p'iːtə] v. (coloq.) 1. esgotar-se, ficar exausto
(usualmente com out). 2. falhar, fracassar.
petersham [p'iːtəʃəm] s. 1. pano grosso m. 2. sobretudo m. ou calças f. pl. desse pano.
petiolar [p'etiələ] adj. (Bot.) peciolar.
petiole [p'etioul] s. (Bot.) pecíolo m. (quadro L 2).
petiolule [p'etiolju:l] s. (Bot.) peciólulo m.

petit [pət'i:] adj. (fr., Jur.) pequeno.

petite [pət'it] adj. (fr.) (mulher) pequena, delicada.

petition [pit'iʃən] s. 1. petição f., requerimento m. 2. súplica f., rogo m. 3. prece f. ‖ v. 1. peticionar, requerer. 2. suplicar, rogar. 3. solicitar, pedir. he put a ~ to... ele dirigiu um requerimento a... ~ for clemency pedido de indulto. ~ in bankruptcy pedido de falência.

petitionary [~eri] adj. petitório. ‖ –rily adv. por meio de petição ou requerimento.

petitioner [pit'iʃənə] s. peticionário m., requerente m. + f.

petitory [p'etitouri] adj. (Jur.) petitório.

petrean [pitr'i:ən] adj. pétreo, petroso.

petrel [p'etrəl] s. (Orn.) petrel m., procelária f.

petrifaction [petrif'ækʃən], petrification [petrifik'eiʃən] s. petrificação f.

petrifactive [petrif'æktiv] adj. petrífico, petrificador.

petrify [p'etrifai] v. 1. petrificar(-se), converter(-se) em pedra. 2. empedernir(-se), tornar(-se) insensível. 3. estupeficar, paralisar. petrified with surprise atônito de surpresa.

petrochemistry [petrok'emistri] s. petroquímica f.

petrographer [pətr'ogrəfə] s. petrógrafo m., petrografista m. + f.

petrographic [petrəgr'æfik], petrographical [~əl] adj. petrográfico.

petrography [pətr'ogrəfi] s. petrografia f.

petrol [p'etrəl] s. (brit.) gasolina f. ‖ v. abastecer de gasolina.

petrolatum [petrəl'eitəm] s. (Quím.) petrolato m.

petrol engine s. motor m. a gasolina.

petroleous [pitr'ouliəs] adj. petrolífero.

petroleum [pitr'ouliəm] s. petróleo m.

petrol gauge s. indicador m. de nível de gasolina.

petrolic [petr'olik] adj. de ou relativo a petróleo.

petroliferous [petrol'ifərəs] adj. petrolífero.

petrologic [petrol'odʒik], petrological [~əl] adj. petrológico.

petrologist [pitr'olədʒist] s. petrologista, petrólogo m.

petrology [pitr'olədʒi] s. 1. petrologia f. 2. compêndio m. sobre petrologia.

petrous [p'etrəs] adj. 1. petroso, pétreo. 2. (Anat.) relativo ao rochedo, parte do osso temporal.

petticoat [p'etikout] s. 1. combinação, anágua, saia f. 2. camisinha f. de criança. 3. (fig.) mulher, moça f. 4. (Eletr.) campânula f. 5. (Eletr.) isolador m. de campânula. ‖ adj. 1. feminino, feminil. 2. de mulheres. ~ affair caso amoroso. ~ government domínio das mulheres. in ~s de saias. since he was in ~s desde seus tempos de criança.

pettifog [p'etifog] v. 1. rabular. 2. chicanear.

pettifogger [~ə] s. 1. rábula, pegas, chicaneiro m. 2. charlatão m.

pettifoggery [~əri] s. rabulice, chicana f.

pettifogging [~iŋ] s. rabulice, chicana f. ‖ adj. 1. rabulista, chicaneiro. 2. velhaco, maroto, patife.

pettiness [p'etinis] s. insignificância, trivialidade f.

pettish [p'etiʃ] adj. rabugento, impertinente, agastadiço: ‖ ~ly adv. de mau humor, rabugentamente.

pettishness [~nis] s. rabugice, impertinência f.

pettitoes [p'etitouz] s. pl. 1. pés m. pl. de porco (especialmente quando empregados como alimento). 2. (fam.) pés m. pl. ou dedos m. pl. dos pés (esp. de crianças).

petto [p'etou] s. (ital.) peito m. to keep in ~ guardar reserva a respeito de, intencionar algo sem revelá-lo.

petty [p'eti] adj. 1. insignificante, trivial. 2. mesquinho. 3. inferior, subordinado, subalterno.

petty cash s. 1. pequenas somas f. pl. 2. fundo m. para pequenos pagamentos.

petty charges (ou expenses) s. pequenas despesas f. pl.

petty jury s. júri ordinário m.

petty officer s. 1. (milit.) suboficial m. 2. (Náut.) imediato, sargento m.

petulance [p'etjulans], petulancy [~i] s. 1. rabugice, impertinência f.; mau humor m. 2. petulância, insolência f.

petulant [p'etjulant] adj. 1. rabugento, mal-humorado. 2. petulante, insolente. ‖ ~ly adv. 1. de mau humor, rabugentamente. 2. petulantemente.

petunia [pitj'u:njə] s. (Bot.) petúnia f.

pew [pju:] s. banco m. de igreja (quadro B 9). family ~ compartimento (na igreja) reservado para uma família.

pewage [pj'u:idʒ] s. aluguel m. de assentos (na igreja).

pewee [p'i:wi:] s. (Orn.) 1. = phoebe. 2. pássaro americano m. da família dos Tiranídeos.

pewit [p'i:wit] s. (Orn.) 1. abibe, pavoncino m., abetoninha f. 2. chapalheta f.

pewter [pj'u:tə] s. 1. peltre m.: nome de várias ligas de estanho (com antimônio, cobre, bismuto, chumbo, etc.). 2. vasilha f. de estanho (quadro V 2). 3. utensílio m. de peltre. 4. (gíria) taça, copa f. 5. (gíria) prêmio m. em dinheiro. ‖ adj. feito de peltre.

pewterer [~rə] s. fabricante m. de utensílios de estanho.

peyote [peij'outi] s. 1. (Bot.) mescal m. 2. droga estimulante f. extraída do mescal.

phaeton [f'eitn, f'eiətən] s. faetonte m.: pequena carruagem ligeira e descoberta, de quatro rodas.

phagedena, phagedaena [fædʒəd'i:nə] s. (Med.) 1. úlcera fagedênica f. 2. gangrena f.

phagedenic, phagedaenic [fædʒəd'enik] adj. fagedênico.

phagocyte [f'ægəsait] s. (Biol. e Med.) fagócito m.

phagocytosis [fægəsait'ousis] s. fagocitose f.

phalange [f'ælændʒ] s. falange f.: 1. (Anat.) osso m. ou fragmento m. dos dedos. 2. (Bot.) fascículo m. de estames unidos pelos seus filamentos. 3. (Ent.) um dos segmentos do tarso de um inseto. 4. (Pol.) partido espanhol.

phalangeal [fəl'ændʒiəl], phalangal [fəl'æŋgəl] adj. falangeal, falangeano, falângico.

phalanger [fæl'ændʒə] s. (Zool.) filandra f.

phalangian [fəl'ændʒiən] s. (Zool.) falangídeo m. ‖ adj. (Zool.) relativo aos falangídeos.

phalangiform [fəl'ændʒifɔ:m] adj. (Zool.) falangiforme.

phalangigrade [fəl'ændʒigreid] s. (Zool.) animal falangígrado m. ‖ adj. (Zool.) falangígrado.

phalangite [f'æləndʒait] s. (Pol.) falangista m. + f. ‖ adj. falangista.

phalansterian [fælənst'iəriən] s. falansteriano m. ‖ adj. falansteriano.

phalanstery [f'ælənsteri] s. falanstério m.

phalanx [f'ælæŋks] s. pl. ~es ou (Anat.) phalanges [fæl'ændʒi:z] 1. falange f.: a) (Hist. grega) formação f. de batalha da infantaria. b) corpo m. de tropas. c) legião f., massa compacta f. de pessoas, animais ou coisas. d) (Anat.) qualquer osso dos dedos da mão e do pé. 2. falanstério m.

phalanxed [f'ælæŋkst] adj. disposto em falanges.

phallic [f'ælik] adj. fálico.

phallicism [f'ælisizm], phallism [f'ælizm] s. falicísmo m.

phallus [f'æləs] s. pl. phalli [-lai] 1. falo m. 2. (Anat.) pênis m. 3. (Anat.) clitóris m.

phanerocrystalline [fænərokr'istəlain] adj. fanerocristalino.

phanerogam [f'ænərogæm] s. (Bot.) fanerógamo m.
phanerogamic [fænərog'æmik], **phanerogamian** [fænərog'eimiən], **phanerogamous** [fænər'ɔgəməs] adj. (Bot.) fanerogâmico.
phantasm [f'æntæzm] s. 1. fantasma, espírito m. 2. quimera, fantasia, ilusão f. 3. adumbração, obumbração f.
phantasmagoria [fæntæzməg'ouriə], **phantasmagory** [fænt'æzməgouri] s. fantasmagoria f.
phantasmagorial [fæntæzməg'ouriəl], **phantasmagoric** [fæntæzməg'ɔrik], **phantasmagorical** [~əl] adj. fantasmagórico.
phantasmal [fænt'æzməl], **phantasmic** [fænt'æzmik], **phantasmical** [~əl] adj. 1. fantástico, ilusório, irreal. 2. espectral.
phantast [f'æntæst] s. visionário m.
phantasy [f'æntəsi] s. 1. fantasia, imaginação f. 2. produto m. da imaginaçáo.
phantom [f'æntəm] s. 1. aparição f., espectro, fantasma m. 2. falsa aparência, ilusão f. ‖ adj. ilusório, aparente.
~ **antenna** antena fantasma, antena artificial. ~ **circuit** circuito fantasma. ~ **ship** navio fantasma.
Pharaoh [f'ɛərou] s. faraó m.
Pharaoh's ant s. (Zool.) formiga-açucareira f.
Pharaoh's mouse, Pharaoh's rat s. (Zool.) icnêumon, icnêumone m.
Pharaonic [fɛərə'ɔnik], **pharaonical** [~əl] adj. faraônico.
pharingitis [færind3'aitis] s. (Med.) faringite f.
pharisaic [færis'eiik], **pharisaical** [~əl] adj. farisaico, hipócrita. ‖ **~ally** adv. hipocritamente.
pharisaicalness [~əlnis] s. farisaísmo m. hipocrisia f.
pharisaism [f'æriseiizm], **phariseeism** [f'ærisi:izm] s. farisaísmo m.
Pharisee [f'ærisi:] s. 1. fariseu m. 2. hipócrita m. + f.
pharmaceutic [fa:məsj'u:tik], **pharmaceutical** [~əl] adj. farmacêutico. ‖ **~ally** adv. de modo farmacêutico.
pharmaceutics [fa:məsj'u:tiks] s. farmácia f.: ciência farmacêutica.
pharmaceutist [fa:məsj'u:tist], **pharmacist** [f'a:məsist] s. farmacêutico m.: oficial de farmácia.
pharmacodynamics [fa:məkodain'æmiks] s. farmacodinamia f.
pharmacognosy [fa:mək'ognəsi] s. farmacognosia f.
pharmacologic [fa:məkol'ɔdʒik], **pharmacological** [~əl] adj. farmacológico. ‖ **~ally** adv. farmacologicamente.
pharmacologist [fa:mək'ɔlədʒist] s. farmacologista m. + f.
pharmacology [fa:mək'ɔlədʒi] s. farmacologia f.
pharmacopoeia [fa:məkəp'i:ə] s. 1. farmacopéia f. 2. coleção f. ou estoque m. de medicamentos.
pharmacopoeial [~l] adj. relativo à farmacopéia.
pharmacy [f'a:məsi] s. farmácia f.: 1. ciência farmacêutica f. 2. (Com.) farmácia, drogaria f.
pharmic [f'a:mik] s. (gíria escolar) estudante m. + f. de farmácia. ‖ adj. relativo a farmácia.
pharos [f'ɛərɔs] s. farol, faro m.
pharyngal [fər'iŋgəl], **pharyngeal** [færindʒ'i:əl] s. osso m. da faringe. ‖ adj. faríngeo.
pharyngology [færiŋg'ɔlədʒi] s. faringologia f.
pharyngoscope [fər'iŋgoskoup] s. (Med.) faringoscópio m.
pharyngoscopy [færiŋg'ɔskəpi] s. (Med.) faringoscopia f.
pharynx [f'æriŋks] s. (Anat. e Zool.) faringe f.
phase [feiz] s. 1. (Astron., Biol., Fís. e Quím.) fase f. 2. estádio, período m. 3. aspecto m.
to enter upon its last ~ entrar na última fase.

phase displacement s. (Eletr.) defasagem f.
phasemeter [f'eizmi:tə] s. (Eletr.) fasímetro m.
phase out s. ϲΤᴏ ou efeito m. de terminar, retirar.
phase splitter s. (Eletr.) divisor m. de fase.
phase transformer s. (Eletr.) transformador m. de fases.
phasic [f'eizik] adj. de ou relativo a fase.
pheasant [f'esənt] s. (Orn.) faisão m.
pheasantry [~ri] s. viveiro m. de faisões.
pheasant's-eye s. (Bot.) 1. olho-de-perdiz m. 2. cravina f., cravo-bordado m. 3. narciso m.
phelloderm [f'elodə:m] s. (Bot.) feloderma m.
phellogen [f'elədʒen] s. (Bot.) felogênio m.
phellogenetic [felodʒən'etik], **phellogenic** [felədʒ'enik] adj. (Bot.) felogênico.
phenacetin, phenacetine [fin'æsitin] s. (Farmac.) fenacetina f.
phenacite [f'enəsait] s. (Miner.) fenacita f.
phenanthrene [fᴇr'ænθri:n] s. (Quím.) fenantrênio m.
phenetidine, phenetidin [fin'etidi:n] s. (Quím.) fenetidina f.
phenetole, phenetol [f'enitoul] s. (Quím.) fenetol m.
phenic [f'i:nik] adj. fênico, carbólico.
phenix [~s] s. = **phoenix**.
phenocrystal [fi:nokr'istəl] s. (Min.) fenocristal m.
phenol [f'i:nɔl] s. (Quím.) fenol m.
phenolate [f'i:noleit] s. (Quím.) fenato m.
phenolic [fin'ɔlik] adj. (Quím.) fenólico.
phenolize [f'i:nolaiz] v. (Quím. e Farmac.) fenolizar.
phenological [finəl'ɔdʒikəl] adj. fenológico.
phenologist [fin'ɔlədʒist] s. fenologista m. + f.
phenology [fin'ɔlədʒi] s. (Biol.) fenologia f.
phenomenal [fin'ominəl] adj. fenomenal: 1. característico de fenômeno. 2. sensível, objetivo. 3. extraordinário. surpreendente, assombroso. ‖ **~ly** adv. fenomenalmente.
phenomenalism [~izm] s. (Filos.) fenomenismo m.
phenomenality [finɔmin'æliti] s. fenomenalidade f.
phenomenological [finɔminəl'ɔdʒikəl] adj. fenomenológico.
phenomenology [finɔmin'ɔlədʒi] s. fenomenologia f.
phenomenon [fin'ominɔn] s. pl. **phenomena** [-mənə] 1. fenômeno m. 2. prodígio m.
phenotype [f'i:nətaip] s. (Biol.) fenótipo m.
phenotypic [fi:nət'ipik], **phenotypical** [~əl] adj. (Biol.) fenotípico.
phenyl [f'enil, f'i:nil] s. (Quím.) fenilo m.
phew [fju:] interj. arre! puxa!
phial [f'aiəl] s. frasco, vidro m. ‖ v. colocar ou conservar em frascos.
philander [fil'ændə] v. namorar, flertar.
philanderer [fil'ændərə] s. namorador, galanteador m.
philanthrope [f'ilənθroup] s. filantropo m.
philanthropic [filənθr'ɔpik], **philanthropical** [~əl] adj. filantrópico, humanitário. ‖ **~ally** adv. de modo filantrópico.
philanthropist [fil'ænθrəpist] s. filantropo, altruísta m.
philanthropize [fil'ænθrəpaiz] v. 1. praticar filantropia. 2. tratar de modo filantrópico. 3. tornar filantropo.
philanthropy [fil'ænθrəpi] s. filantropia f.
philatelic [filət'elik], **philatelical** [~əl] adj. filatélico.
philatelist [fil'ætəlist] s. filatelista m. + f.: colecionador(a) de selos. ‖ adj. filatélico.
philately [fil'ætəli] s. filatelia f.
philharmonic [fila:m'ɔnik] s. filarmônica f. ‖ adj. filarmônico.
Philhellene [f'ilheli:n] s. fileleno m. ‖ adj. fileleno.
Philhellenic [filhel'i:nik] adj. fileleno.
Philhellenism [filh'elinizm] s. filelenismo m.
Philhellenist [filh'el'inist] s. fileleno m.
Philippians [fil'ipiənz] s. pl. (Bíblia) Epístola f. de

São Paulo aos Filipenses.
philippic [fil'ipik] s. filípica, diatribe, invectiva f. (on a respeito de).
philippicize [fil'ipisaiz] v. invectivar.
Philippine [f'ilipi:n, -pain] adj. filipino.
Philistine [f'ilistain, fil'istin] s. filisteu m. ‖ adj. filisteu.
philodendron [filəd'endrən] s. (Bot.) filodendro m.: planta ornamental da família das Aráceas.
philogynist [fil'ɔdʒinist] s. filógino m.
philogynous [fil'ɔdʒinəs] adj. filógino.
philogyny [fil'ɔdʒini] s. filoginia f.
philologer [fil'ɔlədʒə] s. = philologist.
philologic [filəl'ɔdʒik], **philological** [~əl] adj. filológico. ‖ ~ally adv. de modo filológico.
philologist [fil'ɔlədʒist], **philologian** [filəl'oudʒiən] s. filólogo m.
philology [fil'ɔlədʒi] s. 1. filologia f. 2. lingüística f.
Philomel [f'ilomel], **Philomela** [filom'i:lə] s. (Poét.) filomela f., rouxinol m.
philopena [filəp'i:nə] s. filipina f.: espécie de jogo de prendas. 2. noz de caroço duplo com que se joga. 3. prenda, multa a pagar.
philosopher [fil'ɔsəfə] s. filósofo m.
~'s-stone pedra filosofal.
philosophic [filəs'ofik], **philosophical** [~əl] adj. 1. filosófico. 2. prudente, sereno, comedido. ‖ ~ally adv. filosoficamente.
philosophism [fil'ɔsəfizm] s. 1. filosofismo m. 2. sofisma m.
philosophist [fil'ɔsəfist] s. filosofastro m.
philosophize [fil'ɔsəfaiz] v. filosofar.
philosophy [fil'ɔsəfi] s. 1. filosofia f. 2. sistema filosófico m. 3. princípio moral m., ética f. 4. serenidade, resignação f. 5. tratado filosófico m.
natural ~ ciências naturais.
philotechnic [filət'eknik], **philotechnical** [~əl] adj. filotécnico.
philter, philtre [f'iltə] s. filtro amatório m., poção mágica f., amavios m. pl.
phiz [fiz] s. (abr. de **physiognomy**) pl. **phizes** [f'izəs] (gíria) cara, expressão facial f., rosto m.
phlebitis [flib'aitis] s. (Med.) flebite f.
phlebotomic [fləbət'omik], **phlebotomical** [~əl] adj. (Med.) flebotômico.
phlebotomist [flib'ɔtəmist] s. (Med.) flebotomista m. + f.
phlebotomize [flib'ɔtəmaiz] v. sangrar: praticar a flebotomia.
phlebotomy [flib'ɔtəmi] s. flebotomia, sangria f.
phlegm [flem] s. 1. muco, catarro m. 2. pachorra, impassibilidade, apatia f. 3. fleuma, flegma f.
phlegmatic [flegm'ætik], **phlegmatical** [~əl] adj. fleumático, flegmático, pachorrento, apático. ‖ ~ally adv. fleumaticamente.
phlegmaticalness [~əlnis] s. caráter fleumático m.
phlegmon [fl'egmɔn] s. (Med.) flegmão, fleimão m.
phlegmy [fl'emi] adj. 1. fleumático. 2. mucoso, catarroso.
phloem [fl'ouem] s. (Bot.) floema f., líber m.
phlogistic [flɔdʒ'istik] adj. 1. (Med.) flogístico, inflamatório m. 2. (Quím. †) relativo ao flogisto.
phlogiston [fləgʒ'istən] s. (Quím. †) flogisto, flogístico m.
phlogopite [fl'ɔgəpait] s. (Miner.) flogopita f.
phlogosis [fləg'ousis] s. (Med.) flogose, inflamação erisipelosa f.
phlorizin [flɔr'aizin] s. (Quím.) florizina f.
phlox [flɔks] s. (Bot.) flox m.
phobia [f'oubiə] s. (Psicol.) fobia f.
phobic [f'oubik, f'ɔbik] adj. relativo a fobia.
phocine [f'ousain] adj. (Zool.) relativo às focas.

phoebe [f'i:bə] s. (Orn.) nome de várias espécies de papa-moscas norte-americanos.
Phoebus [f'i:bəs] s. 1. (Mit. grega) Febo m.: deus do sol. 2. (poét.) o sol m.
Phoenician [fin'iʃiən] s. fenício m. ‖ adj. fenício.
phoenix, phenix [f'i:niks] s. fênix f.: 1. ave fabulosa f. 2. (fig.) prodígio assombroso m.
phonate [f'ouneit] v. produzir sons vocais.
phonation [foun'eiʃən] s. fonação f.
phonautograph [foun'ɔ:təgra:f] s. (Fís.) fonautógrafo m.
phone [foun] s. 1. fonema m. 2. forma abreviada de **telephone.** ‖ v. (fam.) telefonar.
phonebooth [f'ounbu:θ] s. cabina f. de telefone.
phoneme [f'ouni:m] s. (Fon.) fonema m.
phonemic [fən'i:mik] adj. 1. de ou relativo a fonema. 2. significativo.
phonemics [~s] s. pl. fonemática f.
phonetic [fon'etik], **phonetical** [~əl] adj. fonético. ‖ ~ally adv. foneticamente.
read ~ally ler, pronunciando em separado cada fonema.
phonetician [founət'iʃən] s. = phonetist.
phoneticism [fon'etisizm] s. foneticismo m.
phoneticist [fon'etisist] s. = phonetist.
phonetics [fon'etiks] s. fonética f.
phonetism [f'ounətizm] s. foneticismo m.
phonetist [f'ounətist] s. 1. foneticista, fonetista m.+ f. 2. partidário m. da ortografia.
phonetize [f'ounətaiz] v. representar foneticamente.
phoney [f'ouni] adj. = phony.
phonic [f'ɔnik] adj. 1. fônico, acústico. 2. fonético.
phonics [~s] s. 1. fônica, acústica f. 2. fonética f.
phonogram [f'ounəgræm] s. 1. fonograma m. 2. disco fonográfico m.
phonograph [f'ounəgra:f] s. 1. fonógrafo, gramofone m., vitrola f. 2. fonograma m. ‖ v. fonografar.
phonographer [fon'ɔgrəfə] s. taquígrafo m.
phonographic [founogr'æfik] adj. 1. fonográfico. 2. taquigráfico, estenográfico. ‖ ~ally adv. de modo fonográfico.
phonographist [fon'ɔgrəfist] s. = phonographer.
phonography [fon'ɔgrəfi] s. 1. fonografia f. 2. taquigrafia, estenografia f.
phonolite [f'ounolait] s. (Petr.) fonólito m.
phonolitic [founol'itik] adj. fonolítico.
phonologic [founol'ɔdʒik], **phonological** [~əl] adj. fonológico. ‖ ~ally adv. fonologicamente.
phonologist [foun'ɔlədʒist] s. fonólogo m.
phonology [foun'ɔlədʒi] s. fonologia f.
phonometer [fon'ɔmitə] s. (Fís.) fonômetro m.
phonometric [founəm'etrik] adj. (Fís.) fonométrico.
phonometry [fon'ɔmətri] s. (Fís.) fonometria f.
phonoscope [f'ounoskoup] s. (Fís.) fonoscópio m.
phonotype [f'ounotaip] s. fonotipo m.
phonotypy [~i] s. fonotipia, taquigrafia f.
phony, phoney [f'ouni] s. (gíria, E. U. A.) 1. impostor m. 2. mentira f. 3. impostura f., embuste m. 4. membro artificial (braço, perna, etc.) ‖ adj. (gíria, E. U. A.) 1. falso, falsificado, espúrio. 2. de imitação barata. 3. pretenso.
phosgene [f'ɔzdʒi:n] s. (Quím.) fosgênio m.
phosgenite [f'ɔzdʒinait] s. (Miner.) fosgenita f.
phosphate [f'ɔsfeit] s. 1. (Quím.) fosfato m. 2. bebida efervescente carbonatada f. à qual se adiciona pequena quantidade de ácido fosfórico e suco de frutas. 3. (Agric.) adubo fosfatado m.
phosphated [~id] adj. 1. fosfatado. 2. fosfático.
phosphatic [fosf'ætik] adj. fosfático.
phosphatize [f'ɔsfataiz] v. 1. converter em fosfato. 2. tratar com ácido fosfórico ou fosfatos.
phosphene [f'ɔsfi:n] s. (Fisiol.) fosfeno m.

P 2

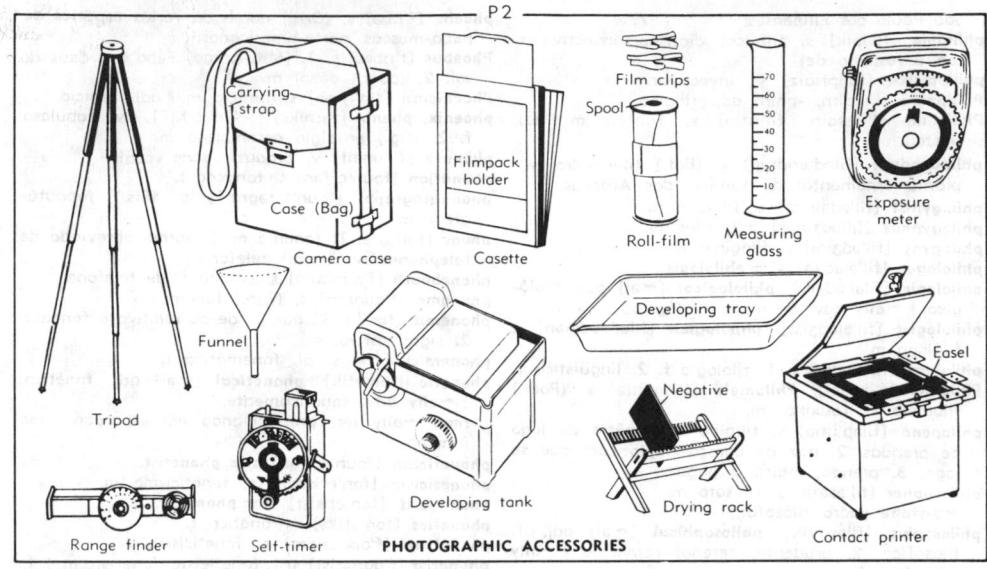

PHOTOGRAPHIC ACCESSORIES

Labels: Carrying strap · Case (Bag) · Camera case · Filmpack holder · Casette · Film clips · Spool · Roll-film · Measuring glass · Exposure meter · Funnel · Tripod · Developing tray · Negative · Easel · Range finder · Self-timer · Developing tank · Drying rack · Contact printer

phosphide [f'ɔsfaid, -fid], **phosphid** [f'ɔsfid] s. (Quím.) fosfeto, fosforeto m.

phosphine [f'ɔsfi:n, f'ɔsfin], **phosphin** [f'ɔsfin] s. (Quím.) fosfina f., hidrogênio fosforado m.

phosphite [f'ɔsfait] s. (Quím.) fosfito m.

phosphonium [fɔsf'ouniəm] s. (Quím.) fosfônio m.

Phosphor [f'ɔsfə] s. 1. Vênus, estrela-d'alva f. 2. **phosphor** substância fosforescente f.

phosphorate [f'ɔsfəroit] v. 1. fosforar. 2. tornar fosforescente.

phosphoresce [fɔsfər'es] v. fosforescer.

phosphorescence [fɔsfər'esəns] s. fosforescência f.

phosphorescent [fɔsfər'esənt] s. substância fosforescente f. ‖ adj. fosforescente.

phosphoreted, phosphoretted [f'ɔsfəretid] adj. (Quím.) fosforado.

phosphoric [fɔsf'ɔrik], **phosphorical** [~əl] adj. 1. (Quím.) fosfórico. 2. fosforescente.

phosphoric acid s. ácido fosfórico m.

phosphorism [f'ɔsfərizm] s. (Pat.) fosforismo m.

phosphorite [f'ɔsfərait] s. (Miner. e Petr.) fosforita f.

phosphoroscope [fɔsf'ɔ:rəskoup] s. fosforoscópio m.

phosphorous [f'ɔsfərəs] adj. (Quím.) fosforoso.

phosphorus [f'ɔsfərəs] s. (Quím.) fósforo m.

phot [fɔt, fout] s. fot m.: unidade fotométrica.

photic [f'outik] adj. fótico.

photism [f'outizm] s. fotismo m., sinestesia f.

photo [f'outou] s. foto, fotografia f. ‖ v. fotografar. ‖ adj. fotográfico.

photocell [f'outosel] s. = **photoelectric cell.**

photoceramics [foutosir'æmiks] s. fotocerâmica f.

photochemical [foutok'emikəl] adj. fotoquímico.

photochemistry [foutok'emistri] s. fotoquímica f.

photochromatic [foutokrom'ætik], **photochromic** [foutokr'oumik] adj. fotocromático.

photochrome [f'outokroum] s. fotografia colorida f.

photochromy [f'outokroumi] s. fotocromia f.

photocomposer [foutokəmp'ouzə], **photocomposing machine** s. (Tipogr.) fotocompositora f.: máquina de fotocomposição.

photoconductivity [foutokəndʌkt'iviti] s. fotocondutibilidade f.

photocopy [f'outokɔpi] s. fotocópia f.

photodynamics [foutodain'æmiks] s. fotodinâmica f.

photoelectric [foutoil'ektrik], **photoelectrical** [~əl] adj. fotelétrico, fotoelétrico.

photoelectric cell s. fotocela, célula fotoelétrica f.

photo-engrave [foutoengr'eiv] v. reproduzir por meio de fotogravura.

photo-engraver [~ə] s. fotogravador m.

photo-engraving [~iŋ] s. fotogravura f.

photo-finish s. (Esp., E. U. A.) final m. de competição decidido só mediante prova de chapa fotográfica.

photofinishing [foutof'iniʃiŋ] s. ato m. de revelar, fixar e lavar filmes e fotografias.

photoflash lamp s. lâmpada f. para instantâneos.

photoflood lamp s. projetor luminoso m.

photogen [f'outodʒen], **photogene** [foutodʒ'i:n] s. fotogênio m.

photogenic [foutodʒ'enik] adj. 1. (Biol.) fotógeno, fosforescente. 2. fotogênico.

photogram [f'outogræm] s. fotograma m.

photogrammetry [foutogr'æmitri] s. fotogrametria f.

photograph [f'outəgra:f] s. fotografia f. ‖ v. 1. fotografar. 2. prestar-se para ser fotografado.

to take a ~ tirar uma fotografia. **it ~s badly** é difícil para fotografar.

photographer [fət'ɔgrəfə] s. fotógrafo m.

photographic [foutəgr'æfik], **photographical** [~əl] adj. 1. fotográfico: a) relativo à fotografia. b) obtido pela fotografia. 2. (fig.) exato, minucioso. ‖ **~ally** adv. fotograficamente.

~ album álbum de fotografias. **~ printing** cópia heliográfica.

photography [fət'ɔgrəfi] s. fotografia f.: arte fotográfica (quadros C 3, P 2).

photogravure [foutəgrəvj'uə] s. fotogravura f.: 1. processo fotográfico para produzir pranchas gravadas. 2. gravação obtida por este processo.

photoheliograph [foutoh'i:liogra:f] s. (Astron.) foteliógrafo m.

photoheliographic [foutohi:liogr'æfik] adj. foteliográfico.

photoheliography [foutohi:li'ogrəfi] s. (Astron.) foteliografia f.

photojournalism [foutodʒ'ə:nəlizm] s. (Jornal.) reportagem f. em que as fotografias predominam.

photokinesis [foutokin'i:sis] s. (Fisiol.) fotocinesia f.

photokinetic [foutokin'etik] adj. fotocinético.

photolithograph [foutol'iθəgra:f] s. estampa fotolitográfica f. ‖ v. fotolitografar.

photolithographic [foutoliθəgr'æfik] adj. fotolitográfico.

photolithography [foutoliθ'ografi] s. fotolitografia f.

photolysis [fot'olisis] s. (Quím.) fotólise f.

photolytic [foutol'itik] adj. (Fís. e Quím.) fotolítico.

photomagnetic [foutomægn'etik] adj. fotomagnético.

photomap [f'outomæp] s. carta fotogramétrica f.

photomechanical [foutomik'ænikəl] adj. fotomecânico.

photometer [fot'omitə] s. fotômetro m.

photometric [foutom'etrik] adj. fotométrico.

photometry [fot'omitri] s. fotometria f.

photomicrograph [foutom'aikrəgra:f] s. microfotografia f.

photomicrographic [foutomaikrəgr'æfik] adj. fotomicrográfico.

photomicrography [foutomaikr'ografi] s. fotomicrografia f.: processo fotomicrográfico.

photomontage [foutomɔnt'a:ʒ] s. fotomontagem f.

photomural [f'outomj'uərəl] s. fotografia mural f.

photon [f'outon] s. (Fís.) fóton m.: 1. unidade de energia irradiada. 2. unidade de intensidade da luz na retina.

photophile [f'outofail], **photophilous** [fot'ofiləs] adj. (Biol.) fotófilo.

photophobe [f'outofoub] s. (Biol.) fotófobo m.

photophobia [foutof'oubiə] s. (Biol.) fotofobia f.

photophone [f'outofoun] s. fotofone, fotofônio m.

photoplay [f'outoplei] s. 1. peça f. para representação cinematográfica. 2. filme m. baseado em peça teatral.

photoprint [f'outoprint] s. cópia fotomecânica f.

photosensitive [foutos'ensitiv] adj. (Fís.) sensível à luz.

photosphere [f'outosfiə] s. (Astron.) fotosfera f.

photospheric [foutosf'erik] adj. fotosférico.

photosynthesis [foutos'inθisis] s. (Quím., Fisiol.) fotossíntese r.

phototaxis [foutot'æksis], **phototaxy** [f'outotæksi] s. (Biol.) fototaxia f.

phototelegraph [foutot'eləgra:f] s. imagem f. transmitida por fototelegrafia. ‖ v. transmitir por fototelegrafia.

phototelegraphic [foutoteləgr'æfik] adj. fototelegráfico.

phototelegraphy [foutotil'egrəfi] s. fototelegrafia f.

phototelescope [foutot'eliskoup] s. (Astron.) telescópio fotográfico m.

phototherapeutic [foutoθerəpj'u:tik] adj. fototerápico.

phototherapeutics [~s], **phototherapy** [foutoθ'erəpi] s. (Med.) fototerapia f.

photothermic [foutoθ'ə:mik] adj. fototérmico.

phototonus [fot'otənəs] s. (Fisiol.) fototono m.

phototopographic [foutotopəgr'æfik] adj. fototopográfico, fotogramétrico.

phototopography [foutotəp'ografi] s. fototopografia f.

phototransistor [foutotrænz'istə] s. (Eletrôn.) fototransistor m.

phototropic [foutotr'opik] adj. fototrópico.

phototropism [fot'otrəpizm] s. (Biol.) fototropismo m.

phototype [f'outotaip] s. 1. fototipo m. 2. fototipia f.

phototypic [foutot'ipik] adj. fototípico.

phototypographic [foutotaipogr'æfik] adj. fototipográfico.

phototypography [foutotaip'ografi] s. fototipografia f.

photovoltaic [foutovolt'eiik] adj. fotovoltaico, fotoelétrico.

photozincograph [foutoz'iŋkogra:f] s. impresso m. feito pelo processo de fotozincografia.

photozincographic [foutoziŋkogr'æfik] adj. fotozincográfico.

photozincography [foutoziŋk'ografi] s. fotozincografia f.

phrasal [fr'eizəl] adj. fraseado.

phrase [freiz] s. 1. (Gram. e Mús.) frase f. 2. expressão, locução f. 3. fraseologia f., palavreado m. 4. expressão usual f. 5. expressão enérgica f. ‖ v. 1. frasear, expressar, exprimir. 2. (Mús.) dividir em frases.
he spoke in simple ~ ele exprimiu-se em termos simples.

phrase-monger [fr'eizmʌŋgə] s. fraseólogo m.

phraseogram [fr'eiziəgræm] (taquigrafia) s. símbolo representativo de uma frase.

phraseologic [freiziəl'odʒik], **phraseological** [~ əl] adj. fraseológico. ‖ **~ally** adv. fraseologicamente.

phraseologist [freizi'olədʒist] s. 1. pessoa f. que se ocupa de fraseologia. 2. fraseólogo m.

phraseology [freizi'olədʒi] s. fraseologia, dição f., estilo m.

phrasing [fr'eiziŋ] s. 1. fraseologia f. 2. (Mús.) fraseado m. 3. estilo lingüístico m.

phratry [fr'eitri] s. (Soc.) fratria f., clã m.

phrenetic [frin'etik] s. alienado, louco m. ‖ adj. 1. (frenético) delirante. 2. louco, insano. 3. fanático. ‖ **~ally** adv. 1. delirantemente. 2. loucamente. 3. fanaticamente.

phrenic [fr'enik] adj. 1. (Anat.) frênico, diafragmático. 2. mental.

phrenitis [frin'aitis] s. (Med.) 1. frenesi m. 2. frenite, diafragmatite f. 3. (fig.) delírio m.

phrenological [frenəl'odʒikəl], adj. frenológico.

phrenologist [frin'olədʒist] s. frenologista m. + f., frenólogo m.

phrenology [frin'olədʒi] s. frenologia f.

Phrygian [fr'idʒiən] s. frígio m. ‖ adj. frígio.

Phrygian cap s. barrete frígio m.

phthalein [θ'æliin] s. (Quím.) ftaleína f.

phthalic [θ'ælik] adj. (Quím.) ftálico.

phthisic [t'izik] s. (Med.) = **phthisis**.

phthisical [~ əl, θ'aisikəl] adj. 1. tísico, héctico. 2. fraco, debilitado.

phthisiologist [θizi'olədʒist] s. tisiólogo m.

phthisiology [θizi'olədʒi] s. (Med.) tisiologia f.

phthisis [θ'aisis] s. (Med.) tísica, héctica, consunção, tuberculose pulmonar f.

phycology [faik'olədʒi] s. (Bot.) ficologia, algologia f.

phycomycete [faikəmais'i:t] s. (Bot.) ficomicete m.

phylactery [fil'æktəri] s. 1. filactério m. 2. amuleto, talismã m.

phyllite [f'ilait] s. (Geol.) filito m.

phylloclade [f'iləkleid], **phylloclad** [f'iləklæd] s. (Bot.) filocládio m.

phyllode [f'iloud] s. (Bot.) filódio m.

phylloid [f'iloid], **phylloidal** [fil'oidəl] adj. (Bot.) filóide.

phyllome [f'iloum] s. (Bot.) filoma m.

phyllopod [f'iləpod], **phyllopodan** [fil'opədən] s. (Zool.) filópode m. ‖ adj. relativo aos filópodes.

phyllotaxy [f'ilətæksi], **phyllotaxis** [filət'æksis] s. (Bot.) filotaxia f.

phylloxera [filoks'iərə] s. (Zool.) filoxera f.

phylogenic [failədʒ'enik], **philogenetic** [failədʒin'etik] adj. filogênico, filogenético.

phylogeny [fail'odʒini], **phylogenesis** [failədʒ'enisis] s. filogenia f.

phylum [f'ailəm] s. pl. **phyla** (Biol.) filo, sub-reino m.

physic [f'izik] s. 1. purgante, catártico. 2. (arc.) medicina f. 3. (†) remédio, medicamento m. 4. (†) ciência natural f. ‖ v. 1. purgar. 2. curar, medicar.

physical [~ əl] adj. 1. físico, material, natural. 2.

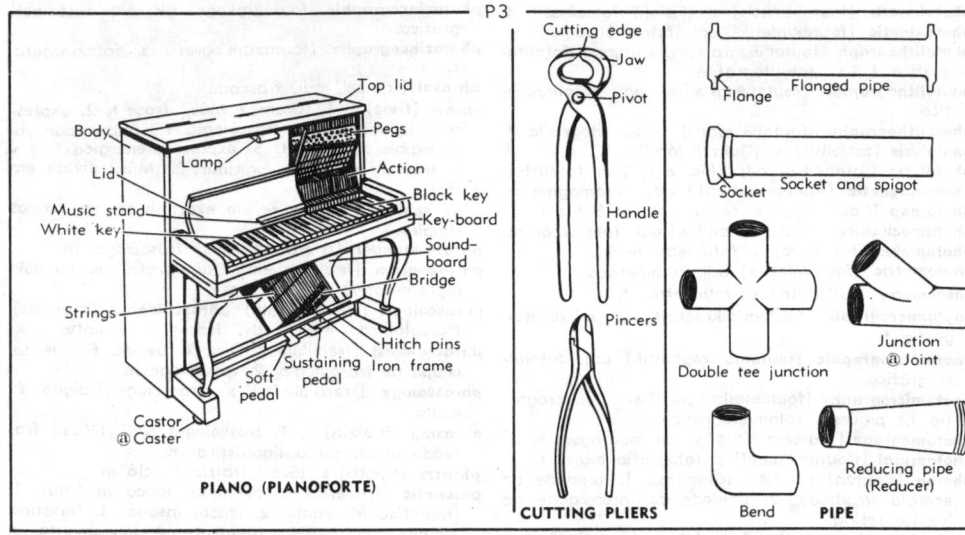

P 3

PIANO (PIANOFORTE)

CUTTING PLIERS   Bend   PIPE

relativo à física. 3. corpóreo. 4. (†) medicinal. ‖ ~ly adv. fisicamente.
~ **condition** condição física. ~ **culture** cultura física. ~ **disability benefit** auxílio por invalidez. ~ **jerks** (gíria) exercícios de ginástica. ~ **properties** propriedades físicas. ~ **training** treinamento físico.
physical chemistry s. química física f.
physical education s. educação física f.
physical geography s. geografia física f.
physical science s. 1. = **physics.** 2. ciências f. pl. cujo estudo se baseia em fatos físicos.
physician [fiz'iʃən] s. médico, clínico m.
physicist [f'izisist] s. 1. físico m. 2. naturalista m. + f. 3. fisicista, materialista m. + f.
physic nut s. (Bot.) pinhão-de-purga, mandubiguaçu m.
physicochemical [fizikək'emikəl] adj. físico-químico.
physicochemistry [fizikək'emistri] s. físico-química f.
physics [f'iziks] s. pl. 1. física f. (~ **is...**) 2. tratado m. de física ou de filosofia natural. 3. propriedades físicas f. pl. 4. (†) medicina f.
~ **is an important science** física é uma ciência importante.
physiocracy [fizi'okrəsi] s. fisiocracia f.
physiocrat [f'iziəkræt] fisiocrata m. + f.
physiocratic [fiziəkr'ætik] adj. fisiocrático.
physiognomic [fizian'omik], **physiognomical** [~əl] adj. 1. fisionômico, característico. 2. fisiognomônico.
physiognomist [fizi'ɔnəmist] s. 1. fisionomista m. + f. 2. fisiognomonista m. + f.
physiognomy [fizi'ɔnəmi] s. 1. fisiognomonia f. 2. fisionomia f., semblante m., feições f. pl. 3. aspecto exterior m., configuração f.
physiographer [fizi'ogrəfə] s. fisiógrafo m.
physiographic [fiziəgr'æfik], **physiographical** [~əl] adj. fisiográfico. ‖ ~ally adv. de modo fisiográfico.
physiography [fizi'ogrəfi] s. 1. fisiografia f. 2. geomorfologia f.
physiologic [fiziəl'ɔdʒik], **physiological** [~əl] adj. fisiológico. ‖ ~ally adv. fisiologicamente.
physiologist [fizi'ɔlədʒist] s. fisiologista m. + f.
physiology [fizi'ɔlədʒi] s. fisiologia f.
~ **of plants** fisiologia de plantas.
physiotherapeutic [fiziəθerəpj'u:tik], **physiotherapeutical** [~əl] adj. fisioterápico, fisioterapêutico.

physiotherapy [fiziəθ'erəpi], **physiotherapeutics** [fiziəθ-erəpj'u:tiks] s. (Med.) fisioterapia f.
physique [fiz'i:k] s. físico m., compleição f.
physostigmine [faisəst'igmi:n, faisəst'igmin] s. (Quím.) fisostigmina f.
phytin [f'aitin] s. (Bioquím. e Farmac.) fitina f.
phytochemistry [faitok'emistri] s. fitoquímica t.
phytogenetic [faitədʒin'etik], **phytogenetical** [~əl] adj. fitogênico.
phytogenic [faitədʒ'enik], **phytogenous** [fait'ɔdʒinəs] adj. fitogêneo.
phytogeny [fait'ɔdʒini], **phytogenesis** [faitədʒ'enisis] s. fitogenia f.
phytogeography [faitədʒi'ogrəfi] s. fitogeografia f.
phytography [fait'ogrəfi] s. fitografia f.
phytoid [f'aitoid] adj. fitóide.
phytological [faitəl'ɔdʒikəl] adj. fitológico.
phytology [fait'ɔlədʒi] s. fitologia, botânica f.
phytophagic [faitəf'ædʒik], **phytophagous** [fait'ɔfəgəs] adj. (Zool.) fitófago.
phytophagy [fait'ɔfədʒi] s. fitofagia f.
phytosociology [faitəsousi'ɔlədʒi] s. (Ecol.) fitossociologia f.
phytotomy [fait'ɔtəmi] s. fitotomia f.
pi (I) [pai] s. pl. **pis** 1. 16.ª letra grega. 2. pi m.: símbolo matemático (3,141.59).
pi (II) [pai] s. = **pie** (III). ‖ v. = **pie** (III).
piacular [pai'ækjulə] adj. 1. expiatório. 2. pecaminoso.
piaffe [pi'æf] v. piafar.
piaffer [pi'æf] s. piafé m.
pia mater s. (Anat.) pia-máter f.
pianette [piən'et] s. pequeno piano vertical m.
pianissimo [pjæn'isimou, pi:ən'isimou] s. (Mús.) trecho m. muito piano. ‖ adj. (Mús.) muito piano, suave. ‖ adv. pianíssimo.
pianist [pj'ænist, p'iənist] s. pianista m. + f.
pianistic [pjæn'istik] adj. pianístico.
piano [pj'ænou, pj'a:nou] s. 1. piano m. (quadro P 3). 2. (Mús.) trecho suave m. ‖ adj. [pj'a:nou] (Mús.) suave, piano. ‖ adv. (Mús.) piano.
at the ~, on the ~ ao piano. **cottage ~** pianino. **grand ~** piano de cauda. **semi-grand ~** piano de meia-cauda. **upright ~** piano vertical. ~ **player** 1. pianista. 2. pianola. ~ **recital** recital de piano.

pianoforte [pjænof'ɔ:ti] s. pianoforte, piano m. (quadro P 3).

pianola [pjæn'oulə] s pianola f.

piano wire s. corda de piano f.

piassava [pi:əs'a:və], piassaba [-bə] s. 1. (Bot.) piaçaba m. 2. fibra f. de piaçaba.

piaster, piastre [diùæstə] s. 1. piastra m. 2. peso m. (moeda).

piazza [pi'ædzə] s. 1. praça f. 2. galeria coberta f. 3. (E. U. A.) varanda f.

pibroch [p'i:brɔx] s. (Mús.) píbroque m.

pica (I) [p'aikə] s. (Tip.) cícero m., tipo de corpo 12. small ~ tipo de corpo 11.

pica (II) [p'aikə] s. (Med. e Veter.) pica f.

picador [p'ikədɔ:] s. picador m.: toureiro a cavalo.

picard [p'ikəd] s. picardo m. ‖ adj. picardo.

picaresque [pikər'esk] adj. (Liter.) picaresco.

picaroon [pikær'u:n] s. 1. tratante, patife m. + f. 2. pirata m. + f., corsário m. ‖ v. piratear.

picayune [pikəj'u:n] s. (E. U. A.) 1. moeda f. de 5 centavos. 2. (fig.) bagatela, ninharia f. 3. pessoa insignificante f. ‖ adj. = picayunish.

picayunish [~iʃ] adj. (E. U. A.) insignificante, reles.

piccalilli [p'ikəlili] s. éspécie de picles.

piccolo [p'ikəlou] s. (Mús.) flautim m.

piccoloist [~ist] s. tocador m. de flautim.

piceous [p'isiəs] adj. 1., píceo. 2. inflamável, combustível. 3. da cor do pez.

pichurim [p'itʃu:rim] s. (Bot.) fava-de-puxuri f.

pick (I) [pik] s. 1. picareta f., þicão, alvião m. (quadros H 7, M 1). 2. (fam.) palito m. 3. palheta f. para instrumentos de corda.

pick (II) [pik] s. 1. picada f.: golpe com instrumento contundente. 2. direito m. de escolha. 3. escolha, seleção f. 4. escol m., fina flor, nata f. 5. lambisco m. 6. colheita f.: parte recolhida em certo tempo. 7. (Tip.) tipo manchado m. ‖ v. 1. picar: a) esburacar, abrir buracos em. b) bicar, apanhar com o bico. c) roubar, furtar. 2. depenar (aves). 3. descarnar, roer (ossos). 4. colher, apanhar (frutas, flores). 5. escolher, separar, selecionar. 6. provocar, promover (disputas, brigas). 7. palitar, esgaravatar. 8. debicar, lambiscar. 9. (coloq.) comer. 10. desfiar (lã, etc.) 11. abrir com gazua. 12. (E. U. A.) dedilhar (instrumento de cordas). 13. trabalhar com picareta. 14. deixar-se colher ou apanhar (frutas, flores). 15. escolher a dedo. 16. comer aos bocadinhos to have a bone to ~ with ter contas a ajustar com. to ~ a bone with discutir, ou disputar com. to ~ a hole in denegrir, macular (reputação). to ~ and choose selecionar cuidadosamente, escolher a dedo. to ~ and steal surripiar. to ~ at 1. dar bicadas em. 2. mordiscar. 3. (coloq.) encher os ouvidos, criticar por qualquer coisinha. to ~ off 1. colher, apanhar. 2. abater um pór um. to ~ on ou upon perseguir, apoquentar, atormentar. to ~ out 1. escolher, selecionar. 2. distinguir, apanhar, perceber. 3. tocar de ouvido. 4. realçar mediante contraste de cores. to ~ to pieces 1. fazer em pedaços. 2. esmiuçar, analisar detalhadamente. 3. censurar detalhadamente. to ~ up 1. abrir ou extrair com picareta. 2. apanhar, pegar. 3. assimilar, compreender. 4. adquirir (uso, hábito). 5. descobrir, encontrar. 6. apanhar (passageiros). 7. (Rádio e Telev.) captar, sintonizar. 8. recuperar, recobrar (saúde, forças). 9. (coloq.) convalescer. 10. acumular, ganhar (forças, pressão, etc.) 11. arrumar (sala). 12. arranjar (uma refeição ligeira). to ~ up with travar conhecimento ou relação com. I ~ed up the thing for a song obtive esta coisa por uma ninharia. don't ~ a quarrel with me! não procure encrenca comigo! he ~ed my brains ele

me interrogou minuciosamente. he ~ed his teeth ele palitou seus dentes. he ~ed the lock ele abriu a fechadura com a gazua. he ~ed up the language ele assimilou o idioma. she has to ~ a bone with him ela tem contas a ajustar com ele. she ~ed him to pieces ela o desfez por completo. she ~ed her way through the puddles ela escolheu cuidadosamente o seu caminho por entre as poças d'água. she ~ed up her strength ou she ~ed up again ela recuperou suas forças.

pickaback, pick-a-back [p'ikəbæk] adv. aos ombros, às costas.

pickaninny [p'ikənini] s. criancinha f. (esp. de cor). ‖ adj. pequenino.

pickax, pickaxe [p'ikæks] s. picareta f., picão, alvião m. (quadro H 7). ‖ v. trabalhar com a picareta.

picked [pikt] adj. 1. selecionado. 2. limpo (ossos).

picker (I) [p'ikə] s. taco m. de tear ou lançadeira.

picker (II) [p'ikə] s. 1. colhedor, apanhador m. 2. máquina f. para desbastar fibras. 3. operador m. dessa máquina. 4. batedor m. de carteiras. ~s and stealers dedos compridos.

pickerel [p'ikərəl] s. (Ict.) nome de vários peixes da família dos Esocídeos.

pickerelweed [~wi:d] s. (Bot.) 1. orelha-de-veado f. 2. rainha-dos-lagos f., aguapé m.

picket [p'ikit] s. 1. estaca, piqueta f. 2. piquete m. 3. membro m. de piquete de grevistas. ‖ v. 1. cercar com estacas. 2. fortificar com estacas. 3. (milit.) estacionar piquetes. 4. amarrar a uma estaca. 5. formar piquetes de grevistas.

picketeer [pikət'iə] s. membro m. de um piquete de grevistas.

picket fence s. estacada f.

picket line s. piquete m. de grevistas.

picking [p'ikiŋ] s. 1. furto m. 2. colheita f. 3. ~s pl. sobras f. pl., restos, resíduos m. pl. 4. ~s pl. lucros, ganhos m. pl.

pickle [pikl] s. 1. salmoura f. 2. escabeche m. 3. conserva f. em salmoura ou escabeche. 4. situação difícil f., apuro m. 5. (fam.) traquinas m. pl. 6. solução ácida f. para decapagem de metais. 7. (gíria) bebedeira, embriaguez f. ‖ v. 1. conservar em salmoura ou escabeche. 2. decapar. he is in a pretty ~ ele está em apuros. in ~ 1. em conserva. 2. de reserva. she has a rod in ~ for him ela tem contas a ajustar com ele.

pickle-cured, pickled [p'ikld] adj. conservado em salmoura.

picklock [p'iklɔk] s. 1. gazua f. 2. ladrão m. que usa gazua.

pickman [p'ikmən] s. operário m. que trabalha com picareta.

pick-me-up s. (fam.) estimulante, aperitivo m.

pickpocket [p'ikpokit] s. batedor m. de carteiras. ‖ v. bater carteiras. Beware of ~s! Cuidado! Batedores de carteiras!

picksome [p'iksəm] adj. fastidioso, impertinente.

pickthank [p'ikθæŋk] s. adulador m.

pickup [p'ikʌp] s. 1. aceleração f. (de motores ou automóveis). 2. captador sonoro m. 3. camioneta f. de plataforma baixa, para entregas rápidas. 4. (gíria) melhora f., surto m. de atividade. 5. (gíria) pessoa f. com que se trava conhecimento por acaso.

Pickwick [p'ikwik] s. 1. personagem de Dickens. 2. charuto barato m.

Pickwickian [pikw'ikiən] adj. relativo a Mr. Pickwick. in a ~ sense num sentido especial ou hipotético.

picky [p'iki] adj. (coloq.) niquento, exigente (por ninharias).

picnic [p'iknik] s. piquenique, convescote m. ‖ v. 1.

promover piqueniques. 2. participar de piqueniques. || adj. relativo a piquenique.

picnicker [~ə] s. participante m. num piquenique.

picot [p'i:kou] s. picote m.: ponto m. de rendaria. || v. fazer picote.

picotee [pikət'i:] s. (Bot.) variedade de cravo.

picramic [pikr'æmik] adj. (Quím.) picrâmico.

picric [p'ikrik] adj. (Quím.) pícrico.

picrite [p'ikrait] s. (Petr.) picrite f.

Pict [pikt] s. (Etn.) picto m.: habitante celta da antiga Escócia.

Pictish [p'iktiʃ] adj. picto.

pictograph [p'iktəgra:f] s. pictograma m.

pictographic [piktəgr'æfik] adj. pictográfico.

pictography [pikt'ogrəfi] s. pictografia f.

pictorial [pikt'o:riəl] s. revista ilustrada f. || adj. pictorial, pictórico. 2. ilustrado. 3. (fig.) vívido, impressionante. || ~ly adv. 1. por meio de ilustrações. 2. como ilustrações. 3. em ilustrações. ~ **publicity** publicidade com ilustrações.

picture [p'iktʃə] s. 1. pintura, tela, cena f., retrato, quadro m. 2. desenho m., ilustração f. 3. fotografia f. 4. descrição, narração f. 5. imagem, semelhança f. 6. filme cinematográfico m., fita f. 7. imagem mental f. 8. exemplo m., corporificação f. || v. 1. pintar, retratar. 2. desenhar, ilustrar. 3. descrever, narrar. 4. filmar. 5. imaginar, conceber. **a ~ of a child** uma beleza de criança. **he drew a ~ of** ele desenhou um quadro de, ele descreveu pormenorizadamente. **he is the ~ of despair** ele é o desespero personificado. **he was the very ~ of...** ele era a perfeita imagem de... **she is as pretty as a ~** ela é linda como um quadro. **to be in (the) ~** 1. estar visível. 2. ser de importância. **to come into ~** aparecer, surgir, tornar-se conhecido ou afamado. **just ~ to yourself** imagine só. **the hat is a ~!** o chapéu é um sonho! **he looks the very ~ of health** ele parece a saúde personificada.

picture book s. álbum infantil ilustrado m.

picturedom [p'iktʃədəm] s. mundo cinematográfico m.

picture gallery s. 1. exposição f. de quadros. 2. coleção f. de quadros.

picture hat s. chapéu m. de aba larga para senhora.

picture house s. cinema, cine m.

picturely [p'iktʃəli] adv. pictoricamente.

picture postcard s. bilhete-postal, cartão-postal (ilustrado) m.

picturer [p'iktʃərə] s. pintor m., retratista m. + f.

picturesque [piktʃər'esk] adj. pitoresco, pinturesco. || ~ ly adv. pitorescamente.

picturesqueness [~nis] s. caráter pitoresco m.

picture tube s. (Telev.) tubo m. de imagem.

picture window s. janela panorâmica f.

picture writing s. pictografia f.

picturize [p'iktʃəraiz] v. 1. ilustrar. 2. filmar.

piculet [p'ikjulet] s. (Orn.) pica-pau-anão m.

piddle [pidl] v. 1. ocupar-se de ninharias. 2. mordiscar, lambiscar. 3. (infantil) urinar.

piddling [p'idliŋ] adj. trivial, insignificante.

piddock [p'idək] s. (Zool.) fólada m.

pidgin, pigeon [p'idʒin] s. jargão m. de palavras inglesas e chinesas (também ~ **English**).

pie (I) [pai] s. (Orn.) pega m.

pie (II) [pai] s. 1. pastel m. 2. torta f. de frutas. **he has a finger in everyone's ~** ele se mete em tudo. **to make a ~ of** embaralhar, confundir. **~—eyed** (gíria) embriagado.

pie (III), **pi** [pai] s. 1. (Tipogr.) pastel m., confusão f. de caracteres tipográficos. 2. (fig.) misturada, embrulhada, confusão f. || v. 1. (Tipogr.) empastelar tipos. 2. (fig.) lançar em desordem, desarrumar.

piebald [p'aibɔ:ld] s. 1. animal malhado m. 2. (fig.)

mestiço m. || adj. 1. malhado. 2. heterogêneo.

piebald skin s. (Pat.) vitiligem f.

piece [pi:s] s. 1. peça, parte f., pedaço, fragmento m. 2. parte f. de uma coleção. 3. composição literária f. 4. pintura f., quadro m. 5. peça teatral f., drama m. 6. composição musical f. 7. peça f. de artilharia. 8. moeda f. 9. (jogos) figura, pedra, peça f. (quadro C 10). 10. espécime, amostra f., exemplo m. 11. obra f., trabalho m. 12. (gíria) mulher f. || v. 1. remendar, consertar, reparar. 2. juntar, unir. || adj. 1. feito de peças. 2. por peça. **a ~ of advice** um conselho. **a ~ of bread and butter** uma fatia de pão com manteiga. **a ~ of furniture** um móvel, uma peça de mobília. **a ~ of news** uma novidade. **all to ~s** em pequenos fragmentos. **by the ~** por peça, por unidade. **he gave him a ~ of his mind** ele o criticou acerbamente. **in ~s** quebrado, partido. **of a ~** inteiro, idêntico, igual, uniforme. **to ~ out** prolongar, encompridar, dilatar. **to fall into ~s, to go to ~s** ruir, cair em pedaços. **to ~ together** compor, reunir, samblar. **to take to ~s** desmontar. **to tear into ~s** despedaçar. **to ~ on to** ajustar a. **to ~ up** remendar, prolongar.

piece-dyed adj. tingido (depois de ser tecido).

piece-goods s. pl. mercadorias f. pl. vendidas por peça.

piecemeal [p'i:smi:l] adj. 1. feito peça por peça. 2. feito de retalhos. || adv. 1. peça por peça, aos poucos, gradativamente. 2. em peças, em pedaços.

piecer [p'i:sə] s. 1. remendão m. 2. (Tecel.) emendador m. de fios.

piecework [p'i:swə:k] s. trabalho m. por empreitada (por peça).

pied [paid] adj. variegado, multicor, malhado.

Piedmontese [pi:dmənt'i:z] s. piemontês m. || adj. piemontês.

piedness [p'aidnis] s. diversidade f. de cores.

pieplant [p'aipla:nt] s. (E. U. A.) ruibarbo m.

pier [piə] s. 1. pilar m. de ponte. (quadro B 23). 2. molhe, quebra-mar m. (quadro H 3). 3. ponte f. de atracação. 4. (Arquit.) pilar m., pilastra f. 5. tremó m.: espaço de parede entre duas janelas. **floating ~** cais flutuante. **landing ~** ponte de desembarque.

pierage [p'iəridʒ] s. (Náut.) taxa f. de atracação.

pierce [piəs] v. 1. furar, penetrar, trespassar. 2. perfurar, abrir buracos em. 3. romper, atravessar. 4. entender, compreender. 5. comover, enternecer. 6. espichar (pipas). **it ~d his heart** tocou-lhe o coração.

pierceable [p'iəsəbl] adj. penetrável.

pierced [piəst] adj. perfurado (lóbulo de orelha).

piercer [p'iəsə] s. 1. qualquer instrumento perfurante (verruma, pua, etc.). 2. trabalhador m. que faz furos. 3. (gíria) vista penetrante f. 4. (Ent.) ferrão m.

piercing [p'iəsiŋ] adj. 1. perfurante. 2. penetrante, agudo, lancinante. 3. intenso (frio). || ~ly adv. 1. de modo penetrante. 2. agudamente. **a ~ cry** um grito lancinante. **a ~ look** um olhar penetrante. **~ words** palavras provocantes.

piercingness [~nis] s. agudeza, intensidade f.

pier-glass s. tremó m.: espelho alto que cobre a parede entre duas janelas (quadro F 8).

pier-head s. ponta f. de molhe.

Pierian [pai'iəriən] adj. piério, relativo às musas.

Pierides [pai'eridi:z] s. pl. piérides, as musas f. pl.

pierrot [p'iərou] s. palhaço m. de pantomina.

piet [p'aiət] s. 1. (Orn.) pega f. 2. (fig.) tagarela, palrador m.

pietism [p'aiətizm] s. 1. pietismo m. 2. beatice f.

pietist [p'aiətist] s. 1. pietista m. + f. 2. beato, santarrão, carola m. ‖ adj. = **pietistic.**
pietistic [paiət'istik], **pietistical** [~əl] adj. 1. pietista. 2. beato, carola. ‖ **~ally** adv. 1. de modo pietista. 2. beatamente.
piety [p'aiəti] s. 1. piedade f.: a) devoção, religiosidade f. b) compaixão, pena f., dó m. 2. lealdade, fidelidade f. 3. expressão f. ou ato m. piedoso. **filial** ~ devoção filial.
piezoelectric [paiəzoil'ektrik] adj. piezelétrico.
piezoelectricity [paiəzoilektr'isiti] s. piezeletricidade f.
piezometer [paiəz'omitə] s. (Fís.) piezômetro m.
piezometric [paiəzom'etrik], **piezometrical** [~əl] adj. (Fís.) piezométrico.
piezometry [paiəz'omitri] s. (Fís.) piezometria f.
piffle [pifl] s. (gíria) bobagem, baboseira f., disparate m. ‖ v. (gíria) dizer disparates.
pig [pig] s. 1. leitão, bácoro m. 2. porco m. 3. (joc.) carne f. de porco. 4. (coloq.) glutão m. 5. (coloq.) porcalhão m. 6. ferro gusa m. 7. lingote de metal m. 8. (gíria, pej.) tira m. (policial). ‖ v. 1. viver como porco. 2. parir (porcos).
I gave him a ~ of his own sow paguei-o com a mesma moeda. **in ~** prenhe (porca). **to bleed like a ~** sangrar abundantemente. **to buy a ~ in a poke** comprar nabos em saco.
pigeon [p'idʒin] s. 1. (Orn.) pombo m., pomba f. 2. (gíria) trouxa m. ‖ v. (gíria) fazer de trouxa. **carrier ~, homing ~** pombo-correio. **cock ~** pombo.
pigeon breast s. (Med.) peito m. de pombo: esterno projetado para a frente.
pigeon fancier s. criador m. de pombos.
pigeonfoot [p'idʒənfut] s. (Bot.) bico-de-pomba-menor m.
pigeonhearted [p'idʒənha:tid] adj. tímido, covarde.
pigeonhole [p'idʒənhoul] s. 1. buraco m. de pombal. 2. pequeno compartimento m. em gaveta, para guardar papéis. 3. (Teatr.) poleiro m. ‖ v. 1. arquivar, pôr de lado. 2. classificar, ordenar.
pigeon house s. pombal m.
pigeon-livered adj. (†) meigo, gentil.
pigeon loft s. pombal m.
pigeon pea s. (Bot.) guandu, andu m., ervilha-d'angola f.
pigeonry [p'idʒinri] s. pombal m.
pigeon-toed adj. com os dedos do pé ou os pés virados para dentro.
pigfish [p'igfiʃ] s. (Ict.) peixe da família dos Hemulídeos (Orthopristis chrysopterus).
piggery [p'igəri] s. 1. chiqueiro m. 2. porcada f. 3. avareza, sordidez f.
piggin [p'igin] s. selha f.
piggish [p'igiʃ] adj. 1. sujo, imundo. 2. voraz, glutão. 3. avarento, sórdido, egoísta. 4. teimoso, cabeçudo, obstinado. ‖ **~ly** adv. 1. sujamente, porcamente. 2. vorazmente. 3. sordidamente, avarentamente. 4. teimosamente, obstinadamente.
piggishness [~nis] s. 1. imundície, sujeira f. 2. voracidade f. 3. avareza, sovinice f. 4. obstinação f.
piggy, piggie [p'igi] s. bácoro, leitão m. ‖ adj. voraz, cobiçoso.
piggy bank s. porquinho m. de poupança.
pigheaded [p'ighedid] adj. estupidamente teimoso, obstinado, cabeçudo. ‖ **~ly** adv. teimosamente, obstinadamente.
pigheadedness [~nis] s. teimosia, obstinação f.
pig iron s. (Sid.) ferro fundido, lingote m.
piglet [p'iglit] s. = **piggy.**
pigling [p'iglin] s. = **piggy.**
pigment [p'igmənt] s. 1. (Biol.) pigmento m. 2. corante m. ‖ v pigmentar, colorir.

pigmentary [~əri] adj. pigmentário.
pigmentation [pigmənt'eiʃən] s. pigmentação f.
pigmy [p'igmi] = **pygmy.**
pignus [p'ignəs] s. (Jur.) penhora f.
pignut [p'ignʌt] s. (Bot.) castanha-subterrânea-maior f.
pigpen [p'igpen] s. chiqueiro m., pocilga f.
pigskin [p'igskin] s. 1. couro m. de porco. 2. (fam.) sela f. de jóquei. 3. (fam.) bola f. de futebol.
pigstick [p'igstik] v. 1. caçar javali com chuço. 2. matar porcos.
pigsticker [~ə] s. 1. aquele que se dedica à caça de javalis com chuço. 2. cavalo adestrado para esse esporte. 3. carniceiro m. de porcos. 4. espécie de canivete de lâmina comprida.
pigsty [p'igstai] s. chiqueiro m. (quadro S 9).
pigtail [p'igteil] s. 1. rabo m. (de porco). 2. fumo m. em corda. 3. trança f., rabicho m. 4. (fig.) chinês m. 5. (Téc.) rabicho flexível m. da escova de carvão.
pigwash [p'igwɔʃ] s. comida f. para porcos.
pigweed [p'igwi:d] s. (Bot.) 1. anserina f. 2. caruru m. 3. beldroega-pequena f. 4. canabrás m. 5. sanguinária, sempre-noiva f.
pike (I) [paik] s. sg. + pl. (~ **are...**) (Ict.) lúcio m. **there is a ~!** ai está um lúcio! ~ **are good to eat** lúcios são bons de se comer.
pike (II) [paik] s. pique m.: lança antiga f. ‖ v. ferir com o pique.
pike (III) [paik] s. pico m. (de montanha).
pike (IV) [paik] s. 1. barreira rodoviária f., posto m. de pedágio. 2. pedágio m.
piked [paikt] adj. pontiagudo, pontudo.
piked dogfish s. (Ict.) cação-bagre, cação-prego m.
piked whale s. (Zool.) rorqual m.
pikeman [p'aikmən] s. 1. mineiro m. que trabalha com alvião. 2. piqueiro m.: soldado armado de pique. 3. guarda-barreira m.
piker [p'aikə] s. 1. (gíria) vagabundo m. 2. (E. U. A.) jogador m. de cartas muito cauteloso.
pikestaff [p'aiksta:f] s. haste f. de pique. **as plain as a ~** claro como água.
pilaster [pil'æstə] s. pilastra f.
pilchard [p'iltʃəd] s. (Ict.) sardinha f.
pile (I) [pail] s. 1. pêlo m., penugem, lanugem, felpa f. 2. face felpuda f. de tecido.
pile (II) [pail] s. 1. pilha, ruma f., montão m. 2. (fam.) porção, quantidade f., lote m. 3. pira funerária f. 4. edifício grande ou bloco m. de edifícios. 5. (gíria) fortuna, dinheirama f. 6. pilha elétrica, bateria f. 7. (Téc.) pacote m. de ferro para soldar. 8. pilha atômica f. ‖ v. 1. empilhar, amontoar. 2. abarrotar. 3. formar pilhas.
to ~ it on exagerar, passar do limite (em críticas, repreensões). **to ~ in** entrar em grande número. **to ~ up** 1. empilhar(-se). 2. (coloq.) embaraçar-se, tornar-se confuso. 3. (Náut.) encalhar. **he made his ~** ele fez a sua fortuna. **he ~d on him** ele o atacou.
pile (III) [pail] s. estaca f. ‖ v. cravar estacas. ‖ adj. suportado por estacas.
pileate [p'iliit], **pileated** [p'ilieitid] adj. (Zool.) 1. em forma de chapéu. 2. cristado.
piled (I) [paild] adj. 1. peludo, lanuginoso.
piled (II) [paild] adj. empilhado, amontoado.
pile driver, pile engine s. (Téc.) bate-estacas m.
pile driving s. (Téc.) batimento m. de estacas.
pile-dwelling s. moradia lacustre f.
piler [p'ailə] s. amontoador m.
piles [pailz] s. pl. (Med.) hemorróidas f. pl.
pileum [p'ailiəm] s. (Zool.) crista f.
pile-up s. 1. amontoado m. de coisas. 2. (Autom.) colisão f. de vários veículos. ‖ v. amontoar, acumular.

pileus [p'ailiəs] s. píleo m.: 1. barrete m. de feltro, couro ou lã, usado pelos antigos romanos. 2. barrete eclesiástico m. 3. (Bot.) o umbráculo dos cogumelos.

pilework [p'ailwə:k] s. estacaria, estacada f.

pileworm [p'ailwə:m] s. (Zool.) gusano, teredem m.

pilewort [p'ailwə:t] s. (Bot.) 1. ficária, quiledônia--menor f. 2. caruru-amargoso m. 3. bredo m.

pilfer [p'ilfə] v. surripiar, furtar.

pilferage [~ridʒ] s. 1. furto m., ratonice f. 2. produto m. do furto.

pilferer [~rə] s. ratoneiro, larápio m.

pilgarlic [pilg'a:lik] s. 1. (arc.) careca, calvo m. 2. coitado, pobretão m.

pilgrim [p'ilgrim] s. 1. peregrino, romeiro m. 2. viajante m. 3. **Pilgrims** (E. U. A.) nome dado aos primeiros colonos puritanos que fundaram em 1620 a colônia de **Plymouth** (também **Pilgrim Fathers**). ‖ v. peregrinar. ‖ adj. peregrino.

pilgrimage [~idʒ] s. 1. peregrinação, romaria f., 2. viagem prolongada f. 3. vida f. ‖ v. peregrinar.

piliform [p'ailifɔ:m] adj. piliforme.

piling (I) [p'ailiŋ] s. 1. estacamento m. 2. estacaria, estacada f.

~ of planks parede f. de estaca-pranchas.

piling (II) [p'ailiŋ] s. empilhamento, amontoamento m.

pill [pil] s. 1. pílula f. 2. (fig.) coisa desagradável f. 3. (joc.) bala f. de canhão. 4. (gíria) bola f. de basebol ou golfe. 5. (gíria) importuno m. 6. **~s** pl. (gíria) bilhar m. 7. (gíria) médico m. ‖ v. 1. prescrever pílulas. 2. dar formato de pílulas a. 3. (gíria) votar contra, rejeitar.

he must swallow the ~ ele tem de engolir a pílula. **we gilded the bitter ~** douramos a pílula.

pillage [p'ilidʒ] s. 1. pilhagem f., saque m. 2. presa f.: produto m. de saque. ‖ v. pilhar, saquear.

pillager [~ə] s. saqueador m.

pillar [p'ilə] s. 1. (Arquit.) pilar m. 2. (fig.) sustentáculo, suporte m. 3. = **pillar box**. ‖ v. 1. suportar com pilares. 2. ser suportado por pilares.

from ~ to post de seca a meca, de déu em déu.

pillar-box s. marco postal m. (quadro L 4).

pillared [p'iləd] adj. 1. sustentado por pilares. 2. semelhante a ou em forma de pilar.

pillaret [p'iləret] s. pilarete m.

pillbox s. 1. caixa f. para pílulas (quadro V 2). 2. abrigo cilíndrico m. de cimento armado para metralhadoras. 3. automóvel pequeno m.

pillion [p'iljən] s. 1. sela f. para damas. 2. assento traseiro m. de motocicleta.

pillory [p'iləri] s. pelourinho m., picota f. ‖ v. 1. (fig.) expor ao ridículo. 2. expor no pelourinho.

pillow [p'ilou] s. 1. travesseiro m. (quadros B 6, 7). 2. (Téc.) chumaceira f., mancal m. 3. espécie de fustão grosseiro m. ‖ v. 1. descansar sobre travesseiro. 2. servir de travesseiro. 3. suprir com travesseiros.

pillow block s. (Téc.) mancal reto m.

pillow-case, ou **pillow-slip** s. fronha f.

pillow-lace s. renda f. de bilros.

pillowy [p'iloui] adj. semelhante a travesseiro.

pillwort [p'ilwə:t] s. (Bot.) pilulária f.

pilocarpine [pailək'a:pi:n, -pin], **pilocarpin** [-pin] s. (Quím.) pilocarpina f.

pilose [p'ailous] adj. piloso, peludo.

pilosism [p'ailəsizm] s. (Bot.) pilosismo m.

pilosity [pail'ositi] s. pilosidade f.

pilot [p'ailət] s. 1. (Náut. e Av.) piloto m. 2. (fig.) guia, orientador m. 3. (gíria) sacerdote, clérigo m. 4. (E. U. A.) limpa-trilhos m. de locomotiva. ‖ v. 1. pilotar, pilotear. 2. guiar, dirigir, conduzir.

pilotage [~idʒ] s. 1. pilotagem f. 2. taxa f. de serviços de pilotagem. 3. (Náut.) casa f. de piloto.

pilot-balloon s. (Av.) balão piloto m.

pilot-boat s. barcaça f. de piloto.

pilot burner s. piloto m. (bico de gás).

pilot-cloth s. tecido m. azul resistente.

pilot-engine s. locomotiva f. de exploração.

pilot film (ou **~ tape**) s. (Telev.) prova f. de propaganda comercial, para o anunciante.

pilot fish s. (Ict.) piloto, romeiro m.

pilothouse [p'ailəthaus] s. (Náut.) casa f. de leme (quadro H 3).

pilot lamp, **pilot light** s. (Eletr.) lâmpada piloto f.

pilot plant s. fábrica piloto f.

pilous [p'ailəs] adj. piloso, peludo.

pilular [p'iljulə] adj. pilular.

pilule [p'ilju:l] s. pílula pequena f.

pimento [pim'entou], **pimiento** [pimj'entou] s. (Bot.) 1. pimentão-doce m. 2. pimenta-da-jamaica f.

pimola [pim'oulə] s. azeitona f. recheada com pimentão-doce.

pimp [pimp] s. alcoviteiro, alcaiote m. ‖ v. alcovitar.

pimpernel [p'impənel] s. (Bot.) morrião m.

pimpery [p'impəri] s. alcovitagem f.

pimping [p'impiŋ] adj. 1. insignificante, mesquinho. 2. (gíria) fraco, débil.

pimple [pimpl] s. (Med.) borbulha, pústula f. ‖ v. cobrir-se de borbulhas.

pimpled [pimpld], **pimplous** [p'impləs], **pimply** [p'impli] adj. borbulhento, borbulhoso.

pin [pin] s. 1. alfinete m. (quadros N 1, T 2). 2. pino m. 3. cavilha f., espicho m. 4. pega f. 5. tranqueta f. 6. broche m. 7. pau m. de boliche. 8. chaveta f. 9. cravelha f. (de instrumentos de corda). 10. barrilete m. de 4,5 galões. 11. (fig.) ninharia, bagatela f. 12. **~s** pl. (fam.) gâmbias, pernas f. pl. ‖ v. 1. prender com alfinetes. 2. trancar. 3. fixar, segurar, apertar. 4. segurar, prender. 5. sujeitar a, obrigar a. 6. (xadrez) imobilizar peça do adversário.

I don't care a ~ não ligo a mínima importância. **~s and needles** formigueiro, prurido. **quick on the ~s** ágil. **he ~ned her down to her promise** ele a obrigou a cumprir sua promessa. **~ back your ears!** preste atenção! **~ your faith to him** deposite inteira confiança nele. **to ~ up** arregaçar. **we ~ned him to the wall** encostamo-lo à parede. **on ~s and needles** inquieto, apreensivo.

Pinaceae [pain'eisiɪ] s. pl. (Bot.) pináceas f. pl.

pinaceous [pain'eiʃəs] adj. (Bot.) pináceo.

pinafore [p'inəfɔ:] s. avental m. sem mangas para crianças.

pinang [pin'æŋ] s. (Bot.) areca f.

pinaster [pin'æstə] s. (Bot.) pinheiro-bravo m.

pinball [p'inbɔ:l] s. espécie de jogo mecânico.

pincase [p'inkeis] s. alfineteira f.

pince-nez [p'ænsnei, p'insnei] s. pince-nez m.

pincers [p'insez] s. pl. 1. torquês f. (quadros L 5, P 3). 2. (Zool.) quela, tenaz f.

a pair of ~ uma torquês.

pinch [pintʃ] s. 1. beliscão m. 2. embaraço, aperto m., apuros m. pl. 3. adversidade, opressã·f. 4. pitada f. 5. (gíria) roubo, furto m. 6. (gíria) prisão, detenção f. 7. (gíria) batida policial f. ‖ v. 1. beliscar. 2. extorquir, arrancar. 3. apertar, oprimir, comprimir. 4. afligir, atormentar. 5. penetrar (frio). 6. apertar, instar com. 7. (gíria) roubar, furtar. 8. (gíria) prender, deter. 9. mover por meio de alavanca. 10. ser mesquinho. 11. espremer.

a ~ of snuff uma pitada de rapé. **at a ~** em caso de emergência. **he knows where his shoe ~es** ele sabe onde lhe aperta o calo. **he ~es himself** ele se priva do essencial. **they are ~ed for money** eles estão em dificuldades financeiras. **the ~ of**

poverty o pesadelo da pobreza. **if it comes to**
~... se surgir uma complicação... **he ~ed it from**
him ele arrancou-lho a muito custo.
pinch bar s. alavanca f., pé-de-cabra m.
pinchbeck [p'intʃbek] s. 1. pechisbeque m. 2. (fig.)
imitação, falsificação f. ‖ adj. 1. de pechisbeque.
2. (fig.) barato, falso, de imitação.
pinch-cock s. (Quím.) chave f. de pinça.
pinched [pintʃt] adj. 1. comprimido, apertado. 2.
aflito, atormentado.
~ **with hunger** meio faminto.
pincher [p'intʃə] s. 1. pessoa, animal ou coisa que
belisca. 2. ~s pl. torquês f.
pinchfist [p'intʃfist], **pinchgut** [p'intʃgʌt] s. avaro,
sovina, miserável m.
pinch-hitter s. (E. U .A.) substituto eventual m.
pinching [p'intʃiŋ] adj. 1. que aperta, comprime, etc.
2. penetrante (frio).
~ **cold** frio intenso.
pinchpenny [p'intʃpeni] adj. avarento, miserável.
pincushion [p'inkʌʃən] s. 1. alfineteira, pregadeira f.
2. (Bot.) escabiosa-dos-jardins f., saudade f. 3.
(Bot.) rosa-de-gueldres f.
pindaric [pind'ærik] s. ode pindárica f. ‖ adj. pindá-
rico.
pindarism [p'indərizm] s. pindarismo m.
pindling [p'indliŋ] adj. (E. U. A., fam.) 1. frágil, delicado. 2. doentio, enfermiço.
pine (I) [pain] s. 1. (Bot.) pinheiro m. 2. pinho m.
‖ adj. píneo: 1. relativo a pinheiro. 2. de pinho.
pine (II) [pain] v. 1. definhar, enlanguescer (**at**
sobre). 2. ansiar, anelar (**for** por). 3. (poét.)
lamentar, deplorar.
to ~ away consumir-se de desgosto.
pineal [p'iniəl] adj. 1. relativo a pinha. 2. (Anat. e
Zool.) pineal.
~ **body**, ~ **gland** glândula pineal.
pineapple [p'ainæpl] s. 1. (Bot.) ananás, abacaxi m.
2. (gíria) granada f. de mão.
pine-clad adj. coberto de pinheiros.
pine cone s. pinha f.
pine grove, **pine barren** s. pinhal, pinheiral m.
pinene [p'aini:n] s. (Quím.) pineno m.
pinery [p'ainəri] s. 1. estufa f. para cultivo de ana-
nases. 2. pinhal, pinheiral m.
pine tar s. alcatrão de pinho m.
pinetum [pain'i:təm] s. plantação f. de pinheiros.
pinewood [p'ainwud] s. madeira f. de pinheiro, pinho m.
pinfeather [p'infeðə] s. pena f. ainda não desenvolvida.
pinfold [p'infould] s. curral m. ‖ v. encurralar: pôr
no curral.
ping [piŋ] s. silvo, sibilo m. ‖ v. silvar, sibilar.
ping-pong s. tênis m. de mesa, pingue-pongue m. ‖ v.
jogar pingue-pongue.
pinguid [p'iŋgwid] adj. 1. pingue, gordo. 2. oleoso,
untuoso. 3. fértil.
pinguidity [piŋgw'iditi] s. gordura f.
pinhead [p'inhed] s. 1. cabeça f. de alfinete. 2. (fig.)
ninharia, bagatela f. 3. tolo, palerma m.
pinheaded [~ id] adj. (fam.) bobo, estúpido.
pinhole [p'inhoul] s. furo m. feito por alfinete. 2.
(Fot.) pontinho preto m.
pinic [p'ainik] adj. (Quím.) pínico.
pinion (I) [p'injən] s. (Téc.) pinhão m. (quadro B 12,
M 3).
pinion (II) [p'injən] s. 1. (Zool.) coto m. de asa. 2.
asa f. 3. rêmige m., pena f. de asa. ‖ v. 1. aparar as asas. 2. amarrar as asas. 3. manietar,
amarrar os braços.
pinion shaft s. (Téc.) eixo m. de pinhão.
pinite [p'inait, p'ainait] s. (Miner.) pinita f.

pink (I) [piŋk] s. (Náut.) pinque m.: embarcação f.
de popa estreita.
pink (II) [piŋk] s. 1. (Bot.) cravo, craveiro m. 2. (fig.)
auge, ápice m. 3. cor-de-cravo f. 4. casaco m.
de caçador de raposas. 5. (E. U. A., gíria) simpatizante m. + f. do comunismo. ‖ v. enrubescer. ‖
adj. 1. cor-de-cravo. 2. (gíria, E. U. A.) simpatizante do comunismo.
to be in the ~ estar com ótima disposição. **the ~
of perfection** a mais alta perfeição.
pink (III) [piŋk] v. 1. recortar. 2. trespassar, apunhalar. 3. adornar, decorar.
pink (IV) [piŋk] v. bater (motor de explosão).
pinker [p'iŋkə] s. recortador m.
pinkeye [p'iŋkai] s. 1. (Med. e Veter.) conjuntivite f.
2. (Veter.) influenza f
pink-eyed adj. 1. de olhos rosados. 2. de olhos pequenos.
pinkie, pinky [p'iŋki] s. 1. dedo mínimo. 2. (Náut.)
barco de pesca de popa estreita.
pinkish [p'iŋkiʃ] adj. rosa-pálido.
pinkroot [p'iŋkru:t] s. (Bot.) 1. espigélia-de-maryland
f., cravo-da-carolina f. 2. arapabaca, lombri-
gueira f.
Pinkster s. (E. U. A.) Pentecostes m.
pink-tea s. chá elegante m.
pink vine s. (Bot.) coral, trepadeira-cor-de-rosa f.,
mimo-do-céu m.
pinkweed [p'iŋkwi:d] s. (Bot.) sanguinária, sempre-
-noiva f.
pinkwood [p'iŋkwud] s. (Bot.) 1. pau-cravo, louro-
-cravo m. 2. pau-rosa m.
pin money s. alfinetes m. pl.: dinheiro dado a senhoras para seus gastos pessoais.
pinna [p'inə] s. pl. **pinnae** [-ni:] **pinnas** 1. (Bot.)
pínula f., folíolo m. 2. (Anat. e Zool.) pena, asa
ou barbatana f. 3. (Anat.) aurícula f., pavilhão m.
do ouvido.
pinnace [p'inis] s. (Náut.) pinaça f.
pinnacle [p'inəkl] s. 1. (Arquit.) pináculo m. 2. (fig.)
apogeu, auge, ápice, pico m. ‖ v. 1. prover de
pináculo. 2. (fig.) elevar, conduzir ao apogeu.
pinnate [p'init], **pinnated** [p'ineitid] adj. (Bot.) pinulado (quadro L 2). ‖ ~**ly** adv. de forma pinulada.
pinnatifid [pin'ætifid] adj. (Bot.) pinatífido.
pinned [pind] adj. pregado com alfinete.
pinner [p'inə] s. 1. pregador m. de alfinetes, etc. 2.
espécie de touca de abas longas, usada nos séculos
XVII e XVIII.
pinniped [p'iniped], **pinnipedian** [pinip'i:diən] s. (Zool.)
pinípede m. ‖ adj. relativo aos pinípedes.
pinnula [p'injulə] s. 1. (Bot. e Zool.) = **pinnule**. 2.
(Zool.) barba f. de pena.
pinnulate [p'injuleit], **pinnulated** [~ id] adj. (Bot. e
Zool.) pinulado.
pinnule [p'inju:l] s. 1. pínula f. (de alidade). 2. (Bot.)
pínula f., folíolo m. (quadro L 2). 3. (Zool.)
pequena barbatana f.
pin oak s. (Bot.) carvalho-da-américa, carvalho-dos-
-pântanos m.
pinochle, pinocle [p'i:nəkl] s. (E. U. A.) jogo m. de
cartas semelhante ao besigue.
piñon [p'injən] s. 1. pinhão m. 2. qualquer pinheiro
que produza pinhões comestíveis.
pinpoint [p'inpoint] s. 1. ponta f. infinitesimal ou
muito aguçada. 2. coisa minúscula ou muito aguçada. ‖ v. tomar como alvo para bombardeio de
precisão. ‖ adj. 1. infinitesimal, minúsculo. 2. extremamente aguçado. 3. de grande precisão.
~ **bombing** bombardeio de precisão. **to ~ the problem** definir o problema.
pinscher [p'inʃə] s. raça canina f.
pinstripe [p'instraip] s. risco m. (desenho em tecido).

pint [paint] s. 1. pinta f.: medida f. de capacidade (Ingl. 0,568 l, E. U. A. 0,437 l). 2. caneca f.

pinta [p'intə] s. (Med.) purupuru m.

pintado [pint'a·dou] s. 1. (Orn.) pomba-do-cabo m. 2. (Orn.) galinha-d'angola f. 3. (Ict.) cavala-branca f.

pintail [p'inteil] s. (Orn.) rabijunco, arrabio m.

pintano [pint'a:nou] s. (Ict.) querê-querê m., salema--feiticeira f.

pintle [pintl] s. 1. (Téc.) pino m. de gonzo, pivô central m. 2. engate m. de canhão. 3. (Náut.) macho m. do leme, tufo m.

pinto [p'intou] s. (E. U. A.) cavalo malhado m. ‖ adj. malhado, pigarço.

pin-up s. 1. estampa f. de mulher pregada na parede. 2. moça atraente f. ‖ adj. muito atraente.

pinwheel [p'inwi:l] s. 1. (Téc.) pinhão m. de espigas. 2. cata-vento m. de papel. 3. rodinha f. (fogo de artifício).

pinworm [p'inwə:m] s. oxiúro m.

piny [p'aini] adj. 1. pinífero, pinígero. 2. relativo ou semelhante ao pinheiro.

pioneer [paiən'iə] s. 1. (milit.) sapador, gastador m. 2. pioneiro, precursor m. ‖ v. 1. trabalhar como sapador. 2. desbravar, abrir trilhas, etc. 3. guiar, conduzir. 4. abrir caminho, agir como pioneiro. ‖ adj. 1. precursor, preparatório. 2. vanguardeiro.

pious [p'aiəs] adj. 1. pio, devoto, piedoso. 2. santo, religioso. 3. (fam.) ótimo, excelente. ‖ ~ly adv. piamente, devotamente.
with ~ care com cuidado carinhoso. **~ minded** de convicção religiosa.

piousness [~nis] s. piedade, devoção f.

pip (I) [pip] s. 1. (Veter.) pevide f. 2. (fam.) achaque m.
he has the ~ (gíria) ele está mal disposto. **it gives me the ~** isto me dá nojo.

pip (II) [pip] s. 1. semente f. de fruta (maçã, laranja). 2. alguém ou algo maravilhoso m.

pip (III) [pip] s. (Eletrôn.) imagem projetada f., produzida por onda de radar.

pip (IV) [pip] s. ponto m., pinta f. (de carta de jogar ou dominó).

pip (V) [pip] v. 1. piar, pipilar. 2. sair da casca.

pipa [p'aipə] s. (Zool.) pipa f., cururu-pé-de-pato m.

pipage [p'aipidʒ] s. 1. transporte m. por tubulação ou oleoduto. 2. tubulação f. 3. taxa f. por transporte em oleoduto.

pipal [p'i:pəl] s. (Bot.) pipal m., figueira-dos-pagodes f.

pipe [paip] s. 1. cano, tubo m. (quadro P 3). 2. cachimbo m. (quadro S 8). 3. cachimbada f. 4. pipa f. 5. tubo m. de órgão. 6. (arc.) flauta f. 7. ~s pl. gaita f. de foles. 8. canto m. 9. pio m. (de aves). 10. ~s pl. traquéia f. 11. (gíria) ~s pl. botas f. pl. de cano alto. 12. (gíria) canja, coisa fácil f. 13. conteúdo m. de uma pipa (105 galões). ‖ v. 1. tocar flauta, oboé, etc. 2. silvar (vento). 3. esganiçar-se. 4. assobiar. 5. piar, pipilar. 6. transportar em pipas. 7. encher (uma pipa) 8. prover de encanamentos. 9. (gíria) chorar. 10. (gíria) arfar, arquejar. 11. (gíria) fumar cachimbo, cachimbar.
put that in your ~ and smoke it! fique sabendo isto! **to lay ~s** colocar encanamentos. **to ~ down** 1. (Náut.) licenciar mediante apito. 2. (E. U. A., gíria) calar-se, ficar quieto. **to ~ one's eyes** chorar. **to ~ up** 1. começar a tocar, cantar ou falar. 2. aumentar de intensidade (vento).

pipe burst s. ruptura f. de tubulação.

pipe-clay s. argila f. para cachimbos. ‖ v. branquear com argila.

pipe-cleaner s. limpador m. de cachimbo (quadro S 8).

pipe-clip s. braçadeira f. para tubos.

pipe coupling s. junção f. de tubos.

pipe dream s. idéia impraticável f.

pipefish [p'aipfiʃ] s. (Ict.) nome comum a vários Singnatídeos.

pipe fitter s. encanador m.

pipe fitting s. 1. tubo m. de ajustamento. 2. colocação f. de encanamento.

pipeful [p'aipful] s. cachimbada f.

pipe line s. 1. oleoduto m. 2. (fig.) fonte f. de informações. ‖ **pipe-line** v. 1. transportar por oleoduto. 2. prover de oleoduto. ‖ adj. relativo a ou transportado por oleoduto.

pipe of peace = **calumet**.

piper [p'aipə] s. 1. tocador m. de gaita de foles ou (arc.) de flauta. 2. cavalo m. atacado de enfisema. 3. filhote m. de pombo. 4. encanador m.
to pay the ~ pagar as despesas.

piperaceous [pipər'eiʃəs] adj. (Bot.) piperáceo.

pipe scraper s. raspador m. de cachimbo (quadro S 8).

pipe stem [p'aipstem] s. 1. tubo m. de cachimbo. 2. **pipe stems** pernas muito finas.

pipe thread s. rosca f. para tubos.

pipette, pipet [pip'et] s. pipeta f.

pipe wrench s. chave f. de tubos.

piping [p'aipiŋ] s. 1. música f. de flauta ou gaita de foles. 2. ação f. de tocar um destes instrumentos. 3. pio, pipilo m. 4. assobio, silvo m. 5. (fam.) choro m. 6. tubulação f., encanamento m. 7. enfeite m. de bolos. 8. guarnições f. pl.: enfeite da fímbria de um vestido (quadro C 12). ‖ adj. 1. de flauta ou gaita de foles. 2. sereno. 3. agudo. 4. pipilante.
~ hot 1. fervente. 2. recente, novo. **the ~ times of yore** os bons tempos de antigamente.

pipit [p'ipit] s. (Orn.) pássaro do gênero Anthus.

pipkin [p'ipkin] s. pequena panela f. de barro.

pippin [p'ipin] s. 1. nome de diversas variedades de maçã. 2. (gíria) maravilha f., colosso m.

pip-squeak [p'ipskwi:k] s. (coloq.) pessoa ou coisa f. sem importância.

piquancy [p'i:kənsi] s. pique m.: sabor picante.

piquant [p'i:kənt] adj. 1. picante, pungente. 2. malicioso, mordaz. ‖ ~ly adv. 1. de modo picante. 2. maliciosamente.

pique (I) [pi:k] s. amuo, ressentimento m., vexação f. ‖ v. 1. irritar, provocar. 2. espicaçar, despertar. 3. vangloriar-se, jactar-se. 4. (Av.) picar.
he ~s himself on his money ele se vangloria da sua fortuna. **she took a ~ against him** ela ressentiu-se com ele.

pique (II) [pi:k] s. vaza f. de 30 pontos no jogo de piquê. ‖ v. fazer uma vaza de 30 pontos.

piqué [pik'ei] s. piquê m.: tecido de algodão.
~ work obra de entalhação.

piquet [pik'et] s. piquê m.: jogo de cartas.

piracy [p'airəsi] s. 1. pirataria f. 2. plágio m.

piragua [pir'a:gwə] s. (Náut.) piroga f.

pirate [p'airit] s. 1. pirata, corsário m. 2. navio corsário m. 3. plagiário m. ‖ v. 1. piratear. 2. plagiar. 3. usar ilegalmente.

piratical [pair'etikəl] adj. 1. pirático. 2. publicado ilegalmente. ‖ ~ly adv. à maneira dos piratas.

pirn [pə:n] s. (esc.) carretel m., bobina f.

pirogue [pir'oug] s. piroga f.

pirol [pir'oul] s. (Orn.) papa-figo m.

pirouette [piru'et] s. pirueta f. ‖ v. piruetar.

piscary [p'iskəri] s. = **commnon of ~** (Jur.) privilégio m. de pesca.

piscator [p'iskətə, pisk'eitə] s. pescador m.

piscatorial [piskət'ouriəl], **piscatory** [p'iskətəri] adj. piscatório.

Pisces [p'isi:z] s. (Astron.) 1. nome de uma constelação. 2. signo do zodíaco: Peixes.
piscicultural [pisik'ʌltʃərəl] adj. relativo à piscicultura.
pisciculture [p'isikʌltʃə] s. piscicultura f.
pisciculturist [pisik'ʌltʃərist] s. piscicultor m.
pisciform [p'isifɔ:m] adj. pisciforme.
piscina [p'isi:nə] s. piscina f.: 1. viveiro de peixes. 2. (Ecles.) pia para abluções.
piscine (I) [p'isi:n] s. piscina f.: tanque de natação.
piscine (II) [p'isain] adj. (Zool.) písceo.
piscivorous [pis'ivərəs] adj. piscívoro, ictiófago.
pish! [piʃ] interj. xi!
pisiform [p'aisifɔ:m] adj. pisiforme.
pismire [p'ismaiə] s. formiga f.
pisolite [p'aisəlait] s. (Min.) pisólita f.
piss [pis] s. (vulg.) mijo m., urina f. ‖ v. (vulg.) mijar, urinar.
pist [pist] interj. psiu!
pistachio [pist'a:ʃiou] s. 1. (Bot.) pistácia f., alfóstigo m. 2. pistaceira f. 3. sabor m. de pistácia. 4. cor f. verde-clara ou verde-pistacho.
pistil [p'istil] s. (Bot.) pistilo m.
pistillar [~ə], pistillary [~əri] adj. (Bot.) pistilar, pistiláceo.
pistillate [~eit] adj. (Bot.) pistiloso.
pistol [pistl] s. pistola f. (arma de fogo). ‖ v. alvejar ou matar com pistola.
pistole [pist'oul] s. pistola f.: antiga moeda espanhola.
pistoleer, pistolier [pistəl'iə] s. pistoleiro m.
piston [p'istən] s. pistão, êmbolo m. (quadros C 4, F 7, P 7).
piston displacement s. cilindrada f.
pistonhead [~hed] s. cabeça f. de êmbolo.
piston pump s. bomba f. de êmbolo (quadro P 7).
piston ring s. anel m. de segmento.
piston rod s. haste f. do êmbolo (quadros F 7, P 7).
piston stroke s. curso m. do êmbolo.
piston valve s. êmbolo distribuidor m.
pit (I) [pit] s. (E. U. A). caroço m. ‖ v. (E. U. A.) descaroçar.
pit (II) [pit] s. 1. cova, fossa f., buraco m. 2. mina, jazida f. 3. poço de mina. 4. abismo m., voragem f. 5. sepultura f., túmulo m. 6. inferno m., profundas f. pl. 7. depressão f. 8. marca f. deixada por doença. 9. (Teat.) poço m. da orquestra. 10. rinha f. 11. (Agric.) tulha f. 12. (E. U. A.) departamento m. da bolsa de mercadorias onde se negocia só com um artigo. 13. platéia f. (quadro T 3). 14. subsolo m. de garagem ‖ v. 1. enterrar em buraco ou cova. 2. entulhar: guardar em tulha. 3. marcar com sinais de doença. 4. fazer brigar (animais ou pugilistas). 5. opor. 6. escavar, cavar. 7. (Med.) ceder à pressão dos dedos.
coal ~ mina de carvão. ~ head, pithead topo de mina de carvão. the ~ of the stomach boca do estômago. ~ted with smallpox coberto de bexigas.
pita (I) [p'i:ta:] s. (Zool.) guarapu m.
pita (II) [p'i:tə] s. 1. pita f.: fibra da piteira. 2. (Bot.) agave, piteira f.
pitangua [pit'æŋwə] s. (Orn.) bem-te-vi-do-bico-chato, pitanguá m.
pitapat [p'itəpæt] s. 1. tique-taque m. 2. batida f. de passos. ‖ v. 1. palpitar. 2. soar como batida de passos. ‖ adj. palpitante. ‖ adv. com palpitações.
pitch (I) [pitʃ] s. 1. piche, pez m. 2. resina f. de pinheiro. ‖ v. pichar.
pitch (II) [pitʃ] s. 1. arremesso, lance, lançamento m. 2. (Náut. e Av.) arfagem f. 3. lote m. de mercadorias expostas à venda. 4. banca f. de mascate. 5. pico, cume m. 6. acme, clímax m., culminância f. 7. grau, degrau, nível m. 8. declividade,

inclinação f. 9. campo m. de criquete. 10. (Av.) inclinação longitudinal f. 11. (Mec.) passo m. de engrenagem. 12. (Náut.) passo m. de hélice. 13. diapasão m., agudeza f. de som. 14. rede f. de espera. ‖ v. 1. montar, armar, erigir. 2. assentar acampar. 3. fincar, cravar (postes ou estacas). 4. arremessar, lançar, atirar. 5. lançar a bola ao batedor. 6. pavimentar com cascalho. 7. expor à venda. 8. (gíria) contar, relatar. 9. (†) fixar, determinar. 10. (fam.) plantar. 11. decair, declivar. 12. colocar em nível determinado. 13. (Náut.) arfar, jogar. 14. entoar, afinar (instrumentos ou voz). 15. (†) acampar, fixar residência temporária. 16. empilhar (feno).
to ~ a yarn contar uma história. to ~ and pay pagar à vista. to ~ in (fam.) 1. começar a trabalhar intensamente. 2. comer vorazmente. to ~ into (fam.) 1. atacar, assaltar. 2. repreender energicamente. to ~ on (ou upon) decidir-se por, escolher. he ~ed a yarn ele contou uma história. circular ~ (Téc.) passo circunferencial. at the highest ~ (fig.) no auge, na altura... at the ~ of his voice no tom mais alto de sua voz. to play at ~ and toss jogar cara ou coroa. to the highest ~ extremamente. to ~ at anchor (Náut.) arfar sobre as amarras. high ~ed roof telhado muito íngreme.
high-~ed emotions emoções exaltadas.
pitch angle s. (Téc.) ângulo m. de passo.
pitch apple s. (Bot.) cipó-mata-pau, cupaí m.
pitch-black adj. negro como azeviche.
pitchblende [p'itʃblend] s. (Miner.) pechblenda, uraninita f.
pitch chain s. (Téc.) corrente calibrada f.
pitch circle s. (Téc.) circunferência primitiva f.
pitch coal s. azeviche m., gagata f.
pitch cone s. (Téc.) cone m. de base.
pitch-dark adj. escuro como breu.
pitched battle s. (milit.) batalha intensa f.
pitcher (I) [p'itʃə] s. 1. jarro, cântaro m., bilha f. (quadro V 2). 2. (Bot.) ascídia f.
pitcher (II) [p'itʃə] s. 1. (jogo) lançador m. 2. paralelepípedo m. 3. bola f. de gude. 4. mascate, camelô m.
pitcherful [~ful] s. quantidade f. suficiente para encher um jarro.
pitcher-plant s. (Bot.) qualquer planta provida de ascídias.
pitchfork [p'itʃfɔ:k] s. forcado m. (quadro H 5). ‖ v. 1. arremessar com o forcado. 2. instalar ou lançar sem o devido preparo.
he was ~ed into the place ele teve uma promoção surpreendentemente rápida.
pitchiness [p'itʃinis] s. escuridão profunda f.
pitching [p'itʃiŋ] s. 1. (Náut.) arfada, arfagem f. 2. pavimentação f. com cascalho. ‖ adj. íngreme, inclinado.
pitch line s. (Téc.) círculo divisor m.
pitch-pine s. (Bot.) pinheiro m. do pez: espécie de pinheiro cuja madeira é utilizada para a produção de pez e terebintina.
pitchstone [p'itʃstoun] s. (Petr.) retinito m.
pitchy [p'itʃi] adj. 1. píceo. 2. abundante em pez. 3. untado com pez. 4. negro como azeviche. sombrio 5. (fig.) depravado, mal.
pit coal s. carvão -de-pedra m.
piteous [p'itiəs] adj. 1. comovente. 2. lastimável, deplorável. ‖ ~ly adv. 1. de modo comovente 2. deploravelmente, lamentavelmente.
piteousness [~nis] s. compaixão, pena f., dó m.
pitfall [p'itfɔ:l] s. 1. alçapão, mundéu m. 2. (fig.) armadilha, cilada f. 3. escolho m. 3. perigo imprevisto m.
pith [piθ] s. 1. (Bot.) medula f. 2. (fig.) força f.,

vigor m. 3. (†) tutano m. 4. cerne, núcleo m. 5. essência f., ponto capital m. ‖ v. matar, secionando a medula espinal.

pithead [p'ithed] s. entrada f. de mina.

pithecanthrope [piθik'ænθroup], **pithecanthropus** [piθ-ikænθr'oupəs] s. pitecantropo m.

pithecoid [piθ'i:kɔid] adj. pitecóide.

pith helmet s. = topee, topi.

pithiness [p'iθinis] s. 1. vigor m. 2. decisão f.

pithy [p'iθi] adj. 1. meduloso, medular. 2. forte, vigoroso. 3. incisivo, expressivo. ‖ —ily adv. 1. energicamente, vigorosamente. 2. incisivamente.

pitiable [p'itiəbl] adj. 1. lastimável, deplorável. 2. desprezível, insignificante, mesquinho. ‖ —bly adv. 1. lamentavelmente. 2. de modo desprezível.

pitiableness [~nis] s. 1. estado lastimável m. 2. condição insignificante ou mesquinha f.

pitiful [p'itiful] adj. 1. lamentável, deplorável. 2. mesquinho, desprezível. 3. (†) compassivo, compadecido. ‖ ~ly adv. lamentosamente, desprezivelmente.

pitifulness [~nis] s. 1. lástima f., estado lamentável m. 2. mesquinhez, insignificância f.

pitiless [p'itilis] adj. desapiedado, impiedoso, cruel. ‖ ~ly adv. sem piedade, impiedosamente.

pitilessness [~nis] s. impiedade, crueldade f.

pitman [p'itmən] s. 1. mineiro m. 2. (Téc.) biela f. puxavante m.

Pitot tube s. (Aer.) tubo de Pitot m.

pitpan [p'itpæn] s. canoa f.

pit·saw, pitsaw s. serra manual f. para duas pessoas.

pittance [p'itəns] s. 1. pitança f. 2. esmola f., óbolo m. 3. pequena porção, ninharia f. 4. salário m. ou mesada f. insignificante.

a mere ~ um salário de fome.

pittancer [~ə] s. pitanceiro m.

pitter-patter s. tamborilar m.

pitting [p'itiŋ] s. 1. formação f. de sulcos ou bexiga f. 2. (Téc.) corrosão f.

pituitary [pitj'uitəri] s. 1. (Anat.) glândula pituitária, hipófise f. 2. (Farmac.) extrato m. de hipófise. ‖ adj. pituitário.

pituite [p'itjuait] s. (Med.) pituita f.

pituitous [pitj'uitəs] adj. pituitário, pituitoso.

pity [p'iti] s. piedade, compaixão, pena f., dó m. ‖ v. compadecer-se de, ter pena de.

for ~'s **sake!** por piedade! **it's a thousand pities** é profundamente lamentável. **more's the** ~ tanto pior. **to feel** ~ **for** compadecer-se de, apiedar-se de. **to move to** ~ condoer, suscitar compaixão. **what a** ~! que pena! **the** ~ **of it is...** a única desvantagem é...

pitying [~iŋ] adj. compassivo, penalizado ‖ ~ly adv. compassivamente.

pityriasis [pitər'aiəsəs] s. (Pat.) pitiríase f.

pivot [p'ivət] s. 1. (Odont.) pivô m.: base de coroas artificiais. 2. (Téc.) moente m., parafuso central m. 3. (Téc.) pino m. (quadros P 3, S 3), pino m. de pé. 4. (fig.) eixo, centro m.: agente ou fator principal. 5. (milit.) pião m. ‖ v. 1. prover de pivô 2. revolver em torno de um eixo.

pivotal [~əl] adj. 1. giratório. 2. relativo a pivô. 3. fundamental, essencial, central, básico. ‖ ~ly 1. de modo giratório, articuladamente. 2. fundamentalmente, essencialmente.

pivotal bridge s. ponte girante f.

pivotal point s. centro m. de rotação.

pivotal question s. questão principal f.

pivot bearing s. (Téc.) mancal f. de pé.

pixilated [p'iksileitid] adj. (E. U. A.) 1. extravagante, esquisito. 2. divertido, pândego.

pixy, pixie [p'iksi] s. duende, elfo m.

pizzicato [pitsick'a:tou] s. (Mús.) pizicato m.

pizzle [pizl] s. vergalho m.

placability [pleikəb'iliti], **placableness** [pl'eikəblnis] s. placabilidade f.

placable [pl'eikəbl] adj. 1. aplacável, placável. 2 pacato, calmo. ‖ —bly adv. 1. placavelmente, pacatamente. 2. de modo conciliador.

placard [pl'æka:d] s. cartaz, placar, aviso m. ‖ v. 1. afixar cartazes. 2. anunciar por meio de cartazes.

placate [plək'eit] v. aplacar, apaziguar, conciliar.

placater [pl'eikeitə] s. conciliador, apaziguador m

placation [plək'eiʃən] s. apaziguamento m.

placatory [pl'eikətouri], **placative** [pl'eikətiv] adj. apaziguador, conciliatório.

place [pleis] s. 1. lugar m.: a) espaço ocupado m. b) posição natural, colocação certa f. c) localidade f., local, sítio m. d) vila, cidade f., povoado m., região f., distrito m. e) parte f., local, ponto m. f) emprego, posto, cargo m., colocação f. g) posição, classe, condição f., grau m. h) residência, moradia f., domicílio, lar m. i) passagem f., trecho, tópico m. j) ocasião f., ensejo, azo m. k) assento m., poltrona, cadeira f. l) (Esp.) colocação f. m) ordem f. de seqüência. n) situação, circunstância f. o) (Astron.) posição f. no firmamento. 2. obrigação, atribuição f., dever m. 3. (Mat.) casa decimal f. 4. praça f., largo m. 5. praça forte, fortificação f. 6. solar m., mansão, herdade f. ‖ v. 1. colocar: a) pôr. b) inverter, aplicar. c) pôr em estabelecimento de crédito. d) dispor, ordenar, classificar, arranjar. e) estabelecer, nomear, dar emprego a. 2. identificar, reconhecer. 3. (Cont.) fazer lançamentos. 4. obter colocação (cavalo de corrida — diz-se principalmente em relação ao 2.º colocado).

he took his ~ ele ocupou seu lugar. **in his** ~ em seu lugar. **the right man in the right** ~ o homem adequado no lugar que lhe compete. **in** ~ 1. no lugar certo. 2. adequado. **in** ~ **of** em lugar de, em vez de. **in some** ~ algures, em algum lugar. **in the first** ~ 1. em primeiro lugar. 2. primeiramente. **it is not my** ~ **to find fault** não me cabe fazer críticas. **out of** ~ fora de propósito. ~ **of amusement** local de diversão. **she knows her** ~ ela sabe o lugar que lhe compete. **to take** ~ 1. assumir posição. 2. ter lugar, realizar-se. ~ **of delivery** local de entrega. **to keep people in their** ~s manter a gente à distância. **they went** ~s (gíria) eles foram bem-sucedidos. **he is** ~d **beyond a doubt** ele está acima de qualquer dúvida. **he** ~d **confidence in her** ele depositou confiança nela. **he** ~d **the book on the shelf** ele colocou o livro na prateleira. ~ **it to his account** leve-o ao seu débito (ou crédito). **to** ~ **an order** colocar um pedido. **to** ~ **in position** colocar em posição.

place card s. cartão m. indicando o lugar na mesa.

placeman [pl'eismən] s. funcionário público m. (graças a favores políticos).

placement [pl'eismənt] s. 1. colocação f. 2. disposição f., arranjo m. 3. (Futeb.) colocação f. da bola para cobrança do tiro livre.

placenta [pləs'entə] s. (Anat., Zool. e Bot.) placenta f.

placental [~l], **placentary** [pl'æsənteri] adj. placentário.

placentate [pləs'enteit] adj. provido de placenta.

placentation [plæsənt'eiʃən] s. (Anat., Zool. e Bot.) placentação f.

placer (I) [pl'eisə] s. 1. colocador m. 2. pessoa f. ou animal m. vencedor.

placer (II) [pl'eisə] s. terra de aluvião com depósito de minérios f.

placer mining s. lavagem f. de minérios.

place setting s. jogo m. de pratos, copos, talheres

P4

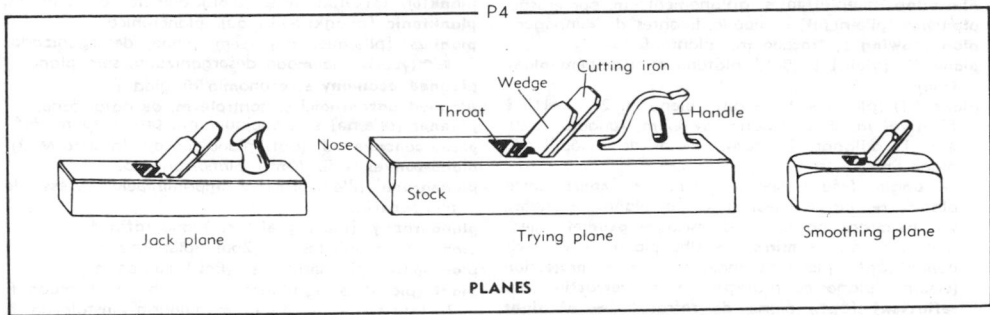

PLANES

Jack plane   Trying plane   Smoothing plane

Wedge   Cutting iron   Throat   Handle   Nose   Stock

de mesa, para uma pessoa.

placet [pl'eiset] s. anuência f., voto afirmativo m.

placid [pl'æsid] adj. plácido, calmo, sereno, tranqüilo. ‖ **~ly** adv. placidamente, serenamente.

placidity [plæs'iditi], **placidness** [pl'æsidnis] s. placidez, serenidade, tranqüilidade f.

placket [pl'ækit] s. 1. abertura f de saia. 2. bolso m. de vestido.

placoid [pl'ækɔid] s. (Zool.) placóide m. ‖ adj. placóide.

plagal [pl'eigəl] adj. (Mús.) plagal.

plagiarism [pl'eidʒiərizm] s. plágio, plagiato m.

plagiarist [pl'eidʒiərist] s. plagiador, plagiário m.

plagiaristic [pleidʒiər'istik] adj. relativo a plágio.

plagiarize [pl'eidʒiəraiz] v. plagiar.

plagiary [pl'eidʒieri] s. 1. plagiário m. 2. plágio m. ‖ adj. que comete plágio.

plagiocephalism [pleidʒiəs'efəlizm] ᷄s. (Med.) plagiocefalia f.

plagioclase [pl'eidʒiəkleis] s. (Miner e Petr.) plagioclásico m.

plagioclastic [pleidʒiəkl'æstik] adj. (Miner e Petr.) plagioclástico.

plagionite [pl'eidʒiənait] s. (Miner.) plagionita f.

plagiostomous [pleidʒi'ɔstəməs] adj. (Zool.) plagióstomo.

plagiotropic [pleidʒiətr'ɔpik] adj. (Bot.) plagiótropo.

plagiotropism [pleidʒi'ɔtrəpizm] s. (Bot.) plagiotropismo m., plagiotropia f.

plague [pleig] s. 1. peste, pestilência, epidemia f. 2. praga, calamidade f., flagelo m. 3. (fam.) aborrecimento, incômodo m. ‖ v. 1. infeccionar, infestar, contaminar. 2. (fam.) aborrecer, incomodar.
  bubonic ~ peste bubônica. **the ~ on him!** o diabo que o carregue!

plaguer [pl'eigə] s. (fam.) atormentador, importuno m

plaguesome [pl'eigsəm] adj. 1. importuno, maçante. 2. marcado pela peste.

plague spot s. 1. marca f. de peste. 2. local afetado m. pela peste. 3. (fig.) antro m.

plaguy [pl'eigi] adj. 1. (fam.) importuno, maçante, enfadonho. 2. (fam.) muito, extremo. 3. (†) pestífero, empestado. ‖ **–guily** adv. (fam.) importunamente, de modo maçante.

plaice [pleis] s. (Ict.) 1. solha, patença f. 2. espécie de linguado americano.

plaid [plæd] s. 1. espécie de xale retangular usado pelos escoceses (quadro C 13). 2. tecido axadrezado m. de que se fabrica este xale. ‖ adj. axadrezado.

plain [plein] s. 1. planície f. 2. **~s** pl. (E. U. A.) prado m., campina f. ‖ adj. 1. plano, raso, liso. 2. manifesto, claro, evidente, óbvio. 3. franco, sincero, chão. 4. simples, comum, modesto. 5. singelo, natural. 6. unicolor. ‖ **~ly** adv. 1. claramente, obviamente. 2. francamente, abertamente.

he used **~** language towards him ele lhe falou com toda a franqueza. in **~** English em bom e claro inglês. **~ Richardson** somente Richardson (sem título). **~ sailing** sem dificuldades. in **~** clothes em trajes civis, à paisana. to be **~ with** agir corretamente com, usar de franqueza com. to make **~** explicar, explanar, elucidar.

plain bearing s. (Téc.) chumaceira lisa f., mancal liso m.

plain chant s. (Mús.) canto gregoriano m.

plain clothed adj. de trajes simples.

plainclothesman [pl'einklouðzmən] s. policial m. à paisana.

plain cooking s. (Culin.) trivial m. (Bras.): pratos simples das refeições familiares.

plain-dealing s. franqueza, boa-fé, probidade f. ‖ adj. correto, franco, probo, leal.

plain-hearted adj. sincero, franco.

plainness [pl'einnis] s. 1. lisura, condição plana f. 2. evidência, clareza f. 3. franqueza, sinceridade f. 4. modéstia, simplicidade f.

plain sewing s. costura f. de roupa branca.

plainsman [pl'einzmən] s. habitante m. + f. das campinas.

plain song s. (Mús.) cantochão, canto gregoriano m.

plain-spoken adj. franco, sincero. ‖ **~ly** adv. francamente, sinceramente.

plain-spokenness s. franqueza, sinceridade f.

plaint [pleint] s. 1. queixa f., protesto m. 2. (poèt.) lamento m., lamentação f.

plaintiff [pl'eintif] s. (Jur.) querelante, demandante m. + f., queixoso m.

plaintive [pl'eintiv] adj. 1. queixoso, lamentoso. 2. melancólico, triste. ‖ **~ly** adv lamentosamente, melancolicamente.

plaintiveness [**~**nis] s. 1. condição f. de lamentoso 2. melancolia, tristeza f.

plain work s. 1. obra f. de costura sem lavor. 2. obra f. de cantaria simples.

plainy [pl'eini] adj. plano, raso.

plait [pleit] s. 1. trança f. 2. prega, dobra f. ‖ v. 1. preguear, franzir, dobrar. 2. entrançar.

plaited [pl'eitid] adj. 1. pregueado, franzido, corrugado. 2. ardiloso, artificioso.

plaiter [pl'eitə] s. pessoa que faz pregas ou tranças.

plaiting [pl'eitiŋ] s. pregueado m.

plan [plæn] s. plano m.: 1. planta f., projeto, esboço m. 2. diagrama, gráfico m. 3. intento, desígnio, fito m. 4. método, sistema, esquema m. 5. arranjo m. ou disposição f. ‖ v. 1. planejar: a) projetar, esboçar, delinear. b) programar. 2. (coloq.) idear.
  according to ~s conforme os planos. **a good ~** uma boa idéia. **in ~** em esboço, em projeto. **we made ~s** forjamos planos.

planarian [plæn'ɛəriən] s. (Zool.) planária f. ‖ adj. planário, relativo aos turbelários.

planation [plæn'eiʃən] s. aplanamento m. por erosão.
planchet [pl'æntʃet] s. moeda f. antes da cunhagem.
plan drawing s. traçado m., planta f.
plane (I) [plein] s. (Bot.) plátano m. (também **plane tree**).
plane (II) [plein] s. 1. (Geom.) plano m. 2. superfície f., nível m. 3. aeroplano, avião m. (quadro A 2). ‖ v. 1. aplanar. 2. (fam.) viajar de avião. ‖ adj. plano, raso, liso.
~ **angle** (Mat.) ângulo plano. ~ **chart** carta plana. ~ **curve** (Geom.) curva plana. ~ **flying** vôo pela navegação ortodrômica. ~ **geometry** geometria plana. ~ **mirror** espelho plano. ~ **of incidence** (Ópt.) plano de incidência. ~ **of projection** (Geom.) plano de projeção. ~ **of refraction** (ou **reflexion**) (Ópt.) plano de refração. ~ **of sight** (Milit.) plano de mira. ~ **sailing** (Náut.) navegação loxodrômica.
plane (III) [plein] s. plaina f., escarnador m. (quadro P 4). ‖ v. aplainar.
circular ~ plaina circular. **grooving** ~ goivete fêmeo. **jack** ~ plaina para desbastar. **jointer** ~ garlopa. **match** ~ cantil. **rabbet** ~ guilherme. **sash** ~ plaina de vidraceiro. **smoothing** ~ cepilho. **toothing** ~ plaina com ferro dentado.
plane iron s. ferro m. de plaina.
planer [pl'einə] s. 1. aplainador m. 2. plaina mecânica f. 3. (Tipogr.) cunha f. para assentar as formas. 4. pessoa f. ou instrumento m. que plaina.
planet (I) [pl'ænet] s. (Astron.) planeta m.
planet (II) [pl'ænit], **planeta** [plæn'i:tə] s. (Ecles.) planeta m., casula f.
plane table s. prancheta topográfica f.
planetarium [plænit'ɛəriən] s. planetário m.
planetary [pl'ænitəri] adj. 1. planetário. 2. errante, vagabundo. 3. terrestre, mundial. 4. (Autom. e Mec.) relativo ao sistema planetário de transmissão. 5. que se move numa órbita. 6. (Astron.) sob a influência de um planeta.
planetesimal [plænit'esiməl] s. (Astron.) planetesimal m. ‖ adj. (Astron.) planetesimal.
planetoid [pl'ænetoid] s. planetóide, asteróide m.
planetoidal [plænet'ɔidal] adj. relativo a planetóide.
planetologic [plænetəl'ɔdʒik] adj. planetológico.
planetologist [plænet'ɔlədʒist] s. planetologista m. + f.
planetology [plænet'ɔlədʒi] s. planetologia f.
planet-stricken, planet-struck adj. apavorado.
planet wheel s. (Téc.) roda satélite, roda planetária f.
planful [pl'ænful] adj. engenhoso, cheio de idéias.
plangency [pl'ændʒənsi] s. 1. plangência f. 2. sonoridade f., clangor m.
plangent [pl'ændʒənt] adj. 1. sonoro, clangoroso. 2. plangente, lastimoso. ‖ ~**ly** adv. 1. plangentemente. 2. sonoramente.
planiform [pl'ænifɔ:m] adj. planiforme.
planimeter [plæn'imitə] s. planímetro m.
planimetric [pleinim'etrik], **planimetrical** [~əl adj. planimétrico.
planimetry [plæn'imitri] s. planimetria f.
planish [pl'æniʃ] v. aplainar, alisar (metal).
~**ing hammer** alisador, martelo de aplainar.
planisher [~ə] s. martelo m. de aplainar.
planisphere [pl'ænisfiə] s. planisfério m.
planispheric [plænisf'erik], **planispherical** [~əl] adj. planisférico.
plank [plæŋk] s. 1. prancha f., tabuão m. 2. madeira f. em pranchas. 3. suporte, apoio m. 4. ponto m. de plataforma política. ‖ v. 1. assoalhar. 2. entabuar. 3. (fam.) pôr dinheiro na mesa, pagar. 4. (†) serrar em pranchas. ‖ adj. feito de pranchas.
planking [pl'æŋkiŋ] s. 1. entabuamento m. (quadro B 23). 2. tabual m., lote m. de pranchas.
plank-sheer s. (Náut.) tabica f.

plankton [pl'æŋktɔn] s. (Biol.) plancto, plâncton m.
planktonic [plæŋkt'ɔnik] adj. planctônico.
planless [pl'ænlis] adj. sem plano, desorganizado. ‖ ~**ly** adv. de modo desorganizado, sem plano.
planned economy s. economia dirigida f.
planned parenthood s. controle m. de natalidade.
planner [pl'ænə] s. planejador m., projetista m. + f.
plano-concave adj. (Ópt.) plano-côncavo (quadro M 3).
plano-convex adj. (Ópt.) plano-convexo.
planograph [pl'einəgra:f] v. imprimir pelo processo de planografia.
planography [plæn'ɔgrəfi] s. planografia f.
planorbis [plæn'ɔ:bis] s. (Zool.) planorbe m.
planospore [pl'ænəspɔ:] s. (Bot.) zoospório m.
plant [pla:nt] s. 1. planta f., vegetal m. 2. muda f. 3. fábrica, usina f. 4. maquinaria, instalação f. 5. posição, postura f. 6. plantação f. 7. (E. U. A.) ostra cultivada f. 8. (gíria) mercadoria roubada f. ou local em que escondê-la. 9. (gíria) trapaça f., embuste m. 10. (gíria) falso indício m., prova forjada f. 11. (gíria) detective, espião m. ‖ v. 1. plantar, cultivar. 2. cravar, fincar, afixar. 3. estabelecer, fundar. 4. implantar, incutir. 5. introduzir 6. colocar, depositar (ostras, ovas ou peixes para criação). 7. colonizar, povoar 8 (coloq.) abandonar. 9. (gíria) ocultar. 10. (gíria) golpear. 11. (gíria) tramar. 12. (gíria) forjar falsos indícios.
to ~ **out** transplantar.
plantain [pl'æntin] s. (Bot.) 1. tanchagem f. 2. pacoveira, acatá f. 3. pacova f.
plantain eater s. (Orn.) musófago, turaco m.
plantain lily s. (Bot.) fúnquia f.
plantal [pl'æntəl] adj. vegetativo.
plantar [pl'æntə] adj. (Anat. e Zool.) plantar.
plantarium [plænt'ɛəriən] s. viveiro m. (de plantas).
plantation [plænt'eiʃən] s. 1. plantação f.: terreno cultivado. 2. plantio m. 3. (Hist.) colonização f., estabelecimento m. 4. arvoredo m.
planter [pl'a:ntə] s. 1. plantador, agricultor m. 2. máquina f. para plantio. 3. fundador, introdutor, implantador m. 4. colono m. 5. fazendeiro m.
plant food s. nutrientes m. pl. do solo (fertilizantes).
plant house s. viveiro m. (de plantas), estufa f.
plantigrade [pl'æntigreid] s. (Zool.) plantígrado. ‖ adj. plantígrado.
planting [pl'a:ntiŋ] s. 1. plantação f., plantio m. 2. colocação f. de alicerces.
plantivorous [plænt'ivərəs] adj. herbívoro.
plant kingdom s. reino vegetal m.
plantlet [pl'a:ntlit] s. plantinha f.
plant louse s. (Ent.) pulgão, afídio m.
plantsman [pl'æntsmən] s. horticultor, floricultor m.
plantule [pl'æntju:l] s. plântula f.
planula [pl'ænjulə] s. (Zool.) plânula f.
plan view s. vista f. de cima.
plaque [plæk] s. 1. placa ornamental f. 2. broche m. (de insígnia ou condecoração). 3. (Med.) placa f.
plaquette [plæk'et] s. placa f.
plash (I) [plæʃ] v. 1. cortar ramos parcialmente, vergá-los e entrelaçá-los para formar sebes. 2. formar sebes por esse modo.
plash (II) [plæʃ] s. 1. poço, charco m. 2. chape m. 3. (fam.) aguaceiro m. 4. salpico m., mancha f. ‖ v. 1. chapinhar. 2. salpicar, borrifar.
plashy (I) [pl'æʃi] adj. pantanoso, alagadiço.
plashy (II) [pl'æʃi] adj. que chapinha.
plasm [plæzm], **plasma** [pl'æzmə] s. (Fisiol. e Biol.) plasma, protoplasma m.
plasma [~ə] s. (Miner.) plasma m.
plasmatic [plæzm'ætik], **plasmic** [pl'æzmik] adj. plasmático.

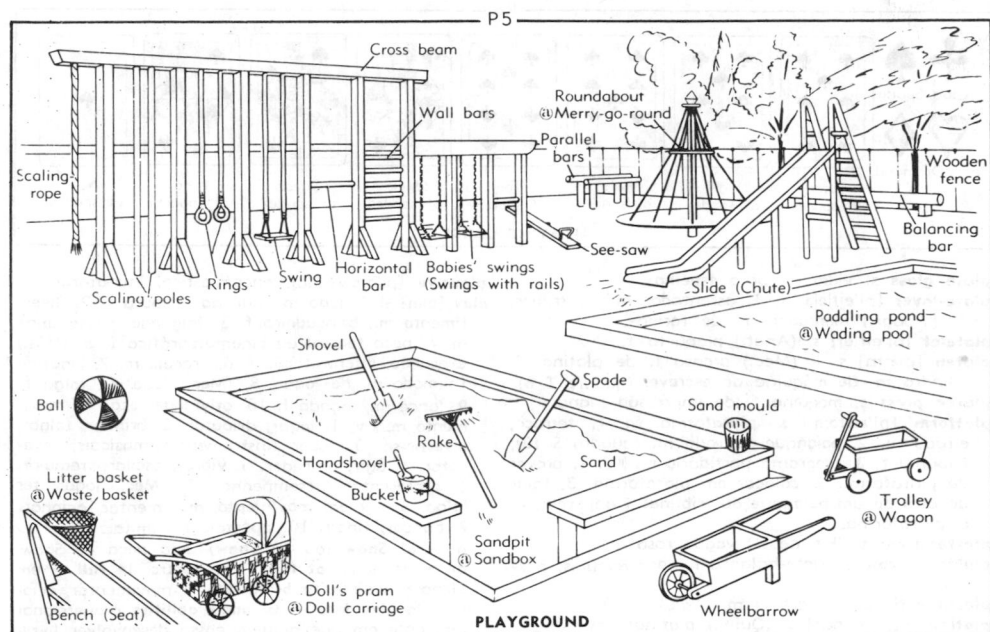

P 5

Cross beam

Wall bars

Roundabout
ⓐ Merry-go-round

Parallel bars

Wooden fence

Scaling rope

Balancing bar

See-saw

Rings Swing Horizontal Babies' swings Slide (Chute)
bar (Swings with rails)

Scaling poles

Paddling pond –
ⓐ Wading pool

Shovel

Spade

Ball

Sand mould

Rake

Litter basket
ⓐ Waste basket

Handshovel

Sand

Bucket

Trolley
ⓐ Wagon

Sandpit
ⓐ Sandbox

Bench (Seat)

Doll's pram
ⓐ Doll carriage

Wheelbarrow

PLAYGROUND

plasmocyte [pl'æzməsait] s. corpúsculo branco m. do sangue.

plasmodesm [pl'æzmədezm], **plasmodesmus** [~əs] s. (Biol.) plasmodesmo m.

plasmodium [plæzm'oudiəm] s. (Biól., Bot. e Zool.) plasmódio m.

plasmolysis [plæzm'ɔlisis] s. (Fisiol.) plasmólise f.

plaster [pl'a:stə] s. 1. emplastro m. 2. emboço m. 3. gesso calcinado m., sulfato m. de cálcio. ‖ v. 1. emboçar. 2. lambuzar. 3. cumular. 4. remendar. 5. emplastrar. 6. (fam.) compensar, reparar. 7. afixar, pregar. 8. tratar vinhedos com sulfato de cálcio. ‖ adj. (fam.) hipócrita, falso.

 adhesive (ou **sticking**) ~ (Med.) emplastro adesivo.

plasterboard [pl'a:stəbɔ:d] s. gesso m. em folha, com papel.

plaster cast s. escultura f. reproduzida em gesso calcinado.

plastered [pl'a:stəd] adj. 1. coberto por gesso calcinado, tratado com sulfato de cálcio. 2. emplastrado, lambuzado de gesso. 3. (gíria) embriagado.

plasterer [pl'a:stərə] s. 1. emboçador, estucador m. 2. modelador m. em gesso.

plastering [~riŋ] s. 1. emboçamento m. 2. emboço m. 3. emplastramento m. 4. camada f. ou cobertura f. de emboço. 5. (gíria milit.) bombardeio aéreo arrasador m.

plaster of Paris s. gesso calcinado m., sulfato m. de cálcio.

plasterstone [pl'a:stəstoun] s. gesso m.

plasterwork [pl'a:stəwə:k] s. reboco m.

plastery [pl'a:stəri] adj. semelhante a emboço.

plastic [pl'æstik] s. 1. plástica f. 2. ~s pl. figuras plásticas f. pl. 3. matéria plástica f. ‖ adj. 1. plástico. 2. criador, formador. 3. maleável, amoldável.

plastic arts s. artes plásticas f. pl.

plastic bomb s. bomba f. de plástico.

plastic clay s. argila plástica f., barro m. de oleiro.

plasticine [pl'æstisi:n] s. plasticina, plastilina f.

plasticity [plæst'isiti] s. plasticidade, maleabilidade f.

plasticize [pl'æstisaiz] v. plasticizar.

plastics [pl'æstiks] s. 1. matéria plástica f. 2. cirurgia plástica f.

plastic surgery s. cirurgia plástica f.

plastid [pl'æstid] s. (Biol.) 1. plastídio m. 2. célula f.

plastometer [plæst'ɔmitə] s. plastômetro m.

plastron [pl'æstrən] s. plastrão m.: 1. couraça f. 2. almofada f. de esgrimista. 3. (Zool.) escudo ventral ósseo dos quelônios. 4. peitilho m. de vestido ou camisa.

plat (I) [plæt] v. entretecer, entrelaçar.

plat (II) [plæt] s. 1. pequeno pedaço de terra, canteiro m. 2. (E. U. A.), plano, mapa m. ‖ v. cartografar.

platan [pl'ætən] s. (Bot.) plátano m.

platband [pl'ætbænd] s. platibanda f.

plate [pleit] s. 1. chapa, lâmina, folha f. 2. placa f. 3. ilustração, gravura f. 4. baixela f. de prata ou de outro metal (quadro D 2). 5. objeto metálico m. com incrustações de prata. 6. prato m. 7. pratada f. 8. (Eletr.) ânodo, eléctrodo positivo m. 9. chapa fotográfica f. 10. (Tipogr.) estereotipia f. ou electrotipia f. 11. (Esp.) copa, taça f. 12. armadura, couraça f. 13. (Zool.) carapaça f. 14. (Ecles.) prato m. de coleta. 15. (Ecles. fig.) coleta f. 16. (Odont.) dentadura postiça f. 17. (Biol.) lâmina, lamela f. 18. (Bact.) lâmina f. 19. chapa f. de blindagem. 20 (Arquit.) frechal m. 21. trilho chato m. 22 (Heráld.) besante m. de prata. 23 corte m. de carne de boi (quadro C 7). ‖ v. 1. chapear. 2. laminar. 3. incrustar. 4. blindar, couraçar. 5. (Tipogr.) estereotipar. 6. (Bact.) preparar lâminas.
 finger ~ disco de telefone. **steel** ~ chapa de aço.

plate armour s. (Náut.) chapa f. de couraça.

plateau [plæt'ou] s. 1. planalto, altiplano m. (quadro M 7). 2. centro m. de mesa.

plate circuit s. (Eletr.) circuito m. de placa.

plate clutch s. (Mec.) embreagem f. a pratos.

plated [pl'eitid] adj. 1. blindado, encouraçado. 2. incrustado. 3. laminado.

plateful [pl'eitful] s. pratada f.

P 6

| Club Spade | Seven of spades | Eight of spades | Nine of spades | Ten of spades | Jack of spades | Queen of spades | King of spades | Ace of spades |

Heart Diamond

PLAYING CARDS

plate glass s. vidro m. para espelhos.
plate-layer [pl'eitleiə] s. 1. assentador m. de trilhos. 2. (Tipogr.) montador m. de formas.
platelet [pl'eitlet] s. (Anat.) plaqueta f.
platen [plætn] s. 1. (Mec.) prensa f. de platina. 2. cilindro m. de máquina de escrever (quadro T 6).
platen press s. máquina f. de impressão plana.
platform [pl'ætfɔ:m] s. plataforma f.: 1. terraço, eirado m. 2. palanque, estrado m. (quadro S 13), tribunal f. 3. programa partidário m. ‖ v. 1. prover de plataforma. 2. colocar em plataforma. 3. falar do alto de um palanque ou tribunal. ‖ adj. relativo a plataforma.
platform-car s. (Est. de F.) vagão raso m.
platform-scale s. ponte-balança f. para veículos, báscula f.
platform-ticket s. ingresso m.
platinate [pl'ætineit] s. (Quím.) platinato m.
platine [pl'ætin] adj. platino.
plating [pl'eitiŋ] s. 1. chapeamento m., galvanização f. 2. blindagem f.
platinic [plət'inik] adj. (Quím.) platínico.
platiniferous [plætin'ifərəs] adj. platinífero.
platinization [plætiniz'eiʃən] s. platinagem f.
platinize [pl'ætinaiz] v. platinar.
platinoid [pl'ætinɔid] s. platinóide m. ‖ adj. platinóide.
platinotype [pl'ætinətaip] s. (Fot.) platinotipia f.
platinous [pl'ætinəs] adj. (Quím.) platinoso.
platinum [pl'ætinəm] s. platina f. ‖ adj. de platina.
platinum black s. (Quím.) negro m. de platina.
platinum blonde s. loira platinada f.
platitude [pl'ætitju:d] s. lugar-comum, chavão m., trivialidade f.
platitudinarian [plætitju:din'ɛəriən] s. sensaborão m. ‖ adj. = platitudinous.
platitudinize [plætitj'u:dinaiz] v. dizer banalidades.
platitudinous [plætitj'u:dinəs] adj. trivial, vulgar.
Platonic [plət'ɔnik] s. = Platonist. ‖ adj. (também Platonical) platônico, idealístico. ‖ ~ally adv. platonicamente.
Platonism [pl'eitənizm] s. (Filos.) platonismo m.
Platonist [pl'eitənist] s. discípulo ou seguidor m. das doutrinas de Platão.
Platonize [pl'eitənaiz] v. platonizar, idealizar.
platoon [plət'u:n] s. pelotão m.
in ~s, by ~s por pelotões.
platter [pl'ætə] s. travessa f. (de louça).
platydactyl [plætid'æktil] adj. (Zool.) platidáctilo.
platyhelminth [plætih'elminθ] s. (Zool.) platielminte, platielmíntio m.
platypus [pl'ætipəs] s. (Zool.) ornitorrinco m.
platyrrhine [plætir'ain] s. platirrino m. ‖ adj. platirrínico, platirrínio.
plaudit [pl'ɔ:dit] s. aplauso m., aclamação f., palmas f. pl.
plauditory [~ouri] adj. aplaudente, aplaudidor.
plausibility [plɔ:zib'iliti], **plausibleness** [pl'ɔ:ziblnis] s. plausibilidade f.
plausible [pl'ɔ:zibl] adj. plausível, razoável, aceitável. ‖ —bly adv. plausivelmente.

plausive [pl'ɔ:siv] adj. encomiástico, laudatório.
play [plei] s. 1. jogo m., partida, disputa f. 2. divertimento m., brincadeira f. 3. folguedo, passatempo m. 4. peça teatral ou cinematográfica f. 5. (Mús.) execução, interpretação f. 6. gracejo m. 7. jogatina f., modo m. de jogar. 8. (Mec.) jogo m., folga f. 9. lance m., jogada f. 10. atividade, ação f., movimento m. ‖ v. 1. jogar, disputar. 2. brincar, folgar, divertir-se. 3. tocar (instrumentos musicais), executar. 4. agir, proceder. 5. vibrar, oscilar, tremular. 6. representar, desempenhar. 7. (Mec.) jogar, ter folga. 8. pôr em movimento, movimentar, acionar. 9. bancar, fingir. 10. apostar. 11. imitar.
a ~ of Shaw (ou by Shaw) uma peça de Shaw. **at ~** em jogo. **at the ~** no teatro. **in full ~** em plena atividade. **to bring into ~** movimentar, acionar. **to give free ~ to one's abilities** proporcionar ambiente em que alguém possa desenvolver livremente as suas aptidões. **said in ~** dito por brincadeira. **~ in the gear** folga no jogo da engrenagem. **~ of colours** jogo de cores. **to ~ around** (fam.) namorar, flertar. **to ~ at** 1. participar (de um jogo). 2. brincar com. 3. fazer de conta. **to ~ a trick on** pregar uma peça em. **to ~ both ends against the middle** (fam.) jogar com várias possibilidades. **to ~ down** depreciar, negligenciar. **to ~ fair** agir corretamente. **to ~ false** enganar, trair. **to ~ first violin** ter papel preponderante. **to ~ foul** proceder incorretamente. **to ~ horse with** (E. U. A., gíria) 1. fazer gato e sapato de. 2. desarrumar, lançar em desordem. **to ~ into a person's hands** favorecer alguém. **to ~ off** 1. fazer, agir, praticar. 2. dar espetáculo, fazer cenas. 3. fingir. 4. concluir um jogo. **to ~ on** (ou upon) tocar de leve, roçar. **to ~ on** (ou upon) **words** fazer trocadilhos. **to ~ one's cards** empregar seus recursos. **to ~ out** 1. acabar, terminar. 2. fatigar, cansar, exaurir. 3. perder a eficácia. **to ~ politics** intrigar, maquinar, tramar. **to ~ safe** (fam.) agir com cautela. **to ~ the fool** bancar o bobo. **to ~ the game** observar as regras do jogo, agir corretamente. **to ~ the gentleman** bancar o cavalheiro. **to ~ the market** jogar na bolsa, especular. **to ~ truant** gazetear, cabular, faltar às aulas. **to ~ up** provocar, espicaçar. **to ~ up to** (gíria) 1. contracenar. 2. apoiar 3. adular, bajular. **to ~ with** 1. brincar com. 2. jogar contra. 3. fazer pouco de. **to ~ with fire** brincar com fogo. **they ~ed the devil with him** eles o maltratavam. **they ~ a losing game** eles procedem sem chance de sucesso. **they are ~ed out** eles estão esgotados.
playable [pl'eiəbl] adj. capaz de ser jogado, tocado ou representado.
play-act v. 1. desempenhar um papel. 2. fingir.
playback [pl'eibæk] s. 1. reprodução f. de gravação fonográfica. 2. gravação fonográfica f. ‖ [pleib'æk] v. reproduzir gravação fonográfica.
playbill [pl'eibil] s. programa teatral m.
playboy [pl'eibɔi] s. (E. U. A.) moço de família abastada, farrista, boêmio, estróina m.

play-by-play adj. lance por lance (em narração de evento).

playday [pl'eidei] s. feriado m., dia m. de folga.

play debt s. dívida f. de jogo.

player [pl'eiə] s. 1. jogador m. 2. músico m. 3. ator m., atriz f. 4. pianola f.

playfield [pl'eifi:ld] s. campo m. para jogos.

playful [pl'eiful] adj. brincalhão, galhofeiro, jocoso. ‖ ~ly adv. galhofeiramente, jocosamente.

playfulness [~nis] s. galhofa, jocosidade f.

playgoer [pl'eigouə] s. freqüentador m. de teatros.

playground [pl'eigraund] s. pátio m. de recreio (quadro P 5).

playhouse [pl'eihaus] s. teatro, cinema m.

playing [pl'eiiŋ] s. 1. jogo m., brincadeira f. 2. execução f. de peça teatral ou musical. ‖ adj. 1. jogador. 2. de jogar.

playing card s. carta f. de jogar (quadro P 6).

playing field s. campo m. para jogos.

playlet [pl'eilet] s. (Teatr.) peça curta f.

playmate [pl'eimeit] s. companheiro m. de folguedos.

play-off s. jogo ou lance decisivo m., para desempate.

play on words s. trocadilho m., jogo m. de palavras.

playreader [pl'eiri:də] s. pessoa encarregada de ler e julgar peças teatrais.

playroom [pl'eiru:m] s. quarto m. de recreação.

playsuit [pl'eisju:t] s. roupa para recreação f.

plaything [pl'eiθiŋ] s. brinquedo m.

playtime [pl'eitaim] s. 1. hora f. de recreio. 2. tempo m. de iniciar um espetáculo.

playwright [pl'eirait] s. autor de peças teatrais, dramaturgo, teatrólogo m.

plaza [pl'a:zə] s. praça pública f., mercado m.

plea [pli:] s. 1. argumento, pretexto m., justificativa f. 2. contenda, disputa f. 3. apelo, rogo m. 4. (Jur.) objeção, contestação f.
on (ou **under**) **the ~ of** sob o pretexto de. **to make a ~** 1. levantar uma objeção. 2. fazer um apelo. **we put in a ~ for** fizemos um apelo em favor de.

pleach [pli:tʃ] v. entretecer, entrelaçar

pleached [pli:tʃt] adj. 1. entrelaçado. 2. (fig.) confuso.

plead [pli:d] v. imp. e p. p. **pleaded** (E. U. A. imp. e p. p. **pled**) 1. pleitear, demandar. 2. defender, advogar. 3. alegar, argumentar 4. apelar, rogar, suplicar. 5. (Jur.) objetar, contestar
he ~ed not guilty ele declarou-se inocente. **he ~ed guilty** ele confessou-se culpado. **we ~ed him guilty** declaramo-lo culpado. **we ~ed his cause** advogamos a sua causa.

pleadable [pl'i:dəbl] adj. alegável, justificável.

pleader [pl'i:də] s. advogado, intercessor m.

pleading [pl'i:diŋ] s. 1. patrocínio m. de causa em juízo. 2. (~s pl.) autos m. pl. de processo. 3. súplica f., rogo m. ‖ adj. suplicante.

pleasance [pl'ezəns] s. 1. (poét.) prazer, deleite m. 2. jardim m. de recreio.

pleasant [pleznt] adj. 1. agradável, prazenteiro, aprazível. 2. amável. 3. divertido, alegre. 4. ameno, calmo (tempo). ‖ ~ly adv. agradavelmente.

pleasantness [pl'ezəntnis] s. deleite m., amenidade f

pleasantry [pl'ezəntri] s. 1. jovialidade, jocosidade f. 2. chiste, gracejo m.

please [pli:z] v. agradar: a) ser agradável a. b) deleitar, dar prazer a. c) contentar, satisfazer. d) fazer favor.
are you not ~d yet? ainda não está satisfeito? **as ~d as Punch** louco de alegria. **as you ~!** como queira. **do as you ~** faça o que quiser. **he ~d everybody** ele agradou a todos. **I am ~d to hear** folgo em ouvir. **I am ~d with** estou satisfeito

com. if God ~ se Deus quiser. **only to ~ you!** apenas para lhe ser agradável. **the king has been ~d to laugh** o rei dignou-se rir. **they are hard to ~** eles são difíceis de contentar. **to ~ oneself** 1. deleitar-se. 2. (fam.) fazer o que nos apraz. **~ be seated!** faça o favor de sentar-se.

pleased [pli:zd] adj. satisfeito, contente.

pleasing [pl'i:ziŋ] adj. agradável, gentil, amável ‖ ~ly adv. agradavelmente.

pleasingness [~nis] s. caráter m. agradável.

pleasurable [pl'eʒərəbl] adj. prazenteiro, aprazível, deleitante. ‖ –bly adv. prazenteiramente.

pleasurableness [~nis] s. agrado, prazer m.

pleasure [pl'eʒə] s. 1. prazer, gosto m., satisfação f. 2. vontade f., desejo m. 3. alegria f. 4. divertimento m. 5. favor, obséquio m. 6. prazer sensual m. 7. gozo m. ‖ v. 1. aprazer, satisfazer. 2. agradar, dar prazer a. 3. (fam.) procurar prazeres.
at your ~ como lhe aprouver. **do me a ~!** faça-me um favor! **during your ~** enquanto lhe aprouver. **it's a ~ to hear her** é um prazer ouvi-la. **it was his ~ to do so** ele dignou-se fazê-lo. **she takes ~ in singing** ela gosta de cantar. **to ~ de modo a agradar. what is your ~?** em que posso servi-lo?

pleasure boat s. barco m. de passeio (quadro M 4).

pleasureful [~ful] adj. festivo, delicioso.

pleasure-ground s. parque m. de recreio.

pleasure principle s. (Psiq., Freud) princípio do prazer m.

pleat [pli:t] s. dobra, prega f. (quadro C 13). ‖ v. dobrar, preguear.

pleating [pl'i:tiŋ] s. ação de fazer pregas.

pleb [pleb] s. abr. de **plebeian.**

plebe [pli:b] s. (E. U. A.) calouro m. (de escola de cadetes ou academia naval).

plebeian [plib'i:ən] s. plebeu m. ‖ adj. plebeu: a) pertencente à plebe. b) ordinário, vulgar.

plebeianism [~izm] s. plebeísmo m., vulgaridade f.

plebeianize [~aiz] v. plebeizar.

plebiscitary [pleb'isitəri] adj. plebiscitário.

plebiscite [pl'ebisit] s. plebiscito m.

plebs [plebz] s. pl. **plebes** [pl'i:bi:z] s. plebe, ralé f.

plectron [pl'ektrɔn] s. plectro m.

plectrum [pl'ektrəm] s. 1. plectro m. 2. (Anat.) úvula f., martelo m.

pledge [pledʒ] s. 1. penhor m., caução f. 2. garantia, fiança f. 3. brinde m., saúde f. 4. promessa f., compromisso m. 5. (fig.) filho m., penhor m. de amor. 6. voto m. de abstenção de bebidas alcoólicas. 7. (Hist.) refém m. ‖ v. 1. empenhar, caucionar. 2. garantir, ser fiador de. 3. brindar, beber à saúde de. 4. prometer. 5. hipotecar, comprometer-se a. 6. prometer abstenção de bebidas alcoólicas.
under ~ of secrecy sob promessa de sigilo. **he ~d himself to** ele comprometeu-se a. **I ~d my word of honour** dei minha palavra de honra. **to put in a ~** penhorar. **to ~ s. o.** beber à saúde de, brindar.

pledgee [pledʒ'i:] s. credor pignoratício m.

pledger [pl'edʒə], (Jur.) **pledgeor, pledgor** [pledʒ'ɔ:] s. devedor pignoratício, empenhador m.

pledget [pl'edʒit] s. (Med.) compressa f.

Pleiades [pl'aiədi:z] s. pl. (Astron.) Plêiades f. pl., Sete-estrelo m.

pleistocene [pl'i:stəsi:n] s. (Geol.) plistoceno m. ‖ adj. plistoceno.

plenary [pl'i:nəri] adj. plenário, pleno, completo, total. ‖ –ily adv. plenamente, inteiramente, completamente.
~ powers (Jur.) procuração bastante. **~ sitting** sessão plenária.

plenilunal [pli:nilj'u:nəl], **plenilunar** [pli:nilj'u:nə] **plenilunary** [pli:nilj'u:nəri] adj. plenilunar.

P 7

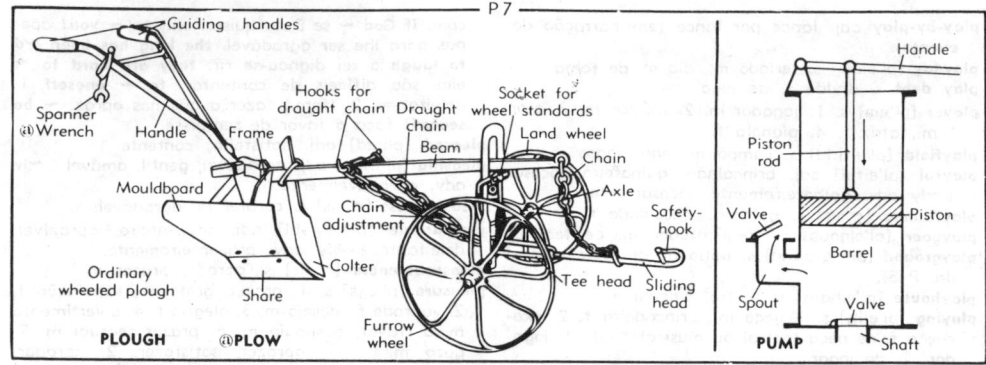

PLOUGH　ⓤPLOW

PUMP

Guiding handles / Hooks for draught chain / Draught chain / Socket for wheel standards / Land wheel / Chain / Axle / Spanner ⓤWrench / Handle / Frame / Beam / Mouldboard / Chain adjustment / Colter / Ordinary wheeled plough / Share / Furrow wheel / Tee head / Sliding head / Safety-hook / Handle / Piston rod / Valve / Piston / Barrel / Spout / Valve / Shaft

plenilune [pl'i:nilju:n] s. (poét.) plenilúnio m., lua cheia f.

plenipotentiary [plenipət'enʃəri] s. plenipotenciário m.. ‖ adj. plenipotenciário.

plenitude [pl'enitju:d] s. 1. plenitude, totalidade f. 2. abundância f. 3. (Med.) pletora f.
~ **of power** onipotência. **the moon in her** ~ a lua cheia.

plenteous [pl'entiəs] adj. 1. abundante, copioso, farto. 2. produtivo, frutífero. ‖ **~ly** adv. abundantemente.

plenteousness [~nis] s. abundância, profusão, fertilidade f.

plentiful [pl'entiful] adj. 1. abundante, profuso, copioso. 2. opulento, fértil. ‖ **~ly** adv. 1. abundantemente, copiosamente. 2. opulentamente.

plentifulness [~nis] s. 1. abundância, profusão f. 2. opulência, fertilidade f.

plenty [pl'enti] s. abundância, profusão, fartura f. ‖ adj. abundante, copioso, farto. ‖ adv. 1. abundantemente. 2. (fam.) bastante.
~ **of time** tempo de sobra. ~ **of times** muitas vezes. **having** ~ **of** abundantemente provido de. **in** ~ **em** excesso. ~ **large** bastante amplo.

plenum [pl'i:nəm] s. 1. espaço m. repleto de matéria (em oposição a vácuo). 2. repleção f. 3. (parlamento) seção plenária f.

pleochroism [pli:'okrəizm] s. (Min.) pleocroísmo m.

pleomorphism [pli:əm'ɔ:fizm] s. (Bot., Zool.) pleomorfismo m.

pleonasm [pl'i:ənæzm] s. pleonasmo m.

pleonastic [pli:ən'æstik] adj. pleonástico.

plerosis [plir'ousis] s. (Med.) plerose f.

plesiosaurus [pli:siəs'ɔ:res] s. (Pal.) plesiossauro m.

plethora [pl'eθərə] s. 1. (Med.) pletora f. 2. (fig.) superabundância f., excesso m.

plethoric [pliθ'ɔrik] adj. 1. (Med.) pletórico. 2. sobrecarregado, cheio demais. 3. túrgido, bombástico.

pleura [pl'uərə] pl. **—rae** [-ri:] s. (Anat. e Zool.) pleura f.

pleural [~l] adj. (Anat. e Zool.) pleural.

pleurisy [pl'uərisi] s. (Med.) pleuris, pleurisia, pleurite f.

pleuritic [pluər'itik] adj. (Med.) pleurítico.

pleurodont [pl'uərodont] s. (Zool.) sáurio pleurodonte m. ‖ adj. (Zool.) pleurodonte.

pleuro-pneumonia [pl'uəronju:m'ounjə] s. (Med.) pleuropneumonia f.

pleurotomy [pluər'ɔtəmi] s. (Cir.) pleurotomia f.

plexiform [pl'eksifɔ:m] adj. 1. plexiforme. 2. complexo.

Plexiglass [pl'eksigla:s] s. Plexiglass m.: marca registrada de plástico.

pleximeter [pleks'imitə] s. (Med.) plessômetro, plessímetro m.

pleximetry [pleks'imitri] s. (Med.) plessometria, plessimetria f.

plexus [pl'eksəs] s. 1. (Anat.) plexo m. 2. (fig.) teia f., emaranhado m.

pliability [plaiəb'iliti] s. = **pliancy**.

pliable [pl'aiəbl] adj. = **pliant**. ‖ adv. **pliably** [~i] = **pliantly**.

pliableness [~nis], **pliancy** [pl'aiənsi] s. 1. flexibilidade f. 2. maleabilidade, docilidade f.

pliant [pl'aiənt] adj. 1. flexível. 2. maleável. 3. dócil, complacente. ‖ **~ly** adv. flexivelmente, maleavelmente, docilmente.

plica [pl'aikə] s. 1. dobra, prega, ruga f. 2. (Med.) plica-polônica, tricoma f.

plicate [plaik'eit] v. dobrar, preguear. ‖ [pl'aikit] adj. dobrado, pregueado.

plication [plaik'eiʃən], **plicature** [pl'ikətʃə] s. 1. dobradura f., dobramento m. 2. plicatura, dobra, prega f.

pliers [pl'aiəz] s. pl. alicate m.
a pair of ~ um alicate.

plight (I) [plait] s. condição, situação f. (geralmente má), estado m.
in sad ~, **in sorry** ~ em apuros, em má situação.

plight (II) [plait] s. compromisso, empenho m. ‖ v. comprometer, empenhar.
~ **of faith** consentimento ou compromisso de casamento. **~ed lovers** noivos. **to** ~ **oneself to** contratar casamento com.

plighter [pl'aitə] s. fiador, penhor m.

Plimsoll line,' Plimsoll mark s. (Náut.) linha f. de flutuação.

plimsolls [pl'imsəlz] s. pl. sapatos de ginástica m. pl.

plinth [plinθ] s. (Arquit.) plinto m. (quadro S 4).

pliocene [pl'aiəsi:n] s. (Geol.) plioceno m. ‖ adj. (Geol.) plioceno, pliocênico.

plod [plod] s. 1. caminhar penoso m. 2. lida, faina, labuta f. ‖ v. 1. caminhar lenta e penosamente. 2. labutar, lidar, mourejar.
he ~ded along ele arrastava-se.

plodder [pl'odə] s. labutador, mourejador m.

plodding [pl'odiŋ] adj. laborioso, trabalhador.

plop [plop] s. chape m. ‖ v. cair de chapa, estatelar-se.

plosion [pl'ouʒən] s. (Fon.) plosão, explosão f.

plosive [pl'ousiv] adj. (Fon.) plosivo, explosivo.

plot [plot] s. 1. pedaço m. de terra, lote m., nesga f. 2. canteiro m. 3. (E. U. A.) mapa, diagrama m., planta f. 4. intriga, conspiração f., conluio m. 5. trama f., enredo, entrecho m. ‖ v. 1. levantar a planta de, delinear, demarcar. 2. marcar, assinalar (em gráfico ou diagrama). 3. representar graficamente. 4. lotear, parcelar (terra). 5. maquinar, tramar, urdir, conspirar.
he ~s out his plan ele esboça seu plano.

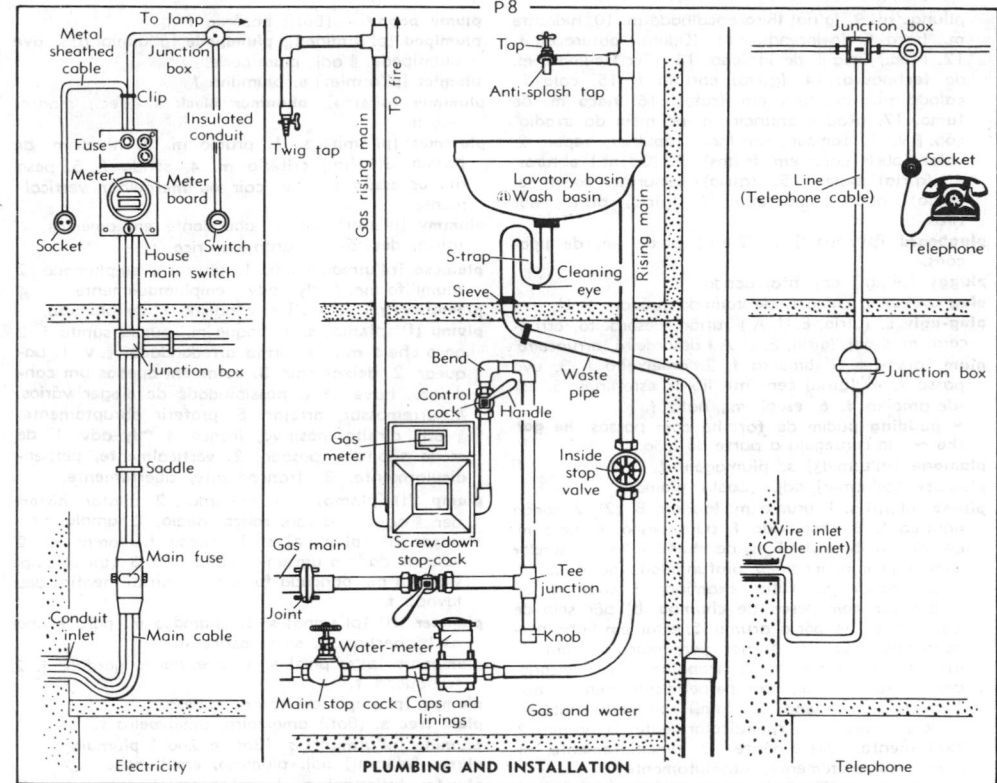

Electricity   PLUMBING AND INSTALLATION   Telephone

plotful [pl'ɔtful] adj. intrigante, arteiro.

plotless [pl'ɔtlis] adj. sem trama, sem enredo.

plottage [pl'ɔtidʒ] s. valorização f. de terras resultando da reunião de pequenos lotes.

plotter [pl'ɔtə] s. 1. cartógrafo, agrimensor m. 2. conspirador, maquinador m.

plotting [pl'ɔtiŋ] s. 1. delineação f., esboço m. 2. conspiração f.

plotting paper s. papel milimetrado m.

plough [plau] (Ingl.) s. 1. arado m., charrua f. (quadro P7). 2. terra arada f. 3. máquina f. para remover neve. 4. (Téc.) guilherme m. 5. **Plough** (Astron.) Ursa Maior f. 6. (gíria) bomba f., reprovação f. em exame. ‖ v. 1. arar, lavrar. 2. sulcar, fender. 3. (Téc.) trabalhar com guilherme. 4. (gíria) reprovar em exame. 5. labutar.
  to take a ~ ser reprovado. **don't take a ~!** não leve bomba! (no exame). **to put one's hands to the ~** pôr mãos à obra. **to ~ the sands** trabalhar sem proveito. **~ed land** terra lavrada. **they ~ed their way** eles abriram o seu caminho. **to ~ out** levantar (a terra). **to ~ up** sulcar. **to ~ through** arar.

ploughable [pl'auəbl] adj. arável, lavradio.

ploughbeam [pl'aubi:m] s. varal m. de arado.

ploughboy [pl'aubɔi] s. moço m. do arado.

plougher [pl'auə] s. lavrador, arador m.

ploughing [pl'auiŋ] s. 1. lavra, lavrada, aradura f. 2. sulco m. feito pelo arado.

ploughland [pl'aulænd] s. terra arável f.

ploughman [pl'aumən] s. 1. lavrador, arador m. 2. agricultor, camponês m. 3. rústico m., jeca m. + f.

ploughshare [pl'auʃɛə] s. relha f. (de arado).

ploughstaff [pl'austa:f] s. arrelhada f.

ploughtail [pl'auteil] s. rabiça f.

ploughwright [pl'aurait] s. fabricante m. + f. de arados.

plover [pl'ʌvə] s. (Orn.) tarambola, lavandeira f.

plow [plau] (E. U. A.) s. = **plough**.

plowback [pl'aubæk] s. (Econ.) 1. reinvestimento m. de lucros. 2. lucros reinvestidos m. pl.

ploy [plɔi] s. meio de iludir m.

pluck [plʌk] s. 1. arranca, arrancada f. 2. puxão, safanão m. 3. fressura f. 4. coragem, determinação f. 5. reprovação f. em exame. ‖ v. 1. arrancar, desarraigar. 2. colher, apanhar. 3. depenar, deplumar. 4. puxar, safar. 5. tanger (instrumento de cordas). 6. (gíria) roubar. 7. reprovar em exame.
  to ~ a pigeon depenar um pato, extorquir dinheiro de um otário. **to ~ away** arrebatar. **to ~ down** 1. derrubar, deitar abaixo. 2. humilhar. **to ~ up** 1. arrancar, extirpar. 2. recobrar o ânimo. **he has a crow to ~ with you** ele tem contas a ajustar com você. **she ~ed up courage** ela criou coragem.

plucked [plʌkt] adj. 1. depenado. 2. reprovado em exame. 3. resoluto, decidido.

pluckiness [pl'ʌkinis] s. coragem, bravura, ousadia f

plucky [pl'ʌki] adj. corajoso, bravo, ousado, **resoluto**. ‖ **–ily** adv. corajosamente, resolutamente.

plug [plʌg] s. 1. batoque, tapulho m., rolha f. 2. (Téc.) bujão m. 3. (Téc.) tampão m. 4. (Téc.) pino m. de tomada (quadro E 1). 5. (Téc.) macho m. de torneira. 6. (gíria) soco, murro m. 7. (gíria) artigo m. inferior ou defeituoso. 8. (gíria) matungo, pilungo m. 9. (gíria) livro encalhado m. 10. hidrante m., boca f. de incêndio. 11. (Odont.) obturação f. 12. (Téc.) vela f. de ignição. 13. (Téc.) cilindro m. de fechadura. 14. (gíria) cartola f. 15. cala f., calado m.: abertura em frutos. 16. naco m. de fumo. 17. (Rádio) anúncio m. no meio da irradiação. ‖ v. 1. tampar, arrolhar, tapulhar, tapar. 2 calar (abrir calas em frutos). 3. (Odont.) obturar. 4. (gíria) balear. 5. (gíria) esmurrar, socar. 6. (gíria) labutar, mourejar. 7. (gíria) atirar, dar tiros.

plugboard [pl'ʌgbɔːd] s. (Eletr.) painel m. de ligações.

pluggy [pl'ʌgi] adj. atarracado.

plug socket s. caixa f. de tomada (quadro E 1).

plug-ugly s. (gíria, E. U. A.) rufião, desordeiro, arruaceiro m. ‖ adj. (gíria, E. U. A.) desordeiro, arruaceiro.

plum [plʌm] s. 1. ameixa f. 2. ameixeira f. 3. uva passa f. 4. (gíria) cem mil libras esterlinas. 5. cor -de-ameixa f. 6. escol m., nata f.
~ **pudding** pudim de farinha com passas. **he got the** ~ ele conseguiu a parte do leão.

plumage [pl'uːmidʒ] s. plumagem f.

plumate [pl'uːmət] adj. (Zool.) plumoso.

plumb [plʌm] s. 1. prumo m. (quadro B 22). 2. sonda náutica f. 3. chumbada f. para pesca. 4. peso m de relógio. 5. projetil m. de chumbo. ‖ v. 1. sondar com o prumo, medir a profundidade da água. 2. (fig.) avaliar, perscrutar, examinar. 3. chumbar: a) guarnecer com pesos de chumbo. b) pôr selo de chumbo em. 4. pôr a prumo. 5. estar em linha perpendicular com. 6. tornar perpendicular com. 7. instalar encanamentos. 8. trabalhar como encanador. 9. ser vertical, cair perpendicularmente. ‖ adj. 1. vertical, a prumo. 2. (fam.) completo, absoluto, correto. ‖ adv. 1. perpendicularmente, a prumo. 2. exatamente, diretamente. 3. imediatamente. 4. (fam.) completamente, absolutamente.
out of (ou **off**) ~ 1 fora de prumo. 2. falso, inverídico. ~ **forgotten** completamente esquecido.

plumbaginous [plʌmb'ædʒinəs] adj. plumbagíneo, grafítico.

plumbago [plʌmb'eigou] s. 1. (Miner.) plumbagiana, grafita f. 2. (Bot.) dentelária f

plumbate [pl'ʌmbət] s. (Quím.) plumbato m.

plumbean [pl'ʌmbiən], **plumbeous** [pl'ʌmbiəs] adj. plúmbeo: de ou semelhante a chumbo.

plumber [pl'ʌmə] s. 1. encanador, bombeiro m. 2. funileiro m.

plumbery [~ri] s. 1. encanação f. encanamento m. 2. oficina f. de trabalhos em chumbo.

plumbic [pl'ʌmbik] adj. plúmbico.

plumbic acid s. ácido plúmbico m.

plumbiferous [plʌmb'ifərəs] adj. plumbífero.

plumbing [pl'ʌmiŋ] s. 1. sondagem f. 2. encanação f., encanamento m. (quadro P 8).

plumbism [pl'ʌmbizm] s. (Med.) saturnismo m.: envenenamento pelo chumbo.

plumbite [pl'ʌmbait] s. (Quím.) plumbito m.

plumb line s. fio m. de prumo.

plumbness [pl'ʌmnis] s. verticalidade f.

plumbous [pl'ʌmbəs] adj. 1. plumboso. 2. (Quím.) plúmbeo.

plumb rule s. nível m. de prumo.

plumbum [pl'ʌmbəm] s. (Quím.) chumbo m.

plume [pluːm] s. 1. pluma, pena f. 2. plumagem f. 3. penacho m. 4. galardão, prêmio m. 5. coluna f. de fumaça. 6. (Astron.) projeção f. de coroa solar. ‖ v. 1. emplumar: enfeitar com plumas. 2. alisar a plumagem. 3. envaidecer-se, gabar-se.
he ~**d himself on his skill** gabava-se de sua perícia.

plumed [pluːmd] adj. emplumado.

plumeless [pl'uːmlis] adj. implume.

plume poppy s. (Bot.) bocônia f.

plumiped [pl'uːmiped], **plumipede** [pl'uːmipiːd] s. ave plumípede. ‖ adj. plumípede.

plumlet [pl'uːmlet] s. plumilha f.

plummer [pl'ʌmə], **plummer block** s. (Téc.) mancal reto m.

plummet [pl'ʌmit] s. 1. prumo m. 2. nível m. de prumo. 3. (fig.) critério m. 4. sonda f. 5. peso m., opressão f. ‖ v. cair ou mergulhar verticalmente.

plummy [pl'ʌmi] adj. 1. abundante em ameixas. 2. (gíria) desejável, vantajoso, rico.

plumose [pl'uːmous] adj. 1. plumoso, emplumado. 2 plumiliforme. ‖ ~**ly** adv. emplumadamente.

plumosity [plu:m'ɔsiti] s. condição f. de plumoso.

plump (I) [plʌmp] s. 1. baque m., queda súbita f. 2. poço cheio m., de forma arredondada. ‖ v. 1. baquear. 2. deixar cair. 3. votar em apenas um candidato, havendo a possibilidade de eleger vários. 4. arremessar, arrojar. 5. proferir abruptamente. ‖ adj. direito, positivo, franco. ‖ ~**ly** adv. 1. de modo súbito e pesado. 2. verticalmente, perpendicularmente. 3. francamente, abertamente.

plump (II) [plʌmp] v. 1. engordar. 2. dilatar, distender. ‖ adj. 1. gordo, roliço, nédio. 2. amplo, rico.

plumper (I) [pl'ʌmpə] s. 1. queda f., tombo m. 2. voto m. dado a um único candidato. 3. (gíria) golpe violento m., pancada forte f. 4. (gíria) mentira deslavada f.

plumper (II) [pl'ʌmpə] s. 1. chumaço m. para encher as bochechas. 2. seio postiço m.

plumpness [pl'ʌmpnis] s. 1. obesidade, gordura f. 2. franqueza f.

plumpy [pl'ʌmpi] adj. gordo, obeso.

plum tree s. (Bot.) ameixeira, ameixoeira f.

plumule [pl'uːmjuːl] s. (Bot. e Zool.) plúmula f.

plumy [pl'uːmi] adj. plumoso, emplumado.

plunder [pl'ʌndə] s. 1. pilhagem f., saque m. 2. presa f., despojo m. 3. (gíria) lucro. ganho m. 4. (E. U. A., gíria) objetos de uso pessoal m. pl. ou utensílios domésticos m. pl. ‖ v. pilhar, saquear, roubar, espoliar.
they ~**ed him of his money** eles o despojaram do seu dinheiro.

plunderage [~ridʒ] s. 1. saque m., pilhagem f. 2. desvio m. de mercadorias a bordo.

plunderer [~rə] s. saqueador m.

plunge [plʌndʒ] s. 1. mergulho m., imersão f. 2. salto m. 3. queda repentina f. 4. abismo, precipício m. 5. arrebentar m. das ondas. 6. dificuldade f., aperto, embaraço m. 7. (gíria) jogatina desenfreada f. 8. (gíria) especulação arriscada f. ‖ v. 1. mergulhar, submergir, imergir. 2. cravar, fincar. 3. lançar, arrastar. 4. lançar-se, precipitar-se. 5. descair subitamente. 6. (Náut.) arfar. 7. corcovear. 8. (gíria) jogar desenfreadamente. 9. (gíria) fazer especulações arriscadas.
he ~**d into the room** ele irrompeu na sala. **he** ~**d the dagger into his enemy's bosom** ele cravou o punhal no peito do seu inimigo. **she** ~**d into debts** ela lançou-se em dívidas. **the country was** ~**d into war** a nação foi arrastada à guerra.

plunger [pl'ʌndʒə] s. 1. mergulhador m. 2. (gíria) jogador inveterado m. 3. (gíria) cavalariano m. 4. (Téc.) êmbolo mergulhador m., pistão m. (quadro F 7). 5. (milit.) percussor m.

plunk [plʌŋk] s. 1. som estrídulo m. 2. baque m., queda súbita f. 3. (gíria, E. U. A.) dólar m. 4. (fam.) golpe m., pancada f. ‖ v. 1. produzir som estridente. 2. crocitar. 3. baquear, cair pesadamente. 4. arremessar ou jogar pesadamente. ‖ adv. 1. com som estridente. 2. com um baque.

pluperfect [pl'u:pə:fikt] s. (Gram.) mais-que-perfeito m. ‖ adj. (Gram.) mais-que-perfeito.
plural [pl'uərəl] s. (Gram.) plural m. ‖ adj. 1. (Gram.) plural. 2. múltiplo. ‖ ~ly adv. no plural.
pluralism [~izm] s. (Filos.) pluralismo m.
pluralist [~ist] s. pluralista m. + f. ‖ adj. pluralista.
pluralistic [pluərəl'istik] adj. = **pluralist.**
plurality [pluər'æliti] s. 1. pluralidade f.: a) condição de plural. b) grande número m. c) multidão f. d) maioria f. e) multiplicidade f. 2. acúmulo m. de benefícios eclesiásticos. 3. (E. U. A.) excesso m. de votos.
pluralize [pl'uərəlaiz] v. 1. pluralizar 2. gozar de vários benefícios eclesiásticos.
plus [plʌs] s. 1. sinal m. de adição (+). 2. quantidade adicional ou extra f. 3. quantidade positiva f. 4. saldo positivo m. ‖ adj. 1. de adição. 2. positivo. 3. adicional, extra. 4. (fam.) a mais. ‖ adv. (Eletr.) de modo positivo. ‖ prep. mais, acrescido de.
plus fours s. pl. calção folgado, fechado embaixo dos joelhos.
plush [plʌʃ] s. pelúcia f. ‖ adj. de pelúcia.
plushy [pl'ʌʃi] adj. felpudo.
Pluto [pl'u:toul] s. (Mit. e Astron.) Plutão m.
plutocracy [plu:t'okrəsi] s. (Pol.) plutocracia f.
plutocrat [pl'u:tokræt] s. plutocrata m. + f.
plutocratic [plu:tokr'ætik], **plutocratical** [~əl] adj. plutocrático.
Plutonian [plu:t'ounjən] adj. 1. plutônio. 2. infernal.
Plutonic [plu:t'onik] adj. 1 (Geol.) plutônico. 2. plutônio.
plutonist [pl'u:tonist] s. (Geol.) plutonista m. ‖ adj. plutonista.
plutonium [plu:t'ounjəm] s. (Quím.) plutônio m.
plutonomist [plu:t'onəmist] s. plutonomista m. + f.
plutonomy [plu:t'onəmi] s. plutonomia f.
pluvial [pl'u:viəl] s. († Ecles.) pluvial m. ‖ adj. pluvial. pluviátil, da chuva.
pluviograph [pl'u:viəgra:f] s. pluviógrafo m.
pluviometer [plu:vi'omitə] s. pluviômetro, udômetro m.
pluviometric [plu:viəm'etrik], **pluviometrical** [~əl] adj. pluviométrico.
pluviometry [plu:vi'omitri] s. pluviometria f.
pluvious [pl'u:viəs], **pluviose** [pl'u:vious] adj. pluvioso, chuvoso.
ply (I) [plai] s. 1. dobra, prega f. 2. camada f. (de tecidos ou pneumáticos). 3. (fig.) inclinação, tendência f., hábito m. ‖ v. dobrar, preguear.
three ~ triplo, de três dobras.
ply (II) [plai] v. 1. manejar, manipular. 2. exercer, ocupar-se de. 3. (Náut.) navegar, cobrir habitualmente um percurso. 4. assediar, importunar. 5. oferecer aḥiúde. 6. aplicar-se, diligenciar. 7. (poét.) rumar, dirigir-se para. 8. fazer ponto, estacionar à espera de freguesia. 9. (Náut.) barlaventear.
to ~ s. o. with questions importunar alguém com perguntas. **to ~ with the needle** trabalhar com a agulha com bastante afinco.
plyer [pl'aiə] s. 1. manejador m. 2. ~s pl. = **pliers** alicate m. (quadro P 3).
plywood [pl'aiwud] s. madeira compensada f. (quadro C 3).
p. m., P. M. abr. de **post meridiem** de tarde, à tarde.
pneuma [nj'u:mə] s. 1. respiro m., respiração f. 2. alma f., espírito m. 3. sopro vital m.
pneumatic [nju:m'ætik] s. pneumático, pneu m. ‖ adj. 1. pneumático. 2. (Teol.) espiritual. 3. (Biol.) que contém ar. ‖ ~ally adv. a ar comprimido.
pneumatic brake s. freio m. a ar comprimido.
pneumatic dispatch ou **post** s. correio pneumático m.: em tubos por meio de ar comprimido.
pneumatics [nju:m'ætiks] s. 1. pneumática f. 2.

(Teol.) pneumatologia f.
pneumatograph [nj'u:mətogra:f] s. (Fisiol.) pneumógrafo m.
pneumatologic [nju:mətol'odʒik], **pneumatological** [~əl] adj. pneumatológico.
pneumatologist [nju:mət'olədʒist] s. pneumatologista m. + f., pneumatólogo m.
pneumatology [nju:mət'olədʒi] s. 1. pneumatologia f. 2. pneumática f. 3. (Teol.) doutrina f. do Espírito Santo.
pneumatolysis [nju:mət'olisis] s. (Petr.) pneumatólise f.
pneumatometer [nju:mət'omitə] s. (Fisiol.) pneumatômetro m.
pneumatophore [nj'u:mətofo:] s. (Bot. e Zool.) pneumatóforo m.
pneumatosis [nju:mət'ousis] s. (Med.) pneumatose f.
pneumectomy [nju:m'ektəmi] s. (Cirurg.) pneumectomia f.
pneumobacillus [nju:mobəs'iləs] s. (Bact.) pneumobacilo m.
pneumococcus [nju:mək,okəs] s. (Bact.) pneumococo m.
pneumoconiosis [nju:məkouni'ousis] s. (Med.) pneumoconiose f.
pneumogastric [nju:mog'æstrik] s. (Anat.) pneumogástrico m. ‖ adj. pneumogástrico.
pneumograph [nj'u:mogra:f] s. = **pneumatograph.**
pneumography [nju:m'ografi] s. pneumografia f.
pneumonia [nju:m'ouniə] s. (Med.) pneumonia f.
pneumonic [nju:m'onik] adj. 1. pulmonar. 2. pneumônico.
pneumonitis [nju:mon'aitis] s. (Med.) = **pneumonia.**
pneumothorax [nju:moθ'ouræks] s. (Med.) pneumotórax.
Poaceae [pə'eisii:] s. pl. (Bot.) poáceas f. pl.
poach (I) [poutʃ] v. 1. pisar ou esburacar com os cascos. 2. tornar mole ou úmido. 3. reduzir a uma consistência uniforme. 4. invadir propriedade alheia (ao caçar ou pescar). 5. roubar caça ou pesca. 6. caçar ou pescar furtivamente. 7. (Esp.) avantajar-se ilicitamente. 8. atolar-se. 9. tornar-se lamacento.
to ~ on s. o. 's preserves penetrar na propriedade de alguém.
poach (II) [poutʃ] v. escaldar sem a casca (ovos).
poacher [p'outʃə] s. caçador furtivo m.
poachy [p'outʃi] adj. lamacento.
P O Box [pi 'ou boks] s. (forma abreviada de) **Post Office Box** caixa postal f.
pock [pok] s. 1. (Med.) pústula f. (de varíola). 2 sinal m. deixado pela varíola. 3. cavidade f., buraco m. no solo.
pocket [p'okit] s. 1. bolso m., algibeira f. (quadros C 12, 13). 2. bolsa f. 3. saco m. 4. (fig.) dinheiro m., riqueza f., meios pecuniários m. pl. 5. (Bilhar) ventanilha f. 6. (Av.) bolsa f. de ar. 7. (Geol.) bolsa f. ‖ v. 1. embolsar, pôr no bolso. 2. engolir (uma afronta). 3. reprimir (orgulho ou medo). 4. apropriar-se de dinheiro. 5. prover de bolsos ou bolsas. 6. (Bilhar) colocar a bola em uma das ventanilhas. 7. (Pol.) controlar (distrito eleitoral). 8. (Pol.) reter um projeto de lei. ‖ adj. 1. de bolso, de algibeira. 2. pecuniário. 3. particular, **secreto.**
a deep ~ muito dinheiro. **in one's** ~ 1. muito perto de. 2. controlado por, dominado por. **to be 10 shillings in ~** dispor de 10 xelins. **out of ~** 1. sem dinheiro. 2. de prejuízo. **~ watch** relógio de bolso. **save ou spare your ~!** guarde seu dinheiro! **to put in ~** 1. ocultar, suprimir. 2. embolsar, pôr no bolso. 3. controlar, dominar. **to have in ~** ter no bolso, (fig.) dominar alguém. **she is out of ~** ela está em apuros financeiros. **I ~ed my sorrow** escondi a minha mágoa. **he ~ed the insult** ele engoliu a ofensa. **to suffer in one's ~** ter grandes despesas.

pocket battleship s. (Náut.) couraçado m. de bolso.

pocketbook [~buk] s. 1. livro m. de bolso. 2. agenda f. 3. carteira f. para dinheiro e papeis. 4. (fig.) dinheiro m., recursos m. pl.

pocketed [~id] adj. provido de bolsos.

pocket edition s. edição portátil f., edição f. de bolso.

pocketful [p'ɔkitful] s. 1. quantidade f. que cabe no bolso. 2. (coloq.) grande quantidade f., monte m.

pocketknife [p'ɔkitnaif] s. canivete m.

pocket-lamp s. lanterna f. de bolso, farolete m.

pocket money s. dinheiro m. para pequenos gastos.

pocket picking s. furto m. de objetos ou dinheiro dos bolsos de incautos.

pocket-size, pocket-sized adj. do tamanho de um bolso, próprio para carregar no bolso.

pocket-veto s. (E. U. A.) retenção f. de um projeto de lei (veto indireto).

pockmark [p'ɔkmaːk] s. bexiga f.: sinal deixado pela varíola. ‖ v. 1. marcar com bexigas. 2. (fig.) deformar, afear.

pock-marked, pock-pitted adj. bexigoso, bexiguento.

pockwood [p'ɔkwud] s. (Bot.) guáiaco, pau-santo m.

pococurante [p'oukokjuər'ænti] s. pessoa indiferente f. ‖ adj. indiferente.

pod (I) [pɔd] s. bando, cardume m.

pod (II) [pɔd] s. 1. vagem f. (de leguminosa). 2. bolsa f., saco m. 3. (Vulg.) barriga, pança f. ‖ v. 1. produzir vagens. 2. colher em vagens. 3. descascar (leguminosas). 4. inchar, intumescer.

podagra [pəd'ægrə, p'ɔdəgrə] s. (Med.) podagra f. gota f. nos pés.

podagric [pəd'ægrik] s. pessoa que sofre de podagra. ‖ adj. podágrico.

podginess [p'ɔdʒinis] s. físico atarracado m.

podgy [p'ɔdʒi] adj. atarracado, achaparrado. ‖ –ily adv. achaparradamente, de modo aturracado.

podiatrist [pəd'aiətrist] s. pedicuro m.

podium [p'oudiəm] s. pódio m.

poem [p'ouem] s. 1. poema m. 2. poesia f.

poesy [p'ouizi] s. (poét. e arc.) poesia f.

poet [p'ouit] s. poeta m.

poetaster [pouit'æstə] s. poetastro, poetaço m.

poetess [p'ouitis] s. poetisa f.

poetic [pou'etik], **poetical** [~əl] adj. 1. poético. 2. fictício, imaginário. ‖ **~ally** adv. poeticamente, ficticiamente.

poeticize [pou'etisaiz], **poetize** [p'ouitaiz] v. poetizar, poetificar, poetar.

poetics [pou'etiks] s. poética f.

Poet Laureate s. (Ingl.) poeta laureado m.

poetry [p'ouitri] s. 1. poesia f. 2. poesias f. pl. poemas f. pl.

pogo [p'ougou] s. jogo m. de saltar.

pogoniasis [pougən'aiəsis] s. (Med.) pogoníase f.

pogrom [p'ɔgrəm] s. massacre organizado m., perseguição f.

pogy [p'ougi] s. (Ict.) savelha f.

poignancy [p'ɔinənsi] s. 1. pungência, acerbidade f. 2. agudeza f.

poignant [p'ɔinənt] adj. 1. pungente, acerbo. 2. agudo, picante. 3. doloroso, lancinante. 4. intenso (fome). 5. comovente. ‖ **~ly** adv. 1. acerbamente. 2. agudamente. 3. dolorosamente.

poinciana [pɔinsi'einə] s. (Bot.) poinciana f. **royal ~** poinciana régia, "flamboyant".

poinsettia [pɔins'etiə] s. (Bot.) poinsetia f.

point [pɔint] s. 1. ponto m.: a) sinal m., mancha f. b) (Geom.) grandeza considerada por abstração, sem dimensão alguma. c) circunstância f., detalhe, pormenor m. d) (Esp.) tento m. e) ponto principal, o essencial m. f) duodécima parte da linha (1/72 de polegada). g) local, sítio m., posição f. h) objetivo,

escopo m., mira f. i) designio m. j) grau m., situação f. k) fim, termo m. l) instante, momento m. m) (Gram.) sinal m. de pontuação. n) furo m. feito por agulha. o) assunto, caso m., questão f. p) unidade f. de valores ou preços. q) renda f. feita com agulha. r) (Náut.) cada uma das 32 divisões do compasso. s) (Náut.) intervalo m. entre dois pontos do compasso. t) pinta f. (de cartas ou dados). u) ponto decimal m. 2. ponta f.: a) extremidade aguçada f., bico m. b) extremidade f., cabo, promontório m. 3. pico, cume m. 4. (fam.) palpite m., sugestão f. 5. direção f., curso m. 6. (Tipogr.) corpo m. 7. decisão, resolução f. 8. agulha f. de ferrovia (quadro R 1). 9. ferramenta ou arma pontiaguda f. 10. característica f., atributo m. 11. auge, apogeu m. 12. ação f. de apontar. 13. punctura, picada f. 14. (milit.) patrulha f. de ponta. 15. ato m. de amarrar (cão perdigueiro). ‖ v. 1. apontar: a) fazer ponta em, aguçar b) indicar, mostrar. c) dirigir para, assestar. d) mostrar indicando. e) dirigir-se com a ponta para. 2. dizer chistes ou graças picantes. 3. amarrar (perdigueiro). 4. pontuar. 5. aludir, mencionar, sugerir. 6. salientar, evidenciar. 7. conduzir a, tender para. 8. encher com argamassa.

at the ~ of death às portas da morte. **at the ~ of the sword** sob coação, impelido pela força. **at this ~** neste momento, a esta altura. **beside the ~** fora do assunto, alheio à questão. **boiling ~** ponto de ebulição. **cardinal ~s** pontos cardeais. **freezing ~** ponto de congelamento. **from ~ to ~** detalhadamente, minuciosamente. **he gained his ~** ele obteve seu desígnio. **I was on the ~ of doing it** eu estava prestes a fazê-lo, a ponto de fazê-lo. **the conversation ended in a ~** a conversa tornou-se mais aguçada. **he wandered from the ~** ele desviou-se do assunto. **music is her strong (weak) ~** música é o forte (fraco) dela. **it is a good ~ in his character** é um elemento positivo do seu caráter. **in ~ of** a respeito de, com referência a. **in ~ of fact** de fato, na realidade. **~ of contact** ponto de contato. **~ of controversy** ponto de divergência. **~ of exclamation** ponto de exclamação. **~ of interrogation** ponto de interrogação. **~ of intersection** ponto de interseção. **~ of origin** local de origem. **~ of support** ponto de apoio. **she proved her ~** ela provou seu ponto de vista. **that's the ~** eis a questão. **that's not to the ~** isto não vem ao caso, não diz respeito à questão. **the ~s of a horse** as qualidades de um cavalo. **the winner on ~s** o vencedor por pontos. **they spoke to the ~** falaram objetivamente. **to keep to the ~** limitar-se ao assunto. **to the ~** 1. importante, relevante. 2. conciso, objetivo. **up to a certain ~** até certo ponto. **we made a ~ of doing it** fizemos questão de fazê-lo. **when it came to the ~** quando chegou o momento decisivo. **to ~ a wall** rebocar uma parede. **to ~ towards** 1. apontar para. 2. estar voltado para. **to lose on ~s** (boxe) perder por pontos.

point-blank adj. 1. (milit.) horizontal, direto. 2. (fig.) franco, sem rebuços. ‖ adv. diretamente.

point duty s. (Ingl.) policiamento m. do trânsito.

he refused ~ ele recusou sem rodeios.

pointed [p'ɔintid] adj. 1. pontudo, aguçado. 2. dirigido a, visando a. 3. agudo, penetrante. 4. intencional, proposital. 5. ogival. ‖ **~ly** adv. 1. intencionalmente, propositalmente. 2. exatamente.

his remark was rather ~ sua observação era assaz alusiva.

pointedness [~nis] s. 1. agudeza f. 2. sutileza f. 3. aspereza f.

pointer [p'ɔintə] s. 1. apontador, indicador m. 2. ponteiro m. 3. perdigueiro m. (quadro D 3). 4. (E. U. A., fam.) palpite m., sugestão f. 5. agulha f.: chave de via férrea.

pointillism [p'ɔintilizm] s. (Pint.) pontilhismo m.: método de alguns impressionistas franceses.

pointing [p'ɔintiŋ] s. 1. ação f. apontar. 2. pontuação f.

pointless [p'ɔintlis] adj. 1. rombudo, sem ponta. 2. sem graça, sem sal. ‖ ~**ly** adv. sem ponta, sem graça.

point of no return s. ponto m. sem retorno (viagem, avião).

point of view s. 1. ponto m. de observação, ponto m. de vista. 2. opinião f.

point out v. chamar a atenção para.

points [pɔints] s. pl. (Estr. de F.) agulhas f. pl. de chave (quadros R 1, S 12).

pointsman [p'ɔintsmən] s. (coloq.) 1. guarda-chaves m. 2. inspetor m. de trânsito.

pointy [p'ɔinti] adj. significativo.

poise [pɔiz] s. 1. equilíbrio m., estabilidade f. 2. porte m. (da cabeça ou do corpo). 3. pausa f., intervalo m. 4. indecisão f. ‖ v. 1. equilibrar, balançar. 2. estabilizar. 3. suspender.
to hang at ~ continuar indeciso ou sem solução.

poised [pɔizd] adj. 1. equilibrado. 2. sério, sisudo.
well ~ bem equilibrado (também fig.)

poison [pɔizn] s. 1. veneno, tóxico m., peçonha f. 2. (coloq.) perigo m. ‖ v. envenenar: a) pôr veneno em. b) matar com veneno. c) corromper, viciar, perverter. ‖ adj. venenoso.
~ **fang** dente de veneno. ~ **gas** gás tóxico ou venenoso.

poisonberry [p'ɔiznberi] s. (Bot.) coirana f.

poisoner [p'ɔiznə] s. 1. envenenador m. 2. corrutor m.

poison hemlock s. (Bot.) cicuta-da-europa f., funcho-selvagem m.

poisoning [p'ɔizniŋ] s. envenenamento m.

poison ivy s. (Bot.) sumagre-venenoso m.

poison nut s. (Bot.) noz-vômica f.

poisonous [p'ɔiznəs] adj. 1. venenoso, tóxico, peçonhento. 2. maligno, nocivo, pernicioso. ‖ ~**ly** adv. venenosamente.

poisonousness [~nis] s. 1. toxicidade, venenosidade f. 2. caráter corrutor m.

poison sumac s. (Bot.) espécie de toxicodendro (Toxicodendron vernix).

poke (I) [pouk] s. 1. (gíria) bolsa f., saco m. 2. (arc.) bolso m. 3. bexiga natatória f. (dos peixes).
to buy a pig in a ~ comprar nabos em saco.

poke (II) [pouk] s. 1. empurrão m., cutucada f. 2. (E. U. A.) vadio, ocioso m. 3. espécie de canga para impedir que o animal atravesse cercas. ‖ v. 1. empurrar, cutucar. 2. ressaltar 3. tatear. 4. remexer, esquadrinhar. 5. bisbilhotar. 6. atiçar (fogo).
she is a bad ~ ela é fleumática. **to** ~ **about** escaranfunchar. **to** ~ **fun at** zombar de, ridicularizar.
to ~ **one's nose into other people's affairs** meter o nariz onde não se é chamado. **to** ~ **off** (fam.) andar a esmo.

pokeberry [p'oukberi] s. fruto m. do caruru-de-cacho.

poke bonnet s. boné m. de senhoras com pala larga.

poker (I) [p'oukə] s. 1. atiçador, tiçoeiro m. (quadro F 2). 2. utensílio m. empregado para fazer pirogravuras. 3. pessoa intrometida f. 4. (gíria) maça f. de bedel. 5. (gíria) bedel. ‖ v. 1. atiçar (fogo). 2. pirogravar.

poker (II) [p'oukə] s. (†) lobisomem, bicho-papão m.

poker (III) [p'oukə] s. (jogo) pôquer m.

poker face s. fisionomia inexpressiva f.

pokerish [p'oukəriʃ] adj. 1. fantasmagórico. 2. (tam.) impassível.

pokerwork [p'oukawə:k] s. pirogravura f.

pokeweed [p'oukwi:d] s. (Bot.) caruru-de-cacho m., erva-dos-cancros f.

poky, pokey [p'ouki] adj. 1. acanhado, apertado. 2. mesquinho, avarento. 3. maltrapilho. 4. enfadonho, cacete, maçante.

Polack [p'oula:k] s. (depreciat.) polonês m.

polacre [pəl'a:kə], **polacca** [-l'ackə] s. (Náut.) polaca.

polar [p'oulə] adj. polar: 1. ártico, antártico. 2. relativo a pólos. 3. antagônico, oposto. 4. relativo à polaridade eletromagnética. 5. (Quím.) ionizado.

polar bear s. (Zool.) urso-branco m.

polar circle s. (Astron. e Geogr.) círculo polar m.

polar coordinates s. pl. (Mat.) coordenadas polares f. pl.

polar distance s. (Astron.) afastamento polar m.

polarimeter [poulər'imitə] s. (Fís.) polarímetro m.

polarimetric [polærim'etrik] adj. (Fís.) polarimétrico.

polaris [pol'eiris] s. (Astron.) estrela polar f.

polariscope [pol'æriskoup] s. (Fís.) polariscópio m.

polariscopic [polærisk'ɔpik] adj. (Fís.) polarimétrico.

polarity [pol'æriti] s. 1. (Fís.) polaridade f. 2. antagonismo m., oposição f.

polarization [pouləraiz'eiʃən] s. (Eletr. e Ópt.) polarização f.

polarize [p'ouləraiz] v. polarizar.

Polaroid [p'oulərɔid] s. Polaroid f.: marca registrada de máquina fotográfica.

polder [p'ouldə] s. pôlder m.

pole (I) [poul] s. 1. poste, varapau m., estaca f. 2. mastro m. 3. vara, vareta f. 4. zinga f., vara f. de barco. 5. lança f. de carro. 6. medida f. de 5 ½ jardas (5,029 m). 7. (turf.) curva f. da raia interna. ‖ v. 1. suportar com postes ou estacas. 2. zingar, impelir por meio de vara (barco).

pole (II) [poul] s. pólo m.

Pole (III) [poul] s. polonês m.

pole-ax, pole-axe [p'oulæks] s. 1. machadinha, acha-de-armas f. 2. (Náut.) machado m. de abordagem. 3. machadinha f. de carniceiro. ‖ v. atacar ou abater com machadinha.

polecat [p'oulkæt] s. (Zool.) doninha-fétida f.

pole-jump s. = **pole vault.**

polemic [pol'emik] s. 1. polêmica, controvérsia f. 2. polemista ´ m. ‖ adj. também **polemical** polêmico, controverso. ‖ ~**ally** adv. com polêmica.

polemicist [pol'emisist], **polemist** [p'ɔlimist] s. polemista, controversista m. + f.

polemics [pol'emiks] s. 1. polêmica f.: arte ou prática de disputar. 2. teologia polêmica f.

polemize [p'ɔlimaiz] v. polemizar, polemicar.

poler [p'oulə] s. 1. cavalo m. atrelado à lança do carro. 2. zingador m.

polestar [p'oulsta:] s. 1. estrela polar f. 2. (fig.) guia m. 3. (fig.) centro m. de atração.

pole-vault s. (Esp.) salto m. com vara.

police [pəl'i:s] s. 1. polícia f. 2. (E. U. A.) polícia militar f. 3. administração pública f. 4. (E. U. A.) limpeza f. de acampamento ou quartel. ‖ v. 1. policiar. 2. administrar, governar. 3. regular por lei. 4. limpar (acampamento ou quartel).
~ **commissioner** comissário de polícia. ~ **inspector** inspetor de polícia. ~ **officer** oficial de polícia.

police action s. (milit.) ação contra guerrilha f., etc.

police court s. tribunal m. de polícia.

policed [pəl'i:st] adj. 1. policiado. 2. administrado.

police dog s. cão policial m.

policeman [pəl'i:smən] s. policial m.: agente de polícia.
~ **on point-duty** guarda ou inspetor de trânsito.

police state s. estado policial, estado autoritário m.

police station, police office s. delegacia f. de polícia.
policewoman [pɔl'i:swumən] s. policial feminina f.
policlinic [pɔlikl'inik] s. policlínica f.
policy (I) [p'ɔlisi] s. 1. diplomacia f. 2. orientação política f., programa m. de ação. 3. sagacidade, astúcia f. ‖ v. imprimir orientação política a.
bad ~ falta de diplomacia. **domestic** ~ política nacional ou interna. **foreign** ~ política externa. **to do s. th. from motives of** ~ fazer alguma coisa por motivos táticos. **honesty is the best** ~ a honestidade é a melhor política.
policy (II) [p'ɔlisi] s. 1. apólice f. de seguro. 2. espécie de jogo de azar, baseado na loteria.
I took out a ~ **on my life** firmei um contrato de seguro de vida.
policyholder [p'ɔlisihouldə] s. segurado m.
polio [p'ɔliou] s. abr. de **poliomyelitis.**
poliomyelitis [pɔlioumaiəl'aitis] s. (Med.) poliomielite, paralisia infantil f.
polish (I) [p'ɔliʃ] s. 1. polimento m. 2. lustro, brilho m. 3. (fig.) refinamento m., cultura f. 4. acabamento, retoque, remate m. 5. graxa f. para sapatos. ‖ v. 1. polir. 2. envernizar, brunir. 3. engraxar (sapatos). 4. refinar, rematar. 5. tornar-se polido, adquirir brilho. 6. urbanizar-se.
to ~ **off** (gíria) 1. terminar ou resolver rapidamente. 2. eliminar sumariamente. **to** ~ **apples** lisonjear, adular servilmente.
Polish (II) [p'ouliʃ] s. polonês m. ‖ adj. polonês.
polishable [p'ɔliʃəbl] adj. capaz de ser polido.
polished [p'ɔliʃt] adj. 1. polido. 2. refinado, elegante. 3. hábil, perfeito.
polishedness [~nis] s. 1. brilho, lustro m. 2. refinamento m., urbanidade, elegância f.
polisher [p'ɔliʃə] s. 1. polidor, lustrador m. 2. preparado m. para lustrar. 3. escova f. para sapatos. 4. (Téc.) disco m. de polir.
polishing [p'ɔliʃiŋ] s. ação f. ou processo m. de polir, polimento m.
polite [pəl'ait] adj. 1. polido, cortês, urbano. 2. refinado, culto. ‖ ~**ly** adv. polidamente, cortesmente.
polite letters, polite literature s. beletrística f.
politeness [pəl'aitnis] s. polidez, cortesia, urbanidade f.
~ **of manners** maneiras requintadas.
politesse [pɔlit'es] s. cortesia formal f.
politic (I) [p'ɔlitik] adj. 1. hábil, sagaz, astuto. 2. maneiroso, experiente. 3. constitucional.
politic (II) [p'ɔlitik,] **political** [pɔl'itikəl] adj. político. ‖ ~**ally** adv. politicamente.
for ~ **reasons** por motivos políticos.
political economist s. economista m. + f.
political economy s. economia política f.
political geography s. geografia política f.
politicalize [pɔl'itikəlaiz] v. 1. tornar político. 2. organizar politicamente.
political system s. sistema governamental m.
politicaster [pɔl'itikæstə] s. politiqueiro m.
politician [pɔlit'iʃən] s. político m., estadista m. + f
politicize [pɔl'itisaiz] v. politicar.
politics [p'ɔlitiks] s. pl. 1. (verbo no sing.) política f. 2. (verbo no sing.) interesse partidário m. 3. (verbo no plur.) opiniões políticas f. pl.
what are his ~ qual é a sua opinião política? **not practical** ~ irrealizável. **to talk** ~ discutir questões políticas. **all** ~ **were forbidden** qualquer discussão política foi proibida. **not practical** ~**!** inexeqüível!
polity [p'ɔliti] s. 1. constituição f., forma f. de governo. 2. estado m., nação f. 3. comunidade organizada f.
polk [poulk] v. dançar polca, polcar.
polka [p'ɔlkə, p'oulkə] s. polca f.

polka dot s. (Tecel.) padrão m. de bolinhas.
poll (I) [poul] s. 1. votação, eleição f. 2. número m. de votos. 3. apuração f. de votos. 4. lista eleitoral f. 5. local eleitoral m. 6. levantamento m. da opinião pública. 7. cabeça f. (quadros C 7, H 9). 8. cabeça f. de martelo. 9. capitação f. 10. (fig.) pessoa f. ‖ v. 1. receber votos, ser votado. 2. votar. 3. inscrever eleitores. 4. apurar votos. 5. tosar, tosquiar. 6. decapitar, descabeçar. 7. decotar, podar (árvores). 8. descornar.
he ~**ed 100,000 votes** ele recebeu 100.000 votos. **to be at the head of the** ~ encabeçar a votação. **to go to the** ~ ir votar. **a heavy (light)** ~ alta (baixa) porcentagem de votantes.
poll (II) [pɔl] **the** ~ s. (Cambridge, gíria) os estudantes que se preparam somente para o **pass-degree.**
pollack, pollock [p'ɔlək] s. (Ict.) pescada-polaca f.
pollard [p'ɔlad] s. 1. animal mocho m. 2. árvore decotada f. ‖ v. decotar (árvores).
pollbook [p'oulbuk] s. registro eleitoral m.
polled [pould] adj. 1. tosado, tosquiado. 2. mocho: sem cornos.
pollen [p'ɔlən] s. (Bot.) pólen m. ‖ v. polinizar.
poller [p'oulə] s. 1. decotador m. de árvores. 2. oficial m. do registro eleitoral. 3. eleitor m.
pollex [p'ɔleks] s. pl. **pollices** [-lisi:z] polegar m.
pollinate [p'ɔlineit] v. (Bot.) polinizar.
pollination [pɔlin'eiʃən] s. (Bot.) polinização f.
polling [p'ouliŋ] s. votação f.
pollinic [pəl'inik], **pollinical** [~əl] adj. (Bot.) polínico.
polliniferous [pɔlin'ifərəs] adj. (Bot.) polinífero.
pollinium [pəl'iniəm] s. pl. **pollinia** (Bot.) polinia f.
pollinize [p'ɔlinaiz] v. polinizar.
pollinosis [pɔlin'ousis] s. = **hay fever.**
polliwog [p'ɔliwɔg] s. (Zool.) girino, cabeçote m.
poll place s. local m. da eleição, mesa eleitoral f.
pollster [p'oulstə] s. (E. U. A.) perito m. em sondar a opinião pública.
pollutant [pəl'u:tənt] s. poluente m.
pollute [pəl'u:t] v. poluir: a) sujar, manchar. b) profanar, macular. c) corromper.
polluted [~ id] adj. poluto, poluído, contaminado.
polluter [~ə] s. poluidor m.
pollution [pəl'u:ʃən] s. 1. poluição, contaminação, profanação f. 2. poluição f.
polo [p'oulou] s. (Esp.) pólo m.
poloist [p'ouloist] s. (Esp.) jogador m. de pólo.
polonaise [pɔlon'eiz] s. 1. polonesa f.: espécie de casaco feminino. 2. (Mús.) polaca f.: espécie de dança. 3. a respectiva música.
polonium [pəl'ouniəm] s. (Quím.) polônio m.
poltroon [pɔltr'u:ŋ] s. poltrão, covarde m. ‖ adj. poltrão, covarde.
poltroonery [~əri] s. poltronaria, covardia f.
poly [p'ouli] s. (Bot.) pólio m.
polyandrous [pɔli'ændrəs] adj. 1. (Bot.) poliandro. 2. poliândrico.
polyandry [p'ɔliændri] s. poliandria f.
polyanthus [pɔli'ænθəs] s. pl. **polyanthuses** [-θəsiz] (Bot.) 1. primavera-dos-jardins f. 2. narciso-romanodobrado m.
polyarchy [p'ɔlia:ki] s. poliarquia f.
polyatomic [pɔliət'ɔmik] adj. poliatômico.
polybasic [pɔlib'eisik] adj. (Quím.) polibásico.
polybasite [pɔlib'eisait] s. (Miner.) polibasita f.
polycarpic [pɔlik'a:pik], **polycarpous** [pɔlik'a:pəs] adj. (Bot.) policarpo.
polycentric [pɔlis'entrik] adj. policêntrico.
polychord [p'ɔliko:d] s. policordo m. ‖ adj. que tem muitas cordas.
polychromatic [pɔlikrom'ætik], **polychrome** [p'ɔlikro-

um], **polychromic** [pɔlikr'oumik] adj. policromo, multicor.

polychromy [p'ɔlikroumi] s. policromia f

polyclinic [pɔlikl'inik] s. policlínica f.

polycotyledon [pɔlikɔtil'i:dən] s. (Bot.) planta policotiledônea f.

polycotyledonous [~əs] adj. (Bot.) policotiledôneo.

polycracy [pɔl'ikrəsi] s. = **polyarchy.**

polycrystalline [pɔlikr'istəlain] adj. policristalino.

polydactylism [pɔlid'æktilizm] s. polidactilia f.

polygalaceous [pɔligəl'eiʃəs] adj. (Bot.) poligaláceo.

polygamic [pɔlig'æmik], **polygamical** [~əl] adj. = **polygamous.**

polygamist [pɔl'igəmist] s. polígamo m.

polygamous [pɔl'igəməs] adj. polígamo, poligâmico.

polygamy [pɔl'igəmi] s. poligamia f.

polygenesis [pɔlidʒ'enisis] s. (Antrop. e Biol.) poligenia, poligênese f.

polygenetic [pɔlidʒin'etik] adj. poligênico, poligenético.

polygeny [pɔl'idʒəni] s. (Antrop.) poligenia f.

polyglot [p'ɔliglɔt] s. 1. poliglota m. + f. 2. edição f. em várias línguas. ‖ adj. 1. poliglota. 2. escrito em várias línguas.

polyglottal [pɔligl'ɔtəl], **polyglottic** [pɔligl'ɔtik] adj. poliglótico, poliglota.

polygon [p'ɔligɔn] s. (Geom.) polígono m.

polygonaceous [pɔligɔn'eiʃəs] adj. (Bot.) poligonáceo.

polygonal [pɔl'igənəl], **polygonous** [pɔl'igənəs] adj. poligonal, polígono.

polygram [p'ɔligræm] s. poligrama f.

polygraph [p'ɔligra:f] s. polígrafo m.

polygraphic [pɔligr'æfik] adj. poligráfico

polygraphy [pɔl'igrəfi] s. poligrafia f.

polygynist [pɔl'idʒinist] s. polígamo m.

polygynous [pɔl'idʒinəs] adj. polígino: a) polígamo. b) (Bot.) que tem muitos pistilos.

polygyny [pɔl'idʒini] s. poliginia, poligamia f.

polyhedral [pɔlih'i:drəl], **polyhedric** [pɔlih'i:drik], **polyhedrical** [~əl] adj. (Geom.) poliédrico.

polyhedron [pɔlih'i:drən] s. 1. (Geom.) poliedro m. 2. lente poliédrica f.

polyhistor [pɔlih'istə], **polyhistorian** [pɔlihist'ouriən], **polymath** [p'ɔlimæθ] s. polímata m.

polymathic [pɔlim'æθik] adj. polimático.

polymathy [pɔl'iməθi] s. polimatia f.

polymer [p'ɔlimə] s. (Quím.) polímere m.

polymeric [pɔlim'erik] adj. (Quím.) polímero.

polymerization [pɔliməriz'eiʃən] s. (Quím.) polimerização f.

polymerize [p'ɔliməraiz] v. (Quím.) polimerizar.

polymorph [p'ɔlimɔ:f] s. 1. (Biol.) organismo polimorfo m. 2. (Miner.) cristal polimorfo m.

polymorphic [pɔlim'ɔ:fik], **polymorphous** [pɔlim'ɔ:fəs] adj. polimorfo, polimórfico.

polymorphism [pɔlim'ɔ:fizm] s. (Biol. e Miner.) polimorfismo m.

Polynesian [pɔlin'i:ʒən] s. 1. polinésio m.: habitante m. + f. da Polinésia. 2. polinésico m.: idioma dos polinésios. ‖ adj. polinésio, polinésico.

polyneuritic [pɔlinjur'itik] adj. (Med.) polineurítico, polinevrítico.

polyneuritis [pɔlinjur'aitisl s. (Med.) polineurite polinevrite f.

polynomial [pɔlin'oumiə] s. (Álgebra) polinômio m. ‖ adj. (Álgebra) polinomial, polinômico.

polynuclear [pɔlinj'u:kliə] adj. polinuclear.

polyorama [pɔliɔr'a:mə] s. poliorama m.

polyp [p'ɔlip] s. (Zool. e Med.) pólipo m.

polypary [p'ɔliperi] s. (Zool.) polipeiro m.

polyped [p'ɔliped] adj. polipódio.

polypetalous [pɔlip'etələs] adj. (Bot.) polipétalo.

polyphagia [pɔlif'eidʒiə] s. (Med. e Zool.) polifagia f

polyphagous [pɔl'ifəgəs] adj. (Med. e Zool.) polífago f.

polyphonic [pɔlif'ɔnik], **polyphonous** [pɔl'ifənəs] adj. (Fon. e Mús.) polifônico.

polyphonist [p'ɔlifounist] s. 1. ventríloquo m. 2. (Mús.) contrapontista m. + f.

polyphony [pɔl'ifəni] s. (Fon. e Mús.) polifonia f.

polyploid [p'ɔliplɔid] adj. (Biol.) poliplóide.

polypodiaceous [pɔlipoudi'eiʃəs] adj. (Bot.) polipodiáceo.

polypody [p'ɔlipoudi] s. (Bot.) polipódio m.

polypoid [p'ɔlipɔid] adj. polipóide.

polyporaceous [pɔlipər'eiʃəs] adj. (Bot.) poliporáceo.

polypore [p'ɔlipɔ:], **polyporus** [pɔlip'ɔ:rəs] s. (Bot.) políporo m.

polypous [p'ɔlipəs] adj. poliposo.

polypus [p'ɔlipəs] pl. **–pi** [-pai] s. 1. (Zool.) polvo m. 2. (Med. e Zool.) pólipo m.

polysaccharide [pɔlis'ækəraidʲ s. (Quím.) polissacarídeo m.

polyscope [p'ɔliskoup] s. (Fís.) poliscópio m.

polysemy [p'ɔlisi:mi] s. (Gram.) polissemia f.: diversidade de significados.

polyspermic [pɔlisp'ə:mik] adj. polispermo.

polyspermy [p'ɔlispə:mi] s. (Biol. e Med.) polispermia f.

polystyle [p'ɔlistail] s. (Arquit.) polistilo m. ‖ adj. polistilo.

polystyrene [pɔlist'airi:n] s. (Quím.) polistireno m.

polysulphide [pɔlis'ʌlfaid] s. (Quím.) polissulfureto m.

polysyllabic [pɔlisil'æbik], **polysyllabical** [~əl] adj. polissilábico, polissílabo.

polysyllable [pɔlis'iləbl] s. polissílabo m.

polysyndeton [pɔlis'inditən] s. (Ret.) polissíndeto m.

polytechnic [pɔlit'eknik] s. politécnica, escola politécnica f. ‖ adj. politécnico.

polytheism [p'ɔliθiizm] s. (Culto) politeísmo m.

polytheist [p'ɔliθiist] s. politeísta m. + f. ‖ adj. politeísta.

polytheistic [pɔliθi'istik], **polytheistical** [~əl] adj. politeísta.

polytonality [pɔlitoun'æliti] s. (Mús.) politonalidade f.

polyuria [pɔlij'u:riə] s. (Med.) poliúria, poliuria f.

polyuric [pɔlij'u:rik] adj. (Med.) poliúrico.

polyvalent [pɔliv'eilənt] adj. (Quím.) polivalente.

polyvinyl [pɔliv'ainil] s. (Quím.) polivinilo m.

polyzoan [pɔliz'ouən] s. (Zool.) polizoário, briozoário m. ‖ adj. relativo a polizoário.

polyzoic [pɔliz'oik] adj. (Zool.) polizóico.

pomace [p'ʌmis] s. polpa f. ou bagaço m. de maçã.

pomaceous [pəm'eiʃəs] adj. pomáceo.

pomade [pəm'a:d] s. pomada f. ‖ v. empomadar.

pomander [p'oumændə] s. 1. bola f. de cosméticos. 2. caixinha f. de perfumes (contra infecções).

pomatum [pəm'eitəm] s. = **pomade.**

pome [poum] s. (Bot.) pomo m.

pomegranate [p'ɔmgrænit] s. 1. romã f. (fruto). 2. (Bot.) romãzeira, romeira f. 3. ornato m. em forma de romã.

pomelo [p'ɔmilou] s. (Bot.) toranja f., laranja-de-umbigo m.

Pomeranian [pɔmər'einiən] s. pomeraniano m. ‖ adj. pomeraniano.

~ dog lulu-da-pomerânia.

pomiculture [p'oumikʌltʃə] s. pomicultura, fruticultura f.

pomiculturist [poumik'ʌltʃərist] s. pomicultor, fruticultor m.

pomiferous [pəm'ifərəs] adj. pomífero.

pommel [p'ʌməl] s. 1. botão m. do punho da espada. 2. maçaneta f.: a parte mais alta da sela (quadro S 1). ‖ v. esmurrar, socar.

pomological [poumǝl'ɔdʒikǝl] adj. pomológico.
pomologist [pǝm'ɔlǝdʒist] s. 1. pomólogo m. 2. fruticultor m.
pomology [pǝm'ɔlǝdʒi] s. pomologia f.
pomp [pɔmp] s. 1. pompa f., fausto, esplendor m. 2. ostentação, exibição f. 3. desfile m. ou procissão f. aparatosa. ‖ v. pompear.
pompadour [p'ɔmpǝdɔ:] s. penteado feminino ou masculino m. em estilo da Marquesa de Pompadour (1721-1764). ‖ adj. pompadoriano.
pompano [p'ɔmpǝnou] s. (Ict.) pamplo m., palombeta f. **banner** ~ (Ict.) galhudo. **round** ~ (ict.) sernambiguara, também.
Pompeian [pɔmp'eijǝn] s. pompeiano m. ‖ adj. pompeiano.
pom-pom [p'ɔmpɔm] s. canhão antiaéreo automático m.
pomposity [pɔmp'ɔsiti], **pompousness** [p'ɔmpǝsnis] s. pomposidade, ostentação, afetação f.
pompous [p'ɔmpǝs] adj. 1. pomposo, faustoso, esplêndido, magnífico. 2. pretensioso, jactancioso. 3. bombástico, empolado. ‖ ~ly adv. pomposamente.
poncho [p'ɔntʃou] s. poncho m.: espécie de capa.
pond [pɔnd] s. 1. tanque m. 2. lagoa f. (quadro V 3). 3. açude m., piscina f. ‖ v. 1. repressar. 2. empoçar.
fish ~ viveiro de peixes. **horse** ~ bebedouro para cavalos. **the big** ~ (coloq.) o Oceano Atlântico.
pondage [p'ɔndidʒ] s. capacidade f. de água represada num tanque ou açude.
pond apple s. (Bot.) araticum-do-brejo m.
ponder [p'ɔndǝ] v. 1. ponderar, considerar, pesar. 2. meditar, refletir, deliberar.
ponderability [pɔndǝrǝb'iliti] s. ponderabilidade f.
ponderable [p'ɔndǝrǝbl] adj. ponderável, considerável.
ponderal [p'ɔndǝrǝl] adj. ponderal.
ponderate [p'ɔndǝreit] v. = **ponder**.
ponderation [pɔndǝr'eiʃǝn] s. ponderação, consideração, pesagem f.
ponderer [p'ɔndǝrǝ] s. ponderador m.
pondering [p'ɔndǝriŋ] adj. meditativo, pensativo. ‖ ~ly adv. pensativamente.
ponderosity [pɔndǝr'ɔsiti] s. importância, gravidade f., peso m.
ponderous [p'ɔndǝrǝs] adj. 1. ponderoso, pesado. 2. enfadonho, cansativo (estilo). ‖ ~ly adv. pesadamente.
pond lily s. (Bot.) camalássana f., aguapé m.
pondweed [p'ɔndwi:d] s. (Bot.) espiga-d'água f.
pone (I) [poun] s. (E. U. A.) broa f., pão m. de milho.
pone (II) [poun] s. (Jogo) jogador m. que corta.
pongee [pɔndʒ'i:] s. ponjê m.
poniard [p'ɔnjǝd] s. punhal. ‖ v. apunhalar.
pontage [p'ɔntidʒ] s. pedágio m., peagem f.
Pontic [p'ɔntik] adj. pôntico.
pontifex [p'ɔntifeks] s. pl. **pontifices** [pɔnt'ifisi:z] 1. pontífice, papa m. 2. membro do colégio pontifical. **Pontifex maximus** sumo pontífice, papa.
pontiff [p'ɔntif] s. 1. papa m. 2. bispo m. 3. alto dignitário eclesiástico.
pontifical [pɔnt'ifikǝl] s. 1. pontifical m. 2. ~s pl. indumentária f. dos ofícios pontificais. ‖ adj. 1. pontifical, papal. 2. suntuoso, esplêndido. ‖ ~ly adv. pontificalmente, suntuosamente.
pontificality [pɔntifik'æliti] s. 1. pontificado, papado m. 2. vestimentas pontificais m. pl. 3. pomposidade f. 4. cerimônia pontifical f.
pontificate [pɔnt'ifikeit] s. pontificado, papado m. ‖ v. pontificar.
pontify [p'ɔntifai] v. pontificar.
Pontine [p'ɔntain] adj. pontino.
~ **Marshes** pântanos pontinos.

pontonier [pɔntǝn'iǝ] s. (milit.) pontoneiro m.
pontoon [pɔnt'u:n], (E. U. A.) **ponton** [p'ɔntɔn] s. pontão m. ‖ v. construir uma ponte flutuante.
pontoon bridge s. ponte flutuante f. (quadro B 23).
pontoon crane s. guindaste flutuante m. (quadro C 19).
pony [p'ouni] s. 1. pônei m. 2. (pl. gíria) cavalos m. pl. de corrida. 3. (E. U. A., gíria) burro m.: tradução já feita, usada pelos estudantes. 4. (coloq.) copinho, traguinho m. 5. (gíria) 25 libras esterlinas. 6. coisa muito pequena. ‖ v. pagar, saldar (com **up**). ‖ adj. pequenino.
pony edition s. edição abreviada f.
pony engine s. locomotiva f. de manobras.
pony express s. (E. U. A., Hist.) estafeta m.
pooch [pu:tʃ] s. (E. U. A., gíria) cachorro m., (Bras.) vira-lata m.
poodle [pu:dl] s. cão d'água m. (quadro D 3).
pooh [pu] interj. ora!, bobagem!
to pooh-pooh [pu:p'u:] desprezar, ridicularizar.
pool (I) [pu:l] s. 1. poça f. (quadro C 17), charco m. 2. pego m. 3. tanque, reservatório m. **swimming** ~ piscina f. (quadro B 3).
pool (II) [pu:l] s. 1. parada f.: quantia que se aposta no jogo. 2. bolo m.: importância total das apostas. 3. espécie de jogo de bilhar. 4. (E. U. A.) variedade de sinuca (jogo). 5. vaca f.: soma arrecadada entre várias pessoas para a realização de um desígnio comum. 6. (Com.) associação entre várias firmas para operações em comum. 7. (Com.) combinação f. ou ajuste m. entre firmas concorrentes. 8. facilidades f. pl., serviços m. pl., para servir a um grupo. 9. monopólio m. ‖ v. 1. (gíria) fazer uma vaca (ou vaquinha). 2. estabelecer associação entre firmas.
poolroom [p'u:lru:m] s. 1. (E. U. A.) sala f. de apostas distante do local das competições. 2. salão m. de sinuca.
pool table s. mesa f. de sinuca.
poon [pu:n], **poon tree** s. (Bot.) nudá m.
poop (I) [pu:p] s. 1. (Náut.) tombadilho m. 2. (Náut.) popa f. 3. assento traseiro m. em um coche. 4. (gíria) traseiro m., nádegas f. pl. ‖ v. 1. (Náut.) quebrar-se sobre a popa (ondas). 2. (Náut.) apanhar pela popa (ondas).
~ **lantern** fdrol da popa (quadro M 4).
poop (II) [pu:p] s. (gíria) tolo, papalvo m.
poor [puǝ] s. **the poor** os pobres, indigentes m. pl. ‖ adj. 1. pobre: a) necessitado, indigente. b) escasso, parco. c) estéril, improdutivo. d) infeliz, desprotegido. 2. inferior, medíocre, mau. 3. abatido, prostrado, fraco. 4. pusilânime. 5. magro, mirrado. 6. desfavorável, insatisfatório. 7. deselegante, desalinhado. 8. ineficiente, deficiente. 9. insignificante. **a** ~ **meal** uma parca refeição. ~ **fellow!** pobre diabo! ~ **me!** coitado de mim! **to make but a** ~ **shift** viver penosamente.
poor box, poor's box s. caixa f. de esmolas (na igreja).
poorhouse [p'uǝhaus] s. asilo m.
poorish [p'uǝriʃ] adj. pobre, miserável. ‖ ~ly adv. miseravelmente.
poor law s. lei f. de assistência aos pobres.
poorly [p'uǝli] adj. adoentado, indisposto. ‖ adv. pobremente: a) miseravelmente. b) deficientemente, insuficientemente. c) (†) abjetamente, avaramente.
~ **gifted** pouco talentoso. **we think** ~ **of it** julgamo-lo de pouco valor. ~ **off** em precárias condições.
poorness [p'uǝnis] s. 1. pobreza, indigência f. 2. deficiência, insuficiência f. 3. esterilidade, improdutividade f. 4. inferioridade, má qualidade f.
poor rate s. taxa f. para auxílio aos pobres.
poor-spirited adj. covarde, baixo, vil.

poor-spiritedness s. covardia, baixeza, vilania †.

poor white trash s. (E. U. A., depreciat.) brancos pobres, miseráveis m. pl.

pop (I) [pɔp] s. 1. estouro, estalo m. 2. tiro m., detonação f. 3. (gíria) pistola f. 4. instante, m. 5. bebida efervescente f. ‖ v. 1. estourar, estalar. 2. atirar, disparar. 3. mover-se rapidamente. 4. esbugalhar, arregalar (os olhos). 5. pôr de repente. 6. (E. U. A.) rebentar pipoca. 7. perguntar repentinamente. ‖ interj. pum!, zás!. **ginger** ~ jinjibirra. **in** ~ empenhado, no prego. **to** ~ **along** esquivar-se. **to** ~ **in** entrar subitamente. **to** ~ **off** (coloq.) 1. mcrrer. 2. adormecer. 3. partir repentinamente. **to** ~ **out, to** ~ **the light** extinguir, apagar. **to** ~ **the question to s. o.** (coloq.) pedir alguém em casamento. **to** ~ **up** aparecer súbita ou inesperadamente. **to** ~ **upon** encontrar inesperadamente. **to** ~ **with envy** arrebentar de inveja.

pop (II) [pɔp] s. (E. U. A., coloq.) 1. papai m. 2. homem idoso m.

pop (III) [pɔp] (abr. de **popular**) s. (coloq.) concerto popular m.

pop art s. arte "pop" f.: estilo realista m., com técnica e motivos populares, da propaganda comercial, de estorietas em quadrinhos, cartazes.

pop concert s. concerto "pop" m. de música semiclássica e popular.

popcorn [p'ɔpkɔːn] s. 1. milho m. para pipoca. 2. pipoca f.

pope [poup] s. 1. papa, sumo pontífice m. 2. pope m.

popedom [p'oupdəm] s. papado, pontificado m.

popery [p'oupəri] s. papismo m.

popeyed [p'ɔpaid] adj. com os olhos esbugalhados.

popgun [p'ɔpgʌn] s. espingarda f. de ar comprimido.

popinjay [p'ɔpindʒei] s. 1. casquilho, peralvilho m. 2. (Orn.) rinchão, peto-verde m. 3. (arc.) papagaio m.

popish [p'oupiʃ] adj. (depreciat.) papista, católico romano.

poplar [p'ɔplə] s. (Bot.) 1. álamo, choupo m. 2. (E. U. A.) árvore-do- ponto f. **black** ~ álamo-preto, choupo-preto. **carolina** ~ choupo-do-canadá. **lombardy** ~ choupo-da-itália. **white** ~ álamo-branco, choupo-branco. **trembling** ~ choupo-tremedor.

poplin [p'ɔplin] s. popelina †.

popliteal [pɔpl'itiəl] adj. (Anat.) poplíteo, poplítico.

poppet [p'ɔpit], **poppet-head** s. (Mec.) 1. cabeçote móvel m. 2. boneca f. (torno). **~-valve** válvula f. de alça ou de levantamento.

poppied [p'ɔpid] adj. 1. coberto de papoulas. 2. narcótico, sonífero. 3. sonolento.

popple [pɔpl] s. 1. borbulhação f. 2. encrespadura f., encrespamento m. ‖ v. 1. borbulhar. 2. encrespar.

poppy [p'ɔpi] s. 1. (Bot.) papoula f., dormideira f. 2. (Bot.) dedaleira f., digital m. 3. extrato m. de papoulas. 4. cor-de-papoula f. **corn** ~ papoula-rubra. **horn** ~ gláucio. **longheaded** ~ papoula-longa. **prickly** ~**, thistle** ~ cardo-santo, papoula-de-espinho.

poppycock [p'ɔpikɔk] s. (coloq.) conversa fiada f.

poppy-head s. cabeça f. de papoula.

populace [p'ɔpjuləs] s. populacho m., populaça, ralé f.

popular [p'ɔpjulə] adj. 1. popular. 2. familiar, vulgar. 3. barato, inferior. 4. benquisto, estimado. 5. epidêmico. ‖ **~ly** adv. popularmente.

popularity [pɔpjul'æriti] s. popularidade †.

popularization [pɔpjuləraiz'eiʃən] s. popularização f.

popularize [p'ɔpjuləraiz] v. popularizar.

populate [p'ɔpjuleit] v. povoar, tornar habitado.

population [pɔpjul'eiʃən] s. 1. população f. 2. povoamento m.

population explosion s. explosão demográfica f.

populin [p'ɔpjulin] s. (Quím.) populina f.

Populism [p'ɔpjulizm] s. (Pol.) populismo m.

populous [p'ɔpjuləs] adj. populoso, densamente povoado.

populousness [~nis] s. abundância f. de habitantes.

popweed [p'ɔpwiːd] s. (Bot.) utriculária f.

porbeagle [p'ɔːbiːgl] s. (Ict.) espécie de tubarão . (Lamna nasus).

porcelain [p'ɔːslin] s. porcelana f. ‖ adj. de porcelana.

porcelain clay s. caulim m.

porcelain enamel s. esmalte m. de porcelana.

porcelaneous, porcellaneous [pɔːsəl'einiəs] adj. porcelânico.

porcelanite, porcellanite [p'ɔːsəlanait] s. (Petr.) porcelanita f.

porch [pɔːtʃ] s. 1. pórtico, alpendre m. 2. (E. U. A.) varanda f. 3. entrada f., vestíbulo m.

porcine [p'ɔːsain] adj. porcino, suíno.

porcupine [p'ɔːkəpain] s. 1. (Zool.) porco-espinho m. 2. (Téc. têxtil) abridor m. "porco-espinho".

porcupine ant-eater s. (Zool.) équidna f.

porcupine fish s. (Ict.) baiacu-de-espinho m.

porcupine rat s. (Zool.) 1. guabiru, toró m. 2. cururuá m.

pore (I) [pɔː] s. poro m.

pore (II) [pɔː] v. 1. olhar atentamente. 2. ler ou estudar com tôda a atenção. 3. matutar, cismar (com **on, over** ou **upon**).

porgy [p'ɔːgi] s. (Ict.) pargo m.

poriferan [pər'ifərən] s. (Zool.) porífero, espongiário m. ‖ adj. porífero.

poriferous [pər'ifərəs] adj. porífero.

porism [p'ourizm] s. (Geom.) porisma m.

pork [pɔːk] s. carne f. de porco (quadro B 25).

pork barrel s. (E. U. A., gíria) verbas governamentais f. pl., para melhoramentos locais, com fins políticos (eleitorais).

pork crop s. costeleta f. de porco.

porker [p'ɔːkə] s. porco cevado m.

porkfish [p'ɔːkfiʃ] s. (Ict.) salema m.

porky [p'ɔːki] s. (coloq., E. U. A.) porco-espinho m. ‖ adj. gordo, obeso.

pornographer [pɔːn'ɔgrəfə] s. escritor pornográfico m.

pornographic [pɔːnəgr'æfik] adj. pornográfico, obsceno, licencioso. ‖ **~ally** adv. de modo pornográfico.

pornography [pɔːn'ɔgrəfi] s. pornografia f.

porosity [pɔːr'ɔsiti] s. porcsidade f.

porous [p'ɔːrəs] adj. poroso. ‖ **~ly** adv. de modo poroso.

porphyrin [p'ɔːfərin] s. (Bioquím.) porfirina f.

porphyritic [pɔːfir'itik] adj. porfírico, porfirítico.

porphyry [p'ɔːfiri] s. (Petr.) pórfiro m.

porpoise [p'ɔːpəs] s. (Zool.) marsopa, toninha †., roaz m. ‖ v. arfar (hidravião).

porridge [p'ɔridʒ] s. mingau m. de aveia (quadro B 21).

porringer [p'ɔrindʒə] s. tigela f.

port (I) [pɔːt] s. 1. porto, ancoradouro m. 2. abrigo, refúgio m. 3. mira f., fim, propósito m. 4. (Jur.) porto m. de entrada (importações). **~ of call** porto de escala. **~ of clearance** porto de saída. **~ of destination** porto de destino. **~ of tran(s)shipment** porto de transbordo. **to clear the ~** levantar ferro.

port (II) [pɔːt] s. vinho m. do Porto.

port (III) [pɔːt] s. 1. portão, portal m. 2. (Téc.) canal m. do vapor. 3. (Náut.) portinhola, vigia, abertura f.

port (IV) [pɔːt] s. 1. porte (físico), ar m. 2. (milit.) maneira correta f. de carregar armas.

port (V) [pɔːt] s. (Náut. e Av.) bombordo m., esquerdo f. ‖ v. mover para bombordo.

portability [pɔːtəb'iliti], **portableness** [p'ɔːtəblnis] s. condição f. de portátil.

portable [p'ɔ:təbl] adj. portátil, transportável.
portable radio s. rádio portátil m.
portable typewriter s. máquina f. de escrever, portátil.
portage [p'ɔ:tidʒ] s. 1. transporte, carreto, frete m. 2. despesas f. pl. de porte. 3. transporte m. de barcos por terra entre duas vias navegáveis.
portal [pɔ:tl] s. (Arquit.) portal m., portada f. ‖ adj. (Anat.) relativo à veia porta.
portal-to-portal pay s. salário m. pago pela permanência integral do operário no local do serviço.
portamento [pɔ:təm'entou] s. (Mús.) portamento m.
portative [p'ɔ:tətiv] adj. portatório.
~ **force of a magnet** capacidade de levantamento de um imã. ~ **organ** órgão portátil.
port-captain s. capitão m. de porto.
port charges, port dues s. pl. direitos portuários m. pl.
port-crayon [pɔ:tkr'eiən] s. porta-lápis m.
portcullis [pɔ:tk'ʌlis] s. porta levadiça f. ‖ v. fechar com porta levadiça.
Porte [pɔ:t] s. Sublime Porta f.: nome do governo imperial da Turquia.
porte-monnaie s. (fr.) porta-níqueis m.
portend [pɔ:t'end] v. prognosticar, pressagiar, augurar, agourar.
portent [p'ɔ:tənt] s. 1. presságio, augúrio m. (especialmente desagradável). 2. portento, prodígio m.
a ~ **of memory** uma memória extraordinária.
portentosity [pɔ:tent'ɔsiti], **portentousness** [pɔ:t'entəsnis] s. caráter portentoso m.
portentous [pɔ:t'entəs] adj. 1. agourento, pressagioso. 2. portentoso, prodigioso. 3. grave, solene, impressivo. ‖ ~ly adv. portentosamente, pressagiosamente, gravemente, solenemente.
I kept a ~ **silence** mantive um silêncio significativo.
porter (I) [pɔ:tə] s. porteiro m.
porter (II) [p'ɔ:tə] s. 1. portador m. 2. carregador m. (quadro S 13). 3. (E. U. A.) cabineiro m, de vagão-dormitório. 4. (também **porter's ale**) tipo de cerveja preta, muito forte. 5. (Téc.) carregador m. sobre rodas.
porterage [~ridʒ] s. 1. ofício m. de porteiro ou de carregador. 2. despesas f. pl. de carreto.
porterhouse [~haus] s. (E. U. A.) cervejaria f.
portfire [p'ɔ:tfaiə] s. bota-fogo m.
portfolio [pɔ:tf'ouljou] s. 1. pasta, carteira f. 2. pasta ministerial f.
porthole [p'ɔ:thoul] s. (Náut.) portinhola, vigia f.
portico [p'ɔ:tikou] s. pl. **porticoes, porticos** pórtico m.
portion [p'ɔ:ʃən] s. 1. porção, parcela, parte, ração f. 2. dote m. 3. destino m., sorte, sina f. 4. fração f. ‖ v. 1. repartir, partilhar (**off, out**). 2. dotar.
legal ~ (Jur.) legítima.
portionless [~lis] adj. sem dote.
portliness [p'ɔ:tlinis] s. 1. imponência, dignidade f. 2. corpulência f.
portly [p'ɔ:tli] adj. 1. imponente, majestoso, digno. 2. corpulento.
portmanteau [pɔ:tm'æntou] s. pl. **portmanteaus, portmanteaux** [-touz] (fr.) maleta, valisa f.
~ **word** palavra formada pela combinação arbitrária de duas outras. Ex.: **torrible** (de **horrible** e **terrible**).
portolano [pɔ:təl'a:nou] s. guia m. de porto com mapas.
Porto Rican s. porto-riquenho m. ‖ adj. porto-riquenho.
portrait [p'ɔ:trit] s. 1. retrato m. 2. imagem f.: pessoa ou coisa semelhante a outra. 3. descrição realista f. (esp. de uma pessoa).
portraitist [~ist] s. retratista m.
portraiture [~ʃə] s. 1. arte f. de retratista. 2. imagem f., retrato m. 3. descrição verbal f.
portray [pɔ:tr'ei] v. 1. retratar, pintar. 2. descrever. 3. representar (no palco). 4. formar, modelar.

portrayable [~əbl] adj. que pode ser retratado ou descrito.
portrayal [~əl] s. 1. retrato m. 2. representação pictórica f. 3. descrição f.
portreeve [p'ɔ:tri:v] s. (arc.) principal magistrado, burgomestre m.
portress [p'ɔ:tris] s. porteira f.
Portuguese [pɔ:tjug'i:z] s. 1. português m.: a) habitante m. de Portugal. b) língua portuguesa. 2. portugueses m. pl. ‖ adj. português.
Portuguese man-of-war s. (Zool.) caravela f.
portulacaceae [pɔ:tjulək'eisii:] s. pl. (Bot.) portulacáceas f. pl.
pose (I) [pouz] s. pose f.: a) postura estudada f. b) atitude deliberada f. ‖ v. 1. posar. 2. atribuir a. 3. propor, apresentar. 4. fazer posar.
pose (II) [pouz] v. embaraçar com perguntas, confundir.
poser (I) [p'ouzə] s. pergunta f. ou questão f. embaraçosa.
that's a ~ isto é difícil de responder.
poser (II) [p'ouzə] s. pessoa que posa.
poseur [pəz'a:] s. pessoa afetada f.
posh [pɔʃ] adj. (gíria) alinhado, bacana.
posit [p'ɔzit] v. 1. colocar, pôr. 2. (Filos.) postular, pressupor.
position [pəz'iʃən] s. 1. posição f.: a) colocação f., lugar m. b) atitude, postura f. c) ponto m. de vista. d) situação f. social ou econômica. e) circunstâncias f. pl. f) local estratégico m. 2. emprego, cargo m., ocupação f. 3. (Filos.) afirmação, proposição, asserção f. ‖ v. 1. colocar em posição, postar, situar. 2. localizar.
I was not in a ~ **to** não estava em situação de.
if you were in my ~ se estivesse na minha situação.
out of ~ fora de ordem. **to hold a** ~ ocupar um cargo. **angle of** ~ ângulo de posição. **financial** ~ situação financeira. **he holds a** ~ ele exerce um cargo. **to take up a** ~ assumir e defender um ponto de vista. **I was not in a** ~ **to** (**of**) não estive em posição de.
position paper s. (Pol.) plataforma eleitoral f.
positive [p'ɔzitiv] s. 1. realidade f., fato m. 2. (Gram.) grau positivo m. 3. (Fot.) positivo m. 4. pólo positivo m. ‖ adj. 1. positivo: a) certo, evidente, inegável, indiscutível. b) baseado em fatos ou na experiência. c) afirmativo. d) real, concreto. e) (Eletr.) designativo da eletricidade cuja unidade básica é o próton. f) (Gram.) relativo ao grau positivo. 2. (coloq.) absoluto, formal. 3. confiante, persuadido. 4. (Mec.) comandado, direto. 5. (Mat. e Fís.) maior que zero. 6. (Ópt.) dextrogiro. 7. dogmático, sentencioso. ‖ ~ly adv. positivamente, certamente.
he was too ~ ele era positivo (confiante) demais.
they were not ~ **as to this point** com respeito a esse ponto, não adiantaram nada de positivo. ~ **theology** teologia dogmática.
positiveness [~nis] s. 1. realidade f. 2. positividade f. 3. certeza, convicção plena f.
positivism [~izm] s. 1. (Filos.) positivismo m. 2. certeza, convicção f.
positivist [~ist] s. (Filos.) positivista m. + f. ‖ adj. positivista.
positivistic [pɔzitiv'istik] adj. positivista.
positivity [pɔzit'iviti] s. caráter m. ou resultado m. positivo.
positron [p'ɔzitrɔn] s. (Fís. e Quím.) pósitron m.
posology [pɔs'ɔlədʒi] s. (Med.) posologia f.
poss. abr. de 1. **possession**. 2. **possessive**.
posse [p'ɔsi] s. 1. destacamento policial m. 2. bando armado m. 3. turba, multidão f. 4. possibilidade, potencialidade f.

~ **comitatus** força civil f. organizada pelo xerife para garantir a ordem.

possess [pəz'es] v. 1. possuir: a) ter, fruir, gozar. b) ter cópula carnal com. c) dominar, empolgar. d) ser dotado de. 2. apoderar-se, fazer-se dono de 3. imbuir, convencer. 4. influenciar, persuadir. 5. informar, instruir, familiarizar com. 6. conter, dominar. **to ~ o. s. of a thing** apoderar-se de alguma coisa. **I ~ed my soul in patience** conformei-me a esperar com paciência.

possessed [~t] adj. 1. dotado. 2. possesso, endemoninhado. ~ **with the faith that...** cheio de fé que... **self-~** controlado, calmo.

possession [pez'eʃən] s. 1. posse f.: a) fato m. de possuir. b) (Jur.) retenção, fruição f. c) propriedade f., bem m. d) cópula carnal f. c) ~**s** pl. posses f. pl., haveres m. pl. 2. possessão f.: a) domínio m., colônia f. b) obsessão f.
to be in ~ of estar de posse de. **to take ~ of** tomar posse de. **he is in ~ of this book** ele está de posse deste livro. **it was in his ~** estava em seu poder. **vacant ~** posse imediata (do imóvel a alugar).

possessive [pəz'esiv] s. (Gram.) 1. caso possessivo m. 2. adjetivo ou pronome possessivo. ‖ adj. 1. possessor. 2. (Gram.) possessivo. ‖ ~**ly** adv. possessoriamente, de modo possessivo.

possessor [pɔz'esə] s. 1. possessor, possuidor proprietário m. 2. (Jur.) usufrutuário m.

possessory [~ri] adj. 1. possessório. 2. possessor.

posset [p'ɔsit] s. bebida f. feita com leite quente coalhado com cerveja ou vinho e, por vezes, condimentos diversos.

possibility [pɔsib'iliti] s. 1. possibilidade f. 2. contingência f. 3. —**ties** pl. capacidades f. pl., valor potencial m.

possible [p'ɔsibl] s. possível: aquilo que é possível. ‖ adj. 1. possível: a) que pode acontecer. b) realizável, praticável. c) concebível, admissível. 2. potencial. 3. (coloq.) aceitável, passável. ‖ —**bly** adv. possivelmente, talvez, quiçá.

possum [p'ɔsəm] s. abr. de **opossum**.
to play ou act ~ fingir doença ou ignorância.

post (I) [poust] s. 1. poste, mourão, pilar m., estaca, coluna f. 2. ombreira f. de porta. 3. pilar m. de portão. 4. (Esp.) poste m. de partida ou chegada. 5. (Náut.) cadaste m. ‖ v. 1. afixar, pregar ou colar cartazes. 2. denunciar, divulgar (por meio de avisos afixados). 3. proibir a entrada ou a passagem (mediante cartazes). 4. publicar no quadro-negro (lista de alunos reprovados, atraso de navios ou aviões, etc.).
starting ~ poste de partida. **winning ~** poste de chegada. **the airliner has been ~ed as missing** foi publicado o aviso do desaparecimento do avião.

post (II) [poust] s. 1. posto m., guarnição f. 2. toque m. de recolher. 3. cargo, ofício, emprego m. 4. posto comercial m. ‖ v. 1. postar, colocar. 2. (xadrez). cravar. 3. postar: colocar de sentinela.
~ **of master** cargo de mestre. **trading ~** posto comercial, feitoria.

post (III) [poust] s. 1. posta f.: estação f. de muda de cavalos. 2. postilhão, mensageiro, estafeta m. 3. (†) diligência postal f. 4. mala postal f. 5. correio m., agência postal f. 6. caixa postal f. 7. formato m. de papel (16 × 20 polegadas). ‖ v. 1. (†) viajar em diligência postal. 2. viajar apressadamente. 3. postar: pôr no correio. 4. conduzir rapidamente. 5. enviar por mensageiro. 6. remeter pelo correio. 7. informar, inteirar (com **up**). 8. (Cont.) transferir lançamento do diário para o razão. 9. (Cont.) pôr em dia (livros contábeis). ‖ adv. rapi-

damente, por via **expressa**.
by return of the ~ por volta do correio. **he kept me ~ed** ele me manteve informado. **to ~ off** ou **over** transferir, adiar. **he is thoroughly ~ed in this subject** ele está sobejamente versado neste assunto. **he ~ed himself** ele informou-se.

post (IV) [poust] prep. depois, mais tarde.
~ **meridiem** abr. **p. m.** [p'i:'em] à tarde, de tarde.

post (V) [poust] pref. indica posterioridade (de tempo, lugar ou posição).

postage [p'oustidʒ] s. porte m., franquia postal f.
postage-due s. multa f. (correio).
postage-free adj. livre de porte, isento de selo.
postage meter s. máquina de franquia postal f.
postage-stamp s. selo postal m. (quadro L 4).
postal [p'oustəl] adj. postal. ‖ ~**ly** adv. por via postal, pelo correio.
postal car s. (E. U. A.) vagão-correio m.
postal card s. (E. U. A.) cartão-postal, bilhete-postal m.
postal delivery zone s. zona de entrega postal f.
postal order s. vale postal m. (quadro L 4).
Postal Union s. União Postal Universal f.
postal wrapper s. cinta f. (para impressos).
postament [p'oustəmənt] s. pedestal m., base f.
postbox [p'oustbɔks] s. caixa postal f.
postboy [p'oustbɔi] s. 1. mensageiro, estafeta m. 2. postilhão m.
postcard [p'oustka:d] s. cartão-postal, bilhete-postal m.
post coach s. diligência (carruagem) f.
postcode [p'oustkoud], (E. U. A.) **zip code** s. código postal m.
postdate [p'oustdeit] s. pós-data f. ‖ v. pós-datar.
postdiluvian [poustdil'u:viən] adj. pós-diluviano.
postdoctoral [poustd'ɔktərəl] adj. de pós-graduação.
poster (I) [p'oustə] s. 1. afixador m. de cartazes. 2. cartaz m. ‖ v. afixar cartazes.
poster (II) [p'oustə] s. 1. viajante de posta. 2. correio, mensageiro m. 3. cavalo m. de posta. 4. pessoa que posta correspondência.
poste restante s. posta-restante f.
posterior [post'iəriə] adj. 1. posterior: a) ulterior. b) traseiro. 2. (Anat.) caudal. 3. (Anat.) dorsal. 5. (Bot.) superior. ‖ ~**ly** adv. posteriormente.
posteriors [~z] s. pl. 1. posterioridade, descendência f. 2. traseiro m., nádegas f. pl.
posterity [post'eriti] s. posteridade f.
postern [p'oustən] s. (Fort.) passagem subterrânea f. entre a trincheira e as obras externas. ‖ adj. 1. traseiro. 2. para uso particular.
postface [p'oustfeis] s. posfácio m.
postfix [p'oustfiks] s. (Gram.) sufixo m. ‖ v. [poustf'iks] (Gram.) sufixar, juntar sufixo a.
post-free adj. isento de porte.
postglacial [poustgl'eiʃiəl] adj. (Geol.) pós-glacial.
postgraduate [poustgr'ædjuit] s. estudante m. + f. de curso de aperfeiçoamento. ‖ adj. relativo a estudos feitos após a formatura.
posthaste [p'oustheist] s. grande velocidade f. ‖ adj. rápido, imediato. ‖ adv. 1. a grande velocidade.
posthumous [p'ɔstjuməs] adj. póstumo. ‖ ~**ly** adv. postumamente.
posthumousness [~nis] s. condição f. de póstumo.
posticous [p'ɔstikəs] adj. (Bot.) posterior.
postilion, postillion [pəst'iljən] s. postilhão m., sota f.
posting (I) [p'oustiŋ] s. (Com.) 1. transferência f. dos assentamentos de um livro contábil para outro. 2. despacho m. pelo correio.

postliminy [poustl'imini] s. (Jur.) poslimínio m.
postman [p'oustmən] s. pl. **postmen** carteiro m.
postmarital [poustm'æritəl] adj. subseqüente ao casamento.

postmark [p'oustma:k] s. carimbo postal m. ‖ v. carimbar.

postmaster [p'oustma:stə] s. 1. agente postal m. 2. encarregado m. de posta.

postmaster general s. diretor m. geral dos correios.

postmeridian [p'oustmər'idiən] adj. pós-meridiano, de tarde.

post-mortem s. (por extenso ~ **examination**) autópsia, necropsia f. ‖ adj. posterior à morte.

postnatal [poustn'eitəl] adj. subseqüente ao nascimento.

postnuptial [poustn'ʌpʃəl] adj. = **postmarital**.

post-obit adj. 1. a vigorar após a morte. 2. posterior à morte.

post office s. 1. departamento m. dos correios ε telégrafos. 2. correio m., agência postal f.

post-operative adj. pós-operatório.

post paid adj. com porte pago.

postponable [poustp'ounəbl] adj. adiável.

postpone [poustp'oun] v. pospor: a) adiar, procrastinar, transferir. b) postergar, preterir.

postponement [~mənt] s. 1. adiamento m., transferência f. 2. preterição, postergação f.

postponer [poustp'ounə] s. aquele que adia ou pretere.

postposition [poustpəz'iʃən] s. 1. posposição f. 2. pospositiva f.

postpositive [poustp'ozitiv] s. (Gram.) pospositiva f. f. ‖ adj. (Gram.) pospositivo.

postprandial [poustpr'ændiəl] adj. que se segue ao banquete.

postrorse [poustr'ɔ:s] adj. (Biol.) retrorso.

postscript [n'oustskript] s. (abr. P. S.) pós-escrito m. ‖ v. aduzir um pós-escrito.

postulancy [p'ostjulənsi], **postulance** [p'ɔstjuləns] s. postulado religioso m.

postulant [p'ostjulənt] s. postulante m. + f.: candidato a admissão em uma ordem religiosa.

postulate [p'ostjulit] s. postulado m.: a) proposição emitida f. sem demonstração. b) condição f., requisito m. ‖ [p'ostjuleit] v. 1. postular: a) requerer, demandar, suplicar. b) pressupor. 2. estipular. 3. admitir a possibilidade de.

postulation [pɔstjul'eiʃən] s. 1. postulação f.: a) requerimento m., solicitação f. b) pressuposição f. 2. postulado m.

posture [p'ostʃə] s. 1. postura, pose, atitude f. 2. posição, situação, disposição f. 3. disposição f. de espírito. ‖ v. 1. colocar em determinada posição. 2. posar, fazer pose.

postwar [p'oustw'ɔ:] adj. de após-guerra.

posy [p'ouzi] s. 1. ramalhete, buquê m. 2. mote m.

pot [pɔt] s. 1. pote m.: a) panela, caçarola f. b) bule m. c) cântaro, vaso m., caneca f. 2. panelada, caldeirada f. 3. bebida, libação f. 4. capelo m. de chaminé. 5. vaso m. de flores. 6. urinol m. 7. (Téc.) cadinho m. 8. (gíria) bolada f.: grande soma f. de dinheiro. 9. (gíria) cartola f. 10. (jogo) bolo m., parada f. 11. covo m. 12. formato m. de papel (12 ½" × 15" ou 13" × 16"). 13. (Esp.) favorito m. (em corridas de cavalos). 14. (gíria, Esp.) taça f. ‖ v. 1. pôr em conserva. 2. plantar em vasos. 3. (coloq.) ganhar, conseguir.

he makes ~s of money ele ganha rios de dinheiro. **in ~s** bêbedo, intoxicado. **to boil the ~** ganhar a vida. **to go to ~s** (coloq.) falir, arruinar-se. **to keep the ~ boiling** prosseguir ativamente. **they went to ~** eles caíram na miséria.

potability [poutəb'iliti], **potableness** [p'outəblnis] s. potabilidade f.

potable [p'outəbl] adj. potável, bebível.

potables [~s] s. pl. bebidas f. pl.

potage [pot'a:ʒ] s. (Culin., fr.) sopa grossa f.

potash [p'ɔtæʃ] s. potassa f.

potass [pət'æs] s. 1. potassa f. 2. potássio m.

potassic [~ik] adj. (Quím.) potássico.

potassium [pət'æsiəm] s. (Quím.) potássio m.

potassium argon dating s. datação f. pelo teor de argônio e potássio.

potation [pout'eiʃən] s. 1. libação f. 2. bebida, beberagem f. 3. beberronia f.

potato [pət'eitou] s., pl. **potatoes** 1. (Bot.) batata f. 2. batata-silvestre f. 3. batata-doce f. ‖ v. plantar batatas.

mashed ~es purê de batatas.

potato beetle, potato bug s. (Ent.) dorífora f.

potato chips s. pl. batatas fritas f. pl.

potato flour s. fécula f. de batatas, amido m. de batatas.

potbellied [p'ɔtbelid] adj. pançudo, barrigudo.

potbelly [p'ɔtbeli] s. 1. pança, barriga grande f. 2. pessoa pançuda f.

potboiler [p'ɔtbɔilə] s. obra literária ou artística f. produzida às pressas, para fins monetários.

potboy [p'ɔtbɔi] s. garçom m. de taverna.

pot-clay s. argila f.

potency [p'outənsi] s. 1. potência f.: a) autoridade f., vigor m. c) vigor genésico m. 2. potencialidade f.

potent [p'outənt] adj. 1. potente: a) possante, forte. b) enérgico, poderoso. c) capaz de procriar. 2. convincente, persuasório. ‖ ~ly adv. potentemente, poderosamente.

potentate [p'outənteit] s. potentado m.

potential [pət'enʃəl] s. 1. potencialidade, latência f. 2. (Gram.) modo potencial m. 3. (Fís. e Eletr.) potencial m. ‖ adj. 1. potencial, latente. 2. (†) potente, poderoso. ‖ ~ly adv. potencialmente, em pontencial.

potentiality [pətenʃi'æliti] s. 1. potência, força f. 2. pontencialidade, latência f.

potentiometer [potenʃi'omitə] s. 1. (Eletr.) potenciômetro m. 2. (Rádio) divisor m. de tensão.

potful [p'ɔtful] s. panelada f.

pother [p'ɔðə] s. 1. nuvem f. de pó ou fumaça. 2. bulha, algazarra f. 3. distúrbio m., perturbação f. ‖ v. 1. perturbar, atrapalhar. 2. afligir-se, atormentar-se.

potherb [p'ɔtʰə:b, p'ɔtə:b] s. hortaliça f.

pothole [p'ɔthoul] s. (Geol.) caldeirão m.

pothook [p'ɔthuk] s. 1. gancho m. de cozinha. 2 gancho m. (caligrafia).

pothouse [p'ɔthaus] s. botequim m., taverna f.

pothunter [p'ɔthʌntə] s. 1. (depreciat.) caçador m. que atira em toda caça que se lhe depara. 2. (Esp.) competidor m. que apenas visa os prêmios.

potion [p'ouʃən] s. poção, dose f. ‖ v. dosar.

potlid [p'ɔtlid] s. tampa f. de panela.

pot liquor s. caldo m. de carnes ou legumes.

potluck [p'ɔtlʌk] s. (Culin.) trivial m., qualquer comida f. que se possa improvisar.

potman [p'ɔtmən] s. garção m.

pot marigold s. (Bot.) calêndula f., malmequer m.

potpie [p'ɔtpai] s. empada f. de carne.

potpourri [poupur'i:] s. (fr.) 1. (Mús.) coletânea f. 2. (Liter.) miscelânea f. 3. mistura f.

potsherd [p'ɔtʃə:d] s. (Arqueol.) fragmento m. de louça de barro.

potstone [p'ɔtstoun] s. pedra-olar f.

potter (I) [p'ɔtə] s. 1. oleiro m. 2. enlatador m. de conservas.

potter (II) [p'ɔtə] (também **putter**) v. 1. malbaratar o tempo com bagatelas. 2. trabalhar displicentemente. 3. tagarelar, parolar. 4. perambular.

to ~ about vadiar. **he ~ed away his time** ele desperdiçou o seu tempo.

potterer [p'ɔtərə] s. zaranza m. + f.

potter's wheel s. torno m. de oleiro.

pottery [p'ɔtəri] s. 1. olaria f. 2. cerâmica f. 3. louça f. de barro.

pottle [pɔtl] s. 1. cestinho m. para frutas. 2. pote m.

potty [p'ɔti] adj. (coloq.) 1. insignificante, reles. 2. amalucado, adoidado. 3. (gíria) arrogante, soberbo.

potware [p'ɔtwɛə] s. 1. cerâmica f. 2. louça f. de barro.

pouch [pautʃ] s. 1. algibeira, bolsa f. 2. cartucheira f. 3. mala postal f. 4. (gíria) gorjeta f., mata-bicho m. 5. (Bot.) síliqua f. 6. (Med.) quisto m. 7. (Zool.) bolsa f. (de marsupial). ‖ v. 1. embolsar, pôr no bolso. 2. engolir, tragar. 3. (gíria) dar de gorjeta. 4. entufar (vestidos). 5. adquirir forma de bolsa ou saco.

pouched [~t] adj. 1. provido de bolsa ou saco. 2. embolsado, ensacado.

poulard [pu:l'a:d] s. (fr.) galinha cevada f.

poulard wheat s. (Bot.) trigo-cachudo m.

poulp, poulpe [pu:lp] s. polvo m.

poult [poult] s. 1. peruzinho m. 2. pintinho m.

poulterer [p'oultərə] s. vendedor m. de aves domésticas.

poultice [p'oultis] s. cataplasma m. ‖ v. aplicar cataplasma em.

poultry [p'oultri] s. aves domésticas f. pl.

pounce (I) [pauns] s. 1. pó m. de pedra-pomes. 2. pó m. de carvão vegetal para estresir. ‖ v. 1. borrifar ou esfregar com pedra-pomes. 2. estresir (desenho).

pounce (II) [pauns] s. garra f. (de ave de rapina). ‖ v. 1. agarrar (a presa). 2. lançar-se sobre (**upon**). 3. irromper.

on the ~ pronto para o ataque.

pounced [paunst] adj. provido de garras.

pound (I) [paund] s. 1. curral m. para gado extraviado. 2. (fig.) armadilha f. ‖ v. encurralar.

pound (II) [paund] s. libra f.: a) arrátel m., medida f. de peso equivalente a 453,2g g. b) = **pound sterling** libra esterlina: unidade monetária inglesa.

two shilling in the ~ dez por cento. **troy ~** = 373,24 gramas. **by ~** por libra. **ten ~ ten** dez libras e dez xelins. **a ~'s worth in gold** o valor de uma libra em ouro.

pound (III) [paund] s. 1. ato ou processo de socar ou triturar. 2. contusão f. 3. pancada f. ‖ v. 1. pilar, pisar, socar, triturar. 2. bater, esmurrar. 3. martelar, malhar (piano, etc.) 4. andar ou dançar pesadamente. 5. cavalgar com esforço. 6. trabalhar com afinco.

to ~ the pavement bater a calçada (em procura de serviço ou negócios). **he ~s his books** ele estuda com assiduidade. **we ~ed it into him** fizemo-lo compreender à viva força.

poundage (I) [p'aundidʒ] s. comissão ou taxa f por libra esterlina ou libra de peso.

poundage (II) [p'aundidʒ] s. 1. encurralamento m. 2. taxa f. de soltura por animais apreendidos.

poundal [p'aundəl] s. (Fís.) unidade f. inglesa de força (= 13.825 dinas).

pounder (I) [p'aundə] s. 1. (com numeral) aquilo que pesa certo número de libras (p. ex. **a six-pounder**). 2. nota bancária f. ou jóia no valor de determinado número de libras.

pounder (II) [p'aundə] s. 1. pilão m., triturador m. 2. almofariz, gral m.

pound-foolish adj. perdulário, dissipador.

penny-wise and ~ extravagante com grandes somas, mas meticuloso com pequenas.

pounding machine s. (Téc.) moinho m. de pilões.

pound sterling s. libra esterlina f.

pour [pɔ:] s. aguaceiro m., manga-d'água, chuvarada f. ‖ v. 1. vazar, despejar, entornar, verter. 2. emitir, soltar. 3. emanar, brotar. 4. deitar em xícara, etc. 5. chover. 6. correr, fluir. 7. precipitar-se. 8. incutir.

he ~ed out a glass of wine ele encheu um copo de vinho. **she ~ed out her heart** ela se desabafou. **the river ~s itself into the sea** o rio lança-se no mar. **to ~ cold water upon s. o.** serenar os ânimos de alguém. **to ~ down** chover a cântaros. **to ~ oil on the flames** (fig.) apagar o fogo com gasolina. **to ~ off** decantar. **to ~ forth** emanar, manar. **to ~ out** despejar, vazar. **to ~ in, to ~ upon** afluir.

pouring [p'ɔ:riŋ] adj. torrencial. ‖ **~ly** adv. torrencialmente.

it is ~ with rain chove torrencialmente. **he is ~ wet** ele está molhado até os ossos.

pout (I) [paut] s. (Ict.) faneca f., frangão-do-mar m.

pout (II) [paut] s. 1. beiço espichado m. (em sinal de amuo). 2. amuo, enfado m. ‖ v. 1. fazer beiço. 2. amuar-se, enfadar-se. 3. fazer ressaltar.

pouter [p'autə] s. 1. pessoa amuada f. 2. (Orn.) pombo-de-papo m.

pouting [p'autiŋ] adj. espichado.

pouty [p'auti] adj. (E. U. A., coloq.) amuado, mal-humorado, rabugento.

poverty [p'ɔvəti] s. 1. pobreza, indigência f. 2. escassez, míngua, insuficiência f.

poverty-stricken adj. indigente, necessitado.

POW, P. O. W. abr. de **prisoner of war**.

powder [p'audə] s. 1. pó m. 2. polvilho m. 3. pólvora f. 4. (gíria) força f., vigor m. ‖ v. 1. polvilhar. 2. salgar, preservar. 3. empoar. 4. pulverizar, triturar. 5. reduzir(-se) a pó.

not worth ~ and shot não vale uma figa. **he doesn't know the smell of ~** ele não tem experiência de guerra.

powder blue s. azul-esmalte m., azul-saxônia m. ‖ adj. azul-esmalte.

powder box s. pozeira f.

powder charge s. carga f. de pólvora.

powdered [p'audəd] adj. 1. em pó, pulverizado. 2. empoado.

powdered milk s. leite m. em pó.

powder flask, powder horn s. polvorinho m.

powdering [p'audəriŋ] s. 1. empoamento m. 2. polvilhação f.

powderization [paudəraiz'eiʃən] s. pulverização f.

powderize [p'audəraiz] v. pulverizar.

powder metal s. (Metalurg.) metal m. em pó.

powder-mill s. fábrica f. pólvora.

powder-puff s. pompom m.

powdery [p'audəri] adj. 1. pulverulento. 2. friável, polvorento. 3. empoeirado.

power [p'auə] s. 1. poder m.: a) faculdade, capacidade f. b) autoridade f., controle, comando m. c) governo m. d) influência, ascendência f. e) recurso m., capacidade f. f) força f., vigor m. g) (Jur.) direito m., capacidade f. 2. potência f.: a) capacidade de trabalho de uma máquina, aparelho, motor, etc. b) (Fís.) rateio da transformação de energia. c) (Mat.) produto de fatores iguais. d) nação poderosa f. 3. força f. mecânica ou elétrica. 4. (Med.) eficácia, eficiência f. 5. (coloq.) grande quantidade, abundância f. 6. (Ópt.) capacidade f. de aumento de uma lente, alcance m. 7. (arc.) força f. militar ou naval. 8. espírito m., divindade f. 9. (E. U. A.) êxtase religioso m. 10. (pl.) sentidos m. pl., faculdades f. pl. 11. **~s** potestades f. pl. ‖ v. equipar com meio de propulsão mecânica. ‖ adj. de força.

in ~ no poder, no governo. **~ of attorney** procuração. **the ~s of èvil** as forças do mal. **they will do all in their ~** farão tudo que estiver ao seu alcance.

envidarão o melhor de seus esforços. **the ~ of conversation** dom da conversação. **to raise into the 2nd ~** elevar à segunda potência. **electric ~ força** elétrica. **~ consumption** consumo de energia. **effective ~** potência efetiva. **reasoning ~** capacidade de raciocínio. **square ~** segunda potência. **~ politics** política de força. **they came into ~** eles se apossaram do poder. **balance of ~** equilíbrio de potência (Pol.).

powerboat [p'auəbout] s. barco m. a motor.

power dive s. (Av.) picada vertical f., picada de tiro.

powered [p'auəd] adj. 1. equipado com motor. 2. capaz de produzir força.

power factor s. (Eletr.) fator m. de potência.

powerful [p'auəful] adj. 1. poderoso, potente, vigoroso, forte. 2. eficaz, eficiente. 3. influente. 4. convincente. 5. (coloq.) considerável, numeroso. ‖ **~ly** adv. poderosamente, vigorosamente.

power gas s. gás motriz m.

powerhouse [p'auəhaus] s. 1. casa f. das máquinas. 2. central elétrica f.

power-lathe s. (Téc.) torno mecânico m.

powerless [p'auəlis] adj. 1. fraco, imponente. 2. ineficaz, ineficiente. 3. sem autoridade. ‖ **~ly** adv. 1. fracamente. 2. ineficazmente.

powerlessness [~ nis] s. 1. fraqueza, impotência f. 2. ineficácia, ineficiência f. 3. falta f. de autorização.

power loading s. (Av.) carga f. de potência.

power loom s. (Téc.) tear automático m.

power pack s. (Eletrón.) bloco m. de alimentação.

power plant s. casa de força f.

power station s. usina elétrica, usina geradora f.

power structure s. (Soc.) grupo dominador m.

pox [pɔks] s. 1. (Med.) qualquer doença caracterizada por pústulas ou erupções. 2. (fam.) sífilis f. **chicken ~** catapora, varicela. **small ~** variola, (Vulg.) bexiga.

poyou [p'ɔiu:] s. (Zool.) tatupeba, tatu-peludo m.

pozzuolana [pɔtsuɔl'a:nə], **pozzolana** [pɔtsɔl'a:nə] s. (Petr.) pozolana f.

pozzuolanic [pɔtsuɔl'ænik], **pozzolanic** [pɔtsɔl'ænik] adj. pozolânico.

practicability [præktikəb'iliti], **practicableness** [pr'æktikəblnis] s. praticabilidade, viabilidade f.

practicable [pr'æktikəbl] adj. 1. praticável, viável, factível. 2. utilizável. ‖ **–bly** adv. de modo factível.

practical [pr'æktikəl] adj. 1. prático: a) não teórico. b) experiente, experimentado. c) fácil, útil. 2. virtual. ‖ **~ly** adv. praticamente: 1. de fato, realmente. 2. por experiência. 3. de modo prático. 4. virtualmente.
~ chemistry química aplicada. **~ knowledge** conhecimentos empíricos, sabedoria empírica. **~ly impossible** irrealizável, praticamente impossível. **~ly speaking** falando de um ponto de vista prático.

practicality [præktik'æliti], **practicalness** [pr'æktikəlnis] s. natureza prática f.

practical joke s. travessura, peça f.

practical nurse s. enfermeira prática f., sem diploma.

practice [pr'æktis] s. 1. prática f.: a) uso, costume, hábito m., praxe f. b) experiência f., tirocínio m. c) aplicação f. do saber. d) exercício, adestramento m. e) desempenho m. de uma profissão. f) método, processo, sistema m. 2. artifício, ardil m., manha f. 3. clínica f. 4. clientela f. 5. (arc.) negociação, conferência f. 6. (arc.) intriga, maquinação f. ‖ v. também **practise** 1. praticar: a) executar, realizar, fazer. b) exercer, desempenhar. c) exercitar, treinar. d) tratar ou negociar com. e) exercitar-se, adestrar-se. 2. proceder, agir. 3. (†) intrigar, maquinar. 4. advogar. 5. clinicar.
in ~ 1. de fato, na prática. 2. praticamente. 3. em forma, adestrado. **out of ~** sem prática, fora

de forma. **~ makes perfect** a prática faz o mestre. **to put (ou bring) into ~** pôr em prática. **~ of the court** procedimento processual. **~ of doing s. th.** o costume de fazer alguma coisa. **foul ~s** procedimento condenável. **to ~ on** ou **upon** iludir, defraudar. **to ~ on the piano** praticar ao piano. **he ~d on his patience** ele aproveitou-se da paciência dele.

practiced, practised [~t] adj. 1. experiente, experimentado. 2. feito ou aprendido pela prática.

practicer, practiser [~ə] s. 1. prático m., profissional m. + f. 2. praticante m. + f. 3. intrigante m. + f.

practician [prækt'iʃən] s. indivíduo prático m.

practicum [pr'æktikəm] s. aula prática f.

practitioner [prækt'iʃənə] s. aquele que desempenha uma profissão liberal, especialmente médico. **general ~** médico de clínica geral.

praecipe [pr'i:sipi] s. (Jur.) intimação f.

praecocial [pri:k'ouʃəl] adj. precoce.

praedial, predial [pr'i:diəl] adj. rural, predial, agrário, que diz respeito a bens imóveis.

praenomen [prin'oumen] s. prenome m.

praepostor [pri:p'ɔstə] s. (Escola) = **prefect.**

praetor, pretor [pr'i:tə] s. pretor m.

praetorial, pretorial [pri:t'ɔ:riəl] adj. pretorial.

praetorian, pretorian [pri:t'ɔ:riən] s. 1. ex-pretor m. 2. pretoriano m. 3. (Pol.) conservador m. ‖ adj. pretoriano, pretorial.

pragmatic [prægm'ætik] s. pragmática, sanção f. ‖ adj. também **pragmatical** 1. pragmático: de ou referente a assuntos de Estado. 2. (Filos.) pragmatista. 3. prático. ‖ **~ally** adv. de modo pragmático.

pragmatics [~s] s. pragmática f.

pragmatism [pr'ægmətizm] s. 1. (Filos.) pragmatismo m. 2. natureza prática f. 3. concepção positiva f. da realidade.

pragmatist [pr'ægmətist] s. (Filos.) pragmatista m. + f. ‖ adj. pragmatista.

pragmatize [pr'ægmətaiz] v. materializar, racionalizar, considerar como fato (algo irreal).

prairie [pr'ɛəri] s. pradaria, campina f.

prairie schooner s. (E. U. A.) carroção m. coberto de lona.

prairie wolf s. (Zool.) coiote m.

praise [preiz] s. 1. louvor, aplauso, elogio m. 2. glorificação, exaltação f. ‖ v. 1. louvar, aplaudir, elogiar. 2. glorificar, exaltar.
~ be to God! louvado seja Deus! **they are loud in his ~s** eles o elogiam sobremaneira. **say it in his ~** diga-o em seu louvor. **he ~d himself on his practice** ele vangloriou-se da sua experiência. **he ~d him to the sky** ele o elogiou sobejamente.

praiseful [pr'eizful] adj. laudatório, encomiástico. ‖ **~ly** adv. de modo encomiástico.

praisefulness [~nis] s. caráter encomiástico m.

praiser [pr'eizə] s. louvador, adorador, elogiador m.

praiseworthiness [pr'eizwə:ðinis] s. laudabilidade f.

praiseworthy [pr'eizwə:ði] adj. louvável. ‖ **–ily** adv. de modo louvável.

praising [pr'eiziŋ] adj. laudatório, encomiástico. ‖ **~ly** adv. de modo ecomiástico.

Prakrit [pr'a:krit] s. prácrito m.: dialeto popular da Índia. ‖ adj. pracrítico.

Prakritic [pra:kr'itik] adj. pracrítico.

praline [pr'a:li:n] s. pralina, praliné f.

pram (I) [præm] abr. de **perambulator** s. 1. (coloq.) carrinho m. de criança. 2. (gíria) carro m. de leiteiro.

pram (II) [pra:m] s. (Náut.) chata f.

prance [pra:ns] s. 1. empino m., curveta f. 2. (coloq.) arrogância f. ‖ v. 1. empinar, curvetear. 2. cavalgar com ostentação. 3. emproar-se, pavonear-se. 4. fazer empinar.

prancer [pr'a:nsə] s. 1. cavalo empinador m. 2. ostentador, faroleiro m.

prancing [pr'a:nsiŋ] adj. que saracoteia, saltitante.

prandial [pr'ændiəl] adj. (joc.) relativo a jantar.

prang [præŋ] s. (gíria Av.) aterragem desastrosa f. ‖ v. 1. espatifar-se (avião). 2. destruir (objetivo ou avião inimigo).

prank (I) [præŋk] s. 1. peça f., logro m. 2. brincadeira, travessura f. ‖ v. brincar, traquinar.

to play a ~ on s. o. pregar uma peça em alguém.

prank (II) [præŋk] v. adornar, enfeitar, ataviar.

to ~ up s. th. with enfeitar alguma coisa com.

pranked, prankt [præŋkt] adj. ataviado, enfeitado.

pranking [pr'æŋkiŋ] s. ataviamento, adornamento m.

prankish [pr'æŋkiʃ] adj. travesso, traquinas. ‖ ~ly adv. de modo travesso.

prankishness [~nis] s. espírito travesso m.

prankster [pr'æŋkstə] s. (E. U. A., coloq.) traquinas m.

prase [preiz] s. (Miner.) prásio m.

prate [preit] s. loquacidade, tagarelice f. ‖ v. tagarelar, palrar, bacharelar.

prater [pr'eitə] s. palrador m., tagarela m. + f.

pratfall [pr'ætfɔ:l] s. tombo m. sobre as nádegas.

pratincole [pr'ætiŋkoʊl] s. (Orn.) perdiz-do-mar f.

prating [pr'eitiŋ] s. tagarelice f. ‖ adj. tagarela, palrador. ‖ ~ly adv. de modo tagarela.

pratique [præt'i:k] s. (Náut.) prática f.: licença dada a navegantes de comunicar com um porto.

prattle s. 1. = prate. 2. conversa infantil f. ‖ v. 1. = prate. 2. conversar de modo infantil.

prattler [pr'ætlə] s. tagarela m. + f., palrador m.

pravity [pr'æviti] (†) s. pravidade, depravação f.

prawn [prɔ:n] s. (Zool.) pitu m.: camarão grande. ‖ v. pescar pitus.

praxis [pr'æksis] s. 1. praxe, prática f., uso m. 2. exercício gramatical m.

pray [prei] v. 1. rezar, orar. 2. suplicar, rogar. 3. interceder por. 4. salvar por meio de orações.

~ ou I ~ you, please! faça o favor, por favor! ~ tell me diga-me, por favor. he is past ~ing for não há mais esperanças para ele (p. ex. em caso de doença).

prayer (I) [pr'eiə] rezador m., pessoa f. que reza.

prayer (II) [pr'ɛə] s. 1. oração, reza f. 2. súplica f., rogo m. 3. petição f. 4. ~s pl. bons votos m. pl. morning ~s preces matinais. the Lord's Prayer o pai-nosso. she said her ~s ela fez as suas orações. The Book of Common Prayer = Prayer-Book.

prayer beads s. = rosary.

Prayer-Book s. horas f. pl., livro m. de orações da Igreja Anglicana.

prayerful [pr'ɛəful] adj. 1. devoto, piedoso. 2. sério, compenetrado. ‖ ~ly adv. devotamente.

prayerfulness [~nis] s. devoção, religiosidade f.

prayerless [pr'ɛəlis] adj. ímpio.

prayer rug s. (Islã) tapete m. das orações.

praying mantis s. (Ent.) louva-a-deus m.

pre– [pri:] prefixo que denota prioridade, como por exemplo: pre-eminent, prearrange.

preach [pri:tʃ] s. (coloq.) prédica f., sermão m. ‖ v. pregar: a) proclamar o Evangelho. b) pronunciar sermões. c) exortar, concitar. d) aconselhar. e) discursar, orar.

to ~ down verberar, criticar. to ~ up louvar.

preacher [pr'i:tʃə] s. 1. pregador m. 2. exortador m.

preachify [pr'i:tʃifai] v. (fam.) arengar.

preaching [pr'i:tʃiŋ] s. 1. pregação, prédica f. 2. sermão m. ‖ adj. pregador, admonitório.

preachment [pr'i:tʃmənt] s. 1. pregação, prédica f. 2. sermão m. 3. exortação f. 4. arenga f.

preachy [pr'i:tʃi] adj. (coloq.) 1. inclinado a fazer exortações. 2. tedioso, enfadonho.

preadamic [pri:əd'æmik] adj. pré-adamita.

preadamite [pri:'ædəmait] s. pré-adamita m. ‖ adj. pré-adamita.

preadolescence [pri:ædəl'esəns] s. pré-puberdade f.: período (dos 9 aos 12 anos) que antecede a adolescência.

preamble [pri:'æmbl] s. preâmbulo, prefácio, exórdio m., introdução f. ‖ v. preambular, prefaciar.

preambulation [priæmbjul'eiʃən] s. preambulação f.

preambulatory [pri:'æmbjulətəri] adj. preambular, introdutório, preliminar.

preamplifier [pri:'æmpləfaiə] s. (Eletr.) pré-amplificador m.

preapprehension [pri:æprih'enʃən] s. 1. noção preconcebida f. 2. presságio, augúrio m.

prearrange [pri:ər'eindʒ] v. arranjar de antemão.

prearrangement [~mənt] s. arranjo prévio m.

prebend [pr'ebənd] s. (Ecles.) prebenda f.

prebendal [prib'endəl] adj. 1. relativo a prebenda. 2. concernente a prebendário. 3. prebendado.

prebendary [pr'ebəndəri] s. prebendado, prebendário m.

prebendaryship [~ʃip] s. prebendaria f.

prebendate [pr'ebəndeit] v. prebendar.

Pre-Cambrian [pri:k'æmbriən] adj. (Geol.) pré-câmbrico.

precarious [prik'ɛəriəs] adj. 1. precário: a) incerto. b) instável. 2. duvidoso. ‖ ~ly adv. precariamente.

precariousness [~nis] s. precariedade, incerteza f.

precast [pr'i:ka:st, pri:k'a:st] adj. pré-moldado.

precast concrete s. (Constr.) concreto pré-moldado m.

precatory [pr'ekətəri] adj. precatório, rogatório.

precaution [prik'ɔ:ʃən] s. precaução, prevenção f. ‖ v. prevenir, precatar.

precautional [~əl], precautionary [~əri] adj. precautório.

precautious [prik'ɔ:ʃəs] adj. precavido, precatado. ‖ ~ly adv. com precaução, cautelosamente.

precautiousness [~nis] s. caráter precativo m.

precede [pris'i:d] v. 1. preceder: a) anteceder, ir adiante de. b) chegar antes de. c) realizar-se antes de. d) superar em importância. e) ter precedência sobre. 2. fazer preceder.

corruption of morals ~s crime a corrupção da moral precede o crime. they went in ~d by their master êles entraram precedidos pelo seu mestre.

precedence [pris'i:dəns], precedency [~i] s. precedência f.: a) prioridade f. b) primazia, superioridade f. the order of ~ hierarquia. we have ~ over him temos precedência sobre ele.

precedent [pr'esidənt] s. precedente, exemplo m. ‖ v. justificar por meio de um precedente. ‖ [pris'i:dənt] adj. precedente. ‖ ~ly adv. com precedência.

it was recorded for a ~ foi estatuído como precedente. we set a ~ criamos um precedente. without ~ sem precedente. conditions ~ condições prévias.

precedented [pr'esidentid] adj. justificado por um precedente.

precedential [presid'enʃəl] adj. 1. que constitui precedente. 2. precedente, antecedente.

preceding [pris'i:diŋ] adj. precedente, antecedente.

precent [pris'ent] v. dirigir o coro.

precentor [pris'entə] s. chantre m.

precept [pr'i:sept] s. preceito m.: a) norma, regra, prescrição f. b) (Jur.) ordem judicial f.

by ~ conforme prescrição.

preceptive [pris'eptiv] adj. 1. preceptivo, normativo. 2. instrutivo, didático.

preceptor [pris'eptə] s. 1. preceptor, mentor, instrutor, tutor m. 2. chefe m. de uma preceptoria.

preceptoral [~rəl], preceptorial [pri:sept'ouriəl] adj. preceptoral.

preceptorate [pris'eptərit] s. preceptoria f.: ofício de preceptor.

preceptory (I) [pris'eptəri] adj. = preceptive.

preceptory (II) [pris'eptəri] s. preceptoria f.: comunidade f. de templários.

preceptress [pris'eptris] s. preceptora, instrutora f.

precession [pris'eʃən] s. precessão f.

precessional [~əl] adj. relativo a precessão.

precinct [pr'i:siŋkt] s. 1. precinto, recinto m. 2. ~s pl. arredores m. pl., vizinhança f. 3. limite m. 4. pequena jurisdição territorial. 5. (E. U. A.) distrito policial m. 6. (E. U. A.) distrito eleitoral m.

preciosity [preʃi'ositi] s. preciosismo, maneirismo m.

precious [pr'eʃəs] adj. 1. precioso: a) valioso, de alto preço. b) de estimação, querido. c) afetado, presumido. 2. fastidioso, tedioso. 3. refinado, rematado. ‖ ~ly adv. 1. preciosamente. 2. refinadamente. **a ~ fool** um tolo rematado. **a ~ scoundrel** um malandro refinado. **~ dear** caríssimo. **~ little** pouquíssimo. **my ~** meu bem.

preciousness [~nis] s. preciosidade f.

precious stone s. pedra preciosa f.

precipice [pr'esipis] s. precipício m.: a) despenhadeiro m. (quadro M 7). b) (fig.) situação difícil, ruína f. **to fall down a ~** cair num precipício.

precipitance [pris'ipitəns], **precipitancy** [~i] s. precipitação f.: pressa irrefletida f.

precipitant [pris'ipitənt] s. (Quím.) precipitante m. ‖ adj. 1. íngreme, alcantilado. 2. precipitado, apressado. 3. (Quím.) precipitante. 4. abrupto, súbito. ‖ ~ly adv. precipitadamente.

precipitate [pris'ipitit] s. (Quím.) precipitado m. ‖ v. [pris'ipiteit] 1. precipitar: a) lançar em precipício. b) impelir à ruína. c) apressar. d) (Fís. e Meteor.) condensar a fim de provocar a queda. e) (Quím.) separar por meio de precipitação. 2. precipitar-se: a) arrojar-se, arremessar-se. b) agir com precipitação. c) (Quím.) separar-se como precipitado. d) (Fís. e Meteor.) condensar-se e cair. 3. (Espiritismo) materializar(-se). ‖ adj. 1. [pris'ipitit] alcantilado, escarpado. 2. precipitado, apressado, irrefletido. 3. súbito, abrupto. 4. prematuro. ‖ ~ly adv. precipitadamente.

precipitation [prisipit'eiʃən] s. 1. precipitação f.: a) queda f., despenhamento m. b) pressa irrefletida f. c) (Quím.) processo m. de separação de um elemento de uma solução. d) (Meteor.) queda de chuva, neve, granizo, etc. e) (Meteor.) índice pluviométrico m. f) (Quím.) precipitado m. 2. (Espiritismo) materialização f.

precipitative [pris'ipiteitiv] adj. precipitante.

precipitator [pris'ipiteitə] s. 1. pessoa precipitada f. 2. operador m. de máquina para precipitações. 3. (Quím. e Fís.) precipitante m. 4. (Quím. e Fís.) aparelho m. para precipitações.

precipitin [pris'ipitin] s. (Bioquím.) precipitina f.

precipitous [pris'ipitəs] adj. 1. íngreme, escarpado, alcantilado. 2. súbito, abrupto. 3. precipitado, apressado. ‖ ~ly adv. precipitadamente.

precipitousness [~nis] s. 1. ingremidade, escarpadura f. 2. precipitação f.

précis [pr'eisi:] s. pl. ~ [~z] (fr.) sumário, epítome m.

precise [pris'ais] adj. 1. preciso, exato, certo, definido. 2. de precisão. 3. meticuloso. 4. cerimonioso, formal. ‖ ly adv. 1. precisamente. 2. pontualmente.

preciseness [~nis] s. 1. precisão, exatidão f. 2. pontualidade f. 3. meticulosidade f.

precisian [pris'iʒən] s. 1. formalista, rigorista m. + f. 2. puritano inglês m. dos séc. XVI e XVII. ‖ adj. formalista, rigorista.

precisianism [~izm] s. formalismo, rigorismo, puritanismo m.

precision [pris'iʒən] s. precisão, exatidão f. **~ balance** balança de precisão. **~ gauge** calibre de

precisão. **~ turning lathe** (Téc.) torno de precisão.

precisionist [~ist] s. purista m.

preclinical [prikl'inikəl] adj. (Méd.) pré-clínico.

preclude [prikl'u:d] v. 1. impedir, obstar, evitar, prevenir **(from,** de). 2. fechar, obstruir.

preclusion [prikl'u:ʒən] s. 1. prevenção, impedição f. 2. obstrução f.

preclusive [prikl'u:siv] adj. preventivo, exclusivo. ‖ ~ly adv. preventivamente. **to be ~ of** excluir, impedir.

precocious [prik'ouʃəs] adj. precoce, prematuro. ‖ ~ly adv. precocemente, prematuramente.

precociousness [~nis], **precocity** [prik'ositi] s. precocidade, prematuridade f.

precognition [pri:kɔgn'iʃən] s. conhecimento prévio m.

preconceive [pr'i:kəns'i:v] v. preconceber.

preconceived [~d] adj. preconcebido.

preconception [pri:kəns'epʃən] s. 1. preconcepção f. preconcebimento m. 2. preconceito m., prevenção f.

preconcert [pr'i:kəns'ə:t] v. combinar previamente.

precondition [prikənd'iʃən] s. condição prévia f. ‖ v. precondicionar.

preconization [pr'i:kənaiz'eiʃən] s. preconização f.

preconize [pr'i:kənaiz] v. preconizar.

preconizer [~ə] s. preconizador m.

preconscious [prik'ɔnʃəs] adj. (Psiq.) em estado pré-consciente.

precordial [pri:k'ɔ:diəl] adj. (Anat.) precordial.

precordial pain (Med.) s. precordialgia f.

precox [pr'i:kɔks] adj. precoce. **dementia ~** demência precoce.

precursive [prik'ə:siv] adj. = **precursory.**

precursor [prik'ə:sə] s. precursor m.: a) arauto m. b) antecessor, predecessor m.

precursory [~ri] adj. 1. precursor. 2. preliminar. 3. premonitório. **to be ~ of** anunciar, pressagiar.

pred. abr. de **predicate.**

predaceous, predacious [prid'eiʃəs] adj. de rapina, rapinante.

predaceousness, predaciousness [~nis], **predacity** [prid'æsiti] s. rapinagem f.

predate [pri:d'eit] v. 1. antedatar. 2. atribuir a uma data anterior à verdadeira.

predatoriness [~nis] s. caráter predatório m.

predatory [pr'edətəri] adj. 1. predatório. 2. rapinante. 3. destruidor. ‖ **–ily** adv. de modo predatório.

predecease [pr'i:dis'i:s] v. preceder na morte.

predecessor [pr'i:disesə] s. 1. predecessor, antecessor m. 2. antepassado m.

predestinarian [pridestin'əəriən] s. 1. predestinacionista m. + f. 2. fatalista m. + f. ‖ adj. relativo à predestinação.

predestinate [prid'estineit] s. predestinado m. ‖ v. predestinar. ‖ [prid'estinit] adj. (arc.) predestinado.

predestination [pridestin'eiʃən] s. 1. predestinação f. 2. fado, destino m.

predestine [prid'estin] v. = **predestinate.**

predetermined [pri:dit'ə:minit] adj. predeterminado.

predetermination [pri:ditə:min'eiʃən] s. 1. predeterminação f. 2. (Teol.) predestinação f.

predetermine [pri:dit'ə:min] v. 1. predeterminar. 2. (Teol.) predestinar. 3. predispor.

predicability [predikəb'iliti] s. condição f. de atribuível.

predicable [pr'edikəbl] s. 1. atributo, predicado m. 2. ~s pl. (Filos.) categorias f. pl. ‖ adj. atribuível, afirmável. **it is ~ of her** pode-se atribuir a ela.

predicament [prid'ikəmənt] s. 1. predicamento m., categoria f. 2. estado m., condição f. 3. apuro, transe m.

in a pretty ~ num apuro tremendo.
predicamental [pridikəm'entəl] adj. predicamental.
predicant [pr'edikənt] s. 1. predicante m. + f., pregador m. 2. dominicano m. ‖ adj. predicante.
predicate [pr'edikit] s. 1. (Gram.) predicado m. 2. atributo m. ‖ v. 1. proclamar, declarar, afirmar. 2. predicar, pregar. 3. atribuir. 4. prover de predicado. 5. implicar em. 6. (errôneo) basear, afirmar. ‖ adj. (Gram.) predicativo.
predication [predik'eiʃən] s. 1. afirmação, asserção f. 2. (Gram.) predicação f. 3. (errôneo) predição f., vaticínio m.
predicative [prid'ikativ] adj. 1. afirmativo, assertivo. 2. (Gram.) predicativo. 3. predical. ‖ ~ly adv. de modo predicativo ou afirmativo.
predicatory [pr'edikətəri] adj. 1. predical. 2. pregado, proclamado.
predict [prid'ikt] v. predizer, vaticinar, prognosticar, profetizar.
prediction [prid'ikʃən] s. predição, profecia f., vaticínio, prognóstico m.
predictive [prid'iktiv] adj. profético. ‖ ~ly adv. profeticamente.
predictor [prid'iktə] s. preditor, profeta m.
predictory [~ri] adj. = **predictive**.
predilection [pri:dil'ekʃən] s. predileção, preferência f.
predisponent [pri:disp'ounənt] adj. predisponente.
predispose [pri:disp'ouz] v. 1. predispor, tender. 2. legar antecipadamente.
predisposed [~d] adj. predisposto, inclinado.
predisposition [pri:dispəz'iʃən] s. predisposição, tendência, propensão f.
predominance [prid'ominəns], **predominancy** [~i] s. 1. predominância f., predomínio m. 2. preponderância, superioridade f.
predominant [prid'ominənt] adj. predominante, preponderante, prevalecente. ‖ ~ly adv. predominantemente.
predominate [prid'omineit] v. 1. predominar, preponderar, prevalecer (over sobre). 2. sobrepujar em número. 3. dominar sobre, controlar.
predomination [pridomin'eiʃən] s. 1. predomínio m., preponderância f. 2. superioridade f.
predominator [prid'omineitə] s. predominador m.
pre-elect v. pré-eleger. ‖ adj. pré-eleito.
pre-election s. 1. eleição prévia f. 2. preferência f. 3. (Teol.) eleição, predestinação f. ‖ adj. pré-eleitoral.
pre-eminence s. preeminência, primazia, precedência f.
pre-eminent adj. preeminente (among entre). ‖ ~ly adv. de modo preeminente.
he is ~ ele sobressai.
pre-empt v. 1. adquirir por preempção. 2. (coloq.) apropriar-se antecipadamente de, ocupar antes de.
pre-emptible adj. sujeito a preempção.
pre-emption s. 1. preempção f. 2. (coloq.) apropriação antecipada f.
right of ~ prioridade de compra.
pre-emptive adj. que envolve preempção.
preen [pri:n] v. 1. alisar com o bico. 2. ataviar-se, enfeitar-se. 3. envaidecer-se, orgulhar-se (over de).
pre-engage v. 1. engajar mediante contrato prévio. 2. assumir compromisso prévio de casamento. 3. travar combate antes de. 4. preocupar.
pre-engagement s. 1. compromisso prévio m. de casamento. 2. preocupação f.
pre-establish v. preestabelecer.
pre-established adj. preestabelecido.
pre-establishment s. estabelecimento antecipado m.
pre-examination s. exame prévio m.
pre-examine v. examinar previamente
pre-exist v. preexistir.

pre-existence s. preexistência f.
pre-existent adj. preexistente.
pref. abr. de 1. preface. 2. preferred. 3. prefix.
prefab [pr'i:fæb] s. (pop. E. U. A.) casa pré-fabricada f. ‖ v. (E. U. A.) pré-fabricar.
prefabricate [pri:f'æbrikeit] v. pré-fabricar
prefabrication [prifæbrik'eiʃən] s. pré-fabricação f.
preface [pr'efis] s. prefácio m.: a) preâmbulo, prólogo, prelúdio, proêmio m., introdução f. b) (Lit.) prelúdio m. ao cânone. ‖ v. 1. prefaciar, proemiar (by, with com). 2. servir como preliminar.
prefacer [~ə] s. prefaciador m.
prefatory [pr'efətəri] adj. prefacial, introdutório, preliminar. ‖ ~ily adv. como prefácio, como introdução.
prefect [pr'i:fekt] s. 1. prefeito m.: a) chefe de prefeitura na Roma imperial. b) chefe de departamento em França. c) monitor escolar. 2. superior de congregação cardinalícia.
prefectoral [prif'ektərəl], **prefectorial** [pri:fekt'ɔ:riəl] adj. prefeitoral: de ou relativo a prefeito.
prefectural [pri:f'ektjuərəl] adj. prefeitural: de ou relativo a prefeitura.
prefecture [pr'i:fektjuə] s. prefeitura f.: a) uma das quatro divisões administrativas do Império Romano. b) cargo m. do prefeito. c) repartição f. do prefeito. d) período m. de mandato do prefeito.
prefer [prif'ə:] v. 1. promover, elevar a cargo superior (to a). 2. nomear, designar. 3. preferir, escolher, dar preferência a. 4. oferecer, dar. 5. apresentar queixa (against contra). 6. apresentar, submeter à apreciação de. 7. instruir, recomendar. 8. atribuir, referir, imputar. 9. (Jur.) dar prioridade a.
he had been ~red to me ele me foi preferido.
they ~red going home preferiram voltar para casa.
to ~ a petition apresentar uma petição. we ~ it to everything preferimo-lo a tudo. we ~ to go today preferimos ir hoje.
preferable [pr'efərəbl] adj. 1. preferível. 2. (Jur.) suscetível de prioridade. ‖ ~bly adv. preferivelmente, de preferência.
preferableness [~nis], **preferability** [prefərəb'iliti] s. condição f. de preferível.
preference [pr'efərəns] s. 1. preferência, predileção f. (to, over, above diante). 2. promoção f. 3. objeto m. ou pessoa f. preferida. 4. (Jur.) prioridade, primazia f. 5. favoritismo m.
he gave his ~ to ele tinha predileção por. Mary's ~ in reading is a love story o gênero predileto de leitura de Maria são as histórias de amor. my ~ is for beer rather than wine prefiro cerveja a vinho.
preferential [prefər'enʃəl] adj. preferencial. ‖ ~ly adv. preferencialmente.
~ duty tarifa preferencial. ~ shares ações preferenciais.
preferment [prif'ə:mənt] s. 1. promoção f. 2. cargo m. honorífico ou lucrativo. 3. (Jur.) prioridade, primazia f.
preferred stock s. (Econ.) ações preferenciais f. pl.
prefiguration [pri:figər'eiʃən] s. 1. prefiguração f 2. protótipo m.
prefigurative [prif'igərətiv] adj. prefigurativo.
prefigure [prif'igə] v. prefigurar, figurar antecipadamente.
prefix [pr'i:fiks] s. prefixo m. ‖ [pri:f'iks] v. antepor como prefixo (to para).
prefixal [pr'i:fiksəl] adj. prefixal.
prefixon [prif'ikʃən] s. prefixação f.
preform [pri:f'ɔ:m] v. 1. preformar. 2. determinar as formas de antemão.
preformation [pri:fɔ:m'eiʃən] s. 1. formação prévia f. 2. (Biol.) pré-formação f.
preformative [pri:f'ɔ:mətiv] s. (Gram.) sílaba ou letra

P 9

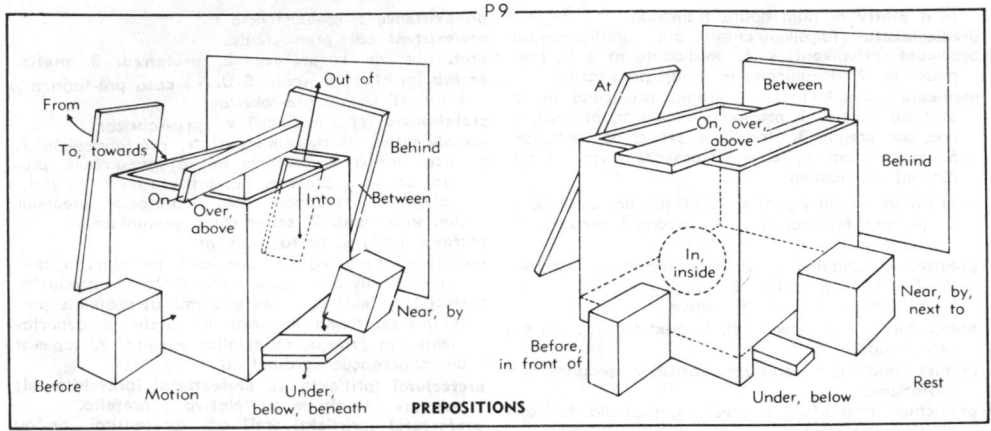

PREPOSITIONS

anteposta. ‖ adj. prefixal.
preglacial [pri:gl'eiʃəl] adj. (Geol.) pré-glacial.
pregnable [pr'egnəbl] adj. 1. expugnável. 2. (fig.) contestável.
pregnancy [pr'egnənsi] s. 1. gravidez, prenhez, gestação f. 2. fecundidade, fertilidade f. 3. (fig.) inventiva f., engenho m. 4. importância, relevância f. 5. (arc.) potencialidade, latência t
pregnant [pr'egnənt] adj. 1. **grávida, prenhe.** 2. fecundo, prolífico. 3. rico, abundante. 4. sugestivo. significativo. 5. importante. 6. convincente. 7. inventivo, engenhoso, imaginativo. 8. potencial, latente. 9. (poét.) repleto, pleno, cheio. ‖ **~ly** adv. abundantemente, fecundamente.
preheat [pri:h'i:t] v. pré-aquecer.
prehensile [prih'ensail] adj. preênsil.
prehension [pri'henʃən] s. 1. preensão f. 2. compreensão, percepção f. 3. apreensão mental f.
prehistoric [pr'i:hist'ɔrik], **prehistorical** [~əl] adj. 1. pré-histórico. 2. (joc.) muito velho.
prehistory [pri:h'istəri] s. pré-história f.
prehuman [pri:hj'u:mən] s. animal pré-humano m. ‖ adj. pré-humano, relativo ao protótipo do homem.
preignition [pri:ign'iʃən] s. (Téc.) ignição prematura f.
prejudge [pri:dʒ'ʌdʒ] v. 1. prejulgar. 2. (coloq.) avaliar de antemão.
prejudgment, prejudgement [~mənt] s. 1. julgamento antecipado m. 2. preconceito, prejuízo m.
prejudice [pr'edʒudis] s. 1. prejuízo, dano, detrimento m. 2. preconceito m., prevenção f. ‖ v. 1. prejudicar, lesar. 2. predispor, imbuir de preconceito. **one unhappy experience ~d him against all women** uma experiência infeliz o predispôs contra todas as mulheres. **to the ~ of** em detrimento de. **we had a ~ against him** tínhamos um preconceito contra ele. **without ~** sem prejuízo de. **we had a ~ in favour of him** tínhamos uma predisposição favorável acerca dele.
prejudiced [~t] adj. imbuído de preconceitos.
prejudicial [predʒud'iʃəl] adj. prejudicial, nocivo, desvantajoso. ‖ **~ly** adv. prejudicialmente.
prejudicialness [~nis] s. caráter prejudicial m.
prelacy [pr'eləsi] s. 1. prelatura, prelazia f. 2. os prelados coletivamente.
prelate [pr'elit] s. prelado m.
prelatess [~is] s. prelada, abadessa f.
prelatic [pril'ætik] adj. prelacial, prelatício.
prelature [pr'elətʃə] s. prelatura, prelazia f.
prelect [pril'ekt] v. prelecionar, discorrer.
prelection [pril'ekʃən] s. preleção f.

prelector [pril'ektə] s. prelecionador, preletor m., lente, docente m. + f.
prelibation [pri:laib'eiʃən] s. prelibação f.
prelim [pril'im] s. abr. de **preliminary examination.**
preliminary [pril'iminəri] s. 1. preliminar, introdução f., prelúdio m. 2. (gíria) exame m. de admissão. ‖ adj. preliminar, prévio, introdutório. ‖ **–ily** adv. preliminarmente.
~ dressing curativo de emergência. **~ examination** exame de admissão. **~ inquiry** (Jur.) inquérito preliminar. **~ round** (Esp.) prova eliminatória.
preliterate [pri:l'itərit] adj. (Etn.) pré-literário.
prelude [pr'elju:d] s. prelúdio m.: a) introdução, prefácio. b) (Mús.) movimento de introdução a uma peça. ‖ v. preludiar: a) introduzir, prefaciar. b) (Mús.) tocar um prelúdio. c) servir de prelúdio a.
preludial [prilj'u:diəl], **preludious** [prilj'u:diəs], **prelusive** [prilj'u:siv], **prelusory** [prilj'u:səri] adj. introdutório.
prelusion [prilj'u:ʒən] s. prelúdio m., introdução f.
premature [premətj'uə] adj. 1. prematuro, precoce. 2. apressado, precipitado. ‖ **~ly** adv. prematuramente.
prematureness [~nis], **prematurity** [~riti] s. 1. prematuridade, precocidade f. 2. precipitação f.
premedic [pri:m'edik] s. (coloq.) estudante de curso pré-médico.
premedical [~əl] adj. pré-médico.
premeditate [pri:m'editeit] v. premeditar.
premeditated [~id] adj. premeditado. ‖ **~ly** adv. premeditadamente.
premeditation [primedit'eiʃən] s. premeditação f.
premier [pr'emjə, pr'i:miə] s. primeiro-ministro m. ‖ adj. primeiro, principal.
première, premiere [pr'emjɛə] s. 1. prima-dona f. 2. estréia f. ‖ v. estrear. ‖ adj. primeiro, inicial.
premiership [~ʃip] s. dignidade f. de primeiro-ministro.
premillennialism [pri:mil'eniəlizm] s. (Rel.) crença f. de que a segunda volta de Cristo precede o fim do milênio.
premise (I), **premiss** [pr'emis] s. 1. (Lóg.) premissa t. 2. **~s** pl. (Jur.) texto supracitado. 3. **~s** pl. (Jur.) propriedade f. territorial ou predial. **in the** (ou **these**) **~s** a respeito do assunto já mencionado. **on the ~s** no local.
premise (II) [prim'aiz] v. 1. estabelecer como premissa. 2. mencionar de antemão. 3. admitir como preexistente.
premium [pr'i:miəm] s. 1. prêmio m.: a) galardão, recompensa. b) importância paga para a produção

que supera um mínimo fixado. 2. ágio m. 3. prêmio m. de seguro.

at a ~ 1. acima do par. 2. valioso.

premolar [pri:m'oulə] s. (Anat. e Zool.) pré-molar m. ‖ adj. pré-molar.

premonish [prim'ɔniʃ] v. (†) premunir, prevenir.

premonition [pri:mon'iʃən] s. 1. premonição f. 2. (coloq.) presságio, pressentimento m.

premonitive [prim'ɔnitiv], **premonitory** [prim'ɔnitəri] adj. premonitório.

~ **symptoms** (Med.) primeiros sintomas.

Premonstratensian [primɔnstrət'enʃən] s. (Rel.) premonstratense m.

premorse [prim'ɔ:s] adj. (Bot.) premorso.

pre-natal [pr'i:n'eitəl] adj. pré-natal.

prenominate [prin'ɔmineit] v. 1. prenominar. 2. mencionar supra.

prenotion [pri:n'ouʃən] s. prenoção, preconcepção f.

prentice [pr'entis] s. abr. de **apprentice.** ‖ adj. 1 de aprendiz. 2. (fig.) inexperiente.

~ **work** trabalho de aprendiz.

prenuptial [pri:n'ʌpʃəl] adj. pré-nupcial, antenupcial.

preoccupancy [pri:'ɔkjupənsi] s. 1. tomada f. de posse anterior. 2. direito m. de ocupação prévia.

preoccupate [pri:'ɔkjupeit] v. imbuir, predispor.

preoccupation [priɔkjup'eiʃən] s. 1. preocupação f. 2 (Ret.) prolepse f. 3. preconceito m., prevenção f 4. absorção f. 5. ocupação prévia f.

preoccupied [pri:'ɔkjupaid] adj. 1. preocupado, absorto (**with** com). 2. já ocupado. 3. (Biol.) já aplicado a algum grupo.

preoccupy [pri:'ɔkjupai] v. 1. preocupar, causar preocupação a. 2. imbuir, predispor. 3. ocupar em primeiro lugar.

preoperative [pri:'ɔpəreitiv] adj. (Cirurg.) pré-operatório.

preoption [pri:'ɔpʃən] s. escolha prévia f.

preoral [pri:'ɔurəl] adj. (Zool.) pré-oral.

preordain [pri:ɔ:d'ein] v. preordenar, predeterminar.

preorder [pri:'ɔ:də] v. 1. arrumar previamente. 2. preordenar, predeterminar.

preordination [pri:ɔ:din'eiʃən] s. preordenação, predeterminação f.

prep [prep] s. (gíria) 1. (E. U. A.) estudante m.+f. de curso preparatório. 2. hora f. de estudo. 3. preparação f. de lições. 4. curso preparatório m.

prepack [pri:p'æk], **prepackage** [~idʒ] v. embalar previamente (produtos alimentícios ou manufaturados) antes de pôr à venda.

prepaid [pr'i:peid] adj. (abr. **p. p.**) com porte pago.

preparation [prepər'eiʃən] s. 1. preparação f.: a) preparo, preparativos. b) elaboração, manufatura, fabrico. 2. estado m. de preparo, prontidão f. 3. medida preparatória f. 4. preparado m. 5. estudo preliminar m. 6. (Ecles.) exercícios m. pl. (Liturgia da Palavra e Ofertório) de elevação que precedem a celebração da Eucaristia.

preparative [prip'ærətiv] s. 1. preparativo,apresto m. 2. (milit. e marít.) sinal m. de tambor ou corneta. ‖ adj. preparativo, preparatório.

preparator [prip'ærətə] s. preparador m. (de laboratório).

preparatory [~ri] s. 1. preparativo m. 2. curso m. de preparatórios. ‖ adj. preparatório, introdutório, preparativo. ‖ **-ily** adv. preparatoriamente.

~ **of school** curso de preparatórios.

prepare [prip'ɛə] v. 1. preparar: a) aprestar, aprontar. b) elaborar, fabricar, manufaturar. c) manipular. d) prover de, aparelhar, equipar. e) predispor. 2. preparar-se: a) aprontar-se. b) predispor-se. 3. tornar preparado.

I am ~**d to go** estou pronto para partir. **she** ~**d her lesson** ela preparou sua lição. **to** ~ **for action** colocar de prontidão.

prepared [~d] adj. preparado, arranjado. 2. pronto, disposto. 3. aparelhado, equipado. ‖ ~**ly** adv. com preparo adequado.

be ~! Sempre Alerta! (lema dos escoteiros).

preparedness [~dnis] s. prontidão f.

prepay [pri:p'ei] v. (imp. e p. p. **prepaid**) pagar ou franquear antecipadamente.

prepayable [pri:p'eiəbl] adj. pagável com antecipação.

prepayment [pri:p'eimənt] s. pagamento antecipado m.

prepense [prip'ens] adj. premeditado, preconcebido, deliberado.

with (ou **of**) **malice** ~ premeditadamente, com má intenção.

preponderance [prip'ɔndərəns], **preponderancy** [~i] s. preponderância, hegemonia f., predomínio m.

preponderant [prip'ɔndərənt] adj. preponderante, predominante. ‖ ~**ly** adv. preponderantemente.

preponderate [prip'ɔndəreit] v. preponderar: a) ser mais pesado. b) predominar, prevalecer. ‖ adj. preponderante: 1. maior em peso, força ou número. 2. principal, o mais importante.

the balance ~**d in favour of him** a balança inclinou-se a seu favor.

preponderation [pripɔndər'eiʃən] s. = **preponderance.**

prepose [prip'ouz] v. (Gram.) prepor.

preposition [prepəz'iʃən] s. (Gram.) preposição f.

prepositional [~əl] adj. preposicional.

prepositive [prip'ɔzitiv] s. (Gram.) palavra prepositiva f. ‖ adj. (Gram.) prepositivo, prefixado.

prepositor [prip'ɔzitə] s. monitor escolar m.

prepositure [prip'ɔzitʃə] s. prepositura f.

prepossess [pri:pəz'es] v. 1. predispor, influenciar (esp. em sentido favorável). 2. imbuir de. 3. ocupar antes de, tomar posse antes de.

prepossessed [~t] adj. predisposto, inclinado.

prepossessing [~iŋ] adj. cativante, fascinante, atraente. ‖ ~**ly** adv. de modo cativante.

prepossession [pri:pəz'eʃən] s. 1. predisposição f. 2. preconceito m. 3. (†) posse prévia f.

preposterous [prip'ɔstərəs] adj. 1. prepóstero, irracional, ilógico. 2. absurdo, ridículo, grotesco. ‖ ~**ly** adv. de modo prepóstero ou absurdo.

preposterousness [~nis] s. preposteridade f., despropósito, absurdo m.

prepotence [pri:p'outəns], **prepotency** [~i] s. 1. prepotência f., predomínio m. 2. (Biol.) capacidade hereditária preponderante f.

prepotent [pri:p'outənt] adj. 1. prepotente, predominante. 2. (Biol.) caracterizado por fatores hereditários predominantes.

preprandial [pripr'ændiəl] adj. antes do jantar.

prepuce [pr'i:pju:s] s. (Anat.) prepúcio m.

preputial [pripj'u:ʃəl] adj. prepucial.

pre-Raphaelite [pr'i:r'æfəlait] s. (Pint.) pré-rafaelita m.+f. ‖ adj. pré-rafaelita.

Pre-Raphaelitism [pr'i:r'æfiəlitizm] s. pré-rafaelismo m.

prerecord [pririk'ɔ:d] v. (Rádio, Telev.) gravar (programa) antes da emissão.

prerequisite [prir'ekwizit] s. condição prévia f. (**to** para). ‖ adj. previamente necessário.

prerogative [prir'ɔgətiv] s. prerrogativa, regalia f., privilégio m. ‖ adj. privilegiado.

presage [pr'esidʒ] s. 1. presságio, prognóstico, augúrio m. 2. pressentimento m. 3. predição, profecia f. ‖ v. [pris'eidʒ] 1. pressagiar, prognosticar, augurar. 2. pressentir. 3. predizer, profetizar.

presageful [pris'eidʒful] adj. pressagioso.

presager [pris'eidʒə] s. pressagiador m.

presbyopia [prezbi'oupiə] s. (Med.) presbitismo m., presbiopia f.
presbyopic [prezbi'ɔpik] adj. presbita.
presbyter [pr'ezbitə] s. presbítero m.
presbyterate [prezb'itəreit] s. 1. presbiterado, presbiterato m. 2. presbitério m.
Presbyterian [prebzbit'iəriən] s. presbiteriano m. ‖ adj. presbiteriano.
Presbyterianism [~izm] s. presbiterianismo m.
presbytery [pr'ezbitəri] s. presbitério m.
preschool [pr'i:sku:l] s. escola pré-primária f., jardim m. de infância. ‖ [prisk'u:l] adj. pré-escolar, pré-primário.
prescience [pr'i:ʃiəns] s. presciência f.: s'·'·osto conhecimento prévio do futuro.
prescient [pr'esiənt] adj. presciente.
prescind [pris'ind] v. prescindir, abstrair.
prescribe [priskr'aib] v. l. prescrever: a) preceituar, determinar, fixar, ordenar. b) (Jur.) ficar ou tornar sem efeito por prescrição do prazo. c) receitar. 2. adquirir um direito por prescrição.
to ~ for s. o. (Med.) tratar alguém.
prescript [pr'i:skript] s. prescrição, norma †, preceito m. ‖ adj. prescrito, ordenado.
prescriptible [priskr'iptəbl] adj. prescritível.
prescription [priskr'ipʃən] s. prescrição f.: a) ordem, preceito m. b) receita médica. c) (Jur.) usucapião m.: modo de aquisição de um direito ou propriedade pela posse contínua. d) (Jur.) extinção de um direito não exercido durante determinado tempo.
prescriptive [priskr'iptiv] adj. 1. prescribente. 2. consagrado pelo uso.
presence [pr'ezəns] s. 1. presença f.: a) condição f. de presente. b) comparecimento m. c) local m. em que uma pessoa se encontra. d) porte, ar, aspecto m. 2. aparição f., espectro m.
the ~ os soberanos ou as pessoas de destaque. **in the ~ of** na presença de. **in the ~ of danger** diante do perigo. **into their ~** à sua presença. **~ of mind** presença de espírito. **~ chamber** (ou **room**) sala de audiências. **they were admitted to the ~** foram recebidos em audiência. **he has the ~ of his father** ele tem o porte ou ar do seu pai.
present [pr'ezənt] s. 1. presente m.: a) atualidade. b) (Gram.) tempo que exprime atualidade. c) dádiva, oferta, brinde. 2. apresentação f. de armas. ‖ v. [priz'ent] 1. apresentar: a) introduzir, tornar conhecido de. b) exibir, mostrar. c) submeter à consideração de. d) recomendar. 2. presentear, ofertar, brindar. 3. apontar (arma). 4. (Ecles.) nomear para um benefício. 5. (Jur.) denunciar, acusar. 6. (milit.) apresentar armas. ‖ adj. presente: a) que comparece. b) à vista. c) ao alcance. d) existente, contido em. e) atual, contemporâneo. f) vigente, corrente. ‖ **~ly** adv. 1. logo, em breve, daqui a pouco. 2. (esc.) agora, num instante.
at ~ no momento, agora. **by these ~s** (Jur.) por estes instrumentos. **for the ~** por agora, por ora. **she made me a ~ of** ela me fez presente de. **he ~ed himself** ele apresentou-se. **~ arms!** apresentar armas! **to ~ a bill for acceptance** apresentar um título para aceite. **she ~ed herself** ela apresentou-se. **we ~ed our compliments to him** apresentamos a ele os nossos cumprimentos. **~ value** valor atual. **those ~** os presentes. **to be ~ at** estar presente a. **~ participle** (Gram.) particípio presente. **always ~ to my mind** sempre presente na minha memória.
presentable [priz'entəbl] adj. 1. apresentável, de boa aparência. 2. próprio para presente.
presentableness [~nis], **presentability** [prizentəb'iliti] s. apresentação f.: porte pessoal.
presentation [prizent'eiʃən] s. 1. apresentação f.: a)

introdução, ato de tornar conhecido. b) (Com.) entrega de um título para aceite. c) (Ecles.) indicação para um benefício. 2. oferecimento m., doação f. 3. representação, exibição f. 4. presente m., dádiva f. 5. (Med.) posição f. do feto no útero.
on ~ (Com.) contra apresentação.
presentative [priz'entətiv] adj. 1. sugestivo, representativo. 2. (Ecles.) que possui o direito de apresentação. 3. (Fisiol. e Psicol.) intuitivo.
present-day adj. 1. atual. 2. contemporâneo.
presentee [prizent'i:] s. 1. receptor, recebedor m. (de uma dádiva). 2. clérigo m. apresentado para um benefício.
presenter [priz'entə] s. 1. apresentador, introdutor m. 2. presenteador m., ofertante m. + f.
presentient [pris'enʃənt] adj. pressago, pressagioso.
presentiment [priz'entimənt] s. pressentimento, presságio m.
presentment [priz'entmənt] s. 1. apresentação f. 2. representação, exibição f. 3. peça teatral f. 4. imagem f., retrato m. 5. sugestão f. 6. aparência f., aspecto m. 7. (Jur.) denúncia f. feita perante o grande júri.
preservable [priz'ə:vəbl] adj. conservável.
preservation [prezəv'eiʃən] s. 1. preservação, conservação f. 2. estado m. de conservação.
preservative [priz'ə:vətiv] s. preservativo s. ‖ adj. preservativo.
preserve [priz'ə:v] s. (geralm. **~s** pl.) 1. conserva, compota f. 2. tapada f. ‖ v. 1. preservar: a) proteger, salvaguardar. b) pôr em conserva. 2. manter, reter. 3. guardar em tapada.
Heaven ~ me! Deus me livre!
preserver [~ə] s. 1. preservador m. 2. preservativo m. 3. conserveiro m. 4. guarda m. de animais em tapadas.
preset [pri:s'et] v. pré-ajustar, prefixar. ‖ adj. pré--ajustado, prefixado.
preshrunk [pri:ʃr'ʌŋk] adj. pré-encolhido (tecido).
preside [priz'aid] v. 1. presidir: a) dirigir como presidente. b) superintender. 2. sentar-se à cabeceira da mesa. 3. (fig.) ocupar posição de destaque.
presidency [pr'ezidənsi] s. presidência f.: a) cargo m. de presidente. b) gestão presidencial f. c) superintendência, direção f.
president [pr'ezidənt] s. 1. presidente m. 2. reitor m. de universidade.
president-elect s. presidente eleito m. mas ainda não empossado.
presidential [prezid'enʃəl] adj. presidencial.
~ election eleição presidencial.
presidentship [pr'ezidentʃip] s. presidência f.
presidial [pris'idiəl], **presidiary** [pris'idiəri] adj. 1. presidiário, relativo ou pertencente a presídio. 2. relativo a guarnição militar.
presidio [pris'idiou] s. fortaleza f.
presidium [pris'idiəm] s. (União Soviética) junta governamental f.
presignify [pris'ignifai] v. pressagiar, augurar.
press (I) [pres] s. 1. multidão, turba f. 2. apinhamento, aperto m. 3. pressão f. 4. prensa f. 5. lagar m. 6. prelo m., máquina f. de impressão. 7. imprensa f., jornalismo m. 8. editora f. 9. guarda-roupa m. 10. dobra, prega f., vinco m. 11. impressão mental f. 12. urgência, premência f. ‖ v. 1. comprimir, premer. 2. apertar, empurrar. 3. forçar, compelir. 4. impor, inculcar. 5. acometer, acossar, assediar. 6. oprimir, afligir. 7. prensar, espremer. 8. passar a ferro. 9. fazer pressão sobre. 10. apressar, estimular. 11. exigir, reclamar, demandar. 12. estreitar em forte amplexo. 13. apinhar-se, encher-se. 14. urgir, ter pressa. 15. influir sobre, afetar.
in the ~ no prelo. **to correct the ~** corrigir provas.

to go to the ~ ir para o prelo. **to have a good ~** ser bem recebido pela crítica. **send to ~** mandar imprimir. **hard ~ed** em dificuldades. **~ed for money** necessitado de dinheiro. **they were hard ~ed for time** tinham muita pressa. **to ~ a button** apertar um botão. **to ~ on** 1. avançar. 2. impingir. **to ~ out** espremer. **to ~ forward** empurrar. **to ~ in upon** dirigir-se a alguém com insistência, importunar.

press (II) [pres] v. recrutar à força.

press-agency s. agência f. de publicidade.

press agent s. agente m. de publicidade.

press bed s. cama dobradiça f.

pressboard [pr'esbɔ:d] s. cartão prensado m.

press box s. reservado m. de imprensa.

press bureau s. agência noticiosa f.

press button s. botão m. de pressão (quadro B 25). **~ ~ tuning** sintonização por botões de pressão.

press conference s. entrevista f. coletiva à imprensa.

press-copy s. exemplar m. de publicidade.

press cutting, press clipping s. recorte m. de jornal.

pressed glass s. vidro m. moldado sob pressão.

presser [pr'esə] s. 1. prensador m. 2. prensa f. 3. impressor m.

press-gallery s. galeria f. para a imprensa (esp. em Câmara Legislativa).

press gang, pressgang [pr'esgæŋ] s. (Hist.) destacamento m. que efetuava recrutamentos forçados.

pressing [pr'esiŋ] s. 1. espremedura f. 2. prensagem f. 3. resíduos m. pl. da espremedura. ‖ adj. 1. urgente, premente. 2. insistente. ‖ **~ly** adv. 1. urgentemente. 2. insistentemente.

pression [pr'eʃən] s. impressão f.

pressman [pr'esmən] s. 1. impressor m. 2. prensador m. 3. jornalista m.

pressmark [pr'esma:k] s. número m. de catalogação.

pressor [pr'esə] adj. (Fisiol.) vasoconstritor.

press proof s. (Tipogr.) última prova f.

press reader s. leitor m. de provas.

press release s. (Jornal.) matéria f. liberada para publicação.

pressroom [pr'esrum] s. sala f. de impressão.

pressure [pr'eʃə] s. 1. pressão, compressão f. 2. aperto m. 3. opressão, aflição f. 4. força f. de coação. 5. urgência, premência f. 6. (Eletr.) força eletromotriz f. 7. (Meteor.) pressão atmosférica f. **back ~ turbine** turbina de contrapressão. **blood ~** pressão sanguínea. **dynamic ~** pressão dinâmica. **monetary ~** premência financeira.

pressure boiler s. caldeira f. de pressão.

pressure cabin s. (Av.) cabina pressurizada t.

pressure chamber s. câmara f. de pressão (quadro B 13).

pressure coil s. bobina f. de tensão.

pressure-cook v. cozinhar em panela de pressão.

pressure cooker s. 1. autoclave f. 2. panela f. de pressão.

pressure drop s. queda f. de potencial.

pressure-feed lubrication s. lubrificação f. sob pressão.

pressure gauge s. manômetro m. (quadro B 13).

pressure governor s. regulador m. de pressão.

pressure gradient s. (Meteor.) gradiente barométrico m.

pressure group s. (Pol.) grupo m. que faz pressão.

pressure pump s. bomba f. de recalque.

pressure stage s. grau m. de pressão.

pressurize [pr'eʃəraiz] v. (Av.) pressurizar.

pressurized suit s. (Aer.) roupa pressurizada f.

presswork [pr'eswə:k] s. (Tipogr.) impressão f.

prest [prest] s. adiantamento m. sobre o salário.

prestidigitation [pr'estididʒit'eiʃən] s. prestidigitação f.

prestidigitator [prestid'idʒiteitə] s. prestidigitador m.

prestige [prest'i:ʒ] s. prestígio m.: a) fascinação, atração. b) renome, fama. c) influência, ascendência.

presto [pr'estou] s. (Mús.) presto m. ‖ adj. 1. rápido, imediato. 2. instantâneo. ‖ adv. 1. rapidamente, imediatamente. 2. subitamente. 3. (Mús.) presto.

prestressed [pri:str'est] adj. (Constr.) protendido (concreto).

presumable [prizj'u:məbl] adj. presumível, provável. ‖ **–bly** adv. presumivelmente.

presume [prizj'u:m] v. 1. presumir, conjeturar, supor. 2. inferir, deduzir. 3. ousar, atrever-se a, tomar a liberdade de. 4. (com **on**) abusar de, prevalecer-se de. **he is ~d to know** presume-se que ele saiba.

presumer [~ə] s. presumidor m.

presumption [priz'ʌmpʃən] s. presunção f.: a) arrogância, soberba. b) conjetura, suposição. c) audácia, impudência. d) (Jur.) conclusão baseada em certos fatos, válida até prova em contrário. **on the ~ that** na suposição de que. **the ~ was that...** presumiu-se que...

presumptive [priz'ʌmptiv] adj. presuntivo, presumível. ‖ **~ly** adv. presuntivamente. **~ evidence** (Jur.) prova conjetural ou presuntiva.

presumptuous [priz'ʌmptjuəs] adj. presunçoso, presumido, arrogante, insolente. ‖ **~ly** adv. presunçosamente.

presumptuousness [~nis] s. presunção, arrogância f.

presuppose [pri:səp'ouz] v. 1. pressupor, conjeturar. 2. implicar em.

presupposition [pri:sʌpəz'iʃən], **presupposal** [pri:səp'ouzəl] s. 1. pressuposição f., pressuposto m. 2. postulado m.

presurmise [pri:sə:m'aiz] s. pressentimento, presságio m.

pretence, (E.U.A.) pretense [prit'ens] s. pretensão f.: a) aspiração, ambição. b) veleidade c) pretexto, escusa. d) simulação, fingimento. e) aparência, capa, máscara. f) ostentação, afetação. **her manner is free of ~** ela não tem ostentação. **under ~ of** sob o pretexto de. **under the ~ of friendship** sob o pretexto de amizade. **we made no ~ at being rich** ou **to be rich** nem tentamos dar-nos o ar de riqueza.

pretend [prit'end] v. 1. pretender: a) pretextar, alegar. b) aspirar a. c) (arc.) intentar, tencionar. d) julgar-se, ter-se na conta de. 2. fingir, simular, aparentar. 3. imitar, fazer o papel de. 4. cortejar, requestar. **he ~ed illness** ele simulou doença. **he ~s to her hand** ele aspira à sua mão. **I don't ~ to be an artist** não me julgo um artista. **she ~s to like you, but talks about you behind your back** ela aparenta apreciá-lo, mas fala mal de você pelas suas costas.

pretender [~ə] s. 1. pretendente, pretensor, aspirante m. 2. embusteiro, simulador m. **~ to the throne** pretendente ao trono.

pretension [prit'enʃən] s. pretensão f.: a) pretexto, escusa. b) exigência, reivindicação. c) ostentação, afetação. **of great ~s** exigente, ambicioso. **of no ~s** modesto, despretensioso.

pretentious [prit'enʃəs] adj. pretensioso: a) afetado, presunçoso. b) ambicioso. c) ostentoso. ‖ **~ly** adv. pretensiosamente.

pretentiousness [~nis] s. caráter pretensioso m.

preter– [pr'i:tə] pref. que denota: mais do que, além de.

preterhuman [pri:təhj'u:mən] adj. sobre-humano, ultra-humano.

preterit, preterite [pr'etərit] s. (Gram.) pretérito m. ‖ adj. (Gram.) pretérito. **spoke is the ~ of speak** "spoke" é o pretérito de "speak".

preterition [pri:tər'iʃən] s. 1. preterição, omissão f. 2. (Ret.) paralipse m.

preteritive [prit'eritiv] adj. (Gram.) usado somente ou especialmente no pretérito.

pretermit [pri:təm'it] v. 1. pretermitir, preterir, omitir. 2. negligenciar, descurar. 3. interromper, suspender.

preternatural [pri:tən'ætʃrəl] adj. preternatural, sobrenatural, anormal. ‖ ~ly adv. de modo sobrenatural.

preternaturalness [~nis] s. sobrenaturalidade f.

pretest [pr'i:test] s: teste m. preliminar. ‖ [prit'est] v. pré-examinar, pré-testar.

pretext [pr'i:tekst] s. pretexto m., escusa, desculpa f. ‖ v. pretextar, alegar.

to make a ~ of usar como pretexto. on the ~ of ou under the ~ of sob o pretexto de.

prettify [pr'itifai] v. embelezar, aformosear.

prettiness [pr'itinis] s. 1. beleza, lindeza f. 2. graça f., encanto m. 3. estilo afetado m.

pretty [pr'iti] s. 1. pessoa ou coisa bonita. 2. (E. U. A.) bibelô m. ‖ adj. 1. bonito: a) lindo, belo, atraente. b) bom, fino, excelente. c) (joc.) censurável. 2. agradável, bom. 3. (coloq.) considerável. 4. afetado, ajanotado. ‖ (só antes de adj. ou adv.) adv. moderadamente, consideravelmente, bastante. ‖ –ily adv. 1. lindamente. 2. agradavelmente. 3. (coloq.) consideravelmente.

a ~ face uma carinha bonita. a ~ mess! uma bela embrulhada!. a ~ penny bastante dinheiro. a ~ trick! (joc.) uma boa peça!. my ~! meu querido!, minha querida!. ~ cold bastante frio. ~ good razoável, satisfatório. ~ much the same quase a mesma coisa. we did ~ much as we liked fizemos o que quisemos. ~ considerable assaz, considerável. I am sitting ~ (E. U. A.) estou em circunstâncias agradáveis.

pretty-pretty s. pl. **pretty-pretties** (coloq.) bibelô m. ‖ adj. afetado, delambido.

pretypify [pri:t'ipifai] v. prefigurar.

prevail [priv'eil] v. 1. prevalecer: a) preponderar, levar a melhor. b) predominar. 2. ser bem-sucedido. 3. persuadir, convencer. 4. vigorar, vogar.

he ~ed on him to do ele o persuadiu a fazer. our argument ~ed nosso argumento prevaleceu. we could not ~ on ourselves to não tivemos ânimo para. we ~ed against him levamos a melhor sobre ele.

prevailing [~iŋ] adj. 1. prevalecente, decisivo. 2. predominante, corrente. 3. eficaz, eficiente. ‖ ~ly adv. com prevalência, predominantemente.

prevalence [pr'evələns] s. prevalência, preponderância f., predomínio m.

prevalent [pr'evələnt] adj. 1. prevalecente. 2. predominante, corrente. 3. eficaz, poderoso. ‖ ~ly adv. com prevalência.

prevaricate [priv'ærikeit] v. 1. tergiversar, cavilar. 2. (Jur.) prevaricar.

prevarication [priværik'eiʃən] s. 1. tergiversação, cavilação f. 2. (Jur.) prevaricação f.

prevaricator [priv'ærikeitə] s. 1. tergiversador m. 2. prevaricador m.

prevaricatory [~ri] adj. 1. tergiversador. 2. prevaricador.

prevenience [priv'i:njəns] s. 1. precedência, antecedência f. 2. solicitude, obsequiosidade f.

prevenient [priv'i:njənt] adj. 1. preveniente, precedente, antecedente. 2. preventivo. 3. antecipador, prévio.

prevent [priv'ent] v. prevenir: a) frustrar, evitar. b) impedir, obstar (from de). c) (arc.) antecipar.

the rain ~ed his coming a chuva impediu sua vinda.

preventability [priventəb'iliti] s. possibilidade f. de prevenir.

preventable [priv'entəbl], **preventible** [-tibl] adj. evitável.

preventer [priv'entə] s. 1. aquele que previne ou impede. 2. preventivo m. 3. (Náut.) cabo m., estai m., ou pino m. auxiliar. 4. (Ret.) prolepse f.

prevention [priv'enʃən] s. 1. prevenção f. 2. impedimento, atalhamento m.

~ is better than cure mais vale prevenir do que remediar.

preventive [priv'entiv] s. 1. preventivo m. 2. preservativo m. ‖ adj. preventivo, impeditivo. ‖ ~ly adv. preventivamente.

~ medicine profilaxia. ~ detention prisão preventiva. **Preventive Service** (Náut.) serviço de guarda-costas.

preview [pr'i:vju:] s. pré-estréia f. ‖ v. apresentar ou assistir em pré-estréia.

previous [pr'i:vjəs] adj. 1. prévio, anterior, antecedente. 2. (coloq.) prematuro, apressado. ‖ ~ to adv. prèviamente. ‖ ~ly adv. previamente, antecipadamente.

~ to antes de. too ~ precipitado, apressado demais. to move the ~ question (Parl.) requerer o término dos debates.

previousness [~nis] s. precipitação f.

prevision [pri:v'iʒən] s. 1. previsão, presciência f. ‖ v. prever.

prevocational [pri:vək'eiʃənəl] adj. pré-vocacional.

prewar [pr'i:w'ɔ:] adj. antes da guerra.

prex [preks], **prexy** [pr'eksi] s. (E. U. A., gíria) presidente m. (de faculdade).

prey [prei] s. 1. rapina f. 2. vítima f. 3. depredação, pilhagem f. 4. (arc.) presa f., despojo m. ‖ v. 1. rapinar, fazer presas. 2. depredar, pilhar. 3. afligir, remoer. 4. consumir, desgastar.

bird of ~ ave de rapina. disease ~ed upon her a doença a consumia. it ~ed on her mind aquilo a oprimia. to ~ on ou upon 1. matar para servir de alimento. 2. irritar. 3. roubar, saquear, pilhar. we fell a ~ to tornamo-nos vítimas de.

preyer [pr'eiə] s. 1. rapinante m. 2. saqueador m.

priapism [pr'aiəpizm] s. 1. (Med.) priapismo m. 2. deboche m., devassidão f.

price [prais] s. 1. preço m.: a) custo. b) prêmio, recompensa. c) valor, valia. 2. oportunidades, esperanças f. pl. ‖ v. 1. apreçar: a) fixar o preço de. b) colocar o preço em. c) (coloq.) perguntar o preço de. 2. estimar, avaliar.

at a high ~ por alto preço. at any ~ a qualquer preço, custe o que custar. ~ index índice do custo de vida. ~ current, ~ list lista de preços. I do it at any ~ vou fazê-lo a qualquer preço. to set ou put a ~ on pôr um preço em. what is the ~ of this? quanto custo isto?

price control s. (Econ.) controle m. de preços.

priceless [pr'aislis] adj. 1. inestimável, impagável. 2. (coloq.) muito engraçado.

price support s. (Econ.) subvenção f. de preços.

price tag s. (Com.) etiqueta f. ·(com o preço da mercadoria).

prick [prik] s. 1. ponto m., punctura f. 2. picada, ferroada f. 3. ferrão m. 4. (arc.) espinho m. 5. remorso, escrúpulo m. 6. mosca f. de alvo. 7. pegada f. de lebre. ‖ v. 1. picar, pungir, furar. 2. ferretoar, aguilhoar. 3. afligir, atormentar, causar remorsos a. 4. espigaçar, incitar. 5. marcar com pontos de agulha. 6. empinar (as orelhas). 7. granir (desenho). 8. formigar, sentir comichão.

to ~ down registrar, marcar. to ~ off transplantar. to ~ out 1. picotar um molde. 2. escolher, selecionar. 3. transplantar. to ~ up the ears aguçar os ouvidos. it ~ed my hand senti comichão na mão. his conscience ~s him ele tem remorsos.

prick-eared adj. de orelhas empinadas.
pricked [prikt] adj. pontudo, pontiagudo.
pricker [pr'ikə] s. 1. sovela f. 2. furador, picador m. 3. (Hist.) cavaleiro m. armado à ligeira.
pricket [pr'ikit] s. 1. castiçal m. 2. veado m. de dois anos.
prickish [pr'ikiʃ] adj. (coloq.) irritadiço.
prickle [prikl] s. 1. espinho, ferrão, bico m., pua f. 2. (Bot.) acúleo m. 3. ~s pl. pruridos m. pl., comichão m. ‖ v. 1. picar, ferroar. 2. formigar.
prickleback [pr'iklbæk], pricklefish [pr'iklfiʃ] s. (Ict.) esgana-gata f.
prickled [prikld] adj. espinhento, espinhoso.
prickliness [pr'iklinis] s. abundância f. de espinhos.
prickly [pr'ikli] adj. 1. espinhoso, espinhento. 2. pruriginoso. 3. irritadiço.
prickly heat s. (Med.) fogagem, sudâmina f., líquen m.
prickly juniper s. (Bot.) oxicedro m.
prickly pear, prickly-pear cactus s. (Bot.) figueira-da--índia, figueira-da-barbaria f.
pride [praid] s. 1. orgulho m., soberba, vaidade, ufania f. 2. brio, amor-próprio m., dignidade f. 3. arrogância, jactância f. 4. prazer m., satisfação f. 5. ostentação, pompa f., alarde m. 6. objeto m. de orgulho. 7. auge, apogeu m. ‖ v. 1. vangloriar-se, orgulhar-se. 2. causar orgulho a.
he is the ~ of his class ele é o orgulho de sua classe. in the ~ of youth na flor da mocidade. ~ of place 1. lugar de honra, posição privilegiada. 2. arrogância. she ~s herself upon ela se vangloria de... to feel a ~ at, to take a ~ in orgulhar-se de. you are his very ~ você é o orgulho dele.
prideful [pr'aidful] adj. soberbo, orgulhoso, arrogante. ‖ ~ly adv. orgulhosamente, arrogantemente.
prideless [pr'aidlis] adj. modesto, recatado. ‖ ~ly adv. modestamente.
pride of China, pride of India s. (Bot.) cinamomo, jasmim-de-soldado, lilás-da-índia f.
prier, pryer [pr'aiə] s. bisbilhoteiro, espreitador m.
priest [pri:st] s. sacerdote, padre m. (quadro C 18). ‖ v. 1. tornar padre, ordenar. 2. servir como padre.
priestcraft [pr'i:stkra:ft] s. 1. sacerdócio m. 2. poder sacerdotal m.
priestess [pr'estis] s. sacerdotisa f.
priesthood [pr'i:sthud] s. 1. sacerdócio m. 2. clero m.
priestliness [pr'i:stliniŝ] s. maneiras f. pl. de padre.
priestling [pr'i:stliŋ] s. (depreciat.) padreco m.
priestly [pr'i:stli] adj. sacerdotal, clerical.
priest-ridden adj. controlado ou dominado pelos padres.
priest's-hood s. (Bot.) jarro, arão m.
prig (I) [prig] s. (Ingl.) gatuno m. ‖ v. 1. pechinchar preços. 2. pedir favores.
prig (II) [prig] s. pedante m. + f., pretensioso m.
priggery [pr'igəri] s. = priggishness.
priggish [pr'igiʃ] adj. pedante, presumido.
priggishness [~nis], priggism [pr'igizm] s. pedantismo m., presunção f.
prim [prim] v. 1. ostentar um ar afetado. 2. vestir-se de modo afetado. ‖ adj. afetado, empertigado. ‖ ~ly adv. 1. afetadamente. 2. meticulosamente.
primacy [pr'aiməsi] s. primazia f.: a) prioridade, b) dignidade de primaz.
prima donna s. prima-dona f.
prima facie [pr'aiməf'eiʃii:] adv. à primeira vista, sem exame pormenorizado.
primage [pr'aimidʒ] s. (Náut.) primagem f.
primal [pr'aiməl] adj. 1. primitivo, primordial. 2. principal, capital.
primariness [pr'aimerinis] s. primazia, superioridade f.
primary [pr'aimeri] s. 1. assunto principal m. 2. (E. U. A.) escrutínio partidário m. para a escolha

de candidatos. 3. cor primária f. 4. (Eletr.) bobina primária f. 5. (Astron.) planeta m. 6. (Orn.) rêmige primária f. ‖ adj. 1. primário: a) primitivo, inicial, original. b) principal, fundamental, capital. 2. direto, imediato. ‖ ~ily adv. 1. principalmente. 2. primeiramente, originalmente. 3. fundamentalmente.
~ feather remígio. of ~ importance de capital importância. ~ cell pilha primária. ~ school escola primária. ~ trainer (Av.) avião de treinamento.
primary accent (ou stress) s. acento tônico, acento predominante m.
primary colours s. cores fundamentais f. pl.
primate [pr'aimit] s. 1. (Ecles.) primaz m. 2. (Zool.) primata f. ‖ adj. relativo aos primatas.
primateship [~ʃip] s. primazia f., primado m.
primatial [praim'eiʃəl], primatical [praim'ætikəl] adj. (Ecles.) primacial.
prime (I) [praim] s. 1. prima f.: a primeira das horas canônicas. 2. início, primórdio m., aurora f. 3. juventude, mocidade f. 4. (fig.) apogeu, auge m., plenitude f. 5. (fig.) escol m., nata f. 6. (Mat.) número primo. 7. (Mat.) plica f. 8. (Mat.) minuto m. ‖ adj. 1. primitivo, primário, primordial. 2. principal, primeiro. 3. superior, excelente. 4. primário, fundamental. 5. (Mat.) primo. 6. (Mat.) marcado com plica. ‖ ~ly adv. (coloq.) excelentemente.
he is in the ~ of life ele está no vigor dos anos. in her ~ na flor da mocidade. of ~ importance de capital importância. ~ cell (Eletr.) pilha primária. ~ school escola primária. ~ trainer avião de treinamento. ~ winding (Eletr.) enrolamento primário. ~ cost custo primário. to ~ with information prover de informações.
prime (II) [praim] v. 1. escorvar. 2. aprontar, preparar, aparelhar. 3. imprimir. 4. instruir, industriar. 5. (gíria) tontear, embebedar. 6. munir, prover. 7. (Mat.) marcar com plica. 8. excitar (bombas, etc.). 9. espumar (caldeiras).
he is ~d ele está bêbado.
prime cost s. (Econ.) custo primário m.: material e mão-de-obra.
prime minister s. primeiro-ministro m.
prime mover s. (Mec.) máquina motriz f.
primeness [pr'aimnis] s. excelência f., primor m.
prime number s. (Mat.) número primo m.
primer (I) [pr'aimə] s. escorvador m.
primer (II) [pr'aimə] s. 1. cartilha f. 2. livro elementar m. 3. (Tipogr.) nome de dois tipos.
French ~ livro elementar de francês. great ~ (Tipogr.) corpo 18. long ~ (Tipogr.) corpo 10.
prime time s. (Rádio, Telev.) horário nobre m.
primeur [pr'i:mə:] s. (fr.) 1. legumes precoces m. pl. 2. primeira notícia f.
primeval [praim'i:vəl] adj. primevo, primitivo, prístino.
primigenial [praimidʒ'i:niəl] adj. primigênio, primigeno, primitivo.
priming [pr'aimiŋ] s. 1. escorvamento m. 2. escorva, carga f. 3. imprimação, imprimadura f.
the ~ of the tide aceleração f. da maré.
primipara [praim'ipərə] s. (Med.) parturiente primípara f.
primiparous [praim'ipərəs] adj. (Med.) primípara.
primitive [pr'imitiv] s. 1. primitivo m.: habitante primitivo, aborígine. b) pintor ou escultor anterior à Renascença. 2. (Gram.) radical m., raiz f. 3. (Mat.) forma f. algébrica ou geométrica da qual outra se deriva. ‖ adj. primitivo: 1. original. 2. primordial, inicial. 3. rudimentar, tosco. 4. (Geol.) da primeira formação. 5. (Gram.) não derivado. ‖ ~ly adv. primitivamente.
primitiveness [~nis] s. estado primitivo m.

primitivism [pr'imitivizm] s. (Filos., Pint.) primitivismo m.

primness [pr'imnis] s. 1. afetação f. 2. pedantismo m. 3. meticulosidade f.

primogenitor [praimədʒ'enitə] s. primogenitor, antepassado m.

primogeniture [praimədʒ'enitʃə] s. 1. primogenitura f. 2. (Jur.) direito m. de primogenitura.

primordial [praim'ɔːdiəl] adj. primordial: 1. originário, inicial. 2. rudimentar. 3. fundamental, elementar. 4. (Biol.) primitivo.

primp [primp] v. ataviar-se.

primrose [pr'imrouz] s. 1. (Bot.) prímula, primavera f., pão-e-queijo m. 2. cor f. amarelo-pálido. ‖ adj. 1. amarelo-pálido. 2. florido, jovial.
the ~ **path** o caminho da vida prazenteira, a vida prazenteira.

primula [pr'imjulə] s. (Bot.) prímula, primavera †

primuline [pr'imjulain] s. primulina f.

prince [prins] s. 1. príncipe m. 2. soberano m. 3. regente m. 4. figura principal f.
~ **consort** príncipe consorte. ~ **of the blood** príncipe de sangue real. the ~**s of the church** os príncipes da Igreja, os altos dignitários eclesiásticos. the ~ **of darkness** satanás, o diabo.

princedom [pr'insdəm] s. principado m.

princeliness [pr'inslinis] s. magnificência, suntuosidade f.

princeling [pr'insliŋ] s. 1. jovem príncipe m. 2. príncipe m. (ou pessoa f.) em posição subordinada.

princely [pr'insli] adj. principesco: 1. relativo a príncipes. 2. magnífico, opulento, suntuoso.

prince's feather s. (Bot.) bredo m.

princess [prins'es, (atrib.) pr'inses] s. 1. princesa f. 2. esposa f. ou viúva f. de um príncipe.

princesse [prins'es], **princess** [pr'inses] adj. relativo a vestidos de corte princesa.

principal [pr'insəpəl] s. 1. chefe, cabeça, dirigente m. 2. reitor m. 3. (E. U. A.) diretor m. de colégio. 4. principal m.: capital de uma dívida. 5. constituinte, mandante, outorgante m. 6. (Jur.) principal implicado m. 7. (Com.) aceitante m. de títulos (em contraposição a avalista). 8. ponto fundamental m. 9. (Arquit.) tesoura f. 10. (Mús.) o registro mais alto do órgão. ‖ adj. principal: 1. primeiro, o mais importante. 2. essencial, capital. ‖ ~**ly** adv. principalmente, essencialmente.
in ~ principalmente. ~ **clause** cláusula principal.

principal axis s. (Mec.) eixo principal m.

principality [prinsip'æliti] s. 1. principado m.: jurisdição de um príncipe. 2. (Teol.) principados m. pl. 3. poder supremo m.

principalness [pr'insipəlnis] s. principalidade f.

principalship [pr'insipəlʃip] s. direção f., cargo m. e deveres m. pl. de diretoria.

principium [prins'ipiəm] s., pl. **principia** [-piə] 1. princípio m., origem f. 2. (pl.) fundamentos, elementos m. pl.

principle [pr'insipl] s. princípio m.: a) causa primária, origem, fundamento. b) preceito, postulado, axioma. c) norma, hábito. d) caráter, essência. e) (Quím.) componente determinante. f) (Mec.) modo de funcionamento. g) regra científica. h) retidão, convicção. ‖ v. imbuir princípios em.
a **man of sound** ~s um homem de sãos princípios. by ~ por princípio. in ~ em princípio. ~ **of design** princípio de construção. **to hold a** ~ seguir uma norma. **to lay down a** ~ estabelecer um princípio. **to take a** ~ adotar como princípio de procedimento. **on the** ~ **that** baseado no princípio de que.

prink [priŋk] v. ataviar-se, ajanotar-se.

print [print] s. 1. impressão f.: a) marca, pegada,

sinal, vestígio. b) ato de imprimir. 2. estampa f., molde, sinete m. 3. forma f.: objeto modelado. 4. impresso m., publicação f. 5. edição f. 6. gravura, estampa f. 7. cópia fotográfica f. 8. tipo m.: forma tipográfica. 9. tecido estampado m. ‖ v. 1. estampar, cunhar, gravar. 2. imprimir. 3. marcar, produzir vestígios. 4. escrever em letras de forma. 5. publicar, editar. 6. (Fot.) copiar, produzir cópias. 7. fixar, reter.
in cold ~ (coloq.) preto no branco. **to write in** ~ escrever em letras de forma. **in** ~ impresso, publicado. **out of** ~ esgotado (publicação). **two** ~**s of butter** dois tijolos de manteiga. **to rush into** ~ publicar precipitadamente. ~**ed matter,** ~**ed papers** matéria impressa, impressos. **it was** ~**ed on my mind** estava gravado na minha memória. **to have a book** ~**ed** mandar imprimir um livro. **the book is** ~**ing** o livro está sendo impresso.

printable [pr'intəbl] adj. 1. pronto para a impressão. 2. qualificado para publicação.

printed circuit s. (Eletrôn.) circuito impresso m.

printer [pr'intə] s. 1. impressor m. 2. estampador m. 3. (Fot.) copiador m.

printer's devil s. aprendiz m. de impressor.

printer's flower s. vinheta f.

printery [pr'intəri] s. 1. oficina gráfica f. 2. estamparia f. de tecidos.

printing [pr'intiŋ] s. 1. impressão f.: ação de imprimir. 2. estampagem f. 3. (Fot.) produção f. de cópias. 4. tiragem, edição f. 5. ~s pl. papel m. de impressão.

printing frame s. aparelho m. para cópias heliográficas.

printing office s. oficina gráfica f.

printing press s. máquina f. de impressão.

print-ink s. tinta f. de impressor.

printless [pr'intlis] adj. (poét.) que não deixa vestígios.

printmaker [pr'intmeikə] s. (Prop.) desenhista comercial m. + f.

print-out s. dados produzidos m. pl. pelo computador, impressos ou datilografados.

print shop s. loja f. de gravuras e estampas.

printworks [pr'intwəːks] s. estamparia f. de tecidos.

prior (I) [pr'aiə] s. prior m.

prior (II) [pr'aiə] adj. anterior, antecedente, prévio.
a ~ **condition** uma condição prévia. ~ **to** antes de. **the** ~ **claim** direito de prioridade.

priorate [pr'aiərit], **priorship** [pr'aiəʃip] s. priorado, priorato m.

prioress [pr'aiəris] s. prioresa f.

priority [prai'ɔriti] s. prioridade f.: a) anterioridade. b) precedência, primazia.
~ **list** lista de artigos que gozam de prioridade. ~ **message** mensagem urgente. ~ **share** (Com.) ação preferencial. **to take** ~ **of** ter prioridade sobre.

priory [pr'aiəri] s. convento m. dirigido por um prior ou uma prioresa.

prism [prizm] s. 1. (Cristal., Geom. e Ópt.) prisma m. (quadro B 12). 2. efeito prismático m. 3. ~s pl. cores prismáticas †. pl.

prismatic [prizm'ætik], **prismatical** [~əl] adj. 1. prismático. 2. (Cristal.) ortorrômbico. 3. (fig.) brilhante.

prismatoid [pr'izmətɔid] s. (Geom.) prismatóide m. ‖ adj. prismatóide.

prison [prizn] s. 1. prisão, cadeia f., cárcere m. 2. (E. U. A.) penitenciária f. ‖ v. (poét. ou Ret.) prender, encarcerar. ‖ adj. de prisão.
to put into ~, **to send to** ~ encarcerar.

prisoner [pr'iznə] s. 1. preso, detento m. 2. prisioneiro m.

he is a ~ at the bar ele está em prisão preventiva. **~ of state** prisioneiro político. **~ of war** prisioneiro de guerra. **she is a ~ to her house** ela é escrava de sua casa. **to take ~** fazer prisioneiro.
prissy [pr'isi] adj. (E. U. A., coloq.) afetado, amaneirado.
pristine [pr'isti:n] adj. prístino, prisco, primitivo.
prithee [pr'iði:] interj. (arc.) por favor!
prittle-prattle s. 1. tagarelice, loquacidade f. 2. tagarela m. ‖ v. tagarelar, palrar.
privacy [pr'aivəsi] s. 1. retiro, isolamento m. 2. segredo m., reserva f. 3. vida particular f.
private [pr'aivit] s. soldado raso m. ‖ adj. 1. particular, privado. 2. pessoal, individual. 3. secreto, confidencial. 4. retirado. ‖ **~ly** adv. privadamente.
a ~ gentleman um particular. **he retired to ~ life** ele recolheu-se à vida privada. **in ~** secretamente, em particular. **~ arrangement** acordo amigável. **~ ends** fins particulares. **~ estate** propriedade particular. **~ informations** informações confidenciais. **~ parts** órgãos genitais. **~ school** escola particular. **~ secretary** secretário(a) particular.
private enterprise s. iniciativa particular f. (sem controle governamental) no comércio e na indústria.
privateer [praivət'iə] s. 1. corsário, pirata m. 2. navio corsário m. ‖ v. piratear.
privateness [pr'aivitnis] s. 1. retiro m., solidão f. 2. caráter confidencial m.
privation [praiv'eiʃən] s. 1. privação, carência, necessidade f. 2. ausência, falta f.
privative [pr'ivətiv] adj. 1. privativo: que causa privação. 2. negativo. 3. exclusivo, restritivo. ‖ **~ly** adv. privativamente.
privet [pr'ivit] s. (Bot.) alfena f., alfeneiro, ligustro m.
privilege [pr'ivilidʒ] s. 1. privilégio m., prerrogativa, regalia f. 2. patente f., monopólio m. ‖ v. 1. privilegiar, conceder privilégios a. 2. isentar, eximir.
we were ~d to belong to tínhamos o privilégio de pertencer a.
privileged [**~**d] adj. privilegiado.
privily [pr'ivili] adv. privadamente, secretamente.
privity [pr'iviti] s. conhecimento ou informe reservado m.
with his ~ and consent com seu conhecimento e consentimento.
privy [pr'ivi] s. 1. (Jur.) parte interessada f. 2. privada, latrina f. ‖ adj. 1. particular, privado, pessoal. 2. oculto, secreto, clandestino. 3. inteirado, a par. 4. (Jur.) co-responsável.
privy council s. conselho privado m.
Privy Counsellor, Privy Councillor abr. **P. C.** s. conselheiro privado m. (do Conselho do Estado).
Privy Seal (Ingl.) s. selo privado m.: selo do rei para documentos de menor importância.
prize (I) [praiz] s. 1. prêmio, galardão m., recompensa f. 2. prêmio lotérico m. 3. privilégio m., regalia f. ‖ v. 1. avaliar, computar. 2. estimar, apreciar. 3. louvar, elogiar. ‖ adj. 1. premiado. 2. digno de um prêmio.
the ~s of a profession os píncaros de uma carreira. **to carry off the ~, to take the ~** galardoar-se, conquistar o prêmio.
prize (II) [praiz] s. 1. captura f. 2. presa f.: objeto ou pessoa capturada. ‖ v. aprisionar.
~-court tribunal de presas. **to make ~ of** capturar.
prize (III) [praiz] s. 1. força f. de alavanca. 2. emprego m. de alavancas. ‖ v. mover ou abrir por meio de alavanca.
to ~ open forçar, arrombar.
prize competition s. concurso de prêmios.
prize-fight s. luta f. de pugilistas profissionais. ‖ v. lutar como profissional.

prize fighter s. pugilista profissional m.
prizeman [pr'aizmən] s. detentor m. de um prêmio.
prize money s. 1. dinheiro m. ganho em prêmios. 2. lucros m. pl. obtidos com a captura de um navio.
prize ring s. 1. arena f. para pugilismo profissional. 2. (fig.) pugilismo profissional m. 3. classe f. dos pugilistas profissionais.
prizetaker [pr'aizteikə], **prize winner** s. vencedor m. de um prêmio.
pro (I) [prou] s., pl. **pros** 1. pró m., vantagem f. 2. votante favorável m. ‖ adv. pró, a favor.
the ~s and cons 1. os prós e os contras. 2. os votos a favor e contra.
pro (II) [prou] prep. por.
~ forma 1. por forma. 2. aparentemente. **~ rata** por quota, proporcionalmente. **~ tempore** por enquanto, no momento.
pro (III) [prou] s. pl. **pros** (coloq.) profissional m. ‖ adj. profissional.
pro (IV) [prou] prefixo: vice. p. ex.: **prorector** vice-reitor.
pro (V) [prou] prefixo: 1. diante de, em frente de. 2. antes de. 3. para diante. 4. no lado de, a favor de. p. ex.:
proscenium, prolongue, propel, pro-ally.
proa [pr'ouə] s. parau m.
probabilism [pr'ɔbəbilizm] s. (Teol.) probabilismo m.
probabilist [pr'ɔbəbilist] s. probabilista m. + f. ‖ adj. probabilista.
probabilistic [prɔbəbil'istik] adj. probabilista.
probability [prɔbəb'iliti] s. probabilidade, verossimilhança f.
in all ~ com toda probabilidade. **the ~ is that, there is a ~ of, there is a ~ that** é provável que. **theory of ~** cálculo da probabilidade.
probable [pr'ɔbəbl] adj. 1. provável, verossímil. 2. presumível. **~bly** adv. provavelmente.
the ~ author of a book o autor presumível de um livro. **probably not** dificilmente.
probang [pr'oubæŋ] s. (Med.) sonda f. para o esôfago ou a laringe.
probate [pr'oubit] s. (Jur.) 1. legitimação f. de um testamento. 2. cópia autêntica f. de um testamento. ‖ v. legitimar um testamento.
~ court tribunal de sucessões. **~ duty** imposto de transmissão.
probation [prəb'eiʃən] s. 1. provação, experiência f. 2. período m. de experiência. 3. noviciado m. 4. (Jur.) "sursis": suspensão condicional f. da pena.
on ~ em experiência.
probational [**~**əl], **probationary** [**~**əri] adj. probatório, experimental.
probationer [**~**ə] s. 1. principiante, aprendiz, praticante m. 2. noviço m. 3. réu m. beneficiado pelo "sursis".
probation officer s. (E. U. A.) funcionário m. encarregado da vigilância de réus beneficiados pelo "sursis".
probative [pr'oubətiv], **probatory** [pr'oubətəri] adj. 1. probatório. 2. comprovante. 3. comprobativo.
probator [prəb'eitə] s. examinador m.
probe [proub] s. 1. (Cirurg.) tenta, sonda f. 2. (E. U. A.) sindicância f., inquérito m. ‖ v. 1. (Cirurg.) tentear, sondar. 2. investigar, sindicar, inquirir. 3. profundar, esquadrinhar.
probity [pr'oubiti] s. probidade, honradez f.
problem [pr'ɔbləm] s. problema m.: 1. questão f. 2. caso intricado m. 3. enigma m., charada f. ‖ adj. que constitui problema, que causa dificuldade.
it is a ~ to me constitui problema para mim. **this sets me a ~** isso me coloca diante de um problema. **we were brought up against the ~** vimo-nos diante do problema.

problematic [prɔblim'ætik], **problematical** [~əl] adj. problemático, incerto, duvidoso. ‖ **~ally** adv. problematicamente.

problem child s. (Educ., Psiq.) criança-problema f. (difícil de educar).

problemize [pr'ɔbləmaiz] v. 1. levantar ou discutir problemas. 2. especular.

proboscidian [proubəs'idiən] s. (Zool.) proboscídeo m. ‖ adj. (Zool.) proboscídeo.

proboscis [prəb'ɔsis] s., pl. **proboscises** [-siz], **proboscides** [-sidi:z] 1. probóscide, probóscida f. 2. (joc.) nariz m.

proc. abr. de 1. **proceedings.** 2. **process.**

procacious [prɔk'eiʃəs] adj. petulante, insolente, procaz. ‖ **~ly** adv. petulantemente, insolentemente.

procacity [prɔk'æsiti] s. procacidade, petulância f.

procaine [prɔk'ein] s. (Farmac.) procaína f.

procedural [prəs'i:dʒərəl] adj. (Jur.) processual.

procedure [prəs'i:dʒə] s. 1. procedimento m.: a) método, modo m. b) comportamento m., conduta f. 2. prosseguimento m., continuação f. 3. uso m., norma f. 4. (Jur.) processo m.

proceed [prəs'i:d] v. 1. proceder: a) prosseguir, continuar. b) derivar-se, originar-se, emanar, provir **(from, out of** de). c) agir, obrar. d) ter seguimento. e) (Jur.) instaurar processo contra. 2. ocorrer, ter lugar. 3. reatar (discurso). 4. obter um grau acadêmico.
he ~ed against his partner ele instaurou processo contra seu sócio. **he ~ed on his voyage** ele prosseguiu viagem. **he ~ed to the degree of...** ele obteve o grau de... **the noise ~ed from the adjoining room** o barulho provinha da sala ao lado.

proceeding [~iŋ] s. 1. procedimento m.: a) método, modo. b) prosseguimento, continuação. c) proceder, conduta. 2. **~s** pl. ata, minuta f. 3. **~s** pl. processo m., ação legal, medida judicial f.
diciplinary ~s processo disciplinar. **to take ~s against** instaurar processo contra.

proceeds [pr'ousi:dz] s. pl. produto, lucro m., renda f.
net ~ lucro líquido

proceleusmatic [prɔsilju:sm'ætik] adj. 1. (Métr.) proceleusmático. 2. animador.

procellous [prəs'eləs] adj. proceloso, tempestuoso.

procephalic [prousif'ælik] adj. (Zool.) procefálico.

process (I) [pr'ouses] s. 1. processo m.: a) progresso, curso, marcha. b) decurso, decorrer, passagem. c) encadeamento de sucessos. d) série de fenômenos alternados. e) técnica, sistema, método. f) ação judicial. 2. (Jur.) citação f., mandato m. 3. derivação, emanação, proveniência f. 4. (Anat. e Zool.) apófise, protuberância f. 5. processos fotomecânicos m. pl. ‖ v. 1. processar: instaurar processo contra. 2. submeter a um processo químico ou físico. 3. beneficiar, manipular, transformar. 4. preservar ou esterilizar por meio de pressão. 5. copiar por meios fotomecânicos. 6. reproduzir por fotogravura. ‖ adj. 1. beneficiado, manipulado. 2. submetido a processo químico ou físico. 3. empregado em processo fotomecânico.
in ~ em curso, em andamento. **in ~ of construction** em construção. **in ~ of time** no decorrer do tempo. **~ of decomposition** processo de decomposição. **~ of manufacture** processo de fabricação.

process (II) [prəs'es] v. (coloq.) desfilar em procissão.

procession [prəs'eʃən] s. 1. procissão f. 2. cortejo, desfile, préstito m. 3. progressão, marcha f. 4. (Teol.) processão f. ‖ v. 1. desfilar em procissão. 2. carregar em procissão.
funeral ~ cortejo fúnebre. **we ~ed the streets** passamos pelas ruas em procissão.

processional [~əl] s. 1. processionário m. 2. cântico m. de procissão. ‖ adj. processional.

processionary caterpillar s. (Ent.) processionária f.

processionist [prəs'eʃənist] s. participante m. + f. de procissão.

process printing s. método m. de impressão a cores.

prochronism [pr'oukrɔnizm] s. procronismo m.

proclaim [prəkl'eim] v. 1. proclamar: a) apregoar. b) promulgar, decretar. c) publicar. d) declarar. 2. proibir, (comício, reunião, etc.) 3. interditar (distrito). 4. proscrever. 5. manifestar, evidenciar.
the dress ~s the man o hábito faz o monge. **they ~ed him king** proclamaram-no rei. **to ~ war** declarar guerra.

proclaimer [~ə] s. proclamador, arauto m.

proclamation [prɔkləm'eiʃən] s. proclamação f.: 1. ação de proclamar. 2. promulgação f. 3. manifesto, édito, pregão m.

proclamatory [prəkl'æmətəri] adj. proclamatório.

proclitic [proukl'itik] s. (Gram.) vocábulo proclítico m. ‖ adj. (Gram.) proclítico.

proclivity [prəkl'iviti] s. propensão, inclinação f.

proclivous [prəkl'aivəs] adj. inclinado, íngreme.

proconsul [prouk'ɔnsəl] s. 1. procônsul m. 2. (coloq.) administrador colonial m.

proconsular [prouk'ɔnsjulə] adj. proconsular.

proconsulate [prouk'ɔnsjulit], **proconsulship** [prouk'ɔnsəlʃip] s. proconsulado m.

procrastinate [proukr'æstineit] v. procrastinar: 1. usar de delongas. 2. adiar, delongar.

procrastination [proukræstin'eiʃən] s. procrastinação, delonga, protelação f.

procrastinator [proukr'æstineitə] s. procrastinador m.

procreant [pr'oukriənt] adj. 1. procriador, gerador. 2. prolífico.

procreate [pr'oukrieit] v. procriar, gerar, produzir.

procreation [proukri'eiʃən] s. 1. procriação, geração, reprodução f. 2. progênie, descendência, prole f.

procreative [pr'oukrieitiv] adj. procriador, gerador, fecundo.

procreativeness [~nis] s. capacidade f. de procriação.

procreator [pr'oukrieitə] s. procriador, gerador, reprodutor m.

procreatory [~ri] adj. = **procreative.**

Procrustean [proukr'ʌstiən] adj. procustiano.
~ bed 1. cama de Procusto. 2. situação imposta.

proctology [prɔkt'ɔlədʒi] s. (Med.) proctologia f.

proctor [pr'ɔktə] s. 1. solicitador, procurador m. 2. funcionário m. incumbido de zelar pela manutenção da disciplina nas universidades. ‖ v. atuar como solicitador ou procurador.

proctorize [~raiz] v. disciplinar, chamar à presença do inspetor de disciplina.

procumbent [prouk'ʌmbənt] adj. 1. prostrado. 2. (Bot.) procumbente.

procurable [prəkj'uərəbl] adj. obtenível.

procuracy [pr'ɔkjurəsi] s. procuradoria f.: ofício de procurador.

procurance [prəkj'uərəns] s. ato ou processo de agir como procurador.

procuration [prɔkjur'eiʃən] s. 1. procuração f.: a) incumbência f. de tratar de negócios de terceiros. b) instrumento m. que outorga essa incumbência. 2. plenos poderes m. pl., autorização f. 3. obtenção, consecução f. 4. negociação f. de empréstimo. 5. comissão paga f. ao agenciador do empréstimo. 6. lenocínio m., aicovitice f.
to give ~ dar procuração.

procurator [pr'ɔkjureitə] s. procurador, delegado, representante autorizado m.

procuratorial [prɔkjurət'o:riəl] adj. de procurador.

procuratorship [pr'ɔkjureitəʃip] s. procuradoria f.

procuratory [prəkj'uərətəri] adj. de procuração.

procure [prəkj'uə] v. 1. obter, conseguir, granjear.

2. (†) causar, provocar. 3. alcovitar. 4. (Jur.) procurar: agir como procurador.

procurement [~mənt] s. 1. obtenção, consecução, aquisição f. 2. intercessão, mediação, intervenção f.

procurer [~rə] s. alcoviteiro, cáften m.

procuress [~ris] s. alcoviteira, caftina f.

prod [prɔd] s. 1. picada, aguilhoada f. 2. cutucão m., cotovelada f. 3. incitamento, estímulo m. 4. aguilhão m. 5. sovela f. 6. broca f. ‖ v. 1. picar, aguilhoar. 2. cutucar. 3. estimular (**into** para).

prodigal [pr'ɔdigəl] s. pródigo, esbanjador m. ‖ adj. 1. pródigo, perdulário, esbanjador. 2. exuberante, luxuriante. ‖ ~ly adv. prodigamente.
the ~ **son** o filho pródigo.

prodigality [prɔdig'æliti] s. 1. prodigalidade, dissipação f., esbanjamento m. 2. abundância, profusão f.

prodigalize [pr'ɔdigəlaiz] v. prodigalizar, prodigar.

prodigious [prəd'idʒəs] adj. 1. prodigioso, extraordinário, maravilhoso, estupendo. 2. vasto, enorme, imenso, excessivo. ‖ ~ly adv. prodigiosamente.

prodigiousness [~nis] s. caráter prodigioso m.

prodigy [pr'ɔdidʒi] s. prodígio m.: 1. maravilha, milagre. 2. portento 3. criança precoce.

prodromal [prɔdr'ouməl] adj. prodrômico, precursor.

prodrome [pr'ɔdroum] s. 1. (Med.) pródromo m.: sintoma precursor m. 2. publicação introdutiva f.

produce [pr'ɔdju:s] s. produto m.: 1. fruto. 2. artigo, manufatura. 3. proveito, resultado, lucro. 4. conseqüência, efeito. 5. cria. ‖ v. [prədj'u:s] 1. produzir: a) apresentar, exibir. b) gerar, originar. c) dar, fornecer. d) render, dar lucro. e) fabricar, manufaturar. f) fazer, realizar. g) causar, acarretar, motivar. h) criar, idear. 2. (Geom.) estender, prolongar. 3. introduzir, apresentar (peça teatral ou ator).
net ~ lucro líquido. ~ **of the country** produtos agrícolas. **the ticket must be** ~d **on demand** o bilhete deve ser exibido quando for exigido. **vice** ~s **misery** o vício gera a miséria. **a photograph** ~d **by my sister** uma fotografia feita por minha irmã.

producer [prədj'u:sə] s. 1. produtor m.: a) gerador, criador. b) lavrador, agricultor. c) fabricante, manufator. d) realizador. e) financiador de peça teatral. 2. (Téc.) gerador m. de gás, gasogênio m.

producer gas s. gás de gasogênio, gás pobre m.

producer goods pl. s. (Econ.) bens empregados na produção de bens de consumo m. pl.

producible [prədj'u:sibl] adj. produzível, produtível: 1. capaz de gerar ou criar. 2. fabricável. 3. apresentável.

product [pr'ɔdəkt] s. produto m.: 1. fruto m. 2. criação f. 3. artigo m., manufatura f. 4. resultado, rendimento m. 5. (Mat.) resultado m. da multiplicação. 6. conseqüência f., efeito m.

production [prəd'ʌkʃən] s. 1. produção f.: a) fabricação, manufatura. b) exposição, apresentação (de documentos, testemunhas, etc.). c) obra, criação, realização, produto. d) obra literária ou artística. e) (Teat.) exibição, encenação. 2. (Geom.) prolongamento m., extensão f.
mass ~ produção em série. ~ **control** controle de produção. ~ **costs** custo de produção. ~ **director** diretor de produção. ~ **line** linha de produção. ~ **of current** produção de energia elétrica. ~ **scheduling** planejamento da produção. ~ **time** tempo de produção.

productional [prəd'ʌkʃənəl] adj. produtor.

productive [prəd'ʌktiv] adj. produtivo: 1. criador, gerador. 2. produtor. 3. fértil, fecundo. 4. causador, originador. 5. rendoso, lucrativo. ‖ ~ly adv. de modo produtivo, rendosamente.

productiveness [~nis], **productivity** [proudʌkt'iviti] s.

produtividade f.: 1. produtibilidade. 2. fertilidade, fecundidade. 3. rendabilidade.

proem [pr'ouəm] s. proêmio, prefácio, prelúdio m., introdução f.

proemial [pro'i:miəl] adj. proemial, introdutório, preambular.

profanation [prɔfən'eiʃən] s. profanação f.: 1. sacrilégio. 2. aviltamento, degradação.

profane [prəf'ein] s. leigo, secular m. ‖ v. profanar: 1. macular, conspurcar. 2. aviltar, degradar. ‖ adj. 1. profano: a) leigo, secular. b) impuro, não consagrado. 2. blasfemo, ímpio. ‖ ~ly adv. profanamente.

profaneness [~nis] s. profanidade f.

profaner [~ə] s. profanador m.

profanity [prəf'æniti] s. 1. profanidade, profanação f. 2. irreverência, blasfêmia f. 3. imprecação, praga f.

profectitious [proufect'iʃəs] adj. (Jur.) profectício.

profess [prəf'es] v. 1. professar: a) fazer votos. b) declarar, admitir, confessar, reconhecer. c) exercer, praticar. d) ensinar, lecionar. e) adotar, seguir, observar. f) manter amizade. g) preconizar, propagar. 2. alegar, simular, pretender.
he ~ed **himself contented** ele declarou-se satisfeito. he ~ed **to come from England** ele alegou provir da Inglaterra. I **don't** ~ **to be an expert** não me tenho na conta de entendido. he ~es **philology** ele é catedrático de 'Filologia. she ~es **medicine** ela exerce a medicina. she ~es **the Christian religion** ela professa a religião cristã. to ~ **remorse** simular arrependimento.

professed [~t] adj. 1. declarado, aberto. 2. ostensivo, pretenso. 3. professo: a) perito, adestrado. b) que professou. ‖ ~ly adv. declaradamente, abertamente.
~ **enemy** inimigo declarado. ~ **excuse** desculpa esfarrapada.

profession [prəf'eʃən] s. 1. profissão f.: a) confissão, declaração. b) ocupação, emprego (especialmente liberal). c) tomada de votos. d) categoria profissional. e) fé, religião, credo. 2. afirmação fingida f.
by ~ de profissão. ~ **of faith** profissão de fé.

professional [~əl] s. profissional m. + f. ‖ adj. profissional. ‖ ~ly adv. profissionalmente.

professionalism [~əlizm] s. profissionalismo m.

professionalize [~əlaiz] v. 1. dar caráter profissional a. 2. tornar-se profissional.

professor [prəf'esə] s. 1. professor: aquele que professa. 2. lente, docente m.
full ~ professor catedrático.

professorate [~rit], **professorship** [~ʃip] s. professorado m.

professorial [prəfes'ɔ:riəl] adj. professoral.

professoriate [prəfes'ɔ:riit] s. professorado m.: 1. corpo docente m. 2. função f. de professor.

proffer [pr'ɔfə] s. oferta f., oferecimento m. ‖ v. ofertar, oferecer.

profferer [~rə] s. ofertante m.

proficiency [prəf'iʃənsi] s. proficiência, competência f.

proficient [prəf'iʃənt] s. mestre, perito m. ‖ adj. proficiente, perito, versado, hábil. ‖ ~ly adv. proficientemente.
he is ~ **in music** ele é um músico consumado.

profile [pr'oufi:l] s. 1. perfil m. 2. contorno m. 3. seção vertical f. 4. corte m., seção f. 5. esboço biográfico m. ‖ v. 1. perfilar: a) traçar o perfil de. b) dar um perfil a. c) moldar, modelar. d) contornar. 2. retratar em esboço biográfico.

profile cutter s. (Téc.) fresa perfilada f., fresa f. de perfil.

profile drag s. (Av.) resistência f. de perfil.

profile milling machine s. (Téc.) máquina f. para fresar perfis.

profit [pr'ofit] s. proveito m.: a) lucro, ganho, rendimento. b) vantagem, benefício, bem. ‖ v. 1. aproveitar, tirar proveito de. 2. lucrar, ganhar. 3. beneficiar, favorecer. 4. ser vantajoso ou lucrativo. **at a ~ of** com um lucro de. **it leaves a ~** deixa lucro. **it's for your own ~** é para seu próprio bem. **they derived ~ from** tiraram proveito de. **they made a ~ on it** obtiveram lucro disto. **my teachings ~ed him** meus ensinamentos lhe foram proveitosos. **he ~ed by an opportunity** ele aproveitou-se de uma oportunidade.
profitability [profitab'iliti], **profitableness** [pr'ofitablnis] s. 1. utilidade, proficuidade f. 2. rendabilidade f.
profitable [pr'ofitabl] adj. proveitoso: 1. útil, vantajoso. 2. lucrativo. ‖ **–bly** adv. proveitosamente.
profit and loss s. (Com.) lucros m. pl. e perdas f. pl.
profiteer [profit'ia] s. aproveitador, explorador m. ‖ v. aproveitar-se, explorar.
profiteering [~riŋ] s. exploração, extorsão f.
profitless [pr'ofitlis] adj. inútil, infrutífero, sem lucro ou proveito.
profit sharing s. participação f. dos lucros.
profligacy [pr'ofligasi] s. 1. profligação, devassidão f., desregramento m. 2. prodigalidade, dissipação, extravagância f.
profligate [pr'ofligeit] s. devasso, libertino m. ‖ adj. 1. devasso, libertino, dissoluto. 2. pródigo, esbanjador. ‖ **~ly** adv. desregradamente, licenciosamente.
profligateness [~nis] s. devassidão, licenciosidade f., desregramento m.
profluence [pr'ofluans] s. 1. **fluência rio acima f. 2.** exuberância, abundância f.
profluent [pr'ofluant] adj. 1. profluente. 2. exuberante, abundante.
profound [praf'aund] s. (poét.) profundidade, profundeza f., mar m. ‖ adj. profundo: 1. muito fundo, inescrutável. 2. sagaz, culto. 3. intenso, entranhado. 4. completo, total. ‖ **~ly** adv. profundamente.
~ly dark muito escuro.
profoundness [~nis], **profundity** [prof'Anditi] s. 1. profundidade, profundeza f. 2. intensidade f. 3. penetração f., alcance m.
profuse [praf'u:s] adj. 1. profuso, pródigo, esbanjador. 2. copioso, abundante. ‖ **~ly** adv. profusamente.
profuseness [~nis] s. prodigalidade f.
profusion [prafj'u:ʒan] s. profusão f.: 1. prodigalidade, esbanjamento. 2. abundância, exuberância.
in ~ em abundância.
profusive [prafj'u:siv] adj. profuso, exuberante, pródigo. ‖ adv. **~ly** profusamente.
prog [prog] s. (Ingl., gíria) provisão f., farnel m. ‖ v. (gíria) filar.
progenitive [proudʒ'enitiv] adj. procriador, reprodutor.
progenitor [proudʒ'enita] s. 1. progenitor, antepassado m. 2. precursor m. 3. original m.
progenitress [proudʒ'enitris] s. progenitora f.
progeniture [proudʒ'enitʃa] s. progenitura f.
progeny [pr'odʒini] s. 1. progênie, descendência, prole f. 2. cria, ninhada f. 3. (fig.) resultado, produto m.
progestacional [proudʒest'eiʃanal] adj. (Fisiol.) progestacional, preparado para a gravidez.
progesterone [proudʒ'estaroun] s. (Bioquím.) progesterona f.
proglottid [pragl'otid] s., pl. **proglottides** [-tidi:z] (Zool.) proglótide, proglote f.
prognathic [progn'æθik] **prognathous** [-θas] adj. (Anat. e Zool.) prógnato.
prognosis [progn'ousis] s. 1. profecia f., vaticínio m. 2. (Med.) prognóstico m., prognose f.
prognostic [pragn'ostik] s. 1. presságio, augúrio m. 2. prognóstico, vaticínio m., predição f. 3. (Med.)

sintoma indicativo m. do decurso e fim de uma doença. ‖ adj. pressago, prenunciador.
prognosticable [~abl] adj. que se pode prognosticar.
prognosticate [~eit] v. prognosticar: 1. pressagiar, predizer, vaticinar. 2. fazer um prognóstico.
prognostication [pragnostik'eiʃan] s. 1. prognosticação, f. 2. presságio, sinal m. 3. (Med.) prognóstico m.
prognosticator [pragn'ostikeita] s. prognosticador m.
programmatic [prougram'ætik] adj. programático.
programme, program [pr'ougræm] s. 1. programa m.: a) impresso informativo sobre um espetáculo. b) execução ou desenrolar de um espetáculo. c) projeto, plano. 2. prolegômenos m. pl., prefácio m. ‖ v. programar.
~ of government programa de governo. **to draw up a ~** estabelecer um plano de trabalho. **what is the ~ for to-day?** que faremos hoje?
programmed learning s. (Educ.) ensino programado m.
programmer [~a] s. programador m.
progress [pr'ougres] s. 1. progresso m.: a) progressão, curso, avanço. b) desenvolvimento, aperfeiçoamento, melhoria. 2. jornada, caminhada f. ‖ v. progredir: 1. avançar, adiantar-se. 2. evolver, evoluir, desenvolver-se. 3. prosseguir, continuar.
he has been making ~ ele tem acusado progressos. **in ~** em desenvolvimento. **to report ~** fornecer um relatório sobre o andamento de...
progression [pragr'eʃan] s. 1. progressão f.: a) avanço, curso. b) (Mat.) série de números entre os quais há uma razão constante. 2. sucessão, seqüência f. 3. progresso, desenvolvimento m. 4. (Mús.) sucessão f. de sons ou de acordes.
arithmetical ~ progressão aritmética. **geometrical ~** progressão geométrica.
progressional [~al] adj. progressivo.
progressive [pragr'esiv] adj. 1. progressivo: a) que avança, que se locomove. b) gradual, sucessivo. c) que melhora, evolutivo. 2. progressista. ‖ **~ly** adv. progressivamente.
progressiveness [~nis] s. caráter progressivo m.
progressivism [pragr'esivizm] s. (Educ., Filos.) progressivismo m.
prohibit [prah'ibit] v. 1. proibir, vedar. 2. impedir.
~ed goods mercadoria de contrabando.
prohibiter [~a] s. proibidor m.
prohibition [prouib'iʃan] s. 1. proibição f., 2. interdição f.
prohibitionism [~izm] s. proibicionismo m.
prohibitionist [~ist] proibicionista m. + f. ‖ adj. proibicionista.
prohibitive [prah'ibitiv] adj. proibitivo, proibitório. ‖ **~ly** adv. proibitivamente.
~ cost custo proibitivo. **~ duty** tarifa protecionista.
prohibitiveness [~nis] s. caráter proibitivo m.
prohibitory [prah'ibitari] adj. = **prohibitive**. ‖ **–ily** adv. proibitivamente.
project [pr'odʒekt] s. projeto m.: 1. plano, desígnio, intento. 2. esquema, esboço, planta. ‖ [prodʒ'ekt] v. projetar: 1. arremessar, lançar, arrojar. 2. planear, idear. 3. tornar proeminente ou saliente. 4. fazer incidir sobre. 5. representar por meio de projeção. 6. prolongar-se, estender-se, ressaltar.
projectile [pr'odʒiktail, prodʒ'ektail] s. projetil m. ‖ [prodʒ'ektail] adj. projetil.
projection [prodʒ'ekʃan] s. 1. projeção f.: a) arremesso, lançamento. b) planeamento, planejamento. c) ressalto, sacada, saliência. d) (Geom.) representação de uma figura sobre um plano. e) (Geogr.) representação de uma parte da terra ou da abóbada celeste sobre um plano. f) exibição de uma imagem sobre uma tela. g) (Psicol.) ação de exteriorizar aquilo que é essencialmente subjetivo. 2. eje-

ção f. 3. (fig.) transmutação f.

projection booth s. (Cin.) cabina f. de projeção.

projectionist [~ist] s. 1. projetista m. 2. (E. U. A.) operador cinematográfico m.

projection room s. sala f. de projeções.

projective [prədʒ'ektiv] adj. 1. projetivo. 2. projetante, projetador.

~ **geometry** geometria projetiva.

projector [prədʒ'ektə] s. 1. planejador, ideador m. 2. visionário, utopista m. 3. projetor m. 4. (desenho mecânico) linha f. de projeção. 5. refletor, holofote m.

projectual [prədʒ'ektjuəl] s. material m. para projeção

projecture [prədʒ'ektʃə] s. projetura f.

prolabium [prəl'eibiəm] s. (Anat.) prolábio m.

prolapse [proul'æps] s. (Med.) prolapso m., procidência f. ‖ v. sofrer prolapso.

prolate [pr'ouleit] adj. 1. estendido, alongado na direção dos pólos. 2. (fig.) muito freqüente.

prolegomenal [prouləg'ominəl], **prolegomenary** [-g'ominəri] adj. preliminar, preambular, introdutório.

prolegomenon [proulig'ominɔn] s. prolegômeno, prefácio, preâmbulo m., introdução f.

prolegomenous [proulig'ominəs] adj. 1. introdutório. 2. prolixo, verboso.

prolepsis [prəl'epsis] s. prolepse f.

proleptic [prəl'eptik], **proleptical** [~əl] adj. proléptico.

proletarian [proulət'ɛəriən] s. proletário m. ‖ adj. proletário.

proletarianism [~izm] s. condição f. do proletariado.

proletarianization [proulətɛəriənaiz'eiʃən] s. proletarização f.

proletarianize [proulət'ɛəriənaiz] v. proletarizar.

proletariat [proulit'ɛəriət] s. proletariado m.

proliferate [prəl'ifəreit] v. proliferar.

proliferation [prəlifər'eiʃən] s. proliferação f.

proliferous [prəl'ifərəs] adj. (Bot.) prolífero.

prolific [prəl'ifik] adj. 1. prolífico, prolífero. 2. fecundo, fértil. 3. (fig.) inventivo, engenhoso. ‖ ~ally adv. proliferamente, prolificamente.

to be ~ **of** produzir, motivar.

prolificacy [prəl'ifikəsi], **prolificity** [proulif'isiti] s. prolificidade, fecundidade, fertilidade f.

prolificate [prəl'ifikeit] v. tornar prolífico, fertilizar.

prolification [prəlifik'eiʃən] s. 1. geração, procriação f. 2. fecundidade, fertilidade f. 3. (Bot. e Zool.) proliferação f.

prolificness [prəl'ifiknis] s. = **prolificacy**.

prolix [pr'ouliks] adj. prolixo: 1. difuso, longo, extenso. 2. enfadonho, fastidioso. 3. verboso. ‖ ~ly adv. prolixamente.

prolixity [proul'iksiti] s. prolixidade, difusão, redundância f.

prolixness [prəl'iksnis] s. = **prolixity**.

prolocutor [proul'ɔkjutə] s. 1. porta-voz, intérprete m. + f. 2. presidente m. + f. de sínodo.

prologize [pr'oulodʒaiz] v. prologar, prefaciar.

prologizer [~ə] s. prefaciador m.

prologue [pr'oulɔg] s. prólogo, prefácio, preâmbulo, exórdio m. ‖ v. prologar, prefaciar.

it was the ~ **to** era a introdução para.

prologuize [pr'oulogaiz] v. = **prologize**.

prolong [prəl'ɔŋ], **prolongate** [prəl'ɔŋgeit] v. prolongar: 1. protrair, dilatar. 2. alongar, encompridar. 3. protrair-se, durar.

prolongation [proulɔŋg'eiʃən] s. prolongamento m. prolongação f.: 1. dilação. 2. continuação, extensão. 3. acréscimo de comprimento.

prolonge [prol'ondʒ] s. (milit.) prolonga f.

prolonger [prəl'ɔŋə] s. 1. prolongador m. 2. arandela f.: peça do castiçal destinada a receber os pingos da vela.

prolongment [prəl'ɔŋmənt] s. = **prolongation**.

prolusion [proulj'u:ʒən] s. prolusão f.: 1. prelúdio, preliminar. 2. ensaio, preparação.

prom [prɔm] s. (E. U. A., coloq.) 1. vesperal dançante f., ou baile m. oferecido por um colégio aos estudantes. 2. abr. de **promenade**.

promenade [promin'a:d, -n'eid] s. 1. passeio m.: a) ação de passear. b) local em que se passeia (quadro B 4). 2. baile estudantil m. 3. desfile m. de abertura em um baile de gala. ‖ v. 1. passear. 2. exibir-se.

promenade concert s. concerto m. ao ar livre.

promenade deck s. tombadilho m.

promenader [promin'a:də, -n'eidə] s. passeador, passeante m.

Promethean [prəm'i:θiən] adj. 1. prometéico. 2. (fig.) criador m.

promethium [prəm'i:θiəm] s. (Quím.) promécio m.

prominence [pr'ominəns], **prominency** [~i] s. 1. proeminência, protuberância f., ressalto m. 2. eminência, distinção, notoriedade f.

prominent [pr'ominənt] adj. 1. proeminente, saliente, protuberante. 2. conspícuo, manifesto. 3. eminente, notável, notório. ‖ ~ly adv. proeminentemente.

promiscuity [promiskj'uiti] s. promiscuidade, mistura desordenada, heterogeneidade f.

promiscuous [prəm'iskjuəs] adj. promíscuo: 1. heterogêneo, confuso. 2. indiscriminado, indistinto. 3. irregular ocasional. 4. (†) espiceno. ‖ ~ly adv. promiscuamente.

~ **bathing** banho familiar (de ambos os sexos). **in a** ~ **manner** como que por acaso.

promise [pr'omis] s. promessa f.: 1. compromisso, prometimento, palavra. 2. coisa prometida. 3. (fig.) esperança. ‖ v. prometer: 1. empenhar a sua palavra, comprometer-se a. 2. assegurar, afiançar. 3. pressagiar, indicar. 4. dar motivo a esperanças.

I ~ **you** eu lhe prometo, eu lhe asseguro. **he was** ~**d help** prometeram-lhe ajuda. **of great** ~ muito prometedor. ~ **of help** promessa de auxílio. **she made (ou gave) a solemn** ~ ela fez uma solene promessa. **this boy** ~**s very well** este rapaz promete bastante. **she** ~**d herself a happy time** ela se augurou um tempo feliz.

Promised Land s. 1. (Bíblia) Terra Prometida f. 2. lugar m. onde se espera viver melhor.

promisee [promis'i:] s. (Jur.) beneficiário m. de uma promessa.

promiser [pr'omisə] s. prometedor m.

promising [pr'omisiŋ] adj. prometedor, promissor.

it is in a ~ **state** está bem encaminhado.

promisor [promis'o:] s. (Jur.) promitente m. + f.

promissory [pr'omisəri] adj. promissório, promissivo.

~ **note** (Jur.) promissória, nota promissória. **to be** ~ **of** insinuar, dar a entender.

promontory [pr'oməntri] s. (Geogr. e Anat.) promontório m.

promote [prəm'out] v. 1. promover: a) elevar a cargo, posto ou situação superior. b) fomentar, favorecer. 2. (xadrez) transformar um peão em figura.

he was ~**d captain** ele foi promovido a capitão. **she was** ~**d at school** ela foi promovida de classe.

promoter [~ə] s. 1. promotor, fomentador m. 2. patrocinador m. 3. organizador m. de empresas comerciais.

promotion [prəm'ouʃən] s. promoção f.: a) elevação a situação superior. b) fomento, estímulo m. 2. organização f. de empresas comerciais. 3. (E. U. A.) aumento m. de vendas mediante propaganda.

~ **manager** diretor ou gerente de propaganda.

promotional [~əl] adj. de ou relativo a promoção.

promotive [prəm'outiv] adj. promotor.

to be ~ of fomentar (alguma coisa).
prompt [prɔmpt] s. 1. (Com.) prazo m. de pagamento.
2. lembrete m. ‖ v. 1. incitar, instigar. 2. induzir,
mover, impelir a. 3. lembrar a, fazer recordar. 4.
(Teat.) servir de ponto a. 5. sugerir, inspirar. ‖ adj.
1. pronto: a) preparado, alerta. b) imediato, breve.
c) pontual. d) ligeiro, rápido, ativo. e) (†) disposto,
inclinado. 2. (Teat.) relativo a ponto. ‖ **~ly** adv.
prontamente.
at a ~ of a year ao prazo de um· ano. **~ cash**
pagamento à vista. **~ed by** induzido por, movido
por.
promptbook [pr'ɔmptbuk] s. exemplar m. de peça teatral usado pelo ponto.
prompt desk s. (Teat.) mesa para o ponto (quadro
S 10).
prompter [pr'ɔmptə] s. 1. instigador, incitador m. 2.
(Teat.) ponto m.
promptness [pr'ɔmptnis], **promptitude** [pr'ɔmptitju:d]
s. 1. presteza, prontidão f. 2. pontualidade f. 3. agilidade, ligeireza f.
promptuary [pr'ɔmptjuəri] s. prontuário m.
promulgate [pr'ɔməlgeit, prəm'ʌlgeit] v. 1. promulgar:
a) tornar público. b) publicar, decretar. 2. divulgar,
difundir.
promulgation [prɔməlg'əiʃən] s. promulgação f.
promulgator [pr'ɔməlgeitə] s. promulgador m.
pronaos [pron'eiɔs] s. (Arquit.) pronau m.
pronate [pr'ouneit] v. assumir ou fazer assumir posição de pronação. ‖ adj. em pronação.
pronation [proun'eiʃən] s. (Anat. e Fisiol.) pronação f.
pronator [proun'eitə] s. (Anat.) pronador m.
prone ⌊proun⌋ adj. 1. inclinado, propenso, predisposto.
2. debruçado, prono. 3. de borco. 4. (poét.) ingreme, declivoso. ‖ **~ly** adv. em posição inclinada
ou debruçada.
to be ~ ser propenso a.
proneness [pr'ounnis] s. 1. propensão, predisposição,
tendência f. 2. posição f. de borco. 3. inclinação f.
para a frente, posição debruçada f. 4. (poét.) ingremidade, declividade f.
pronephros [prən'efrɔs] s. (Embriol.) prônefro m.
prong [prɔŋ] s. 1. forcado m. 2. dente m. de forcado
ou de garfo (quadro R 3). 3. presa f., colmilho m.
4. ponta f. de cornadura. ‖ v. forcar: 1. revolver
com o forcado. 2. perfurar com o forcado.
pronged [prɔŋd] adj. provido de dentes (como o
garfo).
prong hoe s. alvião, enxadão m. (quadro H 7).
pronghorn [pr'ɔŋhɔːn] s. (Zool.) antilocapro m.
pronominal [prən'ɔminəl] adj. (Gram.) pronominal.
pronoun [pr'ounaun] s. (Gram.) pronome m.
pronounce [prən'auns] v. 1. pronunciar: a) articular,
proferir. b) declarar, decretar, c) afirmar, proclamar.
d) declamar, recitar. e) julgar. 2. manifestar-se,
pronunciar-se.
the judge ~d sentence on him o juiz proferiu
sentença contra ele. **he ~d the book interesting** ele
declarou o livro interessante.
pronounceable [~ əbl] adj. pronunciável.
pronounced [~t] adj. 1. pronunciado, marcante. 2.
decidido, positivo. ‖ **~ly** adv. pronunciadamente.
pronouncement [~mənt] s. 1. declaração oficial f.
2. afirmação, manifestação f. 3. opinião, decisão f.
pronouncing [~iŋ] adj. prosódico, ortoépico.
pronto [pr'onto] (E. U. A., gíria) adv. rapidamente.
pronucleus [prənj'u:kliəs] s., pl: **pronuclei** [-kliai] (Biol.
e Embriol.) pronúcleo m.
pronuncial [prən'ʌnʃəl] adj. de ou concernente a pronúncia.
pronunciamento [prənʌnʃiəm'entou] s. (E. U. A.) proclamação f., manifesto m.

pronunciation [prənʌnsi'eiʃən] s. pronúncia, pronunciação f.
pronunciative [prən'ʌnʃieitiv] adj. dogmático, sentencioso.
proof [pru:f] s. 1. prova f.: a) demonstração, evidência. b) verificação, comprovação. c) exame, ensaio,
experiência. d) testemunho. e) comprovante. f)
documento justificativo. g) folha impressa para
correções tipográficas. h) (Mat.) operação para
verificar a exatidão de um cálculo. 2. firmeza,
dureza, impenetrabilidade f. 3. teor alcoólico m.
4. tubo m. de ensaio. ‖ v. 1. provar: experimentar.
2. impermeabilizar. ‖ adj. 1. à prova de, resistente,
seguro, impenetrável. 2. de prova, probatório. 3.
experimentado, provado. 4. de teor normal.
bomb—~ à prova de bombas. **fire—~** incombustível.
water—~ impermeável. **in ~ of** como prova de. **~
against entreaty** inexorável. **the ~ of the pudding
is in the eating** só a experiência comprova. **to
afford a ~** fornecer uma prova. **to put to the ~**
pôr à prova. **under ~** abaixo do teor normal.
fool—~ indiscutivelmente claro.
proofing [pr'u:fiŋ] s. 1. impermeabilização f. 2. imper-
meabilizante m.
proofless [pr'u:flis] adj. sem provas.
proof load s. carga f. de ensaio.
proofread [pr'u:fri:d] v. (Tipogr.) revisar ou corrigir
provas.
proofreader [~ə] s. (Tipogr.) revisor m.
proofreading [~iŋ] s. (Tipogr.) revisão f. de provas.
proof set s. coleção f. de moedas recém-cunhadas,
para colecionador.
proof sheet s. prova tipográfica t.
prop (I) [prɔp] s. 1. estaca, escora f., espeque, esteio
m. 2. (fig.) amparo, arrimo m. 3. **~s** pl. (gíria)
canelas f. pl. ‖ v. 1. estaquear, escorar, sustentar
(também ~ **up**). 2. apoiar, fortalecer, animar.
prop (II) [prɔp] s. (Teat. gíria) adereço m.
prop (III) [prɔp] abr. de **propeller.**
propaedeutic [proupi:dj'u:tik] s. 1. matéria propedêutica f. 2. curso propedêutico m. ‖ adj. propedêutico.
propaedeutics [~s] s. propedêutica f.
propagable [pr'ɔpəgəbl] adj. propagável.
propaganda [prɔpəg'ændə] s. propaganda f. reclamo m.
to carry on a vigorous ~ for fazer propaganda
intensa a favor de.
propagandism [prɔpəg'ændizm] s. propagandismo m.,
publicidade f.
propagandist [prɔpəg'ændist] s. 1. propagandista,
reclamista m. + f. 2. propagador, divulgador m.
propagandize [prɔpəg'ændaiz] v. propagar, propagan-
dear.
propagate [pr'ɔpəgeit] v. 1. propagar: a) reproduzir.
b) difundir, disseminar. c) transmitir, conduzir. d)
multiplicar-se por geração. 2. transmitir à prole.
to ~ religion propagar a religião.
propagation [prɔpəg'eiʃən] s. propagação f.: 1. reprodução, procriação. 2. difusão, disseminação, divulgação.
propagative [pr'ɔpəgeitiv] adj. propagativo, propagador.
propagator [pr'ɔpəgeitə] s. propagador m.
propagatory [pr'ɔpəgeitouri] adj. 1. propagativo, propagador. 2. propagável.
propane [pr'oupein] s. (Quím.) propano m.
proparoxytone [proupar'ɔksitoun] s. (Gram.) proparoxítono, esdrúxulo m. ‖ adj. proparoxítono, esdrúxulo.
propel [prəp'el] v. 1. propelir, impelir, impulsionar,
acionar. 2. induzir.
propellant [prəp'elənt] s. 1. propulsor m. 2. (milit.)

explosivo m. de propulsão.

propellent [prəp'elənt] s. 1. propulsor, impulsor m. 2 (fig.) motivo dominante m. ‖ adj. propulsor, propulsivo, impulsivo.

propeller [prəp'elə] s. 1. propulsor, impulsor m. 2. hélice f. (quadro B 16). 3. (†) navio m. acionado por hélice.

propeller blade s. pá f. de hélice.

propeller shaft s. eixo m. da hélice (quadro M 4).

propend [proup'end] v. propender, inclinar-se.

propene [pr'oupi:n] s. (Quím) propeno, propileno m.

propensity [prəp'ensiti] s. 1. propensão, tendência, inclinação f. 2. gosto m., predileção f.

with a ~ to propenso a.

proper [pr'ɔpə] adj. 1. próprio: a) peculiar, distintivo, característico. b) apropriado, adequado, oportuno c) exato, correto. d) (Gram.) particular, privativo. 2. propriamente dito. 3. (joc.) fino, excelente. 4. inerente. 5. decente, decoroso, respeitável. 6. (Heráld.) representado na cor natural. 7. (gíria) completo, rematado, consumado. ‖ ~ly adv. 1. própriamente, particularmente. 2. corretamente, devidamente. 3. convenientemente, adequadamente. 4. bem, com bom comportamento. 5. (gíria) completamente, em regra.

at the ~ time na ocasião oportuna. it is ~ for her é apropriado para ela. that's the ~ thing é a medida indicada. we think it ~ julgamo-lo adequado. ~ly speaking falando no sentido exato she behaved ~ly ela portou-se bem.

proper fraction s. (Mat.) fração própria f.

proper name, proper noun s. nome próprio m.

propertied [pr'ɔpətid] adj. 1. que possui propriedade. 2. (Teat.) provido de adereços.

property [pr'ɔpəti] s. 1. propriedade f.: a) qualidade inerente, característica f., caráter m. b) qualidade adquirida f. c) pertence m., posses f. pl. d) bens m. pl. de raiz (casas, prédios, fazendas, sítios, etc.) 2. peculiaridade f. 3. direito m. de posse, domínio m. 4. (Lóg.) atributo m. 5. –ies pl. (Teat.) adereços m. pl.

a man of large ~ um homem de largas posses. ~ has its duties a riqueza tem os seus deveres ou as suas obrigações. ~ market bolsa de imóveis.

property man, ~ master s. (Teat.) aderecista m. + f.

prophase [pr'oufeiz] s. (Biol.) prófase f.

prophecy [pr'ɔfisi] s. profecia, predição f., vaticínio m.

prophesier [pr'ɔfisaiə] s. profeta m.

prophesy [pr'ɔfisi] v. profetizar: 1. vaticinar, predizer. 2. dizer profecias.

prophet [pr'ɔfit] s. 1. profeta m. 2. (poét.) vidente, adivinho m. 3. vaticinador, prognosticador m. 4. intérprete, representante m. + f. 5. (Ent. pop.) louva-a-deus m.

prophetess [pr'ɔfitis] s. profetisa f.

prophetic [prəf'etik], **prophetical** [~əl] adj. profético, vaticinador, presságo. ‖ ~ally adv. profeticamente. to be ~ of prognosticar.

prophylactic [profil'æktik] s. (Med.) preventivo, preservativo m. ‖ adj. (Med.) profiláctico, preventivo. ‖ ~ally adv. profilacticamente.

prophylaxis [profil'æksis] s. profilaxia f.

propinquity [prəp'iŋkwiti] s. 1. propinqüidade, proximidade f. 2. parentesco m. de sangue. 3. vizinhança f. 4. afinidade, semelhança f.

propitiable [prəp'iʃiəbl] adj. conciliável, aplacável.

propitiate [prəp'iʃieit] v. propiciar, conciliar, aplacar.

propitiation [prəpiʃi'eiʃən] s. 1. propiciação f., aplacamento m. 2. (Teol.) sacrifício expiatório m.

propitiator [prəp'iʃieitə] s. propiciador, conciliador, aplacador m.

propitiatory [prəp'iʃiətouri] s. propiciatório m. ‖ adj.

propiciatório, conciliatório, apaziguador.

propitious [prəp'iʃəs] adj. propício: 1. benigno, benévolo. 2. favorável, auspicioso. 3. oportuno, adequadro. ‖ ~ly adv. de modo propício.

propitiousness [~nis] s. 1. disposição favorável f. 2. caráter propício m.

prop-jet s. (Aer.) avião m. com propulsão turbo-hélice.

propolis [pr'ɔpəlis] s. própole f.

proponent [prəp'ounənt] s. 1. proponente m. 2. (Jur.) pessoa que propõe um testamento para aprovação ou legalização. ‖ adj. proponente.

proportion [prəp'ɔ:ʃən] s. 1. proporção f.: a) relação, razão. b) extensão, tamanho. c) disposição regular, harmonia, simetria. d) conformidade, analogia. e) (Mat.) igualdade entre duas ou mais razões. 2. ~s pl. dimensões f. pl. 3. ~s pl. quota, parte, porção f. ‖ v. proporcionar: 1. tornar proporcional. 2. harmonizar.

in ~ 1. em proporção, proporcionalmente. 2. à proporção, à medida. in due ~ na justa proporção. it bears no ~ to não está em nenhuma proporção com. out of ~ fora de proporção, desproporcionado.

proportionable [prəp'ɔ:ʃnəbl] adj. proporcional, proporcionado.

proportional [prəp'ɔ:ʃnəl] s. (Mat.) termo m. de uma proporção. ‖ adj. proporcional, proporcionado. ‖ ~ly adv. proporcionalmente.

~ representation (Pol.) abr. P. R., representação proporcional.

proportionality [prəpɔ:ʃn'æliti] s. proporcionalidade f.

proportionate [prəp'ɔʃnit] v. proporcionar: 1. tornar proporcional, ajustar a. 2. distribuir proporcionalmente. ‖ adj. proporcional, adequado. ‖ ~ly adv. proporcionalmente.

proportionateness [~nis] s. proporcionalidade f.

proportioned [prəp'ɔ:ʃən] adj. proporcionado.

well ~ bem proporcionado.

proportionless [prəp'ɔ:ʃnlis] adj. desproporcionado, assimétrico.

proportionment [prəp'ɔ:ʃnmənt] s. proporcionamento m.

proposable [prəp'ouzəbl] adj. que pode ser proposto, suscetível de propostas.

proposal [prəp'ouzəl] s. proposta f.: 1. proposição, moção, sugestão f. 2. oferta f., oferecimento m. 3. pedido m. em casamento.

conciliatory ~ proposta conciliatória. to have a ~ receber um pedido de casamento. to make ~s of peace fazer ofertas de paz. we placed our ~s before him submetemos-lhe nossas propostas.

propose [prəp'ouz] v. propor: 1. expor, apresentar, submeter a. 2. intentar, tencionar. 3. sugerir, alvitrar. 4. indicar. 5. brindar. 6. declarar-se, pedir em casamento.

he ~d a toast to ele levantou um brinde a. he ~d marriage to her ele lhe propôs casamento. he ~d to the lady ele declarou-se à senhora. man ~s, God disposes o homem põe e Deus dispõe. we ~d him as a candidate apresentamo-lo como candidato. we ~d him to sing sugerimos-lhe que cantasse. we ~d him for the office indicamo-lo para o cargo.

proposer [~ə] s. proponente m.

proposition [prɔpəz'iʃən] s. 1. proposição f.: a) proposta, oferta, oferecimento. b) moção. c) afirmação. d) (Lóg.) sentença, máxima. e) (Mat.) teorema. f) (Mat.) problema. g) (Ret.) ponto a ser debatido ou sustentado. 2. (E.U.A.) projeto, plano m. 3. (E. U. A., coloq.) caso, assunto, negócio, empreendimento m. 4. (E. U. A., coloq.) artigo m., mercadoria f. 5. (E. U. A., coloq.) freguês, indivíduo m. 6. (Mús.) enunciação f. de um tema, tema m. de uma fuga. 7. (Pop.) proposta indecorosa f.

he is a tough ~ ele é um sujeito difícil.

propositional [~l] adj. de ou relativo a proposição.
propound [prəp'aund] v. 1. propor, expor, apresentar. 2. apresentar testamento para autenticação.
propounder [~ə] s. proponente m. + f.
proprietary [prəpr'aiətəri] s. 1. proprietário, dono m. 2. (E. U. A., Hist.) donatário m. de uma "**Proprietary Colony**". 3. classe f. dos proprietários. 4. (†) direito m. de propriedade. 5. bens imóveis m. pl. 6. (Farmac.) medicamento m. cuja fórmula é propriedade de uma firma. ‖ adj. 1. proprietário. 2. (E. U. A.) patenteado, registrado.
~ **article** artigo patenteado. ~ **name** marca registrada.
Proprietary Colony s. (E. U. A., Hist.) colônia f. doada a um ou mais indivíduos, com amplas prerrogativas de governo.
proprietor [prəpr'aiətə] s. proprietário, dono m.
proprietorial [prəpraiət'o:riəl] adj. proprietário.
proprietorship [prəpr'aiətəʃip] s. propriedade f., domínio m.: condição e classe de proprietário.
proprietress [prəpr'aiətris], **proprietrix** [-triks] s. proprietária, dona f.
propriety [prəpr'aiəti] s. 1. adequação, retidão, justeza f. 2. decoro m., decência f., boas maneiras f. pl. 3. ~**ies** pl. etiqueta f., convenções sociais f. pl.
~ **of conduct** boa conduta, bom comportamento.
the —ies as normas do decoro.
props. [props] abr. de 1. **properties**. 2. **propellers**.
proptosis [propt'ousis] s. (Med.) proptoma m., proptose, exoftalmia f.
propulsation [proupʌls'eiʃən] s. repulsa, repulsão f.
propulsion [prəp'ʌlʃən] s. 1. propulsão, impulsão f. 2. força f. de propulsão. 3. impulso m., influência f.
propulsive [prəp'ʌlsiv], **propulsory** [prəp'ʌlsəri] adj. propulsivo, propulsor.
propulsor [prəp'ʌlsə] s. propulsor, impulsor m.
propyl [pr'oupil] s. (Quím.) propilo m.
propylaeum [propil'i:əm] s., pl. **propylaea** [-l'i:ə] (Arquit.) propileu m.
propylene [pr'oupili:n] s. = **propene**.
propylite [pr'opilait] s. (Miner.) propilito m.
pro-rata [prour'eitə, -r'a:tə] adj. em proporção. ‖ adv. proporcionadamente.
proratable [prər'eitəbl] adj. que pode ser repartido proporcionalmente.
prorate [prour'eit] v. (E. U. A.) ratear.
to ~ **profits** distribuir lucros proporcionalmente.
proration [prər'eiʃən] s. (E. U. A.) rateio m.
prorector [prər'ektə] s. vice-reitor m.
prorectorate [~rit] s. vice-reitorado m., vice-reitoria f.
prorogation [prourəg'eiʃən] s. prorrogação f., suspensão f. de sessão parlamentar.
prorogue [prər'oug] v. prorrogar, suspender sessão parlamentar.
prosaic [prouz'eiik] adj. prosaico: 1. relativo a prosa. 2. trivial, vulgar. ‖ ~**ally** adv. prosaicamente.
prosaism [pr'ouzeiizm] s. 1. prosaísmo m. 2. frase f. ou expressão f. prosaica.
prosaist [pr'ouzeiist] s. 1. prosador m., prosaísta m. + f. 2. pessoa prosaica f.
proscenium [prəs'i:niəm] s. (Teat.) proscênio m. (quadro S 10).
proscribe [prəskr'aib] v. proscrever: 1. degredar, desterrar, banir. 2. afastar, relegar ao ostracismo. 3. proibir, vedar, interditar, condenar.
proscriber [~ə] s. proscritor m.
proscript [pr'ouskript] s. proscrito m.
proscription [proskr'ipʃən] s. 1. proscrição f.: a) desterro, banimento m. b) proibição, interdição f. 2. cerceamento m.
proscriptive [proskr'iptiv] adj. proscritor.
prose [prouz] s. prosa f.: 1. forma natural de falar

ou escrever. 2. trecho prosaico. 3. lenga-lenga, arenga. 4. co sa trivial ou vulgar. 5. (coloq.) conversa, palestra. 6. (coloq.) tagarela. 7. (Rel.) seqüência. ‖ v. 1. prosar: escrever em prosa. 2. traduzir em prosa. 3. prosificar: tornar prosaico. 4. arengar. ‖ adj. prosaico: a) relativo a prosa. b) trivial, vulgar, ordinário.
prosector [prəs'ektə] s. (Anat.) prossector m.
prosecute [pr'ɔsikju:t] v. 1. prosseguir, continuar, dar seguimento a. 2. exercer, praticar. 3. processar, acionar. 4. instaurar processo.
prosecuting attorney s. (Jur.) promotor público m.
prosecution [prɔsikju'u:ʃən] s. 1. prosseguimento m., prossecução f. 2. execução, continuação f. 3. (Jur.) instauração f. de processo. 4. (Jur.) autor m. de demanda, demandante m. + f.
witness for the ~ testemunha da acusação.
prosecutor [pr'ɔsikju:tə] s. 1. prosseguidor, continuador m. 2. (Jur.) demandante, querelante m. + f. 3. (Jur.) promotor público m.
proselyte [pr'ɔsilait] s. prosélito m.: 1. (Rel.) neófito, convertido. 2. partidário, sectário. ‖ v. 1. converter. 2. fazer prosélitos.
proselytical [prɔsil'itikəl] adj. proselítico.
proselytism [pr'ɔsilitizm] s. proselitismo m.
proselytize [pr'ɔsilitaiz] v. = **proselyte**.
prosencephalic [prɔsensif'ælik] adj. prosencefálico.
prosenchyma [prɔs'eŋkimə] s. (Bot.) prosênquima f.
proser [pr'ouzə] s. 1. prosador m. 2. conversador m. ou escritor m. fastidioso.
prosify [pr'ouzifai] v. 1. prosificar. 2. prosar, fazer prosa.
prosiness [pr'ouzinis] s. 1. prosaísmo m. 2. insipidez f.
prosit [pr'ouzit] (alem.) interj. saúde! (brinde nas libações alcoólicas).
proslavery [prousl'eivəri] s. escravocracia f., escravismo m. ‖ adj. escravocrata, escravista.
prosodic [prɔs'ɔdik], **prosodical** [~əl] adj. métrico, relativo à métrica. ‖ ~**ally** adv. metricamente.
prosodist [pr'ɔsədist] s. pessoa versada em métrica f.
prosody [pr'ɔsədi] s. métrica f.
prosopopoeia [prəsoupəp'i:jə] s. 1. (Ret.) prosopopéia f. 2. personificação f.
prospect [pr'ɔspekt] s. 1. prospecto, aspecto m., vista f. 2. vista para f. 3. cena, paisagem f., panorama m. 4. antecipação f. 5. expectativa, probabilidade f. 6. interessado, pretendente m. 7. (Mineração) indício m. da existência de veios de minério, local m. da existência de tais indícios, amostra f. de minério. ‖ [prəsp'ekt] v. 1. explorar em busca de minério. 2. pesquisar, investigar (**for** por). 3. prometer, dar esperanças.
to hold out a ~ **of** dar esperanças de. **what are my** ~**s?** quais são as minhas probabilidades? **it lies in** ~ está em perspectiva.
prospective [prəsp'ektiv] adj. 1. previdente, previsor. 2. em perspectiva, esperado, aguardado. 3. relativo ao futuro.
~ **customer**, ~ **buyer** cliente ou comprador em perspectiva.
prospector [prəsp'ektə] s. (Mineração) prospetor, explorador m.
prospectus [prəsp'ektəs] s. prospeto, folheto m.
prosper [pr'ɔspə] v. prosperar: 1. tornar-se próspero, progredir. 2. crescer, medrar, florescer. 3. tornar próspero, favorecer. 4. ser propício.
prosperity [prɔsp'eriti], **prosperousness** [pr'ɔsparəsnis] s. prosperidade, fortuna f., florescimento m.
prosperous [pr'ɔsparəs] adj. 1. próspero, afortunado, bem sucedido, florescente. 2. auspicioso, favorável, propício. ‖ ~**ly** adv. prosperamente.
to await a more ~ **moment** aguardar um momento mais propício.

prostate [pr'ɔsteit] s. (Anat.) próstata f. ‖ adj. prostático.
prostatic [prɔst'ætik] adj. prostático.
prostatism [pr'ɔstətizm] s. (Med.) prostatismo m.
prosthesis [pr'ɔsθisis] s. (Cirurg., Odont., Gram.) 1. prótese f., 2. (Gram.) próstese f.
prosthetic [prɔsθ'etik] adj. protético.
prosthetics [~s] s. cirurgia protética f.
prostitute [pr'ɔstitju:t] s. 1. prostituta, meretriz f. 2. pessoa venal f. ‖ v. 1. prostituir. 2. aviltar, degradar, desonrar. 3. prostituir-se. ‖ adj. 1. prostituído. 2. venal, corruto.
prostitution [prɔstitj'u:ʃən] s. 1. prostituição f., meretrício m. 2. aviltamento m., degradação f.
prostitutor [pr'ɔstitju:tə] s. prostituidor m.
prostrate [pr'ɔstreit] v. 1. prostrar: a) prosternar, deitar por terra. b) abater, extenuar, enfraquecer. c) prosternar-se, lançar-se por terra. 2. arruinar, aniquilar. ‖ adj. 1. prostrado: a) prosternado. b) deitado, estendido. c) abatido, debilitado, enfraquecido. 2. arruinado, aniquilado. 3. derrubado, abatido. 4. (Bot.) procumbente.
~ **industries** indústrias arruinadas. ~ **with grief** abatido pela dor. **she fell ~ before him** ela se lhe prostrou aos pés.
prostration [prɔstr'eiʃən] s. prostração f.: 1. prosternação f. 2. abatimento m., exaustão, debilidade f. 3. desânimo, desalento m., depressão f.
prostrative [pr'ɔstrətiv] adj. prostrador.
prostyle [pr'ɔustail] s. (Arquit.) prostilo m. ‖ adj. provido de prostilo.
prosy [pr'ɔuzi] adj. prosaico: 1. relativo a prosa. 2. fastidioso, tedioso. ‖ **-ily** adv. 1. prosaicamente 2. fastidiosamente.
protactic [prət'æktik] adj. protático.
protagonist [prət'æɡənist] s. 1. protagonista, figurante m. 2. advogado, defensor, campeão m. 3. (coloq.) adversário, contendor m.
protamine [pr'outəmi:n, -min], **protamin** [-min] s. (Bioquím.) protamina f.
protasis [pr'ɔtəsis] s. (Teat. e Gram.) prótase f.
protean [pr'outiən, prout'i:ən] adj. 1. protéico, multiforme. 2. proteiforme.
protect [prət'ekt] v. 1. proteger: a) defender, amparar, salvaguardar. b) favorecer, beneficiar. 2. garantir o pagamento de (títulos).
~ **my interests!** proteja os meus interesses!
protection [prət'ekʃən] s. 1. proteção f.: a) defesa, salvaguarda f., amparo m. b) abrigo, resguardo m. c) proteção. d) (Economia Política) favorecimento m. da indústria nacional mediante tarifas aduaneiras. 2. salvo-conduto, passaporte m.
to find due ~, to meet with due ~ ser resgatado (título).
protectionism [~izm] s. (Economia) protecionismo m.
protectionist [~ist] s. protecionista m. ‖ adj. protecionista.
protective [prət'ektiv] adj. 1. protetor, protetivo. 2. protecionista. ‖ **~ly** adv. como proteção.
~ **coating** camada protetora. ~ **custody** prisão preventiva. ~ **duty**, ~ **tariff** tarifa protecionista.
protector [prət'ektə] s. protetor m.: 1. defensor, guarda, patrono m. 2. dispositivo m. de proteção.
protectoral [~rəl] adj. protetoral.
protectorate [~rit] s. protetorado m.
protectorship [~ʃip] s. protetoria f.
protectory [~ri] s. reformatório m. de menores.
protectress [prət'ektris], **protectrix** [-triks] s. protetora f.
protégé [pr'outəʒei] s. (fr.) protegido, favorito m.
proteiform [prət'i:ifɔ:m] adj. proteiforme.
protein [pr'outi:in, -ti:n] s. (Bioquím.) proteína f. ‖ adj. proteínico.

proteolysis [prouti'ɔlisis] s. (Bioquím.) proteólise f.
proteolytic [proutiəl'itik] adj. (Bioquím.) proteolítico.
proteose [pr'outious] s. (Bioquím.) 1. proteose f. 2. albumose f.
proterozoic [prɔtərəz'ouik] s. (Geol.) era proterozóica f. ‖ adj. (Geol.) proterozóico.
protest [pr'outest] s. protesto m.: 1. protestação, declaração, afirmação. 2. reclamação, queixa. 3. objeção. 4. (Com.) ação de protestar um título. ‖ [prət'est] v. protestar: 1. afirmar, declarar, asseverar. 2. reclamar, queixar-se. 3. objetar. 4. insurgir-se, dissentir. 5. (Com.) levar a protesto (título).
in ~ against em sinal de protesto contra. ~ **meeting** reunião de protesto. **we enter (lodge, make) a ~ with** levantamos um protesto junto a.
protestant [pr'ɔtistənt] s. 1. protestador m., reclamante m. + f. 2. (Rel.) protestante m. + f. ‖ adj. 1. protestador, reclamante. 2. (Rel.) protestante.
protestantism [~izm] s. (Rel.) protestantismo m.
protestantize [~aiz] v. (Rel.) protestantizar.
protestation [prɔtəst'eiʃən] s. protesto m., protestação, afirmação, asseveração f.
prothallium [prəθ'æliəm] s. (Bot.) prótalo m.
prothonotary [prəθ'ɔnətəri] s. protonotário m.
prothoracic [prəθɔr'æsik] adj. (Zool.) protorácico.
prothorax [prəθ'ouræks] s. (Zool.) protórax m.
protist [pr'outist], **protistan** [prət'istən] s. (Biol.) protista m.
protoactinium [proutəækt'iniəm] s. (Quím.) protactínio m.
protocol [pr'outəkɔl] s. protocolo, registro m., minuta f. ‖ v. 1. escrever protocolos. 2. protocolizar.
protocolar [~ə] adj. protocolar. ‖ **~ly** adv. de modo protocolar.
protocolist [~ist] s. protocolista m. + f.
protogine [pr'outədʒin] s. (Miner.) protógino m.
protogynous [prout'ɔdʒinəs] adj. (Bot. e Zool.) protogínico.
protogyny [prout'ɔdʒini] s. (Bot. e Zool.) protoginia f.
protohistory [proutəh'istəri] s. proto-história f.
proto-human [proutəhj'u:mən] adj. (Antrop.) hominídeo.
protolithic [proutəl'iθik] adj. (Arqueol.) eolítico.
protomartyr [proutəm'a:tə] s. protomártir m.
proton [pr'outɔn] s. (Fís. e Quím.) próton m.
protonema [proutən'i:mə] s., pl. **protonemata** [-tə] protonema m.
protoneuron [proutənj'u:rən] s. (Anat.) protoneurônio m.
protopathic [proutəp'æθik] adj. (Fisiol. e Psicol.) protopático.
protophyte [pr'outofait] s. (Bot.) protófito m.
protoplasm [pr'outəplæzm] s. (Biol.) protoplasma f.
protoplasmic [proutəpl'æzmik] adj. (Biol.) protoplasmático.
protoplast [pr'outəplæst] s. 1. protoplasta m. 2. (Biol.) protoplasto m., enérgide f. 3. (Biol.) plastídio m. 4. (Zool.) organismo unicelular m.
protoplastic [proutəpl'æstik] adj. (Biol.) protoplástico.
prototrophic [proutətr'ɔfik] adj. (Fisiol.) prototrófico.
prototypal [proutət'aipəl] adj. prototípico.
prototype [pr'outətaip] s. protótipo, arquétipo, modelo m. ‖ v. constituir o protótipo de.
prototypic [proutət'ipik], **prototypical** [~əl] adj. = **prototypal**.
protoxide [prət'ɔksaid] s. (Quím.) protóxido m.
protoxylem [proutəz'ailem] s. (Bot.) protoxilema f.
protozoan [proutəz'ouən] s. (Zool.) protozoário m. ‖ adj. protozoário.
protozoology [proutəzə'ɔlədʒi] s. (Zool.) protozoologia f.
protozoon [proutəz'ouɔn] s. pl. **protozoa** [-z'ouə] (Zool.) protozoário m.

protract [prətr'ækt] v. 1. protrair: a) prolongar, retardar. b) (Zool.) estender-se, alongar-se. 2. (Agrim.) delinear.
protracted [~id] adj. demorado, prolongado. ‖ ~ly adv. demoradamente.
protractile [~ail] adj. protrátil.
protraction [prətr'ækʃən] s. 1. protraimento m., delonga, demora f. 2. (Agrim.) delineamento m.
protractive [prətr'æktiv] adj. prolongador, retardador.
protractor [prətr'æktə] s. 1. protrator, prolongador, retardador m. 2. (Geom.) transferidor m. 3. (Anat.) extensor m.
protrude [prətr'u:d] v. 1. protrair, espichar, pôr para fora. 2. ressaltar, projetar-se. 3. fazer ressaltar.
protrudent [~ənt] adj. proeminente, saliente.
protrusible [prətr'u:sibl], **protrusile** [prətr'u:sail] adj. protrátil.
protrusion [prətr'u:ʒən] s. protrusão, saliência, protuberância f.
protrusive [prətr'u:siv] adj. 1. protuberante, saliente, proeminente. 2. importuno.
protuberance [prətj'u:bərəns], **protuberancy** [~i] s. 1. protuberância, saliência, proeminência f. 2. parte saliente f. (inchação, galo, corcovo, etc.).
protuberant [prətj'u:bərənt] adj. protuberante, saliente, proeminente. ‖ ~ly adv. proeminentemente.
protuberate [prətj'u:bəreit] v. protuberar.
proud [praud] adj. 1. orgulhoso: a) vaidoso, soberbo, arrogante. b) ufano. c) altivo, altaneiro. 2. magnífico, suntuoso, imponente. 3. esplêndido, admirável. 4. fogoso (montaria). 5. impetuoso (rio, torrente). 6. (Med.) esponjoso. ‖ ~ly adv. 1. orgulhosamente, altivamente. 2. (E. U. A.) otimamente, excelentemente.
a ~ **building** uma construção suntuosa. ~ **as a peacock** empavonado. **they did him** ~ 1. encheram-no de orgulho. 2. acolheram-no magnificamente. **to be** ~ **of** orgulhar-se de.
proud flesh s. (Med.) carne esponjosa f.
proudhearted [pr'audha:tid] adj. soberbo, altivo.
provable [pr'u:vəbl] adj. provável, demonstrável.
prove [pru:v] v. 1. provar: a) experimentar, submeter a prova. b) demonstrar, patentear, comprovar. c) dar a prova de. d) evidenciar-se, patentear-se. e) (Aritmética) tirar a prova de. 2. (Tipogr.) imprimir provas. 3. vir a ser.
I told him it would ~ **so** eu lhe disse que seria assim. **it** ~**d to be correct** evidenciou-se certo. **she** ~**d herself a good daughter** ela demonstrou ser boa filha. **the exception** ~**s the rule** a exceção confirma a regra. **the news** ~**s them true** os fatos dão-lhes razão. **they** ~**d to know** evidenciou-se que tinham conhecimento. **to** ~ **out** ser bem sucedido, obter sucesso. **to** ~ **true** confirmar-se.
proven [pr'ou:vən] p. p. 1. (E. U. A.) = proved 2. (esc. Jur.) provado, demonstrado.
provenance [pr'ovinəns] s. proveniência, procedência, origem f.
Provençal [prouvəns'a:l] s. provençal m. ‖ adj. provençal.
provender [pr'ovəndə] s. 1. forragem seca f. 2. (joc.) mantimentos m. pl., provisões f. pl. ‖ v. abastecer com forragem seca.
provenience [prov'i:niəns] s. = provenance.
prover [pr'u:və] s. 1. provador, experimentador m. 2. impressor litográfico m.
proverb [pr'ovəb] s. 1. provérbio, adágio, rifão m. 2. pessoa ou coisa proverbial f. ‖ v. tornar proverbial.
to be a ~ **for** 1. ser um exemplo de. 2. ser mal-afamado por.
proverbial [prəv'ə:biəl] adj. proverbial: 1. relativo a

provérbio. 2. conhecido, notório. ‖ ~ly adv. proverbialmente.
provide [prəv'aid] v. 1. prover: a) abastecer, aprovisionar, munir (**with**, com). b) suprir, proporcionar. c) fornecer, produzir, dar. d) providenciar, tomar providências. e) preparar de antemão. f) prevenir-se, precaver-se. 2. arranjar, conseguir. 3. estabelecer, estipular.
he is well ~**d** ele está bem provido. **I** ~**d him the book** arranjei-lhe o livro. **it is** ~**d by law** está estipulado por lei.
provided [prəv'aidid] adj. provido, equipado, munido. 2. fornecido, transmitido. 3. pronto. ‖ conj. contanto que, desde que.
provided school s. escola elementar municipal f.
providence [pr'ovidəns] s. providência f.: 1. previsão ou orientação divina. 2. previdência, prudência. 3. economia, poupança. 4. **Providence** Deus.
provident [pr'ovidənt] adj. 1. providente, previdente, prudente. 2. econômico, parcimonioso, frugal. ‖ ~ly adv. previdentemente, prudentemente, parcimoniosamente, frugalmente.
provident bank s. caixa econômica f.
provident fund s. caixa f. de previdência.
providential [provid'enʃəl] adj. 1. providencial. 2. miraculoso, extremamente oportuno. ‖ ~ly adv. providencialmente.
God's ~ **care** a Providência Divina.
providentialism [~izm] s. providencialismo m.
provident society s. caixa ou associação beneficente f.
provider [prəv'aidə] s. provedor, mantenedor, sustentador m.
providing [prəv'aidiŋ] conj. = provided.
province [pr'ovins] s. província f.: 1. divisão territorial. 2. região, distrito. 3. ramo de conhecimento, campo. 4. ~s pl. interior. 5. (Ecles.) arcebispado.
that is not within his ~ isto não é da sua alçada.
provincial [prəv'inʃəl] s. 1. provinciano, interiorano m. 2. (Ecles.) provincial m. ‖ adj. 1. provinciano, interiorano. 2. rude, rústico. 3. restrito, limitado, estreito. ‖ ~ly adv. provincialmente, provincianamente.
provincialism [~izm] s. 1. provincialismo, provincianismo m. 2. regionalismo, bairrismo m. 3. peculiaridade provinciana f. 4. (fig.) estreiteza f. de espírito.
provincialist [~ist] s. 1. provinciano m. 2. regionalista m. + f.
provinciality [prəvinʃi'æliti] s. 1. estreiteza f. de visão. 2. (Ling.) regionalismo m.
provinciate [prəv'inʃieit] v. elevar à categoria de província.
provine [prəv'ain] v. (Hort.) multiplicar por mergulhia, alporcar.
proving ground s. campo m. de provas (em sentido material e espiritual).
provision [prəv'iʒən] s. 1. provisão f.: a) abastecimento, aprovisionamento. b) fornecimento, suprimento. c) ~s pl. mantimentos, vitualhas d) prescrição, disposição, cláusula. e) previdência, precaução. 2. preparativo m., providência f. ‖ v. abastecer, aprovisionar.
~ **of funds** cobertura de fundos. **to make** ~**s for** 1. tomar providências para. 2. fazer preparativos para.
provisional [~əl] adj. provisional, provisório, temporário. ‖ ~ly adv. provisionalmente, provisoriamente.
~ **receipt** recibo provisório.
provisionality [prəviʒən'æliti] s. caráter provisório m., interinidade f.
provisioner [prəv'iʒənə] s. fornecedor m. de mantimentos.
proviso [prəv'aizou] s. (Jur.) prescrição, condição, cláusula f., dispositivo m.

with the ~... com a ressalva..., sob a condição...
provisor [prǝv'aizǝ] s. (Ecles.) provisor m.
provisory [~ri] adj. 1. provisório, temporário. 2. condicional. ‖ **–ily** adv. 1. provisoriamente. 2. condicionalmente.
provocation [prɔvǝk'eiʃǝn] s. provocação f.: 1. desafio m. 2. incitamento, estímulo m., instigação f. 3. motivo m., causa f.
under ~ sob provocação. without ~ sem motivo.
provocative [prǝv'ɔkǝtiv] s. 1. estímulo, incentivo m. 2. estimulante, excitante m. ‖ adj. provocante, provocativo, provocatório. ‖ **~ly** adv. provocantemente.
provocativeness [~nis] s. caráter provocante m.
provocator [pr'ɔvǝkeitǝ] s. provocador m.
provoke [prǝv'ouk] v. provocar: 1. desafiar, afrontar. 2. insultar, ofender. 3. irritar, exasperar. 4. incitar, instigar, estimular. 5. ocasionar, causar, motivar. 6. causar provocação ou exasperação.
they ~d him to anger levaram-no à exasperação.
provoker [~ǝ] s. 1. provocador m. 2. excitante m.
provoking [~iŋ] adj. 1. provocante, provocatório. 2. irritante, exasperante. ‖ **~ly** adv. 1. provocantemente. 2. irritantemente.
provost (I) [pr'ɔvǝst] s. 1. chefe, dirigente, diretor m. 2. (Escócia) prefeito m. 3. (Ecles.) prepósito m. 4. reitor m. (em algumas universidades inglesas).
provost (II) [prǝv'ou] s. (Hist.) preboste m., oficial m. da polícia militar.
~–marshal chefe da polícia militar.
provostal [~ǝl] adj. prebostal.
prow [prau] s. 1. (Náut.) proa f. 2. (poét.) navio m.
prowess [pr'auis] s. 1. coragem, bravura f., valor m. 2. façanha, proeza f. 3. destreza, perícia f.
prowl [praul] s. 1. ronda f. 2. espreita, atalaia f. ‖ v. 1. rondar. 2. vaguear, perambular, zanzar. 3. espreitar: andar à espreita de.
to take a ~, to be on the ~ vaguear.
prowl car s. (E. U. A.) carro m. de radiopatrulha.
prowler [pr'aulǝ] s. 1. rondador m. 2. vagabundo, gatuno m.
proximal [pr'ɔksimǝl] adj. (Anat.) proximal.
proximate [pr'ɔksimit] adj. próximo: 1. vizinho, adjacente, perto. 2. imediato, seguinte. ‖ **~ly** adv. imediatamente.
~ cause causa imediata.
proximity [prɔks'imiti] s. proximidade, vizinhança, contigüidade f.
proximo [pr'ɔksimou] adv. do ou no mês seguinte.
the 4th ~ o dia 4 do próximo mês.
proxy [pr'ɔksi] s. 1. procuração f. 2. procurador m. 3. substituto, representante m. 4. voto m. por procúração. ‖ v. 1. agir como procurador. 2. votar por procuração. 3. atuar como substituto.
by ~ por procuração. he will be my ~ ele será o meu representante. to stand ~ for atuar como substituto.
prude [pru:d] s. melindrosa f.
prudence [pr'u:dǝns] s. prudência, cautela f.
prudent [pr'u:dǝnt] adj. prudente, circunspeto, cauteloso. ‖ **~ly** adv. prudentemente, cautelosamente.
prudential [pru:d'enʃǝl] adj. 1. prudencial. 2. consultivo. ‖ **~ly** adv. prudencialmente.
prudery [pr'u:dǝri] s. melindre m., afetação f.
prudish [pr'u:diʃ] adj. melindroso, afetado.
pruinescence [pru:in'esǝns] s. (Bot. e Zool.) 1. condição de pruinoso. 2. pruína f.
pruinose [pr'u:inous] adj. (Bot. e Zool.) pruinoso.
prune (I) [pru:n] s. ameixa seca f.
~s and prisms maneiras afetadas.
prune (II) [pru:n] v. 1. podar, desbastar, decotar. 2. aparar. 3. expurgar, suprimir o supérfluo.
pruner [pr'u:nǝ] s. podador m.

pruning [pr'u:niŋ] s. poda, podadura f.
pruning-knife, pruning-hook s. podadeira f., podão m. (quadro G 1).
pruning-shears s. pl. tesoura f. de podar (quadro G 1).
prurience [pr'uǝriǝns], **pruriency** [~i] s. 1. prurido, comichão m. 2. lascívia f.
prurient [pr'uǝriǝnt] adj. 1. puriente. 2. lascivo.
puriginous [pruǝr'idʒinǝs] adj. (Med.) pruriginoso.
prurigo [pruǝr'aigou] s. (Med.) prurigem f.
Prussian [pr'ʌʃǝn] s. prussiano m. ‖ adj. prussiano.
Prussianism [~izm] s. prussianismo m.
prussianize [pr'ʌʃǝnaiz] v. prussianizar.
prussiate [pr'ʌʃieit] s. (Quím.) prussiato, cianeto m.
~ of potash cianeto de potassa.
prussic [pr'ʌsik] adj. (Quím.) prússico, cianídrico.
~ acid ácido prússico.
pry (I) [prai] s. 1. alavanca f., pé-de-cabra m. 2. emprego m. de alavanca. ‖ v. 1. erguer ou abrir com alavanca. 2. (fig.) extrair com dificuldade.
pry (II) [prai] s. 1. espreitadela f. 2. espreitador m. ‖ v. 1. espreitar. 2. ~ into inquirir, indagar. 3. intrometer-se.
don't ~ into my things não se intrometa em meus negócios. to ~ about espionar.
prying [pr'aiiŋ] adj. espreitador, inquiridor, curioso. ‖ **~ly** adv. curiosamente, indiscretamente.
prytaneum [pritǝn'i:ǝm] s. pritaneu m.
P. S. abr. de 1. postscript. 2. public school.
psalm [sa:m] s. salmo m.
psalm-book s. livro m. de salmos.
psalmic [s'a:mik] adj. sálmico.
psalmist [s'a:mist] s. 1. salmista m. + f. 2. the Psalmist o Rei Davi.
psalmodic [sælm'ɔdik], **psalmodical** [~ǝl] adj. 1. de ou relativo a salmodia. 2. sálmico.
psalmodist [s'ælmǝdist] s. salmista m. + f.
psalmodize [s'ælmǝdaiz] v. salmodiar, salmear.
psalmody [s'ælmǝdi] s. salmodia f.
Psalter [s'ɔ:ltǝ] s. (Ecles.) Saltério m.: Livro dos Salmos de Davi.
psalterium [sɔ:lt'iǝriǝm] s., pl. **psalteria** (Zool.) folhoso m.: terceiro estômago dos ruminantes.
psaltery [s'ɔ:ltǝri] s. saltério m.: instrumento musical.
psammite [s'æmait] s. (Geol.) psamite f.
psephite [s'i:fait] s. (Geol.) psefite f.: conglomerado.
pseudapostle [sj'u:dǝp'ɔsl] s. (Ecles.) pseudo-apóstolo, falso apóstolo m.
pseudepigrapha [sj'u:dep'igrǝfǝ] s. pl. pseudepígrafos m. pl.
pseudepigraphic [sj'u:depigr'æfik], **pseudepigraphical** [~ǝl] adj. pseudepigráfico.
pseudo [sj'u:do] adj. pseudo, falso, espúrio.
pseudocarp [sj'u:dɔka:p] s. (Bot.) pseudocarpo m.
pseudograph [sj'u:dɔgra:f] s. documento falso m.
pseudography [sjud'ɔgrefi] s. pseudografia f.
pseudo-intelectual s. pseudo-intelectual m. + f.
pseudomorph [sj'u:dɔmɔ:f] s. (Miner.) mineral pseudomorfo m.
pseudomorphism [sjudǝm'ɔ:fizm] s. (Miner.) pseudomorfismo m.
pseudonym [sj'u:dǝnim] s. pseudônimo m.
pseudonymity [sju:dǝn'imiti] s. pseudonímia f.
pseudonymous [sju:d'ɔnimǝs] adj. pseudônimo. ‖ **~ly** adv. sob pseudônimo.
pseudopod [sj'u:dɔpɔd], **pseudopodium** [sju:dɔp'oudiǝm] s. (Zool.) pseudópode m.
pshaw [pʃɔ:] interj. ora!, ora, essa!
psittacosis [sitǝk'ousis] s. (Med.) psitacose f.
psoas [s'ouæs, ps'ouæs] s. (Anat.) psoas m.
psora [s'ɔ:rǝ, ps'ɔ:rǝ] s. (Med.) sarna f.
psoriasis [sɔr'aiǝsis] s. (Med.) psoríase f.
psychasthenia [saikæsθ'i:niǝ] s. psicastenia f.

psychasthenic [saikæsθ'enik] s. psicastênico m. ‖ adj. psicastênico.
psyché [s'aiki] s. psique, alma, mente f.
psychedelic [saikəd'elik] s. droga psicodélica f. ‖ adj. psicodélico: relativo ao estado psíquico de aguçada percepção sensorial.
psychiatric [saiki'ætrik], **psychiatrical** [~əl] adj. psiquiátrico.
psychiatrist [saik'aiətrist], **psychiater** [saik'aiətə] s. (Med.) psiquiatra m. + f.
psychiatry [saik'aiətri] s. (Med.) psiquiatria f.
psychic [s'aikik] s. 1. médium m. 2. campo m. dos fenômenos psíquicos. ‖ adj. (também **psychical**) 1. psíquico, mental. 2. sobrenatural, supranatural. 3. mediúnico. ‖ ~ally adv. de um modo psíquico.
psychic energizer s. (Farm.) estimulante m.
psychics [~s] s. psicologia f.
psychoactive [saikou'æktiv] adj. psicoativo.
psychoanalysis [saikoən'ælisis] s. psicanálise f.
psychoanalyst [saiko'ænəlist] s. psicanalista m. + f.
psychoanalytic [saikoænəl'itik], **psychoanalitical** [~əl] adj. psicanalítico.
psychoanalyze [saiko'ænəlaiz] v. examinar ou tratar por meio de psicanálise.
psychobiology [saikoubai'olədʒi] s. psicobiologia f.
psychodynamic [saikodain'æmik] adj. psicodinâmico.
psychodynamics [~s] s. psicodinâmica f.
psychography [saik'ogrəfi] s. psicografia f.
psychologic [saikəl'odʒik] **psychological** [~əl] adj. psicológico. ‖ ~ally adv. psicologicamente.
~ **moment** momento psicológico.
psychologism [saik'olədʒizm] s. psicologismo m.
psychologist [saik'olədʒist] s. psicólogo m. + f.
psychologize [saik'olədʒaiz] v. psicologizar.
psychology [saik'olədʒi] s. psicologia f.
psychometric [saikom'etrik], **psychometrical** [~əl] adj. psicométrico.
psychometrist [saik'omitrist] s. psicômetra m.
psychometry [saik'omitri] s. psicômetra m. + f.
psychomotor [saikom'outə] adj. psicomotor.
psychoneurosis [saikonjur'ousis] s. psiconeurose f.
psychoneurotic [saikonju:r'outik] s. psiconeurótico m. ‖ adj. psiconeurótico.
psychopath [s'aikopæθ] s. psicopata m. + f.
psychopathic [saikop'æθik] s. psicopata m. ‖ adj. psicopático.
psychopathologic [saikopæθol'odʒik], **psychopathological** [~əl] adj. psicopatológico.
psychopathologist [saikopəθ'olədʒist] s. especialista m. em psicopatologia.
psychopathology [saikopəθ'olədʒi] s. psicopatologia f.
psychopathy [saik'opəθi] s. psicopatia f.
psychophysical [saikof'izikəl] adj. psicofísico.
psychophysics [saikof'iziks] s. psicofísica f.
psychophysiology [saikoufizi'olədʒi] s. psicofisiologia f.
psychosis [saik'ousis] s., pl. **psychoses** [-si:z] psicose f.
psychosomatic [saikosom'ætik] adj. psicossomático.
psychotechnical [saikot'eknikəl] adj. psicotécnico.
psychotechnology [saikotekn'olədʒi] s. psicotécnica f.
psychotherapeutic [saikoθerəpj'u:tik] adj. psicoterápico.
psychotherapeutics [~s] s. psicoterapêutica f.
psychotherapist [saikoθ'erəpist] s. especialista m. + f. em psicoterapia.
psychotherapy [saikoθ'erəpi] s. psicoterapia f.
psychotic [saik'otik] s. (Med.) psicósico m. ‖ adj. psicósico.
psychrometer [saikr'omitə] s. (Meteor.) psicrômetro m.
psychrometric [saikrom'etrik], **psychrometrical** [~əl] adj. psicrométrico.
Pt (Quím.) símbolo do elemento químico platina.
ptarmic [t'a:mik] s. remédio esternutatório m. ‖ adj.

ptármico, esternutatório
ptarmigan [t'a:migən] s. ₍Orn.₎ ptármiga f., lagópode m.
PT boat s. abr. de **patrol torpedo boat** (E. U. A.) lancha-torpedeira f.
pteridology [terid'olədʒi] s. ciência f. ou estudo m. dos fetos e das samambaias.
pteridophyte [t'eridəfait] s. (Bot.) pteridófito m.
pterodactyl [terod'æktil] s. pterodáctilo m.
pteropod [t'erəpod] s. (Zool.) pte⸱ópode m. ‖ adj. (Zool.) pterópode.
pterygoid [t'erigoid] s. (Anat.) osso m., músculo m. ou artéria f. pterigóide. ‖ adj. (Anc⸱. e Zool.) pterigóide, pterigóideo.
ptisan [tiz'æn] s. (Med.) tisana f.
Ptolemaic [tolim'eiik] adj. ptolemaico.
ptomaine [t'oumein] s. (Bioquím.) ptomaína f.
ptosis [t'ousis] s. (Med.) ptose f.
ptyalin [t'aiəlin] s. (Bioquím.) ptialina f.
ptyalism [t'aiəlizm] s. (Med.) ptialismo m., salivação f.
pub [pʌb] s. abr. de **public-house** (fam.) taverna f.
puberal adj. púbere.
puberty [pj'u:bəti] s. puberdade f.
pubes [pj'u:bi:z] s. 1. (Anat.) púbis: a) região púbica. b) cabelos m. pl. das partes pudendas. 2. (Bot.) pubescência f.
pubescence [pjub'esəns] s. 1. puberdade f. 2. (Bot. e Zool.) pubescência f.
pubescent [pjub'esənt] adj. 1. púbere. 2. pubescente.
pubic [pj'u:bik] adj. (Anat.) pubiano, púbico.
pubis [pj'u:bis] s. (Anat.) púbis m.: parte ínfero-anterior do osso ilíaco.
public [p'ʌblik] s. 1. público m.: a) povo. b) auditório, assistência. 2. (coloq.) taverna f., botequim m. ‖ adj. 1. público: a) comum. b) popular. c) notório, conhecido. 2. de aluguel. 3. patriótico. 4. universal, internacional. ‖ ~ly adv. publicamente, abertamente.
a ~ cab um carro de aluguel, um táxi. **at ~ expense** às custas do Estado. **in ~** em público, publicamente. **in the ~ eye** à vista de todos. ~ **appointment** cargo público. ~ **spirit** espírito público. **to be against ~ policy** ser contra as regras do bom tom. **to make ~** tornar público, difundir.
public accountant s. auditor m.
public-address system s. sistema m. de alto-falantes para discursos ou avisos.
public affairs pl. s. negócios públicos m. pl.
publican [p'ʌblikən] s. 1. publicano m. 2. taverneiro m.
public assistance s. assistência pública f.
publication [pʌblik'eiʃən] s. publicação f.: 1. proclamação, promulgação. 2. editoração. 3. livro, jornal, folheto, revista, matéria impressa.
list of new ~s aviso de novidades literárias.
monthly ~ publicação mensal, mensário. ~ **price** preço de capa.
public call box s. telefone público m. (quadro C 2).
public company, public corporation s. empresa f. de utilidade pública.
public convenience s. privada pública f.
public debt s. dívida pública f.
public domain s. domínio público m.
public economy s. economia política f.
public funds s. pl. fundos m. pl. de dívida pública.
public health s. (Med.) saúde pública f.
public-house s. 1. hotel m., hospedaria f. 2. taverna f.
publicist [p'ʌblisist] s. 1. publicista m. + f. 2. jornalista m. + f. 3. agente m. + f. de publicidade.
publicity [pʌbl'isiti] s. publicidade f.: 1. notoriedade. 2. propaganda, reclamo. 3. anúncios.
no ~! discrição absoluta! **we gave ~ to it** levamo-lo ao conhecimento público.

publicity agent s. agente m. de publicidade.
publicity bureau s. agência f. de publicidade.

publicity department s. seção f. de propaganda.
publicize [p'ʌblisaiz] v. 1. dar publicidade a. 2. fazer propaganda de.
public library s. biblioteca pública f.
publicness [p'ʌbliknis] s. publicidade, notoriedade f.
public opinion s. opinião pública f.
public opinion poll s. pesquisa de opinião pública f.
public prosecutor s. (Jur.) promotor público m.
public relations pl. s. relações públicas f. pl.
public school s. 1. (E. U. A.) escola pública f., grupo escolar m. 2. **Public School** (Ingl.) colégio com internato, p. ex. Eton.
public servant s. 1. funcionário público m. 2. (E. U. A., coloq.) empregado m. de empresa de utilidade pública.
public service s. serviço público m.
public-spirited adj. imbuído de espírito público.
public utility s. empresa f. de utilidade pública (p. ex. companhia de luz e força).
public works s. obras f. pl. de utilidade pública.
publish [p'ʌbliʃ] v. 1. publicar: a) divulgar, difundir, espalhar. b) promulgar, proclamar. c) (Ecles.) afixar proclama. d) noticiar, informar. e) editar. 2. (E. U. A.) pôr em circulação. 3. (Jur.) reconhecer como autêntico (testamento).
he ~ed the book at his own expense ele editou o livro por conta própria.
publishable [~əbl] adj. publicável.
publisher [~ə] s. publicador, editor m.
publishing house s. editora f.
publishment [p'ʌbliʃmənt] s. 1. publicação f. 2. (E. U. A.) proclama f.
puce [pju:s] s. castanho-avermelhado m. ‖ adj. castanho-avermelhado.
puck (I) [pʌk] s. 1. duende m. 2. (fig.) diabrete m.
puck (II) [pʌk] s. disco m. de borracha vulcanizada empregado no hóquei sobre gelo.
pucka, pukka [p'ʌkə] adj. (Índia) 1. firme, sólido. 2. genuíno. 3. garantido. 4. de primeira qualidade.
pucker [p'ʌkə] s. 1. ruga, prega, dobra f. 2. (coloq.) perplexidade f., embaraço m. ‖ v. 1. franzir, enrugar, preguear. 2. franzir-se, enrugar-se. 3. contrair-se.
puckery [~ri] adj. 1. franzido, enrugado. 2. que enruga facilmente. 3. adstringente.
puckish [p'ʌkiʃ] adj. endiabrado, travesso.
puddening [p'udəniŋ] s. (Náut.) monelha, guirlanda f.
pudding [p'udiŋ] s. 1. pudim m. 2. chouriço s. 3. pessoa ou coisa balofa.
blood ~ morcela, morcilha. **white ~** chouriço de fígado.
pudding face s. cara f. de lua cheia.
puddinghead [p'udiŋhed] s. (gíria) otário m.
pudding-stone s. (Geol.) pudim, conglomerado m.
puddle [p'ʌdl] s. 1. poça f. 2. (fig.) lamaçal, atoleiro m. 3. barro amassado m. 4. (fig.) confusão, embrulhada f. ‖ v. 1. turvar, embaciar. 2. poluir, macular. 3. enlamear, enlodar. 4. amassar barro. 5. vedar com barro amassado. 6. (Téc.) pudlar. 7. chapinhar na lama.
puddler [p'ʌdlə] s. 1. operador m. de forno de pudlar. 2. forno m. de pudlar.
puddling [p'ʌdliŋ] s. 1. amassamento m. de barro. 2. barro amassado m. 3. (Téc.) pudlagem f.
puddling furnace s. forno m. de pudlar.
puddly [p'ʌdli] adj. 1. turvo, embaciado. 2. lamacento, lodoso.
pudency [pj'u:dənsi] s. pudicícia f., pudor, recato m.
pudendum [pjud'endəm] s. (Anat.) partes pudendas f. pl.
pudent [pj'u:dənt] adj. modesto, acanhado.
pudge [pʌdʒ] s. (coloq.) pessoa atarracada f.

pudgy [p'ʌdʒi], **pudsy** [p'ʌdzi] adj. atarracado, achaparrado.
pudic region s. região púbica f.
puericulture [pjuərik'ʌltʃə] s. puericultura f.
puerile [pj'uərail] adj. pueril, infantil. ‖ ~ly adv. puerilmente.
puerilism [pj'uərəlizm] s. (Psiquiatria) puerilismo, infantilismo m.
puerility [pjuər'iliti] s. puerilidade, criancice f.
puerperal [pju'ə:pərəl] adj. puerperal.
~ fever febre puerperal.
puerperium [pjuəp'iəriəm] s. (Med.) puerpério m.
puff [pʌf] s. 1. sopro, bafo m., baforada f. 2. lufada f., golpe m. de vento. 3. folhado m., bomba f. 4. pompom m.: borla para pó-de-arroz. 5. anel m. de cabelos. 6. acolchoado, edredão m. 7. protuberância, inchação f., tumor m. 8. pufe, fofo m. 9. (Bot.) bufa-de-lobo m. 10. elogio exagerado m. 11. anúncio berrante m. ‖ v. 1. soprar, bufar. 2. ofegar, arquejar, arfar. 3. pitar, dar baforadas. 4. inchar, inflar, enfunar. 5. resfolegar (locomotiva). 6. elogiar de modo exagerado. 7. prover de pufes. 8. anelar (cabelos). 9. apagar com sopros. 10. expelir, soltar. 11. envaidecer, ensoberbar. 12. apregoar, trombetear.
he is ~ed up with pride ele está inchado de orgulho. **he ~s and blows** ele está completamente esbaforido. **I ~ed at my pipe** eu pitei o meu cachimbo. **the train ~ed out of the station** o trem partiu resfolegando. **out of ~** esbaforido, ofegante. **to ~ over** empoar. **powder ~** pompom.
puffball [p'ʌfbɔ:l] s. bufa-de-lobo f. (fungo).
puff box s. pozeira f.
puffer [p'ʌfə] s. 1. assoprador m. 2. pessoa ofegante f. 3. locomotiva f. ou navio m. a vapor. 4. fumante m. 5. (Ict.) baiacu m. 6. (Zool.) marsopa, toninha f., roaz m.
puffery [~ri] s. 1. publicidade espalhafatosa f. 2. elogio exagerado m.
puffin [p'ʌfin] s. (Orn.) papagaio-do-mar m.
puffiness [p'ʌfinis] s. 1. inchação, intumescência, turgência f. 2. empolamento m. (de estilo).
puff paste s. massa folhada f.
puffy [p'ʌfi] adj. 1. em rajadas, intermitente. 2. tempestuoso, borrascoso. 3. de fôlego curto. 4. resfolegante (máquina a vapor). 5. inchado, enfunado, inflado, túrgido. 6. balofo. 7. empolado, pretensioso.
pug (I) [pʌg] s. 1. dogue m. (quadro D 3). 2. (coloq.) raposa m. 3. (coloq.) nariz arrebitado m.
pug (II) [pʌg] s. 1. argamassa, taipa f. 2. = **pug-mill**. ‖ v. 1. amassar, misturar. 2. argamassar, taipar.
pug (III) [pʌg] s. (gíria) pugilista, boxeador m.
pugging [p'ʌgiŋ] s. preparo m. da argamassa.
puggree [p'ʌgri] s. pano m. para proteção da nuca contra o sol.
pugilism [pj'udʒilizm] s. pugilismo, boxe m.
pugilist [pj'udʒilist] s. pugilista m. + f. boxeador m.
pugilistic [pjudʒil'istik] adj. pugilístico. ‖ ~ally adv. com os punhos.
pug-mill [p'ʌgmil] s. misturador m. de argamassa.
pugnacious [pʌgn'eiʃəs] adj. pugnaz: 1. brigão, belicoso. 2. combativo. ‖ ~ly adv. pugnazmente.
pugnaciousness [~nis], **pugnacity** [pʌgn'æsiti] s. pugnacidade, belicosidade, combatividade f.
pug-nosed adj. de nariz arrebitado.
puisne [pj'u:ni] s. (Ingl., Jur.) juiz m. de categoria inferior. (também **puisne judge**). ‖ adj. mais novo, inferior.
puissance [pj'u:isəns] s. (poét.) pujança, força f., poderio m.
puissant [pj'u:isənt] adj. pujante, poderoso, forte. ‖ ~ly adv. pujantemente, poderosamente.
puke [pju:k] s. 1. vômito m. 2. vomitório, emético

m. ‖ v. 1. vomitar. 2. fazer vomitar (ofensivo).
pulchritude [p'ʌlkritju:d] s. pulcritude, formosura, beleza f.
pulchritudinous [pʌlkritʃu:dinəs] adj. pulcro, formoso, belo.
pule [pju:l] v. 1. choramingar. 2. piar, pipiar.
puling [pj'u:liŋ] adj. 1. choramingueiro. 2. infantil. 3. enfermiço, delicado. ‖ ~ly adv. de modo choramingueiro ou infantil.
pull [pul] s. 1. puxão, tirão m. 2. arranco m., arrancada f. 3. força f. de tração. 4. atração f., atrativo m. 5. trago, gole, sorvo m. 6. tragada f. 7. vantagem f. 8. (pop.) remada f. 9. esforço m. 10. puxador m., maçaneta f. 11. (E. U. A.) influência f. 12. (Mec.) tração f. 13. (Tipogr.) prova f. ‖ v. 1. puxar. 2. arrastar, rebocar. 3. colher (frutas ou flores). 4. tirar, remover. 5. depenar. 6. (gíria) roubar, furtar, trapacear. 7. esbaganhar (linho). 8. arrancar, extrair (dentes). 9. granjear, obter. 10. tragar, sorver. 11. rasgar, romper, dilacerar. 12. (gíria) prender, deter. 13. (gíria) varejar, dar uma batida. 14. (gíria) sacar, tirar. 15. sofrear, refrear (cavalo de corrida). 16. (Tipogr.) imprimir provas. 17. remar. 18. conduzir em barco a remos. 19. ser equipado com remos. 20. (Esp.) distender. 21. esticar, estirar. 22. (gíria) fazer, realizar, executar. 23. aspirar, chupar.
he took a ~ at the bottle ele tomou um trago da garrafa. **she has a ~ over him** ela tem uma vantagem sobre ele. **he ~ed a pistol** ele sacou de um revólver. **he ~ed her leg** ele divertiu-se à custa dela. **he ~s his load**, **he ~s his weight** ele faz o que pode. **he ~ed the long bow** ele contou vantagens. **he ~ed up a good heart** ele cobrou ânimo. **I ~ed him by the hair** puxei-o pelos cabelos. **they ~ a good oar** eles remam bem. **they ~ed the strings**, **they ~ed the wires** eles moviam os fios. **we ~ed the chestnuts out of the fire for you** tiramos as castanhas do fogo para você. **to ~ a boner** (E. U. A., gíria) errar. **to ~ about** puxar de um lado para outro, judiar de. **to ~ a face** 1. assumir uma expressão forçada. 2. fazer caretas. **to ~ apart** 1. romper. 2. romper-se. **to ~ away** 1. remover. 2. retirar-se, sair. **to ~ back** 1. fazer retroceder. 2. antedatar. 3. sair. **to ~ down** 1. demolir, arrasar. 2. fazer baixar. 3. enfraquecer. 4. humilhar, abater. **to ~ off** 1. despir, tirar. 2. descalçar. 3. conseguir, obter sucesso. **to ~ on** 1. vestir, pôr. 2. calçar. **to ~ oneself together** conter-se. **to ~ out** tirar, arrancar. **to ~ over** encostar ao meio-fio. **to ~ round** convalescer, restabelecer-se. **to ~ through** 1. tirar de dificuldades. 2. sair-se de aperto, livrar-se 3. conseguir, ser bem-sucedido. **to ~ to pieces** 1. despedaçar. 2. criticar impiedosamente. **to ~ together** cooperar, colaborar. **to ~ up** 1. levantar, erguer, içar, alçar. 2. arrancar, extirpar, desarraigar. 3. prender, deter. 4. censurar, repreender. 5. fazer parar. **to ~ up stakes** (E. U. A., coloq.) levantar acampamento.
pull-back [p'ulbæk] s. (fam.) 1. entrave m. 2. revés m.
puller [p'ulə] s. 1. aquele que puxa, arranca, etc. 2. remador m. 3. torquês, alicate m.
pullet [p'ulit] s. 1. franga f. 2. (fig.) mocinha f.
pulley [p'uli] s. 1. roldana, talha f., polé m. (quadro L 3). 2. (Mec.) polia f.
pulley-block s. (Téc.) talha f.
Pullman car s. vagão-salão, carro-leito m. (marca registrada, segundo G. Pullman, seu inventor).
pull out [p'ulaut] s. retirada f. (também milit. e Av.).
pull-over s. pulôver m. (quadros C 12, 13).
pullulant [p'ʌljulənt] adj. pululante.

pullulate [p'ʌljuleit] v. pulular: 1. germinar, brotar. 2. desenvolver-se.
pullulation [pʌljul'eiʃən] s. 1. pululação f. 2. (Bot.) gemação f.
pull-up s. parada f.
pulmonary [p'ʌlmənəri] adj. pulmonar.
~ artery artéria pulmonar.
pulmonate [p'ʌlməneit] s. (Zool.) pulmonado m. ‖ adj. 1. pulmonar. 2. (Zool.) relativo aos pulmonados.
pulmonic [pʌlm'ɔnik] s. 1. remédio pulmonar m. 2. pneumônico m. ‖ adj. 1. pulmonar. 2. pneumônico.
Pulmotor [p'ulmoutə] s. (marca registrada) respirador m.: aparelho para respiração artificial.
pulp [pʌlp] s. 1. polpa f.: a) pasta, massa. b) parte carnosa de frutos ou talos. c) (Anat.) tecido que se assemelha à polpa. 2. mistura f. usada para fabricação de papel. 3. (gíria, E. U. A.) revista f. impressa em papel barato, geralmente sensacionalista. 4. mistura f. de minério triturado e água. ‖ v. 1. reduzir a polpa. 2. despolpar. 3. tornar-se polposo.
dental ~ polpa dentária.
pulp engine s. batedor, triturador, holandês m.
pulpify [p'ʌlpifai] v. reduzir a polpa.
pulpiness [p'ʌlpinis] s. estado polposo m.
pulping mill s. descaroçador, descascador m.
pulpit [p'ulpit] s. 1. púlpito m. 2. (fig.) clero m. 3. (fig.) pregação f.
pulpital [~əl] adj. relativo ao púlpito ou à pregação.
pulpiteer [pulpit'iə] s. pregador m.
pulpwood [p'ʌlpwud] s. 1. madeira f. própria para a fabricação de papel. 2. produto m. obtido da maceração dessa madeira.
pulpy [p'ʌlpi] adj. 1. polposo, polpudo. 2. carnudo. 3. suculento. 4. flácido.
pulque [p'ulki] s. pulque m.
pulsar [p'ʌlsa:r] s. (Astron.) pulsar m.: corpo celeste que emite pulsos de rádio a intervalos certos.
pulsate [pʌls'eit] v. 1. pulsar, palpitar vibrar.
pulsatile [p'ʌlsətail] adj. 1. pulsátil. 2. (Mús.) de percussão.
pulsation [pʌls'eiʃən] s. 1. pulsação, palpitação f. 2. vibração, trepidação f.
pulsatory [p'ʌlsətəri] adj. pulsátil, latejante.
pulse (I) [pʌls] s. 1. pulso m. 2. pulsação f. 3. vibração, trepidação f. 4. tendência, disposição f. ‖ v. 1. pulsar, palpitar, latejar. 2. vibrar. 3. (poét.) fazer pulsar.
we felt his ~ tomamos-lhe o pulso.
pulse (II) [pʌls] s. grãos m. pl. de leguminosa.
pulse-jet engine s. (Aer.) avião pulso-jato m.
pulseless [p'ʌlslis] adj. fraco, pusilânime, desanimado.
pulse radar s. sistema de radar m. com modulação de pulso.
pulsimeter [pʌls'imitə] s. (Fisiol.) pulsímetro m.
pulsion [p'ʌlʃən] s. propulsão f.
pulsometer [pʌls'ɔmitə] s. 1. (Mec.) pulsômetro m. 2. = **pulsimeter**.
pulverizable [p'ʌlvəraizəbl] adj. pulverizável.
pulverization [pʌlvəraiz'eiʃən] s. pulverização f.
pulverize [p'ʌlvəraiz] v. pulverizar: 1. triturar. 2. vaporizar. 3. destruir, aniquilar. 4. refutar, rebater.
pulverizer [~ə] s. 1. pulverizador m. 2. vaporizador, atomizador m. 3. triturador m. 4. (Agric.) grade pulverizadora f. 5. britador m. de carvão.
pulverulence [pʌlv'erjuləns] s. pulverulência f.
pulverulent [pʌlv'erjulənt] adj. pulverulento.
pulvinate [p'ʌlvineit], **pulvinated** [~id] adj. (Bot. e Zool.) pulvinado, pulviniforme.
pulvinus [pʌlv'ainəs] s., pl. **pulvini** [-nai] (Bot.) pulvínula f.

puma [pj'u:mə] s. (Zool.) suçuarana, onça-parda, puma f.

pumice [p'ʌmis] s. pedra-pomes f. (também **pumicestone**). ‖ v. pomear.

pumiceous [pju:m'iʃəs] adj. relativo ou semelhante a pedra-pomes.

pummel [p'ʌml] v. esmurrar, surrar.

pump (I) [p'ʌmp] s. 1. bomba f. de ar ou de água (quadro P 7). 2. sondagem, perquirição f. 3. perquiridor m. ‖ v. 1. elevar por meio de bomba, bombear. 2. emitir, lançar, arrojar. 3. esgotar por meio de bomba. 4. sondar, perquirir. 5. arrancar, extrair, obter. 6. encher (pneumáticos). 7. latejar, pulsar. 8. arquejar, ofegar, arfar.

he is ~ed out ele está esgotado. **~ him for** interrogue-o sobre.

pump (II) [p'ʌmp] s. escarpim m.

pump-brake s. 1. (Náut.) embalete m., manivela f. da bomba. 2. (Mec.) freio hidráulico m.

pumper [p'ʌmpə] s. 1. operador m. de bombas. 2. escarafunchador m.

pumpernickel [p'umpənikl] s. pão m. de centeio integral.

pump-handle s. alavanca f. de bombas.

pump-house s. casa f. das bombas.

pumpkin [p'ʌmpkin] s. abóbora f., jerimu m.

pump priming s. (gíria, E. U. A.) investimentos m. pl. do governo, para estimular a economia nacional.

pun [pʌn] s. trocadilho m., jogo m. de palavras. ‖ v. fazer trocadilhos.

punch (I) [p'ʌntʃ] s. ponche m.

Punch (II) [p'ʌntʃ] s. polichinelo m.

punch (III) [p'ʌntʃ] s. 1. soco, murro m. 2. (coloq.) energia f., vigor, ímpeto m. ‖ v. 1. picar, aguilhoar. 2. tanger (gado). 3. esmurrar, socar. 4. cutucar, acotovelar. 5. perfurar, picotar.

punch (IV) [p'ʌntʃ] s. 1. punção f. (quadro M 1). 2. furador, vazador, saca-bocado m. ‖ v. punçar, puncionar.

punch ball s. (Esp.) = **punching ball.**

punch-bowl s. poncheira f.

puncheon (I) [p'ʌntʃən] s. 1. antiga medida para líquidos (120 galões para vinho e 72 galões para cerveja). 2. pipa f. dessa capacidade.

puncheon (II) [p'ʌntʃən] s. 1. = **punch** (III). 2. tábua f. de soalho, de madeira semi-acabada. 3. escora f.

puncher [p'ʌntʃə] s. 1. punção, furador m. 2. (E. U. A.) vaqueiro, boiadeiro m.

Punchinello [pʌntʃin'elou] s. polichinelo m.

punching bag s. (E. U. A., Esp.) = **punching ball.**

punching ball s. (Esp.) bola f. de bater para treinos de boxe.

punch line s. frase-clímax f. de discurso, "slogan" ou piada.

punch press s. (Mec.) prensa f. de perfurar, estampar, vazar.

punchy [p'ʌntʃi] adj. forte, vigoroso. 2. bêbado.

punctate [p'ʌŋktit] adj. 1. pontuado. 2. (Bot. e Zool.) pontilhado.

punctation [pʌŋkt'eiʃən] s. 1. (Bot. e Zool.) pontuação f. 2. (Jur.) acordo m. sem compromisso.

punctiform [p'ʌŋktifɔ:m] adj. punctiforme.

punctilio [pʌŋkt'iliou] s. 1. ponto nevrálgico m. 2. meticulosidade f.

to stand upon ~s fazer questão de formalidades.

punctilious [pʌŋkt'iliəs] adj. meticuloso, escrupuloso, formalista. ‖ **~ly** adv. meticulosamente.

punctiliousness [~nis] s. meticulosidade f.

punctual [p'ʌŋktjuəl] adj. pontual, exato.‖ **~ly** adv. 1. pontualmente. 2. prontamente.

punctuality [pʌŋktju'æliti] s. pontualidade f., **punctualness** [p'ʌŋktjuəl-**

nis] s. pontualidade f.

punctuate [p'ʌŋktjueit] v. 1. pontuar. 2. interromper, entremear. 3. salientar, evidenciar.

he ~d his words with groans ele entremeou suas palavras de gemidos.

punctuation [pʌŋktju'eiʃən] s. pontuação f.

~ mark sinal de pontuação.

punctule [p'ʌŋktju:l] s. pontículo, pontinho m.

puncturable [p'ʌŋktʃərəbl] adj. que pode ser perfurado ou puncionado.

puncture [p'ʌŋktʃə] s. 1. punctura f. 2. picada f., prurido, formigamento m. 3. furo m. ‖ v. 1. perfurar, puncionar. 2. furar. 3. reduzir, rebater ou invalidar ponto por ponto.

to ~ a tire furar um pneu.

pundit [p'ʌndit] s. pândita f.

pungency [p'ʌndʒənsi] s. 1. pungência f. 2. sabor m. ou cheiro m. picante. 3. experiência dolorosa f.

pungent [p'ʌndʒənt] adj. 1. pungente, doloroso, lancinante. 2. acre, irritante, penetrante. 3. mordaz, causticante. ‖ **~ly** adv. de modo pungente.

Punic [pj'u:nik] adj. púnico, cartaginês.

puniness [pj'u:ninis] s. 1. fraqueza, debilidade f. 2. insignificância f.

punish [p'ʌniʃ] v. 1. punir: a) castigar. b) inflingir pena a. 2. (pop.) ferir, machucar. 3. (pop.) consumir em grande quantidade (comida ou bebida).

punishability [pʌniʃəb'iliti] s. punibilidade f.

punishable [p'ʌniʃəbl] adj. punível, castigável.

punisher [p'ʌniʃə] s. punidor, castigador m.

punishment [p'ʌniʃmənt] s. 1. punição f.: a) castigo m. b) pena, penalidade f. 2. (pop.) tratamento rude ou severo m.

capital ~ pena de morte. **for ~** como castigo.

punitive [pj'u:nitiv], **punitory** [pj'u:nitəri] adj. punitivo.

punk (I) [p'ʌŋk] s. 1. (E. U. A.) madeira podre e seca f. 2. substância seca e esponjosa f. preparada de alguns fungos, empregada como isca ou como absorvente.

punk (II) [p'ʌŋk] s. (gíria) 1. vagabundo m. de pouca idade. 2. droga f., traste m. ‖ adj. (gíria) à toa.

punkah, punka [p'ʌŋkə] s. (Índia) pancá m.

punkie, punky [p'ʌŋKi] s. (E. U. A., Ent.) mosquito--pólvora, maruim, bembé m.

punner [p'ʌnə] s. soquete, calcador, pilão m.

punster [p'ʌnstə] s. trocadilhista m.

punt (I) [p'ʌnt] s. 1. barco m. de fundo chato, impelido por vara. 2. (Futeb. E. U. A.) sem-pulo m. ‖ v. 1. impelir com vara (barco). 2. chutar de sem-pulo.

punt (II) [p'ʌnt] s. 1. ponto m. (em alguns jogos de azar). 2. jogador que aposta contra a banca. 3. jogo m. contra a banca. ‖ v. 1. apontar: jogar contra a banca. 2. (pop.) jogar, apostar.

punter (I) [p'ʌntə] s. (Esp.) 1. vareador m. 2. jogador m. que chuta de sem-pulo.

punter (II) [p'ʌntə] s. jogador m. que aposta contra a banca.

punty [p'ʌnti] s. pontel m.

puny [pj'u:ni] adj. 1. fraco, débil. 2. insignificante.

pup [pʌp] s. 1. filhote m. de cachorro. 2. foca nova f. 3. (coloq.) rebento, filho m. 4. rapazola, meninote m. ‖ v. parir (cadela).

in ~ prenhe. **to sell s. o. a ~** burlar, intrujar.

pupa [pj'u:pə] s., pl. **pupae** [-pi:] (Zool.) pupa, ninfa f.

pupate [pj'u:peit] v. entrar em estado de pupa.

pupil (I) [pju:pl] s. (Anat.) pupila f.: menina do olho.

pupil (II) [pju:pl] s. 1. pupilo m.: a) aluno, educando m. b) órfão m. sob tutela. 2. pupila f.

pupilage, pupillage [pj'u:pilidʒ] s. pupilagem f.

pupillary [pj'u:pileri] adj. 1 (Anat.) relativo à pupila. 2. pupilar.

pupiparous [pjup'ipərəs] adj. (Zool.) pupíparo.

puppet [pʼʌpit] s. 1. boneca f. 2. marionete f., títere, fantoche m. 3. pessoa que age industriada por terceiros. 4. (Mec.) cabeçote móvel m. do torno. ~ **government** governo fantoche.
puppeteer [pʌpətʼiə] s. titereiro, titeriteiro m.
puppetry [pʼʌpitri] s. 1. fantochada f.: a) porção de fantoches. b) cenas de fantoches. c) palhaçada. 2. titeragem f.: arte de mover marionetes.
puppet show s. teatro m. de marionetes.
puppy [pʼʌpi] s. 1. filhote m. de cachorro. 2. pelintra, jovem fátuo m. + f. ‖ v. parir (cadela).
puppyfish [pʼʌpifiʃ] s. (Ict.) peixe-anjo, cação-anjo m., esquatina f.
puppyhood [pʼʌpihud] s. adolescência f.
puppyish [pʼʌpiʃ] adj. presumido, fátuo.
puppyism [pʼʌpiizm] s. presunção, fatuidade f.
puppy love s. namorico m. de adolescentes.
pur [pə:] s. = **purr**.
purblind [pʼə:blaind] adj. 1. peticego. 2. (fig.) obtuso, bronco.
purblindness [~nis] s. 1. condição f. de peticego. 2. obtusidade f.
purchasable [pʼə:tʃəsəbl] adj. 1. comprável, adquirível. 2. compradiço, venal, corruto.
purchase [pʼə:tʃəs] s. 1. compra, aquisição f.: a) ato de comprar. b) coisa comprada. 2. rendimento anual m. 3. talha f., cabrestante m. 4. (Mec.) transmissão f. por alavancas. 5. ponto m. de apoio. ‖ v. 1. comprar, adquirir. 2. obter, conseguir, granjear. 3. mover por meio de alavanca. 4. içar mediante emprego de talha, cabrestante, etc. 5. ter poder aquisitivo. 6. fazer compras.
at a ten years' ~ pelo décuplo da renda anual. **by** ~ por compra. **to** ~ **a favor with flattery** granjear um favor mediante lisonja.
purchase book, purchase journal s. registro m. de compras.
purchaser [pʼə:tʃəsə] s. 1. comprador, adquirente m. 2. mercenário m.
to meet with ~s ter saída.
purchasing agent s. (Com.) comprador m.
purchasing power s. capacidade aquisitiva f.
pure [pjuə] adj. 1. puro: a) genuíno, inalterado, estreme. b) mero, simples. c) completo, absoluto, total. d) correto, castiço, vernáculo. e) imaculado, inocente. f) casto, virginal. g) de raça. h) abstrato, teórico (ciências). i) (Mús.) límpido, mavioso. 2. (Biol.) homozigótico. ‖ ~**ly** adv. puramente: a) corretamente, de modo castiço. b) meramente, simplesmente. c) castamente, inocentemente. d) inteiramente, totalmente.
~ **and simple** puro e simples. ~ **nonsense** disparate completo. ~ **Portuguese** português castiço.
pureblood [pjʼuəblʌd], **purebred** [pjʼuəbred] s. puro-sangue m. ‖ adj. puro-sangue.
pure culture s. cultura f. de um só microrganismo.
purée [pjurʼei] s. (fr., Culin.) purê m.
pure line s. (Bot., Zool.) padrão m. de traços genéticos, mediante o cultivo contínuo das mesmas espécies.
pure reason s. (Filos.) razão pura f. (kantismo).
purfle [pə:fl] s. debrum m. ‖ v. 1. debruar. 2. adornar com fios metálicos, jóias, etc.
purgation [pə:gʼeiʃən] s. 1. purgação f. 2. purificação f. 3. (Jur.) justificação f.
purgative [pʼə:gətiv] s. purgante, purgativo, catártico m., purga f. ‖ adj. 1. purgante, purgativo, catártico. 2. purificativo, expiatório. 3. (Jur.) justificante, justificativo.
purgatorial [pə:gətʼouriəl] adj. 1. purificativo, expiatório. 2. relativo ao purgatório.
purgatory [pʼə:gətəri] s. purgatório m.

purge [pə:dʒ] s. 1. purgação f. 2. purgante, purgativo m. 3. expurgo m. ‖ v. 1. purgar: a) purificar. b) limpar. c) clarificar. d) expiar, resgatar. e) fazer evacuar os intestinos. f) expurgar. 2. (Jur.) justificar, inocentar. 3. purgar-se: a) tornar-se puro ou limpo. b) submeter-se à expiação. c) tomar purgante. d) eximir-se, justificar-se.
to ~ **away, to** ~ **off** remover, eliminar.
purification [pjuərifikʼeiʃən] s. purificação f.
purificator [pjʼuərifikeitə] s. (Ecles.) purificador, sanguinho m.
purificatory [~ri] adj. purificador, purificativo.
purifier [pjʼuərifaiə] s. 1. purificador m. 2. refinador m.
purify [pjʼuərifai] v. purificar: 1. depurar, limpar. 2. refinar, clarificar. 3. purgar. 4. tornar-se puro.
purine, purin [pjʼuərin] s. (Quím.) purina f.
purism [pjʼuərizm] s. purismo m.
purist [pjʼuərist] s. purista m. + f.
puristic [pjuərʼistik], **puristical** [~əl] adj. purista.
Puritan [pjʼuəritən] s. puritano m. ‖ adj. puritano.
puritanic [pjuəritʼænik], **puritanical** [~əl] adj. 1. puritano. 2. austero, rigoroso. ‖ ~**ally** adv. de modo puritano.
Puritanism [pjʼuəritənizm] s. puritanismo m.
purity [pjʼuəriti] s. 1. pureza f.: a) ausência de mistura. b) limpidez, clareza. c) inocência, castidade. d) vernaculidade, correção de estilo. 2. sinceridade f.
purl (I) [pə:l] s. 1. canutilho m. 2. picote m.: ponto de rendaria. 3. rendaria f. com ponto de picote. 4. ponto reverso m. (de malha). ‖ v. 1. guarnecer com barra de canutilho. 2. fazer pontos de picote. 3. orlar com ponto de picote. 4. inverter os pontos (de malha).
purl (II) [pə:l] s. 1. remoinho m., ondulação f. 2. murmúrio, sussurro m. 3. emborque m., queda f. ‖ v. 1. remoinhar, ondular. 2. murmurar, sussurrar. 3. tombar, cair, emborcar. 4. (coloq.) fazer tombar.
purlieu [pʼə:lju:] (fr.) s. 1. zona florestal f. 2. subúrbio m. 3. ~s pl. confins, limites m. pl. 4. ~s arredores m. pl. cercanias f. pl.
purlin, purline [pʼə:lin] s. (Arquit.) terça f.
purloin [pə:lʼɔin] v. furtar, roubar.
purloiner [~ə] s. ladrão, gatuno m.
purple [pə:pl] s. 1. púrpura f.: a) cor entre escarlate e violeta. b) tecido ou manto dessa cor. c) dignidade real ou imperial. d) cardinalato. e) (Zool.) nome genérico dado aos moluscos da família dos Muricídeos. f) (Med.) púrpura hemorrágica f. 2. (coloq.) posição elevada f. ‖ v. purpurear, purpurejar, purpurar. ‖ adj. 1. purpúreo, purpurino. 2. real, imperial. 3. brilhante, aparatoso. 4. rebuscado.
born in ~ de descendência real ou ilustre.
purple fringe s. (Bot.) fustete m.
purple medic s. (Bot.) alfafa, luzerna f.
purplewood [pʼə:plwud] s. (Bot.) amarante m.
purplish [pʼə:pliʃ] adj. apurpurado.
purport [pə:pʼɔ:t] s. sentido, significado, teor. ‖ v. 1. significar, ter o sentido de. 2. pretender, passar por.
the letters ~ **that...** as cartas rezam que...
purpose [pʼə:pəs] s. 1. propósito m.: a) desígnio, intento, intenção. b) sentido, objetivo, finalidade. c) proveito. 2. resolução, determinação f. ‖ v. tencionar, pretender, propor-se. ‖ ~**ly** adv. de propósito, propositadamente, intencionalmente.
for this ~ com esta finalidade. **for what** ~? com que finalidade? **he spoke pretty much to the same** ~ ele disse praticamente a mesma coisa. **in** ~ em vista, em mira. **it answered his** ~, it served his ~

correspondia aos seus propósitos. **it suited his ~** veio-lhe a calhar. **of set ~ deliberadamente. on ~** de propósito. **on ~ to do** no propósito de fazer. **strength of ~** força de determinação. **this is nothing to the ~** isto não tem nada a ver com o assunto. **to little ~** com pouco proveito. **to no ~** inutilmente, em vão. **~ novel** novela ou romance tendencioso.

purposeful [~ful] adj. 1. propositado, intencional. 2. importante, significativo. 3. resoluto, determinado.

purposeless [~lis] adj. despropositado, inútil, sem sentido. ‖ **~ly** adv. em vão, debalde.

purposive [~iv] adj. 1. útil, vantajoso, que tem serventia. 2. propositado, intencional.

purpura [p'ə:pjurə] s. (Med.) púrpura f.

purpure [p'ə:pjuə] adj. (Heráld.) púrpura f.

purpuric [pə:pj'uərik] adj. 1. (Quím.) purpúrico. 2. (Med.) relativo a púrpura.

purpurin [p'ə:pjurin] s. (Quím.) purpurina f.

purr [pə:] s. ronrom m. ‖ v. ronronar.

purse [pə:s] s. 1. bolsa, carteira f. 2. tesouro, erário m. 3. pecúlio, dinheiro m., caixa f. 4. prêmio monetário m. levantado mediante coleta. ‖ v. 1. enrugar, franzir. 2. enrugar-se, franzir-se.
a well-filled ~ uma carteira recheada. **common ~** caixa única. **light ~** 1. carteira vazia. 2. (fig.) pobreza. **public ~** tesouro público, erário. **we made up a ~** for him fizemos uma coleta em seu benefício. **she ~d her lips** ela fez beicinho.

purse bearer s. tesoureiro m.

purse cutter s. batedor m. de carteiras.

purse proud adj. orgulhoso de seus bens.

purser [p'ə:sə] s. 1. (Náut.) comissário m. de bordo. 2. (coloq.) pagador, caixa m.

purse-snatcher s. (E. U. A.) trombadinha m. especialista em bolsas de mulher.

purse string s. (geralm. pl.) cordão m. de bolsa.
he holds the ~s ele maneja o dinheiro. **he holds a tight hand on the ~s** ele é seguro, não gasta facilmente. **he must loose the ~s** ele teve de pagar.

pursiness [p'ə:sinis] s. 1. fôlego curto m. 2. obesidade, gordura f. 3. convencimento m., empáfia f.

purslane [p'ə:slin] s. (Bot.) beldroega f.

pursuance [pəsj'uəns] s. 1. prossecução f., prosseguimento m. 2. conseqüência f. 3. seqüência f.
in ~ of your favour of em vista de sua carta de. **in ~ of** em conseqüência de.

pursuant [pəsj'uənt] adj. 1. perseguidor. 2. concorde, conforme, correspondente (com **to** ou **of**) ‖ **~ly** adv. de conformidade, de acordo.

pursue [pəsj'u:] v. 1. procurar, diligenciar. 2. (†) perseguir, ir no encalço de. 3. seguir, adotar. 4. desempenhar, exercer. 5. (Jur.) processar. 6. prosseguir, continuar. 7. importunar, amolar.
to ~ a course seguir um caminho.

pursuer [~ə] s. 1. perseguidor m. 2. (esc.) querelante m.

pursuit [pəsj'u:t] s. 1. perseguição, persecução, caça f. 2. ocupação, atividade f. 3. busca, procura f. 4. objetivo m., mira f.
in ~ of wealth em busca de fortuna. **literary ~s** atividades literárias.

pursuit plane s. (milit.) avião m. de caça.

pursuivant [pə:sw'ivənt] s. 1. passavante m. 2. (†) partidário, seguidor m.

pursy (I) [p'ə:si] adj. 1. asmático. 2. de fôlego curto. 3. obeso, gordo. 4. convencido, presunçoso.

pursy (II) [p'ə:si] adj. 1. de mão fechada, pouco generoso. 2. orgulhoso de seu dinheiro.

purtenance [p'ə:tinəns] s. 1. (†) fressura f.

purulence [pj'uəruləns] s., **purulency** [~i] s. (Med.) 1. purulência, supuração f. 2. pus m.

purulent [pj'uərulənt] adj. (Med.) purulento, supurado, supurante.

purvey [pə:v'ei] v. 1. prover, abastecer, suprir. 2. fornecer.

purveyance [~əns] s. abastecimento, suprimento, aprovisionamento m.

purveyor [~ə] s. fornecedor, abastecedor m.
Purveyor of the Royal Household fornecedor da casa real.

purview [p'ə:vju:] s. 1. texto m. de uma lei. 2. jurisdição, competência f., campo m. de ação. 3. alcance m., inteligência f.

pus [pʌs] s. (Med.) pus m.

push [puʃ] s. 1. empurrão, empuxão, repelão m. 2. esforço m., tentativa f. 3. emergência, conjuntura, dificuldade f., apuro m. 4. estocada f. 5. impulso, estímulo m. 6. apertão m. 7. arremetida, investida f., acometimento m. 8. (coloq.) energia f., dinamismo m. 9. (Mec.) compressão f. 10. botão m. de pressão. 11. (pop.) multidão f., ror m. 12. camarilha, panelinha f. 13. marrada f. ‖ v. 1. empurrar, empuxar. 2. impulsionar, fazer seguir. 3. arremeter, investir, acometer. 4. impelir, instigar, incitar. 5. estender, alargar, dilatar. 6. pressionar. 7. ativar, levar avante. 8. apressar, acelerar. 9. importunar, amolar. 10. abrir caminho. 11. esforçar-se, porfiar. 12. marrar.
give him a ~ dê-lhe um empurrão. **give him the ~** dê-lhe o fora. **she brought it to the last ~** ela levou a situação ao extremo. **we made a ~ for the money** esforçamo-nos para obter o dinheiro. **you should have another ~ for it** você deveria tentá-lo novamente. **to ~ away, to ~ back** repelir, rechaçar. **to ~ off** 1. desatracar. 2. (fig.) começar, principiar, iniciar. 3. queimar, torrar (mercadorias). **to ~ on** 1. incitar, instigar. 2. apressar, acelerar. **to ~ open** abrir empurrando (porta). **to ~ out** pôr para fora, expulsar. **to ~ through** levar a cabo. **to ~ up** forçar a alta (preços). **don't ~!** não amole! **don't ~ it too far!** não abuse! **he was ~ed for money** ele estava em apertos financeiros. **~ off!** saia!, retire-se!

push-bolt s. terrolho m.

push-button s. botão m. de pressão.

push-cart [p'uʃka:t] s. 1. carroça f. de vendedor ambulante, empurrada a mão. 2. carrinho m. de mão.

pusher [p'uʃə] s. 1. empurrador, empuxador m. 2. (Mec.) propulsor m. 3. (coloq.) pessoa atirada ou agressiva f.

pushful [p'uʃful] adj. ativo, empreendedor, realizador. ‖ **~ly** adv. ativamente.

pushing [p'uʃiŋ] adj. 1. ativo, empreendedor. 2. atrevido, intrometido.

pushover [puʃ'ouvə] s. (gíria) 1. moleza f. (fácil de fazer). 2. pessoa ou equipe f. fácil de derrotar.

push-pull s. (Eletr.) amplificador simétrico m.

pushy [p'uʃi] adj. (coloq.) agressivo, insistente.

pusillanimity [pju:silæn'imiti], **pusillanimousness** [pjus-il'æniməsnis] s. pusilanimidade, covardia f.

pusillanimous [pjusil'æniməs] adj. pusilânime, covarde, tímido. ‖ **~ly** adv. pusilanimemente, covardemente.

puss [pus] s. 1. (fam.) bichano m. 2. lebre f. 3. (fam.) rapariga f.
~ in boots o gato-de-botas.

pussy (I) [p'usi] s. 1. bichano m. 2. gatinha f. **~-cat** gatinho.

pussy (II) [p'ʌsi] adj. (Med.) purulento, supurado.

pussyfoot [p'ʌsifut] v. 1. andar silenciosa ou furtivamente. 2. evitar comprometer-se. ‖ adj. cauteloso.

pustulant [p'ʌstjulənt] s. (Med.) remédio m. que provoca pústulas. ‖ adj. (Med.) que produz pústulas.

pustular [p'ʌstjulə] adj. 1. pustuloso. 2. pustulento.

pustulate [p'ʌstjuleit] v. 1. formar pústulas. 2. tornar-se pustulento. ‖ adj. pustulento, pustulado.
pustulation [pʌstjul'eiʃən] s. 1. pustulação f. 2. pústula f.
pustule [p'ʌstju:l] s. (Med.) pústula, bostela f.
put [put] s. 1. arremesso, lanço m. 2. (Esp.) arremesso m. de peso. 3. (bolsa) operação f. a prazo. ‖ v. imp., p. p. **put** 1. pôr: a) colocar. b) reduzir a um estado ou condição. c) fixar, determinar. d) guardar. e) depositar. f) atribuir, imputar. g) adicionar, deitar. h) assinar, apor. i) expressar, afirmar. j) dedicar-se a. k) aplicar. l) impor ônus a. m) firmar, assentar. 2. formular, propor. 3. seguir, rumar. 4. avaliar, orçar. 5. incitar. 6. lançar à água (navio). 7. forçar, obrigar. 8. arremessar, lançar. 9. desembocar. 10. acasalar. 11. levar.
~ and call (bolsa) operação a prêmio. **he ~ an end to his life** ele deu cabo da vida. **he ~ an end to the matter** ele encerrou o assunto. **he ~ him at his ease** ele o acalmou. **he ~ it well** ele o expressou muito bem. **how shall I ~ it?** como direi? **I ~ him wise** abri-lhe os olhos. **~ it there!** feito! combinado! **she ~s her make-up on** ela está fazendo a sua maquilagem. **stay ~!** não se mova! **that's ~ting it strong!** essa é forte! **to ~ a bug in one's ear, to ~ a flea in one's ear** deixar alguém com a pulga atrás da orelha. **to ~ a question** levantar uma questão. **to ~ the cart before the horse** pôr a carroça diante dos bois. **to ~ the case** fazer de conta que. **to ~ the last hand to** dar a última demão a, aperfeiçoar, retocar. **to ~ the wind up** 1. alarmar, alvoroçar. 2. alarmar-se. 3 tornar-se irritado ou excitado. **to ~ two and two together** tirar suas conclusões de, inferir de. **where do you ~ it all?** que faz você com tudo isso? **to be ~ about** estar desconcertado. **to ~ about** 1. espalhar (boato). 2. (Náut.) fazer virar de bordo. **he ~ me very much about** ele me deixou em situação difícil. **she ~ herself about** ela inquietou-se. **to ~ across** 1. transpor, conduzir de um lado a outro. 2. (E. U. A., gíria) levar a cabo. **to ~ ahead** avançar, adiantar. **to ~ away** 1. pôr de lado. 2. descartar, dispor de 3. guardar, economizar. 4. (gíria) matar. **to ~ back** 1. repelir. 2. recusar, negar. 3. repor, recolocar. 4. (Náut.) voltar, regressar. 5. atrasar, retardar (relógio) **to ~ by** 1. pôr de lado. 2. rejeitar, recusar. 3. livrar-se de. 4. negligenciar, postergar. 5. guardar, economizar. 6. desviar, esquivar. **to ~ down** 1. derrubar. 2. suprimir, eliminar. 3. rebaixar, degradar. 4. depor. 5. (coloq.) cortar, renunciar a. 6. registrar anotar, inscrever. 7. subscrever. 8. atribuir a. 9. estimar, considerar. 10. (coloq.) beber continuadamente. **I ~ it down to him** atribuo-o a ele. **~ it down to my account** ponha-o na minha conta. **to ~ forth** 1. estender. 2. tornar manifesto. 3. desenvolver, tornar. 4. empregar, aplicar (força). 5. elevar, erguer (voz). 6. propor. 7. publicar, editar. 8. lançar (fôlhas ou rebentos). 9. partir, velejar. **to ~ forward** 1. promover, pôr em evidência. 2. fazer progredir, ajudar. 3. propor, formular, apresentar. **to ~ forward an argument** apresentar um argumento. **to ~ in** 1. interferir, intervir. 2. (Náut.) aportar. 3. introduzir, apresentar. 4. intercalar, encaixar. **he ~ me in the wrong** ele fez-me uma injustiça. **I can't ~ myself in his place** não posso imaginar-me em seu lugar. **the news ~ us in a good temper** a notícia deixou-nos animados. **they ~ him in irons** puseram-no a ferros. **to ~ in brackets** colocar entre parênteses. **she ~ it into her head** ela meteu na cabeça (dela mesma). **to ~ into English** traduzir para inglês. **to ~ into gear** embrear. **to ~ in for** 1. requerer, reclamar. 2. ofe-

recer-se, candidatar-se. **to ~ in mind** lembrar. **to ~ in possession** 1. empossar, dar posse a. 2. informar, pôr a par de. **to ~ in practice** 1. pôr em ação. 2. praticar, fazer. **to ~ it on** (coloq.) 1. sobrecarregar. 2. exagerar. **to ~ it over** 1. levar a cabo. 2. lograr, iludir, tapear. **to ~ off** 1. despir, tirar, descalçar. 2. dissuadir. 3. usar de evasivas. 4. adiar, protelar, transferir, postergar. 5. (coloq.) desconcertar, confundir. 6. desembarcar, pôr em terra (passageiros). 7. fazer-se ao mar, partir. **he ~ it off with a jest** com um gracejo ele passou por cima (da questão). **to ~ on** 1. vestir, calçar. 2. assumir. 3. imputar, atribuir a. 4. impor, infligir. 5. incitar, instigar. 6. empregar aplicar. 7. carregar no preço. 8. ganhar pressão. 9. fingir, simular. 10. apostar em. 11. adiantar (relógios). 12. (fig.) antecipar. 13. (coloq.) representar, levar. **he ~s it on** ele está fingindo. **he ~s on a big act** ele está fazendo fita. **he ~s on airs, he ~s on the dog** (E. U. A.) ele está fazendo farol. **I ~ him on guard** eu o preveni. **she ~ him on his oath** ela o fez jurar. **to ~ one in a hole** (coloq.) pôr alguém em dificuldades. **to ~ one's back into** dedicar-se de corpo e alma a. **to ~ one's cards on the table**, pôr as cartas na mesa, fazer jogo franco. **to ~ one's hands to the plow** meter mãos à obra. **to ~ one through the mill** (coloq.) 1. sujeitar a disciplina rigorosa. 2. punir, castigar. **to ~ out** 1. expelir, lançar fora. 2. extinguir, aparar. 3. emprestar. 4. desconcertar, confudir. 5. estender (a mão). 6. exibir, mostrar. 7. publicar, editar. 8. gastar, despender. 9. dar para criar (criança). 10. pôr para fora. 11. dar para fora (roupa suja, etc.). 12. ir embora, partir, sair. 13. (Med.) deslocar, distender. 14. (Náut.) fazer-se ao mar. 15. (Esp.) pôr fora de jogo. 16. desfraldar (bandeira). **he was ~ out by this news** esta notícia o desconcertou. **if it won't ~ you out** se não for incômodo. **she ~ him out of countenance** ela o envergonhou. **the ship ~ out to the sea** o navio fez-se ao mar. **to ~ out of gear** desengrenar. **to ~ out of one's head** fazer esquecer. **to ~ out of order** pôr em desordem. **to ~ out of the way** 1. matar, eliminar. 2. destruir. **to ~ over** 1. colocar acima de. 2. conduzir através de, fazer transpor. 3. levar a cabo. 4. (gíria) prevalecer, impor-se. **to ~ s. th. over on s. o.** fazer alguém crer, entrujar alguém. **she ~s it all over him** ela está muitos furos acima dele. **he ~ himself over** ele conseguiu prevalecer. **to ~ through** 1. levar a cabo. 2. conseguir a aprovação de (lei). 3. fazer penetrar ou atravessar. 4. fazer agir. 5. (coloq.) fazer a ligação telefônica. **~ it through to him** leve-o ao seu conhecimento. **she ~ him through college** ela lhe financiou os estudos. **to ~ to** 1. combinar, juntar, unir. 2. confiar a. 3. afixar a, prender a. 4. atrelar. 5. limitar a, restringir a. 6. expor a, sujeitar a. **I ~ it to you** deixo-o a seu critério. **it ~ me to trouble** custou-me trabalho. **~ the horses to the car** atrele os cavalos. **she ~ him to work** ela fê-lo trabalhar. **she ~ the pen to the paper** ela tomou da pena. **the murderer was ~ to death** o assassino foi executado. **they ~ him hard to it** acossaram-no duramente. **to ~ to a stand** dar um paradeiro a. **to ~ to bed** pôr na cama, fazer deitar. **to ~ to blush** fazer corar, envergonhar. **to ~ to flight** lançar em fuga. **to ~ to rights** (coloq.) arranjar, arrumar. **to ~ to sea** (Náut.) fazer-se ao mar. **to ~ to shame** fazer envergonhar. **to ~ to silence** silenciar, fazer calar. **to ~ to sleep** pôr na cama, fazer dormir. **to ~ to the sword** passar a fio de espada. **to ~ to the test** pôr à prova. **to ~ to the vote** submeter à votação. **to ~ together** 1. agregar. 2. juntar, reunir. **to ~ under the screw** forçar, pressionar. **to ~ up** 1. levantar, alçar, içar, suspender 2. erigir, erguer, edificar. 3. montar (máquinas). 4. pôr em leilão. 5. levar à cena. 6. guardar, economizar. 7. pôr em conserva. 8. pôr de lado. 9. acolher, dar hospedagem a. 10. designar candidato. 11. candidatar-se. 12. acondicionar, embrulhar. 13. (gíria) tramar, conspirar. 14. aumentar, elevar (preços). 15. alojar-se, hospedar-se, aboletar-se. 16. embainhar (espada). 17. cessar (luta). 18. (Farmac.) aviar receita). **he ~ him up to it** ele o instigou a fazê-lo. **I'll ~ it up to him** levá-lo-ei ao seu conhecimento. **he ~ a trick upon him** ele lhe pregou uma peça. **~ the case** suposto que. **I'll ~ it to you** vou sujeitá-lo à sua decisão. **they ~ a spoke in his wheel** eles lhes causaram dificuldades. **I just can't ~ it across** não consigo mesmo levá-lo a cabo. **what would you ~ it at?** em quanto você avalia isto? **she ~ him down to it** ela lhe confiou (segredo, novidade). **they ~ their heads together** eles confabularam. **I ~ it upon that** vou arriscá-lo. **if one ~s it upon that ground** considerando-o deste ponto de vista. **the ship ~ into the port** o navio entrou no porto. **he ~ on thick** ele exagerou. **he ~ himself forward** ele adiantou-se, ele avantajou-se. **he ~s the distance at eight miles** ele avalia a distância em oito milhas. **to ~ on trial** levar à barra do tribunal. **to ~ out of action** pôr fora. de ação ou função. **that might have ~ him out of business** isto poderia ter-lhe custado o negócio. **that ~s me out of five quid** isto me custa cinco libras. **one can't ~ anything over on him** ele não se deixa ludibriar.

putative [pj'u:tətiv] adj. putativo, suposto, reputado.

put-down s. 1. (Av.) aterrissagem f. 2. (gíria) comentário mordaz m., resposta impertinente f.

putid [pj'u:tid] adj. pútrido, podre, fétido.

putidness [~nis] s. podridão, pestilência f.

putlog [p'utlɔg] s. travessão m. de andaime (quadro S 3).

putrefaction [pju:trif'ækʃən] s. 1. putrefação f., apodrecimento m. 2. matéria putrefata f.

putrefactive [pju:trif'æktiv] s. agente putrefativo m. ‖ adj. putrefaciente, putrefativo, putrefatório.

putrefy [pj'u:trifai] v. putrefazer: 1. decompor-se, apodrecer. 2. tornar-se podre.

putrescence [pju:tr'esns] s. putrescência f.

putrescent [pju:tr'esnt] adj. putrescente.

putrescibility [pju:tresib'iliti] s. putrescibilidade f.

putrescible [pju:tr'esibl] adj. putrescível.

putrid [pj'u:trid] adj. 1. pútrido: a) podre, decomposto. b) fétido. c) corrupto. 2. (gíria) desagradável.

putridity [pju:tr'iditi], **putridness** [pj'u:tridnis] s. 1. podridão f. 2. corrução f.

putsch [putʃ] s. (alem., Pol.) golpe m. de estado.

putt, put [pʌt] (Golfe) s. tacada leve f. (para meter a bola no buraco). ‖ v. dar tacada leve.

puttee, puttie [p'ʌti] s. 1. polainas f. pl. 2. grevas f. pl.

putter [p'utə] s. 1. arremessador, lançador m. 2. proponente m. (de questões).

putter-forth s. editor m.

putter-on s. instigador, incitador m.

putting the weight s. (Esp.) arremesso m. de peso.

puttock [p'ʌtək] s. 1. (Orn.) mioto-rabo-de-bacalhau m. 2. (Orn.) bútio m. 3. (Orn.) trataranhão-ruivo m.

putty [p'ʌti] s. 1. (também **glazier's ~**) massa f. de vidraceiro. 2. almécega f. 3. potéia f. ‖ v. tapar ou calafetar com qualquer dessas massas.

puzzle [pʌzl] s. 1. quebra-cabeça, enigma m. 2. perplexidade f., embaraço m. 3. jogo m. de quebra-cabeça. ‖ v. 1. confundir, embaraçar, desconcertar. 2. complicar, intricar, enredar. 3. **~ out** resolver, deslindar, solver.

he ~d himself ele se esforçou. **he ~d his brain over it** ele quebrou a cabeça para resolvê-lo. **he ~d it out** ele o resolveu, ele deslindou. **we are ~d for material** não sabemos como obter material. **that ~s me** isto me intriga.

puzzled [pʌzld] adj. 1. perplexo, embaraçado. 2. confuso, intrigado.

puzzlehead [p'ʌzlhed] s. cabeça tonta f., pateta m.

puzzle-headed adj. tonto, pateta.

puzzle-lock s. fechadura f. de segredo.

puzzlement [p'ʌzlmənt] s. 1. perplexidade f., embaraço m. 2. enigma, quebra-cabeça m.

puzzler [p'ʌzlə] s. 1. pessoa ou coisa que confunde. 2. problema difícil m.

that's a ~ for him isto lhe causará bastante dor de cabeça.

puzzling [p'ʌzliŋ] adj. 1. embaraçoso. 2. intricado, enigmático.

PVC [pi: vi: s'i:] abrev. de **polivinyl chloride** PVC, cloreto de polivinilo: tipo de fibra plástica.

pyaemia [pai'i:miə] s. (Med.) piemia, pioemia f.

pyaemic [pai'i:mik] adj. (Med.) piêmico.

pycnidium [pikn'idiəm] s., pl. **pycnidia** (Bot.) picnídio m.

pycnometer [pikn'ɔmitə] s. picnômetro m.

pycnosis [pikn'ousis] s. (Med.) picnose f.

pyelitis [paiəl'aitis] s. (Med.) pielite f.

pygmaean [pigm'i:ən], **pygmoid** [p'igmɔid] adj. 1. pigmeu. 2. de fraco talento.

pygmy [p'igmi] s. 1. pigmeu m.: a) anão. b) (fig.) homem insignificante. 2. objeto pequeno m. na respectiva categoria. ‖ adj. 1. pigmeu, anão. 2. insignificante. .(também **pygmaean, pygmean**).

pygostyle [p'aigəstail] s. (Zool.) pigostílio m.

pyic [p'aiik] adj. (Med.) purulento, supurante.

pyin [p'aiin] s. (Bioquím.) piína f.

pyjamas [pədʒ'a:məz] s. pl. pijama m. (quadros C 12, 13).

pyknic [p'iknik] s. pessoa f. de físico robusto e de formas arredondadas. ‖ adj. pícnico.

pylon [p'ailən] s. 1. (Arquit.) pilão, pilono, pilone m. 2. (Av.) marco, pilar m., torre f.

pyloric [pail'ɔrik] adj. (Anat. e Zool.) pilórico.

pylorus [pail'ɔ:rəs] s. (Anat. e Zool.) piloro m.

pyogenesis [paiodʒ'enisis] s. (Med.) piogênese, piogenia, supuração f.

pyogenic [paioudʒ'enik] adj. (Med.) piogênico, piógeno.

pyorrhea, pyorrhoea [paiər'i:ə] s. (Med.) piorréia f.

pyorrheal, pyorrhoeal [~l] adj. (Med.) piorréico.

pyosis [pai'ousis] s. (Med.) piose supuração f.

pyracanth [p'aiərəkænθ] s. (Bot.) sarça-de-moisés f., espinheiro-ardente, piracanto m.

pyramid [p'irəmid] s. 1. pirâmide f. 2. **~s** pl. espécie de bilhar. ‖ v. piramidar.

pyramidal [pir'æmidəl] adj. piramidal: 1. em forma de pirâmide. 2. (Gal.) enorme, colossal, imponente. ‖ **~ly** adv. piramidalmente.

pyramidal bone s. (Anat.) osso m. piramidal.

pyre [p'aiə] s. pira funerária f.

pyrene (I) [p'airi:n] s. (Quím.) pireno m.

pyrene (II) [~] s. (Bot.) caroço m. de drupa.

Pyrenean [pirin'i:ən] s. habitante m. dos Pireneus. ‖ adj. pirenaico, pireneu.

pyrethrum [pair'i:θrəm] s. (Bot. e Farmac.) piretro m.

pyretic [pair'etik] adj. (Med.) pirético, febril.

pyretology [pairit'ɔlədʒi] s. (Med.) piretologia f.

pyretotherapy [pairitəθ'erəpi] s. (Med.) piretoterapia f.

Pyrex [p'aireks] s. Pyrex m.: marca registrada de louça ou vidro refratário, para a cozinha.

pyrexia [pair'eksiə] s. (Med.) pirexia, febre f.

pyrheliometer [pairhi:li'ɔmitə] s. (Astrofísica) pireliômetro m.

pyridic [pair'idik] adj. (Quím.) pirídico.

pyridine [p'aiəridain] s. (Quím.) piridina f.

pyriform [p'irifɔ:m] adj. piriforme.

pyrites [pair'aiti:z] s. (Miner.) pirita f.

pyroelectricity [pairouilektr'isiti] s. pireletricidade f.

pyrogenation [pairədʒén'eiʃn] s. (Quím.) pirogenação f.

pyrogenic [pairodʒ'enik], **pyrogenous** [pair'ɔdʒinəs] adj. 1. pirogênico. 2. (Geol.) ígneo. 3. (Med.) piretogênico. 4. (Petr.) formado por calor magmático.

pyrognostic [pairɔgn'ɔstik] adj. (Miner.) pirognóstico.

pyrographic [pairəgr'æfik] adj. pirográfico.

pyrography [pair'ɔgrəfi] s. pirogravura, pirografia f.

pyrolaceous [pairol'eiʃəs] adj. (Bot.) piroláceo.

pyrolatry [pair'ɔlətri] s. pirolatria f.

pyromagnetic [pairomægn'etik] adj. piromagnético.

pyromania [pairom'einiə] s. (Psiq.) piromania f.

pyromaniac [~ k] s. (Psiq.) piromaníaco m.

pyrometer [pair'ɔmitə] s. (Fís.) pirômetro m.

pyrometric [pairom'etrik] adj. (Fís.) pirométrico.

pyrometry [pair'ɔmitri] s. pirometria f.

pyrope [p'aiəroup] s. (Miner.) piropo m.

pyrophobia [pairof'oubiə] s. (Med.) pirofobia f.

pyrophoric [pairof'ɔrik] adj. pirofórico.

pyrophorous [pair'ɔfərəs] s. (Quím.) piróforo m.

pyrophyllite [pairof'ilait] s. (Miner.) pirofilite f.

pyrosis [pair'ousis] s. (Med.) pirose f.

pyrosphere [p'airəsfiə] s. (Geol.) pirosfera f.

pyrostat [p'airəstæt] s. pirostato m.

pyrosulfate [pairəs'ʌlfeit] s. (Quím.) pirossulfato m.

pyrotechnic [pairot'eknik], **pyrotechnical** [~əl] adj. pirotécnico.

pyrotechnics [~s] s. 1. pirotecnia, pirotécnica f. 2.

espetáculo pirotécnico m., fogos m. pl. de artifício.

pyrotechnist [pairot'eknist] s. pirotécnico m.

pyrrhic (I) [p'irik] s. (Hist.) pírrica f. (dança). ‖ adj. relativo à pírrica.

pyrrhic (II) [p'irik] s. (Métr.) pirríquio m. ‖ adj. relativo ao pirríquio.

Pyrrhic (III) [p'irik] adj. relativo a Pirro, de Pirro. ~ **victory** vitória de Pirro.

pyrrhonian [pir'ouniən] adj. pirrônico.

Pyrrhonism [p'irənizm] s. (Filos.) 1. pirronismo m. 2. cepticismo extremo m.

Pythagorean [paiθægər'i:ən] s. pitagórico m. ‖ adj. pitagórico. ~ **proposition** teorema de Pitágoras.

Pythagoreanism [~ izm] s. pitagorismo m.

Pythagorist [paiθ'ægərist] s. pitagórico m.

Pythia [p'iθiə] s. pítia f.

Pythiad [p'iθiæd] s. pitíada f., período de quatro anos entre os jogos píticos.

Pythian [p'iθiən] adj. 1. pítio: relativo a Apolo. 2. pítico: relativo aos jogos celebrados em homenagem a Apolo. 3. (fig.) extático, frenético. ~ **games** jogos píticos.

python [p'aiθən] s. 1. pitão m.: a) serpente mitológica f. b) qualquer serpente enorme (sucuri, jibóia, etc.) 2. (Zool.) qualquer serpente da família dos Pitonídeos.

pythoness [p'aiθənis] s. pitonisa f.: 1. sacerdotisa f. de Apolo. 2. profetisa, vidente f.

pythonic [paiθ'ɔnik] adj. 1. pitônico: a) oracular, profético. b) relativo a pitão. 2. (fig.) enorme, colossal.

pyuria [paij'uəriə] s. (Med.) piúria f.

pyx [piks] s. 1. (Ecles.) píxide, cibório m. 2. caixa f. para o depósito de moedas destinadas a ensaios, na casa da moeda inglesa. ‖ v. 1. depositar na píxide. 2. fazer ensaios com moedas.

pyxidium [piks'idiəm] s., pl. **pyxidia** (Bot.) pixídio m.

pyxis [p'iksis] s., pl. **pyxides** [-sídi:z] 1. estojo, escrínio m. 2. porta-jóias m. 3. (Ant.) acetábulo m. de osso ilíaco. 4. (Bot.) pixídio m.

Q

Q, q [kju:] s. décima sétima letra do alfabeto, consoante m.

Q-boat [kj'u:bout] s. (Náut.) navio camuflado m. para atrair e aniquilar submarinos.

Q-factor [kj'u:fæktə] s. fator qualidade m.

qr. [kw'ɔ:tə] s. abr. de **quarter** (peso).

qua [kwei] conj. na qualidade de, como.
  not ~ master, but ~ friend não como professor mas como amigo.

quack [kwæk] s. 1. abr. de **quacksalver** charlatão, curandeiro m. 2. grasnido, grasno m. ‖ v. grasnar: imitar o grito do pato. ‖ adj. charlatanesco.

quackery [kw'ækəri], **quackism** [kw'ækizm] s. charlatanice, charlatanaria f., charlatanismo m.

quackish [kw'ækiʃ] adj. charlatanesco.

quacksalver [kw'æksælvə] s. charlatão, curandeiro m.

quad [kwɔd] 1. abr. de **quadrangle**. 2. abr. de **quadrat**.

quadra [kw'ɔdrə] s. (Arquit.) 1. plinto, alaque m. 2. friso, filete, listel m.

quadrable [kw'ɔdrəbl] adj. (Mat.) que pode ser elevado ao quadrado.

quadragenarian [kwɔdrədʒin'eəriən] s. quadragenário m. ‖ adj. quadragenário: que tem quarenta anos.

Quadragesima [kwɔdrədʒ'esimə] s. (Rel.) quadragésima (já em desuso), quaresma f.

quadragesimal [kwɔdrədʒ'esiməl] adj. quadragesimal.

quadrangle [kw'ɔdr'æŋgl] s. 1. quadrângulo, quadrilátero m. 2. pátio quadrangular m.

quadrangular [kwɔdr'æŋgjulə] adj. quadrangular: de quatro cantos ou ângulos.

quadrant [kw'ɔdrənt] s. 1. quadrante m.: a quarta parte de um círculo. 2. instrumento náutico m.

quadrat [kw'ɔdrət] abr.: **quad** s. (Tipogr.) quadratim m.

quadrate [kw'ɔdreit, -it] s. quadrado, quadrilátero m. ‖ [kwɔdr'eit] v. 1. (Mat.) quadrar: elevar à segunda potência. 2. quadrar-se, convir, ajustar-se. ‖ [kw'ɔdrit] adj. quadrado, retangular.

quadratic [kwɔdr'ætik] s. equação quadrática f. ‖ adj. quadrático.

quadratics [~s] s. (álgebra) equações quadráticas f. pl.

quadrature [kw'ɔdrətʃə] s. quadratura f.

quadrennial [kwɔdr'eniəl] adj. quadrienal.

quadrennium [kwɔdr'eniəm] s. quadriênio m.

quadric [kw'ɔdrik] s. (Geom.) quádrica f.

quadricentennial [kwɔdrisent'enjəl] adj. quadricentenário.

quadriceps [kw'ɔdriseps] s. (Anat.) quadríceps m.

quadrifid [kw'ɔdrifid] adj. quadrífido, quadrifendido.

quadriform [kw'ɔdrifɔ:m] adj. quadriforme.

quadriga [kwɔdr'aigə] s. quadriga f.: carro puxado por quatro cavalos.

quadrilateral [kwɔdril'ætərəl] s. quadrilátero m. ‖ adj. quadrilateral, quadrilátero.

quadrille [kwɔdr'il] s. 1. quadrilha, dança f. 2. a respectiva música f. 3. jogo de cartas m.

quadrillion [kwɔdr'iljən] s. quatrilhão m.

quadrinomial [kwɔdrin'ɔmiəl] s. quadrinômio m.

quadripartite [kwɔdrip'a:tait] adj. quadripartido.

quadripartition [kwɔdripa:t'iʃən] s. quadripartição f.

quadriphyllous [kwɔdrif'iləs] adj. quadrifoliado.

quadrisection [kwɔdris'ekʃən] s. divisão em quatro partes iguais f.

quadrisylabic [kwɔdrisil'æbik] adj. quadrissilábico.

quadrivalent [kwɔdriv'eilənt] adj. quadrivalente.

quadroon [kwɔdr'u:n] s. quadrarão m.: filho de branco e mulata, 3/4 branco, 1/4 negro.

quadrumana [kwɔdr'u:mənə] s. (Zool.) ordem f. dos Quadrúmanos.

quadrumanal [kwɔdr'u:mənəl] adj. quadrúmano.

quadrumane [kw'ɔdrəmein] s. quadrúmano m.

quadrumanous [kwɔdr'u:mənəs] adj. quadrúmano.

quadruped [kw'ɔdruped] s. (Zool.) quadrúpede m.

quadrupedal [kwɔdr'u:pidəl] adj. quadrúpede.

quadruple [kw'ɔdrupl] s. quádruplo m. ‖ v. quadruplicar. ‖ adj. quádruplo.

quadruplet [kwɔdr'u:plit] s. grupo de quatro m. **~s** pl. s. quádruplos m. pl.

quadruplex [kw'ɔdruplex] s. (Telegr.) transmissão f. de 4 mensagens por um fio. ‖ v. quadruplexar.

quadruplicate [kwɔdr'u:plikit] s. quadruplicação f. ‖ [kwɔdr'u:plikeit] v. quadruplicar. ‖ [kwɔdr'u:plikit] adj. quadruplicado.

quadruplication [kwɔdruplik'eiʃən] s. quadruplicação f.

quadruply [kw'ɔdrupli] adv. quatro vezes.

quaere [kw'iəri] s. pergunta, questão f. ‖ v. perguntar, inquirir.
  but ~ is it true? mas será verdade?

quaestor, questor [kw'estə, kw'i:stə] s. questor m.

quaff [kwa:f] s. trago, gole m. ‖ v. beber em grandes goles.

quaffer [kw'a:fə] s. quem bebe em grandes goles.

quagga [kw'ægə] s. (Zool.) quaga m., espécie extinta (Equus quagga) de eqüídeo da África do Sul, afim da zebra.

quaggy [kw'ægi] adj. pantanoso, alagadiço.

quagmire [kw'ægmaiə] 1. pântano, charco m. 2. situação difícil f.

quail [kweil] s. (Orn.) codorniz f. ‖ v. ceder, desanimar, tremer, inclinar.

quaint [kweint] adj. estranho, esquisito, singular, fantástico. ‖ **~ly** adv. singularmente.

quake [kweik] s. tremor m. ‖ v. tremer, estremecer. **earth~** terremoto.

Quaker [kw'eikə] s. quacre m. + f.: adepto de uma seita religiosa. ‖ **~ly** adj. quacriano.

Quakerism [kw'eikərizəm] s. quacrismo m.

Quaker oats s. (marca comercial) aveia laminada f.

quaking [kw'eikiŋ] s. tremor, estremecimento m. ‖ adj. trêmulo, tremendo.

quaking asp s. (Bot.) choupo-tremedor m., faia-preta f.

quaking-grass s. (Bot.) bole-bole m.

qualifiable [kw'ɔlifaiəbl] adj. qualificável.

qualification [kwɔlifik'eiʃən] s. 1. qualificação, classificação, qualidade f. 2. requisito m. 3. modificação, restrição f. 4. aptidão, habilitação f.

qualificator [kw'ɔlifikeitə] s. qualificador m.

qualified [kw'ɔlifaid] adj. qualificado, habilitado.

qualifier [kw'ɔlifaiə] s. qualificador m.

qualify [kw'ɔlifai] v. 1. qualificar, classificar. 2. capacitar, habilitar. 3. modificar.
  to ~ oneself qualificar-se, habilitar-se.

qualitative [kw'ɔliteitiv] adj. qualitativo, qualificativo.

qualities [kw'ɔlitiz] (pl. de **quality**) s. qualidades f. pl., talentos m. pl.

quality [kw'ɔliti] s. 1. qualidade, propriedade f. 2. condição f., caráter m. 3. posto, cargo m. 4. dignidade f. ‖ adj. (E. U. A.) excelente, de primeira.
  ~ meat carne de primeira.

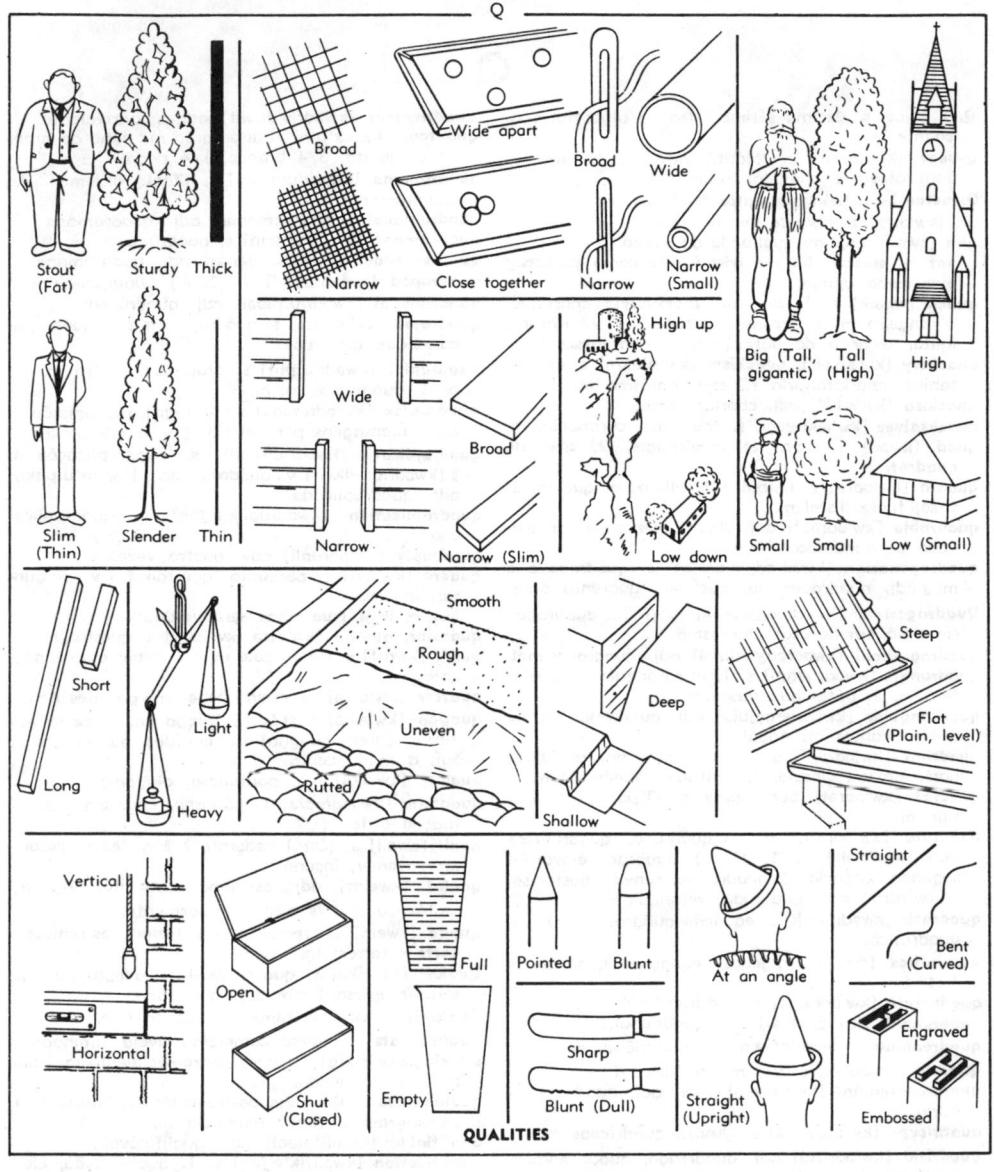

QUALITIES

---

quality control s. (Econ.) controle de qualidade m.

qualm [kwɔːm] s. desmaio, desfalecimento, enjôo m.

~ of conscience escrúpulo.

qualmish [kwˈɔːmiʃ] adj. enjoado, nauseado.

qualmishness [kwˈɔːmiʃnis] s. náusea f., enjôo m.

quandary [kwˈɔndəri] s. dúvida f., dilema m.

quantic [kwˈɔntik] s. (Mat.) quântica f.

quantify [kwˈɔntifai] v. quantificar, determinar.

quantitative [kwˈɔntitətiv] adj. quantitativo. ‖ **~ly** adv. quantitativamente.

quantitativeness [kwˈɔntitətivnis] s. índice quantitativo m.

quantity [kwˈɔntiti] s. quantidade, soma f.

quantum [kwˈæntəm] s. (lat.) 1. quantidade, importância f. 2. fração, porção f. 3. (Fís.) quantum m.

~ theory teoria dos quanta.

quarantine [kwˈɔrənti:n] s. quarentena f., período de 40 dias m. ‖ v. isolar em quarentena.

quarrel [kwˈɔrəl] s. 1. disputa, rixa f. 2. seta de cabeça quadrada f. ‖ v. disputar (**about, at, with**).

to pick a ~ with procurar briga com.

quarreler, quarreller [kwˈɔrələ] s. disputador, ralhador, brigão m.

quarrelous, quarrellous [kwˈɔrələs] = **quarrelsome.**

quarrelsome [kwˈɔrəlsəm] adj. briguento, irascível, inclinado a discutir. ‖ **~ly** adv. como quem procura discussão.

quarrelsomeness [kwˈɔrəlsəmnis] s. vontade f. de disputar ou de discutir.

quarrier [kw'ɔriə] s. cavouqueiro m.

quarry (I) [kw'ɔri] s. 1. pedreira f. 2. (fig.) mina f. fonte f. de achados. ‖ v. extrair e lavrar pedras naturais.

quarry (II) [kw'ɔri] s. caça f.

quarry (III) [kw'ɔri] s. pequena vidraça f. romboidal.

quart [kwɔ:t] s. 1. quarto m., medida para líquidos f. = ¼ de um galão. 2. [ka:t] seqüência de quatro cartas de baralho f.

quartan [kwɔ:tn] adj. quartã.
~ **fever** febre quartã.

quarter [kw'ɔ:tə] s. 1. quarto m., quarta parte f., trimestre, quarto do ano, quarto da lua, quarto de hora, quarto da carcaça de um animal m. 2. região ou parte da terra f. 3. quarteirão m. 4. quartel, alojamento de soldados e marinheiros m. 5. quadrante m. 6. medida de peso f. 7. abrigo, quartel, refúgio m., acolhida f. ‖ v. 1. esquartejar. 2. morar, alugar. 3. aquartelar. 4. (Her.) esquartelar. **a ~ past six** seis horas e quinze minutos. **a ~ to three** quinze para as três. **hind ~** ancas, quarto traseiro. **~s of a ship** alhetas. **call for ~** pedir quartel. **in this ~** nesta parte. **to change ~** mudar-se. **~s binding** lombada de couro. **~-bound** encadernado com lombada de couro. **~deck** parte do tombadilho. **~ master** mestre quarteleiro. **~ note** (Mús.) semínima (quadro N 2). **~-sessions** sessões trimestrais de um tribunal de justiça. **~-tone** (Mús.) quarto de intervalo.

quarterage [kw'ɔ:təridʒ] s. pagamento, soldo m.

quarterback [kw'ɔ:təbæk] s. (Futeb. americ.) posição f. de zagueiro. ‖ v. comandar o ataque.

quartered [kw'ɔ:təd] adj. 1. esquartejado. 2. aquartelado, alojado. 3. dividido em quatro partes iguais.

quarterfinal [kw'ɔ:təfainəl] s. (Esp.) quartas f. pl. de final.

quartering [kw'ɔ:təriŋ] s. 1. esquartejamento m. 2. divisão em quatro partes f. 3. aquartelamento m.

quarterly [kw'ɔ:təli] s. periódico publicado trimestralmente m. ‖ adj. trimestral. ‖ adv. por trimestre.

quartern [kw'ɔ:tən] s. nome de duas antigas medidas de capacidade, correspondendo respectivamente a 2,27 l e 0,142 l.

quarters [kw'ɔ:təz] s. pl. 1. (milit.) alojamentos m. pl. 2. (Náut.) posições f. pl. de combate tomadas pelos marinheiros.
married ~ casas onde os militares vivem com suas famílias (dentro do quartel).

quartet, quartette [kwɔ:t'et] s. quarteto m.

quartic [kw'ɔ:tik] s. (Geom.) quártica f.

quartile [kw'ɔ:til] s. quartil m. ‖ adj. quartil.

quarto [kw'ɔ:tou] s. (lat.) quarto, formato de livro m. ‖ adj. em formato de quarto.

quartz [kwɔ:ts] s. (Min.) quartzo m.

quartziferous [kwɔ:ts'ifərəs] adj. quartzífero.

quartzite [kw'ɔ:tsait] s. quartzito m.

quartzose [kw'ɔ:tsous], **quartzy** [kw'ɔtsi] adj. quartzoso, quarçoso.

quasar [kw'eiza:] s. (Astron.) quasar m.: objeto quase estelar e radiofonte de alta potência.

quash [kwɔʃ] v. 1. anular, suprimir. 2. aniquilar.

quasi [kw'eisai, kw'a:si] adv. (lat.) quase.
~-contract quase-contrato. **~-delict** quase-delito.

quassation [kwas'eiʃən] s. tremor, abalo m.

quassia [kw'ɔʃə] s. (Bot.) quássia f.

quat [kwɔt] s. 1. pústula, borbulha f. 2. (fig.) indivíduo desagradável m.

quaternary [kwət'ə:nəri] s. quaternário m. ‖ adj. quaternário.

quaternate [kwət'ə:nit] adj. (Bot.) quaternado.

quaternion, [kwət'ə:njən] **quaternity** [kwət'ə:niti] s.

quaternidade f.

quatrain [kw'ɔtrein] s. (poét.) quarteto m.

quatrefoil [k'ætrəfɔil] s. quadrifólio m.

quaver [kw'eivə] s. 1. trêmulo, garganteio m. 2. (Mús.) colcheia f. (quadro N 2). ‖ v. gargantear.

quaverer [kw'eivərə] s. garganteador m.

quay [ki:] s. cais, molhe m.

quayage [k'i:idʒ] s. taxas portuárias f. pl.

quean [kwi:n] s. 1. mulher atrevida f. 2. meretriz f.

queasiness [kw'i:zinis] s. enjôo m., náusea f.

queasy [kw'i:zi] adj. nauseado, enjoado.

Quechua [k'etʃwa:] s. quíchua m. + f.

queen [kwi:n] s. 1. rainha, soberana f. 2. (xadrez, cartas) dama (quadro C 10). 3. (gíria) homossexual m. ‖ v. 1. fazer rainha, coroar. 2. (Jogo) fazer dama.
~ apple raineta: variedade de maçã. **~ bee** abelha-mestra (quadro B 8). **~-closer** tijolo recortado (quadro B 22). **~-consort** rainha consorte. **~ dowager** a rainha viúva. **~hood**, **~ship** realeza. **~ mother** rainha-mãe. **~ of hearts** (Jogo) dama de copas (quadro P 6). **~ regent** rainha regente **~ regnant** rainha reinante.

queenlike [kw'i:nlaik], **queenly** [kw'i:nli] adj. majestoso, real.

Queen of Heaven s. Rainha do Céu (a Virgem Maria).

queen of meadow s. (Bot.) rainha-dos-prados f.

queen-size adj. (coloq., E. U. A.) maior do que o tipo comum, mas menor do que **king-size.**

queen's metal s. (†) liga metálica f. (estanho antimônio, zinco, cobre ou chumbo).

queer [kwiə] adj. 1. esquisito, ridículo, fantástico, estranho. 2. adoentado. 3. (gíria) homossexual. ‖ v. 1. estragar, arruinar. 2. embaraçar, desconcertar. 3. colocar-se em posição embaraçosa. ‖ **~ly** adv. de modo singular, esquisitamente.
he is in Queer Street 1. ele faliu. 2. ele está muito enganado.

queerness [kw'iənis] s. singularidade, esquisitice, excentricidade f.

quell [kwel] v. 1. suprimir, subjugar, dominar. 2. mitigar, acalmar, abrandar.

queller [kw'elə] s. vencedor, domador m.

quench [kwentʃ] v. 1. extinguir, apagar, debelar. 2. suprimir, sufocar. 3. satisfazer, saciar. 4. temperar.

quenchable [kw'entʃəbl] adj. extinguível, saciável.

quencher [kw'entʃə] s. apagador, debelador m.

quenchless [kw'entʃlis] adj. inextinguível.

quercin [kw'ə:sin] s. (Quím.) qüercina f.

querist [kw'iərist] s. perguntador, indagador m.

quern [kwə:n] s. moinho de mão m.

querulous [kw'eruləs] adj. queixoso, lamuriante.

querulousness [~nis] s. lamentação, queixa f.

query [kw'iəri] s. 1. questão, pergunta f. 2. dúvida f. 3. ponto de interrogação m. ‖ v. 1. perguntar, indagar. 2. examinar, inquirir. 3. assinalar com ponto de interrogação.

quest [kwest] s. indagação, pesquisa, busca f. ‖ v. 1. procurar, buscar, indagar. 2. farejar.

question [kw'estʃən] s. 1. pergunta, questão f. 2. inquérito, exame m. 3. disputa, discussão f., debate m. 4. dúvida f. 5. tese f., assunto m. ‖ v. 1. examinar, indagar, interrogar. 2. duvidar, desconfiar. 3. disputar, debater, altercar.
beyond ~ sem dúvida. **I call it in ~** tenho minhas dúvidas a respeito. **it is a ~ of** é uma questão de. **out of ~** indubitavelmente, sem qualquer dúvida. **~ and answer column** coluna em jornais e revistas que publica questões de leitores e respostas da redação. **that's open to ~** (E. U. A.) isto é questão de opinião. **the book in ~** o livro em questão. **the**

~ **does not arise** a pergunta é sem importância. **there is no ~ but** é fora de dúvida que... **to ask ~s** perguntar, fazer perguntas.

questionable [kw'estʃənəbl] adj. 1. duvidoso, problemático, incerto. 2. disputável, suspeito.

questionableness [kw'estʃənəblnis] s. caráter duvidoso m.

questionary [kw'estʃənəri] s. questionário m. ǁ adj. em forma de questionário.

questioned [kw'estʃənd] adj. examinado, interrogado.

questioner [kw'estʃənə] s. examinador, questionador m.

questioning [kw'estʃəniŋ] s. interrogatório m.

questionless [kw'estʃənlis] adj. indubitável, sem dúvida. ǁ ~ly adv. indubitavelmente.

question mark 1. (Fon.) ponto m. de interrogação: ?. 2. (fig.) ponto m. de interrogação, incerteza f.

questionnaire [kestiən'ɛə] = **questionary.**

questor [kw'estə] s. (lat.) questor, tesoureiro m.

queue [kju:] s. 1. trança f. 2. fila f. ǁ v. 1. trançar. 2. ~ **up** entrar ou ficar na fila.

quibble [kwibl] s. jogo de palavras, sofisma m.

quibbler [kw'iblə] s. sofista, aquele que faz trocadilhos m. + f.

quick [kwik] s. ser vivo m., carne viva, planta viva f. ǁ adj. 1. vivo, ligeiro, rápido. 2. ativo, vivaz. 3. intenso. 4. apressado, impaciente. 5. sagaz, penetrante. ǁ adv. (também ~ly). 1. rapidamente, depressa. 2. prontamente.
he is ~ at learning ele aprende rapidamente. **he was cut to the ~** ele foi atingido ou ferido até o âmago. **~ as a flash** rápido como um corisco. **~ march** marcha forçada. **~ time** tempo de marcha de 4 milhas horárias. **~ with child** prestes a dar à luz. **she is ~ of foot** ela é veloz. **the ~** os vivos. **they are ~ of apprehension** eles compreendem rapidamente. **to the ~** até a medula.

quick assets s. (Contabilidade) ativo m. disponível, realizável, exigível.

quicken [kw'ikən] v. 1. apressar, acelerar. 2. estimular, excitar. 3. vivificar, avivar.

quickening [kw'ikəniŋ] s. aceleração f.

quick-eyed [kw'ikaid] adj. perspicaz, esperto.

quick-fire adj. de tiro rápido.

quick-freeze v. submeter a congelação rápida.

quickie [kw'iki] s. o que é feito às pressas, esp. a) (Cin.) filme barato, b) bebida alcoólica. ǁ adj. feito com excessiva pressa.

quicklime [kw'iklaim] s. cal viva f.

quickness [kw'iknis] s. 1. rapidez, velocidade f. 2. vivacidade, atividade f.

quicksand [kw'iksænd] s. areia movediça f. (quadro C 17).

quickset [kw'ikset], **quickset hedge** s. (Ingl.) cerca viva f.

quick-sighted adj. esperto, perspicaz.

quick-sightedness s. perspicácia, argúcia f.

quicksilver [kw'iksilvə] s. mercúrio m. ǁ adj. mercurial.

quickstep [kw'ikstep] s. (dança) passo-doble m., (milit.) passo acelerado m.

quick-tempered adj. prontamente exaltado, facilmente irritável.

quick-witted adj. perspicaz, arguto.

quid [kwid] s. 1. pedaço de fumo de mascar m. 2. (gíria) libra esterlina f.

quiddity [kw'iditi] s. 1. essência de uma coisa f. 2. sutileza, cavilação f.

quiddle [kwidl] v. passar o tempo, ficar à toa.

quidnunc [kwidn'ʌnk] s. bisbilhoteiro, mexeriqueiro m.

quid-pro-quo [kw'idproukw'ou] s. (latim) qüiproquó m.

quiesce [kwai'es] v. 1. calar-se, emudecer. 2. tornar-se muda (letra).

quiescence [kwai'esəns], **quiescency** [kwai'esnsi] s. quietude, tranqüilidade, imutabilidade f.

quiescent [kwai'esnt] adj. mudo, imóvel, tranqüilo.

quiet [kw'aiət] s. quietude f., sossego m., tranqüilidade f. ǁ v. aquietar, acalmar, tranqüilizar. ǁ adj. 1. quieto, imóvel. 2. calmo, sossegado, pacífico. ǁ ~ly adv. calmamente, quietamente.
at ~ em paz.

quieter [kw'aiətə] s. aquietador m.

quietism [kw'aiətizm] s. (Rel.) quietismo m.

quietist [kw'aiətist] s. quietista m. + f.

quietistic [kwaiət'istik] adj. quietista.

quietness [kw'aiətnis], **quietude** [kw'aiətju:d] s. tranqüilidade f., sossego, descanso m., calma f.

quiff (I) [kwif] s. mecha f. de cabelos.

quiff (II) [kwif] s. mulher promíscua f.

quill [kwil] s. 1. pena de ave para escrever f. 2. cálamo m. de pena (quadro F 4). 3. espinho de ouriço m. 4. eixo oco m. 5. (Farm.) casca seca, redonda f. (cinamomo, etc.). ǁ v. enrolar, dobrar.

quilling [kw'iliŋ] s. rufo m.: enfeite em apanhados.

quilt [kwilt] s. acolchoado m., colcha f. (quadro B 6). ǁ v. acolchoar, forrar.

quilter [kw'iltə] s. 1. colchoeiro m. 2. máquina f. para fazer acolchoados.

quilting [kw'iltiŋ] s. acolchoamento m.

quinary [kw'ainəri] adj. quinário.

quinate [kw'ainit] adj. (Bot.) quinado.

quince [kwins] s. 1. marmelo m. 2. (Bot.) marmeleiro m.

quincentenary [kwinsənt'i:nəri] s. quinto centenário m.

quincuncial [kwink'ʌnʃəl] adj. quincuncial.

quincunx [kw'inkʌŋks] s. quincunce, grupo de cinco objetos (árvores) dispostos em xadrez m.

quindecagon [kwind'ekəgən] s. qüindecágono m.

quindecennial [kwindis'enjəl] s. décimo quinto aniversário m. ǁ adj. referente a qüindênio.

quinia [kw'iniə], **quinine** [kwin'i:n] s. quina, quinina f.

quinquagenarian [kwiŋkwədʒin'ɛəriən] s. qüinquagenário m. ǁ adj. qüinquagenário.

quinquagesima [kwiŋkwədʒ'esimə] s. qüinquagésima f.

quinquangular [kwiŋkw'æŋgjulə] adj. qüinqüeangular.

quinquefoliated [kwiŋkwif'ouliətid] adj. qüinqüefoliado, qüinqüefólio.

quinquennial [kwiŋkw'enjəl] adj. qüinqüenal.

quinquennium [kwiŋkw'eniəm] s. qüinqüênio, lustro m.

quinquevalent [kwiŋkwəv'eilənt] adj. (Quím.) pentavalente.

quinquina [kiŋk'i:nə] s. (Bot.) quina, cinchona f.

quinsy [kw'inzi] s. (Med.) angina, amigdalite f.

quint [kwint] s. 1. quinto m. 2. (Mús.) quinta f. 3. seqüência de cinco cartas f.

quintal [kwintl] s. quintal métrico m.

quintessence [kwint'esns] s. quinta-essência f., requinte m.

quintessential [kwintis'enʃəl] adj. requintado, aprimorado.

quintet, quintette [kwint'et] s. quinteto m.

quintillion [kwint'iljən] s. quintilhão, quintilião m.

quintuple [kw'intjupl] s. quíntuplo m. ǁ v. quintuplicar. ǁ adj. quíntuplo.

quintuplicate [kwintj'u:plikit] = **quintuple.**

quip [kwip] s. apodo m., sátira, mofa f. ǁ v. zombar.

quire [kw'aiə] s. (Tipogr.) caderno não costurado de 24 folhas de papel m.

quirk [kwə:k] s. 1. truque, ardil, subterfúgio m., artimanha, evasiva f. 2. volta súbita f.

quirkish [kw'ə:kiʃ] adj. ardiloso, caviloso.

quit [kwit] v. 1. renunciar, abandonar, deixar, partir, desistir. 2. quitar, liquidar (dívidas). ǁ adj. quite, livre, desembaraçado.

to ~ a job deixar um emprego. to ~ scores pagar as dívidas.

quitchgrass [kw'itʃgra:s] s. (Bot.) grama-de-ponta, grama-branca f., trigo-selvagem m.

quitclaim [kw'itkleim] s. renúncia, cessão f. ‖ v renunciar, ceder.

quite [kwait] adv. completamente, totalmente.

it was ~ a problem foi realmente um problema.

quits [kwits] adj. = quit.

quittance [kw'itəns] s. quitação f., recibo m.

quitter [kw'itə] s. (gíria, E. U. A.) molóide, molenga m. + f. (pessoa que desiste diante da menor dificuldade).

quittor [kw'itə] s. (Pat.) galápago m. (ferida f. no casco de animais).

quiver (I) [kw'ivə] s. aljava f. ‖ v. tremer, tiritar.

to ~ with tremer de.

quiver (II) [kw'ivə] (†) rápido, ligeiro.

quivering [kw'ivəriŋ] s. tremor m., agitação f.

quixotic [kwiks'ɔtik] adj. quixotesco, extravagante, esquisito.

quixotism [kwi'ksətizm] s. quixotismo m., extravagância f.

quiz [kwiz] s. 1. problema, enigma m. 2. pergunta f. 3. (gíria, E. U. A.) exame oral m. ‖ v. 1. apodar, embaraçar. 2. examinar oralmente.

quizmaster [kw'izma:stə] s. (Rádio, Telev.) locutor m. de programa de perguntas.

quiz program (ou show) s. (Rádio, Telev.) programa m. de perguntas, com brindes.

quizzer [kw'izə] s. chanceiro, zombador m.

quizzical [kw'izikəl] adj. 1. zombeteiro. 2. excêntrico,

esquisito. 3. problemático, levantando perguntas.

quizzing glass s. monóculo m., luneta f.

quod [kwɔd] s. (gíria) cadeia f. ‖ v. encarcerar, prender.

quodlibet [kw'ɔdlibet] s. 1. (Mús.) fantasia jocosa f. 2. ponto de debate m. sutil, sofisticado.

quodlibetarian [kwɔdlibet'æriən] s. sofista m. + f., cavilador m.

quodlibetical [kwɔdlib'etikəl] adj. sofístico.

quoin [kɔin, kwɔin] s. 1. pedra angular f. 2. (Tip.) cunha f. ‖ v. apoiar com pedra, acunhar.

quoit [kɔit, kwɔit] s. disco m., malha f. ‖ v. atirar o disco, jogar malha.

quondam [kw'ɔndæm] adj. (lat.) antigo, de outros tempos.

my ~ teacher meu antigo professor.

Quonset hut s. (marca registrada) barraca f. de chapas corrugadas.

quorum [kw'ɔ:rəm] s. (lat.) número suficiente de associados, membros, etc. para tomarem resoluções legais m.

quota [kw'outə] s. cota, parcela f., quinhão m.

quotable [kw'outəbl] adj. passível de cotação, citável.

quotation [kwout'eiʃən] s. cotação, citação, oferta f.

quotation marks s. pl. aspas f. pl.

quote [kwout] v. 1. citar, notar. 2. cotar.

quoth [kwouθ] (arc.) v. 3.ª pessoa sing. do imp. do verbo arc. quethe dizer.

~ he disse ele.

quotidian [kwɔt'idiən] adj. cotidiano, diário.

quotient [kw'ouʃənt] s. quociente m.

q. v. [kju:v'i:] abr. de quod vide (latim) veja.

R

R, r [a:] décima oitava letra do alfabeto, consoante m.
    the three R's (reading, (w)riting and (a)rithmetics) os três erres da educação fundamental.
Ra (Quím.) símbolo do rádio (elemento).
rabat [rəb'a:] s. colarinho m. usado por clérigos.
rabato [~ta] s. colarinho pendente m., de linho ou renda, dos séculos XVI e XVII.
rabbet [r'æbit] s. 1. entalho, encaixe, rebaixo m., sambladura f. (quadro D 2). 2. filete, chanfro m., ranhura f. 3. guilherme m. 4. junteira f. ‖ v. 1. entalhar, encaixar. 2. chanfrar, estriar.
rabbet-plane [—plein] s. guilherme m.: ferramenta de carpinteiro, usada para fazer filetes, ranhuras, etc.
rabbi [r'æbai], **rabbin** [r'æbin] s. rabino m.: doutor da lei judaica; ministro do culto judaico.
rabbinate [r'æbineit] s. 1. ofício de rabino m. 2. rabinos m. pl., coletivamente.
Rabbinic [ræb'inik] s. dialeto ou linguagem dos rabinos. ‖ adj. rabínico.
rabbinical [~əl] adj. rabínico. ‖ ~ly adv. à maneira dos rabinos.
rabbinism [r'æbinizm] s. rabinismo m.
rabbinist [r'æbinist] s. rabinista m. + f.
rabbit [r'æbit] s. 1. coelho m. 2. pele f. de coelho 3. (gíria) um atrapalhado, desajeitado, em jogos ou divertimentos ao ar livre. ‖ v. 1. caçar coelhos. 2. limpar uma área de coelhos.
    doe-~ fêmea do coelho. **Welsh ~** torrada com queijo derretido.
rabbit-hutch s. coelheira f.
rabbitry [r'æbitri], **rabbit-warren** s. local cercado m. para a criação de coelhos.
rabbity [r'æbiti] adj. 1. semelhante ao coelho. 2. abundante em coelhos.
rabble (I) [ræbl] s. população, turba, plebe, canalha f. ‖ v. fazer arruaças.
rabble (II) [ræbl] s. esborralhador m.: ferro com que se mexe o metal em fusão.
rabblement [r'æblmənt] s. tumulto, distúrbio m.
rabblerouser [r'æblrauzə] s. agitador, demagogo m.
Rabelaisian [ræbəl'eiziən] s. o que estuda ou segue Rabelais m. ‖ adj. de ou relativo a Rabelais.
rabid [r'æbid] adj. 1. extremamente radical, fanático ou violento. 2. furioso, enraivecido. 3. hidrófobo, rábido. ‖ ~ly adv. furiosamente, raivosamente.
rabidity [ræb'iditi] s. 1. raiva, fúria f. 2. hidrofobia f.
rabidness [r'æbidnis] s. = **rabidity**.
rabies [r'eibii:z] s. hidrofobia, raiva f.
raccoon, racoon [rek'u:n] s. (Zool.) 1. animal carnívoro noturno americano, da família do urso, semelhante ao guaxinim, com cauda longa e espessa. 2. a pele desse animal.
race (I) [r'eis] s. 1. corrida, carreira f., qualquer competição de velocidade. 2. competição, rivalidade f. 3. corrente f. de água. 4. movimento rápido m., arremetida f. 5. canal m. de um rio 6. condutor m. de água. 7. curso, decurso m. da vida. 8. canal, canalete m. 9. (Mec.) corrediça f. (de rolamento). (quadro B 1). ‖ v. 1. competir ou fazer competir numa corrida, disputar. 2. correr, fazer correr, mover-se rapidamente. 3. correr numa disparada (motores, rodas, a hélice de um barco quando este é retirado da água et.). 4. assistir às corridas. 5. (fig.) perder as suas propriedades (nas corridas). **auto-~** corrida automobilística. **foot-~** corrida a pé. **horse-~** corrida de cavalos. **mill-~** calha de

moinho, calha de adução. **sprint-~, speed-~** corrida de velocidade. **yacht-~** corrida de iates. **to run a ~** participar de uma corrida. **to ~ away** perder tudo nas corridas.
race (II) [r'eis] s. 1. raça humana f. 2. estirpe f., gênero m., espécie f. 3. descendência, prole f. 4. família, tribo, gente f., povo m. 5. linhagem, geração, genealogia f. 6. classe f.
    ~ suicide s. extinção de um povo devido à limitação de filhos, quando o índice de mortes é superior ao de nascimentos. **the ~** a humanidade.
race (III) [r'eis] s. raiz f.
race-ball s. baile promovido por ocasião de corridas.
race-boat s. barco m. de corridas.
race-card s. programa m. das corridas.
race-course s. pista f. de corridas.
race-cup s. taça f., prêmio m. de corrida.
race-ginger s. raiz f. de gengibre.
race-ground s. pista f. de corridas.
race-horse s. cavalo m. de corridas.
raceme [ræs'i:m] s. (Bot.) racemo (racimo) m.: cacho de uvas ou inflorescência em forma de cacho.
racemed [ræs'i:md] adj. (Quím.) racêmico.
race-meeting s. encontro m. para corrida de cavalos.
racemic [ræs'i:mik] adj. (Quím.) racêmico.
racemiferous [ræsəm'ifərəs] adj. (Bot.) racemífero.
racemose [r'æsimous] adj. (Bot.) racemoso.
racer [r'eisə] s. corredor m.
race riot s. revolta racial f.
race-track s. pista f. de corridas.
raceway [r'eiswei] s. canal de água, condutor m.
rachidian [rək'idiən] adj. raquidiano.
rachis [r'eikis] s. raque, ráquis m.: 1. (Bot.) eixo de uma inflorescência. 2. (Anat.) espinha dorsal f. 3. (Zool.) haste f. de uma pena ou pluma.
rachitic [ræk'itik] adj. raquítico.
rachitis [ræk'aitis] s. (Patol.) raquitismo m.
racial [r'eiʃəl] adj. racial.
racialism [r'eiʃəlizm] s. racismo m.
raciness [r'eisinis] s. 1. força f., aroma, gosto m. (do vinho). 2. vivacidade f. 3. parte picante (de um conto) f. 4. (gíria) o que sugere indecência.
racing [r'eisiŋ] s. corrida f. ‖ adj. de ou para a corrida, p. ex., **~-boat, ~-car, ~-horse**, etc.
rack (I) [ræk] s. 1. prateleira f., cavalete m. (quadros B 1, C 20). 2. cabide m. 3. porta-bagagem m. 4. grade de manjedoura f. 5. xalma, xelma f. 6. (Mec.) cremalheira f. ‖ v. colocar em ou sobre cabide, prateleira, etc.
    book-~ estante para livros. **hat-~** cabide. **~ and pinion** (Mec.) engrenagem de cremalheira.
rack (II) [ræk] s. 1. roda (antigo instrumento de tortura) f. 2. tortura f., suplício m., angústia f. ‖ v. 1. estirar ou estender. 2. torturar, atormentar. 3. extorquir, tirar, ou cobrar em excesso. 4. exagerar. 5. (fig.) quebrar a cabeça.
    on the ~ sofrendo muito. **~ed with grief** muito sentido, pesaroso. **he ~ed his brain** ele ficou quebrando a cabeça. **~ed with pains** fustigado pela dor. **a ~ing cough** uma tosse sufocante.
rack (III) [ræk] s. nuvem f., nuvens ligeiras f. pl. ‖ v mover-se, flutuar (como as nuvens).
rack (IV) [ræk] s. ruína, destruição f.
    ~ and ruin em estado de completa ruína. **to go ~ and ruin** arruinar-se completamente.
rack (V) [ræk] s. modo de andar, passo travado m.

(de cavalo). ‖ v. andar a passo travado ou em marcha lenta.

rack (VI) [ræk] v. trasfegar (o vinho).

rack (VII) [ræk] s. parte frontal do tronco de carneiro ou vitela.

rackarock [r'ækərɔk] s. explosivo, composto de cloreto de potássio e nitrobenzol.

racker [r'ækə] s. cavalo m. em que se colocam travas nas patas para moderar o passo.

racket (I) [r'ækit] s. 1. barulho m., conversa em voz alta f., vozearia, algazarra f., clamor m. 2. refeição alegre f., rega-bofe m., festança f. 3. extorsão f., qualquer plano ou modo m. de agir desonestamente, trama f. 4. (E. U. A., gíria) ocupação f. ‖ v. 1. fazer algazarra, festejar ruidosamente. 2. praticar atos desonestos.
to make a ~ fazer barulho, algazarra. to stand the ~ pagar as contas, agüentar as conseqüências.

racket (II) [r'ækit] s. 1. raquete f. (para jogar tênis, pingue-pongue). 2. raquete f. para andar na neve. 3. jogo m. da péla. ‖ v. bater com a raquete.

racketeer [rækit'iə] s. 1. escroque, extorsionário m. ‖ v. obter dinheiro por extorsão.

racketeering [rækit'iəriŋ] s. ato ou efeito de obter dinheiro por extorsão.

rackety [r'ækiti] adj. 1. ruidoso, estrondoso. 2. dissoluto.

racking-can s. vasilhame m. para trasfego.

racking-engine s. máquina f. para trasfego.

rackle [r'ækl] adj. 1. apressado, precipitado. 2. áspero, vigoroso.

rack-railway s. cremalheira f., via férrea f. de montanha.

rack-rent s. aluguel ou arrendamento exorbitante m.

rack-renter s. 1. locador m. que cobra aluguel exorbitante. 2. locatário m. que paga aluguel nas mesmas condições.

rack-wheel s. roda dentada, roda de engrenagem f.

racoon [rək'u:n] s. = **raccoon.**

racquet [r'ækit] s. = **racket.**

racy [r'eisi] adj. 1. vigoroso, vivo. 2. que tem as características de alta qualidade, puro, de raça pura. 3. esperto, espirituoso. 4. (gíria) que sugere indecência. 5. picante, agradável, de bom gosto. ‖ —**cily** adv. 1. de forma genuína, natural. 2. vigorosamente. 3. vivamente.

rad. [ræd] s. (abr. de **radical**) radical m. + f.

radar [r'eida:] s. radar m.: instrumento para determinar a distância e a direção de objetos não vistos, por meio de ondas eletromagnéticas.
~ **fence**, ~ **screen** uma série de postos de radar em redor de uma área, para protegê-la.

radar beacon s. baliza ou bóia de radar f.

radar traffic control s. controle m. de tráfego a radar.

raddle (I) [rædl] s. cerca f. com varas ou varetas entrelaçadas ‖ v. entrelaçar, entretecer.

raddle (II) [rædl] v. = **ruddle.**

radial [r'eidiəl] s. (Anat.) artéria f. ou nervo m. radial. ‖ adj. radial. ‖ —**ly** adv. radialmente.
~ **axle** eixo radial.

radialization [~iz'eifən, ~aiz'eifən] s. irradiação f.: ato ou efeito de partir ou fazer partir de um centro em forma de raios.

radialize [~aiz] v. irradiar, fazer partir de um centro em forma de raios.

radian [r'eidiən] s. (Mat.) radiano m.

radiance [r'eidiəns], **radiancy** [~i] s. 1. brilho, esplendor, resplendor m. 2. radiação f.

radiant [r'eidiənt] s. 1. ponto luminoso m. 2. objeto radiante m. 3. (Geom.) linha radial f. ‖ adj. 1. brilhante, lustroso. 2. radiante. 3. exultante. ‖ —**ly** adv. 1. radiantemente. 2. alegremente.

~ **smile** sorriso exultante, radiante. ~ **heat** (Med.) calor radiante.

radiant flux s. fluxo irradiante m.

radiate [r'eidieit] s. (Zool.) radiário m. ‖ v. 1. radiar, irradiar. 2. cintilar, fulgurar. 3. exultar. ‖ adj. 1. radiado. 2. raiado. 3. (Zool.) relativo aos radiários. ‖ ~**ly** adv. de forma radiada ou raiada.

radiated [~id] adj. emitido em forma de raios, raiado.

radiating [r'eidieitiŋ] adj. radiante.

radiation [reidi'eifən] s. radiação, irradiação f.
~ **sickness** doença resultante das irradiações de substâncias radioativas.

radiative [r'eidiətiv] adj. irradiante, radiante.

radiator [r'eidieitə] s. 1. radiador m. (quadro M 5). 2. aquecedor m.

radical [r'ædikəl] s. 1. radical m. 2. princípio fundamental m. ‖ adj. radical, extremo. ‖ —**ly** adv. radicalmente.

radicalism [r'ædikəlizm] s. radicalismo m.

radicalize [r'ædikəlaiz] v. tornar radical.

radicalness [-nis] s. origem, natureza f., caráter m. radical ou fundamental.

radical sign s. (Mat.) símbolo m. da radiciação.

radicand [r'ædikənd] s. (Mat.) radicando m.

radicant [r'ædikənt] adj. (Bot.) que produz raízes.

radicate [r'ædikeit] v. (ant.) enraizar, arraigar-se. ‖ [r'ædikət] adj. radicado, que tem raízes.

radication [rædik'eifən] s. radicação f.

radicel [r'ædisel] s. (Bot.) radícula, pequena raiz f.

radicular [ræd'ikjulə] adj. radicular.

radii [r'eidiai] s. pl. de **radius.**

radio (I) [r'eidiou] s. 1. radiotransmissão f. de palavras, músicas, etc. sem fio. 2. aparelho transmissor m. ou receptor. ‖ v. transmitir por meio de rádio, radiografar. ‖ adj. de ou relativo ao rádio.

radio (II) [r'eidiou] s. (elemento de composição) relativo ao rádio.

radioactive [~æktiv] adj. radioativo.

radioactive fallout s. = **fallout.**

radioactivity [~ækt'iviti] s. radioatividade f.

radio announcer s. locutor de rádio m.

radio astronomy s. radioastronomia f.

radio beacon s. radiofarol m.

radiobiology [~bai'ɔlədʒi] s. radiobiologia f.

radiobroadcasting [~br'ɔ:dka:stiŋ] s. radiodifusão f.

radiocarbon [~k'a:bən] s. (Quím.) carbono 14 m.

radiocarpal [~k'a:pl] adj. (Anat.) relativo ao antebraço e ao punho.

radiochemistry [~k'emistri] radioquímica f.

radio-dramatist s. autor m. de radionovelas.

radioelement [~'eliment] s. (Fís.) elemento radioativo m.

radio frequency s.' radiofreqüência f.

radiogenic [~dʒ'enik] adj. (Fís.) radiogênico.

radiogoniometer [~gouni'ɔmitə] s. radiogoniômetro m.

radiogram [~græm] s. radiograma m.

radiograph [~græf] s. 1. radiografia f., negativo m. de raios X. 2. cópia f. de um negativo de raios X. ‖ v. radiografar, obter um negativo de raios X.

radiographer [reidi'ɔgræfə], **radiologist** [reidi'ɔlədʒist] s. radiógrafo m., radiologista m. + f.

radiographic [reidiougr'æfik], **radiographical** [~əl] adj. radiográfico. ‖ ~**ally** adv. radiograficamente.

radiography [reidi'ɔgræfi] s. radiografia f.

radioisotope [reidiou'aisətoup] s. isótopo radiativo m.

radiolarian [reidioul'sɛəriən] s. (Zool.) radiolário m. ‖ adj. radiolário.

radio-location s. detecção f. por radar.

radiology [reidi'ɔlədʒi] s. radiologia f.

radiometer [reidi'ɔmitə] s. radiômetro m.

radiophony [reidi'ɔfəni] s. radiofonia, radiotelefonia f.

radioscope [r'eidioskoup] s. radioscópio m.

radioscopic [-sk'ɔpik] adj. radioscópico.
radioscopy [reidi'ɔskopi] s. radioscopia f.
radiosensitive [reidious'ensitiv] adj. (Fís.) radiossensível.
radiosonde [r'eidiousɔnd] s. (Meteor.) radiossonda f.
radiosounding [~saundiŋ] s. (Meteor.) radiossondagem f.
radiosurgery [reidious'ə:dʒəri] s. radiocirurgia f.
radiotelegram [~t'eligræm] s. radiograma m.
radiotelegraph [~t'eligræf] s. radiograma m. ‖ v. radiografar.
radiotelegraphic [~gr'æfik] adj. radiotelegráfico.
radiotelegraphy [~til'egræfi] s. radiotelegrafia f.
radiotelephone [~t'elifoun] s. 1. radiofone m. 2. radiotelefonema m. ‖ v. radiotelefonar.
radiotelephonic [~telif'ɔnik] adj. radiotelefônico.
radiotelephony [~til'efəni] s. radiotelefonia f.
radiotelescope [reidiout'eliskoup] s. radiotelescópio m.
radiotherapy [~θ'erəpi] s. radioterapia f.
radiotracer [reidioutr'eisə] s. (Fís.) rastreador radioativo m.
radish [r'ædiʃ] s. rabanete m.
radium [r'eidiəm] s. (Quím.) rádio m.
radius [r'eidiəs] s. 1. (Geom.) raio m. (quadro A 3). 2. área f. 3. (Anat.) rádio m.
within a ~ of two miles numa área de duas milhas.
~ vector (Técn.) raio-vector.
radix [r'eidiks] s. (pl. radices [r'eidisi:z, r'ædisi:z]) (Etimol., Matem., Biol.) raiz f.
radon [r'eidon] s. (Quím.) radon m.
R. A. F. [a: ei ef] s. abr. de Royal Air Force Força Aérea Real (brit.).
raff [ræf] s. 1. refugo, rebotalho m. 2. escória, a classe mais baixa f. 3. pessoa f. dessa classe.
~ merchant o que negocia com ferro-velho, etc.
raffia [r'æfiə] s. (Bot.) ráfia f.
raffish [r'æfiʃ] adj. mal-afamado, desordeiro.
raffle (I) [r'æfl] s. 1. rifa f., sorteio m. ‖ v. 1. rifar, sortear. 2. partilhar duma rifa.
raffle (II) [r'æfl] s. refugo, entulho m. 2. (Náut.) emaranhamento de cordas, etc.
raft (I) [ra:ft] s. jangada, balsa f. (quadro B 4). ‖ v. 1. fazer ou construir uma jangada ou balsa. 2. viajar em, transportar com balsa, jangada.
raft (II) [ræft] s. (E. U. A., coloq.) abundância f.
rafter [r'a:ftə] s. (Arquit.) viga f., espigão, esteio m. (quadro R 5). ‖ v. guarnecer com viga, espigão ou esteio.
raftsman [r'a:ftsmən] s. jangadeiro, balseiro m.
rag (I) [ræg] s. 1. trapo, farrapo m. 2. termo depreciativo ou humorístico para roupa, cortina de teatro, nota de dinheiro, etc. 3. (fig.) sobra f.
rag (II) [ræg] s. 1. pedra granulosa f. 2. telha grande f. de ardósia (também chamada de ragstone).
rag (III) [ræg] s. 1. ato ou ação de ralhar, repreensão f. 2. conduta de desordeiro e barulhento. ‖ v. 1. ralhar. 2. atormentar. 3. divertir-se à custa de outrem.
to play a ~ on pregar uma peça em.
rag (IV) abr. de ragtime.
ragamuffin [r'ægəmʌfin] s. 1. esfarrapado, malandro m. 2. criança suja, maltrapilha f.
ragbag [r'ægbæg] s. 1. sacola de trapos f. 2. (coloq.) mulher que se veste com desleixo f.
rag-bolt [r'ægboult] s. cavilha f. de fundação (quadro B 16).
rag doll s. boneca f. de trapos.
rage [r'eidʒ] s. 1. raiva, ira f., furor m., fúria f. 2. violência, intensidade extrema f. 3. desejo ou entusiasmo violento m. 4. êxtase m. 5. (fig.) moda, voga f., capricho m., mania f. ‖ v. 1. enfurecer-se,

enraivecer-se, encolerizar-se. 2. assolar, devastar.
to be in a ~ estar furioso. the ~ for money a avidez, volúpia pelo dinheiro. all the ~ a moda, o objeto desejado por todos.
rageful [r'eidʒful] adj. raivoso, furioso. ‖ ~ly adv. raivosamente, furiosamente.
rag-fair s. feira f. de roupas velhas.
ragged [r'ægid] adj. 1. roto, esfarrapado, andrajoso 2. vestido de trapos ou farrapos. 3. escabroso. 4. desigual, em forma de serra, dentado. 5. áspero. 6. dissonante. ‖ ~ly adv. andrajosamente.
raggedness [~nis] s. 1. estado andrajoso m. 2. desigualdade f. 3. escabrosidade f.
ragged robin s. (Bot.) flor-de-cuco f.
ragged school s. escola f. para crianças pobres.
ragging [r'ægiŋ] s. fúria, violência f. ‖ adj. 1. furioso, raivoso. 2. impetuoso, violento. 3. desencadeado. ‖ ~ly adv. furiosamente, raivosamente.
raglan [r'æglən] s. sobrecapa larga f.
ragman [r'ægmən] s. trapeiro m.
ragout [ræg'u:] s. (fr., Culin.) ragu, guisado m.
rags [rægz] s. andrajos, trapos, farrapos m. pl.
in ~ esfarrapado.
ragstone [r'ægstoun] s. telha grande (de ardósia) f.
ragtag [r'ægtæg], ragtag and bobtail s. gentalha, ralé f.
ragtime [r'ægtaim] s. (E. U. A.) música sincopada f. norte-americana, jazz m.
raguly [r'ægjəli] adj. (Heráld.) 1. recortado. 2. nodoso.
ragweed [r'ægwi:d] s. (Bot.) erva-de-santiago, tasneira f.
rag-wheel [r'ægwi:l] s. 1. roda para corrente f. 2. disco m. de trapos para polir.
ragwort [r'ægwə:t] s. (Bot.) = ragweed.
rah [ra:] interj. abrev. de hurrah hurra.
raid [reid] s. 1. ataque repentino m. (geralmente efetuado por poucos homens e sem a intenção de manter o território invadido), invasão, incursão f. 2. busca ou batida f. por parte da polícia, inspetores da alfândega, etc. ‖ v. invadir, fazer uma incursão.
rail (I) [reil] s. 1. grade f., parapeito, balaústre m., barreira f. 2. barra f. ou varão m. (de grade ou cerca). 3. corrimão m. 4. trilho de estrada de ferro ou de uma máquina (quadros C 6, R 1, S 12, S 13, T 5). 5. a própria estrada de ferro, como meio de transporte. 6. (Náut.) amurada f. ‖ v. 1. prover com grade, barreira, ou trilhos. 2. cercar, circundar. 3. despachar por via férrea. 4. viajar por via férrea.
to get, go ou run off the rails descarrilhar.
rail (II) [reil] v. ralhar, xingar, dizer insultos ou palavras afrontosas, injuriar (at, against, on).
railhead [r'eilhed] s. terminal m. ferroviário.
railing (I) [r'eiliŋ] s. grade, balaustrada f., parapeito m. (quadros S 13, S 16).
railing (II) [r'eiliŋ] s. 1. materiais m. pl. para trilhos. 2. trilhos m. pl. 3. assentamento m. de trilhos.
raillery [r'eiləri] s. 1. repreensão f. 2. zombaria f.
railless [r'eillis] adj. sem trilhos.
railroad [r'əilroud] s. (E. U. A.) via férrea, estrada de ferro f., tudo que diz respeito a ferrovias. ‖ v. 1. remeter ou transportar por via férrea. 2. trabalhar na estrada de ferro 3. (coloq.) dar andamento (a um projeto de lei, p. ex.) de forma precipitada, sem analisá-lo devidamente.
~ coach (E. U. A.) vagão (quadros C 6, S 13).
railroader [~ə] s. (E. U. A.) ferroviário m.
railroad flat s. apartamento m. com uma série de pequenos quartos dispostos em linha.
railroading [~iŋ] s. (E. U. A.) operação ou manutenção de uma estrada de ferro.

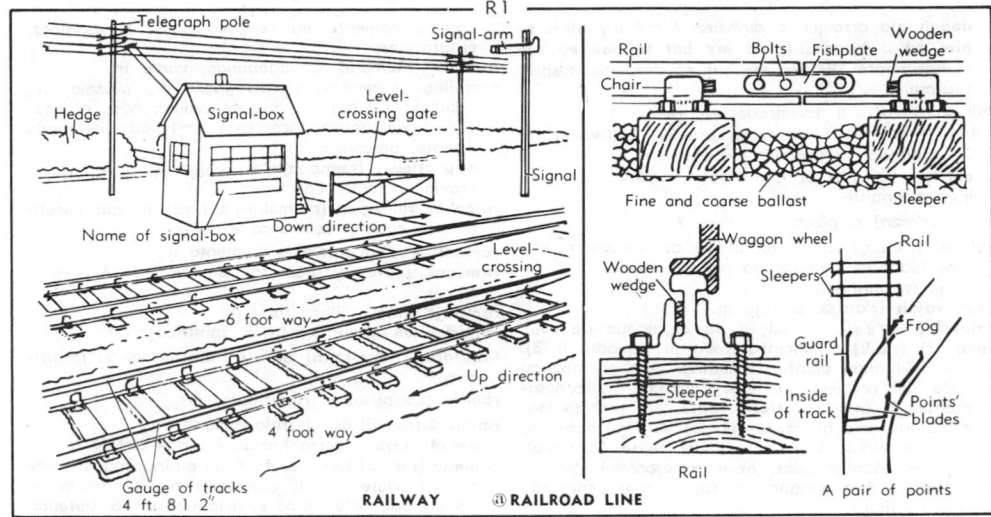

R 1

Telegraph pole · Signal-arm · Hedge · Signal-box · Level-crossing gate · Signal · Name of signal-box · Down direction · Level-crossing · 6 foot way · Up direction · 4 foot way · Gauge of tracks 4 ft. 8 1 2″

Rail · Bolts · Fishplate · Wooden wedge · Chair · Fine and coarse ballast · Sleeper · Waggon wheel · Rail · Wooden wedge · Sleepers · Guard rail · Frog · Sleeper · Inside of track · Points' blades · Rail · A pair of points

RAILWAY ⑪ **RAILROAD LINE**

railway [r'eilwei] s. estrada de ferro f. (quadros R 1, S 12, S 13). ‖ v. 1. construir uma estrada de ferro. 2. viajar por estrada de ferro.
~ car, ~ carriage vagão (quadro C 6). **~ crossing** cruzamento ferroviário. **~ engine** locomotiva. **~ novel** novela, leitura fácil, para viagem. **~ sleeper** dormente (quadro R 1). **~ spine** afecção da coluna vertebral, causada por acidente ferroviário. **~ switch** chave ou agulha de trilho da estrada de ferro.
raiment [r'eimənt] s. vestuário, traje m.
rain [r'ein] s. 1. chuva f. 2. queda abundante de qualquer coisa. ‖ v. 1. chover. 2. cair em gotas **~ bird** qualquer dos pássaros que, supostamente, anunciam chuva. **heavy ~** chuva pesada, forte. **it looks like ~** ameaça chover. **to ~ cats and dogs** chover a cântaros. **~ or shine** quer chova, quer não; com qualquer tempo.
rainbow [-bou] s. arco-íris m.
~ tinted das cores do arco-íris, multicor. **~ trout** (Zool.) truta arco-íris (Salmo iridens).
rain-box s. (Teat.) aparelho que imita o barulho da chuva.
rain check s. (E. U. A.) ingresso m., para uso futuro que se entrega aos espectadores de uma realização desportiva ao ar livre, interrompida pelo mau tempo.
rain-cloud s. nuvem f. que produz chuva, nimbo m. (quadro C 14).
rain-coat s. capa impermeável f. (quadro C 12).
rain dance s. (E. U. A.) dança da chuva f.
raindrop [-drop] s. pingo m. de chuva.
rainfall [-fɔːl] s. chuva f., aguaceiro m.
rain forest s. floresta tropical f.
rain-gauge s. pluviômetro m.
rain-glass s. (coloq.) barômetro m.
raininess [-inis] s. estado chuvoso m.
rainless [-lis] adj. sem chuva.
rain-maker s. (suposto) causador m. de chuva.
rain-pour s. aguaceiro m.
rain-proof adj. impermeável, à prova de água.
rainstorm [-stɔːm] s. tempestade f. com chuva.
rain-tight adj. = **rain-proof.**
rain-wash s. (Geol.) removimento m. de terra e pedras, causado pela chuva.
rain-water s. água f. de chuva.

rainwear s. [r'einwεə] s. roupa para chuva f.
rainy [r'eini] adj. chuvoso. ‖ **–ily** adv. com chuva. **a ~ day** 1. um dia chuvoso. 2. (fig.) dia de azar. 3. tempo de privações, de necessidade.
raisable [r'eizəbl] adj. que se pode levantar, aumentar, etc.
raise [reiz] s. 1. aumento m. 2. subida, elevação f. 3. levantamento m.: ação de levantar. ‖ v. 1. levantar, erguer, pôr de pé. 2. elevar, aumentar, subir ou fazer subir. 3. engrandecer, promover, fortalecer. 4. ajuntar, formar, recrutar, alistar. 5. criar, cultivar, plantar. 6. criar, educar. 7. provocar, causar. 8. suscitar, fazer aparecer, evocar. 9. ressuscitar. 10. exclamar. 11. erigir, erguer, construir, edificar. 12. descobrir, achar. 13. terminar, acabar, suspender. 14. avistar. 15. sublevar, revoltar. 16. arranjar, angariar, levantar (fundos). 17. armar (tenda). 18. alçar. 19. causar (briga). 20. excitar, animar, incitar (**against, upon** contra). 21. realçar, frisar. 22. entoar, cantar.
to ~ the salary aumentar o salário. **to ~ prices** fazer subir os preços. **to ~ the nation to power** engrandecer a nação, levá-la ao poder. **to ~ an army** ajuntar, formar um exército. **to ~ sheep, potatoes, etc.** criar ovelhas, cultivar, plantar batatas. **he was born and ~d in New York** ele nasceu e foi educado em Nova York. **to ~ a storm** (fig.) provocar, causar uma tempestade de. **to ~ a ghost** invocar um espírito. **to ~ the dead** ressuscitar os mortos. **to ~ a shout** dar um grito. **to ~ a monument** erigir um monumento. **the dog ~d a rabbit** o cachorro descobriu uma lebre. **to ~ the siege of a fort** levantar o cerco de um forte. **the ship ~d land** o navio aproximou-se da (avistou) terra. **to ~ the country** sublevar o país. **to ~ money** arranjar dinheiro. **to ~ money on a property** empenhar, hipotecar uma propriedade. **to ~ a blister** formar uma bolha de água na pele. **to ~ Cain, (mischief, a row)** fazer barulho, armar contendas. **to ~ cloth** aveludar pano. **to ~ dust** fazer alarde. **to ~ one's eyes** elevar a vista (**to** para). **to ~ a point** levantar uma questão. **to ~ the wind** 1. (gíria) achar meios de arranjar dinheiro por modos fraudulentos. 2. provocar distúrbio ou comoção. **to ~ up** levantar, alçar. **she ~d the**

dough ela arranjou o dinheiro. **I ~d my glass to him** eu o brindei. **I ~d my hat to you** eu vos cumprimentei. **he ~d me out of sleep** ele despertou-me.

raised [reizd] adj. levantado, em relevo.

raiser [r'eizə] s. 1. produtor, criador, cultivador m. 2. fundador, causador, inspirador m. **cattle ~** criador de gado. **hair ~** filme ou leitura impressionante.

raisin [r'eizn] s. passa, uva seca f.

raising [r'eiziŋ] s. ato ou efeito de aumentar, etc. (em todos os sentidos da palavra **raise**). **~ plate** pontalete.

raja, rajah [r'a:dʒə] s. rajá m.

rajahship [~ʃip] s. posição ou dignidade de rajá.

rake (I) [r'eik] s. ancinho, rodo m. (quadro R 3). ‖ v. 1. limpar, ajuntar, trabalhar com ancinho ou rodo. 2. revolver, remexer, procurar cuidadosamente. 3. (milit.) varrer à bala (em sentido longitudinal, uma fileira, um navio). 4. (fig.) abranger com os olhos. 5. ajuntar avidamente (dinheiro). **coal ~** esborralhador. **oven ~** esborralhador. **to ~ out a fire** apagar um fogo. **~-off** comissão (lucro) ilícita.

rake (II) [reik] s. pessoa dissoluta f.; farrista, libertino m. ‖ v. farrear, levar uma vida dissoluta.

rake (III) [reik] s. inclinação f., caimento m. ‖ v. 1. inclinar-se. 2. dar uma inclinação.

rake-hell s. malandro, malfeitor, vagabundo m.

rake-off s. (coloq.) ganho, lucro ilícito m.

raker [r'eikə] s. 1. ancinho, raspador, limpador m. 2. o que trabalha com ancinho, rodo, etc.

raking [r'eikiŋ] s. 1. o ato de trabalhar com o ancinho. 2. exame cuidadoso, severo. 3. superfície trabalhada com o ancinho, ou quantidade ajuntada. ‖ adj. (Náut.) inclinado (mastros, chaminés).

rakish [r'eikiʃ] adj. 1. dissoluto, devasso, licencioso. 2. de aparência despreocupada, alegre, jovial. 3. (Náut.) bem proporcionado, de linhas arrojadas, para alcançar grandes velocidades. ‖ **~ly** adv. dissolutamente; alegremente.

rally (I) [r'æli] s. 1. reunião f., reagrupamento (de tropas) m., recobro m. de forças. 2. comício m. 3. rebatida f. (da bola, em tênis ou jogos similares). 4. (Esp.) rali m.: competição automobilística. ‖ v. 1. reunir, ajuntar, regrupar, pôr em ordem. 2. reanimar, revigorar. 3. tornar a reunir-se, encontrar-se para um fim comum. 4. chamar, incitar para uma ação em conjunto. **to ~ to the side of one's friends** tomar o partido dos ou socorrer os amigos. **the market rallies** o mercado se normaliza (após uma depressão).

rally (II) [r'æli] s. zombaria benévola. f. ‖ v. zombar de, ridicularizar de maneira benévola.

rallying-point s. lugar m. ou hora f. para reunião ou comício.

ram [ræm] s. 1. carneiro m. 2. aríete m. 3. bate-estacas m. 4. (Náut.) esporão m. 5. vaso m. de guerra armado de esporão. 6. (Astr.) Áries m. 7. maço m. de calceteiro. ‖ v. 1. bater, golpear, macetar. 2. forçar, forçar batendo. 3. abalroar. **hydraulic ~** aríete hidráulico. **steam ~** pilão a vapor.

ramadan [ræməd'a:n] s. ramadã m.: a) nono mês do ano lunar muçulmano; b) jejum observado durante esse mês.

ramage [r'æmədʒ] s. ramagem f. ‖ adj. selvagem, arisco, bravio.

ramal [r'eiməl] adj. de ou relativo a ramos.

ramble [ræmbl] s. a ação de vaguear, **perambular**, andar sem destino certo. ‖ v. 1. vaguear, errar, perambular, andar a esmo. 2. falar, escrever ou

agir aereamente ou sem conexão. 3. espalhar, esparramar.

rambler [r'æmblə] s. vagabundo, vadio m.

rambling [r'æmbliŋ] s. divagação f., passeio m., excursão f. ‖ adj. 1. errante, vagabundo, divagador. 2. desconexo, incoerente. ‖ **~ly** adv. de modo errante, desconexo.

rambunctious [ræmb'ʌŋkʃəs] adj. (E. U. A., gíria) bravio, violento, barulhento.

ramekin, ramequin [r'æmakin] s. prato m. que consta de pão coberto com ovos e queijo.

ramentum [rəm'entəm] s. ramento m.

rameous [r'eimiəs] adj. ramoso de ou relativo a ramos.

ramie [r'æmi] s. (Bot.) rami m.

ramification [ræmifik'eiʃn] s. ramificação f.

ramiform [r'æmifɔːm] adj. 1. ramiforme. 2. ramificado.

ramify [r'æmifai] v. ramificar.

rammed [ræmd] adj. batido, socado.

rammed earth s. terra batida f., chão batido m.

rammer [r'æmə] s. 1. vareta f. de espingarda, soquete m. 2. aríete m. 3. calceteiro m. 4. aquilo ou aquele que bate (como se estaqueasse). 5. batedor, compressor, socador m.

rammish [r'æmiʃ] adj. 1. como um carneiro. 2. fétido (também fig.). 3. libidinoso. ‖ **~ly** adv. 1. de modo malcheiroso. 2. de modo libidinoso.

rammishness [~nis] s. 1. mau cheiro m. 2. libidinagem f.

rammy [r'æmi] adj. malcheiroso, fedorento.

ramose [rəm'ous], **ramous** [r'eiməs] adj. ramoso, frondoso.

ramp (I) [r'æmp] s. 1. rampa f. (quadro S 12), declive m., inclinação f. 2. pulo, salto m. 3. (Arquit.) parte côncava no alto de uma balustrada, muralha ou cumeeira. ‖ v. 1. levantar-se nas patas traseiras (como uma fera enfurecida). 2. pular, saltar, brincar loucamente. 4. (Arquit.) ascender ou descer para outro nível. 5. prover de rampas. 6. (Bot.) trepar, alastrar-se.

ramp (II) [r'æmp] s. fraude f., embuste m. ‖ v. roubar com violência.

rampage [r'æmpeidʒ] s. alvoroço m., agitação, violência f., rebuliço, barulho m. ‖ [ræmp'eidʒ] v. fazer rebuliço, promover desordens, esbravejar. **on the ~** excitado, em estado de embriaguez.

rampageous [ræmp'eidʒəs] adj. violento, turbulento. ‖ **~ly** adv. violentamente, turbulentamente.

rampageousness [~nis] s. turbulência f., qualidade de turbulento.

rampager [ræmp'eidʒə] s. turbulento, desordeiro m.

rampancy [r'æmpənsi] s. 1. exuberância, superabundância f. 2. extravagância f., excesso m.

rampant [r'æmpənt] adj. 1. exuberante, excessivo, desmedido. 2. exaltado, bravo, violento, agressivo. 3. (Heráld.) rampante. 4. (Arquit.) que salta de níveis diferentes de um arco. ‖ **~ly** adv. exuberantemente, fertilmente.

rampart [r'æmpaːt] s. (milit.) terrapleno, reparo m., plataforma, defesa, proteção, trincheira f. ‖ v. fortificar.

rampe [r'æmp] s. rampa, ladeira f.

ramper [r'æmpə] s. enganador, ladrão m.

rampick [r'æmpik], **rampike** [r'æmpaik] s. (E. U. A.) árvore morta ou caída f., toco m.

rampion [r'æmpjən] s. (Bot.) rapongo ou rapôncio m.

ramrod [r'æmrɔd] s. vareta de espingarda f.

ramshackle [r'æmʃækl] adj. periclitante, em vias de desmoronar-se, em ruínas.

ram's horn s. 1. corno, chifre de carneiro m. 2. ornamento m. em forma de cabeça ou chifre de carneiro.

ramson [r'æmsn] s. (Bot.) espécie de alho (Allium ursinum).

ram-type adj. de tipo de aríete.

ram-type bender s. (Mec.) prensa f. e dobradeira a aríete.

ramus [r'eiməs] s. pl. **rami** [r'eimi] ramo m., ramificação f.

ran [ræn] v. imp. de **run**.

rance [ræns] s. espécie de mármore vermelho salpicado de azul e branco.

ranch [rænt∫] s. (E. U. A.) 1. fazenda, estância f. 2. granja f. 3. casa de fazenda ou estância f. 4. pessoal m. que administra, mora ou trabalha numa fazenda. ‖ v. administrar, morar ou trabalhar numa fazenda.

rancher [r'ænt∫ə] s. rancheiro, estancieiro m.

rancheria [rænt∫ər'i:ə] s. 1. casa f. ou casebre m. de rancheiro. 2. grupo m. de cabanas de índios.

ranchero [r'ænt∫'ɛarou], **ranchman** [r'ænt∫mən] = **rancher**.

rancho [r'ænt∫ou] s. rancho m., estância f.

rancid [r'ænsid] adj. râncido, rançoso. ‖ **~ly** adv. rançosamente.

rancidify [ræns'idifai] v. tornar rançoso.

rancidity [ræns'iditi] s. ranço m.

rancidness [r'ænsidnis] s. = **rancidity**.

rancor [r'æŋkə] (E. U. A.) = **rancour**.

rancorous [r'æŋkərəs] adj. rancoroso, vingativo, odioso. ‖ **~ly** adv. rancorosamente.

rancour [r'æŋkə] s. 1. rancor, ressentimento, ódio m. 2. (fig.) corrupção f., veneno m.

rand (I) [rænd] s. orla, margem, borda f.

rand (II) [rænd] s. rand m.: unidade monetária da África do Sul, Botswana, Suazilândia.

randan [rænd'æn] s. 1. barco m. em que remam três pessoas, das quais apenas a do centro maneja dois remos. 2. essa forma de remar.

randem [rændəm] s. carro m. puxado por três cavalos de forma que um fica atrás do outro. ‖ adj. que tem três cavalos nesta formação. ‖ adv. puxado desta maneira.

randiness [r'ændinis] s. qualidade de mendigo vagabundo ou condição de mulher ousada.

random [r'ændəm] s. 1. acaso m., falta f. de método. 2. impetuosidade f. ‖ adj. feito ao acaso, fortuito. ‖ **~ly** adv. fortuitamente, à toa.
at ~ à toa, sem propósito, ao acaso. **~ shot** tiro a esmo, ao acaso, perdido.

randomize [**~**aiz] v. escolher a esmo.

randomness [**~**nis] s. estado ou qualidade do que é feito a esmo.

randy [r'ændi] s. 1. mendigo atrevido, vagabundo m., errante m. + f. 2. mulher ousada ou encrenqueira f. ‖ adj. 1. barulhento, desordeiro. 2. sensual, concupiscente.

ranee [ra:n'i:] s. rainha hindu.

rang [ræŋ] v. imp. de **ring**.

range [reindʒ] s. 1. extensão, distância f. 2. círculo ou raio de ação, âmbito m. 3. alcance, calibre m. 4. percurso m. 5. limite m., variação f. 6. área f., espaço m. 7. pasto m., pastagem f. 8. cadeia f. de montanhas, cordilheira f. 9. linha f. de tiro. 10. fileira, ordem, classe, série f. 11. fogão m. de cozinha. 12. (Náut.) cobro m. de amarra. ‖ v. 1. variar dentro de certos limites. 2. percorrer, caminhar, vaguear. 3. pesquisar, explorar em determinada área. 4. enfileirar, alinhar, arranjar, agrupar, ordenar, classificar. 5. tomar o partido de. 6. estender-se (de lado a lado). 7. (Náut.) costear. 8. alcançar, atingir determinada distância (uma peça de artilharia). 9. ocorrer. ‖ adj. de ou

em campos de pastagem.
long ~ gun peça de longo alcance. **long ~ plane** avião de longo percurso. **a ~ of prices from 1 to 10 dollars** preços de 1 a 10 dólares. **at close ~** à queima-roupa. **at 10 yards' range** à distância de 10 jardas. **maximum ~** raio ou limite máximo. ‖ **a plant ranging from Canada to Mexico** uma planta que ocorre do Canadá ao México. **prices ~ from 1 to 10 dollars** os preços variam de 1 a 10 dólares. **to ~ o. s.** entrar na linha, criar juízo.

range-finder s. telêmetro m. (quadros C 3, P 2).

range light s. luz f. de alcance.

ranger [r'eindʒə] s. 1. guarda-florestal m. + f. 2. policial que percorre determinado distrito como vigia m. 3. (E. U. A.) soldado m. especializado em ataques de surpresa, membro m. de um comando. 4. moça f. da associação **Girl Guide** ou um grupo m. desta associação. 5. cão m. de fila. 6. **Ranger** (E. U. A.) satélite m. para televisionar fotos da superfície lunar.

rangership [**~** ∫ip] s. cargo m. ou funções f. de guarda-florestal, etc.

rangy [r'eindʒi] adj. 1. alto, magro e de pernas longas. 2. de longo alcance. 3. montanhoso.
a ~ horse um cavalo magro, de pernas compridas.

rank (I) [ræŋk] s. 1. linha, fila, fileira f. 2. grau m., graduação f., posto m. 3. ordem, classe, série f. 4. qualidade, distinção, posição, dignidade f. ‖ v. 1. enfileirar. 2. tomar posição. 3. ter certo grau ou posição. 4. pôr em ordem, classificar, colocar por graus. 5. superar (em grau ou classe), preceder. 6. avaliar, estimar, dar certo grau.
a man of ~ um homem de posição. **in the first ~** na primeira ordem ou classe. **~ and fashion** gente da alta sociedade. **~ and file** 1. soldados rasos. 2. gente comum. **~ of general** grau ou posto de general. **to ~ the cities for population** classificar as cidades por população. **the general ~s a captain** o general precede um capitão. **the ~** a tropa, o exército. **to ~ first** figurar em primeiro lugar. **to take ~ with** enfileirar-se.

rank (II) [ræŋk] adj. 1. alto e áspero, espesso. 2. viçoso, florescente, luxuriante. 3. rico, fértil (de terras). 4. rançoso, malcheiroso, de mau gosto. 5. completo, extremo, rematado (em sentido desfavorável). 6. grosseiro, ordinário, indecente. ‖ **~ly** adv. 1. viçosamente, ricamente. 2. rançosamente. 3. grosseiramente, indecentemente.
~ ingratitude extrema ingratidão.

ranked [æŋkt] adj. ordenado, classificado.

ranker [r'æŋkə] s. 1. o que põe em ordem, agrupa, classifica. 2. (Ingl., milit.) oficial prático, comissionado m.

rank grass s. capim espesso m.

rankle [ræŋkl] v. 1. inflamar-se, agravar-se, irritar-se (também fig.), causar dor. 2. amargurar, causar ressentimento. 3. ulcerar.
it ~s in my breast dói-me o coração.

rankness [r'æŋknis] s. 1. fertilidade f., viço m. 2. força f., vigor m. 3. gosto m. ou cheiro m. de ranço.

ransack [r'ænsæk] v. 1. esquadrinhar, revistar, rebuscar, explorar. 2. roubar, saquear, pilhar.

ransecker [r'ænsækə] s. 1. o que revista ou procura. 2. saqueador m.

ransom [r'ænsəm] s. 1. resgate m., redenção f. 2. preço m. de um resgate. 3. refém m. ‖ v. resgatar, remir.

ransomable [r'ænsəməbl] adj. resgatável.

ransomer [r'ænsəmə] s. resgatador, libertador, redentor, remidor m.

ransomless [r'ænsəmlis] adj. sem resgate, sem remissão, irremível.

rant [rænt] s. 1. discurso extravagante, violento, bombástico m. 2. fanfarrice f. 3. tirada f., linguagem oca e empolada. ‖ v. 1. declamar com extravagância. 2. usar linguagem bombástica, arengar. 3. divertir-se ruidosamente.

ranter [r'æntə] s. 1. blasonador, bazofiador, fanfarrão m., prosa m. + f. 2. ~s pl. apelido m. que se dava aos metodistas primitivos.

ranterism [r'æntərizm] s. princípios m. pl. dos ranters.

ranting [r'æntiŋ] s. 1. ação de blasonar. 2. afetação, fanfarronice f., palavreado bombástico m. ‖ adj. afetado, bombástico, ruidoso, altíssono. ‖ ~ly adv. afetadamente, bombasticamente, ruidosamente.

ranty [r'ænti] adj. travesso.

ranunculacea [rənʌŋkjul'eisiə] s. (Bot.) ranunculácea f.

ranunculaceous [rənʌŋkjul'eiʃəs] adj. ranunculáceo.

ranunculus [rən'ʌŋkjuləs] s. (Bot.) ranúnculo m.

rap (I) [ræp] s. 1. piparote m., pancada rápida, cacholeta f. 2. batida f. na porta ou o respectivo som. 3. (E. U. A., gíria) censura f. ‖ v. 1. bater (viva e rapidamente). 2. dar um golpe ou uma pancada seca. 3. vociferar, praguejar.
a ~ on the knuckles uma censura. I do not care a ~ não me importa de forma alguma. it is not worth a ~ não vale nada. to take the ~ ser censurado. to ~ at the door bater à porta. to ~ out an oath soltar uma imprecação.

rap (II) [ræp] s. novelo m. de 120 jardas de fio.

rap (III) [ræp] v. arrebatar, extasiar.

rapacious [rap'eiʃəs] adj. 1. rapace, de rapina. 2. ávido, voraz. ‖ ~ly adv. 1. com rapacidade, com avidez.

rapaciousness [rəp'eiʃəsnis], rapacity [rəp'æsiti] s. 1. rapacidade f. 2. avidez, ganância f.

rape (I) [reip] s. 1. roubo, rapto m., extorsão f., ato de tirar e levar à força. 2. violação f. ‖ v. 1. arrebatar, raptar. 2. violar (uma mulher).
to commit a ~ cometer um estupro.

rape (II) [reip] s. 1. (Bot.) colza f. 2. (Bot.) nabo silvestre m.

rape (III) [reip] s. 1. resíduos m. pl. das uvas (caules e cascas) no fabrico do vinho ou vinagre. 2. vasilha f., vasilhame m. usado na fabricação do vinagre.

rape-cake s. torta f. de colza.

rape-oil s. óleo m. de colza.

rapeseed [r'eipsi:d] s. (Bot.) 1. semente f. de colza. 2. colza f.

rapid [r'æpid] s. (geralmente no pl.) rápido m., correnteza, cachoeira f. ‖ adj. rápido, ligeiro, veloz. ‖ ~ly adv. rapidamente.

rapid-fire s. (milit.) fogo contínuo, intenso m.

rapidity [rəp'iditi] s. rapidez, presteza, celeridade f.

rapidness [r'æpidnis] = rapidity.

rapid transit s. trânsito expresso urbano m. (metrô).

rapier [r'eipiə] s. 1. florete, espadim m.

rapier-fish s. (Ict.) peixe-espada m.

rapine [r'æpain] s. rapina, pilhagem f., saque m.

rapist [r'eipist] s. estuprador m.

rapparee [ræpər'i:] s. (Irlanda) 1. salteador ou flibusteiro m. especialmente nos séculos 17 e 18. 2. saqueador, vagabundo m.

rappee [ræp'i:] s. fapê m.

rapper [r'æpə] s. 1. pessoa f. que bate à porta. 2. aldrava f. 3. (Espirit.) médium m. 4. praga f. 5. grande mentira f.

rapping [r'æpiŋ] s. o ato de bater, piparote m. ‖ adj. que bate.

rapport [ræp'ɔ:] s. concordância, conformidade, harmonia f.

rapprochement [ræpr'ɔʃmaːŋ] s. aproximação f., estabelecimento m. de relações amigáveis.

rapscallion [ræpsk'æljən] s. pessoa f. que não presta, patife, velhaco, vagabundo, malandro m.

rapt [ræpt] adj. 1. arrebatado, enlevado, extasiado. 2. absorto (em pensamentos). ‖ ~ly adv. arrebatadamente.

raptness [r'æptnis] s. arrebatamento, êxtase m.

raptores [ræpt'ɔ:ri:z] s. (Orn.) grupo de aves de rapina, compreendendo as águias, os falcões, etc.

raptorial [ræpt'ɔ:riəl] s. ave f. de rapina. ‖ adj. 1. de rapina. 2. adaptado para a caça (de falcoaria).

raptorious [ræpt'ɔ:riəs] adj. de rapina.

rapture [r'æptʃə] s. êxtase, arrebatamento, enlevo m. dos sentidos. ‖ v. arrebatar, extasiar.

raptured [r'æptʃəd] adj. arrebatado, extasiado.

rapturous [r'æptʃərəs] adj. arrebatador, extasiante. ‖ ~ly adv. arrebatadamente, extaticamente.

rare (I) [rɛə] adj. 1. raro, não freqüente, fora do comum. 2. rarefeito, escasso, disperso. 3. bom, excelente, extraordinário. ‖ ~ly adv. 1. raramente, raras vezes. 2. finamente, magnificamente.
a ~ly carved panel uma decoração (ou moldura) magnificamente entalhada.

rare (II) [rɛə] adj. (Culin.) mal-assado, meio-cru (carne, ovos).
~ meat carne malpassada.

rarebit [r'ɛəbit] s. torrada f. com queijo derretido, o mesmo que Welsh Rabbit.

rare earth s. (Quím.) terra rara f.

rare-earth element s. (Quím.) elemento m. do grupo de elementos metálicos chamados terras raras, com número atômico de 57 a 71 incl.

rare-earth ore s. minério m. de terras raras.

raree-show [r'ɛəriʃou] s. exibição f. de curiosidades.

rarefaction [r'ɛərif'ækʃən] s. rarefação f.

rarefactive [rɛərif'æktiv] adj. rarefator m. ‖ adj. que rarefaz, rarefativo, rarefaciente.

rarefiable [r'ɛərifaiəbl] adj. que se rarefaz, rarefatível.

rarefication [rɛərifik'eiʃən] s. rarefação f.

rarefy [r'ɛərifai] v. 1. rarefazer, tornar menos denso. 2. expandir-se, dilatar-se. 3. (fig.) purificar, refinar.

rarefying [r'ɛərifaiiŋ] s. rarefação f., ação de rarefazer.

rareness [r'ɛənis] s. 1. raridade, rareza f. 2. singularidade f.

rareripe [r'ɛəraip] s. fruto temporão m. ‖ adj. temporão.

rarity [r'ɛəriti] s. 1. raridade, rareza, tenuidade f. 2. excelência f. fora do comum.

ras [ræs] s. rás m.: governador ou administrador abissínio.

rascal [r'a:skəl] s. maroto, velhaco, biltre m., tratante m. + f. (também empregado em tom e sentido jocoso, p. ex. chamando uma criança de little rascal). ‖ adj. sem valor, inferior, baixo.

rascaldom [r'a:skəldəm] s. maroteira, patifaria f.

rascalism [r'a:skəlizm] s. velhacaria, maroteira f.

rascality [ra:sk'æliti] s. 1. velhacaria, patifaria f. 2. canalhada, gentalha f.

rascallion [ra:sk'æljən] s. malandro, vagabundo m.

rascally [r'a:skəli] adj. vil, baixo, malvado, ignóbil, ruim. ‖ adv. de modo vil, baixo, etc.

rash (I) [ræʃ] s. 1. (Med.) borbulha, erupção f. da pele. 2. (fig.) onda, avalancha f.
nettle-~ urticária.

rash (II) [ræʃ] adj. 1. apressado, precipitado, impetuoso, estouvado. 2. arrojado, temerário, audacioso. 3. irreflexão, imprudente. ‖ ~ly adv. temerariamente, estouvadamente.

rasher [r'æʃə] s. tira f. ou fatia f. de toucinho defumado.

rashling [r'æʃliŋ] s. pessoa precipitada, temerária f.
rashness [r'æʃnis] s. temeridade, precipitação, imprudência f. —
rasores [rəs'ɔ:ri:z] s. pl. (Orn.) galináceos m. pl., aves f. pl. que ciscam.
rasorial [rəs'ɔ:riəl] adj. galináceo, que cisca.
rasp [ra:sp] s. 1. grosa (lima) f. (quadro F 1), raspador m., raspadeira f. 2. ato ou efeito de limar, raspar, ralar. 3. ruído estridente m. ‖ v. 1. limar, raspar. 2. (fig.) irritar, ferir sensivelmente. 3. fazer um ruído estridente (como o de uma lima).
raspberry [r'a:zbəri] s. (Bot.) framboesa, amora silvestre f. (quadro B 10).
raspberry-bush s. (Bot.) framboeseiro m.
rasper [r'a:spə] s. 1. raspador, limador, ralador m. 2. (gír.) pessoa desagradável f.
rasping [r'a:spiŋ] s. raspagem, limalha f. ‖ adj. raspador, áspero, irritante.
rasp palm s. (Bot.) paxiúba f., castiçal m.
raster [r'æstə] s. (Telev.) desenho m. de linhas, antes de surgir a imagem.
rat [ræt] s. 1. rato m., ratazana f. 2. (fig.) pessoa baixa, vil, desleal f. 3. (coloq.) vira-casaca, desertor. m., trânsfuga m. + f. 4. (coloq.) fura-greve, fura parede m. + f., operário m. que ocupa o lugar de outro em greve ou que trabalha por salário inferior ao fixado pelo sindicato. ‖ v. 1. caçar ratos. 2. portar-se de modo baixo. 3. furar a greve ou trabalhar por salário inferior ao fixado.
as poor as a ~ pobre como um rato. like a drowned ~ molhado como um pinto. to smell a ~ pressentir, suspeitar de algum perigo.
ratability [reitəb'iliti] s. 1. capacidade f. de ser avaliado ou taxado. 2. proporcionalidade f.
ratable, rateable [r'eitəbl] adj. 1. tributável, taxável. 2. avaliável 3. proporcional. ‖ -bly adv. de forma ou modo tributável, taxável ou proporcional.
ratableness [r'eitəblnis] = ratability
ratafia [rætəf'iə] s. ratafia f.
ratan [rət'æn] = rattan.
rataplan [rætəpl'æn] s. rataplã, toque, rufar m. do tambor. ‖ v. tocar, rufar o tambor.
rat-catcher s. caçador m. de ratos (p. ex. cão).
ratch [rætʃ] s. 1. parte de roda dentada f. de relógio. 2. cremalheira f.
ratchet [r'ætʃit] s. 1. (Mec.) catraca f. 2. dente m. de engrenagem (quadro M 3). 3. taramela, pequena alavanca f. (de retenção).
ratchet-brace s. roquete m.
ratchet-click s. lingüeta, alavanca f. de retenção.
ratchet-jack s. 1. macaco m. a roquete. 2. macaco m. a cremalheira.
ratchet-wheel s. roda f. de lingüeta. (quadros B 19, C 11).
rate (I) [reit] s. 1. medida proporcional f., índice m., razão, relação f. 2. padrão m. 3. grau m. de velocidade ou marcha. 4. classe, categoria, ordem f. 5. preço, valor m., taxa f. 6. tarifa, contribuição f., imposto m. ‖ v. 1. taxar, avaliar. 2. fixar preço ou taxa. 3. classificar, impor uma contribuição ou direito. 4. ser classificado. 5. considerar.
at any ~ de qualquer forma, em qualquer caso. at that ~ neste caso, se assim for. at the ~ of à razão de. death ~ índice de mortalidade. first ~ de primeira ordem. ~ of climb velocidade ascensional. ~ of combustion grau de combustão. ~ of exchange câmbio. ~ of fire cadência de tiro. ~ of speed (escala de) velocidade.
rate (II) [reit] s. reprimenda, censura severa, descompostura f. ‖ v. ralhar, repreender severamente, admoestar.

rateability [reitəb'iliti] s. = ratability.
rateable [r'eitəbl] adj. = ratable. ‖ -bly adv. = ratably.
rate-book [r'eitbuk] s. 1. tabela f. de preços. 2. registro m. de avaliações que serve de base à fixação de impostos territoriais.
rated [r'eitid] adj. calculado, taxado.
~ at calculado, taxado em.
ratel [r'eitəl] s. (Zool.) ratel, texugo melívoro m.
ratepayer [r'eitpeiə] s. contribuinte m. + f.
rater [r'eitə] s. 1. avaliador, taxador m. 2. pessoa f. ou objeto m. de determinada qualificação.
rath (I) [ræθ] s. fortificação pré-histórica irlandesa f.
rath (II), rathe [reið] adj. prematuro, precoce.
rather [r'a:ðə] adv. antes, preferivelmente, mais propriamente, melhor, algum tanto, um pouco quiçá, muito. ‖ interj. sim! certamente!
I would ~ go eu antes preferiria ir. it is ~ cold está um tanto frio. it is ~ late é um tanto tarde. ~ old idoso. ~ too much excessivo.
rathe-ripe [r'eiðraip] s. fruto ou vegetal temporão m. ‖ adj. temporão, prematuro.
ratification [rætifik'eiʃən] s. ratificação, confirmação, aprovação, sanção f.
ratifier [r'ætifiə] s. sancionador, confirmador m.
ratify [r'ætifai] v. ratificar, aprovar, sancionar, endossar.
rating (I) [r'eitiŋ] s. 1. avaliação, taxação f. 2. categoria f., grau m. 3. (Mec.) voltagem nominal, potência nominal f.
rating (II) [r'eitiŋ] s. reprimenda, censura, descompostura f.
ratio [r'eiʃiou] s. 1. razão f. 2. proporção f. 3. relação f.
ratiocinant [ræti'ɔsinənt] adj. raciocinador, que raciocina.
ratiocinate [ræti'ɔsineit] v. raciocinar.
ratiocination [rætiosin'eiʃən] s. raciocínio m., argumentação f.
ratiocinative [rætio'ɔsineitiv] adj. raciocinativo.
ration [r'æʃən, r'eiʃən] s. ração f. ‖ v. 1. racionar, fornecer rações. 2. estabelecer ou fixar rações.
iron ~ (milit.) ração de emergência.
rational [ræʃnl] s. racional m. +f., ente racional m. ‖ adj. 1. racional, que raciocina. 2. razoável, justo, judicioso. 3. relativo ao racionalismo. 4. adequado, prático, apropriado. ‖ -ly adv. racionalmente.
rationale [ræʃion'a:li] s. análise racional f., base lógica f. de um fato, razão física f.
rationalism [r'æʃnəlizm] s. (Filos.) racionalismo m.
rationalist [r'æʃnəlist] s. racionalista m. + f.
rationalistic [ræʃnəl'istik] adj. racionalista. ‖ ~ally adv. de modo racionalista.
rationality [ræʃn'æliti] s. racionalidade f., raciocínio m., razão f.
rationalization [ræʃnəlaiz'eiʃən] s. raçionalização f.
rationalize [r'æʃnəlaiz] v. 1. racionar, ponderar, apresentar razões. 2. organizar em bases eficientes.
rationalness [r'æʃnəlnis] s. racionabilidade f.
rational numbers pl. s. (Mat.) números racionais m. pl.
ration-book s. caderneta f. ou talão m. de racionamento, contendo os cupons que dão direito a uma ração.
ratite [r'ætait] s. (Orn.) ratita m., ave do gênero dos Ratitas, como a ema e o avestruz.
ratline [r'ætlin] ratling [r'ætliŋ] s. (Náut.) enfrechate m., enfrechadura f.
ratoon [rət'u:n] s. (Bot.) broto, rebentô m. (de cana-de-açúcar) ‖ v. brotar (de uma raiz plantada no ano anterior).
rat race s. (coloq.) competição insana f., como no comércio.

rats! [ræts] interj. (gíria) exclamação de incredulidade ou escárnio.

ratsbane [r'ætsbein] s. veneno m. para ratos.

rattail [r'ætteil] s. = grenadier. ‖ adj. como rabo de rato.

rattail file s. (Mec.) limatão m.

rattan [rət'æn] s. 1. (Bot.) rota, planta juncácea f. 2. rotim m., palhinha f. com que se fazem assentos.

ratteen [rət'i:n] s. (†) ratina f. tecido m. de lã grosso.

ratten [rætn] v. perseguir ou molestar operários fura--greves ou operários que não querem sindicalizar-se.

rattener [r'ætnə] s. o que peregue ou molesta operários contrários à greve ou não sindicalizados.

ratter [r'ætə] s. 1. rateiro, cão ou gato m. que caça ratos. 2. trânsfuga m. + †.

rattle [rætl] s. 1. matraca f. 2. chocalho, guizo m. 3. taramela f. 4. ruído causado por estes, agitação f., estrépido, estrondo, clangor m. 5. algazarra, tagarelice f., palavreado m. 6. tagarela m. + f. 7. guizo m. da cascavel. 8. estertor m. 9. (Bot.) pedicular m., erva-dos-piolhos f. ‖ v. 1. causar um ruído semelhante ao da matraca, chocalho, taramela ou guizo. 2. chocalhar, matraquear, agitar com ruído ou estampido. 3. aturdir, ribombar. 4. vociferar, gritar, fazer algazarra, tagarelar. 5. (E. U. A. coloq.) confundir, embaraçar, embaralhar. death—~ estertor. the ~ of a carriage o ruído causado por uma carroça ao rodar sobre rua empedrada. the ~ of a drum o rufar de um tambor. to ~ in the throat estertorar. to ~ down (Náut.) enfrechar.

rattlebrain [r'ætlbrein] s. pessoa insensata, desmiolada, tagarela, estouvada, leviana, tola f.

rattlebrained [~d] adj. insensato, desmiolado, tagarela, estouvado, leviano.

rattlehead [r'ætlhɒd] s. = rattlebrain.

rattlepate [r'ætlpeit] s. = rattlebrain.

rattlepated [~id] adj. = rattlebrained.

rattler [r'ætlə] s. 1. (E. U. A., coloq.) cascavel †. 2. o que causa ruído semelhante ao do guizo ou chocalho. 3. falador, palrador m. 4. (gíria) espécime de primeira qualidade.

rattlesnake [r'ætlsneik] s. (Zool.) cascavel f.

rattletrap [r'ætltræp] s. 1. traste m., bugiganga, coisa velha f. 2. veículo m. em estado precário, calhambeque m.

rattling [r'ætliŋ] adj. 1. o que causa ruído semelhante ao do guizo ou do chocalho. 2. vivo, esperto, forte. 3. (gíria) de primeira qualidade, excelente.

rat-trap [r'ættræp] s. 1. ratoeira f. 2. (fig.) beco m. sem saída. 3. casa f. velha, descuidada.

ratty [r'æti] adj. 1. de ou semelhante a ratos. 2. cheio de ratos. 3. (gíria) andrajoso, sujo, roto.

raucity [r'ɔ:siti] s. rouquidão f., som rouco m.

raucous [r'ɔ:kəs] adj. rouco, rouquenho. ‖ ~ly adv. roucamente.

raucousness [r'ɔ:kəsnis] s. rouquidão †.

raunchy [r'ɒntʃi] adj. (gíria) 1. de qualidade inferior. 2. desleixado, descuidado. 3. obsceno.

ravage [r'ævidʒ] s. devastação, ruína, destruição, desolação f. ‖ v. assolar, saquear, pilhar, devastar.

ravager [r'ævidʒə] s. assolador, saqueador m.

ravaging [r'ævidʒiŋ] s. devastação f. ‖ adj. devastador.

rave (I) [reiv] s. fueiro m., estaca f. para amarrar cargas em carros de boi.

rave (II) [reiv] s. delírio, acesso m. de cólera, fúria f. ‖ v. 1. delirar, tresvariar, proferir palavras incoerentes. 2. enfurecer, encolerizar. 3. ser louco por, querer a todo custo. 4. falar com demasiado entusiasmo.

to ~ after querer a todo custo. to ~ about one's abilities fazer alarde de suas qualidades.

ravehook [r'eivhuk] s. maújo, ferro m. de calafate.

ravel [r'ævəl] s. 1. confusão, complicação f. 2. fio emaranhado m. ‖ v. 1. emaranhar, confundir, complicar, envolver. 2. desenredar, desemaranhar, desembrulhar, desfazer, desfiar.

ravelin [r'ævlin] s. (Fort.) revelim m.

raveling, ravelling [r'ævliŋ] s. desfiamento m.

ravelment [r'ævlmənt] s. confusão f.

raven (I) [reivn] s. (Orn.) corvo m. ‖ adj. da cor do corvo, negro, preto.

raven (II) [reivn] s. pilhagem, presa, rapina f. ‖ [rævn] v. 1. apresar, prender à força, rapinar. 2. ser voraz, viver de rapina.

ravener [r'ævnə] s. 1. espoliador m., rapinante m. + f. 2. glutão m.

ravening [r'ævniŋ] s. rapina, voracidade f. ‖ adj. rapace, voraz, devorador. ‖ ~ly adv. vorazmente, avidamente.

ravenous [r'ævnəs] adj. voraz, devorador, ávido. ‖ ~ly adv. vorazmente, avidamente.

ravenousness [r'ævnəsnis] s. voracidade, rapacidade, gula f.

raver [r'eivə] s. pessoa delirante, que tem acesso de fúria.

ravin [r'ævin] s. (†) 1. saque m., pilhagem, espoliação f. 2. voracidade f. 3. roubo m., presa f.

ravine [rəv'i:n] s. desfiladeiro m., garganta f., barranco m., ribanceira f.

raving [r'eiviŋ] s. desvario, delírio m., loucura f. ‖ adj. 1. delirante, tresvariado, encolerizado, alucinado. 2. (coloq.) notável, extraordinário. ‖ ~ly adv. delirantemente, alucinadamente, freneticamente.

~ mad doido, furioso.

ravioli [ra:vj'ɔli:] s. (Ital.) ravióli m.

ravish [r'æviʃ] v. 1. arrebatar, cativar, encantar. 2. raptar, violar, desonrar.

ravisher [r'æviʃə] s. 1. arrebatador m. 2. violador m.

ravishing [r'æviʃiŋ] adj. 1. encantador. 2. arrebatador. ‖ ~ly adv. com arrebatamento, com arroubo.

ravishment [r'æviʃmənt] s. 1. arrebatamento, arroubo m. 2. rapto m., violação f.

raw [rɔ:] s. ferida, chaga, inflamação, carne viva f. ‖ adj. 1. cru, sem tempero, verde (carne). 2. em estado natural, não trabalhado, preparado ou refinado. 3. inexperiente, novo, bisonho, indisciplinado. 4. esfolado, despelado, descarnado, inflamado. 5. indigesto, frio, úmido. 6. bruto, brutalmente franco. 7. (gíria) a) rude, áspero. b) desleal, iníquo. 8. puro, não diluído. ‖ ~ly adv. cruamente, sem experiência.

a ~ fish (fam.) um calouro. a ~ soldier um soldado recém-incorporado. ~ hides couro em bruto, não curtido. ~ material matéria-prima. ~ recruit recruta inexperiente. ~ spirits licores puros, sem mistura. ~ spot, sore ferida aberta. ~ weather tempo frio, úmido. to touch on the ~ ferir num ponto sensível. nature in the ~ a natureza em estado puro.

rawboned [r'ɔ:bound] adj. magro, ossudo.

rawhead [r'ɔ:hed] s. papão, bicho-papão m.

rawhide [r'ɔ:haid] s. 1. couro cru m. 2. chicote m. de couro cru. ‖ v. açoitar com um chicote de couro cru. ‖ adj. de couro cru.

rawish [r'ɔ:iʃ] adj. 1. um pouco cru ou verde. 2. um tanto bisonho, inexperiente. 3. frio ou úmido (do tempo).

rawness [r'ɔ:nis] s. 1. crueza f. 2. qualidade do que é cru, frio ou úmido. 3. inexperiência f.

raw score s. (Estat.) averiguação preliminar f., pré--processamento m.

ray (I) [rei] s. 1. raio (de luz, calor) m. 2. corrente f. (de força, eletricidade, calor). 3. linha, lista, estria, risca f. 4. radiação f., clarão, fulgor m. 5. (fig.) vestígio, traço m., ligeira manifestação f. 6. (Zool.) ossículo m. das barbatanas dos peixes. ‖ v. 1. irradiar, radiar, raiar, lançar raios. 2. cintilar, refulgir. 3. riscar, listar. a ~ of hope um raio de esperança. cosmic ~s raios cósmicos. Roentgen ou X ~s raios X.
ray (II) [rei] s. (Ict.) raia f.
rayed [reid] adj. raiado, em forma de raios, estriado.
rayless [r'eilis] adj. 1. sem raios. 2. escuro. 3. cego.
rayon [r'eiɔn] s. seda artificial, fibra têxtil lustrosa f.
raze [reiz] v. 1. arrasar, destruir completamente, estirpar, demolir. 2. (fig.) ferir ligeiram ته. 3. riscar, apagar.
razed [reizd] adj. arrasado.
razor [r'eizə] s. navalha f., aparelho m. para barbear (quadro S 5). safety ~ gilete.
razor-back [r'eizəbæk] s. 1. (Zool.) rorqual (baleia) m. 2. porco selvagem m. 3. cume agudo m. (de cordilheira).
razor backed [r'eizəbækt] adj. delgado, aguçado (de instrumentos cortantes).
razor-bill [r'eizəbil] s. (Orn.) torda-mergulhadeira f.
razor-billed curassow s. (Orn.) mutum, mitu m.
razor blade [r'eizəbleid] s. 1. lâmina f. de navalha. 2. lâmina gilete f. (quadro S 5).
razor clam [r'eizəklæm] s. (Zool.) 1. lingüeirão m. 2. marisco-faca m.
razor-edge [r'eizəredʒ] s. 1. fio m. de navalha. 2. cume m. (de uma serra). 3. (fig.) situação crítica f.
razor-fish [r'eizəfiʃ] s. (Zool.) peixe m. que tem forma de navalha (Xyrichthis psittacus).
razz [ræz] v. (E. U. A. gíria) rir de, motejar.
razzia [r'æziə] s. razia, incursão f.
r-dropping adj. (Fon.) suprimindo o "r".
re (I) [ri:] s. (Mús.) ré m.
re (II) [ri:, ri] prefixo designado: reiteração, volta ao estado anterior.
Separa-se por hífen o prefixo re da palavra a que deve ser ligado quando a forma sem hífen pode ter significação diferente.
~-form formar de novo. ~form reformar. ~-cover cobrir de novo. ~cover recuperar.
reabsorb [riəbs'ɔ:b] v. reabsorver.
reabsorption [riəbs'ɔ:pʃən] s. reabsorção f.
reaccuse [riəkj'u:z] v. reacusar.
reach [ri:tʃ] s. 1. distância f. que se pode alcançar ou atingir, alcance m. 2. limite m. de alcance, extensão, distância f. 3. escopo, designio m. 4. ação de agarrar, apanhar, estender. 5. eixo m. de ligação. 6. braço m. (de rio) entre duas voltas. 7. poder m., faculdade, capacidade f. ‖ v. 1. alcançar, atingir, chegar a. 2. obter, conseguir. 3. estender, estirar, passar, dar. 4. apanhar, agarrar. 5. penetrar 6. tocar, influenciar, impressionar. 7. fazer esforços para. 8. tornar-se acessível.
as far as the eye can ~ tão longe quanto a vista alcança. he ~ed for his gun apanhou, agarrou o seu revólver (espingarda). he ~ed after one of the prizes ele se esforçou para obter um dos prêmios. I cannot ~ the top of the wall não alcanço a parte superior do muro. to make a ~ for the rope apanhar, agarrar a corda. men are ~ed by flattery os homens são acessíveis à lisonja. out of one's ~ fora de alcance. radio ~es millions o rádio alcança milhões. the power of Rome ~ed to the end of the known world o poder de Roma atingiu todos os recantos do mundo conhecido. the ~ of the mind o alcance, o poder das faculdades mentais. to ~ for the rope estender o braço para apanhar a corda. to ~ forth ou out one's hand estender a mão. to ~ into penetrar. to ~ the end of a book chegar ao fim de um livro. to ~ the heart tocar no coração. to ~ to atingir, perfazer. will you ~ me that book? quer passar-me aquele livro? within the ~ of a gunshot à distância de um tiro de espingarda.
reachable [r'i:tʃəbl] adj. alcançável, atingível.
reacher [r'i:tʃə] s. 1. o que chega, atinge, alcança 2. o que passa, estende, dá.
reachless [r'i:tʃlis] adj. inalcançável, inatingível.
re-act v. atuar, encenar de novo.
react [ri'ækt] v. 1. reagir, ter um efeito sobre o que age. 2. voltar ao estado ou nível inicial. unkindness ~s on the unkind a malevolência recai sobre o malévolo.
reactance [ri'æktəns] s. (Eletr.) reatância f.
reactant [ri'æktənt] s. (Quím.) reagente m.
reaction [ri'ækʃən] s. reação f. (freqüentemente usado em substituição às palavras: opinion, attitude, response, feeling). ~ coupling acoplamento por reação.
reactionary [ri'ækʃənəri] s. reacionário, retrógrado m adj. reacionário, retrógrado.
reactionist [ri'ækʃənist] s. reacionário m.
reaction time s. (Psicol.) prazo m. de reação.
reactive [ri'æktiv] adj. reativo. ‖ ~ly adv. reativamente.
reactivity [riækt'iviti] s. reatividade f.
reactor [ri'æktə] s. (Fís. Nucl.) reator m.
read [ri:d] s. ação de ler, leitura f. ‖ v. (imp. e p. p. read) [red] 1. ler. 2. interpretar, descobrir, compreender uma significação. 3. ensinar, aconselhar, avisar. 4. conferenciar em público, doutrinar. 5. dizer, estar concebido ou redigido. 6. registrar, medir, indicar (instrumentos). 7. adivinhar, predizer. ‖ [red] adj. erudito, letrado, que tem leitura. to ~ aloud ler em voz alta. to ~ between the lines ler entre as linhas. to ~ into extrair um sentido não explícito. to ~ on prosseguir lendo. to ~ one to sleep adormecer alguém lendo. to ~ out ler em voz alta. to ~ out of expulsar, pôr fora (de um partido). to ~ over or through ler do princípio ao fim. the text ~s as follows o texto é o seguinte. to ~ proofs ler provas.
readability [ri:dəb'iliti], readableness [r'i:dəblnis] s. 1. legibilidade f. 2. leitura agradável f.
readable [r'i:dəbl] adj. 1. legível, que se pode ler. 2. de boa leitura, agradável. ‖ ~bly adv. de modo legível.
reader [r'i:də] s. 1. leitor, declamador m. 2. aquele que lê as orações em voz alta na igreja. 3. aquele que é muito lido, versado, amigo de ler livros. 4. revisor (Tipogr.), corretor m. 5. livro m. de leitura escolar. first ~ primeiro livro de leitura.
readership [r'i:dəʃip] s. cargo m. de leitor ou docente.
readiness [r'edinis] s. 1. prontidão, presteza f. 2. disposição, boa vontade f. 3. facilidade f., desembaraço m., aptidão f. ~ of mind presença de espírito. ~ in paying pontualidade no pagamento. ~ of speech desembaraço na conversa.
reading [r'i:diŋ] s. 1. leitura f. 2. correção, revisão f. 3. conferência, declamação, preleção f. 4. interpretação, versão f. 5. erudição, ciência f., saber m. 6. legenda, variante, glosa f. 7. texto m. para leitura. ‖ adj. 1. de leitura. 2. lendo, estudando.
reading-book s. livro m. de leitura.

reading-desk s. 1. mesa f. de leitura. 2. estante f. de coro de igreja.

reading-lesson s. lição f. de leitura.

reading-room s. gabinete m. de leitura.

readjust [riːədʒˈʌst] v. reajustar, arranjar novamente.

readjustable [riːədʒˈʌstəbl] adj. reajustável.

readjustment [riːədʒˈʌstmənt] s. reajustamento m.

readmission [riːədmˈiʃən] s. readmissão f.

readmit [riːədmˈit] v. readmitir.

readmittance [riːədmˈitəns] s. = readmission.

readout [rid'aut] s. 1. (Técn. Comp.) estágio m. de leitura. 2. (Eletr.) saída f. de impulsos.

ready [rˈedi] s. (milit.) prontidão f. para atirar. ‖ v. aprontar, preparar. ‖ adj. 1. pronto, preparado, disposto. 2. inclinado, propenso. 3. ligeiro, vivo, expedito, esperto. 4. fácil, à mão, ao alcance, disponível. 5. acabado, terminado. ‖ adv. 1. preparado de antemão, já feito. 2. prontamente, já, logo. ‖ **-ily** adv. 1. prontamente, imediatamente. 2. facilmente. 3. de boa vontade.

to get ou **make ~** preparar, aprontar.

ready-made adj. já feito (roupas, etc.).

ready-made clothes s. roupa feita f.

ready-mix s. alimento m. preparado comercialmente, para pronto uso.

ready-money s. dinheiro m. à vista.

ready-payment s. pagamento pronto, pontual m.

ready room s. (Av.) sala f. dos pilotos, para instruções antes do vôo.

ready-witted adj. esperto, que tem espírito vivo.

reaffirm [riːəfˈəːm] v. reafirmar, reiterar.

reaffirmance [riːəfˈəːməns], **reaffirmation** [riːəfəː-mˈeiʃən] s. reafirmação, reiteração f.

reafforest [riːəfˈɔrist] v. reflorestar.

reafforestation [riːəfɔristˈeiʃən] s. reflorestamento m.

reagent [riːˈeidʒənt] s. 1. reagente m. 2. (Quím.) reativo m.

real (I) [rˈiəl] s. 1. (Fil.) realidade f. ‖ adj. 1. real, verdadeiro, verídico. 2. legítimo, genuíno, próprio, autêntico. 3. sincero. ‖ **~ly** adv. realmente.

real (II) [rˈiːəl] s. 1. real m. (moeda de prata espanhola). 2. antiga unidade monetária portuguesa f.

real estate [riəlistˈeit] s. bens imóveis m. pl.

realgar [riˈælgəː] s. 1. (Miner.) rosalgar, realgar m. 2. (Quím.) bissulfeto m. de arsênico.

real income s. (Econ.) rendimento m. em relação ao poder aquisitivo.

real-life adj. da vida real, verdadeiro.

realism [rˈiəlizəm] s. realismo m.

realist [rˈiəlist] s. realista m. + f.

realistic [riəlˈistik] adj. realístico. ‖ **~ally** adv. realisticamente.

reality [riˈæliti] s. realidade, verdade, veracidade f.

realizable [rˈiəlaizəbl] adj. 1. realizável. 2. compreensível, concebível, imaginável.

realization [riəlaizˈeiʃən] s. realização f.

realize [rˈiəlaiz] v. 1. realizar, efetuar. 2. conceber, imaginar, compreender. 3. resultar (em lucro).

to ~ the drift compreender o sentido.

realizer [rˈiəlaizə] s. realizador, fautor m.

realm [relm] s. 1. reino, império, domínio, estado m., região f. 2. campo, domínio, setor m.

the ~ of physics o campo da física.

realness [rˈiəlnis] s. = reality.

real property s. (Jur.) propriedade f. de imóveis.

realtor [rˈiəltɔ:] s. corretor m. de imóveis.

realty [rˈiəltʃ] s. bem m. de raiz, bens imóveis m. pl.

real wages [rˈiəlweidʒiz] s. salário m. considerado em relação ao seu poder aquisitivo.

ream (I) [riːm] s. resma f., 480 ou 500 folhas de papel do mesmo formato e qualidade.

printer's ~ resma de 516 folhas.

ream (II) [riːm] v. 1. mandrilar, escarear, alargar um furo. 2. adelgaçar. 3. (gíria) enganar, lograr.

reamer [rˈiːmə] s. mandril, escareador m.

reanimate [riˈænimeit] v. 1. reanimar. 2. fazer reviver, ressuscitar. ‖ [riˈænimit] adj. reanimado.

reanimation [riænimˈeiʃən] s. reanimação f.

reap [riːp] v. 1. segar, colher, ceifar, fazer a colheita. 2. (fig.) obter ou tirar proveito, colher os frutos.

reapable [rˈiːpəbl] adj. que se pode ceifar.

reaper [rˈiːpə] s. 1. ceifeiro, segador m. (quadro H 5). 2. segadora mecânica f.

the ~ a morte.

reaping [rˈiːpiŋ] s. ceifa, colheita f.

reaping-hook s. foice, foicinha f.

reaping-machine s. segadora mecânica f.

reappear [riːəpˈiə] v. reaparecer.

reappearance [riːəpˈiərəns] s. reaparecimento m.

reappoint [riːəpˈɔint] v. designar ou nomear de novo.

reappointment [riːəpˈɔintmənt] s. nova nomeação f.

rear [riə] s. 1. a parte traseira f., o fundo m. 2. retaguarda, última fileira f. ‖ v. 1. criar, educar, cultivar. 2. levantar, erigir. 3. edificar, construir. 4. empinar-se, levantar-se nas patas traseiras. ‖ adj. traseiro, posterior, da retaguarda.

rear-admiral s. contra-almirante m.

rear-guard s. retaguarda f.

rearm [riːˈɑːm] v. rearmar.

rearmament [riːˈɑːməmənt] s. rearmamento m.

rearmost [rˈiəmoust] adj. último numa fila.

rearrange [riːərˈeindʒ] v. reajustar.

rearrangement [riːərˈeindʒmənt] s. rearranjo m.

rear view s. (desenho) vista posterior f.

rear-vision mirror s. espelho retrovisor m. (quadro M 5).

rearward [rˈiəwɔːd] adj. traseiro, posterior, último. ‖ adv. 1. na retaguarda. 2. em direção à retaguarda.

rearwards [rˈiəwədz] adv. em direção à retaguarda.

reascend [riːəsˈend] v. subir novamente.

reascension [riːəsˈenʃən] s. nova ascensão f.

reason [riːzn] s. 1. razão, causa f., motivo, fundamento m. 2. justificação, explicação f. 3. bom senso¹ m., racionalidade, intuição f. 4. eqüidade, justiça f. 5. (Lóg.) premissa f. ‖ v. 1. raciocinar, pensar, concluir, inferir. 2. argumentar, debater, discutir. 3. persuadir ou dissuadir, apresentar razões, provar.

by ~ of por causa de. **in ~** com direito, em boa justiça. **neither rhyme nor ~** sem tom nem som. **to stand to ~** ser justo, razoável, lógico. **to yield to ~** ceder à razão.

reasonable [rˈiːznəbl] adj. 1. razoável, justo. 2. módico, moderado. 3. racional. ‖ **-bly** adv. razoavelmente, moderadamente.

reasoner [rˈiːznə] s. raciocinador m.

reasoning [rˈiːzniŋ] s. raciocínio m.

reasonless [rˈiːznlis] adj. 1. desprovido de razão. 2. irracional, ilógico.

reassemblage [riːəsˈemblidʒ] s. reunião f., reagrupamento m., remontagem f.

reassemble [riːəsˈembl] v. reagrupar, reajuntar.

reassert [riːəsˈəːt] v. afirmar novamente, reafirmar.

reassertment [riːəsˈəːtmənt] s. reafirmação f.

reassess [riːəsˈes] v. avaliar de novo, taxar novamente.

reassume [riːəsjuˈːm] v. reassumir.

reassumption [riːəsˈʌmpʃən] s. reassunção f.

reassurance [riːəʃˈuərəns] s. 1. resseguro m. 2. con-

fiança ou certeza restabelecida f.
reassure [ri:əʃ'uə] v. 1. ressegurar (contra riscos). 2. tranqüilizar.
reassurer [ri:əʃ'uərə] s. 1. o que reassegura. 2. o que segura novamente (contra riscos).
reassuring [ri:əʃ'uəriŋ] adj. tranqüilizador. ‖ ~ly adv. de maneira tranquilizadora.
reattach [ri:ət'ætʃ] v. reatar,`unir ou ajuntar de novo.
reattachment [ri:ət'ætʃmənt] s. ato ou efeito de reatar, unir, ajuntar novamente.
reave [ri:v] v. (imp. ~d, p. p. **reft**) † arrebatar, despojar, privar.
reaver [r̩'i:və] s. † ladrão, saqueador m.
reavery [r'i:vri] s. † roubo m.
rebaptization [ri:bæptaiz'eiʃən] s. rebatismo m.
rebaptize [ri:bæpt'aiz] v. rebatizar.
rebaptizer [ri:bæpt'aizə] s. rebatizador m.
rebaptizing [ri:bæpt'aiziŋ] s. = **rebaptization.**
rebarbative [rib'a:bətiv] adj. repelente, repugnante.
rebate (I) [r'i:beit] s. 1. abatimento, desconto m. 2. diminuição f. ‖ [rib'eit] v. 1. abater, descontar 2. reduzir, diminuir.
rebate (II) [rib'eit] s. **estria, canelura f.**
rebatement [rib'eitmənt] s. = **rebate** (I).
rebec, rebeck [r'i:bek] s. (Mús.) arrabil m., rabeca f. de três cordas (Idade Média).
rebel [rebl] s. rebelde, insurreto, revoltoso m. ‖ adj. rebelde, insurreto, revoltoso. ‖ [rib'el] v. rebelar, revoltar, sublevar.
rebeldom [r'ebldəm] s. 1. rebeldes (coletivamente) m. + f. pl. 2. rebeldia f.
rebel-like adj. como rebelde.
rebellion [rib'eljən] s. rebelião, revolta, sublevação f.
rebellious [rib'eljəs] adj. rebelde, amotinado, sublevado. ‖ ~ly adv. com rebeldia, revoltosamente.
rebelliousness [rib'eljəsnis] s. rebelião, rebeldia f., levante m., revolta f.
rebind [ri:b'aind] v. 1. encadernar de novo. 2. atar, amarrar novamente.
rebirth [r'i:bə:θ] s. renascimento m., renascença f.
reblossom [rib'ɔsəm] v. reflorescer.
reboant [r'i:bouənt] adj. (poét.) de forte ressonância.
reborn [rib'ɔ:n] adj. renascido, regenerado.
rebound (I) [rib'aund] s. 1. ressalto, rechaço m., repercussão f., ricochete m. 2. reação f. (emocional). ‖ v. ressaltar, repercutir, ressoar.
rebound (II) [ri:b'aund] pret. + p. p. de **rebind.**
rebroadcast [rib'rɔ:dka:st] s. retransmissão radiofônica. f. ‖ v. retransmitir pelo rádio.
rebuff [rib'ʌf] s. 1. repulsa, recusa f., mau acolhimento m. 2. malogro m., denegação f. ‖ v. repelir, recusar, rejeitar, repulsar.
rebuild [ri:b'ild] v. 1. reedificar, reconstruir. 2. (fig.) restabelecer.
rebuilder [rib'ildə] s. reedificador, reconstrutor m.
rebuilt [ri:b'ilt] adj. reedificado, reconstruído.
rebukable [ribj'u:kəbl] adj. repreensível, censurável, reprovável.
rebuke [ribj'u:k] s. repreensão, reprovação, censura, exprobração f. ‖ v. repreender, reprovar, censurar, exprobrar.
rebukeful [ribj'u:kful] adj. repleto de censuras, repreensivo.
rebuker [ribj'u:kə] s. repreendedor, exprobrador m.
rebuking [ribj'u:kiŋ] adj. de censura. ‖ ~ly adv. com censura, rispidamente.
rebury [ri:b'eri] v. enterrar de novo.
rebus [r'i:bəs] s. rébus, logógrifo m. ilustrado com gravuras.
rebut [rib'ʌt] v. refutar, contradizer, retrucar, replicar, treplicar.
rebuttable [rib'ʌtəbl] adj. refutável, replicável.
rebuttal [rib'ʌtl] s. refutação, réplica ou tréplica f.

rebutter [rib'ʌtə] s. 1. tréplica f. 2. aquele que faz uma tréplica.
rebutting [rib'ʌtiŋ] adj. que contradiz, refuta ou rebate.
recalcitrance [rik'ælsitrəns] s. recalcitrância, resistência obstinada f.
recalcitrant [rik'ælsitrənt] s. recalcitrante m. + f., obstinado, teimoso m. ‖ adj. recalcitrante, obstinado, teimoso.
recalcitrate [rik'ælsitreit] v. recalcitrar, teimar, recusar-se.
recalcitration [rikælsitr'eiʃən] s. recalcitrância, resistência obstinada, desobediência f.
recalculate [rik'ælkjuleit] v. recalcular, rever.
recalescence [rikæl'esəns] s. (Metalurg.) recalescência f.
recall [rik'ɔ:l] s. 1. revocação, chamada f. de volta 2. (milit.) toque m. de chamada. 3. recordação, lembrança f. 4. revogação, anulação f. 5. (E. U. A.) destituição f. de funcionários públicos, por votação popular. ‖ v. 1. revocar, chamar de volta, mandar voltar. 2. recordar, lembrar. 3. revogar, anular, cancelar. 4. destituir, demitir.
recallable [rik'ɔ:ləbl] adj. revocável.
recallment [rik'ɔ:lmənt] s. revocação f.
recant [rik'ænt] v. retratar, desdizer, abjurar.
recantation [rikænt'eiʃən] s. retratação, abjuração f.
recanter [rik'æntə] s. retratador m., o que retira o que disse.
recap [rik'æp] s. pneumático revestido ou recauchutado m. ‖ v. revestir ou recauchutar um pneu.
recapacitate [ri:kəp'æsiteit] v. reabilitar.
recapitalization [rikəpitəlaiz'eiʃən] s. (Econ.) recapitalização f.: alteração na estrutura do capital.
recapitalize [rik'æpitəlaiz] v. capitalizar de novo.
recapitulate [ri:kəp'itjuleit] v. recapitular, epilogar.
recapitulation [ri:kəpitjul'eiʃən] s. recapitulação f., resumo, epílogo m.
recapitulative [ri:kəp'itjuleitiv] **recapitulatory** [ri:kəp'itjuleitəri] adj. recapitulativo.
recaption [ri:k'æptʃən] s. retomada f., ato ou ação de reaver.
recaptor [ri:k'æptə] s. o que retoma.
recapture [ri:k'æptʃə] s. 1. retomada f., ação de retomar. 2. presa f. ‖ v. recapturar, retomar.
recarburization [ri:ka:bjuraiz'eiʃən] s. recarbonização f.
recarburize [ri:k'a:bjuraiz] v. recarbonizar.
recast [ri:k'a:st] s. 1. refundição f. 2. reforma, remodelação f. 3. (Teat.) nova distribuição f. de papéis. ‖ v. 1. refundir. 2. reformar. 3. tornar a mudar (as penas, a pele). 4. lançar novamente. 5. redistribuir (papéis de uma peça). 6. tornar a computar.
recd. [ris'i:vd] abr. de **received.**
recede (I) [ris'i:d] v. 1. retroceder, recuar. 2. desistir, voltar atrás. 3. desaparecer. 4. (fig.) regredir.
recede (II) [ri:s'i:d] v. devolver, restituir.
receding [ris'i:diŋ] adj. vazante.
receipt [ris'i:t] s. 1. recibo m., quitação f. 2. recepção f., recebimento m. 3. receita, fórmula f. ‖ v. passar, dar recibo ou quitação.
~ **in full** quitação plena e rasa. **to acknowledge** ~ **of** acusar o recebimento de. **to write out a** ~ passar recibo. **upon** ~ **of** após a recepção de.
receipt book [ris'i:tbuk] s. livro m. de receitas.
receipts [ris'i:ts] s. 1. (Com.) dinheiros recebidos m. pl., entradas, receitas f. pl. 2. receita, fórmula f.
receivable [ris'i:vəbl] adj. 1. recebível, a receber. 2. aceitável. 3. receptivo.
receive [ris'i:v] v. 1. receber. 2. acolher, hospedar, admitir. 3. receptar. 4. conter, ter capacidade para.

5. entrar na posse de. 6. experimentar, sentir. 7. sofrer, tolerar. 8. dar recepções.

received [ris'i:vd] adj. 1. recebido, reconhecido (pronúncia, linguagem, estilo). 2. autêntico (texto).

receiver [ris'i:və] s. 1. recebedor, destinatário, depositário, consignatário m. 2. (Mec. e Eletr.) receptor m. 3. (Rádio ou Teleg.) aparelho receptor m. 4. fone (Bras.) (quadro C 2). 5. reservatório, recipiente m. 6. (Jur.) curador, síndico m. 7. receptador m. 8. tesoureiro m., caixa m. + f.

receivership [ris'i:vəʃip] s. curadoria f., cargo m. ou função f. de síndico.

receiving [ris'i:viŋ] s. recepção f. ‖ adj. receptor.

receiving line s. fila f. dos que recepcionam os convidados.

receiving set s. (Rádio, Telev.) aparelho receptor m.

recency [r'i:snsi] s. qualidade do que é recente.

recense [ris'ens] v. revisar.

recension [ris'enʃən] s. 1. revisão f., exame m., revista f. 2. edição revisada f.

recent [r'i:snt] adj. recente, novo, de pouco tempo, moderno. ‖ ~ly adv. recentemente.
   a ~ period in history um período recente da história.

recentness [r'i:sntnis] s. = recency.

receptacle [ris'eptəkl] s. 1. receptáculo m. 2. (Bot.) cimo arredondado m. do pedúnculo das flores.

receptibility (†) [riseptəb'ilitɪ] s. receptibilidade f.

receptible (†) [ris'eptəbl] adj. 1. receptível. 2. receptivo.

reception [ris'epʃən] s. 1. recepção f., recebimento m. 2. acolhimento m. 3. audiência f. 4. admissão f.

reception-room s. sala f. de recepção.

receptive [ris'eptiv] adj. receptivo, impressionável.

receptiveness [ris'eptivnis], **receptivity** [risept'iviti] s. 1. receptividade, sensibilidade f. 2. (Med.) disposição f. para adquirir certas doenças.

receptor [ris'eptə] s. 1. célula ou grupo de células sensíveis às influências estimulantes. 2. receptador m. 3. receptor m.

recess [ris'es] s. 1. intervalo m., pausa, suspensão f. (para descanso). 2. recesso, nicho m., alcova f. 3. rebaixo, encaixe m., reentrância f. 4. retiro m., reclusão f., lugar apartado, esconderijo m. 5. segredo, recôndito m. 6. refluxo m., vazão f. ‖ v. 1. fazer uma pausa, intervalo, descansar. 2. fazer um rebaixo, encaixe. 3. colocar ou ocultar num nicho. 4. fazer um nicho ou recesso na parede.
   the most secret ~ of the human heart o mais recôndito do coração humano.

recession (I) [ris'eʃən] s. 1. caída, inclinação (para trás) f. 2. nicho ou recesso m. numa parede. 3. retirada f., recuo m. 4. desistência, renúncia f.

recession (II) [ri:s'eʃən] s. ação de ceder novamente, restaurdção f.

recessional [ris'eʃnl] s. hino m. que se canta depois do ofício divino. ‖ adj. relativo a recesso e recessão (I) e (II).

recessive [ris'esiv] adj. 1. (Genética) recessivo. 2. que tende a recuar ou retroceder.

rechange [ri:tʃ'eindʒ] s. nova alteração f. ‖ v. alterar novamente.

recharge [ri:tʃ'a:dʒ] v. 1. carregar novamente. 2. cobrar novamente. 3. atacar novamente.

réchauffé [riʃouf'ei] s. (fr.) 1. comida requentada f. 2. (fig.) coisa velha, repassada f. ‖ adj. requentado.

recheat [ritʃ'i:t] s. (†) sinal m. de corneta. ‖ v. (†) chamar os cães por meio de um toque de corneta.

recherché [riʃeəʃ'ei] adj. (fr.) 1. muito desejado, procurado, de primeira água. 2. rebuscado, forçado.

rechristen [ri:kr'isn] v. 1. batizar de novo. 2. (fig.) dar nova denominação a.

recidivism [ris'idivizm] s. (†) reincidência, recaída f.

recidivist [ris'idivist] s. reincidente (criminoso) m. + f.

recidivous [ris'idivəs] adj. reincidente, relapso.

recipe [r'esipi] s. 1. receita f., récipe m., prescrição médica f. 2. receita culinária f.

recipient [ris'ipiənt] s. 1. recipiente m. 2. receptor, recebedor m. ‖ adj. receptivo.

reciprocal [ris'iprəkəl] s. recíproco m. ‖ adj. 1. recíproco, mútuo. 2. alternativo, permutável, conversível. ‖ ~ly adv. reciprocamente, mutuamente.

reciprocality [risiprək'æliti] s. reciprocidade, mutualidade f.

reciprocate [ris'iprəkeit] v. 1. alternar, reciprocar, permutar. 2. produzir um movimento de vaivém. 3. corresponder, retribuir. 4. pagar, retribuir na mesma moeda.

reciprocating [ris'iprəkeitiŋ] adj. recíproco.

reciprocating engine s. 1. máquina m. a vapor, de êmbolo. 2. motor m. de movimento alternado.

reciprocation [risiprək'eiʃən] s. 1. reciprocação, reciprocidade, correspondência mútua f. 2. alternação f.

reciprocative [ris'iprəkeitiv] adj. recíproco.

reciprocatory [ris'iprəkeitəri] adj. alternativo.

reciprocity [resipr'ositi] s. reciprocidade f., intercâmbio m.

recital [ris'aitl] s. 1. recital m., récita f. 2. narração, exposição f.

recitalist [ris'aitlist] s. artista m. + f. que dá recitais

recitation [resit'eiʃən] s. 1. recitação, declamação f. 2. sabatina oral f.

recitative [resitət'i:v] s. (Mús.) recitativo m. ‖ v. executar um recitativo. ‖ adj. de, relativo a ou próprio para recitativo. ‖ ~ly adv. de modo recitativo.

recite [ris'ait] v. 1. repetir (uma lição). 2. relatar, contar, narrar. 3. recitar, declamar.
   to ~ one's adventures contar ou narrar as suas aventuras.

reciter [ris'aitə] s. 1. narrador m. 2. recitador, declamador m.

reck [rek] v. fazer caso ou conta de alguma coisa, ter cuidado com, importar-se, inquietar-se com.
   it ~s me preocupa-me.

reckless [r'eklis] adj. 1. despreocupado, descuidado, negligente, indiferente. 2. temerário, precipitado, estouvado. ‖ ~ly aav. 1. indiferentemente. 2. temerariamente.

recklessness [r'eklisnis] s. 1. descuido m., negligência f. 2. temeridade f., atrevimento m.

reckon [r'ekən] v. 1. contar, calcular, computar. 2. considerar, avaliar, estimar. 3. (coloq.) pensar, supor. 4. contar com. 5. pagar (for por). 6. ajustar, fazer as contas (with com).
   he is ~ed the best player ele é considerado o melhor jogador. I ~ you are right suponho que você tem razão. ~ the cost before you decide calcule o custo antes de decidir. to ~ little for fazer pouco caso de. to ~ over recalcular, examinar. to ~ up somar. to ~ without calcular mal. you can ~ on ou upon me você pode contar comigo.

reckoner [r'eknə] s. calculador m., calculista m. + f.

reckoning [r'ekniŋ] s. 1. conta f., ação de contar, cômputo, cálculo m., contagem f. 2. estimação, avaliação f. 3. ajuste m. de contas. 4. parecer m., opinião f. 5. (Náut.) cálculo m. da posição de um navio.
   day of ~ 1. dia do ajuste de contas. 2. juizo final. short ~s make long friends boas contas fazem bons amigos. to be out of one's ~ enganar-se, estar errado. to my ~ segundo o meu parecer.

reclaim [rikl'eim] s. ato ou ação de reclamar ou ser

reclamado, reclamação f. ‖ v. 1. reformar (uma pessoa, erro, costume, vício), corrigir, recuperar. 2. civilizar, domesticar, amansar. 3. lavrar, cultivar. 4. reclamar, reivindicar, exigir em devolução, recuperar. 5. regenerar (materiais).
reclaimable [rikl'eiməbl] adj. 1. recuperável, corrigivel. 2. domesticável. 3. lavrável, cultivável. 4. reclamável, exigível. ‖ **—bly** adv. de modo recuperável, cultivável, laborável, reclamável ou exigível.
reclaimer [rikl'eimə] s. o que recupera, corrige, cultiva, lavra, reclama ou exige.
reclamation [reklam'eiʃən] s. 1. recuperação, regeneração f. 2. reclamação, reivindicação f.
land ~ project projeto de recuperação de terras.
reclassify [rikl'æsifai] v. classificar de novo
reclinate [r'eklineit], **reclinated** [r'eklineitid] adj. (Bot.) reclinado.
reclination [reklin'eiʃən] s. inclinação f., pendor m.
recline [rikl'ain] v. 1. reclinar, recostar. 2. inclinar, pender. 3. apoiar, repousar, descansar.
reclining [rikl'ainiŋ] adj. 1. reclinado, inclinado. 2 apoiado, encostado.
reclining-chair s. espreguiçadeira f.
reclose [ri:kl'ouz] v. fechar novamente.
recluse [rikl'u:s] s. monge, recluso m., eremita, asceta m. + f. ‖ adj. 1. recluso, encerrado, enclausurado. 2. retirado, remoto. ‖ **~ly** adv. (†) de modo recluso.
reclusion [rikl'u:ʒn] s. 1. reclusão f., retiro m., separação f. 2. prisão f. em solitária.
reclusive [rikl'u:siv] adj. como eremita, retirado, separado, solitário.
recognition [rekəgn'iʃən] s. reconhecimento m., recognição, identificação f.
recognizability [rekəgnaizəb'iliti] s. o ser reconhecível ou identificável m.
recognizable [r'ekəgnaizəbl] adj. reconhecível, identificável. ‖ **—bly** adv. dum modo reconhecível.
recognizance [rik'ognizəns] s. 1. (Jur.) instrumento m. de confissão de dívida. 2. importância devida f.
recognize [r'ekəgnaiz] v. 1. reconhecer, identificar, confessar. 2. examinar novamente. 3. saudar. 4. admitir como legal ou verdadeiro. 5. mostrar-se agradecido por.
recognizer [r'ekəgnaizə] s. identificador m.
recoil [rik'oil] s. 1. recuo, recuamento m. 2. rechaço, ressalto, ricochete m. 3. coice m. (das armas de fogo). 4. repercussão f. 5. retração f. ‖ v. 1. recuar. 2. rechaçar, ressaltar. 3. reverter, recair. 4. dar coice (uma arma de fogo). 5. repercutir.
revenge often ~s on the avenger a vingança muitas vezes recai sobre o vingador. **to ~ at seeing a snake** recuar à vista de uma cobra.
recoiler [rik'oilə] s. pessoa f. ou objeto m. que recua.
recoil escapement s. (relógio) âncora f.
recoiling [rik'oiliŋ] s. recuamento m.
recoilless [rik'oillis] adj. (arma de fogo) sem coice.
recoin [ri:k'oin] v. recunhar, cunhar novamente.
recoinage [ri:k'oinidʒ] s. recunhamento m.
re-collect v. 1. recolher, reunir, juntar ou ajuntar novamente. 2. recobrar força, ânimo, coragem.
recollect (I) [rekəl'ekt] v. 1. lembrar. 2. ponderar.
it is worth ~ing vale a pena lembrar-se.
Recollect (II) [r'ekəlekt] s. Recoleta f.: freira f. da ordem reformada de São Francisco.
recollection [rekəl'ekʃən] s. lembrança, recordação f., reminiscência, memória f.
recommence [ri:kəm'ens] v. recomeçar, reiniciar.
recommencement [ri:kəm'ensmənt] s. recomeço m.
recommend [rekəm'end] v. 1. recomendar, aconselhar. 2. encarecer, tornar atraente. 3. encomendar, encarregar.

recommendability [rekəmendəb'iliti] s. qualidade do que é recomendável.
recommendable [rekəm'endəbl] adj. recomendável. ‖ **—bly** adv. de modo recomendável.
recommendableness [rekəm'endəblnis] s. = **recommendability**.
recommendation [rekəmend'eiʃən] s. recomendação f.
recommendatory [rekəm'endətəri] adj. recomendatório.
recommender [rekəm'endə] s. recomendador m.
recommission [ri:kəm'iʃən] v. recomissionar, encarregar, designar de novo.
recommit [ri:kəm'it] v. 1. prender de novo. 2. encarregar, encomendar novamente. 3. renovar, reencaminhar (para uma comissão, etc.).
recommitment [ri:kəm'itmənt] s., **recommittal** [ri:kəm'itl] s. 1. nova prisão f. 2. ato ou efeito de encarregar ou encomendar novamente.
recompense [r'ekəmpens] s. 1. recompensa, compensação, retribuição f. 2. remuneração, gratificação f. 3. reparação, indenização f. ‖ v. 1. recompensar, compensar. 2. remunerar, gratificar. 3. indenizar.
recompenser [r'ekəmpensə] s. recompensador, remunerador, indenizador m.
recompensive [r'ekəmpensiv] adj. compensativo.
recompose [ri:kəmp'ouz] v. 1. recompor, refazer. 2. acalmar, tranqüilizar.
recomposition [ri:kəmpəz'iʃən] s. recomposição f.
reconcilable [r'ekənsailəbl] adj. reconciliável. ‖ **—bly** adv. de forma conciliatória.
reconcilableness [r'ekənsailəblnis] s. qualidade do que é reconciliável.
reconcile [r'ekənsail] v. 1. reconciliar, congraçar, apaziguar. 2. ajustar, harmonizar, acomodar. 3. satisfazer, contentar. 4. conformar-se, resignar-se, não fazer oposição.
reconcileless [r'ekənsailis] adj. irreconciliável.
reconcilement [r'ekənsailmənt] s. reconciliação f.
reconciler [r'ekənsailə] s. reconciliador, mediador, pacificador m.
reconciliation [rekənsili'eiʃən] s. 1. reconciliação, conciliação f. 2. concordância, harmonia f.
reconciliatory [rekəns'iliətri] adj. reconciliatório, reconciliador.
recondite [rik'ondait, r'ekəndait] adj. 1. recôndito, oculto, secreto. 2. profundo, misterioso, abstruso. ‖ **~ly** adv. de modo recôndito.
reconditeness [rik'ondaitnis] s. qualidade do que é recôndito.
recondition [rikənd'iʃən] v. recondicionar.
reconduct [rikənd'ʌkt] v. reconduzir.
reconduction [rikənd'ʌkʃən] s. recondução f.
reconnaissance [rik'onisəns] s. 1. (milit.) reconhecimento m. 2. exame m., verificação f.
reconnoitre, reconnoiter [rekən'oitə] v. reconhecer, fazer um reconhecimento, explorar, inspecionar (especialmente em sentido militar).
reconnoitrer, reconnoiterer [rekən'oitərə] s. o que faz reconhecimentos.
reconnoitring, reconnoitering [rekən'oitəriŋ] s. reconhecimento m. ‖ adj. de reconhecimento.
reconquer [ri:k'oŋkə] v. reconquistar.
reconquest [ri:k'oŋkwest] s. reconquista f.
reconsider [ri:kəns'idə] v. reconsiderar, submeter a novo estudo, alterar uma opinião ou julgamento.
reconsideration [ri:kənsidər'eiʃən] s. reconsideração f., novo estudo ou exame m.
reconstituent [ri:kənst'itjuənt] s. reconstituinte m. ‖ adj. reconstituinte.
reconstitute [ri:k'onstitju:t] v. reconstituir.
reconstitution [ri:kənstitj'u:ʃən] s. reconstituição f.
reconstruct [ri:kənstr'ʌkt] v. reconstruir, restabelecer, reedificar.
reconstruction [ri:kənstr'ʌkʃən] s. reconstrução f.,

restabelecimento m., reedificação f.
reconstructor [ri:kənstr'ʌktə] s. reconstrutor m.
reconvalescence [ri:kənvəl'esəns] s. reconvalescença t.
reconvalescent [ri:kənvəl'esənt] adj. reconvalescente.
reconvene [ri:kənv'i:n] v. reunir(-se) novamente.
reconvention [ri:kənv'enʃən] s. (Jur.) reconvenção f.
reconversion [ri:kənv'ə:ʃən] s. ação de converter novamente.
reconvert [ri:kənv'ə:t] v. tornar a converter.
reconvey [ri:kənv'ei] v. 1. reconduzir, restituir. 2. levar ou transportar de novo. 3. retransmitir.
reconveyance [ri:kənv'eiəns] s. 1. restituição t. 2. retransmissão f.
record [r'ekɔ:d] s. 1. registro m., inscrição, anotação f. 2. ata f., protocolo, relatório m. 3. relação, crônica, história f. 4. documento m. 5. (geralmente ~s) cadastro, arquivo m. 6. memorial, informe m. 7. ficha, folha corrida, folha f. de serviço ou antecedentes. 8. monumento m., memória ou recordação f. 9. testemunho m., evidência f. 10. (Esporte) recorde m. 11. disco de gramofone m. 12. (†) reputação f. ‖ [rik'ɔ:d] v. 1. registrar, assentar, inscrever, anotar. 2. protocolar. 3. recordar, lembrar, gravar na memória. 4. arquivar. 5. gravar em disco ou fita magnética.
keeper of ~s arquivista. **off the** ~ confidencial. **on** ~ registrado, protocolado. ~ **of service** (milit.) folha de serviço. **speed** ~ recorde de velocidade. **to bear** ~ **of** testemunhar. **to beat** ou **break a** ~ bater um recorde.
recordable [rik'ɔ:dəbl] adj. 1. registrável. 2. que se pode gravar.
recordation [rikɔ:d'eiʃən] s. (†) recordação f.
recordative [rik'ɔ:dətiv] adj. comemorativo.
recordatory [rik'ɔdətri] adj. recordativo, **recordatório.**
record changer s. troca-discos m.
recorder [rik'ɔ:də] s. 1. registrador, anotador m. 2. apontador m. 3. Indicador ou contador mecânico, registro m. + f. 5. juiz municipal m. 6. (Mús.) flauta f. doce. 7. gravador m. de discos ou de fita magnética.
recording [rik'ɔ:diŋ] adj. registrador, gravador.
record player s. toca-discos m.
re-count [ri:k'aunt] s. recontamento m., conferência f. ‖ v. recontar, calcular novamente, recalcular.
recount [rik'aunt] v. contar, relatar, narrar detalhadamente.
recountal [rik'auntl] s. relatório m., narração minuciosa f. ◦
recoup [rik'u:p] v. 1. recuperar, reaver. 2. reparar, indenizar. 3. reter para indenizar-se.
recoupment [rik'u:pmənt] s. 1. ação de indenizar ou indenizar-se. 2. indenização f., reembolso m.
recourse [rik'ɔ:s] s. 1. recurso m. 2. remédio m. 3. refúgio, auxílio m.
to have ~ **to** recorrer a.
recover [rik'ʌvə] v. 1. recuperar, reaver. 2. recobrar, restabelecer, convalescer, curar. 3. salvar, aproveitar. 4. voltar ao estado normal. 5. obter em juízo, ganhar uma causa.
to ~ **one's senses** recobrar os sentidos. **to** ~ **shipwrecked goods** reaver mercadorias de um navio naufragado.
re-cover [ri:k'ʌvə] v. recobrir, tornar a cobrir.
recoverable [rik'ʌvərəbl] adj. 1. recuperável. 2. reparável. 3. curável.
recoverableness [rik'ʌvərəblnis] s. qualidade do que é recuperável ou curável.
recoverer [rik'ʌvərə] s. 1. recuperador m. 2. reparador m.
recovery [rik'ʌvəri] s. 1. recuperação f. 2. reparação

f. 3. cura, reconvalescença f., restabelecimento m. 4. adjudicação f. 5. volta f. ao estado normal.
past ~ que não tem mais remédio, sem esperança, perdido.
recovery plant [rik'ʌvəri pla:nt] s. estabelecimento m. para a recuperação de materiais usados.
recovery room s. (hospital) sala de recuperação f. pós-operatória.
recreance [r'ekriəns], **recreancy** [r'ekriənsi] s. 1. covardia f., temor m. 2. falsidade, infidelidade, traição f.
recreant [r'ekriənt] s. 1. covarde, pusilânime m. + f., temeroso m. 2. falso m., infiel m. + f., traidor m. ‖ adj. covarde, falso, infiel. ‖ ~ly adv. 1. covardemente. 2. falsa ou infielmente.
recreate [r'ekrieit] v. recrear, divertir, entreter, deleitar.
re-create [ri:kri'eit] v. recriar, criar novamente.
recreation [rekri'eiʃən] s. 1. recreação f., divertimento m. 2. recreio m. 3. passatempo m.
re-creation [ri:kri'eiʃən] s. 1. recriação, ação de criar de novo.
recreative [r'ekriətiv] adj. **recreativo.** ‖ ~ly adv. de modo recreativo.
re-creative [ri:kri'eitiv] adj. que forma ou cria novamente.
recreativeness [ri:kri'eitivnis] s. qualidade do que é recreativo.
recrement [r'ekrimənt] s. 1. (Fisiol.) recremento m. 2. escória f.
recremental [rekrim'entəl] adj. (Fisiol.) recrementício.
recriminate [rikr'imineit] v. recriminar.
recrimination [rikrimin'eiʃən] s. recriminação f.
recriminative [rikr'iminətiv] adj. recriminatório.
recriminator [rikr'imineitə] s. recriminador m.
recriminatory [rikr'iminətəri] adj. recriminatório.
recrudesce [ri:kru:d'es] v. recrudescer, reavivar, agravar.
recrudescence [ri:kru:d'esns] s. recrudescência f.
recrudescent [ri:kru:d'esnt] adj. recrudescente.
recruit [rikr'u:t] s. 1. (milit.) recruta m. 2. (Milit.) (†) recrutamento, alistamento m. 3. novo membro de qualquer grupo, classe ou associação, novato m. ‖ v. 1. recrutar, alistar. 2. abastecer, reforçar o exército ou a marinha). 3. revigorar, robustecer.
recruital [rikr'u:təl] s. 1. restabelecimento m. 2. recrutamento m.
recruiter [rikr'u:tə] s. recrutador m.
recruiting [rikr'u:tiŋ] s. 1. recrutamento m. 2. abastecimento, reforço m. ‖ adj. de ou relativo ao recrutamento.
recruitment [rikr'u:tmənt] s. 1. recrutamento m. 2. reforço m.
recrystallization [rikristəlaiz'eiʃən] s. (Geol., Metalurg.) recristalização f.
recrystallize [rikr'istəlaiz] v. (Geol., Metalurg.) recristalizar.
rectal [r'ektəl] adj. (Anat.) retal.
rectangle [r'ektæŋgl] s. (Geom.) retângulo m.
rectangled [r'ektæŋgld] adj. 1. de ângulos retos. 2. dividido em retângulos.
rectangular [rekt'æŋgjulə] adj. retangular. ‖ ~ly adv. retangularmente.
rectangularity [rektæŋgjul'æriti] s. retangularidade f.
rectifiable [r'ektifaiəbl] adj. retificável.
rectification [rektifik'eiʃən] s. retificação, emenda f.
rectificatory [rekt'ifikeitəri] adj. retificador, retificativo.
rectifier [r'ektifaiə] s. retificador m.
rectify [r'ektifai] v. 1. retificar, corrigir, emendar. 2. (Quím.) retificar, purificar. 3. (Elet.) transformar (uma corrente).

rectifying [r'ektifaiiŋ] s. ação, processo de retificar. ‖ adj. retificador.

rectilinial [rektil'iniəl], **rectilinear** [rektil'iniə] adj. retilíneo.

rectitis [rekt'aitis] s. (Med.) retite f.

rectitude [r'ektitju:d] s. 1. retidão, integridade, probidade f. 2. correção, isenção f. de faltas ou erros.

recto [r'ektou] s. página direita f. de um livro aberto.

rector [r'ektə] s. 1. reitor, diretor m., dirigente m. + f. 2. pároco, prior m.

rectorate [r'ektərit] s. reitorado m., reitoria f.

rectorial [rekt'əriəl] adj. reitoral, de reitor ou reitoria.

rectory [r'ektəri] s. reitoria f., presbitério m., residência paroquial (quadro V 3).

rectress [r'ektris] s. reitora ou diretora f.

rectrix [r'ektriks] s. 1. = **rectress**. 2. **rectrices** [rektr'aisiz] s. pl. penas f. pl. da cauda das aves, com as quais dirigem o vôo.

rectum [r'ektəm] s. (Anat.) reto m.

recumbence [rik'ʌmbəns], **recumbency** [rik'ʌmbənsi] s. 1. posição de quem está deitado, encostado ou reclinado. 2. repouso, descanso m.

recumbent [rik'ʌmbənt] adj. 1. deitado ou encostado. 2. inativo, ocioso. ‖ ~ly adv. 1. reclinadamente. 2. inativamente.

recuperability [rikju:pərəb'iliti] s. poder m. de recuperação.

recuperate [rikj'u:pəreit] v. 1. recuperar, reaver, recobrar. 2. reconvalescer, recuperar a saúde.

recuperation [rikju:pər'eiʃən] s. recuperação f., recobro m.

recuperative [rikj'u:pərətiv], também **recuperatory** [rikj'u:pərətəri] adj. recuperativo, restaurador.

recuperator [rikj'u:pəreitə] s. recuperador m.

recur [rik'ə:] v. 1. ocorrer periodicamente. 2. voltar, tornar a suceder, suceder repetidamente.
to ~ to recorrer a. **leap year ~s every four years** anos bissextos ocorrem de quatro em quatro anos.
to ~ in ou **to the mind** vir à memória.

recurrence [rik'ə:rəns], **recurrency** [rik'ə:rənsi] s. 1. volta, repetição f., retorno m. 2. recurso m.

recurrent [rik'ə:rənt] adj. 1. periódico, que se repete. 2. (Anat.) recorrente.

recurring [rik'ə:riŋ] adj. recorrente.

recurvate [rik ə:vit] adj. recurvado.

recurvation [rikə:v'eiʃən], **recurvature** [rik'ə:vətjuə] s. recurvação f.

recurve [rik'ə:v] v. recurvar.

recurved [rik'ə:vd] adj. recurvado, recurvo.

recurvedness [rik'ə:vdnis] s. qualidade do que é recurvado.

recusancy [r'ekjuzənsi] s. não-conformidade, adversidade f.

recusant [r'ekjuzənt] s. recusante, não-conformista m. + f. (igreja da Inglaterra). ‖ adj. recusante.

recuse [rekj'u:z] v. recusar, negar-se, opor-se.

recycling [ris'aikliŋ] s. reciclagem f.

recut [ri:k'ʌt] v. 1. recortar. 2. repicar.

red [red] s. 1. cor vermelha ou qualquer cor semelhante (ocre, almagre) f. 2. rubor m., vermelhidão. f. 3. pessoa f., animal m., vestimenta f. ou qualquer objeto m. vermelho. 4. político ultra-radical m. 5. comunista m. + f. 6. anarquista m. + f. 7. índio americano m. ‖ v. avermelhar, pintar de vermelho. ‖ adj. vermelho ou de cor semelhante (escarlate, encarnado). ‖ ~ly adv. de vermelho.
dark ou **deep ~** vermelho-escuro. **bright ~** vermelho-claro. **in the ~** (E. U. A.) estar endividado, estar perdendo dinheiro. **to see ~** (coloq.) enfurecer-se. **the ~s** comunistas. **to grow ~** corar. **to turn ~** avermelhar, corar.

redact [rid'ækt] v. 1. redigir. 2. preparar para publicação, editar.

redaction [rid'ækʃən] s. 1. redação f., ato ou efeito de redigir. 2. matéria redigida f.

redactor [rid'æktə] s. 1. redator m. 2. editor m.

red admiral [r'ed'ædmərəl] s. (Ent.) atalanta f.

red alert s. (defesa civil ou militar) alerta vermelho m.: aviso de ataque iminente.

redan [rid'æn] s. (Fort.) redente m.

red ant [r'eda:nt] s. (Zool.) formiga-açucareira, formiga-argentina f.

Red Army s. Exército Vermelho m. (países comunistas).

redbird [r'edbə:d] s. (Ornit.) 1. cardeal m. 2. pisco-chilreiro m.

red blood cell s. eritrócito m.

red-blooded adj. vigoroso, viril.

redbook [r'edbuk] s. (Inglat.) livro m. de registro dos funcionários públicos.

redbreast [r'edbrest] s. (Orn.) 1. pisco-comum, pisco-de-peito-ruivo m. 2. vedeta-da-praia f.

redbud [r'edbʌd] s. (Bot.) espécie de olaia (Cercis canadensis).

red-cap [r'edkæp] s. carregador m. de bagagem.

red carpet treatment s. tratamento m. de alto dignitário.

red clover [r'edklouvə] s. (Bot.) trevo-dos-prados m.

redcoat [r'edkout] s. (coloq.) soldado inglês m.

Red Cross [r'edkrɔs] s. Cruz Vermelha f.

red deer [r'eddiə] s. (Zool.) veado m.

redden [redn] v. 1. avermelhar, ruborizar. 2. enrubescer, corar.

reddish [r'ediʃ] adj. avermelhado.

reddishness [r'ediʃnis] s. vermelhidão f.

red dogwood s. (Bot.) sanguíneo-legítimo m.

rede [ri:d] s. (Ingl. †) 1. conselho, aviso m. 2. interpretação. f. ‖ v. 1. aconselhar, dar conselhos. 2. interpretar, explanar.

redecorate [rid'ekəreit] v. redecorar (casa, etc.), renovar a decoração interna.

redeem [rid'i:m] v. 1. remir, redimir, resgatar, libertar, salvar. 2. amortizar. 3. cumprir, desempenhar. 4. reparar, indenizar, compensar. 5. readquirir.

redeemability [ridi:məb'iliti] s. qualidade do que é redimível.

redeemable [rid'i:məbl] adj. remível, resgatável, amortizável, reparável.

Redeemer [rid'i:mə] s. Redentor m.

redeemer [rid'i:mə] s. redentor m.

redeliberate [ridil'ibəreit] v. deliberar novamente.

redeliver [ri:dil'ivə] v. 1. restituir, devolver. 2. tornar a libertar. 3. entregar novamente.

redeliverance [ri:dil'ivərəns], **redelivery** [ri:dil'ivəri] s. restituição, devolução f.

redemand [ri:dim'a:nd] s. novo pedido m. ou reclamação f. ‖ v. perguntar, pedir ou reclamar novamente (uma restituição).

redemandable [ri:dim'a:ndəbl] adj. que se pode reclamar ou pedir novamente.

redemptible [rid'emptəbl] adj. remível.

redemption [rid'empʃən] s. 1. redenção f., resgate m., libertação, salvação f. 2. nova aquisição, compra de volta f. 3. cumprimento (de uma promessa) m. 4. amortização (de uma dívida) f. 5. expiação, penitência f.

redemptioner [rid'empʃənə] s. (Hist., E. U. A.) imigrante m. + f. que resgatava com seu trabalho o preço de sua passagem.

redemptive [rid'emptiv] adj. remissório, remissor, redentor.

redemptorist [rid'emptərist] s. redentorista m. + f.

redemptory [rid'emptəri] adj. = **redemptive**.
~ price preço de resgate.

red ensign [r'edensain] s. bandeira comercial inglesa f.
redeploy [ridipl'ɔi] v. (milit.) transferir a posição das tropas de um campo de operação para outro.
redeposit [ri:dip'ɔzit] v. depositar novamente.
redescend [ri:dis'end] v. redescer, descer de novo.
redetermine [ri:dit'ə:min] v. determinar novamente.
red-faced [r'edfeist] adj. corado.
red fescue [r'edfeskju:] s. (Bot.) festuca-vermelha f.
red-flag [r'edflæg] s. 1. símbolo m. de rebelião. 2. sinal m. de perigo.
red giant s. (Astron.) gigante vermelha f. (estrela).
Red Guard s. (China Continental) Guarda Vermelha f., da juventude chinesa.
red gurnard [r'edgɑ:nəd] s. (Ict.) peixe-cabra m.
red-haired [r'edhɛəd] adj. ruivo, de cabelos vermelhos.
red-handed [r'edhændid] adj. 1. com as mãos ensangüentadas. 2. em flagrante.
red-hat [r'edhæt] s. chapéu cardinalício m.
red-herring [r'edheriŋ] s. 1. arenque defumado m. 2. aquilo que serve para desviar a atenção do assunto verdadeiro.
to draw a ~ across the track procurar desviar a atenção.
redhibition [rədhib'iʃən] s. redibição f.
red-hot [r'edhɔt] adj. 1. incandescente, em brasa. 2. (fig.) excitado, furioso. 3. muito entusiástico. 4. recentíssimo (novidades).
~ information notícias de última hora.
Red Indian [red'indiən] s. índio da América do Norte, pele-vermelha m.
redingote [r'ediŋgout] s. redingote m., sobrecasaca f.
redirect [ri:dir'əkt] v. 1. dirigir de novo. 2. endereçar de novo (correspondência). 3. instar, questionar.
rediscount [rid'iskaunt] s. redesconto m. [ridisk'aunt] v. redescontar.
rediscover [r'i:disk'ʌvə] v. tornar a descobrir.
redistribute [ri:distr'ibju:t] v. redistribuir, distribuir novamente.
redistribution [ri:distribj'u:ʃən] s. redistribuição, nova distribuição f.
redistrict [ri:d'istrikt] v. dividir em novos distritos.
redivide [ri:div'aid] v. dividir novamente.
redivivus [rediv'aivəs] adj. redivivo, que voltou à vida.
red jasmine [redʒ'æsmin] s. (Bot.) jasmim-vapor, jasmim-de-são-josé m.
red-lead [redl'ed] s. (Min.) zarcão, mínio m.
red-legs [redl'egz] s. (Orn.) nome que se dá a diversos pássaros de pernas vermelhas.
red-letter [r'edletə] adj. 1. marcado com letras vermelhas. 2. memorável.
~ day feriado, dia de folga, festa.
red-light district [redl'aitdistrikt] s. (E. U. A.) zona f. de meretrício.
red locust [redl'oukəst] s. (Bot.) acácia-bastarda, acácia-pára-sol f.
red man [r'edmən] s. = Red Indian.
red millet [redm'ilit] s. (Bot.) milhã-de-pendão f.
redneck [r'ednek] s. (E. U. A., depreciat.) trabalhador rural branco m.
redness [r'ednis] s. vermelhidão f.
red-ochre [red'oukə] s. ocre vermelho m.
redolence [r'edoləns], redolency [r'edolənsi] s. fragrância f., perfume, aroma m.
redolent [r'edolənt] adj. fragrante, cheiroso, perfumado, aromático, odorífico. ‖ –ly adv. de modo fragrante ou cheiroso.
redouble [rid'ʌbl] s. 1. redobramento m. 2. redobro m. ‖ v. 1. redobrar. 2. aumentar muito, duplicar. 3. repetir, ressoar, ecoar.
redoubt [rid'aut] s. (Fort.) reduto m.
redoubtable [rid'autəbl] adj. formidável, terrível,

temível. ‖ –bly adv. terrivelmente, temivelmente.
redoubtableness [rid'autəblnis] s. qualidade do que é terrível ou temível.
redound [rid'aund] v. 1. redundar, resultar. 2. recair. 3. contribuir para.
redpencil [r'edpensl] v. marcar com lápis vermelho.
red pepper [redp'epə] s. (Bot.) 1. malagueta f. 2. pimentão m.
red periwinkle [redp'eriwiŋkl] s. (Bot.) boas-noites f. pl., bonina f.
redpoll [r'edpoul] s. (Orn.) pássaro m. fringilídeo de crista vermelha, das regiões setentrionais.
Red Poll s. gado m. de raça inglesa.
red porgy [redp'ɔ:gi] s. (Ict.) pargo m.
redraft [r'i:dr'ɑ:ft] s. 1. novo projeto, esboço, desenho m. 2. nova redação f. 3. novo saque m. ‖ v. 1. fazer novo projeto, esboço, desenho. 2. redigir novamente. 3. sacar novamente.
redraw [ri:dr'ɔ:] v. 1. fazer novo projeto, desenho. 2. (Com.) sacar de novo.
redress (I) [ridr'es] s. 1. emenda, reforma, retificação f. 2. reparação f. 3. alívio, socorro m. ‖ v. 1. emendar, corrigir, retificar, restabelecer. 2. reparar, remediar. 3. aliviar, socorrer.
to ~ the balance restabelecer o equilíbrio.
re-dress (II) [r'i:dr'es] v. vestir ou arrumar de novo.
to ~ the hair arrumar novamente os cabelos.
to ~ a wound fazer novo curativo.
redressable [ridr'esəbl] adj. que pode ser emendado, reparado, socorrido.
redresser [ridr'esə] s. reformador, aliviador m., o que emenda ou remedeia.
redressless [ridr'eslis] adj. irreparável, irremediável.
redressment [ridr'esmənt] s. ato ou efeito de emendar, reparar ou socorrer.
red sage [r'edseidʒ] s. (Bot.) camará m.
Red Sea [r'edsi:] s. Mar Vermelho m.
red-shank [r'edʃæŋk] s. 1. apelido m. dos escoceses. 2. (Orn.) fuselo m.
red shift s. (Fís., Astron.) mudança f. para vermelho.
redskin [r'edskin] s. = Red Indian.
redstart [r'edstɑ:t] s. (Orn.) 1. setófaga f.: pássaro m. migratório, canoro, de cauda vermelha. 2. rouxinol-da-muralha m.
redstreak [r'edstri:k] s. espécie de maçã.
redtape [r'edteip] s. formalidades f. pl., rotina burocrática f. ‖ adj. cheio de formalidades e burocracia.
redtapist [redt'eipist] s. burocrata m. + f.
redtop [r'edtɔp] s. (Bot.) capim m. para pasto e forragem (Agrostis stolonifera major).
reduce [ridj'u:s] v. 1. reduzir, diminuir, abreviar, contrair. 2. rebaixar, degradar. 3. fazer voltar ao estado ou posição original. 4. emagrecer. 5. submeter, subjugar. 6. converter (por exemplo, libras em dólares). 7. pôr em outra forma (da forma oral para a forma escrita). 8. (Quím.) a) combinar com hidrogênio. b) tirar oxigênio. c) modificar um composto. 9. diluir, enfraquecer. 10. transformar, converter.
to ~ to ashes reduzir a cinzas. to ~ to nothing reduzir a nada. to ~ to poverty reduzir à pobreza.
to ~ wood to pulp reduzir madeira a polpa.
reduced [ridj'u:st] adj. reduzido.
reducement [ridj'u:smənt] s. redução f.
reducent [ridj'u:sənt] s. redutor m. ‖ adj. redutor.
reducer [ridj'u:sə] s. 1. o que reduz, redutor m. 2. o que submete, subjuga, converte, etc. 3. tubo m. de redução (quadro P 3).
reducibility [ridju:səb'iliti] s. redutibilidade f.
reducible [ridj'u:səbl] adj. redutível, conversível.
reducing agent s. (Quím.) redutor m.

reduction [rid'ʌkʃən] s. 1. redução, diminuição, abreviação f., corte m. 2. abatimento, desconto m. 3. decréscimo m. 4. conversão (de moeda) f. 5. (Cirurg.) colocação f. no lugar certo. 6. cópia reduzida f. 7. (Biol.) meiose f.

reductionism [~izm] s. (dados, etc.), redução, simplificação f. (pejorativo).

reductive [rid'ʌktiv] adj. redutivo, reducente. ‖ ~ly adv. por redução.

redundance [rid'ʌndəns], **redundancy** [rid'ʌndənsi] s. 1. redundância, superabundância f., excesso m., superfluidade f. 2. pleonasmo m.

redundant [rid'ʌndənt] adj. 1. redundante, superabundante, excessivo. 2. pleonástico. ‖ ~ly adv. redundantemente, superfluamente.

reduplicate [ridj'u:plikeit] v. reduplicar, redobrar, repetir. ‖ adj. reduplicado, repelido, duplo.

reduplication [ridju:plik'eiʃən] s. reduplicação, repetição f.

reduplicative [ridj'u:plikeitiv] adj. reduplicativo.

red valerian [redvəl'iəriən] s. (Bot.) alfinetes m.

redware [r'edwɛə] s. (Bot.) laminária-digitada f.

redweed [r'edwi:d] s. (Bot.) 1. papoula-rubra f. 2. caruru-de-cacho m.

redwing [r'edwiŋ] s. (Orn.) tordo-menor-cantador, malvis m., ruiva f.

redwood [r'edwud] s. (Bot.) 1. sequóia canadense (Sequoia semprevirens) f. 2. pau-brasil m.

reecho [ri:'ekou] s. repetição f. de um eco. ‖ v. ecoar de novo, ressoar.

reechy [r'i:tʃi] adj. (†) rançoso, râncido, sujo.

reed [ri:d] s. (Bot.) 1. cana f., junco m. ou plantas f. pl. semelhantes (bambu, canudo). 2. coisas feitas desse material (quadro B 24). 3. (Mús.) palheta f. (de instrumento de sopro). 4. flauta pastoril f. 5. pente m. de tecelão. 6. (Arquit.) moldura f. ou ornato m. semicilíndrico. 7. (fig.) poesia pastoril f. 8. ~s material m. para cobertura de telhados. ‖ v. 1. (Mús.) prover com palhetas. 2. (Arquit.) ornar com molduras. 3. cobrir com junco.
a broken ~ pessoa em que não se pode confiar.

reedbird [r'i:dbə:d] s. (Orn.) triste-pia, papa-arroz m. (o mesmo que **bobolink**).

reed canary grass s. (Bot.) capim-amarelo m.

reeden [r'i:dən] adj. de junco, cana ou bambu.

reed grass [r'i:dgra:s] s. (Bot.) cana-do-reino f.

reedify [ri'edifai] v. reedificar.

reediness [r'i:dinis] s. rouquidão f.

reeding [r'i:diŋ] s. moldura f. ou série de molduras semicilíndricas.

reedit [ri:e'dit] v. reeditar.

reed organ [r'i:do:gən] s. (Mús.) espécie de órgão m.

reedstop [r'i:dstop] s. (Mús.) palheta de órgão f.

reeducate [ri:'edjukeit] v. 1. reeducar. 2. recuperar.

reeducation [ri:edjuk'eiʃən] s. reeducação f.

reedy [r'i:di] adj. 1. cheio de junco. 2. semelhante ao junco ou à cana. 3. feito de junco. 4. fraco como a cana ou o junco. 5. que tem um som fino, agudo.

reef (I) [ri:f] s. 1. recife, escolho, rochedo ou banco de areia m. 2. (Miner.) veio metálico, camada f.

reef (II) [ri:f] s. (Náut.) parte da vela que pode ser encurtada por meio dos rizes, quando convém navegar com pouco pano (quadro S 2). ‖ v. rizar, colher os rizes.
to take in a ~ 1. ferrar as velas, rizar a vela. 2. (fig.) proceder com cautela ou moderação.

reefband [r'i:fbænd] s. (Náut.) forra de rizes f.

reefer [r'i:fə] s. (Náut.) 1. o que colhe os rizes. 2. casaco curto m. usado por marujos e pescadores.

3. (gíria E. U. A.) cigarro m. contendo entorpecente.

reefing [r'i:fiŋ] s. (Náut.) rizadura f.

reefknot [r'i:fnot] s. (Náut.) nó direito m. dos rizes.

reefline [r'i:flain] s. (Náut.) cabo m. para colher rizes.

reefs [ri:fs] s. (Náut.) rizes m. pl. duma vela.

reefy [r'i:fi] adj. cheio de rochedos ou recifes.

reek [ri:k] s. 1. cheiro forte, desagradável m. 2. fumaça f., vapor m. ‖ v. 1. emitir um cheiro forte e desagradável. 2. emitir fumaça ou vapores. 3. estar molhado de suor ou sangue. 4. estar impregnado de qualquer umidade fétida.

reeky [r'i:ki] adj. enfumaçado, sujo, malcheiroso.

reel (I) [ri:l] s. 1. carretel, sarilho m., bobina f. (quadro S 4). 2. molinete m. (de linha de pescar) (quadro F 4). 3. tambor m. 4. torniquete m. 5. dobadoura f. ‖ v. 1. bobinar, enrolar em carretel ou bobina. 2. dobar. 3. filmar.
off the ~ (coloq. E. U. A.) continuamente, sem interrupção. ~ of the log (Náut.) carretel da barquilha. to ~ off desenrolar.

reel (II) [ri:l] s. movimento m. vacilante ou cambaleante. ‖ v. 1. vacilar, cambalear. 2. andar de modo cambaleante, vacilante. 3. oscilar, balançar.

reel (III) [ri:l] s. 1. dança escocesa (**Scotch reel**) ou americana f. (**Virginia reel**) f. 2. a respectiva música f. ‖ v. dançar o **reel**.

re-elect [ri:il'ekt] v. reeleger.

re-election [ri:il'ekʃən] s. reeleição f.

reeler [r'i:lə] s. bobinador m.

re-eligibility [ri:elidʒəb'iliti] s. reelegibilidade f.

re-eligible [ri:el'idʒəbl] adj. reelegível.

reeling [r'i:liŋ] adj. cambaleante, ébrio, vacilante. ‖ ~ly adv. de modo cambaleante ou vacilante.

re-embark [ri:imb'a:k] v. reembarcar.

re-embarkation [ri:emba:k'eiʃən] s. reembarque m.

re-enact [ri:in'ækt] v. restabelecer, tornar a pôr em vigor.

reeming iron [r'i:miŋaiən] s. ferro m. de calafate.

re-enactment [ri:in'æktmənt] s. restabelecimento m. (duma lei).

re-enforce [ri:inf'ɔ:s] s. reforço m. ‖ v. reforçar, fortificar.

re-engage [ri:ing'eidʒ] v. 1. contratar, alistar novamente, readmitir ao serviço. 2. travar novo combate.

re-engagement [ri:ing'eidʒmənt] s. 1. novo contrato ou alistamento m., readmissão f. 2. novo combate m.

re-enter [ri:'entə] v. 1. reentrar. 2. (Com.) fazer novo lançamento.

re-entrance [ri:'entrəns] s. 1. reentrada, readmissão f. 2. reaparecimento m.

re-entrant [ri:'entrənt] adj. reentrante.

reentrant angle s. ângulo reentrante m.

re-entry [ri:'entri] s. 1. nova entrada f. 2. (Com.) novo lançamento m.

re-establish [ri:ist'æbliʃ] v. restabelecer, restaurar.

re-establisher [ri:ist'æbliʃə] s. restaurador m.

re-establishing [ri:ist'æbliʃiŋ], **reestablishment** [ri:ist'æbliʃmənt] s. restabelecimento m.

reeve (I) [ri:v] s. bailio, inspetor, capataz m.

reeve (II) [ri:v] v. (imp. e p. p. ~d ou **rove**) (Náut.) passar a cordagem pelos moitões, amarrar por este meio.

reeve (III) [ri:v] s. (Orn.) fêmea do **ruff** pavão-do-mar.

re-examination [ri:igzæmin'eiʃən] s. novo exame m.

re-examine [ri:igz'æmin] v. reexaminar.

re-exchange [ri:ikstʃ'eindʒ] s. (Com.) recâmbio m.

re-export [ri:'ekspo:t] s. reexportação f. ‖ [ri:iksp'ɔ:t] v. reexportar.

re-exportation s. reexportação f.

ref. abr. de reference, referred, reformed.

refashion [ri:f'æʃən] v. amoldar ou talhar de novo.

refect [rif'ekt] v. comer alguma coisa, refazer as forças.

refection [rif'ekʃən] s. refeição, merenda f.

refective [rif'ektiv] adj. restaurador, tonificante.

refectory [rif'ektəri] s. refeitorio (especialmente em escolas ou estabelecimentos religiosos) m.

refectory table s. mesa elástica f. de refeições.

refer [rif'ə:] v. referir, aludir, reportar. 2. encaminhar, dirigir, apresentar. 3. recorrer. 4. submeter, entregar (para julgamento). 5. atribuir. 6. aplicar. **he was ~red to the association for assistence** ele foi encaminhado à associação para obter auxilio. **to ~ one's failure to bad luck** atribuir o insucesso à má sorte. **to ~ the case to a judge** entregar o caso a um juiz. **the minister often ~s to the Bible** o pastor ou sacerdote freqüentemente faz alusão à Bíblia. **the rule ~s to special cases** o regulamento se aplica a casos especiais. **to ~ to a dictionary** recorrer a um dicionário.

referable [rif'ə:rəbl] adj. 1. que se pode referir. 2. atribuivel. 3. aplicável.

referee [refər'i:] s. árbitro, juiz, louvado m.

reference [r'efrəns] s. 1. referência, relação f., respeito m., alusão, menção f. 2. marca f., sinal m. ou marca f. de referência. 3. recomendação, informação f. ‖ v. prover (um livro) com referências. ‖ adj. que serve para referência ou consulta. **book ou work of ~** livro de consulta, dicionário, etc. **in ou with ~ to** em ou com referência a. **to make ~ to** fazer referência ou alusão a. **~ library** biblioteca de consultas. **~ number** número de referência ou ordem.

reference group s. (Soc.) grupo de referência m. (com o qual o indivíduo se identifica).

referendary [refər'endəri] adj. relativo a referendum.

referendum [refər'endəm] s. 1. referendo m. 2. (Pol.) plebiscito m.

referent [r'efərənt] s. qualquer coisa, estado ou situação a que uma palavra se refira.

referential [refər'enʃəl] adj. referente. ‖ **~ly** adv. em forma de referência.

refill [ri:f'il] s. 1. carga f. ou material m. que serve para encher ou suprir de novo. 2. reenchimento m. ‖ v. encher ou suprir novamente.

refinable [rif'ainəbl] adj. que se pode refinar.

refinance [rif'ainæns] v. financiar de novo.

refine [rif'ain] v. 1. refinar, purificar. 2. clarificar, polir. 3. aperfeiçoar, educar, cultivar. 4. requintar, sutilizar, esmerar.

refined [rif'aind] adj. 1. refinado, purificado. 2. aperfeiçoado. 3. apurado, fino, culto. ‖ **~ly** adv. refinadamente.

refinedness [rif'aindnis] s. refinamento m., pureza f., requinte, apuro m.

refinement [rif'ainmənt] s. 1. refinação f. ou refinamento m. 2. purificação f. 3. requinte m., cultura, distinção f.

refiner [rif'ainə] s. refinador m.

refinery [rif'ainəri] s. refinaria f.

refining [rif'ainiŋ] s. refinação f.

refinish [rif'iniʃ] v. dar novo acabamento.

refit [rif'it] s. novo equipamento m. ‖ v. consertar, reparar, equipar de novo, reaparelhar.

refitting [ri:f'itiŋ] s. reparação f., conserto, novo equipamento ou aparelhamento m.

reflation [rifl'eiʃən] s. reflação f.

reflect [rifl'ekt] v. 1. refletir ou fazer refletir, espelhar. 2. ponderar, pensar bem, meditar. 3. recair (on ou upon em ou sobre). 4. repercutir.

~ carefully about what you are going to do pense bem sobre o que vai fazer. **the walls ~ the heat** as paredes refletem o calor. **to ~ on** lançar crítica sobre, recair em, prejudicar a.

reflectance [~əns] s. (Fís., ópt.) refletância f.

reflected [rifl'ektid] adj. refletido.

reflecting [rifl'ektiŋ] adj. de reflexão, refletor, refletidor. ‖ **~ly** adv. com reflexão, com censura. **~ telescope** telescópio de reflexão.

reflection [rifl'ekʃən] s. 1. reflexão f., reflexo m., repercussão f. 2. ponderação f., estudo minucioso m., consideração, censura, repreensão, crítica f. **angle of ~** ângulo de reflexão. **upon ~** depois de maduro estudo.

reflective [rifl'ektiv] adj. 1. refletivo. 2. pensativo, meditabundo. 3. (Gram.) reflexivo. 4. recíproco. ‖ **~ly** adv. refletidamente.

reflectiveness [rifl'ektivnis] s. reflexibilidade f.

reflector [rifl'ektə] s. refletor m. (quadros B 11, E 3).

reflex [r'i:fleks] s. reflexo m., reflexão f. ‖ [rifl'eks] v. recurvar. ‖ adj. 1. reflexivo, refletivo. 2. (Bot.) recurvado. 3. (Fisiol.) produzido por estímulo. 4. (Gram.) reflexivo. **~ action** contração involuntária de um músculo, respondendo a um estímulo.

reflex camera s. (Fot.) câmara f. "reflex".

reflexibility [rifleksəb'iliti] s. reflexibilidade f.

reflexible [rifl'eksəbl] adj. reflexivel.

reflexive [rifl'eksiv] s. (Gram.) verbo ou pronome reflexivo m. ‖ adj. reflexivo. ‖ **~ly** adv. reflexivamente.

refloat [ri:fl'out] v. flutuar novamente.

reflourish [ri:fl'ʌriʃ] v. reflorescer.

reflow [ri:fl'ou] s. refluxo m. ‖ v. refluir.

reflower [ri:fl'auə] v. reflorescer.

refluence [r'efluəns], **refluency** [r'efluənsi] s. refluxo m.

refluent [r'efluənt] adj. refluente.

reflux [r'i:flʌks] s. refluxo m.

reforest [ri:f'ɔrist] v. reflorestar.

reforestation [ri:fɔrist'eiʃən] s. reflorestamento m.

reform [rif'ɔ:m] s. reforma, melhoria, emenda f. ‖ v. 1. reformar, melhorar. 2. emendar, corrigir. **~ school** escola disciplinar.

re-form [ri:f'ɔ:m] v. dar nova forma a.

reformable [rif'ɔ:məbl] adj. reformável, corrigível.

reformation [refəm'eiʃən] s. reformação, reforma f.

Reformation [refəm'eiʃən] s. (Rel.) Reforma f.: movimento dissidente na Igreja Católica, que resultou no protestantismo (séc. XVI).

re-formation [ri:fɔ:m'eiʃən] s. ação de formar novamente.

reformational [ri:fɔ:m'eiʃnl] adj. de ou relativo à Reforma.

reformative [rif'ɔ:mətiv] adj. reformativo.

reformatory [rif'ɔ:mətəri] s. casa f. de correção. ‖ adj. reformatório.

reformed [rif'ɔ:md] adj. reformado, corrigido.

reformer [rif'ɔ:mə] s. 1. reformador m. 2. reformista m. + f.

reformism [ri:f'ɔ:mizm] s. (Pol., Rel., Soc.) reformismo m.: idéias e atos visando reformas.

reformist [rif'ɔ:mist] s. reformista m. + f.

reform school s. casa f. de correção.

refound (I) [rif'aund] v. refundir.

refound (II) [ri:f'aund] v. tornar a fundar, fundar de novo.

retract [rifr'ækt] v. refranger, refratar.

refracted [rifr'æktid] adj. refrato.

refracting [rifr'æktiŋ] adj. refrativo, refrangente.

refraction [rifr'ækʃən] s. refração f.: mudança da direção dos raios luminosos.

refractive [rifr'æktiv] adj. refrativo.

refractivity [rifrækt'iviti] s. capacidade f. de refração.
refractometer [rifr'æktəmi:tə] s. refratômetro m.
refractor [rifr'æktə] s. refrator m.
refractoriness [rifr'æktʊrinis] s. 1. teimosia, obstinação, rebeldia, insubmissão f. 2. imunidade f. 3. capacidade f. de refração.
refractory [rifr'æktəri] adj. refratário: 1. teimoso, obstinado, insubmisso. 2. imune. 3. capaz de suportar a ação do calor (tijolos, etc.). ‖ **–ily** adv. teimosamente, obstinadamente, rebeldemente.
refrain (I) [rifr'ein] v. 1. refrear, conter, reprimir, deter. 2. abster-se.
to ~ from smoking and drinking abster-se de fumar e beber.
refrain (II) [rifr'ein] s. estribilho, refrão m.
reframe [ri:fr'eim] v. recompor, formar de novo.
refrangent [rifr'ændʒənt] adj. refrangente.
refrangibility [rifrændʒəb'iliti], **refrangibleness** [rifr'ændʒəblnis] s. refrangibilidade f.
refrangible [rifr'ændʒəbl] adj. refrangível.
refresh [rifr'eʃ] v. 1. refrescar. 2. revigorar, restaurar as forças, reanimar. 3. reabastecer. 4. refrigerar.
refresher [rifr'eʃə] s. 1. pessoa ou coisa f. que refresca. 2. refresco, refrigerante m. 3. lembrete m. 4. honorários m. pl. adicionais para os advogados protelarem a causa. 5. recapitulação f.
refresher course s. curso m. de recapitulação.
refreshing [rifr'eʃiŋ] adj. 1. refrescante. 2. restaurador, reanimador. 3. agradável, animador. ‖ **~ly** adv. de modo refrescante, restaurador ou animador.
refreshingness [rifr'eʃiŋnis] s. qualidade ou caráter refrescante.
refreshment [rifr'eʃmənt] s. 1. refresco m., ligeira refeição f. 2. descanso, repouso m. 3. refrigério m. ‖ adj. de refrescos.
~ counter balcão de refrescos.
refrigerant [rifr'idʒərənt] s. 1. refrigério, refrigerante m. 2. febrífugo m. ‖ adj. 1. refrigerante, refrigerativo. 2. febrífugo.
refrigerate [rifr'idʒəreit] v. 1. refrigerar, retrescar. 2. tornar-se frio ou fresco.
refrigerating [rifr'idʒəreitiŋ] adj. refrigerante.
~ chamber refrigerador, câmara frigorífica.
refrigeration [rifridʒər'eiʃən] s. refrigeração f.
refrigerative [rifr'idʒərətiv] s. refrigerativo m., refrigerante m. ‖ adj. refrigerante.
refrigerator [rifr'idʒəreitə] s. refrigerador m., geladeira f. (quadros B 25, K 2).
refrigerator car s. (Estr. de F.) vagão-frigorífico m.
refrigeratory [rifr'idʒərətəri] s. refrigerativo, refrigerante m. ‖ adj. refrigerativo.
refringent [rifr'indʒənt] adj. refringente, refrativo.
reft [reft] (poét.) imp. e pp. de **reave**.
refuel [ri:f'uəl] v. reabastecer (de combustível).
refuge [r'efju:dʒ] s. 1. refúgio, asilo, abrigo, albergue m. 2. amparo m., proteção f. 3. aquele que dá refúgio ou acolhe alguém m. 4. recurso, subterfúgio, pretexto m. ‖ v. acolher, abrigar, dar ou procurar asilo.
city of ~ (Bibl.) uma das seis cidades na Terra Santa, indicada como refúgio para quem, sem intenção, houvesse matado. **house of ~** asilo. **to take ~ from a storm** procurar refúgio de uma tempestade.
refugee [refjudʒ'i:, r'efjudʒi:] s. refugiado m.
refulgence [rif'ʌldʒəns], **refulgency** [~i] s. refulgência f., esplendor, brilho m.
refulgent [rif'ʌldʒənt] adj. refulgente, resplendente, brilhante. ‖ **~ly** adv. refulgentemente.
refund (I) [r'i:fʌnd] s. devolução f. do dinheiro pago,

reembolso m. ‖ [ri:f'ʌnd] v. devolver (o dinheiro pago), reembolsar, restituir, pagar.
refund (II) [ri:f'ʌnd] v. dar nova forma a um empréstimo ou débito.
refundable [ri:f'ʌndəbl] adj. restituível, reembolsável.
refurbish [ri:f'ə:biʃ] v. 1. polir novamente, lustrar de novo. 2. renovar.
refurnish [ri:f'ə:niʃ] v. 1. reabastecer, suprir ou fornecer novamente. 2. remobiliar.
refusable [rifj'u:zəbl] adj. recusável.
refusal [rifj'uzəl] s. 1. recusa, repulsa, resposta negativa f. 2. opção, escolha f.
to meet with a ~ receber uma recusa.
refuse (I) [r'efju:s] s. refugo, rebofalho, resíduo m. (quadro D 1). ‖ adj. de refugo ou rebotalho, sem valor.
refuse (II) [rifj'u:z] v. recusar, negar, rejeitar, repulsar, repelir, opor.
he was ~d a reward negaram-lhe uma recompensa.
refuse (III) [ri:fj'u:z] v. (Metalurg.) refundir, tornar a fundir.
refuser [rifj'u:zə] s. recusador, rejeitador m.
refutability [refjutəb'iliti] s. impugnabilidade f. qualidade do que é refutável.
refutable [r'efju:təbl] adj. refutável.
refutation [refjut'eiʃən] s. refutação, impugnação f.
refutative [rifj'u:tətiv], **refutatory** [rifj'u:tətəri] adj. refutatório.
refute [rifj'u:t] v. refutar, contestar, contradizer, impugnar.
refuter [rifj'u:tə] s. refutador, contestador m.
regain [rig'ein] v. recuperar, tornar a alcançar ou ganhar.
regal [r'i:gəl] s. realeza, magnificência f. ‖ adj. real, régio. ‖ **~ly** adv. regiamente.
regale [rig'eil] s. (†) festim, regalo, banquete m. ‖ v. regalar, banquetear, festejar, recrear, deleitar.
to ~ oneself regalar-se.
regalement [rig'eilmənt] s. banquete, entretenimento m.
regalia [rig'eiliə] s. pl. 1. regalias ou prerrogativas reais f. pl. 2. insígnias f. pl. da dignidade real. 3. emblemas m. pl. ou decorações f. pl. de qualquer sociedade ou ordem.
in full ~ em toda realeza.
regalism [r'i:gəlizəm] s. regalismo m.
regality [rig'æliti] s. realeza f., poder m. ou dignidade f. real.
regard [rig'a:d] s. 1. consideração, atenção f., respeito m. 2. olhar firme m. 3. estima f. 4. respeito m., relação f. 5. **~s** pl. cumprimentos m. pl., saudações f. pl. ‖ v. 1. considerar, julgar, ter como. 2. respeitar, acatar, dar atenção. 3. olhar, observar atentamente. 4. dizer respeito, ter relação, concernir. 5. estimar, venerar.
as ~s that quanto àquilo. **he is ~ed the best doctor in town** ele é considerado o melhor médico da cidade. **in ou with ~ to** com referência a, relativamente a, quanto a. **she ~s her parents' wishes** ela respeita ou acata os desejos de seus pais. **with kind ~s** com atenciosas saudações. **we hold him in high ~** temo-lo em alta estima. **without ~ to his health** sem consideração à sua saúde.
regardable [rig'a:dəbl] adj. digno de ser visto ou notado, notável.
regarder [rig'a:də] s. observador m.
~ of the forest guarda florestal.
regardful [rig'a:dful] adj. respeitoso, atento, atencioso. ‖ **~ly** adv. atenciosamente, respeitosamente.
regardfulness [rig'a:dfulnis] s. consideração f., respeito m., atenção f.

regarding [rig'a:diŋ] prep. relativamente, com respeito a, a respeito de, com referência a.

regardless [rig'a:dlis] adj. 1. que não tem consideração ou respeito. 2. descuidado, desatento, negligente. 3. indiferente. ‖ ~ly adv. 1. desrespeitosamente. 2. descuidadamente. 3. indiferentemente. ~ of não obstante, embora.

regardlessness [rig'a:dlisnis] s. 1. descuido m., negligência f. 2. desatenção f. 3. indiferença f.

regatta [rig'ætə] s. regata f.

regelate [r'idʒəleit] v. regelar.

regelation [ridʒəl'eiʃən] s. (Fís.) regelação f.

regency [r'i:dʒənsi] s. 1. regência, administração f., governo m. 2. governo provisório m.

regeneracy [ridʒ'enərəsi] s. estado ou condição de regenerado.

regenerate [ridʒ'enəreit] v. 1. regenerar, reformar, restaurar. 2. corrigir moralmente. ‖ [ridʒ'enərit] adj. regenerado, reformado, convertido.

regenerateness [ridʒ'enərətnis] s. regeneração f.

regeneration [ridʒenər'eiʃən] s. 1. regeneração f., renascimento m. 2. rejuvenescimento m.

regenerative [ridʒ'enəreitiv] adj. regenerativo. ‖ ~ly adv. de modo regenerativo.

regenerative feedback s. (Eletrôn.) regeneração, realimentação f.

regenerator [ridʒ'enəreitə] s. regenerador m.

regeneratory [ridʒ'enəreitəri] adj. regenerador.

regent [r'idʒənt] s. 1. regente, reinante m. + f. 2. (E. U. A.) membro m. do conselho de uma universidade. ‖ adj. regente, reinante.

regentship [r'i:dʒəntʃip] s. regência, aignidade ou função f. de regente.

regerminate [ri:dʒ'ə:mineit] v. germinar novamente.

regermination [ri:dʒə:min'eiʃən] s. ação de germinar novamente.

regicidal [redʒis'aidl] adj. regicida.

regicide [r'edʒisaid] s. 1. regicídio m. 2. regicida m. + f.

regild [ri:g'ild] v. dourar novamente.

regime [reidʒ'i:m] s. 1. regime m., forma f. de governo. 2. norma vigente f.

regimen [r'edʒimen] s. 1. regime m. (Med. Aliment.), dieta, vida metódica f. 2. (Gram.) regime m.

regiment [r'edʒimənt] s. 1. regimento m. 2. governo, poder, domínio m. 3. grande número m. ‖ v. 1. arregimentar. 2. tratar de modo uniforme.

regimental [redʒim'entl] adj. regimental. ‖ ~ly adv. em forma de regimento.

regimentals [~s] s. uniforme m. de um regimento.

regimentation [redʒimənt'eiʃən] s. 1. arregimentação f. 2. organização f. em grupos. 3. sujeição f. a controle governamental.

region [r'i:dʒən] s. região, zona t., distrito m., área f., território m.
the infernal, lower ou nether ~s o inferno. the upper ~s 1. a estratosfera. 2. (fig.) o céu.

regional [r'i:dʒənəl] adj. regional, local.

regionalism [r'i:dʒənəlizm] s. regionalismo m.

regionalist [r'i:dʒənəlist] s. regionalista m. + t.

regionalistic [ri:dʒənəl'istik] adj. regionalista.

regionalize [r'i:dʒənəlaiz] v. dividir em regiões.

regionary [r'i:dʒənəri] adj. da região, regional.

register [r'edʒistə] s. 1. registro m., inscrição, matrícula f. 2. lista f., controle, arquivo, rol m. 3. torneira f. (regulador da passagem ou do consumo de água, gás, etc.). 4. registro m. (Mús. e Tipogr.). 5. registrador m. 6. índice m. 7. anel m. de centragem. ‖ v. 1. registrar, inscrever, assentar, anotar, lançar, protocolar. 2. alistar, matricular. 3. remeter sob registro (uma carta). 4. indicar, apontar (falando de um aparelho de medição).

5. (Tipogr) estar em registro. **6.** mostrar (surpresa, desagrado, satisfação, pela expressão facial).
in ~ (artes gráficas) que está em registro, em ordem. **cash** ~ caixa registradora. ~ **ton** tonelada de registro. **to** ~ **oneself** alistar-se, dar entrada do seu nome.

registered [r'edʒistəd] adj. registrado (quadro L 4), inscrito, matriculado.
~ **trade-mark** marca registrada.

registered mail s. correio registrado m.

registered nurse s. enfermeira diplomada f.

register office s. cartório m.

registrable [r'edʒistrəbl] adj. regıstrável.

registrant [r'edʒistrənt] s. 1. aquele que registra (especialmente uma marca comercial). 2. aquele que se registra ou se inscreve.

registrar [r'edʒistra:] s. 1. registrador m. 2. escrivão, oficial m. de registro.

registrarship [r'edʒistra:ʃip] s. função f. ou cargo m. de registrador ou escrivão.

registrary [r'edʒistrəri] s. 1. registrador m., arquivista m. + f. 2. secretário m. da Universidade de Cambridge.

registration [redʒistr'eiʃən] s. 1. registro m., inscrição, matrícula f. 2. ação de registrar ou inscrever 3. número m. de pessoas inscritas.

registry [r'edʒistri] s. 1. registro m., inscrição f., protocolo, rol m. 2. cartório m. 3. arquivo m.
probate ~ repartição para registro de testamentos.

reglet [r'eglit] s. 1. (Tipogr.) regreta f. 2. (Arquit.) filete m., guarnição estreita f. de madeira.

regnal [r'egnəl] adj. de où relativo a um reino.

regnant [r'egnənt] adj. 1. reinante. 2. predominante. 3. prevalecente, difundido.

regolith [r'egəliθ] s. (Geol.) rególito m.

regorge [ri:g'o:dʒ] v. 1. vomitar. 2. sorver, tragar, refluir. 3. engolir novamente.

Reg. Prof. [r'i:dʒəs praf'esə] Regius Professor: professor de cátedra instituída por fundação régia.

regrant [ri:g'a:nt] s. concessão ou outorga f. renovada. ‖ v. conceder, conferir de novo.

regreet [ri:gr'i:t] v. tornar a saudar, responder a uma saudação.

regress [r'i:gres] s. regresso m., volta f., retorno m. ‖ [rigr'es] v. regressar, voltar, retornar.

regression [rigr'eʃən] s. regressão f., regresso m., volta f., retrocesso m.

regressive [rigr'esiv] adj. regressivo. ‖ ~ly adv. regressivamente.

regressiveness [rigr'esivnis] s. qualidade do que é regressivo.

regret [rigr'et] s. 1. pesar, sentimento m., tristeza, pena f. 2. arrependimento, remorso m. 3. desgosto, desapontamento m. ‖ v. 1. sentir, lastimar, lamentar, deplorar. 2. arrepender-se, afligir-se por alguma coisa.
to feel ou **have** ~ **at** lamentar, sentir pesar por. **we** ~ **it very much** sentimos muito. **it is to be regretted** é lamentável.

regretful [rigr'etful] adj. 1. que causa pena, lamentável, deplorável. 2. pesaroso, arrependido. ‖ ~ly com pesar, pesarosamente.

regretfulness [rigr'etfulnis] s. pesar, sentimento m.

regrettable [rigr'etəbl] adj. lamentável, :astimável. ‖ —bly adv. lamentavelmente, lastimavelmente.

regroup [ri:gr'u:p] v. reagrupar.

regulable [r'egjuləbl] adj. regulável, ajustável.

regular [r'egjulə] s. 1. soldado de linha m. 2. membro de uma ordem religiosa ou monástica. 3. (E. U. A.) partidário, fiel m. ‖ adj. 1. regular, segundo o hábito ou a regra, normal, comum, corrente, certo. 2. exato, pontual. 3. (Geom.) simétrico, harmonioso. 4. ordeiro, metódico, uniforme. 5. autorizado. 6. pertencente ou relativo às tropas regulares. 7. (Igreja) de ou relativo a uma ordem religiosa ou monástica. 8. (Gram.) que se conjuga regularmente. 9. (coloq.) completo. 10. de ou relativo a um partido político estabelecido, regular, oficial. ‖ **~ly** adv. 1. regularmente, com regularidade, segundo as regras. 2. metodicamente. 3. pontualmente.

he is a ~ brick ele é um rapaz direito. **to lead a ~ life** viver uma vida metódica. **~ troops** tropas regulares, efetivas. **the ~ candidate** o candidato regular, oficial.

regularity [regjul'æriti] s. regularidade, ordem f., método m., simetria f.

regularization [regjuləraiz'eiʃən] s. regula:ização f.

regularize [r'egjuləraiz] v. regularizar.

regulatable [r'egjuleitəbl] adj. regularizável.

regulate [r'egjuleit] v. 1. regular, regularizar, ajustar, dispor, ordenar, pôr em ordem, acertar (o relógio).

regulation [regjul'eiʃən] s. regulamento m., regra, ordem, direção f. ‖ adj. 1. de acordo com o regulamento ou a praxe. 2. normal, usual.

regulative [r'egjuleitiv] adj. regulador.

regulator [r'egjuleitə] s. 1. regulador m. 2. relógio m. de grande exatidão. 3. peça reguladora f. de relógio, máquina etc.

regulatory [r'egjuleitəri] adj. regulador.

Regulus [r'egjuləs] 1. (Astron.) Régulo m.: estrela de primeira grandeza na constelação do Leão. 2. **regulus** (Quím., Metalurg.) régulo m.

regurgitant [ri:g'ə:dʒitənt] adj. regurgitante.

regurgitate [ri:g'ə:dʒiteit] v. 1. regurgitar. 2. refluir.

regurgitation [ri:gə:dʒit'eiʃən] s. regurgitação f.

rehabilitate [ri:əb'iliteit] v. reabilitar.

rehabilitation [ri:əbilit'eiʃən] s. reabilitação f.

rehash [ri:h'æʃ] s. 1. coisa refeita f. 2. (fig.) coisa esquentada f. ‖ v. refazer, apresentar sob nova forma.

rehearing [ri:h'iəriŋ] s. (Jur.) novo interrogatório m.

rehearsal [rih'ə:səl] s. 1. (Teat.) ensaio m., prova f. 2. repetição f.

dress ~ ensaio geral.

rehearse [rih'ə:s] v. 1. ensaiar, exercitar, treinar. 2. repetir. 3. relatar detalhadamente. 4. recitar.

rehearser [rih'ə:sə] s. 1. ensaiador m. 2. repetidor m.

reheat [ri:h'i:t] v. reaquecer, requentar.

rehire [ri:h'aiə] v. alugar ou contratar novamente.

rehydrate [rih'aidreit] v. hidratar de novo.

reify [r'i:ifai] v. concretizar, materializar, tratar como real.

reign [rein] s. 1. reino, reinado m. 2. poder m., soberania f., domínio m. 3. prevalência f., predomínio m. ‖ v. 1. reinar, imperar. 2. prevalecer, predominar.

in the ~ of durante o reinado de.

reigning [r'einiŋ] adj. 1. reinante. 2. prevalecente, predominante.

reimbursable [ri:imb'ə:səbl] adj. reembolsável.

reimburse [ri:imb'ə:s] v. reembolsar, pagar, compensar.

reimbursement [ri:imb'ə:smənt] s. reembolso m.

reimburser [ri:imb'ə:sə] s. o que reembolsa, paga ou indeniza.

reimport [ri:'impo:t] s. reimportação f. ‖ [ri:imp'o:t] v. reimportar.

reimportation [ri:impo:t'eiʃən] s. reimportação m.

reimpress [ri:impr'es] v. reimprimir, reeditar.

reimpression [ri:impr'eʃən] s. reimpressão, reedição f.

reimprint [ri:'imprint] v. reimprimir.

reimprison [ri:impr'izn] v. reencarcerar, prender de novo.

reimprisonment [ri:impr'iznmənt] s. reencarceramento m.

rein [ruin] s. 1. rédea f. (quadro H 2). 2. (fig.) freio, controle, refreamento m. ‖ v. 1. levar as rédeas. 2. (fig.) governar, controlar.

to give ~ to largar as rédeas. **to take the ~s** assumir o controle.

reincarnate [ri:'inka:neit] v. reencarnar.

reincarnation [ri:inka:n'eiʃən] s. reencarnação f.

reindeer [r'eindiə] s. (Zool.) rena f., rangífer m.

reinette [rein'et] s. raineta f., variedade de maçã.

reinforce [ri:inf'o:s] s. reforço m. ‖ v. reforçar.

reinforced concrete s. concreto armado m.

reinforcement [ri:inf'o:smənt] s. reforço m.

reinhabit [ri:inh'æbit] v. reabitar.

reinless [r'einlis] adj. desenfreado, descontrolado.

reins [reinz] s. (arc.) rins m., região renal f.

reinsert [ri:ins'ə:t] v. inserir de novo.

reinspect [ri:insp'ekt] v. tornar a inspecionar.

reinstall [ri:inst'o:l] v. reinstalar.

reinstallment [ri:inst'o:lmənt] s. reinstalação f., restabelecimento m.

reinstate [ri:inst'eit] v. restabelecer, empossar novamente.

reinstatement [ri:inst'eitmənt] s. restabelecimento m.

reinsurance [ri:inʃ'uərəns] s. resseguro m.

reinsure [ri:inʃ'uə] v. ressegurar.

reintegrate [ri:'intigreit] v. 1. reintegrar. 2. restaurar a unidade de.

reintegration [ri:intigr'eiʃən] s. reintegração f.

reinterpret [ri:int'ə:prit] v. dar nova versão (a).

reinvest [ri:inv'est] v. (Econ.) reaplicar (fundos).

reissue [ri:'isju:] s. reimpressão, reedição f. ‖ v. reeditar.

reiterant [ri:'itərənt] adj. 1. reiterativo. 2. repetido.

reiterate [ri:'itəreit] v. reiterar, repetir.

reiteratedly [ri:'itəreitidli] adv. reiteradamente.

reiteration [ri:itər'eiʃən] s. reiteração f.

reject [ridʒ'ekt] v. 1. rejeitar, recusar, repelir, desprezar. 2. expelir, vomitar.

rejectable [ridʒ'ektəbl] adj. rejeitável, recusável.

rejection [ridʒ'ekʃən] s. 1. rejeição, recusa f. 2. rebotalho, refugo m. 3. **~s** excrementos m., fezes f.

rejoice [ridʒ'ois] v. regozijar-se, alegrar(-se), exultar.

rejoicing [ridʒ'oisiŋ] s. alegria f., júbilo, regozijo m.

rejoin (I) [ri:dʒ'oin] v. 1. reunir, tornar a reunir, ajuntar, tornar a ajuntar. 2. reingressar (numa sociedade).

rejoin (II) [ridʒ'oin] v. 1. retorquir, replicar. 2. (Jur.) treplicar.

rejoinder [ridʒ'oində] s. 1. réplica f. 2. (Jur.) tréplica f.

rejoint [ridʒ'oint] v. fechar as juntas ou junturas.

rejudge [ri:dʒ'ʌdʒ] v. julgar novamente, reexaminar um caso julgado.

rejuvenate [ri:dʒ'u:vineit] v. rejuvenescer, remoçar.

rejuvenation [ridʒu:vin'eiʃən] s. rejuvenescimento m.

rejuvenator [ridʒ'u:vineitə] s. rejuvenescente m.

rejuvenescence [ridʒu:vin'esns] s. rejuvenescimento m.

rejuvenescent [ridʒu:vin'esənt] adj. rejuvenescente.

rekindle [ri:k'indl] v. 1. reacender. 2. pegar fogo novamente. 3. (fig.) reanimar.

reland [ri:l'ænd] v. 1. tornar a desembarcar. 2. (Aviação) aterrissar de novo.

relapse [ril'æps] s. 1. reincidência, recaída f. 2. (Med.) recidiva f. ‖ v. recair, reincidir, ser relapso.

relapser [ril'æpsə] s. relapso m., reincidente m. + f.

relapsing fever s. (Med.) febre recorrente f.

relate [ril'eit] v. 1. relatar, contar, narrar (**to** a). 2. referir, dizer respeito (**to** a).

related [ril'eitid] adj. 1. relacionado. 2. narrado, contado. 3. aparentado, parente, afim.

he is ~ to ele é parente de.

relatedness [ril'eitidnis] s. o ser ligado ou aparentado m.
relating [ril'eitiŋ] adj. relativo (**to** a).
relation [ril'eiʃən] s. 1. relação, narração f., relato m. 2. referência, alusão f. 3. parente m. 4. (pl.) parentela f.
is he a ~ of yours? é seu parente? **distant ~** parente afastado. **near ~** parente próximo. **he had ~s with the society** ele tinha relações com a sociedade.
relational [ril'eiʃənl] adj. 1. relacional. 2. aparentado.
relationless [ril'eiʃənlis] adj. 1. sem relação. 2. sem parentesco.
relationship [ril'eiʃənʃip] s. 1. parentesco m. 2. conexão, afinidade f.
relative [r'elətiv] s. 1. parente m. 2. pronome, adjetivo ou advérbio relativos m. 3. o que é relativo m. || adj. 1. relativo, referente, concernente. 2. comparativo. || **~ly** adv. relativamente.
relativeness [r'elətivnis] s. relatividade f.
relativism [r'elətivizm] s. (Filos.) relativismo m.
relativist [r'elətivist] s. (Filos.) relativista m. + f.
relativistic [relətiv'istik] adj. (Filos., Fís.) relativístico.
relativity [relət'iviti] s. relatividade f.
relativity of knowledge s. = **relativism.**
relativize [r'elətivaiz] v. tornar relativo.
relator [ril'eitə] s. relator, narrador m.
relax [ril'æks] v. 1. relaxar, afrouxar. 2. diminuir a tensão, moderar, mitigar, abrandar. 3. pôr-se à vontade, descansar, repousar. 4. enlanguescer.
relaxant [ril'æksənt] s. (Med.) laxante m. || adj. (Med.) laxativo.
relaxation [ri:læks'eiʃən] s. 1. relaxação f., afrouxamento m. 2. descanso m. 3. remissão f.
relaxative [ril'æksətiv] s. laxativo m. || adj. 1. mitigador, suavizador. 2. laxativo.
relaxedly [ril'æksidli] adv. descansadamente.
relay [ril'ei] s. 1. revezamento m., substituição f. ação de colocar (grupo de homens ou animais). 2. muda f. (grupo de animais para substituição). 3. posta, estação de muda f. 4. corrida f. de revezamento. 5. abastecimento, suprimento m. 6. relé, interruptor eletromagnético m. || v. revezar.
~ race (Esp.) corrida de revezamento.
re-lay [r'i:l'ei] v. pôr, colocar ou assentar de novo.
relearn [ri:l'ə:n] v. aprender de novo.
releasable [ril'i:səbl] adj. 1. que se pode soltar. 2. remível.
release [ril'i:s] s. 1. soltura f., livramento m. 2. liberação f. 3. relaxação, diminuição f. (de dor, sofrimento). 4. (Jur.) desobrigação, isenção, cessão, quitação f. 5. o respectivo documento m. 6. liberdade de publicação f. 7. obra literária f. cuja reprodução é permitida. 8. (Fot.) obturador m. (quadro C 3). 9. (Mec.) desarme, disparo m. || v. 1. soltar, libertar, livrar. 2. desobrigar. 3. (Jur.) ceder, renunciar a, quitar. 4. licenciar (publicação pela imprensa ou exibição cinematográfica).
re-lease [ri:l'i:s] v. tornar a emprestar.
relegable [r'eligəbl] adj. que se pode relegar.
relegate [r'eligeit] v. 1. relegar, banir, deportar. 2. encaminhar, passar para. 3. afastar, distanciar.
relegated [r'eligeitid] adi. relegado.
relegation [relig'eiʃən] s. 1. banimento m., relegação f., desterro m. 2. indicação f. 3. ostracismo m.
relent [ril'ent] s. abrandamento m., suavização f., afrouxamento m. || v. 1. tornar menos áspero, severo ou rígido. 2. abrandar. 3. apiedar-se, ter compaixão. 4. ceder. 5. arrepender-se.
relenting [ril'entiŋ] s. 1. diminuição f. de intensidade, afrouxamento m. 2. compaixão f. || adj.

1. com menos intensidade. 2. brando. 3. compassivo. || **~ly** adv. brandamente, compassivamente.
relentless [ril'entlis] adj. inexorável, implacável, inflexível. || **~ly** adv. implacavelmente, inflexivelmente.
relentlessness [ril'entlisnis] s. inexorabilidade, implacabilidade f.
re-let [ri:l'et] v. sublocar.
relevance [r'elivəns], **relevancy** [r'elivənsi] s. 1. relevância, importância, pertinência f. 2. aplicabilidade, relação f.
relevant [r'elivənt] adj. 1. relevante, importante. 2. pertinente, relativo, atinente. || **~ly** adv. relevantemente.
reliability [rilaiəb'iliti], **reliableness** [ril'aiəblnis] s. confiança f.
reliable [ril'aiəbl] adj. de confiança, seguro. || **–bly** adv. confiantemente, com segurança.
reliance [ril'aiəns] s. confiança, esperança, fé f.
to place ~ on ter confiança em.
reliant [ril'aiənt] adj. confiante, seguro.
relic [r'elik] s. 1. relíquia f. 2. lembrança f., objeto de estimação. 3. **~s** restos mortais m. pl. 4. **~s** ruínas f. pl.
relict [r'elikt] s. 1. sobrevivente m. + f. do casal. 2. (Biol., Ecol.) espécie f. animal ou vegetal de período anterior ou grupo quase extinto. 3. (Geol.) formação f. remanescente de compostos congêneres desaparecidos ou alterados.
relief (I) [ril'i:f] s. 1. alívio m. 2. assistência f., socorro m., ajuda f. 3. remédio m. 4. revezamento m. ou substituição f. de pessoal ou tropas. 5. indulto m. 6. (milit.) reforços m. pl.
~ fund fundo de socorro social. **indoor ~** serviço de assistência social interno.
relief (II) [ril'i:f] s. 1. relevo m. (quadros G 1, S 4), saliência f. 2. realce, contraste m., distinção f. 3. (Arquit.) saliência f. 4. (Geol.) elevação de terreno, parte montanhosa f.
to raise ou **throw into ~** realçar.
relief map s. (Geogr.) mapa m. de relevos.
relier [ril'aiə] s. pessoa ou coisa f. de confiança.
relievable [ril'i:vəbl] adj. 1. remediável. 2. que se pode aliviar, auxiliar ou socorrer.
relieve [ril'i:v] v. 1. aliviar, mitigar, abrandar. 2. assistir, ajudar, socorrer. 3. substituir, revezar (turmas, sentinelas). 4. levantar o cerco (de uma fortaleza, cidade, etc.). 5. (coloq.) tirar, privar. 6. interromper a monotonia. 7. pôr em relevo, realçar. 8. livrar de, desobrigar. 9. (Téc.) cercear.
he ~d nature ele satisfez as suas necessidades.
he ~d his feelings ele deu expansão a seus sentimentos, desafogou-se, expandiu-se.
reliever [ril'i:və] s. 1. o que alivia. 2. lenitivo m.
relieving [ril'i:viŋ] adj. aliviador.
relieving arch s. (Arquit.) arco m. de descarga.
relight [ri:l'ait] v. reacender.
religion [ril'idʒən] s. 1. religião f. 2. ordem religiosa f. 3. fé, crença f. 4. **~s** serviços divinos m. pl. 5. (fig.) senso m. de responsabilidade.
to enter into ~ entrar numa ordem religiosa.
religionism [ril'idʒənizm] s. beatismo m.
religionist [ril'idʒənist] s. beato m., carola, papa-missas m. + f.|| adj. beato, carola.
religionize [ril'idʒənaiz] v. tornar religioso.
religionless [ril'idʒənlis] adj. sem religião, ateu.
religiose [rilidʒi'ous] adj. extremamente afetado por emoções religiosas.
religiosity [rilidʒi'ositi] s. religiosidade f.
religious [ril'idʒəs] s. religioso, frade m., freira f. || adj. 1. religioso, devoto, pio. 2. de ou relativo à religião. 3. monástico, eclesiástico. 4. (fig.) consciencioso, zeloso. || **~ly** adv. religiosamente.
with ~ care com cuidado religioso.

religiousness [ril'idʒəsnis] s. 1. religiosidade, religião, fé f. 2. piedade f.

reline [ri:l'ain] v. forrar novamente, revestir.

relinquish [ril'iŋkwiʃ] v. 1. abandonar, desistir de 2. ceder. 3. renunciar a. 4. capitular.

relinquisher [ril'iŋkwiʃə] s. 1. o que abandona ou capitula. 2. renunciador m., renunciante m. + f.

relinquishment [ril'iŋkwiʃmənt] s. 1. abandono m., renúncia f. 2. capitulação f.

reliquary [r'elikwəri] s. relicário m.

relique [r'elik] s. = relic.

reliquiae [ril'ikwii] pl. s. (latim) restos fósseis e outros m. pl.

relish [r'eliʃ] s. 1. gosto, sabor m. 2. condimento, tempero m. 3. apetite, deleite m. 4. petisco m., gulodice, iguaria f. 5. satisfação f., prazer m., inclinação f. ‖ v. 1. dar bom gosto ou sabor a. 2. gostar de, participar com prazer. 3. ter bom gosto, ser agradável ao paladar. 4. condimentar, temperar. 5. apreciar, ter prazer em.
he had no ~ to write ele não tinha inclinação para escrever. they had a ~ in hunting eles tinham gosto pela caça. did you ~ the dinner? você gostou do almoço? to ~ of ter gosto de.

relishable [r'eliʃabl] adj. gostoso, saboroso.

relive [ri:l'iv] v. 1. reviver, voltar à vida. 2. recordar, trazer à lembrança.

reload [r'iloud] s. recarga f. ‖ [ri:l'oud] v. recarregar, carregar novamente.

relocate [ril'oukeit] v. 1. localizar de novo. 2. mudar-se para novo local.

relucent [ril'u:sənt] adj. (†) resplandecente.

reluct [ril'ʌkt] v. relutar, repugnar, resistir.

reluctance [ril'ʌktəns], reluctancy [~ i] s. relutância, repugnância, resistência, aversão f.

reluctant [ril'ʌktənt] adj. relutante, avesso a, recalcitrante, hesitante. ‖ ~ly adv. com relutância.

reluctate [ril'ʌkteit] v. relutar.

reluctation [rilʌkt'eiʃən] s. relutância f.

reluctivity [rilʌkt'iviti] s. (Eletr.) relutividade, relutância específica f.

relume [ri:lj'u:m], relumine [ri:lj'u:min] v. iluminar ou acender de novo.

rely [ril'ai] v. confiar em, fiar-se, contar com.
may I ~ on him? posso confiar nele? they can be relied on eles são de confiança.

remain [rim'ein] s. 1. sobra f., resto, resíduo m. 2. defunto, cadáver m., restos mortais m. pl. 3. espólio m. 4. obras póstumas f. pl. ‖ v. 1. sobrar, restar. 2. ficar, permanecer. 3. perdurar, continuar, persistir. 4. sobreviver.
that ~s to be proved isto ainda precisa ser provado. that ~s so isto está por fazer. we ~ yours sincerely (em cartas) permanecemos (ou subscrevemo-nos), atenciosamente.

remainder [rim'eində] s. 1. resto m., sobra f., restante, resíduo m. 2. saldo, excesso m. 3. (Mat.) resto m. 4. encalhe m. de livros na editora. ‖ v. vender saldo (de livros) por preço mais baixo.

remake [ri:m'eik] v. refazer.

reman [ri:m'æn] v. 1. reequipar, prover com nova tripulação (um navio). 2. restabelecer a coragem ou ânimo de.

remand [rim'a:nd] s. ação de tornar a pôr sob detenção preventiva. ‖ v. recolocar sob detenção preventiva.
a prisoner on ~ preso que está sob detenção preventiva.

remanence [r'emənens] s. (Fis.) remanência f.

remanent [r'emənənt] adj. 1. restante, residual. 2. suplementar, adicional.

remark [rim'a:k] s. 1. observação, anotação, nota f.,

reparo m. 2. (Tipogr.) marca f. de acerto, cruz f. de acerto. ‖ v. observar, notar, reparar.
without ~ sem comentário.

re-mark [ri:m'a:k] v. remarcar.

remarkability [rima:kəb'iliti], remarkableness [rim'a:kəblnis] s. 1. notabilidade f. 2. singularidade f.

remarkable [rim'a:kəbl] adj. 1. notável, digno de nota. 2. fora do comum, extraordinário, singular. ‖ –bly adv. notavelmente.

remarker [rim'a:kə] s. o que observa ou anota.

remarque [rim'a:k] s. (Tipogr.) marca f. de acerto, cruz f. de acerto.

remarry [ri:m'æri] v. casar novamente.

rematch [rim'ætʃ] s. nova disputa, competição f. ‖ v. equiparar, competir, combinar; casar de novo.

remediable [rim'i:diəbl] adj. remediável.

remedial [rim'i:diəl] adj. medicinal, terapêutico, que remedia. ‖ ~ly adv. como remédio.

remediless [r'emidilis] adj. incurável, irreparável.

remedy [r'emidi] s. 1. remédio, medicamento, curativo m. 2. reparação f., corretivo m. 3. (Jur.) recurso m. ‖ v. 1. curar, remediar. 2. reparar, melhorar, corrigir.
past ~ irreparável. there is no ~ but não há outra alternativa. that is not to be remedied para isto não há remédio.

remember [rim'embə] v. 1. lembrar, recordar. 2. guardar, ter em mente, conservar na memória. 3. transmitir saudações ou lembranças. 4. (çoloq.) dar presente ou gorjeta, gratificar. 5. possuir memória.
do you ~ him? você se lembra dele? ~ me to your mother dê minhas lembranças à sua mãe. if I ~ rightly se eu estou bem lembrado.

rememberability [rimembərəb'iliti] s. condição de memorável.

rememberable [rim'embərəbl] adj. memorável. ‖ –bly adv. de modo memorável.

rememberer [rim'embərə], s. o que se lembra.

remembrance [rim'embrəns] s. 1. lembrança, recordação f. 2. objeto de lembrança. 3. memento, memorial m. 4. ~s lembranças, saudações f. pl.
give my kind ~s to him dê-lhe minhas lembranças. it escaped my ~ fugiu-me à memória. in ~ em memória.

remembrancer [rim'embrənsə] s. 1. o que lembra. 2. lembrete m.

remigrate [ri:m'aigreit] v. remigrar, repatriar-se.

remigration [ri:maigr'eiʃən] s. remigração, repatriação f.

remind [rim'aind] v. fazer lembrar, trazer à memória.
it ~s me of faz-me lembrar de. this is to ~ you that isto é para lembrá-lo que.

reminder [rim'aində] s. lembrança f., lembrete m.

remindful [rim'aindful] adj. lembradiço.

reminisce [remin'is] v. pensar ou falar sobre o passado.

reminiscence [remin'isns] s. 1. reminiscência f. 2. ~s memórias f. pl.

reminiscent [remin'isnt] adj. recordativo, rememorativo. ‖ ~ly adv. de modo recordatório.

reminiscential [reminis'enʃəl] adj. de ou relativo a reminiscência.

remiped [r'emiped] s. (Zool.) remípede m. ‖ adj. remípede.

remise (I) [rim'aiz] s. (Jur.) cessão ou restituição f. de um direito. ‖ v. ceder, entregar ou devolver um direito.

remise (II) [rəm'i:z] s. 1. barracão (especialmente para carroças) m. 2. (Esgrima) repetição de um golpe por falha do adversário.

remiss [rim'is] adj. remisso, lento, desidioso, deslei-

xado, preguiçoso. ‖ ~ly adv. remissamente, desleixadamente.
remissible [rim'isəbl] adj. remissível, perdoável.
remission [rim'iʃən] s. 1. remissão f., perdão m.,
absolvição f., indulto m. 2. moderação, diminuição, redução f. 3. alívio m.
remissive [rim'isiv] adj. remissivo.
remissness [rim'isnis] s. desídia f., desleixo m.
remissory [rim'isəri] adj. remissório.
remit [rim'it] v. 1. remeter, enviar, mandar. 2. adiar,
protelar, cancelar. 3. perdoar, remitir. 4. diminuir,
afrouxar, mitigar. 5. desistir, ceder. 6. reenviar à
prisão. 7. submeter à apreciação de. 8. (Jur.)
devolver à instância inferior.
to ~ a punishment or debt perdoar ou cancelar
um castigo ou uma dívida. **to ~ one's efforts**
diminuir os seus esforços.
remitment [rim'itmənt] s. remessa f. (de dinheiro).
remittal [rim'itl] s. 1. remissão f., perdão m. 2. (Jur.)
transferência f. para outra instância.
remittance [rim'itəns] s. 1. remessa f. de valores. 2.
valores remetidos m.
remittance man s. pessoa f. que vive das remessas
que recebe de casa.
remittee [rimit'i:] s. destinatário m.
remittent [rim'itənt] s. (Pat.) febre remitente f. ‖ adj.
remitente.
remitter [rim'itə] s. 1. (Com.) remetente m. + f. 2.
(Jur.) restituição, restauração f. 3. absolvedor m.
remnant [r'emnənt] s. 1. sobra f., resto, restante m.
2. retalho, resíduo m. 3. refugo m. 4. vestígio,
indício m.
remodel [ri:m'ɔdl] v. remodelar, refazer, reformar.
remodeler, remodeller [ri:m'ɔdlə] s. remodelador,
reformador m.
remodelment [ri:m'ɔdlmənt] s. remodelação, reforma f
remold [ri:m'ould] v. = **remould**.
remonetization [ri:mʌnitaiz'eiʃən] s. volta f. à circulação de uma moeda.
remonetize [ri:m'ʌnitaiz] v. autorizar novamente a
circulação de uma moeda.
remonstrance [rim'ɔnstrəns] s. 1. representação, exposição de razões, objeção f., protesto m., queixa f.
2. censura, repreensão, exprobração f.
remonstrant [rim'ɔnstrənt] s. o que protesta, censura,
se opõe ou se queixa. ‖ adj. 1. protestante, expos-
tulativo. 2. queixoso.
remonstrate [rim'ɔnstreit] v. 1. protestar (**with s. o.**
com alguém, **against** contra), objetar. 2. censurar.
remonstration [rimɔnstr'eiʃən] s. 1. protesto m., objeção f. 2. censura, repreensão f.
remonstrative [rim'ɔnstrətiv] adj. 1. protestativo, pro-
testatório. 2. repreensivo.
remonstrator [rim'ɔnstreitə] s. 1. o que protesta ou
faz objeções. 2. o que adverte ou censura.
remontant [rim'ɔntənt] s. rosa f. que floresce mais
de uma vez por estação. ‖ adj. que floresce mais
de uma vez por estação.
remora [r'emərə] s. 1. (Ict.) rêmora f. 2. remora f.
remorse [rim'ɔ:s] s. remorso m., contrição f., arrependimento m.
remorseful [rim'ɔ:sful] adj. arrependido, contrito, que
tem remorso. ‖ ~ly adv. com remorso.
remorsefulness [rim'ɔ:sfulnis] s. remorso, arrependi
mento m.
remorseless [rim'ɔ:slis] adj. sem remorsos, desapie
dado, desumano. ‖ ~ly adv. desumanamente.
remorselessness [rim'ɔ:slisnis] s. desumanidade f.,
falta de arrependimento m.
remote [rim'out] adj. 1. remoto, afastado, distante, retirado, segregado. 2. improvável. 3. indireto, media-

to. 4. inconsiderável, trivial. 5. mínimo. ‖ ~ly adv.
1. remotamente. 2. inconsideravelmente, levemente.
we had not the remotest idea não tivemos a mínima idéia. **a ~ relative** um parente afastado.
remote control s. (Mec.) controle ou comando remo-
to· m.
remoteness [rim'outnis] s. distância f., qualidade do
que está remoto. distante ou apartado.
remotion [rim'ouʃən] s. 1. remoção f. 2. partida f.,
deslocamento m.
remount [ri:m'aunt] s. (milit.) remonta f. ‖ v. 1. tornar a montar ou subir, remontar. 2. suprir com
cavalos (em substituição a outros). 3. ir buscar a
origem ou a data.
removability [rimu:vəb'iliti], **removableness** [rim'u:və-
blnis] s. removibilidade f.
removable [rim'u:vəbl] adj. removível, amovível, desmontável. ‖ —bly adv. de modo removível ou desmontável.
removal [ri:m'u:vəl] s. 1. remoção f. 2. mudança f.
3. demissão, destituição f. 4. transferência f.
remove [rim'u:v] s. 1. grau, degrau m., distância f.
(de parentesco). 2. prato m. que se serve ou
retira da mesa. 3. remoção, transferência f. 4.
passagem f. de um ano escolar ou classe para
outra. 5. mudança f. de posição ou domicílio. ‖ v.
1. remover, transferir, mudar de lugar ou posição.
2. retirar, tirar, livrar-se de, afastar(-se). 3. demitir, afastar. 4. matar. 5. pôr fim a, eliminar.
I got my ~ fui transferido. **we ~d ourselves** nós
nos afastamos.
removed [rim'u:vd] adj. 1. distante, afastado. 2.
remoto (parentesco).
we are cousins twice removed somos primos de
segundo grau.
remover [rim'u:və] s. 1. removedor m. 2. profissional m. + f. que faz mudanças. 3. solvente m.
remunerable [rimj'u:nərəbl] adj. remunerável.
remunerate [rimj'u:nəreit] v. remunerar, recompensar.
remuneration [rimju:nər'eiʃən] s. remuneração, recompensa f.
remunerative [rimj'u:nərətiv] adj. remunerativo, lucrativo, rendoso.
remunerator [rimj'u:nəreitə] s. remunerador m.
remuneratory [rimj'u:nərətəri] adj. remuneratório.
remurmur [ri:m'ə:mə] v. (poét.) murmurar repetidamente.
renail [ri:n'eil] v. repregar.
Renaissance [rən'eisəns] s. Renascença f.
Renaissance man s. intelectual m. com cultura universal.
renal [r'i:nəl] adj. renal, relativo aos rins.
rename [ri:n'eim] v. 1. mencionar novamente. 2. dar
novo nome a.
Renascence [rin'æsns], **Renascency** [~i] (Hist.) s. Renascimento m., Renascença f.
renascent [rin'æsnt] adj. renascente.
rencounter [renk'auntə] s. 1. (†) encontro, choque,
combate, duelo m., escaramuça f. 2. encontro
casual m. ‖ v. chocar-se, disputar.
rend [rend] v. (imp. e p. p. **rent**) rasgar, despedaçar.
to ~ off arrancar. **to ~ asunder** lacerar, rachar.
render (I) [r'endə] s. o que lacera ou rasga.
render (II) [r'endə] s. 1. retribuição f. 2. primeira
mão f. de reboco. ‖ v. 1. retribuir, restituir, devolver. 2. entregar-se, capitular. 3. dar, conferir,
pagar, suprir. 4. apresentar, submeter. 5. reproduzir, exprimir, representar, interpretar. 6. traduzir, verter. 7. prestar (favor, homenagem, serviços,
etc.). 8. tornar, fazer com que. 9. rebocar (uma
parede). 10. derreter (banha).
to ~ good services prestar bons serviços. **he ~ed
his thanks to him** ele lhe agradeceu, ofereceu os

seus agradecimentos.
renderable [r'endərəbl] adj. que pode ser dado, retribuído, traduzido.
renderer [~rə] s. o que devolve, reproduz.
rendering [~riŋ] s. 1. retribuição f. 2. versão f. 3. execução f. 4. primeira mão f. de reboco. ~ **cf accounts** prestação de contas.
rendering plant s. fábrica f. que industrializa carcaças animais.
rendezvous [r'ɔndivu:] s. 1. encontro m. em hora e lugar marcado. 2. lugar m. de encontro. 3. reunião f. ‖ v. encontrar-se em hora e lugar marcado.
rendible [r'endibl] adj. sujeito a ser rasgado, despedaçado, lacerado.
rendition [rend'iʃən] s. 1. capitulação, rendição f. 2. tradução, versão f. 3. interpretação f.
renegade [r'enigeid] s. 1. renegado m., apóstata m. + f. 2. desertor m., trânsfuga m. + f., traidor m. ‖ v. tornar-se renegado, desertar. ‖ adj. 1. renegador, apóstata. 2. traidor.
renegation [renig'eiʃən] s. 1. renegação, apostasia f. 2. deserção, traição f.
renegotiate [rinig'ouʃieit] v. negociar de novo.
renew [rinj'u:] v. 1. renovar, refazer. 2. regenerar, reanimar, reavivar. 3. reparar, substituir. 4. recomeçar, repetir. 5. prolongar, prorrogar. 6. rejuvenescer. 7. reabastecer.
to ~ a subscription renovar uma assinatura.
renewable [rinj'u:əbl] adj. renovável, reformável.
renewal [rinj'u:əl] s. 1. renovação f., renovamento m. 2. prorrogação f. 3. substituição f.
renewed [rinj'u:d] adj. renovado, reformado, repetido, etc. ‖ ~ly adv. renovadamente, repetidamente.
renewer [rinj'u:ə] s. renovador m.
reniform [r'enifɔ:m] adj. que tem forma de rim, reniforme.
renitence [r'enitəns], **renitency** [r'enitənsi] s. (†) renitência, resistência f.
renitent [r'enitənt] adj. renitente, recalcitrante.
rennet [r'enit] s. 1. coalho m. 2. = **rennin**. 3. membrana f. que reveste o quarto estômago do vitelo.
rennin [r'enin] s. (Bioquím.) enzima f. contida no suco gástrico empregada para coagular o leite.
renominate [rin'ɔməneit] v. nomear novamente.
renounce [rin'auns] v. 1. renunciar, desistir, abandonar. 2. rejeitar, repudiar. 3. abjurar, renegar 4. não reconhecer naipe.
renouncement [rin'aunsmənt] s. renúncia f.
renouncer [rin'aunsə] s. renunciante m. + f.
renovate [r'enoveit] v. 1. renovar, reformar. 2. restabelecer a saúde. 3. reparar. ‖ adj. renovado.
renovation [renov'eiʃən] s. renovação f.
renovative [r'enovətiv] adj. renovador.
renovator [r'enoveitə] s. renovador m.
renown [rin'aun] s. renome m., fama, reputação f. ‖ v. tornar renomado ou famoso.
a man of ~ um homem de reputação.
renowned [rin'aund] adj. renomado, famoso, reputado. ‖ ~ly adv. famosamente, gloriosamente.
renownless [rin'aunlis] adj. inglório, sem renome.
rent (I) [rent] imp. + pp. de **rend**.
rent (II) [rent] s. 1. aluguel m. 2. renda f., arrendamento m. ‖ v. 1. alugar. 2. cobrar aluguel.
for ~ para alugar. **to ~ at a certain price** ser arrendado (ou alugado) por determinado preço.
rent (III) [rent] s. 1. racha, fenda, abertura, ruptura f., dilaceramento m., brecha f. 2. (fig.) cisma, separação f. por meios violentos.
rentable [r'entəbl] adj. alugável, arrendável.
rental [r'entəl] s. aluguel m. ‖ adj. de aluguel.
rent-day [r'entdei] s. dia m. em que vence o aluguel.
renter [r'entə] s. locatário, arrendatário m.

rent-free [r'entfri:], **rentless** [r'entlis] adj. isento de aluguel.
rent-roll [r'entroul] s. relação de rendas provenientes de aluguéis.
renumber [rin'ʌmbə], **renumerate** [rinj'u:məreit] v. renumerar.
renunciation [rinʌnsi'eiʃən] s. renúncia, renunciação f.
renunciative [rin'ʌnsiətiv], **renunciatory** [rin'ʌnsiətəri] adj. renunciativo.
reobtain [ri:əbt'ein] v. tornar a alcançar ou conseguir, reaver, recuperar.
reobtainable [ri:əbt'einəbl] adj. recuperável.
reoccupy [ri:'ɔkjupai] v. reocupar.
reopen [ri:'oupən] v. reabrir, recomeçar.
reordain [ri:ɔ:d'ein] v. reordenar: conferir novamente o sacramento da ordem a.
reorder [ri:'ɔ:də] v. 1. ordenar, pedir ou encomendar novamente. 2. tornar a pôr em ordem.
reordination [riɔ:din'eiʃən] s. (Ecles.) segunda ordenação f.
reorganization [ri:ɔ:gənaiz'eiʃən] s. reorganização f.
reorganize [ri:'ɔ:gənaiz] v. reorganizar.
reorganizer [ri:'ɔ:gənaizə] s. reorganizador m.
rep, · repp [rep] s. repes m.: tecido encorpado de seda ou de lã.
repacify [ri:p'æsifai] v. reconciliar, apaziguar ou conciliar novamente.
repackage [ri:p'ækidʒ] v. reacondicionar, reencaixotar.
repaint [ri:p'eint] v. pintar de novo.
repair (I) [rip'ɛə] s. 1. conserto, reparo m. 2. estado m. de conservação. ‖ v. 1. reparar, consertar, remendar, emendar. 2. indenizar.
in good ~ em bom estado. **in bad ~, out of ~** em mau estado. **under ~** em conserto.
repair (II) [rip'ɛə] s. refúgio m. ‖ v. 1. ir, dirigir-se, retirar-se (**to** para). 2. retornar.
repairable [rip'ɛərəbl] adj. reparável.
repairman [rip'ɛərmæn] s. reparador, consertador m.
repand [rip'ænd] adj. (Bot.) repandido.
reparable [r'epərəbl] adj. reparável. ‖ **—bly** adv. de modo reparável.
reparation [repər'eiʃən] s. 1. reparação, restauração f. 2. compensação, indenização f. 3. satisfação f.
reparative [r'epərətiv], **reparatory** [r'epərətəri] adj. reparador.
repartee [repa:t'i:] s. resposta arguta ou engenhosa, réplica f. ‖ v. responder argutamente, replicar.
repartition [ripa:t'iʃən] s. divisão f., partilha f.
repass [ri:p'a:s] v. repassar, tornar a passar.
repast [rip'a:st] s. refeição f., repasto m. ‖ v. tomar uma refeição.
to take a slight ~ tomar uma refeição ligeira.
repatriate [ri:p'ætriit] s. repatriado m. ‖ [ri:p'ætrieit] v. repatriar.
repatriation [ri:pætri'eiʃən] s. repatriamento m.
repay [ri:p'ei] v. 1. reembolsar, pagar de volta. 2. retribuir, corresponder. 3. compensar, indenizar.
repayable [ri:p'eiəbl] adj. reembolsável, que deve ser pago novamente.
repaying [ri:p'eiŋ] adj. lucrativo, proveitoso.
repayment [ri:p'eimənt] s. retribuição f., reembolso m.
repeal [rip'i:l] s. revogação, anulação, cassação f. ‖ v. revogar, anular, rescindir.
repealable [rip'i:ləbl] adj. revogável, rescindível.
repealer [rip'i:lə] s. partidário m. da revogação ou anulação de uma lei.
repeat [rip'i:t] s. 1. repetição f. 2. (Mús.) sinal m. de reprodução, estribilho. ‖ v. 1. repetir, reiterar. 2. fazer novamente. 3. contar, passar adiante (um segredo). 4. recitar. 5. cursar pela segunda vez. 6. ensaiar. 7. reproduzir, imitar.
repeated [rip'i:tid] adj. repetido. ‖ **~ly** adv. repetidamente.

repeater [rip'i:tə] s. 1. repetidor m. 2. arma f. de fogo de repetição. 3. relógio m. de repetição. 4. pessoa f. que vota mais de uma vez numa eleição. 5. aluno m. que repete a mesma série.

repeating [rip'i:tiŋ] adj. repetente, que repete.

repel [rip'el] v. 1. repelir, repulsar, rechaçar, rebater. 2. rejeitar. 3. causar aversão a.

repellence [rip'eləns], **repellency** [rip'elənsi] s. repelência, repulsa, aversão f.

repellent [rip'elənt] s. repelente, insetífugo m. ‖ adj. 1. repelente, repulsivo. 2. repugnante.

repeller [rip'elə] s. o que repele m.

repent (I) [r'i:pənt] adj. (Bot.) rastejante.

repent (II) [rip'ent] v. arrepender-se, ter arrependimento, estar sentido, estar arrependido.
she ~ed her folly ela se arrependeu de sua tolice. he will ~ of this ele arrepender-se-á disto.

repentance [rip'entəns] s. arrependimento, sentimento, pesar m., penitência, contrição f.

repentant [rip'entənt] adj. arrependido, penitente.

repenter [rip'entə] s. arrependido m., penitente m. + f.

repentingly [rip'entiŋli] adv. com arrependimento.

repeople [ri:p'i:pl] v. repovoar.

repercussion [ri:pə:k'ʌʃən] s. 1. repercussão, reverberação f. 2. eco m. 3. ricochete m.

repercussive [ri:pə:k'ʌsiv] adj. repercussivo.

repertoire [r'epətwa:] s. repertório m.

repertory [r'epətəri] s. 1. repertório m. 2. coleção f. 3. armazém, depósito m. 4. (†) inventário m., lista f., índice m.

repetend [rip'i:tənd] s. 1. o que se repete m. 2. refrão m. 3. (Mús.) estribilho m. 4. (Matem.) dízima periódica f.

repetition [repit'iʃən] s. 1. repetição f. 2. recitação f. 3. cópia, reprodução f. 4. recapitulação f.

repetitional [repit'iʃənl], **repetitionary** [repit'iʃənri] adj. de repetição.

repetitious [repit'iʃəs] adj. 1. repetido. 2. repetido de modo fatigante.

repetitive [rip'etitiv] adj. de repetição.

rephrase [rifr'eiz] v. reformular a frase.

repine [rip'ain] v. lamentar-se, queixar-se, resmungar, afligir-se, estar descontente.
he ~d at his lot ele lamentou-se da sua sorte.

repiner [rip'ainə] s. descontente, queixoso m.

repique [ri:p'i:k] s. repique (no jogo de pique) m. ‖ v. repicar.

replace [ri:pl'eis] v. 1. repor, tornar a pôr no mesmo lugar. 2. substituir (by por). 3. devolver, restituir.

replaceable [ri:pl'eisəbl] adj. substituível.

replacement [ri:pl'eismənt] s. 1. substituição f. 2. reposição f.

replacer [ri:pl'eisə] s. substituto m.

replant [ri:pl'a:nt] v. replantar.

replantation [ri:pla:nt'eiʃən] s. replantação f., replantio m.

repleader [ripl'i:də] s. (Jur.) 1. segundo pleito m. 2. direito m. de pleitear de novo.

replenish [ripl'eniʃ] v. encher, prover ou suprir novamente, reabastecer, completar o estoque.

replenisher [ripl'eniʃə] s. aquele ou aquilo que reabastece.

replenishment [ripl'eniʃmənt] s. reabastecimento m.

replete [ripli:t] adj. 1. repleto, cheio (with de). 2. farto, saciado.

repletion [ripl'i:ʃən] adj. s. 1. repleção, plenitude, fartura f. 2. (Med.) pletora f. 3. saciedade f.

repletive [ripl'i:tiv] adj. que torna repleto ou farto.

repleviable [ripl'eviəbl] adj. (Jur.) recuperável mediante caução em juízo.

replevin [ripl'evin] s. (Jur.) recuperação f. de bens sob garantia de caução em juízo.

replevy [ripl'evi] s. = **replevin**. ‖ v. (Jur.) recuperar bens mediante caução em juízo.

replica [r'eplikə] s. 1. réplica, cópia, reprodução f., fac-símile m. 2. (Mús.) passagem f. que deve ser repetida.

replicate [r'eplikit] s. (Mús.) um tom repetido uma ou mais oitavas acima ou abaixo de um certo tom. ‖ [r'eplikeit] v. 1. (Bot.) dobrar ou curvar para trás. 2. fazer uma réplica ou cópia de.

replication [replik'eiʃən] s. 1. réplica, resposta f. 2. repercussão f., eco m. 3. cópia, reprodução f.

replier [ripl'aiə] s. replicador m.

reply [ripl'ai] s. resposta, réplica f. ‖ v. responder, replicar, retorquir.
in ~ to em resposta a. we said in ~ that respondemos que. make no ~! não responda!

repolish [ri:p'oliʃ] v. polir novamente.

report [rip'ɔ:t] s. 1. relatório m., informação, notícia f. 2. rumor, boato m. 3. reputação, fama f. 4. estampido m., detonação f., estrondo m. ‖ v. 1. relatar, fazer relatório, informar, contar, noticiar, comunicar. 2. queixar-se, dar parte. 3. apresentar-se, comparecer. 4. ressoar, repercutir. 5. trabalhar como repórter.
a yearly ~ relatório anual. as ~ has it segundo boatos. it is ~ed dizem que. he ~ed himself ele comunicou sua presença.

reportage [rip'ɔ:tidʒ] s. reportagem f., noticiário m.

report card s. boletim m. escolar.

reportedly [rip'ɔ:tədli] adj. segundo notícias ou boatos, pelo que fala o povo.

reporter [rip'ɔ:tə] s. relator m., repórter, informante m. + f.

reposal [rip'ouzəl] s. reposição, devolução f.

repose (I) [rip'ouz] s. 1. repouso, descanso m. 2. tranqüilidade, calma f., sossego m. 3. compostura, dignidade f. ‖ v. 1. repousar, descansar, sossegar, dormir. 2. reclinar-se.

repose (II) [rip'ouz] v. pôr, colocar.
to ~ confidence in depositar confiança em.

reposedness [rip'ouzdnis] s. tranqüilidade, calma f., sossego m.

reposeful [rip'ouzful] adj. tranqüilo, sossegado, calmo. ‖ ~ly adv. tranqüilamente, sossegadamente.

reposefulness [rip'ouzfulnis] s. natureza ou caráter sossegado, tranqüilidade f.

reposit [rip'ozit] v. 1. recolocar no lugar. 2. depositar.

reposition [ripoz'iʃən] s. 1. depósito m. 2. (Cirurg.) reposição f. de um osso deslocado.

repository [rip'ozitəri] s. 1. repositório, empório, depósito, armazém m. 2. museu m. 3. tumba, sepultura f. 4. (fig.) confidente m. + f.

repossess [ri:poz'es] v. 1. tornar a possuir. 2. reintegrar na posse de.

repossession [ri:poz'eʃən] s. reintegração na posse de, restauração, recuperação f.

repoussé [rəp'u:sei] s. (fr.) ornamentos metálicos, formados em relevo m. ‖ adj. em relevo (especialmente trabalhos em metal).

reprehend [repri'hend] v. repreender, censurar.

reprehensibility [reprihensəb'iliti], **reprehensibleness** [reprih'ensəblnis] s. caráter repreensível m.

reprehensible [reprih'ensəbl] adj. repreensível, censurável. ‖ —bly adv. repreensivelmente.

reprehension [reprih'enʃən] s. repreensão, censura f.

reprehensive [reprih'ensiv] adj. repreensivo.

represent [repriz'ent] v. 1. patentear, revelar, mostrar claramente. 2. tipificar, simbolizar. 3. reproduzir a imagem de, retratar, pintar, descrever. 4. encenar, fazer representar. 5. desempenhar, fazer, executar (um papel, uma missão, etc.). 6. apa-

rentar, figurar, parecer ter. 7. equivaler a, corresponder a. 8. fazer as vezes de, agir em lugar de. 9. desempenhar um mandato. 10. objetar, protestar. 11. expressar, significar, descrever, expor. **I was ~ed by him** fui representado por ele.
re-present [ri:priz'ent] v. apresentar novamente.
representable [repriz'entəbl] adj. representável.
representation [reprizent'eiʃən] s. 1. representação f., ato ou efeito de representar m. 2. imagem f., retrato, desenho m. 3. presentação, apresentação f. 4. representantes, deputados m. pl. 5. espetáculo m., exibição f. 6. protesto m., queixa f. 7. conta, computação f., relato m. 8. simbolização f. 9. simulação f. 10. exposição f. de fatos.
re-presentation [ri:prizent'eiʃən] s. reapresentação f.
representationalism [reprizent'eiʃənəlizm] s. (Filos.) representacionalismo m.
representative [repriz'entətiv] s. 1. representante m. + f., substituto m. 2. deputado m. 3. aquele ou aquilo que representa. 4. espécime, tipo m. ‖ adj. 1. representativo, representante. 2. típico, característico. ‖ **~ly** adv. de modo representativo.
representativeness [repriz'entətivnis] s. caráter representativo m.
representer [repriz'entə] s. 1. o que representa, o que faz as vezes de. 2. intérprete (Teat.) m. + f.
repress [ripr'es] v. 1. reprimir, conter. 2. suprimir, sufocar, subjugar. 3. conter-se, refrear-se.
re-press [ri:pr'es] v. tornar a prensar ou apertar.
repressed [ripr'est] adj. recalcado, que sofre de recalque.
represser, repressor [ripr'esə] s. repressor m.
repressible [ripr'esəbl] adj. reprimível, dominável.
repression [ripr'eʃən] s. 1. repressão f. 2. recalque m.
repressive [ripr'esiv] adj. repressivo. ‖ **~ly** adv. repressivamente.
reprieve [ripr'i:v] s. 1. suspensão f. temporária de uma sentença. 2. respectiva ordem f. 3. moratória f. 4. alívio m. ‖ v. 1. suspender temporariamente a execução de uma sentença. 2. prorrogar. 3. aliviar.
reprimand [r'eprima:nd] s. 1. reprimenda, repreensão f. ‖ v. repreender, censurar, admoestar.
reprint [r'i:print] s. 1. reimpressão, reedição f. 2. separata f. ‖ [ri:pr'int] v. reimprimir, reeditar.
reprinter [ri:pr'intə] s. reimpressor m.
reprisal [ripr'aizəl] s. represália, retaliação f.
reprise [ripr'aiz] s. 1. (Esgrima) reinício m. de um ataque. 2. (Mús.) repetição f. (de um tema). 3. (Jur.) **~s** descontos, impostos anuais m. pl.
reproach [ripr'outʃ] s. 1. repreensão, exprobração, censura f. 2. vergonha, desgraça, mancha f., opróbrio m. ‖ v. 1. repreender, exprobrar, censurar, increpar. 2. acusar, vituperar, difamar.
she looked at me with ~ ela me olhou com reprovação. **it is no ~ on you to admit that** não é desdouro para si confessar que. **it cast, brought ~ on him** trouxe-lhe vergonha. **it is no ~ to you** não é vergonha para você.
reproachable [ripr'outʃəbl] adj. repreensível, censurável.
reproacher [ripr'outʃə] s. repreendedor, exprobrador m.
reproachful [ripr'outʃful] adj. 1. repreensivo, acusativo. 2. injurioso, vergonhoso. ‖ **~ly** adv. 1. de modo repreensivo ou acusativo. 2. injuriosamente, vergonhosamente.
reproachfulness [ripr'outʃfulnis] s. qualidade do que é repreensivo ou injurioso.
reproachless [ripr'outʃlis] adj. irrepreensível.
reprobate [r'eprobeit] s. réprobo, malvado, depravado, perverso m. ‖ v. 1. condenar, reprovar. 2. rejeitar, recusar. 3. (Teol.) condenar. ‖ adj. réprobo, mal-

vado, depravado, perverso. 2. (Teol.) condenado.
reprobation [reprob'eiʃən] s. 1. reprovação f. 2. (Teol.) decreto m. da Providência, referente à condenação dos maus às penas eternas.
reprobative [r'eprobeitiv], **reprobatory** [r'eprobeitəri] adj. reprovativo, reprovador.
reprocessed wool s. fibras f. pl. de lã, beneficiadas de novo.
reproduce [ri:prədj'u:s] v. 1. reproduzir, tornar a produzir. 2. multiplicar, propagar. 3. copiar, imitar, retratar. 4. recordar, lembrar.
reproducer [ri:prədj'u:sə] s. reprodutor m.
reproducibility [ri:prədju:səb'iliti] s. reprodutibilidade f.
reproducible [ri:prədj'u:səbl] adj. reprodutível, reproduzível.
reproduction [ri:prəd'ʌkʃən] s. 1. reprodução, nova produção f. 2. propagação f. 3. cópia, imitação f.
reproduction proof s. (Tipogr.) prova f., para fazer clichê.
reproductive [ri:prəd'ʌktiv] adj. reprodutivo, reprodutor. ‖ **~ly** adv. de modo reprodutivo.
reproductivity [ri:prəd'ʌkt'iviti] s. reprodutibilidade f.
reproductory [ri:prəd'ʌktəri] adj. = **reproductive**. ‖ **-ily** adv. de modo reprodutivo.
reproof [ripr'u:f] s. reprovação, repreensão, exprobração, censura f.
reprovable [ripr'u:vəbl] adj. censurável, repreensível. ‖ **-bly** adv. de modo censurável.
reprovableness [ripr'u:vəblnis] s. qualidade do que é reprovável.
reproval [ripr'u:vəl] s. censura, reprovação f.
reprove [ripr'u:v] v. reprovar, censurar, repreender.
reprover [ripr'u:və] s. reprovador, repreensor m.
reprovingly [ripr'u:viŋli] adv. de modo repreensivo.
reprovision [ri:prov'iʒən] v. reabastecer.
reprune [ri:pr'u:n] v. (Bot.) podar novamente.
reptant [r'eptənt] adj. rastejante.
reptile [r'eptail] s. 1. réptil m. 2. (fig.) rasteiro, vil.
reptilian [rept'iliən] s. réptil m. ‖ adj. (fig.) rasteiro, vil.
reptiliferous [reptil'ifərəs] adj. (Geol.) que contém répteis fósseis.
reptilious [rept'iliəs] adj. como um réptil.
reptilivorous [reptil'ivourəs] adj. que devora répteis.
republic [rip'ʌblik] s. república f.
republic of letters s. 1. república das letras, literatura f. 2. classe f. dos homens de letras.
republican [rip'ʌblikən] s. republicano m. ‖ adj. republicano.
~ party partido republicano.
republicanism [rip'ʌblikənizm] s. republicanismo m.
republicanization [ripʌblikənaiz'eiʃən] s. republicanização f.
republicanize [rip'ʌblikənaiz] v. republicanizar.
republication [ri:pʌblik'eiʃən] s. 1. reimpressão, reedição f. 2. livro reimpresso m. 3. nova publicação ou promulgação f. de um testamento, código ou lei.
republish [ri:p'ʌbliʃ] v. 1. reimprimir, reeditar, republicar. 2. publicar ou promulgar novamente.
repudiable [ripj'u:diəbl] adj. repudiável.
repudiate [ripj'u:dieit] v. 1. repudiar, rejeitar, repelir. 2. negar, não reconhecer (dívidas, autoridade, etc.). 3. divorciar-se (da esposa).
repudiation [ripju:di'eiʃən] s. 1. repúdio m., rejeição f. 2. divórcio m. 3. não reconhecimento de uma dívida.
repudiator [ripj'u:dieitə] s. repudiante m. + f.
repugn [ripj'u:n] v. 1. repugnar, ser repulsivo. 2. opor-se a.
repugnance [rip'ʌgnəns], **repugnancy** [rip'ʌgnənsi] s. 1. repugnância, antipatia f. 2. oposição f.
repugnant [rip'ʌgnənt] adj. 1. repugnante, repulsivo.

2. contrário, oposto. 3. inconsistente, incompatível. ‖ ~ly adv. 1. repugnantemente. 2. contrariamente. 3. de modo inconsistente.

repullulate [rip'ʌljuleit] v. repulular, tornar a brotar.

repulse [rip'ʌls] s. 1. repulsa, recusa f. 2. rejeição f. ‖ v. 1. repulsar, repelir. 2. recusar, rejeitar.

to meet with a ~ ser repulsado ou repelido.

repulser [rip'ʌlsə] s. o que repele, repulsa.

repulsion [rip'ʌlʃən] s. 1. repulsão f. 2. aversão, repugnância f.

repulsive [rip'ʌlsiv] adj. 1. repulsivo, repelente, repugnante. 2. de repulsão, que repele. ‖ ~ly adv. repulsivamente.

repulsiveness [rip'ʌlsivnis] s. caráter repulsivo m.

repulsory [rip'ʌlsəri] adj. = **repulsive**.

repurchase [ri:p'ə:tʃis] s. reaquisição f. ‖ v. readquirir, recomprar.

reputability [repjutəb'iliti], **reputableness** [r'epjutəblnis] s. respeitabilidade, honorabilidade, benemerência f.

reputable [r'epjutəbl] adj. honrado, respeitável, bem conceituado. ‖ –bly adv. honrosamente, respeitavelmente.

reputation [repjut'eiʃən] s. 1. reputação f., conceito, renome, crédito m. 2. fama, celebridade f. 3. boa reputação f., bom-nome m.

they have the ~ **of being rich** eles são tidos como ricos. **to enjoy good** ~ gozar de bom conceito.

repute [ripj'u:t] s. reputação, fama f., renome m. ‖ v. reputar, ter em conta de, considerar, julgar.

of bad ~ de má fama. **to be in high** ~ ter ou gozar de boa fama.

reputed [ripj'u:tid] adj. reputado, suposto, pretenso, renomado. ‖ ~ly adv. segundo a opinião geral, supostamente.

request [rikw'est] s. 1. petição f., requerimento m., requisição f. 2. (Com.) pedido m., demanda f. ‖ v. requerer, pedir, rogar, solicitar.

at the ~ **of** a pedido de. **upon** ~, **by** ~ a pedido **in** ~ pedido, procurado, em voga. **as** ~ed conforme pedido. **I** ~ **a favour of** peço-lhe um favor.

requester [rikw'estə] s. solicitador m.

requiem [r'ekwiem] s. 1. réquiem m., missa por intenção da alma de um falecido. 2. a respectiva música fúnebre f. 3. descanso, sossego m. 4. nênia, endecha f.

requiescat [rekwi'eskæt] (latim) s. prece f. por intenção da alma de um falecido.

requirable [rikw'aiərəbl] adj. requerível.

require [rikw'aiə] v. 1. requerir, exigir, pedir. 2. precisar, necessitar. 3. mandar, ordenar.

if ~d 1. se preciso for. 2. a pedido. **it is** ~d é preciso. ~ **him to go** mande-o embora, diga-lhe que vá.

required [rikw'aiəd] adj. preciso, necessario.

requirement [rikw'aiəmənt] s. 1. exigência, necessidade f. 2. condição essencial f., requisito m. 3. requerimento m., requisição f.

to meet with ~s corresponder às necessidades, exigências.

requisite [r'ekwizit] s. requisito m., condição necessária ou indispensável f. ‖ adj. requerido, necessário, preciso. ‖ ~ly adv. necessariamente.

requisiteness [r'ekwizitnis] s. necessidade, precisão f.

requisition [rekwiz'iʃən] s. 1. requisição f., requerimento m., petição f. 2. (milit.) confiscação f. ‖ v. (milit.) requisitar, confiscar.

requisitory [rekw'izitəri] adj. requisitório.

requitable [rikw'aitəbl] adj. retribuível.

requital [rikw'aitəl] s. 1. retribuição, recompensa f. 2. castigo m., vingança f., revide m.

requite [rikw'ait] v. 1. retribuir, recompensar, pagar. 2. castigar, vingar-se, revidar.

to ~ **evil with good** pagar o mal com o bem. **to** ~ **s. o. in his own way** pagar a alguém na mesma moeda.

requitement [rikw'aitmənt] s. = **requital**.

requiter [rikw'aitə] s. o que retribui ou recompensa.

reradiaton [rireidi'eiʃən] s. (Fís.) reirradiação f.

reroute [rir'u:t] v. 1. reencaminhar. 2. encaminhar por via diferente.

rerun [ri:r'ʌn] s. reprise, reexibição, reimpressão f. ‖ v. reexibir, reimprimir.

resalable [ri:s'eiləbl] adj. revendível.

resale [ri:s'eil] s. revenda f.

rescind [ris'ind] v. rescindir, anular, abolir, revogar.

rescindable [ris'indəbl] adj. rescindível.

rescinder [ris'ində] s. o que rescinde ou anula.

rescission [ris'iʒən] s. rescisão, abrogação, anulação f.

rescissory [ris'isəri] adj. rescisório, que tem o poder de abrogar, revogatório.

rescript [r'i:skript] s. 1. rescrito m. 2. ação de reescrever. 3. aquilo que foi reescrito. 4. documento oficial m.

rescuable [r'eskju:əbl] adj. que se pode salvar.

rescue [r'eskju:] s. livramento, salvamento m., salvação f. ‖ v. livrar, salvar, socorrer.

they are coming to our ~ eles vêm socorrer-nos.

rescue grass [r'eskju:gra:s] s. (Bot.) cevadinha f.

rescuer [r'eskju:ə] s. libertador, salvador m.

research [ris'ə:tʃ] s. pesquisa, busca, indagação, investigação f., exame m. ‖ v. pesquisar, indagar, investigar, examinar (**for**, **after**, **on**).

he is engaged in ~es **on** ele se ocupa com pesquisas sobre. **he makes** ~es ele faz pesquisas. ~ **into it!** faça uma investigação minuciosa!

re-search [ri:s'ə:tʃ] v. tornar a procurar.

researcher [ris'ə:tʃə] s. pesquisador, investigador m.

reseat [ri:s'i:t] v. 1. tornar a sentar. 2. colocar novo assento ou assentos.

reseau [rəz'ou] s. (fr.) 1. reticula f. em: a) (Astron.) telescópio fotográfico, b) fotografia a cores. 2. rede f. de estações meteorológicas.

resect [ri:s'ekt] v. (Cirurg.) ressecar.

resection [ri:s'ekʃən] s. (Cirurg.) resseção f.

reseda [ris'i:də] s. (Bot.) resedá m. ‖ adj. da cor do resedá.

resedaceous [risid'eiʃəs] adj. resedáceo.

reseize [ri:s'i:z] v. pegar, capturar ou aprender novamente.

resell [ri:s'el] v. revender, tornar a vender.

reseller [ri:s'elə] s. revendedor m.

resemblance [riz'embləns] s. 1. semelhança, parecença f. 2. imagem f., retrato m.

to bear ou **have a** ~ **to** ter semelhança com.

resemblant [riz'emblənt] adj. semelhante, parecido.

resemble [riz'embl] v. assemelhar-se, ser parecido com.

resembling [riz'embliŋ] adj. semelhante, parecido.

resent [riz'ent] v. ressentir-se, ofender-se, guardar rancor.

she ~ed **my leaving** ela levou a mal minha saída.

resentful [riz'entful] adj. ressentido, que se ofende facilmente, melindroso, rancoroso. ‖ ~ly adv. ressentidamente, melindrosamente, rancorosamente.

resentfulness [riz'entfulnis] s. suscetibilidade f.

resentment [riz'entmənt] s. ressentimento m., indignação f., rancor m.

reservation [rezəv'eiʃən] s. 1. reserva, reservação f. 2. restrição, limitação f. 3. território reservado m. (para índios por exemplo).

mental ~ restrição ou reserva mental.

reserve [riz'ə:v] s. 1. (Com. e milit.) reserva f. 2. restrição, ressalva f. 3. circunspeção, discrição f. 4. estoque m. 5. área reservada f. ‖ v. 1. reservar, guardar. 2. reter, conservar. 3. apartar, excluir.

4. pôr de parte, destinar.
cash ~ reserva monetária. **in** ~ em reserva. ~ **fund** fundo de reserva. **with** ~ com restrições. **without** ~ sem reserva (venda).
reserved [riz'ə:vd] adj.. 1. reservado, guardado, 2. cauteloso, circunspecto, discreto. 3. taciturno, sisudo. 4. exceto, salvo. ‖ **~ly** adv. reservadamente, com reserva ou circunspeção.
all the rights ~ todos os direitos reservados.
reservedness [riz'ə:vdnis] s. reserva f., sigilo m., discrição f.
reservist [riz'ə:vist] s. (milit.) reservista m.
reservoir [r'ezəvwa:] s. 1. reservatório m. 2. receptáculo, tanque m. (quadro F 7). 3. depósito m. 4. represa f., açude m.
reset [ris'et] s. 1. (Tipogr.) matéria recompostu f. 2. recomposição f. ‖ [ri:s'et] v. 1. assentar ou montar novamente. 2. (Tipogr.) recompor.
resettle [ri:s'etl] v. 1. pôr em ordem novamente. 2. tranqüilizar, pacificar novamente. 3. recolonizar.
resettlement [ri:s'etlmənt] s. 1. restabelecimento m. restauração f. 2. recolonização f.
reshape [ri:ʃ'eip] v. reformar, formar de novo.
reship [ri:ʃ'ip] v. reembarcar.
reshipment [ri:ʃ'ipmənt] s. 1. reembarque m. 2. mercadoria reembarcada f.
reshuffle [riʃ'ʌfl] s. rearranjo m. ‖ v. rearranjar.
reside [riz'aid] v. 1. residir, morar, habitar. 2. consistir em.
her charm ~s in her manners seu encanto consiste em seus modos.
residence [r'ezidəns] s. 1. residência, morada, habitação f., domicílio m. 2. ato de morar. 3. inerência f.
in ~ residente no local em que exerce um cargo.
resident [r'ezidənt] s. 1. residente, habitante m. + f. 2. residente, título dado a alguns funcionários coloniais. ‖ adj. 1. residente, habitante. 2. (Zool.) não migratório.
residential [rezid'enʃəl] adj. residencial.
residentiary [rezid'enʃəri] s. eclesiástico m., confinado a uma residência oficial. ‖ adj. residente, domiciliado.
residentship [r'ezidəntʃip] s. cargo ou posto m. de residente ministerial.
residual [riz'idjuəl] s. 1. (Mat.) resto, saldo m. 2. (Quím.) resíduo m. ‖ adj. residual, restante.
residuary [riz'idjuəri] adj. 1. restante, residuário. 2. que tem direito a herança (universal).
~ **legatee** herdeiro universal.
residue [r'ezidju:] s. 1. resíduo, depósito m., sobra f. 2. (Quím.) radical, resto m. 3. (Jur.) montante líquido m. de uma herança.
residuum [riz'idjuəm] s., pl. **residua** [riz'idjuə] = **residue.**
resign [riz'ain] v. 1. resignar-se, renunciar. 2. conformar-se, submeter-se. 3. demitir-se. 4. (Xadrez) abandonar.
to ~ **from office** demitir-se de seu cargo. **to** ~ **to the will of God** submeter-se à vontade de Deus.
re-sign [ri:s'ain] v. reassinar, assinar novamente.
resignation [rezign'eiʃən] s. 1. resignação, renúncia, demissão, exoneração f. 2. pedido m. de demissão (por escrito). 3. submissão, sujeição, paciência f.
I sent in my ~ solicitei minha demissão.
resigned [riz'aind] adj. resignado, conformado. ‖ **~ly** adv. resignadamente, conformadamente.
resigner [riz'ainə] s. resignatário m., o que resigna ou renuncia.
resignment [riz'ainmənt] s. (†) ação de resignar, resignação f.
resile [riz'ail] v. 1. saltar ou fazer saltar para trás como uma bola. 2. recuar. 3. voltar à posição ou forma original após compressão ou dilatação. 4. demonstrar elasticidade (Liter. e fig.).

resilience [riz'iljəns], **resiliency** [riz'iljənsi] s. 1. elasticidade f. 2. poder de recuperação m.
resilient [riz'iljənt] adj. 1. que ressalta. 2. elástico. 3. que se recupera prontamente. 4. alegre, jovial.
resin [r'ezin] s. resina f. ‖ v. resinar, aplicar resina a.
resinaceous [rezin'eiʃəs] adj. resinoso.
resinate [r'ezineit] v. 1. impregnar ou colorir com resina. 2. resinar.
resiniferous [rezin'ifərəs] adj. resinífero.
resiniform [r'ezinifɔ:m] adj. resiniforme.
resinify [r'ezinifai] v. resinificar.
resinoid [r'ezinɔid] s. (Quím.) resina sintética f. ‖ adj. resinóide.
resinous [r'ezinəs] adj. 1. resinoso. 2. (Elet.) eletronegativo.
resinousness [r'ezinəsnis] s. qualidade resinosa.
resiny [r'ezini] adj. resinoso.
resist [riz'ist] s. qualquer substância aplicada a uma superfície como revestimento protetor. ‖ v. 1. resistir, opor-se, repelir. 2. frustrar, impedir, deter.
he cannot ~ **making a joke** ele não pode deixar de fazer uma brincadeira. **we were ~ed** opuseram-nos resistência.
resistance [riz'istəns] s. 1. resistência, oposição f. 2. capacidade f. de resistência. 3. (Eletr.) resistência f.
resistance coil s. (Eletr.) bobina f. de resistência.
resistance movement s. resistência f. subterrânea em países ocupados pelo inimigo.
resistant [riz'istənt] s. o que resiste m., proteção f. ‖ adj. resistente.
resister [riz'istə] s. o que resiste, adversário m., antagonista m. + f.
resistibility [rizistəb'iliti] s. resistibilidade f.
resistible [riz'istəbl] adj. resistível, a que se pode resistir. ‖ **-bly** adv. de modo a permitir resistência.
resistibleness [riz'istəblnis] s. = **resistibility.**
resistive [riz'istiv] adj. que tende a resistir.
resistivity [rizist'iviti] s. resistividade, resistência específica f.
resistless [riz'istlis] adj. irresistível, a que não se pode resistir. ‖ **~ly** adv. irresistivelmente.
resistlessness [riz'istlisnis] s. irresistibilidade f.
resistor [riz'istə] s. (Eletr.) resistor m.
resole [ris'oul] v. colocar sola nova (no sapato).
resolubility [rezəljub'iliti] s. resolubilidade f.
resoluble [r'ezəljubl] adj. 1. resolúvel, resolvível. 2. solúvel, dissolúvel.
resolute [r'ezəlu:t] adj. resoluto, determinado, firme, decidido, resolvido. ‖ **~ly** adv. resolutamente, firmemente.
resoluteness [r'ezəlu:tnis] s. firmeza, resolução, determinação f.
resolution [rezəl'u:ʃən] s. 1. resolução, decisão, determinação f. 2. dissolução, decomposição f. 3. constância, firmeza f. 4. análise f. 5. (Patol.) ação de desinflamar sem supuração. 6. solução f. dum problema. 7. proposta aprovada, deliberação f. 8. (Mec.) decomposição f. de forças.
to come to a ~, **to take a** ~ chegar a uma decisão.
resolutive [r'ezəlu:tiv] s. (Med.) resolutivo m. ‖ adj. resolutivo.
resolvability [rizolvəb'iliti] s. resolubilidade f.
resolvable [riz'olvəbl] adj. solúvel, resolúvel.
resolve [riz'olv] s. resolução, determinação, decisão f. ‖ v. 1. decompor, dissolver, desintegrar, reduzir a suas partes elementares. 2. analisar. 3. resolver, solucionar, esclarecer, explicar. 4. (Med.) fazer desaparecer sem pus. 5. decidir, determinar. 6. aprovar, votar (uma proposta em assembléia). 7. (Mús.) tornar harmônico.
it ~d itself resolveu-se.

resolved [riz'ɔlvd] adj. determinado, resoluto. ‖ ~ly adv. com determinação, resolutamente, firmemente I am ~d to go estou decidido a ir.

resolvedness [riz'ɔlvdnis] s. determinação, firmeza f.

resolvent [riz'ɔlvənt] s. 1. (Med.) resolutivo m. 2. solvente, dissolvente m. ‖ adj. 1. (Med.) resolutivo. 2. solvente, dissolvente.

resolver [riz'ɔlvə] s. 1. dissolvente m. 2. determinador m.

resolving power s. poder solvente m.: a) (Fot.) de emulsão, b) (ópt.) da distância entre dois pontos.

resonance [r'ezənəns] s. 1. ressonância f. 2. eco m

resonance radiation s. (Fís.) irradiação f. por ressonância, emitida por átomo ou molécula.

resonant [r'ezənənt] adj. ressoante, ressonante. ‖ ~ly adv. de modo ressonante ou ressoante.

resonate [r'ezəneit] v. ressonar, ressoar.

resonator [r'ezəneitə] s. ressonador m.

resorb [riz'ɔ:b] v. 1. ressorver. 2. reabsorver.

resorcinol [rez'ɔ:sinol], resorcin [rez'ɔ:sin] s. (Quím.) resorcina f.

resorption [ris'ɔ:pʃən] s. 1. ressorção f. 2. reabsorção f.

resort [riz'ɔ:t] s. 1. lugar muito freqüentado m. 2. reunião f. 3. concurso m., multidão, afluência f. 4. local m. de diversão. 5. recurso, refúgio m. ‖ v. 1. ir, dirigir-se a, freqüentar. 2. recorrer, lançar mão, valer-se de.
a park is a place of public ~ um parque é um lugar freqüentado pelo público. in the last ~ em último recurso. seaside ~ estância balnear. without ~ to force sem empregar força ou violência.

re-sort [ri:s'ɔ:t] v. 1. tornar a separar. 2. classificar novamente.

resound [riz'aund] s. (†) eco m., ressonância f. ‖ v. 1. ressoar, retumbar, retinir, ecoar. 2. (fig.) espalhar a fama de. 3. proclamar, celebrar, festejar.

re-sound [ri:s'aund] v. soar novamente.

resounding [riz'aundiŋ] s. ressonância f. adj. ressonante, retumbante. ‖ ~ly adv. ressonantemente.

resource [ris'ɔ:s] s. 1. recurso, meio, expediente m. 2. ~s recursos m. pl., riquezas f. pl. (de um país), meios m. pl., faculdades f. pl. 3. desembaraço m.
a man of no ~ um homem sem expediente, sem recurso.

resourceful [ris'ɔ:sful] adj. desembaraçado, expedito. ‖ ~ly adv. com desembaraço.

resourcefulness [ris'ɔ:sfulnis] s. desembaraço m., desenvoltura f.

resourceless [ris'ɔ:slis] adj. sem meios, sem recursos.

respect [risp'ekt] s. 1. respeito m., deferência, consideração f., acatamento m. 2. relação, referência f. 3. circunstância f., aspecto, motivo m. 4. ~s cumprimentos m. pl., saudações f. pl. ‖ v. 1. respeitar, acatar, honrar. 2. dizer respeito a, relacionar-se com, concernir, referir-se a.
he is held in high ~ ele goza de muito respeito ou consideração. in all ~s sob todos os pontos de vista. in ~ of em relação a. in ~ to a respeito de. out of ~ for por respeito a. to pay one's ~s apresentar seus cumprimentos.

respectability [rispektəb'iliti], respectableness [risp'ektəblnis] s. respeitabilidade, honorabilidade f.

respectable [risp'ektəbl] adj. 1. respeitável, venerável, estimável, honorável, apreciável. 2. digno, honrado. 3. considerável. 4. tolerável, passível, regular. ‖ –bly adv. respeitavelmente, consideravelmente.
he is a poor but ~ person é pessoa pobre mas respeitável. it is a ~ but not extraordinary result um resultado apreciável mas não extraordinário.

respecter [risp'ektə] s. respeitador m.
God is no ~ of persons Deus não olha a pessoas.

respectful [risp'ektful] adj. respeitoso, reverente, atencioso. ‖ ~ly adv. respeitosamente.
to be ~ of ter respeito para com. yours ~ly (em fechos de cartas) atenciosamente, respeitosamente.

respectfulness [risp'ektfulnis] s. acatamento m., respeito m., deferência f.

respecting [risp'ektiŋ] prep. 1. com respeito a, em relação a, concernente a. 2. visto que.

respective [risp'ektiv] adj. respectivo, relativo, correspondente. ‖ ~ly adv. respectivamente, relativamente, correspondentemente.

respectworthy [risp'ektwə:θi] adj. digno de respeito.

respell [risp'el] v. 1. soletrar de novo. 2. soletrar para acentuar a pronúncia.

respirability [respirəb'iliti] s. respirabilidade f.

respirable [r'espirəbl] adj. respirável.

respiration [respər'eiʃən] s. respiração f.

respirator [r'espəreitə] s. 1. respirador m. 2. máscara f. contra poeira, filtro m. para respiração.

respiratory [r'espəreitəri] adj. respiratório.

respiratory disease s. doença f. das vias respiratórias.

respiratory system s. sistema respiratório m.

respire [risp'aiə] v. 1. respirar. 2. (fig.) tomar fôlego, reanimar-se. 3. exalar, emanar.

respirometer [risp'airoumi:tə] s. 1. aparelho m. para medir a respiração. 2. aparelho m. para suprimento de ar a um escafandrista.

respite [r'espit] s. 1. repouso, intervalo m., pausa, folga f. 2. adiamento m., prorrogação, mora f. 3. (Jur.) suspensão f. temporária da execução (de condenado à morte). ‖ v. 1. prorrogar, adiar. 2. suspender temporariamente a execução (de condenado).

respiteless [~lis] adj. sem folga, pausa ou prorrogação.

resplendence [rispl'endəns], resplendency [~i] s. brilho, resplendor m., resplandecência f.

resplendent [rispl'endənt] adj. resplendente, resplandecente, brilhante, magnífico. ‖ ~ly adv. com resplendor, brilhantemente.
the queen was ~ with jewels a rainha resplandecia em jóias.

respond [risp'ɔnd] s. 1. responso m. 2. (Arquit.) meia-coluna f., tondinho m. ‖ v. 1. responder, replicar (diz-se também da congregação na igreja). 2. reagir, ser suscetível, corresponder. 3. responder por. 4. responsar.

respondence [risp'ɔndəns] s. 1. correspondência f. 2. acordo m., harmonia f. 3. resposta f.

respondent [risp'ɔndənt] s. 1. respondente m. + f. 2. replicador m. 3. (Jur.) réu m. (em casos de divórcio). ‖ adj. 1. que responde, responsivo, que reage. 2. (Jur.) que se encontra em posição de defensor.

respondentia [rispɔnd'enʃiə] s. empréstimo m. sobre uma carga, restituível após o recebimento da mercadoria.

response [risp'ɔns] s. 1. resposta, réplica f. 2. responsório m. 3. reação f., efeito m.
in ~ to your request em atenção a seu pedido.

responsibility [rispɔnsəb'iliti], responsibleness [risp'ɔnsəblnis] s. 1. responsabilidade f. 2. solvabilidade, solvência f. 3. encargo m., incumbência f.

responsible [risp'ɔnsəbl] adj. 1. responsável, de responsabilidade. 2. solúvel, solvente. 3. respeitável, de confiança. ‖ –bly adv. com responsabilidade.
they are ~ for the failure eles são responsáveis pelo fracasso. a ~ position uma posição de responsabilidade. a ~ person uma pessoa de confiança.

responsions [risp'ɔnʃənz] s. pl. primeiro dos três exames para bacharel na Universidade de Oxford.

responsive [risp'ɔnsiv] adj. 1. responsivo. 2. que reage,

R 2

RESTAURANT

Revolving door

Canopy

Guests on the terrace

Bar-tender

Beer-tap

Doorman

Bell-boy

Wardrobe

Bar-maid

Hot-rack

Hook

Chef

Hatch

Cook

Plates

Tray

Straw

Tall glass

Buffet

Coaster

Glasses

Bar

Tea-waggon

Wine list

Beer mats

Glass Water pitcher

Hat check girl

Menu

Head-waiter

Ash-tray

Table

Chair

Bar

Bar-stool

Lounge

Guest

Waiter

responde ou corresponde. 3. suscetível, compreensivo. ‖ ~ly adv. de modo responsivo.
responsory [risp'ɔnsəri] s. responsório m. ‖ adj. (†) responsivo.
rest (I) [rest] s. 1. descanso, repouso m., folga, trégua, tranqüilidade, paz f., sossego m. 2. sono m. 3. lugar de repouso, sanatório m. 4. abrigo, albergue m., pousada, parada f. 5. suporte, apoio, pedestal m. 6. (Mús.) pausa f. 7. (Poèt.) morte f., túmulo m. 8. inércia f. ‖ v. 1. descansar (**from** de), repousar, fazer uma pausa, estar parado, não se mover. 2. estar calmo, sossegado ou despreocupado. 3. dormir. 4. estar morto, jazer. 5. não ser aproveitado, cultivado (terras). 6. ser espalhado. 7. ser apoiado ou apoiar-se (**on, against** sobre, em), basear-se (**upon** sobre), motivar-se (**in** em). 8. depender (**on** de), confiar (**in** em). 9. parar, cessar de mover-se. 10. deixar pendente. **to be at** ~ 1. estar dormindo. 2. estar parado. 3. estar despreocupado, livre de aborrecimentos. 4. estar morto. **to lay at** ~ sepultar, enterrar. **to set at** ~ acalmar, aquietar. **to take a** ~ descansar. **a day of** ~ dia de descanso. **let the matter** ~ dê o assunto por liquidado. **our eyes** ~ **on the book** nossos olhos estão fixos no livro. **the matter** ~**s with you** o caso depende de si. **the fault** ~**s with you** a culpa é sua. **to** ~ **up** (fam.) descansar.
rest (II) [rest] s. 1. resto, restante m., sobra f., resíduo m. 2. saldo m., reserva f. 3. (Tênis) série longa f. de trocas da bola. ‖ v. 1. restar, sobrar, sobejar. 2. ficar, permanecer.
among the ~ entre as outras coisas. **and all the** ~ **of it** e tudo o mais. **and the** ~? e quem mais? **for the** ~ demais, além disso. **the** ~ os outros, os demais. **you may** ~ **assured that** você pode ficar certo que.
restamp [ri:st'æmp] v. selar ou estampar de novo.
restart [ri:st'a:t] s. reinício, recomeço m. ‖ v. reiniciar, recomeçar.
restate [ri:st'eit] v. declarar ou expor nova ou diferentemente.
restaurant [r'estərənt] s. restaurante m., casa f. de pasto. (quadro R 2).
restaurateur [restɔrət'ə:] s. proprietário m., gerente m. + f. ou encarregado m. de restaurante.

restaurative [r'estərətiv] adj. (†) = restorative.
rest cure [r'estkjuə] s. (Med.) cura f. mediante repouso.
rest-day [r'estdei] s. 1. dia m. de descanso ou de folga. 2. sabá m.
rested [r'estid] adj. descansado.
resterilize [ri:st'erilaiz] v. tornar a esterilizar.
restful [r'estful] adj. tranqüilo, quieto, descansado, sossegado. ‖ ~ly adv. tranqüilamente, sossegadamente, serenamente.
restfulness [r'estfulnis] s. 1. tranqüilidade f.. sossego m., quietude f. 2. repouso, descanso m.
restharrow [r'esthərou] s. (Bot.) resta-boi, rilha-boi m. (Ononis arvensis).
rest home s. casa de saúde f. (comercial).
resting [r'estiŋ] s. descanso, repouso m., folga f.
resting-place s. 1. lugar m. de descanso. 2. (fig.) túmulo m.
restitution [restitj'u:ʃən] s. 1. restituição, devolução f. 2. reparação, indenização f. 3. restauração f., restabelecimento m. 4. (Fís.) volta à forma anterior (de um corpo elástico).
restive [r'estiv] adj. 1. inquieto, desassossegado, impaciente, rebelão. 2. teimoso, obstinado, refratário. 3. indócil, rebelão (cavalo). ‖ ~ly adv. impacientemente, obstinadamente, indocilmente.
restiveness [r'estivnis] s. 1. impaciência f. 2. teimosia, relutância f. 3. qualidade de rebelão (cavalo).
restless [r'estlis] adj. 1. impaciente, agitado, que não pára quieto, desassossegado. 2. insone. ‖ ~ly adv. impacientemente, de modo irrequieto, inquieto ou desassossegado.
restlessness [r'estlisnis] s. 1. desassossego m., perturbação, inquietação, agitação f. 2. insônia f.
rest mass s. (Fís.) massa f. em estado de repouso absoluto (velocidade zero).
restock [ri:st'ɔk] v. reabastecer.
restorable [rist'ɔrəbl] adj. 1. restaurável, que pode ser restaurado ou restabelecido. 2. restituível.
restoration [restɔr'eiʃən] s. 1. restauração, reintegração f. 2. restituição, reposição f. 3. restabelecimento m., cura f. 4. reparo, conserto m. 5. coisa restaurada f.
the Restoration (Hist. Ingl.) reinado de Carlos II.
restorationism [restɔr'eiʃənizm] s. doutrina f. da res-

tauração de todos os homens na vida futura.

restorative [rist'ɔrətiv] s. reconstituinte, tônico m. ‖ adj. restaurativo, fortificante, tônico. ‖ ~ly adv. de modo restaurativo ou fortificante. .

restore [rist'ɔ:] v. 1. restaurar, reparar, reconstruir. 2. recolocar, repor, restituir, devolver. 3. restabelecer, curar, recuperar. 4. reintegrar. 5. renovar, restabelecer.
they ~d him to liberty recolocaram-no em liberdade. **to ~ to life** restituir à vida, ressuscitar. **to be ~d to health** ser curado, restabelecer-se.

restorer [rist'ɔ:rə] s. 1. restaurador, tônico m. 2. reparador, restituidor m.

restoring [rist'ɔ:riŋ] s. 1. restauração f., ação de restaurar. 2. restituição, devolução f.

restrain [ristr'ein] v. 1. conter, reter, reprimir, refrear, retrair. 2. impedir, estorvar, atalhar. 3. dominar, controlar, restringir, limitar. 4. encarcerar.

restrainable [ristr'einəbl] adj. refreável, dominável.

restrainedly [ristr'eindli] adv. com restrição, restritamente.

restrainer [ristr'einə] s. o que restringe, limita, refreia, reprime ou proíbe.

restraining [ristr'einiŋ] adj. restringente.

restraint [ristr'eint] s. 1. ação de deter, conter ou reprimir. 2. restrição, limitação f. 3. impedimento, estorvo, atalho, embaraço m. 4. freio, obstáculo m. 5. constrangimento m., coibição, reserva, repressão f. 6. retenção f., internamento (em asilo) m. 7. encarceramento m., reclusão f.
to be under ~ estar sob controle. **to lay ~s on** impor restrições a.

restraint of trade s. impedimento m. do livre co mércio.

restrict [ristr'ikt] v. restringir, limitar, confinar.
we are ~ed to precisamos limitar-nos a. **~ed space** espaço limitado.

restriction [ristr'ikʃən] s. 1. restrição, limitação, reserva f. 2. condição que restringe.

restrictive [ristr'iktiv] adj. restritivo, que limita. ‖ ~ly adv. restritivamente.

restrike [ri:str'aik] v. bater novamente.

rest room s. (E. U. A.) sanitário público m.

result [riz'ʌlt] s. resultado m., consequência f., efeito m. ‖ v. resultar, provir, originar-se **(from** de).
sickness often ~s from eating too much doenças frequentemente provêm de comer demasiado. **It ~ed in a failure** resultou em fracasso.

resultant [riz'ʌltənt] s. (Mec.) resultante f. ‖ adj resultante, consequente.

resultful [riz'ʌltful] adj. bem-sucedido.

resulting [riz'ʌltiŋ] adj. resultante.

resultless [riz'ʌltlis] adj. sem resultado, sem efeito.

resumable [rizj'u:məbl] adj. reassumível, recuperável.

resume [rizj'u:m] v. 1. retomar, reocupar, reassumir. 2. recuperar. 3. prosseguir, recomeçar. 4. resumir.
reason ~d her sway a razão voltou a imperar.

résumé [r'ezjumei] (fr.) s. resumo, sumário, epítome m.

resummon [ri:s'ʌmən] v. (Jur.) convocar novamente, dar nova notificação, pedir novo comparecimento.

resumption [riz'ʌmpʃən] s. ressunção, retomada f.

resumptive [riz'ʌmptiv] adj. que prossegue novamente, que reassume, que recomeça.

resupinate [risj'u:pineit] adj. (Bot.) ressupinado, recurvado para cima (diz-se de folhas).

resupination [risju:pin'eiʃən] s. ressupinação f.

resupine [ri:sjup'ain] adj. ressupino, deitado de costas.

resurface [ris'ə:fis] v. 1. dar nova superfície. 2. voltar à tona.

resurge [ris'ə:dʒ] v. 1. ressurgir. 2. ressuscitar.

resurgence [ris'ə:dʒəns] s. ressurgimento m.

resurgent [ris'ə:dʒənt] s. o que ressuscita da **morte**. ‖ adj. ressurgente, que ressuscita.

resurrect [rezər'ekt] v. 1. ressuscitar. 2. ressurgir, fazer reaparecer. 3. exumar.

resurrection [rezər'ekʃən] s. 1. ressurreição f. 2. (fig.) renovação f., restabelecimento m., restauração f. 3. representação f. teatral da ressurreição de Cristo. 4. **The Resurrection** (Teol.) a Ressurreição f. de Cristo.

resurrectional [rezər'ekʃənl] adj. suscetível de ou relativo à ressurreição.

resurrectionist [rezər'ekʃənist] s. ressurreicionista m. + f., o que crê na ressurreição.

resurrection man s. ladrão m. de cadáveres (para vendê-los para dissecação).

resurvey [ri:s'ə:vei] s. 1. nova revisão, inspeção f. ou exame m. 2. (Agrim.) nova medição f. ‖ [ri:sə:v'ei] v. 1. tornar a examinar, rever. 2. (Agrim.) medir novamente.

resuscitable [ris'ʌsitəbl] adj. ressuscitável.

resuscitate [ris'ʌsiteit] v. 1. ressuscitar, fazer reviver. 2. voltar a viver, renascer. 3. (fig.) renovar.

resuscitation [risʌsit'eiʃən] s. 1. ressurreição f. 2. ressurgimento, renascimento, renovamento m.

resuscitative [ris'ʌsiteitiv] adj. ressuscitador.

ret [ret] v. 1. macerar (linho, cânhamo ou madeira). 2. apodrecer devido ao maceramento muito prolongado.

retable [rit'eibl] s. retábulo m.

retail [r'i:teil] s. varejo, retalho m., venda f. a varejo ou a retalho. ‖ [rit'eil] v. 1. vender a varejo, retalhar. 2. recontar, contar minuciosamente. ‖ [r'i:teil] adj. de varejo, varejista, retalhista.
at ~, by ~ no varejo.

retail business s. negócio m. a varejo.

retail goods s. mercadorias f. pl. de varejo.

retail trade s. comércio varejista m.

retailer [rit'eilə] s. 1. retalhista, varejista m. + f. 2. boateiro m.

retain [rit'ein] v. 1. reter, conservar, manter, preservar, guardar. 2. contratar (especialmente serviços de advogado). 3. conservar na memória.

retainable [rit'einəbl] adj. que se pode reter.

retainer (I) [rit'einə] s. 1. aquele ou aquilo que retém. 2. aderente m. + f., partidário m. 3. assistente m. + f. ou secretário m. (de uma pessoa de posição elevada). 4. (Mec.) retentor m.

retainer (II) [rit'einə] s. adiantamento ou sinal m. para serviços de advogado.

retainer fee s. pagamento antecipado m. (para serviços de advogado).

retaining wall s. parede f. de arrimo, dique m.

retake [ri:t'eik] v. 1. retomar. 2. recapturar. 3. (Cin.) tornar a filmar (uma cena).

retaliate [rit'ælieit] v. retaliar, pagar na mesma moeda, fazer a outrem o que nos fez.

retaliation [ritæli'eiʃən] s. retaliação, represália, desforra f.

retaliative [rit'æliətiv], **retaliatory** [rit'æliətəri] adj. que usa de represálias, vingador.

retama [rit'a:mə] s. (Bot.) 1. giesta f. 2. espinho-de-jerusalém m.

retard [rit'a:d] s. demora f., atraso m. ‖ v. 1. retardar-se, demorar-se, atrasar-se, protelar, pôr obstáculos, embaraçar. 2. impedir, deter.
~ed ignition ignição retardada, atraso da inflamação (do motor).

retardant [~ənt] s. (Quím.) retardador m.

retardation [rita:d'eiʃən] s. 1. retardação f., retardamento m. 2. obstáculo m. 3. impedimento m. 3. abr. de **mental retardation**.

retardative [rit'a:dətiv], **retardatory** [rit'a:dətəri] adj. retardativo.

retarded [rit'a:did] adj. retardado.

retarder [rit'a:də] s. 1. (Quím.) retardador m. 2. retardador, o que retarda m.

retardment [rit'a:dmənt] s. = **retardation**.

retch [ri:tʃ, E. U. A. retʃ] s. ânsia f. de vômito. ‖ v. fazer esforço para vomitar.

retell [ri:t'el] v. 1. recontar, narrar novamente. 2. contar sob outra forma.

retene [r'i:tin] s. (Quím.) reteno m.

retention [rit'enʃən] s. 1. retenção f. 2. faculdade retentiva f. 3. conservação f. (de nomes ou usos). 4. (Med.) retenção f. de urina ou bílis.

retentive [rit'entiv] adj. retentivo: 1. que conserva na memória. 2. que retém. ‖ ~ly adv. retentivamente.

retentive memory s. boa memória f.

retentiveness [rit'entivnis] s. qualidade ou faculdade retentiva f.

retentivity [ritent'iviti] s. 1. = **retentiveness**. 2. retentividade f. (magnética).

rethink [riθ'iŋk] v. 1. reconsiderar. 2. considerar sob outro aspecto.

retiary [r'i:ʃiəri] s. 1. aranha f que faz teia. 2. reciário, gladiador m. armado com rede. ‖ adj. 1. em forma de rede. 2. que faz teias (aranha). 3. armado de rede.

reticence [r'etisəns] s. reserva, discrição f.

reticent [r'etisənt] adj. reservado, discreto. ‖ ~ly adv. reservadamente, discretamente.

he was ~ ele ficou calado.

reticle [r'etikl] s. retículo m.

reticular [rit'ikjulə] adj. 1. reticular, reticulado, em forma de rede. 2. intrincado, emaranhado. ‖ ~ly adv. de modo reticular.

reticulate [rit'ikjuleit] v. dispor ou fazer em forma de rede. ‖ [rit'ikjulit] adj. retiforme, reticular.

reticulation [ritikjul'eiʃən] s. reticulação f.

reticule [r'etikju:l] s. 1. (Astron.) retícula f. 2. espécie de bolsa, originalmente em forma de rede.

reticulum [rit'ikjuləm] s. 1. retículo, barrete, segundo estômago m. dos ruminantes. 2. pequena rede f. 3. (Astron.) constelação f. austral. 4. (Anat.) neuróglia f. 5. (Biol.) tecido reticular m.

retiform [r'i:tifɔ:m] adj. retiforme, reticular.

retina [r'etinə] s. (Anat.) retina f.

retinaculum [retin'ækələm] s. (Bot. e Zool.) retináculo m.

retinal [r'etinəl] adj. retiniano, retínico.

retinerved [r'etinə:vd] adj. (Bot.) retinérveo.

retinite [r'etinait] s. (Miner.) retinite m.

retinitis [retin'aitis] s. (Med.) retinite f.

retinoid [r'etinɔid] adj. retiniforme.

retinoscopic [retinosk'ɔpik] adj. retinoscópico.

retinoscopy [retin'ɔskəpi] s. retinoscopia f.

retinue [r'etinju:] s. acompanhamento m., comitiva f., cortejo, séqüito m.

etirant [rit'airənt], **retiree** [ritair'i:] s. 1. aposentado m. 2. pessoa f. que se aposenta.

retire [rit'aiə] s. 1. (milit.) toque m. de retirada. 2. retiro m., solidão f. ‖ v. 1. retirar(-se), afastar(-se), apartar(-se). 2. reformar(-se), aposentar(-se). 3. recolher-se. 4. ir dormir. 5. recuar, retroceder. 6. retirar (da circulação).

he ~d from business ele aposentou-se. **she ~d to a convent** ela recolheu-se a um convento.

retired [rit'aiəd] adj. 1. retirado, afastado, isolado. 2. retraído, reservado. 3. aposentado, reformado. 4. escondido. 5. solitário, ermo. ‖ ~ly adv. isoladamente, de modo retirado ou afastado.

on the ~ **list** aposentado, reformado.

retiredness [rit'aiədnis] s. solidão f., retiro m.

retirement [rit'aiəmənt] s. 1. retirada f., recuo m. 2. retraimento m., segregação f., isolamento m. 3. aposentadoria, reforma f. 4. vida privada, intimidade f. 5. retiro, lugar retirado m. 6. retirada f. da circulação.

retiring [rit'aiəriŋ] adj. 1. que se retira, afasta ou aposenta. 2. retraído, reservado. 3. acanhado, tímido. ‖ ~ly adv. 1. em retirada. 2. de forma retraída ou reservada.

retiring room s. privada f., lavatório m.

retold [ri:t'ould] v. imp. + p. p. de **retell**.

retorsion [rit'ɔ:ʃən] s. (Jur.) retorsão f.

retort (I) [rit'ɔ:t] s. réplica mordaz, resposta f. ao pé da letra. ‖ v. 1. replicar, retrucar, retorquir. 2. repelir, rebater, revidar. 3. retaliar.

retort (II) [rit'ɔ:t] s. (Quím.) retorta f., vaso m. de laboratório. ‖ v. (Quím.) purificar em retorta.

retorter [rit'ɔ:tə] s. o que responde, replica, rechaça ou repele.

retortion [rit'ɔ:ʃən] s. 1. retorção f. 2. desforço m., desforra f., desagravo m. 3. = **retorsion**.

retouch [ri:t'ʌtʃ] s. retoque m. ‖ v. 1. retocar. 2. aperfeiçoar, modificar. 3. tornar a tocar.

retouchable [~əbl] adj. que se pode retocar.

retoucher [ri:t'ʌtʃə] s. retocador m.

retouching [ri:t'ʌtʃiŋ] s. retoque m. ‖ adj. de ou relativo a retoque.

re-trace [ri:tr'eis] v. retraçar: traçar, desenhar ou delinear novamente.

retrace [ritr'eis] v. 1. remontar à origem ou ao princípio de 2. voltar, volver pelo mesmo caminho. 3. rememorar, trazer à lembrança. 4. expor ou relatar de novo. 5. revogar, cancelar. 6. repassar.

re-traceable [ri:tr'eisəbl] adj. que se pode retraçar.

retraceable [ritr'eisəbl] adj. 1. que se pode percorrer novamente. 2. rememorável.

retract [ritr'ækt] v. 1. retrair, recolher, encolher. 2. retratar(-se), desdizer(-se). 3. (Av.) recolher (trem de aterrissagem).

retractability [ritræktəb'iliti] s. qualidade do que é retratável.

retractable [ritr'æktəbl] adj. 1. que se pode desdizer, revocável, revogável. 2. retrátil. 3. (Av.) escamoteável.

retractation [ri:trækt'eiʃən] s. retratação, abjuração f.

retractible [ritr'æktəbl], **retractile** [ritr'æktail] adj. retrátil.

retractility [ritrækt'iliti] s. retratilidade f.

retraction [ritr'ækʃən] s. 1. retração, contração f. 2. retratação f.

retractive [ritr'æktiv] adj. retrativo, que produz retração.

retral [r'i:trəl] adj. 1. posterior, traseiro. 2. retrógrado.

retransfer [ri:trənsf'ə:] s. nova transferência f. ‖ v. transferir novamente, retransferir.

retransform [ri:trənsf'ɔ:m] v. transformar novamente.

retransformation [ri:trənsfɔ:m'eiʃən] s. nova transformação f.

retranslate [ri:tra:nsl'eit] v. traduzir novamente.

retranslation [ri:tra:nsl'eiʃən] s. retradução f.

retread (I) [r'i:tred] s. pneumático com nova banda de rodagem, pneu recauchutado m. ‖ v. [ri:tr'ed] prover de nova banda de rodagem, recauchutar.

re-tread (II) [ri:tr'ed] v. repisar, retrilhar, tornar a percorrer.

retreat [ritr'i:t] s. 1. retirada f. (especialmente em sentido militar). 2. toque m. de recolher, retreta f. 3. retiro, asilo, abrigo, refúgio m. 4. estado ou período m. de retraimento. ‖ v. 1. retirar-se, retroceder, afastar-se. fugir. 2. refugiar-se, procurar

asilo. 3. (Xadrez) recuar uma peça.
to beat a ~ 1. desistir de uma intenção. 2. dar às de vila-diogo.
retreating [ritr'i:tiŋ] adj. em retirada.
the ~ enemy o inimigo em retirada.
retrench [ritr'entʃ] v. 1. cortar ou diminuir gastos, fazer economias. 2. reduzir, abreviar, condensar, limitar, restringir. 3. podar. 4. (milit.) entrincheirar, abrir trincheiras.
retrenchment [ritr'entʃmənt] s. 1. economia, redução f. de despesas 2. entrincheiramento m., trincheira interior f.
retrial [ri:tr'aiəl] s. 1. novo julgamento m. 2. novo teste m., nova experiência f.
retribute [r'etribju:t] v. retribuir, recompensar (especialmente o mal pelo mal), revidar.
retribution [retribj'u:ʃən] s. 1. retribuição, recompensa f., castigo m. 2. desforra, vingança f.
retributive [ritr'ibjutiv] adj. retribuidor.
~ justice justiça eqüitativa.
retrievability [ritri:vəb'iliti], **retrievableness** [ritr'i:vəblnis] s. possibilidade de recuperação ou de reabilitação.
retrievable [ritr'ivəbl] adj. 1. recuperável. 2. restaurável. 3. remediável.
retrieval [ritr'i:vəl] s. 1. recuperação f. 2. possibilidade de recuperação.
retrieve [ritr'i:v] s. 1. ato de reaver, recobrar, etc. 2. possibilidade de recuperação. ‖ v. 1. recobrar, recuperar, reaver. 2. apanhar a caça (diz-se dos cães). 3. restabelecer, restaurar, corrigir, reparar. 4. (Técn., Comp.) obter dados processados.
beyond ~ irreparável, que não se pode remediar. ‖ **to ~ a loss** reparar um dano.
retriever [ritr'i:və] s. cão m. de caça que traz a presa ao caçador.
retrim [ri:tr'iml v. pôr em ordem novamente.
retroact [retrou'ækt] v. retroagir.
retroaction [retrou'ækʃən] s. retroação f.
retroactive [retrou'æktiv] adj. retroativo. ‖ **~ly** adv. retroativamente.
retroactivity [retrouækt'iviti] s. retroatividade f.
retrocede [retrous'i:d] v. 1. retroceder, recuar. 2. efetuar retrocessão de, devolver.
retrocession [retrous'eʃən] s. 1. retrocessão f., retrocesso, recuo m. 2. restituição f. de um direito obtido por cessão.
retroflected [retroufl'ektid] adj. retroflexo ou dobrado para trás.
retroflex [retroufl'eks] v. curvar ou dobrar trás ‖ adj. = **retroflected.**
retroflexion [retroufl'ekʃən] s. retroflexão f.
retrogradation [retrougrəd'eiʃən] s. retrogradação, retrogressão f., movimento retrógrado m.
retrograde [r'etrougreid] s. 1. movimento retrógrado m. 2. pessoa degenerada f. ‖ v. 1. retrogradar, retroceder. 2. fazer retrogradar ou retroceder. 3. deteriorar. 4. (Astron.) mover-se, aparentemente, do leste para o oeste. ‖ adj. 1. que retrocede, que torna atrás. 2. inverso, oposto, contrário. 3. (fig.) retrógrado, atrasado. 4. (Astron.) que parece mover-se do leste para oeste. 5. deteriorado. 6. (Med.) catabólico.
retrogress [r'etrougres, retrougr'es] v. 1. retrogradar, retroceder.
retrogression [retrougr'eʃən] s. retrogressão, retrogradação f. 2. degeneração, degenerescência f.
retrogressive [retrougr'esiv] adj. regressivo. ‖ **~ly** adv. de modo regressivo.
retromingent [retroum'indʒənt] adj. que expele a urina para trás (animal).
retropulsion [retroup'ʌlʃən] s. (Med.) retropulsão f.

retrorocket [r'etrourɔkit] s. (Av.) retrofoguete m.
retrorse [ritr'ɔ:s] adj. retrorso, virado para trás ou para baixo. ‖ **~ly** adv. de modo retrorso.
retrospect [r'etrouspekt] s. retrospecto m., ação de volver para o passado, retrospecção, rememoraçãa f. do passado. ‖ v. volver para o passado, rever, considerar as coisas do passado.
retrospection [retrousp'ekʃən] s. = **retrospect.**
retrospective [retrousp'ektiv] adj. 1. retrospectivo, que olha para o passado. 2. retroativo. ‖ **~ly** adv. de modo retrospectivo ou retroativo.
retroussé [rətr'u:sei] adj. (fr.) arrebitado.
a ~ nose nariz arrebitado.
retroverse [r'etrouvə:s] adj. retroverso, retrovertido.
retroversion [retrouv'ə:ʃən] s. 1. retroversão, retradução f. de um trecho para o original. 2. (Med.) retroversão f., inclinação f. de um órgão para trás. 3. (Biol.) atavismo m.
retrovert [retrouv'ə:t] v. retroverter.
retrude [ritr'u:d] v. empurrar para trás.
retry [ri:tr'ai] v. 1. experimentar novamente. 2. julgar novamente.
return [rit'ə:n] s. 1. volta f., regresso, retorno m. 2. devolução, restituição f. 3. retribuição, paga, compensação f., favor ou serviço reciproco m. 4. o que é restituído ou devolvido. 5. relatório m., relação f. 6. tabela f., quadro m. 7. recorrência, repetição f. 8. alternação f. 9. (também no pl.) lucro, proveito, retorno m. 10. (Arquit.) parede lateral f. 11. (Esporte) rebatida f. 12. reenvio m., remessa, reentrada f. 13. réplica, resposta f. 14. passagem f. de volta. 15. (jogo de cartas) reconhecimento m. de naipe. 16. notícia, informação f., aviso m. 17. recaída f. (de uma doença). ‖ v. 1. voltar, regressar, retornar. 2. repetir-se, recorrer. 3. replicar, responder, retorquir. 4. devolver, restituir. 5. reverter. 6. volver para trás (os olhos, etc.), 7. retribuir, recompensar, reciprocar. 8. eleger. 9. render, lucrar. 10. dar notícia ou informação, relatar. 11. pronunciar, anunciar (uma sentença). 12. recair. 13. rebater (uma bola). 14. quebrar, dobrar-se, formar ângulo. 15. (cartas) reconhecer naipe.
~ of payment reembolso. **by ~ of post** à volta do correio, pelo primeiro correio. **to yield quick ~s** (Com.) ter grande saída. **to make good ~s** ser lucrativo. **in ~ for** em troca de. **on his ~** por ocasião de seu regresso. **on sale or ~** (Com.) em consignação. **many happy ~s of the day!** (aniversário) que a data se repita ainda muitas vezes! felicitações cordiais! **~ ticket** passagem de ida e volta. **we ~ to dust** voltaremos a ser pó. **he ~ed home** ele voltou para casa. **we ~ed like for like** volvemos igual por igual. **to ~ a favour** retribuir um favor. **to ~ thanks** agradecer, dar agradecimentos. **without ~** gratuitamente.
returnable [rit'ə:nəbl] adj. 1. restituível, retribuível. 2. devolutivo, devolutório.
return-cargo s. carga f. de retorno.
return-day s. (Jur.) dia m. de audiência.
returned [rit'ə:nd] adj. 1. devolvido, restituído. 2. de volta, de retorno.
returned letter s. carta devolvida f.
returnee [rit'ə:ni] pessoa f. que volta para: a) casa (do serviço militar). b) a escola (para continuar nos estudos).
returner [rit'ə:nə] s. 1. o que devolve, restitui. 2. o que volta.
return game, return match s. jogo m. de revanche.
returning [rit'ə:niŋ] s. 1. volta f., regresso m. 2. devolução, restituição, retribuição f. ‖ adj. 1. de regresso. 2. em devolução.
return journey s. viagem f. de regresso.
returnless [rit'ə:nlis] adj. sem devolução ou retorno.

retuse [ritʃ'u:s] adj. (Bot.) retuso, arredondado na ponta com depressão no centro.

reunion [ri:j'u:njən] s. 1. reunião, assembléia f. 2. reconciliação f. 3. festa social f.

reunite [ri:ju:n'ait] v. 1. reunir(-se). 2. tornar a unir. 3. reconciliar.

reunition [ri:ju:n'iʃən] s. (†) reunião f.

Rev. [r'evərənd] abr. de **Reverend** reverendo m.

rev. abr. de **revised, revision.**

rev [rev] (abr. de **revolution**) s. rotação f. ‖ ~ **up** v. aumentar a velocidade de um motor.

revaccinate [ri:v'æksineit] v. revacinar.

revaccination [ri:væksin'eiʃən] s. revacinação f.

revalidate [ri:v'ælideit] v. revalidar.

revalidation [ri:vælid'eiʃən] s. revalidação f.

revalorization [ri:væləraiz'eiʃən] s. revalorização f.

revalorize [ri:v'æləraiz] v. revalorizar.

revamp [ri:v'æmp] v. (E. U. A.) consertar, remendar.

revanche [riv'a:nʃ] s. 1. desforra f. 2. (Esporte) jogo m. de returno.

reveal (I) [riv'i:l] v. 1. revelar, descobrir. 2. aparecer, vir à luz. 3. mostrar(-se).
he **~ed himself as a true friend** ele mostrou-se um amigo verdadeiro.

reveal (II) [riv'i:l] s. (Arquit.) grossura f. de uma parede numa abertura, janela ou porta.

revealable [riv'i:ləbl] adj. revelável, que se pode revelar ou divulgar.

revealer [riv'i:lə] s. revelador m., o que revela, descobre ou manifesta.

revealing [riv'i:liŋ] adj. esclarecedor. ‖ ~**ly** adv. de forma esclarecedora.

revealment [riv'i:lmənt] s. revelação f.

reveille [riv'eli, r'evəli:] s. toque m. de alvorada.

revel [revl] s. folia, bacanal, orgia f., festim m., festança f. ‖ v. fazer folias, divertir-se, festejar.
to ~ away esbanjar em festas ou folias.

revelation [revəl'eiʃən] s. revelação f.

Revelation [revəl'eiʃən] s. Apocalipse m.: último livro do Novo Testamento.

revelationist [~ist] s. (Rel.) adepto m. das divinas revelações.

revelator [r'evəleitə] s. revelador m.

reveler [r'evlə] = **reveller.**

revellent [r'evələnt] s. revulsivo m. ‖ adj. revulsivo.

reveller [r'evlə] s. farrista m. + f., libertino m.

revelry [r'evlri] s. festança, folia, orgia f.

revenant [r'evnənt] s. 1. pessoa f. que retorna após longa ausência. 2. o que volta do túmulo, espírito, fantasma m., aparição f.

revendicate [riv'endikeit] v. reivindicar.

revendication [rivendik'eiʃən] s. reivindicação f.

revenge [riv'endʒ] s. 1. vingança, desforra f., desagravo m., represália f. 2. desejo m. de vingança. ‖ v. vingar-se, desforrar(-se), retaliar.
in ~ por vingança. **I took (my) ~** vinguei-me. **to ~ oneself on, upon** vingar-se em.

revengeful [riv'endʒful] adj. vingativo. ‖ ~**ly** adv. vingativamente, por vingança.

revengefulness [~nis] s. espírito vingativo m.

revenger [riv'endʒə] s. vingador m.

revenue [r'evinju:] s. 1. renda f., rendimento m. 2. rendimentos públicos, proventos, impostos m., taxas f. 3. fonte f. de renda. 4. fisco m.
inland (internal) ~ taxas e impostos sobre o comércio interno, imposto de consumo.

revenue cutter s. lancha aduaneira f.

revenue officer s. guarda aduaneiro m.

revenue stamp s. estampilha f.

reverberant [riv'ə:bərənt] adj. reverberante, que reverbera, reflete, ecoa, ressoa ou causa repercussão.

reverberate [riv'ə:bəreit] v. 1. reverberar, refletir, ecoar, repercutir, causar repercussão. 2. fundir em forno de revérbero.

reverberation [rivə:bər'eiʃən] s. 1. reverberação, repercussão, reflexão f. 2. fundição f. em forno de revérbero.

reverberator [riv'ə:bəreitə] s. 1. refletor m. 2. revérbero m.

reverberatory [riv'ə:bəreitəri] s. forno m. de revérbero ‖ adj. reverberatório, que reflete.

revere (I) [riv'iə] v. honrar, respeitar, acatar, venerar.

revere (II) [riv'iə] s. = **revers.**

reverence [r'evərəns] . s. 1. reverência f., respeito m., veneração f. 2. inclinação por cortesia ou respeito, mesura f. ‖ v. 1. reverenciar, honrar, respeitar. 2. saudar respeitosamente.
we paid ~ to him prestamos-lhe homenagem. **His (Your) Reverence** Vossa Reverência (título honorífico que se dá ao clero).

reverencer [r'evərənsə] s. venerador, reverenciador m.

Reverend [r'evərənd] s. 1. reverendo m.: título que se dá ao clero. 2. (coloq.) um padre m.
~ Smith Reverendo Smith. **Very ~** Reverendíssimo, título de um deão. **Right ~** idem, de um bispo. **Most ~** idem, de um arcebispo.

reverend [r'evərənd] adj. reverendo, venerável.

reverent [r'evərənt] s., **reverential** [revər'enʃəl] adj. reverente, respeitoso. ‖ ~**ly** adv. reverentemente.

reverie, revery [r'evəri] s. 1. devaneio m., quimera f. 2. (Mús.) fantasia f.

revers [riv'iə] s. lapela f., parte da frente de um casaco (ou vestido) virado para trás.

reversal [riv'ə:səl] s. 1. reversão, inversão f. 2. anulação, revogação f.

reverse [riv'ə:s] s. 1. reverso, contrário, oposto, avesso, inverso m. 2. revés m., mudança completa, reviravolta f., contratempo m. ‖ v. 1. inverter, virar em sentido contrário. 2. transpor, colocar um em lugar do outro. 3. anular, revogar, abolir. 4. dar contravapor ou contramarcha. 5. (Mec.) inverter a marcha. ‖ adj. inverso, oposto, contrário, invertido, virado de ponta-cabeça. 2. anulado, revogado. ‖ ~**ly** adv. inversamente, em sentido contrário.
it was the ~ foi o contrário. **the ~ of a medal (ou of a coin)** o reverso de uma medalha ou moeda. **he met with a ~** ele sofreu uma derrota. **much the ~ of** muito ao contrário, de. **on the ~** em marcha à ré.

reversed [riv'ə:st] adj. 1. virado em sentido contrário, modificado em sentido oposto. 2. anulado. 3. (Bot.) ressupino. ‖ ~**ly** adv. contrariamente.

reverseless [riv'ə:slis] adj. irreversível.

reverse osmosis s. (Fís.) osmose de reversão f.: método de purificação da água.

reverser [riv'ə:sə] s. 1. inversor, revogador m. 2. (Téc.) inversor m. de corrente.

reversibility [rivə:səb'iliti] s. reversibilidade f.

reversible [riv'ə:səbl] adj. revogável, reversível.

reversing [riv'ə:siŋ] s. inversão f. ‖ adj. de inversão, de reversão.

reversing engine s. máquina f. a vapor, reversível.

reversing gear s. mecanismo m. de reversão, engrenagem f. de reversão.

reversion [riv'ə:ʃən] s. 1. atavismo m., volta f. ao estado primitivo. 2. reversão, inversão f. 3. sobrevivência, supervivência f. 4. (Jur.) devolução f. de uma propriedade. 5. direito m. de posse de certa propriedade sob certas condições.

reversional [riv'ə:ʃnəl], **reversionary** [riv'ə:ʃnəri] adj. reversível, devolutivo.

reversioner [riv'ə:ʃənə] s. (Jur.) parte f. que tem o direito de reaquisição.

reverso [riv'ə:sou] s. página esquerda f. de um livro aberto, geralmente com números pares.

revert [riv'ə:t] v. 1. reverter. 2. voltar, retroceder. 3. voltar ao estado primitivo, recair, retrogradar. 4. dar novamente atenção a, refletir. 5. (Jur.) reverter de direito aos herdeiros dos primitivos proprietários.
revertibility [rivə:təb'iliti] s. possibilidade de reversão.
revertible [riv'ə:təbl] adj. revertível, que pode retroceder ou voltar ao estado primitivo. ‖ —**bly** adv. reversivamente.
revertive (†) [riv'ə:tiv] adj. reversivo.
revest [ri:v'est] v. restaurar, restituir, reinstituir.
revet [riv'et] v. (Fort.) revestir.
revetment [riv'etmənt], **revetting** [riv'etiŋ] s. (Fort.) revestimento (com reboco) m.
revictual [ri:v'itl] v. tornar a prover ou suprir, reabastecer(-se).
revictualment [ri:v'itlmənt] s. reabastecimento m. de gêneros ou provisões.
review [riv'ju:] s. 1. revista, inspeção (de tropas) f. 2. exame repetido m., reconsideração f. 3. rememoração, recapitulação f., retrospecto m. 4. revisão judicial f. 5. crítica literária, resenha f. 6. revista f., periódico m. 7. peça teatral, revista f. ‖ v. 1. rever, recapitular, repassar. 2. revisar, vistoriar, inspecionar, examinar. 3. escrever ou publicar críticas ou resenhas. 4. (milit.) passar em revista. 5. rever (um processo).
we passed in ~ 1. (milit.) fomos passados em revista. 2. fizemos uma retrospecção. **naval ~** parada naval. **for ~** para crítica ou resenha (literária, esportiva, etc.).
reviewable [rivj'u:əbl] adj. 1. (Jur.) suscetível de revisão. 2. (Liter.) que deve ou pode ser criticado.
reviewal [rivj'u:əl] s. crítica, resenha f.
reviewer [rivj'u:ə] s. 1. revisor m. 2. crítico m., examinador m. (especialmente de livros).
revigorate [ri:v'igəreit] v. pôr novamente em vigor.
revile (†) [riv'ail] v. ultraje m., injúria f., insulto m. ‖ v. 1. injuriar, maltratar, insultar. 2. ralhar.
revilement [riv'ailmənt] s. ultraje m., injúria f., insulto m.
reviler [riv'ailə] s. insultador, difamador m.
reviling [riv'ailiŋ] adj. insultuoso, injurioso. ‖ ~**ly** adv. injuriosamente.
revindicate [riv'indəkeit] v. reivindicar.
revindication [rivindək'eiʃən] s. reivindicação f.
revisable [riv'aizəbl] adj. passível de revisão.
revisal [riv'aizl] s. exame m., revisão, correção f.
revise [riv'aiz] s. 1. revisão f., exame m. 2. (Tipogr.) prova f. 3. versão revisada f. ‖ v. 1. revisar, examinar, rever. 2. corrigir, emendar (provas tipográficas, p. ex.), alterar, modificar.
revised edition s. edição revista ou melhorada f.
Revised Version s. versão da Bíblia feita por ingleses e americanos de 1870-84.
reviser [riv'aizə] s. revisor m.
revision [riv'iʒən] s. 1. revisão f. 2. edição revista f.
revisional [riv'iʒənəl], **revisionary** [riv'iʒənəri] adj. revisório.
revisionism [riv'iʒənizm] s. revisionismo m.
revisionist [riv'iʒənist] s. revisionista m. + f., partidário m. do revisionismo.
revisit [ri:v'izit] s. nova visita f. ‖ v. visitar novamente.
revisitation [rivizit'eiʃən] s. nova visita f.
revisory [riv'aizəri] adj. revisório.
revitalization [rivaitəlaiz'eiʃən] s. revitalização f.
revitalize [ri:v'aitəlaiz] v. revitalizar.
revivable [riv'aivəbl] adj. que se pode reavivar, revivescente. ‖ —**bly** adv. de modo revivescente.
revival [riv'aivəl] s. 1. revivificação f. 2. restabelecimento m., renovação f. 3. reflorescimento m. 4. renascimento m. 5. despertar religioso m.

revivalist [riv'aivəlist] s. predicante m. + f. que percorre o país para despertar a fé.
revivalize [riv'aivəlaiz] v. reavivar.
Revival of Learning s. (Hist.) a Renascença f. em relação às ciências.
revive [riv'aiv] v. 1. ressuscitar, reviver, tornar a viver. 2. despertar, avivar. 3. renovar, restaurar, renascer, restabelecer, voltar à baila ou à moda. 4. animar, excitar, reanimar, encorajar de novo. 5. fazer recordar, lembrar.
reviver [riv'aivə] s. 1. revigorador, reanimador, restaurador m. 2. (gíria) bebida estimulante f. 3. preparado m. para renovar a cor desbotada em couros e panos.
revivification [rivivifik'eiʃən] s. revivificação f.
revivify [riv'ivifai] v. 1. revivificar, reviver, restabelecer, reanimar. 2. fazer vigorar novamente.
revivingly [riv'aiviŋli] adv. de forma revivificante.
reviviscence [reviv'isəns], **reviviscency** [reviv'isənsi] s. revivescência f.
revocable [r'evəkəbl] adj. revogável.
revocableness [r'evəkeblnis] s. revogabilidade f.
revocation [revək'eiʃən] s. revocação, revogação f.
revocatory [r'evəkətəri] adj. revocatório, revogatório.
revoice [riv'ɔis] v. 1. dizer, exprimir de novo. 2. afinar (órgão).
revoke [riv'ouk] s. não reconhecimento m. de naipe (jogo de cartas). ‖ v. 1. revocar, revogar, ab-rogar. 2. anular, cancelar, abolir, rescindir. 3. não reconhecer naipe (jogo de cartas).
revokement (†) [riv'oukmənt] s. revogação f.
revoker [riv'oukə] s. revogador.
revolt [riv'oult] s. revolta f., levante m., rebelião, insurreição f., motim m., sedição, sublevação f. ‖ v. 1. revoltar(-se), levantar(-se), rebelar(-se), amotinar(-se), sublevar(-se). 2. revolucionar. 3. causar ou sentir aversão ou repugnância, indignar, irritar.
revolted [riv'oultid] adj. revoltoso.
revolter [riv'oultə] s. revoltoso m., rebelde m. + f., amotinado m.
revolting [riv'oultiŋ] adj. revoltante, desgostoso, repulsivo. ‖ ~**ly** adv. de modo revoltante.
revolute [r'evəlu:t] adj. (Biol., Bot.) revoluto, enrolado para fora ou para baixo.
revolution [revəl'u:ʃən] s. 1. revolução f., levante m., insurreição f. 2. (Astron.) revolução, volta f., ciclo m. 3. mudança radical, viragem f.
revolutionary [revəl'u:ʃnəri] s. revolucionário m. ‖ adj. 1. revolucionário, rebelde, insurreto, sedicioso. 2. que causa grande transformação.
revolutionist [revəl'u:ʃənist] s. revolucionário m.
revolutionize [revəl'u:ʃənaiz] v. 1. revolucionar, agitar, transformar radicalmente, causar grandes transformações. 2. rebelar-se, amotinar-se.
revolve [riv'ɔlv] v. 1. revolver, girar, volver em círculo, órbita ou ciclo, rotar. 2. pensar, refletir, meditar, ponderar, analisar sob os diversos pontos de vista. 3. (fig.) recorrer.
revolvency [riv'ɔlvənsi] s. capacidade ou tendência f. para revolver.
revolver [riv'ɔlvə] s. 1. o que revolve. 2. revólver m., pistola f.
revolving [riv'ɔlviŋ] adj. 1. giratório, rotativo (quadro R 2). 2. repetente.
revolving door s. porta giratória f.
revue [rivj'u:] s. (Teat.) revista f.
revulsion [riv'ʌlʃən] s. 1. (Med.) revulsão, reação f. 2. mudança repentina f. 3. (†) retrocesso, recuo m.
revulsive [riv'ʌlsiv] s. (Med.) remédio revulsivo, revulsivo m. ‖ adj. revulsivo. ‖ ~**ly** adv. revulsivamente.
revulsor [riv'ʌlsə] s. (Med.) revulsor m., aparelho para aplicação alternada de frio e calor.

reward [riw'ɔ:d] s. recompensa, remuneração, retribuição, paga, gratificação f., prêmio, galardão m. ‖ v. recompensar, retribuir, pagar, gratificar, premiar.
to ~ **evil for good** pagar o bem com o mal.
rewardable [riw'ɔ:dəbl] adj. digno de galardão, prêmio ou recompensa, recompensável, retribuível. ‖ —bly adv. de forma recompensável, retribuível.
rewarder [riw'ɔ:də] s. recompensador, premiador m., o que gratifica ou paga.
rewarding [riw'ɔ:diŋ] adj. recompensador, benéfico. ‖ ~ly adv. de forma recompensadora.
rewardless [riw'ɔ:dlis] adj. sem recompensa.
reweigh [ri:w'ei] v. repesar, pesar novamente.
rewin [ri:w'in] v. ganhar ou receber novamente ou em devolução, reconquistar.
rewind [ri:w'aind] v. rebobinar (quadro C 3).
reword [ri:w'ə:d] v. 1. formular novamente em palavras. 2. dar nova forma textual a.
rewrite [ri:r'ait] v. tornar a escrever, reescrever.
Reynard [r'enəd] s. 1. nome da raposa em um poema medieval. 2. símbolo m. ou personificação f. da astúcia. 3. **reynard** s. raposa f.
rhabdite [r'æbdait] s. (Zool.) rabdita f.
rhabdoidal [ræbd'ɔidəl] adj. rabdóide.
rhabdomancy [r'æbdomænsi] s. rabdomancia f.: arte de descobrir fontes, metais, rios subterrâneos, por meio de detector magnético, varinha ou condão.
Rhaetian [r'i:ʃiən] s. (Hist.) rético m., habitante da Récia. ‖ adj. rético, de ou relativo à Récia.
Rhaeto-Romanic adj. (Ling.) relativo ao grupo m. de dialetos rético-românicos.
rhamnaceae [ræmn'eisii] s. pl. (Bot.) ramnáceas † pl. família de plantas dicotiledôneas.
rhamnaceous [ræmn'eiʃəs] adj. (Bot.) ramnáceo.
rhamphoid [r'æmfɔid] adj. que tem forma de bico.
rhamphotheca [ræmfəθ'i:kə] s. (Ornit.) ranfoteca f.
rhapontic [rəp'ɔntik] s. (Bot.) rapôntico m.
rhapsode [r'æpsoud] s. rapsodo m.
rhapsodic [ræps'ɔdik] **rhapsodical** [~əl] adj. 1. rapsódico. 2. (fig.) entusiástico, extático.
rhapsodist [r'æpsədist] s. rapsodista m. + f.
rhapsodize [r'æpsədaiz] v. falar ou escrever com extravagante entusiasmo.
rhapsody [r'æpsədi] s. 1. rapsódia f. 2. elocução f. caracterizada por entusiasmo extravagante.
rhatany [r'ætəni] s. 1. (Bot.) ratânia f. 2. casca f. seca da ratânia usada como adstringente.
Rhea (I) [r'iə] s. (Mitol.) Rea f.
rhea (II) [r'iə] s. (Orn.) ema f., nandu, avestruz m. da América do Sul.
rhea (III) [r'iə] s. (Bot.) rami m.: planta têxtil asiática.
rhematic [ri:m'ætik] adj. remático, de ou relativo à formação de palavras.
Rhenish [r'eniʃ] adj. renano, do Reno.
rhenium [r'i:niəm] s. rênio m., elemento químico metálico.
rheochord [r'ioko:d] s. (Eletr.) reocorda f.
rheometer [ri:'ɔmitə] s. (Eletr.) reômetro m.
rheoscope [r'ioskoup] s. (Eletr.) reoscópio m.
rheostat [r'iostæt] s. (Eletr.) reostato m.
rheotropism [ri'iotropizm] s. (Bot.) reotropismo m.
rhesus [r'i:səs] s. (Zool.) reso m., macaco da Índia.
Rhesus factor s. = **Rh factor.**
rhetor [r'i:tɔ:] s. 1. retor m., professor de retórica. orador (também profissional) m.
rhetoric [r'etərik] s. retórica f., a arte de falar bem. ‖ [rit'ɔrik] adj. (também **rhetorical** [~əl] retórico, de ou relativo à retórica. ‖ ~ally adv. retoricamente, com ênfase.
rhetorician [retər'iʃən] s. retórico, retor m., pessoa hábil em retórica, orador, professor de retórica.

rhetorize [r'etəraiz] v. retoricar, representar por uma figura de retórica.
rheum [ru:m] s. (Med.) defluxo m., reuma, fluxão †.
rheumatic [rum'ætik] s. reumático m., pessoa que sofre de reumatismo. ‖ adj. reumático.
rheumatical [rum'ætikəl] adj. reumático. ‖ ~ly adv. de modo reumático.
rheumatic fever s. (Med.) febre reumática f.
rheumatism [r'u:mətizm] s. (Med.) reumatismo m.
rheumy [r'u:mi] adj. reumoso, endefluxado.
Rh factor s. (Med.) fator Rh: componente dos glóbulos vermelhos do sangue humano e de certos animais, especialmente dos macacos Rhesus.
rhinal [r'ainəl] adj. (Anat.) de ou relativo ao nariz.
..hine [rain] s. Reno m.
the Lower ~ o baixo Reno. the Upper ~ o alto Reno.
rhinestone [r'ainstoun] s. 1. imitação f. de diamante, feita de vidro. 2. seixo m. do Reno.
Rhine wine s. vinho m. do Reno.
rhinitis [rain'aitis] s. (Med.) rinite f.
rhino (I) [r'ainou] s. (Ingl., gíria) dinheiro m.
rhino (II) [r'ainou] s. abr. de **rhinoceros.**
rhino (III) [r'ainou] s. (elemento de composição): de ou relativo ao nariz.
rhinocerial [rainɔs'iəriəl] adj. rinocerôntico.
rhinoceros [rain'ɔsərəs] s. (Zool.) rinoceronte m.
rhinocerotic [rainɔsər'ɔtik] adj. rinocerôntico.
rhinologist [rain'ɔlədʒist] s. rinólogo m.
rhinology [rain'ɔlədʒi] s. rinologia f.
rhinoplastic [rainɔpl'æstik] adj. rinoplástico.
rhinoplasty [r'ainoplæsti] s. rinoplastia f.
rhinorrhagia [rainɔr'eidʒiə] s. (Med.) rinorragia f.
rhinoscope [r'ainoskoup] s. rinoscópio m.
rhinoscopy [rain'ɔskəpi] s. (Med.) rinoscopia f.
rhiz-, rhiza-, rhizo- elemento de composição: indicando a relação da palavra às raízes, relativo a raízes.
rhizobium [raiz'oubiəm] s. (Bacter.) rizóbio m.
rhizogenic [raizoudʒ'enik], **rhizogenous** [raiz'oudʒinəs] adj. (Bot.) rizogênico, que produz raiz.
rhizoid [r'aizɔid] s. (Bot.) rizóide m.
rhizoma [raiz'oumə], **rhizome** [r'aizoum] s. (Bot.) rizoma m.
rhizomatous [raiz'ɔmatəs] adj. rizomatoso, que tem raiz.
rhizophagous [raiz'ɔfəgəs] adj. rizófago.
rhizopod [r'aizəpod] s. (Zool.) rizópode m. ‖ adj. rizópode.
Rh-negative adj. (Med.) negativo (sem fator Rh).
Rhodesian [roud'i:ziən] s. habitante m. + f. da Rodésia.
Rhodian [r'oudiən] s. ródio m., habitante de Rodes. ‖ adj. ródio, de Rodes.
rhodium [r'oudiəm] s. (Quím.) ródio m.
rhodo- [roudə-, rɔdə] (elemento de composição) de rosas.
rhodochrosite [roudəkr'ousait] s. (Miner.) rodocrosita f.
rhododendron [roudəd'endrən] s. (Bot.) rododendro m.
rhodolite [r'oudəlait] s. (Miner.) rodolita f.
rhodonite [r'oudənait] s. (Miner.) rodonita f.
rhomb [rɔm] s. (Geom.) rombo m.
rhombic [r'ɔmbik] adj. rômbico.
rhombiform [r'ɔmbifɔ:m] adj. rombiforme.
rhombohedral [rɔmbəh'edrəl], **rhombohedric** [rɔmbəh'edrik] adj. romboédrico.
rhomboid [r'ɔmbɔid] s. 1. (Mat.) rombóide m. ‖ adj. romboidal.
rhomboidal [rɔmb'ɔidəl] adj. = **rhomboid.**
rhomboides [rɔmb'ɔidi:z], **rhomboideus** [rɔmb'ɔidiəs] s. (Anat.) romboidal m.
rhombus [r'ɔmbəs], (pl. **rhombuses** [~iz], **rhombi**

[r'ɔmbai]) s. (Geom.) rombo m.
rhotacism [r'outəsizm] s. (Fon.) rotacismo m.
rhubarb [r'u:ba:b] s. (Bot.) ruibarbo m.
rhumb [rʌm] s. (Náut.) 1. rumo m.: uma linha que corta todos os meridianos no mesmo ângulo, assim como um navio faria se continuasse sempre no mesmo rumo. 2. qualquer um dos 32 pontos principais da bússola.
rhumba [r'ʌmbə] s. rumba f.: dança cubana.
rhumb-line = **rhumb.**
rhyme [raim] s. rima f., verso m., poesia f. ‖ v. 1. rimar, fazer versos, versificar, versejar. 2. (fig.) estar de acordo, harmonizar.
　nursery ~ canção de criança, canção de ninar.
　without ~ **or reason** sem pé nem cabeça.
rhymeless [r'aimlis] adj. que não rima.
rhymelessness [r'aimlisnis] s. qualidade do que não rima.
rhymer, rimer [r'aimə] s. rimador, versejador m.
rhymester, rimester [r'aimstə] s. poetastro m.
rhynchocephalian [riŋkəsəf'eiliən] adj. rincocéfalo.
rhyolite [r'aiəlait] s. (Pet.) riólito m.
rhythm [r'iðm] s. 1. ritmo m., cadência f., compasso m., harmonia f. 2. periodicidade f.
rhythm-and-blues s. (E.U.A.) música popular dos negros, que deu origem ao **rock-and-roll.**
rhythmic [r'iðmik], **rhythmical** [~əl] adj. 1. rítmico, cadencioso. 2. harmonioso. ‖ ~**ally** adv. ritmicamente.
rhythmicity [riðm'isiti] s. (Mús.) periodicidade f.
rhythmics [r'iðmiks] s. (Mús.) rítmica f.
rhythmless [r'iðəmlis] adj. arrítmico, sem ritmo.
rhythm method s. método do ritmo m.: controle de natalidade.
riant [r'aiənt] adj. risonho, alegre.
rib [rib] s. (Anat. e Zool.) 1. costela f. (quadro H 9). 2. qualquer coisa que tem forma ou função idêntica, p. ex. as balizas de um navio. 3. aresta f. de teto em arco. 4. viga ou barra f. de suporte de uma pedra. 5. vareta f. (de guarda-chuva) (quadro S 14). 6. nervura f. ou qualquer coisa semelhante, especialmente com o fim de fortalecer (quadros B 14, L 2). 7. (fig.) mulher, esposa f. (em alusão a Eva). 8. costela f., filé m. ‖ v. 1. guarnecer com suportes, reforços, em forma ou função de costelas ou nervuras. 2. marcar, enfeitar com listas ou balizas. 3. (gíria, E. U. A.) cacetear, arreliar.
ribald [r'ibəld] s. ribaldo, dissoluto. m. ‖ adj. ribaldo.
ribaldish [r'ibeldiʃ] adj. vil, vagabundo, ribaldo.
ribaldry [r'ibəldri] s. 1. ribaldaria, obscenidade, libertinagem f. 2. linguagem obscena f.
ribband [r'ibənd] s. (Náut.) suporte m. que mantém as balizas do navio em posição durante a construção.
ribbed [ribd] adj. 1. que tem costelas. 2. que tem suportes, reforços, em forma ou função de costelas ou nervuras.
ribbing [r'ibiŋ] s. reforço, apoio m., nervura f.
ribble-rabble [r'iblr'æbl] s. 1. populaça, turba, plebe f. 2. conversa mole f.
ribbon [r'ibən] s. 1. fita f. 2. tira, cinta f. 3. banda, faixa f. 4. lista f., listão m. 5. rendas f. pl., adornos, passamanes m. pl. 6. ~**s** rédeas f. pl. 7. fita f. de máquina para escrever. ‖ v. 1. guarnecer ou ornar com fitas. 2. separar ou dispor em forma de fitas. ‖ adj. em forma ou disposição de fitas, tiras.
　the Blue Ribbon 1. fita azul concedida ao navio que faz a travessia mais rápida do Atlântico. 2. distinção máxima.
ribboned [r'ibənd] adj. 1. guarnecido, enfeitado com fitas. 2. listado.

ribbon fish s. (Ict.) cépola f.
ribbon saw s. serra f. de fita.
riboflavin [raiboufl'eivin] s. (Quím.) riboflavina f.
ribwort [r'ibwə:t] s. (Bot.) espécie de tanchagem f.
rice [rais] s. arroz m. ‖ v. reduzir à forma de arroz.
rice-bird s. (Orn.) qualquer dos pássaros que causam estragos aos arrozais.
rice cut-grass s. (Bot.) falso-arroz m.
rice-field s. arrozal m.
rice grass s. (Bot.) capim-andrequicé m.
rice-milk s. arroz doce (com leite) m.
rice-paper s. 1. papel m. feito da palha do arroz. 2. papel obtido do cerne da árvore-do-papel-arroz m.
rice-paper tree s. (Bot.) árvore-do-papel-arroz f.
rice powder s. pó m. de arroz.
ricer [r'aisə] s. (E. U. A.) espremedor m. de batatas.
rich [ritʃ] s. the ~ os ricos m. pl. ‖ adj. 1. rico, opulento, abastado. 2. suntuoso, magnífico, esmerado, esplêndido. 3. valioso, precioso, custoso. 4. abundante, fértil, copioso. 5. saboroso, delicioso, suculento, bem temperado, sazonado, substancioso. 6. brilhante, vivo (falando de cores). 7. melodioso, harmonioso, sonoro. 8. muito divertido, jocoso. 9. ridículo. ‖ ~**ly** adv. ricamente, magnificamente, esplendidamente, abundantemente, fartamente.
　~ **wine** vinho bom, excelente. ~ **in** (with) rico em (de). ~ **in virtues** virtuoso. ~ **in ideas** espirituoso.
richen [r'itʃən] v. 1. enriquecer. 2. tornar mais rico.
riches [r'itʃiz] s. riquezas f. pl., grandes cabedais, bens m. pl., opulência f., propriedades f. pl.
richness [r'itʃnis] s. 1. riqueza, opulência, abundância, fertilidade f. 2. excelência f. 3. viveza (de cores) f. 4. sonoridade f. 5. gosto m., boa qualidade, substância f. (de vinhos, pratos).
ricinus [r'isinəs] s. (Bot.) rícino m., mamona f.
rick [rik] s. meda f., montão m. (quadro H 6). ‖ v. empilhar, amontoar (feno, palha).
ricketiness [r'ikitinis] s. 1. definhamento m. das plantas. 2. fraqueza f. intelectual ou moral.
ricketish [rik'itiʃ] adj. algo fraco.
rickets [r'ikits] s. (Med.) raquitismo m.
rickety [r'ikiti] adj. 1. raquítico, fraco, débil. 2. imperfeito. 3. em perigo de desmoronar.
rickshaw [r'ikʃɔ:] s. (fam.) jinriquixá m.: carro de duas rodas para transporte de pessoas, puxado por um ou dois homens, usado na Ásia.
ricky-tick adj. (gíria) 1. referente à música da década de 1920. 2. fora de moda, cafona.
ricochet [r'ikəʃət] s. 1. ricochete m. 2. (milit.) fogo m. de ricochete. ‖ v. 1. ricochetar, ricochetear. 2. submeter a fogo de ricochete.
rid [rid] v. (imp. **rid** ou **ridded**, p. p. **rid**) libertar, desembaraçar, livrar(-se), desfazer(-se), deixar de.
　we got well ~ of it livramo-nos em boa hora.
　to ~ the sea of pirates livrar o mar de piratas.
ridable [r'aidəbl] adj. que pode ser montado (cavalo) ou percorrido a cavalo (caminho).
riddance [r'idəns] s. ação de desembaraçar-se, livrar-se de alguma coisa (desagradável).
　to make a good ~, to have a good ~ desembaraçar-se. **she is a good ~!** que bom que nos livramos dela!
ridden [ridn] p. p. de **ride.**
　ghost ~ perseguido por espíritos. **he is wife-~** ele é dominado pela mulher.
riddle (I) [ridl] s. 1. enigma, mistério m., charada, adivinhação f. 2. pessoa ou coisa de natureza ambígua ou misteriosa. ‖ v. 1. propor enigmas. 2. falar enigmaticamente.
　to ask a ~ fazer uma pergunta enigmática. **to speak ~s** falar por enigmas.

riddle (II) [ridl] s. crivo m., ciranda, joeira, peneira grossa f. ‖ v. 1. joeirar, peneirar, cirandar. 2. (fig.) perfurar, furar com tiros, crivar. **~d with balls** crivado de balas.
riddler (I) [r'idlə] s. o que fala por enigmas.
riddler (II) [r'idlə] s. peneirador, joeireiro m.
riddling [r'idliŋ] adj. enigmático. ‖ **~ly** adv. enigmaticamente.
ride [raid] s. 1. passeio m. a cavalo. 2. transporte m. 3. viagem f. 4. trajeto, percurso m., estrada f. ‖ v. (imp. **rode**, p. p. **ridden**) 1. montar a cavalo. 2. viajar por qualquer meio de transporte. 3. percorrer, andar por. 4. flutuar, vogar. 5. (Náut.) estar ancorado. 6. estar sobreposto. 7. (fig.) oprimir, tiranizar, dominar. 8. ser conduzido, ser levado. **a ~ on horseback** um passeio a cavalo. **give him a ~** dê-lhe uma carona. ‖ **to ~ away** partir, ir-se. **to ~ and tie** ir a cavalo e a pé alternadamente (diz-se de duas pessoas que têm um só cavalo). **to ~ at anchor** estar ancorado. **to ~ the blind** viajar clandestinamente. **to ~ by** passar (a cavalo ou em veículo). **to ~ to death** montar a cavalo até a morte. **to ~ hard** galopar. **to ~ down** 1. atropelar. 2. tratar insolentemente. 3. alcançar, superar, vencer. **to ~ for a fall** desafiar o perigo. **to ~ the high horse** dar-se ares de. **to ~ to hounds** seguir a cavalo os cães de caça. **to ~ in the narrow-bone coach, to ~ the shank's mare** (fam.) andar a pé. **to ~ ride out.** 1. passear a cavalo. 2. (Náut.) sobreviver a uma tempestade. **to ~ over** 1. percorrer, passar sobre. 2. dominar. 3. tratar com arrogância. **to ~ past** passar adiante (a cavalo, de bicicleta, etc.) **to ~ through** atravessar. **to ~ up** avançar. **to ~ well** montar bem, ser bom cavaleiro. **the ground ~s well** o terreno é adequado para exercícios de montaria. **the boat rode at the waves** o barco boiou sobre as ondas. **I rode my child on my back** levei meu filho às costas. **the sun was riding high** o sol estava alto. **to ~ on a train** viajar de trem. **to ~ on a bicycle** andar de bicicleta.
rideau [rid'ou] s. elevação f. numa praça fortificada, anteparo m. de terra.
rider [r'aidə] s. 1. cavaleiro, ginete m. 2. picador, peão m. 3. ciclista m. + f. 4. viajante m. + f., passageiro m. 5. cláusula f. adicional a um documento, apostila f., codicilo m. 6. **~s** pl. (Náut.) pródigos m. pl.: peças para reforçar o costado de um navio.
ridge [ridʒ] s. 1. espinhaço, cume, cimo m. 2. serrania, cordilheira, cadeia f. (quadro M 5). 3. cumeeira f. (quadro R 5). 4. (Agric.) rego m., sulco m. formado pelo arado. 5. garupa f., espinha f. de um animal. 6. aresta f., ruga ou saliência estreita e comprida f. ‖ v. 1. sulcar a terra com o arado. 2. enrugar, encrespar, eriçar.
ridge-piece, ridge-pole s. (Arquit.) viga mestra f. de um telhado, espigão m.
ridge-tile s. telha f. da cumeeira (quadro R 5).
ridge-way s. estrada f. ou caminho m. ao longo de um cume.
ridgy [r'idʒi] adj. 1. sulcado, enrugado, encrespado. 2. que apresenta arestas ou protuberâncias. 3. que se levanta em forma de espinhaço.
ridicule [r'idikju:l] s. zombaria f., ridículo m., mofa f., escárnio m. ‖ v. ridicularizar, zombar, escarnecer, mofar. **don't turn all he said into ~** não ridicularize tudo que ele disse. **she held him up to ~** ela o expôs ao ridículo.
ridiculer [r'idikju:lə] s. ridicularizador, zombador, gracejador m.

ridiculosity [ridikjul'ɔsiti], **ridiculousness** [rid'ikjuləsnis] s. ridicularia f., condição de ridículo.
ridiculous [rid'ikjələs] adj. 1. ridículo, que move a riso ou desprezo. 2. absurdo. ‖ **~ly** adv. 1. ridiculamente. 2. absurdamente.
riding (I) [r'aidiŋ] s. 1. equitação, ação de cavalgar, cavalgada f. 2. passeio m. a cavalo ou de carro. 3. caminho próprio m. para passeio a cavalo ou de carro ao longo ou através de um bosque. 4. (Náut.) ancoração f.
riding (II) [r'aidiŋ] uma das três divisões administrativas de Yorkshire.
riding-boots s. botas f. pl. de montaria.
riding-habit s. amazona f.: vestido de montaria.
riding-hood s. capuz m. de viagem.
Little Red Riding-Hood Chapeuzinho Vermelho (Conto de Grimm).
riding-light s. (Náut.) luz f. de âncora.
riding-master, riding-teacher s. mestre ou instrutor m. de equitação.
riding-school s. escola f. de equitação.
riding-suit s. traje m. de montaria (quadro C 12).
rife [raif] adj. predominante, reinante, comum, espalhado, que lavra muito (falando de epidemias), cheio de. ‖ **~ly** adv. abundantemente, de modo predominante. **~ with** cheio de, abundante em. **the epidemic is ~** a epidemia está grassando. **it grows ~**, ou **it waxes ~** está se tornando predominante.
rifeness [r'aifnis] s. predominância f., qualidade do que é freqüente ou espalhado.
Riff [rif] s. rifenho m., nativo ou habitante do Rife.
riffle [rifl] s. 1. (Mineração) dispositivo m. para reter o areia aurífera numa passagem inclinada. 2. (E. U. A.) cascata f., rápido m. 3. ação de embaralhar cartas. ‖ v. embaralhar (cartas).
riffler [r'iflə] s. (Mec.) lima f. de entrar, lanceteira f.
riffraff [r'ifræf] s. 1. refugo, rebotalho, sobejo m., restos m. pl. 2. gentalha, ralé f. ‖ adj. sem valor, inútil.
rifle (I) [raifl] s. 1. rifle m., carabina ou espingarda f. que tem o cano raiado. 2. **~s** pl. tropas armadas f. pl. com espingardas ou carabinas.
rifle (II) [raifl] v. 1. raiar: guarnecer o cano de uma arma de fogo com raias, para dar um movimento de rotação ao projetil. 2. atirar com espingarda ou carabina.
rifle (III) [raifl] v. roubar, pilhar, saltear, saquear.
rifleman [r'aiflmən] s. 1. carabineiro m., soldado m. armado com carabina. 2. pessoa f. que usa a espingarda, atirador m.
rifle-pit s. entrincheiramento m., proteção f. para os atiradores.
rifler [r'aiflə] s. saqueador, salteador, ladrão m.
rifle-range s. stand m.: recinto para o tiro ao alvo.
riflery [r'aiflri] s. tiro m. ao alvo.
rifle salute s. (milit.) apresentação f. de armas.
rifle-shot s. 1. tiro m. de carabina. 2. distância f. de um tiro de carabina. 3. bom atirador m.
rifling [r'aifliŋ] s. 1. esfriamento m. de armas de fogo. 2. feitura f. das raias do estriamento. 3. ação de pilhagem f.
rift [rift] s. 1. greta, racha, abertura, fenda, fissura f., rombo m. 2. (fig.) dilema m., situação embaraçosa f. ‖ v. 1. rachar(-se), abrir(-se), fender, arrebentar, romper(-se), rasgar. 2. estar num dilema.
rig (I) [rig] s. 1. mastreação f. de um navio. 2. (fam.) traje bizarro m. 3. equipamento, aparelhamento m. 4. carro m. ou carroça f. com os respectivos cavalos. ‖ v. 1. guarnecer, equipar, armar (navio), mastrear. 2. suprir com roupas, vestir (geralmente **~ up, ~ out**). 3. ajuntar ou arranjar apressadamente.

he had ~ged himself up (out) funnily ele vestiu-se bizarramente.

rig (II) [rig] s. 1. fraude f., plano fraudulento m., burla f. 2. brincadeira, peça f. ‖ v. manejar fraudulentamente.

to turn a ~ pregar uma peça. to ~ the market provocar alta e baixa no mercado. to ~ up fazer subir os preços.

rigadoon [rigəd'u:n] s. 1. rigodão m.: espécie de dança. 2. a respectiva música f.

rigescent [ridʒ'esənt] adj. que se torna rígido.

rigger (I) [r'igə] s. 1. (Aer., Náut.) armador, aparelhador m. 2. (Téc.) polia f. de corda.

rigger (II) [r'igə] s. especulador m.

rigging [r'igiŋ] s. 1. (Náut.) cordame m., conjunto m. de cabos de um navio. 2. (Av.) estaiamento m., ajustagem f.

right [rait] s. 1. direito m., o que é justo ou correto. 2. justiça, eqüidade f. 3. reivindicação, pretensão f. 4. privilégio m., prerrogativa, regalia f. 5. ~s pl. propriedade f. 6. lado direito m. ou o que fica no lado direito, mão direita f. 7. (Esp.) soco m. com a direita. 8. A Direita f.: o partido conservador. ‖ v. 1. corrigir, pôr em ordem, regularizar, retificar, endireitar. 2. fazer justiça, reabilitar, defender. 3. reassumir posição vertical ‖ adj. 1. direito, reto. 2. vertical, a prumo. 3. correto, justo, honesto. 4. bom, próprio, adequado conveniente, indicado. 5. sadio, são, normal. 6. exato, satisfatório, certo. 7. verdadeiro, genuino real, legítimo. 8. à direita, do lado direito. 9. direto. 10. externo, superior (lado de um tecido etc.). ‖ adv. 1. corretamente, justamente, de acordo com os princípios de justiça e de moral, verdadeiramente, propriamente. 2. exatamente, corretamente, bem, satisfatoriamente, precisamente. 3. muito, bastante, extremamente. 4 para a direita. 5. diretamente, em linha reta, de modo reto. 6 imediatamente, sem demora, logo, neste instante. ‖ ~ly adv. 1. justamente, corretamente. 2. perfeitamente. 3. honestamente. 4. razoavelmente we had a ~ to do so tínhamos o direito de assim proceder. all ~s reserved todos os direitos reservados. by ~s por direito. he is in the ~ ele tem razão. to put (to set) to ~s pôr em ordem, acertar in one's own ~ por direito nato (e não por casamento). ‖ to ~—about voltar, volver, ir-se embora ~-about turn meia-volta (à direita) I am not ~ 1. não estou bem, não estou disposto. 2. não tenho razão. to be ~ out estar de saída, sair já. ~ you are perfeitamente. you are ~ você está certo, tem razão. at the ~ of the table à direita da mesa. on the ~ à direita. by ~ of por força de. the ~ man in the ~ place o homem certo no lugar certo. as ~ as rain tão certo como a morte. that's ~ isto está muito bem (mas...). am I ~ for...? estou no caminho certo para...? we got it ~ esclarecemos o caso. he is not ~ in his mind ele tem a cabeça fraca. he did quite ~ to leave ele fez bem em sair ou partir. to spend money ~ and left esbanjar dinheiro a torto e a direito. send him to the ~—about não lhe dê muita confiança, mande-o andar. all ~ muito bem, está certo, está em ordem. it is all ~ está bem, não importa. ~ ahead! para a frente! para diante! ~ along sem parar, continuamente. ~ away imediatamente. ~ down completamente, perfeitamente, inteiramente. ~ here aqui mesmo. ~ in bem para dentro. ~ now agora mesmo. ~ oh! certo! confere! ~ off imediatamente. ~ there aí, ali ou lá mesmo. ~ through de um lado a outro. the ~ way modo, método, cami-

nho certo, a seguir. it serves you ~! bem feito!

right angle s. ângulo reto m. (quadro A 3).

right angled adj. retangular. (quadro A 6).

righteous [r'aitʃəs] adj. 1. justo, honrado, reto, íntegro, virtuoso, idôneo. 2. justificado. ‖ ~ly adv. 1 justamente, corretamente, honradamente. 2. de modo justificado.

righteousness [r'aitʃəsnis] s. retidão, honradez, eqüidade, probidade f.

right face s. (milit.) meia-volta à direita f.

rightful [r'aitful] adj. 1. por direito, legítimo. 2. reto, justo, probo. ‖ ~ly adv. 1. legalmente, legitimamente. 2. retamente, corretamente, justamente.

rightfulness [r'aitfulnis] s. 1. justiça, legitimidade f. 2. retidão f.

right hand s. 1. mão direita f. 2. lado direito m. 3. assistente m. + f., apoio m.

right-hand adj. da mão direita.

~ man assistente imediato, pessoa de confiança.

right-handed adj. 1. destro, que usa mais a mão direita do que a esquerda. 2. feito com a mão direita. 3. que se opera da esquerda para a direita (no sentido dos ponteiros do relógio).

right-hander s. (Esp.) direito m., soco m. com a direita.

right-hearted adj. correto, honesto.

rightism [r'aitizm] s. (Pol.) 1. conservantismo m. 2. princípios direitistas m. pl.

rightist [r'aitist] s. direitista m. + f. ‖ adj. direitista.

rightless [r'aitlis] adj. destituido de direitos.

rightlessness [r'aitlisnis] s. privação f. de direitos.

right-lined adj. retilíneo.

rightly [r'aitli] adv. 1. justamente, corretamente. 2. acertadamente, perfeitamente. 3. honestamente. 4. razoavelmente.

right-minded adj. reto, honrado, bem-intencionado. ‖ ~ly adv. de modo bem-intencionado.

rightness [r'aitnis] s. 1. retidão, justiça, probidade, eqüidade f. 2. exatidão, correção f.

right of way s. 1. direito preferencial m. de passagem, mão f. (no trânsito). 2. direito m. de passagem por propriedade particular.

rightward [r'aitwəd] adj. 1. dirigido para a direita. 2. conservador. ‖ adv. para a direita, à direita.

right wing s. (Pol.) ala direitista f.

rigid [r'idʒid] adj. 1. rígido, teso, hirto. 2. firme. 3. rigoroso, inflexível, severo, austero, estrito. 4. exato, minucioso. ‖ ~ly adv. rigidamente.

rigidify [ridʒ'idifai] v. enrijar, enrijecer

rigidity [ridʒ'iditi], **rigidness** [r'idʒidnis] s. 1. inflexibilidade, rigidez f. 2. rigor m., severidade f. 3. precisão f.

rigmarole [r'igməroul] s. 1. palavrório m. 2. processo m. complicado, contraproducente. ‖ adj. incoerente, confuso, que não tem sentido.

rigor, rigour [r'igə] s. 1. rigor m., severidade f. 2. rigidez f. 3. dureza f. 4. austeridade, inclemência, aspereza f. 5. inclemência (do tempo) f. 6. sofrimento m., desgraça, aflição f. 7. ~s modos ou procedimentos ásperos m. pl. 8. exatidão minuciosa f. 9. (Med.) calafrio, arrepio m. 10. (Zool.) estado de rigidez ou morte aparente que certos animais assumem.

rigorism [r'igərizm] s. rigorismo, rigor excessivo m.

rigorist [r'igərist] s. rigorista m. + f.

rigor mortis s. rigidez cadavérica f.

rigorous [r'igərəs] adj. 1. rigoroso, severo, áspero, inflexível, inclemente. 2. acurado, rigorosamente exato. ‖ ~ly adv. rigorosamente, asperamente.

rigorousness [r'igərəsnis] s. rigor m., aspereza, severidade f.

rile [rail] (gíria) v. I aborrecer, irritar, vexar. 2. turvar (água).

riley [r'aili] (gíria) adj. I. irritado, vexado. 2. turvo.

rill (I) [ril] s. córrego, riacho, ribeiro, regato m. ‖ v. correr como riacho, fluir, manar.

rill (II), **rille** [ril] s. canal lunar m

rillet [r'ilit] s. corregozinho m.

rim [rim] s. 1. borda, beira, margem f. (quadro B 9). 2. aba (de chapéu) f., aro m. (quadros B 11, W 1). ‖ v. 1. formar ou guarnecer com aro, etc. 2. servir de aro, margem, etc.

rime (I) [raim] = **rhyme**.

rime (II) [raim] s geada, escarcha †. ‖ v gear, cobrir de geada.
~-**frosted** coberto de geada.

rimmed [rimd] adj. que tem bordos, beiras, margens ou abas.
~ **glasses** óculos com aros.

rimose [r'aimous], **rimous** [r'aiməs] adj. rimoso, rachado, sulcado, fendido.

rimple [r'impl] s. ruga, dobra, prega † ‖ v. enrugar, franzir, fazer pregas.

rimy [r'aimi] adj. coberto de geada.

rind [raind] s. casca, crosta, pele, película f., couro m. (de toicinho). ‖ v. descascar.

rinded [r'aindid] adj. que tem casca (geralmente em combinação como: **coarse-rinded**).

rinderpest [r'indəpest] s. (Veter.) peste bovina f.

ring (I) [riŋ] s. 1. anel (quadro J 1), círculo m. argola f., aro m. 2. qualquer coisa em forma anular. 3. associação f. 4. circo m., arena, pista f., ringue m., liça f. 5. competição, rivalidade, disputa, luta f. 6 the ~ apostadores m. pl. (em lutas desportivas, corridas, etc.) 7. grupo m., união f. de pessoas com objetivos egoísticos: manobras comerciais ou políticas. 8. roda (folguedo de crianças) f. ‖ v. 1. prover de ou guarnecer com um anel ou aro. 2. rodear, cercar. 3 subir em forma de espiral (como um pássaro). 4. marcar árvores, galhos, etc., cortando-lhes um segmento circular da casca. 5. exibir em uma arena.
wedding-~ aliança (quadro J 1). **rings** (Ginástica) argolas (quadro G 3). **to make** (ou **run**) ~**s round** exceder, sobrepujar, superar facilmente. **the children formed into a** ~ as crianças formaram uma roda. **we** ~**ed ourselves about him** formamos uma roda em volta dele.

ring (II) [riŋ] s. 1. toque m. de campainha ou de sino. 2. ação de tocar os sinos, repique m. de sinos. 3. carrilhão m. 4. som m. semelhante ao do sino, contínuo. 5. ressonância f., som m. 6 timbre m. 7. chamada f. ao telefone. ‖ v. (imp. **rang**, p. p. **rung**) 1. tocar (campainha), tanger, soar, repicar, badalar, retinir (sinos). 2. ressoar, reverberar, retumbar. 3. zumbir (dos ouvidos) 4. chamar, convocar. 5. fazer soar ou retinir. 6 celebrar, festejar, proclamar. 7. dar sinal para entrar ou sair. 8. cantar os louvores de uma pessoa. 9. estar repleto de rumores ou boatos. 10. soar, tinir.
answer the ~ atenda o chamado, abra a porta. **give me a** ~ chame-me por telefone. **there is a** ~ o sino ou a campainha está tocando. **it** ~**s true** (**false**) soa bem (mal), parece ser verdadeiro ou legítimo (falso). **the town rang with his fame** sua fama repercutia pela cidade inteira. **that** ~**s the bell** diz-se quando a pessoa acaba entendendo o que se lhe explicou = acertou e (gíria) embocou **to** ~ **the changes** 1. tentar por todos os meios. 2. ludibriar, trocando dinheiro. **to** ~ **down** (**the curtain**) (Teat.) abaixar a cortina. **to** ~ **in the new year** anunciar a chegada ou entrada do ano

novo, com toques de sino. **to** ~ **off** desligar o telefone abruptamente. **to** ~ **up** 1. telefonar para. 2. (Teat.) levantar a cortina.

ringbark [riŋb'a:k] v. (Hort.) tirar a casca de uma árvore para impedir o crescimento ou para produzir frutas.

ring-bolt s. (Náut.) cavilha f. de arganéu.

ringbone [r'iŋboun] s. (Veter.) sobreosso m.: doença de cavalos.

ring-dove s. (Orn.) pombo-trocaz (torcaz) m.

ringed [riŋd] adj. 1. anelado. 2. (fig.) casado.

ringent [r'indʒənt] adj. 1. de boca aberta. 2. (Bot.) referente a corolas.

ringer (I) [r'iŋə] s. 1. argola ou malha f. que caiu dentro da marca no jogo de malhas. 2. campeão, ás, bichão m. 3. (E. U. A.) aplauso frenético m.

ringer (II) [r'iŋə] s. 1. sineiro m. 2. dispositivo m para tocar sinos ou campainha. 3. (Téc.) oscilador mecânico m.

ring-finger s. dedo anular m.

ringing [r'iŋiŋ] s. som m. de sino ou de campainha. ‖ adj. sonante, ressoante, retumbante.

ring-lead v. encabeçar um motim ou uma oposição.

ringleader [r'iŋli:də] s. cabeça f. de motim ou oposição.

ringlet [r'iŋlit] s. 1. argolinha f., anel pequeno m. 2. anel m. de cabelo, madeixa f.

ringleted [r'iŋlitid] adj. anelado, encaracolado.

ringmaster [r'iŋma:stə] s. diretor m. ou dirigente m. de um espetáculo de circo.

ring-necked adj. que apresenta anel ou anéis de cor no pescoço (pássaro, ave, serpente, etc.)

ring-net s. rede f. com abertura circular, para apanhar borboletas.

ring-ouzel s. (Ornit.) espécie de tordo (Turdus torquatus).

ring plover s. [Orn.] batuíra f., maçarico m.

ringside [r'iŋsaid] s. 1. primeira fila f. de assentos em circo ou ringue. 2. lugar m. que proporciona boa visibilidade.

ring spinning frame s. (Mec.) tear de anéis m.

ring-tailed adj. 1. que tem anéis de diversas cores no rabo. 2. com rabo enrolado.

ringworm [r'iŋwə:m] s. (Med.) tinha f.

rink [riŋk] s. pista f. de gelo ou tablado liso m. para patinação. ‖ v. patinar.

rinker [r'iŋkə] s. patinador m.

rinse [rins] s. enxaguadura, lavagem f. ‖ v. enxaguar, lavar.

rinser [r'insə] s. enxaguador m.

rinsing [r'insiŋ] s. enxaguadura, lavagem f.

riot [r'aiət] s. 1. distúrbio, tumulto m., agitação f. 2. desordem violenta, grande confusão f., levante, motim m., revolta f. 3. intemperança f., excesso m., devassidão, orgia, folia f., barulho, vozerio m. 6. (fig.) ação de entregar-se irrestritamente a qualquer paixão ou vício. 7. exuberância f. ‖ v. 1. provocar distúrbios, desordens, fazer barulho ou algazarra. 2. levantar(-se), amotinar(-se), revoltar(-se). 3. passar o tempo à toa e desperdiçar dinheiro. 4. viver na devassidão.
to run ~ 1. cometer excessos, largar a rédea. 2. (fig.) crescer exuberantemente. **to send a** ~ **call** chamar a polícia de choque.

riot act s. (Ingl.) lei f. de 1715 contra as reuniões públicas ou comícios.
to read the ~ dar ordem para dispersão de comícios (antes da dispersão à força).

rioter [r'aiətə] s. 1. amotinador, perturbador m. da ordem, sedicioso m. 2. devasso, dissoluto m.

rioting [r'aiətiŋ] adj. 1. turbulento. 2. revoltoso.

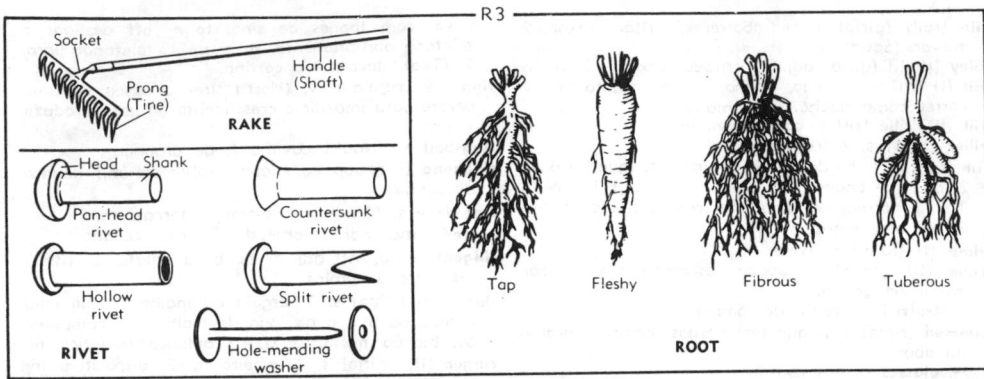

— R 3 —

RAKE: Socket, Prong (Tine), Handle (Shaft)

RIVET: Head, Shank, Pan-head rivet, Countersunk rivet, Hollow rivet, Split rivet, Hole-mending washer

ROOT: Tap, Fleshy, Fibrous, Tuberous

riotous [r'aiətəs] adj. 1. sedicioso, revoltoso, amotinador. 2. desenfreado, descomedido. 3. estragado, dissoluto, devasso, luxurioso. 4. estrondoso. 5. desordeiro. ‖ ~ly adv. 1. sediciosamente. 2. desenfreadamente. 3. dissolutamente. 4. de modo desordeiro.
they had a ~ life levaram uma vida de festins e excessos.
riotousness [r'aiətəsnis] s. 1. sedição, dissolução f. 2. devassidão, libertinagem f.
riot squad s. esquadrão policial m. para preservar a ordem pública.
rip (I) [rip] s. rasgo, rasgão m., abertura, dilaceração, ruptura f. ‖ v. 1. rasgar, abrir à força, dilacerar, fender, romper, rachar (**out, off, up**). 2. tirar, retirar (**out**). 3. serrar madeira na direção do fio. 4. abrir para exame ou inspeção, descobrir, desvendar (**up**). 5. andar a passos largos, ir ou seguir depressa. 6. (coloq.) proferir com violência, blasfemar, praguejar (**out**). 7. mexer, ventilar novamente (um assunto ou escândalo). 8. descoser. 9. demolir. 10. destelhar um teto e tornar a cobri-lo.
to ~ the cover off the box retirar, arrancar a tampa da caixa. **to ~ out an oath** praguejar. **to ~ up an old vessel** demolir um navio velho.
rip (II) [rip] s. 1. (coloq.) patife, enganador m. 2. animal (cavalo) velho e gasto, sendeiro m.
rip (III) [rip] s. 1. redemoinho m. 2. cachoeira f. 3. correnteza f. d'água produzida pela maré.
R. I. P. abr. de requiescat in pace, **rest in peace** descanse em paz.
riparian [raip'əriən] s. 1. dono m. de uma propriedade à margem de um rio. ‖ adj. que fica à margem de um rio, justafluvial, ribeirinho, marginal. **~ rights** direitos ribeirinhos.
rip-cord s. (Av.) corda f. de rasgar, cordel m. que abre o pára-quedas.
ripe [raip] v. amadurecer, madurar. ‖ adj. 1. maduro, sazonado, amadurecido. 2. desenvolvido, perfeito. 3. pronto, semelhante à fruta madura. 4. suculento, delicioso. 5. oportuno, propício. 6. de idade avançada. 7. (gíria) embriagado, intoxicado. 8. pronto, preparado. ‖ ~ly adv. maduramente, avançado. **at a ~ age** em idade avançada. **~ lips** lábios vermelhos. **~ in judgement** de julgamento maduro.
ripen [raipn] v. 1. amadurecer. 2. fazer amadurecer. 3. desenvolver-se (**into** em). 4. aprimorar.
ripener [r'aipnə] s. aquilo ou aquele que amadurece.
ripeness [r'aipnis] s. 1. madureza, maturidade f. 2. maturação f. 3. oportunidade f. 4. perfeição f.
ripening [r'aipniŋ] adj. maturativo.
riposte [rip'oust], **ripost** [rip'ɔst] s. 1. (Esp.) riposta f., contragolpe m. 2. (fig.) réplica instantânea

f. ‖ v. 1. (Esp.) ripostar, revidar um golpe. 2. (fig.) replicar instantaneamente.
ripper [r'ipə] s. 1. o que rasga ou arrebenta, estripador, rasgador m. 2. trenó m. 3. (gíria) pessoa ou coisa espetacular f., batuta m. + f., colosso m.
ripping [r'ipiŋ] adj. (gíria) formidável, admirável.
ripping chisel s. escopro grosso m., entalhadeira f.
ripple (I) [ripl] s. sedeiro, rastelo m. ‖ v. assedar.
ripple (II) [ripl] s. 1. ondulação (quadro B 4), agitação f. 2. sussurro, murmúrio m. ‖ v. 1. encrespar-se, ondular, agitar-se. 2. sussurrar, murmurar. 3. enrugar.
ripplet [r'iplit] s. pequena ondulação.
rippling [r'ipliŋ], **ripply** [r'ipli] adj. ondulado (águas), encrespado.
riprap [r'ipræp] s. 1. (E. U. A.) enrocamento miúdo m. 2. pedras f. pl. para enrocamento.
rip-roaring adj. (E. U. A.) 1. hilariante, 2. ruidoso, barulhento.
ripsaw [r'ipsɔ:] s. serrote m. (quadro C 5).
ripsnorter [r'ipsnɔ:tə] s. (gíria) pessoa ou coisa f. excitante, vigorosa, super-ativa.
ripsnorting [r'ipsnɔ:tiŋ] adj. 1. muito vigoroso, enérgico, ativo. 2. extenuante.
Rip Van Winkle [ripvənw'iŋkl] s. pessoa desatualizada f. (Conto de W. Irving, 1820).
rise [raiz] s. 1. ação de levantar ou subir. 2. ascensão, elevação f. 3. ressurreição f. 4. promoção f., avanço, progresso m. 5. subida dos peixes à superfície. 6. distância f. vertical entre a linha de nascença e o ponto mais elevado do intradorso (quadro A 5). 7. subida f. 8. lance m. de escadas. 9. aumento m. (de salário). 10. ponto elevado m. 11. origem, causa, fonte, nascente f., início, princípio m. 12. cheia f. (de rios). 13. alta f., encarecimento m. ‖ v. (imp. **rose**, p. p. **risen**). 1. subir, ir para cima. 2. levantar(-se), erguer(-se). 3. terminar (levantando-se). 4. ressuscitar, ressurgir. 5. crescer (massa de pão). 6. promover, ser promovido, progredir. 7. aumentar (salários, preços). 8. ascender (terreno). 9. nascer, surgir (sol). 10. vir à superfície (peixes). 11. tornar-se audível. 12. **~ against, ~ on** revoltar-se, rebelar-se, insurgir-se contra. 13. **elevar-se** (edifícios, montanhas). 14. encher (rio, maré). 15. originar, começar. 16. animar-se, criar ânimo. 17. vir à mente.
~ in (of) prices aumento de preços. **she got a ~ out of me** ela me irritou. **on the ~** em alta. **to give ~ to** originar, produzir, ocasionar, causar. **to ~ upon the view** surgir, aparecer. **her spirit rose** ela ficou alegre, animou-se. **the house rose at the actress** (Teat.) a artista foi aplaudida calorosamente. **I rose from my seat** levantei-me da

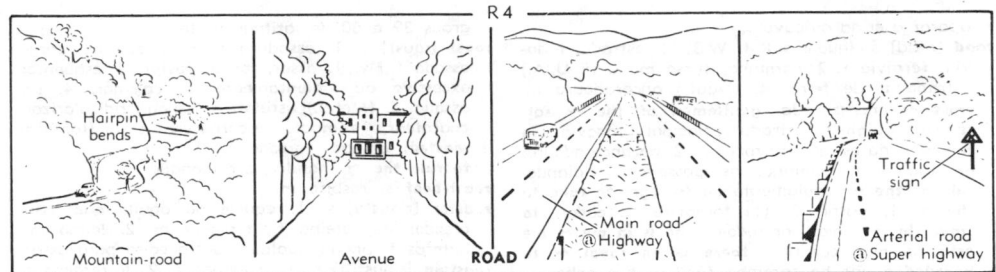

R 4

Hairpin bends

Mountain-road

Avenue

ROAD

Main road / Highway

Traffic sign

Arterial road / Super highway

minha cadeira. **they rose in arms** pegaram em armas, sublevaram-se. **my hair rose on my head** meus cabelos ficaram em pé. **they rose to the bait** morderam a isca. **she rose to her feet** ela levantou-se, ficou de pé. **it rose to my mind** veio-me à mente. **we rose to the occasion** mostramo-nos à altura da situação. **he rose to be professor** ele chegou a professor.

risen [rizn] v. p. p. de **rise.**

riser [r'aizə] s. 1. o que se levanta. 2. espelho m., parte vertical de um degrau de escada.

an early ~ um madrugador.

risibilities [rizib'ilitiz] s. 1. (E. U. A.) vontade f. de rir, impulsos m. pl. de rir. 2. senso m. de humor.

risibility [rizib'iliti], **risibleness** [r'iziblnis] s. risibilidade f., disposição para rir.

risible [r'izibl] adj. 1. risível, digno de riso. 2. ridente, disposto ao riso. 3. de riso, relativo ao riso. 4. ridículo, engraçado, divertido. ‖ **-bly** adv. risivelmente, de modo risível.

rising [r'aiziŋ] s. 1. ação de levantar. 2. subida, ascensão, elevação f. 3. revolta, insurreição f. 4. aquilo que se levanta. 5. ressurreição f., renascimento m. 6. proeminência, saliência f. 7. protuberância f., tumor m. ‖ adj. 1. ascendente. 2. nascente. 3. progressivo, que progride. 4. em formação. ‖ prep. ou adv. 1. cerca de, aproximadamente. 2. (E. U. A. coloq.) acima de.

the ~ generation a geração em formação. **the ~ ground** a elevação, a colina. **she is ~ 30 years** ela tem aproximadamente 30 anos. **~ a hundred ships** mais que cem navios.

risk [risk] s. risco, perigo m. ‖ v. arriscar, expor ao perigo, aventurar-se.

to run a ~ correr um perigo. **at the consignee's ~** por conta e risco do consignatário. **do it at your own ~** faça-o por sua conta e risco. **we ran (took) ~s** expusemo-nos a perigos. **the ~ of being drowned** o risco, perigo, de afogar-se.

risk capital s. = **venture capital.**

risker [r'iskə] s. aquele que (se) arrisca, aventura.

riskful [r'iskful] adj. arriscado, perigoso, que encerra risco.

riskiness [r'iskinis] s. qualidade do que é arriscado ou perigoso.

riskless [r'isklis] adj. que não oferece perigo, sem risco.

risky [r'iski] adj. arriscado, perigoso, temerário.

risqué [ri:sk'ei] adj. (fr.) picante, malicioso.

rissole [r'i:soul] s. pastelão m. recheado de carne picada de gado ou peixe e frito.

rite [rait] s. rito, ritual m., cerimônia f. solene.

nuptial ~s ritos ou cerimônias nupciais.

rite of passage s. (Antrop.) ritual m. de iniciação.

ritornello [ri:tɔ:n'elou] s. (Mús.) ritornelo, estribilho m.

ritual [r'itjuəl] s. 1. ritual, cerimonial. m. 2. livro m. de ritos ou cerimônias. ‖ adj. ritual, cerimonial. ‖ **~ly** adv. ritualmente.

ritualism [r'itjuəlizm] s. ritualismo m.

ritualist [r'itjuəlist] s. ritualista m. + f.

ritualistic [ritjuəl'istik] adj. 1. ritualista, de acordo com os ritos. 2. relativo aos ritos.

ritual murder s. assassínio ritual m.

rivage (†) [r'aividʒ] s. 1. beira ou margem f. de um rio. 2. costa f.

rival [r'aivəl] s. rival m., concorrente m. + f., competidor m., antagonista m. + f., êmulo m. ‖ v. 1. rivalizar, concorrer, disputar, competir, emular. 2. ser rival de. 3. igualar. ‖ adj. rival, êmulo, competidor.

without ~ inigualado, sem rival, sem igual.

rivalry [r'aivəlri], **rivalship** [r'aivəlʃip] s. rivalidade, concorrência, disputa, emulação f.

rive (†) [raiv] s. racha, fenda f. ‖ v. p. p. **riven** [rivn] 1. rachar, fender, rasgar. 2. arrancar, rasgar, abrir ou separar à força (**~ away, from, off**). 3. rachar facilmente. 4. fazer ripas ou lousas para o telhado.

river [r'ivə] s. 1. rio m. 2. (fig.) abundância f.

the River Thames o Rio Tâmisa. **the Hudson River** o Rio Hudson. **down the ~** rio abaixo. **up the ~** rio acima.

river bank s. barranca f.

river basin s. bacia hidrográfica f.

river bed s. leito fluvial m.

river-boat s. barco m. ou embarcação f. fluvial.

rivered [r'ivəd] adj. (geralmente em combinação) que tem rio ou rios.

river-god s. deus ou nume tutelar m. dos rios.

river-head s. nascente f. de rio.

river-horse s. (Zool.) hipopótamo m.

riverine [r'ivərain] adj. 1. fluvial. 2. semelhante o um rio. 3. justafluvial, ribeirinho.

riverless [r'ivəlis] adj. desprovido de rios.

river mangrove s. (Bot.) salgueira f.

river-side s. orla ou margem f. de um rio. ‖ adj. situado ou relativo à margem do rio.

rivet [r'ivit] s. rebite m. (quadro R 3). ‖ v. 1. rebitar. 2. (fig.) prender, segurar firmemente. 3. (fig.) fixar a atenção, o olhar (**~ upon, on** em), cravar. **button-head ~** rebite de cabeça redonda. **flat-head ~** rebite de cabeça chata. **clinched and ~ed** firme e seguro. **~ed hatred** ódio enraigado.

riveted [r'ivitid] adj. rebitado.

riveter [r'ivitə] s. rebitador m.

riveting [r'ivitiŋ] s. rebitagem f.

rivulet [r'ivjulit] s. regato, ribeiro, arroio m.

rix dollar [r'iksdɔlə] s. (Hist.) nome dado a diversas moedas de prata européias.

roach (I) [routʃ] s. (Ict.) peixe europeu m. semelhante à carpa (Rutilus rutilus).

roach (II) [routʃ] s. 1. (E. U. A.) barata f. 2. (gíria). toco de cigarro m., esp. de maconha.

roach (III) [routʃ] s. 1. (Náut.) aluamento m. (corte curvo na esteira de uma vela). 2. (E. U. A.) crina f. aparada. ‖ v. 1. (Náut.) aluar a vela. 2. (E. U.A.)

aparar a crina do cavalo.

road [roud] s. (quadros R 4, W 3). 1. estrada, rodovia, ferrovia f. 2. caminho, curso m. 3. (E. U. A.) estrada f. de ferro. 4. (Náut.) ancoradouro m. **cross ~** encruzilhada. **gentlemen of the ~** salteadores **high—~** estrada principal, rodovia. **in the ~** 1. na estrada ou rodovia. 2. no ancoradouro. **on the ~** a caminho, de passagem, viajando. **rule of the ~** regulamento do tráfego. **to take to the ~** 1. partir. 2. (†) tornar-se salteador. **to travel by ~** viajar por rodovia. **he is in my ~** ele está no meu caminho. **there is no royal ~ to knowledge** não há caminho fácil para o saber.

roadability [roudəb'iliti] s. comportamento m. do veículo na estrada.

road-agent s. (E. U. A.) salteador m. de estradas.

roadbed [r'oudbed] s. 1. leito m. de estrada. 2. material m. de que é feita a estrada.

roadblock [r'oudblɔk] s. 1. obstáculo m. na estrada. 2. obstáculo m. ao progresso. ‖ v. obstruir, fazer parar.

road-book s. roteiro, guia m. de estradas.

road gang s. 1. turma f. de obras de estrada. 2. (E. U. A.) presos m. pl. destacados para tais obras.

road-hog s. motorista m. + †. que abusa na estrada.

road-house s. estalagem f. à beira de estrada.

road metal s. pedra britada f.

road roller s. rolo compressor m.

road show s. espetáculo m. à beira de estrada.

roadside [r'oudsaid] s. margem f. de estrada. ‖ adj. à margem de estrada.

roadstead [r'oudsted] s. (Náut.) ancoradouro m.

roadster [r'oudstə] s. 1. cavalo estradeiro m. 2. automóvel m. (barata) ou motocicleta f. para passeio. 3. navio m. no ancoradouro.

roadway [r'oudwei] s. (quadro H 3) 1. leito m. da rua. 2. pista f. da estrada ou rodovia.

roadweed [r'oudwi:d] s. (Bot.) tanchagem f.

roadwork [r'oudwə:k] s. corrida f. a pé, ao longo da estrada.

roadworthy [r'oudwə:ði] adj. adequado para o serviço rodoviário.

roam [roum] s. perambulação f., passeio m. ou viagem f. sem fim definido. ‖ v. 1. vagar, perambular, andar a esmo. 2. passear, viajar. **we ~ed about the country** percorremos o país.

roamer [r'oumə] s. vagabundo, corre-mundos m.

roan [roun] s. 1. cavalo ruão ou sabino m. 2. ruão (cor) m. 3. couro m. de carneiro (para encadernação). ‖ adj. ruão, ruço, sabino, ruano.

roar [rɔ:] s. 1. rugido, bramido, urro m. 2. mugido, berro m. 3. o rugir da tempestade, o bramir das ondas e do mar, zunido m. 4. o troar do canhão o ribombar do trovão, estrondo m. 5. risada estrondosa, gargalhada estrepitosa f. 6. ronqueira f., o arfar ruidoso do cavalo. 7. o ruído ensurdecedor m. dos motores de um avião. ‖ v. 1. rugir, bramir zunir, uivar (mar, tempestade). 2. urrar, bradar. 3. troar, trovejar, ribombar, estrondear (canhão, trovão). 4. promover algazarras ruidosas, rir a bandeiras despregadas. 5. roncar, arfar ruidosamente (de cavalo). 6. roncar (motores de avião). **a ~ of laughter** uma gargalhada ou risada estrondosa. **don't ~ at me** não grite comigo. **to ~ down** exceder em gritos.

roarer [r'ɔ:rə] s. 1. o que ruge, grita, berra, vocifera, etc. 2. cavalo m. que arfa.

roaring [r'ɔ:riŋ] s. rugido, bramido, estrondo m. ‖ adj. 1. rugidor, uivador, etc. 2. barulhento, estrondoso, atroador. 3. extraordinário, formidável. 4. (fam.) vivo, animado. 5. crepitante (fogo). **the ~ forties** (Náut.) região tempestuosa entre os

graus 39 e 50 de latitude norte.

roast [roust] s. 1. assadura f. 2. assado m., carne assada f. ‖ v. 1. assar, torrar, tostar. 2. esquentar excessiva ou violentamente. 3. , calcinar. 4. ser assado. 5. (Metal.) ustular. 6. (coloq.) ridicularizar, chacotear, zombar, escarnecer. ‖ adj. (também **roasted**) assado, torrado. **to rule the ~** mandar, ser mandão.

roast-beef s. rosbife m.

roaster [r'oustə] s. 1. aquele ou aquilo que assa, assador m., grelha f., torrador m. 2. leitão m., batatas f. pl. ou qualquer outra coisa para assar.

roasting [r'oustiŋ] s. 1. assadura f. 2. torrefação f. **to be ~** morrer de calor. **~ dish** assadeira (quadro K 2).

roasting jack s. assador m.: espeto giratório.

rob [rɔb] v. 1. roubar. 2. pilhar. 3. defraudar. **he ~bed her of all her savings** ele despojou-a de todas as suas economias.

robalo [r'ɔbəlou] s. (Ict.) robalo m.

robber [r'ɔbə] s. ladrão, salteador m. **a sea ~** um pirata.

robber-baron s. 1. barão medieval m. que extorquia tributos por meios opressivos. 2. (E. U. A.) capitalista m. do séc. XIX enriquecido ilicitamente.

robber fly s. (Ent.) mosca f. do gênero Asilus.

robbery [r'ɔbəri] s. 1. roubo, furto m., rapina f. 2. saque m., pilhagem f. 3. exploração, extorsão †.

robe [roub] s. 1. manto m. 2. vestidura que serve de insígnia de alguma entidade, toga, beca f. 3. hábito talar m. 4. veste f., traje m. 5. roupão chambre m. ‖ v. 1. vestir trajes cerimoniais, paramentar. 2. vestir. **the gentlemen of the ~** os magistrados, advogados.

robed [roubd] adj. em trajes cerimoniais.

robed man s. magistrado m.

robin [r'ɔbin] s. (Orn.) 1. pisco-de-peito-ruivo m. 2. espécie de tordo americano (Turdus migratorius) m. 3. todeiro m.

Robin Goodfellow s. (folclore brit.) duende folgazão m.

robin's-egg blue s. (E. U. A.) azul-esverdeado m.

roble [roubl] s. (Bot.) 1. roble, carvalho branco m. da Califórnia. 2. pau-d'arco m. 3. carvalho-das-antilhas m.

roborant [r'oubərənt] s. fortificante, tônico m. ‖ adj. roborante, fortificante.

robot [r'oubɔt] s. 1. autômato m., aparelho que executa funções ou parte de funções ordinariamente atribuídas a seres humanos. 2. pessoa f. que age, trabalha automaticamente, sem refletir. ‖ adj. automático, maquinal.

robot bomb (também **buzz bomb**) s. bomba voadora f.

robust [rob'ʌst] adj. 1. robusto, torte, vigoroso, rijo, resistente. 2. sadio. 3. que requer força, vigor ou resistência (trabalho, esporte). 4. que tem fibra, musculoso. 5. (fig.) firme, resoluto, que tem confiança em si. 6. áspero, rude. ‖ **~ly** adv. robustamente, vigorosamente.

robustious [rob'ʌstiəs] adj. barulhento, turbulento.

robustness [rob'ʌstnis] s. robustez f., vigor m., força f.

roc [rɔk] s. roca f.: ave fabulosa (das 1.001 Noites).

rocambole [r'ɔkəmboul] s. (Bot.) alho espanhol, alho-mourisco m.

rochet [r'ɔtʃit] s. roquete m.: 1. vestidura episcopal. 2. espécie de sobrepeliz.

rock (I) [rɔk] s. (quadro M 7) 1. rocha †., rochedo m. 2. penhasco, recife, escolho m. 3. pedra f. 4. (Geol.) camada pedregosa f. 5. algo firme como um rochedo. 6. apoio, amparo, refúgio m., defesa f. 7. (fig.) qualquer coisa que pode causar infortúnio, contratempo ou dificuldades. 8. (E. U. A.) espécie de doce (duro). 9. **the Rock** Gibraltar. 10. **Rock of Ages** Jesus Cristo. ‖ adj. rochoso, pétreo. **on the ~s** 1. em dificuldades. 2. falido.

rock (II) [rɔk] s. balouço, balanço m. ‖ v. 1 balançar. 2. embalar, acalentar. 3. agitar, tremer. **the storm ~ed the house** a tempestade sacudiu a casa.

rock (III) [rɔk] s. roca f. para fiar.

rock-alum s. pedra-ume f. de rocha.

rock-and-roll, rock'n'roll s. dança moderna norte-americana f.

rockaway [r'ɔkəwei] s. antiga carruagem f., com quatro rodas, aberta dos lados, com lugar para dois passageiros.

rock-basin s. lago m. numa bacia rochosa, formaʋ por geleiras.

rock-bottom s. índice ou nível mínimo m. ‖ adj. ínfimo, mínimo. **~ price** o preço mínimo.

rock-bound adj. 1. rodeado de penhascos. 2. (fig.) de difícil acesso ou penetração.

rock breaker s. britador m.

rock-candy s. açúcar-cande m.

rock cavy s. (Zool.) mocó m.

rock-cork s. espécie de asbesto semelhante a cortiça.

rock crystal s. cristal m. de rocha.

rock dove s. (Orn.) pombo-da-rocha m.

rocker [r'ɔkə] s. 1. peça curvada f. que serve para balançar uma cadeira ou berço. 2. cadeira f. de balanço. 3. qualquer mecanismo m. que opera de modo oscilatório. 4. o que balança ou embala. **to be off one's ~** (gíria) estar louco.

rocker arm s. (Mec.) balancim m.

rocker shaft s. (Mec.) eixo oscilante m.

rocket (I) [r'ɔkit] s. foguete, rojão m. ‖ v. 1. subir (voar) verticalmente. 2. cavalgar rapidamente (como um rojão). 3. (milit.) atacar com foguetes.

rocket (II) [r'ɔkit] s. 1. (Bot.) rúcula f., roquete m 2. goiveiro-das-damas m., violeta-de-dama f. 3. esporinha f.

rocket cress s. (Bot.) erva-de-santa-bárbara f.

rocketeer [rɔkit'i:ə], **rocketer** [r'ɔkitə] s. pessoa f. que constrói, dispara ou tripula foguetes.

rocket engine s. motor de foguete m.

rocket launcher s. (Aer.) dispositivo de lançamento m. de foguetes.

rocket plane s. avião-foguete m.

rocketry [r'ɔkitri] s. desenho m., construção f. e vôo m. de foguetes e teleguiados.

rock-fever s. brucelose f.: febre do Mediterrâneo.

rock garden s. jardim m. de rochas.

rockiness [r'ɔkinis] s. natureza pedregosa f.

rocking [r'ɔkiŋ] s. ação de balançar, embalar ou agitar, balanço, baloiço m. ‖ adj. de balanço.

rocking chair s. cadeira f. de balanço (quadro C 9).

rocking horse s. cavalo de balanço m. (brinquedo).

rocking-shaft s. (Mec.) eixo oscilante m.

rockless [r'ɔklis] adj. sem rochedos ou recifes.

rocklike [r'ɔklaik] adj. semelhante a rochas.

rock maple s. (Bot.) bordo m.

rock-oil s. (Ingl.) petróleo m.

rock-pigeon s. (Orn.) pombo-das-rochas m.

rockribbed [r'ɔkribd] adj. 1. que tem espinhaços ou arestas de rochedo. 2. (fig.) firme, sólido.

rockrose [r'ɔkrouz] s. (Bot.) cisto m., esteva f.

rock-salt s. sal-gema m.

rock sparrow s. (Orn.) piriz, pardal-francês m.

rock thrush s. (Orn.) melro-das-rochas m.

rockwood [r'ɔkwud] s. 1. = **rock-cork**. 2 madeira fóssil ou petrificada f.

rock wool s. lã de rocha f. (isolante).

rocky (I) [r'ɔki] adj. 1. rochoso, cheio de penhascos, rochedos ou penedias (quadro C 17). 2. de ou relativo a rochas. 3. (fig.) firme, sólido 4. duro.

rocky (II) [r'ɔki] adj. 1. que balança. 2. instável, agitado, trêmulo. 3. desagradavelmente incerto. 4. (gíria) doentio, fraco, tonto.

Rocky Mountains s. Montanhas Rochosas f. pl., nome do grande sistema montanhoso da América do Norte.

rococo [rək'oukou] s. rococó m., estilo m. rococó. ‖ adj. rococó.

rod [rɔd] s. 1. vara, varinha, vareta, haste f. 2. barra f., bastão, bordão m. 3. biela f., tirante m. 4. açoite m. 5. (fig.) castigo m., punição f. 6. unidade f. de medida igual a 5,03 m. 7. (gíria E. U. A.) revólver m. 8. poder, domínio m. 9. tirania, opressão f. 10. linhagem, raça, tribo f. 11. (Bact.) bastonete m. 12. caniço m., vara de pesca. **divining ~** varinha de condão, varinha mágica. **to give the ~** açoitar, castigar.

rodded [r'ɔdid] adj. provido de haste, vareta, etc.

rode [roud] v. imp. de **ride.**

rodent [r'oudənt] s. roedor m. ‖ adj. roedor, que rói.

rodential [rəd'enʃəl] adj. roedor.

rodeo [roud'eiou] s. (E. U. A.) 1. rodeio m., cavalhada f. 2. local m. onde se realiza o rodeio.

rodless [r'ɔdlis] adj. que não tem haste, vareta, etc.

rodlike [r'ɔdlaik] adj. semelhante a haste, vareta.

rodman [r'ɔdmən] s. 1. pescador m. 2. (Agrim.) porta-mira m.

rodomontade [rɔdəm'ɔnteid] s. rodamontada, tantarronice, prosa f. ‖ v. fanfarronar, gabar-se, vangloriar-se. ‖ adj. fanfarrão, arrogante, prosa.

rodster [r'ɔdstə] = **rodman.**

roe (I) [rou] s. ova (de peixe) f. **soft ~** esperma de peixe.

roe (II) [rou] s. 1. cabra-montesa f. 2. carça, cerva f.

roebuck [r'oubʌk] s. corço, cabrito-montês m.

roentgen [r'ə:ntgən] s. roentgen m., unidade internacional dos raios X. ‖ adj. de ou relativo a raios X.

roentgenize [r'ə:ntgənaiz] v. submeter à ação dos raios X.

roentgenogram [r'ə:ntgənəgræm], **roentgenograph** [r'ə:ntgənogra:f] s. radiografia f.: fotografia pelos raios X.

roentgenologist [rə:ntgən'ɔlədʒist] s. roentgenologista, radiologista m. + f.

roentgenology [rə:ntgən'ɔlədʒi] s. roentgenologia, radiologia f.

roentgenopaque [r'ə:ntgənoup'eik] adj. opaco, retentor de raios X.

roentgenotherapy [r'ə:ntgənoθ'erəpi] s. roentgenterapia, radioterapia f.

oentgen rays s. raios X m. pl.

roestone [r'oustoun] s. oólito m.

rogation [roug'eiʃən] s. 1. rogação f. 2. prece pública, rea ', oração, ladainha, súplica f. 3. entre os romanos, projeto de lei que se apresentava ao povo para aprovação.

Rogation Days s. dias m. pl. de rogação (segunda, terça e quarta-feira antes da Ascensão do Senhor).

Rogation Week s. semana f. em que cai o dia da Ascensão do Senhor.

roger (I) [r'ɔdʒə] ínterj. (em sinalização e rádio). 1. está em ordem! 2. recebido e entendido!

Roger (II) [r'ɔdʒə] s. Rogério. **the jolly ~** a bandeira dos piratas. **Sir ~ de Coverley** dança popular inglesa.

rogue [roug] s. 1. velhaco, embusteiro m., tratante m. + f., enganador, mentiroso m. 2. pessoa malévola f., elemento nocivo m. 3. vagabundo, malandro, vadio m. 4. animal m. selvagem, perigoso,

R 5

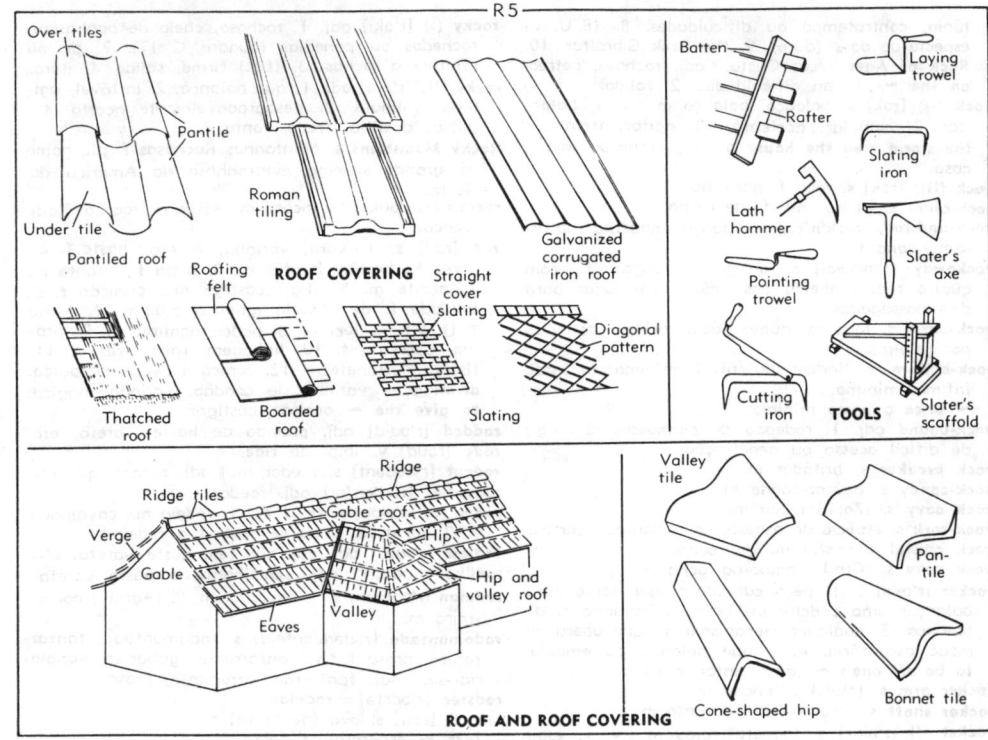

ROOF AND ROOF COVERING

especialmente um elefante separado da manada.
5. planta intrusa ou inferior f. ‖ v. 1. usar de
velhacaria. 2. arrancar uma planta intrusa ou
inferior.

roguery [r'ougəri] s. 1. velhacaria, patifaria, maroteira, malandragem f. 2. travessura, peça, brincadeira f.

rogues' gallery s. coleção f. de fotografias de criminosos fichados pela polícia.

rogue's march s. o rufar m. dos tambores que acompanha a expulsão de soldados indignos de sua
unidade.

roguish [r'ougiʃ] adj. 1. mau, malandro. 2. jocoso,
travesso. 3. malicioso. ‖ ~ly adv. maliciosamente.

roguishness [r'ougiʃnis] s. 1. velhacaria, maroteira f.
2. travessura, brincadeira f.

roil [rɔil] v. 1. turvar, turbar. 2. provocar, irritar,
vexar.

roily [r'ɔili] adj. 1. turvo, agitado. 2. irritado, vexado.

roister [r'ɔistə] v. fanfarrear, blasonar, alardear,
portar-se ruidosamente.

roisterer [r'ɔistərə] s. fanfarrão, blasonador m., garganta m.

roistering [r'ɔistəriŋ] adj. turbulento, barulhento, fanfarrão, jactancioso. ‖ ~ly adv. de modo turbulento,
barulhento ou blasonador.

role, rôle [roul] s. (fr.) 1. (Cin., Teat.) papel m., parte f. 2. função ou posição f. na vida real.
to play the ~ of fazer o papel de.

roll [roul] s. 1. rolo m. (de arame, papel, etc.), qualquer coisa enrolada. 2. cilindro m. ou qualquer
forma aproximadamente cilíndrica. 3. movimento
m. de rotação, ondulação, agitação f. 4. rufar.
m. de tambor. 5. ribombar m. do trovão ou de
artilharia. 6. ação de rolar. 7. manobra f. **em**

que o aeroplano em vôo dá uma volta completa
em torno de seu eixo longitudinal, mantendo a
posição horizontal de vôo. 8. lista f., rol, registro
m., relação f. 9. tipo de pão ou bolo redondo
(quadro B 20). 10. (gíria) maço m. de notas ou
cédulas, dinheiro m. 11. ~s pl. atas f. pl., anais
m. pl., crônica f., anuário m. 12. fardo m. 13.
ritmo m., cadência f. (linguagem, poesia). 14.
encrespamento m. das ondas do mar. ‖ v. 1. a)
rolar. b) fazer rolar. 2. enrolar, dar forma de rolo
a. 3. passar suavemente, deslizar (tempo). 4.
girar, revolver. 5. agitar, balançar (navio). 6.
ondular, flutuar. 7. aplainar, laminar, calandrar.
8. preparar massas alimentícias com o rolo. 9.
aplicar cor, por meio de um rolo. 10. ribombar
(trovão). 11. rufar (tambor). 12. (gíria) roubar
pessoa alcoolizada ou indefesa. 13. ressoar, vibrar
(órgão). 14. (coloq.) possuir em demasia. 15.
correr (rio), fluir. 16. rodar (carro). 17. gingar,
menear, bambolear. 18. trinar, gorjear. 19. enfaixar, envolver. 20. encrespar-se (ondas).
pay ~ folha de pagamento. **he called the ~s** ele
procedeu à leitura dos nomes, fez a chamada. **to
strike off the ~s** riscar da lista, desclassificar,
expulsar. **to ~ back** reduzir o preço (órgãos de
controle). **to ~ in** (gíria) 1. aparecer, visitar de
surpresa. 2. deitar-se, recolher-se ao leito. **to ~ in
wealth** nadar em dinheiro. **to ~ over** derrubar
to ~ up 1. enrolar (cortina). 2. fazer recuar (inimigo). 3. enrolar, (-se), embrulhar.

roll-away adj. removível após o uso (cama).

roll call s. 1. chamada f. 2. toque para reunir m.

roller [r'oulə] s. 1. rolo, cilindro, tambor m. 2. laminador m., calandra f. 3. vaga, onda alta f. 4. o
que rola, enrola. 5. atadura, ligadura f. 6. qualquer ave f. da família dos Coraciídeos, notáveis

por seu hábito de darem saltos e reviravoltas.

roller bearing s. rolamento m. de rolos.

roller blind s. persiana roliça f.

roller coaster s. montanha-russa f.

roller skate s. patim m. de rodas. ‖ v. patinar (com patins de rodas).

roller towel s. toalha rolante f.

roll film s. filme fotográfico m. em rolo (quadro P 2).

rollick [r'ɔlik] v. folgar, foliar.

rollicking [r'ɔlikiŋ], **rollicksome** [r'ɔliksəm] adj. travesso, galhofeiro, brincalhão, alegre, vivo.

rolling [r'ouliŋ] s. 1. ação de rolar, rodar ou girar. 2. rotação, revolução f. 3. ondulação f. 4. balanço m. (do navio nas ondas). 5. aplainamento m. laminação f. 6. repercussão f. 7. ribombar m. 8. rufo m. 9. trinado m. ‖ adj. 1. rolante, rodante, giratório. 2. ondulado. 3. gingante, bamboleante. 4. que vira ou dobra (colarinho). 5. retumbante, ressonante. 6. que trina.

rolling machine s. calandra f.

rolling mill s. 1. laminação f. 2. laminador m.

rolling pin s. rolo m. para massa de biscoito ou macarrão (quadro C 1).

rolling stock s. material rodante m. de estrada de ferro, empresa de ônibus ou caminhões.

roly-poly s. 1. rocambole, bolo-de-rolo m. 2. pessoa f. ou animal m. rechonchudo. ‖ adj. rechonchudo.

Romaic [roum'eiik] adj. romaico m.

romaine [rəm'ein], também **romaine lettuce** s. (Bot.) alface romana f. (Lactuca sativa longifolia).

Roman (I) [r'oumən] s. 1. romano m. 2. latim m. 3. católico romano m. ‖ adj. 1. romano. 2. de ou relativo à Igreja Católica Romana. 3. (Arquit.) românico (quadro V 1).

~ **numerals** algarismos romanos.

roman (II) [r'oumən] s. (Tipogr.) tipo romano m. ‖ adj. relativo a esse tipo.

Roman arch s. (Arquit.) arco semicircular m.

Roman Catholic s. católico romano m. ‖ adj. católico romano.

romance (I) [rəm'æns] s. 1. romance m., ficção f. 2. romanesco, romantismo m. 3. pendão m. para aventura e amor. 4. aventura amorosa f. 5. (Mús.) romança f. ‖ v. 1. romancear. 2. pensar ou falar de modo romântico. 3. exagerar, mentir.

Romance (II) [rəm'æns] s. qualquer das línguas romanas. ‖ adj. de ou relativo a estas línguas ou aos povos que as falam.

~ **languages** línguas romanas.

romancer [rəm'ænsə] s. romancista m. + f.

Romanesque [roumən'esk] s. estilo românico m. ‖ adj. românico.

Romanic [roum'ænik] s. língua romana f. ‖ adj. romano, derivado do latim.

Romanism [r'oumənizm] s. 1. catolicismo m.: em sentido negativo. 2. espírito m. e influência f. da Roma antiga.

Romanist [r'oumənist] s. 1. (depreciat.) católico m. 2. (Filol.) romanista m. + f.

Romanize [r'oumənaiz] v. romanizar, latinizar.

Roman letter s. (Tipogr.) letra redonda f.

Roman numerals pl. n. s. números romanos m. pl.

Romansh, Romansch [roum'ænʃ] s. romanche m.: dialeto rético-românico, falado na Suíça.

romantic [rom'æntik] s. 1. pessoa romântica f. 2. (Liter.) romântico m. ‖ adj. 1. romântico, sentimental, romanesco. 2. fictício. 3. fantástico, fabuloso. 4. pitoresco. ‖ ~ally adv. de modo romântico.

romanticism [rom'æntisizm] s. romanticismo m.

romanticist [rom'æntisist] s. romântico m.

romanticize [rom'æntisaiz] v. romantizar.

Romantic Movement s. (Lit., Mús., Pint.) Movimento Romântico m. (inícios séc. XIX).

Romany, Rommany [r'ɔməni] s. 1. cigano, gitano m. 2. romani m., língua cigana. ‖ adj. de ou relativo aos ciganos e à sua língua.

Rome [roum] s. 1. Roma: capital da Itália. 2. (Hist.) Império Romano m., República Romana f. 3.- Igreja Católica Romana f.

~ **was not built in a day** Roma não se fez num dia. **do in ~ as the Romans do** conforme o toque, assim a dança.

Romish [r'oumiʃ] adj. (depreciat.) católico, papista.

romp [rɔmp] s. 1. brincadeira descomedida, folia f. 2. rapaz m. ou moça f. dado a brincadeiras descomedidas. ‖ v. 1. brincar ruidosa e descomedidamente. 2. (Hipismo) ganhar facilmente.

the horse ~ed home o cavalo ganhou facilmente.

rompers [r'ɔmpəz] s. traje infantil m. para brincar.

rompish [r'ɔmpiʃ] adj. estouvado, traquinas.

rompishness [~nis] s. estouvamento m., peraltice f.

rondeau [r'ɔndou] s. rondó m.: forma de composição poética de origem francesa.

rondel [rɔndl] s. rondel m.

rondo [r'ɔndou] s. (Mús.) rondó m.

rondure [r'ɔndjuə] s. 1. redondeza f., círculo m.

rood [ru:d] s. 1. cruz f. em que Cristo morreu. 2. cruz f., crucifixo m. 3. medida agrária f. de pouco menos de 10 ares ou ¼ de acre.

roof [ru:f] s. 1. telhado, teto m. (quadro R 5). 2. casa, moradia f., lar, abrigo m. 3. cume, topo m. ‖ v. 1. cobrir com teto, telhar. 2. abrigar, alojar, acolher.

without ~ sem abrigo, desabrigado. **the ~ of heaven** a abóbada celeste. **the ~ of the mouth** o céu da boca. **to raise the ~** fazer um barulho dos diabos, pintar o sete.

roofer [r'u:fə] s. telhador m.

roof garden s. jardim m. no terraço de um prédio.

roofing [r'u:fiŋ] s. 1. cobertura, telhadura f. 2. material para telhado, material m. que forma o telhado. 3. (fig.) proteção f., abrigo m. ‖ adj. feito para ou empregado em telhado.

roofless [r'u:flis] adj. 1. desprovido de telhado. 2. desabrigado, sem lar.

roof top s. telhado m. de casa.

rooftree [r'u:ftri:] s. viga f. da cumeeira, pau m. da cumeeira.

rook (I) [ruk] s. torre f. (xadrez) (quadro C 10).

rook (II) [ruk] s. 1. (Orn.) gralha-calva, frouva f. (Corvus frugilegus). 2. embusteiro, trapaceiro m. (no jogo). ‖ v. trapacear, roubar (no jogo).

rookery [r'ukəri] s. 1. viveiro m., colônia f. de gralhas ou de outros animais. 2. cortiço m., casa f. de cômodos com excesso de habitantes. 3. conjunto m. de casas superlotadas, favela f.

rookie, rooky [r'uki] s. 1. recruta m. 2. principiante m. + f., novato m.

room [rum] s. 1. quarto, aposento, apartamento m., dependência f. 2. espaço m., capacidade f., lugar m. 3. vaga f., jogo m., tolerância f. 4. oportunidade f., ensejo m., ocasião f. 5. ~s alojamento, quarto m. ou residência mobiliada f. 6. os ocupantes de um quarto. ‖ v. 1. ocupar um quarto, morar num aposento. 2. prover com quarto ou aposento, hospedar ou estar hospedado (with com, in em).

bath~ banheiro. **bed~** dormitório. **dining** ~ sala de jantar. **drawing** ~ sala de visitas, **no ~ for hope** sem esperanças, desesperado. **plenty of** ~ muito espaço. **the whole** ~ 1. todos os presentes. 2. (gíria) o pessoal, a turma toda. **to give** ~ proporcionar o ensejo, dar oportunidade ou motivo. **we made** ~ **for him** demos-lhe lugar, arranjamos-lhe lugar. **in ~ of** em lugar de. **in the next ~** no quarto anexo, no aposento contíguo. **it took up much ~** ocupou muito espaço.

room and board s. pensão completa f.

room clerk s. recepcionista m. + f. de hotel.

room divider s. divisão interna f.

roomed [rumd] adj. que tem quartos ou aposentos. **five ~ flat** apartamento com cinco cômodos.

roomer [r'umə] s. sublocatário m., pensionista m. + f.

roomette [rum'et] s. (Estr. de F.) cabina particular f., em carro-leito.

roomful [r'umful] s. 1. o suficiente para encher um quarto. 2. pessoas f. pl. ou objetos m. pl. dentro de um quarto.

roominess [r'uminis] s. espaço m., amplidão f.

rooming house s. casa f. com quartos para alugar, pensão f.

roommate [r'ummeit] s. companheiro m. de quarto.

roomy [r'umi] adj. espaçoso, amplo. ‖ **–ily** adv. espaçosamente, amplamente.

roost [ru:st] s. 1. poleiro m. 2. abrigo ou lugar m. de repouso para as aves. 3. alojamento m., pousada f. ‖ 1. empoleirar. 2. pousar, pernoitar, alojar.

cock of the ~ o galo do terreiro. **go to ~** vá dormir.

rooster [r'u:stə] s. (E. U. A.) galo m.

root (I) [ru:t] s. 1. raiz f. (quadro R 3). 2. qualquer coisa com forma ou função de raiz. 3. causa, fonte, origem f. 4. parte f. ou ponto m. essencial. 5. (Mat.) número m. que, elevado à potência do mesmo índice, reproduz esse número. 6. nota fundamental ou tônica f. 7. (Filologia) raiz f. de uma palavra. ‖ v. 1. arraigar, lançar ou criar raízes. 2. radicar, fixar, consolidar, enraizar. 3. erradicar, extirpar, arrancar (**up, out, away**). **the ~ of all evil** a origem de todos os males. **to take ~, to strike ~** criar raízes (também fig.). **he is the ~ of our misfortunes** ele é a causa de nosso infortúnio. **he went to the ~ of the question** ele foi ao fundo da questão. **~ and branch** completamente, totalmente.

root (II) [ru:t] v. 1. fossar a terra. 2. (fig.) pesquisar, esquadrinhar (revirando tudo). **to ~ out (up)** descobrir, achar.

root (III) [ru:t] (E. U. A., gíria) v. aplaudir, animar, incitar, torcer (em competições desportivas). **I'll ~ for you** vou torcer para você.

rootage [r'u:tidʒ] s. 1. cepa f., raizame m. 2. radicação f.

root beer s. bebida f. de pequeno teor alcoólico, feita de extrato de raízes.

root canal treatment s. tratamento m. do canal dentário.

rooted [r'u:tid] adj. enraizado, arraigado, radicado. ‖ **~ly** adv. de modo enraizado, arraigado.

rootedness [~nis] s. radicação f.

rooter (I) [r'u:tə] s. esquadrinhador m.

rooter (II) [r'u:tə] s. torcedor m.

root hair s. pêlos radiculares m. pl.

rootless [r'u:tlis] adj. que não tem raiz, desarraigado.

rootlet [r'u:tlit] s. radícula f.

rootstalk [r'u:tstɔ:k] s. (Bot.) rizoma m.

rootstock [r'u:tstɔk] s. 1. (Bot.) rizoma m. 2. fonte, origem f.

rooty [r'u:ti] adj. 1. radicoso, que tem muitas raízes. 2. radiciforme.

rope [roup] s. 1. corda f., cabo, cordame m. 2. laço m. 3. baraço m. 4. (fig.) enforcamento m. 5. enfiada, fileira, réstia f. 6. fio m. de um líquido

viscoso. ‖ v. 1. amarrar, atar com corda. 2. rodear, cingir ou separar com corda. 3. laçar. 4. (gíria) puxar como que por corda, atrair, induzir, enredar. 5. ser formado em corda. 6. refrear o cavalo (para evitar sua vitória na corrida). 7. formar um fio viscoso ou glutinoso (líquidos).

give him ~ deixe-o fazer como queira. **~ of sound** segurança ilusória. **he knows the ~s** ele sabe que apito toca, está a par das coisas. **put him up to the ~s** inteire-o da situação. **to hang by a ~** enforcar. **on the ~** preso na corda (alpinismo). **to be on the high ~** ser altivo. **to ~ down** fazer descer na corda. **to ~ in** 1. cingir com cordas. 2. pôr na cadeia. **to ~ off (out)** cercar, isolar com cordas (praça, rua). **to ~ up** fazer subir na corda.

rope dancer s. volantim, dançarino m. de corda.

rope-end s. extremidade f. de cabo ou amarra. ‖ v. bater com cabo.

rope ladder s. escada f. de corda (quadro L 1).

rope-maker, roper [r'oupə] s. cordoeiro m.

ropery [r'oupəri], **ropewalk** [r'oupwɔ:k] s. cordoaria f.

ropewalker [r'oupwɔ:kə] s. funâmbulo m.

ropiness [r'oupinis] s. viscosidade f.

ropy [r'oupi] adj. 1. viscoso, pegajoso. 2. semelhante a corda. ‖ **–ily** adv. de modo viscoso ou pegajoso.

roquet [r'ouki] s. choque m. ou batida f. de bolas (no **croquet**). ‖ v. acertar a bola adversária.

rorqual [r'ɔ:kwəl] s. (Zool.) rorqual m.: variedade de baleia.

rosace [r'ouzeis] s. (Arquit.) florão m.

rosaceous [rouz'eiʃəs] adj. (Bot.) rosáceo.

rosaniline [rouz'ænilain], **rosanilin** [rouz'ænili:n] s. (Quím.) rosanilina f.

rosarian [rouz'eəriən] s. cultivador m. de rosas.

rosary [r'ouzəri] s. 1. roseiral m. 2. rosário m. **to tell over the ~** rezar o rosário.

rose [rouz] s. 1. (Bot.) rosa f. 2. roseira, rosácea f. 3. florão m., roseta f. 4. crivo (de regador) m. 5. (Med.) erisipela f. 6. cor-de-rosa f. 7. vermelhão, rubor m. do rosto, aspecto sadio m. ‖ adj. cor-de-rosa.

no ~ without a thorn não há rosa sem espinho. **on a bed of ~s** num mar de rosas. **under the ~** confidencialmente.

rose [rouz] v. imp. de **rise**.

rosé [rouz'ei] s. (fr.) vinho rosado m.

roseate [r'ouziit] adj. 1. cor-de-rosa, rosado. 2. alegre, otimista. 3. feito de rosas. 4. semelhante a rosas.

rosebay [r'ouzbei] s. (Bot.) espirradeira f., loendro m.

rose beetle s. (Ent.) inseto m. da família dos Escarabídeos que ataca as roseiras.

rosebud [r'ouzbʌd] s. botão m. de rosa.

rose bug = rose beetle.

rosebush [r'ouzbuʃ] s. (Bot.) roseira f.

rose champion s. (Bot.) 1. beijos-de-freira m. 2. nigela-dos-trigos f.

rose-coloured, rose-colored adj. 1. cor-de-rosa. 2. contente, alegre, otimista. **through ~ glasses** (ver as coisas) com otimismo exagerado.

rose geranium s. (Bot.) gerânio-rosa m.

rose-leaf s. pétala ou folha f. de rosa.

rose mallow s. (Bot.) 1. hibisco m. 2. malva-rosa f.

rosemary [r'ouzməri] s. (Bot.) alecrim m.

rose moss s. (Bot.) amor-crescido, cavalheiro-das-onze-horas m.

Rose of Jericho s. (Bot.) rosa-de-jericó, rediviva f.

roseola [rouz'i:ələ] (também **rose-rash**) s. (Med.) roséola, rubéola, f., esp. sarampo m.

rose-pink s. cor-de-rosa claro m.

rose quartz s. (Miner.) quartzo róseo m.

rose-red adj. encarnado.

rosette [rouz'et] s. 1. roseta t., florão m. 2. qualquer ornamento em forma de rosa. 3. (Bot.) invólucro m.

rose water s. 1. água-de-rosas f. 2. (fig.) cortesia exagerada f. ‖ adj. (coloq.) afetado.

rose window s. rosácea f., janela circular t.

rosewood [r'ouzwud] s. (Bot.) pau-rosa m.

Rosicrucian [rouzikr'u:ʃjən] s. membro m. da ordem Rosa-Cruz. ‖ adj. de ou relativo a esta ordem.

rosin [r'ozin] s. breu m., resina f., pez m ‖ v. esfregar ou untar com breu ou resina.

rosiness [r'ouzinis] s. rosado m.

rosiny [r'ozini] adj. resinoso.

rosolio [roz'ouliou] s. rosólio m.

roster [r'oustə] s. 1. lista f. de plantão e escalação de serviço. 2. qualquer lista.

rostral [r'ostrəl] adj. rostral: 1. (Zool.) em forma de bico. 2. relativo ao esporão do navio.

rostrate [r'ostrit], **rostrated** [r'ostreitid] adj. rostrado: 1. (Zool.) que tem focinho em forma de bico. 2. em forma de esporão de navio.

rostrum [r'ostrəm] s. rostro m.: 1. (Bot.) esporão. 2. (Zool.) bico. 3. esporão da galera. 4. tribuna dos oradores romanos. 5. plataforma ou púlpito (quadro S 10).

rosy [r'ouzi] adj. 1. róseo, rosado, encarnado, cor-de-rosa. 2. viçoso. 3. corado. 4. feito de rosas. 5. alegre. 6. prometedor, auspicioso. ‖ **–ily** adv. 1. em cor-de-rosa, coradamente. 2. auspiciosamente.

rot [rot] s. 1. podridão, putrefação, deterioração, decomposição f. 2. qualquer coisa podre ou estragada. 3. qualquer das doenças parasitárias, especialmente das ovelhas, caracterizadas por sarna e emagrecimento: ronha, morrinha, distomatose hepática. 4. (gíria) tolice! asneira! bobagem! f. ‖ v. 1. apodrecer, putrefazer, deteriorar. decompor, estragar. 2. decair, corromper, tornar-se corruto, degenerar. 3. fazer apodrecer. 4. macerar (linho). 5. falar asneiras. 6. vexar, incomodar, molestar. ‖ interj. exclamação de desgosto, irritação: arre! irra! bolas!

rota [r'outə] s. (Ingl.) 1. relação f., rol m., lista f. 2. escala f. de serviços.

Sacred Roman Rota Sagrada Rota Romana (supremo tribunal da Igreja Católica).

Rotarian [rout'eəriən] s. rotariano m.: membro do Rotary-Clube.

rotary [r'outəri] s. rotativa f.: máquina de impressão. ‖ adj. 1. rotativo, giratório. 2. que tem peças giratórias. 3. (Av.) relativo a motor estrela de eixo fixo.

rotary engine s. máquina f. ou motor m. rotativo.

rotary press s. máquina f. de impressão rotativa.

rotary-wing aircraft s. (Av.) aparelho m. que se sustenta por meio de hélices horizontais (helicóptero, giroplano, autogiro).

rotatable [rout'eitəbl] adj. 1. giratório. 2. revezador, alternador.

rotate (I) [rout'eit] v. 1. girar, rodar, rotar, revolver. 2. revezar-se, alternar-se. 3. rotar, fazer rotar ou revolver. 4. (Agric.) alternar.

rotate (II) [r'outit] adj. (Bot.) rotiforme.

rotation [rout'eiʃən] s. 1. rotação, revolução f., movimento giratório m. 2. revezamento m., alternação f., turno m.

by (in) ~ por turnos. **~ of crops** rotação de culturas.

rotational [rout'eiʃənəl] adj. rotativo, rotatório.

rotation speed s. número m. de rotações por minuto.

change in ~ alteração no número de rotações por minuto.

rotative [r'outətiv], **rotatory** [rout'eitəri] adj. 1. rotativo, rotatório, giratório. 2. revezador, alternativo.

rotator [rout'eitə] s. 1. o que gira, roda. 2. (Anat.) rotador m.

rote (I) [rout] s. estrondo m. causado pela ressaca.

rote (II) [rout] s. rotina f., traquejo m.

by ~ de rotina, mecanicamente, sem pensar.

rotgut [r'otgʌt] s. bebida inferior, ordinária f.

rothenone [r'outənoun] s. (Quím.) rotenona f.

rotifer [r'outifə] s. (Zool.) rotífero, rotador m.

rotiferal [rout'ifərəl], **rotiferous** [rout'ifərəs] adj. (Zool.) relativo aos rotíferos.

rôtisserie [rətisr'i:] s. churrascaria t.

rotogravure [routəgrʌvj'uə] s. 1. rotogravura t. 2. seção ilustrada f. de um jornal.

rotor [r'outə] s. rotor m. (quadro T 4).

rotor-plane s. = **rotary-wing aircraft**.

rotten [rotn] adj. 1. podre, putrefato, apodrecido, pútrido, estragado. 2. fétido, fedorento, choco. 3. quebradiço, fraco, em mau estado. 4. insalubre. 5. corruto, desonesto. 6. (gíria) mau, ruim, miserável, detestável. 7. carcomido, carunchoso. ‖ **~ly** adv. 1. putridamente. 2. fetidamente. 3. corrutamente.

~ eggs ovos podres. **~ luck** azar muito grande.

rottenness [r'otnnis] s. 1. podridão f. 2. corrução, depravação f.

rottenstone [r'otnstoun] s. (Miner.) trípole m.

rotter [r'otə] s. (Ingl., gíria) patife m., canalha m. + f., pessoa indesejável ou imprestável f.

rotund [rout'ʌnd] adj. 1. rotundo, redondo, esférico, circular, arredondado. 2. gordo, obeso, carnudo, rechonchudo. 3. cheio, claro, forte (voz). 4. pomposo, altissonante (estilo). ‖ **~ly** adv. 1. redondamente. 2. de modo carnudo. 3. sonoramente.

rotunda [rout'ʌndə] s. rotunda f., cobertura f. em rotunda.

rotundate [rout'ʌndit] adj. (Bot.) arredondado.

rotundness [rout'ʌndnis], **rotundity** [rout'ʌnditi] s. 1. rotundidade, esfericidade f. 2. obesidade, gordura f. 3. sonoridade f. 4. altissonância f.

rouble [ru:bl] s. rublo m.: moeda russa.

roué [r'u:ei] s. (fr.) libertino, devasso m., farrista m. + f.

rouge [ru:ʒ] s. 1. rouge m.: cosmético para pintar as faces. 2. batom m. cosmético para pintar os lábios. 3. mínio m. de ferro, colcotar m. ‖ v. pintar(-se) com ruge ou batom. ‖ adj. (Heráld.) rubro, vermelho.

rough [rʌf] s. 1. condição ou estado inacabado. tosco, bruto. 2. aspereza f. 3. terreno irregular m., acidentado. 4. pessoa bruta f., indivíduo violento, rufião, brutamontes m. 5. parte f. não tratada de um campo de golfe. 6. idéia esboçada f. ‖ v. 1. tornar(-se) áspero, executar toscamente. 2. desbastar. 3. esboçar. 4. amansar, domar. 5. (Futebol) jogar desleal e brutalmente. ‖ adj. (quadro Q) 1. áspero, escabroso, desigual, íngreme. 2. rude, tosco, bruto, inacabado, cru. 3. agitado, encrespado, encapelado (mar.) 4. tempestuoso, borrascoso (tempo). 5. aproximado (cálculo), imperfeito, incompleto (pensamento, plano). 6. inculto, incivil. 7. cansativo, duro, difícil (on s. o. para alguém). 8. brutal, ríspido, grosseiro, indelicado. 9. severo, duro, rígido (with com). 10 acre, picante, azedo (gosto). 11. rústico, simples (vida). 12. eriçado, peludo, cabeludo. 13. desordeiro, turbulento, violento. 14. desagradável. 15. dissonante, desarmonioso. 16. aspirado (fonética). ‖ **~ly** adv. asperamente, brutalmente, etc.

In the ~ toscamente, em bruto, inacabado, aproximadamente. through ~ and smooth por montes e vales. on a ~ calculation em cálculo aproximado. ~ copy, ~ draft esboço. ~ luck má sorte. ~ usage maltrato.   ~ diamond diamante bruto. ~ and ready em bruto, imperfeito, inacabado. ~ and tumble 1. selvagem, violento, impetuoso. 2. luta, briga. to ~ it lutar com dificuldade. to ~ out formar em bruto, desbastar, esboçar, delinear. they ~ed him up irritaram-no.

roughage [r'ʌfidʒ] s. 1. qualquer substância áspera, tosca, bruta. 2. alimentos ricos em substâncias indigeríveis.

roughcast [r'ʌfka:st] s. 1. reboco grosso m. (com mistura de conchas e seixos). 2. esboço, modelo m. em bruto. ‖ v. 1. esboçar, modelar em bruto. 2. rebocar com argamassa contendo conchas e seixos.

roughcut [r'ʌfkʌt] adj. picado grosso (fumo).

roughdry [r'ʌfdrai] v. secar roupa sem passá-la. ‖ adj. seco, enxuto mas não passado (roupa).

roughen [r'ʌfən] s. 1. tornar(-se) áspero, rude. 2. encapelar, encrespar-se. 3. irritar. 4. arrepiar.

rougher [r'ʌfə] s. desbastador m.

roughhew [r'ʌfhju:] v. 1. desbastar. 2. modelar toscamente, esboçar, delinear.

roughhewn [r'ʌfhju:n] adj. 1. tosco, bruto. 2. inacabado. 3. grosseiro.

roughhouse [r'ʌfhaus] s. 1. reunião tumultuosa, bulha, algazarra f. 2. escândalo m. 3. jogo violento m. ‖ v. 1. agir de modo violento ou tumultuoso. 2. maltratar. 3. judiar de. ‖ adj. violento, barulhento.

roughneck [r'ʌfnek] s. valentão, desordeiro m.

roughness [r'ʌfnis] s. 1. aspereza, rudeza, escabrosidade, desigualdade f. 2. rusticidade, grosseria f. 3. rigor m., severidade f. 4. violência f. 5. rigor m. do tempo.

roughrider [r'ʌfraidə] s. peão, domador m. de cavalos.

Roughriders [r'ʌfraidəz] s. pl. membros voluntários m. pl. de um regimento de cavalaria, organizado na guerra hispano-americana.

roughshod [r'ʌfʃod] adj. que tem rompão (nas ferraduras). to ride ~ over não ter consideração para com.

rough-spoken adj. de fala grossa, deselegante.

roughwrought [r'ʌfrɔ:t] adj. feito toscamente.

roulade [ru:l'a:d] s. (Mús.) trilo m.

rouleau [ru:l'ou] s. rolo m. de moedas (envoltas em papel).

roulette [rul'et] s. 1. roleta f. (jogo de azar). 2. carretilha f., picotador m. ‖ v. perfurar ou cortar com carretilha.

Rouman [r'u:mən], **Roumanian** [ru:m'einjən] s. romeno m.: 1. habitante da Romênia. 2. valáquio, língua romena. ‖ adj. romeno.

Roumania [rum'einjə] s. Romênia f.

round (I) [raund] s. 1. qualquer coisa em forma de bola, círculo, cilindro. 2. círculo m., circunferência, esfera, abóbada, volta, curva, argola f., orbe anel m. 3. redondeza f. 4. órbita f. 5. ronda, rotação f., circuito, curso m., rota f. 6. sucessão, série f., ciclo m., rotina f. 7. "round" m.: um dos tempos de uma competição. 8. (milit.) salva, descarga f., tiro, disparo m. 9. a respectiva munição 10. aplauso espontâneo m. 11. dança f. de roda. 12. (Mús.) canção f. em forma de cânone. 13. escultura não em relevo. 14. carne f. de coxão. 15. fatia (em forma circular), rodela f. 16. degrau m. de escada. 17. grupo m., roda f. (de políticos). ‖ v. 1. arredondar(-se), curvar, bolear, dobrar. 2. contornar, voltear, rodear, circundar, rondar. 3. circunavegar. 4. virar, volver. 5. tornar fluente,

corrente (o estilo). 6. cercar, envolver (inimigo). 7. completar, terminar, acabar. 8. (Fon.) labializar. ‖ adj. 1. redondo, circular, cilíndrico, rotundo, curvo, arredondado, esférico, orbicular, globular, boleado. 2. cheio, corpulento, rechonchudo. 3. amplo, grande, considerável, vultoso (importância). 4. claro, franco, positivo, categórico, sincero, correto. 5. sonoro, agradável, harmonioso. 6. (Fon.) labial, labializado. 7. completo. 8. arredondado, não fracionado. 9. rápido, ativo, bom. 10. corrente, fluente (estilo). 11. ininterrupto, contínuo. ‖ adv. 1. circularmente, em círculo, contornando. 2. de ou por todos os lados, em todas as direções, por toda parte. 3. em volta, em redor, em torno, na redondeza, perto, nas proximidades. 4. em circunferência. 5. de passagem por. 6. em circulação (notícias). 7. de volta (viagem). 8. suficiente, para todos. 9. cá e lá, aqui e ali. ‖ ~ly adv. 1. redondamente, circularmente. 2. claramente, francamente. 3. severamente, asperamente. 4. completamente. ‖ prep. em volta, por toda parte. ~ after ~ of applause salvas de palmas. twenty ~s of cartriges (milit.) vinte cartuchos para cada homem. a ~ of drams uma rodada de bebida. the daily ~ a rotina, as obrigações diárias. this earthy ~ este mundo todo. he made his ~s, he went his ~s ele fez a ronda. the rumour made the ~ of the town o boato circulou pela cidade. in the ~ 1. de forma plástica, moldado. 2. (fig.) perfeito. to ~ off ou out 1. arredondar(-se). 2. completar, rematar, perfazer, terminar. to ~ on volver contra, atacar, denunciar. to ~ out preencher. to ~ to (Náut.) vir a vento. to ~ up 1. arrebanhar, ajuntar, reunir (gado). 2. (milit.) cercar, envolver. ~ game jogo, folguedo em que diversas pessoas podem participar (como jogo de prendas). a ~ hand boa caligrafia. in ~ numbers aproximadamente. a ~ oath uma forte imprecação. at a ~ pace em passo acelerado. a ~ peg in a square hole no lugar errado, deslocado. ~ shot 1. bala de canhão. 2. tiro curto. all the year ~ durante o ano todo. a long way ~ desvio, caminho mais longo que outro para o mesmo destino. ask him ~ peça-lhe que venha aqui. we brought him ~ fizemo-lo voltar a si. to come ~ voltar a si, recuperar-se. they got him ~ persuadiram-no, convenceram-no, enganaram-no. to go ~ to procurar (alguém), visitar. he will look ~ one of these days ele nos visitará nos próximos dias. show him ~ the city mostre-lhe os atrativos da cidade. to turn ~ 1. virar(-se). 2. voltar. 3. modificar(-se). ~ about 1. em volta de. 2. indiretamente. ~ me em volta de mim. the tour ~ the world a viagem ao redor do mundo. ~ the corner atrás da esquina. she looked ~ her ela olhou em redor de si. to get ou come ~ a person enganar uma pessoa, persuadir alguém.

round (II) [raund] (†) v. cochichar, segredar, sussurrar.

roundabout [r'aundəbaut] s. 1. caminho ou curso indireto, desvio, rodeio m. 2. circunlóquio, rodeio m. de palavras. 3. jaqueta curta f. para homens ou meninos. 4. carrossel m. (quadro P 5). ‖ adj. 1. indireto, perifrástico, vago. 2. envolvente. 3. compreensivo. 4. roliço, arredondado, robusto. with many ~s indiretamente.

round-arm, round-armed adj. (Esp.) com o braço à altura do ombro.

round dance s. 1. dança rústica f., executada por pares, caracterizada por movimentos circulares e giratórios. 2. ronda f., dança de roda.

rounded [r'aundid] adj. 1. arredondado, esférico, curvo, cilíndrico. 2. polido. 3. acabado. 4. profundo e sonoro (voz). 5. (Fon.) labializado.

roundel [raundl] s. 1. rodela f., disco m. 2. (Arquit.) janela redonda f. 3. (Heráld.) arruela f.

roundclay [r'aundilei] s. 1. rondó m.: canção, composição poética. 2. dança f. de roda.

rounder [r'aundə] s. 1. máquina f. ou instrumento m. para arredondar. 2. (gíria) o que faz a ronda (em bares, cabarés, etc.). 3. beberrão ou esbanjador, gastador m.

rounders [r'aundəz] s. pl. jogo m. de bola e palheta.

round hand s. letra redonda f.

round head s. cabeça redonda f. ‖ adj. de cabeça redonda (quadro B 16).

Roundhead [r'aundhed] s. (Hist.) puritano m. na Inglaterra, durante o tempo de Cromwell.

roundheaded [-h'edəd] adj. 1. de cabeça redonda. 2. (Antrop.) braquicéfalo.

roundhouse [r'aundhaus] s. 1. rotunda f. para locomotivas. 2. (Náut.) cabina f. de tombadilho.

rounding [r'aundiŋ] s. arredondamento m., curvatura f. ‖ adj. 1. redondo, arredondado. 2. que serve para . arredondar.

rounding-off s. 1. arredondamento m. 2. concordância f.

roundish [r'aundiʃ] adj. arredondado.

roundishness [r'aundiʃnis] s. qualidade do que é arredondado.

roundness [r'aundnis] s. 1. redondeza, rotundidade f. 2. clareza, positividade, franqueza f. (resposta). 3. vigor m., severidade f. 4. harmonia f. (estilo).

round number s. número redondo m.

round robin s. petição f., protesto m., etc., com as assinaturas em forma de círculo, evitando que um nome figure em primeiro lugar.

round-shouldered adj. de ombros caídos.

roundsman [r'aundzmən] s. 1. policial, inspetor m. de polícia. 2. entregador m. de pão, leite, etc.

round table s. mesa redonda, conferência f. ‖ adj. de ou relativo a mesa redonda ou conferência.

Round Table s. Távola Redonda f. (do Rei Artur).

round trip s. viagem f. de ida e volta, excursão f.

roundup [raund'ʌp] s. 1. (E. U. A.) rodeio m., recolhimento m. do gado. 2. o pessoal e os cavalos empregados nesta tarefa. 3. diligência policial, batida f.

roundworm [r'aundwə:m] s. (Zool.) nematelminto m.

roup [ru:p] s. (Veter.) bouba f.: moléstia de galináceos.

roupy [r'u:pi] adj. (Veter.) boubento.

rouse (I) [rauz] s. (milit.) alvorada f., toque m. de alvorada, o despertar. ‖ v. 1. despertar, acordar. 2. incitar, suscitar, provocar, estimular, instigar, excitar (**to** para). 3. levantar (a caça). 4. (Náut.) alar à lupa.

they want -ing eles precisam ser despertados, arrancados do torpor. **to ~ o. s.** animar-se, recobrar-se, recuperar-se.

rouse (II) [rauz] (†) s. copo cheio m., taça cheia f. **we had a ~** tomamos um copo. **to give a ~** brindar.

rouser [r'auzə] s. 1. despertador, incitador, gritalhão m. 2. fator surpreendente m., surpresa, excitação f. 3. aparelho misturador m. (cervejaria).

rousing [r'auziŋ] adj. 1. despertador, excitador, incitador, estimulante. 2. enorme, extraordinário, excessivo, surpreendente, assombroso. 3. ovacional, estrondoso (aplauso). 4. entusiástico.

a ~ lie uma mentira assombrosa.

roustabout [r'austəbaut] (E. U. A.) s. 1. trabalhador braçal, estivador, servente m. 2. biscateiro m. na lavoura ou em campo petrolífero.

rout (I) [raut] s. 1. fuga desordenada f. de um exército derrotado, debandada f. 2. derrota completa

f. 3. turba, chusma, horda, turbamulta f. 4. populaça, ralé, plebe f. 5. tumulto, motim m., desordem, confusão, algazarra f. 6. (†) reunião ou festa elegante f., esp. noturna. ‖ v. 1. derrotar, desbaratar, destroçar, aniquilar. 2. debandar, expulsar, afugentar. 3. desnortear.

to put to ~ aniquilar totalmente.

rout (II) [raut] v. 1. mandar sair, expulsar. 2. desenterrar, cavar, escavar, tirar com o focinho (como os porcos), desarraigar, extirpar. 3. descobrir, encontrar.

~ him out of bed tire-o, jogue-o fora da cama.

route [ru:t] s. 1. rota, diretriz, direção f., rumo, curso, roteiro, itinerário m. 2. caminho m., via, senda, estrada, artéria f., traçado m. 3. marcha, carreira, jornada f. 4. (milit.) ordem f. de marchar. 5. (Med.) via f. de administração do medicamento. ‖ v. 1. determinar a via, rota ou caminho, encaminhar, dirigir, guiar. 2. fixar o modo de agir. 3. expedir ou despachar por determinada rota.

route-map s. mapa m. (rodoviário) com indicação de distâncias.

route-march s. marcha f. em passo de estrada.

router [ru:tə] s. escavador m., escavadeira f.

route-step s. passo m. de estrada.

routine [ru:t'i:n] s. rotina f., uso geral, hábito m., prática regular f. ‖ adj. rotineiro, costumeiro, habitual.

routinist [~ist] s. rotineiro m.

routinize [ru:t'inaiz] v. tornar rotineiro.

rove (I) [rouv] s. o ato de perambular, vaguear ou viajar sem rumo certo, perambulação, caminhada f., passeio m. ‖ v. perambular, errar, vaguear, divagar, percorrer ou viajar sem rumo certo.

rove (II) [rouv] s. fio m. de lã, seda, etc., estirado e torcido. ‖ v. 1. passar fio por um orifício. 2. (Tecel.) cardar. 3. estirar e torcer fio.

rove (III) [rouv] imp. + p. p. de **reeve**.

rove beetle s. (Zool.) potó · m.: besouro estafilinídeo.

rover (I) [r'ouvə] s. 1. vagueador m., itinerante m. + f., viajor m., viandante m. + f. 2. pirata m. + f., navio corsário m. 3. escolha casual f. do alvo (para exercício de arco e flecha). 4. alvo m. de arqueiro.

a shot at ~s um tiro a esmo.

rover (II) [r'ouvə] s. (Tecel.) 1. maçaroqueiro m. (operário). 2. maçaroqueira f. (máquina).

roving (I) [r'ouviŋ] s. vagueação, vida errante f. ‖ adj. errante, nômade, itinerante.

~ ambassador embaixador itinerante.

roving (II) [r'ouviŋ] s. (Tecel.) 1. fiação preliminar f. 2. o respectivo tecido. 3. mecha, maçaroca f.

row (I) [rou] s. 1. fileira, fila, fiada, série, ordem, carreira, coluna f. (de números). 2. travessa, rua curta f. ‖ v. dispor em fila, enfileirar.

row (II) [rou] s. 1. ação de remar, remada, remadura, voga f. 2. passeio de bote, de barco a remos. ‖ v. 1. remar, vogar. 2. conduzir num bote, num barco a remos.

to go for a ~ dar um passeio de barco. **they ~ed in the same boat** tiveram a mesma sorte. **to ~ down** vencer, superar remando.

row (III) [rau] s. 1. barulho, motim m., algazarra, desordem, agitação f., clamor, distúrbio m. 2. disputa, altercação, contenda, briga, rixa f. ‖ v. 1. fazer barulho, causar alvoroto, promover desordem, brigar, armar motim ou tumulto. 2. repreender, admoestar, ralhar, censurar.

we got into a ~ fomos repreendidos. **what's the ~?** o que há? o que aconteceu? **to kick up a ~** fazer barulho, encrencar, protestar.

rowan [r'auən] s. 1. (Bot.) sorveira brava f. (Sorbus aucuparia). 2. sorva f.: fruto dessa árvore.

rowboat [r'oubout] s. barco m. a remos, bote m. a remos (quadro B 14, B 15).

rowdiness [r'audinis] s. violência, brutalidade f.

rowdy [r'audi] s. desordeiro, arruaceiro, valentão, turbulento m. ‖ adj. desordeiro, brutal. ‖ –ily adv. de modo desordeiro, brutalmente.

rowdyish [r'audiiʃ] adj. turbulento, barulhento, arruaceiro, rixoso.

rowdyism [r'audiizm] s. 1. turbulência, violência f. 2. velhacaria, brejeirice f.

rowel [r'auəl] s. roseta f. (de espora). ‖ v. esporear, rosetear.

rowen [r'auən] s. (E. U. A.) 1. segunda colheita, outonada f. 2. restolho m.

rower [r'ouə] s. remador m.

row house s. casa popular f. (das construídas em séries homogêneas).

rowing [r'ouiŋ] s. ação de remar, remadura, voga f.

rowlock s. toleteira, forqueta f., cavilha f. dos remos.

royal [r'ɔiəl] s. 1. (Náut.) sobrejoanete ou joanete volante m. 2. formato de papel, sendo de 19 X 24 polegadas para escrever e de 20 X 25 para imprimir. ‖ adj. 1. real, régio. 2. nobre, majestoso, augusto. 3. magnífico, excelente, esplêndido. 4. superior. ‖ ~ly adv. regiamente, majestosamente. **to be in ~ spirits** estar em ótima disposição. **Her Royal Highness** Sua Alteza Real.

royal antler s. terceiro esgalho m. da armação de um veado.

royal blue s. azul escuro, azul-imperial m.

royal coachman s. mosca artificial f. que serve de isca (pesca).

royalism [r'ɔielizm] s. realismo, monarquismo m.

royalist [r'ɔiəlist] s. realista, monarquista m. + f. ‖ adj. realista.

royalistic [rɔiəl'istik] adj. monarquista, realista, legitimista.

royal palm s. palmeira-real f. (Roystonea regia).

royal road s. caminho fácil m. para o sucesso.

royal treasury s. erário m., tesouro m. do Estado.

royalty [r'ɔiəlti] s. (pl. –ties) 1. realeza f.: a) pessoa ou pessoas reais. b) dignidade ou prerrogativa real. c) nobreza, majestade, magnificência, pompa, grandiosidade. 2. poderes reais m. pl. 3 terras ou propriedades reais f. pl. 4. direitos m. pl. de exploração devidos à coroa. 5. direitos autorais m. pl.

royalty-fees s. honorários m. pl. para exploração de direitos.

rub [rʌb] s. 1. esfrega, esfregadura, estregação fricção f., atrito m. 2. obstáculo, impedimento, embaraço, tropeço m., obstrução, dificuldade f. 3. o que fere os sentimentos como: sarcasmo, motejo m., crítica, zombaria, censura, reprovação'f. 4. escabrosidade f. de superfície, irregularidade f. de caráter. 5. aspereza f. 6. erro m., falha, falta f. ‖ v. 1. esfregar, friccionar. 2. raspar, rasurar, escoriar. 3. roçar, coçar. 4. polir, lustrar, limpar (esfregando). 5. passar, deslizar. 6. irritar, vexar, exasperar. 7. viver em ou prosseguir (curso, carreira, etc.) com dificuldades. **we ~bed our hands** esfregamos as mãos. **the boat ~bed the ground** a canoa roçou o chão **we ~bed our elbows ou shoulders with** éramos muito íntimos de. **~ it into them** compenetre-os disto. **you ~bed him the wrong way** você irritou-o. **to ~ away** tirar, fazer sair (esfregando). **to ~ down** 1. limpar, enxugar um cavalo. 2. (gíria) revistar. 3. fazer massagem em. **to ~ in** fazer penetrar pelos poros, untar, esfregar (pomada), besuntar, engordurar. **don't ~ it in!** não piore a situação com muito falatório. **to ~ off** 1. esfregar até sair, tirar esfregando. 2. (fig.) des-

gastar. **to ~ out** 1. apagar, raspar, rasurar. 2. (fig.) eliminar, matar. **it ~s out** é apagável ou removível. **to ~ over** untar, aplicar (pomada), engordurar. **to ~ up** 1. polir, lustrar. 2. refrescar (memória). 3. recordar (uma lição). 4. ferir, vexar **to ~ along, through** passar apertado.

rub-a-dub [r'ʌbədʌb] s. ruto m. do tambor.

rubber (I) [r'ʌbə] s. 1. borracha, goma-elástica f., cautchu, cauchu ou caucho m. 2. objeto feito de borracha, como galocha. 3. pneumático m. 4. grosa, lima f., raspador m. 5. pedra f. de amolar. 6. esfregão, esfregalho, esfregador m. 7. toalha grossa f. 8. massagista m. + f. 9. polidor m. ‖ v. 1. (gíria, E. U. A.) esticar o pescoço, virar a cabeça para ver alguma coisa. 2. cauchutar, encauchar, revestir de borracha. ‖ adj. feito de borracha.

rubber (II) [r'ʌbə] s. róber m.: série de jogos (geralmente três) para decidir quem é o vencedor. 2. o jogo decisivo desta série.

rubber band s. fita ou tira f. de borracha.

rubberboat [r'ʌbəbout] s. bote m. de borracha.

rubber cement s. adesivo m. de borracha.

rubber-check s. cheque m. sem fundos.

rubberize [r'ʌbəraiz] v. encauchar, revestir ou impregnar de borracha.

rubberneck [r'ʌbənek] s. (gíria, E. U. A.) turista m. + f., espectador, curioso m. ‖ v. olhar fixamente ou curiosamente, esticar o pescoço, pôr os olhos.

rubber plant s. 1. qualquer planta que produz látex. 2. árvore-da-goma-elástica (Ficus elastica).

rubber stamp s. 1. carimbo m. de borracha. 2. (coloq., E. U. A.) pessoa ou grupo de pessoas que endossa e aprova qualquer coisa sem pensar.

rubber-stamp v. 1. endossar por meio de carimbo. 2. (coloq.) endossar automaticamente.

rubber tape s. fita isolante f. (de borracha).

rubbery [r'ʌbəri] adj. semelhante à borracha.

rubbing [r'ʌbiŋ] s. 1. esfrega, fricção f. 2. polimento m. 3. atrito m. 4. massagem f. ‖ adj. de ou para esfregar, polir.

rubbing-stone s. esmeril m.

rubbing-wax s. cera f. para assoalho.

rubbish [r'ʌbiʃ] s. 1. refugo, entulho, lixo m., resíduos, cacos, farrapos, recortes m. pl. 2. droga, porcaria f., qualquer coisa sem valor. 3. bobagem, asneira, tolice f., absurdo, despropósito m.

rubbishing [r'ʌbiʃiŋ], **rubbishy** [r'ʌbiʃi] adj. inferior, de má qualidade.

rubble [r'ʌbl] s. 1. pedregulho, cascalho, entulho m., pedra britada f. 2. alvenaria f., o mesmo que **rubblework.** 3. pedra bruta f., calhau m.

rubblework [r'ʌblwə:k] s. alvenaria f. de pedra bruta.

rubbly [r'ʌbli] adj. pedregoso.

rubdown [r'ʌbdaun] s. fricção f. do corpo, massagem f.

rube [ru:b] s. (gíria, E. U. A.) pessoa simples, ingênua f., rústico. ieca m.

rubefacient [ru:bif'eiʃənt] s. rubefaciente m. ‖ adj. rubefaciente.

rubefy [r'u:bifai] v. enrubescer, corar, ruborizar.

rubeola [rub'i:ələ] s. sarampo m., rubéola f.

rubescence [rub'esəns] s. rubidez, rubescência f.

rubescent [rub'esent] adj. rubescente, que ruboriza.

rubicelle [r'u:bisel] s. (Miner.) rubicela f.

rubicund [r'u:bikənd] adj. rubicundo, avermelhado, rubro, encarnado, vermelho.

rubidium [ru:b'idiəm] s. (Quím.) rubídio m.

rubied [r'u:bid] adj. = **ruby.**

rubiginous [rub'idʒinəs] adj. rubiginoso, terrugineo.

rubious [r'u:biəs] adj. vermelho, rubro.

ruble [ru:bl] s. = **rouble.**

rubric [r'u:brik] s. 1. rubrica f.: a) título dos capítulos em direito canônico e civil. b) nota em letras vermelhas num breviário ou missal. c) título em vermelho nos antigos manuscritos. 2. vermelho m. (cor.) 3. forma f., método ou preceito m. estabelecido.

rubrical [r'u:brikəl] adj. de ou relativo a rubricas (esp. em livros litúrgicos). ‖ ~ly adv. em forma de rubricas.

rubricate [r'u:brikeit] v. rubricar, pôr rubricas em, marcar com vermelho.

rubrication [ru:brik'eiʃən] s. ato ou efeito de rubricar.

rubricator [r'u:brikeitə] s. rubricador m.

rubrician [rubr'iʃən] s. rubricista m. + f.: pessoa versada em rubricas.

ruby [r'u:bi] s. 1. (Miner.) rubi, rubim m. 2. cor f. do rubi. 3. algo semelhante ao rubi em cor como: vinho tinto, carbúnculo, sangue m. 4. (Tipogr.) tipo de corpo 5 ½ (na Inglaterra). ‖ v. tingir de vermelho vivo. ‖ adj. da cor do rubi, vermelho-vivo.

ruche [ru:ʃ] s. rufo m., guarnição de tule ou renda franzida.

ruched [ru:ʃt] adj. guarnecido de rufo.

ruching [r'u:ʃiŋ] s. material usado na confecção do rufo.

ruck (I) [rʌk] s. 1. monte, montão m., pilha, meda, ruma f. 2. multidão, aglomeração f., populacho m., plebe f. 3. aperto m.

ruck (II) [rʌk] s. ruga, prega, dobra t., vinco m. ‖ v. 1. enrugar, vincar, dobrar, preguear, franzir. 2. amarrotar, amassar.

rucksack [r'uksæk] s. mochila f.

ruckus [r'ʌkəs] s. (gíria, E. U. A.) distúrbio, tumulto m., briga f., escândalo m.

ructions [r'ʌkʃəns] s. pl. tumulto, alvoroto, barulho m., bulha f.

rudd [rʌd] s. peixe m. europeu de água doce (Scardinius erythrophthalmus).

rudder [r'ʌdə] s. 1. (Náut.) leme, timão m. (quadros M 4, S 2). 2. (Av.) leme m. de direção (quadro A 2). 3. o que determina o curso de qualquer coisa como: guia, princípio, orientador m.

rudderless [r'ʌdəlis] adj. 1. sem leme. 2. (fig.) sem orientação, desgovernado, desorientado.

rudderpost [r'ʌdəpoust] **rudderstock** [r'ʌdəstɔk] s. (Náut.) cadaste exterior m.

ruddiness [r'ʌdinis] s. vermelhidão f., rubor m.

ruddle [rʌdl] s. rubrica f., almagre, ocre vermelho m. ‖ v. rubricar, marcar, com almagre, pintar de vermelho.

ruddleman [r'ʌdlmən] = **raddleman** s. trabalhador m. que extrai o almagre.

ruddock [r'ʌdək] = **robin** s. (Ornit.) papo-roxo m.

ruddy [r'ʌdi] v. tornar, tingir de vermelho, corar. ‖ adj. 1. vermelho, rubicundo, rubro, róseo. 2. rosado, corado, que tem aspecto sadio.

ruddy duck s. (Ornit.) espécie de pato selvagem da América do Norte (Erismatura rubida).

rude [ru:d] adj. 1. rude, descortês, incivil, grosseiro. 2. incivilizado, não educado, selvagem, bárbaro. 3. simples, primitivo, não lavrado, inculto, tosco, bruto, agreste. 4. insolente, insultuoso, impertinente, impudente, descarado. 5. violento, impetuoso. 6. inclemente, rigoroso. 7. tempestuoso, violento (vento, ondas, etc.). 8. escabroso, áspero. 9. robusto, vigoroso, forte. 10. dissonante, desarmonioso. 11. estimativo, aproximado. ‖ ~ly adv. rudemente, grosseiramente, asperamente, toscamente, rusticamente, etc.

rudeness [r'u:dnis] s. 1. rudeza, grosseria. f. 2. rigor

m., severidade, violência f. 3. simplicidade f., primitivismo m. 4. incivilidade f. 5. escabrosidade, aspereza f. 6. inclemência f.

rudiment [r'u:dimənt] s. 1. rudimento, elemento inicial m., primeiras noções f. pl., início, fundamento m., base f. 2. algo em estado primitivo ou embrionário como: embrião, germe m.

rudimental [ru:dim'entəl] adj. rudimentar, elementar, embrionário.

rudimentariness [ru:dim'entərinis] s. caráter, estado ou condição rudimentar.

rudimentary [ru:dim'entəri] adj. rudimentar, elementar, embrionário. ‖ –rily adv. rudimentarmente.

rue (I) [ru:] s. 1. pesar, arrependimento m. 2. compaixão f. (on, upon de). ‖ v. arrepender-se de, ▼eplorar, lastimar, lamentar, ter remorsos, sentir. don't ~ the day when... não amaldiçoe o dia em que...

rue (II) [ru:] s. (Bot.) arruda f. (Ruta graveolens).

rueful [r'u:ful] adj. 1. sentido, triste, pesaroso, magoado, arrependido. 2. infeliz, desventurado. 3. lamentável, deplorável, lastimável. ‖ ~ly adv. 1. tristemente, pesarosamente. 2. lamentavelmente.

ruefulness [r'u:fulnis] s. tristeza, aflição, pena f., pesar m.

rufescent [ruf'esənt] adj. avermelhado.

ruff (I) [rʌf] s. 1. (Hist.) rufo m.: guarnição de pano franzido usada como gola dos vestuários antigos. 2. colar natural m. de penas num pássaro ou de pêlos num mamífero. 3. (Zool.) combatente, pavão-do-mar m. (Philomachus pugnax).

ruff (II) [rʌf] s. 1. trunfada f. (cartas). 2. antigo jogo de cartas. ‖ v. trunfar.

ruff (III), **ruffe** [rʌf] s. (Ict.) espécie de perca (Acerina cernua).

ruffed [rʌft] adj. que tem rufo ou gola de folhas.

ruffian [r'ʌfjən] s. rufião, biltre, alcoviteiro, desordeiro m. ‖ adj. rufianesco.

ruffianism [r'ʌfjənizm] s. rufianismo, banditismo m. **a piece of** ~ brutalidade, infâmia abominável.

ruffianly [r'ʌfjənli] adj. 1. violento, bruto, desordeiro. 2. próprio de rufião, brutal.

ruffle (I) [rʌfl] s. 1. folho, franzido, tufo, rufo m. 2. ondulação, agitação leve f. (das águas). 3. irritação, perturbação, contrariedade f. 4. desordem, confusão, agitação, bulha f. ‖ v. 1. franzir, enrugar, amarrotar. 2. fazer tufos ou folhos em, preguear. 3. irritar, perturbar, vexar, amolar. 4. desarranjar, desordenar, desmanchar. 5. eriçar, ouriçar(-se). 6. arrepiar. 7. encrespar-se, agitar(-se). 8. baralhar (cartas). don't ~ your feathers! não se exalte!

ruffle (II) [rʌfl] v. (†) 1. fanfarronar, alardear, bazofiar, blasonar. 2. buscar brigas, encrencar.

ruffle (III) [rʌfl] s. rufo surdo m. de tambor.

ruffler [r'ʌflə] s. pregueadeira f., pregueador m.: dispositivo na máquina de costura para fazer pregas.

ruffle-shirt s. camisa f. de pregas.

rufous [r'u:fəs] adj. ruivo, da cor da ferrugem.

rug (I) [rʌg] s. 1. tapete pequeno, capacho m. (quadros B 6, B 7). 2. cobertor grosso m. de lã. 3. manta f. de viagem.

rug (II) [rʌg] s. (gíria) peruca f.

ruga [r'u:gə] s. pl. **-gae** [-dʒi:] (Biol., Anat.) dobra, ruga f.

rugate [r'u:geit] adj. rugoso, dobrado, enrolado.

Rugby [r'ʌgbi] (também **Rugby football**) s. futebol americano m. (quadro B 1).

rugged [r'ʌgid] adj. 1. áspero, desigual, rugoso, sulcado. 2. rude, ríspido. 3. severo, austero, rigoroso. 4. inflexível. 5. escabroso, escarpado, irregular, acidentado. 6. robusto, forte, vigoroso. 7. franzido, pregueado. 8. tempestuoso, borrascoso, turbulento. 9. grosseiro, bruto, não refinado, cru, inculto, tosco, agreste. 10. hirsuto, cabeludo, peludo. 11. irritante, desarmonioso, desagradável (ao ouvido). || **~ly** adv. asperamente, grosseiramente, etc. **~ weather** tempo ruim. **~ life** vida dura, difícil. **~ manners** modos pouco delicados. **~ test** exame difícil, trabalhoso.

ruggedness [r'ʌgidnis] s. 1. aspereza, rudez f. 2. escabrosidade f. 3. rispidez, severidade, intratabilidade f. 4. dissonância, desarmonia f. 5. violência f.

rugger [r'ʌgə] s. = **Rugby.**

rugose [rug'ous] adj. 1. rugoso, enrugado. 2. (Bot.) crespo. || **~ly** adv. de modo rugoso, enrugadamente.

rugosity [rug'ositi] s. rugosidade, aspereza f., enrugamento m.

ruin [r'uin] s. 1. ruína, destruição f., estrago, dano m. 2. decadência, queda f., arruinamento m. 3. aniquilamento m., assolação f. 4. bancarrota, falência, perda f. 5. **~s** ruínas f. pl., destroços, escombros m. pl. || v. 1. arruinar, estragar, decair, destruir. 2. falir, ir à falência ou bancarrota. 3. seduzir, desonrar, fazer perder. 4. desgraçar, empobrecer. **they brought him to ~** levaram-no à ruína. **to go to ~** arruinar-se, decair. **he ~ed himself** ele arruinou-se.

ruinable [r'uinəbl] adj. suscetível de ser arruinado, destrutível.

ruinate [r'uineit] v. arruinar, destruir. || adj. arruinado, ruinoso, em ruína.

ruination [ruin'eiʃən] s. 1. ruína, destruição, assolação f. 2. queda, desgraça, derrocada f.

ruined [r'uind] adj. 1. arruinado, em ruínas, decaído, devastado. 2. falido. 3. perdido, desonrado.

ruinous [r'uinəs] adj. 1. ruinoso, que tende a desmoronar. 2. perigoso, danoso, nocivo, prejudicial, pernicioso, destrutivo. 3. enorme, elevado (preço). 4. arruinado, dilapidado, em ruínas, constituído de ruínas. || **~ly** adv. ruinosamente, nocivamente.

ruinousness [r'uinəsnis] s. estado ou qualidade do que é ruinoso, nocividade f.

rule [ru:l] s. 1. regra f., regulamento, preceito, estatuto, método, código, guia, critério, sistema m. 2. ordem, prescrição, lei f. 3. controle, regime, governo, mando, poder m. 4. praxe f., hábito, uso, costume m. 5. régua (desenho). 6. (Tipogr.) filete m. || v. 1. determinar, ordenar, mandar, decretar. 2. decidir, estabelecer. 3. regulamentar, estabelecer uma regra. 4. guiar, dirigir, governar administrar, reger. 5. dominar, mandar, controlar. 6. refrear, conter, reprimir. 7. riscar, traçar, pautar. 8. cancelar. 9. prevalecer, ser correntio, estar em voga, vigorar. **~ of three** regra de três. **~ of thumb** norma prática. **a hard and fast ~** regra fixa. **it is the ~** é uso, é regra, é praxe. **to bear the ~ in** dominar em. **to have the ~ over** dominar sobre. **to lay down a ~** estabelecer uma regra. **we made it a ~** fizemos disto uma regra. **as a ~** por via de regra. **sliding ~** régua de cálculo. **he ~d himself** ele dominou-se, conteve-se. **he had ~d** ele determinara. **be ~d by me** aceite um bom conselho, siga o meu conselho. **to ~ out** expulsar, excluir, riscar. **he was ~d out of order** não permitiram que usasse da palavra (on sobre). **to ~ over** predominar ou imperar sobre. **the prices ~ high** os preços estão altos.

ruled [ru:ld] adj. 1. governado, regido, dirigido, controlado. 2. regrado, regulado. 3. pautado. **~ paper** papel pautado.

ruler [r'u:lə] s. 1. governador, soberano, monarca m., regente m. + f., administrador m. 2. (Tipogr.) pautador m. 3. régua f. (quadro M 2).

rulership [r'u:ləʃip] s. posto m. ou dignidade f. de governo.

ruling [r'u:liŋ] s. 1. decisão judicial f., parecer oficial m., disposição regulamentar f., despacho m. 2. pautação f. 3. domínio, poder, governo, ato de governar m. || adj. 1. prevalecente, predominante. 2. em vigor, corrente. 3. reinante. || **~ly** adv. predominantemente.

ruling party s. (Pol.) partido da situação m.

ruling pen s. tira-linhas m.

ruling price s. 1. preço m. em vigor, preço atual. 2. preço (atual) do mercado.

rum (I) [rʌm] s. 1. rum m. 2. aguardente, cachaça f.

rum (II) [rʌm] adj. (gíria) estranho, singular, esquisito, perigoso.

Rumanian [rum'einjən] s. + adj. = **Rouman, Roumanian.**

rumba [r'ʌmbə] s. rumba f. (música e dança).

rumble [rʌmbl] s. 1. ruído surdo e prolongado, rumor, estrondo m., o ruído distante do trovão, ribombo m., ruído produzido por um veículo pesado, ronco m. 2. arruaça f. entre bandos de adolescentes. || v. 1. fazer um barulho surdo e contínuo como o das rodas de uma carruagem pesada ou o rolar do trovão, ribombar, estrondear, retumbar, ressoar, troar, bramir, roncar. 2. mover ou passar com um barulho semelhante. 3. resmungar.

rumbler [r'ʌmblə] s. 1. o que ribomba, ressoa. 2. tambor m. de rebarbação.

rumble seat s. assento suplementar m. num automóvel (barata).

rumbling [r'ʌmbliŋ] adj. retumbante, estrondeante. || **~ly** adv. retumbantemente, estrondeantemente.

rumbustious [rʌmb'ʌstʃəs] adj. turbulento, violento, impetuoso, barulhento.

rumen [r'u:mən] s. pl. **-mina** [-mɪnə] rume m.: pança, primeira cavidade do estômago dos ruminantes.

ruminant [r'u:minənt] s. ruminante m. || adj. 1. ruminante. 2. (fig.) pensativo, contemplativo, meditativo. || **~ly** adv. 1. à maneira dos ruminantes. 2. meditativamente, contemplativamente.

ruminate [r'u:mineit] v. 1. ruminar, remoer. 2. (fig.) ponderar, meditar, considerar (**upon, about** sobre).

rumination [ru:min'eiʃən] s. 1. (Fisiol.) ruminação f. 2. (fig.) meditação, reflexão f.

ruminative [r'u:mineitiv] adj. meditativo, pensativo. || **~ly** adv. pensativamente, meditativamente.

ruminator [r'u:mineitə] s. 1. ruminante m. 2. o que pondera, pensa, reflete, ponderador, pensador m.

rummage [r'ʌmidʒ] s. 1. busca minuciosa, vistoria, revista, inspeção f. (esp. de navio, pela alfândega). 2. transtorno m., desordem, confusão f. 3. bugigangas f. pl., miscelânea f., coisa sem valor. || v. 1. dar uma busca minuciosa, rebuscar, vistoriar, revistar, investigar. 2. remexer, revolver (procurando). 3. descobrir. **to ~ about** esquadrinhar, remexer (procurando). **to ~ for** rebuscar, investigar, vistoriar, revistar. **to ~ out ou up** descobrir, fazer vir à tona.

rummage sale s. bazar m. (de caridade).

rummer [r'ʌmə] s. copo grande m., taça f., especialmente para vinho.

rummy (I) [r'ʌmi] s. jogo m. de cartas.

rummy (II) [r'ʌmi] adj. (gíria) estranho, esquisito, peculiar, excêntrico, singular.

rumour, rumor [r'u:mə] s. rumor, boato m. (**of** acerca de). ‖ v. espalhar, propalar boatos.
~ has it, the ~ runs corre, circula o boato. **to spread ~s** espalhar boatos. **it is ~ed that** dizem que. **we are ~ed to have sold the house** circula a nosso respeito o boato de que acabamos de vender a casa.

rump [rʌmp] s. 1. anca, garupa, nádega f., traseiro m. 2. uropígio m. 3. alcatra f. 4. parte traseira de qualquer coisa.
the Rump (Hist.) os restos do parlamento (**Long Parliament**) após a expulsão dos membros favoráveis a Carlos I, em 1648.

rumple [rʌmpl] s. ruga, prega, dobra f., vinco m. ‖ v. enrugar, amarrotar, pôr em desordem.

rumpled [rʌmpld] adj. amarrotado.

rumpus [r'ʌmpəs] s. (coloq.) balbúrdia f., rebuliço, barulho, distúrbio m.
~ room sala destinada a jogos.

run [rʌn] s. 1. corrida, carreira f. 2. tempo ou porção determinada de trabalho, movimento m., operação, série f. 3. tempo m. ou quantidade f. de líquido escorrido. 4. jornada, viagem, volta, excursão f. 5. número m. de pontos no beisebol. 6. período m., temporada, continuação, duração f. 7. sucessão f. de exibições teatrais ou cinematográficas, série f. de representações. 8. correr m. (dos dias), marcha f., curso m. (dos acontecimentos). 9. (Com.) grande procura, corrida f. aos bancos. 10. (Mús.) rápida sucessão f. de notas, escala f. 11. liberdade f. de percorrer ou fazer uso de. 12. porção f., cardume (de peixes), bando m. 13. viveiro m., lugar reservado para animais, pasto m. 14. desfiadura f. ou desfiado m. 15. corrente f. d'água, córrego m. 16. tipo m., classe f. 17. passagem ou migração periódica f. 18. curso, caminho m. ou passagem f. regular de animais, batida f. de caça. 19. (Miner.) direção, inclinação f. 20. fio m. (de discurso). ‖ v. (imp. **ran**, p. p. **run**) 1. correr. 2. apressar. 3. fugir, escapar. 4. fazer correr, mover ou andar. 5. seguir, ir. 6. atingir, alcançar (preços). 7. perseguir, dar caça a. 8. passar ou fazer passar (o tempo). 9. pesquisar, procurar a fonte de. 10. estender-se, prolongar-se (ruas, estradas). 11. enfiar, espetar, penetrar, atravessar. 12. desbotar, misturar-se confusamente (tintas). 13. ter duração de, durar, continuar. 14. ter força legal. 15. inundar, transbordar, correr ou nadar em. 16. ter forma, qualidade ou caráter específico. 17. participar de uma corrida, disputar, competir. 18. (E. U. A.) ser candidato à eleição. 19. expor-se a, incorrer em, sofrer. 20. movimentar-se com facilidade, funcionar bem. 21 fazer operar ou funcionar (uma máquina), estar em ação ou operação. 22. ser redigido ou composto (verso). 23. conduzir, dirigir (negócios). 24. seguir em cardumes (de peixes). 25. coser (em direção contínua). 26. romper, passar (bloqueio). 27. contrabandear. 28. publicar (periodicamente). 29. liquidificar, derreter. 30. moldar derretendo. 31. andar a passo vagaroso, trotear (cavalo). 32. ser levado por violência. 33. mover-se sobre ou como sobre rodas, revolver, girar, virar. 34. fluir, escorrer, vazar, gotejar, supurar. 35. espalhar rapidamente. 36. vagar. 37. prosseguir, continuar. 38. tender, inclinar-se (**to, towards** para). 39. ser corrente, estar em voga. 40. apertar, dar combate duro numa corrida ou competição. 41. ser representado, exibido.
to take a short ~ tomar pequeno impulso (para saltar). **a ~ of two months** (Teat.) exibição de dois meses. **to enjoy a long ~** ter longa exibição. **~ of bad fortune** série de infortúnios, corrente de

azar. **a ~ of bad luck** um período de infelicidade. **~ of office** gestão. **the common ~, the ordinary ~** pessoas medíocres, o povo médio, o povo em geral, a maioria. **the general ~ of things** a tendência geral. **the general ~ of girls** as moças de um modo geral. **it has a great ~** (Com.) tem boa saída. **the ~ ot the hills is to the west** as montanhas se estendem para o oeste. **to go for a ~** dar um passeio. **we had a ~ for our money** tiramos bom proveito de nosso dinheiro. **he gave them a ~ for their money** não foi fácil derrotá-lo. **a ~ for one's money** competição, concorrência dura. **they had the ~ of the garden** eles sempre tiveram livre acesso ao jardim. **to have the ~ of the place** ser o senhor na casa. **in the long ~** no final das contas, com o correr do tempo. **on the ~** 1. de pé, andando. 2. correndo. 3. fugindo. **at a ~** correndo. **by the ~** (Náut.) por viagem. **a day's ~** (Náut.) singradura. **good or ill ~ at play** boa ou má sorte no jogo. **put him to the ~** faça-o mexer-se, apresse-o. **I fell with a ~** eu caí ao comprido. **our garden ~s east** nosso jardim fica para o leste. **they ran for their lives** fugiram, deram aos calcanhares, deram às de vila-diogo, safaram-se. **how your tongue ~s!** (coloq.) como você fala! que tagarela! **thus ~s the order** a ordem é essa. **he ran with rain** ele estava enchcrado. **a heavy sea was ~ning** o mar estava agitado. **school ~s from eight to twelve** as aulas duram das oito às doze horas **this year the apples ran big** este ano as maçãs ficaram grandes. **let things ~ their course** deixe as coisas tomarem seu rumo. **to ~ errands** levar recados. **his talents do not ~ that way** ele possui bem outras qualidades. **she ~s rings around him** ela faz dele o que quer. **to ~ about** 1. andar de um lado para outro. 2. correr para cá e para lá. **to ~ across** 1. encontrar por acaso. 2. atravessar correndo. **to ~ after** perseguir, procurar obter ou alcançar. **to be greatly ~ after** ter grande procura. **to ~ against** 1. chocar, abalroar, colidir. 2. precipitar-se, opor-se a, ser contrário a. 3. (Esp.) competir com. **to ~ aground** (Náut.) encalhar, dar à costa. **to ~ ahead** 1. fazer o que se quer. 2. levar vantagem. 3. adiantar-se. **to ~ along** 1. seguir margeando ou ao longo de. 2. ir-se. **I have got to ~ along** tenho de ir embora. **to ~ amuck** ter acesso de fúria, correr amoque ou amok (delírio causado pelo uso do ópio). **to ~ ashore** encalhar, parar. **to ~ at** atacar, atirar-se sobre. **to ~ away** 1. fugir, esquivar-se, desertar (**from** de). 2. (fig.) passar (do tempo). 3. desviar (assunto). 4. disparar (cavalo). **don't ~ away with the idea that** não pense que. **to ~ back** voltar, retroceder. **to ~ before the sea** (Náut.) correr com o mar. **to ~ before the wind** (Náut.) correr com o vento. **to ~ by** 1. correr, passar por. 2. ser conhecido por. **to ~ cold** gelar. **my blood ran cold** meu sangue gelou. **to ~ counter** ser oposto a, correr em sentido oposto a. **to ~ deep** 1. ser fundo. 2. nadar abaixo da superfície da água. 3. ser vivo, perspicaz. **to ~ down** 1. parar por não ter corda. 2. enfraquecer por sobrecarga de serviço. 3. perseguir até pegar, alcançar. 4. abusar. 5. (Náut.) chocar-se e derrubar ou afundar. 6. abalroar, atropelar. 7. falar mal de, depreciar. 8. decair, deteriorar. 9. escorrer, refluir. **~ down** adj. 1. cansado, doente. 2. caindo aos pedaços, em estado ruinoso. 3. que parou, que deixou de funcionar. **to ~ down the coast** navegar ao longo da costa. **I am ~ down** estou esgotado. **to ~ dry** 1. secar. 2. esgotar-se. **to ~ for** 1. esforçar-se por. 2. correr. 3. candidatar-se a. **to ~ for one's life** correr para salvar a vida. **to ~ for it** fugir, pôr-se a salvo. **to ~ from** 1. fugir de, escapar de. 2. mudar de tema **to ~ hard** 1. vexar, ridicularizar. 2. seguir de perto (numa corrida). **to ~ high** enfurecer-se, esbravejar, irar-se. **feelings ~ high** os ânimos estão exaltados. **to ~ in** 1. correr para dentro. 2. trazer, conduzir, reunir (gado). 3. fazer uma breve visita a. 4. (coloq.) prender, pôr no xadrez. 5. (futebol) marcar um gol, fazer um tento. 6. entrar. 7. coincidir com. 8. convir a. **it ~s in his blood** está no seu sangue, é seu gênio. **his words ran in my head** suas palavras não me saíram da cabeça. **to ~ in with** (fig.) estar de acordo com. **to ~ into** 1. entrar correndo, afluir. 2. precipitar em ou sobre, cair em. 3. incorrer em. 4. colidir. 5. alcançar (um determinado número), amontar em. 6. encontrar por acaso. **to ~ into debt** endividar-se. **to ~ low** escassear. **to ~ mad** 1. enlouquecer. 2. (fig.) ficar furioso. **to ~ a match** participar de um jogo. **to ~ off** 1. fugir, escapar. 2. desenrolar (dum carretel ou bobina). 3. escoar, vazar. 4. passar rapidamente duma coisa (assunto) para outra. **to ~ off the rails** descarrilhar (trem). **to ~ on** 1. continuar, prosseguir. 2. falar muito sobre ou de. 3. ser absorvido (mentalmente). 4. (Tipogr.) prosseguir sem interrupção. **to ~ out** 1. sair (correndo). 2. solfar (o gado). 3. jorrar, escorrer, transbordar. 4. esgotar, acabar. 5. terminar. **he ran himself out** ele esgotou-se (correndo). **to be ~ out of town** ser tocado da cidade. **to ~ out of** usar até o fim, não ter mais. **to ~ out on** desapontar. **to ~ over** 1. examinar brevemente. 2. recapitular. 3. transbordar. 4. passar por cima. 5. passar correndo. 6. passar para o outro lado (desertar). 7. atropelar. **he was ~ over by the train** ele foi apanhado pelo trem. **to ~ a race** disputar uma corrida. **to ~ a rig upon s. o.** pregar uma peça em alguém. **to ~ riot** proceder sem governo ou direção. **to ~ a risk** correr um risco. **to ~ short** estar no fim. **to ~ the show** 1. (gíria) conduzir ou manejar as coisas. 2. ter controle ou poder. **to ~ through** 1. passar por ou examinar rapidamente. 2. tirar, gastar, acabar com (um por um). 3. penetrar, espalhar, encher. 4. transfixar, transpassar. 5. riscar, cancelar traçando. 6. passar por maus bocados. **he ran his pen through the line** ele riscou, cancelou a linha. **to ~ to** 1. estender-se até. 2. correr até. 3. tender, inclinar-se para. 4. atingir, montar (falando de dinheiro). 5. acudir. **to ~ to seed** (fig.) perder a força ou o vigor. **to ~ to waste** dissipar, estragar. **to ~ toward, towards** inclinar-se para, ser favorável a. **to ~ up** 1. correr para cima. 2. hastear (bandeira). 3. correr ao encontro de. 4. fazer subir preços. 5. acumular dívidas, montar, importar em. 6. montar ou edificar apressadamente. 7. (coloq.) fazer depressa. 8. elevar, elogiar. 9. remendar. 10. encolher (roupa). 11. pesquisar, procurar. **we ran up to London** fomos até Londres. **to ~ up and down** correr de cá para lá, de cima para baixo. **to ~ upon** 1. estar absorto em. 2. encontrar inesperada e acidentalmente. 3. referir-se a, versar sobre. 4. correr sobre, em cima de. 5. dedicar-se a, ocupar-se com. 6. precipitar-se sòbre. **the ship ran upon a rock** o navio chocou-se contra um rochedo. **to ~ wild** 1. enfurecer, ficar fora de si. 2. espantar, ficar espantado (cavalo) 3. embrutecer, degenerar. **to ~ with** estar de acordo com. **he ran with sweat** ele estava molhado de suor. **she ran with tears** ela desfez-se em lágrimas.

runabout [r'ʌnəbaut] s. 1. carro m. ou automóvel com um só assento. 2. pequeno barco m. a motor. 3. vadio, vagabundo m., o que vagueia. ‖ adj. vagueador, perambulador.

runagate [r'ʌnəgeit] s. 1. renegado m., apóstata m.+ f. 2. desertor, fugitivo m. 3. vagabundo m.

runaround [r'ʌnəraund] s. (gíria E. U. A.) evasiva, indecisão f.

runaway [r'ʌnəwei] s. 1. fugitivo, desertor m. 2. trânsfuga m. + f. ‖ adj. 1. fugitivo. 2. **desertor**. 3. levado a efeito por meio de rapto ou seqüestro. **a ~ marriage** ou **match** casamento que segue a rapto ou fuga. **~ inflation** inflação descontrolada.

runcinate [r'ʌnsinit] adj. (Bot.) serrilhado, com as incisões ou serrilhas inclinadas para trás.

rundale [r'ʌndeil] s. (Jur.) ocupação coletiva f. de terras.

rundle [rʌndl] s. 1. degrau m. de escada. 2. (Náut.) cabrestante m.

rundlet [r'ʌndlit] s. 1. barrilete m. 2. medida de capacidade antiga (cerca de 18 galões).

run-down adj. 1. em estado precário. 2. fatigado, exausto. 3. parado por não ter corda (relógio).

rune [ru:n] s. 1. letra rúnica f. 2. poesia rúnica f. 3. símbolo m. parecido com uma letra rúnica, com significação mágica.

runed [ru:nd] adj. escrito com letras rúnicas.

runer [r'u:nə] s. bardo rúnico m.

rune-staff s. vara, vareta f. ou pedaço m. de madeira coberto com inscrições rúnicas.

rung (I) [rʌŋ] s. 1. degrau m. de escada de mão (quadro L 1). 2. raio m. da roda. 3. varão, barrote m. 4. (Náut.) prancha f. de soalho.

rung (II) [rʌŋ] v. p. p. de **ring**.

runic [r'u:nik] adj. rúnico.

run-in [rʌn'in] s. 1. (**Rugby**) tento, ponto, gol m. 2. briga f.

runlet (I) [r'ʌnlit] s. = **rundlet**.

runlet (II) [r'ʌnlit] s. córrego, riacho, arroio, regato m.

runnable [r'ʌnəbl] adj. que pode ser caçado (esp. falando de veado).

runnel [rʌnl] s. córrego, riacho m.

runner [r'ʌnə] s. 1. corredor m., o que corre. 2. mensageiro m. 3. detective, agente de polícia, investigador m. 4. (milit.) reconhecedor, espião m. 5. pessoa f. que faz correr, funcionar ou produzir uma máquina, maquinista m. + f. 6. corretor, agente m. 7. objeto ou dispositivo sobre o qual corre alguma coisa, roldana f., anel m. 8. patim m. de trenó (quadro S 7). 9. (E. U.A.) lâmina f. de um patim. 10. filete m. 11. contrabandista m. + f. 12. galga f. de moinho. 13. (Bot.) rebento m., vergôntea f., broto m., trepadeira f. 14. (Zool.) ave galinácea f. 15. passadeira f. **blockade ~** o que força ou fura um bloqueio. **scarlet ~** feijão-trepador, feijão-da-espanha.

runner-up s. o segundo no final de uma corrida.

running [r'ʌniŋ] s. 1. ato m. de correr, fazer correr ou dirigir. 2. carreira, corrida f., curso m. 3. contrabando m. 4. escoamento m., supuração f., corrimento m. ‖ adj. 1. cursivo. 2. corredor, para corrida. 3. corrente, fluente. 4. supurante. 5. em vigor. 6. repetido continuamente. 7. **seguido sucessivamente, consecutivo. 8. que se move com facilidade, corrediço. 9. que sobe, ascende (de plantas trepadeiras). 10. que se mede em linha reta. ‖ adv. em sucessão, consecutivamente. **four** ou **five days ~** quatro ou cinco dias sucessivamente. **to be in** ou **out of the ~** ter ou não ter chance para ganhar. **make the ~** 1. determinar o passo. 2. (fig.) tomar a liderança, dominar.

running accounts s. pl. contas correntes f. pl.

running board s. estribo m. de automóvel (quadro M 5).

running fight s. combate m. de retirada.

running-fire s. (milit.) canhoneio vivo e contínuo m., fogo cerrado m. de artilharia.

running gear s. eixos m. pl., rodas f. pl., trem de rodas, trem de aterragem m.

running jump s. salto m. com impulso ou corrida.

running knot s. nó corrediço m.

running mate s. candidato m. que figura na mesma cédula mas em posição inferior.

running noose s. nó corrediço m.

running of business s. direção de um negócio.

running powers s. pl. autorização f. de uma estrada de ferro para usar a linha de outra.

running-rigging s. cordames m. pl. móveis de um navio.

running title s. título m. de página.

running water s. água corrente f.

run-off s. corrida final f. numa competição.

run-of-the-mill adj. comum, em média, nada de especial.

run-of-the-mine adj. (carvão) não selecionado.

run-over s. artigo que continua na próxima coluna (jornal).

runt [rʌnt] s. 1. pessoa f., animal m. ou planta f. raquítica. 2. anão, pigmeu m. 3. boi m. ou vaca f. de raça pequena (esp. da Escócia). 4. pombo doméstico grande m. 5. caule m. de couve.

runway [r'ʌnwei] s. 1. (Téc.) canal m., trilha f. (quadro C 19). 2. (Av.) pista f. de decolagem. 3. batida f. de caça, passadiço m.

rupee [ru:p'i:] s. rupia f.: moeda da Índia.

rupestral [rʌp'estrəl] adj. rupestre.

rupia [r'u:piə] s. (Med.) rupia f.: ulceração cuja crosta é mais espessa no centro.

rupiah [ru:p'i:ə] s. rupia f.: unidade monetária da Indonésia, Índia, Paquistão, Nepal, Butão, Mascate e Omã.

ruptile [r'ʌptil] adj. (Bot.) que rompe, que se abre.

rupture [r'ʌptʃə] s. 1. ruptura f., rompimento m. 2. (fig.) desinteligência, discórdia f. 3. (Med.) hérnia f. ‖ v. 1. romper, quebrar. 2. separar-se.

there was a ~ between them houve uma separação entre eles.

rural [r'uərəl] adj. rural, campestre, rústico. ‖ **~ly** adv. ruralmente.

~ free delivery (E. U. A.) serviço postal rural.

ruralism [r'uərəlizm] s. ruralismo, caráter rural m.

ruralist [r'uərəlist] s. 1. camponês m. 2. apologista m. + f. da vida rural.

rurality [ruər'æliti] s. caráter rural, ambiente rural m.

ruralize [r'uərəlaiz] v. 1. tornar rural. 2. ir para o campo (em férias).

ruralness [r'uərəlnis] s. caráter, estado ou condição do que é rural.

ruse [ru:z] s. ardil, artifício m., astúcia, manha f.

rusé [r'u:zei] adj. astuto, manhoso, fino.

rush (I) [rʌʃ] s. 1. ímpeto m., investida, arremetida f. 2. movimento rápido, avanço m. 3. pressa, precipitação, agitação, afobação f. 4. fúria, torrente f. 5. primeira cópia f. de um filme (para crítica, etc.). 6. (coloq.) acúmulo m. ou sobrecarga f. de serviço. 7. (coloq.) grande procura f. (no comércio). 8. (E. U. A.) luta esportiva f. entre grupos de estudantes. 9. (Futeb.) "rush" m.: investida em direção às redes adversárias. ‖ v. 1. impelir, empurrar, executar a toda pressa. 2. ir, vir, ou passar com pressa. 3. apressar, acelerar, precipitar. 4. tomar de assalto, atacar. 5. passar, sobrepassar, tirar e ocupar repentinamente. 6. mover, correr com ímpeto e precipitação ou violência. 7. entrar, agir com falta de consideração. 8. (coloq.) enganar. 9. namorar.

the Christmas ~ a grande procura por ocasião das compras de Natal. **~ hours** as horas de maior tráfego e movimento nas ruas. **a ~ on the banks** uma corrida aos bancos. **with a ~** de repente, rapidamente. **to ~ along** precipitar-se, seguir precipitadamente. **to ~ in** entrar de roldão. **to ~ in upon** surpreender. **it ~ed into my mind** veio-me à mente de súbito. **to ~ forward** investir, arrojar-se. **to ~ out** sair precipitadamente. **they ~ed the camp** (milit.) tomaram o acampamento de surpresa. **we ~ed our car to town** seguimos desabaladamente de carro para a cidade. **to ~ through** aprovar depressa (lei).

rush (II) [rʌʃ] s. 1. junco, caniço m., verga f. 2. (fig.) ninharia, bagatela f.

rush-bearing s. quermesse, festa f. de dedicação.

rush-bottomed adj. com assento de junco.

rushbroom [r'ʌʃbru:m] s. junco, caniço m.

rush-candle s. vela pequena f. com pavio de junco.

rushed [rʌʃt] adj. 1. juncoso, que tem junco. 2. coberto de junco.

rusher [r'ʌʃə] s. 1. pessoa f. que se precipita, arremessa, arroja. 2. (Futeb.) jogador m. que investe com a pelota para as redes adversárias.

rush-holder s. castiçal m.

rushing [r'ʌʃiŋ] s. carreira precipitada f., ímpeto m., arremetida f. ‖ adj. impetuoso, precipitado.

rushlight [r'ʌʃlait] s. 1. = **rush-candle**. 2. qualquer luz pequena e fraca f.

rushlike [r'ʌʃlaik] adj. 1. semelhante ao junco. 2. fraco, débil.

rushy [r'ʌʃi] adj. juncoso, cheio de junco.

rusk [rʌsk] s. rosca f., biscoito m., espécie de bolo.

Russ [rʌs] s. (pl. **Russ**) russo m. ‖ adj. russo.

russel cord [r'ʌsl k'ɔ:d] s. tecido forte m., espécie de repes.

russet [r'ʌsit] s. 1. cor avermelhada ou ruiva f. 2. burel m., pano grosseiro de lã. 3. espécie de maçã, maçã raineta f. ‖ adj. 1. de cor avermelhada, ruivo, da cor-de-ferrugem. 2. rústico, grosseiro, simples.

russeting [r'ʌsitiŋ] s. maçã f. de cor castanho-avermelhada.

russet leather s. couro avermelhado m.

russet shoes s. pl. sapatos avermelhados ou rústicos m. pl.

russety [r'ʌsiti] adj. avermelhado, moreno, trigueiro.

Russia [r'ʌʃə] s. Rússia f.

Russia leather, russia s. couro m. da Rússia (para encadernação).

Russian [r'ʌʃən] s. russo m.: 1. a língua russa. 2. habitante da Rússia. ‖ adj. russo.

Russian dressing s. (Culin.) salada russa f.

Russianize [r'ʌʃənaiz] v. tornar russo, russificar.

Russian roulette s. roleta russa f.: 1. jogo de azar com risco de vida. 2. atividade potencialmente perigosa.

Russification [rʌsifik'eiʃən] s. russificação f.

Russify [r'ʌsifai] = **Russianize**.

Russophile [r'ʌsofail] s. russófilo m. ‖ adj. russófilo.

Russophobe [r'ʌsofoub] s. russófobo m. ‖ adj. russófobo.

Russophobia [rʌsof'oubiə] s. russofobia f.

rust [rʌst] s. 1. ferrugem f., óxido m. formado sobre metais. 2. crosta f. de sujidade, mofo, bolor m. 3. ferrugem f. dos trilhos. 4. (Bot.) doença criptogâmica f. das gramíneas, especialmente do trigo, mangra f. 5. cor-de-ferrugem f. 6. (fig.) estado apático ou enfadonho devido à ociosidade. ‖ v. 1. enferrujar. 2. mangrar, embotar, bolorar, criar mofo. 3. (fig.) decair, enfraquecer. ‖ adj. da cor da ferrugem. ‖ **~ily** adv. de modo ou em estado enferrujado.

rustable [r'ʌstəbl] adj. que pode enferrujar, suscetível de ferrugem.

rust-colour s. cor f. de ferrugem.

rust-coloured adj. da cor de ferrugem.

rust-eaten adj. corroído pela ferrugem.

rustic [r'ʌstik] s. 1. homem rústico, camponês, sertanejo m. 2. (milit. gíria) recruta m. I adj. 1. rústico, rural, do campo, agrário. 2. simples, sem afetação. 3. rude, descortês. 4. bruto, não polido ou refinado. 5. desajeitado, grosseiro. ‖ ~ally adv. rusticamente, grosseiramente, impolidamente.

rusticalness [~əlnis] s. rusticidade, grosseria f.

rusticate [~eit] v. 1. ir para o campo ou habitar no campo. 2. veranear. 3. mandar para o campo. 4. suspender (um estudante). 5. tornar rústico, ruralizar. 6. (Arquit.) dar uma superfície rústica.

rustication [rʌstik'eiʃən] s. vida campestre f.

rusticity [rʌst'isiti] s. 1. rusticidade f. 2. vida rural f. 3. inépcia, ignorância f.

rustiness [r'ʌstinis] s. 1. ferrugem f. 2. (fig.) falta f. de uso, ranço m., rancidez f.

rustle [rʌsl] s. 1. sussurro, ruído m. ‖ v. 1. sussurrar, farfalhar (da folhagem). 2. roçar, rugir (da seda). 3. (fig.) murmurar, ressoar, zunir. 4. (gíria, E. U. A.) agir ou obter com energia. 5. (coloq. roubar (gado).

rustler [r'ʌslə] s. 1. o que sussurra ou causa ruído semelhante. 2. homem ativo ou empreendedor m. 3. (coloq.) ladrão m. de gado.

rustless [r'ʌstlis] adj. sem ferrugem, desenferrujado.

rustling [r'ʌsliŋ] s. sussurro, ruído, o roçar m. (de sedas). ‖ adj. sussurrante, rumorejante.

rustproof [r'ʌstpru:f] adj. à prova de ou resistente à ferrugem, inoxidável.

rusty [r'ʌsti] adj. 1. enferrujado, ferrugento. 2. bolorento, rançoso. 3. entorpecido, danificado por falta de uso ou por negligência. 4. áspero, rouco. 5. da cor da ferrugem. 6. descorado, desbotado.

rut (I) [rʌt] s. 1. cio m.: excitação sexual dos animais. 2. período m. do cio. 3. rugido ou bramido m. dos animais (na época do cio). ‖ v. 1. estar com cio. 2. ter relação sexual na época do cio

(animais). 3. bramar, rugir (na época do cio).

rut (II) [rʌt] s. 1. sulco m. de carros, trilho m. 2. rotina f. ‖ v. sulcar, formar trilhos.

rutabaga [ru:təb'eigə] s. rutabaga f., nabo sueco m.

rutaceous [ru:t'eiʃəs] adj. (Bot.) rutáceo: que pertence à família da arruda.

ruth [ru:θ] s. (arc.) 1. pesar m., tristeza, compaixão f. 2. miséria f.

Ruthene [ru:θ'i:n] s. ruteno m.: indivíduo dos rutenos, povo eslavo espalhado pela Galícia, Lituânia, Hungria e Rússia meridional.

Ruthenian [ru:θ'i:niən] s. 1. ruteno m.: natural ou habitante da Rutênia. 2. rutênico m.: língua rutena. 3. membro m. da Igreja rutena. ‖ adj. ruteno, rutênico.

ruthenium [ru:θ'i:niəm] s. (Quím.) rutênio m.

ruthful [r'u:θful] adj. 1. compassivo, compadecido, misericordioso. 2. preocupado. 3. lastimável. ‖ ~ly adv. compadecidamente, de modo que move à compaixão.

ruthless [r'u:θlis] adj. cruel, implacável, desapiedado, insensível, desumano. ‖ ~ly adv. desapiedadamente, cruelmente.

ruthlessness [r'u:θlisnis] s. crueldade, falta de piedade, desumanidade f.

rutile [r'u:til] s. (Miner.) rutilio m.

rutted [r'ʌtid] adj. sulcado, rugado (quadro Q).

ruttish [r'ʌtiʃ] adj. (arc.) cioso, que tem cio.

rutty [r'ʌti] adj. = **rutted.**

Ry. abr. de **railway.**

rye [rai] s. 1. centeio m. 2. (coloq. E. U. A.) uísque m. destilado do centeio.

rye-grass s. azevém m., erva-castelhana f.

rye-peck s. vara f. ou varejão m. para amarrar uma barca.

ryot [r'aiət] s. camponês m. ou arrendatário m. na Índia.

ryotwary [r'aiətweəri] s. sistema m. de arrendamento de terras na Índia. ‖ adj. de ou relativo a este sistema.

S

S, s [es] s. 1. a décima nona letra do alfabeto, consoante. 2. objeto m. formado como um S. ‖ adj. com forma de S.

s. abr. de: 1. **shilling.** 2. **second.**

S. abr. de: 1. **south, southern.** 2. **Saint** 3. (Quím.) **sulfur.**

's 1. forma contrata de: a) **is.** p. ex. **he's absolutely deaf** ele é absolutamente surdo. b) **has.** p. ex. **he's never read a good book** ele nunca leu um bom livro. c) **us.** p. ex. **let's go!** vamos! 2. Indicando o caso genitivo ou possessivo de substantivos. p. ex. **John's father** o pai de João.

S. A. abr. de: 1. **South Africa** África do Sul. 2. **South America** América do Sul. 3. **Salvation Army** Exército da Salvação. 4. **sex appeal** encanto pessoal, capaz de atrair pessoas do outro sexo.

Sabaism [s'eibaizm] s. sabeísmo m.

Sabbatarian [sæbət'ɛəriən] s. sabadeador m.: (Judeu) que observa o sábado. ‖ adj. sabadeador.

Sabbath [s'æbəθ] s. 1. sábado m. dos judeus, domingo m. 2. dia de descanso m. 3. período m. de descanso. **~ breaker** profanador do sábado (entre os judeus). **~ breaking** profanação do sábado (entre os judeus). **~ Day** sábado judeu. **witches' ~** suposta reunião de bruxas, feiticeiras e demônios, à meia-noite de sábado.

Sabbatic [səb'ætik], **Sabbatical** [~əl] adj. sabático. ‖ **~ally** adv. sabaticamente. **~ year** (E. U. A.) licença para viagem de estudos (concedida cada sete anos) para professores universitários.

Sabbatism [s'æbətizm] s. sabatismo m.

Sabbatismal [sæbət'izməl] adj. próprio do sábado.

sabbatize [s'æbətaiz] v. guardar o sábado: sabadear.

Sabellian [səb'eliən] s. (Hist.) sabeliano m., herético do séc. III.

sabelline [səb'elain] adj. relativo à zibelina.

sable [seibl] s. 1. (Zool.) zibelina f. 2. pele f. desse animal. 3. (Heráld. e poét.) sable m.: cor negra dos brasões. 4. **~s** vestes f. pl. de luto. ‖ v. tornar escuro ou sombrio. ‖ adj. preto, escuro, sombrio.

sabot [s'æbou] s. sapato m. de madeira, tamanco.

sabotage [s'æbota:ʒ] s. sabotagem f. ‖ v. 1. sabotar, danificar. 2. tamanquear.

saboteur [sæbot'ə:] s. (fr.) 1. sabotador m. 2. o que tamanqueia.

sabre, saber [s'eibə] s. sabre m. ‖ **~s** pl. cavalaria f. ‖ v. bater, ferir ou matar com sabre.

sabre rattling s. ameaça de guerra f.

sabre-tache s. bolsa f. de couro, levada a tiracolo por oficial da cavalaria.

sabre-toothed adj. com dentes de sabre (tigre).

sabulous [s'æbjuləs] adj. sabuloso, areento, arenoso.

saburra [səb'ə:rə] s. (Med.) saburra f.

saburral [~l] adj. saburrento, saburroso.

sac [sæk] s. 1. (Biol.) bolsa, cavidade f., receptáculo m. 2. **sac (and soc)** (Hist.) direito judicial conferido a um senhorio proprietário.

saccade [sæk'a:d] s. puxão, sofreamento m. de cavalo.

saccharate [s'ækərit] s. (Quím.) sácarato m.

saccharic [sæk'ærik] adj. sacarífero.

saccharify [sæk'ærifai] v. sacarificar, transformar em açúcar.

saccharimeter [sækər'imitə] s. sacarímetro m.

saccharimetry [sækər'imitri] s. sacarometria f.

saccharin [s'ækərin] s. sacarina f.

saccharine [s'ækərain] s. sacarina f. ‖ adj. sacarino, muito doce, como açúcar.

saccharite [s'ækərait] s. sacarita f.

saccharoide [s'ækərɔid] adj. sacaróide.

saccharomyces [sækərəm'aisi:z] s. sacaromiceto m.

saccharose [s'ækərous] s. (Quím.) sacarose f.

saccharous [s'ækərəs] adj. sacaroso.

saccular [s'ækjulə] adj. sacular.

sacculate [s'ækjuleit] adj. saculiforme, em forma de bolsa ou de saco.

saccule [s'ækju:l] s. sáculo m.

sacerdotal [sæsəd'outəl] adj. sacerdotal. ‖ **~ly** adv. sacerdotalmente.

sacerdotalism [~izm] s. sacerdotalismo, clericalismo m.

sachem [s'eitʃəm] s. 1. cacique m. de tribo de índios dos E. U. A. 2. (fig.) magnata m.

sachet [s'æʃei] s. 1. bolsinha f. para pó perfumado. 2. pó perfumado m.

sack (I) [sæk] s. 1. saco m. 2. saca f., conteúdo m. de um saco. 3. (também **sacque**) mantô curto e largo m. 4. (E. U. A.) saco m. de papel e seu conteúdo. 5. despedida f. de emprego. 6. medida antiga f. de peso e volume. ‖ v. 1. ensacar. 2. despedir, demitir. **~ coat** capa curta. **to give s. o. the ~** (coloq.) demitir alguém. **to get the ~** (coloq.) ser demitido. **~ handling plant** instalação para o transporte de sacos. **to put s. o. into the ~** levar o melhor sobre alguém.

sack (II) [sæk] s. saque, roubo m., pilhagem f. ‖ v. saquear, pilhar, devastar. **they put the town to ~** pilharam a cidade.

sack (III) [sæk] s. vinho m. branco da Espanha e das Canárias (do fr. vin sec).

sackbut [s'ækbʌt] s. antigo instrumento m. de sopro, parecido com o trombone, sacabuxa m.

sackcloth [s'ækklɔθ] s. 1. pano m. de saco. 2. aniagem f.

sack dress s. vestido-saco m., sem cinto.

sacker [s'ækə] s. 1. ensacador m. 2. saqueador m.

sackful [s'ækful] s. sacada f.: o que cabe num saco.

sacking [s'ækiŋ] s. tecido grosseiro m. para sacos.

sackrace [s'ækreis] s. corrida f. de sacos.

sacque [sæk] s. mantô m., capa curta e larga f.

sacral [s'eikrəl] adj. 1. (Anat.) sacro, relativo ao osso sacro. 2. sacro: sagrado.

sacrament [s'ækrəmənt] s. 1. sacramento m. 2. santa ceia f., hóstia f. 3. coisa sagrada f. 4. símbolo, sinal m. 5. juramento m., promessa f.

sacramental [sækrəm'entl] adj. sacramental. ‖ **~ly** adv. sacramentalmente.

sacramentalism [~izm] s. (Rel.) sacramentalismo m.

sacramentalist [~ist] s. sacramentalista m. + f.: adepto do sacramentalismo.

sacramentarian [sækrəment'ɛəriən] adj. sacramental.

sacrarium [seikr'ɛəriəm] s. sacrário, santuário m.

sacred [s'eikrid] adj. 1. sagrado, sacro, consagrado, santificado. 2. religioso. 3. venerável. 4. dedicado, reservado. 5. inviolável, que deve ser respeitado. ‖ **~ly** adv. sagradamente, inviolavelmente.

Sacred College 1. Sacro Colégio (dos Cardeais). 2. conclave dos cardeais para eleger o novo papa. **~ music** música sacra.

sacred cow s. vaca-sagrada f.: pessoa ou coisa acima de suspeita ou crítica.

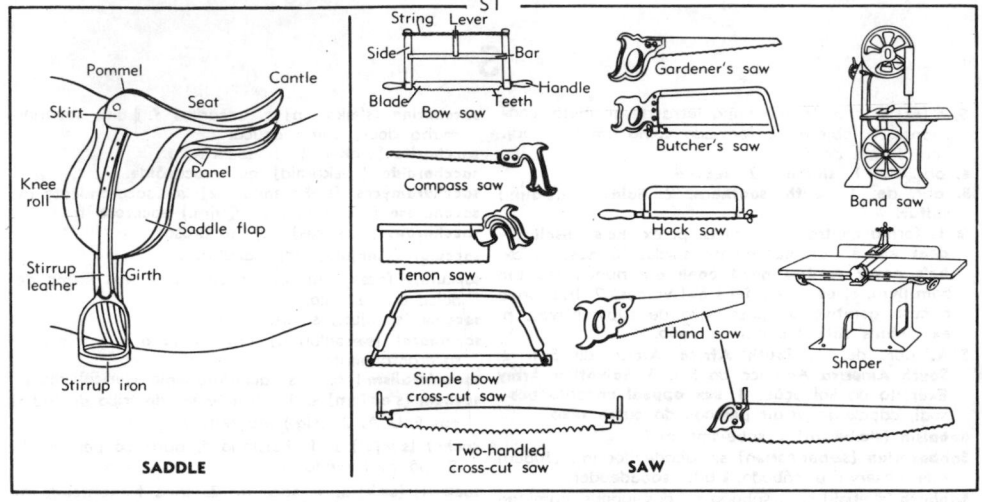

S 1

String Lever
Side — Bar
Blade — Handle
Bow saw — Teeth

Gardener's saw

Butcher's saw

Compass saw

Hack saw

Band saw

Tenon saw

Hand saw

Simple bow
cross-cut saw

Shaper

Two-handled
cross-cut saw

SADDLE

SAW

sacredness [~nis] s. santidade f., qualidade do que é sagrado.

sacrifice [s'ækrifais] s. 1. sacrifício m., oferta solene f. 2. holocausto m., renúncia f. 3. perda f. 4. vítima, oferenda f. ‖ v. 1. sacrificar, oferecer a um deus. 2. desprezar, entregar em holocausto, renunciar. 3. oferecer em sacrifício. 4. vender com prejuízo.
he made a ~ of it ele o sacrificou. **he fell a ~ to his creditor** ele foi vítima do seu credor. **at a ~** com prejuízo. **he ~d himself to the cause** ele sacrificou-se pela causa.

sacrificer [~ə] s. sacrificador m., sacrificante m. + f.

sacrificial [sækrif'iʃəl] adj. sacrificial, sacrificatório.
‖ ~ly adv. com sacrifício.
~ rite rito sacrificial.

sacrilege [s'ækrilidʒ] s. sacrilégio m., profanação f., roubo sacrílego m.

sacrilegious [sækril'idʒəs] adj. sacrílego, injurioso, insultante. ‖ **~ly** adv. sacrilegamente.

sacrilegiousness [~nis] s. qualidade de quem é sacrílego.

sacrilegist [sækril'i:dʒist] s. pessoa sacrílega f., profanador m.

sacring [s'eikriŋ] s. consagração f.

sacring-bell s. campainha f. da missa.

sacristan [s'ækristən] s. sacristão m.

sacristy [s'ækristi] s. sacristia f.

sacrosanct [s'ækrousæŋkt] adj. consagrado, sacrossanto, sagrado, inviolável.

sacrosciatic [s'ækrousai'ætik] adj. (Anat.) sacrociático.

sacrum [s'eikrəm] s. pl. **sacra** [s'eikrə] (Anat.) sacro, osso sacro m.

sad [sæd] adj. 1. triste, abatido, melancólico. 2. lamentável, deplorável, que causa aborrecimento ou preocupação. 3. escuro, sombrio. 4. péssimo, muito ruim. 5. pesado, úmido, empapado (comida). ‖ **~ly** adv. 1. muito, altamente. 2. lamentavelmente. 3. tristemente, de modo abatido.
in ~ plight em situação péssima. **a ~ actor** um ator deplorável. **a ~ dog** um vagabundo. **in ~ earnest** muito a sério.

sadden [sædn] v. 1. tornar(-se) triste ou abatido, deprimir, entristecer(-se). 2. abrandar, adoçar cores.

saddle [sædl] s. 1. sela f. (quadro S 1), selim m., assento (de bicicleta) m. (quadro B 11). 2. parte f. do arreio que segura as correias do varal (quadro

H 2). 3. objeto m. em forma de sela. 4. (Geol.) selada f., anticlinal m. (quadro M 7). 5. carne f. do lombo. ‖ v. 1. pôr sela em. 2. encarregar.
he ~d himself with the task ele encarregou-se do assunto.

saddleback [s'ædlbæk] s. 1. (Arquit.) telhado m. em forma de sela, telhado de duas águas. 2. montanha f. em forma de sela. 3. (Zool.) foca-harpa f. 4. (Orn.) gaivota f. (Larus marinus). 5. (Orn.) gralha-cinzenta f. 6. (Ent.) larva f. da mariposa Sibine stimulea.

saddle-backed adj. arqueado, selado.

saddle-bag s. alforje m.

saddle blanket s. manta f. de sela.

saddle-bow s. arção m. ou maçaneta f. da sela.

saddle-cloth s. xairel, teliz m.

saddle-pillar s. suporte m. do selim da bicicleta (quadro B 11).

saddler [s'ædlə] s. seleiro m.

saddlery [~ri] s. 1. trabalho de seleiro m., selaria f. 2. (E. U. A.) artigos de couro, arreios m. pl.

saddle sore s. irritação ou ferida f. causada pela sela.

saddle-spring s. mola f. do selim de bicicleta (quadro B 11).

saddle stitch s. (Tipogr.) grampeagem f. no lombo (livro, revista).

saddle-tree s. armação f. da sela.

Sadducee [s'ædjusi:] s. saduceu m.

Sadduceeism [~izm] s. saduceísmo m.

sadiron [s'ædaiən] s. ferro m. de engomar.

sadism [s'ædizm] s. 1. sadismo m. 2. perversão f.

sadist [s'ædist] s. sadista m. + f.

sadistic [sæd'istik] adj. sádico. ‖ **~ally** adv. com sadismo.

sadness [s'ædnis] s. tristeza, melancolia f.

sadomasochism [sædəm'æsəkizm] s. sadomasoquismo m.

safari [səf'a:ri] s. safari m.

safe [seif] s. 1. cofre m., caixa-forte f. 2. lugar m. para guardar coisas, guarda-comida m. ‖ adj. 1. seguro, fora de perigo. 2. são, ileso. 3. salvo. 4. cauteloso, cuidadoso. 5. idôneo, de confiança. ‖ **~ly** adv. seguramente, sem perigo, sem dano.
to be on the ~ side estar seguro, ter certeza. **the bridge is ~** a ponte é segura. **with a ~ conscience** com uma consciência tranqüila. **~ and**

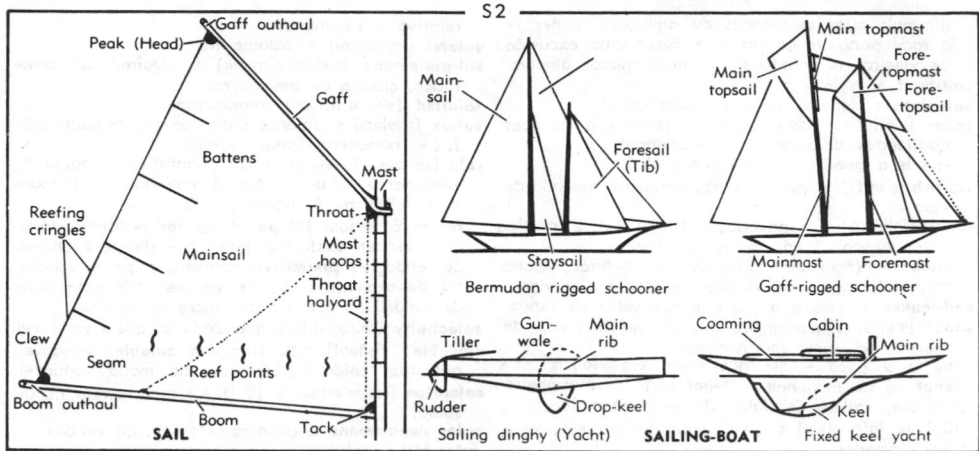

S 2

SAIL — Peak (Head), Gaff outhaul, Gaff, Battens, Mast, Reefing cringles, Throat, Mainsail, Mast hoops, Throat halyard, Clew, Seam, Reef points, Boom outhaul, Boom, Tack, Rudder

Bermudan rigged schooner — Main-sail, Foresail (Tib), Staysail

Gaff-rigged schooner — Main topmast, Fore-topmast, Main topsail, Fore-topsail, Mainmast, Foremast

Sailing dinghy (Yacht) — Tiller, Gunwale, Main rib, Drop-keel

SAILING-BOAT — Coaming, Cabin, Main rib, Keel — Fixed keel yacht

sound são e salvo. **is the man ~?** o homem é de confiança? **he is ~ to come** pode-se estar certo de que ele virá.
safe-blower s. (E. U. A.) arrombador m. de cofres, que usa explosivos.
safe-conduct s. salvo-conduto, privilégio m.
safecracking [s'eifkrækiŋ] s. arrombamento m. de cofre.
safe-deposit s. cofre m., caixa-forte f.
safeguard [s'eifga:d] s. 1. proteção, defesa f. 2. salvaguarda f. ‖ v. salvaguardar, proteger, defender.
safe-keeping s. custódia, guarda f.
safeness [s'eifnis] s. 1. segurança, certeza f. 2. confiança f.
safety [s'eifti] s. 1. segurança f. 2. custódia f. ‖ adj. que protege, que dá segurança.
~ first! cuidado!, evite desastres! **for ~'s sake!** para segurança. **he plays for ~** ele joga com cuidado, ele é cuidadoso, (fig.) ele vai na certeza. **in ~** seguro, em segurança.
safety-belt s. 1. (Náut.) salva-vidas m. 2. (Av.) cinto m. de segurança.
safety brake s. freio m. de emergência, de segurança.
safety-catch s. lingüeta f. de segurança, trava f. de segurança, fecho m. de segurança.
safety-chain s. corrente f. de segurança.
safety-curtain s. (Teat.) cortina f. de ferro de segurança (quadro S 10).
safety fuse s. 1. fusível m. 2. estopim m. de segurança.
safety glass s. vidro m. de segurança, vidro inquebrável m.
safety island (ou **~ zone**) s. (Trânsito) ilha f.
safety lamp s. lâmpada f. de mineiro.
safety-match s. fósforo m. de segurança.
safety paper s. (Tipogr.) papel m. para cheques.
safety-pin s. alfinete m. de segurança (quadro N 1).
safety razor s. aparelho m. para fazer a barba (quadro S 5).
safety-valve s. 1. válvula f. de segurança (quadro B 13). 2. (fig.) meio m. de desabafar.
saffian [s'æfiən] s. couro fino m. de cabrito ou carneiro, tingido de amarelo ou vermelho.
safflower [s'æflauə] s. (Bot.) açafroa f.
saffron [s'æfrən] s. 1. corante amarelo-laranja m. obtido do açafrão. 2. açafrão m. 3. cor amarelo-laranja f. ‖ adj. amarelo-laranja.
sag [sæg] s. 1. caída f., ato de ceder. 2. lugar m.

de caída, lugar m. de curvatura. 3. (Náut.) derivação f. para sotavento. 4. flecha f. de corda ou fio, (quadro E 2). 5. alquebramento m. ‖ v. 1. ceder (debaixo do peso), vergar, curvar-se. 2. pender torto, estar inclinado. 3. cair, decair, ceder, perder a firmeza. 4. (E. U. A.) cair de preço. 5. (Náut.) derivar para sotavento.
saga [s'a:gə] s. saga f., narrativa épica f. (Islândia).
sagacious [səg'eiʃəs] adj. sagaz, perspicaz, inteligente. ‖ **~ly** adv. sagazmente.
sagaciousness [~nis], **sagacity** [səg'æsiti] s. sagacidade, perspicácia, inteligência f.
sagamore [s'ægəmɔ:] s. (E. U. A.) cacique ou grande homem m. entre certas tribos de índios.
sage (I) [seidʒ] s. sábio m. ‖ adj. 1. sábio, instruído, 2. prudente. ‖ **~ly** adv. 1. sabiamente. 2. prudentemente.
sage (II) [seidʒ] s. 1. (Bot.) salva f. 2. folhas secas f. pl. de salva. 3. = **sage-brush**.
sage-brush s. (E. U. A.) (Bot.) espécie de artemísia (Artemisia tridentata).
sage grouse, sage hen s. (Orn.) centrocerco m.: galo, galinha silvestre dos E. U. A.
sageness [s'eidʒnis] s. sabedoria f., prudência f.
saggy [s'ægi] adj. propenso a ceder, curvar-se, cair.
sagittal [s'ædʒitl] adj. sagitado, que tem forma de seta, sagital.
Sagittarius [sædʒit'εəriəs] s. Sagitário m.: 1. (Astron.) constelação austral. 2. (Astrol.) signo do Zodíaco.
sagittate [s'ædʒiteit] adj. sagitado.
sagittiferous [sædʒit'ifərəs] adj. sagitífero.
sago [s'eigou] s. pl. **sagos** sagu m.
sago palm s. (Bot.) sagüeiro m.
sahib [s'a:hib] s. senhor m. (intitulação dada aos europeus na Índia).
said [sed] imp. e p. p. de **say**. ‖ adj. dito, mencionado, citado.
sail [seil] s. 1. vela (de navio) f. velas f. pl., velame m. (quadro S 2). 2. asa f. de moinho de vento (quadro W 1). 3. navio, veleiro m. 4. viagem marítima f., excursão aquática f. (de veleiro). ‖ v. 1. velejar, viajar. 2. viajar, navegar (em navio, vapor, etc.). 3. deslizar, planar. 4. singrar. 5. navegar, manobrar (navio). 6. partir, iniciar viagem.
to get under ~ levantar as velas. **to set ~** fazer-se à vela. **to set one's ~ to every wind** acomodar-se de acordo com as circunstâncias. **to strike ~** abaixar as velas de repente, (fig.) desistir, submeter-se. **to take in ~** abaixar ou diminuir as velas, (fig.)

diminuir suas esperanças ou ambições. **under** ~ a todo pano. **to go for a** ~ fazer uma excursão de veleiro. **to** ~ **into** s. o. (gíria) atacar alguém
sail-boat s. veleiro m.
sail-cloth s. lona f., pano m. para velas.
sailer [s'eilə] s. navio m. (com referência às suas qualidades de veleiro ou velocidade).
she is a good ~ é um navio rápido.
sailfish [s'eilfiʃ] s. (Ict.) agulhão-bandeira, agulhão de vela m.
sailing [s'eiliŋ] s. 1. navegação f. (a vela). 2. **partida** f. (de navio). ‖ adj. de vela, veleiro.
plain ~ (fig.) sem dificuldades. **~-boat** veleiro. **~-match** regata de veleiros. ~ **plane** planador.
sail-maker s. veleiro m., o que faz velas de navio.
sailor [s'eilə] s. marinheiro m., marujo m. ‖ adj. de marinheiro, como marinheiro.
he is a good ~ ele não enjoa em viagem. **~'s knot** nó de marinheiro. **~-hat** boné de marinheiro.
sailor-like, sailorly [s'eilali] adj. marinheiro.
sailplane [s'eilplein] s. (Av.) planador m. ‖ v. voar em planador.
saint [seint] s. 1. santo m., santa f. 2. (coloq.) beatão m. 3. pessoa falecida f. (que está no céu). 4. pessoa impecável f. como um santo. ‖ v. canonizar, declarar santo, considerar santo. ‖ adj. santo.
Saint's day dia santificado. **All Saints' Day** dia de Todos os Santos. **St. Bernard dog** cão de São Bernardo. **St. Elmo's fire** fogo-de-santelmo. **St. Martin's summer** veranico. **St. Peter's** a basílica de S. Pedro, em Roma. **St. Vitus's dance** (Med.) dança de São Vito.
sainted [s'eintid] adj. 1. canonizado, declarado santo. 2. santo, sagrado, consagrado. 3. como santo, puro, pio. 4. que está no céu.
sainthood [s'einthud] s. santidade f.
saintlike [s'eintlaik] adj. santo, pio, como santo.
saintliness [s'eintlinis] s. santidade f.
saintly [s'eintli] adj. puro, religioso, pio, como santo.
saint's-bell s. campainha f. da missa.
saintship s. [s'eintʃip] santidade f.
saith [seθ] (arc.) = **says.**
sake [seik] s. 1. causa f., motivo m. 2. fim m., finalidade f.
for the ~ **of her child** por causa da sua criança. **for goodness'** ~! pelo amor de Deus!. **for whose** ~? por causa de quem? **for the** ~ **of peace** por amor à paz.
saké [s'a:ki] s. (japonês) saqué m.: bebida alcoólica feita de arroz.
sal [sæl] s. (Quím.) sal m. (usado somente em termos compostos).
~-volatile solução de carbonato de amônio.
salaam [səl'a:m] s. salamaleque, m., saudação oriental f. ‖ v. saudar com salamaleque.
salability [seilab'iliti] s. qualidade do que é vendável.
salable [s'eiləbl] adj. vendável. ‖ **~bly** adv. de modo vendável.
salacious [səl'eiʃəs] adj. impudico, lascivo, obsceno, indecente. ‖ **~ly** adv. lascivamente.
salaciousness [~nis], **salacity** [səl'æsiti] s. lascívia, luxúria f.
salad [s'æləd] s. 1. alface f. 2. salada f., prato m. de verduras, batatas, carne, etc. servido frio. **~-days** verdes anos da mocidade. **~-dressing** tempero para salada. ~ **fork** garfo de salada ou sobremesa. **~-oil** óleo para salada.
salamander [s'æləmændə] s. 1. (Zool.) salamandra f. 2. gênio m. que vive no fogo. 3. vários utensílios m. pl. usados para fogo ou lareira.
salamandrine [sæləm'ændrain] adj. salamandrino,

relativo à salamandra.
salami [sa:l'a:mi] s. salame m.
sal-ammoniac [sæləm'ounjæk] s. (Quím.) sal amoníaco, cloreto de amônio m.
salaried [s'ælərid] adj. remunerado.
salary [s'æləri] s. salário, ordenado m.. remuneração f. ‖ v. remunerar, pagar salário.
sale [seil] s. 1. venda f. 2. quantidade vendida f., movimento m. de vendas. 3. mercado m. procura f. 4. leilão m. 5. liquidação f.
for ~ à venda. **I'll put it up for** ~ oferecê-lo-ei para vender. **exclusive right of** ~ direito exclusivo de venda. **~s commission** comissão sobre as vendas. **~s department** seção de vendas. **~'s note** nota de venda. **~s tax** imposto sobre as vendas.
saleability [seiləb'iliti] s. qualidade do que é vendável.
saleable [s'eiləbl] adj. (também **salable**) vendável, que tem saída. ‖ **~bly** adv. de modo vendável.
saleratus [sælər'eitəs] s. (E. U. A.) bicarbonato m. de sódio.
sales department s. departamento m. de vendas.
sales girl s. balconista f.
saleslady [s'eilzleidi] s. (E. U. A.) vendedora f.
salesman [s'eilzmən] s. agente de vendas, vendedor m.
salesmanship [~ʃip] s. habilidade f. de vendedor.
sales price s. preço m. de venda.
sales promotion s. promoção f. de vendas.
sales tax s. imposto m. sobre vendas.
saleswoman [s'eilzwumən] s. agenciadora, vendedora f.
salicin [s'ælisin] s. (Quím.) salicina f.
salicylate [sæl'isileit] s. (Quím.) salicilato m.: sal ou éster do ácido salicílico.
salicylic [sælis'ilik] adj. salicílico.
salience [s'eiljəns], **saliency** [~i] s. saliência, proeminência f., ressalto m.
salient [s'eiljənt] s. ângulo saliente m., parte saliente f. (de fortaleza), saliência f. ‖ adj. 1. saliente, proeminente, evidente, notável. 2. que ressalta. que se projeta para fora. 3. saltante, que pula. ‖ **~ly** adv. de modo saliente.
saliferous [səl'ifərəs] adj. salífero.
salification [səlifik'eiʃən] s. salificação f.
salimeter [sæl'imitə], **salinometer** [sælin'ɔmitə] s. (Quím.) salinômetro m.
saline [səl'ain] s. 1. salina, marinha f. 2. medicamento salino, purgativo m. ‖ [s'eilain] adj. salino.
salinity [səl'initi] s. salinidade f.
saliva [səl'aivə] s. saliva f., cuspo m.
salivant [s'ælivənt] adj. salivante.
salivary [s'ælivəri] adj. salivar.
salivary-gland s. glândula salivar f.
salivate [s'æliveit] v. salivar, produzir saliva.
salivation [səliv'eiʃən] s. salivação f.
sallow (I) [s'ælou] s. (Bot.) espécie de salgueiro m. (Galix caprea).
sallow (II) [s'ælou] v. tornar amarelo ou pálido. ‖ adj. amarelado, pálido, com aspecto doente.
sallowish [~iʃ] adj. amarelado, pálido.
sallowness [~nis] s. palidez, cor amarela f.
sally [s'æli] s. 1. ataque repentino m., surtida f. 2. investida, arremetida f. 3. excursão, viagem f. 4. arranco m. 5. gracejo m., idéia, observação espirituosa f. ‖ v. 1. atacar, investir. 2. sair de repente, arrancar. 3. viajar, partir para uma excursão.
~-port porta de saída de fortaleza. **to** ~ **forth** partir. **to** ~ **out** fazer uma surtida.
salmagundi [sælməg'ʌndi] s. 1. (Culin.) guisado m. de carne picada, arenques, ovos, etc. 2. mistura, miscelânea f.

salmon [s'æmən] s. 1. (Ict.) salmão m. e outros peixes da mesma família. 2. cor-de-salmão f., cor vermelho-amarelada. ‖ adj. vermelho-amarelado.
salmon-colour s. cor f. de salmão.
salmon-ladder, —leap, —stair s. degraus m. pl. feitos para os salmões poderem contornar saltos ou diques.
salmon-trout s. (Ict.) salmão-truta m., truta-salmoneja f.
salon [sæl'ɔn] s. 1. salão (de recepção) m. 2. salão m. de arte, exposição f.
saloon [sæl'u:n] s. 1. salão m., sala f. 2. primeira classe f. (em navios). 3. (E. U. A.) taverna, bar m.
saloon-car s. (Estr. de F.) carro-salão m.
saloon-deck s. cobertura superior f. (de navio).
saloon-keeper s. (E. U. A) taverneiro m.
saloop [sæl'u:p] s. infusão f. de sassafrás ou de salepo.
Salopian [sæl'oupiən] s. habitante do condado de Shropshire (Ingl.)
salpa [s'ælpə] s. (Zool.) salpa f.: tunicado da família dos Salpídeos.
salpingectomy [sælpindʒ'ektəmi:] s. (Cirurg.) salpingectomia f.: extirpação de uma salpinge, esp. da trompa de Falópio.
salpingitis [sælpindʒ'aitis] s. (Med.) salpingite f.
salpinx [s'ælpiŋks] s. (Anat.) salpinge f.: a) trompa de Eustáquio. b) trompa de Falópio.
salsify [s'ælsifi] s. (Bot.) 1. barbas-de-bode f. pl., cercefi m. . 2. raiz comestível f. desta planta.
sal soda s. (Quím.) barrilha f.: carbonato de sódio.
salt [sɔ:lt] s. 1. sal, sal de cozinha, cloreto m. de sódio. 2. (Quím.) sal m. 3. gosto, sabor m. 4. saleiro m. 5. graça f., espírito m. 6. (coloq.) marujo m. 7. terreno salobro m. 8. pl. sal volátil. ‖ v. 1. salgar, pôr sal. 2. salmourar, curar, conservar, tratar com sal. 3. abastecer com sal, depositar sal. 4. (fig.) apimentar, tornar pungente, 5. salgar (vender muito caro). 6. empregar (dinheiro). 7. economizar, esconder. ‖ adj. 1. salgado. 2. com gosto de sal. 3. curado, conservado em sal. 4. ardido, pungente, forte, picante (também fig.). 5. (fig.) salgado (preço). 6. atiçado, lascivo.
an old ~ um marujo experimentado, um velho lobo-do-mar. **he is not worth his ~** ele não vale o que come. **with a grain of ~** com certo cuidado, com certas restrições. **to sit above (below) the ~** estar sentado na parte superior (inferior) da mesa. **in ~** em salmoura, salgado. **to eat one's ~** aceitar a hospitalidade de alguém.
saltant [s'æltənt] adj. (Heráld.) saltante, saltador.
saltation [sælt'eiʃən] s. salto, pulo m.
saltatorial [sæltət'o:riəl], **saltatory** [s'æltətəri] adj. saltador, saltante.
salt-cellar s. saleiro m. (quadro D 2).
salted [s'ɔ:ltid] adj. 1. salgado. 2. (fig.) levado, esperto. 3. experimentado.
salter [s'ɔ:ltə] s. 1. salgador m. 2. o que vende sal ou carne salgada.
saltern [~n] s. salina, mina f. de sal.
saltigrade [s'ɔ:ltigreid] adj. saltígrado.
saltiness [s'ɔ:ltinis] s. salinidade f.
salting [s'ɔ:ltiŋ] s. salga, salgadura f.
saltish [s'ɔ:ltiʃ] adj. salgado, com gosto de sal.
saltishness [~nis], s. salinidade f.
salt lake s. lago m. de água salgada.
saltless [s'ɔ:ltlis] adj. 1. sem sal, insípido, insosso. 2. (fig.) enfadonho, sem graça.
salt-lick s. terreno m. impregnado de sal procurado pelo gado para lambê-lo.
saltly [s'ɔ:ltli] adv. com gosto de sal.
salt-marsh s. 1. terreno m. exposto a inundações marinhas. 2. charco salino m.

salt-mine s. mina f. de sal, salina f.
saltpeter [s'ɔ:ltpi:tə] s. 1. salitre m. 2. adubo m. à base de salitre.
salt pork s. carne salgada f. de porco.
salt-shaker s. saleiro m. com tampa perfurada.
salt-spring s. fonte f. de água salgada.
salt-water s. água salgada, água f. do mar. ‖ adj. do mar, marinho.
salt-works s. sg. e pl. salina, mina f. de sal.
salty [s'ɔ:lti] adj. 1. salgado. 2. picante, apimentado, malicioso. ‖ **—ily** adv. com gosto de sal, de modo picante.
salubrious [sæl'u:briəs] adj. salubre, saudável. ‖ **~ly** adv. salubremente.
salubriousness [~nis], **salubrity** [sæl'u:briti] s. salubridade f.
salutariness [s'æljutərinis] s. salubridade f.
salutation [sæljut'eiʃən] s. cumprimento m., saudação f.
salutational [~əl] adj. saudador.
salutatorian [səljutət'ouriən] s. (E. U. A.) orador m. em solenidade de colação de grau.
salutatory [səlj'u:tətouri] s. (E. U. A.) discurso de saudação. ‖ adj. saudador, relativo ao discurso de saudação ou de inauguração.
salute [səl'u:t] s. 1. saudação f., cumprimento m. 2. (milit.) continência f. 3. salva f. ‖ v. 1. saudar. 2. fazer continência, apresentar armas. 3. cumprimentar.
to take the ~ of the troops passar em revista as tropas.
saluter [~ə] s. saudador m.
salvable [s'ælvəbl] adj. salvável. ‖ **—bly** adv. de modo salvável.
salvableness [~nis], **salvability** [sælvəb'iliti] s. possibilidade de salvação.
salvage [s'ælvidʒ] s. 1. salvamento m., recuperação f. 2. despesas f. pl. de salvamento. 3. objetos m. pl. ou propriedades f. pl. salvos. ‖ v. salvar (de fogo, de naufrágio).
~ money despesas de salvamento. **~ operation** trabalhos de salvamento.
salvation [sælv'eiʃən] s. 1. salvação, redenção f. 2. saudação f.
Salvation Army Exército da Salvação.
Salvationist [~ist] s. membro m. do Exército da Salvação.
salve (I) [sa:v] s. 1. pomada f., ungüento, bálsamo m. 2. calmante, auxílio, remédio, lenitivo m. ‖ v. 1. untar, pôr pomada. 2. aliviar, remediar. 3. salvar (as aparências). 4. enganar a consciência.
salve (II) [sælv] v. salvar de destruição, naufrágio.
salver [s'ælvə] s. bandeja, salva f.
salvia [s'ælviə] s. (Bot.) 1. gênero m. de plantas ao qual pertence a salva. 2. salva f.
salvific [sælv'ifik] adj. salvador (espiritualmente). ‖ **~ly** adv. de modo salvador.
salvo (I) [s'ælvou] s. 1. salva de artilharia f. 2. aplauso m., salva f. de palmas.
salvo (II) [s'ælvou] s. desculpa, restrição, evasiva f.
salvor [s'ælvə] s. salvador, navio m. de salvamento.
Sam [sæm] abr. de **Samuel** Samuel.
Uncle ~ 1. tio Sam, o americano típico. 2. (fig.) os E. U. A. **~ Hill** o diabo.
samara [s'æmərə] s. (Bot.) sâmara f.
Samaritan [səm'æritn] s. samaritano m., samaritana f.
a good ~ um bom samaritano.
samba [s'æmbə, s'a:mbə] s. samba m.: dança afro--brasileira. ‖ v. sambar, dançar samba.
sambo [s'æmbou] s. 1. zambo, mestiço, mulato m. 2. apelido para negro.
same [seim] adj. 1. mesmo, mesma, idêntico. 2. igual.

3. inalterado. 4. dito, mencionado. ‖ pron. o mesmo, a mesma.
one and the ~ o mesmo. **it is much the** ~ é praticamente igual. **she is much the** ~ seu estado está praticamente inalterado. **the very** ~ exatamente o mesmo. **the** ~ **tal (as como). all the** ~ apesar, não obstante, contudo. **just the** ~ ainda assim, apesar de. **it'll be all the** ~ **in a hundred years** daqui a cem anos ninguém mais se importará. **the** ~ **to you!** igualmente! o mesmo!
sameness [s'eimnis] s. uniformidade, igualdade f.
Samian [s'æmiən] s. sâmio m.: habitante de Samos. ‖ adj. sâmio.
samite [s'æmait] s. samito m.: tecido pesado de seda usado na Idade Média m.
samlet [sæmlit] s. salmão novo m.
Samoan [səm'ouən] s. samoano m.: habitante de Samoa. ‖ adj. samoano.
samovar [s'æmova:] s. samovar m.
samp [æmp] s. 1. (E. U. A.) fubá m., farinha grossa f. de milho. 2. mingau m. feito de farinha de milho.
sampan [s'æmpæn] s. (China) sampana f.: embarcação usada nos rios (como habitação).·
sample [sa:mpl] s. amostra, prova f., exemplo m. ‖ v. tirar ou fornecer amostra, provar, testar. ‖ adj. que serve como amostra ou exemplo.
~ **of no value** amostra sem valor. **according to** ~, **up to** ~ conforme amostra. ~ **post** amostra grátis.
sample-card s. cartão m. de amostra.
sampler [s'a:mplə] s. 1. o que tira amostras, classificador m. 2. pano m. com amostras de bordados.
sample-room s. sala f. com exposição de amostras.
sampling [s'a:mpliŋ] s. ato de tirar amostra ou prova m.
~ **of drill cuttings** (Miner.) amostras de perfuração. **material** material de prova. ~ **pipe** pipeta ou sonda para tirar amostras.
Samson [sæmsn] s. Sansão m., (fig.) homem muito forte m.
samurai [s'æmurai] s. (Hist.) samurai m., membro da classe militar do Japão.
sanability [sænab'iliti], **sanableness** [s'ænəblnis] s. curabilidade f., qualidade do que é sanável.
sanable [s'ænəbl] adj. sanável, curável.
sanative [s'ænətiv], **sanatory** [s'ænətəri] adj. sanativo, medicinal, curativo.
sanatorium [sænət'ɔ:riəm] s. pl. ~**riums**, ~**ria** sanatório m., casa de saúde f., hospital m.
sanctification [sæŋktifik'eiʃən] s. santificação, canonização f.
sanctified [s'æŋktifaid] adj. santificado, consagrado.
sanctify [s'æŋktifai] v. 1. santificar, canonizar. 2. consagrar, sagrar, considerar sagrado. 3. tornar livre de pecados. 4. justificar.
sanctimonious [sæŋktim'ouniəs] adj. santimonial, santarrão. ‖ ~**ly** adv. com modos de santarrão.
sanctimoniousness [~nis], **sanctimony** [s'æŋktiməni] s. santimônia, santidade fingida, hipocrisia, beatice f.
sanction [s'æŋkʃən] s. 1. aprovação, sanção, autorização f. 2. ratificação, confirmação f. 3. (Jur.) penalidade, recompensa f. 4. (Pol.) represália, sanção f. ‖ v. 1. sancionar, autorizar, aprovar, permitir, endossar. 2. ratificar, confirmar.
sanctionable [~əbl] adj. ratificável.
sanctitude [s'æŋktitjud] s. santidade f.
sanctity [s'æŋktiti] s. 1. santidade, divindade f. 2. coisa sagrada f. 3. pureza espiritual f. 4. inviolabilidade f.
sanctuary [s'æŋktjuəri] s. 1. santuário, lugar sagrado m. 2. altar m. 3. refúgio, asilo m., imunidade f.

sanctum [s'æŋktəm] s. 1. santuário, lugar sagrado m. 2. (coloq.) quarto m. de estudos, sala particular f.
sand [sænd] s. 1. areia f. 2. (E. U. A., coloq.) coragem f. 3. ~**s** pl. areal m., região arenosa f., deserto m. de areia. ‖ v. 1. jogar areia. 2. arear, limpar com areia.
to build on ~ edificar sobre areia. **to make ropes of** ~ malhar em ferro frio (fig.) **the** ~**s are running out** o fim está se aproximando.
sandal [sændl] s. sandália (quadro C 13), alpargata f., chinelo aberto m. ‖ v. calçar sandália.
sandalled, sandaled [~d] adj. calçado com sandália.
sandalwood [s'ændlwud] s. (Bot.) sândalo m.
sandarac [s'ændəræk] s. (Bot.) sandáraca f.
sand-bag s. saco m. de areia.
sand-bank s. banco m. de areia (quadro C 17).
sand-bath s. banho m. de areia.
sand-blast s. jacto m. de areia. ‖ v. aplicar jacto de areia.
sand-box s. areeiro m., caixa f. de areia (quadro P 5).
sand casting s. 1. fundição f. em moldes de areia. 2. ~**s** pl. peças fundidas f. pl. em moldes de areia.
sanded [s'ændid] adj. 1. areento. 2. arenoso.
sand-glass s. ampulheta f.
sand-grouse s. (Orn.) 1. cortiçol m. 2. galinha-anã f.
sand-hill s. duna f.
sandiness [s'ændinis] s. estado arenoso m.
sanding [s'ændiŋ] s. areamento, lixamento· m.
sand-lot s. (E. U. A.) lugar m. de brincar.
sandman [s'ændmən] s. João Pestana m.: sono.
sand painting s. (Etn.) desenho m. de areia multicor dos índios americanos.
sand-paper s. lixa f. ‖ v. lixar.
sandpiper [s'ændpaipə] s. (Or.) 1. maçarico-das-rochas m., lavadeira f. 2. batuirinha f., rapazinho m.
sand-pit s. poço m. de areia, areeiro m. (quadro P 5).
sandstone [s'ændstoun] s. arenito m. (quadro C 16).
sand-storm s. tempestade f. de areia.
sandwich [s'ændwidʒ] s. sanduíche m. ‖ v. colocar entre, imprensar.
sandwich man s. 1. vendedor de sanduíche m. 2. homem-cartaz m. (que leva um na frente, outro nas costas).
sandy [s'ændi] adj. 1. arenoso, areento. 2. da cor-de--areia, amarelado. 3. instável.
sane [sein] adj. 1. são, sadio, sensato. 2. racional, razoável, ajuizado. ‖ ~**ly** adv. sensatamente.
Sanforize [s'ænfəraiz] v. sanforizar (marca registrada).
sang [sæŋ] v. p. de sing.
sangaree [sæŋgər'i:] s. sangria f.: vinho com água e açúcar.
sang froid [sa:ŋfro'a] s. calma, presença f. de espírito.
sangraal [sæŋgr'eil], **sangreal** [s'æŋgriəl] s. santo gral m.
sanguiferous [sæŋgw'ifərəs] adj. sanguífero.
sanguification [sæŋgwifik'eiʃən] s. sanguificação f.
sanguify [s'æŋgwifai] v. sanguificar, produzir sangue.
sanguinariness [s'æŋwinərinis] s. qualidade do que é sanguíneo ou sanguinário.
sanguinary [s'æŋgwinəri] adj. 1. sangrento, sanguinolento, ensangüentado. 2. sanguinário, feroz. ‖ —**ily** adv. sanguinariamente.
sanguine [s'æŋgwin] s. 1. cor-de-sangue f. 2. lápis vermelho m. 3. desenho m. feito a lápis vermelho. ‖ v. ensangüentar, avermelhar. ‖ adj. 1. esperançoso, otimista 2. confiante. 3. sanguíneo, vermelho, pletórico. 4. sanguinário, sanguinolento. ‖ —**ly** adv. 1. esperançosamente. 2. sanguinariamente.
sanguineness [~nis] s. temperamento sanguíneo m.

sanguineous [sæŋgw'iniəs] adj. da cor-de-sangue, sanguíneo, pletórico.
sanguinolent [sæŋgw'inələnt] adj. sanguinolento.
sanguisorb [sæŋgwis'ɔːb] s. (Bot.) sanguissorba.
Sanhedrin [s'ænidrin] s. sanedrim, sinedrim m.: corte suprema f. dos judeus.
sanies [s'einiːz] s. (Med.) sânie f.: serosidade.
sanify [s'ænifai] v. sanear, sanificar.
sanitarian [sænit'εəriən] s. sanitarista m. e f. ‖ adj. sanitário.
sanitarium [sænit'εəriəm] s. (E. U. A.) = sanatorium.
sanitary [s'ænitəri] adj. 1. sanitário, saudável, higiênico. 2. limpo, asseado. ‖ –ily adv. sanitariamente.
~ **commission** comissão sanitária, serviço de saúde pública. ~ **towel** toalha higiênica.
sanitary cordon s. cordão sanitário m.
sanitary engineering s. engenharia sanitária f.
sanitate [s'æniteit] v. sanear, sanificar.
sanitation [sænit'eiʃən] s. instalações f. pl. e medidas sanitárias, serviço m. de saúde pública.
sanitationist [~ist] s. sanitarista m. + f.
sanity [s'æniti] s. 1. sanidade mental f. 2. razão f.
sank [sæŋk] v. imp. de **sink.**
sansei [sæns'ei] s. (Japão) sansei m. + f. (terceira geração).
Sanskrit (também **Sanscrit**) [s'ænskrit] s. sânscrito m.
Santa Claus [s'æntəklɔːz] s. Papai Noel m.
Santa Fe Trail s. (E. U. A.) Trilha de Santa Fé f.: rota comercial do séc. XIX.
Santa Gertrudis [s'æntəgətr'uːdis] s. (E. U. A.) raça f. de gado bovino.
santalaceous [sæntəl'eiʃəs] adj. (Bot.) santaláceo.
santalin [s'æntəlin] s. (Quím.) santalina f.
santolina [sæntəl'ainə] s. (Bot.) santolina f.
sap (I) [sæp] s. 1. seiva f. 2. humor, fluido vital m. 3. alburno m., entrecasca f. ‖ v. sangrar.
sap (II) [sæp] s. 1. sapa. 2. galeria subterrânea, solapa, solapamento m. ‖ v. 1. sapar, minar, cavar. 2. enfraquecer, consumir, gastar. 3. entrincheirar-se, solapar. 4. aproximar-se (da posição inimiga) por meio de sapa ou trincheira.
sap (III) [sæp] s. 1. (gíria brit.) a) aluno estudioso m. b) trabalho penoso m. (intelectual). 2. (E. U. A.) bobo, tolo m. ‖ v. trabalhar muito, dar duro.
sap-colour s. corante vegetal m.
sapful [s'æpful] adj. viçoso, cheio de seiva.
saphead [s'æphed] s. (coloq.) bobo, burro m.
saphena [səf'iːnə] s. (Anat.) safena f.: veia da perna.
sapid [s'æpid] adj. saboroso, sápido, gostoso.
sapidity [səp'iditi] s. sabor, gosto m.
sapience [s'eipiəns] s. sapiência, sabedoria f.
sapient [s'eipiənt] adj. (geralm. irônico), sapiente, sábio, sabedor. ‖ –ly adv. sabiamente.
sapless [s'æplis] adj. seco, fraco, sem vigor.
sapling [s'æpliŋ] s. 1. rebento m., árvore nova f. 2. pessoa moça e inexperiente f.
sapodilla [sæpəd'ilə] s. (Bot.) sapotizeiro, sapoti m.
saponaceous [sæpon'eiʃəs] adj. saponáceo.
saponaria [sæpon'eiriə] s. (Bot.) saponária f.
saponifiable [sæp'onifaiəbl] adj. saponificável.
saponification [sæponifik'eiʃən] s. saponificação f.
saponificator [sæp'onifikeitə] s. caldeira f. para saponificação.
saponify [sæp'onifai] v. saponificar.
saponin [s'æponin], **saponine** [s'æponiːn] s. (Quím.) saponina f.
saponite [s'æpənait] s. (Miner.) pedra-sabão f.
saporific [sæpər'ifik], **saporous** [s'æpərəs], adj. saboroso, gostoso.
sappan– (também **sapan–**) **wood** s. (Bot.) sapão m.:

espécie de pau-brasil da Malásia.
sapper [s'æpə] s. pioneiro, sapador m.
sapphic [s'æfik] adj. sáfico, relativo a Safo.
sapphire [s'æfaiə] s. 1. safira f. 2. cor azul-safira f. ‖ adj. azul-safira.
sapphirine [s'æfərain] s. safirina f. ‖ adj. semelhante à safira, safirino.
sapphism [s'æfizm] s. safismo, lesbianismo m.
sappiness [s'æpinis] s. suculência f., qualidade do que está cheio de seiva.
sappy (I) [s'æpi] adj. 1. cheio de vida, sucoso. 2. vigoroso, forte. ‖ –ily adv. de modo viçoso.
sappy (II) [s'æpi] adj. (gíria) tolo, tonto, bobo.
sapraemia [sæpr'iːmiə] s. (Med.) sapremia f.
saprogenic [sæprodʒ'enik], **saprogenous** [sæpr'odʒinəs] adj. saprogênico, que produz podridão, produzido por podridão.
saprophagous [sæpr'ofəgəs] s. saprófago m. ‖ adj. saprófago.
saprophyte [s'æprofait] s. saprófito m.: organismo que se alimenta de matéria orgânica em decomposição.
sapsucker [s'æpsʌkə] s. (Orn.) pica-pau m. dos E. U. A. que se alimenta de alburno.
sap-wood s. alburno, samo m.
saraband [s'ærəbænd] s. (Mús.) sarabanda f.
Saracen [s'ærəsn] s. sarraceno, mouro m.
~ **corn** trigo sarraceno.
Saracenic [særəs'enik] adj. sarraceno.
sarcasm [s'aːkæzm] s. sarcasmo m., zombaria, ironia f.
sarcastic [saːk'æstik] adj. sarcástico, irônico, satírico, mordaz. ‖ ~ally adv. sarcasticamente, ironicamente.
sarcenet, sarsenet [s'aːsnit] s. tecido fino m. de seda usado especialmente para forros, tafetá.
sarcine [s'aːsain] s. (Bioquím.) sarcina f.
sarcocele [s'aːkosiːl] s. (Med.) sarcocele f.
sarcoid [s'aːkɔid] adj. sarcóideo.
sarcology [saːk'olədʒi] s. sarcologia f.
sarcoma [saːk'oumə], pl. **sarcomata** [~tə] s. sarcoma m.
sarcomatous [~təs] adj. sarcomatoso.
sarcophagous [saːk'ofəgəs] adj. sarcófago: que come carne.
sarcophagus [~] s. sarcófago, ataúde m. de pedra.
sarcous [s'aːkəs] adj. relativo à carne, composto de carne.
sard [saːd] s. sárdio m.: pedra preciosa.
sardelle [s'aːdel] s. (Ict.) enchova f.
sardine [saːd'iːn s.] [Ict.)] sardinha f.
packed like ~s como sardinhas em lata.
Sardinian [saːd'injən] s. sardo m. habitante da Sardenha. ‖ adj. sardo.
sardius [s'aːdiəs] s. veja **sard.**
sardonic [saːd'onik] adj. sardônico, sarcástico, amargo. ‖ ~ally adv. sardonicamente.
sardonyx [saːd'oniks] s. (Miner.) sardônica f.
sargasso [saːg'æsou] s. sargaço m.: gênero de algas.
Sargasso Sea Mar de Sargaço.
sari [s'aːriː] s. sari m.: vestuário m. das mulheres hindus.
sark [saːk] s. (esc.) camisa f. ‖ v. forrar telhado.
sarking [s'aːkiŋ] s. tábuas f. pl. finas para forro de telhado.
sarkinite [s'aːkainit] s. (Miner.) sarcinita f.
sarmentous [saːm'entəs], **sarmentose** [s'aːməntous] adj. sarmentoso: que tem ou produz sarmentos.
sarmentum [saːm'entəm] s. pl. –ta sarmento m.
sarong [sær'oŋ] s. sarongue m.: pano m. usado como vestuário pelos habitantes da Malaia.
sarsaparilla [saːsəpər'ilə] s. (Bot.) 1. salsaparrilha

f., raiz desta planta f. 2. bebida f. feita da raiz.
sarsen [s'a:sən] s. (também ~ **stone**) bloco m. de arenito.
sartorial [sa:t'ɔ:riəl] adj. 1. (Anat.) sartório. 2. relativo a alfaiate.
sartorius [sa:t'ɔ:riəs] s. (Anat.) músculo da coxa m., sartório, costureiro m.
sash (I) [sæʃ] s. caixilho m. de janela ou de porta envidraçada (quadro W 4). ‖ v. colocar caixilhos.
sash (II) [sæʃ] s. cinta, faixa, banda f.
sashay [sæʃ'ei] v. 1. executar um "chassé" (dança). 2. escorregar. 3. (E. U. A., gíria) caminhar com afetação.
sash-window s. janela corrediça, janela f. de correr (quadro W 4).
sass [sæs] s. (E. U. A. gíria) insolência f. ‖ v. responder insolentemente.
~-**box** pessoa insolente.
sassafras [s'æsəfræs] s. (Bot.) 1. sassafrás m. 2. casca f. dessa planta.
Sassenach [s'æsənæk] s. saxão (usado na Irlanda e Escócia), inglês m. ‖ adj. saxão, inglês.
sassoline [s'æsoli:n] s. (Miner.) sassolina f.
sat [sæt] imp. e p. p. de **to sit**.
Satan [s'eitən], **Satanas** [s'ætənæs] s. satã, satanás, diabo m.
satanic [sət'ænik], **satanical** [~əl] adj. satânico, diabólico. ‖ ~**ally** adv. satanicamente.
satanism [s'eitənizm] s. satanismo m.
satchel [s'ætʃəl] s. bolsa, sacola, mochila escolar f.
sate [seit] v. 1. satisfazer, saciar (o apetite). 2. encher, fartar. 3. (arc.) imp. de **to sit.**
sated [s'eitid] adj. farto, satisfeito.
sateen [sæt'i:n] s. cetineta f.: cetim de algodão.
sateless [s'eitlis] adj. insaciável.
satellite [s'ætəlait] s. 1. (Astron.) satélite m. 2. adepto, seguidor, partidário m. 3. guarda-costa m.
~ **nations** países satélites.
satiable [s'eiʃiəbl] adj. saciável.
satiate [s'eiʃieit] v. 1. saciar, satisfazer. 2. fartar, encher. ‖ adj. satisfeito, farto.
satiation [seiʃi'eiʃən] s. saciedade, fartura f.
satiety [sət'aiəti] s. saciedade, satisfação f. do apetite, fartura f.
satin [s'ætin] s. cetim m. ‖ v. acetinar, dar brilho (a papel, etc.). ‖ adj. cetinoso, cetíneo, **como cetim.**
~ **paper** papel acetinado.
satiny [s'ætini] adj. acetinado, liso, lustroso.
satire [s'ætaiə] s. 1. sátira f. 2. ridicularização f.
satiric [sət'irik], **satirical** [~əl] adj. satírico. ‖ ~**ally** adv. satiricamente.
satirist [s'ætərist] s. satirista m. + f., satírico m.
satirize [s'ætəraiz] v. satirizar.
satisfaction [sætisf'ækʃən] s. 1. satisfação f. 2. contentamento m. 3. certeza f., convencimento m. 4. pagamento m., indenização, desculpa f.
it gave me a great ~ foi uma grande satisfação para mim. **it is a** ~ **to know** é tranqüilizador saber.
satisfactoriness [sætisf'æktərinis] s. qualidade de ser satisfatório.
satisfactory [sætisf'æktəri] adj. satisfatório. ‖ **–ily** adv. satisfatoriamente.
satisfiable [s'ætisfaiəbl] adj. contentável.
satisfied [s'ætisfaid] adj. satisfeito, contente, saciado.
satisfier [s'ætisfaiə] s. o que satisfaz m.
satisfy [s'ætisfai] v. 1. satisfazer, contentar, saciar. 2. corresponder, cumprir, realizar. 3. agradar. 4. pagar, liquidar, obter quitação. 5. indenizar, reparar, recompensar, remunerar. 6. esclarecer, convencer. 7. dar satisfação a.
he satisfied the court ele convenceu a corte. **I am**

satisfied (that he is right) estou convencido (que ele tem razão). **I satisfied myself** eu mesmo me convenci. **he satisfied all wants** ele eliminou todas as deficiências.
satisfying [s'ætisfaiiŋ] adj. 1. satisfatório, suficiente. 2. que satisfaz o apetite, que tem valor alimentício. ‖ ~**ly** adv. satisfatoriamente, suficientemente.
satori [sət'ouri] s. (Japão) iluminação espiritual f.
satrap [s'ætrəp] s. 1. governador, homem poderoso. 2. sátrapa m.: governador de província na antiga Pérsia.
satrapy [~i] s. satrapia f.
saturability [sætʃərəb'iliti] s. saturabilidade f.
saturable [s'ætʃərəbl] adj. saturável.
saturant [s'ætʃərənt] adj. saturante.
saturate [s'ætʃəreit] v. saturar, (também Quím.) encher, fartar, embeber. ‖ adj. saturado, intenso.
saturated [~id] adj. 1. saturado, impregnado. 2. cheio, farto.
saturater, saturator [~ə] s. saturador m.
saturation [sætʃər'eiʃən] s. saturação f.
~ **point** 1. (Quím.) ponto de saturação. 2. (fig.) fim, limite.
Saturday [s'ætədi] s. sábado m.
Saturn [s'ætən] s. 1. Saturno m., deus dos romanos. 2. (Astron.) Saturno m.
saturnalia [sætə:n'eiljə] s. pl. saturnal, orgia f.
saturnalian [~n] adj. saturnal, saturnino, feliz.
saturnine [s'ætə:nain] adj. saturnino, triste, melancólico, sombrio. ‖ ~**ly** adv. tristemente, melancolicamente.
saturnism [s'ætə:nizm] s. (Med.) saturnismo m.: envenenamento pelo chumbo.
saturnite [s'ætə:nait] s. (Miner.) saturnita f.
satyr [s'ætə] s. sátiro m.: 1. semideus grego. 2. homem libidinoso m., devasso m.
satyriasis [sætir'aiəsis] s. (Pat.) satiríase f.
satyric [sət'irik] adj. satírico.
sauce [sɔ:s] s. 1. (Culin.) molho m. 2. (E. U. A.) compota f. 3. tempero m. 4. (fig.) graça f. 5. (gíria) insolência f. ‖ v. 1. temperar, condimentar. 2. (coloq.) ser insolente, falar de modo atrevido.
to serve s. o. with the same ~ pagar a alguém com a mesma moeda. **hunger is the best** ~ a melhor cozinheira é a fome. **what's** ~ **for the goose is** ~ **for the gander** (provérbio) os mesmos direitos para todos.
sauce-boat s. molheira f. (quadro D 2).
sauce-box s. (coloq.) pessoa, criança atrevida f.
saucepan [s'ɔ:spən] s. panela f. com cabo (quadro K 2).
saucer [s'ɔ:sə] s. 1. pires m. (quadro B 21). 2. objeto m. em forma de pires.
flying ~ disco voador. ~-**eyes** olhos grandes.
sauciness [s'ɔ:sinis] s. atrevimento m., insolência f.
saucy [s'ɔ:si] adj. 1. atrevido, insolente, impertinente. 2. vivo, esperto. 3. (gíria) alinhado. ‖ **–ily** adv. insolentemente, vivamente.
sauerkraut [s'auəkraut] s. (alem.) chucrute m.
sault [su:] s. cachoeira, cascata f.
saunter [s'ɔ:ntə] s. passeio, saracoteio m. ‖ v. passear, saracotear, vadiar.
saunterer [~rə] s. vadio, saracoteador m.
saunteringly [~riŋli] adv. ociosamente.
saurian [s'ɔ:riən] s. (Zool.) sáurio m., lagarto m.
sausage [s'ɔsldʒ] s. lingüiça f. (quadro B 25).
~ **skin paper** tripa artificial.
sauté [s'outei] s. (fr., Culin.) comida frita rapidamente f. ‖ adj. frito rapidamente.
sauterne [sout'ə:n] s. vinho branco francês m.
savable [s'eivəbl] adj. salvável.

savage [s'ævidʒ] s. 1. selvagem m. + f., bárbaro m. 2. bruto m., pessoa f. brutal ou grosseira. ‖ adj. 1. selvagem, selvático, inculto, agreste. 2. incivilizado. 3. rude, cruel, brutal. 4. (coloq.) feroz, irado, encolerizado. ‖ v. morder (cavalo), dar coice. ‖ ~ly adv. selvaticamente, barbaramente.

savageness [~nis] s. crueldade, selvajaria f.

savagery [~əri] s. 1. selvajaria, ferocidade f. 2. crueldade, brutalidade, raiva f.

savanna, savannah [səv'ænə] s. savana f.: 1. planicie sem árvores (esp. Flórida). 2. planície com árvores esparsas.

savant [s'ævənt] s. cientista m. + f., sábio m.

save (I) [seiv] s. o que foi salvo m., economia f. ‖ v. 1. salvar. 2. guardar, preservar, resguardar, proteger, abrigar. 3. colher, recolher, armazenar, juntar, guardar. 4. economizar, poupar. 5. fazer economias, juntar dinheiro. 6. prevenir, evitar. 7. (Teol.) salvar, livrar (dos pecados). 8. cuidar, conservar. to ~ appearances salvar as aparências. she ~s me a maid ela me poupa uma empregada. he ~d my life ele salvou minha vida. he ~d a lot of money ele economizou muito dinheiro. God ~ the King! Deus guarde o rei!. to ~ o.'s face escapar de uma humilhação.

save (II) [seiv] prep. exceto, salvo. ‖ conj. a não ser. the last ~ one o penúltimo. all ~ my friend todos menos meu amigo, exceto meu amigo. ~ that a menos que, só que, a não ser que. ~ for com exceção de, salvo.

save-all s. 1. cofre, mealheiro m. 2. receptáculo m. para aparar gotas. 3. avarento m.

saveloy [s'ævilɔi] s. espécie de salame de porco, bem condimentado.

saver [s'eivə] s. 1. salvador m. 2. economizador m.

saving [s'eiviŋ] s. 1. ato de economizar, de poupar m. 2 economia f. 3. ressalva f. 4. ~s s. pl. economias f. pl., dinheiro economizado m. ‖ adj. 1. econômico, poupador. 2. salvador, protetor, redentor. 3. relativo a ressalva, reservativo ‖ adv. ~ly adv. economicamente. ‖ prep. 1. salvo, exceto. 2. com todo respeito, em consideração de. ‖ conj. com a exceção de, a não ser que, senão. ~-bank for building purposes caixa econômica de habitação. ~ clause cláusula de ressalva. ~s bank caixa econômica. ~ my daughter exceto minha filha.

savings account s. conta popular f. de poupança.

saviour, savior [s'eivia] s. salvador m. the Saviour O Salvador, Jesus Cristo.

savoir faire s. (fr.) habilidade f., tato m.

savory (I) [s'eivəri] s. (Bot.) segurelha f., erva aromática f.

savory (II) = savoury.

savour, savor [s'eivə] s. 1. sabor, gosto m. 2. cheiro, aroma, perfume m. 3. traço característico m. ‖ v. 1. saborear. 2. cheirar. 3. provar.

savouriness [~rinis] s. sabor, gosto, cheiro m.

savourless [~lis] adj. insípido, insosso.

savoury [s'eivəri] s. 1. aperitivo m. 2. sobremesa picante, f., petisco m. 3. (geralm. no pl.) cheiro--verde m. ‖ dj. 1. saboroso, cheiroso. 2. agradável, apetitoso. ‖ ~ily adv. gostosamente, saborosamente.

savoy [səv'ɔi] s. repolho crespo m.

Savoyard [səv'ɔia:d] s. saboiano m. ‖ adj. saboiano.

savvy [s'ævi] (E. U. A., gíria) s. compreensão, inteligência f., miolo m. ‖ v. saber, conhecer, compreender. ·

saw (I) [sɔ:] imp. de see.

saw (II) [sɔ:] s. 1. serra f., serrote m. (quadros C 5,

S 1). 2. provérbio, ditado m. ‖ v. 1. serrar. 2. fazer, formar com serra. 3. deixar-se serrar. board ~ serra grande para toras. frame ~, mill ~ serra mecânica, engenho de serrar. pad ~ serrote de ponta. to ~ down cortar, derrubar serrando. to ~ off cortar, serrar. to ~ up cortar em pedaços com serra. to ~ out recortar com serra.

saw (III) [sɔ:] s. aforismo, adágio m.

saw-bones s. (gíria) cirurgião m.

sawbuck [s'ɔ:bʌk] s. (E. U. A.) cédula f. de dez dólares.

sawder [s'ɔ:də] s. também soft ~ (gíria) bajulação, adulação f.

sawdust [s'ɔ:dʌst] s. serragem, serradura f. to let the ~ out of s. o. (gíria) dar em alguém, corrigir alguém.

saw-fish s. (Ict.) peixe-serra, espadarte m.

sawing [s'ɔ:iŋ] s. ação de serrar, serração f. ~-horse, ~-jack cavalete para serrar madeira.

saw-mill s. serraria f.

Sawney [s'ɔ:ni] s. 1. apelido para o escocês. 2. simplório m.

saw-set, -wrest s. travadeira de serra f.

sawtooth [s'ɔ:tu:θ] s. dente m. de serra.

sawyer [s'ɔ:jə] s. 1. serrador m. 2. (E. U. A.) árvore f. boiando na água.

sax [sæks] s. (coloq.) abr. de saxophone.

saxatile [s'æksətil] adj. saxátil: que habita entre pedras.

saxhorn [s'æksho:n] s. (Mús.) instrumento m. de sopro, semelhante ao saxofone.

saxifrage [s'æksifridʒ] s. (Bot.) saxífraga, arrebenta-pedra f.

Saxon [sæksn] s. 1. saxônio, saxão m. 2. língua f. dos saxões. ‖ adj. saxônio.

Saxony [s'æksəni] s. 1. Saxônia f. 2. lã f. ou tecido de lã feito na Saxônia.

saxophone [s'æksəfoun] s. (Mús.) saxofone m.

say [sei] s. 1. fala, palavra, afirmação f., discurso m. 2. ocasião para falar f. ‖ v. (imp. e p. p. said) 1. falar, dizer, afirmar. 2. exprimir, declarar, anunciar, pôr em palavras. 3. recitar, repetir. 4. supor, dar como exemplo. 5. explicar, dar uma opinião. I have the ~ here aqui mando eu. he said his ~ ele disse o que tinha a dizer. let him have his ~ deixe-o falar. I ~! escute! ora essa! não diga! sad to ~ infelizmente. so to ~ por assim dizer. as I was about to ~ como ia dizendo. I am sorry to ~ lamento dizer. that is to ~ isto quer dizer, em outras palavras. (let's) ~ twenty digamos vinte. shall we ~ Haydn por exemplo Haydn. ~ away! (gíria) diga logo! never ~ die! coragem! he ~s nay ele recusa. I should just ~ so! é isto mesmo, é isto o que queria dizer! do you ~ so? está falando sério? you don't ~ so não me diga. so he ~s é o que ele afirma, é o que ele diz. does that mean to ~ that...? isto quer dizer que...? I should ~ that estou inclinado a acreditar que... ~ that it is so e se fosse assim. it ~s diz-se, consta que. that is well said isto é bem formulado. that is ~ing a great deal isto é bem significativo. all I wanted to ~ was somente queria dizer... to ~ nothing of sem mencionar. he has nothing to ~ for himself ele não fala. he has nothing to ~ to them ele não quer saber deles. what do you ~ to Haydn? o que você pensa sobre Haydn? what I ~ is penso que... says who? (gíria) o que você pensa! when all is said pensando bem, em suma. when all is said and done no fim das contas. there is much to be said for it tem muito a favor disto. it is said ou they ~ diz-se, consta que. no sooner said than done dito e feito.

S 3

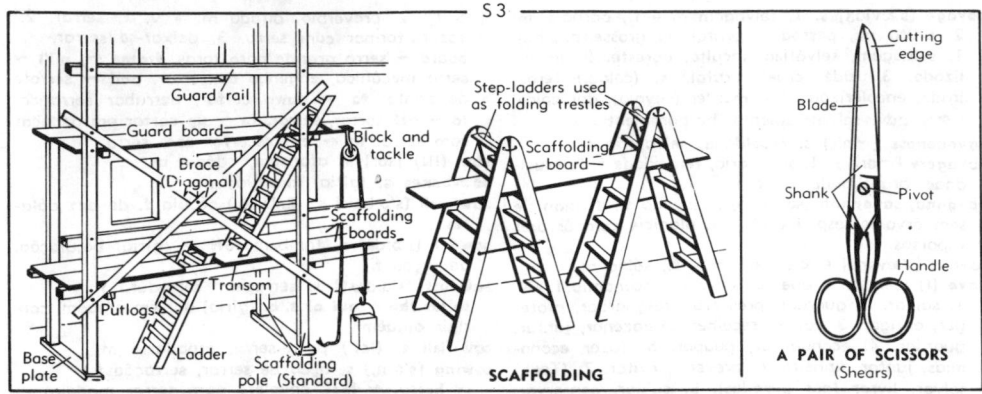

Guard rail
Guard board
Brace (Diagonal)
Block and tackle
Scaffolding boards
Transom
Putlogs
Base plate
Ladder
Scaffolding pole (Standard)

Step-ladders used as folding trestles
Scaffolding board
SCAFFOLDING

Cutting edge
Blade
Shank
Pivot
Handle
A PAIR OF SCISSORS
(Shears)

he is said to be a drunkard ele é tido como beberrão. **he ~s mass** ele celebra a missa. **she ~s her prayers** ela reza. ~ **the word!** aceite! (a proposta).

saying [s'eiiŋ] s. 1. o que é dito, declaração f., depoimento m. 2. provérbio, ditado m.
that goes without ~ isto se compreende por si, isto é lógico. **as the** ~ **goes** como se costuma dizer. **there is no** ~ não se pode saber.

sayonara [saiən'ærə] interj. (Japão) adeus!

'sblood [zblʌd] interj. abr. de **God's blood!** caramba! sangue de Cristo!

scab [skæb] s. 1. crosta de ferida, cicatriz f. 2. sarna f. 3. (E. U. A., gíria), trabalhador m. que fura greve. ‖ v. 1. formar crosta. 2. (E. U. A.) furar greve.

scabbard [sk'æbəd] s. bainha f. para espada ou sabre.

scabbed [skæbd] adj. = **scabby.**

scabbiness [sk'æbinis] s. 1. estado de sarnento. 2. (fig.) mesquinhez, miséria f.

scabby [sk'æbi] adj. 1. coberto de crostas ou cicatrizes. 2. sarnento, escabioso. 3. miserável, mesquinho. ‖ **–ily** adv. de modo sarnento, miseravelmente, de modo mesquinho.

scabies [sk'eibii:z] s. (Med.) escabiose, sarna f.

scabious [sk'eibiəs] s. (Bot.) escabiosa f. ‖ adj. sarnento, escabioso.

scabrous [sk'eibrəs] adj. 1. rugoso, escabroso, áspero. 2. obsceno, indecente. 3. difícil, espinhoso.

scabrousness [~nis] s. escabrosidade f.

scad (I) [skæd] s. (Ict.) 1. xixarro m. 2. guaraçuma m., guricema f. 3. guarajuba f.

scad (II) [skæd] s. geralm. pl. (E. U. A., gíria) montão m., quantidades enormes f. pl.

scaffold [sk'æfəld] s. 1. andaime, palanque m., armação f. (quadro R 5). 2. patíbulo, cadafalso m. 3. (Anat.) esqueleto m. ‖ v. montar andaime ou palanque.

scaffolding [~iŋ] s. 1. andaime m., armação f. (quadro B 22, S 3). 2. material m. para andaime.

scalable [sk'eiləbl] adj. escalável.

scalar [sk'eilə] s. (Mat.) escalar m. ‖ adj. escalar. ~ **quantity** grandeza escalar.

scalariform [skəl'ærifɔ:m] adj. (Biol.) em forma de escada.

scalawag [sk'æləwæg] s. (E. U. A., gíria) 1. mandrião, preguiçoso m. 2. sulista republicano m., após a Guerra Civil.

scald [skɔ:ld] s. 1. queimadura, escaldadura f. 2. (E. U. A.) destruição f. ou amarelecimento m. das folhas de plantas provocado por doença ou calor. ‖ v. 1. queimar (com líquido quente ou vapor). 2.

escaldar. 3. aquecer quase ao ponto de ebulição. 4. esterilizar.

scalding [sk'ɔ:ldiŋ] s. escaldadura, queimadura f. ‖ adj. também ~**–hot** muito quente, fervente. ~ **tears** lágrimas ardentes.

scale (I) [skeil] s. 1. escama, caspa f. (quadro F 3). 2. camada fina, crosta f., cascão m., tártaro m. nos dentes. 3. (Téc.) carepa f. ‖ v. 1. escamar, remover escamas. 2. descascar. 3. lascar. **to ~ off** esfoliar. ~ **solvent** desincrustante.

scale (II) [skeil] s. 1. prato de balança. 2. (geralmente ~s pl.) balança f. ‖ v. 1. pesar. 2. comparar. **the calf ~s 125 lbs.** o vitelo pesa 125 libras. **a pair of ~s** uma balança. **to hold the ~s evenly** julgar com justiça. **this turns the ~s** isto decide.

scale (III) [skeil] s. 1. escala (quadros M 3, S 7), seqüência, série f. de graus. 2. graduação, régua f., metro m., instrumento m. de medida. 3. escala f.: proporção de tamanho. 4. extensão f., tamanho m. 5. (Mús.) escala f., gama f. ‖ v. 1. (E. U. A.) reduzir, baixar em certa proporção. 2. fazer de acordo com a escala. 3. ser comensurável. 4. escalar. 5. subir. 6. atacar.
plain ~ tamanho natural (desenho). **on a large** ~ em larga escala. **reduced (enlarged)** ~ escala reduzida (aumentada). **to ~ down** reduzir proporcionalmente.

scaled [~d] adj. escamado, com escamas.

scaleless [sk'eillis] adj. sem escamas.

scalene [sk'eili:n] s. triângulo escaleno m. ‖ adj. escaleno.

scale-work s. trabalho imbricado m.

scaliness [sk'eilinis] s. qualidade do que é escamoso.

scaling [sk'eiliŋ] s. escalada f., ato de escalar m. ‖ adj. de escalar.
~**–ladder** escada usada para assaltar uma fortaleza.

scallawag s. = **scalawag.**

scallion [sk'æljən] s. (Bot.) 1. chalota, cebola-branco f. 2. alho-porro m. 3. cebola f. sem bulbo.

scallop [sk'ɔləp] s. 1. (Zool.) pentéola, vieira f. 2. (Culin.) concha de pentéola usada como assadeira. 3. recorte m. curvado em vestido. ‖ v. 1. cozinhar ou preparar em forma de concha. 2. recortar, cortar em curvas.

scalp [skælp] s. 1. couro cabeludo m. do crânio. 2. escalpo: couro cabeludo do crânio, cortado como troféu pelos índios dos E. U. A. ‖ v. 1. escalpar, arrancar o escalpo. 2. comprar e vender para obter pequenos lucros rápidos. 3. negociar (bilhetes de entrada).

scalpel [sk'ælpəl] s. escalpelo m., bisturi m.

scaly [sk'eili] adj. escameado, escamoso.
scammony [sk'æməni] s. (Bot.) escamônea f.
scamp [skæmp] s. patife, malandro, velhaco m. ‖ v. fazer o serviço às pressas.
scamper [sk'æmpə] s. corrida f., galope m. ‖ v. correr, pular.
scampish [sk'æmpiʃ] adj. vadio, malandro, velhaco.
scan [skæn] v. 1. olhar de perto, examinar cuidadosamente, esquadrinhar. 2. escandir. 3. (Telev.) decompor, expor a imagem ponto por ponto a fim de transmiti-la.
to ~ the horizon esquadrinhar o horizonte (com binóculo).
scandal [skændl] s. 1. escândalo m. 2. desgraça, desonra f., descrédito m. 3. difamação, calúnia f., mexerico m.
scandalize [sk'ændəlaiz] v. 1. ofender, chocar, escandalizar. 2. caluniar, difamar.
they were ~d at her behaviour ficaram escandolizados com seu comportamento.
scandal-monger s. difamador m.
scandalous [sk'ændələs] adj. 1. escandaloso, infame, vergonhoso. 2. difamador. ‖ ~ly adv. escandalosamente.
scandalousness [~ nis] s. infâmia, qualidade do que é escandaloso.
scandent [sk'ændənt] adj. trepadeira (planta); trepador.
Scandinavian [skændin'eivjən] s. 1. escandinavo m., escandinava f. 2. qualquer das línguas da Escandinávia. ‖ adj. escandinavo.
scandium [sk'ændiəm] s. (Quím.) escândio m.: elemento químico, metal.
scanner [sk'ænə] s. (Telev.) explorador, seletor eletrônico m.
scanning [sk'æniŋ] s. (Telev.) exploração f.: exposição de uma imagem, ponto por ponto, a uma fonte de eléctrons para transmissão.
~ beam raio explorador.
scansion [sk'ænʃən] s. 1. escansão f. 2. exame crítico m.
scansorial [skæns'o:riəl] adj. (Zool.) trepador.
scant [skænt] v. 1. restringir, cortar, limitar. 2. mostrar-se avaro. ‖ adj. 1. escasso, apertado, parco. 2. insuficiente, deficiente, pouco. ‖ ~ly adv. escassamente, insuficientemente.
scanthine [sk'ænθi:n] s. xantina f.: substância orgânica azotada.
scanties [sk'æntiz] s. pl. calcinha, calçolas (de mulher) f.
scantiness [sk'æntinis] s. escassez, insuficiência, falta f.
scantle [sk'æntl] v. cortar, repartir, dividir em pedaços pequenos.
scantling [sk'æntliŋ] s. 1. pequena quantidade f. 2. croqui, esboço m. 3. caibro m., viga pequena f. 4. escantilhão m.: medida. 5. ~s pedaços de madeira para fazer juntas.
scantness s. [sk'æntnis] = scantiness.
scanty [sk'ænti] adj. 1. escasso, pouco, apertado. 2. insuficiente, inadequado. ‖ –ily adv. escassamente, insuficientemente.
scape [skeip] s. 1. (Bot.) talo m., haste f. 2. (Arquit.) fuste m. de coluna. 3. cálamo m. de pena.
scapegoat [sk'eipgout] s. bode expiatório m.
scapegrace [sk'eipgreis] s. mandrião m.
scaphoid [sk'æfoid] s. (Anat.) osso escafóide m. ‖ adj. escafóide, navicular.
scapolite [sk'æpəlait] s. (Miner.) escapolita f.
scapula [sk'æpjulə] s. pl. scapulae [-li:] (Anat.) omoplata, espádua f.

scapular [~] s. escapulário m. ‖ adj. escapular.
scar (I) [ska:] s. 1. cicatriz f., escoriação f. 2. mancha, mácula f. 3. sinal m. ‖ v. 1. cicatrizar, escoriar. 2. manchar. 3. marcar.
scar (II) [ska:] s. precipício m., escarpa f.
scarab [sk'ærəb] s. 1. escarabeu, escaravelho m. 2. camafeu m. com a imagem do escarabeu.
scaramouch [sk'ærəmautʃ] s. 1. covarde m. 2. palhaço, fanfarrão m.
scarce [skɛəs] adj. 1. raro, infreqüente, incomum. 2. escasso. ‖ ~ly adv. apenas, mal, raramente.
he made himself ~ ele furtou-se, manteve-se afastado. I can ~ly hear you mal o posso escutar. you had ~ly left, when... você apenas tinha saído, quando...
scarceness [sk'ɛəsnis], scarcity [sk'ɛəsiti] s. 1. falta, escassez f. 2. raridade f.
scare [skɛə] s. susto, espanto, pânico m. ‖ v. espantar, assustar, afugentar.
scarecrow [sk'ɛəkrou] s. espantalho m., pessoa mal vestida.
scaredy-cat s. (coloq.) pessoa assustadiça f.
scarehead [sk'ɛəhed] s. (E. U. A.) (Jornal.) manchete f. em letras garrafais.
scaremonger [sk'ɛəmʌŋgə] s. alarmista m. + f., boateiro m.
scare-news s. notícias alarmantes f. pl.
scarf (I) [ska:f] s. (pl. ~s ou scarves) 1. cachecol m. (quadros C 12, C 13). 2. gravata f. 3. faixa de pano, banda f. 4. estola f. ‖ v. vestir com banda, usar como banda.
scarf (II) [ska:t] s. sambladura, escarva, junta f., encaixe m. de madeira (chanfrada). ‖ v. 1. chanfrar, escarvar, juntar, emendar. 2. tirar o couro ou a gordura (de uma baleia).
~ welding soldagem enviezada.
scarfing [sk'a:fiŋ] s. encaixe m., escarva f.
scarf-pin s. alfinete m. de gravata.
scarf-skin s. epiderme, cutícula f.
scarf-wise adj. à maneira de banda ou boldrié.
scarification [skɛərifik'eiʃən] s. (Med.) escarificação f.
scarificator [sk'ɛərifikeitə] s. (Cirurg.) escarificador m.
scarifier [sk'ɛərifaiə] s. 1. escarificador m., o que escarifica. 2. arado m. de desarraigar.
scarify [sk'ɛərifai] v. 1. escarificar, sarjar. 2. criticar severamente, ferir. 3. fofar (a terra).
scarious [sk'ɛəriəs], scariose [sk'ɛərious] adj. (Bot.) escarioso.
scarlatina [ska:lət'i:nə] s. (Med.) escarlatina f.
scarless [sk'a:lis] adj. ileso, incólume.
scarlet [sk'a:lit] s. 1. escarlate m. 2. tecido de cor escarlate. ‖ adj. escarlate, encarnado.
~ fever (Med.) escarlatina. ~ hat chapéu escarlate (chapéu cardinalício).
scarlet runner s. (Bot.) feijão-trepador, feijão-da-espanha, feijão-flor m.
scarp [ska:p] s. 1. precipício m., escarpa f. 2. (milit.) escarpa f. ‖ v. escarpar, cortar em declive.
scarred [ska:d], scarry [sk'a:ri] adj. cicatrizado.
scar tissue s. (Med.) tecido conectivo m. que forma a cicatriz.
scary [sk'ɛəri] adj. 1. assustador. 2. assustado, medroso, acanhado, amedrontado.
scat [skæt] v. (E. U. A., coloq.) sair às pressas, fugir. ‖ interj. vai-te embora! vá!
scathe [skeið] s. (†) prejuízo, dano, ferimento m. ‖ v. 1. criticar severamente. 2. ferir, destruir, prejudicar.
scatheless [sk'eiðlis] adj. intato, incólume, ileso.
scathing [skeiðiŋ] adj. 1. severo, rigoroso. 2. sarcástico, mordaz. ‖ ~ly adv. severamente.
scatology [skət'olədʒi] s. 1. (Med. e Teol.) escatolo-

gia f. 2. (Lit.) obscenidade f., esp. relativa a excrementos e execração.

scatter [sk'ætə] s. ato de espalhar. ‖ v. 1. espalhar, esparramar. 2. dispersar. 3. dispersar-se, dissipar-se. 4. (fig.) baldar, frustrar.
our hopes were ~ed frustraram-se as nossas esperanças. **a few ~ed houses** algumas casas espalhadas. **~ed to the wind** espalhado em todas as direções.

scatter-brain s. pessoa distraída f., descuidado m.

scattered [~d] adj. espalhado, dispèrso.

scattering [~riŋ] adj. disperso, espalhado, distribuído. ‖ ~ly adv. espalhadamente.

scaup [skɔ:p] s. (Orn.) pato-marinho (nórdico) m.

scauper [sk'ɔ:pə] s. goiva f., escopro m.

scavenge [sk'ævindʒ] v. 1. limpar, varrer (ruas). 2. ir em busca de alimentos. 3. tirar impurezas. 4. revirar lixo.

scavenger [~ə] s. 1. varredor m. de rua. 2. animal m. que se alimenta de carniça. 3. pessoa f. que revira o lixo para catar algo de aproveitável. 4. o que tira impurezas e refugo.

scenario [sin'a:riou] s. 1. (Teat.) enredo, libreto m. 2. (Cin.) argumento m. de uma fita.

scenarist [sin'ærist] s. (Cin., Teat.) roteirista m. + f.

scene [si:n] s. 1. cenário m. 2. cena, decoração teatral f. 3. cena f., subdivisão de um ato. 4. ação, situação f., incidente m. 5. aspecto, quadro, panorama m. 6. exibição f., espetáculo m.
the ~ lies (ou **is set**) **in Verona** o local da cena é Verona. **the ~ closes** a cortina cai. **the ~ opens with a conversation** a cena começa com um diálogo. **behind the ~s** (fig.) atrás dos bastidores.

scene-painter s. decorador, pintor m. de cenário.

scenery [s'i:nəri] s. 1. (Teat.) cenário m., decoração teatral f. (quadro S 10). 2. panorama m., vista f.

scene-shifter s. (Teat.) maquinista m.

scenic [s'i:nik], **scenical** [~əl] adj. 1. relativo a paisagem, pitoresco. 2. cênico, dramático, teatral. ‖ ~ally adv. dramaticamente, de modo pitoresco.

scenic railway s. trenzinho panorâmico m. em parque de diversões.

scenographic [si:nəgr'æfik] adj. cenográfico. ‖ ~ally adv. em perspectiva.

scenography [sən'ɔgrəfi] s. cenografia, pintura f. em perspectiva.

scent [sent] s. 1. cheiro, aroma, perfume m. 2. olfato, faro m. 3. vestígio, cheiro m. do rasto. 4. pista f., rasto m. ‖ v. 1. cheirar, sentir pelo olfato. 2. caçar, pondo os cachorros no rasto do animal. 3. perfumar, encher (o ar) com perfume. 4. pressentir, suspeitar.
to be on the ~ of an affair estar na pista de uma coisa. **he got ~ of it** soube disso. **we threw him off the ~** desviamo-lo da pista. **you are on the wrong ~** você está na pista errada.

scent-bottle s. vidro m. de perfume.

scented [s'entid] adj. cheiroso.

scent-gland s. glândula odorífera f.

scentless [s'entlis] adj. inodoro.

scent-spray s. pulverizador m. de perfume.

scepsis [sk'epsis] s. ceticismo m.

sceptic [sk'eptik] s. céptico m. ‖ adj. também **sceptical** [~əl] céptico, descrente. ‖ ~ally adv. cepticamente.

scepticism [sk'eptisizm] s. cepticismo m.

sceptre, scepter [s'eptə] s. 1. cetro m. 2. autoridade f. real ou imperial. ‖ v. entregar o cetro a, conferir o cetro a.

schedule [ʃ'edju:l, sk'edju:l] s. 1. lista, tabela, relação f. 2. itinerário, horário m. ‖ v. 1. tabelar. 2. planejar, arranjar, fixar (data).

on ~d time no horário. **the meeting is ~d on Monday** a reunião está marcada para segunda-feira.

schedulize [~aiz] v. 1. enlistar, organizar em tabela. 2. estabelecer horário.

schema [sk'i:mə] s. esquema, quadro sinóptico m.

schematic [skim'ætik] adj. esquemático, diagramático. ‖ ~ally adv. esquematicamente.

schematize [sk'i:mətaiz] v. esquematizar.

scheme [ski:m] s. 1. esquema, desenho, plano, projeto m., forma f. 2. plano m. conspiração, intriga, maquinação f., esquema, sistema, método m. ‖ v. planejar, conspirar, maquinar.

schemer [sk'i:mə] s. 1. projetista m. + f., planejador m. 2. intrigante m. + f., maquinador m.

scheming [sk'i:miŋ] adj. intrigante, maquinador.

scherzo [sk'eatsou] s. (**pl. scherzi**) (Mús.) scherzo (ital.): parte graciosa de uma peça musical.

schism [sizm] s. cisma m.: divisão em grupos hostis.

schismatic [sizm'ætik] s. cismático m. ‖ adj. também **schismatical** [~əl] cismático. ‖ ~ally adv. cismaticamente.

schist [ʃist] s. (Miner.) xisto m.

schistose [ʃ'istous], **schistous** [ʃ'istəs] adj. (Miner.) xistoso.

schizogenesis [skizədʒ'enəsis] s. (Biol.) esquizogenia f.

schizoid [sk'izoid] adj. (Med.) esquizóide.

schizophrenia [skizofr'i:niə] s. (Med.) esquizofrenia f.

schizophrenic [skizofr'enik] adj. (Med.) esquizofrênico.

schmaltz [ʃmɑlts] s. (gíria, E. U. A.) 1. música sentimental f. 2. sentimentalismo m. exagerado.

schnaps [ʃnæps] s. (alem.) aguardente f.

schnitzel [ʃn'itsəl] s. (alem., Culin.) costeleta f. de vitela.

schnorkel [ʃn'ɔ:kəl] (alem.) s. respiradouro m. de submarino.

scholar [sk'ɔlə] s. 1. pessoa estudada f., sábio m. 2. bolsista m. + f. 3. escolar, estudante m. + f.
he is an excellent Greek ~ ele tem ótimos conhecimentos de grego.

scholarly [~li] adj. 1. escolar. 2. sábio. 3. estudioso.

scholarship [~ʃip] s. 1. conhecimento m., sabedoria f. 2. bolsa f. de estudos.
classical ~ educação clássica, humanística.

scholastic [skəl'æstik] s. 1. escolástico m. 2. teólogo e filósofo m. da Idade Média. ‖ adj. 1. escolar, acadêmico. 2. pedante. 3. escolástico. ‖ ~ally adv. escolasticamente.

scholasticism [skəl'æstisizm] s. (Filos. medieval) escolasticismo m., escolástica f.

scholiast [sk'ouliæst] s. escoliasta m. + f.

school (I) [sku:l] s. 1. escola, universidade f., lugar m. de ensino. 2. curso m., aulas f. pl. 3. corpo docente m. 4. experiência, escola f., o que serve para instruir ou ensindr. 5. classe f., grupo m. (de artistas ou pessoas) que exibem os mesmos métodos, costumes, etc. 6. faculdade f. 7. prédio m. onde se dá aula, ginásio m., sala f. de aulas, classe f. ‖ v. 1. educar, ensinar. 2. treinar, disciplinar.
endowed ~ escola mantida por uma fundação. **girls' ~** escola de meninas. **grammar ~, high ~** escola secundária, colégio, liceu. **~ of mines** escola de mineralogia. **preparatory ~** escola preparatória. **Public school** (Ingl.) escola graduada, (E. U. A. e Escócia) escola pública, primária. **Sunday ~** escola dominical, religiosa. **technical ~** escola técnica. **to go to ~** ir à escola, freqüentar a escola. **~ is over** as aulas terminaram. **to ~ o. s. to patience** acostumar-se a ter paciência.

school (II) [sku:l] s. cardume m. de peixes.

schoolable [sk'u:ləbl] adj. em idade escolar, apto

para a escola.

school age s. idade escolar f.

schoolbag [sk'u:lbæg] s. maleta escolar f.

school board s. conselho m. de diretores, em escola pública.

school-book s. livro escolar m.

schoolboy [sk'u:lbɔi] s. aluno m.

school bus s. ônibus escolar m.

school cap s. boné m. de escolar.

school-days s. pl. anos m. pl. de escola, tempo m. de escola.

school-fee s. mensalidade f. de escola.

schoolfellow [sk'u:lfelou] s. colega m. + f. de escola.

schoolgirl [sk'u:lgə:l] s. aluna f.

schoolhouse [sk'u:lhaus] s. prédio escolar m. (quadro V 3).

schooling [sk'u:liŋ] s. 1. instrução, educação escolar f. 2. custo m. de educação. 3. treinamento m. de cavalo e cavaleiro.

school-magazine s. jornal m. de escola.

schoolman [sk'u:lmən] s. escolástico, teólogo medieval m.

schoolmaster [sk'u:lma:stə] s. mestre-escola, professor, diretor m. de escola.

schoolmate [sk'u:lmeit] s. colega m. + f., companheiro m. de escola.

schoolroom [sk'u:lru:m] s. sala f. de aulas, classe f.

schoolteacher [sk'u:lti:tʃə] s. professor m.

school-treat s. festa f. de escola.

school-work s. lição f.

schooner [sk'u:nə] s. 1. (Náut.) escuna f. 2. (E. U. A., coloq.) caneca f., copo grande m. para cerveja.

sciatic [sai'ætik] adj. ciático.

~ **nerve** nervo ciático.

sciatica [~ə] s. (Med.) ciática f.

science [s'aiəns] s. 1. conhecimento m., doutrina, sabedoria f., sistema m. de fatos e princípios. 2. ciência, ciência natural f. 3. arte, técnica f. **the ~ of mathematics** matemática. **Christian Science** ciência cristã. **natural ~** ciências naturais. **doctor of ~** doutor em ciências naturais. **man of ~** homem de ciência, cientista.

science fiction s. (Lit.) ficção científica f.

sciential [sai'enʃəl] adj. científico. || ~ly adv. cientificamente.

scientific [saiənt'ifik] adj. 1. instruído, sabido, com perícia. 2. científico. 3. sistemático, exato. || ~ally adv. cientificamente.

scientism [s'aiəntizm] s. 1. (às vezes depreciat.) caráter ou cunho m. científico. 2. linguagem f. científica ou pseudocientífica.

scientist [s'aiəntist] s. cientista m. + f., sábio m.

scientistic [saiənt'istik] adj. 1. (às vezes depreciat.) científico. 2. pseudocientífico.

scil. abr. de **scilicet** [s'ailiset] (latim) isto é, a saber.

scimitar [s'imitə] s. cimitarra f.

scintilla [sint'ilə] s. 1. traço m., partícula f. 2. centelha f.

scintillant [~nt] adj. cintilante.

scintillate [s'intileit] v. cintilar, faiscar, brilhar.

scintillation [sintil'eiʃən] s. cintilação f.

scintillation counter s. (Fís.) cintilômetro m.

sciolism [s'aiəlizm] s. saber superficial m.

sciolist [s'aiəlist] s. 1. pessoa semidouta f. 2. (irônico) sabichão m.

scion [s'aiən] s. 1. descendente m. + f., filho m. 2. (Bot.) rebento, enxerto m., muda f.

scirrhoid [s'irɔid], **scirrhous** [s'irəs] adj. (Med.) cirroso, cirrótico.

scissel [s'isəl] s. cavacos, restos m. pl. de metal, cisalhas f. pl.

scissile [s'isil] adj. que se pode fender ou rachar.

scission [s'iʒən] s. 1. cisão f.: ação de cindir, cortar ou rachar. 2. divisão f., corte m.

scissor [s'izə] v. cortar, recortar com tesoura.

~**bill** (E. U. A.) operário não sindicalizado.

scissorings [~riŋs] s. pl. retalhos, restos, recortes m.

scissors [~z] s. pl. tesoura f.

a pair of ~ uma tesoura. ~**(s)-grinder** amolador, afiador (de tesouras).

scissure [s'iʒə] s. (†) corte, racho m., fenda, cissura f.

sciurine [s'aijuərin] s.(Zool.) ciurídeo m. || adj. relativo aos ciurídeos.

sclera [skl'iərə] s. (Med.) esclerótica f.

sclerenchyma [skliər'eŋkimə] s. (Bot.) esclerênquima m.

scleriasis [skliər'aiəsis] s. (Med.) esclerismo m.

scleroderma [sklərod'ə:mə], **sclerodermia** [sklərod'ə:miə] s. (Med.) esclerodermia f.: doença da pele.

scleroma [skliər'oumə] s. (Med.) escleroma m.

sclerosis [skliər'ousis] s. (Med.) esclerose f.

sclerotic [skliər'ɔtik] s. (Anat.) esclerótica f. (quadro E 3). || adj. duro, endurecido, esclerosado.

sclerotitis [skliərot'aitis] s. (Med.) esclerotite f.

sclerotomy [skliər'ɔtəmi] s. (Med.) esclerotomia f.

sclerous [skl'iərəs] adj. esclerosado, duro, endurecido.

scoff [skɔf] s. 1. zombaria f., escárnio m. 2. alvo m. de zombaria. || v. ridicularizar, zombar, escarnecer.

scoffer [sk'ɔfə] s. zombador, escarnecedor m., zombadora f.

scoffing [sk'ɔfiŋ] adj. escarnecedor, zombador. || ~**ly** adv. com zombaria.

scofflaw [sk'ɔflɔ:] s. (coloq.) transgressor m., esp. o que não paga multa.

scold [skould] s. pessoa ralhadora f. || v. renhir, ralhar, xingar.

scolder [sk'ouldə] s. ralhador m., ralhadora f.

scolding [sk'ouldiŋ] s. ação de ralhar, repreensão f. **she gave him a good** ~ ela lhe passou um pito.

scoliosis [skɔli'ousis] s. (Med.) escoliose f.: curvatura lateral da coluna vertebral.

scollop [sk'ɔləp] = **scallop**.

sconce [skɔns] s. 1. candeeiro m. 2. arandela f.: parte do castiçal que segura a vela. 3. baluarte, forte m., abrigo m. 4. crânio m., cabeça f., (fig.) miolo m., inteligência f. 5. (na universidade de Oxford) pequena multa f. || v. 1. fortificar. 2. ocultar. 3. multar.

scone [skɔn] s. (esc.) bolinho m. (de aveia) às vezes feito na grelha.

scoop [sku:p] s. 1. pá f. (quadro W 1). 2. concha f. 3. (Náut.) colherão, bartedouro, alcatruz m. 4. escavação, cavidade arredondada f. 5. (Cirurg.) espátula, cureta f. 6. (E. U. A.) furo jornalístico m. 7. lucro m. || v. 1. tirar com concha. 2. escavar, cavar, tirar (com concha). 3. (E. U. A., gíria) publicar uma notícia no jornal antes dos outros. **to** ~ **up** juntar (raspando).

scooper [sk'u:pə] s. 1. o que escava ou tira. 2. escopro, cinzel m.

scoopful [sk'u:pful] s. conchada f., o que cabe numa pá.

scoop-wheel s. nora f.: aparelho para tirar água de poço.

scoot [sku:t] v. correr, fugir.

scooter [sk'u:tə] s. 1. patinete m. 2. (E. U. A.) veleiro m. com patinetes para água ou gelo. **motor** ~ motoneta.

scope [skoup] s. 1. extensão, distância f., escopo, alcance m., esfera f. 2. espaço, lugar, campo m., oportunidade f. 3. (†) finalidade f., alvo m. 4. liberdade, folga f.
that comes within my ~ isto é da minha alçada.
he gave free (ou **full**) ~ **to his fury** ele deu expansão à sua raiva.

scorbutic [skɔːbjuˈtik] adj. (Med.) escorbútico.

scorch [skɔːtʃ] s. queimadura leve f., marca f. de queimadura. ‖ v. 1. chamuscar, queimar superficialmente. 2. secar, ressecar, murchar. 3. (fig.) criticar com palavras ásperas. 4. (Autom., gíria) imprimir velocidade ao carro.
~ed earth terra queimada.

scorcher [skɔːtʃə] s. 1. pessoa arrojada f., o que abusa da velocidade. 2. dia muito quente m.

scorching [skɔːtʃiŋ] s. vulcanização prematura f. ‖ adj. 1. ardente, muito quente. 2. (fig.) agudo, mordaz. ‖ ~ly adv. ardentemente, agudamente.

score [skɔː] s. 1. contagem f., número de pontos feitos num jogo, etc. 2. dívida, quantidade devida f., débito m. 3. razão f., motivo m. 4. (Mús.) partitura f. 5. entalhe, corte m. 6. grupo ou jogo de vinte m. 7. ~s pl. grande número m. ‖ v. 1. sulcar, cortar, entalhar, fazer incisão, marcar (na conta) por meio de cortes em um pedaço de madeira. 2. fazer pontos, suceder. 3. marcar, registrar, anotar. 4. ganhar, receber, alcançar. 5. (Mús.) instrumentar, orquestrar. 6. gravar, cortar, riscar.
to pay off ou **settle a** ~ destorrar-se de uma ofensa.
you can put that down to my ~ você pode pôr isto na minha conta. **what's the** ~? como está o jogo? **he ran up** ~**s** ele fez dívidas. **(up) on the** ~ **of...** em consideração de..., por causa de... **upon what** ~? por que motivo? **to** ~ **up** somar na conta, atribuir (alguma coisa a alguém). **to** ~ **a hit** (E. U. A.) ter grande sucesso. **this** ~**s for me** isto conta para mim. **to** ~ **off** bater, ultrapassar, superar. **to** ~ **out** riscar, anular, apagar.

scoreboard [skɔːbɔːd] s. (Esp.) placar m.

score-card s. (golfe) cartão m. de marcação.

scorekeeper [skɔːkiːpə] s. marcador m. (de pontos).

scoreless [skɔːlis] adj. (Esp.) sem pontos.

scoria [skɔːriə] s. pl. **scoriae** [—iiː] escória f.

scoriaceous [skɔːriˈeiʃəs] adj. escoriáceo.

scorification [skɔːrifikˈeiʃən] s. escorificação f.

scorify [skɔːrifai] v. escorificar, escoriar.

scorn [skɔːn] s. 1. desprezo m., escárnio, desdém m. 2. alvo m. de escárnio. ‖ v. 1. desprezar. 2. refutar.
they treated him with ~ trataram-no com desprezo.
he was held in ~ ele foi desprezado. **he was their** ~ ele foi o alvo do seu escárnio. **they laughed him to** ~ zombaram dele, ridicularizaram-no. **I should** ~ **to do it** eu me recusaria a fazê-lo.

scorner [skɔːnə] s. zombador, escarnecedor m.

scornful [skɔːnful] adj. desprezador, zombador. ‖ ~ly adv. com desprezo, desdenhosamente.

scornfulness [~nis] s. qualidade do que é desprezível.

Scorpio [skɔːpiou] s. (Astron.) Escorpião m.

scorpioid [skɔːpiɔid] adj. escorpioide.

scorpion [skɔːpiən] s. 1. (Zool.) escorpião m. 2. espécie de açoite.

Scorpius [skɔːpiəs] s. Escorpião m.: 1. (Astron.) constelação austral. 2. (Astrol.) signo do Zodíaco.

Scot [skɔt] s. escocês m., escocesa f.

scot [skɔt] s. contribuição, taxa f., imposto m.
he paid them ~ **and lot** ele os pagou até o último vintém.

Scotch [skɔtʃ] s. 1. escoceses, habitantes da Escócia m. pl. 2. escocês m., dialeto m. da Escócia. 3.

uísque escocês m. ‖ adj. escocês.
~ **broth** sopa de cevadinha. ~ **fir** pinheiro-bravo. ~ **kale** repolho roxo.

scotch (I) [skɔtʃ] s. sulco, corte m., incisão f. ‖ v. 1. ferir levemente. 2. tornar inofensivo. 3. cortar.

scotch (II) [skɔtʃ] s. calço m., cunha f. ‖ v. frenar, travar (roda) com cunha.

Scotch-Irish s. escocês-irlandês m. ‖ adj. escocês-irlandês.

Scotchman [skɔtʃmən] s. (também **Scotsman**) escocês m.
Flying ~ trem expresso entre Euston e Edinburgh.

Scotch tape s. (Marca registrada) durex m.

Scotch terrier s. cão m. de pernas curtas e pêlo ouriçado (quadro D 3).

Scotchwoman [skɔtʃwumən] s. (também **Scotswoman**) escocesa f.

Scotch woodcock s. (Culin.) ovos m. pl. mexidos com torrada e enchova.

scoter [skoutə] s. (Ornit.) grande pato marinho m.

scot-free adj. 1. isento de taxa. 2. impune.

Scotia [skouʃə] s. (poét.) Escócia f.

Scotland [skɔtlənd] s. Escócia f.
~ **Yard** 1. polícia central de Londres. 2. gabinete de investigação.

scotoma [skoutˈoumə] s. (Med.) escotoma m.

Scotsman, Scotswoman = **Scotchman, Scotchwoman**.

Scotticism [skɔtisizm] s. expressão f. particular dos escoceses.

Scottish [skɔtiʃ] s. 1. escoceses m. pl. 2. língua escocesa f. ‖ adj. escocês.

scoundrel [skaundrəl] s. salafrário, maroto m., tratante m. + f. ‖ adj. maroto, patife. ‖ ~ly adv. infamemente.

scoundrelism [~izm] s. patifaria f.

scour (I) [skauə] s. 1. corrente, correnteza rápida f., profunda f. 2. ação de limpar, de lavar (com corrente de água). 3. disenteria bovina f. ‖ v. 1. polir, brunir, esfregar, arear. 2. limpar. 3. lavar, limpar com água corrente.

scour (II) [skauə] v. 1. correr sobre, percorrer (um país), voar sobre. 2. perseguir, procurar, explorar.

scourer [skauə] s. 1. esfregador, limpador m. 2. purgante m.

scourge [skəːdʒ] s. 1. açoite, azorrague m. 2. castigo m. 3. flagelo m. ‖ v. 1. açoitar, chicotear, punir, castigar. 2. afligir, flagelar.

scourger [skəːdʒə] s. açoitador, (Rel.) flagelador, castigador m.

scout (I) [skaut] s. 1. observador, batedor, escoteiro m. 2. navio, avião, etc. de reconhecimento m. 3. escoteiro m. 4. (gíria) rapaz, moço m., pessoa f. ‖ v. 1. espiar, observar, examinar. 2. fazer reconhecimento, patrulhar, vigiar.
Boy Scout escoteiro. **Girl Scout** escoteira. ~ **party** patrulha de reconhecimento.

scout (II) [skaut] v. 1. rejeitar com desdém, refutar. 2. zombar de, desprezar.

scoutcraft [skautkrɑːft] s. escoteirismo m.

scout-master s. chefe m. de um grupo de escoteiros.

scow [skau] s. (E. U. A.) chata, barcaça f. ‖ v transportar em chata.

scowl [skaul] s. carranca f., olhar zangado m. ‖ v. fazer carranca, olhar bravo ou zangado, carregar o sobrolho, franzir a testa.

scrabble [skræbl] s. ação de arrastar-se, de gatinhar. 2. raspagem, esgaravatação f. 3. rabiscadura f. ‖ v. 1. arranhar, raspar, esgaravatar. 2. lutar. 3. rabiscar, garatujar.

scrag [skræg] s. 1. pessoa magra f., animal magro m. 2. (fig.) esqueleto m. 3. (gíria) pescoço m. 4. carne f. do pescoço do carneiro. ‖ v. (gíria) torcer o pescoço, estrangular, enforcar.

scraggedness [skr'ægdnis], **scragginess** [skr'æginis] s. 1. magreza f. 2. aspereza f.

scraggly [skr'ægli] adj. áspero, rugoso, irregular, eriçado, hirsuto.

scraggy [skr'ægi] adj. 1. magro, fino, esquelético. 2. áspero, rugoso, eriçado. ‖ **–ily** adv. macilentamente, com grande magreza, asperamente.

scram [skræm] v. (gíria, E. U. A.) safar-se, sumir. ‖ interj. **~!** fora!, suma!

scramble [skræmbl] s. 1. passeio m., escalada ou subida f. sobre terreno áspero. 2. sururu m. 3. luta f. (por possuir). ‖ v. 1. subir, arrastar-se, andar com dificuldade. 2. lutar, brigar (com outros por alguma coisa). 3. misturar, mexer (ovos).
to ~ for estender a mão para agarrar. **to ~ through** executar com dificuldade. **~d eggs** ovos mexidos.

scrambler [skr'æmblə] s. o que se arrasta, o que labuta.

scramblingly [skr'æmbliŋli] adv. desordenadamente, a esmo, apressadamente.

scranch [skræntʃ] v. roer, esmagar com os dentes.

scrap (I) [skræp] s. 1. pedaço, fragmento, pedacinho, resto m. 2. pedaço m. de jornal, de papel, recorte m. 3. torresmo m. 4. refugo m., sobras f. pl. ‖ v. 1. quebrar, esmagar, transformar em pedaços. 2. descartar, jogar no ferro velho, desprezar.
~–book livro ou álbum para recortes. **~–heap** monturo, monte de refugo, lixo, monte de ferro velho. **~–iron** ferro velho, sucata. **~–paper** papel ordinário para rascunho. **~ tobacco** fumo para cachimbo. **~ value** valor de material usado.

scrap (II) [skræp] s. (gíria) sururu m., briga f. ‖ v. (gíria) lutar, brigar.

scrape [skreip] s. 1. ato, ruído m. ou efeito m. de raspar, ou arranhar. 2. rapapé m. 3. aperto m., dificuldade f., embaraço m. ‖ v. 1. raspar, tirar por raspagem. 2. roçar, arranhar. 3. juntar, acumular. 4. economizar. 5. passar com dificuldade, labutar. 6. fazer um rapapé 7. tocar mal o violino.
to ~ along (gíria) viver ao deus-dará. **to ~ acquaintance with** (gíria) insinuar-se na amizade de. **to ~ off** raspar. **to (bow and) ~** bajular. **to ~ against s. th.** esfregar-se contra alguma coisa. **to ~ through** passar com dificuldade, passar apertado.

scraper [skr'eipə] s. 1. miserável, pão-duro m. 2. mau tocador m. de instrumento. 3. raspador m., raspadeira f. (quadro P 1). 4. limpador de pés m.

scraping [skr'eipiŋ] s. 1. raspagem f. 2. raspadura f., raspas f. pl.

scrapings [~z] s. pl. 1. economias f. pl. 2. restos m. pl.

scrappy [skr'æpi] adj. 1. fragmentário, desconexo, incoerente, juntado de pedaços. 2. (gíria) briguento. ‖ **–ily** adv. de modo fragmentário.

scraps [skræps] s. pl. metal velho m., sucata f., sobras f. pl.

scratch [skrætʃ] s. 1. arranhadura, esfoladura, raspadura f. 2. arranhão m. 3. ruído m. de raspar ou arranhar. 4. raspagem f. 5. lugar m. de partida, linha f. de saída para corrida, etc. 6. rabiscos m. pl. 7. (Veter.) arestim m., grapa f. ‖ v. 1. arranhar, riscar, marcar. 2. rasgar, arranhar, cavar com as unhas ou garras. 3. coçar. 4. esfregar, roçar. 5. arranhar (como pena de escrever). 6. rabiscar, escrever às pressas. 7. apagar, riscar, cancelar. 8. eliminar, retirar (um cavalo) de uma corrida. 9. (Esp.) cancelar um jogo. 10. labutar, economizar. ‖ adj. colecionado ou juntado às pressas, multifário, indefinido.

to start from ~ partir da linha de saída, (fig.) começar com nada. **to bring to the ~** fazer alguém trabalhar. **it doesn't come up to ~** não corresponde às expectativas. **to ~ out** riscar, apagar. **~ meal** refeição improvisada.

scratcher [skr'ætʃə] s. 1. o que arranha, o que raspa m. 2. raspador m., raspadeira f.

scratcher gauge s. esclerômetro, medidor m. de traço.

scratch hardness s. dureza f. esclerométrica.

scratchings [skr'ætʃiŋz] s. pl. torresmo m.

scratch line s. (Esp.) linha de largada f.

scratch pad s. borrador m.

scratch test s. (Med.) teste m. de arranhadura.

scratchy [skr'ætʃi] adj. 1. rangente. 2. tosco (desenho). 3. (Esp.) heterogêneo.

scrawl [skrɔ:l] s. rabisco m., letra ilegível f. ‖ v. escrevinhar, rabiscar, escrever de modo ilegível.

scrawler [skr'ɔ:lə] s. escrevinhador, rabiscador m.

scrawly [skr'ɔ:li] adj. rabiscado, ilegível (letra).

scrawny [skr'ɔ:ni] adj. (E. U. A.) magro, fino, esquelético.

scray [skrei] s. (Ornit.) andorinha-do-mar f.

screak [skri:k] s. estridor, rangido, chiado m. ‖ v. ranger, chiar.

scream [skri:m] s. 1. guincho, grito agudo, estridente, alto m. 2. coisa muito divertida f. ‖ v. 1. guinchar, gritar alto. 2. emitir som estridente, falar alto. 3. rir alto.
a perfect ~ pândega, folia. **to ~ out** soltar grito agudo. **to ~ with laughter** rir alto.

screamer [skr'i:mə] s. 1. gritador m. 2. (Ornit.) anhuma f.

screaming [skr'i:miŋ] adj. 1. agudo, penetrante, alto. 2. formidável, divertido. ‖ **~ly** adv. de modo penetrante ou agudo, formidavelmente.
it's ~ é para morrer de rir. **~ nonsense** tolice incrível.

screaming-meemies s. (coloq.) forte tensão nervosa f.

scree [skri:] s. entulho m. nas bases de penhascos (quadro M 7).

screech [skri:tʃ] s. guincho, grito alto, penetrante (de medo) m., gritaria f. ‖ v. guinchar, gritar, chiar, apitar.
~–owl (Orn.) mocho m.

screechy [skr'i:tʃi] adj. estridente, agudo.

screed [skri:d] s. 1. arenga, tirada f., discurso ou escrito longo m. 2. faixa, guia de reboque, tira, faixa comprida f. (de pano, de madeira, de terra).

screen [skri:n] s. 1. biombo m., separação f., anteparo m. 2. grade, tela f. 3. pára-brisa m. 4. grelha f. 5. crivo m., peneira f., jogo m. de peneiras para separar areia, carvão, etc., separador (quadro B 22). 6. tela f. de cinema (quadro E 3). 7. filmes m. pl. 8. barreira, grade, caniçada f. 9. (Fís.) grade, barreira, proteção f., blindagem f. 10. (Fot.) retícula f. 11. guarda-fogo m. (quadro F 2). ‖ v. 1. abrigar, proteger, esconder. 2. projetar (um filme sobre a tela), exibir. 3. filmar. 4. adaptar para filmagem. 5. peneirar, separar com peneira.
~ advertising propaganda em cinema. **~ defroster** (Autom.) descongelador para o pára-brisa. **~–record** reportagem cinematográfica. **~–reporter** repórter para as atualidades cinematográficas. **~–wiper** limpador de pára-brisa. **~–writer** escritor de enredos cinematográficos.

screening [skr'i:niŋ] s. 1. (Eletr.) blindagem f. 2. peneiração f., peneiramento m.

screenings [~z] s. pl. refugo m. (de peneira).

screenplay [skr'i:nplei] s. (Cin.) roteiro m.: enredo original ou adaptação.

screen test s. (Cin.) 1. teste de cinema m. 2. seqüência f. de filmagem-teste.

screw [skru:] s. 1. parafuso m. (quadro B 16). 2. fuso
m. 3. porca f. 4. hélice f. (quadro B 16). 5. volta
f. de parafuso, movimento fusiforme m. 6. instrumento de tortura para apertar os polegares m. 7.
(gíria) pessoa miserável f., pão-duro m. 8. (fig.)
pressão f. 9. (gíria) gazua f. 10. (Coloq.) salário
m. ‖ v. 1. parafusar, atarraxar. 2. montar ou desmontar por meio de parafusos. 3. torcer, rosquear.
4. apertar, fixar com parafuso. 5. forçar, comprimir, esticar por meio de parafusos. 6. forçar, obrigar, apertar, oprimir. 7. deturpar, alterar, falsificar, contorcer. 8. juntar, acumular (forças).
differential ~ rosca diferencial. **endless ~** rosca sem
fim. **female ~** rosca fêmea. **male ~** rosca macha.
thumb ~, wing ~ porca borboleta. **to give the ~ a
turn** exercer pressão. **they put the ~ on him** exer-
ceram pressão sobre ele, apertaram-no. **he has
a ~ loose** ele tem uma aduela de menos. **to ~
down** desparafusar. **to ~ out** extorquir, arrancar,
(fig.) espremer. **we ~ed it out of him** (gíria) aper-
tamo-lo até confessar. **to ~ tight** apertar com
parafuso. **to ~ up** apertar um parafuso, instigar.
to ~ one's face up contorcer o rosto.

screwable [skru:əbl] adj. que pode ser parafusado.

screw-ball s. (gíria) pessoa excêntrica f.

screw-cap s. (Mec.) união f., tampa f. com rosca.

screw-clamp s. morsa f., grampo m. de parafuso,
grampo C, sargento m.

screw-compasses s. pl. compasso m. de rosca.

screw-coupling s. luva roscada f.

screw-cutter s. tarraxa f.

screw-die s. (Mec.) tarraxa f. de cossinetes.

screw-dolly s. (Mec.) encosto m. de parafuso.

screw-driver s. chave f. de fenda, chave de parafuso
(quadro B 16).

screwed [skru:d] adj. 1. aparafusado, atarraxado. 2.
(gíria) bêbado.

screw-gear s. engrenagem helicoidal f.

screw-joint s. junta parafusada f., junta, união f.
de rosca.

screw-key s. chave f. de boca.

screw-nut s. (Mec.) porca f. (quadro B 16).

screw-pile s. estaca-rosca f.

screw plate s. (Mec.) tarraxa f. de palmatória.

screw-press s. prensa f. de parafuso.

screw-propeller s. propulsor m., hélice propulsora f.

screw-stock s. porta-cossinetes m.

screw-tap s. (Mec.) macho m. de tarraxa.

screw-thread s. (Mec.) filete m. de rosca, rosca f.

screw-vice s. morsa f., torno m. de bancada (quadro B 16).

screw-wrench s. chave inglesa f., chave de parafuso.

screwy [skr'u:i] adj. (gíria) 1. maluco, extravagante, esquisito. 2. semi-embriagado.

scribal [skr'aibəl] adj. relativo à escrita, relativo a
escritor ou escrivão.
~ error erro ortográfico.

scribble [skribl] s. rabiscos m. pl. ‖ v. rabiscar, escrevinhar, escrever às pressas.

scribbler [skr'iblə] s. escrevinhador m.

scribbling [skr'ibliŋ] s. 1. escrevinhadura f., rabiscos
m. pl. 2. letra ilegível f.
~ paper papel para rascunho.

scribe [skraib] s. 1. escrevente m. + f., escriturário
m. 2. escriba m. 3. escritor, autor m. ‖ v. riscar,
escrever, traçar.

scriber [skr'aibə] s. riscador, ponteiro m.

scrim [skrim] s tecido forte m. de algodão ou linho
m. usado para forro.

scrimmage [skr'imidʒ] s. tumulto m., briga, escara-

muça f., (Futeb.) luta f. pela bola. ‖ v. lutar
pela bola.

scrimp [skrimp] s. (E. U. A., gíria) pão-duro m. ‖ v.
1. economizar, mesquinhar. 2. encurtar, estreitar,
limitar. 3. tratar com muita economia, miseravelmente. ‖ adj. apertado, escasso, mesquinho.

scrimpy [skr'impi] adj. escasso, apertado, deficiente.
‖ **–ily** adv. de modo escasso ou apertado.

scrimshank [skr'imʃæŋk] v. (gíria) 1. fugir do trabalho. 2. (gíria milit.) esquivar-se de serviço militar.

scrimshaw [skr'imʃɔ:] s. trabalho entalhado e pintado m. ‖ v. decorar, entalhar, pintar.

scrip (I) [skrip] s. 1. escrita f. 2. recibo, certificado,
documento (provisório) m. 3. papel-moeda m. usa-
do pelo exército de ocupação.

scrip (II) [skrip] s. sacola, mochila f. de peregrino.

script [~t] s. 1. manuscrito m., escrita, caligrafia
f. 2. letra f. 3. manuscrito, documento original
m. 4. enredo, argumento de um filme m.
phonetic ~ escrita fonética.

scriptorial [skript'ɔ:riəl] adj. escrito (não oral), usado
para escrever.

scriptorium [skript'ɔ:riəm] s. (pl. **scriptoria**) (†) escritório m. (em um mosteiro).

scriptural [skr'iptʃərəl] adj. bíblico, de acordo com
a escritura.

scripture [skr'iptʃə] s. escritura sagrada f.

Scripture [~] s. Bíblia f. (também **the Holy ~**).

scriptwriter [sk'riptraitə] s. (Cin., Rádio, Telev.) roteirista m. + f.

scrivener [skr'ivnə] s. secretário, escrivão m., amanuense m. + f.

scrod [skrɔd] s. (E. U. A.) bacalhau novo m.

scrofula [skr'ɔfjulə] s. (Med.) escrófula f.

scrofulous [~s] adj. escrofuloso. ‖ **~ly** adv. escrofu-
losamente.

scroll [skroul] s. 1. rolo m. de papel, de pergaminho
m. 2. (Arquit.) voluta f. 5. voluta f. de violino
(escrito). 2. rol m., lista f. 3. ornamento, arabesco
(quadro V 1). ‖ v. 1. enrolar. 2. ornamentar com
arabescos.

scroll-saw s. serra tico-tico f.

scroll-work s. ornato m. em forma de arabescos.

scrooch [skru:tʃ] v. (E. U. A.) agachar-se.

scroop [skru:p] s. rangido m. ‖ v. ranger.

scrotum [skr'outəm] s. (Anat.) escroto m. (quadro
H 9).

scrounge [skraundʒ] v. (gíria milit.) 1. surripiar,
bater. 2. pedinchar.

scrounger [skr'aundʒə] s. 1. ladrão, batedor m. de
carteira. 2. pedinchão m.

scrub [skrʌb] s. 1. capoeira, moita f., arbustos m.
pl. 2. coisa mirrada, definhada f., homenzinho,
anão m. 3. vassoura gasta f. 4. pessoa mesquinha
f. 5. esfregação f., ato de esfregar m. ‖ v. 1. esfregar, friccionar, lavar esfregando. 2. lavar. 3. labutar. ‖ adj. pequeno, mísero, inferior.
to ~ for a living labutar pela vida.

scrubber [skr'ʌbə] s. 1. esfregador m., escova f. 2.
esfregão, escovão m. 3. depurador de gás m.

scrubbing [skr'ʌbiŋ] s. esfregamento, ato de esfregar m.
~-brush (também **scrubber**) escova f., esfregão,
escovão m.

scrubboard [skr'ʌbbɔ:d] s. tábua f. de lavar roupa.

scrubby [skr'ʌbi] adj. 1. inferior, miserável. 2. atrofiado, raquítico.

scrubland [skr'ʌblænd] s. terra coberta de vegetação
rasteira f.

scrubwoman [skr'ʌbwumən] s. faxineira f.

scruff [skrʌf] s. pescoço, cogote m., nuca f.
he took the dog by the ~ ele pegou o cachorro

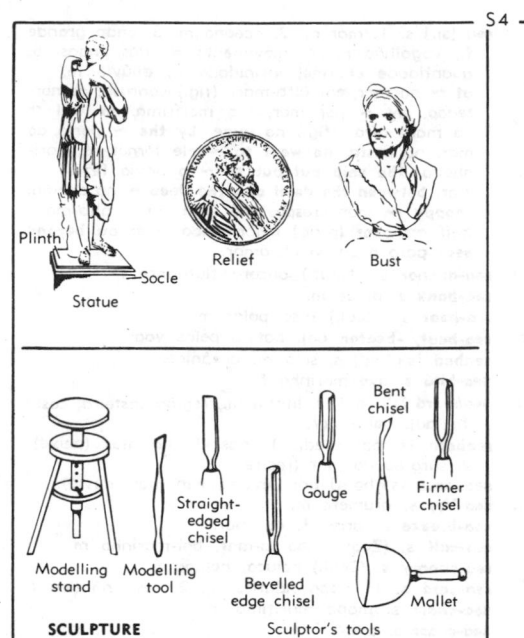

S 4

Binding

To sew on (To stitch on)

French seam

Hem. (Seam)

To hem

Oversewn hem

To patch

Bent chisel

Run and fell seam

Flat seam

Plinth

Relief

Bust

Socle

Statue

Straight-edged chisel

Gouge

Firmer chisel

Modelling stand

Modelling tool

Bevelled edge chisel

Mallet

SCULPTURE

Sculptor's tools

Pin tuck

Reel (Spool, bobbin)

Thimble

SEWING

pelo pescoço.

scrum [skrʌm], **scrummage** [skr'ʌmidʒ] s. (Esp.) luta f. pela bola.

scrumptious [skr'ʌmpʃəs] adj. (gíria) agradável ao paladar, delicioso.

scrunch [skrʌntʃ] (= **crunch**) s. rangido, estalido m. ‖ v. 1. ranger, estalar. 2. mastigar, esmagar.

scruple [skru:pl] s. 1. dúvida, hesitação f. 2. escrúpulo, receio m. 3. escrópulo m.: peso que corresponde a 1,296 g. 4. tiquinho m., quantidade muito pequena f. ‖ v. 1. hesitar, duvidar. 2. ter escrúpulos.

he has no ~s about it ele não tem escrúpulos a respeito.

scrupulous [skr'u:pjuləs] adj. 1. consciencioso, meticuloso, escrupuloso, cuidadoso. 2. hesitante, medroso. ‖ **~ly** adv. escrupulosamente.

scrupulousness [~nis], **scrupulosity** [skru:pjul'ɔsiti] s. escrupulosidade f., hesitação f.

scrutable [skr'u:təbl] adj. escrutável.

scrutinize [skr'u:tinaiz] v. escrutinar, escrutar, examinar, verificar, inspecionar.

scrutinizer [~ə] s. escrutador m.

scrutinizingly [skr'u:tinaiziŋli] adv. de modo escrutador, escrutinador.

scrutiny [skr'u:tini] s. escrutínio, exame minucioso, apuramento m. de votos.

scruto [skr'u:tou] s. (Teat.) alçapão m. no palco, para desaparecimentos.

scuba [sk'u:bə] s. aparelho m. para respiração subaquática.

scud [skʌd] s. 1. corrida, carreira f. 2. nuvens tocadas pelo vento f. pl. 3. chuvisco m. 4. (gíria) corredor m. ‖ v. 1. mover-se rapidamente. 2. (Náut.) navegar com pouca vela, de vento em popa.

scuff [skʌf] s. 1. ato m. de arrastar os pés. 2. som m. de passos arrastados. 3. (E. U. A.) chinelo m. (quadro S 7). ‖ v. 1. arrastar os pés. 2. gastar, desgastar, arranhar (superfície).

~ proof resistente, forte, durável.

scuffle [skʌfl] s. luta corpo-a-corpo, briga f., tumulto m. ‖ lutar, brigar. 2. arrastar os pés.

scuffle hoe s. enxada f. (tipo de).

scuffler [sk'ʌflə] s. 1. valentão, briguento, brigão m. 2. sacho m.

scull [skʌl] s. 1. ginga f., remo curto m. usado na popa com um movimento de torção. 2. gingação f. 3. catraia f., barco leve m. de corrida. ‖ v. remar, gingar.

sculler [sk'ʌlə] s. 1. remador, gingador m. 2. barco m. de remo, catraia f. (quadro B 15).

scullery [~ri] s. lugar m. onde se lava louça de cozinha, copa f.

scullery-maid s. lavadeira f. de pratos.

sculling [sk'ʌliŋ] s. gingação f.

~ about vadiando, vagabundando.

scullion [sk'ʌljən] s. 1. (†) lavador m. de pratos. 2. pessoa desprezível f.

sculls [skʌls] pl. s. corrida f. de barcos leves.

sculp [skʌlp], **sculpt** [skʌlpt] v. esculpir, entalhar, modelar.

sculptor [sk'ʌlptə] s. escultor m.

sculptress [sk'ʌlptris] s. escultora f.

sculptural [sk'ʌlptʃərəl] adj. escultural. ‖ **~ly** de modo escultural.

sculpture [sk'ʌlptʃə] s. 1. arte f. de esculpir, escultura, gravura f. (quadro S 4). 2. obra f. feita por escultor, escultura f. ‖ v. esculpir, entalhar, gravar, ornar com escultura.

sculpturesque [~resk] adj. escultural, plástico.

sculpturesqueness [~resknis] s. qualidade f. do que é escultural.

scum [skʌm] s. 1. espuma, escuma f. 2. escória, escumalha, ralé f., gente baixa f. ‖ v. 1. formar espuma, cobrir-se de espuma. 2. escumar, tirar escuma.

scumble [skʌmbl] v. suavizar as linhas de uma pintura, atenuar as cores, esbater.

scummer [sk'ʌmə] s. escumadeira f.

scumming [sk'ʌmiŋ] s. escumação f.

scummy [sk'ʌmi] adj. 1. espumoso, cheio de escuma. 2. baixo, sem valor.

scuncheon [sk'ʌnʃən] s. (Arquit.) recorte, plano oblíquo m.

scunner [sk'ʌnə] s. aversão f., desgosto m. ‖ v. desgostar, sentir-se mal

scupper (I) [sk'ʌpə] s. (Náut.) embornal m.

scupper (II) [sk'ʌpə] v. (gíria brit.). 1. deixar em perigo. 2. aniquilar em ataque de surpresa.

scuppernong [~nɔŋ] s. (E. U. A.) variedade de uva grande, amarela, cultivada no Sul dos E. U. A.

scurf [skə:f] s. caspa, descamação, crosta f.

scurfiness [skə:finis] s. qualidade do que é escamoso, ou casposo.

scurfy [skə:fi] adj. escamoso, tinhoso, casposo.

scurrile [sk'ʌril], scurrilous [~əs] adj. baixo, vil, grosseiro, indecente. ‖ ~ly adv. vilmente, grosseiramente.

scurrilousness [~əsnis], scurrility [skʌr'iliti] s. baixeza, vileza, indecência f., ofensa f.

scurry [sk'ʌri] s. pressa, correria f. ‖ v. correr, apressar-se.

S-curve s. (Autom.) curva em S f.

scurviness [skə:vinis] s. baixeza, vileza, mesquinhez f.

scurvy [skə:vi] s. (Med.) escorbuto m. ‖ adj. baixo, vil, miserável. ‖ ‒ily adv. vilmente.

scurvy-grass s. (Bot.) cocleária f.

'scuse me! [skj'u:zmi] (gíria) abr. de excuse me! desculpe!

scut [skʌt] s. rabinho m., cauda curta (como a de lebre) f.

scutage [skj'u:tidʒ] s. (Hist.) taxa f. paga em substituição ao serviço militar.

scutal [skj'u:təl], scutate [skj'u:teit] adj. em forma de escudo, escamoso.

scutch [skʌtʃ] s. 1. espadela, tasquinha f. 2. tasco, tomento m., estopa f. ‖ v. espadelar, tascar, estomentar.

scutcheon [sk'ʌtʃən] s. (também escutcheon) 1. escudo m., placa, chapa f. com nome. 2. espelho m. de fechadura.

scutcher [sk'ʌtʃə] s. espadela f

scute [skju:t] s. (Zool.) 1. carapaça f. (de tatu, tartaruga, cágado, etc.). 2. grande escama f.

scutiform [skj'u:tifɔ:m] adj. em forma de escudo ou de escama.

scuttle (I) [skʌtl] s. cesto, balde, vasilhame m.

scuttle (II) [skʌtl] s. corrida f., passo rápido m., fuga f. ‖ v. correr, fugir.

to ~ away partir correndo, fugir

scuttle (III) [skʌtl] s. 1. (Náut.) escotilha, portinhola f. 2. (Arquit.) postigo, alçapão m. ‖ v. 1. cortar furos no casco de um navio, afundar um navio, cortando furos no casco. 2. abandonar, desfazer.

scuttlebutt [sk'ʌtlbʌt] s. 1. (Náut.) barrica f. com água potável, bebedouro m. 2. (coloq.) boato m.

scutum [skj'u:təm] s. pl. scuta [sk'u:tə] 1. escudo m. (dos romanos ant.). 2. placa óssea f.

Scylla [s'ilə] s. Cila: rochedo perigoso na ponta sul da Itália.

between ~ and Charybdis entre Cila e Caribdes, entre dois perigos, em um dilema.

scyphiform [s'aifəfɔ:m] adj. (Bot.) em forma de copo.

scythe [saið] s. segadeira f., foice f. para segar (quadro H 5). ‖ v. cortar, ceifar.

scytheman [s'aiðmən] s. segador, ceifeiro m.

Scythian [s'iðiən] s. cita m.: a) habitante da Cítia. b) extinta língua iraniana.

sea [si:] s. 1. mar m. 2. oceano m. 3. onda grande f., vagalhão m. 4. movimento m. das ondas. 5. quantidade enorme, infinidade f., dilúvio m. at ~ no mar, em alto-mar, (fig.) confuso, desnorteado. by ~ por mar, via marítima. at full ~ na maré alta, (fig.) no auge. by the ~ perto do mar, na costa. he went to ~ ele tornou-se marinheiro. the ship put out to ~ o navio fez-se ao mar. between the devil and the deep ~ no dilema. choppy ~ mar crespo. the high ~s o alto-mar. half ~s over (gíria) embriagado. over ou beyond seas para o ou no ultramar.

sea-anchor s. (Náut.) âncora flutuante f.

sea-bank s. dique m.

sea-bear s. (Zool.) urso polar m.

sea-beat, sea-beaten adj. batido pelas vagas.

seabed [s'i:bed] s. solo m. oceânico.

sea-bird s. ave marinha f.

seaboard [s'i:bɔ:d] s. litoral m., região costeira, costa f. ‖ adj. beira-mar.

seaborn [s'i:bɔ:n] adj. 1. nascido no mar (peixe). 2. surgido do mar (recife).

seaborne [s'i:bɔ:n] adj. levado pelo mar (navio).

sea-boy s. grumete m.

sea-breeze s. brisa f. do mar.

sea-calf s. (Zool.) lobo-do-mar, boi-marinho m.

sea-canary s. (Zool.) beluca, beluga f.

sea-card s. 1. mapa náutico m. 2. rosa náutica f.

sea-chart s. mapa marítimo m.

sea-coast s. costa f.

sea-cow s. vaca-marinha f., peixe-boi m.

sea-dog s. foca f., (fig.) lobo-do-mar, marujo m.

seadrome [s'i:droum] s. porto m. para hidroaviões.

seafarer [s'i:fɛərə] s. (poét.) homem do mar.

seafaring [s'i:fɛəriŋ] s. navegação f., ato de viajar por mar. ‖ adj. navegante, relativo ao mar.

sea-fight s. batalha naval f.

sea-fire s. fosforescência f. do mar.

seafood [s'i:fu:d] s. (E. U. A.) peixe m. ou frutos m. pl. do mar.

sea front s. frente f. para o mar.

sea-gauge s. 1. sonda f. 2. calado m. de navio.

sea-girt adj. (poét.) cercado pelo mar.

sea-going adj. de alto-mar, adequado para alto-mar.

sea-green s. cor verde-mar f., verde-mar m.

sea-gull s. (Orn.) gaivota f. (quadro B 4).

sea-hog s. (Zool.) marsuíno, porco-marinho m.

sea horse s. 1. cavalo-marinho m. 2. morsa f. 3. animal legendário m.

sea-island cotton s. (Bot.) algodoeiro-americano m. (Gossypium barbadense).

seal (I) [si:l] s. 1. selo, brasão, escudo m. 2. lacre, selo, fecho m. 3. sigilo, sinete m., marca f., sinal m., 4. (fig.) autenticação, ratificação f. 5. (Téc.) vedação f. ‖ v. 1. marcar, autenticar. 2. (fig.) ratificar, certificar. 3. lacrar. 4. fechar com lacre como garantia. 5. fechar, firmar, segurar, vedar 6. determinar, estabelecer. 7. decidir definitivamente. 8. selar, encerrar.

under hand and ~ confirmado, assinado e selado. the Great S. o selo real. my lips are ~ed tenho o compromisso de não falar. a ~ed book (fig.) livro de sete selos. to ~ up fechar com lacre, lacrar

seal (II) [si:l] s. 1. foca f. 2. pele f. ou couro deste animal. ‖ v. caçar focas.

~-fishing, ~-fishery, ~ing caça às focas. ~ oil óleo de focas. ~skin pele de foca.

sea lane s. rota marítima f.

seal brown s. marrom-escuro m.

sealer (I) [s'i:lə] s. 1. navio m. empenhado na caça de focas. 2. caçador m. de focas.

sealer (II) [s'i:lə] s. (E. U. A.) aferidor m.

sea-level s. nível m. do mar.
sea-line s. horizonte m.
sealing s. ação de selar ou lacrar, vedação f.
~ of the probate of the will abertura oficial de testamento. ~–wax lacre. ~–pliers alicate para lacrar.
sea-lion s. leão-marinho m.
Sea Lord s. um dos lordes do almirantado.
seal-ring s. anel sinete m.
sealskin [s'i:lskin] s. pele f. de foca.
Sealyham [s'i:lihæm] s. raça f. de cachorro, parecido com o terrier.
seam [si:m] s. 1. costura f. 2. sutura, junção, linho f. onde se unem dois cantos (quadros S 2, S 4). 3. (Med.) cicatriz f. 4. fenda, racha f., sulco m. 5. (Geol.) filão, veio m., camada f. ‖ v. 1. costurar, juntar com costura, coser. 2. marcar (a cara) com rugas ou cicatrizes. 3. abrir-se em sulcos.
flat ~ costura rebatida. joining ~ emenda (costura). lapped ~ bainha dobrada. staggered ~ pesponto.
sea-maid, (também ~–maiden) s. sereia, náiade f.
seaman [s'i:mən] s. marinheiro, marujo m.
seamanlike [~laik] adj. próprio de marinheiro.
seamanship [~ʃip] s. marinheiraria f.
sea-mark s. farol m., baliza f. que serve de orientação para navios.
seamew [s'i:mju:] s. (Orn.) gaivota f.
sea mile s. milha marítima f. (Brasil 1.852 m).
seaming [s'i:miŋ] s. 1. costura. 2. bainha f.
seamless [s'i:mlis] adj. sem costura, sem emenda.
seamstress [s'i:mstris] s. costureira f.
seamy [s'i:mi] adj. 1. que tem ou que mostra costuras. 2. péssimo, desagradável.
the ~ side o lado de dentro, o lado pior. the ~ side of life as amarguras da vida.
séance [s'eiã:s] s. (francês) 1. sessão, reunião f. 2. sessão espírita f.
sea-needle s. (Ict.) peixe-agulha m.
sea-nettle s. urtiga-do-mar f. água-viva f.
sea-otter s. (Zool.) lontra-do-mar f.
sea-piece s. marinha f.: pintura f. de motivo marítimo.
sea-pig s. (Zool.) 1. marsuíno m. 2. golfinho m.
sea-plane s. hidroavião m. (quadro H 3).
~ carrier porta-aviões m.
seaport [s'i:pɔ:t] s. porto m. de mar, cidade f. com porto marítimo.
sea power s. potência naval f.
seaquake [s'i:kweik] s. maremoto m.
sear [siə] s. marca f., sinal m. de queimadura. ‖ v. 1. queimar, cauterizar. 2. endurecer, tornar insensível. 3. secar, murchar. ‖ adj. seco, murcho.
search [sə:tʃ] s. 1. procura, busca, diligência f. 2. pesquisa f., exame m. ‖ v. 1. procurar. 2. investigar, examinar. 3. pesquisar, sondar, tentear.
to ~ into pesquisar. ~ me! (E. U. A., gíria) nem idéia. to ~ one's heart investigar o íntimo. to ~ out procurar saber, descobrir, explorar.
searchable [s'ə:tʃəbl] adj. que se pode investigar ou procurar.
searcher [s'ə:tʃə] s. 1. pesquisador, examinador m. 2. fiscal alfandegário m. 3. (Med.) sonda f.
searching [s'ə:tʃiŋ] s. inquirição, procura f., exame m., pesquisa, inspeção f. ‖ adj. 1. perscrutador, minucioso. 2. penetrante, agudo (olhar). ‖ ~ly adv. de modo perspicaz, de modo penetrante.
searchlight [s'ə:tʃlait] s. holofote, farol m., faixa f. de luz (quadro M 4).
search-party s. equipe f. de salvamento.
search-warrant s. ordem policial ou judicial f. para fazer busca em uma casa.
sea-robber, ~–rover s. pirata m.

searoom [s'i:rum] s. (Náut.) espaço m. para manobrar um navio.
sea-route s. rota marítima f.
sea-salt s. sal marinho, sal m. de cozinha.
seascape [s'i:skeip] s. 1. (Pint.) marinha f.: pintura f. de motivos marítimos. 2. paisagem marítima f.
sea-serpent, sea-snake s. cobra f. do mar, monstro marinho m. fabuloso e serpentiforme.
sea-shore s. costa f. beira-mar, litoral m.
sea-sick adj. acometido de enjôo do mar.
sea-sickness s. enjôo m. do mar.
seaside [s'i:said] s. orla marítima f., litoral m. ‖ adj. costeiro.
sea slug s. (Zool.) nudibrânquio m.
season (I) [si:zn] s. 1. estação f. do ano. 2. época f. 3. temporada f. 4. período, tempo m. 5. tempo próprio ou propício m. 6. cio m. dos mamíferos.
bathing ~ estação de águas, temporada para banhos. dead ~ época morta, em que não há movimento comercial. holiday ~ época de férias. theatrical ~ temporada teatral. this happens out of ~ isto acontece em tempo impróprio. tomatoes are out of ~ now agora não é tempo de tomates. in ~ em voga, na época ou no estado propício, com cio. in ~ and out of ~ em qualquer época. at the height of the ~ em plena estação. everything in its ~ cada coisa em seu tempo. with the best compliments for the ~ com os melhores votos para as festas (de Natal, de Páscoa, etc.).
season (II) [si:zn] v. 1. condimentar, melhorar o gosto, temperar. 2. tornar interessante, sazonar. 3. amadurecer, deixar secar (madeira), tornar próprio para o uso, curar (queijo, etc.). 4. ficar próprio para o uso, ficar maduro. 5. acostumar, adaptar-se. 6. moderar, amolecer.
to become ~ed acostumar-se a alguma coisa. a ~ed soldier um soldado experimentado, um veterano
seasonable [s'i:zənəbl] adj. 1. próprio, adequado. 2. oportuno, propício, conveniente, de acordo com a estação. ‖ –bly adv. oportunamente.
seasonableness [~nis] s. conveniência f., o que vem a propósito, o que está de acordo com a estação.
seasonal [s'i:zənəl] adj. sazonal, relativo a estação ou temporada, que depende da estação, que acontece em intervalos regulares. ‖ ~ly adv. de acordo com a época.
seasoning [s'i:zniŋ] s. tempero, condimento m., o que torna alguma coisa atrativa.
season-ticket s. bilhete m. de temporada (esportes, excursões, concertos, teatros, etc.).
sea-swallow s. andorinha-do-mar f.
seat [si:t] s. 1. assento, banco m., cadeira, poltrona f. (quadro C 9). 2. lugar m. para sentar. 3. cadeira f., assento m. no parlamento. 4. traseiro m., nádegas f. pl., fundilho m. 5. modo de sentar, porte m. 6. base f., alicerce, assento m. (também Mec.). 7. lugar, sítio, (fig.) teatro m. 8. residência, moradia, mansão f., lar m. 9. sede f., domicílio m. ‖ v. 1. assentar, colocar em um lugar, sentar. 2. ter lugar ou assentos. 3. colocar assentos. 4. estabelecer, empossar, colocar, instituir. 5. pôr fundilho.
please take a ~ ou have a ~! por favor, sente-se. keep your ~ fique sentado! take your ~s! tomem seus assentos (ônibus). the ~ of judgement o juízo final. the ~ of war o teatro de guerra. to ~ o. s. sentar-se. we'll have to ~ 20 guests teremos de arranjar cadeiras para 20 convidados. the theatre ~s 700... o teatro tem 700 lugares, lotação de 700 lugares. to be ~ed estar sentado, ter seu domicílio, estar localizado. please be ~ed por favor, sente-se!

seat belt s. (Autom., Av.) cinto m. de segurança.
sea-tang, sea-tangle s. (Bot.) alga f., laminária f.
seated [s'i:tid] adj. sentado, assentado, localizado.
-seater [s'i:tə] s. elemento de composição.
    four-~ automóvel, avião etc. com quatro assentos.
sea-term s. termo náutico m.
seating [s'i:tiŋ] s. assento m.
    ~—accomodation lugar para sentar, assento.
sea-trout s. (Ict.) salmão-truta m., truta-salmoneja f.
sea-urchin s. ouriço-do-mar m.
sea-wall s. dique, molhe m.
seaward [s'i:wəd] s. direção f. do mar. ‖ adj. para
    o mar. ‖ adv. (também **~s**) em direção do mar.
sea-way s. 1. rota marítima f. 2. mar aberto m. 3.
    distância percorrida f. por navio, progresso m.
    dum navio.
seaweed [s'i:wi:d] s. alga, planta marinha f.
sea-wolf s. 1. (Ict.) lobo-do-mar m. 2. pirata m.
seaworthiness [s'i:wə:ðinis] s. boa condição f. de
    navegar.
seaworthy [s'i:wə:ði] adj. próprio para alto-mar, em
    boas condições de navegar.
sebaceous [sib'eiʃəs] adj. 1. gorduroso, graxo. 2.
    sebáceo.
sebacic [səb'æsik] adj. sebácico.
    ~ acid (Quím.) ácido sebácico.
seborrhoea [səbər'i:ə] s. (Med.) seborréia f.
seborrhoeic [sebər'i:ik] adj. seborréico.
sec [sek] adj. (fr.) seco (vinho).
sec. abr. de **second** segundo.
secant [s'i:kənt] s. 1. (Mat.) secante, linha secante
    f. 2. (Geom.) secante f.: relação entre secante e raio
    do círculo correspondente. ‖ adj. secante, cortante.
secateurs [sekət'ə:z] s. pl. (fr.) tesoura para podar f.
    (também **pair of ~**).
secede [sis'i:d] v. separar-se, retirar-se, abandonar
    (partido), apostatar.
seceder [~ə] s. separatista, dissidente m. + f.
secern [sis'ə:n] v. separar, distinguir, segregar.
secernent [~ənt] adj. excretório.
secession [sis'eʃən] s. separação, secessão, cisão f.
    War of Secession guerra da secessão dos E. U. A.
secessionist [~ist] s. separatista, secessionista m. + f.
seclude [sikl'u:d] v. excluir, apartar, segregar.
    she ~d herself ela segregou-se, ela vive isolada.
secluded [~id] adj. retirado, segregado, isolado.
seclusion [sikl'u:ʒn] s. exclusão, segregação f.
seclusive [sikl'u:siv] adj. segregado, retirado, exclu-
    sivo, isolado.
second (I) [s'ekənd] s. segundo m.: pessoa ou coisa
    em segundo lugar. ‖ adj. 1. segundo, segunda. 2.
    inferior, secundário. 3. subordinado. 4. outro, dife-
    rente. ‖ adv. secundariamente, em segundo lugar
    the ~ of May dia dois de maio. **he stands ou
    is ~ to none** ele se equipara aos melhores.
    ~ cousins primos (primas) de segundo grau. **she
    plays the ~ fiddle** (fig.) ela tem papel de segunda
    ordem. **it has become ~ nature in him** tornou-se
    a sua segunda natureza. **(up) on ~ thoughts** depois
    de pensar bem. **try a ~ time!** experimente outra
    vez!
second (II) [s'ekənd] s. 1. segundo m., 1/₆₀ de um
    minuto, de tempo ou angular. 2. instante, mo-
    mento m. 3. (Mús.) segunda f.: intervalo de tempo
    entre duas notas.
    in a ~ num instante!
second (III) [sik'ɔnd] s. padrinho m. no duelo, assis-
    tente, ajudante, auxiliar m. ‖ v. 1. secundar, assis-
    tir, auxiliar, suportar. 2. apoiar, aprovar. 3. agir
    como ajudante.
secondary [s'ekəndəri] s. subalterno, substituto m.,
    pessoa ou coisa que está em segundo lugar.

f. ‖ adj. 1. secundário, segundo. 2. subordinado,
    auxiliar, subalterno. 3. derivado, subseqüente. ‖
    -ily adv. secundariamente, de modo inferior.
    ~ accent acentuação secundária. **~ cell** ele-
    mento de acumulador. **~ colours** cores mistas.
    ~ education educação secundária, em escola supe-
    rior. **~ haulage** (Miner.) transporte auxiliar. **~
    planet** satélite. **~ school** escola secundária. **~
    winding** (Eletr.) bobina auxiliar, enrolamento se-
    cundário.
second-best s. o que está em segundo lugar. ‖ adj.
    segundo, logo depois do primeiro.
to come off ~ ser o segundo colocado, estar em
    segundo lugar.
second childhood s. segunda infância f.: senilidade.
second-class adj. de segunda classe, inferior, de
    segunda qualidade.
second estate s. (Hist., Pol.) segundo estamento m.:
    nobreza.
second hand s. ponteiro m. de segundos (quadro
    C 11).
second-hand s. artigo m. de segunda mão. ‖ adj. 1.
    de segunda mão, não original, usado. 2. que vende
    artigos usados.
    ~ bookseller antiquário.
second mortgage s. segunda hipoteca f.
second-rate adj. inferior, de segunda qualidade.
second sight s. vidência f.
secrecy [s'i:krisi] s. 1. segredo m., intimidade f. 2.
    discrição f., sigilo m. 3. reserva f.
    the strictest ~ must be observed deve ser obser-
    vado sigilo absoluto.
secret [s'i:krit] s. 1. segredo, mistério m. 2. razão
    ou causa oculta f. ‖ adj. 1. secreto, oculto, clan-
    destino. 2. fechado, reservado. 3. escondido. 4.
    segregado, retirado, solitário, isolado. 5. obscuro,
    recôndito. ‖ **~ly** adv. secretamente.
    I am in the ~ conheço o segredo. **can you keep
    a ~?** sabe guardar segredo? **in ~** secretamente,
    em segredo. **open ~** pretenso segredo por todos
    sabido. **we let him into the ~** confiamos-lhe o
    segredo, pusemo-lo a par do segredo. **the ~ ways
    of God** os caminhos (secretos) de Deus. **we kept
    it ~** guardamos segredo. **~ padlock** fechadura de
    segredo. **~ agent** agente secreto. **Secret Service**
    serviço secreto. **~ treaty** tratado secreto.
secretarial [~riəl] adj. de secretário.
secretariat [~riət] s. 1. secretaria f. 2. secretariado,
    escritório m. 3. secretários m. pl.
secretary [s'ekrətəri] s. 1. secretário, escrivão m.
    secretária f. 2. funcionário público m. 3. escriva-
    ninha f.
    Secretary of State (Ingl.) ministro, (E. U. A.) minis-
    tro de Estado. **The Foreign Secretary** o Ministro
    do Exterior. **~ of legation** secretário de emba-
    xada.
secrete [sikr'i:t] v. 1. guardar segredo, esconder. 2.
    segregar, eliminar. 3. **~ o. s.** esconder-se.
secretion [sikr'i:ʃən] s. 1. substância segregada f. 2.
    secreção f.
secretional [~əl], **secretionary** [~ri] adj. relativo a
    secreção.
secretive [sikr'i:tiv] adj. 1. reservado, reticente fe-
    chado, calado, discreto. 2. secretório, que secreta.
    ‖ **~ly** adv. reservadamente, discretamente.
secretiveness [~nis] s. 1. disposição f. de esconder
    ou ocultar. 2. discrição f.
secretness [s'i:kritnis] s. caráter secreto.
secretory [sikr'i:təri] adj. secretório.
sect [sekt] s. 1. seita f. 2. partido m., facção f.
sectarian [sekt'eəriən] s. 1. sectário m. 2. partidário,

membro m. de seita. ‖ adj. sectário.
sectarianism [~izm] s. sectarismo m.
sectarianize [sekt'ɛəriənaiz] v. tornar sectário.
sectary [s'ektəri] s. sectário m.
sectile [s'ektil] adj. séctil.
section [s'ekʃən] s. 1. seção, parte cortada, divisão, fatia f. 2. seção, parte, peça f. 3. divisão (de um livro) f., capítulo m. 4. setor m., região, zona, parte (de uma cidade) f. 5. ato de cortar, corte m. 6. (Arquit.) perfil m., (desenho) corte m. 7. distrito m. 8. dissecção f. 9. parágrafo m. 10. (Geom.) seção f. ‖ v. cortar, secionar, dividir.
conic ~ seção cônica. **cross** ou **lateral** ~ corte transversal. **longitudinal** ~ corte longitudinal. **transverse** ~ perfil, corte transversal. **~-hand** (estrada de ferro) trabalhador da linha. ~ **leader** (milit.) chefe de um pelotão.
sectional [s'ekʃənəl] adj. 1. pertencente a uma certa seção, local. 2. secional, feito em seções. ‖ ~**ly** adv. de modo secional.
sectionalism [~izm] s. secionalismo m.
sectionalize [s'ekʃənəlaiz] v. tornar secional.
section gang s. (Estr. de F., E. U. A.) turma de seção f. (manutenção de certo trecho).
section-mark s. sinal m. de parágrafo §.
sector [s'ektə] s. 1. (Geom.) setor m. (quadro A 3). 2. (milit.) área f., setor m. 3. instrumento m. para medir e desenhar ângulos.
sectorial [sekt'ɔːriəl] s. (Zool.) dente incisivo m. ‖ adj. relativo ao setor, sectório; (Zool.) incisivo (dente).
secular [s'ekjulə] s. secular, leigo m. ‖ adj. 1. mundano, profano, secular, temporal. 2. relativo aos leigos. 3. secular, antigo. ‖ ~**ly** adv. secularmente.
secularism [~rizm] s. secularismo m.
secularist [~rist] s. adepto m. do secularismo. ‖ adj. secularista.
secularity [sekjul'æriti] s. secularidade f.
secularization [sekjuləraiz'eiʃən] s. secularização f.
secularize [s'ekjuləraiz] v. 1. secularizar. 2. transferir (propriedade eclesiástica) para o governo.
secund [s'iːkʌnd] adj. (Bot.) unilateral.
secundine [s'ekəndain] s. (também ~s pl.) 1. placenta f. 2. (Bot.) secundina f.
securable [sikj'uərəbl] adj. alcançável, atingível.
secure [sikj'uə] v. 1. segurar, guardar, proteger, defender. 2. garantir, afiançar. 3. estar seguro, segurar-se. 4. verificar, assegurar. 5. firmar, amarrar, atar, ligar, trancar. 6. adquirir, receber, obter. ‖ adj. 1. seguro, guardado, protegido. 2. certo, assegurado. 3. confidente, confiante, de confiança, despreocupado. 4. firme, estável. ‖ ~**ly** adv. com segurança, com firmeza.
we ~d the post to him guardamos o emprego para ele. **I've ~d my object** alcancei meu objetivo. **he is quite** ~ ele está em segurança absoluta.
security [~riti] s. 1. segurança, seguridade, despreocupação f. 2. certeza f. 3. proteção, defesa f. 4. (geralmente **securities** pl.) apólice f., certificado de posse de valores m., ações f. pl. 5. garantia, fiança f. 6. fiador m.
to give ~ dar fiança.
Security Council s. Conselho de Segurança m. da ONU, de cinco países com mandato de dois anos.
sedan [sid'æn] s. sedan, carro fechado m. (quadro M 5).
sedan chair s. liteira f.
sedate [sid'eit] v. acalmar com medicamentos. ‖ adj. descansado, tranqüilo, sereno, impassível. ‖ ~**ly** adv. descansadamente, tranqüilamente.
sedateness [~nis] s. calma, tranqüilidade f.
sedative [s'edətiv] s. medicamento sedativo, calmante m. ‖ adj. sedativo, calmante.

sedentariness [s'edntərinis] s. sedentariedade, vida sedentária f.
sedentary [s'edntəri] adj. sedentário, que tem habitação fixa. ‖ ~**ily** adv. sedentariamente.
~ **occupation** ou **job** trabalho sedentário.
sedge [sedʒ] s. (Bot.) 1. qualquer planta do gênero Carex. 2. qualquer ciperácea (ex.: junça).
sedgy [s'edʒi] adj. junçoso.
sediment [s'edimənt] s. sedimento, depósito m.
sedimentary [sedim'entəri] adj. sedimentar, sedimentário.
~ **rocks** pedras sedimentares.
sedimentation [sedimənt'eiʃən] s. sedimentação f.
sedition [sid'iʃən] s. sedição, incitação f. para motim.
seditionary [~əri] adj. sedicioso.
seditious [sid'iʃəs] adj. 1. sedioso, revoltoso, indisciplinado. 2. revoltado, amotinado. ‖ ~**ly** adv. sediciosamente.
seditiousness [~nis] s. caráter sedicioso.
seduce [sidj'uːs] v. 1. seduzir, persuadir. 2. corromper, desencaminhar. 3. enganar.
seducement [~mənt] s. = **seduction**.
seducer [~ə] s. sedutor m.
seducible [~əbl] adj. seduzível.
seducing [~iŋ] adj. sedutor, seduzente, tentador. ‖ ~**ly** adv. sedutoramente, tentadoramente.
seduction [sid'ʌkʃən] s. sedução, tentação f., atração f.
seductive [sid'ʌktiv] adj. sedutor, tentador, atraente. ‖ ~**ly** adv. sedutoramente.
seductiveness [~nis] s. qualidade do que é sedutor.
seductress [sid'ʌktris] s. sedutora, sereia f.
sedulity [sidj'uliti] s. diligência, assiduidade, aplicação f.
sedulous [s'edjuləs] adj. diligente, assíduo, laborioso, trabalhador. ‖ ~**ly** adv. laboriosamente.
sedulousness [~nis] s. = **sedulity**.
see (I) [siː] v. (imp. **saw**, p. p. **seen**). 1. ver, perceber, olhar. 2. examinar com os olhos, observar, espiar. 3. perceber, compreender, aprender. 4. descobrir, verificar. 5. pensar, considerar. 6. passar por, ter experiência com. 7. atender, escoltar, acompanhar. 8. encontrar, conversar com. 9. procurar, consultar. 10. visitar, tomar parte, assistir. 11. receber (visitas), dar entrevista. 12. providenciar, cuidar. 13. dar atenção, tomar cuidado.
I'll ~ **it done** cuidarei que seja feito. **I can't** ~ **it** isto não me convence. **what the eyes do not** ~, **the heart does not grieve over** o que os olhos não vêem, o coração não sente. **she ~s much company** ela recebe muita visita. **I must** ~ **a doctor** tenho de consultar um médico. **he'll never** ~ **fifty again** ele já passou dos cinqüenta (anos). **I don't** ~ **the good of doing that** não vejo a razão para fazer isto. **he ~s a joke** ele entende uma brincadeira. **she wants to** ~ **life** ela deseja conhecer a vida. **now I** ~ **light** agora que estou compreendendo. **he saw the light in New York** ele nasceu em Nova York. **he ~s red** ele está furioso. **she ~s things** ela está vendo coisas que não existem, ela tem alucinações. **I** ~ **things differently now** agora estou vendo as coisas com outros olhos. **Oh, I ~!** agora estou vendo, agora estou compreendendo. **let me ~!** deixe-me ver, momento, deixe-me pensar. **we'll ~!** vamos ver, vamos esperar. ~ **you don't lose it** cuidado para não perdê-lo. ~ **if I don't do it!** vai ver, que eu o faço! **he'll** ~ **about that** ele tratará (cuidará) disto. **to** ~ **after** providenciar, tomar providências. **I'll** ~ **you home** acompanhá-lo-ei para casa. **we'll** ~ **into this** examinaremos isto. **let us** ~ **her off** despeçamo-nos dela, acompanhemo-la (até o trem). **I'll** ~ **him**

off the premises levá-lo-ei até o portão (porque não confio nele). **to ~ over** inspecionar. **we'll ~ the thing out** levaremos o negócio até ao fim. **the maid will ~ to the house** a empregada olhará pela casa. **to ~ through** não se deixar iludir, perceber. **she saw me through** ela me auxiliou, ela me ajudou a passar (este tempo duro). **we must ~ the thing through** precisamos levar isto até o fim, temos de agüentar. **I saw through him at once.** reconheci-o logo, percebi suas intenções. **to be well (ou ill) seen in** ser versado (ou não versado) em. **to ~ to** providenciar.

see (II) [si:] s. 1. posição, autoridade f. de bispo 2. sé, diocese f.

seed [si:d] s. 1. semente f., grão m. 2. bulbo, broto m., muda f. 3. germe m. 4. (freqüentemente **~s** pl.) crianças f. pl., descendentes m. pl., prole f. semeadura: quantidade de sementes para uma semeação (plantação). 5. esperma, sêmen m. 6. (fig. primórdio, exórdio m. ‖ v. 1. semear. 2. espalhar sementes. 3. descaroçar, remover sementes. 4. espalhar, esparramar. 5. espigar, grelar.
to go to ~ (gíria) falir. **to run to ~** produzir semente, espigar, (fig.) relaxar, desleixar.

seed-bearing adj. espigado, produzindo sementes.

seedbed [si:'dbed] s. (Agric.) 1. sementeira f., viveiro m. de plantas. 2. terra f. preparada para o plantio.

seed-bud s. (Bot.) óvulo m.

seed-bulb s. bulbo m. para semente.

seed-cake s. bolo m. de cominho.

seed-coat s. (Bot.) tegumento m.

seed-corn, ~-grain s. semente m., grão m. usado para semente.

seed-drill s. semeadeira, máquina f. de semear.

seeder [si:'də] s. 1. máquina f. de semear. 2. peixe com ovas (também **seed-fish**).

seediness [si:'dinis] s. 1. abundância f. de sementes 2. aparência maltrapilha f. 3. exaustão f., esgotamento físico m. 4. desânimo, desalento m.

seeding [si:'diŋ] s. 1. semeadura f. 2. (Esp.) distribuição f. dos jogadores num torneio. 3. semeadura f. de partículas (para provocar chuva).

seedless [si:'dlis] adj. sem semente.

seedling [si:'dliŋ] s. 1. planta f. criada de semente, muda f. 2. árvore f. com menos de três anos. **~-nursery** viveiro de plantas (quadro F 6).

seed money s. parcela inicial f. de investimento a longo prazo.

seed-plot s. 1. = **seedbed**. 2. foco m. de sedição.

seedsman [si:'dzmən] s. vendedor m. de sementes.

seedtime [si:'dtaim] s. (Agric.) época f. de plantio.

seedy [si:'di] adj. 1. cheio de sementes. 2. espigado. 3. (coloq.) gasto, usado, descorado. 4. abatido. 5. desanimado. ‖ **-ily** adv. de modo gasto.

seeing [si:'iŋ] s. olhar m., vista f. ‖ adj. que vê, que enxerga. ‖ conj. visto que, considerando, desde que. **~ is believing** ver para crer. **this is worth ~** vale a pena ver isto. **~ that matters are complicated...** visto as coisas serem complicadas... . **~ her age** em vista da sua idade (avançada).

seek [si:k] v. (imp. e p. p. **sought**) 1. procurar, buscar. 2. visar, procurar obter, solicitar, pedir. 3. tentar, empenhar-se, pretender, aspirar. 4. ir para, dirigir-se para. 5. caçar, perseguir. 6. recorrer a. **he sought to rescue the child** ele tentou salvar a criança. **to ~ a quarrel** procurar briga. **he sought her in marriage** ele a pediu em casamento. **he sought his brother's life** ele tentou contra a vida do seu irmão. **there is much to ~ in her manners** suas maneiras deixam muito a desejar. **to ~ s. o. out** procurar alguém. **to ~ s. th. through** revistar

alguma coisa. **to ~ after** procurar obter.

seeker [si:'kə] s. o que procura, investigador m.

seem [si:m] v. 1. parecer, dar a impressão de. 2. parecer existir, parecer ser fato ou verdade. 3. ter a impressão.
it ~s parece, dá a impressão. **it ~s impossible to me** parece-me impossível. **he ~ed angry** ele parecia estar zangado. **I ~ to hear the bell ringing** parece-me que a campainha está tocando.

seeming [si:'miŋ] s. aparência f., semblante m. ‖ adj. aparente. ‖ **~ly** adv. aparentemente, na aparência.

seemingly [~li] adj. conveniente, decoroso.

seemliness [si:'mlinis] s. decência, conveniência, graça f., decoro m.

seemly [si:'mli] adj. 1. próprio, decente, conveniente. 2. gracioso, de boa aparência. ‖ adv. decentemente, convenientemente, de modo próprio.
it is not ~ não é conveniente, não se faz.

seen [si:n] v. p. p. de **see**.

seep [si:p] v. vazar, penetrar, infiltrar-se.

seepage [si:'pidʒ] s. 1. vazamento m., infiltração f., 2. umidade f., ou líquido vazado m.

seer [si:'ə] s. 1. vidente, profeta m. 2. aquele que vê m. 3. aquele que lê a sorte.

seeress [~ris] s. vidente, pitonisa f.

seersucker [si:'əsəkə] s. pano leve m. de algodão ou linho riscado (azul e branco).

seesaw [si:'sɔ:] s. 1. gangorra f., balanço m. (quadro P 5). 2. balanceamento, vaivém m., oscilação f. ‖ v. balançar, brincar em gangorra, mover-se em vaivém, oscilar. ‖ adj. de balanço, que se move para cima e para baixo ou em vaivém.

seethe [si:ð] v. 1. ferver. 2. estar agitado, revoltoso, espumar (água). 3. estar excitado, perturbado.

segment [se'gmənt] s. 1. segmento m., parte, divisão, seção f. 2. (Geom.) segmento m. ‖ [segm'ent] v. dividir em segmentos.

segmental [segm'entəl] **segmentary** [se'gmentəri] adj. segmentário. ‖ **~ly** adv. de modo segmentário.

segmentalize [segm'entəlaiz] v. segmentar, dividir em segmentos.

segmentation [segmənt'eiʃən] s. segmentação f.

segregate [se'grigeit] v. 1. segregar, separar, isolar 2. afastar. ‖ [se'grigit] adj. segregado, separado, isolado.

segregation [segrig'eiʃən] s. segregação f.

segregationist [~ist] s. (Pol.) segregacionista m. + f.

segregative [se'grigeitiv] adj. segregativo.

Seidlitz powders pl. s. pó m. de Seidlitz: laxativo.

seigneur [seinj'ə:] s. (fr.) lorde, proprietário feudal m.

seigneury [se'injə:ri] s. (Hist. Canadá) propriedade feudal f. concedida pelo rei da França.

seignior [si:'njə] s. 1. lorde, dono, senhor, cavalheiro m. 2. título m. de respeito.

seigniorage [~ridʒ] s. senhoriagem f.

seigniorial [sinj'ɔ:rləl] adj. senhorial.

seigniory [~ri] s. poder de senhorio m.

seine [sein] s. rede f. de arrasto. ‖ v. pescar com esta rede.

'seise [si:z] v. = **seize**.

seism [s'aizm] s. sismo m.

seismic [s'aizmik], **seismal** [s'aizməl] adj. sísmico.

seismogram [s'aizmogræm] s. sismograma m.

seismograph [s'aizmogra:f] s. sismógrafo m.

seismologic [saizməl'odʒik], **seismological** [~əl] adj. sismológico.

seismology [saizm'olədʒi] s. sismologia f.

seismometer [saizm'omitə] s. sismômetro m.

seizable [si:'zəbl] adj. 1. que se pode apreender. 2. de tamanho regular.

seize [si:z] v. 1. pegar, agarrar, apanhar. 2. (fig.) pescar, entender. 3. aproveitar, pegar (oportuni-

dade). 4. apoderar-se, apreender, confiscar, seqüestrar. 5. pegar de surpresa. 6. capturar, prender. 7. (Jur.) empossar, colocar na posse de. 8.
(Náut.) amarrar, ligar, fixar. 9. acometer (doença).
he was ~d with fear ele foi tomado de medo. **to
~ upon** apoderar-se (de alguma coisa). **he ~d on
the proposal** ele aceitou a proposta.
seizing [si:ziŋ] s. 1. ato de pegar, de agarrar m.
2. (Náut.) amarra f., cabo m. de amarra.
seizure [si:ʒə] s. 1. apreensão, confiscação f., seqüestro m. 2. captura f. 3. doença repentina f.
selachian [sil'eikiən] s. seláquio m.: peixe da ordem
dos Seláquios, aos quais pertencem os tubarões.
|| adj. seláquio.
selamlik [səl'æmlik] s. (Islã) parte da casa f. reservada aos homens.
seldom [s'eldəm] adv. raramente.
select [sil'ekt] v. selecionar, escolher. || adj. 1. sele-
to, escolhido. 2. superior, fino, seleto. 3. exclu-
sivo, exigente, restrito. || **~ly** adv. de modo se-
leto.
~ committee (Parl.) comissão investigadora.
selected [~id] adj. escolhido, predestinado.
selectee [silekt'i:] s. convocado m. para serviço militar.
selection [sil'ekʃən] s. 1. seleção, escolha f. 2. pessoa,
coisa f. ou grupo m. escolhido, selecionado.
natural ~ seleção natural.
selective [sil'ektiv] adj. seletivo (também Eletr.) || **~ly**
adv. seletivamente.
selective service s. serviço militar compulsório m.
selectivity [silekt'iviti] s. seletividade f. (rádio).
selectness [sil'ektnis] s. excelência, exclusividade f.
selector [sil'ektə] s. o que seleciona, seletor m.
selenic [sil'i:nik] adj. (Quím.) selênico.
selenide [s'elinaid] s. (Quím.) seleneto m.
selenite [s'elinait] s. 1. selenita f.: (Quím.) variedade
de gesso. 2. selenita m. + f. (hipotético habitante
da Lua).
selenium [sil'i:niəm] s. (Quím.) selênio m.
selenography [selin'ɔgrəfi] s. (Astron.) selenografia f.
self [self] s. (pl. **selves** [selvz]) 1. eu, a própria
pessoa, personalidade f. 2. interesses próprios m.
pl. 3. caráter m., natureza f. || adj. (pl. **selves**)
uniforme, puro. || pron. si, mesmo, mesma. || prefi-
xo indicando: 1. de si mesmo, por si mesmo, automático. 2. independente, autônomo. **my humble ~**
minha modesta pessoa. **she is his other ~** ela é
seu segundo eu. **the picture is her very ~** o
retrato é muito natural. **your good selves** (comercial) sua prezada firma. **I did it myself** fi-lo eu
mesmo. **did you bring it yourself?** você mesmo
o (a) trouxe? **he shot himself** ele mesmo se matou
com um tiro. **she is kindness itself** ela é a bondade em pessoa.
self-abandonment s. dedicação, abnegação f.
self-abasement s. humilhação própria f.
self-absorbed adj. absorvido, pensativo.
self-abuse s. 1. abuso m. de si mesmo. 2. masturbação f.
self-accusation s. auto-acusação f.
self-accuser s. auto-acusador m.
self-accusing adj. que se acusa a si mesmo.
self-acting adj. automático.
self-addressed adj. diz-se de envelope com resposta
paga.
self-aggrandizement s. auto-exaltação f.
self-appointed adj. autodesignado.
self-assertion s. asserção f. de si próprio, de seus próprios desejos e direitos.
self-assertive adj. arrogante, altivo.
self-assurance s. confiança f. em si mesmo.
self binder s. 1. máquina automática f. de ceifar

e enfeixar 2. pasta, capa f. para arquivo.
self-centered adj. egocêntrico, egoísta.
self-closing adj. que fecha automaticamente.
self-coloured adj. unicolor, de cor natural.
self-command s. domínio m. de si próprio.
self-complacent adj. contente consigo mesmo.
self-conceit s. presunção f.
self-conceited adj. convencido, presunçoso.
self-confidence s. confiança f. em si mesmo.
self-conscious adj. consciente de si mesmo.
self-contained adj. 1. reservado, retraído. 2. completo, independente de coisas externas. 3. encerrado em si mesmo, fechado.
~ house casa para uma família só.
self-control s. autocontrole m.
self-cooker s. caixa térmica f.
self-criticism s. autocrítica f.
self-defence, self-defense s. defesa pessoal f.
self-denial s. abnegação f.
self-determination s. autodeterminação f.: decisão
dos povos sobre sua forma de governo.
self-discipline s. auto domínio m.: controle m. sobre
si mesmo.
self-educated adj. autodidata.
self-education s. auto-educação f.
self-esteem s. egolatria f.: estima f. de si próprio.
self-evident adj. que dispensa explicação.
self-examination s. introspecção f.
self-explanatory, ~-explaining adj. óbvio, manifesto.
self-expression s. expressão f. da própria personalidade.
self-feeder s. forno m. de alimentação automática.
self-feeding adj. (Mec.) auto-alimentador.
self-fertile adj. autofecundo.
self-fertility s. autofecundação f.
self-fertilizer, ~-fertilizing adj. autofecundante.
self-flattery s. gabarolice f.
self-forgetful adj. abnegado, desinteressado.
self-forgetfulness s. abnegação f., desinteresse m.
self-glorification s. glorificação f. de si próprio.
self-governing adj. autônomo.
self-government s. governo autônomo m.
self-humiliation s. ato de humilhar-se.
self-importance s. presunção f., convencimento m.
self-important adj. presunçoso, convencido.
self-induced adj. (Eletr.) produzido por auto-indução.
self-induction s. (Eletr.) auto-indução f.
self-indulgence s. costume m. de ceder às inclinações,
comodismo m.
self-indulgent adj. indulgente consigo mesmo, comodista.
self-interest s. interesse próprio, egoísmo m.
selfish [s'elfiʃ] adj. interesseiro, egoísta. || **~ly** adv.
egoisticamente.
selfishness [~nis] s. egoísmo, amor-próprio m.
self-knowledge s. conhecimento m. de si próprio.
selfless [s'elflis] adj. abnegado. || **~ly** adv. de modo
abnegado.
selflessness [~nis] s. abnegação f.
self-love s. amor-próprio m.
self-made adj. 1. feito por si mesmo. 2. que vence
na vida por esforço próprio.
~ man homem que se fez por esforço próprio.
self-moved, ~-moving adj. automóvel.
self-murder s. suicídio m.
self-murderer s. suicida m. + f.
self-possessed adj. calmo, controlado.
self-possession s. presença f. de espírito, sangue-
-frio m.
self-praise s. auto-elogio m.
self-preservation s. preservação f. da vida própria
instinct of ~ instinto de conservação.

self-propelled adj. autopropulsionado.
self-realization s. auto-realização f.
self-recording adj. de registração automática.
self-regard s. estima f. de si próprio.
self-registering adj. de registração automática.
self-reliance s. confiança f. em si mesmo.
self-reliant adj. confiante em si mesmo.
self-reproach s. remorso m.
self-respect s. respeito próprio, orgulho m.
self-restraint s. autodomínio m.
self-righteous adj. farisaico.
self-sacrifice s. ato de abnegação.
selfsame [s'elfseim] adj. mesmo, igual, idêntico.
self-satisfaction s. presunção, enfatuação f.
self-satisfied adj. satisfeito consigo mesmo, presumido.
self-seeking adj. interesseiro, egoísta.
self-service s. ato de servir a si mesmo (em restaurante, loja, etc.). ǁ adj. automático.
~ **store** loja "Sirva-se".
self-sown adj. (Bot.) auto-semeado.
self-starter s. (Mec.) arranque automático m.
self-styled adj. de atribuição própria.
self-sufficiency s. 1. independência (econômica), auto--suficiência f. 2. presunção f.
self-sufficient, ~-sufficing adj. auto-suficiente.
self-suggestion s. auto-sugestão f.
self-support s. sustento m. sem auxílio de outrem.
self-supporting, ~-sustaining provendo suas próprias necessidades.
self-taught adj. = **self-educated.**
self-timer s. (Fot.) disparador automático m. (quadro P 1).
self-willed adj. cabeçudo, teimoso, obstinado.
self-winding adj. dando corda automaticamente.
sell (I) [sel] v. (imp. e p. p. **sold**) 1. vender. 2. negociar. 3. estar à venda, ser vendido, custar 4. trair, entregar por dinheiro. 5. (E. U. A.) introduzir, fazer adotar (uma idéia). 6. (coloq.) ter saída, ter aceitação, ser aprovado. 7. (gíria) embustear, lograr, enganar.
he was sold on the new radio ele queria por toda lei o novo rádio. **sold! logrado!. to ~ off** liquidar, (fig.) pedir demissão, trair por dinheiro. **to ~ s. o.** up pôr em leilão a propriedade de alguém.
sell (II) [sel] s. (gíria) conto do vigário, truque, embuste m., trapaça f.
seller [s'elə] s. 1. vendedor m. 2. o que se vende muito, artigo m. de muita saída. 3. artigo m.
best ~ 1. o livro que mais se vende. 2. autor dum livro que se vende bem. **this book is a poor ~** este livro não se vende bem.
sellers' market s. mercado m. favorável ao vendedor.
selling [s'eliŋ] s. venda f., ato de vender.
~ **power** o que atrai para comprar. **~-off** liquidação.
sell-out s. 1. (E. U. A., gíria) traição f. 2. (coloq.) grande sucesso, teatro repleto m. 3. venda total dum artigo. 4. liquidação f.
seltzer [s'eltsə] s. água mineral gasosa f. (também ~ **water**).
selvage, selvedge [s'elvidʒ] s. ourela, orla f.
selves [selvz] s. pl. de **self.**
semantic [sim'æntik], **semantical** [~əl] adj. semântico.
semantics [~s] s. semântica f.
semaphore [s'eməfɔ:] s. semáforo, sinal m.
semaphoric [seməf'ɔrik], **semaphorical** [~əl] adj. semafórico.
semasiology [simeisi'ələdʒi] s. semasiologia f.
sematic [sim'ætic] adj. (Biol.) indicador de perigo.
sematology [semət'ɔlədʒi] s. = **semasiology.**
sematrope [s'emətrɔp] s. sematrópio m.
semblable [s'embləbl] adj. (†) parecido, aparente.

semblance [s'embləns] s. 1. semelhança, parecença f., cópia f. 2. aparência f. 3. imagem f.
under the ~ of duty sob o pretexto do dever. **this bears ~ to a fraud** isto parece fraude.
semeiology, semiology [simai'ələdʒi] s. (Med.) semiologia f.
semen [s'i:mən] s. sêmen, esperma m.
semester [sim'estə] s. semestre m.
semestral [sim'estrəl] adj. semestral.
semi-acid adj. subácido.
semi-annual adj. semi-anual, semestral: que ocorre ou dura meio ano. ǁ ~**ly** adv. de modo semi-anual.
semi-annular adj. semi-anular.
semiarid [semi'ærid] adj. (lugar) semi-árido.
semibreve [s'emibri:v] s. (Mús.) semibreve f. (quadro N 2).
semi-centennial adj. semi-secular.
semicircle [s'emisə:kl] s. semicírculo m.
semicircular [semis'ə:kjulə] adj. semicircular (quadro A 5).
semi-civilized adj. semicivilizado.
semicolon [semik'oulən] s. ponto-e-vírgula m.
semi-cylinder s. semicilindro m.
semi-cylindric adj. semicilíndrico.
semidiameter [semidai'æmitə] s. semidiâmetro m., raio m.
semi-diurnal adj. semidiurno.
semi-educated adj. semiculto, semiletrado.
semi-final s. (Esp.) semifinal, torneio m. antes do final.
semifluid [semifl'u:id] s. substância semifluida f. ǁ adj. semifluido, grosso.
semilunar [semilj'u:nə] adj. semilunar.
semi-manufactured adj. meio acabado.
semi-metallic adj. semimetálico.
semimonthly [semim'ʌnθli] s. publicação f. bimensal. ǁ adj. bimensal. ǁ adv. duas vezes por mês.
seminal [s'i:minəl, s'eminəl] adj. 1. seminal, como semente. 2. produtivo, original.
seminar [s'emina:] s. 1. curso, estudo m., pesquisa f. 2. grupo m. de estudantes que faz pesquisas.
seminarian [semin'ɛəriən] s. (E. U. A.) seminarista m.: estudante de teologia.
seminarist [s'eminərist] s. seminarista m.
seminary [s'eminəri] s. seminário, colégio m., escola f.
semination [semin'eiʃən] s. seminação, propagação f.
seminiferous [semin'ifərəs] adj. seminífero.
semi-official adj. semi-oficial, oficioso.
semiography [semi'ɔgrəfi] s. (também **semeiography**) semiografia f.
semiology [semi'ɔlədʒi] s. semiologia f.
semi-opal s. semi-opala f.
semiotics [semi'ɔtiks] s. semiótica, semiografia f.
semioval [semi'ouvəl] adj. semi-oval, semi-elíptico.
semi-permeable adj. semipermeável.
semi-precious adj. semiprecioso.
semipro [s'emiprou] abr. de **semiprofessional.**
semiprofessional [s'emiprəf'eʃənəl] adj. semiprofissional.
semiquaver [s'emikweivə] s. (Mús.) semicolcheia f. (quadro N 2).
semi-skilled adj. semi-especializado.
semi-smile s. riso amarelo m.
semi-solid s. substância semi-sólida f. ǁ adj. semi--sólido.
Semite [s'i:mait] s. semita m. + f.
Semitic [sim'itik] s. língua hebraica ou semítica f. ǁ adj. semítico.
semitone [s'emitoun] s. (Mús.) meio-tom, semitom m.
semi-transparency s. semitransparência f.
semi-transparent adj. semitransparente.

semi-tropical adj. subtropical.
semi-vitreous adj. semivitreo.
semi-vocal adj. semivocálico.
semivowel [s'emivauel] s. semivogal f.
semi-weekly s. bissemanário m., publicação f. bissemanal. ‖ adj. bissemanal.
semolina [seməl'i:nə] s. semolina f.
sempiternal [sempit'ə:nəl] adj. eterno, sempiterno, perpétuo. ‖ ~ly adv. eternamente.
sempiternity [sempit'ə:niti] s. eternidade f.
sempstress [s'emstris] s. = seamstress.
senary [s'enəri] adj. senário, relativo ao número seis.
senate [s'enit] s. 1. senado m., assembléia legislativa f. 2. conselho administrativo m. de certas universidades.
Senate [s'enit] s. (E. U. A.) senado, congresso m.
senator [s'enətə] s. senador m.
senatorial [senət'ɔ:riəl] adj. senatorial. ‖ ~ly adv. senatorialmente.
senatorship [s'enətəʃip] s. senatoria f., mandato m. de senador.
send [send] s. força, corrente f. de ondas. ‖ v. (imp. e p. p. sent) 1. mandar, enviar, remeter. 2. forçar, compelir a ir. 3. expedir, despachar. 4. impelir, jogar, lançar. 5. (Rádio e Telev.) transmitir. 6. fazer vir, ocorrer. 7. enviar mensagem ou mensageiro. 8. emitir, difundir, propagar. 9. (Náut.) jogar, balançar, ser atirado pelas ondas (navio).
to ~ for the doctor mandar buscar o médico. I sent him a letter enviei-lhe uma carta. I ~ her my love mando-lhe saudações cordiais. ~ me word ou a message mande-me notícias. I sent him on errands saiu a negócios meus. this misfortune has sent him out of his mind esta fatalidade lhe perturbou a mente. he sent an arrow after the bird ele atirou uma flecha no pássaro. they sent him rolling down the hill fizeram-no rolar morro abaixo. he sent the top spinning ele fez o pião girar. they sent him packing mandaram-no embora. to ~ down mandar para baixo, relegar temporariamente (da universidade). to ~ forth enviar, expedir, emitir, exalar, lançar. to ~ in enviar para dentro, entregar, solicitar. to ~ in one's name registrar seu nome, registrar-se, fazer-se anunciar. to ~ off remeter, enviar, expedir, despedir. to ~ on mandar (carta) atrás de alguém, mandar para frente. to ~ out mandar sair, emitir, expedir, irradiar. to ~ round fazer circular, fazer girar. to ~ up mandar para cima, mandar subir, (gíria) mandar para a cadeia.
sendable [s'endəbl] adj. que se pode enviar.
sender [s'endə] s. 1. remetente m. + f. 2. quem emite, emissor m., emissora f. 3. (Rádio) emissora f.
sending [s'endiŋ] s. 1. ação de mandar, expedição, remessa f. 2. (Rádio) irradiação f.
send-off s. 1. festa f. de despedida. 2. (gíria) impulso (favorável ou desfavorável) m. dado a uma pessoa ou coisa.
Senegalese [senigɔ:l'i:z] s. senegalês m. ‖ adj. senegalês, do Senegal.
senescence [sen'esəns] s. senescência f., envelhecimento m.
senescent [sen'esənt] adj. senescente.
seneschal [s'eniʃəl] s. (Hist.) senescal m.: antigo mordomo.
sengreen [s'engri:n] s. (Bot.) alcachofra-dos-telhados f.
senile [s'i:nail] adj. 1. senil. 2. decrépito.
senility [sin'iliti] s. senilidade, decrepidez f.
senior [s'i:njə] s. 1. o mais velho m., pessoa mais velha f. 2. pessoa superior f. no cargo ou em tempo de serviço. 3. (E. U. A.) doutorando, estudante m. quase na formatura. ‖ adj. 1. sênior,

mais velho. 2. superior, mais antigo. 3. (E. U.A.) pertencente aos estudantes do quarto ano.
he is six years my ~ ou my ~ by six years ele é seis anos mais velho que eu. he is my ~ in office ele tem mais anos de serviço que eu. he is ~ to me ele é mais velho que eu. ~ classic (Cambridge) o melhor nos exames finais em línguas antigas. Mr. George Smith sen. Sr. George Smith sênior. ~ partner (Com.) sócio principal.
seniority [si:ni'ɔriti] s. superioridade t. em idade, estado ou fato m. de ser mais velho.
senna [s'enə] s. 1. laxativo m. extraído de sene. 2. folhas secas f. pl. de sene. 3. (Bot.) sene m.
sennet [s'enit] s. (Hist.) toque m. de clarim.
sennight [s'enait] s. (arc.) semana f.
sennit [s'enit] s. (Náut.) gaxeta f.
sensate [s'enseit] adj. percebível, perceptível. ‖ ~ly de modo percebível.
sensation [sens'eiʃən] s. 1. sensação f., sentido m. 2. impressão f. produzida por um estímulo. 3. surpresa, impressão f. 4. sucesso m., comoção f.
the concert created a ~ among the audience o concerto provocou grande impressão no auditório.
sensational [~əl] adj. sensacional, que produz grande sensação, que impressiona. ‖ ~ly adv. de modo sensacional.
sensationalism [~əlizm] s. sensacionalismo m., métodos m. pl. ou linguagem sensacionais f. pl.
sensationalist [~əlist] s. sensacionalista m. + f.
sensationalize [~əlaiz] v. produzir sensação.
sense [sens] s. 1. senso, sentido m. 2. percepção f., sentimento m. 3. compreensão, apreensão f. 4. (geralm. ~s) juízo m., razão f. 5. inteligência, sabedoria, sagacidade f. 6. sentido, significado m. 7. que é razoável ou inteligente m. 8. opinião geral f. 9. direção f., curso, rumo m. ‖ v. 1. sentir, perceber. 2. (coloq.) compreender, entender.
the five ~s os cinco sentidos. the sixth ~ o sexto sentido. common ~ senso comum. figurative ~ sentido figurado. literal ~ sentido literal. strict ~ sentido restrito. ~ of honour senso de honra. ~ of humour senso de humor. he has an outspoken ~ for journalism ele tem talento inato para jornalista. he has the right ~ for the public ele sabe agradar o público, ele compreende o público. she has not ~ enough to leave him ela não tem bastante juízo para deixá-lo. he is right in a ~ de certo modo ele tem razão. she is out of her ~s ela perdeu o juízo. can you make ~ of this? compreende isto? now let's talk ~ agora vamos falar seriamente. I had to bring him to his ~s tive de chamá-lo à razão. in a ~ de certo modo, até certo ponto. it doesn't make ~ não tem sentido. ~ organ órgão do sentido.
senseful [s'ensful] adj. significante.
senseless [s'enslis] adj. 1. inconsciente, insensível. 2. estúpido, insensato. 3. absurdo, irracional. ‖ ~ly adv. sem razão, insensatamente, insensivelmente.
senselessness [~nis] s. 1. insensibilidade f. 2. estupidez, loucura, insensatez f.
sense perception s. percepção f. pelos sentidos.
sensibility [sensib'iliti] s. 1. sensibilidade f. 2. suscetibilidade, impressionabilidade f. 3. (geralm. —ties) sentimentos m. pl., capacidade emotiva f. 4. tato m., delicadeza f. 5. hipersensibilidade f.
sensible [s'ensəbl] adj. 1. ajuizado, sábio, sensato. 2. consciente, ciente, cônscio. 3. perceptível, sensível. 4. que se pode perceber com os sentidos. 5. sensitivo. ‖ —ly adv. sensivelmente, com juízo, perceptivelmente.
he is very ~ to music ele tem bom sentido para musica, ele é muito suscetível à música.

sensibleness [~nis] s. 1. bom senso, juízo m. 2. suscetibilidade f., sensibilidade, delicadeza f.

sensitive [s'ensitiv] adj. 1. sensível, sensitivo. 2. suscetível, impressionável. 3. delicado. ‖ ~**ly** adv. sensitivamente, sensívelmente.
~ **to light** sensível à luz. ~ **plant** mimosa.

sensitiveness [~nis], **sensitivity** [sensit'iviti] s. sensibilidade, impressionabilidade, suscetibilidade f.

sensitization [sensitais'eiʃən] s. (Fot.) sensibilização f.

sensitize [s'ensitaiz] v. sensibilizar, tornar sensível à luz.

sensitizer [~ə] s. sensibilizador m.

sensitometer [sensit'ɔmitə] s. (Fot.) sensitômetro m.

sensor [s'ensə] s. (Fís.) sensor m.

sensorial [sens'ɔ:riəl], **sensory** [s'ensəri] adj. sensorial, sensório.

sensorium [sens'ɔ:riəm] s. (Anat.) sensório m.

sensual [s'ensjuəl] adj. 1. sensual, carnal. 2. voluptuoso. 3. lascivo, impudico. ‖ ~**ly** adv. sensualmente, voluptosamente.

sensualism [~izm] s. sensualismo m.

sensualist [~ist] s. sensualista m. + f.

sensualistic [sensjuəl'istik] adj. sensualista.

sensuality [sensju'æliti] s. 1. sensualidade f. 2. volúpia, lubricidade f. 3. lascívia f.

sensualize [s'ensjuəlaiz] v. sensualizar.

sensuous [s'ensjuəs] adj. sensual, sensório, sensível, que afeta os sentidos, que é percebido pelos sentidos. ‖ ~**ly** adv. sensívelmente.

sensuousness [~nis] s. sensibilidade, sensualidade.

sent [sent] imp. e p. p. de **send.**

sentence [s'entəns] s. 1. sentença, frase, locução f. 2. decisão f. 3. opinião f., parecer m. 4. (Jur.) sentença, pena f. 5. máxima f,. provérbio m. 6. (Mús.) trecho m. ‖ v. sentenciar, julgar, condenar.
he passed ~ (up) on my work ele deu seu parecer sobre meu serviço.

sententious [sent'enʃəs] adj. 1. sentencioso. 2. judicioso, conciso, lacônico. 3. cheio de provérbios. 4. pomposo. ‖ ~**ly** adv. sentenciosamente.

sententiousness [~nis] s. 1. laconismo m. 2. qualidade de sentencioso.

sentience [s'enʃəns], **sentiency** [~i] s. sensibilidade f., senso m.

sentient [s'enʃənt] s. sensitiva f.: pessoa de grande suscetibilidade. ‖ adj. sensível, suscetível, que tem percepção. ‖ ~**ly** adv. sensívelmente, sensitivamente.

sentiment [s'entimənt] s. 1. sentimento m. 2. sentimentalidade, emoção f. 3. atitude mental f. 4. opinião f., ponto de vista, pensamento m.

sentimental [sentim'entəl] adj. 1. sentimental. 2. impressionável. 3. compassivo, emocional, sensível ‖ ~**ly** adv. sentimentalmente.

sentimentalism [~izm] s. 1. sentimentalismo m. 2. sensibilidade f.

sentimentalist [sentim'entəlist] s. sentimentalista m. + f.

sentimentality [sentiment'æliti] s. sentimentalidade f.

sentimentalize [sentim'entəlaiz] v. 1. ceder ao sentimentalismo. 2. sentimentalizar. 3. ser sentimental (em palavras).

sentinel [s'entinəl] s. sentinela f., guarda m. ‖ v. guardar, vigiar, colocar sentinelas.
to stand ~ estar de sentinela, guardar.

sentry [s'entri] s. sentinela f., guarda m.
to go on ~ ficar de sentinela, guardar. ~-**box** guarita.

sepal [s'i:pəl] s. (Bot.) sépala f.

sepaline [s'epəlin], **sepalous** [s'epələs] adj. (Bot.) sepalino.

separability [sepərəb'iliti] s. separabilidade f.

separable [s'epərəbl] adj. separável. ‖ -**bly** adv. de modo separável.

separate [s'epərit] s. que é separado. ‖ [s'epəreit] v. 1. apartar, separar, dispersar. 2. desligar, desunir. 3. partir, romper, desligar-se. 4. separar-se, dividir-se, desquitar-se. 5. retirar-se (de sociedade), dissolver-se. 6. dividir, isolar, separar (partes de uma mistura). 7. distinguir. ‖ adj. 1. separado, desconjuntado, desligado. 2. isolado. 3. independente. 4. distinto, incoerente, desconexo. 5. individual, particular. ‖ ~**ly** adv. separadamente, isoladamente, distintamente, individualmente.
the rope ~d under the strain a corda rompeu-se pelo esforço.

separateness [~nis] s. separação f., isolamento m.

separating [s'epəreitiŋ] s. separação, escolha, apuração f.

separation [sepər'eiʃən] s. 1. separação, divisão f. 2. linha f. ou ponto m. de separação. 3. (Jur.) divórcio, desquite m. 4. isolamento m.
to live in ~ from viver separado de. ~ **allowance** indenização em caso de desquite.

separatism [s'epərətizm] s. separatismo m.

separatist [s'epərətist] s. 1. separatista m. + f. 2. (Ecles.) dissidente, cismático m.

separative [s'epərətiv] adj. separativo.

separator [s'epəreitə] s. 1. separador m. 2. centrífuga, desnatadeira f. 3. carda, penteadeira f. 4. (Mec.) separador m.

separatum [sepər'eitəm] s. (pl. **separata** [sepər'eitə]) (Tipogr.) separata f.

sepia [s'i:pjə] s. 1. sépia f.: cor marrom-escura. 2. siba f. ‖ adj. de cor-de-sépia, feito com sépia.

sepoy [s'i:pɔi] s. (India) sipaio m.: soldado hindu.

sepsis [s'epsis] s. (Med.) sepsia, septicemia f.

septangle [s'eptæŋgl] s. heptágono m.

septangular [sept'æŋgjulə] adj. heptagonal.

septate [s'epteit] adj. (Biol.) dividido, partido (por um septo).

September [səpt'embə] s. setembro m.: nono mês do ano.

septenary [s'eptinəri] s. setenário m.: grupo de sete anos ou coisas. ‖ adj. setenário, que consiste de sete.

septennial [sept'enjəl] adj. setenial, setenal. ‖ ~**ly** adv. cada sete anos.

septennium [sept'eniəm] s. setênio m.

septentrional [sept'entriənəl] adj. setentrional, situado ao norte.

septet [sept'et] s. (Mús.) 1. septeto, séptuor m.: composição para sete instrumentos ou vozes. 2. grupo de sete (artistas, instrumentos) m.

septic [s'eptik] adj. séptico, putrefaciente. ‖ ~**ally** adv. de modo séptico.
~ **tank** fossa séptica.

septicaemia, septicemia [septis'i:miə] s. (Med.) septicemia f.

septicidal [septis'aidəl] adj. (Bot.) septicida.

septiform [s'eptifɔ:m] adj. septiforme.

septifragal [sept'ifrəgəl] adj. (Bot.) septífrago.

septilateral [septil'ætərəl] adj. heptagonal.

septillion [sept'iljən] s. 1. um milhão na sétima potência. 2. (E. U. A.) um milhão na quarta potência, setílio.

septime [s'epti:m] s. 1. (Esgrima) sétima posição f. 2. (Mús.) sétima f., intervalo de sete notas.

septuagenarian [septjuædʒin'ɛəriən] s. setuagenário m. ‖ adj. setuagenário.

septuagenary [septjuædʒ'i:nəri] adj. 1. setuagenário. 2. que consiste de setenta.

septum [s'eptəm] s. (pl. **septa**) septo m., divisão, membrana divisória f.

septuple [s'eptjupl] s. grupo ou jogo de sete coisas. ‖ v. setuplicar. ‖ adj. sétuplo, sete vezes.
sepulchral [sip'ʌlkrəl] adj. 1. sepulcral. 2. fúnebre, grave, sombrio. ‖ ~ly adv. sepulcralmente.
sepulchre, sepulcher [s'epəlkə] s. sepulcro m., sepultura f., túmulo m.
sepulture [s'epəltʃə] s. 1. sepultura f. 2. enterro m.
seq, seqq. abr. de **sequentes.**
sequacious [sikw'eiʃəs] adj. (†) 1. sequaz, servil. 2. seguinte. 3. coerente, conseqüente. ‖ ~ly adv. de modo sequaz.
sequel [s'i:kwəl] s. 1. que segue, seqüência, continuação f. 2. seqüela, conseqüência f., resultado m. 3. conto m., história f. em série.
in the ~ subseqüentemente, em seguida.
sequence [s'i:kwəns] s. 1. seqüência (também Lit., Catol., Mús.) sucessão f. 2. continuação f. 3. conseqüência f., resultado m. 4. (baralho) seqüência, série f. 5. (Cin.) cena, ordem f. das cenas.
~ switch (Téc.) interruptor gradativo.
sequent [s'i:kwənt] s. conseqüência f., o que segue, resultado m. ‖ adj. 1. seqüente, subseqüente, seguinte. 2. consecutivo. 3. conseqüente, resultante.
sequentes [sikw'enti:z] s. pl. seguintes (páginas, números) m. + f. pl.
sequential [sikw'enʃəl] adj. 1. seqüente, seguinte. 2. sucessivo, consecutivo, em série. ‖ ~ly adv. em seqüência, consecutivamente, em seguida.
sequentiality [sikwənʃi'æliti] s. conseqüência f.
sequester [sikw'estə] v. 1. remover, retirar, isolar, separar. 2. seqüestrar. 3. apreender. 4. renunciar a.
she ~ed herself from the world ela isolou-se do mundo.
sequestered [~d] adj. isolado, retirado.
sequestrate [sikw'estreit] v. 1. confiscar. 2. seqüestrar.
sequestration [sikwestr'eiʃən] s. 1. seqüestro m., penhora f. 2. confiscação, apreensão f. 3. separação, reclusão, segregação f.
sequestrator [s'ikwestreitə] s. seqüestrador, administrador m. de bens confiscados.
sequestrum [sikw'estrəm] s. (Pat.) seqüestro m.
sequin [s'i:kwin] s. 1. cequim m.: moeda antiga de Veneza. 2. lentejoula f.
sequoia [sikw'ɔiə] s. (Bot.) sequóia f.
seraglio [ser'a:liou] s. serralho, harém m.
serape [ser'a:pei] s. (E. U. A.) pano, cachecol m. usado pelos índios mexicanos.
seraph [s'erəf] s. (pl. **seraphs, seraphim**) serafim m.
seraphic [ser'æfik] adj. seráfico. ‖ ~ally adv. serafìcamente.
seraphine [s'erəfi:n] s. espécie de harmônio.
Serb [sə:b] s. 1. sérvio m. 2. língua sérvia t. ‖ adj. sérvio.
Serbian [s'ə:biən] = **Serb.**
Serbo-Croatian [sə:bokrou'eiʃən] s. 1. sérvio-croata m. 2. língua sérvio-croata f. ‖ adj. sérvio-croata.
sere (I) [siə] adj. = **sear.**
sere (II) [siə] s. série f. de estágios em sucessão ecológica
serein [sər'æŋ] s. (fr.) sereno m.: (Bras.) chuva fina f.
serenade [serin'eid] s. serenada, serenata f. ‖ v. fazer uma serenata.
serenader [~ə] s. serenatista m. + f., seresteiro m. (Bras.).
serenata [serin'a:tə] s. (Mús.) serenata f., seresta f. (Bras.).
serendipity [serənd'ipiti:] s. serendipismo m.: dom de fazer descobertas felizes, por acaso (conto de H. Walpole, 1754).
serene [sir'i:n] adj. 1. sereno, calmo, plácido. 2. clasro, limpo, não nublado. ‖ ~ly adv. serenamente.
Your Serene Highness vossa alteza sereníssima.
serenity [sir'eniti] s. 1. serenidade, quietude, calma f. 2. clareza, limpeza f.
serf [sə:f] s. servo m., (fig.) escravo m.
serfdom [s'ə:fdəm] s. servidão, escravidão f.
serge [sə:dʒ] s. sarja f.: tecido durável.
sergeant, serjeant [s'a:dʒənt] s. 1. sargento m. (da polícia ou do exército). 2. (E. U. A.) tenente m. da polícia.
colour-~ primeiro-sargento. **quartermaster-~** sargento-intendente. **~-at-arms** arauto que carrega o bastão (parlamento). **~-at-law** advogado da mais alta ordem. **~-at-mace** maceiro.
sergeantfish [~fiʃ] s. (Ictiol.) robalo-bicudo m. (Centropomus undecimalis).
sergeant-major s. primeiro-sargento m.
sergeantship [~ ʃip] s. cargo m. de sargento.
serial [s'iəriəl] s. 1. publicação em série f. 2. romance m., novela f. (de rádio) em série. ‖ adj. 1. serial, em série, periódico. 2. publicado ou irradiado em série. ‖ ~ly adv. em série, periodicamente.
seriality [siəri'æliti] s. periodicidade f.
serialize [s'iəriəlaiz] v. serializar.
seriate [s'iəriit] v. seriar. ‖ [s'iəriit] adj. em série, seriado. ‖ ~ly adv. seriadamente.
seriatim [siəri'eitim] adv. sucessivamente, em série.
seriation [siəri'eiʃən] s seriação f.
sericeous [sir'iʃəs] adj. sericeo, como seda, sedoso.
sericin [s'erisin] s. (Quím.) sericina f.: proteína gelatinosa que se extrai da fibra da seda.
sericulture [serik'ʌltʃə] s. sericultura f.
series [s'iəri:z] s. sg. + pl. 1. série f. 2. sucessão f., seguimento m. 3. (Eletr.) série f. 4. (Mat.) série, sucessão, soma algébrica f. 5. grupo m.
a ~ of misfortunes uma série de desgraças. **~ resistance** resistência em série.
series-wound adj. (Eletr.) enrolado em série.
serif [s'erif] s. (Tipogr.) traço fino m. de uma letra.
serigraph [s'erigra:f] s. (Tipogr.) serigrafia f.: estampa.
serigraphy [ser'igrəfi] s. (Tipogr.) serigrafia f.: processo de impressão.
serio-comic adj. sério-cômico.
serious [s'iəriəs] adj. 1. sério, grave. 2. sincero. 3. importante, momentoso. 4. perigoso, crítico, alarmante. ‖ ~ly adv. seriamente.
the situation is ~ a situação é crítica. **it is a ~ illness** é uma doença grave. **I am quite ~** estou falando absolutamente sério. **are you ~?** está falando sério? **they are very ~ about their plan** eles tomam seu plano muito a sério. ‖ ~ly **now!** sem brincadeira! agora seriamente.
seriousness [~nis] s. importância, seriedade, sinceridade, gravidade f.
serjeanty [s'a:dʒenti] s. (Hist., Ingl.) vassalagem feudal f.
grand ~ vassalagem feudal com obrigações honorárias especiais devidas ao rei.
sermon [s'ə:mən] s. 1. sermão, discurso religioso m., prédica f. 2. admoestação com o fim de moralizar, repreensão, censura f. 3. discurso fastidioso m.
the Sermon on the Mount Sermão da Montanha.
sermonize [~aiz] v. pregar, fazer um sermão, admoestar.
sermonizer [~aizə] s. pregador m.
serology [siər'ɔlədʒi] s. serologia f.
serosa [sir'ouzə] s. (Anat.) serosa f.
serosity [siər'ɔsiti] s. serosidade f.
serotherapy [siərəθ'erəpi] s. seroterapia f.
serotinous [ser'ɔtinəs] adj. (Bot.) serôdio m.
serous [s'iərəs] adj. soroso, como soro, aquoso.

serpent [s'ə:pənt] s. 1. serpente, cobra f. 2. pessoa traiçoeira f. 3. (Astron.) Serpentário m.: constelação boreal.

serpentarium [sə:pənt'ɛəriəm] s. (Bras.) serpentário m.

serpentiform [sə:p'entifɔ:m], **serpentlike** [s'ə:pəntlaik] adj. serpentiforme, serpentino.

serpentine [s'ə:pəntain] s. (Miner.) serpentina f. ‖ adj. 1. serpentiforme, serpentino. 2. tortuoso, sinuoso, espiral, torcido. 3. traiçoeiro, falso.

serpiginous [sə:p'idʒinəs] adj. (Med.) serpiginoso.

serpula [s'ə:pjulə] s. (Zool.) sérpula f.

serpulite [s'ə:pjulait] s. serpulária f.

serradella [serəd'ilə] s. serradela f.

serrate [s'erit] v. serrilhar. ‖ adj. também **serrated** [~id] dentado, serrilhado (quadro L 2).

serration [ser'eiʃən] s. dentição f., recorte m. em forma de dente, serrilha f.

serried [s'erid] adj. apertado, junto, comprimido, cerrado.

serriform [s'erifɔ:m] adj. em forma de serra.

serrulate [s'erjulit], **serrulated** [serul'eitid] adj. serrilhado, dentado (quadro L 2).

serum [s'iərəm] s. soro m.

servant [s'ə:vənt] s. 1. empregado, criado m., empregada, criada f. 2. servente m. + f. 3. pessoa devotada a algum serviço f.
~—girl, ~—maid empregada doméstica. **the ~s** os criados, empregados domésticos. **civil ~** funcionário público. **your obedient ~** (fim de carta) seu atento criado.

serve [sə:v] s. saque m. no jogo de tênis. ‖ v. 1. servir, trabalhar para. 2. trabalhar como criado, trabalhar. 3. servir à mesa. 4. fazer serviço militar, servir o exército. 5. suprir, fornecer. 6. ajudar, secundar. 7. ser útil, ser apropriado, servir de. 8. cumprir, preencher. 9. satisfazer, ser suficiente. 10. tratar. 11. passar, gastar. 12. entregar, enviar, presentear. 13. dar o lance inicial, (tênis) dar o saque. 14. manejar. 15. (Náut.) enrolar, reforçar, proteger (cabo ou corda fina). **I'll be glad to ~ you** terei prazer em servi-lo. to **~ the ball** (tênis) dar o saque. **to ~ a mare** cobrir uma égua. **this ~s no purpose** isto não serve para nada. **to ~ a sentence** cumprir uma pena. **a summons was ~d upon him** ele foi citado perante o juiz. **that ~s him right** bem feito para ele. **he ~s his sentence** ele cumpre sua pena. **to ~ out** dividir, distribuir, pagar na mesma moeda. **to ~ up** servir à mesa. **to ~ with** trabalhar com. **that will ~ to win her over** isto a conquistará.

server [s'ə:və] s. 1. servidor m. 2. travessa, bandeja f. 3. (Ecles.) coroinha m. 4. (Esp.) sacador m.

service [s'ə:vis] s. 1. serviço, préstimo, obséquio m. 2. suprimento, serviço m. de mesa. 3. ocupação f., emprego m. de servente ou criado. 4. trabalho, exercício m. 5. ajuda, assistência f., auxílio m. 6. vantagem f., benefício m. 7. serviço público m. 8. serviço militar m. 9. cerimônia religiosa f., ritual m., exéquias f. pl. 10. consideração, devoção f., respeito m. 11. maneira de servir comida, comida servida f. 12. serviço m., louça f., conjunto m. de peças de louça para refeição. 13. serventia, utilidade f. 14. (Jur.) entrega formal f., publicação f. de processo ou documento. 15. (tênis) saque m.: ato ou modo m. de lançar a bola no jogo. 16. (Náut.) corda fina f. enrolada num cabo a fim de reforçar e protegê-lo. ‖ v. manter em ordem, consertar, revistar, revisar.
baptismal ~ cerimônia do batismo. **civil ~** serviço civil. **divine ~** serviço religioso. **postal ~** correio. **public ~** serviço público. **senior ~** (Inglaterra) marinha. **train ~** comunicação ferroviária. **he is always at your ~** ele está sempre à sua disposição.

they attend ~ eles freqüentam a igreja. **can I be of any ~?** posso ser útil? **please do me a ~!** por favor, faça-me o obséquio. **he will offer you his ~s** ele lhe oferecerá seus préstimos. **he is on ~** just now no momento ele está em serviço. **they are out of ~** estão fora de serviço.

serviceable [~əbl] adj. 1. útil, aproveitável. 2. durável. ‖ **–bly** adv. utilmente, duravelmente.

serviceableness [~əblnis] s. utilidade, durabilidade f.

servicebook [s'ə:visbuk] s. hinário m.

service brake s. (E. U. A.) freio m. de pé (Autom.).

service ceiling s. (Aer.) teto de vôo normal m.

service court s. área f. de saque (tênis).

service dress s. farda, roupa f. para serviço.

service entrance s. entrada f. de serviço.

service hatch s. guichê m. para passar a comida.

serviceman [s'ə:vismən] s. membro m. das forças armadas.

service pipe s. cano secundário, cano de ligação.

servicestation [s'ə:vissteiʃən] s. (E. U. A.) posto m. de serviço, bomba f. de gasolina.

service stripe s. (milit.) galão m. por tempo de serviço.

service tree s. (Bot.) sorveira f.

servient [s'ə:viənt] adj. subordinado, serviente.

serviette [sə:vi'et] s. guardanapo m. (quadro D 2).

servile [s'ə:vail] adj. 1. servil, bajulador. 2. relativo a escravo ou servo. 3. humilde. ‖ **~ly** adv. servilmente.

servility [sə:v'iliti] s. servilidade f., servilismo m.

serving [s'ə:viŋ] s. 1. ação de servir. 2. quantidade servida f. numa refeição. ‖ adj. servente.

servitor [s'ə:vitə] s. 1. servente m. + f., criado m. 2. (poét.) adepto, aderente m.

servitude [s'ə:vitju:d] s. 1. servitude, servidão, escravidão f. 2. trabalho forçado m., punição f.
penal ~ trabalho forçado, pena de penitenciária.

servomechanism [s'ə:voum'ekənizm] s. (Eletrôn.) servomecanismo m.

servomotor [s'e:voum'outə] s. (Eletrôn.) servomotor m.

sesame [s'esəmi] s. (Bot.) sésamo, gergelim m.
open ~! abre-te, sésamo! (fórmula mágica da lenda).

sesqualter [seskwi'æltə], **sesqualterae** [seskwi'æltərə] adj. (Mat.) sesquiáltera: uma e meia vezes, à razão de 3:2.

sesquicentennial [seskwisent'eniəl] s. (E. U. A.) comemoração do 150º aniversário f. ‖ adj. sesquicentenário.

sesquipedalian [seskwipid'eiliən] adj. 1. sesquipedal: com pé e meio de comprimento. 2. (fig.) muito comprido (palavra).

sessile [s'esail] adj. (Bot) séssil (quadro L 2).

session [s'eʃən] s. 1. sessão, reunião f. 2. série f. de reuniões, congresso m. 3. período m. de sessões.
the Court of Sessions supremo tribunal da Escócia. **~s of the peace** sessões dos juízes de paz.

sessional [~əl] adj. de sessão.

sestet [sest'et] s. 1. (Mús.) sexteto m. 2. (Liter.) as últimas seis linhas f. pl. de um soneto.

set [set] s. 1. jogo, grupo, conjunto m., coleção, série f. 2. sociedade, facção f., círculo m. 3. talher, serviço m. 4. (Teat., Cin.) cenário m. 5. (Rádio) aparelho, receptor, emissor m. 6. porte m., posição, forma f., ajuste, caimento m. 7. direção, tendência f., curso, rumo m. 8. inclinação, deslocação f., dèsvio, empeno m. 9. planta, muda f., rebento m. 10. fruta f. recentemente formada da flor. 11. solidificação f., endurecimento m. 12. (tênis) série de jogos f. 13. ato de amarrar (de um cão de caça). 14. (poét.) ocaso m. 15. ninhada f. de ovos. 16. trava f. de serra. 17. última demão de

reboque. ‖ v. (imp. e p. p. **set**) 1. pôr, colocar, localizar, assentar, adaptar, plantar. 2. ajustar, endireitar. 3. regular, acertar. 4. fixar, estabelecer. 5. determinar. 6. apontar, designar. 7. marcar, fixar. 8. dar (exemplo). 9. ligar, firmar. 10. ficar firme, solidificar, coalhar, endurecer, pegar (cimento). 11. montar, engastar. 12. adornar, ornamentar. 13. descer, pôr-se (sol), baixar (maré). 14. chocar, pôr para chocar, colocar ovos para chocar. 15. amarrar (cão de caça). 16. cair, assentar-se, adaptar-se, servir (vestido). 17. tender, dirigir-se, rumar, soprar, vir de (vento). 18. começar a mover-se, pôr-se em movimento. 19. aplicar-se. 20. formar fruta. 21. adaptar. 22. pôr em música, compor. 23. (Tipogr.) compor. 24. afiar, assentar (corte de faca, etc.). 25. reduzir (osso deslocado). 26. meter velas. ‖ adj. 1. fixado, estabelecido, predeterminado, prescrito. 2. fixo, rígido, imóvel, estacionário. 3. obstinado, aferrado. 4. firme, duro, endurecido. 5. decidido.
a ~ of fools um grupo de tolos. **a ~ of teeth** uma dentadura. **to ~ about** começar a, tomar providências. **to ~ eyes on s. th.** ver, perceber, notar alguma coisa. **he has ~ his heart** (ou **mind**) **on s. th.** ele está ávido por alguma coisa. **you ~ my teeth on edge** você me deixa completamente nervoso. **to ~ fire to** pôr fogo em, acender. **to ~ pen to paper** começar a escrever. **to ~ a poem to music** pôr versos em música. **she ~s great store by it** ela dá muito valor a isto. **he doesn't know how to ~ about it** ele não sabe como começá-lo. **they ~ him against it** predispuseram-no contra isto. **to ~ afoot** (ou **on foot**) encaminhar, resolver, concluir. **to ~ (a–)going** pôr em movimento (máquina), dar impulso. **to ~ apart** pôr de lado. reservar. **to ~ aside** desprezar, pôr de lado, **to ~ at defiance** desafiar. **we ~ him at ease** acalmamo-lo. **to ~ back** atrasar (relógio), retroceder, impedir, parar. **it was ~ before him** foi apresentado a ele. **to ~ behind** colocar atrás, descuidar. **to ~ by** reservar, economizar. **to ~ down** depositar, descer, anotar, registrar. **it has been ~ down to his account** foi debitado em sua conta. **he ~ down her ignorance to her great youth** ele atribuiu a ignorância dela à sua mocidade. **to ~ forth** mostrar, demonstrar, anunciar, levantar, partir. **to ~ forward** promover, ajudar, continuar, viajar, partir, sair de viagem. **to ~ free** liberar. **to ~ in** começar, iniciar. **a heavy storm ~ in** caiu um forte temporal. **to ~ in motion** pôr em movimento. **to ~ (one's house) in order** arrumar, pôr a casa em ordem. **to ~ one's hand to** meter mãos à obra. **to ~ little** ou **much by** apreciar pouco ou muito. **to ~ off against** destacar-se de. **to ~ on** incitar, instigar, açular, empregar (numa tarefa). **to ~ out** plantar, enfeitar, adornar, provar, equipar, demonstrar, expor, publicar, marcar, delimitar, exibir, partir, levantar, levantar-se, pôr-se a caminho. **to ~ right** corrigir. **to ~ to** iniciar, começar, pôr-se a. **to ~ to work** começar a trabalhar, fazer trabalhar. **to ~ up** levantar, montar, comprar, iniciar (negócio), · fundar, instalar, auxiliar, ajudar, soltar (grito), estabelecer, instituir. **to ~ up in print** compor, tipografar. **to ~ up a reserve** instituir um fundo de reserva. **to ~ o. s. up as judge** arvorar-se em juiz. **she ~ him up in business** ela lhe montou um negócio. **to ~ up** estabelecer-se, iniciar um negócio, tornar-se independente. **he ~ up for himself** ele começou a trabalhar por conta própria. **he ~s up for a scholar** ele pretende ser um homem de letras. **they ~ upon him** caíram em cima dele. **my ~ purpose** minha firme intenção. **with ~ teeth** com os dentes cerrados. **~ square**

esquadro.
setaceous [sit'eiʃəs] adj. setáceo, cerdoso.
set-back s. 1. revés m., contrariedade f. 2. recesso, recuo m.
set-down s. descompostura f.
set-fair adj. bom e estável (tempo).
setigerous [sit'idʒərəs] adj. setígero, setífero.
set-in s. começo, princípio, início m.
set-off s. 1. contraste, ornamento m. 2. contra-argumento m., pretensão oposta f. 3. desconto, abatimento m. 4. saliência f., ressalto m. 5. (Tipogr.) decalque m. acidental de uma folha impressa na outra.
set-out s. 1. começo m., partida f. 2. exibição f.
set piece s. 1. (Teatr.) peça f. de cenário. 2. (Liter., Mús., Pint.) obra f. convencional.
setscrew [s'etskru:] s. (Mec.) parafuso m. de retenção.
set-square s. esquadro m. para desenho (quadros L 5, T 2).
settee [set'i:] s. canapé, sofá m. (quadro C 9).
setter [s'etə] s. 1. compositor, tipógrafo m. 2. engastador m. 3. cão de caça, perdigueiro m.
setter-on s. instigador, agitador m.
setting [s'etiŋ] s. 1. colocação f., assentamento m. 2. moldura, armação f., engaste m. 3. cenário m. 4. ambiente, lugar, tempo, cenário m. de uma ópera ou história, fundo m. 5. acompanhamento musical m. 6. ninhada para chocar f. 7. direção f., rumo m. 8. ocaso (dos astros). 9. trava f. de dentes de serra. 10. (Tipogr.) composição f. 11. solidificação f., endurecimento m.
musical ~ conversão em música. **~–down** repreensão. **~–rule** (Tipogr.) linha de composição. **~ strength** força de liga, de pega. **to take ~–up exercises** fazer ginástica matutina.
settle [setl] s. banco, sofá m., poltrona f. ‖ v. 1. assentar, estabelecer. 2. determinar, decidir, fixar. 3. pôr em ordem, arranjar, arrumar. 4. pagar, liquidar. 5. estabelecer-se, vir morar, fixar residência, casar, casar-se. 6. dar estado a. 7. colonizar, estabelecer colônias. 8. pousar, instalar-se, 9. acomodar-se. 10. apaziguar, acalmar, acalmar-se, sossegar, diminuir. 11. descer, cair, depositar-se, assentar. 12. ficar límpido. 13. afundar, baixar. 14. solidificar, endurecer. 15. firmar (tempo). 16. chegar a um acordo, concordar. 17. decidir-se. 18. transferir propriedade, doar, legar. 19. encerrar, levar a cabo, resolver.
to ~ down instalar-se, estabelecer-se, depositar, sossegar. **he ~d down to writing** ele pôs-se a escrever. **to ~ for** tomar uma certa direção. **it is settling for sunshine** o tempo se torna ensolarado. **to ~ in** mudar, estabelecer-se. **they ~d them in** ajudaram-nos (a eles) na mudança. **they ~d in** eles mudaram, ocuparam a casa. **the illness ~d into a state of danger** a doença entrou numa fase perigosa. **I ~d (up) on living in town** decidi morar na cidade. **to ~ up** encerrar, combinar, resolver.
settled [~d] adj. 1. estabelecido, assentado. 2. casado, acomodado. 3. organizado. 4. firme, seguro, determinado. 5. decidido. 6. estável (tempo). 7. enraizado (costume).
settlement [s'etlmənt] s. 1. determinação, decisão f. 2. ato de se estabelecer, de se instalar, fundação f., situação de pessoa que se acha estabelecido. 3. fixação f. 4. estabelecimento m., instalação f. 5. arranjo, acordo m. 6. pagamento m., liquidação f. (de dívidas). 7. colonização, colônia f. 8. povoado m. 9. lugar m. onde se trabalha para a assistência social. 10. transferência f. de propriedade, fundação f., legado m., doação f. 11. contrato m. 12. subsistência f.
Act of. S. ata da sucessão ao trono. **compulsory ~**

S 5

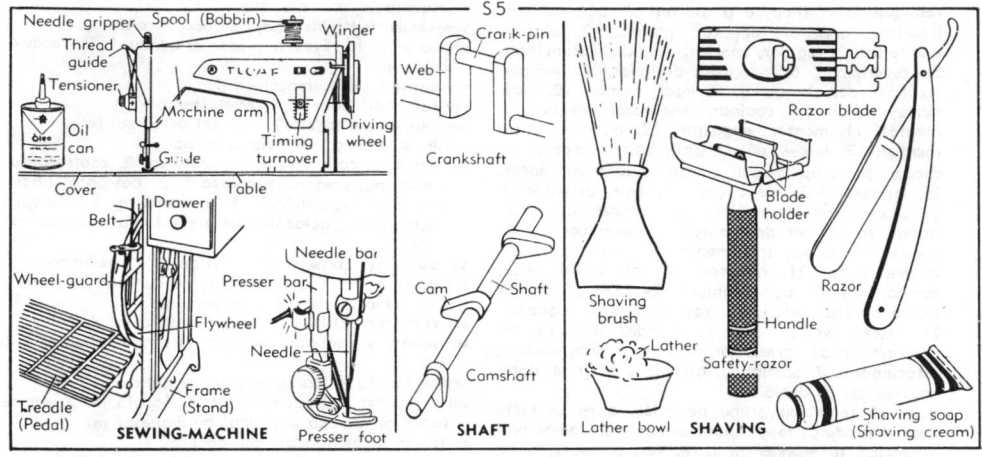

SEWING-MACHINE — Needle gripper, Spool (Bobbin), Winder, Thread guide, Tensioner, Machine arm, Oil can, Timing turnover, Driving wheel, Guide, Cover, Table, Belt, Drawer, Wheel-guard, Presser bar, Needle bar, Flywheel, Needle, Treadle (Pedal), Frame (Stand), Presser foot

SHAFT — Crank-pin, Web, Crankshaft, Cam, Shaft, Camshaft

SHAVING — Razor blade, Blade holder, Razor, Shaving brush, Lather, Handle, Safety-razor, Lather bowl, Shaving soap (Shaving cream)

tes. **do it ~ times** faça-o diversas vezes.

ajuste compulsório. **deed of ~** (Jur.) certificado de transferência. **they made a ~ of £ 100 upon him** aquinhoaram-no com 100 libras.

settler [s'etlə] s. 1. colono, fazendeiro m. 2. tanque m. de decantação. 3. (gíria) golpe duro m. 4. argumento decisivo m.

settling [s'etliŋ] s. 1. liquidação f., ajuste, acerto m. de contas. 2. acordo, arranjo m. 3. colonização f. 4. decisão, fixação f. 5. clarificação f.

settlings [~z] s. pl. sedimento, depósito m.

set-to s. combate m. especialmente a socos, disputa f.

setup [s'etʌp] s. 1. (E. U. A., gíria) modo de se portar, de manter a cabeça ou o corpo. 2. instalação de aparelhos, ligação f. 3. arranjo m., organização f. 4. projeto, planejamento m. 5. apetrechos m. pl. para misturar bebida, menos álcool.

seven [sevn] s. 1. número sete m. 2. (baralho) sete m. ‖ num. sete.

the ~ wonders of the world as sete maravilhas do mundo. **the Seven Years' War** a guerra dos sete anos. **the ~ deadly sins** os sete pecados mortais. **~ league boots** botas de sete léguas.

sevenfold [s'evnfould] adj. sétuplo, sete vezes outro tanto. ‖ adv. sete vezes.

Seven Seas s. pl. os sete oceanos m. pl. da Terra: Ártico, Antártico, Pacífico Norte e Sul, Atlântico Norte e Sul, Índico.

seventeen [sevnt'i:n] s. número dezessete m. ‖ num. dezessete.

seventeenth [~θ] s. décimo sétimo m., décima sétima parte f. ‖ num. décimo sétimo.

seventh [sevnθ] s. 1. sétimo m. 2. sétima parte f. 3. (Mús.) sétima f. ‖ num. sétimo. ‖ ~ly adv. em sétimo lugar.

seventies [s'evntiz] s. pl. anos m. pl., casa f. dos setenta.

seventieth [s'evntiiθ] s. 1. setuagésimo m. 2. setuagésima parte f. ‖ num. setuagésimo

seventy [s'evnti] s. setenta m. ‖ num. setenta.

sever [s'evə] v. 1. partir, separar, dividir, rachar. 2. cortar, romper. 3. manter-se à parte.

severable [~rəbl] adj. separável.

several [~rəl] s. alguns, vários pl. ‖ adj. 1. alguns, algumas, vários, várias. 2. diferentes, diversos, diversas. 3. respectivos, respectivas, individuais. 4. individuais, separados, separadas. ‖ ~ly adv. 1. separadamente, individualmente. 2. respectivamente. **~ of them** alguns deles. **each ~ book** cada livro separadamente. **six ~ groups** seis grupos diferen-

severalty [s'evərəlti] s. variedade f.

severance [s'evərəns] s. 1. separação, divisão f. 2. rompimento m.

severe [siv'iə] adj. 1. severo, austero, rigoroso, áspero, duro. 2. sério, grave. 3. simples, sem adorno. 4. violento, forte. 5. crítico, difícil. 6. rígido, exato, preciso, metódico. ‖ ~ly adv. severamente.
I left (ou let) him ~ly alone não dei atenção a ele, não quis saber de negócios com ele. **I left it ~ly alone** não me intrometi.

severity [siv'eriti] s. 1. severidade, dureza f., rigor m. 2. simplicidade f. 3. violência, inclemência f. 4. seriedade, gravidade f. 5. precisão, exatidão f.

sew [sou] v. (imp. **sewed** p. p. **sewn, sewed**) 1. coser. 2. costurar. 3. cerzir, fechar com costura.
to ~ on fixar, costurar. **to ~ up** fechar com costura.

sewage [sj'uidʒ] s. água de esgoto f. ‖ v. adubar com matéria de esgoto.
~ farm chácara adubada com matéria de esgoto.

sewer (I) [s'ouə] s. costureiro, alfaiate m., costureira f.

sewer (II) [sj'uə] s. tubo, cano de esgoto m. (quadro D 4).

sewerage [sj'uəridʒ] s. canalização f., sistema m. de esgoto.

sewing [s'ouiŋ] s. ato m. de coser, costura f., trabalho m. de costura. ‖ adj. relativo a costura.
~ machine máquina de costura (quadro S 5).

sewn [soun] v. p. p. de **sew.**

sex [seks] s. sexo, caráter feminino ou masculino m. ‖ adj. sexual, relativo ao sexo.
the fair ~ o belo sexo. **the ~** (coloq.) as mulheres. **the weaker ~** o sexo fraco. **the sterner ~** o sexo forte, os homens. **~ act** coito. **~ appeal** atração física e erótica. **~ education** educação sexual.

sex-, sexi- (elemento de composição) **hexa-, sexa-:** seis.

sexagenarian [seksədʒin'ɛəriən], **sexagenary** [seksədʒ'i:nəri] s. sexagenário m. ‖ adj. sexagenário.

sexagesimal [seksədʒ'esiməl] s. (Mat.) fração sexagesimal f. ‖ adj. sexagésimo.

sexangle [s'eksæŋgl] s. hexágono m.

sexangular [seks'æŋgjulə] adj. hexagonal, sextavado. ‖ ~ly adv. hexagonalmente.

sexcentenary [seksent'i:nəri] s. sexto centenário m. ‖ adj. de 600 anos.

sexed [sekst] adj. sexual, que caracteriza o sexo.

sexennia! [seks'enjəl] adj. sexenal, que se realiza cada seis anos, que dura seis anos.

sexless [s'ekslis] adj. sem sexo, assexual.

sexlessness [~nis] s. qualidade de assexual.

sexology [seks'olədʒi] s. sexologia f.

sex pot s. (gíria) moça de forte atração erótica f.

sextain [s'ekstein] s. (Liter.) sextilha f.

sextant [s'ekstənt] s. 1. sextante m.: instrumento para a determinação de ângulos. 2. sexta parte de um círculo.

sextet, sextette [sekst'et] s. 1. sexteto m.: composição musical para seis vozes ou instrumentos. 2. seis cantores ou artistas. 3. grupo de seis.

sextile [s'ekstil] adj. (Astron.) sextil.

sextillion [sekst'iliən] s. 1. milhão m. na sexta potência, 1 com 36 zeros. 2. (E. U.A.) sextilhão m.

sexton [s'ekstən] s. sacristão, (†) coveiro m.

sextuple [s'ekstjupl] s. sêxtuplo m. ‖ adj. sêxtuplo que consiste em seis partes, seis vezes a quanti dade. ‖ v. multiplicar por seis.

sextuplet [~it] s. 1. grupo m. de seis coisas. 2. sêxtuplo m.: cada uma de seis crianças nascidas de uma mesma gravidez. 3. ~s sêxtuplos m. pl.

sexual [s'eksj'uəl] adj. sexual, relativo ao sexo, que tem sexo, que caracteriza o sexo. ‖ ~ly adv sexualmente.

~ disease doença venérea. ~ intercourse cópula.

sexuality [seksju'æliti] s. sexualidade f.

sexy [s'eksi] adj. 1. sexualmente atraente, encantador. 2. excitante. 3. interessada sexualmente.

shabbiness [ʃ'æbinis] s. 1. sovinice, usura, cupidez f. 2. andrajosidade f.

shabby [ʃ'æbi] adj. 1. gasto, roto, surrado, esfarrapado. 2. maltrapilho. 3. (fig.) miserável, vil, ordinário. ‖ ~ily adv em farrapos, miseravelmente.

~-genteel surrado, mas elegante. ~-genteel people pessoas empobrecidas que procuram manter as aparências.

shabrack [ʃ'æbræk] s. gualdrapa f.

shack [ʃæk] s. (E. U. A.) cabana f., barracão m. (feito de tábuas), choça, choupana f.

shackle [ʃækl] s. 1. algema, grilheta f. 2. elo m., corrente f., cadeia f. 3. impedimento, obstáculo m. ‖ v. 1. algemar, agrilhoar. 2. impedir, embaraçar.

~-bone pulso. ~s algemas (também fig.).

shad [ʃæd] s. (Ict.) sável m., savelha, saboga f. (peixes do gênero Alosa).

shaddock [ʃ'ædək] s. (Bot.) 1. toranja f. (Citrus maxima) f. 2. árvore f. desta fruta.

shade [ʃeid] s. 1. lugar sombreado m., sombra f. 2. penumbra f. 3. cortina, veneziana f., quebra-luz m. 4. tonalidade, gradação f. de cor, matiz, tom m. 5. sombreado (de pintura). 6. nuança, diferença mínima f., grau m. 7. sombra, nuvem f., sentimento obscuro m. 8. espírito, fantasma m. 9. proteção f. ‖ v. 1. abrigar da luz, sombrear, proteger da luz. 2. escurecer, tornar sombrio. 3. mostrar diferenças ou nuanças, mudar aos poucos, graduar (cores), matizar. 4. diminuir, esmaecer.

~s sombras da noite, (Mitol.) Hades. the ~s of night as sombras da noite. he was thrown into the ~ (by his rival) ele foi superado (pelo seu rival). he is now but the shadow of a ~ ele é agora apenas a sombra de uma sombra, ficou reduzido a nada. glass ~ redoma. to ~ away esmaecer, sumir-se.

shaded [ʃ'eidid] adj. 1. sombreado, graduado, matizado. 2. abrigado (da luz), protegido

shadeless [ʃ'eidlis] adj. sem sombra.

shadiness [ʃ'eidinis] s. 1. sombra f. 2. escuridão, obscuridade f. 3. lugar sombreado m.

shading [ʃ'eidiŋ] s. 1. proteção f., quebra-luz m. 2.

sombreado m. 3. variação, graduação (de cor, de caráter) f.

shadow [ʃ'ædou] s. 1. sombra f. 2. lugar sombreado m., escuridão f. 3. sombreado (pintura) m. 4. traço, pouco m. 5. vulto, fantasma m. 6. imagem vaga ou refletida f. 7. detective, secreta m., pessoa que segue outra de perto e secretamente. 8. companheiro inseparável m. 9. tristeza, melancolia f. 10. expressão f. ou olhar triste m. 11. proteção f., abrigo m. 12. imitação f. 13. presságio, agouro m. ‖ v. 1. proteger, abrigar da luz, escurecer. 2. sombrear, fazer sombra. 3. representar, demonstrar levemente ou vagamente. 4. seguir, perseguir de perto e secretamente. 5. tornar triste, nublar.

great events cast their ~s before them grandes acontecimentos se fazem pressentir.

shadowbox [ʃ'ædouboks] v. 1. (boxe) fazer treino de sombra. 2. evitar ação direta.

shadow cabinet s. (Ingl.) gabinete fantoche m., da oposição.

shadowgraph [ʃ'ædougræf] s. projetor m. de contornos.

shadowless [~lis] adj. sem sombra.

shadowy [~i] adj. 1. sombrio, escuro, obscuro. 2. vago, indistinto. 3. irreal, fantasmagórico.

shady [ʃ'eidi] adj. 1. na sombra, sombreado. 2. sombroso, sombrio. 3. (coloq.) duvidoso, suspeito. ‖ ~ily adv. de modo sombreado.

shaft [ʃa:ft] s. 1. cabo m., haste f. (quadro S 6). 2. flecha, seta, lança f., dardo m. 3. raio, feixe m. de luz. 4. lança f., varal m. (de carro puxado a cavalo). 5. coluna f., fuste m. de coluna. 6. mastro (de bandeira) m. 7. (Mec.) eixo, fuso m., árvore f. (quadro S 5). 8. cabo m. (de martelo, etc.). 9. haste f., caule, tronco m. 10. poço m., escavação vertical, entrada f. de mina, chaminé (quadro C 16). 11. ~s varal (de carroça) m. 12. cabo m. de pena. 13. cuba f. de alto-forno.

shafted [ʃ'a:ftid] adj. (Arquit.) sustentado por colunas, ornado com colunas.

shafting [ʃ'a:ftiŋ] s. transmissão f. de eixos.

shafty [ʃ'a:fti] adj. de fibras longas e fortes (lã).

shag [ʃæg] s. 1. pêlo m., lã f. áspera, trançada, riço m., grenha, guedelha f. 2. massa f. de pêlo de lã. 3. pelúcia f. 4. felpa f., feltro, veludo m. 5. fumo m. para cachimbo. ‖ v. tornar áspero, denso.

shagginess [ʃ'æginis] s. qualidade do que é peludo, áspero.

shaggy [ʃ'ægi] adj. 1. felpudo, peludo, hirsuto, coberto de pêlo ou lã, desgrenhado. 2. comprido, áspero. ‖ ~ily adv. de modo felpudo, peludo, asperamente.

shagreen [ʃægr'i:n] s. chagrém m.: couro m. de superfície granular, preparado sem curtir.

shah [ʃa:] s. xá m.: soberano da Pérsia.

shake [ʃeik] s. 1. abalo m., agitação, sacudida f., ação de sacudir ou balançar, vibração f. 2. (E. U. A.) terremoto m. 3. bebida batida f. 4. (gíria) momento, instante m. 5. (Mús.) trinado, garganteio m. 6. racho m., fenda f. ‖ v. imp. shook, p. p. shaken. 1. sacudir, agitar, acenar. 2. derrubar, jogar, tirar por agitação. 3. apertar a mão. 4. tremer. 5. fazer tremer ou estremecer, abalar. 6. trepidar, estremecer, vibrar. 7. perturbar, abalar, enfraquecer. 8. gargantear, trinar. 9. (S. U. A., gíria) livrar-se.

in a ~ num instante. he shook all over ele tremeu em todo o corpo. to ~ and quake tremer e estremecer. let us ~ hands over it vamos apertar as mãos em confirmação. ~ a leg! (coloq.) corra! he shook the dust from off the feet ele sacudiu o pó dos seus pés. not to be ~n impassível. to ~ down derrubar, jogar para baixo por sacudida,

fazer depositar. **he shook his sides with laughing** ele sacudiu-se de tanto rir. **to ~ off** livrar-se, tirar. **to ~ one's head** abanar a cabeça negativamente. **to ~ up** agitar, sacudir, remexer.
shakeable [ʃ'eikəbl] adj. maduro (para ser sacudido da árvore), que pode ser sacudido.
shake-down s. 1. extorsão f. 2. ato de pôr em funcionamento. 3. cama de emergência f.
shaker [ʃ'eikə] s. 1. quem agita ou sacode. 2. batedeira f. 3. sacudidor m., recipiente para misturar e sacolejar bebidas. 4. (E. U. A.) recipiente m. de tampa perfurada para espalhar sal ou pimenta. 5. (E. U. A.) membro de uma seita religiosa m.
cocktail–~ coqueteleira.
shakes [ʃeiks] s. pl. calafrios m. pl.
no great ~ (coloq.) nada de importante.
Shakespearean [ʃeiksp'iəriən] adj. relativo às obras de William Shakespeare (1564-1616).
Shakespearean sonnet (também **English sonnet**) s. (Liter.) soneto m. shakespeareano (ou inglês).
shake-up s. mudança f. repentina e completa.
shakiness [ʃ'eikinis] s. fragilidade, instabilidade f
shaking [ʃ'eikiŋ] s. agitação, sacudida f., tremor estremecimento m. ‖ adj. trêmulo, agitado.
~ sieve peneira oscilante.
shaking palsy s. (Pat.) doença de Parkinson f.
shako [ʃ'ækou] s. (milit.) barretina f.
shaky [ʃ'eiki] adj. 1. trêmulo, trôpego, vacilante. 2. fraco, débil, instável, inseguro. 3. rachado, fendido. 4. inconstante, volúvel. 5. (coloq.) duvidoso, incerto. 6. abalado (crédito). ‖ –ily adv. de modo trêmulo.
shale [ʃeil] s. (Miner.) xisto (quadro C 16).
shall [ʃæl, ʃə, ʃl] v. imp. **should**, 1. dever. 2. como v. auxiliar indica: a) o tempo futuro. b) uma promessa ou determinação.
I ~ come virei. **~ I call him?** devo chamá-lo? **~ you go to London?** você irá a Londres? **you, he ~ go** você, ele deve ir. **thou shalt not steal** não furtarás. **he ~ not say untruths** ele não deve mentir. **~ I tell you what I think?** quer que lhe diga o que estou pensando? **~ we give it up?** vamos desistir? **they say you ~ wait** eles dizem que vocês devem esperar. **it was settled that I should be there** foi combinado que eu deveria estar lá. **you shouldn't have done that** você não devia ter feito isto. **should I tell her or should I not?** eu devia contar-lhe ou não? **it should seem doubtful** pareceria duvidoso. **I should not do that if I were you** não faria isto se eu fosse você. **it is incredible that he should have forgotten it** é inacreditável tê-lo esquecido.
shalloon [ʃæl'u:n] s. cambraia leve f.
shallop [ʃ'æləp] s. chalupa f.
shallot [ʃəl'ɔt] s. chalota f.: espécie de cebola.
shallow [ʃ'ælou] s. lugar raso, baixio m. ‖ v. 1. tornar raso. 2. ficar raso. ‖ adj. raso, não profundo (quadro Q). ‖ **~ly** adv. com pouca profundidade.
~–brained superficial, descuidado, relaxado.
shallowness [~nis] s. falta f. de profundidade.
shalt [ʃælt] (poét.) segunda pessoa sing. de **shall**.
sham [ʃæm] s. 1. impostura f., pretexto, engano, logro m., fraude f. 2. impostor m. ‖ v. pretender, fingir, simular. ‖ adj. 1. imitado. 2. fingido.
~ fight combate simulado.
shaman [ʃ'æmən] s. xamã m.
shamanism [~izm] s. xamanismo m.
shamble [ʃæmbl] s. bamboleio m., andar bamboleante m. ‖ v. andar sem firmeza, bambolear.
shambles [~z] s. pl. 1. matadouro m. 2. campo de batalha, lugar m. de destruição.
shame [ʃeim] s. 1. vergonha, humilhação, degradação f. 2. desgraça, desonra, ignomínia f. 3. causa f. de vergonha, causa de desgraça. 4. pudor, sentimento m. de pejo, pundonor m. ‖ v. 1. envergonhar, humilhar. 2. trazer ou causar desgraça. 3. estar envergonhado.
it is a ~ that he leaves already é pena que ele já vai. **it is a sin and a ~ to leave him** é um pecado e uma vergonha abandoná-lo. **he felt much ~ at it** ele ficou muito envergonhado com isto. **he brought ~ on them all** ele trouxe vergonha sobre todos eles. **what a ~!** pouca vergonha! **for ~!** que vergonha! **they put him to ~ publicly** envergonharam-no em público. **they ~d him into telling the truth** envergonharam-no para forçá-lo a dizer a verdade.
shamefaced [ʃ'eimfeist] adj. tímido, acanhado, com vergonha. ‖ **~ly** adv. timidamente.
shameful [ʃ'eimful] adj. 1. que causa vergonha, vergonhoso, que traz desgraça. 2. escandaloso, indecente. ‖ **~ly** adv. vergonhosamente.
shamefulness [~nis] s. infâmia, ignomínia f.
shameless [ʃ'eimlis] adj. 1. sem-vergonha, desavergonhado. 2. impudente, imodesto, impudico. 3. insensível à desgraça. ‖ **~ly** adv. desavergonhadamente.
shamelessness [~nis] s. impudência f., desaforo m.
shammer [ʃ'æmə] s. impostor, enganador, mentiroso m.
shammy [ʃ'æmi] s. = (coloq.) **chamois**.
shampoo [ʃæmp'u:] s. 1. lavagem f. de cabelo ou da cabeça. 2. xampu m.: sabão líquido preparado para a lavagem da cabeça. 3. massagem f. ‖ v. 1. lavar o cabelo ou a cabeça. 2. fazer massagem.
shamrock [ʃ'æmrɔk] s. 1. (Bot.) trevo, trifólio m. 2. emblema nacional m. da Irlanda.
shamus [ʃ'a:məs, ʃ'eiməs] s. (gíria) detetive m.
shanghai [ʃæŋh'ai] s. comércio ilícito m. de entorpecentes a bordo. ‖ v. entorpecer (com drogas ou álcool) e levar a bordo de um navio para trabalhar como marinheiro.
shank [ʃæŋk] s. 1. canela f., parte da perna abaixo do joelho (quadro C 7). 2. perna f. 3. talo, pé m., haste f. (quadros A 1, K 1). 4. parte estreita do sapato. 5. espiga f. de ferramenta. 6. fuste m. de coluna. 7. parte traseira f.
on ~'s mare a pé.
shanked [~t] adj. que tem perna ou haste.
shan't [ʃa:nt] (coloq.) abr. de **shall not**.
now we ~ be long! está por pouco!
shantung [ʃænt'ʌŋ] s. xantungue m.: tecido liso de seda.
shanty [ʃ'ænti] s. 1. barracão m., choupana, casa rústica f. 2. = **chantey**.
shanty-boy s. (E. U. A.) derrubador m. de árvores.
shantytown [ʃ'æntitaun] s. favela f.
shapable [ʃ'eipəbl] adj. 1. amoldável, ajustável. 2. educável. 3. bem proporcionado, harmônico.
shape [ʃeip] s. 1. forma, figura f., contorno m., configuração, formação f. 2. molde m. 3. modelo, aspecto m., aparência f. 4. caráter m., condição f. 5. ordem f. 6. (E. U. A.) condição f. 7. esquema, modelo m. 8. imagem, aparição f. ‖ v. 1. dar forma, formar, modelar. 2. tomar forma, assumir forma, formar-se. 3. adaptar, ajustar, conformar, talhar. 4. dirigir, planejar. 5. exprimir em palavras 6. moldar, configurar. 7. instalar. ‖ **~ly** adj. (veja o verbete na ordem alfabética).
to take ~ tomar forma, formar-se. **an angel in human ~** um anjo em forma humana. **don't put my hat out of ~!** não deforme meu chapéu! **of what ~ is it?** que forma tem isto? **things are shaping up well** as coisas estão indo bem.
shaped [~t] adj. formado, em forma de.
well–~ bem proporcionado.
shapeless [ʃ'eiplis] adj. informe, deforme, sem forma. ‖ **~ly** adv. de modo desproporcionado.

shapelessness [~nis] s. deformidade f.

shapeliness [ʃ'eiplinis] s. beleza, perfeição f. de formas.

shapely [ʃ'eipli] adj. bem formado, bem configurado, simétrico.

shaper [ʃ'eipə] s. (Téc.) fresadora f., torno limador m., plaina limadora f.

shape-up s. método m. de selecionar diaristas para serviços de estiva.

shard [ʃa:d], sherd [ʃə:d] s. 1. fragmento, pedaço quebrado m. 2. caco m. de louça. 3. carapaça f. que cobre as asas de certos insetos.

share (I) [ʃɛə] s. 1. parte, porção, quota f. 2. ação, fração f. ‖ v. 1. ter em comum, usar junto, gozar em comum, compartilhar. 2. dividir, repartir. 3. tomar parte, ter interesse, ter ações.
ordinary ou original ~ (Com.) ação ordinária. preferred ~ (Com.) ação preferencial. mining ~ participação em mina. not much went to my ~ meu quinhão foi pequeno. will you have a ~ in it? tomará parte nisto? let's go ~s with him! vamos dividir com ele. he ~d his luck with me ele participou da minha sorte. I ~d his grief compartilhei da sua tristeza. to ~ in participar em.

share (II) [ʃɛə] s. relha f. (quadro P 7).
~-beam barra principal do arado.

share broker s. corretor m. de ações.

share-crop s. plantação f. a meias.

share-cropper s. meeiro m.

shareholder [ʃ'ɛəhouldə] s. acionista m. + f.

sharer [ʃ'ɛərə] s. 1. participante m. + f., interessado, sócio m. 2. repartidor m.

shark (I) [ʃa:k] s. (Ict.) tubarão m.

shark (II) [ʃa:k] s. 1. pessoa rapace f. 2. embusteiro m. 3. (E. U. A., gíria) pessoa muito perita f.

sharp [ʃa:p] s. 1. (Mús.) diese f., sustenido m. (quadro N 2). 2. (gíria) pessoa f. esperta, inescrupulosa. 3. agulha f. com ponta afiadíssima. ‖ adj. 1. afiado, aguçado. 2. pontudo. 3. pronunciado, brusco, fechado (curva), acentuado. 4. cortante, frio. 5. severo, cáustico, mordaz, sarcástico. 6. dolorido, cruciante, agudo, lancinante. 7. nítido, distinto. 8. rápido, impetuoso. 9. violento, veemente. 10. ávido, ansioso, voraz. 11. perspicaz, esperto. 12. atento, vigilante. 13. astuto, inteligente. 14. agudo, penetrante. 15. (Mús.) elevado meio-tom. 16. picante, ardido, azedo. 17. (gíria) levado, trapaceiro. 18. pontual, exato. 19. pronunciado sem voz, mudo. 20. inescrupuloso, desonesto, interesseiro. ‖ adv. 1. prontamente, exatamente, pontualmente. 2. de maneira alerta, penetrante. 3. repentinamente. 4. em ângulo agudo. ‖ ~ly adv. 1. agudamente. 2. nitidamente, categoricamente. 3. precisamente, exatamente. 4. atenciosamente. 5. repentinamente, rapidamente. 6. rispidamente, fortemente.
C ~ (Mús.) dó maior. please come at three o'clock ~ por favor, venha às três horas em ponto. look ~! atenção! cuidado!, depressa! he told him ~ly to go mandou-o embora em tom ríspido.

sharp-cut adj. claramente delineado, bem definido.

sharp-edged adj. com canto agudo, afiado.

sharpen [ʃ'a:pən] v. 1. afiar, amolar, apontar. 2. (Mús.) marcar (nota) com diese. 3. excitar, estimular (apetite).

sharpener [~ə] s. afiador, amolador m.

sharper [ʃ'a:pə] s., sharpie [ʃ'a:pi] s. vigarista m. + f.

sharp-eyed adj. perspicaz, de olhar penetrante.

sharpness [ʃ'a:pnis] s. 1. agudeza f. 2. severidade, aspereza, veemência f. 3. o que queima, ardor m., acidez f. 4. gume, corte m. 5. violência, impetuosidade, dureza f. 6. agilidade, inteligência, perspicácia, esperteza f. 7. (Fot.) nitidez f.

sharp-nosed adj. 1. de nariz pontudo. 2. de olfato aguçado.

sharp-pointed adj. pontudo, pontiagudo.

sharp-set adj. ansioso, esganado, faminto.

sharpshooter [ʃ'a:pʃu:tə] s. atirador de precisão m.

sharp-sighted adj. perspicaz, de vista aguda.

sharp-witted adj. esperto, inteligente.

shatter [ʃ'ætə] v. 1. despedaçar-se, quebrar-se, rachar. 2. perturbar, abalar. 3. danificar.
he ~ed all my hopes ele destruiu todas as minhas esperanças. my nerves are ~ed meus nervos estão abalados.

shatterproof [~pru:f] adj. à prova de estilhaçamento.

shatters [~z] s. pl. fragmentos, pedaços m. pl.

shave [ʃeiv] s. 1. barbeação f. 2. navalha, faca f. para fazer cortes finos, raspadeira f. 3. fatia fina, folha f. 4. ato de falhar ou escapar por um triz. 5. (gíria) burla, troça f. ‖ v. (p. p. shaven). 1. fazer a barba. 2. cortar (cabelo) com navalha. 3. cortar fatias finas. 4. raspar, passar perto.
(give me) a ~ please por favor, me faça a barba. that was a close (ou narrow) ~ isto foi escapar por um triz. that was a clean ~ (E. U. A.) isto foi um serviço bem-feito, completo. I got ~d mandei fazer a barba. I ~d off his beard cortei sua barba.

shaven [~n] 1. p. p. de to shave. 2. adj.: a) com a barba feita. b) cortado rente. c) tonsurado.
clean-~ com a barba feita, raspado.

shaver [ʃ'eivə] s. 1. barbeiro m. 2. aparelho m. para barbear. 3. espertalhão m. 4. garoto, menino m.
a close ~ um sovina, miserável.

shavetail [ʃ'eivteil] s. (E. U. A., gíria) segundo-tenente, novato m.

Shavian [ʃ'eivjən] s. (Liter.) perito m. das obras de G. B. Shaw. ‖ adj. relativo a G. B. Shaw.

shaving [ʃ'eiviŋ] s. 1. fatia, raspa, apara f. 2. barbeação f. (quadro S 5).
~s cavacos (tirados com a plaina), raspas. ~-brush pincel para barbear. ~-kit jogo completo para barbear.

shawl [ʃɔ:l] s. xale m. ‖ v. colocar xale.

shawm [ʃɔ:m] s. charamela f.

shay [ʃei] s. (coloq.) carro leve (com toldo) m.

she [ʃi:, ʃi] s. 1. mulher, moça, menina f. 2. fêmea f., animal feminino m. ‖ pron. pess.: ẹla.
~-bear ursa. ~-devil diaba, mulher satânica.

sheaf [ʃi:f] s. (pl. sheaves) gavela f., feixe m. ‖ v. engavelar, enfeixar, amarrar em feixes.

shear [ʃiə] s. 1. tosquia, tosa f. 2. o que é cortado m., lã f. 3. tesoura, cisalha, lâmina de tesoura f. 4. cisalhamento m. ‖ v. 1. tosquiar (lã), tosar. 2. cortar com tesoura. 3. cortar rente, ceifar, segar. 4. cisalhar. 5. espoliar, esbulhar, despojar.
the ~s a tesoura (quadro S 3). a pair of ~s uma tesoura.

shearer [ʃ'iərə] s. 1. tosquiador m. 2. segador m.

shearing [ʃ'iəriŋ] s. 1. tosquia, tosa f. 2. lã tosquiada f. 3. sega, ceifa f.
~ anvil (Mec.) tesourão. ~ blade lâmina de cortar. ~ force força de cisalhamento. ~ strain esforço tangencial.

shearling [ʃ'iəliŋ] s. carneiro tosquiado m. uma vez.

shearwater [ʃ'iəwɔ:tə] s. (Orn.) 1. cagarra f. 2. bobo fura-buxo m., pardela f.

sheat-fish (Ict.) siluro m.

sheath [ʃi:θ] s. 1. bainha f. (Anat., Biol.) (quadro H 9). 2. coberta f., revestimento m. (quadro L 2).

sheathe [ʃi:ð] v. embainhar, cobrir, revestir.
to ~ the sword embainhar a espada, (fig.) fazer as pazes.

sheathing [ʃ'i:ðiŋ] s. revestimento (quadro L 2)

förro (esp. no casco de um navio) m.

sheathless [ʃi:θlis] adj. desembainhado, descoberto.

sheave [ʃi:v] s. roda, roldana (de moitão) f. ‖ v. enfeixar.

sheaves [ʃi:vz] s. pl. de **sheaf** e **sheave**.

sheba [ʃi:bə] s. (coloq.) moça bonita f.

shebang [ʃəb'æŋ] s. (E. U. A., gíria) 1. estabelecimento, negócio, equipamento m., coisa f. 2. assunto, acontecimento m.

the whole ~ (gíria) o negócio todo.

shed (I) [ʃed] s. abrigo, telheiro, barracão m., coberta, choupana f. (quadros H 3, S 12, V 3).

shed (II) [ʃed] s. divisão, divisória f., linha divisória das águas, vertente f. ‖ v. (imp. e p. p. **shed**) 1. derramar, verter. 2. deixar cair, largar, mudar (de pele). 3. espalhar, irradiar, emitir. 4. desprender.

to ~ **light upon** s. th. esclarecer alguma coisa.

to ~ **blood** derramar sangue, matar, destruir vida.

she'd [ʃid, ʃəd] abr. de **she had, she would.**

shedder [ʃ'edə] s. 1. derramador m. 2. lagosta f. que mudou de casco.

shedding [ʃ'ediŋ] s. barracão, abrigo m., choupana f.

sheddings [ʃ'ediŋz] s. o que foi derramado, o que caiu, muda f., o que foi tirado.

shed-roof s. telhado inclinado m.

sheen [ʃi:n] s. resplendor, brilho, reflexo, lustro m.

sheeny [ʃ'i:ni] adj. lustroso, brilhante, resplandecente.

sheep [ʃi:p] s. sg. e pl. 1. carneiro m., ovelha f. 2. (fig.) bobo m., pessoa fraca, tímida ou estúpida f. 3. pele f. de carneiro.

black ~ pessoa de má reputação. he is a wolf in ~'s clothing ele é um lobo em pele de carneiro. don't cast ~'s eyes at her não olhe para ela com olhares lânguidos. ~'s head imbecil, simplório.

sheepcot [ʃ'i:pkɔt], **sheepcote** [ʃ'i:pkout] s. (Ingl.) aprisco, curral m. de ovelhas.

sheep-dog s. cão pastor m.

sheep-farm s. criação f. de carneiros.

sheepfold [ʃ'i:pfould] s. = **sheepcot.**

sheep-hook s. bordão m. de pastor.

sheepish [ʃ'i:piʃ] adj. 1. embaraçado, tímido. 2. fraco, estúpido. ‖ ~ly adv. timidamente, estupidamente.

sheepishness [~nis] s. acanhamento m., estupidez f.

sheep-louse, **~-tick** s. carrapato m. das ovelhas.

sheep-run s. pasto m. para carneiros.

sheep's eyes pl. s. 1. olhos m. pl. de carneiro. 2. olhares m. pl. lânguidos.

sheepshank [ʃ'i:pʃæŋk] s. 1. pernil m. de carneiro 2. (Náut.) catau m.

sheepshearing [ʃ'i:pʃiəriŋ] s. 1. tosa f. de carneiro. 2. época f. da tosa. 3. festa da tosa f.

sheepskin [ʃ'i:pskin] s. 1. pele f. de carneiro. 2. couro de carneiro, pergaminho m. 3. (E. U.A., coloq.) diploma m.

sheer (I) [ʃiə] s. 1. (Náut.) mudança de rumo, desvio m. do curso. 2. inclinação, curvatura f. do convés. ‖ v. desviar, virar, mudar de rumo. ‖ adj. perpendicular, íngreme, abrupto. ‖ adv. 1. completamente, totalmente. 2. de modo íngreme, perpendicularmente.

~ legs (Náut.) guindaste de mastro. to ~ off (Náut.) andar mais largo.

sheer (II) [ʃiə] s. vestido transparente m. ‖ adj. 1 fino, transparente, diáfano. 2. puro, completo, absoluto.

sheet [ʃi:t] s. 1. lençol m. (quadro B 6). 2. pedaço largo e fino m. de qualquer coisa. 3. folha f. de papel. 4. folheto, jornal m. 5. chapa, lâmina, superfície larga e plana f. 6. (poét.) vela f. 7.

(Náut.) escota f. ‖ v. cobrir com lençol.

news ~ folheto. between the ~s na cama. he was white as a ~ ele estava branco como um lençol. he is a blank ~ ele é um livro em branco. the rain comes down in ~s a chuva cai torrencialmente. the book is still in ~s o livro ainda não está encadernado.

sheet anchor s. 1. âncora grande f., usada em emergências. 2. último recurso m.

sheet-glass s. vidro plano m.

sheeting [ʃ'i:tiŋ] s. 1. pano m. para lençóis. 2. forro m. de madeira. 3. metal laminado m.

sheet iron s. ferro m. em chapa, folha ou lâmina.

sheet lightning s. relâmpago, clarão m. de relâmpago.

sheet metal s. metal m. em chapa, folha ou lamina.

sheik, sheikh [ʃeik] s. 1. xeique m.: chefe de tribo árabe, chefe religioso maometano. 2. (gíria) homem dominador, atraente m.

shekel [ʃekl] s. 1. moeda antiga f., hebraica, de prata. 2. unidade hebraica f. de peso. 3. ~s (gíria) dinheiro m.

sheldrake [ʃ'eldreik] s. (Orn.) tadorno m.

shelf [ʃelf] s. (pl. **shelves**) 1. prateleira, estante f. (quadro C 20). 2. saliência, projeção f. em forma de prateleira. 3. banco de areia, recife m.

to lay (ou put) on the ~ pôr de lado, protelar. to be on the ~ (gíria) estar no ferro-velho, não prestar mais. she is on the ~ (fig.) ela ficou para tia.

shelf life s. período m. de conservação de enlatados e preparados químicos.

shelfy [ʃ'elfi] adj. cheio de bancos de areia.

shell [ʃel] s. 1. casca, concha, carapaça f., casco m. (de um animal). 2. casca, cápsula f. (que cobre semente). 3. parte externa, aparência f. 4. (E. U. A.) barco m. de corrida, muito leve. 5. forma f. para pastéis ou bolos. 6. cartucho m., granada, bomba f. 7. madeiramento m., armação, estrutura f. (de casa, de navio). ‖ v. 1. tirar de casco, de casca, de concha, descascar. 2. sair, cair da casca. 3. separar trigo das espigas. 4. bombardear.

~–almonds amêndoas em casca. ~–crater cratera produzida pela explosão de granada. to ~ off descascar-se, escamar-se. to ~ out (gíria) puxar a carteira, pagar.

she'll [ʃi:l] contração de **she shall, she will.**

shellac [ʃəl'æk] s. goma-laca f., verniz m., solução f. de goma-laca. ‖ v. cobrir com goma-laca.

shellacking [~iŋ] s. (gíria) 1. derrota total f. 2. surra fragorosa f.

shelled [ʃeld] adj. 1. de ou com casca. 2. sem casca.

shellfire [ʃ'elfaiə] s. fogo m. de artilharia.

shellfish [ʃ'elfiʃ] s. molusco, marisco m.

shell-less adj. sem casca.

shell-like adj. concheado: como concha.

shell-lime s. cal f. de conchas.

shell-proof adj. à prova de bombas.

shell-shock s. (Psiq.) neurose de guerra f.

shelly [ʃ'eli] adj. 1. cascudo, com casca ou concha. 2. rico em moluscos.

shelter [ʃ'eltə] s. 1. coberta, defesa f., abrigo, resguardo m. 2. proteção f., refúgio, asilo m. ‖ v. 1. proteger, abrigar, esconder. 2. procurar abrigo.

night—~ abrigo noturno, asilo. I gave him ~ ofereci-lhe abrigo.

sheltered [~d] adj. abrigado, protegido.

shelterless [~lis] adj. desamparado, sem abrigo.

shelve (I) [ʃelv] v. 1. colocar na prateleira. 2. pôr de lado, protelar, arquivar. 3. colocar prateleiras.

shelve (II) [ʃelv] v. inclinar-se, ter declive.

shelves [~z] s. pl. de **shelf.**

shelving (I) [ʃ'elviŋ] s. 1. madeira f., metal, material m. para prateleiras. 2. prateleiras f. pl.
shelving (II) [ʃ'elviŋ] adj. inclinado, íngreme.
shenanigan [ʃən'ænigən] s. (E. U. A., gíria) 1. bobagem. 2. embuste m., trapaça f.
shepherd [ʃ'epəd] s. 1. pastor, ovelheiro, zagal m. 2. guia, protetor m. 3. pastor, guia espiritual ou religioso m. ‖ v. 1. tomar conta de, zelar. 2. guiar. ~'s **crook** bordão de pastor. ~'s **plaid** pano de lã, xadrezado de preto e branco. ~'s **pouch**, ~'s **purse** (Bot.) bolsa-de-pastor. ~'s **rod**, ~'s **staff** (Bot.) cardo. ~'s **club** (Bot.) verbasco.
shepherd dog s. = **sheep dog.**
shepherdess [~is] s. pastora, zagaia f.
sherbet [ʃ'ə:bət] s. 1. sorvete m. de frutas. 2. bebida refrescante f. de suco de frutas.
sherd [ʃə:d] = **shard.**
sheriff [ʃ'erif] s. xerife m.: 1. primeiro funcionário ou juiz supremo de um condado. 2. corregedor. 3. (E. U. A.) delegado de condado.
sheriffdom [~dəm], **sheriffhood** [~hud], **sheriffship** [~ʃip] s. autoridade f. ou cargo m. de xerife.
sherlock [ʃ'ə:lok] s. (coloq.) 1. detetive particular m. 2. pessoa f. que resolve problemas logicamente.
Sherpa [ʃ'ə:pə] s. (índia). 1. nativo m. do Nepal. 2. guia, carregador m. de expedições ao Himalaia.
sherry [ʃ'eri] s. xerez m. (vinho espanhol).
sherry-cobbler s. refrigerante m. feito de vinho de Xerez, de limão e açúcar.
she's [ʃi:z] contração de **she is, she has.**
Shetland pony s. variedade pequena de cavalo.
shew [ʃou] (†) = **show.**
shibboleth [ʃ'ibəleθ] s. palavra de verificação, pedra de toque, contra-senha f.
shied [ʃaid] imp. e p. p. de **to shy.**
shield [ʃi:ld] s. 1. escudo, broquel m. 2. blindagem f. 3. proteção, defesa f., amparo m. 4. objeto m. em forma de escudo. ‖ v. 1. proteger, defender, cobrir. 2. servir de escudo, servir de proteção.
shieldless [ʃ'il:dlis] adj. sem escudo, desprotegido. ‖ ~ly sem proteção.
shieling [ʃ'i:liŋ] s. choupana f. (que serve de abrigo).
shier [ʃ'aiə], **shiest** [ʃ'aiəst] comp. e superl. de **shy.**
shift [ʃift] s. 1. substituição, mudança f., troca f. 2. grupo m., turma f. 3. turno m., horas f. pl. de uma turma. 4. esquema, meio, truque, artifício, expediente m. 5. troca f. de roupa. ‖ v. 1. mudar, alterar, cambiar, deslocar, variar. 2. ser desonesto. 3. arranjar-se, defender-se, recorrer a expedientes. 4. livrar-se de. 5. mudar de posição, de curso, de direção, (Autom.) mudar de marcha. 6. trocar a roupa. 7. usar de evasivas.
can you make ~ **without her?** você consegue arranjar-se sem ela? **the scene now is** ~**ed to Paris** o cenário agora muda para Paris. **he** ~**ed his ground** ele mudou seu ponto de vista. **don't** ~ **the blame on me** não ponha a culpa em mim. **she** ~**s for herself** ela mesma governa sua vida. **he** ~**ed from one foot to the other** ele mudou de um pé para outro. **to** ~ **off** livrar-se de.
shifter [ʃ'iftə] s. 1. o que desloca ou empurra m. 2. operário que trabalha em turma m. 3. aparelhagem f. para mudar ou variar alguma coisa. 4. pessoa esperta cu relaxada f.
master ~ capataz, mestre de turma. **scene** ~ maquinista de teatro.
shiftiness [ʃ'iftinis] s. 1. desleixo m. 2. insinceridade, volubilidade f.
shifting [ʃ'iftiŋ] adj. 1. mutável, móvel, inconstante. 2. esperto, astucioso. ‖ ~ly adv. de modo móvel, com velhacaria, astuciosamente.
shift-key s. (máquina de escrever) tecla f. para maiúsculas (quadro T 6).

shiftless [ʃ'iftlis] adj. desajeitado, inábil, inepto, incapaz. ‖ ~ly adv. inabilmente, desajeitadamente.
shiftlessness [~nis] s. inabilidade, incapacidade f.
shift lock s. (máquina de escrever) tecla f. para fixação de maiúsculas (quadro T 6).
shifty [ʃ'ifti] adj. 1. esperto, safado, astuto. 2. negligente, inconstante, volúvel.
Shiite [ʃ'i:ait] s. (Rel.) xiita m. + f.
shillelagh, **shillelah** [ʃil'eilə] s. (irlandês) porrete, bastão (de carvalho) m.
shilling [ʃ'iliŋ] s. xelim m.: moeda inglesa que era equivalente a 12 pence, hoje extinta.
he cut him off with a ~ ele o deserdou. **a** ~ **in the pound** cinco por cento. **The King's** (ou **Queen's**) ~ dinheiro de recrutamento. ~ **shocker** romance de terceira categoria.
shilly-shally s. hesitação, vacilação, indecisão f. ‖ v. hesitar, vacilar, estar indeciso. ‖ adj. indeciso, hesitante, vacilante. ‖ adv. com hesitação.
shim [ʃim] s. cunha, chapinha f. de metal, etc. para calçar, apertar juntas ou preencher espaço. ‖ v. apertar, calçar com chapinhas.
shimmer [ʃ'imə] s. vislumbre, luz fraca ou vaga f. ‖ v. vislumbrar, alumiar fracamente, emitir luz trêmula.
shimmery [~ri] adj. tremeluzente, pouco luminoso.
shimmy [ʃ'imi] s. 1. (E. U. A., gíria) dança f. em que se remexe o corpo todo. 2. vibração, trepidação f. 3. (coloq.) camisa f. de senhora. ‖ v. 1. dançar, rebolar. 2. vibrar, trepidar.
shin [ʃin] s. 1. canela f., parte frontal da perna (quadro H 10). 2. pé m. de vitela ou de boi. ‖ v. 1. trepar, subir (em árvore). 2. (E. U. A., coloq.) dar canelada, bater ou machucar a canela.
~ **of beef** lombo de bovino. **to** ~ **round** andar, dar voltas. **to** ~ **o. s.** machucar-se na canela.
shin-bone s. tíbia f.
shindig [ʃ'indig] s. (E. U. A. gíria) baile m., festa (barulhenta). f.
shindy [ʃ'indi] s. barulho, tumulto m.
they kicked up a ~ eles provocaram tumulto, eles fizeram barulho.
shine [ʃain] s. 1. luz, claridade f., brilho, resplendor m. 2. lustre, polimento m. 3. tempo bom m., luz solar f. 4. (gíria) brincadeira, pilhéria f. ‖ v. (imp. e p. p. **shone**) 1. brilhar, luzir, resplandecer, emitir, refletir luz. 2. ser brilhante, ressaltar, ser excelente, salientar-se. 3. polir, lustrar. 4. fazer brilhar.
to get a ~ (E. U. A., coloq.) mandar engraxar os sapatos. **she has taken a** ~ **to him** (E. U. A. coloq.) ela se apaixonou por ele. **she takes the** ~ **out of him** ela o supera, ela o ofusca. **he** ~**s up to her** (E. U. A., coloq.) ele procura agradar-lhe.
shiner [ʃ'ainə] s. 1. pessoa ou coisa f. que brilha. 2. nome popular m. para diversos peixes lustrosos. 3. (gíria) moeda (de ouro) f. 4. olho roxeado m. 5. espertalhão m. 6. cartola f. 7. engraxate m.
shingle (I) [ʃiŋgl] s. 1. telha fina f. de madeira. 2. corte m. curto de cabelo (quadro H 1). 3. (coloq.) tabuleta f. com letreiro, esp. de médico ou advogado. ‖ v. 1. cobrir com telhas de madeira. 2. cortar o cabelo curto. 3. (Metalurg.) livrar ferro pudlado de impurezas e fundi-lo em lingotes.
shingle (II) [ʃiŋgl] s. cascalho, pedregulho m.
shingles [ʃiŋgls] s. pl. (Med.) herpes-zóster, cobreiro m.
shingling [ʃ'iŋgliŋ] s. ação f. de pregar ripas ou sarrafos.
shingly [ʃ'iŋgli] adj. cheio de cascalho, como cascalho.
shin-guard s. caneleira f. (dos futebolistas, etc.).
shininess [ʃ'aininis] s. brilho m.

shining [ʃ'ainiŋ] adj. 1. lustroso, claro, brilhante. 2. brilhante, ilustre. ‖ ~ly adv. excelentemente.

shinny [ʃ'ini] s. 1. jogo semelhante ao hóquei m. 2. bastão m. usado neste jogo.

shinplaster [ʃ'inplɑ:stə] s. 1. emplastro m. para a canela. 2. (gíria, E. U. A.)) moeda desvalorizada f.

Shinto [ʃ'intou] s. 1. (também **Shintoism**) xintoísmo m. 2. xintoísta m. + f. ‖ adj. xintoísta.

shiny [ʃ'ainɪ] adj. 1. lustroso. 2. surrado (roupa).

ship [ʃip] s. 1. navio m., embarcação f., vapor m. 2. vaso (de guerra), avião, zepelim m. 3. tripulação f. de um navio ou avião. ‖ v. 1. embarcar, pôr ou receber a bordo. 2. ir a bordo. 3. enviar, mandar, carregar (com navio, trem ou viatura). 4. contratar para trabalho em navio. 5. embarcar para trabalhar em navio. 6. fixar, armar (mastro, remo). 7. ser lavado no convés por ondas. **aboard** ~ a bordo. **by** ~ com navio, por via marítima. **to take** ~ **(for)** embarcar para. **capital** ~ vaso de guerra, couraçado de batalha. ~ **of the line** navio de linha. **when my** ~ **comes home** quando ganhar a sorte grande, quando receber dinheiro. **about** ~ (Náut.) leme de ló!

ship sufix. indicando cargo, grau, qualidade, estado, condição, força, prática, relação. **Lord**~ autoridade de Lorde. **swordsman**~ perícia na arte de esgrima. **comrade**~ camaradagem etc.

ship-biscuit s. biscoito m. para marinheiros.

ship-board s. 1. bordo m. de navio. 2. (fig.) navio m. **on** ~ a bordo, dentro do navio.

ship borer s. = **ship-worm**.

shipborne [ʃ'ipbɔːn] adj. transportado por navio.

shipbound [ʃ'ipbaund] adj. confinado a um navio.

ship-breaker s. empreiteiro m. que desmonta navios velhos.

ship-broker s. agente, corretor marítimo m.

ship-builder s. construtor m. de navios. ~'s **husband** corretor de navios.

ship-building s. construção naval f.

ship canal s. canal navegável m.

ship carpenter s. = **shipwright**.

ship-chandler s. fornecedor m. para navios.

ship fever s. tifo m.

shiphoist [ʃ'iphɔist], **shiplift** [ʃ'iplift] s. elevador m. para navios.

ship-load s. carga f. de navio.

shipman [ʃ'ipmən], pl. **-men** [-men] s. (Náut.) 1. marinhelro, marujo m. 2. = **shipmaster**.

shipman's card s. (Náut.) rosa-dos-ventos f.

shipmast locust s. (Bot.) variedade da acácia-bastarda (Robinia pseudoacacia rectissima) f.

shipmaster [ʃ'ipmɑ:stə] s. capitão m. de navio.

shipmate [ʃ'ipmeit] s. (Náut.) colega de bordo .m.

shipment [ʃ'ipmənt] s. 1. ato m. de embarcar mercadorias, expedição, remessa f. 2. embarque m., carregamento m.

ship-owner s. proprietário m. de navio.

shipper [ʃ'ipə] s. remetente m. + f. expedidor m.

shipping [ʃ'ipiŋ] s. 1. embarque, despacho m., remessa f. (de mercadorias por navios, trem, etc.). 2. frota, marinha mercante f. 3. tonelagem total f. destes navios. 4. navegação f. **ready for** ~ pronto para o embarque. ~ **articles** contrato de marinheiros. ~ **interest** empresa de navegação.

shipping-agent s. expedidor, agente marítimo m.

shipping-bill s. conhecimento marítimo m.

shipping-charges s. despesas f. pl. de embarque, frete marítimo m.

shipping company s. companhia f. de navegação.

shipping office s. agência f. de navegação.

ship's boy s. camaroteiro (de navio), taifeiro m.

shipshape [ʃ'ipʃeip] adj. em ordem, em forma.

ship-way s. rampa f. de lançamento (de navios).

ship-worm s. teredo m.: molusco que fura o casco de navios.

shipwright [ʃ'iprait] s. construtor naval, trabalhador m. em estaleiro.

shipyard [ʃipjɑ:d] s. estaleiro m.

shire [ʃ'aiə] s. 1. condado m. 2. (E. U. A.) distrito m. ~-**horse** cavalo de tiro da Inglaterra central. ~-**moot** tribunal de justiça de um condado.

Shiriana [ʃiriən'a:] s. (Etn.) 1. xirianá m. + f.: indígena dos Xirianás, tribo da região entre o Rio Uraricapara e a Serra de Parima, no Amapá e Venezuela. 2. xirianá m.: idioma dessa tribo.

Shirianan [~n] adj. xirianá, relativo aos índios Xirianás.

shirk [ʃə:k] s. vagabundo m., pessoa que foge do trabalho. ‖ v. esquivar-se, faltar ao dever, fugir do trabalho.

shirker [ʃ'ə:kə] s. mandrião, madraço, ocioso m.

shirr [ʃə:] s. franzido elástico, elástico m. tecido dentro de uma peça de roupa. ‖ v. 1. franzir, preguear, juntar (tecido) com fio. 2. frigir ovos com manteiga.

shirred [~d] adj. franzido, entretecido com elástico. ~ **eggs** (E. U. A.) ovos escalfados em creme.

shirring [ʃ'iriŋ] s. (costura) franzimento m., plissagem f.

shirt [ʃə:t] s. 1. camisa f. de homem (quadro C 12). 2. blusa f. (quadro C 13). **boiled** ~ camisa engomada. ~ **of mail** cota de malha. **keep your** ~ **on!** calma! **he'd give you the** ~ **off his back** ele é capaz de lhe dar sua última camisa. **he lost his** ~ ele perdeu tudo.

shirt-cuffs s. pl. punhos m. pl. de camisa.

shirt-front s. peito m. de camisa.

shirting [ʃ'ə:tiŋ] s. pano m. para camisas.

shirt-sleeves s. pl. mangas f. pl. de camisa.

shirt-stud s. abotoadura f., botão m. de colarinho ou de peitilho de camisa.

shirttail [ʃ'ə:tteil] s. 1. parte da camisa f. abaixo da cintura. 2. (Jornal.) nota suplementar f. ‖ adj. (coloq.) de parentesco distante.

shirtwaist [ʃ'ə:tweist] s. blusa "chemisier" f.

shirty [ʃ'ə:ti] adj. zangado, ofendido.

shiv [ʃiv] s. (gíria) faca f., canivete m.

shivaree [ʃivər'i:] s. = **charivari**.

shive [ʃaiv] s. fatia fina f., fragmento m.

shiver (I) [ʃ'ivə] s. tremor, calafrio, arrepio m. ‖ v. tremer (de frio), tiritar. **that gave me the** ~ isto me deu arrepios. **he** ~**ed all over** ele tremeu dos pés à cabeça.

shiver (II) [ʃ'ivə] s. 1. lasca f., pedaço, fragmento m. 2. ardósia f. ‖ v. despedaçar, fragmentar, quebrar.

shivering-fit s. calafrio m.

shivery [~ri] adj. tremente, friorento, febril.

shoal (I) [ʃoul] s. baixio, banco m. de areia. ‖ v. tornar-se raso. ‖ adj. raso, pouco profundo. ~**s** (fig.) perigo oculto, obstáculos.

shoal (II) [ʃoul] s. multidão, quantidade grande f., cardume m. ‖ v. formar em cardume, agrupar-se em massa. **in** ~**s** em quantidade, em massa.

shoaly [ʃ'ouli] adj. raso.

shoat [ʃout] s. (E. U. A.) leitão m.

shock (I) [ʃɔk] s. 1. choque, impacto, encontro m., colisão f. 2. distúrbio, abalo m. 3. (Med.) choque, colapso m. 4. (coloq.) paralisia f. 5. golpe, desgosto, dissabor m. 6. choque elétrico m., descarga elétrica f. 7. (milit.) ataque, choque m. de tropas.

‖ v. 1. chocar-se, colidir, ir de encontro, abalar, bater. 2. surpreender, horrorizar, escandalizar, ofender, melindrar, ferir. 3. dar choque elétrico. **the walls stood the ~** os muros resistiram ao impacto. **I got the ~ of my life** fiquei seriamente chocado. **he was ~ed at** ou **by her behaviour** ele ficou chocado com o comportamento dela.
shock (II) [ʃɔk] s. meda f.: montão de gavelas (quadro H 5). ‖ v. juntar em medas.
shock (III) [ʃɔk] s. massa f. de pêlo ou de cabelo. **~ of hair** topete de cabelo, cabeleira. **~-headed** despenteado, peludo.
snock-absorber s. (Autom.) amortecedor m.
shocker [ʃ'ɔkə] s. o que é sensacional.
shilling ~, ~ romance sensacional.
shocking [ʃ'ɔkiŋ] adj. 1. chocante. 2. ofensivo, revoltante, escandaloso, repelente, repugnante. 3. (coloq.) péssimo, horrível, terrível. ‖ **~ly** adv. surpreendentemente, de modo revoltante, horrivelmente.
shockingness [~nis] s. caráter escandaloso, revoltante, horrível.
shockless [ʃ'ɔklis] adj. livre de choque, que não dá choque ou golpe.
shockproof [ʃ'ɔkpru:f] adj. à prova de choque.
shock test s. prova f. de choque.
shock therapy s. (Med.) terapêutica de choque.
shock troops s. pl. tropas f. pl. de choque.
shock wave s. (Fís.) onda f. de choque.
shod [ʃɔd] v. imp. e p. p. de **shoe.**
shoddy [ʃ'ɔdi] s. 1. lã inferior f. 2. coisa f. de segunda qualidade, traste m. ‖ adj. 1. feito de lã inferior 2. sem valor, que imita coisa de valor, falso. 3. pretensioso.
shoe [ʃu:] s. 1. sapato m. (quadro B 18). 2. objeto m. em forma de sapato. 3. ferradura f. 4. sapata f., freio, travão m. 5. capa exterior f. de pneumático. 6. (Eletr.) coletor, contato m. ‖ v. (imp. e p. p. **shod**). 1. ferrar. 2. calçar.
I should not like to be in your ~s não queria estar em seu lugar. **he stepped into my ~s** ele me substituiu, ele pisou no meu rasto, seguiu meu exemplo. **that is another pair of ~s** isto é outro assunto, é outra coisa. **they wait for dead men's ~s** eles esperam uma herança. **he knows where the ~ pinches** ele sabe onde o sapato aperta, (fig.) sabe onde está o mal. **he shook in his ~s** (coloq.) ele estava com medo.
shoe-black s. engraxate m.
shoe-blacking s. graxa preta f. de sapato.
shoe-horn s. calçadeira f.
shoeing [ʃ'u:iŋ] s. ação de ferrar, ação de calçar **~ tools** ferramentas de ferrador.
shoeing smith s. ferrador m.
shoe-lace s. cordão m. de sapato.
shoeless [ʃ'u:lis] adj. descalço, sem sapatos.
shoemaker [ʃ'u:meikə] s. sapateiro m.
shoemaking [ʃ'u:meikiŋ] s. ofício m. de sapateiro.
shoe-pack s. (E. U. A.) sapato m. de feltro.
shoe-shine s. graxa f. para sapato.
~ parlor (E. U. A.) salão m. de engraxate. **~ boy** menino engraxate.
shoestring [ʃ'u:striŋ] s. 1. cordão m. de sapato 2. (E. U. A., coloq.) capital muito pequeno m. **on a ~** quase sem capital.
shoe tree s. encóspias f. pl.: forma f. para sapato.
shogun [ʃ'ougu:n] s. xógum m.: antigo governador militar do Japão.
shone [ʃɔn, ʃoun] imp. e p. p. de **to shine.**
shoo [ʃu:] interj. fora!, xô!. ‖ v. tocar (aves domésticas), espantar, afugentar.
shoo-in s. (coloq.) candidato m. tido como eleito.

shook (I) [ʃuk] imp. de **to shake.**
shook (II) [ʃuk] s. jogo m. de tábuas e aduelas para barril, etc.
shoot [ʃu:t] s. 1. tiro, chute m. (futebol), exercício de tiro, ato de atirar. 2. caça, excursão f. para caçar ou praticar tiro ao alvo, grupo m. ou sociedade f. de caçadores ou atiradores. 3. rebento, broto m. 4. filmagem f. 5. calha, corredeira f. ‖ v. (imp. e p. p. **shot**) 1. atirar, matar, ferir com tiro, atingir com tiro. 2. emitir rapidamente, lançar. 3. dar tiro, disparar arma de fogo. 4. mover rapidamente, passar, percorrer em grande velocidade. 5. brotar, nascer, crescer rapidamente. 6. tirar fotografia, fotografar, filmar. 7. projetar-se para fora, estender-se. 8. variar em cor. 9. medir a altitude (do Sol). 10. chutar, atirar bola, lançar. 11. (Náut.) lançar ferro. 12. correr (ferrolho).
he shot the amber ele acelerou com luz amarela (do sinal). **to ~ a bridge** passar por baixo de uma ponte. **to ~ the bull** ter conversa informal, não muito séria. **to ~ rapids** descer corredeiras. **I'll be shot if...** que me matem se... **to ~ ahead** correr para a frente. **to ~ at** atirar contra. **to ~ down** 1. matar, liquidar. 2. derrubar, abater (avião). **to ~ forth** brotar, germinar. **to ~ off the mouth** (E. U. A., coloq.) não calar a boca. **to ~ up** crescer muito. **to ~ the sun** (Náut.) tomar a altura do sol com sextante. **prices ~ up** os preços sobem rapidamente.
shooter [ʃ'u:tə] s. atirador, o que atira m.
shooting [ʃ'u:tiŋ] s. 1. caça f. 2. ato de atirar. 3. fuzilamento, tiroteio m. ‖ adj. 1. agudo, penetrante (dor). 2. de tiro.
~-box cabana rústica para uso durante a caça. **~-party** grupo de caçadores. **~-gallery** stand de tiro ao alvo.
shooting script s. (Cin., Telev.) roteiro m. a entrar em produção.
shooting star s. estrela cadente f., meteoro m.
shooting war s. guerra real f.
shop [ʃɔp] s. 1. loja f. 2. oficina, oficina f. de conserto. 3. casa especializada f. ‖ v. fazer compras. **closed ~** (E. U. A.) empresa que aceita somente operários sindicalizados. **union ~** (E. U. A.) empresa que aceita outros operários, que devem ingressar no sindicato. **to keep a ~** ter um negócio. **they set up a ~** eles abriram uma loja. **to talk ~** falar sobre seu trabalho. **all over the ~** (coloq.) por toda parte. **to go ~ping** fazer compras.
shop-accident s. acidente m. de trabalho.
shop-assistant s. auxiliar m. + f. de balcão.
shop-committee s. conselho m. de uma empresa.
shopgirl [ʃ'ɔpgə:l] s. (Ingl.) vendedora, balconista f.
shopkeeper [ʃ'ɔpki:pə] s. lojista, vendista m. + f.
shopkeeping [ʃ'ɔpki:piŋ] s. comércio, varejo m.
shoplift [ʃ'ɔplift] v. roubar em lojas.
shoplifter [ʃ'ɔpliftə] s. ladrão m. de lojas.
shopman [ʃ'ɔpmən] s. balconista, caixeiro m.
shopper [ʃ'ɔpə] s. comprador m., compradora f.
shopping [ʃ'ɔpiŋ] s. compra f., ato de fazer compras. **she did her ~** ela fez suas compras.
shopping center s. centro m. de compras (com lojas, restaurantes, etc., e estacionamento).
shoptalk [ʃ'ɔptɔ:k] s. conversa f. sobre negócio, vocabulário próprio m. de cada ofício.
shopwalker [ʃ'ɔpwɔ:kə] s. supervisor m. de loja.
shop-window s. vitrina f. (quadro W 4).
shopwoman [ʃ'ɔpwumən] s. balconista f.
shopworn [ʃ'ɔpwɔ:n] adj. sujo, desbotado pela exposição em loja.
shoran [ʃ'ouræn] s. (Eletrôn.) "shoran" m.: instrumento de navegação aérea.
shore (I) [ʃɔ:] s. 1. costa, praia, margem f. 2. litoral

S 6

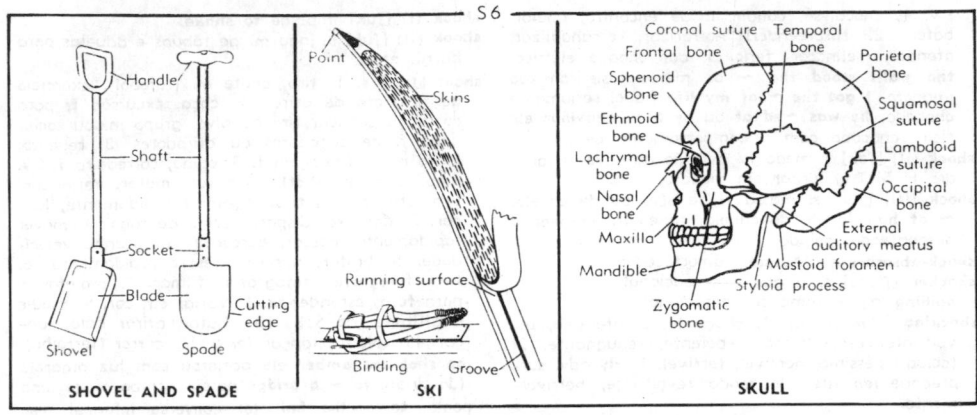

| SHOVEL AND SPADE | SKI | SKULL |

m., terra f. perto da água. 3. terra f.
in ~ (Náut.) perto da costa, na água. **on ~** em
terra, na costa.
shore (II) [ʃɔ:] s. escora f., suporte m. ‖ v. segurar,
apoiar com escora.
to ~ up manter em pé com escora.
shore (III) [ʃɔ:] imp. arc. de **to shear.**
shore-battery s. bateria f. de costa.
shore-bird s. (Orn.) saracura f.
shore leave s. 1. licença f. para tripulante sair do
navio. 2. duração f. dessa licença.
shoreless [ʃ'ɔ:lis] adj. sem margem, sem praia ou
costa, sem limites.
shoreline [ʃ'ɔ:lain] s. contorno m. da costa, linha f.
onde se encontram água e costa.
shore patrol s. (milit., E. U. A.) polícia militar f. em
zona costeira.
shoreward [ʃ'ɔ:wəd] adv. para a praia.
shoring [ʃ'ɔəriŋ] s. escoras f. pl., esteio, pontalete m.
shorn [ʃɔ:n] p. p. de **to shear.**
short [ʃɔ:t] s. 1. som curto m., sílaba curta f., coisa
curta f. 2. (Eletr.) curto-circuito m. 3. venda f.
de mercadorias que não estão em estoque. 4. filme de curta-metragem. 5. **~s** calças curtas f. pl.
(quadro C 12). ‖ adj. 1. curto. 2. breve. 3. baixo,
pequeno, não alto. 4. restrito, de pouco alcance.
5. insuficiente, pouco. 6. deficiente, inadequado.
7. limitado, escasso. 8. conciso, resumido. 9. abrupto, curto, rude. 10. friável, esboroável (bolo). 11.
quebradiço (metal). 12. forte, concentrado (bebida). 13. com falta de (estoque). ‖ adv. 1. de
modo curto. 2. abruptamente, repentinamente. 3.
brevemente, resumidamente. 4. inesperadamente.
‖ **~ly** adv. 1. logo, em breve. 2. em poucas palavras. 3. abruptamente. 4. por pouco tempo.
in ~ em resumo. **a ~ letter** uma carta curta.
something ~ (coloq.) coisa forte (bebida). **~ drink**
aperitivo, coquetel. **a ~ five minutes** em menos
de cinco minutos. **a ~ week** uma semana curta.
a ~ time ago pouco tempo atrás. **he was very ~
with me** ele me tratou rudemente. **we are ~ of
flour** estamos com falta de farinha. **we ran ~ of
flour** nossa farinha tinha acabado. **they go ~ of
bread** falta-lhes pão. **he is ~ of breath** ele tem
falta de ar. **I am ~ of cash** estou sem dinheiro.
this comes (falls) ~ of the ideal isto não corresponde ao ideal. **it is ~ of satisfactory** não chega
a ser satisfatório. **it was nothing ~ of marvellous**
foi simplesmente maravilhoso. **make it ~ and
sweet!** seja breve! **long or ~?** em notas grandes
ou trocado? **he cut me ~** ele me interrompeu.
the horse stopped ~ (of the fence) o cavalo

recusou-se a pular a cerca. **to sell ~** 1. vender
para entrega a prazo. 2. depreciar, substimar.
shortage [ʃ'ɔ:tidʒ] s. 1. falta, deficiência f. 2. quantidade ou quantia f. que falta.
short-bread s. bolo fofo, quebradiço m.
shortcake [ʃ'ɔ:tkeik] s. biscoito, bolo feito m. com
muita manteiga e frutas.
short-change v. enganar no troco, defraudar.
short-circuit, short s. (Eletr.) curto-circuito m. ‖ v.
dar curto-circuito.
shortcoming [ʃ'ɔ:tkʌmiŋ] s. falta, falha, fraqueza f.,
defeito m., perda f.
~s deficiências, falhas f. pl.
short-cut s. caminho mais curto m., atalho m.
to take a ~ cortar caminho.
short-dated adj. a curto prazo.
short-distance traffic s. tráfego m. de curta distância.
shorten [ʃ'ɔ:tən] v. 1. encurtar, cortar, diminuir. 2.
ficar curto, diminuir. 3. enriquecer com manteiga
ou gordura. 4. (Náut.) recolher ou reduzir as velas.
shortening [~iŋ] s. 1. redução f., encurtamento m.
2. gordura, manteiga f. para fazer bolos, etc.
shorthand [ʃ'ɔ:thænd] s. estenografia, taquigrafia f.
‖ adj. que usa taquigrafia, escrito em taquigrafia.
~typist estenotipista. **~writer** estenógrafo, estenógrafa, taquígrafo, taquígrafa.
shorthanded [~id] adj. com falta de mão-de-obra.
shortish [ʃ'ɔ:tiʃ] adj. relativamente curto ou pequeno.
shortlegged [ʃ'ɔ:tlegd] adj. de pernas curtas.
shortlived [ʃ'ɔ:tlivd] adj. de vida curta, de pouca
duração, efêmero, fugaz.
shortness [ʃ'ɔ:tnis] s. brevidade, pequenez f.
short order s. prato m. de comida, servido no balcão.
short-range adj. de alcance limitado ou curto prazo.
shorts [ʃɔ:ts] s. pl. calças curtas f. pl. (quadro C 12).
short-sighted adj. 1. míope. 2. com falta de visão.
short-sightedness s. 1. miopia f. 2. imprevidência f.
short story s. (Liter.) conto m. com menos de
10.000 palavras.
short-tempered adj. irritável, violento, irascível.
short-term adj. a curto prazo.
short ton s. peso m. correspondente a 2.000 libras = 907,185 kg.
short-wave s. (Rádio) onda curta f. ‖ v. transmitir
em onda curta.
short-winded adj. com falta de ar.
shorty [ʃ'ɔ:ti] s. baixinho m.: homem de pouca altura.
shot (I) [ʃɔt] imp. e p. p. de **to shoot.**
shot (II) [ʃɔt] s. 1. tiro m. 2. chumbo m. 3. bala
f., projetil m. 4. descarga f. de arma de fogo.

5. distância f. de tiro. 6. atirador m. 7. lance m., jogada f. 8. tentativa f. 9. fotografia f. 10. (gíria) dose (de bebida) f. 11. injeção f. ‖ v. carregar, dar peso com chumbo. ‖ adj. entretecido. **he is a big ~** (gíria) ele é manda-chuva. **he is a good ~** ele é um bom atirador. **small ~** chumbinho. **they exchanged ~s** trocaram tiros. **I made a bad ~** (fig.) errei o alvo. **not by a long ~** (coloq.) nunca na vida. **like a ~** como um raio.
shot-gun s. espingarda f.
shot-gun wedding s. (E. U. A., gíria) casamento forçado m.
shot-proof adj. à prova de bala.
shotten [ʃ'otən] adj. 1. (†) que desovou (peixe). 2. inferior. 3. imprestável.
should [ʃud, ʃəd] imp. de **shall.**
shoulder [ʃ'ouldə] s. 1. ombro m. 2. ~s ombros m. pl., costas f. pl. (quadros C 7, H 9, H 10). 3. quarto dianteiro m. 4. parte ou projeção f. em forma de ombro (quadro K 1). 5. (Arquit.) saliência f., anteparo, espaldão m. ‖ v. 1. levar ao ombro, suportar com os ombros. 2. carregar, assumir, sustentar. 3. empurrar com os ombros.
they fought ~ to ~ eles lutaram ombro a ombro. **they gave him the cold ~** deixaram-no de lado. **I put my ~ to the wheel** esforcei-me no assunto. **he ~ed his way through the crowd** ele abriu caminho na multidão. **they ~ed him out** empurraram-no para fora. **~ arms!** ombro armas!
shoulder-belt s. tiracolo, boldrié m.
shoulder-blade s. omoplata f. (quadro H 10).
shoulder-strap s. dragona f. (quadro C 13).
shoulder-yoke s. cangalha f.
shouldn't [ʃudnt] contração de **should not.**
shouldst [ʃudst] (arc.) 2.ª pess. sg. de **should.**
shout [ʃaut] s. 1. grito alto m. 2. gargalhada f. ‖ v. 1. gritar. 2. falar ou rir muito alto. 3. aclamar.
it's my ~ this time é minha vez de pedir uma rodada. **you don't have to ~ it from the housetops** não deve espalhá-lo aos quatro ventos. **don't ~ at me!** não grite comigo! **they ~ed for help** chamaram por socorro. **they ~ed for their friends** chamaram por seus amigos. **he ~ed to me** ele gritou para mim.
shouter [ʃ'autə] s. 1. gritador m. 2. aclamador m.
shove [ʃʌv] s. impulso, empurrão m. ‖ v. 1. empurrar, atropelar, apertar. 2. (coloq.) pôr, deitar.
to ~ aside empurrar para o lado. **to ~ off** afastar (barco) da costa, remar para fora da costa. **to ~ on** 1. empurrar para diante. 2. vestir. **don't ~!** não empurre!
shovel [~l] s. 1. pá f. (quadro S 6). 2. pazada f.: o que cabe numa pá. ‖ v. trabalhar com pá, fazer com pá, dar pazadas, jogar com pá.
~-board (o mesmo que **shuffleboard**) jogo no qual se empurram discos de madeira com uma pá (a bordo de navio). **~-hat** chapéu de aba larga usado pelas autoridades da Igreja inglesa.
shovelful [ʃ'ʌvlful] s. pazada f., o que cabe numa pá.
shoveller [ʃ'ʌvlə] s. 1. padejador m. 2. (Orn.) pato-trombeteiro m., colhereira f. o que trabalha com pá.
shovel-nosed adj. de nariz achatado.
show [ʃou] s. 1. mostra, exibição f. (quadro B 25). 2. espetáculo m., exposição f. 3. aparência, demonstração f., aspecto m. 4. aparência falsa f., pretexto m. 5. traço, indício, vestígio m. 6. (coloq.) divertimento, entretenimento m. 7. (coloq.) oportunidade, chance f. 8. negócio m. ‖ v. 1. mostrar, expor, exibir. 2. revelar, manifestar, demonstrar. 3.

aparecer, estar visível. 4. indicar, mostrar. 5. dirigir, guiar, conduzir. 6. explicar, esclarecer. 7. salientar, ressaltar. 8. provar. 9. conceder. 10. (coloq.) classificar-se (numa corrida).
~ of hands votação levantando as mãos. **she made a ~ of her new dress** ela exibiu seu vestido novo. **it is on ~** está exposto, em exposição. **don't give the ~ away** (coloq.) não fale nada, guarde segredo. **your garden makes a fine ~** seu jardim é muito bonito. **he runs** ou **bosses the whole ~** ele toma conta do negócio todo. **his work ~s him to be a gifted writer** seu trabalho demonstra ser ele um escritor talentoso. **to ~** ser visto, aparecer, mostrar-se. **it ~s dirt** suja facilmente. **we ~ed him the door** mostramos-lhe a porta, pusemo-lo para fora. **never ~ your face again!** nunca mais apareça aqui. **he ~ed the white feather** ele fugiu. **he ~s fight** ele é combativo. **he ~ed a (clean) pair of heels** ele correu de medo. **~ him mercy!** perdoa-lhe! **~ yourself a man** mostre que é homem. **he ~ed his teeth** ele mostrou os dentes. **time will ~ it** o tempo mostrá-lo-á. **it does not ~** não é visível. **the newest film now ~ing** o filme mais novo no cartaz. **to ~ off** aparecer com todo o brilho, salientar-se, destacar-se, exibir-se, ostentar. **to ~ forth** anunciar. **to ~ in** mandar entrar, acompanhar para dentro. **he ~ed me over the house** ele mostrou-me a casa. **to give one a fair ~** dar a alguém uma oportunidade. **to ~ one's hand** pôr as cartas na mesa. **to ~ s. o. out** acompanhar alguém até a porta. **to ~ up.** 1. aparecer, apresentar-se, mostrar-se. 2. desmascarar-se. 3. acompanhar para cima. **~ him up** mande-o subir. **to ~ up against** destacar-se de.
show-bill s. anúncio de venda, cartaz m. de teatro.
show biz s. (E. U. A., gíria) = **show business.**
show-boat s. (E. U. A.) vapor fluvial em que se davam espetáculos.
show-bread s. pão m. exposto no ritual judaico.
show business s. produções f. pl. em Cin., Rádio, Telev., Teat. como comércio ou indústria.
show-card s. cartão m. de amostra, cartaz m.
show-case s. mostruário m.
show-down s. prova final, revelação f. dos fatos, luta f. final. ‖ v. mostrar as cartas, mostrar sua capacidade.
shower (I) [ʃ'ouə] s. expositor, mostrador m.
shower (II) [ʃ'auə] s. 1. pé d'água, aguaceiro, temporal m. 2. chuva f. de qualquer coisa que cai, queda f. em abundância. 3. chuveiro, banho m. de chuveiro (quadro B 3). 4. (fig.) fartura, abundância f. ‖ v. 1. chover por um período curto. 2. cair em abundância, despejar, regar.
she sent him to the ~ ela rejeitou sua proposta de casamento.
shower bath s. banho m. de chuveiro.
showeriness [~rinis] s. tendência f. para chover.
shower-proof adj. à prova de água.
showery [~ri] adj. chuvoso.
show girl s. corista f.
showiness [ʃ'ouinis] s. pompa, ostentação f. brilho m.
showing [ʃ'ouiŋ] s. exibição, demonstração f.
show-man s. (Cin., Teat.) ator, produtor m. de revistas.
showmanship [ʃ'oumənʃip] s. (Cin., Teat.) perícia f. de ator, produtor.
shown [ʃoun] p. p. de **to show.**
showpiece [ʃ'oupi:s] s. exemplo admirável m.
show-room s. sala f. de exposição, salão m. de luxo.
show-window s. vitrina f. (quadro W 4).
showy [ʃ'oui] adj. pomposo, cheio de ostentação, brilhante, vistoso. ‖ **-ily** adv. pomposamente.

shrank [ʃræŋk] imp. de to **shrink.**
shrapnel [ʃ'ræpnəl] s. 1. metralha f. 2 estilhaço m. de metralha.
shred [ʃred] s. 1. tira estreita f., trapo, retalho m. 2. fragmento, pedaço m., partícula f. ‖ v. rasgar ou cortar em tiras ou pedaços.
not a ~ nem um traço. **not a ~ of evidence** nenhuma sombra de prova. **torn to ~s** rasgado.
shredder [ʃ'redə] s. 1. máquina f. de desfibrar, desfibrador m. 2. retalhadora f.
shredding [ʃ'rediŋ] s. 1. desfibramento. 2. apara f., trapo m.
shrew [ʃru:] s. 1. mulher briguenta, bruxa f. 2. musaranho m.: mamífero insetívoro.
shrewd [ʃru:d] adj. 1. astuto, inteligente, perspicaz. 2. agudo, sagaz. ‖ **~ly** adv. astutamente.
shrewdness [ʃ'ru:dnis] s. astúcia, perspicácia f.
shrewish [ʃ'ru:iʃ] adj. briguento, mau, rabugento. ‖ **~ly** adv. de modo briguento.
shrewishness [~nis] s. rabugice, impertinência f.
shriek [ʃri:k] s. som agudo, alto, guincho, grito m. ‖ v. 1. gritar, emitir som agudo. 2. rir alto.
~s of laughter gargalhadas estrepitosas.
shrievalty [ʃ'ri:vəlti] s. ofício m. ou autoridade f. de xerife.
shrift [ʃrift] (arc.) s. confissão f.
short ~ prazo curto concedido aos condenados. **they gave him short ~** não perderam tempo com ele.
shrike [ʃraik] s. (Orn.) nome vulgar de vários pássaros do genero Lanius, picanço m.
shrill [ʃril] s. som agudo, guincho m. ‖ v. guinchar, emitir som penetrante ou agudo. ‖ adj. agudo, penetrante. ‖ adv. com som agudo. ‖ **~y** adv. agudamente, estridentemente.
shrillness [ʃ'rilnis] s. agudeza f., estridor m.
shrimp [ʃrimp] s. 1. camarão m. 2. pessoa insignificante f., anão m.
shrimper [ʃ'rimpə] s. pescador m. de camarão.
shrine [ʃrain] s. 1. relicário m. 2. túmulo m. de um santo. 3. santuário m. 4. lugar sagrado ou histórico m. ‖ v. guardar em relicário, santificar.
shrink (I) [ʃriŋk] s. encolhimento m. ‖ v. (imp. **shrank, shrunk,** p. p. **shrunk, shrunken**). 1. retrair, recolher, puxar para trás. 2. encolher, diminuir, contrair. 3. diminuir, fazer menor, fazer contrair. 4. recuar.
to ~ at ter pavor de. **to ~ back** assustar-se, recuar. **to ~ from** evitar, retroceder diante de, recuar diante de. **she shrank from telling a lie** ela foi incapaz de mentir. **to ~ on** (Mec.) encaixar a quente.
shrink (II) [ʃriŋk] s. (E. U. A., gíria) psiquiatra m. + f.
shrinkable [ʃ'riŋkəbl] adj. que se pode encolher ou contrair.
shrinkage [ʃ'riŋkidʒ] s. encolhimento m., contração, diminuição f., grau m. de encolhimento.
shrinking [ʃ'riŋkiŋ] s. contração f., encolhimento m. ‖ adj. retraído, acanhado. ‖ **~ly** adv. retraidamente, acanhadamente.
~ violet pessoa f. tímida, acanhada.
shrive [ʃraiv] v. (arc.) (imp. **shrove,** p. p. **shriven**) 1. confessar, confessar-se. 2. ouvir a confissão. 3. impor castigo, absolver.
shrivel [ʃrivl] v. secar, enrugar, murchar, contrair-se, tornar enrugado ou contraído, (fig.) paralisar.
shrivelling [ʃ'rivliŋ] s. enrugamento m.
shroff [ʃrɔf] s. 1. (Índia) cambista m. + f. 2. (China) numismata m. + f. ‖ v. examinar moedas.
shroud [ʃraud] s. 1. mortalha f. 2. coberta, coisa f. que cobre, que esconde. 3. (Náut.) **~s** ovém

m., enxárcia f. ‖ v. 1. amortalhar. 2. cobrir, esconder, abrigar, encobrir, envolver.
shrove [ʃrouv] (arc.) imp. de to **shrive.**
Shrove [ʃrouv] s. usado nos compostos **~ Sunday** domingo de carnaval, **~ Monday** segunda-feira de carnaval. **~ Tuesday** terça-feira de carnaval.
Shrovetide [ʃr'ouvtaid] s. os três dias m. pl. de carnaval.
shrub (I) [ʃrʌb] s. arbusto m.
shrub (II) [ʃrʌb] s. suco de frutas com álcool e açúcar m.
shrubbery [ʃr'ʌbəri] s. matagal m., capoeira f.
shrubbiness [ʃr'ʌbinis] s. qualidade do que é arbustiforme.
shrubby [ʃr'ʌbi] adj. 1. arbustiforme. 2. coberto de arbustos.
shrug [ʃrʌg] s. ação de encolher os ombros. ‖ v. encolher os ombros (em sinal de dúvida, indiferença, impaciência, etc.).
he gave a ~ ou **he ~ged his shoulders** ele encolheu os ombros.
shrunk [ʃrʌŋk] imp. e p. p. de to **shrink.**
shrunken [ʃr'ʌŋkən] adj. encolhido, enrugado.
shuck [ʃʌk] s. casca, cápsula, vagem f. ‖ v. descascar, debulhar.
shucks [~s] s. pl. coisa sem valor. ‖ (E. U. A.) interj. de desgosto ou impaciência: bobagem.
shudder [ʃ'ʌdə] s. tremer, estremecimento m., arrepio m. ‖ v. tremer, estremecer.
he ~ed at the thought ele tremeu de pensar em. **I ~ lest he might hear of this** dá-me arrepios, pensar que ele poderia vir a saber disto.
shuffle [ʃʌfl] s. 1. ação de arrastar os pés. 2. dança f. de arrasta-pé. 3. baralhamento m. 4. vez f. de embaralhar as cartas. 5. truque, artifício, embuste m., evasiva f. 6. tropel m. ‖ v. 1. arrastar os pés, andar sem levantar os pés. 2. dançar arrastando os pés. 3. embaralhar (cartas), misturar. 4. procurar subterfúgios, esquivar-se, tergiversar. **to ~ away** tirar, esconder, desviar habilmente. **to ~ off** livrar-se, afastar.
shuffleboard [ʃ'ʌflbɔ:d] = **shovelboard.**
shuffler [ʃ'ʌflə] s. trapaceiro, embusteiro m.
shuffling [ʃ'ʌfliŋ] adj. 1. (andar) arrastado. 2. desonesto, falso, evasivo. ‖ **~ly** adv. falsamente.
shun [ʃʌn] v. evitar, afastar-se de.
shunt [ʃʌnt] s. 1. desvio m., manobra f. (trem de ferro). 2. chave f. de estrada de ferro. 3. (Eletr.) circuito secundário m., derivação f. ‖ v. 1. desviar, sair do caminho. 2. pôr de lado, livrar-se. 3. desviar, manobrar um trem. 4. (Eletr.) fazer derivação.
shunter [ʃ'ʌntə] s. (Estr. de F.) guarda-chave m.
shunting [ʃ'ʌntiŋ] s. manobra f. (de trem).
~ engine locomotiva de manobras. **~ station** pátio de manobras.
shut [ʃʌt] v. (imp. e p. p. |**shut**) 1. fechar, tapar, tampar. 2. cerrar. 3. trancar. 4. fechar-se, estar fechado. 5. prender, confinar. ‖ adj. fechado, encerrado, trancado (quadro Q).
don't ~ yourself away from everybody não se retraia de todo o mundo. **the window was ~ down** a janela foi fechada. **the factory was ~ a fábrica** foi fechada, paralisada. **to ~ in** encerrar, prender. **to ~ off** cortar, cercar, excluir, fechar, desligar. **to ~ out** excluir. **he ~s his eyes to** ele fecha os olhos diante de. **the door ~ to** a porta fechou-se. **to ~ up** fechar, trancar, prender, encarcerar. **he ~ up shop** ele fechou o negócio, (fig.) desistiu. **~ him up!** faça-o calar. **~ up!** cale a boca! **he ~ the door upon him** ele não o recebeu.
shut-down s. paralisação f. de empresas.
shut-in s. (fig.) inválido doente m. ‖ adj. 1. inter-

nado (por doença). **2.** que gosta da solidão.

shutout [ʃ'ʌtaut] s. fechamento m. de fábrica por questão trabalhista.

shutter [ʃ'ʌtə] s. 1. folha de janela f., veneziana f., postigo m. 2. (Fot.) obturador m. (quadro C 3). 3. pessoa ou coisa que fecha.
~ **release** (Fot.) disparador (de cabo) (quadro C 3). **to put up the** ~**s** fechar as venezianas.

shuttle [ʃʌtl] s. 1. lançadeira f., naveta f. de máquina de costura (quadro S 5). 2. (E. U. A.) trem m., que vai e volta. ‖ v. correr, mover-se para lá e para cá.
~**-bus** ônibus que vai e volta. ~**-service**, ~**-traffic** tráfego de ida e volta, tráfego secundário.

shuttlecock [ʃ'ʌtlkɔk] s. volante m., peteca f. ‖ adj. petequeado.

shy (I) [ʃai] s. sobressalto, recuo repentino m. ‖ v. 1. espantar-se, recuar, assustar-se. 2. encolher, contrair-se. ‖ adj. 1. tímido, acanhado, modesto. 2. medroso, assustado. 3. cauteloso, desconfiado, cuidadoso. 4. escondido, retirado. 5. (gíria) carente, mal provido. ‖ ~**ly** adv. timidamente.
he fights ~ **of doing it** ele tem receio de o fazer. **he fights** ~ **of me** ele procura evitar-me. **the horse shies at the train** o cavalo espanta-se com o trem. **he shies at it** ele recua diante de. **I am** ~ **of funds** (gíria) eu estou pronto (sem dinheiro).

shy (II) [ʃai] s. arremesso, lance (de pedra) m. ‖ v. (coloq.) atirar rapida e silenciosamente.
to have a ~ **at** 1. tirar contra. 2. zombar de, fazer troça de.

shyer [ʃ'aiə] s. cavalo passarinheiro m.

shyness [ʃ'ainis] s. 1. timidez f., acanhamento m. '2. desconfiança f. 3. reserva f.

shyster [ʃ'aistə] s. (E. U. A., gíria) rábula m.: advogado m. de fama duvidosa.

si [si:] s. (Mús.) si.

Siamese [saiəm'i:z] s. 1. siamês m., siamesa f. 2. língua do Sião f. ‖ adj. siamês.

Siberian [saib'iəriən] s. siberiano m., siberiana f. ‖ adj. siberiano.

sibilance [s'ibiləns], **sibilancy** [~i] s. sibilação f.

sibilant [s'ibilənt] s. sibilo, som sibilante m. ‖ adj. sibilante. ‖ adv. de modo sibilante.

sibilate [s'ibileit] v. sibilar, silvar.

sibilation [sibil'eiʃən] s. sibilação f.

sibling [s'ibliŋ] s. uma das crianças de uma família f. ‖ adj. relativo ao irmão ou à irmã.

sibyl [s'ibil] s. 1. sibila f. 2. bruxa, profeta, mulher que lê a sorte f.

sibylline [sib'ilain] adj. sibilino, profético.

sic (I) [sik] adv. (latim) assim, exatamente assim.

sic (II) [sik] v. açular, instigar. 2. atacar (diz-se de cão), p. ex. ~ **him!** isca!

siccative [s'ikətiv] s. secativo, secante m. ‖ adj. secativo, secante.

Sicilian [sis'iljən] s. siciliano m. ‖ adj. siciliano.

sick [sik] s. pl. doentes m. + f. ‖ adj. 1. doente, enfermo. 2. (coloq.) enjoado, com náuseas. 3. indisposto, adoentado. 4. cansado, esgotado. 5. aborrecido, aflito, triste. 6. farto.
the ~ os, as doentes. **it gives me the** ~(s) isso deixa-me nervoso. **he was** ~ ele vomitou. **I feel** ~ sinto-me mal. **it makes me** ~ **to think of it** fico doente em pensar nisto. **I am** ~ **of the whole thing** estou farto de todo esse negócio. **I am** ~ **for home** estou com nostalgia. **as** ~ **as a dog** muito enjoado.

sick-bay s. enfermaria f. de navio.

sick-bed s. leito m. de doente.

sick-call s. (milit.) 1. apresentação f. para exame médico. 2. horário m. deste exame.

sicken [sikn] v. 1. ficar doente, ficar enjoado. 2.

tornar doente, enjoar. 3. (fig.) enfadar, maçar.

sickening [s'ikniŋ] adj. repugnante, enjoativo. ‖ ~**ly** adv. de maneira enjoativa.
it's ~ é para ficar enjoado.

sick-headache s. (Med.) cefaléia f.

sickish [s'ikiʃ] adj. repugnante, enjoado. ‖ ~**ly** adv. de maneira enjoativa, de modo repugnante.

sickle [sikl] s. foicinha f.
~**man** segador.

sick-leave s. licença f. para tratamento de saúde.

sickliness [s'iklinis] s. indisposição f., mal-estar m., repugnância, insalubridade f.

sickly [s'ikli] v. tornar doentio, dar aspecto de doente. ‖ adj. 1. doente, doentio, fraco, suscetível à doença. 2. relativo a doença. 3. repugnante, que causa doença ou enjôo. 4. pálido, fraco. ‖ adv. de maneira doente.
to ~ **over** tornar pálido, tornar doentio.

sickness [s'iknis] s. 1. doença, enfermidade f. 2. náusea f., vômito m.
~ **insurance** seguro contra doença.

sick pay s. auxílio-enfermidade m.

sick-room s. enfermaria f.

side [said] s. 1. lado m. 2. face f. 3. superfície f. 4. aspecto, ponto m. de vista. 5. parte, parte lateral f. 6. ladeira, fralda f. de montanha, declive, flanco m. 7. partido, grupo m. de pessoas que está em oposição, (Esp.) adversário m. 8. posição, atitude f. 9. margem, beira f. 10. parte da família, linha f. de descendentes. ‖ v. tomar partido, favorecer. ‖ adj. 1. lateral, de lado. 2. de um lado, num lado. 3. para um lado, em direção a um lado. 4. secundário.
the bright ~ o lado agradável. **classical, modern** ~ divisão clássica, grupo moderno. **dark (shady)** ~ lado desagradável. **there are two** ~**s to every question** todas as questões têm dois aspectos. **to be on the safe** ~ para estar a salvo. **there is a serious** ~ **to the question** a questão tem um lado sério. **he is on the small** ~ ele é dos pequenos. **she keeps on the right** ~ **of him** ela sabe lidar com ele. **she is on the wrong** (ou **shady**) ~ **of thirty** ela tem mais de trinta anos. **he got out of bed the wrong** ~ ele levantou-se da cama com o pé esquerdo. **he changed** ~**s** ele mudou de partido. **to shake** (ou **split**) **one's** ~**s with laughing** (gíria) ficar com as ilhargas doendo de tanto rir. **she took** ~**s with him** ela tomou seu partido. **at** (ou **by**) **my** ~ ao meu lado. ~ **by** ~ ombro a ombro. **by the** ~ **of** ao lado de. **by the father's** ~ do lado paterno. **on every** ~ ou **on all** ~**s** de todos os lados. **the weather is on the cool** ~ o tempo está bastante frio. **on each** ~ **of** em cada lado de. **(on) either** ~ **of** em ambos os lados de. **on my** ~ da minha parte. **on the other** ~ de outro lado. **on this** ~ deste lado. **to put** ~ **on** fazer farol, bancar o importante.

side-aisle s. nave lateral f. de igreja.

side arm s. (milit.) baioneta, pistola, espada f.: qualquer arma portátil.

side-arms s. pl. baioneta f.

side-board s. 1. aparador, guarda-louça m. 2. no pl. = **side-burns**.

side-burns s. pl. barbas laterais, suíças, costeletas f. pl. (quadro B 5).

side-car s. carro conjugado m. com motocicleta (quadro M 6).

side-cut s. golpe lateral m.

sided [s'aidid] adj. de lado, elemento de composição.
many-~ de muitos lados, de aplicação múltipla. **one-**~ de um lado, parcial, unilateral. **two-**~, **double-**~ de dois lados, de duas faces.

side-dish s. prato m. que acompanha outro.

side-effect s. efeito secundário m.

side entrance s. entrada lateral, secundária f.

side-glance s. olhar lateral m.

side-kick s. (E. U. A., gíria) sócio, amigo íntimo m.

side-light s. luz lateral, janela lateral f.

side-line s. 1. (Esp.) linha lateral f. 2. linha secundária f. (de produtos ou negócio).

sidelong [s'aidlɔŋ] adj. lateral, inclinado. ‖ adv. lateralmente, de modo inclinado.

sideman [s'aidmən] s. (Mús., Jazz) acompanhante m.

side-note s. nota marginal f.

sidereal [said'iəriəl] adj. sideral.

siderite [s'aidərait] s. (Miner.) siderita f.

siderographist [sidər'ogrəfist] s. siderógrafo m.

siderography [saidər'ogrəfi] s. siderografia f.

siderosis [sidər'ousis] s. (Pat.) siderose f.

side-saddle s. silhão m., sela f. para senhora.

side-show s. 1. exibição suplementar f. 2. assunto secundário m.

side-slip s. 1. escorregão m. para o lado, derrapagem f. 2. vergôntea f., rebento m. 3. (fig.) filho ilegítimo m. ‖ v. escorregar para o lado, derrapar.

side-splitting adj. convulsivo (risada), hilariante.

side-step s. 1. passo, movimento m. para o lado. 2. estribo (de veículo) m. ‖ v. 1. pisar para o lado. 2. evitar, evadir. **he ~ped the issue** (E. U. A.) ele fugiu da decisão.

side street s. rua secundária f.

side-stroke s. braçada lateral f.

side tip wagon s. vagão m. basculante.

side-track s. (Estrada de Ferro) desvio m., (fig.) beco sem saída m. ‖ v. desviar (trem), pôr de lado.

side-view s. vista lateral f. (quadro C 7).

sidewalk [s'aidwo:k] s. passeio m., calçada f. (quadro W 3).

sidewalk artist s. artista m. + f. de calçada.

sidewall [s'aidwɔ:l] s. parede lateral f.

sideward [s'aidwəd] adj. para um lado, dirigido para um lado. ‖ adv. (também ~s) em direção a um lado.

sideway [s'aidwei] s. 1. rua lateral, rua secundária f. 2. calçada f. ‖ adj. = **sideways.** ‖ adv. = **sideways.**

sideways [~z] adj. de lado, lateral. ‖ adv. 1. para um lado, em direção a um lado. 2. de um lado, lateralmente. 3. com um lado para a frente.

side-wheeler s. vapor de rodas m.

side whisker s. barba lateral, costeleta f.

side-wind s. 1. vento vindo do lado. 2. (fig.) influência indireta, agenciação f.

sidewinder s. golpe m. pesado dado do lado.

siding [s'aidiŋ] s. 1. (Estrada de Ferro) desvio, ramal m. 2. (E. U. A.) partes laterais f. pl. de um barracão de madeira. 3. ato de tomar partido.

~ yard pátio de manobras (quadro S 12).

sidle [saidl] s. movimento lateral m. ‖ v. 1. mover em sentido lateral. 2. evadir-se para o lado. **to ~ away** evadir-se secretamente. **to ~ up** aproximar-se silenciosamente.

siege [si:dʒ] s. 1. sítio, cerco m. 2. (E. U. A.) esforço persistente m. ‖ v. cercar, sitiar.

to lay ~ to (poét.) sitiar. **to raise the ~** levantar o cerco. **in a state of ~** em estado de sítio.

sienna [si'enə] s. terra f. de siena, corante marrom-avermelhado m., cor marrom-avermelhada f.

sierra [si'erə] s. (E. U. A.) serra f. (quadro M 7).

siesta [si'estə] s. sesta f.

sieve [siv] s. 1. peneira f. 2. bisbilhoteiro m., bisbilhoteira f. ‖ v. peneirar.

sift [sift] v. 1. peneirar. 2. separar partículas grossas de partículas finas. 3. cair, espalhar como se fosse por uma peneira. 4. examinar, analisar cuidadosamente.

we ~ed it to the bottom investigamos o assunto profundamente. **they ~ed the chaff from the wheat** separam a alimpadura do trigo (geralm. fig.). **to ~ out** separar, escolher.

sifter [s'iftə] s. 1. separador m. 2. peneira f.

sifting [s'iftiŋ] s. 1. peneiração f. 2. exame meticuloso m.

siftings [~z] s. pl. alimpaduras f. pl.

sigh [sai] s. suspiro m. ‖ v. 1. suspirar. 2. dizer com suspiros. 3. desejar muito, ter saudades de. 4. lamentar com suspiros.

to ~ forth exprimir com suspiros. **he ~ed away** (ou **out**) **his soul** ele morreu com um suspiro.

sight [sait] s. 1. visão, vista f. 2. olhar, ação de ver. 3. visibilidade f. 4. ponto m. de vista, opinião f. 5. vislumbre, aparição, visão vaga f. 6. aspecto, espetáculo m., vista f. 7. mira f., visor m. 8. observação, pontaria f. 9. o que é fora do comum por quantidade, aparência, etc. ‖ v. 1. ver, avistar. 2. observar, olhar. 3. visar, fazer pontaria. 4. fazer mira, colocar mira ou visor.

he has good ~ ele tem vista boa. **that is a long ~ better** (coloq.) isto é muito melhor. **what a ~ you are!** como você está! **he looks a perfect ~** ele está com aspecto impossível. **this dress makes a ~ of me** este vestido me transforma em espantalho. **a ~ of** (**people**) uma quantidade, um mundo (de gente). **I never catch ~ of him** nunca chego a vê-lo. **we got a ~ of it** chegamos a avistá-lo. **I hate the** (**very**) **~ of him!** não o suporto, nem posso vê-lo. **don't lose ~ of the children!** não perca as crianças de vista! **they took ~** (milit.) apontaram (os canhões). **at ~** (Com.) à vista. **at first ~** à primeira vista. **at short ~** a curto prazo. **I know him by ~** conheço-o de vista. **she plays it from ~** ela toca à primeira vista. **the station comes in ~, is** (**with**)**in ~** a estação aparece, está à vista. **he did it in the ~ of his teacher** ele fez isto diante do seu professor. **in ~** à vista, visível. **out of ~, out of mind** longe dos olhos, longe do coração. **get out of my ~!** saia da minha vista! **we watched him out of ~** observamo-lo até desaparecer de vista. **he put it out of ~** ele o fez desaparecer. **second ~** vidência.

sight-draft s. (E. U. A.) letra f. à vista.

sighted [s'aitid] adj. (geralm. como sufixo). **keen ~** perspicaz, de vista aguda. **long ~** de vista longa.

sight-hole s. orifício m. para espiar, visor.

sighting-shot s. tiro m. de prova.

sightless [s'aitlis] adj. 1. cego. 2. invisível. ‖ **~ly** adv. invisivelmente.

sightlessness [~nis] s. cegueira f.

sightline [s'aitlain] s. (Teat.) vista direta f. para o palco.

sightliness [s'aitlinis] s. beleza, formosura f.

sightly [s'aitli] adj. 1. agradável, vistoso, imponente. 2. com vista bonita.

sight-player, sight-reader s. quem toca uma música à primeira vista.

sight-seeing s. turismo m. ‖ adj. turístico. **~ bus** ônibus de turismo.

sight-seer s. excursionista, turista m. + f.

sightworthy [s'aitwə:ði] adj. que vale a pena ver.

sigil [s'idʒil] s. selo, sinete m.

sigma [s'igmə] s. sigma m.: décima oitava letra do alfabeto grego.

sigmate [s'igmeit] adj. sigmático.

sigmoid [s'igmoid], **sigmoidal** [sigm'oidəl] adj. sigmóide, em forma de sigma.

sign [sain] s. 1. sinal m., marca f. 2. sinal m.: movimento, gesto. 3. quadro (para anunciar) m., tabuleta f. 4. sinal m., indício m. 5. indicação f.

6. traço m. 7. (Astron.) signo m. 8. distintivo, emblema m. 9. símbolo m. 10. agouro, presságio m. 11. senha f. ‖ v. 1. assinar, subscrever. 2. escrever. 3. contratar. 4. aceitar emprego. 5. fazer sinal ou gesto. 6. rubricar, assinalar, marcar. **he bears the ~s of his nationality** ele demonstra os sinais da sua nacionalidade. **to give** (ou **make**) **a ~** dar ou fazer um sinal. **they looked upon it as a bad ~** tomaram-no por mau sinal. **~ manual** assinatura de próprio punho, rubrica. **he made the ~ of the cross** ele fez o sinal-da-cruz. **~ of exclamation** ponto de exclamação. **~ of interrogation** ponto de interrogação. **the ~s of the zodiac** os signos do zodíaco. **he ~ed him up** (E. U. A.) ele o contratou. **~ed, sealed, and delivered** (Jur.) assinado, selado e consumado. **to ~ away** ceder (propriedade), deixar. **to ~ on** começar (um cargo), assumir, empregar, contratar. **he ~ed to him** ele fez-lhe um sinal. **he ~ed up** (E. U. A.) ele assinou, registrou-se (em lista). **to ~ on, (off)** (Rádio) anunciar o começo, (o fim) de uma irradiação.

signal [s'ignəl] s. 1. sinal, aviso m., notícia f. 2. (Milit.) senha, contra-senha f. 3. indício m. 4. (Rádio) sinal, impulso m., modulação f. ‖ v. 1. sinalizar, fazer sinal. 2. comunicar por meio de sinal. ‖ adj. 1. usado como sinal. 2. destacado, notável, evidente, marcante. ‖ **~ly** adv. evidentemente. **~ of distress** sinal de perigo. **~-box** (Estr. de F.) cabina de sinalização. **~-corps** corpo de sinaleiros. **~ pistol** pistola sinalizadora.

signal-box s. cabina f. de sinaleiro (quadro S 12). **signal-gantry** s. cavalete m. (ou ponte f.) de sinais (quadro S 12).

signalize [s'ignəlaiz] v. 1. tornar notável, distinguir. 2. fazer sinais. 3. tornar conhecido. **he ~d himself by...** ele distinguiu-se por...

signaller [s'ignələ] s. sinaleiro m.

signalling [s'ignəliŋ] s. sinalização f. **~ device** aparelho de sinalização. **~ wire** (Eletr.) fio de sinalização.

signalman [s'ignəlmən] s. guarda m. de estrada de ferro, sinaleiro m.

signal-post s. semáforo m.: poste de sinalização.

signatory [s'ignətəri] s. signatário m. ‖ adj. signatário. **~ power** potência signatária.

signature [s'ignitʃə] s. 1. assinatura f. 2. (Mús.) sinal m. 3. marcação f. 4. marca f. (quadro B 17). 5. (Tipogr.) caderno m., divisão f. (de um livro) (também **section**). **~ tune** (Teat. e Rádio) música característica para iniciar ou terminar um programa.

signboard [s'ainbɔ:d] s. tabuleta f. (quadro W 4), quadro m. para anunciar mercadorias.

signer [s'ainə] s. signatário m., signatária f.

signet [s'ignit] s. sinete, selo m. **privy ~** selo privado real. **~ ring** anel de sinete. (quadro J 1).

significance [sign'ifikəns], **significancy** [~i] s. 1. importância, conseqüência f. 2. significação f., significado, sentido m. 3. expressão f.

significant [sign'ifikənt] adj. 1. significante, importante, cheio de conseqüências. 2. significativo, expressivo. 3. sugestivo. ‖ **~ly** adv. significativamente, de modo importante, expressivamente.

signification [signifik'eiʃən] s. 1. significado, sentido m. 2. significação f.

significative [sign'ifikətiv] = adj. **significant.**

signify [s'ignifai] v. 1. significar, representar, ter o sentido de. 2. indicar, expressar, anunciar, demonstrar. 3. importar, querer dizer, ser significante.

sign language s. dactilologia f.: comunicação por sinais e gestos.

sign-painter s. pintor m. de tabuletas, de letreiros, etc.

signpost [s'ainpoust] s. poste itinerário, poste m. indicador de caminhos (quadro W 3).

Sikh [si:k] s. membro m. de seita religiosa hindu.

silage [s'ailidʒ] s. silagem, ensilagem f.

silence [s'ailəns] s. 1. silêncio m., calma, quietude f. 2. discrição, reserva f., ato de ficar calado. 3. segredo m. ‖ v. silenciar, calar. ‖ interj. silêncio! **~ is golden** o silêncio vale ouro. **to pass over in ~** passar em silêncio. **they kept ~** ficaram calados. **~ gives** (ou **is**) **consent** quem cala, consente.

silencer [~ə] s. silenciador m. (de escape de viatura, de arma de fogo).

silent [s'ailənt] adj. 1. silencioso, calmo, quieto 2. calado, taciturno, mudo. 3. (Cin. e Gram.) mudo. 4. comanditário (sócio). ‖ **~ly** adv. silenciosamente, calmamente, tranqüilamente.

silentness [~nis] s. silêncio m., tranqüilidade f.

silent partner s. sócio comanditário m.

Silesian [sail'i:ziən] s. silesiano m., silesiana f. ‖ adj silesiano.

silex [s'aileks] s. sílica f., sílex, sílice m.

silhouette [silu'et] s. silhueta f. ‖ v. mostrar em silhueta.

silica [s'ilikə] s. (Quím.) sílica f.

silicate [s'ilikit] s. (Quím.) silicato m.

silicated [s'ilikei,tid] adj. impregnado ou coberto de sílica.

siliceous [sil'i.ʃəs], **silicic** [sil'isik] adj. silicoso, silícico.

silicification [silisifik'eiʃən] s. silicificação f.

silicify [sil'isifai] v. silicificar.

silicium [sil'iʃiəm], **silicon** [s'ilikən] s. (Quím.) silício m.: elemento químico (Si) de peso atômico 28,06.

silicosis [silik'ousis] s. (Med.) silicose f.

silique [sil'i:k] s. (Bot.) síliqua f.

siliquose [~wəs] adj. (Bot.) siliquoso.

silk [silk] s. 1. seda f. 2. tecido m. de seda, vestuário m. de seda. 3. fio de seda. ‖ adj. sedoso. **artificial ~** seda artificial. **thrown ~** retrós. **tussore ~** seda crua. **waste ~** restos de seda. **he has taken ~** ele foi nomeado conselheiro real (advogado do foro). **~ hat** cartola.

silk-cotton s. paina.

silken [s'ilkən] adj. 1. feito de seda. 2. sedoso, como seda, macio, lustroso. 3. usando vestido de seda.

silkscreen [s'ilkskri:n] s. 1. tela de seda f. 2. (Tipogr.) seritipia f.

silk-stocking adj. 1. vestido com luxo, bem vestido. 2. distinto, grã-fino. **~ neighborhood** bairro grã-fino.

silkworm [s'ilkwə:m] s. bicho-da-seda m.

silky [s'ilki] adj. 1. sedoso, de seda. 2. macio, lustroso. 3. (fig.) suave, amável, cativante. ‖ **-ily** adv. de modo lustroso, cativante.

sill [sil] s. 1. soleira f. de porta, peitoril (quadro W 4). 2. viga f. que serve de fundamento para uma parede.

sillabub [s'iləbʌb] s. bebida doce f. preparada de vinho e leite.

silliness [s'ilinis] s. bobice, tolice, simplicidade f.

silly [s'ili] s. pessoa tola f., bobo, simplório m. ‖ adj. 1. bobo, imbecil, tolo, estúpido. 2. (arc.) simples, inocente, ignorante. ‖ **-ily** adv. tolamente. **you ~!** bobo! **~ billy** (coloq.) pessoa que se porta de um modo tolo, pateta. **~ season** época de estagnação.

silo [s'ailou] s. silo m. (quadro H 6). ‖ v. ensilar, armazenar em silo.

silt [silt] s. lodo, limo, sedimento fino m., carregado pela água, areia finíssima f. ‖ v. entupir, encher com lodo.

Silurian [sailj'uəriən] s. (Geol.) siluriano m. ‖ adj. (Geol.) siluriano, relativo aos siluros.
silvan [s'ilvən] adj. = **sylvan.**
silver [s'ilvə] s. 1. prata f. 2. moedas f. pl. de prata. 3. objetos m. pl. de prata, prataria f. 4. cor-de--prata f. 5. (Fot.) brometo m. de prata. ‖ v. pratear. ‖ adj. 1. feito de prata. 2. relativo à prata. 3. de cor-de-prata. 4. com o som de prata. 5. eloqüente, convincente. 6. relativo ao 25.º aniversário.
German ~ alpaca. **speech is** ~, **silence is golden** falar é prata, calar é ouro. ~ **alloy** liga de prata. ~ **currency** padrão-prata, moeda circulante de prata. ~ **lining** 1. margem clara de uma nuvem. 2. (fig.) consolo numa situação delicada. ~ **paper** papel de estanho. ~ **streak** canal da Mancha. ~ **wedding** bodas de prata.
silver-bath s. (Fot.) banho m. de prata.
silver-fir s. espécie de abeto com casca cor-de-prata.
silver-foil, ~**-leaf** s. prata f. em folhas.
silver-fox s. raposa prateada f., pele dessa raposa.
silver-gilt s. prata dourada f.
silver-grey adj. cinzento-lustroso ou prateado.
silver-haired adj. grisalho, de cabelos prateados.
silver-mounted adj. com engastes de prata.
silvern [s'ilvən] adj. (poét.) de prata.
silver nitrate s. nitrato m. de prata, pedra-infernal f.
silver-plate s. prataria, baixela de prata f.
silver-plated adj. prateado, chapeado de prata.
silver-plating s. cobertura f. de prata (quadro T 4).
silver screen s. tela cinematográfica f.
silversmith [s'ilvəsmiθ] s. prateiro, ourives m. que trabalha com prata.
silver-standard s. padrão-prata m.
silver-tongued adj. eloqüente, convincente.
silverware [s'ilvəwɛə] s. prataria f., utensílios m. pl. de prata.
silvery [s'ilvəri] adj. 1. como prata, argênteo. 2. que contém prata, coberto de prata.
silvicolous [silv'ikələs] adj. silvícola, aborígine.
silviculture [s'ilvikʌltʃə] s. silvicultura f.
simian [s'imiən] s. símio, macaco, bugio m. ‖ adj. símio, semelhante ao macaco.
similar [s'imilə] adj. 1. similar, semelhante, parecido. 2. (Geom.) com a mesma forma. ‖ ~**ly** adv. semelhantemente.
similarity [simil'æriti] s. semelhança, similaridade, analogia f.
simile [s'imili] s. simile m., comparação f.
similitude [sim'ilitju:d] s. 1. similitude, semelhança f. 2. comparação f. 3. cópia, imagem f.
simioid [s'imiɔid], **simious** [s'imiəs] adj. símio.
simitar [s'imitə] s. = **scimitar.**
simmer [s'imə] s. 1. ato de cozinhar lentamente m. 2. fervura lenta f. ‖ v. 1. chiar, fazer o som de fervura lenta. 2. ferver lentamente. 3. estar no ponto de estourar.
to ~ **down** esfriar, acalmar-se.
simoniac [sim'ouniək] s. simoníaco m.
simoniacal [simən'aiəkəl] adj. simoníaco. ‖ ~**ly** adv. de modo simoníaco.
Simon Pure s. 1. nome próprio m. 2. pessoa autêntica f., artigo genuíno m.
simon-pure adj. (E. U. A., coloq.) real, genuíno, autêntico.
simony [s'aiməni] s. simonia f.
simoom [sim'u:m] s. simum m.: vento quente do deserto africano.
simper [s'impə] s. riso ou sorriso afetado m. ‖ v. 1. sorrir de maneira afetada. 2. exprimir ou dizer com sorriso afetado.
simple [simpl] s. 1. pessoa estúpida f., simplório m. 2. coisa simples f. 3. planta ou erva medicinal f. 4.

símplices m. pl., remédio m. feito dos mesmos, ingredientes m. pl. de medicamentos. ‖ adj. 1. simples, fácil de se compreender. 2. elementar, básico, não complicado ou complexo. 3. mero, puro, absoluto. 4. simples, sem ornamentos, modesto. 5. natural, despretensioso, não afetado. 6. honesto, sincero, aberto, cândido. 7. inocente, ingênuo, sem artifícios. 8. comum, ordinário. 9. modesto, humilde. 10. bobo, tolo, ignorante, estúpido. 11. (Bot., Zool., Quím.) simples. ‖ ~**ly** adv. 1. simplesmente, de maneira simples. 2. sem ornamento, sem afetação. 3. meramente, somente. 4. estupidamente, tolamente. 5. absolutamente.
~ **equation** (Mat.) equação simples, de primeiro grau. ~ **fraction** fração simples. ~ **interest** juros simples. **I simply did not know what to do** eu não sabia, absolutamente, o que fazer.
simple-hearted adj. simples, sincero, ingênuo, sem malícia.
simple machine s. máquina simples f. (p. ex. roda, alavanca).
simple-minded adj. 1. franco, sincero. 2. ignorante, estúpido. 3. simplório.
simple-mindedness s. 1. simplicidade, sinceridade f. 2. estupidez f.
simpleton [s'impltən] s. pessoa tola f., simplório m.
simplex [s'impleks] s. (Gram.) palavra simples f. ‖ adj. simples, não composto.
simplicity [simpl'isiti] s. 1. simplicidade f. 2. clareza, facilidade f. 3. naturalidade f. 4. sinceridade, desafetação f. 5. ingenuidade f.
simplification [simplifik'eiʃən] s. simplificação f.
simplify [s'implifai] v. simplificar, tornar fácil ou simples.
simplism [s'implizm] s. simplismo m.
simplistic [simpl'istik] adj. simplista.
simulacrum [simjul'eikrəm] s. (pl. **simulacra,** ~**s**) 1. simulacro m. 2. mera semelhança f. 3. imagem f.
simulant [s'imjulənt] adj. muito parecido, similar. **he is** ~ **of a little dog** ele se parece com um pequeno cachorro.
simulate [s'imjuleit] v. 1. pretender, simular, aparentar. 2. imitar. ‖ adj. simulado, falso.
simulation [simjul'eiʃən] s. simulação f., fingimento m.
simulator [s'imjuleitə] s. simulador m.
simulcast [s'imjulka:st] v. transmitir por rádio e televisão simultaneamente.
simultaneity [siməltən'iəti] s. simultaneidade f.
simultaneous [siməlt'einjəs] adj. simultâneo. ‖ ~**ly** adv. simultaneamente.
simultaneousness [~nis] s. simultaneidade f.
sin [sin] s. 1. pecado m. 2. ato imoral m. 3. ofensa f. ‖ v. 1. pecar. 2. praticar o mal. 3. ofender. **mortal** ~ pecado mortal. **original** ~ pecado original.
sinapic [s'inəpik] adj. sinápico, relativo à mostarda.
sinapism [s'inəpizm] s. (Med.) sinapismo, cataplasma m. de mostarda.
since [sins] adv. 1. desde, desde então. 2. antes, antigamente. ‖ prep. desde, desde então. ‖ conj. 1. desde que. 2. já que, visto que, uma vez que. **three years** ~ há três anos. **ever** ~ desde então. **how long** ~? desde quanto tempo? ~ **when?** desde quando? **I have not met him** ~ desde então não mais o encontrei. **it's a month** ~ faz um mês. **I have been waiting** ~ **last week** estou esperando desde a semana passada. ~ **he insists on it** desde que ele insiste. **how long is it** ~ **you saw him?** quanto tempo faz que você o viu? ~ **when have you known him?** desde quando o conhece?
sincere [sins'iə] adj. sincero, franco, verdadeiro, real, genuíno. ‖ ~**ly** adv. sinceramente.
yours ~**ly** (fim de cartas) seu atento...

sincereness [~nis], sincerity [sins'eriti] s. sinceridade f.

sinciput [s'insipʌt] s. (Anat.) sincipúcio m.: alto da cabeça.

sine (I) [sain] s. (Mat.) (abr. sin) seno m.
~ of an angle seno de um ângulo.

sine (II) [s'aini] (latim) prep. sem.
~ die [~d'aii] para tempo indeterminado. ~ qua non [~kwein'ɔn] sob condição indispensável.

sinecure [s'ainikjuə] s. sinecura f., emprego m. que não dá trabalho.

sine curve s. (Mat.) curva senoidal f.

sinew [s'inju:] s. 1. tendão, nervo m. 2. força, energia f. 3. fonte f. de energia ou de força. ‖ v. fortalecer, ligar com tendões.

sine wave s. (Eletr.) onda senoidal f.

sinewless [~lis] adj. sem força, fraco.

sinewy [~i] adj. 1. com tendões fortes, forte. 2. vigoroso. 3. duro, resistente como tendão, fibroso
~ rope corda resistente. ~ argument argumento forte.

sinful [s'inful] adj. pecador, pecaminoso. ‖ ~ly adv. pecaminosamente.

sinfulness [~nis] s. propensão f. para o pecado, pecabilidade f.

sing [siŋ] s. canção f., som de canto, zunido m. ‖ v. (imp. sang, p. p. sung) 1. cantar. 2. entoar, louvar com cantos. 3. gorjear, cantarolar. 4. contar ou narrar em canções. 5. proclamar. 6. zunir, zumbir, assobiar. 7. ter zumbido. 8. (gíria) delatar.
he ~s her praise ele a elogia muito. she sang her child to sleep ela ninava sua criança. she ~s flat ela canta baixo demais. to ~ for joy gritar de alegria. to ~ off cantar músicas à primeira vista. to ~ out (gíria) gritar, chamar em voz alta. she sang to a great audience ela cantou para (diante) um um público numeroso. to ~ up cantar mais alto.

singable [s'iŋəbl] adj. cantável, que se pode cantar.

singe [sindʒ] s. chamusco m., queimadura leve f. ‖ v. chamuscar, queimar levemente, queimar as pontas de, tostar.
to ~ off tirar chamuscando.

singer [siŋə] s. cantor m., cantora f.

singing [s'iŋiŋ] s. 1. canto, som m. de canto, canção f. 2. zumbido (de ouvidos), chiado m. ‖ adj. que canta, de canto. ‖ ~ly adv. de modo cantante.

singing-bird s. pássaro canoro m.

singing-club s. sociedade f. de canto.

singing-lesson s. aula f. de canto.

singing-master s. professor m. de canto.

singing-voice s. voz f. de canto.

single [siŋgl] s. 1. coisa ou pessoa f. avulsa, só. 2. jogo m., competição f. para duas pessoas só. 3. ~s jogo m. para uma pessoa em cada lado. ‖ v. separar, escolher. ‖ adj. 1. um só, um único. 2. individual, para um só. 3. só, isolado, sozinho, solitário. 4. singular, único. 5. solteiro, não casado. 6. com um adversário ou competidor em cada lado. 7. simples, não múltiplo. 8. sincero, honesto, genuíno.
men's ~ partida de tênis para dois competidores.
~ purpose finalidade única. ~ child criança única.
~ combat luta entre duas pessoas, duelo. book-keeping by ~ entry escrituração simples. ~ eyeglass monóculo. ~ file fila indiana. ~ flower flor simples, não cheia. ~ life vida de solteiro. ~ man solteiro. ~ price preço único.

single-acting adj. (Téc.) de efeito simples.

single-breasted adj. de uma fileira de botões (paletó) (quadro C 12).

single-decker s. (Av.) monoplano m.

single-eyed adj. monocular: de um olho só.

single-handed adj. 1. sem ajuda, sozinho, que trabalha sozinho. 2. de uma mão só.

single-hearted adj. 1. sincero, franco, honesto. 2. sem segundas intenções.

single-heartedness s. sinceridade, franqueza, honestidade f.

single-minded adj. 1. sincero, franco. 2. que visa uma só finalidade, decidido. ‖ ~ly adv. decididamente.

single-mindedness s. sinceridade, franqueza f.

singleness [s'iŋglnis] s. 1. simplicidade, singeleza f. 2. honestidade, sinceridade f. 3. celibato m.
~ of purpose perseguição de um só fim, decisão.

single-phase adj. (Eletr.) monofásico.

single-seated adj. de um assento só.

single-space v. datilografar com espaço simples.

singlet [s'iŋglit] s. camiseta f.

singleton [s'iŋgltən] s. carta avulsa f. de um naipe na mão de um jogador.

single-valve-set s. receptor m. de uma válvula.

singly [s'iŋgli] adv. 1. isoladamente, individualmente, separadamente. 2. um por um. 3. por si, sozinho.

Sing Sing [s'iŋsiŋ] s. penitenciária f. em Ossining, Nova York.

singsong [s'iŋsɔŋ] s. cantarola, canção monótona f., ritmo monótono m., verso monótono m. ‖ v. falar, recitar em estilo monótono. ‖ adj. monótono em ritmo.

singular [s'iŋgjulə] s. 1. (Gram.) singular m. 2. palavra f. no singular. ‖ adj. 1. singular, extraordinário, excepcional. 2. esquisito, curioso, estranho, peculiar. 3. único, individual. 4. (Gram.) singular. 5. separado, particular, individual. ‖ ~ly adv. 1. singularmente, excepcionalmente. 2. especialmente, altamente. 3. individualmente, separadamente.

singularity [siŋgjul'æriti] s. singularidade, particularidade, curiosidade, peculiaridade f.

singularize [s'iŋgjuləraiz] v. singularizar.

sinister [s'inistə] adj. 1. sinistro, ameaçador. 2. maléfico, desonesto. 3. desastroso, infortunado. 4. (Heráld.) esquerdo. ‖ ~ly adv. sinistramente.

sinistral [sin'istrəl] adj. do lado esquerdo, virado à esquerda.

sinistrous [sin'istrəs] adj. 1. do lado esquerdo, virado, inclinado para a esquerda. 2. sinistro, funesto, ameaçador. ‖ ~ly sinistramente.

sink [siŋk] s. 1. pia f. (quadro K 2). 2. esgoto m. 3. lugar de vício ou de corrupção m. 4. fossa f., escoadouro m. 5. (Teatr.) alçapão m. no palco. ‖ v. (imp. sank ou (†) sunk, p. p. sunk ou (arc.) sunken) 1. descer, baixar, cair, depositar, declinar. 2. fazer descer, fazer baixar. 3. afundar, ir a pique, submergir. 4. afundar, por a pique. 5. reduzir, diminuir. 6. ficar mais baixo ou mais fraco. 7. entrar, penetrar. 8. furar, perfurar, escavar, aprofundar. 9. passar gradualmente, cair. 10. gastar, perder (dinheiro). 11. decair, deteriorar. 12. fazer desaparecer, esconder, perder de vista. 13. levar à ruína, destruir. 14. pagar, amortizar dívida. 15. compor (riscos). 16. passar por cima.
to ~ capital in investir capital em. let's ~ a few beers (coloq.) vamos tomar alguns chopes.
he is ~ing fast ele está decaindo rapidamente.
she has sunk very low ela decaiu muito. to ~ back cair para trás. to ~ beneath a burden (fig.) sucumbir debaixo de uma carga. to ~ down cair, ficar prostrado. to ~ in value desvalorizar-se. to ~ into oblivion cair em esquecimento. it sank into my mind gravou-se na minha memória. to ~ to one's knees cair de joelhos. the liquid ~s in o líquido é absorvido.

sinkable [s'iŋkəbl] adj. que se pode afundar.
sinkage [s'iŋkidʒ] s. 1. afundamento m. 2. grau de afundamento m. 3. depressão f.
sinker [s'iŋkə] s. 1. aquele que afunda, perfurador de poços. 2. chumbada (de rede ou linha de pesca) f. (quadro F 4). 3. (gíria) sonho m. (bolo).
sinking [s'iŋkiŋ] s. 1 baixada f. 2. escavação f. 3. afundamento m. 4. caída f., declínio m. ~ **in the stomach** fome. ~ **fund** fundo de amortização. ~ **spell** declínio temporário (na saúde).
sinless [s'inlis] adj. sem pecado, puro, impecável. ‖ ~**ly** adv. impecavelmente.
sinlessness [~nis] s. inocência, impecabilidade f.
sinner [s'inə] s. pecador m., pecadora f.
Sinn Feiner [ʃin f'einə] s. (Pol.) membro m. dò **Sinn Fein,** movimento nacionalista irlandês (c. 1905).
sinological [sinəl'ɔdʒikəl] adj. sinológico.
sinologist [sin'ɔlədʒist] s. sinólogo m.
sinology [sin'ɔlədʒi] s. sinologia f.: estudo relativo à China.
sinople [s'inəpl] s. (Miner.) sinople m.: variedade de quartzo.
sinter [s'intə] s. 1. (Min.) sedimento calcário ou silicoso m. 2. precipitado m. ‖ v. (Metalurg.) sinterizar.
sintering [~riŋ] s. (Metalurg.) sinterização f.
sinuate [s'injuət] adj. sinuado, curvado (quadro L 2).
sinuosity [sinju'ɔsiti], **sinuousness** [s'injuəsnis] s. sinuosidade f.
sinuous [s'injuəs] adj. sinuoso, ondulado, tortuoso. ‖ ~**ly** adv. sinuosamente.
sinus [s'ainəs] s. 1. (Anat.) seio m., cavidade f. 2. (Pat.) abscesso m., fístula f.
sinusitis [sainəs'aitis] s. (Med.) sinusite f.
sinusoid [s'ainəsɔid] s. (Mat.) sinusóide, senóide f.
Siouan [s'u:ən] adj. relativo à tribo dos **Sioux.**
Sioux [su:] pl. Sioux [su:, su:z] s. tribo de índios dos E. U. A.
sip [sip] s. 1. ato de tomar um golinho. 2. gole muito pequeno m. ‖ v. 1. beber em goles pequenos. 2. beber aos poucos, beberricar, sorver.
siphon [s'aifən] s. 1. sifão m.: tubo para tirar líquido. 2. sifão m.: frasco com água gaseificada. ‖ v. tirar com sifão.
siphon-trap s. sifão m.: tubo curvo adaptado às pias ou ao esgoto.
sippet [s'ipit] s. pedacinho de pão (torrado) m., pão ou pedaço m. de pão embebido em caldo.
sir [sə:] s. 1. senhor m. 2. **Sir** a) título de barão m. b) título de respeito m.
yes ~ sim, senhor. **Sir, Dear Sir,** (começo de carta) prezado senhor, caro senhor. ~? Como disse o senhor? **to** ~ tratar alguém por "sir".
sirdar [s'ə:da:] s. (Índia) chefe, comandante, (Egito) comandante-chefe m. do exército.
sire [s'aiə] s. 1. (poét.) antepassado, progenitor, ascendente masculino m. 2. pai, genitor m. 3. garanhão, macho m. 4. título de respeito usado perante rei ou pessoa de família real. ‖ v. procriar (cavalos). **Sire** (Vossa) Majestade.
siren [s'aiərin] s. sereia: 1. (Mitol.) ninfa f. 2. mulher encantadora ou sedutora f. 3. sirena f. (apito). 4. (Zool.) anfíbio m. parecido à enguia. ‖ adj. 1 sedutor, 2. relativo a sereia.
sirenian [sair'i:niən] s. (Zool.) sirenídeo, sirênio m.
siriasis [sir'aiəsis] s. siríase, insolação f.
Sirius [s'iriəs] s. (Astron.) Sírio m., Canícula f.
sirloin [s'ə:lɔin] s. pedaço m. do lombo da vaca.
sirocco [sir'ɔkou] s. vento quente, siroco m.
sirrah [s'irə] (†) s. (pej. de **sir**) sujeito!, homem! m.
sis [sis] s. (E. U. A., coloq.) 1. abr. de **sister.** 2. moça

f. 3. namorada f. 4. = **sissy.**
sisal [s'aisəl] s. sisal m., fibra f. desta planta. ~**-grass,** ~**-hemp** fibra de sisal.
siskin [s'iskin] s. (Orn.) abadavina f., lugre, tentilhão m.
siss [sis] v. (E. U. A., coloq.) chiar.
sissy [s'isi] s. (E. U. A., coloq.) 1. menìna f. 2. homem ou rapaz m. efeminado. 3. tímido m., covarde m. + f.
sister [s'istə] s. 1. irmã f. 2. pessoa ou coisa f. parecida ou semelhante a outra. 3. enfermeira-chefe f. 4. irmã de ordem religiosa, freira f. ‖ adj. relacionado como por irmandade. ‖ ~**ly** adv. à maneira de uma irmã.
foster-~ irmã colaça. ~**-in-law** cunhada. **Sister of charity, of Mercy** irmã de caridade. ~ **art** arte da mesma natureza. ~ **country** país irmão. ~ **ship** navio gêmeo. **Oxford and the** ~ **university** as universidades de Oxford e Cambridge.
sisterhood [s'istəhud] s. irmandade, congregação, relação f. entre irmãs.
sisterless [~lis] adj. sem irmã.
Sistine [s'istain] adj. sistino.
Sisyphean [sisif'iən] adj. 1. de Sísifo. 2. laborioso eternamente, sem resultado. ~ **task** trabalho de sísifo.
sit [sit] v. (imp. e p. p. **sat**) 1. sentar, sentar-se. 2. fazer sentar, acomodar. 3. sentar sobre, estar sentado, estar montado. 4. estar colocado, estar em posição fixa. 5. ocupar cargo, ter assento ou cadeira (em assembléia), ser membro de. 6. reunir-se em sessão. 7. posar. 8. descansar, pousar, repousar. 9. chocar. 10. servir, adaptar-se, assentar (roupa).
to ~ **down** sentar-se, (Av.) aterrissar. **the wind** ~**s fair** o vento é constante. **they** ~ **in judgment upon him** estão julgando-o. **to** ~ **a horse well** montar bem a cavalo. **to** ~ **a piece out** assistir a uma peça até o fim. **I sat him out** fiquei mais tempo do que ele. **she sat out the second dance** ela não tomou parte na segunda dança. **he sat back in his chair** ele reclinou-se na sua cadeira. **she sat down at our table** ela sentou-se à nossa mesa, ela sentou-se conosco. **to** ~ **down before** sitiar (cidade). **they sat down to dinner** sentaram-se à mesa. **he sat down to do it** ele começou a fazê-lo. **he sat down under the insult** ele engoliu a ofensa. **he** ~**s for constituency** ele representa um distrito eleitoral. **he** ~**s for an examination** ele presta um exame. **he** ~**s for his portrait** ele posa para um retrato. **she** ~**s to an artist** ela posa para um artista, pintor. **it** ~**s heavy (up) on him** está oprimindo-o muito. **he** ~**s on the bench** ele é juiz. **he** ~**s on a jury** ele é jurado. ~ **up!** fique sentado direito! 2. (para cachorro) fique em pé! **she sat up** ela levantou-se. **she sat up with her sick child** ela velou sua criança doente. **he sat upon her** (gíria) ele a tiranizou.
sit-down strike s. 1. parede f. (greve). 2. demonstração de protesto f. (pessoas sentadas em lugares públicos).
site [sait] s. posição f., lugar, terreno m. ~ **of discovery** local da descoberta.
sit-in s. (Pol.) protesto passivo m. (demonstradores sentados em lugares públicos a eles proibidos).
sitology [sait'ɔlədʒi] s. sitiologia f.
sitter [s'itə] s. 1. pessoa que senta ou fica sentada f. 2. galinha choca, ave choca f. 3. modelo m. **baby-**~ pessoa contratada por hora, para cuidar de bebê.
sitting [s'itiŋ] s. 1. ato de sentar m. 2. sessão, reunião f. 3. assento, lugar (na igreja) m. 4.

tempo de ficar sentado m. 5. ninhada f. de ovos para chocar. 6. ato m. de posar. ‖ adj. (Bot.) séssil.
~ room sala de estar.
situate [s'itjueit] v. colocar, situar.
situated [~id] adj. 1. situado, localizado, estabelecido. 2. colocado, disposto.
where is the village ~? onde é a vila? **he is very unfortunately ~** ele está numa situação muito ınfeliz.
situation [sitju'eiʃən] s. 1. situação, posição f., lugar m. 2. circunstância, condição f., caso m. 3. lugar de trabalho, cargo m. 4. estado crítico m.
~s vacant vagas. **~s wanted** empregos procurados.
sitz-bath s. 1. bidê m.: banheira f. de assento. 2. banho m. de assento.
six [siks] s. 1. número seis, seis m. 2. carta f. ou dado m. de seis pontos. ‖ num. seis.
everything is at ~es and sevens está tudo em desordem, de cabeça para baixo. **it is ~ of one and half-a-dozen of the other** (coloq.) é a mesma coisa.
sixain [s'iksein] s. (Métr.) sextilha f.: verso m. de seis linhas.
sixfold [s'iksfould] adj. 1. seis vezes tanto, sêxtuplo. 2. que tem seis partes. ‖ adv. seis vezes tanto.
sixpence [s'ikspəns] s. 1. seis **pennies,** meio xelim. 2. moeda f. deste valor.
it doesn't matter ~ to me não me importa nada.
sixpenny [s'ikspəni] adj. 1. do valor de seis "pence". 2. de pouco valor, barato.
~-piece moeda de seis "pence". **~-worth** no valor de seis "pence". **a ~-worth of bread** seis "pence" de pão.
six-shooter s. revólver de seis tiros m.
six-sided adj. sextavado, sextangular, de seis lados.
sixteen [s'ikst'i:n] s. número dezesseis m. ‖ num. dezesseis.
sixteenth [~θ] s. décimo sexto m. ‖ num. décimo sexto.
sixth [sikθ] s. 1. sexto m. 2. sexta parte f. ‖num. sexto. ‖ **~ly** adv. em sexto lugar.
the ~ form (Ingl.) a classe mais alta, o sexto ano ginasial. **~ sense** sexto sentido.
sixtieth [s'ikstiiθ] s. 1. sexagésimo m. 2. sexagésima parte f. ‖ num. sexagésimo.
sixty [s'iksti] s. número sessenta m. ‖ num. sessenta.
the sixties a casa dos sessenta (anos).
six-wheeled adj. de seis rodas.
sizable [s'aizəbl] adj. relativamente grande, de tamanho considerável.
sizar [s'aizə] s. estudante m. que tem bolsa na universidade de Cambridge.
size (I) [saiz] s. 1. tamanho m., área f. 2. extensão, magnitude, dimensão, medida f., volume m., quantidade f. 3. medida f., número, formato, tamanho m. 4. (coloq.) condição f. ‖ v. 1. arranjar, classificar de acordo com o tamanho. 2. fazer de certo tamanho.
life-~ tamanho natural, de tamanho natural. **what ~ is it?** de que tamanho é? **that's about the ~ of it** (coloq.) mais ou menos deste preço. **to ~ up** taxar, calcular, julgar, formar conceito sobre.
size (II) [saiz] s. cola (de amido) f., grude m. ‖ v. engomar, tratar, cobrir com cola.
sizeable [s'aizəbl] adj. = **sizable.**
sized [saizd] adj. de certo tamanho.
medium ~ de tamanho médio.
sizing [s'aiziŋ] s. 1. cola f., grude m. 2. engomadura f., ato de cobrir com cola.
sizzle [sizl] s. chiado m. ‖ v. chiar.
sjambok [ʃ'æmbɔk] s. chicote m. (de couro de rinoceronte).

skald [skɔ:ld, ska:ld] s. (também **scald**) escaldo m.: antigo bardo escandinavo.
skaldic [sk'ɔ:ldik, sk'a:ldik] adj. relativo ao escaldo ou às suas trovas.
skate [skeit] s. 1. patim m. 2. patinete m. 3. (Ict.) arraia, raia f. 4. (E. U. A., gíria) malandro m. ‖ v. patinar.
roller ~ patinete. **~-sailing** patinação com veleiro sobre gelo.
skater [sk'eitə] s. patinador m., patinadora f.
skating [sk'eitiŋ] s. patinagem, patinação f.
skating-rink s. rinque m. de patinação.
skean [sk'i:n] s. facão, punhal m.
skedaddle [skid'ædl] s. (gíria) fuga, corrida f. ‖ v. fugir, correr (em pânico).
skeet [ski:t] s. (Náut.) bartedouro m.
skegger [sk'egə] s. salmão novo m.
skein [skein] s. 1. meada, madeixa f. 2. mistura confusa f., entrelaçado m. 3. bando m. de aves (gansos) em vôo.
skeletal [sk'elitəl] adj. de esqueleto, esquelético.
skeleton [sk'elitən] s. 1. esqueleto m. 2. pessoa f. ou animal m. muito magro ou esquelético. 3. carcaça f., esqueleto m., armação f. 4. projeto, esboço m. ‖ adj. 1. esquelético, como esqueleto. 2. reduzido, parcial.
the family ~ ou **~ in the cupboard** a preocupação da família. **he has a ~ in his closet** (E. U. A., gíria) ele tem rabo-de-palha. **~ battalion** batalhão de elite. **~ key** chave falsa, chave mestra, gazua (quadro L 5).
skeletonize [sk'elitənaiz] v. 1. preparar o esqueleto. 2. esboçar, preparar armação.
skeletonlike [sk'elitənlaik] adj. esquelético, como esqueleto.
skelp [skelp] s. metal m. em tiras, para fabricação de tubos.
skelter [sk'eltə] s. corrida f.
skep [skep] s. 1. cesto m. 2. colmeia f.
skepsis [sk'epsis], **skeptic** etc. = **scepsis, sceptic,** etc.
skerry [sk'eri] s. ilha rochosa f., recife m.
sketch [sketʃ] s. 1. croqui, esboço, desenho rápido m. 2. projeto, plano m. 3. declinação f. 4. história curta, descrição resumida f. 5. (Teat.) comédia f. em um ato. ‖ v. 1. esboçar, fazer croqui. 2. traçar, projetar.
rough ~ rascunho.
sketch-block s. bloco m. de papel para rascunho.
sketch-board s. prancheta f. de desenho.
sketchbook [sk'etʃbuk] s. caderno m. de esboços.
sketcher [sk'etʃə] s. desenhista m., o que faz desenhos, ou esboços.
sketchiness [sk'etʃinis] s. qualidade de esboçado ou delineado, caráter m. leve, superficial de esboço.
sketchy [sk'etʃi] adj. 1. esboçado, delineado, traçado. 2. incompleto. ‖ **~ily** adv. de modo esboçado, de modo incompleto.
skew [skju:] s. esconso, ângulo m., posição inclinada, inclinação f. ‖ v. 1. inclinar, torcer. 2. dar forma ou direção inclinada, mover para um lado. 3. distorcer, enviezar. 4. olhar de soslaio. ‖ adj. 1. torcido, enviezado, inclinado. 2. torto, fora de esquadro. 3. assimétrico.
skew-back s. (Arquit.) plano m. de nascença de um arco.
skewbald [skj'u:bɔld] adj. malhado (cavalo).
skew-bridge s. ponte esconsa f.
skewer [skj'uə] s. espeto m. usado para manter a carne enrolada enquanto está cozinhando. ‖ v. prender com espeto.
skewness [skj'u:nis] s. (Estat.) 1. assimetria f. 2. grau m. de assimetria.
ski [ʃi:, ski:] s. esqui m. (quadro S 6). ‖ v. esquiar.

~**boots** botas de esquiar. ~–**stick** bastão de esquiar (quadro S 14).

skiagraph [sk'aiəgra:f] s. radiografia f.

skiagraphic [skaiəgr'æfik], **skiagraphical** [~əl] adj. de radiografia, de raio X.

skiagraphy [skai'ægrəfi] s. 1. esquiagrafia f. 2. radiografia f. 3. (Astron.) arte f. de determinar a hora pela sombra dos astros.

skid [skid] s. 1. escorregão m., derrapagem f. 2. freio, travão m., sapata f. 3. armação f., trilho (de madeira) que serve de guia, calço m. 4. deslizador, patim m. (quadro A 2). ‖ v. 1. escorregar, derrapar. 2. deslizar.

non–~ device proteção antiderrapante. **~ chains** correntes antiderrapantes.

skiddy [sk'idi] adj. escorregadiço, liso.

skidoo [skid'u:] interj. (E. U. A., gíria) fora!

skidproof [sk'idpru:f] adj. antiderrapante.

skier [ʃiə] s. esquiador m.

skiff [skif] s. esquife m., barco de remo, barco leve m. (quadro B 15).

skiing [ʃ'iiŋ] s. ato de esquiar.

~ ground terreno apropriado para esquiar.

ski jump (Esp.) salto m. com esqui.

skilful [sk'ilful] adj. hábil, experto, destro. ‖ ~**ly** adv. habilmente, destramente.

skilfulness [~nis] s. habilidade, perícia, destreza f.

ski lift s. teleférico m. para esquiadores.

skill [skil] s. 1. habilidade, prática, destreza f. 2. experiência, perícia f.

he has great ~ in ele tem grande prática de, ele tem habilidade para.

skilled [~d] adj. (também **skilful**) experimentado, prático, hábil.

~ worker trabalhador experimentado, profissional, especialista, artesão.

skillet [sk'ilit] s. caçarola, frigideira f. (quadro K 2).

skillful = **skilful**.

skim [skim] s. 1. escuma, espuma f. 2. escumação f. ‖ v. 1. escumar, desnatar, tirar da superfície. 2. deslizar sobre, passar levemente sobre. 3. planar, voar. 4. ler às pressas, folhear, passar os olhos. 5. cobrir-se com camada leve (de gelo, de espuma). 6. cobrir com camada leve. 7. pastar.

to ~ along (ou **over**) passar por cima, deslizar.

skimmer [sk'imə] s. 1. escumadeira f. 2. (Mec.) raspadeira f., raspador m., pá aplainadora f.

skim-milk s. leitə desnatado m.

skimming [sk'imiŋ] s. (também ~s) escuma, nata f.

skimming-ladle s. escumadeira f.

skimming-plant s. refinaria f.

skimp [skimp] v. 1. fornecer em quantidade insuficiente, restringir, mesquinhar. 2. economizar. 3. fazer de maneira imperfeita.

skimpy [sk'impi] adj. 1. insuficiente, restrito. 2. econômico, parcimonioso, mesquinho. ‖ –**ily** adv. insuficientemente, economicamente.

skin [skin] s. 1. pele f. 2. couro m. 3. casca, crosta f. 4. odre m. 5. (Náut.) forro m., querena f., camisa f. de vela. 6. revestimento m. de ferro ou madeira. ‖ v. 1. tirar a pele, descascar. 2. esfolar. 3. mudar de pele. 4. enganar para tirar dinheiro, explorar.

a good old ~ um bom sujeito. **he has a thick ~** ele é insensível, descarado. **she has a thin ~** ela é sensível. **I got out by the ~ of my teeth** salvei-me em água de bacalhau, escapei por um triz.

he jumped out of his ~ ele exasperou-se. **he is nothing but ~ and bones** ele é só pele e osso. **I shouldn't like to be in his ~** não queria estar em seu lugar. **he got wet to the ~** ele ficou molhado até os ossos. **to ~ the cat** (ginástica) fazer

tração na barra. **like a ~ned rabbit** magro como um coelho esfolado. **keep your eyes ~ned!** (E. U. A., gíria) abra os olhos. **to ~ over** cicatrizar, cobrir-se de pele.

skin diver s. (Esp.) mergulhador m. (**scuba**).

skin-deep adj. superficial, leve.

skin effect s. (Eletr.) efeito pelicular m.

skinflint [sk'inflint] s. pessoa miserável f., pão-duro m., sovina m. + f.

skinful [sk'inful] adj. (gíria) que cabe no estômago, cheio (especialmente de bebida).

he came home with a ~ ele chegou a casa embriagado.

skin-game s. engano m., fraude f.

skin-grafting s. (Cirurg.) transplante m. de pele, enxerto m. de pele.

skinless [sk'inlis] adj. sem pele, sem casca.

skinned [skind] adj. de pele (geralm. como elemento de composição).

thick–~ de pele grossa, paquiderme, (fig.) insensível, descarado.

skinner [sk'inə] s. 1. vendedor m. de peles, peleiro m. 2. esfolador m. 3. trapaceiro, batoteiro m. 4. (E. U. A.) muleteiro, almocreve, arrieiro m.

skinny [sk'ini] adj. 1. muito magro, emaciado, macilento. 2. como pele, membranoso. 3. miserável.

skin planing s. (Cirurg.) lixamento m. da pele.

skintight [sk'intait] adj. colante com a pele.

skip (I) [skip] s. 1. pulo, salto m. 2. ato de passar por cima. ‖ v. 1. pular, saltar. 2. passar por cima de. 3. fazer pular. 4. omitir.

he ~ped it ele fugiu. **let's ~ it!** chega, basta! **let's ~ over to London** vamos dar um pulo a Londres. **I ~ped over ten pages** pulei 10 páginas.

skip (II) [skip] s. caçamba f., vagonete m. para minérios.

skip-jack s. João Teimoso m.: boneco que sempre fica em pé.

skipper [sk'ipə] s. 1. saltador m. 2. saltão m.: bicho-do-queijo. 3. capitão m.: a) de pequeno barco de pesca. b) de time esportivo.

skipping [sk'ipiŋ] s. ação de saltar ou pular, salto, pulo m. ‖ adj. pulante, saltante. ‖ ~**ly** adv. de modo saltante, pulante.

~ rope corda de pular.

skirl [skə:l] s. som m. da gaita escocesa. ‖ v. emitir som agudo como a gaita escocesa.

skirmish [sk'ə:miʃ] s. 1. escaramuça f. 2. conflito m., discussão f. ‖ v. escaramuçar.

skirmisher [~ə] s. escaramuçador m.

skirr [skə:] v. passar rapidamente (a cavalo).

skirret [sk'irit] s. (Bot.) cherivia f.

skirt [skə:t] s. 1. saia f. (quadro C 13). 2. aba, borda, bainha, barra f. 3. ~**s** margem, periferia f., limite m., beira f. 4. (gíria) mulher f. ‖ v. 1. marginar, limitar. 2. orlar, debruar. 3. ladear.

~–dance dança rodada. **to ~ along** cingir, viajar, andar pela periferia, acompanhar a margem de.

skirting [sk'ə:tiŋ] s. 1. pano m. para saia. 2. roda-pé m.

skirting-board s. borda f., roda-pé m. (quadro B 7).

ski run s. (Esp.) pista f. de esqui.

skit [skit] s. 1. peça satírica f., panfleto, libelo m. 2. discurso satírico, escarninho m.

skite [skait] s. 1. fanfarrão m. 2. pancada forte f. em direção oblíqua. ‖ v. escorregar para o lado.

skitter [sk'itə] v. 1. deslizar, escorregar (na superfície). 2. (E. U. A.) pescar arrastando a isca artificial na superfície da água.

skittish [sk'itiʃ] adj. 1. excitável, nervoso, espantadiço, medroso. 2. mutável, inconstante, caprichoso. 3. leviano, levado. ‖ **~ly** adv. caprichosamente.

skittishness [~nis] s. inconstância, leviandade, precipitação f., capricho m.

skittle [skitl] s. pau m. do jogo de boliche. ‖ v. jogar boliche.
~s jogo de boliche. **~s!** (gíria) besteira! **~—alley** pista de boliche.

skive [skaiv] s. roda politriz f. (para pedras preciosas). ‖ v. 1. polir pedras preciosas. 2. raspar, partir couro.

skiver [sk'aivə] s. 1. faca f. para cortar couro. 2. couro fino m. para encadernação de livros.

skivvy [sk'ivi] s. 1. (Ingl.) empregada doméstica f. 2. roupa de baixo f., masculina.

skua [skjuə], **skua gull** s. (Orn.) ave marinha f. parecida com a gaivota.

skulduggery [skʌld'ʌgəri] s. (E. U. A., coloq.) desonestidade, fraude f.

skulk [skʌlk] s. covarde m., pessoa medrosa f. ‖ v. 1. esconder-se, esquivar-se. 2. fugir, sair de fininho, safar-se.
he ~ed away ele foi-se, fugiu (do trabalho).

skulker [sk'ʌlkə] s. covarde, vadio m.

skull [skʌl] s. 1. caveira f. (quadro S 6). 2. cabeça f.
~ and crossbones caveira e duas tíbias cruzadas, simbolizando: a) pirataria (em bandeira de navio); b) perigo!, veneno!, morte!
skull-cap s. boné, solidéu m.

skunk [skʌŋk] s. (Zool.) 1. jaritataca (espécie dos E. U. A.) f. 2. pele desse animal. 3. (coloq.) pessoa vil f. ‖ v. (gíria) esculhambar.

sky [skai] s. 1. (também **skies** pl.) céu m. 2. firmamento m. 3. tempo m., clima m. 4. (poét.) céu, paraíso m. ‖ v. 1. jogar para o alto. 2. colocar (quadro) no alto.
under a foreign ~ no estrangeiro. **a troubled ~** um céu encoberto. **under the open ~** ao ar livre. **they praised him to the skies** elevaram-no até aos céus. **the ~'s the limit** o céu é o limite. **out of a clear ~** repentinamente, inesperadamente.

sky-blue adj. azul-celeste.

skydive [sk'aidaiv] v. (Esp.) saltar de pára-quedas.

sky-high adj. alto como o céu.

skylark [sk'aila:k] s. (Orn.) cotovia f. ‖ v. brincar, fazer travessuras.

skylarking [~iŋ] s. brincadeira, travessura f.

skyless [sk'ailis] adj. escuro, nublado.

skylight [sk'ailait] s. clarabóia f. (quadro W 4).

sky-line s. 1. horizonte m. 2. silhueta f.

sky-rocket s. foguete m. ‖ v. (E. U. A., coloq.) 1. subir muito e rapidamente (preços). 2. fazer sucesso repentino e fragoroso.

sky-sail s. (Náut.) cutelo m. de sobre-joanete.

sky-scraper s. arranha-céu m.

skyward [sk'aiwəd] adj. dirigido para o céu. ‖ adv. (também **~s**) em direção ao céu.

sky waves pl. s. (Rádio) ondas f. pl. refletidas pela ionosfera.

skyway [sk'aiwei] s. rota aérea f.

sky-writing s. letras traçadas f. pl. no ar com fumaça.

slab (I) [slæb] s. 1. placa, laje, tábua f., pedaço grosso e chato m. 2. costaneira f.: fasquia f. de madeira com casca. ‖ v. 1. desbastar (um toro). 2. cobrir, calçar com placas.

slab (II) [slæb] adj. (†) lodoso, lamacento.

slabbing-machine s. máquina f. de fresar paralela.

slab-stone s. laje f. de pedra.

slack (I) [slæk] s. 1. parte solta f. de um cabo. 2. período m. de calma (em negócios). 3. baixa f.

da água ou maré. ‖ v. 1. soltar, afrouxar. 2. diminuir, moderar. 3. apagar (cal). 4. relaxar. ‖ adj. 1. solto, frouxo, bambo. 2. negligente, relaxado, descuidado, indolente. 3. lento, folgado. 4. calmo, sem atividade ou movimento. ‖ **~ly** adv. de maneira frouxa, de modo relaxado.
to ~ away (ou **off**) desapertar, afrouxar a tensão (de um cabo). **to ~ up** diminuir a velocidade antes de parar (trem).

slack (II) [slæk] s. moinha f. de carvão, pó m., escória f.
basic ~ fosfato básico obtido pelo processo de Thomas, escória básica.

slack-bake v. assar de leve (pão).

slacken [sl'ækən] v. 1. retardar, diminuir a velocidade. 2. ficar mais lento. 3. ficar moderado, relaxar. 4. soltar, afrouxar. 5. ficar solto, afrouxar-se.

slacker [sl'ækə] s. (gíria) pessoa preguiçosa f., que foge do dever.

slacks [slæks] s. pl. 1. calças largas, folgadas f. pl. 2. calças compridas de mulher (quadro C 13).

slag [slæg] s. 1. escória f. 2. lava f. 3. (coloq.) covarde m. ‖ v. formar escória.

slaggy [sl'ægi] adj. escoriáceo.

slain [slein] p. p. de **to slay.**

slake [sleik] v. 1. apagar, satisfazer (sede). 2. extinguir, apagar (fogo). 3. hidratar, apagar (cal). 4. diminuir, abrandar.

slakeless [sl'eiklis] adj. (poét.) 1. insaciável. 2. que não se pode apagar.

slam [slæm] s. 1. ato de bater com força (uma porta), estrondo m. 2. (E. U. A., coloq.) crítica severa, descompostura f. 3. (baralho) todas as vazas f. pl. ‖ v. 1. fechar com força e com barulho. 2. bater, atirar, empurrar com força. 3. (E. U. A.) criticar severamente.

slander [sl'a:ndə, sl'ændə] s. 1. difamação, calúnia f. 2. ato de espalhar notícias falsas. ‖ v. caluniar, maldizer, difamar.

slanderer [~rə] s. caluniador, difamador m., caluniadora, difamadora f.

slanderous [~rəs] adj. caluniador, calunioso, difamador. ‖ **~ly** adv. caluniosamente.

slanderousness [~rəsnis] s. caráter m. difamante.

slang [slæŋ] s. 1. gíria f. 2. linguagem especializada f., jargão, calão m. ‖ v. falar em gíria, usar gíria, falar mal de alguém.
schoolboy ~ gíria escolar. **thieves' ~** gíria dos malandros.

slanginess [sl'æŋinis] s. relaxamento m. de linguagem.

slangy [sl'æŋi] adj. em gíria, indecente, ordinário. ‖ **—ly** adv. à linguagem de malandros, ordinariamente.

slank [slæŋk] v. (†) imp. de **to slink.**

slant [sla:nt, slænt] s. 1. ladeira, inclinação f., declive m. 2. (E. U. A., coloq.) intenção, inclinação f., ponto m. de vista. 3. (fig.) indireta, alusão f. ‖ v. inclinar, inclinar-se, ter declive. ‖ adj. inclinado, oblíquo. ‖ **~ly** adv. de modo inclinado, obliquamente.
on the ~ inclinado. **what's your ~ about it?** qual é a sua opinião a respeito? **~—eye** pessoa de olhos inclinados, oblíquos, pessoa do Oriente.

slanting [sl'a:ntiŋ] adj. inclinado (para o lado), oblíquo. ‖ **~ly** adv. obliquamente.

slantways [sl'a:ntweiz] = **slantwise.**

slantwise [sl'a:ntwaiz] adj. de maneira inclinada, obliquamente.

slap [slæp] s. 1. tapa m., palmada, bofetada f. 2. insulto direto m. ‖ v. 1. dar tapa ou palmada, esbofetear. 2. jogar, empurrar com força. ‖ adv. 1. diretamente, imediatamente. 2. de repente.

S 7

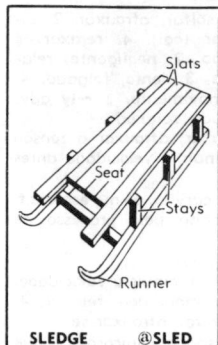

SLEDGE ⊚SLED

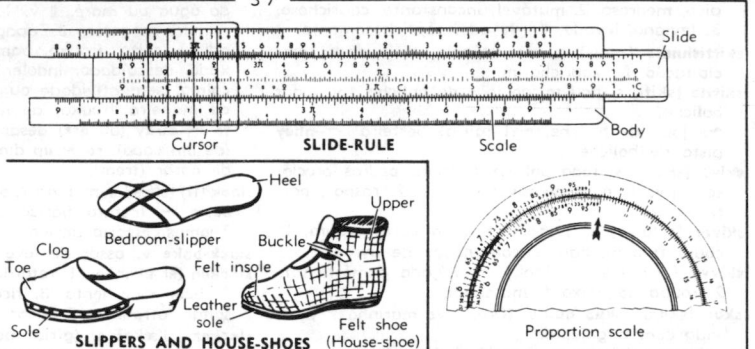

Cursor   SLIDE-RULE   Scale   Body
Slide

Heel
Upper
Clog   Bedroom-slipper   Buckle
Toe   Felt insole
Leather sole
Sole   Felt shoe (House-shoe)
SLIPPERS AND HOUSE-SHOES

Proportion scale

a ~ in the face uma bofetada (também fig.) to ~ along correr, passar a toda velocidade.
slap-bang adv. repentinamente, violentamente.
slap-dash s. 1. ação irrefletida. 2. trabalho m. feito às pressas. ‖ adj. impetuoso, precipitado, sem cuidado, apressado. ‖ adv. precipitadamente, às pressas.
slap-happy adj. (E. U. A.) embriagado, cambaleante.
slap-jack s. panqueca f.
slapstick [sl'æpstik] s. bastão m. de palhaço.
~ comedy palhaçada, comédia de palhaços.
slap-up adj. formidável, de primeira.
slash [slæʃ] s. 1. golpe cortante m. 2. corte, talho m., ferida f. 3. roça, picada, clareira f. 4. (E. U. A.) monte m. de ciscos ou galhos quebrados. 5. (E. U. A.) brejo, pântano m. 6. (Bras.) maneira f. (de saia, etc.). ‖ v. 1. lascar, talhar, cortar. 2. golpear, açoitar. 3. talhar, abrir corte ou talho. 4. criticar severamente. 5. (E. U. A.) recortar, reduzir, mudar profundamente (livro).
to ~ at bater contra. ~ed sleeve manga cortada.
slasher [sl'æʃə] s. (gíria) sujeito formidável m., coisa formidável f.
slashing [sl'æʃiŋ] adj. 1. cortante, mordaz, arrasador. 2. (gíria) formidável.
slat (I) [slæt] s. 1. sarrafo m., tira, ripa f. 2. pessoa alta e magra f.
slat (II) [slæt] s. 1. batida violenta f. de vela, etc. 2. temporada f. de tempo bom. ‖ v. bater, balançar, jogar, ser açoitado (vela, etc.).
slate (I) [sleit] s. 1. ardósia f. 2. lousa f. 3. cor-de-ardósia f. (E. U. A.) lista de candidatos f. ‖ v. 1. cobrir com telhas de ardósia. 2. colocar em lista de candidatos. ‖ adj. acinzentado, ardósia.
wipe off the ~! (fig.) esqueça o passado! ~-pencil lápis de ardósia. ~-quarry pedreira de ardósia.
slate (II) [sleit] v. 1. dar uma sarabanda, uma ensaboadela. 2. (Med.) dar por perdido.
slater [sl'eitə] s. 1. telhador m., quem cobre telhados com ardósia. 2. (Zool.) bicho-de-conta, onisco m.
slather [sl'æðə] s. (gíria) grande quantidade f. ‖ v. esbanjar, abusar.
slating (I) [sl'eitiŋ] s. telhado m. de ardósia (quadro R 5).
slating (II) [sl'eitiŋ] s. descompostura f.
slattern [sl'ætən] s. mulher relaxada f.
slatternliness [~linis] s. relaxamento, desleixo m., negligência f.
slatternly [~li] adj. relaxado, negligente.
slaty [sl'eiti] adj. como ardósia, que contém ardósia.

slaughter [sl'ɔ:tə] s. matança, carnificina f., massacre m., ato de matar. ‖ v. 1. matar, abater, massacrar. 2. (coloq.) reduzir o preço de.
Slaughter of the Innocents massacre das crianças de Belém.
slaughterer [~rə] s. 1. matador, carniceiro, trucidador m. 2. explorador m. do esforço alheio.
slaughter-house s. matadouro m.
slaughterous [~rəs] adj. mortífero, destrutivo. ‖ ~ly adv. de modo mortífero.
Slav [sla:v] s. eslavo. ‖ adj. eslavo.
slave [sleiv] s. 1. escravo m. 2. pessoa viciada f., escravo m. 3. mourejador m., pessoa que trabalha muito, quem é explorado por outros. ‖ v. trabalhar muito, mourejar, labutar.
he is a ~ to drink ele é viciado na bebida.
slave-born adj. nascido como escravo.
slave bracelet s. armila f.: adorno feminino.
slave-dealer s. traficante m. de escravos.
slave-driver s. 1. guarda m. de escravos. 2. quem maltrata os empregados.
slave-holder s. dono m. de escravos.
slave labor s. trabalho escravo m.
slaver (I) [sl'eivə] s. 1. traficante m. de escravos. 2. navio negreiro m.
slaver (II) [sl'ævə] s. 1. baba f. 2. bajulação f. ‖ v. 1. babar. 2. molhar com saliva. 3. bajular.
slaverer [~rə] s. bajulador m.
slavery [sl'eivəri] s. 1. escravidão f. 2. trabalho duro, pesado m.
slave-ship s. navio negreiro m.
slave-trade s. tráfico m. de escravos.
slavey [sl'eivi] s. (Ingl.) (gíria) empregada doméstica, arrumadeira f.
Slavic [sl'ævik] s. língua eslava f. ‖ adj. eslavo, eslávico.
Slavicist [sl'ævəsist], Slavist [sl'ævist] s. eslavista m. + f.: pessoa perita em cultura eslava.
slavish [sl'eiviʃ] adj. 1. escravo, relativo ao escravo. 2. baixo, vil. 3. servil, abjeto. 4. sem originalidade, sem independência. ‖ ~ly adv. como escravo.
slavishness [~nis] s. escravidão f., servilismo m., bajulação f.
Slavism [sl'ævizm] s. eslavismo m.
Slavocrat [sl'eivəkræt] s. escravocrata m.
Slavonian [sləv'ouniən] s. 1. esloveno m. 2. eslavo m., língua eslava f. ‖ adj. esloveno: relativo ao país ou à língua dos eslovenos, eslávico.
Slavonic [sləv'ɔnik] adj. esloveno, eslávico, eslavo.
Slavophil [sl'a:vofil] s. eslavófilo, amigo m. dos eslavos. ‖ adj. eslavófilo.

slaw [slɔ:] s. (E. U. A.) salada f. de repolho.

slay (I) [slei] s. = **sley**.

slay (II) [slei] v. (imp. **slew**, p. p. **slain**) matar, assassinar.

slayer [sl'eiə] s. matador, assassino. m.

sleave [sli:v] s. seda bruta, emaranhada, não fiada f. ‖ v. destorcer, desfazer (fio de seda).

sleazy [sl'i:zi] adj. fino, pobre, leve, fraco.

sled [sled] s. trenó m. (quadro S 7). ‖ v. andar em trenó, transportar em trenó.

sledding [sl'ediŋ] s. (E. U. A.) esporte m. de andar de trenó.

sledge [sledʒ] s. 1. = **sled** (quadro S 7). 2. marreta f., malho m. (também **~-hammer**). ‖ v. 1. = **sled**. 2. malhar, marretar.

sledge-hammer s. (também **sledge**) marreta f., malho m. (quadro H 2).

with a ~ à força bruta, sem consideração. ~ arguments (fig.) argumentos ditatoriais.

sleek [sli:k] v. alisar, lustrar, tornar macio. ‖ adj. 1. macio, lustroso, liso. 2. que tem pele lisa ou pêlo liso e macio. 3. (fig.) polido, lisonjeiro. ‖ **~ly** adv. lisamente, de modo lisonjeiro.

sleekness [sl'i:knis] s. maciez f., lustro m.

sleeky [sl'i:ki] adj. macio, liso, suave, lustroso.

sleep [sli:p] s. 1. sono m., soneca f. 2. torpor, descanso m., morte f. ‖ v. (imp. e p. p. **slept**) 1. dormir, tirar soneca. 2. descansar, estar dormindo, estar inativo, pernoitar. 3. (fig.) estar morto.

broken ~ sono perturbado. dead ~ sono da morte. to go to ~ adormecer, pegar no sono. to ~ the ~ of the just dormir com a consciência tranqüila. to put to ~ pôr a dormir. don't lose any ~ over it não perca o sono por causa disto. to ~ like a log dormir como uma pedra. I have not slept a wink all night não preguei um olho esta noite. to ~ a ~ dormir. to ~ one's last ~ dormir para sempre. to ~ o. s. sober dormir até passar a embriaguez. to ~ away (ou off) s. th. esquecer alguma coisa durante o sono. to ~ in dormir em casa. to ~ out dormir fora. I will ~ upon it meditarei sobre isto.

sleep-drunk adj. tonto de sono.

sleeper [sl'i:pə] s. 1. pessoa que dorme. 2. (E. U. A.) carro dormitório m. 3. viga horizontal f. 4. dormente m. (quadro R 1). 5. dorminhoco, mandrião m. to be a heavy (light) ~ ter sono pesado (leve). ~ wall pilar de alicerce (do porão).

sleep-in adj. (empregada) que dorme em casa dos patrões.

sleepiness [sl'i:pinis] s. sonolência f.

sleeping [sl'i:piŋ] s. ação de dormir f. ‖ adj. 1. de dormir, para dormir. 2. adormecido, dormente. Sleeping Beauty a bela adormecida.

sleeping-bag s. saco m. para dormir ao ar livre.

sleeping-car s. (Estr. de F.) carro-leito m.

sleeping-draught s. opiato m.

sleeping-partner s. sócio comanditário m.

sleeping pill (ou ~ **tablet**) s. sonífero m. (pílula ou tablete).

sleeping-sickness s. (Med.) doença f. do sono.

sleeping-suit s. pijama m.

sleepless [sl'i:plis] adj. sem sono, com insônia, (fig.) irrequieto, agitado. ‖ **~ly** adv. sem dormir.

sleeplessness [~nis] s. insônia f.

sleep-walker s. sonâmbulo m., sonâmbula f.

sleep-walking s. sonambulismo m.

sleepy [sl'i:pi] adj. 1. sonolento, cansado, com sono. 2. quieto, calmo, sossegado, que faz dormir. ‖ **–ily** adv. com sono, com sonolência, calmamente.

sleepyhead [sl'i:pihed] s. dorminhoco m.

sleet [sli:t] s. granizo m., saraiva f. (misturado com chuva ou neve). ‖ v. saraivar, chover granizo (misturado com chuva ou neve).

sleety [sl'i:ti] adj. de granizo.

sleeve [sli:v] s. 1. manga f. (quadros C 12, C 13). 2. luva, conexão, junta f. ‖ v. colocar mangas. he has something up his ~ ele intenta fazer alguma coisa. he laughed in his ~ ele estava se divertindo à socapa. she wears her heart on her ~ ela demonstra abertamente seus pensamentos.

sleeved [sli:vd] adj. provido de mangas.

sleeve forming s. (Mec.) perfilamento de luva m.

sleeveless [sl'i:vlis] adj. sem mangas.

sleezy [sl'i:zi] adj. = **sleazy**.

sleigh [slei] s. trenó m. ‖ v. andar ou viajar em trenó.

sleighing [sl'eiiŋ] s. ato de viajar de trenó.

sleight [slait] s. truque m., habilidade manual, destreza f.

~ of hand truque de prestidigitador.

slender [sl'endə] adj. 1. esbelto, delgado, fino, fraco (quadro Q). 2. insuficiente, escasso. 3. leve, pequeno. ‖ **~ly** adv. delgadamente, escassamente. we have but ~ hope temos apenas fracas esperanças.

slenderness [~nis] s. delgadeza, magreza, insuficiência, escassez f.

slenderize [~raiz] v. 1. adelgaçar. 2. fazer parecer delgado.

slept [slept] imp. e p. p. de **to sleep**.

sleuth [slu:θ] s. 1. rasto m., pegada f., cheiro m. do rasto. 2. cão m. de caça. 3. (E. U. A.) detective, investigador m.

sleuth-hound s. 1. sabujo, cão m. de caça. 2. (E. U. A., coloq.) detective m.

slew [slu:] s. = **slue** e **slough**. ‖ v. 1. = **slue**. 2. imp. de **to slay**.

slewing-crane s. guindaste giratório m. (quadro C 19).

sley [slei] s. pente m. de tecelão.

slice [slais] s. 1. fatia, posta f. 2. faca, espátula f. de lâmina fina e larga. 3. parte, porção f., pedaço m. (quadro C 1). 4. atiçador m. ‖ v. 1. cortar em fatias ou postas. 2. cortar, talhar. 3. remover, espalhar com espátula ou faca. 4. dividir, repartir. 5. (golfe) dar um golpe de maneira que a bola seja desviada para a direita. to ~ off cortar fora.

slicer [sl'aisə] s. cortador, instrumento m. para cortar legumes em fatias finas.

slick [slik] s. 1. lugar liso m. 2. (E. U. A., gíria) revista impressa em papel lustroso f. ‖ v. 1. alisar, lustrar, amaciar. 2. tornar pretensioso. ‖ adj. 1. liso, macio, lustroso. 2. escorregadiço, gorduroso, ensebado. 3. (coloq.) engenhoso. 4. esperto, levado. 5. lisonjeiro, agradável (de maneiras ou de palavras). ‖ ~ ou **~ly** adv. de modo liso, de modo esperto.

slickenside [sl'ikənsaid] s. (Geol.) rocha lisa f., por fricção, pressão ou fendidura.

slicker [sl'ikə] s. (E. U. A.) 1. capa f. comprida, impermeável. 2. (coloq.) trapaceiro m.

slickness [sl'iknis] s. macieza f., lustro m., lisura f.

slide [slaid] s. 1. escorregão, ato de deslizar m. 2. escorregador m., corrediça, peça corrediça f., superfície lisa f. para deslizar ou escorregar. 3. (E. U. A.) massa de terra ou neve que escorrega f. 4. desabamento m. 5. (Mec.) válvula f., registro m. 6. lâmina (para microscópio) f. 7. diapositivo m. ‖ v. (imp. **slid**, p. p. **slid** ou **slidden**) 1. deslizar, escorregar, patinar. 2. fazer deslizar, deslocar empurrando. 3. andar, mover-se quietamente ou

em segredo. 4. passar aos poucos.
let the thing ~! deixa a coisa andar! **he lets things ~** ele deixa as coisas correrem. **to ~ down** deslizar para baixo. **to ~ into** passar para, transformar-se em. **he slid into the habit** ele acostumou-se aos poucos. **to ~ over** (fig.) passar por cima.
slide fastener s. zíper, fecho-relâmpago m. 2. (Mec.) cursor, deslizador, anel corrediço m.
slide-rail s. trilho m. de chave.
slide-rule s. régua f. de cálculo (quadro S 7).
slide-valve s. (Mec.) válvula f., registro m. de gaveta.
slide-way s. plano inclinado, escorregador m.
sliding [sl'aidiŋ] s. escorregadura f., deslizamento m. ‖ adj. deslizante, escorregadio, corrediço, cursor.
sliding angle s. ângulo m. de deslizamento.
sliding bearing s. mancal m. deslizante.
sliding calliper s. paquímetro m.
sliding contact s. (Eletr.) escova f.
sliding-door s. porta corrediça f.
sliding engagement s. (engrenagem com) engate sincronizado m.
sliding gear s. roda dentada corrediça f.
sliding-keel s. quilha ajustável f.
sliding knot s. laço m.
sliding panel s. biombo corrediço m.
sliding-rule s. régua de cálculo f. (quadro S 7).
sliding-sash s. janela de correr f.
sliding scale s. escala (de preços, de pagamento) móvel f.
sliding seat s. assento corrediço (em barcos de remo) m. (quadro B 15).
sliding-table s. mesa de extensão f.
sliding weight s. peso corrediço m.
sliding window s. janela corrediça f. (quadro C 6).
slight [slait] s. desprezo, menosprezo, menoscabo m. ‖ v. desprezar, fazer pouco caso, não dar importância. ‖ adj. 1. pouco, não importante, leve, pequeno. 2. fraco, débil, delgado. 3. inadequado,, superficial, negligenciável. ‖ **~ly** adv. levemente.
slighter [sl'aitə] s. menoscabador m.
slighting [sl'aitiŋ] adj. desprezivo. ‖ **~ly** adv. com desprezo.
slightness [sl'aitnis] s. 1. delgadeza f. 2. negligência f. 3. fraqueza f. 4. desprezo m., depreciação f.
slily [sl'aili] adv. = slyly.
slim [slim] v. 1. emagrecer, adelgaçar, afinar. 2. ficar magro, delgado, fino. 3. fazer uma cura de emagrecimento. ‖ adj. 1. delgado, fino (quadro Q). 2. pequeno, fraco. 3. (moças) esbelta, elegante, interessante. ‖ **~ly** adv. delgadamente, de modo pequeno, fracamente.
slime [slaim] s. 1. lodo m., lama f. 2. muco, limo m., substância viscosa f. ‖ v. 1. enlodar, cobrir com lodo ou limo. 2. remover lodo ou limo.
sliminess [sl'aiminis] s. 1. viscosidade f. 2. limosidade f.
slimness [sl'imnis] s. esbelteza, delgadeza, fragilidade, debilidade f.
slimpsy [sl'impsi], **slimsy** [sl'imzi] adj. (E. U. A.) fraco, débil.
slimy [sl'aimi] adj. 1. enlodado, coberto com lodo ou limo. 2. viscoso, lodoso, limoso. 3. (fig.) bajulador, nauseante, repugnante. ‖ **–ily** adv. viscosamente, lodosamente, de modo repugnante.
sling [sliŋ] s. 1. funda f., estilingue, bodoque m. 2. lanço, tiro, arremesso (de estilingue). 3. tipóia f. 4. eslinga f., laço, gancho (com corda ou corrente para levantar pesos) m. (quadro C 8). 5. tiracolo, boldrié m. 6. (E. U. A.) bebida feita de uísque, açúcar e água. ‖ v. (imp. e p. p. **slung**)

1. atirar, arremessar, lançar (com estilingue). 2. jogar, atirar. 3. levantar ou baixar com eslinga. 4. amarrar, fixar com laço. 5. (E. U.A.) misturar. **to ~ mud at s. o.** (fig.) atirar lama em alguém. **to ~ a foot** arrastar o pé, dançar. **to ~ a pot** (gíria) tomar um trago. **to ~ the language** (coloq.) dizer palavrão, falar língua estrangeira. **he slung it across** (ou **over**) **his shoulder** ele o jogou sobre seus ombros. **they slung him out** (gíria) botaram-no para fora. **to ~ up** içar.
slingshot [sl'iŋʃot] s. estilingue m.
slink (I) [sliŋk] s. animal nascido prematuramente. ‖ v. dar à luz prematuramente. ‖ adj. nascido prematuramente.
slink (II) [sliŋk] s. que anda de leve, às escondidas. ‖ v. (imp. **slunk**, (arc.) **slank**, p. p. **slunk**) retirar-se de maneira furtiva, envergonhada ou covardemente.
he slunk away (ou **off**) ele esquivou-se, retirou-se furtivamente.
slinky [sl'iŋki] adj. 1. (andar) a) rebolante. b) furtivo. 2. (roupa) colante, provocante.
slip [slip] s. 1. escorregadura, escorregadela f. 2. o que se põe e tira com facilidade, coberta, fronha f. 3. combinação f. (quadro C 13). 4. deslize, erro, lapso, engano m., falta f. 5. carreira f.: plano inclinado para construção de navios. 6. muda f., rebento m. 7. tira estreita f. (de papel). 8. pessoa magra, moça f. 9. trela f. para cachorro. 10. (Tipogr.) prova f. 11. depressão f., desabamento m. ‖ v. 1. andar, mover-se quietamente, fácil ou rapidamente, escapar. 2. passar, mover-se. 3. deslizar, escorregar. 4. colocar, passar, enfiar tirar quietamente ou de modo despercebido. 5. colocar, vestir fácil ou rapidamente. 6. passar despercebido, escapar. 7. soltar. 8. largar. 9. errar, cometer lapso. 10. cortar galhos para fazer mudas. 11. dar à luz prematuramente. 12. luxar (osso). **a (mere) ~ of a girl** uma moça débil, magra. **it was a ~ of the pen** foi um erro de pena. **a ~ of the tongue** um lapso verbal. **he gave me the ~** ele me escapou. **he made a ~** ele cometeu um lapso. **there's many a ~ twixt the cup and the lip** do dizer ao fazer há muita coisa a ver. **it has ~ped my memory** escapou-me à memória. **he let the opportunity ~** ele deixou escapar a oportunidade. **to ~ along** deslizar, fluir. **to ~ away** escapulir, sair de modo despercebido. **to ~ by** passar (tempo). **to ~ in** entrar quietamente, intrometer-se. **I ~ped the letter into her hand** passei-lhe a carta rápida ou secretamente. **I ~ped into my dress** vesti-me às presssas. **to ~ off** fugir, escapulir, tirar (roupa). **to ~ on** vestir. **to ~ out** fugir, sair rapidamente. **to ~ up** tropeçar, estar enganado. **she ~ped up to her rooms** ela correu para seu quarto.
slip-carriage s. (Estr. de F.) vagão m. desengatado durante a viagem.
slipcover [sl'ipkʌvə] s. capa f.: a) de livro. b) de móveis.
slip-on s. (E. U. A.) pulôver m.
slippage [sl'ipidʒ] s. deslizamento, resvalamento m.
slipped disk s. (Pat.) deslocamento m. de disco (vértebra).
slipper [sl'ipə] s. 1. chinelo m. (quadro S 7). 2. pessoa ou coisa que escorrega f. 3. (Mec.) sapata f.
dancing ~s sapatos de bailado. **dress ~s** sapatos baixos para traje de rigor.
slippered [~d] adj. de chinelos.
slipperiness [~rinis] s. 1. qualidade do que é liso ou escorregadiço. 2. (fig.) obscenidade f. 3. incerteza f.
slippery [~ri] adj. 1. lúbrico, escorregadio, escorregadiço. 2. incerto, enganoso, falso. 3. obsceno.
~ as an eel liso como enguia.

slip-proof s. (Tipogr.) primeira prova f.
slip ring s. (Eletr.) anel coletor m.
slip-rope s. (Náut.) amarra corrediça f.
slips [slips] s. calção m. de banho.
slipshod [sl'ipʃɔd] adj. 1. relaxado, desalinhado. 2 com sapatos gastos.
slipslop [sl'ipslɔp] s. 1. bebida aguada f. 2. bobagem f. escrita ou falada. ‖ adj. inútil, aguado.
slipstick [sl'ipstik] s. (E. U. A., gíria) régua f. de cálculo.
slipt [slipt] (†) imp. de **slip**.
slip-up s. (E. U. A., coloq.) erro, engano m.
slipway [sl'ipwei] s. (Náut.) carreira: plano inclinado m. para construção de navios.
slit [slit] s. fenda, racha f., corte m. ou abertura estreita e comprida, ranhura f. ‖ v. fender, rachar, cortar ou entelhar em linha reta.
slit-eyed adj. de olhos estreitos.
slither [sl'iðə] s. escorregadela f. ‖ v. escorregar, resvalar, deslizar.
slit trench s. trincheira f. rasa, estreita.
sliver [sl'ivə] s. 1. lasca f., pedaço m. 2. fibra solta f. de lã ou algodão. ‖ v. lascar, rachar.
slob [slɔb] s. (gíria) pessoa desajeitada, estúpida f.
slobber [sl'ɔbə] s. 1. baba, saliva f. escorrendo da boca. 2. baboseira f., conversa sentimental f. ‖ v. 1. babar, salivar. 2. molhar com saliva. 3. falar de modo sentimental ou tolo.
slobberation [slɔbər'eiʃn] s. (coloq.) beijoca f.
slobberer [sl'ɔbərə] s. babão m.
slobber-swing s. (ginástica) giro gigante m. na barra fixa.
slobbery [∼ri] adj. 1. molhado, baboso. 2. sentimental.
sloe [slou] s. 1. abrunho m. 2. (Bot.) abrunheiro m. (também ∼-thorn, ∼-tree).
as black as a ∼ preto como carvão.
sloe-eyed adj. de olhos a) negros. b) amendoados.
slog [slɔg] s. golpe, soco m. ‖ v. imp. e p. p. **slogged** 1. golpear, sovar, surrar. 2. trabalhar, labutar.
slogan [sl'ougən] s. frase, palavra f. de propaganda, divisa f., moto m., chapa f.
sloid [slɔid] s. habilidade manual f.
slop (I) [slɔp] s. 1. poça f., líquido derramado m. 2. (também ∼s) água servida, lavadura f. 3. lama f., lodo m. 4. (também ∼s) zurrapa f. ‖ v. 1. derramar, deixar transbordar ou entornar. 2. espirrar, passar por lodo ou lama. 3. transbordar.
she ∼**ped it with water** ela o regou com água.
slop (II) [slɔp] s. 1. (geralm. ∼s) a) roupas feitas de qualidade inferior. b) roupa para marinheiros, fornecida a bordo. 2. blusão m.
∼ **clothes** trastes. ∼**-shop** loja de algibebe.
slop chest s. suprimento m. de objetos de uso pessoal a marinheiros, para uma viagem.
slope [sloup] s. 1. declive m., ladeira, rampa f. 2. inclinação f., grau m. de inclinação. ‖ v. 1. estar inclinado, ter declive. 2. inclinar, enviesar, fazer rampa ou ladeira. 3. (coloq.) fugir, escapar.
∼ **arms!** ombro armas!
slopewise [sl'oupwaiz] adj. ingreme, inclinado.
sloping [sl'oupiŋ] adj. inclinado, com declive, oblíquo. ‖ ∼**ly** adv. em declive.
slop-pail s. balde m. para lavagem.
sloppiness [sl'ɔpinis] s. 1. sujeira, imundície f. 2. qualidade do que é molhado, aguado, etc.
sloppy [sl'ɔpi] adj. 1. molhado, aguado. 2. sujo, lodoso. 3. malfeito (trabalho). 4. (gíria) sentimental. ‖ **-ily** adv. de modo lamacento, aguado.
slosh [slɔʃ] s. 1. lodo m., lama, sujeira, neve f. parcialmente fundida. 2. bebida fraca ou aguada f. ‖ v. andar na lama.

slot (I) [slɔt] s. 1. ranhura, fenda (quadro H 2). 2. abertura para colocar moedas f. (quadro C 2). ‖ v. fazer ranhura ou fenda.
∼ **cutter** fresa para fazer ranhuras.
slot (II) [slɔt] s. rasto m., pegada f. (de caça). ‖ v. rastejar.
∼**-hound** cão de caça.
sloth [slouθ] s. 1. indolência, preguiça f. 2. (†) lentidão f. 3. (Zool.) bicho preguiça m.
slothful [sl'ouθful] adj. indolente, preguiçoso. ‖ ∼**ly** adv. indolentemente.
slothfulness [∼nis] s. preguiça, indolência f.
slot machine s. 1. autômato m. que funciona mediante inserção de uma moeda. 2. máquina f. de jogar, papa-níqueis m.
slotted [sl'ɔtid] adj. acanalado, provido de ranhuras.
slotter [sl'ɔtə] s. (Mec.) plaina (vertical) f.
slotting-machine s. (Mec.) máquina f. de contornar, escatelador m.
slouch [slautʃ] s. 1. andar ou porte relaxado m. 2. (E. U. A.) trabalho mal feito m. 3. pessoa ineficiente f. ‖ v. 1. andar, estar com a cabeça inclinada, portar-se de maneira relaxada.
slouch-hat s. chapéu m. de aba larga, virada para baixo.
slouchy [sl'autʃi] adj. relaxado, desleixado. ‖ **-ily** adv. de maneira relaxada.
slough (I) [slau] s. 1. (E. U. A.) brejo, pantanal, lamaçal m. 2. (também **slew, slue**) pântano m. 3. enseada f. 4. desespero m.
∼ **of despond** vale de lágrimas.
slough (II) [slʌf] s. 1. pele de cobra f. 2. casca de ferida, crosta f. ‖ v. 1. deixar cair, mudar, esfolar, tirar a pele. 2. cair, perder, mudar. 3. (jogo) descartar, livrar-se de cartas importunas.
sloughy (I) [sl'aui] adj. lamacento, lodoso, pantanoso.
sloughy (II) [sl'ʌfi] adj. com crosta.
Slovak [sl'ouvæk, slov'æk], **Slovakian** [slouv'ækiən] s. 1. eslovaco m. 2. língua eslovaca f. ‖ adj. eslovaco.
sloven [slʌvn] s. pessoa suja, relaxada f. ‖ adj. sujo, relaxado. ‖ ∼**ly** adj. sujo, relaxado, desleixado, desalinhado. ‖ adv. de maneira relaxada ou suja.
Slovene [sl'ouvi:n] s. 1. esloveno m. 2. língua eslovênica f. ‖ adj. eslovênico.
Slovenian [slouv'i:niən] adj. = **Slovene**.
slovenliness [sl'ʌvnlinis] s. relaxamento m., sujeira f.
slow [slou] v. 1. reduzir a velocidade, diminuir, tornar lento. 2. ficar lento, ir mais lento. ‖ adj. 1. lento, vagaroso, demorado. 2. tardio, atrasado. 3. que causa atraso, que impede grande velocidade. 4. baixo, pouco quente (fogo, chama), brando. 5. inativo, indolente. 6. cansativo, maçante. 7. (coloq.) antiquado. 8. constrangido. ‖ ∼, ∼**ly** adv. 1. lentamente, vagarosamente. 2. tardiamente. 3. brandamente, inativamente.
∼ **currency** moeda fraca. **he was** ∼ **to believe it** custou-lhe acreditar. **he was** ∼ **to do it** fê-lo contra sua vontade. **he was not** ∼ **to do it** fê-lo prontamente. **your watch is** ∼ seu relógio está atrasado. **he is** ∼ **in the uptake** ele é de difícil compreensão. **he is of** ∼ **payment** ele costuma pagar com atraso. **he is** ∼ **of speech** ele não tem jeito para falar. ∼ **and sure!** devagar mas seguro!
∼**-combustion stove** fogão de combustão lenta.
slow-coach s. molenga m. + f., pessoa morosa f.
slowdown [sl'oudaun] s. greve tartaruga f. ‖ v. tornar mais lento, diminuir a marcha.
slow-match s. estopim m.
slow-motion-picture s. filme m. em câmara lenta.
slowness [sl'ounis] s. 1. lentidão, frouxidão m., indo-

lência f. 2. atraso m. 3. morosidade de compreensão, falta f. de inteligência.

slowpoke [sl'oupouk] s. (gíria) pessoa morosa f.

slow running s. (Mec.) marcha lenta, marcha sem carga f.

slow-speed engine s máquina f. de baixa rotação.

slow turf s. terra amolecida f.

slow-witted adj. bronco, obtuso, tapado.

slow-worm s. angüinha f., cobra-de-vidro f.

sloyd [slɔid] s. (Suécia) treinamento m. manual em serviços de carpintaria.

slubber [sl'ʌbə] s. máquina f. de prefiação. ‖ v. (coloq.) borrar, ocultar, remendar.

sludge [slʌdʒ] s. 1. barro m., lama f. 2. borra f., sedimento, depósito m. 3. gelo fragmentado m., que bóia na água.

slue [slu:] s. volta f., giro m. ‖ v. (também **slew**) girar, dar voltas.

slug (I) [slʌg] s. 1. lesma f. 2. pessoa f. ou animal m. que se movimenta como lesma.

slug (II) [slʌg] s. 1. bala (de arma de fogo), carga f. de chumbo. 2. tarugo m. 3. (Tipogr.) espaçador m. 4. (coloq.) soco, murro m. ‖ v. (coloq.) dar soco, golpear, surrar.

to ~ it out aplicar força bruta.

sluggard [sl'ʌgəd] s. pessoa preguiçosa f. ‖ adj. (†) = **sluggish.**

sluggish [sl'ʌgiʃ] adj. 1. lento, moroso. 2. preguiçoso, vadio. ‖ **~ly** adv. lentamente, com preguiça.

sluggishness [~nis] s. lentidão, preguiça f.

sluice [slu:s] s. 1. eclusa f. 2. comporta f. de eclusa. 3. água represada por comporta. 4. dique m., válvula f., qualquer coisa que segura ou controla o fluxo ou a passagem. 5. (E. U. A.) canal m., calha f. que conduz água para lavar ouro. 6. fonte, passagem, abertura f., canal m. ‖ v. 1. soltar, tirar água, abrindo comporta. 2. correr, fluir. 3. lavar, limpar com fluxo de água. 4. (E. U. A.) lavar ouro. 5. canalizar, fazer passar por um canal.

to ~ off desviar (também fig.)

sluice-gate s. comporta f.

sluice way s. 1. canal m. de comporta. 2. canal artificial m.

slum [slʌm] s. 1. rua suja f. de bairro pobre. 2. **~s** pl. bairro pobre, cortiço m. ‖ v. visitar os cortiços (para fins filantrópicos).

slumber [sl'ʌmbə] s. 1. sono leve m., soneca f. 2. descanso, estado m. de inatividade. ‖ v. 1. dormir, tirar soneca, descansar. 2. estar inativo.

I ~ed away an hour passei uma hora dormindo.

slumberer [~rə] s. quem dorme.

slumberless [~lis] adj. insone.

slumberous [~rəs] adj. 1. sonolento. 2. soporífero, que faz dormir. 3. inativo, calmo, quieto. ‖ **~ly** adv. de modo sonolento, sem atividade.

slumlord [sl'ʌmlɔ:d] s. dono m. de favela, explorador m.

slump [slʌmp] s. 1. queda brusca (de preços), baixa f., colapso m. 2. (fig.) fracasso m. 3. porte inclinado m., com os ombros caídos. ‖ v. cair, baixar, afundar, mergulhar.

slung [slʌŋ] imp. e p. p. de **to sling.**

slunk [slʌŋk] imp. e p. p. de **to slink.**

slur [slə:] s. 1. pronúncia indistinta f., som m. indistinto. 2. (Mús.) modulação, ligação f., sinal m. de modulação. 3. mancha, mácula f. (de reputação). 4. insulto m., crítica f. repreensão, censura f. ‖ v. 1. passar por cima, desprezar, não considerar. 2. pronunciar inarticuladamente, indistintamente, engolir as palavras. 3. borrar, sujar, manchar. 4. (Mús.) modular. 5. insultar, prejudicar a

reputação de.

he ~s his words ele engole suas palavras.

slurb [slə:b] s. (E. U. A.) área suburbana f. mal planejada, abandonada.

slurry [sl'ə:ri] s. pasta fluida f. (de cimento, reboco, esmeril, etc.).

slush [slʌʃ] s. 1. neve f. parcialmente derretida. 2. lama f., lodo m. 3. conversa ou escrita f. tola e sentimental. 4. graxa f. (também fig.). ‖ v. 1. cobrir de barro. 2. lavar, enxaguar bem.

slush fund s. (E. U. A.) fundo m. para compra de favores políticos.

slushy [sl'ʌʃi] adj. sujo, molhado, lamacento.

slut [slʌt] s. 1. mulher relaxada, sórdida, suja f. 2. mulher f. de moral baixa. 3. cadela f.

sluttish [sl'ʌtiʃ] adj. relaxado, sujo, sórdido, indecente. ‖ **~ly** adv. de modo relaxado, indecente.

sluttishness [~nis] s. sordidez, indecência f.

sly [slai] adj. 1. clandestino, furtivo. 2. astuto, malicioso, ardiloso. 3. dissimulado. ‖ **~ly** adv. às escondidas, em segredo, astutamente.

on the ~ em segredo, às escondidas.

slyboots [sl'aibu:ts] s. espertalhão afável m.

slyness [sl'ainis] s. astúcia, malícia f.

smack (I) [smæk] s. 1. gosto, aroma, sabor, ressaibo m. 2. indício, traço m., noção f., laivos m. pl. ‖ v. ter gosto ou sabor.

to ~ of ter sabor de, (fig.) ter laivos de.

smack (II) [smæk] s. 1. estalo feito m. com os lábios. 2. beijoca f. 3. pancada, palmada f. 4. estalo (como o de chicote) m. 5. barco m. de um mastro. ‖ v. 1. fazer estalo com os lábios. 2. beijocar. 3. estalar, (chicote). 4. dar palmada. ‖ adv. bruscamente, francamente, sem rodeios.

smacker [sm'ækə] s. 1. beijoca f. 2. estalo m. 3. (E. U. A., gíria) dólar m.

smacking [sm'ækiŋ] adj. (gíria) vivo, vivaz, forte.

small [smɔ:l] s. 1. quem é pequeno m. 2. parte pequena ou fina f., parte estreita f. 3. **~s** pequenos anúncios m. pl. 4. **~s** roupa f. de baixo, calças curtas f. pl. ‖ adj. 1. pequeno, diminuto. 2. leve, pouco. 3. insignificante, trivial, sem importância. 4. pobre, humilde, baixo. 5. leve, macio, fraco. 6. egoísta, miserável, não generoso. ‖ adv. 1. em pequenos pedaços. 2. em tom baixo, em voz baixa. 3. em miniatura. 4. desdenhosamente.

~ beer cerveja fraca, café pequeno (fig.) **he thinks no ~ beer of himself** ele é muito convencido. **~ change** troco miúdo. **~ coal** carvão miúdo. **~ demand** pequenas necessidades. **the ~ hours** as primeiras horas após meia-noite. **he felt ~** ele se sentiu envergonhado. **he made me feel ~** senti-me envergonhado perto dele. **he sang ~** ele ficou quieto. **~-arms** armas portáteis (como revólver). **~-capital** (Tipogr.) versalete. **~-holder** pequeno lavrador, pequeno proprietário. **~-holding** loteamento, pequena propriedade. **~-minded** de mente atrasada, estreita. **~ potatoes** pessoa ou coisa de somenos importância. **~ shot** chumbo miúdo de caça. **~-talk** conversa à toa, conversa trivial. **~-toothed comb** pente de dentes bem juntos.

smallage [sm'ɔ:lidʒ] s. (Bot.) aipo silvestre m.

small fry s. 1. crianças f. pl., seres novos ou pequenos m. pl. 2. peixes pequenos m. pl. 3. pessoas ou coisas f. pl. não importantes.

small game s. caça miúda f.

smallish [sm'ɔ:liʃ] adj. apequenado.

smallness [sm'ɔ:lnis] s. 1. pequenez f. 2. egoísmo m. 3. insignificância, falta de importância f.

smallpox [sm'ɔ:lpɔks] s. (Med.) varíola f.

small-scale adj. 1. em escala modesta. 2. de tama-

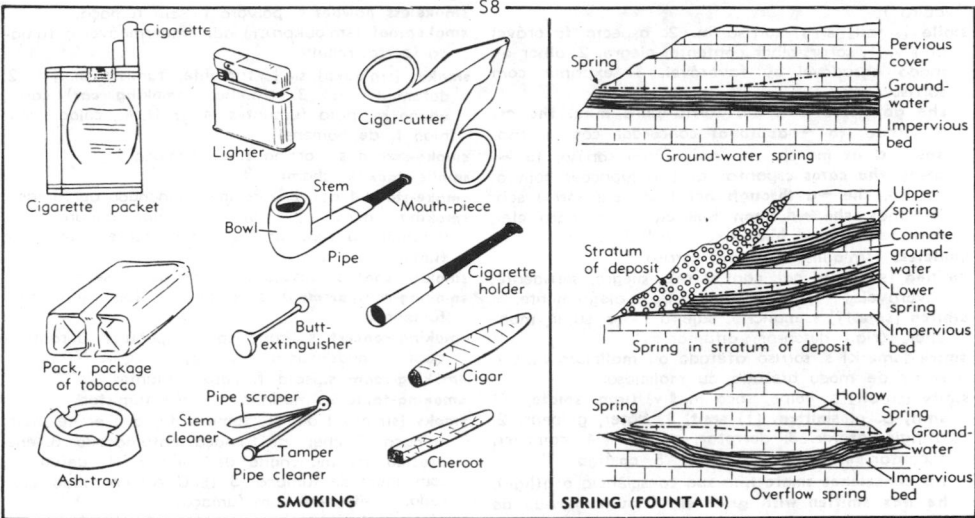

SMOKING

SPRING (FOUNTAIN)

nho reduzido.

small-town adj. de ou relativo a cidade pequena, provinciano.

smalt [smɔːlt] s. esmalte m.: pigmento azul.

smaragd [sm'ærægd] s. esmeralda f.

smarmy [sm'aːmi] adj. (coloq.) bajulador, untuoso.

smart [smaːt] s. 1. dor aguda, violenta f. 2. (fig.) sentimento, aborrecimento m. ‖ v. 1. sofrer, sentir dor aguda. 2. doer, causar dor forte. 3. estar irritado, estar aborrecido. 4. arder, pungir. ‖ adj. 1. agudo, severo, forte, ardente, pungente. 2. vivo, ativo, esperto. 3. sensível à dor. 4. inteligente, talentoso, espirituoso. 5. vistoso, em boa ordem. 6. elegante, moderno. 7. (coloq.) considerável, relativamente grande. ‖ **~ly** adv. de modo ardente, fortemente, habilmente, modernamente.
you shall ~ for it terá de sofrer por isto. **the ~ set** a alta sociedade, grã-finagem.

smarten [~n] v. 1. enfeitar, adornar, melhorar em aparência (também **to ~ up**). 2. apressar-se.

smart-money s. dinheiro aplicado ou apostado m. com conhecimento prévio de riscos e possibilidades.

smartness [sm'aːtnis] s. 1. inteligência, habilidade, sabedoria f., esperteza f. 2. vivacidade f. 3. elegância f. 4. qualidade de ser ardente ou picante.

smarty [sm'aːti] s. (coloq.) 1. sabichão m. 2. almofadinha m.

smash [smæʃ] s. 1. quebra f., quebramento, rompimento m. 2. estrondo, barulho m. de quebra. 3. queda f., desastre m. 4. falência, bancarrota f. 5. golpe, soco m. 6. (Jogo) cortada (de bola) f. ‖ v. 1. quebrar, esmagar, romper, despedaçar (com ruído). 2. destruir, pôr abaixo, esmagar. 3. quebrar, romper-se. 4. arruinar-se, abrir falência. 5. atirar-se (contra). 6. esmagar, vencer. 7. (jogo) cortar (bola). 8. (coloq.) dar soco, golpear.
it came (ou went) to ~ quebrou-se. **he went ~** ele abriu falência. **~-and-grab-raid** assalto e roubo em estabelecimento comercial.

smasher [sm'æʃə] s. 1. o que quebra, despedaça, etc. 2. (gíria) pedação m., coisa formidável f.

smashing [sm'æʃiŋ] adj. violento (golpe), destruidor.

smash-up s. (E. U. A.) 1. colisão f., choque (de veículos) m. 2. falência, bancarrota f. 3. desastre m.

smatter [sm'ætə] s. conhecimento superficial m. ‖ v. falar sem ter conhecimento, falar superficialmente.

smattering [~riŋ] s. conhecimento superficial m.
he has a ~ of French ele tem algumas noções de francês.

smear [smiə] s. 1. sujeira, mancha (de gordura). f. 2. ataque malicioso m. ‖ v. 1. cobrir, lambuzar, manchar com graxa ou gordura. 2. untar, engraxar, pintar, sujar. 3. sujar-se, manchar-se. 4. prejudicar, estragar. 5. ofender, lesar (nome ou reputação).

smeariness [sm'iərinis] s. sujeira, lambuzeira f.

smearsheet [sm'iərʃiːt] s. (Jornal.) pasquim m.

smeary [sm'iəri] adj. sujo, lambuzado, cheio de graxa ou gordura.

smell [smel] s. 1. ato de cheirar m., olfação f. 2. sentido de cheiro, olfato m. 3. cheiro, odor, aroma m. 4. fedor m. 5. traço m. ‖ v. (imp. e p. p. smelt ou (†) smelled). 1. cheirar, perceber com o olfato. 2. emitir cheiro, cheirar, ter cheiro. 3. perceber, pressentir. 4. ter traços de, ter características de, parecer ter. 5. feder. 6. descobrir, caçar. **to ~ of the lamp** ter características de homem que conhece as coisas somente de livros. **to ~ at** cheirar em **to ~ of** cheirar de. **they ~ed it out** descobriram-no.

smeller [sm'elə] s. (gíria) nariz m.

smelling [sm'eliŋ] s. ato de cheirar, olfação f.
~ bottle frasco de cheiro.

smell-less [sm'ellis] adj. inodoro, sem cheiro.

smelly [sm'eli] adj. 1. (coloq.) de mau cheiro. 2. (fig.) duvidoso.

smelt (I) [smelt] s. (Ict.) eperlano m.: espécie de salmão.

smelt (II) [smelt] v. 1. tirar metal de minério. 2. fundir, refinar (por fusão).

smelt (III) [smelt] imp. e p. p. **de to smell.**

smeltable [sm'eltəbl] adj. fundível, fusível.

smelter [sm'eltə] s. 1. fundidor m. 2. pessoa f. que põe carga em fornalhas. 3. caldeira f. de fundir.

smeltery [~ri] s. fundição f. de minérios.

smelting [sm'eltiŋ] s. fusão f. (de minérios).

smelting-furnace s. fornalha f., forno m. de- fusão.

smew [smjuː] s. (Orn.) espécie de merganso.

smidgen, smidgin, smidgeon [sm'idʒən] s. (coloq.) ninharia, pouca coisa f.

smilax [sm'ailæks] s. (Bot.) esmílace, planta trepadeira f.

smile [smail] s. 1. sorriso m. 2. aspecto favorável m. ‖ v. 1. sorrir, olhar contente, alegre. 2. olhar de modo agradável ou favorável. 3. exprimir com sorriso.
she gave me a ~ ela sorriu para mim. **the ~s** o sorriso. **to ~ approval** concordar com sorriso. **she ~d at me** ela me dirigiu um sorriso. **to ~ away the cares** espantar as preocupações com o sorriso. **she ~d through her tears** ela sorriu sob lágrimas. **she ~d upon him** ela sorriu para ele. **fortune ~s upon him** a sorte o bafeja.

smileless [sm'aillis] adj. sem sorriso.

smiling [sm'ailiŋ] adj. com sorriso, alegre, sorridente, favorável. ‖ **~ly** adv. com sorriso, alegremente.

smirch [smə:tʃ] s. mancha, sujeira f. ‖ v. sujar, manchar, (fig.) desonrar, difamar.

smirk [smə:k] s. sorriso afetado ou malicioso m. ‖ v. sorrir de modo afetado ou malicioso.

smite [smait] s. golpe, soco m. ‖ v. (imp. **smote**, (†) **smit**, p. p. **smitten**, (†) **smit**) 1. bater, golpear. 2. atingir, afetar. 3. derrotar, prostrar. 4. comover, escantar, inflamar, apaixonar. 5. castigar.
his conscience smote him sua consciência o afligiu. **he was smitten with grief** ele ficou comovido de pesar. **he was smitten with paralysis** ele foi atacado de paralisia. **he is smitten by her** (coloq.) ele está apaixonado por ela.

smith [smiθ] s. ferreiro m.
~'s tongs tenaz de ferreiro. **silver~** ourives de prata. **copper~** caldeireiro. **lock~** serralheiro.

smithereens [smiðər'i:nz], **smithers** [sm'iðəz] s. pl. pedacinhos, pequenos fragmentos m. pl.
he knocked it to ~ (fig.) ele o quebrou em mil pedaços.

smithery [sm'iθəri] s. 1. arte f. de ferreiro. 2. forja, ferraria f.

smithsonite [sm'iθsənait], **smithstone** [sm'iθstoun] s. (Min.) calamina f., silicato de zinco, (E. U. A.) carbonato m. de zinco.

smithy [sm'iði, sm'iθi] s. forja, ferraria, oficina f. de ferreiro.

smitten [smitn] p. p. de **to smite**. ‖ adj. 1. atingido duramente. 2. ferido, afetado dura e repentinamente. 3. enamorado.

smock [smɔk] s. 1. avental, guarda-pó m. 2. (†) camisola f. ‖ v. adornar, enfeitar (vestido) com bordados ou pregas.

smock-frock s. (também **~s**) avental, guarda-pó m. (quadro C 13).

smock mill s. moinho de vento m.

smog [smɔg] s. (combinação de **smoke** e **fog**) mistura f. de neblina e fumaça.

smokable [sm'oukəbl] adj. fumável.

smoke [smouk] s. 1. fumaça f. 2. (coloq.) o que se fuma: charuto, cigarro, cachimbo m. 3. ato de fumar. 4. tempo, período m. enquanto se fuma. ‖ v. 1. soltar fumaça, fumegar, enfumaçar. 2. defumar, curar. 3. fumigar, matar com fumaça, expurgar. 4. fumar. 5. colorir, manchar, escurecer com fumaça.
no ~ without fire não há fumaça sem fogo. **it ended in ~** deu em nada. **let's have a ~!** vamos fumar. **we ~d the stables out** expurgamos os estábulos.

smoke-black s. fuligem f., negro m. de fumo.

smoke bomb s. bomba f. de fumaça.

smoke-consumer s. instalação fumívora f., fumívoro m.

smoke-dried adj. defumado.

smoke-jack s. aparelho m. para virar carne na grelha.

smokeless [sm'ouklis] adj. sem fumaça.

smokeless powder s. pólvora f. sem fumaça.

smokeproof [sm'oukpru:f] adj. impermeável à fumaça (porta, recinto).

smoker [sm'oukə] s. 1. fumante, fumista m. + f. 2. defumador m. 3. (também **smoking car**) carro, vagão m. para fumantes. 4. (E. U. A., coloq.) reunião f. de homens.

smoke-screen s. cortina f. de fumaça.

smoke-stack s. chaminé f.

smoke-stained adj. enegrecido, manchado de fumaça.

smoking [sm'oukiŋ] s. ato de fumar (quadro S 8), defumar ou fumigar. ‖ adj. fumegante, que emite fumaça ou vapor.

smoking-coat s. casaco m. para uso caseiro.

smoking-compartment s. cabina f. (de trem) para fumantes.

smoking-concert s. concerto m. popular durante o qual se pode fumar.

smoking-room s. sala f. para fumantes.

smoking-table s. mesinha f. para fumistas.

smoky [sm'ouki] adj. 1. fumegante, que emite muita fumaça. 2. cheio de fumaça, enfumaçado. 3. enegrecido ou manchado de fumaça. 4. defumado com gosto de fumaça. 5. (E. U. A.) encruado, cerrado. ‖ **~ily** adv. com fumaça.

smoky quartz s. (Min.) quartzo esfumaçado m.

smolder [sm'ouldə] s. combustão lenta f., sem chama. ‖ v. 1. queimar sem chama. 2. (fig.) existir em condição latente.

smooch [smu:tʃ] v. (coloq.) fazer jogos de amor.

smooth [smu:ð] s. 1. ato de alisar ou de polir. 2. lisura f., polimento m. ‖ v. 1. alisar, plainar, polir. 2. acalmar, suavizar. 3. facilitar. 4. remover saliências, tornar plano. ‖ adj. 1. plano, liso, lustroso, polido. 2. macio, regular. 3. sem pelotas. 4. liso, sem cabelo, sem pêlo. 5. fácil, sem obstáculos ou dificuldades, suave. 6. calmo, sereno, plácido. 7. polido, agradável, afável. 8. lisonjeiro, bajulador. 9. brando, macio, agradável ao gosto ou ao ouvido, suave. ‖ adv. de maneira suave. ‖ **~ly** adv. de modo macio, lisamente, polidamente, calmamente.
he ~ed away the difficulties ele afastou as dificuldades. **to ~ down** acalmar, moderar, suavizar. **to ~ out** alisar, passar a ferro, tirar dobras ou pregas. **to ~ over** esconder, encobrir (faltas).

smoothbore [sm'u:ðbɔ:] s. (E. U. A.) espingarda f. sem raias. ‖ adj. sem raias.

smoothen [sm'u:ðən] v. alisar, aplainar.

smooth-faced adj. 1. imberbe. 2. (fig.) melífluo.

smoothing [sm'u:ðiŋ] s. alisamento m.

smoothing-plane s. plaina de alisar f., cepilho m. (quadro P 4).

smoothness [sm'u:ðnis] s. lisura, maciez, doçura f.

smooth-shaven adj. de barba feita.

smooth-spoken, smooth-tongued adj. lisonjeiro, de palavras agradáveis.

smote [smout] v. imp. de **to smite**.

smother [sm'ʌðə] s. 1. nuvem f. de fumaça, de poeira. 2. profusão f. ‖ v. 1. sufocar, abafar. 3. cobrir em camada grossa. 4. apagar, extinguir, abafar (fogo). 5. reter, reprimir, suprimir. 6. refogar.
he ~ed the child with kisses ele cobriu a criança de beijos. **~ed in** (ou **with**) sufocado de, coberto de, asfixiado por.

smothery [~ri] adj. asfixiante, sufocante, abafado.

smoulder [sm'ouldə] s. (Ingl.) = **smolder**.

smudge [smʌdʒ] s. 1. mancha, marca f. de sujeira, borrão m. 2. fogo m. com muita fumaça (para espantar insetos). ‖ v. 1. sujar, manchar, borrar. 2. ficar sujo ou manchado. 3. fumigar para espantar insetos (mosquitos).

smudgy [sm'ʌdʒi] adj. manchado, sujo, borrado. ‖ **–ily** adv. com manchas.

smug [smʌg] s. pessoa de boa apresentação f., almofadinha m., (gíria) pessoa f. que só pensa em estudar. ‖ adj. 1. convencido, satisfeito consigo mesmo, complacente. 2. bem-apessoado, elegante, afetado, garrido. ‖ **~ly** adv. de modo convencido, elegantemente.

smuggle [smʌgl] v. contrabandear, fazer contrabando. **to ~ in** introduzir clandestinamente. **to ~ out** fazer sair clandestinamente.

smuggler [sm'ʌglə] s. 1. contrabandista m. + f. 2. navio de contrabando m.

smuggling [sm'ʌgliŋ] s. contrabando m.

smugness [sm'ʌgnis] s. 1. presunção, afetação f. 2. elegância, boa apresentação f.

smut [smʌt] s. 1. sujeira, fuligem f. 2. mancha f. de sujeira ou de fuligem. 3. (fig.) obscenidade, conversa indecente f. 4. carvão m.: doença de plantas. ‖ v. sujar, manchar (com fuligem), enferrujar (plantas).

smutch [smʌtʃ] s. = **smudge**.

smuttiness [sm'ʌtinis] s. 1. sujidade f. 2. fuliginosidade f. 3. condição de atacado pelo carvão. 4. obscenidade f.

smutty [sm'ʌti] adj. 1. sujo, manchado (com fuligem). 2. (fig.) indecente, obsceno. 3. afetado com carvão. ‖ **–ily** adv. com manchas, com carvão, indecentemente.

snack [snæk] s. 1. lanche m., refeição leve f. 2. parte, porção f.

snack-bar s. bar m. onde se servem refeições ligeiras.

snaffle [snæfl] s. (também **~–bit**) freio, bridão m. (quadro H 9). ‖ v. colocar freio, controlar por freio ou bridão.

I ride him on the ~ (fig.) ele me obedece, faz o que quero.

snafu [snæf'u:] (gíria) s. situação confusa f. ‖ v. pôr em desordem. ‖ adj. confuso, em desordem.

snag [snæg] s. 1. (E. U. A.) árvore ou galho m. submerso. 2. nó m., ponta saliente f. de galho. 3. obstáculo escondido ou inesperado m. ‖ v. 1. bater contra um tronco submerso. 2. impedir.

the boat is ~ged (E. U. A.) o barco bateu contra um tronco. **to run into a ~** (fig.) encontrar dificuldades inesperadas.

snaggy [sn'ægi] adj. 1. nodoso, com pontas salientes (árvore). 2. cheio de obstruções, dificultoso.

snail [sneil] s. 1. lesma f., caracol m. 2. pessoa lerda f.

at a ~'s gallop com velocidade de lesma.

snail-clover s. (Bot.) variedade de luzerna.

snail-like adj. e adv. como caracol ou lesma, vagaroso, lerdo.

snail-shell s. casa f. de caracol.

snail-trefoil s. = **snail-clover**.

snail-wheel s. roda espiral f. de relógio, que determina o número de batidas.

snake [sneik] s. 1. cobra, serpente f. 2. (fig.) pessoa traiçoeira f. ‖ v. serpentear, serpear.

the ~ in the grass (fig.) o perigo oculto. **he sees ~s** ele enxerga coisas que não existem (no delírio). **hooded ~** cobra-de-capelo, naja (Naja-naja). **ring(ed) ~** cobra-d'água (da Europa).

snake-bird s. (Orn.) biguatinga m.

snake-bite s. mordida, picada f. de cobra.

snake-charmer s. encantador m. de cobras.

snake-fish s. (Ict.) 1. cépola f. 2. tiravira f.

snake-stone s. amonite f.

snake-weed s. (Bot.) bistorta f.

snakiness [sn'eikinis] s. 1. qualidade de ser como ser-

pente. 2. caráter traiçoeiro m.

snaky [sn'eiki] adj. 1. serpentiforme, como cobra, que serpenteia, que se torce. 2. infestado de cobras. 3. falso, traiçoeiro, venenoso.

snap [snæp] s. 1. estalo, estrépito m., estalido m. 2. ruptura, quebra f. 3. dentada, mordida f., abocamento m. 4. repreensão f., ato de falar ríspido e rápido. 5. (E. U. A., coloq.) esperteza, vivacidade f. 6. temporada, época curta f. 7. fecho com mola, cadeado m., ferrolho m. com mola. 8. bolacha f. 9. (E. U. A., coloq.) instantâneo m. 10. (E. U. A., gíria) coisa fácil de se fazer, serviço fácil m. ‖ v. 1. estalar, crepitar, trincar. 2. fechar, pegar, mover (com estalo). 3. quebrar, romper, estourar. 4. ceder, romper (sob pressão, tensão). 5. morder, abocar, abocanhar, dar dentada. 6. agarrar, apanhar, pegar. 7. vociferar, falar ríspida e rapidamente. 8. soltar, mover-se rapidamente. 9. tirar fotografia instantânea. ‖ adj. 1. (E. U. A.) que é feito rapidamente ou de improviso. 2. que se move, abre, fecha com estalo. ‖ adv. de maneira brusca ou rápida.

a cold ~ uma onda de frio. **~ went the stick** a vara quebrou com um estalo. **the dog ~ped at my leg** o cachorro tentou abocanhar minha perna. **he ~ped at the idea** ele agarrou a idéia (percebeu rapidamente). **he ~ped at me** ele dirigiu-me invectivas. **the ring ~ped** o anel rompeu-se. **~ out of it!** (E. U. A., coloq.) tome uma atitude mais razoável! **to ~ a pistol** disparar uma pistola. **to ~ one's finger at s. o.** mostrar indiferença ou desprezo. **to ~ a whip** estalar com um chicote. **to ~ away** tirar, arrancar. **to ~ off** interromper repentinamente. **to ~ someone's nose off** repreender alguém. **to ~ up** comer, pegar, abocar, apanhar, (fig.) compreender. **he ~ped me up** ele me interrompeu.

snapback [sn'æpbæk] s. revide ou restabelecimento m. súbito.

snapdragon [sn'æpdrægən] s. (Bot.) boca-de-leão f.

snap-lock s. fechadura f. de mola.

snapper [sn'æpə] s. 1. pessoa ou coisa f. que morde, que aboca, cão bravo m. 2. espécie de tartaruga voraz dos E. U. A. (também **snapping turtle**). 3. (Ict.) nome de vários peixes do gênero Lutianus (caranho, vermelho, cioba).

snappish [sn'æpiʃ] adj. 1. bravo, mordaz. 2. rabugento, irritado, petulante. ‖ **~ly** adv. mordazmente.

snappy [sn'æpi] adj. (também **snappish**) 1. mordaz, agudo. 2. rápido, repentino, ágil. 3. com estalos. 4. vivo, esperto. 5. elegante, moderno. ‖ **–ily** adv. mordazmente, com estalos, vivamente.

make it ~! vamos!, rápido!

snapshot [sn'æpʃot] s. 1. (Fot.) instantâneo m. 2. tiro rápido m. ‖ v. bater instantâneo (de).

he ~ted me ele me bateu um instantâneo de mim.

snare [snɛə] s. 1. laço m. 2. cilada f., ardil m. 3. corda f. de tambor. ‖ v. enganar, trair.

to lay a ~ armar uma cilada ou um laço.

snare drum s. tambor m. de corda.

snarer [sn'ɛərə] s. 1. quem coloca laços ou armadilhas. 2. traidor, enganador m.

snarl (I) [sna:l] s. 1. rosnadura f. 2. palavras ásperas ou ríspidas f. pl. ‖ v. 1. rosnar, mostrar os dentes. 2. falar de modo ríspido.

he ~ed at me ele me gritou comigo.

snarl (II) [sna:l] s. 1. emaranhamento, entrelaçamento m. 2. confusão f. ‖ v. 1. entrelaçar, trançar, emaranhar, ficar trançado ou emaranhado. 2. fazer confusão.

all in a ~ completamente emaranhado.

snarler [sn'a:lə] s. rosnador m., resmungão m.

snarling [sn'a:liŋ] adj. rosnador.

snatch [snætʃ] s. 1. agarramento m. 2. tempo curto m. 3. pouquinho, pedacinho m. ‖ v. 1. pegar, agarrar, apanhar. 2. ganhar, obter por ação rápida. 3. arrebatar.
by ~es aos pedaços, aos poucos, aos trancos. ~es of happiness momentos felizes. to ~ at querer pegar, procurar apanhar. to ~ away arrebatar, tirar, roubar. to ~ up pegar, apanhar.

snatch block s. (Náut.) patesca f.

snatchy [sn'ætʃi] adj. esporádico, intermitente.

snazzy [sn'æzi] adj. (gíria) atraente, moderno, atual, quente.

sneak [sni:k] s. 1. andar leve ou furtivo m. 2. covarde m. + f. ‖ v. 1. andar de rastos, andar furtivamente. 2. obter, passar às escondidas. 3. (coloq.) roubar. 4. agir covardemente.
to go on the ~ (gíria) entrar sorrateiramente para roubar. to ~ about investigar secretamente. to ~ away, off safar-se, evadir-se. to ~ out of s. th. fugir de alguma coisa.

sneaker [sn'i:kə] s. gatuno, covarde m., quem anda furtivamente.

sneakers [~z] s. (E. U. A.) alpargatas f. pl.

sneaking [sn'i:kiŋ] adj. (fig.) servil, vil, bajulador.

sneakingness [~nis] s. baixeza, vileza f.

sneak preview s. (Cin.) pré-lançamento m. de filme, para testar a reação do público.

sneer [sniə] s. olhar ou riso m. de escárnio, zombaria f., sarcasmo m. ‖ v. 1. olhar com desprezo, sorrir desdenhosamente. 2. zombar, escarnecer.
they ~ed him out of countenance eles zombaram dele a ponto de desconcertá-lo.

sneerer [sn'iərə] s. zombador, escarnecedor m.

sneering [sn'iəriŋ] adj. zombeteiro, irônico. ‖ ~ly adv. zombeteiramente.

sneeze [sni:z] s. espirro m. ‖ v. espirrar.
not to be ~d at (coloq.) nao ser desprezável.

sneezewort [sn'i:zwə:t] s. (Bot.) espirradeira f.

snell (I) [snel] s. sedalha f.

snell (II) [snel] adj. esperto, ativo, severo, ardido.

snick [snik] s. corte, entalhe m. ‖ v. 1. cortar, entalhar. 2. (Esp.) bater a bola levemente.

snicker [sn'ikə] s. = snigger.

snide [snaid] s. (gíria) moeda falsa, jóia de imitação f. ‖ adj. 1. falso, de imitação. 2. malicioso.

sniff [snif] s. 1. fungada f. 2. inalação, respiração f. 3. ação de torcer o nariz (fig.). ‖ v. 1. aspirar ar pelo nariz audivelmente. 2. limpar o nariz por aspiração. 3. cheirar aspirando o ar pelo nariz, audivelmente. 4. fungar, farejar, fariscar. 5. suspeitar, desdenhar.
he ~ed at it 1. ele o cheirou. 2. (fig.) ele torceu o nariz a isso.

sniffy [sn'ifi] adj. (coloq.) desdenhoso.

snigger [sn'igə], sniggle [snigl] s. riso silencioso m. ‖ v. rir-se em silêncio (at, over sobre).

snip [snip] s. 1. corte m., incisão f. 2. pedacinho cortado, retalho m. 3. (coloq.) pessoa insignificante f. 4. (Esp. gíria) palpite m. ‖ v. cortar (em pedacinhos).
Master Snip (coloq.) alfaiate. to ~ off cortar fora.

snipe [snaip] s. 1. (Orn.) narceja f. 2. tiro m. de lugar escondido. 3. ponta f. de charuto. ‖ v. caçar narcejas, (milit.) atirar de lugar escondido.

sniper [sn'aipə] s. 1. caçador m. de narcejas. 2 franco atirador m. 3. (Milit.) vigia m. 4. atirador m. de precisão.

sniperscope [~skoup] s. (milit.) "sniperscópio" m.: dispositivo no fuzil que permite ao atirador fazer mira sem expor-se.

snippet [sn'ipit] s. 1. pedaço cortado, retalho pequeno m., apara f. 2. (coloq.) pessoa f. pequena ou não importante.

snipping [sn'ipiŋ] s. pedacinho, fragmento cortado m.

snippy [sn'ipi] adj. (coloq.) 1. agudo, curto, ríspido. 2. arrogante, convencido.

snitch (I) [snitʃ] s. (gíria) informante, espião, traidor m. ‖ v. delatar, denunciar.
to ~ on s. o. denunciar, trair alguém.

snitch (II) [snitʃ] v. (gíria) roubar, furtar.

snivel [snivl] s. 1. ranho, muco nasal m. 2. choradeira f. 3. hipocrisia f. ‖ v. 1. chorar, choramingar. 2. fingir, lastimar-se. 3. escorrer pelo nariz.

sniveller, sniveler [sn'ivlə] s. 1. chorão m. 2. (fig.) hipócrita m. + f.

snivelling [sn'ivliŋ] adj. ranhoso, choroso, hipócrita.

snob [snob] s. esnobe m. + f.

snobbery [sn'obəri] s. esnobismo m.

snobbish [sn'obiʃ] (também snobby) adj. esnobe: arrogante, afetado, pretensioso. ‖ ~ly adv. arrogantemente, de modo esnobe.

snobbishness [~nis], snobbism [sn'obizm] s. = snobbery.

snood [snu:d] s. 1. fita f., laço m., usado no cabelo. 2. rede f. para o cabelo. ‖ v. amarrar o cabelo com fita ou rede.

snook (I) [snu:k] s. (geralm. pl.) gesto m. de desprezo.
he cocked a ~ at me ele fez troça de mim.

snook (II) [snu:k] s. (Ict.) robalo ou camurim m.

snooker pool [sn'u:kə] s. espécie de jogo de bilhar.

snoop [snu:p] s. 1. (E. U. A., coloq.) bisbilhoteiro m., pessoa curiosa, que espia tudo. 2. bisbilhotice, intromissão f.
he ~ed about ele meteu-se em tudo.

snooper [sn'u:pə] s. (E. U. A.) bisbilhoteiro, intrometido, metediço m.

snoot [snu:t] (E. U. A. gíria) s. focinho m. (rosto).

snooty [sn'u:ti] adj. (E. U. A. = snobbish).

snooze [snu:z] s. (coloq.) soneca f. ‖ v. tirar uma soneca, cochilar.

snore [snɔ:] s. ronco m. ‖ v. roncar.
to ~ away passar o tempo roncando.

snorkel [snɔ:kl] s. "snorkel" m.: a) aparelho para renovação de ar em submarino. b) tubo de respiração para mergulhadores.

snort [snɔ:t] s. bufo, resfôlego m. ‖ v. 1. bufar, resfolegar. 2. emitir um som como bufo, roncar. 3. falar de modo bravo, com um ronco.

snorter [sn'ɔ:tə] s. 1. resfolegador, animal m. que bufa. 2. (gíria) coisa grandiosa, pessoa extraordinária f. 3. carta malcriada, desaforada f.

snorting [sn'ɔ:tiŋ] adj. (gíria) extraordinário.

snorty [sn'ɔ:ti] adj. com bufo, bufando, malcriado. ‖ adv. grosseiramente.

snot [snot] s. 1. (coloq.) ranho m. 2. pessoa f. estúpida ou vil.

snotty [sn'oti] adj. (coloq.) 1. ranhoso. 2. sujo, indecente, ordinário.

snout [snaut] s. 1. focinho m., tromba f. (quadro F 3). 2. bico, tubo m., coisa parecida com focinho f., nariz comprido m.
he has a ~ for it (fig.) ele tem um faro para isto.

snow [snou] s. 1. neve f. 2. queda de neve, nevada f. ‖ v. 1. cair como neve, nevar. 2. cobrir, bloquear com neve.
it ~s, it is ~ing está caindo neve. to ~ in, up cobrir com neve. to ~ under soterrar sob neve.

snowball [sn'oubɔ:l] s. 1. bola f. de neve. 2. (Bot.) bola-de-neve, rosa-de-gueldres f. ‖ v. 1. jogar, atirar bolas de neve. 2. aumentar rapidamente de tamanho como bola de neve ou avalancha.

snow-berry s. arbusto ornamental m. dos E. U. A. que dá frutas brancas.

snow-bird s. (Orn.) emberiza f. das neves.

snow-blind adj. cego pela luz refletida da neve.

snow-bound adj. cercado de neve.

snow-broth s. água f. da neve fundida.

snow-capped adj. coberto de neve.

snow-drift s. massa f. de neve, acumulada pelo vento.

snow-drop s. (Bot.) galanto m.

snowfall [sn'oufɔːl] s. nevada f., queda f. de neve.

snow-field s. grande extensão de neve nas regiões polares ou montanhosas.

snowflake [sn'oufleik] s. floco m. de neve.

snowless [sn'oulis] adj. sem neve.

snowlike [sn'oulaik] adj. semelhante à neve.

snowline [sn'oulain] s. limite m. das neves perpétuas.

snowman [sn'oumən] s. homem m. de neve.

snowpellet shower s. temporal m. de granizo.

snowplow [sn'ouplau] s. máquina f. para limpar as ruas e estradas de neve.

snowshoe [sn'ouʃuː] s. raquete de neve f.

snowslide [sn'ouslaid] s. avalancha f. de neve.

snowstorm [sn'oustɔːm] s. nevasca f.

snow tire s. (Autom.) pneumático m. antiderrapante, para neve.

snow-white (I) adj. branco, alvo como a neve.

snow-white (II) s. alvaiade m., branco de zinco.

Snow-White s. Branca de Neve f.

snowy [sn'oui] adj. 1. que tem neve, nevado, nevoso. 2. coberto de neve. 3. como neve, branco como neve. ‖ –ily adv. como neve.

snub (I) [snʌb] s. 1. trato m. frio ou desdenhoso. 2. parada repentina f. 3. censura, crítica, repreensão f. ‖ v. 1. desprezar, tratar friamente, receber mal. 2. parar, enfrear, frenar (barco repentinamente). 3. atracar.

snub (II) [snʌb] s. nariz chato ou arrebitado m. ‖ adj. chato, arrebitado.

snub-nose s. = snub (II).

snub-nosed adj. de nariz chato ou arrebitado.

snuff (I) [snʌf] s. 1. rapé, tabaco m. em pó. 2. ato m. de aspirar rapé, fungada f. 3. dose f. de rapé. ‖ v. 1. aspirar pelo nariz. 2. cheirar. 3. fungar. 4. aspirar rapé.

a pinch of ~ uma pitada de rapé. **I gave him a ~** passei-lhe um pito.

snuff (II) [snʌf] s. pavio queimado m. ‖ v. 1. espevitar uma vela. 2. apagar, extinguir uma vela.

to ~ out apagar, (fig., coloq.) morrer.

snuff-box s. caixinha f. de rapé.

snuff-coloured adj. cor-de-canela.

snuffer [sn'ʌfə] s. 1. rapezista m. 2. fungador m.

snuffers [sn'ʌfəz] s. pl. espevitadeira f.

snuffle [sn'ʌfl] s. 1. ato ou som de bufar ou de respirar audìvelmente pelo nariz m. 2. obstrução nasal por catarro f., ato de falar fanhoso m. ‖ v. 1. respirar audìvelmente pelo nariz obstruído. 2. cheirar, bufar, fungar. 3. falar, cantar, etc. de modo fanhoso.

snuffler [sn'ʌflə] s. quem fala fanhoso, hipócrita m.

snuffling [sn'ʌfliŋ] adj. fanhoso, hipócrita. ‖ ~ly adv. fanhosamente.

snuffy [sn'ʌfi] adj. 1. parecido com rapé. 2. sujo de rapé. 3. viciado em rapé. 4. desagradável, feio.

snug [snʌg] v. acomodar, tornar confortável. ‖ adj. 1. confortável, quente, abrigado, aconchegado, agasalhado. 2. agradável, limpo, bem arranjado. 3. bem construído, para resistir ao mar-alto. 4. justo, compacto, apertado. 5. pequeno, apenas suficiente. ‖ adv. (também ~ly) confortavelmente, agradavelmente.

~ as a bug in a rug (Benj. Franklin) comodamente

instalado. **to ~ down** instalar-se à vontade.

snuggery [sn'ʌgəri] s. lugar confortável, lar agradável m.

snuggle [snʌgl] v. aconchegar-se, agasalhar-se. **to ~ together** aconchegar-se, juntar-se. **to ~ up** agasalhar-se, cobrir-se.

snugness [sn'ʌgnis] s. conforto m., comodidade, situação agradável.

so (I) [sou] s. (Mús.) sol m.

so (II) [sou] adv. 1. assim, deste modo, desta maneira, desta forma, conforme foi mostrado. 2. como consta. 3. naquele estado, naquela condição. 4. tão, de tal modo, de tal grau. 5. muito. 6. por esta razão, então, por isto, portanto. 7. igualmente, também. 8. mais ou menos, aproximadamente. ‖ conj. 1. de maneira que, para que. 2. sob a condição de, se. ‖ interj. 1. bem! 2. certo! 3. é verdade? é assim? ‖ pron. o mesmo, a mesma coisa.

~ fine a day um dia tão bonito. **is that ~?** é verdade? realmente? **just ou quite ~** assim mesmo, bem assim. **why ~?** por quê? **are you hungry? ~ am I** está com fome? eu também. **~ be it** assim seja. **~ it is true?** é verdade então? **I believe ~** creio que sim. **I think ~** penso que sim. **I should think ~** sem dúvida, penso que sim. **I told you ~ (before)** eu lhe disse logo (antes). **~ to speak** por assim dizer. **he stays a week or ~** ele permanecerá mais ou menos uma semana. **if ~** nesse caso, caso que, se... **the more ~** tanto mais. **I shall stay if you wish me to do ~** ficarei se V. S. o desejar. **~ far as I know** pelo que sei. **~ far as I am concerned** no que me concerne. **~ far ~ good** até aqui, muito bem. **and ~ forth** e assim por diante. **~ help me God!** que Deus me ajude! **be ~ kind as to give me...** tenha a bondade de me dar... **~ long!** (E. U. A., coloq.) até logo! **~ much the better!** tanto melhor! **ever ~ much** muito. **ever ~ much better** muito melhor. **~ much for that!** chega disto, basta! **the book is ~ much nonsense** o livro é só bobagem. **and ~ on** e assim por diante. **not ~ pretty as** não tão bonito como. **~ ~** assim, assim, mais ou menos. **there was nothing to be done, ~ I went away** não havia nada que fazer, portanto fui-me embora. **we left the book on the table, ~ that he'd find it** deixamos o livro em cima da mesa, para que ele o achasse. **~ far from trusting her, I watch her every step** longe de confiar nela, vigio-lhe todos os passos. **Mr. ~-and-~** fulano. **Mrs. ~-and-~** fulana.

So (III) [sauθ] abr. de **south** Sul, ao sul, para o sul.

soak [souk] s. 1. molhadela, embebição f. 2. estado do que está molhado, ou encharcado. 3. (gíria) bebedeira f. 4. beberrão m. 5. aguaceiro m. 6. (E. U. A. gíria) beliscão, golpe, empurrão m. ‖ v. 1. encharcar, molhar, saturar, embeber. 2. deixar de molho. 3. molhar-se, embeber-se, encharcar-se. 4. penetrar, infiltrar-se. 5. absorver, chupar (líquido). 6. beber muito. 7. impregnar, saturar, infiltrar. 8. (E. U. A., gíria) cobrar demais, explorar.

to ~ up embeber, absorver, enxugar. **~-away pit** fossa.

soakage [s'oukidʒ] s. embebimento m., infiltração f. (de líquido).

soaked [~t] adj. 1. molhado, encharcado. 2. (coloq.) embriagado.

~ to the skin completamente molhado. **the fact ~ into his head** sua mente absorveu o fato.

soaking [s'oukiŋ] s. impregnação f. ‖ adj. que molha, que embebe.

~ wet completamente encharcado. **~-pit** fossa de fermentação.

soap [soup] s. 1. sabão m. 2. (Quím.) sal m. de um ácido graxo. ‖ v. ensaboar.
a cake of ~ um pedaço de sabão. shaving ~ sabão para barba. soft ~ sabão mole, (fig.) bajulação. no ~ nada feito.
soap-boiler s. fabricante m. + f. de sabão.
soap-boiling s. fabricação f. de sabão.
soap-box orator s. quem faz discursos na rua (trepado numa caixa de sabão).
soap-bubble s. bolha f. de sabão.
soap-dish s. saboneteira f.
soap-flakes s. pl. sabão m. em flocos.
soap-opera s. melodrama m. de rádio ou televisão.
soap-stone s. (Miner.) esteatita, pedra f. de sabão.
soap-suds s. pl. água f. ou espuma de sabão (quadro W 1).
soap-works s. pl. fábrica f. de sabão.
soapy [s'oupi] adj. 1. ensaboado, coberto de sabão. 2. como sabão, liso, escorregadiço. 3. (fig.) bajulador, adulador. ‖ –ily adv. como sabão.
soar [sɔː] s. 1. ato de elevar-se, de voar muito alto. 2. altura atingida f. ‖ v. 1. voar a grande altitude. 2. elevar-se, subir. 3. voar, planar.
soaring [s'ɔːriŋ] s. vôo m. de planador m., ação de voar com planador. ‖ adj. elevado, arrojado, sublime. ‖ ~ly adv. de modo elevado.
sob [sɔb] s. soluço m. ‖ v. 1. chorar, soluçar. 2. emitir som como o de soluço, emitir sob soluços.
sobbing [s'ɔbiŋ] s. ação de soluçar. ‖ adj. soluçante.
sober [s'oubə] v. tornar sóbrio, ficar sóbrio. ‖ adj. 1. sóbrio. 2. moderado, abstinente. 3. quieto, solene. 4. calmo, racional, desapaixonado. 5. sensato, ajuizado. 6. sombrio, escuro. 7. controlado. ‖ ~ly adv. sobriamente, com juízo.
to ~ down acalmar-se. (as) ~ as a judge muito comportado.
soberminded [s'oubəmaindid] adj. ajuizado, controlado, sensato.
sobermindedness [~nis] s. juízo m., sensatez f.
sobersides [s'oubəsaidz] s. pessoa muito séria.
sobriety [soubr'aiəti] s. 1. sobriedade f. 2. abstinência, moderação f. 3. calma, seriedade f. 4. temperança f.
sobriquet [s'oubrikəi] s. alcunha f.
sob story s. estória f. para granjear simpatia.
Soc. abr. de Society sociedade f.
so-called adj. assim chamado.
soccer [s'ɔkə] abr. de association football (Esp.) futebol m. (como é praticado no Brasil), futebol "association" (veja Rugby football).
sociability [souʃəb'iliti] s. sociabilidade f.
sociable [s'ouʃəbl] s. 1. (E. U. A.) reunião f. 2. carruagem f. aberta com assentos laterais, um em frente do outro. 3. sofá m. em forma de S para duas pessoas. 4. triciclo para duas pessoas m. ‖ adj. 1. sociável, agradável, amigável. 2. de caráter social. ‖ –bly de maneira sociável.
social [s'ouʃəl] s. reunião f. social ‖ adj. 1. social, relativo à sociedade. 2. sociável. 3. que vive em comunidade. ‖ ~ly adv. socialmente.
~ assistence assistência social. ~ contract contrato de sociedade. ~ credit crédito social. ~ democrat social-democrata. ~ dues taxas para fins sociais. the ~ evil a prostituição. ~ gathering reunião amigável. ~ intercourse convívio social.
socialism [~izm] s. socialismo m.
socialist [~ist] s. socialista m. + f. ‖ adj. socialista.
socialistic [souʃəl'istik] adj. socialista. ‖ ~ally adv. de modo socialista.
socialite [s'ouʃəlait] s. pessoa f. da alta sociedade.
sociality [souʃi'æliti] s. sociabilidade f.
socialization [souʃəlaiz'eiʃən] s. socialização f.
socialize [s'ouʃəlaiz] v. 1. socializar, tornar social.

2. tornar apto para o convívio na sociedade. 3. nacionalizar.
social secretary s. secretário(a) social, para cuidar de assuntos da vida social.
social service s. serviço m. de assistência social.
society [səs'aiəti] s. 1. sociedade, associação f., clube m. 2. coletividade, comunidade f. 3. companhia, camaradagem f. 4. convívio m. 5. alta sociedade f. Society of Friends ordem dos Quacres. Society of Jesus ordem dos jesuítas, Companhia de Jesus. does she belong to ~? ela pertence à sociedade? I avoid his ~ evito sua companhia. ~ gossip mexericos que se fazem na sociedade.
sociological [sousiəl'ɔdʒikl] adj. sociológico. ‖ ~ly adv. de modo sociológico.
sociologist [sousi'ɔlədʒist] s. sociólogo m.
sociology [sousi'ɔlədʒi] s. sociologia f.
sociopath [s'ouʃiəpæθ] s. sociopata m. + f. anti-social.
sock (I) [sɔk] s. 1. soquete m., meia curta f. (quadros C 12, 13). 2. palmilha f.
sock (II) [sɔk] s. 1. (gíria) soco, golpe m. 2. ~s pl. surra f. ‖ v. bater, dar soco, surrar.
sockdolager, sockdologer [sɔkd'ɔlədʒə] s. (E. U. A., gíria). 1. golpe decisivo m. 2. resposta conclusiva f.
socket [s'ɔkit] s. 1. lugar oco, cova, cavidade f. (quadro S 6), tubo, cartucho m. 2. (Mec.) conexão, luva f. (quadro P 3). 3. (Eletr.) soquete m., tomada f. (quadro P 8).
eye ~ orbita (do olho). wall ~ tomada (de parede). ~–joint (Anat. Mec.) articulação. ~ spanner, ~ wrench chave-de-caixa.
socle [sɔk] s. (Arquit.) soco, pedestal m., base f. de coluna (quadro S 4).
Socratic [sɔkr'ætik] s. adepto m. de Sócrates ou das suas teorias. ‖ adj. socrático. ‖ ~ally adv. segundo Sócrates.
Socratism [s'ɔkrətizm] s. (Filos.) socratismo m.: doutrina de Sócrates.
sod [sɔd] s. 1. gramado, terreno m. coberto de grama. 2. torrão m., grama cortada f. com terra e raízes. ‖ v. cobrir com torrão ou grama.
under the ~ debaixo da terra, na sepultura.
soda [s'oudə] s. 1. carbonato m. de sódio, barrilha f. 2. bicarbonato m. de sódio. 3. hidróxido m. de sódio, soda cáustica f. 4. água carbonatada, gasosa f. 5. soda limonada f. (misturada com sorvete).
bicarbonate of ~ bicarbonato de sódio.
soda ash s. (Quím.) carbonato m. de sódio, barrilha f.
soda-fountain s. 1. fonte f. de água efervescente. 2. aparelho m. para gaseificar água. 3. balcão m. onde se vendem bebidas gasosas.
sodality [soud'æliti] s. 1. camaradagem, amizade f. 2. associação, sociedade, irmandade f.
soda water s. gasosa, soda, água de soda f.
sodden [sɔdn] v. saturar, encharcar, embriagar. ‖ adj. 1. encharcado, ensopado. 2. molhado, úmido, pesado (de umidade). 3. estúpido.
soddenness [s'ɔdnnis] s. qualidade de molhado ou encharcado.
sodium [s'oudjəm] s. (Quím.) sódio m.
~ bicarbonate bicarbonato de sódio. ~ carbonate carbonato de sódio. ~ chloride cloreto de sódio, sal de cozinha. ~ hydroxide hidróxido de sódio, soda cáustica. ~ nitrate nitrato de sódio. ~ silicate silicato de sódio. ~ sulphate sulfato de sódio.
sodomite [s'ɔdəmait] s. sodomita m. + f.
sodomitical [sɔdəm'itikəl] adj. sodomítico, sodômico.
sodomy [s'ɔdəmi] s. sodomia f.: cópula anal.
soever [sou'evə] adv. 1. em todo caso, de qualquer modo, de qualquer maneira. 2. por mais que.

how bad ~ it may be por pior que seja. **where~** onde quer que seja.
sofa [s'oufə] s. sofá, canapé m.
~-bed sofá-cama.
soffit [s'ɔfit] s. (Arquit.) sofito m.
soft [sɔft] s. 1. pessoa estúpida f., simplório m. 2. material ou objeto mole. ‖ adj. 1. macio, flexível, plástico, maleável. 2. mole, tenro, dúctil. 3. suave, brando, agradável, gentil. 4. fino, liso, macio. 5. baixo (voz). 6. delicado, afável, meigo. 7. difuso (luz). 8. generoso (coração). 9. sem sais (água). 10. (coloq.) fácil. 11. fraco, afeminado. 12. estúpido, bobo, de miolo mole. 13. (Fonét.) mudo. 14. (coloq.) amoroso, enamorado. ‖ adv. quietamente, suavemente, gentilmente. ‖ **~ly** adv. brandamente, suavemente, etc. ‖ interj. quieto, calma! **~ drink** (E. U. A.) refresco. **~ goods** têxteis. **~ money** papel-moeda. **~ job** emprego fácil **~ mutes** consoantes fricativas. **he has a ~ place in his head** ele está com o miolo mole. **~ pedal** pedal abafador (quadro P 3). **~ sawder** bajulação. **the ~ sex** o sexo fraco. **she has a ~ spot in her heart for him** ela tem um fraco por ele. **she was touched in her ~ spot** ela rendeu-se.
soft-boiled adj. pouco fervido, ainda mole (ovos).
soft-brained adj. tolo, bobo, estúpido.
soft cover s. capa mole f. (de livro). ‖ adj. de capa mole.
soften [sɔfn] v. 1. amolecer. 2. tornar-se mole ou macio. 3. mitigar, suavizar, acalmar. 4. derreter, fundir. 5. enfraquecer. 6. esmorecer. 7. comover-se.
softener [s'ɔfnə] s. 1. acalmador, mitigador m. 2. (Quím.) emoliente m.
softening [s'ɔfniŋ] s. amolecimento m.
softening of the brain s. (Pat.) degeneração f. do encéfalo.
softheaded [s'ɔfthedid] adj. bobo, estúpido.
softhearted [s'ɔfhɑ:tid] adj. generoso, compassivo.
softish [s'ɔftiʃ] adj. amolecido, tonto.
soft landing s. (Aer.) descida suave f. (na Lua).
soft pedal s. (Mús.) pedal m. abafador.
soft-pedal v. 1. (Mús.) abrandar o som. 2. (coloq.) diminuir, subtrair, moderar.
soft shoulder s. acostamento m. (rodovia).
soft-soap v. (coloq.) bajular.
soft-spoken adj. falado em voz baixa, (fig.) afável.
soft-voiced adj. de voz calma.
soft ware s. (Técn. Comp.) dados m. pl. a processar
soggy [s'ɔgi] adj. 1. encharcado. 2. empapado.
soil (I) [sɔil] s. 1. terra f., solo m. 2. qualidade ou estado do solo. 3. terra f. para cultura ou plantação. 4. terreno, país m.
on native ~ na pátria. **a son of the ~** um filho da terra. **~ conservation** conservação do solo.
soil (II) [sɔil] s. 1. mancha, sujeira f. 2. matéria em decomposição f., composto, esterco m. 3. lamaçal, brejo m. ‖ v. 1. sujar, manchar, poluir. 2. ficar sujo. 3. manchar, tingir. 4. desonrar, desgraçar. 5. estercar.
soiled [~d] adj. 1. sujo, manchado. 2. maculado, desonrado.
soil pipe s. tubo de descarga de privada. (quadro W 2).
soiree [sw'ɑ:rei] s. (fr.) sarau m.
sojourn [s'ɔdʒə:n, s'oudʒə:n] s. permanência curta ou passageira f., lugar de estada. ‖ v. permanecer ou residir por pouco tempo.
sojourner [~ə] s. hóspede m., quem fica só temporariamente.
soke [souk] (também **soc**) s. (Hist. Jur.) jurisdição f. de proprietário de terras.
sol [sɔl] s. 1. (Mús.) sol m.: quinta nota da escala. 2. Hélio m., deus do Sol m. 3. moeda peruana f.

solace [s'ɔləs] s. consolo, conforto m. ‖ v. consolar, confortar, alegrar.
he ~d himself with ele confortou-se com...
solan [s'oulən], (também **solan goose**), s. (Orn.) gansopatola m.
solar [s'oulə] adj. solar, relativo ao sol, do sol.
~ myth mito do Sol. **~ plexus** (Med.) plexo solar. **~ rays** raios solares. **~ battery** bateria solar.
solarium [soul'ɛəriəm] s. pl. **solaria** [-riə] solário m.
solarize [s'ouləraiz] v. solarizar: a) expor à ação dos raios solares. b) (Fot.) expor à luz.
solatium [soul'eiʃjəm] s. pl. **solatia** [-ʃiə] compensação, indenização f.
sold [sould] v. imp. e p. p. de **to sell**.
solder [s'ɔldə] s. 1. solda f. 2. coisa que une ou junta firmemente. ‖ v. 1. soldar. 2. unir, juntar. 3. remendar, consertar.
to ~ up fechar com solda.
soldered [~d] adj. soldado.
soldering [~riŋ] s. solda, soldadura f., ato de soldar. **~-copper**, **~-bolt**, **~-iron** ferro de soldar.
soldier [s'ouldʒə] s. 1. soldado, guerreiro m. 2. soldado experimentado, comandante capaz m. ‖ v. 1. ser soldado, servir como soldado, tornar-se soldado. 2. (coloq.) fingir estar trabalhando. ‖ adj. como soldado, militar. ‖ **~ly** adv. à maneira de soldado.
common ~ soldado raso. **old ~** soldado experimentado, guerreiro, veterano, (gíria) ponta de charuto, garrafa vazia. **~ of fortune** aventureiro. **to play at ~s** brincar de soldado.
soldierlike [~laik] adj. militar, como soldado.
soldiership [~ʃip] s. qualidades militares f. pl., experiência militar f.
soldiery [~ri] s. tropa f., classe militar, soldadesca f.
sole (I) [soul] s. 1. sola f. do pé (quadro H 10). 2. sola f. de sapato ou de chinelo (quadro B 18). 3. palmilha f., coisa parecida com sola, parte de baixo, superfície inferior f. ‖ v. solar, pôr sola.
sole (II) [soul] s. (Ict.) solha f.
sole (III) [soul] adj. 1. só, sozinho. 2. único. 3. exclusivo. 4. abandonado, sozinho. 5. solteiro. ‖ **~ly** adv. sozinho, unicamente, exclusivamente, somente.
solecism [s'ɔlisizm] s 1. solecismo m. 2. erro m., culpa f.
solecist [s'ɔlisist] s. solecista m. + f.
solecistic [sɔlis'istik] adj. solecista.
sole-leather s. couro m. de sola, sola f.
solemn [s'ɔləm] adj. 1. solene, sério, grave. 2. formal, cerimonioso, misterioso. 3. sagrado, sacro, religioso. 4. correto, legal. 5. impressionante. 6. afetado, pomposo. ‖ **~ly** adv. solenemente.
solemnness [s'ɔləmnis] s. solenidade, cerimônia f.
solemnity [sɔl'emniti] s. 1. solenidade, seriedade f. 2. ato solene m., cerimônia f.
solemnization [sɔləmnaiz'eiʃn] s. cerimônia, solenidade f.
solemnize [s'ɔləmnaiz] v. 1. celebrar com solenidade ou cerimônia. 2. tornar ou fazer solene ou sério.
soleness [s'oulnis] s. solidão f.
solenoid [s'oulinɔid] s. (Eletr.) solenóide m., bobina elétrica f.
sole-plate s. sapata f. de fundição.
sol-fa [sɔlf'a:] s. solmização f., solfejo m. ‖ v. solfejar.
solfatara [sɔlfat'a:ra] s. (ital.) solfatara, sulfureira f.
solfeggio [sɔlf'edʒiou] s. (ital., Mús.) solfejo m.
solicit [səl'isit] v. 1. solicitar, pedir, requerer. 2. requestar, procurar. 3. apelar, rogar. 4. incomodar, importunar. 5. influenciar, tentar, instigar.
solicitation [səlisit'eiʃən] s. 1. solicitação f., requerimento m. 2. apelo, pedido m. 3. importunação f. 4. instigação f.
solicitor [səl'isitə] s. 1. solicitador m. 2. (E. U. A.)

funcionário m. de condado ou estadual. 3. (E. U. A.) pessoa f. que procura negócios ou donativos.
Solicitor-General procurador-geral (de Estado).
solicitous [sǝl'isitǝs] adj. 1. solícito, cuidadoso, apreensivo. 2. ansioso, desejoso. ‖ **~ly** adv. solicitamente.
solicitude [sǝl'isitju:d] s. solicitude, ansiedade f.
solid [s'ɔlid] s. 1. corpo sólido m. 2. (Geom.) corpo m. que tem largura, comprimento e altura. ‖ adj. 1. sólido. 2. maciço, compacto, íntegro. 3. que tem três dimensões, cúbico. 4. denso, pesado, grosso. 5. duro, firme. 6. igual, uniforme. 7. unânime. 8. real, sério. 9. genuíno, verdadeiro. 10. incontestável, de confiança. 11. sensato, inteligente, criterioso. 12. com fundamento financeiro, sólido (no sentido comercial). 13. inteiro, íntegro. 14. contínuo. 15. fechado. 16. sem hífen. 17. (coloq.) em bases firmes, amigável. 18. (gíria) excelente, formidável. 19. forte, durável. ‖ **~ly** adv. solidamente, compactamente, firmemente, etc. **~ contents** volume. **a ~ hour** uma hora inteira. **~ matter** (Tipogr.) composição compacta. **a ~ meal** uma refeição sólida ou nutritiva. **of ~ sugar** inteiramente de açúcar. **~ rubber tire** pneumático inteiriço de borracha. **~ sleeve coupling** acoplamento de manga cilíndrica em duas metades. **they went ~ against the new law** votaram unanimemente contra a nova lei. **~-coloured** unicolor. **~-drawn** repuxado sem costura.
solidarity [sɔlid'æriti] s. solidariedade, unidade f.
solidary [s'ɔlidǝri] adj. solidário, unido.
solid geometry s. geometria f. tridimensional, volumétrica; estereometria f.
solidification [sǝlidifik'eiʃǝn] s. solidificação f.
solidify [sǝl'idifai] v. 1. solidificar, endurecer. 2. unir firmemente.
solidity [sǝl'iditi], **solidness** [s'ɔlidnis] s. 1. solidez f. 2. dureza, resistência f. 3. verdade, genuinidade f. 4. cuidado m., diligência f. 5. segurança f.
solid-state adj. 1. (Fís.) em estado sólido. 2. (Eletrôn.) relativo a circuito de estado sólido.
solidus [s'ɔlidǝs] s. pl. **solidi** [-dai] 1. moeda romana f. de ouro. 2. traço inclinado m. (/), usado para separar xelins de pence, traço m. que indica fração.
soliloquize [sǝl'ilǝkwaiz] v. soliloquiar.
soliloquy [sǝl'ilǝkwi] s. 1. solilóquio m. 2. monólogo m.
soliped [s'ɔliped] s. solípede m. ‖ adj. solípede.
solipsism [s'oulipsizm] s. (Filos.) solipsismo m.
solitaire [sɔlit'eǝ] s. 1. solitário m.: pedra preciosa. 2. paciência f.: jogo de baralho para uma pessoa só.
solitariness [s'ɔlitǝrinis] s. solidão f.
solitary [s'ɔlitǝri] s. solitário m.: quem vive na solidão. ‖ adj. 1. solitário, só, único. 2. retirado, abandonado, sem companhia. ‖ **-ily** adv. solitariamente. **~ confinement** prisão em solitária. **~ flight** vôo solitário. **~ habits** hábitos de solitário. **~ instance** caso único.
solitude [s'ɔlitju:d] s. 1. solidão f. 2. lugar ermo m.
solmization [sɔlmiz'eiʃǝn] s. (Mús.) solmização f.
solo [s'oulou] s. pl. **~s**, **soli** [-li:] 1. solo, trecho musical m. para uma voz ou um instrumento. 2. o que é feito sem companheiro ou sem instrutor. 3. jogo m. de cartas que uma só pessoa joga. ‖ v. voar sozinho. ‖ adj. 1. para uma voz ou um instrumento. 2. que joga sozinho. 3. sozinho, sem sócio ou companheiro. **~ flight** vôo solitário.
soloist [~ist] s. solista m. + f.
Solomon [s'ɔlǝmǝn] s. 1. Salomão m.: rei dos hebreus. 2. (fig.) pessoa sábia f., pessoa que vive a dar conselhos.

Solomonic [sɔlǝm'ɔnik] adj. salomônico, de Salomão.
Solomon's Seal s. (Bot.) selo-de-salomão m.
so long interj. (coloq.) até logo!
solstice [s'ɔlstis] s. solstício m.
solstitial [sɔlst'iʃǝl] adj. solsticial.
solubility [sɔljub'iliti] s. solubilidade f.
soluble [s'ɔljubl] adj. solúvel: 1. que se pode dissolver. 2. que se pode resolver.
solute [s'ɔlju:t] s. soluto m. ‖ adj. dissolvido.
solution [sǝl'u:ʃǝn] s. 1. solução, resolução f. 2. explicação f. 3. processo m. de dissolução. 4. soluto m. 5. separação f.
rubber ~ solução de borracha. **~ of continuity** interrupção, solução de continuidade.
solvability [sɔlvǝb'iliti] s. solvabilidade f.
solvable [s'ɔlvǝbl] adj. solvável, solvível, que se pode solver.
solve [sɔlv] v. 1. solver, resolver, esclarecer. 2. dissolver. 3. (E. U. A.) quitar.
solvency [s'ɔlvǝnsi] s. solvência, solvibilidade f.
solvent [s'ɔlvǝnt] s. solvente, dissolvente m. ‖ adj. 1. solvente. que paga, que pode pagar. 2. que dissolve.
somatic [soum'ætik], **somatical** [~ǝl] adj. (Anat., Biol., Zool.) somático, relativo ao corpo. ‖ **~ally** adv. somaticamente.
somatological [soumǝtol'ɔdʒikǝl] adj. somatológico.
somatology [soumǝt'ɔlǝdʒi] s. (Med.) somatologia f.
sombre, somber [s'ɔmbǝ] adj. 1. escuro, sombrio. 2. melancólico, triste. ‖ **~ly** adv. sombriamente.
sombreness, somberness [~nis] s. 1. escuridão, obscuridade f. 2. melancolia f.
sombrero [sɔmbr'ɛarou] s. (espanhol) sombreiro m. chapéu de aba larga.
some [sʌm] adj. 1. uns, umas. 2. alguns, algumas 3. um pouco, certa quantidade. 4. um, uma, alguém. 5. cerca de, mais ou menos. 6. (E. U. A., coloq.) notável, grande, forte. ‖ adv. 1. (coloq.) um tanto, até certo grau. 2. (E. U. A., coloq.) até alto grau ou até grande extensão. ‖ pron. 1. alguns, algumas. 2. um pouco, certa quantidade.
~ book or other qualquer livro. **give me ~ coffee** dá-me um pouco de café. **it will happen ~ day** acontecerá qualquer dia. **to ~ extent** até certo ponto ou grau. **~ time ago** algum tempo atrás. **~ time or other** em qualquer ocasião. **after ~ time** depois de algum tempo. **~ few guests left** alguns poucos hóspedes foram-se. **~ 20** cerca de vinte, aproximadamente vinte. **~ more tea?** mais um pouco de chá?. **that's ~ apple!** (E. U. A., coloq.) isto sim, que é maçã! **~-place** em algum lugar, em qualquer lugar. **may I give you ~ of this?** posso dar-lhe um pouco disso? **to forgo ~ of one's right** desistir de parte de seu direito. **I'll visit you ~ of these days** far-lhe-ei uma visita nestes próximos dias. **~ came, others went** alguns vieram, outros foram **he likes her ~** (coloq., E. U. A.) ele gosta muito dela.
somebody [s'ʌmbɔdi] s. pessoa importante f. ‖ pron. alguém.
he is ~ ele é importante. **he thinks himself ~** ele se julga importante. **~ else** alguém mais, alguma outra pessoa.
somehow [s'ʌmhau] adv. de qualquer maneira, de algum modo, por qualquer razão.
~ or other de uma maneira ou de outra, de qualquer jeito.
someone [s'ʌmwʌn] s. pessoa importante f. ‖ pron. alguma pessoa, alguém.
~ or other qualquer pessoa.
somersault [s'ʌmǝsɔ:lt], **somerset** [s'ʌmǝsit] s. cambalhota f., salto m. ‖ v. dar cambalhota.

to turn a ~ dar cambalhota.
something [s'ʌmθiŋ] s. 1. alguma coisa f. 2. certa quantidade, certa parte f., um pouco m. 3. coisa ou pessoa f. de valor ou de importância. 4. exemplo m., uma espécie de f. ‖ adv. algo, até certo ponto, um pouco, um tanto.
a certain ~ um certo quê. **~ of an actor** uma espécie de ator, algo como ator. **there is ~ in it, you've got ~ there** há nisso algo de certo, isto tem alguma vantagem. **~ terrible** alguma coisa terrível. **she is ~ like a maid** ela é uma espécie de arrumadeira. **that is ~ like!** isto sim! **the heat was ~ frightful** (gíria) o calor foi simplesmente horrível.
sometime [s'ʌmtaim] adj. ocasional, esporádico. ‖ adv. 1. algum dia, em qualquer tempo. 2. antigamente, ocasionalmente.
a ~ pupil um antigo aluno. **come over ~** visite-me nestes dias. **~ ago** há tempos atrás.
sometimes [~z] adv. às vezes, ocasionalmente.
somewhat [s'ʌmwɔt] s. alguma parte, alguma quantidade f. ‖ adv. algo, um tanto, até certo grau, um pouco, levemente, relativamente.
he is ~ rash ele é um tanto precipitado. **it loses ~ of its importance** perde um pouco da sua importância. **~ of a disappointment** uma certa decepção. **~ of a poet** um poeta mais ou menos talentoso.
somewhere [s'ʌmwɛə] s. alguma parte f., algum lugar m., um lugar qualquer. ‖ adv. 1. em algum lugar, em alguma parte, algures. 2. aproximadamente. **~ about the 12th** mais ou menos dia 12. **~ else** em outro lugar, em outra parte.
somnambulate [sɔmn'æmbjuleit] v. sonambular.
somnambulism [sɔmn'æmbjulizm] s. sonambulismo m.
somnambulist [sɔmn'æmbjulist] s. sonâmbulo m.
somnambulistic [sɔmnæmbjul'istik] adj. sonambúlico, sonâmbulo. ‖ ~ally adv. sonambulicamente.
somniferous [sɔmn'ifərəs] adj. 1. sonífero, que causa sono. 2. sonolento.
somniloquous [sɔmn'iləkwəs] adj. soníloquo.
somniloquy [sɔmn'iləkwi], **somniloquence** (†) [sɔmn'iləkwəns] s. soniloqüência f.
somnolence [s'ɔmnoləns] s. sonolência f.
somnolent [s'ɔmnolənt] adj. sonolento. ‖ ~ly adv. sonolentemente.
son [sʌn] s. 1. filho, descendente masculino m. 2. nativo m. (de um país, etc.) 3. termo para chamar uma pessoa mais jovem ou um discípulo m. **Son of Man** Jesus Cristo. **~ of Belial** safado. **~s of darkness** os maus. **~s of toil** os que executam trabalho pesado. **every mother's ~** todo mundo. **~ of a bitch** (E. U. A., gíria) filho da puta.
sonance [s'ounəns], **sonancy** [s'ounənsi] s. sonância f.
sonant [s'ounənt] s. letra f. ou som sonante m. ‖ adj. 1. sonante. 2. silábico.
sonar [s'ouna:] s. sonar m.: aparelho de detecção submarina.
sonata [sən'a:tə] s. (Mús.) sonata f.
sonatina [sɔnət'i:nə] s. (Mús.) sonatina f.
song [sɔŋ] s. 1. canção f. 2. poesia f. 3. canto, ato m. de cantar. 4. som melodioso m. 5. pechincha, bagatela f.
drinking ~ canção báquica. **sacred ~** cântico sacro. **it went for an old ~** foi vendido a troco de banana. **give us a ~!** cante para nós! **nothing to make a ~ about** nada de importância.
song-bird s. pássaro canoro m.
song cycle s. (Mús.) ciclo m. de canções.
songful [s'ɔŋful] adj. 1. que gosta de cantar. 2. melodioso.

songless [s'ɔŋlis] adj. que não canta, mudo, sem som.
songster [s'ɔŋstə] s. 1. cantor, poeta m. 2. pássaro canoro m.
songstress [s'ɔŋstris] s. 1. cantora f. 2. poetisa f.
song-thrush s. (Orn.) tordo canoro m.
songwriter [s'ɔŋraitə] s. autor e ou compositor m. de canções, esp. populares.
sonic [s'ɔnik] adj. 1. sônico, relativo ao som. 2. relativo à velocidade do som.
~ barrier barreira do som. **~ mine** mina acústica.
soniferous [son'ifərəs] adj. que produz ou que transmite som.
son-in-law s. pl. **sons-in-law** genro m.
sonless [s'ʌnlis] adj. sem filho.
sonnet [s'ɔnit] s. soneto m.
sonneteer [sɔnit'iə] s. sonetista m. + f. ‖ v. escrever sonetos.
sonny, sonnie [s'ʌni] s. (dirigindo-se a um menino) filhinho m., meu filho.
sonometer [son'ɔmitə] s. sonômetro m.
sonorific [sonər'ifik] adj. sonoro: que produz som.
sonority [sən'ɔriti] s. sonoridade, harmonia f.
sonorous [sən'ɔ:rəs] adj. 1. sonoro, que emite som. 2. com som forte ou agudo. 3. harmonioso, melodioso. ‖ ~ly adv. sonoramente.
sonorousness [~nis] s. sonoridade f.
soon [su:n] adv. 1. logo, brevemente. 2. cedo. 3. prontamente, rapidamente. 4. com prazer.
as ~ as possible tão logo que for possível. **I would as ~ walk as go by tram** gostaria tanto de andar como ir de bonde.
sooner [s'u:nə] comparativo de **soon**.
the ~ the better quanto antes melhor. **~ or later** mais cedo ou mais tarde. **no ~ said than done** dito e feito. **no ~ did he come than she began to cry** tão logo ele chegou, ela começou a chorar.
soot [sut] s. fuligem f. ‖ v. cobrir ou sujar com fuligem.
sooth [su:θ] s. (†) verdade f. ‖ adj. verdadeiro. ‖ adv. realmente.
in (good) ~, ~ to say para dizer a verdade.
soothe [su:ð] v. 1. acalmar, confortar. 2. suavizar, aliviar.
soother [s'u:ðə] s. chupeta f.
soothing [s'u:ðiŋ] adj. calmante, suavizante, que alivia. ‖ ~ly adv. de maneira calmante, de maneira que suaviza.
soothsay [s'u:θsei] v. (†) predizer, profetizar, adivinhar.
soothsayer [~ə] s. adivinhador m., adivinhadora f.
soothsaying [~iŋ] s. adivinhação, predição f.
sootiness [s'utinis] s. fuliginosidade f.
sootless [s'utlis] adj. sem fuligem.
sooty [s'uti] adj. 1. fuliginoso, coberto de fuligem. 2. preto, escuro. ‖ ~ily adv. cheio de fuligem.
sop [sɔp] s. 1. bocado ou pedaço m. de pão embebido em alguma coisa. 2. calmante m. ‖ v. 1. embeber, molhar, empapar, ensopar. 2. absorver (água), enxugar. 3. estar encharcado. 4. encharcar, molhar.
soph [sɔf] (coloq.) abr. de 1. **sophister**. 2. **sophomore**.
sophism [s'ɔfizm] s. sofisma m.
sophist [s'ɔfist] s. 1. (Hist., Filos.) sofista m. + f. 2. **Sophist** membro de uma classe de filósofos gregos.
sophister [~ə] s. sofista m. + f. 2. (Ingl.) estudante universitário m. do segundo ou terceiro ano.
sophistic [sof'istik], **sophistical** [~əl] adj. sofístico. ‖ ~ally adv. sofisticamente.
sophisticate [sof'istikit] s. pessoa sofisticada f. ‖ [sof'istikeit] v. 1. sofisticar. 2. adulterar, falsificar. 3. sofismar. 4. tirar a naturalidade a.

sophisticated [sof'istikeitid] adj. 1. afetado, artificial, falso. 2. sofisticado. 3. enganador, adulterador. 4. conhecedor da vida, intelectual, exigente. 5. que não tem ilusões.

sophistication [sofistik'eiʃən] s. 1. perda de naturalidade ou de simplicidade f., artifício m. 2. sofisticação f.

sophistry [s'ofistri] s. 1. sofisma m. 2. raciocínio sofístico m. 3. arte ou prática f. de sofística.

sophomore [s'ofəmɔ:] s. 1. (E. U. A.) estudante m. + f. do segundo ano. 2. pessoa imatura f.

sophomoric [sofəm'orik], **sophomorical** [~əl] adj. 1. pertencente ao estudante do segundo ano. 2. (E. U. A.) imaturo, superficial, pouco profundo. 3. intelectualmente pretensioso.

sopor [s'oupə] s. sono muito profundo, estupor m.

soporiferous [soupər'ifərəs] adj. soporífero, soporífico.

soporific [soupər'ifik] s. soporífico m. ‖ adj. 1. soforífico, soporífero. 2. sonolento.

soppiness [s'opinis] s. estado do que está molhado ou encharcado.

sopping [s'opiŋ] adj. molhado, encharcado.
~ **wet** completamente molhado. ~ **on her** caidinho por ela.

soppy [s'opi] adj. 1. molhado, encharcado, embebido. 2. (gíria) sentimental.

soprano [səpr'a:nou] s. pl. **sopranos, soprani** [-ni:] 1. soprano m. 2. parte cantada por soprano. ‖ adj. de soprano.

sora [s'ɔ:rə] s. (Orn.) espécie de jaçanã do gênero Porzana.

sorb [sɔ:b] s. (Bot.) 1. sorveira f. 2. sorva f.

sorcerer [s'ɔ:sərə] s. mágico, feiticeiro m.

sorceress [s'ɔ:səris] s. feiticeira, bruxa f.

sorcery [s'ɔ:səri] s. magia, feitiçaria, bruxaria f.

sordid [s'ɔ:did] adj. 1. sórdido, sujo, nojento. 2. vil, baixo, egoísta, avarento. ‖ ~**ly** adv. sordidamente, vilmente.

sordidness [~nis] s. sordidez, sordícia, imundície, baixeza f.

sordine [s'ɔ:di:n] s. (Mús.) surdina f.

sore [sɔ:] s. 1. chaga, ferida f., lugar dolorido m. 2. dor, mágoa, aflição f. ‖ adj. 1. dolorido, doloroso, ferido, sensível. 2. inflamado. 3. aborrecido, enfadado, magoado. 4. (E. U. A.) irritável. 5. ofendido, furioso. 6. irritante, melindroso, desagradável, delicado, embaraçoso. 7. severo. ‖ ~**ly** adv. extremamente, muito, altamente, violentamente, em alto grau.
an open ~ uma ferida aberta, (fig.) um mal antigo. **old** ~**s** rixas velhas. **that is a** ~ **point with her** isto é um ponto delicado com ela. **I have a** ~ **throat** estou com dor de garganta. **a** ~ **trouble** uma grave mágoa. ~**head** quem não sabe perder. **she is** ~**ly grieved** ela está muito triste.

sorehead [s'ɔ:hed] s. 1. (Esp.) mau perdedor m. 2. pessoa vingativa, rancorosa f.

soreness [s'ɔ:nis] s. 1. qualidade de estar ferido ou doloroso. 2. irritabilidade, sensibilidade f.

sorghum [s'ɔ:gəm] s. 1. sorgo m.: planta parecida com o milho, usada para preparar melado ou forragem. 2. (E. U. A.) melado m. feito de sorgo.

sororal [sor'ourəl] adj. sororal, sororio, relativo a irmã.

sororate [s'ourəreit] s. (Etn.) sororato m.

sorority [sər'o:riti] s. 1. associação de irmãs, irmandade f. 2. (E. U. A.) clube m., ou associação f. de moças ou mulheres.

sorosis [sər'ousis] s. (Bot.) sorose f.

sorrel (I) [s'orəl] s. (Bot.) azeda f.

sorrel (II) [s'orəl] s. 1. cor-de-canela f. 2. alazão,

cavalo alazão m. ‖ adj. alazão, marrom-avermelhado.

sorriness [s'orinis] s. 1. pobreza, miséria f. 2. tristeza f., arrependimento m.

sorrow [s'orou] s. 1. tristeza, mágoa f., pesar m. 2. aborrecimento, sofrimento m., aflição f. 3. contrição f., arrependimento m. ‖ v. 1. entristecer-se, aborrecer-se. 2. estar triste, magoado, sentir pena.
to my great ~ com profundo pesar meu. **Man of** ~**s** homem das dores (Jesus Cristo).

sorrowful [~ful] adj. 1. triste, pesaroso, infeliz. 2. lamentável, que causa tristeza. ‖ ~**ly** adv. tristemente, pesarosamente.

sorrowfulness [~fulnis] s. tristeza, angústia f., pesar m.

sorry [s'ori] adj. 1. triste, preocupado, pesaroso, contrito, arrependido. 2. miserável, lamentável, pobre, fraco, que causa dó. 3. melancólico, desanimado. ‖ ~**ily** adv. tristemente, miseravelmente.
(I am) ~! perdão! desculpe! sinto muito! **I am** ~ **for her** tenho pena dela. **I am** ~ **for it** estou arrependido. **I am** ~ **to say** sinto ter que dizer. **a** ~ **excuse** uma desculpa esfarrapada.

sort [sɔ:t] s. 1. classe, espécie f., tipo m. 2. caráter m., qualidade, natureza f. 3. modo, estilo m., maneira f. 4. pessoa ou coisa de certa qualidade. ‖ v. 1. classificar, sortir, selecionar, pôr em ordem, separar de acordo com certa qualidade. 2. separar, isolar. 3. (†) servir, adaptar-se, estar de acordo.
all ~**s** de toda espécie de ou classe de, de tudo. **of all** ~**s** de toda espécie. **the common** ~ o povo simples. **he is a good** ~ ele é um bom rapaz. **he's certainly a writer** – **of** ~**s** ele é um escritor, mas que escritor. **nothing of the** ~ nada disso. **something of the** ~ alguma coisa parecida. **a strange** ~ **of girl** um estranho tipo de moça. **that** ~ **of thing** tal coisa, algo de parecido. **she is not that** ~ **of woman who ...** ela não é esse tipo de mulher que ..., não é daquelas mulheres que ... **I am out of** ~**s** sinto-me mal, estou aborrecido. **in some** ~ de certo modo. ~ **of** de certo modo. **I** ~ **of remembered it** lembrei-me vagamente disto. **to** ~ **out** separar, escolher. **he is** ~ **of tired** ele está meio cansado.

sorta [s'ɔ:tə] (E. U. A., coloq.) contração de **sort of**.

sorted [s'ɔ:tid] adj. sortido.

sorter [s'ɔ:tə] s. separador m., quem escolhe ou separa.

sortie [s'ɔ:ti] s. (milit.) sortida f., vôo m. de reconhecimento.

sortilege [s'ɔ:tilidʒ] s. sortilégio m.

sorting [s'ɔ:tiŋ] s. escolha, classificação f.

sortition [sɔ:t'iʃən] s. sorteio, sorteamento m.

sortment [s'ɔ:tmənt] s. sortimento, sortido m.

sorus [s'ɔ:rəs] s. (Bot.) soro m.

S O S. [es ou es] s. (Náut.) chamada radiotelegráfica por socorro ... – – – ... posteriormente interpretada por "save our souls". ‖ v. pedir socorro.

so-so adj. assim, assim, mais ou menos. ‖ adv. regularmente, de modo tolerável.

sot [sɔt] s. beberrão, cachaceiro m. ‖ v. beber, embriagar-se.

sottish [s'otiʃ] adj. embriagado, bêbedo. ‖ ~**ly** adv. de modo embriagado.

soubrette [su:br'et] s. 1. soprano ligeiro m. 2. camareira (de caráter intrigante) f. em comédia.

souffle [su:fl] s. (Med.) sopro, murmúrio m.

soufflé [s'u:flei] s. (fr.) (Culin.) sobremesa leve f. de clara de ovo. ‖ adj. inchado, fofo.

sough [sau, sʌf] s. zunido, murmúrio, sussurro m. (como o do vento). ‖ v. sussurrar, zunir, zumbir.

sought [sɔ:t] v. imp. p. p. **de to seek.**

~–after, ~–for procurado.

soul [soul] s. 1. alma f. 2. espírito m., energia f. de sentimento. 3. parte essencial f. 4. pessoa f. 5. espírito m (de pessoa morta).
a good ~! uma boa alma (pessoa). not a ~ ninguém, nem uma pessoa. poor ~! coitado, pobrezinho! he is the ~ of truthfulness ele é a veracidade em pessoa. from my ~ com profundo sentimento. upon my ~ pela minha alma. with all my heart and ~ de todo o coração.

soul-bell s. dobre m. a finados.

souled [~d] adj. intencionado, dotado espiritualmente.

soulful [s'oulful] adj. cheio de alma, nobre. ∥ ~ly adv. de modo nobre.

soulless [s'oullis] adj. sem alma, cruel, desalmado. ∥ ~ly adv. desalmadamente, cruelmente.

soul-mass s. missa f. em intenção das almas.

soul mate s. 1. amigo e confidente m. 2. alma gêmea f.

soul searching s. exame m. de consciência, auto-análise f.

soul-stirring adj. comovente, que fala ao coração.

sound (I) [saund] s. 1. som, o que se pode ouvir m. 2. vibrações sonoras f. pl. 3. tom, ruído m. 4. distância f. dentro da qual um ruído pode ser ouvido. 5. (Fon.) som m., combinação f. de vogais. 6. barulho m. ∥ v. 1. soar, emitir um som ou ruído. 2. fazer soar, tocar. 3. ser ouvido, retinir, ressoar. 4. auscultar. 5. dirigir pelo som. 6. anunciar. 7. parecer.
stay within ~ fique dentro do alcance do ouvido. that ~s fine isto soa bem. you ~ disappointed você parece desapontado. he ~ed it abroad ele o espalhou. they ~ed the alarm deram sinal de alarma. he ~s her praises ele a elogia. he ~s the retreat ele dá sinal para a retirada.

sound (II) [saund] s. 1. estreito, canal, braço m. de mar. 2. (Ict.) bexiga natatória f.

sound (III) [saund] s. (Med.) sonda f. ∥ v. 1. sondar, medir a profundidade. 2. examinar, testar (trazendo uma amostra da profundidade). 3. inquirir, investigar, examinar. 4. mergulhar, afundar.

sound (IV) [saund] adj. 1. sem defeito, inteiro, intato, ileso, bom, perfeito. 2. são, sadio. 3. forte, seguro. 4. sólido. 5. correto, acertado, razoável. 6. legal, leal, honrado, idôneo. 7. profundo (sono), eficiente. ∥ adv. profundamente. ∥ ~ly adv. 1. sadiamente. 2. integralmente, inteiramente. 3. de modo bem conservado. 4. inteligentemente. 5. razoavelmente, cabalmente. 6. profundamente, firmemente. ~ as a bell (roach, trout) completamente sadio. safe and ~ são e salvo. ~ sense bom senso. she is ~ asleep ela está dormindo profundamente.

sound barrier (também **sonic** ~) s. barreira f. do som.

sound-board (Mús.) tampa f. de ressonância (quadro P 3).

sound-box s. caixa acústica f.

sound effects pl. s. (Teat.) efeitos sonoros m. pl.

sounder [s'aundə] s. 1. vibrador m. (de telégrafo). 2. sondador m., sonda (acústica) f.

sound-film s. filme sonoro m.

sound-hole s. furo (de violino) m. (quadro V 1).

sounding (I) [s'aundiŋ] s. 1. som m., ato de soar. 2. toque m. (de clarim, etc.). ∥ adj. 1. sonante, sonoro. 2. ressonante, retumbante. 3. altissonante.

sounding (II) [s'aundiŋ] s. 1. sondagem, ação f. de sondar. 2. ~s pl. profundidade determinada f. por sondagem. 3. pesquisa, investigação f. 4. ~s pl. água f. com menos de 200 metros de profundidade. 5. resultados m. pl. de sondagem.

~ of markets pesquisa de mercados.

sounding-lead s. prumo m., sonda f.

sounding-line s. sonda f., prumo m. de navegantes.

soundless (I) [s'aundlis] adj. sem som, mudo, silencioso. ∥ ~ly adv. silenciosamente.

soundless (II) [s'aundlis] adj. insondável. ∥ ~ly adv. de modo insondável.

sound-locator s. aparelho m. de escuta.

soundness [s'aundnis] s. 1. saúde, sanidade f. 2. integridade f. 3. força, estabilidade, solidez f. 4. eficiência, diligência f. 5. segurança, firmeza f. 6. profundidade f. (do sono). 7. reputação boa f.
~ of judgement juízo sadio.

soundproof [s'aundpru:f] adj. à prova de som. ∥ v. isolar à prova de som.

sound ranging s. localização f. pelo som.

sound-shift s. mudança t. do som.

sound spectrogram s. espectrograma sonoro m.

sound spectrograph s. espectrógrafo sonoro m.

sound-story s. reportagem f. de rádio.

sound-track s. (Cin.) trilha sonora f. (quadro F 2).

sound truck s. camioneta f. com alto-falante.

sound-wave s. (Fís.) onda sonora f.

soup (I) [su:p] s. sopa f.
to be in the ~ estar em apuros.

soup (II) [su:p] s. (gíria Av.) cavalo-vapor m.
to ~ up aumentar a força do motor por meio de compressor.

soupçon [su:ps'o:ŋ] s. (fr.) traço ou sabor leve m.

soup-kitchen s. cozinha pública f. para os pobres.

soup-ladle s. concha f. (quadro D 2).

soup-like adj. como sopa.

soup-plate s. prato fundo m. (quadro D 2).

soupspoon [s'u:pspu:n] s. colher de sopa f.

soup-tureen s. sopeira, terrina f. (quadro D 2).

soupy [s'u:pi] adj. como sopa.

sour [s'auə] s. 1. coisa ácida ou azeda. 2. (E. U. A.) bebida alcoólica, acre f. ∥ adj. 1. azedo, ácido, acre. 2. fermentado, rançoso, estragado, coalhado. 3. desagradável, amargo, áspero. 4. frio, úmido (tempo). 5. aborrecido, amargurado, carrancudo. ∥ v. 1. azedar, ficar ácido. 2. (fig.) amargurar, exacerbar. 3. ficar aborrecido ou amargurado. ∥ ~ly adv. acidamente, acremente.

source [sɔ:s] s. 1. fonte, nascente f. 2. origem f., lugar m. de origem. 3. fonte f. de informações.
I draw it from a reliable ~ tenho isso de fonte limpa. the rumour takes its ~ from ou has its ~ in some facts o boato baseia-se em alguns fatos.

sour cream s. coalhada f.

sourdine [suəd'i:n] s. = **sordine**.

sourdough [s'auədou] s. 1. fermento m. 2. (coloq., E. U. A.) garimpeiro m.

sourness [s'auənis] s. acidez f., gosto azedo m.

souse [saus] s. 1. mergulho m. 2. salmoura f. 3. carne salgada f. 4. (E. U. A. gíria) cachaceiro m. ∥ v. 1. embeber, encharcar. 2. pôr em salmoura. 3. cair na água. 4. embriagar-se.

soused [~t] aaj. (gíria) embriagado.

soutane [su:t'a:n] s. batina, sotaina f. (quadro C 18).

south [sauθ] s. 1. sul m., direção sul f. 2. (também **South**) parte sul f. 3. (também **South**) parte sul dos E. U. A., Estados m. pl. do Sul dos E. U. A. ∥ v. mover-se para o sul, passar o meridiano (astros). ∥ adj. 1. sul. 2. do sul, meridional. 3. (**South**) na parte sul, meridional. ∥ adv. 1. para o sul, vindo do sul. 2. no sul.
to the ~ of London ao sul de Londres. ~ wind vento sul. the window faces ~ a janela dá para o sul.

southbound [s'auθbaund] adj. em viagem para o Sul.

Southdown [s'auθdaun] s. raça f. de carneiros sem chifres criada na Inglaterra.

southeast [sauθ'i:st] s. 1. direção sudeste f. 2. lugar m. ou parte f. sudeste. ‖ adj. 1. sudeste. 2. situado no sudeste. 3. vindo do sudeste. 4. dirigido para o sudeste. ‖ adv. 1. para sudeste. 2. do sudeste. 3. no sudeste.

southeaster [~ə] s. vento m. ou tempestade f. do sudeste.

southeasterly [~əli] adj. de sudeste. ‖ adv. em direção para o sudeste.

southeastern [~ən] adj. 1. ao sudeste. 2. do sudeste. 3. pertencente ao sudeste.

southeastward [~wəd] s. sudeste m. ‖ adj. 1. ao sudeste. 2. sudeste. ‖ adv. (também ~s] para o sudeste.

southeastwardly [~wədli] adj. de sudeste (ventos). ‖ adv. para o sudeste.

souther [s'ʌðə] s. vento m. ou tempestade f. do sul.

southerly [~li] adj. do sul. ‖ adv. para o sul. ~ **wind** vento sul.

southern [~n] adj. 1. ao sul. 2. do sul. 3. no sul. 4. (E. U. A.) **Southern** relativo aos estados do Sul. **Southern States** Estados do Sul dos E.U.A. **Southern Cross** Cruzeiro do Sul. ~ **Hemisphere** hemisfério sul.

southerner [~nə] s. 1. nativo m. ou habitante m. + f. do Sul. 2. (E. U. A.) habitantes m. + f. pl. dos estados do Sul.

southernmost [~ nmoust] adj. que está mais para o sul.

southing [s'auðiŋ] s. 1. direção sul f. 2. (Náut.) diferença f. da latitude em direção sul. 3. passagem f. pelo meridiano.

southland [s'auθlænd] s. país m. do sul, parte sul f. de um país.

southmost [s'auθmoust] adj. = southernmost.

southpaw [s'auθpɔ:]. s. (gíria) canhoto m. ‖ adj. canhoto.

south-polar adj. antártico, relativo ao Pólo Sul. **South Pole** s. Pólo Sul m.

south-southeast adj. sul-sueste.

southward [s'auθwəd] s. sul m. ‖ adj. 1. ao sul. 2. sul. ‖ adv. (também ~s) para o sul.

southwardly [~li] adj. vindo do sul (ventos). ‖ adv. em direção ao sul.

southwest [sauθw'est] s. 1. Sudoeste m., direção f. de sudoeste. 2. lugar m. ou parte f. situada no sudoeste. ‖ adj. 1. sudoeste. 2. situado no sudoeste. 3. vindo do sudoeste. 4. dirigido para o sudoeste. ‖ adv. 1. em direção ao sudoeste. 2. de sudoeste. 3. no sudoeste.

southwester [~ə] s. 1. vento m. ou tempestade f. do sudoeste. 2. sueste m.: chapéu de oleado para marinheiros.

southwesterly [~əli] adj. do sudoeste. ‖ adv. para o sudoeste.

southwestern [~ən] adj. 1. para o sudoeste. 2. do sudoeste. 3. relativo ou pertencente ao sudoeste.

southwestward [~wəd] s. sudoeste m. ‖ adj. para o sudoeste, sudoeste. ‖ adv. (também ~s) em direção ao sudoeste.

southwestwardly [~wədli] adj. do sudoeste (ventos). ‖ adv. em direção ao sudoeste.

souvenir [s'u:vəniə] s. (fr.) lembrança, recordação f., brinde m.

sovereign [s'ovrin] s. 1. soberano, monarca, rei m., soberana, rainha f. 2. moeda f. de ouro inglesa no valor de 20 xelins. ‖ adj. 1. soberano. 2. supremo. 3. independente, autônomo. 4. superior, inexcedível, excelente, poderoso. ‖ ~ly adv. soberanamente. **they treated him with** ~ **contempt** trataram-no com desprezo extremo.

sovereignty [~ti] s. 1. soberania f., poder supremo m. 2. autoridade f. ou cargo m. de soberano.

soviet [s'ouviət] s. 1. conselho m., assembléia f. 2. soviete m.: conselho local na Rússia. ‖ adj. soviético. **Soviet Russia** Rússia soviética. **Soviet Union** União soviética.

sovietism [~izm] s. sovietismo, bolchevismo m.

sovietize [~aiz] v. sovietizar.

sow (I) [sau] s. 1. porca f. 2. jito m.: canal que conduz molde de fundição. 3. lingote m. defeituoso. **to get the wrong** ~ **by the ears** chegar a uma conclusão errada.

sow (II) [sou] v. (imp. **sowed, p. p. sown, sowed**) 1. semear, plantar semente. 2. espalhar, disseminar, propagar. **he has** ~**ed his wild oats** ele já cometeu as diabruras da juventude. **they** ~**ed the wind and reaped the whirlwind** semearam vento e colheram tempestade.

sow-bread s. (Bot.) pão-de-porco m.

sow-bug s. (Ent.) bicho-de-conta m.

sower [s'ouə] s. 1. semeador m. 2. máquina de semear f. 3. instigador, promotor m. 4. propagador m.

sowing [s'ouiŋ] s. 1. semeadura f. 2. disseminação † ~ **machine** máquina de semear.

sow-thistle s. (Bot.) serralha f.

sox [soks] s. pl. variação de **socks** (E. U. A., coloq.) meias curtas f. pl.

soy [soi], **soya** [s'oiə] s. 1. soja f., molho m. feito de soja. 2. feijão-soja m.

soybean [s'oibi:n] (também **soya bean**) s. 1. feijão-soja m. 2. soja m. (planta).

spa [spa:] s. 1. fonte f. de água mineral. 2. estação f. de água.

spaad [spa:d] s. (Miner.) espato m.

space [speis] s. 1. espaço, universo m. 2. lugar m., extensão f. 3. área, superfície f. 4. distância f. 5. espaço m. de tempo, prazo m. 6. (†) intervalo m. 7. folga, oportunidade f. 8. (Tipogr.) material branco m., espaço m. 9. (Mús.) espaço entre duas linhas m. 10. acomodação f., lugar (para sentar num veículo m. ‖ v. 1. espaçar, fixar espaço, separar com espaço. 2. dividir em espaços. 3. (Tipogr.) espacejar, justificar linhas. **he stared into** ~ ele olhou o vazio. **time and** ~ tempo e espaço. **leave some** ~ **for another chair** deixe um pouco de lugar para mais uma cadeira. **within the** ~ **of a week** dentro de uma semana. **let it rest for a** ~ deixe isto em descanso por algum tempo. **to** ~ **out** (Tipogr.) espaçar.

space-bar s. tecla espaçadora f. (quadro T 6).

space capsule s. (Aer.) cápsula espacial f.

spaced [speist] adj. (Tipogr.) espaçado.

space fiction s. (Liter.) ficção f. de aventuras no espaço.

space-filling adj. que enche o espaço.

space flight s. (Aer.) vôo espacial m.

spaceless [sp'eislis] adj. infinito, ilimitado.

space line s. (Mús.) pauta f. (quadro N 2).

spacer [sp'eisə] s. (Mec.) espaçador m.

spaceship [sp'eisʃip] s. nave espacial f.

space station s. (Aer.) plataforma espacial f.

space suit s. roupa f. de astronauta.

space-writer s. jornalista m. que é pago pelo espaço dos seus artigos.

spacial [sp'eiʃəl] adj. = spatial.

spacing [sp'eisiŋ] s. (Tipogr.) 1. espacejamento m. (quadro B 17). 2. ato de espaçar.

spacious [sp'eiʃəs] adj. espaçoso, amplo, vasto. ‖ ~ly adv. espaçosamente.

spaciousness [~nis] s. amplidão, vastidão f.

spade (I) [speid] s. 1. pá f. (quadro S 6). ‖ v. cavoucar com pá.
to call a ~ a ~ chamar pelo nome real, falar franca e abertamente. ~-blade (Anat.) omoplata. ~-work trabalho preparatório, trabalho de pioneiro.
spade (II) [speid] s. (Jogo) 1. espadas f. pl. (quadro P 6). 2. ~s (baralho) espadas f. pl. seguida f. de espadas.
King of ~s rei de espadas. ~s are trump espadas são trunfo.
spadeful [sp'eidful] s. pazada f.
spadix [sp'eidiks] s. pl. spadices [sp'eidisi:s] (Bot.) espadice f.
spaghetti [spa:g'eti] s. (ital.) espaguete m.
spahi [sp'a:hi:] s. soldado m. da cavalaria: a) argelino, no exército francês. b) (†) turco.
Spain [spein] s. Espanha f.
spake [speik] (arc.) imp. de to speak.
spall [spɔ:l] s. lasca f., pedaço (de pedra) m. ‖ v. britar, quebrar, rachar, lascar.
spallation [spəl'eiʃən] s. (Fís.) reação nuclear f.
spalpeen [spælp'i:n] s. salafrário, vagabundo m.
span (I) [spæn] s. 1. palmo m.: medida antiga. 2. vão m., distância f. entre dois suportes. 3. período curto m. de tempo. 4. extensão, envergadura f. 5 junta, parelha f. ‖ v. 1. medir por palmos. 2. estender sobre, abarcar.
span (II) [spæn] v. imp. de to spin.
spandrel [sp'ændrəl] s. (Arquit.) tímpano (de arco) m.
spang [spæŋ] adv. (E. U. A., coloq.) imediatamente, precisamente, diretamente.
spangle [spæŋgl] s. 1. lentejoula f. 2. palheta f., pedacinho m. que brilha. ‖ v. 1. decorar ou enfeitar com lentejoulas. 2. brilhar, reluzir.
spangly [~i] adj. brilhante, reluzente.
Spaniard [sp'ænjəd] s. espanhol m.
spaniel [sp'ænjəl] s. 1. raça f. de cachorros com orelhas compridas. 2. pessoa servil f.
Spanish [sp'æniʃ] s. 1. povo espanhol m. 2. língua espanhola f. ‖ adj. espanhol.
~ American hispano-americano. ~ chestnut variedade de castanha. ~ fly cantárida. ~ leather marroquim, cordovão. ~ liquorice alcaçuz. ~ Main (Hist.) parte meridional do Mar das Antilhas.
spank [spæŋk] s. palmada f. ‖ v. 1. bater, dar palmada, espancar, chicotear. 2. ir depressa, chispar.
to ~ along andar depressa, correr.
spanker [sp'æŋkə] s. 1. quem anda bem depressa m., cavalo rápido m. 2. (coloq.) exemplar excepcional, sujeito formidável m. 3. (Náut.) mezena, vela ré f.
spanking [sp'æŋkiŋ] s. surra f., espancamento m. ‖ adj. 1. que sopra fortemente (vento). 2. rápido e vigoroso. 3. (coloq.) bom, fino, grande, formidável.
spanner [sp'ænə] s. chave f. de parafuso (quadro L 5).
span rope s. (Eletr.) cabo tensor m.
spar (I) [spa:] s. 1. (Náut.) mastro, botaló m. 2. verga, barra. 3. (Av.) longarina f. de asa. ‖ v. colocar vergas ou mastros.
spar (II) [spa:] s. 1. briga f. de galos. 2. luta f. de boxe. 3. finta f. 4. (fig.) briga, discussão f. ‖ v. 1. lutar, defender-se com os braços e punhos, praticar pugilismo. 2. brigar, disputar.
spar (III) [spa:] s. 1. (Miner.) espato m. 2. (Aer.) longerão m.
spar (IV) [spa:] ou SPAR s. (abr. do lema latino: semper paratus) membro m. da guarda costeira feminina nos E. U. A.
spar-deck s. (Náut.) convés superior.
spare [spɛəl] s. objeto m. de reserva. ‖ v. 1. poupar, tratar com indulgência, ter dó ou comiseração de. 2. aliviar, desobrigar, isentar, dispensar. 3. tomar em consideração, respeitar. 4. economizar. 5. abs-

ter-se, privar-se. 6. dispensar. ‖ adj. 1. excedente de sobra. 2. de reserva, extra, sobressalente. 3. magro. 4. pouco, esparso, parco, frugal. ‖ ~ly adv. economicamente, frugalmente, parcamente.
~ me all this! poupe-me tudo isso! ~ her blushes respeite seu melindre. can you ~ me a moment? você dispõe de um momento para mim? I have not a minute to ~ não tenho nem um minuto de sobra. we have time and to ~ temos tempo de sobra. ~ his life poupe sua vida! if I am ~ed se ficar vivo. he ~s no pains ela não poupa esforços. she does not ~ herself ela não se poupa. ~ anchor âncora de reserva. ~ carrier (Autom.) suporte para a roda sobressalente. ~ diet regime frugal. ~ hours horas vagas, horas de folga. ~ money dinheiro economizado. ~ parts peças sobressalentes. ~ room quarto para hóspedes. ~ tyre, ~ tire (Autom.) roda sobressalente, estepe.
spareness [sp'ɛənis] s. parcimônia, escassez, frugalidade, magreza f.
sparer [sp'ɛərə] s. economizador m.
sparerib [sp'ɛərib] s. costeleta f. ou entrecosto m. de porco com pouca carne.
sparger [sp'a:dʒə] s. pulverizador m. de água usado em cervejarias.
sparing [sp'ɛəriŋ] adj. escasso, esparso, magro, poupado, econômico, frugal. ‖ ~ly adv. frugalmente.
sparingness [~nis] s. economia, frugalidade, parcimônia f.
spark (I) [spa:k] s. 1. faísca, chispa, centelha f. 2. (Eletr.) faísca, descarga elétrica f. 3. clarão m. de luz. 4. traço m., pequena quantidade f. ‖ v. 1. reluzir, clarear. 2. faiscar, chispar. 3. entusiasmar.
the ~ of life a centelha de vida.
spark (II) [spa:k] s. almofadinha, galanteador m. ‖ v. galantear, cortejar.
spark-arrester s. pára-chispas m.
spark-coil s. (Eletr.) magneto m., bobina f.
spark-fuse s. (Mec.) estopim de ignição.
spark gap s. (Eletr.) distância explosiva f.
spark-ignition s. ignição f. por centelhas.
sparking [sp'a:kiŋ] s. 1. faiscação f. 2. (Eletr.) descarga f. de faíscas.
sparking-plug s. vela f. de ignição (quadro C 4).
sparkish [sp'a:kiʃ] adj. airoso, galante.
sparkle [spa:kl] s. 1. chispa ou faísca pequena f. 2. cintilação f., lampejo, clarão m. 3. brilho m., vivacidade f. ‖ v. 1. chispar, faiscar. 2. lampejar, cintilar, reluzir. 3. brilhar, ser vivo. 4. efervescer, borbulhar. 5. fazer espumar ou efervescer.
sparkler [sp'a:klə] s. 1. o que brilha ou faísca. 2. (coloq.) diamante m. 3. olho brilhante m.
spark-lever s. chave f. de ignição.
sparkling [sp'a:kliŋ] s. vinho espumante m. ‖ adj. 1. cintilante, brilhante, faiscante. 2. efervescente, espumante. 3. (fig.) vivaz, espirituoso. ‖ ~ly adv. brilhantemente.
spark-plug s. (Autom.) vela f. de ignição (quadro C 4).
sparring [sp'a:riŋ] s. pugilato m., disputa, briga f. ~ partner (boxe) oponente em treino.
sparrow [sp'ærou] s. (Orn.) pardal m.
sparrow-bill s. tacha f. de sapato.
sparrow-hawk s. (Orn.) gavião m.
sparry [sp'a:ri] adj. (Miner.) espático, de espato.
~ iron (–ore) siderita f.: carbonato de ferro.
sparse [spa:s] adj. 1. esparso, espalhado, disperso. 2. escasso, raro, magro. ‖ ~ly adv. de modo esparso, escassamente.
sparseness [sp'a:snis], sparsity [sp'a:siti] s. 1. dispersão f. 2. raridade f.

Spartan [sp'a:tən] s. 1. espartano m.: habitante de Esparta. 2. (fig.) pessoa disciplinada, simples e frugal f. ‖ adj. espartano, (fig.) austero, disciplinado, simples, frugal.

sparteine [sp'a:tii:n] s. (Quím.) esparteína f.

spasm [spæzm] s. 1. (Med.) espasmo m., contração muscular f. 2. esforço violento (inútil) m.

spasmodic [spæzm'ɔdik], **spasmodical** [~əl] adj. 1. espasmódico, convulsivo. 2. violento, repentino, irregular, intermitente. ‖ ~ally adv. espasmodicamente.

spastic [sp'æstik] adj. espasmódico, causado por espasmos ou convulsão, de espasmo. ‖ ~ally adv. espamodicamente.

spat (I) [spæt] s. 1. briga, discussão f. sem importância. 2. pancada leve, palmada f. ‖ v. 1. (E. U. A.) brigar, disputar à toa. 2. dar palmada.

spat (II) [spæt] s. 1. (geralm. pl.) polaina curta f. 2. pára-lama m. da roda do avião.

spat (III) [spæt] s. desova f. de ostra. ‖ v. desovar, depositar ovas.

spat (IV) [spæt] v. imp. e p. p. de **spit**.

spate [speit] s. 1. inundação, enchente f. 2. chuva pesada f.

~ **of talk** torrente de palavras.

spathe [speið] s. (Bot.) espata f.

spathic [sp'æθik] adj. espático, como espato (também **sparry).**

spatial [sp'eiʃəl] adj. 1. de espaço, relativo ao espaço. 2. que existe no espaço. ‖ ~ly adv. conforme ou em relação ao espaço.

spatiotemporal [speiʃiout'empərəl] adj. relativo a espaço e tempo.

spatter [sp'ætə] s. 1. borrifadela, salpicadura f. 2. chape gotejante m. 3. borrifo, salpico, respingo m. 4. mancha f., borrão m. ‖ v. 1. respingar, esguichar. 2. cair em gotas ou partículas, chover. 3. enlamear, sujar. 4. (fig.) difamar, macular.

spatterdash [~dæʃ] s. 1. pára-lama m. 2. (geralm. pl.) polaina f.

spatterdock [~dɔk] s. (Bot.) gólfão-amarelo m.

spatterwork [~wə:k] s. trabalho ou desenho borrifado m.

spatula [sp'ætjulə] s. espátula f. (quadro K 2).

spatular [~], **spatulate** [sp'ætjulit] adj. espatulado, em forma de espátula.

spavin [sp'ævin] s. (Veter.) espaŧavão m.

spavined [~d] adj. esparvonado.

spawn [spɔ:n] s. 1. ova, desova f. de peixe, de crustáceos ou de batráquios. 2. cria f., filhotes nascidos m. pl. de ovas. 3. prole, geração f. em grande quantidade. 4. produto, resultado m. ‖ v. gerar, criar, desovar.

spawner [sp'ɔ:nə] s. peixe feminino m. (com os ovários maduros).

spawning [sp'ɔ:niŋ] s. desova f.

~ **time** época da desova.

spay [spei] v. (Veter.) remover os ovários, castrar fêmeas.

speak [spi:k] v. (imp. **spoke**, p. p. **spoken**) 1. dizer, articular. 2. falar, conversar. 3. fazer discurso, orar. 4. contar, declarar, exprimir, tornar conhecido. 5. exprimir (idéia), pronunciar, manifestar, comunicar. 6. pedir, requerer, apelar. 7. conversar, falar (**with, to** com, a). 8. latir.

~ **your mind** fale o que está pensando. **she spoke him fair** ela falou-lhe em palavras doces. **that ~s volumes** isso é bem significativo. isso diz tudo. **so to ~** por assim dizer. **to ~ about** falar sobre, tratar de, falar de. **to ~ for** falar em favor de. **he can ~ for himself** ele mesmo pode falar. **that ~s for itself** isso fala por si mesmo. **that ~s well for**

him isso fala a seu favor. **to ~ of** falar sobre, falar de. **he ~s highly of him** ele fala dele em palavras elogiosas. **not to ~ of expenses** sem falar das despesas. **nothing to ~ of** nada digno de menção. **to ~ on** continuar falando. **he spoke on the same subject** ele falou sobre o mesmo assunto. **to ~ out** falar alto, falar à vontade, manifestar-se livremente, declarar, comunicar, esclarecer. **to ~ to s. o.** falar com alguém. **I should like to ~ to you** gostaria de falar-lhe. **to ~ up** 1. falar alto. 2. falar com franqueza. ~ **up!** fale! fale mais alto ! **he spoke up for me** ele falou a meu favor.

speakable [sp'i:kəbl] adj. exprimível em palavras.

speak-easy s. (E. U. A., gíria) lugar m. onde se vendem bebidas alcoólicas clandestinamente.

speaker [sp'i:kə] s. 1. locutor, orador m. 2. presidente m. (do congresso americano ou parlamento inglês). 3. (Rádio) alto-falante m.

previous ~ orador anterior.

speaking [sp'i:kiŋ] s. oração f., ato de falar, discurso m. ‖ adj. 1. que fala, falante. 2. usado para falar, que serve para falar. 3. que permite conversação. 4. expressivo, vivo, vivaz. ‖ ~ly adv. oralmente.

generally ~ em geral. **strictly** ~ no sentido exato. **Brown** ~! (telefone) aqui fala B. **a** ~ **acquaintance** relações de cumprimento. **a** ~ **likeness** semelhança impressionante. **I am not on** ~ **terms with him** não falo (mais) com ele. ~ **tube** megafone, tubo acústico.

spear (I) [spiə] s. lança f., chuço m. ‖ v. lancear, atravessar com lança.

spear (II) [spiə] s. caule m. de cereais. ‖ v. brotar, formar haste.

~ **of grass** haste de gramínea.

spearfish [sp'iəfiʃ] s. (Ictiol.) tetrapturo m.

spear-grass s. gramínea f. com hastes compridas.

spearhead [sp'iəhed] s ponta f. de lança.

spearman [sp'iəmən] s. lanceiro m.

spearmint [sp'iəmint] s. (Bot.) hortelã f.

spear-shaped adj. em forma de lança.

spearwort [sp'iəwə:t] s. (Bot.) ranúnculo m.

special [sp'eʃəl] s. 1. trem m. ou outro veículo especial m. 2. pessoa ou coisa especial f. 3. edição especial f. de jornal, edição extra f. 4. (E. U. A.) produto ou prato m. especial. ‖ adj. 1. especial, distinto. 2. particular, peculiar. 3. próprio. 4. específico. 5. diferente. 6. excepcional. 7. grande, excelente. ‖ ~ly adv. especialmente.

~ **allowance** desconto especial. ~ **area** (Ingl.) área de calamidade. ~ **bargain** oferta especial. ~ **branch** ramo especializado. ~ **delivery** (correio) entrega rápida, por mensageiro especial. ~ **edition** edição extra. ~ **knowledge** conhecimento especializado. ~ **line** ramo especializado.

specialism [~ izm] s. especialismo m.

specialist [~ ist] s. especialista m. + f. perito m., médico especialista m.

specialistic [speʃəl'istik] adj. como especialista.

speciality [speʃi'æliti] s. 1. qualidade distinta ou característica f. 2. detalhe, ponto especial ou particular m. 3. especialidade f., ramo especializado m.

specialization [speʃəlaiz'eiʃən] s. especialização f.

specialize [sp'eʃəlaiz] v. 1. especializar-se 2. adaptar a condições especiais, dar forma especial a, limitar. 3. desenvolver-se de certa maneira, tomar forma especial. 4. especificar, mencionar especialmente.

he ~s in ancient philosophy ele especializa-se em filosofia antiga.

specialized [~d] adj. especializado.

specialty [sp'eʃəlti] s. 1. especialização f., estudo es-

pecial m. 2. especialidade f. 3. caráter m. ou qualidade f. especial. 4. peculiaridade f., detalhe m.
speciation [spiʃi'eiʃən] s. (Biol.) evolução f. de novas espécies.
specie [sp'i:ʃi:] s. dinheiro m. em moeda.
in specie (pagamento) à vista.
species [~z] s. 1. (Zool., Bot.) espécie f. 2. gênero m., variedade, raça f. 3. aparência, forma f.
a ~ of uma espécie de. **the ~s** a raça humana. **the four ~** as quatro operações básicas de aritmética. **our ~** a humanidade, o gênero humano.
specifiable [sp'esifaiəbl] adj. especificável, classificável.
specific [spis'ifik] s. 1. qualidade ou condição f. específica. 2. medicamento específico m. ‖ adj. 1. específico, definido, preciso, particular. 2. característico, peculiar. 3. específico (medicamento). ‖ **~ally** adv. especificamente.
~ character caráter específico. **~ gravity** peso específico. **~ heat** calor específico.
specification [spesifik'eiʃən] s. 1. especificação, menção definida f. 2. descrição detalhada f. 3. relação, lista f.
specify [sp'esifai] v. 1. especificar. 2. mencionar detalhadamente, descrever.
specimen [sp'esimin] s. 1. espécime, exemplar, modelo, exemplo m. 2. amostra, prova f.
what a ~ que tipo esquisito. **~-book** livro de amostras. **~-copy** cópia ou exemplar de prova, exemplar grátis.
speciology [spi:ʃi'ɔlədʒi] s. doutrina, ciência f. das espécies.
speciosity [spiʃi'ɔsiti] **speciousness** [sp'iʃəsnis] s. especiosidade f.
specious [sp'i:ʃəs] adj. 1. especioso, ilusório. 2. razoável, plausível. ‖ **~ly** adv. especiosamente.
speck [spek] s. 1. mancha pequena, pinta f. 2. partícula f. ‖ v. manchar.
~ of dust poeira, manchinha de sujeira.
speckle [spekl] s. 1. mancha ou marca pequena f., salpico m. ‖ v. salpicar, manchar.
speckled [~d] adj. manchado, salpicado, pintado.
speckledness [sp'ekldnis] s. qualidade de estar salpicado ou pintado.
speckless [sp'eklis] adj. sem manchas, sem sujeira.
specky [sp'eki] adj. manchado, pintado, salpicado.
specs, specks [speks] s. (coloq.) contr. de **spectacles**.
spectacle [sp'ektəkl] s. 1. espetáculo, aspecto m., vista f. 2. demonstração, exibição f. 3. **~s** pl. óculos m. pl.
a moving ~ um espetáculo comovente. **she made a ~ of herself** ela se comportou (ou vestiu) de modo a chamar atenção. **rose-coloured ~s** (fig.) aspecto cor-de-rosa. **~s-case** estojo para óculos.
spectacled [~d] adj. com óculos.
spectacled cobra s. (Zool.) naja f.
spectacular [spekt'ækjulə] adj. 1. espetacular, espetaculoso. 2. relativo a espetáculo ou exibição. ‖ **~ly** adv. espetacularmente, pomposamente.
spectacularity [spektækjul'æriti] s. espetaculosidade f.
spectator [spekt'eitə] s. espectador, observador m.
spectatress [spekt'eitris] s. espectadora f.
spectral [sp'ektrəl] adj. 1. como fantasma. 2. espectral. ‖ **~ly** adv. fantasticamente, espectralmente.
spectre, specter [sp'ektə] s. aparição f., fantasma m.
spectrochemistry [spektrək'emistri] s. espectroquímica f.
spectrogram [sp'ektrəgræm] s. espectrograma m.
spectrograph [sp'ektrəgra:f] s. espectrógrafo m.
spectrography [spektr'ogrəfi] s. espectrografia f.
spectrological [spektrəl'ɔdʒikəl] adj. espectrológico. ‖ **~ly** adv. espectrologicamente.

spectrology [spektr'ɔlədʒi] s. espectrologia f.
spectrometer [sp'ektrəmitə] s. espectrômetro m.
spectroscope [sp'ektrəskoup] s. espectroscópio m.
spectroscopic [spektrəsk'ɔpik], **spectroscopical** [~əl] adj. espectroscópico. ‖ **~ally** adv. espectroscopicamente.
spectroscopy [spektr'ɔskəpi] s. espectroscopia f.
spectrum [sp'ektrəm] s. pl. **spectra** [-trə] espectro m.
ocular ~ imagem que persiste na retina, mesmo depois de fechados ou desviados os olhos. **~ analysis** análise espectral.
specular [sp'ekjulə] adj. especular, como espelho.
specular iron(-ore) s. (Miner.) hematita f.
speculate [sp'ekjuleit] v. 1. refletir, meditar, considerar. 2. especular, negociar.
speculation [spekjul'eiʃən] s. 1. reflexão, meditação f. 2. especulação, negociata f.
speculative [sp'ekjulətiv] adj. 1. pensativo contemplativo. 2. teórico. 3. arriscado. 4. relativo a negócios lucrativos. ‖ **~ly** adv. especulativamente.
speculativeness [~nis] s. qualidade de quem é especulativo, gênio especulativo m.
speculator [sp'ekjuleitə] s. especulador, negociador m.
speculum [sp'ekjuləm] s. pl. **specula** [-lə] 1. espelho m. de metal polido. 2. (Med.) espéculo m.
sped [sped] imp. e p. p. de **to speed**.
speech [spi:tʃ] s. 1. ato m. de falar, conversa f. 2. poder m. da palavra. 3. modo m. de falar. 4. fala, palavra f. 5. discurso (público) m. 6. língua f.
figure of ~ figura de retórica. **freedom of ~** liberdade de palavra. **he made a beautiful ~** ele fez um discurso bonito. **manner of ~** modo de falar.
speech disorder s. (Pat.) articulação (fala) defeituosa f.
speechify [sp'i:tʃifai] v. fazer discurso, arengar.
speechless [sp'i:tʃlis] adj. 1. mudo, incapaz de falar. 2. silencioso. 3. atônito.
speechlessness [~nis] s. 1. mudez f. 2. mutismo m.
speech-maker s. orador m. público.
speed [spi:d] s. 1. velocidade, rapidez f. 2. marcha, engrenagem f. 3. (arc.) sorte, prosperidade f. ‖ v. (imp. e p. p. **sped**) 1. apressar-se, correr, andar depressa. 2. fazer andar depressa. 3. acelerar. 4. ajudar, promover. 5. transportar rapidamente, despachar às pressas. 6. (arc.) dar sorte.
at full ~ em velocidade máxima. **more haste, less ~** devagar se vai ao longe. **second ~** (Autom.) segunda marcha. **~-boat** lancha rápida. **~-limit** limite máximo de velocidade. **to ~ up** acelerar, apressar. **God ~ thee!** (arc.) Deus o ajude! vá com Deus! **how have you sped?** como tem passado? **he sped his way** ele saiu correndo.
speeder [sp'i:də] s. 1. pessoa ou coisa que anda a grande velocidade. 2. motorista m. + f. que ultrapassa a velocidade legal.
speediness [sp'i:dinis] s. velocidade, pressa, prontidão f.
speedo [sp'i:dou] s. = (coloq.) **speedometer**.
speedometer [spid'ɔmitə] s. velocímetro m. (quadro T 5).
speedster [sp'i:dstə] s. 1. carro rápido m., lancha rápida f. 2. corredor veloz m.: a) atleta. b) cavalo.
speed-up s. aumento m. da velocidade, aceleração f.
speed wagon s. carro m. de entrega rápida.
speedway [sp'i:dwei] s. pista f.: a) de velocidade máxima permitida. b) de corrida.
speedwell [sp'i:dwəl] s. (Bot.) verônica f.
speedy [sp'i:di] adj. rápido, depressa, veloz, ligeiro. ‖ **–ily** adv. rapidamente, velozmente, ligeiramente.
speiss [spais] s. (Metalurg.) 1. fundente m. 2. metal m. para sinos.
spelaean, spelean [spil'i:ən] adj. relativo a cavernas.

speleology [spili'ɔlədʒi] s (Geol.) espeleologia f.
spell [spel] s. 1. palavra f. ou palavras f. pl. que têm força mágica. 2. encanto m. fascinação f. 3. período de trabalho, turno m., vigia f. 4. (coloq.) período m. de tempo. 5. (E. U. A., coloq.) indisposição, doença f. 6. período climático m. 7. rendição, substituição f. ‖ v. (imp. e p. p. **spelt**) 1. soletrar. 2. falar ou escrever corretamente. 3. formar (palavras). 4. significar, dizer. 5. (coloq.) substituir, render, trabalhar (temporariamente) em lugar de outro. 6. dar descanso, dar um intervalo. 7. descansar durante um intervalo.
she has cast a ~ over me ela me deixou encantado. **they are under his ~** elas estão sob o fascínio dele. **a ~ of bad weather** um período de mau tempo. **by ~s** de vez em quando. **he ~s his name with an E** ele escreve seu nome com E. **how do you ~ this?** como você escreve isto? **I can't ~ it out** não posso decifrá-lo.
spell binder s. (E. U. A., gíria) orador fascinante m.
spellbound [sp'elbaund] adj. encantado, fascinado.
speller [sp'elə] s. 1. soletrador m. 2. cartilha f.
he is a bad ~ ele não grafa corretamente.
spelling [sp'eliŋ] s. 1. soletração f. 2. ortografia f.
spelling-bee s. (E. U. A.) jogo m. de soletrar.
spelling-book s. cartilha f.
spelt (I) [spelt] s. espelta f.: variedade de trigo.
spelt (II) [spelt] v. imp. e p. p. de **spell**.
spelter [sp'eltə] s. zinco bruto m. (nome comercial).
spelunker [spil'ʌŋkə] s. espeleologista m. + f.
spence [spens] s. (†) despensa, copa f.
spencer [sp'ensə] s. 1. jaqueta curta f. (para homens e mulheres). 2. (Náut.) latino m. de caranguejo.
Spencerian [spens'iəriən] adj. conforme, ou de Spencer.
Spencerism [sp'ensərizm] s. doutrina f. de Spencer (filósofo inglês, séc. XIX).
spend [spend] v. (imp. e p. p. **spent**) 1. gastar, pagar (dinheiro). 2. usar, despender, consumir. 3. passar (tempo). 4. exaustar-se, esgotar.
to ~ o. s. esgotar-se. **she spent the evening in reading** ela passou a tarde lendo. **she ~s much time on her work** ela gasta muito tempo em seu trabalho. **she ~s her money on** (ou **upon**) **jewels** ela gasta seu dinheiro em jóias.
spendthrift [sp'endθrift] s. esbanjador, gastador m., gastadora f. ‖ adj. esbanjador, gastador, pródigo.
spent [spent] v. imp. e p. p. de **spend**. ‖ adj. 1. gasto, consumido. 2. cansado, exausto, esgotado.
a ~ bullet uma bala sem força.
sperm (I) [spə:m] s. esperma m.
sperm (II) [spə:m] s. 1. espermacete m. 2. cachalote m. 3. óleo m. de cachalote.
spermaceti [spə:məs'eti] s. espermacete m.
spermary [sp'ə:məri] s. testículo m., glândula f. que produz esperma.
spermatic [spə:m'ætik] adj. espermático, seminal.
spermatoblast [sp'ə:mətoblɑ:st] s. espermatoblasta m.
spermatocele [sp'ə:mətosi:l] s. (Med.) espermatocele f.
spermatogenesis [spə:mətodʒ'enəsis] s. espermatogênese f.
spermatophore [sp'ə:mətofɔ:] s. espermatóforo m.
spermatophyte [sp'ə:mətofait] s. (Bot.) espermatófito m.: planta que produz sementes.
spermatophytic [spə:mətof'itik] adj. espermatofítico.
spermatozoon [spə:mətoz'ouən] s. espermatozóide m.
spermology [spə:m'ɔlədʒi], **spermatology** [spə:mət'ɔlədʒi] s. espermatologia f.
spermous [sp'ə:məs] adj. relativo ao esperma.
sperm-whale s. (Zool.) cachalote m.
spew [spju:] s. vômito m. ‖ v. cuspir fora, vomitar.
sphacelate [sf'æsileit] v. (Med.) gangrenar, afetar com gangrena.

sphacelation [sfæsil'eiʃən] s. gangrena f., necrose f.
sphagnum [sf'ægnəm] s. (Bot.) esfagno m.: espécie de musgo.
sphalerite [sf'ælərait] s. (Miner.) esfalerita f.: minério de zinco.
sphene [sfi:n] s. (Miner.) titanite f.
sphenoid [sf'i:nɔid] s. (Anat.) esfenóide m. ‖ adj. esfenoidal.
~ bone osso esfenóide (quadro S 6).
spheral [sf'iərəl] adj. 1. esférico. 2. (fig.) perfeito.
sphere [sfiə] s. 1. esfera, bola f., corpo esférico m. 2. lugar, campo m. de trabalho. 3. extensão, região (de influência) f. 4. corpo celeste, planeta m., estrela f. 5. órbita celeste f., céu m. 6. (fig.) horizonte m., esfera de ação, alçada f. ‖ v. 1. incluir, encerrar, circundar. 2. formar em esfera.
that is out of my ~ isto está fora da minha competência. **she is quite in her ~** ela está bem dentro do seu campo de interesse. **he distinguished himself in many ~s** ele distinguiu-se em muitos ramos. **music of the ~s** música das esferas.
spheric [sf'erik] adj. = **spheral**.
spherical [~əl] adj. 1. esférico, redondo, globular. 2. relativo a esfera. ‖ **~ly** adv. esfericamente.
~ bearing rolamento de esferas. **~ cutter** fresa esférica. **~ sector** setor de esfera. **~ triangle** triângulo esférico.
sphericity [sfer'isiti] s. esfericidade f.
spherics [sf'eriks] s. pl. geometria e trigonometria f.
spheroid [sf'iərɔid] s. esferóide m. ‖ adj. esferoidal.
spheroidal [sfiər'ɔidl] (também **spheroidic, spheroidical**) adj. esferoidal.
spheroidicity [sfiərɔid'isiti] s. esfericidade f.
spherometer [sfiər'ɔmitə] s. esferômetro m.
spherular [sf'eru:lə], **spherulate** [sf'eru:lit] adj. esférico.
spherule [sf'eru:l] s. esférula, pequena esfera f.
spherulite [sf'i:rulait] s. (Geol.) esferulita f.
sphery [sf'iəri] adj. esférico, relativo aos corpos celestes.
sphincter [sf'iŋktə] s. (Anat.) esfíncter m.
sphinx [sfiŋks] s. 1. esfinge f. 2. monstro fabuloso m. 3. pessoa enigmática f. 4. (também **~-moth**) (Entom.) mariposa-beija-flor, esfinge f.
sphragistics [sfredʒ'istiks] s. pl. esfragística f.
sphygmograph [sf'igmogra:f] s. esfigmógrafo m.
sphygmometer [sfigm'ɔmitə] s. esfigmômetro m.
spica [sp'aikə] s. espiga f.
spicate [sp'aikeit] adj. espigado.
spice [spais] s. 1. tempero, condimento m. 2. cheiro, sabor m. de condimento. 3. gosto, sabor m., graça f., traço m. ‖ v. 1. condimentar, temperar. 2. conferir graça ou interesse a alguma coisa.
spicery [sp'aisəri] s. 1. especiaria f. 2. loja f. de especiarias.
spick-and-span adj. novo em folha, apurado.
spicular [sp'aikju:lə], **spiculate** [sp'aikju:lit] adj. espiculado.
spicule [sp'aikju:l] s. espícula, pequena espiga f.
spiculiform [sp'aikjulifɔ:m] adj. (Bot.) espiciforme.
spicy [sp'aisi] adj. 1. condimentado, temperado. 2. como condimento. 3. forte, picante, apimentado. 4. (fig.) impróprio. ‖ **—ily** adv. de modo condimentado.
spider [sp'aidə] s. 1. (Zool.) aranha f. 2. coisa f. ou objeto m. parecido com aranha. 3. (E. U. A.) frigideira f. 4. suporte, tripé m. 5. aranha f. (veículo). 6. (Téc.) cruzeta f. de diferencial.
spider-catcher s. (Orn.) trepadeira f.
spider-line s. filamento m. de teia de aranha.
spider-web s. teia f. de aranha.

spiderwort [sp'aidəwə:t] s. (Bot.) tradescância f. (da família das Comelináceas), efemerina f.

spidery [sp'aidəri] adj. araneiforme, como aranha.

spiegeleisen [sp'i:gəlaizn] s. (alem.) ferro especular, ferro "spiegel" (espelho) m.

spiffy [sp'ifi] adj. (gíria) elegante, grã-fino.

spigot [sp'igət] s. 1. (E. U. A.) torneira f. 2. espicho, batoque m. (quadro B 2), arenga f. 3. macho m. de torneira (quadro P 3). 4. parte de um tubo (macho) m. que encaixa em outro.

spike [spaik] s. 1. prego forte e grande m. 2. ponta, cavilha f., espigão, cravo m. 3. espiga f. 4. cacho comprido m. de flores. ‖ v. 1. pregar, segurar com prego ou cravo. 2. colocar pontas (de ferro). 3. perfurar ou ferir com ponta. 4. parar, bloquear. 5. (E. U. A., gíria) reforçar uma bebida com álcool. he ~d my guns ele atravessou meus planos.

spiked [~t] adj. eriçado.
~ helmet elmo de ponta. ~ shoe sapato ferrado (quadro B 18).

spike heel s. salto alto, de ponta fina m. (sapato feminino).

spike-lavender s. (Bot.) alfazema f.

spikelet [sp'aiklit] s. espiga f. ou cacho pequeno m.

spikenard [sp'aikna:d] s. 1. (Bot.) espicanardo, nardo m. 2. óleo m. de nardo.

spike-oil s. óleo m. de alfazema.

spikewise [sp'aikwaiz] adv. em forma de espiga.

spiky [sp'aiki] adj. espinhudo, pontudo, agressivo.

spile [spail] s. 1. batoque, pino, tampão m. (para fechar um furo em barril). 2. goteira f. para extrair seiva das árvores. 3. pilar m. ‖ v. 1. tampar (um furo com pino). 2. colocar torneira ou batoque. 3. extrair suco por meio de goteira. ~-hole furo para colocar batoque ou torneira.

spill [spil] s. 1. derramamento, ato m. de derramar. 2. quantidade derramada f. 3. (coloq.) queda f. 4. aguaceiro, pé d'água m. 5. cavaco m., lasca f. de madeira. 6. pedaço m. de madeira, ou mecha f. para acender velas. ‖ v. (imp. e p. p. spilt, spilled) 1. derramar, entornar, transbordar. 2. deixar cair, cair. 3. despejar, derramar (sangue). 4. (coloq.) jogar ao chão, cuspir do carro ou da sela. 5. (gíria) espalhar uma notícia. 6. esvaziar o vento do bojo duma vela para a meter no rizes. he had a nasty ~ ele sofreu uma queda violenta. to ~ the beans divulgar um segredo. it is no use crying over spilt milk o que não tem remédio, remediado está. ~over derramamento, excesso.

spillage [sp'ilidʒ] s. 1. derramamento, ato m. de entornar. 2. quantidade derramada f.

spiller [sp'ilə] s 1. o que despeja ou derrama. 2. rede f. de pesca pequena.

spillikin [sp'ilikin] s. palito m., varinha f. usada em certos jogos.

spill-valve s. válvula f. de descarga.

spillway [sp'ilwei] s. vertedouro m.

spilt [spilt] v. imp. e p. p. de to spill.

spin [spin] s. 1. rotação f., giro, ato m. de girar. 2. corrida ou viagem rápida f. 3. (Av.) parafuso m. ‖ v. (imp. spun, span, p. p. spun) 1. fiar, torcer (fio). 2. fazer fio ou fio de teia. 3. puxar, esticar, trefilar em fio. 4. girar, virar, rodar, fazer girar. 5. sentir tontura. 6. correr, andar, viajar com velocidade. 7. engendrar, inventar, contar. 8. repuxar. to ~ a yarn (Náut.) contar lorotas. to ~ along (carro ou automóvel) correr. to ~ out prolongar detalhadamente. to ~ round girar, rodar.

spinaceous [spin'eiʃəs] adj. (Bot.) quenopodiáceo, relativo ao espinafre.

spinach [sp'inidʒ] s. espinafre m.

spinal [sp'ainəl] adj. espinhal, espinal.
~ column coluna espinal (quadro H 10). ~ curvature curvatura ou deformação da coluna espinal. ~ marrow medula espinal.

spindle [spindl] s. 1. fuso m. 2. (Mec.) fuso m., rosca f. sem fim f., eixo m. 3. poste m., barra f., pessoa ou objeto comprido. ‖ v. crescer muito, encompridar-se, alongar-se.
the ~ side os parentes do lado materno.

spindle-shanks s. pl. pernas f. pl. compridas e finas.

spindle-shaped adj. fusiforme.

spindle-tree s. (Bot.) evônimo m.

spindling [sp'indliŋ] adj. comprido e fino, delgado.

spindly [sp'indli] adj. alto, delgado, magro.

spindrift [sp'indrift] s. chuvisco, nevoeiro m. produzido pelo vento nas ondas.
~ cloud cirro, nuvem branca.

spine [spain] s. 1. espinha, espinha dorsal f. (quadro C 7). 2. suporte m. 3. espinho m., ponta, saliência aguda f. 4. lombo (de livro) m. (quadro B 17). 5. crista f., cume m.

spined [~d] adj. 1. espinhudo. 2. relativo à espinha.

spinel [spin'el] s. (Miner.) espinela f.

spineless [sp'ainlis] adj. 1. sem espinhos. 2. sem espinha. 3. sem força moral, fraco.

spinet [spin'et] s. espineta f.: instrumento musical antigo.

spinnaker [sp'inəkə] s. (Náut.) vela f. de fortuna.

spinner [sp'inə] s. 1. fiandeiro m., fiandeira f. 2. animal m. que faz fio. 3. máquina f. de fiar. 4. anzol giratório m.

spinneret [~ret] s. fiandeira f.: órgão dos insetos que produz o fio.

spinnery [~ri] s. (também spinning mill) fiação f.

spinney [sp'ini] s. capoeira f. matagal m.

spinning [~ŋ] s. 1. fiação f. 2. tecido m. 3. (Av.) parafuso m. ‖ adj. relativo à fiação.
~-house casa de correção onde os presos são obrigados a trabalhar em fiação.

spinning-jenny s. tipo antigo de máquina f. de fiar.

spinning-mill s. fiação f.

spinning-rod s. vara f. de pesca com carretilha (quadro F 4).

spinning-wheel s. roca f.

spin-off s. 1. (Com.) subsidiária f. 2. benefício, produto ou processo secundário m.

spinous [sp'ainəs], spinose [sp'ainous] adj. espinhoso, cheio de espinhos.

spinster [sp'instə] s. 1. mulher solteira f. 2. solteirona f. 3. fiandeira f.

spinsterhood [~hud] s. estado de solteirona.

spinule [sp'ainju:l] s. espinho diminuto m.

spiny [sp'aini] adj. (também spinous) 1. espinhoso, coberto de espinhos. 2. como espinho, fino, pontudo. 3. difícil, delicado.

spiracle [sp'aiərəkl] s. espiráculo, respiradouro m.

spiral [sp'aiərəl] s. espiral, mola f. em forma de espiral. ‖ v. 1. mover-se em forma de espiral. 2. espiralar, formar em espiral. ‖ adj. espiral, espiralado. ‖ -ly adv. em forma de espiral.
to ~ up elevar-se em linha espiral.

spiral drill s. broca, verruma espiral f.

spiral drive s. (propulsão por meio de rosca sem fim) redutor helicoidal m.

spiral gear s. engrenagem helicoidal f.

spiral line s. linha espiral f.

spiral nebula s. (Astron.) nebulosa f. espiral.

spiral staircase s. escada f. em caracol.

spirant [sp'aiərənt] s. (Fon.) consoante fricativa f. ‖ adj. fricativo.

spire [sp'aiə] s. 1. pináculo m., parte superior, parte

afilada, parte fina f. 2. cone m. 3. espiral, volta f. ‖ v. 1. afilar-se, elevar-se. 2. colocar ponta.

church ~ ponta de torre de igreja.

spirit [sp'irit] s. 1. espírito m., alma f. 2. moral m., natureza religiosa f. 3. ser sobrenatural, fantasma, duende m. 4. princípio vital m., vida, vitalidade f. 5. Espírito Santo, Deus m. 6. (também ~s pl.) disposição, mentalidade f., temperamento m. 7. influência, imaginação, tendência f. 8. pessoa, personalidade f. 9. (~s pl.) vigor m. vivacidade, força f. 10. coragem f. 11. entusiasmo m., lealdade f. 12. sentido m., intenção f. 13. (também ~s) solução alcoólica f., álcool m., bebida alcoólica f. ‖ v. 1. encorajar, excitar. 2. dar sumiço a. 3. inspirar.

~ **of wine** conhaque. **he is in high (low)** ~**s** ele está animado (deprimido). **the** ~ **of the age** a mentalidade da época. **to** ~ **away** fazer sumir (por mágica). **to** ~ **up** animar.

spirited [~id] adj. vivo, vivaz, esperto, animado, corajoso, espirituoso. ‖ ~**ly** adv. vivamente, animadamente, espirituosamente.

high ~ animoso, alentado, animado. **low** ~ deprimido, desanimado.

spiritedness [~idnis] s. vivacidade, animosidade f., fogo m.

spirit gum s. cola de álcool f., para aplicar (no rosto) peças de maquilagem.

spiritism [~izm] s. espiritismo m.

spiritist [~ist] s. espírita m. + f.

spirit-lamp s. lâmpada f. a álcool.

spiritless [~lis] adj. 1. sem vida. 2. abatido, deprimido, desanimado. 3. estúpido. ‖ ~**ly** adv. sem vida, sem espírito, de modo deprimido.

spiritlessness [~lisnis] s. falta de espírito, desanimação f., desalento, abatimento m.

spirit-level s. nível m. de bolha (quadro B 22).

spirit-rapping s. batidas f. pl. dos espíritos.

spiritual [sp'iritjuəl] s. 1. assunto espiritual ou religioso m. 2. hino m. ou canção sacra f. cantada por negros do Sul dos E. U. A. ‖ adj. 1. incorpóreo, espiritual. 2. relativo à Igreja. 3. religioso, sacro. 4. mental, intelectual. ‖ ~**ly** adv. espiritualmente.

the Lords Spiritual os representantes da Igreja na câmara dos lordes.

spiritualism [~izm] s. (Filos.) espiritualismo m.

spiritualist [~ist] s. (Filos.) espiritualista m. + f.

spiritualities [spiritju'ælitiz] s. pl. direitos m. pl. ou rendas eclesiásticas f. pl.

spirituality [spiritju'æliti] s. 1. espiritualidade, natureza ou propriedade intelectual f. 2. o que se relaciona com a Igreja ou com a religião.

spiritualization [spiritjuəlaiz'eiʃən] s. espiritualização f.

spiritualize [sp'iritjuəlaiz] v. espiritualizar.

spirituel [sp'iritjuəl] adj. espirituoso, requintado.

spirituous [sp'iritjuəs] adj. alcoólico, destilado.

~ **liquors** bebidas alcoólicas.

spirochaete, spirochete [sp'airəki:t] s. (Med.) espiroqueta m.

spirometer [spaiər'omitə] s. espirômetro m.

spirt [spə:t] = **spurt.**

spiry [sp'aiəri] adj. 1. enrolado, em forma de espiral. 2. como torre, cheio de torres, pontudo, afilado, adelgaçado.

spit (I) [spit] s. 1. saliva f., cuspo m. 2. ato ou som de cuspir m. 3. secreção espumosa f. de alguns insetos. ‖ v. (imp. e p. p. **spat**, † **spit**) 1. cuspir. 2. emitir, jogar para fora, esguichar. 3. fungar. 4. (fig.) chuviscar.

he is the very ~ **of his father** ele é a cara do pai. **to** ~ **at** cuspir em. **to** ~ **forth** 1. cuspir para fora, 2. falar depressa. ~ **it out!** fale! **to** ~ **upon** s. o.

tratar alguém com desprezo.

spit (II) [spit] s. 1. espeto m. (para assar carne). 2. península, ponta de terra f. que se perde dentro da água (quadro C 17). 3. pá f. ‖ v. espetar.

spit-and-polish adj. (coloq.) bacana, batuta.

spitch-cock s. enguia assada f.

spite [spait] s. malevolência f., ódio, rancor m., malvadez f. ‖ v. ofender, magoar.

in ~ **of it all** apesar de tudo isso. **in** ~ **of his cold** apesar de estar resfriado. **in** ~ **of him** apesar dele. **in** ~ **of everything** a despeito de tudo. **he did it out of** ~ ele fê-lo por maldade.

spiteful [sp'aitful] adj. malvado, malicioso, odioso. ‖ ~**ly** adv. malignamente, com malevolência.

spitefulness [~nis] s. malevolência, malignidade.

spitfire [sp'itfaie] s. 1. pessoa (especialmente mulher) f. irascível, precipitada. 2. o que emite fogo ou balas (como um canhão). 3. avião inglês de combate m. (II.ª Grande Guerra).

spittle [spitl] s. saliva f., cuspo m.

spittoon [spit'u:n] s. escarradeira f. (quadro D 1).

spitz [spits] (também: **spitz dog**) s. raça f. de cachorro de focinho comprido.

spiv [spiv] s. (ingl. coloq.) sujeito duvidoso m., o que negocia no câmbio negro m.

splanchnic [spl'æŋknik] adj. (Anat.) esplâncnico.

splanchnology [splæŋkn'ɔlədʒi] s. (Med.) esplancnologia f.

splash [splæʃ] s. 1. som m. ou ação f. de espirrar ou de esguichar. 2. mancha de líquido espirrado, mancha f., salpico m. ‖ v. 1. patinhar. 2. espirrar, esguichar, salpicar. 3. esparramar líquido. 4. sujar, molhar. 5. atravessar lama ou água chapinhando. 6. (coloq.) esbanjar.

he made a great ~ ele fez muito estardalhaço. ~—**board** pára-lama (quadro C 15). ~ **news** (Jornal.) últimas notícias.

splash-down s. amerissagem f. (nave espacial).

splasher [spl'æʃə] s. 1. o que espirra ou esguicha m. 2. pára-lama m., proteção (numa pia) contra respingos f.

splashing [spl'æʃiŋ] adj. formidável, excelente.

splashy [spl'æʃi] adj. salpicado, sujo, molhado, que espirra ou esguicha.

splat [splæt] 1. madeira f. usada como encosto de cadeira. 2. som m. de esguicho.

splatter [spl'ætə] v. 1. espirrar, salpicar, esparramar (líquido). 2. falar excitada e inarticuladamente.

splatterdash [~dæʃ] s. bulha f., rebuliço m.

splay [splei] s. 1. superfície oblíqua. 2. abertura f. de lados oblíquos, esvazamento m. ‖ v. 1. alargar, tornar oblíquo, chanfrar. 2. deslocar (omoplata de um cavalo). ‖ adj. 1. chanfrado, oblíquo. 2. largo.

splay-foot s. pé chato e torto m.

splay-footed adj. de pés chatos e tortos.

splay-mouth s. boca torta f.

spleen [spli:n] s. 1. baço m 2. tédio m. 3. raiva f. 4. hipocondria, melancolia f.

spleenful [spl'i:nful] adj. rabugento, impertinente. ‖ ~**ly** adv. de modo rabugento.

spleenish [spl'i:niʃ], **spleeny** [spl'i:ni] adj. enfadado, rabugento, de mau humor.

spleenwort [spl'i:nwə:t] s. (Bot.) asplênio m.: gênero de fetos.

splenalgia [splin'ældʒə] s. (Med.) esplenalgia f.

splendent [spl'endənt] adj. brilhante, esplendente, conspícuo, ilustre.

splendid [spl'endid] adj. 1. esplêndido, brilhante. 2. magnífico, rico, suntuoso. 3. glorioso. 4. admirável. 5. (coloq.) excelente, muito bom. ‖ ~**ly** adv. esplêndidamente, magnificamente.

splendidness [~nis] s. esplendor, brilho m., magnificência, suntuosidade f.

splendiferous [splend'ifərəs] adj. (E. U. A.) esplêndido, magnífico.

splendour, splendor [spl'endə] s. 1. esplendor, brilho m., luz brilhante f. 2. pompa, glória, magnificência f.

splenectomy [splin'ektɔmi] s. (Cirurg.) esplenotomia f.

splenetic [splin'etik] s. (Pat.) esplenético m. ‖ adj. 1. esplenético. 2. de mau humor, rabugento. ‖ ~ally adv. de modo rabugento.

splenic [spl'i:nik] adj. esplênico: relativo ao baço. ~ fever (Med. e Vet.) esplenite.

splenology [spli:n'ɔlədʒi] s. esplenologia t.

splice [splais] s. união, costura t. de dois cabos, encaixe (de madeira) m. ‖ v. 1. entrançar, unir duas pontas de corda. 2. encaixar, juntar, samblar (madeira). 3. (gíria) casar. 4. emendar, colar (filme, fita magnética, etc.).

splicing [spl'aisiŋ] s. entrançamento m., união f.

spline [splain] s. (Mec.) chaveta f., peça que une a polia ao eixo; ranhura f., rasgo m.

splint [splint] s. 1. (Med.) tala f. (para fratura). 2. tira fina f. de madeira (como se usa para fazer cestas). ‖ v. entalar, segurar, suportar com tala.

splint-bone s. (Anat.) perônio m.

splinter [spl'intə] s. lasca f., cavaco, estilhaço m. ‖ v. lascar, quebrar em estilhaços.

splinter bar s. barra f. de tração (de carro).

splinter bomb s. (milit.) bomba de fragmentação f.

splinter group s. grupo dissidente m.

splinterproof [spl'intəpru:f] adj. à prova de estilhaços.

splintery [~ri] adj. que lasca com facilidade.

split [split] s. 1. divisão, separação, cisão t. (em grupos ou partidos). 2. ruptura, fenda, trinca f. racho, rombo, rompimento, rasgo m. 3. (gíria) parte, porção f. 4. ato ou efeito de fender, partir. 5. (geralmente ~s pl.) acrobacia f. que consiste em sentar no chão com as pernas abertas em direção oposta. 6. meia-garrafa f. de bebida. ‖ v. 1. rachar, fender, partir, lascar. 2. separar-se, dividir, repartir. 3. separar-se em grupos, desunir-se. 4. (Fís.) desintegrar. 5. romper. 6. (gíria) denunciar, delatar. ‖ adj. dividido, fendido, separado. my ears ~ meus ouvidos estão arrebentando. don't ~ upon me! (coloq.) não me denuncie! let's ~ a bottle! vamos tomar uma garrafa. they ~ the difference repartiram entre si a quantia em questão. to ~ hairs perder-se em minúcias. ~ infinitive infinitivo que tem um advérbio entre to e o verbo (por exemplo: it seems to partly correspond). in a ~ second em uma fração de segundo.

split-pin s. (Mec.) chaveta fendida f.

splitter [spl'itə] s. 1. fendedor, rachador m. 2. fendeleira f. 3. talhadeira f. (quadro M 1).

splitting [spl'itiŋ] adj. 1. que racha. 2. intenso, agudo (dor). 3. estridente (som).

split-up s. divisão, separação f. em partes distintas.

splotch [splɔtʃ], **splodge** [splɔdʒ] s. borrão m. ‖ v. borrar, manchar.

splotchy [spl'ɔtʃi] adj. borrado, manchado.

splurge [splə:dʒ] s. (E. U. A., coloq.) ostentação, demonstração f. ‖ v. ostentar, exibir.

splutter [spl'ʌtə] s. bulha, azáfama f. ‖ v. falar precipitada e incoerentemente, fazer barulho.

spoil [spɔil] s. 1. (também ~s pl.) espólio m., presa (de guerra) f. 2. pilhagem f., saque m. 3. cargos m. pl., posições f. pl. preenchidas por protegidos políticos. ‖ v. (imp. e p. p. spoilt, spoiled) 1. arruinar, danificar, estragar, destruir. 2. deteriorar, estragar-se, apodrecer. 3. estragar (o caráter), cor-

romper. 4. saquear, pilhar, roubar. 5. estragar (crianças) com mimalhices. 6. frustrar, baldar. he's ~ing for it (coloq.) ele está louco atrás disto. your news spoilt my appetite perdi o apetite por causa das suas notícias. spare the rod and ~ the child criança amimalhada, criança estragada.

spoilage [sp'ɔilidʒ] s. 1. ato de estragar ou de desperdiçar m. 2. refugo, lixo m.

spoiler [sp'ɔilə] s. quem estraga ou destrói m., saqueador m.

spoilsman [sp'ɔilzmən] s. (E. U. A.) cu(m)pincha m.: pessoa favorecida pelo ou defensora do spoil system.

spoil-sport s. desmancha-prazeres m. + f.

spoil system s. (E. U. A.) favoritismo político m. (distribuição gratuita de cargos e privilégios).

spoke (I) [spouk] s. 1. raio m. (de roda) (quadro W 1). 2. degrau m. (de escada de mão). 3. trave de roda. ‖ v. colocar raios ou degraus, travar uma roda. to let in ~s colocar raios. he put a ~ in my wheel (fig.) ele frustou meu intento.

spoke (II) [spouk] v. imp. de to speak.

spoke-bone s. (Anat.) rádio m.: osso do antebraço.

spoken [sp'oukən] v. p. p. de to speak.

spokesman [sp'ouksmən] s. porta-voz m., orador m.

spoliation [spouli'eiʃən] s. saque, despojo m., espoliação f.

spoliator [sp'oulieitə] s. saqueador, espoliador m.

spondaic [spɔnd'eiik] adj. (poét.) espondaico.

spondee [sp'ɔndi:] s. espondeu m.: pé de verso.

spondyl, spondyle [sp'ɔndil] s. (Anat.) vértebra f.

spondylitis [spɔndəl'aitis] s. (Pat.) espondilite f.

sponge [spʌndʒ] s. 1. (Zool.) esponja f.: animal marinho inferior. 2. esponja f. 3. coisa parecida com esponja (como bolo, pão ou doce porosos). 4. parasita, pessoa que vive às custas de outros. ‖ v. 1. esfregar, limpar, apagar, molhar com esponja. 2. absorver. 3. parasitar, explorar. let's pass the ~ over it! vamos esquecer isso, vamos apagar isso da memória. to throw up the ~ dar-se como vencido, entregar os pontos, desistir. she ~d the baby down ela lavou bem a criança.

sponge-bath s. banho m. de assento.

sponge-cake s. pão-de-ló m. (quadro C 1).

sponge-finger s. biscoito m. em forma de colher.

sponger [sp'ʌndʒə] s. 1. pescador m. de esponjas. 2. (coloq.) parasita m.: pessoa que costuma viver à custa dos outros.

sponge rubber s. borracha esponjosa f.

spongiform [sp'ʌndʒifɔ:m], **spongeous** [sp'ʌndʒəs], **spongious** [sp'ʌndʒiəs] adj. esponjoso, como esponja.

sponginess [sp'ʌndʒinis] s. esponjosidade f.

spongy [sp'ʌndʒi] adj. esponjoso.

sponsal [sp'ɔnsəl] (†) adj. esponsal, matrimonial.

sponsion [sp'ɔnʃən] s. fiança, caução f.

sponson [sp'ɔnsən] s. 1. saliência lateral f. de barco ou navio, usada para suporte ou proteção. 2. (Av.) embono m.

sponsor [sp'ɔnsə] s. 1. fiador m., pessoa responsável f. 2. padrinho m., madrinha f. 3. segurança, garantia f. 4. patrocinador m. (de programa de rádio). ‖ v. dar fiança, responsabilizar-se, patrocinar, servir de padrinho. he stood ~ to my child ele serviu de padrinho ao meu filho.

sponsorial [spɔns'ɔ:riəl] adj. fiador, patrocinador.

sponsorship [sp'ɔnsəʃip] s. fiança, garantia f., patrocínio m.

spontaneity [spɔntən'i:iti] s. espontaneidade, ação espontânea f.

spontaneous [spɔnt'einjəs] adj. 1. espontâneo, volun-

tário. 2. natural, não plantado, não cultivado. ‖ ~ly adv. espontaneamente.
~ **combustion** ignição espontânea.
spontaneous generation s. (Biol.) abiogênese f.
spontaneousness [~ nis] s. espontaneidade f. = **spontaneity.**
spoof [spu:f] s. (gíria) 1. imitação, paródia, sátira f. 2. engano m. ‖ v. satirizar sutilmente.
spook [spu:k] s. (coloq.) fantasma m., assombração f.
spooky [sp'u:ki] adj. fantasmagórico, assombrado.
spool [spu:l] s. 1. carretel m. 2. bobina f., tambor m. (para enrolar cabos). ‖ v. enrolar em carretel.
spoon (I) [spu:n] s. 1. colher f. (quadros B 21, F 5). 2. coisa parecida com colher f. 3. isca artificial f. 4. certo tipo de raqueta para golfe. ‖ v. pegar em colher.

egg-~ colher para ovos. **table**-~ colher de sopa. **wooden** ~ colher de pau. **he was born with a silver** ~ **in his mouth** ele nasceu num berço de ouro, ele é filhinho de papai.
spoon (II) [spu:n] s. 1. simplório, bobo m. 2. namorado ou apaixonado desajeitado m. ‖ v. namorar ostensivamente.
spoonbait [sp'u:nbeit] s. isca artificial f. em forma de colher.
spoonbill [sp'u:nbil] s. (Orn.) colhereiro m.
spoon dredge s. escavadeira f. de canecas.
spoondrift [sp'u:ndrift] s. espuma f. do mar levantada pelo vento.
spoon-fed adj. 1. mimado. 2. (indústria) protegido por tarifas especiais.
spoonful [sp'u:nful] s. colher cheia, colherada f.
spoony [sp'u:ni] adj. apaixonado, enamorado (loucamente). ‖ -ily adv. de modo apaixonado.
spoor [spuə] s. rasto m. (de animal de caça). ‖ v. seguir o rasto.
sporadic [spor'ædik], **sporadical** [~ əl] adj. 1. esporádico. 2. isolado. 3. disperso. 4. raro, acidental. ‖ ~ally adv. esporadicamente.
sporangium [spor'ændʒiəm] s. (Bot.) esporângio m.
sporation [spor'eiʃən] s. formação f. de espórios.
spore [spo:] s. 1. espório m. 2. germe m., semente f.
sporiferous [spo:r'ifərəs] adj. esporífero.
sporogonium [spo:r'æg'ouniəm] s. (Bot.) esporogônio m.
sporophyte [sp'orofait] s. esporófito m.: planta que se reproduz por espórios.
sporran [sp'orən] s. bolsa f. de couro (geralmente coberta de pelo) usada pelos escoceses.
sport [spo:t] s. 1. esporte, atletismo m. 2. divertimento, passatempo, jogo, prazer m. 3. brincadeira f. 4. zombaria f., escárnio m. 5. esportista m. + f. pessoa f. de qualidades admiráveis. 6. brinquedo m., vítima f. de brincadeira. 7. camarada, bom companheiro m. 8. (E. U. A., coloq.) jogador m. (de jogos de azar). 9. (Biol.) animal ou planta que varia repentina ou notavelmente do tipo normal. ‖ v. 1. brincar, passar o tempo, divertir-se. 2. zombar, ridicularizar. 3. (coloq.) exibir, ostentar. 4. brincar (com.) 5. (Bot.) variar notavelmente do tipo normal. ‖ adj. de esporte, esportivo.
~s esporte em geral, jogos esportivos, competições. **he goes in for** ~ ele pratica esporte. **they made** ~ **of him** zombaram dele. **what (capital)** ~! que divertimento (formidável)! **he's a good** ~ ele é bom companheiro. **be a** ~! não seja desmancha-prazeres! **he is the** ~ **of every wind** (fig.) ele vira a casaca facilmente. **he** ~**ed a red tie** ele ostentou uma gravata vermelha. **to** ~ **one's oak** (Univ.) isolar-se dos outros.
sportful [sp'o:tful] adj. alegre, brincalhão, zombador.

‖ ~ly adv. alegremente.
sportgun [sp'o:tgʌn] s. arma f. de caça.
sporting [sp'o:tiŋ] adj. de esporte, esportivo.
sporting chance s. (coloq.) possibilidade f. de êxito.
sporting house s. 1. casa f. de jogo. 2. bordel m.
sporting news s. notícias f. esportivas, jornal m. esportivo.
sportive [sp'o:tiv] adj. esportivo, alegre, divertido, brincalhão. ‖ ~ly adv. de modo divertido.
sportiveness [~ nis] s. alegria, brincadeira f., divertimento m.
sports [spo:ts] adj. de esporte, pura esporte.
sports car s. (Autom.) carro esporte m.
sportscast [sp'o:tska:st] s. (E. U. A.) reportagem, irradiação esportiva f.
sportscaster [~ ə] s. repórter, narrador m. de jogos esportivos.
sportscoat [sp'o:tskout] s. capa esporte f.
sportskit [sp'o:tskit] s. equipamento m. para esporte.
sportsman [sp'o:tsmən] s. 1. esportista m. 2. pessoa f. que gosta de esporte. 3. pessoa direita f., homem m. dotado de espírito esportivo.
sportsmanlike [~ laik] adj. esportista, imparcial, leal.
sportsmanship [~ ʃip] s. desportismo m., imparcialidade f.
sportswear [sp'o:tswɛə] s. roupa esporte f.
sportswoman [sp'o:tswumən] s. esportista f.
sporty [sp'o:ti] adj. (coloq.) 1. alegre, brincalhão. 2. atrativo, bem vestido.
sporulation [spo:rjul'eiʃən] s. esporulação f.
sporule [spo:r'u:l] s. (Biol.) espórulo m.: pequeno espório.
spot [spot] s. 1. marca, mancha f., borrão m. 2. (fig.) mácula f. 3. pinta, espinha f. 4. lugar, ponto m. 5. (coloq.) pouquinho m., pequena quantidade f., gole, trago m. ‖ v. 1. marcar, manchar, sujar, borrar. 2. ficar manchado, ter manchas ou marcas. 3. colocar em certo lugar ou ponto, espalhar em vários lugares. 4. (coloq.) localizar, descobrir, reconhecer. 5. macular, manchar, desonrar. 6. (coloq.) descobrir, perceber. ‖ adj. 1. pronto, instantâneo, imediato. 2. (Com.) à vista.
a ~ **of** whisky um golinho de uísque. **that is the sore** ou **tender** ~ este é o ponto sensível. **soft** ~ lugar de trabalho fácil. **that hits the** ~! isto sim! (que é gostoso). **that puts me in a bad** ~ (E. U. A. coloq.) isto me deixa em maus lençóis. **he married her (up) on the** ~ ele casou-se com ela imediatamente. **on the** ~ 1. naquele mesmo lugar. 2. imediatamente. 3. (E. U. A., gíria) em dificuldade, em apuros. **he is on the** ~ ele está vigilante ou atento. ~ **cash** pagamento à vista. ~ **price** preço do dia. ~ **transaction** negócio à vista. **to** ~ **out** tirar as manchas, limpar.
spot announcement s. (Rádio, Telev.). 1. notícia breve f. 2. comercial m.
spot check s. (E. U. A.) teste m. ou prova f. rápida.
spotless [sp'otlis] adj. limpo, sem manchas, impecável, puro, imaculado. ‖ ~ly adv. sem manchas.
spotlessness [~ nis] s. limpeza f., pureza f.
spotlight [sp'otlait] s. 1. luz f. de holofote ou de refletor. 2. refletor, holofote m. 3. (automóvel) farolete manual. 4. (fig.) publicidade f. ‖ v. alumiar com holofote, refletor ou farolete.
spotted [sp'otid] adj. 1. maculado, manchado. 2. pintado, com pintas, pontilhado.
spotted fever s. (Med.) febre maculosa f.
spotter [sp'otə] s. 1. pessoa ou coisa f. que localiza posições inimigas, observador, avião de reconhecimento m. 2. vigia, guarda m.
spottiness [sp'otinis] s. qualidade de estar manchado.
spotty [sp'oti] adj. manchado, salpicado, barrado,

pintado.‖ **–ily** adv. de modo manchado.
spot welding s. soldagem f. por pontos.
spousal [sp'auzəl] adj. matrimonial, nupcial.
spousals [~z] s. pl. casamento m., núpcias t. pl.
spouse [spauz] s. esposo m., esposa f.
spout [spaut] s. 1. jacto, jorro, repuxo m. 2. cano, tubo m., bica f. (quadros B 3, P 7). 3. bico m 4. (Arquit.) gárgula, biqueira f. de descarga. 5. (gíria) casa f. de penhor, prego m. ‖ v. 1. jorrar, esguichar, verter. 2. correr, sair com força. 3. precipitar as frases, declamar em voz alta. 4. (gíria) empenhorar, empenhar.
up the ~ (gíria) 1. empenhorado, no prego, empenhado. 2. na cadeia.
spouter [sp'autə] s. 1. declamador m. 2. baleia f.
spoutless [sp'autlis] adj. sem bico.
sprag [spræg] s. pontalete, espeque m., escora f. ‖ v. escorar, especar.
sprain [sprein] s. torcedura f., deslocamento m. ‖ v. torcer, deslocar.
sprang [spræŋ] v. imp. de **to spring**.
sprat [spræt] s. (Ict.) espadilha f.
sprattle [sprætl] s. ato de debater-se. ‖ v. debater-se.
sprawl [spro:l] s. espreguiçamento m. ‖ v. 1. espreguiçar-se, esticar os membros. 2. deitar ou sentar com o corpo relaxado. 3. expandir-se, alastrar-se, crescer muito. 4. mover-se de modo desajeitado.
spray (I) [sprei] s. 1. líquido pulverizado, b rrifo m. 2. pulverizador m. ‖ v. 1. borrifar, pulverizar. 2. tratar, molhar, cobrir com alguma coisa pulverizada.
spray (II) [sprei] s. ramo m. de flores.
spray-cooler s. refrigerador m., torre f. de esfriamento para água.
sprayer [spr'eiə] s. pulverizador m.
spray gun, ~ pistol s. pistola f. de pulverizar.
spray nozzle s. bico m. de pulverizador.
spread [spred] s. 1. expansão, difusão, propagação f. 2. extensão, largura, envergadura f. 3. capacidade de extensão ou de esticamento f. 4. (coloq.) comida f. 5. (E. U. A.) coberta, toalha f. 6. (E. U. A.) o que se passa no pão (como manteiga, etc.). ‖ v. (imp. e p. p. spread) 1. desfraldar, desdobrar, expandir. 2. propagar, espalhar, difundir. 3. esticar, estender. 4. estar situado, estender-se. 5. distribuir, disseminar, circular. 6. cobrir com camada fina, espalhar. 7. distribuir-se, espalhar-se. 8. arrumar a mesa. 9. servir comida à mesa. ‖ adj. estendido, expandido, espalhado.
the rumour ~ like wildfire o boato espalhou-se como fogo. **she ~s the cloth** ela põe a mesa.
spread-eagle s. (Heráld.). 1. águia f. com asas e pernas abertas. 2. figura acrobática f. ‖ v. 1. esticar os membros, amarrar com os membros esticados. 2. fazer figura acrobática, como águia com asas e pernas abertas. ‖ adj. que tem a forma de águia com as asas abertas.
spree [spri:] s. farra, bebede⸱ra f., divertimento m.
to go for a ~ fazer uma farra. **we were on the ~** fizemos uma farra.
sprig [sprig] s. 1. galho, ramo, rebento, broto m. 2. ornamento m. em forma de ramo. 3. prego m. sem cabeça. 4. moço, rebento m. ‖ v. 1. enfeitar com ramos. 2. pregar, fixar com prego.
spriggy [spr'igi] adj. com muitos ramos.
sprightliness [spr'aitlinis] s. vivacidade, alegria f., ânimo m.
sprightly [spr'aitli] adj. vivaz, alegre, esperto, vivo, animado. ‖ adv. alegremente, vivamente.
spring [spriŋ] s. 1. pulo, salto, recuo m. 2. mola, mola espiral f. (quadros C 11, M 2). 3. elasticidade

f. 4. contragolpe m. 5. primavera f. 6. fonte, nascente f. 7. origem, causa, fonte f. 8. período inicial m., primavera da vida f. 9. (Náut.) racha, fenda f. (do mastro). 10. empenamento m. ‖ (imp.
sprang, p. p. **sprung**) 1. pular, saltar. 2. recuar, retroceder, voltar, ressaltar por uma força elástica. 3. fazer pular ou saltar, acionar uma mola, armar. 4. levantar-se, emergir, brotar, nascer, crescer. 5. surgir repentinamente, soltar, voar, lascar-se, saltar. 6. produzir, apresentar de repente. 7. rachar, fender. 8. empenar, curvar-se. 9. levantar (caça). 10. fazer saltar, estourar. ‖ adj. 1. que tem mola, de mola. 2. suspenso em molas. 3. primaveril. 4. de fonte ou nascente.
to ~ at pular em cima de, lançar-se sobre. **to ~ back** pular para trás, voltar para trás (por força de mola). **to ~ forth** saltar para fora. **to ~ into existence** surgir, formar-se de repente. **to ~ up** brotar, surgir. **the ship sprang a leak** o navio começou a fazer água. **she sprang a surprise on me** ela me fez uma surpresa. **to ~ a mine** fazer explodir uma mina.
spring-axle s. (Mec.) eixo m. com molejo.
spring-back s. dorso m. (de pasta) com mola.
spring-balance s. balança f. de molas.
spring-board s. trampolim m. (quadros B 3, G 3).
spring-bolt s. trinco, ferrolho m. de porta, com mola.
springbok [spr'iŋbok] s. (Zool.) gazela f. da África do Sul.
spring-carriage s. carruagem leve f., com molas.
spring catch s. fecho m. de mola.
spring cleaning s. faxina de primavera f.
spring coupling s. (Mec.) embreagem f., acoplamento m. de molas.
spring cover s. tampa f. com mola.
spring-door s. porta f. com mola.
springe [sprindʒ] s. laço m., armadilha f. ‖ v. pegar em laço.
springer [spr'iŋə] s. 1. saltador, o que pula m. 2. (Arquit.) imposta f. (quadro A 5). 3. (Mec.) mancal de apoio, encontro m.
spring-head s. fonte, nascente f.
spring-hook s. colchete m. de pressão, gancho m. com mola (quadro H 8).
springiness [spr'iŋinis] s. elasticidade f., molejo m.
springlet [spr'iŋlit] s. pequena fonte, bica f.
spring mattress s. colchão m. de molas.
spring tide s. maré f. das luas novas e cheias, maré grande.
springtime [spr'iŋtaim] s. primavera f.
spring-washer s. (Mec.) arruela elástica f.
springwater [spr'iŋwɔ:tə] s. água f. de nascente.
springy [spr'iŋi] adj. 1. elástico, com molejo. 2. que tem muitas nascentes.
sprinkle [spriŋkl] s. 1. um pouco m., pequena quantidade f. 2. chuvisco m., aspersão f. ‖ v. 1. espalhar, pulverizar, polvilhar, salpicar. 2. borrifar. 3. pintar, pontilhar. 4. estar pintado ou salpicado. 5. chuviscar.
a ~ of um pouquinho de.
sprinkler [spr'iŋklə] s. 1. irrigador de aspersão, regador m. (de jardim). 2. carro m. de irrigação. 3. aspersório, hissope m.
sprinkler system s. sistema m. de extinção de incêndio por aspersão.
sprinkling [spr'iŋkliŋ] s. rega, regadura, aspersão f.
a ~ of rain um chuvisco. **a ~ of French** um pouquinho de francês. **a ~ of foreigners** alguns estrangeiros isolados.
sprint [sprint] s. corrida f. de curta distância. ‖ v. correr a toda velocidade.
sprinter [spr'intə] s. corredor m. para pequenas distâncias.

sprit [sprit] s. (Náut.) espicha f. de vela.
sprite [sprait] s. duende, espirito m., fada f.
spritsail [spr'itseil] s. (Náut.) cevadeira f.
sprocket [spr'ɔkit] s. 1. dente m. de roda dentada.
2. roda dentada f. (quadro B 11).
sprocket chain s. (Mec.) corrente articulada f.
sprocket-wheel s. roda f. para corrente.
sprout [spraut] s. broto, rebento m. ‖ v. 1. brotar,
germinar. 2. crescer. 3. fazer crescer, estimular
o crescimento. 4. desenvolver rapidamente. 5.
(coloq.) remover, tirar brotos.
Brussels ~ couve-de-bruxelas.
spruce (I) [spru:s] s. 1. abeto vermelho m. 2. madeira
f. deste abeto.
spruce (II) [spru:s] v. enfeitar-se, arrumar-se (também to ~ up) ‖ adj. limpo, arrumado, enfeitado.
‖ ~ly adv. de modo arrumado ou elegante.
spruceness [spr'u:snis] s. elegância, afetação f.
sprue [spru:] s. 1. jito m. 2. montante m. (fundição).
3. (Med.) psilose f. (forma de diarréia tropical).
sprung [sprʌŋ] v. p. p. de spring.
spry [sprai] adj. esperto, vivaz, ativo, rápido, ágil.
‖ ~ly adv. ativamente, vivamente, agilmente:
look ~! depressa!
spud [spʌd] s. 1. pá f. estreita e curta. 2. coisa curta
e grossa f. 3. (coloq.) batata f. 4. tampinha f. ‖ v.
desenterrar, escavar, cortar com pá, carpir.
spue [spu:] = spew.
spume [spju:m] s. espuma, escuma f. ‖ v. espumar.
spumescent [spju:m'esnt], spumous [spj'u:məs], spumy
[spj'u:mi] adj. espumoso.
spun [spʌn] v. imp. e p. p. de to spin.
spun glass s. fibra f. de vidro.
spun gold s. fio m. de ouro.
spunk [spʌŋk] s. 1. coragem, vivacidade f., fogo m.
2. madeira podre, isca (para fogo) f.
spunky [sp'ʌŋki] adj. corajoso, fogoso, impetuoso.
‖ –ily adv. corajosamente.
spun silk s. retrós, fio de seda, tecido de seda m.
spun yarn s. 1. linha f. 2. (Náut.) mialhar m.
spur [spə:] s. 1. espora f., (quadro C 12), aguilhão
m. 2. coisa que estimula, ambição, vaidade f.,
impulso, estímulo m. 3. ponta, espiga f., esporão
m. 4. espigão, contraforte m. (de montanha) 5.
escora, espiga f. 6. raiz pivotante f. de árvore.
7. ferros m. pl. para escalar. ‖ v. 1. esporear.
2. andar depressa (a cavalo). 3. bater, ferir com
esporas. 4. estimular, impelir. 5. colocar esporas.
he set ~s to his horse ele meteu as esporas no
seu cavalo. he acted on the ~ of the moment ele
agiu sob um impulso repentino. he won his ~s
ele distinguiu-se. to ~ on acelerar, estimular.
spurge [spə:dʒ] s. (Bot.) euforbio m.
spur gear, ~ wheel s. engrenagem; roda dentada
frontal ou cilíndrica f.
spurge-laurel s. (Bot.) lauréola-macha f., mezeréu-
-menor m.
spurious [spj'uəriəs] adj. 1. falso, não genuíno, espúrio. 2. ilegítimo. ‖ ~ly adv. ilegitimamente.
~ pedigree árvore genealógica falsa. ~ piety
religiosidade fingida.
spuriousness [~ nis] s. falsidade, ilegitimidade f.
spurn [spə:n] s. 1. rejeição f., tratamento desdenhoso
m. 2. pontapé m. ‖ v. 1. rejeitar, refutar, desprezar. 2. mostrar desprezo. 3. dar pontapé.
spurrier [spr'ə:riə] s. fabricante m. de esporas.
spurry, spurrey [sp'ʌri] s. (Bot.) esparguta f.
spurt [spə:t] s. 1. jacto, jorro, esguicho m., curto e
violento. 2. esforço vigoroso m. (esp. em corrida).
‖ v. 1. jorrar, sair em jacto. 2. fazer esguichar.
3. despender grandes forças (durante pouco tempo).
to ~ out esguichar para fora.

spurt liquor s. restilo m.
spur track s. (Estr. de F.) ramal curto m.
Sputnik [sp'u:tnik] s. (U.R.S.S., Aer.) satélite artificial m. da Terra, lançado a partir de 1957.
sputter [sp'ʌtə] s. 1. conversa precipitada e confusa
f. 2. perdigoto m., saliva f. lançada em partículas. ‖ v. 1. estalar, crepitar. 2. lançar saliva
falando com excitação. 3. falar de modo confuso ou às pressas. ‖ ~ingly adv. de modo crepitante, excitado e confuso.
sputum [spj'u:təm] s. sputa [-ə] 1. saliva f., cuspo
m. 2. escarro m.
spy [spai] s. 1. vigia, guarda m. 2. espião m. ‖ v.
1. espiar, pesquisar, procurar. 2. espionar, investigar, espreitar. 3. enxergar, ver.
let's ~ into the thing vamos investigar o assunto.
they spied on him investigaram os seus atos e
caminhos. to ~ out enxergar, descobrir.
spy glass s. telescópio pequeno m.
spy-hole s. visor m.
sq. abrev. de square.
squab [skwɔb] s. 1. pessoa gorda e baixa f., gorducho m. 2. pombo ou pássaro pequeno m. 3. sofá
m., almofada f. ‖ v. cair desajeitadamente. ‖ adj.
1. gordo, gorducho. 2. sem penas (aves). ‖ adv. de
modo pesado ou desajeitado.
squabble [~ l] s. briga f., barulho m. ‖ v. brigar, disputar, fazer barulho.
squabbler [skw'ɔblə] s. brigão, disputador m.
squabby [skw'ɔbi] adj. gordo, gorducho.
squad [skwɔd] s. 1. pelotão m., esquadra f. 2. turma
f., pequeno grupo m. de pessoas. ‖ v. formar em
pelotão.
flying ~ pelotão volante (de polícia).
squadron [skw'ɔdrən] s. 1. esquadra, parte de esquadra f. 2. esquadrão m. 3. (Av.) esquadrilha f. 4. grupo
m., turma f.
squalid [skw'ɔlid] adj. sujo, ordinário, miserável,
esquálido. ‖ ~ly adv. esqualidamente.
squalidness [~ nis], squalidity [skwɔl'iditi] s. esqualidez, sordidez, sujeira f.
squall (I) [skwɔ:l] s. 1. rajada de vento (com chuva
ou neve) f. 2. (coloq.) comoção, preocupação f.,
desgosto m.
look out for ~s! (fig.) tenha cuidado!
squall (II) [skwɔ:l] s. grito alto, berro m. (de criança
que chora). ‖ v. chorar, gritar, berrar.
squally [skw'ɔ:li] adj. sujeito a rajadas, tempestuoso.
squalor [skw'ɔlə] s. esqualidez, miséria, sordidez f.
squama [skw'eimə] s. pl. squamae [-i:] (Bot., Zool.)
escama f., placa f.
squamiform [skw'eimifɔ:m] adj. escamiforme.
squamose [skw'eimous], squamous [skw'eiməs] adj.
escamoso, cheio de escamas.
squander [skw'ɔndə] v. desperdiçar, esbanjar, dissipar.
squanderer [~ rə] s. esbanjador, dissipador m.
squandering [~ riŋ] adj. esbanjador, dissipador.
square [skwɛə] s. 1. quadrado m. 2. coisa quadrada
ou retangular f., divisão de tabuleiro de xadrez,
vidraça, etc. 3. (E. U. A.) praça, área f. (cercada
de ruas), quadra f. 4. (E. U. A.) comprimento
m. de um lado de uma praça. 5. largo, parque m.
de uma cidade. 6. tropas colocadas em forma de
quadrado m. pl. 7. esquadro m. 8. (também
number) (Mat.) quadrado m., segunda potência de
um número f. 9. (fig.) igualdade, simetria, regularidade f., eqüidade, honestidade f. 10. medida f.
de área, correspondente a 100 pés quadrados. ‖ v.
1. fazer retangular, fazer quadrado, esquadrar. 2.
dividir em quadrados. 3. pôr no esquadro, verificar o ângulo. 4. fazer plano, endireitar. 5. ajustar,
liquidar (contas). 6. corresponder, estar de acordo,
concordar. 7. (Mat.) quadrar, elevar ao quadrado.

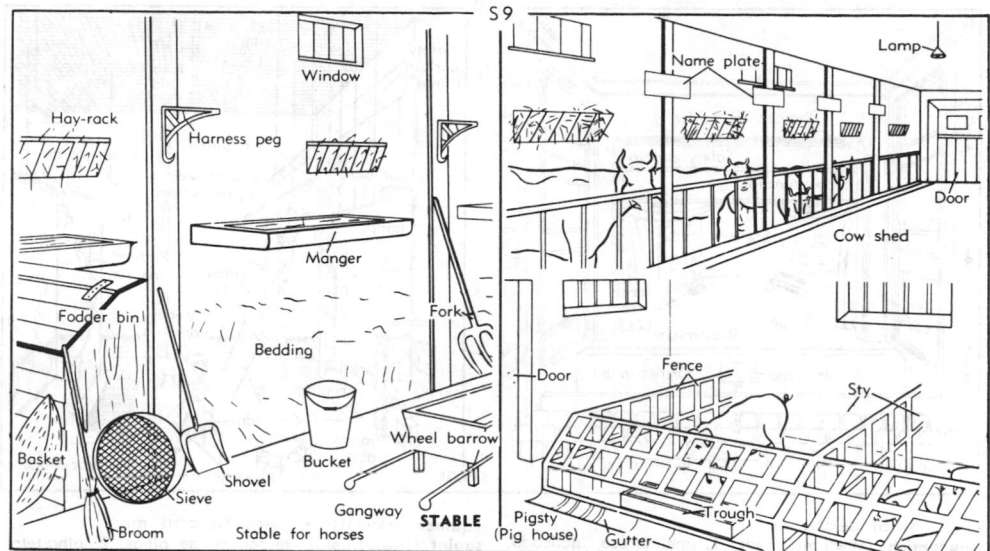

S 9

Window

Hay-rack

Harness peg

Manger

Fodder bin

Bedding

Fork

Basket

Sieve

Shovel

Bucket

Wheel barrow

Broom

Gangway

Stable for horses

STABLE

Name plate

Lamp

Door

Cow shed

Door

Fence

Sty

Pigsty
(Pig house)

Trough

Gutter

8. determinar, regular, colocar em lugar certo. 9. adaptar, adaptar-se. 10. formar ângulo reto. ‖ adj. 1. quadrado, retangular, quadrangular, em quadrangular. 2. em quadrado, relativo à área, que designa a unidade de área. 3. que forma um ângulo de 90°, reto. 4. direito, plano, no nível. 5. líquido, sem sobras, igual. 6. justo, honesto, correto. 7. completo, absoluto. 8. (Mat.) no quadrado, na segunda potência. 9. sólido, forte. ‖ adv. 1. (coloq.) honestamente. 2. em forma quadrada, em ângulos retos. ‖ **~ly** adv. de modo quadrado, de modo direito ou plano, justamente, honestamente.
on the ~ no esquadro. **that fellow is on the ~** (gíria) este camarada está em ordem. **out of ~** irregular, fora do normal. **to ~ up** liquidar uma conta. **he ~d up to her** ele se colocou diante dela. **he ~d him** ele o pagou, ele liquidou suas dívidas, (gíria) ele o subornou. **I'll ~ things** regularizarei o negócio. **to ~ the circle** descobrir a quadratura do círculo, (fig.) tentar fazer uma coisa impossível. **to ~ one's shoulders** enfrentar o destino. **to ~ the yards** (Náut.) cruzar as vergas. **to ~ off** 1. dar forma retangular a. 2. tomar posição para boxe. **a ~ chin** um queixo quadrado. **~ dealing** procedimento direito, honesto. **a ~ meal** uma refeição reforçada. **like a ~ peg in a round hole** (fig.) uma coisa que não se adapta. **~ timber** viga esquadrada. **I got ~ with him** estou quite com ele. **he's ~-pushing with her** (gíria) ele anda com ela.
square-built adj. de ombros largos.
squared [skwɛəd] adj. 1. em forma de quadrado. 2. (Mat.) elevado ao quadrado.
square dance s. (Mús.) quadrilha f. ‖ v. dançar a quadrilha.
squared paper s. papel quadriculado m.
square foot s. (medida de área) pé quadrado m.
squarehead [skw'ɛəhed] s. (E. U. A., depreciat.) escandinavo, alemão m.
square inch s. polegada quadrada f.
square measure s. medida de superfície f.
square meter s. metro quadrado m.
squareness [skw'ɛənis] s. 1. qualidade de ser quadrado, o que é quadrado. 2. honestidade f.
square number s. (Mat.) quadrado m.

square-rigged adj. (Náut.) com velas redondas.
square root s. raiz quadrada f.
square-ruled paper s. papel quadriculado m.
square sail s. vela redonda f.
square-shouldered adj. de ombros eretos.
square-toed adj. 1. (sapato) de ponta larga. 2. (fig.) empertigado, preciso, meticuloso, antiquado.
squarrose [skw'ɛərous], **squarrous** [skw'ɛərəs] adj. áspero, escabroso.
squash (I) [skwɔʃ] s. 1. polpa, massa esmagada f., suco m. de legumes ou de frutas. 2. aperto, atropelo m. 3. queda de um corpo mole f., baque m. 4. espécie de tênis de ginásio. ‖ v. 1. esmagar, amassar, espremer. 2. fazer som de batida em massa mole. 3. pôr um fim a. 4. comprimir.
squash (II) [skwɔʃ] s. abóbora f., aboboreira f.
squash-hat s. chapéu m. de aba larga.
squashy [skw'ɔʃi] adj. mole, como polpa ou massa.
squat [skwɔt] s. agachamento m. ‖ v. 1. agachar-se. 2. sentar de cócoras. 3. (E. U. A.) tomar posse de terras indevidamente. ‖ adj. 1. agachado. 2. gordo e curto, grosso.
squatter [skw'ɔtə] s. 1. o que está agachado m. 2. (E. U. A.) intruso m. que se apossa de terras alheias, colonizador m. em terras devolutas.
squatty [skw'ɔti] adj. curto e gordo, baixo e largo.
squaw [skwɔ:] s. 1. mulher ou esposa f. de índio norte-americano. 2. (gíria) qualquer mulher ou esposa f.
squawk [skwɔ:k] s. som ou grito agudo e penetrante. ‖ v. gritar, grasnar (como pato).
squeak [skwi:k] s. 1. grito agudo e curto m., guincho m., chio, rangido m. 2. escapada por pouco f. ‖ v. 1. ranger, chiar, guinchar, gritar. 2. fazer guinchar. 3. (fig.) xingar. 4. (gíria) confessar por medo. **I had a narrow ~** consegui-o por pouco.
squeaker [skw'i:kə] s. 1. o que guincha ou chia m. 2. (gíria) denunciador, delator m.
squeaky [skw'i:ki] adj. rechinante, guinchante, guinchador. ‖ **~ily** adv. com guinchos, de modo rechinante.
squeal [skwi:l] s. grito agudo ou estridente, prolongado m. ‖ v. 1. gritar, guinchar (como um porco ferido). 2. (gíria) tornar-se delator, delatar.
squealer [skw'i:lə] s. 1. pombo ou pássaro novo m.

S 10

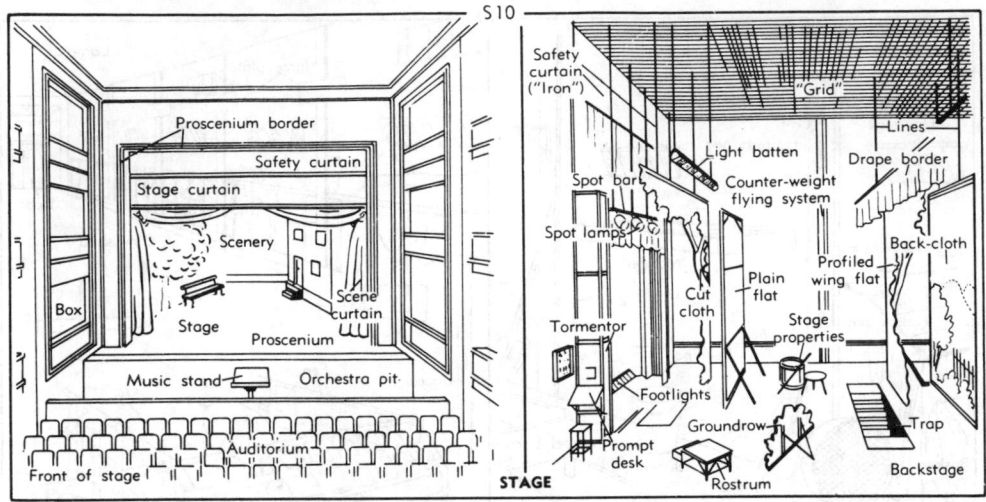

Proscenium border
Safety curtain
Stage curtain
Scenery
Box
Scene curtain
Stage
Proscenium
Music stand
Orchestra pit
Auditorium
Front of stage

Safety curtain ("Iron")
"Grid"
Light batten
Lines
Drape border
Spot bar
Counter-weight flying system
Spot lamps
Back-cloth
Profiled wing flat
Plain flat
Cut cloth
Stage properties
Tormentor
Footlights
Groundrow
Trap
Prompt desk
STAGE
Rostrum
Backstage

2. (gíria) delator m.

squeamish [skw'i:miʃ] adj. 1. melindroso, delicado, suscetível. 2. medroso, escrupuloso, esquisito. 3. enjoadiço, nauseento. 4. débil, sensível. 5. delicado, fastidioso. ‖ **~ly** adv. delicadamente, de modo melindroso, fastidiosamente.
he is very ~ ele é muito enjoadiço (suscetível a náuseas).

squeamishness [~nis] s. 1. melindre, escrúpulo. m. 2. disposição f. para enjoar facilmente. 3. delicadeza f.

squeegee [skw'i:ʤ'i:] s. 1. rodo m. 2. rolo m. de borracha usado pelos fotógrafos. 3. limpador m. de pára-brisas. ‖ v. enxugar, alisar, prensar com rodo ou rolo.

squeezable [skw'i:zəbl] adj. que se pode comprimir ou espremer, elástico.

squeze [skwi:z] s. 1. aperto m., pressão leve f. 2. compressão f. 3. abraço m., aperto m. de mão. 4. esmagamento, atropelo m. 5. suco espremido m. 6. (coloq.) situação difícil f., aperto, apuro m. 7. extorsão f. ‖ v. 1. apertar, comprimir. 2. abraçar, apertar nos braços. 3. colocar à força, forçar para dentro. 4. oprimir, extorquir. 5. espremer. 6. ceder à pressão, ser compressível. 7. abrir caminho, forçar passagem.
to ~ in enfiar, colocar com força, enfiar-se, meter-se. **to ~ out** espremer, (fig.) interrogar. **to ~ through** passar empurrando. **to ~ up** comprimir, apertar.

squeezer [skw'i:zə] s. 1. espremedor m. 2. o que comprime ou espreme m. 3. prensa f.

squelch [skweltʃ] s. 1. golpe pesado m. 2. som de esmagamento m. 3. resposta esmagadora f. ‖ v. 1. silenciar, esmagar. 2. desconcertar. 3. fazer um ruído como quando se anda em lama ou neve derretida.

squib [skwib] s. 1. sátira, crítica f., sarcasmo m. 2. rojão, busca-pé m. ‖ v. escrever sátiras.

squid [skwid] s. 1. (Zool.) lula f. 2. isca artificial f. ‖ v. pescar com isca artificial.

squiffed [skwift], **squify** [skw'ifi] adj. (gíria) levemente embriagado.

squiggle [skwigl] s. 1. curva pequena e irregular f. 2. letra ilegível f., rabisco m. ‖ v. escrever tola ou ilegivelmente, rabiscar.

squiggle pad s. bloco m. de rascunho.

squill [skwil] s. cila, albarrã f.

squinch [skwintʃ] s. (Arquit.) arco m.

squint [skwint] s. 1. piscar m. de olhos. 2. olhadela f., olhar m. de soslaio. 3. estrabismo m. 4. inclinação, tendência f. ‖ v. 1. piscar, olhar com os olhos meio fechados 2. manter os olhos meio fechados. 3. olhar de soslaio. 4. ser estrábico ou vesgo. 5. andar ou correr em sentido oblíquo.
he has a ~ ele é vesgo ou estrábico. **he ~s at** ele está cobiçando com os olhos.

squinter [skw'intə] s. estrábico, vesgo m.

squint-eyed adj. vesgo, estrábico.

squinting [skw'intiŋ] s. estrabismo m. ‖ adj. estrábico, vesgo. ‖ **~ly** adv. de modo estrábico, vesgo.

squire [skw'aiə] s. 1. nobre rural m., fazendeiro m. 2. (E. U. A.) juiz m. de paz. 3. escudeiro m. 4. cavalheiro m. ‖ v. 1. exercer as funções de senhor ou proprietário. 2. escoltar, acompanhar (uma dama).

squirearchy [~ra:ki] s. nobreza rural f.

squireling [~liŋ] s. fidalgote m.

squirely [~li] adj. fidalgo.

squirm [skwə:m] s. torção, torcedura f., sinuosidade f., entrelaçamento m. ‖ v. 1. torcer, contorcer, contorcer-se, trançar, entrelaçar. 2. mostrar aborrecimento ou sofrimento.

squirrel [skw'irəl, skw'ə:rəl] s. 1. (Zool.) esquilo m. 2. pele f. deste animal.

squirrel cage s. 1. gaiola f. de esquilo. 2. (coloq.) existência, tarefa f. sem meta nem motivo.

squirrel-monkey s. (Zool.) 1. jurupixuna, macaco-de-cheiro m. 2. sagüi, japuça m.

squirt [skwə:t] s. 1. seringa f. 2. esguichada f. 3. jacto, esguicho m. 4. (coloq.) faroleiro m. ‖ v. 1. esguichar, espremer. 2. sair em forma de jacto ou esguicho, (também **to ~ out.**).

Sr. abr. de 1. **senior.** 2. **Sir.**

S. S. abr. de 1. **Secretary of State** Secretário de Estado. 2. **Secret Service** serviço secreto. 3. **steamship** vapor (navio). 4. **Sunday school** escola dominical.

SSE, S. S. E. abr. de **south southeast** su-sueste.

SSW, S. S. W. abr. de **south southwest** su-sudoeste.

St. abr. de 1. **Saint.** 2. **Strait.** 3. **Street.**

St. George's cross cruz de São Jorge.

stab [stæb] s. 1. golpe m., punhalada, facada f. 2. ferida provocada por arma pontuda f. 3. injúria, ofensa f. ‖ v. 1. apunhalar, ferir com arma pontuda. 2. perfurar, trespassar. 3. penetrar, espetar.

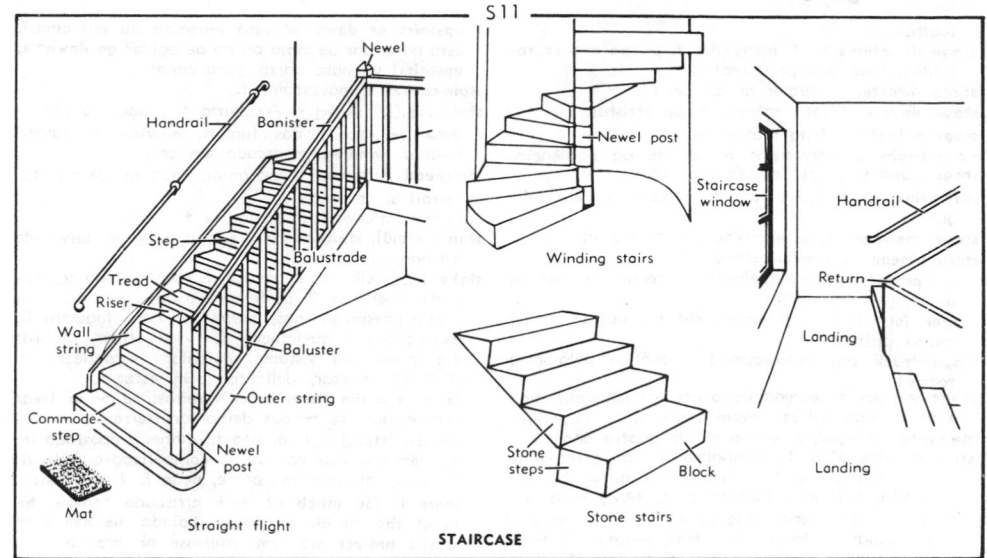

S 11

Handrail · Banister · Newel · Newel post · Staircase window · Handrail · Step · Balustrade · Winding stairs · Return · Tread · Riser · Wall string · Baluster · Landing · Outer string · Commode step · Newel post · Stone steps · Block · Landing · Mat · Straight flight · Stone stairs

STAIRCASE

4. ferir os sentimentos, injuriar, ofender. ~ **in the back** (fig.) golpe traiçoeiro. **he took a ~ at it** ele fez uma tentativa. **the news ~bed him to the heart** a notícia lhe feriu o coração.

stabber [st'æbə] s. 1. perfurador m. 2. assassino m.

stabbing [st'æbiŋ] adj. penetrante, ofensivo.

stabile [st'eibil] s. escultura abstrata, fixa f. ‖ adj. fixo, estacionário.

stability [stəb'iliti], **stableness** [st'eiblnis] s. 1. estabilidade, firmeza f., equilíbrio m. 2. permanência f. 3. constância, firmeza de caráter f.

stabilization [steibilaiz'eiʃən] s. estabilização f.

stabilize [st'eibilaiz] v. 1. estabilizar, firmar. 2. manter fixo. 3. equilibrar.

stabilizer [~ə] s. estabilizador m., aparelho m. para equilibrar ou estabilizar um navio ou avião.

stable (I) [steibl] s. 1. estábulo m. (quadros S 9, V 3). 2. grupo m. de animais abrigados em estábulo. 3. (também ~s pl.) estrebaria f., conjunto m. de estábulos, haras m. 4. grupo m. de cavalos de corrida, pertencentes a um só dono. 5. tratadores m. pl. para um grupo destes. ‖ v. estabular, manter em estábulo.

stable (II) [steibl] adj. 1. estável, constante, firme. 2. fixo, permanente. 3. sólido, resistente. ‖ **-bly** adv. de maneira estável, firmemente, solidamente.

stable-boy, ~-man s. cavalariço m.

stableness [st'eiblnis] s. = **stability.**

stabling [st'eibliŋ] s. estabulação, acomodação f. em estábulo.

staccato [stək'a:tou] (Mús.) adj. + adv. separando as notas.

stack [stæk] s. 1. meda f. de feno, palha, etc. 2. pilha f. (quadro B 22). 3. carabinas ensarilhadas f. pl. 4. (coloq.) grande quantidade f. 5. chaminé f. 6. (Av.) cano m. de escapamento. 7. (geral. ~s pl.) estante para livros f. ‖ v. 1. empilhar, amontoar. 2. ensarilhar armas. 3. (E. U. A.) arranjar as cartas do baralho para levar vantagem. **~s of letters** pilhas de cartas.

stacked [~t] adj. (mulher) de formas atraentes, voluptuosas.

stack gas s. gás de combustão m.

stacte [st'ækti:] s. um dos ingredientes usados para o preparo de incenso.

stadia [st'eidiə] s. (Geom.) estádia f.

stadium [st'eidiəm] s. 1 pl. **stadia** [-iə] estádio m. 2. (Med.) fase f., período m.

staff [sta:f, stæf] s. 1. pau, bastão, mastro m., vara bengala f. 2. esteio, suporte, sustento, apoio m. 3. grupo ou corpo de assistentes, pessoal, corpo docente, quadro de funcionários m. 4. estado-maior (de exército ou marinha) m. 5. (Mús.) **pauta f.** ‖ v. colocar pessoal ou assistentes. **editorial ~** redação. **~ reporter** repórter próprio. **the General Staff** o estado-maior. **the house is under-~ed (well-~ed)** a casa tem poucos (bastantes) empregados.

staffer [st'æfə] s. membro m. de um quadro (de funcionários, etc.).

staff officer s. oficial m. do estado-maior.

stag [stæg] s. 1. veado adulto m. 2. macho de outros animais (especialmente os castrados) m. 3. (E. U. A.). homem desacompanhado m. (em reunião social). 4. especulador m. ‖ v. especular com ações.

stag party festa f. só para homens.

stag-beetle s. (Ent.) cabra-loura f.

stage [steidʒ] s. 1. palco m. (quadros S 10, T 3). 2. teatro, drama m. 3. profissão f. de ator, elenco m. 4. cena de ação f. 5. plataforma f., tablado m. 6. andaime m. 7. trecho m., distância parcial f. percorrida em viagem, etapa f. 8. período, passo, estágio m., fase f. 9. degrau m. 10. platina f. de microscópio (quadro M 3). ‖ v. 1. encenar, arranjar. 2. prestar-se para o teatro. **he has been on the ~ for twenty years now** êle já trabalha no teatro há vinte anos. **she goes on the ~** ela vai ser atriz. **to hold the ~** (fig.) formar o ponto de atração. **at this ~ of development** nesta fase do desenvolvimento. **at this ~ of life** neste período da vida. **they travelled by easy ~s** viajaram em etapas folgadas. **I shall get down at the next ~** vou descer na próxima parada. **~s of appeal** instâncias de apelação.

stagebox [st'eidʒbɔks] s. camarote m. de proscênio.

stage-coach s. diligência f.

stage-craft s. arte f. de escrever ou encenar peças

teatrais.
stage directions s. pl. instruções f. pl. para a representação de uma peça teatral.
stage director s. diretor m. de cena.
stage door s. (Teat.) entrada f. de artistas.
stage effect s. efeito teatral m.
stage-fright s. nervosismo m. diante da audiência.
stage hand s. (Teat.) operário cênico m.
stage-line s. (E. U. A.) rota f. percorrida pela diligência.
stage manager s. superintendente cênico m.
stage-pigeon s. pombo-correio m.
stage properties s. indumentária f., requisitos teatrais m. pl. (quadro S 10).
stager [st'eidʒə] s. (também **old ~**) pessoa f. de muita prática.
stage-struck adj. entusiasmado, fanático pela arte teatral.
stage whisper s. segredamento em voz alta m., (fig.) segredo que outros devem ouvir.
staggard [st'ægəd] s. veado m. de quatro anos.
stagger [st'ægə] s. 1. cambaleio m. 2. (geralmente **~s** pl.) vágado m. dos cavalos e do gado. 3. (fig.) epilepsia, vertigem, tontura f. 4. (Av.) escalonamento m. dos planos (quadro A 2). ‖ v. 1. cambalear, vacilar. 2. fazer combalear, tontear. 3. ficar fraco, titubear, vacilar, ceder. 4. hesitar. 5. ficar confuso. 6. surpreender, confudir. 7. estontear. 8. coordenar (tempo, horário) para não coincidir um com o outro. 9. (Av.) escalonar (quadro A 2). **~ed biplane** biplano com o plano superior avançado.
staggerer [~rə] s. 1. o que cambaleia m. 2. golpe ou argumento m. que abala.
staggering [~riŋ] adj. cambaleante, titubeante, que abala, que derruba (golpe). ‖ **~ly** adv. de modo vacilante ou cambaleante.
staghound [st'æghaund] s. cão veadeiro m.
stag-hunt (Ingl.) s. caça f. de veados.
staginess [st'eidʒinis] s. teatralidade, ostentação f.
staging [st'eidʒiŋ] s. 1. plataforma f., andaime m. 2. (Teat.) encenação f. 3. viagem f. de diligência. 4. empresa f. de diligências.
staging area s. (milit.) área de concentração f. de tropas, para transporte, etc.
stagnancy [st'ægnənsi] s. 1. estagnação, inércia f. 2. paralisação f.
stagnant [st'ægnənt] adj. 1. estagnado, quieto, inativo. 2. podre. 3. parado, paralisado, lento, vagaroso. ‖ **~ly** adv. de modo estagnado.
stagnate [st'ægneit] v. estar estagnado, paralisado, ficar estagnado, estagnar, tornar inerte.
stagnation [stægn'eiʃən] s. estagnação f.
stag-party s. reunião f. só de homens.
stagy, stagey [st'eidʒi] adj. teatral, com pose, artificial, afetado, pomposo.
staid [steid] v. (†) imp. e p. p. de **stay.** ‖ adj. calmo, sério, sossegado, acomodado. ‖ **~ly** adv. calmamente, seriamente.
stain [stein] s. 1. mancha, coloração mordente f. 2. descoloração, pinta, mancha f. de cor diferente. 3. mácula f. ‖ v. 1. sujar, manchar, borrar, descolorar. 2. tingir, colorir, tratar com mordente. 3. ficar tingido ou colorido. 4. macular, difamar. **~ed glass** vidro colorido.
stainless [st'einlis] adj. sem mancha, sem coloração, imaculado, inoxidável. ‖ **~ly** adv. de modo puro.
stainlessness [~nis] s. pureza, imaculabilidade f.
stainless steel s. aço inoxidável m.
stair [stɛə] s. 1. degrau m. 2. escada, escadaria f. (também **~s** pl.).
flight of ~s lanço de escada. **below ~s** no porão, no andar subtérreo, com os empregados. **are you**

upstairs or down~s? está embaixo ou em cima?, está no andar de cima ou no de baixo? **go down~s, upstairs!** vá para baixo, para cima!
stair-carpet s. passadeira f.
staircase [st'ɛəkeis] s. escadaria f. (quadro S 11).
back ~ escada dos fundos. **moving ~** escada rolante. **winding ~** escada em caracol.
stairhead [st'ɛəhed] s. patamar, topo m. de escada.
stair-rail s. corrimão m.
stairway [st'ɛəwei] s. escadaria f
staith [steiθ], **staithe** [steið] s. cais m. (com desvio de estrada de ferro).
stake (I) [steik] s. 1. estaca f., poste, mourão, suporte, fueiro m. 2. poste m. em que se amarravam e queimavam pessoas, queimadeiro m., fogueira f., execução por queimação f. ‖ v. 1. fixar, segurar em poste ou estaca, empalar, estaquear. 2. (E. U. A.) marcar, delimitar com estacas.
to ~ a claim fazer valer direitos. **to ~ in** fixar com estaca. **to ~ out** demarcar (terra).
stake (II) [steik] s. 1. aposta f., dinheiro apostado m. 2. prêmio m. (de corrida ou competição esportiva). 3. risco, interesse m., parte, ação f. ‖ v. apostar.
there is too much at ~ é arriscado demais. **he swept the ~s** ele ganhou a bolada. **he has a ~ in the project** ele tem interesse no projeto.
stake holder s. depositário m. de dinheiro de apostas.
stakeout [st'eikaut] s. (gíria). 1. destacamento m. policial para vigiar uma área. 2. área vigiada f.
stalactite [st'æləktait] s. estalactite f.
stalactitic [stæləkt'itik] adj. estalactítico.
stalagmite [st'æləgmait] s. estalagmite f.
stale (I) [steil] s. urina de cavalos, etc. f. ‖ v. urinar (cavalos, etc.)
stale (II) [steil] v. ficar passado ou envelhecido. ‖ adj. 1. passado, envelhecido, velho, cediço, amanhecido, seco (pão). 2. sem graça, sem novidade, insulso, 3. antiquado, gasto, estragado. ‖ **~ly** adv. de modo passado, antiquadamente, de modo gasto.
stalemate [st'eilmeit] s. 1. (xadrez) empate forçado provocado pela impossibilidade de um dos adversários mover o rei m. (quadro C 10). 2. paralisação f., beco-sem-saída m. ‖ v. 1. paralisar. 2. provocar empate forçado.
staleness [st'eilnis] s. qualidade de estar passado.
Stalinism [st'a:linizm] s. (Pol.) estalinismo m.: doutrina comunista de Stalin (1879-1953).
stalk (I) [stɔ:k] s. 1. talo m., haste f. (quadro L 2). 2. (Bot. e Zool.) pedúnculo m. (quadro L 2). 3. pé (de copo), base f., suporte m.
stalk (II) [stɔ:k] s. 1. passo largo e pomposo m. 2. ato de aproximar-se silenciosamente (da caça). ‖ v. 1. aproximar-se silenciosamente, caçar à espreita. 2. espalhar-se silenciosamente (doenças). 3. andar com gravidade e arrogância (fig.)
stalking [st'ɔ:kiŋ] s. 1. ação de dar pavonadas f. 2. caça à espreita f.
~-horse cavalo ou figura de cavalo que serve de esconderijo para um caçador, (fig.) pretexto.
stalkless [st'ɔ:klis] adj. sem pedúnculo, sem talo (quadro L 2).
stalky [st'ɔ:ki] adj. taludo, com talo comprido.
stall (I) [stɔ:l] s. 1. estábulo individual m., baia f., boxe m. 2. tenda, barraca f., lugar, "stand" m. onde se venda alguma coisa. 3. cadeira f., assento m. no coro da igreja. 4. **~s** seção de poltronas f. (primeiras filas no teatro) (quadro T 3). 5. dedeira f. ‖ v. 1. viver em estábulo ou boxe. 2. pôr ou manter em estábulo. 3. parar, paralisar, enguiçar (motor), encrencar. 4. atolar. 5. perder velocidade

(avião). 6. (E. U. A.) parar de trabalhar, passar o tempo, ficar na expectativa.

stall (II) [stɔ:l] s. (gíria) pretexto m., evasiva, escapatória f. ‖ v. 1. simular, esquivar-se. 2. protelar.

stallage [st'ɔ:lidʒ] s. 1. direito m. de manter tenda ou barraca, aluguel m. para barraca. 2. estabulação f.

stall-fed adj. engordado.

stallion [st'æljən] s. garanhão m.

stalwart [st'ɔ:lwət] s. pessoa forte ou robusta f. ‖ adj. 1. robusto, musculoso, atlético, forte. 2. corajoso, decidido, valente, leal, inflexível. ‖ ~ly adv. fortemente, corajosamente, lealmente.

stalwartness [~nis] s. força f., coragem, valentia, lealdade f.

stamen [st'eimən] s. pl. (†) **stamina**, ~s. (Bot.) estame m.

stamina [st'æminə] s. força, resistência f.

staminal (I) [st'eimənəl] adj. estaminoso, estaminal.

staminal (II) [st'æminəl] adj. resistente, forte.

staminiferous [steimən'ifərəs] adj. (Bot.) estaminífero.

stammer [st'æmə] s. gagueira f., gagueio m. ‖ v. 1. gaguejar. 2. falar gaguejando.

stammerer [~rə] s. gago m.

stammering [~riŋ] s. gagueira, gaguez, gaguice f., gagueio m. ‖ adj. gago, gaguejador. ‖ ~ly adv. gagamente.

stamp [stæmp] s. 1. ato de bater (o pé). 2. pilão m. (para britar pedra). 3. britador, moinho m. 4. carimbo, cunho, timbre, sinete m. 5. marca, impressão f., timbre, selo m. 6. selo m., estampilha f. 7. expressão f., sinal, traço m. 8. tipo, caráter, temperamento m. ‖ v. 1. bater o pé (com força). 2. andar com passos pesados. 3. gravar, fixar (na memória). 4. bater, esmagar, pisar, quebrar, britar. 5. imprimir, estampar, gravar, cunhar. 6. caracterizar, identificar, carimbar. 7. selar, estampilhar. 8. recortar com punção.

to put a ~ on the letter selar uma carta. **his work bears the ~ of genius** sua obra mostra o cunho do gênio. **he set his ~ upon his period** ele imprimiu seu caráter à sua época. **a man of the old ~** um homem da fibra antiga. **a woman of her ~** uma mulher do seu caráter. **that ~ed him as a fool** isso o caracterizou como tolo. **it was ~ed on his mind** estava gravado na sua memória. **to ~ down** pisar, apagar pisando. **to ~ out** 1. estampar. 2. (fig.) aniquilar.

stamp act s. (Hist. Amer.) lei f. do selo.

stamp album s. álbum m. para selos postais.

stamp collection s. coleção f. de selos.

stamp-duty s. imposto m. de selo.

stamped [stæmpt] adj. selado, carimbado.

~ envelope envelope selado. **~ sheet of paper** papel selado. **~ ore** minério britado.

'stampede [stæmp'i:d] s. 1. estouro m., debandada f. (de rebanho). 2. fuga precipitada f., pânico m. em massa. ‖ v. 1. estourar, debandar. 2. fugir, correr em pânico, fazer debandar ou fugir.

stamping [st'æmpiŋ] s. 1. britamento m., trituração f. 2. estampagem f. 3. cunhagem f. 4. ação de pisar. 5. lâmina, folha, chapa f.

stamping-ground s. (coloq.) lugar preferido m.

stamping-mill s. britador de minério, moinho de pilões m.

stamping-press s. prensa de estampar f.

stamping-sheet s. chapa f. para estampar.

stance [stæns] s. posição f. dos pés de um jogador na hora do lance (golfe, etc.).

stanch (I) [sta:ntʃ], **staunch** [stɔ:ntʃ] v. estancar, estancar-se (sangue).

stanch (II) [sta:ntʃ] adj. 1. forte, firme, leal, constante, de confiança. 2. estanque, impermeável.

stanchion [st'a:nʃən] s. poste, pilar, balaústre, suporte, batente m., escora f., (Náut.) espeque, pontalete m. ‖ v. escorar, segurar com poste, etc.

stanchless [st'a:ntʃlis] adj. 1. que não se pode estancar. 2 (fig.) insaciável.

stand [stænd] s. 1. parada, pausa f., descanso m. 2. resistência, defesa f. 3. lugar, posto m., posição, estação f., ponto m. 4. plataforma, tribuna f., estrado m. 5. andaime, suporte m., estante f. 6. "stand" m.: recinto reservado a cada participante de uma exposição. 7. barraca, tenda, banca f. 8. grupo de árvores ou plantas. ‖ v. (imp. e p. p. **stood**). 1. estar em pé. 2. ter certa altura, quando em pé, medir. 3. levantar, ficar em pé. 4. estar situado ou localizado, encontrar-se. 5. colocar, encostar, pôr em pé. 6. estar colocado, ocupar certo lugar ou cargo. 7. manter em certa posição. 8. sustentar. 9. estar, ser, encontrar-se. 10. continuar, permanecer, resistir, oferecer resistência. 11. durar, agüentar. 12. juntar-se, acumular-se. 13. tolerar. 14. sofrer, submeter-se, suportar. 15. custear, pagar. 16. manter um certo rumo. 17. parar, paralisar, ficar parado, estagnar. 18. valer, estar em vigor. 19. candidatar-se.

to be at a ~ estar parado, estar perplexo, estar em dúvida, indeciso. **to come to a ~** chegar a um impasse. **to make a ~** parar, resistir, oferecer resistência, opor-se. **to make a ~ for s. th.** insistir em alguma coisa, responder por alguma coisa. **to take a firm ~** ocupar uma posição firme. **to take one's ~** tomar posição, colocar-se. **what ~ do you take?** qual é a sua opinião? **it ~s at that (cost) price** o preço de custo é este. **~ or fall** vitória ou morte! **as it ~s, as the case ~s, as matters ~** como estão as coisas, pela situação atual. **and there it ~s!** basta! está encerrado o assunto! **how do we ~?** como estamos? qual é a situação? **the things I ~ up in** o que tenho no corpo (roupa). **don't ~ the umbrella against the table!** não encoste o guarda-chuva na mesa! **I can't ~ him** não o posso tolerar ou agüentar. **I can't ~ it any longer** não o agüento mais. **I shan't ~ it!** não tolero isso. **there is no ~ing her stupidity** ninguém agüenta sua estupidez. **it ~s me in eight shillings** (coloq.) isso me custa oito xelins. **he can ~ a lot** ele agüenta muito. **he ~s no nonsense** com ele não se brinca. **I'll ~ you a bottle** pago-lhe uma garrafa, convido-o a tomar uma garrafa. **to ~ alone** estar sozinho, estar sem auxílio, estar em posição isolada. **to ~ a good chance** ter boas probabilidades. **to ~ a comparison** poder enfrentar uma comparação. **to ~ condemned** estar condenado. **to ~ corrected** conformar-se com a pena, reconhecer seu erro. **to ~ fast** resistir, não ceder. **to ~ fire** resistir à prova (suportar o fogo do inimigo). **to ~ first** ser o primeiro, estar em primeiro lugar. **to ~ s. o. 's friend** mostrar-se amigo para alguém. **to ~ gaping** ficar de boca aberta, boquiaberto. **to ~ godfather (to)** ser padrinho (de). **to ~ good** ter valor, estar válido. **to ~ one's ground** manter-se, defender-se. **to ~ high** ter bom nome, ter boa fama. **to ~ pat** (E. U. A.) conformar-se. **to ~ security** dar fiança, garantir. **to ~ the test (ou a trial)** passar a prova. **to ~ about** ficar à toa, rodear. **to ~ against** oferecer resistência, destacar-se de. **to ~ aloof** manter-se de lado, afastar-se. **to ~ aside** sair do caminho, ficar de lado. **the thermometer ~s at 35°** o termômetro marca 35°. **to ~ at attention** (milit.) tomar sentido. **to ~ back** afastar-se, recuar. **to ~ between** estar no caminho, estar no meio. **to ~ by** estar presente, estar ao lado, assistir, estar de prontidão. **to ~ by s. o.** assistir alguém. **to ~ by one through thick and thin** prestar assistência a outrem em qualquer vicissitude. **to ~ by a thing** defender uma coisa. **to ~ by one's word** manter sua palavra. **to ~ for** significar, querer dizer, pretender, ter rumo para, velejar para, auxiliar, ser responsável por. **to ~ for Parliament** ser candidato ao parlamento. **to ~ forth** mostrar-se, salientar-se. **to ~ from** (Náut.) vir de, ter rumo de, velejar de. **to ~ good** estar válido. **to ~ in** (Náut.) velejar em direção à terra. **to ~ in awe** ter temor de. **to ~ in fear** ter medo de. **to ~ in need of** ter necessidade de, precisar. **to ~ in s. o.'s way** estar no caminho de alguém, atrapalhar alguém, impedir alguém. **to ~ off** ficar de lado, afastar-se, retroceder, retrair-se, recusar-se, protelar (pagamento), (Náut.) ficar ao largo. **to ~ off from** (Náut.) afastar-se de. **~ off!** saia de perto!, vá embora! **to ~ on** basear-se em alguma coisa, contar com alguma coisa. **to ~ on ceremony** fazer cerimônias. **to ~ on end** estar em pé (cabelos). **to ~ on one's dignity** fazer questão da sua dignidade. **to ~ on one's right** insistir em seu direito. **to ~ out** salientar-se, distinguir-se, sobressair, resistir, não ceder. **to ~ out for** insistir em. **he ~s out like a sore thumb** (E.U.A., gíria) ele chama a atenção (de maneira desagradável). **to ~ over** ficar, sobrar, ficar em atraso, adiar. **to ~ to** permanecer, manter, aderir a. **to ~ one's tackling** manter seu ponto de vista. **he stood to him** ele o defendeu. **it ~s to reason** é plausível, evidente, razoável. **to ~ up** levantar-se. (E.U.A.) decepcionar, abandonar, deixar na mão. **to ~ up against** levantar-se contra, rebelar-se, lutar contra. **to ~ up to** encarar, enfrentar. **to ~ upon** insistir em, basear-se em. **to ~ upon one's guard** tomar • cuidado, precaver-se. **to ~ well with** dar-se bem com, ter amizade com.

standard [st'ændəd] s. 1. padrão, critério, protótipo, modelo m., regra, norma, medida f., nível m. 2. medida f. ou peso m., padrão. 3. bandeira f., emblema, símbolo m. 4. suporte m., coluna f. (quadros S 3, S 16). 5. árvore ou arbusto com um tronco liso e direito m. ‖ adj. 1. padrão, que serve de padrão. 2. excepcional, modelar, exemplar. 3. legal, oficial. **above (below) the ~** acima (abaixo) da média. **they judge me by their ~** eles me julgam pelo seu padrão. **they applied another ~** aplicaram outro critério. **she is not up to the ~** ela não corresponde às exigências. **the ~ of this book is very high** este livro é de um nível muito alto.

standard author s. autor clássico m.
standard-bearer s. 1. porta-bandeira m. + f. 2. guia, chefe, dirigente (partidário) m. + f.
standard file cover s. pasta padronizada f.
standard gauge s. (Estr. de F.) bitola normal f.
standard gold s. ouro de lei m.
standardization [stændədaiz'eiʃən] s. padronização, estandardização f.
standardize [st'ændədaiz] v. 1. padronizar, estandardizar. 2. regulamentar, oficializar. 3. aferir, comparar com padrão.
standard lamp s. lâmpada de pé f.
standard of living s. nível m. de vida.
standard pound s. libra padrão f.
standard time s. hora oficial f.
standard weight s. peso normal m.
stand-backer s. o que se esquiva de obrigações, vagabundo m.
standby [st'ændbai] s. 1. apoio, auxiliador, arrimo m. 2. reserva f. (pessoa ou coisa). 3. passageiro m. esperando vaga para viajar.

stand-easy s. pausa f., descanso m.
standee [stænd'i:] s. (E.U.A.) o que fica em pé m. (em teatro, etc.)
standfast [st'ændfa:st] s. posição firme, inabalável f.
stand-in s. 1. (Cin.) extra m. + f. 2. substituto m., (gíria) posição f. influente ou favorável.
standing [st'ændiŋ] 1. posição, reputação f. 2. duração f. 3. ato ou lugar de ficar em pé m. ‖ adj. 1. em pé, ereto, perpendicular. 2. em posição vertical. 3. permanente, estabelecido, estável. 4. que fica em pé. 5. parado, estagnado. **a quarrel of five years' ~** uma briga de há cinco anos. **~ timber** madeira em toro. **~ jump** salto em pé (sem impulso).
standing army s. exército efetivo m.
standing-bed s. cama f. com colunas.
standing-desk s. escrivaninha f., para trabalhar em pé.
standing orders s. estatuto, regulamento m.
standing-room s. lugar m. de pé (Teat., estádio).
stand-off s. (E.U.A.) 1. ato de ficar de lado m., reserva f. 2. situação f. de equilíbrio (entre dois elementos opostos). 3. lance m. (jogo). ‖ adj. reservado, que fica de lado.
stand-offish adj. retraído, reservado, convencido. ‖ **~ly** adv. reservadamente.
stand-offishness s. reserva f., retraimento m.
standout [st'ændaut] s. pessoa ou coisa f. fora do comum. ‖ adj. fora do comum, superior.
standpat [st'ændpæt] adj. (E.U.A.) conservador.
standpatter [~ə] s. (E.U.A. coloq.) conservador (político) m.
stand-pipe s. (Téc.) 1. tubo m. de subida. 2. piezômetro m.
standpoint [st'ændpoint] s. ponto m. de vista.
standstill [st'ændstil] s. paralisação, parada, pausa f.
stand-up adj. ereto, duro, rígido.
stand-up collar s. colarinho duro m.
stand-up fight s. luta séria f.
stang [stæŋ] v. (†) imp. de **to sting.**
stanhope [st'ænəp] s. carro leve, aberto m. de duas ou quatro rodas, puxado a cavalo.
staniel [st'ænjəl] s. (Orn.) francelho m.
stank [stæŋk] v. imp. de **to stink.**
stannary [st'ænəri] s. mina f. de estanho.
stannic [st'ænik] adj. (Quím.) estânico, de estanho.
stannic chloride s. cloreto de estanho m.
stannic oxide s. óxido de estanho m.
stannous [st'ænəs] adj. (Quím.) de estanho bivalente.
stannum [st'ænəm] s. (lat.) (Quím.) estanho m.
stanza [st'ænzə] s. (Poes.) estância, estrofe f.
stapes [st'eipi:z] s. (Anat.) estribo m.: um dos ossos do ouvido interno.
staphylococcus [stæfilək'ɔkəs] s. estafilococo m.
staple (I) [steipl] s. 1. grampo, prego m. em forma de U. 2. clipes, prendedor m., presilha f. 3. arame m. para grampear. ‖ v. segurar com grampo.
staple (II) [steipl] s. 1. pilha f. 2. gênero ou artigo m. principal de produção. 3. elemento. material m. principal. 4. matéria-prima f. 5. fibra f. de lã ou de algodão. 6. (†) mercado principal, centro de comércio m. ‖ v. classificar (lã) de acordo com a fibra. ‖ adj. 1. importante, principal. 2. estabelecido no comércio. 3. produzido em grande quantidade.
stapler (I) [st'eiplə] s. 1. negociante m. + f. em lã. 2. classificador m. de lã.
stapler (II) [st'eiplə] s. grampeador m.
star [sta:] s. 1. estrela f. 2. astro, corpo celeste m. 3. figura f. em forma de estrela. 4. asterisco m. 5. ator m., atriz f., pessoa que se distingue em alguma arte f., (estrela de cinema, de teatro). 6. insígnia f. 7. (fig.) sorte, fortuna f., destino m. ‖ v.

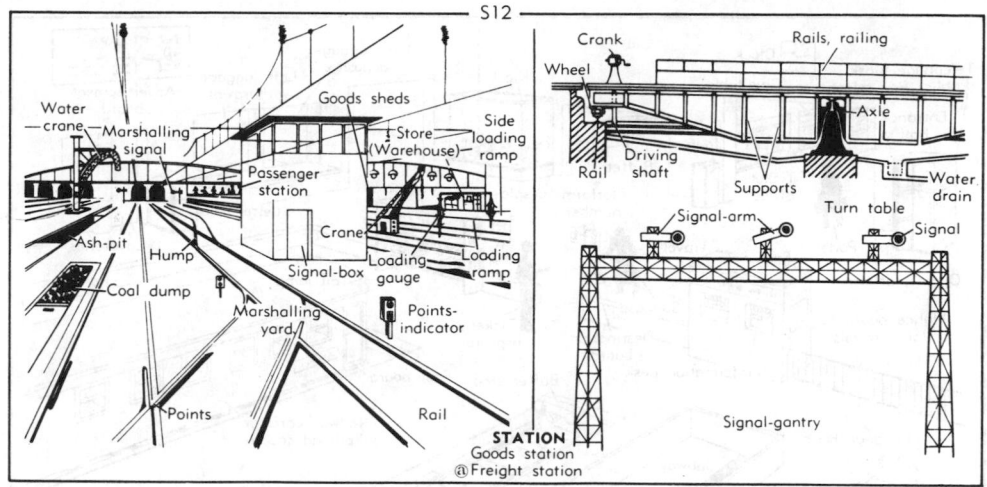

— S12 —

STATION
Goods station
ⓐ Freight station

1. estrelar, colocar estrelas, ornamentar com estrelas. 2. marcar com asterisco. 3. brilhar, ser proeminente ou célebre. 4. representar como estrela. ‖ adj. principal, excelente, célebre.
fixed ~ estrela fixa. **shooting** ~ estrela cadente. **~s and bars** (E. U. A.) bandeira da confederação. **~s and stripes** bandeira dos E. U. A. **under an unlucky** ~ (fig.) sem sorte. **his** ~ **is in the ascendant** (fig.) sua estrela é ascendente. **his** ~ **has set** (fig.) ele está em decadência. **thank your ~s that you have escaped** dê graças-a Deus, agradeça à sua boa estrela que escapou. **the Star-Chamber** (Inglaterra) corte, tribunal da Idade Média. **the picture is starring a new actress** o filme apresenta uma nova estrela.
starblind [st'a:blaind] adj. com catarata.
starboard [st'a:bəd] s. estibordo m. ‖ v. tomar rumo para estibordo. ‖ adj. a estibordo. ‖ adv. para estibordo.
starch [sta:tʃ] s. 1. amido m. 2. goma, cola f. de amido. 3. formalidade, dureza f. ‖ v. engomar.
starched [~t], **starchy** [st'a:tʃi] adj. 1. engomado. 2. formal, afetado.
starchiness [st'a:tʃinis] s. maneira formal f.
star-crossed adj. sem sorte, perseguido pela desgraça.
stardom [st'a:dəm] s. estrelato m.
stardust [st'a:dʌst] s. 1. (Astron.) poeira estelar f. 2. (coloq.) devaneador, ingênuo m.
stare [stɛə] s olhar fixo m. ‖ v. 1. fitar, olhar com os olhos fixos ou arregalados. 2. influenciar fitando os olhos. 3. salientar-se, ser proeminente.
he ~**d at me** ele me fitou com os olhos. **he** ~**d back at me** ele respondeu ao meu olhar. **he** ~**d into space** ele olhou com olhar vago. **destruction** ~**d him in the face** ele se viu diante da destruição. **he** ~**d him out of countenance** ele o perturbou pelo seu olhar. **to** ~ **in the face** dar na vista.
starer [st'ɛərə] s. o que olha com os olhos fixos ou pasmados.
starfinch [st'a:fintʃ] s. (Orn.) rouxinol-da-muralha m.
starfish [st'a:fiʃ] s. (Zool.) estrela-do-mar f.
star-gazer s. o que olha para as estrelas, sonhador m.
staring [st'ɛəriŋ] adj. 1. fixo, pasmado, fito. 2. berrante (cor). 3. total, completo. ‖ ~**ly** adv. pasmadamente.
stark [sta:k] adj. 1. total, completo. 2. rígido, duro. 3. inflexível, rigoroso, severo. ‖ adv. 1. totalmente, completamente 2. de modo rígido.

stark-naked adj. totalmente despido, nu.
starless [st'a:lis] adj. sem estrelas.
starlet [st'a:lit] s. 1. estrelinha f. 2. atriz nova f. que se prepara para papéis de destaque.
starlight [st'a:lait] s. luz estrelar f. ‖ adj. claro, iluminado pelas estrelas.
starlike [st'a:laik] adj. estrelário, em forma de estrela.
starling [st'a:liŋ] s. (Orn.) estorninho m.
starlit [st'a:lit] adj. iluminado pelas estrelas.
star-performance s. representação f. com artistas famosos.
starred [sta:d] adj. 1. estrelado, coberto de estrelas. 2. marcado com asterisco.
starriness [st'a:rinis] s. claridade de estrelas f.
starry [st'a:ri] adj. 1. estrelado, iluminado por estrelas. 2. brilhante, luminoso, radiante. 3. como estrela, em forma de estrela. ‖ –**ily** adv. como estrelas, cheio de estrelas.
starry-eyed adj. de olhar sonhador, admirador.
star-spangled adj. coberto de estrelas.
the ~ **banner** bandeira dos E. U. A.
star-studded adj. 1. semeado de estrelas. 2. (Cin., Teat.) estrelando artistas famosos.
start [sta:t] s. 1. partida f., começo m. (de um movimento, de viagem, de corrida, etc.). 2. começo, início, princípio m. 3. arranco, impulso, ímpeto m. 4. sobressalto m. 5. vantagem, dianteira f. 6. lugar m. de partida. 7. arranque m. (motor). ‖ v. 1. partir, pôr-se em movimento, levantar vôo, zarpar, embarcar, sair de viagem. 2. começar, iniciar. 3. dar partida (de motor), fazer começar. 4. encaminhar, auxiliar no início. 5. sobressaltar-se, espantar-se, assustar-se, fazer um movimento brusco, estancar. 6. vir, sair, brotar repentinamente, pegar. 7. levantar, assustar (caça). 8. soltar, ceder. 9. provocar, originar. 10. fundar (negócio).
by fits and ~s aos poucos, aos trancos. **from** ~ **to finish** do princípio ao fim. **to get ou have the** ~ **of s. o.** tomar a dianteira de alguém. **I gave a** ~ assustei-me. **he gave me a** ~ ele me assustou **to make a new** ~ começar de novo. **to** ~ **back** assustar-se, retroceder bruscamente. **to** ~ **forward** pular para a frente. **to** ~ **in business** começar um negócio. **to** ~ **out** (ou **off**) partir, levantar-se. **to** ~ **up** levantar-se bruscamente. **to** ~ **over** (E. U. A.) começar de novo. **to** ~ **with** para começar, primeiro, em primeiro lugar. **to** ~ **doing** ⁻

—S13—

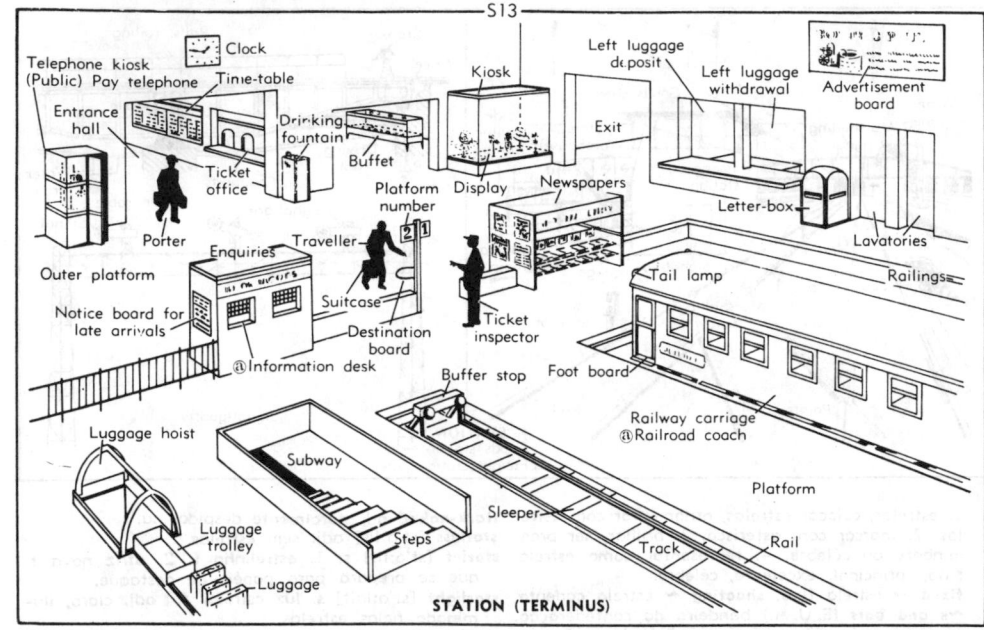

Telephone kiosk
(Public) Pay telephone

Clock
Time-table

Kiosk

Left luggage
deposit

Left luggage
withdrawal

Advertisement
board

Entrance
hall

Drinking
fountain

Buffet

Exit

Ticket
office

Platform
number

Display

Newspapers

Letter-box

Porter

Enquiries

Traveller

Lavatories

Outer platform

Suitcase

Tail lamp

Railings

Notice board for
late arrivals

Destination
board

Ticket
inspector

@Information desk

Buffer stop

Foot board

Luggage hoist

Railway carriage
@Railroad coach

Subway

Platform

Luggage
trolley

Steps

Sleeper

Track

Rail

Luggage

STATION (TERMINUS)

começar a fazer (alguma coisa).
starter [st'a:tə] s. 1. autor, iniciador m. 2. (Esporte) o que dá sinal de partida. 3. o que toma parte numa competição. 4. (motor) chave f. de partida, contato m. de partida (quadro C 4).
starting [st'a:tiŋ] s. partida f.
starting contact s. contato m. de partida.
starting moment s. força f. de arranque.
starting-platform s. plataforma (estação) f.
starting-point s. ponto m. de partida.
starting-pole, ~-post, ~-gate s. (Esp.) ponto m. de largada.
starting price s. preço m. de inauguração.
starting valve s. válvula f. de partida.
startle [sta:tl] s. choque m., surpresa f., medo m., susto m. ‖ v. 1. assustar, amedrontar, alarmar, chocar, surpreender. 2. espantar-se.
startling [st'a:tliŋ] adj. 1. surpreendente. 2. espantador, assustador, alarmante. ‖ **~ly** adv. de modo surpreendente ou alarmante.
starvation [sta:v'eiʃən] s. fome, inanição f.
starvation wages s. pl. salários m. pl. de fome.
starve [sta:v] v. 1. morrer de fome. 2. sofrer fome. 3. enfraquecer ou matar pela fome. 4. forçar ou subjugar pela fome. 5. (coloq.) sentir fome. 6. desejar ardentemente, sentir falta de alguma coisa. **I am ~d** estou faminto. **I'm starving with cold** estou morrendo de frio. **they ~d him into obedience** obrigaram-no a obedecer pela fome. **to ~ for** sofrer falta de.
starveling [st'a:vliŋ] s. pessoa ou animal que sofre fome, pobretão m. ‖ adj. faminto, esfomeado.
starwort [st'a:wət] s. (Bot.) murugem f.
stash [stæʃ] (E. U. A.) s. o que é escondido. ‖ v. esconder, guardar.
stasis [st'eisis] s. (Med.) estase f.
state (I) [steit] s. 1. estado m., condição, situação, circunstância f. 2. classe, posição f., cargo m. 3. pompa, dignidade, grandeza, magnificência f. 4. (também **State**) estado m., nação f., país m. 5. governo m., autoridade f. 6. **the States** pl. os

E. U. A. ‖ adj. 1. formal, cerimonial. 2. estadual, do estado. 3. relativo ao governo ou à autoridade. **State** (E. U. A.) abr. de **~ College, ~ University.**
State Department (E. U. A.) Ministério das Relações Exteriores. **the ~ of affairs** o estado das coisas, a situação comercial. **~ of mind** estado espiritual. **in a ~ ot nature** em estado natural, nu. **~ of inertia** estado de inércia. **~ of siege** estado de sítio. **his nerves are in a shocking ~** seus nervos estão em estado de choque. **they live in great ~** eles vivem à grande. **I'm in a ~** (coloq.) estou muito nervoso. **he lies in ~** ele jaz em câmara ardente.
state (II) [steit] v. 1. declarar, exprimir (em palavras ou letras), dizer. 2. explicar, expor. 3. mencionar. 4. afirmar. 5. determinar. 6. relatar, especificar.
state-affair s. negócio m. de estado.
state-ball s. baile m. de corte.
state capitalism s. (Econ. Pol.) capitalismo nacionalizado m., sob controle estatal.
state control s. controle m. estatal.
statecraft [st'eitkra:ft] s. = **statesmanship.**
stated [st'eitid] adj. 1. dito, declarado. 2. determinado, fixado. ‖ **~ly** adv. como determinado. **as ~** como foi dito, como consta. **~ another way** em outras palavras.
statehood [st'eithud] s. (E. U. A.) situação f. de Estado (ao invés de território).
state-house s. (E. U. A.) prédio m. do parlamento.
stateless [st'eitlis] adj. sem pátria.
stateliness [st'eitlinis] s. 1. pompa, ostentação, magnificência f. 2. orgulho m., imponência f.
stately [st'eitli] adj. digno, imponente, grandioso.
statement [st'eitmənt] s. 1. declaração, afirmação f. 2. manifesto m. 3. relação, lista, demonstração de contas f.
~ of account (Com.) extrato de contas. **~ of charges** relação de despesas. **~ of earnings** demonstração dos lucros. **~ of goods** lista do estoque. **~ of value** declaração do valor.
state occasion s. ato m. governamental solene.

state of war s. estado de guerra m.
state police s. polícia estadual f.
state-room s. salão, apartamento de luxo (em trem ou navio) m.
state's evidence s. (E. U. A.) testemunho, depoimento m. do ou a favor do Promotor Público.
stateside, Stateside [st'eitsaid] adj. e adv. nos ou dos E. U. A.
statesman [st'eitsmən] s. político, estadista m.
statesmanlike [~laik] adj. (também statesmanly) próprio de político, como estadista.
statesmanship [~ʃip] s. diplomacia, arte, (Pol.) ciência de governar f.
state socialism s. economia socializada, estatal f.
static [st'ætik], statical [~əl] s. 1. eletricidade atmosférica f. 2. estática f. ‖ adj. 1. estático, parado, imóvel. 2. estável, firme. 3. (Eletr.) electrostático. ‖ ~ally adv. estaticamente.
static load s. carga estática f.
statics [~s] s. pl. estática f.: parte da mecânica.
station [st'eiʃən] s. 1. lugar, posto m., posição, localização, situação f. 2. estação f. (quadros S 12, S 13), ponto m. de parada. 3. prédio ou lugar m., equipado para certo fim, posto policial, quartel, posto naval m. 4. estação f. de rádio. 5. ponto m. de referência (para agrimensura). 6. posição social f., cargo m. ‖ v. postar, estacionar, colocar. ~s of the cross via-sacra. naval ~ base naval. police ~ delegacia de polícia. the regiment is ~ed at X o regimento está aquartelado em X.
station agent s. (Estr. de F.) chefe m. de (pequena) estação ou departamental de maior estação.
stationary [~ri] adj. 1. estacionário, fixo. 2. parado, imóvel. 3. imutável.
to be ~ ter lugar ou residência fixa. to remain ~ não progredir. a ~ sum uma soma fixa.
stationary shaft s. eixo fixo m.
station break s. (Rádio, Telev.) intervalo m. para identificação da emissora, ou comerciais.
stationer [st'eiʃənə] s. papeleiro m.
Stationers' Hall bolsa dos livreiros e editores em Londres. ~'s (shop) papelaria.
stationery [~ri] s. artigos m. pl. de papelaria.
station-house s. delegacia f.
station-master s. (Estr. de F.) chefe m. de estação.
station wagon s. perua, camioneta f.
statism [st'eitizm] s. (Pol.) estadismo, estatismo m.
statist [st'eitist] s. 1. estatístico m. 2. (†) estadista m., político m.
statistic [stət'istik], statistical [~əl] adj. estatístico. ‖ ~ally adv. por meio de estatística.
statistician [stətist'iʃən] s. (Estat.) estatístico m.
statistic investigation s. levantamento estatístico m.
statistics [stət'istiks] s. (pl. e sing.) estatística f.
stator [st'eitə] s. (Eletr.) parte fixa f. do motor elétrico.
statuary [st'ætjuəri] s. 1. estatuária, escultura f. 2. estatuária f.: coleção de estátuas. ‖ adj. estatuário, relativo a estátua, escultural.
statue [st'ætju:] s. estátua f. (quadro S 4).
statued [~d] adj. ornamentado com estátuas.
statuesque [stætju'esk] adj. como estátua, sem vida. ‖ ~ly adv. como estátua.
statuette [stætju'et] s. pequena estátua, estatueta f.
stature [st'ætʃə] s. 1. estatura, altura f. 2. desenvolvimento m. (físico ou mental).
status [st'eitəs] s. 1. estado m., condição f. 2. cargo m., posição social f. 3. posição legal f.
equality of ~ igualdade de direitos (políticos). legal ~ estado legal. national ~ nacionalidade.
status quo s. estado atual m.
status symbol s. símbolo m. de posição social.

statutable [st'ætju:təbl] adj. estatucional, de acordo com os estatutos, legal.
statute [st'ætju:t] s. 1. estatuto m. 2. lei f.
~ of frauds lei contra a fraude (de 1677). ~ of labourers lei do trabalho (1350). ~ of limitations lei da caducidade.
statute-book s. (Inglaterra) código civil m.
statute mile s. milha f. de 1.608 m.
statutory [st'ætjutəri] adj. estatutário, estatucional, determinado por estatuto.
statutory declaration s. declaração f. sob juramento.
statutory holidays s. férias f. pl. regulamentares.
staunch [stɔ:ntʃ] v. = stanch.
stave [steiv] s. 1. aduela, tábua f. de barril (quadro B 2). 2. bastão m., vara f. 3. degrau m. de escada de mão. 4. verso m., estância, estrofe f. 5. pauta musical f. ‖ v. (imp. e p. p. staved, stove) 1. furar o casco, quebrar (barril, barco). 2. quebrar-se, romper-se. 3. colocar aduelas ou degraus em escada de mão.
to ~ in quebrar, furar. to ~ off adiar, prevenir.
staves [~z] s. pl. de 1. stave. 2. staff.
stay (I) [stei] s. 1. permanência, estada, parada f., tempo m., temporada f. 2. paralisação f., impedimento, estorvo m., restrição f. 3. suspensão f. (de um processo). 4. (coloq.) resistência, tolerância f. ‖ v. 1. ficar, permanecer. 2. morar, passar certo tempo ou uma temporada, residir, acomodar-se. 3. parar. 4. pausar, esperar. 5. ficar para. 6. parar, suspender, pôr fim a. 7. (E. U. A., coloq.) satisfazer (fome ou apetite). 8. protelar, retardar, adiar, transferir. 9. reter, suspender, obstar, impedir. 10. agüentar, tolerar. 11. (E. U. A., coloq.) satisfazer a fome ou o apetite.
she is ~ing with her sister ela mora com sua irmã. please ~ for tea! por favor, fique para o chá! will he ~ with you? ele ficará com você? to ~ single ficar solteiro. to ~ for tea (coloq.) ficar para o chá. to ~ home (E. U. A.) ficar em casa. don't ~ me up (E. U. A. coloq.) não me deixe na mão. to ~ away ficar afastado, ficar ausente. to ~ behind ficar para trás. to ~ for s. o. esperar por alguém. to ~ in ficar em casa. to ~ on perdurar, ficar. to ~ out ficar fora, demorar. to ~ over (E. U. A.) passar a noite fora. to ~ put (E. U. A.) estabelecer-se, ficar à vontade. to ~ up ficar acordado.
stay (II) [stei] s. 1. suporte, braço, esteio m. (quadro C 9). 2. ~s pl. espartilho m. 3. (Náut.) tirante, estai m. 4. apoio, arrimo m., escora f. ‖ v. 1. suportar, sustentar, manter 2. colocar tirante, suportar com estai. 3. (Naut.) virar de bordo.
in ~s (Náut.) ao virar. ~s, a pair of ~s espartilho m.
stay-at-home s. o (a) que não sai de casa.
stay-bar s. barra de apoio f.
staying [st'eiiŋ] s. reforço, escoramento m. ‖ adj. que sustenta ou agüenta.
staying-power s. resistência, força de agüentar ou resistir.
stay-lace s. laço m. de espartilho.
stay-maker s. espartilheiro m.
stays [steiz] s. pl. espartilho m.
staysail [st'eiseil] s. (Náut.) vela de estai f. (quadro S 2).
stay-tackle s. (Náut.) cabo de estai m.
stead [sted] s. lugar m. (ocupado anteriormente por outrem ou por outra coisa material ou abstrata).
I shall go in my father's ~ irei em lugar do meu pai. it stands me in good ~ isso me é vantajoso, me servirá bem.
steadfast [st'edfəst] adj. firme, fixo, constante, imóvel, imutável, imperturbável. ‖ ~ly adv. firmemente, constantemente, de modo imperturbável.

steadfastness [~nis] s. firmeza, imobilidade, imperturbabilidade f.

steadiness [st'edinis] s. 1. firmeza f. 2. constância, uniformidade, regularidade f. 3. calma, serenidade f. 4. estabilidade, perseverança f.

steady [st'edi] s. (E. U. A., gíria) 1. companheiro ou namorado fixo m. 2. companheira ou namorada fixa f. ‖ v. 1. firmar, fixar, estabilizar, acalmar. 2. firmar-se, fixar-se, estabilizar-se. ‖ adj. 1. fixo, firme. 2. constante, invariável, uniforme, regular. 3. calmo, sereno, quieto. 4. seguro, de confiança, sóbrio. 5. resoluto, imperturbável, imutável. 6. estável, sólido. ‖ ~! (interj.) cuidado!, devagar! ~ **bearing** a juros fixos.

steady-state theory s. (Astron.) teoria f. do universo infinito e em constante expansão.

steak [steik] s. bife m., fatia f. de carne.

steal [sti:l] s. 1. (coloq.) roubo, ato de roubar m. 2. (coloq.) objeto roubado m. 3. (E. U. A.) roubo, negócio corruto m. ‖ v. (imp. **stole**, p. p. **stolen**) 1. roubar, furtar. 2. fazer, tomar, obter às escondidas ou em segredo. 3. obter, ganhar com modos agradáveis. 4. andar nas pontas dos pés, andar às escondidas. 5. passar despercebido.
to ~ a glance at lançar um olhar furtivo sobre. **to ~ a march upon s. o.** ganhar vantagem sobre alguém. **to ~ away** sair às escondidas. **to ~ into** 1. meter-se secretamente em. 2. entrar furtivamente. **to ~ upon s. o.** espiar alguém.

stealer [st'i:lə] s. ladrão, gatuno m.

stealth [stelθ] s. 1. ação secreta, clandestina f. 2. furto, roubo m. 3. produto de furto, roubo m.
by ~ em segredo.

stealthiness [st'elθinis] s. ação secreta, furtiva f.

stealthy [st'elθi] adj. secreto, furtivo, em segredo. ‖ **—ily** adv. secretamente.

steam [sti:m] s. 1. vapor m. 2. fumaça f. 3. (coloq.) força, energia f. ‖ v. 1. emitir fumaça ou vapor, evaporar. 2. evaporar-se, levantar vapor. 3. mover-se, andar, navegar por força de vapor. 4. ferver, cozinhar em vapor. 5. condensar umidade. ‖ adj. 1. a vapor. 2. aquecido a vapor, que conduz vapor.
at full ~ a todo vapor, com toda força. **to let off ~** soltar vapor, (fig.) desabafar. **to get up ~** produzir vapor, (fig.) fazer força, esforçar-se

steamboat [st'i:mbout] s. barco m. a vapor.

steam-boiler s. caldeira f. de vapor (quadro B 13).

steam-engine s. máquina f. a vapor.

steamer [st'i:mə] s. 1. (também **steamboat** ou **steamship**) navio a vapor, vapor m. 2. máquina a vapor f. 3. caldeira f. em que se trata alguma coisa com vapor.

steamer-rug s. (E. U. A.) cobertor m. para viagem.

steam-gauge s. manômetro m. (para vapor)

steam-hammer s. martelo m. a vapor.

steam-heating s. aquecimento a vapor m.

steam installation s. instalação f. de vapor.

steam-jacket s. (Mec.) camisa f. de vapor.

steam-launch s. barcaça f. a vapor.

steam-laundry s. lavandaria f. a vapor.

steam-navigation s. navegação f. de vapores.

steam-navvy s. draga seca f.

steam-roller s. rolo compressor (a vapor) m.

steam shovel s. escavadeira f. a vapor.

steam tension s. pressão f. do vapor.

steam tight adj. à prova de vapor.

steam tug s. rebocador m.

steam-vessel s. vapor, navio m. a vapor.

steam-whistle s. apito m. a vapor.

steamy [st'i:mi] adj. cheio de vapor, cheio de fumaça.

stearate [st'iəreit] s. estearato m.

stearic [sti'ærik] adj. esteárico.

stearic acid s. ácido esteárico m.

stearic candle s. vela de estearina f.

stearin [st'iərin] s. estearina f.

steatite [st'iətait] s. (Miner.) esteatita, pedra-sabão f.

steatoma [stiət'oumə] s. esteatoma, tumor sebáceo m.

steed [sti:d] s. cavalo m., cavalo de batalha.

steel [sti:l] s. 1. aço m. 2. objeto m. feito de aço, espada f. 3. dureza, força f. de aço. ‖ v. 1. cobrir com aço, colocar ponta ou corte de aço. 2. endurecer, robustecer. ‖ adj. 1. de aço. 2. como aço, duro 3. da cor de aço.
cold ~ armas brancas (de aço). **to ~ o. s** robustecer-se, fortificar-se.

steel band s. (Mús.) banda f. de metais.

steel-blue adj. cor-de-aço, azulado.

steel-clad adj. blindado com aço.

steel concrete s. concreto armado m.

steel-engraving s. gravura f. em aço

steel-filings s. limalha f. de aço.

steel frame s. armação f. de aço.

steel-headed adj. com ponta de aço.

steel helmet s. capacete m. de aço.

steel-hilted adj. com cabo de aço.

steeliness [st'i:linis] s. dureza, rigidez f. como a de aço.

steel mill s. aciaria, usina siderúrgica f.

steel pen s. pena f. de aço.

steel-plated adj. blindado com aço

steel-ware s. artigos m. pl. de aço.

steel-wool s. palha f. de aço.

steel-worker s. aceiro, trabalhador m. em aço.

steel-works s. 1. = **steel mill**. 2. peças f. pl., objetos, elementos m. pl. de aço.

steely [st'i:li] adj. como aço, duro, de aço.

steelyard [st'i:ljɑ:d] s. balança romana f.

steenbok [st'i:nbɔk] s. antílope africano m. do gênero Raphicerus.

steep (I) [sti:p] s. precipício, declive íngreme m. ‖ adj. íngreme, abrupto, (E. U. A., coloq.) alto, excessivo.

steep (II) [sti:p] s. 1. infusão f. 2. lixívia, solução f para maceração. ‖ v. 1. macerar, pôr de infusão, extrair. 2. imergir, molhar, embeber.
to ~ o. s. in imergir em, aprofundar-se em. **his mind is ~ed in poetry** ele está saturado de poesia. **~ed in crime** envolvido em crime.

steepen [~n] v. 1. tornar-se íngreme. 2. aumentar o declive, tornar íngreme.

steeple [sti:pl] s. campanário m., torre f. de igreja.

steeplechase [st'i:plʃeis] s. (Esporte) corrida f. de cavalos com obstáculos.

steeple-jack s. telhador, limpa-chaminés m.

steer (I) [stiə] s. boi, touro novo, novilho m.

steer (II) [stiə] s. (E. U. A., gíria) palpite m. sugestão f. ‖ v. 1. guiar, pilotar, dirigir. 2. ser pilotado ou guiado. 3. dirigir-se, caminhar.
to ~ off desviar. **he ~ed a straight course** ele tomou rumo direto. **to ~ clear of** (fig.) manter-se afastado de, evitar.

steerable [st'iərəbl] adj. dirigível, governável.

steerage [st'iəridʒ] s. 1. direção f., leme m. 2. (Náut.) entrepontes f. pl., alojamento barato m., proa f.

steering [st'iəriŋ] s. 1. pilotagem f. 2. (Autom.) direção f.

steering axle s. eixo de direção m.

steering box s. caixa f. da direção.

steering committee s. grupo m. (do Legislativo ou Executivo) que prepara a agenda das sessões.

steering-gear s. engrenagem de direção f.

S 14

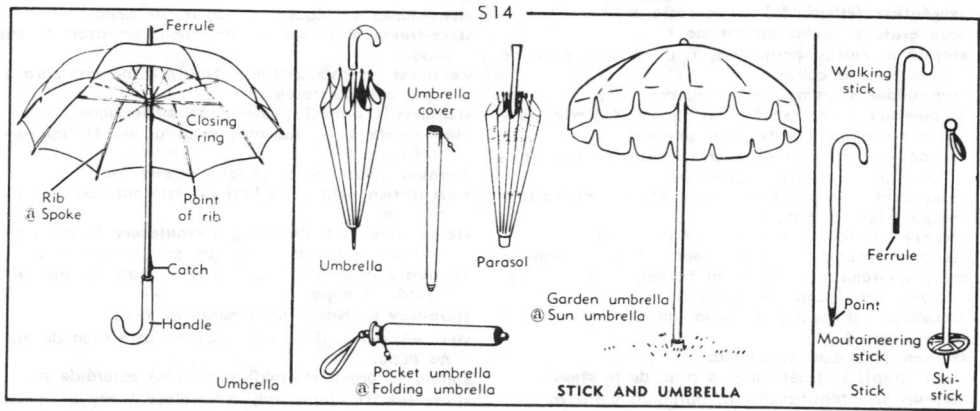

Ferrule · Closing ring · Rib ⓐ Spoke · Point of rib · Catch · Handle · Umbrella · Umbrella · Pocket umbrella ⓐ Folding umbrella · Umbrella cover · Parasol · Garden umbrella ⓐ Sun umbrella · Walking stick · Ferrule · Point · Moutaineering stick · Ski-stick · Stick

STICK AND UMBRELLA

steering lever shaft s. barra f. da direção.
steering rod s. (Aviação) alavanca f. de comando.
steering screw s. rosca f. sem fim do eixo de direção.
steering-wheel s. 1. roda f. do leme. 2. volante m. (quadros M 4, 5).
steersman [st'iəzmən] s. piloto, timoneiro m.
steeve [sti:v] s. (Náut.) inclinação f. do gurupés. ‖ v. dar inclinação, ter inclinação (gurupés).
steganography [stegən'ɔgrəfi] s. esteganografia f.
stein (I) [stain] s. (E. U. A.) caneca f. para cerveja.
stein (II) [stain] v. entijolar, revestir de tijolos.
steinbock [st'ainbɔk] s. (Zool.) cabrito-montês m.
stele [st'i:li] s. estela f., monólito m.
stellar [st'elə] adj. 1. estelar, relativo às estrelas. 2. principal, eminente.
stellate [st'elit], **stellated** [st'eleitid] adj. em forma de estrela, estrelado, radiado.
stelliferous [stel'ifərəs] adj. estelífero.
stellular [st'eljulə] adj. como estrelinhas.
stem (I) [stem] s. 1. tronco, talo m. 2. haste f., pecíolo, pedúnculo m. 3. pé, suporte m., base f. 4. (Gram.) origem, raiz f. 5. tronco ou ramo m. de família, geração f. 6. árvore genealógica f. ‖ v. remover o talo ou a haste de.
to ~ from (E. U. A.) originar-se de.
stem (II) [stem] s. (Náut.) talhamar m., proa f.
from ~ to stern da proa à popa.
stem (III) [stem] v. 1. parar, estancar, represar. 2. diminuir, impedir. 3. enfrentar, lutar contra as ondas ou a maré.
to ~ the tide lutar contra a maré.
stemless [st'emlis] adj. sem haste, sem pedúnculo.
stemmed [stemd] adj. de tronco.
long–~ de tronco alto.
stemple [stempl] s. escora f. (como se usa em galeria de mina).
stem-winder s. relógio m., em que se pode dar corda sem chave.
stench [stentʃ] s. fedor, mau cheiro m.
stench-trap s. sifão m.
stencil [stensl] s. estêncil m.: matriz, estampa, chapa f. para reproduzir desenho ou letras. ‖ v. escrever em matriz, reproduzir com matriz ou estampa.
to cut a ~ escrever sobre estampa ou matriz. **to roll off a ~** copiar com uma estampa ou chapa.
stenograph [st'enogra:f] s. 1. símbolo em taquigrafia m. 2. escrita estenográfica f. ‖ v. taquigrafar, estenografar.
stenographer [stən'ɔgrəfə] s. taquígrafo, estenógrafo m., taquígrafa, estenógrafa f., (E. U. A.) esteno-

dactilógrafo m., estenodactilógrafa f.
stenography [sten'ɔgrəfi] s. taquigrafia, estenografia f.
stenosis [stən'ousis] s. (também **stegnosis**) (Med.) estenose f.: constrição.
stenotype [st'enotaip] s. 1. símbolo usado em taquigrafia, que representa uma palavra ou uma frase m. 2. máquina f. de escrever usada em taquigrafia.
stenotypist [st'enotaipist] s. taquígrafo m., taquígrafa f. que usa máquina especial de escrever.
stenotypy [st'enotaipi] s. ato de escrever em taquigrafia a máquina.
stentorian [stent'ɔ:riən] adj. estentóreo, muito alto.
in a ~ voice com voz de estentor.
step [step] s. 1. passo m. 2. distância de um passo f. 3. pequena distância f., pulo m. 4. andar m., pisada f. 5. marcha f. 6. degrau m. (quadro L 1). 7. som de passos m. 8. rasto m., pegada f. 9. ação, medida f. 10. grau m. 11. (Mús.) intervalo m. 12. combinação f. de passos ou movimentos (em dança) 13. **~s** pl. escada f., degraus m. pl. (quadro S 13). ‖ v. 1. andar, dar um passo. 2. pisar. 3. medir em passos (distância). 4. colocar em degraus ou em forma de escada, graduar, escalonar. 5. (coloq.) andar depressa. 6. entrar.
it hurts at every ~ dói a cada passo. **to get out of ~** perder o passo. **~ by ~** passo por passo. **mind the ~!** cuidado, degrau! **to watch one's ~** tomar cuidado. **~ this way please** por favor, entre aqui! **to ~ aside** dar passagem. **to ~ back** retroceder, recuar. **to ~ down** 1. descer. 2. (Eletr.) reduzir a voltagem. **to ~ forward** avançar, dar um passo para a frente. **to ~ in** entrar. **to ~ up** (E. U. A.) aumentar (a produção). **he ~ped in just in time** (fig.) ele agiu no momento oportuno. **to ~ into the breach** entrar na brecha. **to ~ off** (E. U. A., coloq.) 1. sair do seu papel. 2. (fig.) casar. **~ on it!** (coloq.) pé na tábua! vamos! **to ~ out** acelerar os passos, andar depressa, apear, apear-se (de veículo), (E. U. A., coloq.) sair com moça. **he lets them ~ all over him** ele atura tudo. **to ~ round** to s. o. fazer uma visita rápida a alguém. **he ~ped up to her** ele aproximou-se dela.
step– elemento de composição indicando parentesco por segundo casamento.
step board s. estribo m.
stepbrother [st'epbrʌðə] s. meio-irmão m. (filho de padrasto ou de madrasta).
stepchild [st'eptʃaild] s. enteado m., enteada f.
step-cone pulley s. polia escalonada f.
step-dance s. sapateado m.
stepdaughter [st'epdɔ:tə] s. enteada f.

stepfather [st'epfa:ðə] s. padrasto m.
step grate s. grelha escalonada f.
step-in s. calças, pantalonas f. pl. ‖ adj. (peça de roupa) para calçar.
step-ladder s. escadinha f. (quadro L 1).
stepmother [st'epmʌðə] s. madrasta f. ‖ ~ly como madrasta, negligente, sem sentimentos.
stepney [st'epni], **step-wheel** s. (Autom.) roda f. e pneu m. de reserva, estepe m.
stepparent [st'epp'ɛərənt] s. padrasto m., madrasta f.
steppe [step] s. estepe f.
stepper [st'epə] s. bom andador m. (cavalo).
stepping [st'epiŋ] s. pisar, andar, modo de andar m
stepping-stone s. 1. alpondra f., degrau m. 2. (fig.) trampolim, ponto de partida.
stepsister [st'epsistə] s. filha de padrasto ou de madrasta f.
stepson [st'epsʌn] s. enteado m.
stept [stept] v. (poét.) imp. e p. p. de **to step**.
step-up s. intensificação f., aprimoramento m.
stere [stiə] s. metro cúbico m.
stereo- [st'eriou] pref. estéreo (indicando sólido, duro).
stereo-chemistry s. estereoquímica f.
stereographic [steriəgr'æfik] adj. estereográfico. ‖ ~ally adv. estereograficamente.
stereography [steri'ɔgrəfi] s. estereografia f.
stereoisomerism [sterioais'ɔmərizm] s. (Quím.) estereoisomerismo m.
stereometer [steri'ɔmitə] s. estereâmetro m.
stereometric [steriəm'etrik], **stereometrical** [~əl] adj estereométrico.
stereometry [steri'ɔmitri] s. estereometria f.
stereophonic [steriəf'ɔnik] adj. estereofônico.
stereoscope [st'əriəskoup] s. estereoscópio m.
stereoscopic [steriəsk'ɔpik] adj. estereoscópico.
stereotype [st'eriətaip] s. 1. estereotipia f. 2. estereótipo m · clichê feito por estereotipia. 3. forma fixa, coisa que não muda, convenção f. ‖ v. 1. estereotipar. 2. imprimir com estereótipo. 3. dar forma fixa.
stereotyped [~t] adj. 1. estereotípico. 2. convencional.
stereotyper [st'eriətaipə], **stereotypist** [-pist] s. estereotipista m.
stereotypography [steriətaip'ɔgrəfi] s. estereotipagem f.
stereotypy [st'eriətaipi] s. estereotipia f.
sterile [st'eril] adj. 1. estéril. 2. árido. 3. infecundo. 4. inútil. ‖ ~ly adv. esterilmente.
sterility [ster'iliti] s. esterilidade f., infecundidade f.
sterilization [sterilaiz'eiʃən] s. 1. esterilização f. 2. (Cirurg.) operação em homem ou mulher para incapacitá-los de fecundação.
sterilize [st'erilaiz] v. 1. esterilizar. 2. (Cirurg.) tornar infecundo por meio de operação.
sterilizer [~ə] s. aparelho m. para esterilizar.
sterlet [st'ə:lit] s. (Ict.) esturjão pequeno m.
sterling [st'ə:liŋ] s. 1. esterlino m., dinheiro britânico m. 2. liga f. de prata, objeto m. feito desta liga. ‖ adj. 1. esterlino: de ou em moeda britânica. 2. de qualidade padrão, de prata de lei. 3. genuíno, excelente, aprovado, legítimo.
one pound ~ uma libra esterlina. **with** ~ **sense** com bastante juízo.
sterling area s. (Ingl.) área da libra esterlina f.: países que tomam por padrão a libra esterlina.
stern (I) [stə:n] s. 1. (Náut.) popa f. (quadro M 4). 2. parte traseira f., rabo m.
stern (II) [stə:n] adj. 1. severo, rigoroso, austero, ríspido. 2. duro, firme, rígido, inflexível. 3. áspero, feio, horrendo. ‖ ~ly adv. severamente, rigorosamente, duramente, firmemente.

stern-chaser s. (Náut.) canhão m. de popa.
stern-frame s. painel m. da popa, armação f. da popa.
sternmost [st'ə:nmoust] adj. (Náut.) o máximo para a popa, o mais traseiro.
sternness [st'ə:nnis] s. severidade, austeridade f.
stern-sheets s. pl. assentos traseiros m. pl. (de um barco).
sternum [st'ə:nəm] s. (Anat.) esterno m.
sternutation [stə:njut'eiʃən] s. esternutação f.: espirro m.
sternutative [stə:nj'u:tətiv], **sternutatory** [stə:nj'u:tətəri] adj. esternutatório, que provoca espirros.
sternward [st'ə:nwəd] adj. + adv. o mais traseiro, em direção à popa.
stern-way s. (Náut.) seguimento m. à ré.
stern-wheeler s. (E. U. A.) vapor m. com roda de pás na popa.
steroid [st'erɔid, st'i:rɔid] s. (Quím.) esteróide m.
stertorous [st'ə:tərəs] adj. estertoroso. ‖ ~ly de modo estertoroso.
stertorousness [~nis] s. estertor m.
stet [stet] s. (Tipogr.) indicação f. cancelando uma correção anterior. ‖ v. marcar para que fique conforme o original.
stethograph [st'eθəgra:f] s. estetógrafo m.
stethometer [steθ'ɔmitə] s. estetômetro m.
stethoscope [st'eθəskoup] s. estetoscópio m. ‖ v. examinar com estetoscópio, auscultar.
stethoscopic [steθəsk'ɔpik] adj. estetoscópico.
stethoscopy [steθ'ɔskəpi] s. estetoscopia f.
stevedore [st'i:vidɔ:] s. estivador m.
stew [stju:] s. 1. carne (ou comida) cozida f. 2. (coloq.) confusão f., agitação, preocupação f. ‖ v. 1. cozinhar por fervura lenta. 2. (coloq.) preocupar-se, estar oprimido.
Irish stew cozido ao modo da Irlanda. **to let s. o.** ~ **in his own juice** deixar alguém sofrer as conseqüências de seus erros.
steward [stj'uəd, st'u:əd] s. 1. administrador, procurador m. 2. garção m. de navio ou de trem m. 3. aeromoço m. 4. despenseiro, camareiro m. 5. organizador m. de festas, corridas etc.
Lord High Steward camareiro ou mordomo real.
stewardess [stj'uədis] s. 1. procuradora, administradora f. 2. "garçonete", camareira f., aeromoça f.
stewardship [stj'uədʃip] s. procuradoria, administração, intendência f.
stewed [stju:d] adj. 1. cozido, guisado. 2. (E. U. A., giria) cheio, embriagado.
~ **to the gills** completamente bêbado.
stibium [st'ibiəm] s. (Quím.) estíbio, antimônio m.
stich [stik] s. 1. verso m., linha métrica f. 2. trecho m. da Bíblia.
stichomythia [stikəm'iθiə] s. diálogo m. em versos métricos alternados (como no drama grego antigo).
stick (I) [stik] s. 1. galho m., vara f. 2. bastão m., pau, caçote, bordão m. (quadro S 14). 3. bengala f. 4. objeto m. em forma de vara ou de bastão, barra f. 5. acha f., pedaço m. de lenha. 6. raquete f. para hóquei. 7. (coloq.) pessoa estúpida f., ou desajeitada. 8. batuta f.: varinha de dirigente de orquestra. 9. alavanca de comando f. (de avião). 10. desempeno m. de carpinteiro. 11. (Tipogr.) componedor m. 12. (Bot.) pecíolo m. ‖ v. fixar com vara, colocar vara.
~s (E. U. A.) interior, distritos afastados. **in the** ~s no meio do mato. ~ **and stone** com casca e tudo, tudo em conjunto. **It is easy to find a** ~ **to beat a dog** (fig.) é fácil achar um pretexto. **he has got hold of the wrong end of the** ~ ele começou o negócio errado. **he had the right (wrong) end of the** ~ ele levou vantagem (des-

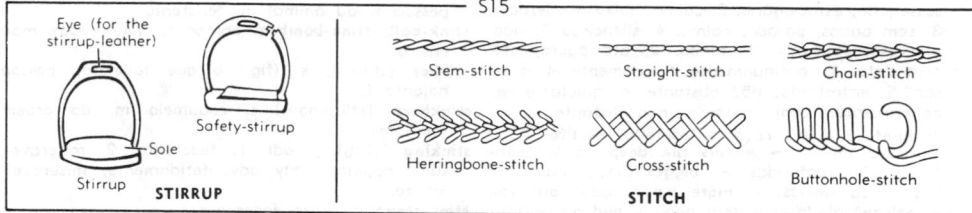

S15

Eye (for the stirrup-leather)
Safety-stirrup
Sole
Stirrup
STIRRUP

Stem-stitch   Straight-stitch   Chain-stitch
Herringbone-stitch   Cross-stitch   Buttonhole-stitch
STITCH

vantagem). **he can swear a good** ~ ele sabe praguejar. **a poor** ~ um pobre coitado. **and old** ~ um sujeito esquisito. **with a** ~ **in it** (coloq.) com um pouco de rum.

stick (II) [stik] v. (imp. e p. p. **stuck**) 1. varar, transpassar, perfurar, espetar, picar, furar. 2. matar, apunhalar. 3. fixar, crivar, fincar, inserir 4. pôr, colocar. 5. sair, estender-se, salientar. 6. colar, grudar, fazer aderir. 7. ficar junto, apegar-se. 8. estar parado ou atolado, atolar, estar paralisado. 9. paralisar, fazer parar. 10. continuar, aferrar-se, agarrar-se. 11. (coloq.) embaraçar, confundir. 12. estar confundido ou embaraçado, hesitar. 13. (gíria) embrulhar, enganar, tapear. 14. (gíria) explorar (nos preços), abusar.

~ **it!** agüenta!, força! **I can't** ~ **him** (coloq.) não o tolero. **I can't** ~ **it any longer** não o agüento mais. ~ **no bills!** proibido colar cartazes. **to** ~ **at** segurar em, persistir em, agarrar-se em. **he** ~**s at nothing** ele não tem escrúpulos, não recua diante de nada. **to** ~ **between hope and fear** oscilar entre esperança e medo. **to** ~ **by** manter-se fiel a, afeiçoar-se, apegar-se. **to** ~ **in** não ceder, continuar no cargo. **the word stuck in his throat** ele se engasgou, perdeu a fala. **to** ~ **indoors** ficar em casa, ser caseiro. **to** ~ **on** ficar colado, ficar grudado, colar, fixar. **to** ~ **out** ressaltar, salientar, olhar para fora, estar visível, chamar atenção, pôr para fora. ~ **it out!** agüenta! **he** ~**s out his chin for more** (fig.) ele ainda não está satisfeito. **to** ~ **to** apoiar, aderir a, apegar-se a, agarrar-se em. ~ **to the point!** não fuja do assunto. **he** ~**s to his principles** ele sustenta os seus princípios. **he** ~**s to his work** ele se dedica ao seu trabalho. **to** ~ **together** colar, juntar com cola, (fig.) ter amizade, ser inseparável. **to** ~ **up** salientar-se, sobressair, ressaltar, ficar em pé (cabelos). **he** ~**s up for him** (coloq.) ele o defende. **he's never stuck up for an answer** ele nunca fica devendo uma resposta. **to** ~ **around** esperar, ficar por aí. ~**-in-the-mud** pessoa fleumática e pachorrenta.

sticker [st'ikə] s. 1. pessoa f. que cola cartazes. 2. (E. U. A.) rótulo m. gomado. 3. pessoa diligente f. que respeita as regras. 4. (coloq.) problema intrigante m.

stickiness [st'ikinis] s. qualidade de ser pegajoso, viscosidade f.

sticking [st'ikiŋ] s. 1. ato de atolar, paralisação f. 2. cravação, fixação f. 3. aderência, adesão f. ‖ adj. adesivo, pegajoso.

sticking-place, sticking-point ponto m. de partida, ponto de fixação.

screw your courage to the sticking-point junte toda sua coragem.

sticking-plaster s. emplastro adesivo, esparadrapo m.

stick-in-the-mud s. (coloq.) pessoa recalcitrante f.

stickle [stikl] v. 1. altercar sobre questões fúteis, insistir estupidamente. 2. ser encrenqueiro.

to ~ **about** lutar por, bater-se **(for** por). **he** ~**s for it** ele luta por isso. **she** ~**s** ou **is a** ~**r for**

form ela defende formalidades.

stickleback [st'iklbæk] s. (Ict.) esgana-gata f.

stickler [st'iklə] s 1. o que defende (de modo pedante) uma causa. 2. problema intrigante, difícil m.

stick-up s. (E. U. A., gíria) assalto m.

sticky [st'iki] adj. 1. grudento, pegajoso, viscoso, adesivo. 2. gomado. 3. úmido, abafado (tempo). 4. (fig.) desastrado, desajeitado. ‖ **–ily** adv. de modo pegajoso ou viscoso.

stiff [stif] s. 1. (gíria) cadáver m. 2. (gíria) pessoa formal, cerimoniosa f. 3. (E. U. A., gíria) pessoa desajeitada f., caipira m. ‖ adj. 1. duro, rijo, teso. 2. firme, duro de mover. 3. inflexível. 4. apertado, esticado. 5. espesso, viscoso. 6. denso, compacto. 7. formal, afetado, constrangido, cerimonioso. 8. forte, constante (vento). 9. severo, rigoroso. 10. obstinado, persistente. 11. forte, com muito álcool. 12. (coloq.) alto, salgado (fig., falando de preço), excessivo. ‖ ~**ly** adv. duramente, rijamente, firmemente, fortemente, inflexivelmente, etc.

he keeps a ~ **upper lip** ele agüenta firme. **it bored me** ~ foi muito cansativo ou enfadonho para mim. **he's as** ~ **as a poker** ele é excessivamente formal (ou cerimonioso).

stiffen [~n] v. 1. endurecer, apertar, aumentar (preços), firmar-se. 2. entesar, fortalecer, firmar.

stiffening [st'ifniŋ] s. 1. endurecimento m. 2. entretela f. (quadro B 18). 3. engomagem f.

stiffnecked [st'ifnekt] adj. 1. com o pescoço duro. 2. obstinado.

stiffness [st'ifnis] s. 1. dureza, firmeza, inflexibilidade f. 2. obstinação f. 3. afetação f.

stifle (I) [staifl] s. 1. (também ~**–joint**) curvejão, joelho (do cavalo) m. 2. afecção da rótula do cavalo f.

stifle (II) [staifl] v. 1. abafar, sufocar. 2. suprimir, reprimir, extinguir.

he ~**d the child with his kisses** ele cobriu a criança de beijos. **she** ~**d a sob** ela reprimiu um suspiro (soluço).

stifle-bone s. rótula f. (do cavalo) (quadro H 9).

stifling [st'aifliŋ] adj. sufocante, abafadiço.

stigma [st'igmə] s. (pl. ~**s,** ~**ta**) 1. mácula, mancha f. 2. marca f., sinal m. 3. estigma m. (também Zool., Bot.) 4. cicatriz f.

stigmatic [stigm'ætik] adj. estigmático.

stigmatization [stigmətaiz'eiʃən] s. estigmatização f.

stigmatize [st'igmətaiz] v. estigmatizar, marcar.

stile [stail] s. 1. escada f., degrau m. ou série de degraus para passar uma cerca. 2. peça vertical de caixilho (quadros C 20, D 2).

stiletto [stil'etou] s. estilete, punhal m. de lâmina fina. 2. sovela f. ‖ v. apunhalar ou matar com estilete.

still (I) [stil] s. 1. (poét.) silêncio m., calma f. 2. fotografia, pose f., retrato m. 3. (E. U. A.) fotografia individual f. de um filme usada para cartaz. ‖ v. 1. acalmar, tranqüilizar, silenciar, pacificar. 2. tranqüilizar-se, acalmar-se, sossegar. 3. acalmar, aliviar. ‖ adj. 1. quieto, calmo, tranqüilo, imóvel,

sossegado, estacionário. 2. calmo, baixo, moderado. 3. sem ondas, parado, calmo. 4. silencioso 5. não efervescente. ‖ adv. 1. ainda. 2. até agora, até esta data. 3. continuamente, futuramente. 4. apesar. 5. entretanto, não obstante. 6. quietamente, calmamente. ‖ conj. todavia, não obstante.
~ **hunt** (E. U. A.) caça de espreita. ~ **life** (Arte) natureza morta. ~ **waters run deep** águas silenciosas são profundas. ~ **bigger** ainda maior. ~ **less** ainda menos. ~ **more** ainda mais. **are you** ~ **asleep?** ainda está dormindo? ~ **and all** (E.U.A.) apesar de tudo.

still (II) [stil] s. 1. alambique, destilador m. 2. destilaria f., engenho m.

still-birth s. nascimento m. de criança morta.

stillborn [st'ilbɔːn] adj. 1. natimorto. 2. fadado ao fracasso desde o início.

stillness [st'ilnis] s. calma, tranqüilidade f., silêncio m.

stilly [st'ili] adj. (poét.) calmo, quieto, tranqüilo. ‖ adv. calmamente, quietamente.

stilt [stilt] s. 1. andas f. pl. 2. (Orn.) pernilongo, perna-de-pau m.
on ~**s** com andas.

stilt-bird, stilt-plover s. (Orn.) (também **stilt**) narceja f.

stilted [st'iltid] adj. 1. com andas. 2. afetado, formal.
~ **bird** ave pernalta. ~ **conversation** conversa afetada.

stiltedness [~nis] s. afetação, formalidade f.

stimulant [st'imjulənt] s. 1. estimulante m. 2. estímulo, incentivo m. ‖ adj. estimulante, excitante, que incentiva.

stimulate [st'imjuleit] v. 1. incitar, encorajar, impelir. 2. estimular. 3. excitar, embriagar.

stimulation [stimjul'eiʃən] s. 1. estimulação f. 2. estímulo, incentivo m.

stimulative [st'imjuleitiv] adj. estimulante, excitante, incentivo.

stimulator [st'imjuleitə] s. estimulador m.

stimulus [st'imjuləs] s. pl. **stimuli** [-lai] 1. estímulo, incentivo m. 2. aguilhão m.

sting [stiŋ] s. 1. picada, ferroada f. 2. ferida f., lugar de picada m. 3. ferrão, espinho m. 4. dor aguda f. 5. o que causa dor, (fig.) remorso m. ‖ v. (imp. e p. p. **stung**). 1. picar, ferroar, ferir. 2. pungir, afligir, atormentar. 3. doer, arder. 4. ter ferrão. 5. levantar, excitar. 6. (gíria) explorar abusar, cobrar excessivamente.
~ **of conscience** remorso. **he was stung** (E. U. A. gíria) ele foi explorado. **stung with remorse** atormentado pela consciência.

stingaree [st'iŋəriː], **sting ray** s. (Ict.) raia-lixa, jabebiretê f.

stinginess [st'indʒinis] s. mesquinhez f.

stinging [st'iŋiŋ] adj. que pica, que dá ferroada, ardente, pungente. ‖ ~**ly** de modo picante ou pungente.

stinging-nettle s. (Bot.) urtiga f.

stingless [st'iŋlis] adj. sem ferrão.

stingy [st'indʒi] adj. 1. parcimonioso, mesquinho, pão-duro, miserável. 2. magro, insuficiente, escasso. ‖ ~**ily** adv. de modo parcimonioso, mesquinhamente, miseravelmente, escassamente.
to be ~ **of** ser parcimonioso com.

stink [stiŋk] s. feder, mau cheiro m. ‖ v. (imp. **stank**, **stunk**, p. p. **stunk**) 1. feder, ter mau cheiro, tresandar. 2. ter má reputação.
he ~**s in my nostrils** (gíria) não o tolero, não gosto dele. **he** ~**s of money** (coloq.) ele está cheio de dinheiro.

stinkard [st'iŋkəd] s. 1. (Zool.) cangambá m. 2. (fig.)

pessoa f. ou animal m. fedorento.

stink-ball, stink-bomb s. bomba f. que produz mau cheiro.

stinker [st'iŋkə] s. (fig.) o que fede m., pessoa nojenta f.

stinkhorn [st'iŋkhɔːn] s. cogumelo m. da ordem Phallales.

stinking [st'iŋkiŋ] adj. 1. fedorento. 2. miserável, sujo, nojento. ‖ ~**ly** adv. fetidamente, miseravelmente.

stink-stone s. pedra fedorenta f.

stint [stint] s. 1. limite m., limitação, restrição f. 2. economia, quantidade ou quantia guardada f. 3. tarefa f. ‖ v. 1. restringir, limitar. 2. economizar, racionar, poupar.
they ~**ed neither trouble nor money** não pouparam nem esforços nem dinheiro.

stinted [st'intid] adj. restrito, racionado, limitado.

stinting [st'intiŋ] adj. econômico, parcimonioso, miserável. ‖ ~**ly** adv. economicamente.

stipe [staip] s. (Bot.) haste f., estipe, estípite m.

stipend [st'aipənd] s. 1. estipêndio, salário, ordenado m. 2. qualquer remuneração periódica m.

stipendiary [staip'endjəri] s. estipendiário, o que recebe ordenado m. ‖ adj. estipendiário.

stipendiary magistrate s. juiz policial, juiz de paz m.

stipple [stipl] s. 1. método de desenhar ou gravar a pontos m. 2. trabalho, desenho pontilhado m. ‖ v. 1. pontilhar. 2. desenhar, gravar a pontos.

stipulate [st'ipjuleit] v. estipular, determinar, combinar, especificar.
~**d date for delivery** data de entrega estipulada. **he** ~**d for a room of his own** ele exigiu um quarto para si só.

stipulation [stipjul'eiʃən] s. estipulação, cláusula, condição f., trato, acordo m.

stipulator [st'ipjuleitə] s. estipulador m.

stipule [st'ipjuːl] s. (Bot.) estípula f. (quadro L 2).

stir [stəː] s. 1. movimento, tumulto, barulho m., agitação, atividade f. 2. excitação f. 3. distúrbio, levante m. revolta f. 4. impulso, empurrão m. 5. (gíria) cadeia f. ‖ v. 1. mover, agitar, mexer. 2. mexer-se, movimentar-se. 3. circular, correr. 4. misturar, mexer, agitar. 5. misturar-se, mexer-se. 6. afetar, excitar, incitar, levantar, animar, agitar. 7. ficar ativo, excitar-se. 8. atiçar fogo.
he can't ~ **from his bed** ele não pode levantar da cama. **he will be** ~**ring at eight o'clock** ele levanta às oito horas. **don't** ~ não se mexa!, não se mova! **he** ~**s only to her voice** ele só reage à voz dela. **is anything** ~**ring?** há qualquer coisa? **she does not** ~ **a finger** ela não mexe nem um dedo. **he** ~**red her pity** ele provocou sua compaixão. **it** ~**red my blood** isso me revoltou. **he** ~**red up the crowd** ele incitou as massas.

stirabout [st'əːrəbaut] s. (Ingl., Culin.) mingau m. de aveia. ‖ adj. ativo.

stirps [stəːps] s. estirpe, raça f., tronco m.

stirrer [st'əːrə] s. agitador m., mexedor m.

stirring [st'əːriŋ] adj. 1. ativo, esperto. 2. excitante.
~ **times** tempos agitados.

stirrup [st'irəp] s. estribo m. (quadro S 15).

stirrup bone s. (Anat. do ouvido) estribo m.

stirrup cup s. bebida de despedida f.

stitch [stitʃ] s. 1. ponto m. de costura (quadro S 15). 2. malha f. 3. laço m. de fio. 4. pedaço m. de pano m. 5. (coloq.) pouquinho m. 6. pontada f. ‖ v. 1. dar pontos (quadro S 4). 2. costurar.
buttonhole ~ ponto de nós. **cross** ~ ponto em cruz. **looped** ~ ponto de cadeia. **I had not a dry** ~ **on me** eu estava completamente molhado. **a** ~ **in time saves nine** mais vale prevenir do que remediar. **he keeps one in** ~**es** ele faz a gente rir.

to ~ up costurar, remendar.
stitchproof [st'itʃpru:f] adj. que não desfia.
stitchwort [st'itʃwə:t] s. (Bot.) murugem f.: planta da família das Alsináceas.
stiver [st'aivə] s. níquel m., moeda pequena f., (fig.) pouquinho m.
stoat [stout] s. (Zool.) arminho m.
stock [stɔk] s. 1. estoque, fundo m., mercadoria f., inventário m. 2. suprimento m., reserva, coleção f. 3. gado m., animais m. pl. de fazenda. 4. capital m., apólices m. pl., ações f. pl. 5. fundo público m., subscrição pública f. 6. linhagem, raça, família, origem, descendência f. 7. suporte, cabo m., coronha f. 8. matéria-prima f. 9. caldo (de carne ou de peixe). m. 10. várias peças apresentadas por uma companhia em um só teatro. 11. coisa ou pessoa f. estúpida. 12. alvo de ridicularização m. 13. tora f., tronco m., haste f. 14. ~s pl. a) (Náut.) picadeiros de carreira m. pl. b) tronco m.: armação de madeira com furos nos quais se prendiam as pernas e os braços de condenados. 15. planta que fornece olhos para enxerto f. 16. bloco, cepo m., base de madeira f. 17. assentador m. para bigorna. 18. cubo m. de roda. 19. colmeia f. 20. (também ~–gillyflower) goiveiro m. ‖ v. 1. pôr em estoque, armazenar, suprir. 2. acumular, prover. 3. manter em estoque. 4. abastecer, suprir. 5. prover-se. 6. colocar cabo ou coronha. 7. soltar animais para criação. 8. lançar rebentos novos. 9. brotar. 10. cultivar, plantar. ‖ adj. 1. mantido em estoque. 2. de uso corrente. 3. relativo ao gado. 4. relativo ao estoque.
live ~ gado, rebanho. to have in ~ ter em estoque. on the ~s em depósito. ~s meias curtas, soquetes. ~ and block tudo, o total. ~ in bank capital depositado em banco. a ~ of knowledge um tesouro de conhecimentos. floating ~ capital em circulação. ~s and shares ações, bônus. ~s payable in foreign standard fundos em moeda estrangeira. to take ~ fazer balanço, avaliar. out of ~ em falta. ~ phrase chapa, lugar-comum. ~ piece peça de grande atração. ~ size tamanho normal.
stock-account s. conta f. de capital.
stockade [stɔ'keid] s. 1. estacada, paliçada f. 2. cerca f. 3. (E. U. A.) prisão militar f. ‖ v. proteger, fortificar com paliçada, cercar.
stock-book s. livro estoque m.
stock-breeder s. criador (de gado) m.
stockbroker [st'ɔkbroukə] s. cambista, corretor m.
stock-car s. vagão m. de gado (Est. de F.)
stock certificate s. (Com.) cautela f.
stock company s. sociedade anônima f.
stock dividend s. (Com.) dividendo m. de ação.
stockdove [st'ɔkdʌv] s. pombo bravo m. ou selvagem da Europa.
stocker [st'ɔkə] s. (E. U. A.) touro gordo m.
stock exchange s. bolsa f. de valores.
stock farming s. criação f. de gado.
stockfish [st'ɔkfiʃ] s. bacalhau seco e salgado m.
stockholder [st'ɔkhouldə] s. acionista m. + f.
stockinet [st'ɔkinet] s. tricô m.
stockinet knickers s. calcinha f. de malha para mulher.
stocking [st'ɔkiŋ] s. meia f. (quadro C 13).
pair of ~s meias, par de meias. cat with white ~s gato com patas brancas. elastic ~ meia elástica. ~(-)department seção de meias. ~-feet pés de meias. ~-frame máquina de tecer meias.
stockinged [~d] adj. de meias.
stock in trade s. 1. mercadoria em estoque f. 2. elementos essenciais m. pl. para exercer determinada atividade. 3. capital empatado m.

stockjobber [st'ɔkdʒɔbə] s. especulador, agiota m.
stockjobbing [st'ɔkdʒɔbiŋ] s. especulação f. na bolsa, agiotagem f.
stocklist [st'ɔklist] s. lista f. das cotações da bolsa.
stockman [st'ɔkmən] s. 1. criador m. 2. almoxarife m.
stock market s. 1. bolsa f. 2. mercado, movimento m. de bolsa. 3. cotações f. pl. de ações na bolsa.
stockpile [st'ɔkpail] s. 1. estoque, suprimento m., reserva f. (de matéria-prima). 2. estoque m. de armas atômicas. ‖ v. armazenar, pôr em estoque.
stock raising s. (E. U. A.) criação f. (de gado).
stock-still adj. parado, sem movimento.
stock-tackle s. (Náut.) cabos m. pl. da âncora.
stocktaking [st'ɔkteikiŋ] s. levantamento m. do estoque.
stocky [st'ɔki] adj. sólido, forte, reforçado, grosso.
stockyard [st'ɔkja:d] s. (E. U. A.) curral m.
stodge [stɔdʒ] s. (gíria) papa f., mingau m., comida pesada f. ‖ v. comer em excesso, empanturrar-se.
stodger [st'ɔdʒə] s. comilão m.
stodgy [st'ɔdʒi] adj. 1. enfadonho, fastidioso, cacete. 2. pesado, indigesto. 3. (gíria) mole, como mingau.
stogy, stogie [st'ougi] s. 1. (E. U. A.) charuto (barato) m. 2. sapatão grosseiro m.
stoic [st'ouik] s. estóico m.: 1. filósofo da escola grega de Zenão. 2. pessoa f. calma, estóica. ‖ adj. estóico, austero, impassível.
stoical [~əl] adj. estóico, calmo, impassível. ‖ ~ly adv. estoicamente.
stoicism [st'ouisizm] s. (Filos.) 1. estoicismo m.: doutrina de Zenão. 2. calma, paciência, indiferença f.
stoke [stouk] v. 1. atiçar, remexer. 2. alimentar, cuidar de fogo.
stokehold [st'oukhould] s. sala f. das caldeiras.
stokehole [st'oukhoul] s. porta f. da fornalha, boca f. de carregamento.
stoker [st'oukə] s. 1. foguista m. 2. grelha mecânica f., alimentador automático m. de fornalhas.
stoking [st'oukiŋ] s. trabalho m. de foguista, ação de alimentar a fornalha.
~ iron atiçador m. (quadro B 1).
stole (I) [stoul] s. 1. estola f. (quadro C 18). 2. faixa f., cachecol m. como usam as mulheres.
stole (II) v. imp. de **to steal.**
stolen [st'oulən] v. p. p. de **to steal.**
stolid [st'ɔlid] adj. estólido, impassível, parvo. ‖ ~ly adv. estolidamente.
stolidness [~nis], **stolidity** [stɔl'iditi] s. impassibilidade, indiferença f.
stolon [st'oulən] s. estolho m.
stoma [st'oumə] s. (pl. **stomata**) estoma, orifício m.
stomach [st'ʌmək] s. 1. estômago m. (quadro H 10). 2. abdome m., cintura f. 3. apetite m. 4. desejo, gosto m., vontade, inclinação f. ‖ v. 1. engolir, receber no estômago. 2. ser capaz de comer e reter no estômago. 3. suportar, agüentar.
I have no ~ for it não estou com vontade para isso. that goes against my ~, turns my ~ isto me vira o estômago. that sticks in my ~ (fig.) isto está me oprimindo.
stomach-ache s. dor f. de estômago.
stomachal [~əl] adj. estomacal.
stomacher [~ə] s. (Hist.) corpete m. ricamente ornamentado.
stomachic [stom'ækik] s. medicamento estomacal m. ‖ adj. estomacal.
stomach-pump s. bomba estomacal f.
stomata [st'ɔmətə] s. pl. = **stoma.**
stomatitis [stomət'aitis] s. (Med.) estomatite f.
stone [stoun] s. 1. pedra, rocha f., rochedo m. 2. pedaço m. de rocha, pedregulho, seixo, calhau f. 3. pedra trabalhada, lápide, laje f., túmulo m. 4.

rebolo m., pedra f. de afiar. 5. (Med.) cálculo m. 6. pedra preciosa, jóia, gema f. 7. caroço m., semente dura. f. 8. (Ingl.) (pl. inalterado) unidade de peso f. correspondente a 14 libras. 9. paralelepípedo m. 10. granizo m. ‖ v. 1. colocar pedras, revestir de pedras. 2. jogar, atirar pedras, apedrejar. 3. descaroçar. ‖ adj. 1. de pedra, feito de pedra. 2. relativo a pedra. 3. de grés, de louça ou de barro.

they left no ~ standing não deixaram pedra sobre pedra. we left no ~ unturned remexemos tudo, tentamos tudo. we marked the day with a white ~ marcamos o dia na folhinha. people in glass houses shouldn't throw ~s quem tem telhado de vidro não atire pedras no do vizinho. within a ~'s throw dentro da distância de uma pedrada. to cast the first ~ ser o primeiro a criticar.

stone age s. idade f. da pedra.
stone-blind adj. totalmente cego.
stone-breaker s. pedreiro, britador m.
stone-broke adj. (coloq.) pronto, sem dinheiro.
stonechat [st'ɔuntʃæt] s. (Orn.) pássaro do gênero Pratincola.
stonecrop [st'ounkrɔp] s. (Bot.) saião-acre m., pimenta-das-paredes f.
stonecutter [st'ounkʌtə] s. lapidário, canteiro m.
stone-dead adj. completamente morto.
stone-deaf adj. completamente surdo.
stone-fruit s. drupa f.: fruta que tem caroço.
stonehatch [st'ounhætʃ] s. (Orn.) tarambola f.
stoneless [st'ounlis] adj. sem pedras, sem caroço.
stonemason [st'ounmeisən] s. canteiro, pedreiro m.
stonepit [st'ounpit], stonequarry [st'ounkwɔri] s. pedreira f.
stonewall [st'ounwɔ:l] s. muro m. de pedras.
stoneware [st'ounwə] s. faiança f., louças f. pl., objetos m. pl. de barro (quadro D 4).
stoniness [st'ouninis] s. 1. qualidade do que está cheio de pedras. 2. dureza f. 3. insensibilidade, crueldade, desumanidade f.
stoning [st'ouniŋ] s. apedrejamento m.
stony [st'ouni] adj. 1. cheio de pedras, pedregoso. 2. duro, como pedra, inflexível, cruel, desumano, imóvel, frio. 3. empedrado, rochoso, pétreo. 4. sem expressão, sem sentimento, sem vida. 5. (coloq.) falido. ‖ —ily adv. como pedra.
~ grief dor que paralisa. ~ look ou ~ stare olhar sem expressão ou sem vida. ~ broke totalmente falido.
stony-hearted adj. cruel, desumano.
stood [stu:d] v. imp. e p. p. de to stand.
stooge [stu:dʒ] s. 1. (E. U. A. gíria) pessoa f. que faz perguntas bobas no palco. 2. (fig.) servente, burro m. de carga. ‖ v. fazer papel de bobo (no palco).
stool (I) [stu:l] s. 1. assento, banquinho m. sem encosto (quadro C 9). 2. mocho, tamborete, escabelo. 3. almofada para os joelhos, genuflexório m.
I fell between two ~s sentei-me entre duas cadeiras.
stool (II) [stu:l] s. 1. evacuação f., fezes f. pl. 2. privada f. ‖ v. evacuar.
stool (III) [stu:l] s. toco m., copa f. de árvore lançando rebentos. ‖ v. brotar, lançar rebentos da raiz.
stoolpigeon [st'u:lpidʒən] s. pombo m. que serve de chamariz, chamariz m. 2. (E. U. A., fig.) espião m.
stoop (I) [stu:p] s. 1. inclinação para a frente f. (da cabeça e dos ombros). 2. condescendência f. ‖ v. 1. inclinar-se, curvar, dobrar-se. 2. ter a cabeça e os ombros inclinados para a frente. 3. baixar-se, humilhar-se, condescender.

to walk with a ~ andar curvado. she ~s to us ela é condescendente conosco.
stoop (II) [stu:p] (E. U. A.) sacada, varanda f. na entrada de uma casa.
stoop (III) [stu:p] s. poste, pilar m.
stoopingly [st'u:piŋli] adv. 1. de modo curvado. 2. de modo condescendente.
stoop labor s. trabalho m. feito de dorso curvado.
stop [stɔp] s. 1. parada, ato de parar, interrupção, obstrução, suspensão f. 2. obstáculo, impedimento, empecilho m. 3. ponto, lugar m. de parada, estação f. 4. (Mec.) lingüeta, trava, alavanca f., ferrolho m. (quadro C 2). 5. (Gram.) ponto m. 6. (Mús.) chave f., registro m. (de órgão). 7. fim m. 8. (Fonét.) som mudo no fim de uma palavra m. ‖ v. 1. parar, fazer parar. 2. por fim a, cessar, cortar. 3. interromper, paralisar, deter, suspender, prevenir, abolir. 4. (coloq.) deter-se, hospedar-se, alojar-se. 5. cessar, desistir, pausar. 6. tapar, fechar (buraco). 7. arrolhar, encerrar. 8. bloquear, obstruir. 9. refrear, deter. 10. desligar 11. obturar (dente). 12. estancar (sangue). 13. pontuar, fazer uso da pontuação. ‖ interj. alto!, pare!
full ~ (Gram.) ponto final. we put a ~ to it puzemos um fim a isto. they came to a ~ pararam. to ~ dead ou short parar de repente. he ~s at nothing ele não respeita nada ou ninguém. to ~ in bed ficar na cama. ~ it! pára com isso. we ~ped his mouth tapamos-lhe a boca, satisfizemo-lo. a badly ~ped composition uma composição mal pontuada. to ~ down (Fotogr.) fechar o diafragma. they ~ped (for) tea ficaram para tomar chá. they ~ped for my husband ficaram para esperar meu marido. to ~ in 1. ficar em casa. 2. (E. U. A.) fazer uma visita rápida. to ~ off (E. U. A.) interromper a viagem. to ~ on permanecer por mais tempo. to ~ out demorar. to ~ over (E. U. A.) parar. to ~ up 1. ficar acordado. 2. impedir.
stop-chain s. cadeia ou corrente f. de entrave.
stopcock [st'ɔpkɔk] s. torneira f. de fechamento, registro m.
stopgap [st'ɔpgæp] s. substituto m.
stop-go s. (E. U. A., coloq.) sinal m. de trânsito.
stop-knob s. (Mús.) registro (de órgão) m.
stoplight [st'ɔplait] s. (Autom.) 1. luz "pare" f. (quadro M 5). 2. (trânsito) luz vermelha f.
stoporder [st'ɔpɔ:də] (Com.) pedido limitado f.
stopover [st'ɔpouvə] s. (E. U. A.) 1. interrupção f. de viagem. 2. opção de interromper a viagem e continuá-la.
stoppage [st'ɔpidʒ] s. 1. interrupção, parada, pausa f. 2. obstrução f., bloqueio, impedimento m. 3. suspensão f. de pagamento, de trabalho.
stop payment s. ordem f. de sustar pagamento.
stopper [st'ɔpə] s. 1. rolha, tampa f., bujão m. (quadro D 4). 2. (Mec.) entrave, travão m. 3. (Náut.) boça f. da amarra. 4. o que pára. ‖ v. tampar, arrolhar, fechar.
stopping [st'ɔpiŋ] s. 1. parada, pausa f. 2. fechamento m. 3. (Mús.) chave f. 4. obturação f.
stopping device s. travão m., dispositivo de travar.
stopping place s. ponto m. de parada.
stopping train s. trem m. que pára em todas as estações.
stopple [stɔpl] s. rolha, tampa f., batoque m. ‖ v. tampar, arrolhar.
stopwatch [st'ɔpwɔtʃ] s. cronômetro m. (quadro C 11).
storable [st'ɔ:rəbl] adj. que pode ser armazenado.
storage [st'ɔ:ridʒ] s. 1. armazenagem, conservação f.

2. armazém m. 3. taxa f. de armazenagem.
in cold ~ em gelo, em frigorífico, na geladeira.
I put him in cold ~ (fig.) eu o pus no gelo.
storage battery s. acumulador m.
storage bin s. recipiente m. de armazenagem.
storage cell s. (Eletr.) pilha f., acumulador m.
storage fees s. direitos m. pl. de armazenagem.
storage heater s. aquecedor m.: recipiente m. para
aquecer água, acumulador térmico m.
storage yard s. pátio m. de armazenagem.
storax [st'ɔ:ræks] s. estoraque m.
store [stɔ:] s. 1. (E. U. A.) armazém m., loja, **casa f.**
de negócios. 2. estoque, suprimento m. 3. (espec.
brit.) depósito, armazém m. (quadros H 3, S 12).
4. provisões, abastecimento m. 5. propriedade,
riqueza f., tesouro (de conhecimentos) m. ‖ v. 1.
suprir, pôr em estoque. 2. acumular, armazenar.
3. abastecer, prover, fornecer.
he sets great ~ **by her opinion** ele dá muito valor
à opinião dela. **there is a great surprise in** ~
for you há uma grande surpresa à sua espera.
she ~**d away her treasures** ela guardou seus
tesouros.
storefront [st'ɔ:frʌnt] s. 1. frente de loja f. 2. loja
térrea f. com vitrina.
storehouse [st'ɔ:haus] s. 1. depósito, armazém m. 2.
(fig.) tesouro m., mina f.
storekeeper [st'ɔ:ki:pə] s. (E. U. A.) 1. dono m. de
loja ou de armazém. 2. comissário m. da Marinha.
storeroom [st'ɔ:rum] s. despensa f.
storewindow [st'ɔ:windou] s. (E. U. A.) vitrina f. (quadro W 4).
storey, story [st'ɔ:ri] s. pavimento, andar m.
to be wrong in the upper ~ (gíria) ter um parafuso
solto, sofrer da bola.
storeyed, storied [~d] adj. que tem certo número de
andares, como p. ex. **a three—** **house** uma casa de
três andares.
storied [~d] adj. 1. célebre, famoso na história,
renomado. 2. ornamentado com desenhos ou quadros históricos. 3. = **storeyed.**
storiette [stouri'et] s. historieta f., conto m.
stork [stɔ:k] s. (Orn.) cegonha f.
~**'s bill** (Bot.) bico-de-cegonha m.
storm [stɔ:m] s. 1. tempestade f. 2. temporal m.,
chuva forte f. 3. distúrbio, tumulto m., manifestação violenta f. 4. ataque, assalto m. ‖ v. 1. ventar
muito, chover, fazer temporal. 2. ser violento, ficar
bravo, enfurecer-se. 3. falar alto, gritar, berrar. 4.
andar depressa (como em raiva) 5. assaltar, atacar
violentamente.
the calm after the ~ a bonança após a tempestade. **after a** ~ **comes a calm** depois da chuva vem
o sol. **a** ~ **in a teacup** tempestade num copo
d'água. **to take by** ~ tomar de assalto. **brain** ~
demência súbita. **hail** ~ temporal de granizo.
rain ~ temporal, chuva torrencial. **snow** ~ nevasca. **thunder** ~ temporal
storm-beaten adj. açoitado pela tempestade.
storm-bell s. sino m. de rebate.
stormbird [st'ɔ:mbə:d] s. (Orn.) procelária f.
storm-boat s. barco m. de assalto.
stormbound [st'ɔ:mbaund] adj. retido pela tempestade.
stormcloud [st'ɔ:mklaud] s. nuvem f. que traz temporal, cúmulo-nimbo m.
storminess [st'ɔ:minis] s. violência, natureza tempestuosa f., ímpeto m.
storming [st'ɔ:miŋ] s. 1. tempestuosidade f. 2. assalto
m. ‖ adj. tempestuoso, de tempestade.
storming party s. pelotão m. de assalto.
stormjib [st'ɔ:mdʒib] s. (Náut.) polaca f. (vela).

stormproof [st'ɔ:mpru:f] adj. à prova de vento, impermeável.
stormsail [st'ɔ:mseil] s. (Náut.) vela de capa f.
storm-swept adj. açoitado pela tempestade.
stormy [st'ɔ:mi] adj. 1. tempestuoso, ventoso. 2. tormentoso, violento. ‖ **–ily** adv. tempestuosamente.
stormy petrel s. (Orn.) procelária f. (= **storm-bird**).
story (I) [st'ɔ:ri] s. 1. conto, relato m., narrativa,
crônica f. 2. novela, lenda, história, fábula f.,
romance, conto m., anedota f. 3. (coloq.) mentira
f. 4. enredo m. de novela ou de peça teatral. 5.
boato m. 6. (E. U. A.) artigo m. de jornal.
as the ~ **has it** ou **as the** ~ **goes** conforme consta.
to make ou **to cut a long** ~ **short** para abreviar
a história. **that is another** ~ isto é outra história
ou coisa diferente.
story (II) [st'ɔ:ri] s. (= **storey**) pavimento, andar m.
storybook [st'ɔ:ribuk] s. livro m. de contos.
storyteller [st'ɔ:ritelə] s. 1. contador m. de histórias. 2. mexeriqueiro m.
stoup [stu:p] s. pia f. de água benta.
stout [staut] s. 1. cerveja escura e forte f. 2. pessoa
corpulenta f. 3. (geralmente ~s) roupa f. feita
especialmente para gente corpulenta. ‖ adj. 1.
corpulento, robusto, espadaúdo (quadro Q). 2.
forte, firme, vigoroso, durável, sólido. 3. valente,
bravo, arrojado, audaz. 4. (fig.) resistente, resoluto,
determinado, decidido. ‖ **–ly** adv. com corpulência,
fortemente, com bravura, resolutamente.
stout-hearted adj. corajoso, valente, bravo.
stoutish [st'autiʃ] adj. algo corpulento.
stoutness [st'autnis] s. corpulência, coragem f.
stove (I) [stouv] s. forno, fogão m., estufa, fornalha
f. ‖ v. aquecer, secar, etc. em forno ou estufa.
stove (II) [stouv] v. imp. e p. p. de **stave.**
~ **in** (E. U. A., coloq.) embriagado.
stovepipe [st'ouvpaip] s. chaminé f.
stovepipe hat s. (E. U. A., gíria) cartola f.
stover [st'ouvə] s. forragem f.
stow [stou] v. 1. alojar, estivar. 2. acondicionar.
~ **that!** chega!, basta! **to** ~ **away** guardar, pôr
de lado, esconder.
stowage [st'ouidʒ] s. 1. ato de estivar, estiva f. 2.
porão m. do navio, lugar m. para carga. 3. carga,
coisa armazenada ou acondicionada f. 4. taxa f.
de estiva.
stowaway [st'ouəwei] s. passageiro clandestino m.
strabismal [strəb'izməl], **strabismic** [strəb'izmik] adj.
estrábico, vesgo.
strabismus [strəb'izməs] s. (Med.) estrabismo m.
straddle [strædl] s. 1. ato de andar ou ficar com as
pernas abertas m. 2. distância f. entre as pernas
escancaradas. ‖ v. 1. andar, ficar ou sentar com
as pernas muito abertas, escarranchar. 2. estar
montado (em cavalo ou bicicleta, cadeira, etc.)
com as pernas abertas. 3. (E. U. A., coloq.) estar
indeciso, evitar de tomar partido.
strafe [stra:f, streif] s. castigo m. ‖ v. 1. bombardear,
atirar com metralhadora (de avião). 2. punir, castigar severamente.
straggle [strægl] v. 1. vagar, errar, andar separado,
apartar-se, desgarrar-se. 2. estar isolado ou esparso, crescer de modo irregular. 3. afastar-se,
desviar-se.
straggler [str'æglə] s. vagabundo m., pessoa errante f.
straggling [str'ægliŋ] adj. = **straggly.** ‖ **–ly** adv. de
modo esparso, espalhadamente.
straggly [str'ægli] adj. espalhado, esparso, isolado,
disperso.
straight [streit] s. 1. reta, linha, posição, formas
retas f. (quadro Q). 2. (E. U. A.) seguida f. (pôquer).

516

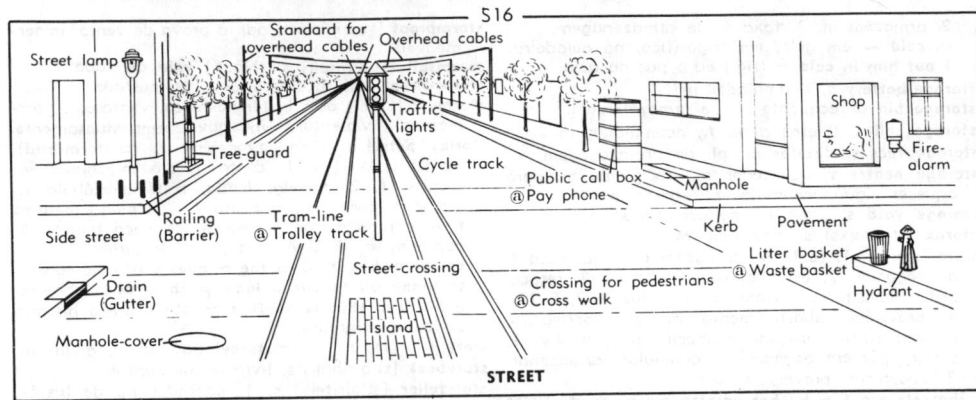

Street lamp · Standard for overhead cables · Overhead cables · Traffic lights · Tree-guard · Cycle track · Public call box ⓐ Pay phone · Manhole · Shop · Fire-alarm · Railing (Barrier) · Tram-line ⓐ Trolley track · Kerb · Pavement · Side street · Drain (Gutter) · Street-crossing · Crossing for pedestrians ⓐ Cross walk · Litter basket ⓐ Waste basket · Hydrant · Manhole-cover · Island

STREET

‖ adj. 1. reto, plano. 2. direto. 3. ereto, direito. 4. franco, honesto, honrado. 5. correto, justo, em ordem. 6. contínuo, seguido. 7. (E. U. A.) declarado, manifestado. 8. (E. U. A.) puro, não falsificado, não diluído (bebida). 9. (coloq.) seguro, de confiança. 10. (pôquer) seguido. 11. (E. U. A., gíria) líquido, sem desconto. ‖ adv. 1. em linha reta. 2. de modo ou de forma ereta, em posição direita. 3. logo, imediatamente, diretamente. 4. francamente, honestamente, de modo direito. 5. continuamente. 6. sem restrição.

out of the ~ ilegal, fora da lei. **~!** (coloq.) de fato! **~ as an arrow** (ou **a dart**) bem reto. **I tried to keep a ~ face** procurei ficar sério. **it is as ~ as you can go** bem em frente. **~ aviation gasoline** gasolina pura de aviação. **to vote a ~ ticket** votar em candidatos do partido. **to think ~** pensar logicamente. **I gave it him ~** eu lho disse na cara. **~ awcy** imediatamente, prontamente. **I didn't get you ~** (E. U. A. coloq.) não o compreendi bem. **5 cents ~** (E. U. A., gíria) cinco cents líquido.

straight and narrow (path) s. linha de conduta rigorosa f.

straight angle s. ângulo m. de 180 graus.

straight-edge s. régua f., esquadro m. (quadros B 22, P 1)

straighten [~n] v. 1. endireitar, tornar reto. 2. pôr em ordem, arrumar, alisar.

to ~ out (Av.) colocar o avião em posição horizontal (depois de um mergulho). **she ~ed her face** ela ficou séria. **she ~ed out affairs** ela arranjou o assunto.

straightforward [streitf'ɔ:wəd] adj. 1. franco, honesto. 2. direto, que vai em frente. ‖ adv. (também **~s**) diretamente ou continuamente em frente.

straightforwardness [~nis] s. franqueza, retidão f.

straight line s. linha f. reta (quadro L 3).

straight matter s. (Tipogr.) composição simples f.

straightness [str'eitnis] s. retidão f.

straight shooter s. (coloq.) pessoa honesta, franca f.

straight ticket s. (E. U. A.) programa oficial de partido m.

straight time s. período, horário m. para determinado processo fabril.

straightway [str'eitwei] adv. diretamente, imediatamente, incontinenti.

strain (I) [strein] s. 1. força f., peso m. 2. esforço m., solicitação f., extenuação. 3. luxação, deslocação, contorção f. 4. tensão, pressão f. 5. estilo, modo m., maneira f. 6. procedimento m. 7. (também **~s**) melodia, composição, canção f. ‖ v. 1. puxar, esticar, forçar. 2. puxar com força, arrancar. 3.

esforçar, concentrar-se. 4. cansar, extenuar, prejudicar por esforço excessivo, forcer, luxar, deslocar, contorcer. 5. estar prejudicado por esforço, estar machucado. 6. abusar, exagerar. 7. esforçar-se, exceder-se. 8. constringir. 9. espremer, passar por peneira ou espremedor, coar. 10. percolar, passar. 11. apertar, abraçar.

the cord could not stand the ~ a corda não agüentou o esforço. **I have a ~ in my hand** destronquei minha mão. **in this ~** desta maneira, neste tom. **he was buried to the ~s of his favourite song** ele foi sepultado ao som de sua canção favorita. **she is a ~ on my nerves** ela me deixa nervoso. **he ~ed the child to his heart** ele abraçou a criança. **he ~ed a point** ele excedeu-se.

strain (II) [strein] s. 1. raça, cepa, descendência f. 2. grupo m., família f. de plantas ou animais que formam uma variedade, linhagem f. 3. qualidade f. ou caráter m. hereditário. 4. traço m., tendência, disposição f.

there is a ~ of madness in her ela tem um traço de loucura.

strained [~d] adj. 1. cansado, forçado. 2. coado.

strainer [str'einə] s. coador, passador, filtro m., peneira f. (quadro F 2).

straining [str'einiŋ] s. 1. tensão f., esforço m. 2. ato de passar ou de peneirar.

straining beam s. tirante tensor, guarda-vento m.

strainless [str'einlis] adj. sem esforço.

strait [streit] s. 1. (também **~s** pl.) estreito m. 2. (†) istmo m. 3. dificuldade, necessidade f., dilema m. ‖ adj. 1. (†) estreito, apertado. 2. restrito.

the ~s (of Gibraltar) o Estreito de Gibraltar. **I am in great ~s** ou **in a great ~ for money** estou em grandes dificuldades financeiras.

straiten [~n] v. 1. limitar, restringir. 2. apertar.

they live in ~ed circumstances eles vivem em circunstâncias restritas.

strait jacket s. camisa f. de força.

strait-laced adj. 1. apertado (espartilho). 2. (fig.) puritano, austero.

strait-lacedness s. austeridade f., puritanismo m.

strake [streik] s. (Náut.) carreira f. de tábuas, cinta f., verdugo m.

stramineous [strəm'iniəs] adj. estramíneo, da cor de palha, leve, sem valor, como palha.

stramonium [strəm'ouniəm] s. 1. (Bot.) estramônio m., figueira-do-inferno f. 2. (Farmac.) estramonina f.: substância extraída do estramônio.

strand (I) [strænd] s. praia, costa f. ‖ v. 1. encalhar, dar na praia. 2. fracassar, fazer fracassar.

strand (II) [strænd] s. 1. toro ou cordão de corda m.

2. fibra f., fios m. pl. (de cabelo). 3. fio m. de linha.
stranded [str'ændid] adj. encalhado, (fig.) fracassado.
strand line s. orla marítima f.
strange [streindʒ] adj. 1. estranho, esquisito, singular, não comum, notável, estranhável. 2. desconhecido, estrangeiro, novo. 3. não experimentado, não acostumado. 4. deslocado, acanhado, não familiar. ‖ adv. de maneira estranha. ‖ ~ly adv. estranhamente, de modo singular ou esquisito.
~ **to say** é estranho. **he is** ~ **to this work** ele não está familiarizado com este trabalho.
strangeness [str'eindʒnis] s. 1. estranheza f. 2. esquisitice, singularidade f.
stranger [str'eindʒə] s. 1. pessoa estranha f., desconhecido m. 2. pessoa f. de fora, forasteiro m. 3 pessoa inexperiente f., novato m. 4. visitante, viajante, hóspede m. 5. estrangeiro m.
he is a ~ **to this country** ele não conhece este país. **you are quite a** ~! há tempo que você não aparece. **the little** ~ a criança recém-nascida.
strangle [str'æŋgl] v. 1. estrangular, matar por estrangulação. 2. sufocar, abafar, suprimir. 3 reprimir.
stranglehold [~hould] s. golpe, aperto m., (Esp.) gravata f.
strangles [~z] s. pl. (Veter.) garrotilho m.
strangulate [str'æŋgjuleit] v. 1. comprimir, apertar, parar a circulação, ligar. 2. estrangular, sufocar, abafar.
~**d hernia** hérnia estrangulada.
strangulation [stræŋgjul'eiʃən] s. estrangulação, sufocação f., estrangulamento, aperto m., constrição f.
strangury [str'æŋgjuri] s. (Med.) estrangúria f.
strap [stræp] s. 1. tira, correia f. 2. tira ou fita de pano f. 3. alça f. (quadros C 12, C 13), cordão m. 4. assentador m. de navalhas. 5. galão m. ‖ v. 1. segurar, amarrar com fita ou correia. 2. bater com correia. 3. assentar (o corte de navalha).
straphanger [str'æphæŋə] s. passageiro m. em pé em ônibus ou em bonde, segurando-se pelas alças.
strapless [str'æplis] adj. sem tiras, alças.
strapper [str'æpə] s. (coloq.) pessoa grande e robusta f.
strapping [str'æpiŋ] adj. (coloq.) forte, robusto, sadio.
strapwork [str'æpwə:k] s. enfeite m. com fita.
strass [stræs] s. vidro m. de chumbo (para fabricar pedras preciosas artificiais).
strata [str'eitə] s. pl. de **stratum**.
stratagem [str'ætidʒəm] s. estratagema, artifício m
stratal [str'eitəl] adj. em camadas, estratiforme.
strategic [strət'i:dʒik], **strategical** [~əl] adj. 1. estratégico. 2. importante em estratégia, necessário para a guerra. ‖ ~**ally** adv. estrategicamente.
strategics [~s] s. pl. estratégia f.
strategist [str'ætidʒist] s. estrategista, estratégico m.
strategy [str'ætidʒi] s. estratégia f.
strath [stræθ] s. vale largo m., percorrido por um rio.
straticulate [stræt'ikjuleit] adj. (Geol.) em camadas.
stratification [strætifik'eiʃən] s. (Geol.) estratificação f.
stratified [str'ætifaid] adj. em estratos.
stratify [str'ætifai] v. estratificar, dispor em camadas.
stratigraphic [strætigr'æfik] adj. estratigráfico.
stratigraphy [strət'igrəfi] s. estratigrafia f.
strato-cirrus s. (também **cirrostratus**) cirro-estrato m
stratocracy [strət'ɔkrəsi] s. estratocracia f.: governo militar.
strato-cumulus s. (Meteor.) estrato-cúmulo m.
stratoliner [str'eitəlainə, str'ætə-] s. (E. U. A.) avião transatlântico m.

stratosphere [str'ætəsfiə] s. estratosfera f.
stratum [str'eitəm] s. (pl. **strata**) 1. camada f. 2. camada social f. 3. (Geol.) estrato m. (quadro S 8).
the various strata of society as diversas camadas sociais.
stratus [str'eitəs] s. (pl. **strati**) (Meteor.) estrato m.
straw [strɔ:] s. 1. palha f. 2. canudo m. (quadro R 2) 3. (fig.) ninharia, bagatela f., pouquinho m. ‖ adj. 1. feito de palha. 2. sem valor. 3. fictício.
I don't care a ~ (coloq.) não me importa. **it is not worth a** ~ não vale um tostão. **to clutch** (ou **grasp at**) **a** ~ (fig.) agarrar-se em qualquer coisa no desespero. **it is the last** ~ **that breaks the camel's back** é a última gota que faz transbordar o copo. **man of** ~ 1. homem de palha (espantalho). 2. testa de ferro. ~ **bid** (E. U. A.) oferta pro forma.
strawberry [str'ɔ:bəri] s. 1. morango m. 2. (Bot.) morangueiro m. (quadro B 15).
crushed ~ da cor de morango.
strawberry blonde s. loira f. de cabelos ruivo-amarelados.
strawberry-tree s. (Bot.) medronheiro m.
straw-board s. papelão m. de palha.
straw boss s. (E. U. A., coloq.) chefete m.
straw-colour s. cor f. de palha, amarelo-claro m.
straw-coloured adj. da cor de palha, amarelo-claro.
straw-hat s. 1. chapéu m. de palha. 2. (E. U. A.) teatro m. de verão.
strawman [str'ɔ:mən] s. 1. testa-de-ferro m. 2. espantalho m.
straw-thatched adj. coberto de palha (telhado).
straw-vote s. (Polít.) votação experimental f.
strawy [str'ɔ:i] s. 1. pessoa errante f. 2. animal desgarrado m. ‖ v. 1. vagar, errar, andar a esmo. 2. desviar-se, desgarrar. ‖ adj. 1. desgarrado, errante, extraviado. 2. espalhado, esporádico. 3. isolado.
stray [strei] v. 1. vaguear. 2. desviar-se.
streak [stri:k] s. 1. faixa, risca, linha, listra f. 2. (Geol.) veio, filão m., camada f. 3. traço, elemento, vestígio m. 4. estria, veia f. 5. (E. U. A., coloq.) moda, tendência (de caráter, comportamento) f. ‖ v. 1. riscar, listar, deixar riscado. 2. ficar riscado. 3. (coloq.) mover-se com muita rapidez.
~ **of luck** período de sorte. **like a** ~ como um raio (muito rápido). ~**s of mist** nuvens de neblina. **a jealous** ~ um traço de ciúme. **the latest** ~ a última moda.
streaked [~t] adj. listrado, listado, raiado, riscado.
streakiness [str'i:kinis] s. qualidade de estar riscado ou listrado.
streaking [str'i:kiŋ] s. prática f. de certa moda (correr despido em público).
stream [stri:m] s. 1. rio, córrego m. 2. corrente, torrente f., fluxo, jacto, jorro m. 3. curso m. (de um rio), correnteza f. 4. canal m., água navegável f. ‖ v. 1. correr, fluir. 2. mover-se continuamente ou rapidamente, afluir, confluir. 3. jorrar. 4. escorrer, derramar, transbordar. 5. flutuar.
~ **of words** torrente de palavras. **he goes against the** ~ (fig.) ele nada contra a correnteza.
stream-anchor s. (Náut.) âncora leve f.
streamer [str'i:mə] s. 1. fita, serpentina f. 2. flâmula f. 3. faixa f. de luz (como p. ex. na aurora boreal). 4. (Jornal.) manchete f.
streamlet [str'i:mlit] s. córrego, riacho m.
streamline [str'i:mlain] s. 1. forma aerodinâmica f. 2. direção f. de uma partícula dentro de um fluxo. ‖ v. dar forma aerodinâmica a.
streamlined [~d] adj. 1. aerodinâmico. 2. moderno, eficiente. 3. (coloq.) alinhado.
stream of consciousness s. (Psicol.) experiência cons-

ciente individual f., considerada como série contínua de ocorrências.

street [stri:t] s. 1. rua f. 2. prédios m. pl. com seus habitantes m. + f. pl. que ladeiam uma rua. **the Street** (E. U. A., coloq.) Wall Street (Nova York). **in** (E. U. A. **on**) **the ~** na rua. **to be on the ~s** viver de prostituição. **the man in the ~** o homem do povo. **not in the same ~ with** (fig.) não comparável com. **she walks ~s** ela é da rua, é prostituta. **I walked the ~s for three hours** andei pela cidade durante três horas. **he's on easy ~** (coloq.) ele tem vida boa. **~ Arab** moleque da rua. **~ pitcher** (gíria) mascate.

street-car s. (E. U. A.) carro elétrico m., (bras.) bonde m.

street-corner s. esquina f. da rua.

street-crossing s. cruzamento m. (quadro S 16).

street-door s. porta f. de entrada.

street light s. iluminação f. de rua.

street-organ s. realejo m.

street-refuge s. ilha f. de trânsito.

street-sweeper s. limpador m. de rua.

street-walker s. prostituta f.

strength [strenθ] s. 1. força f., vigor, poder m. 2. resistência, durabilidade, dureza f. 3. força militar f., número m. de soldados, potência f. 4. poder m., energia, força de vontade, veemência f. 5. concentração f. 6. intensidade f. 7. apoio m., fonte f. de energia. **this is beyond my ~** isto passa das minhas forças. **on the ~ of your recommendation** baseado nas suas recomendações. **on the ~ of it** em vista disso. **what is their ~?** quantos homens são? **what's the ~ of him ou his coming?** (coloq.) qual a razão da sua vinda? **on the ~** (milit.) no rol de alistamento. **~ of compression** resistência à pressao. **~ ot electric current** força da corrente elétrica. **~ of mind** força de caráter. **~ of rupture** resistência à ruptura. **~ testing** prova de resistência.

strengthen [str'enθən] v. 1. ficar forte, tornar-se forte. 2. fortalecer, reforçar, fortificar, dar força.

strengthener [~ə] s. 1. reforço m. 2. fortificante m.

strenuous [str'enjuəs] adj. ativo, cheio de energia, estrênuo, vigoroso, ardoroso, corajoso, valente, esforçado. ‖ **~ly** adv. ativamente, de modo valente.

strenuousness [~nis] s. energia, coragem f.

strepitous [str'epitəs], **strepitant** [str'epitənt] adj. estrepitoso, estrepitante.

streptococcus [streptouk'okəs] s. (Bact.) estreptococo m.

streptomycin [streptəm'aisin] s. (Med.) estreptomicina f.

stress [stres] s. 1. fôrça ou influência desagradável f. 2. pressão, tensão f. 3. esforço m. 4. pressão física, tensão f., peso m. 5. ênfase, importância f. 6. (Gram.) acento m., acentuação f. 7. veemência, violência f. ‖ v. 1. exercer pressão sobre. 2. tratar como importante, dar ênfase a, salientar. 3. pronunciar com acento. **under the ~ of circumstances** sob a pressão das circunstâncias. **he lays ~ upon that fact** êle salienta este fato.

stressful [str'esful] adj. cansativo, fatigante, exaustivo.

stressless [str'eslis] adj. sem acento.

stretch [stretʃ] s. 1. estiramento m., ato de esticar, estado de esticado. 2. extensão, distância, área, superfície f. 3. período m. 4. (gíria) sentença f., tempo m. de cadeia. 5. curso m., direção f. 6. (Esport.) reta f. (da chegada). 7. tensão f., esforço m. ‖ v. 1. esticar, estender, estirar. 2. estender-se, cobrir grande distância, encher o espaço, espalhar-se. 3. esticar o corpo ou os membros, espre-

guiçar-se. 4. estender (a mão). 5. encompridar, alongar, alargar. 6. esforçar-se. 7. exagerar, torcer (a verdade). deturpar. 8. prostrar. **at a ~, upon a ~** de uma vez. **he kept him on the ~** (fig.) ele o torturou. **~ (of law)** transgressão (da lei). **to ~ forth, forward** estender, avançar. **to ~ money to keep within the budget** fazer o dinheiro dar para não ultrapassar o orçamento. **to ~ out** espalhar, estender, estender-se, esticar-se, alargar-se. **I give a ~** espreguiço-me.

stretchable [str'etʃəbl] adj. que se pode esticar, elástico.

stretcher [str'etʃə] s. 1. o que estica m., forma f. de sapato, esticador m., travessa f. 2. maca, padiola f. 3. encosto para os pés em barco m. 4. (Arquit.) pedra f. colocada de comprido (quadro B 22). 5. vareta f. de guarda-chuva. 6. (fig.) peta, patranha f.

stretcher-bearer s. carregador m. de feridos, padioleiro m.

stretching [str'etʃiŋ] s. 1. ato de esticar, estiramento m. 2. alongamento m.

stretching course s. fileira f. de pedras.

stretching hammer s. martelo m. de bola.

stretching ring s. arruela f. elástica ou de aperto.

stretch-out s. sistema m. de elevar a produção, sem elevar as despesas com mão-de-obra.

stretchy [str'etʃi] adj. que se pode esticar, elástico.

strew [stru:] v. (p. p. **strewn, strewed**) 1. espalhar, espargir. 2. cobrir com alguma coisa espalhada. 3. estar espalhado, ou esparramado.

stria [str'aiə] s. pl. **striae** [str'aii:] estria f., sulco, traço m., fenda f.

striate [str'aieit] v. estriar, riscar. ‖ [str'aiit] adj. (também **striated**) estriado.

striation [strai'eiʃən] s. estriamento m.

stricken [str'ikən] v. p. p. de **to strike.** ‖ adj. afetado, acometido, ferido, atacado. **~ in years** idoso, velho. **~ with grief** aflito, pesaroso. **panic—~** tomado de pânico. **plague—~** assolado pela peste. **terror—~** cheio de terror.

strickle [str'ikl] s. 1. rasoura f. para nivelar grão em medida f. 2. pedra f. de afiar foices.

strict [strikt] adj. 1. estrito, cuidadoso. 2. rigoroso, severo, austero. 3. exato, preciso, pontual. 4. perfeito, completo, absoluto. ‖ **~ly** adv. estritamente, rigorosamente, exatamente. **in the ~ sense of the word, ~ly speaking** no sentido exato da palavra. **a ~ parent** um pai severo. **in ~ conformity** exatamente de acordo. **in ~ confidence** estritamente confidencial.

striction [str'ikʃən] s. aperto m.

strictness [str'iktnis] s. exatidão, atenção f., cuidado, rigor m., severidade f.

stricture [str'iktʃə] s. 1. crítica severa f. 2. estreitamento m., constrição f. 3. estrangulação f.

stridden [stridn] v. p. p. de **to stride.**

stride [straid] s. 1. passo largo m. 2. distância f. que corresponde a um passo largo. 3. (fig.) progresso m. ‖ v. (imp. **stride**, p. p. **stridden**) 1. andar com passos largos. 2. transpor com um passo. 3. escarranchar. 4. medir com passos. **~s** (gíria, E. U. A.) calças. **he got into his ~** ele ficou bravo, ele pegou impulso. **he took it in his ~** ele o venceu facilmente, fê-lo sem dificuldade ou hesitação. **with rapid ~s** com passos de gigante (também fig.)

strident [straidnt] adj. estridente, cortante, penetrante, agudo, (cor) berrante. ‖ **~ly** adv. estridentemente.

stridor [str'aidə] s. estridor m.

stridulate [str'idjuleit] v. estridular, fazer estridor.

stridulation [stridjul'eiʃən] s. estridulação f.
stridulous [str'idjuləs], **stridulant** [str'idjulənt] adj. estridente, estrídulo.
strife [straif] s. 1. discussão, briga, disputa, contenda f. 2. luta, guerra f.
at ~ em disputa, brigando.
striga [str'aigə] s. pl. **strigae** [str'aidʒi:] pêlo curto e duro m., cerda f.
strigose [str'aigous], **strigous** [str'aigəs] adj. duro, eriçado.
strike [straik] s. 1. greve f. 2. golpe m. 3. ato de derrubar todos os piões no jogo de boliche, pontos feitos assim m. pl. 4. ato m. de achar óleo ou minério de ouro. 5. (Miner.) direção f. do filão. 6. (E. U. A.) sucesso m. ‖ v. (imp. **struck**, p. p. **struck, stricken**) 1. bater, malhar, golpear. 2. dar, infligir, arremessar, desferir, lançar. 3. estampar, imprimir, cunhar. 4. acender (fósforo), ferir fogo. 5. atingir, colidir, cair (raio), incidir (luz). 6. abalroar, colidir, dar de encontro, chocar-se, encalhar. 7. impressionar. 8. tocar, bater, soar, bater as horas. 9. estarrecer, fulminar, impressionar, assustar. 10. afetar, tocar, afligir, atacar, surpreender. 11. atacar, assaltar. 12. acontecer, ocorrer, suceder. 13. (E. U. A.) descobrir, encontrar (óleo, ouro, etc.). 14. surgir, aparecer, vir de repente, encontrar inesperadamente. 15. fazer greve. 16. riscar, apagar. 17. tirar, tomar (com um golpe). 18. andar rapidamente. 19. assumir (atitude). 20. enraizar, aprofundar, afundar. 21. determinar, calcular. 22. fazer, decidir, entrar em (acordo), concordar. 23. abaixar, arriar (velas). 24. raspar, alisar, deixar plano, tirar o excesso de uma medida. 25. pegar o anzol. 26. desbotar, apagar-se. 27. arriar bandeiras, render-se. 28. tomar (caminho ou direção). 29. chamar a atenção, dar na vista. 30. estender, alisar. 31. enveredar. 32. tirar (linha). 33. rufar (tambores). 34. tocar (uma corda). 35. levantar (acampamento). 36. cegar, ensurdecer. 37. lembrar.
~ **the iron while it is hot** malhe o ferro enquanto está quente. **that struck home!** este golpe acertou, (fig.) isto deu resultado. **it** ~s **me that, it** ~s **me as strange that ...** parece-me esquisito que ... **I was struck by his reply** fui tomado de surpresa pela sua resposta. **the thought struck him** ele teve a idéia. **he** ~s **an attitude** ele assume uma pose teatral. **to** ~ **an average** tirar ou calcular a média. **to** ~ **a balance** tirar o saldo. **to** ~ **a bargain** fechar um negócio. **to** ~ **blind** cegar. **to** ~ **a blow at** dar um soco ou golpe em. **to** ~ **dead** matar. ~ **me dead!** Deus me castigue! **well stricken in years** de idade avançada. **to** ~ **a dividend** distribuir dividendo. **to** ~ **dumb** fazer calar, deixar bobo. **to** ~ **the eye** dar na vista, chamar a atenção. **this** ~s **my fancy** isto me agrada. **to** ~ **hands (with)** chegar a um acordo (com). **to** ~ **oil** descobrir petróleo. **to** ~ **work** fazer greve. **to** ~ **against** bater contra, lutar contra, defender-se contra. **to** ~ **asunder** quebrar. **to** ~ **at s. o.** bater em alguém, levantar a mão contra alguém. **to** ~ **down** derrubar, derrubar no chão, abater. **to** ~ **in** 1. (Mús.) entoar, juntar-se a. 2. (fig.) tirar proveito. **to** ~ **into** entrar em (uma rua). **to** ~ **inwards** generalizar-se (doença). **to** ~ **off** cortar, copiar, imprimir. **to** ~ **on** agir sobre, incidir sobre (luz), cair sobre. **he's struck on her** ele está louco (apaixonado) por ela. **to** ~ **out** riscar, apagar, investigar, planejar, esboçar, ferir (faíscas, etc.). **to** ~ **out a line of one's own** tomar seu rumo próprio. **to** ~ **out for s. o.** dar um soco em ou arremeter contra alguém. **to** ~ **through** penetrar, trespassar,

varar. **to** ~ **up** (Mús.) entornar, começar a tocar ou a cantar, tocar. **to** ~ **upon** incidir sobre, cair sobre, encontrar, bater contra. **to** ~ **s. o. with fear** encher alguém de medo.
strikebound [str'aikbaund] adj. (fábrica) paralisada por greve operária.
strikebreaker [str'aikbreikə] s. fura- greve m. + f.
strikebreaking [str'aikbreikiŋ] s. ato de furar a greve.
striker [str'aikə] s. 1. grevista m. + f. 2. o que bate, percussor m., agulha f. (de carabina ou de espingarda), (Eletr.) faísca f. de ignição.
striker rod s. (Mec.) haste f. de comando.
striking [str'aikiŋ] s. 1. ato de bater m. 2. toque m. (também Mús.). ‖ adj. 1. que bate ou que toca. 2. que faz greve. 3. que chama a atenção, surpreendente, notável, impressionante, admirável. 4. enraizado.
a ~ **likeness** uma semelhança espantosa.
striking fork s. (Autom.) garfo m. do câmbio.
strikingness [~nis] s. 1. caráter impressionante m., vistosidade f. 2. o que dá na vista.
striking power s. força f. combatente.
string [striŋ] s. 1. barbante, fio, cordel m., corda fina f. 2. fileira, corrente f., colar m. 3. corda f. (de instrumento musical). 4. ~s pl. instrumentos de corda. 5. cordão m., fita f. 6. (Bot.) fibra f., filamento, sarmento m., nervura f. 7. série, carreira f. 8. tendão m. 9. corda de arco f. 10. cadeia seguida, seqüência f. 11. (coloq.) tanga f. 12. rebanho m. ‖ v. (imp. p. p. **strung**) 1. enfiar, enfileirar. 2. colocar cordas, encordoar. 3. amarrar (com barbante), dependurar com barbante ou corda. 4. esticar, apertar (as cordas ou fios). 5. excitar, entesar. 6. tirar as fibras ou tendões. 7. tornar-se fibroso. 8. torcer, formar em cordas ou fios. 9. formar ou mover em fila. 10. arranjar em série ou seqüência. 11. (gíria) enganar, burlar. ~s instrumentos de corda numa orquestra. **by the** ~ **rather than by the bow** (fig.) em linha reta, sem perda de tempo. **he has two** ~s **to his bow** ele tem o pé em duas canoas. **he is always harping on the same** ~ ele bate sempre a mesma tecla. **he holds all the** ~s ele tem tudo na mão. **there are some** ~s **attached to it** o negócio não é tão simples. **to pull the** ~s exercer influência discretamente. **to** ~ **together** enfiar, enfileirar. ~ed **instruments** instrumentos de corda.
string-band s. orquestra f. de cordas.
string-beans s. vagens f. pl.
string-board armação lateral f. de escadaria.
string-course s. (Arquit.) friso, filete m., faixa f.
stringency [str'indʒənsi] s. 1. severidade f. 2. depressão, baixa, falta f. de dinheiro. 3. escassez f.
stringent [str'indʒənt] adj. 1. estrito, preciso, severo, rigoroso. 2. apertado, difícil, com falta de moeda corrente, escasso. 3. convincente, forçoso. ‖ ~ly adv. estritamente, de modo convincente.
stringer [str'iŋə] s. 1. encordoador m. 2. viga, trave f.
stringiness [str'indʒinis] s. 1. fibrosidade f. 2. viscosidade f.
string-quartet s. (Mús.) quarteto m. de cordas.
string tie s. gravata f. com laço borboleta.
stringy [str'iŋi] adj. 1. filamentoso. 2. viscoso, pegajoso. 3. fibroso. 4. duro, resistente. 5. (fig.) de aço.
strip (I) [strip] s. 1. tira, faixa f. 2. (E. U. A. também **comic** ~) historieta f. em quadrinhos (em jornal ou revista). 3. faixa, pista f. (para avião).
strip (II) [strip] v. 1. desnudar. 2. despir-se 3. despojar, esfolar, pelar, descascar. 4. (Náut.) desmantelar. 5. tirar, roubar. 6. separar as folhas

(do fumo) do talo. 7. espanar, desgastar os dentes de uma engrenagem. 8. debulhar. 9. cortar em tiras.
to ~ a cow ordenhar uma vaca.
strip cropping, ~ farming s. (Agric.) culturas várias f. pl., em faixas alternadas (contra erosão).
stripe (I) [straip] s. 1. faixa, lista, listra, barra, risca, tira f. 2. (tecido) riscado m. 3. (milit.) galão m. 4. tipo m., raça, espécie f. ‖ v. 1. riscar, listrar.
stripe (II) [straip] s. chicotada, pancada f., açoite. vergão m. ‖ v. açoitar.
striped [~t] adj. riscado, listrado, listado.
striping [str'aipiŋ] s. ato m. de: a) condecoração, b) aplicação de listras.
stripling [str'ipliŋ] s. moço, moleque, adolescente m.
strip mining s. mineração f. na superfície.
stripper (I) [str'ipə], **stripteaser** [str'ipti:zə] s. pessoa f. que faz número de despimento.
stripper (II) [str'ipə] s. (Tipogr.) copiador m., copista m. + f.
striptease [str'ipti:z] s. número de despimento num "show". ‖ v. fazer número de despimento.
strive [straiv] v. (imp. **strove**, p. p. **striven**) 1. esforçar-se, tentar seriamente, trabalhar. 2. lutar, contender. 3. esforçar-se por obter, empenhar-se em.
strobile [str'ɔbil], **strobilus** [~əs] s. (Bot.) estróbilo m.
stroboscopic [strobəsk'ɔpik], **stroboscopical** [~əl] adj. estroboscópico.
strode [stroud] v. imp de **to stride**.
stroke (I) [strouk] s. 1. golpe, soco m., pancada f. 2. batida f., som m. de pancada. 3. peça, proeza f. 4. movimento rítmico m., braçada f., (Esp. de remo) voga f. 5. pulsação f. 6. traço de escala, mostrador m. 7. traço (de pena, etc.). 8. arrancada f. 9. trabalho, serviço m. 10. ataque (de doença), surto m. 11. (Med.) apoplexia f., derrame cerebral m. 12. remada f. 13. (Mec.) curso (de êmbolo), percurso m. ‖ v. ser o patrão de remadores.
down—~ movimento descendente. **up—~** traço inicial de uma letra. **a ~ of genius** um feito brilhante, uma realização genial. **upon the ~ of one** à uma hora em ponto. **a ~ of luck** um golpe de sorte. **with two ~s** (Mús.) em ré maior. **to ~ (up) the wrong way** (fig.) provocar, irritar, molestar.
stroke (II) [strouk] s. afago m., carícia f., ato de passar a mão para acariciar. ‖ v. acariciar, alisar.
stroke-oar s. (também **stroke**) (Bras.) voga m.: remador que marca as remadas.
stroll [stroul] s. passeio m., volta f. ‖ v. 1. andar, passear, dar uma volta. 2. errar, vaguear. 3. vagabundear, andar à toa.
to take a ~ dar uma volta.
stroller [str'oulə] s. 1. vagabundo, andarilho m. 2. artista ambulante m. 3. carrinho leve m. para crianças.
strolling [str'ouliŋ] adj. ambulante, errante, vagabundo.
~ company companhia ambulante de artistas.
stroma [str'oumə] s. pl. **stromata** (Med.) estroma m.
stromatic [strəm'ætik] adj. estromático.
strong [strɔŋ] adj. 1. forte, poderoso, potente, robusto. 2. resistente, sólido, duradouro. 3. capaz, competente. 4. firme, decidido. 5. de peso, convincente, imperioso. 6. com um certo número, em grande número. 7. forte, rico em alguma coisa (álcool, etc.). 8. alto, firme, claro, forte (voz). 9. ardido, muito condimentado. 10. com cheiro ou gosto desagradável, rançoso. 11. intenso. 12. firme, seguro, de confiança. 13. enérgico, vigoroso. 14. sincero, vivo, ardente, zeloso, sério. 15.

distinto, marcado, pronunciado. 16. (Gram.) irregular. 17. (Fonét.) acentuado. 18. próspero, com preços vantajosos. ‖ adv. com força, poderosamente, vigorosamente. ‖ **~ly** adv. fortemente, solidamente, firmemente, vigorosamente, intensamente, energicamente.
~ as death poderoso como a morte. **~ as a horse** forte como um leão. **with a ~ hand** com mão forte, com força. **they use ~ language** eles usam linguagem rude. **grammar is not his ~ point** ele não é forte em gramática. **he is ~ly in favour of...** ele é muito a favor de... **~ly opposed** francamente contra. **he's ~ for it** ele está entusiasmado. **he went it ~** ele agiu de maneira enérgica. **he feels very ~ about it** ele tem muito empenho nisso.
strong-arm adj. (coloq.) pela força, com violência.
strong-backed adj. de costas fortes.
strong-bodied adj. forte (também vinho).
strong-box s. caixa-forte f.
strong gale s. (Meteor.) vento m. de aprox. 90 km p/h (escala Beaufort).
stronghold [str'ɔŋhould] s. 1. lugar seguro, fortaleza f. 2. (fig.) baluarte m.
strong-limbed adj. de membros fortes.
strong man s. 1. homem forte m. 2. ditador m.
strong-minded adj. 1. de espírito forte, de caráter forte. 2. independente, pertinaz. ‖ **~ly** adv. de maneira firme, resoluta.
strong-mindedness s. força f. de espírito (ou de caráter).
strong-set adj. baixo, rechonchudo, compacto.
strong-voiced adj. com voz forte.
strong-willed adj. enérgico.
strontium [str'ɔnʃ:əm] s. (Quím.) estrôncio m.: elemento metálico.
strop [strɔp] s. 1. couro m. para afiar navalhas. 2. = **strap** (Naut.) ‖ v. assentar o fio de navalha.
strophe [str'oufi] s. estrofe, estância f.
strophic [str'ɔfik] adj. estrófico.
strove [strouv] imp. de **to strive**.
struck [strʌk] v. imp. e p. p. de **to strike**. ‖ adj. 1. afetado pela greve, fechado. 2. chocado, perplexo (**with** com) comovido, tocado (**at** por, de).
~ measure medida cheia até à beira.
structural [str'ʌktʃərəl] adj. estrutural, relativo a estrutura. ‖ **~ly** adv. quanto à estrutura.
~ steel work armação de aço.
structuralism [~izm] s. estruturalismo m.: teoria que encerra princípios estruturais.
structuralist [~ist] s. estruturalista m. + f.: adepto do estruturalismo.
structural timber s. madeira f. para construção.
structural weight s. (Av.) peso da estrutura.
structure [str'ʌktʃə] s. 1. construção f., prédio m. 2. estrutura f. (também Quím. e Fís.). 3. tipo m. de construção, arranjo m., disposição f.
~ of sentences construção de frases.
struggle [strʌgl] s. 1. esforço, trabalho, empenho m. 2. luta f., conflito m. ‖ v. 1. fazer esforço, trabalhar, labutar, tentar com esforço, esforçar-se por. 2. debater-se, lutar, contorcer-se. 3. mover-se com grande esforço.
the ~ for life a luta pela vida. **he ~d to his feet** ele levantou-se com esforço. **he ~d along the road** ele se .arrastou pelo caminho.
struggling [str'ʌgliŋ] adj. que se esforça, que se debate. ‖ **~ly** com esforço.
struldbrug [str'ʌldbrʌg] s. (de Gulliver's Travels, fig.) mendigo m., pessoa desamparada.

strum [strʌm] s. ato de tocar mal um instrumento m. ‖ v. arranhar, tocar mal um instrumento.

struma [str'u:mə] s. (Med.) estruma, escrófula f., bócio m.

strumose [str'u:mous], strumous [str'u:məs] adj. estrumoso, escrofuloso.

strumpet [str'ʌmpit] s. prostituta f.

strung [strʌŋ] v. imp. e p. p. de string.
finely ~ (fig.) sensível, delicado. highly ~ muito nervoso, hipersensível.

strut (I) [strʌt] s. suporte, braço, esteio m., escora f. (quadro A 2). ‖ v. suportar, segurar com esteio ou escora.

strut (II) [strʌt] s. andar pomposo m. ‖ v. andar de modo afetado ou pomposo, apavonar-se, empertigar-se, emproar-se.

struthious [str'u:θiəs] adj. como avestruz, relativo ao avestruz.

strychnine [str'ikni:n] s. (Quím.) estricnina f.

stub [stʌb] s. 1. toco, toro m., cepa f. 2. canhoto (de cheque, etc.) 3. coisa curta e romba (sem ponta) f. 4. toco de cigarro ou de charuto m. 5. pena de ponta grossa f. ‖ v. roçar, arrancar tocos. ‖ adj. curto e grosso.
I ~bed my toe against (E. U. A.) bati o dedo do pé contra. he ~bed out his cigar ele apagou seu charuto.

stubble [stʌbl] s. 1. (geralmente ~s) restolho m. 2. barba curta f.

stubble-field s. restolhal m. (quadro H 5).

stubbly [st'ʌbli] adj. cheio de restolhos.

stubborn [st'ʌbən] adj. 1. que não cede, resoluto. 2. obstinado, cabeçudo, teimoso, inflexível. 3. intratável, resistente, refratário. ‖ ~ly adv. obstinadamente, teimosamente, resolutamente, resistentemente.

stubbornness [~nis] s. obstinação, teimosia, resistência f.

stubby [st'ʌbi] adj. 1. curto e grosso. 2. grosso, espesso, duro, eriçado (com barba). 3. cheio de restolhos

stub-nail s. cravo, prego m.

stucco [st'ʌkou] s. estuque, reboco m., trabalho feito em estuque m. ‖ v. rebocar.

stuck [stʌk] v. imp. e p. p. de to stick.
~ in the mud (coloq.) perplexo, pasmado. ~ on s. o. apaixonado por alguém.

stuck-up adj. (coloq.) orgulhoso, convencido.

stud (I) [stʌd] s. 1. cravo, cabeça f. de prego, tacha f., botão m. 2. abotoadura f. (quadro J 1). 3. poste, batente, suporte m. 4. (Mec.) pino, perno, prisioneiro, ferrolho, fuso m., travessa f. do elo (quadro B 16). ‖ v. 1. enfeitar com tachas ou pregos. 2. estar enfeitado ou guarnecido (com tachas). 3. espalhar, esparramar.
~ded with stars salpicado de estrelas.

stud (II) [stʌd] s. 1. criação f. de cavalos. 2. coudelaria f., haras m. 3. (E. U. A.) garanhão m.

studbook [st'ʌdbuk] s. registro m. genealógico de cavalos.

studding-sail, stunsail s. (Náut.) cutelo m., varredeira f.

student [stj'u:dənt] s. 1. estudante m. + f. 2. escolar m., o que estuda m. 3. estudioso m. 4. sábio, pesquisador m. 5. o contemplado com bolsa de estudos.
he is a ~ of medicine ou a medical ~ ele é estudante de medicina. he is a close (ou hard) ~ ele estuda muito.

student council s. conselho estudantil m.

studentship [stj'u:dəntʃip] s. 1. bolsa f. de estudos. 2. qualidade f. de estudante.

stud-horse s. garanhão m. (para criação).

studied [st'ʌdid] adj. 1. instruído, lido, erudito, versado. 2. pensado, estudado, tomado em consideração. 3. feito de propósito, premeditado. ‖ ~ly adv. de propósito, deliberadamente.

studio [stj'u:diou] s. 1. estúdio m.: sala de trabalho de artista (como pintor, fotógrafo, escultor, etc.), estúdio (de cinema) m. 2. auditório (de rádio) m. ‖ adj. relativo ou adequado ao estúdio.

studio apartment s. apartamento m. de estudante: sala-quarto, pequena cozinha e banheiro.

studious [st'u:diəs] adj. 1. estudioso, que gosta de estudar. 2. cuidadoso, atento, zeloso, considerado. 3. estudado, deliberado, intencionado. ‖ ~ly adv. estudiosamente, atenciosamente, cuidadosamente.
she is ~ to please ela procura agradar.

studiousness [~nis] s. estudiosidade, diligência f.

stud-mare s. égua f. para criação.

study [st'ʌdi] s. 1. estudo m. 2. exame m., investigação, examinação, pesquisa f. 3. matéria estudada, disciplina f. 4. trabalho científico m. 5. consideração f. 6. sala f. de estudos, estúdio m. 7. trabalho (literário ou científico) m. 8. modelo esboço m. 9. (Mús.) peça musical f. (para o desenvolvimento de certa técnica). 10. esforço m., aplicação, dedicação f. 11. pensamento profundo m., fantasia f. ‖ v. 1. estudar. 2. examinar cuidadosamente, investigar, pesquisar. 3. considerar, ponderar, pensar, planejar. 4. observar. 5. cogitar.
he makes literature his special ~ ele especializou-se no ramo da literatura. she makes it her ~ to win him ela faz todo esforço para conquistá-lo.

study hall s. sala f. de estudos (na escola).

stuff [stʌf] s. 1. material, matéria (prima) f. 2. tecido m. de lã. 3. coisa f., coisas f. pl., substância f. 4. pertences, bens m. pl. 5. traste m., coisa inútil, bugiganga f. 6. bobagem, tolice f., palavras ou pensamentos tolos m. pl. 7. caráter m. 8. (coloq.) remédio m., (E. U. A.) narcótico m. ‖ v. 1. encher, rechear, apertar, abarrotar. 2. (E. U. A.) encher uma urna com votos falsos. 3. parar, bloquear. 4. empalhar, estofar (móveis). 5. rechear (um assado). 6. forçar, empurrar, engordar, empanturrar. 7. comer demasiadamente, empanzinar-se. 8. encher a cabeça.
the ~ bebida, uísque. heavy ~ (milit.) fogo de artilharia. hot ~ coisa apimentada (fig.). ~ and nonsense bobagem, besteira. that is the sort of ~ I need é isto que eu preciso ou que estou procurando. that's the ~! isto sim! assim sim! he has the ~ of a poet ele tem jeito de poeta. to ~ o. s. empanzinar-se, empanturrar-se. ~ed shirt medalhão, bobo presumido. to ~ into encher, apertar, estofar, forçar para dentro. to ~ out empalhar. to ~ up tapar, tampar, fechar.

stuffiness [st'ʌfinis] s. 1. entupimento m., obstrução f. 2. abafamento, bochorno, calor, mofo m.

stuffing [st'ʌfiŋ] s. 1. ato de rechear ou de estofar m. 2. enchimento, estofamento m., recheio m. (quadro M 2).
he knocked the ~ out of him (gíria) ele lhe deu uma boa surra.

stuffing-box s. (Mec.) caixa f. de gaxeta.

stuffy [st'ʌfi] adj. 1. abafado, bochornal, com falta de ar. 2. destituído de interesse, enfadonho. 3. entupido, obstruído, tapado, constipado. 4. (coloq.) zangado, ofendido, enjoado. ‖ -ily adv. sem ar

stull [stʌl] s. (Miner.) andaime m., plataforma f. em galeria de mina.

stultification [stʌltifik'eiʃn] s. estultificação f.

stultify [st'ʌltifai] v. estultificar, tornar estulto, embrutecer, ensandecer.

stum [stʌm] s. suco m. de uva, mosto m. ‖ v. evitar ou impedir a fermentação de.

stumble [stʌmbl] s. 1. erro, ato impróprio, lapso, deslize m., falta f. 2. tropeço, passo falso m. ‖ v. 1. tropeçar, pisar em falso. 2. fazer tropeçar. 3. cambalear, andar sem firmeza. 4. falar ou agir de modo hesitante. 5. errar, falhar. 6. encontrar por acaso, topar com. **to ~ at** chocar-se com. **he ~s at a straw** ele se perde em detalhes. **to ~ into** meter-se em alguma coisa sem querer. **to ~ over** tropeçar sobre. **to ~ upon** achar por acaso, topar com.

stumblebum [st'ʌmblbʌm] s. (gíria) 1. boxeador m. inepto. 2. pessoa f. inepta, desajeitada.

stumbling block s. obstáculo, impedimento m.

stump [stʌmp] s. 1. toco, toro m., cepa f. (quadro T 4). 2. coto m., parte de um membro amputado f. 3. toco m. (de cigarro, de lápis, etc.). 4. gorducho m., pessoa gorda e baixa f. 5. perna f. de pau. 6. (gíria) perna f. 7. (E. U. A.) local de comício político m. 8. passo pesado m. 9. som m. de passos pesados. 10. (Desenho) esfuminho m. ‖ v. 1. (E. U. A.) fazer discurso político. 2. andar de modo duro ou com passos pesados. 3. (E. U. A., coloq.) embaraçar, deixar perplexo. 4. (E. U. A., coloq.) desafiar, provocar. 5. desbravar. 6. podar. **he stirred his ~s** ele correu, ele movimentou-se. **he took the ~** ou **went on the ~** ele foi fazer propaganda ou discursos políticos. **I'm up a ~** estou em apuros. **~-orator** orador político. **~-speech** discurso político. **to ~ the country** viajar para fazer discursos políticos. **to ~ it** fugir, dar o fora. **to ~ up** (gíria) pagar.

stumpage [st'ʌmpidʒ] s. perda f. pelo corte.

stumped [stʌmpt] adj. 1. espantado, embaraçado, estupefato, perplexo. 2. (gíria) pronto, sem dinheiro.

stumpy [st'ʌmpi] adj. 1. gordo, baixo, rechonchudo. 2. cheio de tocos.

stun [stʌn] s. atordoamento, aturdimento m. ‖ v. 1. atordoar, deixar sem sentidos, ensurdecer. 2. estupefazer, pasmar, chocar, surpreender, espantar.

stung [stʌŋ] v. imp. e p. p. de **to sting.**

stunk [stʌŋk] v. imp. e p. p. de **to stink.**

stunned [stʌnd] adj. (coloq.) embriagado.

stunner [st'ʌnə] s. pessoa, coisa f. ou golpe m. que atordoa.

stunning [st'ʌniŋ] adj. 1. atordoante, estupefaciente. 2. (coloq.) formidável, excelente.

stunsail [st'ʌnseil] s. = **studding-sail.**

stunt (I) [stʌnt] s. 1. impedimento ou retardamento m. do desenvolvimento. 2. ser vivo m. impedido em sua evolução natural. ‖ v. retardar, impedir o crescimento.

stunt (II) [stʌnt] s. 1. sensação, atração, proeza, façanha, acrobacia f. 2. golpe, truque m. ‖ v. fazer acrobacias.

stunted [st'ʌntid] adj. raquítico, definhado, atrofiado, retardado.

stuntedness [~nis] s. falta f. de desenvolvimento.

stunt man, ~ girl s. (Cin.) homem m., mulher f., substituto(a) em cenas que requerem perícia especial.

stupe [stju:p] s. 1. compressa quente f. 2. (gíria) pessoa estúpida f. ‖ v. fazer compressas quentes.

stupefacient [stju:pif'eiʃənt] s. estupefaciente m. ‖ adj. estupefaciente.

stupefaction [stju:pif'ækʃən] s. 1. adormecimento, estupor m. 2. estupefação f., pasmo, assombro m.

stupefy [stj'u:pifai] v. 1. entorpecer. 2. espantar, estupefazer, pasmar.

stupendous [stju:p'endəs] adj. estupendo, espantoso,

monstruoso. ‖ **~ly** adv. de modo estupendo.

stupendousness [~nis] s. qualidade f. de estupendo.

stupid [stj'u:pid] s. estúpido m., pessoa estúpida f. ‖ adj. 1. estúpido, sem inteligência, tolo, simplório, obtuso. 2. cansativo, desinteressante, tedioso, cacete, maçador. 3. imbecil, absurdo, sem sentido. ‖ **~ly** adv. estupidamente. **don't be ~!** não seja bobo!

stupidity [stjup'iditi] s. estupidez, asneira, tolice f.

stupor [stj'u:pə] s. estupor m., letargia f.

stuporous [~rəs] adj. estuporado.

sturdiness [st'ə:dinis] s. força f., vigor m., inflexibilidade, firmeza, tenacidade f.

sturdy (I) [st'ə:di] s. (Veter.) cenurose f.: doença dos ovinos provocada por parasitos.

sturdy (II) [st'ə:di] adj. 1. forte, robusto, musculoso, vigoroso (quadro Q). 2. firme inflexível, resoluto. ‖ **~ily** adv. fortemente, vigorosamente, firmemente.

sturgeon [st'ə:dʒən] s. (Ict.) esturjão m.

stutter [st'ʌtə] s. gagueira, gaguez, gaguice. ‖ v. gaguejar, balbuciar, tartamudear.

stutterer [~rə] s. gago, tartamudo m.

stutteringly [~riŋli] adv. de modo gaguejador.

sty (I) [stai] s. (pl. **sties**) 1. chiqueiro m., pocilga f. (quadro S 9). 2. lugar sujo m. 3. antro, covil m. ‖ v. viver em chiqueiro.

sty (II) [stai] s. (também **stye**) terçol m.

Stygian [st'idʒiən] adj. estígio, (fig.) infernal, escuro.

Stygian shore s. estige, inferno m.

stylar [st'ailə] adj. em forma de estilo, estilete.

style (I) [stail] s. 1. moda f. 2. maneira f., modo, método m. 3. estilo m. 4. uso, costume m. 5. excelência, perfeição f. 6. título, nome oficial m. 7. regras f. pl. de ortografia ou de soletração. 8. cálculo de calendário m. ‖ v. intitular, chamar. **what ~ of dress?** que espécie de traje? **in bad ~** sem gosto. **it cramps my ~** prejudica minha produção. **they live in great ~** eles vivem à grande. **lofty ~** estilo elevado. **in the same ~** do mesmo modo. **under the ~ of** sob o nome (a firma) de.

style (II) [stail] s. 1. estilo, buril m. 2. (Med.) estilete, sonda f. 3. ponteiro m. 4. (Bot.) estilo m.

stylet [st'ailit] s. (Med.) estilete m., sonda f.

stylish [st'ailiʃ] adj. elegante, moderno, de estilo. ‖ **~ly** adv. elegantemente.

stylishness [~nis] s. elegância, moda f.

stylist [st'ailist] s. estilista m. + f.

stylistic [stail'istik] adj. estilístico. ‖ **~ally** adv. com estilo.

stylize [st'ailaiz] v. estilizar.

stylo [st'ailou] s. abr. de **stylograph.**

stylograph [st'ailogra:f] s. caneta-tinteiro f.

stylographic [stailogr'æfik] adj. estilográfico.

styloid [st'ailoid] adj. estilóide.

stylus [st'ailəs] s. 1. estilo, buril, instrumento pontudo m. 2. agulha f. para gravar discos de gramofone.

stymie, stymy [st'aimi] s. (golfe) posição de uma bola entre a bola do adversário e o buraco. ‖ v. bloquear, impedir.

styptic [st'iptik] s. medicamento estíptico m. ‖ adj. (também **~al**) estíptico, adstringente.

styrax [st'airæks] s. estoraque m.: planta que fornece a resina estoraque.

Styrian [st'iriən] s. habitante m. da Estíria. ‖ adj. relativo à Estíria.

Styx [stiks] s. Estige m.: rio, no inferno da mitologia grega.

suability [sju:əb'iliti] s. (E. U. A., Jur.) qualidade de ser processável.

suable [sj'u:əbl] adj. processável.

suasion [sw'eiʒən] s. persuasão f.

suasive [sw'eisiv] adj. persuasivo, convincente, suasó-

rio. ‖ ~ly adv. persuasivamente, convincentemente
suasiveness [~nis] s. persuasiva f.
suasory [sw'eisori] adj. suasório, persuasivo.
suave [sweiv] adj. suave, agradável, aprazível, doce.
‖ ~ly adv. suavemente.
suavity [sw'eiviti], **suaveness** [sw'eivnis] s. suavidade,
graça, doçura f.
sub [sʌb] s. abr. de **subaltern, submarine, subordinate,
subscription, subsidy, substitute, suburb.**
sub [sʌb] s. (coloq.) 1. substituto m. 2. submarino m.
3. subordinado m. ‖ v. 1. substituir, agir como
substituto. 2. receber adiantadamente sobre o
salário. ‖ adj. 1. substituto. 2. submarino. 3. subordinado.
sub— [sʌb] pref. 1. sub-, abaixo. 2. para baixo, além,
também. 3. próximo, nas proximidades. 4. subordinado, subalterno, assistente, de menos importância. 5. em pequena proporção, levemente, parcialmente.
sub prep. latina sob.
~ **judice** (Jur.) ainda não decidido ~ **silentio** em
silêncio.
subabdominal [sʌbæbd'ominəl] adj. subabdominal.
subacid [s'ʌb'æsid] adj. subácido.
subacute [s'ʌbəkj'u:t] adj. subagudo.
subaerial [s'ʌb'ɛəriəl, -ei'iriəl] adj. subaéreo.
subagency [s'ʌb'eidʒənsi] s. subagência f.
subalpine [s'ʌb'ælpain] adj. subalpino, ao pé dos Alpes.
suballocation [s'ʌbælok'eiʃən] s. subdivisão f.
subaltern [s'ʌbəltən, səb'ɔ:ltən] s. 1. (especialmente
brit.) oficial m. abaixo de capitão. 2. subalterno
m. ‖ adj. subalterno, subordinado.
subaquatic [s'ʌbəkw'ætik] adj. subaquático, que se
encontra ou que vive debaixo da água.
subarctic [s'ʌb'a:ktik] adj. perto da região ártica.
subarid [sʌb'ærid] adj. moderadamente árido.
subassembly [s'ʌbəs'embli] s. montagem parcial f.
subastral [s'ʌb'æstrəl] adj. abaixo das estrelas, terrestre, mundano.
subaudible [s'ʌb'ɔ:dibl] adj. pouco audível.
subaudition [s'ʌbɔ:diʃən] s. 1. significação f. ou sentido subentendido. 2. ato de subentender.
subaxillary [s'ʌb'æksiləri] adj. subaxilar.
subbasement [sʌbb'eismənt] s. (Arquit.) subporão m.
subcaudal [s'ʌbk'ɔ:dl] adj. subcaudal.
subcentral [s'ʌbs'entrəl] adj. quase no centro.
subchaser [s'ʌbtʃeisə] s. (Náut.) navio m. caça-
-submarino.
subcircular [s'ʌbs'ə:kjulə] adj. quase em forma de
círculo.
subclass [s'ʌbkla:s] s. subdivisão f. de classe. ‖ v.
dividir em subclasse.
subclavian [s'ʌbkl'eiviən], **subclavicular** [-kləv'ikjulə]
adj. (Ànat.) subclavicular, subclávio.
subcommission [s'ʌbkəm'iʃən] s. subcomissão f.
subcommissioner [~ə] s. subcomissário m.
subcommittee [s'ʌbkəm'iti] s. subcomitê m.
subconscious [s'ʌbk'ɔnʃəs] adj. subconsciente.
the ~ o subconsciente, o que existe no subconsciente.
subconsciousness [~nis] s. subconsciência f., subconsciente m.
subcontinent [sʌbk'ɔntinənt] s. (Geogr.) subcontinen-
te m. (p. ex., a Índia).
subcontract [s'ʌbk'ɔntrækt] s. subempreitada f.
subcontracting [s'ʌbkʌntr'æktiŋ] s. distribuição f. de
contratos a outros fornecedores.
subcontractor [s'ʌbkəntr'æktə] s. subempreiteiro m.
subcostal [s'ʌbk'ɔstl] adj. (Anat.) subcostal.
subculture [sʌbk'ʌltʃə] s. (Biol., Soc.) subcultura f.
subcutaneous [s'ʌbkjut'einiəs] adj. subcutâneo. ‖ ~ly
adv. subcutaneamente.

subdeacon [s'ʌbd'i:kn] s. (Ecles.) subdiácono m.
subdean [s'ʌbd'i:n] s. (Ecles.) deão substituto m.
subdeb [s'ʌbd'eb] s. (E. U. A., coloq.) abr. de **subdebu-
tante** moça adolescente f.
subdelegate [s'ʌbd'eligit] s. subdelegado m. ‖ v. sub-
delegar, nomear substituto.
subdiaconate [s'ʌbdai'ækənit] s. (Ecles.) subdiaco-
nato m.
subdivide [s'ʌbdiv'aid] v. subdividir.
subdivisable [s'ʌbdiv'aizəbl] adj. subdivisível.
subdivision [s'ʌbdiv'iʒən] s. subdivisão f.
subdominant [sʌbd'ominənt] s. (Mús.) subdominante f.
subdual [səbdj'u:əl] s. sujeição f., domínio m.
subdue [səbdj'u:] v. 1. conquistar, subjugar. 2. vencer,
dominar. 3. persuadir, conquistar, domesticar. 4.
reprimir, restringir. 5. baixar, reduzir, abrandar.
subduedness [~dnis] s. subjugação f.
subduer [~ə] s. subjugador, dominador m.
subduplicate [s'ʌbdj'u:plikit] adj. (Mat.) expresso por
raiz quadrada.
subeditor [s'ʌb'editə] s. redator substituto m.
suber [sj'u:bə] s. (Bot.) cortiça f.
subereous [sjub'iəriəs] adj. suberoso, como cortiça.
suberic [sjub'erik] adj. subérico.
suberic acid s. (Quím.) ácido subérico m.
suberose [sj'ubərous], **suberous** [sj'ubərəs] adj. suberoso.
subfamily [s'ʌbfæmili] s. (Biol.) subfamília f.
subfusc [sʌbf'ʌsk] adj. 1. sem brilho, escuro. 2.
surrado (roupa). 3. de cor suja.
subgenus [s'ʌbdʒ'ı:nəs] s. (Biol.) subgênero m.
subglacial [s'ʌbgl'eiʃəl] adj. subglacial, parcialmente
glacial, debaixo de uma geleira.
subglobular [s'ʌbgl'ɔbjulə] adj. que se aproxima da
forma de um globo.
sub-group s. subgrupo m.
subheading [s'ʌbh'ediŋ] s. subtítulo m.
subhuman [s'ʌbhj'u:mən] adj. inferior ao homem.
subindication [s'ʌbindik'eiʃən] s. indicação leve f.
subinspector [s'ʌbinsp'ektə] s. subinspetor m.
subjacent [s'ʌbdʒeisənt] adj. subjacente.
subject [s'ʌbdʒikt] s. 1. assunto, tópico, texto m.,
tese f. 2. súdito m. 3. vassalo m. 4. objeto m.,
vítima f. 5. (Gram.) sujeito m. 6. tema m., melodia
f., em que se baseia uma composição musical. 7.
cena f., objeto, motivo m. 8. médium m. 9.
(Univ., escola) matéria f. 10. cadáver m. (para
dissecção). ‖ [səbdʒ'ekt] v. 1. subjugar, dominar,
sujeitar. 2. submeter. ‖ adj. 1. sujeito, sob o
domínio de. 2. exposto. 3. com disposição ou
tendência para. 4. dependente, condicionado a.
the ~ under discussion o tema em discussão. **let
us change the ~** mudemos o assunto. **a ~ for
pity** um objeto de compaixão. **he ~ed himself to
great danger** ele se expôs a um grande perigo.
he is ~ to asthma ele está sujeito à asma. **~ to
his approval** dependente de sua aprovação. **~ to
duty** sujeito a taxas alfandegárias. **~ to reser-
vations** com reservas. **~ to this** com estas restrições.
subject heading s. cabeçalho m.
subjection [səbdʒ'ekʃən] s. sujeição, dependência,
submissão f., domínio m.
to bring under ~ subjugar. **with due** ~ **to you**
com o devido respeito.
subjective [səbdʒ'ektiv] adj. subjetivo. ‖ ~ly adv. sub-
jetivamente.
subjectiveness [~nis] **subjectivity** [sʌbdʒekt'iviti] s.
subjetividade f.
subjectivism [sʌbdʒ'ektivizm] s. (Filos.) subjetivis-
mo m.
subjectivist [sʌbdʒ'ektivist] s. (Filos.) subjetivista
m. + f.

subject-matter s. assunto, tema m. (de livro), matéria f. de estudo.

subjoin [s'ʌbdʒ'ɔin] v. acrescentar, juntar, apensar.

subjugate [s'ʌbdʒugeit] v. subjugar, dominar.

subjugation [sʌbdʒug'eiʃən] s. subjugação f.

subjugator [s'ʌbdʒugeitə] s. subjugador m.

subjunctive [səbdʒ'ʌŋktiv] ~ **mood** s. (Gram.) modo subjuntivo m.

subkingdom [s'ʌbkiŋdəm] s. (Biol.) sub-reino da natureza (animal, vegetal).

sublate [sʌbl'eit] v. (Lóg.) negar, contradizer.

sublease [s'ʌbl'i:s] s. sublocação f. ‖ v. sublocar.

sublessee [s'ʌbl'esi:] s. sublocatário m., sublocatária f.

sublet [s'ʌbl'et] v. (também **sublease**) sublocar.

sublevel [s'ʌbl'evəl] s. galeria f. intermediária de mina.

sublibrarian [s'ʌblaibr'ɛəriən] s. 1. bibliotecário substituto m. 2. bibliotecária substituta f.

sublieutenant s. 1. [E. U. A. s'ʌblu:t'enənt, Brit. -left'-enənt] sub-tenente, alferes m. 2. [-lu:t'enənt] (Náut.) tenente m.

sublimate [s'ʌblimit] s. sublimado m. ‖ v. 1. purificar, refinar. 2. sublimar. ‖ adj. sublimado, elevado.

sublimation [sʌblim'eiʃən] s. 1. purificação f. 2. sublimação f.

sublime [səbl'aim] s. sublime m., o que é nobre ou elevado. ‖ v. 1. sublimar. 2. tornar sublime, exaltar, enobrecer. ‖ adj. 1. elevado, grandioso, sublime. 2. majestoso, magnífico. ‖ ~ly adv. sublimemente.
Sublime Porte Sublime Porta: governo turco ao tempo dos sultões.

sublimeness [~nis] s. sublimidade f.

subliminal [sʌbl'iminəl] adj. (Psicol.) subliminar.

sublimity [səbl'imiti] s. sublimidade, grandeza, excelência f.

sublingual [s'ʌbl'iŋgwəl] adj. ʃublingual.

sublunar [s'ʌbl'u:nər], **sublunary** [~ l] adj. sublunar, terrestre.

submachine gun s. submetralhadora f.

subman [s'ʌbm'æn] s. homem inferior m.

submarginal [sʌbm'a:dʒinəl] adj. 1. abaixo das exigências mínimas (habitação). 2. improdutivo (solo).

submarine [s'ʌbməri:n] s. submarino m. ‖ adj. 1. submarino, subaquático. 2. relativo ao submarino.

submaxillary [s'ʌbmæks'iləri] adj. submaxilar.

submental [s'ʌbm'entl] adj. (Anat.) submental.

submerge [səbm'ə:dʒ] v. 1. inundar, cobrir com água. 2. cobrir, enterrar. 3. submergir, imergir, ir ao fundo, afundar.

submergence [~əns] s. 1. inundação f. 2. submersão f., ato de submergir.

submersed [sʌbm'ə:st] adj. (Bot.) submerso.

submersion [səbm'ə:ʃən] s. submersão f.

submission [səbm'iʃən] s. 1. submissão, sujeição f. 2. obediência, humildade f. 3. ato de submeter à apreciação ou consideração. 4. (Jur.) arbitragem f. a ser aceita e seguida pelas partes.

submissive [səbm'isiv] adj. submisso, obediente, dócil. ‖ ~ly adv. de modo submisso.

submissiveness [~nis] s. submissão, obediência f.

submit [səbm'it] v. 1. ceder, submeter-se, sujeitar-se, entregar-se. 2. submeter, oferecer (a exame ou apreciação). 3. deixar ao critério de.
to ~ to treatment submeter-se a tratamento. **the document was ~ted for signature** o documento foi apresentado para assinatura.

submontane [s'ʌbm'ontein] adj. situado ao pé do monte ou da montanha.

submultiple [s'ʌbm'ʌltipl] s. submúltiplo, divisor m. ‖ adj. submúltiplo.

subnormal [s'ʌbn'o:məl] s. indivíduo subnormal m.

‖ adj. subnormal, abaixo do normal.

suboccipital [s'ʌboks'ipitl] adj. suboccipital.

suboceanic [s'ʌbouʃi'ænik] adj. (Geol.) situado abaixo do fundo do oceano.

subocular [s'ʌb'okjulə] adj. subocular.

suboffice [s'ʌb'ofis] s. filial, agência f.

suborbital [s'ʌb'o:bitl] adj. suborbitário.

suborder [s'ʌb'o:də] s. (Biol.) subordem f.

subordinate [səb'o:dnit] s. subordinado, subalterno m. ‖ [səb'o:dineit] v. subordinar, sujeitar, subjugar. ‖ [səb'o:dnit] adj. 1. inferior, subalterno, subordinado. 2. secundário. 3. dependente, sujeito. 4. (Gram.) subordinado. ‖ ~ly adv. subordinadamente.
~ **clause** (Gram.) oração subordinada.

subordination [səbo:din'eiʃən] s. subordinação, sujeição f., submissão, obediência f.

subordinative [səb'o:dinətiv] adj. subordinativo.

suborn [sʌb'o:n] v. 1. subornar. 2. persuadir, aliciar para mau fim.

subornation [sʌbo:n'eiʃən] s. suborno m.

suborner [sʌb'o:nə] s. subornador m., persuasor m.

subpoena, subpena [səbp'i:nə] s. (também **writ of ~**) intimação f. (para comparecer em juízo). ‖ v. intimar, citar (para comparecer perante juízo).

subreption [sʌbr'epʃən] s. fraude, sub-repção f.

subrogation [sʌbroug'eiʃən] s. sub-rogação f.

subroutine [s'ʌbru:ti:n] s. (Téc., Comp.) seqüência f. de dados para determinado processamento.

subscapular [s'ʌbsk'æpjulə] adj. (Anat.) subescapular, abaixo da espádua.

subscribe [səbskr'aib] v. 1. subscrever, obrigar-se a certa contribuição. 2. assinar. 3. aprovar, consentir, assentir, dando a assinatura. 4. concordar.
to ~ for a periodical assinar uma revista. **~d capital** capital realizado ou nominal.

subscriber [~ə] s. 1. assinante m. + f. de periódico, telefone, (Teat., Esp.) temporada, etc. 2. o que encomenda com antecedência m. 3. subscritor m.

subscript [s'ʌbskript] s. subscrição f. ‖ adj. subscrito.

subscription [səbskr'ipʃən] s. 1. subscrição f. 2. dinheiro subscrito m., contribuição f. 3. assinatura f. (de revista, de telefone, etc.). 4. fundo m. arrecadado por subscrição. 5. assinatura f. 6. consentimento m. dado por assinatura.
by ~ por meio de subscrição.

subscription-list s. lista f. de contribuições.

subscription-price s. preço m. de assinatura.

subscriptive [səbskr'iptiv] adj. relativo a subscrição, contributivo.

subsection [s'ʌbs'ekʃən] s. subseção f.

subsensible [s'ʌbs'ensəbl] adj. imperceptível.

subsequence [s'ʌbsikwəns] s. subseqüência f., seqüência f.

subsequent [s'ʌbsikwənt] adj. subseqüente, seguinte, ulterior. ‖ ~ly adv. subseqüentemente.
~ **clause** parágrafo adicional. ~ **delivery** fornecimento adicional. ~ **endorser** 1. endossante subsequente. 2. comitente. (**of a bill**) 3. partidário. ~ **to** posterior, depois, em seguida. ~ **to this period** depois deste período. ~ **upon** devido a, em conseqüência de. ~ **ly** adv. logo após.

subserve [sʌbs'ə:v] v. ajudar, auxiliar, ser útil, servir.

subservience [səbs'ə:viəns], **subserviency** [~i] s. 1. subserviência f. 2. bajulação f., servilismo m.

subservient [səbs'ə:viənt] adj. 1. subserviente. 2. serviçal, prestável. ‖ ~ly adv. servilmente.

subset [s'ʌbset] s. (Mat.) subsérie f.: que contém todos os elementos de determinada série.

subside [səbs'aid] v. 1. baixar. 2. diminuir, acalmar-se, cessar, apaziguar-se. 3. depositar, decantar, precipitar.

the storm ~d a tempestade passou. he ~d into silence ele caiu em silêncio.

subsidence [s'ʌbsidəns] s. 1. abaixamento m. 2. apaziguamento, ato de acalmar-se m., abrandamento m. 3. precipitação, sedimentação f.

subsidiary [səbs'idjəri] s. 1. auxílio, auxiliar, ajudante m. 2. companhia subsidiária f. ‖ adj. 1. subsidiário, auxiliar, suplementar. 2. secundário, subordinado. ‖ –ily adv. subsidiariamente.

subsidiary company s. companhia filiada f.

subsidiary road s. estrada auxiliar f.

subsidiary subject s. matéria secundária t.

subsidize [s'ʌbsidaiz] v. 1. subsidiar, auxiliar, assistir. 2. subornar.

subsidizer [~ ə] s. subsidiário m., o que subsidia.

subsidy [s'ʌbsidi] s. subsídio, auxílio m., subvenção f subsidies of foreign trade financiamento (pelo Estado) do comércio exterior.

subsist [səbs'ist] v. 1. subsistir, existir, ser. 2. viver, manter-se, manter, sustentar.

to ~ (up)on viver de, alimentar-se de.

subsistence [~ əns] s. 1. existência, subsistência f. 2. vida, inerência f. 3. sustento, alimento, meio m. de vida. 4. (Filos.) existência f.

subsistent [səbs'istənt] adj. 1. existente, inerente. 2. (Filos.) existente.

minimum of ~ mínimo para a existência. ~ money 1. adiantamente. 2. subsídios.

subsocial [səbs'ouʃəl] adj. sem estrutura social definida.

subsoil [s'ʌbsɔil] s. subsolo m. ~ water água do subsolo.

subsonic [sʌbs'ounik] adj. subsônico: abaixo da velocidade do som.

subspecies [s'ʌbspi:ʃi:z] s. subespécie, variedade t.

substance [s'ʌbstəns] s. 1. substância, matéria f., material m. 2. (Filos.) essência, parte principal m. 3. significado, sentido m. 4. solidez, firmeza, base f. 5. corpo m., consistência f. 6. recurso, capital m. riqueza, propriedade f. 7. coisa f.

in ~ em substância, em resumo. a man of ~ um homem de posses.

substandard [sʌbst'ændəd] adj. abaixo do padrão.

substantial [səbst'ænʃəl] s. (geralmente pl.) parte principal f., ponto essencial m. ‖ adj. 1. material, substancial, real, atual. 2. grande, importante, amplo. 3. forte, firme, sólido. 4. essencial, fundamental. 5. nutritivo, alimentício. 6. rico, abastado. ‖ ~ly adv. substancialmente, amplamente, firmemente, essencialmente.

substantialism [~ izm] s. (Filos.) substancialismo m.

substantialist [~ ist] s. (Filos.) substancialista m.

substantiality [səbstænʃi'æliti] s. substancialidade, realidade, importância t.

substantialize [səbst'ænʃəlaiz] v. substancializar, dar substância a.

substantiate [səbst'ænʃieit] v. 1. substanciar, evidenciar, confirmar, provar. 2. dar forma concreta a, realizar, concretizar.

substantiation [səbstænʃi'eiʃən] s. ato de substanciar m., concretização f., comprovação f.

substantival [səbstənt'aivəl] adj. (Gram.) substantival: relativo ao substantivo. ‖ ~ly adv. substantivamente.

substantive [s'ʌbstəntiv] s. (Gram.) substantivo m. ‖ adj. 1. (Gram.) substantivo. 2. independente. 3. real, atual. 4. importante, essencial, substancial. 5. material. ‖ ~ly adv. substantivamente.

substation [s'ʌbst'eiʃən] s. 1. (Eletr.) subestação convertedora f. 2. agência f. do correio, etc.

substituent [sʌbst'itju:ənt] s. substituinte m. + f. ‖

adj. substituinte.

substitute [s'ʌbstitju:t] s. 1. substituto m., representante, reserva m. + f. 2. sucedâneo m. ‖ v. 1. substituir, 2. assumir o lugar de. ‖ adj. substituto.

substitution [sʌbstitj'u:ʃən] s. substituição f., troca f., intercâmbio m.

substitutional [~ əl], substitutionary [~ əri] adj. que substitui, substituinte.

substrate [s'ʌbstr'eit], substratum [s'ʌbstr'eitəm] s. 1. substrato m. 2. subsolo m. 3. base f.

substruction [sʌbstr'ukʃən], substructure [s'ʌbstruktʃə] s. substrução f., alicerce, fundamento m.

subsume [sʌbsj'u:m] v. incluir, classificar, agrupar.

subsumption [sʌbs'ʌmʃən] s. subordinação, inclusão t.

subtangent [sʌbt'ændʒənt] s. (Geom.) subtangente f.

subteen [s'ʌbti:n] s. menor de treze anos m. + f.

subtemperate [sʌbt'empərit] adj. subtemperado (clima).

subtenancy [s'ʌbt'enənsi] s. sublocação f.

subtenant [s'ʌbt'enənt] s. sublocatário m., sublocatária f.

subtend [səbt'end] v. (Geom.) subtender, formar corda, estender por baixo.

subtense [sʌbt'ens] s. (Geom.) subtensa, corda f.

subterfuge [s'ʌbtəfju:dʒ] s. subterfúgio, pretexto m.

subterranean [sʌbtər'einjən], subterraneous [sʌbtər'-einjəs], subterrestrial [sʌbtər'estriəl] adj. subterrâneo.

subtile [s'ʌtl] adj. tênue, fino.

subtilization [sʌtilaiz'eiʃən] s. sutilização f.

subtilize [s'ʌtilaiz] v. 1. refinar, sutilizar, requintar, volatilizar. 2. agir com sutileza, disputar sutilmente.

subtitle [s'ʌbtaitl] s. 1. subtítulo m. (quadro B 17). 2. (Cin.) legenda f.

subtle [sʌtl] adj. 1. sutil, tênue, fino, raro, delicado. 2. discreto, misterioso. 3. agudo, refinado, perspicaz, hábil. 4. engenhoso, com arte. 5. ardiloso, insidioso. ‖ –y adv. sutilmente, delicadamente, discretamente, habilmente, engenhosamente.

subtlety [s'ʌtlti] s. 1. sutileza, sutilidade, delicadeza, finura, tenuidade f. 2. coisa sutil f.

subtonic [s'ʌbt'ɔnik] s. (Mús.) subtônica f.: sétimo som da escala.

subtorrid [s'ʌbt'ɔrid] adj. subtropical.

subtract [səbtr'ækt] v. 1. (Mat.) subtrair. 2. tirar.

subtraction [səbtr'ækʃən] s. subtração f.

subtractive [səbtr'æktiv] adj. subtrativo.

subtrahend [s'ʌbtrəhend] s. (Arit.) subtraendo m.

subtropic [s'ʌbtr'ɔpik], subtropical [~ əl] adj. subtropical.

subtropics [s'ʌbtr'ɔpiks] s. pl. regiões subtropicais f. pl.

subtype [s'ʌbt'aip] s. (Biol., Bot., Zool.) subtipo m.

subulate [sj'u:bjulit] adj. (Bot.) subulado.

suburb [s'ʌbə:b] s. 1. distrito, subúrbio, arrabalde m. 2. (geralmente ~s pl.) bairros residenciais m. afastados da cidade, periferia f.

suburban [səb'ə:bən] adj. 1. suburbano, em subúrbio 2. característico dos subúrbios, pacato.

suburbanite [~ait] s. morador de subúrbio m.

suburbia [səb'ə:biə] pl. s. 1. subúrbios e moradores m. pl. coletivamente. 2. (Soc.) vida, civilização suburbana f.

subvene [səbv'i:n] v. auxiliar, ajudar, socorrer.

subvention [səbv'enʃən] v. subvenção f., subsídio m.

subversion [s'ʌbv'ə:ʃən] s. subversão, revolta f.

subversive [s'ʌbv'ə:siv] s. pessoa revolucionária f. ‖ adj. subversivo, revolucionário, destruidor.

subvert [sʌbv'ə:t] v. 1. subverter, arruinar, destruir. 2. corromper, desorganizar, minar.

subverter [səbv'ə:tə] s. subversor, destruidor m.

subway [s'ʌbweiɪ s. 1. passagem subterrânea f. (quadro S 13). 2. (E. U. A.) trem subterrâneo m.

succedaneous [sʌksid'einiəs] adj. sucedâneo.

succedaneum [sʌksid'einiəm] s. pl. **succedanea** sucedâneo, substituto m.

succeed [sʌks'i:d] v. 1. suceder, ter sucesso, ter êxito, ser bem sucedido, prosperar, progredir. 2. realizar, conseguir, produzir efeito. 3. suceder, seguir, vir depois, substituir, tomar o lugar de outro.
I ~ed in helping my friend consegui ajudar meu amigo. he ~s in everything ele tem sucesso em tudo. he ~s to his father ele sucede seu pai. he ~s to an estate ele é herdeiro de uma fazenda. he ~s with his teachers ele se dá bem com seus professores. the scheme fully ~ed o plano foi um sucesso completo.

success [səks'es] s. 1. sucesso, êxito m., sorte f. 2. bom resultado m., feliz conclusão f. 3. fortuna, prosperidade f. 4. pessoa f. que tem sucesso.
was the party a ~ ? a festa foi um sucesso? he is a big ~ ele tem muito êxito.

successful [~ful] adj. bem sucedido, feliz, próspero, auspicioso. ‖ ~ly adv. prosperamente, com êxito.

successfulness [~fulnis] s. êxito m., sorte f., feliz prosseguimento m. ou conclusão f.

succession [səks'eʃən] s. 1. sucessão, série f. 2. descendência f. 3. herança f., direito m. de sucessão. 4. ordem f. de herdeiros ou de sucessão f. 5. seqüência f.
by order of ~ um após outro, em seguida. in ~ em seqüência. in due ~ em devida ordem. in quick ~ em sucessão rápida. Apostolic(al) Succession sucessão apostólica. ~ of octaves (Mús.) seqüência de oitavas. ~ to the throne sucessão ao trono. war of ~ guerra da sucessão. ~ duty impôsto de transmissão de herança.

successional [~əl] adj. sucessivo, de sucessão. ‖ ~ly adv. sucessivamente.

successive [səks'esiv] adj. sucessivo, contínuo, consecutivo. ‖ ~ly adv. sucessivamente.

successiveness [~nis] s. qualidade do que é sucessivo.

successor [səks'esə] s. 1. sucessor m., substituto m. 2. herdeiro m.

successorship [~ʃip] s. direito m. de sucessão.

succinct [səks'iŋkt] adj. sucinto, resumido, breve. ‖ ~ly adv. sucintamente.

succinctness [~nis] s. brevidade, concisão f.

succinic [sʌks'inik] adj. sucínico.

succinic acid s. (Quím.) ácido sucínico m.

succory [s'ʌkəri] s. (= chicory) chicória f.

succose [s'ʌkous] adj. sucoso, suculento, sumarento.

succotash [s'ʌkətæʃ] s. (E. U. A.) prato m. de milho verde e feijão, cozidos juntos.

succour, succor [s'ʌkə] s. auxílio, socorro m., ajuda f. ‖ v. ajudar, auxiliar, socorrer.
place of ~ abrigo.

succourer, succorer [~rə] s. socorredor, amparador m.

succourless [~lis] adj. indefeso, desamparado.

succuba [s'ʌkjubə], **succubus** [s'ʌkjubəs] s. pl. **succubae** [-bi:], **succubi** [-bai] súcubo m.

succulence [s'ʌkjuləns] s. suculência f.

succulent [s'ʌkjulənt] adj. 1. suculento, sucoso. 2. interessante. 3. polpudo, carnudo. ‖ ~ly adv. de modo suculento.

succumb [sək'ʌm] v. 1. sucumbir, ceder, não resistir. 2. morrer, cair, perecer.
he ~ed to his foe (fate) ele sucumbiu ao inimigo (destino). they ~ed before his will-power cederam à sua força de vontade.

succuss [sək'ʌs] v. sacudir, abalar.

succussion [sək'ʌʃən] s. 1. (Med.) sucussão f. 2. abalo m.

such [sʌtʃ] adj. 1. desta maneira, deste mesmo modo ou grau. 2. tal, de modo que. 3. semelhante. 4. tão grande, tão bom, tão mal. 5. certo, certa, assim. ‖ pron. 1. tal pessoa, tal coisa. 2. as ~ como tal.
~ another um igual, um assim. I've never heard of ~ a thing nunca ouvi tal coisa. ~ a thing as pity algo semelhante a compaixão. at ~ an hour of the night em hora tão avançada. children ~ as yours crianças como as suas. ~ good luck tanta sorte. one ~ action and you leave the house mais um ato destes e você deixa a casa. ~ is life a vida é assim, a vida é esta. he suffered ~ pains ele sofreu tantas dores. ~ is my hate tão grande é o meu ódio. the only ~ case o único caso desta natureza. he did no ~ thing ele não fez coisa semelhante. ~ and ~ aquêle tal. Mr. ~-and-~ fulano de tal. he was not afraid of change as ~ ele não teve medo da mudança em si.

suchlike [s'ʌtʃlaik] adj. semelhante, da mesma espécie.

suchness [s'ʌtʃnis] s. qualidade inerente, típica f.

suck [sʌk] s. 1. chupada, sucção f. 2. som m. de sucção, força f. de sucção. 3. leite materno m. ‖ v. 1. sugar, aspirar com a boca, sorver. 2. chupar. 3. mamar. 4. absorver. 5. tragar, puxar. 6. embeber.
she gave ~ to her child ela amamentou o seu filho. ‖ to ~ one's thumb chupar o dedo. to ~ the blood of s. o. chupar o sangue de alguém, explorar alguém. to ~ the brains of s. o. roubar as idéias de alguém. to ~ up absorver, embeber, aspirar, (gíria) sair logrado. to ~ up to s. o. (coloq.) ser bajulador de alguém.

sucker (I) [s'ʌkə] s. 1. chupador, animal m. ou coisa f. que chupa ou suga. 2. (E. U. A.) nome popular de diversos peixes chupadores m. (como o papaterra ou curimatã bras.) 3. ventosa f. 4. tubo m. de sucção, pistão, êmbolo m. de sucção. 5. (E. U. A., coloq.) bobo, trouxa m. 6. chupeta f. 7. (fig.) chupim, parasita m. 8. criança f. de peito.
there's a ~ born every minute os trouxas nunca acabarão.

sucker (II) [s'ʌkə] s. (Bot.) broto, rebento m. que nasce da raiz. ‖ v. lançar rebentos, tirar rebentos.

sucking [s'ʌkiŋ] s. ato de chupar, sucção f. ‖ adj. 1. que suga, que chupa, de sucção. 2. inexperiente.
~ and forcing pump bomba de sucção e de elevação. ~ animal mamífero. ~ barrister advogado principiante ~ infant criança de peito. ~ pig leitãozinho.

suckle [sʌkl] v. 1. amamentar. 2. alimentar, criar.

suckler [s'ʌklə] s. 1. mamífero m. 2. = suckling.

suckling [s'ʌkliŋ] s. criança f. de peito., (fig.) principiante m. ‖ adj. 1. muito novo. 2. lactente.

sucrose [sj'u:krous] s. sacarose f.: açúcar de cana.

suction [s'ʌkʃən] s. 1. sucção f., ato de aspirar. 2. fôrça f. de sucção.

suction-device s. aparelho m. de exaustão.

suction fan s. exaustor m.

suction head s. limite m. de sucção.

suction pipe, ~ tube s. tubo m. de sucção.

suction valve s. tubo m. ou válvula f. de sucção.

suctorial [sʌkt'ɔ:riəl] adj. de sucção, de aspiração.

Sudanese [s'u:dəni:z] s. sudanês m. ‖ adj. sudanês.

sudarium [sju:d'ɛəriəm] s. sudário m.

sudatory [sj'u:dətəri] s. (Med.) sudorífico m. ‖ adj. sudorífero, sudatório.

sudden [sʌdn] adj. 1. repentino, inesperado, súbito. 2. rápido, apressado, abrupto. ‖ ~ly adv. repentinamente, inesperadamente, rapidamente.

(all) of a ~, on a ~ de repente.
sudden death s. (Futeb.) prorrogação f. do segundo tempo, a terminar com o gol de desempate.
suddenness [s'ʌdnnis] s. subitaneidade, rapidez f.
sudoriferous [sju:dər'ifərəs] adj. sudorífero.
sudorific [sju:dər'ifik] s. (Farmac.) sudorífico m. ‖ adj. sudorífico.
suds [sʌdz] s. pl. água f. de sabão, espuma f.
sue [sju:] v. 1. processar. 2. mover ação judicial. 3. pedir, implorar, fazer petição.
to ~ for admittance solicitar judicialmente participação na massa falida. **to ~ in a bill** protestar uma letra. **to ~ for** processar por. **to ~ out** obter por petição.
suède [sweid] s. camurça f. ‖ adj. feito de camurça.
suet [sjuit] s. sebo m., gordura f. dos rins de gado e de carneiros.
suet-pudding s. (Ingl.) pudim m. com gordura dos rins.
suety [s'uiti] adj. seboso, gorduroso.
suffer [s'ʌfə] v. 1. sofrer, experimentar, estar sujeito. 2. sustentar, suportar, tolerar, padecer. 3. permitir.
he ~s for his crime ele sofre pelo seu crime. **he ~s from gout** ele sofre de gota. **she ~ed him to use his house** ela permitiu-lhe usar sua casa. **she ~ed herself to be led away** ela se deixou levar embora.
sufferable [~rəbl] adj. sofrível, tolerável, suportável. ‖ **—y** adv. sofrivelmente.
sufferableness [~əblnis] s. tolerabilidade f.
sufferance [s'ʌfərəns] s. 1. tolerância, paciência f. 2. permissão f. 3. sofrimento m.
sufferer [s'ʌfərə] s. sofredor m., sofredora f.
he is a ~ from asthma ele sofre de asma. **fellow ~** companheiro de sofrimento.
suffering [s'ʌfəriŋ] s. sofrimento m., dor, agonia f.
suffice [səf'ais] v. 1. ser suficiente ou adequado, bastar. 2. satisfazer, contentar.
sufficiency [səf'iʃənsi] s. 1. suficiência, quantidade suficiente f. 2. aptidão, qualidade requerida f. 3. presunção, confiança f. em si mesmo.
he makes a ~ of his income ele sabe viver com o pouco que ganha.
sufficient [səf'iʃənt] adj. 1. suficiente, adequado, bastante. 2. competente, capaz, apto. ‖ **~ly** adv. suficientemente, competentemente.
that is ~ (for me) isto é suficiente (para mim). **that is ~ reason not to see him again** isto é razão suficiente para não mais vê-lo. **~ in law** com valor jurídico. **~ly safe for investment of trust-money** fiduciário.
suffix [s'ʌfiks] s. (Gram.) sufixo m. ‖ [sʌf'iks] v. acrescentar no fim (to em).
sufflate [s'ʌfleit] v. = inflate.
suffocate [s'ʌfəkeit] v. 1. sufocar, matar por sufocação. 2. asfixiar, impedir a respiração. 3. morrer sufocado. 4. abafar, suprimir, extinguir.
suffocating [~iŋ] adj. sufocante, asfixiante, abafador. ‖ **~ly** adv. de modo sufocante.
suffocation [sʌfək'eiʃən] s. sufocação, asfixia f.
suffragan [s'ʌfrəgən] s. sufragâneo m. ‖ adj. sufragâneo.
suffrage [s'ʌfridʒ] s. 1. voto, sufrágio m. 2. direito m. de voto.
universal ~ direito geral de voto. **woman's ~** sufrágio para mulheres.
suffragette [sʌfrədʒ'et] s. (mulher) sufragista f.
suffragism [s'ʌfrədʒizm] s. sufragismo m.: promoção do voto feminino.
suffragist [s'ʌfrədʒist] s. sufragista m. + f.
suffumigate [səfj'u:migeit] v. sufumigar.

suffumigation [səfju:mig'eiʃən] s. 1. fumigação f. 2. (Med.) sufumigação f.
suffuse [səfj'u:z] v. derramar, cobrir, difundir.
~d with blushes rubro de vergonha. **~d with light** cheio de luz. **~d with tears** coberto de lágrimas.
suffusion [səfj'u:ʒən] s. inundação, (Med.) sufusão f.
sugar [ʃ'ugə] s. 1. açúcar m. 2. (fig.) adulação f. 3. (fig.) doce, agrado m. ‖ v. 1. adoçar. 2. cobrir com açúcar. 3. formar açúcar. 4. tornar agradável.
~! bem!, amor! **beet ~** açúcar de beterraba. **caster ~** açúcar em pó. **granulated ~** açúcar cristal. **lump ~** açúcar em tabletes. **raw ~** açúcar bruto. **refined ~** açúcar refinado.
sugar-basin s. açucareiro m.
sugar beet s. beterraba f.
sugar candy s. açúcar-cande m.
sugar cane s. cana-de-açúcar f.
sugar-coated adj. coberto de açúcar.
sugar daddy s. (E. U. A., gíria) velhote rico m. que gasta dinheiro com mocinhas.
sugar diabetes s. (coloq.) diabetes m. + f.
sugariness [ʃ'ugərinis] s. doçura f.
sugar loaf s. pão m. de açúcar.
sugar mill s. engenho m. de açúcar.
sugar of lead s. (Quím.) acetato de chumbo m.
sugar plum s. doce, bombom m.
sugar refinery s. refinaria f. de açúcar.
sugar tongs s. pinça f. para açúcar (quadro B 21).
sugary [ʃ'ugəri] adj. doce, como açúcar, açucarado.
suggest [sədʒ'est] v. 1. sugerir. 2. propor, aconselhar. 3. insinuar, dar a entender.
what does the drawing ~ to you? o que acha que significa este desenho? **may I ~ a walk?** permite-me sugerir um passeio? **I ~ed that they might leave** sugeri-lhes que partissem. **I ~ed this possibility to him** sugeri-lhe esta possibilidade.
suggestible [~əbl] adj. sugestível, sugestionável.
suggestion [~ʃən] s. 1. sugestão f. 2. efeito m. de sugestão. 3. proposta, recomendação, insinuação f. 4. instigação f., inspiração f. 5. associação f. de idéias. 6. traço m., quantidade mínima f.
at the ~ of my friend pela sugestão do meu amigo.
suggestive [~iv] adj. 1. sugestivo. 2. (E. U. A.) insinuante. ‖ **~ly** adv. sugestivamente.
suggestiveness [~ivnis] s. caráter sugestivo.
suicidal [sjuis'aidl] adj. suicida, relativo ao suicídio.
suicide [sj'uisaid] s. 1. suicídio m. 2. suicida m. + f.
to commit ~ suicidar-se.
suit [sju:t] s. 1. terno m. de roupa. 2. processo, caso jurídico m. 3. naipe m. 4. pedido (de casamento) m., solicitação, petição f. 5. série f. de coisas, jogo, terno m. 6. acompanhamento, séquito m., comitiva f. ‖ v. 1. vestir, fazer roupa. 2. adaptar, ajustar, acomodar. 3. servir para, concordar, adaptar-se para. 4. servir, ser conveniente. 5. combinar com. 6. agradar, satisfazer. 7. prover.
he must cut his ~ according to his cloth ele tem de adaptar-se às suas possibilidades. **to follow ~** acompanhar o naipe, (fig.) seguir o exemplo. **would it ~ you, if...** o senhor concorda, se... **will this day ~ you?** este dia lhe convém, servirá este dia? **her dress did not ~ the occasion** seu vestido não condisse com a ocasião. **this hat ~s you** este chapéu lhe fica bem. **~ yourself!** faça como quiser. **this ~s my purpose** isto corresponde às minhas intenções. **they ~ each other well** eles combinam bem. **I am ~ed** achei o que queria, estou satisfeito. **~ing the action to the words** dito e feito.
suitability [sju:təb'iliti] s. conveniência, conformidade f.

suitable [sj'u:təbl] adj. certo, apropriado, adequado, próprio, conveniente. ‖ **~ly** adv. apropriadamente.
suitcase [sj'u:tkeis] s. mala f. de viagem (quadro S 13).
suite [swi:t] s. 1. apartamento, conjunto m. 2. série f., jogo m. 3. terno m. (de móveis). 4. (Mús.) suíte f. 5. comitiva f., séqüito m.
suited [sj'u:tid] adj. apropriado, condizente.
suiting [sj'u:tiŋ] s. casimira, fazenda f. para terno.
suitor [sj'u:tə] s. 1. noivo, pretendente (ao casamento) m. 2. o que processa, litigante, demandante m. + f. 3. solicitador m., pleiteante m. + f.
sulcate [s'ʌlkeit] adj. sulcado, cortado, escavado, com ranhuras.
sulfa [s'ʌlfə] s. (também **~ drug**) sulfa, sulfonamida f., medicamento à base de sulfa. ‖ adj. relativo ao grupo das sulfas ou sulfonamidas.
sulfate [s'ʌlfeit] = **sulphate**.
sulfite [s'ʌlfait] = **sulphite**.
sulfur [s'ʌlfə] s. = **sulphur**.
sulk [sʌlk] s. mau humor, amuo m. (também **the ~s**). ‖ v. estar de mau humor, amuar, estar zangado.
sulkiness [s'ʌlkinis] s. mau humor, enfado m.
sulky (I) [s'ʌlki] s. carro leve m. para uma pessoa, espécie de aranha.
sulky (II) [s'ʌlki] adj. mal-humorado, zangado.
sullage [s'ʌlidʒ] s. 1. águas servidas f. pl. 2. refugo m., sujeira f., limo m. 3. urina f. de estábulo.
sullen [s'ʌlən] s. **~s** pl. mau humor m. ‖ adj. 1. calado de raiva. 2. mal-humorado, zangado, rabugento. 3. obstinado. 4. escuro (cor), sombrio. ‖ **~ly** adv. de mau humor, sombriamente.
sullenness [~nis] s. mau humor m., rabugice f., obstinação f.
sully [s'ʌli] s. mancha f. de sujeira, (fig.) mácula f. ‖ v. 1. sujar, manchar. 2. camuflar. 3. violar, desonrar.
sulpha [s'ʌlfə] s. = **sulfa**.
sulphanilamide [sʌlfən'iləmaid] s. (Med. e Quím.) sulfanilamida f.
sulphate [s'ʌlfeit] s. (Quím.) sulfato m.: sal ou éster do ácido sulfúrico.
~ **of lead** sulfato de chumbo. ~ **of magnesia** sulfato de magnésio. ~ **of potash** sulfato de potássio. ~ **of sodium** sal de Glauber.
sulphide [s'ʌlfaid] **sulphid** [-fid] s. sulfeto, sulfureto m.
~ **of hydrogen, hydrogen ~** sulfeto de hidrogênio, gás sulfídrico.
sulphite [s'ʌlfait] s. (Quím.) sulfito m.
sulphur [s'ʌlfə] s. enxofre m. ‖ adj. da cor-de-enxofre, amarelo-claro.
~ **dioxide** anidrido sulfuroso, dióxido de enxofre. **flowers of ~** flor de enxofre. **roll ~, stick ~** enxofre em barras. **~-fume-bath** banho de vapor de enxofre. ~ **match** fósforo. ~ **pit** mina de enxofre. ~ **spring** fonte sulfurosa.
sulphurate [s'ʌlfəreit] v. sulfurar, impregnar com enxofre ou vapor de enxofre.
sulphuration [sʌlfər'eiʃən] s. sulfuração f.
sulphureous [sʌlfj'u:riəs] adj. sulfúreo, como enxofre, de enxofre.
sulphuretted [s'ʌlfjuretid] adj. saturado, impregnado de enxofre.
sulphuric [sʌlfj'uərik] adj. sulfúrico.
sulphuric acid s. (Quím.) ácido sulfúrico.
sulphurize [s'ʌlfəraiz] v. tratar com enxofre, sulfurar.
sulphurous [s'ʌlfərəs] adj. sulfuroso.
sulphurous acid s. ácido sulfuroso.
sulphury [s'ʌlfəri] adj. sulfúreo.
sultan [s'ʌltən] s. (Islã) sultão m.
sultana [sʌlt'a:nə] s. 1. sultana, mulher f. do sultão.
2. sultanina (uva) f.
sultanate [s'ʌltənit] s. sultanado, sultanato m.: 1. dignidade de sultão. 2. país governado por sultão.
sultanic [sʌlt'ænik] adj. como sultão, (fig.) despótico.
sultriness [s'ʌltrinis] s. 1. calor excessivo, mormaço m. 2. tentação f.
sultry [s'ʌltri] adj. 1. abafador, sufocante. 2. mormacento, quente. 3. provocante, tentador. ‖ **–ily** adv. de modo a) abafador, b) tentador.
~ **sun** sol quente. ~ **brunette** morena tentadora.
sum [sʌm] s. 1. soma f., total m. 2. (coloq.).problema de aritmética m. 3. quantidade total f. 4. conteúdo, teor, resumo m., substância, essência f. 5. quantia f. 6. (†) cúmulo m., culminância f. ‖ v. 1. somar. 2. adicionar. 3. resumir. 4. recapitular.
he is good at ~s ele sabe calcular bem. **the ~ and substance of it** a parte essencial disto. **to ~ up** somar, adicionar, repetir. **it ~s up** está se juntando ou somando.
sumac, sumach [s'u:mæk] s. (Bot.) sumagre f.
summariness [s'ʌmərinis] s. processo sumário m.
summarize [s'ʌməraiz] v. sumariar.
summary [s'ʌməri] s. sumário, resumo m. ‖ adj. 1. conciso, resumido, breve, sumário. 2. direto, pronto, sem demora, sem formalidades, simples. ‖ **–ily** adv. de modo sumário, sumariamente.
~ **jurisdiction** (Jur.) processo sumário.
summation [sʌm'eiʃən] s. 1. adição f., processo de somar m. 2. total m., soma f. 3. (Jur.) resumo final m. dos fatos e argumentos.
summer (I) [s'ʌmə] s. verão m., (fig.) ano m. de vida. ‖ v. 1. passar o verão, veranear. 2. alimentar, manter (gado) durante o verão. ‖ adj. de verão. **Indian ~** os últimos dias quentes no fim do verão. **St. Martin's ~** dias quentes de outono. **a lady of 30 ~s** uma senhora de trinta anos.
summer (II) [s'ʌmə] s. trave mestra, viga principal f.
summer camp s. acampamento de verão m.
summer-corn s. trigo m. plantado no verão.
summer duck s. (Orn.) cerceta f.
summerhouse [s'ʌməhaus] s. casa f. de verão.
summerite [s'ʌmərait] s. (E. U. A.) veranista m. + f.
summer lightning s. relâmpago m. de calor.
summer resort s. estação f. de veraneio.
summersault [s'ʌməsɔ:lt] s. (também **somersault**), **summerset** [s'ʌməset] cambalhota f.
summer school s. curso de férias m. (no verão).
summer solstice s. solstício m. de verão.
summertime [s'ʌmətaim] s. hora f. de verão.
summery [s'ʌməri] **summerly** [s'ʌməli] adj. de verão, veranal, estival.
summing-up s. resumo m., súmula f.
summit [s'ʌmit] s. cume, topo, ponto mais alto, cúmulo, vértice m. (quadros L 2, M 7).
~ **level** o nível mais alto.
summit conference s. conferência de cúpula f.
summon [s'ʌmən] v. 1. chamar, intimar, convocar, citar. 2. convidar. 3. levantar, pôr em movimento.
he ~ed up his courage ele criou coragem.
summoner [~ə] s. citador, oficial m. de justiça.
summons [~z] s. (pl. **summonses**) 1. citação, ordem de comparecer, intimação f. 2. mensagem, convocação f., sinal m. ‖ v. (coloq.) intimar (Jur.).
sump [sʌmp] s. 1. fossa f. ou reservatório m. para água, óleo, etc. 2. (Aut.) cova f. do eixo manivela. 3. fossa f. no fundo de uma mina, onde se junta a água para ser bombada para cima (quadro C 16). ~ **fuse** estopim à prova de água. ~ **pump** bomba para fossa de mina.
sumpter [s'ʌmptə] s. (†) besta f. de carga.
sumption [s'ʌmpʃən] s. (Lógica) premissa maior f.

de silogismo.

sumptuary [s'ʌmptjuəri] adj. suntuário.

~ **edict** ou **law** lei suntuária.

sumptuosity [sʌmptju'ɔsiti] s. suntuosidade f., luxo m.

sumptuous [s'ʌmptjuəs] adj. caro, suntuoso, luxuoso. ‖ ~**ly** adv. suntuosamente.

Sun. abr. de **Sunday** domingo m.

sun [sʌn] s. 1. sol m. 2. luz solar f., calor m. do sol. 3. (poét.) dia m. 4. ano m. ‖ v. 1. tomar sol, expor-se ao sol. 2. corar, branquear ao sol (roupa). **in the** ~ ao sol. **a place in the** ~ um lugar vantajoso, um lugar ao sol. **under the** ~ na Terra. **to see the** ~ estar vivo. **to take the** ~ (Náut.) medir a latitude (de acordo com a posição do sol). **from** ~ **to** ~ de sol a sol.

sun-and-planet gear s. (Mec.) engrenagem planetária f.

sun-baked adj. ressecado pelo sol.

sun bath s. banho m. de sol.

sunbathe [s'ʌnbeiθ] v. tomar banho de sol.

sunbeam [s'ʌnbi:m] s. raio m. de sol.

sunblind [s'ʌnblaind] s. 1. veneziana f. 2. (Autom.) quebra-sol m. 3. toldo m.

sunbow [s'ʌnbou] s. arco-íris m. em queda d'água.

sunburn [s'ʌnbə:n] s. queimadura provocada pelos raios solares f., cor bronzeada produzida pelos raios solares f. ‖ v. queimar pelo sol, ficar queimado pelo sol.

sunburned [~d], **sunburnt** [~t] adj. queimado pelo sol, bronzeado.

sun-cured adj. curado ao sol (carne, frutas).

sundae [s'ʌndi] s. (E. U. A.) sorvete m. com melado, frutas, nozes, etc.

Sunday [s'ʌndi] s. domingo m.

to have a ~ **out** ter o domingo livre. **on** ~(s) aos domingos. **when two** ~**s come together** (fig.) nunca, nas calendas gregas. **a month of** ~**s** para sempre, eternamente. **she looks two ways to find** ~ ela é vesga. ~ **best** traje ou vestido domingueiro. ~**-go-to-meeting clothes** (joc.) roupas domingueiras. ~ **driver** motorista de fim-de-semana. ~ **school** escola dominical (religiosa).

sun deck s. terraço, convés m., área aberta f. para tomar sol.

sunder [s'ʌndə] v. separar, partir, dividir, quebrar. **in** ~ superado, à parte.

sunderance [s'ʌndərəns] s. ruptura, separação f.

sundew [s'ʌndju:] s. (Bot.) drósera f.

sundial [s'ʌnd'aiəl] s. relógio m. de sol (quadro C 11).

sundog [s'ʌndɔg] s. (Astron.) parélio m.

sundown [s'ʌndaun] s. pôr-de-sol m.

sundowner [s'ʌndaunə] s. vagabundo m., que pede quartel à noite.

sun-dried adj. seco ao sol.

sundries [s'ʌndriz] s. pl. coisas diversas f. pl., itens não enumerados m. pl.

sundry [s'ʌndri] adj. diversos, vários.

all and ~ tudo e todos, todos em conjunto.

sunfish [s'ʌnfiʃ] s. (Ict.) peixe-lua, rolim m.

sunflower [s'ʌnflauə] s. girassol m.

sung [sʌŋ] v. p. p. de **to sing.**

sunglass [s'ʌngla:s] s. (E. U. A.) lente, lupa f.

sunglasses [~is] s. óculos escuros m. pl.

sunk [sʌŋk] v. p. p. de **to sink.**

sunken [s'ʌŋkən] adj. 1. afundado, posto a pique. 2. submerso. 3. baixo, fundo. 4. magro, encovado. ~ **eyes** olhos fundos. ~ **forecastle** (Náut.) proa submersa. ~ **rock** recife submerso. ~ **screw** (Mec.) parafuso embutido.

sun lamp s. 1. lâmpada f. de luz ultravioleta. 2.

(filme) holofote m.

sunless [s'ʌnlis] adj. sem sol.

sunlight [s'ʌnlait] s. luz solar f.

sunlit [s'ʌnlit] adj. iluminado pelo sol.

sunniness [s'ʌninis] s. 1. soalheira, luz solar f. 2. alegria, felicidade f.

sunny [s'ʌni] adj. 1. cheio de sol, ensolarado. 2. exposto ao sol, iluminado pelo sol. 3. como o sol, radiante, claro, alegre, feliz. ‖ –**ily** adv. de modo ensolarado, radiantemente, alegremente.

the ~ **side** o lado exposto ao sol, (fig.) o lado agradável. ~ **side up** (E. U. A., coloq.) ovos fritos. **on the** ~ **side of 30** com menos de trinta anos. **look at the** ~ **side of things** tome as coisas pelo lado agradável.

sun porch s. (E. U. A.) jardim m. de inverno.

sunproof [s'ʌnpru:f] adj. à prova de luz.

sunrise [s'ʌnraiz] s. levantar m. do sol, hora f. do levantar do sol.

sunset [s'ʌnset] s. ocaso, pôr-de-sol m.

at ~ na hora do poente.

sunshade [s'ʌnʃeid] s. pára-sol, guarda-sol m., sombrinha f.

sunshine [s'ʌnʃain] s. 1. luz solar f., raios solares m. pl. 2. claridade, alegria f.

a ~ **companion** companheiro para os dias alegres.

sunshiny [~i] adj. cheio de sol, (fig.) alegre.

sun spot s. mancha solar f.

sunstroke [s'ʌnstrouk] s. insolação f.

sunstruck [s'ʌnstrʌk] adj. com insolação.

sun tan s. bronzeado do sol m.

sun tans s. (milit.) uniforme de verão m.

sunup [s'ʌnʌp] s. (E. U. A.) levantar do sol m.

sunward [s'ʌnwəd] adj. contra o sol, em direção ao sol. ‖ adv. (também ~**s**) em direção ao sol.

sunworshipper [s'ʌnwɔ:ʃipə] s. adorador m. do sol.

sup [sʌp] s. gole, trago m. (também **sip**). ‖ v. 1. jantar, cear. 2. dar um jantar. 3. tomar, engolir, tragar. 4. bebericar. 5. tomar às colheradas.

he needs a long spoon who ~**s with the devil** não é bom jantar com o diabo. **they** ~**ped on** ou **off porridge** eles comeram mingau de aveia no jantar.

sup. abr. de 1. **superior.** 2. **superlative.** 3. (coloq.) **supplement.**

super [sj'u:pə] s. 1. (coloq.) (artista) extranumerário m. 2. superintendente m. 3. objeto, projeto m. de qualidade e tamanho superior. ‖ adj. (gíria) excelente, formidável.

super- pref. indicando 1. superioridade. 2. além, sobre. 3. super, em grande proporção, em excesso.

superable [sj'u:pərəbl] adj. superável, vencível.

superableness [~nis] s. qualidade do que é superável.

superabound [sju:pərəb'aund] v. superabundar, existir em abundância ou em excesso.

the house ~**s with furniture** a casa tem móveis em excesso.

superabundance [sju:pərəb'ʌndəns] s. superabundância f.

superabundant [sju:pərəb'ʌndənt] adj. superabundante. ‖ ~**ly** adv. superabundantemente.

superadd [sj'u:pər'æd] v. adicionar mais, adicionar além de.

superaddition [sj'u:pərəd'iʃən] s. adição suplementar f.

superannuate [sju:pər'ænjueit] v. 1. aposentar, reformar, aposentar-se. 2. tornar antiquado. 3. descartar, desqualificar por ser antiquado.

superannuated [~id] adj. 1. aposentado, reformado por velhice. 2. obsoleto. 3. antiquado, caduco.

superannuation [sju:pərænju'eiʃən] s. 1. aposentadoria, reforma f. 2. dinheiro de aposentadoria m.

superannuation-fund s. fundo m. de aposentadoria.
superb [sju:p'o·bɔ] adj. 1. soberbo, majestoso, magnífico, esplêndido, imponente. 2. rico, elegante, suntuoso. 3. excelente, de primeira qualidade. ‖ ~ly adv. soberbamente, elegantemente, excelentemente.
superbness [~nis] s. magnificência, esplendor m.
supercalendered [sj'u:pək'ælindɔd] adj. altamente lustroso (papel).
supercargo [sj'u:pəka:gou] s. (Náut.) comissário m. de bordo.
supercarrier [sj'u:pəkæriə] s. grande avião m. de carga.
supercharge [sj'u:pətʃa:dʒ] s. sobretaxa f. ‖ v. 1. sobrecarregar. 2. cobrar excessivamente.
supercharged [~d] adj. 1. sobrecarregado. 2. (Mec.) superalimentado (motor). 3. (colóq.) embriagado.
supercharger [~ə] s. 1. (motor) compressor m., bombo f. 2. (Mec.) superalimentador.
   piston ~ compressor de pistão.
superciliary [sju:pəs'iliəri] adj. superciliar.
supercilious [sju:pəs'iliəs] adj. arrogante, sobranceiro, desdenhoso. ‖ ~ly adv. arrogantemente.
superciliousness [~nis] s. arrogância, sobrançaria f.
supercivilized [sju:pəs'ivilaizd] adj. supercivilizado.
superclass [sj'u:pəkla:s] s. (Biol.) categoria superior f. dentro de um filo.
supercompression [sj'u:pəkəmpr'eʃən] s. (motor) supercompressão f.
supercooled [sju:pək'u:ld] adj. muito refrigerado.
superdominant [sju:pəd'ominənt] s. (Mús.) superdominante f.
superdreadnought [sju:pədr'ednɔ:t] s. (Náut.) couraçado grande e pesadamente armado m.
super-duper adj. (colóq.) de primeiríssima.
superego [sj'u:pə'egou] s. (Psiq.) superego m.
supererogation [sj'u:pərerog'eiʃən] s. supererrogação f.
supererogatory [sj'u:pərer'ogətəri] adj. 1. supererrogatório. 2. desnecessário, supérfluo.
superficial [sju:pəf'iʃəl] adj. 1. superficial, relativo a superfície. 2. pouco profundo, leviano, aparente. ‖ ~ly adv. superficialmente.
   10 ~ feet, 10 feet ~ 10 pés quadrados. ~ test prova superficial.
superficiality [sju:pəfiʃi'æliti] s. superficialidade f.
superficies [sju:pəf'iʃi:z] s. superfície, área f.
superfine [sj'u:pəf'ain] adj. extrafino, superfino.
superfluity [sju:pəfl'u:iti] superfluousness [sju:p'ə:fluəsnis] s. superfluidade, coisa supérflua f.
superfluous [sju:p'ə:fluəs] adj. 1. supérfluo, excessivo, abundante. 2. desnecessário, inútil. ‖ ~ly adv. superfluamente.
superfortress [sju:pəf'ɔ:tris] s. (E. U. A., Av.) superfortaleza voadora f., bombardeiro m. (II.ª Grande Guerra).
superheat [sju:pəh'i:t] v. superaquecer (vapor).
   ~ed steam vapor superaquecido.
superheater [~ə] s. superaquecedor m.
superheating [~iŋ] s. superaquecimento m.
superheterodyne [sj'u:pəh'etərədain] s. Rádio (abr. superhet) rádio super-heteródino m. ‖ adj. super-heteródino.
superhighway [sj'u:pəh'aiwei] s. rodovia expressa f.
superhuman [sju:pəhj'u:mən] adj. 1. sobre-humano, além das forças humanas. ‖ ~ly adv. de modo sobre-humano.
superimpose [sj'u:pəimp'ouz] v. sobrepor, superpor.
superimposed [~d] adj. sobreposto.
superimposition [sj'u:pəimpos'iʃən] s. superposição f.
superincumbent [sj'u:pəink'∧mbənt] adj. sobreposto.
superinduce [sju:pəindj'u:s] v. acrescentar, introduzir como emenda.

superintelligent [sj'u:pəint'elidʒənt] adj. muito inteligente.
superintend [sj:print'end] v. superintender, dirigir.
superintendence [~əns] superintendency [~ənsi] s. superintendência, direção f.
superintendent [~ənt] s. superintendente, diretor, inspetor m. ‖ adj. superintendente.
superior [sjup'iəriə] s. 1. pessoa superior (em cargo, etc.) f. 2. superior, chefe de um convento m. ‖ adj. 1. excelente, muito bom. 2. melhor, maior, mais elevado em número. 3. superior em posição ou cargo, etc. 4. arrogante, convencido.
   Mother Superior madre superiora (de convento). he has no ~ ele é insuperável. he is my ~ in this nisso ele é superior a mim. she is ~ to me ela me supera. he is ~ to temptation ele resiste à tentação.
superioress [~ris] s. (Ecles) superiora f.
superiority [sjupiəri'ɔriti] s. 1. superioridade, vantagem f. 2. supremacia f.
superiority complex s. (Psicol.) complexo m. de superioridade.
superjacent [sju:pədj'eisnt] adj. superjacente.
superlative [sju:p'ə:lətiv] s. 1. exemplo supremo m. 2. (Gram.) superlativo m. ‖ adj. 1. insuperável, excelente, supremo. 2. (Gram.) superlativo. ‖ ~ly adv. insuperavelmente.
   to talk in ~s exagerar.
superlativeness [~nis] s. superlatividade f.
superman [sj'u:pəmæn] s. super-homem m.
supermarket [sj'u:pəma:kət] s. supermercado m.; mercearia f. do sistema "escolha, pague, leve."
supermundane [sju:pəm'∧ndein] adj. de outro mundo.
supernal [sju:p'ə:nəl] adj. celeste, divino, alto, elevado, sublime. ‖ ~ly adv. divinamente.
supernatant [sj'u:pən'eitənt] adj. sobrenadante.
supernational [sju:pən'æʃnəl] adj. supernacional.
supernatural [sju:pən'ætʃrəl] s. (the ~) sobrenatural m. ‖ adj. sobrenatural. ‖ ~ly adv. de modo sobrenatural.
supernaturalism [~izm] s. supernaturalismo m.
supernaturalness [~nis] s. sobrenaturalidade f.
supernova [sju:pən'ouvə] s. (Astron.) supernova f.
supernumerary [sju:pənj'u:mərari] s. 1. pessoa extranumerária f. 2. (teatro) artista supernumerário, comparsa m. ‖ adj. supernumerário, extra, extranumerário, excedente, sobresselente.
supernutrition [sju:pənju:tr'iʃən] s. supernutrição f.
superorder [sj'u:pəɔ:də] s. (Bot., Zool.) superordem f.
superordinate [sju:pə'ɔ:dinit] adj. que é superior.
superorganic [sju:pəɔ:g'ænik] adj. (Antrop.) superorgânico.
superoxide [sju:pə'oksaid] s. (Quím.) peróxido m.
superphosphate [sju:pəf'ɔsfeit] s. superfosfato m.
superpose [sj'u:pəp'ouz] v. = superimpose.
superposition [sj'u:pəpəz'iʃən] s. superposição f.
superpower [sj'u:pəpauə] s. (Pol.) superpotência f.
superpressure [sj'u:pəpr'eʃə] s. alta pressão f.
superroyal [sju:pər'ɔiəl] adj. (papel) em formato superior a 16,5 por 25 cm.
supersaturate [sju:pəs'ætʃəreit] v. sobre-saturar.
supersaturation [sj'u:pəsætʃər'eiʃən] s. supersaturação f., sobre-saturação f.
superscribe [sj'u:pəskr'aib] v. 1. sobrescrever. 2. endereçar.
superscription [sj'u:pəskr'ipʃən] s. sobrescrito m., endereço m.
supersede [sju:pəs'i:d] v. 1. substituir. 2. preencher o lugar de, assumir. 3. afastar, anular.
supersedeas [sju:pəs'i:diæs] s. (Jur.) prorrogação, suspensão f.
supersedence [sju:pəs'i:dəns] s. 1. substituição f. 2.

suspensão, demissão f.

supersensible [sju:pəs'ensəbl] **supersensitive** [sju:pəs'-ensitiv] adj. supersensível, muito sensível.

supersensory [sju:pəs'ensəri] adj. supersensível, além da percepção normal.

supersensual [sju:pəs'ensjuəl], **supersensuous** [sju:pəs'ensjuəs] adj. excessivamente sensual.

supersession [sju:pəs'eʃən] s. substituição f.

supersonic [sju:pəs'ounik] adj. 1. de alta freqüência. 2. supersônico, acima da velocidade do som. ~ **velocity** velocidade supersônica.

supersonics [~s] s. aerodinâmica f. de velocidades supersônicas.

superstition [sju:pəst'iʃən] s. superstição, crendice f.

superstitious [sju:pəst'iʃəs] adj. supersticioso. ‖ ~**ly** adv. supersticiosamente.

superstitiousness [~nis] s. supersticiosidade f.

superstratum [sju:pəstr'eitəm] s. (Geol.) estrato superficial m.

superstructure [sju:pəstr'ʌktʃə] s. 1. estrutura superior, superestrutura, construção acima da terra f. 2. (Náut.) parte f. do navio acima do convés.

supertanker [sj'u:pətæŋkə] s. navio-tanque m. com mais de 75.000 t.

supertax [sj'u:pətæks] s. imposto suplementar m.

supertemporal [sju:pət'empərəl] adj. 1. (Anat.) supratemporal. 2. que transcende o tempo.

supertonic [sj'u:pət'ɔnik] s. (Mús.) nota sobretônica f.

supervene [sju:pəv'i:n] v. sobrevir, intervir, intercorrer.

supervention [sju:pəv'enʃən] s. supervenção f.

supervise [sj'u:pəvaiz] v. supervisionar, inspecionar.

supervision [sju:pəv'iʒən] s. supervisão, inspeção f.

supervisor [sj'u:pəvaizə] s. supervisor, fiscal m.

supervisory [sju:pəv'aizəri] adj. de controle, fiscal.

supination [sju:pin'eiʃən] s. supinação f.

supine [sju:p'ain] s. (Gram.) supino m. ‖ adj. 1. supino, deitado de costas, inclinado para trás. 2. inativo, indolente, inerte, descuidado. ‖ ~**ly** adv. deitado de costas, indolentemente.

supineness [~nis] s. supinação, inércia, inatividade f.

supp. abr. de **supplement**.

supper [s'ʌpə] s. jantar m., ceia f. **he has** ~ ele está jantando. **the Lord's Supper** a Santa Ceia.

supperless [~lis] adj. sem jantar, sem ter jantado.

supplant [səpl'a:nt] v. 1. tomar o lugar de, substituir, exceder, vencer. 2. suplantar, derrubar.

supplantation [səpla:nt'eiʃən] s. suplantação f.

supplanter [səpl'a:ntə] s. suplantador m., substituto m.

supple [sʌpl] v. fazer flexível, tornar-se flexível. ‖ adj. 1. flexível, macio. 2. dúctil, maleável. 3. obsequioso, dócil, servil, submisso. ‖ ~**ly** adv. de modo flexível.

supplement [s'ʌplimənt] s. suplemento m. (também Geom.), complemento, aditamento m., adição f. ‖ v. completar, acrescentar, adicionar.

supplemental [sʌplim'entəl], **supplementary** [sʌplim'-entəri] adj. 1. adicional. 2. suplementar. ~ **order** pedido suplementar. ~ **payment** pagamento adicional. ~ **sheet** folha suplementar. ~ **volume** suplemento (volume).

supplementation [sʌpliment'eiʃən] s. complemento, suplemento m.

suppleness [s'ʌplnis] s. 1. flexibilidade, maciez, elasticidade f. 2. servilismo m., bajulação f.

suppletive [səpl'i:tiv] adj. supletivo, supletório.

suppliance [s'ʌpliəns] s. súplica, suplicação f.

suppliant [s'ʌpliənt] s. suplicante, requerente, impetrante m. + f. ‖ adj. suplicante, que pede humil-

demente. ‖ ~**ly** adv. suplicantemente.

supplicant [s'ʌplikənt] s. suplicante m. + f. ‖adj. suplicante. ‖ ~**ly** suplicantemente.

supplicate [s'ʌplikeit] v. 1. suplicar, implorar, pedir humildemente. 2. rezar, rogar.

supplicating [~iŋ] adj. suplicante. ‖ ~**ly** adv. suplicantemente.

supplication [sʌplik'eiʃən] s. súplica, petição f.

supplicatory [s'ʌplikətəri] adj. suplicatório.

supplier [səpl'aiə] s. abastecedor, fornecedor m.

supplies [səpl'aiz] s. pl. material, suprimento m., petrechos m. pl.

supply [səpl'ai] s. 1. estoque, suprimento m., provisão f. 2. abastecimento, fornecimento m., oferta f. 3. substituto m. 4. substituição f., preenchimento m. 5. verba f., orçamento m. ‖ v. 1. fornecer, prover, abastecer, suprir. 2. preencher, completar. 3. satisfazer. 4. substituir, fazer as vezes de. ~ **and demand** oferta e procura. ~ **depot** depósito de suprimentos. ~ **waggon** carro de entrega.

support [səp'ɔ:t] s. 1. assistência, ajuda f., auxílio, amparo, apoio m. 2. manutenção, subsistência f., sustento m. 3. (Arquit.) suporte, apoio, esteio, espeque m., base f. (quadro B 23). 4. (Fot.) tripé m. 5. (milit.) proteção, assistência, defesa f. ‖ v. 1. sustentar, suportar, escorar. 2. fortalecer, encorajar, ajudar, auxiliar. 3. manter, sustentar, cuidar. 4. favorecer, defender, apoiar. 5. advogar, justificar, defender, patrocinar. 6. provar, verificar, afirmar, substanciar, confirmar. 7. (milit.) proteger, dar assistência (em combate). 8. sofrer, tolerar, agüentar. 9. assistir, atender. 10. representar (papel) com sucesso. **in** ~ **of his theories** em defesa de suas teorias. **with my** ~ com meu auxílio. **he gives** ~ **to his sister** ele sustenta sua irmã. **she is the only** ~ **of her parents** ela é o único arrimo de seus pais. **to** ~ **a character** representar um papel com sucesso.

supportability [səpə:təb'iliti], **supportableness** [səp'ɔ:-təblnis] s. suportabilidade f.

supportable [~əbl] adj. suportável, sustentável, tolerável, sofrível. ‖ -**y** adv. suportavelmente.

supporter [səp'ɔ:tə] s. 1. sustentador, arrimo m. 2. protetor, auxiliador, apoio m. 3. defensor, patrocinador m. 4. (Arquit.) apoio, esteio, suporte m.

supporting [səp'ɔ:tiŋ] adj. de sustento, auxiliador, de suporte (quadro F 2).

supportive [səp'ɔ:tiv] adj. aprobativo, sustentador.

supportless [səp'ɔ:tlis] adj. sem meios, sem apoio, desamparado.

supposable [səp'ouzəbl] adj. presumível, imaginável. ‖ ~**ly** adv. presumivelmente.

suppose [səp'ouz] v. 1. supor, assumir. 2. considerar como possibilidade. 3. acreditar, crer. 4. presumir, esperar. 5. envolver, implicar. **do you** ~ **that your friend will be at home?** supõe que seu amigo esteja em casa? **I** ~ **so** creio que sim. **I** ~ **you know** suponho que você sabe. **you are not** ~**d to work all day** não se espera que você trabalhe o dia inteiro. ~ **we had supper now?** que tal se jantarmos agora? **supposing you were ill** suponhamos você esteja doente. **supposing it to be true** supondo que seja verdade. **supposing you were to drop it?** (coloq.) que tal, se você o deixasse?

supposed [~d] adj. 1. suposto, admitido. 2. pretenso. ‖ ~**ly** adv. supostamente, provavelmente.

supposing [~iŋ] conj. se, caso.

supposition [sʌpəz'iʃən] s. 1. suposição f. 2. hipótese, conjetura, opinião, crença f.

suppositional [~əl] adj. suposto, hipotético. ‖ ~**ly** adv.

hipoteticamente.
suppositious [səpəz'iʃəs] adj. = **supposititious.**
supposititious [səpəzit'iʃəs] adj. 1. espúrio, fraudulentamente substituído. 2. hipotético. 3. supositício. ‖ **~ly** adv. supositivamente.
supposititiousness [~nis] s. espuriedade, falsidade f.
suppositive [səp'ozitiv] adj. supositivo, supositício. ‖ **~ly** adv. supositivamente.
suppository [səp'ozitəri] s. supositório m.
suppress [səpr'es] v. 1. suprimir, anular, eliminar, cortar. 2. subjugar, dominar, oprimir, esmagar. 3. impedir, reprimir, segurar. 4. omitir, ocultar, abafar. 5. paralisar, estancar, reter, extinguir.
to ~ a book proibir um livro.
suppressed [~t] adj. suprimido, omitido, impedido.
suppresser [~ə] s. supressor m.
suppressible [~əbl] adj. suprimível.
suppression [səpr'eʃən] s. supressão, repressão f.
suppressive [səpr'esiv] adj. supressivo.
suppurate [s'ʌpjuəreit] v. supurar.
suppuration [sʌpjuər'eiʃən] s. supuração f.
suppurative [s'ʌpjurətiv] adj. supurativo, supurante.
supr. abr. de **supreme.**
supra pref. supra, indicando: acima, sobre, antes, além. ‖ adv. 1. acima. 2. anteriormente (em livro).
supraciliary [sj'u:prəs'iliəri] adj. supraciliar.
supradorsal [sj'u:prəd'ɔ:səl] adj. supradorsal.
supralapsarian [sj'u:prəlæps'eəriən] s. supralapsário m. ‖ adj. antes do primeiro pecado.
supraliminal [sju:prəl'iminəl] adj. (Psicol.) supraliminal: acima do limiar da consciência.
supramaxillary [sj'u:prəmækz'iləri] adj. supramaxilar.
supramundane [sj'u:prəm'ʌndein] adj. supramundano.
supranational [sj'u:prən'æʃnəl] adj. supernacional.
supranatural [sj'u:prən'ætʃrəl] adj. sobrenatural.
supraorbital [sj'u:prə'ɔ:bitəl] adj. (Anat.) acima dos globos oculares.
suprarenal [sj'u:prər'i:nəl] s. glândula supra-renal f. ‖ adj. supra-renal, das glândulas supra-renais.
supremacy [sjupr'eməsi] s. 1. supremacia f. 2. domínio, predomínio m., autoridade suprema f.
supreme [sjupr'i:m] adj. 1. supremo, principal. 2. do mais alto grau, maior, extremo, máximo. 3. superior, melhor em qualidade. 4. último, derradeiro.
the Supreme Being Deus. **the ~ command** o comando supremo. **the Supreme Court** a corte suprema. **she has made the ~ sacrifice** ela fez o sacrifício supremo, ela sacrificou a vida.
supt. abr. de **superintendent.**
surah [s'urə] s. tecido m. de seda macio.
sural [sj'uərəl] adj. sural: relativo à barriga da perna.
surbase [s'ə:beis] s. (Arquit.) cornija f., no topo de pedestal ou base.
surbased [~d] adj. (Arquit.) abatido (arco).
surcharge [sə:tʃ'a:dʒ] s. 1. sobrecarga, sobretaxa f. 2. (selo) sobrecarga f. ‖ v. 1. sobretaxar. 2. sobrecarregar. 3. carregar ou esforçar em excesso.
surcingle [s'ə:siŋgl] s. sobrecilha, barrigueira f. ‖ v. sobrecilhar.
surcoat [s'ə:kout] s. 1. sobretudo m. 2. (Hist.) veste f. usada sobre a armadura.
surd [sə:d] s. 1. (Fonét.) consoante surda f. 2. (Mat.) número irracional m. ‖ adj. 1. (Fonét.) surdo. 2. (Mat.) irracional.
sure [ʃ'uə] adj. 1. certo, sem dúvida, seguro. 2. confiante. 3. convencido. 4. fiel, de confiança. 5. infalível, seguro. 6. firme, estável. ‖ adv. (coloq.) seguramente, com certeza. ‖ **~ly** adv. seguramente, certamente, realmente, de fato.
are you quite ~? está absolutamente certo? **I am quite ~ of it** estou absolu amente certo, tenho certeza. **I'm ~ of it** sem dúvida. **as ~ as death**

and taxes certo como a morte. **she is ~ to fulfil her promise** ela sem dúvida cumprirá sua promessa. **be ~ you leave a message!** deixe uma notícia sem falta! **well to be ~!** naturalmente!, veja só! **~!** claro!, certamente! sem dúvida! **I am ~ I can't help it!** realmente não tenho culpa. **be ~ and do it!** (coloq.) não deixe de o fazer. **it is ~ to fail** não pode dar certo. **to make ~** certificar-se, informar-se sobre. **he made ~ that the door was locked** ele verificou se a porta estava fechada. **I made ~ of her for the next dance** reservei para mim a próxima dança com ela. **we m de ~ of her help** certificamo-nos da sua ajuda. **well, I'm ~!** ora essa! **~ly you are not cold?** não está sentindo frio realmente? **~ly you won't leave now?** certamente não vai embora agora? **it ~ly cannot be he** seguramente não pode ser ele. **slowly but ~ly** devagar, mas certo.
sure-enough adj. (coloq.) real; genuíno.
sure-fire adj. (coloq.) seguro, certo.
sure-footed adj. de andar seguro, (fig.) de confiança.
sureness [~nis] s. certeza, segurança f.
sure thing s. (coloq.) coisa certa f. ‖ interj. certo! combinado!
surety [~ti] s. 1. segurança, garantia, fiança f. 2. fiador m.
to stand ~ dar fiança.
surf [sə:f] s. ressaca, rebentação, onda f. (quadros B 4, C 17).
~-riding esporte de deslizar sobre as ondas, com uma tábua.
surface [s'ə:fis] s. 1. superfície f. 2. face f., lado m. 3. (Geom.) superfície, área f. 4. aparência exterior f. ‖ v. dar uma superfície plana a, alisar. ‖ adj. 1. superficial, relativo à superfície. 2. aparente.
on the ~ superficialmente. **it lies on the ~** é evidente. **to come to the ~** vir à tona. **~ concrete** camada de concreto. **~ soil** camada superficial de terra. **~ work** mineração a céu aberto.
surfaceman [s'ə:fismən] s. 1. operário m. de conservação de linhas. 2. mineiro m. trabalhando na superfície.
surfaceprinting [s'ə:fisprintiŋ] s. impressão f. em relevo.
surface tension s. (Fís.) tensão f. superficial.
surfacewater [s'ə:fiswɔ:tə] s. água f. superficial.
surfboard [s'ə:fbɔ:d] s. prancha f. para deslizar na rebentação.
surfeit [s'ə:fit] s. 1. excesso m. (no comer e no beber). 2. indigestão, náusea f., proveniente disso. 3. fartura, saciedade f. ‖ v. saciar, fartar-se, encher-se.
surge [sə:dʒ] s. 1. onda, vaga f. 2. movimento das ondas, vagar m. das ondas, ressaca f. 3. (Eletr.) oscilação f. de corrente, impulso repentino m. de corrente. ‖ v. 1. subir e descer, mover-se como as ondas. 2. aumentar repentinamente, correr, lançar-se. 3. (Eletr.) oscilar, alterar-se.
surgeon [s'ə:dʒən] s. 1. cirurgião, médico operador m., 2. médico militar, do exército ou da marinha.
~ dentist cirurgião-dentista. **~ general** (E. U. A.) médico-chefe (de hospital militar), chefe da Saúde Pública.
surgery [s'ə:dʒəri] s. 1. cirurgia f. 2. sala f. de operações, consultório m. de cirurgião.
surgical [s'ə:dʒikəl] adj. 1. cirúrgico. 2. usado ou feito por cirurgião. ‖ **~ly** adv. cirurgicamente.
surliness [s'ə:linis] s. mau humor, enfado m.
surly [s'ə:li] adj. de mau humor, aborrecido, carrancudo, rabugento, grosseiro, rude. ‖ **-lily** adv. grosseiramente, asperamente, de mau humor.
surmisable [sə:m'aizəbl] adj. presumível.

surmise [sə:m'aiz] s. 1. conjetura, suposição f. 2. imaginação, cisma, suspeita f. ‖ v. imaginar, supor, conjecturar, suspeitar.

surmount [sə:m'aunt] v. 1. elevar-se acima, sobrepujar. 2. estar em cima de. 3. passar por cima. 4. superar, vencer.

surmountable [~əbl] adj. que se pode superar ou vencer, que se pode sobrepujar.

surmullet [sə:m'ʌlit] s. (Ict.) salmonete m.

surname [s'ə:neim] s. 1. sobrenome m. 2. apelido m. ‖ v. dar um apelido, apelidar, cognominar.

surpass [sə:p'a:s] v. 1. sobrepujar, superar. 2. ultrapassar, exceder.
not to be ~ed insuperável.

surpassable [~əbl] adj. superável, que se pode sobrepujar.

surpassing [~iŋ] adj. ótimo, insuperável, excelente. ‖ ~ly adv. de modo insuperável, excelentemente.

surplice [s'ə:plis] s. sobrepeliz f.

surplus [s'ə:pləs] s. 1. excesso, excedente m. 2. resíduo, resto m. ‖ adj. excedente.
~ production produção excedente. **~ receipts** receitas excedentes. **~ work** trabalho extra.

surplusage [~idȝ] s. 1. excesso, excedente m. 2. (Jur.) matéria f. não atinente à questão.

surplus value s. (Econ. Pol. marxista) mais-valia f.

surprisal [səpr'aizəl] s. surpresa f., motivo m. de surpresa.

surprise [səpr'aiz] s. 1. surpresa f., coisa inesperada f. 2. sobressalto m. 3. emoção, perplexidade f., pasmo m. ‖ v. 1. espantar, surpreender, pasmar. 2. apanhar de improviso, aparecer inesperadamente. 3. abismar. ‖ adj. de surpresa, surpreendente.
you took me by ~ surpreenderam-me. **to my great ~** para grande espanto meu. **I got the ~ of my life** foi uma surpresa para mim. **I was very ~d at her behaviour** seu comportamento me surpreendeu muito. **the child was ~d with the jampot in his hands** a criança foi apanhada em flagrante, com o pote de doce na mão. **I should not be ~d, if ...** não me causaria surpresa se... **to take by ~** pegar em flagrante, pegar de surpresa, espantar.

surprisedly [səpr'aizidli] adv. admiradamente.

surprising [səpr'aiziŋ] adj. surpreendente, inesperado, imprevisto. ‖ ~ly adv. surpreendentemente, inesperadamente.

surrealism [sə:r'iəlizm] s. surrealismo m.

surrealist [sə:r'iəlist] s. surrealista m.

surrealistic [sə:riəl'istik] adj. surrealista. ‖ ~ally adv. surrealisticamente.

surrebut [sʌrib'ʌt] v. (Jur.) responder à tréplica.

surrebuttal [~l] s. (Jur.) resposta à tréplica f.

surrebutter [~ə] s. (Jur.) resposta f. do acusador ao "rebutter".

surrejoin [s'ʌridȝɔin] v. (Jur.) treplicar.

surrejoinder [s'ʌridȝ'ɔində] s. (Jur.) tréplica f.

surrender [sər'endə] s. 1. capitulação, rendição f., ato de render-se ou entregar-se. ‖ v. capitular, render-se, entregar-se, resignar, abandonar, ceder.

surrenderer [~rə] s. capitulador m.

surreptitious [sʌrəpt'iʃəs] adj. 1. sub-reptício, secreto. 2. fraudulento, clandestino. ‖ ~ly adv. secretamente, clandestinamente.
~ edition reimpressão clandestina.

surrogate [s'ʌrogit] s. 1. substituto, sub-rogado (de bispo) m. 2. (E. U. A.) juiz m. de paz substituto. ‖ v. substituir.

surround [sər'aund] v. 1. fechar, rodear, envolver. 2. cercar, circundar.

surrounding [~iŋ] adj. 1. cercante, circundante. 2. adjacente, vizinho. 3. ambiental.

surroundings [~iŋz] s. pl. 1. arredores m. pl. 2. ambiente m. 3. circunstâncias f. pl.

sursolid [sə:s'ɔlid] (Mat.) s. quinta potência f. ‖ adj. da quinta potência.

surtax [s'ə:tæks] s. sobretaxa, taxa adicional f., imposto suplementar m. ‖ v. sobretaxar.

surveillance [sə:v'eiləns] s. 1. vigilância f. 2. supervisão, fiscalização f.

surveillant [sə:v'eilənt] adj. vigilante.

survey [s'ə:vei] s. 1. vista geral, visão f. 2. inspeção, vistoria, revista f. 3. laudo m. de inspeção. 4. levantamento m. 5. planta f. de levantamento. 6. avaliação f. ‖ [sə:v'ei] v. 1. inspecionar, examinar, olhar, vistoriar. 2. medir, levantar. 3. avaliar.

surveyable [sə:v'eiəbl] adj. abrangível pela vista.

surveying [sə:v'eiiŋ] s. 1. levantamento m., agrimensura f. 2. ensino m. da arte de agrimensura. 3. vistoria, revista f.

surveyor [sə:v'eiə] s. 1. agrimensor m. 2. inspetor, conferente alfandegário m. 3. avaliador m.
town—~ inspetor municipal. **~'s office** escritório de construções.

survival [səv'aivəl] s. 1. sobrevivência f. 2. pessoa, coisa f., costume m., etc. que sobreviveu.
~ of the fittest sobrevivência dos mais aptos.

survive [səv'aiv] v. 1. viver mais, permanecer vivo. 2. sobreviver. 3. subsistir, permanecer, remanescer.

survivor [~ə] s. sobrevivente m. + f.

survivorship [~əʃip] s. 1. sobrevivência f. 2. (Jur.) direitos m. pl. à herança.

susceptance [səs'eptəns] s. (Eletr.) susceptância f.

susceptibilities [səseptəb'ilitiz] s. pl. pontos sensíveis m.

susceptibility [səseptəb'iliti] s. suscetibilidade, sensibilidade f.

susceptible [səs'eptəbl] adj. 1. suscetível, sensível. 2. delicado, emotivo. ‖ ~ly adv. suscetivelmente.
~ of suscetível a, capaz de receber. **~ to** sujeito a, sensível a.

susceptive [səs'eptiv] adj. receptivo, impressionável, suscetível.

susceptiveness [~nis] s. = **susceptibility**.

suspect [s'ʌspekt] s. suspeito m., pessoa suspeita f. ‖ [səsp'ekt] v. 1. imaginar, pensar, conjeturar, supor, presumir. 2. suspeitar, desconfiar. 3. duvidar. ‖ adj. suspeito, suspeitoso, duvidoso.
we ~ him of theft suspeitamos que ele é ladrão. **I ~ her courage** duvido de sua coragem. **didn't you ~ anything?** você não teve nenhuma desconfiança? **I wouldn't have ~ed it** nunca o teria imaginado.

suspectable [səsp'ektəbl] adj. suspeitável.

suspected [səsp'ektid] adj. suspeito, duvidoso. ‖ ~ly suspeitosamente.

suspectless [səsp'ektlis] adj. insuspeito.

suspend [səsp'end] v. 1. suspender, pendurar. 2. estar suspenso. 3. interromper, parar, cessar. 4. suspender o pagamento. 5. remover, excluir, suspender (do trabalho). 6. deixar pendente, deter, sustar, adiar.
it was ~ed from the ceiling by a thread estava suspenso do forro por um fio.

suspended [~id] adj. suspenso, pendurado.
~ animation suspensão temporária de funções vitais.

suspender [~ə] s. 1. liga f. 2. (Med.) funda, cinta ortopédica f. 3. ~s, a pair of ~s (E. U. A.) suspensórios m. pl.

suspense [səsp'ens] s. 1. incerteza f. 2. ansiedade f. 3. dúvida, indecisão f.
tortured with ~ torturado pela incerteza. **in ~** suspenso, incerto. **they held (ou kept) me in ~** eles me deixaram ansioso.

suspense account s. (Com.) contas suspensas f. pl.

suspensible [səsp'ensəbl] adj. que se pode suspender.
suspension [səsp'enʃən] s. 1. interrupção, paralisação, f., adiamento, prazo m., mora f. 2. suporte m. para suspensão. 3. suspensão, abolição, interrupção temporária f. (de lei, etc.), adiamento m. 4. (Mec.) suspensão f. 5. (Fís. e Quím.) suspensão f. 6. (Mús.) prolongamento m., suspensão f. 7. (Com.) suspensão dos pagamentos, falência f.
~ of arms ou **hostilities** armistício. **~ of payment** suspensão dos pagamentos.
suspension bridge s. ponte pênsil f. (quadro B 23).
suspension crane s. guindaste suspenso m.
suspension railway s. trem suspenso m.
suspensive [səsp'ensiv] adj. suspensivo. ǁ **~ly** adv. suspensivamente.
suspensory [səsp'ensəri] s. (Med.) suspensório m. ǁ adj. suspensório.
suspicion [səsp'iʃən] s. 1. dúvida, suspeita f. 2. momento m. de suspeita. 3. noção vaga f. 4. quantidade muito pequena f., traço m. 5. suposição f.
above ~ acima de qualquer suspeita. **this casts a ~ on him** isto fá-lo suspeito. **~ fell on the servant** suspeitava-se do criado. **~ is on him** ele está sob suspeita. **on ~ of treachery** sob a suspeita de traição. **to remove a ~** afastar uma suspeita.
suspicious [səsp'iʃəs] adj. 1. suspeito, duvidoso. 2. desconfiado, receoso, suspeitoso. 3. de suspeita, de desconfiança. ǁ **~ly** adv. suspeitosamente.
suspiciousness [~ nis] s. suspeitosidade, suspeita f.
suspiration [sʌspir'eiʃən] s. (Liter.) suspiro, gemido m., ato de gemer ou de suspirar.
suspire [səsp'aiə] v. 1. (Liter.) suspirar. 2. respirar profundamente. 3. (fig.) desejar ardentemente.
sustain [səst'ein] v. 1. sustentar, ajudar, assistir, manter, confortar, aliviar. 2. suprir, abastecer, sustentar. 3. suportar, segurar. 4. tolerar, agüentar. 5. sofrer, experimentar. 6. permitir, admitir, favorecer. 7. concordar com, confirmar, sancionar, apoiar, encorajar. 8. (Mús.) sustentar. 9. manter.
the food ~ed her o alimento a sustentou. **he ~ed a bad injury** ele sofreu um ferimento grave. **he does not ~ a comparison with his brother** não se pode compará-lo ao seu irmão. **~ing pedal** (Mús.) pedal do forte, grande pedal (quadro P 3).
sustainable [~ əbl] adj. sustentável.
sustainer [~ ə] s. sustentador m.
sustaining program s. (Rádio, Telev.) programa m. não patrocinado.
sustainment [~ mənt] s. 1. ato de agüentar. 2. sustentação f. 3. suporte, apoio m. 4. alimento m.
sustenance [s'ʌstinəns] s. 1. alimento, mantimento, sustento m., subsistência f. 2. apoio, amparo, suporte, auxílio m.
sustentacular [sʌstənt'eikjulə] adj. sustentante.
sustentation [sʌstənt'eiʃən] s. suporte m., manutenção f., sustento, amparo m., sustentação f.
sustentator [sʌstənt'eitə] s. sustentador m.
susurrant [sjus'ʌrənt], **susurrous** [sjus'ʌrəs] adj. sussurrante.
susurration [sju:sər'eiʃən] s. sussurração f.
sutler [s'ʌtlə] s. (Hist.) vivandeiro m., vivandeira f.
sutlership [~ ʃip] s. (Hist.) ofício m. de vivandeiro.
suttee [s'ʌti:] s. (Índia) sati: 1. costume m. hindu de queimar a viúva com os restos mortais do seu marido. 2. a viúva queimada f.
sutural [sj'u:tʃərəl] adj. sutural, relativo a sutura.
suture [sj'u:tʃə] s. 1. (Cirurg.) sutura f. 2. método m. de sutura. 3. costura f. 4. (Anat.) sutura, junção f. de ossos, união ou articulação f. ǁ v. suturar.
suzerain [s'u:zərein] s. 1. suserano, lorde ou senhor feudal m. 2. estado m. suserano. ǁ adj. suserano.

suzerainty [~ ti] s. suserania f.
svelte [svelt] adj. esbelto, gracioso, elegante.
SW, S.W., s.w. abr. de **southwest, southwestern** sudoeste, para sudoeste (quadro A 1).
swab [swob] s. 1. esfregão, estropalho m. 2. mecha f. de algodão, haste f. com algodão na ponta, torcilhão m. para limpar feridas ou aplicar medicamentos. 3. escova f., limpador m. para tubos. 4. (Náut.) lambaz m. 5. material m. para exame, recolhido com mecha de algodão. ǁ v. limpar com mecha ou esfregão, aplicar com algodão, pincelar.
swabber [sw'obə] s. 1. pessoa que limpa com esfregão. 2. indivíduo que só presta para este serviço.
Swabian [sw'eibiən] s. suábio, habitante m. da Suábia. ǁ adj. suábio.
swacked [swækt] adj. (gíria) bêbado, intoxicado.
swaddle [swodl] s. (E. U. A.) fralda f., cueiro m. ǁ v. enfaixar, envolver em fraldas.
swaddling clothes s. pl. faixas, fraldas f. pl.
swag (I) [swæg] s. grinalda, coroa f. suspensa (de flores, frutas), festão m. ǁ v. 1. festoar. 2. pendurar, suspender.
swag (II) [swæg] s. (gíria) 1. objetos roubados m. pl. 2. (Austrália) trouxas f. pl., bagagem f.
~-shop loja de bugigangas.
swage [sweidʒ] s. molde m., estampa f. de forja.
swage-block s. estampa f. de forja.
swagger [sw'ægə] s. 1. gabolice, bazófia f. 2. andar afetado m. ǁ v. 1. andar de modo afetado, andar com ares de superior. 2. vangloriar-se, gabar-se. 3. bancar o valentão. ǁ adj. (coloq.) elegante.
swaggerer [~ rə] s. gabolas m. + f.
swagger stick, swagger cane s. bengala f. ou bastão m. curto e leve, usado pelos soldados em licença.
Swahili [swa:h'i:li] s. 1. suaili m.: povo da costa africana de Zanzibar. 2. língua desse povo.
swain [swein] s. (poét.) mancebo, moço, galã rústico m.
swale [sweil] s. (E. U. A.) baixada f., terreno baixo m.
swallow (I) [sw'olou] s. 1. trago m. 2. garganta f. 3. ato de tragar ou de engolir. 4. voracidade f. ǁ v. 1. engolir, tragar. 2. absorver, engolfar. 3. acreditar sem suspeitas. 4. ter de tolerar ou aceitar.
to ~ the bait (fig.) cair na cilada. **to ~ the bitter pill** engolir a pílula amarga.
swallow (II) [sw'olou] s. andorinha f.
one ~ does not make a summer uma andorinha só não faz verão.
swallow-tail s. 1. (Arquit.) rabo m. de andorinha. 2. fraque m. (também **~-tails** e **~-tailed coat**).
swam [swæm] v. imp. de **to swim.**
swamp [swomp] s. brejo, pântano m. ǁ v. 1. cair ou afundar na água ou no brejo. 2. encharcar, encher de água e afundar. 3. inundar, alargar. 4. assoberbar.
swamper [sw'ompə] s. 1. pessoa que vive numa região pantanosa. 2. operário m. que limpa um terreno pantanoso.
swampland [sw'omplænd] s. terra alagadiça f., pantanal m.
swampy [sw'ompi] adj. pantanoso, alagadiço.
swan [swon] s. 1. cisne m. 2. (fig.) poeta, cantor m.
swan dive s. (Esp.) mergulho m. para frente.
swanherd [sw'onhə:d] s. tratador m. de cisnes.
swank [swæŋk] s. ostentação, gabolice, bazófia f. ǁ v. ostentar, bazofiar, pavonear-se. ǁ adj. (também **swanky**) pretensioso, aparatoso.
swan neck s. (Mec.) tubo acotovelado m.
swan-necked adj. com colo de cisne (de cavalo) (quadro H 9).
swan's-down, swansdown [sw'onsdaun] s. 1. penu-

gem f de cisne. 2. tecido grosso m. de algodão.
swan skin s. flanela f.
swan song s. canto m. do cisne: última obra f. de poeta ou de compositor.
swap [swɔp] s. (coloq.) troca, permuta f. ‖ v. trocar, permutar, negociar.
sward [swɔ:d] s. gramado m., relva f. ‖ v. cobrir com grama.
sward-cutter s. cortador m. de grama.
swardy [swɔ:di] adj. gramado, coberto de grama.
swarm (I) [swɔ:m] s. 1. enxame (de abelhas) m. 2. população f. de abelhas em uma colmeia. 3. grande número de células, agregação f. de organismos unicelulares. 4. multidão f. ‖ v. 1. enxamear. 2. fervilhar, voar ou mover-se em grande quantidade. 3. estar cheio de enxames. 4. aglomerar-se, atropelar-se.
the place ~ed with people o lugar fervilhava de gente.
swarm (II) [swɔ:m] v. trepar, subir.
swart [swɔ:t] adj. = **swarthy**.
swarthiness [swɔ:θinis] s. cor escura f.
swarthy [swɔ:θi] adj. escuro, marrom-escuro, trigueiro, moreno. ‖ −ily adv. de cor escura.
swash [swɔʃ] s. 1. ação f. ou som m. de esparramar água. 2. ruído m. de água corrente. ‖ v. 1. esguichar, esparramar água, esparrinhar. 2. fazer ruído de esguichar. 3. fanfarronar, blasonar.
swashbuckler [swɔʃbʌklə] s. valentão, ferrabrás, fanfarrão m.
swashbuckling [swɔʃbʌkliŋ] s. fanfarrice f.
swastika [swɔstikə] s. suástica, cruz gamada f.
swat [swɔt] s. golpe violento m. ‖ v. esmagar, matar com um golpe.
swatch [swɔtʃ] s. amostra f. de tecido ou de couro.
swath [swɔ:θ] s. 1. espaço m. cortado por um golpe de alfanje. 2. fileira, fiada, carreira f. cortada com alfanje ou pela máquina de ceifar. 3. carreira, faixa f. de trigo ou capim cortado m.
swathe [sweið] s. 1. bandagem, faixa f. 2. = **swath**. ‖ v. 1. embrulhar, envolver. 2. enfaixar, amarrar, envolver em bandagem.
swatter [swɔtə] s. moscadeiro m.
sway [swei] s. 1. balanço m., oscilação, agitação f. 2. influência f., controle, poder m. ‖ v. 1. baiançar, oscilar, flutuar. 2. fazer mover, agitar, fazer balançar. 3. virar, mudar de opinião. 4. inclinar-se para um lado, pender, envergar, fazer inclinar para um lado. 5. influenciar, controlar, dominar. 6. dirigir.
he is completely under his teacher's ~ ele está completamente sob a influência de seu professor. he ~s the sceptre (fig.) ele domina.
sway-backed adj. 1. com o dorso excessivamente curvado, enselado (cavalo). 2. (fig.) exausto.
swear [swɛə] v. (imp. **swore**, p. p. **sworn**) 1. jurar, prestar juramento. 2. fazer jurar. 3. declarar (sob juramento). 4. contratar ou admitir sob juramento. 5. prometer solenemente, fazer voto ou promessa. 6. xingar. 7. praguejar, blasfemar, falar palavrões.
he ~s at his work (coloq.) ele maldiz seu trabalho. those colours ~ at each other estas cores não combinam uma com a outra. he ~s by his friend ele tem muita confiança em seu amigo. he ~s by his daily bath ele acredita no efeito de seu banho diário. I could ~ to it eu poderia confirmar isso sob juramento. I have sworn to myself never to drink again jurei nunca mais beber. he was sworn to secrecy ele prestou juramento de guardar segredo. he was sworn a member ele prestou juramento como membro. all witnesses were sworn todas as testemunhas prestaram juramento.

I have sworn off cards jurei nunca mais jogar cartas.
swearer [swɛərə] s. 1. jurador m. 2. blasfemador m.
swearing [swɛəriŋ] s. 1. juramento m. 2. blasfêmia f. ~−in ajuramentação.
swear-word s. (coloq.) palavrão m., blasfêmia f.
sweat [swet] s. 1. suor m. 2. sudação, transpiração f. 3. (coloq.) sofrimento m., ansiedade f. que produz suor. 4. umidade f., líquido condensado m. 5. trabalho duro, exercício m. ‖ v. 1. suar, transpirar. 2. fazer suar. 3. fermentar, fazer perder umidade. 4. transudar, sair em gotas. 5. molhar, manchar com suor. 6. condensar umidade do ar. 7. (coloq.) sofrer de ansiedade, etc. 8. maltratar, fazer trabalhar duramente, explorar, extorquir. 9. (coloq.) labutar, trabalhar duramente. 10. saldar. 11. aquecer (metal) para refiná-lo.
by ou in the ~ of my brow com o suor do meu rosto. he is in a ~ (coloq.) ele está em apuros. he ~ed it out (E.U.A., gíria) ele o aguardou pacientemente.
sweatband [swetbænd] s. carneira f. (quadro H 4).
sweatbox [swetbɔks] s. 1. recipiente m. para desumidificação de couros, frutas secas, etc. 2. lugar m. para suar, esp. pequeno compartimento para punição de prisioneiros.
sweater [swetə] s. 1. suéter, pulôver m., malha f. de lã. 2. explorador (de empregados) m. 3. suador m. 4. suadouro, sudorífico m.
sweater girl s. (gíria) moça curvilínea f., de roupa colante.
sweat gland s. glândula sudorípara f.
sweatiness [swetinis] encharque m. de suor.
sweating [swetiŋ] s. 1. sudação, transpiração f. 2. mau trato m., exploração f.
sweating bath s. banho m. de vapor.
sweating price s. salário m. de fome.
sweating system s. exploração f. de empregados com salários de fome.
sweat shirt ou ~ **suit** s. (Esp.) camisa ou roupa f. de treino (para absorver o suor).
sweaty [sweti] adj. suado, cheio de suor. ‖ −ily adv. de maneira suada, com suor.
Swede [swi:d] s. natural m. + f. da Suécia.
Swedish [swi:diʃ] s. sueco m., língua sueca f. ‖ adj. sueco.
sweep [swi:p] s. 1. varredura, varrição, vassourada, limpeza f. 2. movimento propulsor, impulso m. 3. fluxo, andar macio m. 4. curva, volta f. 5. golpe, giro, movimento circular (como com alfanje) m. 6. extensão, região, área f. 7. alcance, extensão, esfera f. 8. limpador de chaminés m., varredor m. 9. remo comprido m. 10. vara comprida f. para tirar água de poço. 11. folga f., jogo m. 12. rampa f. 13. jogo de corrida de cavalos m. 14. asas de moinho de vento f. 15. ~s (também ~ings) varredura, lixo m., sujeira f. ‖ v. (imp. e p. p. **swept**) 1. varrer, limpar, escovar. 2. mover, tocar. 3. remover, arrastar (no chão) 4. passar (com um movimento contínuo), tocar (cordas). 5. correr, mover-se rapidamente. 6. andar com pose ou dignidade. 7. estender-se. 8. caçar, tocar. 9. escavar, dragar. 10. procurar, olhar (o horizonte). 11. derramar-se, fluir.
we made a clean ~ fizemos limpeza geral (fig.). with a ~ of his hand com um movimento da mão. ~−net rede de arrasto. to ~ the board (fig.) embolsar todo lucro. the waves swept the boat as ondas lavaram o barco por cima. he swept her a low bow ele lhe fez uma profunda reverência. to ~ the chimney limpar a chaminé. to ~ along correr, passar rapidamente, (fig.) voar. he swept his

pupils along with him ele entusiasmou seu alunos. **to ~ by** passar com grande velocidade. **to ~ down** varrer para baixo. **to ~ down on** atirar-se sobre. **to ~ off** arrastar, levar, varrer. **we were swept off our feet** (coloq. fig.) ficamos boquiabertos ou abismados **to ~ past** passar com grande velocidade.

sweeper [swʼi:pə] s. varredor, limpador m.

sweeping [swʼi:piŋ] adj. 1. extenso, vasto, largo. 2. violento, impetuoso, impulsivo, que arrasta ou leva. 3. radical, de grande alcance, geral, completo. ‖ **~ly** adv. extensamente, violentamente.

sweepings [~z] s. pl. varredura, sujeira f., lixo m.

sweepstakes [swʼi:psteiks] s. 1. modalidade f. de jogo em corrida de cavalos. 2. corrida f. de cavalos. 3. prêmio m. desta corrida.

sweet [swi:t] s. 1. coisa doce, doçura f. 2. (Ingl.) doce m., sobremesa f. 3. **~s** açúcar, bombom, doce m., coisa agradável f. 4. namorada f. ‖ adj. 1. doce, açucarado, adocicado. 2. perfumado, cheiroso, de cheiro agradável. 3. atraente, bonito, gracioso, amável, agradável, encantador. 4. fresco, refrescante. 5. (Mús., gíria) sentimental, lento. 6. que trabalha macia ou silenciosamente (máquina). 7. fértil, próprio para cultura (terra). 8. caro, querido. ‖ **~ly** adv. docemente, facilmente, suavemente. **~ seventeen** mocidade dourada. **at one's own ~ will** de acordo com sua própria vontade. **she has a ~ tooth** ela gosta de doces. **he is mighty ~ on her** (gíria) ele está muito apaixonado por ela.

sweet-and-sour adj. doce-azedo.

sweetbread [swʼi:tbred] s. pâncreas ou timo m. de vitela, preparado como comida.

sweetbrier, sweetbriar [swʼi:tbraiə] s. (Bot.) rosa--amarela f.

sweet corn s. (E. U. A.) milho-doce m.

sweeten [swi:tn] v. 1. adocicar, adoçar. 2. tornar agradável, amenizar.

sweetening [swʼi:tniŋ] s. 1. adoçamento m., (Med.) 2. adoçante m., o que serve para adoçar.

sweet flag, ~ rush s. (Bot.) cálamo m.: planta medicinal.

sweet gale s. (Bot.) mírica f.

sweetheart [swʼi:tha:t] s. querido, namorado m., querida, namorada f.

sweetish [swʼi:tiʃ] adj. adocicado. ‖ **~ly** adv. com açúcar.

sweetmeat [swʼi:tmi:t] s. 1. doce, bombom m., gulodice, guloseima f. 2. fruta cristalizada f. 3. compota f.

sweet-natured adj. dócil, meigo.

sweetness [swʼi:tnis] s. 1. doçura f. 2. suavidade, brandura, graça, delicadeza f. 3. perfume, aroma m.

sweet oil s. óleo m. de oliva, azeite m.

sweet pea s. 1. (Bot.) ervilha-de-cheiro f. 2. flor f. desta planta.

sweet potato s. batata-doce f.

sweet-scented, sweet-smelling adj. perfumado.

sweet-shop s. loja f. de doces, confeitaria f.

sweet sop s. ata, pinha, fruta-do-conde f.

sweet-talk s. (coloq.) elogio m., bajulação f.

sweet-tempered adj. dócil, de bom coração, meigo, bondoso.

sweet tooth s. guloso m.

sweet violet s. (Bot.) violeta f.

sweet william (Bot.) cravina-dos-poetas, mauritânia f.

sweety [swʼi:ti] s. (linguagem de crianças) doce m.

swell [swel] s. 1. aumento, incremento m., inchação, dilatação, expansão f. 2. intumescência, turgescência, elevação, protuberância f., lugar inchado, lugar elevado m. 3. morro m., elevação de terreno

f. 4. onda comprida, vaga f. 5. (Mús.) crescendo, aumento de sonoridade, sinal m. de crescendo. 6. dispositivo m. do órgão para regular a intensidade do som, volume m. 7. (coloq.) almofadinha m. 8. pessoa importante f. ‖ v. (p. p. **swollen, swelled**) 1. crescer, inchar, intumescer, expandir, distender, dilatar. 2. ter saliência, alargar-se, ser mais grosso em certa parte, dilatar-se. 3. avolumar-se, aumentar, incrementar. 4. elevar, elevar-se (terra). 5. formar ondas, crescer em ondas. 6. aumentar de som ou de volume, aumentar o volume do som. 7. (coloq.) ficar inchado ou arrogante, tornar arrogante ou vaidoso, ensoberbecer. ‖ adj. 1. (coloq.) elegante, grã-fino. 2. excelente, formidável.

swelled head (também **swelled-headed**) adj. convencido, arrogante, vaidoso.

swellfish [swʼelfiʃ] s. nome vulgar de diversos peixes plectógnatos, que se incham com ar, como, p. ex., o baiacu.

swelling [swʼeliŋ] s. 1. aumento m. de tamanho, expansão f. 2. inchação, inchaço m., intumescência, turgescência f. ‖ adj. 1. que aumenta, expande, que incha. 2. elevado, bombástico, túrgido.

swelter [swʼeltə] s. calor abrasador m. ‖ v. 1. sofrer de calor. 2. suar, transpirar.

sweltering [~riŋ] adj. mormacento, abafador, sufocante, abafado. ‖ **~ly** adv. de modo abafador.

sweltry [swʼeltri] adj. quente, abafado, sufocador.

swept [swept] v. imp. e p. p. de **to sweep**.

swerve [swə:v] s. desvio m., virada f. ‖.v. desviar, virar, (para o lado).

swift [swift] s. 1. (Orn.) andorinhão, gaivão, guincho m. 2. salamandra aquática f. 3. dobadoura f. ‖ adj. 1. rápido, veloz. 2. imediato, pronto. 3. esperto, vivo. ‖ adv. também **~ly** prontamente, rapidamente, vivamente.

swift-heeled, swift-footed adj. ligeiro, rápido.

swiftness [swʼiftnis] s. velocidade, rapidez, ligeireza, vivacidade f.

swift-winged adj. de vôo rápido.

swig [swig] s. (gíria) trago ou gole grande m. ‖ v. beber em goles grandes.

swigged [~d] adj. embriagado.

swill [swil] s. 1. refugo m., lavagem, enxaguadura f. 2. trago grande m. 3. líquido m. ‖ v. 1. beber às pressas ou em goles grandes. 2. encher-se de bebida, embriagar-se. 3. lavar com água, enxaguar.

swillings [swʼiliŋs] s. pl. lavagem f. (que se dá para os porcos.).

swim [swim] s. 1. natação f., ato de nadar, distância f. percorrida a nado. 2. **the ~** vida, corrente f. da vida. ‖ v. (imp. **swam**, p. p. **swum**). 1. nadar. 2. atravessar a nado. 3. fazer nadar. 4. boiar, flutuar 5. estar inundado, estar correndo. 6. deslizar. 7. estar tonto ou zonzo. **let's go for a ~!** vamos nadar! **I took a ~** fui nadar. **he is in the ~** (coloq.) ele faz parte, ele está a par. **to ~ like a rock** (fig.) afundar. **he ~s in joy** ele está feliz. **you must ~ with the tide** você deve nadar a favor da correnteza. **my head ~s** minha cabeça gira. **shall I ~ you?** vamos fazer uma competição natatória?

swim bladder s. (Ict.) bexiga natatória f.

swim fin s. 1. (Zool.) membro natatório m. 2. nadadeira f.

swimmer [swʼimə] s. nadador m., nadadora f.

swimming [swʼimiŋ] s. 1. nado m., natação f. 2. tontura f. ‖ adj. 1. natatório, que nada. 2. tonto, atordoado, aturdido. ‖ **~ly** adv. facilmente, com sucesso. **we got on ~ly together** entendemo-nos perfeitamente. **it goes ~ly** vai sem dificuldades.

swimming lesson s. aula f. de natação.
swimming pool s. piscina f. (quadro B 3).
swimming suit s. traje m. de banho, maiô m. (quadro C 12).
swindle [swindl] s. engano m., fraude f. ‖ v. 1. lograr, enganar, defraudar, calotear. 2. obter fraudulentamente.
swindler [sw'indlə] s. caloteiro, logrador, trapaceiro m.
swindle sheet s. (gíria) conta f. de despesas.
swindling [sw'indliŋ] s. fraude, velhacaria, trapaça f. ‖ adj. fraudulento. ‖ ~ly adv. fraudulentamente.
swine [sw'ain] s. (pl. ~) 1. porcos, suínos m. pl. 2. porco, suíno m. 3. pessoa suja f.
don't cast pearls before ~ não atire pérolas aos porcos.
swinebread [sw'ainbred] s. (Bot.) túbera, trufa f.
swineherd [~hə:d] s. porqueiro m.
swing [swiŋ] s. 1. balanceio, balouço m., oscilação f., balanço m. 2. impulso m. 3. balanço m.: brinquedo (quadro P 5). 4. marcha f., andar, o movimento balançante m. 5. (coloq.) período de trabalho, turno m. 6. golpe de boxe m., dado com movimento giratório do corpo e do braço. 7. liberdade f. de ação, folga f. 8. movimento m., atividade f. 9. (também ~ music) música e dança f. 10. inclinação, propensão, tendência, vocação f. 11. volta f. ‖ v. (imp. swung, (†) swang, p. p. swung) 1. balançar, oscilar. 2. girar, voltear. 3. mover-se em linha curva. 4. mover-se livremente. 5. pender, pendurar. 6. brandir, vibrar. 7. (E. U. A., coloq.) influenciar ou dirigir com sucesso. 8. tocar música em ritmo de swing. ‖ adj. relativo à dança ou música de swing.
in full ~ em plena atividade, em pleno funcionamento. let him have his full ~ of pleasure deixe-o divertir-se à vontade. he got into the ~ of his work ele familiarizou-se com seu trabalho. let young people have their ~ deixe aos moços a sua liberdade. to ~ the lead (gíria Náut.) simular doença. he'll ~ it (coloq.) ele dará um jeito. she has swung ela passou da época. to ~ about sacudir, abalar. to ~ into line (milit.) efetuar uma volta. to ~ open abrir-se (porta). to ~ round girar, virar-se. ~-away jacket blusão de esporte.
swing bearing s. mancal oscilante m.
swing bridge s. ponte giratória f. (quadro B 23).
swing chair s. cadeira f. de balanço.
swing-door s. porta giratória f.
swinge [swindʒ] s. (†) impulso m. ‖ v. açoitar, bater.
swingeing [sw'indʒiŋ] adj. (Ingl., coloq.) imenso, enorme, excelente.
swinging [sw'iŋiŋ] s. balanço m., oscilação f. ‖ adj. oscilante, giratório.
swinging door s. porta vaivém f.
swing lamp s. lâmpada pendente f.
swingle [sw'iŋgl] s. espadela f. para bater o linho ‖ v. espadelar, bater o linho.
swinglebar [sw'iŋglba:], ~tree [~tri:] s. balancim m. (para atrelar animais de tração).
swinglingtow [sw'iŋgliŋtou] s. tomento m. de linho.
swing shift s. (E. U. A,, coloq.) período m. de trabalho noturno.
swing support s. suporte giratório, articulado m.
swing wheel s. volante m., roda dentada f. do relógio que aciona o pêndulo.
swinish [sw'ainiʃ] adj. porco, suíno, sujo. ‖ ~ly adv. de modo porco.
swinishness [~nis] s. sujeira, porcaria f.
swipe [swaip] s. 1. (coloq.) soco, golpe violento m. 2. cavalariço m. 3. ~s pl. (coloq.) cerveja fraca f. ‖ v. 1. bater, golpear. 2. engolir às pressas. 3. (E. U. A., gíria) roubar, furtar.

swirl [swə:l] s. 1. redemoinho m., rotação f., turbilhão m. 2. torção, trança f., espiral m. ‖ v. 1. rodar, girar, redemoinhar. 2. torcer, trançar, enrolar. 3. arrastar em torvelinho.
swirly [sw'ə:li] adj. 1. cheio de redemoinhos. 2. embaraçado.
swish [swiʃ] s. 1. assobio, zunido, silvo m. 2. pancada f. com vara, que faz um som sibilante. ‖ v. 1. assobiar, zunir, sibilar. 2. fazer sibilar. 3. açoitar.
Swiss [swis] s. suíço m., suíça f.: habitante da Suíça. the ~ os suíços. ‖ adj. suíço.
Swiss bit s. verruma f. (quadros B 19, J 2).
switch [switʃ] s. 1. vara fina e flexível f. 2. varada, chibatada, batida f. com vara. 3. trança f. de cabelos postiços. 4. rebento, broto fino e delgado m. 5. desvio m., chave f. em trilhos. 6. (Eletr.) chave f., interruptor m. (quadro E 1, P 8). 7. mudança, virada f. ‖ v. 1. açoitar, bater, chicotear. 2. balançar, fazer movimentos de vaivém, como uma vara flexível. 3. (E. U. A.) desviar, manobrar, mudar para outro trilho. 4. (Eletr.) ligar, desligar.
I'll be ~ed (E. U. A., coloq.) macacos me mordam.
to ~ back pôr para trás. to ~ off desligar (rádio), apagar, fechar. to ~ on ligar, acender, abrir. to ~ over mudar, alterar. ~ off! quieto!, cale a boca! the conversation ~ed over to politics a conversa mudou para o campo da política.
switch-back s. 1. rodovia ou ferrovia f. de curvas estreitas. 2. montanha-russa f.
switch-blade knife s. canivete m.
switchboard [sw'itʃbo:d] s. 1. painel de comando m. 2. (Eletr.) quadro m. de ligação ou de distribuição.
switch gear s. 1. (Mec.) câmbio m., engrenagem f. de câmbio. 2. (Eletr.) mecanismo de distribuição m.
switching [sw'itʃiŋ] s. (Estr. de F.) 1. manobra f. de trem. 2. ato de ligar, de desligar ou de cambiar m. 3. ligação f., câmbio m.
switching device s. dispositivo m. de ligação.
switching station s. estação f. de distribuição.
switch lever s. alavanca f. de: (Eletr.) interruptor, (Mec.) manobra.
switchman [sw'itʃmən] s. (Estr. de F.) guarda-chaves m.
switch operating station s. (Estr. de F.) cabina f. de comando de chaves.
switchsignal [sw'itʃs'ignal] s. (Estr. de F.) sinal m. de chave.
switchyard [sw'itʃja:d] s. (E. U. A.) (Estr. de F.) pátio m. de manobras.
Switzerland [sw'itsələnd] s. Suíça †.
in ~ na Suíça.
swivel [swivl] s. 1. girador, tornel m. 2. pivô, pino giratório, suporte giratório m. 3. elo giratório m., em uma corrente. 4. suporte giratório para canhão m., canhão giratório m. ‖ v. 1. girar em tornel ou girador. 2. fixar ou apoiar em suporte giratório. 3. rodar, girar.
swivel bridge s. ponte giratória f.
swivel chair s. cadeira giratória f.
swivel-eyed adj. vesgo.
swivel joint s. (Mec.) junta articulada f.
swivel tap s. torneira giratória f. ou articulável.
swizzle [swizl] s. bebida mista f., aperitivo m.
swizzle stick s. colher f. de aperitivo.
swob [swob] s. + v. = swab.
swollen [sw'oulən] v. p. p. de to swell. ‖ adj. 1. inchado, tumefato, intumescido. 2. bombástico.
swoon [swu:n] s. desmaio m. ‖ v. 1. desmaiar, perder os sentidos. 2. desfalecer, definhar.

swoop [swu:p] s. queda, descida rápida f., ataque m. das aves de rapina, arremetida f. ‖ v. 1. descer, cair em cima de alguém para atacar. 2. apanhar, pegar, arrebatar. **at one fell ~** com um golpe cruel.

swoosh [swu:ʃ] s. sussurro m. ‖ v. sussurrar.

swop [swɔp] s. + v. = **swap.**

sword [sɔ:d] s. 1. espada f. 2. guerra, destruição f. 3. força militar f. 4. arma branca, baioneta f., sabre m. **avenging ~** espada da vingança. **the ~ of Damocles** espada de Dâmocles. **two-edged ~** (fig.) arma de dois gumes. **he put them to the ~** ele os passou a fio de espada. **at the point of the ~** com violência, por meio de força. **to cross ~s with** terçar armas com. **with the flat of the ~** com o lado largo da espada.

sword-arm s. braço direito m.

sword-bearer s. alferes, o que carrega a espada como símbolo da força soberana.

sword belt s. talim m.

sword blade s. lâmina f. de espada.

swordcraft [sɔ:dkra:ft] s. 1. perícia f. no manejo da espada. 2. perícia, potência f. militar.

sword cut s. golpe m. de espada.

sword dance s. dança f. do sabre.

sword-exercise s. esgrima f.

swordfish [sɔ:dfiʃ] s. (Ict.) espadarte m.

sword grass s. (Bot.) nome popular de diversas plantas com folhas ensiformes.

sword knot s. borla f. de espada.

sword lily s. (Bot.) gladíolo m.

swordplay [sɔ:dplei] s. exercício m. de esgrima.

swordpoint [sɔ:dpɔint] s. ponta f. de espada.

swordproof [sɔ:dpru:f] adj. à prova de espada.

sword-shaped adj. ensiforme, em forma de espada.

swordsman [sɔ:dzmən] s. espadachim m.

swordsmanship [~ʃip] s. arte f. de espadachim.

swore [swɔ:] v. imp. de **to swear.**

sworn [swɔ:n] v. p. p. de **to swear.** ‖ adj. 1. jurado, ajuramentado. 2. ligado por juramento. **~ affidavit** declaração juramentada. **~ enemy** inimigo declarado. **~ statement** declaração sob juramento.

swot [swɔt] s. 1. estudo esforçado m. 2. estudante esforçado m. + f. ‖ v. estudar com afinco.

swotter [swɔtə] s. (Ingl., gíria univ.) estudante esforçado m. + f.

swounds [swu:ndz] interj. + abr. de **God's wounds** pelas chagas de Cristo!

swum [swʌm] v. p. p. de **to swim.**

swung [swʌŋ] v. imp. e p. p. de **to swing.**

sybarite [sibərait] s. sibarita m. + f. ‖ adj. também **sybaritic** [sibəritik] sibarita, sibarítico. ‖ **sybaritically** adv. de modo sibarítico ou luxurioso.

sybaritism [~izm] s. sibaritismo m., voluptuosidade f.

sycamine [sikəmain] s. (Bot.) amoreira preta f.

sycamore [sikəmɔ:] s. (Bot.) 1.(E. U. A.) plátano m. 2. falso-plátano m. 3. sicômoro m.

sycophancy [sikoufənsi] s. agrado m., bajulação f.

sycophant [sikofənt] s. sicofanta, bajulador m.

sycophantic [sikoufæntik], **sycophantical** [~əl] adj servil, bajulador. ‖ **-ally** adv. de modo bajulador.

sycosis [saik'ousis] s. (Med.) sicose f.

syenite [saiinait] s. (Miner.) sienita f.

syllabary [siləbəri] s. silabário m.

syllabic [silæbik] adj. 1. silábico. 2. (Fonét.) que forma sílaba. 3. que representa som de sílaba. ‖ **-ally** adv. silabicamente.

syllabicate [~eit], **syllabize** [siləbaiz] v. silabar, formar ou dividir em sílabas.

syllabication [siləbik'eiʃən], **syllabification** [silæbifik'-

eiʃən] s. silabação f.

syllabify [silæbifai] v. dividir em sílabas.

syllabism [siləbizm] s. silabismo m.

syllable [siləbl] s. 1. sílaba f. 2. letra f. ou grupos de letras m. que representam uma sílaba. 3. som m., palavra f. ‖ v. pronunciar por sílabas, silabar. **not a ~ of truth** nem uma palavra de verdade.

syllabled [~d] adj. assilábico (geralmente como elemento de composição). **two—** dissilábico.

syllabus [siləbəs] s. (pl. **syllabuses, syllabi** [-bai] lista f., resumo, sílabo, horário escolar, roteiro m. **~ of lectures** relação dos cursos (universitários).

syllepsis [sil'epsis] s. pl. **syllepses** [-si:z] (Gram.) silepse f.

sylleptic [sil'eptik] adj. siléptico. ‖ **-ally** adv. de modo siléptico.

syllogism [silədʒizm] s. 1. silogismo m. 2. raciocínio m., dedução f.

syllogistic [silədʒ'istik] adj. silogístico. ‖ **-ally** adv. silogisticamente.

syllogize [silədʒaiz] v. silogizar.

sylph [silf] s. 1. mulher ou moça esbelta ou graciosa f. 2. sílfide f.

sylphlike [silflaik], **sylphish** [silfiʃ], **sylphy** [silfi] adj. semelhante a sílfide, silfídico.

sylvan [silvən] s. silvano m., sátiro. fauno m. ‖ adj. relativo às florestas, silvestre, rural, rústico.

sylvanite [~ait] s. (Miner.) silvanita f.

sylvicultural [silvik'ʌltʃərəl] adj. relativo à silvicultura.

sylviculture [silvik'ʌltʃə] s. = **silviculture.**

sylvite [silvait] s. (Miner.) silvita f.

sym- pref. sim-: com, em conjunto.

symbion [simbiən] s. (Biol.) simbionte m.

symbiosis [simbi'ousis] s. simbiose f.

symbiotic [simbi'ɔtik] adj. em simbiose, simbiótico. ‖ **-ally** adv. simbioticamente.

symbol [simbəl] s. símbolo m., figura, imagem f. ‖ v. simbolizar.

symbolic [simb'ɔlik], **symbolical** [~əl] adj. simbólico, alegórico. ‖ **-ally** adv. simbolicamente.

symbolics [~s] s. (Teol.) simbólica f.

symbolism [simbəlizm] s. simbolismo m.

symbolist [simbəlist] s. simbolista m. + f.

symbolistic [simbəl'istik] adj. simbolístico.

symbolization [simbəlaiz'eiʃən] s. simbolização f.

symbolize [simbəlaiz] v. 1. simbolizar, ser símbolo de, representar. 2. representar por meio de símbolos. 3. usar símbolos.

symbology [simb'ɔlədʒi] s. simbologia f.

symmetalism [sim'etlizm] s. sistema m. que usa dois metais em proporções determinadas para a cunhagem de moeda padrão.

symmetric [sim'etrik], **symmetrical** [~əl] adj. simétrico, que tem simetria. ‖ **-ally** adv. simetricamente.

symmetrize [sim'ətraiz] v. simetrizar.

symmetry [sim'ətri] s. 1. simetria f. 2. harmonia f.

sympathetic [simpəθ'etik] adj. 1. simpático, simpatizante, compassivo, comiserador, complacente. 2. (coloq.) que aprova, concordante. 3. harmonioso, congenial. ‖ **-ally** adv. com simpatia.

sympathetic ink s. tinta invisível f.

sympathetic nerve s. (Med.) (nervo) simpático m.

sympathize [simpəθaiz] v. 1. simpatizar, ter ou demonstrar simpatia. 2. aprovar, concordar. 3. condoer-se, compadecer-se. **I ~** concordo, compartilho (opinião ou sentimentos). **our tastes ~** nossos gostos concordam. **to ~ with** concordar, ter simpatia por, compartilhar com, exprimir seus pêsames.

sympathizer [~ə] s. simpatizante m. + f.

sympathizingly [~iŋli] adv. de modo simpatizante.

sympathy [s'impəθi] s. 1. simpatia, harmonia, concordância, afinidade f. 2. compaixão, comiseração, condolência f. 3. aprovação f., acordo, favor m. I feel ~ for her tenho simpatia por ela.

sympathy strike s. greve f. de apoio a outro movimento.

sympetalous [simp'etələs] adj. (Bot.) simpetálico.

symphonic [simf'ɔnik] adj. sinfônico. ‖ –ally adv. de modo sinfônico.

symphonious [simf'ouniəs] adj. sinfônico, harmonioso. ‖ ~ly harmoniosamente.

symphonist [s'imfənist] s. sinfonista m. + f.

symphony [s'imfəni] s. 1. sinfonia f. 2. harmonia f. 3. harmonia ŕ. de cores.

symphysis [s'imfisis] s. (Med.) sínfise f.

sympodium [simp'oudiəm] s. (Bot.) simpódio m.

symposium [simp'ouziəm] s. pl. symposia 1. simpósio m. 2. reunião. festa f., banquete m.

symptom [s'imptəm] s. 1. indício, sinal, fenômeno m. 2. (Med.) sintoma m.

symptomatic [simptəm'ætik], symptomatical [~ ætikəl] adj. sintomático. ‖ –ally adv. sintomaticamente.

symptomatology [simptəmət'ɔlədʒi] s. sintomatologia f.

syn- pref. sin-: com.

syn. abr. de synonym.

synaeresis [sin'iərəsis] s. (Gram.) sinérese f.

synaesthesia [sinəsθ'i:ʒia] s. (Med.) sinestesia f.

synagogue [s'inəgɔg] s. sinagoga f.

synalepha, synaloepha [sinəl'i:fə] s. sinalefa f.

synantherous [sin'ænθərəs] adj. (Bot.) sinantéreo.

synapse [s'inæps] s. (Anat., Fisiol.) sinapse f.

syncarp [s'inka:p] s. (Bot.) sincárpio m.

synchromesh gear [s'iŋkroumeʃ giə] s. (Autom.) engrenagem sincronizada f.

synchronism [s'iŋkrənizm] s. 1. sincronismo m. 2. coincidência, simultaneidade f. 3. arranjo m. de acontecimentos em ordem cronológica.

synchronistic [siŋkrən'istik], synchronistical [~əl] adj. sincrônico, simultâneo. ‖ –ally adv. sincronicamente.

synchronization [siŋkrənaiz'eiʃən] s. sincronização f.

synchronize [s'iŋkrənaiz] v. 1. coincidir, ocorrer ao mesmo tempo. 2. mover simultaneamente, combinar. 3. sincronizar, ajustar para coincidir.

synchronizing mechanism s. mecanismo m. de sincronização.

synchronology [siŋkrən'ɔlədʒi] s. sincronologia f.

synchronous [s'iŋkrənəs] adj. 1. síncrono, sincrônico, simultâneo. 2. que ocorre ou se move ao mesmo tempo. 3. (Eletr.) síncrono, da mesma freqüência. ‖ ~ly adv. sincronicamente.

synchrotron [s'inkrətrɔn] s. (Fís.) síncroton m.

synclinal [sinkl'ainəl] adj. (Geol.) sinclinal.

syncopate [s'iŋkəpeit] v. 1. (Gram.) sincopar. 2. (Mús.) fazer síncope.

syncopation [s'iŋkəp'eiʃən] s. (Gram. Mús.) ato de sincopar.

syncope [s'iŋkəpi] s. (Gram., Med., Mús.) síncope f.

syncopic [siŋk'ɔpik], syncoptic [sink'ɔptik] adj. sincopal.

syncretic [sinkr'i:tik] s. sincretista m. + f. ‖ adj. sincrético,

syncretism [s'iŋkritizm] s. (Filos.) sincretismo m.

syncretist [s'iŋkritist] s. sincretista m. + f.

syncretistic [siŋkrit'istik] adj. sincrético, sincretista.

syncretize [s'iŋkrit'aiz] v. sincretizar.

syndactilism [s'inkt'ilism] s. (Zool.) sindactilismo m.

syndesmosis [sindezm'ousis] s. (Anat.) sindesmose f.

syndetic [sind'etik] syndetical [~əl] adj. (Gram.) que liga, conetivo.

syndic [s'indik] s. 1. síndico, procurador, advogado m. 2. (Univ.) membro m. do senado.

syndicalism [s'indikəlizm] s. sindicalismo m.

syndicalist [s'indikəlist] s. sindicalista m. + f.

syndicalistic [sindikəl'istik] adj. sindicalista.

syndicate [s'indikit] s. 1. sindicato m. 2. associação f. literária e publicitária. 3. corporação f. de síndicos (de univ.). ‖ v. [-keit] 1. sindicalizar, reunir em sindicato. 2. dirigir por meio de sindicato.

syndication [sindik'eiʃən] s. sindicância f.

syndrome [s'indrəm] s. (Pat.) síndroma, síndrome f.

syne [sain] adv. (esc.) muito tempo atrás.
    auld lang ~ tempos remotos.

synecdoche [sin'ekdəki] s. sinédoque f.

synecology [sinik'ɔlədʒi] s. sinecologia f.: ramo da ecologia.

synergic [sin'ə:dʒik] adj. sinérgico.

synergism [s'inədʒizm], synergy [s'inədʒi] s. sinergia f., sinergismo m.

synergist [s'inədʒist] s. sinergista m.

synergistic [sinədʒ'istik] adj. sinérgico, sinergista.

synesis [s'inisis] s. sínese f.

synesthesia [sinəsθ'i:ziə] s. sinestesia f.: sensação secundária.

synezesis [siniz'i:sis] s. (Fon.) sinizese f.

synod [s'inəd] s. 1. sínodo m., assembléia f. ou conselho m. de padres. 2. conselho m., assembléia f.

synodal [sin'ɔdl], synodic [sin'ɔdik], synodical [~əl] adj. 1. (Astron.) sinódico, relativo à revolução dos planetas. 2. sinodal, relativo ao sínodo. ‖ –ally adv. sinodialmente, sinodalmente.

synonym [s'inənim] s. sinônimo m., palavra sinônima f.

synonymic [sinən'imik] adj. sinônimo, sinonímico. ‖ ~ally adv. sinonimicamente.

synonymize [sin'ɔnimaiz] v. exprimir por sinônimos, dar sinônimos.

synonymity [sinən'imiti] s. sinonímia f.

synonymous [sin'ɔniməs] adj. sinônimo. ‖ ~ly adv. sinonimicamente.

synonymy [sin'ɔnimi] s. 1. sinonímia f. 2. estudo m. de sinônimos. 3. lista f. ou sistema m. de sinônimos.

synopsis [sin'ɔpsis] s. pl. synopses [-si:z] sinopse f., resumo, sumário m.

synoptic [sin'ɔptik], synoptical [~əl] adj. sinóptico. ‖ –ally adv. sinopticamente.
    ~ gospels evangelhos sinópticos.

synoptic chart s. (Meteor.) mapa sinóptico m.

synoptist [sin'ɔptist] s. um dos escritores dos evangelhos sinópticos.

synosteosis [sinɔsti'ousiz] s. sinosteose f.

synovia [sin'ouviə] s. (Med.) sinóvia f.

synovial [~l] adj. (Med.) sinovial.

synovitis [sinəv'aitis] s. (Pat.) sinovite f.

syntactic [sint'æktik], syntactical [~əl] adj. sintático, sintáxico. ‖ –ally adv. sintaticamente.

syntax [s'intæks] s. 1. (Gram.) sintaxe f. 2. estrutura f., arranjo m. das palavras em frases, construção gramatical f.

synthesis [s'inθisis] s. 1. combinação f. de partes ou de elementos. 2. (Quím.) síntese f. 3. complexo m. formado de elementos ou de partes.

synthesist [s'inθisist], synthetist [s'inθitist] s. sintetizador m.

synthesize [s'inθisaiz] v. 1. combinar, formar em complexo. 2. (Quím.) sintetizar, preparar por síntese.

synthetic [sinθ'etik], synthetical [~əl] adj. 1. sintético. 2. (Quím.) sintético, preparativo. 3. artificial. 4. complexo, que tende a combinar palavras. ‖ –ally adv. sinteticamente.

~ **material** matéria plástica. ~ **resin** resina sintética. ~ **rubber** borracha sintética.
syntonic [sint'ɔnik] adj. (Rádio) sintonizado.
syntonization [sintənaiz'eiʃən] s. sintonização f.
syntonize [s'intənaiz] v. sintonizar, ajustar.
syntony [s'intəni] s. sintonia f.
syphilis [s'ifilis] s. (Med.) sífilis f.
syphilitic [sifil'itik] adj. sifilítico.
syphon [s'aifən] s. = **siphon.**
Syriac [s'iriæk] s. siríaco m.: língua aramaica. ‖ adj. siríaco.
Syrian [s'iriən] s. sírio m.: habitante da Síria. ‖ adj. sírio.
syringa [sir'iŋge] s. (Bot.) lilá, lilás m.
syringe [s'irindʒ] s. seringa f. ‖ v. lavar, limpar, injetar por meio de seringa.
syringotomy [siriŋg'ɔtəmi] s. (Cirurg.) siringotomia f.
syrinx [s'iriŋks] s. 1. siringe f.: laringe inferior das aves. 2. (Anat.) trompa de Eustáquio f. 3. fístula f.
Syro- elemento de combinação relativo aos sírios.
syrup [s'irəp] s. xarope, melado m.
syrupy [~ i] adj. xaroposo, meloso, espesso.
systaltic [sist'æltik] adj. (Fisiol.) sistáltico.
system [s'istim] s. 1. sistema, conjunto de partes m. 2. grupo de fatos, crenças ou princípios m. 3. formà de governo f., coordenação de métodos f. 4. plano, esquema, método de classificação m. 5 organização f. 6. organismo m. 7. sistema solar m. 8. mundo, universo m. 9. (Geol.) formação f. **carboniferous** ~ formação carbonífera. **digestive** ~ aparelho, trato digestivo. **planetary** ~ sistema planetário. ~ **of pulleys** moitão. ~ **of roads** rede rodoviária.
systematic [sistəm'ætik], **systematical** [~ əl] adj. 1. sistemático, de acordo com um plano. 2. em ordem sistemática, arranjado em sistema. 3. metódico, ordenado. 4. classificado. ‖ ~**ally** adv. sistematicamente.
~ **economy** economia planejada. ~ **liar** mentiroso por costume. ~**worker** trabalhador metódico.
systematics [~s] s. pl. sistematologia f.
systematism [s'istəmatizm] s. 1. prática de sistematização f. 2. adoção f. de sistema ou método.
systematist [s'istimətist] s. pessoa sistemática f., especialista m. em sistematologia.
systematization [s'istimətaiz'eiʃən] s. sistematização f.
systematize [s'istimətaiz] v. sistematizar, organizar em esquema ou sistema.
systemic [sist'emik] adj. 1. relativo a um sistema, sistemático. 2. que pertence a um sistema ou órgãos do corpo. 3. que afeta o organismo ou o corpo todo.
systemize [s'istimaiz] v. sistematizar.
systems analist s. analista m. + f. de sistemas.
systole [s'istəli] s. (Med.) sístole f.: contração do coração.
systolic [sist'ɔlik] adj. sistólico.
systyle [s'istail] adj. (Arquit.) com as colunas em sistilo.
syzigetic [sizidʒ'etik] adj. (Astron.) relativo à sizígia. ‖ ~**ally** adv. à maneira de sizígia.
syzygy [s'izidʒi] s. (Astron.) sizígia f.

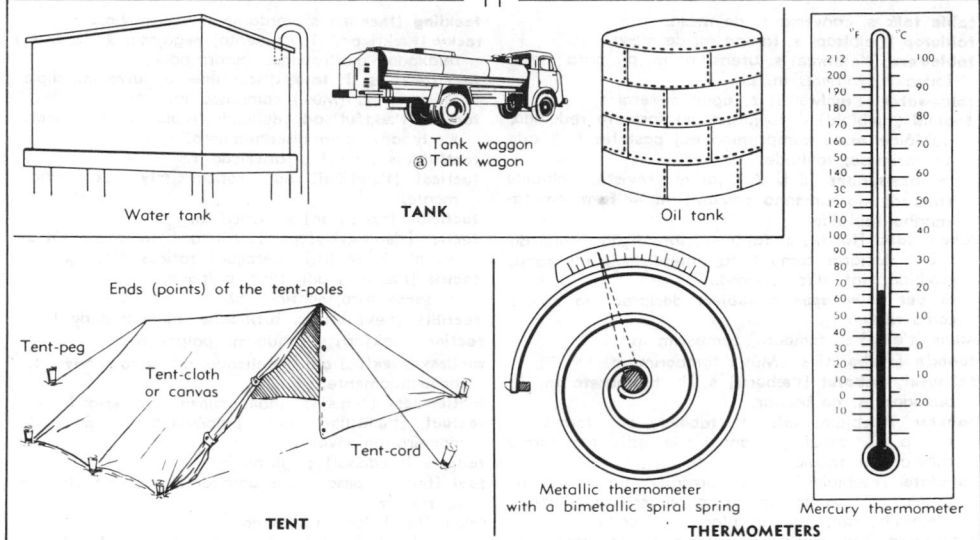

T1

Water tank

TANK

Tank waggon
ⓐ Tank wagon

Oil tank

Ends (points) of the tent-poles

Tent-peg

Tent-cloth
or canvas

Tent-cord

TENT

Metallic thermometer
with a bimetallic spiral spring

Mercury thermometer

THERMOMETERS

T

T, t [ti:] vigésima letra do alfabeto, consoante.
  to a T exatamente, perfeitamente. **it suits me to a T** é exatamente o que preciso. **to cross one's T's** ser muito minucioso.
tab [tæb] s. 1. tira, aba, pala, orelha f. de sapato, ponteira f. de atacador. 2. alça, etiqueta f. de roupa. 3. projeção f. 4. (coloq.) conta a pagar f. ‖ v. tabular.
  to keep ~ on s. o. (E. U. A.) controlar alguém.
  to pick up the ~ (coloq.) pagar a conta.
tabard [t'æbəd] s. tabardo m.: antigo capote.
tabby [t'æbi] s. 1. gato m. ou gata f. listados. 2. tagarela, mulher palreira f. 3. tabi, tafetá m. ‖ v. ondear (tecido). ‖ adj. listado, malhado, furta-cor, ondeado.
  ~ cat gato tigrado.
tabernacle [t'æbənækl] s. tabernáculo m.: 1. moradia temporária, tenda f. 2. corpo humano m. 3. receptáculo, relicário m. ‖ v. 1. morar (temporariamente). 2. abrigar, proteger, guardar.
tabernacular [tæbən'ækjulə] adj. (Arquit.) guarnecido de grades, gradado.
tabes [t'eibi:z] s. 1. (Pat.) tabe f. 2. podridão f., marasmo m.
tabescent [təb'esnt] adj. tabescente.
tabetic [təb'etik] adj. 1. (Pat.) tábido. 2. podre, corrupto.
tab key s. tabulador m.
tablature [t'æblətʃə] s. 1. pintura f. na parede ou no teto. 2. descrição, imagem mental vívida f. 3. (Mús.) tablatura f.
table [teibl] s. 1. mesa f. 2. (fig.) refeição, alimentação, comida (que está na mesa) f. 3. pessoas f. pl. sentadas à mesa. 4. superfície plana f., plano, platô m. 5. tabela, lista f. 6. (Arquit.) laje, placa, pedra plana f. ‖ v. 1. colocar na mesa. 2. fazer lista ou tabela. 3. apresentar à discussão, dar entrada de projeto.

the Lord's Table a Santa Ceia. **~ of contents** índice de matéria. **~ of interest** tabela de juros. **~ of rates** tarifa. **~ of the law, the ~s** os 10 mandamentos. **extensible ~** mesa elástica. **folding ~** mesa dobradiça. **multiplication ~** tabuada. **to clear the ~** tirar a mesa. **to keep a good ~** ter refeições fartas. **to lay (spread) the ~** pôr a mesa. **to learn the ~s** aprender a tabuada. **to keep the ~ amused** entreter os que estão à mesa. **to turn the ~s** virar o feitiço contra o feiticeiro. **at ~** à mesa. **to sit down at ~** sentar-se à mesa. **to wait at ~** servir à mesa. **she rose from ~** ela levantou-se da mesa. **to lay on the ~** adiar a solução. **under the ~** secretamente, às escondidas. **to put upon the ~** servir (a refeição).
tableau [t'æblou] s. (fr.) 1. quadro vivo m. (também **tableau vivant**). 2. retrato, quadro m.
tablecloth [t'eiblklɔ:θ] s. toalha f. de mesa (quadro D 2).
table d'hôte (fr.) s. refeição f., banquete m. em restaurante, para convidados.
table-hop v. (coloq.) passar de mesa em mesa (restaurante).
tableknife [t'eiblnaif] s. faca f. de mesa.
tableland [t'eibllænd] s. planalto, platô m.
tableleaf [t'eiblli:f] s. tábua f. que se encaixa numa mesa para aumentá-la.
table linen s. roupa f. de mesa.
table-lifting, ~-moving s. (Espiritismo) levitação f.
tablemoney [t'eiblmʌni] s. dinheiro m. para representação, mesada f. cobrada aos sócios dos clubes pelo uso de refeitório.
tablespoon [t'eiblspu:n] s. colher f. de sopa (quadro D 2).
tablespoonful [~ful] s. colher f. das de sopa, cheia.
tablet [t'æblit] s. 1. bloco m. de papel. 2. placa, chapa, tabuleta f. 3. comprimido, tablete m., pastilha, barra f. 4. lousa f.

table talk s. conversa f. de mesa.
tabletop [t'eibltɔp] s. tampo m. de mesa.
tableware [t'eiblwɛə] s. utensílios m. pl. para mesa: louça f., talheres m. pl.
tablewater [t'eiblwɔ:tə] s. águc mineral f.
tabloid [t'æblɔid] s. 1. jornal em formato reduzido, tablóide m. 2. comprimido m., pastilha f. ‖ adj. comprimido, tablóide.
~ **newspaper** (E. U. A.) jornal, revista, tablóide (metade do tamanho comum). **in** ~ **form** em tamanho tablóide.
taboo, tabu [təb'u:] s. tabu m., interdição, proibição f. ‖ v. declarar como tabu, interdizer. ‖ adj. tabu, proibido, interdito, sagrado.
to put a ~ **upon a subject** declarar um objeto como tabu.
tabor [t'eibə] s. tamboril, tamborim m.
taborin [t'æbərin] s. (Mús.) tamborim m.
tabouret, taboret [t'æbərit] s. 1. tamborete m. 2. bastidor m. de bordar.
tabular [t'æbjulə] adj. 1. tabelar, em forma de tabela. 2. tabular, plano. ‖ ~**ly** adv. em forma tabelar ou tabular.
tabulate [t'æbjuleit] v. 1. arranjar em forma de tabela. 2. conformar com superfície plana. ‖ [t'æbjulit] adj. tabular, plano, lamelado.
tabulation [tæbjul'eiʃn] s. arranjo m. em forma de tabela.
tabulator [t'æbjuleitə] s. tabulador m.
tache, tach [tæʃ] s. colchete m., presilha f.
tachistoscope [tæk'istəskoup] s. (Psicol.) taquistoscópio m.
tachometer [tæk'ɔmitə] s. taquímetro m.
tachometry [tæk'ɔmitri] s. taquimetria f.
tachycardia [tækik'a:diə] s. (Med.) taquicardia f.
tachygrapher [tæk'igrəfə] s. taquígrafo, estenógrafo m.
tachygraphic [tækigr'æfik], **tachygraphical** [~əl] adj. taquigráfico.
tachygraphy [tæk'igrəfi] s. taquigrafia, estenografia f.
tachymeter [tæk'imitə] s. taqueômetro m.: instrumento para o levantamento rápido da topografia de um terreno.
tachymetry [tæk'imitri] s. taqueometria f.
tacit [t'æsit] adj. 1. tácito, silencioso. 2. implícito. ‖ ~**ly** adv. tacitamente.
taciturn [t'æsitə:n] adj. taciturno, calado. ‖ ~**ly** adv. de modo taciturno.
taciturnity [tæsit'ə:niti] s. taciturnidade f.
tack [tæk] s. 1. tacha f., preguinho m. de cabeça larga (quadro N 1). 2. alinhavo m. 3. (Náut.) curso m. dum navio em relação à posição das velas. 4. movimento m. em ziguezague, cruzeiro m. 5. curso m., direção, conduta f. 6. escota, corda f., cabo m. ‖ v. 1. pregar com tachas. 2. alinhavar. 3. ajuntar, adicionar, incluir. 4. (Náut.) cruzar, manobrar, mudar de rumo ou curso. 5. (fig.) mudar de conduta ou política.
hard ~ biscoito de marinheiro. **soft** ~ pão. **to be on the port (starboard)** ~ ter o vento de bombordo (estibordo). **to go off on a new** ~ tomar outro rumo. **on the wrong** ~ no caminho errado. **to get down to brass** ~**s** chegar ao ponto essencial da questão, encarar os fatos.
tacker [t'ækə] s. alinhavador, emendador m.
tackiness [t'ækinis] s. pegajosidade, gomosidade f.
tacking [t'ækiŋ] s. 1. ato de pregar, de atar. 2. adenda, emenda f. (quadro T 2).
tackle [tækl] s. 1. equipamento, aparelho m., aparelhagem f. 2. moitão m., talha f., guincho m. (quadro C 19). 3. (E. U. A., futebol) médio (esquerdo ou direito) m. ‖ v. 1. manejar, tentar resolver. 2. agarrar. 3. (Futeb.) cometer falta. 4. arrear (cavalo). 5. segurar ou fixar com aparelhagem.

tackling [t'ækliŋ] s. cordame m. de navio..
tacky [t'æki] ac'j. 1. grudento, pegajoso. 2. (E. U. A.) relaxado, maltrapilho, esfarrapado.
tact [tækt] s. 1. tato, discernimento, juízo m., diplomacia f. 2. (Mús.) compasso m.
tactful [t'æktful] adj. delicado, diplomático, discreto. ‖ ~**ly** adv. com discernimento.
tactfulness [~nis] s. discrição f.
tactical [t'æktikəl] adj. tático. ‖ ~**ly** adv. taticamente.
tactician [tækt'iʃən] s. tático m.
tactics [t'æktiks] s. pl. 1. tática f., métodos táticos m. pl. 2. (Milit.) operações táticas f. pl.
tactile [t'æktail] adj. tátil, palpável.
~ **sense** tato, sentido tátil.
tactility [tækt'iliti] s. tatilidade f., palpabilidade f.
taction [t'ækʃən] s. toque m., palpação f.
tactless [t'æktlis] adj. indelicado, grosseiro. ‖ ~**ly** adv indelicadamente.
tactlessness [~nis] s. indelicadeza, grosseria f.
tactual [t'æktjuəl] adj. palpável. ‖ ~**ly** adv. de maneira palpável.
tadpole [t'ædpoul] s. girino m.
tael [teil] s. peso m. e unidade monetária chinesa f., tael m.
ta'en [tein] (poét.) = **taken**.
taenia [t'i:niə] s. 1. tênia, solitária f. 2. (Anat.) fita f.
taeniafuge [~fju:dʒ] adj. tenífugo.
taenioid [t'i:niɔid] adj. tenióide.
tafferel [t'æfril] s. (Náut.) parte superior f. da popa de um navio.
taffeta [t'æfitə] s. tafetá m., espécie de gorgorão de seda.
taffrail [t'æfreil] s. (Náut.) balaústre da popa.
taffy [t'æfi] s. bala puxa-puxa f.
tafia [t'æfiə] s. tafiá m.: aguardente de cana ou melaço.
tag [tæg] s. 1. etiqueta f., talão m. 2. rabo m., ponta solta f., trapo m., cauda (de cometa) f. 3. ponta metálica f. em cordão (de sapato). 4. final, fim, estribilho, refrão m., chapa f. 5. pegador m.: jogo infantil. ‖ v. 1. colocar pontas em cordão, etiquetar 2. marcar preço de mercadoria. 3. juntar, acrescentar. 4. tocar, pegar (no jogo de pegador). ~ **line** linha final (Tipogr.) **to** ~ **along** andar, passear.
tag end s. 1. ponta solta f. 2. sobras f. pl.
tagger [t'ægə] s. 1. chapa fina f. (de ferro). 2. pegador m.
tagging [t'ægiŋ] s. etiquetagem f.
tail [t'eil] s. 1. rabo m., cauda f. 2. cauda f. de vestido. 3. cauda f. de avião. 4. cauda f. de um cometa. 5. parte traseira f., fim, final, séquito m., comitiva f., conclusão f. 6. trança f., rabo m. de cabelo. 7. (geralmente ~**s** pl.) a) verso m. de moeda. b) fraque, terno m. a rigor. 8. morgado m., propriedade vinculada f. ‖ v. 1. colocar um rabo ou uma cauda. 2. formar a cauda, o fim, o final. 3. seguir imediatamente. 4. juntar, adicionar, emendar (uma coisa no fim de outra), amarrar por uma extremidade. ‖ adj. no fim, nas costas, atrás.
~ **of comet** cauda de cometa. ~ **of the eye** canto do olho. **out of the** ~ **of one's eye** com um olhar de soslaio. **to wear the hair in** ~**s** usar o cabelo trançado. **heads or** ~**s?** cara ou coroa? (ao tirar a sorte com moeda). **he cannot make head or** ~ **of it** ele não entende, não sabe qual é o começo e o fim. **to turn** ~ correr, fugir, escapar. **to** ~ **in** chumbar com uma ponta na parede. **to** ~ **off** colocar no fim duma lista, considerar imprestável. **to** ~ **after s. o.** seguir alguém nos calcanhares. **to** ~ **away** sumir, ficar atrás (corrida), safar-se.

T 2

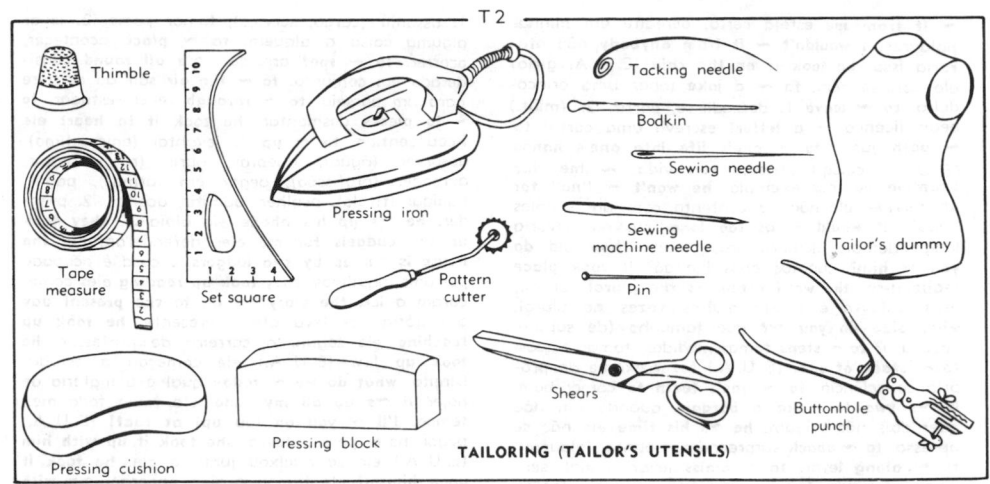

Thimble

Tacking needle

Bodkin

Sewing needle

Pressing iron

Sewing machine needle

Tailor's dummy

Tape measure

Set square

Pattern cutter

Pin

Shears

Buttonhole punch

Pressing block

Pressing cushion

TAILORING (TAILOR'S UTENSILS)

tailband [t'eilbænd] s. (Tipogr.) cabeçário m. inferior (de pé de livro).

tailboard [t'eilbɔ:d] s. tampa traseira f. de carroça.

tal coat s. fraque m.

tailed [~d] adj. com rabo, raboso, rabudo.

tail end s. parte final f., fim m.

tailgate [t'eilgeit] s. 1. (Eng.) comporta de descarga f. 2. tampa traseira f. (caminhão). 3. (Mús.) ritmo de jazz m.

tailing [~iŋ] s. 1. parte saliente de pedra ou tijolo inserida no muro. 2. ação de quem enraba ou coloca rabo. 3. ~s pl. resíduo, refugo m.

tailless aircraft s. (Av.) avião m. sem cauda.

taillight [t'eillait] s. luz traseira (de automóvel) f.

tailor [t'eilə] s. alfaiate m.‖ v. costurar.
   ~'s dummy manequim. **lady's ~** alfaiate para senhoras. **well ~ed** bem feito (terno), bem vestido.

tailoring [~riŋ] s. arte f. de costura (quadro T 2).

tailor-made adj. feito sob medida (quadro C 13).

tailpiece [t'eilpi:s] s. 1. (Tipogr.) vinheta f. 2. parte traseira f. 3. estandarte m.: peça do violino que suporta as cordas (quadro V 1).

tail-pipe s. tubo m. de sucção de bomba.

tailplane [t'eilplein] s. (Av.) leme horizontal m. (quadro A 2).

tailrace [t'eilreis] s. água f. de descarga.

tailskid [t'eilskid] s. (Av.) bequilha f.

tailspin [t'eilspin] s. (Av.) parafuso m.: queda em caracol.

tail-wind s. vento m. de popa.

tain [tein] s. folha f. de estanho para espelhos.

taint [t'eint] s. 1. mancha, mácula, nódoa f. 2. decadência, corrupção, desgraça f. 3. epidemia, infecção f. ‖ v. 1. manchar, sujar, enodoar. 2. estragar, envenenar, corromper. 3. ficar estragado. **a ~ of insanity** loucura latente. **hereditary ~** tara hereditária. **~ed air** ar pestilento.

taintless [~lis] adj. sem mancha, imaculado, puro, idôneo. ‖ **~ly** adv. puramente, imaculadamente.

take [teik] s. 1. presa, quantidade pegada f. 2. ato de pegar. 3. objeto pegado m. 4. ato de tirar fotografia. ‖ v. (imp. **took**, p. p. **taken**) 1. tomar, pegar. 2. alcançar, agarrar, prender, capturar, apropriar-se. 3. arrebatar, arrancar, levar. 4. receber (como pagamento), aceitar, obter, adquirir. 5. tomar, receber como esposo ou esposa, tomar alojamento ou pensão. 6. suportar, receber, acolher. 7. tomar, comer, beber, engolir, consumir. 8. ganhar. 9. apa-

nhar, contrair (doença). 10. ocupar. 11. usar, tomar (um veículo). 12. aproveitar (oportunidade). 13. tirar, tomar (férias). 14. submeter-se, sofrer, agüentar. 15. necessitar, requerer, exigir. 16. abranger, ocupar, consumir (tempo). 17. escolher, selecionar. 18. afastar, remover (por morte). 19. diminuir, prejudicar. 20. subtrair, extrair, extorquir. 21. guiar, levar. 22. acompanhar, escoltar, levar. 23. carregar, transportar. 24. fazer, tirar (fotografia), ser fotogênico. 25. sentir (orgulho). 26. determinar, verificar. 27. agir, ter efeito. 28. compreender. 29. assumir, supor. 30. considerar. 31 assumir (responsabilidade), adotar. 32. alugar, empregar. 33. escrever, anotar. 34. tomar assinatura, assinar. 35. (Gram.) ser usado com. 36. agradar, atrair, encantar. 37. prender (a atenção). 38. ir, andar. 39. vencer, conquistar, tomar (obstáculo). 40. ficar, tornar-se. 41. pegar, começar a crescer. 42. ser afetado por, sentir, experimentar, contrair. 43. (fig.) manietar, subjugar. 44. assaltar, surpreender. 45. necessitar, custar. 46. colher. 47. fazer (viagem). 48. conquistar. 49. enveredar. 50. deduzir. 51. inflamar-se. 52. conceber, emprenhar. 53. morder a isca. 54. preparar-se, empreender.

to be ~n ser convidado, ser levado. **a pain took him in the leg** ele foi tomado de dores na perna. **it ~s an honest man to** é necessário um homem honesto para. **~ this letter to the post office** leve esta carta ao correio. **how long does it ~?** quanto tempo leva? **he's got what it ~s** ele possui as qualidades necessárias. **to ~ o. s.** ir-se (to para). **to ~ o. s. to doing** tratar de fazer. **to ~ action** tomar medidas, (Jur.) demandar. **to ~ evasive action** (coloq.) evadir-se. **to ~ the air** (Av.) levantar vôo. **to ~ account of** prestar atenção a, considerar. **to ~ a back-seat** deixar-se suplantar, ser demasiado modesto. **to ~ a breath** respirar de alívio. **it fairly took my breath away** fiquei estupefato. **that ~s the cake!** (E. U. A., gíria) isto é o cúmulo! **to ~ charge of** encarregar-se de. **to ~ effect** entrar em vigor. **to ~ felt** (milit.) dar baixa. **she took exception at what he said** ela criticou suas palavras. **it took my head to write** deu-me na cabeça de escrever. **~ it easy!** calma! devagar! **as I ~ it** a meu ver, na minha opinião. **~ it or leave it!** faça como quiser. **he couldn't ~ it** (E. U. A., coloq.) ele não agüentou. **we won't ~ it lying down** não toleraremos isto sem protesto.

~ **it from me** esteja certo, acredite em minhas palavras. **I wouldn't ~ it from anybody** não aturaria isso. **he took it on the chin** (E. U. A. gíria) ele saiu-se bem. **to ~ a joke** topar uma brincadeira. **to ~ leave** 1. despedir-se, partir. 2. (milit.) pedir licença. ~ **a letter!** escreva uma carta! **to ~ oath** jurar. **to ~ one's life into one's hands** (E. U. A., coloq.) arriscar sua vida. ~ **me, for example** eu, por exemplo. **he won't ~ "no" for an answer** ele não se contenta com um simples "não". **it would ~ us too long** isto nos levaria longe demais, demoraríamos muito. **how old do you ~ him?** quantos anos lhe dá? **it took place** realizou-se. **the word often ~s the plural** (Gram.) esta palavra é usada muitas vezes no plural. **what size do you ~?** que tamanho (de sapato) você usa? **to ~ steps** tomar medidas, tomar passos. **to ~ stock of o. s.** (E. U. A.) fazer exame da própria consciência. **to ~ one's teeth** te comer bem. **it ~s two to make a bargain** quando um não quer dois não brigam. **he ~s his time** ele não se apressa. **to ~ aback** surpreender, espantar (alguém). **to ~ along** levar. **to ~ amiss** levar a mal, sentir-se ofendido. **to ~ away** tirar, roubar, tomar, descontar, levar embora, afastar. **to ~ back** levar de volta, aceitar de volta, retirar. **he took her by the hand** ele pegou-a pela mão, (fig.) protegeu-a. **to ~ s. o. by surprise** surpreender alguém. **to ~ down** 1. tirar de cima, descer, trazer para baixo. 2. escrever (**from dictation** ditado), tomar nota. 3. derrubar (**árvore**), demolir (**casa**), passar na frente, transpassar. **to ~ advantage of** prevalecer-se de, tirar vantagem de. **to ~ after** puxar, sair à semelhança de. **to ~ aim** visar. **to ~ care** ser cauteloso ou vigilante. **to ~ care of** cuidar de. **to ~ fire** inflamar-se, (fig.) exaltar-se. **they took him down a peg** tiraram-lhe a prosa. **to ~ for** tomar por, considerar, confundir com. **to ~ for a walk** levar para um passeio. **they took him for a ride** (E. U. A., coloq.) eles o levaram a um passeio (para matá-lo). **what do you ~ me for?** que pensa que eu sou? **to ~ forward** favorecer, proteger. **to ~ from** tirar, descontar. **to ~ heed** tomar conhecimento de, considerar. **to ~ hold of** pegar. **you can ~ it from me!** você pode acreditar-me! **to ~ in** 1. tomar, absorver, chupar, comer, recolher, guardar (velas). 2. receber (dinheiro), comprar (mercadorias), tomar combustível, abranger, cercar. 3. reconhecer, perceber (situação), admitir, lograr. **you can't ~ me in** (gíria) você não me pode tapear. ~ **her in to dinner!** leve-a à mesa! **she was ~n in marriage by him** ela foi desposada por ele. **to ~ in vain** fazer mau uso, abusar. **she ~s in sewing** ela aceita serviço de costura. **I was ~n ill** fiquei doente. **to ~ off** tirar (capa, chapéu). **he took himself off** (coloq.) ele safou-se, ele deu às de vila-diogo. **he took him off** (E U. A.) ele intimou-o. **they took him off** eles exoneraram-no **it was ~n off my hands** foi tirado das minhas mãos. ~ **it off my hands** encarregue-se disso, livre-me disso. **to ~ on** 1. tomar conta. 2. empregar, contratar. ~ **it on!** tome conta disto! **she took on the boarding-school** ela ficou como o internato. **to ~ out.** 1. tirar, comprar. 2. tirar de dentro. 3. arrancar (dente), sacar (dinheiro), emprestar (livro), tirar (mancha), convidar (uma dama para dançar), escolher, reservar (mercadorias). **to ~ out a licence** tirar um documento de licença. **will you ~ us out on Sunday?** você nos levará domingo a passear? **he took it out of him** ele se vingou dele. **he was ~n out of himself** (fig.) ele arrebatou-se, ficou fora de si. **to ~ over**

1. assumir (cargo, serviço), tomar posse. 2. levar alguma coisa a alguém. **to ~ place** acontecer, ocorrer. **to ~ root** arraigar. ~**n all round** considerado em conjunto. **to ~ the air** sair ao ar livre para um passeio. **to ~ through** rever, estudar. **to ~ to pieces** desmontar. **he took it to heart** ele ficou sentido. **to ~ up** 1. levantar (empréstimo), absorver (água), quebrar, abrir (rua), seguir, aprender (profissão), pegar em (armas), pagar, liquidar (título), acolher, admitir, aceitar. 2. prender. **he ~s up his abode** ele aloja-se. **they took up the cudgels for me** eles defenderam-me. **the house is ~n up by two lodgers** a casa é ocupada por dois inquilinos. **they took up reading** eles começaram a ler. **the story ~s up to the present day** a história nos leva até o presente. **he took up teaching** ele seguiu a carreira de professor. **he took up law** (E. U. A.) ele começou a estudar Direito. **what do we ~ today** qual é a matéria de hoje? **it ~s up all my time** isto toma todo meu tempo. **I'll ~ you on** (ou **up**) **at that!** (E. U. A.) pegar-lhe-ei pela palavra. **she took it up with him** (E. U. A.) ela se queixou junto a ele. **he took it upon himself** ele tomou a si o encargo. ~**n with** em relação com, em ligação com. **to be ~n with** estar encantado com. **we are ~n with reading** estamo-nos dedicando à leitura. **it ~s well** é bom para ser fotografado. **he ~s well** (E. U. A.) ele causa boa impressão. **she ~s after her mother** ela puxa pela mãe. **to ~ from** tirar, diminuir, descontar de. **it ~s from my merit** isto diminui (ou prejudica) meu mérito. **to ~ in hand** empreender, tentar. **to ~ into one's head** meter-se na cabeça, resolver. **to ~ off** levantar vôo. **he'll ~ off any minute now** (gíria) por pouco ele estoura. **don't ~ on so much about that** não se preocupe demais com isto, não faça tanto caso disso. **he took on in the service** ele alistou-se no serviço militar **the piece ~s out** a peça pode ser tirada. **he took over** ele assumiu a direção (a responsabilidade). **to ~ to** ir para, refugiar-se em, ocupar-se com, afeiçoar-se. **to ~ to heart** comover-se com. **she took to her bed** ela ficou doente, tinha que deitar-se. **the fox took to the earth** a raposa refugiou-se na cova. **to ~ to one's heels** correr, fugir. **children ~ to him** crianças gostam dele. **to ~ to the forest** fugir para as florestas. **he took to drinking** ele entregou-se ao vício da bebida. **we took kindly to this way of life** acostumamo-nos facilmente a este modo de vida. **to ~ to study** dedicar-se aos estudos. **to ~ to the water** gostar da água (para nadar), refugiar-se na água. **the weather has ~n up** o tempo melhorou, ficou bom. **to ~ up for s. o.** (**s. th.**) apoiar, intervir em favor de alguém (alguma coisa). **to ~ up with** ter relações, ter amizade com, contentar-se com. **we have not ~n up with fashion** não acompanhamos a moda.

takedown [teikd'aun] s. engano, logro m. ‖ adj. fácil de desmontar.

take-home pay s. salário líquido m., que se leva para casa.

take-in s. (coloq.) decepção, fraude, impostura f.

takeoff [t'ei:k'ɔ:f] s. 1. imitação, caricatura f. 2. decolagem, partida f. 3. lugar m. de partida.

takeover [t'eikouvə] s. posse f. (cargo, controle).

taker [t'eikə] s. comprador, aceitador m. (de apostas).

take-up s. (Mec.) dispositivo m. de enrolar, entesar, compensar desgaste.

taking [t'eikiŋ] s. 1. ato de tomar, pegar. 2. (fig.) infecção f. 3. fotografia f. 4. (milit.) captura, tomada f. ‖ adj. 1. atraente, agradável, encantador. 2. infeccioso. ‖ ~**ly** adv. atraentemente.

to be in a great ~ about estar exaltado sobre. **~-over** tomada de posse.

takings [~z] s. pl. recebimento, lucro m., receita f.

talbot [t'ɔ:lbət] s. raça f. de cachorros grandes.

talc [t'ælk] s. talco m. ‖ v. tratar com talco.

talcose [~ous], **talcous** [~əs] adj. talcoso.

talcum [~əm] s. talco m.
~ powder talco em pó.

tale [t'eil] s. 1. narrativa, história, narração f., conto m. 2. mentira, falsidade f. 3. palra, tagarelice f., escândalo m. 4. número, total m., conta f.
fairy ~ lenda, conto infantil. **the thing tells its own ~** a coisa fala por si. **to tell ~s out of school** tagarelar. **if all ~s be true** se tudo fosse verdade. **thereby hangs a ~** a isto liga-se uma história.

talebearer [~bɛərə] s. mexeriqueiro, boateiro m.

talebearing [~bɛəriŋ] s. tagarelice f., ato de espalhar boatos.

talent [t'ælənt] s. 1. talento m., aptidão, habilidade, pessoa f. talentosa. 2. talento m.: unidade de peso e moeda da Antiguidade.
a man of ~(s) um homem talentoso. **they are the ~ of the town** eles representam a inteligência da cidade.

talented [~id] adj. talentoso, inteligente, hábil.

talentless [~lis] adj. sem talento.

talent scout s. (Cin., Esp.) descobridor m. de novos valores.

tales [teilz] s. (Jur.) lista f. de suplentes de um júri. **~man** suplente (de júri).

tale-teller s. 1. contador m. de histórias. 2. mentiroso m.

tale-telling adj. revelador, denunciador.

talion [t'æliən] s. talião m.: lei da retaliação.

taliped [t'æliped] s. pessoa f. ou animal coxo m. ‖ adj. deformado (pé).

talipot [t'ælipɔt] s. (Bot.) carifa f.

talisman [t'ælizmən] s. talismã, amuleto m.

talismanic [tælizm'ænik] adj. talismânico.

talk [tɔ:k] s. 1. conversa, conversação f. 2. conferência f., discurso, conselho m. 3. fala f. 4. boato, rumor m. 5. tagarela, palra f. ‖ v. falar, conversar, dizer. 2. levar, influenciar (por palavras). 3. discutir. 4. consultar, conferenciar. 5. manifestar-se, explicar. 6. palrar, tagarelar.
~ is cheap! falar é fácil! **small ~** conversa superficial. **it's the ~ of the town** é o assunto da conversa da cidade. **now you are talking** isto sim, que é proposta. **money ~s** dinheiro convence. **you can ~!** (coloq.) você fala de barriga cheia. **to ~ away** matar o tempo cavaqueando. **to ~ big** (gíria) gargantear. **they ~ed at me** eles atiraram-me indiretas. **to ~ of** falar sobre, discutir, mencionar. **don't ~ of it!** nem fale disto! **~ing of it** falando nisso. **he ~ed round it** ele falou sem chegar ao assunto. **I ~ed to him** falei (seriamente) com ele. **to ~ up** falar alto. **to ~ politics** discutir sobre política. **to ~ shop** falar do ofício. **to ~ a blue streak** falar por quantas juntas tem. **they ~ed sense** falaram com juízo. **they ~ed him down** não o deixaram falar. **he ~s his head off** (gíria) ele fala demais. **they ~ed him out of his money** levaram o dinheiro dele na conversa. **to ~ s. o. out of his opinion** convencer alguém. **he won't be ~ed out of it** não se deixa levar na conversa. **let's ~ it over** conversemos (seriamente) sobre o assunto. **he ~ed him round** ele convenceu-o. **to ~ to** 1. falar com. 2. admoestar.

talkative [t'ɔ:kətiv] adj. falador, palreiro. ‖ **~ly** adv. com loquacidade, verbosamente.

talkativeness [~nis] s. loquacidade, verbosidade f.

talkee [t'ɔ:ki] s. 1. inglês mal pronunciado m. 2.

galimatias m., discurso confuso e arrevessado m.

talker [t'ɔ:kə] s. falador, fanfarrão m.

talkie [t'ɔ:ki] s. (geralmente **talkies** pl.) filme sonoro, cinema sonoro m.

talking [t'ɔ:kiŋ] s. conversa, palra f. ‖ adj. 1. falador. 2. sonoro.
she did all the ~ só ela falou.

talking book s. livro falante m.: gravação da leitura de um livro, para cegos.

talking-to s. (coloq.) repreensão, argüição f.

talky [t'ɔ:ki] adj. palrador, tagarela.
~ talk conversa inútil.

tall [tɔ:l] adj. 1. alto, grande (quadro Q). 2. elevado. 3. exagerado, inacreditável, extravagante, exorbitante.
how ~ are you? que altura tem você? **~ talk** ato de contar vantagem, exagero. **a ~ order** 1. uma obrigação difícil. 2. despropósito. **to talk ~** falar afetadamente.

tallage [t'ælædʒ] s. (Hist.) imposto feudal m.

tallboy [t'ɔ:lbɔi] s. armário alto m. com gavetas.

tallness [t'ɔ:lnis] s. tamanho m., altura f.

tallow [t'ælou] s. sebo m. ‖ v. 1. untar com sebo. 2. engordar (carneiros).
vegetable ~ gordura vegetal. **~-candle** vela de sebo. **~-chandler** fabricante de velas. **~-faced** pálido.

tallowy [~i] adj. seboso, de cor amarelo-pálida.

tally [t'æli] s. 1. talha f.: vara de madeira na qual se marca com corte o que os outros devem. 2. registro (de contas) m. 3. conta, computação f., cálculo m. 4. etiqueta f., rótulo m., marca, designação f. 5. duplicata, réplica f. ‖ v. 1. marcar, contar, controlar, registrar. 2. etiquetar, marcar, designar. 3. corresponder, concordar.
to live ~ viver amigado. **~ shop** loja onde se compra a prestações.

tally-ho [t'æliˈhou] s. 1. carro m. puxado por quatro cavalos. 2. grito m. de caçador.

tallyman [t'æliman] s. 1. controlador m. de mercadorias. 2. negociante m. de vendas a prestações.

Talmud [t'ælmud] s. talmude m.: livro das leis e doutrinas judaicas.

Talmudic [tælmˈudik], **Talmudical** [~əl] adj. talmúdico.

Talmudist [t'ælmudist] s. talmudista m. + f.

talon [t'ælən] s. 1. garra f. 2. (Arquit.) cimácio m. 3. (jogo de cartas) baralha f.

taloned [~d] adj. provido de garras.

talpa [t'ælpə] s. 1. (Med.) tumor encistado, cisto m. 2. (Zool.) toupeira f.: mamífero insetívoro m.

talus [t'eiləs] s. 1. pl. **tali** [-lai] (Anat.) astrágalo m.: osso do tarso. 2. talude m., rampa, escarpa f., parapeito m. 3. (Geol.) tálus m.: depósito de sopé de escarpas.

tamable [t'eimabl] adj. domável, domesticável.

tamableness [~nis], **tamability** [teimabˈiliti] s. domabilidade f., qualidade do que é domesticável.

tamarack [t'æmaræk] s. (Bot.) lariço m. dos E. U. A.

tamarind [t'æmarind] s. (Bot.) tamarindo m.: árvore e fruto da mesma.

tamarisk [t'æmarisk] s. (Bot.) tamarga, tamargueira f.

tambour [t'æmbuə] s. 1. (Mús.) tambor m. 2. bastidor m. para bordar. 3. (Arquit.) a) tambor m. de coluna. b) guarda-vento m. de cúpula. ‖ v. bordar com bastidor.
~ frame bastidor. **~ work** tecido bordado.

tambourine [tæmbərˈi:n] s. tamborim, tamboril, pandeiro m. (quadro B 2).

tame [t'eim] v. 1. amansar, domar, domesticar. 2. ficar manso. 3. submeter, subjugar, quebrar, humi-

lhar. ‖ adj. 1. manso, domesticado. 2. tratável, dócil. 3. subjugado, humilde. 4. sem coragem, sem espírito, insípido, fraco. ‖ ~ly adv. 1. mansamente. 2. humildemente.
~ **lecturer** orador fastidioso.
tameable [~əbl] adj. = **tamable.**
tameless [~lis] adj. indomável.
tameness [~nis] s. docilidade, falta f. de temperamento.
tamer [~ə] s. domador m., domadora f.
Tamil [t'æmil] s. tâmil m.: língua dravídica.
tamis [t'æmis] s. 1. tamis m.: peneira de tecido. 2. tecido inglês m.
tam-o'-shanter [tæmɘʃ'æntə] s. (abr. **tammy**) boina larga, escocesa f.
tamp [t'æmp] s. calcadeira f., atacador m. ‖ v. socar (terra), tapar (furo na rocha que contém o explosivo).
tamper [~ə] s. calcadeira f. (quadro S 8). ‖ v. 1. mexer (indevidamente), falsificar, intrometer-se, adulterar. 2. tentar forçar (fechadura).
the letter has been ~ed with a carta foi manipulada.
tamperer [~ərə] s. adulterador, falsificador m.
tamping [~iŋ] s. 1. socadura f. 2. massa sacada f.
tampion [~iən] s. tampão, batoque m., bucha f. (de arma de fogo).
tampon [~ən] s. tampão m. de algodão. ‖ v. tamponar.
tam-tam [t'a:mta:m] s. (Índia) gongo m.
tan (I) [tæn] s. 1. cor bronzeada f. (produzida na pele pelos raios solares). 2. tanino m., casca f. usada para curtir, substância f. com que se curte. ‖ v. 1. curtir. 2. bronzear (pelo sol). 3. ficar bronzeado. ‖ adj. bronzeado, marrom.
~ **shoes** sapatos marrons.
tan (II) [tæn] (Mat.) abr. de **tangent.**
tanager [t'ænədʒə] s. (Orn.) sanhaço m.
tanbark [t'ænba:k] s. casca f. para curtir.
tandem [t'ændəm] s. 1. carruagem f. puxada por dois cavalos. 2. tandem m.: bicicleta de dois assentos (quadro B 11). ‖ adj. arranjado ou arreado um atrás do outro. ‖ adv. com um atrás do outro.
to drive ~ andar de tandem.
tandem condenser s. (Eletr.) condensador em tandem m.
tang [tæŋ] s. 1. cheiro penetrante m., gosto forte m. 2. sabor, travo, saibo m. 3. pino m., espiga f. de ferramenta. 4. som agudo, penetrante m. 5. alga marinha f. ‖ v. 1. prover de espiga. 2. soar, tocar (com som agudo).
tangency [t'ændʒənsi] s. tangência f., tocamento m.
tangent [t'ændʒənt] s. (Mat.) tangente, tangente trigonométrica f. (quadro A 3). ‖ adj. tangente.
to fly off a ~, to go off a ~ mudar de rumo, mudar de assunto. **it is ~ to** isto toca, isto tange.
tangential [tændʒ'enʃəl] adj. tangencial. ‖ ~ly adv. de modo tangencial.
~ **force** força centrífuga.
Tangerine (I) [t'ændʒəri:n] s. habitante de Tânger. ‖ adj. natural de Tânger.
tangerine (II) [t'ændʒəri:n] s. tangerina, mexerica f.
tangible [t'ændʒəbl] adj. tangível, palpável, real. ‖ ~bly adv. de modo tangível.
tangibleness [~nis], **tangibility** [tændʒəb'iliti] s. tangibilidade, palpabilidade f.
tangle [t'æŋgl] s. 1. massa confusa f., entrançado, entrelaçamento m. 2. confusão f. 3. alga f. ‖ v. 1. entrelaçar, entrançar, enlaçar. 2. enroscar, enrolar, embaraçar. 3. envolver. 4. confundir, complicar.
~-**foot** (E. U. A.) aguardente ordinária.

tanglesome [~səm], **tangly** [~i] adj. embaraçado, trançado, entrelaçado.
tangling [t'æŋgliŋ] adj. embaraçador, enredoso. ‖ ~ly adv. de modo embaraçador.
tango [t'æŋgou] s. tango m. ‖ v. dançar o tango.
tangy [t'æŋgi] adj. 1. com travo, com saibo. 2. penetrante, forte (cheiro).
tank [t'æŋk] s. 1. tanque, reservatório m., cisterna, caixa f. de água (quadro T 1). 2. piscina f. 3. (milit.) tanque m.: carro blindado, carro de assalto. ‖ v. 1. encher um tanque, colocar num tanque 2. abastecer de combustível.
~ **car** carro-tanque. ~ **engine** locomotiva sem tênder. ~ **ship,** ~ **steamer** navio-tanque. ~ **waggon** carro-tanque (quadro T 1). **to fill up the ~** encher o tanque.
tankage [~idʒ] s. 1. capacidade f. de um tanque. 2. armazenagem f. em tanques. 3. taxa f. de armazenagem em tanque. 4. tancagem f.: resíduos de frigoríficos e matadouros usados como adubo e alimento de animais. 5. material m. armazenado em tanque.
tankard [~əd] s. caneca f. para cerveja (geralmente com tampa).
tanker [~ə] s. (Náut.) navio-tanque m.
tank farming s. = **hydroponics.**
tank town s. 1. (Estr. de F.) cidade f. para reabastecimento de água. 2. pequena cidade f. no interior.
tannable [t'ænəbl] adj. que pode ser curtido.
tannage [t'ænidʒ] s. 1. curtimento m. 2. artigo m de curtume.
tannate [t'æneit] s. (Quím.) tanato m.: sal do ácido tânico.
tanned [tænd] adj. de tez tostada pelo sol.
tanner [t'ænə] s. curtidor m.
tannery [~ri] s. curtume m.
tannic [t'ænik] adj. tânico.
~ **acid** ácido tânico.
tanniferous [tæn'ifərəs] adj. taninoso.
tannin [t'ænin] s. tanino m.
tanning [t'æniŋ] s. 1. curtimento m. 2. curtume m.: substância com que se curte.
tansy [t'ænzi] s. (Bot.) atanásia f.
tantalate [t'æntəleit] s. (Quím.) tantalato m.
tantalize [t'æntəlaiz] v. atormentar, fazer sofrer.
tantalizer [~ə] s. atormentador m.
tantalizing [~iŋ] adj. tantálico, atormentador, torturante. ‖ ~ly adv. de modo tantálico.
tantalum [t'æntələm] s. (Quím.) tântalo m.: metal, elemento químico.
tantamount [t'æntəmaunt] adj. equivalente, igual.
it is ~ to é igual a, é a mesma coisa que.
tantivy [tænt'ivi] s. 1. grito m. de caça. 2. galope rápido m., grande velocidade f. ‖ adj. veloz, rápido. ‖ adv. (†) velozmente.
tantrum [t'æntrəm] s. (geralmente ~s pl.) furor, mau humor, acesso m. de raiva.
to be in a ~ estar furioso. **to fly into a ~** enfurecer-se.
tan-yard s. curtume m.: estabelecimento onde se curte.
Taoism [t'a:ouizm] s. taoísmo m.: uma das principais religiões da China.
Taoist [t'a:ouist] s. taoísta m. + f.
Taoistic [ta:ou'istik] adj. taoístico.
tap [tæp] s. 1. pancadinha, batida f., golpe leve m. 2. pedaço de couro m. para remendar sapatos. 3. batoque (de pipa) m. 4. torneira f. (quadro W 2). 5. bebida alcoólica f. (de certa marca ou qualidade). 6. bar m. 7. ponto m. de tomada ou derivação elétrica. 8. (Téc.) macho m. de tarraxa. ‖ v.

1. bater de leve, dar pancadinha. 2. remendar, solar sapatos. 3. sangrar, furar, puncionar para tirar líquido (também Med.) 4. desarrolhar, destampar (pipa). 5. tirar líquido (tirando um batoque ou por punção). 6. ligar, penetrar, abrir (uma estrada). 7. (Eletr.) derivar. 8. cortar rosca interna. **he didn't do a ~ of work** ele nem mexeu um dedo, não fez nada. **three-way ~** torneira tripla. **on ~** 1. do barril. 2. (fig.) em estoque. **he ~ped his forehead** ele bateu-se na cabeça. **to ~ the hand on the table** bater com a mão na mesa. **he ~ped me for** (gíria) ele deu-me uma facada, pediu-me emprestado. **they ~ped the telephone wire** fizeram ligação clandestina no fio telefônico. **~ wrench** (Mec.) desandador para macho.

tap bolt s. (Mec.) cavilha cônica f.

tap-dance s. dança f. em que se batem os passos com o pé, sapateado m. ‖ v. sapatear.

tap-dancing ato de dançar sapateado.

tape [teip] s. 1. fita f., cadarço m. 2. fita (de aço), trena f. 3. fita adesiva f. 4. tira f. de papel no telégrafo. ‖ v. colocar fita, amarrar com fita.
   insulation ~ (Eletr.) fita isolante. **magnetic ~** fita magnética. **red ~** burocracia. **to breast the ~** (Esp.) romper a fita de chegada.

tape line, tape measure s. fita métrica, trena f.

tape machine s. = **tape recorder**.

taper [t'eipə] s. 1. círio m., vela (fina) f. de cera. 2. diminuição f. de força, de capacidade. ‖ v. afilar(-se), fazer cônico. ‖ adj. cônico, afilado. **angle of ~** conicidade. **~ adapter** (Mec.) adaptador cônico. **~ file** lima pontiaguda. **~ hole** furo cônico. **~ tap** macho cônico. **~ pin** pino cônico. **to ~ off** afilar-se.

tape recorder s. gravador m. de fita.

tape recording s. gravação f. de som em fita.

tapering [~riŋ] adj. cônico, afilado. ‖ **~ly** de forma cônica.

taperness [~nis] s. conicidade f.

taperwise [~waiz] adv. de forma cônica, afilada.

tapestried [t'æpistrid] adj. atapetado.

tapestry [t'æpistri] s. tapeçaria f., tapete bordado m. para decoração de paredes. ‖ v. 1. bordar tapetes. 2. decorar com tapetes, atapetar.

tapeworm [t'eipwə:m] s. tênia, solitária f.

taphouse [t'æphaus] s. taverna f., botequim m.

tapioca [tæpi'oukə] s. tapioca f.: fécula de mandioca.

tapir [t'eipə] s. (Zool.) anta f.

tapis [t'æpi:] s. tapiz, tapete m.
   to be (to come) on the ~ estar em consideração, vir à baila.

tappable [t'æpəbl] adj. que pode ser sangrado, como seringueira, etc.

tapper [t'æpə] s. 1. batedor m. 2. sangrador, seringueiro, etc.

tappet [t'æpit] s. (Mec.) 1. braço m., alavanca f. 2. excêntrico, ressalto, tucho m.

tappet-rod s. (Autom.) agulha f. de distribuição auxiliar, haste m. de encontro.

tapping [t'æpiŋ] s. esvaziamento m. por punção.

taproom [t'æprum] s. bar m.

taproot [t'æpru:t] s. raiz mestra f.

taps [tæps] s. (milit.) toque de silêncio m.

tapster [t'æpstə] s. o que tira chope ou vinho do barril, bodegueiro, taverneiro m.

tar [ta:] s. 1. piche, alcatrão m. 2. marujo, marinheiro m. ‖ v. pichar.
   Jack ~ marujo. **old ~** lobo-do-mar. **to have a touch of the ~-brush** ter sangue negro. **~red with the same brush** sofrendo os mesmos defeitos. **~ macadam** macadame alcatroado. **to ~ and feather** deitar alcatrão quente sobre alguém e cobrir de penas (castigo).

taradiddle [t'ærədidl] s. (Ingl.) pequena mentira, falsidade f.

tarantella [tærənt'elə] s. tarantela f.: música e dança napolitana f.

tarantism [t'ærəntizm] s. (Med.) tarantismo m.

tarantula [tər'æntjulə] s. tarântula f.: aranha venenosa.

taraxacum [tər'æksəkəm] s. (Bot.) taraxaco m.

tarboosh [ta:b'u:ʃ] s. fez m.: barrete turco.

tardigrade [t'a:digreid] s. (Zool.) tardígrado m. ‖ adj. tardígrado.

tardiness [t'a:dinis] s. atraso m., lentidão, indolência f., vagar m.

tardy [t'a:di] adj. 1. atrasado, tarde, tardio. 2. lento, vagaroso, indolente. 3. relutante. ‖ **–dily** adv. 1. tardiamente. 2. lentamente, vagarosamente.
   she was ~ for dinner ela chegou atrasada à mesa.

tare [tɛə] s. 1. ervilhaca f., cizirão m., praga f. 2. tara f.: peso da embalagem, peso de um veículo sem carga. ‖ v. tarar.

target [t'a:git] s. 1. alvo m.: a) (fig.) pessoa ou objeto vítima de ataque ou crítica. b) objeto a ser atingido. 2. (Estr. de F.) sinal m. em forma de disco. 3. (Telev.) tela f. de tubo de raios catódicos. 4. (Eletr.) ânodo fluorescente m. da válvula indicadora de sintonia. 5. (†) escudo m.
   ~ practice tiro ao alvo. **~ ship** navio que serve de alvo para exercícios de artilharia.

target date s. data limite f.

tariff [t'ærif] s. 1. tarifa f., direitos m. pl. alfandegários. 2. lista f. de preços. ‖ v. 1. taxar, tarifar. 2. elaborar tarifa.
   ~ reform reforma tarifária. **~ wall** barreira alfandegária.

tarlatan [t'a:lətən] s. tarlatana f.: tecido transparente.

tarmacadam [t'a:məkædəm] s. macadame m

tarn [ta:n] s. pequeno lago m. nas montanhas.

tarnish [t'a:niʃ] s. 1. deslustre, desdouro m. 2. mancha f. ‖ v. 1. deslustrar, embaçar, desdourar. 2. deslustrar-se, embaçar-se. 3. manchar, sujar.

tarnishable [~əbl] adj. embaçador, deslustrador.

taro [t'a:rou] s. (Bot.) taro m.: raiz rica em amido.

tarpaulin [ta:p'o:lin] s. encerado, oleado m., lona impermeabilizada (com piche) f.

tarpon [t'a:pɔn] s. (Ict.) tarpão, camarupim m. (Tarpon atlanticus).

tarragon [t'ærəgən] s. (Bot.) estragão m.: planta aromática.

tarring [t'a:riŋ] s. alcatroamento m.

tarry (I) [t'æri] v. 1. permanecer, ficar, esperar. 2. hesitar, demorar.

tarry (II) [t'a:ri] adj. (de tar) coberto de piche, alcatroado, como piche.

tarsal [t'a:səl] adj. tarsiano: relativo ao tarso.

tarsia [t'a:siə] s. mosaico italiano m. de madeira.

tarsioid [t'a:siɔid] adj. tarsiano.

tarsus [t'a:səs] s. 1. (Anat.) tarso m. 2. (Zool.) segmento m. dos pés de aves e insetos.

tart (I) [ta:t] s. 1. torta f. (quadro C 1). 2. (Ingl., gíria) prostituta f.

tart (II) [ta:t] adj. 1. azedo, adstringente, picante. 2. (fig.) rude, mordaz. ‖ **~ly** adv. 1. acidamente. 2. rudemente, asperamente.

tartan [t'a:tən] s. 1. tecido de lã (da Escócia) com desenho em xadrez. 2. padrão m. de desenho xadrez. 3. tartana f.: barco do Mediterrâneo. ‖ adj. enxadrezado.

Tartar (I) também **Tatar** [t'a:tə] s. 1. tártaro m.: habitante da Tartária. 2. **tartar** pessoa f. intratável ou irritável. ‖ adj. tártaro (da Tartária, Ásia).
   to catch a ~ ter homem pela frente.

tartar (II) [t'a:tə] s. tártaro m.: 1. depósito salino.

2. incrustação que se forma nos dentes.
~ emetic tártaro emético.
tartaric [ta:t'ærik] adj. tartárico: relativo ao Tártaro (inferno mitológico) e ao tártaro (depósito salino ou incrustação nos dentes).
~ acid (Quím.) ácido tartárico.
tartarization [ta:təraiz'eiʃən] s. formação f. de tártaro.
tartarous [t'a:tərəs] adj. tartáreo.
tartar sauce s. (Culin.) molho tártaro m.
tartar steak s. (Culin.) bife malpassado m.
tartlet [t'a:tlit] s. tortinha f. de frutas.
tartrate [t'a:treit] s. (Quím.) tartarato m.: sal do ácido tartárico.
Tartuffe [ta:t'uf] s. tartufo m., hipócrita m. + f.
Tartuffish [~iʃ] adj. tartufista.
Tartuffism [~izm] s. tartufice f., tartufismo m.
tasimeter [tæs'imitə] s. (Fís.) tasímetro m.
task [ta:sk] s. 1. tarefa, incumbência f., serviço, dever m. 2. lição f. ‖ v. 1. incumbir, forçar (a trabalhar). 2. sobrecarregar, forçar.
daily ~ trabalho diário. **to set s. o. a ~** incumbir alguém de uma tarefa. **hard ~** empresa árdua. **to take (to call) s. o. to ~ for s. th.** repreender, censurar, exortar alguém por.
task force s. (Náut.) unidade naval f. organizada para uma tarefa específica.
taskmaster [t'a:skma:stə] s. mestre, chefe m. + f. do serviço, capataz m.
taskwork [t'a:skwə:k] s. trabalho m. de empreitada.
Tasmanian [tæzm'einjən] s. tasmaniano m., nativo ou habitante da Tasmânia. ‖ adj. tasmaniano.
tass [tæs] s. (esc.) caneca f.
tassel [tæsl] s. borla f. (quadro C 18), cabelo m. de milho. ‖ v. ornar com borla, formar borla.
tastable [t'eistəbl] adj. que se pode saborear, que se pode perceber pelo gosto.
taste [teist] s. 1. gosto m.: a) sabor, paladar. b) bom gosto. c) sentido do gosto. d) distinção, elegância. e) inclinação, predileção, propensão. f) critério, discernimento. 3. gustação, prova f. 4. pouquinho, bocado m., amostra f. ‖ v. 1. experimentar, provar. 2. sentir o gosto. 3. ter gosto de. 4. saborear, apreciar, experimentar.
~s differ, there is no accounting for ~s gostos não se discutem. **he has a ~ for music** ele aprecia música. **what bad ~!** que falta de gosto! **to take a ~ of** experimentar um pouco, provar. **I ~ pepper in** sinto o gosto de pimenta em. **I had not ~ed food for days** tinha ficado dias sem comer. **it ~s sweet** é doce.
tasteful [t'eistful] adj. 1. saboroso, gostoso. 2. com bom gosto, estético, fino. ‖ **~ly** adv. com gosto, esteticamente.
tastefulness [~nis] s. 1. gosto, paladar m. 2. discernimento m.
tasteless [t'eistlis] adj. 1. insípido, insosso, sem sabor. 2. sem gosto, sem estética. ‖ **~ly** adv. insipidamente, sem gosto.
tastelessness [~nis] s. falta f. de gosto, insipidez f.
taster [t'eistə] s. 1. provador m. 2. cortador cilíndrico m. para tirar amostra de queijo. 3. cálice pequeno m. para experimentar vinho.
tasty [t'eisti] adj. 1. saboroso, gostoso. 2. com bom gosto, com graça. ‖ **~ly** adv. com gosto, esteticamente.
tat [tæt] v. bilrar.
tit for ~ pago na mesma moeda.
Tatar [t'a:tə] = **Tartar.**
tatter [t'ætə] s. farrapo, trapo m. ‖ v. rasgar, esfarrapar.
in ~s em pedaços. **to tear to ~s** espedaçar.

tatterdemalion [tætədəm'eiljən] s. sujeito esfarrapado, maltrapilho m.
tattered [t'ætəd], **tattery** [t'ætəri] adj. esfarrapado, maltrapilho.
tatting [t'ætiŋ] s. trabalho m. de bilro.
tattle [tætl] s. tagarelice f., mexerico m. ‖ v. tagarelar, mexericar, palrar.
tattler [t'ætlə] s. 1. mexeriqueiro, palrador m. 2. (Orn.) ave dos E. U. A., parecida com a batuíra, do gênero Totanos.
tattletale [t'ætlteil] s. (coloq.) linguarudo m. ‖ v. dar à língua.
tattling [t'ætliŋ] adj. palrador. ‖ **~ly** adv. de modo palrador.
tattoo (I) [tət'u:] s. 1. toque m. de recolher. 2. ação f. de bater, rufo m. ‖ v. dar o toque de recolher.
the devil's ~ o tamborilar com os dedos.
tattoo (II) [tət'u:] s. tatuagem f. ‖ v. tatuar.
tattooage [~idʒ] s. tatuagem f.
tattooed [~d] adj. tatuado.
tattooer [~ə] s. tatuador m.
taught [tɔ:t] imp. + p. p. de **to teach.**
taunt [tɔ:nt] s. insulto, escárnio, sarcasmo m. ‖ v. escarnecer, tratar com sarcasmo. ‖ adj. (Náut.) alto (mastro).
taunter [t'ɔntə] s. insultador, escarnecedor m.
tauntingly [t'ɔ:ntiŋli] adv. insultuosamente.
tauriform [t'ɔ:rifɔ:m] adj. tauriforme.
taurine [t'ɔ:rain] adj. taurino, táureo.
tauromachy [tɔ:r'ɔməki] s. tauromaquia f.
Taurus [t'ɔ:rəs] s. (Astron.) Tauro m.
taut [tɔ:t] adj. 1. esticado, teso, tenso. 2. em ordem, em condições. ‖ **~ly** adv. de modo esticado.
tauten [tɔ:tn] v. esticar(-se), entesar(-se).
tautness [t'ɔ:tnis] s. tensão f.
tautochronism [tɔ:t'ɔkrənizm] s. tautocronismo m.
tautochronous [tɔ:t'ɔkrənəs] adj. tautocrono.
tautog [tɔ:t'ɔg] s. (Ict.) peixe labrídeo m. das costas dos E. U. A. (Tautoga onitis).
tautological [tɔ:təl'ɔdʒik], **tautological** [~əl] adj. tautológico. ‖ **~ly** adv. tautologicamente.
tautologist [tɔ:t'ɔlədʒist] s. o que tem o vício da tautologia.
tautologize [tɔ:t'ɔlədʒaiz] v. repetir a mesma coisa em outras palavras.
tautologous [tɔ:t'ɔləgəs] adj. tautológico.
tautology [tɔ:t'ɔlədʒi] s. tautologia f.
tautomerism [tɔ:t'ɔmərizm] s. (Quím.) tautomeria f.
tavern [t'ævən] s. 1. taberna f. 2. estalagem f.
tavern keeper s. taberneiro m.
taw (I) [tɔ:] s. 1. gude m., jogo de bolinhas. 2. bolinha f., risca f. donde é jogada.
taw (II) [tɔ:] v. curtir pelo alume.
tawdriness [t'ɔ:drinis] s. falso brilho, ouropel m., aparência enganosa f.
tawdry [t'ɔ:dri] adj. enfeitado sem gosto, espalhafatoso. ‖ **~drily** adv. espalhafatosamente.
tawer [t'ɔ:ə] s. curtidor m. que usa alume.
tawniness [t'ɔ:ninis] s. cor amarelo-marrom, cor fulva f.
tawny [t'ɔ:ni] adj. fulvo, de cor amarelo-tostada.
taws **tawse** [tɔ:z] s. açoite, látego (de couro) m.
tax [tæks] s. 1. imposto, tributo m., taxa f. 2. encargo, dever m., obrigação, imposição f. 3. taxação f. ‖ v. 1. taxar, cobrar imposto, tributar. 2. impor, sobrecarregar, esforçar. 3. reprovar, acusar. 4. estabelecer preço, fixar custos.
turnover ~ imposto de vendas. **~ on wages** imposto sobre o salário. **~ on trade** imposto de indústria e comércio. **land ~** imposto territorial. **to impose a ~ on** taxar, tributar a. **a great ~ upon my time** uma grande perda de tempo para mim. **~**

avoidance sonegação de imposto. **you must ~ your memory** você precisa esforçar sua memória. **to ~ s. o. with** acusar alguém de. **I am not to be ~ed with it** não devo ser acusado disto.

taxability [~əb'iliti] s. capacidade f. de ser taxado.

taxable [t'æksəbl] adj. sujeito a imposto, tributável. ‖ **-bly** adv. de modo tributário. **~ capacity** capacidade tributária.

taxableness [~nis] s. = **taxability**.

taxation [taeks'eiʃən] s. 1. taxação f. 2. impostos m. pl.

tax-deductible adj. deduzível do imposto.

taxer [t'æeksə] s. taxador m.

tax evasion s. sonegação f. de impostos.

tax-exempt adj. isento de imposto.

tax exemption s. isenção f. de imposto.

tax-free adj. isento de imposto.

taxi [t'æksi] s. táxi, automóvel m. de praça. ‖ v. 1. andar de táxi. 2. (Av.) rolar em terra por força própria, **taxiar**.

taxicab [t'æksikæb] s. táxi m.

taxi dancer s. moça f. contratada para dançar com os clientes.

taxidermal [tæksid'ə:məl], **taxidermic** [-d'ə:mik] adj. taxidérmico.

taxidermist [t'æksidə:mist] s. taxidermista m. + f.

taxidermy [t'æksidə:mi] s. taxidermia f.

taxidriver [t'æksidraivə], **taxi-man** s. chofer, motorista de praça m.

taximeter [t'æksimi:tə] s. taxímetro m.

taxin [t'æksin] s. taxina f.

taxiplane [t'æksiplein] s. (Av.) táxi aéreo m.

taxis [t'æksis] s. 1. (Med.) taxe f. 2. (Zool.) classificação f. 3. (Gram.) ordem, disposição f.

taxi stand s. ponto m. de táxis.

taxi-strip s. (Av.) pista f.

taxless [t'ækslis] adj. isento de imposto.

taxonomic [tæksən'ɔmik], **taxonomical** [~əl] adj. taxinômico.

taxonomy [tæks'ɔnəmi] s. taxinomia, sistemática f.

taxpayer [t'æekspeiə] s. contribuinte m. + f. (imposto).

tax return s. declaração f. de imposto.

tea [ti:] s. 1. chá m.: a) (Bot.) arbusto (Camellia sinensis). b) folhas secas f. pl. do mesmo. c) infusão f. obtida das folhas de chá ou de outra planta medicinal. 2. refeição f. à tarde na qual se toma geralmente chá, recepção f. à tarde. **beef-~** caldo de carne. **blend, kind of ~** mistura de chás. **to blend ~** misturar diversas qualidades de chá. **early ~** chá da manhã. **afternoon ~, five o'clock ~** chá das cinco horas. **high ~, meat ~** jantar de frios com chá. **we took (came, went to) ~ with him** tomamos chá com ele. **what is there for ~?** o que há para o chá? **~ ball** passador esférico de chá.

tea caddy, tea canister s. lata f. para o chá.

teacake [t'i:keik] s. bolinho m. para o chá.

tea cart s. carrinho m. de chá.

teach [ti:tʃ] v. (imp. + p. p. **taught**) 1. ensinar, mostrar, instruir. 2. lecionar. 3. educar. 4. amestrar.

you can't ~ an old dog new tricks macaco velho não aprende arte nova. **they taught him better** eles lhe deram uma lição. **experience ~es** por experiência se aprende. **he ~es English** ele leciona inglês, ele dá aulas de inglês. **she taught the boy how to go** ela ensinou o menino a andar. **the boys were taught reading (to read)** os meninos aprenderam a ler. **they were taught what to read** foram instruídos sobre o que deviam ler. **he has never been taught reading** ele nunca aprendeu a

ler. can't you ~ him manners? você não poderá ensiná-lo a comportar-se? **I'll ~ him to tell tales** tirar-lhe-ei o vício de contar vantagem.

teachable [t'i:tʃəbl] adj. disciplinável, dócil.

teachableness [~nis] s. docilidade, aptidão f.

teacher [t'i:tʃə] s. professor m., professora f. **~ of mathematics** professor de matemática.

teachership [~ʃip] s. magistério m., função f. de professor.

teaching [t'i:tʃiŋ] s 1. magistério m. 2. ensino m., educação f. 3. doutrina f., preceito m.

tea-cloth s. pano m. de mesa para chá.

tea-cosy s. abafador m. para o bule de chá.

teacup [t'i:kʌp] s. chávena f. **storm in a ~** tempestade em copo d'água.

teacupful [t'i:kʌpful] s. conteúdo m. de uma chávena.

tea dance s. chá-dançante m.

tea house s. (Oriente) casa f. de chá.

teak [ti:k] s. teca f.: 1. árvore originária da Índia. 2. madeira desta árvore.

teakettle [t'i:ketl] s. chaleira f. (Quadro K 1).

teal [ti:l] s. (Orn.) cerceta f.

tea-leaves s. borra f. do chá.

team [ti:m] s. 1. equipe f., conjunto, quadro m. 2 junta, parelha f. (quadro H 6). ‖ v. 1. emparelhar, juntar em parelha, atrelar. 2. trabalhar com junta, guiar e transportar em carro puxado por junta.

teammate [t'i:mmeit] s. companheiro m. de equipe.

teamster [t'i:mstə] s. carroceiro m., (E. U. A.) chofer m. de caminhão.

teamwise [t'i:mwaiz] adv. em equipe.

teamwork [t'i:mwə:k] s. trabalho m. de equipe.

teapot [t'i:pɔt] s. bule m. para chá (Quadro B 21).

teapoy [t'i:pɔi] s. mesinha f. para chá.

tear (I) [tiə] s. 1. lágrima f. 2. gota f. **~s of joy** lágrimas de alegria. **a ~ of blood** uma gota de sangue. **in ~s** em pranto, chorando. **to burst into ~s** romper em choro. **to shed ~s** derramar lágrimas. **~-dimmed** obscurecido por lágrimas. **~ duct** (Med.) ducto lacrimal. **to work the ~ pump** inundar de lágrimas. **~-stained** em pranto.

tear (II) [tɛə] s. 1. rasgo, rasgão m. 2. rasgadura f. 3. movimento rápido m., corrida f. 4. fúria, cólera f. ‖ v. (imp. **tore**, p. p. **torn**) 1. dilacerar, romper. 2. rasgar. 3. arrancar. 4. ferir, cortar. 5. dividir, partir. 6. remover. 7. agitar. 8. correr. **wear and ~** o desgaste. **at full ~** em disparada. **~-off calendar** agenda com páginas descartáveis. **she tore her dress** ela rasgou seu vestido. **he tore his hair** ele arrepelou o cabelo. **to be torn between fear and love** oscilar entre o medo e o amor. **to ~ in two** rasgar pelo meio. **I cannot ~ myself away** não me posso separar. **to ~ apart (asunder)** separar com força. **to ~ down** puxar para baixo. **to ~ s. th. from** arrancar alguma coisa de. **to ~ off** tirar, arrancar. **to ~ to pieces** rasgar em pedaços. **to ~ s. o. to pieces** (fig.) xingar, arrasar alguém. **to ~ out** puxar. **to ~ up** arrancar **(by the roots** pela raiz**). to ~ about** afobar-se, excitar-se. **they ~ along the way** correm pelo caminho. **he tore off** ele saiu em disparada.

tearful [t'iəful] adj. 1. choroso, lacrimoso. 2. triste, que causa lágrimas. ‖ **-ly** adv. em pranto.

tearfulness [~nis] s. lacrimação f., choro m.

tear gas s. gás lacrimogêneo m.

tearing [t'ɛəriŋ] adj. violento, furioso, tremendo. **in a ~ hurry** com muita pressa. **in a ~ passion** em tremenda excitação.

tearless [t'iəlis] adj. sem lágrimas, sem chorar.

tearoom [t'i:rum] s. salão m. de chá.

tear sheet s. folha f. impressa solta (comprovante

ou para distribuição).

tease [ti:z] s. 1. caçoador, arreliador m. 2. incômodo, aborrecimento m., importunação f. ‖ v. 1. importunar, arreliar, cacetear. 2. pedir com insistência. 3. (Téc.) pentear, cardaɪ (lã).
to be ~d into consenting ser importunado até consentir.

teasel [ti:zl] s. 1. (Bot.) cardo m. 2. carda f. ‖ v. cardar.

teaseler [t'i:zlə] s. cardador m.

teaser [t'i:zə] s. 1. maçador, importunador, arreliento m. 2. situação f. ou questão f. embaraçosa. 3. máquina f. de pentear lã.

tea service, tea set s. aparelho m. para chá, serviço m. de chá.

teasingly [t'i:ziŋli] adv. de modo enfadonho.

teaspoon [t'i:spu:n] s. colher f. de chá (quadro B 21).

teaspoonful [~ful] s. o que cabe numa colher de chá.

teat [ti:t] s. teta f., bico m. de seio.

teataster [t'i:teistə] s. provador m. de chá.

teatime [t'i:taim] s. hora f. de chá.

tea tray s. bandeja f. para chá.

teawagon [t'i:wægən] s. = **tea cart** (quadro R 2).

teazel, teazle [ti:zl] = **teasel**.

technic [t'eknik] s. técnica, arte, habilidade técnica, prática f. ‖ adj. = **technical**.

technical [~əl] adj. 1. técnico, relativo à técnica ou ciência aplicada. 2. com prática, com perícia. ‖ **~ly** adv. tecnicamente.
~ college escola técnica. **~ school** escola de artes e ofícios. **~ science** ciência técnica. **~ skill** habilidade técnica. **~ term** termo técnico.

technicalities [~z] s. pl. detalhes técnicos m. pl.

technicality [teknik'æliti] s. assunto técnico, termo técnico m., qualidade ou caráter técnico.

technicalness [t'eknikəlnis] s. qualidade do que é técnico.

technician [tekn'iʃən] s. 1. técnico, perito m. 2. prático m.

technicist [t'eknisist] s. técnico m.

Technicolor [t'eknikʌlə] s. marca registrada f. de filme colorido.

technics [t'ekniks] s. 1. ciências técnicas f. pl. 2. parte material f. ou conjunto m. de processos de uma arte. 3. prática f.

technique [tekn'i:k] = **technic**.

technocracy [tekn'okrəsi] s. tecnocracia f.

technography [tekn'ogrəfi] s. tecnografia f.

technologic [teknəl'odʒik], **technological** [~əl] adj. tecnológico.

technologist [tekn'olədʒist] s. tecnólogo m.

tecnology [tekn'olədʒi] s. tecnologia f.: 1. tratado m. das artes e ofícios, em geral. 2. terminologia de uma arte ou ciência f.
school of ~ escola técnica.

tectonic [tekt'onik] adj. tectônico.

tectonics [~s] s. tectônica f.: 1. arte de construção. 2. (Geol.) estudo m. da estrutura da crosta terrestre.

tectorial [tekt'o:riəl] adj. (Med.) tetorial: que forma coberta, especialmente relativo à membrana do ouvido.

tectrix [t'ektriks], pl. **tectrices** [t'ektrisi:z] s. tectrizes f. pl.: 1. (Anat.) lâminas que formam a parte posterior do osso frontal. 2. (Zool.) penas que cobrem as asas e a cauda das aves.

ted [ted] v. virar e espalhar o feno para secar.

tedder [t'edə] s. máquina f. de espalhar e virar o feno.

teddy bear s. ursinho m. (brinquedo).

Teddy boy s. (Ingl.) delinqüente juvenil m. da década dos 60.

Te Deum [ti:d'iəm] s. (latim) Te Deum m.: hino de ação de graças.

tedious [t'i:diəs] adj. tedioso, monótono, fastidioso, fatigante, cansativo. ‖ **~ly** adv. fastidiosamente, de modo tedioso.

tediousness [~nis] s. tédio, fastio, enfado m.

tedium [t'i:diəm] s. = **tediousness**.

tee [ti:] s. 1. letra T. 2. baliza, meta f., marco, alvo (para jogos de bola e malha) m. 3. (golfe) pequeno monte m. de areia onde se joga a bola. 4. (Téc.) ferro T m., peça em T f., tubo T m. (quadro P 3). ‖ v. (golfe) colocar a bola para jogar.
to ~ off (golfe) bater a bola, começar.

teem [ti:m] v. 1. abundar, estar cheio de, enxamear, fervilhar. 2. despejar (especialmente metal fundido), esvaziar. 3. (†) procriar.

teeming [t'i:miŋ] adj. 1. cheio, abundante. 2. fértil, prolífico, fervilhante.

teeming box s. fossa, caixa f. de fundição.

teen-age adj. adolescente.

teen-ager s. adolescente m. + f.: moço ou moça na idade entre 13 e 19 anos.

teens [ti:nz] s. pl. anos m. pl. de idade entre 13 e 19 (os que terminam em **-teen**).
he is in his ~ ele não tem ainda 20 anos. **he is out of his ~** ele tem mais de 20 anos.

teeny [t'i:ni] adj. (fam.) pequenino.
~ weeny muito pequenino.

teeny-hopper s. (coloq.) menina-moça f. que imita os hippies.

teeter [t'i:tə] s. balanço, vaivém m., gangorra f. ‖ v. balançar, oscilar, vacilar.

teeth [ti:θ] s. pl. de **tooth** dentes m. pl.
to be fed up to the ~ estar cheio.

teeth-drawing s. extração f. de dentes.

teethe [ti:ð] v. endentecer, criar dentes.

teething [ti:ðiŋ] s. dentição f.

teetotal [ti:t'outl] adj. 1. abstinente. 2. completo, inteiro.

teetotalism [~izm] s. abstinência f.

teetotaller, teetotaler [ti:t'outlə] s. 1. abstêmio m. 2. pessoa f. que prega a abstinência de álcool.

teetotum [ti:t'outʌm] s. pitorra f.: pião de quatro faces, usado em jogos de azar.
to spin like a ~ girar como um pião.

teg [teg] s. ovelha ou corça f. de dois anos.

tegmen [t'egmən] s. pl. **tegmina** [-minə] 1. (Bot.) tegme m. 2. (Zool.) tégmina f.

tegular [t'egjulə] adj. tegular. ‖ **~ly** adv. semelhante a ou disposto à maneira de telhas.

tegulated [t'egjuleitid] adj. escamado (armadura).

tegument [t'egjumənt] s. tegumento m.

tegumental [tegjum'entl], **tegumentary** [-təri] adj. tegumentar.

tehee [ti:h'i:] s. riso disfarçado m. ‖ v. rir à socapa.

teil [ti:l] s. (geralmente **teil-tree**) (Bot.) tília f.

tel. abr. de **telegram, telegraph, telephone.**

telamon [t'eləmən] s. (Arquit.) telamão m.

telautogram [tel'o:təgræm] s. telefotografia f., telautograma m.

telautograph [tel'o:təgra:f] s. telautógrafo m.

telautography [telo:t'ogrəfi] s. telautografia f.

telebarometer [telibər'omitə] s. barômetro m. que registra a pressão barométrica a distância.

telecast [t'elika:st] s. programa m. de televisão. ‖ v. irradiar por televisão.

telecaster [~ə] s. ator ou locutor m. de televisão.

teleceiver [t'elisi:və] s. receptor m. de televisão.

telecommunication [telikəmju:nik'eiʃən] s. telecomunicação f.

telefilm [t'elifilm] s. filme m. exibido por televisão.

telegenic [telidʒ'enik] adj. (Telev.) telegênico.

telegony [tel'egəni] s. (Zool.) telegonia f.
telegram [t'eligræm] s. telegrama m.
by ~ por telegrama.
telegraph [t'eligraːf] s. telégrafo m. ‖ v. 1. telegrafar, sinalizar. 2. revelar (sem querer) intenção, decisão.
~ boy mensageiro para telegramas. **~ form** formulário de telegrama. **~ code** código telegráfico. **~ office** estação telegráfica, telégrafo. **to ~ s. o. a thing, to ~ a thing to s. o.** comunicar alguma coisa a alguém pelo telégrafo.
telegrapher [til'egrəfə] s. telegrafista m. + f.
telegraphic [teligr'æfikj adj. telegráfico. ‖ ~ally adv. telegraficamente.
telegraphist [til'egrəfist] s. telegrafista m. + f.
telegraph pole, telegraph post s. poste telegráfico m. (quadro R 1).
telegraphy [til'egrəfi] s. telegrafia f.
wireless ~ telegrafia sem fio.
telekinesis [telikain'iːsis] s. telecinesia f.
telemeter [tel'emitə] s. telêmetro m.
telemetric [telim'etrik] adj. telemétrico.
telemetry [til'emitri] s. telemetria f.
telencephalon [telens'efələn] s. (Anat.) telencéfalo m.
teleologic [teliəl'ɔdʒik], **teleological** [~əl] adj. teleológico. ‖ ~ally adv. teleologicamente.
teleology [teli'ɔlədʒi] s. teleologia f.
telepathic [telip'æθik] adj. telepático. ‖ ~ally adv. telepaticamente.
telepathist [til'epəθist] s. telepatista m. + f.
telepathize [til'epəθaiz] v. influenciar por telepatia.
telepathy [til'epəθi] s. telepatia f.
telephone [t'elifoun] s. telefone m. (quadro P 8). ‖ v. telefonar.
at the ~ no telefone. **on the ~** por telefone. **he is on the ~** ele está no aparelho. **to ring s. o. up on the ~** telefonar para alguém. **over the ~** pelo telefone. **to ~ s. o. a thing** comunicar alguma coisa a alguém pelo telefone.
telephone booth, telephone box s. cabina telefônica f. (quadro C 2).
telephone call s. teletonema m., chamada telefônica f.
telephone connection s. ligação telefônica f.
telephone directory s. lista telefônica f.
telephone exchange s. estação telefônica f.
telephone operator s. telefonista m. + f.
telephone receiver s. fone m. (quadro M 3).
telephonic [telif'ɔnik] adj. telefônico. ‖ ~ally adv. por telefone.
telephonist [til'efənist] s. telefonista m. + f.
telephony [til'efəni] s. telefonia f.
telephoto [telif'outou] adj. telefotográfico.
~ lens (Fot.) teleobjetiva.
telephotograph [telif'outəgraːf] s. telefotografia f.: fotografia tirada a grande distância.
telephotographic [telifoutəgr'æfik] adj. telefotográfico.
telephotography [telifət'ɔgrəfi] s. telefotografia f.
teleplay [t'eliplei] s. (Telev.) telenovela f.
teleport [t'elipɔːt] v. transportar por telecinésia.
teleprinter [t'eləprintə] s. (Ingl.) aparelho receptor--transmissor m. de mensagens pelo sistema "telex".
telescope [t'eliskoup] s. telescópio m. (quadro B 12). ‖ v. encaixar(-se), engavetar(-se).
~ table mesa elástica, mesa extensível.
telescopic [telisk'ɔpik] adj. 1. telescópico. 2. de encaixar. 3. (fig.) previdente, que enxerga longe. ‖ ~ally adv. telescopicamente.
telescopy [til'eskəpi, t'eliskoupi] s. telescopia f.
telescreen [t'eliskriːn] s. tela f. de receptor de televisão.
telescriptor [t'eliskriptə] s. telescritor m.

telesis [t'elisis] s. (Soc.) progresso planejado m.
telestation [telist'eiʃən] s. estação f. de televisão.
telestereoscope [telist'iəriəskoup] s. telestereoscópio m.
telethermograph [teliθ'əːmograːf] s. teletermógrafo m.
telethermometer [teliθəm'ɔmitə] s. teletermômetro m.
teletype [t'elitaip] s. teletipo, teleimpressor m.
teletyper [t'elitaipə], **teletypist** [telit'aipist] s. teletipista m. + f.
teletypewriter [telət'aipraitə] s. (E. U. A.) = **teleprinter.**
teleview [t'elivjuː] v. assistir à televisão.
televiewer [telivj'uə] s. espectador m. de televisão.
televise [t'elivaiz] s. 1. transmitir por televisão. 2. ver em televisão.
television [teliv'iʒən] s. televisão f.
televisor [t'elivaizə] s. receptor m. de televisão.
telex [t'eleks] s. 1. sistema m. de transmissão e recepção de mensagens telegráficas. 2. mensagem f. recebida ou enviada por esse sistema. ‖ v. enviar mensagem pelo sistema "telex".
tell [tel] v. (imp. + p. p **told**) 1. dizer, contar, narrar. 2. informar, tornar conhecido, relatar. 3. falar, mencionar. 4. manifestar-se. 5. comunicar, denunciar, revelar, divulgar. 6. mostrar, dar evidência. 7. saber, reconhecer, distinguir. 8. afirmar, declarar. 9. mandar, ordenar. 10. contar, enumerar.
to ~ s. o. a thing, s. o. of a thing ou **a thing to s. o.** assegurar alguma coisa a alguém. **to ~ s. o. to do** mandar alguém fazer. **to ~ by (from)** reconhecer por, pelo. **to ~ fortunes** ler a sorte. **kindly ~ me** por favor me diga. **I told you so** eu te disse. **can you ~ one from the other?** é capaz de distinguir um do outro? **I can ~ you, let me ~ you that** afirmo-lhe que. **I could ~ a tale of it** sei bem o que é isto. **I had him told** mandei dizer-lhe. **he was told that** foi dito a ele que. **I'll ~ you what!** (gíria) sabe o quê? **you can't ~ him a thing** ele não aceita conselhos. **~ me the secret!** conte-me o segredo! **I'll ~ the world!** (E. U. A.) 1. pode estar certo! 2. isto se pode admitir. **~ me another!** (gíria) mas é, hem! **to ~ again** repetir a, dizer. **I can't ~ them apart** não consigo distinguir um do outro. **to ~ off (by fours)** separar (de quatro em quatro). **he was told off** (milit.) ele foi destacado. **I told him off for...** (gíria) dei-lhe uma ensaboadela por causa de... **to ~ over** conferir (contagem). **to ~ about** relatar sobre, falar sobre, denunciar. **it told well** fez bom efeito. **don't ~!** não diga nada! **all told** em suma. **every shot (word) told** cada tiro (palavra) acertou. **that ~s against you** isto fala contra você. **you never can ~!** nunca se pode saber. **don't ~ me!** não me diga! **to ~ by the ear** julgar pelo ouvido. **to ~ on** agir (de modo prejudicial) sobre. **his troubles have told on him** as preocupações consumiram-no. **to ~ one's beads** rezar o rosário. **to ~ the tale** (coloq.) relatar o caso, contar uma estória.
tellable [t'eləbl] adj. contável.
teller [t'elə] s. 1. contador, narrador m. 2. (Parlam.) o que conta os votos, escrutinador m. 3. caixa m.
telling [t'eliŋ] s. 1. ato de contar, narração f. 2. contagem f. ‖ ~ly adv. impressionantemente.
the story lost nothing in the ~ a história não perdeu pela narração. **there's no ~ what may happen** nunca se sabe o que acontecerá.
telltale [t'elteil] s. 1. bisbilhoteiro, mexeriqueiro, falador m., tagarela m. + f. 2. sinal, indicador, mostrador m. 3. registrador automático m. ‖ adj. falador, indicador, denunciador, revelador.
~ looks olhares significativos.
tellural [təlj'uərəl] adj. telúrico, relativo à Terra.
tellurate [t'eljuəreit] s. (Quím.) telurato m.: sal do

ácido telúrico.
telluret [t'eljuərit] s. (Quím.) telureto m.
tellurian [təlj'uəriən] s. habitante m. da Terra.
telluric [təlj'uərik] adj. telúrico: 1. relativo à Terra. 2. relativo ao telúrio.
telluride [t'eljuəraid] s. = **telluret**.
telluriferous [teljuər'ifərəs] adj. telurífero.
tellurium [telj'uəriəm] s. (Quím.) telúrio m.: elemento não metálico.
tellurous [t'eljuərəs] adj. (Quím.) teluroso.
telpher [t'elfə] s. télfer m.: transportador por cabo aéreo, funicular aéreo.
~ line cabo para transporte suspenso.
telpherage [~ridʒ] s. transporte m. (elétrico) por cabo aéreo.
temblor [t'emblə] s. (E. U. A.) terremoto m.
temerarious [temər'ɛəriəs] adj. temerário, imprudente, audacioso. ‖ **~ly** adv. temerariamente, audaciosamente.
temerity [tim'eriti] s. temeridade f., arrojo m.
temp. [temp] abr. de 1. tempore (latim): no tempo de. 2. **temporary**. 3. **temperature**.
temper [t'empə] s. 1. têmpera, condição, disposição (mental) f. 2. calma, moderação f., equilíbrio espiritual m. 3. desequilíbrio espiritual, mau humor m. 4. constituição mental f., temperamento m. 5. dureza f. 6. consistência, mistura f. 7. estado, grau m. ‖ v. 1. moderar, mitigar, diminuir. 2. temperar, ajustar. 3. endurecer, temperar (aço), recozer, revenir, tornar maleável (ferro). 4. (Mús.) afinar, temperar.
~ brittleness fragilidade (de metais) por têmpera.
to keep one's ~ manter a calma. **she lost her ~** ela perdeu a calma. **to show ~** estar irritado, irritável. **don't try my ~!** não me provoque!
a placid (quick) ~ temperamento calmo (explosivo). **in a good (bad) ~** de bom (mau) humor. **out of ~** zangado, de mau humor.
tempera [t'empərə] s. (Pint.) têmpera f.
temperable [t'empərəbl] adj. que se pode temperar.
temperament [t'empərəmənt] s. temperamento m.: 1. índole, gênio, natureza, disposição espiritual. 2. (Mús.) afinação, sistema temperado.
temperamental [tempərəm'entl] adj. 1. inerente. 2. que tem temperamento, impetuoso. 3. maçante. 4. sensível, caprichoso. ‖ **~ly** adv. impetuosamente, caprichosamente.
temperance [t'empərəns] s. 1. temperança, parcimônia, moderação f., autocontrole m. 2. abstinência f. (álcool).
temperate [t'empərit] adj. 1. brando, ameno, temperado (clima). 2. moderado, delicado, controlado. 3. obstêmio, sóbrio. ‖ **~ly** adv. temperadamente, moderadamente, sobriamente.
~ zone zona temperada.
temperateness [~nis] s. temperança, moderação f.
temperature [t'empritʃə] s. 1. temperatura f. 2. temperatura f. do corpo. 3. temperatura elevada, febre f.
rise in ~ elevação de temperatura. **to have a ~** ter temperatura, ter febre. **to take the ~** medir a febre. **~-chart** (Med.) tabela de temperatura.
temperature gradient s. (Meteor.) gradiente térmico m.
tempered [t'empəd] adj. 1. suave, moderado. 2. disposto, humorado. 3. temperado, endurecido (aço). ‖ **~ly** adv. suavemente, moderadamente.
hot-~ com temperamento fogoso.
tempered steel s. aço temperado m.
temperer [t'empərə] s. temperador, moderador m.
tempering [t'empəriŋ] s. têmpera f., revenimento m.

tempest [t'empist] s. 1. tempestade f., temporal m. 2. (fig.) tumulto m., agitação f.
~-beaten, ~-tossed agitado, açoitado pelo vento.
tempestuous [temp'estjuəs] adj. 1. tempestuoso. 2. impetuoso, violento. ‖ **~ly** adv. tempestuosamente, violentamente.
tempestuousness [~nis] s. 1. tempestuosidade f. 2. violência f.
Templar [t'emplə] s. 1. templário, cavaleiro do templo m. 2. advogado, estudante m. de direito residente no **Inner** ou **Middle Temple** de Londres.
template, templet [t'emplit] s. 1. (Mec.) modelo, molde, padrão, gabarito m. 2. suporte m. de viga.
temple [templ] s. 1. templo m., igreja f. 2. teatro m., sala f. de concerto. 3. (Anat.) fonte (da cabeça) f. 4. barra f. de tear para manter o tecido esticado.
Inner Temple, Middle Temple nome de duas faculdades de direito de Londres.
tempo [t'empou] s. pl. **tempos, tempi** [-pi:] (Mús.) tempo, ritmo m.
temporal [t'empərəl] adj. 1. temporal, temporário, transitório. 2. secular, profano, mundano, leigo. 3. (Anat.) temporal: relativo às fontes da cabeça. 4. (Gram.) relativo aos tempos. ‖ **~ly** adv. temporalmente, temporariamente.
~ bone (Anat.) osso temporal (quadro S 6).
temporality [tempər'æliti] s. 1. temporalidade f. 2. os leigos m. pl. 3. possessão secular f. 4. **temporalities** pl. a) prebendas f. pl. b) rendimentos eclesiásticos m. pl.
temporalness [t'empərəlnis] s. 1. temporalidade f. 2. população f. leiga em relação ao clero, os leigos m. pl.
temporariness [t'empərərinis] s. temporalidade, temporaneidade f.
temporary [t'empərəri] adj. temporário, provisório, transitório. ‖ **—rily** adv. temporariamente, transitoriamente.
temporization [tempəraiz'eiʃən] s. temporização, contemporização f.
temporize [t'empəraiz] v. 1. temporizar, adiar, retardar, contemporizar. 2. condescender, transigir, anuir.
to ~ with s. o. tratar com alguém, contemporizar com alguém.
temporizer [~ə] s. temporizador, contemporizador m.
temporizing [~iŋ] adj. temporizador, contemporizador. ‖ **~ly** adv. de modo temporizador.
tempt [tempt] v. tentar: 1. pôr à prova. 2. atrair, seduzir, induzir, persuadir. 3. provocar, desafiar.
the occasion ~ed me a oportunidade me tentou. **he was ~ed to drink** ele foi seduzido para beber. **~ed to theft** induzido para roubar. **I am almost ~ed to accept** estou com vontade de aceitar. **that is ~ing fate** isto é provocar o destino.
temptable [t'emptəbl] adj. sujeito à tentação.
temptation [tempt'eiʃən] s. tentação f.
tempter [t'emptə] s. 1. tentador m. 2. (fig.) demônio m.
tempting [t'emptiŋ] adj. tentador, atraente. ‖ **~ly** adv. tentadoramente.
temptingness [t'emptiŋnis] s. atratividade f., qualidade do que é tentador.
temptress [t'emptris] s. tentadora, sedutora f.
ten [ten] s. dez m., número ou símbolo dez m. ‖ num. dez.
~ times dez vezes. **~s of thousands** dezenas de milhares. **the upper ~** a elite, a alta sociedade. **~ to one** dez para um, com toda a certeza. **one out of ~** um em dez, pouquíssimos. **nine out of ~**

nove em dez, a maioria.

tenable [t'enəbl] adj. 1. sustentável, defensável. 2. (fig.) convincente. ‖ **-bly** adv. sustentavelmente. **~ theory** teoria convincente. **the scholarship is ~ by students for a year** a bolsa de estudos é conferida aos estudantes por um ano.

tenableness [~nis], **tenability** [tenəb'iliti] s. qualidade do que é sustentável ou defensável.

tenacious [tin'eiʃəs] adj. 1. tenaz, que segura com firmeza. 2. persistente, obstinado, firme. 3. retentivo. 4. aderente, viscoso, pegajoso. 5. retentivo (memória). ‖ **~ly** adv. tenazmente, obstinadamente, firmemente.

I am ~ of my rights eu insisto em meus direitos.

tenaciousness [~nis] **tenacity** [tin'æsiti] s. 1. tenacidade, persistência f. 2. faculdade f. de lembrar. 3. firmeza, aderência, viscosidade f.

tenaculum [ten'ækjuləm] s. (Med.) tenáculo m.

tenancy [t'enənsi] s. 1. inquilinato, arrendamento m. 2. propriedade f. alugada ou arrendada. 3. duração f. do inquilinato.

~ at will inquilinato rescindível pelo proprietário. **~ in common, joint ~** condomínio. **life ~** arrendamento vitalício.

tenant [t'enənt] s. 1. arrendatário, locatário, inquilino m. 2. habitador m., habitante m. + f. ‖ v. habitar, ocupar, ter em arrendamento.

~ farmer arrendatário de fazenda. **~ for life** arrendatário vitalício. **~ in fee simple** proprietário de terras. **~ in fee tail** senhor de morgado.

tenantable [~əbl] adj. que se pode arrendar, locativo.

tenantableness [~əblnis] s. qualidade f. de locativo.

tenanted [~id] adj. arrendado, habitado.

tenantless [~lis] adj. desabitado, não arrendado.

tenantry [~ri] s. 1. inquilinato, arrendamento m. 2. todos os arrendatários de uma propriedade.

ten-cent store s. loja f. de dez centavos, de artigos baratos.

Ten Commandments s. pl. dez mandamentos m. pl.

tend (I) [tend] v. 1. tender, inclinar-se, estar apto. 2. mover-se, dirigir-se, visar.

tend (II) [tend] v. atender, tomar conta, cuidar, zelar.

to ~ to be privileged ter preferência em geral.

tendance [t'endəns] s. 1. atenção f., cuidados m. pl. 2. criadagem f., pessoas f. pl. que atendem.

tendency [t'endənsi] s. 1. tendência, inclinação, propensão f. 2. direção, corrente, disposição f.

to have a ~ to ter uma tendência para.

tendentious [tend'enʃəs] adj. tendencioso.

~ news notícias tendenciosas. **~ paper** jornal tendencioso.

tender (I) [t'endə] s. 1. proposta, oferta (também Com.) f., oferecimento m. 2. (Jur.) prova f. ‖ v. 1. oferecer, ofertar (também Com.) 2. oferecer em pagamento. 3 (Jur.) provar.

to make a ~ ior fazer uma oferta ou oferecimento para. **legal ~** moeda corrente. **we ~ed our thanks** exprimimos nossos agradecimentos.

tender (II) [t'endə] s. 1. pessoa f. que atende ou cuida de outro. 2. (Náut.) escaler m., chalupa f., navio pequeno m. para embarcar e desembarcar pessoas e cargas de navios grandes, patacho m. 3. (Estr. de F.) tênder m.

tender (III) [t'endə] adj. 1. tenro, macio, mole. 2. delicado, fraco. 3. carinhoso, afeiçoado, afável. 4. gentil, meigo. 5. moço, novo. 6. sensível. 7. melindroso. 8. cuidadoso. ‖ **~ly** adv. ternamente.

~ care tratamento cuidadoso. **to be ~ of** ter consideração por.

tenderfoot [~fut] s. (E. U. A.) 1. novato, principiante m. 2. pessoa f. não costumada à vida do mato.

tender-hearted adj. compassivo, de bom coração. ‖ **~ly** adv. compassivamente.

tender-heartedness s. sensibilidade, bondade f.

tenderling [~liŋ] s. molenga m. + f.

tenderloin [~loin] s. (E. U. A.) lombo, filé m.

tender-minded adj. compassivo, meigo, terno.

tenderness [~nis] s. brandura, ternura f.

tender offer s. (Com.) oferta para compra f. de ações, acima do seu valor.

tendinous [t'endinəs] adj. tendinoso.

tendon [t'endən] s. tendão m.

Achilles ~ tendão de Aquiles.

tendril [t'endril] s. (Bot.) gavinha f.

tenebrae [t'enibri:] s. pl. ofício m. das trevas na Semana Santa.

tenebrific [tenibr'ifik] adj. que causa escuridão.

tenebrous [t'enibrəs] adj. tenebroso, escuro.

tenement [t'enimənt] s. 1. moradia, casa, habitação f., apartamento m. 2. (Jur.) imóvel m.

~-house prédio de aluguel em bairro pobre.

tenemental [tenim'entl], **tenementary** [tenim'entri] adj. 1. alugado, arrendado. 2. de aluguel.

tenet [t'enit] s. doutrina f., dogma, princípio m.

tenfold [t'enfould] adj. décuplo, dez vezes mais. ‖ adv. decuplamente.

tenner [t'enə] s. (coloq.) nota f. de 10 £.

tennis [t'enis] s. (Esp.) tênis m.

lawn-~ tênis. **table ~** pingue-pongue. **~ ball** bola de tênis. **~ court** quadra de tênis. **~ racket** raqueta de tênis.

tenon [t'enən] s. espiga f. (de madeira) (quadro C 3). ‖ v. fazer espiga, samblar com espiga e encaixe.

~ joint junta de espiga e encaixe. **~ saw** serrote de samblar (quadros C 5, S 1).

tenor [t'enə] s. 1. curso m., tendência geral f. 2. sentido, caráter, conteúdo, teor m. 3. (Mús.) tenor m., voz f. de tenor, parte cantada f. por tenor. 4. viola f. ‖ adj. relativo a tenor.

the ~ of the novel o conteúdo do romance. **of the same ~** do mesmo teor.

tenorist [~rist] s. tenor m., o que canta tenor.

tenotomy [ten'ɔtəmi] s. (Cirur.) tenotomia f.

tenpence [t'enpəns] s. moeda f. de dez pence.

tenpenny [t'enpəni] adj. do valor de ou vendido a tenpence.

tenpins [t'enpinz] s. pl. (E. U. A.) jogo m. de boliche.

tense (I) [tens] s. (Gram.) tempo m. de verbo.

tense (II) [tens] v. entesar, esticar, enrijecer. ‖ adj. 1. esticado, tenso, estendido. 2. com tensão nervosa ‖ **~ly** adv. tensamente.

~ with inquisitiveness ansioso de curiosidade.

tenseness [t'ensnis], **tensity** [t'ensiti] s. tensão f.

tensibility [tensəb'iliti] s. elasticidade f.

tensible [t'ensəbl] adj. elástico, que pode ser esticado.

tensile [t'ensil] adj. elástico, extensível.

~ strength resistência à tração. **~ stress** força de tração. **~ test** prova de ruptura por tração.

tensility [tens'iliti] s. elasticidade f.

tensimeter [tens'imitə], **tensiometer** [tensi'ɔmitə] s. tensímetro m.

tension [t'enʃən] s. 1. tensão f., 2. força elástica f. 3. tensão mental f. 4. tensão política f. 5. (Mec.) tração, força de tração f. 6. (Elet.) tensão, voltagem f. 7. pressão, compressão f.

high ~ (Eletr.) alta-tensão. **~ bar** barra reguladora de tensão. **~ roller** (Mec.) molete esticador.

tensional [~əl] adj. de tensão.

tensioned [~d] adj. esticado, sob tensão.

tensioner [~ə] s. esticador m. (quadros B 11, S 5).

tensive [t'ensiv] adj. tensivo.

tensor [t'ensə] s. (Anat.) tensor m.: músculo que produz a extensão de qualquer membro.

ten-strike s. (coloq.) golpe m. de sorte.

tent [tent] s. 1. barraca, tenda f. (quadro T 1). 2. (Med.) mecha f. de gaze, dreno m. 3. vinho tinto (espanhol) m. usado na missa. ‖ v. 1. acampar em barraca ou tenda. 2. cobrir com barraca. 3. (Med.) mechar, manter uma ferida aberta com dreno.
he pitched his ~ ele montou sua barraca, ele estabeleceu-se. **to take down one's** ~s mudar-se, ir-se embora. ~ **bed** 1. cama com dossel. 2. cama de campo. ~ **peg** estaca para barraca. ~ **section,** ~ **square** encerado, Iona.

tentacle [t'entəkl] s. 1. (Zool.) tentáculo m., antena f. 2. (Bot.) tentáculo m.

tentacled [~d] adj. tentaculado, antenado.

tentacular [tent'ækjulə] adj. tentacular.

tentaculate [tent'ækjulit], **tentaculated** [leitid] adj. tentaculado, antenado.

tentaculiferous [tentækjul'ifərəs] adj. tentaculífero.

tentaculiform [tent'ækjulifɔ:m] adj. tentaculiforme.

tentative [t'entətiv] s. tentativa, experiência f. ‖ adj tentativo. ‖ ~**ly** adv. como tentativa.

tented [t'entid] adj. instalado com barraca ou tenda.

tenter [t'entə] s. estendedouro m., armação f. para estender um tecido. ‖ v. estirar tecido.
~**hook** escápula, gancho para esticar tecido. **to keep s. o. on** ~**hooks** deixar alguém ansioso.

tenth [tenθ] s. 1. décimo m. 2. décima parte f. ‖ num. décimo. ‖ ~**ly** adv. em décimo lugar.

tentmaker [t'entmeikə] s. fabricante m. de tendas.

tentorium [tent'ɔ:riəm] s. tentório m.

tent show s. espetáculo circense m.

tenuifolious [tenjuif'ouliəs] adj. (Bot.) tenuifoliado.

tenuirostral [tenjuir'ɔstrəl] adj. tenuirrostro.

tenuis [t'enjuis] s., pl. **tenues** [-i:z] (Gram.) consoante muda ou surda t. (como k, p, t).

tenuity [tenj'uiti], **tenuousness** [t'enjuəsnis] s. tenuidade, rarefação, delgadeza, fragilidade f.

tenuous [t'enjuəs] adj. 1. tênue, fino, delgado. 2. rarefeito. 3. sutil, de pouca importância.

tenure [t'enjuə] s. (Jur.) 1. posse f., direito m. de posse. 2. tempo m. de posse, mandato m. 3. maneira ou tipo de posse ou arrendamento.
~ **at will** possessão conferida. ~ **of office** mandato. **twenty years** ~ direito de posse por vinte anos. **his** ~ **of life is a precarious one** sua possibilidade de vida é limitada.

tenurial [tenj'uəriəl] adj. proprietário, de posse.

tepee [t'i:pi:] s. (E. U. A.) tenda indígena f.

tepefaction [tepif'ækʃən] s. ato de tornar tépido.

tepefy [t'epifai] v. amornar, tornar tépido.

tepid [t'epid] adj. tépido, morno. ‖ ~**ly** adv. tepidamente.

tepidity [tep'iditi], **tepidness** [t'epidnis] s. tepidez f.

ter [tə:] adv. (especialmente Mús.) três vezes.

teraphim [t'erəfim] s. pl. terafins m. pl.

teratism [t'erətizm] s. 1. teratismo m. 2. (Biol.) monstruosidade f., esp. feto disforme.

teratogen [t'erətədʒən] s. (Quím.) teratógeno m.: agente provocador de deformidade em fetos.

teratogenic [terətədʒ'enik] adj. teratogênico.

teratogeny [terət'ɔdʒini] s. teratogenia f.

teratological [terətəl'ɔdʒikəl] adj. teratológico.

teratologist [terət'ɔlədʒist] s. teratologista m. + f.

teratology [terət'ɔlədʒi] s. teratologia f.

teratoma [terət'oumə] s. (Patol.) (também **teratoid tumor**) teratoma m.

teratosis [terət'ousis] s. teratose, teratia f.

terbium [t'ə:biəm] s. (Quím.) térbio m.

terce [tə:s] s. terça f. (hora canônica).

tercentenary [tə:s'entənəri] s. 1. terceiro centenário m. 2. período m. de 300 anos. ‖ adj. tricentenário.

tercet [t'ə:sit] s. (Poet., Mús.) terceto m.

terebene [terəb'i:n] s. desinfetante m. à base de terebintina.

terebinth [t'erəbinθ] s. (Bot.) 1. terebinto m. 2. resina f. obtida desta planta.

terebinthine [terəb'inθain] adj. terebintáceo, relativo à terebintina.

terebrate [t'eribreit] v. terebrar, furar.

teredo [tər'i:dou] s. teredem m.: molusco que fura o casco dos navios.

terete [tər'i:t] adj. roliço, cilíndrico.

tergal [t'ə:gəl] adj. tergal: relativo à região dorsal.

tergeminate [tə:dʒ'emineit] adj. ·(Bot.) tergeminado.

tergiversate [t'ə:dʒivə:seit] v. 1. tergiversar, usar de subterfúgios. 2. vacilar, titubear. 3. renegar.

tergiversator [~ə] s. tergiversador, renegado m.

tergum [t'ə:gəm] s. (pl. **targa**) tergo, dorso m.

term [tə:m] s. 1. termo m., palavra, expressão f. 2. prazo m., duração f., limite m. 3. período m. do ano escolar. 4. período m. de funcionamento do foro. 5. prazo m., data f. de vencimento. 6. (Mat.) termo m., componente de uma equação ou expressão. 7. ~s pl. condições, cláusulas f. pl., termos m. pl. 8. ~s pl. maneira f., modo m. de falar. 9. ~s pl. relações f. pl. ‖ v. chamar, designar, denominar.
~**s of delivery, of sale** condições de entrega, de venda. **our** ~**s are cash** nossas condições são: pagamento à vista. **the exact** ~**s** os termos exatos. ~ **of office** período de função. ~**s of reference** assuntos a decidir. **to eat one's** ~**s, to keep** ~**s** estudar Direito. **in plain (round)** ~**s** francamente dito. **in set** ~**s** em termos estabelecidos. **in** ~**s of praise** com palavras elogiosas. **on** ~ **a** prazo. **on easy** ~**s** com facilidades. **to be on friendly** ~**s with** ter relações amigáveis com. **we are not on speaking** ~**s** estamos de relações cortadas. **on, (upon) no** ~**s** de forma alguma. **they came to no** ~**s, they could not come to** ~**s** não puderam chegar a um acordo. **to bring to** ~**s** forçar ou induzir a aceitar condições.

termagancy [t'ə:məgənsi] s. rabugice, impertinência f.

termagant [t'ə:məgənt] s. mulher rabugenta, megera f. ‖ adj. violento, rabugento, venenoso, briguento.

termer [t'ə:mə] s. pessoa f. que possui terra a prazo.

terminable [t'ə:minəbl] adj. 1. finito, limitado. 2. limitável, determinável. ‖ —**bly** adv. de modo limitável ou terminável.
~ **insurance** seguro a prazo fixo. ~ **at any time** terminável, revogável, rescindível, em qualquer tempo (contrato).

terminableness [~nis], **terminability** [tə:minəb'iliti] s. limitação f., aprazamento m.

terminal [t'ə:minəl] s. 1. final, fim, término m., parte final, extremidade f. 2. (E. U. A.) estação ferroviária final f. 3. (Eletr.) borne, terminal m. (quadro E 1). 4. exame semestral m. ‖ adj. 1. terminal, final. 2. relativo ao termo. 3. limitativo. ‖ ~**ly** adv. no fim.
~ **box** (Eletr.) caixa de ligação. ~ **voltage** (Eletr.) tensão nos bornes. ~ **station** estação ou ponto terminal.

terminal leave s. (milit.) baixa antecipada f.

terminate [t'ə:mineit] v. 1. terminar, concluir. 2. acabar, findar, chegar a um fim. 3. limitar, divisar ‖ [-nit] adj. 1. limitado. 2. (Mat.) finito.

termination [tə:min'eiʃən] s. 1. término, fim m., parte final f. 2. (Gram.) terminação, desinência f.

terminational [~l] adj. (Gram.) terminativo.
terminative [t'ə:mineitiv] adj. final, terminante, terminativo. ‖ ~ly adv. terminativamente, terminantemente.
terminator [t'ə:mineitə] s. linha f. entre a parte iluminada e a sombra (planetas).
terminological [tə:minəl'ɔdʒikəl] adj. terminológico. ‖ ~ly adv. terminologicamente.
~ inexactitude (joc.) mentira.
terminology [tə:min'ɔlədʒi] s. terminologia f.
terminus [t'ə:minəs] s. pl. termini [-nai] ou -nuses [-nəsiz] 1. estação final f. (quadro S 13), ponto final m. 2. fim, final, término m. 3. baliza f. 4. marco m., demarcação, linha divisória f.
termitarium [tə:mit'ɛəriəm], termitary [t'ə:mitəri] s. termiteira f.
termite [t'ə:mait] s. térmite f., cupim m.
termless [t'ə:mlis] adj. 1. ilimitado. 2. incondicional.
termly [t'ə:mli] adj. periódico. ‖ adv. periodicamente.
termor [t'ə:mə] s. (Jur.) proprietário m. por tempo determinado.
tern (I) [tə:n] s. (Orn.) andorinha-do-mar f.
tern (II) [tə:n] s. terno m., jogo de três.
ternal [t'e:nəl] adj. ternário, trino.
ternary [t'ə:nəri] s. número ternário, terno m. ‖ adj. ternário, formado de três.
terneplate [t'ə:npleit] s. (Metal.) chapa f. de aço, revestida de liga de chumbo e zinco.
ternery [t'ə:nəri] s. habitat m. das andorinhas-do-mar.
ternion [t'ə:niən] s. (†) terceto, trio m.
terpene [t'ə:pi:n] s. (Quím.) terpeno m.
terpin [t'ə:pin] s. (Quím.) terpina f.
Terpsichorean [tə:psikər'i:ən] adj. terpsícóreo, relativo a Terpsícore ou à dança.
terra [t'erə] s. terra f.
~ firma terra firme. ~ incognita terra desconhecida.
terrace [t'erəs] s. 1. plataforma f., planalto m. 2. (Geol.) terraço m. 3. estrada f. que acompanha um declive. 4. fileira f. de casas construídas num declive. 5. eirado, terraço m., cobertura plana f. de uma casa. 6. varanda, sacada f., alpendre m. ‖ v. formar ou construir terraços.
terra cotta s. 1. terracota f. 2. objeto m. de terracota. 3. cor marrom-avermelhada f.
terrain [ter'ein] s terreno m., região f.
Terramycin [terəm'aisn] s. terramicina f.: antibiótico.
terrane [ter'ein] s. (Geol.) = terrain.
terraneous [ter'einiəs] adj. (Bot.) que cresce em terra.
terrapin [t'erəpin] s. (E. U. A.) tartaruga f. fluvial ou palustre.
terraqueous [ter'eikwiəs] adj. terráqueo.
terrarium [ter'ɛəriəm] s. viveiro m. para animais terrestres.
terrene [tər'i:n] adj. terreno, terrenho. ‖ ~ly adv. terrenamente.
terreplein [t'ɛəplein] s. (milit.) terrapleno, baluarte m.
terrestrial [tir'estriəl] adj. terrestre: 1. terreno, térreo, terreal. 2. mundano. ‖ ~ly adv. terrenamente.
~ globe globo terrestre. ~ magnetism magnetismo terrestre.
terret s. [t'erit] porta-rédeas m. (quadro H 2).
terrible [t'erəbl] adj. 1. terrível, horrível, medonho. 2. severo, extremo. 3. desagradável, mau. ‖ -bly adv. terrivelmente.
in a ~ hurry com muita pressa. you are -bly nice você é extremamente gentil.
terribleness [t'erəbnis] s. terribilidade f.
terricolous [tər'ikələs] adj. (Biol.) terrícola: que vive na terra.

terrier [t'eriə] s. 1. terrier m.: raça de cachorro (quadro D 3). 2. (Ingl.) registro imobiliário m. 3. (gíria) soldado m. do exército territorial.
terrific [tər'ifik] adj. 1. terrífico, terrificante, terrível. 2. impressionante, medonho, extraordinário. ‖ ~ally adv. terrivelmente, de modo terrífico.
at a ~ velocity em velocidade espantosa.
terrify [t'erifai] v. terrificar, apavorar, amedrontar.
to be terrified of ter medo de, ficar atemorizado de.
terrigenous [tər'idʒinəs] adj. terrígeno.
terrine [tər'i:n] s. recipiente m. de barro.
territorial [terit'ɔ:riəl] s. soldado m. do exército territorial. ‖ adj. 1. territorial. 2. relativo ao estado ou distrito. ‖ ~ly adv. territorialmente.
~ owner proprietário de terras. Territorial Army exército territorial.
territorialism [~izm] s. (E. U. A). sistema territorial m., organização f. dos territórios.
territorialize [~aiz] v. incluir no território.
territory [t'eritəri] s. 1. terra, região f. 2. território, domínio m., colônia f. com governo independente. 3. (Com.) praça f. 4. campo, ramo m. de ciência.
terror [t'erə] s. terror, pavor, medo, horror m.
the Terror época da Revolução Francesa. the king of ~s a morte. reign of ~ regime terrorista. he is a ~ ele é um terror (pessoa desagradável). ~-stricken atemorizado.
terrorism [~rizm] s. terrorismo m.
terrorist [~rist] s. terrorista m. + f.
terroristic [terər'istik] adj. terrorista.
terrorization [terəraiz'eiʃən] s. sujeição f. ao terror.
terrorize [t'erəraiz] v. terrorizar, aterrorizar.
terry [t'eri] s. veludo m. em bruto (com os fios não cortados).
~ velvet veludo de seda e algodão.
terse [tə:s] adj. conciso, resumido, breve, sucinto. ‖ ~ly adv. concisamente, sucintamente.
terseness [t'ə:snis] s. concisão, brevidade f.
tertian [t'ə:ʃən] s. terçã, febre terçã f. ‖ adj. terçã: que se repete de três em três dias.
~ ague, ~ fever febre terçã.
tertiary [t'ə:ʃəri] s. 1. pena terciária f. 2. (Geol.) terciário m. ‖ adj. terciário, relativo ao terceiro grau ou período.
tervalent [tə:v'eilənt] adj. (Quím.) trivalente.
terzetto [tə:ts'etou] s. (Mús.) terceto m.
tesselate [t'esileit] v. enxadrezar, marchetar, fazer mosaicos em forma de xadrez.
tesselated [~id] adj. enxadrezado, de mosaico.
~ pavement piso de mosaico.
tesselation [tesil'eiʃən] s. mosaico m., marchetaria f.
tessera [t'esərə] s. pl. tesserae [-ri:] tessela f.
tessitura [tesitʃ'u:rə] s. (Mús.) tessitura f.
test (I) [test] s. 1. prova f., exame m., determinação f. de presença, de qualidade. 2. critério, indício m., demonstração f. 3. análise f., ensaio m. 4. processo, método, reagente m. de ensaio. 5. pedra f. de toque. 6. teste m. (psicológico). 7. (Quím.) capela f., cadinho m. de capela. ‖ v. 1. examinar, provar, pôr à prova, ensaiar, analisar. 2. (Jur.) atestar, testificar um testamento ou outro documento.
blood ~ exame de sangue. ~ flight vôo de prova. to give s. o. a ~ examinar alguém. to put s. o. to the ~ submeter alguém à prova. to stand the ~ ser aprovado. ~ match jogo internacional de criquete. ~ piece 1. peça para prova. 2. (Esp.) prova obrigatória. ~ pilot piloto de provas. ~ result resultado de ensaio, de prova. ~ stand posto de prova. ~ tube tubo de ensaio, proveta.
test (II) [test] 1. (Zool.) s. concha f. 2. = testa.

testa [t'estə] s. pl. testae [–i:] (Bot.) testa f.: tegumento m. exterior de uma semente.

testable [t'estəbl] adj. analisável, examinável.

Testacea [test'eiʃiə] s. pl. (Zool.) testáceos m. pl.

testacean [test'eiʃən] s. testáceo m. ‖ adj. testáceo.

testaceous [test'eiʃəs] adj. testáceo, que tem concha.

testacy [t'estəsi] s. ato m. de deixar testamento.

testament [t'estəmənt] s. testamento m.

Testament [t'estəmənt] s. Testamento m., uma das duas divisões principais da Bíblia: Novo Testamento e Velho Testamento.

testamentary [testəm'entəri] adj. testamentário. ‖ –rily adv. com testamento, conforme testamento.

testate [t'estit] s. que fez um testamento válido. ‖ adj. testador.

to die ~ morrer deixando um testamento.

testation [test'eiʃən] s. testificação f., testamento m.

testator [test'eitə] s. testador m.

testatrix [test'eitriks] s. testadora f.

test ban s. (Pol.) convênio internacional m. contra testes nucleares, esp. na atmosfera.

test case s. (Jur.) caso m. que estabelece precedente.

testee [test'i:] s. pessoa f. objeto de teste.

tester [t'estə] s. 1. provador, ensaiador, analista, examinador, verificador m. 2. aparelho m. de dosagem, de ensaio, de fazer prova. 3. baldaquim, dossel m.

testicle [t'estikl] s. testículo m.

testicular [test'ikjulə] adj. testicular.

testification [testifik'eiʃən] s. testificação f.

testifier [t'e tifaiə] s. testificador m., testemunha f.

testify [t'estifai] v. 1. testificar, afirmar, comprovar. 2. testemunhar, declarar solenemente, declarar sob juramento. 3. documentar, provar.

testimonial [testim'ounjəl] s. 1. atestado, certificado m., certidão, referência f. 2. presente m. de reconhecimento ou de honra. ‖ adj. 1. de honra. 2. de testemunho.

testimony [t'estiməni] s. 1. testemunho, depoimento m. 2. prova, evidência, demonstração f. 3. Sagrada Escritura, Lei f. de Deus, Decálogo m.

to bear ~ prestar depoimento. in ~ whereof em fé de que.

testiness [t'estinis] s. petulância, impertinência f.

testing [t'estiŋ] s. prova f., ensaio m. ‖ adj. de prova, de ensaio.

testis [t'estis], pl. testes [t'esti:z] s. (Med.) testículo m.

testosterone [təst'ostəroun] s. (Med.) testosterona f., hormônio m. sexual masculino.

test paper s. 1. (Educ.) prova escrita f. 2. (Quím.) papel reativo m.

test pattern s. (Telev.) imagem f. para testar a qualidade de transmissão.

testudinal [testj'u:dinəl] adj. relativo à tartaruga.

testudinate [testj'u:dineit] adj. curvado, formado como casco de tartaruga.

testudo [testj'u:dou] s. 1. (Hist. milit. romana) abrigo móvel m. de campanha, proteção f. formada por escudos. 2. testudo m.: gênero de tartarugas.

testy [t'esti] adj. irritável, impaciente, petulante. ‖ –tily adv. irritavelmente, impacientemente.

tetanic [tət'ænik] adj. (Pat.) tetânico.

tetanize [t'etənaiz] v. tetanizar.

it ~d the leg provocou rigidez na perna.

tetanus [t'etənəs] s. (Pat.) tétano m.

tetany [t'etəni] s. (Pat.) tetania f.

tetchiness [t'etʃinis] s. sensibilidade, irritabilidade f.

tetchy [t'etʃi] adj. rabugento, sensível, irritável, maçante. ‖ –chily adv. de mau humor, irritavelmente.

tête-à-tête [t'eita:t'eit] s. (fr.) conversa particular f. ‖ adj. a sós. ‖ adv. particularmente.

tether [t'eθə] s. 1. peia, corda, trava, corrente f. para segurar um animal no pasto. 2. (fig.) âmbito, limite m. ‖ v. amarrar, pear.

to be at the end of one's ~ não ter mais forças, estar com os recursos esgotados. that is beyond my ~ isto ultrapassa minhas forças.

tetrachord [t'etrəkɔ:d] s. (Mús.) tetracórdio m.

tetrad [t'etræd] s. número ou jogo m. de quatro.

tetradactil [tetrəd'æktil] s. (Zool.) animal tetradáctilo m., animal com quatro dedos.

tetradactilous [~əs] adj. tetradáctilo

tetragon [t'etrəgən] s. tetrágono m.: quadrângulo.

tetragonal [tətr'æganəl] adj. tetragonal.

tetragynous [tetr'ædʒinəs] adj. (Bot.) tetrágino.

tetrahedral [tetrəh'i:drəl] adj. tetraédrico.

tetrahedron [tetrəh'i:drən] s. (Geom.) tetraedro m.

tetralogy [tetr'ælədʒi] s. tetralogia f.

tetrameral [tetr'æmərəl], tetramerous [tetr'æmərəs] adj. tetrâmero.

tetrameter [tetr'æmitə] s. (poét.) tetrâmetro m.

tetrandrous [tetr'ændrəs] adj. (Bot.) tetrandro.

tetrapetalous [tetrəp'etələs] adj. (Bot.) tetrapétalo.

tetraphyllous [tetrəf'iləs] adj. tetrafilo.

tetraploid [t'etrəplɔid] s. (Biol.) célula f., organismo m. tetraplóide. ‖ adj. tetraplóide.

tetrapod [t'etrəpɔd] s. tetrápode m.: que tem quatro pés, quadrúpede. ‖ adj. tetrápode.

tetrapterous [tetr'æptərəs] adj. (Bot, Zool.) tetraptero.

tetrarch [t'i:tra:k] s. tetrarca m.

tetrarchate [t'i:tra:kit], tetrarchy [t'i:tra:ki] s. tetrarquia f.

tetraspermous [tetrəsp'ə:məs] adj. (Bot.) tetraspermo.

tetrastich [t'etrəstik] s. (poét.) tetrástico m.

tetrastile [t'etrəstail] s. (Arquit.) tetrastilo m.

tetrasyllabic [tetrəsil'æbik] adj. tetrassílabo.

tetrasyllable [tetrəs'iləbl] s. tetrassílabo m.

tetter [t'etə] s. (Pat.) doença f. da pele.

Teuton [tj'u:tən] s. 1. alemão m. 2. teutão m.: membro m. de uma antiga tribo germânica.

Teutonic [tjut'ɔnik] s. língua teutônica f. ‖ adj. teutônico, germânico.

~ Order ordem dos cavaleiros teutônicos.

Teutonicism [tj'u:tənisizm], Teutonism [tj'u:tənizm] s. germanismo m.

Teutonism [tj'u:tənizm] s. germanismo m.

Teutonize [tj'u:tənaiz] v. germanizar(-se).

text [tekst] s. 1. texto m., matéria escrita f. 2. texto original m., as próprias palavras f. pl. de um autor. 3. palavras bíblicas f. pl., trecho da Bíblia usado como tema para um sermão. 4. tópico, tema m.

stick to your ~! não fuja do assunto! ~-book livro de ensino, manual. ~ hand caligrafia usada para realçar o texto.

textile [t'ekstail] s. 1. tecido, pano m., fazenda f. 2. material têxtil m., matéria f. para tecer. ‖ adj. 1. tecido. 2. adequado para tecer. 3. têxtil.

~ industry indústria têxtil. ~ pulp fibra de celulose para uso têxtil.

textiles [~z] s. pl. tecidos m. pl., mercadoria têxtil f.

textual [t'ekstjuəl] adj. textual. ‖ ~ly adv. textualmente.

textualism [~izm] s. literalismo m.

textualist [~ist] s. textualista m. + f.

textuary [t'ekstjuəri] s. textuário m. ‖ adj. textuário, textual.

textural [t'ekstʃərəl] adj. textural.

texture [t'ekstʃə] s. textura, estrutura, constituição f.

thalamus [θ'æləməs] s. thalami [–mai] (Bot., Anat.) tálamo m.

thalassic [θəl'æsik] adj. talássico: relativo ao mar.

thalassocracy [θæləs'okrəsi] s. supremacia naval f.
thalassography [θæləs'ogrəfi] s. talassografia f.: oceanografia.
thaler [t'a:lə] s. táler m : antiga moeda alemã.
thallic [θ'ælik,] thallous [θ'æləs] adj. (Quím.) tálico.
thallium [θ'æliəm] s. (Quím.) tálio m.: metal, elemento químico.
thallophyte [θ'æləfait] s. (Bot.) talófito m.
thallus [θ'æləs] s. (Bot.) talo m.: organismo de cogumelos, algas e liquens.
than [ðæn, ðən] conj. (usado depois do comparativo) que, do que.
    taller ~ he mais alto que ele. he would do anything with it rather ~ ... ele faria tudo com isto, menos... not other ~ somente. to be wiser ~ to do so ser bastante ajuizado para não proceder assim. a person ~ whom no one is more competent to say uma pessoa, como nenhuma outra, competente para dizer.
thanage [θ'einidʒ] s. 1. baronato m. 2. propriedade f. conferida a um nobre.
thanatism [θ'ænətizm] s. doutrina f. da destruição pela morte.
thanatoid [θ'ænətoid] adj. como morto, aparentemente morto.
thanatology [θænət'olədʒi] s. tanatologia f.: estudo da morte.
thanatopsis [θænət'opsis] s. contemplação da morte f.
thane [θein] s. (arc.) 1. proprietário livre, nobre m. 2. guerreiro m. 3. (esc.) barão m.
thanedom [θ'eindəm] s. propriedade f. ou direito m. de um nobre.
thank [θæŋk] s. geralm. no pl. ~s agradecimento, graças f. pl., gratidão f. ‖ v. 1. agradecer. 2. exprimir gratidão, dar graças.
    ~s! agradecido! no, ~s! não, obrigado! many ~s! muito obrigado! to give, to send, to return ~s agradecer. to get small ~s ser mal recompensado. heartiest ~s for your good wishes which I return most cordially agradeço de coração seus bons votos e retribuo-os cordialmente. to receive ~s receber agradecimentos. in ~s for como agradecimento por. ~s to him I can see again graças a ele, enxergo de novo. ~s be to God! graças a Deus! no ~s to you sem seu auxílio. ~s to your kindness graças à sua bondade. (I) ~ you (kindly)! agradeço (muito). no, ~ you! não, obrigado! ~ing you in anticipation agradecendo-lhe antecipadamente. I will ~ you for the book ficar-lhe-ei grato pelo livro. I will ~ you to go é um favor retirar-se. he may ~ himself for it ele deve isto a si mesmo. ~ you for nothing agradeço da mesma forma.
thankful [θ'æŋkful] adj. grato, agradecido, reconhecido. ‖ ~ly adv. agradecidamente, reconhecidamente.
thankfulness [~nis] s. gratidão f., reconhecimento m.
thankless [θ'æŋklis] adj. ingrato, mal agradecido. ‖ ~ly adv. ingratamente.
thanklessness [~nis] s. ingratidão f.
thank-offering s. sacrifício m. de ação de graças.
thanksgiver [θ'æŋksgivə] s. o que dá graças.
thanksgiving [θ'æŋksgiviŋ] s. ação f. de graças.
    Thanksgiving Day (E. U. A.) dia de ação de graças.
that [ðæt] pron. demonst. pl. those esse, essa, aquele, aquela, aquilo. ‖ pron. rel. que, o que. ‖ conj. para que, a fim de que, de modo que. ‖ adv. tão, de tal modo, de tal maneira.
    ~ is the man esse é o homem. those are the men esses são os homens. ~ is (abr. i. e. do latim id est) isto é. what was ~ cry? que grito foi esse?

who is ~? quem é esse? I prefer ~ book (those books) prefiro esse livro (esses livros). this or ~? esse ou aquele? ~ is the girl I saw essa é a moça que tinha visto. ~'s all I wanted to know é isto que eu queria saber. during ~ (gíria em vez de those) three days durante esses três dias. ~ one (those ones) aquele (aqueles). and ~ isto é. and ~ was ~! isto está liquidado! at ~ time naquele tempo. leave it at ~! deixe-o assim! for all ~ apesar de tudo isso. you are responsible for ~ você é responsável por isto. in ~ you are right nisto você tem razão. like ~ assim. I hoped it would come to ~ esperava que chegasse a isto. the book ~ I gave you o livro que lhe dei. any book ~ qualquer livro que. no one ~ nenhum que. there is no hope ~ I can see não vejo mais esperança. the day ~ I met you no dia em que o encontrei. for the very reason ~ pela própria razão que. Mrs. Smith, Miss Jones ~ was Sra. Smith, nascida Jones. all ~, everything ~ tudo que. nothing ~ nada que. the best ~ o melhor que. it is not ~ I love you less não que te ame menos. not ~ I have any objection não que eu fizera alguma objeção. not ~ it mightn't be wiser talvez seria até mais prudente. do you remember ~ she said so? você se lembra que ela falou assim? he was so tired, ~ he must lie ele estava tão cansado, que tinha de deitar-se. if I write, it is ~ se escrevo, é porque. we do not know ~ não sabemos se. he stopped ~ he might see ele parou para que pudesse ver. oh ~ I knew her name! oh, se eu soubesse seu nome! in order ~ a fim de que. now ~ agora que, porque. now ~ the day has come agora, que chegou o dia. ~ far tão longe. ~ old tão velho. ~ easily tão facilmente. I did not go ~ far não cheguei a tal ponto.
thatch [θætʃ] s. 1. colmo, sapé m., palha f. 2. telhado m. de sapé ou palha. ‖ v. colmar.
    ~ed roof telhado de colmo. to be well ~ed 'ter bastante cabelo.
thatcher [θ'ætʃə] s. colmador m.
thatching [θ'ætʃiŋ] s. 1. colmagem f. 2. colmo m.
thaumaturge [θ'ɔ:mətə:dʒ] s. taumaturgo m.
thaumaturgic [θɔ:mət'ə:dʒik], thaumaturgical [~əl] s. taumatúrgico.
thaumaturgist [θ'ɔ:mətə:dʒist] s. taumaturgo m.
thaumaturgy [θ'ɔ:mətə:dʒi] s. taumaturgia f.: magia, milagre.
thaw [θɔ:] s. 1. descongelamento, degelo m. 2. tempo m. de degelo. 3. enternecimento m. ‖ v. 1. descongelar, degelar. 2. derreter(-se), dissolver-se. 3. relaxar, ficar à vontade. 4. enternecer-se.
    the ~ has set in o degelo começou.
thawy [θ'ɔ:i] adj. degelador.
the [ðə, ði, enfaticamente ði:] artigo: o, a, os, as. ‖ ~... ~..., adv. quanto... tanto...
    ~ day I spoke to him o dia em que lhe falei com ele. by ~ day por dia. ~ good o bom, os bons. ~ place you mean o lugar que você pensa. ~ Jones a família Jones. ~ Prince of Wales o Príncipe de Gales. three shillings ~ piece três xelins a (cada) peça. all ~ men who escaped todos os homens que escaparam. milk is ~ medicament for you leite é (exatamente) o medicamento para você. ~ sooner quanto mais cedo. all ~ better tanto melhor. ~ more, ~ better quanto mais, quanto melhor. I am ~ better pleased, ~ oftener you write fico tanto mais satisfeito, quanto mais você escreve. (so much) ~ worse for you tanto pior para você.
theanthropic [θi:ənθr'opik] adj. teantrópico.
theanthropism [θi'ænθrəpizm] s. teantropia f.

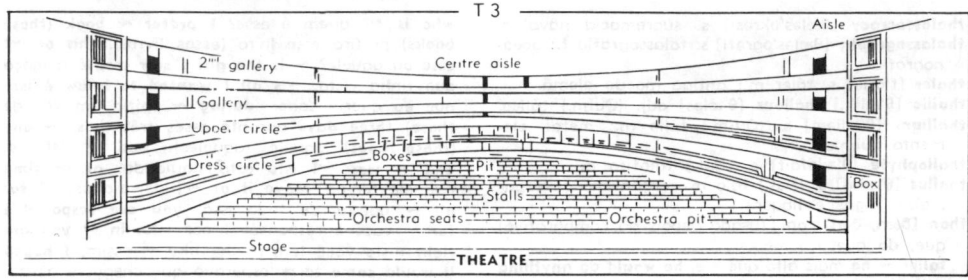

thearchy [θ'i:a:ki] s. teocracia f.

theatre, theater [θ'i:ətə] s. 1. teatro m. (quadro T 3). 2. anfiteatro m. 3. lugar m. onde se realiza algum acontecimento. 4. arte dramática f., drama m. ~ **of war** teatro de guerra. ~**-goer** espectador. ~**-going** o ato de ir ao teatro. **movie** ~, **motion-picture** ~ cinema.

theatrical [θi'ætrikəl] adj. 1. cênico. 2. teatral. 3. artificial. 4. ostentoso. ‖ ~**ly** adv. de modo teatral. (**private**) ~s representação teatral (por amadores).

theatricalism [θi'ætrikəlizm], **theatricality** [θiətrikæ'liti] s. teatralidade f.

theatricalize [θi'ætrikəlaiz] v. teatralizar.

theatricals [θi'ætrikəls] pl. s. teatro amador m.

theatrics [θi'ætriks] s. 1. arte dramática f. 2. (Teat.) produção f. 3. atitude teatral exagerada, artificial f.

thee (†) [ði:] (poét. ou bíbl.) forma oblíqua de **thou** ti, te. **of** ~ teu, seu.

theft [θeft] s. roubo, furto m.

thegn [θein] s. = **thane.**

theine, thein [θ'i:in] s. (Quím.) teína, cafeína f.

their [ðɛə] adj. possessivo: seu, sua, seus, suas, deles, delas.

theirs [ðɛəz] pron. possessivo: o seu, os seus, os deles, as delas, os deles, as delas. **the fault was** ~ a culpa foi deles (delas).

theism [θ'i:izm] s. teísmo m.

theist [θ'i:ist] s. teísta m. + f.

theistic [θi:'istik], **theistical** [~əl] adj. teísta.

them [ðem] pron. (caso oblíquo de **they**) os, as, lhes. **he saw** ~ ele os (as) viu. **they saw the house before** ~ viram a casa diante deles (de si). ~ **girls** essas moças (gíria ~ em vez de **those**).

thematic [θim'ætik] adj. temático. ‖ ~**ally** adv. de modo temático.

theme [θi:m] s. 1. tema, assunto, tópico m. 2. (Mús.) tema, motivo musical m. 3. exercício (escolar), texto m. 4. (Gram.) radical ou elemento primitivo m. de uma palavra. ~**-song** (Cin., Rádio, Telev.) tema musical.

themselves [ðəms'elvz] pron. a si mesmos, a si próprios, se, eles mesmos, elas mesmas. **they said to** ~ **that** eles disseram consigo mesmos que.

then [ðen] s. esse tempo, aquele tempo m. ‖ adj. existente naquele tempo, de então, desse tempo. ‖ adv. 1. então, naquele tempo. 2. depois, em seguida. 3. em outra ocasião, outra vez. 4. também, além. 5. neste caso, por isto, pois. ‖ conj. por conseguinte, então. **life was better** ~ a vida era melhor naquele tempo. **life will be better** ~ a vida será depois melhor. **if that is so** ~ se isto é assim então. **I** ~ **left him** depois o deixei. **how** ~ **did he manage?** como é então que ele fez? ~ **why don't you say**

so? então por que você não diz? ~ **you mean to say** então você quer dizer. ~ **and not till** ~ depois e não antes. **well** ~, **he should have refused** bem, então ele devia ter recusado. **what** ~? e então? ~ **and there** imediatamente, sem mais demora. **the** ~ **king** o então rei. **by** ~ até lá, enquanto. **till** ~ até lá. **not till** ~ somente então. ~ **there are the following** também há os seguintes, além desses os seguintes.

thenar [θ'i:na:] s. (Anat.) tênar m.: palma da mão ou sola do pé.

thence [ðens] adv. 1. dali, daquele lugar. 2. por esta razão, por isso, por tanto. 3. daquele tempo, desde aquele tempo. ~ **it follows that** portanto conclui-se que.

thenceforth [~f'ɔ:θ], **thenceforward** [~f'ɔ:wəd] adv. desde então, desde aquele tempo em diante. **from thenceforward** desde aquele tempo.

theobromine [θi:əbr'oumain] s. (Quím.) teobromina f.

theocentric [θiɔs'entrik] adj. teocêntrico, dirigido para Deus.

theocracy [θi'ɔkrəsi] s. teocracia f.

theocrat [θ'i:ɔkræt] s. teocrata m. + f.

theocratic [θiɔkr'ætik], **theocratical** [~əl] adj. teocrático.

theodicy [θi'ɔdisi] s. teodicéia f.: doutrina da justiça divina.

theodolite [θi'ɔdəlait] s. teodolito m.

theogonic [θiog'ɔnik] adj. teogônico.

theogony [θi'ɔgəni] s. teogonia f.: genealogia dos deuses.

theologian [θiəl'oudʒiən] s. teólogo m.

theological [θiəl'ɔdʒikəl] adj. teológico. ‖ ~**ly** adv. teologicamente.

theologize [θi'ɔlədʒaiz] v. teologizar.

theology [θi'ɔlədʒi] s. teologia f.

theomachy [θi'ɔməki] s. teomaquia f.: luta entre ou contra os deuses.

theomorphic [θi:əm'ɔ:fik] adj. teomórfico.

theonomy [θi'ɔnəmi] s. teonomia f.: governo de Deus.

theophany [θi'ɔfəni] s. teofania f.

theorbo [θi'ɔ:bou] s. tiorba f.: antigo instrumento musical.

theorem [θ'i:ɔrəm] s. teorema m.

theorematic [θ'i:ɔrəm'ætik], **theorematical** [~əl] adj. teorêmico.

theoretic [θiːərˈetik], **theoretical** [~əl] adj. teorético, teórico. ‖ ~**ally** adv. teoricamente.

theoretician [θiːərətˈiʃən] s. teórica f.

theoretics [θiːərˈetiks] s. pl. teórica f.

theorist [θ'i:ərist] s. teorista m. + f.

theorize [θ'i:əraiz] v. teorizar, especular, formar teorias.

theory [θ'i:əri] s. 1. teoria f. 2. explicação f. 3. suposição, hipótese f. 4. conhecimento abstrato m., noção f. **they had a** ~ **that** eles imaginaram que. **very**

T 4

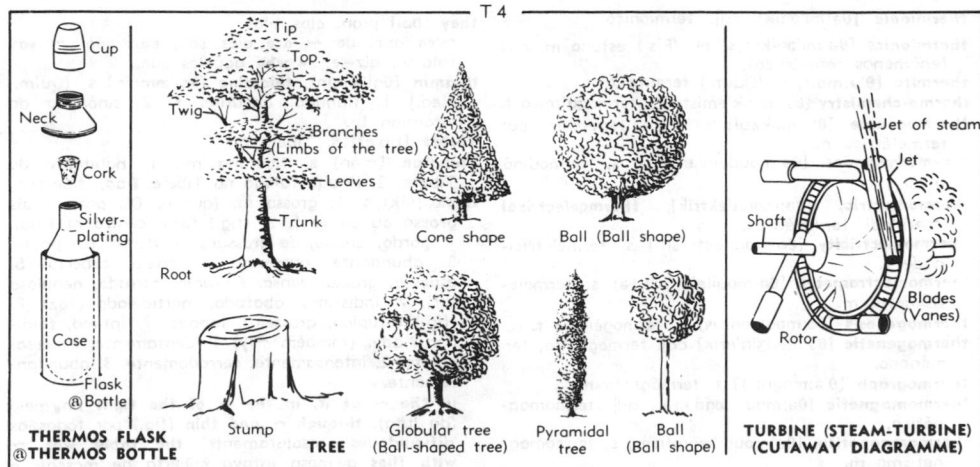

THERMOS FLASK
ⓐTHERMOS BOTTLE

Cup · Neck · Cork · Silver-plating · Case · Flask ⓐ Bottle

TREE

Tip · Top · Twig · Branches (Limbs of the tree) · Leaves · Trunk · Root · Stump · Cone shape · Globular tree (Ball-shaped tree) · Pyramidal tree · Ball (Ball shape) · Ball (Ball shape)

TURBINE (STEAM-TURBINE)
(CUTAWAY DIAGRAMME)

Jet of steam · Jet · Shaft · Blades (Vanes) · Rotor

---

good in ~, but will it work? na teoria é bom, mas, na prática?
theosophic [θi:əs'ɔfik], **theosophical** [~əl] adj. teosófico.
theosophist [θi'ɔsəfist] s. teósofo m.
theosophy [θi'ɔsəfi] s. teosofia f.
therapeutic [θerəpj'u:tik], **therapeutical** [~əl] adj. terapêutico. ‖ **~ally** adv. de modo terapêutico.
therapeutics [θerəpj'u:tiks] s. pl. terapêutica, terapia f.
therapeutist [θerəpj'u:tist] s. terapeuta m. + f.
therapy [θ'erəpi] s. terapia, terapêutica f.: tratamento das doenças.
there [ðɛə] s. esse lugar m. ‖ adj. (gíria) alerta, acordado. ‖ adv. 1. aí, ali, lá, acolá. 2. para lá. 3. nesse lugar, nesse ponto. 4. nesse assunto, nesse particular, nesse respeito. ‖ interj. eis!
~ now!, so ~! está vendo! **~, I told you so!** vê, logo lhe disse! **~! didn't you see that?** lá! você não viu? **~! ~! (that's all right!)** calma! quieto!
~ and back para lá e para cá. **here and ~** cá e acolá, de vez em quando, às vezes. **~ he comes** aí vem ele. **we came from ~** viemos de lá. **~ are children who** há crianças que. **~ is no living with her** não se pode viver com ela. **is ~ anyone here?** há alguém aí? **~ being no time** não havendo tempo. **will ~ be any dancing?** haverá dança (ou baile)? **once upon a time ~ was a king** era uma vez um rei. **~ was nothing left** não sobrou nada. **~'s the door the carpenter made** a porta está lá, (fig.) retire-se! **~ you are!** aí está! veja aí! **it's ~** (E. U. A., coloq.) está em ordem. **all ~** (gíria) 1. alerta, acordado. 2. mentalmente são. **not all ~** (coloq.) imbecil. **he has got ~** (gíria) ele teve sucesso, ele o conseguiu. **she is not quite ~** (gíria) ela não regula bem. **down ~** lá embaixo. **in ~** lá dentro. **up ~** lá em cima. **out ~** lá fora. **over ~** para lá, lá. **you ~!** olá você!
thereabout [~rəb'aut], **thereabouts** [~s] adv. por aí, mais ou menos assim, mais ou menos tanto.
there or ~ aí, por aí, mais ou menos, cerca de.
thereafter [~r'a:ftə] adv. 1. depois disso, depois. 2. conseqüentemente.
thereagainst [~əg'einst] adv. 1. contra ou contrário a isso. 2. em oposição a.
thereat [~r'æt] adv. 1. naquele tempo. 2. por causa disso. 3. lá, naquele lugar.

thereby [~b'ai] adv. 1. por meio disso. 2. nisso, ligado a isso. 3. por perto, nas adjacências.
therefor [~f'ɔ:] adv. (arc.) por isto, por aquilo.
therefore [ð'ɛəfɔ:] adv. 1. por essa razão, conseqüentemente. 2. portanto, por conseguinte. 3. então.
therefrom [ðɛəfr'ɔm] adv. disto, disso, daquilo, daí.
therein [ðɛər'in] adv. 1. nisso, naquilo, naquele lugar. 2. nesse sentido, dessa maneira. 3. nesse ponto.
thereinafter [ðɛərin'a:ftə] adv. adiante, abaixo.
thereinbefore [ðɛərinbif'ɔ:] adv. antes, acima (num documento).
thereinto [ðɛərint'u:] adv. para dentro desse lugar, para lá, ali, lá.
theremin [θ'erəmin] s. (Mús.) teremim m.: instrumento eletromagnético inventado por Leo Theremin, U.R.S.S.
thereof [ðɛər'ɔv, ðɛər'ʌv] adv. 1. disso, daquilo. 2. dele, dela, seu, sua. 3. cujo, cuja.
thereon [ðɛər'ɔn] adv. 1. nisso, naquilo. 2. após isso, depois disso. 3. sobre isso, nisso.
thereto [ðɛət'u:] adv. 1. a isso, àquilo, a esse lugar. 2. além disso, também. 3. para isso.
theretofore [ðɛətuf'ɔ:] adv. antes, anteriormente.
thereunder [ðɛə'ʌndə] adv. debaixo disso ou daquilo, abaixo disso.
thereupon [ðɛərəp'ɔn] adv. 1. logo após, nisso. 2. por causa disso, por isso. 3. imediatamente. 4. com referência a isso.
therewith [ðɛəw'iθ] adv. 1. com isso, com aquilo. 2. também. 3. nesse momento, imediatamente após.
therewithal [ðɛəwið'ɔ:l] adv. 1. com isso. 2. além, também.
theriac (†) [θ'i:riæk] s. antídoto m., teriaga f.
therianthropic [θi:riænθr'ɔpik] adj. (Mit.) meio-homem, meio-animal.
theriomorphic [θi:riəm'ɔ:fik] adj. (Mit.) em forma de animal.
therm [θə:m] s. (Fís.) unidade f. de calor (brit.).
thermal [θ'ə:məl] adj. termal, térmico. ‖ **~ly** adv. de modo térmico.
~ power potência térmica. **~ unit** unidade térmica.
thermal barrier s. (Aer.) barreira térmica f.
thermal spring s. 1. fonte termal f. 2. mola térmica f.
thermic [θ'ə:mik] adj. térmico.
thermion [θ'ə:miɔn] s. (Fís.) térmion, termionte m. ‖ adj. termiôntico.

thermionic [θə:mi'ɔnik] adj. termiônico.

thermionics [θə:mi'ɔniks] s. pl. (Fís.) estudo m. dos fenômenos termiônicos.

thermite [θ'ə:mait] s. (Quím.) termite f.

thermo-chemistry [θə:mouk'emistri] s. termoquímica f.

thermocouple [θ'ə:məkʌpl] s. (Fís.) termopar, par termelétrico m.

thermodynamics [θə:moudain'æmiks] s. termodinâmica f.

thermoelectric, [θə:mouil'ektrik], **thermoelectrical** [~əl] adj. termelétrico.

thermoelectricity [θə:mouilektr'isiti] s. termeletricidade f.

thermoelectrometer [θə:mouilektr'ɔmitə] s. termeletrômetro m.

thermogenesis [θə:mədʒ'enisis] s. termogênese f.

thermogenetic [θə:mədʒin'etik] adj. termogênico, termógeno.

thermograph [θ'ə:mogra:f] s. termógrafo m.

thermomagnetic [θə:moumægn'etik] adj. termomagnético.

thermomagnetism [θə:moum'ægnitizm] s. termomagnetismo m.

thermometer [θəm'ɔmitə] s. termômetro m. (quadro T 1).

thermometric [θə:məm'etrik], **thermometrical** [~əl] adj. termométrico. ‖ ~ally adv. termometricamente.

thermometry [θəm'ɔmitri s. termometria f.

thermomotor [θə:məm'outə] s. motor m. a ar quente.

thermonuclear [θə:mounj'u:kliə] adj. (Fís.) termonuclear.

thermopile [θ'ə:mopail] s. pilha termelétrica f.

thermoplastic [θə:məpl'æstik] s. substância termoplástica f. ‖ adj. termoplástico.

Thermos [θ'ə:məs], ~ **flask,** ~ **bottle** s. (Marca Registrada) = **vacuum bottle.**

thermoscope [θ'ə:məskoup] s. termoscópio m.

thermoscopic [θə:mosk'opik], **thermoscopical** [~əl] adj. termoscópico.

thermosetting [θə:mos'etiŋ] s. (Quím.) termocura f. ‖ adj. termocurado, relativo à termocura, que torna um plástico duro e infusível.

thermosetting polymer s. polímero m. de termocura.

thermostat [θ'ə:mostæt] s. termóstato m.

thermostatic [θə:məst'ætik] adj. termostático.

thermostatics [~s] s. (Fís.) termostática f.

thermotaxis [θə:mət'æksis] s. (Biol.) termotaxia f.

thermotechnics [θə:mət'ekniks] s. termotécnica f.

thermotherapy [θə:məθ'erəpi] s. termoterapia f.

thermotropism [θə:m'ɔtrəpizm] s. (Biol.) termotropismo m.: crescimento condicionado pelo calor.

thermotype [θ'ə:mətaip] s. termotipo m.

thermotypy [~i] s. termotipia f.

theroid [θ'i:rɔid] adj. animalesco, teróide.

thesaurus [θis'ɔ:rəs] s. pl. **–ri** [rai] 1. enciclopédia f., léxico m. 2. coleção f. de palavras ou frases.

these [ði:z] adj.+pron. pl. de **this:** estes, estas.

thesis [θ'i:sis] s. pl. **theses** [-si:z] 1. proposição, afirmação f. 2. tema m. 3. (Univ.) tese f.

Thespian [θ'espiən] s. ator m., atriz f. ‖ adj. téspio, dramático.

thetical [θ'etikəl] adj. positivo, dogmático. ‖ adv. ~ly de modo positivo, dogmático.

theurgic [θi'ə:dʒik], **theurgical** [~əl] adj. teúrgico.

theurgist [θ'i:ə:dʒist] s. teurgista m. + f.

theurgy [θ'i:ə:dʒi] s. teurgia f.

thew [θju:] s. (geralmente usado ~s pl.) músculos m. pl., força f., vigor m.

thewed [θju:d], **thewy** [θj'u:i] adj. musculoso, forte, vigoroso.

thewless [θj'u:lis] (esc.) adj. fraco, débil.

they [ðei] pron. eles, elas.
~'re abr. de ~ **are** eles são, elas são. ~ **say** fala-se, diz-se. ~ **who** aqueles que.

thiamin [θai'æmin], **thiamine** [θai'æmain] s. (Quím., Med.) 1. tiamina, aneurina f. 2. sinônimo da vitamina B_1.

Thibet [tib'et] s. Tibete m.

Thibetan [~ən] s. tibetano m.: 1. habitante do Tibete. 2. língua falada no Tibete. ‖ adj. tibetano.

thick [θik] s. 1. grosso m. (quadro Q), parte mais grossa ou densa f. 2. (fig.) foco, centro m. ‖ adj. 1. gordo, grosso, de grossura. 2. denso, compacto. 3. abundante, numeroso. 4. cheio, coberto. 5. espesso, grosso, denso. 6. turvo, cerrado, nebuloso (ar). 7. indistinto, abafado, inarticulado (voz). 8. (fig.) estúpido, grosseiro, tapado. 9. íntimo, familiar. ‖ adv. (também ~ly) 1. densamente, espessamente. 2. intensamente, cerradamente. 3. abundantemente.

in the ~ **of it, in the** ~ **of the fight** no, meio (da luta). **through** ~ **and thin** (fig.) por todas as dificuldades, resolutamente. **the table was** ~ **with flies** a mesa estava coberta de moscas. **a bit** ~ um pouco demais, um pouco exagerado. **two inches** ~ duas polegadas de grossura. **the street is** ~ **with dust** a rua está cheia de poeira. **he is** ~ **in the head** (gíria) ele é muito tapado. **they are very** ~, **they are** ~ **as thieves** eles são amigos muito íntimos, eles são cúmplices. **the snow fell** ~ a neve caía em densos flocos. **the letters came** ~ **and fast** choveram cartas.

thick-coming adj. em sucessão rápida.

thicken [θ'ikən] v. 1. engrossar, tornar(-se) espesso. 2. inarticular(-se). 3. turvar-se, obscurecer(-se), complicar(-se).

the struggle ~s a luta intensifica-se. **the plot** ~s o negócio está se complicando.

thickening [~iŋ] s. 1. material m. para engrossar alguma coisa, 2. engrossamento m., parte engrossada ou aumentada, inchação f.

thicket [θ'ikit] s. moita f., mato trançado m. (quadro F 6).

thickhead [θ'ikhed] s. cabeça dura f.

thickheaded [~id] adj. estúpido, obstinado, cabeçudo.

thickish [θ'ikiʃ] adj. algo grosso.

thickness [θ'iknis] s. 1. espessura, grossura f. 2. turvação, falta f. de clareza. 3. densidade f. 4. camada f. 5. parte f. mais grossa.

five feet in ~ cinco pés de grossura ou espessura.

thickset [θ'ikset] s. sebe espessa, moita f. ‖ adj. 1. atarracado. 2. junto, plantado junto.

thick-skin s. pessoa f. insensível a repreensões.

thick-skinned adj 1. que tem a pele grossa. 2. (fig.) insensível a repreensões.

thick-skulled, thick-witted adj. estúpido, tapado.

thief [θi:f] s. pl. **thieves** ladrão m., ladra f.

opportunity makes the ~ na arca aberta o justo peca, a ocasião faz o ladrão. **don't set a** ~ **to catch a** ~ ladrão não rouba ladrão. **stop** ~! pega o ladrão!

thieve [θi:v] v. roubar, furtar.

thievery [θ'i:vəri] s. furto, roubo m., gatunagem f.

thievish [θ'i:viʃ] adj. desonesto, inclinado para o roubo. ‖ ~ly adv. como ladrão, desonestamente.

thievishness [~nis] s. gatunagem, ladroeira f.

thigh [θai] s. coxa f., quarto traseiro m. (quadros C 7, H 9, H 10).

thighbone [θ'aiboun] s. (Anat.) fêmur m.

thigmotaxis [θigmət'æksis] s. (Biol.) estereotaxia f.

thigmotropism [θigm'ɔtrəpizm] s. (Biol.) evolução planejada f., por meio de contato mecânico.

thill [θil] s. lança f., timão m.

thiller [θ'ilə] s. cavalo m. de varal.
thimble [θimbl] s. 1. dedal m. (quadros S 4, T 2). 2. tubo curto m. de metal, ponteira f. 3. (Náut.) sapatilho, ilhó m. 4. terminal de cabo
thimbleful [θ'imblful] s. 1. o que cabe num dedal. 2. (fig.) golinho, pouquinho m.
thimblerig [θ'imblrig] s. blefe, truque m. de dedal, trapaça f. ‖ v. blefar, trapaçar.
thimblerigger [~ə] s. trapaceiro, blefista m.
thin [θin] v. 1. afinar, adelgaçar, diminuir. 2. diluir. ‖ adj. (quadro Q). 1. fino, estreito, delgado. 2. esbelto, magro, franzino. 3. esparso, escasso, coçado. 4. leve, rarefeito, tênue. 5. pouco, espalhado. 6. líquido, fluido, ralo, fraco, aguado. 7. fraco, fino (voz). 8. raso, sem profundidade. 9. apagado, esmaiado (cor). 10. transparente. 11. fraco, pobre, deficiente. ‖ adv. (também ~ly) finamente, delgadamente, escassamente, pobremente, superficialmente, em pequeno número.
to ~ down diminuir, tornar-se mais ralo. to ~ out dizimar(-se), desbastar. a ~ crop uma colheita escassa. a ~ excuse uma desculpa fraca, deficiente. a ~ house teatro vazio. they had ~ time eles passaram um tempo ruim, desagradável. ~ly clad vestido com roupa leve. ~ oil óleo leve.
thine (†) [ðain] pron. (poét.) teu, tua, teus, tuas. the error is ~ o erro é seu.
thing [θiŋ] s. 1. coisa f., objeto m. 2. negócio m., coisa não definida f. 3. assunto, fato, acontecimento m., idéia f. 4. negócio, assunto m. 5. ser m., criatura f. 6. ~s pl. pertences, trastes, utensílios m. pl., roupa f.
the ~ o certo, o adequado. (kitchen) ~s utensílios (de cozinha). dumb ~s animais. the dear, old ~ o bom velho, a boa velha (pessoa ou animal). the latest ~ a última novidade. above all ~s acima de tudo, antes de mais nada. ~s as they are as coisas como são. as ~s go como vai neste mundo. first ~ em primeiro lugar, antes de tudo. they made a good ~ of it fizeram um bom negócio disto. the great ~ is to get in o principal é entrar. for one ~ 1. primeiro. 2. porque. taking one ~ with another entre tudo, em geral. I am not quite the ~ não estou bem disposto. that is quite another ~ isto é assunto completamente diferente. that is not quite the ~ to do não é bem isto que se deve fazer. other ~s being equal em iguais circunstâncias. he knows a ~ or two ele é sabido, está a par, ele conhece as coisas como são. to take ~s as one finds them (E. U. A. coloq.) tomar as coisas como são. take off your ~s! tire a capa e o chapéu! in all ~s sob todos os pontos de vista. this of all ~s! (coloq.) justamente isto! to be out of ~s estar afastado.
thingamabob [θ'iŋəməbɔb], thingamujig [~əmjudʒig], thingumbob [~əmbɔb] s. (coloq.) coisa f., troço m.
thing-in-itself s. (Filos., kantismo) coisa f. em si, realidade f. por si só.
think [θiŋk] v. (imp.+p. p. thought). 1. conceber, formar na. mente, imaginar. 2. pensar, idear, cogitar. 3. considerar, julgar. 4. crer, supor, opinar. 5. refletir, meditar, considerar, estudar. 6. imaginar, especular, ponderar. 7. lembrar, recordar. 8. achar, pretender. 9. esperar. 10. considerar, formar opinião sobre.
to ~ better of mudar de idéia. to ~ how pensar como. to ~ whether pensar se. I ~ it best eu acho que o melhor é. I can't ~ what he means não posso imaginar o que ele pretende. he thought fit ou proper to do so ele achou acertado fazer assim. it is not thought right for him to say that não se julga direito ele dizer isto. I ~ it (is) true ou

I ~ it to be true penso que é verdade. I thought we should go pensei que devíamos ir. he thought no harm ele não tencionava fazer mal. we thought him clever nós o consideramos inteligente. I was thought to have been there acreditou-se que eu teria estado lá. if you ~ yourself in my place se você se coloca em meu lugar. I thought it out estudei bem o assunto. you must ~ it over você deve pensar bem sobre isto. we shall ~ up s. th. (E. U. A.) inventaremos alguma coisa. I cannot ~ of his name não me lembro do nome dele. what do you ~ of it? o que você acha disto? just ~! imagine só! I did not ~ of it não me lembrei disto. do you ~ so? você acha? I should never ~ of doing that nunca pensaria em fazer isto. I never thought of it esqueci-me completamente. I thought nothing of walking six hours a day não me incomodava de andar seis horas por dia. we had thought of a thing imaginamos, lembramos uma coisa. he was ~ing aloud ele estava pensando em voz alta. it is not a thing not thought of before não é um fato desconhecido.
thinkable [θ'iŋkəbl] adj. imaginável
thinker [θ'iŋkə] s. pensador m.
thinking [θ'iŋkiŋ] s. 1. pensamento m. 2. opinião f. ‖ adj. que pensa, pensativo, refletido. ‖ ~ly adv. de modo pensativo, refletidamente.
to my ~ na minha opinião. way of ~ modo de pensar. he is of my way of ~ ele é da minha opinião. put it on your ~ cap pense no caso.
thinking piece s. (Jornal., gíria) matéria f. para pensar.
thinness [θ'innis] s. 1. delgadeza, magreza f. 2. escassez, raridade f.
thinnish [θ'iniʃ] adj. um tanto fino, delgado, fraco.
thin-skinned adj. 1. de pele fina. 2. (fig.) sensível.
thiosulphate [θ'aiəsʌlfeit] s (Quím.) tiossulfato m.
third [θə:d] s. 1. terceiro m. 2. terço m., terça parte f. 3. (Mús.) terça f., intervalo de três sons. ‖ num. terceiro, terceira. ‖ ~ly adv. em terceiro lugar.
~ party, ~ person (Jur.) a terceira pessoa, o terceiro. ~ person (Gram.) terceira pessoa. ~ class 1. a terceira classe (quadro C 6), de terceira classe. 2. inferior, sem valor. ~ degree terceiro grau. ~-party insurance seguro contra terceiros. ~-rate de terceira categoria, inferior. Third World (Pol.) Terceiro Mundo (os países industrialmente subdesenvolvidos do mundo).
third dimension s. terceira dimensão f.
third estate s. (Hist., Pol.) terceiro estamento m.: povo.
thirst [θə:st] s. 1. sede f. 2. ânsia, vontade f., desejo m. ‖ v. 1. ter sede. 2. desejar, ansiar.
to quench one's ~ matar a sede. to ~ after estar ávido de.
thirstiness [θ'ə:stinis] s. 1. sede f. 2. ânsia, vontade f.
thirsty [θ'ə:sti] adj. 1. com sede, sedento. 2. seco. 3. ansioso. 4. (coloq.) que causa sede. ‖ ~ily adv. com sede.
to be ~ estar com sede, ter sede.
thirteen [θə:t'i:n] s. o número treze m. ‖ num. treze.
thirteenth [~θ] s. 1. o décimo terceiro m. 2. a décima terceira parte f. ‖ num. décimo terceiro. ‖ ~ly adv. em décimo terceiro lugar.
thirtieth [θ'ə:tiiθ] s. 1. trigésimo m. 2. um trigésimo m., a trigésima parte f. ‖ num. trigésimo.
thirty [θ'ə:ti] s. trinta, o número trinta m. ‖ num. trinta.
the thirties a casa dos trinta.
this [ðis] pron. pl. these [ði:z] este, esta, isto. ‖ adv. a este ponto, deste modo.

~ **book** este livro. ~ **day** hoje. ~ **day week** 1. há oito dias. 2. daqui a oito dias. **one of these days** um dia destes. **these five days** desde cinco dias. ~ **is my friend** este é meu amigo. ~ **one** este aqui. **these ones** estes. **who are these?** quem são estes? **these people** esta gente. ~ **once** esta vez. **tell me** ~ **much!** diga-me só isto! **by** ~ **time** entrementes. **all** ~ tudo isto. **long before** ~ muito antes disto. **by** ~ por meio disto. **from** ~ daqui em diante. **she sings like** ~ ela canta assim. ~ **is what happened** aconteceu o seguinte. **they talked** ~, **that and the other** conversaram sobre isto e aquilo.

thistle [θisl] s. cardo m.

thistle-down s. lanugem f. do cardo.

thistle-finch s. (Orn.) pintassilgo m.

thistly [θ'isli] adj. 1. cheio de cardo. 2. semelhante ao cardo.

this-worldly adj. deste mundo, dirigido para este mundo.

thither [ð'iðə] adj. de lá, desse lado. ‖ adv. para ali, para lá, para aquela parte.
hither and ~ para lá e para cá. **on the** ~ **side of the fence** do lado de lá da cerca. **on the** ~ **side of twenty** além de vinte.

thitherward [ð'iðəwəd], **thitherwards** [~z] adv. para lá, naquela direção.

thixotropy [θiks'ɔtrəpi] s. (Quím.) tixotropia f.

tho' [ðou] = **though.**

thole [θoul] s. (também ~-**pin**) tolete m., cavilha f.

Thomism [t'oumizm] s. tomismo m.: doutrina filosófica de Sto. Tomás.

thong [θɔŋ] s. correia, tira de couro f., loro m. ‖ v. 1. colocar tira de couro. 2. açoitar.

thoracic [θɔ:r'æsik], **thoracico** [~ou] adj. torácico.

thorax [θ'ɔ:ræks] s. pl. **thoraxes, thoraces** [-rəsi:z] tórax, peito m.

thorium [θ'ɔ:riəm] s. (Quím.) tório m.

thorn [θɔ:n] s. 1. espinho m. 2. espinheiro m. 3. (fig.) aflição f., incômodo, tormento m.
to be a ~ **in one's side (flesh)** ser uma fonte de aborrecimento para alguém. **to be on** ~**s** estar sentado sobre brasas. ~ **apple** estramônio.

thornbush [θ'ɔ:nbuʃ] s. espinheiro m.

thorniness [θ'ɔ:ninis] s. qualidade do que é espinhoso.

thornless [θ'ɔ:nlis] adj. sem espinhos.

thorny [θ'ɔ:ni] adj. 1. espinhoso, cheio de espinhos. 2. (fig.) penoso, tormentoso. ‖ **-ily** adv. de modo espinhoso.

thorough [θ'ʌrə, θ'ə:rou] adj. (também **thoro**) completo, inteiro, perfeito, radical. ‖ ~**ly** adv. completamente, inteiramente.

thorough bass [~ beis] s. (Mús.) baixo contínuo m.

thoroughbred [~bred] s. 1. animal m. de sangue puro. 2. pessoa bem educada ou adestrada f. ‖ adj. 1. de sangue puro. 2. perfeito, bem educado.
he was a ~ **seaman** ele foi um marinheiro perfeito.

thoroughfare [~feə] s. rua, passagem, via pública f.

thoroughgoing [~gouiŋ] adj. 1. eficaz, radical, enérgico. 2. extremo. 3. rematado, consumado.

thoroughness [~nis] s. eficácia, perfeição f.

thoroughpaced [~peist] adj. 1. legítimo, perfeito, consumado. 2. esperto.
~ **liar** mentiroso consumado.

thorp, thorpe [θɔ:p] s. (†) aldeia, vila f., lugarejo m.

those [ðouz] adj. + pron. (pl. de **that**) esses, essas, aqueles, aquelas.

thou (†) [ðau] pron. tu, hoje só usado em poesia ou referindo-se a Deus.
to ~ **and thee** tratar por tu, tutear.

though [ðou] conj. (também **tho, tho'**) ainda que, posto que, embora, não obstante, entretanto, ainda quando, apesar de.
~ **he saw the danger, he stayed** apesar de ver o perigo, ele ficou. **what** ~ **we die** embora nós morramos, que importa. **it is worth attempting** ~ **we fail** vale a pena tentar, ainda que falhemos. **it looks as** ~ **it would rain** parece que está querendo chover. **he acts as** ~ **he did not see it** ele se comporta como se não o estivesse enxergando. **it was quite certain,** ~ aliás, estava bem certo. **I hoped you had told him,** ~ esperava, entretanto, que você lhe tivesse dito.

thought [θɔ:t] s. 1. pensamento, conceito m., idéia, opinião f. 2. mentalidade f. 3. meditação, cogitação, contemplação, reflexão f. 4. raciocínio m. 5. consideração, atenção f. 6. intenção f., propósito, intento m. 7. suspeita, expectativa f. 8. um pouquinho m. ‖ v. imp. + p. p. de **to think.**
as quick as ~ rápido como um raio. **a** ~ **too dark** um pouquinho escuro demais. **we gave a** ~ **to that** pensamos nisto. **on first** ~ sem refletir. **on second** ~ depois de pensar bem. **a happy** ~ uma boa idéia. **modern** ~ mentalidade moderna. **her one** ~ **was to hear it** seu único pensamento foi escutar isto. **a penny for his** ~**s** eu pagaria para conhecer os seus pensamentos. **she had no** ~ **of doing that** ela não teve a intenção de fazer isto. **to have some** ~**s of** estar quase decidido a. **it never entered his** ~**s** nunca lhe veio à mente. **tell him your** ~**s about** conte-lhe o que você pensa sobre isto. **lost in** ~**s** perdido em reflexões.

thoughtful [θ'ɔ:tful] adj. 1. pensativo. 2. atento. cuidadoso, previdente, refletido. 3. zeloso, atencioso, solícito. ‖ ~**ly** adv. 1. pensativamente, refletidamente. 2. atenciosamente.

thoughtfulness [~nis] s. 1. meditação f., cuidado m. 2. atenção, consideração f.

thoughtless [θ'ɔ:tlis] adj. irrefletido, descuidado, relaxado, imprudente. ‖ ~**ly** adv. irrefletidamente, desatenciosamente, imprudentemente.

thoughtlessness [~nis] s. 1. negligência f., descuido m. 2. inconsideração f.

thought-out adj. bem estudado, bem pensado.

thousand [θ'auzənd] s. o número 1.000, milhar m. ‖ num. mil.
a ~ um mil. **ten** ~ dez mil. **one in a** ~ 1. um entre mil. 2. singular. ~**s** milhares. **a** ~ **times** mil vezes. **a** ~ **thanks** muito obrigado. **it is a** ~ **pities that** é muita pena que.

thousandfold [~fould] num. mil vezes. ‖ loc. adv. mil vezes mais, aos milhares.
a ~ mil vezes.

thousand-legs s. miriápode m., centopeia f.

thousandth [θ'auzənθ] s. a milésima parte f. ‖ num. milésimo.

thowless [θ'aulis] adj. = **thewless.**

thrall [θrɔ:l] s. servo, escravo m.

thraldom, thralldom [θr'ɔ:ldəm] s. escravidão, servidão f., cativeiro m.

thrap [θræp] v. arrancar.

thrash [θræʃ], **thresh** [θreʃ] s. espancamento m. sova f. ‖ v. 1. espancar, bater, sovar. 2. agitar-se, mover-se violentamente, pular. 3. debulhar, trilhar, malhar. 4. (Náut.) avançar lentamente.
to ~ **out** discutir, considerar. **to** ~ **over** repetir.

thrasher [θr'æʃə] s. 1. debulhador m. 2. máquina de debulhar f. 3. (Orn.) (E.U.A.) nome vulgar para diversos pássaros parecidos com o tordo.

thrashing [θr'æʃiŋ] s. 1. debulha f., ação de debulhar (trigo). 2. espancamento m., sova, surra f.

thrashing-floor s. eira f.

thrashing-machine s. debulhadora f. (quadro H 5).

thrasonical [θrəs'ɔnikəl] adj. fanfarrão, presumido. ‖ ~**ly** adv. presumidamente.

thrawn [θrɔːn] adj. (esc.) desonesto, torcido, perverso.

thread [θred] s. 1. linha f. de coser, fio m. (quadro B 16). 2. filamento m., fibra f. 3. (Min.) filete m., veia f. 4. rosca f., filete m. de rosca. ‖ v. 1. enfiar (fio na agulha). 2. enfileirar, enfiar (pérolas). 3. formar em fios. 4. passar com dificuldade. 5. fazer rosca. **the ~ is broken** o fio arrebentou. **his mortal ~ was cut** ele morreu. **my life hung by a thin ~** minha vida estava por um fio. **she lost the ~ of her tale** ela perdeu o fio da sua história. **I hadn't a dry ~ on me** eu estava completamente molhado. **~-drawing** trabalho de ponto à jour. **to ~ one's way through** procurar seu caminho com dificuldade, atravessar com dificuldade. **~ed cock** tampa roscada.

threadbare [θr'edbɛə] adj. 1. puído, gasto, no fio, coçado. 2. maltrapilho. 3. trilhado, batido, trivial.

threadbareness [~nis] s. 1. estado gasto m. 2. (fig.) trivialidade f.

threadiness [θr'edinis] s. estado fibroso, fibróide m.

threadlike [θr'edlaik] adj. filiforme, em forma de fio.

thread-mark s. marca f. de fio.

threadworm [θr'edwɔːm] s. verme filiforme, nematóide m.

thready [θr'edi] adj. 1. fibroso, fibróide, filamentoso filiforme. 2. (fig.) fraco, fino.

threat [θret] s. ameaça f., perigo m. **there was a ~ of rain** estava ameaçando chuva.

threaten [θretn] v. 1. ameaçar, intimidar, meter medo. 2. pôr em perigo. 3. aproximar-se. **they ~ed dismissal** ameaçaram com demissão. **they were ~ed with dismissal** eles foram ameaçados com demissão. **the weather ~s rain** está ameaçando chuva. **to ~ at** ameaçar a. **a thunderstorm ~s** um temporal está se aproximando. **a danger ~s** um perigo está ameaçando.

threatener [θr'etnə] s. ameaçador m.

threatening [θr'etniŋ] adj. ameaçador. ‖ ~**ly** adv. ameaçadoramente. **~ weather** tempo ameaçador (de chuva).

three [θriː] s. 1. três m. 2. grupo m. de três (pessoas ou coisas), tríade, trindade f. ‖ num.três. **Three in One** Trindade. **by (in) ~s** em três. **the rule of ~** a regra de três. **~-colour process** tricromia. **~-cornered** triangular. **~-decker** (Náut.) navio de três cobertas. **~-foot** de três pés (de largura ou de comprimento). **~-halfpence** um pêni e meio. **~-handed** de três mãos. **~-handed game** (golfe, tênis) jogo em três. **~-master** (Náut.) barco, veleiro de três mastros. **~-pair front (back)** o quarto da frente (do fundo) no terceiro andar. **~-per-cents** bônus governamentais com 3 % de juros. **~-phase current** (Eletr.) corrente trifásica. **~-phase motor, ~-phaser** motor trifásico. **~-ply** triplo, de três fios, em três camadas. **~-o** (Náut.) terceiro oficial. **~-quarter** três quartos. **~-storied** de três andares. **~-valve receiver** (rádio) receptor de três válvulas. **~-year-old** o (cavalo de corrida) que tem três anos de idade.

three-dimensional adj. tridimensional.

threefold [θr'iːfould] num. 1. triplo, triplicado. 2. em três partes. ‖ loc. adv. três vezes mais, do modo triplicado.

three-pence [θr'epəns] s. 1. três "pence" ingleses m. pl. 2. moeda deste valor m. **~ half-penny** três "pence" e meio.

threepenny [θr'epəni] s. três "pence".

~ bit moeda de três "pence".

three-ring circus s. 1. circo m. de três picadeiros. 2. algo espetacular, confuso, estrondoso.

three R's s. três erres m. pl.: **reading, (w)riting, (a)rithmetics,** base do ensino.

threescore [θr'iːskɔː] s. idade f. de sessenta anos. ‖ num. sessenta. **~ and ten** setenta.

threesome [θr'iːsəm] s. 1. tríade, trindade f. 2. jogo m. de três.

thremmatology [θremət'ɔlədʒi] s. (Biol.) trematologia f.

thresh [θreʃ] = **thrash.**

thresher [θr'eʃə] s. 1. debulhador m. 2. máquina f. de debulhar, mangual m. 3. (também ~ **shark**) tubarão m. de cauda muito comprida.

threshold [θr'eʃould] s. 1. limiar m., soleira f. de porta (quadro D 2). 2. começo, princípio m. **the ~ of consciousness** o limiar da consciência. **don't cross my ~!** não entre na minha casa! **on the ~ of this year** no começo deste ano.

threw [θruː] v. imp. de to **throw.**

thrice [θrais] adj. três vezes ‖ adv. muito, extremamente. **~-favoured** muito favorecido.

thridacium [θrid'eiʃiəm] s. (Farmac.) tridácio m.

thrift [θrift], **thriftiness** [θr'iftinis] s. 1. frugalidade f., economia, parcimônia f. 2. (Bot.) cravo-de-paris m., erva-dos-sete-talos f.

thriftless [θr'iftlis] adj. gastador, pródigo. ‖ ~**ly** adv. de modo gastador.

thriftlessness [~nis] s. desperdício m.

thriftshop [θr'iftʃɔp] s. loja f. de artigos usados.

thrifty [θr'ifti] adj. 1. econômico, frugal. 2. próspero. 3. florescente, viçoso. ‖ **~-tily** adv. 1. economicamente. 2. prosperamente. 3. viçosamente.

thrill [θril] s. 1. vibração, palpitação f. 2. excitação, emoção, sensação f. 3. impressão f. ‖ v. 1. emocionar, excitar. 2. palpitar, impressionar-se, emocionar-se. 3. estremecer, vibrar, tremer. **~ of delight** excitação por alegria. **~ of dislike** aversão irresistível. **a ~ of horror shook her whole frame** ela tremeu duma sensação de horror. **to be ~ed by the play** (Teat.) ficar emocionado com a interpretação. **they ~ed to the actor** aclamaram o ator.

thriller [θr'ilə] s. 1. coisa impressionante ou emocionante f. 2. romance m. ou novela f. emocionante, romance criminal m.

thrilling [θr'iliŋ] adj. 1. emocionante, sensacional. 2. penetrante (voz). ‖ ~**ly** adv. 1. de modo emocionante. 2. penetrantemente.

thrive [θraiv] v. (imp. **throve, thrived;** p. p. **thriven, thrived**) medrar: 1. prosperar, ter sucesso. 2. florescer, vicejar.

thriving [θr'aiviŋ] adj. 1. próspero, afortunado. 2. florescente, vicejante. ‖ ~**ly** adv. prosperamente. **to be ~** ir bem, progredir. **a ~ town** uma cidade em progresso.

thro' [θruː] adj. + adv. = **through.**

throat [θrout] s. 1. garganta, goela f. (quadros C 7, H 9). 2. gargalo m. 3. esôfago m., traquéia f. 4. passagem estreita, entrada f. 5. (Arquit.) caveto m. 6. (Téc.) boca f. de fornalha (quadros B 13). ‖ v. acanalar, acanelar, canelar. **a ~ of a brass** uma voz metálica. **a paved ~** (gíria) uma garganta blindada (de beberrão). **to have a sore ~** estar com dor de garganta. **he cleared his ~** ele pigarreou. **to cut one another's ~** disputar violentamente. **to cut one's own ~** causar a própria ruína. **he lies in his ~** ele mente que pasma. **to thrush (take)** s. th. down

s. o.'s ~ fazer alguém engolir alguma coisa. **he took him at his ~, he took him by the ~** ele pegou-o pelo pescoço.

throated [θ'routid] adj. que tem garganta, acanalado. ~ **press** (Mec.) prensa de garganta (para peças grandes).

throatiness [θr'outinis] s. pronúncia gutural f.

throaty [θr'outi] adj. 1. gutural. 2. que tem garganta grande. 3. baixo, ressonante (voz). ‖ **—tily** adv. guturalmente.

throb [θrɔb] s. 1. batimento, pulso m. 2. pulsação, palpitação f. 3. emoção f. 4. vibração f., tremor m. ‖ v. 1. pulsar, bater. 2. palpitar. 3. vibrar, tremer. 4. latejar.

throe [θrou] s. 1. dor forte, cólica f. espasmo m. 2. (geralmente ~s pl.) dores f. pl. do parto. 3. agonia f. ‖ v. estar em agonia. **in the ~s** em dores do parto.

thrombin [θr'ɔmbin] s. (Med.) trombina f.: enzima que influi na coagulação do sangue.

thrombosis [θrɔmb'ousis] s. (Med.) trombose f.

thrombus [θr'ɔmbəs] s. (Pat.) trombo m.: coágulo sanguíneo.

thronal [θr'ounəl] adj. relativo ao trono.

throne [θroun] s. 1. trono m. 2. (fig.) poder m., autoridade real f. ‖ v. 1. entronizar, levar ao trono. 2. tronar. **to mount (ascend) the ~** subir ao trono.

throneless [θr'ounlis] adj. sem trono.

throng [θrɔŋ] s. multidão f., tropel m. ‖ v. 1. apertar, atropelar. 2. encher, invadir, juntar em quantidade, aglomerar. **to ~ upon** apertar, coagir.

throstle [θrɔsl] s. 1. (Orn.) tordo m. 2. máquina f. de fiação.

throttle [θrɔtl] s. 1. válvula f. de regulação, regulador m. de pressão. 2. alavanca f., pedal m. que aciona essa válvula. 3. garganta f. ‖ v. 1. estrangular, sufocar. 2. suprimir, impedir. 3. diminuir. ~ **valve** válvula de borboleta, válvula de regulação. **open the ~!** acelere! **full-~** toda a força. ~**-lever** acelerador. ~ **switch** (Eletr.) chave do afogador.

throttlehold [θr'ɔtlhould] s. = **stranglehold.**

throttling [θr'ɔtliŋ] s. 1. estrangulamento, asfixia m. 2. diminuição f.

through [θru:] (também **thro'** ou **thru**) adj. 1. direto, sem interrupção. 2. completo, terminado, até o fim. ‖ adv. 1. de uma parte a outra, de um extremo ao outro, de lado a lado. 2. completamente, totalmente. 3. do começo ao fim, diretamente. 4. satisfatoriamente, favoravelmente. ‖ prep. 1. de uma extremidade a outra, de lado a lado, através de, do princípio ao fim, de parte a parte. 2. dentro de, por. 3. devido a, por causa de. 4. por meio de, por intermédio de. 5. por, através, até o fim. **we must pass (go) ~ many dangers** temos de passar por muitos perigos. **you see ~ a brick wall** (fig.) você enxerga coisas que não existem. **to see ~ s. o.** perceber as intenções de alguém. ~ **fear** de medo. ~ **your help** por meio de seu auxílio, com seu auxílio. **to fall asleep ~ weakness** dormir de cansaço. **all ~ my life** durante toda minha vida. **Monday ~ Friday** de segunda a sexta-feira inclusivamente. ~ **and** ~ completamente. **please put me ~ to** por favor, ligue-me com. **you are ~!** a ligação está feita. **to be ~ with** (coloq.) estar pronto com, ter acabado com. **to carry ~** levar ao fim, realizar. **to fall ~** falhar, fracassar, ser reprovado. **to go ~ with** pôr em prática, realizar alguma coisa. **the whole night ~** durante a noite toda. **read the letter ~** leia a carta toda, até o fim. **the train goes ~** o trem é direto. ~ **car,**

~ **carriage** carro direto. ~ **passage** passagem direta. ~ **street** via principal. ~ **traffic** trânsito direto. ~ **train** trem expresso.

throughout [~'aut] prep. por tudo, em toda parte, do começo ao fim. ‖ adv. completamente, inteiramente, por toda parte. ~ **the country** em todo o país. ~ **the year** durante todo o ano.

throve [θrouv] v. imp. de **to thrive.**

throw [θrou] s. 1. lance, arremesso m. 2. distância f. a qual um objeto é atirado. 3. faixa f. de luz. 4. (Mec.) curso m. 5. (Mec.) comprimento m. do braço de um excêntrico ou virabrequim. 6. (Geol.) deslocamento m. ‖ v. (imp. **threw,** p. p. **thrown**). 1. atirar, arremessar, lançar, jogar. 2. derrubar, jogar ao chão. prostrar. 3. pôr, mandar, construir rapidamente. 4. virar, dirigir, mover (rapidamente). 5. virar, acionar (chave ou alavanca). 6. despejar (líquido), descarregar. 7. dar cria. 8. torcer, fiar (seda). 9. moldar, tornear no torno de oleiro. 10. jogar (dados). 11. (E. U. A.) perder propositadamente um jogo esportivo, deixar o adversário ganhar por dinheiro. **to ~ s. o. an apple** jogar uma maçã para alguém. **we threw a party** (E. U. A.) demos uma festa. **he threw stones at me** ele atirou pedras em mim. **to ~ remarks at s. o.** lançar observações contra alguém. **they threw their daughter at his head** empurraram sua filha para ele. **to ~ away** jogar fora, desprezar, desperdiçar. **it is ~n away on you** é desperdiçado para você. **an opportunity ~n away** uma oportunidade não aproveitada. **to ~ back** 1. repercutir, ressoar (som). 2. refletir (luz). **he was ~n back upon his own ability** ele dependeu de sua própria habilidade. **to ~ down** derrubar, tombar, jogar ao chão, demolir. **to ~ in** intercalar, lançar para dentro, juntar, adicionar. **to ~ in one's hand** desistir de um trabalho, etc. **with drinks ~n in** com as bebidas incluídas. **she threw in her lot with me** ela compartilhou minha sorte. **he threw this remark in my face (my teeth)** ele lançou-me em rosto esta observação. **he was ~n into prison** ele foi preso, foi para a cadeia. **to be ~n into rapture** ficar entusiasmado. **it was ~n into the bargain** foi dado de lambujem. **I threw my soul into this idea** dediquei-me completamente a esta idéia. **he hastily threw it into English** ele traduziu-o rapidamente para o inglês. **to ~ off** 1. lançar fora, despir-se, livrar-se (de preconceitos), desfazer-se de. 2. (Tipog.) tirar prova. **I could not ~ off my cold** não consegui livrar-me do meu resfriado. **he was ~n off the scent** ele foi desviado da pista. **to ~ on** lançar sobre (luz, sombra). **to ~ on the coat** vestir (rapidamente) a capa. **she threw herself on** ele atirou-se ao meu pescoço. **to ~ open** abrir (porta), inaugurar. **to ~ out** 1. expulsar, mandar embora, demitir. 2. enviar (tropas) colocar (guardas). **I was ~n out by the noise** fiquei perturbado com o barulho. **he is ~n out in** ele se engana em. **soldiers threw a bridge over the river** soldados lançaram uma ponte sobre o rio. **we threw the plan over** abandonamos o plano. **she threw her friend overboard** (fig.) ela abandonou seu amigo. **we shall ~ a veil over that** encobriremos isto. **she threw kisses to me** ela atirou beijos para mim. **we were much ~n together** encontramo-nos freqüentemente. **to ~ up** jogar para cima, elevar, erigir, levantar. **he threw up his hands** ele levantou as mãos. **to ~ up the game** renunciar ao jogo. **to ~ up the sponge** (E. U. A.) desistir da corrida. **to be ~n upon o. s.** depender de si mesmo. **to ~ about** (Náut.) mudar de curso repentinamente. **"are you sure of it?" he threw in** "está seguro disto?" interpôs ele. **to ~ in for** (Esp.) candidatar-se para. **to ~ off** começar a caça (cães), começar. **to ~ up** vomitar.

throwaway [θr'ouəwei] s. volante m. para distribuição (propaganda).

throwback [θr'oubæk] s. 1. regresso m., regressão f. 2. reversão f. ao passado, revés m. 3. exemplo de atavismo.

thrower [θr'ouə] s. 1. o que lança, que atira. 2. moldador (de louça) m. 3. fiador m. de seda.

throwing [θr'ouiŋ] s. 1. ato de lançar, lançamento, arremesso m. 2. ato de moldar cerâmica.
~ the javelin arremesso de dardo.

thrown [θroun] adj. 1. fiado, torcido (seda). 2. p. p. de **to throw.**

throw-off s. partida (para uma corrida) f.
~ practice exercício de tiro com artilharia naval.

throw-out s. o que foi eliminado, refugo m.

throw-over s. 1. derrota, destruição f. 2. capote m., manta f.

throwster [θr'oustə] s. torcedor m. de seda.

thru [θru:] = **through.**
~ train (E. U. A.) trem expresso.

thrum [θrʌm] s. 1. (geralmente **~s** pl.) liço m., franja f., cadilhos m. pl. 2. fio grosso (de lã) m. 3. fragmento, pedaço m. 4. som m. provocado arranhando um instrumento de corda ou tamborilando com os dedos. ‖ v. 1. franjar, guarnecer com franjas. 2. tocar mal um instrumento, arranhar, zangarrear (um instrumento de corda). 3. dedilhar, tamborilar com os dedos.

thrush [θrʌʃ] s. 1. (Orn.) tordo m. 2. afta f., estomatite, infecção f. da boca.

thrust [θrʌst] s. 1. empurrão, impulso, ímpeto m. 2. facada f., golpe m. 3. ataque m., arremetida f. 4. (Mec.) propulsão f., impulso m., pressão (longitudinal) f. ‖ v. imp. + p. p. **thrust.** 1. empurrar, impelir. 2. enfiar a faca, furar. 3. forçar, apertar.
cut and ~ ação de cortar e espetar. **home-~** golpe certeiro. **to ~ o. s. in** intrometer-se em. **to be ~ forward** ser empurrado para frente. **to ~ in one's hands** meter-se em. **don't ~ your nose into my things** não se meta em meus negócios. **to ~ out** pôr para fora, estender. **he was ~ through** ele foi atravessado (com arma branca). **they ~ the task upon him** empurraram a tarefa para ele. **~ bearing** (Mec.) mancal de pressão.

thruster [θr'ʌstə] s. 1. intrometido m. 2. caçador m. montado arrojado.

thruway [θr'u:wei] s. (E. U. A.) auto-estrada f.

thud [θʌd] s. pancada surda f., golpe, baque m. ‖ v. bater com som surdo, estrondear.

thug [θʌg] s. 1. rufião, matador, assassino m. 2. membro m. de uma antiga organização religiosa hindu de ladrões e assassinos.

thuggee [θ'ʌgi], **thuggery** [θ'ʌgəri], **thuggism** [θ'ʌgizm] s. atos praticados pelos **thugs.**

thulium [θ'ʌliəm] s. (Quím.) túlio m.: metal, elemento químico.

thumb [θʌm] s. polegar m. (quadros G 2, H 10) ‖ v. 1. sujar, amassar. 2. manusear (com o polegar). 3. folhear (livro).
~s up! (coloq.) viva! (exclamação de satisfação). **my fingers are all ~s** meus dedos são desajeitados. **under the ~** sob o domínio ou a influência de. **to travel on the ~** viajar de carona. **rule of ~** método simples e prático. **~-latch** tranqueta de alavanca. **~-mark** mancha de polegar (em papel). **~-nut** porca de borboleta. **~-print** impressão digital do polegar. **~-screw** 1. parafuso de orelhas. 2. ins-

trumento de tortura para apertar os polegares. **~-stall** dedeira. **~ tack** tacha, percevejo.

thumbed [θʌmd] adj. muito manuseado, com manchas de polegar.
well ~ books livros muito usados.

thumb index s. índice alfabético m. com as letras visíveis na borda da página.

thumb-index v. colocar **thumb index.**

thumbkins [θ'ʌmkins] s. pl. instrumento m. de tortura para apertar os polegares.

thumbless [θ'ʌmlis] adj. sem polegares, desajeitado.

thumbnail [θ'ʌmneil] s. 1. unha f. do polegar 2. coisa f. muito curta ou pequena. ‖ adj. muito curto ou pequeno.
~ sketch descrição curta e vívida.

thumby [θ'ʌmi] adj. 1. muito manuseado. 2. desajeitado.

thump [θʌmp] s. 1. baque, golpe surdo m., pancada f. 2. som surdo m. ‖ v. 1. golpear, bater. 2. espancar. 3. bater contra, chocar-se com. 4. bater violentamente (coração).

thumper [θ'ʌmpə] s. 1. o que bate, espancador m. 2. (gíria) coisa grande, excelente. 3. mentira forte f.

thumping [θ'ʌmpiŋ] adj. imenso, colossal, enorme.
a ~ great car um carro formidável.

thunder [θ'ʌndə] s. 1. trovão m. 2. estrondo m. 3. barulho, alarido m. ‖ v. 1. trovejar. 2. estrondear, ribombar, ressoar. 3. vozear, ameaçar gritando.
~! raio! diabo! ~s 1. raio. 2. (fig.) descompostura. **~s of applause** aplauso estrondoso. **the ~s of the Church** excomunhão. **clap of ~, crack of ~, peal of ~** trovão, ribombo. **~-cloud** (quadro C 14) nuvem que traz trovoada. **~-shower** temporal. **~-storm** tempestade, temporal. **~-struck** 1. fulminado. 2. (fig.) atordoado, assombroso. **to ~ forth, to ~ out** vociferar, gritar. **the ship ~ed out a salute** o navio disparou uma salva.

thunderbolt [~boult] s. 1. raio m. junto com trovão m. 2. (Geol.) pedra-de-raio f., aerólito m. 3. (fig.) acontecimento inesperado m.

thunderer [~rə] s. o que faz trovejar.

thundering [~riŋ] adj. 1. fulminante, trovejante, atroador. 2. tremendo, formidável, excelente. 3. imenso, enorme. ‖ **~ly** adv. tremendamente.
a ~ noise um barulho atordoador. **a ~ nuisance** uma praga tremenda, uma travessura incrível. **to be ~ glad** estar muito contente. **a ~ good thing** uma coisa excelente.

thunderous [~rəs] adj. 1. atroador, trovejante. 2. (fig.) violento, aniquilador. ‖ **~ly** adv. violentamente, atroadoramente.

thunderstone [~stoun] s. = **thunderbolt** 2.

thunderstorm [~stɔ:m] s. temporal m.

thunderstruck [~strʌk], **thunderstricken** [~trikn] adj. 1. fulminado. 2. (fig.) atordoado, assombrado.

thundery [~ri] adj. tempestuoso, abafado, carregado.

thurible [θj'uəribl] s. turíbulo, incensório m.

thurifer [θj'uərifə] s. turiferário m.

thuriferous [θjuər'ifərəs] adj. turífero.

thurification [θjuərifik'eiʃən] s. turificação f.

Thursday [θ'ə:zdi] s. quinta-feira f.
Holy ~ quinta-feira santa. **~ morning** a manhã de quinta-feira. **on ~** na quinta-feira. **on ~(s)** às quintas-feiras.

thus [ðʌs] adv. 1. deste modo, desta maneira, assim, da seguinte maneira. 2. de acordo, conseqüentemente, portanto, neste caso. 3. tanto, até.
~ it is é assim. **~, and ~ only, it can be written** só assim é que isso pode ser escrito. **it ~ becomes clear that** desta maneira se torna evidente que.

thwack [θwæk] s. paulada, pancada f., golpe m. ‖ v. espancar, bater pesadamente em.

thwart [θwɔ:t] s. banco m. de remador, bancada f. de escaler (quadro B 14). ‖ v. opor-se, contrariar, atravessar, impedir. ‖ adj. atravessado. ‖ adv. transversalmente. ‖ prep. através de, transversalmente à.

thwarter [θw'ɔ:tə] s. 1. opositor m. 2. obstáculo m.

thwartingly [θw'ɔ:tiŋli] adv. 1. de modo atravessado. 2. contrariamente.

thwartship [θw'ɔ:tʃip] (Naut.) adj. transversal. ‖ adv. transversalmente, através.

thy (†) [ðai] adj. poss. (também **thine**) teu, tua, teus, tuas.

thyme [taim] s. (Bot.) tomilho, timo m.

thymic [t'aimik] adj. (Bot.) 1. relativo ao tomilho. 2. derivado do tomilho.

thymol [θ'aimɔl] s. (Quím.) timol m.

thymus [θ'aiməs] s. (Anat.) timo m.: glândula vascular.

thyroid [θ'airɔid] s. tireóide f.: glândula de secreção interna. 2. medicamento obtido dessa glândula. ‖ adj. tireóide.
~ **cartilage** cartilagem da tireóide, pomo-de-adão. ~ **gland** tireóide.

thyrsus [θ'ə:səs] s. pl. **thyrsi** [–sai] 1. (Bot.) tirso m. 2. tirso m.: insígnia de Baco.

thyself [ðais'elf] pron. tu mesmo, a ti mesmo.

tiara [ti'a:rə, tai'ɛərə] s. 1. tiara f. 2. mitra f. do pontífice. 3. dignidade pontifícia f. 4. turbante m. usado antigamente pelos reis persas.

Tibetan [tib'etən] (também **Thibetan**) s. tibetano m.: habitante do Tibete. ‖ adj. tibetano.

tibia [t'ibiə] s. pl. **tibiae** [-bii:], **tibias** [-s] (Anat.) tíbia f.: canela da perna.

tibial [~l] adj. tibial.

tic [tik] s. (Pat.) tique m.

tick [tik] s. 1. tique-tique m. 2. (gíria) momento, instante m. 3. sinal m. em forma de V (para conferir uma lista). 4. carrapato m. 5. riscado m,. pano m. para colchão. 6. (coloq.) crédito m. ‖ 1. fazer tique-tique. 2. conferir, marcar com V. 3. (coloq.) vender fiado, comprar fiado.
on ~ (coloq.) a crédito, fiado. **to the** ~, **on the** ~ pontual, em cima da hora. **to** ~ **out** transmitir (notícia) por telégrafo. **to** ~ **off** 1. assinalar, marcar (um item). 2 (gíria) dar uma ensaboadela.

ticker [t'ikə] s. 1. (Telegr.) registrador m. de cotações, etc. 2. (gíria) relógio, coração m.

ticker tape s. tira f. de papel (em bobina) que recebe os dados do registrador.

ticker-tape parade s. parada f. com chuva de papel picado.

ticket [t'ikit] s. 1. bilhete, ingresso m. 2. (E. U. A.) intimação f. por transgressão do regulamento do trânsito. 3. etiqueta f., letreiro, rótulo m. 4. (E. U. A.) lista f. de candidatos políticos. 5. (gíria Av.) brevê m. de piloto. 6. (gíria) cartão m. de visitas. 7. (gíria milit.) baixa f. 8. (gíria Náut.) patente f. de capitão de navio mercante. ‖ v. etiquetar.
he got his ~ (gíria milit.) ele deu baixa. **to issue** ~s vender passagens. **to take a** ~ comprar uma passagem. **that's just the** ~ (gíria) isto é certo, o verdadeiro. ~**-clerk** bilheteiro, vendedor de bilhetes. ~**-collector** condutor. ~**-holder** o que tem passagem. ~**-inspector** (quadro S 13) fiscal de passagens. ~**-office** (quadro S 13) bilheteria. ~**-day** (Com.) dia de fechar contas. ~**-of-leave** certificado de soltura (de prisioneiros). **to be on** ~**-of-leave** estar sob vigilância policial. ~**-window** guichê, bilheteria.

ticking [t'ikiŋ] s. tecido forte m. de algodão ou linho para colchões, lona f., riscado m.

tickle [tikl] s. titilação, cócega, coceira f. ‖ v. 1. titilar, fazer cócegas. 2. coçar, causar coceira. 3. divertir, agradar, deliciar, excitar de modo agradável.
to be greatly ~**d by the story** divertir-se muito com a história. **to be** ~**d to death** morrer de rir.

tickler [t'iklə] s. 1. (gíria) pergunta difícil. 2. (gíria) granada f. de mão. 3. (Téc.) bóia f. do carburador.

tickler coil s. (Rádio) bobina de reação f.

ticklish [t'ikliʃ] adj. 1. coceguento, sensível a cócegas. 2. delicado, melindroso. 3. crítico, instável. 4. que vira facilmente. ‖ ~**ly** adv. 1. sensivelmente, delicadamente, melindrosamente. 2. instavelmente.

ticklishness [~nis] s. 1. sensibilidade, delicadeza f. 2. instabilidade f.

tick-tack [t'iktæk] s. tique-taque m.

tidal [taidl] adj. relativo à maré.
~ **basin** dique que se enche e esvazia com a maré. ~ **rivers** rios nos quais penetra a maré.

tidal wave s. 1. onda de maré f. 2. movimento m., tendência f. de grande impacto.

tidbit [t'idbit] s. (E. U. A.) = **titbit**.

tiddly, tiddley [t'idli] adj. (Ingl.) levemente embriagado.

tiddlywinks [~wiŋks] s. jogo m. em que se fazem pular pequenas fichas dentro de um vaso.

tide [taid] s. 1. maré f. 2. corrente f., fluxo m. 3. tendência f., curso m., coisa f. que muda facilmente. 4. tempo m., época f. ‖ v. navegar com a maré.
full ~ (fig.) abundância, bonança. **high** ~ maré cheia, preamar. **ebb** ~ vazante. **flood** ~ maré de enchente. **low** ~ baixa-mar. **spring** ~ maré de água-viva, maré dos equinócios. **Yule—** época de Natal. **the** ~ **is coming in** a maré sobe. **the** ~ **is going out** a maré vaza. **the** ~ **is down** é maré baixa. **the** ~ **is up** é preamar. **the** ~ **turns** (fig.) a sorte muda. ~ **gate** comporta. ~**-gauge** mareógrafo, mareômetro. ~**-lock** comporta de dique. ~**-table** tábua de marés. ~**-waiter**, ~**sman** autoridade do porto, da alfândega. ~**-way** canal ou parte do rio por onde entra a maré. **to** ~ **over** vencer, sobrepujar.

tideland [t'aidlænd] s. terra f. coberta pela preamar.

tideless [t'aidlis] adj. sem maré.

tidewater [t'aidwɔ:tə] s. água de preamar f.

tidiness [t'aidinis] s. 1. asseio m. 2. meticulosidade f.

tidings [t'aidiŋz] s. pl. novidades, informações, notícias f. pl.
glad ~ **of** boas notícias de (sobre).

tidy [t'aidi] s. 1. coberta f., proteção de pano para móveis. 2. sacola f. para aprestos de costura. ‖ v. arrumar, pôr em ordem, assear, limpar. ‖ adj. 1. asseado, limpo, em ordem, arrumado. 2. meticuloso. 3. (coloq.) considerável, elevado. ‖ adv. asseadamente, em ordem, limpamente.
a ~ **sum** uma soma elevada.

tie [tai] s. 1. laço m.: a) laçada. b) vínculo m. 2. nó m. 3. gravata f. 4. ligadura f.: a) corda, corrente (quadro S 9), cinta etc. b) (Mús.) sinal que une duas notas. 5. tirante m. 6. (E. U. A.) dormente m. 7. empate m., igualdade (de votos) f. 8. jogo empatado m., luta esportiva empatada f. ‖ v. 1. ligar, amarrar, atar. 2. (Arquit.) ancorar. 3. fixar, juntar. 4. dar nó, dar laço. 5. limitar, restringir. 6. confinar, reter. 7. contratar. 8. empatar.
~**s of friendship** laços de amizade. **this work is a great** ~ este trabalho é um grande sacrifício. ~**-beam** (Arquit.) viga de amarração. ~**-bolt** (Arquit.) pino de ancoragem. **movie** ~**-in** filme baseado num "bestseller". ~**-piece** (Arquit.) flecha. ~**-plate** chapa de ancoragem. ~**-rod** tirante. ~**-up**

1. laço. 2. ligação, relação. 3. greve. 4. paralisação (do trânsito, do trabalho, das atividades).
our hands were ~d (fig.) estávamos de mãos
atadas. **we are ~d to time** estamos presos ao
fator tempo. **to ~ down** 1. amarrar, prender. 2.
submeter. **~d down by much work** muito ocupado pelo trabalho. **to ~ in a bow** fazer um laço.
to ~ o. s. to ligar-se a, comprometer-se com.
I ~d up my shoe amarrei meu sapato. **~ up the
parcel** amarre o pacote. **to ~ up the horse to
a pole** amarrar o cavalo a um poste. **this sum is
~d up** esta soma é reservada, destinada. **to
~ with** 1. estar em igualdade com. 2. (Esp.) empatar com. **to ~ up with** ligar-se a, juntar-se com.
tie line s. 1. linha telefônica f. direta em sistema
PBX. 2. (Eletr.) linha de conexão f.
tier [tiə] s. 1. fila, fileira, série f. 2. camada f. 3.
bancada f., renque m. ‖ v. 1. arranjar em filas,
em séries, enfileirar. 2. empilhar.
in ~s em fileiras, em camadas.
tierce [tiəs] s. 1. pipa f. de 42 galões. 2. (baralho)
terno m. 3. (Esgrima) terceira posição f. 4. (Mús.)
terça f.
tiercel [t'iəsəl] s. falcão macho m.
tiff [tif] s. 1. discórdia f., arrufo m. 2. gole, trago
m. ‖ v. 1. arrufar-se. 2. beber, tomar um gole.
tiffany [t'ifəni] s. gaze sedosa m.
~ glass vidro iridescente, artístico. **~ setting** incrustação de jóias.
tiffin [t'ifin] (anglo-hindu) s. lanche m.
tiger [t'aigə] s. 1. tigre m. 2. (fig.) pessoa f. muito
dinâmica, enérgica, laboriosa.
American ~ jaguar, onça. **to buck the ~** (E. U. A.)
jogar contra a banca. **three cheers and a ~** três
vivas e uma salva.
tiger cat s. gato selvagem m.
tigerish [t'aigəriʃ] adj. 1. como tigre, tigrino. 2.
feroz, sanguinário.
tiger-lily s. lírio m.
tiger-moth s. mariposa lepidóptera f. do gênero
Arctia e outras.
tiger's-eye s. pedra semipreciosa f. de cor marrom.
tight [tait] adj. 1. firme, compacto, comprimido. 2.
esticado, teso. 3. justo, apertado. 4. cerrado,
fechado, estanque, impermeável. 5. raro. 6. equilibrado. 7. (gíria) bêbado. 8. (E. U. A.) sovina,
avarento. ‖ adv. firmemente. ‖ **~ly** adv. 1. justamente. 2. firmemente. 3. rijamente. 4. hermeticamente.
~-fisted parcimonioso, mesquinho. **~ as a drum, ~
as an owl** completamente embriagado, bêbado.
air-~ hermeticamente fechado. **water-~** impermeável à água. **a ~ lass** (E. U. A.) uma moça vistosa. **to
be in a ~ corner** (gíria) estar apertado, estar em
situação difícil. **it was a ~ fit** foi por pouco, foi
por um fio. **hold ~!** agarre firme! **~s** 1. calça
estreita. 2. maiô de artista. **~-fitting** justo, apertado. **~-laced** 1. bem amarrado. 2. (fig.) mesquinho.
~knit bem organizado, integrado.
tighten [t'aitn] v. 1. estreitar(-se), contrair(-se) 2.
esticar(-se), entesar(-se). 3. endurecer(-se).
to ~ on agarrar, apertar.
tightener [~ə] s. (Mec.) rolete esticador m.
tightening [~iŋ] s. ação de esticar, de apertar.
tight-lipped adj. de poucas palavras, taciturno.
tightness [t'aitnis] s. 1. tensão, rijeza f. 2. impermeabilidade, hermeticidade f. 3. parcimônia f.
tightrope [t'aitroup] s. corda bamba f. (em circo).
~-dancer funâmbulo, volantim.
tightwad [t'aitwɔd] s. (E. U. A., gíria) pão-duro m.
tigress [t'aigris] s. tigre (fêmea).
tigrine [t'aigrin] adj. tigrino.

tike, tyke [taik] s. (Ingl.) cachorro, vira-lata m. 2.
homem rústico, alarve m.
Yorkshire ~ sujeito de **Yorkshire.**
tilbury [t'ilbəri] s. carro aberto m. de duas rodas,
tílburi.
tilde [tild] s. til m.: sinal gráfico (~).
tile [tail] s. 1. telha f. 2. cerâmica f. 3. azulejo m. 4.
ladrilho m. 5. manilha f. 6. (gíria) cartola f. ‖ v.
1. telhar. 2. colocar azulejos. 3. ladrilhar.
to have a ~ loose (gíria) não regular bem da
cabeça. **he is again out on the ~s** (gíria) ele bebe
novamente. **~ burner, ~ maker** oleiro. **~ drain**
dreno de manilhas. **~ floor** piso de ladrilhos.
~ kiln forno de olaria. **~ lath** ripa de telhado.
~ roof, ~d roof telhado. **~-works** olaria, fábrica
de telhas.
tiler [t'ailə] s. 1. oleiro m. 2. telhador m.
tilery [t'ailəri] s. olaria f.
tiliaceous [tili'eiʃəs] adj. tiliáceo.
tiling [t'ailiŋ] s. 1. telhas f. pl. 2. colocação de telhas
ou ladrilhos. 3. telhado m. 4. ladrilhos m. pl.
till (I) [til] s. gaveta f. de caixa registradora ou de
balcão.
till (II) [til] s. argila f. depositada por geleiras.
till (III) [til] v. cultivar (terra), arar, lavrar.
till (IV) [til] prep. até. ‖ conj. até que.
~ this day até o dia de hoje. **faithful ~ death** leal
até a morte. **~ due** até o vencimento. **they did not
come ~ Sunday** não chegaram antes de domingo.
~ now até agora. **~ then** até depois, até lá. **we
played ~ it was evening** jogamos até que chegou
a noite.
tillable [t'iləbl] adj. cultivável, lavradio, arável.
tillage [t'iliɖʒ] s. 1. lavoura, agricultura, cultura f.
2. terra cultivada f.
tiller [t'ilə] s. 1. agricultor, lavrador m. 2. (Náut.)
cana f. do leme (quadro S 2). 3. broto, grelo,
rebento. m. ‖ v. brotar, lançar rebentos.
~ rope (Náut.) gualdrope.
tilt [tilt] s. (Náut.) 1. toldo m., lona, coberta f. de lona (de
carro). 2. declive m., inclinação, ladeira f. 3. luta
f. de lanças entre cavaleiros. 4. contenda, disputa
f. 5. torneio m. 6. martelete m. ‖ v. 1. cobrir com
lona ou encerado. 2. inclinar, pender, balançar,
enviesar. 3. justar, lutar, brigar. 4. enristar. 5. fazer
torneio. 6. assaltar. 7. martelar.
~ cover capota de automóvel (conversível). **at a
~** em posição inclinada. **on the ~** inclinado, prestes
a tombar. **to run full ~ at, to run full ~ against**
1. abalroar com toda força. 2. (fig.) lutar contra.
to ~ over tombar. **to ~ up** inclinar, virar.
tilt cart s. carrinho m. de tombar, carro basculante m.
tilter [t'iltə] s. 1. justador m. 2. malhador, forjador m.
tilth [tilθ] s. 1. agricultura, lavoura f. 2. terra cultivada f.
tilt hammer s. (Mec.) martelete m.
tilting [t'iltiŋ] adj. 1. relativo ao torneio. 2. (Mec.)
basculante.
tiltings [~z] s. borra f., fundo, resto (dentro do
barril) m.
tilt-yard s. arena f., lugar onde se torneia.
timbal, tymbal [t'imbəl] s. atabale, timbale m.
timbale [tæmb'a:l, t'imbəl] s. (Culin.) s. prato de
carne moída, peixe, verdura, etc. feito com molho.
timber [t'imbə] s. 1. madeira f. de construção,
madeira f. de lei. 2. tora, viga f., madeiramento
m. 3. (Náut.) costado m. de navio. 4. (E. U. A.)
árvores f. pl., floresta f. 5. (gíria de caçador) cercas f. pl., obstáculos m. pl. ‖ v. forrar com madeira,
apoiar ou reforçar com madeira.
tall ~ as grandes florestas do Oeste dos E. U. A.

~—framed com madeiramento à vista. **~—lined shed** barracão de madeira. **~-toes** (gíria) o perna-de--pau, desajeitado. **~ trade** mercado de madeira de construção. **~-work** construção de madeira. **~-yard** estaleiro. **~ bridge** ponte de madeira.

timbered [~d] adj. 1. feito de madeira, revestido com madeira. 2. arborizado.

his brain is ill-~ (gíria) ele não regula bem.

timbering [~riŋ] s. madeiramento, vigamento m.

timberland [t'imbəlænd] s. área florestal f. que produz madeira de construção e de lei.

timber line s. limite m. para a ocorrência de florestas em: a) montanhas (altitude), b) região polar.

timber wolf s. lobo cinzento dos E. U. A.

timbre [t'imbə] s. (Acúst., Fon., Mús.) timbre m.

timbrel [t'imbrəl] s. (Mús.) tamborim, pandeiro m.

time [taim] s. 1. tempo m. 2. espaço m. de tempo, época f., período m. 3. hora, ocasião f., momento m. 4. prazo m. 5. vez f. 6. (gíria) tempo m. de prisão. 7. tempos m. pl., condições f. pl. de vida. 8. (Mús.) tempo, compasso, ritmo m. 9. tempo m. de trabalho. 10 remuneração f. por certo tempo de trabalho. 11. folga, hora vaga f. 12. **~s** pl. vezes, multiplicado por, X. ‖v. 1. medir, determinar o tempo, cronometrar. 2. acompanhar, seguir o tempo ou o ritmo. 3. escolher o momento ou a ocasião. ‖ adj. 1. relativo ao tempo. 2. a prazo. **apparent ~** tempo solar. **dinner—~** hora de refeição. **at such ~s** nestas ocasiões. **three ~s better** três vezes melhor. **quick ~** 1. marcha rápida. 2. (Esp.) o melhor tempo. **~s tempos. the Times** o jornal Times. **three ~s three is nine, three ~s three are nine** três vezes três são nove. **~ and eternity** tempo e eternidade. **~ and space** tempo e espaço. **Eastern, Central, Mountain, Pacific ~** hora local nos E. U. A. nas diversas regiões com uma hora de diferença entre cada uma. **mean ~** tempo médio, hora média. **sideral ~** tempo sideral. **the ~ of the action is in the 9th century** (Teat.) a ação se passa no século IX. **~ out of mind, ~ immemorial** tempo imemorável. **the ~ of day** a hora do dia. **the ~ of delivery** o prazo de entrega. **the ~ of flight** o tempo de vôo. **my ~ of life** meu tempo de vida. **the ~ of operation** o tempo de funcionamento. **a ~ of trouble** tempo ruim. **all that ~** 1. o tempo todo. 2. (E. U. A.) antes de tudo. **bad ~s** tempos desfavoráveis. **broken ~** (Com.) perda de tempo. **close ~** época vedada à caça. **each ~, every ~** cada vez. **~ enough** tempo suficiente. **~ enough he were here** alta hora para ele estar aqui. **for the first ~** pela primeira vez. **we made good ~** viajamos depressa. **we had a good (jolly) ~** passamos uma temporada agradável (alegre). **have a good ~!** bom divertimento! **he takes his good old ~** ele toma seu tempo. **high ~** na hora. **this long ~** há muito tempo. **he was a long ~ in doing it, in coming** ele demorou para fazer isto, para vir. **a long ~ since** desde muito tempo. **many a ~** várias vezes. **many ~s** muitas vezes. **many were the ~s that** muitas vezes que. **in the mean~** no entretempo. **we had too much ~ on our hands** não tivemos nada que fazer. **~ past, present and to come** tempo passado, presente e futuro. **at the present ~** no momento. **in its proper ~** em seu tempo. **the right ~** a hora exata. **can you tell me the right ~?** pode dizer-me que horas são? **a short ~** pouco tempo. **solar ~** tempo solar, tempo verdadeiro. **some ~ about nine** mais ou menos às nove horas. **some ~ longer** mais algum tempo. **it is bound to be some ~ before** passará algum tempo até. **standard ~** hora local. **these ~s**

of ours estes nossos tempos. **this ~ last year** ano passado nesta época. **this ~ next week** daqui a oito dias. **this ~ two weeks** daqui a quinze dias. **this ~ twelve months** daqui a um ano. **what ~?** quando? **to beat the ~** (Mús.) marcar compasso. **he bided his ~** ele esperou sua oportunidade. **he called ~** (Esp.) ele deu o sinal. **the ~ has come, the ~ is come** chegou a hora. **he did (his) ~** (gíria) ele passou seu tempo na cadeia. **to gain ~** adiantar (relógio). **to lose ~** atrasar (relógio). **as ~s go** como são os tempos atualmente. **I have had my ~** aproveitei minha vida. **I had the ~ of my life** passei um tempo formidável, diverti-me muito. **what ~ is it? what's the ~?** que horas são? **this is no ~ for joking** agora não é hora para brincadeiras. **it is ~ you were going** está na hora de você ir. **there is a ~ for everything** tudo em seu tempo. **to keep (good) ~** acompanhar o passo, acompanhar o ritmo, andar certo (relógio). **to kill ~** matar tempo. **to mark ~** marcar passo. **to pass the ~ of day** cumprimentar, dizer bom-dia. **I'm pressed for ~** estou com pressa. **he has served his ~** ele fez seus anos de serviço. **~ will show** o tempo mostrará. **take your ~** não tenha pressa. **to take ~ by the forelock** aproveitar a oportunidade. **tell me the ~ please** por favor, diga-me que horas são. **can he tell the ~** ele já conhece o relógio? **watch the (your) ~** não perca a hora! não perca a oportunidade! **~ after ~, ~ and again** repetidas vezes, freqüentemente. **to work against ~** trabalhar com tempo marcado, apressar-se. **at a ~ de uma vez. at ~s** às vezes. **at all ~s** sempre. **at another ~** outra vez, em outra ocasião. **at any ~** em qualquer tempo, a qualquer hora. **at no ~** nunca. **at one ~** antes, antigamente. **at the same ~** 1. ao mesmo tempo. 2. apesar de, de outro lado. 3. também. **at some ~ or other** qualquer dia (ou hora). **at that ~** aquela vez. **at that (this) ~ of day** naquele tempo, (hoje em dia), após tudo que aconteceu. **at my ~ of life** na minha idade. **before one's ~** cedo demais. **behind ~** atrasado. **behind the ~s** atrasado, fora de moda, antiquado. **between ~s** no meio-tempo. **by that ~** 1. até lá. 2. enquanto, nesse meio tempo. **by the ~** até lá. **by this ~** agora. **by the length of ~** com o tempo, por mais tempo, durante certo tempo. **for a long ~ past** muito tempo atrás. **for that ~** para aquele tempo. **for the ~ (being)** para o momento, por enquanto, sob as atuais circunstâncias. **for this ~** desta vez, para esta vez. **from ~ to ~** de tempos em tempos. **from ~ immemorial** desde tempos remotos. **in ~** (E. U. A. **on ~**) em tempo, com o tempo, a tempo, felizmente. **just in ~** ainda em tempo **in ~ to come** futuramente. **in due ~** pontual. **in good ~** em tempo, na hora. **all in good ~** tudo em seu tempo. **in your own good ~** à hora que lhe convém. **in no ~** num instante. **in ~s of old, in olden ~s** em velhos tempos, passados. **she was near her ~** a sua hora estava chegando. **in the nick of ~** no último momento. **work of ~** trabalho que toma tempo. **now of all ~s** justamente agora. **~ out** (E. U. A.) tempo livre, intervalo. **out of ~** 1. fora de tempo. 2. (Mús.) fora do ritmo. **she is out of ~** ela é atrasada. **~ out of memory (mind)** desde tempos remotos. **~s out of number** inúmeras vezes. **till such ~ as** tanto tempo como. **(up) to ~** pontual. **up to this ~** até agora. **up to that ~** até então, até lá. **(the) ~ is up** o tempo passou. **once upon a ~** antigamente, era uma vez. **he had ~d his coming well** ele escolheu bem a hora da sua chegada. **the plane is ~d to take off at 12,30** o avião deve levantar vôo às 12,30.

time bargain s. negócio m. a prazo.

timecard [~ka:d] s. cartão m. de ponto.

timechart [~tʃa:t] s. (Mec.) diagrama m. do tempo de trabalho.

time clock s. relógio m. de ponto.

time-consuming adj. demorado, moroso.

timed [taimd] adj. com tempo determinado.
well-~ em tempo, a tempo. ill-~ fora de hora.

time discount s. (Com.) desconto para pagamento antes do prazo m.

time exposure s. (Fot.) pose f.

timeful [t'aimful] adj. em tempo, oportuno.

time fuse s. (milit.) espoleta f. de tempo.

time-honoured adj. de idade venerável.

timekeeper [t'aimki:pə] s. 1. (Esp.) cronometrista m. + f. 2. apontador m. 3. (Mús.) metrônomo m. 4. relógio, cronômetro m.

time-lag s. retardamento, intervalo m.

time-lens s. (Cinema) câmara lenta f.

timeless [t'aimlis] adj. 1. eterno, infinito. 2. intempestivo, inoportuno. ‖ ~ly adv. 1. eternamente. 2. intempestivamente.

time limit s. prazo m.

timeliness [t'aimlinis] s. oportunidade f.

time loan s. (Com.) empréstimo a prazo m.

timely [t'aimli] adj. 1. em tempo, oportuno, conveniente. 2. adequado.

timeous [t'aiməs] adj. (esc.) cedo, em tempo, oportuno, ‖ ~ly adv. oportunamente.

timepiece [t'aimpi:s] s. cronômetro, relógio m.

timer [t'aimə] s. 1. (Esp.) cronometrista m. 2. regulador m. de tempo (de ignição). 3. cronômetro m.

time-saving adj. que economiza tempo.

timeserver [t'aimsə:və] s. oportunista m. + f.

time-serving adj. servil, oportunista.

time signal s. (rádio) sinal m. de intervalo.

time study, motion time s. análise f. de tempo.

timetable [t'aimteibl] s. horário m. (quadro S 13).

timework [t'aimwə:k] s. trabalho m. por hora.

timeworn [t'aimwɔ:n] adj. gasto pelo tempo.

time zone s. zona f. de hora local.

timid [t'imid] adj. 1. tímido, temeroso, acanhado. 2. medroso. ‖ ~ly adv. timidamente.

timidity [tim'iditi], timidness [t'imidnis] s. timidez f.

timing [t'aimiŋ] s. regulação f. de temp₁ de velocidade, de ritmo (quadro S 5).

timist [t'aimist] s. o que marca compasso.
a good ~ músico que observa bem o compasso.

timocracy [taim'ɔkrəsi] s. timocracia f.

timocratic [taimokr'ætik] adj. timocrático.

timorous [t'imərəs] adj. timorato, medroso, tímido. ‖ ~ly adv. timidamente.

timorousness [~ nis] s. timidez f., medo, temor m.

timothy [t'iməθi] s. (Bot.) capim-rabo-de-rato, capim-de-manada, capim-de-rebanho (Phleum pratense) m.

timpano [t'impənou] s. pl. timpani [-ni] (Mús.) tímpano, timbale m.

tin [tin] s. 1. estanho m. 2. folha-de-flandres, chapa f. de ferro estanhada. 3. lata, lata f. de conservas. 4. (gíria) cobres m. pl., arame m., gaita f. ‖ v. 1. estanhar. 2. enlatar. ‖ adj. feito de estanho.
~ god ricaço, medalhão. ~ hat (gíria) capacete de aço. ~ned meat carne em conserva. ~ Lizzie (gíria) automóvel barato, lata.

tincal, tinkal [t'iŋkəl] s. (Miner.) tincal m.

tin can s. lata f.

tin case s. 1. caixa f. de folha-de-flandres. 2. (Téc.) manto m., camisa f. de folha-de-flandres.

tinct [tiŋkt] s. coloração, tintura f. ‖ adj. tingido.

tinctorial [tiŋkt'ɔ:riəl] adj. tintorial, que serve para tingir, colorante.

tincture [t'iŋktʃə] s. 1. (Farm.) tintura f., extrato m. ou solução alcoólica. 2. traço, sabor m. 3. coloração, cor f., colorido, matiz m. ‖ v. 1. dar sabor, impregnar. 2. tingir, colorir.
to be ~d with ter a aparência de, conter traços de.

tinder [t'ində] s. isca f., material facilmente inflamável m.

tinderbox [~bɔks] s. 1. isqueiro m. 2. objeto, local m., situação f. altamente inflamável.

tinder-like, tindery [~ri] adj. facilmente inflamável.

tine [tain] s. ponta f., dente (de garfo) m.

tinea [t'iniə] s. 1. traça f. 2. (Pat.) tinha f.

tined [t'aind] adj. pontudo, pontiagudo.

tin fish s. (gíria náutica) torpedo m.

tinfoil [t'infɔil] s. folha f. de estanho.

tin foundry s. fundição f. de estanho.

ting [tiŋ] s. tinido m. ‖ v. 1. tinir, retinir, tilintar. 2. fazer tinir.
~-a-ling o rintinar, o tilintar.

tinge [tindʒ] s. 1. cor, coloração f., colorido, matiz, tom m. 2. sabor m., aparência f., traço m. ‖ v. 1. tingir, colorir, dar um tom colorido. 2. mudar levemente, dar sabor ou aparência.
to be ~d with ter a aparência de, ter traços de.

tinger [t'indʒə] s. o que ou aquilo que tinge.

tingible [t'indʒəbl] adj. tingível.

tinging, tingeing [t'indʒiŋ] adj. tingidor.

tingle [tiŋgl] s. 1. tinido, zunido m. 2. formigamento m. 3. picada f. ‖ v. 1. tinir, zunir, tilintar. 2. doer, latejar. 3. formigar. 4. tiritar, tremer.
my fingers ~d from the cold meus dedos formigaram de frio.

tininess [t'aininis] s. pequenez f.

tinker [t'iŋkə] s. 1. funileiro ambulante, latoeiro m. 2. (fig.) sarrafaçal, remendão m. 3. remendagem f., ato de sarrafar. ‖ v. 1. remendar, consertar, soldar. 2. sarrafaçar, sarrafar, atabalhoar, improvisar. ‖ adj. atabalhoado. ‖ ~ly adv. atabalhoadamente.
to ~ up remendar pedaços.

tinkle [tiŋkl] s. tinido m. ‖ v. 1. tinir, tilintar, tintinar. 2. fazer tinir.

tinkler [t'iŋklə] s. 1. funileiro ambulante m. 2. o que ou aquilo que tine. 3. (coloq.) campainha pequena f.

tinner [t'inə], tinman [t'inmən] s. 1. o que trabalha com estanho, fundidor m. de estanho. 2. funileiro, latoeiro m.

tinning [t'iniŋ] s. 1. estanhagem f. 2. enlatamento m.

tinnitus [tin'aitəs] s. (Pat) zumbido m. no ouvido.

tinny [t'ini] adj. de estanho, como estanho, que contém estanho.

tin-opener s. abridor m. de lata.

tin-plate v. revestir com estanho.

tinplate [t'inpleit] s. folha-de-flandres f.

tinsel [t'insəl] s. 1. ouropel, lentejoula, brocatel m. 2. (fig.) bugiganga, coisa sem valor f. ‖ v. enfeitar com ouropel. ‖ adj. 1. de ouropel, vistoso mas sem valor. 2. enfeitado sem gosto, sem graça.

tinsmith [t'insmiθ] s. 1. fundidor m. de estanho, o que faz artigos de estanho. 2. funileiro m.

tint [tint] s. 1. matiz m., variedade de cor ou tom. 2. sombreado m. de gravura. ‖ v. matizar, tingir.
autumn ~s a coloração das folhas no outono. to have a reddish ~ ter um tom avermelhado. ~ tool buril para gravar.

tinted [t'intid] adj. colorido, de cor.
~ paper papel colorido. rose-~ cor-de-rosa.

tinter [t'intə] s. o que faz sombreado.

tintinnabular [tintin'æbjulə], tintinnabulary [~ri] adj. tintinabular.

tintinnabulation [-l'eiʃən] s. tinir m. de campainhas.

tintinnabulum [tintin'æbjuləm] s. pl. **tintinnabula** [-lə] tintinábulo m., campainha f.

tintless [t'intlis] adj. sem cor, apagado.

tintometer [tint'ɔmitə] s. colorímetro m.

tintype [t'intaip] s. (Fot.) ferrotipia f.

tinware [t'inwɛə] s. utensílios m. pl. ou objetos de estanho ou folha-de-flandres.

tinworks [t'inwə:ks] s. usina f. de estanho, fundição f. de estanho.

tiny [t'aini] adj. minúsculo, muito pequeno.

the **little tinies** os pequeninos.

tip (I) [tip] s. 1. ponta (dos dedos), extremidade f. 2. cume, pico m., parte mais alta f. (quadro T 4). 3. parte final. 4. ponta, panteira f. 5. declive m., ladeira f. ‖ v. 1. colocar ponta, formar ponta. 2. inclinar, tombar, derrubar. 3. virar, bascular. 4. inclinar-se, saudar, tirar o chapéu.

on the ~ **of the tongue** na ponta da língua. **to have s. th. at the ~ of the fingers** ter qualquer coisa na ponta dos dedos. **give a ~ to this!** tombe isto! ~ **cart** carro basculante. ~**-up seat** assento de dobrar. **to ~ in** (Tipogr.) intercalar gravura. **to ~ the trees** podar as árvores. **to ~ off, to ~ out** despejar, virar, derramar. **to ~ over** tombar, virar. **to ~ up** levantar, pôr de canto. **to ~ all nine** (boliche) derrubar todos os piões.

tip (II) [tip] s. 1. gorjeta, gratificação f. 2. palpite, aviso m., informação secreta f. 3. sugestão f. 4. pancada leve f. ‖ v. 1. dar gorjeta. 2. dar palpite. 3. aconselhar, sugerir. 4. bater.

straight ~ palpite acertado. **hot** ~ palpite bom. **he took my** ~ ele seguiu meu conselho. **to ~ the wink** 1. insinuar. 2. informar furtivamente. **to ~ a shilling** dar um xelim de gorjeta. **they** ~**ped me the wink** deram-me um palpite. **to ~ s. o. off** prevenir alguém.

tip-off s. aviso, palpite m. ‖ v. avisar, prevenir, dar palpite.

tippet [t'ipit] s. palatina f., cachenê comprido m.

tipple (I) [tipl] s. bebida alcoólica f. ‖ v. 1. beber álcool freqüentemente. 2. bebericar.

tipple (II) [tipl] s. 1. dispositivo m. basculante. 2. lugar m. de descarga de carros basculantes.

tippler [t'iplə] s. cachaceiro m.

tippling-house s. botequim m., taberna f.

tipsiness [t'ipsinis] s. embriaguez f.

tipstaff [t'ipsta:f] s. 1. oficial m. de justiça. 2. vara f. com ponta usada pelos oficiais de justiça.

tipster [t'ipstə] s. o que fornece palpites (para corridas de cavalo, etc.).

tipsy [t'ipsi] adj. 1. embriagado, tocado, alegre. 2. (fig.) tonto, fraco das pernas. ‖ –**ily** adv. como embriagado.

~ **cake** bolo embebido em vinho.

tiptoe [t'iptou] s. ponta f. do pé. ‖ v. andar nas pontas dos pés. ‖ adj. 1. nas pontas dos pés. 2. ansioso, na expectativa. 3. cuidadoso.

on ~ nas pontas dos pés.

tip-top [t'iptɔp] s. 1. ponto mais alto, cúmulo, ápice, auge m. 2. o melhor, o supremo m. ‖ adj. 1. no ponto mais alto. 2. excelente, supremo, supimpa.

tirade [tair'eid] s. tirada f., discurso longo (de crítica), lanço m., declamação f.

tire (I) [t'aiə] s. 1. (também **tyre**) pneumático m. (quadro W 1). 2. (também **tyre**) aro, arco m. 3. (†) enfeite, adorno m. ‖ v. 1. colocar pneumático ou aro. 2. (†) enfeitar, adornar 3. vestir.

~ **trouble** defeito de pneu. ~ **woman** camareira.

tire (II) [t'aiə] v. 1. cansar(-se), esgotar(-se), fatigar(-se). 2. aborrecer.

tire chain s. (Autom.) corrente f. de pneumático.

tired [~d] adj. 1. cansado, esgotado. 2. gasto.

a ~ **man** um homem esgotado. **to be** ~ **to death** estar morto de cansaço, estar cansadíssimo.

tiredness [~dnis] s. 1. fadiga f. 2. enfado m.

tireless [~ lis] adj. 1. incansável, infatigável. 2. sem aro ou pneumático. ‖ –**ly** adv. incansavelmente.

tirelessness [~ lisnis] s. infatigabilidade f.

tiresome [~səm] adj. 1. cansativo. 2. desagradável, enfadonho. ‖ ~**ly** adv. de modo cansativo.

tiresomeness [~səmnis] s. enfado, tédio m.

tiring [~riŋ] adj. enfadonho, cansativo, fatigante.

tiring room s. camarim m. de teatro.

tiro [t'aiərou] s. = **tyro**.

Tirolean [tir'ouliən], **Tirolese** [tirəl'i:z, tirəl'i:s] s. tirolês m., tirolesa f. ‖ adj. tirolês.

tirwit [t'ə:wit] s. (Orn.) pavoncinho m.

'tis [tiz] contração de **it is**.

tisane [tiz'æn] s. tisana f., chá medicinal m.

tissue [t'isju:] s. 1. (Biol.) tecido m. 2. tecido, pano leve m., gaze f. ‖ v. tecer, entrelaçar, entretecer.

silver ~ tecido de prata. ~ **of lies** emaranhado de mentiras. **cellular** ~ tecido celular.

tissue culture s. cultura f. de tecido animal.

tissue paper s. papel m. de: a) toalete, b) embalagem.

tit [tit] s. 1. (Ornit.) chapim m. (= **titmouse**). 2. teta f. 3. golpe m., pancada f. 4. (†) cavalinho m. 5. mocinha f.

~ **for tat** olho por olho, na mesma moeda. **to give** ~ **for tat** pagar na mesma moeda, retaliar.

Titan [t'aitən] s. (Mitol.) titã, gigante m.

titanate [t'aitəneit] s. (Quím.) titanato m.

Titanesque [taitən'esk] adj. titanesco, gigantesco.

Titaness [t'aitənis] s. titã f.

titanic [tait'ænik] adj. 1. titânico. 2. (Quím.) titânico.

~ **acid** ácido titânico.

titaniferous [taitən'ifərəs] adj. titanífero.

Titanism [t'aitənizm] s. titanismo m.: espírito de revolta contra a ordem estabelecida.

titanite [t'aitənait] s. titanite f., esfênio m.

titanium [tait'einiəm] s. (Quím.) titânio m.

titanous [tait'ænəs] adj. (Quím.) titanoso.

titbit [t'itbit] s. petisco m., gulodice f.

tithable [t'aiðəbl] adj. sujeito à dízima.

tithe [taið] s. 1. décimo m., décima parte f. 2. dízima, décima f. 3. pequena parte f. 4. imposto pequeno m. ‖ v. 1. dizimar, cobrar a dízima. 2. pagar a dízima.

not a ~ **of** nem um traço de.

tithing [t'aiðiŋ] s. 1. cobrança f. da dízima. 2. grupo m. de dez proprietários vizinhos. 3. quarteirão m.

titian [t'iʃiən] adj. de cor vermelho-dourada.

titillate [t'itileit] v. excitar, estimular, titilar.

titillation [titil'eiʃən] s. titilação, excitação f., gozo m.

titivate [t'itiveit] v. ataviar(-se), enfeitar(-se), adornar(-se).

titivation [titiv'eiʃən] s. ataviamento, adorno, embelezamento m.

titlark [t'itla:k] s. (Ornit.) cotovia f.

title [taitl] s. 1. título (de livro) m. (quadro B 17). 2. título, grau m. 3. quilate m. 4. denominação f. 5. posição f., título m. de campeão. 6. (Jur.) título, documento m., direito m. de posse ou propriedade. ‖ v. intitular.

titled [~d] adj. nobre.

~ **people** nobreza.

title deed s. documento m. de propriedade.

titleholder [t'aitlh'ouldə] s. portador m. de título.

titleless [t'aitllis] adj. sem título.

title page s. frontispício m. de um livro.

title role s. papel principal m. (teatro ou cinema).

titling (I) [t'aitliŋ] s. 1. denominação, intitulação f. 2. impressão f. de título no lombo de um livro.
titling (II) [t'aitliŋ] s. (Ornit.) negrinha f.: pássaro do gênero Acentor, parecido com a cotovia.
titmouse [t'itmaus] s. pl. **titmice** [–mais] (Ornit.) chapim m.: pássaro pequeno do gênero Parus.
Titoism [t'i:touizm] s. titoísmo m.: comunismo da Iugoslávia, segundo o Marechal Tito.
titrate [t'aitreit] s. (Quím.) solução t. a ser titulada. ‖ v. titular, dosar por titulação.
titration [taitr'eiʃən] s. (Quím.) titulação f.
titter [t'itə] s. riso silencioso m. ‖ v. rir manso.
tittle [titl] s. 1. partícula, coisa de nada f. 2. til, ponto (do i), pingo, traço m.
to a ~ até as minúcias. **not a ~ of** nem um traço de.
tittle-tattle [t'itltætl] s. palradura, tagarelice f. ‖ v. palrar, tagarelar, mexericar.
tittup [t'itəp] s. (coloq.) 1. galope m. 2. pulo m., cabriola f. ‖ v. 1. saracotear, pular. 2. galopar.
tittupy [~i] adj. saracoteador.
titty [t'iti] s. (coloq.) mama, chupeta f.
titubation [titjub'eiʃən] s. titubeação f.
titular [t'itjulə] s. titular m. ‖ adj. titular, honorário ‖ **~ly** adv. nominalmente, titularmente.
titulary [~ri] s. + adj. = **titular.**
tmesis [tm'i:sis] s. (Gram.) tmese f.
TNT, T. N. T. abr. de **tri-nitro-toluene** s. (Quím.) tri-nitrotolueno m.: explosivo.
t. o. [ti:ou] abr. de **turn over** virar, vide verso.
to [tu:] adv. 1. em direção a, para diante. 2. em posição normal ou de contato. ‖ prep. [tu, tə, tu:] 1. para, em direção a, a, ao, à. 2. até. 3. para, a fim de 4. em. 5. com. 6. de, da, do. 7. em honra de. 8. na, no, contra. 9. sobre, a respeito. 10. por. 11. (Gram.) designativo do infinitivo.
face ~ face de cara a cara. **from hand ~ hand** de mão em mão. **to join hand ~ hand** pôr uma mão dentro da outra. **fall ~ the ground** cair no chão. **throw it ~ the ground** jogue-o no chão. **to go ~ school** ir à escola. **he goes ~ London** ele vai para Londres. **she pressed it ~ her heart** ela apertou-o ao seu coração. **~ the clouds** até as nuvens. **~ a great age** até a velhice. **~ a great degree** em alto grau. **all ~ a man** até o último homem. **in comparison ~** em comparação a. **~ the contrary** ao contrário. **~ my feeling** 1. em minha opinião. 2. de acordo com o meu sentimento. **~ my taste** para o meu gosto. **~ my knowledge** segundo meu conhecimento. **this is nothing ~ that** isto não é nada em comparação com aquilo. **3 is ~ 6 as 9 is ~ 18** 3 está para 6 assim como 9 está para 18. **as ~** quanto a. **add ~ that** além disto. **he was a friend ~ me** ele foi um amigo para mim. **heir ~ the crown** herdeiro do trono. **attentive ~** atento a, atencioso para. **~ my cost** às minhas custas. **it came ~ my hand** chegou às minhas mãos. **put it ~ the light** ponha isto na luz. **tired ~ death** morto de cansaço. **agreeable ~** agradável para. **all ~ yourself** tudo para você. **our duty ~** nosso dever para com. **what's that ~ him?** o que significa isto para ele? o que ele tem com isto? **a quarter ~ two** um quarto para as duas horas. **~ the minute** ao minuto. **~ time** na hora, pontual. **I sent it ~ him** mandei-lho. **what is ~ be done?** o que se deve fazer? **in days ~ come** em dias vindouros. **we expected him ~ go** esperávamos que ele fosse. **I only intended ~ joke** somente tencionava gracejar. **it was seen ~ come** era de se esperar. **we meant ~ eat** queríamos comer. **I want ~ eu**

quero. **is the gate ~?** [tu:] o portão está fechado? **I came ~** [tu:] voltei a mim. **we fell ~** [tu:] servimo-nos, começamos a comer. **put the horses ~!** [tu:] atrele os cavalos! **~** [tu:] **and fro** [frou] para lá e para cá.
toad [toud] s. 1. sapo m. 2. (fig.) pessoa f. detestável ou repulsiva.
~ in the hole carne assada dentro de massa.
toad-eater s. bajulador m.
toad-eating s. bajulação f. ‖ adj. bajulador.
toadfish [t'oudfiʃ] s. peixe-sapo m., diabo-marinho m.
toadflax [t'oudflæks] s. (Bot.) linária-comum f.
toadstone [t'oudstoun] s. pedra f. de sapo, fóssil m.
toadstool [t'oudstu:l] s. cogumelo (venenoso) m.
toady [t'oudi] s. bajulador m. ‖ v. bajular, adular.
toadyism [t'oudiizm] s. bajulação f., servilismo m.
toast [t'oust] s. 1. torrada f. 2. toste, brinde m. 3. pessoa f. à qual se levanta um brinde. ‖ v. 1. torrar, tostar, aquecer bem. 2. brindar, beber à saúde de alguém.
buttered ~ torrada com manteiga. **on ~** sobre torrada. **to have s. o. on the ~** (gíria) exercer domínio sobre alguém. **to give (propose) the ~ of** levantar um brinde a.
toaster [t'oustə] s. torrador m., torradeira, grelha f.
toasting fork s. garfo m. usado na tostadura.
toastmaster [t'oustma:stə] s. 1. anunciador (em banquetes) m. 2. pessoa f. que preside a um banquete e levanta os brindes.
toast rack s. porta-torradas m.: utensílio f. de mesa.
tobacco [təb'ækou] (pop. também **tobaccy**) s. 1. fumo, tabaco m. 2. planta f. de fumo.
tobacconist [təb'ækənist] s. vendedor m. de fumo, negociante m. de fumo.
~'s (shop) tabacaria.
tobacco pouch s. bolsa f. para guardar fumo.
to-be adj. futuro, a ser.
bride-~ a futura noiva.
toboggan [təb'ɔgən] s. tobogã m.: trenó baixo. ‖ v. 1. andar num tobogã. 2. desvalorizar rapidamente.
~ shoot, ~ slide lugar, onde se desce com tobogã.
tobogganer [~ə], **tobogganist** [~ist] s. o que anda em tobogã.
toby [t'oubi] s. caneca f. em forma de homem gordo.
~ frill gorjeira grande.
toccata [tək'a:tə] s. (Mús.) tocata f.
toco [t'oukou] s. (gíria) castigo m., sova f.
tocologist [tɔk'ɔlədʒist] s. (Med.) obstetra m. + f.
tocology [tɔk'ɔlədʒi] s. tocologia, obstetrícia f.
tocsin [t'ɔksin] s. 1. alarma, sinal m. de alarma. 2. sino m. de alarma.
today, to-day [təd'ei] s. dia m. de hoje. ‖ adv. 1. hoje, neste dia. 2. presentemente.
~'s news notícias de hoje. **~ fortnight** 1. (com o verbo no futuro) daqui a quinze dias. 2. (com o verbo no imp.) há quinze dias.
toddle [tɔdl] s. 1. andar m. com passo incerto. 2. passeio m. ‖ v. 1. titubear, bambolear, engatinhar como criança. 2. vagar, passear.
~ off! (gíria) vai-te embora!
toddler [t'ɔdlə] s. 1. criança f. entre um e três anos. 2. roupa f. para criança dessa idade.
toddy [t'ɔdi] s. 1. grogue, ponche quente m. 2. suco m. fermentado de certas palmeiras.
to-do [təd'u:] s. 1. barulho m., confusão f.
don't make a ~ about it não faça caso disto, não faça barulho por causa disto.
toe [tou] s. 1. dedo m. do pé. 2. biqueira f. do sapato, parte f. da meia. 3. casco m., unha (de animais) f. 4. parte inferior (saliente) de alguns objetos (tubo de órgão). ‖ v. 1. tocar, alcançar com os dedos do pé. 2. virar as pontas do pé

(para dentro ou para fora) ao andar, etc. 3. colocar biqueira em sapato ou meia. 4. fixar com pregos batidos obliquamente. 5. (gíria) dar ponta-pés. **from top to ~** da cabeça aos pés. **I toasted my ~s** (gíria) aqueci meus pés (na lareira). **to tread on s. o's ~s** pisar nos calos de alguém. **to ~ the line** 1. ficar em linha. 2. ficar em posição de partida para uma corrida. 3. sujeitar-se ao regulamento (de um partido). **to ~ the mark** (E. U. A.) ser eficiente. **to ~ in (out)** virar os pés para dentro (fora). **to turn up one's ~s** (fig.) morrer.

toe cap s. biqueira f. (sapato) (quadro B 18).

toe dance s. = **ballet**.

toedance [t'ouda:ns] v. dançar na ponta dos dedos do pé.

toed [toud] adj. relativo aos dedos do pé.
  three-~ com três dedos.

toehold [t'ouhould] s. 1. pequena cavidade f. para apoiar o pé ao escalar montanha. 2. suporte frágil m.

toenail [t'ouneil] s. unha f. de dedo do pé.

toff [tɔf] s. (gíria) 1. almofadinha m. 2. figurão m.

toffee, toffy [t'ɔfi] s. bala f. de leite, tofe m.

to-fore [təf'ɔ:] adv. + prep. = **before**.

toft [tɔft] s. (Ingl.) sítio m.

tog [tɔg] s. (geralmente ~s pl.) roupa f., vestuário m. || v. vestir, enfeitar, ataviar.
  long ~s (Náut.) roupa de passeio.

together [tag'eðə] adv. 1. junto, em companhia. 2. em conjunto. 3. no mesmo lugar. 4. ao mesmo tempo, simultaneamente. 5. consecutivamente.
  to fight ~ lutar em conjunto. **~ with** junto com. **both ~** ambos juntos. **they came ~** encontraram-se. **for days ~** durante dias.

togetherness [~nis] s. 1. condição f. de estar junto. 2. intimidade familiar f. etc.

toggery [t'ɔgəri] s. vestuário m., roupa f.

toggle [tɔgl] s. (Náut.) pino m. de madeira, trabelho m. || v. segurar com trabelho, colocar trabelho.

toggle joint s. (Mec.) junta f. de cotovelo, engate articulado m.

toggle lever s. alavanca articulada f.

toil (I) [tɔil] s. 1. trabalho pesado m., labuta, fadiga f. || v. 1. mourejar, labutar. 2. avançar lentamente, andar com dificuldade. 3. fatigar ou exaustar com trabalho árduo.

toil (II) [tɔil] s. rede f., laço m., armadilha f.

toiler [t'ɔilə] s. trabalhador (trabalho pesado) m.

toilet [t'ɔilit] s. 1. banheiro m. 2. privada f. 3. toalete f.: a) toucador m. b) ato de vestir-se, arrumar-se, de tomar banho. c) vestuário m., roupa f.

toilet case s. estojo m. para artigos de toucador.

toilet paper s. papel higiênico m. (quadro W 2).

toiletry [t'ɔilitri] s. artigos m. pl. de toucador.

toilet set s. conjunto m. de utensílios de toucador.

toilet soap s. sabonete m.

toilet table s. toucador m., penteadeira f.

toilet training s. educação f. para o uso do banheiro (crianças).

toilet water s. água-de-colônia, água de toucador.

toilful [t'ɔilful] adj. trabalhoso, penoso. || **~ly** adv. de maneira trabalhosa, arduamente.

toilless [t'ɔillis] adj. sem esforço, sem trabalho.

toilsome [t'ɔilsəm] adj. laborioso, penoso, trabalhoso. || **~ly** adv. laboriosamente.

toilsomeness [~nis] s. qualidade do que é trabalhoso.

toilworn [t'ɔilwɔ:n] adj. cansado de trabalhar.

Tokay [touk'ei] s. 1. vinho húngaro m. de Tokay. 2. uva branca f. da qual se faz este vinho.

token [t'oukən] s. 1. símbolo, sinal m., indicação f., indício m., sintoma m. 2. recordação, lembrança f., brinde, penhor m., prenda f. 3. prova f., testemunho m. 4. marca f. 5. emblema m., insígnia f.

6. espécie de moeda emitida antigamente por bancos ou particulares. || adj. 1. simbólico. 2. nominal. 3. parcial.
  by ~ of em consideração de, conforme. **more by ~** tanto mais. **by the same ~** 1. justamente por isso. 2. além, também. **in ~ of** em sinal de, em memória de. **~ money** (†) dinheiro auxiliar. **~ payment** sinal, pago para reconhecimento de dívida. **~ vote** votação de verba.

told [tould] v. imp. + p. p. de **to tell**.

Toledan [tɔl'eidən] s. toledano m : habitante m. + f. de Toledo. || adj. toledano: natural de Toledo.

Toledo [tɔl'eidou] s. 1. cidade da Espanha. 2. toledana f.: espada ou lâmina feita em Toledo.

tolerable [t'ɔlərəbl] adj. 1. tolerável, suportável. 2. sofrível, razoável, regular. || **–bly** adv. 1. toleravelmente. 2. regularmente.

tolerableness [~nis] s. 1. tolerabilidade f. 2. mediocridade f.

tolerance [t'ɔlərəns] s. 1. tolerância, indulgência, condescendência f. 2. (Med.) resistência, tolerância ou resistência f. ao frio. 3. desvio m., variação f. 4. (Téc.) tolerância f.

tolerant [t'ɔlərənt] adj. 1. tolerante, indulgente. 2. (Med.) resistente. || **~ly** adv. 1. tolerantemente. 2. resistentemente.

tolerate [t'ɔləreit] v. 1. tolerar, permitir. 2. suportar. 3. ser tolerante, conformar-se.
  not to be ~d insuportável.

toleration [tɔlər'eiʃən] s. 1. tolerância, indulgência f. 2. espírito m. de tolerância, reconhecimento m. dos direitos da liberdade espiritual.

tolerationist [~ist] s. adepto m. do tolerantismo.

tolerator [t'ɔləreitə] s. aquele que tolera.

toll (I) [toul] s. badalada f., dobre m. de sino. || v. 1. soar, dobrar sinos, badalar tristemente. 2. chamar, anunciar por meio de sinos.

toll (II) [toul] s. 1. taxa f., pedágio m., peagem, portagem f. 2. direito m. de cobrar taxas. 3. tributo m. || v. 1. cobrar taxas, pedágio ou portagem. 2. pagar taxas, etc.
  we had to pay a heavy ~ of killed tivemos grandes perdas em mortos. **to take ~ of** cobrar direitos de. **~-bar, ~-gate** barreira de peagem. **~-keeper** cobrador de direitos, de peagem.

tollable [t'oulabl] adj. tributável.

tollage [t'oulidʒ] s. taxa f. de peagem ou portagem.

toll booth s. cabina f. de pedágio.

toll bridge s. ponte f. pela qual se passa pagando pedágio.

toll call s. telefonema interurbano m.

toller [t'oulə] s. 1. sineiro m. 2. cobrador m. de taxas.

tollhouse [t'oulhaus] s. posto de pedágio m.

toll road s. estrada f. sujeita ao pagamento de pedágio.

Toltec [t'ɔltek] s. tolteca m. + f.: membro da raça pré-colombiana de índios mexicanos. || adj. tolteca.

tolu [t'ɔlju:] s. tolu, bálsamo-de-tolu m.

toluate [t'ɔljueit] s. toluato m.: sal do ácido toluico.

toluene [t'ɔljui:n] s. (Quím.) tolueno m.

toluic [təlj'uik] adj. toluico.

tom (I) [tɔm] s. animal macho m.
  long ~ 1. canhão comprido de grosso calibre. 2. (Náut.) canhão giratório comprido no meio do navio.

Tom (II) [tɔm] s. abr. de **Thomas**, Tomás.
  ~, Dick and Harry fulano e sicrano. **~ Thumb** anãozinho, pequeno polegar.

tomahawk [t'ɔməhɔ:k] s. machado m. de guerra dos índios norte-americanos. || v. 1. ferir ou matar com **tomahawk**. 2. (fig.) criticar veementemente.

to bury the ~ enterrar o machado de guerra, fazer as pazes.

tomalley [tɔm'æli] s. massa gordurosa f. e esverdeada dentro da lagosta, chamada fígado.

Tom and Jerry s. 1. figuras f. pl. de desenho animado. 2. bebida alcoólica quente f.

tomato [təm'a:tou] s. 1. tomate m. 2. tomateiro m.

tomb [tu:m] s. túmulo m., sepultura f. ‖ v. sepultar.

tombac, tomback [t'ɔmbæk] s. tambaque, pechisbeque m.: liga de cobre e zinco.

tombless [t'u:mlis] adj. sem túmulo.

tombola [t'ɔmbɔlə] s. tômbola f.

tomboy [t'ɔmbɔi] s. menina levada, traquinas f.

tombstone [t'u:mstoun] s. túmulo m., pedra tumular f.

tomcat [t'ɔmkæt] s. gato macho m.

tome [toum] s. 1. tomo, volume m. 2. livro grosso m.

tomentose [təm'entous], **tomentous** [təm'entəs] adj. (Bot.) tomentoso.

tomentum [təm'entəm] s. tomento m.

tomfool [t'ɔmfu:l] s. pateta m. + f. ‖ v. bancar o pateta.

tomfoolery [tɔmf'u:ləri] s. bobagem, tolice f.

tommy [t'ɔmi] s. 1. gênero alimentício dado como pagamento em espécie. 2. (Téc.) alavanca f. de parafuso, de chave de cano.

brown ~, **soft** ~ (milit.) pão, pão de centeio. ~ **bar** alavanca de parafuso (quadro B 16). ~ **system** sistema de pagamento em espécie. **Tommy, Tommy Atkins** (gíria) soldado britânico. ~ **gun** arma de fogo rápido, de cano curto.

tommyrot [~rɔt] s. (gíria) bobagem, besteira f.

tommy screw s. parafuso m. com pega.

tomorrow, to-morrow [təm'ɔrou] s. dia m. de amanhã. ‖ adv. amanhã.

~**'s** de amanhã. **the day after** ~ depois de amanhã. ~ **morning** amanhã de manhã. ~ **week** 1. de amanhã a oito dias. 2. há oito dias.

tompion [t'ɔmpiən] s. 1. almofada f. para tinta litográfica. 2. tampão m.

tom-tit s. (Orn.) chapim m.

tom-tom [t'ɔmtɔm] s. 1. tambor m. dos índios americanos. 2. = **tam-tam**. ‖ v. percutir esse tambor.

ton (I) [tʌn] s. 1. tonelada f. = 1.000 kg. (Ingl. = = 1.016.06 kg., E. U. A. = 907.20 kg). 2. medida volumétrica que varia de acordo com o que se mede. 3. unidade de capacidade de carga de um navio. 4. unidade de deslocamento de um navio. 5. (fam.) grande quantidade.

he weighed ~**s** ele pesava muito. ~**s of time** (coloq.) tempo a valer. **metric** ~ tonelada, 1.000 quilos.

ton (II) [tɔ:ŋ] s. (fr.) estilo, tom m., moda f.

tonal [t'ounəl] adj. tonal, relativo ao tom, relativo à tonalidade. ‖ ~**ly** adv. tonalmente.

tonality [toun'æliti] s. tonalidade f.: 1. (Mús.) melodia f., conjunto m. de harmonias. 2. matiz f. de cores.

tone [t'oun] s. 1. tom, som m. 2. qualidade m., timbre m. 3. (Mús.) som m., intervalo musical m. 4. modulação, intonação f., acento m. 5. estilo, caráter m. 6. distinção, elegância f. 7. temperamento m. 8. vigor m., saúde f. 9. (Med.) tono m. 10. tonalidade f., matiz, tom m. ‖ v. 1. harmonizar, combinar. 2. dar tom, matizar. 3. (Mús.) afinar, entoar. 4. (Fot.) fazer viragem.

an excellent ~ um espírito excelente. **to** ~ **down** reduzir, diminuir. **to** ~ **in with** juntar-se a, fundir-se com. **to** ~ **up** aumentar, elevar, vigorar.

tone arm, pickup arm s. (fonógrafo) braço m. do 'pickup'.

tone control s. controle de som m.

tone-deaf adj. (Mús.) sem ouvido tonal.

tone language s. (Fon.) língua tonal f., como sudanês, chinês, banto.

tone poem s. (Mús.) poema sinfônico m.

tonetic [ton'etik] adj. relativo ao estudo fonético do som na linguagem.

tongs [tɔŋz] s. pl. tenaz, pinça f. (quadro F 2).

a pair of ~ tenaz. **I would not touch him (it) with a pair of** ~ até tenho nojo de pegá-lo com tenaz.

tongue [tʌŋ] s. 1. língua f. 2. idioma m. 3. modo m. de falar, linguagem f. 4. coisa parecida com língua, língüeta f. (quadro B 18). 5. península f. 6. badalo m. 7. fiel m. de balança. 8. pino m. de fivela. 9. labareda f. ‖ v. 1. modular sons em um instrumento de sopro. 2. usar a língua, tocar com a língua. 3. projetar como uma língua. 4. prover (tábuas) de macho e fêmea.

the gift of ~**s** o talento para idiomas. **in my mother** ~ na língua da minha terra. **slip of the** ~ deslize. **furred, dirty** ~ (Med.) língua suja. **long** ~ tagarelice. **ready** ~ presença de espírito. **a spiteful, bitter, venomous** ~ uma língua venenosa. **to give** ~ latir (cão de caça). **I found my** ~ (coloq.) recuperei a fala. **he had lost his** ~ (coloq.) ele perdeu a fala. **we hold our** ~ (coloq.) calamos a boca. **he puts out his** ~ ele mostra a língua. ~**-tied** 1. com um defeito lingual. 2. (fig.) calado.

tongued [tʌŋd] adj. lingual, que tem língua.

tongue-in-cheek adj. caracterizado por ironia ou insinceridade.

tongue-lash s. (coloq.) reprimenda, censura f.

tongueless [t'ʌŋlis] adj. 1. sem língua. 2. (fig.) sem fala, mudo.

tonic [t'ɔnik] s. 1. tônico, medicamento fortificante m. 2. (Mús.) nota tônica f. ‖ adj. 1. tonificante, fortificante. 2. relativo ao tono muscular. 3. (Mús.) tônico. 4. (Gram.) tônico, acentuado.

hair-~ tônico para o cabelo. ~ **sol-fa** solfejo tônico.

tonic chord s. acorde tônico m.

tonicity [ton'isiti] s. tonicidade f.

tonic spasm s. (Med.) espasmo tônico m.

tonight, to-night [tən'ait] s. noite f. de hoje, esta noite. ‖ adv. hoje à noite.

tonite [t'ounait] s. tonite f.: explosivo preparado com algodão-pólvora.

tonnage [t'ʌnidʒ] s. 1. tonelagem f.: capacidade de um navio. 2. taxa f. de acordo com a tonelagem. 3. peso m., produção f. em toneladas.

tonnage-deck s. segunda coberta f. de um navio (contando de baixo para cima).

tonneau [t'ɔnou] s. (fr.) parte posterior f. de um automóvel, com os assentos traseiros.

tonner [t'ʌnə] s. em composições, p. ex. **an eighteen thousand** ~ um navio de 18.000 toneladas.

tonometer [toun'ɔmitə] s. tonômetro m.: 1. instrumento de medir a pressão de vapores. 2. diapasão m. ou outro instrumento para medir a altura do som.

tonsil [tɔnsl] s. (Med.) tonsila, amígdala f.

tonsillar [t'ɔnsilə] adj. tonsilar.

tonsillectomy [tɔnsil'ektəmi] s. amigdalotomia f.

tonsillitis [tɔnsil'aitis] s. (Pat.) amigdalite, tonsilite f.

tonsorial [tɔns'ɔ:riəl] adj. relativo ao barbeiro. ~ **artist** cabeleireiro artístico.

tonsure [t'ɔnʃə] s. tonsura, coroa f. de clérigo. ‖ v. tonsurar.

tontine [tɔnt'i:n, t'ɔnti:n] s. totina f.

tonus [t'ounəs] s. (Fisiol.) tono m.

tony [t'ouni] adj. 1. elegante. 2. grã-fino.

a ~ **nightclub** uma boate chique.
too [tu:] adv. 1. também, além, igualmente. 2. demais, demasiado, demasiadamente. 3. muito, excessivamente.
they are coming ~ eles também vêm. **the others** ~ os outros também. **but he saw your good qualities** ~ mas ele também viu as suas boas qualidades. **all** ~ **familiar** demasiado familiar. ~ **far off** longe demais. **far** ~ **many** demasiadamente muitos. ~ **kind of you!** o senhor é muito gentil! **is it not** ~ **much?** não será demais? **none** ~ **pleasant** não muito agradável. ~ **difficult for you** difícil demais para você.
took [tuk] imp. de **to take**.
tool [tu:l] s. 1. ferramenta f., instrumento, utensílio m. 2. testa f. de ferro, pessoa f. utilizada por outra como instrumento. 3. parte f. de máquina, máquina operatriz f. 4. sinete m. usado em encadernação. ‖ v. 1. usar ferramenta, trabalhar com ferramentas. 2. andar em carro puxado por cavalos. 3. imprimir vinheta em capa de livro.
machine-~ máquina operatriz. **to** ~ **along** andar devagar com carro. **to** ~ **about** (coloq.) mexer.
tool-bag s. estojo m. para ferramentas.
toolbox [t'u:lbɔks], **tool-chest, tool-kit** s. caixa f. de ferramentas (quadro B 11).
tooler [t'u:lə] s. 1. talhadeira f. de pedreiro. 2. o que trabalha com ferramenta.
toolholder [t'u:lhouldə] s. porta-ferramenta m.
tooling [t'u:liŋ] s. 1. ato de trabalhar com ferramentas ou máquinas operatrizes. 2. ornamentação f. feita em capa de livro.
toolmaker [t'u:lmeikə] s. ferramenteiro m.
toolmaking [t'u:lmeikiŋ] s. (Mec.) fabrico m. de ferramentas.
tool shed s. depósito m. de ferramentas.
toot [tu:t] s. toque m. (de buzina, de corneta, etc.). ‖ v. 1. tocar (istrumento de sopro). 2. buzinar. 3. apitar. 4. gritar (certas aves).
~**-~** fonfom. ~**ing his own horn** (coloq. E. U. A.) jactância, amor-próprio.
tooter [t'u:tə] s. 1. o que toca (instr. de sopro, buzina). 2. buzina f.
tooth [tu:θ] s. pl. **teeth** [ti:θ] 1. dente m. 2. saliência em forma de dente. 3. (Mec.) dente m. de engrenagem ou de serra. 4. gosto, sabor, paladar m. ‖ v. 1. colocar dentes, pôr dentes em. 2. dentear, endentar. 3. engrenar, entrosar. 4. morder, roer.
he cut his first ~ nasceu-lhe o primeiro dente. **to clean one's teeth** escovar os dentes. **armed to the teeth** armado até os dentes. **he got his teeth into it** ele estrepou-se com isto. **show him your teeth!** (fig.) arroste-o. **don't throw that in his teeth** não o censure por causa disto. **in the teeth of** a despeito de, em franca oposição a, por causa de. **to work** ~ **and nail** trabalhar com todo esforço. **she has a sweet** ~ ela é (uma) gulosa. **he set (clenched) his teeth** ele cerrou os dentes. **long in the teeth** maduro, velho. **to one's teeth** em franca oposição a, na cara de.
toothache [t'u:θeik] s. dor m. de dentes.
tooth-billed adj. (Orn.) com bico dentado.
toothbrush [t'u:θbrʌʃ] s. escova f. de dentes.
tooth carpenter s. (gíria) dentista m. + f.
toothcomb [t'u:θkoum] s. pente-fino m.
toothed [t'u:θt] adj. dentado.
~ **wheel** roda dentada, engrenagem.
toothing [t'u:θiŋ] s. 1. dentição. f. 2. colocação f. de dentes.
toothing plane s. plaina f. com ferro dentado.

toothless [t'u:θlis] adj. sem dentes.
toothlet [t'u:θlit] s. dentinho m.
tooth ornament s. (Arquit.) dentado m.
toothpaste [t'u:θpeist] s. pasta f. de dentes.
toothpick [t'u:θpik] s. palito m.
toothsome [t'u:θsəm] adj. gostoso, saboroso, agradável ao paladar. ‖ ~**ly** adv. gostosamente, saborosamente.
toothsomeness [~ nis] s. sabor ou paladar m. agradável, bom gosto m.
toothwort [t'u:θwə:t] s. (Bot.) dentilária f.
toothwound [t'u:θwu:nd] s. mordedura, ferida f. por mordida.
toothy [t'u:θi] adj. de dentes salientes.
tootle [tu:tl] s. flauteio m. ‖ v. flautear baixo e repetidas vezes.
toots [tu:ts] s. (gíria) querida, queridinha f.
tootsie [t'u:tsi] s. (coloq.) pezinho m.
top [tɔp] s. 1. ponto mais alto, cume, pico, alto, topo m., cumeeira f. 2. parte ou superfície superior f. 3. tampa f. (de mesa). 4. cargo m. mais alto. 5. pessoa mais importante, cabeça f. 6. auge, máximo, cúmulo, ápice m. 7. cofre m. (de automóvel). 8. convés m. 9. tampa f. 10. cabeceira (de mesa) f. 11. parte superior f. de um sapato ou de uma bota, cano m. de bota. 12. tufo, topete m., coroa, copa, parte f. da planta acima do solo. 13. (Náut.) cesto m. da gávea. 14. superfície f. da água, espuma f. de cerveja. 15. pião m. ‖ v. 1. tampar, cobrir, coroar. 2. estar no auge, no cúmulo, estar no alto. 3. alcançar, subir ao topo, ao auge. 4. elevar-se, subir alto, superar, passar por cima. 5. exceder, sobrepujar, primar. 6. acertar na parte superior. 7. cortar a parte superior. ‖ adj. 1. superior, primeiro. 2. maior. 3. principal.
~**s** (jornalismo) pessoas de destaque. **he took the** ~ **of the table** ele sentou-se à cabeceira da mesa, ele assumiu a presidência. **at the** ~ **(of the hill)** em cima, no cume da montanha. **to be at the** ~ **of the class** ser o primeiro da classe. **to be at the** ~ **of the tree** (fig.) ter um cargo alto. **at the** ~ **of his speed** no máximo da sua velocidade. **at the** ~ **of his voice** com toda a força de sua voz. **at the** ~ **of page ten** em cima, na página dez. **from** ~ **to bottom** de cima para baixo. **on (the)** ~ **of** além de, também. **he came out** ~ ele foi o primeiro (num exame, etc.). **to go over the** ~ 1. (milit.) atacar. 2. (fig.) arriscar. **he worked to the** ~ **of his bent** ele trabalhou até o máximo de suas forças. **it** ~**ped expectation** superou as expectativas. **to** ~ **off with, to** ~ **up with** completar, finalizar. ~ **charging** carregamento de alto forno. ~ **landing** patamar superior da escada. ~ **line** título, cabeçalho. ~ **price** preço teto. **at** ~ **speed** com velocidade máxima. **to spin a** ~ fazer virar o pião. **to sleep like a** ~ dormir o sono solto. **big** ~ grande tenda de circo.
topaz [t'oupæz] s. topázio m.
top boot s. bota f. de cano comprido.
top brass s. (gíria) oficiais m. pl. de alta patente.
topcoat [t'ɔpkout] s. sobretudo m. (quadro C 13).
top dog s. (coloq.) 1. chefe, mestre, o primeiro m. 2. manda-chuva, chefão m.
top-draining s. drenagem superficial f.
top-drawer s. gaveta f. de cima. ‖ adj. da mais alta qualidade.
out of the ~ (fig.) de escol, da fina flor.
top-dressing s. adubação superficial f.
tope (I) [toup] s. 1. espécie de tubarão. 2. túmulo budista m.
tope (II) [toup] v. beber (excessivamente ou habitualmente), embebedar-se.
topee [t'oupi:] s. = **topi**

toper [t'oupə] s. beberrão m.
topflight [t'ɔpflait] adj. excelente, de alta qualidade.
topfull [t'ɔpful] adj. totalmente cheio.
topgallant [tɔpg'ælənt] s. (Náut.) mastaréu m., vela f. do joanete. ‖ adj. relativo ao joanete.
top-gear s. (Autom.) marcha direta f.
   to go in ~ viajar em marcha direta, em terceira.
toph [touf] s. tofo m.: depósito de uratos.
tophaceous [təf'eiʃəs] adj. tofoso.
top-hamper s. (Náut.) aparelhagem f. que atravanca a cobertura.
top-hat, tophat [t'ɔphæt] s. cartola f. (quadro C 12).
   ~s (E. U. A., gíria) alta sociedade.
top-heavy adj. 1. mais pesado em cima do que em baixo. 2. (fig.) desequilibrado.
   to be ~ estar bêbado.
top-hole adj. (gíria) excelente, formidável.
tophus [t'oufəs] = **toph.**
topi [t'oupi], **topee** [t'oupi:] s. capacete m. de cortiça.
topiary [t'oupiəri] adj. topiário.
   ~ art topiária.
topic [t'ɔpik] s. 1. assunto, objeto, tema m. 2. tópico, ponto principal m. 3. (Med.) medicamento tópico, linimento m.
   ~ of discussion tema de discussão. **he dismissed the** ~ ele abandonou o assunto.
topical [t'ɔpikəl] adj. 1. atual, do momento. 2. tópico, local. 3. (Med.) de determinada parte do corpo. ‖ **~ly** adv. topicamente.
   ~ subject tema atual. **~-song** modinha. **~ talk** jornal falado, notícias do dia.
topknot [t'ɔpnɔt] s. topete m.
top-lantern, top-light s. 1. clarabóia f. 2. (Náut.) luz f. da gávea.
topless [t'ɔplis] adj. 1. sem topo. 2. (fig.) descabeçado. 3. imensamente alto.
topmast [t'ɔpməst] s. (Náut.) mastaréu m.
topmost [t'ɔpmoust] adj. o mais alto.
topographer [təp'ɔgrəfə] s. topógrafo m.
topographic [tɔpəgr'æfik], **topographical** [~əl] adj. topográfico. ‖ **-ally** adv. topograficamente.
topography [təp'ɔgrəfi] s. topografia f.
topology [təp'ɔlədʒi] s. topologia f.
toponomy [təp'ɔnəmi] s. 1. toponomástica f. 2. toponímia f.: a) estudo lingüístico da origem dos topônimos. b) (Med.) nomenclatura das regiões anatômicas do corpo.
topper [t'ɔpə] s. 1. o que está em cima (quadro C 13). 2. pedra superior f. 3. pessoa excelente f. 4. coisa formidável f. 5. (gíria) cartola f.
topping [t'ɔpiŋ] adj. fantástico, excelente, formidável. ‖ **~ly** adv. altamente, notavelmente.
toppings [~z] s. (E. U. A.) sobremesa f.
topple [tɔpl] v. 1. cair para a frente, tombar. 2. derrubar, fazer cair. 3. inclinar-se para a frente, perder o equilíbrio.
   to ~ **down, to** ~ **over** tombar, derrubar.
tops [tɔps] adj. de primeira categoria, supremo.
topsail [tɔpsl, t'ɔpseil] s. (Náut.) vela f. de joanete.
top sawer s. 1. serrador m. que fica em cima da madeira. 2. (fig.) pessoa em posição superior.
top secret s. segredo muito importante m.
top sergeant s. (E. U. A.) primeiro sargento m.
topside [t'ɔpsaid] s. (Náut.) borda f. do navio (acima da linha da água).
topsoil [t'ɔpsɔil] s. flor da terra. ‖ v. tirar a camada superior do solo.
topsoiling [~iŋ] s. remoção f. da camada superior do solo.
topsy-turviness, topsy-turvydom s. trapalhada, confusão, mixórdia f.

topsy-turvy s. confusão, trapalhada, desordem f. ‖ v. virar de cabeça para baixo, de pernas para o ar, fazer confusão. ‖ adj. confuso, em desordem, de pernas para o ar. ‖ adv. às avessas, em confusão.
toque [touk] s. 1. toque m.: chapéu de senhora. 2. touca f. barrete m.
tor [tɔ:] s. rochedo pontudo, outeiro m.
torch [tɔ:tʃ] s. 1. tocha f., archote, tacho m. 2. maçarico m. 3. farolete m.
   electric ~ maçarico elétrico. **to carry a** ~ **for** (gíria) amar (alguém) sem ser correspondido.
torchbearer [t'ɔ:tʃbɛərə] s. 1. portador m. de archote. 2. líder espiritual m.
torchier [tɔ:tʃ'iə] s. lâmpada f. (iluminação indireta).
torch-fishing, torching [t'ɔ:tʃiŋ] s. pesca f. à luz de archotes.
torchlight [t'ɔ:tʃlait] s. luz f. de archote.
   to form a ~ **procession** fazer uma archotada.
torchon [t'ɔ:tʃən] s. pano m. de cozinha, trapo m.
   ~ **lace** renda de bilro.
torch song s. (Mús.) canção popular f. de amor não correspondido.
torcular [t'ɔ:kjulə] s. torniquete m. de cirurgião.
tore [tɔ:] v. imp. de **to tear.**
toreador [t'ɔriədɔ:] s. (espanhol) picador m.
torero [tər'eirou] s. (espanhol) toureiro, matador m.
toreutic [tər'u:tik] adj. torêutico.
toreutics [~s] s. pl. torêutica f.: arte de esculpir ou cinzelar, esp. em metal.
torment [t'ɔ:mənt] s. 1. tormento, suplício, sofrimento m., tortura f. 2. causa de tormento ou suplício, atormentador m. ‖ [tɔ:m'ent] v. atormentar, torturar, afligir, aborrecer.
tormenting [tɔ:m'entiŋ] adj. atormentador. ‖ **~ly** adv. de modo atormentador.
tormentor [tɔ:m'entə] s. 1. atormentador m. 2. grade f. para aplanar a terra.
tormentress [tɔ:m'entris] s. atormentadora f.
torn [tɔ:n] v. p. p. de **to tear.**
tornado [tɔ:n'eidou] s. **tornadoes** [~s] tufão, furacão m.
toroid [t'ɔ:rɔid] s. (Geom.) toróide m.
torose [tɔ:r'ous] **torous** [t'ɔ:rəs] adj. toroso, nodoso.
torpedo [tɔ:p'i:dou] s. 1. torpedo m. 2. mina submarina f. 3. mina terrestre f. 4. fulminante m. 5. torpedo m.: peixe-elétrico. ‖ v. torpedear.
   aerial ~ torpedo aéreo. ~ **boat** torpedeiro, barco torpedeiro. ~ **boat destroyer** contratorpedeiro. ~ **tube** tubo lança-torpedos.
torpedo-net s. (Náut.) rede pára-torpedos f.
torpid [t'ɔ:pid] adj. 1. entorpecido, dormente, adormecido. 2. inerte, apático. ‖ **~ly** 1. entorpecidamente. 2. apaticamente.
torpidity [tɔ:p'iditi], **torpidness** [t'ɔ:pidnis] s. torpor, entorpecimento m., inércia f.
torpify [t'ɔ:pifai] v. entorpecer.
torpor [t'ɔ:pə] s. torpor, entorpecimento m., insensibilidade, inércia f.
torporific [tɔ:pər'ifik] adj. que entorpece, que torna dormente.
torque [tɔ:k] s. 1. (Mec.) torque m.: a) força f. de torção. b) momento m. de torção. 2. (†) colar (de ouro) antigo m. usado pelos gauleses.
torqued [~t] adj. 1. torcido. 2. (Heráld.) ornado de grinalda ou coroa de flores.
torrefaction [tɔrif'ækʃən] s. torrefação f.
torrefy [t'ɔrifai] v. torrar, secar.
torrent [t'ɔrənt] s. 1. torrente, corrente f. 2. temporal, pé d'água m.
   ~s of rain chuva torrencial.
torrential [tɔr'enʃəl] adj. torrencial, impetuoso. ‖ **~ly**

adv. torrencialmente, impetuosamente.
~ rain chuva torrencial.
torrid [tɔrid] adj. tórrido, quente, ardente.
~ zone zona tórrida região tropical.
torridity [tɔr'iditi], **torridness** [t'ɔridnis] s. calor m., seca f.
torsade [t'ɔːseid] s. cordão torcido m.
torse [tɔːs] s. (Mat.) superfície helicoidal f.
torsi [t'ɔːsi] s. pl. = **torso.**
torsibility [tɔːsəb'iliti] s. qualidade do que pode ser torcido.
torsion [t'ɔːʃən] s. torcedura, torção f. (também Mec.).
torsion balance s. balança de torção f.
torsion spring s. mola de torção f.
torsional [~əl] adj. relativo à torção. ‖ **~ly** adv. de modo a torcer(-se).
torsionless [~lis] adj. sem torção.
torso [t'ɔːsou] s. tronco, busto, torso m. (de estátua ou de pessoa).
tort [tɔːt] s. (Jur.) delito (civil, não criminal) m., ofensa, injustiça f.
tort-feasor s. (Jur.) culpado m. de delito civil.
torticollis [t'ɔːtikɔlis] s. 1. (Pat.) torcicolo m. 2. sinuosidade f. 3. ambigüidade f.
tortile [t'ɔːtail] adj. torcido, curvado, enrolado.
tortility [tɔːt'iliti] s. tortuosidade, sinuosidade f.
tortious [t'ɔːʃəs] adj. prejudicial, injusto, injurioso. ‖ **~ly** adv. prejudicialmente ou injuriosamente. **~ act** ato injurioso.
tortoise [t'ɔːtəs] s. tartaruga (terrestre) f.
as slow as a ~ muito lento. **~ shell** 1. carapaça de tartaruga 2. de tartaruga.
tortulous [t'ɔːtjuləs] adj. moniliforme.
tortuosity [tɔːtju'ɔsiti] s. tortuosidade f.
tortuous [t'ɔːtjuəs] adj. 1. tortuoso, curvado, torcido. 2. traiçoeiro, dissimulado, desonesto. ‖ **~ly** adv. 1. tortuosamente. 2. traiçoeiramente.
tortuousness [~nis] s. tortuosidade f.
torture [t'ɔːtʃə] s. 1. tortura f. 2. suplício, tormento, sofrimento m. ‖ v. 1. torturar, atormentar. 2. torcer, alterar, desvirtuar.
to put s. o. to the ~ torturar alguém. **to be in ~** sofrer suplícios.
torturer [t'ɔːtʃərə] s. torturador, atormentador, algoz m.
torturingly [t'ɔːtʃəriŋli] adv. torturantemente.
torturous [t'ɔːtʃərəs] adj. 1. atormentador. 2. que torce, que altera a verdade.
torula [t'ɔrjula] s. tórula f.: 1. (Biol.) cadeia de bactérias esféricas. 2. (Bot.) gênero de fungos que causam a fermentação.
torus [t'ɔːrəs] s. tórulo m.: 1. (Bot.) tálamo. 2. (Anat.) saliência arredondada, tumefação.
Tory [t'ɔːri] s. pl. **Tories** 1. (Hist., Ingl.) partidário m. de Jaime II. 2. membro m. do partido conservador. ‖ adj. 1. relativo aos **Tories.** 2. conservador.
toryism [~izm] s. (Ingl.) princípios m. pl. dos **Tories,** partido conservador m.
tosh [tɔʃ] s. (gíria) bobagem, besteira f.
toss [tɔs] s. 1. lance, arremesso m. 2. sacudida, agitação f. 3. distância f. de um arremesso. 4. ação de atirar a cabeça para trás. ‖ v. 1. jogar para cima, lançar. 2. sacudir, abalar, agitar, balançar (especialmente navio). 3. levantar bruscamente, jogar, lançar (a cabeça) para trás. 4. agitar-se, debater-se 5. atirar uma moeda para o ar a fim de tirar à sorte.
not worth a ~ não vale um tostão. **he took a ~** ele foi jogado da sela. **to win the ~** ganhar a sorte (no jogo de cara ou coroa). **to ~ about**

jogar de cá para lá, agitar, agitar-se, sacudir-se.
to ~ off 1. derrubar, jogar no chão. 2. engolir às pressas. **to ~ up** tirar à sorte jogando uma moeda ao ar, jogo de cara ou coroa. **to ~ up for** jogar por. **the bull ~ed the dog** o touro atirou o cachorro para o ar. **to ~ the hay** virar o feno. **she ~ed her head** ela jogou a cabeça para trás. **they ~ed oars** levantaram os remos (como saudação). **it's a ~ up whether... or...** depende de sorte se... ou... **to be ~ed from post to pillar** ser empurrado de cá para lá.
tosser [t'ɔsə] s. jogador, lançador m., o que tira sorte com moeda.
tosspot [t'ɔspɔt] s. beberrão m.
toss-up s. 1. lance, jogo m. de cara ou coroa. 2. (fig.) acaso m., incerteza f., azar m.
tossy [t'ɔsi] adj. (gíria) arrogante.
tot [tɔt] s. 1. criancinha f. 2. coisa pequena ou insignificante f. 3. soma f., total m. 4. golinho, copinho m. ‖ v. somar, montar a.
to do ~s somar, adicionar. **to ~ up** somar.
total [toutl] s. total m., soma f. ‖ v. 1. somar, adicionar. 2. montar a, atingir um total de. ‖ adj. 1. total, inteiro. 2. completo. ‖ **~ly** adv. totalmente.
they ~led (~ed) 100 men eram ao todo 100 homens. **to ~ up** to ascender a. **he's a ~ loss** ele é um fracasso. **~ war** guerra total. **~ abstinence** abstinência total de bebidas alcoólicas.
totalitarian [toutælit'ɛəriən] s. adepto m. do regime totalitário. ‖ adj. totalitário.
totalitarianism [~izm] s. (Pol.) totalitarismo m.: sistema de governo totalitário.
totality [tout'æliti] s. totalidade, soma f.
totalization [toutəlaiz'eiʃən] s. totalização f.
totalizator [t'outəlaizeitə] s. 1. totalizador m. 2. máquina de cômputo das apostas no "pari mutuei".
totalize [t'outəlaiz] v. 1. totalizar, completar. 2. somar. 3. apostar no totalizador (corrida de cavalos).
totalizer [~ə] s. totalizador m.
total recall s. memória perfeita f.
tote [tout] s. 1. (E. U. A., coloq.) carga f., ato de carregar. 2. abr. de **totalizator.** ‖ v. carregar, transportar.
to ~ fair agir com eqüidade.
totem [t'outəm] s. totem m.
totemic [tout'emik] adj. totêmico. ‖ **~ally** adv. como totem.
totemism [t'outəmizm] s. totemismo m.
totem pole s. poste m. em que totens são talhados ou pendurados.
tote-road s. estrada f. para veículos pesados.
tother, t'other [t'ʌðə] adj. + pron. contração de **that other, the other** o outro, a outra.
to tell ~ from which gíria de **to tell the one from the other** distinguir um do outro.
totipalmate [toutip'ælmət] adj. pertencente às totipalmas.
totitive [t'outitiv] s. (Mat.) o menor de dois números primos entre si.
totter [t'ɔtə] s. cambaleio, bamboleio m. ‖ v. 1. cambalear, bambolear, titubear. 2. agitar, tremer.
the house ~s a casa estremece. **to ~ to its fall** aproximar-se da sua ruína. **he ~ed to his feet** ele levantou-se cambaleando.
totterer [~rə] s. o que cambaleia ou treme m.
tottering [~riŋ] adj. vacilante, cambaleante. ‖ **~ly** adv. vacilantemente, de maneira cambaleante.
tottery [~ri] adj. cambaleante, titubeante, vacilante.
toucan [t'uːkæn] s. (Ornit.) tucano m.
touch [tʌtʃ] s. 1. toque m. 2. tato m. 3. contato m., apalpadela f. 4. detalhe, vestígio, traço, saibo m.,

feição f., caráter m. 5. relação f., contato m. 6. toque m., modo de tocar um instrumento. 7. qualidade f. 8. prova f. de qualidade, ensaio m. 9. pequena quantidade f., pingo m. 10. acesso, ligeiro ataque m. 11. toque m. de pincel, mão f. 12. pancadinha. 13. modo de agir, comportamento m. ‖ v. 1. tocar, apalpar, pegar em, pôr em contato, encostar uma coisa na outra. 2. alcançar, esbarrar, atingir, roçar. 3. estar em contato, tocar-se, entrar em contato. 4. estar adjacente. 5. bater levemente, tocar (instrumento). 6. (Geom.) tangenciar. 7. ferir, prejudicar. 8. afetar, comover, impressionar, irritar. 9. colorir, matizar, manchar, marcar. 10. relacionar-se, concernir. 11. referir-se, tratar de. 12. usar, tocar (comida bebida), ingerir. 13. alcançar, atingir (em qualidade). 14. parar em, fazer escala, aportar. 15. receber dinheiro, (gíria) emprestar ou pedir dinheiro emprestado.
a ~ of blue (fig.) um tom azulado. **a fine ~** (fig.) um bom traço (de caráter). **a happy ~** (fig.) uma mão feliz. **with sure ~** (fig.) com golpe seguro. **the Nelson ~** (fig.) à maneira como Nélson teria agido (neste caso). **he gave the finishing ~(es) to it** (fig.) ele deu os últimos retoques. **it has a soft ~** é macio ao tato. **to stand the ~** (fig.) agüentar a prova. **at a ~** por simples contato. **to get in ~ with** entrar em contato com. **out of ~ with** sem contato ou relações com. **cold to the ~** frio ao tato. **put it to the ~!** ponha-o à prova. **to ~ wood** bater na madeira. **~ wood!** bata no pau! **to ~ bottom** 1. (fig.) investigar profundamente. 2. chegar ao nível mais baixo. **it ~es twenty feet** tem justamente vinte pés de altura. **~ glasses!** toquem os copos! **he ~ed his hat to him** ele cumprimentou-o. **they that ~ pitch will be defiled** quem mexe piche se suja. **nothing can ~ this plane for speed** nada como este avião em velocidade. **that ~es the pocket** isto é muito caro. **to ~ down** (futebol americano) colocar a bola no chão atrás do gol. **he ~ed off the scene in a few strokes** ele desenhou a cena com poucos traços. **he was ~ed to the heart, he was ~ed to the quick** ele ficou profundamente comovido. **to ~ up** melhorar, retocar (fotografia), acelerar, apressar. **the plants were ~ed with frost** as plantas sofreram com a geada. **I was ~ed with pity** fiquei comovido de dó. **extremes ~ extremos** se tocam. **to ~ at** (Náut.) atracar, aportar em. **to ~ upon** tocar, formar limite com. **they ~ed upon the matter** eles tocaram no assunto.

touchable [t'ʌtʃəbl] adj. que pode ser tocado, palpável.

touch-and-go s. 1. ação f., movimento rápido m. 2. estado m. de incerteza, situação arriscada f. ‖ adj. arriscado, incerto, perigoso.
the ~ of city traffic o movimento do tráfego urbano. **it was a ~ business** foi um negócio arriscado.

touched [tʌtʃt] adj. 1. emocionado, comovido. 2. (gíria) maluco, tantã. 3. estragado (carne).
he is a little ~ ele é meio tantã.

toucher [t'ʌtʃə] s. 1. (milit.) tiro certeiro m. 2. o que toca. 3. triz m.
as near as a ~ por um triz. **a near ~ escape** por um fio.

touchhole [t'ʌtʃhoul] s. ouvido (de arma de fogo) m.

touchiness [t'ʌtʃinis] s. sensibilidade, irritabilidade f.

touching [t'ʌtʃiŋ] adj. tocante, comovente, patético. ‖ prep. concernente, com respeito a, sobre. ‖ **~ly** adv. de modo patético, comovedoramente.

touchingness [~nis] s. sensibilidade, emoção f.

touchline [t'ʌtʃlain] s. (Futeb.) linha lateral f.

touch-me-not s. (Bot.) não-me-toques m.

touchstone [t'ʌtʃstoun] s. pedra f. de toque.

touchwood [t'ʌtʃwud] s. isca f. de madeira podre (p. lume).

touchy [t'ʌtʃi] adj. 1. sensível, melindroso, irritável. 2. delicado. ‖ **–ily** adv. 1. irritavelmente. 2. delicadamente.

tough [tʌf] s. (E. U. A., gíria) valentão, brigão m. ‖ adj. 1. flexível, elástico. 2. resistente, rijo, robusto. 3. consistente, duro. 4. forte, vigoroso. 5. difícil, árduo. 6. desagradável, espinhoso, ruim. 7. renitente, cabeçudo, obstinado, tenaz. 8. severo, violento. 9. (E. U. A.) desordeiro, brutal. ‖ **~ly** adv. fortemente, duramente, resistentemente, dificilmente, etc.
~ customer homem grosseiro.

toughen [~n] v. endurecer, fortalecer, enrijar(-se).

toughish [t'ʌfiʃ] adj. endurecido, um pouco rijo.

tough-minded adj. 1. realista. 2. duro, vigoroso.

toughness [t'ʌfnis] s. 1. dureza, resistência f. 2. obstinação f.

toupee [t'u:pei] s. topete postiço m.

tour [t'uə] s. 1. viagem f., circuito, roteiro m. 2. viagem f., de turismo, excursão f., passeio m. 3. (milit.) turno, plantão, tempo m. de serviço. ‖ v. 1. viajar, excursionar. 2. viajar através de, fazer um circuito. 3. dar uma volta.
~ of inspection viagem de inspeção. **~ of Spain** viagem através da Espanha. **~ of the town** volta pela cidade. **circular ~** circuito de viagem. **foreign ~** viagem ao estrangeiro. **the grand ~** a viagem (educativa) pela Europa. **to ~ about** viajar para lá e para cá, passear. **we ~ed Brazil** viajamos pelo Brasil.

tourer [~rə] s. carro m. de viagem (também **touring-car**), carro aberto m.

tourism [~rizm] s. turismo m.

tourist [~rist] s. turista, excursionista m. + f.
~ agency agência de turismo. **~ class** classe econômica, turista. **~ ticket** bilhete de excursão.

tourmaline [t'uəməlin] s. (Miner.) turmalina f.

tournament [t'uənəmənt] s. torneio m., competição f.

tourney [t'uəni] s. torneio m., competição (hípica) f. ‖ v. competir num torneio, justar.

tourniquet [t'uəniket] s. (Med.) torniquete m.

tousle [t'auzl] s. 1. traquinas m. + f. 2. emaranhado m. de cabelo, etc. ‖ v. 1. desarranjar, amarrotar, desgrenhar, desguedelhar, amassar. 2. jogar, espalhar, pôr em desordem.

tously [~i], **tousy** [t'auzi] adj. desgrenhado, desguedelhado, emaranhado, desmazelado.

tout [taut] s. 1. angariador m. 2. palpiteiro m. 3. galopim eleitoral m. ‖ v. 1. angariar, catar, procurar fregueses. 2. (gíria) espiar, observar secretamente. 3. obter ou dar informações (sobre cavalos de corrida). 4. elogiar em demasia.

touter [t'autə] s. 1. angariador, o que cata fregueses m. 2. palpiteiro m. para apostas em jogos.

tow [tou] s. 1. reboque m.: a) ato ou efeito de rebocar. b) o que é rebocado. c) cabo, corrente usada para puxar ou rebocar. 2. sirga f., estopa, fibra bruta f. de cânhamo ou de linho. ‖ v. rebocar, sirgar. ‖ adj. feito de estopa, de linho ou de cânhamo.
to have s. o. in ~ influenciar, dominar alguém.

towage [t'ouidʒ] s. 1. reboque m.: ato de rebocar. 2. taxa f. de reboque.

toward [t'ouəd] também **towardly** adj. (†) 1. favorável, prometedor. 2. apto., dócil. 3. próximo, vindouro, perto.
there is a feast ~ uma festa está prestes a realizar-se. **~ly mood** disposição aquiescente.

towardness [t'ouwədnis] s. docilidade, aquiescência, presteza f.

towards [təw'o:dz, tɔ:dz] também **toward** [tɔ:d] prep. (quadro P 9). 1. para, em direção a, rumo a. 2. com respeito o, concernente, sobre. 3. perto, próximo. 4. para, a fim de. **we live ~ the garden** moramos para o lado do jardim. **your attitude ~ slavery** sua atitude com respeito à escravidão. **my contribution ~ the expenses** minha contribuição para as despesas. **~ a hundred** aproximadamente cem. **~ midnight** pela meia-noite, quase meia-noite.

towboat [t'oubout] s. rebocador m.

towel [t'auəl] s. toalha f. (quadro B 3). ‖ v. 1. enxugar com toalha. 2. (gíria) surrar, sovar.
oaken ~ porrete. **roller ~** toalha rolante. **rough ~** toalha felpuda. **sanitary ~** pano higiênico.

toweling, towelling [t'auəliŋ] s. 1. pano m. para toalhas. 2. (gíria) surra, sova f.

tower (I) [t'ouə] s. aquele que sirga, aquele que reboca.

tower (II) [t'auə] s. 1. torre f. (quadro B 23). 2. fortaleza, cidadela f., castelo m. 3. (fig.) defesa, proteção f. ‖ v. 1. elevar-se, subir, ascender. 2. estar sobranceiro.
Tower of Babel = babel. the Tower of London a Torre de Londres. **a ~ of strength** um forte apoio. **to ~ above** elevar-se sobre, dominar.

towered [t'auəd] adj. guarnecido de torres.

towering [t'auəriŋ] adj. 1. muito alto, muito grande. 2. muito violento. 3. altaneiro.

towhead [t'ouhed] s. 1. cabelos louros. 2. pessoa de cabelos louros.

towing [t'ouiŋ] s. sirgagem f., reboque m.

towline [t'oulain], **towrope** [t'ouroup], **towing rope** s. cabo m., corda f. de rebocador, sirga f.

town [t'aun] s. 1. cidade f. 2. habitantes m. pl. de uma cidade. ‖ adj. relativo u cidade, característico de cidade, municipal.
the ~ of Dartford a cidade de Dartford. **a man about ~** um citadino, um folgazão. **~ and gown** (Oxford e Cambridge) os cidadãos e os estudantes. **in ~** na cidade. **in this part of ~** (E. U. A.) nesta parte da cidade. **to go down~** (E. U. A.) ir à cidade (para fazer compras, etc.). **out of ~** em viagem, fora de Londres. **to go up to ~** ir para Londres. **to be the talk of the ~** ser o assunto da conversa na cidade. **~ clerk** secretário municipal. **~ council** câmara municipal. **~ councillor** vereador, conselheiro municipal. **~ crier** pregoeiro público. **~ hall** prefeitura, câmara municipal. **~ house** casa da cidade. **~ light** (automóvel) luz baixa. **~ major** delegado policial (duma cidade). **~ planning** urbanismo, planejamento de cidades. **~ talk** assunto do dia na conversa duma cidade.

townee [taun'i:] s. (gíria estudantil) cidadão, filisteu m.

townish [t'auniʃ] adj. da cidade, urbano.

townlet [t'aunlit] s. cidade pequena, vila f.

townscape [t'aunskeip] s. 1. cenário urbano m. 2. urbanismo m.

townsfolk [t'aunzfouk] s. habitantes m. pl. da cidade.

township [t'aunʃip] s. 1. distrito municipal m. 2. municipalidade f. 3. (E. U. A.) município m.

townsman [t'aunzmən] s. cidadão, homem m. da cidade.
fellow ~ 1. concidadão. 2. (Universidade) cidadão, filisteu.

townspeople [t'aunzpi:pl] s. população f. da cidade.

townward [t'aunwəd] adj. + adv. em direção à cidade.

townwards [t'aunwədz] adv. para a cidade.

towpath [t'oupa:θ] s. caminho m. de sirga.

tow truck s. (Autom.) guincho m.

towy [t'oui] adj. como estopa, como cânhamo.

toxaemia, toxemia [tɔks'i:miə] s. (Med.) toxemia f.

toxic [t'ɔksik] adj. tóxico. **~ally** adv. toxicamente.

toxicant [~ənt] s. tóxico, veneno m. ‖ adj. tóxico, venenoso.

toxication [tɔksik'eiʃən] s. intoxicação f., envenenamento m.

toxicity [tɔks'isiti] s. toxicidade f

toxicological [tɔksikəl'ɔdʒikəl] adj. toxicológico. ‖ **~ly** adv. toxicologicamente.

toxicologist [tɔksik'ɔlədʒist] s. toxicólogo m.

toxicology [tɔksik'ɔlədʒi] s. toxicologia f.

toxicomania [tɔksikəm'einiə] s. toxicomania f.

toxicosis [tɔksik'ousis] s. toxicose f.

toxin [t'ɔksin] s. toxina f., substância tóxica ou venenosa.

toxin-antitoxin s. (Med.) toxina-antitoxina f.

toxiphobia [tɔksif'oubiə] s. toxifobia f.

toxoid [t'ɔksɔid] s. (Med.) toxóide m., anatoxina f.

toxophilite [tɔks'ɔfilait] s. arqueiro m., aquele que gosta de atirar com arco e flecha.

toy [t'ɔi] s. 1. brinquedo m. 2. ninharia, bagatela f. 3. coisinha, bugiganga f. ‖ v. brincar, divertir-se, jogar. ‖ adj. como brinquedo.
~s brinquedos. **~ dog** cachorrinho de colo. **~ soldier** soldadinho de chumbo. **he ~ed with the idea** ele cogitou, brincou com a idéia.

toy-dealer s. vendedor m. de brinquedos.

toyer [~ə] s. brincador, brincalhão m.

toyish [~iʃ] adj. como brinquedo.

toyshop [~ʃɔp] s. loja f. de brinquedos.

toy-theatre s. teatro m. de bonecas.

trabeate [tr'eibieit], **trabeated** [~id] adj. (Arquit.) feito de vigas, provido de entablamento.

trabeation [treibi'eiʃən] s. entablamento m.

trace (I) [treis] s. tirante m. (peça do arreio) (quadro H 2).
to kick over the ~s exceder-se, perder o controle.

trace (II) [treis] s. 1. rasto m., pegada, trilha, pista f. 2. sinal, vestígio, indício, resto m. 3. traço m. 4. desenho, traçado m. 5. planta baixa f. ‖ v. 1. seguir pelo rasto, localizar. 2. investigar, descobrir. 3. seguir o curso de. 4. observar. 5. reconhecer, determinar. 6. traçar, delinear, esboçar, desenhar. 7. copiar (seguindo as linhas do original), decalcar. **no ~ of danger** nenhum traço de perigo. **to ~ back** seguir o passado. **to ~ down** descobrir.

traceability [~əb'iliti], **traceableness** [tr'eisəblnis] s. qualidade do que é localizável, traçável, etc.

traceable [tr'eisəbl] adj. determinável, provável. ‖ **~bly** adv. determinavelmente.

trace element s. (Bioquím.) microelemento m.

traceless [tr'eislis] adj. sem traço, sem vestígio.

tracer [tr'eisə] s. 1. investigador m. 2. copiador m., desenhista m. + f. 3. traçador, riscador, tira-linhas m. 4. (E. U. A.) ofício circular m. para localizar pessoa ou coisa desaparecida. 5. projetil luminoso m. (também **~ bullet**). 6. (Quím. e Fís.) elemento radioativo m., localizável em processos biológicos.

traceried [~rid] adj. (Arquit.) esculpido.

tracery [~ri] s. escultura f. em pedra, ornato m.

trachea [trək'i:ə] s. pl. **tracheae** [-ki:i] traquéia f.

tracheal [~l], **trachean** [~n] adj. traqueano, traqueal.

tracheocele [tr'eikiəsi:l] s. (Med.) traqueocele f.: tumor na traquéia, bócio.

tracheotomy [træki'ɔtəmi] s. (Med.) traqueotomia f.: incisão na traquéia.

trachitis [trək'aitis] s. traqueíte f.: inflamação na traquéia.

trachoma [trək'oumə] s. (Med.) tracoma m.

trachyte [tr'ækait] s. (Miner.) traquito m.
trachytic [trək'itik] adj. (Miner.) traquítico.
tracing [tr'eisiŋ] s. 1. cópia f. 2. desenho, traçado m.
~. paper papel transparente para copiar.
track [træk] s. 1. rasto m., pegada, pista f. 2. trilho
m., sulco m. ou marca f. de roda. 3. caminho,
trilho m. (quadro S 13), estrada, rota f. 4. conduta,
rotina f. 5. estrada f. de ferro, linha férrea, esteira,
lagarta f. 6. pista f. (de corrida). 7. ranhura f.
em um disco de vitrola. ‖ v. 1. deixar impressões,
rasto. 2. seguir rasto. 3. localizar. 4. rebocar.
width of the ~ bitola da linha férrea. **the beaten** ~
1. o caminho pisado. 2. (fig.) o velho costume.
the train left the ~ o trem descarrilhou. **they left
their** ~s deixaram seus rastos. **we lost** ~ **of him**
perdemo-lo de vista. **he made** ~s **for** 1. ele diri-
giu-se para. 2. (gíria) ele fugiu para. **in the** ~ **of**
seguindo o exemplo de. **off the** ~ 1. fora dos
trilhos. 2. no caminho errado. **off the beaten** ~
longe das estradas largas. **on** ~ em viagem. **on
the** ~ **of** nas pegadas de. **~ed vehicle** trator sobre esteiras. **to** ~ **down** ir no encalço de. **to** ~
out descobrir.
track and field s. esportes m. pl. de salão e campo.
trackage [tr'ækidʒ] s. 1. extensão f. de linha férrea.
2. direito m. de usar as linhas de outra companhia
de estradas de ferro. 3. rebocadura, sirgagem f.
trackclearer [tr'ækkliərə] s. limpa-trilho m.
tracker [tr'ækə] s. 1. perseguidor m. 2. cão m. de
caça.
tracking station s. (Aer.) estação f. de rasteamento.
trackless [tr'æklis] adj. 1. sem vestígio, sem rasto.
2. sem caminho, não pisado. ‖ **~ly** adv. inviamente.
tracklessness [~nis] s. qualidade do que é ínvio.
trackman [tr'ækmən], **~walker** [~wɔ:kə] s. (Estr.
de F.) encarregado m. da· manutenção da via permanente.
track man s. (Esp.) atleta m. de salão e campo.
tract (I) [trækt] s. 1. área, região, extensão f., trecho,
trato, espaço m. 2. (Med.) trato m. 3. período m.
~ **of swamp** região pantanosa. **digestive** ~ (Med.)
trato digestivo.
tract (II) [trækt] s. tratado, panfleto m.
tractability [~əb'iliti] s. docilidade, manejabilidade. f.
tractable [tr'æktəbl] adj. tratável, dócil, afável,
manejável, dúctil. ‖ **-bly** adv. docilmente.
tractate [tr'ækteit] s. tratado, estudo m., obra f.
tractile [tr'æktail] adj. dúctil, esticável.
tractility [trækt'iliti] s. ductilidade f.
traction [tr'ækʃən] s. 1. tração f. 2. ação de puxar,
de esticar. 3. (Med.) contração f. 4. (Téc.) força
de tração, tensão f. 5. transporte m. por tração,
locomoção f. 6. fricção f., atrito m.
traction engine s. caminheira f., trator m.
traction wheel s. roda motriz f.
tractional [tr'ækʃənəl], **tractive** [tr'æktiv] adj. de
tração, tratório, relativo à tração.
tractive power força de tração.
tractor [tr'æktə] s. 1. trator m. (quadro H 5). 2.
hélice f. de tração.
~ **plane** avião provido de hélice de tração. ~
plough arado motorizado.
tractor-trailer s. (Autom.) reboque de trator m.
trade [treid] s. 1. comércio, negócio, intercâmbio m.
de mercadorias. 2. negócio m., pechincha f. 3.
tratado comercial m. 4. ofício m., profissão,
ocupação, arte f. 5. ramo (de negócio) m. 6.
tráfico m. 7. movimento comercial m. ‖ v. 1.
comerciar, negociar, comprar e vender. 2. trocar,
intercambiar, cambiar, transportar mercadorias.

3. negociar, pechinchar. 4. fazer negociatas políticas.
the ~s, the ~ **winds** os ventos alísios. ~ **show**
pré-estréia. ~ **of barter** comércio à base de troca. **the book** ~ o comércio livresco. **Board of
Trade** 1. (Inglaterra) Ministério do Comércio. 2.
(E. U. A.) Câmara do Comércio. **foreign** ~ comércio exterior. **home** ou **domestic** ~ comércio nacional. ~ **and industry** comércio e indústria. **he
does a good** ~ ele faz bons negócios. **they drove
(carried on) a roaring** ~ o negócio deles estava
florindo, estava próspero. **he is a locksmith by** ~
ele é serralheiro profissional. **he is in** ~ ele é comerciante. **to sell to the** ~ vender por atacado,
vender a revendedores. **to** ~ **in s. th.** negociar com
ou em alguma coisa. **to** ~ **(up) on** explorar, tirar
proveito de, especular.
trade board s. junta comercial f.
trade fair s. feira f.
trade hall s. sede f. de associação comercial.
trade-in s. (E. U. A.) objeto m. dado como sinal ou
parte de pagamento.
trade journal s. jornal de comércio específico m.
trademark [t'reidma:k] s. marca registrada f., marca f. de fábrica.
trade name s. nome comercial, nome m. de firma.
trader [tr'eidə] s. 1. comerciante, negociante m. + f.
2. navio mercante m.
trade route s. rota comercial f.
trade secret s. segredo m. de fabricação.
tradesfolk [tr'eidzfoulk], **tradespeople** [–pi:pl] s. negociantes, comerciantes m. + f. pl.
tradesman [tr'eidzmən] s. 1. negociante, lojista,
varejista m. 2. artífice m.
tradeswoman [tr'eidzwumən] s. mulher negociante f.
trade union s. sindicato m.
trade unionist s. membro m. de um sindicato.
trade wind s. (Náut.) vento alísio m.
trading [tr'eidiŋ] s. comércio, negócio m. ‖ adj. mercantil, comercial.
~ **company** sociedade mercantil. ~ **stamp** (E. U. A.)
bônus correspondente a um desconto.
tradition [trəd'iʃən] s. 1. tradição f. 2. costume m.
3. princípios religiosos m. pl. 4. (Jur.) extradição f.
traditional [~əl] adj. tradicional, costumeiro. ‖ **~ly**
adv. tradicionalmente.
traditionalism [~əlizm] s. tradicionalismo m.
traditionalist [~əlist] s. tradicionalista m. + f.
traditionalistic [~əl'istik] adj. tradicionário.
traditionary [~əri] adj. tradicional, tradicionário.
traduce [trədj'u:s] v. difamar, desacreditar, caluniar.
traducer [~ə] s. difamador, caluniador m.
traducingly [~iŋli] adv. caluniadoramente, difama-
doramente.
traduction [trəd'ʌkʃən] s. 1. transição, transposição
(de idéias) f. 2. difamação f.
traffic [tr'æfik] s. 1. tráfico, tráfego, movimento, trânsito m. 2. comércio, negócio m. 3. barganha f. 4.
transporte m. ‖ v. negociar, comerciar, traficar, barganhar.
heavy ~ trânsito intenso, movimento grande.
white-slave ~ tráfico das brancas, escravatura
branca. ~ **regulations** regulamento do trânsito.
short distance ~ tráfico de curta distância.
~ **manager** inspetor de transporte. ~ **returns** estatística de movimento. ~ **sign** sinal de tráfego
(quadro R 4). **to** ~ **away** vender, negociar, barganhar.
traffic circle s. anel viário m.
trafficker [~ə] s. 1. comerciante, negociante m. + f.
2. traficante, barganhista m. + f. 3. (fig.) bisbilhoteiro m., intrigante m. + f.

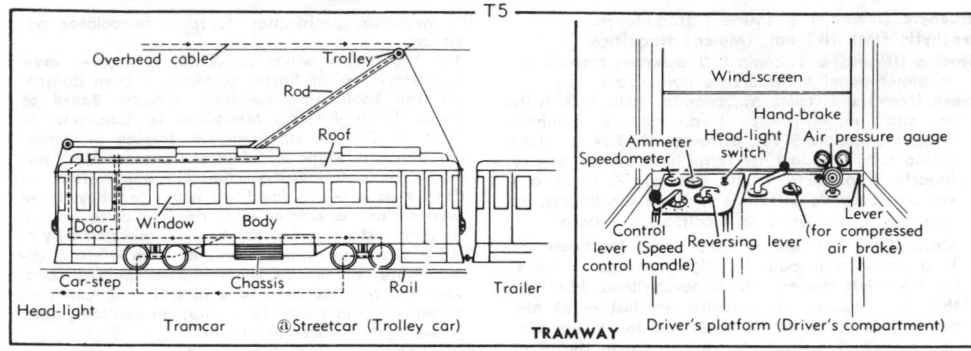

T5

Overhead cable — Trolley

Rod

Roof

Door — Window — Body

Car-step — Chassis — Rail

Head-light

Tramcar — ⓐStreetcar (Trolley car)

Wind-screen

Hand-brake

Ammeter — Head-light — Air pressure gauge
Speedometer — switch

Lever
Control — (for compressed
lever (Speed — Reversing lever — air brake)
control handle)

TRAMWAY — Driver's platform (Driver's compartment)

Trailer

trafficless [~lis] adj. sem movimento, sem comércio, desanimado.
traffic light s. sinal luminoso, semáforo m.
tragacanth [tr'ægəkænθ] s. 1. tragacanto m. 2. goma alcantira f.
tragedian [trədʒ'i:diən] s. 1. ator m. de tragédias. 2. escritor m. de tragédias.
tragedienne [trədʒidi'en] s. atriz trágica f.
tragedy [tr'ædʒidi] s. 1. (Teat.) drama m. 2. acontecimento trágico m.
tragic [tr'ædʒik], **tragical** [~əl] adj. trágico: 1. dramático. 2. triste, funesto, calamitoso. ‖ ~ally adv. tragicamente.
tragicalness [~əlnis] s. calamidade, desgraça f.
tragi-comedy s. tragicomédia f.
tragicomic [trædʒik'ɔmik], **tragicomical** [~əl] adj. tragicômico. ‖ ~ally adv. tragicomicamente.
trail [treil] s. 1. cauda f., (também de vestido). 2. rasto, traço, vestígio, faro, cheiro m. 3. trilho m., trilha, picada f. 4. canteiro f. de canhão. ‖ v. 1. puxar, arrastar. 2. arrastar-se, ser arrastado. 3. seguir, seguir a fila. 4. deixar rasto. 5. andar lentamente, rastejar-se. 6. rastejar (caça). 7. pisar (grama) para abrir trilho. 8. diminuir aos poucos. 9. trepar (planta).
~ of steam nuvem de fumaça. **on your ~** no seu rasto. **to ~ on** continuar arrastando-se.
trailblazer [tr'eilbleizə] s. pioneiro, bandeirante m.
trailer [tr'eilə] s. 1. o que segue um rasto. 2. planta rasteira f. 3. (E. U. A.) reboque m. (quadro T 5). 4. (E. U. A.) carro m. de moradia rebocado por automóvel. 5. (Cin.) trechos m. pl. de filmes.
trailer camp s. área f. de acampamento.
trailing [tr'eiliŋ] adj. rastejador.
~ edge (Téc.) bordo de fuga. **~ net** rede de arrasto. **~ wheel** roda de arrasto (automóvel, locomotiva).
train [trein] s. 1. (Estr. de F.) trem m. 2. fileira f., comboio m. de carros, etc. 3. série, sucessão, continuação f. 4. seqüência f. 5. (Mec.) trem m. de engrenagens, de rodas, trem de laminação. 6. cauda f. (quadro C 13), rabo m. 7. comitiva f., séqüito, préstito m. 8. rastilho m. de pólvora, etc. ‖ v. 1. criar, educar, ensinar, adestrar, treinar. 2. (milit.) exercitar, instruir. 3. treinar, fazer exercícios. 4. apontar (artilharia) (on para). 5. colocar em certa posição, puxar (plantas). 6. ir de trem.
railway ~ trem de estrada de ferro. **he caught his ~** ele pegou seu trem. **~ of thought** seqüência de idéias. **to take a ~** tomar um trem. **to go by (a) ~** viajar de trem. **it brings s. th. in its ~** tem alguma coisa como conseqüência. **to put in ~** pôr em marcha. **on the ~** no trem. **to ~ fine** treinar cuidadosamente a fim de garantir boa

forma. **he was ~ed to architecture, he was ~ed for an architect** ele estudou arquitetura. **~d nurse** enfermeira diplomada. **well ~ed** bem educado. **we ~ed to Dartford** fomos de trem para Dartford. **he ~ed it** ele viajou (este trajeto) de trem.
trainable [tr'einəbl] adj. que pode ser treinado.
trainband [tr'einbænd] s. milícia f. (séc. XVI a XVIII).
trainee [trein'i:] s. estagiário m.
trainer [tr'einə] s. treinador, instrutor, educador m.
train-ferry s. barca f. de passagem para trens.
training [tr'einiŋ] s. treino m., instrução, educação f. ‖ adj. de treino, de instrução.
~ college escola normal. **~ ship** (Náut.) navio escola.
training table s. (Esp.) mesa de refeição f. na concentração, com cardápio selecionado.
train oil s. óleo m. de baleia.
train resistance s. resistência f. à tração.
train road, train way s. (Estr. de F.) linha provisória f.
train service s. comunicação ferroviária f., trânsito ferroviário m.
train staff s. (Estr. de F.) pessoal m. do trem.
traipse [treips] v. (coloq.) passear, vadiar.
trait [treit] s. traço (característico) m., feição peculiaridade f.
traitor [tr'eitə] s. traidor m.
he became a ~ to his country ele traiu sua pátria.
traitorous [~rəs] adj. traidor, traiçoeiro. ‖ ~ly adv. traiçoeiramente.
traitorousness [~rəsnis] s. traição, perfídia f.
traitress [tr'eitris] s. traidora f.
traject [tr'ædʒikt] s. 1. balsa, barca f. de passagem. 2. passagem f. (de balsa). 3. trajeto m. ‖ [traedʒ'ekt] v. passar, transmitir (pensamento).
trajectory [trədʒ'ektəri] s. (Aer., Geom.) trajetória f.
flat ~ fire (milit.) tiro raso.
tram [træm] s. 1. (Inglaterra também **tram-car**) bonde m. (quadro T 5). 2. carril m. 3. vagonete, carro m. para o transporte de minérios. ‖ v. 1. viajar de bonde. 2. locomover o vagonete.
~ road trilho para vagonete. **~ head** ponto final de bonde. **~ line** trilho de bonde, linha de bonde. **~ rail** trilho de bonde.
trammel [tr'æməl] s. 1. rede fina f. para pescar ou pegar pássaros, tresmalho m. 2. gancho m. para segurar caldeiras em cima do fogo. 3. maniota, peia, algema f. para animais. 4. compasso m. para desenhar elipse. 5. cintel m., compasso de vara. 6. (geralmente ~s pl.) embaraço, obstáculo, impedimento m. ‖ v. algemar, prender, impedir, embaraçar, maniatar, pear.
trammelled [~d] adj. 1. embaraçado, preso, algemado. 2. com as patas de um lado malhadas

(cavalo).
cross-~ malhado em patas dianteiras e traseiras opostas.
trammeller [~ə] s. 1. aquele ou aquilo que maniata. 2. pescador m. que pesca com tresmalho.
trammel net s. tresmalho m.
tramontane [træm'ɔntein] s. 1. transmontano, estrangeiro m. 2. transmontana f. ‖ adj. 1. transmontano, estrangeiro. 2. bárbaro.
tramp [træmp] s. 1. ruído m. de andar pesado, passo m. pesado e firme. 2. caminhada longa e estafante, marcha, viagem f. a pé. 3. vagabundo, mendigo, itinerante m. 4. navio m. que aporta e pega carga onde puder. ‖ v. 1. andar com passos pesados. 2. pisar ruidosamente. 3. andar, caminhar, marchar, viajar a pé. 4. levar vida itinerante. 5. vagabundear, vaguear.
on the ~ 1. em viagem a pé. 2. vagabundeando.
~ shipping navegação sem rota ou linha estabelecida. **Ocean ~** vapor que pega carga onde pode.
tramper [tr'æmpə] s. 1. pisador m. 2. vagabundo, vadio m. 3. artesão itinerante m.
trample [tr'æmpl] s. ato ou barulho m. de pisar, tropel m., marcha pesada f. ‖ v. 1. pisar pesadamente, esmagar, calcar. 2. pisar. 3. tratar cruelmente, maltratar.
~ under foot pisar, arrasar, atropelar. **~ to death** esmagar, pisar até morrer. **to ~ upon s. o.** pisar, maltratar alguém.
trampler [tr'æmplə] s. o que pisa, atropelador m.
trampling [tr'æmpliŋ] s. tropel, barulho m. de passos.
trampoline [træmpəl'i:n] s. trampolim m.
tramway [tr'æmwei] s. = **tram** s. 1 e 2.
trance [tra:ns] s. 1. inconsciência f. 2. transe, êxtase, enlevo m. 3. emoção f., pasmo m. ‖ v. 1. extasiar, encantar. 2. hipnotizar.
trancedly [tr'a:nsdli] adv. extasiadamente.
tranquil [tr'æŋkwil] adj. tranqüilo, calmo, sossegado, plácido. ‖ **~ly** adv. tranqüilamente.
tranquility [træŋkw'iliti] s. tranqüilidade, calma, placidez f.
tranquilization [træŋkwilaiz'eiʃən] s. acalmação f.
tranquilize [tr'æŋkwilaiz] v. tranqüilizar(-se).
tranquilizer [~ə] s. 1. tranqüilizador m. 2. (Farmac.) sedativo m.
tranquilness [tr'æŋkwilnis] s. tranqüilidade f.
transact [trænz'ækt, træns'ækt] v. 1. realizar, efetuar 2. tratar de. 3. conduzir, gerir. 4. negociar.
transaction [trænz'ækʃən] s. 1. negócio m., transação, operação f. 2. negociação f., procedimento, tratado m. 3. (Jur.) ajuste m.
~s 1. negociações. 2. protocolos de convênio, ata.
transactor [trænz'æktə] s. 1. negociador m. 2. parlamentário m.
transalpine [trænz'ælpain] adj. transalpino.
transatlantic [trænzætl'æntik] adj. transatlântico.
~ flight vôo transatlântico.
transcalent [trænsk'eilənt] adj. diatérmico.
transceiver [træns'i:və] s. (Rádio) aparelho m. de recepção e transmissão.
transcend [træns'end] v. 1. transcender, exceder. 2. superar, ultrapassar.
transcendence [træns'endəns], **transcendency** [~i] s. transcendência, excelência, sublimidade f.
transcendent [træns'endənt] s. aquilo que é transcendente. ‖ adj. transcendente, excelente, superior, muito elevado. ‖ **~ly** adv. transcendentalmente.
transcendental [trænsend'entəl] s. concepção transcendental f. ‖ adj. 1. transcendental. 2. sobrenatural. 3. obscuro, fantástico, incompreensível, abstruso. ‖ **~ly** adv. transcendentalmente.

transcendentalism [~izm] s. (Filos.) transcendentalismo m.
transcendentalist [~ist] s. transcendentalista m. + f.
transcendentalize [~aiz] v. tornar transcendente.
transconductance [trænskənd'ʌktəns] s. (Eletrôn.) transcondutância f.
transcontinental [trænzkontin'entl] adj. transcontinental.
transcribe [trænskr'aib] v. 1. transcrever, copiar. 2. reproduzir, imprimir. 3. (Mús.) transcrever ou adaptar para outra voz ou outro instrumento. 4. trasladar. 5. (Rádio) a) gravar. b) irradiar gravação.
transcriber [~ə] s. copista, transcritor m.
transcript [tr'ænskript] s. cópia, reprodução f., transcrito m.
transcription [trænskr'ipʃən] s. 1. transcrição, cópia f. 2. ato de transcrever ou de copiar. 3. (Mús.) arranjo m., adaptação f. 4. reprodução, gravação f. 5. (Rádio) irradiação f. de gravação.
transcriptional [~əl], **transcriptive** [trænskr'iptiv] adj. transcritivo.
transcurrent [trænsk'ʌrənt] adj. que passa através ou transversalmente.
transducer [trænsdj'u:sə] s. (Eletr.) transdutor m.
transect [træns'ekt] v. cortar através de, atravessar.
transept [tr'ænsept] s. (Arquit.) transepto m.
transfer [tr'ænsfə] s. 1. transferência, cessão f. 2. cópia f. 3. remoção f. 4. (E. U. A.) baldeação f., bilhete m. com direito a baldeação. 5. transporte litográfico, decalque m., prova tipográfica f. ‖ [trænsf'ə:] v. 1. transferir, transportar, remover, ceder, passar de um lugar para outro ou de uma pessoa para outra. 2. copiar, reproduzir. 3. (E. U. A.) baldear. 4. ser transferido. 5. decalcar, fazer transporte tipográfico, tirar prova tipográfica.
transferability [trænsfə:rəb'iliti] s. qualidade do que é transferível.
transferable [trænsf'ə:rəbl] adj. transferível.
transfer book s. livro ou registro m. de transferências.
transfer deed s. certificado m. de transferência.
transferee [trænsfər'i:] s. cessionário, endossatário m., o que recebe objeto transferido.
transference [tr'ænsfərəns] s. transferência f.
transferential [trænsfər'enʃəl] adj. de transferência, que transfere.
transfer ink s. tinta litográfica f. para transporte.
transferor [trænsfər'ɔ:] s. cedente, endossante, transferidor m.
transfer paper s. papel m. de transporte litográfico.
transfer picture s. decalque m.
transferrer [trænsf'ə:rə] s. transferidor m. (também o instrumento).
transfer ticket s. (E. U. A.) 1. bilhete m. com direito a baldeação. 2. cheque m. de desconto, cheque m. de compensação.
transfiguration ((I) [trænsfigjuər'eiʃən] s. transfiguração, transformação f.
Transfiguration (II) [trænsfigjuər'eiʃən] s. (Religião) **the ~** Transfiguração de N. S. Jesus Cristo (6 de agosto).
transfigure [trænsf'igə] v. 1. transformar, transfigurar. 2. glorificar, exaltar.
transfinite [trænsf'ainait] adj. 1. infindo. 2. (Gram., Mat., Mús.) infinito.
transfix [trænsf'iks] v. transfixar, perfurar, trespassar.
he was ~ed with horror ele ficou pasmado de horror.
transfixion [trænsf'ikʃən] s. 1. transfixação, perfuração f. 2. (fig.) paralisação f., pasmo m. 3. (Med.) transfixão f.: processo de amputação.

transform [trænsf'ɔ:m] v. 1. transformar, transfigurar, metamorfosear. 2. mudar, alterar. 3. converter. 4. (Eletr.) transformar.
to ~ from... into converter de... para.
transformable [~əbl] adj. transformável.
transformation [trænsfəm'eiʃən] s. 1. transformação f. 2. metamorfose f.
transformative [trænsf'ɔ:mətiv] adj. transformativo.
transformer [trænsf'ɔ:mə], **transformator** [trænsfəm'eitə] s. 1. transformador m., o que transforma. 2. (Eletr.) transformador m.
transformism [trænsf'ɔ:mizm] s. (Biol.) transformismo m.
transformist [trænsf'ɔ:mist] s. transformista m. + f.
transfuse [trænsfj'u:z] v. transfundir: 1. fazer penetrar. 2. fazer transfusão de sangue. 3. infiltrar, infundir, inocular.
he ~d his carelessness into us ele nos contaminou com sua despreocupação.
transfusion [trænsfj'u:ʒən] s. transfusão f.
transfusive [trænsfj'u:siv] adj. transmissivo.
transgress [trænsgr'es] v. 1. transgredir, violar, pecar. 2. contrariar, desobedecer. 3. ultrapassar, passar além de.
transgression [trænsgr'eʃən] s. transgressão, violação f.
transgressive [trænsgr'esiv] adj. transgressivo. ‖ ~ly adv. transgressivamente.
transgressor [trænsgr'esə] s. transgressor, infrator m.
tranship [tr'ænʃip], **transship** [trænsʃ'ip] v. transferir, baldear (de um navio ou veículo para outro).
transhipment [~mənt] s. baldeação f.
~ port porto de baldeação.
transhumance [trænshj'u:məns] s. transumância f.: emigração (dos rebanhos) por razões climáticas.
transience [tr'ænziəns], **transiency** [~i] s. transição f., o que é passageiro.
transient [tr'ænziənt] s. 1. (E. U. A.) transeunte m. + f. 2. visitante (m. + f.) ou hóspede m. ‖ adj. 1. passageiro, transitório, breve. 2. (E. U. A.) transeunte. 3. (Filos.) transitório. 4. (Mús.) introdutivo. ‖ ~ly adv. transitoriamente.
~ hotel (E. U. A.) hotel para viajantes.
transilluminate [trænzilj'u:mineit] v. (Med.) transiluminar, transluzir.
transillumination [trænziljumin'eiʃən] s. transiluminação f.
transistor [trænz'istə] s. (Fís.) transistor m.: cristal de germânio usado como amplificador eletrônico.
transistorize [~raiz] v. (Eletrôn.) transistorizar.
transit [tr'ænsit] s. 1. trânsito m., passagem f. 2. transição, mudança f. 3. trânsito m.: teodolito de trânsito. 4 (Astron.) conjunção f. ‖ v. transitar, passar, atravessar.
in ~ no transporte.
transit duty s. taxa f. de trânsito.
transition [trænsi'iʃən] s. transição f.
~ period período de transição. **~ (style)** (Arte) estilo de transição.
transitional [~əl] adj. transitivo, transitório, passageiro. ‖ ~ly adv. transitoriamente.
transitive [tr'ænsitiv] s. verbo transitivo m. ‖ adj. 1. (Gram.) transitivo. 2. transitório. ‖ ~ly adv. transitivamente.
transitiveness [~nis] s. estado transitivo m.
transitoriness [tr'ænsitərinis] s. transitoriedade f.
transitory [tr'ænsitəri] adj. transitório, passageiro. ‖ ~rily adv. transitoriamente.
Transjordanian [trænzdʒɔ:d'einiən] adj. transjordânio.
translatable [~əbl] adj. traduzível.
translate [tra:nsl'eit] v. 1. traduzir. 2. exprimir em outras palavras. 3. explicar, interpretar. 4. mudar

de lugar, de posição. 5. (Ecles.) subir ao céu sem morrer. 6. (Mec.) alterar, modificar, remendar.
to ~ promises into action transformar promessas em atos. **it ~s well** é fácil para traduzir. **translating gear** (Mec.) engrenagem de translação.
translation [trænsl'eiʃən] s. 1. tradução, interpretaçao, versão f. 2. (Téc.) translação f.
~ of gears (Mec.) transmissão por engrenagem. **~ of telegrams** retransmissão automática de telegramas.
translational [~əl] adj. translacional.
translative [trænsl'eitiv] adj. translativo.
translator [trænsl'eitə] s. tradutor m.
translatress [trænsl'eitris] s. tradutora f.
transliterate [trænzl'itəreit] v. transliterar.
transliteration [trænzlitər'eiʃən] s. transliteração f.
translocate [trænsl'oukeit] v. deslocar.
translucence [trænzl'u:sns], **translucency** [~i] s. translucidez f.
translucent [trænzl'u:snt] adj. translúcido.
transmarine [trænzmər'i:n] adj. transmarino.
transmigrant [trænzm'aigrənt] s. transmigrante, transmigrador m., aquele que transita por um país rumo a outro. ‖ adj. transmigrante.
transmigrate [tr'ænzmaigreit] v. transmigrar, mudar.
transmigration [trænzmaigr'eiʃən] s. transmigração f.
transmigrator [tr'ænzmaigreitə] s. transmigrador m.
transmigratory [trænzm'aigrətəri] adj. transmigrador, transmigrante.
transmissibility [trænzmisəb'iliti] s. transmissibilidade f.
transmissible [trænzm isəbl] adj. transmissível.
transmission [trænzm'iʃən] s. 1. transmissão (também Rádio, Mec., Med.), emissão f. 2. propagação f. 3. expedição f. 4. comunicação f.
~ brake freio no mecanismo de engrenagem. **~ ratio** relação da engrenagem. **~ rope** cabo de transmissão. **~ shaft** eixo de transmissão.
transmission gear s. engrenagem intermediária f.
transmissive [trænzm'isiv] adj. transmissivo.
transmit [trænzm'it] v. 1. transmitir, conduzir, emitir, passar adiante, passar para frente. 2. comunicar, propagar. 3. fazer passar por sucessão. 4. emitir, transmitir (por rádio).
transmitter [~ə] s. transmissor, emissor m., estação emissora f.
transmitting [-iŋ] adj. emissor, transmissor.
~ room (Rádio, Telev.) auditório. **~ set** aparelho transmissor.
transmogrify [trænzm'ɔgrəfai] v. transformar de maneira grotesca, esquisita.
transmontane [trænzm'ɔntein] adj. transmontano.
transmutability [trænzmju:təb'iliti] s. transmutabilidade f.
transmutable [trænzmj'u:təbl] adj. transmutável. ‖ –bly adv. de maneira transmutável.
transmutation [trænzmju:t'eiʃən] s. transmutação f. **~s** modificações, oscilações.
transmutative [trænzmj'u:tətiv] adj. transmutativo.
transmute [trænzmj'u:t] v. transmutar, transmudar.
transnational [trænzn'æʃnl] adj. além dos limites, interesses, etc. de uma só nação.
transoceanic [trænzouʃi'ænik] adj. transoceânico.
transom [tr'ænsəm] s. 1. (E. U. A.) janela f. acima duma porta. 2. viga, trave, travessa horizontal f. (quadro S 3). 3. bandeira f. de porta ou janela (quadro W 4).
transom window s. janela f. na bandeira de uma porta.
trans(s)onic [træns'ɔnik] adj. (Aer.) supersônico.
~ barrier barreira do som.
transpacific [trænspəs'ifik] adj. transpacífico.

transparence [trænsp'ɛərəns], **transparency** [~i] s. 1. transparência f. 2. objeto transparente m. 3. fotografia f. ou desenho transparente m., diapositivo m.

transparent [trænsp'ɛərənt] adj. 1. transparente, diáfano. 2. evidente, claro. ‖ ~ly adv. transparentemente. ~ **cut** corte transparente. ~ **excuse** desculpa evidente.

transparentness [~nis] s. transparência f.

transpierce [trænsp'iəs] v. perfurar, trespassar.

transpirable [trænsp'aiərəbl] adj. transpirável.

transpiration [trænspir'eiʃən] s. transpiração f.

transpire [trænsp'aiə] v. 1. (E. U. A.) acontecer, realizar-se. 2. espalhar-se, divulgar-se, ficar conhecido. 3. transpirar, exalar, suar.

transplant [trænspl'a:nt] s. (Cirurg.) transplante m. ‖ v. 1. transplantar(-se). 2. remover de um lugar para outro. 3. transferir, transportar.

transplantable [~əbl] adj. que se pode transplantar.

transplantation [trænspla:nt'eiʃən] s. transplantação f.

transplanter [trænspl'a:ntə] s. transplantador m., instrumento para fazer transplantação.

transponder [trænsp'ondə] s. (Rádio, Radar) receptor-transmissor m. que reage a certo sinal.

transpontine [trænzp'ontain] adj. 1. do outro lado da ponte. 2. (Londres) do sul do Tâmisa.

transport [tr'ænspo:t] s. 1. transporte m. (também em contabilidade), transportação f. 2. expedição f. 3. navio m. de transporte. 4. avião m. de transporte. 5. excitação f., êxtase, arrebatamento, entusiasmo m. 6. deportado m. ‖ [trænsp'o:t] v. 1. transportar, conduzir, levar. 2. arrebatar, entusiasmar, extasiar. 3. deportar. 4. matar. **in ~s of rage** num acesso de raiva. **Minister of Transport** ministro da viação. ~ **charges** despesas de transporte. ~ **worker** operário numa empresa de transportes. ~**ed with joy** enlevado de alegria. **it ~s you back to the... century** isto faz voltá-lo para o século...

transportability [trænspo:təb'iliti] s. 1. possibilidade de transporte. 2. (Jur.) motivo m. de deportação.

transportable [trænsp'o:təbl] adj. transportável.

transportation [trænspo:t'eiʃən] s. 1. transportação f., transporte m. 2. (E. U. A.) meio m. de transporte. 3. (E. U. A.) a) despesas f. pl. de transporte. b) bilhete m., passagem f. 4. deportação f.

transporter [trænsp'o:tə] s. transportador m.

transporting [trænsp'o:tiŋ] adj. extasiante, arrebatador. ‖ ~ly adv. de modo arrebatador.

transposal [trænsp'ouzəl] s. transposição f.

transpose [trænsp'ouz] v. 1. transpor, cambiar. 2. mudar, inverter (a ordem de). 3. (Mús.) transportar. 4. (Mat.) transpor.

transposition [trænspəz'iʃən] s. 1. transposição f. 2. (Mús.) transporte m., mudança f. de som. 3. (Mec.) transmissão, multiplicação, desmultiplicação f.

transpositional [~əl] adj. relativo à transposição.

transpositive [trænsp'ouzitiv] adj. transpositivo.

transsexual [trænss'eksjuəl] s. pessoa f. que se identifica com o sexo oposto ou mudou de sexo.

transubstantiate [trænsəbst'ænʃieit] v. 1. transubstanciar. 2. transformar, converter.

transubstantiation [trænsəbstænʃi'eiʃən] s. transubstanciação f.

transubstantiative [trænsəbst'ænʃiətiv] adj. suscetível a transubstanciação.

transudation [trænsju:d'eiʃən] s. transudação f.

transudatory [trænsj'u:dətəri] adj. que transuda.

transude [trænsj'u:d] v. transudar, exsudar.

transvalue [trænsv'ælju:] v. reavaliar em nova base.

transversal [trænzv'ə:səl] s. (Geom.) linha transversal f. ‖ adj. transversal. ‖ ~ly adv. transversalmente.

transverse [tr'ænzvə:s] s. 1. eixo transversal, diagonal m., eixo grande m. de uma elipse. 2. (Med.) transverso, músculo transversal m. ‖ [trænzv'ə:s] v. deitar ou estar deitado transversalmente, passar através, atravessar. ‖ [tr'ænzvə:s] adj. transverso, transversal, oblíquo, diagonal. ‖ ~ly adv. transversalmente, de modo transverso. ~ **section** corte transversal. ~ **strain** força transversal, esforço de flexão.

transvestism [trænsv'estizm] s. travestismo m.

transvestite [–estait] s. travesti m.

trap [træp] s. 1. armadilha f. 2. cilada f. 3. alçapão m. (quadro S 10). 4. sifão m. (em esgotos). 5. carro m. leve de duas rodas, aranha f. 6. aparelho m. para lançar pombos de barro para tiro ao vôo. 7. (Miner.) basalto preto m. 8. (†) coberta f. para cavalos. 9. ~s pl. bagagem f., pertences pessoais m. pl. ‖ v. 1. pegar em armadilha. 2. armar laço ou armadilha. 3. colocar sifão, deter em sifão. 4. colocar alçapão. 5. ficar preso (gás, água, etc., num cano). **to go into the ~** cair na armadilha.

trapan [trəp'æn] = **trepan.**

trap cellar s. porão m. do palco.

trapdoor [tr'æpdo:] s. alçapão m.

trapeze [trəp'i:z] s. 1. trapézio m.: aparelho balouçante de ginásio. 2. (Geom.) trapézio m.

trapeze artist s. trapezista m. + f.

trapezial [~iəl] adj. (Geom., Anat.) relativo ao trapézio.

trapezian [trəp'i:zjən] adj. trapeziano.

trapeziform [trəp'i:zifo:m] adj. trapiziforme.

trapezium [trəp'i:zjəm] s. pl. **trapezia, trapeziums** 1. (Geom.) trapézio m. 2. (Anat.) trapézoide, trapézio m.: osso da mão.

trapezius [trep'i:zjəs] s. abr. de **trapezius musculus** trapézio m.: músculo da região dorsal.

trapezoid [tr'æpizoid] s. trapézoide m. ‖ adj. trapezóide, trapezoidal.

trapezoidal [træpiz'oidəl] adj. trapezoidal.

trap-hole s. trapa, cova f. para capturar animais.

trapper [tr'æpə] s. caçador m. que apanha animais em armadilhas.

trappiness [tr'æpinis] s. caráter traiçoeiro m.

trapping [tr'æpiŋ] s. prática da caça f. por meio de armadilhas.

trappings [tr'æpiŋz] s. pl. 1. arreio ricamente enfeitado m. 2. (fig.) decoração f., ornamento m., pompa f.

Trappist [tr'æpist] s. (Rel.) trapista m. + f.: membro da Ordem da Trapa. ‖ adj. trapista.

trappy [tr'æpi] adj. cheio de ciladas, traiçoeiro.

traprock [tr'æprok] s. = **trap** (1. e 2.).

trapse [treips] v. = **traipse.**

trapshooting [tr'æpʃu:tiŋ] s. tiro m. ao vôo (de pombos de barro atirados por máquinas).

trash [træʃ] s. 1. coisa f. sem valor, refugo m. 2. galhos cortados m. pl. 3. bobagem, bagatela, conversa tola f. 4. (Miner.) entulho m., escória f. 5. 5. rebotalho m. 6. pessoa tola ou à toa f. ‖ v. 1. podar, cortar. 2. obstruir. 3. (Ingl., gíria) prender, levar animal na corrente.

trash cane s. lata f. de lixo.

trashiness [tr'æʃinis] s. inutilidade f., desvalor m.

trashy [tr'æʃi] adj. sem valor, inútil. ‖ –ily adv. inutilmente.

trauma [tr'ɔ:mə], pl. **traumata** [~mətə] s. 1. ferida f., ferimento m. 2. trauma, traumatismo m.

traumatic [trɔ:m'ætik] adj. traumático.
~ **neurasthenia** distúrbio nervoso.

traumatism [tr'ɔ:mətizm] s. (Pat.) traumatismo m.

travail [tr'æveil] s. (fr.) 1. trabalho árduo m., labuta f. 2. dores f. pl. do parto. ‖ v. 1. labutar, trabalhar pesadamente. 2. estar nas dores do parto. **we are in** ~ **with** estamos lutando com.

trave [treiv] s. baia f.: compartimento de tábuas, na cavalariça.

travel [trævl] s. 1. movimento, andamento, funcionamento m. de máquinas. 2. viagem f. 3. ~s pl. viagens (para o estrangeiro), excursões f. pl. 4. (Mec.) curso m. ‖ v. 1. viajar. 2. viajar como vendedor. 3. andar, movimentar-se, cursar, percorrer. 4. mover-se, passar, progredir. 5. andar, correr. 6. atravessar, passar por, percorrer.
book of ~s descrição de viagens. ~**-worn** cansado de viajar. **to** ~ **first-class by rail** viajar de primeira classe no trem. **his eye** ~**led over the field** ele percorreu o campo com os olhos. **the stone** ~**led through the air** a pedra voou pelos ares.

travel agency s. agência f. de viagens.

travel agent s. agente m. + f. de viagens.

travelled, traveled [~d] adj. 1. viajado. 2. experimentado.

traveller, traveler [tr'ævlə] s. 1. viajante, excursionista m. + f. 2. (coloq.) vagabundo m.
commercial ~ vendedor viajante, caixeiro viajante. ~**'s book** livro de registro de visitantes. ~**'s cheque** cheque de viagem. ~**'s guide** guia de viagem, guia turístico. ~**'s joy** (Bot.) clematite. ~**'s tale** narração de viagem.

travelling, traveling [tr'ævliŋ] s. ato de viajar. ‖ adj. de viagem, viajante.
~ **belt** fita rolante, fita de montagem. ~ **crab** (Mec.) talha sobre trilhos, carrinho de ponte. ~ **expenses** despesas de viagem. ~ **grate** grelha móvel. ~ **crane** guindaste móvel (quadro C 19).

travelling-bag s. bolsa f. de viagem.

travelling-case s. mala f. de viagem.

travelling-companion s. companheiro m. de viagem.

travelling salesman s. caixeiro-viajante m.

travelogue [tr'ævələg] s. 1. narração f. sobre viagem. 2. projeção cinematográfica f. sobre viagem.

traversable [træv'ə:səbl] adj. atravessável, passável, frustrável.

traverse [tr'ævə:s] s. 1. travessia f., ato de atravessar. 2. passagem, travessa (Mec.) f. 3. trave f. 4. viga f. 5. (milit.) parapeito m. 6. contratempo, obstáculo, impedimento m., barreira f. 7. (Náut.) curso ziguezagueante m. 8. (Jur.) a) negação f. dum fato b) recurso m. 9. (Geom.) transversal f. 10. (Mec.) avanço transversal m. (de peça de máquina). 11. (milit.) giro horizontal m. de um canhão. ‖ [trəv'ə:s] v. 1. atravessar, passar sobre ou através. 2. viajar através de, percorrer, andar para cá e para lá em. 3. cruzar (braços). 4. opor-se, impedir, frustrar. 5. (Jur.) negar. 6. virar, girar. 7. tratar de (assunto). 8. (carpintaria) aplainar de través da fibra. 9. girar e apontar (canhão). ‖ [trəv'ə:s] adj. atravessado, transversal. ‖ adv. através.
to ~ **along England, to** ~ **through England** viajar através da Inglaterra.

traverse juri s. (Jur.) júri m. de 12 jurados.

traverser [~ə] s. 1. (Estr. de F.) plataforma giratória f., transbordador m. 2. (Jur.) negador.

traverse sleeper s. dormente transversal m.

traverse table s. (Náut.) tabela f. para indicar a diferença de latitude do navio quando navega em ziguezague.

traversing-platform s. (milit.) plataforma giratória (para canhões) f.

travertine [tr'ævətin] s. travertino m.: calcário.

travesty [tr'ævisti] s. caricatura, imitação burlesca f. ‖ v. parodiar, imitar burlescamente, ridicularizar.

trawl [trɔ:l] s. 1. rede f. de arrasto. 2. (E. U. A.) espinhel m. ‖ v. 1. pescar com rede de arrasto. 2. pescar com espinhel.

trawler [tr'ɔ:lə] s. 1. o que pesca com rede de arrasto. 2. traineira f.

trawling [tr'ɔ:liŋ] s. pescaria f. de arrasto.

trawl-line s. espinhel m.

trawlnet [tr'ɔ:lnet] s. rede f. de arrasto.

tray [tr'ei] s. 1. bandeja f., tabuleiro m. (quadros C 2, R 2). 2. gamela f., cubete m. 3. (Quím.) cápsula f.

trayful [~ful] s. o que cabe numa gamela, etc.

treacherous [tr'etʃərəs] adj. 1. traiçoeiro, desleal, enganoso, ilusório. 2. falso, incerto. ‖ ~**ly** adv. traiçoeiramente, deslealmente.

treacherousness [~nis] s. traição, perfídia f.

treachery [tr'etʃəri] s. 1. infidelidade, deslealdade f. 2. traição f.

treacle [tri:kl] (Ingl.) s. 1. melaço, melado m. 2. (fig.) lisonja f.

treacly [tr'i:kli] adj. doce e viscoso como melado.

tread [tred] s. 1. passo, ruído m. de passos. 2. andar, modo m. de andar. 3. piso m. de degrau (quadro S 11). 4. face f. de rolamento de uma roda, banda f. de rodagem de pneu, superfície f. de rolamento do trilho. 5. bitola, distância f. entre as rodas de um automóvel. 6. galadura f. 7. sola f. (do pé ou do sapato). 8. gala f. do ovo, cicatrícula f. ‖ v. (imp. **trod,** p. p. **trodden**) 1. andar, marchar, caminhar. 2. pisar. 3. calcular, esmagar com os pés. 4. seguir nas pegadas. 5. dominar, reprimir. 6. trilhar, abrir caminho com os pés. 7. galar, copular (aves).
to ~ **in** fazer entrar com pisadelas. **to** ~ **on, to** ~ **upon** pisar em, pisar sobre. **we trod in his footsteps** (fig.) seguimos seu exemplo. **he is** ~**ing on her heels** ele segue em seus calcanhares. **don't** ~ **on his corns** (**toes**) (fig.) não pise em seus calos. **to** ~ **down** 1. pisar, esmagar com os pés. 2. reprimir. **to** ~ **out** 1. apagar (fogo) com os pés. 2. espremer uvas pisando-as. **to** ~ **under foot** 1. pisar, calcar, esmagar. 2. dominar.

treader [tr'edə] s. pisador m.

treadle [tredl] s. pedal m. (quadro S 5). ‖ v. pedalar.

treadmill [tr'edmil] s. 1. tambor m. posto em rotação pelo andar de uma pessoa ou animal. 2. (fig.) trabalho árduo ou monótono m.

treason [tri:zn] s. traição f.
high ~ alta traição.

treasonable [tr'i:znəbl] adj. traidor, traiçoeiro. ‖ —**bly** adv. traiçoeiramente.

treasonableness [~nis] s. traição f.

treasure [tr'eʒə] s. tesouro m.: 1. riqueza f., valores m. pl., preciosidades f. pl. 2. pessoa ou coisa muito estimada f. ‖ v. 1. estimar. 2. entesourar, acumular, guardar, juntar.
art ~s valores artísticos. **a perfect** ~! (joc.) um verdadeiro tesouro! **they spent much** ~ **for** gastaram muito dinheiro para. **to** ~ **up** 1. acumular, juntar (conhecimentos, valores, etc.) guardar na memória. 2. ter em grande estima.

treasure house s. tesouraria f.

treasurer [tr'eʒərə] s. tesoureiro m., caixa m. + f.
Lord High Treasurer lorde tesoureiro-mor.

treasurership [~ʃip] s. cargo m. de tesoureiro.

treasure trove s. (Jur.) tesouro m. encontrado (sem dono).

treasury [tr'eȝəri] s. 1. tesouraria f., tesouro público m. 2. fundo monetário m. 3. departamento das finanças, ministério m. da fazenda. 4. caixa f. 5. (fig.) tesouro m., fonte de informações, etc. **the First Lord of the Treasury** o primeiro lorde das finanças (geralmente o primeiro ministro). **~ bench** banco dos ministros (no parlamento). **~ bill, ~ bond** apólice de crédito governamental. **Treasury Board** os lordes da tesouraria. **Treasury Department** (E. U. A.) Ministério da Fazenda. **~ note** (E. U. A.) ordem de pagamento emitida pelo tesouro.

treat [tri:t] s. 1. festa f., convite m. para comer e beber, regalo m. 2. divertimento, prazer m., alegria, f. 3. delícia f. ‖ v. 1. tratar, agir com, lidar com. 2. considerar, pensar sobre. 3. medicar, tratar. 4. discutir, tratar de um assunto. 5. oferecer (comida e bebida), convidar, regalar. 6. pagar as despesas. **it was a ~ to hear it** foi um prazer ouvir. **I stood him (a) ~** convidei-o, paguei para ele. **it's my ~** é a minha vez de convidar. **Dutch ~** convite em que cada um paga sua conta. **school ~** festa de escola. **he ~ed me for gastritis** ele tratou da minha gastrite. **I ~ed him to an ice** ofereci-lhe um sorvete. **we ~ed ourselves to some wine** regalamo-nos com um pouco de vinho. **to ~ of** tratar de, ventilar. **to ~ with** 1. entrar em entendimento com. 2. (Med.) tratar com, por meio de.

treatable [tr'i:təbl] adj. tratável.

treater [tr'i:tə] s. 1. negociador m. 2. convidador m.

treatise [tr'i:tiz] s. tratado m., obra f., estudo m.

treatment [tr'i:tmənt] s. tratamento m. (também Med.), modo m. de tratar. **under ~** em tratamento.

treaty [tr'i:ti] s. 1. tratado m. 2. negociação f. **to be in ~ for** estar em negociações sobre. **~ powers** potências signatárias.

treble [trebl] s. 1. (Mús.) soprano m., parte de soprano. 2. som m. agudo, penetrante. 3. triplo, três m. ‖ v. triplicar(-se). ‖ adj. 1. tríplice, triplicado, triplo. 2. (Mús.) de soprano, agudo. **~ clef** (Mús.) clave de sol (quadro N 2). **~ figures** números de três algarismos. **~-milled flannel** flanela de lã.

trebuchet [tr'ebjuʃet] s. (Hist. milit.) catapulta f.

tree [tri:] s. 1. árvore f. (quadro T 4). 2. tronco m. 3. (Mec.) coluna f. 4. árvore genealógica f., desenho ou diagrama m. em forma de árvore. 5. objeto m. ou peça f. de madeira (cabide, forma de sapato). ‖ v. 1. colocar tronco, coluna, etc. 2. colocar sapato sobre a forma. 3. fazer (um animal) refugiar-se em árvore. 4. (fig.) embaraçar alguém. **family ~** árvore genealógica. **~ of knowledge** (Bíblia) árvore da ciência do bem e do mal. **~ of life** árvore da vida, (Bot.) tuia. **to be at the top of the ~** estar na frente, estar entre os primeiros. **as the ~ is, so is the fruit** 1. conforme a árvore são os frutos. 2. (fig. prov.) filho de peixe, peixe é. **up a ~** em dificuldades, em aperto. **to be ~d** estar apertado, estar em dificuldades.

treecalf [tr'i:ka:f] s. couro fino m. para encadernação.

tree farm s. fazenda f. de reflorestamento.

tree fern s. (Bot.) feto arbóreo m.

tree frog s. perereca f.: rã arborícola.

treeless [tr'i:lis] adj. sem árvores, desarborizado.

tree line s. limite climático m. para o crescimento de árvores.

tree-lined adj. arborizado. **a ~ road** uma estrada arborizada.

tree-moss s. líquen arborícola m.

treenail [tr'i:neil], **trenail** [tr'enəl] s. pino m. de madeira, cavilha f.

tree prop s. estaca f.

treetop [tr'i:tɔp] s. copa de árvore f.

trefoil [tr'efoil] s. 1. (Bot.) trifólio, trevo m. 2. (Arquit.) ornato em forma de trevo, trifólio m.

trek [trek] s. (sul-africano) viagem f. de carroça puxada por boi, viagem f. de um dia. ‖ v. viajar, viajar em carro de boi, migrar.

trek ox s. boi carreiro m.

trellis [tr'elis] s. grade, gelosia, caniçada, latada f. ‖ v. 1. colocar grade. 2. amarrar (planta) em grade ou latada. 3. cruzar, trançar.

trellised [~t] adj. 1. provido de grade ou latada. 2. sustentado por latada.

trelliswork [tr'eliswə:k] s. caniçada, latada f.

trematode [tr'emətoud] s. trematódeo m.: verme chato. ‖ adj. (também **trematoid**) trematódeo.

tremble [trembl] s. tremor, estremecimento m. ‖ v. 1. tremer, estremecer, tremular, tremelicar. 2. ter medo, ter ansiedade. **she was all of a ~** ela tremeu no corpo todo. **in a ~** tremendo. **to ~ all over** estremecer com todo o corpo. **to ~ in the balance** estar equilibrado, estar por um fio. **her mouth ~d** ela tremeu de emoção. **his hand ~d from age** sua mão tremia pela idade. **! to think** tremo em pensar.

trembler [tr'emblə] s. 1. o que treme. 2. (Eletr.) vibrador m.

trembling [tr'embliŋ] adj. trêmulo, tremente. ‖ **~ly** adv. tremulamente. **~ grass** (Bot.) bole-bole.

trembly [tr'embli] adj. trêmulo, tremente.

tremendous [trim'endəs] adj. 1. tremendo, espantoso, horroroso. 2. enorme, monstruoso. 3. extraordinário, fantástico (coloq.) ‖ **~ly** adv. tremendamente. **he was ~ on welfare-work** (coloq.) ele falou muito bem sobre assistência social.

tremendousness [~nis] s. 1. horror m., terribilidade f. 2. monstruosidade f.

tremolite [tr'eməlait] s. (Miner.) tremolita f.

tremolo [tr'eməlou] s. (Mús.) "tremolo" m., vibração f.

tremor [tr'emə] s. 1. tremor m., tremura f. 2. trêmulo m., vibração f. 3. emoção, excitação f. **in ~** tremendo, tremente.

tremulous [tr'emjuləs] adj. 1. trêmulo. 2. hesitante, vacilante. 3. tímido. 4. medroso. ‖ **~ly** adv. tremulamente.

tremulousness [~nis] s. tremor m., agitação f.

trenail [tr'enəl] = **treenail**.

trench [trentʃ] s. 1. trincheira f. 2. vala, valeta f., talhe, corte m. na terra. ‖ v. 1. entrincheirar, fortificar. 2. escavar, abrir valas. 3. surribar, arregoar. 4. sulcar, ranhurar. **~ fever** febre das trincheiras: tifo exantemático. **~ mortar** morteiro leve. **~ mouth** infecção bucal, estomatite. **~ plough** arado fundo. **~ warfare** guerra de trincheiras. **to cut ~s** abrir valas. **to mount the ~es** ocupar as trincheiras. **we ~ed our way** abrimos nosso caminho. **to ~ upon** passar as raias, tocar as raias, aproximar-se e avançar para, atacar. **it ~ed upon carelessness** tocou as raias do descuido. **we ~ed upon our reserves** recorremos a nossas reservas.

trenchancy [tr'entʃənsi] s. 1. agudez f. 2. mordacidade f.

trenchant [tr'entʃənt] adj. 1. cortante, agudo, afiado. 2. sensível, vigoroso, acentuado. 3. distinto, nítido. ‖ **~ly** adv. 1. agudamente. 2. vigorosamente.

trench coat s. capa f. impermeável (de soldado).

trencher [tr'entʃə] s. 1. trincho, trinchante m. 2. tábua f. de cortar pão e servir frios. 3. prazeres m. pl. da mesa.

trencher cap s. (Universidade) boné quadrado m.

trencherman [tr'entʃəmən] s. comilão, bom-garfo m.

trench knife s. punhal m.

trend [trend] s. direção, tendência, inclinação f., curso m. ‖ v. tender, inclinar-se, dirigir-se. **the ~ of his argument was** seu argumento tendeu para. **his plans are ~ing towards socialism** seus planos tendem para o socialismo. **his plans are ~ing away from socialism** seus planos tendem em direção oposta ao socialismo.

trental [trɛntl] s. (Ecles.) trintário m.

trepan [trip'æn] s. 1. (Cirurg.) trépano m. 2. (Mec.) trépano, furador m. ‖ v. 1. trepanar, furar. 2. enganar, iludir, apanhar numa cilada.

trepanation [tripən'eiʃən], **trepanning** [trip'æniŋ] s. trepanação f.

trepang [trip'æŋ] s. (Zool.) tripango m., holotúria f.

trephine [trif'i:n] s. (Cirurg.) trépano aperfeiçoado m. ‖ v. trepanar.

trepidation [trepid'eiʃən] s. 1. medo, tremor m., agitação f. 2. trepidação, vibração f. **in great ~** com receio.

trespass [tr'espəs] s. 1. transgressão, intrusão f. 2. pecado, delito m., fraude f. 3. violação, ·contravenção, ofensa f., abuso m. ‖ v. 1. violar os direitos de propriedade. 2. abusar, infringir, transgredir. 3. agir mal, cometer falta, pecar. **they ~ed upon his good nature** abusaram de sua bondade. **they ~ed upon his time** tomaram o tempo dele.

trespasser [~ ə] s. transgressor m. **~s will be prosecuted** os transgressores serão punidos pela lei.

tress [tres] s. trança f., cacho m. de cabelo.

tressed [trest], **tressy** [tr'esi] adj. entrançado, cacheado.

trestle [tresl] s. 1. cavalete m. (quadro W 1). 2. suporte m., armação f. 3. trempe m. 4. tripeça f. 5. (coloq.) reunião f. de três pessoas conluiadas.

trestle-board s. tampa f. de mesa para montar em cavaletes.

trestle bridge s. ponte f. de cavaletes, viaduto m.

trestletree [tr'esltri:] s. (Náut.) suporte m. no mastro para as cruzetas.

trestlework [tr'eslwə:k] s. construção f. de cavaletes.

tret [tret] s. bonificação f. por perdas e danos de mercadorias em trânsito (cerca de 4 %).

trews [tru:z] s. pl. (esc., milit.) calças f. pl. de tecido axadrezado (**tartan**).

trey [trei] s. três m. do baralho ou dos dados.

triable [tr'aiəbl] adj. 1. que pode ser tentado, tentativo. 2. (Jur.) no ponto de tratar, processável.

triableness [~ nis] s. suscetibilidade a experimentação ou processo.

triacid [trai'æsid] adj. (Quím.) triácido.

triacontahedron [traiəkɔntəh'i:drən] s. (Geom.) triacontaedro m.: corpo de trinta faces.

triad [tr'aiəd] s. 1. conjunto m. de três, grupo m. de três, tríade, trindade f. 2. (Mús.) tríade f.: acorde de três sons. 3. (Quím.) elemento trivalente m.

triadelphous [traiəd'elfʌs] adj. (Bot.) triadelfo.

triadic [trai'ædik] adj. triádico.

triage [tr'aiədʒ] s. triagem f.

trial [tr'aiəl] s. 1. julgamento m. 2. processo, inquérito judicial m. 3. acusação f. 4. interrogatório m. 5. experimentação, prova, tentativa f., ensaio, teste m. 7. preocupação, provação f., sofrimento m.; aflição f. 8. privação f. 9. esforço m., tentativa f. ‖ adj. 1. relativo ao julgamento judicial. 2. experimental. **~ and error** (Mat.) tentativa e erro. **~ by jury** processo de júri. **by the way of ~** por meio de prova ou ensaio. **~ for larcency** acusação por roubo. **to give s. th. a ~** experimentar alguma coisa. **she was a great ~ to us** ela foi um grande peso para nós. **to be committed for ~** ser submetido a julgamento. **on ~** como prova, em experiência. **it proved excellent on ~** provou ser excelente. **they stand (are) on ~ for** são acusados de. **to bring to ~** levar à justiça. **~ balance** balancete. **~-match** (Esp.) certame eliminatório. **~ trip** viagem de prova. **~ flight** vôo de ensaio.

triandria [trai'ændriə] s. pl. (Bot.) triândria f.

triandrian [~ n], **triandrous** [trai'ændrəs] adj. triandro.

triangle [tr'aiæŋgl] s. 1. triângulo m. 2. (Mús.) ferrinhos m. pl., triângulo m. 3. (também **the eternal ~**) o eterno triângulo amoroso.

triangular [trai'æŋgjulə] adj. triangular. ‖ **~ly** adv. triangularmente. **~ compasses** compasso de três pontas.

triangularity [trai'æŋgjul'æriti] s. triangularidade f.

triangulate [trai'æŋgjuleit] v. triangular, dividir em triângulos, medir por triangulação.

triangulation [traiæŋgjul'eiʃən] s. triangulação f.

triarchy [tr'aia:ki] s. triarquia f.

Triassic [trai'æsik], **Trias** [tr'aiəs] s. (Geol.) triássico, trias m. ‖ adj. triássico, triásico, triádico.

triatomic [traiət'ɔmik] adj. triatômico.

triaxial [trai'æksiəl] adj. triaxial.

tribadism [tr'ibədizm] s. tribadismo, lesbianismo m.

tribal [tr'aibəl] adj. tribal, relativo à tribo. ‖ **~ly** adv. de modo tribal.

tribalism [~ izm] s. 1. sistema m. de tribos. 2. organização tribal f.

tribasic [traib'eisik] adj. (Quím.) tribásico.

tribe [traib] s. 1. tribo f. 2. classe ou categoria f. de gente. 3. (pej.) panelinha, súcia, laia f. 4. (Bot. e Zool.) tribo f. subdivisão de família. **Red Indian ~s** tribos de índios. **the whole ~ of tradesmen** toda a classe de negociantes ou artífices.

tribesman [tr'aibzmən] s. membro m. de uma tribo.

triblet [tr'iblet], **tribolet** [tr'ibəlet] s. (Mec.) mandril m. (para puxar tubos ou forjar anéis).

triboluminescence [traiboulu:min'esəns] s. (Fís.) triboluminescência f.

tribometer [traib'ɔmitə] s. tribômetro m.: aparelho para medir atrito.

tribrach [tr'ibræk] s. (poét.) tríbraco m.

tribrachial [tribr'ækiəl], **tribrachic** [tribr'ækik] adj. (poét.) relativo ao tribraco.

tribulation [tribjul'eiʃən] s. aflição f., sofrimento m., tribulação f.

tribunal [traibj'u:nəl, tribj'u:nəl] s. tribunal m.: 1. corte f. de justiça. 2. lugar m. onde se reúne o tribunal, foro.

tribunate [tr'ibjunit], **tribuneship** [tr'ibju:nʃip] s. tribunato, tribunado m.

tribune [tr'ibju:n] s. 1. tribuno (Roma antiga) m. 2. defensor m. do povo. 3. plataforma f., rostro, trono episcopal m.

tributariness [tr'ibjutərinis] s. qualidade do que é sujeito ao tributo.

tributary [tr'ibjutəri] s. 1. rio tributário, afluente m. 2. tributário m.: o que paga tributo. ‖ adj. 1. afluente, tributário. 2. tributável. 3. contribuinte. 4. ajudante, auxiliar. ‖ **~rily** adv. tributariamente. **the rivers ~ to the Mississippi** os afluentes do Rio Mississippi. **the Ohio River is a ~ of the Mississippi River** o Rio Ohio é um afluente do Rio Mississippi.

tribute [tr'ibju:t] s. 1. tributo, pagamento m. de um estado a outro. 2. taxa f., imposto m., contribuição f. 3. homenagem f., respeito m.

~ **of respect** homenagem. **we paid ~ to his art** respeitamos sua arte.

tricapsular [trik'æpsjulə] adj. (Bot.) tricapsular.

tricar [tr'aika:] s. 1. automóvel m. de três rodas. 2. triciclo m.

trice [trais] s. momento, instante m. ‖ v. (Náut.) 1. içar, levantar. 2. amarrar. **in a ~ num** instante. **to ~ up** (Náut.) içar (as velas).

tricentennial [traisent'enjəl] adj. tricentenário.

tricephalous [trais'efələs] adj. tricéfalo.

triceps [tr'aiseps] s. (Anat.) tríceps, tricípite m.: músculo de três feixes. ‖ adj. tricípite.

trichiasis [trik'aiəsis] s. triquíase f.

trichina [trik'ainə] s. pl. **trichinae** [-ni:] triquina f.: parasito, verme nematóide.

trichinosis [trikin'ousis], **trichiniasis** [trikin'aiəsis] s. triquinose, triquiníase f.

trichinous [tr'ikinəs] adj. triquinoso.

trichite [tr'ikait] s. (Miner.) triquita f.

trichoid [tr'ikɔid] adj. tricóide.

trichology [trik'ɔlədʒi] s. tricologia f.

trichoma [trik'oumə] s. 1. (Bot.) filamento m. de planta. 2. (Med.) tricoma m.: doença do cabelo.

trichomatose [~tous] adj. tricomatoso.

trichome [tr'aikoum] s. (Bot.) pêlo, filamento m., escama f., espinho m. ou excrescência f.

trichopathic [trikəp'æθik] adj. tricopático.

trichopathy [trik'ɔpəθi] s. (Med.) tricopatia f.: doença do cabelo.

trichopter [trik'ɔptə] s. (Zool.) tricóptero m.

trichord [tr'aikɔ:d] s. instrumento m. de três cordas ‖ adj. tricorde.

trichotomous [traik'ɔtəməs] adj. tricótomo, dividido em três. ‖ **~ly** adv. de modo tricótomo.

trichotomy [traik'ɔtəmi] s. tricotomia f.: divisão em três.

trichroism [tr'aikrəizm] s. (Miner.) tricroísmo m.

trichromate [tr'aikroumeit] s. (Quím.) tricromato m.

trichromatic [traikroum'ætik] adj. composto de três cores.

trichromatism [traikr'oumətizm] s. (Tipogr.) tricromia f.

trick [trik] s. 1. engano, embuste m., fraude, trapaça f. 2. trique m., mágica f. 3. habilidade f., artifício m. 4. tramóia f. 5. malícia f. 6. travessura f. 7. hábito, costume m. 8. todas as cartas jogadas numa rodada. 9. (Náut.) turno m. de pilotar um navio. 10. (E. U. A.) mocinha, criança f. 11. **~s** pl. subterfúgios m. pl., artimanhas f. pl. ‖ v. 1. enganar, lograr, iludir. 2. fazer mágica ou truques. 3. ornar, enfeitar. ‖ adj. mágico, relativo ao truque. **the ~ (of doing)** o mau hábito (de fazer). **the whole bag of ~s** (gíria) toda a bugiganga. **~ for ~** na mesma moeda. **by a ~ of the eye** por uma ilusão de óptica. **he has a ~ of finding** ele tem a habilidade de achar. **~s of law** escapatórias da lei. **~s of memory** ciladas da memória. **he did the trick** (gíria) ele arrumou o negócio. **she has ~s that remind me of him** ela tem costumes que me fazem lembrar dele. **he played me a dirty ~, he played a dirty ~ upon me** ele me pregou uma peça. **none of your ~s with me** não tente lograr-me. **she was up to his ~s** ela percebeu suas artimanhas. **that'll do the ~!** (E. U. A., coloq.) isto resolverá o assunto! **to ~ into doing** persuadir ou levar a fazer. **to ~ out, to ~ up** enfeitar. **to ~ out of** desviar a atenção de, enganar; distrair. **to ~ with** brincar, gracejar com.

tricker [tr'ikə] s. malandro m.

trickery [~ri] s. artifício m., malandragem f.

trick-flier s. acrobata aéreo m.

trickiness [tr'ikinis] s. 1. esperteza, manha f., ardil m. 2. dificuldade f.

trickish [tr'ikiʃ] adj. 1. esperto, malandro, velhaco. 2. difícil, melindroso. ‖ **~ly** adv. ardilosamente, astuciosamente.

trickishness [~nis] s. 1. esperteza, manha f. 2. volubilidade f.

trickle [trikl] s. gotejamento m., gota f., pingo m. ‖ v. 1. gotejar, escorrer devagar, escoar. 2. vir, ir, passar aos poucos. **to ~ out** escorrer aos poucos.

tricksiness [tr'iksinis] s. 1. malandragem, arte f. 2. arteirice, maganeira f.

trickster [tr'ikstə] s. = **tricker**.

tricksy [tr'iksi] adj. 1. esperto, malandro, malicioso. 2. velhaco. 3. encantador, atraente, arteiro, mangano. ‖ **–sily** adv. 1. maliciosamente, espertamente. 2. encantadoramente.

tricky [tr'iki] adj. 1. cheio de truques, enganador. 2. esperto, malandro. 3. traiçoeiro, complicado, manhoso. ‖ **–ily** adv. 1. de modo enganador, espertamente. 2. traiçoeiramente.

triclinic [traikl'inik] adj. (Miner.) triclínico.

tricolour, tricolor [tr'aikʌlə] s. 1. bandeira tricolor f. 2. bandeira f. da França. ‖ adj. tricolor.

tricoloured, tricolored [~d] adj. tricolor.

tricorn [tr'aikɔ:n] s. tricórnio m.: chapéu de três bicos. ‖ adj. tricorne.

tricornered [~əd] adj. tricorne, de três cantos.

tricostate [traik'osteit] adj. (Bot., Zool.) de três nervuras ou costelas.

tricot [tr'ikou] s. 1. tricô, tecido m. de malha. 2. roupa f. de malha.

tric-trac, trick-track [tr'iktræk] s. triquetraque m.: jogo do gamão.

tricuspid [traik'ʌspid] adj. tricúspide.

tricycle [tr'aisikl] s. velocípede, triciclo m. ‖ v. andar de velocípede.

tridactyl [traid'æktil], **tridactylous** [~əs] adj. tridáctilo: que tem três dedos.

trident [tr'aidənt] s. tridente m. ‖ adj. tridente, tridentado.

tridental [traid'entəl], **tridentate** [traid'enteit] adj. tridentado.

Tridentine [traid'entin] s. tridentino m. ‖ adj. tridentino, de Trento.

tridimensional [tr'aidim'enʃənəl] adj. tridimensional.

tried [traid] v. imp. + p. p. de **to try.** ‖ adj. experimentado, provado.

triennial [trai'enjəl] s. 1. triênio m.: espaço de três anos. 2. o que se repete cada três anos. 3. terceiro aniversário m. ‖ adj. 1. trienal, que dura três anos. 2. que ocorre cada três anos. ‖ **~ly** adv. trienalmente, de três em três anos.

trier [tr'aiə] s. provador, experimentador m.

trierarch [tr'aiəra:k] s. comandante m. de trirreme.

trierarchy [~i] s. (Hist. Grega) trierarquia f.

trifacial [traif'eiʃəl] s. trigêmino (nervo) m. ‖ adj. trifacial, trigêmeo.

trifid [tr'aifid] adj. (Bot., Zool.) trífido.

trifle [traifl] s. 1. ninharia, bagatela, insignificância f. 2. (coloq.) quantidade pequena f., pouquinho m. 3. doce m. feito de bolo, creme, frutas e vinho. ‖ v. 1. passar o tempo, brincar, gracejar, ficar à toa. 2. gastar (tempo ou dinheiro) em coisas inúteis, esbanjar. **a mere ~** apenas uma ninharia. **it seemed a ~ odd** pareceu um pouco esquisito. **he stands upon ~s** ele é mesquinho. **don't ~ away (through) your**

time! não perca seu tempo à toa! **to ~ away the money** esbanjar o dinheiro. **she ~d with his feelings** ela menosprezou seus sentimentos. **he is not (the man) to be ~d with** ele não é de menosprezar.

trifler [tr'aiflə] s. 1. pessoa leviana f., vadio m. 2. frívolo m.

trifling [tr'aifliŋ] s. futilidade, frivolidade f. ‖ adj. 1. leviano, frívolo, superficial. 2. de pouco valor, insignificante, pequeno. ‖ **~ly** adv. frivolamente, futilmente.

triflingness [~nis] s. 1. futilidade, frivolidade f. 2. insignificância f.

trifocal [traif'oukəl] adj. (ópt.) trifocal.

trifoliate [traif'ouliət] **trifoliated** [traif'ouliеitid] adj. trifoliado.

trifolium [traif'ouliəm] s. trifólio m.

triforium [traif'ɔ:riəm] s. pl. **triforia** [~riə] (Arquit.) trifório m.: galeria de uma igreja.

triform [tr'aifɔ:m] adj. triforme.

trifurcate [traif'ə:keit] v. trifurcar, dividir em três. ‖ adj. [-f'ə:kit] trifurcado.

trig (I) [trig] s. 1. calço, freio (de madeira) m. 2. almofadinha m. ‖ v. 1. frear, calçar. 2. (também **to ~ out, to ~ up**) enfeitar, ornar. ‖ adj. 1. em forma, firme. 2. asseado, bonito, bem arrumado, catita. ‖ **~ly** adv. asseadamente.

trig (II) [trig] s. (coloq.) trigonometria f.

trigamous [tr'igəməs] adj. trígamo: 1.) casado três vezes ou com três mulheres. 2.) (Bot.) que tem flores masculinas, femininas e hermcfroditas no mesmo pé.

trigamy [tr'igəmi] s. trigamia f.

trigeminal [traidʒ'eminəl] adj. trigêmeo, tríplice.

trigeminus [traidʒ'eminəs] s. (Med.) trigêmeo m. nervo facial.

trigger [tɾ'iɡə] s. 1. gatilho m. 2. alavanca f. ou gancho m. para travar alguma coisa. 3. (Fot.) disparador m.
quick on the ~ alertado, esperto, de resposta pronta.

trigger finger s. dedo do gatilho m. (indicador).

trigger-happy adj. 1. que gosta de atirar primeiro. 2. provocador de conflito armado.

triglyceride [traigl'isəraid] s. (Quím.) triglicerato m.

triglyph [tr'aiglif] s. (Arquit.) tríglifo m.

trigon [tr'aigən] s. 1. triângulo, trígono m. 2. trígone f.: lira f. na Grécia antiga.

trigonal [tr'aigənəl] adj. trigonal, triangular. ‖ **~ly** adv. trigonalmente.

trigonometric [trigənəm'etrik], **trigonometrical** [~əl] adj. trigonométrico. ‖ **~ally** adv. trigonometricamente.

trigonometry [trigən'ɔmitri] s. trigonometria f.

trigonous [tr'igənəs] adj. trígono, triangular.

trigraph [tr'aigra:f] s. trigrama m.

trihedral [traih'i:drəl] adj. triedro.

trihedron [traih'i:drən] s. triedro m.

trihydrate [traih'aidreit] s. (Quím.) triidrato m.

trijugate [tr'aidʒu:geit], **trijugous** [-gəs] adj. (Bot.) trijugado: com três pares de folíolos.

trike [traik] s. (gíria) = **tricycle.**

trilabe [tr'aileib] s. (Cirurg.) trilábio m.: pinça com três ramos.

trilateral [trail'ætərəl] adj. trilateral, trilátero. ‖ **~ly** adv. com três lados.

trilinear [trail'iniə] adj. trilinear.

trilingual [trail'iŋwəl] adj. trilíngüe, triglota.

triliteral [trail'itərəl] adj. triliteral, trilátero.

triliteralism [~izm], **triliterality** [trailitər'æliti] s. triliteralismo m.

trilith [tr'ailiθ], **trilithon** [~ən] s. trílito m.

trill [tril] s. 1. trilo, trinado, gorjeio m. 2. (Fonét.) vibração, consoante f. pronunciada com vibração da língua (como o r). 3. (Mús.) "tremolo" m. ‖ v. 1. trinar, emitir sons tremulados. 2. cantar (pássaros), gorjear. 3. vibrar, tremular.

trilling [tr'iliŋ] s. 1. trigêmeo m. 2. espingarda f. de três canos.

trillion [tr'iljən] s. 1. (Inglaterra) quintilhão (1 seguido de 18 zeros) m. 2. (E. U. A.) trilhão (1 seguido de 12 zeros) m.

trillionth [tr'iljənθ] num. trilionésimo.

trilobate [trail'oubeit], **trilobated** [trail'oubeitid], **trilobed** [tr'ailoubd] adj. trilobado, trilobulado.

trilobite [tr'ailəbait] s. trilobite m.: crustáceo fossilizado.

trilogy [tr'ilədʒi] s. trilogia f.

trim [trim] s. 1. boa ordem, boa posição f. 2. boa condição ou disposição f., bom estado m. 3. ataviamento m., decoração f., ornamento m. 4. equipamento, preparo m. 5. (Náut.) a) posição f. das velas. b) equilíbrio m., posição f. do navio dentro d'água. 6. (Av.) ângulo m. de vôo sob dadas condições. 7. vigamento, madeiramento visível m. dentro de um prédio. ‖ v. 1. pôr em ordem, arranjar, preparar. 2. equipar, aprestar, guarnecer. 3. podar (plantas), cortar ou aparar (cabelo). 4. (Téc.) desbastar, rebastar, aparelhar, aplainar, desempenar. 5. atiçar o lume. 6. enfeitar, adornar, decorar. 7. mudar (de opinião), adaptar-se às circunstâncias. 8. adaptar-se, contemporizar. 9. (Náut.) colocar e ajustar as velas. 10. equilibrar, distribuir a carga ou lastro (de navio ou avião). 11. (coloq.) repreender, censurar. 12. (gíria) enganar, embrulhar. ‖ adj. 1. asseado, catita. 2. bem tratado, em ordem. 3. bem equipado. 4. bem ajustado, cômodo. ‖ **~ly** adv. asseadamente, alinhadamente.
the ~ of the hold a distribuição da carga. **in good ~** 1. bem colocada (carga). 2. bem equipado. **in sailing ~** com as velas ajustadas. **put the room in good ~!** arrume bem o quarto! **out of ~** desequilibrado, (carga mal colocada), mal equipado. **to ~ up** ataviar. **to ~ with the time** adaptar-se ao tempo ou às circunstâncias.

trimerous [tr'imərəs] adj. trímero: dividido em três partes.

trimestrial [traim'estriəl] adj. trimestral.

trimeter [tr'imitə] s. trímetro m.: verso de três seções. ‖ adj. trímetro.

trimetric [traim'etrik], **trimetrical** [~əl] adj. trimétrico, ortorrômbico.

trimmer [tr'imə] s. 1. estivador m. 2. o que enfeita ou adorna, modista f. 3. podador m. 4. podadeira f.: ferramenta para podar ou cortar. 5. oportunista, vira-casaca m. 6. (Arquit.) (também **~ joist**): a) viga mestra f. b) viga secundária f.

trimming [tr'imiŋ] s. 1. decoração f., enfeite, ornamento, debrum m. 2. surra, sova f., castigo m. 3. repreensão, censura f. 4. poda f., desbaste, desempeno m., rebarbação, limpeza f. 5. oportunismo m., mudança f. de opinião. 6. estivação f. 7. **~s** pl.: a) passamanaria f., enfeites, adornos m. pl. b) pertences m. pl. c) aparas, sobras f. pl. d) (Gram.) anfibologia f.: duplo sentido, ambigüidade.

trimness [tr'imnis] s. boa ordem, limpeza f., asseio m.

trimonthly [traim'ʌnθli] adj. trimestral, que dura três meses, que acontece cada três meses.

trimorphic [traim'ɔ:fik], **trimorphous** [traim'ɔ:fəs] adj. trimorfo.

trimorphism [traim'ɔ:fizm] s. trimorfia, trimorfismo m.

trimotor [tr'aimoutə] s. avião trimotor m.

trinal [tr'ainəl] adj. triplo, tríplice.

trinary [tr'ainəri] adj. = **trinal.**
trine [train] s. tríade, trinca, trindade f. ‖ adj. trino.
trinervate [train'ə:veit] adj. trinervado, trinérveo.
tringle [triŋgl] s. 1. vara f. que suporta cortina. 2. (Arquit.) barra ornamental f.
Trinitarian [trinit'eəriən] s. trinitário m.: pessoa que acredita na trindade. ‖ adj. trinitário.
trinitrotoluene [trainaitrət'ɔljui:n] s. (Quím.) trinitrotolueno (abr. T. N. T.) m.: explosivo.
trinity (I) [tr'initi] s. 1. tríade f. 2. trindade f.
~ **term** (Universidade) semestre do verão.
Trinity (II) [tr'initi] s. (Rel.) Trindade f.
~ **Sunday** domingo da Trindade.
trinket [tr'iŋkit] s. 1. jóia pequena f., sem valor, adorno m. 2. (Náut.) joanete m.
trinomial [train'oumjəl] s. trinômio m. ‖ adj. trinômio, composto de três termos.
trio [tr'iou] s. 1. (Mús.) trio m. 2. grupo de três (cantores ou artistas).
triode [tr'aioud] s. (rádio) tríodo m.: válvula eletrônica de três eletródios.
triolet [tr'aiəlit] s. triolé m.: estrofe de oito versos com duas rimas.
trioxide [trai'ɔksaid] s. (Quím.) trióxido m.
trip [trip] s. 1. viagem, excursão f., passeio m. 2. tropeço, passo falso m. 3. rasteira f., cambapé m. 4. logro m. 5. engano, erro, fracasso m. 6. passo curto e leve m. ‖ v. 1. tropeçar, cambalear, escorregar. 2. passar rasteira, fazer tropeçar. 3. apanhar alguém em erro, falta, etc. 4. errar, enganar-se, trair-se, dar um passo em falso. 5. dar passos curtos e leves, sapatear, saltaricar. 6. tartamudear. 7. (Mec.) soltar, desengatar, pôr em movimento, ligar (de repente).
have a nice ~! boa viagem! **sea**-~ pequena viagem por mar. **we caught him** ~**ping** pegamo-lo num erro, (fig.) num deslize. **to** ~ **along** andar com passos curtos. **to** ~ **up** 1. passar rasteira, derrubar. 2. fazer fracassar (um plano). 3. (Náut.) levantar ferros.
he was ~**ped up** (fig.) ele caiu no logro. **we** ~**ped him up in...** surpreendemo-lo em...
tripartite [traip'a:tait] adj. tripartido. ‖ ~**ly** adv. de modo tripartido.
tripartition [traipa:t'iʃən] s. tripartição f.
tripe [traip] s. 1. entranhas, tripas f. pl. 2. bucho m. 3. (fig.) algo sem valor, deficiente. 4. bobagem f.
tripedal [tr'aipidl] adj. tripede.
tripe-man, tripeseller [tr'aipselə] s. tripeiro m.
tripersonal [traip'ə:sənəl] adj. trinitário.
tripersonalism [~izm] s. doutrina f. da trindade.
tripersonalist [~ist] s. crente m. + f. da trindade.
Tripersonality [traipə:sn'æliti] s. Trindade f.
tripetalous [traip'etələs] adj. (Bot.) tripétalo.
triphammer [tr'iphæmə] s. martinete m.
triphase [tr'aifeiz] adj. trifásico.
~ **current** [Eletr.] corrente trifásica.
triphthong [tr'ifθɔŋ] s. (Gram.) tritongo m.
triphyllous [traif'iləs] adj. (Bot.) trifilo.
triplane [tr'aiplein] s. avião triplano m.
triple [tripl] s. triplo, tresdobro m. ‖ v. triplicar. ‖ adj. triplo, tríplice. ‖ ~**ly** adv. triplamente.
~ **expansion engine** (Téc.) máquina de espansão tripla. ~ **crown** tiara papal. ~ **time** (Mús.) compasso ternário. ~ **as many as** três vezes tanto como, o triplo de.
triple-space v. datilografar com espaço triplo.
triplet [tr'iplit] s. 1. trigêmeo m. 2. grupo de três, trio, terno m. 3. (Mús.) tercina f., tercilho m.: grupo de três notas com o valor de duas.
triplets [~s] s. pl. trigêmeos m. pl.
trip lever s. (Mec.) alavanca de desengate f.

triplex [tr'ipleks] s. 1. vidro tríplex m. 2. (Mús.) compasso ternário m. ‖ adj. triplo, tríplice, tríplex.
~ **glass** vidro tríplex.
triplicate [tr'iplikit] s. triplicata f. ‖ [tr'iplikeit] v. triplicar. ‖ [tr'iplikit] adj. triplo, tríplice.
~ **ratio** (Mat.) razão dos cubos de duas quantidades. **in** ~ em três exemplares, em triplicata.
triplication [triplik'eiʃən], **triplicature** [tr'iplikətʃə] s. triplicação f.
triplicity [tripl'isiti] s. triplicidade f.
triploid [tr'iploid] adj. (Biol.) triplóide: que tem três vezes o número haplóide de cromossomos.
trip-madam s. (Bot.) saião-acre m.
tripod [tr'aipod] s. tripé m. (também Fot.), trípode f. (quadro P 2).
tripoli [tr'ipəli] s. trípole m.
tripos [tr'aipos] s. (Universidade de Cambridge) exame m. para obter distinção.
tripper [tr'ipə] s. 1. viajante, excursionista, turista m. 2. o que anda com passos curtos, sapateador m. 3. (Mec.) desengate m.
trip pin s. (Mec.) pino de encosto m.
tripping [tr'ipiŋ] adj. 1. com passos curtos, leve, ligeiro. 2. com tropeços. 3. errante, pecador. ‖ ~**ly** adv. ligeiramente.
triptote [tr'iptout] s. (Gram.) triptoto m.: substantivo com apenas três casos de declinação.
triptych [tr'iptik] s. tríptico m.
triquetra [traik'i:trə] s. ornamento m. composto de três arcos entrelaçados.
triquetrous [~s] adj. tríquetro, triangular.
triradial [trair'eidiəl], **triradiate** [trair'eidieit], **triradiated** [~id] adj. trirradiado.
trireme [tr'airi:m] s. (Hist. milit.) trirreme f.
trisect [trais'ekt] v. trissecar.
trisection [trais'ekʃən] s. trissecção f.
trisepalous [trais'epələs] adj. trissepalo.
triseptate [trais'epteit] adj. (Bot., Zool.) trisseptado.
trismegistus [trism'edʒistəs] adj. trismegisto.
trismus [tr'izməs] s. (Pat.) trismo m.
trispermous [traisp'ə:məs] adj. (Bot.) trispermo, que tem três sementes.
trisplanchnic [traispl'æŋknik] adj. (Anat.) trisplâncnico: relativo ao nervo grande simpático, cujas ramificações se distribuem nas três cavidades esplâncnicas.
tristich [tr'istik] s. estrofe f. de três linhas.
tristichous [tr'istikəs] adj. (Bot.) trístico: disposto em três ordens.
trisulcate [trais'ʌlkit] adj. trissulco.
trisyllabic [traisil'æbik] adj. trissilábico. ‖ ~**ally** adv. com três sílabas.
trisyllable [trais'iləbl] s. trissílabo m.
trite [trait] adj. 1. muito usado. 2. trivial, banal. ‖ ~**ly** adv. trivialmente, banalmente.
triteness [tr'aitnis] s. trivialidade, banalidade f.
triternate [trait'ə:nit] adj. (Bot.) triternado.
tritheism [tr'aiθi:izm] s. (Teol.) triteísmo m.: a trindade, como três personalidades distintas.
tritheist [tr'aiθi:ist] s. triteísta m. + f.
tritheistic [traiθi:'istik] adj. triteísta.
tritium [tr'itiəm] s. (Quím.) trítio m.: isótopo do hidrogênio.
Triton [traitn] s. (Mit.) Tritão m.: divindade marítima.
triton [traitn] s. tritão m.: a) (Zool.) espécie de salamandra aquática. b) (Fís.) dêuteron m.
tritone [tr'aitoun] s. (Mús.) trítono m.
tritubercular [traitjub'ə:kjulə] adj. tituberculado.
triturable [tr'itjurəbl] adj. triturável.
triturate [tr'itjureit] v. triturar, reduzir a pó.
trituration [tritjur'eiʃən] s. trituração, pulverização f.

triumph [tr'aiəmf] s. 1. triunfo, sucesso, êxito m., vitória f. 2. alegria, satisfação, exultação f. 3. (Roma antiga) marcha triunfal, procissão solene f. ‖ v. 1. triunfar, alcançar vitória ou sucesso. 2. prevalecer, vencer, dominar, sobrepujar. 3. jactar-se, gloriar-se, exultar.
we ~ed over our enemies vencemos nossos inimigos, triunfamos sobre nossos inimigos.
triumphal [trai'ʌmfəl] adj. triunfal. ‖ ~ly adv. de modo triunfal.
~ arch arco do triunfo.
triumphant [trai'ʌmfənt] adj. 1. triunfante, vitorioso, 2. preponderante. 3. jubiloso, radiante, exultante. ‖ ~ly adv. 1. triunfantemente. 2. vitoriosamente.
triumpher [tr'aiəmfə] s. triunfador m.
triumvir [trai'ʌmvə] s. pl. **triumvirs, triumviri** [-virai] triúnviro m.
triumviral [trai'ʌmvirəl] adj. triunviral.
triumvirate [trai'ʌmvirit] s. triunvirato, triunvirado m.
triune [tr'aiju:n] adj. três em um, trino e uno.
triunity [traij'u:niti] s. trindade f.
trivalence [traiv'eiləns] s. (Quím.) trivalência f.
trivalent [traiv'eilənt] adj. (Quím.) trivalente.
trivet [tr'ivit] s. suporte m. de três pernas, tripé m.
(as) right as a ~ (coloq..) 1. firme, estável. 2. em boas condições, com boa saúde.
trivia [tr'iviə] s. pl. trivialidades, bagatelas f. pl.
trivial [tr'iviəl] adj. 1. trivial, insignificante, não importante. 2. comum. ‖ ~ly adv. trivialmente.
~ objection objeção insignificante. **the ~ round** o trabalho diário.
trivialism [~izm], **triviality** [trivi'æliti], **trivialness** [~nis] s. trivialidade, insignificância, vulgaridade f.
trivialize [~aiz] v. trivializar.
trivium [tr'iviəm] s. trívio m.: as três artes liberais da Antiguidade.
triweekly [traiw'i:kli] adj. triebdomadário, trissemanal, que ocorre ou que é feito três vezes por semana.
trocar [tr'oukə] s. (Cirurg.) trocarte m.
trochaic [trouk'eiik] s. trocaico, verso trocaico m ‖ adj. trocaico.
trochal [tr'oukəl] adj. (Zool.) rotiforme, rotáceo.
trochanter [trok'æntə] s. (Anat.) trocanter m.
troche [trouʃ, tr'ouki] s. (Farmác.) pastilha f., comprimido m.
trochee [tr'ouki:] s. (Métr.) troqueu m.
trochilus [tr'okiləs] s. tróquilo m.: espécie de beija-flor.
trochlea [tr'okliə] s. (Anat.) tróclea f.
trochlear [~] adj. (Anat., Bot.) troclear.
trochoid [tr'oukoid] adj. 1. trocóideo, em forma de roda. 2. (Med.) relativo à articulação trocóidea.
trod [trɔd] v. imp. + p. p. de **to tread.**
trodden [~n] v. p. p. de **to tread.**
troglodyte [tr'oglodait] s. 1. troglodita m. + f.: pessoa que vive em caverna. 2. (fig.) eremita m.
troglodytic [troglad'itik], **troglodytical** [-əl] adj. troglodítico.
Troic [tr'ouik] adj. troiano.
Troika [tr'oikə] s. 1. tróica f. 2. triunvirato m.
Trojan [tr'oudʒən] s. 1. troiano m. 2. (fig.) pessoa corajosa ou enérgica f. ‖ adj. troiano.
like a ~ eficiente, (trabalhar) como pé-de-boi.
troll (I) [troul] s. 1. divertimento m. de canto em rodízio. 2. carretilha f. da vara para pescar. 3. isca f. para pescar. ‖ v. 1. cantar em rodízio. 2. trinar, cantarolar. 3. pescar com carretilha. 4. rolar, rodar, girar.
troll (II) [troul] s. gigante, anão ou ser sobrenatural m. do folclore escandinavo.
trolley, trolly [tr'oli] s. 1. (E.U.A.) roldana f. de contato do bonde. 2. (E.U.A.) bonde m. 3.

roldana, carretilha f. 4. trole m. 5. (Mec.) talha rolante f. 6. carro m. de vendedor ambulante. 7. (Brit.) carro, vagonete m. (basculante) (quadro P 5).
~ brush (Eletr.) escova para tomada de corrente.
~ bus ônibus elétrico. **~ car** bonde (quadro T 5).
~ pole alavanca da roldana de contato do bonde.
~ rod caniço com carretilha.
trolley line s. 1. itinerário m. de ônibus elétrico ou bonde. 2. sistema de transporte m. que usa ônibus elétrico ou bonde.
trollop [tr'ɔləp] s. 1. mulher suja ou relaxada f. 2. prostituta f.
trollopy [~i] adj. sujo, desalinhado, indecente.
trombone [tr'omboun] s. (Mús.) trombone m.
~-player, trombonist trombonista, tocador de trombone.
tromometer [trəm'ɔmitə] s. tromômetro m.
trona [tr'ounə] s. (Miner.) trona f.
troop [tru:p] s. 1. grupo (de pessoas) m. 2. rebanho, bando m. 3. tropa f. 4. unidade f. de cavalaria. 5. unidade f. de escoteiros. ‖ v. 1. agrupar-se, reunir-se. 2. mover-se em conjunto. 3. ir ou vir em grande número, atropelar-se, acorrer em grande massa. 4. andar, ir, ir embora. 5. formar em grupos ou tropas.
~s tropas, soldados. **he got his ~** ele foi promovido a capitão (de cavalaria). **that's the stuff to give the ~s** (coloq.) isso me cai como a sopa no mel. **in ~s** em grupos. **they came ~ing** vieram em massa. **to ~ away, to ~ off** retirar-se, ir embora às pressas. **to ~ with** unir-se com. **to ~ the colours** assistir ao desfile das bandeiras.
trooper [tr'u:pə] s. 1. cavalariano raso m. 2. policial montado m. 3. cavalo m. do exército. 4. (Náut.) navio transporte m. de tropas (também **troop-slip**).
to swear like a ~ praguejar excessivamente.
troop carrier s. (milit.) transportador m. de tropa: a) avião, b) veículo blindado.
troop-horse s. (também **trooper**) cavalo m. de cavalaria.
troopship [tr'u:pʃip] s. = **trooper.**
tropaeolum [trəp'i:ələm] s. (Bot.) capuchinha f.
trope [troup] s. (Gram.) tropo m.: emprego de palavra em sentido figurado.
trophesial [trof'i:ziəl] adj. (Pat.) trofoneurótico.
trophesy [tr'ɔfisi] s. (Pat.) trofoneurose f.
trophic [tr'ɔfik] adj. trófico: relativo à nutrição.
trophied [tr'oufid] adj. enfeitado com troféu.
trophotropism [trof'ɔtrəpizm] s. trofotropismo m.: movimento das células em relação ao alimento.
trophy [tr'oufi] s. troféu m.
tropic [tr'ɔpik] s. trópico m. ‖ adj. trópico.
the ~ of Cancer (of Capricorn) o trópico de Câncer (de Capricórnio). **~s** região trópica.
tropical [~əl] adj. 1. trópico. 2. quente, abrasador, tropical. 3. (fig.) apaixonado, fervoroso. 4. figurativo, metafórico. ‖ ~ly adv. tropicalmente.
~ fruit fruta dos países tropicais. **~ year** ano tropical, ano solar.
tropicopolitan [tropikəp'olitən] s. animal m. ou planta f. tropical. ‖ adj. habitando nos trópicos.
tropism [tr'oupizm] s. (Biol.) tropismo m.
tropist [tr'oupist] s. o que emprega tropos.
tropological [tropəl'ɔdʒikəl] adj. tropológico. ‖ ~ly adv. em forma figurativa.
tropology [trəp'ɔlədʒi] s. tropologia f.
tropopause [tr'ɔpəpɔ:z] s. (Meteor.) tropopausa f. (entre a troposfera e a estratosfera).
trot [trɔt] s. 1. trote m. (quadro H 9). 2. passo rápido e constante m. 3. uma dança f. 4. (gíria escolar, E.U.A.) tradução f. copiada e não feita pelo aluno.

5. (coloq.) petiz, guri m. ‖ v. 1. trotar, andar a trote, fazer trotar. 2. (fig.) correr, andar depressa. 3. (fig.) escorregar.
at full ~ em trote rápido. **to go for a** ~ 1. dar uma volta, fazer um passeio. 2. (coloq.) desentorpecer as pernas. **on the** ~ **all day** o dia inteiro em pé, em atividade. **to keep s. o.** ~**ting** manter alguém em movimento. **to** ~ **along** ir correndo. **to** ~ **away (off)** sair em trote, sair às pressas. **to** ~ **s. o. off his legs** dominar alguém, cansar alguém. **to** ~ **out** 1. exibir um cavalo em trote. 2. (coloq.) mostrar, demonstrar, alegar habilmente. 3. sair a passeio com (uma moça). 4. troçar.

troth [trouθ] s. (†) 1. lealdade, boa fé f. 2. promessa f. 3. verdade f. 4. promessa f. de casamento.
he pledged his ~ **to me** ele me deu sua palavra, ele me jurou fidelidade. **they plighted their** ~ eles ficaram noivos. **by (upon) my** ~**!** pela minha fé! **in** ~ realmente.

trotline [tr'otlain] s. espinhel m.
Trotskyism [tr'otskiizm] s. (Pol.) trotskismo m.
Trotskyist [tr'otskiist], **Trotskyite** [tr'otskiait] s. (Pol.) trotskista m. + f. ‖ adj. trotskista.
trotter [tr'otə] s. 1. cavalo trotador, trotão m. 2. (gíria) pé m. de porco, de carneiro, etc. usado como alimento. ~**s** (gíria) prato de pé de porco, carneiro, etc.
trotting [tr'otiŋ] s. corrida f. de trote.
troubadour [tr'u:bəduə] s. trovador m.: poeta da Idade Média.
trouble [trʌbl] s. 1. aborrecimento, transtorno m., preocupação, dificuldade f. 2. distúrbio m., agitação, desordem, encrenca f. 3. doença, desgraça f., sofrimento m., defeito (físico) m., falha f., fraco m. 4. embaraço, incômodo, aperto m. 5. esforço, trabalho extra m. 6. pessoa ou coisa f. que causa aborrecimento. ‖ v. 1. preocupar, importunar, aborrecer, perturbar, molestar. 2. atormentar, afligir. 3. incomodar, estorvar. 4. agitar, causar distúrbio, perturbar. 5. pedir. 6. turvar. 7. incomodar-se, preocupar-se.
don't ask (look) for ~, (gíria) não procure encrencas. **thankfulness is not his** ~ gratidão não é seu fraco. **it is too much** ~ é trabalho demais. **save yourself the** ~ não se dê ao trabalho. **I am sorry to give you so much** ~ sinto causar-lhe tanto incômodo. **we took the** ~ **of doing (to do)** it esforçamo-nos em fazê-lo. **to be in** ~ estar em apuros, em dificuldade. **to get into** ~ 1. meter-se em dificuldades. 2. gravidar. **you will get into** ~ você vai meter-se em apuros. **I must put you to the** ~ tinha de incomodá-lo. ~**d look** olhar preocupado. ~**d waters** (fig.) situação confusa, condições duvidosas. **don't** ~ **(yourself)** não se incomode, não se preocupe. **may I** ~ **you to tell me the time?** permita-me perguntar-lhe as horas? **I will** ~ **you to mind your own business** peço-lhe não se meter em assuntos alheios. **she is** ~**d about** ela está preocupada com. **may I** ~ **you for a light?** permite pedir-lhe um fósforo? ~**d in mind** aflito, preocupado. **I am** ~**d with headache** estou atormentado com dores de cabeça. **to** ~ **about s. th.** preocupar-se com alguma coisa. **don't** ~ **to write** não precisa escrever.
troublemaker [tr'ʌblmeikə] s. desordeiro, encrenqueiro m.
troubler [tr'ʌblə] s. perturbador, desordeiro m.
troubleshooter [tr'ʌblʃu:tə] s. (E. U. A.) pessoa hábil na eliminação de dificuldades.
troublesome [tr'ʌblsəm] adj. 1. incômodo, importuno, enfadonho, desagradável. 2. laborioso, difícil. ‖ ~**ly** adv. importunamente, incomodamente.
troublesomeness [~nis] s. 1. importunação f., enfado

m. 2. o que é desagradável.
trouble spot s. (Pol.) área conturbada, potencialmente explosiva f.
troublous [tr'ʌbləs] adj. (†) 1. perturbado, agitado, turbulento. 2. confuso.
trough [trɔf, dial. trɔ:θ] s. 1. cocho m., gamela, tina f. (quadros B 1, S 9). 2. vala, sarjeta f. 3. depressão f. entre duas ondas. 4. (Meteor.) baixa, depressão barométrica f. 5. calha f. de moinho.
trounce [trauns] v. 1. castigar, bater, surrar. 2. vencer. 3. criticar, censurar.
trouncing [tr'aunsiŋ] s. surra, sova f.
troupe [tru:p] s. (Teat.) companhia f. de artistas.
trouper [tr'u:pə] s. (Teat.) 1. membro m. de uma companhia de artistas. 2. artista veterano m.
trouser [tr'auzə] s. (geralmente ~**s** pl.) calças compridas f. pl.
a pair of ~**s** uma calça, um par de calças (quadros C 12, C 13).
trousered [~d] adj. vestido de calças compridas.
trousering [~riŋ] s. tecido m. para calças.
trouserleg [~leg] s. perna f. da calça.
trouser press, trouser-stretcher s. prensa f. para calças.
trouser strap s. presilha f. para calça.
trousse [tru:s] s. (Med.) estojo m. instrumental.
trousseau [tr'u:sou] s. pl. **trousseaux** [-souz] enxoval m. de noiva.
trout [traut] s. (Ict.) truta f. ‖ v. pescar trutas.
~**-coloured** da cor da truta (branco com malhas pretas).
trout fishing s. pesca f. da truta.
trout fly s. isca f. (artificial).
troutlet [tr'autlit], **troutling** [tr'autliŋ] s. (Ict.) pequena truta f.
trout-stream s. córrego ou riacho m. onde há trutas.
trouty [tr'auti] adj. rico em trutas.
trove [trouv] = **treasure trove.**
trover [tr'ouvə] s. (Jur.) apropriação (indevida) f.
action of ~ queixa para restituição.
trow [trou] v. (†) pensar, supor, acreditar.
trowel [tr'auel] s. 1. trolha f.: colher de pedreiro (quadro B 22). 2. espátula f. para desenterrar plantas. ‖ v. colocar ou alisar reboco com trolha.
he laid it on with a ~ (fig.) ele exagerou muito.
troy [trɔi] s. sistema m. de pesos usado especialmente pelos joalheiros.
~**-weight** peso troy. **one pound** ~ = **12 ounces** = 373,24 g.
truancy [tr'uənsi] s. 1. ociosidade f. 2. cábula f.: falta (na escola).
truant [tr'uənt] s. 1. ocioso m. 2. cábula m.: estudante cabulador. 3. pessoa negligente f. nos deveres, vadio m. ‖ v. vadiar, faltar às aulas, cabular (também **to play** ~). ‖ adj. 1. faltoso, cabulador. 2. negligente (nos deveres), relaxado. 3. preguiçoso, vadio. ‖ ~**ly** adv. 1. como cabulador, como vadio. 2. negligentemente.
truant officer s. inspetor escolar m. que investiga as faltas não justificadas.
truce [tru:s] s. 1. trégua, suspensão f. (temporária) das hostilidades. 2. folga f., repouso, descanso m.
a ~ **to it!** basta! chega! ~ **of God** paz de Deus.
truceless [tr'u:slis] adj. sem tréguas.
truck (I) [trʌk] s. 1. truque, vagão m. plataforma. 2. caminhão m. (quadro M 5). 3. zorra f. 4. carrinho m. para transporte de bagagem. 5. truque m.: armação das rodas de locomotiva ou vagão. 6. vagonete m. (quadro C 16). 7. roda pequena f. 8. (Naut.) borla f. ‖ v. 1. carregar ou transportar em caminhão ou truque. 2. guiar caminhão. ‖ adj.

relativo ao truque.
truck (II) [trʌk] s. (E. U. A.) 1. verduras f. pl. 2.
bugigangas, miudezas, quinquilharias f. pl. 3. coisas
sem valor, rebotalho m. 4. relações f. pl. 5.
intercâmbio, comércic m., permuta, troca f. 6.
pagamento m. em mercadoria. ‖ v. 1. permutar,
cambiar, negociar, mascatear. 2. ter relações. 3.
pagar em mercadorias.
~ shop estabelecimento que paga em mercadorias.
~ system sistema de pagamento em mercadorias.
Truck Acts leis contra o sistema truck. **they stand
no ~** não gostam de brincadeiras. **to have no ~
with** não ter nada que ver com.
truckage [trʌkidʒ] s. 1. transporte m. em vagão ou
caminhão. 2. frete, carreto m.
trucker [trʌkə] s. 1. chofer m. de caminhão. 2.
carregador, transportador m. 3. negociante, mascate m.
truck farmer s. (E. U. A.) chacareiro m., o que planta
hortaliças.
trucking [trʌkiŋ] s. transporte m. de mercadorias
por caminhão.
truckle [trʌkl] s. 1. (também **~-bed**) cama baixa f.
sobre rodas, que se pode guardar debaixo de outra
cama mais alta. 2. roda pequena f. ‖ v. 1. submeter-se, humilhar-se, abaixar-se, bajular. 2. mover
sobre rodinhas.
truckler [trʌklə] s. bajulador m.
truckman [trʌkmən] s. chofer m. de caminhão.
truculence [trʌkjuləns], **truculency** [~i] s. truculência,
crueldade f.
truculent [trʌkjulənt] adj. truculento, cruel, atroz,
bárbaro, feroz. ‖ **~ly** adv. truculentamente, cruelmente.
trudge [trʌdʒ] s. marcha, caminhada longa e penosa
f. ‖ v. marchar, caminhar penosamente, arrastar-se.
true [truː] s. 1. veracidade, verdade f. 2. precisão,
exatidão f. 3. ajustamento m., posição certa f.
‖ v. 1. ajustar, retificar, centrar. 2. cortar no esquadro. 3. endireitar. 4. desempenhar. 5. aparar (papel). ‖ adj. 1. verdadeiro, certo, verídico. 2. real,
genuíno, legítimo. 3. sincero. 4. leal, fiel. 5. probo,
direito, próprio, correto, exato, autêntico. 6. legal,
de direito. 7. seguro, de confiança. 8. certo, exato,
em posição certa, no esquadro, ajustado. 9. inalterado, constante. ‖ adv. verdadeiramente, exatamente. 3. lealmente. 4. de fato, realmente.
Yours truly... (em cartas) sinceramente de V. S...
the beam is ~ a viga está em posição horizontal.
~ bill (Jur.) acusação justificada. **~ copy** cópia
autêntica. **~ friend** amigo verdadeiro. **~ gold** ouro
legítimo, puro. **~ heir** herdeiro legal. **~ man**
homem honesto, direito. **likely to be ~** verossímil,
provavelmente verdadeiro. **will you be ~ to me?**
você me será fiel? **it is ~ I have never written to
her** realmente nunca lhe escrevi. **to come ~** realizar-se, acontecer como esperado. **to hold ~** aprovar, servir, confirmar-se. **it proved (to be) ~** mostrou-se ser verdadeiro. **as ~ as steel** de absoluta
confiança. **~ but ...** admitido, mas ... **for ~** na
realidade. **~ to** de conformidade com. **~ to life**
como na vida real, fiel ao modelo. **~ to nature**
natural, conforme à natureza. **~ to type** típico.
~ to his promise fiel à sua promessa. **to breed ~**
manter a raça pura na procriação (de animais).
to go ~ andar certo (relógio). **to shoot ~** acertar.
to speak ~ dizer a verdade.
true-blue s. pessoa f. de confiança, amigo fiel
m. ‖ adj. 1. inalterável, constante. 2. legítimo, leal,
correto. 3. de cor firme.
trueborn [truːbɔːn] adj. legítimo (de nascimento).
truebred [truːbred] adj. 1. de raça pura (animal).

2. (fig.) bem-educado.
truehearted [truːhɑːtid] adj. sincero, leal, fiel.
trueheartedness [~nis] s. sinceridade, lealdade, fidelidade f.
true-life adj. baseado em fatos, real.
truelove [truːlʌv] s. 1. namorado fiel m. 2. querido m.
~ knot, ~r's knot nó duplo, símbolo do amor fiel.
truffle [trʌfl] s. trufa, túbera f.
trug [trʌg] s. 1. cesta f. de madeira para jardinei-
ros, verdureiros, etc. 2. balde m. de madeira para
ordenha. 3. cocho m. de pedreiro.
truism [truːizm] s. truísmo m., verdade banal f.
trump [trʌmp] s. 1. trunfo, naipe m. que prevalece
aos outros. 2. pessoa f. de confiança, amigo fiel
m. 3. (†) trompa, trombeta, corneta f. 4. cornetada
.f. ‖ v. 1. trunfar. 2. tomar (cartas) com trunfo. 3.
superar, ultrapassar.
it is no ~s é jogo sem trunfo. **to call for ~**
pedir trunfo. **to lead off a ~** jogar trunfo. **they
put him to his ~(s)** (fig.) provocaram-no até o
máximo. **he turned up ~s** 1. ele mostrou-se melhor
do que se esperava. 2. ele ganhou a sorte grande.
~ of the doom, the last ~ trompa de Jericó,
trompa do juízo final. **to ~ out** jogar trunfo. **to
~ up** 1. inventar, forjar. 2. falsificar, tramar.
trump card s. 1. trunfo m. 2. (fig.) expediente infalível m.
trumped-up adj. fraudulento, manipulado, forjado.
trumpery [trʌmpəri] s. 1. coisa f. sem valor, bugiganga f., ouropel, refugo m. 2. tagarelice, bobagem f. ‖ adj. 1. vistoso mas sem valor, sem importância. 2. miserável, ordinário.
~ paper jornal de terceira categoria.
trumpet [trʌmpit] s. 1. trompa, trombeta, corneta
f., clarim m. 2. objeto m. em forma de trompa,
corneta acústica f. 3. funil m. de entrada em
molde de fundição. 4. som m. de corneta ou de
trompa. ‖ v. 1. tocar trombeta ou corneta. 2. soar
como trombeta ou corneta. 3. trombetear, proclamar em voz alta.
~-blast cornetada. **the last ~** a trompa do juízo
final, o fim do mundo. **he blows his own ~** ele
se elogia a si próprio, ele blasona. **ear-~,
speaking-~** corneta acústica. **to ~ forth** proclamar,
divulgar em voz alta.
trumpet call s. 1. toque m. de clarim, de corneta. 2.
apelo imperioso m.
trumpeter [trʌmpitə] s. 1. trombeteiro, corneteiro
m. 2. pregoeiro, proclamador m. 3. (E. U. A.) cisne
silvestre m. dos E. U. A. 4. (Ornit.) jacamim m.
trumpet-tongued adj. com som de trombeta.
truncal [trʌŋkəl] adj. relativo ao tronco.
truncate [trʌŋkeit] v. truncar, cortar, mutilar. ‖ adj.
truncado, cortado, terminado abruptamente. ‖ **~ly**
adv. truncadamente.
truncated [~əd] adj. truncado, incompleto.
truncation [trʌŋkeiʃən] s. mutilação f.
truncheon [trʌntʃən] s. (Ingl.) 1. porrete, cacete,
cassetete m. 2. batuta f. de maestro. 3. bastão
m. de marechal. ‖ v. cacetar, cacetear.
rubber ~ cacete de borracha de policial.
trundle [trʌndl] s. 1. ação de rolar, de rodar. 2. roda
pequena e larga, carretilha f. 3. carrinho sobre
rodas baixas, truque m., zorra f. 4. (Téc.) fuso
m. do cabeçote. ‖ v. 1. rodar, rolar, mover-se circularmente. 2. revolver, girar, voltear.
trundle bed = **truckle**.
trundlehead [trʌndlhed] s. cabeça f. de cabrestante.
trundle-tail s. 1. cauda enrolada f. 2. cachorro m.
com cauda enrolada.

trunk [trʌŋk] s. 1. tronco m. de árvore (quadro T 4). 2. baú m., mala f. de viagem. 3. tronco, corpo (sem os membros) m. 4. parte principal f. 5. linha tronco f. (de telefone, de estrada de ferro). 6. tromba f. de elefante. 7. fuste m. de coluna. 8. conduto m. de ventilação, calheira f. de moinho. 9. tubo grande m. 10. ~s pl. calção m. muito curto de banho, calça esporte f. (quadro B 3). ‖ adj. 1. principal. 2. relativo ao tronco.
trunk call s. (Ingl.) telefonema interurbano m.
trunk exchange s. estação telefônica f.
trunkful [trʌŋkful] s. o quanto cabe numa mala.
trunk hose s. pl. calças curtas e largas, bragas f. pl. usadas nos séculos XVI e XVII.
trunkless [trʌŋklis] adj. incorpóreo, sem corpo.
trunk line s. 1. (Estr. de F.) linha tronco f. 2. (telefone) linha interurbana f.
trunkmaker [trʌŋkmeikə] s fabricante m. de malas.
trunk-wood s. madeira f. do tronco.
trunnel [trʌnl] = **treenail**.
trunnion [trʌnjən] s. 1. pino, munhão m. 2. (automóvel) pedal m. da embreagem ou fricção.
~ **hole** mancal do munhão.
truss [trʌs] s. 1. (Arquit.) a) armação f. b) treliça f. c) tesoura f. e) andaime m. f) suporte m. (de vigas), consolo grande m. 2. faixa, cinta, funda f. para hérnia. 3. fardo, feixe m., trouxa f. 4. fardo m. de palha ou feno de 60 libras. 5. (Náut.) troça f. ‖ v. 1. fixar, amarrar, atar. 2. armar, suportar ou escorar com treliça. 3. ligar, enfardar, enfaixar. 4. arregaçar. 5. (fig.) enforcar.
to ~ up 1. entrouxar. 2. enforcar.
truss beam s. viga treliçada f.
truss bridge s. ponte treliça, ponte f. de vigas treliçadas.
truss frame s. treliça f.
trust [trʌst] s. 1. confiança, crença, fé, confidência f. 2. pessoa ou coisa f. em que se confia. 3. esperança f. 4. crédito m. 5. obrigação, responsabilidade f., cargo, dever m. 6. guarda f., cuidado m. 7. (Jur.) fideicomisso, procurador m. em confiança. 8. monopólio, truste m. 9. cartel, sindicato m. 10. depósito m. em custódia, custódia f. ‖ v. 1 confiar, ter fé, crer. 2. acreditar em, ter confiança em. 3. depender de, confiar em. 4. confiar a, entregar aos cuidados de, deixar com 5. esperar, acreditar. 6. dar crédito a, fiar, vender a crédito. ‖ adj. de confiança, em confiança.
breach of ~ abuso de confiança. **position of ~** cargo de confiança. **private ~** fundação particular. **in ~** em confiança, em custódia. **to hold in ~ for** guardar para, administrar para. **I put (place, have) great ~ in you** confio em você, tenho fé na sua pessoa. **there is no ~ to be put in him** não se pode ter confiança nele. **on ~** 1. em fiança, a crédito. 2. em confiança. **to take on ~** aceitar de boa fé. **to ~ s. o. with s. th., to ~ s. th. to s. o.** confiar alguma coisa a alguém. **I do not ~ him round the corner** não tenho nenhuma confiança nele. **you must ~ yourself to him** você deve ter confiança nele. **~ him for that!** (irônico) conte com ele para isso! (e veja onde você vai parar). **he cannot be ~ed with so large a sum** não se pode confiar-lhe uma soma tão grande. **we know what we have to ~ to** sabemos o que temos de esperar.
trustable [trʌstəbl] adj. de confiança.
trust account s. conta bancária f. pagável ao beneficiário após a morte do titular.
trustbuster [trʌstbʌstə] s. defensor e executor m. das leis antitrustes.
trust company s. companhia f. fiduciária.

trust deed s. documento m. de transmissão de bens.
trustee [trʌstiː] s. curador, fideicomissário m.
~ **in bankruptcy** curador de massas falidas.
~ **stock** apólices vinculadas.
trusteeship [~ ʃip] s. curadoria, administração f.
truster [trʌstə] s. fiador m., o que fia,
trustful [trʌstful] adj. confiante, crente. ‖ ~ly adv. em confiança.
trustfulness [~ nis] s. confiança, credulidade f.
trustiness [trʌstinis] s. lealdade, fidelidade, honra f.
trusting [trʌstiŋ] adj. confiante, crente. ‖ ~ly adv. com confiança.
~ **to receive your orders** na expectativa de suas (prezadas) ordens.
trustless [trʌstlis] adj. 1. desleal. 2. descrente.
trustlessness [~ nis] s. infidelidade, deslealdade f.
trust money s. dinheiro m. de menores sob curadoria.
~ **office** banco de depósitos.
trust territory s. território m. sob mandato da ONU.
trustworthiness [trʌstwə:ðinis] s. probidade, integridade de caráter, lealdade, fidelidade f.
trustworthy [trʌstwə:ði] adj. digno de confiança.
trusty [trʌsti] s. 1. pessoa f. de confiança. 2. condenado m. de bom comportamento. ‖ adj. fiel, leal, de confiança, honrado. ‖ -ily adv. fielmente.
truth [truːθ] s. 1. verdade, autenticidade f. 2. sinceridade, veracidade f. 3. exatidão, precisão, conformidade f. 4. honestidade. fidelidade f.
to tell s. o. home ~s dizer as verdades a alguém.
there is no ~ in it não há nada de verdade nisto. **I doubt the ~ of it** duvido que seja verdade. **in ~** na realidade, realmente. **of a ~** (†) realmente. **out of ~** fora da posição certa.
truthful [truːθful] adj. 1. verídico, verdadeiro, real. 2. sincero, honesto, cândido. ‖ ~ly adv. de fato.
truthfulness [~ nis] s. autenticidade, veracidade, exatidão f.
truthless [truːθlis] adj. falso, mentiroso.
truthlessness [~ nis] s. falsidade f.
truth loving adj. sincero, direito.
truth serum [também ~ **drug**] s. soro m. da verdade.
truth teller s. homem verídico m.
try [trai] s. tentativa, experiência, prova f., teste m. ‖ v. 1. tentar, experimentar, ensaiar, provar. 2. investigar. 3. pôr à prova. 4. (Jur.) investigar, interrogar, levar em juízo. 5. atormentar, afligir, sujeitar a sofrimento ou provação. 6. esforçar, cansar, esgotar, atacar (vista). 7. refinar, purificar (por fundição ou fervura), retificar (álcool). 8. testar, aferir, acertar. 9. (Arquit.) aprumar.
a teacher of tried experience um professor experimentado. **he tried his hand at it** ele experimentou fazê-lo **he tried his luck at it** ele tentou a sorte nisto. **to ~ on** 1. provar (roupa). 2. (gíria) chatear, tentar esgotar a paciência de alguém. **he was tried on a charge** ele foi processado por causa de uma denúncia. **you must ~ harder** precisa esforçar-se mais. **you just ~!** atreva-se. **we tried at this play** experimentamos este jogo. **to ~ for** aspirar, concorrer para. **he tried hard for a job** ele esforçou-se para conseguir um emprego. **to have a ~ at** experimentar-se em
trying [traiiŋ] adj. 1. penoso, árduo, difícil, cansativo. 2. desagradável.
a ~ boy um menino importuno.
trying plane s. garlopa, plaina grande f. (quadro P 4).
tryout [traiaut] s. teste m., prova f.
trypanosome [tripənəsoum] s. (Med.) tripanossomo m.
trypsin [tripsin] s. (Bioquím.) tripsina f.
trysail [traiseil] s. (Náut.) vela f. de caranguejo.

try square s. esquadro m. de encosto (quadro C 5).

tryst [trist, traist] s. 1. encontro m., entrevista f. 2. lugar de encontro m. ‖ v. marcar encontro.

Tsar [za:] s. (também **Czar**) czar m.

Tsarina [~r'i:nə] s. (também **Czarina** ou **Tsaritsa**) czarina f.

tsetse (**fly**) [ts'etsi] s. tsé-tsé f.: mosca africana.

T-shirt s. camisa f. de malha, para homens (de mangas curtas e sem colarinho).

tub [tʌb] s. 1. tina f. 2. banheira f. (quadro B 3). 3. (gíria) banho (de imersão) m. 4. barrica f., tonel m. 5. o que cabe numa barrica. 6. navio ou barco lerdo, pesado m. 7. barco m. para praticar remadura. 8. (Miner.) elevador m. ‖ v. 1. colocar em tina ou barrica. 2. lavar-se, tomar banho em banheira.

~ **frock** vestido lavável.

tuba [tj'u:bə] s. tuba, trombeta f.

tubal [~l] adj. em forma de tubo.

tubber [t'ʌbə] s. picão m., picareta f. de mineiro.

tubby [t'ʌbi] adj. 1. em forma de tina. 2. baixo e gordo. 3. (Mús.) de som cavo.

tube [tju:b] s. 1. tubo, cano m. 2. bisnaga f., tubo m. 3. túnel m. para trem subterrâneo. 4. trem subterrâneo m. 5. válvula eletrônica f. 6. cilindro m., tubuladura f., qualquer objeto tubiforme. 7. canal m. ‖ v. 1. colocar tubos. 2. acondicionar em tubos.

Tube (Londres) trem subterrâneo. **India-rubber** ~ tubo de borracha. **speaking** ~ megafone, porta-voz. **by** ~ com trem subterrâneo.

tuber (I) [tj'u:bə] s. 1. (Bot.) tubérculo m. 2. (Anat.) tubérculo m., protuberância, excrescência f.

tuber (II) [tj'u:bə] s. fabricante m. + f., instalador m. de tubos.

tubercle [tj'u:bə:kl] s. (Bot., Med.) tubérculo m.

~ **bacillus** bacilo de Koch, bacilo da tuberculose.

tubercular [tjub'ə:kjulə] adj. 1. tubercular, tuberculado. 2. tuberoso. 3. tuberculoso.

tuberculate [tjub'ə:kjulit], **tuberculated** [tjub'ə:kjuleitid] adj. tuberculado.

tuberculation [tjubə:kjul'eiʃən] s. tuberculinização f.

tuberculin [tjub'ə:kjulin] s. tuberculina f.

tuberculoid [tjub'ə:kjuləid] adj. relativo a tubérculo ou tuberculose.

tuberculosis [tjubə:kjul'ousis] s. tuberculose f.

tuberculous [tjub'ə:kjuləs] adj. tuberculoso.

tuberiform [tj'u:bərifo:m] adj. tuberiforme.

tuberose (I) [tj'u:bərouz] s. (Bot.) tuberosa f.

tuberose (II) [tj'u:bərous], **tuberous** [tj'u:bərəs] adj. (Bot., Med.) tuberoso.

tuberosity [tjubər'ositi], **tuberousness** [tj'u:bərəsnis] s. (Med., Bot.) tuberosidade f.

tubicolous [tjub'i:kələs] adj. tubícola.

tubiform [tj'u:bifo:m] adj. tubiforme.

tubing [tj'u:biŋ] s. 1. tubos m. pl. coletivamente. 2. tubulação f., encanamento m. 3. pedaço m. de tubo.

tubular [tj'u:bjulə] adj. tubular, tubiforme. ‖ adv. ~ly de forma, de maneira tubular.

~ **boiler** caldeira tubular. ~ **lamp** lâmpada tubular.

tubulate [tj'u:bjulit], **tubulated** [tj'u:bjuleitid] adj. tubulado.

tubule [tj'u:bju:l] s. túbulo, pequeno tubo m.

tubuliflorous [tjubjuliflʻourəs] adj. tubulifloro.

tubulose [tj'u:bjulous], **tubulous** [tj'u:bjuləs] adj. tubuloso, tubiforme.

tuck [tʌk] s. 1. dobra f., refego m., prega (costurada) f., debrum f., bainha f. 2. (Náut.) parte traseira f. do navio. 3. (gíria) comida f., gulodices f. pl., doces m. pl. 4. toque m. de tambor, toque m. de corneta. ‖ v. 1. comprimir, enfiar, guardar. 2.

cobrir, enrolar, envolver. 3. dobrar. 4. contrair. 5. juntar. 6. preguear, embainhar, costurar prega, franzir. 7. dobrar-se, encolher-se, enrolar-se, encarquilhar-se.

to ~ **away** guardar, enfiar (no bolso). **the house is** ~**ed away** a casa está escondida. **to** ~ **in** 1. dobrar (pano), fazer pregas. 2. (coloq.) empanzinar, empanturrar-se. ~ **your legs in!** encolha as pernas, ponha as pernas debaixo do cobertor! **the hen** ~**ed her head under her wing** a galinha enfiou sua cabeça debaixo da asa. ~**-in**, ~**-out** (coloq.) comezaina. **to** ~ **up** 1. arregaçar, levantar, enrolar, encolher (as pernas). 2. comprimir. **I** ~**ed myself up (in bed)** cobri-me bem (na cama).

tucker [t'ʌkə] s. 1. cachecol, lenço m. para o pescoço, usado antigamente. 2. (E. U. A.) pregueador m. na máquina de costura. ‖ v. cansar, fatigar, esgotar.

tucket [t'ʌkit] s. sinal m. de corneta, toque m. de clarim.

tuck-shop s. (gíria) confeitaria f.

Tudor [tj'u:də] s. (Hist., Ingl.) nome de antiga família real f.

~ **style** estilo perpendicular (quadro A 5).

Tuesday [tj'u:zdi] s. terça-feira f.

on ~ na terça-feira. **on** ~(**s**) às terças-feiras ~ **morning** terça-feira de manhã.

tufa [tj'u:fə] s. (Miner.) tufo calcário m.

tufaceous [tju:f'eiʃəs] adj. tufoso.

tuff [tʌf] s. (Geol.) tufo m.

tuft [~t] s. 1. topete, penacho, tufo m., borla f. 2. moita f. 3. maço, ramo m. 4. (coloq.) cavanhaque m. ‖ v. 1. colocar ou adornar com tufos, borlas etc. 2. crescer em moitas. 3. acolchoar.

tufted [t'ʌftid] adj. em moitas, em tufos.

tufty [t'ʌfti] adj. em moitas, em tufos, crescendo em tufos.

tug [tʌg] s. 1. puxão, arranco, arrancão m. 2. esforço m., luta f. 3. (Náut.) rebocador m. (quadro H 3). 4. tirante m. ‖ v. 1. puxar com força, arrastar. 2. esforçar-se, lutar. 3. (Náut.) rebocar.

~ **of war** (Esp.) cabo-de-guerra. **he had a hard** ~ **of it** custou-lhe muita luta, muito esforço.

tugboat [t'ʌgbout] s. rebocador m.

tug pin s. (Mec.) cavilha f.

tugger [t'ʌgə] s. 1. o que puxa. 2. manejador m.

tuition [tju'iʃən] s. 1. instrução f. ensinamento, ensino m. 2. custo m. da instrução.

he is under my ~ ele é meu aluno.

tuitional [~əl], **tuitionary** [~əri] adj. educacional, relativo ao ensino.

tularemia, tularaemia [tu:lər'i:miə] s. (Pat., Veter., Med.) tularemia f.

tulip [tj'u:lip] s. tulipa f.: 1. planta. 2. a flor f. dessa planta. 3. bulbo m.

tulipist [~ist] s. cultivador m. de tulipas.

tulipomania [tju:lipəm'einiə] s. tulipomania f.

tulip tree s. (Bot.) magnólia f.: árvore dos E. U. A.

tulle [tu:l] s. tule, filó m.

tumble [tʌmbl] s. 1. queda f., tombo m. 2. salto m., cambalhota f. 3. confusão, desordem f. 4. balouço m. de navio. ‖ v. 1. cair, tombar. 2. cair, diminuir rapidamente de preço ou de valor. 3. fazer cair, derrubar. 4. rolar, virar, torcer-se. 5. dar saltos, dar pulos, fazer acrobacias, cambalhotar.

to ~ **about** rolar, virar-se. **to** ~ **down** 1. vir abaixo, cair, ruir. 2. derrubar, fazer cair. 3. despachar (namorado). **to** ~ **in** 1. ruir, desabar. 2. (coloq.) ir para a cama, recolher-se. 3. encaixar (madeira). **to** ~ **out of** cair de. **to** ~ **over** tropeçar, cair. **to** ~ **to pieces** cair em (aos) pedaços. **to** ~ **to** (gíria) pescar (entender).

tumblebug [t'ʌmblbʌg] s. (Ent.) vira-bosta, besouro m.

tumble-down adj. prestes a cair, dilapidado.
tumbler [t'∧mblə] s. 1. acrobata, saltador m. 2. copo, conteúdo m. de um copo (quadro G 2). 3. tranqueta f. de fechadura. 4. ferrolho (de arma de fogo). m. 5. pombo volteador. 6. joão-teimoso m.: boneco que sempre fica em pé.
~ful copada (conteúdo de um copo). **~ switch** (Eletr.) interruptor ou comutador de báscula.
tumbling [t'∧mbliŋ] s. 1. prática f. de acrobacias. 2. (Mec.) tamboração f.
tumbling barrel s. tambor rotativo m.
tumbly [t'∧mbli] adj. áspero.
tumbrel [t'∧mbrəl], **tumbril** [t'∧mbril] s. 1. carroça f., carro m. para transporte de esterco. 2. (milit.) carro m. para o transporte de munição.
tumefacient [tju:mif'eiʃənt] adj. tumefaciente, turgescente.
tumefaction [tju:mif'ækʃən] s. tumefação, inchação turgescência f.
tumefy [tj'u:mifai] v. tumefazer, tumeficar, intumescer, turgescer.
tumescence [tju:m'esns] s. tumescência f.
tumescent [tju:m'esnt] adj. tumescente, intumescente.
tumid [tj'u:mid] adj. 1. túmido, inchado, túrgido. 2. pomposo, bombástico. || **~ly** adv. 1. tumidamente. 2. de modo pomposo ou bombástico.
tumidity [tju:m'iditi], **tumidness** [tj'u:midnis] s. tumidez, inchação, intumescência, turgidez f.
tummy [t'∧mi] s. (termo infantil) barriga f.
tumour, tumor [tj'u:mə] s. 1. tumor m. 2. inchação f.
tump [t∧mp] s. 1. monte m. de terra, morrinho m. 2. (gíria) bobagem, besteira f. || v. amontoar terra (ao pé de uma planta).
tumular [tj'u:mjulə], **tumulary** [~ri] adj. 1. tumular 2. colinoso.
tumult [tj'u:m∧lt, t'u:m∧lt] s. 1. tumulto, barulho m. 2. distúrbio m., desordem f. 3. agitação f., distúrbio emocional m. 4. confusão, excitação f.
tumultuariness [tjum'∧ltjuərinis] s. tumulto, distúrbio, barulho m.
tumultuary [tjum'∧ltjuəri] adj. tumultuário, confuso, desordenado, barulhento, tumultuoso. || **-ily** adv. tumultuariamente, desordenadamente.
tumultuous [tjum'∧ltjuəs] adj. tumultuoso, violento, barulhento. || **~ly** adv. tumultuosamente.
tumultuousness [~nis] s. = **tumultuariness**.
tumulus [tj'u:mjuləs] s. pl. **tumuli** [-lai] túmulo m.
tun [t∧n] s. 1. barril, tonel m., pipa f. 2. (†) medida f. para líquidos correspondente a 252 galões. || v. encher em barris (também **to ~ up**).
tuna [t'u:nə], **tuna fish** s. atum (grande) m.
tunable [tj'u:nəbl] adj. melodioso, harmonioso. || **-bly** adv. melodiosamente, harmoniosamente.
tundra [t'∧ndrə] s. tundra f.: planície das regiões árticas.
tune [tju:n] s. 1. melodia, cantiga, ária f. 2. tom m., toada, entonação f. 3. maneira f., modo m. 4. acordo m., concordância, harmonia f. 5. disposição (mental) f. 6. sintonia f. || v. 1. soar, cantar, entoar. 2. musicar, compor, musicalizar. 3. estar em harmonia. 4. afinar. 5. (fig.) animar. 6. (Rádio) sintonizar. 7. adaptar, ajustar.
a catchy ~ uma melodia cativante. **he gave us a ~** ele cantou para nós. **he changed his ~** (fig.) ele mudou de tom. **in ~** afinado. **out of ~** desafinado. **to keep in ~** manter em harmonia. **to sing out of ~** cantar errado, cantar de modo desafinado. **to the ~ of** 1. pela melodia de. 2. (fig.) até a quantia de. **to ~ in** sintonizar (uma estação de rádio). **you are ~d to** estão ouvindo (a estação de). **they are ~d to the same pitch**

eles estão de acordo. **to ~ up** 1. afinar (instrumento). 2. entoar. 3. ajustar uma máquina, motor ou avião para atingir a máxima eficiência. **~d** (E. U. A., gíria) bêbado. **~d circuit** circuito sintonizado.
tuneable [tj'u:nəbl] adj. = **tunable**.
tuned [tju:nd] adj. (Eletr.) sintonizado.
tuneful [tj'u:nful] adj. melodioso, harmônico, musical. || **~ly** adv. melodiosamente, harmonicamente.
tunefulness [~nis] s. harmonia f., qualidade do que é melodioso.
tuneless [tj'u:nlis] adj. 1. dissonante, sem melodia. 2. (fig.) sem voz. || **~ly** adv. dissonantemente.
tuner [tj'u:nə] s. 1. afinador m. 2. (rádio) escala ou bobina f. de sintonização.
tunesmith [tj'u:nsmiθ] s. (coloq.) compositor m. de canções populares.
tune-up s. reconstrução, retificação f. (máquina).
tung oil s. óleo m. de tungue.
tungstate [t'∧ŋsteit] s. tungstato m.: sal de ácido túngstico.
tungsten [t'∧ŋstən] s. (Quím.) tungstênio m.: metal, elemento químico.
tungstic [t'∧ŋstik] adj. (Quím.) túngstico.
Tungus [t'∧ŋgəs] s. tunguse m.: habitante da Sibéria e da China ocidental.
tunic [tj'u:nik] s. 1. túnica f.: vestuário antigo. 2. (milit.) túnica f. dos militares. 3. (Bot., Med.) túnica, membrana f.
~ shirt camisa esporte.
tunicary [~əri] s. tunicário, tunicado m.
tunicate [~ it] s. (Zool.) tunicado m. || adj. tunicado.
tunicated [~eitid] adj. (Bot.) entunicado.
tunicle [tj'u:nikl] s. 1. tegumento fino m., tunicela, membrana f. 2. (Ecles.) tunicela f. (quadro C 18).
tuning [tj'u:niŋ] s. 1. (Mús.) afinação f. 2. (rádio) sintonização f.
~ condenser condensador variável (em circuito de sintonização). **~ fork** diapasão. **~ note** sinal de identificação de radiodifusor.
tuning crook s. dispositivo m. em instrumento de sopro para variar a altura do som fundamental.
tuning hammer s. chave f. de afinador.
tuning in s. (rádio) sintonização f.
tunnage [t'∧nidʒ] s. tonelagem, taxa f. sobre a tonelagem.
tunnel [t'∧nəl] s. 1. túnel m., passagem subterrânea f. 2. (Miner.) galeria f. || v. escavar um túnel, construir um túnel.
tunnel disease s. (Pat.) doença de descompressão f.
tunneling [~iŋ] s. construção f. de túnel.
tunny [t'∧ni] s. (Ict.) atum m.
tuny [tj'u:ni] adj. melodioso, agradável.
tup [t∧p] s. (Ingl.). 1. carneiro m. 2. (Mec.) martinete m. || v. cobrir, fecundar (ovelha).
tuppence [t'∧pəns] (Ingl.). = **twopence**.
tuppenny [t'∧pəni] s. (Ingl.) adj. no valor de dois "pence".
tuque [tju:k] s. gorro m. de tricô usado pelos canadenses.
Turanian [tjur'einiən] s. turaniano. || adj. uralo-altaico.
turban [t'ə:bən] s. 1. turbante m. 2. toucado feminino m. semelhante ao turbante.
turbaned [~d] adj. coberto de turbante.
turbary [t'ə:bəri] s. 1. direito m. de tirar turfa (em terras de outrem). 2. turfeira f.
turbellaria [tə:bəl'æriə] s. pl. (Zool.) turbelários m. pl.
turbid [t'ə:bid] adj. 1. túrbido, turvo, lodoso, barrento. 2. denso, 3. confuso, desordenado. || **~ly** adv. 1.

turvamente. 2. confusamente.

turbidity [tə:b'iditi], **turbidness** [~nis] s. 1. turvação f., qualidade do que está lodoso ou túrbido. 2. confusão f.

turbinal [t'ə:binəl] adj. turbinado, turbinoso, em forma de espiral.

turbinate [t'ə:binit] adj. 1. turbinado. 2. que gira como um pião.

turbination [tə:bin'eiʃən] s. 1. turbinação, turbinagem f. 2. movimento giratório m.

turbine [t'ə:bin, -bain] s. turbina f. (quadro T 4).

turbiniform [tə:b'inifɔ:m], **turbinoid** [t'ə:binɔid] adj. turbiniforme.

turbogenerator [t'ə:bədʒenəreitə] s. (Eletr.) turbogerador m.

turbojet [t'ə:bəjet] s. 1. (Av.) turbojato m. 2. turborreator m.

turboprop [t'ə:bouprɔp] s. (Av.) turbopropulsor m.

turbosupercharger [tə:bəsj'u:pətʃa:dʒə] s. (Av.) = turboprop.

turbot [t'ə:bət] s. (Ict.) rodovalho m.

turbulence [t'ə:bjuləns], **turbulency** [~ i] s. 1. turbulência, violência f. 2. distúrbio, motim m.

turbulent [t'ə:bjulənt] adj. 1. turbulento. 2. tumultuoso. 3. perturbador. ‖ ~ly adv. tumultuosamente.

Turco [t'ə:kou] s. atirador argelino m.

turd [tə:d] s. (gíria) 1. bosta f. 2. molenga m.

tureen [tər'i:n] s. terrina, sopeira f.

turf [tə:f] s. 1. gramado, relvado m. 2. turfa f. (seca, usada como combustível). 3. (geralmente the ~) a) prado m., pista f. de corrida, turfe m. b) corrida f. de cavalos. ‖ v. cobrir com grama.
on the ~ (ocupado) nas corridas de cavalo.

turf-clad adj. coberto de grama.

turf-drain s. drenagem f. por meio de tubos de turfa.

turfiness [t'ə:finis] s. qualidade da turfa.

turfing [t'ə:fiŋ] s. (gíria) ato de dormir ao ar livre.

turfman [t'ə:fmən] s. turfista m.

turfy [t'ə:fi] adj. 1. gramado, coberto de grama. 2. turfoso. 3. relativo ao turfe, turfístico.

turgescence [tə:dʒ'esns] s. 1. turgescência f. 2. (fig.) pomposidade f.

turgescent [tə:dʒ'esnt] adj. 1. turgescente, dilatado, inchado. 2. (fig.) inchado, bombástico.

turgid [t'ə:dʒid] adj. 1. túrgido, túmido, inchado. 2. (fig.) inchado, bombástico. ‖ ~ly adv. 1. turgidamente. 2. bombasticamente.

turgidity [tə:dʒ'iditi], **turgidness** [-nis] s. turgidez, turgescência f.

turgite [t'ə:dʒait] s. (Miner.) turgita f.

Turk [tə:k] s. 1. turco m. 2. (fig.) homem irascível. **Grand** (ou **Great**) ~ sultão. **young** ~ moleque levado, traquinas. ~'s **head** 1. espanador. 2. forma para bolo. 3. nó ornamental. 4. (Náut.) nó corrediço.

Turkey [t'ə:ki] s. Turquia f. ‖ adj. turco.
~ **corn** milho. ~ **red** corante vermelho. **to talk turkey** (E. U.A., gíria) falar com franqueza.

turkey [t'ə:ki] s. (~-**cock**) 1. peru m. 2. (fig.) pessoa convencida, pomposa.
as **proud as a** ~-**cock** muito orgulhoso. **red as a** ~-**cock** vermelho como um peru.

turkey-buzzard, turkey-vulture s. (Ornit.) urubu-decabeça-vermelha m.

turkey-hen s. perua f.

turkey-poult s. peru novo m.

turkey-rhubarb s. ruibarbo medicinal m.

turkey-stone s. (Geol.) novaculita f.

turkey trot s. dança f. de origem africana. ‖ v.

turkey-trot dançar **turkey trot.**

Turkish [t'ə:kiʃ] s. língua turca f. ‖ adj. turco.
~ **bath** banho turco. ~ **delight** doce sírio. ~ **towel** toalha de banho felpuda. ~ **rug** ou ~ **carpet** tapete oriental.

Turkism [t'ə:kizm] s. civilização turca f.

Turkoman [t'ə:komən] s. pl. **Turkomans** turcomano m.

turmeric [t'ə:mərik] s. 1. açafroeira f.: planta da Índia. 2. rizoma m. moído desta planta usado como corante ou condimento.

turmeric-paper s. (Quím.) papel r.l. de curcuma, papel reativo m.

turmoil [t'ə:mɔil] s. tumulto, distúrbio m., desordem f.

turn [tə:n] s. 1. rotação, volta f., giro m. 2. (fig.) mudança f. de direção, reviravolta, crise f., ação de virar. 3. curva f., cotovelo m. 4. mudança, alteração, variação. 5. torção, torcedura f., 6. vez, ocasião f. 7. tempo, período, turno m. 8. ação f., ato, serviço, favor, obséquio m. 9. inclinação, predileção, tendência f., talento. 10. necessidade f. 11. curso, caminho m. 12. passeio, giro m., excursão, volta f. 13. susto, choque m. 14. desmaio m. 15. (Mús.) grupeto m., nota floreada f. 16. forma f. 17. estilo m. 18. oportunidade f. 19. ocupação passageira ou provisória f. 20. (Teat.) número m. de variedades f. 21. estado m., condição, natureza, disposição f., caráter m. 22. sucessão, alternação f., rodízio m. 23. (Tipogr.) letra bloqueada f. ‖ v. 1. girar, rodar, virar(-se), volver(-se). 2. voltar-se. 3. mover. 4. mudar (de direção), alterar o curso. 5. dirigir(-se). 6. retornar. 7. desviar. 8. manobrar as agulhas de via férrea. 9. inverter, reverter. 10. revolver na mente. 11. mudar de posição. 12. mudar de assunto. 13. transformar(-se) em (gelo), mudar (cor), tornar(-se) pálido. 14. fazer, formar, adaptar-se. 15. perturbar, transtornar. 16. depender. 17. mandar embora, fazer ir. 18. volver, dirigir (olhos), virar (rosto). 19. usar, aplicar em. 20. dissuadir. 21. ser mudado. 22. parar, aparar. 23 fazer voltar. 24. passar, dar volta, contornar. 25. ultrapassar, passar (tempo, idade). 26. tornear, fazer no torno. 27. ser torneado. 28. deixar doente. 29. ficar tonto, desmaiar. 30. dobrar. 31. madurecer, mudar de cor. 32. induzir, instigar. 33. expulsar. 34. vender, trocar. 35. traduzir, verter. 36. transformar(-se), alterar, virar às avessas. 37. agrisalhar. 38. entregar. 39. cegar (faca). 40. moldar, configurar. 41. resultar, terminar. 42. tornar-se. 43. estragar, azedar, coalhar.
~s 1. cavacos de torneamento. 2. menstruação.
by ~s alternativamente, em intervalos. **on the** ~ 1. prestes a virar (maré). 2. começando a azedar.
~ **and** ~ **about** alternativamente, sucessivamente.
the ~ **of the century** a volta do século. ~ **of disease** crise de doença. ~ **of mind** modo de pensar. **it took a bad** ~ virou para o lado ruim. **a** ~ **for the better** uma mudança para o melhor. **a friendly** (**good**) ~ um serviço de amigo, um obséquio. **one good** ~ **deserves another** um favor merece outro. **an ill, bad** ~ um ato mau. **an unexpected** ~ uma mudança inesperada. **await your** ~! espere sua vez. **when it comes to your** ~ quando for seu turno. **now it is my** ~ agora é a minha vez. **he has a** ~ **for music** ele tem talento (inclinação, interesse) para a música. **it gave her a** ~ ela assustou-se. **does it serve your** ~? isto serve para suas necessidades? isto serve para você? **she is not** (**fit**) **for my** ~ ela não me agrada, ela não serve para mim. **we took a** ~ demos uma volta, fizemos um passeio. **I took two** ~s **up and down the room** andei duas vezes para

cá e para lá dentro do quarto. **to serve one's ~** servir ao fim de, vir a propósito de. **to take ~s** 1. mudar, trocar com, revezar-se. 2. experimentar. **right about ~!** (milit.) meia-volta, volver! **at every ~** a cada momento, em cada ocasião. **light and dark by ~s** claro e escuro alternadamente. **we did it in ~s** fizemos isto em turnos. **done to a ~** bem passado, no ponto. **a well ~ed phrase** uma frase bem formulada. **she has** (ou **is**) **just ~ed eighteen** ela completou 18 anos agora. **she ~ed eighteen** ela tem mais de 18 anos. **he ~ed his coat** ele virou a casaca, mudou de opinião. **we ~ed the coat inside out** viramos o paletó às avessas. **she ~ed the corner** 1. ela dobrou a esquina. 2. (fig.) ela venceu a crise. **we ~ed a curve** fizemos uma curva. **to ~ a deaf ear** fazer-se de surdo. **we did not ~ a hair** não perdemos a calma, não demonstramos. **he ~ed her head** ele lhe virou a cabeça. **to ~ the key** virar a chave. **we ~ed an honest penny by** ganhamos nosso dinheiro honestamente. **they ~ed the knife in the wound** (fig.) abriram novas feridas. **it ~s my stomach** está me virando o estômago. **they ~ed tail** fugiram, voltaram para trás. **to ~ the tables** mudar a sorte. **to ~ things upside down** virar as coisas de pernas para o ar. **to ~ about** virar, volver. **to ~ adrift** mandar embora, deixar desamparado. **to ~ against** influenciar contra, virar-se contra, ofender, atiçar. **to ~ aside** desviar. **to ~ away** desviar, virar, mandar embora, despedir. **to ~ away money** (Teat.) precisar fechar as portas. **to ~ back** 1. voltar, retroceder. 2. recusar, devolver. 3. retorquir. 4. mandar de volta, fazer voltar. **to ~ down** 1. virar para baixo, dobrar (para baixo). 2. diminuir (gás, etc.). 3. descobrir (cama). 4. declinar, rejeitar (oferta). 5. desprezar, abandonar. 6. (E. U. A.) rebaixar, repreender. **~ from** dissuadir de. **to ~ in** virar, dobrar, (para dentro). **to ~ into** 1. converter em, transformar em. 2. instigar a. **to ~ water into wine** transformar água em vinho. **to ~ s. th. into money** transformar em dinheiro, vender. **to ~ into ridicule** tornar ridículo. **to ~ into verse** pôr em versos. **to ~ off** 1. desviar, afastar, impedir. 2. (**from** de), despedir, mandar embora. 3. fechar, desligar (gás, rádio, torneira). 4. realizar, produzir. **to ~ off with a laugh** desfazer com um riso. **to ~ on** abrir (torneira), ligar (rádio, etc.) **to ~ the tap on** (fig.) cair em prantos. **to ~ out** 1. virar para fora (os pés). 2. expulsar, mandar embora. 3. despejar. 4. tocar o gado para o pasto. 5. apagar, desligar (luz). 6. virar às avessas (as bolsas). 7. extrair (carvão). 8. transportar, carregar, produzir, fornecer (mercadorias). **they ~ed him out of doors (out of the house)** botaram-no para fora. **to be well ~ed out** estar bem vestido. **to ~ over** 1. virar. 2. folhar. 3. derrubar. 4. transbordar. 5. transferir. 6. revolver. 7. movimentar (dinheiro). 8. transmitir. 9. extraditar. 10. encarregar. **~ over!** vide verso! **to ~ over in s. o.'s mind** estudar bem, pensar bem. **to ~ round** 1. girar, virar. 2. volver, voltar. 3. (fig.) converter-se. **she ~ed him round her little finger** (fig.) ela dominou-o por completo. **to ~ to** dirigir, concentrar, aplicar, aproveitar. **he ~ed it to account** ele tirou proveito disto, aproveitou-o com vantagem. **~ed our hands to it** pusemos mãos à obra. **he can ~ his hand to anything** ele se presta para tudo. **to ~ tail** recuar ignominiosamente. **to ~ toward** dirigir para. **to ~ the steps towards** dirigir os passos para. **to ~ turtle** (fig.) virar de pernas para o ar. **to ~ up** 1. virar, para cima,

dobrar para cima. 2. trazer à tona. 3. arregaçar. 4. aumentar. 5. abrir (baralho). 6. descobrir, revelar, aparecer. 7. procurar, referir a (palavra no dicionário). **~ it up!** (coloq.) basta! chega! cale a boca! **she ~ed up her nose at** ela torceu o nariz. **to ~ up the wick** (gíria de aviação) acelerar, voar a toda a velocidade. **all that fuss ~ed him up** ele ficou enjoado com esta azáfama toda. **to ~ the back upon s. o.** virar as costas para alguém. **to ~ the tables upon** pagar na mesma moeda a. **her brain** (ou **head**) **is ~ed** ela é louca. **he ~ed Christian, soldier, traitor** ele converteu-se ao cristianismo, ficou soldado, virou traidor. **my head ~s** minha cabeça está virando, estou tonto. **my stomach ~s** sinto-me mal. **when the times ~** quando os tempos mudam. **I don't know which way to ~** (fig.) não sei o que fazer. **to ~ nasty** tornar-se desagradável. **the tide has ~ed** (fig.) as coisas mudaram. **to ~ about** virar-se, voltar-se. **to ~ again** retornar. **to ~ aside** virar-se para o lado, desviar-se, procurar novo caminho. **~ at the second corner to the right** vire à direita na segunda esquina. **to ~ away** virar-se, voltar-se. **to ~ back** 1. voltar (para trás), regressar. 2. voltar-se. **to ~ down** 1. descer, ir para baixo. 2. dobrar-se. **to ~ in** 1. mandar, colocar, conduzir, (para dentro), dirigir-se para dentro, entrar, passar para dentro (**at a door** por uma porta). 2. (coloq.) recolher-se, ir para a cama. **to ~ into** transformar-se em, converter-se em, tornar-se, ficar. **to ~ off** 1. dirigir-se para o lado. 2. desviar(-se), afastar(-se). 3. estragar. **to ~ on** 1. virar-se. 2.(fig.) girar sobre, em volta de, depender de. 3. atacar, visar, retorquir. **he ~ed on his heel** ele deu ao calcanhar. **to ~ out** 1. virar(-se) ou dirigir(-se) para fora. 3. sair, ir-se. 4. (milit.) marchar. 5. vir à luz, confirmar(-se). 6. formar-se, tornar-se. 7. verificar-se, mostrar ser. 8. decorrer, terminar. 9. largar o trabalho. 10. (coloq.) sair da cama, levantar-se. **he has ~ed out a diligent boy** ele tornou-se um rapaz diligente. **it ~ed out (to be) a ship** mostrou-se ser um navio. **it ~ed out that she had, she ~ed out to have** verificou-se que ela tinha. **it ~ed out well** saiu bem. **to ~ over** 1. virar-se. 2. girar, revolver-se. 3. mudar de opinião ou de posição. 4. inverter. **to ~ to** 1. dirigir-se para, dirigir-se a, voltar-se para. 2. transformar-se em, converter-se para, tornar-se. **they ~ed to us** dirigiram-se a nós. **~ to the left** vire à esquerda. **~ to east** vire em direção leste. **to ~ up** 1. dirigir-se para cima, virar-se para cima, levantar-se. 2. aparecer, vir à tona, surgir. 3. acontecer, suceder. 4. tornar-se. 5. verificar-se, mostrar-se. **she has ~ed up at last** ela chegou finalmente. **he ~ed up rough** ele mostrou-se brutal, ele ficou brutal. **to ~ upon** dirigir-se contra, girar em torno de, tratar-se de.

turnabout [t'ə:nəbaut] s. volta f.

turn-and-bank indicator s. (Av.) indicador giroscópico m. de desvio.

turn bench s. torno m. de bancada (de relojoeiro).

turn bridge s. ponte giratória f.

turnbuckle [t'ə:nbʌkl] s. tensor, sargento m.

turncap [t'ə:nkæp] s. (Arquit.) capelo giratório m.

turncoat [t'ə:nkout] s. renegado, desertor, vira-casaca m.

turncock [t'ə:nkɔk] s. encarregado m. do fornecimento de água (em conjuntos residenciais).

turndown [t'ə:ndaun], **turned down** adj. que é virado para baixo.

~ collar colarinho virado.

turned [tə:nd] adj. torneado.

turner [t'ə:nə] s. torneiro m.
turnery [~ri] s. trabalho de torneiro m.
turning [t'ə:niŋ] s. 1. torneamento m. 2. volta f., ação de virar. 3. curva f., ângulo, cotovelo m. 4. travessa, esquina f. 5. desvio m.
at the next ~ na próxima esquina. ~ **point** ponto decisivo, ponto crítico. ~ **table** plataforma giratória.
turning lathe s. torno m.
turnip [t'ə:nip] s. 1. nabo m. 2. (E. U. A., joc.) relógio grande de bolso m., cebola f.
turnip top s. folhas f. pl. do nabo.
turnkey [t'ə:nki:] s. carcereiro m., pessoa f. encarregada das chaves (de uma prisão).
turnoff [t'ə:nɔ:f] s. 1. estrada secundária f. 2. ponto de desvio m. 3. desvio m.
turnout [t'ə:naut] s. 1. aparecimento m. 2. aglomeração f. de pessoas. 3. assembléia, reunião f. 4. produção f. 5. equipamento, acondicionamento m. 6. ação de expelir ou de mandar embora. 7. greve f. 8. desvio de estrada de ferro m. 9. cavalo(s) e carruagem.
turnover [t'ə:nouvə] s. 1. tombo m., queda f. 2. (Com.) movimento m. 3. mudança, modificação f. 4. pastel m.
turnpike [t'ə:npaik] s. 1. posto m., barreira f. de pedágio. 2. rodovia expressa f., sujeita a pedágio.
~**man** cobrador de pedágio.
turnscrew [t'ə:nskru:] s. chave f. de fenda.
turnsole [t'ə:nsoul] s. girassol m.
turnspit [t'ə:nspit] s. o que vira o espeto (para assar).
turnstile [t'ə:nstail] s. borboleta f.: para contagem de passageiros (ônibus), espectadores (teatro, cinema), etc.
turntable [t'ə:nteibl] s. 1. (Estr. de F.) plataforma giratória f. (quadro S 12). 2. prato m. de toca-disoo. 3. torno m. de oleiro.
turnup [t'ə:nʌp] s. (coloq.) distúrbio m.
turpentine [t'ə:pəntain] s. aguarrás, terebintina f. ‖ v. terebintinar, tratar com terebintina.
turpentine-tree s. terebinto m.
turpentinic [tə:pənt'inik] adj. terebintínico.
turpitude [t'ə:pitju:d] s. maldade, torpeza, depravação f.
turquoise [t'ə:kwa:z] s. 1. turquesa f.: pedra preciosa de cor azul ou verde. 2. cor azul-celeste, cor azul-esverdeada f. ‖ adj. azul-celeste, azul-esverdeado
turret [t'ʌrit] s. 1. torre pequena f. (geralmente ligada a um canto de um edifício). 2. torre blindada e rotatória f. (de carro de assalto, de navio de guerra, etc.). 3. torre f. de atirador em aviões militares. 4. (Hist.) estrutura f. para o ataque a castelos.
~ **lathe** (Mec.) torno de revólver.
turreted [~id] adj. equipado com torres.
turtle [tə:tl] s. 1. tartaruga marítima f. 2. (também ~ **dove**) (Ornit.) espécie de pombo, rola f.
to turn ~ virar, soçobrar.
turtleneck [t'ə:tlnek] s. 1. gola olímpica f. 2. blusa ou malha f. com gola olímpica.
turtler [t'ə:tlə] s. caçador m. de tartarugas.
turtle shell s. tartaruga f., casco m. de tartaruga.
turtle soup s. sopa f. de tartaruga.
Tuscan [t'ʌskən] s. toscano m., toscana f., habitante da Toscana. ‖ adj. toscano.
tush [tʌʃ] s. dente m. canino de cavalo. ‖ (†) interj de desprezo: ora!
tusk [tʌsk] s. 1. presa f., dente comprido m. (de elefante). 2. dente m. de ancinho, etc. ‖ v. ferir, perfurar com dente ou presa.
tusked [~t] adj. colmilhoso, armado com dentes compridos.
tusker [t'ʌskə] s. animal (elefante) com grandes dentes.
tussah, tusser, tussor [t'ʌsə] **tussore** [t'ʌsɔ:] s. tussá, tussor m.: 1. seda bruta da Índia. 2. bicho-da-seda que produz esta seda.
tussis [t'ʌsis] s. tosse f.
tussive [t'ʌsiv] adj. relativo à tosse.
tussle [tʌsl] s. luta, briga, contenda f. ‖ v. lutar, brigar.
it'll be a hard ~ **with him for** vai ser uma luta dura com ele para.
tussock [t'ʌsək] s. 1. tufo m., moita (de capim), touceira f. 2. cacho m. de cabelo, madeixa f.
tut [tʌt] interj. 1. Deus me livre! 2. basta! besteira! ‖ v. expressar pela interjeição **tut**.
tutee [tju:t'i:] s. (E. U. A.) 1. pupilo m. 2. aluno (particular) m.
tutelage [tj'u:təlidʒ] s. 1. tutela f. 2. proteção f. 3. instrução f.
tutelar [tj'u:tələ], **tutelary** [~ri] adj. tutelar.
tutor [tj'u:tə] s. 1. professor particular m. 2. (E. U. A.) assistente, instrutor m. de universidade. 3. (Jur.) tutor m. ‖ v. 1. ensinar, instruir, lecionar. 2. educar, disciplinar. 3. tutelar, agir como tutor.
we ~ **ourselves** dominamo-nos a nós próprios. **he** ~**s** ele é educador.
tutorage [~ridʒ] s. 1. supervisão f. 2. ensino m. instrução f. 3. tutela f.
tutoress [tj'u:təris] s. tutora f.
tutorial [tjut'ɔ:riəl] adj. tutorial, relativo ao tutor. ‖ ~**ly** adv. de modo tutorial.
tutorship [tj'u:təʃip] s. 1. cargo m. de tutor. 2. tutoria, tutela f. 3. proteção f.
tutti-frutti [t'utifr'uti] s. mistura f. de frutas, doce m. de frutas, sorvete m. de frutas. ‖ adj. com gosto de diversas frutas.
tutty [t'ʌti] s. tutia f.: óxido de zinco impuro.
tuxedo [tʌks'i:dou] s. (E. U. A.) casaco m. de rigor, smoking m. (segundo o Clube de Campo em Tuxedo Park, N. Y.).
tuyère [twij'ɛə] s. (Metalurg.) alcaraviz m. (quadro B 13).
TV. abr. de **television** s. televisão f.
twaddle [twɔdl] s. tagarelice, conversa tola, sem importância f. ‖ v. tagarelar, mexericar, palrar.
twaddler [tw'ɔdlə] s. palrador, mexeriqueiro m.
twain [twein] s. (†) par m. ‖ num. dois, duas.
in ~ em dois (pedaços).
twang [twæŋ], **twangle** [~l] s. som metálico, som nasal m. ‖ v. 1. produzir som agudo ou metálico. 2. vibrar, ressoar, zunir. 3. falar pelo nariz.
'twas [twɔz] abr. de **it was** estava, esteve, era, foi.
twayblade [tw'eibleid] s. (Bot.) 1. qualquer orquídea que tenha duas folhas. 2. qualquer espécie de Listera ou Liparis.
tweak [twi:k] s. beliscão, puxão m. ‖ v. beliscar.
tweed [twi:d] s. 1. tecido m. de lã ou lã e algodão geralmente de duas cores. 2. roupa f. desse pano.
tweediness [tw'i:dinis] s. característica f. de pessoa dada a esportes e passeios.
tweedle [tw'i:dl] s. som m. de rabeca. ‖ v. 1. (†) manejar sem cuidado. 2. brincar com. 3. tocar rabeca, sanfoninar.
~**dum and** ~**dee** duas coisas ou pessoas indistinguíveis, quase iguais.
tweedy [tw'i:di] adj. relativo a: a) "tweed", b) pessoa que usa "tweed" e gosta de esportes e passeios ao ar livre.
'tween [twi:n] abr. de **between** adv. e prep. entre.
'tween-decks s. convés m., coberta inferior f.
tweeny [tw'i:ni] s. ajudante f. de cozinha.
tweezer [tw'i:zə] s. (geralmente pl.) pinça f. ‖ v.

arrancar ou pegar com pinça.
a pair of ~s uma pinça (quadro T 6).
tweezer-case s. estojo m. para pinça.
twelfth [twelfθ] s. 1. duodécima parte f. 2. (Mús.) intervalo m. de doze tons. ‖ num. duodécimo, décimo segundo.
Twelfth-day s. dia de Reis.
Twelfth-night s. véspera f. do dia de Reis.
Twelfthtide [tw'elfθtaid] s. época da festa f. de Reis, Epifania.
twelve [twelv] s. 1. número doze m. 2. série f. de doze. ‖ adj. doze.
the Twelve os doze Apóstolos. **the ~ tables** as doze tábuas com as leis romanas.
twelvefold [tw'elvfould] num. 1. doze vezes. 2. de doze partes.
twelve-mile limit s. (Geogr.) limite m. de 12 milhas.
twelvemo [tw'elvmou] s. (abr. **12mo**) duodécimo m., folha in-doze f.
twelvemonth [tw'elvmʌnθ] s. ano m.
this day ~ 1. daqui a um ano. 2. um ano atrás.
twelvescore [tw'elvskɔ:] s. doze vezes vinte.
twelve-tone technique s. (Mús.) dodecafonismo m.
twenties [tw'entiz] s. pl. casa f. dos vinte, os anos ou números de 20 a 29.
she is in her ~ ela está na casa dos vinte.
twentieth [tw'entiiθ] s. vigésimo m., vigésima, vigésima parte f. ‖ num. vigésimo.
twenty [tw'enti] s. número vinte m. ‖ num. vinte.
twenty-firster s. festa f. quando se completa 21 anos.
twentyfold [tw'entifould] num. + adv. 1. vinte vezes. 2. de vinte partes.
twenty-twenty (20/20) **vision** s. (Ópt.) vista f. de acuidade normal.
'twere [twɔ:] abr. de **it were** estivesse, fosse.
twi, twy [twai-] pref. bi-, duplo
~bill machado de dois gumes, alabarda.
twice [twais] adv. duas vezes, duplamente.
~ a year duas vezes por ano. **~ the sum** a soma em dobro. **~ the strength** muito mais forte. **~ five is ten** duas vezes cinco são dez. **think not ~ about doing that!** faça-o sem pensar muito!
twicer [tw'aisə] s. 1, o que vai duas vezes por domingo à igreja. 2. o que come duas porções. 3. que casa pela segunda vez. 4. (Brit. Tipogr.) compositor-impressor m.
twice-told adj. contado duas vezes, muito batido.
twiddle [twidl] s. ato de girar os polegares. ‖ v. 1. virar, girar (os polegares), brincar. 2. tremeluzir, piscar (luz).
to ~ one's thumbs girar os polegares, ficar à toa, preguiçar.
twifold [tw'aifould] num. e adv. duplo, dobrado, duplamente.
twig (I) [twig] s. 1. galho fino (quadro T 4), ramo, broto m., verga, vara, varinha f. de condão. 2. (Anat.) ramo m. 3. (Eletr.) derivação f.
twig (II) [twig] v. 1. compreender. 2. notar, ver, observar, perceber.
twigged [~d] adj. cheio de ramos ou brotos.
twiggery [tw'igəri] s. 1. ramos, galhos m. pl. 2. ramagem f.
twiggy [tw'igi] adj. cheio de galhos, ramoso.
twilight [tw'ailait] s. 1. crepúsculo m., hora f. do crepúsculo. 2. luz fraca f., lusco-fusco m. 3. decadência f. ‖ v. iluminar fracamente. ‖ adj. crepuscular, sombrio.
~ of the Gods crepúsculo dos deuses. **~ sleep** estado de semiconsciência.
twill [twil] s. sarja f. (tecido). ‖ v. sarjar.
'twill [twil] abr. de **it will**.
twin [twin] s. 1. gêmeo m. 2. **~s** pl. pessoas ou coisas

muito parecidas. ‖ v. 1. dar à luz a gêmeos. 2. juntar (em um par), acasalar. ‖ adj. 1. gêmeo. 2. duplo. 3. com duas partes iguais.
Twins (Astron.) Gêmeos. **~ brother** irmão gêmeo.
twinborn [tw'inbɔ:n] adj. gêmeo.
twine [twain] s. 1. fio m. de retrós, cordel, barbante m., corda f. 2. entrelaçamento, emaranhamento m. 3. torcida f., ação de trançar ou torcer. 4. enroscadura f. 5. (Náut.) fio m. de vela. ‖ v. 1. torcer(-se) entrelaçar(-se), entretecer. 2. enlaçar, enroscar, envolver, enrolar, trançar. 3. abraçar. 4. enrolar-se. 5. serpear.
to ~ about (ou **round**) enroscar-se em, enlaçar.
twin-engined adj. de dois motores.
~ aircraft avião bimotor.
twinge [twindʒ] s. 1. pontada f.: dor aguda e penetrante. ‖ v. 1. doer, ferir, atormentar. 2. sentir dores agudas.
~s of conscience remorsos. **my side ~s** estou com pontadas no lado.
twink [twiŋk] (gíria) = **twinkle**.
twinkle [~l] s. 1. cintilação f., vislumbre m. 2. tremulamento m. 3. momento, instante m. 4. piscar m. dos olhos, piscadela f. ‖ v. 1. brilhar, faiscar, cintilar. 2. tremular, mover-se rapidamente. 3. pestanejar, piscar.
in a ~ (ou **twinkling**) **of an eye, in the ~** (ou **twinkling**) **of an eye** num piscar de olhos, num instante.
twinkling [tw'iŋkliŋ] s. 1. cintilação f. 2. brilho m. 3. instante m.
twinned [twind] adj. geminado, duplicado.
twin-screw s. (Náut.) hélice dupla f.
twirl [twɔ:l] s. 1. giro, rodopio m., volta rápida, viravolta f. 2. torcida f. 3. enfeite, floreado m. ‖ v. 1. virar, rodar, girar, rodopiar. 2. torcer, enrolar.
twirling [tw'ə:liŋ] s. rotação, volta f.
~ stick molinilho, batedelra.
twist [twist] s. 1. curva, curvatura. f., cotovelo m. (quadro C 7). 2. giro m., volta, rotação f. 3. torcedura, torção f. 4. trança f. 5. entrelaçamento 6. fio torcido, retrós, cordel m., corda f. 7. tecido m. 8. trançado m. 9. esquisitice, idiossincrasia f. 10. espiral f. 11 raias (de uma arma de fogo) f. pl. 12. esforço m. de torção. 13. fumo m. em corda 14. (E. U. A., fig.) mulherzinha f. 15. (fig.) truque ardiloso m. 16. rosca f. 17. (coloq.) fome f. 18. dança f. de contorções rítmicas. ‖ v. 1. torcer, retorcer. 2. trançar, entrelaçar, tecer. 3. enrolar, enroscar, enlaçar. 4. (fig.) emaranhar, enredar. 5. cingir, rodear. 6. curvar, virar. 7. torcer-se, serpear. 8. retorcer, desfigurar. 9. torcer, alterar, mudar (significado, palavras). 10. fazer grinaldas, ramalhetes. 11. dançar "twist".
give a ~ to it! torce-o, curva-o! **she has got a ~ in her character** ela não regula bem. **to ~ o. s. into** insinuar-se. **he ~ed and turned** ele torceu-se, empregou subterfúgios. **I ~ed the knife out of his hand** torci a faca da mão dele.
twistable [tw'istəbl] adj. o que se pode torcer.
twist drill s. (Mec.) broca helicoidal f.
twisted [tw'istid] adj. trançado, torcido.
twister [tw'istə] s. 1. cordoeiro, torcedor m. 2. máquina f. de torcer. 3. intrigante, mentiroso m. 4. balão (mentira) m., tunda f. 5. (fig.) situação f. difícil ou embaraçada. 6. (E. U. A.) ciclone, tufão m. 7. (Esp.) bola cortada f.
twisting [tw'istiŋ] s. 1. torção, torcedura f. 2. entrelaçamento m.
it gave me a ~ (fig.) cortou-me o coração.
twisty [tw'isti] adj. 1. torcido, virado. 2. (fig.) de mau humor, relaxado.

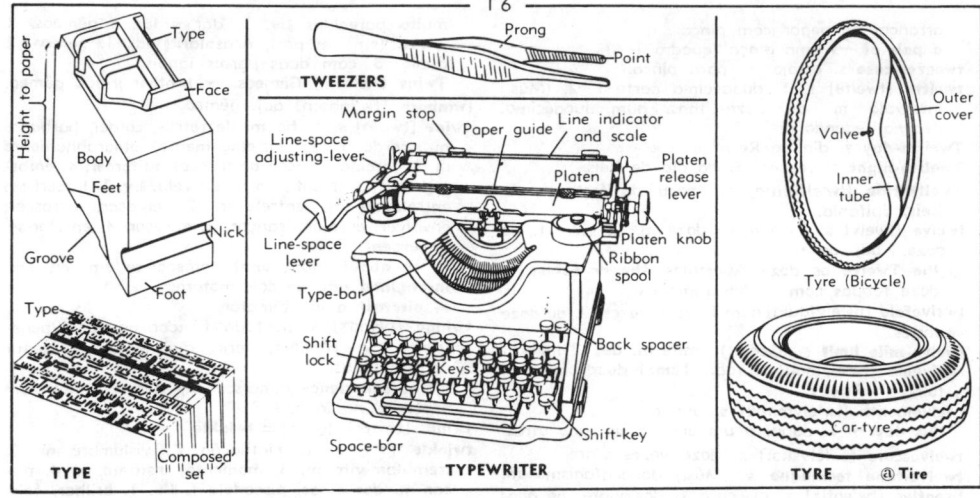

T 6

TWEEZERS — Prong, Point

Height to paper — Type, Face, Body, Feet, Groove, Foot, Nick, Type, Composed "set"

TYPE

TYPEWRITER — Margin stop, Line indicator and scale, Paper guide, Platen, Platen release lever, Line-space adjusting-lever, Line-space lever, Type-bar, Platen knob, Ribbon spool, Shift lock, Keys, Back spacer, Space-bar, Shift-key

TYPEWRITER

TYRE — Valve, Outer cover, Inner tube, Tyre (Bicycle), Car-tyre

TYRE   ⓐ Tire

---

twit [twit] s. repreensão, crítica f. ‖ v. 1. criticar censurar. 2. zombar.
they ~ted him with it censuraram-no por isto.
twitch [twitʃ] s. 1. repelão, puxão m., contração muscular f., movimento rápido m., estremeção m. 2. beliscão m. ‖ v. 1. contrair-se, fazer um movimento brusco. 2. puxar, arrancar. (**from, off** de.) 3. agarrar. 4. beliscar.
she ~ed her face (her eyelids) ela contorceu seu rosto (piscou o olho).
twitcher [tw'itʃə] s. o que pisca ou belisca.
twitter (I) [tw'itə] s. crítico, censor, zombador m.
twitter (II) [tw'itə] s. 1. gorjeio, trinado, chilro m. 2. riso silencioso m. 3. excitação f., tremor (de nervosismo) m. ‖ v. 1. cantar, gorjear, chilrear, pipilar, estridular. 2. rir à surdina. 3. (fig.) tremer de excitação.
in a ~ tremendo, desconcertado.
twittingly [tw'itiŋli] adv. 1. de modo criticante ou censurador. 2. zombeteiramente.
twit-twat [tw'itwɔt] s. pardal m.
'twixt [twikst] abr. de **betwixt.**
two [tu:] s. 1. número dois m. 2. dupla f., grupo m. de dois objetos ou de duas pessoas. 3. o dois de baralho ou de dado. ‖ adj. dois, duas, ambos. **(his) ~ sisters** as duas (ambas as suas) irmãs. **a cigarette or ~** alguns cigarros. **one or ~ men** alguns homens. **in a day or ~** em alguns dias. **~ and ~** de dois em dois, aos pares. **the ~** 1. os dois, as duas. 2. ambos. **~ of a trade** dois da mesma marca. **the ~ of us** nós dois. **in ~** em dois (pedaços). **by ~s, in ~s** em dois. **to put ~ and ~ together** tirar uma conclusão dos fatos. **~ days'** de dois dias. **~-by-four** dois por quatro.
two-decker s. avião biplano m.
two-dimensional adj. de duas dimensões (vertical e horizontal).
two-edged adj. de dois gumes (também fig.)
two-faced adj. 1. de duas faces. 2. falso, hipócrita.
two-fisted adj. (E. U. A., coloq.) forte e vigoroso.
twofold [t'u:fould] adj. 1. duplo, dobrado, duplicado. 2. de duas partes. ‖ adv. duplamente, em dobro.
two-foot adj. que mede dois pés.
two-handed adj. 1. que tem duas mãos. 2. ambidestro. 3. que se maneja com duas mãos. 4. que é para ou requer duas pessoas.
two-headed adj. de duas cabeças.

two-horse adj. com dois cavalos.
two job man s. o que tem dois empregos.
two-legged adj. que tem duas pernas, bípede.
two-name adj. (Jornal.) relativo à indicação dos nomes do diretor responsável e do editor-chefe.
two-party system s. (Pol.) sistema bipartidário m.
twopence [t'ʌpəns] s. 1. dois pence m. pl. 2. moeda (inglesa) f. de dois pence.
~ half-penny (o valor de) dois pence e meio pêni.
they don't care a ~ for it não se importam absolutamente com isto.
twopenny [t'ʌpəni] adj. 1. no valor de dois pence. 2. sem valor, barato.
~ coloured mal corado. **~-halfpenny** 1. dois e meio "pence". 2. (fig.) insignificante, barato, sem valor.
two-phase adj. (Eletr.) bifásico.
two-piece adj. em duas partes.
two-ply adj. em duas camadas, duplo, duas vezes trançado ou tecido.
two-seater s. viatura f. de dois lugares.
two-sided adj. 1. de dois lados. 2. (fig.) de duas gumes, de duas interpretações, ambíguo.
twosome [t'u:səm] s. 1. grupo m. de duas pessoas. 2. jogo m. para duas pessoas. ‖ adj. feito ou executado por duas pessoas, para dois.
two-speed adj. de duas velocidades, de duas marchas.
~ gear engrenagem para duas velocidades.
two-step s. 1. dança f. de passo duplo. 2. música f. para esta dança. ‖ v. dançar **two-step.**
two-story adj. de dois andares.
two-time v. 1. trair, ser infiel. 2. enganar, iludir.
two-tongued adj. insincero, falso.
two-way adj. de duas vias.
~ valve (Eletr.) válvula de duas vias. **~ street** rua de duas mãos de direção. **~ cultural agreement** convênio de intercâmbio cultural.
two-year-old s. pessoa f. ou animal m. de dois anos de idade. ‖ adj. de dois anos.
Tyburn [t'aibə:n] s. lugar histórico m. de execução de criminosos em Londres. ‖ adj. relativo à forca. **~ tippet** corda da forca. **~ tree** forca.
tycoon [taik'u:n] s. (E. U. A., coloq.) magnata m.
tying [t'aiiŋ] p. pres. de **tie.**
tyke [taik] s. = **tike.**
tyle [tail] s. = **tile.**
tylopod [t'ailəpɔd] s. tilópode m.
tylosis [tail'ousis] s. (Med.) tilose f.; calosidade.

tymbal [t'imbəl] = timbal.

tymp [timp] s. timpa f.: pedra refratária de alto-forno ou fornalha.

tympan [t'impən] s. 1. (Anat., Arquit., Tipogr.) tímpano m. 2. tambor m., membrana f.

tympanic [timp'ænik] adj. timpânico, timpanal. ~ **membrane** (Med.) tímpano.

tympanist [t'impənist] s. (Mús.) o que toca tímpano, tambor ou timbale.

tympanites [timpən'aiti:z] s. (Pat.) timpanite f.

tympanum [t'impənəm] s. pl. **timpana** [-nə] 1. (Anat.) tímpano m. 2. (Mús.) tambor m. 3. (Arquit.) tímpano m., área triangular como de um frontão, painel m. 4. roda f. para tirar água.

typal [t'aipəl] adj. típico, relativo ao tipo.

type [taip] s. 1. tipo m., classe, categoria, espécie f. 2. modelo, símbolo, exemplo, protótipo m. 3. cunho, estilo m., forma f., caráter m. 4. figura, inscrição f. em moeda ou medalha. 5. tipo, caráter tipográfico m. 6. (Tipogr.) coleção f. de tipos (quadro T 6). 7. cartas impressas ou dactilografadas f. pl. 8. (Med.) tipo sanguíneo m. ‖ v. 1. tipificar. 2. formar tipo ou exemplo, simbolizar. 3. determinar o tipo. 4. dactilografar.
a heart as a ~ **of love** um coração como símbolo de amor. **set of** ~ (Tipogr.) composição. **specimen of** ~ prova de composição. **bold** ~ tipo negrito. **the human** ~**s** os tipos humanos. **he is the very** ~ **of a seaman** ele é o tipo do marinheiro. **in** ~ composto, impresso. **to set up in** ~ compor. **to appear in** ~ sair impresso. **true to** ~ com sinais 'característicos. **typing paper** papel de escrever a máquina.

typebar [t'aipba:] s. barra f. de tipo de máquina de escrever (quadro T 6).

type-cast v. (Tipogr.) fundir tipos. ‖ adj. 1. (tipo) fundido. 2. (matéria) composta.

typecast [t'aipka:st] v. (Teat.) distribuir papéis para formar elenco.

type-caster s. (Tipogr.) fundidor m. de tipos.

typeface [t'aipfeis] s. (Tipogr.) tamanho e estilo m. dos caracteres.

type foundry s. fundição f. de tipos.

type locality s. (Biol.) local m. da coleta do espécimen.

type metal s. chumbo m. para tipografia.

typescript [t'aipskript] s. datilografia f., escrita datilografada f.

typeset [t'aipset] v. (Tipogr.) compor.

typesetter [t'aipsetə] s. compositor m.

type specimen s. (Biol.) espécimen típico m.

typewrite [t'aiprait] v. dactilografar.

typewriter [~ə] s. 1. máquina f. de escrever (quadro T 6). 2. dactilógrafo m.

typewriting [~iŋ] s. dactilografia f.

typewritten [t'aipritən] adj. dactilografado. ~ **copy** cópia feita a máquina.

typhlology [tifl'ɔlədʒi] s. tiflologia f.: estudo sobre a cegueira.

typhoid [t'aifɔid] (Pat.) s. febre tifóide f. ‖ adj. (também ~**al**) tifóide. ~ **fever** febre tifóide, tifo.

typhomania [taifəm'einiə] s. tifomania f.

typhonic [taif'ɔnik] adj. ciclônico, relativo ao tufão.

typhoon [taif'u:n] s. tufão, furacão m.

typhous [t'aifəs] adj. tifoso, tifóide.

typhus [t'aifəs] s. (Pat.) 1. tifo m. 2. tifo exantemático m. 3. tifo murino m.

typic [t'ipik], **typical** [~əl] adj. típico, característico, simbólico. ‖ ~**ally** adv. tipicamente, caracteristicamente.
it is ~ **of** é característico para.

typicalness [~əlnis] s. qualidade ou natureza simbólica ou característica.

typification [tipifik'eiʃən] s. tipificação, simbolização f.

typify [t'ipifai] v. 1. tipificar, simbolizar. 2. exemplificar.

typist [t'aipist] s. dactilógrafo m.

typographer [taip'ɔgrəfə] s. (abr. gíria **typo**) tipógrafo m.

typographic [taipogr'æfik], **typographical** [~əl] adj. tipográfico. ‖ ~**ally** adv. tipograficamente.

typographical error s. erro tipográfico m. (datilografia, impressão).

typography [taip'ɔgrəfi] s. 1. tipografia f. 2. estilo m. ou arte tipográfica f.

typolite [t'aipolait] s. tipólita f., fóssil m.

typological [taipol'ɔdʒikəl] adj. tipológico.

typology [taip'ɔlədʒi] s. tipologia f.

typtology [tipt'ɔlədʒi] s. tiptologia f.

tyrannic [tir'ænik], **tyrannical** [~əl] adj. tirânico, injusto, cruel, despótico. ‖ ~**ally** adv. tiranicamente, despoticamente.

tyrannicidal [tirænis'aidəl] adj. tiranicídio.

tyrannicide [tir'ænisaid] s. 1. tiranicídio m. 2. tiranicida m. + f.

tyrannize [t'irənaiz] v. tiranizar, oprimir.
he ~**s (over) her** ele a maltrata.

tyrannous [t'irənes] adj. 1. tirânico 2. severo, cruel. ‖ ~**ly** adv. tiranicamente.

tyranny [t'irəni] s. tirania, opressão f.

tyrant [t'aiərənt] s. tirano m., déspota m. + f.

tyre [t'aiə] s. (também **tire**) 1. aro m. 2. pneu m. ~ **pump** bomba para pneu. ~ **remover** saca-roda. ~ **chains** correntes para pneus.

tyriasis [tir'aiəsis] s. (Pat.) tiríase f.: alopecia, elefantíase.

tyro [t'aiərou] s. principiante m. + f., novato m.

Tyrolean [tir'oulian] adj. = **Tirolean.**

Tyrolese [tirol'i:z] s. = **Tirolese.**

tzar [za:, tsa:] s. = **czar** czar m.

tzarina [za:r'i:nə] s. = **czarina** czarina f

tzetze [ts'etsi] = **tsetse.**

Tzigane [tsi:g'a:n], **Tzigany** [~i] s. cigano m. ‖ adj. cigano.
~**-like** como cigano.

U

U, u [ju:] s. 1. vigésima primeira letra do alfabeto, vogal. 2. qualquer coisa em forma de U.
uberous [ju'bərəs] adj. úbere, ubertoso, fecundo.
ubiety [jub'aiiti] s. ubicação f.
ubiquitary [jub'ikwitəri], **ubiquitous** [jub'ikwitəs] adj. ubíquo, onipresente.
ubiquity [jub'ikwiti] s. ubiqüidade, ubiquação, onipresença f.
U-boat [j'u:bout] s. submarino m. (esp. alemão).
U bolt s. (Mec.) cavilha U f.
udder ['ʌdə] s. úbere m.
uddered [~d] adj. que tem úbere.
udderless [~lis] adj. desprovido de úbere.
udometer [jud'ɔmitə] s. udômetro, pluviômetro m.
udometric [judom'etrik] adj. udométrico, pluviométrico.
udometry [jud'ɔmitri] s. udometria, pluviometria f.
UFO [j'u:fou] abr. de **unidentified flying object** OVNI objeto voador não identificado; (pop.) s. disco voador m.
ugh [ʌx, uh, ə:h] interj. de aborrecimento: puf!, ui!
uglify ['ʌglifai] v. enfear, afear, tornar feio.
ugliness ['ʌglinis] s. fealdade, feiúra f.
ugly ['ʌgli] adj. 1. feio, repelente, repulsivo, disforme, hediondo, horrendo. 2. mau, desagradável, ofensivo. 3. que causa dificuldades. 4. fatal, crítico, arriscado, perigoso, temível. 5. vil, infame, ignóbil, torpe, ignominioso. 6. encrenqueiro, briguento, bulhento. 7. ameaçador (tempo).
as ~ as sin feio como o pecado, abominável.
~ customer valentão, encrenqueiro. **~ duckling** patinho feio. **he came the ~** ele ameaçou violentamente. **strike me ~ if...** quero ser um mico se...
Ugrian [j'u:griən] s. úgrico m. ‖ adj. ugriano.
uhlan, ulan ['u:lən] s. (milit.) s. ulano m.
Uigur [u'i:guə] s. uigur m.
U. K. abr. de **United Kingdom (of Great Britain and Ireland)**.
ukase [ju:k'eis] s. ucasse m.: 1. decreto do czar. 2. qualquer ordem ou proclamação oficial.
Ukraine [j'u:krein] s. Ucrânia f.
Ukrainian [jukr'einjən] s. ucraniano m. ‖ adj. ucraniano.
ukulele [jukəl'eili] s. guitarra havaiana f. (de quatro cordas).
ulcer ['ʌlsə] s. 1. (Pat.) úlcera f. 2. chaga, ferida f. 3. (fig.) desgraça, corrução moral f.
ulcerate ['ʌlsəreit] v. 1. ulcerar(-se). 2. supurar. 3. (fig.) corromper.
ulcerated [~id] adj. 1. ulcerado. 2. supurado.
ulceration [ʌlsər'eiʃən] s. 1. ulceração f. 2. úlcera f.
ulcerative ['ʌlsərətiv] adj. 1. ulcerativo. 2. relativo à úlcera.
ulcerous ['ʌlsərəs] adj. 1. ulceroso: a) ulcerado. b) da natureza da úlcera. 2. ulcerativo: relativo à úlcera. 3. supurante. 4. (fig.) prejudicial, contaminado, corruto.
ulema, 'ulama ['u:ləma:] s. (Islã) ulemá m.
ullage ['ʌlidʒ] s. míngua, quebra, falta f. (no transporte e comércio de líquidos).
ulmaceous [ʌlm'eiʃəs] adj. (Bot.) ulmáceo: relativo às ulmáceas.
ulna ['ʌlnə] s. pl. **—nas** ou **—nae** [-ni:] (Anat.) ulna f., cúbito m.
ulnar ['ʌlnə] adj. ulnário, cubital.
ulster ['ʌlstə] s. úlster m.: casaco comprido de inverno.
ult. abr. de 1. **ultimate**. 2. **ultimately**. 3. **ultimo**.

ulterior [ʌlt'iəriə] adj. 1. ulterior, além. 2. posterior, depois, futuro. 3. mais distante, mais afastado, mais longe. 4. oculto. ‖ **~ly** adv. ulteriormente.
my ~ motives meus motivos mais profundos. **his ~ objects** seus objetivos ocultos.
ultima ['ʌltimə] s. (Gram., Métr.) última sílaba de uma palavra.
ultimate ['ʌltimit] s. resultado m. ou ponto final m., conclusão f. ‖ adj. 1. último, final, derradeiro. 2. máximo, supremo. 3. elementar, básico, fundamental. ‖ **~ly** adv. enfim, no final das contas.
~ causes as causas principais, derradeiras. **~ facts of nature** os fatos básicos da natureza. **to ~ in** terminar em.
ultimatum [ʌltim'eitəm] s. 1. ultimato m. 2. limite m. extremo ou máximo. 3. última palavra f., últimas condições f. pl. 4. princípio fundamental m., questão básica f.
ultimo ['ʌltimou] adj. do mês próximo passado.
your letter of the 21st ult. sua carta de 21 do mês passado.
ultra ['ʌltrə] s. extremista, radical m. + f. ‖ adj. além do que é usual, extravagante, exorbitante, extremo, excessivo, muito.
ultracentrifuge [~s'entrifjudʒ] s. (Quím., Fís.) ultracentrífuga f. ‖ v. ultracentrifugar.
ultraconservative [~kəns'ə:vətiv] adj. ultraconservativo.
ultracritical [~kr'itikəl] adj. hipercrítico.
ultraism [~izm] s. extremismo, radicalismo m.
ultraist [~ist] s. extremista, radical m. + f.
ultramarine [~mər'i:n] s. ultramar, azul-ultramarino m. (o mesmo que **ultramarine blue**). ‖ adj. ultramarino, ultramar (cor).
ultramicrometer [-maikr'ɔmitə] s. ultramicrômetro m.
ultramicroscopy [-maikr'ɔskəpi] s. ultramicroscopia f.
ultramodern [-m'ɔdən] adj. ultramoderno.
ultramontane [-m'ɔntein] s. ultramontano, transmontano m. ‖ adj. ultramontano.
ultramontanist [-m'ɔntənist] s. adepto m. do ultramontanismo.
ultrared [~r'ed), **infrared** ['infrəred] adj. infravermelho.
ultrasonic [-s'ounik] adj. supersônico.
ultrastructure [~str'ʌktʃə] s. (Biol.) ultra-estrutura f.
ultraviolet [-v'aiəlit] adj. ultravioleta.
ultra vires adj. (Jur.) além de sua competência.
ululant [j'u:ljulənt] adj. 1. ululante. 2. lamentoso.
ululate [j'u:ljuleit] v. 1. ulular. 2. lamentar-se.
ululation [juljul'eiʃən] s. 1. ululação f. 2. lamentação f.
umbel ['ʌmbəl] s. (Bot.) umbela f.
umbellar ['ʌmbələ] adj. (Bot.) 1. umbeliforme. 2. umbelado.
umbellate ['ʌmbəlit], **umbellated** [ʌmbəl'eitid] adj. (Bot.) umbelado, umbelífero.
umbelliferous [ʌmbel'ifərəs] adj. (Bot.) umbelífero, umbelifloro.
umbellule ['ʌmbəljul] s. (Bot.) umbélula f.
umber ['ʌmbə] s. 1. terra f. de sombra, umbra f., pigmento escuro m. 2. cor marrom f. ou cor-de-ferrugem f. ‖ v. colorir com umbra. ‖ adj. marrom ou da cor de ferrugem.
umbilical [ʌmb'ilikəl] adj. umbilical.
umbilicate [ʌmb'ilikit] adj. umbilicado.
umbilicus [ʌmb'ilikəs] s. pl. **—ci** [-sai] umbigo m.

umbo ['ʌmbou] s. pl. ~s [~s] ou –bones [ʌmb'ouni:z] (Anat., Zool.) umbo m.

umbra ['ʌmbrə] ᴊ. pʲ. –brae [-bri:] 1. sombra f. 2. assombiʲução f. 3. imagem espectral f.

umbrage ['ʌmbridʒ] s. 1. sombra f. 2. silhueta f. 3. folhagem f. 4. suspeita f. 5. ofensa f. 6. amuo m.
she gave ~ to ela causou aborrecimento a. she took ~ at ela ressentiu-ʲe de ou ofendeu-se com.

umbrageous [ʌmbr'eidʒəs] adj. 1. umbroso, sombroso, sombrio. 2. desconfiado, suspeitoso, receoso. ‖ ~ly adv. 1. sombriamente. ʲ. desconfiadamente.

umbrageousness [~nis] s. qualidade do que é umbroso, sombrio.

umbrella [ʌmbr'elə] s. 1. guarda-chuva m. ou guarda--sol m. (quadro S 14). 2. (milit.) barreira aérea f. para forças terrestres. 3. (coloq.) pára-quedas m.

umbrella bird s. (Zool.) pavão-do-mato m. (Cephalopterus ornatus).

umbrella case s. capa f. para guarda-chuva.

umbrella leaf s. (Bot.) Diphylleia cymosa, planta perene f. dos E. U.A.

umbrella tree s. (Bot.) espécie de magnólia dos E. U. A. (Magnolia tripetala).

Umbrian ['ʌmbriən] s. úmbrio m.: 1. natural da Úmbria. 2. úmbrico, dialeto da Úmbria. ‖ adj. úmbrio, úmbrico.

umbriferous [ʌmbr'ifərəs] adj. umbrífero, umbroso.

umiak ['u:mjæk] s. umiaque m.: barco de peles dos esquimós.

umlaut ['umlaut] s. (alem.) mutação vocálica f. peculiar às línguas germânicas.

umpirage ['ʌmpaiəridʒ] s. 1. arbitragem f., arbitramento, arbítrio m., função f. de árbitro. 2. decisão f.

umpire ['ʌmpaiə] s. árbitro, juiz m. (também Esp.). ‖ v. arbitrar, julgar.

umpteen ['ʌmpti:n] adj. (coloq.) muitos, numerosos.
I told him ~ times eu lhe disse inúmeras vezes.

UN, U.N. abr. de United Nations.

unabashed [ʌnəb'æʃt] adj. 1. imperturbável, impassível. 2. desavergonhado, sem-vergonha, descarado.

unabated [ʌnəb'eitid] adj. que não decresce, não diminui.

unabating [ʌnəb'eitiŋ] adj. persistente, contínuo.

unable [ʌn'eibl] adj. incapaz.
are you ~ to do it? você não é capaz de fazer isto? ~ to pay insolvente.

unabridged ['ʌnəbridʒd] adj. não abreviado, não resumido, completo, integral.

unaccented [ʌnæks'entid] adj. 1. não acentuado. 2. inevidente.

unacceptable [ʌnəks'eptəbl] adj. 1. inaceitável. 2. desagradável (to para, a).

unacceptableness [~nis], unacceptability [ʌnəkseptab'-iliti] s. inaceitabilidade f.

unaccommodated [ʌnək'ɔmədeitid] adj. não acomodado, desprovido, destituído, desguarnecido.

unaccommodating [ʌnək'ɔmədeitiŋ] adj. 1. desatencioso, descortês. 2. inflexível. 3. briguento. ‖ ~ly adv. desatenciosamente.

unaccompanied [ʌnək'ʌmpənid] adj. 1. desacompanhado. 2. (Mús.) sem acompanhamento.

unaccomplishable [ʌnək'ʌmpliʃəbl] adj. inexecutável, inacabável.

unaccomplished [ʌnək'ʌmpliʃt] adj. 1. interminado, inacabado, incompleto. 2. sem cultura.

unaccountability [ʌnəkauntab'iliti] s. 1. inexplicabilidade f. 2. raridade f. 3. irresponsabilidade f.

unaccountable [ʌnək'auntəbl] adj. 1. inexplicável, esquisito. 2. irresponsável. ‖ –bly adv. 1. inexplicavelmente. 2. irresponsavelmente.

unaccounted for adj. que não teve explicação.

unaccredited [ʌnəkr'editid] adj. não reconhecido.

unaccustomed [ʌnək'ʌstəmd] adj. 1. desacostumado, não habituado, desabituado, estranho, não familiar. 2. incomum, extraordinário.
he is ~ to it ele não está acostumado a isto.

unaccustomedness [~nis] s. 1. falta f. de hábito ou costume. 2. caráter extraordinário m.

unachievable [ʌnətʃ'i:vəbl] adj. 1. inexecutável, inexequível, irrealizável. 2. inalcançável, inatingível.

unachieved ['ʌnətʃi:vd] adj. 1. inacabado, incompleto. 2. inatingido.

unacknowledged [ʌnəkn'ɔlidʒd] adj. 1. não reconhecido. 2. não acusado, inconfesso, não admitido. 3. não respondido, sem resposta.

unacquainted [ʌnəkw'eintid] adj. alheio, estranho, que desconhece, que não está a par.
they are ~ with light não estão habituados à luz.

unacquired [ʌnəkw'aiəd] adj. não adquirido, natural.

unadaptable [ʌnəd'æptəbl] adj. inadaptável (to a).

unadapted [ʌnəd'æptid] adj. mal-adaptado (to a).

unaddressed [ʌnədr'est] adj. sem endereço.

unadjusted [ʌnədʒ'ʌstid] adj. 1. não adaptado. 2. não liquidado. 3. desordenado.

unadorned [ʌnəd'ɔ:nd] adj. desadornado, simples.

unadulterated [ʌnəd'ʌltəreitid] adj. não adulterado ou falsificado, puro, natural.

unadvisable [ʌnədv'aizəbl] adj. desaconselhável, inconveniente, inoportuno.

unadvised [ʌnədv'aizd] adj. 1. que não tomou conselho. 2. irrefletido, insensato. 3. imprudente, precipitado, indiscreto. ‖ ~ly adv. irrefletidamente, precipitadamente, indiscretamente.

unaffected (I) ['ʌnəfektid] adj. 1. não afetado, não influenciado. 2. impassível, insensível.

unaffected (II) [ʌnəf'ektid] adj. sem afetação, simples, natural, sincero. ‖ ~ly adv. simplesmente, naturalmente, sinceramente.

unaffectedness [~nis] s. naturalidade f., simplicidade, sinceridade. f.

unafraid ['ʌnəfreid] adj. destemido, sem receio, sem medo.

unaided [ʌn'eidid] adj. 1. sem ajuda ou auxílio (by de), desamparado (by por). 2. nu (olho).

unalienable [ʌn'eiljənəbl] adj. inendável, invendível.

unallowable [ʌnəl'auəbl] adj. inadmissível, impermissível.

unalloyed [ʌnəl'ɔid] adj. que não é liga, puro, genuíno.

unalterable [ʌn'ɔ:ltərəbl] adj. inalterável, imutável, invariável. ‖ –bly adv. inalteravelmente, invariavelmente.

unaltered [ʌn'ɔ:ltəd] adj. inalterado.

unamazed ['ʌnəm'eizd] adj. não surpreendido.
I am quite ~ at não me admiro de.

unambitious [ʌnəmb'iʃəs] adj. sem ambição, despretensioso.

unamenable [ʌnəm'i:nəbl] adj. (fig.) reservado, que mantém distância, inacessível.

unamended [ʌnəm'endid] adj. que não foi corrigido, inalterado.

un-American [ʌnəm'erikən] adj. que não é americano, que não é próprio dos costumes americanos, antiamericano.

unanimity [ju:nən'imiti] s. unanimidade f.

unanimous [jun'æniməs] adj. unânime. ‖ ~ly adv. unanimemente.

unanswerable [ʌn'a:nsərəbl] adj. 1. sem resposta, irrespondível. 2. irrefutável, incontestável. 3. irresponsável. ‖ ~ly adv. irrefutavelmente.

unanswerableness [~nis] s. 1. qualidade do que

não tem resposta. 2. irrefutabilidade f. 3. irresponsabilidade f.

unanticipated [ʌnənt'isipeitid] adj. imprevisto.

unappealable [ʌnəp'i:ləbl] adj. inapelável.

unappeasable [ʌnəp'i:zəbl] adj. 1. irreconciliável. 2. insaciável. 3. implacável.

unappreciable [ʌnəpr'i:ʃiəbl] adj. inapreciável inavaliável.

unappreciated [ʌnəpr'i:ʃieitid] adj. desconsiderado.

unappreciative [ʌnəpr'i:ʃiətiv] adj. 1. não apreciativo, incapaz de apreciar. 2. incompreensivo.

unapprehended [ʌnəprih'endid] adj. 1. não apreendido, que não foi preso. 2. incompreendido.

unapprehensive [ʌnəprih'ensiv] adj. 1. destemido, temerário. 2. despreocupado. 3. que não entende ou compreende, bronco.
I am not ~ that sei ou compreendo perfeitamente que.

unapproachable [ʌnəpr'outʃəbl] adj. 1. inacessível, inalcançável 2. reservado, intratável, que mantém distância. 3. incomparável, sem igual. ‖ **–bly** adv. 1. inacessivelmente. 2. reservadamente. 3. incomparavelmente.

unapproachableness [~nis] s. 1. inacessibilidade f. f. 2. reserva f.

unappropriated [ʌnəpr'ouprieitid] adj. sem dono, desocupado.

unapproved [ʌnəpr'u:vd] adj. desaprovado, reprovado.

unapproving [ʌnəpr'u:viŋ] adj. censurável, reprovável.

unapt [ʌn'æpt] adj. 1. inapto, incapaz. 2. inexperiente, inábil. 3. impróprio.

unargued [ʌn'a:gju:d] adj. fora de discussão, indisputável.

unarm [ʌn'a:m] v. 1. desarmar. 2. depor as armas.

unarmed [~d] adj. desarmado, indefeso, inerme.

unartful [ʌn'a:tful] adj. 1. sem afetação, sem artifício, simples. 2. ingênuo, sem malícia.

unartistic [ʌnɑ:l'istik] adj. inartístico.

unascertainable [ʌnæsət'einəbl] adj. indeterminável.

unascertained [ʌnæsət'eind] adj. ignorado, desconhecido.

unashamed [ʌnəʃ'eimd] adj. 1. desavergonhado, sem--vergonha. 2. franco, desembaraçado. ‖ **~ly** adv. 1. descaradamente, desavergonhadamente. 2. admitido francamente.

unasked [ʌn'a:skt] adj. não perguntado ou solicitado, sem ser convidado, espontâneo.

unaspiring [ʌnəsp'aiəriŋ] adj. despretensioso, sem ambição, modesto.

unassailable [ʌnəs'eiləbl] adj. 1. inatacável, inexpugnável. 2. incontestável. 3. irredutível.

unassisted [ʌnəs'istid] adj. 1. sem auxílio ou ajuda. 2. nu (olho).

unassuming [ʌnəsj'u:miŋ] adj. modesto, despretensioso, simples. ‖ **~ly** adv. modestamente, despretensiosamente.

unassumingness [~nis] s. modéstia, despretensão f.

unassured [ʌnəʃ'uəd] adj. 1. incerto. 2. não ignorado. 3. sem confiança.

unattached [ʌnət'ætʃt] adj. 1. que não é afixado ou preso, solto. 2. desligado, sem relação. 3. independente. 4. (milit.) disponível.

unattainable [ʌnət'einəbl] adj. 1. inalcançável, inatingível, inacessível. 2. que não se pode cumprir ou alcançar.

unattempted [ʌnət'emptid] adj. sem intenção, não tentado.

unattended [ʌnət'endid] adj. 1. desacompanhado, só. 2. não cuidado ou vigiado (criança). 3. negligenciado, abandonado. 4. aberto, sem ataduras (ferida).

unattested [ʌnət'estid] adj. não provado, sem provas, não confirmado.

unattractive [ʌnətr'æktiv] adj. sem atrativos.

unau [jun'ɔ:] s. (Zool.) unau m. (Choloepus didactylus): espécie de preguiça da Amazônia.

unauthenticated [ʌnɔ:θ'entikeitid] adj. não autenticado, não confirmado, não legalizado.

unauthorized [ʌn'ɔ:θəraizd] adj. 1. sem autorização, não autorizado. 2. proibido, ilícito. 3. arbitrário.

unavailable [ʌnəv'eiləbl] adj. 1. indisponível. 2. que não se pode obter, inalcançável. 3. ineficaz, inútil.

unavailing [ʌnəv'eiliŋ] adj. inútil, vão, sem sucesso ‖ **~ly** adv. inutilmente.

unavenged [ʌnəv'endʒd] adj. inulto, impune.

unavoidable [ʌnəv'ɔidəbl] adj. 1. inevitável. 2. (Jur.) irrevogável. ‖ **–bly** adv. 1. inevitavelmente. 2. irrevogavelmente.

unavoidableness [~nis] s. 1. inevitabilidade f. 2. irrevogabilidade f.

unawakened [ʌnəw'eikənd] adj. desacordado.

unaware [ʌnəv'ɛə] adj. inconsciente, que não percebe. ‖ adv. = **unawares**.
he was ~ of it ele não o sabia, ignorava-o.

unawares [~z] adv. 1. sem querer, sem pensar, sem intenção, por descuido. 2. inesperadamente, de improviso, inopinadamente, de surpresa.
we caught him ~ pegamo-lo de surpresa.

unawed [ʌn'ɔ:d] adj. não amedrontado, destemido, com destemor.

unbacked [ʌnb'ækt] adj. 1. que ainda não foi montado (cavalo), indomado, não domesticado, indômito, selvagem. 2. sem auxílio, desamparado. 3. sem garantia, sem apoio ou proteção, sem cobertura.
an ~ horse cavalo em que ninguém apostou.

unbaked [ʌnb'eikt] adj. 1. cru (massa de pão). 2. não queimado (tijolo). 3. imaturo, verde.

unbalance [ʌnb'æləns] s. 1. assimetria f. 2. desequilíbrio m. ‖ v. desequilibrar.

unbalanced [~t] adj. 1. desequilibrado. 2. não compensado, não balanceado. 3. desajustado (mental).

unballasted [ʌnb'æləstid] adj. sem lastro, infirme.

unbar [ʌnb'a:] v. 1. destrancar, abrir. 2. desobstruir.

unbathed [ʌnb'eiðd] adj. 1. sem banho. 2. que não é banhado. 3. não umedecido.

unbearable [ʌnb'ɛərəbl] adj. insuportável, intolerável. ‖ **–bly** adv. insuportavelmente, intoleravelmente.

unbearableness [~nis] s. intolerância f.

unbearded [ʌnb'iədid] adj. imberbe.

unbeaten [ʌnb'i:tn] adj. 1. invicto, insuperado. 2. impune. 3. não trilhado, inexplorado.

unbecoming [ʌnbik'ʌmiŋ] adj. 1. impróprio, inconveniente, indecoroso. 2. inapropriado, não indicado. 3. que não fica bem, que não assenta. ‖ **~ly** adv. impropriamente, inconvenientemente.
her hat is very ~ o seu chapéu lhe fica muito mal.

unbecomingness [~nis] s. impropriedade, inconveniência f.

unbedded [ʌnb'edid] adj. não acamado.

unbefitting [ʌnbif'itiŋ] adj. 1. impróprio, inconveniente. 2. indecoroso.

unbefriended [ʌnbifr'endid] adj. sem amigos, só, desamparado.

unbelief [ʌnbil'i:f] s. desconfiança, incredulidade f.

unbelievable [ʌnbil'i:vəbl] adj. incrível.

unbeliever [ʌnbil'i:və] s. incrédulo, céptico m.

unbelieving [ʌnbil'i:viŋ] adj. incrédulo, descrente ‖ **~ly** adv. incredulamente.

unbelievingness [~nis] s. incredulidade f.

unbeloved [ʌnbil'ʌvd] adj. não amado ou estimado.

unbelt [ʌnb'elt] v. 1. tirar o cinto de. 2. tirar a espada.

unbend [ʌnb'end] v. 1. desamarrar, destalingar, desatar. 2. soltar, afrouxar, desentesar. 3. (Náut.) desenvergar. 4. desafogar, espairecer, relaxar. 5. soltar(-se). 6. ficar à vontade, perder o constrangimento. 7. endireitar.

unbending [~iŋ] s. relaxação f. ‖ adj. 1. inflexível. 2. irredutível, firme, não abatido. 3. rígido. 4. reservado, descortês. ‖ ~ly adv. 1. inflexivelmente. 2. firmemente.

unbendingness [~nis] s. inflexibilidade, firmeza f.

unbeseeming [ʌnbis'i:miŋ] adj. inconveniente, impróprio. ‖ ~ly adv. inconvenientemente.

unbesought [ʌnbis'ɔ:t] adj. sem ser solicitado, não rogado.

unbiased, unbiassed [ʌnb'aiəst] adj. imparcial, sem preconceitos, desapaixonado.

unbidden [ʌnb'idn] adj. 1. não solicitado, não rogado, espontâneo. 2. não ordenado ou mandado.
an ~ guest uma visita não convidada.

unbind [ʌnb'aind] v. 1. desatar, desamarrar, desprender. 2. libertar, soltar. 3. desobrigar.

unblamable [ʌnbl'eiməbl] adj. irrepreensível. ‖ –bly irrepreensivelmente.

unblamableness [~nis] s. irrepreensibilidade f.

unblemished [ʌnbl'emiʃt] adj. sem mácula, sem mancha, limpo, puro.

unblended [ʌnbl'endid] adj. não misturado, puro.

unblessed, unblest [ʌnbl'est] adj. 1. não abençoado. 2. que não é santo, profano, ímpio. 3. infeliz, desgraçado.

unblooded [ʌnbl'ʌdid] adj. que não é puro-sangue (cavalo).

unbloody ['ʌnblʌdi] adj. que não é sanguinário ou feroz.

unblown [ʌnbl'oun] adj. 1. não desabrochado, em botão (flor). 2. pouco desenvolvido.

unblushing [ʌnbl'ʌʃiŋ] adj. sem-vergonha, descarado, desavergonhado, que não cora. ‖ ~ly adv. descaradamente.

unbodied [ʌnb'ɔdid] adj. 1. sem corpo ou forma. 2. incorpóreo, imaterial.

unbolt [ʌnb'oult] v. desaferrolhar, abrir.

unbolted [~id] adj. 1. desaferrolhado, aberto. 2. não peneirado.

unbonnet [ʌnb'ɔnit] v. descobrir-se (a cabeça).
I ~ed myself to tirei o chapéu diante de.

unbonneted [~id] adj. sem chapéu, descoberto.

unboot [ʌnb'u:t] v. descalçar.

unborn [ʌnb'ɔ:n] adj. por nascer, futuro.

unbosom [ʌnb'uzəm] v. abrir(-se), revelar, confessar.
she ~ed herself to me ela me abriu o seu coração.

unbought ['ʌnb'ɔ:t] adj. 1. não comprado. 2. de origem natural.

unbound [ʌnb'aund] adj. 1. não encadernado (livro). 2. solto, livre.

unbounded [ʌnb'aundid] adj. 1. ilimitado, imenso, irrestrito. 2. desmedido, descontrolado. ‖ ~ly adv. ilimitadamente.

unboundedness [~nis] s. imensidade f.

unbowed [ʌnb'aud] adj. 1. não abatido ou rebaixado. 2. não curvado.

unbox [ʌnb'ɔks] v. 1. desencaixotar. 2. tirar um cavalo do boxe (corridas).

unbrace [ʌnbr'eis] v. 1. soltar, desatar. 2. afrouxar, desapertar. 3. relaxar. 4. (fig.) enfraquecer.

unbraid [ʌnbr'eid] v. desentrançar.

unbreakable [ʌnbr'eikəbl] adj. inquebrável, infrangível.

unbred [ʌnbr'ed] adj. 1. sem educação. 2. malcriado.

unbribable [ʌnbr'aibəbl] adj. insubornável, incorrutível.

unbridgeable [ʌnbr'idʒəbl] adj. intransponível.

unbridle [ʌnbr'aidl] v. 1. desbridar. 2. desenfrear.

unbridled [ʌnbr'aidld] adj. 1. desenfreado. 2. sem controle, descontrolado.

unbroken [ʌnbr'oukən] adj. 1. inteiro, intato, incólume. 2. não minorado ou diminuído. 3. ininterrupto, contínuo. 4. não superado (recorde). 5. não lavrado (solo). 6. não domado ou amansado. 7. não desorganizado, em ordem. 8. não perturbado. ‖ ~ly adv. inteiramente, ininterruptamente.

unbrokenness [~is] s. inteireza f.

unbrotherly [ʌnbr'ʌðəli] adj. indigno de um irmão.

unbuckle [ʌnb'ʌkl] v. 1. desafivelar. 2. desatar.

unburden [ʌnb'ə:dn] v. 1. aliviar. 2. desabafar.

unbury [ʌnb'eri] v. 1. desenterrar, exumar. 2. revelar.

unbusinesslike [ʌnb'iznislaik] adj. sem sistema nem método, que não é prática comercial.

unbutton [ʌnb'ʌtn] v. desabotoar(-se).

uncage [ʌnk'eidʒ] v. desengaiolar, soltar.

uncalled [ʌnk'ɔ:ld] adj. não solicitado ou chamado.

uncalled-for adj. 1. indesejado. 2. impróprio.

uncanniness [ʌnk'ænis] s. esquisitice f.

uncanny [ʌnk'æni] adj. 1. esquisito, estrambótico. 2. misterioso, fantástico, estranho. 3. nefasto, sinistro. 4. perigoso. ‖ –ily adv. 1. esquisitamente. 2. sinistramente. 3. perigosamente.

uncared-for [ʌnk'ɛədf'ɔ:] adj. sem cuidado ou trato.

uncareful [ʌnk'əəful] adj. descuidadoso, descuidado.
~ of sem preocupação, sem consideração para com.

uncart [ʌnk'a:t] v. descarregar do carro ou carreto.

uncase [ʌnk'eis] v. desencaixotar, desembalar.

uncaused [ʌnk'ɔ:zd] adj. 1. sem causa aparente. 2. existente por si só.

unceasing [ʌns'i:siŋ] adj. incessante, contínuo, ininterrupto.

unceremonious [ʌnserim'ounjəs] adj. 1. incerimonioso. 2. descortes. ‖ ~ly adv. 1. incerimoniosamente. 2. descortesmente.

uncertain [ʌns'ə:tn] adj. 1. incerto, duvidoso. 2. indeterminado. 3. irresoluto, indeciso. 4. variável, inconstante. 5: que não é de confiança ou fidedigno. 6. vago, indefinido, indistinto. ‖ ~ly adv. de modo incerto, duvidosamente, vagamente.

uncertainness [~is], **uncertainty** [~ti] s. 1. incerteza, dúvida f. 2. irresolução f. 3. variabilidade, inconstância f. 4. ambigüidade f.
void for uncertainty (Jur.) inválido, prejudicado por falta de clareza.

unchain [ʌntʃ'ein] v. 1. desacorrentar. 2. soltar, largar. 3. desencadear.

unchangeable [ʌntʃ'eindʒəbl] adj. inalterável, imutável, invariável, constante, permanente. ‖ –bly adv. invariavelmente, constantemente.

unchangeableness [~nis] s. invariabilidade, imutabilidade f.

unchanging [ʌntʃ'eindʒiŋ] adj. invariável, imutável.

uncharge [ʌntʃ'a:dʒ] v. 1. descarregar, disparar. 2. isentar, dispensar.

uncharged [~d] adj. (Eletr.) descarregado, neutro.

uncharitable [ʌntʃ'æritəbl] adj. 1. descaridoso. 2. severo. ‖ –bly adv. 1. sem caridade. 2. severamente.

uncharitableness [~nis] s. 1. descaridade f., falta f. de caridade. 2. severidade f.

unchartered [ʌntʃ'a:təd] adj. 1. sem alvará. 2. não regulamentado. 3. não contratado.

unchaste [ʌntʃ'eist] adj. incasto, impudico, lascivo.

unchristian [ʌnkr'istjən] adj. 1. não cristão, pagão. 2. contrário ao cristianismo. 3. incivilizado, bárbaro. ‖ ~iy adv. de modo não cristão, pagamente.

unchristianity [ʌnkristi'æniti] s. falta f. de cristandade.

unchurch [ʌntʃ'ə:tʃ] v. 1. expulsar da Igreja. 2. excomungar. 3. privar dos direitos da Igreja.

uncial ['ʌnsiəl] s. letra uncial, escrita uncial f. ‖ adj. uncial.

unciform ['ʌnsifɔ:m] adj. unciforme.

uncinate ['ʌnsinit] adj. uncinado.
uncircumcised [ʌns'ə:kəmsaizd] adj. 1. incircunciso. 2. não judeu, gentílico.
uncivil [ʌns'ivl] adj. 1. incivil, descortês, impolido, rude, grosseiro, mal-educado. 2. incivilizado. ‖ ~ly adv. incivilmente, impolidamente, grosseiramente.
uncivility [ʌnsiv'iliti] s. incivilidade f.
uncivilized [ʌns'ivilaizd] ọdj. incivilizado, bárbaro.
unclad [ʌnkl'æd] adj. despido, sem roupas.
unclaimed [ʌnkl'eimd] adj. 1. não reclamado. 2. não retirado (depósito). 3. sem destinatário (encomenda, carta).
unclasp [ʌnkl'a:sp] v. 1. desacolchetar, desafivelar, 2. desabotoar, desabrochar. 3. desenganchar, soltar, abrir.
unclassified [ʌnkl'æsifaid] adj. não classificado ou especificado.
uncle ['ʌŋkl] s. 1. tio m. 2. (gíria) penhorista m. **to talk to s. o. like a Dutch** ~ repreender alguém com brandura.
unclean [ʌnkl'i:n] adj. 1. sujo, imundo. 2. impuro, impudico, incasto, imoral. 3. obsceno, mau, vil. 4. coberto de induto (língua). ‖ ~ly adv. de modo sujo, impuramente, obscenamente.
uncleanliness [ʌnkl'enlinis] s. falta de asseio, imundície f.
uncleanly [ʌnkl'enli] adj. 1. sujo. 2. impuro. 3. obsceno.
uncleanness [ʌnkl'i:nnis] s. sujeira, impureza f.
unclear [ʌnkl'iə] adj. pouco nítido, obscuro, indistinto, incerto.
uncleared [~d] adj. 1. não esclarecido ou explicado. 2. não absolvido (of de). 3. não pago. 4. servido (mesa, depois da refeição).
unclench [ʌnkl'entʃ] v. abrir(-se), abrir à força (à mão cerrada).
unclerical [ʌnkl'erikl] adj. que não condiz com a dignidade clerical.
Uncle Sam s. Tio Sam m.: o governo ou o povo dos E. U. A.
uncloak [ʌnkl'ouk] v. 1. tirar a capa ou o manto. 2. revelar, expor, desmascarar. ~ **yourself** tire a capa.
uncloaked [~t] adj. sem capa ou manto.
uncloistered [ʌnkl'ɔistəd] adj. que não pertence a ou não faz parte de convento ou mosteiro.
unclose [ʌnkl'ouz] v. 1. abrir(-se). 2. revelar, divulgar.
unclosed [ʌnkl'ouzd] adj. 1. aberto, não cerrado. 2. (fig.) inacabado.
unclothe [ʌnkl'ouð] v. despir.
unclothed [ʌnkl'ouðd] adj. despido, nu.
unco ['ʌŋkou] (esc.) adj. 1. estranho, desusado. 2. notável, extraordinário, grande. 3. misterioso. ‖ adv. notavelmente, muito, extremamente.
uncoil [ʌnk'ɔil] v. desenrolar(-se).
uncollected [ʌnkəl'ektid] adj. 1. confuso (pensamento). 2. não cobrado.
uncoloured, uncolored [ʌnk'ʌləd] adj. 1. incolor. 2. não influenciado ou afetado. 3. desadornado, simples.
uncombed [ʌnk'oumd] adj. 1. não penteado (lã). 2. em desalinho (cabelo).
uncombined [ʌnkəmb'aind] adj. 1. (Quím.) livre, não combinado. 2. separado.
uncomeliness [ʌnk'ʌmlinis] s. 1. despretensão f. 2. indecência f.
uncomely [ʌnk'ʌmli] adj. 1. impróprio, inadequado. 2. indecente. 3. feio.
uncomfortable [ʌnk'ʌmfətəbl] adj. 1. pouco confortável, incômodo. 2. inquietante. 3. desagradável. 4. pouco à vontade, constrangido. 5. indisposto. ‖ –bly adv. 1. com desconforto. 2. constrangidamente. 3.

inquietantemente. 4. com indisposição.
uncomfortableness [~nis] s. 1. desconforto m. 2. inquietação f. 3. constrangimento m. 4. indisposição f., mal-estar m.
uncommendable [ʌnkəm'endəbl] adj. não recomendável.
uncommercial [ʌnkəm'ə:ʃəl] adj. não comercial.
uncommissioned [ʌnkəm'iʃənd] adj. não encomendado ou pedido.
uncommon [ʌnk'ɔmən] adj. 1. raro. 2. fora do comum, incomum. 3. notável. ‖ ~ly adv. 1. raramente. 2. invulgarmente. 3. notavelmente.
uncommonness [~nis] s. 1. raridade f. 2. notabilidade f.
uncommunicative [ʌnkəmj'u:nikeitiv] adj. pouco comunicativo, taciturno, calado, silencioso, reservado. ‖ ~ly adv. de modo taciturno, silenciosamente, reservadamente.
uncommunicativeness [~nis] s. taciturnidade f., silêncio m.
uncompassionate [ʌnkəmp'æʃənit] adj. desapiedado, sem compaixão.
uncomplaining [ʌnkəmpl'einiŋ] adj. 1. que não se queixa. 2. submisso.
uncompleted [ʌnkəmpl'i:tid] adj. incompleto, inacabado.
uncomplimentary [ʌnkɔmplim'entəri] adj. 1. não lisonjeiro, indelicado, desamável, descortês. 2. desdenhoso.
uncompromising [ʌnk'ɔmprəmaiziŋ] adj. 1. inflexível. 2. firme. ‖ ~ly adv. 1. inflexivelmente. 2. firmemente.
unconcealed [ʌnkəns'i:ld] adj. franco, aberto, visível. manifesto.
unconcern [ʌnkəns'ə:n] s. 1. despreocupação, tranqüilidade f. 2. indiferença f., desinteresse m.
unconcerned [~d] adj. 1. despreocupado, tranqüilo. 2. indiferente, desinteressado (about por). 3. não envolvido ou implicado (in em). ‖ ~ly adv. 1. despreocupadamente.* 2. indiferentemente.
unconcernedness [~dnis], **unconcernment** [~mənt] s despreocupação, indiferença f., desinteresse m.
unconditional [ʌnkənd'iʃənəl] adj. incondicional, sem restrições, absoluto. ‖ ~ly adv. incondicionalmente. **they surrendered** ~ly renderam-se incondicionalmente.
unconditionalness [~nis] s. incondicionalidade f.
unconditioned [ʌnkənd'iʃənd] adj. 1. incondicionado, não sujeito a condições, absoluto (também Filos.). 2. não aprendido, instintivo.
unconfessed [ʌnkənf'est] adj. inconfesso: 1. não declarado. 2. não confessado.
unconfined [ʌnkənf'aind] adj. 1. irrestrito, ilimitado. 2. desimpedido, livre (by de).
unconfirmed [ʌnkənf'ə:md] adj. 1. não confirmado, sem confirmação. 2. indeciso. 3. sem instrução, inculto, ignorante. 4. não confirmado, que não recebeu o sacramento da confirmação.
unconformable [ʌnkənf'ɔ:məbl] adj. 1. discordante (também Geol.), incompatível. 2. contrário, oposto (to a). ‖ –bly adv. incompativelmente, contrariamente.
unconformity [ʌnkənf'ɔ:miti] s. 1. incongruência, incompatibilidade f. 2. inconsistência f. 3. discordância f.
unconnected [ʌnkən'ektid] adj. 1. desligado, distinto, inconexo, não relacionado. 2. desconexo, incoerente, desarmônico.
unconquerable [ʌnk'ɔŋkərəbl] adj. invencível, inconquistável, insuperável, indomável. ‖ –bly adv. invencivelmente, insuperavelmente.
unconquerableness [~nis] s. invencibilidade f.

unconquered [ʌnk'ɔŋkəd] adj. invicto, inconquistado, indomado.
unconscientious [ʌnkɔnʃi'enʃəs] adj. inconsciencioso, inescrupuloso.
unconscionable [ʌnk'ɔnʃənəbl] adj. 1. sem consciência, inescrupuloso. 2. irresponsável. 3. irracional, desarrazoado. 4. excessivo, enorme. 5. incrível. ‖ **–bly** adv. inescrupulosamente, irresponsavelmente, inconscientemente.
unconscionableness [~nis] s. 1. falta f. de escrúpulo. 2. irresponsabilidade f. 3. exorbitância f., despropósito m.
unconscious [ʌnk'ɔnʃəs] adj. 1. inconsciente. 2. não intencional. 3. involuntário. 4. desacordado, sem sentidos. ‖ **~ly** adv. inconscientemente, involuntariamente.
the ~ (Psicanálise) o inconsciente.
unconsciousness [~nis] s. inconsciência, inadvertência f.
unconsecrated [ʌnk'ɔnsikreitid] adj. não consagrado.
unconsidered [ʌnkəns'idəd] adj. 1. não considerado, não levado em conta, não apreciado. 2. irrefletido.
unconsolidated [ʌnkəns'ɔlideitid] adj. não consolidado (dívida).
unconstitutional [ʌnkɔnstitj'u:ʃənəl] adj. inconstitucional. ‖ **~ly** adv. inconstitucionalmente.
unconstitutionality [ʌnkɔnstitju:ʃən'æliti] s. inconstitucionalidade f.
unconstrained [ʌnkənstr'eind] adj. não constrangido, desembaraçado, natural.
unconstraint [ʌnkənstr'eint] s. 1. desenvoltura f., desembaraço m., agilidade f. 2. naturalidade f.
uncontaminated [ʌnkənt'æmineitid] adj. puro, não contaminado.
uncontemplated [ʌnk'ɔntəmpleitid] adj. não contemplado, inesperado.
uncontested [ʌnkənt'estid] adj. 1. incontestado, inconteste. 2. indiscutível. 3. evidente.
uncontradicted [ʌnkɔntrəd'iktid] adj. incontestado.
uncontrollable [ʌnkəntr'ouləbl] adj. 1. incontrolável, ingovernável. 2. indomável, irrefreável. 3. irresistível. ‖ **–bly** adv. 1. incontrolavelmente. 2. indomavelmente. 3. irresistivelmente.
uncontrolled [ʌnkəntr'ould] adj. 1. descontrolado, desgovernado, livre. 2. desenfreado, indômito. 3. desimpedido. 4. incontrolável.
uncontroverted [ʌnk'ɔntrəvə:tid] adj. incontestado.
unconventional [ʌnkənv'enʃənəl] adj. não convencional, sem cerimônias, natural.
unconversant [ʌnkənv'ə:sənt] adj. não familiar, não familiarizado, inexperiente.
unconverted [ʌnkənv'ə:tid] adj. 1. não convertido. 2. inconvencível. 3. inalterado. 4. impenitente.
unconvertible [ʌnkənv'ə:təbl] adj. 1. inconvertível, insubstituível, imutável. 2. não equivalente. 3. invendável, invendível.
uncooked [ʌnk'ukt] adj. não cozido, cru.
uncord [ʌnk'ɔ:d] v. desatar, desamarrar.
uncork [ʌnk'ɔ:k] v. 1. desarrolhar, abrir (garrafa). 2. (gíria) deixar ir à vontade.
uncorrected [ʌnkər'ektid] adj. incorreto, não corrigido.
uncorroborated [ʌnkər'ɔbəreitid] adj. não corroborado, não confirmado.
uncountable [ʌnk'auntəbl] adj. incontável, inúmero.
uncounted [ʌnk'auntid] adj. 1. não contado. 2. incontável, inúmero.
uncouple [ʌnk'ʌpl] v. 1. desacoplar, desengatar, desunir, desligar, separar. 2. soltar (os cães).
uncourteous [ʌnk'ə:tiəs] adj. incivil, descortês.
uncouth [ʌnk'u:θ] adj. 1. desconhecido. 2. estranho, esquisito e desagradável. 3. bravio. 4. áspero, rude,

inelegante (na linguagem). 5. tosco, grosseiro. 6. bruto, inculto. 7. solitário. 8. desajeitado, desgracioso. 9. misterioso. ‖ **~ly** adv. estranhamente, desgraciosamente, desagradavelmente, esquisitamente, etc.
uncouthness [~nis] s. estranheza, esquisitice, grosseria f., etc.
uncovenanted [ʌnk'ʌvinəntid] adj. não convencionado, não tratado ou ajustado.
uncover [ʌnk'ʌvə] v. 1. descobrir(-se). 2. despir(-se). 3. (Miner.) escavar, abrir. 4. destelhar. 5. destapar. 6. (milit.) deixar a descoberto. 7. revelar, expor, tornar público.
I **~ed myself** eu fiz uma saudação, tirei o chapéu.
uncovered [~d] adj. 1. descoberto. 2. despido, nu. 3. sem chapéu. 4. (milit.) sem cobertura, exposto. 5. (Com.) a descoberto.
uncreate [ʌnkri'eit] v. 1. aniquilar, destruir. 2. privar da existência.
uncredited [ʌnkr'editid] adj. (Com.) sem crédito.
the statement was ~ a afirmação não mereceu crédito.
uncritical [ʌnkr'itikəl] adj. 1. não crítico. 2. indiscriminado, sem critério.
uncross [ʌnkr'ɔs] v. descruzar (braços, pernas).
uncrossed [~t] adj. 1. não cruzado. 2. não barrado (cheque). 3. não liquidado (dívida). 4. desimpedido (by de), sem ser molestado (by por).
uncrown [ʌnkr'aun] v. descoroar, depor.
unction ['ʌŋkʃən] s. 1. unção f. (rito religioso). 2. óleo m., pomada f., bálsamo m. 3. ungüento m. 4. entusiasmo afetado m. 5. fervor, sentimento m., emoção, unção f. (discurso). 6. (fig.) lenitivo, conforto m. 7. persuasão suave e amorável f.
he administered Extreme Unction ele administrou a unção dos enfermos (extrema unção).
unctious ['ʌŋkʃəs] adj. = unctuous.
unctuosity [ʌŋktju'ositi] s. 1. untuosidade f. 2. melifluidade f.
unctuous ['ʌŋktjuəs] adj. 1. untuoso, que contém unto, gordurento. 2. fervoroso, com unção ou fervor religioso. 3. melífluo, lisonjeiro. ‖ **~ly** adv. 1. untuosamente. 2. fervorosamente. 3. melifluamente.
unctuousness [~nis] s. = unctuosity.
uncultivable [ʌnk'ʌltivəbl] adj. 1. não cultivável (terra). 2. que não vinga (planta).
uncultivated [ʌnk'ʌltiveitid] adj. 1. não cultivado, inculto, sem plantação ou cultivo (lavoura). 2. sem cultura, inculto, sem educação ou modos. 3. asselvajado, rude, grosseiro. 4. não refinado, bruto. 5. pouco desenvolvido.
uncultured [ʌnk'ʌltʃəd] adj. 1. inculto: a) não cultivado, não plantado. b) incivilizado. 2. não refinado, bruto.
uncurbed [ʌnk'ə:bd] adj. 1. indômito. 2. desenfreado, incontido. 3. desenfreado, sem freio (cavalo).
uncurl [ʌnk'ə:l] v. soltar(-se), desenrolar, alisar(-se) (cabelo).
uncus ['ʌŋkəs] pl. unci [-sai] s. (Biol.) unco m.
uncustomary [ʌnk'ʌstəməri] adj. pouco ou não usual.
uncustomed [ʌnk'ʌstəmd] adj. sem taxas aduaneiras.
uncut [ʌnk'ʌt] adj. não cortado, inteiro, completo (esp. folhas de livro).
undamaged [ʌnd'æmidʒd] adj. não danificado, ileso, indene, incólume.
undamped [ʌnd'æmpt] adj. 1. não abatido, não desanimado. 2. não umedecido. 3. não amortecido (também Eletr.) 4. (Fís.) não interrompido ou retardado na ação.
undate ['ʌndeit], **undated** [~id] adj. (Bot.) onduloso, ondeado, ondulado.
undated [ʌnd'eitid] adj. não datado, sem data.

undaunted [ʌnd'ɔ:ntid] adj. 1. destemido, intrépido, audaz. 2. não desanimado ou intimidado. ‖ **~ly** adv. destemidamente, audazmente, corajosamente.

undauntedness [~nis] s. audácia, ousadia, temeridade, intrepidez, coragem f.

undecagon [ʌnd'ekəgɔn] s. (Geom.) hendecágono m.

undecayed [ʌndik'eid] adj. 1. não decaído. 2. não enfraquecido.

undecaying [ʌndik'eiiŋ] adj. imorredouro, imperecível.

undeceive [ʌndis'i:v] v. 1. esclarecer alguém a respeito de um erro. 2. (fig.) abrir os olhos a.

undeceived [~d] adj. não enganado ou ludibriado.

undecided [ʌndis'aidid] adj. indeciso: 1. indecidido, indeterminado. 2. irresoluto, hesitante. ‖ **~ly** adv indecisamente, irresolutamente.

undecipherable [ʌndis'aitərəbl] adj. 1. indecifrável. 2. inexplicável.

undeclared [ʌndikl'ɛəd] adj. não declarado.

undefinable [ʌndif'ainəbl] adj. 1. indefinível. 2. indeterminável.

undefined [ʌndif'aind] adj. 1. indefinido. 2. que não é claro, vago. 3. não explicado ou explanado.

undeliverable [ʌndil'ivərəbl] adj. não entregável.

undelivered [ʌndil'ivəd] adj. 1. que não é livre de. 2. não entregue (carta). 3. não pronunciado (discurso).

undemocratic [ʌndemokr'ætik], **undemocratical** [~əl] adj. (Pol.) não democrático, antidemocrático. ‖ adv. **undemocratically** [~i] de modo antidemocrático.

undemonstrative [ʌndim'ɔnstrətiv] adj. reservado, retraído, não insistente.

undeniable [ʌndin'aiəbl] adj. 1. inegável, incontestável, claro. 2. indiscutivelmente bom, excelente, ótimo. ‖ **—bly** adv. inegavelmente, indiscutivelmente.

undeniableness [~nis] s. qualidade do que é inegável ou indubitável, incontestabilidade f.

undenominational [ʌndinɔmin'eiʃənəl] adj. indenominacional, não confessional.

undependable [ʌndip'endəbl] adj. que não é de confiança, inseguro, incerto, duvidoso.

under ['ʌndə] adj. inferior. ‖ adv. 1. inferiormente. 2. embaixo, por baixo. 3. em estado de inferioridade. ‖ prep. 1. debaixo, embaixo, por baixo, sob (quadro P 9). 2. inferior, menor. 3. mais novo. 4. protegido ou dominado por. 5. durante. 6. de acordo com. 7. em, dentro de. 8. designado, indicado ou representado por. 9. sujeito à regra ou orientação de. 10. autorizado ou atestado por. **~ arms** em armas. **she spoke ~ her breath** ela falou em voz baixa. **~ his care** sob sua supervisão. **~ these circumstances** nestas condições. **no one ~ a captain** ninguém de grau inferior a capitão. **~ chloroform** sob narcose. **he is ~ a cloud** ele goza de má fama. **~ construction** em construção. **it is ~ consideration** ou **discussion** está sendo estudado. **~ the date** em data de. **~ foot** na proximidade, perto. **they trampled it ~ foot** pisaram-no, esmagaram-no. **~ one's head and seal** firmado de próprio punho. **you are ~ a mistake** você está enganado. **~ oath** sob juramento. **I am ~ the necessity of** sou obrigado a. **~ your nose** em frente ao seu nariz. **~ pain of death** sob pena de morte. **~ sentence of death** condenado à morte. **~ repair** em conserto. **~ reserve** (Com.) em opção. **~ restraint** forçado. **~ Richard II** sob o reinado de Ricardo II. **~ sail** (Náut.) à vela. **~ treatment** em tratamento. **~ the treaty** de acordo com o contrato. **~ the wall** no pé do muro. **~ way** ou **weigh** (Náut.) a caminho, em plena marcha. **~ ten years** 1. com menos de dez anos de idade. 2. menos de dez anos. **as ~** conforme indicado embaixo. **hundred and ~** cem e abaixo de cem. **he went ~** ele soçobrou, sucumbiu, foi vencido.

underachieve ['ʌndəətʃ'i:v] v. (Educ.) ter desempenho abaixo do seu quociente de inteligência.

underact [ʌndər'ækt] v. (Teat.) representar mal.

underage (I) [ʌndə'eidʒ] adj. de menor idade.

underage (II) ['ʌndəidʒ] s. falta, deficiência f.

underarm ['ʌndəra:m] s. antebraço m. ‖ adj. 1. executado com o antebraço. 2. debaixo do braço.

underbelly ['ʌndəbeli] s. 1. (Anat.) baixo-ventre m. 2. (fig.) zona f. vulnerável, desprotegida.

underbid [ʌndəb'id] v. 1. oferecer menos que outro. 2. oferecer menos do que o valor real.

underbidder ['ʌndəbidə] s. o que oferece menos que outro ou menos que o valor real.

underbill [ʌndəb'il] v. (E.U.A.) declarar (mercadorias) com valor inferior.

underbred ['ʌndəbred] adj. 1. mal-educado, malcriado. 2. vulgar. 3. não de raça pura (cão, cavalo).

underbridge ['ʌndəbridʒ] s. passagem subterrânea f.

underbrush ['ʌndəbrʌʃ] s. (Bot.) vegetação rasteira f.

underbuy [ʌndəb'ai] v. comprar a preço inferior ao de outrem ou inferior ao preço usual. **we underbought him** compramos a preço inferior ao dele.

undercarriage ['ʌndəkæridʒ] s. 1. subestrutura f. (quadro C 3). 2. (Av.) trem m. de aterrissagem. (quadro A 2).

undercharge ['ʌndətʃa:dʒ] s. 1. preço m. ou débito m. demasiadamente baixo. 2. subcarga f. (de peça de artilharia). ‖ [ʌndətʃ'a:dʒ] v. 1. cobrar preço inferior ao usual. 2. carregar insuficientemente (peças de artilharia).

underclassman ['ʌndəkla:smən] s. (E.U.A.) novato, calouro m. ou segundanista m. de universidade.

underclothed ['ʌndəklouðd] adj. 1. vestido insuficientemente. 2. vestido apenas com a roupa de baixo.

underclothes ['ʌndəklouðz] s. pl. roupa f. de baixo, trajes menores m. pl.

undercoat [ʌndəkout] (também **~ing**) s. (Pint., Galvanoplastia) base f. ‖ v. aplicar base.

undercover ['ʌndəkʌvə] adj. encoberto, furtivo.

undercover man s. agente secreto, espião m.

undercroft ['ʌndəkrɔft] s. 1. abóbada subterrânea, caverna f. 2. cripta f.

undercurrent ['ʌndəkʌrənt] s. 1. subcorrente f. (de água, ar). 2. tendência, propensão oculta f.

undercut ['ʌndəkʌt] s. 1. corte m. feito por baixo. 2. parte f. assim cortada. 3. filé m., (E.U.A.) carne f. de baixo da paleta. 4. rebatida f. com a mão por baixo (tênis). ‖ [ʌndək'ʌt] v. 1. cortar por baixo. 2. esculpir em relevo. 3. rebaixar os preços, trabalhar por salário inferior.

underdevelop [ʌndədiv'eləp] v. (Fot.) revelar insuficientemente.

underdeveloped [~t] adj. 1. subdesenvolvido. 2. (Fot.) insuficientemente revelado.

underdo [ʌndəd'u:] v. 1. executar imperfeitamente. 2. cozer ou assar insuficientemente.

underdog ['ʌndədɔg] s. prejudicado, vencido m., vítima m. + f. da injustiça social, coitado m.

underdone [ʌndəd'ʌn] adj. malpassado, malcozido.

underdose ['ʌndədous] s. dose insuficiente f. ‖ [ʌndəd'ous] v. 1. dar dose insuficiente a. 2. dosar insuficientemente.

underdrain ['ʌndədrein] s. canal m. (de drenagem, etc.) subterrâneo. ‖ [ʌndədr'ein] v. drenar subterraneamente.

underdrainage ['ʌndədreinidʒ] s. drenagem subterrânea f.

underdress [ʌndədr'es] v. não se vestir conforme o exige a ocasião.

underemployed [ʌndəimpl'ɔid] adj. diz-se de subemprego, relativo a horário, serviço a executar.

underestimate [ʌndər'estimit] s. estimativa f. ou orçamento m. baixo. ‖ v. 1. orçar muito baixo, avaliar por um preço inferior. 2. subestimar.

underestimation [ʌndərestim'eiʃən] s. menosprezo m.

underexpose [ʌndərisksp'ouz] v. (Fot.) expor insuficientemente.

underexposure [ʌndəriksp'ouʒəɹ] s. (Fot.) exposição insuficiente f.

underfeed [ʌndəf'i:d] v. 1. subalimentar(-se), subnutrir(-se). 2. alimentar por baixo (fornalha).

underfeeding [~ iŋ] s. subnutrição, alimentação deficiente f.

underfoot [ʌndəf'u:t] adj. 1. (fig.) subordinado. 2. (coloq.) baixo, abjeto, oprimido. ‖ adv. 1. sob os pés, debaixo do pé ou dos pés. 2. no chão, embaixo do chão. 3. embaixo, debaixo, por baixo. 4. (E. U. A.) no caminho.

underframe ['ʌndəfreim] s. (Autom.) subchassi m.

undergarment ['ʌndəga:mənt] s. roupa f. de baixo.

underglaze ['ʌndəgleiz] s. cor f. aplicada na cerâmica, antes de vitrificá-la.

undergo [ʌndəg'ou] v. passar por, sofrer, agüentar, resistir a, suportar, ser submetido a, experimentar. **to ~ an operation** submeter-se a uma operação.

undergraduate [ʌndəgr'ædjuit] s. estudante m. + f. ou universitário m. que ainda não colou grau.

under-grate firing s. alimentação f. do fogo por baixo da grelha.

underground ['ʌndəgraund] s. 1. subterrâneo m. 2. subsolo m. 3. (Pol.) movimento m. de resistência. ‖ adj. 1. subterrâneo, subtérreo. 2. secreto. 3. de resistência ou oposição secreta. ‖ adv. 1. debaixo da terra, no subsolo. 2. em segredo, às escondidas, ocultamente, secretamente.

underground engineering s. (Eng.) construções civis f. pl. no subsolo.

underground organization s. organização secreta, resistência ou oposição política f.

underground railroad s. 1. estrada f. de ferro subterrânea (também ~ **railway**). 2. método m. de auxiliar secretamente fugitivos a escaparem.

underground water s. nível m. de água debaixo do solo.

undergrown ['ʌndəgroun] adj. subdesenvolvido, de pequena altura.

undergrowth ['ʌndəgrouθ] s. = **underbrush**.

underhand ['ʌndəhænd] adj. 1. insincero, desleal, astuto, ardiloso. 2. secreto, clandestino, oculto. 3. (Esp.) com a mão em nível inferior ao ·do cotovelo. ‖ adv. 1. deslealmente, ardilosamente. 2. secretamente, clandestinamente. 3. (Esp.) executado com a mão em nível inferior ao do cotovelo.

underhanded [ʌndəh'ændid] adj. = **underhand**. ‖ ~**ly** adv. 1. insinceramente. 2. clandestinamente, dissimuladamente.

underhandedness [~ nis] s. 1. insinceridade, astúcia, deslealdade f. 2. qualidade do que é secreto ou clandestino, dissimulação f.

underhung [ʌndəh'ʌŋ] adj. de queixo saliente.

underived [ʌndir'aivd] adj. não derivado.

underlap [ʌndəl'æp] v. estender parcialmente (por baixo de).

underlay ['ʌndəlei] s. (Tipogr.) calço m. (de papel) para levantar o tipo à altura necessária. ‖ [ʌndəl'ei] v. 1. calçar, levantar (por meio de calços). 2. forrar. 3. apoiar, sustentar, escorar. 4. desmoronar (poços, galerias de minas).

underlet [ʌndəl'et] v. 1. subalugar, sublocar. 2. alugar abaixo do preço.

underletter ['ʌrdələtə] s. sublocatário m.

underlie [ʌndəl'ai] v. 1. estar por baixo de, ficar sob a superfície de. 2. ser ou formar a base de. 3. estar sujeito ou subordinado a. 4. (Finanças) ter prioridade sobre.

ambition underlay all his actions suas ações estavam subordinadas à sua ambição.

underline ['ʌndəlain] s. 1. sublinha f. 2. indicação f. do próximo programa (no programa de teatro). ‖ [ʌndəl'ain] v. sublinhar: 1. traçar uma sublinha. 2. realçar, salientar.

underling ['ʌndəliŋ] s. subalterno, subordinado, inferior m., serviçal, auxiliar, ajudante, servente m. + f.

underlying [ʌndəl'aiiŋ] adj. 1. subjacente. 2. básico, fundamental, essencial. 3. sujeito ou subordinado a.

undermanned [ʌndəm'ænd] adj. relativo a falta de pessoal.

undermentioned [ʌndəm'enʃənd] adj. abaixo mencionado.

undermine [ʌndəm'ain] v. 1. minar: a) escavar, solapar. b) arruinar gradativamente, corroer. 2. enfraquecer, debilitar insidiosamente.

underminer [ʌndəm'ainə] s. minador m.

undermost ['ʌndəmoust] adj. o mais baixo, ínfimo.

underneath [ʌndən'i:θ] s. parte f. ou lado m. inferior ‖ adv. embaixo, debaixo, por baixo. ‖ prep. 1. embaixo, debaixo, por baixo. 2. sob o poder ou domínio de. 3. sob o aspecto de.

undernourish [ʌndən'ʌriʃ] v. subnutrir, subalimentar.

undernourishment [~ mənt] s. subnutrição, subalimentação f.

underpart ['ʌndəpa:t] s. 1. parte baixa f. 2. parte f. ou papel m. secundário.

underpass ['ʌndəpa:s] s. passagem inferior f.: passagem rodoviária por baixo de via férrea ou de outra rodovia.

underpay [ʌndəp'ei] v. pagar insuficientemente, mal.

underpin [ʌndəp'in] v. 1. (Arquit.) suportar, escorar, apoiar (muro), calçar (construção). 2. sustentar, afirmar, justificar.

underpinning [~ iŋ] s. 1. calçadura f. de construção. 2. novo fundamento m. debaixo de um muro, base protetora f. 3. suporte m.

underplay ['ʌndəplei] s. 1. (jogo de cartas) ato de jogar uma carta baixa. 2. truque m. ‖ [ʌndəpl'ei] v. jogar propositadamente uma carta baixa.

underplot ['ʌndəplɔt] s. (Teat.) ação secundária f., enredo m. subordinado a outro.

underprice ['ʌndəprais] s. preço m. inferior ao normal, preço de pechincha.

underprinted [ʌndəpr'intid] adj. (Fot.) mal copiado.

underprivileged [ʌndəpr'ividʒd] adj. desprivilegiado, esp. em sentido econômico-social.

underproduction [ʌndəprəd'ʌkʃən] s. subprodução f.

underproof ['ʌndəpru:f] adj. que contém menos álcool que o normalmente exigido.

underprop [ʌndəpr'ɔp] v. calçar, apoiar, suportar.

underquote [ʌndəkw'out] v. cotar a preço mais baixo que outro preço ou inferior ao de outro competidor.

underrate [ʌndər'eit] v. depreciar: 1. subestimar, avaliar mal. 2. menosprezar, desprezar.

underscore ['ʌndəskɔ:] s. sublinha f. ‖ [ʌndəsk'ɔ:] v. sublinhar: 1. traçar uma sublinha. 2. dar ênfase, salientar, ressaltar.

undersea ['ʌndəsi:] adj. submarino. ‖ adv. sob o mar.

undersecretary [ʌndəs'ekrətəri] s. subsecretário, vice-secretário m.

undersecretaryship [~ ʃip] s. subsecretariado m.

undersell [ʌndəs'el] v. 1. vender a preço inferior, vender com redução, baratear, queimar. 2. oferecer a preço inferior.

underseller [~ ə] s. rebaixador m. de preços, barateiro m.

underset ['ʌndəset] s. (Náut.) correnteza oceânica

inferior f. ‖ [ʌndəs'et] v. 1. calçar, suportar (construção). 2. (fig.) apoiar, sustentar.
undershirt ['ʌndəʃəːt] s. camiseta, camisa de baixo f.
undershot ['ʌndəʃɔt] adj. 1. que tem o queixo saliente. 2. impulsionado por baixo (roda hidráulica).
undershrub ['ʌndəʃrʌb] s. subarbusto m., vegetação rasteira f.
underside ['ʌndəsaid] s. lado m. ou face f. inferior.
undersign [ʌndəs'ain] v. assinar, subscrever, firmar the ~ed o abaixo-assinado.
undersized ['ʌndəsaizd] adj. menor que o normal, abaixo da altura média.
underskirt ['ʌndəskəːt] s. combinação f.
underslung ['ʌndəslʌŋ] adj. pendente (chassi de automóveis).
understaffed [ʌndəst'æft] adj. com falta de pessoal (em número ou qualificação).
understand [ʌndəst'ænd] v., imp. e p. p. **understood**. 1. compreender, entender, perceber. 2. saber. 3. reconhecer. 4. ouvir, tomar conhecimento, ficar inteirado, ser informado. 5. supor, pensar, julgar, inferir, acreditar, crer. 6. subentender, ser subentendido.
an **understood thing** coisa lógica, natural. **as I ~ it** assim como eu o entendo. **now ~ me!** compreenda o que eu quero dizer. **that is understood** isto é evidente, subentendido, natural. **he ~s boys** ele tem habilidade para lidar com rapazes. **I cannot ~ him** eu não o posso compreender. **we could not make ourselves understood** não conseguimos entender-nos com eles. **I was given to ~** deram-me a entender. **I understood him to say...** compreendi que ele disse. **I ~ that we need help** creio que precisamos de ajuda. **do I ~ you to mean...?** voce quer dizer que...? **am I to ~ that you wish to go?** quer você dizer que deseja ir embora? **to ~ by** compreender por. **to ~ from** tomar conhecimento por intermédio de (carta, etc.) **~!** compreenda o que eu quero dizer. **I ~ eu compreendo, eu entendo. to ~ each other (one another)** entender-se.
understandability [ʌndəstændəb'iliti] s. compreensibilidade f.
understandable [ʌndəst'ændəbl] adj. compreensível, inteligível, perceptível. ‖ **—bly** adv. compreensivelmente.
understanding [ʌndəst'ændiŋ] s. 1. compreensão f., conhecimento m. 2. inteligência, mente f., juízo, intelecto, entendimento m. 3. discernimento, espírito m. 4. acordo, ajuste m., combinação f. 5. interpretação pessoal f. ‖ adj. 1. sabedor, sabido, inteligente. 2. sensível. ‖ **~ly** adv. compreensivelmente, ajuizadamente.
a man of ~ um homem compreensível. **we consented on the ~ that** concordamos na pressuposição de que. **they came to an ~ with** ou **they had an ~ with** chegaram a um acordo com. **his powerful ~** seu intelecto, espírito agudo. **his secret ~** seu consentimento, acordo secreto. **the good ~ between us** a boa harmonia entre nós.
understate [ʌndəst'eit] v. 1. indicar ou expor de forma moderada ou diminuída, abrandar, suavizar, apresentando os fatos de forma atenuada. 2. dizer menos do que é.
understatement [~mənt] s. indicação f. ou exposição f. incompleta, suavizada.
understock (I) ['ʌndəstɔk] s. (Bot.) cavalo m. que recebe enxerto.
understock (II) [ʌndəst'ɔk] v. suprir o estoque ou armazém insuficientemente.
understood [ʌndəst'ud] adj. 1. compreendido, entendido. 2. de acordo. 3. implícito.
understudy ['ʌndəstʌdi] s. (Teat.) substituto m. de ator. ‖ [ʌndəst'ʌdi] v. estudar o papel de um ator

para poder substituí-lo.
undertake [ʌndət'eik] v. 1. empreender. 2. experimentar, tentar. 3. ocupar-se com. 4. encarregar-se de, tomar a seu cargo, incumbir-se de. 5. comprometer-se a. 6. garantir, prometer. 7. combinar, tratar, contratar. 8. dedicar-se a serviços funerários. 9. (†) travar (combate).
undertaker [ʌndət'eikə] s. 1. empresário, empreendedor, empreiteiro m. 2.['ʌndəteikə] empresário m. de serviços funerários.
undertaking [ʌndət'eikiŋ] s. 1. empresa, tarefa, incumbência f., empreendimento m. 2. promessa, garantia f. 3. ['ʌndəteikiŋ] serviço funerário m.
he gave an ~ [ʌndət'eikiŋ] ele comprometeu-se.
undertenant ['ʌndətenənt] s. sublocatário m.
under-the-counter adj. (vendido) debaixo do balcão (clandestinamente).
underthings ['ʌndəθiŋs] s. pl. roupa f. de baixo (mulher).
undertone ['ʌndətoun] s. 1. voz baixa, meia-voz f., som suave m. 2. cor f. ou tom m. suave, meio--tom. 3. (fig.) sentido sugerido m.
undertow ['ʌndətou] s. ressaca f., recuo m. das ondas.
undervaluation [ʌndəvælju'eiʃən] s. 1. avaliação baixa f. 2. menosprezo m., depreciação f.
undervalue [ʌndəv'ælju:] v. subestimar: 1. avaliar em menos que o valor real, indicar valor inferior. 2. menosprezar, desprezar, depreciar.
undervest ['ʌndəvest] s. (Ingl.) camiseta f.
underwater ['ʌndəwɔ:tə] adj. 1. subaquático. 2. submerso, debaixo d'água. 3. (Náut.) que fica abaixo da linha de água.
underwear ['ʌndəwɛə] s. roupa de baixo, roupa interior f.
underweight ['ʌndəweit] s. peso m. inferior ao normal. ‖ adj. de peso inferior ao normal.
underwent [ʌndəw'ent] v. imp. de **to undergo**.
underwing ['ʌndəwiŋ] s. (Zool.) asa f. posterior do inseto.
underwood ['ʌndəwud] s. = **underbrush**.
underwork ['ʌndəwə:k] s. 1. trabalho insuficiente m. 2. trabalho subordinado m. ‖ [ʌndəw'ə:k] v. 1. trabalhar ou produzir menos do que é possível (máquina). 2. trabalhar por salário inferior.
don't ~ me não trabalhe por salário inferior ao meu.
underworld ['ʌndəwə:ld] s. 1. mundo m. dos criminosos, camada f. inferior da sociedade, ralé, escória f. 2. inferno, hades m. 3. Terra f., mundo m. 4. face f. da Terra oposta à nossa. 5. antípodas, antíctones m. pl.
underwrite ['ʌndərait] v. 1. subscrever, firmar, assinar. 2. segurar (vida, bens, etc.). 3. comprometer-se a comprar todas as apólices não vendáveis ao público. 4. assumir as despesas de. 5. ter negócio de seguro ou trabalhar como agente de seguro.
underwriter ['ʌndəraitə] s. 1. segurador m., agente m. + f. de seguros, companhia f. de seguros. 2. (Com.) que assina títulos, empréstimos.
undeserving [ʌndiz'ə:viŋ] adj. 1. indigno. 2. que não merece, sem mérito. 3. inocente, sem culpa.
undesigned [ʌndiz'aind] adj. não intencional.
undesigning [ʌndiz'ainiŋ] adj. 1. sem malícia. 2. não premeditado. 3. inofensivo.
undesirable [ʌndiz'aiərəbl] s. pessoa f. ou coisa f. indesejável. ‖ adj. 1. indesejado, indesejável. 2. desagradável.
undesired [ʌndiz'aiəd] adj. 1. indesejado, indesejável. 2. que não foi pedido ou solicitado.
undesirous [ʌndiz'aiərəs] adj. não ansiado, desejado ou almejado.
he is ~ of it ele não almeja aquilo.

undeterred [ʌndit'əːd] adj. não amedrontado, não assustado.

undeveloped [ʌndiv'eləpt] adj. pouco desenvolvido.

undeviating [ʌnd'i:vieitiŋ] adj. que não desvia, constante, uniforme, invariável.

undid [ʌnd'id] v. imp. de **to undo**.

undies ['ʌndiz] s. (coloq.) = **underwear**. .

undignified [ʌnd'ignifaid] adj. sem dignidade, que não é nobre.

undiminished [ʌndim'iniʃt] adj. não diminuído.

undimmed [ʌnd'imd] adj. não escurecido, não ofuscado, não turbado.

undirected [ʌndir'ektid] adj. 1. não guiado ou dirigido, desgovernado. 2. sem endereço (carta).

undiscerned [ʌndis'əːnd] adj. não reconhecido ou notado.

undiscernible [ʌndis'əːnəbl] adj. indiscernível, imperceptível.

undiscerning [ʌndis'əːniŋ] adj. 1. sem discernimento, sem opinião. 2. incompreensível, bobo.

undischarged [ʌndistʃ'a:dʒd] adj. 1. não liquidado. 2. não saldado. 3. não reabilitado. 4. não disparado (artilharia). 5. não cumprido (obrigação).

undisciplined [ʌnd'isiplind] adj. 1. indisciplinado. 2. sem controle. 3. não adestrado ou ensinado.

undiscriminating [ʌndiskr'imineitiŋ] adj. sem distinção.

undisguised [ʌndisg'aizd] adj. 1. indisfarçado. 2. franco, claro, aberto.

undisposed [ʌndisp'ouzd] adj. indisposto, não inclinado ou propenso, de má vontade (**of** para).

~ of que não tem compromisso (objeto), que não foi cedido ou vendido.

undisputed [ʌndispj'u:tid] adj. indisputado, incontestado, incontestável, inconcusso, inconteste.

undistinguished [ʌndist'iŋgwiʃt] adj. indistinto.

undisturbed [ʌndist'əːbd] adj. *imperturbado, tranqüilo, calmo, sereno, inalterado.

undivided [ʌndiv'aidid] adj. 1. não dividido, separado ou retalhado. 2. não distribuído. 3. ininterrupto.

we gave him our ~ attention dedicamos-lhe toda nossa atenção.

undo [ʌnd'u:] v. 1. desfazer, desmanchar, anular, cancelar. 2. descoser. 3. desabotoar. 4. desatar, desamarrar. 5. destruir, aniquilar, estragar. 6. arruinar (alguém). 7. explicar, resolver.

undoer [~ə] s. o que anula, destrói ou arruína.

undoing [~iŋ] s. 1. abolição, eliminação, anulação f. 2. estrago m., destruição, queda, perda f. 3. causa f. ou motivo m. de destruição ou ruína.

undone (I) [ʌnd'ʌn] p. p. de **to undo**.

it came ~ abriu-se, soltou-se. **he is ~** está acabado para ele, ele está perdido.

undone (II) [ʌnd'ʌn] adj. 1. inacabado, incompleto. 2. negligenciado, omitido.

we left nothing ~ fizemos todo o possível.

undoubted [ʌnd'autid] adj. indubitado, indubitável, incontestável, evidente, manifesto. ‖ **~ly** adv. indubitavelmente, incontestavelmente, certamente.

undoubting [ʌnd'autiŋ] adj. que não duvida, confiante, confiado.

undraw [ʌndr'ɔ:] v. abrir, afastar (cortinas).

undreamed [ʌndr'i:md] (**of**) adj. jamais sonhado ou imaginado.

undress [ʌndr'es] s. 1. roupa caseira f. 2. (milit.) uniforme comum m. (não de gala). ‖ v. despir(-se), tirar a roupa. ‖ ['ʌndres] adj. caseiro, de uso comum (roupa, uniforme).

undressed [ʌndr'est] adj. 1. despido. 2. em roupa caseira. 3. não preparado (salada). 4. não enfeitado (bolo). 5. sem atadura (ferida). 6. não curtido (couro).

undue [ʌndj'u:] adj. 1. impróprio, inadequado. 2.

incorreto, ilegal. 3. muito grande, demasiado, excessivo. 4. imoderado, desmedido. 5. desordenado. 6. ainda não vencido, ainda não pagável.

undulant ['ʌndjulənt] adj. ondulante.

undulate ['ʌndjuleit] v. 1. ondular, ondear. 2. flutuar. ‖ ['ʌndjulit] adj. ondulado, ondeado, onduloso.

undulation [ʌndjul'eiʃən] s. 1. ondulação, flutuação, sinuosidade f. 2. (Fís.) onda, vibração, ondulação f.

undulatory ['ʌndjuleitəri] adj. ondulatório.

unduly [ʌndj'u:li] adv. 1. indevidamente, injustificadamente, sem razão. 2. impropriamente. 3. excessivamente.

undutiful [ʌndj'u:tiful] adj. 1. desobediente. 2. irresponsável, que não cumpre seu dever.

undying [ʌnd'aiiŋ] adj. imortal, imperecível, eterno, infinito. ‖ **~ly** adv. eternamente, perenemente.

undyingness [~nis] s. imortalidade, eternidade f.

unearned [ʌn'əːnd] adj. imerecido, não ganho pelo trabalho.

~ income renda proveniente de capital.

unearth [ʌn'əːθ] v. 1. desenterrar. 2. desentocar. 3. descobrir, revelar.

unearthliness [~linis] s. sobrenaturalidade f.

unearthly [~li] adj. 1. sobrenatural. 2. sinistro. 3. estranho, estrambótico, extraordinário, misterioso. 4. despropositado. 5. celestial, sublime.

at an ~ hour alta noite, pela calada da noite.

unease [ʌn'i:z] s. = **uneasiness**.

uneasiness [ʌn'i:zinis] s. preocupação, inquietação, intranqüilidade, inquietude f., desassossego, mal-estar m.*

uneasy [ʌn'i:zi] adj. 1. preocupado, inquieto, desassossegado, receoso, apreensivo, ansioso. 2. alarmante, inquietante. 3. embaraçado, desajeitado. 4. sem conforto, inconfortável, incômodo. ‖ **~ily** adv. 1. inquietamente, preocupadamente. 2. constrangidamente. 3. incomodamente.

uneatable [ʌn'i:təbl] adj. intragável, não comestível.

unedited [ʌn'editid] adj. inédito.

uneducated [ʌn'edjukeitid] adj. 1. malcriado, maleducado. 2. sem educação, inculto, rude.

unembarassed [ʌnimb'ærəst] adj. 1. desembaraçado, livre, sem constrangimento, sem acanhamento. 2. despreocupado, calmo, sereno, imperturbável, sem adversidades.

unemotional [ʌnim'ouʃənəl] adj. 1. que não é emocional ou emotivo, desapaixonado. 2. impassível, fleumático, imperturbável.

unemployable [ʌnimpl'ɔiəbl] s. pessoa f. que não se pode empregar. ‖ adj. que não se pode empregar, inadequado para o trabalho.

unemployed [ʌnimpl'ɔid] adj. 1. não usado, não aproveitado. 2. desocupado, desempregado. 3. inativo, improdutivo, morto (capital).

the ~ os desempregados.

unemployment [ʌnimpl'ɔimənt] s. desemprego m.

~ compensation (E. U. A.) ajuda (do Governo) ao desemprego.

unencumbered [ʌnink'ʌmbəd] adj. 1. não onerado, não sobrecarregado. 2. desimpedido, **livre.**

unending [ʌn'endiŋ] adj. interminável, incessante, ininterrupto, contínuo, eterno.

unendurable [ʌnindj'uərəbl] adj. insuportável, intolerável.

unengaged [ʌning'eidʒd] adj. 1. desocupado. 2. livre, não comprometido. 3. desempregado. 4. que não é noivo.

unenviable [ʌn'enviəbl] adj. não invejável.

unequal [ʌn'i:kwəl] adj. 1. desigual. 2. desequilibrado, desproporcional. 3. injusto, parcial, iníquo. 4. insuficiente. 5. inadequado (**to** para), que não está à altura (**to** de). 6. irregular, sem uniformidade,

inconstante, variável. ‖ ~ly adv. desigualmente.
he is ~ to him ele não está à sua altura. he is
~ to his task ele não está à altura de sua tarefa.
unequaled, unequalled [~d] adj. 1. inigualado, inatingido. 2. inigualável, incomparável, sem igual,
sem par.
unequalness [~nis] s. desigualdade f.
unequivocal [ʌnikw'ivəkəl] adj. inequívoco, claro, evidente, patente. ‖ ~ly adv. **inequivocamente.**
unequivocalness [~nis] s. evidência f.
unerring [ʌn'ə:riŋ] adj. 1. infalível, que não falha.
2. certo, correto, seguro. 3. imperturbável. ‖ ~ly
adv. 1. infalivelmente. 2. com certeza. 3. imperturbavelmente.
unerringness [~nis] s. infalibilidade f.
unescapable [ʌnisk'eipəbl] adj. que não pode escapar,
fugir.
UNESCO [juːn'eskou] s. **United Nations Educational,
Scientific and Cultural Organization.**
unessential [ʌnis'enʃəl] adj. sem importância, secundário, acessório.
the ~s as coisas secundárias.
uneven [ʌn'iːvn] adj. 1. desigual. 2. irregular, acidentado, escabroso (quadro Q). 3. ímpar (número).
4. caprichoso, manhoso. 5. desequilibrado (jogo).
6. torto. ‖ ~ly adv. desigualmente.
unevenness [~nis] s. 1. desigualdade, acidentação
f. 2. dessemelhança f. 3. capricho m., manha f.
uneventful [ʌniv'entful] adj. sem qualquer acontecimento, calmo, monótono, sossegado, rotineiro.
uneventfulness [~nis] s. falta f. de acontecimentos,
rotina, monotonia f.
unexampled [ʌnigz'aːmpld] adj. 1. sem exemplo, sem
igual. 2. sem precedente, sem paralelo. 3. extraordinário, incomparável.
unexcelled [ʌniks'eld] adj. insuperado, não ultrapassado.
unexceptionable [ʌniks'epʃənəbl] adj. não desprezível,
incriticável, irrepreensível, perfeito. ‖ –bly adv.
irrepreensivelmente, perfeitamente.
unexceptionableness [~nis] s. irrepreensibilidade f.
unexceptional [ʌniks'epʃənəl] adj. 1. comum, regular,
ordinário, usual, trivial. 2. sem distinção, que não
admite exceção. 3. sem objeção, irrepreensível, perfeito. ‖ ~ly adv. comumente, ordinariamente.
unexciting [ʌniks'aitiŋ] adj. sem atritos, calmo,
quieto, manso.
unexhausted [ʌnigz'ɔːstid] adj. inexausto, inesgotado.
unexpected [ʌniksp'ektid] adj. inesperado, imprevisto,
inopinado. ‖ ~ly adv. inesperadamente.
unexpectedness [~nis] s. imprevisão f.
unexpendable [ʌniksp'endəbl] adj. essencial, indispensável.
unexpensive [ʌniksp'ensiv] adj. barato.
unexperienced [ʌniksp'iəriənst] adj. inexperiente.
unexpressive [ʌnikspr'esiv] adj. inexpressivo.
unfading [ʌnf'eidiŋ] adj. 1. imarcescível. 2. que não
desbota, que não cora, de cor firme. 3. (fig.) imperecível.
unfailing [ʌnf'eiliŋ] adj. 1. infalível. 2. firme. 3.
incansável, infatigável. 4. fiel, leal, dedicado. 5.
que não acaba, interminável, inesgotável, inexaurível. 6. certo, verdadeiro. ‖ ~ly adv. infalivelmente,
sem falta.
unfailingness [~nis] s. 1. infalibilidade f. 2. firmeza
f. 3. certeza f. 4. inesgotabilidade f.
unfair [ʌnf'εə] adj. 1. incorreto, injusto, iníquo. 2.
desonesto, ímprobo. 3. desleal. 4. parcial. ‖ ~ly
adv. 1. incorretamente. 2. desonestamente. 3. parcialmente. 4. excessivamente.
unfairness [~nis] s. 1. deslealdade f., falta f. de
lisura. 2. parcialidade, má-fé f. 3. iniquidade f.

unfaithful [ʌnf'eiθful] adj. 1. desleal, infiel, desonesto. 2. irresponsável, que não merece confiança.
3. descrente, incrédulo, sem fé. 4. inexato. 5. adúltero. ‖ ~ly adv. 1. deslealmente, desonestamente.
2. inexatamente. 3. de modo adulteroso, infielmente.
unfaithfulness [~nis] s. 1. deslealdade f. 2. inexatidão f. 3. infidelidade, falsidade f.
unfaltering [ʌnf'ɔːltəriŋ] adj. 1. que não titubeia,
que não hesita ou vacila. 2. firme, seguro. 3. decidido, inflexível, inabalável.
unfamiliar [ʌnfəm'iljə] adj. 1. pouco conhecido, fora
do comum, estranho, inusual. 2. que não é habitual ou familiar.
unfamiliarity [ʌnfəmili'æriti] s. 1. infamiliaridade f.
2. desconhecimento m., estranheza f.
unfashionable [ʌnf'æʃənəbl] adj. antiquado, desusado,
fora de moda.
unfashionableness [~nis] s. qualidade do que está
em desuso ou fora de moda.
unfasten [ʌnf'aːsn] v. desatar(-se), desamarrar(-se),
abrir(-se), soltar(-se), desprender(-se).
unfastened [~d] adj. desamarrado, desatado, solto.
unfathered [ʌnf'aːðəd] adj. 1. sem pai. 2. ilegítimo,
bastardo, espúrio. 3. de origem obscura.
unfatherly [ʌnf'aːðəli] adj. não paternal.
unfathomable [ʌnf'æðəməbl] adj. 1. insondável, impenetrável, imperscrutável. 2. imenso, incomensurável.
unfavourable, unfavorable [ʌnf'eivərəbl] adj. 1. desfavorável, desvantajoso (to para). 2. adverso, contrário. 3. danoso, prejudicial, nocivo. ‖ –bly adv.
1. desfavoravelmente. 2. contrariamente. 3. prejudicialmente.
unfavourableness, unfavorableness [~nis] s. 1. situação f. ou condição f. desvantajosa. 2. adversidade
f. (tempo, condições).
unfed [ʌnf'ed] adj. sem alimentação, não alimentado.
unfeeling [ʌnf'iːliŋ] adj. 1. insensível. 2. cruel, desapiedado, inexorável. ‖ ~ly adv. 1. insensivelmente.
2. desapiedadamente.
unfeelingness [~nis] s 1. insensibilidade f. 2. crueldade f.
unfeigned [ʌnf'eind] adj. não fingido, sincero, verdadeiro, real, genuíno. ‖ ~ly adv. sinceramente.
unfeignedness [~nis] s. sinceridade, franqueza f.
unfettered [ʌnf'etəd] adj. não tolhido, livre, desembaraçado, desimpedido, irrestrito.
unfilial [ʌnf'iljəl] adj. não condizente com os sentimentos filiais, impróprio de um filho.
unfilled [ʌnf'ild] adj. 1. não preenchido. 1. vago, não
ocupado (posto). 2. não completo ou cheio.
unfinished [ʌnf'iniʃt] adj. 1. inacabado, incompleto.
2. sem acabamento, tosco, bruto, não polido ou
lapidado.
unfit [ʌnf'it] v. 1. tornar impróprio, inadequado. 2.
incapacitar, desqualificar. 3. estragar, inutilizar,
arruinar. ‖ adj. 1. inadequado, impróprio, não
adaptado ou apropriado. 2. insuficientemente bom,
que não está em condições, imprestável. 3. incompetente, incapaz, inepto (for para). ‖ ~ly adv.
impropriamente, inadequadamente.
the ~ os incapacitados.
unfitness [~nis] s. 1. incapacidade, inaptidão f. 2.
inconveniência f.
unfitted [~id] adj. 1. inadequado, impróprio. 2. não
equipado (with com).
unfitting [~iŋ] adj. impróprio: 1. inadequado. 2.
inconveniente, que não fica bem.
unfix [ʌnf'iks] v. 1. soltar(-se), desprender(-se), afrou-
xar(-se). 2. tornar instável, abalar, agitar.
unfixed [~t] adj. 1. solto, desprendido, frouxo. 2.
oscilante, variável, incerto.

unflagging [ʌnflˈægiŋ] adj. incansável, sem esmorecer, inquebrantável persistente. ‖ ~ly adv. incansávelmente persistentemente.

unflappable [ʌnflˈæpəbl] adj. imperturbável, calmo.

unfledged [ʌnflˈedʒd] adj. 1. implume. 2. (fig.) pouco desenvolvido, imaturo.

unfleshly [ʌnflˈeʃli] adj. imaterial, incorpóreo.

unflinching [ʌnflˈintʃiŋ] adj. 1 que não oscila, que não recua, inflexível, firme, inabalável. 2. incansável, persistente. ‖ ~ly adv. 1 inflexivelmente, inabalavelmente. 2. incansavelmente.

unfold [ʌnfˈould] v. 1. abrir(-se), desdobrar(-se), estender(-se), desembrulhar(-se), desenrolar(-se). 2. revelar, expor, explicar, esclarecer, mostrar. 3. desenvolver. 4. desabrochar, despontar.

unforeseen [ʌnfɔːsˈiːn] adj. imprevisto, inesperado, inopinado

unforgetful [ʌnfəgˈetful] adj. lembrando, tendo em mente.

unforgettable [ʌnfəgˈetəbl] adj. inesquecível, inolvidável. ‖ ~bly adv. inesquecivelmente.

unforgivable [ʌnfəgˈivəbl] adj. imperdoável.

unforgiving [ʌnfəgˈiviŋ] adj. irreconciliável, rancoroso.

unforgotten [ʌnfəgˈɔtn] adj. não esquecido, lembrado.

unformed [ʌnfˈɔːmd] adj. 1. informe, sem forma, não formado. 2. pouco desenvolvido.

unfortunate [ʌnfˈɔːtʃnit] s. 1. infeliz m. + f., desgraçado m. 2. prostituta f. ‖ adj. 1. infeliz, desventurado, azarado. 2. desastroso, inauspicioso. 3. inadequado, impróprio. ‖ ~ly adv. 1. infelizmente. 2. desastrosamente. 3. de modo impróprio.

unfortunateness [~nis] s. 1. infelicidade, desventura f. 2. malogro, desastre m.

unfounded [ʌnfˈaundid] adj. 1. infundado, sem fundamento, improcedente, sem razão, vão. 2. não estabelecido. ‖ ~ly adv. infundadamente.

unfoundedness [~nis] s. falta f. de fundamento.

unfree [ʌnfrˈiː] adj. sem liberdade, que não é livre.

unfreeze [ʌnfrˈiːz] v. derreter-se, descongelar.

unfrequent [ʌnfrˈiːkwənt] adj. raro, pouco freqüente.

unfrequented [ʌnfrikwˈentid] adj. pouco freqüentado, ermo, abandonado, solitário.

unfriended [ʌnfrˈendid] adj. sem amigos.

unfriendliness [ʌnfrˈendlinis] s. descortesia, indelicadeza f.

unfriendly [ʌnfrˈendli] adj. 1. descortês, pouco amável, inamistoso, inamigável. (**to** com, para com) 2. hostil. (**to** contra, a, para com). 3. desfavorável, adverso. ‖ adv. 1. descortesmente. 2. hostilmente.

unfrock [ʌnfrˈɔk] v. privar da batina ou do hábito, destituir, demitir (frade, clérigo, etc.).

unfruitful [ʌnfrˈuːtful] adj. 1. estéril, improdutivo, infrutífero. 2. infrutuoso, sem efeito, sem resultado, inútil, vão. ‖ ~ly adv. 1. esterilmente, infrutiferamente. 2. infrutuosamente, inutilmente.

unfruitfulness [ʌnfrˈuːtfulnis] s. 1. esterilidade, improdutividade f. 2. infrutuosidade f., falta f. de resultado.

unfurl [ʌnfˈɜːl] v. 1. desfraldar(-se) (bandeira). 2. largar (velas). 3. abrir (guarda-chuva). 4. estender, expandir, desenrolar. 5. desenvolver(-se), formar(-se).

ungainliness [ʌngˈeinlinis] s. 1. falta de jeito, falta de graça ou habilidade. 2. deselegância, rusticidade f.

ungainly [ʌngˈeinli] adj. desajeitado, canhestro, desazado, deselegante, desgracioso, inábil, inepto.

ungallant [ʌngˈælənt] adj. 1. medroso, covarde. 2. [ʌngəlˈænt] não galante, descortês (**to** para com).

ungear [ʌngˈiə] v. 1. (Téc.) desengrenar, desembrear. 2. tirar os arreios, desarrear.

ungenerous [ʌndʒˈenərəs] adj. mísero, mesquinho.

ungenial [ʌndʒˈiːniəl] adj. 1. pouco amável, descortês, indelicado. 2. desfavorável. 3. desagradável (**to** para, a).

ungentle [ʌndʒˈentl] adj. rude, bruto, indelicado, descortês, incivil.

ungentlemanlike [~mənlaik] adj. 1. indigno de um cavalheiro, pouco distinto. 2. de maus costumes, baixo, indigno.

ungentlemanliness [~mənlinis] s. atitudes f. pl. e modos m. pl. baixos, não cavalheirescos, grosseiros.

ungentlemanly [~mənli] adj. = ungentlemanlike.

ungentleness [~nis] s. brutalidade, descortesia, grosseria, incivilidade f.

ungenuine [ʌndʒˈenjuin] adj. não genuíno, impuro.

ungird [ʌngˈəːd] v. tirar a cinta ou a cilha.

ungirt [ʌngˈəːt] adj. sem cinta.

unglove [ʌnglˈʌv] v. tirar as luvas.

unglued [ʌnglˈuːd] adj. 1. descolado. 2. (gíria) emocionalmente descontrolado.

ungodliness [ʌngˈɔdlinis] s. descrença, incredulidade, impiedade f.

ungodly [ʌngˈɔdli] adj. 1. descrente, incrédulo, sem religião, impiedoso. 2. pecaminoso, mau, ímpio. 3. (coloq.) muito desgostoso, aborrecido, revoltante.

ungovernable [ʌngʌvənəbl] adj. 1. ingovernável, incontrolável, insubmisso, indisciplinado. 2. desenfreado, descomedido, bravio. ‖ –bly adv. 1. de modo ingovernável, indocilmente. 2. desenfreadamente.

ungovernableness [~nis] s. qualidade de ingovernável ou incontrolável, indocilidade, rebeldia f.

ungoverned [ʌngʌvənd] adj. 1. desgovernado, descontrolado. 2. desenfreado, bravio.

ungraceful [ʌngrˈeisful] adj. desgracioso, deselegante, desajeitado. ‖ ~ly adv. desgraciosamente, deselegantemente, desajeitadamente.

ungracefulness [~nis] s. falta f. de graça, elegância ou jeito.

ungracious [ʌngrˈeiʃəs] adj. 1. não amável, descortês, indelicado, rude, bruto. 2. desagradável, desprazível. 3. não atraente. ‖ ~ly adv. 1. com pouca amabilidade, brutalmente. 2. desagradavelmente.

ungraciousness [~nis] s. 1. falta f. de amabilidade, descortesia, indelicadeza, rudeza f. 2. qualidade do que é desagradável.

ungrammatical [ʌngrəmˈætikəl] adj. não gramatical. ‖ ~ly adv. de modo gramaticalmente incorreto.

ungrateful [ʌngrˈeitful] adj. 1. ingrato. 2. desagradável, desprazível. 3. infrutífero, estéril, improdutivo. ‖ ~ly adv. 1. ingratamente. 2. desagradavelmente. 3. de modo infrutífero, improdutivamente.

ungratefulness [~nis] s. 1. ingratidão f. 2. dissabor, desgosto m., tarefa desagradável f. 3. improdutividade, esterilidade f.

ungratified [ʌngrˈætifaid] adj. insatisfeito.

ungrounded [ʌngrˈaundid] adj. infundado, sem fundamento, sem motivo ou razão.

ungrudging [ʌngrˈʌdʒiŋ] adj. 1. sem resmungar. 2. pronto, disposto, voluntarioso. 3. incansável.

he was ~ in praise ele não poupou elogios.

ungual [ˈʌngwəl] adj. (Ant., Zool.) ungueal.

unguarded [ʌngˈaːdid] adj. 1. desprotegido, sem proteção, não guardado. 2. descuidadoso, incauto, imprudente. 3. irrefletido, precipitado. ‖ ~ly adv. 1. de modo desprotegido. 2. descuidadosamente.

in an ~ moment num momento de descuido.

unguardedness [~nis] s. 1. falta f. de proteção ou defesa. 2. descuido m., imprudência f.

unguent [ˈʌngwənt] s. ungüento m.

unguentary [~əri] adj. ungüentáceo.

ungula [ˈʌngjulə] s. 1. casco m. 2. unha, garra f. 3. (Bot.) unha f.

1028 **ungulate — uninflamed**

ungulate ['ʌŋgjuleit] s. ungulado m. ‖ adj. ungulado.
unhackneyed [ʌnh'æknid] adj. 1. não desgastado. 2. não muito usado ou batido. 3. não habituado ou experimentado.
unhair [ʌnh'ɛə] v. descabelar.
unhallow [ʌnh'ælou] v. profanar.
unhallowed [~d] adj. 1. não santificado, não sagrado. 2. mau, iníquo.
unhand [ʌnh'ænd] v. largar, soltar, tirar a mão de.
unhandiness [~inis] s. inaptidão f., falta f. de jeito, inabilidade f., dificuldade f. no manejo.
unhandsome [ʌnh'ænsəm] adj. 1. deselegante, não vistoso, de má aparência. 2. vulgar, grosseiro, ordinário, baixo.
unhandy [ʌnh'ændi] adj. 1. de difícil manejo ou manuseio. 2. incômodo, embaraçoso. 3. desajeitado, canhestro. 4. inconveniente. ‖ –ily adv. 1. incomodamente, embaraçosamente. 2. desajeitadamente, de modo canhestro. 3. inconvenientemente.
unhappiness [ʌnh'æpinis] s. infelicidade, desgraça, desventura, miséria f., infortúnio m.
unhappy [ʌnh'æpi] adj. 1. infeliz, desgraçado, infortunado, desventurado, miserável. 2. funesto, de mau agouro. 3. triste, preocupado, pesaroso, magoado. 4. inadequado, inapropriado. ‖ –ily adv. 1. infelizmente, desgraçadamente. 2. tristemente, preocupadamente. 3. inadequadamente.
unharmed [ʌnh'a:md] adj. incólume, ileso.
unharness [ʌnh'a:nis] v. 1. desatrelar, desarrear. 2. desguarnecer, desmontar. 3. desarmar.
unhealthful [ʌnh'elθful] adj. insalubre. ‖ ~ly adv. insalubremente.
unhealthfulness [~nis] s. insalubridade f.
unhealthiness [ʌnh'elθinis] s. insalubridade f.
unhealthy [ʌnh'elθi] adj. 1. insalubre. 2. doentio, adoentado, lânguido. 3. característico de má saúde ou insalubridade. 4. prejudicial à moral. ‖ –ily adv. 1. insalubremente. 2. de modo doentio.
unheard [ʌnh'ə:d] adj. 1. não ouvido. 2. não interrogado. 3. desconhecido. 4. desatendido.
unheeded [ʌnh'i:did] adj. despercebido.
it went ~ passou despercebido.
unheedful [ʌnh'i:dful] adj. descuidadoso, descuidado, que não cuida de (of).
unheeding [ʌnh'i:diŋ] adj. 1. descuidadoso, desatento, desleixado. 2. despreocupado, negligente. 3. tratando com desconsideração.
unhelped [ʌnh'elpt] adj. desamparado (by por), sem auxílio (by de).
unhelpful [ʌnh'elpful] adj. em vão, inútil.
unhesitating [ʌnh'eziteitiŋ] adj. 1. sem hesitação, sem vacilar, resoluto, firme. 2. pronto, oficioso. 3. instantâneo.
unhindered [ʌnh'indəd] adj. desimpedido, desembaraçado.
unhinge [ʌnh'indʒ] v. 1. desengonçar. 2. perturbar, desorganizar, confundir. 3. atordoar, enervar. 4. enlouquecer, desvairar.
unhitch [ʌnh'itʃ] v. 1. desenganchar. 2. destrelar, desatrelar. 3. soltar, desprender.
unholiness [ʌnh'oulinis] s. 1. profanidade f. 2. ruindade, maldade f. 3. terribilidade f.
unholy [ʌnh'ouli] adj. 1. profano, não santo, não sagrado. 2. ruim, maldoso, malvado, pecaminoso. 3. (coloq.) terrível, espantoso, temível. ‖ –ily adv. 1. profanamente. 2. maldosamente.
unhook [ʌnh'u:k] v. 1. desenganchar, desprender, soltar. 2. tirar do cabide.
unhoped [ʌnh'oupt] adj. inesperado (geralmente: ~ for).
unhorse [ʌnh'ɔ:s] v. 1. derrubar da sela, desmontar. 2. confundir, embaraçar, desconcertar. 3. desalojar.
unhouse [ʌnh'auz] v. desalojar, despejar, enxotar.

unhoused [ʌnh'auzd] adj. desalojado, sem alojamento, sem lar, expulso, despejado.
unhuman [ʌnhj'u:mən] adj. desumano. ‖ ~ly adv. desumanamente.
unhurried [ʌnh'ʌrid] adj. sem pressa, devagar, calmo.
unhurt [ʌnh'ə:t] adj. ileso, incólume.
uni- [j'u:ni] elemento de composição indicando: um, simples, singelo, só.
uniaxal [ju:ni'æksəl], **uniaxial** [ju:ni'æksiəl] adj. uniaxial.
unicameral [ju:nik'æmərəl] adj. que tem uma só câmara (parlamento).
unicellular [ju:nis'elulə] adj. (Biol.) unicelular.
unicoloured [ju:nik'ʌləd] adj. unicolor, de uma só cor.
unicorn [j'u:nikɔ:n] s. unicórnio m.
unicorn fish s. (Ict.) narval m.
unidentified flying object (abr. **UFO**) s. objeto voador não identificado m. (abr. OVNI).
unidimensional [ju:nidaim'enʃənəl] adj. unidimensional: de uma só dimensão.
unidirectional [ju:nidir'ekʃənəl] adj. unidirecional.
unification [ju:nifik'eiʃən] s. unificação, união f.
unifilar [ju:nif'ailə] adj. monofilar, unifilar.
unifoliolate [ju:nif'oulioleit] adj. (Bot.) unifoliado.
uniform [j'u:nifɔ:m] s. uniforme m., farda f. ‖ v. uniformizar: 1. prover de uniforme, farda. 2. igualar. ‖ adj. 1. uniforme: a) igual, regular, homogêneo. b) invariável. 2. monótono. ‖ ~ly adv. uniformemente, regularmente, invariavelmente.
uniformed [~d] adj. uniformizado, fardado.
uniformitarian [j'u:nifɔ:mit'εəriən] s. uniformitarista m. + f.: adepto do uniformitarismo. ‖ adj. 1. uniformitarista.
uniformitarianism [~izm] s. 1. (Geol.) uniformitarismo m.: doutrina que explica todas as mudanças por processos de ação uniforme (erosão, depósitos, etc.) 2. uniformismo m.: princípio de uniformidade.
uniformity [ju:nif'ɔ:miti] s. uniformidade, igualdade, homogeneidade f.
unify [j'u:nifai] v. unificar, unir, uniformizar.
unijugate [ju:nidʒ'u:git] adj. (Bot.) unijugado.
unilateral [ju:nil'ætərəl] adj. unilateral. ‖ ~ly adv. unilateralmente.
unimpaired [ʌnimp'εəd] adj. não diminuído ou enfraquecido.
unimpassioned [ʌnimp'æʃənd] adj. 1. desapaixonado. 2. calmo, tranqüilo.
unimpeachable [ʌnimp'i:tʃəbl] adj. 1. inatacável. 2. irrepreensível, impecável, inculpável. ‖ -bly adv. 1. inatacavelmente. 2. inculpavelmente.
unimpeachableness [~nis] s. 1. inatacabilidade f. 2. inculpabilidade, irreepreensibilidade f.
unimpeded [ʌnimp'i:did] adj. desimpedido, livre.
unimportance [ʌnimp'ɔ:təns] s. falta f. de importância, trivialidade, insignificância f.
unimportant [ʌnimp'ɔ:tənt] adj. sem importância, insignificante, trivial, fútil.
unimposing [ʌnimp'ouziŋ] adj. que não impõe.
unimpressionable [ʌnimpr'eʃənəbl] adj. não impressionável.
unimpressive [ʌnimpr'esiv] adj. sem impressão, sem ênfase, sem eficácia.
unimprovable [ʌnimpr'u:vəbl] adj. incorrigível, que não melhora.
unimproved [ʌnimpr'u:vd] adj. 1. não corrigido ou melhorado, não aperfeiçoado. 2. não cultivado (solo). 3. inalterado (estado de saúde).
unimproving [ʌnimpr'u:viŋ] adj. que não melhora, aperfeiçoa ou cultiva.
unincorporated [ʌnink'ɔ:pəreitid] adj. não incorporado.
uninflamed [ʌninfl'eimd] adj. 1. não inflamado. 2.

não excitado, nõo alterado.

uninflammable [ʌninfl'æməbl] adj. não inflamável.

uninflected [ʌnɪnfl'ektɪd] adj. (Gram.) inflexivo.

uninfluenced [ʌn'influənst] adj. não influenciado.

uninfluential [ʌninflu'enʃəl] adj. sem influência.

it remains ~ não permanece influência alguma.

uninformed [ʌninf'ɔ:md] adj. 1. não informado (on sobre), não a par (on de). 2. ignorante, inculto.

uninhabitable [ʌninh'æbitəbl] adj. inabitável.

uninhibited [ʌninh'ibitəd] adj. desinibido. ‖ ~ly adv. desinibidamente.

uninjured [ʌn'indʒəd] adj. adj. incólume, ileso.

uninjurious [ʌnindʒ'uəriəs] adj. inofensivo, não prejudicial.

uninspired [ʌninsp'aiəd] adj. não inspirado, sem arrojo.

uninstructed [ʌninstr'ʌktid] adj. 1. não instruído, sem instrução, sem orientação, sem informes. 2. inculto, sem educação.

uninstructive [ʌninstr'ʌktiv] adj. não instrutivo, não educativo.

unintelligent [ʌnint'elidʒənt] adj. ininteligente, tolo, ignorante. ‖ ~ly adv. tolamente.

unintelligibility [ʌnintelidʒəb'iliti] s. falta de clareza, incompreensibilidade f.

unintelligible [ʌnint'elidʒəbl] adj. ininteligível, incompreensível. ‖ ~bly adv. ininteligivelmente, incompreensivelmente.

unintelligibleness [~ nis] s. = **unintelligibility.**

unintended [ʌnint'endid] adj. não intencional, involuntário, sem querer, não premeditado, impensado.

uninterested [ʌn'intristid] adj. desinteressado.

uninteresting [ʌn'intristiŋ] adj. 1. desinteressante, insípido. 2. enfadonho.

unintermitted [ʌnintəm'itid], **unintermitting** [ʌnintəm'itiŋ] adj. ininterrupto, contínuo, incessante.

uninterrupted [ʌnintər'ʌptid] adj. 1. ininterrupto, contínuo, incessante. 2. sem interrupção, sem estorvo. ‖ ~ly adv. ininterruptamente, incessantemente.

uninventive [ʌninv'entiv] adj. pouco imaginativo, sem capacidade inventiva.

uninvited [ʌninv'aitid] adj. não convidado.

uninviting [ʌninv'aitiŋ] adj. 1. pouco convidativo, sem atrativo. 2. não apetitoso.

union [j'u:niən] s. 1. união f.: a) associação, liga f., círculo m. b) sindicato m., coalizão, aliança, coligação f. c) combinação f. d) casamento, enlace m. e) concórdia f. f) junção f. 2. fusão f. 3. bandeira f. como emblema de união. 4. conexão f.

the Union os Estados Unidos. **postal** ~ união postal. **trade** ~ sindicato operário. ~ **jack** bandeira só com o emblema de união. **the Union Jack** 1. pavilhão do Reino Unido. 2. (E. U. A.) pavilhão azul com uma estrela branca para cada Estado da União.

union body s. (Téc.) peça f. de ligação.

union down s. (Náut.) sinal m. de perigo (a bandeira nacional invertida).

Union House s. asilo m. para pobres.

unionism [j'u:njənizm] s. unionismo, sindicalismo m.

unionist [j'u:njənist] s. unionista m. + f.: membro de sindicato.

unionistic [ju:njən'istik] adj. unionista.

unionize [j'u:njənaiz] v. sindicalizar.

union joint s. (Téc.) junção f.

Union of Soviet Socialist Republics s. União f. das Repúblicas Socialistas Soviéticas (abr. U.R.S.S.).

union shop s. empresa f. em que a maioria dos empregados é sindicalizada.

union station s. estação f. usada em conjunto por diversas companhias de estrada de ferro.

union suit s. (E. U. A.) ceroula f. e camiseta com-

binadas (quadro C 12).

uniparous [jun'ipərəs] adj. (Bot., Zool.) uníparo.

unipartite [ju:nip'a:tait] adj. de uma só parte ou peça.

unipersonal [ju:nip'ə:sənəl] adj. (Gram.) unipessoal.

uniplanar [ju:nipl'einə] adj. uniplanar, monoplanar.

unipod [j'u:nipəd] adj. de um só pé ou suporte.

unipolar [ju:nip'oulə] adj. unipolar.

unique [ju:n'i:k] s. 1. exemplo m. sem par, qualquer coisa f. sem paralelo. 2. (fig.) pessoa f. de hábitos ou costumes singulares. ‖ adj. 1. único, só, ímpar. 2. raro, invulgar, singular. 3. inalcançado, inigualado, sem paralelo, sem igual. ‖ ~ly adv. 1. somente, exclusivamente. 2. singularmente.

uniqueness [~ nis] s. 1. imparidade f., qualidade do que é só, único. 2. raridade, singularidade f. 3. qualidade do que é inigualado, primazia, supremacia f.

unisex [j'u:niseks] adj. (coloq.) "unisex": relativo a roupa, penteado, etc., iguais para ambos os sexos.

unisexual [ju:nis'eksjuəl] adj. unissexual.

unison [j'u:nizn] s. 1. acordo m., concordância, harmonia f. 2. (Mús.) unissonância f., uníssono m. ‖ adj. uníssono, concorde.

in ~ (Mús.) em unissono, em uma só voz. **we acted in perfect** ~ **with** agimos perfeitamente de acordo com.

unisonant [ju:n'isənənt], **unisonous** [ju:n'isənəs] adj. 1. (Mús.) uníssono, em uma só voz. 2. de acordo, em harmonia.

unit [j'u:nit] s. unidade f.: 1. quantidade (de um todo). 2. pessoa ou coisa isoladamente. 3. (milit.) grupo, formação. 4. o menor número inteiro: um. **fighting** ~ unidade ou formação de combate. ~ **of measures** unidade de medida. ~ **of weight** unidade de peso.

Unitarian [ju:nit'eəriən] s. (Relig., Pol.) unitário m. ‖ adj. unitário, unitarista.

Unitarianism [~izm] s. (Rel., Pol.) unitarismo m.

unitary [j'u:nitəri] adj. 1. unitário, de ou relativo a unidade. 2. que tende a uniformizar, igualar.

unite [ju:n'ait] v. 1. unir(-se): a) ajuntar(-se), reunir(-se) (**with** com), unificar. b) combinar. c) conciliar. d) ligar. e) casar (**to** com). f) aderir, aliar(-se). g) relacionar, associar. h) amalgamar, consolidar. i) incorporar(-se). 2. agir em conjunto. **to** ~ **in doing, to** ~ **to do** unir-se para. **to** ~ **in s. th.** unir-se num assunto. **they** ~**d with him against me** uniram-se, aliaram-se a ele contra mim.

united [~ id] adj. unido: 1. reunido, ajuntado. 2. junto, conjunto. 3. ligado, combinado. 4. de acordo, harmonioso. ‖ ~ly adv. unidamente, com união, juntamente, harmoniosamente, de acordo.

United Kingdom s. Reino Unido m., Grã-Bretanha f.

United Nations Organization s. ONU f.: Organização das Nações Unidas.

unitedness [~ idnis] s. união, combinação, harmonia f., acordo m.

United States, United States of America s. Estados Unidos da América m. pl.

unitive [j'u:nitiv] adj. unitivo.

unit price s. preço unitário m.

unity [j'u:niti] s. 1. unidade f. (também Liter. e Arte). 2. uniformidade, homogeneidade f. 3. união, concórdia, harmonia f., acordo m. 4. o número um (1), unidade f. 5. unificação f. 6. totalidade f. de partes relacionadas.

the dramatic unities (Teat.) as três unidades que regem o drama (ação, tempo e lugar).

univalence [ju:niv'eiləns] s. univalência f.

univalent [ju:niv'eilənt] adj. (Quím.) univalente.

univalve [j'u:nivælv] s. (Zool.) molusco univalve m.

‖ adj. univalve.

universal [juniv'ə:səl] s. universal m. ‖ adj. 1. universal, geral, total, ilimitado. 2. (Mec.) adaptável a diversos tamanhos, formas, etc. ‖ ~**ly** adv. universalmente, sem exceção, em toda parte.

universal agent s. procurador-geral m.

universal coupling s. = **universal joint**.

universal heir s. herdeiro universal m.

universalism [juniv'ə:səlizm] s. universalismo m.

universalist [juniv'ə:səlist] s. o que universaliza.

universality [junivə:s'æliti] s. universalidade, generalidade, totalidade f.

universalize [juniv'ə:səlaiz] v. universalizar, generalizar.

universal joint s. (Téc.) junta universal f.

Universal Postal Union s. União Postal Universal f.

universal suffrage s. sufrágio universal m.

universe [j'u:nivə:s] s. universo, cosmo, mundo m.

university [juniv'ə:siti] s. universidade, academia f. ‖ adj. universitário, acadêmico.

at the ~ na universidade. **he entered the** ~, **he went up the** ~ ele freqüentou a universidade. **he went down from the** ~ ele abandonou a universidade. ~**-bred** com curso acadêmico. ~ **education** educação superior. ~ **man** acadêmico.

univocal [ju:niv'oukəl] adj. unívoco.

unjoin [ʌndʒ'ɔin] v. separar, desunir, desligar, dividir, cortar.

unjoint [~t] v. separar violentamente, arrancar.

unjust [ʌndʒ'ʌst] adj. 1. injusto, iníquo (**to** para), incorreto. 2. injustificado. ‖ ~**ly** adv. 1. injustamente. 2. injustificadamente.

unjustifiable [~ifaiəbl] adj. 1. injustificável. 2. irresponsável. ‖ **–bly** adv. 1. injustificavelmente. 2. irresponsavelmente.

unjustifiableness [~ifaiəblnis] s. 1. injustificabilidade f. 2. irresponsabilidade f.

unjustified [ʌndʒ'ʌstifaid] adj. injustificado, indevido.

unjustness [ʌndʒ'ʌstnis] s. injustiça, iniqüidade f.

unkempt [ʌnk'empt], adj. 1. despenteado, desgrenhado. 2. desleixado, relaxado. 3. não refinado. 4. não polido. 5. rude.

unkemptness [~nis] s. desalinho, desleixo m.

unkennel [ʌnk'enəl] v. 1. desentocar, desencovar. 2. desalojar. 3. descobrir. 4. expor, revelar.

unkind [ʌnk'aind] adj. 1. desamável, indelicado, descortês, rude, grosseiro. 2. desatencioso (**to** para com). 3. cruel, insensível, desapiedado, malevolente, inclemente, duro. ‖ ~**ly** adv. 1. indelicadamente, grosseiramente. 2. desatenciosamente. 3. cruelmente, insensivelmente, duramente.

unkindliness [~linis] s. 1. descortesia, indelicadeza, desatenção f. 2. insensibilidade, dureza, crueldade f.

unkindly [~li] adj. = **unkind**.

unkindness [~nis] s. = **unkindliness**.

unkinglike [ʌnk'iŋlaik], **unkingly** [ʌnk'iŋli] adj. indigno de um rei.

unknightly [ʌnn'aitli] adj. não cavalheiresco.

unknit [ʌnn'it] v. 1. abrir, desfiar (malha). 2. desfazer. 3. desatar, afrouxar. 4. desembaraçar, desemaranhar. 5. (fig.) desenredar.

unknot [ʌnn'ɔt] v. 1. abrir, desfiar (malha). 2. desatar, desenlaçar. 3. (fig.) desenredar.

unknowable [ʌnn'ouəbl] adj. irreconhecível, incompreensível, incognoscível.

unknowing [ʌnn'ouiŋ] adj. 1. inconsciente. 2. alheio (**of** a), que não está a par (**of** de).

unknown ['ʌnnoun] s. 1. desconhecido m. 2. (Mat.) incógnita f. (também ~ **quantity**). ‖ adj. 1. desconhecido, ignorado, obscuro. 2. estranho, de fora. 3. extraordinário, invulgar. 4. indescritível.

the fair ~ a bela desconhecida. ~ **to me** sem o

meu conhecimento. **she is** ~ **to me** não a conheço.

equation of two ~ **quantities** equação com duas incógnitas.

Unknown Soldier, Unknown Warrior s. Soldado Desconhecido m.

unlabelled [ʌnl'eibld] adj. sem etiqueta, sem rótulo.

unlaboured, unlabored [ʌnl'eibəd] adj. 1. não conseguido com o trabalho, obtido com facilidade. 2. executado com facilidade. 3. espontâneo, natural, fluente (estilo). 4. não lavrado, inculto (terreno).

unlace [ʌnl'eis] v. 1. desenlaçar, desatar, desamarrar. 2. abrir, soltar (vestido). 3. desatacar, desapertar. 4. descalçar. 5. despir, desvestir.

unlade [ʌnl'eid] v. descarregar, tirar a carga, desembarcar.

unladen [~n] adj. 1. descarregado. 2. (fig.) não onerado.

unladylike [ʌnl'eidilaik] adj. que não condiz com uma senhora, indigno de uma senhora.

unlaid ['ʌnleid] adj. 1. não posto (mesa, etc.). 2. sem marca de água (papel-moeda). 3. desencantado, não esconjurado (espírito).

unlamented [ʌnləm'entid] adj. não lastimado, não chorado, não pranteado.

unlash [ʌnl'æʃ] v. 1. (Náut.) soltar, desatar, desamarrar (barco, etc.). 2. desencadear, desenfrear.

unlatch [ʌnl'ætʃ] v. levantar a aldrava, mover o trinco, abrir.

unlawful [ʌnl'ɔ:ful] adj. ilegal: 1. contrário à lei. 2. proibido, ilícito. 3. ilegítimo. ‖ ~**ly** adv. ilegalmente, ilicitamente, ilegitimamente.

unlawfulness [~nis] s. 1. ilegalidade f. 2. qualidade do que é ilícito. 3. ilegitimidade f.

unlay [ʌnl'ei] v. (Náut.) destorcer, desentrançar, destrançar, abrir (cabo).

unlearn [ʌnl'ə:n] v. 1. desaprender, esquecer (idéias, hábitos, tendências). 2. aprender de novo, de modo diferente ou contrário.

unlearned [~t] adj. 1. iletrado, inculto. 2. não educado, ignorante. 3. sabido ou conhecido sem ter sido estudado, não aprendido. ‖ ~**ly** adv. iletradamente, ignorantemente.

the ~ os ignorantes, os iletrados.

unleash [ʌnl'i:ʃ] v. 1. desatrelar, desajoujar, soltar. 2. desabafar(-se), expandir(-se).

they ~**ed the dogs of war** (fig.) desencadearam a fúria da guerra.

unleavened [ʌnl'evnd] adj. ázimo, sem fermento, não levedado.

unless [ənl'es] conj. a menos que, a não ser que, senão, exceto se, salvo se. ‖ prep. exceto, salvo.

we shall go ~ **it rains** iremos, a não ser que chova.

unlettered [ʌnl'etəd] adj. 1. não educado, iletrado, inculto. 2. analfabeto. 3. sem letreiro.

unlicensed [ʌnl'aisənst] adj. 1. sem licença ou autorização. 2. não permitido ou autorizado, ilícito. 3. injustificado.

unlicked [ʌnl'ikt] adj. 1. não lambido. 2. não formado, inacabado. 3. (fig.) malcriado, rude, impolido.

~ **cub** (fig.) pessoa sem modos, bisonha.

unlike [ʌnl'aik] adj. desigual, dessemelhante, dissimilar, diverso, distinto, diferente. ‖ adv. + prep. 1. não como, de modo diferente. 2. ao contrário.

the two are ~ os dois são dessemelhantes. **that's quite** ~ **her** isto não é de seu feitio. ~ **her mother** ao contrário de sua mãe. **to act** ~ **others** agir de modo diferente dos outros.

unlikelihood [~lihud], **unlikeliness** [~linis] s. improbabilidade, inverossimilhança f.

the ~ **of his learning** a improbabilidade de que ele estude.

unlikely [ʌnl'aikli] adj. 1. improvável, inverossímil.

2. inauspicioso.
an ~ errand uma incumbência inauspiciosa. **I am ~ to come** é provável que eu não venha.
unlikeness [ʌnl'aiknis] s. diferença, diversidade, dessemelhança, desigualdade f.
unlimber [ʌnl'imbə] v. 1. desengatar (artilharia). 2. preparar(-se) para a ação.
unlimited [ʌnl'imitid] adj. ilimitado: 1. sem limites, imenso. 2. irrestrito. 3. indefinido. || **~ly** adv. ilimitadamente, imensamente, irrestritamente.
~ company (Com.) sociedade de responsabilidade absoluta. **~ power** poder ilimitado. **~ stupidity** estupidez sem limites.
unlimitedness [~nis] s. qualidade do que é ilimitado ou irrestrito, imensidade f.
unline [ʌnl'ain] v. desforrar, tirar o forro a.
unlined [~d] adj. desforrado, sem forro.
unlink [ʌnl'iŋk] v. desencadear (também fig.), tirar da corrente, desunir, desprender, soltar, desligar.
unliquidated [ʌnl'ikwideitid] adj. 1. não liquidado, não saldado, a pagar (dívida). 2. não verificado ou comprovado. 3. não combinado ou tratado.
unlive [ʌnl'iv] v. 1. viver para redimir. 2. apagar o passado.
unload [ʌnl'oud] v. 1. descarregar: a) desembarcar, ser desembarcado. b) tirar a carga de (arma). 2. aliviar, suavizar, tornar menos pesado. 3. livrar-se de. 4. desabafar, expandir-se.
unloader [~ə] s. descarregador m.
unlock [ʌnl'ɔk] v. 1. abrir a fechadura de, destrancar, desaferrolhar. 2. abrir. 3. destravar (arma). 4. descobrir, desvendar, revelar.
unlocked [~t] adj. 1. aberto, destrancado. 2. destravado (arma). 3. desvendado, revelado.
unlooked-for [ʌnl'uktfɔ:] adj. inesperado, imprevisto.
unloose [ʌnl'u:s], **unloosen** [~n] v. 1. soltar: a) desprender, desatar, desligar. b) livrar (**from** de). 2. abrir, desfazer(-se) 3. afrouxar. 4. decair.
unloosed [~t], **unloosened** [~nd] adj. 1. solto. 2. aberto.
unlovable [ʌnl'ʌvəbl] adj. 1. que não merece amor ou estima. 2. desamável (**to** para). 3. repelente.
unloved [ʌnl'ʌvd] adj. não amado.
unloveliness [ʌnl'ʌvlinis] s. falta f. de graça, amabilidade, encanto ou beleza.
unlovely [ʌl'ʌvli] adj. 1. desagradável. 2. pouco amável. 3. desgracioso, feio, não atraente. 4. repelente, repugnante.
unloving [ʌnl'ʌviŋ] adj. desamorável, desamoroso, desafetuoso, reservado.
unluckiness [ʌnl'ʌkinis] s. desgraça, desventura, infelicidade, desdita, má sorte f., infortúnio m.
unlucky [ʌnl'ʌki] adj. 1. infeliz, desventurado, desafortunado. 2. agourento, aziago, infausto. 3. desfavorável, impróprio, inoportuno. 4. azarado, sem sorte. || **–ly** adv. infelizmente, desventuradamente, desgraçadamente, desastrosamente.
he is ~ in cards, in love ele não tem sorte no jogo, no amor.
unmaidenly [ʌnm'eidnli] adj. que não fica bem para uma moça, impróprio.
unmailable [ʌnm'eiləbl] adj. que não pode ser remetido pelo correio ou que não tem destinatário.
unmaintainable [ʌnmeint'einəbl] adj. insustentável.
unmake [ʌnm'eik] v. 1. desfazer, desmanchar. 2. destruir, aniquilar, arruinar. 3. revogar, cancelar, anular, suspender. 4. alterar, modificar. 5. depor, destituir, rebaixar.
unman [ʌnm'æn] v. 1. (milit.) desguarnecer. 2. (Náut.) destripular. 3. desvirilizar. 4. efeminar, amolecer. 5. desanimar, abater, deprimir.
unmanageable [ʌnm'ænidʒəbl] adj. 1. que não se deixa dirigir, ingovernável. 2. intratável, indócil,

teimoso. 3. pouco manejável, de difícil manejo, não jeitoso. 4. dificultoso, difícil.
unmanly [ʌnm'ænli] adj. 1. que não é viril, efeminado. 2. fraco. 3. covarde.
unmanned [ʌnm'ænd] adj. não tripulado.
an ~ spacecraft uma nave espacial não tripulada.
unmannered [ʌnm'ænəd] adj. rude, descortês.
unmannerliness [ʌnm'ænəlinis] s. falta f. de modos, grosseria, rudez, descortesia, indelicadeza f.
unmannerly [ʌnm'ænəli] adj. sem modos, rude, descortês, malcriado. || adv. malcriadamente, rudemente.
unmanufactured [ʌnmænjuf'æktʃəd] adj. bruto, não trabalhado.
unmarked [ʌnm'a:kt] adj. 1. sem designação. 2. não assinalado, sem marca, não marcado. 3. despercebido. 4. não identificado.
unmarketable [ʌnm'a:kitəbl] adj. 1. inegociável. 2. invendável, invendível.
unmarriageable [ʌnm'æridʒəbl] adj. não casadouro, não núbil.
unmarried ['ʌnmærid, ʌnm'ærid] adj. solteiro, não casado.
unmartial [ʌnm'a:ʃəl] adj. não marcial.
unmask [ʌnm'a:sk] v. 1. desmascarar(-se) (também milit. e fig.). 2. descobrir, revelar, expor.
unmasking [~iŋ] s. desmascaramento m.
unmatchable [ʌnm'ætʃəbl] adj. incomparável, sem par, sem igual, sem exemplo, inigualável.
unmatched [ʌnm'ætʃt] adj. incomparável, inalcançado, insuperado, inigualado, único.
unmated [ʌnm'eitid] adj. sem cônjuge.
unmeaning [ʌnm'i:niŋ] adj. 1. sem sentido, sem significado. 2. inexpressivo, sem expressão. 3. ininteligente. 4. não intencional, não desejado, sem propósito. || **~ly** adv. 1. inexpressivamente. 2. ininteligentemente. 3. de modo não intencional.
unmeaningness [~nis] s. tolice f., falta de significação.
unmeant [ʌnm'ent] adj. não desejado, não intencional.
unmeasurable [ʌnm'eʒərəbl] adj. incomensurável, imenso, ilimitado.
unmeasured [ʌnm'eʒəd] adj. 1. não medido. 2. ilimitado, incomensurável. 3. desmedido, imoderado, demasiado.
unmeet [ʌnm'i:t] adj. inadequado, impróprio, inconveniente.
unmentionable [ʌnm'enʃənəbl] adj. não mencionável.
unmentionableness [~nis] s. qualidade ou caráter de coisa não mencionável.
unmentionables [~z] s. 1. calças f. pl., calções m. pl. 2. (irônico) roupas f. pl. de baixo (coisas que não se devem mencionar).
unmerciful [ʌnm'ə:siful] adj. desapiedado, cruel, inflexível, inexorável, implacável, desumano, impiedoso. || **~ly** adv. desapiedadamente, cruelmente, inexoravelmente, desumanamente.
unmercifulness [~nis] s. despiedade, crueldade, inclemência, desumanidade f.
unmindful [ʌnm'aindful] adj. 1. negligente, desatento, descuidado, desatencioso. 2. sem consideração (**of** para). 3. sem ter em mente. || **~ly** adv. descuidadamente, desatentamente, desatenciosamente.
I was ~ of danger não tive em mente o perigo.
~ of my health sem consideração à minha saúde.
unmingled [ʌnm'iŋgld] adj. não misturado, não turvado, genuíno, puro.
~ with livre de (dor, pesar, etc.).
unmistakable [ʌnmist'eikəbl] adj. inconfundível, inequívoco, manifesto, claro, óbvio, evidente, indiscutível. || **–bly** adv. inconfundivelmente, inequivocamente, evidentemente.

unmitigated [ʌnm'itigeitid] adj. 1. não mitigado, não suavizado, não diminuído. 2. perfeito, completo, absoluto. 3. consumado, rematado. ‖ ~ly adv. de forma não mitigada.

an ~ rogue um malandro rematado. **an ~ liar** um mentiroso consumado. **an ~ impudence** uma impudência perfeita.

unmixed [ʌnm'ikst] adj. 1. não misturado. 2. (fig.) não turvado, puro.

unmodified [ʌnm'ɔdifaid] adj. inalterado, não influenciado.

unmoor [ʌnm'uə] v. 1. desamarrar, desprender, tirar das amarras (navio). 2. levantar os ferros, levantar âncora (navio).

unmoral [ʌnm'ɔrəl] adj. amoral. ‖ ~ly adv. amoralmente.

unmorality [ʌnmər'æliti] s. amoralidade f.

unmortise [ʌnm'ɔ:tis] v. desencaixar, desembutir.

unmourned [ʌnm'ɔ:nd] adj. não lamentado, não pranteado.

unmoved [ʌnm'u:vd] adj. 1. não movido. 2. incomovido, impassível. 3. inalterado, calmo, indiferente. 4. firme, determinado, inabalável. ‖ ~ly adv. impassivelmente, indiferentemente, firmemente.

unmoving [ʌnm'u:viŋ] adj. 1. imóvel, sem movimento que não se mexe. 2. impassível.

unmurmuring [ʌnm'ə:məriŋ] adj. sem queixa ou queixume, sem se queixar, sem resmungar, resignado, paciente.

unmusical [ʌnmj'u:zikəl] adj. 1. pouco musical. 2. não afeiçoado à música. 3. inarmônico, dissonante, desafinado.

unmuzzle [ʌnm'ʌzl] v. 1. desaçaimar. 2. ter liberdade de expressão.

he is ~d (fig.) ele está sem açaimo, tem liberdade para falar.

unnail [ʌnn'eil] v. 1. despregar, tirar os pregos de. 2. tirar do prego (quadro, etc.)

unnamable, unnameable [ʌnn'eiməbl] adj. indizível, indescritível, abominável.

~ crime crime abominável.

unnamed [ʌnn'eimd] adj. 1. não denominado, sem nome. 2. não mencionado. 3. anônimo.

he wishes to be ~ ele não deseja ser mencionado.

unnatural [ʌnn'ætʃərəl] adj. 1. desnatural, inatural, contrário às leis da natureza. 2. artificial, afetado. 3. estranho, extraordinário. 4. desnaturado, terrível, abominável. 5. anormal. ‖ ~ly adv. 1. contra a natureza, desnaturalmente. 2. extraordinariamente. 3. artificialmente. 4. desnaturadamente, terrivelmente. 5. anormalmente.

~ mother mãe desnaturada.

unnaturalness [~nis] s. qualidade do que é inatural.

unnecessariness [ʌnn'esisərinis] s. desnecessidade, inutilidade f.

unnecessary [ʌnn'esisəri] adj. desnecessário, supérfluo, inútil. ‖ –ily adv. desnecessariamente, inutilmente.

the unnecessaries as coisas desnecessárias, supérfluas.

unneeded [ʌnn'i:did] adj. 1. desnecessário. 2. vão, inútil, supérfluo.

unneedful [ʌnn'i:dful] adj. desnecessário.

unneighbourly [ʌnn'eibəli] adj. que não mantém boa vizinhança, impróprio de bom vizinho, não prestativo, hostil.

unnerve [ʌnn'ə:v] v. 1. enervar, enfraquecer, debilitar. 2. desanimar, desalentar.

unnoted [ʌnn'outid] adj. 1. despercebido, não notado. 2. desconhecido, obscuro, não famoso. 3. não honrado.

unnoticed [ʌnn'outist] adj. despercebido, não notado.

unnumbered [ʌnn'ʌmbəd] adj. 1. não numerado (lu-

gar). 2. sem indicação de página (livro). 3. inúmero, inumeráveis, grande quantidade. 4. não contado.

unobjectionable [ʌnəbdʒ'ekʃənəbl] adj. irrepreensível, perfeito.

unobliging [ʌnəbl'aidʒiŋ] adj. desatencioso, não obsequioso.

unobliterated [ʌnobl'itəreitid] adj. não obliterado.

unobservant [ʌnəbz'ə:vənt] adj. desatento, descuidadoso, negligente.

unobserved [ʌnəbz'ə:vd] adj. despercebido, inobservado.

unobstructed [ʌnəbstr'ʌktid] adj. desobstruído, desimpedido, livre.

unobtainable [ʌnəbt'einəbl] adj. não obtenível, que não se pode obter.

unobtrusive [ʌnəbtr'u:siv] adj. reservado, moderado, discreto, modesto, não importuno. ‖ ~ly adv. reservadamente, discretamente, moderadamente, modestamente.

unobtrusiveness [~nis] s. discrição, moderação, modéstia f.

unoccupied [ʌn'ɔkjupaid] adj. desocupado: 1. vago. 2. vazio. 3. desabitado. 4. não usado. 5. ocioso. 6. desempregado.

unoffending [ʌnəf'endiŋ] adj. inofensivo, inocente.

unofficial [ʌnəf'iʃəl] adj. não oficial.

unoil [ʌn'ɔil] v. desengraxar, desoleificar.

unopened [ʌn'oupənd] adj. 1. não aberto, fechado. 2. não cortado ou aparado (livro).

unopposed [ʌnəp'ouzd] adj. sem oposição (**by** de), sem obstáculo, sem resistência.

unorganized [ʌn'ɔ:gənaizd] adj. 1. inorganizado: a) não organizado. b) inorgânico. 2. (E. U. A.) não organizado em sindicatos.

unoriginal [ʌnər'idʒənəl] adj. 1. não original, sem originalidade. 2. não primordial, não originário.

unorthodox [ʌn'ɔ:θədɔks] adj. heterodoxo: 1. em desacordo com as regras. 2. (Teol.) herético, herege.

unostentatious [ʌnɔstent'eiʃəs] adj. 1. sem ostentação, sem pompa, não aparatoso. 2. modesto, despretensioso, simples. 3. suave, não berrante (cor).

unowned [ʌn'ound] adj. 1. não reconhecido. 2. sem dono.

unpack [ʌnp'æk] v. 1. desempacotar, desembrulhar, tirar da mala, desencaixotar. 2. desenfardar, desembalar. 3. descarregar (animal de carga).

unpacking [~iŋ] s. desenfardamento m., desembalagem f.

unpaged [ʌnp'eidʒd] adj. não paginado.

unpaid [ʌnp'eid] adj. 1. não pago, não saldado. 2. não remunerado, gratuito, a título honorífico. 3. não franqueado (correio).

unpaired [ʌnp'ɛəd] adj. impar, não em par.

unpalatable [ʌnp'elatəbl] adj. 1. desagradável ao paladar. 2. intragável. 3. desagradável, nauseabundo, repulsivo. ‖ ~bly adv. intragavelmente.

unpalatableness [~nis] s. qualidade do que é desagradável (esp. ao paladar), intragável ou repulsivo.

unparalleled [ʌnp'ærəleld] adj. sem paralelo, incomparável, rara par, sem igual.

he is ~ as an orator ele é um orador incomparável, ninguém o iguala como orador.

unpardonable [ʌnp'a:dənəbl] adj. imperdoável, irremissível, indesculpável.

unparental [ʌnpər'entl] adj. indigno de um pai ou de uma mãe.

unparented [ʌnp'ɛərəntid] adj. sem pais, órfão.

unparliamentariness [ʌnpa:ləm'entərinis] s. qualidade do que é contrário às praxes do parlamento.

unparliamentary [ʌnpa:ləm'entəri] adj. contrário às praxes parlamentares.

unpedigreed [ʌnp'edigri:d] adj. sem ''pedigree'', que

não tem árvore genealógica (animais).

unpeg [ʌnp'eg] v. 1. desencavilhar, tirar das estacas. 2. não dar mais apoio à moeda ou ao mercado.

unpen [ʌnp'en] v. 1. tirar do curral (ovelhas). 2. soltar (água).

unpent [~t] adj. 1. não encurralado. 2. (fig.) não fechado ou encerrado.

unpeople [ʌnp'i:pl] v. despovoar.

unperceivable [ʌnpəs'i:vəbl] adj. imperceptível. ‖ **-bly** adv. imperceptivelmente.

unperceived [ʌnpəs'i:vd] adj. despercebido, não notado, inobservado.

unperformed [ʌnpəf'ɔ:md] adj. 1. não feito, inexecutado, não cumprido. 2. (Teat.) não apresentado.

unperson ['ʌnpə:sn] s. pessoa completamente ignorada f., sem identidade.

unpersuadable [ʌnpəsw'eidəbl] adj. não persuadível, que não se pode persuadir, inflexível.

unpersuasive [ʌnpəsw'eisiv] adj. não persuasivo, não convincente.

unperturbed [ʌnpət'ə:bd] adj. imperturbado, calmo, tranqüilo, impassível.

unpick [ʌnp'ik] v. descoser, descosturar.

unpicked [~t] adj. 1. descosido (costura). 2. não colhido (fruta, flor, etc.). 3. não selecionado, não escolhido, não peneirado.

unpicturesque [ʌnpiktʃər'esk] adj. não pitoresco.

unpile [ʌnp'ail] v. desempilhar, tirar da pilha.

unpin [ʌnp'in] v. 1. tirar alfinetes ou agulhas (de vestido, etc.). 2. desprender, despregar. 3. desencavilhar.

unpitied [ʌnp'itid] adj. não compadecido, desamparado.

unpitying [ʌnp'itiiŋ] adj. impiedoso, desapiedado, sem clemência, cruel, inexorável.

unplaced [ʌnpl'eist] adj. 1. não colocado, desempregado. 2. inativo (capital). 3. derrotado, desclassificado (corridas).

unplausible [ʌnpl'ɔ:zəbl] adj. implausível, inverossímil, improvável.

unplayable [ʌnpl'eiəbl] adj. (Mús., Esp.) inexecutável, difícil.

unpleasant [ʌnpl'eznt] adj. desagradável, aborrecido, desprazível. ‖ **~ly** adv. desagradavelmente, desprazivelmente.

unpleasantness [~nis] s. 1. desagrado, aborrecimento, dissabor, desprazer m. 2. mal-entendido, desentendimento m.

unpleasing [ʌnpl'i:ziŋ] adj. desagradável, desprazível **(to** a, para).

unpledged [ʌnpl'edʒd] adj. 1. desobrigado, livre. 2. não empenhado ou penhorado.

unpliant [ʌnpl'aiənt] adj. 1. inflexível, rígido (também fig.). 2. (fig.) indócil.

unploughed [ʌnpl'aud] adj. não arado, não cultivado, não lavrado.

unplug [ʌnpl'ʌg] v. desarrolhar, destampar.

unplugged [~d] adj. destampado, desarrolhado.

unplumbed [ʌnpl'ʌmd] adj. 1. não medido, de profundidade não medida. 2. insondado, inexplorado. 3. inexplicável, insondável. 4. não chumbado. 5. sem encanamento.

unpointed [ʌnp'ointid] adj. não apontado, sem ponta, obtuso.

unpolished [ʌnp'oliʃt] adj. 1. não polido (arroz). 2. (fig.) impolido, incivilizado, inculto, rude, grosseiro.

unpolitic [ʌnp'olitik] adj. impolítico, imprudente.

unpolitical [ʌnpəl'itikəl] adj. 1. apolítico, inapto para a política. 2. impolítico, imprudente.

unpolled [ʌnp'ould] adj. 1. não tosado, não tosquiado, sem o cabelo cortado. 2. não computado (sufrágio). **~ voter** não eleitor, não votante.

unpolluted [ʌnpəl'u:tid] adj. impoluto, puro, imaculado.

unpopular [ʌnp'ɔpjulə] adj. impopular, malquisto. ‖ **~ly** adv. impopularmente, de modo malquisto.

unpopularity [ʌnpɔpjul'æriti] s. impopularidade f.

unpossessed [ʌnpəz'est] adj. 1. não em poder, não na posse **(by** de). 2. sem dono. 3. sem posse. **he is ~ of** s. **th.** ele não possui alguma coisa.

unpossessing [ʌnpəz'esiŋ] adj. não atraente, desagradável.

unposted [ʌnp'oustid] adj. 1. não encaminhado ao correio, não despachado (carta). 2. não informado, não a par.

unpractical [ʌnpr'æktikəl] adj. 1. não prático. 2. inaproveitável. 3. inepto, pouco inteligente. ‖ **~ly** adv. 1. de modo pouco prático. 2. de modo inaproveitável. 3. ineptamente.

unpracticality [ʌnpræktik'æliti] s. impraticabilidade f.

unpracticed, unpractised [ʌnpr'æktist] adj. 1. inaproveitado, desusado. 2. inexperiente, inexperto. 3. não usual.

unprecedented [ʌnpr'esidəntid] adj. sem precedente, inaudito, sem exemplo, sem par, nunca visto. ‖ **~ly** adv. de maneira inaudita, nunca vista.

unpredictable [ʌnprid'iktəbl] s. imprevisto m. ‖ adj. imprevisível.

unprejudiced [ʌnpr'edʒudist] adj. 1. sem preconceitos, imparcial. 2. não prejudicado ou diminuído.

unpremeditated [ʌnprim'editeitid] adj. 1. não premeditado, impensado, espontâneo, irrefletido, sem propósito. 2. improvisado.

unpresentable [ʌnpriz'entəbl] adj. inapresentável, pouco atraente.

unpresuming [ʌnprizj'u:miŋ], **unpresumptuous** [ʌnpriz'ʌmptjuəs] adj. modesto, simples, despretensioso, não presunçoso.

unpretending [ʌnprit'endiŋ] adj. simples, modesto, singelo. ‖ **~ly** adv. modestamente, singelamente.

unpretentious [ʌnprit'enʃəs] adj. modesto, despretensioso. ‖ **~ly** adv. modestamente, despretensiosamente.

unpretentiousness [~nis] s. despretensão, modéstia, simplicidade f.

unpreventable [ʌnpriv'entəbl] adj. inevitável.

unpriced [ʌnpr'aist] adj. 1. inestimável. 2. sem preço fixo.

unprincipled [ʌnpr'insəpld] adj. 1. que não tem princípios, sem fundamentos morais, amoral. 2. sem consciência, inescrupuloso. 3. sem caráter.

unprintable [ʌnpr'intəbl] adj. que não se pode imprimir ou publicar.

unproclaimed [ʌnprəkl'eimd] adj. não proclamado, que não foi dado a conhecer, não divulgado.

unprocurable [ʌnprəkj'uərəbl] adj. não adquirível, que não se pode obter.

unproductive [ʌnprəd'ʌktiv] adj. improdutivo, não rendoso, não proveitoso, infrutífero, vão, inútil. ‖ **~ly** adv. improdutivamente, infrutiferamente, em vão.

his method was ~ of good results seu método não foi proveitoso ou rendoso.

unproductiveness [~nis] s. improdutividade, inutilidade, irrendabilidade f.

unprofessional [ʌnprəf'eʃənəl] adj. 1. sem profissão. 2. não profissional. 3. indigno de uma profissão. 4. que não é perito ou especialista, leigo. 5. contrário à etiqueta profissional. ‖ **~ly** adv. de modo não profissional, como leigo.

unprofitable [ʌnpr'ɔfitəbl] adj. 1. não proveitoso, não lucrativo. 2. desvantajoso. 3. inútil.

an ~ sale negócio, venda com prejuízo.

unprofitableness [~nis] s. falta f. de proveito ou lucro, desvantagem, inutilidade f.

unprogressive [ʌnprəgr'esiv] adj. não progressivo, que não progride, sem progresso.

unpromising [ʌnpr'ɔmisiŋ] adj. 1. pouco prometedor, inauspicioso. 2. sem esperança, desesperado.

unprompted [ʌnpr'ɔmptid] adj. 1. não influenciado (by por). 2. espontâneo, não rogado ou pedido.

unpronounced [ʌnprən'aunst] adj. 1. não pronunciado. 2. mudo (letra).

unprop [ʌnpr'ɔp] v. tirar o apoio a.

unpropitious [ʌnprəp'iʃəs] adj. 1. impróprio, desfavorável, inauspicioso (to a, para). 2. não inclinado, não benigno.

unprotected [ʌnprət'ektid] adj. 1. desprotegido, desguarnecido, desamparado, sem defesa, sem apoio. 2. não protegido por taxas aduaneiras.

unprotested [ʌnprət'estid] adj. não protestado (letra, título).

unprovable [ʌnpr'u:vəbl] adj. improvável, que não se pode provar.

unprovided [ʌnprəv'aidid] adj. 1. desprovido, falto, destituído (with de). 2. não preparado. 3. imprevisto. 4. desprevenido.
~ **for** imprevisto.

unprovoked [ʌnprəv'oukt] adj. não provocado, espontâneo.

unpublished [ʌnp'ʌbliʃt] adj. inédito (obra).

unpunishable [ʌnp'ʌniʃəbl] adj. não punível ou condenável.

unpunished [ʌnp'ʌniʃt] adj. impune, não castigado.
they went ~ ficaram impunes, não foram castigados.

unpurchasable [ʌnp'ə:tʃəsəbl] adj. que não se pode comprar.

unquailing [ʌnkw'eiliŋ] adj. destemido, intrépido.

unqualified [ʌnkw'ɔlifaid] adj. 1. não qualificado. 2. inadequado, impróprio. 3. injustificado. 4. inabilitado, incompetente. 5. irrestrito (elogio), ilimitado. 6. completo, absoluto. ‖ ~**ly** adv. 1. inadequadamente. 2. Injustificadamente. 3. incompetentemente. 4. irrestritamente. 5. completamente, absolutamente. 6. de modo não qualificado.

unqualifiedness [~ nis] s. impropriedade f., qualidade ou caráter do que é injustificado, irrestrito, etc.

unquenchable [ʌnkw'entʃəbl] adj. 1. inextinguível, que não se pode apagar (fogo). 2. insaciável (sede). 3. ávido.

unquestionable [ʌnkw'estʃənəbl] adj. inquestionável, indisputável, indubitável, indiscutível, certo, incontestável. ‖ –**bly** adv. inquestionavelmente, indiscutivelmente, certamente.

unquestionableness [~ nis] s. o que não tem dúvida, certeza, indiscutibilidade f.

unquestioned [ʌnkw'estʃənd] adj. 1. não indagado, não interrogado, não questionado. 2. não duvidado, indiscutível, indisputado.

unquestioning [ʌnkw'estʃəniŋ] adj. 1. sem perguntar, sem disputar, sem objetar, sem vacilar. 2. incondicional, cego.

unquiet [ʌnkw'aiət] adj. inquieto, desassossegado, perturbado, agitado, turbulento, tumultuoso. ‖ ~**ly** adv. inquietamente, agitadamente.

unquietness [~ nis] s. inquietação, perturbação, agitação f., desassossego, mal-estar m.

unquotable [ʌnkw'outəbl] adj. não citável, que não se pode citar.

unquote ['ʌnkwout] s. fim m. de uma citação. ‖ [ʌnkw'out] v. terminar uma citação.

unquoted [~ id] adj. 1. não citado. 2. (Bolsa) não cotado.

unravel [ʌ.ir'ævəl] v. 1. desemaranhar(-se), desembaraçar(-se). 2. desfibrar(-se), desfiar(-se). 3. desenredar(-se), deslindar(-se), esclarecer(-se), elucidar(-se). 4. separar.

unread [ʌnr'ed] adj. 1. ainda não lido (livro). 2. pouco lido, de pouca leitura, ignorante.

unreadable [ʌnr'i:dəbl] adj. 1. ilegível, que não se pode ler. 2. que não merece ser lido.

unreadiness [ʌnr'edinis] s. 1. falta f. de prontidão, morosidade f. 2. má vontade f.

unready [ʌnr'edi] adj. 1. interminado. 2. não preparado, desprevenido (for para). 3. lento, moroso, lerdo. 4. hesitante, irresoluto. ‖ –**ily** adv. 1. de modo interminado. 2. desprevenidamente. 3. lentamente, morosamente. 4. hesitantemente.

unreal [ʌnr'i:əl] adj. 1. irreal, imaginário, fictício, artificial, quimérico, ilusório, sem consistência. 2. excêntrico (caráter). ‖ ~**ly** adv. irrealmente, imaginariamente, ilusoriamente.

unrealistic [ʌnriəl'istik] adj. não realístico, fantasioso.

unreality [ʌnri'æliti] s. irrealidade, imaginação, ilusão, quimera, fantasia f.

unrealizable [ʌnr'iəlaizəbl] adj. 1. irrealizável. 2. invendável.

unrealized [ʌnr'iəlaizd] adj. 1. não realizado. 2. não reconhecido, que não se imaginou ou pensou. 3. não cumprido (condições).

unreason [ʌnr'i:zn] s. 1. falta f. de compreensão, inteligência ou razão, insensatez f. 2. irracionalidade f. 3. absurdo m., sem-razão f.

unreasonable [~ əbl] adj. 1. desarrazoado, irracional. 2. ininteligente. 3. sem motivo. 4. injusto. 5. desmedido, exagerado, excessivo, exorbitante, imoderado. ‖ –**bly** adv. 1. desarrazoadamente, irracionalmente. 2. ininteligentemente. 3. injustamente 4. exageradamente, exorbitantemente.

unreasonableness [~ nis] s. 1. irracionalidade f., falta f. de inteligência. 2. exorbitância, extravagância f., excesso, exagero m.

unreasoning [ʌnr'i:zəniŋ] adj. 1. sem razão, desarrazoado. 2. contrário à razão, ilógico. 3. cego (ódio). ‖ ~**ly** adv. 1. desarrazoadamente. 2. de modo contrário à lógica ou à razão. 3. cegamente.

unrecallable [ʌnrik'ɔ:ləbl] adj. irrevogável.

unreceipted [ʌnris'i:tid] adj. não quitado (recibo).

unreciprocated [ʌnris'iprəkeitid] adj. não recíproco.

unreckoned [ʌnr'ekənd] adj. não computado, não contado, não calculado.

unreclaimed [ʌnrikl'eimd] adj. 1. não reclamado, não pedido em devolução. 2. não melhorado, não recuperado (homem), não regenerado. 3. não amansado, domesticado (animal). 4. não lavrado, inculto (terreno).

unrecognizable [ʌnr'ekəgnaizəbl] adj. irreconhecível.

unrecognized [ʌnr'ekəgnaizd] adj. 1. não reconhecido. 2. incompreendido.

unrecompensed [ʌnr'ekəmpənst] adj. não recompensado.

unreconciled [ʌnr'ekənsaild] adj. irreconciliado.

unrecorded [ʌnrik'ɔ:did] adj. 1. não registrado, não anotado. 2. desconhecido.

unrecovered [ʌnrik'ʌvəd] adj. 1. não reobtido, não reavido, não recobrado. 2. não recuperado, não restabelecido (from de) (saúde).

unredeemable [ʌnrid'i:məbl] adj. 1. impagável, insolvível. 2. irremível, irresgatável.

unredeemed [ʌnrid'i:md] adj. 1. não remido, não resgatado. 2. não cumprido (promessa). 3. não pago, não saldado, não reembolsado. 4. não recuperado. 5. não suavizado, não mitigado.

unredressed [ʌnridr'est] adj. 1. não vingado. 2. não reparado.

unreel [ʌnr'i:l] v. desenrolar(-se) (novelo, etc.).

unreev [ʌnr'i:v] v. (Náut.) desgornir.

unrefined [ʌnrif'aind] adj. 1. não refinado ou purificado, bruto. 2. impolido, incivil, descortês.

~ **sugar** açúcar não refinado.

unreflecting [ʌnrifl'ektiŋ] adj. 1. não defletor, que não reflete (raios). 2. que não pensa, irrefletido, estouvado.

unrefreshed [ʌnrifr'eʃt] adj. não refrescado, recreado ou aliviado.

unrefuted [ʌnrifj'u:tid] adj. não refutado, incontestado.

unregarded [ʌnrig'a:did] adj. 1. desconsiderado, não observado. 2. descuidado, abandonado, posto de lado.

unregenerate [ʌnridʒ'enəreit], **unregenerated** [~ id] adj. 1. (Teol.) não degenerado, pecaminoso, mau. 2. incorrigível, que não melhora. ‖ ~ly adv. 1. pecaminosamente. 2. incorrigivelmente.

unregenerateness [~ nis] s. qualidade do que não se regenera.

unrehearsed [ʌnrih'ə:st] adj. (Teat.) não ensaiado.

unrelated [ʌnril'eitid] adj. 1. não relacionado, sem conexão (**to** com). 2. não aparentado (**to** com). 3. não relatado ou relacionado.

unrelenting [ʌnril'entiŋ] adj. inflexível, inexorável, impiedoso, insensível (**to** para).‖ ~ly adv. inflexivelmente, inexoravelmente, impiedosamente.

unrelentingness [~ nis] s. inflexibilidade, impiedade, austeridade, insensibilidade f.

unreliability [ʌnrilaiəb'iliti] s. = **unreliableness**.

unreliable [ʌnril'aiəbl] adj. que não é de confiança, em que não se pode confiar, inseguro, falível, incerto. ‖ –bly adv. inseguramente, falivelmente, incertamente.

unreliableness [~ nis] s. insegurança, falibilidade, incerteza f., qualidade ou condição do que não merece confiança.

unrelieved [ʌnril'i:vd] adj. 1. não aliviado, não suavizado, não abrandado, não minorado (**by** por). 2. não revezado, não substituído (sentinela), não socorrido (fortaleza).

~ **green** verde invariável, não interrompida.

unreligious [ʌnril'idʒəs] adj. não religioso, irreligioso, ateu.

unremembered [ʌnrim'embəd] adj. 1. não mencionado. 2. esquecido, obliterado.

unremitting [ʌnrim'itiŋ] adj. 1. incessante, constante, contínuo, ininterrupto. 2. incansável, infatigável. ‖ ~ly adv. 1. sem cessar, incessantemente, continuamente, constantemente. 2. incansavelmente, infatigavelmente.

unremovable [ʌnrim'u:vəbl] adj. irremovível.

unrepair [ʌnrip'ɛə] s. estado precário ou ruinoso, mau estado, arruinamento m., ruína f.

unrepealable [ʌnrip'i:ləbl] adj. irrevogável.

unrepealed [ʌnrip'i:ld] adj. não revogado, não cancelado, não anulado.

unrepentant [ʌnrip'entənt] adj. impenitente, não arrependido.

unrepented [ʌnrip'entid] adj. não arrependido (**of** de).

unrepining [ʌnrip'ainiŋ] adj. 1. sem queixa, sem queixume, sem resmungar. 2. impassível, sereno.

unreplaceable [ʌnripl'eisəbl] adj. insubstituível.

unreported [ʌnrip'ɔ:tid] adj. 1. não relatado, não narrado. 2. não tradicional.

unrepresented [ʌnrepriz'entid] adj. não representado, sem representante.

unreproducible [ʌnriprədʒ'u:səbl] adj. não reproduzível.

unreproved [ʌnripr'u:vd] adj. não reprovado, não repreendido, não censurado.

it went ~ escapou à censura.

unrequited [ʌnrikw'aitid] adj. 1. não respondido ou correspondido. 2. não agradecido, não reconhecido. 3. não retribuído, não revidado, impune.

the robbery went ~ o roubo permaneceu impune.

unresented [ʌnriz'entid] adj. 1. impune, sem castigo. 2. não levado a mal, sem rancor, sem ressentimento.

unresenting [ʌnriz'entiŋ] adj. que não guarda rancor ou ressentimento, que não se ressente.

unreserve [ʌnriz'ə:v] s. franqueza, liberdade f., desembaraço m.

unreserved [~ d] adj. 1. franco, sincero, sem reserva, sem restrição. 2. não reservado (mesa, lugar). ‖ ~ly adv. francamente, sem reserva.

unreservedness [~ nis] s. franqueza, liberalidade f.

unresisted [ʌnriz'istid] adj. desimpedido, sem resistência, sem oposição.

unresisting [ʌnriz'istiŋ] adj. 1. sem resistência ou oposição. 2. submisso.

unresolved [ʌnriz'ɔlvd] adj. 1. não resolvido, não decidido, sem solução. 2. indeciso, irresoluto. 3. (Quím.) não dissolvido.

unresponsive [ʌnrisp'ɔnsiv] adj. 1. que não responde ou corresponde, que não reage (**to** a). 2. indiferente.

unrest [ʌnr'est] s. desassossego, mal-estar m., inquietação, agitação f.

unrestful [~ ful] adj. desassossegado, inquieto, agitado.

unresting [~ iŋ] adj. incansável, infatigável.

unrestrained [ʌnristr'eind] adj. 1. desenfreado, desimpedido, livre. 2. desregrado, descontrolado. 3. irrestrito, ilimitado.

unrestraint [ʌnristr'eint] s. 1. ausência f. de restrição ou limitação, liberdade f. 2. desembaraço m.

unrestricted [ʌnristr'iktid] adj. irrestrito, ilimitado.

unreturned [ʌnrit'ə:nd] adj. 1. não devolvido, não restituído. 2. não respondido. 3. não eleito (parlamento).

unrevealed [ʌnriv'i:ld] adj. não revelado, oculto, secreto.

unrhetorical [ʌnrit'ɔrikəl] adj. 1. não retórico, não oratório. 2. simples, singelo.

unrhymed [ʌnr'aimd] adj. não rimado, sem rimas.

unriddle [ʌnr'idl] v. 1. desvendar, decifrar. 2. explicar, esclarecer.

unrifled [ʌnr'aifld] adj. 1. não saqueado, não pilhado. 2. não estriado ou raiado (cano de espingarda).

unrig [ʌnr'ig] v. (Náut.) desarmar, desaparelhar.

to ~ **o. s.** (gíria) despir-se.

unrighteous [ʌnr'aitʃəs] adj. 1. injusto, iníquo. 2. mau, malvado, pecaminoso. ‖ ~ly adv. 1. injustamente, iniquamente. 2. maldosamente, pecaminosamente.

unrighteousness [~ nis] s. injustiça, iniqüidade, maldade f., falta f. de retidão.

unrip [ʌnr'ip] v. arrancar, separar.

unripe [ʌnr'aip, 'ʌnraip] adj. 1. verde, não maduro, não sazonado. 2. pouco desenvolvido, imaturo. 3. precoce, prematuro.

unripened [ʌnr'aipənd] adj. não amadurecido, não sazonado.

unripeness [ʌnr'aipnis] s. falta f. de madureza, estado imaturo m.

unrivaled, unrivalled [ʌnr'aivld] adj. sem rival, incomparável, sem par, insuperado, inigualado.

unrivet [ʌnr'ivit] v. 1. tirar os rebites. 2. desfazer, tirar. 3. (fig.) desprender, soltar.

unrobe [ʌnr'oub] v. despir(-se).

unroll [ʌnr'óul] v. 1. desenrolar(-se). 2. estender, abrir(-se). 3. expor, demonstrar, desenvolver(-se).

unroof [ʌnr'u:f] v. destelhar.

unroot [ʌnr'u:t] v. desarraigar, extirpar, arrancar.

unroyal [ʌnr'ɔiəl] adj. não real, indigno de um rei.

unruffled [ʌnr'ʌfld] adj. 1. não enrugado, não eriçado, não encrespado ou encapelado. 2. liso, plano, igual. 3. calmo, tranqüilo, sereno.

he did it with ~ temper ele o fez tranqüila e serenamente.

unruled [ʌnr'u:ld] adj. 1. não governado, desgovernado. 2. desenfreado, descontrolado. 3. desregrado. 4. sem pautas.

unruliness [ʌnr'u:linis] s. 1. teimosia f. 2. desgoverno m.

unruly [ʌnr'u:li] adj. 1. teimoso, obstinado. 2. rebelde, desobediente, indisciplinado, bravio, insubordinado, refratário. 3. ingovernável, incontrolável, indomável. 4. desregrado. 5. turbulento, violento. 6. anárquico, sem lei.

unsaddle [ʌns'ædl] v. 1. tirar a sela de, desarrear. 2. tirar, jogar alguém da sela.

unsafe [ʌns'eif] adj. inseguro, arriscado, perigoso, precário. ‖ **~ly** adv. sem segurança, em estado precário, inseguramente.

unsafeness [~nis] s. insegurança, precariedade f., perigo, risco m.

unsafety [~ti] s. insegurança f., falta f. de segurança.

unsaid ['ʌnsed, ʌns'ed] adj. não dito, não proferido, não mencionado.
it shall be left ~ fica sem ser mencionado, fica o dito por não dito.

unsalaried [ʌns'ælərid] adj não pago ou assalariado, gratuito, honorífico.

unsanctioned [ʌns'æŋkʃənd] adj. não sancionado, não confirmado, não ratificado, não aprovado.

unsanitariness [ʌns'ænitərinis] s. insalubridade f.

unsanitary [ʌns'ænitəri] adj. insalubre, anti-higiênico.

unsated [ʌns'eitid] adj. insaciado.

unsatisfactoriness [ʌnsætisf'æktərinis] s. insatisfação, qualidade insatisfatória, insuficiência f.

unsatisfactory [ʌnsætisf'æktəri] adj. 1. insatisfatório, inadequado, insuficiente. 2. desagradável. ‖ **–ily** adv. de modo pouco satisfatório.

unsatisfied [ʌns'ætisfaid] adj. insatisfeito, descontente.

unsatisfying [ʌns'ætisfaiiŋ] adj. 1. que não satisfaz, insuficiente. 2. inadequado.

unsaturated [ʌns'ætʃəreitid] adj. não saturado.

unsavouriness, unsavoriness [ʌns'eivərinis] s. mau gosto m., o que não é apetitoso.

unsavoury, unsavory [ʌns'eivəri] adj. 1. sem gosto, sem sabor, insípido, de mau gosto, ruim. 2. malcheiroso, fétido. 3. repugnante, repulsivo. 4. nojento, indecente. ‖ **–ily** adv. 1. insipidamente. 2. fetidamente. 3. repugnantemente. 4. indecentemente.

unsay ['ʌnsei, ʌns'ei] v. desdizer, retratar, desmentir, revogar.

unscale [ʌnsk'eil] v. escamar.

unscared [ʌnsk'ɛəd] adj. destemido.

unscarred [ʌnsk'a:d] adj. sem ferimentos, sem cicatrizes.

unscathed [ʌnsk'eiðd] adj. incólume, ileso.

unschooled [ʌnsk'u:ld] adj. 1. sem instrução, não instruído, inculto, ignorante. 2. inadestrado, inexperiente. 3. indisciplinado. 4. não artificial, não sofisticado, natural.

unscientific [ʌnsaiənt'ifik] adj. incientífico. ‖ **~ally** adv. de modo incientífico.

unscramble [ʌnskr'æmbl] v. pôr em ordem, ordenar, regular.

unscrew [ʌnskr'u:] v. 1. desparafusar(-se), soltar(-se). 2. desenroscar, desatarraxar.

unscriptural [ʌnskr'iptʃərəl] adj. em desacordo com a Escritura, não bíblico.

unscrupulous [ʌnskr'u:pjuləs] adj. inescrupuloso, sem escrúpulos, inconsciencioso, sem consideração. ‖ **~ly** adv. sem escrúpulos, inconscienciosamente.

unscrupulousness [~nis] s. falta f. de escrúpulos,

inconsciência f., falta de consciência.

unseal [ʌns'i:l] v. 1. deslacrar, desselar, tirar o selo de 2. revelar. 3. abrir (boca, coração, etc.).

unsealed [~d] adj. não lacrado, não selado.

unsearchable [ʌns'ə:tʃəbl] adj. 1. insondável, imperscrutável impenetrável, incompreensível. 2. misterioso. ‖ **–bly** adv. 1. insondavelmente, imperscrutavelmente. 2. misteriosamente.

unsearchableness [~nis] s. 1. insondabilidade f. 2. mistério m.

unseasonable [ʌns'i:zənəbl] adj. 1. intempestivo, inoportuno, fora de época. 2. fora de estação. 3. impróprio, inadequado. ‖ **–bly** adv. 1. intempestivamente. 2. inadequadamente.

unseasonableness [~nis] s. 1. intempestividade, inoportunidade f. 2. impropriedade f.

unseasoned [ʌns'i:znd] adj. 1. verde, não secado. 2. não sazonado, não amadurecido. 3. imaturo. 4. não aclimatizado, não fortalecido, desacostumado (to a).

unseat [ʌns'i:t] v. 1. descolocar, tirar do lugar. 2. derrubar da sela, desmontar. 3. remover do cargo, depor.

unseated [~id] adj. não sentado, de pé.
to remain ~ ficar em pé.

unseaworthy [ʌns'i:wə:ði] adj. (Náut.) 1. inadequado para o alto-mar. 2. incapaz de navegar, em mau estado de navegabilidade.

unsectarian [ʌnsekt'ɛəriən] adj. não sectário.

unsecured [ʌnsikj'uəd] adj. 1. inseguro. 2. não segurado, não coberto por seguro.

unseeing [ʌns'i:iŋ] adj. 1. que não vê, cego. 2. vago, sonhador (olhos).

unseemliness [ʌns'i:mlinis] s. 1. impropriedade f., indecoro m., indecência, inconveniência f. 2. qualidade ou condição do que é vistoso.

unseemly [ʌns'i:mli] adj. 1. impróprio: a) inconveniente, indecoroso, indecente. b) inadequado. 2. pouco apresentável ou vistoso. ‖ adv. impropriamente, inconvenientemente.

unseen ['ʌnsi:n, ʌns'i:n] adj. 1. não visto, despercebido, inobservado. 2. invisível.
the ~ o mundo dos espíritos, o além, o invisível.

unseizable [ʌns'i:zəbl] adj. impenhorável.

unselfish [ʌns'elfiʃ] adj. desinteressado, altruísta, generoso, altruístico. ‖ **~ly** adv. desinteressadamente, generosamente.

unselfishness [~nis] s. desinteresse, altruísmo m., magnanimidade, generosidade f.

unsent [ʌns'ent] adj. não remetido ou despachado (by por).
~ for não chamado, solicitado ou rogado.

unsentimental [ʌnsentim'entəl] adj. não sentimental, impassível.

unserviceable [ʌns'ə:visəbl] adj. 1. que não serve, impróprio, inadequado. 2. inaproveitável, inutilizável, inútil, inservível, imprestável (to para). 3. que não é firme (cor). 4. incapaz (serviço militar).

unset [ʌns'et] v. 1. desengastar. 2. deslocar. ‖ adj. 1. não engastado. 2. não plantado. 3. não posto.

unsettle [ʌns'etl] v. 1. deslocar, alterar. 2. desarranjar, pôr em desordem. 3. perturbar, agitar, inquietar. 4. enfraquecer, debilitar. 5. instabilizar.

unsettled [~d] adj. 1. inseguro, incerto, vago, duvidoso. 2. indecidido, irresoluto, hesitante, vacilante. 3. não pago, não saldado. 4. irregular, instável, inconstante, variável. 5. alterado, excitado, inquieto. 6. variado, louco, alienado. 7. não estabelecido, sem domicílio fixo. 8. não povoado, desabitado.

unsettledness [~dnis] s. 1. insegurança f. 2. incerteza, indecisão f. 3. inconstância, variabilidade, instabilidade f. 4. inquietação f. 5. alienação f.

unsex [ʌns'eks] v. 1. assexuar(-se). 2. privar dos caracteres sexuais.

unshackle [ʌnʃ'ækl] v. desalgemar, livrar, libertar.

unshackled [~d] adj. não amarrado ou preso, livre, desimpedido (**by** por).

unshaded [ʌnʃ'eidid], **unshadowed** [ʌnʃ'ædoud] adj. 1. sem sombra, não sombreado. 2. não escurecido.

unshakable, unshakeable [ʌnʃ'eikəbl] adj. 1. inabalável. 2. imperturbável.

unshaken [ʌnʃ'eikən] adj. não abalado, não agitado, firme, resoluto, inflexível, inabalável. || ~**ly** adv. firmemente, inabalavelmente.

unshapely [ʌnʃ'eipli] adj. informe, desproporcionado, desforme.

unshaved [ʌnʃ'eivd] adj. não barbeado, por barbear.

unsheathe [ʌnʃ'ið] v. desembainhar.

unsheltered [ʌnʃ'eltəd] adj. 1. desprotegido, exposto. 2. desabrigado, sem abrigo.

unship [ʌnʃ'ip] v. 1. desembarcar, descarregar. 2. tirar, soltar. 3. desarmar (remos). 4. desmontar (leme).

unshod [ʌnʃ'ɔd] adj. 1. descalço. 2. desferrado (cavalo).

unshrinkable [ʌnʃr'iŋkəbl] adj. que não encolhe.

unshrinking [ʌnʃr'iŋkiŋ] adj. 1. que não recua ou cede. 2. destemido, corajoso, intemerato, intrépido.

unsifted [ʌns'iftid] adj. 1. não joeirado ou peneirado. 2. não experimentado, não provado.

unsighted [ʌns'aitid] adj. 1. invisível. 2. ainda não visto. 3. sem viseira (elmo).

unsightliness [ʌns'aitlinis] s. fealdade, disformidade f.

unsightly [ʌns'aitli] adj. pouco apresentável, de má aparência, feio, disforme.

unsilt [ʌns'ilt] v. dragar.

unsinning [ʌns'iniŋ] adj. inocente, livre de pecado.

unsized [ʌns'aizd] adj. 1. não sortido, misturado. 2. (Téc.) não betumado. 3. sem cola (papel).

unskilful [ʌnsk'ilful] adj. 1. canhestro, desajeitado, inábil. 2. inexperiente. || ~**ly** adv. 1. desajeitadamente. 2. de modo inexperiente.

unskilfulness [~nis] s. 1. falta f. de jeito, inabilidade f. 2. inexperiência f.

unskilled [ʌnsk'ild] adj. inexperiente, inábil, sem prática, não adestrado, sem instrução (profissional). ~ **labourer** trabalhador não especializado, sem instrução profissional.

unskimmed [ʌnsk'imd] adj. não desnatado.

unslaked [ʌnsl'eikt] adj. 1. viva ou virgem (cal). 2. insatisfeito, não saciado.

unsleeping [ʌnsl'i:piŋ] adj. 1. sem sono, sem dormir, sem repouso. 2. incansável, infatigável.

unsnarl [ʌnsn'a:l] v. desemaranhar, desenredar.

unsociability [ʌnsouʃəb'iliti] s. insociabilidade f.

unsociable [ʌns'ouʃəbl] adj. insociável, reservado, retraído. || -**bly** adv. insociavelmente, reservadamente, retraidamente.

unsociableness [~nis] s. = **unsociability**.

unsocial [ʌns'ouʃəl] adj. insocial, anti-social, contrário à sociedade.

unsoiled [ʌns'ɔild] adj. puro, imaculado, sem mancha.

unsolder [ʌns'ɔldə, ʌns'ɔdə] v. 1. dessoldar. 2. (fig.) separar, desunir.

unsoldierlike [ʌns'ouldʒəlaik] adj. 1. indigno de um soldado. 2. não bélico ou militar.

unsolicited [ʌnsəl'isitid] adj. não solicitado, não rogado, espontâneo.

unsolid [ʌns'ɔlid] adj. 1. não sólido ou maciço. 2. oco. 3. maltrabalhado ou acabado. 4. (fig.) infundado, sem motivo.

unsolvable [ʌns'ɔlvəbl] adj. insolúvel.

unsolved [ʌns'ɔlvd] adj. não solucionado, sem solução, não decifrado.

unsophisticated [ʌnsəf'istikeitid] adj. 1. genuíno, puro,

legítimo, natural, não adulterado. 2. verdadeiro, não falsificado. 3. não sofisticado, simples, não afetado. 4. ingênuo, inocente.

unsophisticatedness [~nis], **unsophistication** [ʌnsofistik'eiʃən] s. 1. genuinidade, pureza, naturalidade f. 2. simplicidade, ingenuidade, modéstia f.

unsought [ʌns'ɔ:t] adj. não procurado, solicitado ou almejado (também: ~ **for**).

unsound [ʌns'aund] adj. 1. insalubre, não sadio. 2. doente, enfermo, mórbido. 3. doentio, débil. 4. insano, alienado. 5. deteriorado, podre, bichado, bichoso. 6. quebradiço, rachado. 7. em mau estado ou condição. 8. inquieto (sono). 9. irreal, não verdadeiro. 10. (fig.) que não é de confiança, inseguro, não sólido ou firme. 11. heterodoxo. || ~**ly** adv. 1. insadiamente. 2. insanamente. 3. sem solidez. 4. defeituosamente.
~ **argument** argumento fraco. ~ **doctrine** doutrina falha, não ortodoxa. ~ **weld** (Téc.) solda falha, defeituosa.

unsounded [~id] adj. insondado (também fig.)

unsoundness [~nis] s. 1. insalubridade f. 2. enfermidade f. 3. fraqueza f. 4. alienação f. 5. mau estado m. 6. heterodoxia f.

unsown [ʌns'oun] adj. 1. não semeado ou plantado. 2. silvestre, bravio.

unsparing [ʌnsp'ɛəriŋ] adj. 1. muito generoso, magnânimo, liberal, pródigo. 2. impiedoso, inclemente, severo, duro (**of, to** para). || ~**ly** adv. 1. generosamente, liberalmente. 2. impiedosamente, severamente, sem poupar.
you are ~ **of** (ou **in**) **your promises** você promete demais.

unsparingness [~nis] s. 1. generosidade, magnanimidade f. 2. inclemência, severidade f.

unspeakable [ʌnsp'i:kəbl] adj. 1. inexprimível, indizível, inefável. 2. indescritível, terrível. || -**bly** adv. 1. inexprimivelmente, de maneira indizível. 2. indescritivelmente.

unspeakableness [~nis] s. 1. inefabilidade f. 2. terribilidade f.

unspeculative [ʌnsp'ekjulətiv] adj. não especulativo, realístico, prático.

unspent [ʌnsp'ent] adj. inesgotado, não consumido.

unspiritual [ʌnsp'iritjuəl] adj. não espiritual, material.

unspoiled [ʌnsp'ɔild], **unspoilt** [ʌnsp'ɔilt] adj. 1. não estragado. 2. intato, incólume. 3. não devastado, não espoliado.

unspoken [ʌnsp'oukən] adj. não dito, não mencionado, não pronunciado.
~**-of** não mencionado. ~**-to** não endereçado.

unspontaneous [ʌnspɔnt'einjəs] adj. não espontâneo, coagido, forçado.

unsporting [ʌnsp'ɔ:tiŋ], **unsportsmanlike** [ʌnsp'ɔ:tsmənlaik] adj. 1. não esportivo. 2. não cavalheiresco. 3. impróprio ou indigno de um caçador.

unspotted [ʌnsp'ɔtid] adj. 1. não manchado, sem mancha. 2. (fig.) imaculado, limpo.

unstable [ʌnst'eibl] adj. 1. movediço, móvel. 2. sem firmeza, inseguro. 3. oscilante, variável, instável. 4. inconstante. 5. (Quím.) facilmente solúvel. || -**bly** adv. de modo móvel, inseguramente, variavelmente, inconstantemente.

unstableness [~nis] s. insegurança, variabilidade, instabilidade, inconstância, mobilidade f.

unstainable [ʌnst'einəbl] adj. 1. à prova de manchas (tecido). 2. moralmente irrepreensível.

unstained [ʌnst'eind] adj. puro, limpo, não manchado, sem mancha.

unstamped [ʌnst'æmpt] adj. sem franquia, não franqueado (carta).

unstarch [ʌnst'a:tʃ] v. desengomar.

unstate [ʌnst'eit] v. 1. privar da dignidade, degradar. 2. privar da propriedade, despojar.

unstatutable [ʌnst'ætju:təbl] adj. inconstitucional, não estabelecido por estatuto.

unsteadiness [ʌnst'edinis] s. 1. oscilação f., falta f. de firmeza, mobilidade f. 2. inconstância f. 3. variabilidade f. 4. despreocupação f. 5. desregramento m.

unsteady [ʌnst'edi] adj. 1. oscilante, inseguro. 2. irregular, inconstante, volúvel. 3. variável. 4. que não é de confiança. 5. despreocupado. 6. desregrado. 7. trôpego. 8. móvel, mudável, não fixo? 9. irresoluto, hesitante, vacilante, indeciso. ‖ **-ily** adv. 1. inseguramente. 2. irregularmente. 3. variavelmente. 6. incertamente, irresolutamente. **they are notoriously ~** é bem conhecido o seu modo desregrado de vida. **~ in his resolutions** irresoluto em suas decisões.

unstick [ʌnst'ik] v. (Av.) decolar, levantar vôo, levantar-se, erguer-se (após demorado impulso na terra ou na água).

unstinted [ʌnst'intid] adj. 1. não abreviado, ilimitado, irrestrito. 2. abundante, copioso.

unstitch [ʌnst'itʃ] v. descoser, descosturar. **it has become ~ed** descosturou-se.

unstitched [~t] adj. não pespontado.

unstop [ʌnst'ɔp] v. 1. desarrolhar, destampar, abrir (garrafa, barrica). 2. desobstruir, desentupir.

unstopped [~t] adj. 1. aberto, destampado. 2. desentupido, desobstruído, desimpedido.

unstrained [ʌnstr'eind] adj. 1. sem esforço ou tensão. 2. não forçado, espontâneo, não constrangido. 3. natural, desembaraçado.

unstress [ʌnstr'es] s. (Fon.) sílaba f. pouco articulada.

unstressed [~t] adj. (Fon.) 1. pouco articulado. 2. sem acento ou ênfase.

unstring [ʌnstr'iŋ] v. 1. afrouxar ou tirar as cordas de 2. desencordoar (instrumento). 3. desenfiar (contas, pérolas, etc.). 4. esforçar exageradamente. 5. afrouxar, relaxar (músculos, nervos). 6. enervar. ‖ adj. 1. nervoso, exausto, esgotado. 2. desenfiado, solto (pérolas, contas).

unstructured [ʌnstr'ʌktʃəd] adj. não estruturado ou organizado.

unstudied [ʌnst'ʌdid] adj. 1. improvisado, espontâneo. 2. inexperiente, inábil. 3. desembaraçado.

unsubduable [ʌnsʌbdj'uəbl] adj. invencível, inconquistável.

unsubdued [ʌnsʌbdj'u:d] adj. não vencido ou subjugado.

unsubmissive [ʌnsəbm'isiv] adj. insubmisso, teimoso, rebelde, altivo, refratário, obstinado.

unsubstantial [ʌnsəbst'ænʃəl] adj. 1. insubstancial. 2. incorpóreo, imaterial. 3. irreal, quimérico. 4. não essencial, não fundamental. 5. inconsistente, não sólido. 6. impotente, sem força. ‖ **~ly** adv. insubstancialmente, quimericamente.

unsubstantiality [ʌnsəbstænʃi'æliti] s. insubstancialidade, irrealidade, insolidez, falta de força f.

unsuccess [ʌnsəks'es] s. insucesso m.

unsuccessful [~ful] adj. 1. mal sucedido, infeliz, infrutífero, desventurado. 2. fracassado (aluno). 3. rejeitado (candidato). 4. derrotado (partido). ‖ **~ly** adv. em vão, sem êxito, sem nenhum resultado, malogradamente, infelizmente, debalde.

unsuccessfulness [~ nis] s. insucesso, mau êxito, revés, malogro, fracasso m., desventura f.

unsuitability [ʌnsju:təb'iliti] s. impropriedade, inadequabilidade, incompatibilidade, inconveniência f.

unsuitable [ʌnsj'u:təbl] adj. 1. impróprio, inadequado, inconveniente (**to, for** a, para). 2. inapto, impres-

tável. 3. incompatível. ‖ **-bly** adv. impropriamente, inconvenientemente, incompativelmente, maı.

unsuitableness [~ nis] s. = unsuitability.

unsuited [ʌnsj'u:tid] adj. inadequado, imprópr o.

unsullied [ʌns'ʌlid] adj. não manchado, sem mancha, imaculado, puro (geralmente fig.).

unsung [ʌns'ʌŋ] adj. não cantado: 1. (Mús.) executado sem canto. 2. (poét.) não glorificado ou elogiado, não celebrado com poesia.

unsupportable [ʌnsəp'ɔ:təbl] adj. insuportável, intolerável, insofrível.

unsure [ʌnʃ'uə] adj. 1. inseguro, incerto, dúbio. 2. indeciso, irresoluto. 3. de pouca confiança.

unsurmountable [ʌnsəm'auntəbl] adj. insuperável.

unsuspected [ʌnsəsp'ektid] adj. 1. insuspeito. 2. inesperado, não suposto.

unsuspecting [ʌnsəsp'ektiŋ] adj. 1. que não desconfia, que não suspeita. 2. que não supõe. ‖ **~ly** adv. 1. de forma não suposta ou esperada. 2. de modo insuspeito.

unsuspicious [ʌnsəsp'iʃəs] adj. 1. ingênuo, sem malícia ou suspeita (**of s. th.** em relação a alguma coisa). 2. insuspeito. ‖ **~ly** adv. sem suspeitar.

unsustainable [ʌnsəst'einəbl] adj. insustentável.

unswathe [ʌnsw'eið] v. 1. tirar as fraldas ou das fraldas. 2. desenfaixar, tirar a bandagem. 3. (fig.) libertar, liberar (**from** de).

unswayed [ʌnsw'eid] adj. 1. descontrolado, desgovernado. 2. não dirigido, não influenciado (**by** por).

unswear [ʌnsw'ɛə] v. 1. abjurar. 2. retratar um juramento.

unswerving [ʌnsw'ə:viŋ] adj. firme, resoluto, inabalável, invariável, constante.

unsworn [ʌnsw'ɔ:n] adj. 1. não juramentado. 2. não confirmado por juramento.

unsympathetic [ʌnsimpəθ'etik] adj. 1. sem compaixão ou piedade, insensível. 2. antipático.

untack [ʌnt'æk] v. soltar, desprender (**from** de).

untactful [ʌnt'æktful] adj. falto de tato, tino.

untainted [ʌnt'eintid] adj. 1. não manchado, imaculado, puro. 2. (fig.) não estragado ou corrompido.

untamable, untameable [ʌnt'eiməbl] adj. indomável, indomesticável.

untamed [ʌnt'eimd] adj. indomado, indômito, não domesticado, não amansado, bravio.

untangle [ʌnt'æŋgl] v. 1. desembaraçar, desemaranhar, desenredar. 2. desvendar, esclarecer.

untarnished [ʌnt'a:niʃt] adj. 1. não embaçado ou turvo (espelho, metal). 2. (fig.) não manchado, imaculado, puro.

untasted [ʌnt'eistid] adj. 1. não experimentado, não provado, não saboreado. 2. não tocado.

untaught [ʌnt'ɔ:t] adj. 1. não educado, inculto, sem instrução. 2. não ensinado, sabido por natureza, inato.

untaxed [ʌnt'ækst] adj. não tributado, livre de impostos.

unteach [ʌnt'i:tʃ] v. desensinar, fazer esquecer, desacostumar.

unteachable [~ əbl] adj. indócil, incapaz de receber ensino ou conselho.

untechnical [ʌnt'eknikəl] adj. 1. não técnico, não profissional, inartístico. 2. sem instrução técnica ou profissional.

untenability [ʌntenəb'iliti] s. insustentabilidade, indefensabilidade f.

untenantable [ʌnt'enəntəbl] adj. não alugável, inabitável.

untenanted [ʌnt'enəntid] adj. não alugado, inabitado, desocupado.

untended [ʌnt'endid] adj. 1. que não tem cortejo ou acompanhamento. 2. sem criados ou serviçais. 3.

não vigiado. 4. abandonado, não cuidado ou tratado.

untested [ʌnt'estid] adj. 1. não experimentado, não examinado. 2. não atestado, não comprovado.

unthanked [ʌnθ'æŋkt] adj. sem agradecimento.

unthankful [ʌnθ'æŋkful] adj. 1. ingrato, mal-agradecido. 2. desagradável, penoso. ‖ ~ly adv. 1. de modo ingrato. 2. penosamente.
an ~ work trabalho ingrato, penoso.

unthankfulness [~nis] s. ingratidão f.

unthink [ʌnθ'iŋk] v. trocar de idéia, pensar de outro modo.

unthinkable [~əbl] adj. 1. inimaginável, inconcebível. 2. (coloq.) improvável.

unthinking [~iŋ] adj. 1. irrefletido, sem pensar. 2. descuidado, estouvado, desatento, inatencioso. 3. irracional. ‖ ~ly adv. irrefletidamente, descuidadamente, irracionalmente.

unthought [ʌnθ'ɔ:t] adj. não imaginado ou pensado, não premeditado.
~-of imprevisto, inopinado, inesperado.

unthoughtful [~ful] adj. 1. irrefletido, estonteado, que não pensa. 2. descuidadoso, inatencioso, desatento.

unthread [ʌnθr'ed] v. 1. desenfiar (agulha). 2. puxar (fio) de. 3. desemaranhar, desenlaçar, desfiar. 4. (fig.) livrar-se, achar uma saída.

unthrift [ʌnθr'ift] (†) s. 1. prodigalidade f. 2. dissipador, perdulário m.

unthriftiness [~inis] s. desperdício m., prodigalidade f.

unthrifty [~i] adj. 1. não econômico, improfícuo, desvantajoso. 2. pródigo, esbanjador, dissipador, gastador, imprevidente.

unthrone [ʌnθr'oun] v. destronar.

untidiness [ʌnt'aidinis] s. desordem f., desmazelo, desleixo m., falta f. de asseio.

untidy [ʌnt'aidi] adj. desordenado, em desordem, desmazelado, desleixado, desasseado, desarrumado, relaxado.

untie [ʌnt'ai] v. 1. desamarrar(-se), desatar(-se). 2. soltar (nó). 3. abrir (pacote). 4. resolver, expor, esclarecer.

untied [~d] adj. desamarrado, desatado, solto.

until [ʌnt'il] prep. até. ‖ conj. infel que.
~ five o'clock até as cinco horas. ~ your arrival até sua chegada. ~ further instructions até segundas ordens. ~ I wrote him, he did not believe it ele não o acreditou, até que eu lhe escrevi. not ~... só quando... not ~ Monday só segunda-feira. not ~ yesterday só ontem.

untile [ʌnt'ail] v. destelhar.

untilled [ʌnt'ild] adj. inculto, não cultivado, lavrado ou plantado.

untimeliness [ʌnt'aimlinis] s. 1. extemporaneidade, intempestividade f. 2. imaturidade, precocidade, prematuridade f. 3. inoportunidade f.

untimely [ʌnt'aimli] adj. 1. intempestivo, extemporâneo. 2. precoce, imaturo, prematuro, antecipado. 3. inoportuno, impróprio. ‖ adv. 1. intempestivamente. 2. de modo precoce, prematuramente, demasiadamente cedo. 3. inoportunamente.
the ~ end o fim antecipado, precoce.

untinctured [ʌnt'iŋktʃəd] adj. 1. não misturado (with com). 2. não influenciado (by por).

untinged [ʌnt'indʒd] adj. 1. não tingido ou tinto. 2. inalterado (by por).

untiring [ʌnt'aiəriŋ] adj. incansável, infatigável. ‖ ~ly adv. incansavelmente, infatigavelmente.

untitled [ʌnt'aitld] adj. sem título ou direito.

unto ['ʌntu] prep. (arc. e poét.) = to, until.

untold [ʌnt'ould] adj. 1. não contado, narrado, relatado, revelado ou dito. 2. inúmero, incontável, incalculável, imenso.

untouchable [ʌnt'ʌtʃəbl] s. intocável m. + f.: pessoa da casta mais baixa da Índia. ‖ adj. intangível, que não pode ou deve ser tocado. 2. fora do alcance.

untouched [ʌnt'ʌtʃt] adj. 1. não tocado, intato. 2. não enfeitado, sem maquilagem, não retocado. 3. insensível (by a), imperturbado (by por). 4. não influenciado, não atingido, não afetado. 5. não mencionado ou tratado.

untoward [ʌnt'ouəd] adj. 1. desfavorável, adverso. 2. teimoso, caprichoso, rebelde, indócil. 3. intratável, difícil de lidar. 4. perverso. 5. desajeitado, desgracioso. 6. infeliz. ‖ ~ly adv. 1. desfavoravelmente. 2. caprichosamente. 3. intratavelmente. 4. perversamente. 5. desgraciosamente.

untowardness [~nis] s. 1. adversidade f. 2. teimosia, pertinácia, rebeldia f. 3. perversidade f.

untraceable [ʌntr'eisəbl] adj. 1. de que não se pode encontrar traço, rasto, vestígio ou pista. 2. insondável, imperscrutável. 3. de que não se pode provar a origem.

untrained [ʌntr'eind] adj. não instruído ou ensinado, não adestrado, destreinado.

untrammelled, untrammeled [ʌntr'æməld] adj. sem obstáculo, desimpedido, livre.

untravelled, untraveled [ʌntr'ævld] adj. 1. pouco viajado (pessoa). 2. pouco percorrido, inexplorado (terra).

untraversed [ʌntr'ævəst] adj. não atravessado, não percorrido.

untried [ʌntr'aid] adj. 1. não experimentado, não provado. 2. inexperiente. 3. não ensaiado. 4. (Jur.) não interrogado.

untrimmed [ʌntr'imd] adj. 1. não aparado, não podado, não cortado. 2. não enfeitado, não adornado.

untrod [ʌntr'ɔd], **untrodden** [~n] adj. 1. não pisado, não trilhado. 2. inexplorado.

untroubled [ʌntr'ʌbld] adj. 1. imperturbado, calmo, tranqüilo. 2. não estorvado, não molestado. 3. claro, límpido, transparente, não turvo.

untrue [ʌntr'u:] adj. 1. falso, incorreto, insincero. 2. infiel, desleal, inconstante. 3. imperfeito, inexato. 4. errôneo, errado. 5. (Mec.) não redondo. ‖ ~ly adv. erroneamente, erradamente, incorretamente, perfidiamente.

untrueness [~nis] s. incorreção, falsidade f., erro m.

untruss [ʌntr'ʌs] v. 1. soltar, desprender, abrir. 2. despir.

untrustworthiness [ʌntr'ʌstwə:ðinis] s. estado ou condição do que não merece confiança.

untrustworthy [ʌntr'ʌstwə:ði] adj. indigno de confiança.

untruth [ʌntr'u:θ] s. falta f. de verdade, inverdade, mentira, falsidade, deslealdade f.

untruthful [~ful] adj. mentiroso, falso, desleal, insincero. ‖ ~ly adv. de modo mentiroso, falsamente, insinceramente.

untruthfulness [~nis] s. mentira, falsidade, insinceridade f.

untuck [ʌnt'ʌk] v. 1. soltar, abaixar as dobras (de um vestido). 2. tirar uma criança das cobertas.

untune [ʌntj'u:n] v. 1. desafinar. 2. (fig.) indispor.

unturned [ʌnt'ə:nd] adj. 1. não virado. 2. (fig.) experimentado, tentado.
I left no stone ~ eu fiz de tudo, experimentei ou tentei tudo.

untutored [ʌntj'u:təd] adj. 1. não educado, inculto, não instruído. 2. natural, bruto.

untwine [ʌntw'ain] v. 1. destorcer(-se), desentrançar(-se), desenrolar(-se), soltar(-se). 2. (fig.) dese-

maranhar, desenredar, desembaraçar.
untwist [ʌntw'ist] v. = **untwine.**
unused [ʌnj'u:zd] adj. 1. não usado, novo. 2. desocupado. 3. [ʌnj'u:st] desacostumado, desabituado (**to** a). 4. desusado.
unusual [ʌnj'u:ʒəl] adj. invulgar, incomum, extraordinário, raro, singular. ‖ **~ly** adv. invulgarmente, raramente.
unusualness [~ nis] s. raridade f., qualidade ou condição do que é extraordinário.
unutterable [ʌn'ʌtərəbl] adj. indizível, inexprimível, inefável, indescritível.
an ~ liar um mentiroso requintado. **an ~ nonsense** uma incrível bobagem.
unuttered [ʌn'ʌtəd] adj. não pronunciado, não dito.
unvalued [ʌnv'æljud] adj. 1. não avaliado ou taxado. 2. sem valor. 3. que não tem preço. 4. desprezado.
unvaried [ʌnv'ɛərid] adj. 1. invariável, contínuo. 2. uniforme, monótono. 3. invariado.
unvarnished [ʌnv'ɑ:niʃt] adj. 1. não envernizado. 2. não enfeitado ou adornado, simples.
unvarying [ʌnv'ɛəriiŋ] adj. 1. invariável, imutável. 2. uniforme.
unveil [ʌnv'eil] v. 1. desvelar: a) tirar o véu a. b) desvendar, revelar, descobrir, expor. 2. abrir-se, dizer o que sente.
unveiling [~iŋ] s. descerramento m. (placa, estátua).
unvisited [ʌnv'isitid] adj. 1. não visitado, não freqüentado, não procurado. 2. não castigado, não punido, não vingado.
unvitiated [ʌnv'iʃieitid] adj. não viciado ou estragado, puro, limpo.
unvocal [ʌnv'oukl] adj. 1. (poét.) mudo. 2. (Mús.) sem melodia. 3. desarticulado. 4. reservado.
unvoice [ʌnv'ɔis] v. (Fon.) desarticular.
unvoiced [ʌnv'ɔist] adj. 1. não pronunciado ou dito. 2. (Fon.) insonoro, surdo, mudo.
unvote [ʌnv'out] v. anular uma decisão por nova votação.
unvouched [ʌnv'autʃt] adj. não documentado, não atestado.
unwariness [ʌnw'ɛərinis] s. descuido m., imprudência, imprevidência, inadvertência f.
unwarrantable [ʌnw'ɔrəntəbl] adj. 1. injustificado, injustificável, inescusável, imperdoável. 2. ilegal, ilegítimo. 3. impróprio. 4. irresponsável. 5. insuportável, que não se pode manter. ‖ **–bly** adv. 1. injustificavelmente. 2. ilegalmente. 3. impropriamente. 4. insuportavelmente. 5. irresponsavelmente.
unwarrantableness [~nis] s. 1. caráter m. ou qualidade f. injustificável. 2. ilegalidade f. 3. irresponsabilidade f.
unwarranted [ʌnw'ɔrəntid] adj. 1. não comprovado ou testemunhado. 2. injustificado, sem motivo. 3. não autorizado. 4. não garantido.
unwary [ʌnw'ɛəri] adj. descuidoso, imprudente, irrefletido, imprevidente, incauto. ‖ **–ily** adv. descuidadamente, imprudentemente, irrefletidamente.
unwashed [ʌnw'ɔʃt] adj. não lavado, sem asseio.
the ~ gente de classe inferior.
unwavering [ʌnw'eivəriŋ] adj. sem vacilar, resoluto.
unwearable [ʌnw'ɛərəbl] adj. que não se pode trajar.
unweariable [ʌnw'iəriəbl] adj. infatigável, incansável.
unwearied [ʌnw'iərid] adj. 1. não fatigado. 2. incansável.
unwearying [ʌnw'iəriiŋ] adj. infatigável, incansável, incessante.
with ~ delight com prazer sempre novo.
unweave [ʌnw'i:v] v. 1. destecer, desfiar. 2. (fig.) desemaranhar, resolver.
unwed [ʌnw'ed], **unwedded** [ʌnw'edid] adj. solteiro, não casado.

unweighed [ʌnw'eid] adj. 1. não pesado. 2. imponderado. 3. irrefletido (palavras). 4. despreocupado (atitude).
unweighing [ʌnw'eiiŋ] adj. incauto, imponderado.
unwelcome [ʌnw'elkəm] adj. mal-acolhido, mal recebido.
unwell [ʌnw'el] adj. indisposto, adoentado, doente.
are you ~? você está indisposto? você se sente mal?
unwept [ʌnw'ept] adj. sem ser chorado ou lamentado.
unwholesome [ʌnh'oulsəm] adj. 1. insalubre, insaudável. 2. doentio. 3. imoral, corrupto. 4. prejudicial, nocivo, pernicioso. ‖ **~ly** adv. 1. insaudavelmente. 2. corrutamente. 3. prejudicialmente.
unwholesomeness [~ nis] s. 1. insalubridade f. 2. imoralidade f. 3. nocividade f.
unwieldiness [ʌnw'i:ldinis] s. 1. dificuldade f. no manejo ou no manuseio. 2. falta f. de jeito ou habilidade.
unwieldy [ʌnw'i:ldi] adj. 1. de difícil manejo ou manuseio. 2. de difícil controle. 3. pesado, volumoso. 4. desajeitado, canhestro. ‖ **–ily** adv. desajeitadamente, pesadamente, dificultosamente.
unwill [ʌnw'il] v. 1. revogar, anular. 2. privar da força de vontade.
unwilled [~d] adj. involuntário, espontâneo.
unwilling [~iŋ] adj. sem vontade, de má vontade, relutante, pertinaz, teimoso. ‖ **~ly** adv. com relutância, a contragosto, de má vontade.
unwillingness [~ iŋnis] s. repugnância, má vontade f.
unwind [ʌnw'aind] v. 1. desenrolar(-se), soltar(-se) (cabo, etc.). 2. abrir, desenfaixar (ataduras). 3. desatar(-se) (fita, laço). 4. desprender-se, ceder (parafuso, prego). 5. desemaranhar, desembaraçar.
unwinking [ʌnw'iŋkiŋ] adj. (fig.) vigilante, alerta.
unwisdom [ʌnw'izdəm] s. incompreensão f., falta f. de inteligência, tolice f.
unwise [ʌnw'aiz] adj. ininteligente, imprudente, insensato. ‖ **~ly** adv. imprudentemente, insensatamente, tolamente.
is it not ~ for him to do that? não é insensatez dele fazer isto?
unwished [ʌnw'iʃt] adj. indesejado (também **~ for**).
unwitnessed [ʌnw'itnist] adj. inobservado, não visto, não testemunhado (**by** por), sem testemunhas.
unwitting [ʌnw'itiŋ] adj. 1. inconsciente. 2. involuntário. 3. despercebido. ‖ **~ly** adv. 1. inconscientemente. 2. involuntariamente. 3. sem perceber.
we offended him ~ly ofendemo-lo inconscientemente.
unwonted [ʌnw'ountid, ʌnw'ʌntid] adj. 1. não costumeiro, não usual, desusado. 2. desabituado, desacostumado. 3. invulgar, fora do comum, raro. ‖ **~ly** adv. 1. de modo não costumeiro. 2. de forma desacostumada. 3. invulgarmente, raramente.
unwontedness [~ nis] s. 1. falta f. de costume ou de hábito. 2. invulgaridade, raridade f.
unwooed [ʌnw'u:d] adj. não cortejado, sem pretendentes.
unworkable [ʌnw'ə:kəbl] adj. 1. que não pode ser trabalhado ou manejado. 2. incontrolável. 3. inaproveitável. 4. inexecutável, inexeqüível. 5. impraticável.
unworked [ʌnw'ə:kt] adj. não lavrado.
unworkmanlike [ʌnw'ə:kmənlaik] adj. malfeito, malacabado, pouco profissional ou técnico.
unworldliness [ʌnw'ə:ldlinis] s. altruísmo, desinteresse m., desapego m. às coisas mundanas.
unworldly [ʌnw'ə:ldli] adj. 1. não mundano, não apegado às coisas mundanas. 2. altruístico, abnegado, desinteressado.
unworn [ʌnw'ɔ:n] adj. 1. não usado, desusado. 2. não gasto, não surrado. 3. (fig.) não enfraquecido

ou desfalecido.

unworthiness [ʌnwˈəːðinis] s. 1. indignidade, desonra f. 2. desmerecimento m. 3. inconveniência f.

unworthy [ʌnwˈəːði] adj. 1. indigno (**of** de), desonroso, vergonhoso ignóbil, vil, baixo, torpe. 2. desmerecido, imerecido. 3. injustificado. 4. impróprio, inconveniente. ‖ **-ily** adv. 1. indignamente, vergonhosamente. 2. desmerecidamente, sem merecer. 3. injustificadamente. 4. impropriamente, inconvenientemente.

he is ~ of her (it) ele a (o) desmerece.

unwound [ʌnwˈaund] adj. 1. desenrolado. 2. sem corda (relógio).

it came ~ desenrolou-se.

unwrap [ʌnrˈæp] v. 1. desembrulhar(-se), desempacotar, abrir(-se). 2. abrir a cama.

unwrinkle [ʌnrˈiŋkl] v. desenrugar, alisar.

unwrinkled [~d] adj. sem rugas, liso, macio (pele).

unwritten [ˈʌnrˈitn] adj. 1. não escrito, em branco. 2. não por escrito, oral, verbal. 3. tradicional. **~ law** 1. lei fundada nos costumes. 2. princípio segundo o qual a pessoa que mata o sedutor da esposa ou da filha tem direito a julgamento mais brando.

unwrought [ʌnrˈɔːt] adj. não trabalhado, não lavrado, em bruto.

unwrung [ʌnrˈʌŋ] adj. não torcido (roupa).

unyielding [ʌnjˈiːldiŋ] adj. 1. inflexível: a) duro, rijo, firme. b) obstinado, teimoso, inexorável. 2. inacessível. ‖ **~ly** adv. inflexivelmente, tenazmente, rijamente, obstinadamente.

unyoke [ʌnjˈouk] v. 1. desjungir, tirar do jugo, desatrelar. 2. (fig.) livrar do jugo, de alguma opressão.

unzip [ʌnzˈip] v. abrir o zíper.

up [ʌp] s. 1. movimento m. ou curso m. ascendente. 2. elevação f. 3. boa sorte f. ‖ v. subir, elevar, levantar, erguer, aumentar. ‖ adj. 1. avançado, adiantado, dianteiro. 2. ascendente, para cima. 3. acima do solo. 4. perto, próximo, junto, chegado. 5. de rebatida (basebol). ‖ adv. 1. para cima, para o alto. 2. em cima, no alto. 3. ereto, de pé, em pé, levantado. 4. rumo à cidade (falando de cidades grandes). 5. cá, para cá. 6. acima do horizonte, nascido (sol, semente). 7. aberto (guarda-chuva). 8. exaltado, em agitação, em revolta, em atividade. 9. terminado, expirado. 10. passado. 11. fora da cama. 12. inteiramente, completamente, todo. 13. em tempo ou posição igual. 14. à altura. 15. a par. 16. à tona, em evidência. 17. à parte, de lado. 18. esvoaçado. 19. inchado, avolumado (rio). 20. diante, em diante. 21. instruído, versado. 22. em posição de rebate (beisebol). 23. junto, juntamente. ‖ prep. 1. em cima, para cima, acima. 2. em, sobre. 3. ao longo, através. 4. adentro. ‖ interj. de pé! levanta! levantai! vamos! aproximai!

the ~s and downs of life as vicissitudes da vida. **life has its ~s and downs** a vida tem seus altos e baixos. **he ~s and asks him** ele levanta-se de um pulo e pergunta-lhe. **I ~ and did it** eu corri e fi-lo. **~ line** linha (férrea) para a cidade. **~ platform** plataforma de chegada. **~ train** trem para a cidade. **~ and ~** sempre mais alto. **~ and down** para cima e para baixo. **the make—~** o arranjo, a apresentação, a maquilagem. **two storeys ~** da altura de dois andares. **~ in the sky** no alto do céu. **is anything ~?** há alguma coisa? **what is ~ there?** o que há ali? **who is ~?** de quem é a vez? **they are not ~ yet** eles ainda não se levantaram. **the sun is not ~ yet** o sol ainda não nasceu. **I was ~ and doing before day** eu já estava de pé e trabalhando antes de clarear. **he is ~** ele está por cima, venceu, está bem. **he is hard ~**

ele luta com grandes dificuldades. **he is ~ six points** ele está com uma vantagem de seis pontos. **prices are ~** os preços subiram, estão elevados. **my blood was ~** meu sangue estava agitado, fiquei revoltado. **the game is ~** a partida está no fim (também fig.). **the month's ~ on the first** o aluguel vence no dia primeiro. **the parliament is ~** o parlamento foi adiado. **we ate it ~** nós comemos tudo, acabamos com o que havia. **we bound it ~** amarramo-lo (pacote). **I fired ~** exaltei-me, enfureci-me (**at** com). **he gave himself ~ to the police** ele apresentou-se à polícia. **~ you go with the best of luck** (milit.) boa sorte! **we had him ~** levamo-lo perante a justiça (**for** por causa de). **hurry ~!** apressa-te! vamos! **she makes ~** ela se pinta. **own ~!** confessa francamente! **she sat ~ in bed** ela sentou-se ereta na cama. **speak ~!** fale mais alto! **they stood ~** eles se levantaram. **we stood** ou **sat ~ all night** passamos a noite em claro, ficamos de pé a noite toda. **they turned ~** eles surgiram inopinadamente. **speak ~ about it!** fala, abre-te a respeito disto. **I ran ~ against him** 1. enfrentei-o. 2. encontrei-o por acaso. **he was ~ against difficulties** ele se viu perante dificuldades. **he is ~ against it** ele está em apuros. **she has been ~ for a few days** ela está em Londres (ou outra capital) desde alguns dias. **he is ~ for reelection** ele é candidato à reeleição. **it is ~ for discussion** está em discussão. **he is ~ for the term** durante este semestre ele está na universidade. **it's ~ for trial** (Jur.) o caso será julgado. **we come ~ from the country** nós viemos do campo (da vida rural). **he is ~ in mathematics** ele está bem versado em matemática. **they are ~ in arms** eles pegaram em armas, insurgiram-se. **~ in the air** (fig.) no ar, aereamente, no mundo da lua. **well ~ in years** de idade avançada. **~ into the sky** céu acima. **~ till now** até agora. **he is ~ on it** ele é versado na matéria, entende do assunto. **he is ~ on himself** ele é arrogante. **~ to!** 1. para cima. 2. para cá. 3. até. 4. de acordo, conforme, segundo. **~ to now,** **~ to the present** até agora. **~-to-date.** 1. em dia, atualizado. 2. moderno. **it is ~ to him to tell her** cabe a ele dizer a ela. **he is not ~ to much today** ele não está bem (disposto) hoje. **it is not ~ to much** não presta muito. **she is ~ to his tricks** ela percebeu as suas artimanhas. **what have you been ~ to?** o que é que você estava fazendo, tramando? **what are you ~ to?** o que você está tramando? **they are always ~ to some mischief** eles sempre têm algumas diabruras na cabeça. **he is ~ to snuff** ele é um espertalhão. **not ~ to snuff** indisposto. **~ to the mark** à altura das exigências. **I feel not ~ to the mark** estou indisposto, não estou me sentindo bem. **he felt ~ to this subject** ele se sentiu à altura deste caso. **I got ~ to him** mantive o passo com ele, não fiquei atrás. **they went ~ to town** eles seguiram para a cidade. **they went ~ to the university** eles foram para a universidade. **~ to standard** perfeitamente bom. **they came ~ with me** adaptaram-se a meu passo, ritmo. **they kept ~ with me** acompanharam meu passo, ritmo. **it is all ~ with him** acabou-se com ele, ele está no fim. **~ the country** terra adentro. **~ the hill, ~ the river** morro acima, rio acima. **she came ~ the street** ela vinha subindo a rua (em direção a mim). **it is ~ the spout** (gíria) foi penhorado, está no prego. **I am ~ a tree** estou num aperto. **further ~ the road** um pouco mais rua acima. **~ with you!** levanta-te! vamos! **heads ~!** cabeça erguida! **~ the Oxonians!** vivam os de Oxford!

up and about adj. mais ou menos, medíocre.
up-and-coming adj. (E. U. A.) 1. com boas perspectivas de êxito. 2. inteligente e trabalhador.
up and doing adj. ocupado, ativo.
up-and-down adj. 1. para cima e para baixo, para cá e para lá, para frente e para trás. 2. franco, sincero. 3. em ordem, regular.
upbear [ʌpb'ɛə] v. elevar, sustentar, suster.
upbeat ['ʌpbi:t] s. 1. progresso, bom êxito. 2. (Mús.) ritmo m. de bateria. ‖ adj. otimista, feliz.
upborne [ʌpb'ɔ:n] adj. 1. erguido, suspenso, elevado. 2. apoiado, suportado.
upbraid [ʌpbr'eid] v. censurar, reprovar, repreender, chamar a atenção (**with, for** por).
   to ~ s. o. for the faults he has committed censurar a alguém pelos erros cometidos.
upbraider [~ə] s. admoestador, repreendedor m.
upbraiding [~iŋ] s. censura, admoestação, repreensão f. ‖ adj. repreensivo.‖ **~ly** adv. de modo repreensivo
upbringing ['ʌpbriŋiŋ] s. educação, formação f.
upcast ['ʌpka:st] s. arremesso m. para cima, o que foi arremessado para cima.‖ adj. 1. ereto, levantado, empinado. 2. voltado para cima.
upcast shaft s. poço m. de ventilação (mineração).
upcoming ['ʌpkʌmiŋ] adj. a chegar, a ser apresentado.
upcountry ['ʌpk'ʌntri] s. (coloq.) interior m. (país). ‖ adj. interior, não litoral. ‖ adv. terra adentro.
upcurrent ['ʌpkʌrənt] s. vento ascendente m.
update [ʌpd'eit] s. (Técn., Comp.) dados m. pl. a processar. ‖ v. pôr em dia.
upend [ʌp'end] v. pôr(-se) em pé.
upgrade ['ʌpgreid] s. elevação, subida f., aclive m. ‖ [ʌpgr'eid] v. elevar o nível de posição ou qualidade.
   he is on the ~ ele está subindo, vai progredindo.
upgrowth ['ʌpgrouθ] s. desenvolvimento, crescimento m.
upheaval [ʌph'i:vəl] s. 1. (Geol.) elevação da superfície da Terra. 2. motim, levante m., revolta, sublevação f.
upheave [ʌph'i:v] v. elevar(-se), levantar(-se), sublevar(-se).
uphill ['ʌphil] s. elevação, colina, subida f., aclive m. ‖ adj. 1. ascendente, íngreme, dirigido para cima. 2. elevado. 3. penoso, difícil, dificultoso, árduo, trabalhoso. ‖ [ʌph'il] adv. para cima, para o alto, morro acima, além.
   that would be ~ work aquilo exigiria muito esforço.
uphold [ʌph'ould] v. 1. segurar, sustentar, suster, apoiar, manter em pé. 2. manter, confirmar, aprovar. 3. defender. 4. conservar, preservar (tradição).
upholder [~ə] s. o que mantém, sustenta, apóia.
upholster [ʌph'oulstə] v. 1. estofar, acolchoar, almofadar. 2. atapetar, mobiliar.
upholstered [~d] adj. 1. estofado, almofadado. 2. atapetado.
upholsterer [~rə] s. 1. tapeceiro m. 2. decorador m. 3. estofador m.
upholstery [~ri] s. 1. artigos m. pl. de tapeçaria, cortinas f. pl., tapetes m. pl. 2. tapeçaria, decoração f. 3. ofício m. de tapeceiro ou decorador. 4. negócio m. ou comércio m. de tapeçaria, casa f. de móveis.
upkeep ['ʌpki:p] s. manutenção, conservação f.
upland ['ʌplənd] s. 1. terreno elevado, planalto m., região montanhosa f. 2. interior m. hinterlândia f. ‖ adj. 1. do planalto. 2. que vive ou cresce no planalto.
uplift ['ʌplift] s. 1. (Geol.) sublevação f. da crosta da Terra. 2. elevação espiritual, exaltação f. 3. melho-

ria social f., soerguimento moral m. ‖ [ʌpl'ift] v. 1. levantar, erguer, elevar. 2. (fig.) enaltecer, exaltar espiritual ou emocionalmente.
uplifter [~ə] s. o que suspende, eleva, melhora.
upliftment [~mənt] s. = **uplift.**
upmost ['ʌpmoust] adj. supremo, superior, mais alto.
upon [əp'ɔn] prep. = **on.**
upper ['ʌpə] s. parte superior f. de um calçado. ‖ adj. superior, mais alto.
   on one's ~s 1. com os sapatos furados. 2. na miséria, na pobreza.
upper case, upper case letters s. maiúsculas f. pl. (quadro B 17).
upper-class adj. 1. de ou relativo às classes sociais superiores. 2. de ou relativo às classes dos cursos secundários.
upperclassman ['ʌpəkla:smən] s. (E. U. A.) terceiranista m. do curso secundário ou graduando m.
upper crust s. (gíria) os graúdos m. pl.
uppercut ['ʌpəkʌt] s. (Boxe) direto m. no queixo. ‖ v. golpear assim.
upper hand s. (fig.) 1. controle m. 2. vantagem f.
   they got the ~ obtiveram o controle, a supremacia.
Upper House (também **upper house**) s. Câmara Alta f., Câmara dos Pares.
uppermost ['ʌpəmoust] adj. 1. superior, mais alto, mais elevado, supremo. 2. mais importante, principal, predominante. ‖ adv. 1. no lugar mais alto. 2. em primeiro lugar.
   we came ~ obtivemos a supremacia. **she said whatever came ~** (fig.) ela dizia o que bem lhe vinha à mente.
upper storey s. 1. andar superior m. 2. (fig. e gíria) cabeça, cachola f.
uppish ['ʌpiʃ] adj. soberbo, arrogante, altivo, presunçoso. ‖ **~ly** adv. com soberba, arrogantemente, altivamente.
uppishness [~nis] s. soberba, arrogância, altivez, presunção f.
uppity ['ʌpiti] adj. (coloq.) = **uppish.**
upraise [ʌpr'eiz] v. pôr em pé, levantar.
   with hands ~d com as mãos erguidas.
uprear [ʌpr'iə] v. pôr em pé, levantar.
upright ['ʌprait] s. 1. poste, pilar m., coluna f. ou qualquer peça perpendicular com função de apoio, como pontalete, etc. 2. pianino m. ‖ adj. 1. perpendicular, vertical, aprumado, ereto, em pé (quadro Q). 2. direito, honesto, correto, justo. ‖ adv. em posição vertical, verticalmente, a prumo. ‖ **~ly** adv. 1. perpendicularmente. 2. honestamente.
   to sit ~ sentar-se direito (não com a espinha curvada). **an ~ man** um homem correto.
uprightness [~nis] s. 1. perpendicularidade f., prumo m. 2. probidade, retidão, lealdade f.
uprise [ʌpr'aiz] s. 1. subida f.: a) ascensão, elevação f. b) ladeira, colina f. 2. o levantar do sol. ‖ [ʌpr'aiz] v. 1. levantar-se, elevar-se. 2. nascer, surgir (sol).
uprising [ʌpr'aiziŋ] s. 1. revolta, rebelião, insurreição f., motim m. 2. subida f.: a) ladeira f., aclive m. b) ascensão, elevação f. 3. nascer (sol). 4. nascimento, aparecimento m.
up-river ['ʌpr'ivə] adj. rio acima.
uproar ['ʌprɔ:] s. grande barulho, distúrbio, tumulto, alvoroto, rebuliço m., bulha, gritaria f.
   to set in an ~ pôr em rebuliço.
uproarious [ʌpr'ɔ:riəs] adj. 1. barulhento, ruidoso, confuso, tumultuoso. 2. estrondoso (aplauso). ‖ **~ly** adv. 1. tumultuosamente. 2. estrondosamente.
uproariousness [~nis] s. qualidade ou condição do que é tumultuoso, confusão, balbúrdia f.
uproot [ʌpr'u:t] v. desarraigar: 1. arrancar, erradicar (**from** de). 2. exterminar, extirpar.

uprooted [~id] adj. desarraigado: 1. arrancado. 2. extirpado.
uprooter [~ə] s. o que arranca, erradica, extirpa.
uprouse [ʌpr'auz] v. despertar, acordar.
upset [ʌps'et] s. 1. tombo m., queda, virada, capotagem f. 2. distúrbio m., desordem f. 3. derrota, ruína f. ‖ v. 1. tombar, virar, capotar. 2. pôr em desordem, desordenar, desconcertar, desnortear, descontrolar, desarranjar. 3. perturbar. 4. depor (governo). 5. frustrar, impedir. ‖ adj. 1. virado, capotado, tombado. 2. desconcertado, descontrolado, desordenado. 3. perturbado, agitado. 4. ereto, levantado.
I am very ~ about it estou muito preocupado, aflito com isso. **that ~s me** isso me deixa perplexo. **have you eaten something that ~s you?** você desarranjou o estômago com alguma coisa?
upset price s. preço m. mínimo, em leilão.
upshot [ʌp'ʃɔt] s. fim, final, resultado, desfecho m., conclusão f.
in the ~ no final das contas.
upside [ʌp'said] s. 1. parte superior f. 2. lado m. da chegada (tráfego).
upside down adv. 1. de cabeça para baixo, de pernas para o ar, virado, invertido. 2. em completa confusão ou desordem, remexido, em rebuliço.
we turned it ~ deixamo-lo em completa desordem.
upsides [ʌp'saidz] adj. (gíria) quite.
I got ~ with him eu fiquei quite com ele, desforrei-me.
upsilon [ju:'psilon] s. ípsilon m.: vigésima letra do alfabeto grego.
upspring [ʌp'spriŋ] s. crescimento m. ‖ [ʌpspr'iŋ] v. brotar, nascer, surgir, aparecer.
upstage [ʌpst'eidʒ] adj. 1. altivo, soberbo, arrogante, altaneiro. 2. do ou no fundo do palco. ‖ adv. do ou no fundo do palco.
upstairs [ʌpst'eəz] s. o andar superior m. ‖ adj. do andar superior. ‖ adv. 1. em cima, situado no andar superior. 2. para cima, escada acima. 3. (Av. e coloq.) em grande altura.
she is, went ~ ela está, foi para cima.
upstanding [ʌpst'ændiŋ] adj. 1. em pé, ereto. 2. honrado, honesto, reto.
upstart [ʌp'sta:t] s. 1. pessoa que repentinamente surgiu do nada, novo-rico m., filho m. da fortuna. 2. pessoa arrogante, convencida f., pretensioso m. ‖ adj. 1. próprio de novo-rico, etc. 2. arrogante.
upstate [ʌp'steit] s. interior m. (de um Estado). ‖ adj. no interior de um Estado.
upstream [ʌp'stri:m] adj. + adv. rio acima, contra a corrente.
upstroke [ʌp'str'ouk] s. 1. traço ascendente m. (de uma letra). 2. (Mec.) curso ascendente m.
upsurge [ʌp'sə:dʒ] s. (fig.) excitação, revolta f.
upsweep [ʌp'swi:p] s. 1. movimento m. ou curva f. ascendente. 2. penteado m. para cima. ‖ v. [ʌpsw'i:p] levar para cima.
upswing [ʌp'swiŋ] s. ascensão, elevação, melhoria f., impulso m. ‖ v. elevar, melhorar, aprimorar.
the ~ in the trade o impulso no comércio.
uptake [ʌp'teik] s. 1. compreensão f., entendimento m. 2. levantamento, erguimento m.
slow in the ~ que compreende com dificuldade.
upthrow [ʌp'θrou] s. 1. (Geol.) elevação f. da crosta da Terra. 2. sublevação, revolta, revolução f.
up-to-date adj. 1. em dia, atualizado. 2. moderno, de acordo com a moda.
to bring ~ pôr em dia, atualizar.
up-to-dateness s. qualidade do que está em dia, é moderno.
uptown [ʌp'taun] s. bairro residencial m. de uma

cidade. ‖ adj. 1. na parte superior de uma cidade. 2. no bairro residencial. 3. (E. U. A.) suburbano. ‖ [ʌpt'aun] adv. rumo à parte superior de uma cidade, rumo aos arrabaldes.
uptrend [ʌp'trend] s. (Econ.) tendência progressiva f.
upturn [ʌp'tə:n] s. 1. ação f. de virar para cima. 2. mudança f. para melhor. ‖ [ʌpt'ə:n] v. 1. virar para cima, elevar, levantar. 2. revolver, revirar. 3. erguer-se. 4. (fig.) surgir.
upturned [ʌpt'ə:nd] adj. 1. virado para cima. 2. tombado, capotado, soçobrado.
an ~ nose nariz arrebitado.
upward [ʌp'wəd] adj. dirigido para cima, ascendente, superior. ‖ adv. acima, para cima, por cima, além, mais, adiante. ‖ ~ly adv. de modo ascendente.
from fifteen years ~ de quinze anos para cima.
upwards [~z] adj. + adv. = **upward**.
from the tenth century ~ do século décimo em diante.
uraemia [juər'i:miə] s. (Pat.) uremia f.
uraemic [juər'i:mik] adj. urêmico.
Ural-Altaic [j'uərəl-ælt'eik] s. (Ling.) uralo-altaico m. ‖ adj. (Geogr.) relativo aos Urais e ao Altai.
Uranian [juər'einiən] adj. (Mitol.) celeste.
uranium [juər'einiəm] s. (Quím.) urânio m.
uranography [juərən'ɔgrəfi] s. uranografia f.
uranology [juərən'ɔlədʒi] s. (Astron.) uranologia f.
uranometry [juərən'ɔmitri] s. uranometria f.
uranous [j'uərənəs] adj. (Quím.) uranoso.
Uranus [~] s. (Astron., Mitol.) Urano m.
urate [j'uəreit] s. (Quím.) urato m.
urban [ə:'bən] adj. urbano: de ou relativo à cidade.
urbane [ə:b'ein] adj. urbano, civil, cortês, polido, fino, educado. ‖ ~ly adv. de modo urbano.
urbaneness [~nis], **urbanity** [ə:b'æniti] s. urbanidade, civilidade, cortesia, delicadeza f.
urbanite [ə:'bənait] s. morador urbano m.
urbanization [ə:bənaiz'eiʃən] s. urbanização f.
urbanize [ə:'bənaiz] v. urbanizar.
urchin [ə:'tʃin] s. 1. rapaz m. ou garoto m. travesso, moleque, maroto m. 2. criança f. pobre, maltrapilha. 3. ouriço-do-mar m. (= **sea ~**).
urea [j'uəriə] s. (Quím.) uréia f.
ureal [~l], **ureic** [juər'i:ik] adj. uréico: relativo à uréia.
uredo [jur'i:dou] s. (Med.) urticária f.
uremia [juər'i:miə] s. = **uraemia**.
uremic [juər'i:mik] adj. = **uraemic**.
ureter [jur'i:tə] s. (Anat.) ureter m.
urethra [juər'i:θrə] s. (Anat.) pl. **–thrae** [-i:], **~s** uretra f.
urethral [~l] adj. uretral.
urethritis [juəriθr'aitis] s. (Pat.) uretrite f.
urge [ə:dʒ] s. desejo m., ânsia f., anseio, ímpeto, impulso m. ‖ v. 1. urgir, instar, apressar, acelerar. 2. impulsionar, impelir. 3. incitar, instigar, estimular. 4. realçar, frisar, sublinhar (**that** que). 5. recomendar com insistência. 6. solicitar com insistência. 7. argumentar, persuadir, induzir. 8. obrigar, constranger.
he was ~d to sing insistiram em que ele cantasse. **we ~d him on** incitamo-lo, apressamo-lo. **they ~d upon him** recomendaram-lhe com insistência.
urgency [ə:'dʒənsi] s. 1. urgência, necessidade, premência f. 2. insistência f.
urgent [ə:'dʒənt] adj. 1. urgente, premente, imediato, iminente, indispensável. 2. insistente. ‖ ~ly adv. 1. urgentemente. 2. insistentemente.
he was in ~ need of money ele tinha premente necessidade de dinheiro. **I was ~ about it** eu fiz questão absoluta disto. **she was ~ with him to**

help her ela solicitou-lhe com insistência, implorou-lhe que a ajudasse.

uric [j'uərik] adj. (Quím.) úrico.

uric acid s. (Quím.) ácido úrico m.

urinal [j'uərinəl] s. 1. urinol m. 2. mictório m.

urinalysis [juərin'ælisis] s. análise f. da urina.

urinary [j'uərinəri] s. urinol m. ‖ adj. urinário.

urinate [j'uərineit] v. urinar.

urination [juərin'eiʃən] s. urinação f.

urine [j'uərin] s. urina f.

uriniferous [juərin'iferəs] adj. urinífero.

urn [ə:n] s. 1. urna f. (também cinerária ou funerária). 2. vaso, cântaro m. 3. túmulo m. 4. chaleira f. ou cafeteira f. com torneira. ‖ v. guardar ou depositar numa urna.

urochrome [j'uərəkroum] s. urocromo m. (pigmento).

urogenital [juərodʒ'enitəl] adj. urogenital, geniturinário.

urology [juər'ɔlədʒi] s. (Med.) urologia f.

uroscopy [jur'ɔskəpi] s. (Med.) uroscopia f.

Ursa Major ['ə:sə m'eiə] s. (Astron.) Ursa Maior f.

Ursa Minor ['ə:sə m'ainə] s. (Astron.) Ursa Menor f.

ursine ['ə:sain] adj. ursino, ursídeo.

urtica ['ə:tikə] s. (Bot.) urtiga f.

urticaceae [ə:tik'eisii:] s. pl. (Bot.) urticáceas f. pl.

urticaceous [ə:tik'eiʃəs] adj. (Bot.) urticáceo.

urticaria [ə:tik'əəriə] s. (Pat.) urticária f.

urticate ['ə:tikeit] v. v. 1. (Pat.) urtigar. 2. irritar.

urtication [ə:tik'eiʃən] s. urticação f.

Uruguayan [jurugw'aiən] s. uruguaio m. ‖ adj. uruguaio.

urus [j'uərəs] s. uro m.: touro selvagem.

us [ʌs] pron. nós, nos.

he came to see ~ ele veio visitar-nos. **they gave ~ this book** eles nos deram este livro. **give it to ~** dá-no-lo. **all of ~** nós todos. **both of ~** nós dois. **let's sing** vamos cantar! **we looked about ~** olhamos em redor de nós.

usability [juːzəb'iliti] s. qualidade do que é usável ou aproveitável.

usable [j'uːzəbl] adj. usável, utilizável.

usableness [~nis] s. = usability.

usage [j'uːzidʒ] s. 1. uso m.: costume, hábito m., prática f. 2. tratamento m., método de tratar, trato m. 3. emprego m., aplicação f. 4. serviço m.

common ~ uso generalizado, praxe. **hard ~** mau trato. **of long ~** de uso tradicional. **sanctified by ~** santificado pelo uso. **the ~ of our modern writers** o modo de escrever, o estilo de nossos modernos escritores.

usance [j'uːzəns] s. 1. usança, prática, praxe f., uso, hábito m. 2. (Com.) usura f.

at ~ (Com.) de praxe. **bill of ~** fatura ou letra na forma de praxe.

use [juːs] s. 1. uso m. 2. prática f. 3. praxe, usança f., hábito, costume m. 4. ritual m. 5. aplicação f., emprego m. 6. função, serventia f. 7. utilidade, finalidade f. 8. modo m. de usar. 9. necessidade f. 10. tratamento, trato m. 11. vantagem f., proveito m. 12. usufruto m. ‖ [juːz] v. 1. usar. 2. praticar. 3. habituar, acostumar. 4. aproveitar(-se), servir(-se), utilizar(-se). 5. gastar, consumir, esgotar. 6. aplicar, empregar. 7. manusear. 8. tratar.

we have no ~ it não usamos isso, não é de proveito para nós. **there is no ~ in ringing up, it is no ~ to ring up** não adianta telefonar, é inútil telefonar. **they made good (bad) ~ of** fizeram bom (mau) uso de. **he made ~ of this book** ele fez uso, usou-se deste livro. **may I make ~ of your name?** 1. posso referir-me a sua pessoa? 2. posso fazer uso de seu nome? **for ~** para uso.

for ~ in schools para uso nas escolas. **in ~** em uso, usual, de praxe. **is this book of ~ for you?** este livro é de proveito para você? este livro serve para você? **it is of no ~ to shout** gritar aqui não adianta nada. **she was of some ~ in laying the table** ela se mostrou útil, pondo a mesa. **of what ~ is it to go there? what is the ~ of going there?** o que adianta ir lá? **it is of no ~ to me** não me adianta nada, não me serve para nada. **can I be of any ~?** posso ajudar? **it has fallen (gone, passed) out of ~** caiu em desuso, não é mais usado. **you can put it to ~** você pode usá-lo, aproveitá-lo. **may I ~ your name** posso referir-me a você? **they ~d him badly** trataram-no mal. **I ~d it for a journey** usei-o, gastei-o para uma viagem. **to ~ up** gastar, esgotar. **~d up** 1. exausto, esgotado. 2. que já serviu o bastante. **he always ~d to say** ele costumava dizer sempre. **it ~d to be said** costumava dizer-se. **there ~d to be a window** havia ali uma janela.

useability [juːzəb'iliti] s. = usability.

useable [j'uːzəbl] adj. = usable.

useableness [~nis] s. = usableness.

used [juːst] adj. 1. usual, habitual, de praxe. 2. acostumado, habituado. 3. [juːzd] usado, de segunda mão.

I was ~ to do it eu estava habituado a fazê-lo. **I got ~ to do it** habituei-me a fazê-lo.

useful [j'uːsful] adj. 1. proveitoso, profícuo, conveniente, benéfico. 2. aproveitável, útil. 3. (gíria) competente, hábil. ‖ **~ly** adv. proveitosamente, beneficamente, utilmente.

I made myself ~ procurei ser útil, ajudei.

usefulness [~nis] s. utilidade f., proveito, benefício m.

useless [j'uːslis] adj. 1. inútil, desnecessário, vão, fútil. 2. inaproveitável, imprestável, sem valor. ‖ **~ly** adv. 1. inutilmente, desnecessariamente. 2. de modo inaproveitável.

it is ~ é inútil, supérfluo.

uselessness [~nis] s. inutilidade f.

user [j'uːzə] s. 1. o que usa ou faz uso de. 2. (Jur.) direito m. de uso adquirido pelo uso contínuo.

ush [ʌʃ] v. indicar o lugar (em cinema, teatro).

U-shaped adj. em forma de U.

~ tube tubo em U, tubo U.

usher ['ʌʃə] s. 1. porteiro m. 2. oficial m. de justiça. 3. indicador m. de lugar (em cinema, teatro). 4. (Parlamento) introdutor m. 5. professor assistente m. 6. (E. U. A.) paraninfo m. (de casamento). ‖ v. 1. conduzir, acompanhar. 2. introduzir. 3. anunciar.

ustulate ['ʌstʃuleit] v. ustular.

ustulation [ʌstʃul'eiʃən] s. ustulação f.

usual [j'uːʒuəl] s. o usual, o costumeiro. ‖ adj. usual, costumeiro, de praxe, habitual, comum. ‖ **~ly** adv. usualmente, habitualmente, comumente.

cheap as ~ barato como de costume. **they came later than ~** vieram mais tarde do que o habitual. **the pride ~ with her** sua costumeira arrogância.

usualness [~nis] s. qualidade f. do que é usual ou habitual.

usufruct [j'uːsjufrʌkt] s. usufruto m.

usufructuary [juːsjufr'ʌktjuəri] s. usufrutuário m. ‖ adj. usufrutuário.

usurer [j'uːʒərə] s. usurário m., agiota m. + f.

usurious [juːzj'uəriəs] adj. usurário, agiota. ‖ **~ly** adv. usurariamente, de modo agiota.

usuriousness [~nis] s. usura f.

usurp [juːz'ə:p] v. usurpar, apoderar-se injustamente de.

usurpation [juːzə:p'eiʃən] s. usurpação f.

usurper [juːzˈəːpə] s. usurpador m.

usurping [juːzˈəːpiŋ] adj. usurpador. ‖ ~**ly** adv. de modo usurpador.

usury [jˈuːʒuri] s. usura, agiotagem, onzena f.
they lent at (upon, on) ~ emprestaram com usura.
to return with ~ (fig.) devolver, retribuir excessivamente.

utensil [jutˈensl] s. utensílio m., louça f. (quadros C 1, K 2).

uterine [jˈuːtərain] adj. uterino: 1. de ou relativo ao útero. 2. que é irmão por parte da mãe.

uteritis [juːtərˈaitis] s. (Pat.) uterite, metrite f.

uterus [jˈuːtərəs] s. (Anat.) útero m.

utile [juːtl] adj. = **useful.**

utilitarian [jutilitˈɛəriən] s. (Filos.) utilitário m. ‖ adj. utilitário.

utilitarianism [juːtilitˈɛəriənizm] s. utilitarismo m.

utility [jutˈiliti] s. 1. utilidade f. 2. coisa útil f. 3. vantagem f., proveito m. (**for** para). 4. empresa f. de serviço público. 5. **utilities** pl. ações f. pl. de empresas de utilidade pública.

utility company s. empresa f. de serviço público.

utility room s. despensa f.

utilizable [jˈuːtilaizəbl] adj. utilizável, aproveitável.

utilization [juːtilaizˈeiʃən] s. utilização, aplicação f., aproveitamento, emprego m.

utilize [jˈuːtilaiz] v. utilizar, aproveitar, usar.

utilizer [~ə] s. o que usa, utiliza, aproveita.

utmost [ˈʌtmoust] s. o máximo, o extremo, o maior. ‖ adj. máximo, extremo, maior, derradeiro.
to its ~ **limits** até os limites extremos. **with the** ~ **pleasure** com o máximo prazer. **at the** ~ no máximo. **to the** ~ até o máximo. **to the** ~ **of my power** na melhor forma possível. **they did their** ~ fizeram o mais que puderam.

utopia [juːtˈoupjə] s. utopia, quimera, fantasia f.

utopian [~n] s. utopista m. + f., visionário m.

utopianism [~nizm] s. utopianismo m., visão, quimera f.

utricle [jˈuːtrikl] s. (Anat. e Bot.) utrículo m.

utricular [jutrˈikjulə] adj. utricular.

utter (I) [ˈʌtə] adj. 1. total, completo, absoluto,

rematado. 2. exterior, externo, de fora. ‖ ~**ly** adv. totalmente, completamente, absolutamente, terminantemente.
I am an ~ **stranger here** eu sou completamente estranho aqui. **I am an** ~ **stranger to this news** esta notícia é totalmente nova para mim. ~**ly without doubt** absolutamente fora de dúvida.

utter (II) [ˈʌtə] v. 1. proferir, exprimir, articular, expressar, dizer, pronunciar. 2. publicar, revelar, divulgar. 3. emitir. 4. vender.

utterable [~rəbl] adj. exprimível, proferível, dizível, pronunciável.

utterance [~rəns] s. 1. expressão vocal f. 2. elocução f., modo m. de falar, forma f. de expressão. 3. o que se disse ou pronunciou. 4. emissão f. (de dinheiro falso).
they gave ~ **to their discontent** fizeram sentir o seu descontentamento. **his political** ~**s** suas elocuções, discursos políticos.

utterer [~rə] s. o que profere, exprime, pronuncia, etc.

uttermost [ˈʌtəmoust] s. + adj. = **utmost.**
to the ~ **corner** até o canto mais remoto. **to the** ~ **drop** até a última gota.

utterness [ˈʌtənis] s. totalidade f., qualidade do que é absoluto, completo.
the ~ **of his results** a totalidade de seu sucesso.

U-turn s. (Autom.) curva f. em U.

uvarovite [uːvˈɑːrəfait] s. (Miner.) uvarovita f.

uvea [jˈuːviə] s. (Anat.) úvea f.

uvula [jˈuːvjulə] pl. **uvulæ** [-liː] s. (Anat.) úvula, campainha f.

uvular [~] adj. (Anat., Fon.) uvular.

uvulitis [juːvjulˈaitis] s. (Pat.) uvulite f.

uxorial [ˌʌksˈɔːriəl] adj. uxório.

uxoricide [ˌʌksˈɔːrisaid] s. uxoricida m.

uxorilocal [ˌʌksɔːrilˈoukəl] adj. (Etn.) matrilocal.

uxorious [ˌʌksˈɔːriəs] adj. baboso, muito afeiçoado à mulher, escravo da mulher, maricas, maricão. ‖ ~**ly** adv. com demasiada submissão a mulher.

uxoriousness [~nis] s. demasiado amor m. ou demasiada afeição f. do marido à sua mulher.

V

V, v [vi:] s. 1. vigésima segunda letra do alfabeto, consoante. 2. qualquer objeto em forma de V. 3. número romano equivalente a cinco. 4. (coloq., E. U. A.) cédula de cinco dólares.
V-belt correia em V. **V-Day** abr. de **Victory Day.** **V-Mail** serviço postal usando microfilmes. **V-shaped** em forma de V.
V. abr. de: 1. **Victory.** 2. **visual acuity.** 3. (Quím.) **vanadium.** 4. **vocative.** 5. **volt.**
v. abr. de: 1. **verb.** 2. **versus.** 3. **verse.** 4. **vide.** 5. **volt, volts, voltage.** 6. **volume.** 7. **von.** 8. **vowel.**
vacancy [v'eikənsi] s. 1. vacância, vagância f. 2. vácuo, vazio m. 3. vaga f., lugar vago m. 4. lacuna f. 5. quarto m. ou apartamento m. para aluguel. 6. (†) desocupação, ociocidade f.
he must fill the ~ ele precisa preencher a vaga.
vacant [v'eikənt] adj. 1. vago, desocupado, livre. 2. desabitado. 3. abandonado, devoluto. 4. ininteligente, tolo, inexpressivo, vazio. 5. inativo, ocioso. 6. despreocupado. ‖ **~ly** adv. 1. vagamente. 2. despreocupadamente. 3. ociosamente.
vacate [vək'eit] v. 1. deixar vago, vagar. 2. renunciar. 3. (milit.) abandonar (uma posição), evacuar. 4. desocupar (lugar). 5. suspender, anular, revogar, cancelar, rescindir. 6. (gíria) ir-se embora, retirar-se.
vacation [vək'eiʃən] s. 1. férias f. pl., feriado m., período m. de descanso. 2. eliminação, liquidação f. 3. lazer, ócio m. 4. desocupação f. (posto, casa). ‖ v. ir em férias, gozar férias, tirar férias.
vacationer [~ə], **vacationist** [~ist] s. 1. pessoa f. em gozo de férias. 2. veranista, excursionista m. + f.
vacationland [~lænd] s. área f. de recreação para férias.
vaccinal [v'æksinəl] adj. vacinal.
vaccinate [v'æksineit] v. vacinar.
vaccination [væksin'eiʃən] s. vacinação f.
vaccinator [v'æksineitə] s. vacinador m.
vaccine [v'æksi:n] s. vacina f. ‖ adj. 1. vacum, bovino. 2. vacinal.
vaccinia [væks'iniə] s. = **vaccine.**
vacillant [v'æsilənt] adj. vacilante, indeciso.
vacillate [v'æsileit] v. vacilar: 1. oscilar, cambalear, tremer. 2. titubear, hesitar, ficar irresoluto, indeciso.
vacillating [~iŋ] adj. vacilante: 1. oscilante, trêmulo. 2. titubeante, hesitante, irresoluto, indeciso. ‖ **~ly** adv. 1. de modo oscilante, tremulamente. 2. irresolutamente, indecisamente, hesitantemente.
vacillation [væsil'eiʃən] s. vacilação f.: 1. oscilação. 2. irresolução, hesitação, indecisão f.
vacillatory [v'æsilitəri] adj. = **vacillating.**
vacuity [vækj'uiti] s. 1. vacuidade, lacuna f., vazio m. 2. vácuo m. 3. falta f. de inteligência, estupidez f. 4. algo bobo ou estúpido.
vacuolate [v'ækjuouleit], **vacuolated** [~id] adj. vacuolar.
vacuole [v'ækjuoul] s. (Biol.) vacúolo m.
vacuous [v'ækjuəs] adj. 1. vago, vazio, vácuo. 2. inexpressivo. 3. ininteligente, estúpido. 4. ocioso. ‖ **~ly** adv. 1. vagamente. 2. inexpressivamente. 3. estupidamente. 4. ociosamente.
vacuousness [~nis] s. vacuidade f.
vacuum [v'ækjuəm] s. pl. **~s, –ua** [-juə] 1. vácuo m. 2. vazio m. 3. vão m. ‖ v. limpar com aspirador de pó.
vacuum bottle s. garrafa térmica f. (quadro T 4).
vacuum cleaner s. aspirador m. de pó (quadro V 1).

vacuum-packed adj. acondicionado a vácuo.
vacuum pump s. bomba f. a vácuo.
vacuum tube s. 1. (Eletr.) tubo m. de vácuo. 2. (Rádio) válvula eletrônica f.
vade mecum [v'eidim'i:kəm] s. vademécum, manual m.
vadose [v'eidous] adj. (Geol.) vadoso.
vagabond [v'ægəbənd] s. 1. vagabundo, vadio m. 2. velhaco, patife m. ‖ v. vagabundear, vadiar. ‖ adj. 1. vagabundo, errante, nômade, que anda ao acaso. 2. imprestável, à-toa.
vagabondage [v'ægəbəndidʒ] s. 1. vagabundagem, vida errante f. 2. vadiagem, malandragem f.
they live in ~ eles levam uma vida de vadiagem.
vagal [v'eigəl] adj. (Anat.) relativo ao vago.
vagarious [vəg'ɛəriəs] adj. 1. esquisito, estranho. 2. caprichoso, fantástico.
vagary [vəg'ɛəri] s. imaginação, fantasia, excentricidade, veneta f., capricho m.
vagina [vədʒ'ainə] s. pl. **~s, –nae** [-ni:] 1. (Anat.) vagina f. 2. bainha f., ou parte semelhante. 3. (Bot.) bainha f.
vaginal [~l] adj. vaginal.
vagotropic [veigətr'opik] adj. vagotrópico.
vagrancy [v'eigrənsi] s. vadiação, vida errante f.
vagrant [v'eigrənt] s. vagabundo, vadio, saltimbanco m. ‖ adj. vagabundo, vadio, errante, nômade. ‖ **~ly** adv. a modo de vagabundo ou errante, vadiamente, ociosamente.
~ thoughts idéias ou pensamentos fugidios.
vague [veig] adj. 1. vago: a) indeterminado, indefinido. b) incerto, oscilante. c) remoto (lembrança). 2. distraído. 3. dúbio, ambíguo, obscuro, indistinto, confuso. ‖ **~ly** adv. 1. vagamente, indefinidamente. 2. incertamente. 3. distraidamente. 4. obscuramente.
vagueness [v'eignis] s. incerteza f., falta f. de clareza, falta f. de precisão.
vagus [v'eigəs] s. (Anat.) vago m.: décimo par de nervos cranianos ou pneumogástricos.
vain [vein] adj. 1. convencido, vaidoso, presunçoso. 2. vão, fútil, infrutífero, inútil. 3. sem valor ou importância. 4. vazio, sem fundamento. ‖ **~ly** adv. 1. vaidosamente, orgulhosamente. 2. futilmente.
all was in ~ foi tudo em vão. **to take in ~** invocar em vão (o nome de Deus).
vainglorious [veingl'ɔ:riəs] adj. vanglorioso, orgulhoso, presunçoso, jactancioso, arrogante, vaidoso. ‖ **~ly** adv. orgulhosamente, presunçosamente, de modo vanglorioso, vaidosamente.
vaingloriousness [~nis], **vainglory** [veingl'ɔ:ri] s. vanglória, presunção, vaidade, ostentação f.
vainness [v'einnis] s. 1. vaidade f. 2. futilidade f.
valance [v'æləns] s. 1. sanefa f. 2. cortinado m. ‖ v. decorar com sanefas.
vale (I) [veil] s. (poét.) vale m.
vale (II) [v'eili] interj. (latim) até logo! adeus!
valediction [vælid'ikʃən] s. despedida f., adeus m.
valedictorian [vælidikt'ouriən] s. (E. U. A.) orador oficial m. (estudante que pronuncia o discurso de despedida).
valedictory [vælid'iktərl] s. (E. U. A.) discurso m. de despedida. ‖ adj. de despedida.
valence [v'eiləns], **valency** [~i] s. (Quím.) valência f.
valentine [v'æləntain] s. 1. namorado m. ou namorada f. escolhido no dia de São Valentim (14 de fevereiro). 2. carta f., ou cartão postal m. ou

presente m. remetido no dia de São Valentim.
valerian [vəl'iəriən] s. 1. (Bot.) valeriana f. (Valeriana ofificinalis). 2. calmante m. feito da valeriana.
valerianic [vəliəri'ænik], **valeric** [vəl'erik] adj. feito de ou relativo à valeriana.
valet [v'ælit] s. 1. criado, pajem m. 2. em hotéis, o empregado que limpa e passa roupa, camareiro m. ‖ v. trabalhar como criado, pajem.
valetudinarian [vælitju:din'εəriən] s. 1. valetudinário m. 2. hipocondríaco m. ‖ adj. 1. valetudinário. 2. hipocondríaco.
valetudinarianism [~izm] s. estado ou condição de valetudinário ou hipocondríaco.
valetudinary [vælitj'u:dinəri] adj. = **valetudinarian.**
valiance [v'æljəns], **valiancy** [~i] s. bravura, coragem, valentia f., valor m.
valiant [v'æljənt] adj. valente, bravo, destemido, valoroso, corajoso, heróico. ‖ ~ly adv. corajosamente, destemidamente, valorosamente.
valid [v'ælid] adj. válido: 1. que tem valor legal bem fundamentado ou motivado, convincente, verídico. 2. sadio, são, forte, vigoroso. ‖ ~ly adv. validamente, incontestavelmente.
validate [~eit] v. 1. validar, legalizar. 2. confirmar, aprovar, ratificar.
validation [vælid'eiʃən] s. validação f.
validity [vəl'iditi] s. 1. validez f. 2. força, solidez f. (de argumento). 3. eficácia f.
valise [vəl'i:z] s. valise, mochila, mala f. de mão.
Valkyr [vælk'iə], **Valkyrie** [~ri] s. (Mitol.) Valquíria f.
vallation [vəl'eiʃən] s. (Fort.) trincheira f., valo, parapeito m. de terra.
vallecula [val'ekjulə] s. (Anat., Bot.) depressão f., sulco m.
valley [v'æli] s. 1. vale m., baixada f. 2. (arc.) revessa, água-furtada f. (telhados) (quadro R 5).
valorization [vælərizˈeiʃən] s. valorização f.
valorize [v'æləraiz] v. valorizar.
valorous [v'ælərəs] adj. valoroso, bravo, corajoso, intrépido, valente, destemido, heróico. ‖ ~ly adv. valorosamente, corajosamente, destemidamente, heroicamente.
valorousness [~nis] s. bravura, coragem, intrepidez, valentia f., heroísmo m.
valour, valor [v'ælə] s. valor m., bravura, coragem f., heroísmo m.
valuable [v'æljuəbl] s. objeto m. de valor, preciosidade f. (geralmente no pl.). ‖ adj. valioso, de valor, precioso. ‖ –bly adv. valiosamente, preciosamente.
valuableness [~nis] s. preciosidade f.
valuate [v'æljueit] v. 1. avaliar, estimar, taxar. 2. orçar.
valuation [vælju'eiʃən] s. 1. avaliação, apreciação, estimação f. 2. orçamento m.
valuational [~əl] adj. de ou relativo a avaliação, estimativo, taxativo.
valuator [v'æljueitə] s. avaliador m.
value [v'ælju:] s. 1. (Mat., Mús. e Pint.) valor m. 2. valia f. 3. preço m. 4. valor cambial m. da moeda. 5. importância f. 6. merecimento, mérito m. 7. apreço, respeito m., estima f. 8. utilidade, conveniência f. 9. significação exata (de um termo). 10. boa compra, pechincha f. ‖ v. 1. avaliar, estimar, taxar. 2. orçar. 3. prezar, respeitar, dar valor a.
~ **received** valor recebido. ~ **of returns** valor de rendimento. **this is but of little** ~ isto é de somenos importância. **above (below) the** ~ acima (abaixo) do valor. **of little** ~ de pouco valor. ~ **in exchange** valor cambial. **standard of** ~ valor básico. **he got good** ~ **for his money** ele foi bem servido, fez boa compra. **I should not** ~ **that a brass farthing**

eu não daria nem um vintém por aquilo. **he** ~**d himself upon his discretion** ele se orgulhou muito de sua prudência.
valued [~d] adj. 1. valioso. 2. estimado, apreciado. 3. avaliado, taxado.
valueless [v'æljulis] adj. sem valor.
valuelessness [-nis] s. qualidade do que não tem valor.
valuta [vəl'u:tə] s. (Com.) câmbio m.
valval [v'ælvəl] **valvar** [v'ælvə] adj. valvular.
valvate [v'ælveit] adj. valvulado, valvular.
valve [vælv] s. 1. (Anat., Eletr., Mec. e Téc.) válvula f. (quadros C 4, P 7). 2. (Zool. e Bot.) valva f. 3. dispositivo para regular o tom (em instrumento de sopro). ‖ v. controlar o fluxo (líquido, gás) por meio de uma válvula.
admission ~ válvula de admissão. **delivery** ~ válvula de recalque. **discharge** ~ válvula de emissão. **safety** ~ válvula de segurança. ~ **lift** alçamento da válvula. ~ **rocker** balancim.
valved [~d] adj. provido de válvulas.
valveless [v'ælvlis] adj. destituído de válvulas.
valvular [v'ælvjulə] adj. valvular: 1. de ou relativo a válvulas. 2. em forma de válvula. 3. provido de válvulas.
valvule [v'ælvjul] s. válvula pequena f.
vamoose [vəm'u:s], **vamose** [vəm'ous] v. (gíria) fugir, sumir-se, dar o fora, sair na surdina.
vamp (I) [væmp] s. 1. rosto m. do sapato, gáspea f. 2. remendo m., tomba f. 3. (Mús.) acompanhamento improvisado m. ‖ v. 1. colocar o rosto do sapato. 2. remendar, emendar, consertar. 3. (Mús.) improvisar acompanhamento.
vamp (II) [væmp] s. (gíria) mulher f. que flerta ou namora por interesse. ‖ v. (gíria) flertar ou namorar por interesse.
vampire [v'æmpaiə] s. vampiro m.: 1. morcego m. 2. entidade imaginária que sai da sepultura para sugar o sangue dos vivos. 3. explorador m. de seus semelhantes. 4. mulher que seduz os homens com fim lucrativo (= **vamp**).
vampire bat s. (Zool.) morcego, vampiro m. (também chamado **true vampire**).
vampirism [v'æmpaiərizm] s. vampirismo m.: 1. crença em vampiros. 2. avidez excessiva f.
van (I) [væn] s. (milit.) vanguarda, dianteira f.
in the ~ na dianteira. **to lead the** ~ liderar, ir na vanguarda.
van (II) [væn] s. 1. (Autom.) furgão m. 2. (Estr. de Ferro) vagão m. de carga fechado ou carro m. de bagagem.
delivery ~ carro de entregas.
van (III) [væn] s. 1. crivo m., joeira, ciranda f. 2. (Miner.) prova f. de minério. 3. (poét.) asa f. ‖ v. lavar, separar minério.
vanadium [vən'eidiəm] s. (Quím.) vanádio m.
Vandal [v'ændəl] s. (Hist.) vândalo m.: membro de uma tribo guerreira da Europa. ‖ adj. relativo aos vândalos, vandálico.
vandal [~] s. (fig.) vândalo, bárbaro m., o que destrói estupidamente. ‖ adj. destrutivo.
Vandalic [vænd'ælik] adj. vandálico.
vandalism [v'ændəlizm] s. vandalismo m.
vandyke [v'ændaik] s. 1. cavanhaque m., barba f. à moda de Van Dyke. 2. colarinho m. à Van Dyke.
vane [vein] s. 1. grimpa f., cata-vento m. 2. aspa f.: asa do moinho. 3. pá f. de hélice ou de turbina (quadro T 4). 4. barbas ou bárbulas f. pl. de pena.
vanguard [v'ænga:d] s. 1. vanguarda, anteguarda, dianteira f. 2. os líderes de um movimento.
vanilla [vən'ilə] s. baunilha f.

vanish [v'æniʃ] s. 1. desaparecimento, sumiço m. 2. (Fon.) subjuntiva ou pospositiva f. ‖ v. 1. desaparecer, sumir. 2. definhar, desfalecer, acabar, morrer.
she ~ed from sight ela desapareceu de vista.
it ~ed away desapareceu.
vanisher [~ə] s. o que desaparece.
vanishing [~iŋ] s. desaparecimento m. ‖ **~ly** adv. de modo que tende a desaparecer, definhar.
vanishing line s. (Téc.) linha f. de fuga.
vanity [v'æniti] s. 1. vaidade, presunção, ostentação f., orgulho m. 2. futilidade, inutilidade f. 3. vazio, vácuo, vão m. 4. coisa vã, coisa sem valor f. 5. penteadeira f., toucador m.
vanity bag s. bolsinha f.
vanity case s. estojo m. para pó-de-arroz.
Vanity Fair s. Feira da Vaidade f.: lugar ou ocasião de ostentação.
vanquish [v'æŋkwiʃ] v. 1. vencer, superar, dominar, subjugar, derrotar. 2. refutar. 3. reprimir, conter.
vanquishable [~əbl] adj. 1. vencível, superável, dominável. 2. refutável. 3. reprimível, que se pode conter.
vanquisher [~ə] s. vencedor, triunfador, dominador, subjugador m.
vanquishment [~mənt] s. vitória f., triunfo, domínio m.
vantage [v'a:ntidʒ] s. 1. vantagem, superioridade f. 2. ocasião ou condição favorável, chance, oportunidade f. 3. (Tênis) o ponto de desempate.
vantage ground s. posição vantajosa f.
vanward [v'ænwəd] adj. e adv. 1. para a frente. 2. na dianteira.
vapid [v'æpid] adj. 1. choco. 2. insípido, desenxabido, sem gosto. 3. monótono, enfadonho. ‖ **~ly** adv. 1. insipidamente, desenxabidamente. 2. de forma monótona, enfadonha.
vapidity [væp'iditi], **vapidness** [v'æpidnis] s. 1. insipidez, sensaboria f., falta f. de gosto. 2. monotonia f., enfado m.
vaporosity [veipər'ɔsiti] s. = **vaporousness**.
vaporous [v'eipərəs] adj. 1. vaporoso, nevoento, nebuloso. 2. etéreo. 3. fútil, vão, sem valor. 4. extravagante. ‖ **~ly** adv. 1. vaporosamente. 2. futilmente. 3. extravagantemente.
vaporousness [~nis] s. vaporosidade f.
vapour, vapor [v'eipə] s. 1. vapor m. 2. nevoeiro m., neblina, bruma, névoa, cerração f. 3. fumaça f. 4. gás m. 5. (Fís.) qualquer substância em forma gasosa. 6. coisa insubstancial, imaginação, ilusão f. 7. **~s** pl. (arc.) hipocondria, depressão, melancolia f. ‖ v. 1. evaporar, exalar. 2. blasonar, gabar, bazofiar, fanfarronar.
saturated ~ vapor saturado. **~ density** densidade do vapor.
vapourer, vaporer [~rə] s. fanfarrão, blasonador m.
vapouringly, vaporingly [~riŋli] adv. de modo bazofiador.
vapourish, vaporish [~riʃ] adj. 1. vaporoso, cheio de vapor. 2. hipocondríaco.
vapourizable, vaporizable [v'eipəraizəbl] adj. evaporável, vaporizável.
vapourization, vaporization [veipəraiz'eiʃən] s. vaporização f.
vapourize, vaporize [v'eipəraiz] v. vaporizar, evaporar.
vapourizer, vaporizer [~ə] s. vaporizador m.
vaquero [væk'εərou] s. vaqueiro m.
variability [vεəriəb'iliti] s. 1. variabilidade f. 2. inconstância f.
variable [v'εəriəbl] s. 1. (Mat.) quantidade variável f. 2. o que varia ou é variável. 3. (Náut.) vento variável m. ‖ adj. 1. variável, mudável, alterável. 2. inconstante, incerto. 3. irregular. ‖ **-bly** adv. 1.

de modo variável, alterável. 2. inconstantemente, incertamente. 3. irregularmente.
variableness [~nis] = s. **variability**.
Variable Zone s. = **Temperate Zone**.
variance [v'εəriəns] s. 1. diferença, discrepância, divergência, contradição f. 2. desinteligência, discórdia, briga, dissensão, desarmonia f. 3. mudança, alteração, variação f.
to be at a ~ 1. discutir, brigar, estar em desacordo. 2. contradizer-se. **to set at ~** causar desarmonia, provocar discórdia ou separação.
variant [v'εəriənt] s. variante, variação f. ‖ adj. 1. variante, diferente, divergente. 2. variável.
variation [vεəri'eiʃən] s. 1. variação f. (também Mús., Bot., Mat. e Fís.). 2. alteração, mudança, modificação f. 3. declinação magnética f. 4. oscilação f. 5. (Gram.) inflexão f.
variational [~əl] adj. de ou relativo a variação.
varicella [væris'elə] s. (Med.) varicela, catapora f.
varicoloured, varicolored [v'εərikʌləd] adj. 1. multicor, variegado. 2. divergente.
varicose [v'ærikous] adj. varicoso.
varicosity [værik'ɔsiti] s. varicosidade f.
varied [v'εərid] adj. 1. variado, diverso. 2. modificado, alterado, mudado. 3. multicor, variegado. ‖ **~ly** adv. 1. variadamente, diversamente. 2. alteradamente. 3. variegadamente.
variegate [v'εəriigeit] v. 1. variegar, colorir, tornar multicor, matizar. 2. (fig.) variar, diversificar.
variegated [~id] adj. 1. variegado, matizado, multicor. 2. variado, diverso, que tem variedade.
variegation [vεəriig'eiʃən] s. 1. variegação f., matiz, colorido m. 2. variedade, diversidade f.
varietal [vər'aiətəl] adj. relativo a certa variedade.
variety [vər'aiəti] s. 1. variedade f.: a) diversidade f. b) (Com.) sortimento m., escolha f. c) espécie, sorte f. d) quantidade, multiplicidade f. 2. variação, diferença, discrepância f. 3. versatilidade f. 4. vaudeville m.
a ~ of good things uma quantidade de coisas boas. **a ~ of goods** um grande sortimento de mercadorias. **all varieties of bad luck** toda espécie de má sorte.
variform [v'εərifɔ:m] adj. 1. de forma variada. 2. multiforme, polimorfo.
variola [vər'aiələ] s. (Med.) varíola f.
variolar [~] adj. variolar, variólico.
variolite [vər'aiəlait] s. (Miner.) variolite f., variolito m.
variometer [vεəri'ɔmitə] s. variómetro m.
variorum [vεəri'ɔ:rəm] s. ecdótica f. ou "variorum": edição de um livro com notas e comentários de diversos escritores, críticos, etc.
various [v'εəriəs] adj. 1. vário, diferente, diverso. 2. diversos, muitos. 3. variado. 4. variegado. 5. multiforme, polimorfo. 6. variável, mudável. ‖ **~ly** adv. 1. diferentemente. 2. de modo variado ou variegado. 3. variavelmente.
~ kinds of fruit muitas variedades de frutas.
variousness [~nis] s. variedade, diversidade f.
varix [v'εəriks] s. (Pat.) variz f.
varmint [v'a:mint] s. (gíria) 1. verme m. 2. pessoa f. desprezível. 3. animal m. abjeto.
varnish [v'a:niʃ] s. 1. verniz m. 2. esmalte m. (vitrificado). 3. lustro, lustre, polimento m. 4. lustração f. 5. (fig.) aparência capciosa, simulação f., disfarce m. ‖ v. 1. envernizar, lustrar, polir. 2. vidrar. 3. enfeitar, disfarçar.
varnisher [~ə] s. lustrador, polidor m.
varsity [v'a:siti] s. 1. (coloq.) = **university**. 2. a representação desportiva de uma universidade, colégio, etc.

V 1

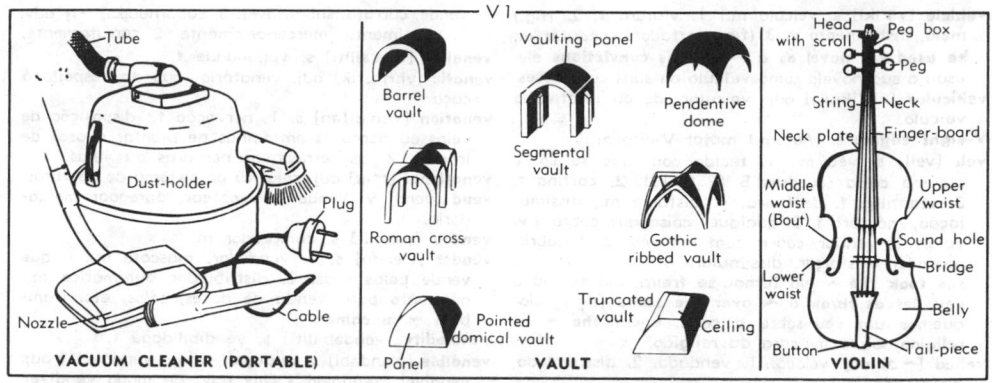

VACUUM CLEANER (PORTABLE) — VAULT — VIOLIN

vary [v'ɛəri] v. 1. variar, modificar, mudar, alterar. 2. diversificar, tornar variado. 3. alternar(-se). 4. diferenciar(-se), transformar(-se). 5. desviar(-se).

varying [~iŋ] adj. 1. variado, variegado. 2. diverso.

vascular [v'æskjulə] adj. (Biol.) vascular. ‖ ~ly adv. de modo vascular.

vascularity [væskjul'æriti] s. (Biol.) vascularidade f.

vase [va:z] s. vaso m. (quadro V 2).

vaseline [v'æsili:n] s. vaselina f.

vasomotor [væsəm'outə] adj. (Anat.) vasomotor.

vassal [v'æsəl] s. 1. vassalo m. 2. súdito m. 3. servo, escravo m. ‖ adj. vassalo, subordinado, súdito.

vassalage [~idʒ] s. 1. vassalagem f.: a) condição de vassalo. b) tributo de vassalos. 2. dependência, servidão, submissão f, 3. feudo m., território em dependência política.

vast [va:st] s. vastidão, imensidade f. ‖ adj. 1. vasto, enorme, imenso, incomensurável. 2. muito versado, erudito (espírito). ‖ ~ly adv. vastamente, imensamente, enormemente.

~ quantities of enormes quantidades de. **that is ~ly exaggerated** aquilo é demasiadamente exagerado.

vastitude [v'a:stitju:d], **vastness** [v'a:stnis] s. vastidão, imensidade f.

vat [væt] s. 1. tonel, barril m., tina, cuba, dorna f. 2. balde m. 3. tanque, m. ‖ v. colocar em tina, cuba, tanque etc.

Vatican [v'ætikən] s. Vaticano m.

vaticinate [væt'isineit] v. vaticinar, profetizar, predizer, pressagiar, augurar.

vaticination [vætisin'eiʃən] s. vaticínio m., profecia, predição f.

vaudeville [v'oudəvil] s. vaudeville m.: 1. teatro de variedades. 2. espetáculo de variedades.

vault (I) [vɔ:lt] s. salto, pulo m. (esp. com auxílio de uma vara). ‖ v. 1. saltar, pular. 2. montar a cavalo (de um salto). 3. fazer acrobacias, saltos artísticos, curvetear.

the horse ~ed the fence o cavalo transpôs a cerca de um salto.

vault (II) [vɔ:lt] s. 1. (Arquit.) abóbada (quadro V 1). 2. galeria f. ou passagem f. arqueada ou abobadada, caverna f. 3. abóbada celeste f., firmamento m. 4. adega f. ou armazém m. subterrâneo. 5. caixa forte subterrânea f. 6. cripta funerária, catacumba f. ‖ v. abobadar, cobrir com arco ou abóbada, arquear.

vaulted [v'ɔ:ltid] adj. arqueado, abobadado.

vaulter [v'ɔ:ltə] s. 1. saltador m. 2. o que dá saltos artísticos, acrobata m. + f.

vaulting (I) [v'ɔ:ltiŋ] adj. 1. que salta, saltador. 2. muito agressivo. 3. exagerado.

vaulting (II) [v'ɔ:ltiŋ] s. 1. estrutura arqueada ou abobadada, abóbada f. (quadro V 1). 2. abóbadas f. pl. (coletivamente).

vaunt [vɔ:nt] s. jactância, fanfarrice, bazófia, vanglória f. ‖ v. 1. elogiar, louvar. 2. vangloriar-se. **he made it his ~, he made ~ of it** ele vangloriou-se, gabou-se daquilo.

vaunter [v'ɔ:ntə] s. fanfarrão, gabador, prosa m.

vaunting [v'ɔ:ntiŋ] adj. jactancioso, gabolas. ‖ ~ly adv. jactanciosamente.

veal [vi:l] s. carne f. de vitela.

~ cutlet costeleta de vitela.

vector [v'ektə] s. (Mat. e Biol.) vector m. (quadro A 3).

Veda [v'eidə] s. Veda m.: livro ou conjunto de livros sagrados dos hindus.

Vedaic [vid'eiik] adj. védico.

Vedaism [v'eidəizm] s. vedismo m.

vedette [vid'et] s. vedete f.: 1. sentinela. 2. lancha patrulheira. 3. (Teat.) atriz de variedades.

Veep [vi:p] s. (gíria) vice-presidente m. dos E. U. A.

veep [~] s. (gíria) qualquer vice-presidente.

veer [viə] s. mudança, volta f., giro m. ‖ v. 1. virar, mudar (de direção), voltar. 2. (Náut.) arriar, largar, cambar.

to ~ away, out (Náut.) largar, soltar (cabo). **to ~ and haul** (Náut.) virar-se a favor do vento.

vegetable [v'edʒitəbl] s. 1. legume m., verdura, hortaliça f. (também ~s). 2. vegetal m. ‖ adj. 1. vegetal. 2. vegetável.

green ~s legumes, hortaliças frescas. **preserved ~s** legumes, hortaliças em conserva. **~ diet** dieta vegetariana. **~ fat** gordura vegetal. **~ garden** horta. **~ kingdom** reino vegetal.

vegetal [v'edʒitəl] s. vegetal m. ‖ adj. vegetal.

vegetality [vedʒit'æliti] s. vegetalidade f.

vegetarian [vedʒit'eəriən] s. vegetariano m. ‖ adj. vegetariano.

vegetarianism [~izm] s. vegetarianismo m.

vegetate [v'edʒiteit] v. vegetar: 1. (Bot.) crescer, desenvolver-se. 2. viver pobre e miseravelmente.

vegetation [vedʒit'eiʃən] s. vegetação, vida vegetal f. 2. vida pobre, vida miserável f.

vegetative [v'edʒiteitiv] adj. vegetativo. ‖ ~ly adv. vegetativamente.

vegetativeness [~nis] s. vegetabilidade f.

vehemence [v'i:iməns], **vehemency** [~i] s. veemência, impetuosidade, paixão, ansiedade, intensidade f., ardor m.

vehement [v'i:imənt] adj. veemente, impetuoso, ardente, violento, fervoroso. ‖ ~ly adv. veementemente, impetuosamente, fervorosamente, ardentemente.

vehicle [v'i:ikl] s. veículo m.: 1. viatura f. 2. (fig.) meio, instrumento m. 3. (fig.) portador, condutor m. **he used his novel as a ~ for his convictions** ele usou a sua novela como veículo de suas convicções.

vehicular [vih'ikjulə] adj. veicular, de ou relativo a veículo.

V-eight engine s. (Autom.) motor V-oito m.

veil [veil] s. véu m.. 1. tecido com que se cobre alguma coisa (quadros B 8, C 13). 2. cortina f. 3. mantilha f. de freira. 4. disfarce m., dissimulação, máscara f. 5. qualquer coisa que cobre. ‖ v. velar: 1. vendar, cobrir com um véu. 2. encobrir, esconder, disfarçar, dissimular. **she took the ~** ela tornou-se freira, ela tomou o véu. **let us throw a ~ over the scene** (fig.) coloquemos um véu sobre a cena. **under the ~ of religion** sob a máscara da religião.

veiled [~d] adj. velado: 1. vendado. 2. dissimulado, disfarçado.

veiling [v'eiliŋ] s. 1. velamento m. 2. véu m. 3. tecido para véu, como gaza, etc.

veilless [v'eillis] adj. sem véu, descoberto.

vein [vein] s. 1. veia f.: a) (Anat. e Zool.) canal que conduz o sangue ao coração. b) (Bot. e Entom.) nervura f. (quadro L 2). c) veio m. (de água). d) (Miner.) veio, filão m. e) (fig.) tendência, inclinação, vocação f., talento m. 2. (fig.) animação, disposição f., estado m. de espírito. 3. caráter m., índole f. ‖ v. jaspear, marmorear. **I am not in the ~ for joking** não estou com disposição para brincar. **I discovered a ~ of melancholy in him** descobri nele uma inclinação para a melancolia. **he is of an artistic ~** ele tem veia artística.

veined [~d] adj. 1. venoso, venado, com veias. 2. com nervuras, nervado. 3. marmoreado. 4. raiado.

veining [v'einiŋ] s. nervação f.: disposição de veias ou nervuras.

veinless [v'einlis] adj. sem veias ou nervuras.

veiny [v'eini] adj. venoso, cheio de veias.

velar [v'i:lə] s. (Fon.) velar f. ‖ adj. velar.

veld [veld], **veldt** [velt] s. veld m.: estepe na África do Sul.

velitation [velit'eiʃən] s. escaramuça f.

velleity [vel'i:iti] s. veleidade f.

vellicate [v'elikeit] v. beliscar.

vellum [v'eləm] s. 1. velino, papel pergaminho m. 2. papel manuscrito m. em velino.

velocipede [vil'osipi:d] s. velocípede, triciclo m.

velocity [vil'ositi] s. velocidade, rapidez, celeridade f. **at a ~ of** com uma velocidade de. **~ of discharge** velocidade de escoamento. **initial ~** velocidade inicial. **~ of propagation** velocidade de propagação. **~ gauge** velocímetro.

velodrome [v'i:lədroum] s. velódromo m.

velour, velours [vəl'uə] s. tecido aveludado m., veludo m. de lã.

velum [v'i:ləm] s. pl. **-la** [-lə] (Anat.) véu palatino m.

velure [vəl'uə] s. 1. veludo m. ou tecido semelhante. 2. chumaço m. de veludo para alisar ou escovar cartolas. ‖ v. alisar ou escovar com chumaço de veludo.

velvet [v'elvit] s. 1. veludo m. ou qualquer coisa semelhante (quadro C 12). 2. (gíria) lucro, ganho, proveito m. ‖ adj. aveludado, de veludo. **to play on ~** jogar, apostar com dinheiro ganho. **on ~ paws** com pés de veludo, de mansinho. **~ gloves** luvas de pelica (em mão de ferro).

velveted [~id] adj. aveludado.

velveteen [~i:n] s. belbutina f., belbute m.

velveting [~iŋ] s. . pêlo m. de veludo. 2. veludo m.

venal [v'i:nəl] adj. 1. venal, mercenário. 2. que se vende, corruto, subornável. 3. subornado. ‖ **~ly** adv. 1. venalmente, mercenariamente. 2. corrutamente.

venality [vi:n'æliti] s. venalidade f.

venatic [vi:n'ætik] adj. venatório, que diz respeito à caça.

venation [vi:n'eiʃən] s. 1. nervação f.: disposição de veias ou nervuras em folhas de plantas e asas de insetos. 2. as respectivas nervuras ou veias.

venational [~əl] adj. relativo ao sistema de nervuras.

vend [vend] v. vender, mascatear, apregoar mercadoria.

vendee [vend'i:] s. comprador m.

vender [v'endə] s. 1. vendedor, mascate m., o que vende pelas ruas. 2. distribuidor automático m.: autômato para venda de doces, selos, etc. (também **~ machine**).

vendibility [vendəb'iliti] s. vendibilidade f.

vendible [v'endəbl] s. qualquer artigo vendável. ‖ adj. vendível, vendável. ‖ **-bly** adv. de modo vendível.

vendibleness [~nis] s. = **vendibility**.

vending machine s. = **vender** 2.

vendor [v'endə] s. = **vender**.

veneer [vən'iə] s. 1. embutido, compensado, folheado m., madeira compensada f. (quadro C 3). 2. (fig.) aparência f. ou aspecto m. atraente. ‖ v. 1. embutir, marchetar, folhear, chapear. 2. (fig.) dar aparência ou aspecto atraente a alguma coisa.

veneerer [~rə] s. o que executa serviços de marchetaria.

veneering [~riŋ] s. 1. marchetaria f., folheado, chapeado, embutido m. (obra e material). 2. aparência f. ou aspecto m. atraente. **a rascal with a ~ of politeness** um sem-vergonha com aparência de bons modos.

venepuncture, venipuncture [v'enəpʌŋktʃə] venipuntura f.

venerability [venərəb'iliti] s. venerabilidade, respeitabilidade f.

venerable [v'enərəbl] adj. venerável, respeitável, venerando. ‖ **-bly** adv. veneravelmente, respeitavelmente.

venerableness [~nis] s. = **venerability**.

venerate [v'enəreit] v. venerar, reverenciar, respeitar.

veneration [venər'eiʃən] s. veneração f., profundo respeito m.

venerator [v'enəreitə] s. venerador m.

venereal [vin'iəriəl] adj. venéreo, relativo a doenças venéreas, com infecção de sífilis ou gonorréia. **~ disease** doença venérea.

venery [v'enəri] (†) s. prática da caça f.

venesection [venis'ekʃən] s. (Cirurg.) flebotomia, sangria f.

Venetian [vin'i:ʃən] s. veneziano m., natural de Veneza. ‖ adj. veneziano, de ou relativo a Veneza. **~ blind** veneziana, persiana (quadro K 2). **~ boat** gôndola.

vengeance [v'endʒəns] s. vingança, desforra, vindita f., desforço m. **he took ~ on his foe** ele vingou-se em seu inimigo. **with a ~** (fig.) muito, bastante, com ímpeto, turbulentamente.

vengeful [v'endʒful] adj. vingativo. ‖ **~ly** adv. vingativamente.

vengefulness [~nis] s. espírito vingativo m.

venial [v'i:niəl] adj. venial, perdoável, desculpável. ‖ **~ly** adv. venialmente, perdoavelmente, desculpavelmente.

veniality [vi:ni'æliti], **venialness** [-nis] s. venialidade f.

venire [vin'airi:] s. (Jur.) grupo m. de pessoas para a seleção dos jurados.

venireman [vən'airimən] s. (Jur.) jurado m.: pessoa selecionada para integrar o júri.

venison [v'enizn] s. carne f. de veado, de caça.
venom [v'enəm] s. 1. veneno m. (de animais), peçonha f. 2. (fig.) malignidade, malevolência f.
venomed [~d] adj. envenenado.
venomless [~lis] adj. sem veneno.
venomous [v'enəməs] adj. 1. venenoso, peçonhento. 2. maligno, maldoso, malicioso. ǁ ~ly adv. venenosamente, malignamente.
venomousness [~nis] s. venenosidade f. (também fig.).
venose [vi:n'ous] adj. venoso, nervado. ǁ ~ly adv. de modo venoso, nervado.
venosity [vin'ɔsiti] s. (Fisiol.) venosidade f.
venous [v'i:nəs] adj. = **venose**.
vent [vent] s. 1. abertura f., orifício m., passagem, saída, vazão f., escape m. 2. ouvido m. (artilharia). 3. respiradouro m. 4. suspiro m. (de barril). 5. (Zool.) ânus m. 6. (fig.) desafogo, desabafo m., expansão f. de sentimentos. 7. orifício m. de flauta. ǁ v. 1. dar saída a, prover de saídas ou aberturas. 2. soltar. 3. ventilar. 4. desabafar, desafogar. 5. tornar público ou conhecido.
~ pipe chaminé de ventilação (quadro B 3). **he gave ~ to his anger** ele deu expansão a seus sentimentos. **he must find a ~ for his superfluous strength** ele precisa achar uma saída para a sua energia excedente. **to ~ o. s.** (fig.) expandir-se, aliviar-se. **he ~ed his wrath on his servant** ele desabafou sua ira em seu criado.
ventage [v'entidʒ] s. orifício, buraco m.
venter [v'entə] s. ventre m.: 1. barriga f. 2. protuberância f. (como a parte saliente de um músculo).
ventiduct [v'entidʌkt] s. 1. respiradouro m. 2. conduto ou túnel m. de ventilação.
ventifact [v'entifækt] adj. causado pelo vento (erosão).
ventilable [v'entiləbl] adj. que se pode ventilar.
ventilate [v'entileit] v. 1. ventilar: a) arejar, prover com ventilação. b) examinar, discutir, ponderar. 2. oxigenar (sangue).
ventilation [venti'eiʃən] s. 1. ventilação f., arejamento m. 2. exame m., discussão f.
ventilator [v'entileitə] s. ventilador, exaustor m. (quadro K 2).
ventless [v'entlis] adj. destituído de abertura, saída ou escape.
ventral [v'entrəl] adj. (Anat., Bot. e Zool.) ventral, abdominal. ǁ ~ly adv. de modo ventral.
ventricle [v'entrikl] s. (Anat.) ventrículo m.
ventricular [ventr'ikjulə] adj. ventricular.
ventriloquial [ventril'oukwiəl] adj. ventriloquial. ǁ ~ly adv. de modo ventriloquial.
ventriloquism [ventr'iləkwizm] s. ventriloquismo m.
ventriloquist [ventr'iləkwist] s. ventriloquista m. + f., ventríloquo m.
ventriloquistic [ventriləkw'istik] adj. ventríloquo.
ventriloquize [ventr'iləkwaiz] v. falar como ventríloquo.
ventriloquy [ventr'iləkwi] s. = **ventriloquism**.
venture [v'entʃə] s. 1. aventura f., risco, perigo m. 2. especulação f. (comercial). 3. acaso m., chance f. 4. parada f.: quantidade que se aposta. ǁ v. 1. aventurar(-se), arriscar(-se), pôr em jogo. 2. ousar. **at a ~** a esmo, ao acaso. **he ~ nada a perder**. **I put it to the ~** deixei-o ao acaso, tentei a sorte. **he ~s to speak to her!** ele tem a ousadia de falar com ela! **to ~ abroad** arriscar-se a. **to ~ at** empreender, tentar, arriscar-se em algum empreendimento. **to ~ down** arriscar-se a descer. **to ~ in** arriscar-se, aventurar-se a entrar.
venture capital s. (Econ.) capital de risco m.
venturer [~rə] s. aventureiro m., o que se arrisca.
venturesome [~səm] adj. 1. empreendedor. 2. aventureiro, temerário, ousado, arrojado. 3. arriscado,

perigoso. ǁ ~ly adv. 1. de modo empreendedor. 2. temerariamente, ousadamente. 3. arriscadamente.
venturesomeness [~səmnis] s. 1. espírito empreendedor m. 2. temeridade, ousadia f., arrojo m. 3. qualidade do que é perigoso.
venturous [v'entʃərəs] adj. 1. aventureiro, temerário, arrojado, ousado, intrépido. 2. arriscado, perigoso. ǁ ~ly adv. 1. aventureiramente, ousadamente, temerariamente. 2. arriscadamente, perigosamente
venturousness [~nis] s. ousadia, temeridade f.
venue [v'enju:] s. 1. jurisdição f. em que se comete um crime. 2. local m. do crime.
Venus [v'i:nəs] s. Vênus: 1. (Mit.) deusa f. do amor e da beleza. 2. (Astron.) planeta m. 3. mulher formosa f.
Venusian [vin'u:ʃən] s. venusiano m. ǁ adj. venusiano.
veracious [vər'eiʃəs] adj. verdadeiro, verídico, veraz. ǁ ~ly adv. verdadeiramente, veridicamente.
veraciousness [~nis] s. veracidade, veridicidade f.
veracity [vər'æsiti] s. 1. veracidade, veridicidade f. 2. verdade f. 3. correção, exatidão, precisão f.
veranda [vər'ændə] s. varanda, galeria externa f.
verandaed [vər'ændəd] adj. avarandado.
verandah [vər'ændə] s. = **veranda**.
verandahed [~d] adj. = **verandaed**.
verb [və:b] s. (Gram.) verbo m.
verbal [v'ə:bəl] s. substantivo verbal m. ǁ adj. 1. (Gram.) verbal. 2. oral. 3. textual, exato, palavra por palavra, literal. ǁ ~ly adv. 1. verbalmente, de palavra, de viva voz. 2. oralmente. 3. textualmente.
~ arrangement combinação verbal. **~ inflexion** flexão verbal. **~ translation** tradução literal.
verbalism [~izm] s. 1. verbalismo m. 2. verbosidade f.
verbalist [~list] s. 1. verbalista m. + f. 2. pessoa prolixa f.
verbalization [və:bəlaiz'eiʃən] s. verbalização f.
verbalize [v'ə:bəlaiz] v. 1. verbalizar. 2. falar verbosamente.
verbalizer [~ə] s. verbalizador m.
verbatim [və:b'eitim] adv. literalmente, textualmente.
verbena [vəb'i:nə] s. (Bot.) verbena f.
verbiage [v'ə:biidʒ] s. verbosidade, verborréia, verbiagem, loquacidade f., palavreado m.
verbose [və:b'ous] adj. 1. verboso, palavroso, prolixo. 2. loquaz, palrador. ǁ ~ly adv. verbosamente.
verboseness [~nis], **verbosity** [və:b'ɔsiti] s. verbosidade, loquacidade, prolixidade f.
verboten [fərb'outən] adj. (alem.) proibido, ilícito.
verdancy [v'ə:dənsi] s. 1. verdura f., frescor, verdor m., o verde das plantas. 2. (fig.) inexperiência, bisonharia f.
verdant [v'ə:dənt] adj. 1. verde, verdejante; fresco. 2. inexperiente, bisonho. ǁ ~ly adv. 1. verdejantemente. 2. inexperientemente.
verdict [v'ə:dikt] s. veredicto m.: 1. decisão do júri, sentença f., julgamento m. 2. decisão, opinião f. **to deliver, give, return a ~** (Jur.) julgar, sentenciar. **the jury returned a ~ of murder** o júri sentenciou em assassínio. **a ~ of acquittal** uma absolvição. **what is your ~ on the performance?** qual é a sua opinião sobre a apresentação? **he passed his ~ upon it** ele deu a sua opinião a respeito.
verdigris [v'ə:digris] s. verdete, acetato de cobre m.
verdure [v'ə:dʒə] s. 1. verdura f., verdor m., o verde das plantas. 2. frescura f., viço m.
verdured [~d], **verdurous** [~rəs] adj. verdoso, verdejante, verde.
verdurousness [~rəsnis] s. verdor m.
verge (I) [və:dʒ] s. 1. beira, margem, borda, orla f. (quadro W 3). 2. limite m., divisa f. 3. arredor, recinto, alcance, campo visual, horizonte m. 4. circunscrição, comarca, vara f. 5. alçada f. 6.

cercadura f. de um canteiro. 7. cumeeira f. (quadro R 5). 8. vara f., bastão m., insígnia f. de autoridade. 9. fuste m. de coluna. ‖ v. **estar à margem de,** limitar com, fazer divisa com, estar contíguo a.
on the ~ of starvation à beira da miséria, da fome. **~ of life** crepúsculo da vida. **within the ~ of the rays** ao alcance dos raios.
verge (II) [vɜːdʒ] v. tender, inclinar-se, pender.
his behaviour ~s on madness o seu comportamento raia às beiras da loucura. **the colour ~s on red** a cor pende para o vermelho.
verger [vˈɜːdʒə] s. 1. maceiro m. (de bispo, deão, etc.) 2. sacristão m.
veridical [vərˈidikəl] adj. verídico, verdadeiro. ‖ **~ly** adv. veridicamente, verdadeiramente.
verifiable [vˈerifaiəbl] adj. verificável, confirmável.
verification [verifikˈeiʃən] s. verificação, comprovação, prova, confirmação, autenticação f.
in ~ of which em fé de que.
verifier [vˈerifaiə] s. verificador, examinador, comprovador m.
verify [vˈerifai] v. 1. verificar, examinar, conferir, averiguar. 2. comprovar, provar. 3. dar fé, autenticar. 4. cumprir, realizar, executar.
to be —fied mostrar-se ser verdade.
verily [vˈerili] adv. (Bíblia) em verdade, verdadeiramente, realmente.
verisimilar [verisˈimilə] adj. verossímil, provável, possível. ‖ **~ly** adv. de modo verossímil.
verisimilitude [verisimˈilitjuːd] s. verossimilhança, probabilidade, possibilidade f.
verism [vˈiːrizm, vˈerizm] s. (Liter., Mús.) verismo m.
veritable [vˈeritəbl] adj. verdadeiro, veraz, genuíno, real, autêntico. ‖ **—bly** adv. verdadeiramente, realmente, autenticamente.
a ~ friend um amigo verdadeiro. **~ joy** alegria real.
veritableness [~nis] s. qualidade do que é real, verdadeiro ou genuíno, veracidade, autenticidade f.
verity [vˈeriti] s. 1. verdade, veracidade f. 2. realidade f. 3. declaração f. ou afirmação f. verídica.
in all ~ em verdade. **of a ~!** verdade! realmente!
the eternal —ties as verdades eternas.
verjuice [vˈɜːdʒuːs] s. 1. agraço m. 2. vinho m. de frutas. 3. (fig.) acidez, aspereza, rudeza f.
he looked as sour as ~ fez cara de quem comeu e não gostou.
vermeil [vˈɜːmeil] s. 1. escarlate m. 2. prata f. ou bronze m. dourado. 3. (poét.) vermelhão m.
vermicelli [vəmisˈeli] s. aletria f.
vermicide [vˈɜːmisaid] s. vermicida m.
vermicular [vəmˈikjulə], **vermiculate** [vəmˈikjuleit] adj. vermicular.
vermiculated [vəmˈikjuleitid] adj. 1. verminado, bichado. 2. (Arquit.) vermiculado.
vermiculation [vəmikjulˈeiʃən] s. 1. movimento peristáltico m. 2. ornato m. em forma vermicular.
vermiculite [vəmˈikjulait] s. (Miner.) vermiculita f.
vermiform [vˈɜːmifɔːm] adj. vermiforme.
~ appendix (Med.) apêndice vermiforme.
vermifugal [vˈɜːmifjugəl] adj. vermífugo.
vermifuge [vˈɜːmifjudʒ] s. vermífugo m.
vermilion [vəmˈiljən] s. cinabre m.: 1. vermelhão m. 2. cor cinabrina, cor rubro-escarlate f. ‖ v. ruborizar, avermelhar, tingir de vermelho. ‖ adj. cinabrino, rubro-escarlate.
vermin [vˈɜːmin] s. 1. animais daninhos, bichos, insetos m. pl., bicharia, vermina, piolhada f. 2. animais ou pássaros que matam a caça ou as aves domésticas. 3. (fig.) pessoa ou gente vil, ralé, gentalha f., canalha m. + f.
these ~(!) estes canalhas! esta canalhada!

verminous [~əs] adj. 1. verminoso. 2. formado de vermes, consistente de vermes. 3. verminado, bichento. 4. que produz vermes ou insetos. ‖ **~ly** adv. de modo verminoso.
verminousness [~əsnis] s. qualidade do que é verminoso.
vermouth [vˈəːmuːt] s. vermute m.
vernacular [vənˈækjulə] s. 1. vernáculo, idioma nativo m., língua materna f. 2. dialeto m. 3. gíria profissional f. ‖ adj. vernáculo, nacional, nativo. ‖ **~ly** adv. em forma vernácula, em vernáculo.
in the ~ em vernáculo. **I spoke in the ~ to him** falei claramente com ele, disse-lhe algumas verdades.
vernal [vˈɜːnəl] adj. 1. vernal, primaveril. 2. juvenil, viçoso. ‖ **~ly** adv. vernalmente.
~ equinox ponto vernal.
vernier [vˈɜːniə] s. vernier, nônio m. (quadros L 5, M 2).
vernier calliper s. paquímetro m. (quadro L 5).
vernissage [vəːnisˈaːʒ] s. (Pint., fr.) inauguração f. de salão.
Veronal [vˈerənəl] s. (Med.) veronal m.
Veronese [verənˈiːz] s. veronês m. ‖ adj. veronês.
veronica [vərˈɔnikə] s. verônica f.: 1. (Bot.) gênero de plantas da família das Escrofulariáceas. 2. (Tourada) passe.
Veronica [vərˈɔnikə] s. Verônica f.: pano m. com a imagem do rosto de Cristo.
verruca [verˈuːkə] s. pl. **—cae** [-siː] verruga f.
verrucose [verˈuːkous] adj. verrugoso, verrucoso.
versant [vˈɜːsənt] s. 1. inclinação f., declive m. 2. vertente, encosta f.
versatile [vˈɜːsətail] adj. 1. versátil, volúvel, inconstante, mudável. 2. ágil, flexível, de fácil adaptação. 3. hábil, jeitoso. 4. multiforme (talento), que tem muitas aptidões. ‖ **~ly** adv. de modo versátil, inconstantemente, mudavelmente.
versatility [vəsətˈiliti] s. 1. versatilidade, inconstância, volubilidade f. 2. habilidade, flexibilidade, multiformidade f., abundância f. de aptidões.
verse [vɜːs] s. 1. poesia f. 2. estrofe, estância f., verso m. 3. poema m. 4. tipo de poema ou poesia. 5. metro m. (verso). 6. versículo m. (Bíblia). ‖ v. versejar, versificar.
in ~ em verso. **~—monger** poetastro, mau poeta m.
versed [~t] adj. versado, experimentado, hábil.
versed sine s. (Mat.) senoverso m.
verset [vˈɜːset], **versicle** [vˈɜːsikl] s. versete, versículo m.
versicolor [vˈɜːsikʌlə], **versicoloured** [~d] adj. 1. multicor, variegado, matizado. 2. reluzente, cintilante.
versicular [vəsˈikjulə] adj. de ou relativo a versículos.
versification [vəsifikˈeiʃən] s. versificação f.
versifier [vˈɜːsifaiə] s. 1. versificador, rimador m. 2. poetastro, mau poeta m.
versify [vˈɜːsifai] v. 1. versejar, versificar. 2. declamar, recitar.
version [vˈɜːʃən] s. versão f.: 1. tradução f. 2. interpretação f. 3. (Cirurg.) intervenção destinada a obter uma posição do feto que assegure um parto melhor. 4. transformação f. 5. variante f.
he gave me his ~ of the incident ele me deu a sua versão do incidente. **another ~ of your carelessness!** outro exemplo de seu desleixo! **film ~** versão cinematográfica.
verso [vˈɜːsou] s. verso, reverso m.
versus [vˈɜːsəs] prep. contra.
vert (I) [vɜːt] s. convertido m. ‖ v. converter(-se).
vert (II) [vɜːt] s. mata espessa f., mato m.
vertebra [vˈɜːtibrə] s. pl. **~s, —brae** [-briː] (Anat.) vértebra f.
vertebral [~l] adj. vertebral.
~ animal animal vertebrado. **~ column** coluna

— V 2 —

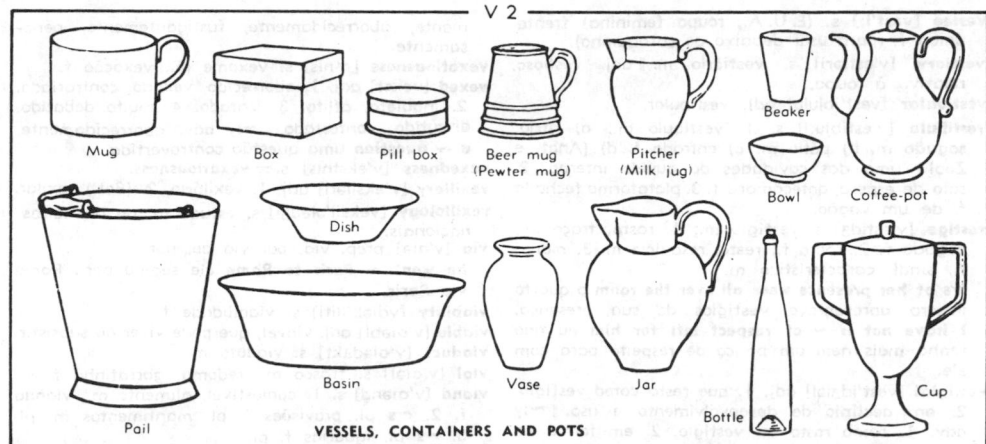

Mug — Box — Pill box — Beer mug (Pewter mug) — Pitcher (Milk jug) — Beaker — Bowl — Coffee-pot

Dish

Basin — Vase — Jar — Bottle — Cup

Pail

VESSELS, CONTAINERS AND POTS

vertebral (quadro F 3).

vertebrate [v'ə:tibrit] s. animal vertebrado m. ‖ adj. vertebrado.

vertebrated [v'ə:tibreitid] adj. = **vertebrate**.

vertebration [və:tibr'eiʃən] s. formação ou divisão de vértebras.

vertex [v'ə:teks] s. pl. ~es, –tices [-təsi:z] 1. (Geom.) vértice m. (quadro A 3). 2. cimo, cume, ápice m. 3. zênite m.

vertical [v'ə:tikəl] s. linha, posição, peça f., círculo ou plano m. vertical. ‖ adj. 1. vertical. 2. do vértice. 3. oposto à base. 4. diretamente acima, no zênite. ‖ ~ly adv. verticalmente.
~ **angles** (Geom.) ângulos verticalmente opostos. ~ **writing** caligrafia vertical.

verticality [və:tik'æliti], **verticalness** [~nis] s. verticalidade f.

vertical union s. sindicato m. de diversos profissionais, no âmbito de uma indústria.

verticil [v'ə:tisil] s. (Bot.) verticilo m.

verticity [və:t'isiti] s. verticidade f.

vertiginous [və:t'idʒinəs] adj. 1. vertiginoso: a) rotatório, giratório. b) que causa tonturas ou vertigens. 2. tonto, estonteado, atordoado. 3. (fig.) inconstante, volúvel. ‖ ~ly adv. vertiginosamente.

vertiginousness [~nis] s. qualidade ou condição do que é vertiginoso.

vertigo [v'ə:tigou] s. pl. ~es, –gines [vət'idʒəni:z] vertigem, tontura f.

verve [vɛəv, və:v] s. 1. verve f., entusiasmo, arroubo m. 2. vivacidade f. 3. energia f.

very [v'eri] adj. 1. real, verdadeiro. 2. puro, genuíno. 3. justo, exato. 4. rematado, perfeito, acabado (tolo, malandro). 5. igual, mesmo, idêntico, próprio. 6. simples, mero. ‖ adv. 1. muito, bastante, grandemente, extremamente. 2. absolutamente, exatamente.
here are the ~ trees aqui estão as mesmas árvores. **he was caught in the ~ act** ele foi pego em flagrante. **the ~ air I breathed** o próprio ar que respirei. **at the ~ beginning** logo no começo. **to the ~ bones** até os ossos. **to this ~ day** ainda hoje, até o dia de hoje. **that ~ day** ainda no mesmo dia. **he (that) is the ~ devil** é o diabo em pessoa. **at the ~ moment** no mesmo instante. **she is the ~ picture of her mother** ela é o retrato fiel de sua mãe. **that is the ~ reason why** isso é exatamente o motivo por que. **the ~ thought** o simples pensamento. **he is ~ ill** ele está muito doente. **we had ~ many guests** tivemos muitas visitas. **the ~ same man** exatamente o mesmo homem. **~ true!** perfeitamente! é verdade! **I am so ~ tired!** estou demasiadamente cansado! **she is my ~ best friend** ela é minha melhor amiga. **he was the ~ last** ele foi o último de todos.

vesica [v'esikə] s. (Anat.) bexiga f.

vesicant [v'esikənt] s. vesicante, vesicatório m. ‖ adj. vesicante, vesicatório.

vesicate [v'esikeit] v. vesicar, empolar.

vesication [vesik'eiʃən] s. 1. vesicação f.: formação de bolhas. 2. bolha f.

vesicatory [v'esikətouri, -təri] s. vesicatório, vesicante m. ‖ adj. vesicante, vesicatório.

vesicle [v'esikl] s. 1. (Anat.) vesícula f. 2. bolha f.

vesicular [ves'ikjulə] adj. vesicular, vesiculoso. ‖ ~ly adv. de modo vesicular ou vesiculoso.

vesper [v'espə] s. 1. véspera, tarde f., anoitecer m. 2. oração f., hino ou serviço m. de vésperas. 3. o sino de vésperas. ‖ adj. vesperal, vespertino.

Vesper [~] s. Vésper m.: estrela da tarde.

vesperal [~rəl] s. 1. vesperal m.: livro litúrgico contendo as vésperas. 2. coberta para a toalha do altar.

vespers [v'espəs] s. (também **Vespers**) 1. vésperas f. pl. (hora canônica). 2. orações, hinos ou serviços religiosos da tarde, como ângelus, ave-marias

vespertine [v'espətain] adj. vespertino, vesperal.

vespiary [v'espiəri] s. vespeiro m.

vessel [vesl] s. 1. vaso m.: a) navio m., embarcação, nave f. b) veia, artéria f. c) recipiente m. (quadro V 2), vasilha f. 2. dirigível m., aeronave f.
~ **of wrath** (Bíblia) o instrumento da ira divina. **chosen ~** (Bíblia) o eleito.

vest [vest] s. 1. colete m. 2. camiseta, camisola f. (quadro C 13). 3. túnica f., manto m. 4. vestes f. pl., vestimenta, roupa f. 5. (†) paramento m. ‖ v. 1. investir, empossar, dar posse a. 2. revestir. 3. vestir. 4. paramentar.
it is ~ed in him cabe a ele, está em suas mãos. **the estate ~s in the heir at law** a propriedade reverte de direito ao herdeiro legítimo.

vestal [v'estəl] s. 1. vestal f. 2. virgem f. 3. freira f. ‖ adj. relativo a Vesta, vestal, casta, virgem.

vested [v'estid] adj. 1. investido, empossado. 2. assentado, fixo, documentado (direitos). 3. vestido, trajado, paramentado.

vestee [vəst'i:] s. (E. U. A., roupa feminina) frente única f. (para usar debaixo do casaquinho).

vestiary [v'estiəri] s. vestiário m. ‖ adj. vestioso, relativo à roupa.

vestibular [vest'ibjulə] adj. vestibular.

vestibule [v'estibju:l] s. 1. vestíbulo m.: a) átrio, saguão m. b) pátio m. c) entrada f. d) (Anat. e Zool.) uma das cavidades do ouvido interno. 2. sala de espera, antecâmara f. 3. plataforma fechada f. de um vagão.

vestige [v'estidʒ] s. vestígio m.: 1. rasto, traço m., pegada f. 2. sobra f., resto, resquício m. 3. marca f., sinal, característico m.
~s of her presence were all over the room o quarto inteiro apresentava vestígios de sua presença.
I have not a ~ of respect left for him eu não tenho mais a nem um pouco de respeito para com ele.

vestigial [vest'idʒiəl] adj. 1. que resta como vestígio. 2. em declínio de desenvolvimento e uso. ‖ **~ly** adv. 1. como rasto ou vestígio. 2. em forma de declínio.

vesting [v'estiŋ] s. (também pl.) tecido para coletes, esp. seda pesada.

vesting order s. ordem judicial de investimento, de transmissão de propriedade ou direito a outrem.

vestment [v'estmənt] s. 1. vestuário, traje, fato m., veste f. 2. vestimenta, veste talar f., paramento m. (quadro C 18). 3. toalha f. de altar. 4. túnica, toga, beca f.

vestmental [~əl] adj. 1. vestioso. 2. paramental.

vest-pocket adj. que cabe no bolso do colete, muito pequeno.

vestry [v'estri] s. 1. sacristia f. 2. conselho paroquial m. 3. representação ou assembléia comunal f.
~ clerk escrevente da igreja, secretário da paróquia.

vestryman [~mən] s. membro m. do conselho paroquial.

vesture [v'estʃə] s. 1. veste, roupa f., vestuário, fato, vestido, traje m. 2. cobertura, vestimenta f. 3. investimento m., investidura f. ‖ v. 1. vestir(-se), trajar. 2. cobrir, envolver, revestir.

vesuvian [vis'u:viən] s. tipo de fósforo.

vesuvianite [~ait] s. (Miner.) vesuvianita f.

vet (I) [vet] s. (coloq.) veterinário m. ‖ adj. (coloq.) veterinário.

vet (II) [vet] s. (coloq.) veterano m.

vetch [vetʃ] s. (Bot.) ervilhaca f.

vetchling [v'etʃliŋ] s. cisirão, chícharo m.

veteran [v'etərən] s. veterano m. ‖ adj. veterano, experimentado, traquejado.

veterinarian [vetərin'ɛəriən], **veterinary** [Brit. v'etnri, E. U. A. v'etərəneri, v'etəneri] s. veterinário m. ‖ adj. veterinário.

veto [v'i:tou] s. pl. **–toes** [-touz] veto m., proibição, oposição, interdição f. ‖ v. vetar, proibir, vedar. ‖ adj. relativo ao veto.

vetoer [~ə] s. quem veta.

vex [veks] v. 1. vexar, irritar, atormentar, fustigar. 2. molestar, aborrecer, importunar, incomodar, enfadar, apoquentar, amolar. 3. inquietar, afligir, agitar, provocar.
I am ~ed by their behaviour estou aborrecido com o seu comportamento. **I am ~ed with him** estou zangado com ele.

vexation [veks'eiʃən] s. 1. vexação, amolação, irritação f., vexame, desprazer, aborrecimento, desgosto m. 2. tormenta, aflição, opressão, inquietação f. 3. excitação f. 4. fustigação f.

vexatious [veks'eiʃəs] adj. vexatório, tormentoso, aflitivo, opressivo, inquietante, fustigante, irritante, penoso, molesto, aborrecido. ‖ **~ly** adv. vexatoria-mente, aborrecidamente, fustigantemente, penosamente.

vexatiousness [~nis] s. vexame m., vexação f.

vexed [vekst] adj. 1. aborrecido, vexado, contrariado. 2. inquieto, aflito. 3. irritado. 4. muito debatido, discutido, contestado. ‖ **~ly** adv. aborrecidamente.
a ~ question uma questão controvertida.

vexedness [v'ekstnis] s. = **vexatiousness**.

vexillary [v'eksiləri] adj. 1. vexilário. 2. (Bot.) vexilar.

vexillology [veksil'olədʒi] s. estudo m. de bandeiras nacionais.

via [v'aiə] prep. via, por via de, por.
he went ~ Paris to Rome ele seguiu para Roma via Paris.

viability [vaiəb'iliti] s. viabilidade f.

viable [v'aiəbl] adj. viável, que pode viver ou subsistir.

viaduct [v'aiədʌkt] s. viaduto m.

vial [v'aiəl] s. frasco m., redoma, garrafinha f.

viand [v'aiənd] s. 1. comestível, alimento m., vianda f. 2. **~s** pl. provisões f. pl. mantimentos m. pl. 3. **~s** pl. iguarias f. pl.

viaticum [vai'ætikəm] s. pl. **–ca, ~s** viático m.: 1. sacramento da eucaristia administrado a um enfermo. 2. provisão de dinheiro ou mantimentos para viagem.

vibraharp [v'aibrəha:p] s. (Mús., (marca registrada) = **vibraphone**.

vibrancy [v'aibrənsi] s. vibração, oscilação f.

vibrant [v'aibrənt] adj. 1. vibrante, oscilante. 2. ressonante, soante, sonante. 3. enérgico, vigoroso, potente. 4. (Fon.) sonoro. 5. excitado, trêmulo. 6. comovente, arrebatador, entusiástico. ‖ **~ly** adv. de modo vibrante.

vibraphone [v'aibrəfoun] s. (Mús.) vibrafone m.

vibrate [v'aibreit] v. 1. vibrar (também Fís.), oscilar, trepidar, agitar. 2. tremer, estremecer. 3. pulsar. 4. mover, arrebatar, excitar. 5. vacilar. 6. ressoar.

vibratile [v'aibrətil] adj. 1. vibrátil, vibratório. 2. relativo a vibração.

vibratility [vaibrət'iliti] s. vibratilidade f.

vibration [vaibr'eiʃən] s. vibração (também Fís.), oscilação, vacilação, trepidação, agitação f., tremor m.

vibrational [~əl] adj. relativo a vibração.

vibrative [v'aibrətiv] adj. = **vibratory**.

vibrator [v'aibreitə] s. vibrador m.

vibratory [v'aibrətəri, -touri] adj. vibratório, vibrátil.

viburnum [vaib'ə:nəm] s. (Bot.) viburno m.

vicar [v'ikə] s. vigário m.: 1. cura, pároco m. 2. aquele que faz as vezes de outro, substituto, representante m.
Vicar of Christ Vigário de Cristo, o Papa.

vicarage [~ridʒ] s. vicariato m., vigairaria f.

vicar-general s. (pl. **vicars-general** ou **vicar-generals**) vigário geral m.

vicarial [vaik'ɛəriəl] adj. vicarial.

vicariate [vaik'ɛəriət] s. vicariato m., vigairaria f. ‖ adj. vicarial.

vicarious [vaik'ɛəriəs] adj. vicarial, vicário, em lugar de outro, delegado. ‖ **~ly** adv. de modo vicarial.

vicariousness [~nis] s. qualidade ou condição de vigário.

vicarship [v'ikəʃip] s. = **vicariate**.

vice (I) [vais] s. 1. vício m. 2. mau hábito m. 3. tendência habitual condenável f. 4. mal m., maldade f. 5. defeito m., falta, imperfeição f. 6. imoralidade, depravação f. 7. teima f. (de cavalo).

vice (II) [vais] (E. U. A., **vise**) s. torno ou torninho m. de bancada (quadros B 16, L 5). ‖ v. segurar, prender em torninho.
~ clamps mordaça de torninho. **~ jaw** mordente.

vice (III) [v'aisi] prep. em vez de, em lugar de.

vice- pref. correspondente a vice em português. **~–admiral** vice-almirante. **~–chairman** vice-presidente. **~–chancellor** vice-chanceler.

vicegerency [vaisdʒ'erənsi] s. 1. vice-gerência f., administração de um vice-gerente. 2. distrito m. administrado por um vice-gerente ou substituto.

vicegerent [vaisdʒ'erənt] s. vice-gerente, representante, delegado, substituto, vigário, quem faz as vezes de, outro. ‖ adj. vicário, que faz as vezes de.

vicenary [v'isənəri] adj. de ou relativo a vinte.

vicennial [vais'eniəl] adj. vicenal, vicenário. **a ~ peace** uma paz de vinte anos.

vice-presidency [vaispr'ezidənsi] s. vice-presidência f.

vice-president [vaispr'ezidənt] s. vıce-presidente m.

viceregal [vaisr'i:gəl] adj. vice-real. ‖ **~ly** adv. de modo vice-real.

vice-regency [vaisr'i:dʒənsi] s. vice-regência f.

vice-regent [vaisr'i:dʒənt] s. vice-regente m.

viceroy [v'aisrɔi] s. vice-rei m.

viceroyal [vaisr'ɔiəl] adj. = **viceregal**.

viceroyalty [~ti], **viceroyship** [v'aisrɔiʃip] s. vice-realeza f.

vice squad s. esquadrão do vício m. (da delegacia de costumes, que combate o tráfico de tóxicos, o lenocínio, etc.).

vice versa [vaisiv'ə:sə] loc. adv. vice-versa, reciprocamente, mutuamente, em sentido inverso. **I distrusted him and ~** nós desconfiamos um do outro.

vicinage [v'isinidʒ] vizinhança f.: 1. proximidade f., arredores m. pl. 2. vizinhos m. pl.

vicinal [v'isinəl] adj. vicinal, vizinho, próximo.

vicinity [vis'initi] s. vizinhança, adjacência f.

vicious [v'iʃəs] adj. 1. vicioso, viciado. 2. depravado, corruto. 4. mau, malvado. 4. malévolo, odioso, malicioso. 5. incorreto, errôneo, imperfeito (estilo). 6. impuro, estragado, estagnado (ar, etc.). 7. desagradavelmente acentuado ou forte. 8. indócil (animal). ‖ **~ly** adv. viciosamente, viciadamente, corrutamente, malvadamente, imperfeitamente. **~ circle** círculo vicioso.

viciousness [~nis] s. 1. vício m., depravação f. 2. malignidade f. 3. indocilidade f. 4. violência f.

vicissitude [vis'isitju:d] s. vicissitude, mudança, alteração, viravolta, alternativa f., revês m.

vicissitudinary [visisitj'u:dinəri], **vicissitudinous** [visisitj'u:dinəs] adj. vicissitudinário.

victim [v'iktim] s. vítima f. **he fell a ~ to his carelessness** ele foi vítima de seu desleixo.

victimization [viktimaiz'eiʃən] s. ato ou ação de vitimar.

victimize [v'iktimaiz] v. 1. vitimar, sacrificar (também fig.) 2. atormentar, fustigar, amolar. 3. enganar, ludibriar, iludir.

victor [v'iktə] s. vencedor, conquistador m. ‖ adj. vitorioso, vencedor.

victoria [vikt'ɔ:riə] s. caleche m., vitória f. (carruagem).

Victorian [~n] s. vitoriano m. ‖ adj. vitoriano, relativo à Rainha Vitória da Inglaterra ou à sua época (1819-1901).

Victorianism [vikt'ɔ:riənizm] s. vitorianismo m.

victorious [vikt'ɔ:riəs] adj. vitorioso, triunfante. ‖ **~ly** adv. vitoriosamente, triunfantemente. **the ~ army** o exército vitorioso.

victoriousness [~nis] s. condição ou qualidade do que é vitorioso.

victory [v'iktəri] s. vitória, conquista f., triunfo m.

victrola [viktr'oulə] s. vitrola f.

victual [vitl] (veja **victuals**) v. 1. aprovisionar(-se), abastecer(-se) ou suprir com mantimentos. 2. (arc.) comer, alimentar-se.

victualled, victualed [~d] adj. aprovisionado, abastecido.

victualler, victualer [v'itlə] s. 1. abastecedor, fornecedor de alimentos, provisioneiro m. 2. taverneiro, estalajadeiro m. 3. navio abastecedor m.

victualless [v'itəllis] adj. sem mantimentos ou provisões.

victualling, victualing [v'itəliŋ] s. 1. comércio m. de víveres. 2. abastecimento m. (de víveres). **~ house** restaurante. **~ ship** navio de abastecimento.

victuals [vitlz] s. pl. (coloq.) alimentos, víveres m. pl., provisões f. pl., comida f.

vide [v'aidi] v. vide, veja. **~ infra** veja abaixo. **~ supra** veja em cima.

videlicet [vid'i:liset, vəd'eləset] adv. isto é, a saber. abr. **viz** (leia **namely**).

video [v'idəou] s. televisão f. ‖ adj. relativo à televisão.

videotape [v'idiouteip] s. (Telev.) "video tape" m. ‖ v. fazer um "video tape".

vie [vai] v. competir, disputar, rivalizar. **to ~ with s. o. for s. th.** disputar alguma coisa com alguém. **they ~ with each other** eles se rivalizam.

Viennese [vien'i:z] s. vienense m. + f. ‖ adj. vienense.

Vietnamese [vietnəm'i:z] s. vietnamita m. + f. ‖ adj. vietnamita.

view [vju:] s. 1. vista f.: a) visão f., aspecto m. b) faculdade de ver física ou mentalmente. c) cenário, panorama m., paisagem f. 2. ponto m. de vista, opinião f., parecer m. 3. concepção, idéia, teoria f. 4. percepção f. ou exame m. mental. 5. plano m. 6. intenção f., propósito, intento, desígnio m. 7. (fig.) perspectiva, expectativa f. 8. autópsia f. ‖ v. 1. ver, observar, enxergar. 2. examinar, averiguar. 3. opinar. 4. considerar, ponderar. **in ~** 1. à vista. 2. em estudo. 3. em mira, como objetivo. 4. na expectativa ou esperança. **in ~ of** devido a, por causa de, em virtude de. **on ~** à vista, que pode ser visto. **with a ~ to** 1. com a finalidade ou a intenção de. 2. na esperança ou na expectativa de. **at one ~** num relance. **at first ~** à primeira vista. **it iṣ in ~** está à vista. **in my ~** em minha opinião. **on nearer ~** examinando melhor ou de mais perto. **plain to the ~** bem visível. **it came into ~** veio à vista, surgiu, apareceu. **the window commands a ~ over the sea** a janela dá para o mar. **it disappeared from ~** desapareceu de vista. **I did it with a ~ to please him** fi-lo com a intenção de agradar-lhe. **the end in ~ is to help the poor** a finalidade em mira é auxiliar os pobres. **to take a ~ of** olhar, examinar. **to take a too bright ~ of** ter opinião demasiadamente favorável sobre. **to take a too grave ~ of** julgar demasiadamente grave. **he took a nearer ~ of the affair** ele examinou o caso de mais perto. **she ~ed the books with a critical eye** ela examinou os livros criticamente.

viewable [~əbl] adj. visível.

viewer [vj'u:ə] s. 1. expectador, observador m. 2. vigia, inspetor m. 3. mestre m. de mineiros.

viewfinder [vj'u:faində] s. (Fot.) visor m. (quadro C 3).

viewless [vj'u:lis] adj. 1. que não propicia vista ou visão. 2. sem opinião. 3. invisível.

viewpoint [vj'u:pɔint] s. ponto m. de vista.

vigesimal [vaidʒ'esiməl] adj. vigésimo.

vigil [v'idʒil] s. 1. vigília f. (também em sentido eclesiástico, freqüentemente no pl.). 2. insônia f. 3. lucubração f. 4. véspera f. (de festa religiosa).

vigilance [v'idʒiləns] s. 1. vigilância, atenção, cautela

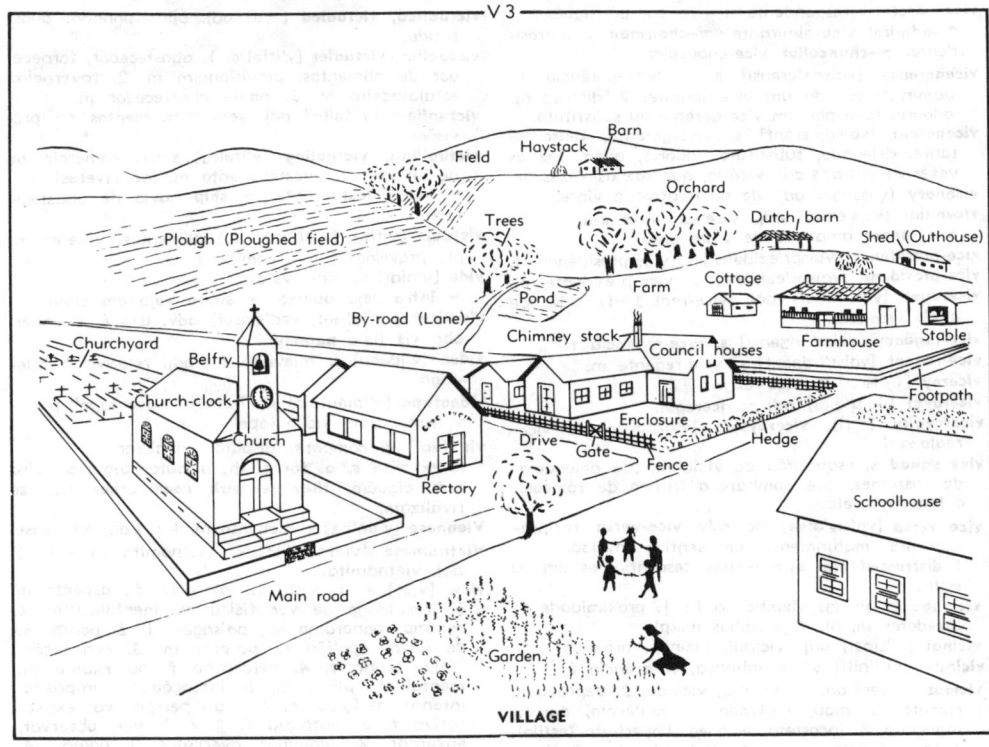

V 3

Field — Haystack — Barn

Orchard

Plough (Ploughed field) — Trees — Dutch barn — Shed (Outhouse)

Farm — Cottage

Pond — By-road (Lane)

Churchyard — Chimney stack — Council houses — Farmhouse — Stable

Belfry

Church-clock — Footpath

Church — Enclosure

Drive — Gate — Hedge — Fence

Rectory — Schoolhouse

Main road

Garden

VILLAGE

f., cuidado m. 2. insônia f.
~ **committee** corporação civil para manter a ordem local.
vigilant [v'idʒilənt] adj. vigilante, cuidadoso, atencioso, cauteloso, precavido, alerta. ‖ ~**ly** adv. vigilantemente, cuidadosamente, cautelosamente.
vigilante [vidʒil'ænti] s. membro do **vigilance committee.**
vigil light s. vela f. acesa em ato de devoção.
vignette [v'injet] s. vinheta f. ‖ v. desenhar ou gravar vinhetas.
vignettist [~ist] s. vinhetista m. + f.
vigorous [v'igərəs] adj. 1. vigoroso, forte, potente, robusto. 2. ativo, enérgico, veemente. 3. impressivo, eficaz. ‖ ~**ly** adv. 1. vigorosamente, fortemente. 2. energicamente, eficazmente.
vigorousness [~nis] s. vigor m., força, robustez f.
Vikings, vikings [v'aikiŋz] s. pl. (Hist.) vikings m. pl.
vile [vail] adj. 1. vil, baixo, desprezível. 2. muito mau, ruim. 3. malvado, depravado, imoral, perverso. 4. detestável, abjeto, abominável, repulsivo. 5. odioso, obnóxio. 6. de pouco valor. ‖ ~**ly** adv. 1. vilmente, desprezivelmente. 2. malvadamente, perversamente, vergonhosamente. 3. odiosamente.
vileness [v'ailnis] s. vileza, baixeza, abjeção, pequenez, mesquinhez f.
vilification [vilifik'eiʃən] s. vilipêndio, aviltamento m., calúnia, difamação f.
vilifier [v'ilifaiə] s. difamador, caluniador m.
vilify [v'ilifai] v. vilipendiar, aviltar, difamar.
vilipend [v'iləpend] v. vilipendiar, desprezar.
villa [v'ilə] s. casa f. de campo, habitação elegante ou de recreio, vila f.
village [v'ilidʒ] s. 1. aldeia, povoação f., burgo m. (quadro V 3). 2. população f. de uma aldeia. ‖ adj.

relativo a aldeia ou burgo.
village community s. (Hist.) primitiva comunidade rural f., que deu origem à formação estatal.
villager [~ə] s. aldeão, burguês m.
villain [v'ilən] s. 1. vilão, homem desprezível, miserável, patife, birbante m. 2. (joc.) maroto, pândego, bandido m. 3. (Hist.) servo m.
villainage [v'ilinidʒ] s. 1. (†) servidão f. 2. posse f. concedida pelo senhor feudal.
villainies [v'iləniz] s. pl. vilanias, ações más f. pl.
villainous [v'ilənəs] adj. vil, baixo, desprezível, malvado, ignóbil, abominável, corruto, depravado. ‖ ~**ly** adv. vilmente, malvadamente, abominavelmente, corrutamente, depravadamente.
villainousness [~niʃ], **villainy** [v'iləni] s. 1. vilania, vileza, baixeza, maldade, infâmia f. 2. crime m.
villatic [vil'ætik] adj. de aldeia, rústico, rural.
villeinage [~idʒ] s. = **villainage.**
villiform [v'ilifɔ:m] adj. (Zool.) vilífero, fibroso, viloso.
villosity [vil'ɔsiti] s. vilosidade f.
villous [v'iləs] adj. viloso.
vim [vim] s. (E. U. A.) energia, força f., vigor m.
vimen [v'aimen] s. pl. **vimina** [v'imənə] vime m., vara, haste f.
vinaceous [vain'eiʃəs] adj. vináceo, vinoso, vinhoso.
vinaigrette [vinəgr'et] s. frasco ornamental com sais aromáticos, etc.
vincibility [vinsib'iliti] s. vencibilidade f.
vincible [v'insibl] adj. vencível, conquistável, superável.
vindicable [v'indikəbl] adj. que se pode vindicar, justificável, defensável, sustentável.
vindicate [v'indikeit] v. 1. vindicar, justificar, defender **(against, from** contra), manter, sustentar. 2.

reivindicar, reclamar.

his action was ~d by events o tempo justificou a sua ação.

vindication [vindik'eiʃən] s. vindicação, justificação, defesa, proteção f.

vindicative [v'indikeitiv] adj. justificativo, vindicativo, defensivo.

vindicator [v'indikeitə] s. vindicador, defensor, protetor m.

vindicatory [~ri] adj. vindicativo, defensivo, justificativo.

vindictive [vind'iktiv] adj. vingativo. || ~ly adv. vingativamente.

vindictiveness [~nis] s. disposição t. para vingança, índole vingativa f.

vine [vain] s. 1. (Bot.) videira, vinha f. 2. (Bot.) trepadeira f.
~ **dresser** vinhateiro. ~ **fretter**, ~ **grub** (Zool.) filoxera. ~ **knife** podão. ~ **leaves** parras.

vinegar [v'inigə] s. vinagre m. || v. pôr de escabeche ou em salmoura.

vinegarish [~riʃ], **vinegary** [~ri] adj. avinagrado.

vinelike [v'ainlaik] adj. semelhante a vinho, vináceo.

vinery [v'ainəri] s. 1. estufa f. para uvas. 2. vinhedo m. 3. (E. U. A.) vinhos m. pl. coletivamente.

vineyard [v'injəd] s. 1. vinhedo m., vinha f. 2. campo m. de atividades, esp. espirituais.

vineyardist [~ist] s. viticultor, vinhateiro m.

vinic [v'ainik, v'inik] adj. vínico.

viniculture [v'inikʌltʃə] s. viticultura, vinicultura f.

viniferous [vain'ifərəs] adj. vinífero.

vinification [vinifik'eiʃən] s. vinificação f.

vinosity [vain'ɔsiti] s. vinosidade f.

vinous [v'ainəs] adj. vinoso: relativo ao vinho. 2. causado pelo vinho.

vintage [v'intidʒ] s. 1. vindima f.: safra de vinho. 2. ano m. da vindima. 3. (coloq.) qualquer colheita ou produção de determinado período.

vintager [~ə] s. vindimador m.

vintner [v'intnə] s. 1. negociante m. + f. de vinhos. 2. taberneiro, taverneiro m.

viny [v'aini] adj. vináceo, vinoso.

vinyl [v'ainil] s. (Quím.) vinilo m.

viol [v'aiəl] s. viola f.: 1. instrumento de cordas da Idade Média. 2. qualquer instrumento de cordas.

viola (I) [v'aiələ] s. (Bot.) viola, violeta f. ou qualquer planta do gênero.

viola (II) [vi'oulə] s. (Mús.) viola f.: instrumento de arco.

violability [vaiələb'iliti] s. violabilidade f.

violable [v'aiələbl] adj. violável. || **-bly** adv. violavelmente.

violaceous [vaiəl'eiʃəs] adj. 1. (Bot.) violáceo. 2. de cor violeta.

violate [v'aiəleit] v. violar: 1. profanar, desonrar. 2. violentar, estuprar, deflorar. 3. transgredir, infringir. 4. ofender. 5. invadir. 6. quebrar (promessa). 7. ultrajar.

violation [vaiəl'eiʃən] s. 1. violação f. 2. violência f. 3. transgressão, infração f. 4. profanação f. 5. estupro m. 6. ultraje m., injúria f.
~ **of agreement** violação de acordo ou contrato.
~ **of duty** infração do cumprimento do dever.

violative [v'aiəleitiv] adj. violatório.

violator [v'aiəleitə] s. violâdor m.: 1. transgressor, infrator m. 2. profanador m. 3. desonrador m.

violence [v'aiələns] s. 1. violência, força f. 2. veemência, impetuosidade, intensidade f. 3. severidade f. 4. abuso m. 5. injúria f., ultraje m.
they did ~ to her violaram-na.

violent [v'aiələnt] adj. 1. violento. 2. veemente, impetuoso, ardente, furioso. 3. severo, duro. 4. extremo. 5. intenso. || ~ly adv. 1. violentamente. 2.

impetuosamente. 3. severamente. 4. intensamente.

violescent [vaiəl'esənt] adj. com tendência à cor violeta.

violet [v'aiəlit] s. 1. (Bot.) violeta f. 2. cor roxa ou violeta f. || adj. 1. roxo, violeta. 2. perfumado como a violeta.

violet rays s. pl. 1. raios violeta m. pl. 2. raios ultravioleta m. pl.

violin [v'aiəlin] s. 1. violino m. (quadro V 1). 2. qualquer instrumento moderno do mesmo gênero, como viola ou violoncelo. 3. violinista m. + f. (de orquestra).
to play ~ tocar violino. **to play the first ~** tocar o primeiro violino (também fig.).

violinist [~ist] s. violinista m. + f.

violist [v'aiəlist] s. violeiro m.

violoncellist [vaiələntʃ'elist] s. violoncelista m. + f.

violoncello [vaiələntʃ'elou] s. violoncelo m.

violone [v'aiəloun] s. contrabaixo m.

VIP, V. I. P. [vi:aipi:] (coloq.) abr. de **very important person** pessoa muito importante.

viper [v'aipə] s. 1. víbora f. 2. pessoa maldosa, malevolente, traiçoeira f.

viperine [~rin], **viperous** [~rəs], **viperish** [~riʃ] adj. viperino: 1. de ou semelhante à víbora. 2. venenoso, malicioso, perverso. || ~ly adv. 1. viperinamente. 2. venenosamente, maliciosamente.

viraginous [vir'ædʒinəs] adj. que tem qualidades de virago.

virago [vir'eigou] s. pl. **-goes**, **~s** virago f.

vireo [v'iriou] s. (Orn.) qualquer pássaro da família dos Vireonídeos.

virescence [vir'esns] s. esverdeamento m.

virescent [vir'esnt] adj. verdejante, esverdeado.

virgin [v'ə:dʒin] s. 1. virgem, donzela, moça solteira f. 2. (Astron.) virgo m. (também maiúsculo). 3. **the Virgin** a Virgem Maria. || adj. 1. virgem. 2. virginal, casto, puro, imaculado. 3. ainda não usado. 4. inexperiente, novo, recente.
~ **forest** mata virgem. ~ **land** terra ainda não lavrada. ~ **snow** neve sem mancha. ~ **wax** cera virgem. ~ **speech** estréia oratória. **the Virgin Queen** a rainha virgem, Elizabeth I. ~ **cruise** viagem inaugural (dum navio). ~ **birth** 1. partenogênese. 2. (Teol.) doutrina da Imaculada Conceição.

virginal [~əl] s. virginal m.: antigo instrumento musical semelhante à espineta, mas menor. || adj. virginal, virgíneo, puro, casto. || ~ly adv. virginalmente, castamente.

virginalness [v'ə:dʒinəlnis], **virginhood** [v'ə:dʒinhud] s. virgindade f.

Virginia [vədʒ'injə] s. virgínia f.: fumo proveniente de Virgínia.
~ **creeper** videira virgem, também chamada hera americana.

Virginian [~n] s. virginiano m. || adj. virginiano.

virginity [və:dʒ'initi] s. 1. virgindade f. 2. estado de solteiro.

Virgin Mary Virgen Maria, mãe de Jesus.

Virgo [v'ə:gou] s. (Astron.) Virgo m., Virgem f.

virgulate [v'ə:gjulit] adj. que tem forma de varinha ou vareta.

virgule [v'ə:gju:l] s. traço oblíquo (/) entre duas palavras, indicando que qualquer uma pode ser aplicada p. ex. **and/or.**

virid [v'irid] adj. verde, verdejante, virente.

viridescence [virid'esns] s. verdeio, esverdeamento m.

viridescent [virid'esnt] adj. verdejante, viridente.

viridian [vər'idiən] s. pigmento verde-azulado m.

viridity [vir'iditi] s. 1. verdura f., verdor m. 2. (fig.) inexperiência, simplicidade f.

virile [v'irail] adj. 1. viril, varonil. 2. másculo,

vigoroso. ‖ ~ly adv. virilmente.

virilism [v'irilizm] s. virilismo m.

virility [vir'iliti] s. 1. virilidade, varonilidade, masculinidade f. 2. vigor m., força f.

virilocal [viril'oukəl] adj. (Etn.) patrilocal.

virology [vaiər'olədʒi] s. ciência f. ou estudo m. dos vírus.

virtu [və:t'u:] s. 1. valor artístico m. de uma obra ou objeto de arte. 2. objetos m. pl. de arte, curiosidade, raridade f. (usualmente no pl.). 3. gosto ou amor m. pelas belas-artes.
articles of ~ objetos de arte.

virtual [v'ə:tjuəl] adj. virtual, real, verdadeiro, propriamente dito. ‖ ~ly adv. virtualmente, realmente.

virtuality [və:tju'æliti] s. virtualidade f.

virtue [v'ə:tju:] s. 1. virtude f. 2. probidade, retidão f. 3. eficiência, eficácia f., efeito m. 4. excelência f., valor, mérito m. 5. castidade, pureza f.
cardinal ~ virtude cardeal. **by** ~ **of his recommendation** por força de, devido a ou graças a sua recomendação. **they made a** ~ **of necessity** fizeram da necessidade uma virtude.

virtueless [~lis] adj. desvirtuoso, sem virtude.

virtuosity [və:tju'ositi] s. 1. virtuosidade f., virtuosismo m. 2. virtuosos m. pl. coletivamente.

virtuoso [və:tju'ouzou] s. pl. –sos, pl [-si] 1. virtuoso, virtuose m. 2. conhecedor m. de arte.

virtuous [v'ə:tjuəs] adj. 1. virtuoso, bom. 2. puro, casto. 3. honrado, probo, íntegro. 4. (Med.) eficiente, eficaz. ‖ ~ly adv. 1. virtuosamente. 2. puramente. 3. honradamente. 4. eficazmente.

virtuousness [~nis] s. 1. virtude f. 2. pureza, castidade f. 3. honradez f. 4. eficácia f.

virulence [v'iruləns], **virulency** [~i] s. 1. virulência f. 2. malignidade, maldade f. 3. rancor m., hostilidade f., veneno m.

virulent [v'irulənt] adj. virulento: 1. extremamente venenoso, mortal. 2. maligno, rancoroso. ‖ ~ly adv. virulentamente, rancorosamente.

virus [v'aiərəs] s. 1. vírus m. 2. veneno m., peçonha f. (também fig.)

visa [v'i:zə] s. visto m. (em passaporte). ‖ v. (imp. **visaed**) visar, pôr o visto em.

visaed [~d] adj. visado, que recebeu o visto. (passaporte).

visage [v'izidʒ] s. 1. rosto, semblante m., face, cara f. 2. aparência f., aspecto m.

visaged [~d] adj. (em composto) de rosto ou semblante.
pale—~ de face pálida.

vis-à-vis [vi:za:v'i:] s. (fr.) vis-à-vis m. + f.: o que fica oposto ou de rosto a rosto. ‖ adj. + adv. defronte, rosto a rosto, vis-à-vis.

viscera [v'isərə] s. pl. (sing. **viscus**) vísceras, entranhas f. pl.

visceral [~l] adj. visceral.

viscid [v'isid] adj. viscoso, pegajoso. ‖ ~ly adv. viscosamente.

viscidity [vis'iditi], **viscidness** [v'isidnis] s. viscosidade f.

viscometer [visk'omitə] s. viscosímetro, ixômetro m.

viscose [v'iskous] s. (Quím.) viscose f.

viscosity [visk'ositi] s. (Fís.) = **viscidity**.

viscount [v'aikaunt] s. visconde m.

viscountcy [~si], **viscountship** [~ʃip] s. título m., ou dignidade f. de visconde.

viscountess [v'aikauntis] s. viscondessa f.

viscounty [v'aikaunti] s. 1. viscondado m. 2. = **viscountcy**.

viscous [v'iskəs] adj. viscoso, pegajoso. ‖ ~ly adv. viscosamente, pegajosamente.

viscousness [~nis] s. = **viscidity**.

vise [vais] s. + v. = **vice** (II).

visé [v'i:zei] s. + v. = **visa**.

visibility [vizib'iliti] s. visibilidade f.

visible [v'izəbl] adj. 1. visível, perceptível. 2. evidente, claro, manifesto, óbvio. 3. disponível. ‖ –bly adv. visivelmente, evidentemente, claramente.

visible speech s. (Fon.) discurso m. em espectrograma sonoro.

Visigoth [v'izigɔθ] s. visigodo m.

Visigothic [vizig'oθik] adj. visigótico.

vision [v'iʒən] s. 1. visão f.: a) vista f., faculdade de ver. b) fantasma, espectro m., aparição, visagem f. c) fantasia, miragem f. 2. imaginação f. 3. aspecto m. 4. alucinação f. 5. pessoa ou cena f. muito bonita. ‖ v. visionar, imaginar.

visional [~əl] adj. de ou relativo a visões ou à visão, visionário, imaginário. ‖ ~ly adv. de modo visionário.

visionariness [~ərinis] s. qualidade do que é visionário.

visionary [~əri] s. visionário m.: 1. o que tem visões. 2. utopista m. + f., sonhador m. ‖ adj. visionário: 1. relativo a visões. 2. utópico, quimérico, imaginário, irreal. 3. exagerado, excêntrico.

visit [v'izit] s. 1. visita f. 2. vistoria, inspeção f. 3. (coloq.) palestra, prosa, conversa f. 4. hospedagem f. ‖ v. 1. visitar, fazer visita a, ir ver, percorrer, viajar. 2. inspecionar. 3. castigar, punir, afligir. 4. conversar, palestrar, prosear.
domiciliary ~ vistoria domiciliar. **I paid her a** ~ eu a visitei. **we paid a** ~ **to the gallery** visitamos a galeria. **a** ~ **to a doctor** uma consulta médica. **I** ~ **there** eu vou sempre lá. **we do not** ~ nós não mantemos relações. **to** ~ (**with**) (E. U. A.) conversar (com). **the sins of the parents are** ~**ed upon the children** os pecados dos pais serão punidos nos filhos.

visitable [~əbl] adj. visitável, sujeito a visitas.

visitant [v'izitənt] s. 1. visitante m. + f., visita f., hóspede m. 2. ave migratória f. ‖ adj. visitante, de visita, visitador.

visitation [vizit'eiʃən] s. 1. visitação f. 2. inspeção, vistoria, verificação f., exame m. 3. castigo m. ou graça f. do céu, aflição, provação f.

Visitation [~] s. (Ecles.) Visitação f.

visitatorial [vizitət'o:riəl] adj. relativo a visitação.

visiting [v'izitiŋ] s. visitação, visita f. ‖ adj. que visita, visitante, de visita.
~ **card** cartão de visita. ~ **committee** comissão de fiscalização. ~ **fireman** visita muito importante. **we are on** ~ **terms** nós nos visitamos.

visitor [v'izitə] s. 1. visita f., visitante m. + f., hóspede m. 2. visitador, inspetor m.
many ~**s** muitas visitas, muitos hóspedes. ~**s' book** livro dos visitantes.

visitorial [vizit'o:riəl] adj. = **visitatorial**.

vis major s. (Jur., latim) força maior f.

visor, vizor [v'aizə] s. 1. viseira f.: 1. parte do elmo que protege o rosto. 2. pala f. (de boné). 3. disfarce m., máscara f.

visored, vizored [~d] adj. guarnecido de viseira, mascarado (também fig.).

visorless, vizorless [-lis] adj. sem viseira ou máscara.

vista [v'istə] s. 1. vista, perspectiva f., panorama m. 2. retrospecto m.

vistaed [~d] adj. que tem vista ou panorama.

visual [v'izjuəl] adj. 1. visual, visório. 2. visível, perceptível. ‖ ~ly adv. 1. visualmente. 2. visivelmente, perceptivelmente.
~ **acuity** acuidade visual. ~ **angle** ângulo visual. ~ **field** campo visual.

visual aid s. material de ensino visual m.: filmes, diapositivos, gráficos, etc.

visualization [vizjuəlaiz'eiʃən] s. visualização f.

visualize [v'izjuəlaiz] v. 1. visualizar, imaginar, idear. 2. tornar visível.

visualizer [~ə] s. 1. pessoa de idéias ou de imaginação fértil. 2. pessoa de tipo visual.

vital [v'aitəl] adj. 1. vital, capital, essencial, muito importante, imprescindível. 2. mortal, danoso. 3. vivo, cheio de vida. || ~ly adv. vitalmente. ~ parts partes vitais. of ~ importance de importância capital. ~ question questão vital.

vitalism [v'aitəlizm] s. vitalismo m.

vitality [vait'æliti] s. vitalidade, força vital f.

vitalization [vaitəlaiz'eiʃən] s. vitalização f.

vitalize [v'aitəlaiz] v. vitalizar, vivificar, fortificar.

vitalizer [~ə] s. vitalizador m.

vitamin [v'aitəmin], **vitamine** [v'aitəmi:n] s. vitamina f.

vitaminous [vait'æminəs] adj. que contém vitamina.

vitascope [v'aitəskoup] s. vitascópio, cinematògrafo, projetor cinematográfico m.

vitiable [v'iʃiəbl] adj. que se pode viciar.

vitiate [v'iʃieit] v. 1. viciar: a) corromper, estragar, arruinar. b) perverter, depravar, deitar a perder. c) cancelar, anular, invalidar. d) (†) adulterar, falsificar. 2. (†) profanar.

vitiated [~id] adj. 1. viciado, contaminado. 2. invalidado, falsificado, adulterado.

vitiation [viʃi'eiʃən] s. 1. viciação, corrução f. 2. falsificação, adulteração, invalidação f.

vitiator [v'iʃieitə] s. 1. viciador, corrutor, contaminador m. 2. adulterador, falsificador m.

viticultural [vitik'ʌltʃərəl] adj. vitícola, viticultor.

viticulture [vitik'ʌltʃə] s. viticultura f.

viticulturer [~rə], **viticulturist** [~rist] s. viticultor, vitícola m.

vitreo-electric adj. vítreo-elétrico.

vitreous [v'itriəs] adj. vítreo, vidroso, vidrento (quadro E 3). || ~ly adv. de modo vítreo.

vitreous humor s. (Anat.) humor vítreo m.

vitreousness [~nis] s. qualidade do que é vítreo.

vitrescent [vitr'esnt], **vitrescible** [vitr'esəbl] adj. vitrescível, vitrificável.

vitric [v'itrik] adj. vítreo.

vitrifaction [vitrif'ækʃən], **vitrification** [vitrifik'eiʃən] s. vitrificação f.

vitrifiable [v'itrifaiəbl] adj. vitrificável.

vitriform [v'itrifɔ:m] adj. vítreo, vidrento.

vitrify [v'itrifai] v. vitrificar(-se).

vitriol [v'itriəl] s. 1. vitríolo, ácido sulfúrico m. 2. óleo de vitríolo. 3. (fig.) causticidade f. **blue** ~ vitríolo azul (sulfato de cobre). **green** ~ vitríolo verde (sulfato de ferro). **white** ~ vitríolo branco (sulfato de zinco).

vitriolic [vitri'ɔlik] adj. 1. vitriólico. 2. (fig.) cáustico.

vitriolization [vitriolaiz'eiʃən] s. vitriolização f.

vitriolize [v'itriəlaiz] v. vitriolizar.

vituline [v'itjulain] adj. de ou relativo a bezerro.

vituperate [vitj'u:pəreit] v. vituperar, repreender, censurar, injuriar.

vituperation [vitjupər'eiʃən] s. vituperação f., vitupério m., injúria f.

vituperative [vitj'u:pəreitiv] adj. vituperativo, vituperioso, injurioso. || ~ly adv. vituperativamente.

vituperator [vitj'u:pəreitə] s. vituperador m.

viva [v'i:və] s. viva m.: exclamação de aplauso. || interj. viva!

vivacious [viv'eiʃəs] adj. 1. vivaz, vivo, esperto, ativo. 2. animado, alegre, jovial. || ~ly adv. 1. vivamente, ativamente. 2. animadamente, alegremente.

vivaciousness [~nis], **vivacity** [viv'æsiti] s. 1. vivacidade, viveza f. 2. atividade, esperteza, alegria, animação, jovialidade f.

vivarium [vaiv'ɛəriəm] s. pl. ~s, −ria [riə] viveiro m.

viva voce [v'aivəv'ousi] s. exame oral m. || adv. oral-

mente, de viva voz.

vivid [v'ivid] adj. 1. vivo, vívido, esperto, ativo, animado, cheio de vida. 2. brilhante, fulgurante. 3. distinto, nítido (memória). || ~ly adv. 1. vivamente, ativamente. 2. brilhantemente. 3. distintamente.

vividness [~nis] s. 1. vivacidade f. 2. brilho m. 3. nitidez f. (memória).

vivification [vivifik'eiʃən] s. vivificação f.

vivifier [v'ivifaiə] s. vivificador m.

vivify [v'ivifai] v. vivificar, dar vida a, avivar, alentar, estimular.

viviparity [vivip'æriti] s. viviparidade f.

viviparous [viv'ipərəs] adj. vivíparo. || ~ly adv. de modo vivíparo.

vivisect [vivis'ekt] v. vivissectar, praticar vivissecção (em).

vivisection [vivis'ekʃən] s. vivissecção f.

vivisectional [~əl] adj. de ou relativo à vivissecção.

vivisectionist [~ist], **vivisector** [vivis'ektə] s. vivissecionista m. + f., vivissector m.

vixen [viksn] s. 1. raposa f. 2. megera, mulher de mau gênio, turbulenta ou rabugenta f.

vixenish [v'iksəniʃ], **vixenly** [v'iksənli] adj. rabugento, encrenqueiro, briguento, ralhador.

viz. [viz] abr. de **videlicet**: a saber, isto é.

vizard [v'izəd] s. = **visor**.

vizier, vizir [viz'iə] s. vizir m.

vizierate, vizirate [~reit, viz'irit] s. vizirato m.

vizor [v'aizə] s. = **visor**.

vizorless [~lis] s. = **visorless**.

V-J Day abr. de **Victory in Japan Day** (2.9.1945).

vocable [v'oukəbl] s. vocábulo, termo m., palavra f.

vocabulary [vək'æbjuləri] s. vocabulário m.

vocal [v'oukəl] adj. 1. vocal, de ou relativo à voz. 2. oral. 3. (Fon.) sonante. || ~ly adv. 1. vocalmente. 2. oralmente. 3. de forma sonante. ~ with sonante com. ~ chords (Anat.) cordas vocais. ~ film filme sonoro. ~ music música vocal. ~ sound vogal.

vocalic [vouk'ælik] adj. 1. vocálico. 2. que tem muitas vogais.

vocalism [v'oukalizm] s. vocalismo m.

vocalist [v'oukəlist] s. vocalista m. + f., cantor m.

vocality [vouk'æliti] s. qualidade de ser vocal.

vocalization [voukəlaiz'eiʃən] s. vocalização f.

vocalize [v'oukəlaiz] v. vocalizar: 1. cantar vocalizando. 2. transformar em vogal.

vocalizer [~ə] s. vocalizador m.

vocation [vouk'eiʃən] s. vocação, inclinação, tendência f. 2. profissão, ocupação f., emprego m. **you have mistaken your** ~ você errou a profissão.

vocational [~əl] adj. vocacional. || ~ly adv. vocacionalmente.

vocative [v'okətiv] (também **vocative case**) s. (Gram.) vocativo m. || adj. vocativo.

vociferance [vous'ifərəns] s. vozearia, gritaria f.

vociferant [vous'ifərənt] s. vociferador m. || adj. vociferante, berrante, clamoroso, barulhento, vociferante.

vociferate [vous'ifəreit] v. vociferar, berrar, gritar, clamar, bradar.

vociferation [vousifər'eiʃən] s. vociferação, vozeria, gritaria f., clamor m.

vociferator [vous'ifəreitə] s. = **vociferant**.

vociferous [vous'ifərəs] adj. vociferante, vociferador, clamoroso, barulhento. || ~ly adv. de modo vociferante, barulhentamente, clamorosamente.

vociferousness [~nis] s. vozeria, gritaria f., clamor m.

voe [vou] s. baía pequena, enseada f.

vogue [voug] s. voga f.: 1. popularidade, aceitação, preferência f. 2. moda f. **it is all the** ~, **it is in full** ~ é a grande moda, é de preferência geral. **she brought low necklines into ~** ela introduziu o decote.

voice [vɔis] s. 1. voz f. (também Gram. e Mús.). 2. som, tom m. 3. língua, linguagem f. 4. (fig.) voz interior f. 5. voto, sufrágio m. 6. escolha f. 7. opinião f., parecer m. 8. (fig.) porta-voz m., intérprete m. + f. 9. habilidade f. para cantar. 10. cantor m. 11. expressão ou expansão f. (de alegria). 12. voz ativa, autoridade f. 13. sonoridade f. ‖ v. 1. dizer, exprimir. 2. opinar, dar opinião. 3. formular. 4. pronunciar sonoramente. 5. declarar, proclamar, expressar, anunciar. 6. (Fon.) vocalizar. 7. afinar (órgão).
the active ~ (Gram.) a voz ativa. **the passive ~** (Gram.) a voz passiva. **he is not in ~** ele não está com boa voz. **he is in splendid ~** ele está com excelente voz. **in a low ~** em voz baixa. **with one ~** unânimemente, de uma só voz. **to lift up one's ~** levantar a voz, gritar. **he gave ~ to our feelings** ele expressou os nossos sentimentos. **to give one's ~ for** dar o seu voto a.

voiced [~t] adj. 1. (Fon.) sonoro. 2. com voz, dotado de voz.

voiceful [v'ɔisful] adj. 1. sonoro, sonante. 2. dotado de voz.

voiceless [v'ɔislis] adj. 1. mudo, silencioso, calado, destituído de voz. 2. afônico. 3. que não pode opinar ou votar. 4. (Fon.) surdo. ‖ **~ly** adv. 1. mudamente, silenciosamente. 2. afonicamente.

voicelessness [~nis] s. 1. mudez f., silêncio m. 2. afonia f.

voiceprint [v'ɔisprint] s. espectrograma sonoro m.

void [vɔid] s. vácuo, vazio m., lacuna f. ‖ v. 1. anular, cancelar, suspender, invalidar. 2. desocupar, esvaziar. 3. deixar, abandonar. 4. expelir, evacuar. ‖ adj. 1. vazio. 2. livre, isento (**of** de). 3. pobre. 4. que tem carência, destituído (**of s. th** de alguma coisa). 5. inútil, vão, à-toa, ineficiente. 6. fútil. 7. inválido, sem efeito ou força legal, nulo, anulável. 8. vago, desocupado, não preenchido (lugar, etc.). ‖ **~ly** adv. 1. nulamente. 2. vagamente. 3. futilmente.
to fill a ~ preencher uma lacuna. **to make ~** tornar sem efeito, anular. **~ of hope** sem esperança, desesperado. **~ of pity** impiedoso. **~ of sense** que não tem ou não faz sentido.

voidable [v'ɔidəbl] adj. 1. anulável, cancelável. 2. evacuável, expelível.

voidableness [~nis] s. anulabilidade f., qualidade do que é cancelável.

voidance [v'ɔidəns] s. 1. anulação, invalidação f. 2. vacância, vacatura f. 3. expulsão, evacuação f.

voile [vwa:l, vɔil] s. voal m. (tecido transparente).

vol. abr. de: 1. **volume**. 2. **volunteer**.

volant [v'oulənt] s. volante m. ‖ adj. 1. volante, voador. 2. vivo, ligeiro, ágil.

volar [v'oulə] adj. 1. (Anat.) relativo à palma da mão ou à planta do pé. 2. (Av.) relativo a vôo.

volatile [v'ɔlətail, referente a sal: vəl'ætəli] adj. 1. volátil: a) volúvel, inconstante, frívolo. b) que se pode reduzir facilmente a gás ou vapor. 2. passageiro, transitório. 3. (†) que voa, volante.
~ alkali amoníaco. **~ salt** sal volátil.

volatileness [~nis], **volatility** [vɔlət'iliti] s. volatilidade, volubilidade, inconstância, mutabilidade f.

volatilization [vɔlətilaiz'eiʃən] s. volatilização f.

volatilize [v'ɔlətilaiz] v. volatilizar(-se).

volcanic [vɔlk'ænik] adj. vulcânico (também fig.). ‖ **~clly** adv. de modo vulcânico.

volcanism [v'ɔlkənizm] s. vulcanismo m.

volcanist [v'ɔlkənist] s. vulcanista m.

volcanize [v'ɔlkənaiz] v. vulcanizar.

volcano [vɔlk'einou] s. pl. **~s, —noes**. vulcão m.

(quadro M 7).
active ~ vulcão ativo. **dormant ~** vulcão inativo. **extinct ~** vulcão extinto. **on the top of a ~** (fig.) em perigo iminente.

volcanologist [vɔlkən'ɔlədʒist] s. vulcanologista m.

volcanology [vɔlkən'ɔlədʒi] s. vulcanologia f.

vole [voul] s. (Zool.) espécie de rato silvestre.

volitant [v'ɔlitənt] adj. volitante.

volitate [v'ɔliteit] v. volitar, esvoaçar.

volitation [vɔlit'eiʃən] s. ato de volitar, vôo m.

volition [voul'iʃən] s. volição, vontade f.

volitional [~əl] adj. volitivo, da vontade. ‖ **~ly** adv. por meio da vontade.

volley [v'ɔli] s. 1. salva f. 2. torrente f. de palavras, palavreado m. 3. saraiva f. (pedras, balas, etc.). 4. estouro m., manifestação estrondosa e espontânea f. 5. rebatida f. da bola antes de ela tocar o chão. ‖ v. 1. salvar, saudar dando salva. 2. dar uma descarga, estourar. 3. rebater uma bola antes de ela tocar o chão.

volleyball [~bɔl] s. volibol m.

volplane [v'ɔlplein] s. (Av.) vôo planado m. ‖ v. (Av.) planar.

volt (I) [voult] s. 1. volteio m. (de cavalo). 2. movimento m. para evitar um golpe (em esgrima).

volt (II) [voult] s. (Eletr.) volt m.
~-ampère volt-ampère.

voltage [v'oultidʒ] s. (Eletr.) voltagem t.

voltaic [vɔlt'eiik] adj. (Eletr.) 1. voltaico. 2. galvânico. **~ electricity** eletricidade voltaica.

voltaism [v'ɔltəizm] s. (Eletr.) voltaísmo m.

voltameter [vɔlt'æmitə] s. (Eletr.) voltâmetro m.

voltmeter [v'oultmi:tə] s. (Eletr.) voltímetro m.

volubility [vɔljub'iliti] s. volubilidade f.

voluble [v'ɔljubl] adj. 1. volúvel. 2. falador, palrador. ‖ **—bly** adv. 1. voluvelmente. 2. de modo falador.

volubleness [~nis] s. = **volubility**.

volume [v'ɔljum] s. volume m.: 1. tomo, livro m. 2. capacidade, cubagem f. 3. quantidade, massa t. 4. intensidade f. do som, sonoridade f. 5. tamanho m., extensão f.
~s of smoke nuvens de fumaça. **~ of sound** intensidade do som. **that speaks ~s** isso diz tudo, deixa entrever muito.

volumed [~d] adj. 1. avolumado. 2. em volumes ou tomos.
three-~ em três volumes.

volumeter [v'ɔlju:mitə] s. volúmetro m.

volumetric [vɔljum'etrik], **volumetrical** [~əl] adj. volumétrico. ‖ **~ally** adv. volumetricamente. **~ analysis** análise volumétrica.

voluminosity [vɔljumin'ɔsiti] s. qualidade do que é volumoso, extensão, espessura f., tamanho m.

voluminous [vəlj'u:minəs] adj. volumoso: 1. vultoso, copioso, extenso, grande. 2. que contém muitos volumes ou tomos. ‖ **~ly** adv. de modo volumoso.

voluntariness [v'ɔləntərinis] s. voluntariedade, espontaneidade f.

voluntarism [v'ɔləntərizm] s. (Filos.) voluntarismo m.

voluntarist [—ist] s. (Filos.) voluntarista m. + f.

voluntary [v'ɔləntəri] s. 1. qualquer coisa feita voluntàriamente. 2. prelúdio m. ou solo m. de órgão executado antes, durante ou depois do ofício divino. ‖ adj. voluntário, espontâneo, proposital, intencional. ‖ **—ily** adv. voluntariamente.
~ conveyance, ~ donation, ~ settlement doação.

voluntaryism [~izm] s. regime m. de doações voluntárias para a manutenção de igrejas e escolas.

volunteer [vɔlənt'iə] s. voluntário m. (também milit.) ‖ v. 1. apresentar-se, oferecer-se ou servir voluntariamente. 2. contar ou dizer voluntariamente.

|| adj. voluntário, espontâneo.

voluptuary [vəl'ʌptjuəri, -tʃuəri] s. pessoa voluptuosa f., sibarita, sensualista m. + f. || adj. voluptuoso.

voluptuous [vəl'ʌptjuəs, -tʃuəs] adj. 1. voluptuoso, sensual, libidinoso. 2. de formas exuberantes ou viçosas. || ~**ly** adv. voluptuosamente, sensualmente.

voluptuousness [~nis] s. volúpia, voluptuosidade, sensualidade, luxúria f.

volute [vəlj'u:t] s. (Arquit. e Zool.) voluta f.

voluted [~id] adj. em forma de voluta.

volution [vəlj'u:ʃən] s. volta f. em espiral, espira f.

volva [v'ɔlvə] s. (Bot.) volva f.

vomica [v'ɔmikə] s. (Med.) vômica f.

vomit [v'ɔmit] s. 1. vômito m. 2. vomitado m. 3. vomitório m. (também fig.). || v. vomitar, expelir (também fig.).

vomitive [~iv] s. vomitivo, vomitório m. || adj. vomitivo, vomitório.

vomito, vomito negro [v'ɔmitou, ~n'i:grou] s. (Pat.) vômito-negro m.: febre amarela.

vomitory [v'ɔmitəri] s. 1. vomitório m.: a) emético m. b) saída dos anfiteatros romanos. 2. abertura f. ou saída f. para descarga. || adj. vomitório.

voodoo [v'u:du:] s. (África, Antilhas). 1. vodu m., feitiçaria, magia f. 2. feiticeiro m. || adj. de ou relativo à feitiçaria ou macumba.

voodooism [~izm] s. ritos m. pl. e práticas f. pl. do vodu.

voodooist [~ist] s. adepto m. do vodu.

voracious [vor'eiʃəs] adj. voraz, faminto, esfomeado, sôfrego, devorador, ávido, insaciável. || ~**ly** adv. vorazmente, avidamente.

~ **appetite** apetite voraz. ~ **reader** leitor ávido.

voraciousness [~nis], **voracity** [vor'æsiti] s. voracidade, edacidade f. (**of** por).

vortex [v'ɔ:teks] s. pl. ~**es**, **–tices** [-tisi:z] vórtice m.: 1. redemoinho m., voragem f. 2. turbilhão m. 3. furacão m.

vortical [v'ɔ:tikəl] adj. vorticoso, rodopiante, turbilhonante. || ~**ly** adv. de modo vorticoso, turbilhonantemente.

vortiginous [vɔ:t'idʒənəs] adj. em movimento vertiginoso, turbilhante.

votable [v'outəbl] adj. que pode votar, sujeito a ou suscetível de votação.

vote [vout] s. 1. voto, sufrágio m. 2. direito m. de votar. 3. votação, eleição f. 4. decisão, resolução f. 5. cédula f. ou lista f. eleitoral. 6. autorização, aprovação f. 7. eleitor m., votante m. + f. || v. 1. votar. 2. eleger (por meio de voto). 3. deliberar, decidir, aprovar, rejeitar (por meio de voto). 4. (coloq.) propor, sugerir.

~ **of censure** voto de censura. ~ **of confidence** voto de confiança. **the case was decided by** ~ o caso foi decidido por votação. **agreed to by 23** ~**s to 11** aceito com 23 votos contra 11. **they cast their** ~**s** deram o seu voto. **they put it to the** ~ foi levado à votação. **he has a** ~ **on the Council** ele tem um voto no Conselho. **to** ~ **away** afastar, eliminar por meio de voto. **to** ~ **down** 1. derrotar por votos. 2. rejeitar. **to** ~ **in** admitir por votação.

voteable [v'outəbl] adj = **votable**.

voteless [v'outlis] adj. 1. sem voto. 2. (Pol.) sem direito a voto.

voter [v'outə] s. eleitor m., votante m. + f.

voting [v'outiŋ] s. votação, eleição f.

~ **by rising and sitting** votação (pró ou contra) levantando-se ou ficando sentado. ~ **machine** autômato para registrar e contar votos. ~ **paper** cédula. ~ **right** direito de votar.

votive [v'outiv] adj. 1. votivo, oferecido em cumprimento de um voto. 2. comemorativo. || ~**ly** adv. de modo votivo

~ **mass** missa votiva. ~ **medal** medalha comemorativa. ~ **tablet** placa comemorativa.

votiveness [~nis] s. caráter votivo m.

vouch [vautʃ] s. 1. atestação, asseveração f. 2. garantia, fiança f. || v. 1. atestar, assegurar o caráter genuíno, legítimo de uma pessoa ou coisa. 2. dar fé, testemunhar, dar testemunho de. 3. manter, sustentar. 4. afiançar, responder ou responsabilizar-se por, garantir.

to ~ **for** garantir, responsabilizar-se por.

voucher [v'autʃə] s. 1. responsável m. + f., fiador m. 2. testemunha f. 3. testemunho, documento comprovante m., prova f. 4. recibo, vale, título, certificado m., certidão, fatura t. 5. talão m. (de cheque). ~ **copy** cópia comprobatória. **to support by** ~ comprovar com documentos.

vouchsafe [vautʃs'eif] v. conceder, autorizar, dignar-se (**to** a), condescender (**to** com).

vouchsafement [~mənt] s. condescendência, concessão f.

vow [vau] s. 1. voto m., promessa solene f. 2. juramento m. || v. 1. fazer voto de ou promessa solene. 2. jurar. 3. consagrar, dedicar.

he can't break his ~ ele não pode quebrar o seu juramento. **he is under a** ~ ele fez uma promessa, um juramento. **she took the** ~**s** ela fez os votos.

vowel [v'auəl] s. vogal f. || adj. vocálico.

~ **gradation** (Gram.) apofonia. ~ **mutation** (Gram.) mutação vocálica.

vowelize [~aiz] v. vocalizar.

vowelless [~lis] adj. sem vogal.

vowellike [~ laik] adj. semelhante a vogal.

vower [v'auə] s. o que faz um voto, juramento ou promessa solene.

vox [vɔks] s. pl. **voces** [v'ousi:z]. 1. voz f. 2. som m. 3. palavra f. 4. expressão f.

voyage [v'ɔiidʒ] s. 1. viagem f. 2. ~**s** relato m. de viagem. 3. (†) empreendimento m. || v. viajar, atravessar.

~ **home, return** ~ viagem de regresso. ~ **out and home** viagem de ida e volta.

voyageable [v'ɔiidʒəbl] adj. 1. em que se pode viajar. 2. navegável.

voyager [v'ɔiidʒə] s. viajante m. + f., viajor m.

voyageur [vua:ɑ:ʒ'ə:] s. 1. viajante m. + f. 2. (Canadá) pessoa que percorre os lugares afastados para trazer mercadorias, peles, etc. 3. barqueiro canadense m.

V-shaped adj. em forma de V.

V-sign s. sinal de V m.: sinal da vitória (introduzido por Winston Churchill na II Grande Guerra).

vulcanian [vʌlk'einiən] adj. 1 vulcânico. 2. metalúrgico.

vulcanite [v'ʌlkənait] s. vulcanite, ebonite f.

vulcanization [vʌlkənaiz'eiʃən] s. vulcanização f.

vulcanize [v'ʌlkənaiz] v. vulcanizar.

vulcanizer [~ə] s. vulcanizador m.

vulgar [v'ʌlgə] s. vulgo, povo m., plebe f || adj. 1. vulgar: a) comum, trivial. b) grosseiro, baixo, ordinário, rude. c) vernáculo. 2. inculto, mal-educado. 3. plebeu. 4. obsceno, profano. || ~**ly** adv. 1. vulgarmente. 2. grosseiramente. 3. incultamente.

vulgar fraction (Mat.) fração ordinária f.

vulgarian [vʌlg'ɛəriən] s. pessoa f. vulgar, rude.

vulgarism [v'ʌlgərizm] s. 1. vulgarismo m., vulgaridade f. 2. grosseria f. 3. expressão vulgar f.

vulgarity [vʌlg'æriti] s. 1. vulgaridade f. 2. plebeísmo m. 3. grosseria f.

vulgarization [vʌlgəraiz'eiʃən] s. 1. vulgarização f. 2. rebaixamento m., degradação f.

vulgarize [v'ʌlgəraiz] v. 1. vulgarizar, popularizar. 2. rebaixar, degradar, devassar.

Vulgar Latin s. (Ling.) latim vulgar m.
Vulgate [v'ʌlgit] s. (Bíblia) Vulgata f.
vulnerability [vʌlnərəb'iliti] s. vulnerabilidade f.
vulnerable [v'ʌlnərəbl] adj. vulnerável, sensível. ‖ **–bly** adv. vulneravelmente.
vulnerableness [~nis] s. = **vulnerability**.
vulnerary [v'ʌlnərəri] s. remédio vulnerário m. ‖ adj. vulnerário.

vulpine [v'ʌlpain] adj. vulpino: 1. que diz respeito à raposa. 2. (fig.) astuto, manhoso, ladino.
vulture [v'ʌltʃə] s. (Zool.) abutre m. (também fig.).
vulturine [v'ʌltʃurain], **vulturous** [v'ʌltʃərəs] adj. vulturino.
vulva [v'ʌlvə] s. (Anat.) vulva f.
vying [v'aiiŋ] (veja **to vie**) adj. competidor, disputador, que rivaliza. ‖ **~ly** adv. desafiadoramente.

W

W, w [d'ʌblju:] s. vigésima terceira letra do alfabeto, semivogal.

W. abr. de: 1. **Wales.** 2. **Washington.** 3. **Wednesday.** 4. **Welsh.** 5. **West.** 6. **Western.**

w. abr. de: 1. **watt.** 2. **west.** 3. **western.** 4. **wide.**

W. A abr. de: 1. **West Africa.** 2. **Western Australia.**

W A A C, W. A. A. C. (Ingl.) abr. de **Women's Army Auxiliary Corps.**

wabble [wɔbl] s. = **wobble.**

WAC, Wac (E. U. A.) abr. de **Women's Army Corps.**

wackiness [w'ækinis] s. (gíria, E. U. A.) 1. o que não é cerimonioso. 2. excentricidade, maluquice t.

wacky [w'æki] adj. (gíria, E. U. A.) 1. não convencional ou cerimonioso. 2. excêntrico, maluco, desèquilibrado, doido.

wad [wɔd] s. 1. chumaço m. 2. rolo compacto m. 3. maço m. 4. (coloq., E. U. A.) pacote m. ou maço m. (de notas, cédulas). 5. (gíria Com., E. U. A.) capital, cabedal m. 6. (gíria, E. U. A.) dinheiro m., riqueza f., bem-estar m. 7. bucha f. (de espingarda ou cartucho). ‖ v. 1. enchumaçar, chumaçar, estofar, por enchimento em, acolchoar. 2. formar em maço ou rolo compacto. 3. pôr bucha em (espingarda ou cartucho).

wadable [w'eidəbl] adj. vadeável.

wadder [w'ɔdə] s. enchumaçador, estofador, acolchoador m.

wadding [w'ɔdiŋ] s. 1. chumaços m. pl., enchimento, estofo m. 2. o respectivo material. 3. algodão m. em rama. 4. material m. para bucha. 5. bucha f. 6. enchumaçamento, acolchoamento m., estofagem f.

waddle [wɔdl] s. modo de andar característico dos patos ou gansos, o andar gingando. ‖ v. andar como os patos e gansos, bambolear, gingar.

waddler [w'ɔdlə] s. pessoa que ginga.

waddlingly [w'ɔdliŋli] adv. de modo gingado, bamboleantemente.

waddy [w'ɔdi] s. clava f. ou maça f. (dos indígenas australianos).

wade [weid] s. 1. vadeação f. 2. vau m. ‖ v. 1. vadear. 2. passar com dificuldade (por água, neve, lama ou qualquer coisa que dificulte os movimentos). 3. prosseguir com dificuldade.
  to ~ in entrar na água. **they ~d in** (fig.) eles intròmeteram-se. **to ~ into** 1. (coloq.) pôr mãos à obra. 2. (fig.) dar uma descompostura em, descompor.

wadeable [w'eidəbl] adj. = **wadable.**

wader [w'eidə] s. 1. vadeador m. 2. pessoa que passa ou prossegue com dificuldade. 3. qualquer ave pernalta (que anda na água). 4. **~s** pl. botas altas e impermeáveis f. pl.

wadi, wady [w'ɔdi] s. (África do Norte, Arábia) uádi: 1. leito de rio intermitente m. 2. o próprio rio. 3. barranco, vale m.

wading bird s. ave pernalta f.

wading-pool s. piscina f. pouco funaa para crianças (quadro P 5).

Waf (E. U. A.) abr. de **Women's Air Force.**

wafer [w'eifə] s. 1. bolinho delgado, folhado m., filhó m. + f. 2. obréia f.: hóstia f.

waferlike [~laik], **wafery** [~ri] adj. semelhante à obréia, hóstia, pastilha, tablete.

waffle [wɔfl] s. "waffle" m.: panqueca feita em forma dobradiça.

waffle iron s. forma dobradiça f. para frigir "waffles".

waft [wa:ft] s. 1. rajada, lufada f., sopro m. de vento, bafo, bafejo m. 2. flutuação f. 3. onda f. de cheiro. 4. adejo m., bater m. de asas. 5. (Náut.) sinal m. de perigo. ‖ v. 1. flutuar, boiar, ser levado (pelo vento ou pelas ondas). 2. soprar (vento). 3. comboiar. 4. (arc.) chamar ou dar sinal (com a mão). 5. (arc.) dirigir, lançar (olhos).

waftage [w'a:ftidʒ] s. (†) transporte m., condução f. (pela água ou pelo ar).

wag (I) [wæg] s. (gíria ingl.) trocista m. + f., gaiato, gracejador m.

wag (II) [wæg] s. sacudidela f., abano, meneio, balanço m. ‖ v. 1. sacudir, abanar, balançar, agitar, menear. 2. ir-se, partir.
  he ~ged his finger ele fez um sinal de advertência com o dedo. **he ~ged his head** ele sacudiu a cabeça, fez um sinal afirmativo. **beards ~** a gente diz, o pessoal fala. **they set the tongues ~ging** deram motivo a falatório. **how the world ~s!** como anda este mundo! **let the world ~ on** deixe o pessoal falar e fazer (o que quiser). **he played ~** ele fugiu, deu o fora.

wage [weidʒ] s. (geralmente **~s**) 1. salário, ordenado, soldo m., paga f. 2. retribuição f. ‖ v. empreender, promover, manter, travar.
  the ~ of sin is death a paga do pecado é morte. **~s per hour** salário por hora. **living ~s** salário mínimo. **~-cutting, ~ deflation** redução de salário. **~earner, ~worker** quem vive de seu salário. **~ increase** aumento de salário. **~s tax** imposto salarial. **he ~d an effective war on these things** ele combateu estas coisas com bastante efeito.

wager [w'eidʒə] s. 1. aposta f. 2. parada f., dinheiro m. ou objeto m. apostado. ‖ v. apostar, jogar. **~ of battle** (Hist.) duelo judiciário. **name your ~?** o que vale a aposta? **I ~ed him that...** apostei com ele que... **I ~ that...** quer apostar que...

wage scale s. escala salarial f.

wage slave s. (coloq.) escravo m. do trabalho assalariado.

waggery [w'ægəri] s. peça, brincadeira, jocosidade f.

waggish [w'ægiʃ] adj. brincalhão, divertido, faceto, chistoso, jocoso, chocarreiro. ‖ **~ly** adv. facetamente, divertidamente, de modo brincalhão.

waggishness [~nis] s. brincadeira, jocosidade, facécia, chocarrice f.

waggle [wægl] s. balanço, meneio, m., abanada, sacudidela f. ‖ v. balançar, abanar, menear, sacudir.

wagglingly [w'æɡliŋli] adv. de modo abanante, meneantemente.

waggly [w'ægli] adj. 1. meneante. 2. oscilante, balouçante, inseguro. 3. escabroso, acidentado.

waggon, wagon [w'ægən] s. 1. (Ingl.) carro m. pesado de quatro rodas para carga volumosa, carroção m. (quadros H 5, 6). 2. caminhão, carro de entrega m. 3. (Estr. de F.) vagão m. (de carga), galera, gôndola f. ‖ v. transportar em carro, carroção, caminhão, vagão (de cargas) ou galera. **tea ~** carrinho para servir chá (quadro F 8). **by ~** por carro, caminhão, carroça ou vagão (de carga).

woggonage, wagonage [~idʒ] s. (†) carretagem f., carreto m.

waggoner, (Ingl.) **wagoner** [~ə] s. carroceiro m., condutor m. de carro.

Wagnerian [va:gn'iriən] adj. (Mús.) wagneriano, relativo a Richard Wagner (1813-1883).

wagon [w'ægən] s. 1. veículo m. puxado a cavalo. 2. carrinho m. de criança (quadro P 5). 3. = **waggon.**

wagonette [~et] s. vàgoneta f., bre que m.

wagonload [~ioud] s. carroçada, carrada f.

by the ~ por carradas, por carroçadas.

wagon train [~trein] s. (E. U. A.) caravana f. de carros.

wagtail [w'ægteil] s. (Orn.) alvéola f.: pássaro da família dos Motacilídeos.

wahoo [wæh'u:] s. (Bot.) evônimo m. da América.

waif [weif] s. 1. coisa f. perdida, abandonada ou sem dono. 2. animal extraviado m. 3. objeto m. lançado à praia pelas ondas. 4. criança f. abandonada f. ou desamparada. 5. vagabundo, pária m., indivíduo m. fora da lei. 6. (Jur.) objetos m. pl. roubados e abandonados na fuga.

~**s and strays** refugo. ~**s and strays of society** 1. escória da sociedade. 2. crianças abandonadas.

wail [weil] s. lamentação, lamúria f., lamento, pranto, choro, queixume, gemido m., grito m. de dor. ‖ v. lamentar(-se), prantear, lamuriar, gritar de dor, gemer, chorar (**over, for,** sobre, por).

wailer [w'eilə] s. lamentador m., quem pranteia, geme ou chora.

wailful [w'eilful] adj. lamentoso, lastimoso, lúgubre, pesaroso, choroso. ‖ ~**ly** adv. lastimosamente, chorosamente, lugubremente, pesarosamente.

wailing [w'eiliŋ] s. lamentação, lamúria f., queixume, lamento m. ‖ adj. lastimoso, choroso, lamentoso. ‖ ~**ly** adv. lastimosamente, chorosamente.

wain [wein] s. (arc.) carro m., carreta f. rural.

wainscot [w'einskɔt] s. lambril m. ou lambris m. pl.: revestimento de madeira na parede. ‖ v. lambrisar, revestir de lambris.

wainscotting [~iŋ] s. 1. = **wainscot.** 2. lambrisamento m. 3. material m. para lambrisamento.

wainwright [w'oinrait] s. fabricante m. de carroças.

waist [weist] s. 1. cintura f. (do corpo) (quadro H 10). 2. espartilho m. 3. corpinho m. de criança. 4. corpo m. de vestido. 5. meio m., parte f. central ou mais estreita. 6. (Náut.) poço m.: parte do convés entre os castelos.

waistband [w'eistbænd] s. cós m., cintura f. de calça.

waist belt s. cinto, cinturão m.

waistcoat [w'eiskout, w'eskət] s. colete m. (para homem) (quadro C 12).

waistcoated [~id] adj. que usa colete, encoletado.

waistcoating [~iŋ] s. pano m. para coletes.

waist-deep, waist-high adj. + adv. até à cintura.

waistline [w'eistlain] s. cintura f.

wait [weit] s. 1. espera, tardança, delonga, demora f. 2. (Teat.) entreato, intervalo m. 3. cilada, emboscada f. 4. (Hist.) banda f. de música, um dos músicos ou cantores ambulantes, música f. por eles executada. ‖ v. 1. esperar, aguardar. 2. retardar, protelar, adiar, demorar. 3. pacientar, ter paciência (**until** até). 4. servir, atender, cuidar de (seg. de **at, on** ou **upon**). 5. visitar, fazer visita respeitosa (seg. de **on** ou **upon**). 6. resultar de. **we** ~**ed for him at the station** esperamo-lo, aguardamo-lo na estação. **we kept him** ~**ing** fizemo-lo esperar. ~ **and see!** (gíria) deixe como está, para ver como fica! ~ **for it!** espere, aguarde o resultado! **to** ~ **at table** servir à mesa. **they** ~**ed for you** eles esperaram por você, ficaram de espreita, de emboscada. **don't** ~ **up for me to come** não fique acordado na ~ até eu voltar. **to** ~ **in line** esperar em fila. **may I** ~ **upon you with my plans?** permite-me cumprimentá-lo e apresentar-lhe meus planos? **they had a long** ~ **at the gate** eles tiveram de esperar muito no portão. **he lay in** ~ **for him** ele esperou-o de emboscada. **he laid**

~ **for him** ele lhe armou uma cilada.

waiter [w'eitə] s. 1. garçom m. (quadro R 2). 2. quem espera, protela ou retarda. 3. bandeja f. 4. elevador m. de cozinha. 5. estante giratória portátil f.

waiting [w'eitiŋ] s. 1. espera, demora, delonga, tardança f. 2. ato de servir, serviço m. ‖ adj. que espera. **in** ~ 1. à espera. 2. a serviço de.

officer in ~ oficial a serviço. **they are in** ~ estão a serviço (secretaria, recepção, etc.).

waiting list s. lista f. de espera.

waiting room s. sala f. de espera.

waitress [w'eitris] s. garçonete, copeira f.

waive [weiv] v. 1. desistir de, ceder, abandonar, abrir mão de, renunciar a. 2. adiar, protelar, delongar, pôr à parte, pôr de lado.

to ~ **a pretension** desistir de uma pretensão. **waiving this** deixando isto à parte.

waiver [w'eivə] s. 1. (Jur.) renúncia, desistência f. 2. o respectivo documento.

wake (I) [weik] s. 1. vigília, vigia, vela f. 2. festa f. de aniversário da dedicação (de uma igreja). ‖ v. (imp. **woke** ou **waked,** p. p. **waked** ou (arc.) **woken**) 1. acordar, despertar. 2. estar ou ficar acordado. 3. velar (morto). 4. vigiar, estar atento ou alerta a. 5. tornar(-se) ativo, sair do torpor, animar(-se), excitar, estimular(-se) (**to, into** para). 6. ressuscitar (da morte). 7. reviver (memórias).

I ~ estou acordado, fico acordado. **I woke up at seven o'clock** eu acordei às sete horas. **he woke** ele acordou. **he woke to it** ele compenetrou-se daquilo. **to** ~ **up** acordar, ressuscitar (**from, out of** de)

wake (II) [weik] s. 1. esteira f., sulco m. (de navio). 2. rasto m. (deixado por qualquer coisa em movimento).

in the ~ **of her** atrás dela, em seu encalço, seguindo-a de perto, em seu rasto. **that brings the war in its** ~ isto traz por conseqüência a guerra.

wakeful [w'eikful] adj. 1. alerta, atento, vigilante. 2. acordado, desperto. 3. insone. 4. velado, passado em vigilância (noite). ‖ ~**ly** adv. atentamente, vigilantemente.

wakefulness [~nis] s. 1. vigilância f. 2. falta f. de dormir, insônia. 3. vigília, veladura f.

wakeless [w'eiklis] adj. ininterrupto (sono).

waken (up) [w'eikən] v. 1. despertar, acordar. 2. avivar, tornar(-se) ativo, ficar vigilante, animar(-se). 3. excitar, estimular.

wakener [~ə] s. quem ou o que desperta, anima ou estimula.

waker [w'eikə] s. quem acorda ou desperta.

wake-robin s. (Bot.) arão m.

Waldorf salad s. (Culin.) salada Waldorf (hotel em Nova York).

wale (I) [weil] s. 1. vergão, vinco m., marca f. de chicotada ou pancada. 2. cordão m., saliência ou textura f. (em pano). 3. (Náut.) cinta, precinta f., cintado m. (de navio). ‖ v. 1. avergoar, marcar com vincos, produzir vergões em. 2. tecer com saliências ou texturas.

wale (II) [weil] s. (esc.) 1. escolha f. 2. alguma coisa f. escolhida como a melhor. ‖ v. escolher, selecionar.

wale-knot s. (Náut.) nó m. de pinha simples.

walk [wɔ:k] s. 1. passeio m.: a) excursão a pé. b) lugar em que se passeia habitualmente. c) calçada f. 2. o andar a pé ou a passo lento (quadro H 9), passo m., marcha f., modo de andar. 3. caminhada f.: distância a percorrer a pé. 4. caminho m., rua, alameda, avenida f. 5. pasto, cercado m. 6. zona f., distrito m. (de vendedor). 7. circuito, itinerário regular m., rota f. 8. conduta f., procedimento, comportamento m. 9. condição f. ou posi-

ção f. social. 10. ramo m., profissão, ocupação f.
‖ v. 1. passear, levar a passeio, andar a pé, caminhar. 2. ir a passo lento, ir devagar. 3. andar
sobre, andar por. 4. perambular, vaguear. 5.
progredir lentamente. 6. portar-se, viver. 7. (gíria) morrer. 8. estar mal-assombrado (casa). 9.
medir com passos. 10. investir contra, atacar,
surrar. 11. levar, conduzir (**to** para). 12. fazer
andar.
~ of life caminho da vida, posição, situação. **in
the highest ~s of society** na mais alta sociedade.
this is not within my ~ isto não é meu ramo,
minha profissão. **we went at a ~** andamos a
passo moderado. **let's take a ~ ou go for a ~**
vamos dar um passeio, vamos passear. **to ~ it**
ir (o trajeto) a pé. **to ~ Spanish** andar de modo
afetado. **we ~ed about the town** andamos pela
cidade. **to ~ along** ir andando. **we ~ed away** nós
saímos, partimos. **we ~ed away from him** nós
passamo-lo, superamo-lo com facilidade. **to ~ back
(backwards)** retroceder, ir para trás. **they ~ed
by** eles passaram. **~ in!** entre! **they ~ed into me**
agrediram-me, atacaram-me. **they ~ed into the
mutton** eles serviram-se à vontade, comeram a
valer. **he ~ed off with it** (gíria) ele foi-se, sumiu
com aquilo (roubou). **to ~ on** prosseguir. **to ~
out with** 1. sair, passear com. 2. (gíria) namorar.
to ~ out on desertar. **to ~ over the course**
ganhar a corrida com facilidade (cavalos). **they
~ed up** eles subiram, vieram para cima. **~ up!**
aproxime-se! **I ~ed up to him** eu me aproximei
dele. **he ~ed the chalk** ele ainda conseguiu andar
sobre o traço de giz (ainda não estava embriagado). **all who ~ the world** todos os filhos do
mundo. **the student ~ed the hospitals** o estudante
(de medicina) praticou nos hospitais. **he ~ed the
rounds** ele deu a volta, fez a ronda. **he ~ed him
off** ele o conduziu (preso) para fora. **~ him out**
mande-o passear, conduza-o para fora (pessoa inoportuna). **I'll ~ you up** eu te acompanho.
walkable [wɔ'kəbl] adj. em que se pode andar.
walk-around s. (E. U. A.) dança f. de negros.
walkaway [w'ɔ:kəwei] s. (coloq.) vitória fácil f.
walker [w'ɔ:kə] s. 1. passeador, andador, caminha-
dor m., pedestre m.+f. 2. ave andadora f.
I am not much of a ~ eu não sou muito amigo
de passeios. **he is a good ~** ele anda bem a pé.
they are ~s of the hospitals são (estudantes) pra-
ticantes nos hospitais.
walkie-talkie [w'ɔ:kit'ɔ:ki] s. (gíria milit., E. U. A.)
aparelho m. transmissor e receptor portátil.
walk-in s. 1. armário grande m. 2. vitória garantida f. ‖ adj. com entrada direta.
walking [w'ɔ:kiŋ] s. 1. ação ou modo de andar. 2.
caminhada, marcha f., passeio m. 3. calçada f.,
passeio m. ‖ adj. 1. andador, passeador, que marcha. 2. ambulante. 3. de passeio, usado em passeio.
walking beam s. balancim m.
walking delegate s. delegado sindical itinerante m.
walking dress s. vestido m. para passeio.
walking papers, ~ ticket s. (coloq., E. U. A.) bilhete
azul m., despedida f. (de emprego).
walking stick s. 1. bengala f., bordão, bastão m.
(quadros C 12, S 14). 2. (Ent.) bicho-pau m.
walkout [w'ɔ:kaut] s. (coloq., E. U. A.) greve f.
walkouts [~s] s. pl. (E. U. A.) grevistas m. + f. pl.
walk-over s. vitória fácil f.
walkover [wɔ:k'ouvə] s. vitória fácil f.
walk-through s. (Teat.) 1. ensaio m. 2. representação descuidada f.
walk-up s. (E. U. A.) prédio m. de apartamentos sem
elevador. ‖ adj. que não tem elevador.
wall [wɔ:l] s. 1. parede f., muro, paredão m. (quadro

B 22). 2. (Fort.) muralha f. (também ~s). ‖ v. 1.
prover, cercar, dividir ou proteger com parede
ou muro, murar, emparedar. 2. (Fort.) fortificar.
blind ou **dead ~** parede sem janelas ou portas.
they drove him to the ~ (fig.) encostaram-no à
parede, puseram-no num aperto. **I gave her the ~**
eu a deixei andar no lado interior da calçada.
he got the ~ (fig.) foi encostado à parede, levou
a desvantagem, faliu. **~s have ears** as paredes
têm ouvidos. **I am up against a brick ~** (fig.)
tenho uma montanha (de dificuldades) na minha
frente. **she sees through** (ou **into**) **a brick ~**
(fig.) ela é ou pretende ser muito sabida. **to ~
in a garden** cercar um quintal com parede. **to ~
up** fechar com parede.
wallaby [w'ɔləbi] s. (Zool.) canguru m. de raça
pequena.
Wallachian, Walachian [wɔl'eikiən] s. (Etn.) valáquio m.: a) natural ou b) língua da Valáquia
(Romênia). ‖ adj. valáquio, romeno.
wallah [w'ɔlə] s. (Índia) encarregado m. de determinado serviço.
ticket ~ bilheteiro.
wallaroo [wɔlər'u:] s. (Zool.) canguru m. de raça
grande.
wallboard [w'ɔ:lbɔ:d] s. chapa artificial f. (de fibras
de madeira) para revestimento de paredes.
wall clock s. relógio m. de parede (quadro C 11).
walled [wɔ:ld] adj. murado, cercado de paredes.
wallet [w'ɔlit] s. 1. carteira f. (de bolso). 2. estojo
m. de couro (para ferramentas, etc.) (quadro B 11).
3. mochila, sacola f.
walleye [w'ɔ:lai] s. 1. (Med.) glaucoma, olho gázeo
m. 2. (Med.) leucoma m. 3. olho estrábico m.,
exotropia f. 4. nome vulgar de diversos peixes
de olhos grandes.
walleyed [~d] adj. 1. garço, de olhos gázeos. 2.
estrábico. 3. que tem olhos grandes, arregalados.
wallflower [w'ɔ:lflauə] s. 1. (Bot.) goivo amarelo m.
2. (fig.) moça que fica sem dançar por não ter
parceiro.
wall-fruit s. fruta f. de parreiras.
wall-moss s. musgo m. ou líquen m. de muro.
Walloon [wɔl'u:n] s. valão m.: 1. habitante do Sul
da Bélgica. 2. idioma da região. ‖ adj. valão.
wallop [w'ɔləp] s. batida forte, pancada f. ‖ v. 1.
ferver, borbulhar. 2. fazer barulho, ruído. 3. bater
em, surrar, espancar. 4. andar desajeitadamente,
com dificuldade.
walloper [~ə] s. 1. quem bate fortemente, dá pancadas, surrador, espancador m. 2. barulhento m.
walloping [~iŋ] s. 1. surra, sova f., espancamento
m. pancada violenta f. ‖ adj. desajeitado, bruto,
pesadão.
wallow [w'ɔlou] s. 1. chafurda f., chafurdeiro m. 2.
chafurdice f. ‖ v. 1. chafurdar (também fig.). 2.
espojar-se, rebolar-se. 3. (fig.) nadar em.
he ~s in money ele nada em dinheiro.
wallower [~ə] s. chafurdeiro m., o que chafurda
na lama ou no vício.
wall painting s. (Pint.) 1. afresco, mural m. 2. arte
f. de pintar murais.
wallpaper [w'ɔ:lpeipə] s. papel pintado m., para revestimento de paredes. ‖ v. revestir (paredes)
com papel pintado.
wall plug s. (Eletr.) plugue m.
wall publicity s. propaganda f. de parede.
wall rue s. (Bot.) arruda, parietária f.
wall socket s. (Eletr.) tomada f. (de parede).
Wall Street s. 1. rua em Nova York (centro financeiro). 2. (fig.) mercado financeiro dos E. U. A.

wall-to-wall carpeting s. carpete m. que cobre o chão de parede a parede.

wally [w'eili] adj. (esc.) 1. forte, robusto. 2. esplêndido.

walnut [w'ɔ:lnʌt] s. 1. noz f. 2. nogueira f.: a) árvore (Juglans regia). b) a madeira da nogueira. 3. cor f. da nogueira.

walrus [w'ɔ:lrəs] s. pl. ~es ou **walrus**. 1. (Zool.) morsa, vaca-marinha f., cavalo-marinho m. 2. (coloq.) bigode m. de pontas caídas. ‖ adj. de ou relativo à morsa.

waltz [wɔ:ls] s. valsa f.: 1. a dança. 2. a música. ‖ v. 1. dançar uma valsa, valsar. 2. rodopiar. 3. mover-se agilmente. 4. fazer brincando.

he ~ed her ele dançou uma valsa com ela.

waltzer [w'ɔ:lsə] s. valsista m. + f., valsador m.

waltz time s. ritmo ou tempo m. de valsa.

wame [weim] s. (esc.) abdome m., barriga f. 2. sensação f. de vômito. ‖ v. virar o estômago, vomitar.

wamble [wɔml] s. (coloq.) ruído m. dos intestinos.

wampum [w'ɔmpəm] s. (E. U. A.) 1. wampum m.: contas feitas de conchas usadas originalmente pelos índios como dinheiro ou enfeite. 2. (gíria) dinheiro m.

wampus [w'ɔmpəs] s. (gíria) pessoa f. estúpida, indolente ou, por qualquer motivo, indesejada.

wan [wɔn] adj. 1. pálido, lívido, descorado. 2. abatido, lânguido, de aspecto fraco ou cansado. 3. baço, sem brilho (olhos). 4. fraco, dificultoso (sorriso). ‖ ~ly adv. palidamente, languidamente.

wand [wɔnd] s. 1. varinha, vara f. 2. vara mágica f., vara de condão. 3. batuta f. 4. bastão, cetro m. (insígnia de autoridade).

wander [w'ɔndə] s. 1. viagem, excursão f., passeio m. 2. vagueação, perambulação f. ‖ v. 1. passear, viajar, excursionar, andar a pé. 2. percorrer, andar por, atravessar. 3. errar, vaguear, andar ao léu, perambular. 4. desviar-se de (também fig., como em assunto, conversa), desencaminhar(-se). apartar-se, transviar-se. 5. iludir. 6. delirar, tresvariar, falar incoerentemente. 7. ser incoerente. 8. lançar, volver (olhos).

to ~ about 1. percorrer, viajar. 2. andar ao léu, perambular. **to ~ off** (fig.) perder-se, desviar-se **I ~ed out of my way** perdi o caminho. **to allow one's thoughts to ~** permitir que os pensamentos voem sem rumo.

wanderer [~rə] s. 1. viajante, viandante m. + f., viajor m. 2. quem perambula, vagueador m.

wandering [~riŋ] s. 1. passeio, excursão, viagem f. 2. vagueação, perambulação f. 3. desvio, afastamento m. 4. delírio, tresvario m. ‖ adj. 1. passeador, viajante. 2. vagueador, perambulador, errante. 3. transviado. 4. delirante. 5. distraído, divagante. 6. irrequieto, inconstante. 7. nômade.‖ ~ly adv. 1. de modo passeador ou vagueador, a esmo, ao acaso. 2. delirantemente, distraidamente, irrequietamente.

the ~ Jew o judeu errante.

wanderlust [~lʌst] s. (alem.) desejo m. de ou gosto m. para viajar.

wanderoo [wɔndər'u:] s. (Zool.) macaco m. da Índia.

wandlike [w'ɔndlaik] adj. semelhante a um bastão.

wane [wein] s. 1. míngua, diminuição f., decréscimo m. 2. declínio m., decaída, decadência f. 3. fim m. (ano, mês, etc.). 4. desvanecimento m. 5. falha f. em madeira. 6. minguante, quarto minguante m. (lua). ‖ v. 1. minguar (lua), decrescer, diminuir. 2. decair, declinar, enfraquecer, definhar. 3. acabar, aproximar-se do fim. 4. murchar, definhar, empalidecer, desvanecer.

in the ~ of the moon no ou durante o quarto minguante. **the moon is on the ~** a lua está no quarto minguante.

waney [w'eini] adj. decrescente, em declínio.

wangle [wæŋgl] v. 1. arranjar, cavar, dar um jeito. 2. obter ardilosamente, por meios tortuosos. 3. usar de ou recorrer a artimanhas. 4. vencer dificuldades, desembaraçar-se, desenredar-se.

wangler [w'æŋglə] s. o que usa de meios tortuosos ou ilícitos.

wanky [w'æŋki] adj. (coloq.) fraco, débil.

wanness [w'ɔnnis] s. 1. palidez, lividez f., palor m. 2. languidez f. 3. desfalecimento, descaimento m.

wannish [w'ɔniʃ] adj. 1. pálido, lívido. 2. lânguido. 3. desfalecido.

want [wɔnt] s. 1. falta, carência, escassez f. 2. necessidade, precisão f. 3. pobreza, penúria, miséria, indigência f. 4. desejo m., ânsia f. ‖ v. 1. faltar, ter ou sentir falta de, não ter, carecer de, escassear. 2. precisar, necessitar, dever, ter necessidade de. 3. estar necessitado de, ser pobre, sofrer privações. 4. desejar, querer, pretender. 5 exigir.

a long-felt ~ falta ou carência há muito sentida. **we have few ~s** nós temos poucas necessidades, precisamos de pouco. **they failed for ~ of money** eles falharam por falta de dinheiro. **~ of spirit** desânimo, falta de coragem. **we are in ~ of a workman** nós precisamos de um trabalhador. **it ~s great care** aquilo requer muito cuidado. **I ~ a hat** eu preciso de ou quero um chapéu. **he ~s a pair of glasses** ele precisa de óculos. **they ~ knowledge** falta-lhes instrução. **you are not ~ed here** você não é benquisto aqui. **he is ~ed** ele está sendo procurado. **to be ~ed by the police** ser procurado pela polícia. **you ~ to do it** você precisa, deve fazê-lo. **I ~ to know** eu queria saber. **we ~ it done** nós queremos que se faça. **his hair ~s cutting** ele precisa cortar o cabelo. **it ~s doing** isto precisa ser feito. **she ~s me to do it** ela quer que eu o faça. **it ~s five minutes to twelve** faltam cinco minutos para doze horas. **it ~ed only that!** era isso o que faltava! **what do you ~?** o que você quer, deseja? **what do you ~ for a Christmas present?** o que você quer como presente de Natal? **what do you ~ with it?** para que você quer isto? **who ~s you to do it?** quem quer que você faça isto? **watchman ~ed!** procura-se um guarda! **situations ~ed!** empregos procurados! (anúncio). **he was found ~ing** (fig.) ele não foi considerado apto. **she is a little ~ing** ela é um pouco abobada. **there is a picture ~ing** aí falta um quadro. **the children ~ for bread** as crianças choram por pão. **let them ~ for nothing** não lhes deixe faltar nada. **I shall not be ~ing for my part** de minha parte farei tudo. **they are ~ing in energy** falta-lhes energia. **to ~ in, out,** etc. querer entrar, sair, etc.

want ad s. (coloq., E. U. A.) 1. anúncio "precisa-se", 2. anúncio classificado m.

wantage [w'ɔntidʒ] s. 1. (Com.) déficit m. 2. quantidade f. que falta. 3. deficiência f.

wanter [w'ɔntə] s. pessoa f. necessitada de alguma coisa.

wanting [w'ɔntiŋ] adj. 1. que falta, ausente. 2. insuficiente, deficiente. 3. destituído, desprovido. ‖ prep. menos, sem, exceto.

~ two exceto dois. **~! está faltando! (chamada).

want list s. lista f. de itens em falta.

wanton [w'ɔntən] s. 1. libertino, devasso m. 2. pessoa temerária, arrojada ou sem consideração. 3. criança f. ou animal m. alegre. 4 folgazão, brincalhão m. ‖ v. 1. agir temerária ou ousadamente, sem consideração. 2. proceder lascivamente, entregar-se a

orgias. 3. ser alegre, brincar, traquinar, galhofar. 4. vicejar, luxuriar. ‖ adj. 1. arrojado, temerário, audacioso, atrevido. 2. arbitrário. 3. bruto, cruel, desumano. 4. intencional, malicioso. 5. folgazão, brincalhão, traquinas. 6. viçoso, luxuriante. 7. lânguido, voluptuoso, lascivo, dissoluto, licencioso, impudico, sensual, imoral. ‖ ~ly adv. 1. arrojadamente, temerariamente, audaciosamente, atrevidamente. 2. arbitrariamente. 3. brutalmente, cruelmente. 4. intencionalmente, maliciosamente. 5. de modo folgazão ou brincalhão. 6. viçosamente, luxuriantemente. 7. voluptuosamente, lascivamente.
he plays the ~ with her ele a namora.
wantoner [w'ɔntənə] s. = **wanton.**
wantonness [w'ɔntənnis] s. 1. devassidão, libertinagem f., desregramento m. 2. malícia f. 3. gênio folgazão m.
wapentake [w'ɔpənteik] s. antiga divisão territorial de alguns condados da Inglaterra.
wapiti [w'ɔpiti] s. (Zool.) uapiti, alce m.: cervídeo norte-americano (Cervus canadensis).
wapperjaw [w'ɔpədʒɔ:] s. (coloq.) queixo defeituoso m.
war [wɔ:] s. 1. guerra f. 2. luta, batalha, contenda f., conflito, combate m., hostilidades f. pl. 3. arte f. ou ciência f. militar. 4. (poét.) armamentos m. pl., munições f. pl. 5. (poét.) forças armadas f. pl. ‖ v. guerrear, fazer guerra, batalhar, pelejar, lutar. ‖ adj. de ou relativo à guerra, bélico, causado pelo ou usado na guerra.
there never was a good ~ or a bad peace nunca houve boa guerra ou má paz. **~ to the knife** luta de morte. **~ of aggression** guerra de agressão. **council of ~** conselho de guerra. **chances ou fortune of ~** a sorte da guerra. **man of ~** vaso de guerra, belonave. **Secretary of State for War** Ministro da Guerra. **seat ou theatre of ~** teatro da guerra. **civil ~** guerra civil. **state of ~** estado de guerra. **tariff ~** guerra alfandegária. **they declared ~** eles declararam guerra. **at ~** em guerra. **he was at ~ with** ele estava em pé de guerra com, lutou contra. **in the ~** na ou durante a guerra. **we have been in the ~(s)** estivemos na guerra, passamos por muita coisa. **to drift into ~** ser arrastado à guerra. **he went to ~** ele entrou em guerra contra. **there's a ~ on!** há guerra! **to make ~ upon** guerrear contra. **to ~** guerrear **(against, on, with** contra, com), hostilizar.
warble (I) [wɔ:bl] s. 1. gorjeio, trinado, chilro m. ‖ v. gorjear, trinar, chilrear, gargantear.
warble (II) [wɔ:bl] s. (Veter.) 1. tumor m. (em cavalo, provocado pela sela). 2. inchação f. (em dorso de gado, causada por uma mosca varejeira).
warbler [w'ɔ:blə] s. 1. (Orn.) pássaro canoro m. 2. cantor m.
war-blinded adj. que perdeu a vista na guerra.
war chest s. fundo m. de guerra.
war correspondent s. (Jornal.) correspondente de guerra m. + f.
war crime s. crime m. de guerra.
war criminal s. criminoso de guerra m.
war cry s. grito m. de guerra.
ward (I) [wɔ:d] s. 1. vigia, guarda, vigilância f. 2. (arc.) guarnição f. (de soldados para guardar uma praça). 3. custódia, proteção, tutela f., cuidado m. 4. defesa f. 5. (arc.) praça forte f. 6. cadeia, prisão, cela f. (de prisão). 7. sala, ala ou divisão f. (de um hospital). 8. distrito, bairro m. 9. cercado m. (para gado). 10. tutelado, protegido, pupilo m. 11. guarda f. (esgrima). 12. guardas f. pl. (fechadura). 13. dentes m. pl. (de chave). ‖ v. 1. (arc.) cuidar, proteger **(from** de). 2. precaver-se **(off** contra). 3. **~ off** parar, aparar, desviar, repelir.

to keep watch and ~ estar de vigilância. **casual ~** asilo para desabrigados. **in ~ to** sob a tutela de. **under ~** sob custódia, preso.
—ward (II) (também **~s**) suf. indicando direção ou tendência; forma adj. e adv., como **backward.**
war dance s. dança f. de guerra dos indígenas.
warden [wɔ:dn] s. 1. diretor m. (de colégio, escola). 2. administrador m. ou diretor m. (de um presídio). 3. (Hist.) governador m. 4. mordomo m. (de igreja). 5. encarregado m. (de certas funções). 6. guarda, guardião m., sentinela f. 7. porteiro, guarda-portão m. 8. administrador m. (de porto).
church ~ mordomo de igreja. **~ of the port** administrador do porto.
warder [w'ɔ:də] s. 1. guarda m., sentinela f. 2. carcereiro m. 3. vara f., bastão m. (de autoridade).
ward heeler s. (E. U. A.) procurador m. de votos (para um chefe político), galopim m.
wardress [w'ɔ:dris] (Ingl.) s. carcereira f.
wardrobe [w'ɔ:droub] s. 1. guarda-roupa m.: a) as roupas que alguém ou uma Companhia teatral possui. b) móvel para guardar roupas (quadro B 7). 2. gabinete para guardar roupas (quadro R 2). 3. guarda-roupa m.
wardrobe trunk s. mala grande, mala-armário f.
wardroom [w'ɔ:dru:m] s. alojamento m. ou salão m. dos oficiais (navio).
wardship [w'ɔ:dʃip] s. 1. tutela, tutelagem, custódia f. 2. menoridade f.
under the ~ of sob a tutela de.
ware (I) [wɛə] s. 1. (geralmente **~s**) artigo, produto manufaturado m., mercadoria f. 2. louça f.
earthen~ louça de barro. **china~** porcelana. **delft~** porcelana da Holanda. **hard~** ferragens. **small ~s** miudezas (botões, linha, agulhas).
ware (II) [wɛə] v. ter cuidado com, cuidar-se ou precaver-se de. ‖ adj. (arc.) cuidadoso, atento, vigilante.
~ hounds! cuidado, cachorros!
warehouse [w'ɛəhaus] s. armazém m.: 1. estabelecimento comercial geralm. por atacado. 2. depósito, almoxarifado m. 3. mercearia f., empório m., venda f. (de secos e molhados). ‖ v. 1. armazenar, pôr em depósito. 2. (gíria) empenhar.
warehouseman [~mən] s. 1. almoxarife, encarregado ou auxiliar m. de armazém. 2. proprietário m. de armazém. 3. atacadista m.
warehousing [w'ɛəhauziŋ] s. armazenagem f.
warfare [w'ɔ:fɛə] s. 1. guerra, luta f., combate m., hostilidades f. pl. 2. arte f. de guerra.
warfarer [~rə] (†) s. guerreiro, soldado m.
war game s. exercício m. ou manobra f. militar.
warhead [w'ɔ:hed] s. ogiva f. de combate (de um torpedo).
war horse s. 1. cavalo m. de batalha. 2. (coloq.) veterano m. de guerra.
wariness [w'ɛərinis] s. cuidado m., atenção, cautela, prudência f.
warless [w'ɔ:lis] adj. sem guerra.
warlike [w'ɔ:laik] adj. bélico, marcial, militar, guerreiro, belicoso, hostil.
warlikeness [~nis] s. belicosidade f.
warlock [w'ɔ:lɔk] s. feiticeiro, bruxo m.
warlord [w'ɔ:lɔ:d] s. líder militar, chefe guerreiro m.
warm [wɔ:m] s. 1. aquecimento m. ‖ v. 1. aquecer(-se), esquentar, aquentar. 2. acalorar(-se), avivar(-se), animar(-se), interessar-se, tornar interessante, entusiasmar-se. ‖ adj. 1. quente, cálido, morno, tépido, aquecido, aquentado. 2. cordial, afetuoso, fervoroso, amoroso, apaixonado, ardente. 3. excitado, animado, entusiasmado, acalorado, vivo. 4. vigoroso (descarga de artilharia). 5. zangado, irado, encolerizado. 6. indelicado. 7. íntimo, estreito (amigo). 8. sanguíneo, irritável, irascível. 9. recente, fresco

(rasto). 10. (coloq.) perto, próximo (do que se procura). 11. desagradável. 12. quente (cores, como vermelho, amarelo, alaranjado). 13. (coloq.) rico, abastado. ‖ **~ly** adv. 1. calorosamente. 2. cordialmente, entusiasticamente. **you must have a ~** você precisa aquecer-se. **give your hands a ~** esquente as suas mãos. **we were ~ing ourselves by the fire** estivemos nos aquecendo ao fogo. **his heart ~s to her** ele se compadece dela. **~-up** exercício ligeiro ou ato de esquentar o corpo antes de uma disputa desportiva. **to ~ up** 1. animar-se. 2. (fig.) incitar, instigar. 3. fazer exercício ligeiro antes do jogo para esquentar o corpo. **to ~ (up) again** requentar (comida).

warm-blooded adj. 1. de sangue quente (animal). 2. (fig.) ardente, impetuoso.

warmed-over adj. requentado (comida).

warmer [wˈɔːmə] s. aquecedor m.

warm-hearted adj. de coração bondoso, amável, cordial, simpático. ‖ **~ly** adv. amavelmente, bondosamente, cordialmente.

warm-heartedness s. bondade, cordialidade, amabilidade f.

warming [wˈɔːmiŋ] s. 1. aquecimento, esquentamento m. 2. (gíria) surra, sova f. ‖ adj. aquecedor.

take a ~ aquece-te. **we gave him a ~** demos-lhe uma surra.

warming pan s. caçarola f. coberta, de cabo comprido, em que se punha carvão, usada antigamente para aquecer a cama.

warmish [wˈɔːmiʃ] adj. esquentado, algo quente.

warmness [wˈɔːmnis] s. 1. calor moderaao m., tepidez f. 2. ardor, fervor, zelo m. 3. vivacidade f., entusiasmo m. 4. cordialidade f. 5. excitação, irritação f. 6. colorido vivo m., viveza f. dos tons quentes.

warmonger [wˈɔːmʌŋgə] s. provocador m. ou fomentador m. de guerra.

warmongering [~riŋ] s. provocação ou fomentação de guerras. ‖ adj. que provoca ou fomenta guerra.

warmth [wɔːmθ] s. = **warmness**.

warn [wɔːn] v. 1. advertir. 2. prevenir, acautelar. 3. chamar a atenção, admoestar, exortar. 4. informar, notificar, cientificar, dar ciência, avisar. 5. (Jur.) pedir o comparecimento.

she ~ed him better not to do it ela o advertiu de que seria melhor não fazê-lo. **he ~ed him against coming (ou not to come)** ele o advertiu para que não viesse. **to ~ s. o. off from** fazer alguém desistir de. **we had been ~ed off this way** fomos prevenidos de que não é permitido usar este caminho.

warner [wˈɔːnə] s. 1. acautelador m. 2. admoestador m. 3. informador, avisador, notificador m.

warning [wˈɔːniŋ] s. 1. advertência f. 2. ato de prevenir, coisa que serve para prevenir ou avisar. 3. admoestação f., conselho m. 4. alarma m.: sinal de perigo. 5. sinal m. de advertência. 6. aviso m., comunicação, notificação f. 7. aviso prévio m. ‖ adj. que adverte, preventivo, avisador, de aviso ou alarma. ‖ **~ly** adv. preventivamente.

at a minute's ~ imediatamente, sem aviso prévio. **we gave him fair ~ of it** advertimo-lo em tempo. **they gave him a year's ~** deram-lhe o aviso prévio de um ano. **we took ~ by** deixamo-nos prevenir por. **without ~** inesperadamente, inadvertidamente.

warning-bell s. campainha f. de alarma.

warning-light s. (Náut.) luz f., farol m.

war of nerves s. guerra f. de nervos.

warp [wɔːp] s. 1. (Tecel.) urdidura f., urdimento, urdume m. 2. empenamento, arqueamento f. (de tábua, prancha, etc.) 3. aberração, deformação mental f. 4. (Náut.) espia, toa f., calabrote m. 5.

(Geol.) depósito aluvial m. ‖ v. 1. empenar, arquear, entortar (prancha, tábua). 2. aberrar, deformar. 3. perverter, desvirtuar, deitar a perder. 4. interpretar mal, deturpar (o sentido). 5. (Av.) deformar, empenar (asa). 6. (Náut.) espiar, alar (a espia). 7. (Tecel.) urdir (a trama).

~ and woof (ou weft) (Tecel.) urdidura e trama. **to ~ up** enateirar.

war paint s. 1. (Etn.) pintura f. cerimonial de guerra, dos índios. 2. (coloq.) traje m. a rigor.

warpath [wˈɔːpɑːθ] s. (E. U. A.) caminho m. seguido pelos índios em empreendimento guerreiro.

on the ~ 1. em pé de guerra. 2. pronto para a guerra, com disposição belicosa. 3. furioso, irado.

warp beam s. urdidor m.

warplane [wˈɔːplein] s. (milit.) avião m. de guerra.

warpwise [wˈɔːpwaiz] adj. em direção do fio (tecido).

warrant [wˈɔrənt] s. 1. autorização, ordem, permissão f. 2. procuração f. 3. autoridade f. 4. outorga f. 5. direito m. 6. garantia, fiança f. 7. justificação f., fundamento m. 8. promessa f. 9. certificado m., patente, prova f. 10. ordem f. de pagamento. 11. "warrant", recibo m. (ou quitação f.) de depósito. ‖ v. 1. dar autorização a, autorizar, permitir. 2. justificar. 3. garantir a, afiançar a, assegurar a. 4. dar a palavra a, prometer a. 5. certificar, atestar, declarar positivamente. 6. outorgar.

~ of arrest ordem de prisão. **~ of attorney** procuração. **~ of distress** alvará de penhora. **he was pursued by a ~ of apprehension** ele foi procurado pela polícia (com ordem de prisão). **to take a ~ against** procurar com ordem de prisão. **I ~ him honest** eu me responsabilizo pela sua honestidade. **stamps ~ed genuine!** selos garantidamente genuínos. **I'll ~ you that** (gíria) eu lhe asseguro que.

warrantable [~əbl] adj. 1. autorizável. 2. justificável. 3. que se pode garantir. ‖ **—bly** adv. 1. de modo autorizável. 2. justificavelmente.

warrantableness [~əblnis] s. 1. qualidade do que é justificável, permissível, afiançável, atestável ou outorgável. 2. legalidade f.

warrantee [wɔrəntˈiː] s. (Jur.) afiançado m.

warrant officer s. (milit.) subtenente m.

warrantor [wˈɔrəntɔː] s. fiador, afiançador m., garante m. + f.

warranty [wˈɔrənti] s. 1. garantia, fiança f. 2. autoridade f., poder m. 3. justificação f. 4. autorização, procuração f.

warren [wˈɔrin] s 1. coutada f 2. coelheira f. 3. local m. superpovoado.

warrener [~ə] s. 1. couteiro m. 2. guarda m. de coelheira.

warrenhoe [wˈɔrinhou] s. enxada f. triangular (quadro H 7).

warring [wˈɔriŋ] adj. 1. que se guerreia ou hostiliza. 2. (fig.) oposto, contrário, antagônico, rival.

warrior [wˈɔriə] s. guerreiro, soldado experimentado m. ‖ adj. guerreiro, bélico, marcial.

war risk insurance (E. U. A.) seguro instituído pelo governo para os componentes das forças armadas.

warship [wˈɔːʃip] s. navio m. de guerra, belonave f.

wart [wɔːt] s. 1. verruga f. 2. (Bot.) papila, protuberância, excrescência f.

wart hog s. (Zool.) javali africano m.

wartime [wˈɔːtaim] s. tempo m. de guerra.

wartwort [wˈɔːtwəːt] s. (Bot.) girassol f.

warty [wˈɔːti] adj. verruguento, verrugoso.

war whoop s. (E. U. A.) grito m. de guerra dos índios.

wary [wˈɛəri] adj. 1. cuidadoso, cauteloso. 2. circunspecto, prudente, precavido, ponderado. 3. atento, alerta. ‖ **—ily** adv. cautelosamente, cuidadosamente.

I am ~ of eu tenho muito cuidado de. **I am ~**

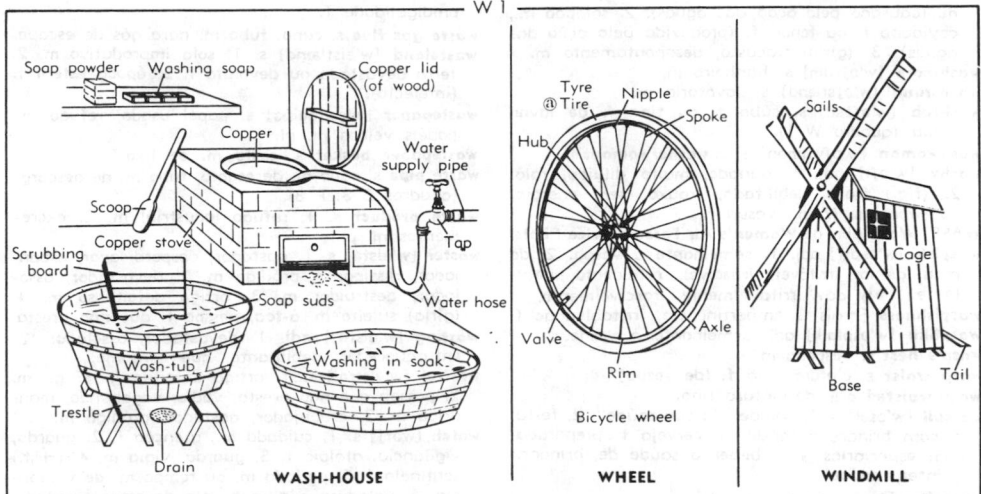

W 1

Soap powder — Washing soap — Copper lid (of wood) — Copper — Water supply pipe — Scoop — Copper stove — Tap — Scrubbing board — Soap suds — Water hose — Wash-tub — Washing in soak — Trestle — Drain — **WASH-HOUSE**

Tyre @ Tire — Nipple — Spoke — Hub — Sails — Valve — Axle — Rim — Cage — Base — Tail — Bicycle wheel — **WHEEL** — **WINDMILL**

of doing eu tenho cuidado de não fazer.
was [wɔz] v. imp. de **to be** (1.ª e 3.ª pess. do sing.)
he ~ to come ele devia vir. **he ~ to have come** ele devia ter vindo.
wash [wɔʃ] s. 1. lavagem, lavadura, ablução f. 2. quantidade de roupa lavada de uma só vez, roupa f. para lavar. 3. aluvião, depósito aluviano m., material carregado e deixado pela água. 4. ruído m. causado pela água, ressaca, marulhada f., marulho m. 5. terra freqüentemente inundada pela água, charco, pântano, paul m. 6. líquido m. para determinado uso (loção, dentifrício). 7. alimento fraco m., que contém muita água, sopa rala f. 8. águas servidas f. pl., restos líquidos m. pl. 9. camada fina f. de metal, pintura ligeira f. 10. terra, areia f. de onde se separam minérios por meio de lavagem. 11. esteira f. (navio). 12. recavação f., ação das águas correntes. 13. distúrbio no ar (provocado por um aeroplano). ‖ v. 1. lavar(-se), banhar(-se), enxaguar. 2. limpar(-se), tirar, remover (mancha). 3. purificar(-se). 4. ser carregado ou escavado (pela água). 5. arrastar, levar (**along, up** ou **down** para). 6. ser atirado (pela água). 7. correr ou bater (como as ondas) contra os rochedos. 8. umedecer, molhar. 9. dar mão ligeira de pintura. 10. revestir metais. 11. lavar (minérios), batear. 12. resistir à prova. 13. não desbotar. 14. lavar-se facilmente (pano). 15. ser lavável. ‖ adj. lavável.
may I have a ~? posso lavar as mãos? **it is at the ~** está na roupa (a ser lavada). **hang up the ~** estenda a roupa! **I ~ed myself** eu me lavei. **you must ~ your hands** você precisa lavar as mãos. **I ~ my hands of him** eu não tenho nada a ver com ele, não assumo a responsabilidade por ele. **let's ~ our ivories** ou **neck** (gíria) vamos tomar algo. **to ~ ashore** levar à praia. **to ~ away** 1. tirar lavando. 2. ser levado pela água. **the water ~ed it away** ou **off** a água levou-o embora, arrastou-o para longe. **he ~ed it down** 1. ele lavou-o bem. 2. ele molhou a comida (bebendo). **to ~ out** escavar, desgastar (costa, margem, rochedo). **they are ~ed out** (gíria) eles estão esgotados. **go and ~ your mouth** cale a sua boca (suja). **to ~ over** 1. passar uma mão de cal sobre. 2. passar ou correr sobre. **they were ~ed overboard** foram levados pelas ondas sobre o bordo. **to ~ up** 1. lavar

a louça. 2. lavar o chão. 3. ser levado à praia (pelas ondas). **it ~es well** é bem lavável. **it won't ~** (gíria) não é muito bom. **to ~ off, out** 1. desbotar (cores). 2. ser desgastado, ser escavado pela água (margem, costa).
washable [wɔʃəbl] adj. lavável.
wash-and-wear adj. (roupa) lave-e-use (sem passar).
washboard [wɔʃbɔːd] s. 1. tábua f. de lavar roupa. 2. rodapé m. (de parede). 3. (Náut.) falcas f. pl.
washboiler [wɔʃbɔilə] s. caldeirão m. de lavar roupa.
washbowl [wɔʃboul] s. bacia f. de rosto (quadros P 8, W 2).
washcloth [wɔʃklɔθ] s. pano m. para lavar o rosto.
washday [wɔʃdei] s. dia m. de lavar roupa.
washed-out adj. 1. desbotado. 2. exausto, abatido.
washed-up adj. 1. (fig.) liquidado, vencido, acabado. 2. fatigado, abatido, desanimado.
washer [wɔʃə] s. 1. lavador m. 2. máquina f. de lavar 3. arruela, anilha f. (quadros B 16. R 3).
washerman [~mən] s. lavadeiro m.
washerwoman [~wumən] s. lavadeira, lavandeira f.
wash goods pl. s. têxteis laváveis m. pl.
wash-house [wɔʃhaus] s. lavanderia f. (quadro W 1).
washiness [wɔʃinis] s. aquosidade f.
washing [wɔʃiŋ] s. 1. lavagem, lavadura, ablução f. 2. banho m. (para douração, niquelação, etc.). 3. enxaguadura f. 4. limpeza f. 5. aluvião m., detritos m. pl. carregados pelas águas. 6. desgaste m., recavação, erosão f. 7. o correr da água. 8. calhação f. 9. roupa suja f. (a ser lavada). 10. roupa lavada. 11. água usada f. (na lavagem) águas servidas f. pl. (também ~s). 12. minérios m. pl., esp. pó de ouro, obtido por meio da lavagem. ‖ adj. 1. lavável. 2. de lavar. 3. de cor firme, que não desbota. 4. completamente molhado, ensopado. 5. corrente (água). 6. ruidoso (como as ondas).
washing machine s. máquina f. de lavar roupa (quadro K 2).
washing powder s. sabão m. em pó.
washing soda s. soda f., carbonato m. de sódio (para lavar roupa).
Washingtonian [wɔʃiŋtˈounən] s. (E. U. A.) habitante m. + f. de Washington. ‖ adj. relativo a Washington: a) cidade. b) Estado. c) (Hist.) George Washington (1732-1799).
washout [wɔʃaut] s. 1. solapamento, desmoronamento

m. (causado pela ação das águas). 2. solapão m., cavidade f. ou fenda f. (produzida pela ação das águas). 3. (gíria) fracasso, desapontamento m.

washroom [w'ɔʃrum] s. banheiro m.

washstand [w'ɔʃstænd] s. lavatório m.

washtub [w'ɔʃtʌb] s. cuba f. ou tina f. de lavar roupa (quadro W 1).

washwoman [w'ɔʃwumən] s. = **washerwoman**.

washy [w'ɔʃi] adj. 1. aguado, muito diluído, ralo. 2. (fig.) fraco, debilitado, frouxo, sem energia.

wasp [wɔsp] s. (Zool.) vespa f.

WASP, Wasp abr. de **Women's Air Force Service Pilots**.

waspish [w'ɔspiʃ] adj. 1. semelhante à vespa. 2. de mau gênio, irritável, irascível, rabugento, petulante. ‖ **~ly** adv. irritavelmente, irascivelmente.

waspishness [~nis] s. impertinência, irritabilidade f.

wasplike [w'ɔsplaik] adj. semelhante à vespa.

wasp's nest s. vespeiro m.

wasp waist s. cintura fina f. (de vespa).

wasp-waisted adj. de cintura fina.

wassail [w'ɔsəl] s. 1. brinde: "à sua saúde". 2. festa f. com brindes à saúde. 3. cerveja f. preparada com especiarias. ‖ v. beber a saúde de, brindar. ‖ interj. saúde!

wassailer [~ə] s. saudador m.

wast [wɔst, wəst] v. (arc. e poet.) p. p. de **to be**. **thou ~** tu foste.

wastage [w'eistidʒ] s. 1. perda, quebra f. 2. desgaste m. 3. desperdício m., derrame m. 4. quantidade desperdiçada f.

waste [weist] s. 1. desperdício, esbanjamento m., dissipação f. 2. perda, quebra f., derrame m. 3. gasto, desgaste m. 4. estrago m. 5. material inútil ou supérfluo. 6. sobras f. pl., resíduos m. pl., refugo m., borra f. 7. lixo m. 8. deserto m., solidão f. 9. selva f. 10. terra inculta f. 11. (arc.) ruína, devastação f. (devido à guerra, ao fogo). 12. estopa f. ‖ v. 1. desperdiçar, dissipar, esbanjar. 2. perder, não aproveitar. 3. gastar, consumir, destruir. 4. desgastar. 5. arruinar, estragar. 6. corroer (ondas). 7. assolar, devastar (guerra). 8. enfraquecer, debilitar, definhar, abater, mirrar. ‖ adj. 1. sem valor, inútil. 2. inaproveitado, não usado ou em uso, sobrado, supérfluo. 3. não cultivado, agreste, estéril. 4. deserto, ermo, desabitado, desolado, devastado. 5. abandonado. 6. perdido (trabalho de máquinas). 7. arruinado. 8. monótono, desinteressante. 9. sombrio, melancólico, lúgubre. **loss by ~** perda por trabalho improdutivo (máquina). **~ of time** perda de tempo. **it goes to ~** está se perdendo, está decaindo, arruinando. **the garden runs to ~** o mato está tomando conta do jardim. **the garden lies ~** o jardim está abandonado. **to lay ~** devastar, assolar. **he is ~d** ele não está sendo aproveitado, está em lugar errado. **it was ~d on him** foi perder tempo com ele, foi inútil, não fez efeito algum. **to ~ away** definhar-se, decair. **he is wasting away, has a wasting disease** ele está definhando, sofre de uma doença que o vai consumindo. **~ not, want not** quem economiza em tempo, tem quando precisa.

wastebasket [w'eistba:skit] s. cesto m. de lixo, esp. para papéis (quadros P 5, S 16).

wastebin [w'eistbin] s. lata f. de lixo (quadro D 1).

wastebook [w'eistbuk] s. caderno borrão m.

waste drainage pipe s. tubo m. de esgoto.

wasteful [w'eistful] adj. 1. desperdiçador, esbanjador, imprevidente, pródigo. 2. dispendioso. 3. devastador, destrutivo. 4. ruinoso. ‖ **~ly** adv. 1. de modo desperdiçador, prodigamente. 2. dispendiosamente. 3. de modo devastador. 4. ruinosamente.

wastefulness [~nis] s. desperdício, esbanjamento m.,

prodigalidade f.

waste gas flue s. cano, tubo m. para gás de escape.

wasteland [w'eistlænd] s. 1. solo improdutivo m. 2. terra devastada ou devoluta f. 3. época estéril f. (intelecto).

wastepaper [w'eistpeipə] s. papel usado, refugo m., papéis velhos m. pl.

wastepaper basket s. cesto m. de lixo.

waste pipe s. cano m. de esgoto, tubo m. de descarga (quadros B 3, P 8).

waste product s. 1. refugo industrial m. 2. excrementos m. pl.

waster [w'eistə] s. 1. gastador, desperdiçador, esbanjador, dissipador, pródigo m. 2. devastador, assolador, destruidor m. 3. artigo defeituoso m. 4. (gíria) sujeito m. à-toa, pessoa f. que não presta.

wasting [w'eistiŋ] adj. 1. devastador, assolador. 2. enfraquecedor, debilitante, que consome.

wastrel [w'eistrəl] s. 1. artigo defeituoso, refugo m. 2. pessoa que não presta, vadio, vagabundo, mandrião m. 3. esbanjador, gastador, pródigo m.

watch [wɔtʃ] s. 1. cuidado m., atenção f. 2. guarda, vigilância, atalaia f. 3. guarda, vigia m. 4. (Hist.) sentinela f. 5. período m. ou tempo m. de vigilância. 6. veladura, vigília f., ato de estar vigiando. 7. relógio m. de bolso ou de pulso (quadro C 11). 8. (Náut.) quarto m.: a) período em que parte da tripulação está de serviço ou prontidão (geralmente de quatro horas). b) o grupo que está a serviço ou de prontidão no mesmo período. ‖ v. 1. olhar atentamente, assistir a (jogo, televisão, etc.). 2. estar atento, ter cuidado, prestar atenção. 3. vigiar, observar. 4. ficar de vigília, velar, ficar acordado. 5. guardar, velar ou zelar por, cuidar de. 6. ficar de espreita, espreitar. 7. estar de sentinela. 8. acompanhar (acontecimento). **this life passes away as a ~ in the night** esta vida passa depressa como uma noite de vigília. **~ and ward** vigilância contínua. **we keep a good ~** nós mantemos rigorosa vigilância. **keep a ~ of him** ou **(up) on him** mantenha-o em observação, vigie-o. **I put my ~ on (back)** adiantei (atrasei) meu relógio. **he is on the ~** ele está de espreita. **they were upon the ~ for him** eles esperaram-no de tocaia. **we set a ~ upon him** nós vigiamo-lo. **to ~ out** estar alerta, atento. **to ~ over** zelar por, guardar. **he ~ed his opportunity** ele esperou, aproveitou a sua oportunidade. **~ your step!** atenção! (degrau, etc.). **they cannot ~ their time** eles não sabem esperar a sua hora. **I'd ~ it!** isto é o que eu queria ver! isto é o que faltava.

watch-and-ward society s. entidade zeladora f., esp. dos bons costumes.

watchband [w'ɔtʃbænd] s. pulseira f. de relógio.

watchcase [w'ɔtʃkeis] s. caixa f. de relógio.

watch-chain s. corrente f. de relógio.

watchdog [w'ɔtʃdɔg] s. 1. cão m. de guarda, cão m. de quinta. 2. guarda atento m.

watcher [w'ɔtʃə] s. 1. guarda, vigia m., sentinela f. 2. observador, espreitador m.

watch fire s. fogueira f. (de acampamento).

watchful [w'ɔtʃful] adj. 1. vigilante, atento, acautelado, alerta. 2. cauteloso, cuidadoso. ‖ **~ly** adv. 1. vigilantemente, atentamente. 2. cautelosamente.

watchfulness [~nis] s. vigilância, atenção, cautela f., cuidado m.

watchmaker [w'ɔtʃmeikə] s. relojoeiro m.

watchmaking [w'ɔtʃmeikiŋ] s. relojoaria f.

watchman [w'ɔtʃmən] s. guarda, vigia m.

watch meeting, watch night s. culto de vigília, serviço religioso m. na última noite do ano.

watchout [w'ɔtʃaut] s. ato m. de estar de guarda, alerta.

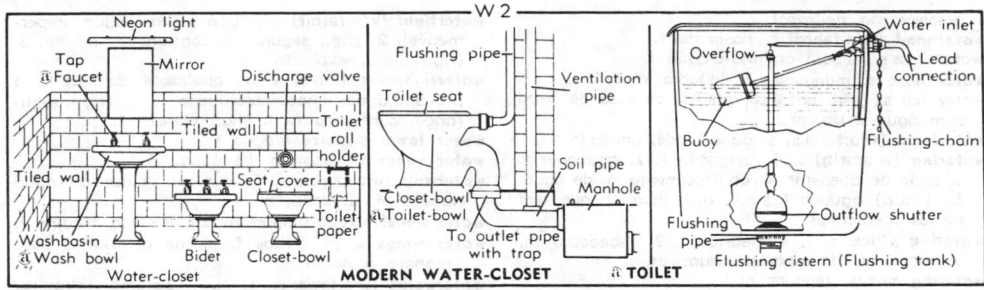

— W 2 —

Neon light | Tap â Faucet | Mirror | Discharge valve | Tiled wall | Toilet roll holder | Tiled wall | Seat cover | Toilet paper | Washbasin â Wash bowl | Bidet | Closet-bowl | Water-closet | MODERN WATER-CLOSET

Flushing pipe | Toilet seat | Ventilation pipe | Soil pipe | Manhole | Closet-bowl â Toilet-bowl | To outlet pipe with trap | â TOILET

Water inlet | Overflow | Lead connection | Buoy | Flushing-chain | Flushing pipe | Outflow shutter | Flushing cistern (Flushing tank)

watchtower [w'ɔtʃtauə] s. torre f. de vigia ou de observação.

watchword [w'ɔtʃwə:d] s. 1. (milit.) senha f. 2. lema, "slogan" m., divisa f.

water [w'ɔ:tə] s. 1. água f.: a) o líquido. b) qualquer líquido que sugere água. c) líquidos do corpo como: suor, saliva, lágrimas, urina. d) chuva f. (também ~s). e) limpidez, transparência f., brilho ou lustre m. (de pedra preciosa). f) vazamento m. (no casco de um navio). 2. curso m. d'água, rio, lago m., lagoa f. 3. enchente f. ou nível m. baixo de um rio. 4. profundidade f. de um rio. 5. maré f. (alta ou baixa). 6. superfície f. de aspecto ondeado em seda ou metal. 7. ações f. pl. emitidas sem aumento de capital. 8. ~s pl. águas f. pl.: a) águas correntes. b) águas agitadas, ondeantes, o mar, o alto-mar. c) águas de fonte, águas minerais. ‖ v. 1. molhar, irrigar, banhar. 3. regar. 4. aguar. 5. abastecer de ou prover com água. 6. dar de beber. 7. enfraquecer, diluir, misturar com água (leite, etc.), batizar (líquidos). 8. encher de água (boca), salivar. 9. lacrimejar. 10. dar aspecto ondeado à seda ou a superfícies metálicas, ondear. 11. emitir ações sem aumento de capital. 12. fazer estação de águas. 13. amerissar. ‖ adj. 1. de ou relativo à água. 2. hidráulico. 3. aquático. 4. fluvial, marítimo.
he threw cold ~ on him (fig.) ele despertou-o, fez ver a realidade. he threw ~ on it ele rebaixou-o, diminuiu-o, anulou-o. he is in deep ~ (fig.) ele está em aperto, em maus lençóis. of the first ~s da melhor qualidade. high ~ maré alta. hot~ bottle botija de água quente. he is in the hot-~ bottle (gíria) ele está em grande aperto. you get in the hot ~ for him você vai expor-se a grandes encrencas por causa dele. you get into hot ~ with him você vai ter briga com ele. low ~ maré baixa. he is in low ~ (gíria) ele está em apuros, tem falta de dinheiro. an ornamental ~ lago artificial. smooth (ou still) ~s run deep águas quietas são profundas. he fished in troubled ~s ele pescou em águas turvas. she drinks (ou takes) the ~s ela está fazendo estação de águas. it holds ~ 1. é à prova d'água. 2. (fig.) é convincente, fundamentado, verdadeiro. to make ~ soltar água, urinar. to take the ~ ser lançado à água. above ~ acima d'água. by ~ por via marítima ou fluvial. like ~ abundante. on the ~ na água, no mar. the plane alighted on the ~ o avião amerissou. they cast their money upon the ~ (fig.) eles jogaram o seu dinheiro pela janela. it makes your eyes ~ faz lacrimejar os seus olhos. it makes your mouth ~ faz aguar a sua boca. my mouth ~s for... eu tenho água na boca por... he has ~ on the brain ele é hidrocéfalo, ele tem cabeça d'água.

waterage [~ridʒ] s. (Ingl.) 1. transporte por água m. 2. frete m.

water ballet s. bailado aquático m.

Water Bearer s. (Astron., Astron.) Aquário m.

water bed s. (Med.) colchão m. de água.

water bird s. ave aquática f.

water blister s. bolha de água f.

water boa s. (Zool.) anaconda f.

water-borne adj. 1. flutuante, carregado pela água. 2. transportado por via marítima ou fluvial.

water bottle s. cantil m.

water brash s. (Pat.) pirose, azia f.

water buffalo s. (Zool.) búfalo m. da Índia.

water butt s. tina f. para apanhar água de chuva.

water carrier s. aguadeiro m.

water cart s. carro-tanque m. (para regar as ruas).

water clock s. relógio m. de água.

water-closet s. privada f. com descarga d'água (quadro W 2).

water-colour, watercolor [w'ɔ:təkʌlə] s. aquarela, aguarela f. (quadro P 1). 1. tinta diluída ou solúvel em água (e não em óleo). 2. pintura f. com tintas aguadas.
to paint in ~s pintar aquarelas.

water-colourist, watercolorist [~rist] s. aquarelista m. + f.

water conduit s. tubo ou cano m. de água.

water-cool v. esfriar com água (motor).

water-cooled adj. esfriado a água.

water-cooler s. esfriador ou refrigerador m. de água.

watercourse [w'ɔ:təkɔ:s] s. 1. curso d'água, rio, riacho, córrego, canal m. 2. leito m. de um rio, riacho ou córrego.

watercraft [w'ɔtəkra:ft] s. 1. navio m. ou navios coletivamente. 2. barco m. ou barcos coletivamente. 3. esporte aquático m.

watercress [w'ɔ:təkres] s. (Bot.) agrião m.

water cure s. hidroterapia †.

water-dog s. 1. cão m. de caça (ensinado para trazer aves aquáticas abatidas). 2. (joc.) marinheiro m. de sete mares.

water drain pipe s. tubo m. de descarga d'água.

watered-down adj. 1. aguado, diluído. 2. enfraquecido, diminuído.

waterer [w'ɔtərə] s. aguador, regador m.

waterfall [w'ɔ:təfɔ:l] s. cachoeira, cascata, queda d'água, catarata f.

water faucet s. torneira f.

waterfinder [w'ɔ:təfaində] s. adivinho m. que procura água por meio de varinha mágica, hidróscopo m.

waterfowl [w'ɔ:təfaul] s. ave f. ou aves f. pl. aquáticas.

waterfront [w'ɔ:təfrʌnt] s. 1. terra f. à margem d'água. 2. parte f. de uma cidade com frente para um rio, lago ou porto.

water gap s. passagem f. de um curso d'água nas montanhas.

water gas s. (Quím.) gás m. de água.

water gauge s. indicador m. do nível de água.

water glass s. 1. relógio m. de água, clepsidra f. 2. copo m. 3. indicador m. do nível de água. 4. vidro solúvel m., metassilicato m. de sódio (usado para

preservação de ovos).
waterhead [w'ɔ:təhed] s. nascente f.
water hen s. (Zool.) galinha-d'água f.
water hose s. mangueira f. (quadro W 1).
water ice s. (esp. brit.) sorvete m. de suco de fruta com água e açúcar.
wateriness [w'ɔ:tərinis] s. aquocidade, umidade f.
watering [w'ɔtəriŋ] s. 1. irrigação f. 2. aguagem f. 3. ação de abeberar. 4. abastecimento m. de água. 5. (Náut.) aguada f. ‖ adj. que água. 2. que tem fontes medicinais.
watering place s. 1. balneário m. 2. bebedouro m. 3. lugar m. de esportes aquáticos.
watering pot s. regador m.
waterish [w'ɔ:təriʃ] adj. aquoso, aguado, diluído. ‖ **~ly** adv. de modo aquoso, aguado ou diluído.
water jacket s. (Téc.) camisa f. de água.
waterless [w'ɔ:təlis] adj. sem água, seco.
water level s. 1. nível m. de água. 2. nível m.
water lily s. (Bot.) nenúfar, gólfão m.
water line s. (Náut.) linha f. de água.
waterlocked [w'ɔ:tələkt] adj. cercado por água.
waterlogged [w'ɔ:tələgd] adj. 1. (Náut.) cheio de água, quase a naufragar. 2. ensopado, embebido.
water main s. grande tubo m. de água.
waterman [w'ɔ:təmən] s. barqueiro, remador m.
watermark [w'ɔ:təma:k] s. 1. marca f. de nível de água. 2. marca f. d'água (em papéis). ‖ v. pôr marca d'água em.
high**—~** 1. marca indicando maré alta ou enchente. 2. (fig.) ponto alto. low**-~** 1. marca indicando maré baixa ou nível baixo da água. 2. (fig.) ponto baixo.
watermelon [w'ɔ:təmelən] s. 1. melancia f. 2. melancieira f.
water meter s. hidrômetro m. (quadro P 8).
water mill s. azenha f., moinho m. de água.
water moccasin s. (E. U. A., Zool.) mocassino-d'água m.
water motor s. motor hidráulico m.
water nymph s. (mit.) náiade, ninfa f.
water-pipe s. cano ou tubo m. de água (quadro D 1).
water-plane s. hidravião, hidroplano m.
water polo s. (Esp.) "water polo", pólo aquático m.
water power s. força ou energia f. hidráulica.
waterproof [w'ɔ:təpru:f] s. impermeável m., capa impermeável f. ‖ v. impermeabilizar. ‖ adj. impermeável, impermeabilizado, à prova d'água.
waterproofing [~iŋ] s. impermeabilização f.
water-repellent adj. com acabamento à prova d'água.
waterscape [w'ɔ:təskeip] s. paisagem f. marinha, fluvial ou lacustre.
watershed [w'ɔ:təʃed] s. 1. linha divisória f. das águas. 2. bacia f. (hidrográfica), região f. banhada por um sistema fluvial.
watersick [w'ɔ:təsik] adj. demasiadamente úmido (falando-se de solo, para fins agrícolas).
waterside [w'ɔ:təsaid] s. margem de rio, lago ou mar, beira-mar, praia, costa f. ‖ adj. que fica à beira d'água, praiano, ribeirinho, lacustre.
water ski s. esqui aquático m.
water snake s. (Zool.) cobra-d'água f.
water-soak v. ensopar, embeber.
water spaniel s. = **water-dog**.
waterspout [w'ɔ:təspaut] s. 1. (Meteor.) tromba d'água f. 2. bica f.
water sprite s. espírito m. ou gênio m. da água.
water supply s. 1. fornecimento m. de água. 2. encanamento m. (quadro B 22).
water system s. 1. = **water supply**. 2. sistema hidrográfico m.
water table s. 1. (Geol.) nível m. do lençol de água. 2. (Arquit.) pingadouro m.

watertight [w'ɔ:tətait] adj. 1. à prova d'água, impermeável. 2. (fig.) seguro, de confiança, perfeito. 3. (fig.) claro, explícito.
watertightness [~nis] s. 1. qualidade do que é à prova d'água, impermeabilidade f. 2. (fig.) segurança, confiança f. 3. (fig.) clareza f.
water tower s. torre d'água f.
water vapor s. vapor m. de água.
waterway [w'ɔ:təwei] s. 1. qualquer curso de água navegável. 2. canal m.
water wheel s. roda d'água, roda hidráulica, turbina f.
water wings s. pl. bolsas f. pl. de ar usadas para aprender a nadar.
waterworks [w'ɔ:təwə:ks] s. pl. 1. sistema hidráulico m., serviço m. de água (de uma cidade), instalação f. de tratamento de água. 2. usina hidráulica f. 3. repuxo, chafariz m.
she turned on her ~ ela chorou copiosamente.
waterworn [w'ɔ:təwɔ:n] adj. gasto, consumido, corroído pela ação da água.
watery [w'ɔ:təri] adj. 1. aquoso. 2. molhado, cheio de água, ensopado. 3. úmido. 4. chuvoso. 5. aguado, fraco, diluído, ralo. 6. lacrimoso. 7. pálido (cor). 8. insípido, enfadonho.
~ sky céu chuvoso. **~ waste** deserto de água.
watt [wɔt] s. (Eletr.) watt m.
wattage [w'ɔtidʒ] s. (Eletr.) wattagem f., consumo m. em watts.
watt-hour s. watt-hora m.
wattle [wɔtl] s. 1. vara, haste f., vime m. 2. caniçada, armação f. de vergas, cerca f. ou estacada f. de varas. 3. grade f. ou barreira f. de vime. 4. (Bot.) acácia f. (na Austrália). 5. barbela f. (de galinha), monco m. (de peru). 6. barbilho m. ou barbilhão m. (de peixe). ‖ v. 1. entrelaçar ou amarrar com vimes. 2. fechar com grade, cerca ou caniçada de vime, envarar. 3. cobrir com vimes. 4. sustentar com estacada de varas. ‖ adj. de vime, coberto de vime ou vara.
~ and daub taipa ou parede de taipa.
wattled [~d] adj. fechado ou cercado com grade ou cerca de vime.
wattmeter [w'ɔtmi:tə] s. wattímetro m.
wavable [w'eivəbl] adj. agitável, que pode ondear, ondular, etc.
wave [weiv] s. 1. onda f.: a) vaga f. b) (Fís.) vibração f. c) (poét.) água f., mar m. d) (fig.) explosão f. (de entusiasmo, etc.). 2. ondulação f., ondeado m. 3. chamalote m. (tecido). 4. aceno, gesto, sinal m. com a mão. 5. agitação, oscilação f., tremor m. ‖ v. 1. ondear, ondular. 2. acenar, fazer sinal (com a mão). 3. abanar, agitar. 4. flutuar, tremular. 5. brandir. 6. oscilar, balançar. 7. achamalotar (tecido). 8. dar aspecto ondeado a (superfície metálica).
heat ~ onda de calor. **a ~ of indignation** uma onda de indignação. **~ of light** onda de luz. **permanent ~** permanente (cabelo). **they attacked in ~s** atacaram em ondas sucessivas. **we ~d him farewell** nós lhe acenamos um adeus. **they ~d me aside** eles me chamaram à parte com um aceno. **they ~d my objections aside** eles desprezaram minhas objeções. **I ~d him away (ou off)** eu lhe acenei que podia ir embora. **I ~d it away (ou off)** eu recusei-o, rejeitei-o. **short ~s** (Rádio) ondas curtas. **long ~s** (Rádio) ondas longas. **long ~ set** (Rádio) aparelho de ondas longas.
wave band s. (Rádio) faixa f. de ondas.
wave-breaker s. quebra-mar m.
waved [weivd] adj. 1. ondeado, ondulado. 2. ondeante, ondulante. 3. chamalotado.
wavelength [w'eivleŋθ] s. comprimento m. de onda.

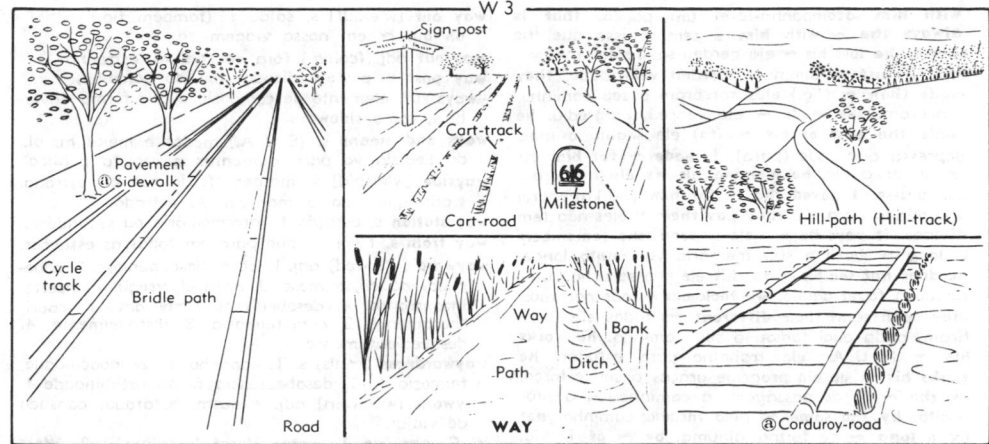

W 3

Pavement ⓐ Sidewalk — Sign-post — Cart-track — Cart-road — Milestone — Hill-path (Hill-track) — Cycle track — Bridle path — Way — Bank — Path — Ditch — Road — **WAY** — ⓐ Corduroy-road

waveless [w'eivlis] adj. sem ondas.

wavelet [w'eivlit] s. onda pequena f.

wavelike [w'eivlaik] adj. ondulatório, semelhante à onda.

wave mechanics s. (Fís.) mecânica ondulatória f.

waver [w'eivə] s. oscilação, indecisão, hesitação, vacilação f. ‖ v. 1. mover para cá e para lá, oscilar. 2. esvoaçar, agitar. 3. tremer, sacudir. 4. tremular, bruxulear (luz). 5. estar indeciso, hesitar, vacilar. 6. ficar inquieto, ceder.

wave range s. (Rádio) alcance m. de ondas.

waverer [~rə] s. pessoa indecisa, hesitante, vacilante.

wavering [~riŋ] s. = **waver**. ‖ adj. 1. oscilante, vacilante. 2. irresoluto, indeciso, hesitante. 3. inconstante. ‖ **~ly** adv. 1. de modo oscilante, vacilantemente. 2. indecisamente, irresolutamente, hesitantemente. 3. inconstantemente.

waveringness [~riŋnis] s. 1. irresolução f., tendência f. à irresolução, volubilidade f. 2. qualidade do que é oscilante, inconstante.

waviness [w'eivinis] s. ondulação, flutuação f.

wavy [w'eivi] adj. 1. ondulante, flutuante. 2. ondulatório, ondulado (quadro L 2). ‖ **~ily** adv. de modo ondulante ou ondulatório.

wax (I) [wæks] s. 1. cera f. 2. cerol m. 3. cerume m. ‖ v. encerar, untar de cera. ‖ adj. de ou como cera.

bee's ~ cera de abelha. **ear—** cerume. **shoemaker's** ou **cobbler's** ~ cerol. **vegetable** ~ cera vegetal. **she sticks to him like** ~ ela se prende a ele como um carrapato. **as tight as** ~ (fig.) mudo como um peixe. ~ **in one's hands** pessoa maleável.

wax (II) [wæks] v. (poét.) 1. crescer, desenvolver-se, aumentar (**into** para). 2. tornar(-se).

to ~ **and wane** aumentar e diminuir. **to** ~ **old** envelhecer. **the party** ~**ed merry** a reunião ou festa tornou-se alegre.

wax bean s. feijão-vagem m. de cera.

waxen [w'æksən] adj. 1. de cera. 2. revestido de cera. 3. semelhante à cera, pálido. 4. mole, maleável, dócil. 5. liso.

waxer [w'æksə] s. encerador m.

waxwing [w'ækswiŋ] s. (Orn.) âmpelis m.

wax myrtle s. (Bot.) árvore-da-cera f.

wax palm s. (Bot.) 1. palmeira cerífera f. 2. (Bras.) carnaúba f.

wax paper s. papel encerado m.

waxwing [w'ækswiŋ] s. (Zool.) âmpelis m.

waxwork [w'ækswə:k] s. 1. objeto m. ou figura f. de cera. 2. ~**s** pl. museu m. de cera.

waxworker [~ə] s. o que executa figuras ou objetos de cera.

waxy [w'æksi] adj. 1. feito ou revestido de cera. 2. que contém cera, ceroso. 3. semelhante à cera, ceráceo. 4. mole, maleável, dócil.

way [wei] s. 1. modo, estilo m., maneira f. 2. jeito m. 3. método, meio m. 4. ponto, particular, detalhe, aspecto m. 5. direção f., lado m. 6. distância f., trajeto m. 7. rumo, curso m. 8. caminho, atalho m., vereda, trilha, rua, via, estrada f. (quadro W 3). 9. lugar m. 10. hábito, costume, modo m., peculiaridade f. (também ~**s**). 11. vontade f., desejo m. 12. (coloq.) condição f., estado m. 13. movimento, progresso m., marcha f. 14. porte, comportamento m., conduta f. ‖ adv. embora, longe.

~**s and means** meios, modos, possibilidades. **in the** ~ **of business** em matéria de negócio. **Way of the Cross** via-sacra. **the** ~**s of war** as peculiaridades da guerra. **the** ~ **of the world** o caminho da vida (ou do mundo). **right of the** ~ 1. direito de passagem, servidão. 2. (Trânsito) preferência, direito de tomar a frente. **any** ~ **you please** de qualquer forma que queira. **in a big** ~ (gíria) se é! mas como! com toda violência! **covered** ~ passagem coberta. **in a family** ~ de modo familiar, não cerimonioso. **she is in the family** ~ ela está em estado interessante. **a great** (ou **long**) ~ **off** a grande distância daqui, de longe. **it will go a great** ~ **toward** contribuirá grandemente. **half the** ~ a meio caminho, meio. **the hard** ~ (gíria) por esforço próprio. **her mild** ~**s** seus modos suaves, meigos. **the Milky Way** via Via-Láctea. **one** ~ **em** uma direção. **one—** ~ **street** (Trânsito) via de uma só mão, direção única. **one** ~ **or the other** 1. por um meio ou por outro. 2. em caso negativo: nem de um modo nem de outro. **the other** ~ **about** (ou **round**) ao contrário. **we did** (ou **had**) **it all our own** ~ podíamos fazer tudo como bem queríamos. **if you had your own** ~ se tudo fosse como você quer... **let him have his own** ~ deixe-o fazer o que ele quer. **yes, I am a little that** ~ sim, sou um pouco assim. **how did she get that** ~? como foi possível ela ficar assim? **she will never get it done that** ~ ela nunca conseguirá fazê-lo desta forma. **this** ~! por aqui! **which** ~? por onde? **which** ~ **did they go?** para ou por onde foram eles? **we asked our** ~ perguntamos pelo caminho. **ask him the** ~ pergunte-lhe pelo caminho. **they begged their** ~ eles passaram mendigando. **they gave** ~ eles cederam, recuaram. **I'll go a little** ~

with him acompanhá-lo-ei um pouco. **that is always the** ~ **with him** é sempre isso que lhe sucede. **he lost his** ~ ele perdeu-se, perdeu o caminho. **it lost** ~ diminuiu, perdeu velocidade. **they made their** ~ (fig.) eles forçaram o seu caminho, venceram. **she made** ~ ela venceu, progrediu. **he made the best of his** ~ **(to)** o mais depressa que pôde (para). **I made** ~ **for him** eu dei lugar a ele. **he mended his** ~**s** ele melhorou, corrigiu-se. **I paved the** ~ **for him** (fig.) preparei o caminho para ele. **they pay their** ~ eles não têm dívidas. **it pays its** ~ vale a pena. **she remembers a long** ~ **back** a sua memória vai muito longe. **he does not see his** ~ **to this** ele não se acha autorizado a fazer aquilo. **we took our** ~ nós partimos. **they each went their different** ~**s** todos eles partiram, cada qual tomou o seu caminho. **he works his** ~ (E. U. A.) ele trabalha para estudar. **he works his** ~ **up** ele progride graças a seu esforço. **by the** ~ 1. de passagem, a caminho. 2. a propósito. **by the same** ~ pelo mesmo caminho. **not by a long** ~ de forma alguma. **by** ~ **of** 1. via. 2. em vez, como. 3. a fim de, por intermédio de. **by** ~ **of excuse** como desculpa. **by** ~ **of jest** por brincadeira. **he was by** ~ **of doing** ele tinha como incumbência ou hábito fazer. **in a** ~ 1. de certo modo. 2. (gíria) em estado miserável. **once in a** ~ uma vez, excepcionalmente. **it is in your** ~ é seu campo, de sua alçada. **he is in my** ~ ele está no meu caminho. **in a fair** ~ **of recovery** em pleno caminho de melhoria. **in the** ~ **of business** por meio comercial. **they put him in the** ~ **of success** eles contribuíram para o seu êxito. **I put** (ou **threw**) **it in his** ~ fi-lo chegar a suas mãos. **put him in the** ~ **of doing it** dê-lhe a oportunidade de fazê-lo. ~ **off** muito longe. **on our** ~ **through** em nosso caminho por. **on the** ~ **(to)** a caminho (para). **I am on my** ~ eu estou a caminho. **I set out on my** ~ parti, pus-me a caminho. **bring him on his** ~ acompanhe-o um pedaço. **out of the** ~ 1. fora do caminho. 2. (fig.) que despista, desvia. 3. extraordinário, fora do comum. **it is out of my** ~ 1. isto não é meu campo, disso eu não entendo. 2. não é de minha alçada. **he went out of his** ~ **(to do)** ele esforçou-se bastante (para fazer). **I put myself out of the** ~ **(for, to do)** eu me dei ao trabalho de (a fim de, para). **they put him out of the** ~ eles afastaram-no, liquidaram-no (mataram-no). **she keeps out of the** ~ ela se mantém de lado. **under** ~ 1. (Náut.) a caminho, em marcha. 2. (fig.) em andamento. **to go under** ~ 1. pôr-se em marcha, partir. 2. (fig.) estar em andamento. **I was just up her** ~ (gíria) eu estive justamente perto dela. ~ **up** bem alto.

way back adj. afastado: 1. distante, longe. 2. remoto. **from** ~ de muito longe.

way below adj. muito abaixo.

waybill [w'eibil] s. 1. lista f. de passageiros. 2. conhecimento m., guia f. (transporte de mercadorias).

wayfarer [w'eifɛərə] s. viandante, caminhante m. + f., quem viaja ou percorre caminhos a pé.

wayfaring [w'eifɛəriŋ] s. ação de viajar ou percorrer caminhos a pé, jornada, caminhada, viagem f. ‖ adj. viajante, viandante, que percorre. **in my** ~**s** em minhas viagens.

waylay [weil'ei] v. 1. armar ciladas, ficar de emboscada, atocaiar. 2. parar (alguém) no caminho.

waylayer [~ə] s. o que fica de emboscada ou cilada, assaltante m. + f.

wayleave [w'eili:v] s. direito m. de passagem.

wayless [w'eilis] adj. sem caminho, ínvio, intransitável.

waymark [w'eima:k] s. marco m.: indicador de distância nas estradas.

way out [w'eiaut] s. saída f. (também fig.) **on our** ~ em nossa viagem de ida.

way-out adj. (coloq.) fora do comum, estranho.

way post s. poste indicador m. (do caminho).

–ways suf. elemento de composição que forma advérbios, como **sideways**.

ways and means s. (E. U. A.) modos e meios m. pl. do Legislativo para aumentar a receita pública.

wayside [w'eisaid] s. margem f. da rua ou estrada. ‖ adj. que fica à margem da estrada.

way station s. estação f. intermediária ou secundária.

way train s. trem m. que pára em todas as estações.

wayward [w'eiwəd] adj. 1. caprichoso, genioso. 2. cabeçudo, indócil, teimoso. 3. instável, irregular, incerto, inconstante. 4. desobediente. ‖ ~**ly** adv. 1. caprichosamente. 2. com teimosia. 3. instavelmente. 4. desobedientemente.

waywardness [~nis] s. 1. capricho m. 2. indocilidade, teimosia f. 3. desobediência f. 4. instabilidade f.

wayworn [w'eiwɔ:n] adj. exausto, estafado, cansado de viajar.

W. C. abr. de 1. **water closet** [d'ʌblju:si:] 2. **West Central** (correio de Londres).

w. c. abr. de: 1. **with costs.** 2. **without charge.**

we [wi, wi:] pron. nós.

weak [wi:k] adj. 1. fraco: a) débil. b) frágil, quebradiço. c) aguado, ralo, diluído. d) sem lógica (argumento). e) (Gram.) que tem flexão por acréscimo de consoantes à raiz (verbo) 2. inapto. 3. vulnerável. 4. ineficiente, deficiente, ineficaz, inadequado. 5. facilmente influenciável. 6. simplório, bobo, tolo. 7. sem força legal (documento). 8. flexível. 9. (Com.) fraco (dinheiro, moeda). ~ **character** pessoa sem caráter, sem firmeza. **his** ~ **part** (**point, side, spot**) seu lado ou ponto fraco. **the** ~**er sex** o sexo fraco. ~ **vessel** pessoa de pouca confiança. ~ **and weary** cansado, fatigado, esgotado, exausto.

weaken [w'i:kən] v. 1. enfraquecer(-se), debilitar(-se). 2. atenuar, diminuir, reduzir. 3. afrouxar. 4. ceder.

weakener [~ə] s. aquele ou aquilo que enfraquece.

weakeningly [w'i:kniŋli] adv. 1. de modo enfraquecedor ou debilitante. 2. de modo atenuante.

weak-eyed adj. de vista fraca.

weak-hearted adj. medroso, pusilânime, sem ânimo, desencorajado.

weak-kneed adj. (fig.) frouxo, mole, indeciso.

weakliness [w'i:klinis] s. fraqueza f. (também fig.), debilidade f., estado adoentado m.

weakling [w'i:kliŋ] s. pessoa ou animal fraco.

weakly [w'i:kli] adj. fraco, débil, enfermo, doentio. ‖ adv. fracamente, debilmente, doentiamente.

weak-minded adj. 1. fraco de espírito, imbecil. 2. que tem caráter fraco, pusilânime, que não tem firmeza.

weak-mindedness s. 1. debilidade f. de espírito. 2. fraqueza f. de caráter.

weakness [w'i:knis] s. 1. fraqueza f.: a) fragilidade f. b) debilidade f., estado adoentado m. 2. imbecilidade f. 3. inclinação f., lado fraco m. ~ **of mind** 1. fraqueza de espírito. 2. falta de caráter. **she had a** ~ **for him** ela tinha um fraco por ele. **writing is his** ~ escrever é o seu fraco.

weak-sighted adj. de vista fraca.

weak sister s. (gíria) covarde m. + f., pessoa f. indecisa, vacilante.

weak-spirited adj. desanimado, abatido, sem iniciativa.

weal (I) [wi:l] s. (†) 1. bem-estar m., prosperidade f., felicidade f. 2. órgão político, estado m. **in** ~ **and woe** por bem ou por mal.

weal (II) [wi:l] s. vergão, vinco m. (de pancada ou chicotada). ‖ v. avergoar, vergastar, bater ou chicotear a ponto de causar vergões.

weald [wi:ld] s. (poét.) 1. floresta f. 2. campo aberto m. 3. descampado m.

Weald [wi:ld] s. **The ~** distrito acidentado no Sul da Inglaterra.

wealth [welθ] s. 1. prosperidade, riqueza f., bem-estar m. 2. fortuna f., bens m. pl. 3. opulência f. 4. fartura, abundância, profusão f.

wealthiness [w'elθinis] s. prosperidade, riqueza, abundância, opulência f.

wealthy [w'elθi] adj. 1. rico, opulento, endinheirado, abastado. 2. abundante, copioso. ‖ **–ily** adv. 1. ricamente, opulentamente. 2. copiosamente.

wean [wi:n] v. 1. desmamar, desaleitar. 2. desacostumar, despegar. 3. afastar, alienar. 4. curar de (um vício).
to ~ away from desacostumar alguém de. **to ~ o. s.** deixar de, desacostumar-se de (hábito).

weaner [w'i:nə] s. o que desmama, desabitua.

weaning [w'i:niŋ] s. desmama f.

weanling [w'i:nliŋ] s. criança f. ou animal m. recém-desmamado.

weapon [w'epən] s. 1. arma f. (também fig.), armamento m. 2. (Zool.) defesa f. (como garras, chifres, dentes, etc.). 3. (fig.) lança f.

weaponed [~d] adj. armado.

weaponless [~ lis] adj. desarmado, indefeso.

weaponry [~ri] s. 1. produção armamentista f. 2. armamento m.

wear [wɛə] s. 1. uso m. (roupas). 2. roupas f. pl., artigos m. pl. de vestuário. 3. moda f. 4. gasto, desgaste, estrago m. 5. durabilidade f. ‖ v. (imp. **wore**, p. p. **worn**) 1. usar, vestir, trajar. 2. gastar, consumir. 3. estragar com o uso. 4. esgotar, cansar, exaustar, esfalfar. 5. durar (roupa). 6. ter, apresentar, mostrar. 7. tornar-se, passar a ser. 8. (Náut.) virar em roda.
men's ~ roupas para homem, artigos para cavalheiro. **~ and tear (of time)** desgaste natural. **good for everyday ~** bom para o uso diário. **for hard ~** resistente, rústico, para serviços pesados. **it is the worse for ~** não ficou melhor com o uso, está gasto. **he is the worse for ~** ele está muito esgotado. **for town ~** para uso na cidade. **there is still a good year's ~ in it** aquilo pode muito bem ser usado por mais um ano. **they have these dresses in ~** elas têm estes vestidos em uso. **it is in ~** está na moda, está em uso. **to ~ o. s.** esfalfar-se, esgotar-se. **what shall I ~?** que devo vestir? **she ~s the breeches** (gíria) quem manda é ela. **to ~ away** 1. desgastar, gastar com o uso. 2. corroer, escavar (água). 3. apagar, destruir. 4. passar (tempo, dor). 5. consumir-se. **constant dripping will ~ away a stone** água mole em pedra dura tanto dá até que fura. **to ~ down** 1. gastar (degraus de uma escada, salto de sapato). 2. vencer (resistência). **he ~s his trousers into holes** ele usa a calça até furá-la. **to ~ into years** ficar idoso. **to ~ off** 1. gastar-se, desgastar-se. 2. passar, voar (tempo). 3. esfriar, perder-se (sentimentos). **to ~ on** ir, passar (tempo). **it ~s on him** cansa-o, esgota-o. **to ~ out** 1. gastar-se, desgastar-se (com o uso). 2. usar, trajar (roupa) até o fim. 3. esgotar (paciência). 4. esgotar-se, cansar-se. 5. apagar, destruir. **he ~s himself out (working)** ele se esgota (trabalhando). **it ~s well** fica bem (roupa), cai bem (vestido). **she ~s well** ela se conserva jovem. **it is worn** está (finalmente) acabado. **he is worn with labour** ele está esgotado, cansado, exausto.

wearability [wɛərəb'iliti], **wearableness** [w'ɛərəblnis] s. qualidade do que é usável ou gastável.

wearable [w'ɛərəbl] s. peça f. de roupa (geralmente

~s). ‖ adj. 1. usável, que se pode trajar. 2. gastável, que se pode desgastar.

wear and tear s. 1. deterioração f. pelo uso comum. 2. depreciação normal f.

wearer [w'ɛərə] s. 1. quem usa, traja. 2. quem gasta ou desgasta.

weariful [w'iəriful] adj. 1. cansativo, fatigante. 2. tedioso, monótono, enfadonho.

weariness [w'iərinis] s. 1. cansaço m., fadiga, exaustão f. 2. aborrecimento, enfado m.

wearing [w'ɛəriŋ] s. 1. uso m. (de roupa). 2. gasto, desgaste m. (também **~–away**, **~–out**). ‖ adj. 1. cansativo, exaustivo, fatigante. 2. que gasta ou desgasta.

wearing apparel s. roupas f. pl.

wearing process s. processo m. de desgaste.

wearisome [w'iərisəm] adj. 1. cansativo, exaustivo, fatigante. 2. aborrecido, tedioso, enfadonho, monótono. ‖ **~ly** adv. 1. cansativamente, de modo fatigante. 2. aborrecidamente, enfadonhamente.

wearisomeness [~nis] s. 1. qualidade do que é cansativo ou fatigante. 2. tédio, aborrecimento m.

wearproof [w'ɛəpru:f] adj. resistente ao desgaste normal.

weary [w'iəri] v. 1. cansar(-se), fatigar(-se), exaustar(-se), esgotar(-se). 2. aborrecer(-se), enfadar(-se), enfastiar(-se). 3. ter saudades de. ‖ adj. 1. cansado, fatigado, exausto (**with** de). 2. aborrecido, cansativo, exaustivo, enfadonho, maçante, molesto. ‖ **–ily** adv. 1. cansadamente, exaustamente. 2. cansativamente, de modo exaustivo. **they wearied him** cansaram-no, submeteram sua paciência a dura prova. **we wearied for him** sentimos muita falta dele.

weasand [w'i:zənd] s. (†) garganta, traquéia f.

weasel [wi:zl] s. 1. (Zool.) doninha f. (Mustela vulgaris). 2. fuinha f.: pessoa mexeriqueira.

weasel words pl. s. palavras f. pl. evasivas, ambíguas, equívocas.

weather [w'eðə] s. 1. tempo m. (estado atmosférico). 2. temporal, vento m., chuva f. ‖ v. 1. expor às intempéries. 2. desbotar, descorar, estragar (pela ação do sol, ar, vento, etc.). 3. arejar. 4. desgastar, desintegrar (devido às intempéries). 5. vencer, resistir a, passar por (dificuldades). 6. (Náut.) pôr-se a barlavento de 7. (Náut.) dobrar (cabo). ‖ adj. 1. para ou ao lado do vento. 2. (Náut.) de barlavento, situado a barlavento, exposto ao vento. **stress of ~** temporal, tempestade. **under stress of ~** por causa do tempo (condições atmosféricas). **to make good ~** (Náut.) encontrar bom tempo. **it makes heavy ~** causa dificuldades. **~ permitting** se o tempo permitir. **he keeps his ~ eye open** (gíria) ele tem um cuidado louco. **pleasant ~ for walking** bom tempo para andar. **fine ~ for ducks!** que chuva!, quanta chuva! **in fine summer ~** com bom tempo de sol. **the boat drove with the ~** (Náut.) o barco ficou ao sabor do vento. **he sings and dances in all ~** ele vira a casaca de acordo com o vento. **to ~ out** superar, vencer. **he is under the ~** (gíria) 1. ele está indisposto. 2. ele está sem dinheiro.

weather-beaten adj. 1. castigado pelo mau tempo, batido pela tempestade. 2. bronzeado pelo sol.

weatherboard [w'eðəbɔ:d] s. 1. barlavento m. 2. tábua f. de recobrimento, tábuas f. pl. de revestimento (para proteção contra a chuva). ‖ v. revestir com tábuas de revestimento.

weather-bound adj. preso ou retido pelo mau tempo.

weather box s. barômetro m. em forma de casinha.

weather bureau s. estação meteorológica f.

weathercock [w'eðəkok] s. cata-vento m.: 1. grimpa

f. 2. (fig.) vira-casaca m. + t.

weather eye s. 1. sensibilidade f. para mudanças atmosféricas. 2. estado m. de alerta, vigilância.

weather forecast s. previsão f. do tempo.

weather-ga(u)ge s. barlavento m.
we got the ~ of him (fig.) levamos a melhor sobre ele.

weatherglass [w'eðəgla:s] s. barômetro m.

weather-hardened adj. fortalecido pelas intempéries.

weathering [w'eðəriŋ] s. 1. desgaste m. ou desagregação f. das rochas (pela ação de agentes atmosféricos). 2. descoramento, desbotamento m. (pela ação de agentes atmosféricos).

weatherly [w'eðəli] adj. (Náut.) bolineiro, barlaventador.

weatherman [w'eðəmən] s. (coloq.) meteorologista m.

weather-map s. mapa meteorológico m.

weathermost [w'eðəmoust] adj. (Náut.) o mais próximo do lado do vento.

weatherproof [w'eðəpru:f] v. tornar resistentes às intempéries. ‖ adj. resistente às intempéries, à prova de intempérie.

weather station s. = **weather bureau.**

weather strip s. guarnição f. ou moldura f. em janelas, portas, etc. (para maior eficiência contra as intempéries).

weatherstrip [w'eðəstrip] v. pôr guarnições ou molduras em.

weather stripping s. = **weather strip.**

weather vane s. cata-vento m., grimpa f.

weather-wise adj. hábil em prever o tempo. 2. hábil em prognosticar mudanças de opiniões.

weatherworn [w'eðəwɔ:n] adj. gasto pelo tempo.

weave [wi:v] s. modo de tecer ou configuração f. do tecido. ‖ v. (imp. **wove,** p. p. **woven**). 1. tecer. 2. trançar. 3. contar, narrar. 4. combinar, compor (**into** em). 5. imaginar, inventar. 6. tramar. 7. entrelaçar, entremear.
to ~ one's way (fig.) fazer o seu caminho, dando voltas e pulos.

weaver [w'i:və] s. 1. tecelão m.: a) quem trabalha em tecelagem. b) pássaro (também **~bird**). 2. tecedor m.

weaving [w'i:viŋ] s. 1. tecelagem, tecedura f. 2. (Veter.) vício m. do cavalo que se movimenta continuamente e raspa o solo.

weaving loom s. tear m.

weaving mill s. tecelagem f. (fábrica).

weazen [w'i:zən] v. = **wizen.**

web [web] s. 1. tecido m. 2. teia f. 3. trama f., entrelaçamento m. 4. palmura f.: membrana natatória dos palmípedes. 5. barbas f. pl. de pena. 6. palhetão m. de chave. 7. alma f. de trilho. 8. folha f. de serra. 9. rolo m. de papel de imprensa. ‖ v. 1. tecer. 2. envolver ou cobrir com teia, enredar, emaranhar.

webbed [~d] adj. (Zool.) palmado, que tem membrana natatória.

webbing [w'ebiŋ] s. 1. tecido m. em forma de faixas, usado como cinto, correia, cincha, etc. (quadro M 2). 2. borda f. de tapete. 3. (Zool.) palmura f.

webfoot [w'ebfut] s. (Zool.) pé palmado m.

webfooted [~id] adj. (Zool.) palmípede.

web press s. (Tipogr.) rotativa f. com dispositivo de dobrar e contar.

webster [w'ebstə] s. (arc.) tecelão m.

web-toed adj. = **webfooted.**

wed [wed] v. 1. casar(-se), desposar(-se), contrair matrimônio (**with, to** com). 2. unir, ligar.
he is ~ded to his work ele está apegado a seu serviço, gosta de seu serviço.

Wed. abr. de **Wednesday.**

wedded [w'edid] adj. 1. casado. 2. legítimo (filho).

3. devotado, afeto. 4. unido.
~ life vida de casado.

wedding [w'ediŋ] s. casamento, enlace, matrimônio m., núpcias f. pl. (**to** com). 2. boda f., aniversário m. de casamento.
golden ~ bodas de ouro. **silver ~** bodas de prata. **~ breakfast** banquete de casamento. **~ card** cartão de participação de casamento. **~ day** dia de casamento. **~ dress** vestido de noiva. **~ ring** (quadro J 1) aliança (anel). **~ tour, ~ trip** viagem de núpcias.

wedge [wedʒ] s. 1. cunha t. (também fig.), calço m. (quadros M 1, P H). 2. objeto em forma de cunha. ‖ v. 1. usar cunha, cunhar, rachar por meio de cunha. 2. entalar, prender ou segurar com cunha, calçar.
to ~ o. s. in introduzir-se à força. **to ~ apart** separar, rachar por meio de cunhas. **to ~ into** fixar, apertar(-se). **to ~ off** lascar, rachar com cunhas. **to ~ open** abrir à força. **~-shaped** cuneiforme.

wedged [~d] adj. em forma de cunha.

wedgelike [w'edʒlaik] adj. cuneiforme.

Wedgwood [w'edʒwud], **Wedgwood ware** s. cerâmica f. com fundo matizado e decorações em relevo e branco, segundo Josiah Wedgwood (1730-1795).

wedlock [w'edlɔk] s. matrimônio, casamento m., vida conjugal f.
born in ~ legítimo (filho). **born out of ~** ilegítimo. **to enter upon ~** iniciar vida matrimonial. **~-bound** casado.

Wednesday [w'enzdi] s. quarta-feira f.
on ~ na quarta-feira. **on ~s** às quartas-feiras. **on ~ morning** (na) quarta-feira de manhã.

wee [wi:] adj. 1. pequenino, minúsculo. 2. pouco.
a ~ bit um bocado, bem pouco.

weed (I) [wi:d] s. 1. (Bot.) qualquer erva inútil ou daninha. 2. (coloq.) fumo m. 3. (coloq.) charuto m. ou cigarro m. 4. pessoa ou animal magro ou de aparência, magricela m. + f. ‖ v. 1. capinar, limpar de ervas daninhas, sachar, mondar. 2. eliminar, extirpar (seg. de **out**). 3. limpar (**of** de).
ill ~s grow apace bicho ruim não morre.

weed (II) [wi:d] s. (geralm. ~s) roupa f.
a widow's ~s as roupas de luto de uma viúva.
she casts her ~s ela vai casar-se novamente.

weeder [w'i:də] s. 1. mondadeiro m., quem sacha. 2. mondador, sacho m., sachola f. (aparelho).

weediness [w'i:dinis] s. 1. estado abandonado m. da horta, jardim ou quintal. 2. qualidade do que está coberto de plantas daninhas.

weeding [w'i:diŋ] s. monda, sachadura f.

weedless [w'i:dlis] adj. livre de ervas daninhas.

weedlike [w'i:dlaik] adj. semelhante à erva daninha.

weedy [w'i:di] adj. 1. cheio de ervas daninhas. 2. semelhante à erva daninha. 3. (fig.) fino, delgado, magro, fraco. ‖ **-ily** adv. de modo abandonado, coberto de ervas daninhas (jardim, horta).

week [wi:k] s. semana f.
a ~ of Sundays uma eternidade, muito tempo. **a ~ or two** de oito a quatorze dias. **Friday (today, this day) ~** daqui a oito dias (a contar de sexta-feira) ou há oito dias. **(in) the ~ of four Fridays** no dia de são nunca. **(~ and) ~ about** uma semana após a outra. **~s ago** há semanas. **by the ~** semanalmente. **~ by ~** semana por semana. **for ~s** durante semanas. **in the ~** durante a semana. **~ in, ~ out** semana por semana. **send him into the middle of next ~!** mande-o embora!

weekday [w'i:kdei] s. dia m. da semana, dia útil m. ‖ adj. durante a semana.

weekend [w'i:kend] s. "week-end", fim-de-semana

m. ‖ v. passar o "week-end" ou o fim-de-semana.
‖ adj. de ou relativo ao fim-de-semana.
~ ticket bilhete de excursão para o fim-de-semana.

weekender [~ə] s. excursionista m. + f., quem passa o fim-de-semana fora.

weekends [~z] adv. no ou durante o fim-de-semana.

weekly [w'i:kli] s. semanário m. ‖ adj. semanal. ‖ adv. semanalmente.

ween [wi:n] v. (arc.) 1. supor, pensar, acreditar. 2. esperar, aguardar.
a good boy, ~ I, was he um bom rapaz, penso eu, foi ele.

weep [wi:p] s. 1. choro m., ato de chorar. 2. exsudação f. ‖ v. (imp. e p. p. **wept**) 1. chorar **(at, over, for** de, sobre, por). 2. lamentar, lastimar, prantear, carpir. 3. lacrimejar, derramar lágrimas. 4. estar úmido, exsudar. 5. gotejar, pingar.
she wept for him ela chorou por ele, ela o pranteou. **she wept for joy (rage)** ela chorou de alegria (de raiva). **she had a good ~** ela chorou bastante.

weeper [w'i:pə] s. 1. quem chora, pranteador m. 2. tira f. ou faixa f. branca usada antigamente na manga em sinal de luto.

weeping [w'i:piŋ] s. choro, pranto m., lamentação f. ‖ adj. 1. que chora, pranteia, (se) lastima. 2. úmido, gotejante, exsudativo. ‖ **~ly** adv. 1. de modo choroso ou lastimoso, plangentemente, lacrimosamente. 2. de modo úmido, exsudativo.
~ ground terreno úmido. **~ willow** (Bot.) salgueiro-chorão.

weepy [w'i:pi] adj. choroso, lacrimoso.

weever [w'i:və] s. (Ict.) peixe-aranha m.

weevil [w'i:vil] s. (Zool.) gorgulho m.

weevilled, weeviled [~d], **weevilly, weevily** [~ i] adj. infestado de gorgulhos.

weft [weft] s. 1. (Tecel.) trama f. 2. tecido m.

weftwise [w'eftwaiz] adj. (têxteis) em direção da trama.

weigh [wei] s. pesagem f. ‖ v. 1. pesar: a) determinar ou avaliar o peso de. b) ter o peso de. c) afligir, oprimir, acabrunhar, causar mágoa ou desgosto. d) ponderar, considerar ou examinar cuidadosamente. e) comparar **(with, against** com). f) ter influência considerável. 2. (Náut.) levantar ferro, zarpar.
to ~ anchor (Náut.) levantar âncora. **to ~ down** curvar sob o peso, prostrar. **~ed down with sorrow** opresso, abatido pelas preocupações. **he was ~ed off** (milit.) ele foi denunciado e punido. **to ~ out** pesar a quantidade desejada. **to ~ out (in)** pesar (jóquei) antes (depois) de uma corrida. **~ in!** (gíria) diga, fale, desembuche! **how much does it ~** quanto pesa? **it ~s 10 lbs (pounds)** pesa dez libras. **it ~s heavy, (little)** é de muita (pouca) influência. **we ~ed in with the argument...** nós argumentamos que... **it ~ed on him** pesou muito sobre ele, oprimiu-o bastante. **what ~ed with him was their trueness** o que o impressionou foi a sinceridade deles. **to ~ one's words** pesar suas palavras.

weighable [w'eiəbl] adj. pesável.

weighage [w'eiidʒ] s. pesagem f.

weighing [w'eiiŋ] s. 1. pesagem f. 2. ponderação f. ou avaliação f. dos prós e contras.

weighing cage s. gaiola f. para pesagem de animais.

weighman [w'eimən] s. homem m. da pesagem.

weight [weit] s. 1. peso m.: a) fadiga, opressão f. b) carga f. c) (fig.) ônus, encargo m. d) importância, relevância, influência f. e) valor, significado m. f) tudo que faz pressão. g) peso de balança. h) (Esp.) esfera de ferro para arremesso de pesc (quadro G 3). 2. sistema m. de pesos. 3. unidade

f. de sistema de pesos. 4. pesa-papéis m.: objeto que se põe sobre papéis para segurá-los no lugar. ‖ v. 1. pesar: a) determinar o peso de. b) (fig.) ponderar, considerar atentamente. c) (fig.) carregar, oprimir. 2. tornar mais pesado. 3. dar peso determinado a. 4. (Estatística) dar determinado valor ou peso a.
~s and measures pesos e medidas. **a set of ~s** um jogo de pesos (para balança). **dead ~** 1. peso próprio. 2. (fig.) peso morto. **he made a good ~** ele tinha um bom peso. **a matter of great ~** um assunto de muita importância. **gross ~** peso bruto. **live ~** peso vivo. **net ~** peso líquido. **I am twice her ~** eu peso o dobro dela. **that adds ~ to his words** isto dá valor a suas palavras. **his words carry (have) great ~ with. us** suas palavras gozam da maior consideração entre nós. **he has a ~ of six stone, his ~ is six stone, he is six stone in ~** ele pesa oitenta e quatro libras. **to put the ~** (Esp.) arremessar o peso. **putting the ~** arremesso do peso. **above his ~** (gíria e fig.) acima de suas possibilidades. **by ~** por peso. **it loses (gains) in ~** perde (ganha) peso. **he puts on ~** ele ganha peso. **to pull one's ~** contribuir com sua parte.

weightiness [w'eitinis] s. 1. peso m. 2. importância, gravidade f.

weightless [w'eitlis] adj. 1. leve. 2. sem importância ou gravidade.

weight lifting s. (Esp.) levantamento m. de pesos.

weighty [w'eiti] adj. 1. pesado. 2. importante, grave, momentoso. 3. influente. 4. convincente. 5. significativo. 6. opressivo. ‖ **–ily** adv. 1. pesadamente. 2. gravemente. 3. influentemente. 4. convincentemente. 5. significativamente. 6. penosamente.

weir [wiə] s. 1. represa, presa f., açude, dique m. 2. caniçada f.

weird [wiəd] s. destino m., sorte f. (má). ‖ adj. 1. sobrenatural, misterioso. 2. estranho, esquisito. 3. fatídico. 4. fadado. 5. fantástico, extraordinário. ‖ **~ly** adv. 1. de modo sobrenatural, misteriosamente. 2. estranhamente, esquisitamente. 3. fatidicamente. 4. fantasticamente.

weirdness [w'iədnis] s. sobrenaturalidade f.

welch [welʃ] v. = **welsh**.

welcome [w'elkʌm] s. saudação amável f., boas-vindas f. pl., bom acolhimento m., recepção cordial f. ‖ v. saudar amavelmente, dar as boas-vindas a, dar bom acolhimento ou recepção cordial a, receber com agrado, com alegria. ‖ adj. 1. bem-vindo, bem recebido. 2. agradável. 3. à vontade, sem restrições. ‖ **~ly** adv. 1. de modo bem-vindo, hospitaleiramente. 2. agradávelmente. 3. em boa hora. ‖ interj. bem-vindo! seja bem-vindo!
words of ~ palavras de saudação. **we bade him ~** demos-lhe as boas-vindas. **they gave him a kind ~** deram-lhe cordiais boas-vindas. **you are ~ to go** o senhor tem toda liberdade de ir. **you are ~ to it** queira considerá-lo seu, está às suas ordens. **you are ~ to your own opinion** (irônico) você pode pensar o que quiser. **she made him ~** ela deu as boas-vindas a ele, recebeu-o bem. **~ home!** seja bem-vindo a nossa casa! **(you are) ~** (como resposta a **thank you**) às suas ordens, disponha sempre, de nada. **to wear out one's ~** abusar da hospitalidade.

welcomeless [~ lis] adj. de mau grado.

welcomeness [~ nis] s. qualidade do que é bem-vindo, acolhimento m., afabilidade f.

welcomer [w'elkʌmə] s. o que acolhe alguém, o que dá as boas-vindas a alguém.

weld (I) [weld] s. 1. solda, soldadura f. 2. caldeamento m. ‖ v. 1. soldar. 2. caldear. 3. ser soldado ou soldável. 4. (fig.) unir, ajuntar, consolidar.

1078 weld — well-pleasing

weld (II) [weld] s. (Bot.) lírio-dos-tintureiros m.
weldable [w'eldəbl] adj. soldável.
welded [w'eldid] adj. soldado.
welder [w'eldə] s. soldador m.
welding [w'eldiŋ] s. 1. solda, soldagem, soldadura f.
2. caldeamento m., calda f.
welding furnace s. forno m. de soldar.
welding rod s. arame m. para soldar.
welding torch s. maçarico m. (de soldar).
weldless [w'eldlis] adj. sem solda, sem soldadura.
welfare [w'elfɛə] s. 1. bem-estar m., prosperidade m.
2. felicidade, saúde f.
social ~ work obra de assistência social.
welfare fund s. fundo m. de assistência social.
welfare state s. estado m. cujo governo proporciona o
bem-estar de seus cidadãos, por meio de leis
sociais.
welkin [w'elkin] s. (arc.) céu m., abóbada celeste f.
well (I) [wel] s. 1. poço m. (água, petróleo, gás). 2.
fonte, nascente f. 3. estância f. de águas. 4. reservatório m. de tinta em tinteiro. 5. (Autom.) porta-
-bagagem m. 6. (Náut.) arca f. da bomba. 7. vão
m. de escada ou elevador. 8. (Jur.) lugar m. reservado ao solicitador. 9. (Náut.) tanque m. de
um barco de pesca onde se conservam vivos os
peixes. ‖ v. manar, nascer, jorrar, verter, brotar
(**out, up, forth** de).
~ head 1. nascente, fonte, manancial (também
fig.). 2. guarnição de pedras em volta de um
poço. **~ hole** poço de luz. **~ sinking** feitura, perfuração de poço. **~ water** água de poço. **tears
~ed up to her eyes** lágrimas brotaram de seus
olhos. **to ~ over (with)** transbordar de.
well (II) [wel] adj. 1. bom, certo, satisfatório. 2. favorável, apropriado. 3. desejável, aconselhável. 4. de
saúde. ‖ adv. 1. bem, satisfatoriamente, favoravelmente, apropriadamente. 2. perfeitamente, excelentemente. 3. completamente, cabalmente. 4. bastante, suficientemente. 5. detalhadamente, profundamente, intimamente. 6. propriamente, razoavelmente. 7. adequadamente. ‖ interj. bem! bom!
incrível.
all is ~ that ends ~ tudo está bem quando acaba
bem. **~ and good** está tudo muito bem. **~ enough**
passável, aproveitável. **very ~** muito bem. **a ~
man** um homem sadio. **I am, feel ~** eu me sinto
bem. **I am quite ~ here** eu me sinto bem satisfeito aqui. **she looks far from ~** ela está longe
de ter bom aspecto. **all will be ~** tudo ficará bom.
it would be ~ for him to come seria aconselhável
que ele viesse. **it may be just as ~ to buy** comprar
também pode ser vantajoso. **I leave ~ alone** o
melhor é inimigo do bom. **the ~** os sadios. **he is
~ able** ele é bem capaz de. **they did ~ to go**
fizeram bem em ir embora. **we did ~ ourselves**
tornamos o dia agradável para nós. **~ done!** bem
feito! muito bem! bravo! **he is doing ~** ele vai
indo bem, está fazendo bons progressos. **you may
~ say** pode-se dizer (ou afirmar) seguramente.
~ met! você vem no momento oportuno. **and
~ it might be** e poderia bem ser. **they stand ~
(not very ~) with him** eles estão bem (não muito
bem) com ele. **I wish you ~!** eu lhe desejo todo o
sucesso! **they were tired and I as ~** eles estavam
cansados e eu também. **in London as ~ as in New
York** tanto em Londres como em Nova York.
I as ~ as they was in, they as ~ as I were in
tanto eu como eles estávamos em casa. **~ away
(to)** bem longe, distante (até). **he is ~ away** 1.
ele está fazendo bons progressos. 2. (gíria) está
bastante embriagado. **they played ~ into the
evening** eles jogaram até alta noite. **~ on in
years** de idade avançada. **it is ~ on the way** está
bem encaminhado, bastante progredido. **he is ~**

on (gíria) ele está bem animado, ele bebeu. **they
are ~ off** eles estão bem de vida. **before I was
~ out of the kitchen** antes que eu conseguisse
estar bem fora da cozinha. **~ then?** e agora? **~
then!** pois bem! por mim! de acordo! **~ and what
of all this?** bem, e então? e daí? **~, ~!** bem, bem!
calma, devagar!
we'll [wil] contração de: 1. **we shall**. 2. **we will**.
welladay [w'elədei] interj. (arc.) ai! ai de mim!
well-advised adj. 1. bem aconselhado, bem avisado,
acertado. 2. sensato, prudente.
well-appointed adj. bem equipado ou instalado.
wellaway [w'eləwei] interj. (arc.) = **welladay**.
well-balanced adj. 1. bem equilibrado. 2. equilibrado,
sensato.
well-behaved adj. bem-educado.
well-being s. 1. bem-estar, conforto m. 2. felicidade f.
well-beloved adj. benquisto.
well-born adj. de boa família.
well-bred adj. 1. bem educado, de boas maneiras,
polido, fino. 2. de boa descendência (pessoa). 3.
de boa raça (animal).
well-conditioned adj. 1. em boas condições físicas.
2. bem disposto. 3. em boa situação.
well-conducted adj. 1. bem dirigido. 2. bem comportado.
well-connected adj. bem relacionado.
well-content adj. muito satisfeito.
well-defined adj. bem definido.
well-deserved adj. bem merecido.
well-deserving adj. meritório, que tem merecimentos.
well-directed adj. bem dirigido, acertado ou aplicado.
well-disposed adj. 1. bem disposto **(to** para com). 2.
bem relacionado.
well-doer s. pessoa f. que pratica o bem, benfeitor m.
well-doing s. 1. beneficência f. 2. bom procedimento
m. 3. sucesso, êxito m.
well-done adj. 1. bem feito. 2. bem passado (bife).
well-favoured, well-favored adj. de bom aspecto, de
boa aparência.
well-fed adj. bem nutrido, gordo, carnudo.
well-fixed adj. (coloq., E.U.A.) próspero, abastado.
well-found adj. bem provido ou equipado.
well-founded adj. bem fundado, justo.
well-groomed adj. bem tratado ou vestido.
well-grounded adj. 1. bem fundado, justo. 2. bem
instruído ou preparado.
well-handled adj. 1. bastante usado. 2. bem tratado.
wellhead [w'elhed] s. nascente, fonte f., manancial m.
well-inclined adj. inclinado, favorável.
well-informed adj. 1. bem informado. 2. bem versado.
well-intentioned adj. bem intencionado.
well-judged adj. bem calculado, judicioso.
well-kept adj. bem tratado.
well-knit adj. 1. bem formado (corpo). 2. compacto,
sólido.
well-known adj. 1. bem conhecido, de renome. 2.
familiar. 3. de conhecimento geral, notório.
well-lined adj. bem encorpado, gordo.
well-made adj. 1. bem feito. 2. bom. 3. forte, robusto.
well-mannered adj. educado, de boas maneiras.
well-marked adj. nítido, bem distinto, definido, pronunciado.
well-meaning, well-meant adj. bem intencionado.
well-nigh adv. quase, por pouco.
well-off adj. em boa situação financeira, abastado,
próspero.
he is ~ for ele está bem provido com.
well-on adj. bem adiantado.
well-ordered adj. bem regulado.
well-pleased adj. bem satisfeito.
well-pleasing adj. agradável.

well-preserved adj. bem conservado, que não mostra idade.
well-read adj. 1. lido, versado. 2. (gíria) entendido, experimentado.
well-regulated adj. bem regulado ou ordenado.
well-reputed adj. bem-afamado ou reputado.
well-seasoned adj. bem seco (madeira).
well-seeming adj. de bom aspecto, aparentemente bom.
well-seen adj. (arc.) experimentado, entendido.
well-set adj. forte, firme.
well-spoken adj. 1. que fala bem. 2. educado, polido, cortês. 3. bem falado, falado com propriedade.
wellspring [w'elspriŋ] s. 1. fonte, nascente f. 2. fonte f. de suprimento que não falha.
well-suited adj. bem apropriado.
well-thought adj. bem pensado.
well-thought-of adj. bem-afamado, de boa reputação.
well-thumbed adj. sujo pelo uso (livro).
well-timed adj. 1. oportuno, em tempo apropriado. 2. indicado, próprio.
well-to-do adj. próspero, abastado.
well-tried adj. experimentado.
well-trodden adj. 1. trilhado (caminho). 2. (gíria) batido, repisado.
well-turned adj. 1. bem torneado ou arredondado. 2. (fig.) bem elaborado (conferência, discurso).
well-up adj. 1. bem em cima. 2. (fig.) bem informado.
well-wisher s. o que deseja o bem a outro, amigo m.
well-worn adj. 1. gasto pelo uso. 2. trilhado (caminho). 3. batido, repisado.
Welsh [welʃ] s. galês m.: língua do país de Gales. ‖ adj. galês.
the ~ os galeses.
welsh [welʃ] v. (gíria) não pagar aposta, calotear.
welsher [w'elʃə] s. quem engana nas apostas (esp. de corridas), caloteiro m.
Welshman [w'elʃmən] s. galês m.: natural do país de Gales.
Welsh rabbit, Welsh rarebit s. (Culin.) torrada f. com mistura de queijo derretido.
welt [welt] s. 1. vira f. (de calçado). 2. debrum, ribete m., orla f. 3. vergão m. 4. (coloq.) pancada forte f. ‖ v. 1. debruar. 2. guarnecer com vira (calçado). 3. (coloq.) bater, espancar.
welter (I) [w'eltə] s. 1. (Boxe) peso meio-médio m. (o mesmo que ~ **weight**). 2. (gíria, fig.) monstro, colosso m.
welter (II) [w'eltə] s. 1. rolamento m., ação de rolar. 2. confusão, agitação f., caos, rebuliço m. 3. ressaca f. (mar). ‖ v. 1. rolar, rebolar-se, chafurdar. 2. agitar-se, estar em rebuliço. 3. ficar ensopado ou molhado.
wen [wen] s. (Pat.) lobinho, tumor, quisto m.
the great ~ (fig.) a cidade superpovoada.
wench [wentʃ] s. 1. moça ou mulher nova f. 2. meretriz f. ‖ v. procurar a companhia de meretrizes.
wend [wend] v. (arc.) 1. dirigir-se (to a, para). 2. ir.
we ~ed our way to nós nos dirigimos a.
Wendish [w'endiʃ] s. vêneto m. (língua). ‖ adj. vêneto.
Wends [wendz] s. (Etn.) vênetos m. pl.: população eslava da Saxônia e Silésia.
went [went] v. imp. de **to go**.
wept [wept] v. imp. e p. p. de **to weep**.
we're [wiə] contração de **we are**.
were [wə:, wə] v. imp. do indicativo e do subjuntivo de **to be**.
you ~ late você atrasou-se. if I ~ you se eu fosse você. we ~ to do it nós devíamos fazê-lo. as it ~ por assim dizer, de certo modo.
weren't [wə:nt] contração de **were not**.
werewolf [w'ə:wulf] s. lobisomem m.

wergeld, wergild [w'ə:geld] s. (Hist. Jur.) dinheiro m. pago pela família do assassino à do assassinado.
wernerite [w'ə:nərait] s. (Miner.) vernerite f.
wert [wə:t] v. fosses, eras (forma arc. de **were**).
if thou ~ se tu fosses.
Wesleyan [w'ezliən] s. wesleyano m. ‖ adj. relativo a John Wesley, fundador do metodismo.
west [west] s. oeste, ocidente, poente m. **the West** 1. o Ocidente (mundo ocidental). 2. a parte ocidental de Londres. 3. o Oeste dos E. U. A. ‖ v. ir para o ocaso ou poente (sol), descambar. ‖ adj. 1. ocidental. 2. do oeste, que vem do oeste. ‖ adv. para o oeste.
in the ~ of na parte ocidental de. the wind is in the ~ o vento vem do oeste. to the ~ of ao oeste de. they went ~ 1. eles foram para o oeste. 2. (fig.) eles sucumbiram, morreram. **West End** bairro residencial de Londres. **West Ender** morador do bairro residencial de Londres. **West Indiaman** navio que faz o percurso das Antilhas. **West-Indian** habitante ou natural das Antilhas.
wester [w'estə] v. ir para o ocaso ou poente (sol), descambar. ‖ adj. ocidental.
westerliness [~ linis] s. qualidade do que é ocidental.
westerly [~ li] adj. ocidental. ‖ adv. de ou para o oeste, em direção ao oeste.
western [~n] s. (coloq., E. U. A.) história f. ou filme m. sobre o Far West, o Oeste americano. ‖ adj. ocidental, do poente.
Western [~n] adj. 1. de ou na parte ocidental dos E. U. A. 2. de ou na Europa e nas Américas. 3. de ou no hemisfério ocidental.
Westerner [~nə] s. (E. U. A.) residente ou natural do Oeste dos E. U. A.
westerner [~nə] s. ocidental m.: residente ou natural do Ocidente.
westernize [~naiz] v. ocidentalizar, dar caráter ocidental a.
westernmost [~nmoust] adj. o mais ocidental, situado mais ao oeste.
westing [w'estiŋ] s. (Náut.) partida f. rumo ao oeste.
Westminster [w'estminstə] s. 1. bairro de Londres. 2. Parlamento m. 3. (fig.) sua política.
Westphalian [westf'eiljən] s. vestfaliano m. ‖ adj. vestfaliano.
westward [w'estwəd] s. oeste m., direção ou parte f. ocidental. ‖ adj. ocidental, que fica ou se dirige para o ocidente. ‖ adv. para o oeste (também ~s).
westwardly [~ li] adj. ocidental. ‖ adv. 1. para o oeste. 2. do oeste, que vem do oeste (vento).
wet [wet] s. 1. água f. ou outro líquido. 2. umidade f. 3. chuva f., tempo chuvoso m. 4. antiproibicionista m. + f. ‖ v. 1. molhar(-se). 2. umedecer. 3. (joc.) beber, celebrar. 4. banhar. ‖ adj. 1. molhado. 2. úmido. 3. ensopado. 4. aguado. 5. chuvoso. 6. contrário à lei seca (E. U. A.). 7. sedento, que tem sede. 8. tocado, alcoolizado. ‖ ~ly adv. de modo molhado, umidamente.
let's have a ~! vamos tomar um trago! he ~ted his whistle ou throttle ele molhou o bico, tomou um trago. ~ Quaker beberrão às escondidas. he is ~ behind the ears ele ainda não está seco atrás das orelhas, ainda é inexperiente. ~ bargain negócio bem feito, já selado com uma bebida. ~ to the skin molhado até a pele. ~ through completamente ensopado. ~ with tears lacrimoso. ~ paint! tinta fresca!
wet-bed s. pessoa f. que sofre de enurese.
wet blanket s. pessoa ou coisa f. desanimadora.
wet cell s. (Eletr.) pilha úmida f.
wether [w'eðə] s. (Zool.) carneiro castrado m.

wetness [w'etnis] s. 1. umidade f. 2. umedecimento m.

wet nurse s. ama f.

wet-nurse v. amamentar, aleitar (filho de outra mulher).

wetproof [w'etpru:f] adj. = **waterproof.**

wettable [w'etəbl] adj. que se pode molhar ou umedecer.

wetter [w'etə], **wettest** [w'etist] comp. e sup. **de to wet.**

wetting [w'etiŋ] s. molhadura, molhadela f.

we had a ~ levamos chuva, ficamos molhados.

wetting agent s. (Quím.) agente umedecedor m.

wettish [w'etiʃ] adj. um tanto molhado, umedecido.

we've [wiəv, wiv] contração de **we have.**

whack [wæk] s. (coloq.) 1. pancada forte f., golpe m. 2. parte, porção f., quinhão m. 3. tentativa, experiência f. ‖ v. 1. golpear, dar pancada forte em. 2. derrotar, vencer. 3. partilhar.

to have a ~ at 1. dar um golpe, dar um soco em. 2. (gíria) tentar a sorte, arriscar. **we took a ~ at him** nós experimentamo-lo. **it went ~s** foi de partilha, distribuído em partes iguais. **out of ~** (gíria) 1. fora da linha. 2. misturado, em confusão.

whacker [w'ækə] s. (gíria) 1. sujeito formidável m. 2. mentira grossa f. 3. coisa louca, coisa fantástica f.

whacking [w'ækiŋ] s. surra grande, sova f. ‖ adj. (coloq.) 1. grande, enorme, colossal. 2. forçoso, forçudo, vigoroso.

~ big enorme.

whale (I) [weil] s. 1. (Zool.) baleia f. 2. (E. U. A.) algo muito grande, impressionável. ‖ v. pescar baleias.

bull (cow) ~ baleia macho (fêmea). **right-~** baleia da Groenlândia. **a ~ of a...** um colosso de... **he is a ~ at tennis** ele é um colosso em tênis. **he is a ~ on it** ele está completamente louco por aquilo.

whale (II) [weil] v. 1. bater severamente, espancar, surrar. 2. (coloq.) atingir duramente.

whaleback [w'eilbæk] s. (Náut., E. U. A.) navio cargueiro m. de convés curvo, semelhante às costas da baleia.

whaleboat [w'eilbout] s. baleeira f.

whalebone [w'eilboun] s. barba f. de baleia, barbatana f.

whale calf s. (Zool.) baleato m.: baleia nova.

whale-catching, whale-fishing s. caça ou pesca f. de baleia.

whaleman [w'eilmən] s. baleeiro m.: pescador de baleias.

whale oil s. óleo m. de baleia.

whaler [w'eilə] s. baleeiro m.: 1. pescador de baleias. 2. navio usado para pescar baleias.

whale ship s. = **whaler** 2.

whaling [w'eiliŋ] s. baleação f.: pesca de baleias.

whang [wæŋ] s. (fam.) 1. pancada forte f., golpe m. 2. estrondo, barulho m. ‖ v. 1. bater com força e violência. 2. (fam.) bater, surrar, espancar. 3. atirar ou empurrar com força. 4. estrondear.

whap [wɔp] s. pancada f. ‖ v. espancar, surrar.

wharf [wɔ:f] s. (pl. **-ves** ou **~s**) cais, desembarcadouro, molhe m. (quadro H 3). ‖ v. atracar (navio).

wharfage [w'ɔ:fidʒ] s. 1. direitos m. pl. de cais (pagos para atracação). 2. cais, desembarcadouros coletivos.

wharfinger [w'ɔ:fiŋə] s. proprietário m. ou administrador m. de um desembarcadouro.

wharf rat s. ladrão m. que age nos portos.

what [wɔt] adj. 1. (interrogativo e exclamativo) que, qual, quais (?,!). 2. (relativo) o(s) que, a(s) que, aquele(s) que, aquela(s) que. ‖ adv. em que, de que maneira. ‖ pron. 1. (interrogativo) quê? 2. (relativo) o que, aquilo que. ‖ conj. tanto quanto,

que. ‖ interj. quê! como!

~ kind of book is it? que espécie de livro é? **~ books has he bought?** que livros ele comprou? **into ~ sea does this river fall?** em que mar desemboca este rio? **~ time is it?** que horas são? **he did not know ~ intentions they had** ele não sabia que intenções tinham eles. **~ are you laughing at?** de que você está rindo? **~ on earth are you thinking about?** que diabo você está pensando? **~ do you call it?** como é que isso se chama (mesmo)? **Mr. ~'s his name?** senhor fulano de tal (qual é o seu nome mesmo?). **~ did he say?** que é que ele disse? **~ is he?** o que é ele? (qual é o sua profissão?). **~ about going?** que tal, vàmos? **and ~ not** e não sei o que mais. **~ is ~ with...?** (gíria) como está com...? **~ for?** para quê? **~ if?** (gíria) e que haveria se...? **e daí? ~ of him?** que há com ele? **~ of that?** que faz? que importa? **~ next?** que mais? mais alguma coisa? **we did ~ we could** fizemos o que pudemos. **~ cannot be cured must be endured** não se pode ajudar a quem não aceita conselho. **~ is, is good** como está, está bem. **or ~ else** ou o que mais. **that's ~ it is!** é assim que é! **I tell you ~!** quer saber duma coisa? **I know ~ is ~!** eu sei que moda estão tocando, eu não sou de ontem! **tell him ~ is ~** mostre-lhe que apito estão tocando. **~ we said, we meant** a idéia foi exatamente aquilo que dissemos. **think of ~ you say!** pense no que diz! **in ~ appeared a succession** em aparente sucessão. **~ with** pensando bem. **~ with patience, ~ with sternness** em parte com paciência, em parte com dureza. **~ we have laughed!** quanto nós rimos! **~ would he give to know that!** quanto ele daria para saber isto! **~ a fine place!** que lugar bonito! **~ a pity!** que pena! **~ a fool he is!** que tolo ele é! **~ news!** que notícias! **~ nonsense!** que bobagem!

what-abouts s. pl. assuntos m. pl. ou coisas f. pl. costumeiras.

whatever [wɔt'evə], **whate'er** [wɔt'ɛə] adj. e pron. 1. qualquer que. 2. tudo o que, tudo quanto. 3. por mais que.

~ did she mean by that? o que é que ela queria dizer com isto? **~ he did** o que quer que ele fez. **~ reasons we had** quaisquer razões que tivéssemos. **any person ~** toda e qualquer pessoa (sem distinção). **no patience ~** sem a menor paciência. **nothing ~** absolutamente nada. **~ her merits** sejam quais forem os seus méritos. **~ I may do, I never satisfy you** por mais que faça, nunca o satisfaço. **they have no hope ~** eles estão sem nenhuma esperança.

whatnot [w'ɔtnɔt] s. 1. estante f. 2. papeleira f. ‖ pron. que mais, outras coisas semelhantes.

he called me a fool and ~ ele me chamou de bobo e não sei o que mais.

whatsoever [wɔtsou'evə], **whatsoe'er** [wɔtsou'ɛə] adj. e pron., forma enfática de **whatever.**

whaup [wɔ:p] s. (Orn.) maçarico-real m.

wheal [wi:l] s. 1. vergão m.: estria saliente na pele 2. pústula f.

wheat [wi:t] s. (Bot.) trigo m.

wheat ear (II) s. (Orn.) chasco m.

wheat ear (II) s. (Orn.) chasco m. do monte.

wheaten [~n] adj. de trigo.

wheat field s. trigal m.

wheat flour s. farinha f. de trigo.

wheatless [w'i:tlis] adj. sem trigo.

wheedle [wi:dl] v. 1. lisonjear, adular. 2. persuadir com adulações, enganar com palavras bonitas ou melífluas, obter com jeito, induzir com lisonjas. **the salesman ~d her into buying the dress** o vendedor persuadiu-a a comprar o vestido. **they ~d**

it out of him eles o conseguiram dele por meio de adulações.

wheedler [w'i:dlə] s. lisonjeador, adulador m.

wheedling [w'i:dliŋ] adj. lisonjeiro, adulador. ‖ adv. lisonjeiramente, de modo adulador.

wheel [wi:l] s. 1. roda f. (quadro W 1). 2. (coloq.) bicicleta f. 3. volante m. 4. dólar m. 5. movimento giratório m. 6. rotação f., giro m. 7. (fig.) viravolta f. 8. qualquer coisa, instrumento, aparelho, etc. que em forma ou movimento sugere uma roda. 9. força propulsora f. 10. ~s pl. maquinaria f., maquinismo m. 11. suplício m. da roda. 12. (milit. e Náut.) conversão f. ‖ v. 1. rodar, 2. transportar (sobre rodas). 3. virar(-se), volver(-se). 4. (milit. e Náut.) efetuar uma conversão. 5. mover em forma circular. 6. (gíria) pedalar. ‖ adj. de ou relativo a roda.
steering ~ 1. (Náut.) roda do leme. 2. volante de direção. **potter's** ~ roda de oleiro. **spinning** ~ roda de fiar. **Fortune's** ~ roda da sorte. **free** ~ roda livre (bicicleta). **he was broken upon the** ~ ele sofreu o suplício da roda. **to break a fly on the** ~ (fig.) atirar com canhões em moscas. **to grease the** ~s (gíria) engraxar, subornar. **he put a spoke in my** ~ (fig.) ele atrapalhou meu caminho, ele me criou dificuldades. **he put his shoulder to the** ~ ele pôs mãos à obra, ajudou bastante, esforçou-se. ~s **within** ~s coisas, assuntos complicados. **left** ~! (milit.) conversão à esquerda! **at the** ~ 1. no volante. 2. na roda do leme. 3. no controle. **to** ~ **round** volver(-se), virar(-se) repentinamente.

wheelbarrow [w'i:lbærou] s. carrinho m. de mão (quadro P 5).

wheelbase [w'i:lbeis] s. (Autom.) distância f. entre eixos (quadro A 6).

wheel chair s. cadeira f. de rodas (quadro C 9).

wheeled [wi:ld] adj. 1. que tem rodas. 2. montado em rodas.
two— de duas rodas.

wheeler [w'i:lə] s. 1. carpinteiro m. de rodas, construtor m. de carros. 2. ciclista m. + f. 3. cavalo m. de tira que fica mais próximo das rodas.
two— carro de duas rodas.

wheeler-dealer s. (gíria) político ou negociante m. muito vivo, dado à ostentação.

wheel horse s. 1. cavalo de tira que fica mais próximo das rodas. 2. (coloq., E. U. A.) pessoa trabalhadeira f.

wheelhouse [w'i:lhaus] s. (Náut.) casa f. do leme.

wheeling [w'i:liŋ] s. transporte m. sobre rodas.

wheelman [w'i:lmən] s. 1. (gíria) ciclista m. 2. (Náut.) piloto m.

wheelwright [w'i:lrait] s. carpinteiro m. de rodas, construtor m. de carros.

wheeze [wi:z] s. 1. respiração dificultosa ou ruidosa f. (como a dos asmáticos), respiração ofegante f., chiado m. 2. piada improvisada f., dito chistoso m. 3. dito m. ou história f. batida. ‖ v. 1. respirar dificultosa e ruidosamente, chiar, ofegar, resfolegar. 2. dizer ou pronunciar ofegantemente.

wheezer [w'i:zə] s. quem respira ofegantemente.

wheeziness [w'i:zinis] s. disposição de ofegar f.

wheezingly [w'i:ziŋli] adv. de modo ofegante.

wheezy [w'i:zi] adj. ofegante, que respira ruidosamente, dificultosamente. ‖ **-ily** adv. ofegantemente

whelk (I) [welk] s. búzio m., concha f. (molusco).

whelk (II) [welk] s. (Med.) pústula, espinha f.

whelky [w'elki] adj. pustulento.

whelm [welm] v. 1. dominar, assoberbar, oprimir. 2 submergir. 3. soterrar, cobrir.
to ~ **over** deitar-se sobre, envolver, cobrir (escuridão).

whelp [welp] s. 1. filhote de cão, raposa, lobo, urso, leão, tigre, etc. 2. rapaz ou rapazola brejeiro, maroto m. ‖ v. 1. ter filhotes, dar cria (cão, etc.). 2. (fig.) tramar.

vhen [wen] s. quando m. ‖ adv. e pron. quando. ‖ conj. 1. no tempo em que, quando, durante. 2. embora.
the ~ **and the why** o quando e o porquê. **from** ~? de quando? a partir de quando? **since** ~? desde quando? desde então? **till** ~? até quando? ~ **will he go?** quando irá ele? **we asked him** ~ **he could do it?** nós lhe perguntamos quando ele poderia fazê-lo? ~ **due** (Com.) no vencimento. ~ **I went home** quando eu fui para casa. **I shall write** ~ **I have time** eu escreverei quando tiver tempo. ~ **king** quando (foi) rei. **we succeeded even** ~ **it seemed to fail** nós tivemos sucesso, mesmo quando parecíamos falhar. ~ **seeing him she laughed** quando ela o viu, deu risada. **he walks** ~ **he migth ride** ele anda a pé quando podia ir de carro. ~ **young** quando moço. ~ **received** (Com.) após o recebimento. ~ **seated** sentado ou quando sentado.

whenas [wen'æz] conj. (†) quando, ao passo que, porquanto.

whence [wens] adv., conj. e pron. de onde, daí, por isso, por que motivo.
from ~? de onde? ~ **came it that...?** como aconteceu que...? ~ **tell me the place from** ~ **you come** diga-me o lugar de onde você vem. ~ **I wrote** por isso eu escrevi.

whencesoever [wenssou'evə] conj. de onde quer que.

whene'er [wen'εə] 'adv. e conj. (poét.) = **whenever**.

whenever [wen'evə] adv. e conj. quando, quando quer que, em qualquer tempo que, sempre que.
when ever will you do that? quando, afinal, você pretende fazer aquilo? ~ **you need it** sempre que você precisar disso.

whensoever [wensou'evə] forma enfática de **whenever**.

where [wεə] s. lugar, cenário m. (de um acontecimento). ‖ adv. e conj. onde, aonde, em que lugar.
the ~ **and the how** o onde e o como. ~ **are you (going)?** onde você está? (para onde você vai?). ~ **did he see that?** onde ele viu isto? ~ **does this comparison fail?** em que sentido esta comparação é falha? ~ **is the use of writing now?** o que adianta escrever agora? ~ **have you come from?** de onde vem você? ~ **is the fire?** (fig.) por que tanta pressa? **the place** ~ **they had an accident** o lugar em que tiveram um acidente. **you are** ~ **you wished to be** você está onde quis estar. **from** ~ de onde. **near** ~ perto de. **to** ~ para lá onde.

whereabout [~rəb'aut], **whereabouts** [~rəb'auts] s paradeiro m. ‖ adv. e conj. onde, por onde, perto de que.
your ~ **was unknown** ignorava-se o seu paradeiro. ~ **can I find a doctor?** por onde posso eu encontrar um médico?

whereas [wεər'æz] s. considerando m. ‖ conj. 1. considerando que, atendendo a que. 2. enquanto que, ao passo que. 3. desde que, já que, visto que.
some girls went to dance ~ **others did not** algumas moças foram dançar ao passo que outras não foram. ~ **peace is in danger...** considerando que a paz está em perigo...

whereat [wεər'æt] adv. e conj. 1. sobre quê? 2. à vista do que, pelo que.
we laughed at him, ~ **he left our room** nós rimos dele, à vista do que ele deixou a sala.

whereby [wεəb'ai] adv. e conj. 1. com o quê? por meio de quê? como? 2. do que, pelo que, por meio de que. 3. por meio do qual.

where'er [wεər'εə] adv. e conj. (poét.) = **wherever**.

wherefore [w'ɛəfɔ:] s. razão т., motivo, o porquê m. ‖ adv. 1. para quê? por quê? 2. para que, por que, pelo que. ‖ conj. portanto, por conseguinte, por isso, por esse motivo.

wherefrom [wɛəfr'ɔm] adv. 1. donde? de quê? 2. donde, de que.

wherein [wɛər'in] adv. 1. em quê? dentro de quê? 2. em que, no qual, como.
and this is ~ we err e é nisto que erramos.

whereinsoever [wɛərinsou'ɛvə] adv. e conj. (arc.) onde' quer que.

whereinto [wɛərint'u:] adv. e conj. 1. em quê? para o quê? 2. em que, para o que.

whereof [wɛər'ɔv] adv. e conj. do que, a respeito do que, de quem.

whereon [wɛər'ɔn] adv. e conj. 1. sobre quê? depois do quê? 2. sobre que, sobre o qual, no qual.

whereout [wɛər'aut] adv. (†) do que.

wheresoe'er [wɛəsou'ɛə] adv. e conj. (poét.) = **wheresoever**.

wheresoever [wɛəsou'ɛvə] adv. e conj. forma enfática de **wherever**.

wherethrough [wɛəθr'u:] adv. e conj. 1. através do qual. 2. (arc.) por meio de que, por meio do qual.

whereto [wɛət'u:] adv. e conj. 1. para quê? por quê? para que fim? 2. a que, ao qual. 3. para onde, aonde.

whereunto [wɛərʌnt'u:] adv. e conj. (arc.) = **whereto**.

whereupon [wɛərəp'ɔn] adv. e conj. 1. a respeito de quê? concernente a quê? 2. ao que, em conseqüência do que, depois do que.
~ he departed ao que, depois do que ele partiu.

wherever [wɛər'evə] adv. e conj. 1. onde (ou para onde) quer que, seja onde for, em qualquer parte que. 2. onde? para onde?
~ are they going? para onde estão indo eles? **they will be happy ~ they live** onde quer que vivam eles serão felizes.

wherewith [wɛəw'iθ] s. possibilidade f., meio(s), recurso(s) m. ‖ adv. e conj. 1. por meio de quê? com o quê? 2. por meio de que, com o que. ‖ pron. o que.

wherewithal [wɛəwið'ɔ:l] s. possibilidade f., meio(s), recurso(s) m. ‖ adv. com o que.

wherry [w'eri] s. 1. balsa f. 2. barcaça f. 3. bote m. ou canoa f. para passageiros e mercadorias, usado em rios e portos. 4. barco estreito m., remado por um só homem, para corridas. 5. veleiro fluvial m. ‖ v. transportar em ou dirigir barcaça, bote, veleiro fluvial, etc.

wherryman [~mən] s. barqueiro, balseiro, boteiro, canoeiro m.

whet [wet] s. 1. afiação, aguçadura f. 2. estimulante, aperitivo m. 3. trago m. de bebida. ‖ v. 1. afiar, amolar, aguçar. 2. excitar (alguém). 3. estimular (apetite).

whether [w'eðə] conj. se, quer, ou.
let us know ~ you come or stay avise-nos se você vem ou fica. **we shall go ~ it rains or not** nós iremos quer chova quer não. **it is doubtful ~ they play** é duvidoso que joguem. **tell him ~ you stay** diga-lhe se você fica. **~ or no** quer sim, quer não, de qualquer forma. **~ they agree or ~ they refuse the offer, we will be contented** quer eles concordem, quer recusem, ficaremos satisfeitos.

whetstone [w'etstoun] s. 1 pedra f. de amolar, aguçadeira f. 2. (fig.) estímulo m.

whetter [w'etə] s. 1. amolador, afiador m. 2. estimulante m.

whew [hwu:] interj. cáspite! caramba! som que imita um assobio e exprime admiração ou espanto.

whey [wei] s. soro m. de leite.

wheyey [w'eii] adj. seroso, soroso.

wheyface [w'eifeis] s. face pálida f. ‖ adj. **~d** [~t] de face pálida.

wheyish [w'eiiʃ], **wheylike** [w'eilaik] adj. = **wheyey**.

which [witʃ] adj. e pron. 1. qual? quais? quê? 2. qual, quais, que, o que, qualquer.
~ pictures did you like best? de qual dos quadros você gostou mais? **this red ~ is the most demanded colour** este vermelho que é a cor mais procurada. **he tried every ~ way** (gíria, E. U. A.) ele tentou por todos os modos. **do you know ~ is ~?** você sabe distinguir as duas coisas? **~ of you?** quem (ou qual) de vocês? **to ~ of our theaters do you wish to go?** a qual dos nossos teatros você deseja ir? **the step ~ you have taken will lead to...** (fig.) o passo que você tomou conduzirá a... **he begged us to permit him to see us again, with ~ we readily complied** ele pediu que permitíssemos nos visitasse novamente, com o que prontamente concordamos. **we advised him to depart ~ he did** nós o aconselhamos a que partisse, o que ele fez. **that ~ concerns me** aquilo que me concerne. **of ~** do qual, dos quais, de que. **all of ~** todos dos quais.

whichever [witʃ'evə] adj. e pron. qualquer que, quaisquer que, seja qual for.
~ side you choose seja qual for o lado que você escolher.

whichsoever [witʃsou'evə] adj. e pron. forma enfática de **whichever**.

whiff [wif] s. 1. brisa, aragem f., bafejo m., corrente f. de ar. 2. baforada f., sopro m. (também fig.). 3. cheiro m., onda f. de mau cheiro. 4. cigarro m., cigarrilha f. 5. barco leve m. ‖ v. 1. baforar, lançar baforadas, fumar. 2. soprar, bafejar.
he took a ~ at his pipe ele deu uma baforada em seu cachimbo. **to ~ away** 1. dar baforadas (cachimbo). 2. afastar soprando. 3. (fig.) afugentar.

whiffer [w'ifə] s. soprador, bafejador m., o que dá baforadas.

whiffet [w'ifit] s. (coloq., E. U. A.) 1. pessoa ou coisa f. insignificante. 2. cachorrinho m.

whiffle [wifl] v. 1. soprar, bafejar, soprar em rajadas. 2. soprar levemente. 3. vacilar, ser inconstante. 4. levar ou ser levado pela corrente de ar, pelo vento.

whiffler [w'iflə] s. 1. pessoa inconstante ou volúvel. 2. sofista m. + f. 3. falador, palrador m. 4. batedor m.: antigamente pessoa que abria o caminho para o cortejo.

whiffletree [w'ifltri] s. balancim m. de carro (também: **singletree, swingletree, whippletree**).

Whig [wig] s. "whig" m.: 1. membro de um partido político, da história inglesa, favorável ao progresso e à reforma. 2. (E. U. A.) partidário da revolução contra a Inglaterra. 3. (E. U. A.) membro de um partido político, fundado em 1834, em oposição ao partido democrático. ‖ adj. próprio dos "whigs" relativo aos "whigs".

Whiggish [w'igiʃ] adj. 1. relativo ou pertencente ao partido dos "whigs". 2. liberal. ‖ **~ly** adv. como os "whigs", liberalmente.

Whiggishness [~nis] s. qualidade de ser "whig".

Whiggism [w'igizm] s. sistema m. político dos "whigs", liberalismo m.

while [wail] s. tempo m., espaço m. de tempo. ‖ v. passar o tempo. ‖ conj. 1. durante, enquanto. 2. embora.
a little ~ um pouco, um curto espaço de tempo. **a long ~** muito tempo. **in a little ~** dentro em pouco, daqui a pouco. **between ~s** de vez em quando, às vezes. **in the mean~** no entretempo, durante esse tempo. **once in a ~** de vez em quando, de quando em quando. **quite a ~** uma porção de tempo. **it is not worth ~** não vale a

pena. **not yet a ~** por enquanto ainda não. **~ I was writing he went away** enquanto eu escrevi ele foi embora. **she drowned ~ bathing** ela se afogou durante o banho. **~ I like reading your letters, I object to your style** embora eu goste de ler as suas cartas, tenho objeções contra o seu estilo. **my hat is grey ~ yours is black** meu chapéu é cor-de-cinza, enquanto o seu é preto. **~ there's life, there's hope** enquanto há vida, há esperança. **to ~ away** passar o tempo. **to ~ off** adiar, pospor.

whiles [~z] adv. (†) às vezes, de vez em quando.

whilom [w'ailəm] adj. (†) antigo, primitivo, anterior. ‖ adv. (arc.) antigamente, anteriormente, outrora.

whilst [wailst] conj. (esp. brit.) = while.

whim [wim] s. 1. capricho m., veneta, fantasia, extravagância f. 2. (Miner.) cabrestante, sarilho m.

whimper [w'impə] s. choradeira, lamúria f., soluço m. ‖ v. 1. choramingar, soluçar. 2 lamuriar, lastimar-se

whimperer [~rə] s. choramingão, chorão m., choramingas m. + f.

whimpering [~riŋ] s. choro m., lamúria f. ‖ adj. choroso, lamuriento, choramingueiro. ‖ ~ly adv. de modo choroso ou lamuriento.

whimsical [w'imzikəl] adj. 1. caprichoso, esquisito, excêntrico, extravagante. 2. cheio de venetas ou caprichos. ‖ ~ly adv. caprichosamente, esquisitamente, excentricamente, extravagantemente.

whimsicality [wimzik'æliti], **whimsicalness** [~nis] s. caráter ou qualidade caprichosa, esquisitice f.

whimsy, whimsey [w'imzi] s. (pl. –sies; –seys) 1. idéia ou noção esquisita f. 2. esquisitice f. 3. capricho m., veneta, extravagância, singularidade f.

whim-wham s. algo de esquisito, obsoleto m. 2. cacaréus m. pl. 3. (coloq.) sensação nervosa f.

whin (I) [win] s. (Bot.) tojo m.

whin (II) [win] (também **whinstone**) [w'instoun] s. (Geol.) basalto m., sílex córneo m. ou outras rochas duras.

whinchat [w'intʃæt] s. (Orn.) tanjasno m. (Saxicola albicollis).

whine [wain] s. 1. lamento, choro, queixume m., lamúria, choradeira f. 2. ganido m. (de cão). ‖ v. 1. lamentar(-se), choramingar, lamuriar, jeremiar. 2. ganir (cão).

to ~ for chorar por, pedir choramingando. **to ~ out** expressar ou dizer de modo choroso.

whiner [w'ainə] s. chorão, choramingueiro, lastimador, lamuriador m.

whining [w'ainiŋ] adj. lamentoso, choroso, cheio de queixumes, lamuriento. ‖ ~ly adv. de modo lamentoso, choroso ou lamuriento.

whiny [w'aini] adj. = whining.

whinny [w'ini] s. rincho, relincho m. ‖ v. rinchar, relincnar.

whip [wip] s. 1. chicote, azorrague, açoite, látego m. 2. chicotada f. 3. cocheiro m. 4. picador m. (caça). 5. num partido o membro encarregado de fazer comparecer os seus correligionários às sessões do parlamento. 6. sobremesa f. de creme, ovos, etc. batidos. ‖ v. 1. chicotear, açoitar, surrar, vergastar. 2. arrancar (paletó). 3. sacar (arma). 4. (coloq.) derrotar, vencer. 5. bater (creme, ovos, etc.). 6. franzir (costura). 7. enrolar, envolver com fio (corda, etc.). 8. pescar em. 9. mover(-se) depressa, correr, saltar. 10. pôr ou puxar depressa **chief** (ou **government**) **~** no partido governante, o membro que cuida do comparecimento de seus partidários ao parlamento. **~ round** chamada, convocação circular. **to ~ away** 1. tocar, expulsar. 2. arrancar. **to ~ back** 1. tocar para trás. 2. percorrer rapidamente. **to ~ in** 1. reunir, ajuntar

como se ajunta a boiada. 2. intrometer-se, cair na conversa. **to ~ into** (fig.) fazer entrar à força, inculcar (lição). **to ~ off** 1. tocar, enxotar, expulsar. 2. tirar bruscamente, arrancar (chapéu, paletó). 3. fugir. **to ~ on** impelir, fazer correr mais (cavalo). **to ~ out** 1. expulsar, afugentar a chicotadas. 2. puxar rapidamente, sacar (arma). **to ~ out of** 1. tocar para fora. 2. (fig.) fazer criar juízo. **to ~ round** 1. virar-se, volver rapidamente. 2. sair correndo. **to ~ up** 1. tocar, fazer andar batendo. 2. reunir (partidários). 3. (Náut.) guindar, içar. 4. excitar sentimentos. 5. rebater rapidamente (tênis).

whip-and-derry s. (Téc.) talha f.

whipcord [w'ipkɔːd] s. 1. cordel m. de chicote. 2. tecido m. grosso estriado.

whip hand s. 1. mão direita f. (que segura o chicote, em equitação, etc.). 2. posição f. de domínio ou controle. 3. vantagem f.

he has the ~ of him ele domina-o.

whiplash [w'iplæʃ] s. cordel m. de chicote.

whipped (ou **whipping**) **cream** s. (Culin.) creme de nata batido m.

whipper [w'ipə] s. açoitador m., quem chicoteia.

whippersnapper [~snæpə] s. pessoa insignificante f. que julga ter importância.

whippet [w'ipit] s. cão m. muito ligeiro, usado também para corridas.

whipping [w'ipiŋ] s. 1. surra f., açoitamento m. 2. (Esp.) derrota f. 3. disposição f. de cordas ou cordões enrolados em volta de qualquer coisa.

whipping boy s. 1. menino educado com um príncipe, porém castigado em vez deste. 2. (fig.) bode expiatório m.

whipping post s. pelourinho m.

whippletree [w'ipltriː] s. = **whiffletree.**

whippoorwill [w'ipuəwil] s. (Orn.) pássaro m. noturno dos E. U. A. (Antrostomus vociferus).

whipsaw [w'ipsɔː] s. serra braçal f. que corta em ambos os sentidos. ‖ v. 1. serrar com esta serra. 2. levar vantagem sobre uma pessoa, indiferente ao que ela faça.

whipstall [w'ipstɔːl] s. (Av.) perda f. de velocidade durante a subida, seguida de uma picada.

whipstitch [w'ipstitʃ] s. chuleio m. ‖ v. chulear.

whipstock [w'ipstɔk] s. cabo m. de chicote.

whir, whirr [wəː] s. zumbido, sussurro, chiado m. ‖ v. zumbir, zunir, chiar, sussurrar.

whirl [~l] s. 1. giro, rodopio m., volta rápida f. 2. remoinho, vórtice, turbilhão m. 3. pressa confusa, excitação, azáfama, precipitação f., atropelo m. 4. passeio breve m. 5. sucessão rápida f. dos acontecimentos. ‖ v. 1. girar, rodopiar, voltar, turbilhonar. 2. desviar rapidamente. 3. mover-se rapidamente, correr em disparada. 4. estar confuso, tonto. 5. atirar, lançar, arrastar rodopiando.

in a ~ em pressa louca. **my head is in a ~** minha cabeça está confusa. **to ~ about** rodopiar. **we ~ round the room** nós rodopiamos dentro da sala.

whirlblast [w'əːlblaːst] s. remoinho m. de vento.

whirlbone [w'əːlboun] s. (Anat.) 1. articulação esférica f. 2. rótula f. 3. osso ilíaco m.

whirler [w'əːlə] s. quem ou o que rodopia.

whirligig [w'əːligig] s. 1. ventoinha f. (brinquedo). 2 carrossel m. 3. carapeta f. 4. qualquer coisa que gira ou rodopia. 5. (Zool.) besouro-d'água m.

the ~ of time o redemoinho do tempo.

whirling [w'əːliŋ] s. rodopio m.

whirlpool [w'əːlpuːl] s. remoinho m. de água, vórtice, servedouro m. (também fig.).

whirlwind [w'əːlwind] s. 1. remoinho m. de vento. 2. furacão, tufão, vendaval m. 3. qualquer coisa semelhante a furacão. 4. emaranhamento m.

whish [wiʃ] s. zunido, sibilo, silvo m. ‖ v. zunir, sibilar. silvar.

whisht [~t] adj. (arc.) silencioso, quieto. ‖ interj. (arc.) silêncio! psiu!

whisk (I) [wisk] s. 1. movimento rápido e repentino m. 2. rabanada f. ‖ v. 1. tirar, varrer, espanar (pó, migalhas, etc.). 2. mover(-se) rapidamente, voar. chispar. 3. apanhar, pegar leve e ligeiramente, arrebatar. 4. espantar (moscas) com uma rabanada. **to ~ away** 1. varrer. 2. dar pouca atenção a (alguém), despachar logo. **to ~ off** 1. passar depressa um pano (para limpar o pó). 2. levar ou transportar depressa.

whisk (II) [wisk] s. 1. espanador m., vassourinha f. 2. batedor m. de ovos, cremes, etc. (quadros C 1 K 2). ‖ v. bater (ovos, nata, etc.)

whisk broom s. escova ou vassourinha f.

whisker [w'iskə] s. 1. espanador m. 2. um só cabelo das suíças. 3. bigode m. de gato, rato, etc. 4. (geralmente ~s) suíças f. pl., costeleta f. (quadro B 5).

whiskered [~d] adj. com suíças, barbudo.

whiskerless [~lis] adj. sem suíças, sem barbas.

whiskey, whisky [w'iski] s. uísque m.

whiskyfied [~faid] adj. embriagado.

whisky liver s. (Pat.) cirrose hepática f., fígado m. de alcoólatra.

whisper [w'ispə] s. 1. cochicho, murmúrio, sussurro, cicio m. 2. palavras pronunciadas em voz baixa, segredadas. 3. confidência f., segredo m. 4. boato, rumor m. ‖ v. 1. sussurrar, murmurar, cochichar. 2. segredar.

there are ~s há rumores, boatos. **in a ~** em voz baixa. **it is ~ed** diz-se, há boatos de que. **she ~ed him to come** ela lhe disse em voz baixa que viesse.

whisperer [~rə] s. cochichador, murmurador m., segredista m. + f.

whispering [~riŋ] s. 1. cochicho, murmúrio, sussurro m. 2. rumor, boato m. ‖ adj. 1. cochichador. 2. murmurante, sussurrante. ‖ **~ly** adv. de modo cochichador ou murmurante, sussurrantemente, em segredo, em voz baixa.

whispering campaign s. campanha f. de difamação.

whispering gallery s. (Arquit.) galeria acústica f.

whispery [~ri] adj. sussurrante.

whist (I) [wist] s. uiste m.: jogo de cartas.

whist (II) [wist] interj. psiu! silêncio!

whistle [wisl] s. 1. apito, assobio m. (som e instrumento). 2. silvo, zunido m. 3. (gíria) boca, garganta f. ‖ v. 1. apitar, assobiar. 2. silvar, zunir. 3. chamar, dar sinal ou guiar assobiando. 4. piar (aves). 5. uivar (vento). 6. sibilar (balas).

he ~d for his money (gíria) ele esperou em vão por seu dinheiro. **you may ~ for them!** você vai se cansar esperando por eles. **we ~d for him** nós o chamamos assobiando. **~ the dog back!** assobie ao cachorro para que volte! **I ~d him up** eu chamei-o assobiando. **to wet one's ~** (gíria) molhar o bico ou a garganta, tomar um gole.

whistler [w'islə] s. assobiador, apitador m.

whistle stop s. (E. U. A.) 1. (Estr. de F.) pequena cidade interiorana f. 2. (Pol., Teat.) função breve, única f.

whistling [w'isliŋ] s. assobio, apito m. (som), o sibilar. ‖ adj. assobiador, uivante, sibilante. ‖ **~ly** adv. de modo uivante ou sibilante.

whistling-buoy s. bóia f. de apito (quadro B 25).

whit [wit] s. bocado, pouquinho m., insignificância f. **never** (ou **not**) **a ~** nem um pouco, absolutamente nada, de forma alguma.

white [wait] s. 1. branco m. (cor, pessoa ou objeto). 2. brancura, alvura f. 3. ~s pl. roupas brancas f.

pl. ‖ v. 1. branquear, alvejar, desbotar. 2. caiar. ‖ adj. 1. branco ou quase branco, alvo. 2. pálido, lívido, descorado. 3. claro, transparente. 4. nevoso. 5. prateado, da cor da prata, grisalho, encanecido. 6. vestido de branco. 7. (fig.) puro, imaculado, inocente, ingênuo. 8. (gíria) limpo, direito, correto, decente. 9. real, reacionário, monarquista. 10. (poét.) louro. 11. (poét.) belo, formoso. ‖ **~ly** adv. 1. palidamente, lividamente. 2. claramente. 3. puramente, ingenuamente. 4. corretamente.

~ of egg clara de ovo. **~ of the eye** branco do olho. **he turns up the ~ of his eyes** ele vira os olhos. **dressed in ~** vestido de branco. **to ~ over** caiar, passa uma mão de cal. **as ~ as a sheet** branco como mortalha. **they bled him ~** roubaram-no até a camisa, deixaram-no de tanga.

white ant s. (Ent.) térmite f., cupim m. ‖ v. (fig.) sabotar (alguma coisa).

whitebait [w'aitbeit] s. (pl. **–bait**) (Ict.) arenque pequeno m., sardinhas pequenas f. pl.

white bear s. (Zool.) urso branco m.

whitebeard [w'aitbiəd] s. homem m. de barba branca.

whiteboy [w'aitbɔi] s. (Irlanda) membro de uma organização secreta (1761).

·**white bread** s. pão branco m.

whitecap [w'aitkæp] s. 1. onda f. de crista espumosa. 2. (E. U. A.) partidário do linchamento. ‖ v. linchar.

white clover s. (Bot.) trevo branco m. (Trifolium repens).

white coal s. força hidráulica f.

white-collar adj. (E. U. A.) de ou relativo às pessoas que usam colarinho: empregados de escritório.

white dwarf s. (Astron.) anã branca f.: pequena estrela de alta densidade.

white elephant s. 1. qualquer coisa de manutenção dispendiosa. 2. qualquer posse atribulativa.

white-faced adj. 1. de face pálida. 2. de cara branco (cavalo).

white feather s. símbolo ou sinal m. de covardia. **to show the ~** agir covardemente.

whitefish [w'aitfiʃ] s. 1. peixe branco comestível, de água doce. 2. qualquer peixe branco.

white flag s. bandeira branca f. de capitulação.

White Friar s. carmelita m. (frade).

white frost s. geada f.

white gold s. 1. ouro branco m. 2. (fig.) algodão m.

white goods pl. s. roupa branca f. (lençóis, toalhas, etc.).

white-haired adj. de cabelos brancos, grisalho.

Whitehall [w'aithɔːl] s. 1. "Whitehall": importante rua de Londres com edifícios governamentais. 2. o governo britânico ou a sua política.

white heat s. 1. (Téc.) calor branco m. 2. (fig.) raiva furiosa f., ódio louco m.

white horse s. 1. cavalo branco m. 2. crista f. de onda 3. onda f. de crista espumosa.

white-hot adj. 1. aquecido ao (rubro) branco, incandescente. 2. inflamado, excitado. 3. violento.

White House s. 1. Casa Branca f.: a sede do presidente dos E. U. A. 2. (coloq.) obrigação, função, opinião f., etc. do presidente dos E. U. A.

white iron s. folha-de-flandres f.

white lead s. (Quím.) branco m. de chumbo, alvaiade f.

white lie s. mentira inofensiva f.

white light s. 1. luz branca ou diurna f. 2. imparcialidade f.

white-livered adj. 1. covarde. 2. de aspecto doentio.

white matter s. (Anat.) fibras f. pl. ou tecidos m. pl. nervosos, brancos (do cérebro, da espinha).

white meat s. carne branca f.

white metal s. metal branco m.

whiten [waitn] v. 1. branquear, alvejar. 2. empalidecer. 3. caiar.

whitener [w'aitnə] s. branqueador m.

whiteness [w'aitnis] s. 1. brancura, alvura, palidez t. 2. pureza, inocência f. 3. substância branca f.

whitening [w'aitniŋ] s. 1. branqueadura f., alvejamento m. 2. ação de empalidecer. 3. caladela f.

white oak s. (Bot.) carvalho branco m. dos E. U. A. ou a sua madeira.

whiteout [w'aitaut] s. (Meteor.) fenômeno óptico m. nas regiões polares, que apaga os contornos e oblitera a orientação.

white paper s. 1. papel branco m. 2. (Pol. brit.) livro branco m., exposição f. oficial sobre algum assunto.

white pine s. 1. (Bot.) pinheiro branco m. do Canadá ou a sua madeira. 2. qualquer pinheiro semelhante.

white plague s. (Pat.) tuberculose pulmonar f.

white poplar s. (Bot.) choupo branco m.

white potato s. (Bot.) batata-inglesa f.

white primary s. (E. U. A.) eleição preliminar em alguns Estados do Sul, da qual só os brancos podem participar.

White Russian s. russo-branco m. ‖ adj. russo-branco.

white sauce s. molho branco m.

white slave s. 1. escrava branca f.. mulher forçada a prostituição. 2. pessoa branca mantida em estado de escravidão.

white slaver s. traficante m. + f. de escravas brancas.

white slavery s. tráfico m. de escravas brancas.

white supremacy s. supremacia f. racial, social, econômica e política do homem branco.

white trash s. (depreciat.) 1. (E. U. A.) gente f. pobre, de raça branca. 2. os brancos pobres m. pl., em geral.

white-ware s. = **white goods.**

whitewash [w'aitwɔʃ] s. 1. cal m. para caiar. 2. caiação f. 3. encobrimento m. de erros ou defeitos. 4. reabilitação, coonestação f. ‖ v. 1. caiar. 2. reabilitar, coonestar. 3. encobrir faltas ou defeitos. 4. (coloq., E. U. A.) derrotar (um contedor) sem este conseguir um ponto sequer.

to get a (ou **his**) **~** (Com.) acertar as contas. **he was ~ed** 1. (Com.) ele acertou as contas com os seus credores, foi declarado solvente. 2. ele perdeu de muito, por alta contagem.

whitewasher [~ə] s. 1. caiador m. 2. o que procura entendimentos, conciliador m.

whither [w'iðə] adv. e conj. 1. onde? para onde? aonde? para que lugar? 2. onde, para onde.

whithersoever [wiðəsou'evə] adv. e conj. onde quer que, para onde quer que, para qualquer parte que.

whiting (I) [w'aitiŋ] s. 1. giz pulverizado m. 2. branco-de-espanha m., cré preparada f.

whiting (II) [w'aitiŋ] s. 1. (Ict.) pescada marlonga f. (Merlangus merlangus). 2. (Ict.) pescadinha f. do reino (Merluccius bilinearis). 3. qualquer dos diversos outros peixes comestíveis.

whitish [w'aitiʃ] adj. esbranquiçado, alvacento, claro.

whitishness [~nis] s. cor esbranquiçada f.

whitleather [w'itleðə] s. couro curtido m. com alume.

whitlow [w'itlou] s. (Pat.) panarício m., paroníquia f.

Whitsun [witsn] adj. de ou relativo a Pentecostes.

Whitsunday [wits'ʌndei] s. domingo m. de Pentecostes.

Whitsuntide [w'itsntaid] s. semana f. de Pentecostes.

whittle [witl] s. (arc.) faca f. de açougueiro ou canivete grande m. ‖ v. cortar, aguçar, talhar, aparar, entalhar (com faca).

to ~ away ou **down** cortar, diminuir, reduzir (ordenado, etc.). **to ~ at a stick** aguçar uma vara.

whity [w'aiti] adj. esbranquiçado, alvacento, claro.

whity-brown adj. marrom claro.

whiz, whizz [wiz] s. 1. zumbido, zunido m. 2. sibilo, silvo m. 3. pessoa muito inteligente f., perito, versado m. ‖ v. 1. zumbir, zunir. 2. sibilar, silvar. 3. girar rapidamente.

it's a ~! está feito! está combinado! **to pull a ~** (gíria E. U. A.) enganar, burlar.

whiz-bang s. (milit.) granada f. (pequena) de alta velocidade.

whizzer [w'izə] s. 1. centrífuga secadora f. (para açúcar). 2. o que zune, sibila ou silva.

whizzingly [w'iziŋli] adv. 1. de modo zunidor. 2. sibilantemente.

who [hu:] pron. 1. (interrogativo) quem? 2. (relativo) quem, que, o(a) qual, aquele ou aquela que.

~ goes there? quem está aí? **did you know ~ that was?** você sabia quem era? **and I do not know ~ all** (gíria) e não sei quem mais. **he ~** aquele que, quem. **those ~** aqueles que. **the child ~** a criança que. **I ~ am your master** eu que sou o seu mestre. **a servant ~ I know is honest** um criado que eu sei ser honesto. **as ~ could say** como quem poderia dizer. **~'s ~** Quem é quem.

whoa [wou] interj. pára! (dirigida a cavalo).

whodunit [hu:d'ʌnit] s. (gíria) romance m., novela f. ou película f. policial.

whoever [hu:'evə], **whoe'er** [hu:'ɛə] pron. quem quer que, seja quem for, cada pessoa que, todos que, qualquer que.

whole [houl] s. todo, total, conjunto m., totalidade f. ‖ adj. 1. completo. 2. todo. 3. inteiro: a) (Mat.) não fracional. b) integral. 4. total. 5. são, sadio. 6. incólume, indene, intato. 7. germano: que procedeu do mesmo pai e da mesma mãe.

a ~ um todo. **the ~ of Germany** toda a Alemanha. **the ~ of the countries** todos os paises. **as a ~** como um todo, no conjunto. **in ~ or in part** inteiro ou em partes. **(up)on the ~** em conjunto, tudo por tudo. **his ~ energy** toda a sua energia. **with my ~ heart** com todo meu coração. **they went the ~ hog** (gíria) eles almejaram o todo, empenharam tudo, fizeram trabalho completo. **in a ~ skin** ileso, indene. **~ towns** cidades inteiras. **two ~ weeks** duas semanas inteiras. **made out of ~ cloth** (E. U. A.) completamente imaginário.

whole-bound adj. encadernado em couro.

whole bread s. pão integral m.

whole-coloured adj. de uma só cor.

whole-hearted adj. 1. sincero. 2. sério. 3. cordial. ‖ **~ly** adv. 1. sinceramente. 2. de todo o coração.

whole-heartedness s. 1. sinceridade f. 2. cordialidade f.

whole-hog adj. adv. (gíria) sem reservas.

whole-length adj. de corpo inteiro (retrato).

whole-meal s. farinha integral f.

whole milk s. leite gordo m. (não desnatado).

wholeness [h'oulnis] s. inteireza, totalidade f.

whole note s. (Mús.) semibreve f. (quadro N 2).

whole number s. (Mat.) número inteiro, integral m.

whole rest s. (Mús.) pausa f. da semibreve.

wholesale [h'oulseil] s. venda f. por atacado. ‖ v. vender por atacado. ‖ adj. 1. por atacado. 2. indiscriminado. ‖ adv. 1. por atacado. 2. indiscriminadamente. **by ~** 1. por atacado, em grandes quantidades. 2. globalmente. 3. (fig.) indiscriminadamente. **~ dealer, ~ merchant** atacadista. **~ slaughter** matança em grande escala. **~ trade** comércio atacadista. **his ~ way** seu modo exagerado. **they buy ~** eles compram por atacado.

wholesaler [h'oulseilə] s. atacadista m. + f., negociante por atacado.

wholesome [h'oulsəm] adi. 1. salubre, salutar, saudável. 2. são, sadio. 3. benéfico, proveitoso, benfazejo. ‖ ~**ly** adv. 1. salubremente, saudavelmente. 2. sadiamente. 3. beneficamente.

wholesomeness [~nis] s. 1. salubridade f. 2. qualidade do que é são e sadio. 3. qualidade do que é benéfico.

whole step, whole tone s. (Mús.) intervalo m. de segunda maior.

whole-wheat adj. de trigo integral.

who'll [hul] abr. de **who will, who shall.**

whom [hu:m] pron. caso objetivo de **who.** 1. (interrogativo) quem? 2. (relativo) quem, que, o qual, os quais, as quais.

to ~? a quem, para quem? **they do not know ~ to ask** não sabem a quem perguntar. ~ **did she inquire for?** por quem perguntou ela? ~ **did you speak to?** com quem você falou? **her aunt ~ she was educated by** sua tia, por quem ela foi educada. **the enemies to ~ a traitor had shown the path** os inimigos a quem um traidor havia mostrado o caminho ...**all of ~ assented** ...dos quais todos concordaram. ~ **the gods love dies young** aquele a quem os deuses amam, morre cedo.

whomever [hu:m'evə], **whomsoever** [hu:msou'evə] pron. = **whoever** [hu'ɛə].

whoop [hu:p] s. 1. grito m., grito m. de guerra. 2. pio m. de mocho. 3. apupo m. 4. ruído m. causado pela respiração ofegante de quem tem coqueluche. ‖ v. 1. gritar, chamar, berrar. 2. apupar. 3. respirar ruidosamente como quem tem coqueluche. 4. incitar (on). 5. piar (mocho). 6. fazer algazarra. ‖ interj. opa! hei! olá! eh!

they gave a ~ of joy eles deram um grito de alegria. **not worth a ~** não vale nada. **to ~ it up** (gíria, E. U. A.) fazer barulho, algazarra.

whoop-de-do [h'u:pdi:du:] s. (coloq.) 1. festividades f. pl. alegres e barulhentas. 2. discussão f. acalorada em público. 3. publicidade extravagante f.

whoopee [w'u:pi:] s. festividade ruidosa, folia, galhofa, hilaridade f., folguedo m. ‖ interj. (gíria) obá! viva! **to make a ~** festejar bastante, jubilar, regozijar-se.

whooper [h'u:pə] s. 1. gritador m. 2. incitador m. 3. o que apupa.

whooping [h'u:piŋ] s. grito m., gritaria f. (caça). ‖ adj. gritante, que apupa.

whooping cough s. coqueluche, tosse comprida f.

whop [wɔp] v. 1. surrar, bater, espancar. 2. (fig.) vencer, derrotar. 3. cair, deixar cair.

whopper [w'ɔpə] s. 1. (coloq.) algo muito grande, colosso m. 2. grande mentira f.

whopping [w'ɔpiŋ] s. (gíria) surra tremenda, tunda f. ‖ adj. muito grande, enorme, colossal, imenso.

whore [hɔ:] s. prostituta f. ‖ v. 1. prostituir-se, tornar(-se) prostituta, corromper, perverter. 2. praticar idolatria, idolatrar.

to ~ **after** ansiar por prostituição, promiscuidade, idolatria.

whoredom [h'ɔ:dəm] s. 1. prostituição f. 2. idolatria f.

whorehouse [h'ɔ:haus] s. casa de tolerância f.

whoreshop [h'ɔ:ʃɔp] s. prostíbulo m.

whorish [h'ɔ:riʃ] adj. 1. prostituidor, libertino. 2. indecente, indecoroso.

whorl [wə:l] s. 1. (Bot.) verticilo m. 2. (Zool.) uma das voltas ou espiras de uma concha univalve. 3. (Anat.) uma das voltas ou espiras do caracol. 4. qualquer coisa que gira em redor de outra. 5. configuração f. das impressões digitais.

whorled [~d] adj. 1. (Bot.) verticilado. 2. espiralado.

whortleberry [w'ə:tlberi] s. (Bot.) mirtilo m., airela, uva-dos-bosques f. (quadro B 10).

whose [hu:z] pron. 1. (interrogativo) de quem? 2. (relativo) de quem, cujo(s), cuja(s).

~ **book is this?** de quem é este livro? ~ **else might**

it be? de quem mais poderia ser? **the girl ~ parents I know** a menina cujos pais eu conheço. **the house ~ windows are open** a casa cujas janelas estão abertas.

whosoever [hu:sou'evə] pron. = **whoever.**

why [wai] s. porquê, motivo m., razão, intenção f. ‖ adv. 1. (interrogativo) por quê? 2. (relativo) por que. ‖ interj. ora! ora sim! como!

the ~(s) and wherefore(s) o(s) motivo(s) todo(s) ~ **did he not come?** por que ele não veio? ~ **not?** por que não? ~ **so?** por que isso? **the reason ~** o motivo pelo qual. **that is ~ we do it** é este o motivo pelo qual nós o fazemos. ~**, he does not do it** ora, ele não faz isso. ~**, it does not matter!** ora, isso não tem importância! não faz mal! ~**, to be sure!** ora, certamente! ~**, you are wet!** como, você está molhado! ~**, yes, she may be right** ora sim, ela pode ter razão.

W. I. abr. de **West Indies, West Indian.**

wick [wik] s. pavio m., mecha f.

wicked [w'ikid] adj. 1. mau, ruim. 2. pecaminoso, vicioso, iníquo. 3. malvado, perverso. 4. pernicioso. 5. vil. 6. perigoso, feroz, bravio. 7. (coloq.) desagradável, duro. 8. traquinas, travesso. ‖ adv. 1. de modo ruim, maldosamente. 2. pecaminosamente. 3. malvadamente. 4. perniciosamente. 5. vilmente. 6. perigosamente. 7. travessamente.

the Wicked One o capeta.

wickedness [~nis] s. 1. maldade, ruindade f. 2. malvadez, perversidade f. 3. iniquidade f.

wicker [w'ikə] s. 1. vime m. 2. trabalhos m. pl. de vime. ‖ adj. feito ou coberto de vime.

wicker basket s. cesto m. de vime.

wicker chair s. cadeira f. de vime.

wickered [~d] adj. de vime.

wickerwork [~wə:k] s. trabalho m. de vime.

wicket [w'ikit] s. 1. postigo m., portinhola, cancela f. 2. janelinha f. ou abertura f. 3. comporta f. (de represa). 4. borboleta f., torniquete m. 5. (criquete) meta f. 6. (criquete) tempo em que um batedor consegue manter-se no "wicket". 7. (criquete) qualquer dos dois jogos de pauzinhos que o oponente procura derrubar.

he kept his ~ up ele defendeu a sua meta.

wicketkeeper [~ki:pə] s. (criquete) guarda-meta m.

wicking [w'ikiŋ] s. torcida f.

wide [waid] s. vastidão, amplidão f. ‖ adj. 1. largo: a) extenso, amplo, espaçoso, vasto. b) distendido, dilatado. c) (Fon.) aberto. d) vasto (conhecimento). e) rico (experiência). f) grande, enorme, considerável (diferença). g) liberal, tolerante. 2. aberto, arregalado. 3. distante, afastado, longe. ‖ adv. 1. largamente. 2. extensamente. 3. completamente, totalmente. 4. extraviado, de lado, fora do alvo. ‖ ~**ly** adv. 1. largamente. 2. extensamente. 3. vastamente. 4. extraordinariamente, bastante.

far and ~ por toda parte. ~ **of the mark** 1. longe do alvo. 2. (fig.) muito errado. ~ **apart** muito separado. **we had our eyes ~ open** nós ficamos de olhos abertos, atentos. **he opened his mouth too ~** 1. ele abriu sua boca demais. 2. (fig.) foi ávido. ~**ly known** largamente conhecido. **a ~ly read paper** um jornal muito lido. **their views differ ~ly** as suas opiniões divergem bastante.

wide-angle adj. (Fot.) que tem grande abertura angular (lente).

wide-awake adj. 1. de olhos abertos, bem acordado. 2. alerta, atento.

wide-awakeness s. alerta, atenção f.

wide ball s. (criquete) bola f. fora do alcance do batedor.

wide-eyed adj. de olhos arregalados.

widemouthed [w'aidmauŏd] adj. 1. boquiaberto. 2. de boca larga.

widen [waidn] v. 1. alargar(-se), estender(-se), dilatar(-se). 2. aumentar, ampliar(-se).

widener [w'aidnə] s. alargador, ampliador m.

wideness [w'aidnis] s. 1. largura, extensão f. 2. grandeza, vastidão, amplidão f.

~ of range alcance. ,

widening [w'aidniŋ] s. alargamento m., dilatação, ampliação f.

wide-open adj. 1. todo aberto, escancarado. 2. tolerante (para com bebidas, jogo, prostituição).

wideranging [w'aidreindʒiŋ] adj. 1. extenso. 2. extensivo, diversificado.

wide-screen adj. de ou relativo a filmes projetados em tela panorâmica.

it was a ~ movie foi um filme em tela panorâmica.

widespread [w'aidspred], **widespreading** [~iŋ] adj. 1. muito espalhado ou difundido, comum. 2. que se estende sobre vasta área.

widgeon [w'idʒən] s. (Zool.) pato selvagem m. (também **wigeon**).

widow [w'idou] s. 1. viúva f. 2. (jogo) cartas f. pl. extras dadas à mesa. ‖ v. enviuvar: 1. ficar viúvo de. 2. (fig.) privar (**of** de).

grass ~ mulher casada cujo marido está ausente. **~'s weeds** traje de viúva. **~ woman** viúva.

widow-bird s. (Orn.) viúva, lavandeira f.

widowed [w'idoud] adj. 1. viúvo. 2. (fig.) abandonado, solitário, desolado.

widower [w'idouə] s. viúvo m.

widowhood [w'idouhud] s. viuvez f.

widow's mite s. oferta ou importância insignificante f. dada generosamente por pessoa pobre.

width [widθ] s. 1. largura, extensão f. (quadros B 22, L 1). 2. amplidão, vastidão f. 3. largura f. de pano. 4. liberalidade, largueza f. de visão.

~ between supports (Téc.) alcance (entre travessas). **~ of the track** bitola.

widthway [w'idθwei] s. direção f. da largura.

widthways [~z], **widthwise** [-waiz] adv. transversalmente.

wield [wi:ld] v. manejar: 1. manusear, lidar. 2. brandir, empunhar. 3. exercer domínio sobre, governar. 4. dirigir, controlar.

she ~s a formidable pen seu estilo de escrever é muito eficiente. **she ~s the sceptre** quem manda é ela.

wieldable [w'i:ldəbl] adj. 1. manejável, manuseável. 2. dirigível, controlável.

wielder [w'i:ldə] s. manejador, controlador m.

wiener [w'i:nə] **wienerwurst** [~ wəːst] s. (alem.) salsicha vienense f.

wife [waif] s. 1. esposa, mulher casada f. 2. (arc.) mulher f.

she was a good ~ to him ela foi boa esposa para ele. **he took her to ~** ele casou-se com ela.

wifedom [w'aifdəm], **wifehood** [w'aifhud] s. dignidade ou condição de esposa, estado de casada.

wifeless [w'aiflis] adj. solteiro, viúvo, sem esposa.

wifelessness [~nis] s. solteirismo, celibato m., viuvez f.

wifelike [w'aiflaik], **wifely** [w'aifli] adj. próprio de esposa, semelhante a esposa.

wig [wig] s. cabeleira postiça, peruca f., chinó m. ‖ v. 1. prover de cabeleira postiça, guarnecer com peruca. 2. (gíria) repreender, admoestar, descompor.

forensic ~ peruca de juiz.

wigan [w'igən] s. entretela f. de algodão.

wigeon [w'idʒən] s. = **widgeon**.

wigged [wigd] adj. de peruca.

wiggery [w'igəri] s. 1. cabeleira postiça, peruca f.

2. o uso de cabeleiras postiças. 3. cabeleiras postiças coletivamente.

wigging [w'igiŋ] s. descompostura, repreensão, censura f.

give him a ~ repreenda-o severamente.

wiggle [wigl] s. 1. meneio m. 2. linha ondulada f. ‖ v. 1. sacudir(-se), agitar(-se), menear(-se), abanar(-se). 2. serpear.

to ~ one's head sacudir a cabeça.

wiggler [w'iglə] s. 1. o que (se sacode, agita ou meneia). 2. (Zool.) larva f. de mosquito.

wight (I) [wait] s. (arc., joc. e pej.) sujeito m.

wight (II) [wait] adj. (arc.) bravo, valente.

wigmaker [w'igmeikə] s. pessoa f. que faz ou vende perucas.

wigwag [w'igwæg] s. 1. (milit.) sinalização f. de mensagens por meio de movimentos de bandeirolas, braços, etc. 2. mensagem sinalizada f. ‖ v. 1. abanar, agitar. 2. sinalizar por meio de movimentos de braços, manipular bandeirola de sinais.

wigwagger [~ə] s. sinaleiro m.

wigwam [w'igwæm] s. cabana, barraca ou tenda f. dos índios norte-americanos.

wild [waild] s. selva, terra incógnita f., deserto, ermo m. (também **~s**). ‖ adj. 1. selvagem, agreste, silvestre, bravio. 2. não cultivado ou lavrado, inculto, não domesticado. 3. ermo, solitário. 4. desabitado, despovoado. 5. incivilizado, bárbaro. 6. arredio, assustadiço (pássaro). 7. indômito, irrestrito, desenfreado. 8. desarrumado, desarranjado. 9. turbulento, traquinas, travesso, alegre. 10. imoderado, extravagante, licencioso. 11. enfurecido, furioso, violento, frenético 12. louco, desvairado. 13. precipitado, impensado, irrefletido. 14. fantástico, extraordinário. 15. (coloq.) ansioso. 16. (coloq.) longe do alvo. 17. tempestuoso. 18. perturbado (olhos). ‖ adv. 1. a esmo, à toa. 2. sem pensar. 3. descontroladamente. ‖ **~ly** adv. 1. de modo selvagem, agreste ou silvestre. 2. solitariamente. 3. desertamente. 4. de modo inculto, sem cultivo. 5. de modo incivilizado. 6. desenfreadamente, indomitamente. 7. turbulentamente, alegremente. 8. imoderadamente, licenciosamente. 9. furiosamente, freneticamente. 10. loucamente. 11. precipitadamente, impensadamente. 12. fantasticamente. 13. ansiosamente. 14. tempestuosamente.

it gives me the ~s isso me deixa furioso, eu fico louco da vida. **in ~ spirits** com disposição para brincar. **a ~ storm** temporal furioso, tremendo. **they were ~ to see me** eles estavam loucos para me ver. **they were ~ about books** eles eram loucos por livros, gostavam demais de livros. **don't drive me ~!** não me desespere! **she was ~ with delight** ela estava fora de si de alegria. **to run ~** 1. asselvajar. 2. perder(-se) por falta de cultura. 3. crescer sem instrução e educação. **they shot ~** atiraram a esmo. **they talked ~** eles falaram bobagens, falaram sem pensar. **he is ~ly excited** ele está sumamente revoltado.

wild boar s. (Zool.) javali m.

wild carrot s. (Bot.) cenoura f.

wildcat [w'aildkæt] s. 1. (Zool.) gato selvagem m. 2. (Zool.) lince m. 3. lutador bravo, lutador feroz m. 4. (E. U. A.) locomotiva f. e tênder m. sem vagões. 5. poço m. feito para procurar petróleo ou gás em região onde ainda nada foi encontrado. 6. negócio fraudulento m., empresa duvidosa f. ‖ v. procurar petróleo em região em que se desconhece havê-lo. ‖ adj. 1. duvidoso, pouco sólido, fraudulento. 2. arriscado, ousado, imprudente. 3. sem controle, desorganizado. 4. não autorizado.

~ finance especulações pouco sólidas, duvidosas. **~ scheme** empreendimento aventureiro, arriscado.

wildcatter [w'aildkætə] s. 1. quem procura petróleo em zonas em que consta não haver. 2. quem empreende negócios pouco sólidos.

wildcatting [w'aildkætiŋ] s. 1. ação de procurar petróleo em zonas onde supostamente não o há. 2. empreendimento m. de negócios duvidosos, pouco sólidos.

wildebeest [w'ildəbi:st] s. (Zool.) gnu m.

wilder [w'ildə] v. 1. (poét.) perturbar, deixar perplexo, desorientar, desnortear. 2. desencaminhar (-se), extraviar(-se).

wilderness [w'ildənis] s. 1. selva f., deserto, sertão m. 2. lugar m. ou região f. despovoada, ermo m. 3. quantidade atordoante ou fantástica, disposição desnorteadora f.
a ~ of houses número atordoante de casas.

wild-eyed adj. 1. de olhos selvagens. 2. de olhar furioso.

wild fancies s. pl. idéias f. pl. ou caprichos m. pl. malucos.

wildfire [w'aildfaiə] s. 1. fogo grego m.: composição de matérias inflamáveis, difícil de apagar. 2. relâmpago m
it spreads like ~ espalha-se rapidamente.

wild flower s. (Bot.) 1. qualquer planta (florífera) silvestre f. 2. flor f. de tal planta.

wild fowl s. (Orn.) aves selvagens (de caça) f. pl.

wild-goose chase s. procura f. ou tentativa f. à toa, infrutífera.

wilding [w'aildiŋ] s. (Bot.) maçã f. ou macieira f. brava. ‖ adj. (sobretudo poét.) não cultivado ou domesticado, inculto, selvagem.

wildlife [w'aildlaif] s. animais selvagens m. pl.

wildling [w'aildliŋ] s. 1. (Bot.) planta silvestre f. 2. (Zool.) animal selvagem m.

wild man s. 1. selvagem, silvícola m. 2. pessoa f. descontrolada, violenta.

wildness [w'aildnis] s. 1. estado silvestre ou selvagem, selvajaria f. 2. solidão f. 3. incultura f. 4. violência, brutalidade f. 5. veemência f., ardor m. 6. turbulência f. 7. licenciosidade, extravagância f. 8. irreflexão f. 9. ansiedade f. 10. impetuosidade f.

wild oat s. 1. aveia brava f. 2. ~s pl. dissipação juvenil f.
to sow one's ~s incorrer nas extravagâncias da mocidade.

wild West, Wild West s. o Oeste dos E. U. A. e seu período sem lei no tempo dos pioneiros.

wildwood [w'aildwud] s. floresta virgem, mata f.

wile [wail] s. 1. ardil m., esperteza, astúcia, manha f. 2. engano, embuste, dolo m., fraude, impostura f. ‖ v. enganar, atrair, usar de malícia, engodar, obter com astúcia. to ~ away 1. obter com esperteza. 2. passar agradavelmente (tempo).

wilful [w'ilful] adj. = **willful**.

will (I) [wil] s. 1. vontade f. 2. desejo m., inclinação f. 3. decisão, determinação, resolução f., propósito m. 4. arbítrio m., volição f. 5. testamento m. 6. intenção f. 7. escolha, preferência f. 8. sentimento m. (para com outra pessoa). ‖ v. 1. querer. 2. desejar. 3. determinar, decidir. 4. legar. 5. concordar. last ~ and testament última vontade, testamento. the ~ to peace o amor à paz. free ~ livre arbítrio. of one's own free ~ de livre e espontânea vontade. good ~ boa vontade. ill ~ má vontade. he bears him good ~ ele lhe quer bem. nuncupative ~ testamento nuncupativo: última vontade expressa por palavras perante testemunhas. strong ~ vontade forte. Thy ~ be done seja feita a Tua vontade. I got his ~ obtive o seu consentimento. we have our ~ vai como nós queremos, fizemos prevalecer nossa vontade. he made his ~ ele fez

o seu testamento. she showed ill ~ ela demonstrou má disposição. what is your ~? qual é o seu desejo? I worked my ~ on him fiz prevalecer minha vontade junto a ele. where there is a ~, there is a way onde há uma vontade, há um meio. against my ~ contra minha vontade. at ~ à vontade. at her own sweet ~ inteiramente de acordo com sua vontade. with a ~ com energia. to do the ~ of obedecer a. to ~ s. th. to s. o. legar alguma coisa a alguém. to ~ o. s. to obrigar-se a, forçar-se a. God ~s it Deus quer assim. we ~ed it to be so nós o queríamos assim, determinamos que assim fosse. religion ~s us... a religião nos manda... he ~ed it away from him ele o deserdou por testamento. as God ~s como Deus quer.

will (II) [wil] v. aux. (imp.: would) 1. querer, desejar, estar inclinado ou disposto a. 2. usado na formação do futuro e do condicional nas segundas e terceiras pessoas.
it ~ be good será bom. come what ~ venha o que vier. this hall ~ seat five hundred people este salão comporta quinhentas pessoas. she ~ leave to-morrow ela partirá amanhã. would you like to come with me? você quer vir comigo ou gostaria de vir comigo? I would come if... eu viria se... I would have come, if... eu teria vindo, se... I wouldn't know não que eu saiba. I wouldn't! seria melhor não! would you have him starve? você quer que ele morra de fome? I ~ (would) have you do it eu quero (queria) que você o faça (fizesse). I would have you know that... é preciso que você saiba que... one would think she was too old devia-se pensar que ela é demasiadamente idosa. he would make a noise! ele, naturalmente, teve que fazer barulho! girls ~ be girls meninas são meninas. cats ~ catch mice o gato não deixa de pegar rato. when the cat is away, the mice ~ play quando o gato está longe, os ratos brincam. every day my father would go for a walk meu pai costumava dar um passeio todos os dias. he would smoke his pipe in the evening todas as noites ele costumava fumar seu cachimbo.

willable [w'iləbl] adj. 1. que pode ser expresso ou determinado por vontade. 2. legável.

willed [wild] adj. que tem vontade, determinado pela vontade (geralmente em formas, como strong—~, weak—~).

willer [w'ilə] s. quem exerce influência por meio de sua força de vontade.

willful [w'ilful] adj. 1. teimoso, obstinado, voluntarioso. 2. intencional, proposital. ‖ ~ly adv. 1. teimosamente, obstinadamente. 2. intencionalmente, de propósito, propositadamente.

willfulness [~nis] s. 1. teimosia, obstinação f. 2. qualidade do que é proposital, intencionalidade f.

willies [w'iliz] s. pl. (coloq., E. U. A.) nervosismo m.

willing [w'iliŋ] adj. 1. disposto, pronto. 2. inclinado, propenso. 3. concorde. 4. desejoso. 5. condescendente. ‖ ~ly adv. 1. de modo disposto, prontamente, de boa vontade. 2. propensamente. 3. de acordo. 4. desejosamente. 5. condescendentemente.

willingness [~nis] s. boa vontade, espontaneidade, voluntariedade, prontidão, disposição f.

will-o'-the-wisp [w'iləðəwisp] s. 1. fogo-fátuo m. 2. algo que engana ou engoda.

willow [w'ilou] s. 1. (Bot.) salgueiro m. (quadro F 6). 2. madeira f. do salgueiro. 3. bastão m. de criquete, ''bate'' m. de beisebol. 4. máquina f. de abrir lã, abridor m. (de algodão). ‖ v. abrir flocos de lã ou de algodão. ‖ adj. de salgueiro.
weeping ~ (Bot.) salgueiro-chorão. to wield (ou to handle) the ~ manejar o bastão de criquete ou o ''bate'' de beisebol. she sings (ou wears) the ~

ela chora por seu amor perdido.

willowed [~d] adj. coberto de salgueiros.

willowy [~i] adj. 1. coberto de salgueiros. 2. flexível. 3. semelhante a salgueiro. 4. esbelto, gracioso.

will power s. força f. de vontade.

willy-nilly [w'ili nʼili] adj. indeciso, vacilante. ‖ adj. quer queira quer não, de bom ou de mau grado, com ou sem vontade.

Wilsonian [wils'ouniǝn] adj. (E. U. A., Hist.) wilsoniano, relativo a Woodrow Wilson.

wilt (I) [wilt] v. forma arc. da 2.ª pess. do sing. de **will**.

wilt (II) [wilt] s. o murchar, a ação de murchar. ‖ v. 1. murchar, emurchecer. 2. perder ou fazer perder a força ou energia, desvigorizar(-se), definhar.

wily [w'aili] adj. esperto, astuto, manhoso. ‖ **–ily** adv. espertamente, astutamente, manhosamente.

wimble [wimbl] s. qualquer dos diversos instrumentos para furar: broca, pua, verruma f. ‖ v. furar, perfurar com (pua, etc.), brocar, verrumar.

wimple [wimpl] s. touca f. de freira, véu f. ‖ v. 1. velar: a) pôr véu em, cobrir de touca. b) (fig.) encobrir. 2. ondear, encrespar(-se), ondular. 3. dispor ou cair em dobras (pano).

win [win] s. (coloq.) vitória f., sucesso m. (em esporte). ‖ v. (imp. e p. p. **won**). 1. vencer, ganhar, triunfar. 2. obter (sucesso). 3. conquistar, cativar (auditório). 4. alcançar, atingir (margem, cume). 5. (Milit.) tomar. 6. conquistar o amor de, persuadir ao casamento. 7. conseguir a simpatia de. 8. persuadir, convencer. 9. influenciar. 10. lavrar (minérios).

we won the day (cu the field) nós levamos a palma, vencemos. **we won our goal** nós alcançamos nosso objetivo. **he won him over** ele conquistou a sua simpatia. **he had won us over to his side** ele nos havia conquistado para o seu partido. **they won golden opinions** eles obtiveram a mais irrestrita admiração de todos. **they won their way** eles impuseram-se. **I won by a length** ganhei por um comprimento (barco) ou corpo (cavalo). **we won (up) on him** nós obtivemos influência sobre ele. **she ~s upon one** ela tem modos atrativos. **to ~ in** impor-se, obter as simpatias. **to ~ through** vencer as dificuldades, passar com êxito por obstáculos.

wince (I) [wins] s. estremecimento m. ‖ v. 1. estremecer, tremer. 2. recuar, retrair-se (repentinamente, pelo susto). 3. assustar-se (**at** de, com). **with a ~** assustado. **without wincing** sem pestanejar.

wince (II) [wins] s. tina f. usada para tingir ou lavar.

wincer [w'insǝ] s. quem estremece ou se assusta.

winch [wintʃ] s. 1. manivela f. 2. guincho, cabrestante, sarilho m. (quadro C 19). ‖ v. suspender ou levantar com guincho ou sarilho.

wincher [w'intʃǝ] s. quem guinda.

Winchester [w'intʃestǝ], **Winchester rifle** s. "winchester" f.: espingarda de repetição de fabricação norte-americana.

wind (I) [wind] s. 1. vento m. 2. brisa, aragem f. 3. vento forte, temporal m., ventania f. 4. gases m. pl., flatulência f. 5. (Caça) faro, cheiro m. 6. fôlego m., (fig.) pulmão m. 7. conversa f. à toa. 8. (Mús.) instrumento m. de sopro (também ~s) ou quem toca instrumento de sopro. ‖ v. 1. expor ao vento e ao ar, arejar. 2. farejar, seguir o cheiro de. 3. exaustar, cansar (cavalo). 4. (deixar) resfolegar, tomar fôlego, descansar (cavalo). 5. [waind] (imp. e p. p. **wound** ou **winded**) soprar, tocar instrumento de sopro.

~ and weather o tempo, as condições atmosféricas.

between ~ and weather entre a espada e a parede,

em alternativa difícil. **~ and waterline** (Náut.) linha d'água. **broken ~** respiração dificultosa (de cavalos). **contrary ~** vento contrário. **fair (ou good) ~** vento favorável. **there is a great ~ up** (fig. e gíria) o ambiente está carregado. **the ~ is very high** está soprando um vento forte. **it is an ill ~ that blows nobody any good** o prazer de um é o desgosto de outro. **he got his ~** ele tomou fôlego. **he got his second ~** ele pôde respirar novamente. **he got ~ of it** (fig.) ele farejou algo, ficou sabendo daquilo. **he got the ~ of him** ele tirou vantagem dele. **he got the ~ up** (milit.) ele ficou com medo. **they know where the ~ hits (blows ou sits)** eles sabem de onde o vento sopra. **we put the ~ up him** nós lhe fizemos medo. **to raise the ~** arranjar dinheiro, angariar fundos. **before the ~** levado pelo vento. **he is in good ~** ele tem bom fôlego, bons pulmões. **it is in the ~** está em andamento. **there is s. th. in the ~** (fig.) há algo no ar, está se passando ou acontecendo alguma coisa. **in the ~'s eye, in the teeth of the ~** contra o vento. **he hit me in the ~** ele me alvejou na barriga (boca do estômago). **to sail near (ou close to) the ~** (Náut.) navegar à bolina cerrada. **on the ~** a favor do vento, levado pelo vento. **we spoke to the ~** (fig.) nós falamos ao vento, em vão. **he cast his cares to the ~s** ele se livrou de uma vez de suas preocupações. **thrown to the ~s** espalhado por todos os ventos (ou lados). **under the ~** a sotavento. **gone with the ~** levado pelo vento. **you must ~ your horse** você precisa dar fôlego ao seu cavalo. **I was ~ed with my run** fiquei sem fôlego com a corrida.

wind (II) [waind] s. 1. torcedura f., enroscamento m. 2. curvatura, tortuosidade, sinuosidade f. 3. giro m., volta, curva, rotação f. ‖ v. (imp. e p. p. **wound**) 1. serpear, serpentear. 2. envolver, enroscar(-se) (**round** em volta de). 3. girar, rotar. 4 (Náut.) volver, virar-se. 5. empenar(-se), dobrar(-se), entortar(-se), torcer(-se), retorcer(-se). 6. enrolar(-se). 7. envolver. 8. abraçar. 9. enredar. 10. guindar, alar, içar, levantar. 11. dar corda a. 12. virar. 13. ir com rodeios, insinuar(-se), introduzir-se manhosamente.

she wound round his heart ela soube fazer-se benquista por ele. **the ship ~s up** (Náut.) o navio vira (preso à âncora). **they wound up by marrying** eles acabaram se casando. **she wound her arms round her child** ela envolveu o filho em seus braços. **she wound the wool into a ball** ela formou um novelo de lã. **he wound himself into her favour** ele soube ganhar a sua simpatia. **to ~ off** 1. desenrolar. 2. filmar. **to ~ on** enrolar. **the river wound its way through the valley** o rio serpenteava pelo vale. **to ~ up** 1. guindar, içar, elevar. 2. rolar, enrolar. 3. dar corda a (relógio). 4. resumir (discurso). 5. encerrar, acertar (contas). 6. regularizar, terminar, finalizar, acabar, concluir. 7. resolver, liquidar, fechar (negócio). 8. pôr em forma, reanimar (alguém), incitar, estimular, dar energia a. **she was wound up to fury** ela foi se exaltando. **his wound-up energies** suas energias acumuladas. **he became wound-up** ele tomou impulso.

windable [w'aindǝbl] adj. 1. enrolável. 2. em que se pode dar corda. 3. guindável.

windage [w'indidʒ] s. 1. força f. do vento para desviar um projetil. 2. distância f. a que um projetil é afastado pelo vento. 3. deslocação f. do ar causado por um projetil. 4. folga f. ou vento m. de canhão.

windbag [w'indbæg] s. 1. saco m. cheio de ar, fole m. de cornamusa. 2. (fig.) fanfarrão, falador m

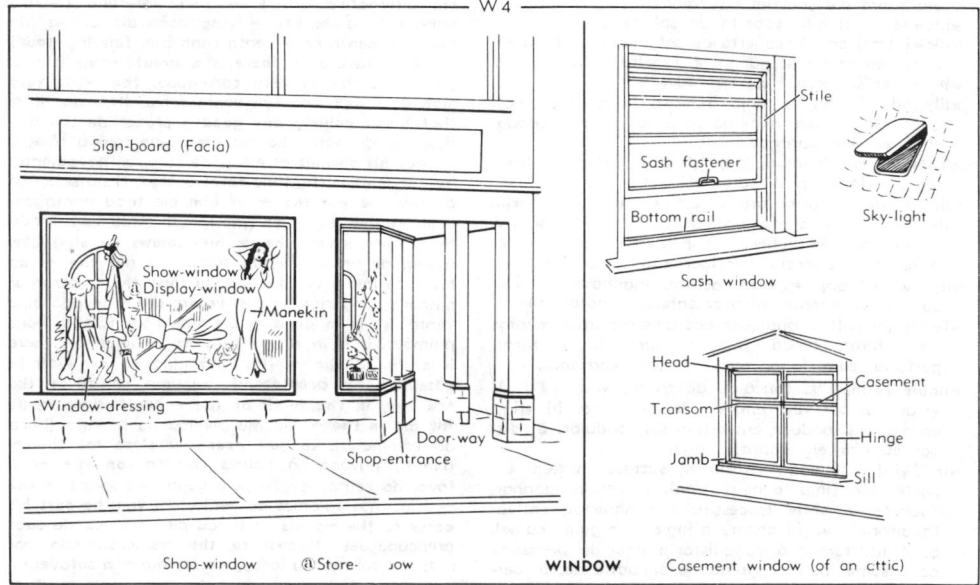

W 4

Sign-board (Facia)

Show-window
Display-window
Manekin

Window-dressing

Door-way
Shop-entrance

Shop-window   Store-ɯow

Stile

Sash fastener

Bottom rail

Sky-light

Sash window

Head
Casement
Transom
Jamb
Hinge
Sill

WINDOW   Casement window (of an attic)

windblown [w'indbloun] adj. 1. levado pelo vento. 2. de cabelo curto e penteado para a frente.

wind-borne adj. carregado ou transportado pelo vento (pólen, sementes).

windbound [w'indbaund] adj. (Náut.) retido ou detido pelos ventos contrários.

windbreak [w'indbreik] s. quebra-ventos m., proteção f. contra o vento (quadro F 6).

windbreaker [~ə] s. blusão m.: casaco tipo esportivo, de lã ou de couro.

wind-broken adj. (Veter.) 1. pulmoeirado (cavalo). 2. asmático (cavalo).

windburn [w'indbə:n] s. (Pat.) dermatose f. causada pelo vento.

wind-chest s. caixa f., fole m. (órgão).

winded [w'indid] adj. 1. sem fôlego. 2. de fôlego (esp. na formação de palavras, como **short—~**).

windedness [~nis] s. falta f. de fôlego.

windegg [w'indeg] s. ovo m. sem gema, ovo m. com casca mole.

winder [w'aində] s. 1. quem ou aquele que enrola. 2. dobador m. 3. dobadoura f. 4. chave m. de relógio. (quadro C 11). 5. (Bot.) trepadeira f. 6. manivela f. 7. sarilho m. (quadro S 5).

windfall [w'indfɔ:l] s. 1. fruta ou árvore f. derrubada pelo vento. 2. sorte inesperada f.

windflower [w'indflauə] s. (Bot.) anêmona f.

windgall [w'indgɔ:l] s. (Veter.) alifafe m.: tumor entre o nervo do jarrete e o osso da perna dos cavalos.

wind gauge s. anemômetro m.

wind harp s. harpa eólica f.

windhover [w'indhɔvə] s. (Orn.) francelho m.

windiness [w'indinis] s. 1. estado ou caráter ventoso. 2. ventosidade, flatulência f. 3. fanfarronice, verbosidade f.

winding [w'aindiŋ] s. 1. enrolamento m. 2. desenrolamento m. 3. objeto enrolado ou espiralado. 4. (Eletr.) enrolamento m., bobina f. 5. curva, dobra, volta f. 6. torcedura f. 7. empenamento m. (da asa). 8. sinuosidade f. 9. algo intricado, meandro m., gesto ou método incorreto. 10. (Tecel.) dobagem f. 11. içagem f., içamento m. ‖ adj. 1.

sinuoso, tortuoso. 2. enrolado. 3. torcido, retorcido. 4. intricado. 5. caracolado, em espiral. 6. serpeante. ‖ **~ly** adv. 1. sinuosamente, tortuosamente. 2. de modo enrolado. 3. de modo torcido ou retorcido. 4. intricadamente. 5. de modo serpeante. 6. em espiral, em caracol.

winding curve s. 1. linha ondulada f. 2. curva serpeante f.

winding engine s. cabrestante m.

winding frame s. (Tecel.) dobadoura, bobinadeira, caneleira f.

winding rope s. cabo m. para guindar, cabo do cabrestante.

winding sheet s. mortalha f.

winding staircase s. escada f. em caracol.

winding-up s. 1. guindagem f. 2. (fig.) término, fim, o desenrolar m.

wind instrument s. (Mús.) instrumento m. de sopro.

windjammer [w'inddʒæmə] s. 1. (coloq., E. U. A.) veleiro m.: navio de vela. 2. (coloq., E. U. A.) tripulante m. + f. de veleiro. 3. (gíria) falador m.

windlass [w'indləs] s. 1. molinete, bolinete, sarilho m. (quadro C 19). 2. guindaste, cabrestante, guincho m. ‖ v. 1. guindar, içar, levantar com molinete, sarilho, etc.

windless [w'indlis] adj. 1. sem vento, calmo. 2. sem fôlego.

windmill [w'indmil] s. moinho m. de vento (quadro W 1).

to tilt at ~s lutar contra oponentes imaginários, ser reformador quixotesco.

window [w'indou] s. 1. janela f. 2. vidraça f. de janela. 3. vitrina f. 4. guichê m. 5. qualquer abertura que sugere janela. ‖ v. prover com janelas. **bay ~** janela de sacada, janela saliente. **sash ~** janela tipo guilhotina, janela corrediça. **French ~** janela de batentes. **he broke a ~** ele quebrou o vidro de uma janela. **she looks out of the ~** ela está olhando pela janela. **does your ~ look on the street?** a sua janela dá para a rua? **he puts all his knowledge in the ~** a sabedoria dele só serve para fachada. **I sit by the ~** estou sentado na janela.

window blind s. persiana f.
window cleaner s. limpador m. de janelas.
window display s. exposição f. na vitrina.
window dresser s. decorador m. de viṯrina.
window dressing s. 1. decoração f. de vitrina (quadro W 4). 2. (fig.) fachada, aparência f.
windowed [w'indoud] adj. que tem janela ou janelas.
window envelope s. envelope m. com janela.
window frame s. quadro m. ou caixilho m. de janela.
to fit panes in a ~ colocar vidros na janela.
windowless [w'indoulis] adj. sem janelas.
windowpane [w'indoupein] s. vidraça f., vidro m. de janela.
window sash s. caixilho m. de janela tipo guilhotina ou corrediça.
window seat s. banco m. embutido sob uma janela.
window-shop v. olhar as vitrinas das lojas (sem comprar).
window-shopper s. quem olha as vitrinas das lojas.
window-shopping s. o olhar as vitrinas das lojas.
window shutters s. pl. postigo m. da janela.
window sill s. peitoril m. da janela.
windpipe [w'indpaip] s. (Anat.) traquéia-artéria f.
wind rose s. rosa-dos-ventos f.
windrow [w'indrou] s. 1. enfiada f. de feno ajuntada para secar antes de ser empilhada. 2. amontoado de qualquer coisa formado pelo vento. ‖ v. ajuntar para secagem (feno, etc.).
windrower [~ə] s. quem ajunta (feno, etc.) para secagem.
wind scale s. (Meteor.) escala f. (Beaufort, etc.)
wind-shaken adj. castigado ou sacudido pelo vento.
windshield [w'indʃi:ld] s. (Autom.) pára-brisa f. (quadros M 4, 5, 6),
windshield wiper s. (Autom.) limpador m. de pára brisa.
wind sleeve, wind sock s. (Av.) biruta f.
Windsor chair s. confortável cadeira f. de encosto.
Windsor tie s. (E. U. A.) gravata f. larga de seda.
windstorm [w'indstɔːm] s. vendaval, tufão m., ventania, tempestade f. de vento.
wind-swept adj. varrido pelo vento.
wind tunnel s. (Aer.) túnel aerodinâmico m.
windup [w'aindʌp] s. fim, remate, desfecho m., conclusão f.
windward [w'indwəd] s. (Náut.) barlavento m.: lado do qual sopra o vento. ‖ adj. 1. de barlavento, do lado do vento. 2. na direção do vento. ‖ adv. a barlavento, para barlavento.
we got the ~ of the ship nós conseguimos o lado a barlavento do navio. **we got the ~ of him** levamos a melhor sobre ele.
windway [w'indwei] s. passagem f. para o ar.
windy [w'indi] adj. 1. ventoso, tempestuoso, borrascoso. 2. exposto ao vento, do lado do vento. 3. movido pelo vento. 4. vazio, insubstancial, fútil. 5. empolado, pomposo (eloqüência). 6. fanfarrão, blasonador. 7. volúvel. 8. semelhante ao vento. 9. flatulento. ‖ –ily adv. 1. de modo ventoso. 2. vaziamente, futilmente. 3. empoladamente. 4. de modo blasonador. 5. voluvelmente. 6. de modo flatulento.
wine [wain] s. 1. vinho m. (de uva ou outras frutas). 2. cor f. do vinho. 3. reunião f. em aue se bebe vinho. ‖ v. beber vinho, servir vinho a.
good ~ needs no bush mercadoria boa não precisa de recomendações. **they put new ~ in old bottles** (fig.) eles põem vinho novo em odres velhos. **I took ~ with him** nós nos brindamos. **in ~** tocado, embriagado.
winebag [w'ainbæg] s. odre m. de vinho.
winebibber [w'ainbibə] s. beberrão m., quem bebe muito vinho.

winebibbing [w'ainbibiŋ] s. beberronia f.
wine-bin s. prateleiras f. pl. para armazenar garrafas de vinho em adega.
winebottle [w'ainbɔtl] s. 1. garrafa f. de vinho. 2. odre m. de vinho.
wine cellar s. 1. adega f. 2. vinho armazenado m. em adega.
wine-colored adj. cor-de-vinho.
winefat [w'ainfæt] s. lagar m. de vinho.
wineglass [w'ainglaːs] s. copo m. para vinho.
wineglassful [~ful] s. quantidade f. que cabe num copo de vinho.
winegrower [w'aingrouə] s. vitivinicultor, vinhateiro m.
winegrowing [w'aingrouiŋ] s. 1. vitivinicultura f. ‖adj. vitivinicola.
winepress [w'ainpres] s. lagar m. ou prensa f. de vinho.
winery [w'ainəri] s. (E. U. A.) estabelecimento vinícola m.
Winesap, winesap [w'ainsæp] s. (E. U. A.) espécie de maçã.
wineshop [w'ainʃop] s. casa f. de vinho.
wineskin [w'ainskin] s. = **winebag**.
winey [w'aini] adj. ligeiramente embriagado, tocado.
wing [wiŋ] s. 1. (Zool., Bot., Anat. e Téc.) asa f. 2. qualquer coisa semelhante a asa em forma ou uso. 3. braço m. de moinho. 4. pá ou palheta f. de ventilador. 5. (E. U. A.) unidade administrativa ou tática das forças aéreas, esquadra f. 6. vôo, transporte aéreo m., aviação f. 7. bastidor m. (teatro). 8. **~s** pl. emblema m. de aviador (piloto). 9. (milit.) ala f., flanco m. 10. facção f., parte ou grupo de uma organização. 11. (Esp.) ala f. (esquerda ou direita), jogador m. de ala. 12. (joc.) perna dianteira f. (quadrúpede); braço m. (pessoa). 13. lóbulo m. de pulmão. 14. meio ou instrumento de transporte, viagem ou progresso. 15. folha f. de porta ou janela. 16. pára-lama m. (carro). 17. orelha f. (de poltrona). 18. (fig.) proteção f., cuidado, amparo m. ‖ v. 1. voar, tomar vôo. 2. atravessar ou percorrer voando. 3. transportar por via aérea. 4. (fig.) apressar, acelerar, fazer voar. 5. prover com asas, alar, dar asas a. 6. prover de penas (flecha). 7. atingir ou acertar (um avião ou pássaro) nas asas, ferir na asa. 8. (coloq.) ferir no braço. 9. (Arquit.) prover de alas.
he got his ~s ele recebeu seu emblema de aviador. **side ~** bastidor de teatro. **bird's ~** asa de pássaro. **we clipped him the ~s** (fig.) cortamos-lhe as asas. **the love added (ou lent) ~s to his feet** o amor alou os seus pés. **take her under your ~s** tome-a sob sua proteção, proteja-a. **to take ~s** 1. (pássaros) levantar vôo. 2. (fig.) fugir, morrer. **it had taken ~s to itself** desapareceu depressa. **on the ~** 1. voando, em vôo, depressa. 2. em movimento, em atividade, atarefado. 3. de partida, em fuga. **on the ~s of the wind** rápido como o vento. **the joy ~ed his words** a alegria apressou as suas palavras. **it ~ed the sky, to its nest** levantou vôo céu adentro, para o seu ninho. **the bird ~ed its way toward** o pássaro dirigiu o seu vôo para.
wing case s. (Ent.) élitro m.
wing chair s. poltrona f. de orelhas (quadro C 9).
wing covert s. (Orn.) pena tectriz f.
winged [wiŋd, poét. w'iŋgid] adj. 1. alado (também Bot.) 2. rápido, ligeiro. 3. com a asa ferida (pássaro). 4. (coloq.) ferido no braço ou em outra parte não vital. 5. elevado, sublime (sentimento).
winged words s. pl. ditos m. pl. ou sentenças f. pl. proverbiais.
wing-footed adj. alípede: 1. que tem asas nos pés. 2. (fig.) rápido, ligeiro.

wingless [w'iŋlis] adj. 1. áptero. 2. sem asas.

winglet [w'iŋlit] s. 1. asinha f. 2. (Orn.) álula f.

wing nut s. cavilha f. de orelhas, borboleta f. (quadro B 16.).

wingspread [w'iŋspred] s. envergadura f. das asas.

wing-stroke s. bater m. ou batida f. de asa.

wing tip s. (Aer.) ponta da asa f.

wink [wiŋk] s. 1. pestanejo m., piscadela f., abrir e fechar de olhos m. 2. instante, momento m. ‖ v. 1. piscar: a) abrir e fechar os olhos rapidamente. b) dar sinal piscando os olhos. 2. pestanejar. 3. cintilar, tremular. 4. relampejar. 5. ~ at s. th. tolerar, fazer que não vê, fechar os olhos a.
it gave a ~ relampejava. **in a ~** num instante. **we could not get a ~** não conseguimos dormir, não conseguimos fechar os olhos. **forty ~s** soneca. **I ~ed at her** pisquei para ela. **I ~ed at it** fiz de conta que não vi.

winker [w'iŋkə] s. 1. quem pisca. 2. o que cintila. 3. (coloq.) cílio m., pestana f.

winking [w'iŋkiŋ] s. pestanejo m., piscadela f.

winkle [w'iŋkl] s. (Zool.) abr. de **periwinkle**: caramujo comestível m.
he is ~-fishing (gíria) ele põe o dedo no nariz.

winner [w'inə] s. vencedor m.

winning [w'iniŋ] s. 1. ação de vencer. 2. ~s pl. ganhos, lucros m. pl., proveito m. ‖ adj. 1. vitorioso, ganhador. 2. atraente, cativante, sedutor, atrativo. ‖ ~ly adv. 1. vitoriosamente. 2. atraentemente, de um modo sedutor, cativantemente.

winnow [w'inou] s. 1. joeira, ciranda f., crivo m. 2. joeiramento m. ‖ v. 1. joeirar: a) cirandar, limpar (o trigo), peneirar. b) (fig.) escolher (separando o bom do mau), selecionar. 2. bater as asas, adejar.
to ~ out escolher, separar, selecionar (**from** de).

winnower [~ə] s. joeireiro m.

winnowing [~iŋ] s. joeiramento m., alimpa f.

winnowing fan s. peneiro m.

winnowing machine (Agric.) s. máquina f. de joeirar.

winsome [w'insəm] adj. encantador, atraente, agradável, cativante, simpático. ‖ ~ly adv. encantadoramente, atraentemente, de modo cativante.

winsomeness [~nis] s. encanto, modo atraente m.

winter [w'intə] s. 1. inverno m. 2. ano m. de vida. 3. último período m. de vida. 4. período m. de declínio ou tristeza. ‖ v. 1. invernar, passar o inverno. 2. conservar ou alimentar no inverno. ‖ adj. invernal, de inverno, invernoso.
~('s) day dia de inverno. **one ~'s day** num dia de inverno. **a hard (mild, open) ~** um inverno rigoroso (ameno, suave). **in (the) ~** no inverno. **in the ~ of 1950 to 1951** no inverno de 1950 a 1951. **a man of 40 ~s** um homem de 40 anos.

winter beaten adj. fustigado pelo inverno.

winter berry s. (Bot.) algumas espécies de azevinhos dos E. U. A.

winterbourne [w'intəbɔ:n] s. rio m. cujas águas sobem no inverno.

winter cress s. (Bot.) agrião m. da terra.

winter crop s. qualquer colheita de cereais semeados no outono e colhidos na primavera ou no verão.

winterer [w'intərə] s. invernante m.

winter fallow s. lavra f. de inverno.

winter garden s. jardim m. de inverno.

wintergreen [w'intəgri:n] s. 1. (Bot.) pírola f. 2. (Bot.) gaultéria f. 3. óleo m. de gaultéria. 4. aroma m. do óleo de gaultéria.

winterize [w'intəraiz] v. preparar ou adaptar automóvel, avião, etc., para uso durante o inverno.

winterkill [w'intəkil] v. matar ou morrer (plantas) por exposição aos rigores do inverno.

winterkilling [~iŋ] s. morte f. (de plantas) devido ao

rigor do inverno. ‖ adj. que morre devido aos rigores do inverno.

winterless [w'intəlis] adj. sem tempo invernoso.

winterly [w'intəli] adj. 1. hibernal, invernal, invernoso. 2. frio, triste, sombrio.

winter solstice s. (Astron.) solstício do inverno m.

winter sports s. pl. esportes m. pl. de inverno.

wintertide [w'intətaid], **wintertime** [-taim] s. inverno m., época f. de inverno.

winter wheat s. trigo plantado no outono e colhido na primavera ou no verão.

wintriness [~nis] s. aspecto invernoso m.

wintry [w'intri] adj. 1. invernal, invernoso, próprio do inverno. 2. (fig.) frio, reservado, gelado, triste, sombrio. 3. (fig.) de cabelos brancos, velho, fraco. ‖ –ily adv. 1. de modo invernal. 2. (fig.) friamente, reservadamente. 3. (fig.) fracamente.
a ~ smile um sorriso frio, gélido. **in ~ weather** com tempo invernoso.

winy [w'aini] adj. 1. vinhoso, vináceo, avinhado. 2. vinolento. 3. afetado pelo vinho.

winze [winz] s. (Miner.) galeria inclinada f. de comunicação.

wipe [waip] s. 1. esfregadela, limpadela f. 2. pancada forte f., murro, sopapo m. 3. (gíria) lenço m. 4. (coloq.) gracejo, motejo m., zombaria f. ‖ v. 1. esfregar, limpar, passar pano em. 2. secar, enxugar. 3. (fig.) inocentar (usualmente com **off** ou **out**). 4. bater em, espancar.
he gave it a ~ ele esfregou-o, limpou-o. **we gave him a ~** (fig.) demos um tranco nele. **to ~ away** secar ou limpar esfregando. **to ~ off** 1. limpar esfregando. 2. pagar, saldar (dívida). **to ~ out** 1. apagar. 2. eliminar, liquidar (alguém). 3. extinguir, destruir, extirpar (povo). **he ~d out his enemy** ele deu uma boa lição em seu inimigo, liquidou-o. **she ~d her nose, her eyes** ela limpou o nariz, esfregou os olhos. **we ~d his eye** levamo-lo de vencida.

wipeout [waip'aut] s. (fig.) amortização f., pagamento m.

wiper [w'aipə] s. 1. pano m. para esfregar ou limpar, trapo m. 2. (gíria) lenço m. 3. limpador, enxugador m. 4. (Eletr.) alavanca f. de contato. 5. (Téc.) excêntrico m.

wire [w'aiə] s. 1. arame m. 2. corda f. de instrumento. 3. fio elétrico m. 4. rede f. ou tela f. de arame. 5. grade f. de gaiola. 6. armadilha f. de arame para caçar coelhos. 7. arame para mover os títeres ou bonecos de um teatro. 8. cerca f. de arame farpado. 9. linha telegráfica ou telefônica f. 10. telégrafo m., telegrafia f. 11. telegrama, despacho telegráfico m. 12. linha f. de chegada (corrida de cavalos). 13. (Téc.) peneira f. 14. ~s pl. (fig.) meios secretos m. pl. de dirigir ou controlar os outros. ‖ v. 1. amarrar ou prender com arame. 2. (Eletr.) ligar, fazer ligação ou instalação. 3. cercar (com arame). 4. (milit.) proteger, fortificar (posição, com arame farpado). 5. enfiar em arame (contas). 6. caçar com armadilhas de arame. 7. (coloq.) telegrafar a.
barbed ~ 1. arame farpado. 2. cerca de arame farpado. **to be on the ~** estar telefonando. **copper ~** arame de cobre. **fine ~** arame fino. **live ~** 1. (Eletr.) condutor sob tensão. 2. (gíria) valentão. **he was ~d for** ele foi chamado por telegrama. **to pull ~s** 1. dirigir ocultamente outra pessoa. 2. obter os seus objetivos por meio de influência secreta.

wire brush s. escova f. de arame (quadros B 24, P 1).

wire cloth s. tela f. de arame. ‖ adj. **wire-cloth** feito

de tela de arame.
wire cutter(s) s. alicate m.
wired [~d] adj. 1. reforçado com arame. 2. que tem instalação elétrica ou telefônica. 3. que tem cerca ou tela de arame.
wire dancer s. funâmbulo m., aramista m. + f.
wiredraw [w'aiədrɔ:] v. 1. puxar, estirar, trefilar arame. 2. estender, alongar. 3. sutilizar, dar outro sentido a.
wiredrawer [~ə] s. 1. trefilador m., quem trefila arame. 2. quem sutiliza, muda o sentido de.
wiredrawing [~iŋ] s. trefilação f.
wire fence s. cerca f. de arame.
wire gauge s. calibrador m. de arame.
wire glass s. vidro m. reforçado com arame.
wire hair s. pêlo-de-arame m. (raça de cão).
wire-haired adj que tem pêlo duro.
wireless [w'aiəlis] s. 1. telegrafia f. sem fios, radiotelegrafia f. 2. rádio m. 3. radiograma m. ‖ v. radiografar. ‖ adj. sem fios, por meio do rádio, radiofônico. ‖ ~ly adv. radiofonicamente.
  by ~ por meio da radiotelegrafia, pelo rádio. **they said on the** ~ foi dito no rádio (que)...
wireless-fitted adj. equipado com rádio.
wireless message s. radiograma m.
wireless operator s. radiotelegrafista m.
wireless pirate s. radiouvinte m. + f. que não paga impostos.
wireless receiving set s. aparelho m. de rádio, receptor m.
wireless station, wireless transmitter s. estação transmissora, estação radiotelegráfica, rádio emissora f.
wireless telegraphy s. radiotelegrafia f.
wireless telephony s. radiotelefonia f.
wireman [w'aiəmən] s. 1. guarda-fios m. 2. eletricista m.
wire netting s. rede f. ou tela f. de arame.
wirephoto [w'aiəfoutou] s. telefotografia f.
wirepull [w'aiəpul] v. 1. titerear: movimentar títeres ou bonecos de um teatro. 2. influenciar secretamente, agir por detrás dos bastidores.
wirepuller [~ə] s. 1. titereiro m.: quem movimenta títeres ou bonecos de um teatro. 2. quem influência secretamente, quem age por detrás dos bastidores.
wirepulling [~iŋ] s. influência secreta f., ação f. por detrás dos bastidores.
wirer [w'aiərə] s. 1. quem trabalha com arame. 2. quem caça com armadilha de arame.
wire recorder s. aparelho m. para gravação sonora em fio magnetizado.
wire recording s. reprodução f. de sons em fio magnetizado.
wire rope s. cabo m. de aço.
wire service s. serviço telegráfico m.
wire tapping s. ato ou ação de ouvir telefonemas por meio de ligações clandestinas.
wirework [w'aiəwə:k] s. 1. trabalho m. de arame, esp. telas. 2. ~s pl. fábrica f. de arames.
wireworker [~ə] s. quem faz ou trabalha com arames.
wireworm [w'aiəwə:m] s. (Zool.) larva f. de elaterídeo.
wiring [w'aiəriŋ] s. 1. instalação elétrica f. 2. ação de radiotelegrafar. ‖ adj. empregado em instalação elétrica.
wiry [w'aiəri] adj. 1. de arame, feito de arame. 2. como arame. 3. magro, fibroso, nervudo, rijo, resistente. 4. ouriçado, cerdoso. ‖ —ily adv. 1. em forma de arame. 2. de modo fibroso ou nervudo, rijamente. 3. de modo ouriçado ou cerdoso.

wis [wis] v. (arc.) saber, imaginar, supor, pensar, crer.
wisdom [w'izdəm] s. 1. sabedoria, ciência f., saber m. 2. prudência, discrição f. 3. bom senso, juízo, siso, critério m., sensatez f. 4. (Hist.) erudição, cultura f. 5. dito ou ação que demonstra sabedoria ou sensatez.
  the wit and the ~ **of the time** os homens sábios e prudentes da época. **the Wisdom (of Solomon)** o Livro da Sabedoria (de Salomão).
wisdomless [~lis] adj. sem sabedoria.
wisdom tooth s. dente m. do siso.
  he hasn't cut his ~ **yet** ele não é lá muito inteligente.
wise (I) [waiz] adj. 1. sábio, douto. 2. inteligente. 3. compreensivo, criterioso, judicioso. 4. instruído, culto, erudito, versado. 5. (gíria) ciente, cônscio, sabedor, informado. 6. prudente, sensato, ajuizado. 7. experimentado. 8. discreto. 9. esperto, sagaz, astuto, fino. ‖ ~ly adv. 1. sabiamente, inteligentemente. 2. compreensivamente, judiciosamente. 3. eruditamente. 4. prudentemente. 5. discretamente. 6. espertamente, sagazmente.
  it would not be ~ **of you to do so** não seria sensato se você assim procedesse. **I am now no** ~r **than before** não sou mais inteligente que antes, sei tanto quanto antes. **none the** ~r **of...** não mais informado ou a par do que antes. **put me** ~ **to it** (E. U. A.) informe-me a respeito.
wise (II) [waiz] s. modo m., maneira, forma f.
  in any ~ de qualquer forma, seja como for. **in no** ~ de forma alguma, de modo algum. **in such** ~ **as to** de tal forma que. **on this** ~ assim, desta forma, deste modo.
—wise elemento de composição, p. ex. **crosswise, lengthwise, clockwise,** etc.
wiseacre [w'aizeikə] s. sabichão, pretensioso m., pessoa convencida f.
wisecrack [w'aizkræk] s. 1. (gíria) dito chistoso m. 2. observação arguta ou jocosa f. 3. piada f., gracejo m. ‖ v. (gíria) dizer ou soltar piada.
wise-guy, wisehead s. = **wiseacre.**
wise man s. mago, feiticeiro, bruxo m.
wiseness [w'aiznis] s. = **wisdom.**
wisenheimer [w'aizənhaimə] s. = **wiseacre.**
wise woman s. (arc.) 1. feiticeira, bruxa f. 2. ledora f. de buena-dicha. 3. parteira f.
wish [wiʃ] s. 1. desejo m., vontade f., anseio, anelo m. 2. expressão f. de desejo ou vontade, pedido m., ordem f. 3. ~s pl. votos m. pl., saudações f. pl. ‖ v. desejar, ter vontade de, querer, almejar.
  carry out my ~**es!** execute minhas ordens! **give him his** ~ faça-lhe a vontade. **she had a** ~ **for it** ela o desejou. **he has his** ~ ele tem a sua vontade. **with all good** ~**es, our best wishes** com os melhores votos. **his last** ~**es** sua última vontade. ~**-thinking** (fig.) sonho, grande desejo. **just as I had** ~**ed** tal como o eu o havia desejado. **as might be** ~**ed** como seria de desejar. **I** ~ **I were dead** eu queria estar morto. **I** ~ **he would go** eu queria que ele fosse. **I** ~ **you to write better** quero que você escreva melhor. **I** ~ **it to be done** queira que seja feito. **I** ~ **you joy!** cordiais felicitações! **we** ~ **you all good luck** nós lhe desejamos boa sorte. **they** ~ **him well (ill)** eles lhe querem bem (mal). **to** ~ **for** desejar alguma coisa. **I had nothing left to** ~ **for** eu não tinha mais nada o que desejar. **as heart could** ~ à vontade.
wishbone [w'iʃboun] s. jogador m., fúrcula f.: osso do peito das aves.
wisher [w'iʃə] s. quem deseja alguma coisa, pessoa desejosa f.

wishful [w'iʃful] adj. 1. desejoso, anelante, ansioso. 2. (arc.) saudoso. ‖ ~ly adv. 1. de modo desejoso ou anelante, ansiosamente. 2. (arc.) saudosamente. ~ **thinking** fé naquilo que a gente quer que seja verdade.

wishfulness [~nis] s. 1. desejo, anelo m., aspiração f. 2. (arc.) saudade f.

wishing [w'iʃiŋ] s. ação de desejar. **it is no good** ~ **there** ali todo o desejar não adianta nada.

wishing bone s. = wishbone.

wishing cap s. barrete mágico m.

wishing rod s. vara mágica f.

wish-wash s. 1. bebida bastante aguada ou diluída f. 2. conversa tola f., escrito enjoativo m.

wishy-washy adj. 1. aguado, ralo, fraco, diluído. 2. insípido, tolo, inferior, enjoativo.

wisp [wisp] s. 1. paveia, mancheia f., molho, punhado m. (de feno, palha, etc.). 2. cacho m. de cabelos. 3. tufo m. 4. (fig.) fragmento, bocado, nada m., insignificância f. 5. fogo-fátuo m. 6. vassourinha f., espanador m. 7. pedaço m. de papel, etc. torcido. 8. bando m. (de aves). ‖ v. 1. enfeixar, enrolar ou fazer molho de. 2. estar pendurado em molhos (**about** em volta de). ~ **of paper** tira de papel. ~ **of smoke** pequena nuvem ou coluna de fumaça. **a** ~ **of a girl** uma moça pequenina. **will-o'-the-** ~ fogo-fátuo.

wispish [w'ispiʃ], **wisplike** [w'isplaik], **wispy** [w'ispi] adj. 1. semelhante a um molho ou mancheia de feno ou de palha. 2. pouco, insignificante. 3. em tufos. 4. delgado, fino. **a** ~ **dress** vestidinho simples, barato.

wist [wist] v. (arc.) imp. e p. p. de **to wit.**

wistaria [wist'ɛəriə], **wisteria** [wist'i:riə] s. (Bot.) glicínia f.

wistful [w'istful] adj. 1. saudoso, desejoso, anelante, anslante, ávido. 2. pensativo, sério, calado. 3. melancólico, tristonho. 4. (arc.) atento. ‖ ~ly adv. 1. saudosamente, ansiosamente, de modo anelante, desejoso. 2. pensativamente, caladamente. 3. melancolicamente. 4. (arc.) atentamente.

wistfulness [~nis] s. avidez f., anelo, anseio m.

wit (I) [wit] s. 1. juízo m. 2. capacidade f. ou faculdade f. mental (geralmente no pl.) 3. razão, inteligência viva f. 4. destreza, habilidade f. 5. finura, perspicácia, agudeza, sagacidade f. 6. engenho m., aptidão f. 7. entendimento m., imaginação f. 8. graça f., humor, chiste m. 9. pessoa espirituosa f. 10. brincalhão m. 11. ~s pl. sabedoria f. **brevity is the soul of** ~ a brevidade é a alma do saber. **they have a plentiful lack of** ~ eles têm grande falta de juízo. **he has quick** ~s ele é de rápida compreensão. **have you not the** ~s **to do it?** será que você não tem inteligência para fazer isto? **he has not his** ~s **about him** ele não está com a cabeça no lugar. **I am at my** ~'s **end** estou no fim de minha sabedoria, não sei mais o que fazer. **she is out of her** ~s ela perdeu o juízo. **don't lose your** ~s **in an emergency!** não fique desorientado numa emergência! **don't drive me out of my** ~s! não me faça enlouquecer! **he lives by his** ~s ele vive de expedientes.

wit (II) [wit] v. (imp. e p. p. **wist**) (arc.) saber. **I wot** eu sei. **thou wottest** tu sabes. **he wot** ele sabe. **we wist** nós sabemos. **to** ~ isto é, quer dizer, a saber. ~**ting** sabendo.

witch [witʃ] s. 1. bruxa, feiticeira f. 2. mulher velha e feia f. 3. (coloq.) moça ou mulher encantadora e fascinante f. ‖ v. enfeitiçar: 1. sujeitar à ação do feitiço. 2. encantar, fascinar, seduzir. ‖ adj. de feiticeira ou bruxa.

witchcraft [w'itʃkra:ft] s. 1. feitiçaria, bruxaria, magia f., malefício, sortilégio m. 2. atração, fascinação, sedução f., encantamento m.

witch doctor s. feiticeiro m. (povos primitivos).

witchery [w'itʃəri] s. 1. feitiçaria, magia negra, macumba, bruxaria f. 2. encanto m., sedução f.

witches' Sabbath s. (Hist. medieval) sabá m. das bruxas: reunião anual em orgia demoníaca.

witch hazel s. 1. (Bot.) hamamélia f. (Hamamelis virginiana). 2. loção f. feita da casca da hamamélia.

witch hunt s. (gíria) caça às bruxas f.: perseguição ou difamação de uma pessoa.

witching [w'itʃiŋ] s. 1. feitiçaria, bruxaria, magia f. 2. encantamento m., fascinação f. ‖ adj. 1. enfeitiçador, mágico. 2. encantador, sedutor, fascinante. ‖ ~ly adv. 1. de modo enfeitiçador, magicamente. 2. encantadoramente, fascinantemente.

witenagemot [w'itənəgimout] s. (Hist.) reunião f. dos Grandes do reino anglo-saxão.

with [wiδ, wiθ] prep. 1. com. 2. por, a, em, de 3. a respeito de, apesar de, por meio de. **don't strive** ~ **none** não brigues com (ou lutes contra) ninguém. **he lives** ~ **us** ele mora conosco. **I came** ~ **him** vim com ele. **I carry everything** ~ **me** eu tenho, levo tudo comigo. **he carried her** ~ **him** (fig.) ele a entusiasmou. **I place the boy** ~ **you** confio-lhe o rapaz. **to be in favour** ~ gozar da simpatia de. **it was attended** ~ **awful circumstances** estava acompanhado de circunstâncias dolorosas. **it does not succeed** ~ **me** não o consigo (fazer). **he had dealings** ~ **him** ele teve de lidar com ele. **this is a trifling circumstance** ~ **me** isto é de pouca importância para mim. **it is a rule** ~ **you** isto com você é regra. **you have a way** ~ **you!** você tem modos! (de amargar). **my influence** ~ **my father** minha influência junto ao ou sobre meu pai. **he finds great difficulties** ~ **this task** ele acha esta tarefa muito dificultosa. **it rests** ~ **you** está em você. **what do you want** ~ **me?** o que você quer de mim? ~ **the old Greeks** entre os gregos antigos. **one** ~ **another** um com o outro, um pelo outro, todos juntos. ~ **the stream** com ou a favor da correnteza. ~ **beautiful hair** com (ou de) cabelos lindos. **a basket filled** ~ **apples** uma cesta cheia de maçãs. ~ **a laugh** rindo, com uma risada. ~ **this** com isto, a seguir. ~ **that** com aquilo, depois daquilo, a seguir. ~ **these words** com estas palavras. ~ **bare feet** descalço. ~ **guarantee** (Com.) com (ou contra) segurança. **dressed** ~ **silk** trajado de seda. **I cured myself** ~ **fasting** curei-me por meio de jejum. ~ **every one looking on** sob o olhar de todos. ~ **child** grávida, em estado interessante. ~ **young** prenhe. **he behaved** ~ **great discretion** ele portou-se com muita inteligência. ~ **all speed** a toda pressa. ~ **never a tear** sem uma lágrima sequer. ~ **no one to help you** sem ninguém para ajudá-lo, sem o auxílio de ninguém. **stiff** ~ **cold** enregelado, duro de frio. **his eyes sparkled** ~ **joy** seus olhos brilharam de alegria. **he is ill** ~ **influenza** ele adoeceu com gripe. **I am displeased** ~ **him** estou desgostoso com ele. **what** ~ **promise what** ~ **fear** em parte por meio de promessas, em parte por meio de medo. **in that you differ** ~ **me** nisto não concordo com você, sou de outra opinião. **there I am** ~ **you** sou inteiramente de sua opinião. **she had to part** ~ **him** ela teve de separar-se dele. **I trust** ~ **him** confio nele. ~ **all her pains she is not unhappy** com todos os seus sofrimentos, ela não é infeliz.

withal [wiδ'ɔ:l] adv. (†) além disso, além de que, contudo, sobretudo, demais, também, por outro lado, ao mesmo tempo. ‖ prep. (arc.) com, com que, com o que.

she is a nice girl and clever ~ ela é uma moça bonita e, além disso, inteligente. a stick to strike ~ um pau para bater. what shall we earn our bread ~? com o que iremos ganhar nosso pão?
withdraw [wiðdr'ɔ:] v. (imp. **withdrew**, p. p. **withdrawn**) 1. retrair, retirar(-se), recolher(-se), privar de. 2. afastar(-se), tirar, remover (from de). 3. sair, ir-se. 4. revogar, retratar. 5. (milit.) recuar. 6. (gíria) fugir. **the boy was withdrawn from the school** o menino foi tirado da escola. **he withdrew himself from our company** ele afastou-se, retirou-se de nossa companhia. **he withdrew from them** ele afastou-se deles. **I withdrew within myself** eu me recolhi, retirei-me de tudo, limitei-me a mim mesmo.
withdrawal [~əl] s. 1. retirada f. (também milit.) 2. afastamento m., remoção f. 3. retraimento m. 4. demissão f. (cargo). 5. cancelamento m. (contrato). 6. saída f. (from de). 7. retratação f.
withdrawal symptom s. sintoma m. físico ou psíquico, durante a desabituação (álcool, drogas).
withdrawer [~ə] s. quem (se) retira, (se) afasta, (se) retrai, demite ou é demissionário, quem cancela, quem retrata.
withdrawn [wiðdr'ɔ:n] p. p. de **to withdraw**.
withdrew [wiðdr'u:] v. imp. de **to withdraw**.
withe [wiθ, wið, waið] s. vara f. de salgueiro, vime, junco m., verga f.
wither [w'iðə] v. 1. (fazer) murchar, secar, definhar, mirrar. 2. (fig.) claudicar, debilitar. 3. decair, enfraquecer. 4. difamar. 5. (fig.) explorar (out).
withered [~d] adj. 1. murcho, seco, mirrado. 2. sem vida, sem viço. 3. (fig.) fraco, insípido, enjoativo.
withering [~riŋ] adj. 1. que murcha, que seca, que definha. 2. (fig.) que paralisa, destruidor, desmoralizador. ‖ ~ly adv. 1. de forma que murcha ou seca. 2. (fig.) de forma paralisadora, destruidora.
withers [~z] s. cernelha f. (animais).
my ~ are wrung minha paciência está no fim. my ~ are unwrung a acusação não me atinge.
withershins [w'iðəʃinz] adj. (esc.) contra o aparente curso do sol.
withhold [wiðh'ould] v. (imp. e p. p. **withheld**) 1. reter, segurar, deter, conter. 2. impedir, estorvar (from doing de fazer). 3. negar, recusar. 4. retrair, sonegar.
to ~ s. th. from s. o. retrair ou sonegar alguma coisa a alguém. I withheld my hand from violence eu me abstive de empregar violência. why has he withheld this news from you? por que ele lhe sonegou (ou ocultou) esta novidade?
withholder [~ə] s. 1. quem retém, detentor, sonegador m. 2. (fig.) quem ou o que estorva ou impede, estorvo, impedimento m.
withholding tax s. (I.R.) imposto m. retido na fonte.
withholdment [~mənt] s. 1. retração, detenção f. 2. impedimento, estorvo m. 3. negação, recusa f. 4. retraimento m., sonegação f.
within [wið'in] adv. 1. dentro, interiormente. 2. dentro de casa, em casa. 3. intimamente, no íntimo. ‖ prep. 1. dentro dos limites de, ao alcance de. 2. no interior de, dentro de. em, na parte interna de. 3. dentro do prazo de, no período de.
is your father ~? o seu pai está em casa? I have this ~ tenho isto em mim, dentro de mim. from ~ de dentro, da parte interna. ~ doors dentro de casa. ~ call (hearing) ao alcance da voz (do ouvido). ~ a fortnight dentro de quatorze dias. ~ a few minutes dentro de alguns minutos. it agreed ~ two inches estava certo até duas polegadas. we came ~ a mile of the town nós nos aproximamos a uma milha da cidade. it is ~ my power está em meu poder. ~ the meaning of this law dentro do espírito da lei. they kept ~ the law eles agiram de acordo com

a lei. I live ~ my income vivo de acordo com minhas possibilidades. I was ~ an ace of being killed por um triz eu teria sido morto.
without [wið'aut] adv. exteriormente, externamente, fora, de fora, por fora, no lado de fora, fora de casa. ‖ prep. sem, destituído de, falto de, fora de. ‖ conj. a não ser que, senão, a menos que.
you are better ~ é melhor você ficar sem isso. don't see things from ~ não olhe as coisas apenas exteriormente. you must learn to go ~ você precisa aprender o que é ter falta. we went ~ nós não recebemos nada. have this or go ~! ou isso ou nada. ~ book sem livro, de cor. ~ doors fora de casa. ~ doubt sem dúvida. ~ effect sem efeito. ~ end sem fim. ~ prejudice to one's interests sem abrir mão dos seus interesses. ~ prejudice sem compromisso ou responsabilidade. ~ seeing sem ver. it went ~ saying foi subentendido, sem necessidade de menção especial. I shall do it ~ him eu o farei sem ele. we went ~ our supper ficamos sem jantar.
withstand [wiðst'ænd] v. (imp. e p. p. **withstood**) opor-se, resistir, contrariar, impugnar.
withy [w'iði] s. 1. vimeiro novo m. 2. ramo m. de vime. ‖ adj. 1. de vime. 2. flexível, delgado.
witless [w'itlis] adj. tolo, desajuizado, néscio, estúpido, ininteligente, ignorante. ‖ ~ly adv. tolamente, desajuizadamente, de modo ignorante.
witlessness [~nis] s. falta f. de juízo, tolice, estupidez, ignorância f.
witling [w'itliŋ] s. pedante m. + f., tolo m. metido a sabichão.
witness [w'itnis] s. 1. testemunha f. 2. testemunho m., prova, evidência f., indício m. ‖ v. 1. testemunhar, presenciar, ver, assistir a. 2. dar fé. 3. atestar, testificar. 4. depor (como testemunha), servir de testemunha.
in ~ of em testemunho de. in ~ hereof (ou whereof) em fé disto ou de que. ~ for the prosecution testemunha de acusação. ~ for the defence testemunha de defesa. they bore ~ for (the deed) eles deram testemunho de, testificaram-no, confirmaram-no. to produce a ~ apresentar uma testemunha. we called (ou took) him to ~ nós o chamamos como testemunha. to which ~ my hand em prova do que firmo (ou assino). we ~ed to the truth nós testemunhamos o verdade.
witness-box (Ingl.) s. = **witness stand**.
witness stand s. banco m. das testemunhas.
witted [w'itid] adj. esperto, vivo.
half-~ estúpido. quick-~ esperto, de rápida compreensão.
witticism [w'itisizm] s. dito chistoso ou espirituoso m., observação acertada, graça f.
wittiness [w'itinis] s. presença f. de espírito, habilidade f. de responder pronta e acertadamente.
witting [w'itiŋ] adj. proposital, intencional, premeditado. ‖ ~ly adv. de propósito, intencionalmente, premeditadamente.
witty [w'iti] adj. 1. engenhoso, arguto. 2. gracioso, humorístico, chistoso. 3. espirituoso. 4. mordaz, satírico. ‖ -ily adv. 1. engenhosamente, argutamente. 2. graciosamente, humorísticamente. 3. espirituosamente. 4. satiricamente.
she was ~ at his expense ela se divertiu à custa dele, ridicularizou-o.
wive [waiv] v. 1. casar(-se), desposar(-se), contrair matrimônio. 2. tomar como esposa.
wivern [w'aivə:n] s. (Heráld.) dragão alado m.
wives [waivz] s. pl. de **wife**.
wizard [w'izəd] s. 1. mágico, feiticeiro, bruxo, encantador, adivinho m. 2. prestidigitador m. 3. (coloq.)

pessoa muito esperta. 4. (coloq.) especialista, perito m.

wizardlike [~laik], **wizardly** [~li] adj. como mágico, semelhante a feiticeiro ou prestidigitador.

wizardry [~ri] s. 1. magia f. 2. prestidigitação f.

wizen [wizn] v. murchar, secar, mirrar. ‖ adj. 1. murcho, seco, mirrado. 2. esguio, fino. **~-faced** de rosto enrugado.

wizened [wiznd] adj. 1. seco, murcho, mirrado. 2. rugoso, enrugado.

wk. abr. de: 1. **week.** 2. **work.**

wo, woha [wou] interj. êh! ô! pare! (cavalo).

woad [woud] s. (Bot.) ísatis f., pastel-dos-tintureiros m. ‖ v. colorir ou tingir com o corante extraído da ísatis.

wobble [wɔbl] s. 1. agitação, oscilação f., balouço m. 2. ação de cambalear, bamboleio m. 3. vacilação, hesitação f. ‖ v. 1. cambalear, bambolear. 2. agitar, oscilar, balançar(-se). 3. sacudir, tremer. 4. estar incerto, vacilar, hesitar, ser inconstante, titubear.

wobbler [w'ɔblə] s. quem ou o que bamboleia, cambaleia, oscila ou vacila.

wobbling [w'ɔbliŋ] adj. 1. cambaleante, bamboleante. 2. oscilante. 3. trêmulo. 4. incerto, vacilante. ‖ **~ly** adv. de modo cambaleante, oscilante ou trêmulo, incertamente.

wobbly [w'ɔbli] adj. = **wobbling.**

wobegone [w'oubigɔn] adj. = **woebegone.**

Woden [woudn] s. deus principal da mitologia anglosaxônica e sul-germânica.

woe [wou] s. 1. aflição, angústia, preocupação, pena f., pesar m. 2. dor m., mágoa f. 3. desgraça, calamidade f., infortúnio m. 4. miséria, desventura, desdita f. ‖ interj. ai! **a face of ~** um rosto preocupado, angustiado. **the Man of Woes** Jesus Cristo. **tale of ~** uma história dolorosa. **through weal and ~** pelo bem e pelo mal. **~ the day!** maldito o dia! **~ betide him!** ai dele! **~ is me!** ai de mim! **~ be to him who...!** ai daquele que...!

woebegone [w'oubigɔn] adj. abatido, desanimado, acabrunhado, triste, desolado, miserável.

woeful [w'ouful] adj. 1. aflito, pesaroso, angustiado, preocupado. 2. magoado, triste. 3. aflitivo, angustioso. 4. infortunado, infausto, calamitoso, deplorável, lamentável. 5. desgraçado, miserável, infeliz. ‖ **~ly** adv. 1. aflitamente. 2. magoadamente, tristemente. 3. angustiosamente. 4. infortunadamente, calamitosamente. 5. desgraçadamente.

woefulness [~nis] s. 1. disposição triste ou melancólica, tristeza, melancolia f. 2. situação ou estado aflitivo, angustioso ou calamitoso, aflição f.

woe-shaken, woe-worn adj. abatido ou oprimido pela dor, mágoa ou desgraça.

woke [wouk] v. imp. e p. p. de **to wake.**

woken [~n] v. (arc.) p. p. de **to wake.**

wold [would] s. 1. campo aberto, descampado m., planície f. 2. (arc.) mata, floresta f.

wolf [wulf] s. (pl. **wolves**) 1. lobo m.: a) o animal (Canis lupus). b) (fig.) pessoa cruel, voraz e insaciável. c) (Astron.) constelação do sul. 2. pele f. de lobo. 3. conquistador, dom-joão m. 4. larva destruidora f. de cereais. ‖ v. 1. caçar lobos. 2. comer avidamente, devorar, tragar. **she-~** loba. **the ~ in sheep's skin** o lobo em pele de carneiro, o hipócrita. **don't cry ~!** não dê alarma falso. **he had** (ou **held**) **the ~ by the ears** ele se viu em maus lençóis, estava em situação desesperada. **the ~ at the door** a fome (às portas). **we kept the ~ from the door** nós passamos por muita necessidade. **to ~ down** devorar.

wolf cub s. 1. filhote m. de lobo. 2. (fig.) escoteiro ou membro da "Girl Guides".

wolf dog s. mastim, cão-lobo escocês m. **Alsatian ~** cão pastor alemão.

wolffish [w'ulffiʃ] s. (Ict.) lobo-marinho m. (Anarrhichas lupus), conhecido por sua ferocidade.

wolfhound [w'ulfhaund] s. cão grande m. de qualquer raça usado antigamente para caçar lobos.

wolfish [w'ulfiʃ] adj. 1. de lobo. 2. feroz, cruel, carnívoro. 3. faminto, voraz, devorador. ‖ **~ly** adv. 1. ferozmente. 2. esfaimadamente, vorazmente.

wolfishness [~nis] s. 1. ferocidade f. 2. voracidade f.

wolflike [w'ulflaik] adj. semelhante a lobo.

wolf pack s. 1. bando m. de lobos. 2. conjunto m. de submarinos para atacar comboios.

wolfram [w'ulfrəm] s. 1. (Quím.) volfrâmio, tungstênio m. 2. (Miner.) volframite f.

wolframite [w'ulfrəmait] s. (Miner.) volframite f.

wolfsbane [w'ulfsbein] s. (Bot.) acônito m.

wolfskin [w'ulfskin] s. pele f. de lobo.

wolf spider s. (Zool.) licosa f.: qualquer aranha da família Lycosidae, que caça a sua presa em vez de apanhá-la em sua teia.

wolver [w'ulvə] s. caçador m. de lobos. mulher. ‖ adj. próprio de, relativo a mulher.

wolverene, wolverine [w'ulvəri:n] s. 1. (Zool.) carcaju m. 2. pele f. de carcaju.

wolves [wulvz] pl. de **wolf.**

woman [w'umən] s. (pl. **women**) 1. mulher f. 2. mulheres em geral, sexo feminino m. 3. natureza ou característica feminina, feminilidade f. 4. esposa f. 5. criada, camareira f. 6. amante, solteirona f. ‖ v. associar-se a ou andar em companhia de **man and ~** ambos os sexos. **~ of the house** dona-de-casa. **~ of the street** mulher da rua. **~ of the world** mulher mundana, que conhece o mundo. **women's disease** doença própria de mulher. **specialist for women's diseases** médico (para doenças) de senhoras. **women's rights** direitos de mulher. **women's team** 1. equipe feminina. 2. trabalho feminino. **~ suffrage** 1. direito de voto da mulher. 2. voto de mulher, sufrágio feminino. **~-suffragist** sufragista. **the eternal ~** o eternamente feminino. **single ~** mulher que vive só, solteira. **young ~** moça, mulher jovem. **he played the ~** ele se portou de modo efeminado. **the old ~ is picking her geese** está caindo neve. **~ doctor** médica. **~ friend** amiga. **~ pilot** aviadora. **a ~ grown** uma adulta. **~-born** gerado por mulher. **~ hater** inimigo de mulheres, misógino.

womanhood [w'umənhud] s. 1. estado, condição ou dignidade de mulher. 2. caráter feminino m., qualidades femininas f. pl. 3. mulheres em geral, sexo feminino m. 4. o mundo feminino, o mundo da mulher.

womanish [w'uməniʃ] adj. 1. próprio da mulher, feminil, feminino. 2. efeminado. ‖ **~ly** adv. 1. feminilmente. 2. efeminadamente.

womanishness [~nis] s. feminilidade f., caráter efeminado m.

womanize [w'umənaiz] v. 1. efeminar. 2. viver dissolutamente.

womankind [w'umənkaind] s. 1. o sexo feminino, as mulheres em geral. 2. as mulheres da família. **his ~** as mulheres de sua família.

womanlike [w'umənlaik] adj. 1. semelhante a mulher, feminil. 2. próprio da mulher, feminino.

womanliness [w'umənlinis] s. natureza ou caráter feminil.

womanly [w'umənli] adj. 1. semelhante a mulher, feminil. 2. próprio da mulher, feminino.

womb [wu:m] s. 1. ventre m. 2. útero m., madre f. 3. qualquer coisa parecida em forma ou função. 4. seio, interior, recato m. **in the ~ of future** no recato do futuro.

wombat [w'ɔmbət] s. (Zool.) vombate m.

women [w'imin] pl. de **woman.**

womenfolk [w'iminfouk], **womenfolks** [~s] s. 1. mulherada f., mulherio m. 2. mundo feminino m. 3. mulheres da família, de casa.
you and your ~ você e as mulheres de sua casa.

won [wʌn] v. imp. e p. p. de **to win.**

wonder [w'ʌndə] s. 1. milagre m. 2. prodígio, portento m. 3. maravilha f. 4. admiração, surpresa f., espanto m. ‖ v. 1. admirar-se, surpreender-se, espantar-se (**at, over** de, com). 2. querer saber, estar curioso por saber, ter curiosidade para descobrir. **the ~s of the world** os milagres do mundo. **no ~ that** não é de admirar que. **a nine days' ~** um prodígio. **in the name of ~!** por amor ao céu! **signs and ~s** sinais e milagres. **what ~?** é de admirar? **small ~ if...** não é de admirar se... **she is a ~** ela é maravilhosa. **he did** (ou **worked**) **~s** ele realizou milagres. **it excited ~s** causou surprêsa. **I was filled with ~** fiquei muito surpreso. **they looked at me in ~** eles todos me olharam surpresos. **they arrived in time for a ~** por milagre chegaram em tempo. **I ~!** 1. isto é o que eu gostaria de saber. 2. disto eu ainda duvido muito. **I ~ how he did it!** como será que ele tem feito isto? **I ~ you never read the letters** admiro-me de que você nunca leia as cartas. **he ~ed to himself how...** ele ficou pensando (consigo mesmo) como... **it is not to be ~ed at if...** não é de admirar se... **we should not ~ if** não devíamos admirar-nos se. **I ~ who it was!** eu gostaria de saber quem foi. **he ~s (that) you have not written** ele se admira de você não ter escrito. **I ~ what you ought to do** se eu só soubesse o que você devia fazer. **I ~ that too** é isto que eu também queria saber.

wonderer [~rə] s. admirador m., quem se admira ou maravilha.

wonderful [~ful] adj. maravilhoso, admirável, lindo, notável, magnífico, esplêndido, extraordinário, estupendo, fenomenal. ‖ **~ly** adv. maravilhosamente, admiravelmente, notavelmente, magnificamente.

wonderfulness [~fulnis] s. estado ou condição maravilhosa, maravilha, magnificência f.

wondering [~riŋ] s. admiração, surpresa f. ‖ adj. 1. admirado, surpreso. 2. admirável, surpreendente, maravilhoso. ‖ **~ly** adv. admiravelmente, surpreendentemente.

wonderland [~lænd] s. terra maravilhosa f., país m. das maravilhas.

wonderment [~mənt] s. 1. maravilha f. 2. surpresa, admiração f. (**at** por). 3. coisa maravilhosa f.

wondersign [~sain] s. sinal milagroso m.

wonder-struck (também **wonder-stricken**) adj. surpreso, estupefato, atônito.

wonder-worker s. quem faz milagres.

wonder-working adj. milagroso, miraculoso.

wondrous [w'ʌndrəs] adj. 1. maravilhoso, magnífico, extraordinário. 2. surpreendente, admirável. ‖ adv. (também **~ly**) 1. maravilhosamente, magnificamente, extraordinariamente. 2. surpreendentemente.

wondrousness [~nis] s. 1. miraculosidade f. 2. maravilha, magnificência f.

wont [wount, wʌnt] s. costume, uso, hábito m., praxe, prática f. ‖ v. (arc.) acostumar(-se), habituar(-se), estar acostumado ou habituado. ‖ adj. acostumado, habituado, usual, habitual, de praxe.
as it is his ~ to write como é de seu hábito escrever. **use and ~** uso e praxe. **we are ~ to go nós** estamos acostumados a andar, costumamos andar. **he ~s** (arc.) ele está acostumado, costuma. **I ~** (arc.) eu estava acostumado.

won't [wount] abr. de **will not.**

wonted [w'ountid] adj. acostumado, habituado, de costume, de praxe, usual, habitual. ‖ **~ly** adv. costumeiramente, por praxe.

wontedness [~nis] s. efeito m. do hábito (ou costume).

woo [wu:] v. 1. cortejar, galantear, fazer corte a, namorar. 2. almejar, procurar obter ou alcançar. 3. persuadir, tentar (**to, to do** a, a fazer). 4. solicitar, rogar, implorar, suplicar.
he ~ed (to) sleep ele procurou dormir, conciliar o sono. **we ~ed him to write** nós o persuadimos a escrever. **they ~ed fame** eles almejaram a fama.

wood [wud] s. 1. madeira, lenha f. 2. floresta, selva f., bosque, mato m. (também **~s**). 3. objeto de madeira. 4. tina, barrica f., barril m. 5. (Mús.) instrumento m. de sopro de madeira. 6. **~s** pl. (Mús.) instrumentos m. pl. de sopro de madeira de uma orquestra. 7. **~s** pl. os que tocam esses instrumentos. ‖ v. 1. prover ou abastecer com madeira ou lenha. 2. reflorestar, plantar árvores. ‖ adj. 1. de madeira. 2. do mato.
a clearing in the ~ uma clareira na floresta. **wine drawn from the ~** vinho da pipa. **you cannot see the ~ for the trees** você de tantas árvores não vê o mato. **he is out of the ~** ele está fora de perigo.

wood agate s. ágata f. formada pela petrificação da lenha.

wood alcohol s. espírito de madeira, álcool metílico m.

wood anemone s. (Bot.) anêmona-dos-bosques f.

woodbine [w'udbain] s. (Bot.) 1. madressilva f. (Lonicera periclymenum). 2. (E. U. A.) videira virgem f.

wood block s. 1. taco m. de madeira (para calçamento). 2. xilogravura f.

wood-carver s. xilógrafo m.

woodchopper [w'udtʃ'ɔpə] s. (E. U. A.) lenhador m.

woodchuck [w'udtʃʌk] s. (Zool.) espécie de marmota dos E. U. A. e Canadá (Marmota monax).

wood coal s. carvão vegetal m.

woodcock [w'udkɔk] s. (Zool.) galinhola f. (Scolopax rusticola).

woodcraft [w'udkra:ft] s. 1. destreza ou habilidade f. em assuntos florestais, esp. caça. 2. habilidade na feitura de artigos de madeira. 3. silvicultura f.

woodcraftsman [~smən] s. 1. quem tem habilidade na feitura de artigos de madeira. 2. silvicultor m.

woodcut [w'udkʌt] s. xilogravura, xilografia f.,: 1. gravura em madeira. 2. a respectiva reprodução.

woodcutter [~ə] s. 1. lenhador m. 2. xilógrafo m.

woodcutting [~iŋ] s. 1. trabalho m. de lenhador. 2. corte m. de lenha, derruba f. 3. xilografia f.

wooded [w'udid] adj. arborizado, coberto de mato.

wooden [wudn] adj. 1. de madeira. 2. (fig.) sem jeito, canhestro, desajeitado. 3. estúpido, tolo. 4. tedioso, enfadonho, insípido. ‖ **~ly** adv. 1. de modo canhestro. 2. estupidamente. 3. enfadonhamente.

wood engraver s. xilógrafo m.

wood engraving s. 1. xilografia f. 2. xilogravura f.

wooden-headed adj. (coloq.) tolo, estúpido.

wooden-headedness s. estupidez, tolice f.

wooden horse s. cavalo m. de Tróia.

woodenness [w'udnnis] s. (fig.) inexpressividade f.

woodenware [w'udnwɛə] s. utensílios domésticos m. pl. de madeira.

wood-house s. 1. casa f. de madeira. 2. depósito m. de madeira.

woodiness [w'udinis] s. 1. riqueza florestal f. 2. aspecto lenhoso m.

woodland [w'udlænd] s. terreno arborizado m., região florestal, floresta, mata f. ‖ adj. 1. na, de ou relativo a floresta, florestal. 2. selvático, silvestre.

woodlander [~ə] s. habitante m. + f. das florestas.

woodlark [w'udla:k] s. (Orn.) cotovia pequena f.
woodless [w'udlis] adj. sem matas, sem bosques.
wood-louse s. (Ent.) bicho-de-conta m.
woodman [w'udmən], woodsman [w'udzmən] s. 1. lenhador m. 2. mateiro m.: quem vive nas matas.
wood note s. canto m. ou voz f. de animal da floresta.
wood pattern maker s. modelador m., carpinteiro m. de moldes.
woodpecker [w'udpekə] s. (Orn.) pica-pau m.
woodpile [w'udpail] s. pilha f. de lenha.
wood processing s. beneficiamento m. de madeira.
wood pulp s. polpa f. de madeira.
woodruff [w'udrʌf] s. (Bot.) aspérula f.
wood shavings s. pl. cavacos m. pl. (de madeira).
woodshed [w'udʃed] s. = wood-house.
wood sorrel s. (Bot.) acetosela, azedinha f.
wood spirit s. (Quím.) álcool metílico m.
wood sugar s. (Quím.) xilose f.
woodsy [w'udzi] adj. da floresta, florestal, do mato, silvestre, semelhante a floresta.
wood thrush s. (Orn.) tordo m. (Hylocichla mustelina).
wood turning s. torneamento m. de madeira.
woodwind [w'udwind] s. 1. (Mús.) instrumento m. de sopro de madeira. 2. ~s pl. (Mús.) músicos m. pl. que tocam esses instrumentos. || adj. de ou relativo a instrumento de sopro de madeira.
wood wool s. palha f. de madeira.
woodwork [w'udwə:k] s. 1. madeiramento m. (de casa). 2. obra f., trabalho ou artigo m. de madeira.
woodworker [~ə] s. 1. carpinteiro, marceneiro m. 2. máquina f. para lavrar ou trabalhar madeira.
woodworking [w'udwə:kiŋ] s. trabalho m. em madeira, obra f. de carpintaria ou marcenaria. || adj. para trabalhar ou lavrar madeira.
woodworm [w'udwə:m] s. (Ent.) caruncho m., carcoma f.
woody [w'udi] adj. 1. arborizado, coberto de árvores, boscoso. 2. consistente de mato ou floresta. 3. de ou semelhante a madeira, lenhoso.
wooer [w'u:ə] s. galanteador, pretendente, cortejador m.
woof [wu:f] s. (Tecel.) = weft 1. trama, textura f. 2. tecido, pano m.
wooing [w'u:iŋ] s. cortejo, galanteio, namoro m. || ~ly adv. de maneira atrativa, atraentemente, de modo sedutor, insinuantemente, tentadoramente.
wool [wul] s. 1. lã f. 2. fazenda ou roupa f. de lã. 3. fio m. de lã. 4. cabelo muito crespo m. 5. lanugem, penugem f., pêlo m. || adj. = woolen, woollen de lã.
much cry and little ~ ou more squeak than ~ muito barulho para pouco resultado. they pulled him the ~ over the eyes (gíria e fig.) lançaram-lhe areia nos olhos, enganaram-no. to go for ~ and come home shorn ir buscar lã e voltar tosquiado.
wool card s. carda f.
wool clip s. produção f. anual de lã.
wool-combing s. cardadura f.
wool-dyed adj. tingido no fio.
wool-fat s. gordura f. de lã, lanolina f.
woolgathering [w'ulgæðəriŋ] s. 1. o ajuntar lã. 2. absorção, distração, desatenção f., devaneio m. || adj. desatento, distraído, sonhador.
your wits had gone ~ você estava sonhando, distraído, desatento.
woolgrower [w'ulgrouə] s. criador m. de gado lanígero.
woolgrowing [w'ulgrouiŋ] s. criação f. de gado lanígero ou de gado ovino.
woollen, woolen [w'ulin] adj. lanoso
~ goods 1. artigos de lã. 2. roupa de lã ou de flanela. ~-draper negociante de tecidos, de pano.
woollenette, woolenette [wulin'et] s. tecido fino m. de lã.

woollens, woolens [w'ulinz] s. pl. artigos m. pl. de lã.
wool fat s. (Quím.) lanolina f.
woolliness, wooliness [w'ulinis] s. lanosidade f.
woolly, wooly [wuli] s. 1. artigo m. de lã, pulôver m. 2. (E. U. A.) carneiro m. 3. –lies pl. (gíria) roupa f. de baixo de lã. || adj. 1. de lã. 2. semelhante a lã, lanuginoso. 3. revestido de lã, lanoso. 4. rouca (voz). 5. confuso, vago.
woolman [w'ulmən] s. negociante m. de lã.
woolpack [w'ulpæk] s. fardo m. de lã.
woolsack [w'ulsæk] s. 1. saco m. de lã. 2. cadeira do Lord Chancellor na Câmara dos Lordes. 3. dignidade de Lord Chancellor.
woolsorter [w'ulsɔ:tə] s. classificador m. de lã.
wool stapler s. 1. atacadista m. + f. de lã. 2. classificador m. de lã.
wooly [w'uli] adj. e s. = woolly.
woozy [w'uzi] adj. (gíria) tocado, alcoolizado.
wop [wɔp] s. gíria, E. U. A.) "italiano" m.: apelido dado aos imigrantes italianos.
word [wə:d] s. 1. palavra f.: a) vocábulo, termo m. b) fala f. c) promessa f. 2. conversa breve, conversação f. 3. expressão, linguagem f. (muitas vezes ~s). 4. dizeres m. pl., conteúdo, termo m. 5. ordem f., comando m. 6. senha f. (também watch~), sinal m. 7. notícia, informação f. 8. ~s pl. discussão, disputa, querela f. 9. ~s pl. texto m., letra f. (de uma canção). 10. the Word ou the Word of God s. a Palavra de Deus, a Bíblia. || v. pôr em palavras, exprimir, enunciar, frasear, redigir.
a ~ to the wise is sufficient! ao bom entendedor meia palavra basta! by ~ of mouth oralmente, verbalmente (abr.: w. o. m.). a ~ in your ear uma palavra confidencial, em segredo. a ~ with you! uma palavra apenas (a lhe dizer)! big ~s palavras pomposas, altissonantes. compound ~ palavra composta. I gave her fair ~s falei com ela de um modo amável, aquietador, confortador. he is as good as his ~ ele cumpre bem a sua palavra. she gave him hard ~s ela ralhou com ele high (ou hot) ~s palavras acaloradas. the last ~ lies with you a última palavra, a decisão está com você the last ~ in hats a última palavra em chapéus. he is the last ~ as sportsman ele é um esportista moderno e competente. my ~! céus! don't bandy ~s with me! não me responda mal! to bring ~ trazer notícias. make him eat his ~s! faça-o confessar a sua mentira! give the ~! senha! he gave the ~ to come ele deu a ordem para vir. he gave (broke, kept) his ~ to come ele deu (quebrou, cumpriu) sua palavra de vir. we won't have any ~s about it nós não queremos ouvir nada a respeito. had you ~s with him? você discutiu, brigou com ele? leave ~ with me! faça-me sabedor, avise-me, informe-me. put in a good ~ for him fale em favor dele. he sent (me) ~ ele me avisou, mandou-me um recado ou notícias. I took his ~ for it acreditei cegamente no que ele disse. I took him at his ~ fi-lo cumprir o que havia dito. too funny for ~s para morrer de dar risada. too silly for ~s aborrecido demais (para ser mencionado). ~ for ~ palavra por palavra. in a ~ numa palavra, brevemente. in other ~s em outras palavras. in the ~s of Shakespeare nas palavras de Shakespeare. put it into ~s formule-o em palavras. he hung on her ~s ele ouvia atentamente as suas palavras. it came to ~s insultaram-se. to play upon ~s recorrer a sofismas. to the ~! dito, feito! upon my ~! palavra de honra! carefully, cautiously ~ed cuidadosa e cautelosamente redigido. indifferently ~ed redigido com negligência.

wordage [wə:didʒ] s. 1. palavras f. pl. em geral. 2. verbosidade f. 3. = **wording.**
word blindness s. (Pat.) alexia f.
wordbook [w'ə:dbuk] s. 1. vocabulário, dicionário, léxico m. 2. libreto m.
wordbuilding [w'ə:dbildiŋ] s. formação f. de palavra.
word class s. (Gram.) classe f.
word game s. jogo m. de palavras.
wordiness [w'ə:dinis] s. prolixidade, verbosidade f.
wording [w'ə:diŋ] s. teor, fraseado m., dicção f.
wordless [w'ə:dlis] adj. atônito, calado, mudo.
word of honour s. palavra f. de honra.
word order s. (Gram.) ordem f. das palavras.
wordplay [w'ə:dplei] s. trocadilho m., jogo m. de palavras.
wordy [w'ə:di] adj. prolixo, verboso. ‖ –ily adv. de modo prolixo, verbosamente.
~ **warfare** briga de palavras.
wore [wɔ:] v. imp. de **to wear.**
work [wə:k] s. 1. trabalho m.: a) labor m., faina, lida f. b) ocupação f., emprego m. c) profissão f., ofício m. d) tarefa f. e) serviço, mister m. f) produto manufaturado m. g) obra f. (também artística, literária, etc.). h) atividade f., esforço m. i) costura f., bordado m. 2. ação f., ato m. 3. mecanismo, motor m., maquinaria f. (também ~s). 4. fábrica, usina, oficina f., estabelecimento fabril m. (também ~s). 5 (milit.) fortificações. f. 6. (Eng.) construção f. 7. empreendimento m. ‖ v. 1. trabalhar: a) fazer trabalhar, dar trabalho a. b) labutar, laborar, lidar, operar. c) correr, funcionar, andar (máquina). d) produzir, estar em atividade (fábrica, oficina). e) formar, forjar, talhar, moldar, prensar, preparar, produzir. f) lavrar, cultivar, plantar. g) executar cuidadosamente, tratar, examinar. h) estar empregado, exercer o seu ofício, aplicar sua atividade a. i) esforçar-se, empregar seus esforços. 2. calcular, resolver (problema). 3. elaborar, pôr **em prática.** 4. manejar, manipular. 5. visitar, percorrer uma zona (como vendedor). 6. influenciar, influir. 7. persuadir, induzir. 8. (coloq.) enganar. 9. provocar, causar. 10. trabalhar em máquina, operar máquina. 11. fazer funcionar, pôr em movimento ou correr. 12. dirigir ou conduzir (trem). 13. explorar (mina). 14. tecer, costurar, bordar, fazer trabalho de agulha. 15. dar certo, ter resultado, produzir efeito, ser eficaz. 16. desenvolver-se. 17. mover-se com dificuldade. 18. forçar o seu caminho laboriosamente. 19. alterar, contorcer o rosto **(with** de). 20. estar agitado, estar em agitação. 21 fermentar (líquidos). 22. excitar(-se), alterar(-se). 23. acionar, mover. 24. administrar (fazenda). 25. vender. 26. preparar (massa). ‖ adj. de ou relativo ao trabalho.
needle~ trabalho de agulha. **faith and ~s** fé e boas obras. **the ~s of God** as obras de Deus. **a ~ of Michelangelo** uma obra de Miguel Ângelo. **the ~ of restoring order** a tarefa de restabelecer a ordem. **~ of art** obra de arte. **~s of sculpture** esculturas. **a ~ in three volumes** uma obra em três volumes (ou tomos). **anxious ~** trabalho inquietante, exaltante. **defensive ~s** (milit.) furtificação. **good ~!** bom trabalho! bom resultado! **good ~s** (Teol.) boas ações, obras de caridade. **hard ~** trabalho difícil. **public ~s** obras públicas. **they made sad ~ of it** (fig.) eles fizeram uma bela maçada daquilo. **it was sharp ~** foi um trabalho árduo. **make short ~ of it** não faça muita história com isso. **you have your ~ cut out for you** você tem tarefa árdua à sua frente. **that is all in the day's ~** isto não é nada de extraordinário, é muito comum. **to do good ~** fazer bom trabalho. **he is past his ~** ele não pode mais trabalhar. **leave it**

to do its ~ espere o efeito. **it is the ~ of poison** é o efeito do veneno. **at ~** 1. (pessoas) a (ou de) serviço, trabalhando. 2. (máquina) em movimento. **in ~** 1. em serviço. 2. em atividade. **heat can be converted into ~** o calor pode ser transformado em energia (movimento). **out of ~** desempregado. **the out-of-~s** os desempregados. **we went (ou set) to ~** pusemos mãos à obra. **your plan does not ~** seu plano não dá resultado. **to ~ against time** trabalhar sob controle de tempo. **to ~ at French** estar estudando francês. **to ~ away** liquidar os assuntos trabalhando muito. **to ~ in** 1. penetrar no assunto, adquirir prática. 2. encaixar, inserir. **to ~ into** transformar em (um produto). **to ~ o.s. into** 1. enfronhar-se bem em (um trabalho), adquirir muita prática. 2. forçar o caminho através de ou para. **I ~ed myself into the cave** forcei a entrada ou abri o caminho para a caverna. **I ~ed myself into a frenzy** fui me exaltando (inutilmente). **the dye ~ed into the stuff** o corante penetrou no material. **to ~ off** 1. transformar, mudar (em um produto). 2. liquidar. 3. livrar-se de. 4. dar expansão a seus sentimentos. 5. (Tipogr.) tirar provas. **to ~ on a ~** estar trabalhando em obra grande. **he ~ed (up) on him** ele o influenciou, persuadiu. **to ~ out** 1. executar, realizar. 2. elaborar, planejar. 3. desenvolver. 4. resolver (problema). 5. fazer exercício, praticar. 6. gastar. 7. saldar dívida, por meio de trabalho. 8. ter efeito, mostrar efeito, surgir, ser resolvido. **to ~ out at** somar em, perfazer o total de, custar. **to ~ out of** subir à custa de trabalho. **it ~ed itself out** mostrou os seus efeitos. **to ~ round** 1. forçar o seu caminho com duro trabalho. 2. sobrepujar (esp. uma doença). **to ~ to** 1. virar (vento). 2. (Náut.) barlaventear. **to ~ together** 1. trabalhar em conjunto. 2. cooperar. 3. engrenar. **to ~ up** 1. elaborar, planejar. 2. desenvolver **(to, into).** 3. redigir 4. estudar e ter a seu cargo um assunto ou tema. 5. persuadir. 6. incitar, instigar, excitar. 7. fazer subir os preços. 8. revolver (sentimentos). 9. misturar (alimentos). 10. subir, ter sucesso na vida. **to ~ up to** atingir, alcançar. **to ~ up with** procurar influenciar. **his face ~ed with pain** seu rosto se contorceu de dor. **it had ~ed much good** tem causado muito bem. **you ~ yourself to death** você se mata (trabalhando). **we ~ed ourselves (our fingers) to the bone for him** nós deixamos a pele de tanto trabalhar para ele. **he ~ed his passage** ele pagou a passagem trabalhando a bordo. **he ~s swindles** ele faz negociatas. **can you ~ it for me?** pode dar um jeito nisso para mim? **the screw ~ed itself loose** o parafuso soltou-se. **~ed by electricity** movido a eletricidade. **we had ~ed our sums right** nós solucionamos nossos problemas de matemática.
workability [wə:kəb'iliti] s. utilidade, viabilidade, praticabilidade, maleabilidade, usinabilidade f.
workable [w'ə:kəbl] adj. 1. que se pode trabalhar. 2. utilizável, aproveitável, explorável. 3. executável, praticável. 4. útil. 5. próprio para o trabalho (idade).
workableness [~nis] s. 1. possibilidade f. de ser trabalhado. 2. maleabilidade f.
workaday [w'ə:kədei] adj. 1. de dias úteis. 2. prático. 3. comum, vulgar, prosaico.
workbag [w'ə:kbæg] s. estojo m. de costura.
workbench [w'ə:kbentʃ] s. 1. banca f. de trabalho. 2. bancada f. de mecânico.
workbook [w'ə:kbuk] s. 1. manual, compêndio m. 2. caderno escolar m. de anotações ou exercícios.
workbox [w'ə:kbɔks] s. caixa f. de costura.
work camp s. 1. campo penitenciário m. de traba-

lho forçado. 2. projeto m. de assistência social.
workday [w'ə:kdei] s. 1. dia m. de trabalho, dia útil
2. parte do dia em que se trabalha. ‖ adj.
= **workaday.**
worked [wə:kt] adj. trabalhado.
worked-up adj. excitado, perturbado.
worker [w'əkə] s. 1. trabalhador, operário, obreiro,
artesão m. 2. (Zool.) abelha ou formiga obreira f.
workerless [~lis] adj. sem trabalhadores.
work farm s. fazenda f. onde trabalham presos.
workfolk [w'ə:kfouk], **workfolks** [~s] s. pl. os trabalhadores m. pl., esp. rurais.
work force s. mão-de-obra f.
workhouse [w'ə:khaus] s. 1. (E. U. A.) casa f. de
correção. 2. (Ingl.) asilo m. para pobres.
working [w'ə:kiŋ] s. 1. trabalho m., obra f. 2. ação,
atividade f. 3. operação f. 4. modo ou processo
de trabalhar. 5. andamento m. 6. funcionamento
m. 7. manipulação f. 8. acabamento m. 9. movimento m. 10. efeito m., conseqüência f. 11. exploração f. (mina). 12 solução f. (mat.). 13. movimento
m. de agitação ou contorção, contração f. 14. progresso lento, gradativo e árduo m. 15. fermentação
f. 16. influência f. ‖ adj. 1. que trabalha, trabalhador. 2. que funciona. 3. aproveitável, útil. 4. que
possibilita o trabalho. 5. em andamento, atividade
ou funcionamento. 6. próprio para (ou usado no)
trabalho. 7. em fermentação.
working capacity s. capacidade produtiva f.
working classes s. pl. classes trabalhadoras f. pl.
working conditions s. pl. condições f. pl. de serviço.
working day s. e adj. = **workday.**
working drawing s. (Arquit.) planta f.
working expenses s. pl. despesas f. pl. de serviço.
working load s. 1. carga f. admissível. 2. carga f. de
segurança.
workingman [w'ə:kiŋmæn] s. = **workman.**
working order s. processo ou andamento m. do
serviço.
in ~ pronto para funcionar. **to be in** ~ estar
pronto para funcionamento.
working-out s. 1. elaboração f. 2. acabamento m. 3.
desenvolvimento m. 4. ação f. (teatral).
working papers pl. s. documentos m. pl. para o trabalho.
working partner s. sócio ativo m.
working power s. potência, capacidade produtiva f.
working quarter s. bairro operário m.
working stress s. (Mec.). 1. esforço de trabalho m.
2. carga f. de segurança.
working-up s. aproveitamento m., manufatura f.
workingwoman [w'ə:kiŋwumən] s. operária f.: mulher
que trabalha fora de casa.
workless [w'ə:klis] adj. sem trabalho, desempregado.
the ~ os desempregados.
workman [w'ə:kmən] s. trabalhador, operário m., artífice m. + f.
workmanlike [~laik] adj. 1. hábil, destro. 2. bem
feito ou acabado, primoroso. 3. de ou próprio de
trabalhador ou operário.
workmanly [~li] adj. = **workmanlike.** ‖ adv. habilmente, primorosamente, artisticamente.
workmanship [~ʃip] s. 1. artesanato m. 2. obra f.,
manufatura f., trabalho m. 3. feitura f., acabamento m. 4. habilidade, arte f. (manual).
workout [wə:k'aut] s. (coloq., E. U. A.) 1. exercício
m., prática f. 2. experiência, prova f., teste m.
workpeople [w'ə:kpi:pl] s. operários, empregados m.
pl., em geral.
workroom [w'ə:krum] s. sala f. de trabalho.
works [wə:ks] s. pl. fábrica, indústria f.

work sheet s. 1. registro m. de dados e instruções.
2. esboço m., minuta de escrita f.
workshop [w'ə:kʃɔp] s. oficina f.
work-shy adj. avesso ao trabalho, preguiçoso.
works manager s. chefe m. de serviço.
works railway s. ferrovia fabril f.
works siding s. (Estr. de F.) ramal industrial m.
worktable [w'ə:kteibl] s. mesa f. de trabalho.
workweek [w'ə:kwi:k] s. (E. U. A.) total m. de horas
ou dias regulares de serviço semanal.
world [wə:ld] s. 1. mundo m.: a) Terra f., globo
terrestre m. b) parte determinada do mundo,
continente m. c) mundo em determinada época.
d) macrocosmo m. e) humanidade f., gênero m.
ou raça f. humana, os homens. f) povo, público
m., gente f. g) classe, camada f. ou grupo m.
social. h) vida mundana, existência f. i) grande
quantidade, infinidade f. j) qualquer extensão
muito grande. k) o ambiente de cada um. l) o
todo. m) astro m., planeta f. n) reino m. da
natureza (vegetal, etc.). 2. rumo m. dos acontecimentos.
his ~ **has changed** o seu mundo, o seu ambiente
mudou. **a** ~ **of** um mundo de, uma grande quantidade de. **a** ~ **of sighs** um mundo de suspiros.
the ~ **of commerce** o mundo comercial. **end of
the** ~ fim do mundo. **the** ~ **of letters** o mundo
das letras. **man of the** ~ homem do mundo. **a
~ of trouble** um mundo de dificuldades, grande
empenho ou esforço. **the ways of the** ~ o modo,
o curso do mundo. **all the** ~ **(and his wife)** todos,
todo o mundo. **all the** ~ **over** por todo o mundo.
the great ~ o grande mundo, a elite, a camada
social superior. **the learned** ~ o mundo erudito.
the lower ~ a camada social inferior, a ralé. **the
New World** o Novo Mundo, a América. **the other
(next)** ~**, the** ~ **to come** o outro mundo (vida após
a morte), o além. **the sporting** ~ o mundo esportivo.
the whole ~ o mundo todo, a humanidade inteira.
he began the ~ ele iniciou a sua vida, começou
sua carreira. **she carried the** ~ **before her** ela
teve muita sorte, muito êxito na vida. **I would
give the** ~ **to know** eu daria o mundo para saber.
as the ~ **goes** como costuma acontecer no mundo.
how goes the ~ **with you?** como vai? como vão as
coisas com você? **we went round the** ~ fizemos
uma viagem em volta do mundo. **he is the** ~ **to
her** ele é o mundo dela. **we want to see the** ~
queremos ver o mundo (os países e os povos).
~**s away from** a mundos de distância. **not for all
the** ~ por nada deste mundo. **he looked for all the
~ like a madman** ele teve realmente aspecto de
louco. **for** ~**s!** (fig.) para eternidades! **from all
over the** ~ de todas as partes do mundo. **do her
all the good in the** ~ faça todo o bem possível
a ela. **he has nothing in the** ~ ele não tem um
nada neste mundo. **to bring into the** ~ dar à luz.
to come into the ~ nascer. **he went out of the** ~
ele saiu do mundo, morreu. **dead to the** ~ loucamente embriagado. **she was left upon the** ~ **at
large** ela estava só, abandonada no mundo.
World Bank s. Banco Mundial m.
World Court s. Corte Permanente m. de Justiça Internacional (para decidir questões entre os povos).
world-famous adj. mundialmente famoso.
world island s. (Geopolítica) o maciço que constitui
a Europa, a Ásia e a África.
worldliness [w'ə:ldlinis] s. interesse pelos assuntos
mundanos, mundanidade, mundanismo m.
worldling [w'ə:ldliŋ] s. pessoa mundana f.
worldly [w'ə:ldli] adj. 1. mundano. 2. terreno, temporal, secular, profano. 3. conhecedor do mundo.
‖ adv. 1. mundanamente. 2. temporalmente.

~ **wisdom** prudência, conhecimento do mundo.
worldly-minded adj. de idéias ou pensamentos mundanos. ‖ ~**ly** adv. de modo a refletir idéias ou pensamentos mundanos.
worldly-mindedness s. simpatia f. com idéias mundanas ou pensamentos profanos m. pl.
worldly-wise adj. experimentado, conhecedor da vida e do mundo.
world power s. (Econ., milit., Pol.) grande potência f.
world series s. (E. U. A.) campeonato m. de beisebol dos profissionais.
world's fair s. grande exposição internacional f.
world-shaking adj. importante, notável, momentoso.
world soul s. espírito universal m., alma do mundo f.
World War I, ~ **II** s. primeira e segunda guerra mundial.
world-weary adj. cansado deste mundo.
world-wide adj. pelo mundo inteiro, espalhado pelo mundo inteiro. ‖ ~**ly** adv. muito difundido.
of ~ **fame** mundialmente famoso. ~ **reputation** fama mundial.
worm [wə:m] s. 1. bicho, verme, gorgulho, gusano, caruncho m., lombriga, larva, minhoca, traça, lagarta f. 2. (fig.) pobre, miserável, vil m. + f. 3. (Mec.) rosca f. sem fim, de parafuso, etc. (quadro B 16), parte espiral f. de ferramenta ou mecanismo. 4. (Quím.) serpentina f. 5. saca-trapo m. 6. (fig.) remorso m., consciência f. 7. ~**s** pl. verminose f., vermes f. pl. ‖ v. 1. mover-se como verme, serpear, rastejar. 2. obter ardilosamente, infiltrar-se, insinuar-se. 3. tirar bichos de, livrar de vermes. 4. procurar vermes (pássaros). 5. (Náut.) engaiar.
cooling ~ serpentina de refrigeração. ~ **of conscience** o verme da consciência. **a poor** ~ **of earth** um pobre e miserável ser humano. **I am a** ~ **to-day** sinto-me miseravelmente mal hoje. **he has a** ~ ele tem uma idéia fixa. **even a** ~ **will turn** até um verme reage quando é pisado. **they** ~**ed their way** eles seguiram o seu caminho tortuosamente. **he** ~**ed into favour with me, into my confidence** ele soube conquistar ardilosamente minha simpatia, minha confiança. **to** ~ **out** 1. desparafusar. 2. obter, descobrir ardilosamente. **we** ~**ed the secret out of him** soubemos arrancar o segredo dele.
worm conveyor s. hélice f. de transporte.
worm drive s. (Mec.) propulsão f. por rosca sem-fim.
worm-eaten adj. 1. bichado, carcomido, carunchoso, roído. 2. sem valor, inútil. 3. antiquado, obsoleto.
wormer [w'ə:mə] s. 1. quem procura ou pesca com minhocas. 2. quem tira bichas (de cães). 3. quem trabalha com manha e malícia.
worm-fishing s. pesca f. com isca de minhoca.
worm gear s. (Mec.) 1. roda f. de rosca sem-fim. 2. engrenagem f. de rosca sem-fim.
wormhole [w'ə:mhoul] s. buraco m. de bicho, caruncho ou minhoca.
worminess [w'ə:minis] s. condição f. ou estado m. de bichado.
wormil [w'ɔ:mil] s. (Vet.) bicheira f.
wormless [w'ə:mlis] adj. sem bicho, verme ou minhoca.
wormlike [w'ə:mlaik], **worm-shaped** adj. vermiforme, vermicular.
worm wheel s. roda f. de rosca sem-fim.
wormwood [w'ə:mwud] s. 1. (Bot.) absinto m. 2. (fig.) algo muito desagradável ou aborrecido, desgosto m., amargura f.
it was (gall and) ~ **to me** feriu-me, ofendeu-me, magoou-me.
wormy [w'ə:mi] adj. 1. bichado, carcomido, carunchoso, bichoso, bichento. 2. verminoso. 3. vermi-

forme. 4. (fig.) torto, tortuoso. 5. rastejante, rasteiro. 6. vil, baixo.
worn [wɔ:n] v. p. p. de **to wear.** ‖ adj. 1. usado, gasto. 2. extenuado, emaciado, macilento. 3. batido (expressão, frase). 4. fatigado, exausto.
worn-out adj. 1. usado, gasto, estragado pelo uso. 2. fatigado, exausto, abatido. 3. antiquado, passado, batido.
~ **constitution** saúde abalada ou estragada.
worrier [w'ə:riə] s. atormentador m.
worriless [w'ə:rilis] adj. sem preocupação, despreocupado.
worriment [w'ə:rimənt] s. 1. vexame, tormento m., preocupação, amolação f., aborrecimento m. 2. angústia, ansiedade f.
worrisome [w'ə:risəm] adj. tormentoso, inquietante, aborrecido, aflitivo, importuno, perturbador. ‖ ~**ly** adv. tormentosamente, inquietantemente, aborrecidamente, importunamente.
worrit [w'ə:rit] s. (gíria) 1. preocupação, aflição f., tormento m. 2. atormentador m. ‖ v. (gíria) preocupar(-se), causar preocupação, aflição ou tormento.
worry [w'ə:ri] s. 1. preocupação, aflição, angústia, ansiedade f., tormento, aborrecimento m. 2. causa f. de preocupação ou aborrecimento. 3. ataque m. do cão a dentadas, laceração f. de sua presa (caça). ‖ v. 1. atormentar(-se), inquietar(-se). 2. preocupar(-se), afligir(-se) **(with, about** com). 3. morder(-se), agarrar(-se), lacerar, sacudir com os dentes (cães). 4. importunar, amolar, molestar, aborrecer, apoquentar, vexar. 5. irritar **(with** com). 6. atacar (um problema) reiteradamente **(out).** 7. exaurir **(out).** 8. trabalhar arduamente em ou com. 9. ser causa de aflição ou ansiedade para.
I ~ **myself** preocupo-me, estou preocupado, exalto-me. **to** ~ **out of** fazer desistir de (atormentando). **they worried the problem out** conseguiram resolver o problema depois de grandes esforços. **they worried out his life** fizeram da sua vida um inferno. **to** ~ **along** passar (a vida) trabalhando arduamente, lutar com dificuldades.
worryingly [~iŋli] adv. de um modo inquietador, aflitivamente.
worse [wə:s] s. o pior m. ‖ adj. 1. (comp. de **bad, evil, ill**) 1. pior. 2. inferior. 3. mais, mais intenso. 4. mais mau, mais maligno. 5. em pior estado. ‖ adv. pior.
~ **cannot be told** coisa pior não se pode narrar. **for better, for** ~ para tempos bons ou maus, na felicidade ou na infelicidade. **a change for the** ~ uma mudança para o pior. **from bad to** ~ de mal a pior. ~ **luck!** infelizmente! **worse and worse** cada vez pior. **(not) to be** ~ (não) estar pior (em pior estado ou situação, em piores circunstâncias). **am I the** ~ **for it?** estou pior assim? (em piores condições). **no** ~ não pior. **(so much) the** ~ por um tanto pior. **he (it) is not the** ~ **for it** não lhe fez mal algum, não está pior por isso, não sofreu por isso. **your hands would not be** ~ **for a wash** não lhe faria mal algum se você lavasse as mãos. **he was the** ~ **for drink** ele estava bastante embriagado. **the trousers are little (much) the** ~ **for use** as calças estão pouco (muito) usadas. **they were none the** ~ **for him** não sofreram prejuízo ou dano algum por causa dele. **the storm raged** ~ **in our village** o temporal desabou com mais violência sobre nossa aldeia. **farther and far** ~ por muito pior. **I think none the** ~ **of him if...** não faço pior juízo dele se... **he is** ~ **off than he was** ele está passando pior, está em pior situação que antes.
worsen [w'ə:sn] v. piorar.
worsening [w'ə:sniŋ] s. piora f., pioramento m.
worship [w'ə:ʃip] s. 1. adoração, veneração f. 2. culto

m. (religioso). 3. conceito, respeito m., admiração f. 4. deferência f. 5. (arc.) dignidade, honra f. 6. título de certos magistrados. ‖ v. 1. adorar, venerar. 2. idolatrar. 3. cultuar, prestar culto a.
place of ~ casa de Deus, igreja. **Your Worship** Vossa Excelência, Vossa Senhoria. **to offer** ou **render** ~ **to God** adorar a Deus.
worshipful [~ful] adj. 1. (arc.) respeitável, honrável, venerável, adorável. 2. respeitador, venerador, adorador. ‖ ~**ly** adv. respeitavelmente, adoravelmente. **the Worshipful Mayor of...** o Respeitável Burgomestre de...
worshipfulness [~fulnis] s. caráter ou qualidade do que merece ou é digno de veneração.
worshipper, worshiper [~ə] s. adorador, venerador m. ~ **of idols** idólatra.
worshipping, worshiping [w'ə:ʃipiŋ] s. = **worship.**
worst [wə:st] s. o pior (de todos). ‖ v. vencer categoricamente, derrotar. ‖ adj. (superl. de **bad, evil, ill**) pior. ‖ adv. pior.
do your ~! faça o que você quiser! (que de nada adiantará). **I got the** ~ **of it** eu me saí o pior de todos, fui prejudicado. **the** ~ **is yet to come** o pior ainda está por vir. **at the** ~ na pior das hipóteses. **this novelist, even at his** ~**, is better than most** este novelista, mesmo onde é mais fraco, é melhor do que a maioria. **the heat was at its** ~ o calor tinha atingido o seu ponto culminante. **don't see him at his** ~ não o olhe de seu lado pior. **he is prepared for the** ~ ele está preparado para o pior. **if the** ~ **comes to the** ~ se o pior acontecer. ~ **damaged** o mais danificado.
worsted [w'ustid] s. 1. fio m. de lã penteada. 2. tecido m. de lã penteada. ‖ adj. feito de lã penteada.
worsted articles s. pl. artigos m. pl. de lã.
worsted shag s. pelúcia f.
worsted stockings s. pl. meias f. pl. de lã.
wort (I) [wə:t] s. mosto m.: cerveja não fermentada.
wort (II) [wə:t] s. planta, erva f.
worth [wə:θ] s. 1. valor m.: a) preço, custo m. b) qualidade f. c) conceito m. d) mérito m. e) importância, significação, excelência f. f) utilidade f. 2. propriedade, riqueza f., bens m. pl. ‖ adj. 1. que vale, valedor. 2. que merece, merecedor, digno. 3. equivalente a. 4. que tem o preço de. 5. que vale a pena.
a man of great ~ um homem de grande valor, de grandes méritos. **a shilling's** ~ **of cheese** queijo por um xelim. **of little** ~ de pouco valor. **it is** ~ **little (much, nothing)** vale pouco (muito, não vale nada). **it is** ~ **ten shillings to him** vale-lhe dez xelins. **she died** ~ **a million** ela morreu deixando um milhão. **he is said to be** ~ **hundred pounds a month** consta que ele tem uma renda mensal de cem libras. **what is it** ~? quanto vale? **I tell you that for what it is** ~ digo-lhe isto com reserva. **it is** ~ **while** vale a pena. **it is** ~ **doing** merece a pena fazê-lo. **it is** ~ **it!** vale a pena! **it is** ~ **its price** vale o preço. **a book** ~ **reading** um livro digno de ser lido. **not** ~ **mentioning** 1. indigno de ser mencionado. 2. insignificante. **a bird in the hand is** ~ **two in the bush** mais vale um pássaro na mão do que dois voando. **for all one is** ~ com o máximo esforço. **he took him for all he was** ~ (fig.) ele sangrou-o, fê-lo pagar excessivamente.
worthiness [w'ə:ðinis] s. 1. merecimento, mérito, valor m., valia f. 2. excelência f. 3. dignidade f.
worthless [w'ə:θlis] adj. 1. sem valor, imprestável, inútil. 2. sem merecimento. 3. indigno, desprezível. ‖ ~**ly** adv. 1. inutilmente. 2. indignamente.
worthlessness [~nis] s. 1. falta f. de valor, inutilidade

f. 2. indignidade, baixeza, vileza f.
worthwhile [wə:θw'ail] adj. que vale a pena, conveniente, vantajoso, lucrativo.
worthy [w'ə:ði] s. pessoa meritória, notável ou ilustre, sumidade, notabilidade f. ‖ adj. meritório, merecedor. 2. valioso, estimável. 3. digna, conceituado, honrado, respeitável. 4. adequado, suficiente. 5. merecido, justo (castigo, recompensa). ‖ –**ily** adv. 1. meritoriamente. 2. valiosamente. 3. dignamente, honradamente, respeitavelmente. 4. adequadamente, suficientemente. 5. merecidamente.
~ **people** gente respeitável, honrada. ~ **of praise**, ~ **to be praised** digno de louvor, elogiável. **a** ~ **reward** uma recompensa justa. **he is** ~ **of reward** ele é digno de recompensa. **in words** ~ **of the time** em palavras à altura do tempo. **he is not** ~ **of her** ele não é digno dela.
wot [wɔt] v. (arc.) saber.
would [wud] v. 1. passado de **will.** 2. usado na formação do condicional nas segundas e terceiras pessoas.
woulda [w'udə] (E. U. A. coloq.) contração de **would have.**
would-be adj. 1. que pretende ser, suposto, imaginário. 2. assim chamado.
~ **facetious** que pretende ser engraçado ou espirituoso. ~ **gentleman** pretenso cavalheiro. ~ **poet** poetastro, pseudopoeta. ~ **sportsman** esportista de meia pataca.
wouldn't [wudnt] v. contração de **would not.**
wouldst [wudst] v. (arc. e poét.) 2.ᵃ pessoa sing. de **would.**
wound (I) [waund] v. imp. e p. p. de **to wind** (II).
wound (II) [wu:nd] s. ferida f.: 1. ferimento m., chaga, machucadura f. 2. ofensa, mágoa f. ‖ v. ferir: 1. golpear, machucar. 2. ofender, magoar. ~ **of love** preocupação, mágoa de amor. **mortal** ~ ferida mortal. **he inflicted a** ~ **upon him in his leg** ele o feriu na perna. **he** ~**ed her honour** ele feriu a sua honra.
wounded [w'u:ndid] adj. 1. ferido, machucado. 2. ofendido, magoado.
slightly ~ ligeiramente ferido. **the** ~ os feridos.
wounder [w'u:ndə] s. ofensor m.
woundless [w'u:ndlis] adj. sem feridas, não ferido, ileso, intacto.
woundwort [w'u:ndwə:t] s. (Bot.) vulnerária f.
wove [wouv] v. imp. e p. p. de **to weave.**
woven [wouvn] v. p. p. de **to weave.**
woven fabrics s. pl. tecidos m. pl.
wow [wau] s. (gíria, E. U. A.) sucesso extraordinário m., atração f. ‖ v. causar profunda impressão, empolgar a platéia. ‖ interj. de surpresa agradável, alegria.
wrack [ræk] s. 1. ruína, destruição, perda, queda f. 2. plantas marinhas (alga, sargaço) lançadas à praia. 3. naufrágio m. ou restos de naufrágio, destroços, escombros m. pl. ‖ v. 1. naufragar ou fazer naufragar. 2. arruinar(-se).
wraith [r'eiθ] s. 1. aparição f. (de pessoa que está para morrer ou logo depois de sua morte). 2. fantasma, espectro m., alma penada f.
wraithlike [~laik] adj. semelhante a fantasma, espectral, fantasmagórico.
wrangle [r'æŋgl] s. disputa, contenda, altercação, briga, discussão, porfia f. ‖ v. disputar, discutir, altercar, porfiar, brigar (**for, over** por, por causa de).
wrangler [r'æŋglə] s. 1. disputador, discutidor, questionador, contendor, altercador, briguento m. 2. argumentador m., polemista m. + f. 3. (E. U. A.) vaqueiro, boiadeiro m.

senior ~ (Cambridge) estudante que obteve distinção em matemática.

wrangling [r'æŋgliŋ] s. disputa, altercação, briga f. ‖ adj. altercador, briguento.

wrap [ræp] s. agasalho, xale, cachecol, casaco m., manta, capa f. (também ~s) (quadro B 3). ‖ v. (imp. e p. p. **wrapped** ou **wrapt**) 1. enrolar, envolver (**round, about** em, em volta). 2. cobrir 3. embrulhar, empacotar. 4. enredar (**in** em). 5. agasalhar (**up**). 6. ocultar, encobrir, dissimular. 7. cair, assentar (vestido).

~ **it in paper** embrulhe-o em papel. **the isle is ~ped in mist** a ilha está encoberta de nevoeiro. **~ped up in wool** envolvido, embrulhado em lã. **~ped in silence** envolto em silêncio. **~ped up in** 1. devotado ou dedicado a. 2. com o pensamento concentrado em. 3. envolvido em, relacionado com. **you are completely ~ped up in your work** você está completamente absorto em seu trabalho. **you are completely ~ped up in your wife** você está completamente doido por sua mulher. **I ~ped myself up** agasalhei-me bem.

wraparound [ræpar'aund] s. saia f. que envolve o corpo e, de um lado, fica aberta, para ser abotoada.

wrapper [r'æpə] s. 1. empacotador, embalador m. 2. sobrecapa f. de livro (quadro B 17). 3. invólucro, envoltório m. 4. cobertor m., coberta f. 5. manta f., roupão, penteador m. 6. guarda-pó m. 7. tira f. (de jornais, revistas, etc.). 8. folha exterior f. de charuto.

wrapping [r'æpiŋ] s. 1. empacotamento m., embalagem f. 2. invólucro, envoltório m. (geralmente ~s). ~ **cloak** capa ou capote largo. ~ **paper** papel de embrulho.

wrap-up s. (coloq.) 1. resumo m. de noticiário, etc. 2. transação sumária f.

wrath [rɔ:θ, rɑ:θ] s. 1. ira, fúria, cólera, raiva, indignação f. 2. castigo m., vingança f.

God's ~! a ira de Deus!

wrathful [r'ɔ:θful, r'ɑ:θful] adj. irado, furioso, raivoso, colérico. ‖ **~ly** adv. iradamente, furiosamente.

wrathfulness [~nis], **wrathiness** s. caráter colérico, estado irado, aspecto furioso m.

wrathy [r'ɔ:θi, r'ɑ:θi] adj. = **wrathful**.

wreak [ri:k] v. (arc. e poét.) 1. dar largas a, desafogar, descarregar, saciar. 2. vingar(-se).

he ~ed his vengeance, his anger on... ele desafogou, descarregou seu ódio, sua vingança em...

wreaker [r'i:kə] s. 1. saciador m. 2. vingador m.

wreath [ri:θ] s. 1. grinalda, coroa f. (de flores), festão m., capela, trança f. 2. qualquer coisa semelhante a grinalda.

a ~ of flowers uma coroa de flores. **a ~ of smoke** uma espiral de fumaça. **a ~ of snow** uma nevasca.

wreathe [ri:ð] v. 1. entrançar, entretecer (grinalda, coroa), tecer, trançar. 2. engrinaldar, enfeitar. 3. cingir, cercar, envolver, enrolar(-se). 4. espiralar(-se), encaracolar. 5. retorcer (membros). 6. torcer (rosto).

her face was ~d in smiles seu rosto apresentava um sorriso de alegria.

wreather [r'i:ðə] s. quem faz ou o que forma grinaldas.

wreathless [r'i:θlis] adj. sem coroa ou grinalda.

wreathlike [r'i:θlaik] adj. semelhante a coroa ou grinalda.

wreathy [r'i:ði] adj. 1. trançado, entrançado, entrelaçado. 2. espiralado.

wreck [rek] s. 1. destruição parcial ou total f. (de navio, aeroplano, edifício, etc.). 2. ruína, perda f. 3. pessoa arruinada física ou financeiramente. 4. naufrágio, soçobro m. 5. navio naufragado m. 6. restos de um navio naufragado, destroços m. pl. 7. objetos lançados à praia pelo mar (também ~s). ‖ v. 1. naufragar ou fazer naufragar, soçobrar, pôr a pique. 2. aniquilar, destruir, destroçar (também fig.). 3. fazer descarrilhar. 4. arruinar. 5. sofrer ou causar severos danos ou prejuízos, danificar. 6. trabalhar como demolidor de prédios, demolir.

a ~ of his former self uma ruína daquilo que ele era. **it went to ~ and ruin** foi tudo para a ruína (e destruição). **the ship has been ~ed** o navio naufragou. **my hopes were ~ed** minhas esperanças foram destruídas.

wreckage [r'ekidʒ] s. 1. naufrágio, soçobro m. (também fig.). 2. destroços m. pl. (esp. de navio naufragado), escombros m. pl. 3. objetos atirados à praia pelo mar. 4. (fig.) náufragos m. pl., os que perderam na vida, os vencidos na vida.

wrecked [rekt] adj. náufrago, naufragado, soçobrado.

~ **goods** objetos lançados à praia pelo mar.

wrecker [r'ekə] s. 1. destruidor, arruinador, destroçador m. 2. quem rouba ou trabalha no salvamento de restos de naufrágios. 3. demolidor m. de prédios. 4. (Autom.) guincho, carro-socorro m. 5. navio de salvamento, barco salva-vidas m.

wrecking [r'ekiŋ] s. 1. roubo m. ou pilhagem f. de destroços de naufrágios. 2. salvamento m. de naufrágios. ‖ adj. 1. de ou relativo a demolição (de prédios, etc.). 2. de ou relativo ao salvamento de restos de naufrágio.

wren [ren] s. (Orn.) carriça f.

wrench [rentʃ] s. 1. arranco, puxão violento, repelão, sacalão m. 2. torcedura, distensão, deslocação, luxação, torção f. 3. tristeza, dor f. (de separação ou despedida). 4. chave inglesa f. chave de porca (quadro B 16). 5. deturpação f. de sentido (de palavra, texto). ‖ v. 1. arrancar com puxão violento, arrebatar violentamente (**out of**). 2. torcer, distender, deslocar, luxar. 3. deturpar o sentido, desvirtuar. 4. afetar de modo entristecedor ou dolorosamente.

it would be a great ~ to him if... seria uma grande tristeza para ele se... **I gave my foot a ~** sofri uma distensão do pé. **to ~ s. th. from s. o.** arrancar alguma coisa a alguém. **to ~ off** arrancar de. **to ~ open** arrombar. **I ~ed myself (from)** livrei-me à força (de).

wrest [rest] s. 1. arranco, puxão violento m., ação de tirar à força. 2. torcedura, distensão, contorção f. 3. chave f. de afinar (piano, etc.). ‖ v. 1. arrancar com puxão violento (**out of** de). 2. tirar à força (**from** de). 3. torcer, distender. 4. deturpar o sentido (**from, to** de, para), interpretar mal. 5. (fig.) desvirtuar.

wrest-block s. cravelhal m.

wrester [r'estə] s. quem ou o que arranca ou tira à força.

wrestle [resl] s. 1. (Esp.) luta romana f. 2. luta, contenda, disputa f. ‖ v. 1. (Esp.) praticar luta romana. 2. lutar, brigar, combater, contender (**against, with** contra, com; **for** por, para).

he ~d him lutou com ele. **he ~d him down** ele venceu-o lutando.

wrestler [r'eslə] s. 1. (Esp.) quem pratica a luta romana. 2. lutador, contendor m.

wrestling [r'esliŋ] s. (Esp.) luta romana f.

all-in ~ luta livre. ~ **match** disputa de luta romana.

wretch [retʃ] s. 1. patife, vilão m., vil, canalha m. + f. 2. miserável, infeliz m. + f., coitado, desgraçado m.

my little ~ meu pobre coitadinho. **poor ~** coitado,

pobre diabo.

wretched [r'etʃid] adj. 1. baixo, ordinário, desprezível, ignóbil, vil, infame. 2. triste, infeliz, desgraçado, desditoso. 3. pobre, escasso, indigente. 4. ruim, imprestável. ‖ ~**ly** adv. 1. de modo baixo, ignobilmente, infamemente. 2. tristemente, desgraçadamente. 3. pobremente. 4. imprestavelmente.

wretchedness [~nis] s. 1. miséria f. 2. infelicidade, desdita, desgraça f. 3. mesquinharia, baixeza f.

wrick [rik] s. distensão, torcedura f., mau jeito m. ‖ v. torcer, dar mau jeito em, destroncar.

wriggle [rigl] s. 1. movimento serpeante ou sinuoso, ziguezague m. 2. meneio m. 3. torcedura f. ‖ v. 1. serpear, mover-se em ziguezague, ir ou seguir sinuosamente, colear. 2. menear(-se), mexer(-se). 3. torcer-se, retorcer-se. 4. insinuar-se, infiltrar-se maliciosamente (**into** em). 5. sair (de uma dificuldade), tirar o corpo fora, esquivar-se. 6. dar evasivas, tergiversar. 7. remar com um só remo.
to ~ one's way seguir o seu caminho tortuosamente. **to ~ o. s.** 1. ir serpeando, enrolar-se (como cobra). 2. (fig.) **infiltrar-se**, obter ardilosamente (**into s. o.'s favour** a estima ou graça de alguém). **to ~ o. s. out of an affair** esquivar-se de um caso. **to ~ like an eel** retorcer-se como uma enguia. **to ~ along a path** seguir um caminho tortuoso.

wriggler [r'iglə] s. 1. quem se move em ziguezague, serpeia, meneia-se, etc. 2. (Ent.) anelídeo m. 3. larva f. de mosquito.

wriggly [r'igli] adj. 1. serpeante, em ziguezague, tortuoso, coleante. 2. meneante. 3. insinuante. 4. que se esquiva. 5. evasivo.

wright [rait] s. obreiro m., artífice m. + f., oficial m. de qualquer profissão (esp. em combinação, como **ship~** construtor de navios, **play~** dramaturgo).

wring [riŋ] s. 1. torcedura f. 2. espremedura f. 3. aperto m. ‖ v. (imp. e p. p. **wrung**) 1. torcer(-se), retorcer(-se). 2. espremer. 3. prensar (**up**). 4. apertar (mão). 5. distender, luxar. 6. contorcer, desfigurar (rosto). 7. arrancar à força (**from** de). 8. virar, volver (pescoço). 9. extorquir (**out of** de). 10. oprimir, hostilizar, atormentar, torturar.
I gave his hand a ~, I gave him a ~ of the hand dei-lhe um aperto de mão. **to ~ water out from the washing** tirar água da roupa lavada espremendo-a. **to ~ one's hands in despair** torcer as mãos em desespero. **wrung with** fustigado, atormentado por. **it ~s my heart** faz-me doer o coração. **he wrung the hen's neck** ele torceu o pescoço da galinha. **he wrung me by the hand** ele me apertou a mão.

wringer [r'iŋə] s. 1. torcedor, espremedor m. (de roupa). 2. máquina f. para tirar água da roupa lavada (também **clothes-~**).

wringing [r'iŋiŋ] s. 1. torcedura, retorcedura f. 2. ação de espremer roupa para secá-la. ‖ adj. 1. que exerce pressão. 2. (fig.) opressivo.
~ wet ensopado, bem molhado.

wrinkle [riŋkl] s. 1. dobra, prega, carquilha f., vinco m. 2. ruga f. (rosto). 3. acidentação (terreno), ondulação f. 4. jeito, truque m. 5. (gíria) grande moda f. 6. conselho, palpite m., sugestão f. ‖ v. 1. dobrar(-se), vincar(-se), pregar. 2. enrugar(-se), franzir(-se) (rosto, testa). 3. ondular, encrespar(-se).
I'll put him up to a ~ or two dar-lhe-ei alguns palpites (conselhos). **he ~d up his brows (his eyes, his nose) at** ele franziu a testa (lançou os olhos em, fez focinho) para.

wrinkleless [r'iŋkllis] adj. 1. sem dobras, pregas ou vincos. 2. sem rugas (rosto).

wrinkly [r'iŋkli] adj. 1. cheio de dobras, pregas ou vincos, pregueado, franzido, vincado, sulcado. 2. rugoso, enrugado.

wrist [rist] s. 1. pulso m., munheca f. 2. punho m. (de camisa, etc.).
all done by ~ (Esp.) feito com facilidade (habilidade natural, sem treino especial). **on my ~** no pulso.

wristband [r'istbænd] s. punho m. de camisa.

wrist drop s. (Med.) punho caído m.

wristlet [r'istlit] s. 1. pulseira f., bracelete m. 2. (gíria) algema f. 3. manguito, regalo m.

wristlock [r'istlɔk] s. chave f. de pulso (na luta).

wrist pin s. (Mec.) pino m. de êmbolo.

wrist stud s. botão m. de punho de camisa (quadro F 1).

wrist watch s. relógio m. de pulso (quadro C 11).

writ [rit] s. 1. escrito, documento m. 2. édito, edital, decreto, mandado m., ordem, ata f. 3. intimação f., chamamento m. a juízo. ‖ v. (arc.) imp. e p. p. de **to write**.
~ of assistance ordem de confiscação. **~ of attachment** 1. ordem de prisão. 2. mandado de penhora. **~ of error** rescrito de revisão de processo. **~ of execution** ordem judicial de pagamento. **a ~ was served upon me (taken out against him)** recebi uma intimação (foi-lhe enviada uma intimação). **the Holy Writ** a Sagrada Escritura.

write [rait] v. (imp. **wrote**, p. p. **written**) 1. escrever (**about, on** sobre; **for** para): a) redigir. b) compor, ser escritor. c) dirigir (carta) 2. inscrever. 3. gravar. 4. dactilografar. 5. ditar. 6. ortografar. 7. preencher (cheque). 8. mostrar claramente. 9. dizer, comunicar, relatar, descrever ou narrar por escrito. 10. subscrever-se.
to ~ for a newspaper escrever para um jornal. **to ~ against s. th.** declarar-se por escrito contrário a alguma coisa. **he ~s back** ele responde por escrito. **she ~s plain** ela escreve claramente. **I shall ~ for the book** escreverei pedindo o livro. **she ~s in pencil** ela escreve a lápis. **they ~ to ask if...** eles escrevem perguntando se... **written all over** todo coberto de escrita. **he ~s a good hand** ele tem boa letra. **he ~s shorthand** ele sabe taquigrafia. **she wrote a letter to him** ou **she wrote him a letter** ela lhe escreveu uma carta. **surprise was written large on her face** seu rosto refletiu claramente grande surpresa. **he wrote word** ele mandou notícias. **I ~ myself N. N.** eu me subscrevo (o meu nome se escreve) fulano de tal. **to ~ down** 1. anotar, fazer apontamento de. 2. relatar. 3. descrever, qualificar maldosamente, depreciar (por escrito). **it is written down a failure** é tido (ou qualificado) como fracasso. **to ~ down in full** escrever por extenso. **to ~ in** 1. intercalar, inserir (palavra, texto). 2. lançar, registrar, anotar. **to ~ off** 1. escrever depressa, com facilidade. 2. creditar em conta corrente. 3. (gíria) dar por perdido. 4. cancelar. **to ~ out** escrever por extenso. **to ~ out fair** passar a limpo, copiar. **he has written himself out** ele esgotou-se (seus recursos intelectuais) escrevendo. **to ~ it out over again** copiar novamente na íntegra. **we ~ to** ou **at his dictation** escrevemos o que ele nos dita. **to ~ up** 1. expor, descrever minuciosamente. 2. completar. 3. realçar, destacar. 4. lançar, pôr em dia. **to ~ up an actor** elogiar um ator em jornal. **we ~ him up** nós o destacamos elogiosamente, nós o exaltamos.

writer [r'aitə] s. 1. escritor, autor m. 2. escrivão m., escrevente, amanuense m. + f.
~ to the signet advogado (esc.) **~'s cramp** (ou **palsy**) espasmo manual, quirospasmo (de quem escreve muito). **the ~ of this** ou **hereof** o abaixo assinado.

write-up s. 1. (E. U. A., coloq.) narração f. ou relatório m. por escrito. 2. crítica literária f. 3. reportagem elogiosa f.

writhe [raið] s. 1. estremecimento m., convulsão, contração f. 2. distorção, torcedura f. ‖ v. 1. torcer(-se), retorcer(-se). 2. estorcer-se, debater-se, contorcer-se. 3. virar (with pain de dor). 4. sofrer mentalmente. 5. desfigurar(-se) (rosto). 6. enrolar(-se) (cabelos).

writher [r'aiðə] s. 1. quem torce, desfigura. 2. pervertedor m.

writhingly [r'aiðiŋli] adv. de modo torcido ou retorcido, desfiguradamente.

writing [r'aitiŋ] s. 1. escrita f. 2. composição f. (literária ou musical). 3. livro, artigo, poema m., história, novela f. 4. escrito, documento m., ata, escritura f. 5. profissão literária f., ocupação f. de escrevente, cargo m. de escrivão. 6. letra, caligrafia f. ‖ adj. de ou para escrever.
he put it in ~ ele o fez por escrito. **in ~** por escrito.

writing book s. caderno m. de escrita.

writing case s. estojo m. para escrever.

writing pad s. 1. pasta f. para escrever. 2. bloco m. para escrever (quadro D 1).

writing paper s. papel m. de carta.

writing table s. escrivaninha f.

written [ritn] v. p. p. de **to write.** ‖ adj. escrito, por escrito.

wrong [rɔŋ] s. 1. injustiça f. 2. pecado m., iniqüidade f. 3. ofensa, injúria f., agravo m. 4. dano m. 5. mal m. 6. crime, delito, erro m., transgressão f. de um preceito legal. ‖ v. 1. ser injusto para com. 2. tratar injustamente. 3. proceder mal, fazer mal a. 4. causar dano ou prejuízo a, prejudicar. 5. enganar, defraudar (of por). 6. ofender, injuriar. 7. violar. 8. desonrar (uma mulher). ‖ adj. 1. errado, incorreto, errôneo, falso. 2. que induz em erro, desacertado. 3. impróprio, inconveniente, inoportuno. 4. injusto. 5. mau, iníquo. 6. indevido. 7. ilegal, em desacordo com a lei. 8. em mau estado ou condição, que não funciona (bem), fora de ordem. 9. insatisfatório. ‖ adv. (também ~ly) 1. mal, erradamente, ao contrário, erroneamente, incorretamente, desacertadamente, sem razão. 2. impropriamente. 3. injustamente. 4. indevidamente. 5. iniquamente. 6. ilegalmente. 7. insatisfatoriamente.
he did me a ~ ele cometeu uma injustiça para comigo, foi injusto. **we were in the ~** nós estávamos sem a razão, estávamos errados. **he got me in ~** ele me desacreditou, minou meu bom conceito. **don't put him in the ~** não lhe faça injustiça. **don't put him in the ~ with her** não o ponha em desarmonia ou evite que se desentenda com ela ou a hostilize. **to right a ~** corrigir uma injustiça, fazer justiça. **I am ~ed** sou vítima de uma injustiça. **we ~ him in thinking that...** somos injustos para com ele pensando que... **you are ~** você está errado. **it was ~ of him** foi um erro dele, ele errou (em agir assim). **what's ~?** o que há? o que aconteceu? **they can prove you ~** eles lhe podem provar que você está errado. **my watch is** (ou **goes**) **~** meu relógio está errado, não anda bem. **s. th. is ~ with this barometer** (algo em) este barômetro não está em ordem. **what's ~ with N.?** o que há com fulano de tal? **what's ~ with a cigarette?** que tal um cigarro? **he is in the ~ box** ele está numa maçada, num aperto, em dificuldades. **we got hold of the ~ end of the stick** (fig.) nós pegamos o bonde errado, demos um pulo errado. **a ~ guess** uma suposição errônea ou (gíria) um palpite errado. **a ~ letter** (ou **~ fount**) (Tipogr.) erro de composição. **you hit upon the ~ person** você topou com a pessoa errada. **the ~ side** 1. o avesso (pano, tecido). 2. o reverso (da medalha). **the ~ side out**

ao avesso. **he is the ~ side out** ele está malhumorado. **he has got out of bed on the ~ side** ele se levantou com o pé esquerdo (está de mau humor). **she was born on the ~ side of the blanket** (gíria) ela é filha ilegítima. **now he laughs at the ~ side of his mouth** ele perdeu a vontade de rir. **on the ~ side of fifty** acima dos cinqüenta. **the ~ thing** o errado, a coisa errada. **she took it the ~ way** ela levou a mal. **he goes ~ (in doing...)** ele está errando, está se desencaminhando (fazendo...). **his lungs went ~** ele começou a sofrer dos pulmões, ficou tuberculoso. **you got it ~** você o entendeu, calculou ou interpretou mal, você se enganou. **he got him ~ with Mr. A.** ele o pôs em descrédito com o Sr. A. **we got in ~ with them** nós lhes causamos má impressão. **I guessed ~** não acertei com minha suposição, errei com meu palpite. **they told him ~** eles lhe deram informação errada. **rightly or ~ly** justa ou injustamente, com ou sem razão.

wrongdoer [r'ɔŋd'u:ə] s. malfeitor, injusto, pecador m. **~ of the people** inimigo da (ou prejudicial à) sociedade.

wrongdoing [r'ɔŋd'u:iŋ] s. 1. mal, dano, prejuízo m., injustiça f. 2. mau procedimento, crime, delito m., má ação f.

wronger [r'ɔŋə] s. = wrongdoer.

wrongful [r'ɔŋful] adj. 1. injusto. 2. iníquo, mau, ilegal. 3. nocivo, prejudicial. 4. ofensivo. ‖ ~ly adv. 1. injustamente, sem razão. 2. iniquamente. 3. nocivamente. 4. ofensivamente.

wrongfulness [~nis] s. 1. injustiça, ilegalidade f. 2. falta de certidão, inexatidão f. 3. iniqüidade f. 4. falsidade f.

wrong-headed adj. 1. cabeçudo, teimoso, opinioso. 2. desatinado, estouvado. ‖ ~ly adv. 1. de modo cabeçudo, teimosamente, obstinadamente. 2. desatinadamente.

wrong-headedness s. 1. caráter cabeçudo m., teimosia, obstinação f. 2. desatino, estouvamento m.

wrongness [r'ɔŋnis] s. 1. injustiça, maldade f. 2. iniqüidade f. 3. erro, aspecto errôneo m., falsidade, inexatidão f.

wrong number s. 1. número errado m. 2. (gíria) pessoa errada f. 3. pessoa f. inadequada, desagradável, impopular.

wrote [rout] v. imp. de **to write.**

wroth [rouθ] adj. irado, exaltado, furioso, colérico, enfurecido (with com).

wrought [rɔ:t] adj. 1. feito, manufaturado. 2. formado (com esmero). 3. trabalhado, lavrado, acabado. 4. forjado, batido. 5. ornado. 6. bordado.

wrought iron s. ferro forjado ou batido m.

wrought-up adj. revolvido, excitado.

wrung [rʌŋ] v. imp. e p. p. de **to wring.**

wry [rai] adj. 1. torto. 2. torcido, retorcido, contorcido. 3. oblíquo. 4. pervertido, desvirtuado. 5. estranho, esquisito. ‖ ~ly adv. 1. tortamente. 2. retorcidamente. 3. obliquamente, de esguelha. 4. pervertidamente. 5. esquisitamente.
he made a ~ face ele fez cara atravessada, fez caretas.

wryneck [r'ainek] s. 1. (Orn.) torcicolo m. 2. quem tem pescoço torto. 3. (Pat.) torcicolo m.: dor reumática nos músculos do pescoço.

wryness [r'ainis] s. 1. posição de esguelha, tortuosidade f. 2. contorção f. 3. esquisitice f.

wt. abr. de **weight.**

W. T. abr. de **wireless telegraphy** ou **telephony.**

W. U. abr. de **Western Union.**

wulfenite [w'ulfinait] s. (Miner.) vulfenita f.

wump [wʌmp], **wumph** [wʌmpf] s. queda f., tombo

m. ‖ interj. bumba! zás! catrapus!
Wyandot [w'aiəndɔt] s. (E. U. A., Etn.) 1. índio m. do povo huroniano. 2. dialeto m. do idioma huroniano.
Wyandotte [w'aiəndɔt] s. raça de galinhas.

wych-elm, wych-hazel [witʃ-] s. (Bot.) olmo escocês m.
wye [wai] s. nome da letra Y, ípsilon.
wyliecoat [w'ailikout] s. (esc.) camiseta f. de lã.
wynd [waind] s. (esc.) rua estreita f., beco m.
wyvern [w'aivə:n] s. = wivern.

X

X, x [eks] s. 1. vigésima quarta letra do alfabeto, consoante. 2. incógnita. 3. qualquer coisa em forma de X. 4. número romano equivalente a dez.

X. abr. de **Christ** Cristo.

xanthate [z'ænθeit] s. (Quím.) xantato m.: sal do ácido xântico.

xanthic [z'ænθik] adj. (Quím.) xântico.

xanthine [z'ænθain] s. (Quím.) xantina f.

xanthocarpous [z'ænθəka.pəs] adj. (Bot.) xantocarpo.

xanthochroi [zænθokr'ouai] s. xantocróia f.

xanthophyll [z'ænθəfil] s. (Bioquím.) xantofila f.

xanthous [z'ænθəs] adj. (Etn.) amarelo, mongólico.

x-axis s. (Mat.) eixo X m., eixo m. das abscissas.

x-chromosome s. (Gen.) cromossomo X m. (sexual).

xebec [z'i:bek] s. (Náut.) xaveco m.: pequena embarcação de três mastros usada no Mediterrâneo.

xenial [z'i:niəl] adj. hospitaleiro, acolhedor, amável (esp. referindo-se à Grécia antiga).

xenogamy [zən'ɔgəmi] s. (Bot.) xenogamia f.

xenomorphic [zenəm'ɔ:fik] adj. (Miner.) xenomórfico.

xenon [z'i:nɔn] s. (Quím.) xenônio m.

xenophobia [zenəf'oubiə] s. xenofobia f.

xeransis [zər'ænsis] s. (Med.) dessecação f.

xeranthemum [zər'ænθiməm] s. (Bot.) xerântemo m.

xerography [zir'ɔgræfi] s. xerografia f.

xerophagy [zər'ɔfədʒi] s. xerofagia f.

xerophily [zər'ɔfili] s. (Bot.) xerofilia f.

xerophilous [zər'ɔfiləs] adj. (Bot.) xerófilo.

xerophtalmia [zi:rɔfθ'ælmiə] s. (Med.) xeroftalmia f.

xerophyte [z'i:rəfait] s. (Bot.) xerófita f.

Xerox [z'i:rɔks] (marca registrada) sistema m. de copiar por xerografia. ‖ v. copiar por xerografia, xerografar.

Xmas. ['eksməs, kr'isməs] abr. de **Christmas** Natal.

Xn. abr. de **Christian**.

x-ray ['eksrei] v. tirar chapa, examinar ou tratar por meio de raios X. ‖ adj. de, por ou relativo aos raios X.

X-rays ['eksreiz] s. pl. raios X m. pl.

x-ray tube s. (Eletrôn.) válvula f. de raios X.

x-unit s. unidade f. de raios X.

XX ale [d'ʌbl eks 'eil] s. cerveja forte f.

xyiem [z'ailəm] s. (Bot.) xilema m.

xylograph [z'ailəgra:f] s. xilogravura f.

xylographer [zail'ɔgrəfə] s. xilógrafo m.

xylography [zail'ɔgrəfi] s. xilografia f.

xyloid [z'ailɔid] adj. xilóide.

xylophagan [zail'ɔfəgən] s. (Zool.) xilófago m.

xylophagous [zail'ɔfegəs] adj. (Zool.) xilofágico.

xylophone [z'ailəfoun] s. (Mús.) xilofone m., marimba f.

xylophonist [~ist, zail'ɔfənist] s. (Mús.) xilofonista m.

xylose [z'ailous] s. (Quím.) xilose f.

xylotomous [zail'ɔtəməs] adj. (Zool.) xilótomo, xilócopo.

xyster [z'istə] s. raspadeira f. (instrumento cirúrgico).

Y

Y, y [wai] s. 1. vigésima quinta letra do alfabeto, semivogal. 2. qualquer coisa em forma de Y. 3. quantidade desconhecida.

y-axis (Mat.) eixo das ordenadas. **Y-connection** (Eletr.) conexão em estrela. **Y-delta connection** (Eletr.) conexão estrela-triângulo. **Y-level** (Téc.) nível: instrumento para verificar se um plano está horizontal.

-y sufixo que forma: 1. adjetivos, como **angry, juicy.** 2. substantivos, como **jealousy, perjury.** 3. diminutivos, como **aunt, aunty; dad, daddy.**

yacht [jɔt] s. iate m. (quadro S 2). ‖ v. navegar, viajar ou competir em iate.

yacht club s. clube m. de regatas.

yachter [j'ɔtə] s. = **yachtsman.**

yachting [j'ɔtiŋ] s. iatismo m.

yachtsman [j'ɔtsmən] s. iatista m., proprietário de iate ou aquele que pratica o iatismo.

yachtsmanship [~ʃip] s. arte f. de velejar em iate.

yah [ja:] interj. designativa de escárnio, desgosto ou impaciência, como ora! arre!

yahoo [jəh'u:] s. brutamontes m., selvagem, bestafera m. + f.

Yahwe, Yahweh [j'a:vei] s. (Bíblia) Jeová m.: nome de Deus para os hebreus.

yak [jæk] s. (Zool.) iaque m.: espécie de boi do Tibete.

yam [jæm] s. (Bot.) 1. inhame, cará m. 2. (esc.) batata f. 3. (Sul dos E. U. A.) batata-doce f.

yammer [j'æmə] v. 1. lastimar(-se), lamentar(-se), queixar-se, choramingar. 2. gritar (pássaros).

yank [jæŋk] s. (coloq.) puxão, arranco, empurrão m. ‖ v. (coloq.) sacudir, empurrar, empuxar, arrancar.

Yank [jæŋk] (gíria) abr. de **Yankee.**

Yankee [j'æŋki] s. ianque m. + f.: 1. (E. U. A.) nativo da Nova Inglaterra. 2. (E. U. A.) nativo de qualquer um dos Estados do Norte 3. alcunha de pessoa natural dos E. U. A. ‖ adj. ianque.

Yankeedom [~dəm] s. (E. U. A.) 1. ianques coletivamente. 2. região f. habitada por ianques.

Yankee Doodle s. canção nacional americana f.

Yankeefy [~fai] v. americanizar.

Yankeeism [~izm] s. ianquismo m.: característica ou peculiaridade ianque.

yap [jæp] s. 1. latido, ganido m. 2. falatório m. 3. pessoa barulhenta ou rabugenta. 4 principiante m. + f., lapuz, labrego m. ‖ v. 1. latir, ganir. 2. falar de modo irritadiço ou rabugento, tagarelar.

yard (I) [ja:d] s. 1. jarda f. (91,4 cm). 2. (Náut.) verga f.

yard (II) [ja:d] s. 1. pátio m., área f. (junto ou ao redor de uma casa, colégio, etc.), terreiro, quintal m. 2. cercado, curral, viveiro m. 3. depósito m. (de materiais). ‖ v. pôr em um cercado ou viveiro.

church ~ cemitério. **dock** ~ estaleiro. **farm** ~ chácara, sítio. **front** ~ jardim fronteiro (a uma casa). **lumber** ~ depósito de madeira. **railway** ~, **railroad** ~s pátio de estrada de ferro.

yardage [j'a:didʒ] s. 1. extensão f. em jardas. 2. manutenção f. de animais em currais nos pátios das estradas de ferro. 3. taxa f. cobrada por essa manutenção.

yardarm [j'a:da:m] s. (Náut.) lais m.

yardbird [j'a:dbə:d] s. (gíria) 1. (milit.) recruta m. 2. detento m.

yard-gate s. portão m. (de pátio), porteira f. (de curral).

yardman [j'a:dmən] s. 1. quem trabalha no pátio (em sítio, estrada de ferro, etc.). 2. manobreiro m. (estrada de ferro).

yardmaster [j'a:dma:stə] s. encarregado m. do pátio ou chefe m. de manobras (estrada de ferro).

yardstick [j'a:dstik] s. 1. medida f. de uma jarda. 2. qualquer medida para julgamento ou comparação.

yarn [ja:n] s. 1. fio m. (de lã, algodão, etc.) 2. (coloq.) história, narração f., conto m. (freqüentemente duvidoso). ‖ v. 1. (coloq.) contar histórias. 2. conversar, falar.

doubled ~, **twisted** ~ linha (para costurar). **hempen** ~ fio de cânhamo. **woollen (woolen)** ~ fio de lã. **to spin a long** ~ contar uma estória comprida (inverossímil). **do you believe such a** ~ **as that?** você acredita numa estória tão fantástica assim?

yarn-dyed adj. (tecido) de fio tinto.

yarrow [j'ærou] s. (Bot.) milefólio, mil-folhas m.

yataghan, yatagan [j'ætəgən] s. iatagã m.: espécie de punhal recurvo usado pelos maometanos.

ya-ta-ta [j'a:tət'a:] s. (gíria) diz-que-diz m.

yaup [jɔ:p] s. e v. = **yawp.**

yauper [j'ɔ:pə] s. = **yawper.**

yaw [jɔ:] s. (Náut.) guinada, mudança f. de direção. ‖ v. guinar: 1. (Náut.) fazer guinadas, declinar de rumo. 2. (fig.) mover(-se) de um lado para outro, sacudir, ziguezaguear.

yawl (I) [jɔ:l] s. (Náut.) 1. iole f.: pequena embarcação a vela. 2. escaler m.

yawl (II) [jɔ:l] (coloq. ou dial.) s. 1. gritaria f., clamor, berreiro m. 2. lamento, uivo m. ‖ v. 1. gritar, berrar. 2. uivar.

yawn [jɔ:n] s. 1. bocejo m. 2. hiato, sorvedouro m., abertura, voragem f. ‖ v. 1. bocejar ou dizer bocejando. 2. abrir-se muito.

he suppressed a ~ ele conteve um bocejo. **it made me** ~ foi terrivelmente fastidioso.

yawner [j'ɔ:nə] s. bocejador m.

yawningly [j'ɔ:niŋli] adv. de modo bocejante.

yawp [jɔp] (coloq. ou gíria) s. grito (de pássaros), regougo m. ‖ v. dar um grito curto e agudo, berrar.

yawper [j'ɔ:pə] s. pessoa ou ave que grita, cão m. que dá ganidos.

yaws [jɔ:z] s. (Pat.) framboesia f. ou piã m.: erupção cutânea, contagiosa, dos trópicos.

yclept, ycleped [ikl'ept] adj. (†) denominado, chamado, apelidado.

yd. abr. de **yard.**

ye (I) [ji:] pron. (arc.) 1. vos, vós. 2. você, o senhor, para você, para o senhor. **how d'ye do?** como vai?

ye (II) [ði:] antiga forma gráfica do artigo (= **the**).

yea [jei] (arc.) s. 1. sim m., uma afirmação. 2. voto m. a favor. 3. eleitor m. que votou a favor. ‖ adv. 1. sim. 2. de fato, realmente. 3. até mesmo. **to call forth the** ~s **and nays** votar pró ou contra. **the** ~s **have it** a maioria dos votos são a favor.

yean [ji:n] v. dar cria (de ovelha ou cabra).

yeanling [j'i:nliŋ] s. cordeirinho, cabritinho m. ou ovelhinha f.

year [j'iə] s. 1. ano m. 2. ~s pl. idade f. 3. ~s pl. muito tempo.

calendar ~, civil ~, legal ~ ano civil. **ecclesiastical**
~ ano eclesiástico. **fiscal** ~ ano fiscal. **half** ~
semestre. **leap** ~ ano bissexto. **new** ~ ano novo.
solar ~ ano solar. ~ **of grace** ano do Senhor,
ano da era cristã. **a** ~ **and a day** exatamente
um ano. ~ **by** ~ ano por ano, anualmente. **every
other** ~ cada segundo ano. **half a** ~ meio ano.
~ **in, ~out** ano por ano. **once a** ~ uma vez por
ano. **he has come to the ~s of discretion** ele
deixou de ser criança. **I have not seen him for
~s** não o vejo há anos. **he is well in ~s** ele é
de idade avançada. **a three—~s old child** uma
criança de três anos de idade.
year-around adj. durante o ano todo.
yearbook [j'ːəbuk] s. anuário, almanaque m.
year-end s. fim do ano m. ‖ adj. ao fim do ano.
yearling [j'iəliŋ] s. 1. animal de um ano de idade.
2. segundanista m. + f. da escola militar de West
Point. ‖ adj. 1. de um ano de idade. 2. que tem a
duração de um ano.
yearlong [j'iəloŋ] adj. 1. que dura um ano. 2. que
dura anos.
yearly [j'iəli] adj. 1. uma vez por ano. 2. anual, que
dura um ano. 3. por um ano. ‖ adv. anualmente.
~ **income** renda anual. ~ **instalment** anuidade.
yearn [jəːn] v. 1. ansiar, anelar, desejar vivamente,
aspirar. 2. ter saudades (**after, for** de). 3. sentir-se
atraído (**towards** por, para). 4. ter pena, apiedar-se.
yearnful [j'əːnful] adj. triste, penoso. ‖ ~**ly** adv. tristemente, penosamente.
yearning [j'əːniŋ] s. anseio, anelo, desejo ardente
m., aspiração, saudade f. ‖ adj. ansioso, anelante,
desejoso. ‖ ~**ly** adv. ansiosamente.
yeasayer [j'eiseiə] s. 1. pessoa f. de atitude positiva. 2. = **yes man.**
yeast [jiːst] s. 1. levedura f., fermento m. 2. espuma
f. (água, cerveja). 3. (fig.) influência f., germe
m. ou elemento m. que causa fermentação ou
agitação. ‖ v. 1. fermentar, levedar. 2. espumar.
yeast powder s. fermento m. em pó.
yeasty [j'iːsti] adj. 1. de, contendo ou semelhante a
fermento, fermentante. 2. espumoso, espumante.
3. insignificante, frívolo. 4. (fig.) em agitação.
yegg [jeg] s. (gíria, E. U. A.) 1. arrombador m. de
cofres. 2. ladrão m.
yelk [jəlk] s. = **yolk.**
yell [jel] s. 1. grito, bramido, alarido, berro, urro m.
2. (E. U. A.) grito m. de torcida numa competição
esportiva. ‖ v. 1. gritar, berrar, urrar. 2. proferir
gritando, bramir, vociferar, bradar.
yeller [j'elə] s. gritador, berrador, vociferador m.
yelling [j'eliŋ] adj. clamoroso, estridente.
yellow [j'elou] s. 1. amarelo m., cor amarela f. 2.
pigmento amarelo m. 3. gema f. (de ovo). 4.
~**s** pl. icterícia f. (esp. de animais). ‖ v. amarelar.
‖ adj. 1. amarelo. 2. de pele amarela. 3. parcial,
que tem preconceitos. 4. invejoso, ciumento, melancólico. 5. (coloq., E. U. A.) covarde, poltrão, traiçoeiro, desprezível. 6. (E.U. A.) sensacionalista (jornal). ‖ ~**ly** adv. 1. parcialmente. 2. invejosamente. 3. covardemente. 4. de maneira sensacionalista.
she looks ~ ela é ciumenta.
yellow-back s. romance policial m. de baixa categoria,
novela barata f.
yellowbelly [~beli] s. (gíria) covarde m.
yellow bird s. (Orn.) 1. pintassilgo m. 2. pássaro da
família dos Icterídeos.
yellow boy s. 1. (gíria, E. U. A.) cédula, nota f.
(dinheiro). 2. (coloq.) moeda f. de ouro, guinéu

m. 3. (coloq.) mulato m.
yellowcake [~keik] s. óxido de urânio m. (para
reator nuclear).
yellow-dog contract s. contrato de trabalho m. que
proíbe a sindicalização.
yellow earth s. ocra amarela f.
yellow fever s. (Pat.) febre amarela f.
yellowhammer [j'elouhæmə] s. (Orn.) verdelha f.
yellowish [j'elouiʃ] adj. amarelado, amarelento.
yellow jack s. 1. febre amarela f. 2. bandeira amarela f. usada como sinal de quarentena.
yellow jacket s. (Ent.) vespa americana f.
yellow lead s. (Quím.) massicote m.
yellow metal s. 1. metal Muntz m. 2. ouro m.
yellowness [j'elounis] s. amarelidão, amarelidez f.
Yellow Pages pl. s. páginas amarelas f. pl. (Lista
Telefônica).
yellow peril s. perigo amarelo m. (China, Japão).
yellow pine s. (Bot.) 1. qualquer dos pinheiros americanos. 2. sua madeira.
yellow race s. raça amarela f.
yellow streak s. tendência f. de covardia.
yellowtail [j'elouteil] s. (Ict.) olho-de-boi m.
yellowthroat [j'elouθrout] s. (Orn.) pássaro do gênero
Geothlypis.
yelp [jelp] s. 1. latido, caim, ganido, grito curto m.
2. uivo, aulido m. ‖ v. 1. latir, gritar. 2. uivar.
yelper [j'elpə] s. o que late, uiva ou dá ganidos.
yen (I) [jen] s. pl. **yen** iene m.: unidade monetária do
Japão.
yen (II) [jen] s. (gíria, E. U. A.) ânsia, vontade f.,
desejo ardente, anelo m. ‖ v. ansiar, anelar.
to have a ~ **for** desejar muito.
yeoman [j'oumən] s. 1. (Náut.) escrevente, anotador
m. 2. pequeno proprietário rural m. 3. (arc.)
criado m. ou auxiliar m. de um rei ou senhor. 4.
soldado m. de milícia.
~ **of the guard** guarda pessoal do rei.
yeomanly [~li] adj. 1. de ou relativo a **yeoman.**
2. honesto, leal, inflexível, firme. 3. viril, corajoso,
valente. 4. simples, singelo. ‖ adv. 1. como ou à
maneira de **yeoman.** 2. honestamente. 3. corajosamente. 4. simplesmente.
yeomanry [~ri] s. 1. classe f. de pequenos proprietários rurais. 2. milícia f. a cavalo. 3. guarda
pessoal f. do rei.
yeoman service, yeoman's service s. bom serviço m.
yes [jes] s. sim m., resposta afirmativa f. ‖ v. dizer
sim, concordar. ‖ adv. 1. sim, é mesmo, é verdade.
2. ~? deveras? é mesmo? sim?
~ **indeed** sim, realmente, deveras. ~, **Sir!** sim,
senhor! **she said** ~ **to him** ela lhe prometeu a mão.
he says ~ **to life** ele tem uma atitude positiva para
com a vida. **he said** ~ **to my request** ele concordou
com o meu pedido.
yes man s. pessoa que sempre concorda com o seu
superior.
yester [j'estə] adj. (poét.) relativo ao dia de ontem.
yesterday [~di] s. 1. ontem m., o dia de ontem.
2. (fig.) o passado. ‖ adj. de ou relativo ao dia
de ontem. ‖ adv. 1. ontem. 2. recentemente.
the day before ~ anteontem.
yestereve [~riːv] (poet.) s. a noite de ontem. ‖ adv.
ontem à noite.
yestermorn [~mɔːn], **yestermorning** [~mɔːniŋ] s.
(poét.) a manhã de ontem. ‖ adv. ontem de manhã.
yesternight [~nait] (poét.) = **yestereve.**
yesteryear [~jiə] (poét.) s. o ano passado. ‖ adv. ano
passado.
yet [jet] adv. 1. ainda. 2. até agora, até o momento,

por ora. 3. já, agora. 4. também. 5. outra vez, de novo, novamente. 6. demais, além. 7. ainda mais. 8. mesmo. ‖ conj. contudo, mas, não obstante. ~ **again** outra vez, novamente. ~ **more** ainda mais. ~ **a moment** só mais um momento. **not** ~ ainda não. **not just** ~ não justamente agora. **have you done** ~? você acabou agora? **you will rue it** ~! você ainda se arrependerá! ~ **why?** mas por quê?

yew [ju:] s. 1. (Bot.) teixo m. 2. a respectiva madeira.

Yiddish [j'idiʃ] s. iídiche m.: língua falada por grande parte dos judeus. ‖ adj. de ou relativo a esse idioma.

yield [ji:ld] s. 1. rendimento, lucro, produto m. 2. produção f. ‖ v. 1. render. 2. produzir. 3. dar, conceder, consentir, permitir, aquiescer, autorizar. 4. entregar(-se), capitular, render-se, deixar (para o inimigo). 5. ceder (pressão, peso). 6. submeter(-se), sujeitar(-se). 7. descobrir, revelar (segredo). **to** ~ **to conditions** concordar com condições. **to** ~ **to despair** entregar-se ao desespero. **to** ~ **to temptation** cair em tentação. **to** ~ **to the times** conformar-se com os tempos. **to** ~ **an abatement** conceder um desconto. **to** ~ **place to** ceder lugar a, arranjar lugar para.

yieldable [j'i:ldəbl] adj. permissível, concedível, cedível.

yielder [j'i:ldə] s. quem permite, cede ou concede.

yielding [j'i:ldiŋ] adj. 1. rendoso, produtivo. 2. que não resiste, submisso, dócil. 3. complacente. ‖ ~ly adv. 1. rendosamente, produtivamente. 2. submissamente. 3. complacentemente.

yieldingness [~nis] s. facilidade f. em condescender, complacência f.

Yin and Yang [jin ænd ja:ŋ] s. (Filos. chinesa) princípio m. passivo (feminino) e ativo (masculino).

yip [jip] (coloq.) s. latido, ganido m. ‖ v. latir, ganir.

yipe [jaip] interj. de dor, alarme, atenção.

yippee [jip'i:] interj. de alegria.

Y. M. C. A. abr. de **Young Men's Christian Association.**

yodel, yodle [j'oudəl] s. canto típico m. dos alpícolas, com mudanças abruptas de voz normal e falsete. ‖ v. cantar como os alpícolas.

yodeler, yodler [j'oudlə] s. quem canta como os alpícolas.

yoga [j'ougə] s. ioga f. (filosofia hindu).

yoghurt, yogurt [j'ouguət] s. iogurte m.: alimento semi-sólido preparado com leite fermentado.

yogui [j'ougi:] s. iogue m. + f.: praticante da ioga.

yo-heave-ho! [j'ouhi:vh'ou] interj. exclamação dos marinheiros quando puxam alguma coisa em conjunto.

yoicks [jɔiks] interj. isca! (exclamação usada na caça para incitar os cães).

yoke [jouk] s. 1. jugo, cambão m., canga f. 2. par m., parelha, junta f. 3. qualquer coisa semelhante a jugo em seu ou forma. 4. aquilo que ajunta, união f., laço m. 5. opressão, escravidão, submissão f. 6. balancim m. (para carregar baldes, cestos, etc.). 7. cabeçote m. (de sino). 8. meia-lua f. (de leme). ‖ v. 1. jungir, cangar. 2. emparelhar. 3. pôr cangalha em. 4. unir, ajuntar, ligar. 5. casar. 6. (arc.) subjugar, dominar, escravizar. **to bring under the** ~ subjugar, dominar. **to come (ou pass) under the** ~ ser subjugado.

yokefellow [j'oukfelou] s. 1. companheiro m. de trabalho, parceiro m. 2. marido m. ou mulher f.

yokel [j'oukəl] s. rústico, camponês, labrego m., caipira m. + f.

yolk [jouk] s. 1. gema f. de ovo. 2. suarda f., gordura de lã.

yolkless [j'ouklis] adj. que não tem gema.

yolky [j'ouki] adj. 1. da natureza da, relativo ou semelhante à gema. 2. gorduroso (lã).

yon, yond [jɔn] adj. e adv. (arc.) = **yonder.**

yonder [j'ɔndə] adj. 1. além, acolá, lá, mais longe. 2. aquele, aquela. ‖ adv. além, acolá, lá.

yore [jɔ:] s. tempo passado m. ‖ adv. outrora, antes. **in days of** ~ nos tempos passados, antigamente.

Yorkshire [j'ɔ:kʃə] s. condado da Ingۍaterra. **I'll do it when I come into my** ~ **estates** eu o farei quando tiver tempo e vontade.

Yorkshire pudding s. (Culin.) pudim m. de massa de farinha assado com carne.

you [ju:] pron. sing. ou pl. 1. tu, te, ti. 2. vós, vos. 3. você(s), senhor(es), senhora(s), a gente, lhe(s). o(s), a(s). **are** ~ **here?** você, o senhor, a senhora está? tu estás? vocês, os senhores, as senhoras estão? **I give the book to** ~ eu lhe (te) dou o livro; eu dou o livro a você(s), ao(s) senhor(es), à(s) senhora(s). **I see** ~ eu o(s), a(s), te, vos vejo; eu vejo você(s), o(s) senhor(es), a(s) senhora(s). **the book gives** ~ **deep satisfaction** o livro dá muita satisfação à gente. **that keeps** ~ **calm** isto mantém a gente calma. ~ **all** vocês todos.

young [jʌŋ] s. 1. moços, jovens m. pl., mocidade, juventude f. 2. prole f., filhotes m. pl., crias f. pl. ‖ adj. 1. moço, novo, jovem. 2. vigoroso, robusto. 3. juvenil, da mocidade. 4. inexperiente, imaturo, bisonho. 5. inicial. 6. que representa tendências novas. ‖ ~ly adv. de modo jovem ou juvenil. ~ **blood** 1. sangue novo. 2. juventude, suas idéias e experiências. ~ **hopeful** filho prometedor. ~ **lady** mocinha. **his** ~ **lady** sua namorada. ~ **man** 1. moço, mocinho. 2. auxiliar. **her** ~ **man** seu namorado. ~ **one** cria. ~ **people** mocidade, os moços. ~ **shoot** (Bot.) rebento, broto, renovo. **he is** ~ **in this business** ele é inexperiente neste negócio. **the** ~ **ones cackle as the old cock crows** como os pais falam os filhos palram. **with** ~ prenhe (fêmea de animal).

younger [j'ʌŋgə] s. mais moço m. ‖ adj. 1. mais moço. 2. posterior. **beware of your** ~s cuidado com os mais moços. **in his** ~ **days** em seus dias de mocidade. **Bobby Todd the** ~ B. T. júnior.

youngish [j'ʌŋiʃ] adj. bastante novo, novato.

youngling [j'ʌŋliŋ] s. 1. criança f., menino m., menina f. 2. jovem m. + f., moço, rapaz m., moça f. 3. novato m., principiante m. + f. 4. animal novo m. 5. planta nova f., renovo m. 6. qualquer coisa nova. ‖ adj. jovem, novo, moço.

youngness [j'ʌŋnis] s. 1. juventude, mocidade f. 2. novidade f. 3. inexperiência f.

youngster [j'ʌŋstə] s. 1. criança f., menino m., menina f. 2. jovem m. + f., moço, rapaz m., moça f.

Young Turk s. 1. (Pol.) partidário m. da revolução turca nos anos 20. 2. contestador m., oposicionista m. + f.

younker [j'ʌŋkə] s. 1. (†) jovem m. + f. 2. latifundiário prussiano m. 3. jovem aristocrata m.

your [jɔ:, juə] adj. poss. sing. ou pl. 1. seu(s), sua(s), do(s) senhor(es), da(s) senhora(s). 2. teu(s), tua(s). 3. vosso(s), vossa(s). 4. o tal, os tais (depreciat.) **it is** ~ **own fault** é seu, teu, vosso próprio erro.

you're [juə] abr. de **you are.**

yours [jɔ:z, juəz] pron. poss. sing. e pl. 1. teu(s), tua(s). 2. seu(s), sua(s), do(s) senhor(es), da(s),

senhora(s), de você(s). 3. vosso(s), vossa(s).
is this ~? isso é seu? **I have lost my book, may I
have ~?** eu perdi meu livro, pode ceder-me o seu?
you and ~ você e os seus. **~ very truly** atenciosamente, respeitosamente (no final de carta). **~
to a cinder** (gíria) para sempre seu (sua).' **~ truly**
(coloq.) eu, eu mesmo, mim.

yourself [juəs'elf] pron. (pl. **–selves**) tu, você, o
senhor mesmo, próprio, (a) ti, si, vós mesmo,
próprio.
can you do it ~? você, o senhor mesmo pode
fazê-lo? **by ~** só, sem auxílio. **what will you do
with ~?** o que pretende fazer? **you must see for
~!** você mesmo precisa agir, achar o seu caminho!
you will hurt ~ você, o senhor vai ferir-se. **be ~!**
anime-se! coragem! **you are not quite ~ to-day**
você não está bem disposto hoje.

youse [ju:z, jəz] pron. (E. U. A., coloq.) vocês.

youth [ju:θ] s. 1. mocidade, juventude, gente moça f.
2. jovem m. + f., moço, rapaz m., moça f. 3. princípio m., fase inicial f.
in my ~ na minha mocidade. **a ~ of sixteen** um
jovem de dezesseis anos.

youthen [j'u:θən] v. ren.ҫar, tornar-(se) jovem.

youthful [j'u:θful] adj. 1. juvenil, moço, jovem. 2.
vigoroso, viçoso. 3. imaturo, principiante. ‖ **~ly**
adv. de modo juvenil, vigorosamente.

youthfulness [**~**nis], **youthhood** [j'u:θhud] s. 1. juventude, mocidade f. 2. vigor m. ou viço m. da
juventude.

youth hostel s. hospedaria f., albergue m. para
jovens.

you've [ju:v] abr. de **you have.**

yowl [jaul] s. uivo, berro m. ‖ v. uivar, berrar.

yoyo [j'oujou] s. ioiô m.

yr. abr. de: 1. **year, years.** 2. **your.**

yrs. abr. de: 1. **years.** 2. **yours.**

Y-shaped adj. em forma de Y.

ytterbium [it'ə:biəm] s. (Quím.) itérbio m.

yttric ['itrik] adj. ítrico.

yttrium ['itriəm] s. (Quím.) ítrio m.

yucca [j'ʌkə] s. (Bot.) iúca f.

Yugoslav [j'u:gouslɑ:v] s. 1. iugoslavo m. 2. servo-
croata m. (língua). ‖ adj. iugoslavo.

Yugoslavic [ju:gousl'ævik] adj. = **Yugoslav.**

Yule [ju:l] s. Natal m., festa f. de Natal, época f.
de Natal.

Yule log s. acha f. de Natal.

Yuletide [j'u:ltaid] s. época f. de Natal.

Z

Z, z [zed] s. vigésima sexta e última letra do alfabeto, consoante.
zaffer, zaffre [z'æfə] s. safra f., azul m. de esmalte.
zambo [z'æmbou] s. zambo m.: filho de negro e de mulher indígena.
zamia [z'eimiə] s. (Bot.) zâmia f.: planta da família das Cicadáceas.
zany [z'eini] s. 1. bobo, tolo, simplório m. 2. palhaço m. (na comédia antiga).
z-axis s. (Mat.) eixo Z m.
z-bar s. barra, viga Z f.
zeal [zi:l] s. zelo, fervor, ardor, entusiasmo m. **full of ~** zeloso, solícito. **full of ~ for liberty** ardoroso pela liberdade.
zealot [z'elət] s. zelote, fanático m., pessoa demasiadamente zelosa f., entusiasta m. + f.
zealotry [~ri] s. fanatismo, zelo exagerado m.
zealous [z'eləs] adj. zeloso, entusiasta, ardoroso, fervoroso. ‖ **~ly** adv. zelosamente, ardorosamente, fervorosamente.
zealousness [~nis] s. zelo, ardor, entusiasmo m., paixão f.
zebra [z'i:brə] s. (Zool.) zebra f.
zebrine [z'i:brain] adj. zebrino, zebral.
zebroid [z'i:brɔid] s. zebróide m. ‖ adj. zebróide.
zebu [z'i:bu:] s. (Zool.) zebu m.
zed [zed] s. Zê, nome da letra **Z, z** (esp. Ingl.)
zee [zi:] s. Zê, nome da letra **Z, z** (esp. E. U. A.).
zenana [zen'a:nə] s. (Índia) zenana m.: aposento das mulheres.
Zend [zend] s. zende, zenda m.
Zend-Avesta [zendəv'estə] s. zenda-avesta m.
Zendic [z'endik] adj. zenda.
zenith [z'eniθ, z'i:niθ] s. 1. zênite m. 2. cimo, cume, pico m. 3. (fig.) auge, apogeu m., culminação f. **at his ~** em seu apogeu.
zenithal [~əl] adj. zenital.
zeolite [z'iəlait] s. (Miner.) zeólito m.
Zep [zep], **Zeppelin, zeppelin** [z'epəlin] s. (Av.) zepelim m.
zephyr [z'efə] s. 1. zéfiro m.: a) vento suave e fresco. b) vento do oeste. 2. zefir m.: pano muito leve.
zero [z'iərou] s. pl. **~s, –roes**. 1. zero m.: a) (Arit.) cifra f. b) (Fís.) ponto zero ou ponto de congelamento. c) (fig.) nada m., insignificância, nulidade f. 2. o ponto mais baixo m. **above, below ~** acima, abaixo de zero. **down at ~** no ponto zero, no ponto de congelamento. **at the hour of ~** (milit.) na hora h, na hora x.
zest [zest] s. 1. gosto, sabor, paladar agradável m. 2. prazer, deleite m. 3. condimento, tempero m. 4. (fig.) interesse, atrativo m., vida f. 5. o agradável, bem-estar m. ‖ v. temperar, condimentar, dar gosto ou sabor a.
zestful [z'estful] adj. 1. gostoso, saboroso, de paladar agradável. 2. prazeroso, deleitável. ‖ **~ly** adv. 1. gostosamente, saborosamente. 2. prazerosamente, deleitavelmente.
zestfulness [~nis] s. qualidade do que tem paladar, sabor ou tempero, agradabilidade, gostosura f.
zeta [z'i:tə] s. (Gram. e Ret.) dzeta, zeta m.: sexta letra do alfabeto grego.
zetetic [zi:t'etik] adj. zetético.
zeugma [zj'u:gmə] s. (Gram. e Ret.) zeugma f.
zibeline, zibelline [z'ibəlain, z'ibəlin] s. pele f. de zibelina.

zibet [z'ibet] s. (Zool.) zibeta m. (Viverra zibetha).
ziggurat, zikkurat, zikurat [z'iguræt] s. (Arquit.) zigurato m.: templo na Babilônia.
zigzag [z'igzæg] s. ziguezague m. ‖ v. ziguezaguear. ‖ adj. em ziguezague, tortuoso. ‖ adv. em forma de ziguezague, ziguezagueando, tortuosamente.
zinc [ziŋk] s. zinco m. ‖ v. zincar, galvanizar.
zincate [z'iŋkeit] s. (Quím.) zincato m.
zinc blende s. falsa galena, blenda f.
zinciferous [ziŋk'ifərəs] adj. zíncico.
zincification [ziŋkifik'eiʃən] s. zincagem, galvanização f.
zincified [z'iŋkifaid] adj. zincado, galvanizado.
zincite [z'iŋkait] s. (Miner.) zincita f.
zincograph [z'iŋkogra:f] s. chapa zincográfica f.
zincographer [ziŋk'ɔgrəfə] s. zincógrafo m.
zincographic [ziŋkogr'æfik] adj. zincográfico.
zincography [ziŋk'ɔgrəfi] s. zincografia, zincogravura f.
zinc ointment s. pomada f. de óxido de zinco.
zincous [z'iŋkəs] adj. = **zinciferous**.
zinc oxide s. (Quím.) óxido m. de zinco.
zinc-plate s. chapa f. de zinco.
zinc sulphate s. (Quím.) sulfato m. de zinco.
zinc white s. (Quím.) alvaiade m. de zinco.
zing [ziŋ] s. zunido m. ‖ v. zumbir, zunir.
zingaro [z'iŋgərou] s. pl. **–ri** [-ri] zíngaro, cigano m.
zinnia [z'injə] s. (Bot.) zínia f.
Zion [z'aiən] s. Sião.
Zionism [~izm] s. sionismo m.
Zionist [~ist] s. sionista m. + f. ‖ adj. sionista.
zip [zip] s. 1. silvo, sibilo m. 2. (coloq.) energia f., vigor m. ‖ v. 1. silvar, sibilar. 2. (coloq.) agir com energia. 3. fechar com zíper ou fecho de correr.
zip code s. (E. U. A.) = **postcode**.
zip fastener s. = **zipper**.
zipper [z'ipə] s. ziper m.: fecho de correr.
zippy [z'ipi] adj. (coloq.) 1. cheio de energia. 2. ligeiro, esperto, vivo, expedito. 3. alegre.
zircon [z'ə:kən] s. (Miner.) zircão m.
zirconum [zə:k'ouniəm] s. (Quím.) zircônio m.
zither [z'iθə], **zithern** [z'iθən] s. (Mús.) cítara f.
zitherist [~rist] s. (Mús.) citarista m. + f.
zodiac [z'oudiæk] s. 1. (Astron.) zodíaco m. 2. (Astrol.) diagrama m. do zodíaco. 3. (†) circuito m. 4. (†) cinto m.
zodiacal [zoud'aiəkəl] adj. zodiacal. **~ signs** signos zodiacais.
zoic [z'ouik] adj. zóico.
zombi, zombie [z'ombi] s. 1. cadáver m. reanimado por feitiçaria. 2. (gíria) pessoa que aparenta pouca inteligência ou de aspecto doentio. 3. bebida alcoólica f. de alto teor.
zonal [z'ounəl] adj. 1. zonal, relativo a zonas. 2. dividido em zonas.
zonation [zoun'eiʃən] s. zoneamento m.
zone [zoun] s. 1. zona f. (também Geogr.) distrito m., região f. 2. faixa, banda, cinta f. 3. círculo m. 4. circuito m. ‖ v. 1. dividir em ou formar zonas. 2. cingir, cercar. **frigid ~** zona frígida. **temperate** ou **variable ~** zona temperada. **torrid ~** zona tórrida.
zoned [~d] adj. zonado, dividido em zonas.
zoo [zu:] s. (coloq.) jardim zoológico m. **at the ~** no jardim zoológico.

zoochemistry [zouok'emistri] s. zooquímica f.
zoogenic [zouəd3'enik] adj. zoogênico, zoógeno.
zoogeographer [zouod3i'ogrəfə] s. zoogeógrafo m.
zoogeographic [zouod3iogr'æfik], zoogeographical [~əl] adj. zoogeográfico.
zoogeography [zouod3i'ogrəfi] s. zoogeografia f.
zoographer [zou'ogrəfə] s. zoógrafo m.
zoographic [zouogr'æfik], zoographical [~əl] adj. zoográfico.
zoography [zou'ogrəfi] s. zoografia f.
zool., abr. de zoology.
zoolatry [zou'ɔlətri] s. zoolatria f.
zoologic [zouəl'ɔd3ik], zoological [~əl] adj. zoológico. ‖ ~ally adv. zoologicamente.
~al garden jardim zoológico.
zoologist [zou'ɔləd3ist] s. zoólogo m., zoologista m. + f.
zoology [zou'ɔləd3i] s. 1. zoologia f. 2. vida animal f. de uma determinada região.
zoom [zu:m] s. (Av.) subida rápida e repentina f. ‖ v. 1. zunir, zumbir. 2. (Av.) subir rápida e repentinamente.
zoometry [zou'ɔmitri] s. zoometria f.
zoomorphism [zouom'ɔ:fizm] s. zoomorfismo m.
zoophobia [zouəf'oubiə] s. zoofobia f.
zoophyte [z'ouəfait] s. zoófito m.
zoophytic [zouof'itik], zoophytical [~əl] adj. zoofítico.
zooplankton [zouəpl'æŋktən] s. zooplancto m.
zoopsychology [zouosaik'ɔləd3i] s. zoopsicologia f.: psicologia dos animais.
zoosperm [z'ouəspə:m] s. (Biol.) zoosperma m.

zoot suit [z'u:tsju:t] s. (gíria E. U. A.) traje com ombros largos, paletó muito comprido, calças amplas, mas muito estreitas embaixc.
zoot suiter s. (gíria E. U. A.) aquele que usa um zoot suit.
zoril [z'ɔril], zorilla [zər'ilə] s. (Zool.) zorrilho m., jaritacaca ou jaritataca f.
Zoroastrian [zourou'æstriən] adj. zoroastriano.
Zoroastrianism [~izm] s. zoroastrismo m.
Zouave [zu'a:v] s. zuavo m.
zounds [zaundz] interj. (arc.) irra! arre! com a breca!
zucchetto [tsuk'etou] s. solidéu m. (Igreja Católica).
Zulu [z'u:lu:] s. pl. ~s, -lu. zulo m., zulu m. + f. ‖ adj. zulo, zulu.
zwieback [tsw'i:ba:k] s. (alem.) torrada f.
zygal [z'aigəl] adj. (Anat.) zigal.
zygodactyl [zaigəd'æktil] adj. (Zool.) zigodáctilo.
zygoma [zaig'oumə] s. pl. —mata [~tə] (Anat.) zigoma, osso malar m.
zygomatic [zaigom'ætik] adj. (Anat.) zigomático (quadro S 6).
zygote [z'aigout] s. (Biol.) zigoto m.
zymase [z'aimeis] s. (Biol.) zímase f.
zyme [zaim] s. agente fermentoso m.
zymogenesis [zaimɔd3'enisis] s. (Bioquím.) zimogenia f.
zymogenic [zaiməd3'enik] adj. (Bioquím.) zimogênico, que causa fermentação.
zymology [zaim'ɔləd3i] s. (Bioquím.) zimologia f.: ciência da fermentação.
zymolysis [zaim'ɔləsis] s. (Bioquím.) zimólise f.
zymotic [zaim'ɔtik] adj. zimótico, zímico, fermentoso. 2. (Med.) contagioso, epidêmico.

PROPER NAMES WITH PHONETIC TRANSCRIPTION
NOMES PRÓPRIOS COM PRONÚNCIA FIGURADA

A

Abbotsford ['æbətsfəd].
A Becket [əb'ekit].
Aberbrothok [æbəbrəθ'ok].
Aberdeen [æbəd'i:n] ‖ ~shire [~ ʃiə].
Aberdour [æbəd'auə].
Abinger ['æbindʒə].
Abraham ['eibrəhæm].
Abram ['eibrəm].
Absalom ['æbsələm].
Abydos [əb'aidos].
Abyssinia [æbis'injə].
Accadia [ək'eidiə].
Achaea [ək'iə, ək'i:ə].
Achaia [ək'aiə].
Acheron ['ækərən].
Acheson ['ætʃisn].
Achilles [ək'ili:z].
Actium ['æktiəm].
Ada ['eidə].
Adam ['ædəm].
Adamson ['ædəmsn].
Addison ['ædisn].
Adelaide ['ædəleid].
Adeline ['ædili:n].
Aden [eidn].
Adonais [ædon'eiis].
Adonis [əd'ounis].
Adrian ['eidriən].
Adrianople [eidriən'oupl].
Aegean [idʒ'i:ən].
Aegeus ['i:dʒju:s].
Aegina [i(:)dʒ'ainə].
Aeneas [i(:)n'i:æs].
Aeolia [i(:)'ouliə].
Aeolus ['i(:)oləs].
Aeschylus ['i:skiləs].
Aesculapius [i:skjul'eipjes].
Aesop ['i:sop].
Aethiopia [i:θi'oupjə].
Aetna ['etnə].
Aetolia [i:t'ouliə].
Afghanistan [æfg'ænistæn].
Africa ['æfrikə].
Agamemnon [ægəm'emnən]
Agate ['eigət].
Agatha ['ægəθə].
Aggie, Aggy ['ægi].
Agincourt ['ædʒinko:t].
Ahasuerus [əhæzju'iərəs].
Aiken, Aikin ['eikin].
Ainsworth ['einzwə:θ].
Ajax ['eidʒæks].
Aladdin [əl'ædin].
Alaric ['ælərik].
Alaska [əl'æskə].
Albania [ælb'einjə].
Albany ['o:lbəni].
Albemarle ['ælbima:l].
Albert ['ælbət].
Alberta [ælb'ə:tə].
Albigenses [ælbidʒ'ensi:z].
Albion ['ælbjən].
Alcazar [ælk'æzə].
Alcester ['o:lstə].
Alcestis [æls'estis].

Alcibiades [ælsib'aiədi:z].
Alcott ['o:lkət].
Alcuin ['ælkwin].
Alcyone [æls'aiəni].
Aldborough ['o:ldbərə].
Aldbury ['o:ldbəri].
Aldebaran [æld'ebərən].
Aldeburgh ['o:ldbərə].
Alden ['o:ldən].
Alderney ['o:ldəni].
Aldersgate ['o:ldəzgit].
Aldershot ['o:ldəʃot].
Aldgate ['o:ldgit].
Aldine ['o:ldain].
Aldrich, —ridge ['o:ldridʒ].
Aldwych ['o:ldwitʃ].
Alec(k) ['ælik] (por Alexander).
Alexander [æligz'a:ndə].
Alexandra [æligz'a:ndrə].
Alexandria [æligz'a:ndriə].
Alexis [əl'eksis].
Alf [ælf] (por Alfred).
Alford ['o:lfəd].
Alfred ['ælfrid] ‖ ~a [ælfr'i:də]
Alger ['ældʒə].
Algeria [ældʒ'iəriə].
Algernon ['ældʒənən].
Algiers [ældʒ'iəz].
Algy ['ældʒi] (por Algernon).
Ali Baba ['ælib'a:bə].
Alice ['ælis].
Alick ['ælik] (por Alexander).
Aline [æl'i:n, 'æli:n].
Alison ['ælisn].
Alix ['æliks].
Alkham ['o:lkəm, 'o:kəm].
Allah ['ælə].
Allard ['æla:d].
Allardice ['ælədais].
Allbut ['o:lbət].
Alldridge ['o:ldridʒ].
Alleghany ['æligeini].
Allegheny ['æligeni].
Allen ['ælin].
Allenby ['ælənbi].
Allworth ['o:lwəθ].
Ally ['æli] (por Alice).
Alma ['ælmə].
Alma-Tadema ['ælmət'ædimə].
Almesbury ['a:mzbəri].
Almondbury ['æməndbəri].
Alnmouth ['ælnmauθ].
Alnwick ['ænik].
Alph [ælf].
Alsace ['ælsæs].
Alsatia [æls'eiʃiə].
Altai [ælt'eiai].
Alton ['o:ltən].
Amadis ['æmədis].
Amanda [əm'ændə].
Amazon ['æməzən].
Ambrose ['æmbrouz].
Amelia [əm'i:ljə].
America [əm'erikə].
Amery ['eiməri].
Ames [eimz] ‖ ~ bury ['~bəri].
Amiel ['æmiəl].
Amlwch ['æmlu:x].

Ampère ['æmpɛə].
Amur [əm'uə].
Amy ['eimi] (por Amelia).
Anacreon [ən'ækriən].
Ananias [ænən'aiəs].
Anastasia [ænəst'eiziə].
Anatolia [ænət'ouljə].
Anaxagoras [ænæks'ægərəs].
Andersen, ~son ['ændəsn].
Andes ['ændi:z].
Andover ['ændouvə].
Andreas ['ændriæs].
Andrew(s) ['ændru:(z)].
Andromache [ændr'oməki].
Andromeda [ændr'omidə].
Andronicus [ændrən'aikəs], Shakespeare: [ændr'onikəs].
Angela ['ændʒilə].
Angeles ['ændʒili:z].
Angelica [ændʒ'elikə].
Angelina [ændʒil'i:nə].
Anglesea, —sey ['æŋglsi].
Anglia ['æŋgliə].
Angora ['æŋgərə, æŋg'o:rə]
Angostura [æŋgostj'uərə].
Angus ['æŋgəs].
Ann(a) ['æn(ə)].
Annabel ['ænəbel].
Annabella [ænəb'elə].
Anne [æn].
Annesley ['ænzli].
Annie ['æni].
Ansley ['ænzli].
Anstey ['ænsti].
Anstruther ['ænstrʌðə].
Anthony ['æntəni].
Antigone [ænt'igəni].
Antilles [ænt'ili:z].
Antimachus [ænt'iməkəs].
Antiochus [ænt'aiəkəs].
Antonia [ænt'ouniə].
Antonine ['æntənain].
Antony ['æntəni].
Antwerp ['æntwe:p].
Anty ['ænti], (por Anthony).
Apache [əp'ætʃi].
Apennines ['æpinainz].
Aphrodite [æfrod'aiti].
Apollinaris [əpolin'ɛəris].
Appalachian [æpəl'eitʃiən].
Apulia [əpj'u:liə].
Aquila ['ækwilə].
Aquinas [əkw'ainæs].
Aquitania [ækwit'einiə].
Arabella [ærəb'elə].
Arabia [ər'eibjə].
Arbroath [a:br'ouθ].
Arbuthnot [a:b'ʌθnət].
Arcadia [a:k'eidiə].
Archelaus [a:kil'eiəs].
Archibald ['a:tʃibəld].
Archimedes [a:kim'i:di:z].
Ardagh ['a:də].
Arden [a:dn].
Areopagus [æri'opəgəs]
Ares ['ɛəri:z].
Arethusa [æriθj'u:zə].
Argentina [a:dʒənt'i:nə].

Argentine ['ɑːdʒəntain].
Argolis ['ɑːgəlis].
Argonaut ['ɑːgənɔːt].
Argyle, Argyll [ɑːg'ail], ~shire [~ ʃiə].
Ariadne [æri'ædni].
Ariel ['ɛəriəl].
Aristides [ærist'aidiːz].
Aristophanes [ærist'ɔfəniːz].
Aristotle ['æristɔtl].
Arizona [æriz'ounə].
Arkansas estado ['ɑːkənsɔː], cidade [ɑːk'ænsəs].
Arkwright ['ɑːkrait].
Armenia [ɑːm'iːnjə].
Arnold [ɑːnld], ~son [~sn].
Artemis ['ɑːtimis].
Arthur ['ɑːθə].
Arundel ['ærəndl].
Ascham ['æskəm].
Ascot ['æskət].
Asham ['æʃəm].
Ashburnham ['æʃbəːnəm].
Asia ['eiʃə].
Asquith ['æskwiθ].
Assam ['æsæm].
Assisi [æs'iːzi].
Assyria [əs'iriə].
Astarte [æst'ɑːti].
Astle [æsl].
Aston ['æstən].
Astor ['æstɔː, 'æstə].
Astoria [æst'ɔːriə].
Astrakhan [æstrək'æn].
Atcheen [ətʃ'iːn].
Atchison ['ætʃisn, 'eitʃisn].
Athanasius [æθən'eiʃəs].
Athena [əθ'iːnə].
Athenaeum [æθin'iːəm].
Athene [əθ'iːni].
Athens ['æθinz].
Athole, Atholl ['æθəl].
Atkins ['ætkinz].
Atkinson ['ætkinsn].
Atreus ['eitriuːs].
Attenborough ['ætnbrə].
Atterbury ['ætəbəri].
Attica ['ætikə].
Attila ['ætilə].
Attleborough ['ætlbrə].
Attlee ['ætli].
Aubrey ['ɔːbri].
Auburn ['ɔːbən].
Aucher ['ɔːkə].
Auchinachie [ɔːk'inəki].
Auchinlek [ɔːxinl'ek].
Auchtermuchty [ɔxtəm'ʌxti].
Auckland ['ɔːklənd].
Audley ['ɔːdli].
Augeas [ɔːdʒ'iːæs].
Augusta [ɔːg'ʌstə].
Augustin(e) [ɔːg'ʌstin], Saint ~ [sintɔːg'ʌstin].
Augustus [ɔːg'ʌstəs].
Aulis ['ɔːlis].
Aumerle [ɔmˈəːl].
Aurelia [ɔːr'iːljə].
Austell ['ɔːstəl].
Austen ['ɔːstin].
Austin ['ɔːstin].
Australasia [ɔːstrəl'eiʒiə].
Australia [ɔːstr'eiljə].
Austria ['ɔːstriə].

Avebury ['eibəri, 'eivbəri].
Avon ['eivən, 'ævən].
Axminster ['æksminstə].
Ayers [ɛəz].
Ayerst ['aiəst].
Aylesbury ['eilzbəri].
Ayr [ɛə], ~shire ['~ ʃiə].
Ayscough ['æskə, 'æskjuː].
Ayscue ['eiskjuː].
Azores [əz'ɔːz].
Aztec ['æztek].

B

Babington ['bæbiŋtən].
Babylon ['bæbilən].
Babylonia [bæbil'ounjə].
Bacchus ['bækəs].
Bach nome inglês [beitʃ]; compos. alemão [bɑːx, bɑːk].
Bache [beitʃ].
Bacon ['beikəm].
Baden-Powell ['beidnp'ouel].
Badminton ['bædmintən].
Baffin ['bæfin].
Bagehot ['bædʒət].
Bagot ['bægət].
Bahama [bəh'ɑːmə].
Baldwin [b'ɔːldwin].
Balearic [bæli'ærik].
Balfour [b'ælfuə].
Baliol ['beiljəl].
Balkans [b'ɔːlkənz].
Ballantrae [b'æləntrei, bæləntr'ei].
Ballantyne, –tine [b'æləntain].
Balliol ['beiljəl].
Ballycastle [bælik'ɑːsl].
Balmoral [bælm'ɔrəl].
Balthazar [bælθ'æzə]; Shakespeare: [bælθəz'ɑː].
Baltimore [b'ɔːltimɔː].
Baluchistan [bəl'uːtʃistæn].
Banbury [b'ænbəri].
Bancroft [b'ænkrɔft].
Banff [bæmf]; ~shire ['~ ʃiə].
Bangkok [b'æŋkɔk].
Bannockburn [bænəkb'əːn].
Banquo [b'æŋkwou].
Barabbas [bər'æbəs].
Barbado(e)s [bɑːb'eidouz].
Barbara [b'ɑːbərə].
Barbary [b'ɑːbəri].
Barbour [b'ɑːbə].
Barclay [b'ɑːkli].
Bardolph [b'ɑːdɔlf].
Barebones [b'ɛəbounz].
Barham [b'ærəm].
Barkisland [b'ɑːkislənd, b'ɑːslənd]
Barlow(e) [b'ɑːlou].
Barnard [b'ɑːnəd].
Barnes [bɑːnz].
Barney [b'ɑːni].
Barrie [b'æri].
Barrington [b'æriŋtən].
Bartholomew [bɑːθ'ɔləmjuː].
Barthwick [b'ɑːθwik].
Bartlett [b'ɑːtlit].
Barugh [bɑːf].
Barwick [b'ærik].
Baseden [b'eizdən].

Basford [b'eisfəd].
Bashan [b'eiʃæn].
Basingstoke [b'eiziŋstouk].
Baskervill(e) [b'æskəvil].
Basle [bɑːl].
Baswich [b'æsidʒ, b'æsitʃ].
Batavia [bət'eiviə].
Bates [beits].
Bath [bɑːθ].
Bathsheba [b'æθʃibə].
Battenberg [b'ætnbəːg].
Battersea [b'ætəsi].
Baugh [bɔː].
Bavaria [bəv'ɛəriə].
Bayeux [beij'uː].
Bayne(s) [bein(z)].
Bayswater [b'eizwɔːtə].
Beachy Head [b'iːtʃih'ed].
Beaconsfield localidade [b'ekənsfiːld]; nome Lord ~ [b'iːkənsfiːld]
Beaminster [b'iːminstə].
Beardsley [b'iədzli].
Beatrice [b'iətris].
Beatrix [b'iətriks].
Beattie, Beatty [b'iːti].
Beauchamp [b'iːtʃəm].
Beauclerc, –rk [b'ouklɛə].
Beaufort [b'oufət].
Beaulieu [bj'uːli].
Beaumaris [boum'ɔris, -m'æris].
Beaumont [b'oumənt].
Beaverbrook [b'iːvəbruk].
Becky [b'eki] (por Rebecca).
Beddoes [b'edouz].
Bede [biːd].
Bedel [biːdl].
Bedford(shire) [b'edfəd(ʃiə)].
Bedivere [b'ediviə].
Beecham [b'iːtʃəm].
Beecher-Stowe [b'iːtʃəst'ou].
Beelzebub [bi(ː)'elzibʌb].
Beerbohm [b'iəboum].
Beethoven compos. alemão [b'eithouvn], praça de Londres [b'iːthouvn].
Begum [b'iːgəm].
Belfast [b'elfɑːst, belf'ɑːst].
Belgium [b'eldʒəm].
Belial [b'iːliəl].
Belisha [bəl'iːʃə].
Bella [b'elə] (por Arabella).
Bell(e) [bel] (por Anabel, Arabella, Isabel, Rosabel).
Bellamy [b'eləmi].
Bellerophon [bəl'erəfən].
Bellevue [b'elvj'uː].
Beloe [b'iːlou].
Belshazzar [belʃ'æzə].
Ben [ben] (por Benjamin).
Benares [bin'ɑːriz].
Benedick [b'enidik].
Benedict [b'enidikt, b'enit].
Bengal [beŋg'ɔːl].
Benjamin [b'endʒəmin].
Bennet(t) [b'enit].
Ben Nevis [ben n'iːvis; ben n'evis]
Benson [bensn].
Bentham [b'enθəm].
Bentinck [b'entiŋk].
Beowulf [b'eiowulf].
Berengaria [beriŋg'ɛəriə].
Berenice [berin'aisi].
Beresford [b'erizfəd].

Berkeley [b'a:kli; E. U. A. b'ə:kli)
Berkham(p)stead [b'ə:kəmstid].
Berks [b'a:ks] = ~shire.
Berkshire [b'a:kʃiə].
Bermuda [bə(:)mj'u:də].
Bernard [b'ə:nəd].
Bert [bə:t] (por Albert, Herbert).
Bertram [b'ə:trəm].
Berwick(shire) [b'erik(ʃiə)].
Besant [b'ezənt, biz'ænt].
Bess [b'es] (por Elizabeth).
Bessarabia [besər'eibjə].
Bessemer [b'esimə].
Bessie, –ssy [b'esi] (por Elizabeth).
Bet [bet] (por Elizabeth).
Bethany [b'eθəni].
Bethel [b'eθəl].
Bethesda [beθ'ezdə].
Bethlehem [b'eθlihem].
Bethsaida [beθs'eiidə].
Bethune nome de família [b'i:tn]; nome de rua [beθj'u:n].
Betsy [b'etsi] (por Elisabeth).
Bettina [bet'i:nə].
Betty [b'eti] (por Elizabeth).
Beverley [b'evəli].
Bewick(e) [bj'u(:)ik].
Bicester [b'istə].
Biddy [b'idi] (por Bridget).
Bideford [b'idifəd].
Bigelow [b'igilou].
Bigod [b'aigod].
Bill [bil] (por William).
Billingsgate [b'iliŋzgit].
Billy, Billie [b'ili] (por William).
Bink(e)s [biŋks].
Birchenough [b'ə:tʃinʌf].
Birkenhead [b'ə:kənhed].
Birmingham [b'ə:miŋəm].
Birnam [b'ə:nəm].
Biron [b'aiərən]; Shakespeare: [bir-'u:n].
Biscay [b'iskei].
Bishopsgate [b'iʃəpsgeit, –gite].
Blackheath [bl'ækh'i:θ].
Blair [blɛə].
Blamires [blæm'aiəz].
Blanchard [bl'æntʃəd].
Blantyre [blænt'aiə].
Blawith [bl'a:iθ].
Blencowe [blenk'ou].
Blenheim [bl'enim].
Blewett [bl'u(:)it].
Blifil [bl'ifil].
Blom(e)field [bl'u(:)mfi:ld]
Blondel(l) [blʌndl].
Bloomsbury [bl'u:mzbəri].
Blount [blʌnt].
Blunden [blʌndn].
Blyth [blai, blaiθ].
Blythe [blaið].
Boadicea [bouədis'iə].
Boas [b'ouæz, b'ouæz].
Bob [bob]; ~by [b'obi], (por Robert).
Bodley [b'odli].
Boeotia [bi'ouʃiə].
Boethius [bou'i:θiəs].
Bohemia [bouh'i:mjə].
Bohun [bu:n].
Boleyn [b'ulin].
Bolingbroke [b'oliŋbruk].
Bolivia [bol'iviə].

Bolton [b'oultən].
Bombay [bomb'ei].
Bonaparte [b'ounəpa:t].
Boniface [b'onifeis].
Booby [b'u:bi].
Boog [boug].
Booth(e) [bu:ð].
Boreas [b'oriæs].
Borneo [b'o:niou].
Borthwick [b'o:θwik].
Bosham [b'ozəm].
Bos(s)iney [bos'ini].
Boston [b'ostən].
Boswell [b'ozwəl].
Bosworth [b'ozwə(:)θ].
Bothwell [b'oθwel, b'oðwel].
Bottomley [b'otəmli].
Boughton [b'o:tn, b'autn].
Boulogne [bul'oun].
Bourbon [b'uəbən].
Bourne [bə:n, buən].
Bournemouth [b'o:rnməθ].
Bowdler [b'audlə].
Bowen [b'ouin].
Bowles [boulz].
Bowling [b'ouliŋ].
Bowlker [b'oukə].
Bowyer [b'oujə].
Bracher [br'eitʃə].
Bracy [br'eisi].
Bradford [br'ædfed].
Bradshaw [br'ædʃo:].
Bradwardine [br'ædwədi:n].
Braemar [breim'a:].
Brahan [bro:n].
Braithwaite [br'eiθweit].
Braughing [br'æfiŋ].
Brazil [brəz'il].
Brecon [brekn].
Bridewell [br'aidwəl, –wel].
Bridges [br'idʒiz].
Bridget [br'idʒit].
Bridie [br'aidi].
Bridoon [brid'u:n].
Bridson [br'idsn].
Brigham [br'igəm].
Brighton [br'aitn].
Brisbane [br'izbən].
Bristol [br'istl].
Britannia [brit'ænjə].
Brittany [br'itəni].
Brobdingnag [br'obdiŋnæg].
Brocklehurst [br'oklhə:st].
Broke [bruk].
Bromley [br'ʌmli, br'omli].
Brompton [br'omptən].
Bromwich [br'ʌmidʒ].
Brontë [br'onti].
Brooklyn [br'uklin].
Broom(e) [bru:m].
Brough [brʌf].
Brougham [bru:m, br'u:əm].
Broughton [bro:tn].
Browning [br'auniŋ].
Brawse [brauz].
Bruce [bru:s].
Bruges [bru:ʒ].
Brunswick [br'ʌnzwik].
Brussels [brʌslz].
Bryan [br'aiən].
Bryce [brais].
Buccleugh [bəkl'u:].
Bucephalus [bju(:)s'efələs].

Buckingham(shire) [b'ʌkiŋəm(ʃiə)].
Bucks [bʌks] = Buckinghamshire.
Buddha [b'udə, b'ʌdə].
Buggs [bju:gz, bʌgz].
Buist [bju:st].
Bulgaria [bʌlg'ɛəriə].
Bullen [b'ulin, –ən].
Bulwer [b'ulwə].
Bumpus [b'ʌmpəs].
Bunyan [b'ʌnjən].
Burbage [b'ə:bidʒ].
Burgin [b'ədʒi:n].
Burgoyne [b'ə:goin].
Burgundy [b'ə:gəndi].
Burke [bə:k].
Burleigh [b'ə:li].
Burma(h) [b'ə:mə].
Burne [bə:n].
Burne Jones [bə:ndʒ'ounz].
Burnett [bə(:)n'et, b'ə:nit].
Burns [bə:nz].
Bury loc. [b'eri]; fam. [bj'uəri, b'eri].
Bushire [bju(:)ʃ'aiə].
Buszard [b'ʌzəd].
Bute [bju:t].
Butler [b'ʌtlə].
Buttar [bət'a:].
Buxton [b'ʌkstən].
Byng [biŋ].
Byrne [bə:n].
Byron [b'aiər(ə)n].
Bysshe [biʃ].
Bythesea [b'iðəsi].
Byzantium [baiz'æntiəm].

C

Cabot [k'æbət].
Cadiz [k'eidiz].
Cadogan [kəd'ʌgən].
Caedmon [k'ædmən].
Caerleon [ka:l'i:ən].
Caerlyon [ka:l'aiən].
Caesar [s'i:zə].
Cain(e) [kein].
Caird [kɛəd].
Cairns [kɛənz].
Caithness [k'eiθnes].
Caius nome romano [k'aiəs], colégio de Cambridge [ki:z].
Calabria [kəl'eibriə].
Calais [k'ælei, k'æli].
Calcott [k'o:lkət].
Calcutta [kælk'ʌtə].
Caledon [k'ælidən].
Calhoun [kælh'oun, kəh'u:n].
Caliban [k'ælibæn].
Callaghan [k'æləhən].
Calliope [kəl'aiəpi].
Callisthenes [kæl'isθəni:z].
Calne [ka:n].
Calverley [k'ælvəli, k'a:vəli].
Calvin [k'ælvin].
Calydon [k'ælidən].
Calypso [kəl'ipsou].
Camberwell [k'æmbəwəl, -wel].
Cambria [k'æmbriə].
Cambridge [k'eimbridʒ].

Cambridgeshire [k'eimbridʒiə].
Cambyses [kæmb'aisi:z].
Camden [k'æmdən].
Campbell [kæmbl].
Canada [k'ænədə].
Canaries [kən'ɛəriz].
Candida [k'ændidə].
Canning [k'æniŋ].
Canopus [kən'oupəs].
Canterbury [k'æntəbəri].
Cantire [kænt'aiə].
Canute [kən'ju:t].
Capel(l) [k'eip(ə)l].
Cappadocia [kæpəd'ousiə].
Capri [k'æpri].
Capulet [k'æpjulet].
Cardiff [k'a:dif].
Cardigan(shire) [k'a:digən(ʃiə)]
Carew [kər'u:].
Carey [k'ɛəri].
Carfax [k'a:fæks].
Carinthia [kær'inθiə].
Carisbrooke [k'ærizbruk].
Carl [ka:l].
Carleton [k'a:ltən].
Carlisle [ka:l'ail].
Carlyle [ka:l'ail, k'a:l'ail].
Carlyon [ka:l'aiən].
Carmichael [k'a:maikəl, ka:m'aik-əl].
Carnarvon(shire) [kən'a:vən(ʃiə)].
Carnegie [ka:n'egi].
Carolina [kærəl'ainə].
Caroline [k'ærəlain].
Carolus [k'ærələs].
Carr [ka:].
Carrickfergus [kærikf'ə:gəs].
Carrie, Carry [k'æri] (por Caroline).
Carrington [k'æriŋtən].
Corrol [k'ærəl].
Carruthers [kər'ʌðəz].
Carshalton [kəʃ'ɔ:ltən].
Carstairs [k'a:stɛəz].
Carthage [k'a:θidʒ].
Cartwright [k'a:trait].
Caruthers [kər'ʌðəz].
Cary [k'ɛəri] (por Caroline).
Casement [k'eismənt].
Casey [k'eisi].
Cashmere [kæʃm'iə].
Cassandra [kəs'ændrə].
Cassilis [k'æslz].
Cassius [k'æsjəs].
Cassy [k'æsi] (por Cassandra).
Castalia [kæst'eiliə].
Castlerea(gh) [k'a:slrei].
Catesby [k'eitsbi].
Catharine [k'æθərin].
Cathay [kæθ'ei].
Cathcart [k'æθkət, -ka:t].
Catherine [k'æθərin].
Catiline [k'ætilain].
Cato [k'eitou].
Cattegat [k'ætig'æt].
Cattell [kæt'el, kət'el].
Catullus [kət'ʌləs].
Caucasus [k'ɔ:kəsəs].
Caudle [kɔ:dl].
Cavan [k'ævən].
Cavell [kævl, kəv'el].
Cavendish [k'ævəndiʃ].
Caversham [k'ævəʃəm].
Cawdor [k'ɔ:də].

Cawnpur [kɔ:np'uə].
Caxton [k'ækstən].
Cayley [k'eili].
Cecil(e) [sesl, sisl].
Cecilia [sis'iljə].
Cecily [s'esili, s'isili].
Cedric [s'i:drik, s'edrik].
Celebes [sel'i:bez].
Celestine [s'elisti:n].
Celia [s'i:ljə].
Celsius [s'elsjəs].
Cerberus [s'ə:bərəs].
Ceres [s'iəri:z].
Cervantes [sə:v'ænti:z].
Ceuta [sj'u:tə].
Ceylon [sil'ɔn].
Ceyx [s'i:iks].
Chadwick [tʃ'ædwik].
Chalcedon [k'ælsidən].
Chalcis [k'ælsis].
Chaldea [kæld'i(:)ə].
Chalkis [k'ælkis].
Chalmers [tʃ'a:məz].
Chamberlain [tʃ'eimbəlin, -lein]
Chambers [tʃ'eimbəz].
Chandos [ʃ'ændos, tʃ'ændos].
Charing Cross [tʃ'æriŋ kr'ɔs].
Charlemagne [ʃ'a:ləm'ein].
Charles [tʃa:lz].
Charleston [tʃ'a:lstən].
Charley, Charlie [tʃ'a:li] (por Charles).
Charlotte [ʃ'a:lət].
Charon [k'ɛərən, –rɔn].
Charybdis [kər'ibdis].
Chastney [tʃ'æsni].
Chatham [tʃ'ætəm].
Chatsworth [tʃ'ætswə:0].
Chattanach [tʃ'ætənæk].
Chatterton [tʃ'ætətn].
Chaucer [tʃ'ɔ:sə].
Cheapside [tʃ'i:ps'aid].
Cheatham [tʃ'i:təm].
Cheddar [tʃ'edə].
Cheetham [tʃ'i:təm].
Chelmsford [tʃ'elmsfəd].
Chelsea [tʃ'elsi].
Cheltenham [tʃ'eltnəm].
Cherith [tʃ'iəriθ].
Cherokee [tʃerok'i:].
Chersonese [k'ə:səni:s].
Cherwell [tʃ'a:wəl].
Chesapeake [tʃ'esəpi:k].
Chesham [tʃ'eʃəm].
Cheshire [tʃ'eʃə].
Cheshunt [tʃesnt].
Chesney [tʃ'esni, tʃ'ezni].
Chester [tʃ'estə].
Chesterfield [tʃ'estəfi:ld].
Chesterton [tʃ'estətn].
Chetham [tʃ'etəm].
Cheviot [tʃ'eviət].
Cheyne [tʃ'eini, tʃein].
Chicago [ʃik'a:gou]; E. U. A.: [ʃik'o:gou]
Chichester [tʃ'itʃistə].
Chiddingly [tʃ'idiŋlai].
Chile [tʃ'lli].
Chiltern [tʃ'iltə(:)n].
China [tʃ'ainə].
Chios [k'aios].
Chislehurst [tʃ'izlhə:st].
Chisholm [tʃ'izəm].

Chiswick [tʃ'izik].
Chloe [kl'oui]
Chloris [kl'ɔ:ris].
Cholm(e)ly [tʃ'ʌmli]
Cholmondely [tʃ'ʌmli].
Christabel [kr'istəbel].
Christchurch [kr'ais(t)tʃə:tʃ].
Christian [kr'istjən].
Christiana [kristi'a:nə].
Christiania [kristi'a:niə].
Christie [kr'isti] (por Christian).
Christina [krist'i:nə].
Christine [kr'isti:n].
Christopher [kr'istəfə].
Christopherson [krist'ofəsn].
Churchill [tʃ'ə:tʃil].
Churchtown [tʃ'ə:tʃtaun, tʃ'ouzn]
Chuzzlewit [tʃ'ʌzlwit].
Cibber [s'ibə].
Cicely [s'isili].
Cicero [s'isərou].
Cincinnati [sinsin'a:ti].
Cinderella [sindər'elə].
Cinthio [s'intiou, s'inθiou].
Circe [s'ə:si].
Cirencester [s'aiərənsestə, s'isi(s)tə].
Cissie, Cissy [s'isi], (por Cecily).
Clacton [kl'æktən].
Clapham [kl'æpəm].
Clara [kl'ɛərə].
Clare [klɛə].
Claremont [kl'ɛəmənt].
Clarence [kl'ærəns].
Clarendon [kl'ærəndən].
Claridge [kl'æridʒ].
Clarissa [klər'isə].
Clark(e) [kla:k].
Claud(e) [klɔ:d].
Claudia [kl'ɔ:diə].
Cladius [kl'ɔ:diəs].
Claverhouse [kl'ævez; kl'eivəz; kl'ævəhaus].
Clayton [kleitn].
Cleather [kl'eðə].
Cleishbotham [kl'i:ʃboðəm].
Clement [kl'emənt].
Clementina [klemənt'i:nə].
Clementine [kl'eməntain].
Cleon [kl'i:ən].
Cleopatra [kliop'a:trə].
Clerkenwell [kl'a:kənwəl].
Clevedon [kl'i:vdən].
Cleveland [kl'i:vlənd].
Clio [kl'aiou].
Clive [klaiv].
Clo [klou] (por Chloe).
Cloudesley [kl'audzli].
Clough [klʌf, klu:].
Clyde [klaid].
Cnut [kənj'u:t].
Cobham [k'obəm].
Coburg [k'oubə:g].
Cochin-China [k'otʃintʃ'ainə].
Cochran [k'okrən].
Cochrane [k'okrin].
Cockai(g)ne [kok'ein].
Cockburn [k'oubə:n].
Cody [k'oudi].
Colchester [k'oultʃistə].
Colclough [k'oukli].
Cole [koul].
Coleman [k'oulmən].
Coleridge [k'oulridʒ].

Coliseum [kolis'iəm].
Collier [k'oliə].
Collins [k'olinz].
Colman [k'oulmən].
Colnaghi [koln'a:gi].
Colne [koun; kouln].
Cologne [kəl'oun].
Colombo [kəl'ʌmbou].
Colorado [kolər'a:dou].
Colosseum [koləs'iəm].
Colquhoun [kəh'u:n].
Columba [kəl'ʌmbə].
Columbia [kəl'ʌmbiə].
Columbus [kəl'ʌmbəs].
Combe [ku:m].
Comin [k'ʌmin].
Compton [k'omtən, k'ʌmtən].
Confucius [kənf'ju:ʃiəs].
Congreve [k'oŋgri:v, k'oŋgri:v].
Coningsby [k'oniŋzbi].
Coniston(e) [k'onistən].
Connaught [k'ono:t].
Connecticut [kən'etikət].
Connemara [konim'a:rə].
Connie, Conny [k'oni] (por Constance).
Connor [k'onə].
Conrad [k'onræd].
Constance [k'onstəns].
Constantine [k'onstəntain].
Conybeare [k'onibiə].
Cook(e) [kuk].
Coomb(e) [ku:m].
Cooper [k'u:pə].
Copenhagen [koupnh'eigən].
Copernicus [kop'ə:nikəs].
Copland [k'opländ, k'ouplənd].
Copperfield [k'opəfi:ld].
Cordelia [ko:d'i:liə].
Corea [kor'iə].
Corfu [ko:f'u:].
Corinth [k'orinθ].
Coriolanus [korioul'einəs].
Cornelia [ko:n'i:ljə].
Cornelius [ko:n'i:ljəs].
Cornell [ko:n'el].
Corney [k'o:ni] (por Cornelius).
Cornwall [k'o:nwəl].
Cornwallis [ko:nw'olis].
Coronel [k'orənel].
Corydon [k'oridən].
Cosgrave [k'ozgreiv].
Cosham [k'osəm].
Cotswold [k'otswould].
Couch [ku:tʃ].
Couper [k'u:pə].
Coupland [k'u:plənd, k'ouplənd].
Courtenay [k'o:tni].
Courthope [k'o:təp].
Coutts [ku:ts].
Couzens [kʌznz].
Covent [k'ovənt].
Coventry [k'ovəntri].
Coverdale [k'ʌvədeil].
Coverley [k'ʌvəli].
Cowes [kauz].
Cowley [k'auli].
Cowper poeta: [k'u:pə]; [k'aupə].
Crabbe [kræb].
Craig [kreig].
Craik [kreik].
Cranborne, Canbourne [kr'ænbo:n].
Crawcour [kr'o:kə].

Crawley [kr'o:li]
Creaghan [kr'i:gən].
Creakle [kr'i:kl].
Crees [kri:s, kri:z].
Creighton [kraitn].
Cressida [kr'esidə].
Cresswell [kr'ezwəl].
Crete [kri:t].
Crewe [kru:].
Criccieth [kr'ikieθ].
Crichton [kraitn].
Crieff [kri:f].
Crimea [kraim'iə].
Croesus [kr'i:səs].
Crompton [kr'ʌmtən].
Cromwell [kr'omwəl].
Crooke [kruk].
Crosby [kr'ozbi], [kr'osbi].
Crowe [krou].
Crowther [kr'auðə].
Croyden, Croydon [kroidn].
Cruikshank [kr'ukʃæŋk].
Crummles [krʌmlz].
Crusoe [kr'u:sou].
Crysell [kraisl].
Cuba [kj'u:bə].
Culloden [kəl'odn].
Cullompton [kəl'ʌm(p)tən].
Cumberland [k'ʌmbələnd].
Cumbria [k'ʌmbriə].
Cunard [kju:n'a:d].
Cunliffe [k'ʌnlif].
Cunningham [k'ʌniŋəm].
Curtice, Curtis [k'ə:tis].
Curzon [kə:zn].
Cushing [k'uʃiŋ].
Custance [k'ʌstəns].
Cutch [kutʃ].
Cuthbert [k'ʌθbət].
Cuvier [kj'u:viei, k'u:viei].
Cuyp [kaip].
Cymbeline [s'imbili:n].
Cynthia [s'inθiə].
Cyprus [s'aiprəs].
Cyrene [sair'i:ni].
Cyril [s'iril].
Cyrille [s'iril, sir'i:l].
Cyrus [s'aiərəs].
Czecho-Slovakia [tʃ'ekouslou-v'ækiə].

D

Dacia [d'eisiə].
Daedalus [d'i:dələs].
Dagobert [d'ægoubə:t].
Daisy [d'eizi] (por Margaret).
Dakota [dək'outə].
Dalbeattie [dælb'i:ti].
Dalby [d'o:lbi, d'ælbi].
Dalgetty [dælg'eti].
Dalgleish [dælgl'i:ʃ].
Dalhousie [dælh'u:zi, dælh'auzi].
Dalkeith [dælk'i:θ].
Dalkey [d'o:lki, d'o:ki].
Dalmatia [dælm'eiʃiə].
Dalmeny [dælm'eni].
Dalry [dælr'ai].
Dalrymple [dælr'impl].

Dalston [d'o:lstən].
Dalton [d'o:ltən].
Daly [d'eili].
Dalziel [d'ælziəl, d'æljəl, Scot: di:'el].
Damocles [d'æməkli:z].
Damon [d'eimən].
Dampier [d'æmpjə].
Dan [dæn] (por Daniel).
Dana [d'einə].
Danae [d'æneii].
Danby [d'ænbi].
Danite [d'ænait].
Danube [d'ænju:b].
Daphne [d'æfni].
Darius [dər'aiəs].
Darley [d'a:li].
Dartmoor [d'a:tmuə].
Dartmouth [d'a:tməθ].
Dave [deiv] (por David).
Davenant [d'ævinənt].
Davenport [d'ævnpo:t].
Daventry [d'ævntri, d'eintri].
Davey [d'eivi] (por David).
David [d'eivid].
Davidson [d'eividsn].
Davis [d'eivis].
Davison [d'eivisn].
Dawes [do:z].
Dawson [d'o:sn].
Dayton [d'eitn].
Dealtry [d'iəltri].
Death nome de família [deiθ, deθ].
De Bathe [dəb'a:θ].
Deborah [d'ebərə].
Decameron [dik'æmərən].
Deccan [d'ekən].
Dee [di:].
Defoe [dəf'ou, dif'ou].
Deighton [d'aitn].
De la Mare [d'eləmɛə, -ma:].
De Lancey [dəl'a:nsi].
Deland [d'i:lænd].
De la Pasture [dəl'æpətə].
De la Rue [d'eləru: delər'u:].
Delaware [d'eləwɛə].
De la Warr [d'eləwə].
Delhi [d'eli].
Delia [d'i:liə].
Delilah [dil'ailə].
Delphi [d'elfai].
Demerara [demər'ɛərə].
Demeter [dim'i:tə].
Demetrius [dim'i:triəs].
Democritus [dim'okritəs].
Demosthenes [dim'osθən:iz]
Denbigh(shire) [d'enbi(ʃiə)]
Denham [d'enəm].
Denholm(e) [d'enəm].
Denis [d'enis].
Denmark [d'enma:k].
Dennehy [d'enəhi:].
Denver [d'envə].
Denys [d'enis].
Depew [dipj'u:].
Deptford [d'etfəd].
De Quincey [dəkw'insi].
Derbe [d'ə:bi].
Derby(shire) [d'a:bi(ʃiə)].
Dereham [d'iərəm].
D'Eresby [d'iəzbi].
Derham [d'erəm].
Dering [d'iəriŋ].
De Rohan [dər'ouən].

De Ros [dər'u:s].
Derric(k) [d'erik].
De Salis [dəs'ælis].
Desart [d'esɑ:t].
Desbarres [deib'ɑ:].
Desborough [d'ezbrə].
Descartes [deik'ɑ:t].
Desdemona [dezdim'ounə].
Deslys [deil'i:s].
Desmond [d'ezmənd].
Des Vaux [deiv'ou].
Des Voeux [deiv'ou].
Detroit [dətr'oit].
Deucalion [dju(:)k'eiliən].
de Valera [dəvəl'iərə].
Deventer [d'evəntə].
De Vere [dəv'iə].
Devereux [d'evəru:, d'evəru:ks].
Devon(shire) [d'evn(ʃiə].
Dewar [dj'u(:)ə].
D'Ewes [dju:z].
De Wet [dəv'et].
Dewey [dj'u(:)i].
Dewsbury [dj'u:zbəri].
D'Eyncourt [d'einkə:t].
De Zoete [dəz'u:t].
Diana [dai'ænə].
Dick [dik], Dickie [d'iki] (por Richard).
Dickens [d'ikinz].
Dido [d'aidou].
Digby [d'igbi].
Digges [digz].
Dillwyn [d'ilən].
Dinah [d'ainə].
Diocletian [daiəkl'i:ʃiən].
Diodorus [daiəd'ɔ:rəs].
Diogenes [dai'odʒini:z].
Diomede [d'aiəmi:d].
Diomedes [daiəm'i:di:z]
Dionysius [daiən'aisiəs].
Dionysus [daiən'aisəs].
Disraeli [dizr'eili].
Dobell [doub'el].
Doddridge [d'odridʒ].
Dodo [d'oudou] (por Dorothea).
Dodsley [d'odzli].
Doherty [d'ouəti, douh'ə:ti].
Dohoo [d'u:hu:].
Dolgelley [dolg'eli].
Doll [dol], Dolly [d'oli] (por Dorothy).
Dombey [d'ombi].
Dominica [domin'i:kə].
Domitian [dom'iʃiən].
Donalbain [d'onlbein].
Doncaster [d'oŋkəstə].
Donegal(l) [d'onigɔ:l].
Dongola [d'oŋgələ].
Donne [dʌn, don].
Dono(g)hue [d'ʌnehu:].
Donough [d'onou].
Donoughmore [d'ʌnəmɔ:].
Donovan [d'onəvən].
Don Quixote [d'onkw'iksout].
Dora [d'ɔ:rə].
Dorchester [d'ɔ:tʃistə].
Doris [d'oris].
Dorothea [dorəθ'iə].
Dorothy [d'oroθi].
Dorrit [d'orit] (por Dorothy).
Dorset(shire) [d'ɔ:sit(ʃiə].
Dot [dot] (por Dorothy).

Doudney [dj'u:dni].
Dougal(l) [d'u:gəl].
Dougherty [d'ouəti].
Doughty [d'auti].
Douglas(s) [d'ʌgləs].
Dousabel [d'u:səbel].
Doust [daust].
Dover [d'ouvə].
Dowden [daudn].
Dowell [d'auəl].
Dowie [d'aui].
Downing [d'auniŋ].
Dowse [daus].
Doyle [doil].
Drage [dreidʒ].
Drake [dreik].
Drew, ~s [dru:, ~z].
Drumclog [drʌmkl'og].
Drummond [dr'ʌmənd].
Drury [dr'uəri].
Drusus [dr'u:səs].
Dryden [dr'aidn]
Drysdale [dr'aizdeil].
Dublin [d'ʌblin].
Du Buisson [dj'u:bisn].
Du Cane [dju:k'ein].
Duddell [dʌd'el, dju(:)d'el].
Dudley [d'ʌdli].
Duff [dʌf].
Dufferin [d'ʌfərin].
Dugald [d'u:gəld].
Dugdale [d'ʌgdeil].
Dulwich [d'ʌlidʒ].
Dumain [dju(:)m'ein].
Dumbiedikes [d'ʌmbidaiks].
Dumfries [dʌmfr'i:s].
Dumfriesshire [dʌmfr'i:sʃiə]
Dunbar [d'ʌnbɑ:].
Duncan [d'ʌŋkən].
Dundalk [dʌnd'ɔ:k].
Dundee [dʌnd'i:].
Dunedin [dʌn'i:din].
Dunfermline [dʌnf'ə:mlin].
Dunholme [d'ʌnəm].
Dunlop [dʌnl'op, d'ʌnlop].
Dunmow [d'ʌnmou].
Dunsany [dʌns'æni, dʌns'eini].
Dunsinane [dʌnsin'ein, duns'inən].
Dunstaffnage [dʌnst'afnidʒ].
Dunstan [d'ʌnstən].
Duquesne [dju(:)k'ein].
Durban [d'ə:bən].
Durden [də:dn].
Durell [djuer'el].
Durham [d'ʌrəm].
Durward [d'ə:wed].
Duthie [d'ʌθi].
Dutton [d'ʌtn].
Dwight [dwait].
Dyche [daitʃ].
Dyke [daik].
Dymond [d'aimənd].
Dysart [d'aizət].
Dyson [daisn].

E

Ealing [i:liŋ].
Eames [i:mz, eimz].
Easdale [i:zdeil].

Eastbourne [i:s(t)bɔ:n].
Eastham [i:sthəm].
Eastleigh [i:stli:].
Eaton [i:tn].
Ebbw [ebu:].
Ebenezer [ebin'i:zə].
Ebury [i:bəri].
Ecuador [ekwəd'ɔ:].
Eddie, Eddy [edi] (por Edmund, Edward).
Eddystone [edistən].
Eden [i:dn].
Edgar [edgə].
Edgcumbe [edʒkəm].
Edgeworth [edʒwə:θ].
Edie 1. [edi] (por Edward). 2. [i:di] (por Edith).
Edinburgh [edinbərə].
Edison [edisn].
Ediss [edis].
Edith [i:diθ].
Edmonton [edməntən].
Edmund [edmənd].
Edna [ednə].
Edom [i:dəm].
Edward [edwəd].
Effie [efi], (por Euphemia)
Egeria [i(:)dʒ'iəriə].
Egerton [edʒətn].
Egeus [i:dʒ(j)u:s, i(:)dʒ'i:əs].
Egham [egəm].
Eglamore [egləmɔ:].
Egypt [i:dʒipt].
Eilean [i:lən].
Eire [eərə].
Eirene [air'i:ni].
Elain(e) [el'ein].
Elam [i:ləm].
Eleanor [elinə].
Eleanora [elian'ɔ:rə].
Electra [il'ektrə].
Eleonora [elian'ɔ:rə].
Eleusis [elj'u:sis].
Elgar [elgə].
Elgie [eldʒi, elgi].
Elgin(shire) [elgin(ʃiə]
Elias [il'aiəs].
Elinor [elinə].
Eliot(t) [elhət].
Eliza [il'aizə].
Elizabeth [il'izəbəθ].
Ell [el] (por Helen).
Ellen [elin].
Ellesmere [elzmiə].
Elliot(t) [eljət].
Ellsworth [elzwə:θ].
Elsie, Elsy [elsi].
Elsinore [elsin'ɔ:].
Elsmere [elzmiə].
Elspeth [elspeθ].
Elswick [elsik, elzik, elzwik].
Elvira [elv'aiərə].
Elwes [elwiz].
Ely [i:li].
Emeer [em'iə].
Emerson [eməsn].
Emery [eməri].
Emilia [im'iliə].
Emily [emili].
Emma [emə].
Emmanuel [im'ænjuəl].
Emmet [emit].
Emmie, Emmy [emi].

Endell ['endl].
Endicott ['endikət].
Endymion [end'imiən].
Eneas [i(:)n'i:æs].
Eneid ['i:niid].
England ['iŋglənd].
Enid ['i:nid].
Enoch ['i:nɔk].
Ephesus ['efisəs].
Ephraim ['i:freiim].
Epictetus [epikt'i:təs].
Epicurus [epikj'uərəs].
Epimenides [epim'enidi:z].
Epirus [ep'aiərəs].
Epsom ['epsəm].
Erard ['era:d].
Erasmus [ir'æzməs].
Erastus [ir'æstəs].
Erath [ir'a:θ].
Erewhon ['eriwən].
Erie ['iəri].
Erin ['iərin].
Ernest ['ə:nist].
Erny ['ə:ni] (por Ernest).
Erskine ['ə:skin].
Escombe ['eskɔm].
Escot(t) ['eskət].
Esmond(e) ['ezmənd].
Essex ['esiks].
Ethel ['eθəl].
Ethelbald ['eθəlbɔ:ld].
Ethelbert ['eθəlbə:t].
Ethelbertha [eθəlb'ə:tə].
Ethelred ['eθəlred].
Etherege ['eθəridʒ].
Ethiopia [i:θi'oupjə].
Etna ['etnə].
Eton [i:tn].
Etruria [itr'uəriə].
Euclid [j'u:klid].
Eugene [j'u:dʒi:n, ju:dʒ'i:n].
Eugenia [ju:dʒ'i:niə].
Eulalia [ju:l'eiliə].
Euler [j'u:lə], nome alemão: ['ɔilə]
Eunice [j'u:nis, ju(:)n'aisi].
Euphemia [ju:f'i:miə].
Euphrates [ju:fr'eiti:z].
Euphues [j'u:fju(:)i:z].
Euripides [juər'ipidi:z].
Europa [juər'oupə].
Eurydice [juər'idisi(:)].
Eustace [j'u:stəs].
Euston [j'u:stən].
Euterpe [ju:t'ə:pi].
Euxine [j'u:ksain].
Eva ['i:və].
Evan ['evən].
Evangeline [iv'æn(d)ʒili:n].
Evans ['evənz].
Eve [i:v].
Evelina [evil'i:nə].
Everard ['evəra:d].
Everest ['evərist].
Evesham ['i:vʃəm, 'i:ʃəm, 'i:səm].
Ewart [j'u(:)ət].
Ewell [j'u(:)il].
Ewen [j'u(:)in].
Ewing [j'u(:)iŋ].
Exeter ['eksətə].
Exmoor ['eksmuə].
Exmouth ['eksmauθ].
Eyam ['i:əm].
Eyck [aik].

Eyemouth ['aiməθ].
Eyles [ailz].
Eyre [ɛə].
Eyton [aitn]
Ezra ['ezrə].

F

Faber 'f'eibə].
Fabius [t'eibiəs].
Fabricius [fəbr'iʃiəs].
Fagin [f'eigin].
Fahrenheit [f'ærənhait].
Fairbairn [f'ɛəbɛən].
Fairfax [f'ɛəfæks].
Fairholme [f'ɛərhoʊm].
Fairlegh, Fairleigh [f'ɛəli].
Falconbridge [f'ɔ:kənbridʒ].
Falconer [f'ɔ:knə].
Falkirk [f'ɔ:lkə:k].
Falkland [f'ɔ:klənd].
Falkner [f'ɔ:knə].
Faller [f'ælə].
Folloden [f'ælədən].
Falmouth [f'ælməθ].
Falstaff [f'ɔ:lsta:f].
Fanny [f'æni] (por Frances).
Faraday [f'ærədi].
Fareham [f'ɛərəm] .
Farleigh, Farley [f'a:li].
Faroe [f'ɛərou].
Fastolf [f'æstɔlf].
Fatima [f'ætimə].
Faulconbridge [f'ɔ:kənbridʒ].
Faulkland [f'ɔ:klənd].
Faulkner [f'ɔ:knə].
Fauntleroy [f'ɔ:ntlərɔi].
Faustus [f'ɔ:stəs].
Fawcett [f'ɔ:sit].
Fawkes [fɔ:ks].
Feaist [fi:st].
Feargus [f'ə:gəs].
Featherstone [f'eðəstən].
Feilden [f'i:ldən].
Feilding [f'i:ldiŋ].
Feiling [f'ailiŋ].
Feist [fi:st].
Felicia [fil'isiə].
Felix [f'i:liks].
Felixtowe [f'i:likstou].
Felkin [f'elkin].
Fellowes [f'elouz].
Fenella [fin'elə].
Fenton [f'entən].
Fenwick [f'enik].
Feodor [f'i(:)odɔ:].
Feodora [fi(:)od'ɔ:rə].
Ferdinand [f'ə:dinənd].
Fergus [f'ə:gəs].
Fermanagh [fə(:)m'ænə].
Fernhough [f'ə:nhou].
Feversham [f'evəʃəm].
Ffoulkes [fouks, foulks].
Fidele [fid'i:li].
Fidelio [fid'eiliou].
Fielding [f'i:ldiŋ].
Fife(shire) [faif(ʃiə)].
Fifield [f'aifi:ld].
Fiji [fi:dʒ'i:, f'i:dʒi:].

Findlater [f'in(d)leitə].
Fingal [f'ingəl].
Fingall [f'iŋgɔ:l].
Finland [f'inlənd].
Finsbury [f'inzbəri].
Fiona [fai'ounə].
Fisk(e) [fisk].
Fison [f'aisn].
Fitzalan [fits'ælən].
Fitzgibbon [fitsg'ibən].
Fitzmaurice [fitsm'ɔris].
Fitzwygram [fitsw'aigrəm].
Flamstead [fl'æmstid].
Flavel [fl'ævəl].
Flavell [fleivl].
Flavia [fl'eiviə].
Fleance [fl'i:əns].
Fleay [flei].
Flite [flait].
Flo [flou] (por Florence).
Florence [fl'ɔrəns].
Flores [fl'ɔ:riz].
Florida [fl'ɔridə].
Florizel [fl'ɔrizəl].
Florrie, Florry [fl'ɔri].
Flossie, Flossy [fl'ɔsi] (por Florence).
Floyd [flɔid].
Flushing [fl'ʌʃiŋ].
Foley [f'ouli].
Folger [f'ouldʒə].
Folkestone [f'oukstən].
Foote [fut].
Ford(e) [fɔ:d].
Fordyce [f'ɔ:dais].
Forfar(shire) [f'ɔ:fə(ʃiə)].
Formosa [fɔ:m'ousə].
Forster [f'ɔ:stə].
Forsyte [f'ɔ:sait].
Forsyth [fɔ:s'aiθ].
Fortunatus [fɔ:tju(:)n'eitəs].
Fothergill [f'ɔðəgil].
Fotheringay [f'ɔðəriŋgei].
Fouberts [f'u:bə:ts].
Foulis [foulz].
Foulkes [fouks, fauks].
Fowey [fɔi].
Fowke [fauk].
Fowler [f'aulə].
France [fra:ns].
Frances [fr'a:nsis].
Francis [fr'a:nsis].
Franklin [fr'æŋklin].
Fraser, Frazer [fr'eizə].
Fred [fred].
Fredy [fr'edi] (por Frederic).
Frederic(k) [fr'edrik].
Frederica [fredər'i:kə].
Fremantle [fr'i:mæntl].
Frere [friə].
Freyer [friə, fr'aiə].
Frobisher [fr'oubiʃə].
Frome [fru:m].
Froude [fru:d].
Frowde [fru:d, fraud].
Frye [frai].
Fudge [fʌdʒ, fju:dʒ].
Fulham [f'uləm].
Fulke [fulk].
Fuller [f'ulə].
Fulton [f'ultən].
Furness [f'ə:nis].
Furnival(I) [f'ə:nivəl].

Fyson [faisn].

G

Gaboon [gəb'u:n].
Gabriel [g'eibriəl].
Gaby [g'a:bi] (por Gabriel).
Gadsby [g'ædzbi].
Gatsden [g'ædzdən].
Gainsborough [g'einzbərə].
Galashiels [gæləʃ'i:lz].
Galbraith [g'ælbreiθ, gælbr'eiθ].
Galen [g'eilin].
Galicia [gəl'iʃiə].
Galilee [g'ælili:].
Galileo [gælil'eiou].
Gallagher [g'æləxə].
Gallia [g'æliə].
Galloway [g'ælowei].
Galsworthy [g'ɔ:lzwə:ði].
Galt [gɔ:lt].
Galveston(e) [g'ælvistən].
Galway [g'ɔ:lwei].
Gandhi [g'ændi:].
Ganges [g'æn(d)ʒi:z].
Ganymede [g'ænimi:d].
Garrick [g'ærik].
Garrioch [g'ærik].
Gauden [gɔ:dn].
Gaul [gɔ:l].
Gautama [g'autəmə].
Gaveston [g'ævistən].
Gawain [g'æwein].
Geddes [g'edis].
Geelong [gi:l'ɔŋ].
Gehazi [gih'eizai].
Geikie [g'i:ki].
Gellatley [g'elətli].
Geneva [dʒin'i:və].
Gennesaret [gin'ezərit].
Gennesareth [gin'ezəriθ].
Genoa [dʒ'enouə].
Geoffr(e)y [dʒ'efri].
Geordie [dʒ'ɔ:di] (por George).
George [dʒɔ:dʒ].
Georgia [dʒ'ɔ:dʒiə].
Georgiana [dʒɔ:dʒi'a:nə].
Georgie [dʒ'ɔ:dʒi] (por George).
Georgina [dʒɔ:dʒ'i:nə].
Geraint [dʒer'eint].
Gerald [dʒ'erəld].
Geraldine [dʒ'erəldi:n].
Gerard [dʒ'era:d, dʒer'a:d].
Germany [dʒ'ə:məni].
Gerrard [dʒ'erəd, dʒer'a:d]
Gerry [g'eri].
Gerty [g'ə:ti] (por Gertrude).
Gertrude [g'ə:tru:d].
Gethsemane [geθs'eməni].
Gettysburg [g'etizbə:g].
Ghent [gent].
Giaour [dʒ'auə].
Gibbie [dʒ'ibi].
Gibbon [g'ibən].
Gibraltar [dʒibr'ɔ:ltə].
Gibson [gibsn].
Giffen [g'ifin, dʒ'ifin].
Gifford [g'ifəd].
Gilbert [g'ilbət].

Gilchrist [g'ilkrist].
Gilead [g'iliæd].
Giles [dʒailz].
Gilfillan [gilf'ilən].
Gillespie [gil'espi].
Gillian [dʒ'iliən].
Gillies [g'ilis, g'iliz].
Gillot [dʒ'ilət].
Gills [gilz].
Gillson [dʒilsn].
Gilson [gilsn, dʒilsn].
Gingell [g'indʒəl].
Girton [gə:tn].
Gissing [g'isiŋ].
Gladstone [gl'ædstən].
Gladys [gl'ædis].
Glaisher [gl'eiʃə].
Glamis [gla:mz].
Glamorgan(shire) [gləm'ɔ:gən(ʃiə)].
Glasgow [gl'a:sgou].
Glenarvon [glen'a:vən].
Glencairn [glenk'ɛən].
Glendower [gl'endauə].
Gloucester(shire) [gl'ɔstə(ʃiə)].
Godalming [g'ɔdlmiŋ].
Goddard [g'ɔdəd].
Goderich [g'oudritʃ].
Godfree, Godfrey [g'ɔdfri].
Godiva [gəd'aivə].
Godmanchester [g'ɔnʃistə].
Godolphin [gəd'ɔlfin].
Godwin [g'ɔdwin].
Golgatha [g'ɔlgəθə].
Goliath [gol'aiəθ, gəl'aiəθ].
Gooch [gu:tʃ].
Goodell [gud'el].
Goodrich [g'udritʃ].
Goodyear, Goodyer [g'udjə(:)].
Googe [gu(:)dʒ].
Gorham [g'ɔ:rəm].
Gorringe [g'ɔrindʒ].
Gotham [g'ɔtəm]; em Nova York
  [g'ouθəm].
Gothland [g'ɔθlənd].
Gough [gɔf].
Gould [gu:ld].
Goulden [g'u:ldən].
Gow [gau].
Gowan [g'auən].
Grace [greis].
Gradgrind [gr'ædgraind].
Graeme [greim].
Graham(e) [gr'eiəm].
Grainger [gr'eindʒə].
Granada [grən'a:də].
Granby [gr'ænbi].
Grandison [gr'ændisn].
Granger [gr'eindʒə].
Grasmere [gr'a:smiə].
Gratian [gr'eiʃiən].
Gravesend [greivz'end].
Greaves [gri:vz, greivz].
Greece [gri:s].
Greel(e)y [gr'i:li].
Greenhalgh [gr'i:nhældʒ,
  gr'i:nhælʃ].
Greenhaulgh [gr'i:nhɔ:].
Greenland [gr'i:nlənd].
Greenwich [gr'inidʒ].
Greg(g) [greg].
Gregory [gr'egəri].
Greig [greg].
Gremio [gr'i:miou].

Grenville [gr'envil].
Gresham [gr'eʃəm].
Greta [gr'i:tə, gr'etə].
Gretna Green [gr'etnəgr'i:n].
Greville [gr'evil].
Grice [grais].
Gridley [gr'idli].
Grierson [gr'iəsn].
Griffith [gr'ifiθ].
Grimsby [gr'imzbi].
Griselda [griz'eldə].
Griswold [gr'izwould].
Grizel [griz'el, gr'izəl].
Grossmith [gr'ousmiθ].
Grosvenor [gr'ouvnə].
Grundtvig [gr'untvig].
Grundy [gr'ʌndi].
Guadalquivir [gwa:dəlkw'ivə].
Guarany [gwa:rən'i:].
Guatemala [gwætim'a:lə].
Gudrun [g'udru:n].
Guernsey [g'ə:nzi].
Guiana [gi'a:nə].
Guido [gw'i:dou].
Guildford [g'ilfəd].
Guillamore [g'iləmɔ:].
Guinea [g'ini].
Guinevere [gw'iniviə].
Guinness [g'inis, gin'es].
Guisborough [g'izbərə].
Guise [gi:z, gwi:z].
Guiseley [g'aizli].
Gulliver [g'ʌlivə].
Gummidge [g'ʌmidʒ].
Gunter [g'ʌntə].
Gus [gʌs] (por Augustus).
Gussy [g'ʌsi] (por Augusta).
Gustavus [gust'a:vəs].
Guthrie [g'ʌθri].
Guy [gai].
Guy Fawkes [g'aif'ɔ:ks].
Gwendolen, Gwendolin, Gwendolyn
  [gw'endolin].
Gwladys [gl'ædis].
Gwydyr [gw'idiə].
Gwyn, Gwynn(e) [gwin].
Gye [dʒai].
Gyges [g'aidʒi:z].
Gyp [dʒip].

H

Habberton [h'æbətən].
Hackett [h'ækit].
Hades [h'eidi:z].
Hadrian [h'eidriən].
Hagar [h'eigə:, h'eigə].
Haggai [h'ægeiai].
Hague [heig].
Haidee [haid'i:].
Haig [heig].
Haigh [heig, hei].
Haiti [h'eiti].
Hal [hæl] (por Harry).
Haldane [h'ɔ:ldein].
Halsbury [h'ɔ:lzbəri].
Halstead [h'ɔ:lsted].
Halys [h'eilis].
Hamlet [h'æmlit].
Hampstead [h'æm(p)stid].

Hanbury [h'ænbəri].
Handel [hændl].
Hanover [h'ænovə].
Happisburgh [h'æzbrə].
Harcourt [h'a:kət].
Hardres [ha:dz].
Harford [h'a:fəd].
Hargreaves [h'a:gri:vz].
Harlech [h'a:lek, h'a:li].
Harley [h'a:li].
Harlow(e) [h'a:lou].
Harold [h'ærəld].
Harries [h'æris].
Harris [h'æris].
Harrogate [h'ærogit].
Harrow [h'ærou].
Harry [h'æri] (por Henry).
Hart(e) [ha:t].
Hartlepool [h'a:tlpu:l, -tlipu:l].
Harvard [h'a:vəd].
Harvey [h'a:vi].
Harwich [h'æridʒ].
Haslemere [h'eizlmiə].
Hastings [h'eistiŋz].
Hathaway [h'æθəwei].
Hattie [h'æti], (por Henrietta).
Haughton [ho:tn].
Havelo(c)k [h'ævlɔk].
Haverhill [h'eivəril].
Hawaii [ha:w'aii:].
Hawarden [h'ɔ:ədn].
Haweis [h'ɔ:is].
Hawick [h'ɔ:ik].
Hawkins [h'ɔ:kinz].
Hayes [heiz].
Hazledean [h'eizldi:n].
Hazlitt [h'æzlit].
Headlam [h'edləm].
Headstone [h'edstoun].
Healey [h'i:li].
Hearn(e) [hə:n].
Heathcoat [h'i:θkout].
Heathcote [h'eθkət].
Heathfield [h'i:θfi:ld].
Hebe [h'i:bi(:)].
Hebrides [h'ebridi:z].
Hebron [h'i:brɔn].
Hecate [h'ekəti(:)].
Hecla [h'eklə].
Hector [h'ektə].
Hecuba [h'ekjubə].
Helen [h'elin].
Helena [h'elinə, hel'i:nə].
Helicon [h'elikən, h'elikɔn]
Helvellyn [helv'elin].
Helvetia [helv'i:ʃiə].
Hemans [h'emənz].
Hengist [h'eŋgist].
Henley [h'enli].
Henness(e)y [h'enisi].
Henrietta [henri'etə].
Henry [h'enri].
Hensley [h'enzli].
Henslowe [h'enzlou].
Hepburn [h'ebə(:)n].
Hephaestus [hif'i:stəs].
Heracles [h'erəkli:z].
Heraclitus [herəkl'aitəs].
Herbert [h'ə:bət].
Herculaneum [hə:kjul'einiəm]
Hercules [h'ə:kjuli:z].
Hereford(shire) [h'erifəd(ʃiə].
Herero [h'iərərou].

Hereward [h'eriwəd].
Herman [h'ə:mən].
Hermione [hə:m'aiəni].
Herod [h'erəd].
Herodias [her'oudiæs].
Herodotus [her'odətəs].
Herrick [h'erik].
Hertford(shire) Ingl. [h'a:fəd(ʃiə)].
Hertford E. U. A. [h'ə:tfəd].
Herts [ha:ts] = Hertfordshire
Hervey [h'a:vi, h'ə:vi].
Hesiod [h'i:siɔd].
Hesperides [hesp'eridi:z].
Hetty [h'eti] (por Henrietta).
Heward [hj'u(:)əd].
Hewes [hju:z].
Hewetson [hj'u(:)itsn].
Hewke [hju:k].
Hexham [h'eksəm].
Heysham [h'i:ʃəm].
Heywood [h'eiwud].
Hiawatha [haiəw'ɔθə].
Hibernia [haib'ə:niə].
Hichens [h'itʃinz].
Hick(e)s [hiks].
Hieronymus [haiər'ɔniməs].
Higgins [h'iginz].
Higham [h'aiəm].
Highgate [h'aigit].
Hilaire [hil'ɛə].
Hilda [h'ildə].
Himalaya [himəl'eiə].
Hind(e) [haind].
Hindustan [hindust'æn, -st'a:n].
Hippocrates [hip'ɔkreti:z].
Hippocrene [hipokr'i:ni(:)].
Hippodamia [hipodəm'aiə].
Hippolyta [hip'ɔlitə].
Hippolyte [hip'ɔliti:].
Hippolytus [hip'ɔlitəs].
Hitchcock [h'itʃkɔk].
Hoadl(e)y [h'oudli].
Hoar(e) [hɔ:].
Hobbes [hɔbz].
Hoboken [h'ouboukən].
Hobson [h'ɔbsn].
Hodder [h'ɔdə].
Hodge [hɔdʒ] (por Ro[d]ger)
Hodges [h'ɔdʒiz].
Hodgson [h'ɔdʒsn].
Hoey [hɔi, h'oui].
Hogarth [h'ouga:θ].
Holbech [h'oulbi:tʃ].
Holbein [h'ɔlbain].
Holborn [h'oubən].
Holland [h'ɔlənd].
Holles [h'ɔlis].
Holloway [h'ɔləwei].
Hollywood [h'ɔliwud].
Holman [h'oulmən].
Holmby [h'oumbi].
Holmes [houmz].
Holofernes [hɔlof'ə:ni:z]
Holyhead [h'ɔlihed].
Holyoake [h'ouliouk].
Holyrood [h'ɔliru:d].
Holywell [h'ɔliwəl].
Home [houm, hju:m].
Homer [h'oumə].
Honduras [hɔndj'uərəs]
Hood [hud].
Hook(e) [huk].
Hooker [h'ukə].

Hooper [h'u:pə].
Horace [h'ɔrəs].
Horatio [hor'eiʃiou].
Horatius [hor'eiʃjəs].
Hornsey [h'ɔ:nzi].
Horsham [h'ɔ:ʃəm].
Horwich [h'ɔridʒ].
Hotham [h'ʌðəm].
Hough [hʌf].
Houghton [hɔ:tn, hautn, houtn]
Hounslow [h'aunzlou].
Housman [h'ausmən].
Houston [h'u:stən, h'austən]
Hove [houv].
Hovenden [h'ɔvndən].
How [hau].
Howard [h'auəd].
Howe [hau].
Howell [h'auəl].
Howick [h'auik].
Howie [h'aui].
Howorth [h'auəθ].
Howse [hauz].
Howth [houð].
Hubert [hj'u:bə(:)t].
Huckleberry [h'ʌklbəri].
Huddersfield [h'ʌdəzfi:ld].
Hudibras [hj'udibræs].
Hudson [hʌdsn].
Hugesson [hj'u:dʒisn].
Huggin [h'ʌgin].
Hugh [hju:].
Hughes [hju:z].
Hugo [hj'u:gou].
Huguenot [hj'u:gənɔt].
Huish [hj'u:iʃ].
Hull [hʌl].
Hulme [hju:m, hu:m].
Humber [h'ʌmbə].
Humbert [h'ʌmbə(:)t].
Hume [hju:m].
Humphie [h'ʌmfi] (por Humphrey)
Humphr(e)y [h'ʌmfri].
Hungary [h'ʌŋgəri].
Huntingdon(shire) [h'ʌntiŋdən(ʃiə].
Huntl(e)y [h'ʌntli].
Hunts [hʌnts] = Huntingdonshire
Hurd [hə:d].
Huron [hj'uərən].
Hutchinson [h'ʌtʃinsn].
Huthwaite [h'u:θweit].
Hutton [h'ʌtn].
Huxley [h'ʌksli].
Huygens [h'aigənz].
Hyde [haid].
Hygeia [haidʒ'i(:)ə].
Hyndman [h'aindmən].
Hypatia [haip'eiʃiə].
Hyperion [haip'iəriən].
Hythe [haið].

Ianthe [ai'ænθi].
Iberia [aib'iəriə].
Icaria [aik'ɛəriə].
Icarus [h'aikərəs].
Iceland [h'aislənd].
Ida [h'aidə].
Idaho [h'aidəhou].

Iddesleigh ['idzlei].
Iden [aidn].
Ido ['i:dou].
Idomeneus [aid'ominju:s]
Idumea [aidju(:)m'i(:)ə].
Ightham ['aitəm].
Ignatius [ign'eiʃiəs].
Ikey ['aiki].
Ilchester ['iltʃistə].
Ilfracombe [ilfrək'u:m].
Iliffe ['ailif].
Ilium ['ailiəm].
Ilkestone ['ilkistən].
Illingworth ['iliŋwə(:)θ].
Illinois [ilin'ɔi].
Illyria [il'iriə].
Imogen ['imoudʒen].
Inchbald ['intʃbɔ:ld].
India ['indjə].
Indiana [indi'ænə].
Indianapolis [indiən'æpolis]
Indies ['indiz].
Indo-China ['indoutʃ'ainə].
Inez ['i:nez].
Inge [iŋ, indʒ].
Ingersoll ['iŋgə(:)sol].
Ingestre ['iŋgestri].
Ingleborough ['iŋglbərə].
Inglis ['iŋglz, 'inglis].
Ingoldsby ['iŋgəldzbi].
Inigo ['inigou].
Inverness(shire) [invən'es(ʃiə)].
Iolanthe [aiəl'ænθi].
Iona [ai'ounə].
Ionia [ai'ounjə].
Iowa ['aiowə].
Iphigenia [ifidʒin'aiə]
Ipswich ['ipswitʃ].
Iran [iər'a:n].
Iraq, Irak [ir'a:k].
Ireland ['aiələnd].
Irene [air'i:ni, air'i:n]
Iris ['aiəris].
Irvine ['ə:vin].
Irving ['ə:viŋ].
Isaac ['aizək].
Isabel ['izəbel].
Isabella [izəb'elə].
Isaiah [aiz'aiə].
Iscariot [isk'æriət].
Ishmael ['iʃmeiəl].
Isidore ['izidɔ:].
Isis ['aisis].
Isla ['ailə].
Islam ['izla:m].
Islay ['ailei].
Isleworth ['aizlwə(:)θ].
Islington ['izliŋtən].
Israel ['izreiəl].
Italy ['itəli].
Ithaca ['iθəkə].
Ivan ['aivən].
Ivanhoe ['aivənhou].
Iveagh ['aivə].
Ives [aivz].
Ivor ['i:və, 'aivə].
Izard ['aiza:d].
Izzard ['izəd].

J

Jack [dʒæk] (por John).
Jacob [dʒ'eikəb].
Jago [dʒ'eigou].
Jairus [dʒei'aiərəs].
Jamaica [dʒəm'eikə].
James [dʒeimz].
Jameson [dʒeimsn].
Jamie [dʒ'eimi] (por James).
Jan [dʒæn] (John).
Jane [dʒein].
Janeiro [dʒən'iərou].
Janet [dʒ'ænit].
Japan [dʒəp'æn].
Jaques [dʒeiks, dʒæks].
Jarvie [dʒ'a:vi].
Jarvis [dʒ'a:vis].
Jas. [dʒ'eimz] (abr. de James).
Jason [dʒ'eisn].
Jasper [dʒ'æspə].
Java [dʒ'a:və].
Jeaffreson [dʒ'efəsn].
Jeames [dʒi:mz].
Jean [dʒi:n].
Jef(f) [dʒef] (por Jeffrey).
Jefferson [dʒ'efəsn].
Jeffrey [dʒ'efri].
Jehovah [dʒih'ouvə].
Jekyll [dʒ'i:kil].
Jemima [dʒim'aimə].
Jem [dʒem] (por James).
Jenkin [dʒ'eŋkin].
Jenny [dʒ'ini, dʒ'eni] (por Jane).
Jeremiah [dʒerim'aiə].
Jeremy [dʒ'erimi].
Jericho [dʒ'erikou].
Jerome Padre da Igreja [dʒ'erəm], nome de família [dʒər'oum, dʒ'erəm].
Jerry [dʒ'eri] (por Jeremy).
Jersey [dʒ'ə:zi].
Jervis [dʒ'a:vis, dʒ'ə:vis].
Jess [dʒes] (por Jessica).
Jessica [dʒ'esikə].
Jessie [dʒ'esi] (por Jessica).
Jesu [dʒ'i:zju:].
Jesus [dʒ'i:zəs].
Jill [dʒil] (por Juliana).
Jim [dʒim] (por James).
Jimmy [dʒ'imi] (por James).
Jin(ny) [dʒ'in(i)] (por Jane).
Jo [dʒou] (por Jolyon).
Joan [dʒoun]; esc. [dʒ'ouən].
Joanna [dʒou'ænə].
Job [dʒoub].
Jobson [dʒobsn, dʒoubsn].
Jocelyn [dʒ'oslin].
Joe [dʒou] (por Joseph, John).
Joel [dʒ'ouel].
Joey [dʒ'oui] (por Joseph).
John [dʒon].
Johnny [dʒ'oni] (por John).
Johnson [dʒonsn].
Johnston(e) [dʒ'onstən, dʒonsn].
Jolyon [dʒ'oljon].
Jonah [dʒ'ounə].
Jonas [dʒ'ounəs].
Jonathan [dʒ'onəθən].
Jones [dʒounz].
Jonson [dʒonsn].

Jordan [dʒɔ:dn].
Jos [dʒos] (por Josiah, Joshua).
Josceline [dʒ'oslin].
Joseph [dʒ'ouzif].
Josephine [dʒ'ouzifi:n].
Josh [dʒoʃ] (por Joshua).
Joshua [dʒ'oʃwə].
Josiah [dʒous'aiə].
Joule [dʒu:l, dʒaul, dʒoul].
Jove [dʒouv].
Jowett [dʒ'auit].
Joyce [dʒois].
Juan [dʒu'(:)ən].
Judas [dʒ'u:dəs].
Jude [dʒu:d].
Judea [dʒu:d'i(:)ə].
Judith [dʒ'u:diθ].
Judy [dʒ'u:di] (por Judith).
Jugoslavia [j'u:gosl'a:viə].
Julia [dʒ'u:ljə].
Juliana [dʒu:li'a:nə].
Juliet [dʒ'u:ljət].
Julius [dʒ'u:ljəs].
June [dʒu:n].
Junius [dʒ'u:njəs].
Juno [dʒ'u:nou].
Jupiter [dʒ'u:pitə].
Justin [dʒ'ʌstin].
Justinian [dʒʌst'iniən].
Justus [dʒ'ʌstəs].
Jutland [dʒ'ʌtlənd].
Juvenal [dʒ'u:vinl].

K

Kaaba [K'a:bə].
Kabul [kab'u:l, k'ɔ:bul, k'a:bul].
Kansas [k'ænzəs].
Kashmir [kæʃm'iə].
Katharina [kæθər'i:nə].
Katharine, Katherine [k'æθərin].
Kathleen [k'æθli:n].
Katie [k'eiti] (por Catharine).
Katrine [k'ætrin].
Katty [k'æti] (por Catharine)
Keating(e) [k'i:tiŋ].
Keith [ki:θ].
Kenilworth [k'enilwə:θ].
Kennaird [ken'ɛəd].
Kennedy [k'enidi].
Kensington [k'enziŋtən].
Kentucky [kent'ʌki].
Kenya [k'i:njə, k'eniə].
Keogh [kjou, k'i(:)ou].
Kerguelen [k'ə:gilin].
Kerith [k'iəriθ].
Kerr [ka:, kə:].
Keux [kju:].
Kew [kju:].
Keyes [ki:z].
Keynes [keinz].
Keyser [k'i:zə, k'aizə].
Khartum [ka:t'u:m].
Khyber [k'aibə].
Kilchurn [k'ilhə:n].
Kilcolman [kilk'oumən].
Kildare [kild'ɛə].
Kilkenny [kilk'eni].
Killarney [kil'a:ni].

Killigrew [k'iligru:].
Kilmacolm [kilmək'oum].
Kilmainham [kilm'einəm].
Kimberley [k'imbəli].
Kimbolton [kimb'outon].
Kingsley [k'iŋzli].
Kingston(e) [k'iŋstən].
Kingsway [k'iŋzwei].
Kinnaird [kin'ɛəd].
Kinross [kinr'ɔs].
Kinsale [kins'eil].
Kipling [k'ipliŋ].
Kirby [k'ə:bi].
Kirkby [k'ə:bi, k'ə:kbi].
Kirkpatrick [kə:kp'ætrik].
Kirriemuir [kirimj'uə].
Kit [kit] (por Cristopher, Catherine).
klondike [klɔnd'aik].
Knighton [naitn].
knightsbridge [n'aitsbridʒ].
Knolles [noulz].
Knowles [noulz].
Knox [nɔks].
Knyvett [n'ivit].
Korea [kor'iə].
Kurdistan [kə:dist'a:n].
Kyllachy [k'iləki].
Kythe [k'aiθi].

L

Labrador [l'æbrədɔ:].
Laccadive [l'ækədaiv].
Lacedæmon [læsid'i:mən]
Lacy [l'eisi].
Ladoga [l'a:dougə].
Lamb [læm].
Lamington [l'eimiŋtən].
Lamplough [l'æmplʌf].
Lanagan [l'ænəgən].
Lancashire [l'æŋkəʃiə].
Lancaster [l'æŋkəstə].
Lancelot [l'a:nslət].
Lancs [læŋks] = Lancashire
Landor [l'ændɔ:].
Landseer [l'ænsiə].
Lansbury [l'ænzbəri].
Lansdown(e) [l'ænzdaun].
Lansing [l'a:nsiŋ].
Laocoon [lei'okouɔn].
Laodamia [leiodəm'aiə].
Laodicea [leiodis'iə].
Larry [l'æri] (por Lawrence, Lau-
    rence).
Latham [l'eiθəm, l'eiðəm].
Lathom [l'eiθəm, l'eiðəm].
Latimer [l'ætimə].
Latium [l'eiʃiəm].
Laud [lɔ:d].
Laughton [l'ɔ:tn].
Launce [la:ns, lɔ:ns].
Launcelot [l'a:nslət, l'ɔ:nslət].
Launceston [l'ɔnstən].
Laura [l'ɔ:rə].
Laurence [l'ɔrəns].
Laurie [l'ɔ:ri, l'ɔril, (por Laura,
    Laurence).
Lawrance, Lawrence [l'ɔrəns].
Layamon [l'eiəmən].

Layard [lɛəd].
Lazarus [l'æzərəs].
Lea [li:].
Leadenhall [l'ednhɔ:l].
Leamington [l'emiŋtən]
Leander [li(:)'ændə].
Lear [l'iə].
Lebanon [l'ebənən].
Lechmere [l'i:tʃmiə].
Leda [l'i:də].
Leeds [li:dz].
Leger [l'edʒə].
Legge [leg].
Legh [li:].
Leicester(shire). [l'estə(ʃiə)]
Leigh [li:, lai].
Leighton [l'eitn].
Leila [l'i:lə].
Leinster [l'enstə].
Leitch [litʃ].
Leith [li:θ].
Leitrim [l'i:trim].
Lely [l'i:li].
Lena [l'i:nə].
Lenore [lən'ɔ:].
Leo [l'i(:)ou].
Leominster [l'emstə].
Leonard [l'enəd].
Leonardo [li(:)ən'a:dou].
Leonidas [li(:)'ɔnidæs].
Leonora [li(:)ən'ɔ:rə].
Leontes [li(:)'ɔnti:z].
Leopold [l'iəpould].
Leslie [l'ezli].
Lethe [l'i:θi(:)].
Letitia [lit'iʃiə].
Letty [l'eti] (por Letitia).
Levant [liv'ænt].
Leven [li:vn].
Lever [l'i:və].
Leveson [lu:sn].
Levett [l'evit].
Levey [l'i:vi, l'evi].
Levi [l'i:vai].
Leviathan [liv'aiəθən].
Levy [l'i:vi].
Lewes [l'u(:)is].
Lewin [l'u(:)in].
Lewis [l'u(:)is].
Lewisham [l'u(:)iʃəm].
Ley [li:].
Leybourne [l'i:bə:n].
Leyden [leidn].
Leyton [leitn].
Lhasa [l'æsə].
Lhuyd [lɔid].
Liam [l'aiəm].
Liberia [laib'iəriə].
Libya [l'ibiə].
Lichfield [l'itʃfi:ld].
Liddell [lidl].
Liddy [l'idi], (por Lydia).
Liguria [ligj'uəriə].
Lilian [l'iliən].
Lilith [l'iliθ].
Lilliput [l'ilipʌt].
Lilly [l'ili], (por Lilian).
Limerick [l'imərik].
Lincoln(shire) [l'iŋkən(ʃiə)].
Lincs [liŋks] = Lincolnshire.
Lindsay [l'in(d)zi].
Lindley [l'in(d)li].
Linlithgow(shire) [linl'iθgou(ʃiə)].

Linnaeus [lin'i(:)əs].
Lionel [l'aiənl].
Lipscomb(e) [l'ispskəm].
Lisbet [l'izbit].
Lisbeth [l'izbəθ].
Lisbon [l'izbən].
Liskeard [lisk'a:d].
Lisle [lail, li:l].
Litheby [l'iðibi].
Lithuania [liθju(:)'einjə].
Liverpool [l'ivəpu:l].
Livesey [l'aivzi, l'ivzi].
Livia [l'iviə].
Livingston(e) [l'iviŋstən].
Livonia [liv'ounjə].
Livy [l'ivi].
Liz [liz] (por Elizabeth).
Lizzie, Lizzy [l'izi].
Llanberis [lænb'eris].
Llandaff [lænd'æf].
Llandudno [lænd'ʌdnou,
    lænd'idnou].
Llanelly [læn'eli].
Llangollen [læŋg'ɔlen].
Llewel(l)yn [lu(:)'elin].
Lloyd [lɔid].
Lochiel [lɔx'i:l].
Lochinvar [lɔxinv'a:].
Lochleven [lɔkl'evn, lɔxl'evn].
Loch Lomond [lɔxl'oumənd].
Lochnagar [lɔxnəg'a:].
Locke [lɔk].
Lockhart [l'ɔkət, l'ɔkha:t].
Locksley [l'ɔksli].
Locrine [lɔkr'ain].
Lodore [loud'ɔ:].
Loe [lu:].
Lofoten [lɔf'outən].
Lombardy [l'ɔmbədi].
London [l'ʌndən].
Longfellow [l'ɔŋfelou].
Longinus [lɔndʒ'ainəs].
Looe [lu:].
Los Angeles [lɔs'ændʒili:z; E. U. A.
    [lɔs'æŋgili:z].
Lothario [louθ'a:riou].
Lothian [l'ouðiən].
Lottie [l'ɔti] (por Charlotte).
Lou [lu:].
Loudon, Loudoun [l'audn].
Lough [lʌf].
Loughrea [lɔxr'ei].
Loughton [lautn].
Louis [l'u(:)i, l'u(:)is].
Louisa [lu(:)'i:zə].
Louise [lu(:)'i:z].
Louisiana [lu(:)i:zi'ænə].
Louisville [l'u(:)isvil].
Lounsbury [l'aunzbəri].
Louth [lauθ].
Lovelace [l'ʌvleis].
Lovell [l'ʌvəl].
Lovibond [l'ʌvbənd].
Lowe [lou].
Lowell [l'ouəl].
Lowes [louz].
Lowestoft [l'oustəft].
Lowis [l'auis].
Lowndes [laundz].
Lowth [lauθ].
Lowther [l'auðə].
Lubbock [l'ʌbək].
Lucifer [l'u:sifə].

Lucius [l'u:siəs].
Lucrece [lu:kr'i:s].
Lucretia [lu:kr'i:ʃiə].
Lucretius [lu:kr'i:ʃiəs].
Lucullus [lu:k'ʌləs].
Lucy [l'u:si].
Ludgate [l'ʌdgit].
Ludlow [l'ʌdlou].
Luke [lu:k].
Lumley [l'ʌmli].
Lundy [l'ʌndi].
Luther [l'u:θə].
Luxemburg [l'ʌksəmbə:g].
Luxor [l'ʌksɔ:].
Lyall [l'aiəl].
Lycia [l'isiə].
Lycurgus [laik'ə:gəs].
Lydgate [l'idgit].
Lydia [l'idiə].
Lyell [l'aiəl].
Lyghe [lai].
Lyly [l'ili].
Lymington [l'imiŋtən].
Lympne [lim].
Lynam [l'ainəm].
Lyndhurst [l'indhə:st].
Lynmouth [l'inməθ].
Lynn [lin].
Lysander [lais'ændə].
Lysias [l'isiæs].
Lytham [l'iðəm].
Lythe [laið].
Lyttleton [l'itltən].
Lytton [litn].
Lytton Strachey [litn str'eitʃi].
Lyveden [l'ivdən].

M

Mabel [m'eibəl].
MacAdam [mek'ædəm].
MacAdoo [mækəd'u:].
Macalister [mək'ælistə].
Macan [mək'æn].
MacAnnaly [mækən'æli].
MacArthur [mək'a:θə].
Macaulay [mək'ɔ:li].
Macbeth [mækb'eθ, mekb'eθ].
Maccabeus [mækəb'i(:)əs].
MacCumhail [mək'u:l].
MacDougal [məkd'u:gəl].
Macdowell [məkd'auəl].
MacDuff [mækd'ʌf].
Macedonia [mæsid'ounjə].
MacGillicuddy [m'æglkʌdi, m'ægili-kʌdi].
MacGregor [məgr'egə].
MacIvor [mək'i:və].
Mackay [mək'ai, mək'ei, m'æki]
Mackenzie [mək'enzi].
Mackintosh [m'ækintɔʃ].
Maclean [məkl'ein].
Macleary [məkl'iari].
MacLehose [m'æklhouz].
Macleod [məkl'aud].
Maclise [məkl'i:s].
Macmahon [məkm'a:ən].
Macmillan [məkm'ilən].
Macnaghten [məkn'ɔ:tn].

MacPherson, Macpherson [məkf'ə:sn].
MacSwiney [məksw'i:ni].
MacTavish [məkt'æviʃ].
Madeleine [m'ædəlein].
Madge [mædʒ] (por Margaret).
Madison [m'ædisn].
Madoc [m'ædək].
Maeander [mi'ændə].
Mafeking [m'æfikiŋ].
Magdalen [m'ægdəlin], Oxf. College: [m'ɔ:dlin].
Magdalene (bíblia) [mægdəl'i:ni], nome de batismo: [m'ægdəlin], Cambr. College: [m'ɔ:dlin].
Magee [məg'i:].
Magellan [məg'elən].
Maggie [m'ægi] (por Margaret).
Magog [m'eigɔg].
Magrath [məgr'a:].
Maguire [məgw'aiə].
Mahan [məh'æn, ma:n].
Mahdi [m'a:di(:)].
Mahomet [məh'ɔmit].
Mahon [məh'u:n, məh'oun].
Maidenhead [m'eidnhed].
Maidie [m'eidi] (por Magdalen).
Maine [mein].
Mainwaring [m'ænəriŋ].
Makower [mək'auə].
Malabar [mæləb'a:].
Malacca [məl'ækə].
Malachi [m'æləkai].
Málaga [m'æləgə].
Malchus [m'ælkəs].
Malcolm [m'ælkəm].
Malden [m'ɔ:ldən].
Maldive [m'ældaiv].
Maldon [m'ɔ:ldən].
Mall in: the ~ [mɔ:l]; in: Pall ~ [mel].
Malmesbury [m'a:mzbəri].
Malory [m'æləri].
Malpas in Cornwall [m'oupəs]; in Cheshire [m'ɔ:lpəs].
Malta [m'ɔ:ltə].
Malthus [m'ælθəs].
Malvern [m'ɔ:lvə(:)n].
Manchester [m'æntʃistə].
Mandalay [mændəl'ei].
Mandeville [m'ændəvil].
Manfred [m'ænfred].
Manhattan [mænh'ætən].
Manil(l)a [mən'ilə].
Manitoba [mænit'oubə].
Margaret [m'a:gərit].
Margarita [ma:gər'i:tə].
Margate [m'a:git].
Marge [ma:dʒ] (por Margaret).
Margery [m'a:dʒəri] (por Margaret).
Marget [m'a:dʒit, m'a:git] (por Margaret).
Margie [m'a:dʒi] (por Margaret).
Marguerite [ma:gər'i:t].
Maria [mər'aiə].
Marian [m'ɛəriən, m'æriən].
Mariana [mɛəri'ænə].
Marie [m'a:ri].
Marina [mər'i:nə].
Marjoribank(s) [m'a:tʃbæŋk(s), m-a:ʃ-].
Marjory [m'a:dʒəri].
Markham [m'a:kəm].

Marlborough [m'ɔ:lbərə].
Marlow(e) [m'a:lou].
Marmion [m'a:miən].
Marquesas [ma:k'eisæs]: the ~ Islands.
Marryat [m'æriət].
Mars [ma:z].
Marsden [m'a:zdən].
Marston [m'a:stən].
Martha [m'a:θə].
Martineau [m'a:tinou].
Martinique [ma:tin'i:k].
Marx [ma:ks].
Mary [m'ɛəri].
Maryland [m'ɛərilænd]; E. U. A. [m'erilənd].
Marylebone [m'ærələbən].
Masefield [m'eisfi:ld].
Maskelyne [m'æskilain].
Massachusetts [mæsətʃ'u:sets].
Massinger [m'æsindʒə].
Masterman [m'a:stəmən].
Mat [mæt] (por Martha, Mat(h)ilda, Matthew, Mathias).
Mathew(s) [m'æθju:(z)].
Mathias [məθ'aiəs].
Mat(h)ilda [mət'ildə].
Matthes [m'æθəs].
Matthew(s) [m'æθju:(z)].
Matthias [məθ'aiəs].
Mattie, Matty [m'æti] (por Marta, Mat(h)ilda, Matthew, Matthias).
Maud [mɔ:d].
Mauger [m'eidʒə].
Maugham [mɔ:m].
Maughan [mɔ:n].
Maunsell [m'ænsəl].
Maurice [m'ɔris].
Maurier [m'ɔ:riei].
Mauritius [mər'iʃəs].
Maxse [m'æksi].
Maxwell [m'ækswəl].
May [mei], (por Mary, Matthew).
Mayfair [m'eifɛə].
Mayflower [m'eiflauə].
Mayhew [m'eihju:].
Maynard [m'einəd].
Maynooth [m'einu:θ].
McAlpine [mək'ɔ:lpin, mək'ælpin].
McCann [mək'æn].
McCrae [məkr'ei].
McDonough [məkd'ʌnə].
McElderry [m'æklderi].
McGee [məg'i:].
McGillivray [məg'ilivrei].
McKenna [mək'enə].
McVeagh [məkv'ei].
Mead [mi:d].
Meagher [m'a:ə, m'i:gə].
Meagles [m'i:glz].
Medeia [mid'iə].
Medici [m'editʃi(:)].
Medill [məd'il].
Medina na Arábia [med'i:nə]; na América [med'ai:nə].
Medusa [midj'u:zə].
Medway [m'edwei].
Meg [meg] (por Margaret).
Meigs [megz].
Meiklejohn [m'ikldʒɔn].
Melbourne [m'elbən].
Melcombe [m'elkəm].
Melita [m'elitə].

Melpomini [melp'omini(:)].
Melrose [m'elrouz].
Memphis [m'emfis].
Menelaus [menil'eiəs].
Menteith [men'i:θ].
Mercedes [mə:s'i:diz].
Mercia [m'ə:ʃiə].
Mercutio [mə:kj'u:ʃjou].
Meredith [m'erədiθ].
Merivale [m'eriveil].
Merlin [m'ə:lin].
Mersey [m'ə:zi].
Merton [mə:tn].
Mesopotamia [mesəpət'eimjə].
Messala [mes'a:lə].
Messiah [mis'aiə].
Messina [mes'i:nə].
Metcalfe [m'etka:f, m'ekə].
Methuen [m'eθjuin]; E. U. A.: [mi-θj'uin].
Methuselah [miθj'u:zələ].
Mexico [m'eksikou].
Miami [mai'æmi, mi'a:mi].
Micah [m'aikə].
Micawber [mik'ɔ:bə].
Michael [maikl].
Michelangelo [maikəl'ændʒilou]
Michigan [m'iʃigən].
Michmash [m'ikmæʃ].
Mick [mik] (por Michael).
Midas [m'aidæs].
Middlesborough [m'idlzbrə].
Middlesex [m'idlseks].
Middleton [m'idltən].
Miers [m'aiəz].
Mike [maik] (por Michael).
Milan [mil'æn].
Milburn [m'ilbən].
Mildred [m'ildrid].
Miles [mailz].
Miletus [mil'i:təs].
Milford [m'ilfəd].
Millais [m'ilei].
Millicent [m'ilisnt].
Milly [m'ili] (por Millicent, Mildred, Amelia).
Milne [mil, miln].
Milne-Home [m'ilnhj'u:m].
Milnes [milz, milnz].
Milngavie [milg'ai].
Milo [m'ailou].
Milton [m'iltən].
Milwaukee [milw'ɔ:ki(:)].
Minehead [m'ainhed].
Minerva [min'ə:və].
Minneapolis [mini'æpəlis].
Minnesota [minis'outə].
Minnie [m'ini].
Minos [m'ainɔs].
Miranda [mir'ændə].
Miriam [m'iriəm].
Mirza [m'ə:zə].
Mississippi [misis'ipi].
Missouri [mis'uəri].
Mitchell [m'itʃəl].
Mitford [m'itfəd].
Mithras [m'iθræs].
Mithridates [miθrid'eːti:z].
Mnemosyne [ni:m'ɔzini:].
Mocha [m'oukə].
Moll [mɔl].
Molly [m'ɔli] (por Mary).
Moloch [m'oulɔk].

Molony [məl'ouni].
Moluccas [mol'ʌkəs].
Mon [mɔn] (Monmouthshire).
Mona [m'ounə].
Monaco [m'ɔnəkou].
Monaghan [m'ɔnəgən].
Mongolia [mɔŋg'ouljə].
Monica [m'ɔnikə].
Monier [m'ʌniə].
Monkton [m'ʌŋ(k)tən].
Monmouth(shire) [m'ɔnməθ(ʃiə)].
Monna Lisa [m'ɔnəl'i:zə].
Monroe [mənr'ou].
Monson [mʌnsn].
Montagu(e) [m'ɔntəgju:, m'ʌntəg-ju:].
Montana [mɔnt'a:nə].
Montgomery [məntg'ʌməri].
Montmorency [mɔntmər'ensi].
Montreal [mɔntri'ɔ:l].
Monty [m'ɔnti] (por Montague).
Moore [muə].
Moorgate [m'uəgit].
Moran [mər'æn, m'ɔrən].
Moravia [mər'eivjə].
More [mɔ:].
Morel [mɔr'el].
Morgan [m'ɔ:gən].
Morland [m'ɔ:lənd].
Morocco [mər'ɔkou].
Morpheus [m'ɔ:fju:s].
Morrell [m'ʌrəl].
Morris [m'ɔris].
Morrison [m'ɔrisn].
Mortimer [m'ɔ:timə].
Moscow [m'ɔskou].
Moseley [m'ouzli].
Moses [m'ouziz].
Mosley [m'ɔzli, mouzli].
Moulmein [maulm'ein].
Mowbray [m'oubrei, m'oubri].
Mowgli [m'augli].
Mowll [mu:l, moul].
Mozambique [mouzəmb'i:k].
Mozart [m'outsa:t].
Mudie [mj'u:di].
Muir [mjuə].
Muirhead [mj'uəhed].
Mulgrave [m'ʌlgreiv].
Mullinger [m'ʌlindʒə].
Mulready [mʌlr'edi].
Murchison [m'ə:tʃisn, m'ə:kisn].
Murdoch [m'ə:dɔk].
Murdstone [m'ə:dstən].
Muriel [mj'uəriəl].
Murphy [m'ə:fi].
Murtagh [m'ə:tə].
Musgrave [m'ʌzgreiv].
Mycenae [mais'i:ni(:)].
Myers [m'aiəz].

N

Nain [n'eiin].
Nairn(e) [nɛən].
Nairnshire [n'ɛənʃiə].
Nan [næn] (por Anne).
Nancy [n'ænsi].
Nannie, Nanny [n'æni] (por Anne).

Nantucket [nænt'ʌkit].
Napier [n'eipiə, nəp'iə].
Naples [neiplz].
Napoleon [nəp'ouljən].
Naseby [n'eizbi].
Nash [næʃ].
Nasmyth [n'eizmiθ].
Nat [næt] (por Nathan[iel]).
Natal [nət'æl].
Nathan [n'eiθən].
Nathaniel [nəθ'ænjəl].
Nausicaa [nɔ:s'ikiə].
Nazareth [n'æzəriθ].
Neagh [nei].
Neal(e) [ni:l].
Nebraska [nibr'æskə].
Nebuchadnezzar [nebjukədn'ezə].
Ned(dy) [n'ed(i)] (por Edward).
Nehemiah [ni:im'aiə].
Neil(l) [ni:l].
Neilson [ni:lsn].
Nell [nel], Nellie, Nelly [n'eli], (por Helen, Eleanor).
Nepos [n'i:pɔs].
Neptune [n'eptju:n].
Nereus [n'iərju:s].
Nero [n'iərou].
Nestor [n'estɔ:].
Nettie, Netty [n'eti] (por Henrietta).
Nevada [nev'a:də].
Nevil [n'evil].
Nevin [n'evin].
Nevis [n'i:vis, n'evis].
Newark [nj'u(:)ək].
Newbold [nj'u:bould].
Newcastle [nj'u:ka:sl, njuk'æsl].
Newcome [nj'u:kəm].
Newdigate [nj'u:digit].
Newe [njau].
Newfoundland [nj'u:fəndlænd]; marit. e local [nju:fəndl'ænd]; in: ~ dog [njuf'aundlənd].
Newgate [nj'u:git].
Newhaven [nju:h'eivn].
Newnes [nju:nz].
Newnham [nj'u:nəm].
New Orleans [nju:'ɔ:liənz].
Newquay, New Quay [nj'u:ki].
Newstead [nj'u:stid].
Newton [nj'u:tn].
Newtown [nj'u:taun].
New York [nj'u:j'ɔ:k, nuj'ɔ:k].
New Zealand [nju:z'i:lənd].
Niagara [nai'ægərə].
Nicaragua [nikər'a:gwə].
Nice [ni:s].
Nichol [n'ikəl].
Nicholas [n'ikələs].
Nichols [n'ikəlz].
Nicholson [n'ikəlsn].
Nickleby [n'iklbi].
Nicobar [nikob'a:].
Nicodemus [nikəd'i:məs].
Nicolas [n'ikələs].
Nicol(l) [n'ikəl].
Niger [n'aidʒə].
Nigeria [naidʒ'iəriə].
Nile [nail].
Nineveh [n'inivi].
Niobe [n'aiobi].
Noah [n'ouə].
Nobel [nob'el]

Noll [nɔl] (por Oliver).
Nora(h) [n'ɔ:rə].
Norfolk [n'ɔ:fək].
Normandy [n'ɔ:məndi].
Norris [n'ɔris].
Northallerton [nɔ:θ'ælətn].
Northampton(shire)
   [nɔ:θ'æmptən(ʃiə)].
Northanger [nɔ:θ'æŋgə].
Northants [nɔ:θ'ænts] = Northamp-
tonshire.
Northcliffe [n'ɔ:θklif].
Northcote [n'ɔ:θkət].
Northumberland [nɔ:θ'ʌmbələnd].
Northumbria [nɔθ'ʌmbriə].
Norton [nɔ:tn].
Norway [n'ɔ:wei].
Norwich [n'ɔridʒ]; E. U. A. [n'ɔ:·
witʃ].
Nottingham(shire) [n'ɔtiŋəm(ʃiə)]
Notts [nɔts] = Nottinghamshire.
Nova Scotia [n'ouvəsk'ouʃə].
Nowell [n'ouəl].
Noyes [nɔiz].
Nubia [nj'u:biə].
Nugent [nj'u:dʒənt].
Nuneham [nj'u:nəm].

O

Oakleigh, Oakley ['oukli].
Oates [outs].
Obadiah [oubəd'aiə].
O'Brien [o(u)br'aiən].
O'Byrn(e) [o(u)b'ə:n].
O'Callaghan [o(u)k'æləxən].
Occam [ɔkəm].
Occleve ['ɔkli:v].
Oceania [ouʃi'einiə].
Oceanus [ous'iənəs].
O'Connell [o(u)k'ɔnl].
O'Connor [o(u)k'ɔnə].
Octavio [ɔkt'a:viou].
Odin ['oudin].
O'Doherty [o(u)d'ouəti, o(u)d'ɔxəti].
O'Donnell [o(u)d'ɔnl].
O'Dowd [o(u)d'aud].
O'Dwyer [o(u)dw'aiə].
Odysseus [əd'isju:s].
Odyssey ['ɔdisi].
Oedipus ['i:dipəs].
O'Flaherty [o(u)fl'ɛəti].
Ogham ['ɔgəm].
Ogilby ['ouglbi].
Ogilvie, Ogilvy ['ouglvi].
O'Hea [o(u)h'ei].
Ohio [o(u)h'aiou].
O'Kelly [o(u)k'eli].
Olave ['ɔliv].
Oldham ['ouldəm].
O'Leary [o(u)l'iəri].
Olive ['ɔliv].
Oliver ['ɔlivə].
Olivia [ol'iviə].
Olmsted ['ɔmstid].
Olney ['ouni, 'oulni].
O'Meara [o(u)m'a:rə, o(u)m'iərə].
O'Morchoe [o(u)m'ʌru:].
O'Neil(l) [o(u)n'i:l].

Ontario [ɔnt'ɛəriou].
Ophelia [of'i:ljə].
Oran [ɔ:r'a:n].
Orange ['ɔrindʒ].
Orchardson ['ɔ:tʃədsn].
O'Regan [o(u)r'i:gən].
Oregon ['ɔrigən].
O'Reilly [o(u)r'aili].
Oriel ['ɔ:riəl].
Origen ['ɔridʒen].
Orinoco [ɔrin'oukou].
Orion [or'aiən].
Orkney ['ɔ:kni].
Orleans na França: [ɔ:l'iənz], nos
   E. U. A. ['ɔ:liənz].
Orpheus ['ɔ:fju:s].
Osborn(e), Osbourne ['ɔzbən].
O'Shea [o(u)ʃ'i:].
Osiris [os'aiəris].
Osler ['ouzlə].
Oslo ['ɔslou].
Ossian ['ɔsiən].
O'Sullivan [o(u)s'ʌlivən].
Oswald ['ɔswəld].
Othello [o(u)θ'elou].
Otho ['ouθou].
Ottawa ['ɔtəwə].
Oude [aud].
Oudh [aud].
Ough [ou].
Ougham ['oukəm].
Oughtred ['ɔ:tred].
Ouida [w'i:də].
Oundle [aundl].
Ouse [u:z].
Ousey ['u:zi].
Outhwaite ['u:θweit].
Outram ['u:tram].
Overto(u)n ['ouvətn].
Ovid ['ɔvid].
Ovingham ['ɔvindʒəm].
Owen ['ouin].
Owles [oulz].
Owsley ['auzli].
Owy ['oui] (por Owen).
Oxenham ['ɔksnəm].
Oxford(shire) ['ɔksfəd(ʃiə)].

P

Paddy (p'ædi) (por Patrick).
Pain(e) [pein].
Paisley [p'eizli].
Pakenham [p'æknəm].
Pakistan [pækist'æn].
Palamon [p'æləmən].
Palatinate [pəl'ætinit].
Palestine [p'ælistain].
Palestrina [pælistr'i:nə].
Paley [p'eili].
Palfery [p'ɔ:lfri].
Palgrave [p'ælgreiv, p'ɔ:lgreiv].
Palk [pɔlk].
Pallas [p'æləs].
Pall Mall [p'elm'el].
Palmerston [p'a:məstən].
Palmyra [pælm'aiərə].
Pamela [p'æmilə].
Panama [pænəm'a:, p'ænəma:].

Paraguay [p'ærəgwai].
Paris [p'æris].
Parkinson [p'a:kinsn].
Parkstone [p'a:kstən].
Parnell [pa:n'el, pa:nl].
Parry [p'æri].
Parsifal [p'a:sifəl].
Parthenon [p'a:θinən].
Parthia [p'a:θiə].
Pat [pæt] (por Patrick).
Patagonia [pætəg'ounjə].
Pater [p'eitə].
Paterson [p'ætəsn].
Patras [pətr'æs].
Patricia [pətr'iʃə].
Patrick [p'ætrik].
Patsy [p'ætsi] (por Patricia).
Patterson [p'ætəsn].
Pattison, Patteson [p'ætisn].
Patty [p'æti] (por Patrick).
Paul [pɔ:l].
Pauline [pɔ:l'i:n, p'ɔ:li:n].
Paulinus [pɔ:l'ainəs].
Paulus [p'ɔ:ləs].
Pausanias [pɔ:s'einiæs].
Pavia [pəv'i:ə].
Peabody [p'i:bɔdi].
Peacock [p'i:kɔk].
Peall [pi:l].
Pearce [piəs].
Pears [pɛəz].
Pearsall [p'iəsɔ:l].
Pearson [p'iəsn].
Peart [piət].
Peckham [p'ekəm].
Pecksniff [p'eksnif].
Pedro [p'eidrou]: Shakespeare: [p'i:-
drou].
Peebles(shire) [p'i:blz(ʃiə)].
Peel [pi:l].
Peg [peg], (por Peggotty, Margaret).
Pegasus [p'egəsəs].
Peggotty [p'egəti].
Peggy [p'egi] (por Peggotty, Mar-
garet).
Peleus [p'i:lju:s].
Pelham [p'eləm].
Peloponnese [p'eləpəni:s].
Pembroke(shire) [p'embruk(ʃiə)].
Pendennis [pend'enis].
Pendragon [pendr'ægən].
Penelope [pin'eləpi].
Penge [pendʒ].
Pennsylvania [pensilv'einjə].
Penrhyn [p'enrin, penr'in].
Penthesilea [penθesil'i(:)ə].
Pepin [p'epin].
Pepys [pi:ps, peps, p'epis].
Pera [p'iərə].
Perceval [p'ə:sivəl].
Percy [p'ə:si].
Perdita [p'ə:ditə].
Peri [p'iəri].
Pericles [p'erikli:z].
Perkin(s) [p'ə:kin(z)].
Perowne [pər'oun].
Perry [p'eri].
Persephone [pə:s'efəni].
Persepolis [pə:s'epəlis].
Perseus [p'ə:sju:s].
Persia [p'ə:ʃə].
Peru [pər'u:].
Pete [pi:t].

Peter [p'i:tǝ].
Peterborough [p'i:tǝbrǝ].
Petrarch [p'i:tra:k].
Petrie [p'i:tri].
Pettie, Petty [p'eti].
Phaedo [f'i:dou].
Phaedra [f'i:drǝ].
Phaedrus [f'i:drǝs].
Phaethon [f'eieθon].
Pharaoh [f'ɛǝrou].
Phebe [f'i:bi].
Phidias [f'idiæs].
Phil [fil] (por Philip).
Philemon [fil'i:mǝn].
Philip [f'ilip].
Philippa [f'ilipǝ].
Philippi [fil'ipai].
Philippina [filip'i:nǝ].
Philippine [f'ilipain, f'ilipi:n].
Phillpot [f'ilpɔt].
Philoctetes [filǝkt'i:ti:z].
Philomel [f'ilomel].
Philomela [filom'i:lǝ].
Phiz [fiz].
Phocis [f'ousis].
Phoebe [f'i:bi].
Phoenicia [fin'iʃiǝ].
Phrygia [fr'idʒiǝ].
Phyllis [f'ilis].
Pickering [p'ikǝriŋ].
Pickle [pikl].
Pierpont [p'iǝpont].
Piers [piǝz].
Pilate [p'ailǝt].
Pilatus [pil'a:tǝs].
Pinero [pin'iǝrou].
Pip [pip] (por Philip).
Pippa [p'ipǝ].
Piraeus [pair'i(:)ǝs].
Pisistratus [pais'istrǝtǝs].
Pius [p'aiǝs].
Plantagenet [plænt'ædʒinit].
Plassey [pl'æsi].
Plata [pl'a:tǝ].
Plataea [plǝt'i(:)ǝ].
Plato [pl'eitou].
Plautus [pl'ɔ:tǝs].
Pleydell [pl'eidl].
Pleyel [pl'eiǝl].
Pliny [pl'ini].
Plutarch [pl'u:ta:k].
Plymouth [pl'imǝθ].
Pocock [p'oukɔk].
Poe [pou].
Point Levis [pointl'i:vis].
Poland [p'oulǝnd].
Polixenes [pol'iksǝni:z].
Polk [pouk].
Poll [pɔl] (por Mary).
Pollux [p'ɔlǝks].
Polly [p'ɔli] (por Mary).
Polonius [pǝl'ounjǝs].
Polycrates [pol'ikrǝti:z].
Polynesia [polin'i:ziǝ].
Pomfret [p'ʌmfrit].
Pompeii [pomp'i:ai].
Pompey [p'ompi].
Pondicherry [ponditʃ'eri].
Ponsonby [p'ʌnsnbi].
Poole [pu:l].
Portia [p'ɔ:ʃiǝ].
Portishead [p'ɔ:tished].
Portland [p'ɔ:tlǝnd].

Portrush [pɔ:tr'ʌʃ].
Portsea [p'ɔ:tsi].
Portsmouth [p'ɔ:tsmǝθ].
Portugal [p'ɔ:tjugǝl].
Poseidon [pos'aidǝn].
Potomac [pǝt'oumæck].
Poulton [p'oultǝn].
Pouncefoot [p'aunsfut].
Pow [pau].
Powell, [p'ouel, p'auel].
Powis [p'auis, p'ouis].
Powlett [p'ɔ:lit].
Praxiteles [præks'itǝli:z].
Pretoria [prit'ɔ:riǝ].
Prevost [pr'evou, pr'evoust].
Priam [pr'aiǝm].
Priestley [pr'i:stli].
Primrose [pr'imrouz].
Princeton [pr'instǝn].
Princetown [pr'instaun].
Priscilla [pris'ilǝ].
Pris(s) [pris] (por Priscilla).
Pritchard [pr'itʃǝd].
Prometheus [prǝm'i:θju:s].
Propertius [prǝp'ǝ:ʃiǝs].
Proserpine [pr'osǝpain].
Prospero [pr'osperou].
Proteus [pr'outju:s].
Prussia [pr'ʌʃǝ].
Ptolemy [t'olǝmi].
Publius [p'ʌbliǝs].
Puck [pʌk].
Pudsey [p'ʌdzi].
Pugh [pju:].
Pullman [p'ulmǝn].
Purcell [pǝ:sl].
Pusey [pj'u:zi].
Putnam [p'ʌtnǝm].
Pwllheli [puθl'eli, pulh'eli].
Pygmalion [pigm'eiliǝn].
Pyke [paik].
Pylades [p'ilǝdi:z].
Pyramus [p'irǝmǝs].
Pyrenees [pirǝn'i:z].
Pyrrhus [p'irǝs].
Pytcheley [p'aitʃli].
Pythagoras [paiθ'ægǝræs].
Pytheas [p'iθiæs].

Q

Quaile [kweil].
Quain [kwein].
Quarr [kwɔ:].
Quay loc. [ki:]; nome de família [kwei].
Quebec [kwib'ek].
Queenborough [kw'i:nbǝrǝ].
Queux [kju:].
Quiller-Couch [kw'ilǝk'u:tʃ].
Quince [kwins].
Quinc(e)y [kw'insi].
Quirinus [kwir'ainǝs].
Quixote [kw'iksǝt].

R

Racheil [r'eiʃl].
Rachel (bíblia) [r'eitʃǝl].
Rae [rei].

Raeburn [r'eibǝ:n].
Rale(i)gh [r'ɔ:li, r'a:li, r'æli].
Ralph [reif, rælf, ra:f, ra:lf].
Ralston [r'ɔ:lstǝn].
Rameses [r'æmisi:z].
Ramsay [r'æmzi].
Ramsgate [r'æmzgit].
Randall [rændl].
Randolph [r'ændɔlf].
Rawlins [r'ɔ:linz].
Rawlinson [r'ɔ:linsn].
Ray [rei] (por Rachel).
Rayleigh [r'eili].
Rea [rei, riǝ].
Reade [ri:d].
Reading [r'ediŋ].
Reaumur [r'eiǝmjuǝ].
Reay [rei].
Rebecca [rib'ekǝ].
Reeve [ri:v].
Regan [r'i:gǝn].
Reggie [r'edʒi] (por Reginald).
Regina [ridʒ'ainǝ].
Reginald [r'edʒinld].
Regulus [r'egjulǝs].
Rehan [r'eiǝn].
Reid [ri:d].
Reigate [r'aigit].
Remus [r'i:mǝs].
Rennie [r'eni] (por Reynold).
Reuben (bíblia) [r'u:bin].
Reuter [r'ɔitǝ].
Reynold [renld].
Reynolds [renldz].
Rhaetia [r'i:ʃiǝ].
Rhine [rain].
Rhode Island [r'oud'ailǝnd].
Rhodes [roudz].
Rhodesia [roud'i:ziǝ].
Rhondda [r'ondǝ].
Rhone [roun].
Rhymney [r'ʌmni].
Rhys [ri:s].
Richard [r'itʃǝd].
Riding [r'aidiŋ].
Ridley [r'idli].
Riley [r'aili].
Rip van Winkle [r'ipvænw'iŋkl].
Ritchie [r'itʃi].
Robert [r'ɔbǝt].
Robertson [r'ɔbǝtsn].
Robin [r'ɔbin] (por Robert).
Rochdale [r'ɔtʃdeil].
Roche [routʃ].
Rochester [r'ɔtʃistǝ].
Roderick [r'ɔdǝrik].
Rodney [r'ɔdni].
Roedean [r'oudi:n].
Rochampton [rouh'æmptǝn].
Roger [r'ɔdʒǝ, r'oudʒǝ].
Roget [r'ɔʒei].
Rolleston [r'oulstǝn].
Romney [r'ɔmni].
Roosevelt E. U. A. [r'ouzǝvelt]; Ingl. [r'u:svelt].
Rosalind [r'ɔzǝlind].
Rosamond [r'ɔzǝmǝnd].
Rose [rouz].
Rosemary [r'ouzmǝri].
Rosie, Rosy [r'ouzi] (por Rose, Rosa[lind], Rosemary).
Roslin [r'ɔzlin].
Ross [rɔs].

Ross-shire [r'ɔsʃiə].
Rosyth [r'ousaiθ].
Rotherham [r'ɔðərəm].
Rotherthithe ·[r'ɔðəhaið].
Rothermere [r'ɔðəmiə].
Rothes [rɔθs].
Rothesay [r'ɔθsi].
Rothschild [r'ɔθtʃaild].
Rouse [raus, ru:s].
Routh [rauθ].
Routledge [r'ʌtlidʒ, r'autlidʒ].
Rowe [rou].
Rowed [r'ouid].
Rowell [r'auəl, r'ouəl].
Rowland [r'oulənd].
Rowley [r'ouli].
Rowney [r'ouni].
Rowton [rautn, rɔ:tn].
Roxburgh(shire) [r'ɔksbrə(ʃiə)].
Royce [rɔis].
Rudge [rʌdʒ].
Rudyard [r'ʌdjəd].
Rugby [r'ʌgbi].
Rugeley [r'u:dʒli].
Rumania, Roumania [ru(:)m'einjə].
Rumelia [ru(:)m'i:ljə].
Runciman [r'ʌnsimən].
Runnymede [r'ʌnimi:d].
Rupert [r'u:pət].
Ruskin [r'ʌskin].
Russel [rʌsl].
Russia [r'ʌʃə].
Ruth [ru:θ].
Rutherford [r'ʌðəfəd].
Ruthven [r'u:θvin, r'ivən].
Ruthwell [r'ʌθwəl].
Rutland(shire) [r'ʌtlənd(ʃiə)].
Ruysdael [r'aizda:l].
Ryan [r'aiən].
Rydal [r'aidəl].
Rye [rai].
Ryle [rail].
Ryswick [r'aizwik].

S

Sabine Geogr. [sæb'i:n]; nome de família [s'æbin].
Sacheverell [səʃ'evərəl].
Sackville [s'ækvil].
Sadducee [s'ædjusi:].
Sadler [s'ædlə].
Said [seid]: Port **~**.
Saintsbury [s'eintsbəri].
Sal [sæl] (por Sarah).
Salamanca [sæləm'æŋkə].
Salamis [s'æləmis].
Salcombe [s'ɔ:lkəm].
Salem [s'eilem].
Salesbury [s'eilzbəri].
Salford [s'ɔ:lfəd].
Salisbury [s'ɔ:lzbəri].
Sallust [s'æləst].
Sally [s'æli] (por Sarah).
Salmon [s'æmən], bíblia [s'ælmon].
Salome [səl'oumi].
Saltoun [s'ɔ:ltən].
Sam [sæm] (por Samuel).
Sammy [s'æmi] (por Samuel).
Samos [s'eimɔs].

Samothrace [s'æmoθreis, s'æmoθreis].
Sampson [s'æm(p)sn].
Samson [sæmsn].
Samuel [s'æmjuəl].
Sancho Panza [s'æŋkoup'ænzə].
Sanders [s'a:ndəz].
Sandford [s'ænfəd].
Sandgate [s'æŋgit].
Sandhurst [s'ændhə:st].
Sandown [s'ændaun].
Sandringham [s'ændriŋəm].
Sandwich [s'ænwitʃ].
Sandy [s'ændi] (por Alexander).
Sandys [sændz].
Sankey [s'æŋki].
San Marino [s'ænmər'i:nou].
San Remo [sænr'eimou].
Sapho [s'æfou].
Sapphira [sæf'aiərə].
Sarah [s'ɛərə].
Saratoga [særət'ougə].
Sarawak [sər'a:wək].
Sardanapalus [sa:dən'æpələs, sadənəp'a:ləs, sa:dənəp'eiləs].
Sarmatia [sa:m'eiʃiə].
Sarum [s'ɛərəm].
Saskatchewan [sæsk'ætʃiwən].
Sassoon [səs'u:n].
Satan [s'eitən].
Saturn [s'ætə(:)n].
Saul [sɔ:l].
Saunders [s'ɔ:ndəz, s'a:ndəz].
Savage [s'ævidʒ].
Savannah [səv'ænə].
Savile [s'ævil].
Sawyer [s'ɔ:jə].
Saxe-Coburg-Gotha [s'æksk'oubə:g-g'ouθə].
Saxony [s'æksni, s'æksəni[.
Sayer(s) [s'eiə(z), sɛə(z)].
Scafell [sk'ɔ:fel].
Scaliger [sk'ælidʒə].
Scandinavia [skændin'eivjə].
Scarborough [sk'a:brə].
Scawfell [sk'ɔ:fel].
Scheherezade [ʃihiərəz'a:də].
Scheldt [skelt].
Schenectady [skin'ektədi].
Schofield [sk'oufi:ld].
Scilly [s'ili].
Scipio [s'ipiou].
Scone [sku:n].
Scotia [sk'ouʃə].
Scotland [sk'ɔtlənd].
Scribner [skr'ibnə].
Scrooge [skru:dʒ].
Scylla [s'ilə].
Scythia [s'iθiə].
Seaford [s'i:fəd].
Seaforth [s'i:fɔ:θ].
Sealyham [s'i:liəm].
Seamus [ʃ'eiməs].
Sean O'Casey [ʃ'ɔ:nok'eisi].
Searle [sə:l].
Seaton [si:tn].
Seattle [si'ætl].
Sedgemoor [s'edʒmuə].
Sedgwick [s'edʒwik].
Sedley [s'edli].
Seel(e)y [s'i:li].
Selborne [s'elbɔ:n].
Selim [s'eilim, s'i:lim].

Selkirk [s'elkə:k].
Selous [səl'u:s].
Selwyn [s'elwin].
Semele [s'emili].
Semiramis [sem'irəmis].
Seneca [s'enikə].
Senegal [senig'ɔ:l].
Senegambia [senig'æmbiə].
Seoul [soul].
Serbia [s'ə:biə].
Seumas (irl.) [ʃ'eiməs] = James.
Sevenoaks [s'evnouks].
Severn [s'evən].
Severus [siv'iərəs].
Seward [s'i:wəd].
Sewell [sj'u:əl].
Seychelles [seiʃ'elz].
Seymour [s'i:mɔ:, s'i:mə, s'eimɔ:].
Seys [seis].
Shackleton [ʃ'ækltən].
Shadwell [ʃ'ædwəl].
Shaftesbury [ʃ'a:ftsbəri].
Shakespeare [ʃ'eikspiə].
Sharon [ʃ'ɛərɔn].
Shaughnessy [ʃ'ɔ:nəsi].
Shaw [ʃɔ:].
Shea [ʃei].
Sheba [ʃ'i:bə].
Shechem [ʃ'i:kem].
Sheffield [ʃ'efi:ld].
Sheila [ʃ'i:lə].
Shelley [ʃ'eli].
Shepherd, Sheppard [ʃ'epəd].
Sherborne [ʃ'ə:bən].
Sheridan [ʃ'eridn].
Sherlock [ʃ'ə:lɔk].
Sherman [ʃ'ə:mən].
Sherwood [ʃ'ə:wud].
Shiloh [ʃ'ailou].
Shirley [ʃ'ə:li].
Shoeburyness [ʃ'u:bərin'es].
Shoreham [ʃ'ɔ:rəm].
Shrewsbury [ʃr'u:zbəri].
Shropshire [ʃr'ɔpʃiə].
Shuckburgh [ʃ'ʌkbrə].
Shylock [ʃ'ailɔk].
Siam [sai'æm, s'aiæm].
Sibby [s'ibi] (por Sibyl).
Siberia [saib'iəriə].
Sibyl [s'ibil].
Sicily [s'isili].
Sid [sid] (por Sidney).
Sidmouth [s'idməθ].
Sidney [s'idni].
Sidon [saidn].
Sikes [saiks].
Sikh [si:k].
Silas [s'ailəs].
Silchester [s'iltʃistə].
Silenus [sail'i:nəs].
Silesia [sail'i:ziə].
Silvester [silv'estə].
Silvia [s'ilviə].
Sim [sim] (por Simon, Simeon).
Simeon [s'imiən].
Simon [s'aimən].
Simson [simsn].
Sinai [s'ainiai].
Sinclair [s'iŋkleə].
Sindbad [s'inbæd].
Singapore [siŋgəp'ɔ:].
Singer [s'iŋə, s'iŋgə].
Singleton [s'iŋgltən].

Sinn Fein [ʃinf'ein].
Sion [s'aiən].
Sirius [s'iriəs].
Sisam [s'aisəm].
Sis [sis] (por Cecily, Cecil).
Sissy [s'isi] (por Cecily, Cecil).
Sisyphus [s'isifəs].
Siva [s'ivə].
Siward [sj'u(:)əd].
Skey [ski:].
Skibo [sk'i:bou].
Skye [skai].
Slaithwaite [sl'eiθweit].
Sligo [sl'aigou].
Sloan(e) [sloun].
Slough [slau].
Slovakia [slouv'eikiə].
Smethwick [sm'eðik].
Smiles [smailz].
Smillie [sm'aili].
Smithson [smiθsn].
Smollet [sm'olit].
Smyrna [sm'ə:nə].
Smyth [smiθ, smaiθ].
Smythe [smaið, smaiθ].
Snaefell (Isle of Man) [sn'eifel].
Snewin [snj'u:in].
Snowden [snoudn].
Soames [soumz].
Soane [soun].
Socrates [s'okrəti:z].
Sodom [s'odəm].
Sofia [s'oufiə, s'ofiə].
Soho [soh'ou].
Sohrab [s'o:ræb].
Solomon [s'oləmən].
Solon [s'oulon].
Solway [s'olwei].
Somers [s'ʌməz].
Somerset(shire) [s'ʌməsit(ʃiə)].
Somerton [s'ʌmətn].
Sonia [s'ouniə].
Sophia [sof'aiə].
Sophocles [s'ofəkli:z].
Sophy [s'oufi].
Sorrel [s'orəl].
Sotheby [s'ʌðəbi].
Soudan [su(:)d'æn].
Souter [s'u:tə].
Southampton [sauθ'æmptən].
Southdown [s'auθdaun].
Southend [s'auθ'end].
Southey [s'auði, s'ʌði].
Southport [s'auθpo:t].
Southwark [s'ʌðək, s'auθwək].
Southwell [s'auθwəl].
Southwick [s'auθwik].
Sowerby [s'auəbi].
Spain [spein].
Spalding [sp'o:ldiŋ].
Spe(a)ight [speit].
Speirs [spiəz].
Spenlow [sp'enlou].
Spenser [sp'ensə].
Spey [spei].
Spiers [spiəz, sp'aiəz].
Spinoza [spin'ouzə].
Stafford(shire) [st'æfəd(ʃiə)].
Staffs [stæfs] = Staffordshire.
St. Agnes [snt'ægnis].
Staines [steinz].
Staithes [steiðz].
St. Alban(s) [snt'o:lbən(z)].

Stalky [st'o:ki].
Stalybridge [st'eilibridʒ].
St. Ambrose [snt'æmbrouz].
Stan [stæn] (por Stanley).
Standish [st'ændiʃ].
St. Andrew(s) [snt'ændru:(z)].
Stanhope [st'ænəp].
Stanley [st'ænli].
St. Anthony [snt'æntəni].
Stapley [st'eipli].
St. Augustine [sinto:g'ʌstin], [sintəg'ʌstin].
Staunton [st'o:ntən, st'a:ntən].
St. Bartholomew [sintba:θ'oləmju:].
St. Bernard [sntb'ə:nəd].
St. Blaize [sntbl'eiz].
St. Blazey [sntbl'eizi].
St. Catherine [sntk'æθərin].
St. Cecilia [sintsis'iljə].
St. Columb [sntk'oləm].
Steele [sti:l].
Steevens [sti:vnz].
Steinway [st'ainwei].
St. Elias [sintil'aiəs].
Stephen(s) [sti:vn(z)].
Stephenson [sti:vnsn].
Stepney [st'epni].
Sterne [stə:n].
Steven [sti:vn].
Stevenage [st'i:vnidʒ].
Stevens [sti:vnz].
Stevenson [sti:vnsn].
Stewart [stjuət].
Steyne [sti:n].
Steyning [st'eniŋ].
St. Francis [sntfr'a:nsis].
St. Gall [sntg'o:l].
St. George [sntdʒ'o:dʒ].
St. Giles [sntdʒ'ailz].
St. Helena santa [snth'elinə], ilha [sentil'i:nə].
Stirling [st'ə:liŋ].
St. Ives [snt'aivz].
St. James [sntdʒ'eimz].
St. James's [sntdʒ'eimziz].
St. Joseph [sntdʒ'ouzif].
St. Lawrence [sntl'orəns].
St. Leger [s'elindʒə, sntl'edʒə].
St. Legers [sntl'edʒəz].
St. Leonards [sntl'enədz].
St. Malo [sn(t)m'a:lou].
St. Margaret [sn(t)m'a:gərit].
St. Mary Axe [sn(t)m'eəri'æks].
St. Matthew [sn(t)m'æθju:].
St. Michael [sn(t)m'aikl].
St. Nicholas [sntn'ikələs].
Stockholm [st'okhoum].
Stoke Poges [stoukp'oudʒis].
Stonehenge [st'ounh'endʒ].
Stoughton [sto:tn, stoutn, stautn].
Stour [stuə, st'auə, st'oə].
Stourbridge [st'uəbridʒ, st'auəbridʒ].
Stourton [st'ə:tən].
Stowe [stou].
St. Paul [sn(t)p'o:l].
St. Peter [sn(t)p'i:tə].
Strachey [str'eitʃi].
Strafford [str'æfəd].
Stratford [str'ætfəd].
Strauchan [str'okən].
Streatham [str'etəm].

St. Regis [sntr'i:dʒis].
Stroud [straud].
Struthers [str'ʌðəz].
St. Simon [snts'aimən].
St. Thomas [sn(t)t'oməs].
Stuart [stj'uet].
Stubbs [stʌbz].
St. Vitus [sntv'aitəs].
Styche [staitʃ].
Styria [st'iriə].
Styx [stiks].
Sudan [su(:)d'æn].
Sue [sju:] (por Susan, Susanna).
Suetonius [swi:t'ounjəs].
Suez [s'u(:)iz].
Suffolk [s'ʌfək].
Suke [sju:k] (por Susan).
Suleiman [s'u:leima:n].
Suliman [s'u:lima:n].
Sulla [s'ʌlə].
Sullivan [s'ʌlivən].
Sumatra [su(:)m'a:trə].
Sumner [s'ʌmnə].
Sunderland [s'ʌndələnd].
Surbiton [s'ə:bitn].
Surinam [suərin'æm].
Surrey [s'ʌri].
Susan [su:zn].
Susanna [su(:)z'ænə].
Sussex [s'ʌsiks].
Sutherland [s'ʌðələnd].
Sutton [sʌtn].
Swanage [sw'onidʒ].
Swansea [sw'onzi].
Swanwick [sw'onik].
Sweden [swi:dn].
Switzerland [sw'itsələnd].
Sybil [s'ibil].
Sydenham [s'idnəm].
Sydney [s'idni].
Sykes [saiks].
Sylvester [silv'estə].
Sylvia [s'ilviə].
Symond [s'aimənd].
Symonds [s'aiməndz, s'iməndz].
Symons [s'aimənz, s'imənz].
Synge [siŋ].
Syracuse [s'aiərəkju:z].
Syria [s'iriə].

T

Tacitus [t'æsitəs].
Taffy [t'æfi] (por David).
Tahiti [ta:h'i:ti].
Tait [teit].
Talbot [t'o:lbət].
Talfourd [t'ælfəd].
Tamar [t'eimə].
Tamil [t'æmil].
Tammany [t'æməni].
Tam o'Shanter [tæməʃ'æntə].
Tancred [t'æŋkred].
Tasmania [tæzm'einjə].
Tate [teit].
Tavistock [t'ævistok].
Tay [tei].
Ted [ted] (por Edward, Edgar).
Teddy [t'edi] (por Edward, Edgar)

Teign [tin, tiːn].
Teignmouth [tˈinməθ].
Telemachus [tilˈeməkəs].
Templeton [tˈempltən].
Tenbury [tˈenbəri].
Teneriffe, Tenerife [tenərˈi(ː)f].
Tennessee [tenesˈiː].
Tennyson [tˈenisn].
Terence [tˈerəns].
Teresa [tərˈiːzə].
Terling [tˈɑːliŋ].
Terpsichore [təːpsˈikəri].
Tertius [tˈəːʃəs].
Tertullian [təːtˈʌljən].
Tewkesbury [tjˈuːksbəri].
Texas [tˈeksəs].
Thackeray [θˈækəri].
Thaddeus [θædˈi(ː)əs].
Thales [θˈeiliːz].
Thalia [θəlˈaiə].
Thame [teim].
Thames [temz], (E. U. A.) [θeimz].
Thanet [θˈænit].
Thebes [θiːbz].
Themistocles [θimˈistəkliːz].
Theo [θˈi(ː)ou].
Theobalds [tiblz, θˈiəbɔːldz].
Theocritus [θiˈɔkritəs].
Theodora [θiədˈɔːrə].
Theodore [θˈiədɔː].
Theodoric [θiˈɔdərik].
Theodosia [θiədˈousiə].
Theodosius [θiədˈousiəs].
Theophilus [θiˈofiləs].
Thera [θˈiərə].
Theresa [tərˈiːzə].
Thermopylae [θəːmˈɔpiliː].
Thersite [θəːsˈaitiːz].
Thespis [θˈespis].
Thessalonica [θesələnˈaikə].
Thessaly [θˈesəli].
Thetis [θˈetis].
Thisbe [θˈizbi].
Thomas [tˈoməs].
Thompson [tɔm(p)sn].
Thomson [tˈɔmsn].
Thor [θɔː].
Thoreau [θərˈou, θˈɔːrou].
Thrace [θreis].
Throgmorton [θrɔgmˈɔːtn].
Througham [θrˈʌfəm].
Thucydides [θjuˈ(ː)sˈididiːz].
Thule [θjˈuːli(ː)].
Tiber [tˈaibə].
Tiberias [taibˈiəriæs].
Tiberius [taibˈiəriəs].
Tibet [tibˈet].
Tibullus [tibˈʌləs].
Tighe [tai].
Tigris [tˈaigris].
Tilbury [tˈilbəri].
Tillotson [tˈilətsn].
Tilly [tˈili] (por Matilda).
Timaeus [taimˈiːəs].
Timon [tˈaimən].
Timothy [tˈiməθi].
Tindal(e), Tindall [tindl].
Tine [tain].
Tinevelly [tinivˈeli].
Tintern [tˈintə(ː)n].
Tiny [tˈaini].
Tipperary [tipərˈɛəri].
Tiresias [tairˈiːsiæs].

Titania [titˈeiniə].
Titian [tˈiʃiən].
Titus [tˈaitəs].
Tivoli [tˈivəli].
Tivy [tˈaivi].
Tobago [tobˈeigou].
Tobias [tobˈaiəs].
Tobit [tˈoubit].
Toby [tˈoubi] (Tobias).
Tonbridge [tˈʌnbridʒ].
Tono-Bungay [tounoubˈʌŋgi].
Tony [tˈouni] (por Anthony).
Tonypandy [tɔnipˈændi].
Tooke [tuk].
Toole [tuːl].
Tooley [tˈuːli].
Topham [tˈopəm].
Tophet (bíblia) [tˈoufet].
Topsham [tˈopsəm].
Torah [tˈɔːrə].
Torbay [tˈɔːbˈei].
Toronto [tərˈɔntou].
Torquay [tˈɔːkˈiː, tɔːkˈiː].
Totnes [tˈɔtnis].
Tottenham [tˈɔtnəm].
Tovey [tˈʌvi, tˈouvi].
Towcester [tˈoustə].
Towle [toul].
Towler [tˈaulə].
Townsend, Townshend [tˈaunzend]
Towton [tˈautən].
Towyn [tˈauin].
Toynbee [tˈɔinbi].
Tozer [tˈouzə].
Tracy [trˈeisi].
Trafalgar [trəfˈælgə].
Traherne [trəhˈəːn].
Trajan [trˈeidʒən].
Tralee [treilˈiː].
Transvaal [trˈænzvaːl].
Transylvania [trænsilvˈeinjə].
Trasimene [trˈæzimiːn].
Travers [trˈævə(ː)z].
Traylee [treilˈiː].
Trelawn(e)y [trilˈɔːni].
Treloar [trilˈouə].
Tremills [tremlz].
Trevelyan [trivˈeljən].
Trevor [trˈevə].
Trinidad [trˈinidæd].
Tripoli [trˈipəli].
Tripolis [trˈipəlis].
Tristram [trˈistrəm].
Triton [traitn].
Trixy [trˈiksi] (por Beatrice).
Troad [trˈouæd].
Troilus [trˈouiləs].
Trollope [trˈɔləp].
Troubridge [trˈoubridʒ].
Troughton, Trouton [trautn].
Trowbridge [trˈaubridʒ].
Troy [trɔi].
Tuck [tʌk].
Tucker [tˈʌkə].
Tudor [tjˈuːdə].
Tully [tˈʌli].
Tulse [tʌls].
Tunbridge [tˈʌnbridʒ].
Tunis [tjˈuːnis].
Tunstall [tˈʌnstl].
Tuohy [tˈuːi].
Tupper [tˈʌpə].
Turania [tjuərˈeinjə].

Turkestan [təːkistˈæn].
Turkey [tˈəːki].
Turnberry [tˈəːnbəri].
Turner [tˈəːnə].
Turpin [tˈəːpin].
Tuscany [tˈʌskəni].
Twain [twein].
Tweed [twiːd].
Tweedmouth [twˈiːdməθ].
Twickenham [twˈiknəm].
Twining [twˈainiŋ].
Twyford [twˈaifəd].
Tybalt [tˈibəlt].
Tyburn [tˈaibəːn].
Tychicus [tˈikikəs].
Tycho [tˈaikou].
Tyldesley [tˈildzli].
Tyler [tˈailə].
Tynan [tˈainən].
Tyndale, Tyndall [tindl].
Tyne [tain].
Tynemouth [tˈainmauθ, tˈinməθ].
Tyre [tˈaiə].
Tyrone [tirˈoun].
Tyrrell [tˈirəl].
Tyrrwhit [tˈirit].
Tyrtaeus [təːtˈiːəs].

U

Ukraine [juːkrˈein, juːkrˈain].
Ulfilas [ˈʌlfilæs].
Ulrica [ʌlrˈiːkə].
Ulster [ˈʌlstə].
Ulysses [juˈ(ː)lˈisiːz].
Umbria [ˈʌmbriə].
Undine [ˈʌndiːn].
Ungoed [ˈʌŋgoid].
Unwin [ˈʌnwin].
Upham [ˈʌpəm].
Uppsala [ˈʌpsaːlə].
Upton [ˈʌptən].
Ur [əː].
Ural [ˈjuərəl].
Urania [juərˈeiniə].
Uranus [juərˈeinəs, jˈuərənəs].
Ure [juə].
Uriah [juərˈaiə].
Uriel [jˈuəriəl].
Ursula [ˈəːsjulə].
Uruguay [ˈurugwai].
Ushant [ˈʌʃənt].
Usher [ˈʌʃə].
Utah [jˈuːtaː].
Uther [jˈuːθə].
Utica [jˈuːtikə].
Utopia [juːtˈoupjə].
Uttoxeter [juːtˈɔksitə, ʌtˈoksitə].
Uxbridge [ˈʌksbridʒ].

V

Vachel(l) [vˈeitʃəl, vˈætʃəl].
Val [væl] (por Valentine).
Valentine [vˈæləntain, vˈæləntin].

Valera [vəl'iərə].
Valerian [vəl'iəriən].
Valerius [vəl'iəriəs].
Valhalla [vælh'ælə].
Vancouver [vænk'u:və].
Vanderbilt [v'ændəbilt].
Vandyke [vænd'aik].
Vanessa [vən'esə].
Van Eyck [væn'aik].
Vaughan [vɔ:n].
Vaux [vɔ:z, vɔks, vɔ:ks, vouks].
Vauxhall [v'ɔksh'ɔ:l, v'ɔkshɔ:l].
Veitch [vi:tʃ].
Venezuela [venezw'eile].
Venice [v'enis].
Ventnor [v'entnə].
Venus [v'i:nəs].
Vera [v'iərə].
Vere [viə].
Vergil [v'ə:dʒil].
Vermont [və:m'ɔnt].
Vernon [v'ə:nən].
Verona [ver'ounə].
Veronica [vər'ɔnikə].
Verulam [v'eruləm].
Vespasian [vesp'eiʒiən].
Vesuvius [vis'u:viəs].
Vialls [v'aiəlz, v'aiɔ:lz].
Vichy [v'i:ʃi:].
Vickers [v'ikəz].
Vicky [v'iki] (por Victoria).
Victor [v'iktə].
Vienna [vi'enə].
Vigers [v'aigəz].
Vigo [v'aigou].
Vinci [v'intʃi(:)].
Viola [v'aiələ, v'iələ].
Violet [v'aiəlit].
Virgil [v'ə:dʒil].
Virgilius [və:dʒ'iliəs].
Virginia [vədʒ'injə].
Virginius [vədʒ'iniəs].
Virgo (Astrol.) [v'ə:gou].
Vitruvius [vitr'u:viəs].
Vivian, Vivien [v'iviən].
Volhynia [vɔlh'iniə].
Volpone [vɔlp'ouni].
Volsung [v'ɔlsuŋ].
Volta [v'ɔltə].
Vorges [vouʒ].

W

Waddell [wɔd'el].
Waddy [w'ɔdi].
Wadham [w'ɔdəm].
Wadsworth [w'ɔdzwə:θ].
Wakefield [w'eikfi:ld].
Waldegrave [w'ɔ:lgreiv].
Walden [w'ɔ:ldən].
Waldorf [w'ɔ:ldɔ:f].
Wales [weilz].
Walhalla [vælh'ælə].
Walker [w'ɔ:kə].
Wallace [w'ɔləs].
Wallachia [wɔl'eikiə].
Walmisley [w'ɔ:mzli].
Walney [w'ɔ:lni].
Walpole [w'ɔ:lpoul].
Walsingham [w'ɔ:lsiŋəm]

Walt [wɔ:lt].
Walter(s) [w'ɔ:ltə(z)].
Walther [w'a:ltə].
Walthew [w'ɔ:lθju:].
Walton [w'ɔ:ltən].
Wann [wɔn].
Wanstead [w'ɔnstid].
Wapping [w'ɔpiŋ].
Wappinger [w'ɔpindʒə].
Warburton [w'ɔ:bətn].
Ward [wɔ:d].
Wardle [wɔ:dl].
Wareham [w'ɛərəm].
Waring [w'ɛəriŋ].
Warmington [w'ɔ:miŋtən].
Warne [wɔ:n].
Warre [wɔ:].
Warren [w'ɔrin].
Warspite [w'ɔ:spait].
Warwick(shire) [w'ɔrik(ʃiə)]
Wasbrough [w'ɔzbrə].
Washington [w'ɔʃiŋtən].
Wat [wɔt] (por Walter).
Waterloo [wɔ:təl'u:, w'ɔ:telu:]
Watkins [w'ɔtkinz].
Watson [wɔtsn].
Watt(s) [wɔt(s)].
Waugh [wɔ:, esc. wɔx].
Waverley [w'eivəli].
Wayland [w'eiland].
Wayne [wein].
Wealden [w'i:ldən].
Wear [wiə].
Wearing [w'ɛəriŋ].
Wearmouth [w'iəməθ].
Wearn [wə:n].
Weatherport [w'eðəpɔ:t].
Webb [web].
Webster [w'ebstə].
Wedderburn [w'edəbə:n].
Wedgwood [w'edʒwud].
Wednesbury [w'enzbəri].
Wellesley [w'elzli].
Wells [welz].
Welwyn [w'elin].
Wemyss [wi:mz].
Wendell [wendl].
Wenlock [w'enlɔk].
Wentworth [w'entwə:θ].
Wesley [w'ezli].
Wessex [w'esiks].
Westbourne [w'estbɔ:n].
Westgate [w'estgit].
Westmeath [w'estmi:θ].
Westminster [w'es(t)minstə].
Westmor(e)land [w'es(t)mələnd]
Westward Ho [w'estwədh'ou].
Wetherell [w'eðərəl].
Wexford [w'eksfəd].
Weyman [w'eimən].
Weymouth [w'eiməθ].
Whait [weit].
Whalley [w'ɔ:li, w'eili].
Wharton [wɔ:tn].
Whateley [w'eitli].
Whatmough [w'ɔtmou].
Wherwell [h'ʌrəl].
Whewell [hj'u(:)əl].
Whistler [w'islə].
Whitaker [w'itikə].
Whitechapel [w'aittʃæpl].
Whitehall [w'aith'ɔ:l, w'aithɔ:
Whitman [w'itmən].

Whitney [w'itni].
Whittaker [w'itikə].
Whittier [w'itiə].
Whittingham(e) [w'itindʒəm].
Whitworth [w'itwə:θ].
Whyte [wait, hwait].
Wickham [w'ikəm].
Wickliffe [w'iklif].
Widdicombe [w'idikəm]
Widnes [w'idnis].
Wiggins [w'iginz].
Wight [wait].
Wightwick [w'itik].
Wigmore [w'igmɔ:].
Wilberforce [w'ilbəfɔ:s]
Wilcox [w'ilkɔks].
Wilde [waild].
Wilder [w'aildə].
Wilding [w'aildiŋ]
Wilkes [wilks].
Wilkie [w'ilki].
Wilkins [w'ilkinz].
Wilkinson [w'ilkinsn]
Willard [w'ila:d].
Willesden [w'ilzdən].
William [w'iljəm].
Willie, Willy [w'ili] (por William).
Willis [w'ilis].
Willoughby [w'iləbi].
Wilmcote [w'iŋkət].
Wilmot(t) [w'ilmət].
Wilshire [w'ilʃiə].
Wilson [wilsn].
Wiltshire [w'iltʃiə].
Wimbledon [w'imbldən].
Wimborne [w'imbɔ:n].
Winchelsea [w'intʃlsi].
Winchester [w'intʃistə].
Windermere [w'indəmiə].
Windsor [w'inzə].
Wingfield [w'iŋfi:ld].
Winnie, Winny [w'ini] (Winifred).
Winnipeg [w'inipeg].
Winslow [w'inzlou].
Winstanley [w'instənli].
Winston [w'instən].
Winterton [w'intətən].
Wisbech [w'izbi:tʃ].
Wisconsin [wisk'ɔnsin].
Wistar [w'istə].
Witham [w'iðəm]; cidade em Essex
[w'itəm].
Wodehouse [w'udhaus].
Woden [w'oudn].
Woking [w'oukiŋ].
Wolborough [w'ɔlbərə].
Wolf [wulf].
Wolff [wulf, vɔlf].
Wolfing [w'ulfiŋ].
Wollaston [w'uləstən].
Wollstonecraft [w'ulstənkra:ft].
Wolseley [w'ulzli].
Wolsey [w'ulzi].
Wolsingham [w'ɔlsiŋəm].
Wolstanton [w'ulstæntən].
Wolverhampton [w'ulvəhæmptən].
Wolverton [w'ulvətn].
Wombwell [wumbl].
Woodbine [w'udbain].
Wookey [w'uki].
Woolley [w'uli].
Woolwich [w'ulidʒ].
Worcester(shire) [w'ustə(ʃiə)].

Wordsworth [w'ə:dzwə(:)θ].
Worrall [w'ʌrəl].
Worsley [w'ə:sli, w'ə:zli].
Worstead [w'ustid].
Worthing [w'ə:ðiŋ].
Wortley [w'ə:tli].
Wotton [w'ɔtn].
Wrath [rɔ:θ, esc. rɑ:θ].
Wraxall [r'æksɔ:l].
Wray [rei].
Wreay [rei].
Wrekin [r'i:kin].
Wren [ren].
Wrexham [r'eksəm].
Wright [rait].
Wriothesley [r'ɔtsli].
Wrotham [r'u:təm].
Wrottesley [r'ɔtsli].
Wroxham [r'ɔksəm].
Wuthering [w'ʌðəriŋ].
Wyat(t) [w'aiət].
Wych [waitʃ, witʃ].
Wycherley [w'itʃəli].
Wyclif(f)e [w'iklif].
Wycombe [w'ikəm].
Wye [wai].
Wygram [w'aigrəm].
Wykeham [w'ikəm].
Wyld(e) [w'aili].
Wyman [w'aimən].
Wymondham [w'iməndəm, w'indəm].
Wyndham [w'indəm].
Wynyard [w'injəd].
Wyoming [wai'oumiŋ].
Wytham [w'aitəm].

X

Xanthippe [zænt'ipi].
Xanthus [z'ænθəs].
Xavier [z'æviə].
Xenophon [z'enəfən].
Xerxes [z'ə:ksi:z].

Y

Yahoo [jəh'u:].
Yahveh [j'ɑ:vei].
Yale [jeil].
Yank [jæŋk].
Yardley [j'ɑ:dli].
Yare [jɑ:, jɛə].
Yarmouth [j'ɑ:məθ].
Yate(s) [jeit(s)].
Yatman [j'ætmən].
Yeames [ji:mz].
Yeates [jeits].
Yeatman [j'i:tmən, j'eitmən].
Yeats [jeits].
Yed(d)o [j'edou].
Yellowstone [j'eloustoun, j'eloustən].
Yeo [jou].
Yeobright [j'oubrait].
Yeovil [j'ouvil].

Yerkes E. U. A. [j'ə:ki:z].
Yetholm [j'etəm].
Yonge [jʌŋ].
Yorick [j'ɔrik].
York [jɔ:k].
Yorkshire [j'ɔ:kʃiə].
Yorke [jɔ:k].
Yosemite na Califórnia [jous'emiti]
Yost [joust].
Youghal [jo:l].
Youmans [j'u:mənz].
Yugo-Slavia [j'u:gousl'ɑ:viə].
Yuill [j'u(:)il].

Z

Zacchaeus [zæk'i(:)əs].
Zachariah [zækər'aiə].
Zachary [z'ækəri].
Zama [z'ɑ:mə].
Zara [z'ɛərə].
Zarathustra [zærəθ'u:strə]
Zaza [z'ɑ:zə].
Zealand [z'i:lənd].
Zebedee [z'ebidi:].
Zebub [z'i:bʌb].
Zechariah [zekər'aiə]
Zedekiah [zedik'aiə].
Zeeb [zi:b, z'i:eb].
Zeeland [z'i:lənd]
Zeno [z'i:nou].
Zenobia [zin'oubiə].
Zephaniah [zefən'aiə].
Zephyr [z'efə].
Zephyrus [z'efərəs].
Zetland [z'etlənd] = Shetland
Zeus [zju:s].
Zimri [z'imrai].
Zion [z'aion].
Zuleika [zu:l'aikə].

ABBREVIATIONS IN GENERAL USE
ABREVIATURAS MAIS USADAS

A

A: America(n) ‖ (Quím.) argon ‖ angstrom (unit).

A 1 : first-class ship in Lloyd's Register.

A. A.: Automobile Association ‖ anti-aircraft.

A. A. A.: Amateur Athletic Association ‖ (E. U. A.) Agricultural Adjustment Administration ‖ Anti-aircraft artillery ‖ Automobile Association of America.

A. A. C.: (latim) anno ante Christum (in the year before Christ).

A. B.: able-bodied seaman ‖ (latim) Artium Baccalaureus, Bachelor of Arts; também **B. A.**

abbr.: abbreviated, abbreviation.

ABC: the alphabet ‖ elementary principles ‖ alphabetical railway guide.

A. B. C.: American Broadcast Corporation ‖ Argentina, Brazil and Chile .

ab init.: (latim) ab initio (from the beginning).

abl.: ablative.

Abp.: Archbishop.

abr.: abridged.

abs.: absolute.

A. B. S.: American Bible Society.

Ac: (Quím.) actinium.

A. C.: Aero Club ‖ Alpine Club ‖ (Eletr.) alternating current ‖ (latim) ante Christum (before Christ) ‖ Appeal Court.

a/c.: account.

acc.: acceptance (bill) ‖ account ‖ accusative.

act.: (Gram.) active.

A. D.: (latim) Anno Domini (in the year of our Lord).

a.d.: (Com.) after date.

ad.: adapted ‖ advertisement.

ad fin.: (latim) ad finem (towards the end).

ad inf.: (latim) ad infinitum (to infinity).

ad init.: (latim) ad initium.

ad int.: (latim) ad interim (meanwhile).

adj.: adjective.

Adj., Adjt.: Adjutant.

ad lib.: (latim) ad libitum (at pleasure).

ad loc.: (latim) ad locum (at the place).

Adm.: Admiral ‖ admiralty.

adv.: adverb ‖ advocate.

ad val.: (latim) ad valorem.

advt.: advertisement.

A. E. C., AEC: Atomic Energy Commission.

aero.: aeronautics.

aet., aetat.: (latim) aetatis (aged, of age).

A. F.: Admiral of the Fleet ‖ Air Force ‖ Anglo-French.

A. F., a. f.: audio frequency.

A. F. A.: Amateur Football Association.

A. F. C.: Air Force Cross.

A. F. L., A. F. of L.: American Federation of Labor.

aft.: afternoon.

A. G.: Adjutant-General ‖ Agent-General ‖ Attorney-General.

Ag: (latim) argentum (silver).

A. I. D.: Army intelligence Department.

A. I. P. O.: American Institute of Public Opinion.

A. K. C.: Associate of King's College, London.

Al: (Quím.) aluminium.

A. L. A.: American Library Association.

Ala.: Alabama (E. U. A.).

Alas.: Alaska.

Ald.: Alderman.

alg.: algebra.

ALP: American Labor Party.

alt.: alternate, alternation, altitude.

Alta.: Alberta (Canada).

A. M.: (latim) Artium Magister, Master of Arts; também **M. A.**

a. m.: (latim) Anno mundi (in the year of the world) ‖ (latim) ante meridiem (before noon).

Am.: America ‖ American ‖ (Quím.) americium.

Am, A. M.: amplitude modulation.

AMA, A. M. A.: American Medical Association.

A. M. D. G.: (latim) ad majorem Dei gloriam (to the greater glory of God).

amp.: ampère.

A. M. S.: Army Medical Staff.

an.: anode.

anal.: analogous ‖ analogy.

anat.: anatomy.

angl.: anglice (in English).

anon.: anonymous.

antiq.: antiquity.

A. N. Z. A. C.: Australian and New Zealand Army Corps.

A. O.: Army Order.

a/o: account of.

AOL.: (E. U. A.) Absent over leave.

A. P.: Associated Press.

Ap.: Apostle ‖ April.

APO.: Army Post Office.

app.: appendix ‖ appointed ‖ apprentice.

appro.: approbation ‖ approval

approx.: approximate(ly).

Apr.: April.

apt.: apartment.

A. Q. M. G.: Assistant Quartermaster-General.

A. R.: (latim) anno regni (in the year of the reign) ‖ annual return.

A. R. A.: Associate of the Royal Academy of Arts

A. R. C.: Automobile Racing Club ‖ American Red Cross.

arch.: archaic.

arith.: arithmetic.

Ariz.: Arizona (E. U. A.).

Ark.: Arkansas (E. U. A.).

A. R. P.: Air Raid Precaution(s).

A. R. R.: (latim) anno regni Regis (Reginae) (in the year of the King's or Queen's reign).

arr.: arrival ‖ arrives; arrived.

art.: article.

A. R. V.: American Standard Revised Version (of the Bible).

As: (Quím.) arsenic.

A.-S.: Anglo-Saxon.

Assoc.: Association.

asst.: assistant.

astron.: astronomy.

atm.: atmosphere, atmospheric.

at. no.: (Fís.) atomic number.

Atty.-Gen.: Attorney-General.

at. wt.: atomic weight.

A. U.: Angström Unit.

A. U. C.: (latim) ab urbe condita (in the year since the founding of the city of Rome, in 753 B. C.).

aud.: auditor.

Aug.: August ‖ Augustan.

A. V.: Authorized Version (of the Bible).

a/v: (latim) ad valorem (according to value).

av.: average.

A. V. C.: Army Veterinary Corps.

avdp.: avoirdupois.

Ave.: avenue.

A. W. O. L., a. w. o. l.: (E. U. A.) absent without leave.

B

B: (Quím.) boron ‖ black (of pencillead).

B.: Baron ‖ (Mús.) Bass ‖ Bay ‖ bishop (chess).

B. A.: (latim) Baccalaureus Artium (bachelor of Arts) ‖ British Academy ‖ British Association.

Ba: (Quím.) barium.

bact(er).: bacteriology.

B. Agr(ic).: Bachelor of Agriculture.
bar.: barometer.
Bart.: Baronet.
Bart's: St. Bartholomew's Hospital, London.
Basic (English): British American Scientific International Commercial (English).
batt.: battalion ‖ battery.
B. B. C.: British Broadcasting Corporation.
B. C.: Before Christ ‖ British Columbia.
B. Ch.: (latim) Baccalaureus Chirurgiae (Bachelor of Surgery)
B. Ch. D.: Bachelor of Dental Surgery
B. C. L.: (latim) Baccalaureus Civilis Legis (Bachelor of Civil Law).
B. Com.: Bachelor of Commerce.
B. D.: (latim) Baccalaureus Divinitatis (Bachelor of Divinity).
bd.: board ‖ bound.
Bde.: Brigade.
bds.: (bound in) boards.
B. E.: Bachelor of Engineering ‖ Board of Education ‖ (Order of the) British Empire.
b. e.: bill of exchange.
Be: (Quím.) beryllium.
B. E. A.: British East Africa.
Beds.: Bedfordshire.
B. E. F.: British Expeditionary Force.
B. Eng.: Bachelor of Engineering.
Berks.: Berkshire.
bf, b. f.: (Tipogr.) bold-faced.
b. h. p.: brake horse-power.
Bi: (Quím.) bismuth.
Bib.: Bible.
bibliog.: bibliography.
biol.: biology ‖ biological.
bk.: bank ‖ book.
bkg: banking.
B./L., b. l.: bill of lading.
B. L.: (latim) Baccalaureus Legum (Bachelor of Laws).
bl.: bale ‖ barrel.
B. Litt.: (latim) Baccalaureus Litterarum (Bachelor of Letters).
B. M.: Bachelor of Medicine ‖ Brigade Major ‖ British Museum.
B. M. A.: British Medical Association.
b. o.: buyer's option.
B. of E.: Bank of England ‖ Board of Education.
bor.: borough.
B. O. T.: Board of Trade.
Bp.: Bishop.
b. p.: below proof ‖ bills payable ‖ bill of parcels ‖ boiling point.
B. Q.: (latim) Bene quiescat (may he (she) rest well).
Br: (Quím.) bromine.
Br.: Brigade ‖ Brig.
b. r.: bills receivable.
Br. Am.: British America.

Braz.: Brazil ‖ Brazilian.
b. rec.: bills receivable.
Bret.: Breton.
brev.: brevet.
Brig.: Brigade ‖ Brigadier.
Brig.-Gen.: Brigadier-General.
Brit.: Britain ‖ British.
Brit. Mus.: British Museum.
bro.: brother.
Bros.: (Com.) Brothers.
B. S.: Bachelor of Surgery ‖ Bachelor of Science (E. U. A.).
b. s.: balance sheet ‖ bill of sale.
B. S. A.: British South Africa.
B. Sc.: Bachelor of Science.
Bt.: Baronet.
B. Th.: Bachelor of Theology.
B. T. U., B. Th. U.: British Thermal Unit.
bu.: bushel.
Bucks.: Buckinghamshire.
B. U. P.: British United Press.
bus.: bushels.
B. W.: (milit.) Black Watch ‖ Board of Works.
B. W. I.: British West Indies.
B. W. T. A.: British Women's Temperance Association.

C

C: (Quím.) carbon ‖ centum (100).
C.: Cape ‖ Cash ‖ Catholic ‖ Centigrade ‖ Congress ‖ (Parl.) Conservative.
c.: (criqueta) caught ‖ cent ‖ centime ‖ chapter ‖ colt ‖ cubic ‖ (eletr.) current ‖ (latim) circa, circiter, circum (about).
Ca: (Quím.) calcium.
C. A.: Chartered Accountant ‖ Chief Accountant ‖ Church Association ‖ commercial agent ‖ Confederate Army.
ca.: cathode ‖ (latim) circa.
CAB, C. A. B.: Civil Aeronautics Board.
Cal.: California.
Cal.: calendar.
Camb(r).: Cambridge.
Can.: Canada ‖ Canon ‖ Canto.
Cant.: Canterbury ‖ Canticles.
Cantab.: (latim) Cantabrigiensis, of Cambridge University.
Cantuar.: (latim) Cantuariensis, of Canterbury (signature of the Archbishop).
cap.: (latim) capitulum (chapter) ‖ capital letter ‖ (latim) caput (head).
Caps.: capital letters.
Capt.: Captain.
Card.: Cardinal.

Cardig.: Cardiganshire.
cat.: catalogue ‖ catechism.
Cath.: Cathedral ‖ Catholic.
C. B.: Cape Breton (Canada) ‖ Companion of Order of the Bath ‖ County Borough.
c. b.: (milit.) confined to barracks.
C. B. E.: Commander of the Order of the British Empire ‖ Companion of the Order of the British Empire.
C. B. S.: Columbia Broadcasting System.
C. C.: Caius College (Cambridge) ‖ Cape Colony ‖ Circuit Court ‖ Common Council(man), City of London ‖ (eletr.) continuous current ‖ County Concil(lor) ‖ County Court ‖ Cricket Club ‖ Cycling Club.
c. c.: cubic centimetre.
c c.: chapters.
C. C. C.: Central Criminal Court ‖ (E. U. A.) Civilian Conservation Corps ‖ Corpus Christi College (Oxf. & Cambr.).
C. C. P.: Court of Common Pleas ‖ Code of Civil Procedure.
Cd: (Quím.) cadmium.
C. E.: Church of England ‖ Chief Engineer ‖ Civil Engineer.
Ce: (Quím.) cerium.
Cels.: Celsius (thermometer).
Celt.: Celtic.
Cent.: Centigrade.
cent.: (latim) centum (hundred) ‖ centigram ‖ central ‖ century.
cert.: certificate ‖ certified ‖ certainty.
C. F.: Chaplain to the Forces.
cf.: (latim) confer (compare).
c. f. i.: cost, freight, and insurance.
C. G.: Captain-General ‖ Captain of the Guard ‖ Coastguard ‖ Coldstream Guards ‖ Commissary-General ‖ Consul-General.
cg.: centigramme.
C. G. S.: Chief of the General Staff ‖ centimetre-gramme-second system.
Ch.: Chancery ‖ Church.
C. H.: Clearing House ‖ Companion of Honour ‖ Custom-House.
ch.: chapter ‖ chief.
Chamb.: Chamberlain.
Chap.: Chaplain.
chap.: chapter.
Ch. Ch.: Christ Church (Oxf.).
chem.: chemistry ‖ chemical.
Ches.: Cheshire.
Chin.: China ‖ Chinese.
Chmn., Chn.: Chairman.
Chron.: Chronicles (of the Old Testament).
C. I.: Channel Islands ‖ (Imperial) Order of the Crown of India.
C. I. D.: Criminal Investigation

Department (Scotland Yard).
c. i. f. c.: cost, insurance, plus freight, and commission.
C.-in-C.: Commander-in-Chief.
C. I. O.: (E. U. A.) Committee of Industrial Organization.
circ.: (latim) circa, circiter, circum
cit.: citation ‖ cited ‖ citizen.
civ.: civil ‖ civilian.
C. J.: Chief Justice.
Cl.: (Quím.) chlorine.
Clar.: (Tipogr.) Clarendon.
C. L. R.: Central-London-Railway.
C. M.: (latim) Chirurgiae Magister, (Master of Surgery) ‖ Church Missionary ‖ common metre ‖ Corresponding Member.
cm.: centimetre.
c. m.: (latim) causa mortis (by reason of death).
Cmdr.: Commodore.
C. M. S.: Church Missionary Society.
Co: (Quím.) cobalt.
Co.: Company ‖ County (in Ireland).
C. O.: Colonial Office ‖ Commanding officer ‖ conscientious objector ‖ Criminal Office ‖ Crown Office.
c/o: care of.
Coad.: Coadjutor.
C. O. D.: cash on delivery.
cogn.: cognate.
Col.: Colonel ‖ colonial ‖ colony ‖ (Ecles.) Colossians ‖ column.
Coll.: College.
coll.: collection ‖ collective(ly).
collat.: collateral.
colloq.: colloquial.
Colo.: Colorado (E. U. A).
Com.: Commander ‖ Commissioner ‖ Committee ‖ (Marít.) commodore ‖ Communist.
com.: commerce ‖ commission ‖ common.
comdr.: commander.
comp.: compare ‖ comparative ‖ compound.
compl.: complement.
Con.: Consul.
con.: (latim) contra.
Cong.: Congregation ‖ Congress.
conj.: conjugation ‖ conjunction ‖ conjunctive.
Conn.: Connecticut (E. U. A.).
conn.: connected.
cons.: consonant.
Co-op.: Co-operative (Stores).
Cor.: Corinthians ‖ Coroner.
Corn.: Cornish ‖ Cornwall.
Corp.: Corporal ‖ Corporation.
cos.: cosine.
cosec.: cosecant.
cot.: cotangent.
cox.: coxswain.
C. P.: Common Prayer ‖ Communist Party ‖ Cape Province.

cp.: compare.
c.-p.: candle-power.
C. P. R.: Canadian Pacific Railway.
C. P. S.: (latim) Custos Privati Sigilli (Keeper of the Privy Seal).
Cr: (Quím.) chromium.
Cr.: creditor ‖ credit ‖ crown.
C. R.: Costa Rica.
cresc.: (Mús.) crescendo.
Crim. con.: criminal conversation (adultery).
Cs: (Quím.) caesium.
C. S.: Chemical Society ‖ Civil Service ‖ Clerk to the signet ‖ Common Sergeant ‖ Court of Session ‖ (latim) Custos Sigilli (Keeper of the Seal).
C. S. C.: Conspicuous Service Cross ‖ Civil Service Commission.
Ct.: Count ‖ Court.
ct.: (criquete) caught ‖ cent.
Cu: (Quím.) cuprum (copper).
C. U.: Cambridge University.
cu., cub.: cubic.
cum.: cumulative.
Cumb.: Cumberland.
cum div.: with dividend.
cur.: Current (this month) ‖ currency.
C. V.: Common Version (of the Bible).
c. w. o.: cash with order.
cwt.: hundredweight.
cyl.: cylinder.
Cym.: Cymric.

D

D.: (latim) Deus ‖ diameter ‖ (latim) Doctor ‖ Duke.
d.: date ‖ daughter ‖ (latim) dele ‖ (latim) denarius ‖ departs ‖ died ‖ dollar.
D. A.: District Attorney.
Dak.: Dakota (E. U. A.).
dal.: decalitre.
Dan.: Daniel ‖ Danish.
dat.: dative.
dau.: daughter.
D. C.: District of Columbia (E. U. A.) ‖ (Eletr.) direct current ‖ (italiano) da capo (from the beginning).
D. C. L.: Doctor of Civil Law.
D. D.: (latim) Divinitatis Doctor (Doctor of Divinity).
d. d.: days after date ‖ (latim) dono dedit.
D. D. D.: (latim) dat, dicat, dedicat (gives, devotes, and dedicates).
Dec.: December.
Def.: defendant.

deg.: degree.
Del.: Delaware (E. U. A.) ‖ delegate.
del.: (latim) delineavit (he, she drew).
D. Eng.: Doctor of Engineering.
Dent.: dental ‖ dentist ‖ dentistry.
dep.: departs ‖ department ‖ departure ‖ deputy.
dept.: department.
deriv.: derivation.
Deut.: Deuteronomy.
D. F.: Dean of the Faculty ‖ (latim) defensor fidei (Defender of the Faith) ‖ direction-finder.
dft.: draft.
dg.: decigram(me).
dial.: dialect ‖ dialogue.
diam.: diameter.
dict.: dictionary.
diff.: differ ‖ difference ‖ different.
dim.: (Mús.) diminuendo.
dimin.: diminutive.
Dioc.: Diocese.
dir.: director.
dis.: discount.
dist.: distance. ‖ distinguish ‖ district.
Div.: (milit.) Division.
div.: dividend ‖ division.
dl.: decilitre.
D. Lit.: Doctor of Literature.
D. M.: Deputy Master ‖ Doctor of Medicine.
dm.: decimetre.
D. O.: Doctor of Optometry ‖ Doctor of Osteopathy.
do.: ditto, the same.
doc.: document.
dol.: dollar.
Dom.: (latim) Dominus, (Lord) ‖ Dominion.
dom.: domestic.
dow.: dowager.
doz.: dozen.
D. P. H.: Department of Public Health ‖ Diploma in Public Health.
D. Ph., D. Phil.: Doctor of Philosophy.
Dpt.: Department.
dr.: drachm, dram ‖ (Com.) drawer ‖ debtor.
Dram. Pers.: (latim) dramatis personae (characters of the play).
D. S.: (italiano) dal segno, (Mús.) repeat from the mark). ‖ document signed.
d. s.: days after sight.
D. Sc.: Doctor of Science.
D. T.: Daily Telegraph ‖ Doctor of Theology.
d. t.: (latim) delirium tremens.
Du.: Dutch.
dub.: dubious.
Dubl.: Dublin.

D. V. M.: Doctor of Veterinary Medicine.
D. V. S.: Doctor of Veterinary Science.
dwt.: pennyweight.
dyn.: dynamics.
D. Z.: Doctor of Zoology.

E

E: (Quím.) erbium ‖ second-class ship in Lloyd's Register.
E.: Earth ‖ East, Eastern.
ea.: each.
e. o. e.: errors and omissions excepted.
E. B.: Encyclopaedia Britannica.
E. b. N.: East by North.
E. C.: East Central (London Postal District) ‖ Established Church.
Eccl(es): Ecclesiastes (Old T.).
eccles.: ecclesiastical.
E. C. U.: English Church Union.
ed.: edited ‖ edition ‖ editor.
Edin.: Edinburgh.
Edm.: Edmund.
Edw.: Edward.
e. e.: errors excepted.
EE. UU.: United States.
e. g.: (latim) exempli gratia (for example).
electr.: electric ‖ electricity.
ellipt.: ellipitical.
E. long.: east longitude.
E. M. F.: electromotive force.
E. M. U.: electromagnetic units.
E. N. E.: east-north-east.
Eng.: England ‖ English ‖ Engineer ‖ Engraver ‖ engraved.
eng.: engineer ‖ engraver
Engl.: English.
Entom.: entomology ‖ entomological.
Ent. Sta. Hall: Entered at Stationers' Hall.
Ep.: epistle.
E. P. U.: Empire Press Union.
eq.: equal.
equiv.: equivalent.
eschat.: eschatology.
E. S. E.: east-south-east.
esp.: especial(ly).
Esq.: Esquire.
est.: established.
E. S. U.: electrostatic units.
et al.: (latim) et alibi (and elsewhere) ‖ (latim) et alia (and other things) ‖ (latim) et alii (and others).
etc.: (latim) et cetera (and other things, and so forth).
eth.: ethics ‖ ethical.
ethnol.: ethnology.
et seq.: (latim) et sequens (and the following) (sg.).

et seqq.: (latim) et sequentes (and the following) (pl.) ‖ et sequentia (and what follows).
etym.: etymology ‖ etymological.
Eucl.: Euclid.
euphem.: euphemism ‖ euphemistic(ally).
Ex.: exodus (Old T.).
ex.: examined ‖ example ‖ executed.
exam.: examination.
Exc.: Excellency.
exc.: except(ed) ‖ (latim) excudit (her or she engraved it).
Exch.: Exchange ‖ Exchequer.
excl.: exclusively.
ex div.: ex dividend.
Exod.: Exodus (Old T.).
ex off.: (latim) ex officio (by virtue of office).
exp.: export ‖ exporter ‖ express.
ext.: external ‖ extinct.
exx.: examples.

F

F: (Quím.) fluorine.
F.: Fahrenheit ‖ (Fot.) Focal length.
f.: farthing ‖ fathom ‖ fellow ‖ feminine ‖ filly ‖ folio ‖ foot, feet ‖ (Mús.) forte (loud) ‖ (fr.) franc ‖ from ‖ furlong.
F. A.: Football Association.
f. a. a.: free of all average.
fac.: facsimile.
facet.: facetious.
Fahr.: Fahrenheit.
fam.: familiar ‖ family.
f. a. s.: free alongside ship.
F. B.: (irl.) Fenian Brotherhood ‖ Fire Brigade ‖ Free Baptist.
F. B. A.: Fellow of the British Academy.
F. B. I.: Federation of British Industries ‖ Federal Bureau of Investigation.
F. B. S.: Fellow of the Botanical Society.
F. C.: Football Club ‖ Free Church (Escócia).
fco.: franco.
fcp.: foolscap (papel).
Fe.: (latim, Quím.) ferrum (iron).
Feb.: February.
fec.: (latim) fecit (he, she did, made it).
fed.: federal ‖ federated.
fem.: feminine.
F. E. S.: Fellow of the Entomological Society ‖ Fellow of the Ethnological Society.
feud.: feudal ‖ feudalism.
ff.: folios ‖ following pages ‖ (ital Mús.) fortissimo (very loud).
f. f. a.: free from alongside.

f. g. a.: free of general average.
F. I.: Falkland Islands.
fig.: figure ‖ figuratively.
Fin(n).: Finnish.
f. i. t.: free in truck.
Fl: (Quím.) fluorine.
fl.: florin(s).
Fla.: Florida (E. U. A.).
Flem.: Flemish.
flor.: (latim) florult (flourished).
fl. oz.: fluid ounce(s).
F. M.: Field-Marshall.
fm.: fathom.
F. O.: field-officer ‖ Foreign Office ‖ (Mús.) full organ.
fo.: folio.
f. o. b.: free on board.
f. o. c.: free of charge.
fol.: folio ‖ following.
foll.: following.
f. o. q.: free on quay.
f. o. r.: free on rail.
f. o. t.: free on truck.
f. o. w.: first open water ‖ free on wag(o)n.
f. p.: foot-pound.
fp.: (Ital. Mús.) forte-piano.
f. p. a.: free of particular average.
Fr.: Father ‖ France ‖ French.
fr.: franc ‖ from.
freq.: frequent(ly).
Fri.: Friday.
Frisco.: San Francisco.
F. S.: Fleet Surgeon ‖ Foot-second.
f. s.: free at station.
ft.: foot, feet.
fur.: furlong.
fut.: future.
fwd.: forward.

G

g.: gramme ‖ guinea.
Ga: (Quím.) gallium.
G. A.: General Assembly
Gael.: Gaelic.
Gal.: Galatians (bíblia).
gal.: gallon.
G. B.: Great Britain.
G. C. F.: (Mat.) greatest common factor.
G. C. M.: (Mat.) greatest common measure.
G. C. R.: Great Central Railway.
Gds.: Guards.
Ge: (Quím.) germanium.
Gen.: General ‖ Genesis (bíblia).
gen.: gender ‖ general(ly) ‖ genitive ‖ genus.
gent.: gentleman (gentlemen).
Geo.: George.
geog.: geography ‖ geographical.
geol.: geology ‖ geological.
geom.: geometry ‖ geometrical.

G. E. R.: Great Eastern Railway.
ger.: gerund.
Germ.: German ‖ Germany.
G. F. T. U.: General Federation of Trade Unions.
g. gr.: great gross (144 dozen).
G. H. Q.: General Headquarters.
G. I., G I: from government issue ‖ conforming to regulations ‖ (coloq.) enlisted soldier.
Gib.: Gibraltar.
Gk.: Greek.
Gl: (Quím.) glucinum.
Glam.: Glamorganshire.
Glos.: Gloucestershire.
gloss.: glossary.
G. M.: General Manager ‖ George Medal.
gm.: gramme.
Gmc.: Germanic.
G. M. T.: Greenwich Mean Time.
G. N. R.: Great Northern Railway.
G. O.: (milit.) General Order ‖ (Mús.) Great Organ.
G. O. C.: General Officer Commanding.
G. O. C. in C.: General Officer Commanding in Chief.
Goth.: Gothic.
Gov.: Governor ‖ Government.
Gov.-Gen.: Governor-General.
Govt.: Government.
g. p.: general practitioner.
G. P. O.: General Post Office.
Gr.: Greece ‖ Greek.
gr.: grain ‖ grammar ‖ (Com.) gross.
gram.: grammar.
grm.: gramme.
G. R. T.: gross registered tonnage.
G. S.: General Secretary ‖ General Service ‖ General Staff ‖ Gold Standard.
gs.: guineas.
g.s.: grandson.
G. S. O.: General Staff Officer.
G. T.: Good Templar.
gt.: (latim Med.) gutta (drop).
gtt.: (latim) guttae (drops).
G. W. R.: Great Western Railway
gym.: gymnastics ‖ gymnasium.

H

H: (Quím.) hydrogen.
H.: harbour ‖ hydrant.
h.: hour(s) ‖ hot.
Hab.: Habakkuk (Bíblia).
hab.: (latim) Habitat (he or she lives).
Hab. Corp.: Habeas Corpus.
Hag.: Haggai (bíblia).
h. and c.: hot and cold, (water).

Hants: Hampshire.
H. C.: Heralds' College ‖ High Church ‖ House of Commons.
h. c.: (latim) honoris causa.
hcap.: handicap.
H. C. F.: (Mat.) highest common factor.
H. C. S.: Home Civil Service.
hdbk.: handbook.
hdqrs.: headquarters.
He: (Quím.) helium.
H. E.: His Eminence ‖ His Excellency ‖ high explosive ‖ horizontal equivalent.
Heb.: Hebrew ‖ Hebrews (bíblia).
hectog.: hectogram(me).
hectol.: hectolitre.
hectom.: hectometre.
her.: heraldry.
Herts: Hertfordshire.
Hf: (Quím.) hafnium.
H. F.: high frequency.
hf.: half.
hf.-bd.: half-bound.
hf.-cf.: half-calf.
hf.-cl.: half-cloth.
H. G.: High German ‖ His (or Her) Grace ‖ Horse Guards.
Hg: (Quím.) hydrargyrum (mercury).
hg.: hectogram(me).
H. G. D. H.: His (or Her) Grand Ducal Highness.
H. H.: His (or Her) Highness ‖ His Holiness (the Pope).
H. I. H.: His (or Her) Imperial Highness.
Hind.: Hindu ‖ Hindustani.
hist.: history ‖ historical.
H. J. (S.): (latim) hic jacet (sepultus) (here lies buried).
H. K.: House of Keys (Isle of Man).
H. L.: House of Lords.
hl.: hectolitre.
H. M.: His (or Her) Majesty.
hm.: hectometre.
H. M. S.: His (or Her) Majesty's Service ‖ His (or Her) Majesty's Ship or Steamer.
H. O.: Home Office.
ho.: house.
Hon.: Honorary ‖ honourable.
Hon. Sec.: Honorary Secretary.
hor.: horizon.
hort.: horticulture ‖ horticultural.
Hos.: Hosea (bíblia).
H. P., h. p.: half-pay ‖ high pressure ‖ horse power.
H. Q.: Headquarters.
H. R.: House of Representatives.
hr.: hour.
H. R. H.: His (or Her) Royal Highness.
H. R. I. P.: (latim) hic requiescit in pace (here rests in peace).

hrs.: hours.
H. T., h. t.: (Eletr.) high tension.
ht.: height ‖ heat.
Hung.: Hungary.
Hunts: Huntingdonshire.
H. W. (M.): High Water (Mark).
Hy.: Henry.
hydr.: hydraulics.

I

I: (Quím.) iodine ‖ one (Roman numeral).
I.: Institute ‖ insurance ‖ intelligence ‖ international ‖ island ‖ Idaho (E. U.A.).
Ia.: Iowa (E. U. A.).
ib., ibid.: (latim) ibidem (in the same place).
I/c.: in charge of.
Icel.: Icelandic ‖ Iceland.
ichth.: ichthyology.
icon.: iconography.
I. D.: Intelligence Department.
id.: (latim) idem (the same).
i. e.: (latim) id est (that is).
ign.: (latim) ignotus (unknown).
i. h. p.: indicated horse-power
Ill.: Illinois (E. U. A.).
ill.: illustrated ‖ illustration.
illit.: illiterate.
Imp.: (latim) Imperator (Emperor) ‖ (latim) Imperatrix (Empress) ‖ Imperial.
imp.: (latim) imprimatur (let it be printed) ‖ imported ‖ importer.
imperat.: imperative
impers.: impersonal.
In: (Quím.) indium.
in.: inch(es).
inc.: incorporated.
incl.: inclusive(ly) ‖ including.
incog.: (latim) incognito (unknown).
incorp.: incorporated.
Ind.: India ‖ Indian ‖ Indiana (E. U. A.).
ind.: independent ‖ index ‖ indication.
indecl.: indeclinable.
indef.: indefinite.
indic.: indicative.
Ind. T., Ind. Terr.: Indian Territory (E. U. A.).
inf.: infantry ‖ infinitive ‖ (latim) infra (below)
infin.: infinitive.
init.: (latim) initio (at the beginning).
in. lim.: (latim) in limine (at the outset).

in loc.: (latim) in loco (in place of).

in pr.: (latim) in principio (in the beginning).

ins.: insurance.

insc.: inscribed (stock).

insep.: inseparable.

Insp.: Inspector.

inst.: instant, (of) the present month ‖ institute ‖ institution.

int.: interest ‖ interior ‖ interjection ‖ internal ‖ international ‖ interpreter.

intens.: intensive.

inter.: intermediate ‖ interrogative.

interrog.: interrogative.

intr(ans).: intransitive.

intro(d).: introduction.

inv.: (latim) invenit (he or she designed it) ‖ inventor ‖ invoice.

I. of. M.: Isle of Man.

I. of W.: Isle of Wight.

I. O. G. T.: Independent Order of Good Templars.

I. O. O. F.: Independent Order of Oddfellows.

IOU: I owe you.

I Q, I. Q.: intelligence quotient.

Ir: (Quím.) iridium.

Ir.: Ireland ‖ Irish.

iron.: ironical(ly).

irreg.: irregular(ly).

Is.: Isaiah (bíblia) ‖ Island.

isl.: Island ‖ isle.

I. T.: Idaho Territory ‖ Indian Territory (E. U. A.). ‖ (Jur.) Inner Temple.

It.: Italian ‖ Italy.

ital.: italics.

itin.: itinerary.

I. W.: Isle of Wight.

J

J.: (Eletr.) joule ‖ Judge ‖ Justice.

J. A.: Judge Advocate ‖ Justice of Appeal.

J./A.: joint account.

Jac.: Jacob ‖ (latim) Jacobus (= James).

J. A. G.: Judge Advocate General.

Jam.: James (bíblia) ‖ Jamaica.

Jan.: January.

Jap.: Japanese.

Jas.: James.

Jav.: Javanese.

J. C. D.: (latim) Juris Civilis Doctor (Doctor of Civil Law).

J. C. R.: (Univ.) Joint Common Room (for men and women) ‖ Junior Common Room (Oxf Univ.)

J. D.: Junior Deacon ‖ Junior Dean ‖ (latim) Jurum Doctor (Doctor of Laws).

Jer.: Jeremiah (bíblia)

Jno.: John.

jnr.: junior.

Jo.: Joel (bíblia).

joc.: jocose ‖ jocular.

Jon.: Jonathan.

Jos.: Joseph ‖ Josiah (bíblia)

Josh.: Joshua (bíblia).

J. P.: Justice of the Peace.

jr.: Junior.

Jud.: Judith (bíblia).

Judg.: Judges (bíblia).

Jul.: July.

jun.: junior.

K

K: (Quím.) Kalium (= potassium)

Kan.: Kansas (E. U. A.)

K. B.: King's Bench ‖ Knight Bachelor ‖ Knight of the Bath.

K. C.: King's College ‖ King's Counsel ‖ Knight Commander.

kc.: kilocycle.

K. C. B.: Knight Commander of the Bath.

K. E.: Kinetic Energy.

K. G.: Knight of the Garter.

kg.: kilogram(me).

K. G. C.: Knight of the Grand Cross.

kilo: kilogram(me).

K. K. K.: Ku-Klux-Klan (E. U. A.).

km.: kilometre.

knt.: knight.

Knt. Bach.: Knight Bachelor.

K. O., k. o.: knock(ed) out.

Kr: (Quím.) Krypton.

K. W., kw.: kilowatt.

ky.: Kentucky (E. U. A.).

L

L.: Lady ‖ Lake ‖ Latin ‖ left ‖ Liberal ‖ Linnaeus ‖ Lord.

£: (latim) libra (pound sterling, £ 20).

l.: left ‖ (latim) libra (20 l.) ‖ (ital.) lira ‖ litre.

La: (Quím.) lanthanum.

La.: Louisiana (E. U. A.)

Lab.: Labrador.

Lam.: Lamentations (bíblia)

Lancs.: Lancashire.

Lat.: Latin.

lat.: latitude.

lb.: (latim) libra, pound (weight).

L. C.: Lord Chamberlain ‖ Lord Chancellor ‖ (Teat.) left centre (of the stage) ‖ Lower Canada.

l. c.: letter of credit ‖ (Tipogr.) lower case ‖ (latim) loco citato (in the place cited).

L. C. J.: Lord Chief Justice.

L. C. M.: least common multiple.

Ld.: Lord ‖ Limited.

£E.: pound Egyptian.

Leics.: Leicestershire.

Lev.: Leviticus (bíblia).

L. F.: low frequency.

L. G.: Life Guards ‖ Low German.

L. I.: Long Island (E. U. A.).

Li: (Quím.) lithium.

Lib.: librarian ‖ library ‖ Liberal.

lib.: (latim) liber (book).

Lic. Med.: Licentiate in Medicine.

Lieut.: Lieutenant.

Lieut.-Col.: Lieutenant-Colonel.

Lieut.-Gen.: Lieutenant-General.

Lieut.-Gov.: Lieutenant-Governor.

Lines: Lincolnshire.

lit.: literal(ly) ‖ litre.

liter.: literary ‖ literature.

Lith.: Lithuania ‖ Lithuanian.

litho(g).: lithography.

Lit. Hum.: (latim) Literae Humaniores (Final Classical Honour School, Oxf. = greats).

Litt. D.: (latim) Literarum Doctor (Doctor of Letters).

liturg.: liturgical ‖ liturgy.

L. J.: Lord Justice (of Appeal).

L. L.: Lord-Lieutenant.

LL. B.: (latim) Legum Baccalaureus (Bachelor of Laws).

LL. D.: (latim) Legum Doctor (Doctor of Laws).

L. M.: Licentiate in Midwifery ‖ Lord Mayor.

L. M. T.: local mean time.

loc. cit.: (latim) loco citato (in the place cited).

log.: logarithm ‖ logic.

Lond.: London.

long.: longitude.

loq.: (latim) loquistur (her or she speaks).

L. P.: Lord Provost ‖ Labour Party.

L. P., l. p.: large paper (edition) ‖ (Tipogr.) long primer ‖ low pressure.

L'pool.: Liverpool.

L. P. S.: Lord Privy Seal.

£. s. d.: (latim) librae, solidi, denarii (pounds, shillings, (and) pence).

L. T., l. t.: low tension.

Lt.: Lieutenant.

£T.: pound Turkish.

L. T. A.: Lawn Tennis Association ‖ London Teachers' Association.
Lt.-Col.: Lieutenant-Colonel.
Lt.-Comm.: Lieutenant-Commander (R. N.).
Ltd.: limited.
Lt.-Gen: Lieutenant-General.
Lt.-Gov.: Lieutenant-Governor.
L. W. L.: load water line.

M

M.: Majesty ‖ Marquis ‖ (fr.) Monsieur.
m.: masculine ‖ metre(s) ‖ mile ‖ minute.
M': Mac.
M. A.: Master of Arts ‖ Military Academy.
Macc.: Maccabees (bíblia).
mach.: machinery.
mag.: magazine.
magn.: magnetism ‖ magneto.
Maj.: Major.
Maj.-Gen.: Major-General.
Mal.: Malachi (bíblia).
Malay.: Malayan.
Man(it).: Manitoba (Canada).
Mar.: March.
mar.: married.
March.: Marchioness.
Marq.: Marquess.
masc.: masculine.
Mass.: Massachusetts (E. U. A.).
math.: mathematics ‖ mathematical.
matric.: matriculation.
Matt.: Matthew (bíblia).
M. B.: (latim) Medicinae Baccalaureus (Bachelor of Medicine).
M. C.: Master of Ceremonies ‖ Member of Congress ‖ Member of Council ‖ Military Cross.
M. Ch.: (latim) Magister Chirurgiae (Master of Surgery).
M. Ch. D.: Master of Dental Surgery.
M. D.: (latim) Medicinae Doctor (Doctor of Medicine).
Md.: Maryland (E. U. A.).
Md(d)x.: Middlesex.
M. D. S.: Master in Dental Surgery.
M. E.: Mechanical Engineer ‖ Methodist Episcopal ‖ Middle English ‖ Military Engineer ‖ Mining Engineer.
Me.: Maine (E. U. A.).
Me: (fr.) (Jur.) maitre.
mech.: mechanics ‖ mechanical.

med.: mediæval ‖ medical ‖ medicine.
Medit.: Mediterranean.
memo.: memorandum.
Messrs.: (fr.) Messieurs (Gentlemen).
Met.: Metropolitan.
Meth(od).: Methodist.
meton.: Metonymy.
mfd.: manufactured.
mfg.: manufacturing.
mfr.: manufacture.
m. g.: machine-gun.
mg.: milligram(me).
Mich.: Michaelmas ‖ Michigan (E. U. A.).
mil.: military ‖ militia.
Min.: Minister ‖ Ministry.
min.: mineralogy.
mineral.: mineralogy.
Minn.: Minnesota (E. U. A.).
misc.: miscellaneous ‖ miscellany.
Miss.: Mississippi (E. U. A.).
mkt.: market.
ml.: millilitre.
M. L. A.: Member of the Legislative Assembly ‖ Modern Language Association.
M. L. C.: Member of the Legislative Council ‖ (E. U. A.) Motor Landing Craft.
M. M.: Master Mason ‖ Military Medal.
MM.: Majesties ‖ (fr.) Messieurs.
mm.: milimetre.
Mn: (Quím.) manganese.
M. O.: Medical Officer ‖ Money Order ‖ Mail Order.
Mo: (Quím.) molvbdenum.
Mo.: Missouri (E. U. A.).
mo.: month.
mol. wt.: molecular weight.
Mon.: Monday ‖ Monmouthshire.
Mont.: Montana (E. U. A.).
M. O. O.: Money Order Office.
morph(ol).: morphology.
M. P.: [e'mp'i:] (pl. M. P.'s): Member of Parliament ‖ Metropolitan Police ‖ Military Police.
m. p.: melting point.
mp.: (ital., Mús.) mezzo piano (half soft).
M. Ph.: (E. U. A.) Master of Philosophy.
m. p. h.: miles per hour.
Mr.: Mister.
M. R. A. S.: Member of the Royal Academy of Science ‖ Member of the Royal Asiatic Society.
Mrs.: Mistress.
M. S.: Master of Surgery ‖ Military Secretary.
MS.: manuscript.

m. s.: month's sight.
M. S.: (E. U. A.) Master of Science.
M. Sc.: Master of Science.
M. S. L.: mean sea-level.
MSS.: manuscripts.
M. T.: Motor Transport.
Mt.: mount(ain).
mth.: month.
Mt. Rev.: Most Reverend.
mus.: museum ‖ music ‖ musical.
Mus. B., Mus. Bac. [m'ʌzb'æk]: Bachelor of Music.
Mus. D. [m'ʌzd'i:], **Mus. Doc.:** Doctor of Music.
M. W.: Most Worshipful ‖ Most Worthy.
Mx.: Middlesex.
myth.: mythology

N

N: (Quím.) nitrogen.
N.: Nationalist ‖ New ‖ North.
n.: name ‖ named ‖ neuter ‖ nominative ‖ noon ‖ noun.
N. A.: North America ‖ North American.
Na: (latim Quím.) natrium (= sodium).
n/a: no account (on cheques).
Nah.: Nahum (bíblia).
N. A. S.: (E. U. A.) National Academy of Science.
Nat.: Natal ‖ (bíblia) Nathaniel ‖ National ‖ Nationalist.
nat. hist.: natural history.
NATO: North Atlantic Treaty Organization.
nat. sc.: natural science.
naut.: nautical.
nav.: naval ‖ navigation ‖ navy.
N. B.: New Brunswick ‖ North Britain ‖ North British ‖ ['enb'i:] (latim) nota bene (note well, take notice).
Nb: (Quím.) niobium.
n. b.: note well.
N. B. C.: National Broadcasting Company.
N. C.: North Carolina (E. U. A.) ‖ New Church.
N. C. O.: non-commissioned officer.
n. d.: no date (on cheques).
N. Dak.: North Dakota (E. U. A.)
N. E.: New England ‖ North-East ‖ North Eastern.
N./E.: no effects (on cheque).
Ne: (Quím.) neon.
Neb(r).: Nebraska (E. U. A.)
neg.: negative.

Neh.: Nehemiah (bíblia).
Neth.: Netherlands.
neut.: neuter ‖ neutral.
Nev.: Nevada (E. U. A.).
N. F.: Newfoundland.
N. G.: No good (on cheques).
N. H.: New Hampshire (E. U. A.).
N. Heb.: New Hebrides.
n. h. p.: nominal horse-power.
Ni: (Quím.) nickel.
N. J.: New Jersey (E. U. A.).
N. lat.: north latitude.
n. m.: nautical mile(s).
N. Mex.: New Mexico (E. U. A.).
N. N. E.: north-north-east.
N. N. W.: north-north-west.
N. O.: (Bot. e Zool.) natural order ‖ New Orleans (E. U. A.).
No.: (ital.) numero (number).
nol. pros.: (Latim, Jur.) nolle prosequi (will not proceed).
nom(in).: nominal ‖ nominative.
noncom.: non-commissioned (officer).
Noncon.: Nonconformist.
non obst.: (latim) non obstante (not-withstanding).
Northants: Northamptonshire.
Northumb.: Northumberland.
Norw.: Norway ‖ Norwegian.
Nos.: numbers.
Notts: Nottinghamshire.
Nov.: November.
N. P.: Notary Public.
n. p.: new paragraph ‖ no place (of publication) ‖ net proceeds.
N. R.: North Riding (Yorks).
N. R. A.: National Recovery Administration (E.U.A.).
N. S.: New Style ‖ Nova Scotia.
N. S. Trip.: Natural Science Tripos (Cambr.).
N. S. W.: New South Wales (Australia).
N. T.: New Testament ‖ Northern Territory (Australia).
Nthn.: Northern.
n. t. p.: normal temperature and pressure.
n. u.: name unknown.
Num.: Numbers (bíblia).
num.: number ‖ numeral.
numis.: numismatics.
N. V.: New Version.
N. W.: North-West ‖ North-western.
N. Y.: New York (estate E. U. A.).
N. Y. C.: New York City (E. U. A.).

N. Z.: New Zealand.

O

O: (Quím.) oxygen.
O.: Ohio (E. U.A.) ‖ Old.
o/a: on account of.
O. A. P. C.: Office of Alien Property Custodian.
ob.: (latim) oblit (he or she died).
Obad.: Obadiah (bíblia).
O. B. E.: Officer of the Order of the British Empire.
obj.: object ‖ objection ‖ objective.
obl.: oblique ‖ oblong.
obs.: observation ‖ observatory ‖ obsolete.
obstet.: obstetrics.
O. C.: Officer Commanding ‖ Old Catholic.
o/c: overcharge, old charter.
OCD: Office of Civilian Defense.
OCIAA: Office of the Coordinator of Inter-American Affairs.
Oct.: October.
oct.: octavo.
O. D.: Ordnance Department ‖ Officer of the Day.
O/D.: on demand.
O. E.: Old English ‖ Old Etonian.
O. F.: Odd Fellows ‖ Old French.
off.: offered ‖ office ‖ official ‖ officinal.
O. F. S.: Orange Free State.
O. H. M. S.: On His (or Her) Majesty's Service.
OIAA: Office of Inter-American Affairs.
O. Ir.: Old Irish.
O. K.: all correct.
Okla.: Oklahoma (E. U. A.).
O. N.: Old Norse.
onomat.: onomatopoeia.
Ont.: Ontario.
O. P.: (gíria) observation post ‖ Old Playgoers (Club) ‖ (Teat.) opposite prompt (side). ‖ out of print.
o. p.: out of print ‖ over proof (spirits).
op.: (latim) opus (work).
O. P. A.: (E. U. A.) Office for Price Administration.
opp.: opposed ‖ opposite.
opt.: optative ‖ optical ‖ optics ‖ optional.

O. R.: Official Receiver ‖ Official Referee.
Or.: Orient(al).
orat.: oratorical ‖ oratory.
ord.: ordained ‖ order ‖ ordinary ‖ ordnance.
Ore(g).: Oregon (E. U. A.).
orig.: orginal(ly).
ornith.: ornithology.
Os.: (Quím.) osmium.
O. S.: Old Saxon ‖ Old Style ‖ Order of Servites ‖ ordinary seaman ‖ Ordnance Survey.
O. T.: Old Testament.
O. T. C.: Officers' Training Corps.
O. U.: Oxford University.
Oxon.: Oxfordshire ‖ Oxford University ‖ of Oxford (signature of the Bishop).
oz.: ounce(s).

P

P: (Quím.) phosphorus.
P.: Parish ‖ Pawn (chess) ‖ Pope ‖ President ‖ Press.
p.: page ‖ participle ‖ past ‖ perch (measure) ‖ (ital., Mús.) piano (soft) ‖ pint.
P. A.: Press Association.
p. a.: (latim) per annum (yearly).
Pa.: Pennsylvania (E. U. A.).
paint.: painting.
Pal.: Palestine.
palaeog.: palaeography.
palaeont.: palaeontology.
Pan.: Panama.
par.: paragraph ‖ parallel ‖ parenthesis ‖ parish.
parl.: parliament ‖ parliamentary.
pars.: paragraphs.
part.: participle ‖ particular.
pass.: (Gram.) passive.
path.: pathology.
Pat. Off.: Patent Office.
P. A. U.: Pan American Union.
Paym.: Paymaster.
payt.: payment.
Pb.: (Quím.) plumbum (lead).
P. C.: Perpetual Curate ‖ Privy Council(lor) ‖ Police Constable.
p. c.: (latim) per centum (per cent) ‖ post card.
P. C. S.: Principal Clerk of Session.
P. D.: Police Department ‖ (Eletr.) potential difference.

Pd.: (Quím.) palladium.
pd.: paid.
P. E.: Protestant Episcopal.
P. E. N.: Pen (poets, editors, essayists, novelists) Club.
pen(in).: peninsula.
Penn.: Pennsylvania (E. U. A.).
Pent.: Pentateuch (bíblia) ‖ Pentecost.
per an.: (latim) per annum (yearly, per year).
per cent.: (latim) per centum.
perf.: perfect ‖ perforated (stamps).
perh.: perhaps.
per pro.: (latim) per procurationem (by proxy).
Pers.: Persia ‖ Persian.
pers.: person ‖ personal.
Pet.: Peter (bíblia).
phar., pharm.: pharmaceutical ‖ pharmacist ‖ pharmacology ‖ pharmacy.
Ph. B.: (latim) Philosophiae Baccalaureus, (Bachelor of Philosophy).
Ph. D.: (latim) Philosophiae Doctor (Doctor of Philosophy).
Phil.: Philadelphia ‖ Philippians (bíblia).
phil.: philology ‖ philosophy.
philol.: philology ‖ philological.
philos.: philosophy ‖ philosophical.
phon., phonet.: phonetics.
phonog.: phonography.
phot., photog.: photography.
phr.: phrase.
phys.: physical ‖ physician ‖ physics.
physiol.: physiological ‖ physiology.
P. I.: Philippine Islands.
pinx.: (latim) pinxit (he or she painted it).
pk.: peck ‖ pack ‖ peak.
pkg.: package.
P./L.: profit and loss.
pl.: place ‖ plate ‖ plural.
P. L. A.: Port of London Authority.
Plen.: Plenipotentiary.
plup.: pluperfect.
P. M.: Postmaster ‖ Police Magistrate ‖ Prime Minister ‖ Provost Marshal.
p. m.: (latim) post meridiem (afternoon) ‖ (latim) post mortem (after death).
P. M. G.: Paymaster General ‖ Postmaster-General.
p. n.: promissory note.
P. O.: (Marit.) Petty Officer ‖ (Aer.) Pilot Officer ‖ Post Office ‖ post order.
p. o. d.: pay on delivery.
poet.: poetical ‖ poetry.
Pol.: Poland ‖ Polish.
pol.: political ‖ politics.
pol. econ.: political economy.
polit.: political ‖ politics.
P. O. O.: Post Office Order.
pop.: popular ‖ population.

Port.: Portugal ‖ Portuguese.
pos.: position ‖ positive.
poss.: possession ‖ possessive.
POW, P. O. W.: prisoner of war.
p. p.: past participle ‖ = per pro.
pp.: pages.
pp: (ital., Mús.) pianissimo (very soft).
p. p. i.: (seguro) policy proof of interest.
ppp: (ital., Mús.) pianississimo (as softly as possible).
P. P. S.: (latim) post-postscriptum (additional postscript).
Pr.: Priest ‖ Primitive ‖ Prince.
pr.: pair ‖ per ‖ present ‖ price ‖ pronoun.
P. R. A.: President of the Royal Academy. ‖ Public Roads Administration.
Preb.: Prebendary.
prec.: preceding.
pred.: predicate ‖ predicative(ly).
Pref.: Preface ‖ Preference ‖ preferred (stock and shares).
pref.: prefix.
prelim.: preliminary (examination).
prem.: premium.
prep.: preparation ‖ preparatory (school) ‖ preposition.
Pres.: President.
pres.: present.
Presb.: Presbyter ‖ Presbyterian.
pret.: preterite.
prev.: previously.
Prim.: Primary ‖ Primate.
Prin.: Principal.
print.: printer ‖ printing.
P. R. O.: Public Record Office.
pro., PRO.: (Esp.) professional.
Prob.: Probate (Division).
prob.: probably.
Proc.: Proceedings ‖ Proctor.
Prof.: professor.
Prol.: prologue.
Prom.: Promenade (concert) ‖ Promontory.
pron.: pronominal ‖ pronoun ‖ pronounced ‖ pronunciation.
prop.: properly ‖ property ‖ proposition.
propr.: proprietary ‖ proprietor.
pros.: prosody.
Prot.: Protestant.
pro tem.: (latim) pro tempore (for the time being).
Prov.: Provençal ‖ Proverbs (bíblia) ‖ Province ‖ Provost.
prov.: proverbially ‖ provincial.
prox.: (latim) proximo (next month).
P. R. S.: President of the Royal Society.
prs.: pairs.
P. S.: Permanent Secretary ‖ Police Sergeant ‖ (latim) post scriptum (Postscript) ‖ Privy Seal.
p. s.: (milit.) passed School (of Instruction) ‖ (Teat.) prompt side.

Ps.: Psalms (bíblia).
pseud.: pseudonym ‖ pseudonymous.
psych.: psychic(al).
P. T.: Physical Training ‖ Pupil Teacher ‖ post town.
Pt: (Quím.) platinum.
Pt.: Port.
pt.: part ‖ payment ‖ pint ‖ point.
Pte.: (milit.) Private.
ptg.: printing.
P. T. O.: please turn over.
pub.: publisher ‖ public ‖ public house ‖ publication ‖ published.
P. V.: Post Village ‖ Priest Vicar.
P. W. A.: (E. U. A.) Public Works Administration.
P. W. D.: Public Works Department ‖ Psychological Warfare Division.
pwt.: pennyweight.
P. X.: Post Exchange.
pxt.: = pinx.

Q

Q: queen (chess).
Q.: quarter ‖ queen ‖ question ‖ (Eletr.) coulomb.
q.: quasi ‖ query ‖ quintal.
Q. C.: Queen's Counsel ‖ Queen's College (Oxf.: Cambr.).
Q. E. D.: (latim, Mat.) quod erat demonstrandum (which was to be proved).
Q. F.: quick-firing (gun).
Q. M.: Quartermaster.
Q. M. G.: Quartermaster-General.
Qmr.: Quartermaster.
Q. M. S.: Quartermaster-Sergeant.
qn.: question.
qr.: quarter (weight) ‖ quarterly ‖ quire.
q. t.: (gíria) on the quiet.
qt.: quantity ‖ quart.
qto.: quarto.
qu.: quasi ‖ query ‖ question.
quad.: quadrangle ‖ quadrant ‖ quadrat ‖ quadruple.
quart.: quarterly.
Que.: Quebec.
Queensl.: Queensland.
quot.: quotation ‖ quoted.
qy.: query.

R

R: rook (xadrez) ‖ rupee ‖ (latim, Med.) recipe.
R.: railway ‖ Reaumur ‖ Rector ‖ Republican ‖ retarder ‖ (latim) rex ‖ (latim) Regina ‖ right ‖ river ‖ unit of electrical resistance (according to Ohm's law).

r.: (latim) radius ‖ right ‖ rod ‖ rood ‖ rupee.
R. A.: Royal Academician ‖ Royal Academy ‖ Rear Admiral.
Ra: (Quím.) radium.
R. A. A.: Royal Academy of Arts.
R. A. C.: Royal Automobile Club.
rad.: radical ‖ (latim, Mat.) radix.
R. A. D. A.: Royal Academy of Dramatic Art.
R.-Adm.: Rear-Admiral.
R. A. F.: Royal Air Force.
R. A. M.: Royal Academy of Music.
R. A. M. C.: Royal Army Medical Corps.
R. A. O. C.: Royal Army Ordenance Corps.
R. A. S. C.: Royal Army Service Corps.
R. A. V. C.: Royal Army Veterinary Corps.
Rb: (Quím.) rubidium.
R. C.: Red Cross ‖ (Teat.) right centre ‖ Roman Catholic.
R. C. A.: Railway Clerks' Association ‖ Royal Cambrian Academy (or Academician) ‖ Royal Canadian Academy ‖ Royal College of Art ‖ Radio Corporation of America.
R. C. A. F.: Royal Canadian Air Force.
R. C. M. P.: Royal Canadian Mounted Police.
R. C. N.: Royal Canadian Navy.
R/D: refer to drawer (on cheques).
R. D.: Royal Dragoons ‖ Royal Naval Reserve (and Volunteer Reserve) Decoration ‖ Rural Dean.
R. D. C.: Royal Defence Corps. ‖ Rural District Council.
R. E.: Royal Engineers ‖ Royal Exchange ‖ Right Excellent.
Rec.: Recorder.
rec.: recipe.
recd.: received.
rect.: rectified.
redupl.: reduplicated.
Ref.: Referee ‖ Reformation.
ref.: referred ‖ reference ‖ reformed.
Ref. Ch.: Reformed Church.
refd.: referred.
refl., reflex.: reflexive.
Reg.: (latim) regina ‖ Register.
reg.: registered ‖ regular.
Regt.: regiment.
rel.: relative (pronoun) ‖ religion ‖ religious.
Rep.: Report ‖ Reporter ‖ Representative ‖ Republic.
repr.: reprinted.
res.: reserve ‖ residence ‖ resident ‖ resigned.
ret., retd.: retired ‖ returned.
Rev.: Revelation (bíblia) ‖ Reverend ‖ Review.
rev.: revenue ‖ reverse ‖ revised ‖ revision ‖ (Mec.) revolution.

Rev. Ver.: Revised Version (bíblia).
R. F. A.: Royal Field Artillery.
R. F. C.: (E. U. A.) Reconstruction Finance Corporation.
R. G. S.: Royal Geographical Society.
R. H.: Royal Highlanders ‖ Royal Highness.
Rh: (Quím.) rhodium.
rhet.: rhetoric ‖ rhetorical.
R. H. G.: Royal Horse Guards.
R. I.: Rhode Island (E. U. A.) ‖ Royal Institution.
R. I. P.: (latim) requiescat in pace (descanse em paz).
R. M.: Resident Magistrate (Ireland) ‖ Royal Mail ‖ Royal Marines.
rm.: ream.
R. M. A.: Royal Marine Artillery ‖ Royal Military Academy (Woolwich).
R. Met. S.: Royal Meteorological Society.
R. M. S.: Royal Mail Service ‖ Royal Mail Steamer.
R. N.: Royal Navy.
R. O.: Receiving Office or Order ‖ Receiving Office ‖ Relieving Officer ‖ Recruiting Officer ‖ Returning Officer.
Ro. ro: (latim) recto (on the right-hand page).
Robt.: Robert.
Rom.: Roman ‖ Romance (language) ‖ Romans (bíblia) ‖ Rome.
rom.: (Tipogr.) roman type.
Rom. Cath.: Roman Catholic.
Roy.: Royal.
R. P.: Reformed Presbyterian.
RP, R. P., r. p.: reply paid.
R. P. D.: Regius Professor of Divinity ‖ (latim) Rerum Politicarum Doctor.
r. p. m.: revolutions per minute.
rpt.: report.
R. R.: Right Reverend.
Rr.: Rear.
R. R. C.: Royal Red Cross (for Ladies).
R. S.: Royal Society.
Rs.: rupees.
R. S. F. S. R.: Russian Socialist Federal Soviet Republic.
R. S. P. C. A.: Royal Society for the Prevention of Cruelty to Animals.
R. S. S.: (latim) Regiae Societatis Socius (Fellow of the Royal Society).
R. T., R/T: radio-telegraphy.
Rt. Hon.: Right Honourable.
Rt. Rev.: Right Reverend.
R. U.: Rugby Union (football).
Ru: (Quím.) ruthenium.
Russ.: Russia ‖ Russian.
R. V.: Revised Version (bíblia) ‖ Rifle Volunteers.
R. W.: Right Worshipful (or Wor-

thy).
Ry.: Railway.
R. Y. S.: Royal Yacht Squadron.

S

S: (Quím.) sulphur.
S.: Saint ‖ Signor ‖ Socialist ‖ Society ‖ (Mús.) Solo ‖ (Mús.) Soprano ‖ South.
s.: second ‖ see ‖ shilling ‖ singular ‖ son ‖ substantive.
S. A.: Salvation Army ‖ Sex appeal ‖ Small-arms ‖ South Africa ‖ South America ‖ South Australia.
s. a.: (latim) sine anno (sem data).
Salop: (latim) Salopiensis (Comitatus), Shropshire.
Sam.: Samuel (bíblia).
Sask.: Saskatchewan (Canada).
Sat.: Saturday.
Sax.: Saxon ‖ Saxony.
S. B.: (E. U. A.) Bachelor of Science ‖ simultaneous broadcasting.
Sb: (Quím.) stibium (antimony).
S. C.: South Carolina (E. U. A.).
Sc: (Quím.) scandium.
Sc.: Scotch ‖ Scotland ‖ Scottish.
s. c.: (Tipogr.) small capital letters.
sc.: scene ‖ (latim) scilicet (namely) ‖ (latim) sculpsit (he or she engraved it) ‖ scruple (weight).
Scand.: Scandinavian.
s. caps.: small capital letters.
Sc. B.: (latim) Scientiae Baccaureus (Bachelor of Science).
Sc. D.: (latim) Scientiae Doctor (Doctor of Science).
sch.: scholar ‖ school ‖ schooner
Sched.: schedule.
sci.: science ‖ scientific.
scil.: (latim) scilicet (namely).
Scot.: Scotland ‖ Scotch, Scottish.
S. C. R.: senior common room (Oxf.).
scr.: scruple (weight).
Script.: Scripture.
Scrt.: Sanscrit.
sculp., sculpt.: scultor ‖ sculpture.
sculps.: (latim) sculpsit (he or she engraved it).
s.d.: several dates ‖ (latim) sine die (without day, indefinitely).
sd.: said.
S. Dak.: South Dakota (E. U. A.)
S. E.: south-east ‖ south-eastern
Se: (Quím.) selenium.
Sec.: Secretary.
sec.: second ‖ section.
sect.: section.
Sem.: Seminary ‖ Semitic.
Sen.: Senate ‖ Senator ‖ Senior.
Sept.: September ‖ Septuagint.
seq.: (latim) sequens (the following).

seqq: (latim pl.) sequentes, sequentia, (the following, what follows).
ser.: series.
Serg., Sergt.: Sergeant.
Serj., Serjt.: (Jur.) Serjeant.
servt.: servant.
S. F.: (irl.) Sinn Fein.
sh.: shilling.
SHAPE: Supreme Headquarter of the Allied Powers in Europe.
S. H. P., s. h. p.: shaft horse-power.
Si: (Quím.) silicon.
sig.: signature.
sim.: similar(ly) ‖ simile.
sin [sain]: (trig.) sine.
sing.: single ‖ singular.
S. J.: Society of Jesus (Jesuits).
S. J. C.: (E. U. A.) Supreme Judicial Court.
S. L. ≥rjeant-at-Law ‖ Solicitor-at-Law.
S. lat.: south latitude.
Slav.: Slavic ‖ Slavonic.
S. L. C.: (E. U. A.) Support Landing Craft.
S. M.: Sergeant-Major.
Smith. Inst.: (E. U. A.) Smithsonian Institution.
S. M. Lond. Soc.: (latim) Societatis Medicae Londoniensis Socius (Member of the London Medical Society).
S. M. O.: Senior Medical Officer.
S. m. p.: (latim, Jur.) sine mascula prole (without male issue).
Sn: (latim, Quím.) stannum.
S. O.: Staff Officer ‖ Stationery Office ‖ Sub-Office.
s. o.: seller's option.
Soc.: Socialist ‖ Society.
sociol.: sociological ‖ sociology.
sol.: solicitor ‖ solution.
Sol.-Gen.: Solicitor-General.
Som.: Somerset.
Song of Sol.: Song of Solomon (bíblia).
Sop.: (Mús.) soprano.
SOS: wireless code signal for ships in extreme distress (por motivo de clareza = ... — — — ..., que correspondem às letras SOS, posteriormente interpretadas como "save our souls").
sost(en).: (ital., Mús.) sostenuto (sustained).
sov.: sovereign (coin).
Sp: Spain ‖ Spanish.
sp.: specimen ‖ spirit.
S. P. A. B.: (E. U. A.) Supply Priorities and Allocations Board.
spec.: special(ly) ‖ specification.
specif.: specific(ally).
sp. gr.: specific gravity.
spt.: seaport.
sq.: (latim) sequens (the following) ‖ square.
sq. ft.: square foot, square feet.
sq. in.: square inch(es).
sq. m.: square mile.

sqn.: squadron.
sqq: (latim) sequentes pl. (the following).
sq. yd.: square yard(s).
S. R.: Southern Railway.
Sr: (Quím.) strontium.
S. S.: screw steamer ‖ Secretary of State ‖ Straits Settlements ‖ Sunday School.
S. S., ss.: steamship.
S. S. C.: Solicitor of the Supreme Court, Scotland ‖ (latim) Societas Sancti Crucis (Society of the Holy Cross).
S. S. E.: south-south-east.
S. S. W.: south-south-west.
St.: Saint ‖ Strait ‖ Street.
st.: stone (weight).
Staffs: Staffordshire.
stat.: statics ‖ stationary ‖ statistics ‖ statute.
S. T. B.: (latim) Sacrae Theologiae Baccalaureus (Bachelor of Sacred Theology).
S. T. D.: (latim) Sacrae Theologiae Doctor (Doctor of Sacred Theology).
stereo.: stereotype.
ster(l).: sterling.
St. Ex.: Stock Exchange.
stg.: sterling.
Sthn.: southern.
Stip.: Stipendiary (magistrate).
S. T. M.: (latim) Sacrae Theologiae Magister (Master of Sacred Theology).
stn.: station.
S'ton: Southampton.
S. T. P.: (latim) Sanctae Theologiae Professor (Professor of Sacred Theology).
sub.: subaltern ‖ submarine boat ‖ subscription ‖ substitute ‖ suburb.
subj.: subject ‖ subjective(ly) ‖ subjunctive.
suc(e).: succeeded ‖ successor.
suff.: sufficient ‖ suffix.
sugg.: suggested ‖ suggestion.
Sun.: Sunday.
sup.: superior ‖ supine ‖ (latim) supra ‖ supreme.
super.: superfine ‖ superintendent ‖ supernumerary.
superl.: superlative.
suppl.: supplement.
supr.: supreme.
supt.: superintendent.
Surg.: surgeon ‖ surgery ‖ surgical.
Surg.-Gen.: Surgeon-General.
surv.: surveying ‖ surveyor ‖ surviving.
Surv.-Gen.: Surveyor-General.
S. W.: Senior Warden ‖ South Wales ‖ south-west ‖ southwestern.
Sw.: Sweden ‖ Swedish.
S. W. G.: standard wire gauge.
Swit(z).: Switzerland.

S. Y.: steam yacht.
syll.: syllable.
sym.: symbol ‖ symphony.
syn.: synonym ‖ synonymous.
syst.: system.

T

T.: tank ‖ tenor ‖ territorial ‖ Turkish.
t.: taken (betting) ‖ tempo ‖ (latim) tempore (in the time of) ‖ ton ‖ transitive.
T. A.: telegraphic address ‖ Territorial Army.
ta: (Quím.) tantalum.
tan: (Mat.) tangent.
t. and o.: taken and offered (betting).
Tasm.: Tasmania (Australia).
T. B.: torpedo-boat ‖ tuberculosis.
Tb: (Quím.) terbium.
T. B. D.: torpedo-boat destroyer.
T. C.: Tank Corps ‖ temporary constable ‖ Town Councillor.
T. D.: Telegraph (or Telephone) Department.
Te: (Quím.) tellurium.
tech(n).: technical(ly) ‖ technology.
technol.: techology.
tel.: telegram ‖ telegraph ‖ telegraphy ‖ telephone.
teleg.: telegram ‖ telegraph.
teleph.: telephone ‖ telephony.
temp.: temperature ‖ temporary ‖ (latim) tempore (in the time of).
ten.: (Mús.) tenor ‖ (ital., Mús.) tenuto (sustained).
Tenn.: Tennessee (E. U. A.).
term.: termination ‖ terminology.
Terr.: Terrace ‖ Territory.
Test.: Testament ‖ testamentary ‖ testator.
Teut.: Teutonic.
Tex.: Texas (E. U. A.).
T. F.: Territorial Force.
Th: (Quím.) thorium.
Th.: Thomas ‖ Thursday.
theat.: theatre ‖ theatrical.
Theo.: Theodore.
theol.: theological ‖ theology.
theor.: theorem.
theos.: theosophy.
therap.: therapeutics.
therm.: thermometer.
Thess.: Thessalonians (bíblia).
Tho(s).: Thomas.
Thurs.: Thursday.
T. H. W. M.: Trinity High-Water Mark.
Ti: (Quím.) titanium.
T. I. H.: Their Imperial Highnesses.
Tim.: Timothy (bíblia).
Tit.: Titus (bíblia).
tit.: title.
Tl: (Quím.) thallium.

T. L. C.: (E. U. A.) Tank Landing Craft.

T. M. O.: telegraph money order.

tn.: ton.

T. O.: Telegraph (or Telephone) Office ‖ Transport Officer ‖ turn over.

Tob.: Tobit (bíblia).

tonn.: tonnage.

topog.: topographical ‖ topography.

tp.: township ‖ troop.

tr.: transaction ‖ translate ‖ translator ‖ transport ‖ (Tipogr.) transpose.

trans.: transactions ‖ transitive ‖ translation ‖ transport.

transf.: transference ‖ transferred.

transl.: translated ‖ translation ‖ translator.

Treas.: Treasurer ‖ Treasury.

T. R. H.: Their Royal Highnesses.

trig.: trigonometry ‖ trigonometrical.

Trin.: Trinity.

trop.: tropic(s) ‖ tropical.

Trs.: trustees.

trs.: (Tipogr.) transpose.

T. U.: Trades Union ‖ transmission unit.

Tues.: Tuesday.

Turk.: Turkey ‖ Turkish.

T. V. A.: (E. U. A.) Tennessee Valley Authority.

T. W. U.: Transport Workers Union.

typ.: typographer ‖ typographical ‖ typography.

U

U: (Quím.) uranium.

u. c.: (Tipogr.) upper case.

U. D. C.: Union of Democratic Control ‖ Urban District Council ‖ United Daughters of the Confederacy.

U. K.: United Kingdom.

ult.: (latim) ultimo (last, in the last month).

unabr.: unabridged.

Unit.: Unitarian.

Univer.: University.

univ.: universal(ly).

unm.: unmarried.

UNO, U. N. O.: United Nations Organization.

UNRRA, U. N. R. R. A.: United Nations Relief and Rehabilitation Administration.

U. P.: United Presbyterian.

u. p.: under proof.

up.: upper.

U. S.: United States ‖ United Service(s).

u. s.: (latim) ut supra (as above).

U. S. A.: United States of America ‖ United States Army.

U. S. M.: United States Mail ‖ United State Marine.

U. S. N.: United States Navy.

U. S. N. A.: United States Naval Academy.

U. S. S.: United States Senate ‖ United States Ship or Steamer.

U. S. S. C.: United States Supreme Court.

U. S. S. R.: Union of Socialist Soviet Republics.

usu.: usually.

Ut.: Utah (E. U. A.).

ut dict. (latim) ut dictum (as said).

ut inf.: (latim) ut infra (as below).

ut sup.: (latim) ut supra (as above).

V

V: (Quím.) vanadium.

V.: (Eletr.) volt.

v.: verb ‖ verse ‖ (latim) versus (against) ‖ (latim) vice (instead of) ‖ (latim) vide (see).

Va.: Virginia (E. U. A.).

val.: value.

var.: variant ‖ variety.

Vat.: Vatican.

vb.: verb.

vbl.: verbal.

V. C.: Vice Chancellor ‖ Vice-Chairman ‖ Vice-Consul ‖ Victoria Cross.

V. D.: Volunteer (Officers') Decoration ‖ venereal disease.

Ven.: Venerable.

Vet.: veterinary surgeon.

veter.: veterinary.

v. i.: verb intransitive.

Vic.: Victoria.

Vict.: Victoria (Australia).

vid.: (latim) vide (see).

vil.: village.

Vis., Visct.: Viscount.

viz.: (latim) videlicet (namely).

v/m: volts per metre.

V. O.: (Royal) Victorian Order.

Vo., v⁰: (latim) verso (on the left-hand page).

voc.: vocative.

vocab.: vocabulary.

Vol.: volunteer.

vol.: volume.

V. P.: Vice-President.

V. Rev.: Very Reverend.

v. s.: (latim) vide supra (see above).

vs.: (latim) versus (against).

Vt.: Vermont (E. U.A.).

v. t.: verb transitive.

V. T. C.: Volunteer Training Corps.

vulg.: vulgar(ly).

vv.: verses.

W

W: (Quím.) wolfram, tungsten.

W.: Welsh ‖ West ‖ Western.

W. A.: West Africa ‖ Western Australia.

W. A. A. F.: Women's Auxiliary Air Force.

w. a. f.: with all faults.

War: Warwickshire.

Wash.: Washington (E. U. A.).

W. Aust.: Western Australia.

WAVES, W. A. V. E. S.: Women Appointed for Volunteer Emergency Service.

W. B.: Water Board ‖ way bill.

W. C.: West Central (postal district, London) ‖ Wesleyan Chapel.

W. C., w. c.: water-closet ‖ without charge.

w. c.: (Jur.) with costs.

W. C. A.: Women's Christian Association.

W. D.: War Department ‖ Works Department.

wd.: would.

Wed.: Wednesday.

w. f.: (Tipogr.) wrong fount.

W'hampton: Wolverhampton.

W. I.: West Indies ‖ West India ‖ West Indian.

Wilth.: Wiltshire.

Wis(c).: Wisconsin (E. U. A.).

Wisd.: Wisdom of Solomon (bíblia).

wk.: weak ‖ week.

W. L., W/L: wave length.

W. long.: west longitude.

Wm.: William.

W. N. W.: west-north-west.

W. O.: War Office ‖ Warrant Officer.

Wor.: Worshipful.

Worcs.: Worcestershire.

W. P.: weather permitting.

W. P. A.: (E. U. A.) Works Progress Administration ‖ Work Projects Administration.

W. R.: West Riding (Yorks).

W. S. W.: west-south-west.

W. T.: wireless telegraphy (or telephony).

wt.: weight.

W. Va.: West Virginia (E. U. A.).

Wyo.: Wyoming (E. U. A.).

X

xd, x-d., x-div.: ex dividend.

Xe: (Quím.) xenon.

x-i.: ex interest.

Xmas: Christmas.

Xt: Christ.

Xtian.: Christian.

XX: double-X.

XXX: triple X (strength of ales).

Y

Y: (Quím.) yttrium.
Y.: year.
Yb: (Quím.) ytterbium.
yd.: yard.
yday.: yesterday.
yds.: yards.
Yeo(m).: Yeomanry.
Y. M. C. A.: Young Men's Christian Association.
Yorks: Yorkshire.
yr.: year ‖ younger ‖ your.
yrs.: years ‖ yours.
Y. W. C. A.: Young Women's Christian Association.

Z

Zach.: Zachary.
Zech.: Zechariah (bíblia).
Zeph.: Zephaniah (bíblia).
Zn: (Quím.) zinc.
zool.: zoological ‖ zoology.
Zr: (Quím.) zirconium.
Z. S.: Zoological Society.